Hauschild/Kallrath/Wachter (Hrsg.)
Notarhandbuch
Gesellschafts- und Unternehmensrecht

Notarhandbuch Gesellschafts- und Unternehmensrecht

Herausgegeben von

Dr. Armin Hauschild M.C.J.
Notar in Düsseldorf

Dr. Jürgen Kallrath
Notar in Köln

und

Thomas Wachter
Notar in München

Bearbeitet von:

Prof. Dr. Walter Bayer, Richter am Oberlandesgericht a.D, o. Professor in Jena; *Johannes Bolkart,* Notar in Straubing; *Dr. Leif Böttcher* LL. M., Notarassessor in Bonn; *John Flüh,* Rechtsanwalt und Notar in Berlin; *Dr. Joachim Gores,* Rechtsanwalt und Notar in Essen; *Dr. Ulrich Haupt,* Rechtsanwalt und Notar in Hannover; *Dr. Armin Hauschild* M.C.J., Notar in Düsseldorf; *Dr. Jörn Heinemann* LL. M., Notar in Neumarkt i. d. OPf.; *Sebastian Herrler,* Notar a. D., Geschäftsführer des Deutschen Notarinstituts in Würzburg; *Dr. Jürgen Kallrath,* Notar in Köln; *Thomas Kilian,* Notarassessor in Aichach; *Dr. Matthias Kleiser,* Notar in Hamburg; *Dr. Mario Leitzen* M. Jur., Notarassessor in Düsseldorf; *Dr. Jan Link,* Dipl.-Kfm., Notar in Moers; *Dr. Oleg de Lousanoff* LL. M., Rechtsanwalt und Notar in Frankfurt a.M.; *Annett Meier-Wehrsdorfer,* Geschäftsführende Assistentin in Jena; *Dr. Christof Münch,* Notar in Kitzingen; *Dr. Harald Peters,* Notar in Aachen; *Dr. Benedikt Pfisterer,* Notar in München; *Dr. Klaus Piehler* LL. M., Notar in Köln; *Prof. Dr. Hans-Joachim Priester,* Notar a. D. in Hamburg; *Dr. Maximilian Freiherr von Proff zu Irnich,* Notar in Waldbröl; *Dr. Adolf Reul,* Notar in Neu-Ulm; *Dr. Winfried Richardt,* Rechtsanwalt in Neuss; *Dr. Markus Riemenschneider,* Notar in München; *Prof. Dr. Peter Ries,* Richter am Amtsgericht und Fachhochschullehrer in Berlin; *Dr. Bernhard Schaub,* Notar in München; *Dr. Karl-Heinz Schmiegelt,* Rechtsanwalt und Notar in Frankfurt a. M.; *Dr. Harald Selzner,* Rechtsanwalt in Düsseldorf; *Dr. Carl Otto Stucke,* Rechtsanwalt und Notar in Essen; *Dr. Christoph Terbrack,* Notar in Aachen; *Thomas Wachter,* Notar in München; *Dr. Simon Weiler,* Notar in Bamberg; *Dr. Norbert Zimmermann* LL. M., Notar in Düsseldorf

Verlag C. H. Beck München 2011

Zitiervorschlag:
Hauschild/Kallrath/Wachter/*Bearbeiter* § ... Rdnr. ...

Verlag C. H. Beck im Internet:
beck.de

ISBN 978 3 406 61683 9

Wilhelmstraße 9, 80801 München
Satz, Druck und Bindung: Druckerei C. H. Beck, Nördlingen
(Adresse wie Verlag)

Gedruckt auf säurefreiem, alterungsbeständigem Papier
(hergestellt aus chlorfrei gebleichtem Zellstoff)

Vorwort

Notariat und Gesellschaftsrecht sind seit langem eng miteinander verwoben. Dies gilt für einige Teilbereiche des Gesellschaftsrechts mehr, für andere weniger. Besonders weitreichend sind die Zuständigkeiten der Notare im Organisationsrecht der Kapitalgesellschaften sowie im Umwandlungsrecht, eher überschaubar sind die notariellen Aufgaben, weil im Wesentlichen auf Beglaubigungen beschränkt, im Personengesellschaftsrecht. Die Überantwortung weiter Teile des Gesellschaftsrechts in die Hand der Notare hat sich als Erfolgsmodell erwiesen. Dabei ist die ausgleichende und justizentlastende Wirkung notariellen Handelns nur ein Aspekt unter vielen. Dass die notariellen Zuständigkeiten im Gesellschaftsrecht gleichwohl nicht in Stein gemeißelt sind, hat die rechtspolitische Diskussion im Vorfeld des MoMiG gezeigt. Zum Teil wurde die Gelegenheit genutzt, den rechtsökonomischen Nutzen der notariellen Mitwirkung in Frage zu stellen und gleichsam die Vision eines (zumindest teilweise) notarfreien Gesellschaftsrechts zu beschwören. Stein des Anstoßes war und ist vor allem die gesetzlich vorgesehene Konsultation des Notars auch bei großen, von erfahrenen Anwaltskanzleien begleiteten Transaktionen und das gerade in diesem Bereich bisweilen als beschwerlich empfundene Beurkundungsverfahren.

Der Gesetzgeber hat Visionen von einem weitgehend notarfreien Gesellschaftsrecht indessen eine klare Absage erteilt. Im Gegenteil sind die Notare aus der Reform gestärkt hervorgegangen. Durchgesetzt hat sich beim Gesetzgeber die Erkenntnis, dass die eigentliche Bedeutung der Notare im Bereich des Gesellschaftsrechts in der flächendeckenden, hochqualifizierten und kostengünstigen Versorgung kleiner und mittlerer Unternehmen mit gesellschaftsrechtlicher Beratung und Gestaltung liegt. Das Vertrauen, dass der Gesetzgeber den Notaren entgegenbringt, sollten die Notare zum Anlass nehmen, ihre Stärken im Gesellschaftsrecht noch deutlicher als bisher sichtbar werden zu lassen und den mit der notariellen Leistung allenthalben verbundenen Mehrwert umfassend zu untermauern. Genau diese Stoßrichtung verfolgt das vorliegende Werk.

Ziel ist es, die notarielle „best practice" im Gesellschafts- und Unternehmensrecht herauszuarbeiten und fortzuentwickeln. Dieser Teilaspekt notarieller Tätigkeit hat in der Literatur bislang unserer Meinung nach keine ihrer Bedeutung angemessene Berücksichtigung gefunden. Bisher unberücksichtigt geblieben ist insbesondere das besondere notarielle Know How, das sich nur partiell mit dem allgemeinen kautelarjuristischen Instrumentarium in diesem Bereich deckt. Dieses Spezialwissen speist sich aus der zum Teil langjährigen Erfahrung der Notariate und der über die theoretischen Grundlagen hinausgehenden, sich an praktischen Notwendigkeiten orientierenden Zusammenarbeit zwischen Notaren einerseits und den Registerrichtern und Rechtspflegern anderseits. Es wird auch geprägt durch die Arbeitsaufteilung und die Usancen, die sich im Zusammenhang zwischen den Notaren und der wirtschaftsrechtlich spezialisierten Anwaltschaft herausgebildet haben.

Das vorliegende Werk möchte die Lücke in diesem Spezialbereich notarieller Tätigkeit schließen. Es soll dem Leser in allen maßgeblichen Fragestellungen eine Hilfestellung bieten, ohne dabei das notwendige wissenschaftliche Gerüst zu vernachlässigen. Gerade auch Notare, die sich seltener gesellschaftsrechtlichen Fragen gegenübersehen, sollen in die Lage versetzt werden, sich zügig einen Überblick zu verschaffen und alle notarspezifischen Fragen auf Anhieb zu erfassen. Gleiches gilt für Rechtsanwälte, Unternehmensjuristen und sonstige Berater, die sich im Rahmen einer Zusammenarbeit die Perspektive der Notare zuverlässig erschließen möchten.

Der in dem vorliegenden Werk behandelte Bogen spannt sich von den notarspezifischen Besonderheiten des „gelebten" Gesellschaftsrechts unter Berücksichtigung der notarrelevanten Judikatur bis zum praktischen „Handling" von Situationen, die mit dem gewöhnlichen Notariatsalltag wenig gemein haben. Hierzu gehören etwa die Beurkundung einer komplexen und dokumentenintensiven Unternehmenstransaktion sowie die notarielle Betreuung einer aktienrechtlichen Hauptversammlung.

Vorwort

Die aus unterschiedlichen Regionen stammenden Autoren sind durchweg im Gesellschafts- und Unternehmensrecht besonders erfahrene Kollegen, wobei das Anwaltsnotariat ebenso zu Wort kommt wie das Nur-Notariat. Allen Autoren gilt der besondere und herzliche Dank der Herausgeber. Uns ist bewusst, dass sämtliche Mitwirkenden (und deren Familien) viele zeitliche Opfer erbracht haben, um die jeweiligen Beiträge zu ermöglichen. Unser Dank gebührt selbstverständlich auch den Lektoren und „Schrittmachern" des Beck-Verlages, allen voran Dr. Burkhard Schröder, die mit viel Umsicht, Beharrlichkeit und Nervenstärke das Entstehen des Werkes begleitet haben.

Die Beiträge befinden sich auf dem Stand von Juli 2011.

Mehr noch als andere juristische Werke lebt ein Praktikerhandbuch von der kritischen Resonanz der Leser. Herausgeber, Autoren und Verlag ermuntern daher zu ebendieser.

Düsseldorf, Köln und München,
im September 2011

Armin Hauschild
Jürgen Kallrath
Thomas Wachter

Inhaltsübersicht

Vorwort V
Inhaltsverzeichnis IX
Bearbeiterverzeichnis XXVII
Abkürzungs- und Literaturverzeichnis XXIX

1. Teil. Der Notar im Gesellschaftsrecht

§ 1 Berufsbild – Aufgaben – Einbettung in das Unternehmensrecht *(Priester)* 1

2. Teil. Die Erwartungshaltung der Mandanten und der sonstigen Beteiligten

§ 2 Die Perspektive der Anwaltschaft *(Selzner)* 13
§ 3 Die Perspektive des Unternehmens *(Richardt)* 38
§ 4 Die Perspektive des Registergerichts *(Ries)* 57

3. Teil. Rechtsformwahl

§ 5 Rechtsformwahl *(Kleiser)* 75

4. Teil. Registerrecht

§ 6 Handelsregister *(Kilian)* 113
§ 7 Zweigniederlassungen *(Kilian)* 151

5. Teil. Beurkundungsrecht

§ 8 Beurkundungsrecht *(Heinemann)* 189
§ 9 Auslandsbeurkundung *(Bayer/Meier-Wehrsdorfer)* 244

6. Teil. Recht der Personengesellschaften

§ 10 Gesellschaft bürgerlichen Rechts *(Bolkart)* 257
§ 11 OHG und KG *(Herrler)* 297
§ 12 Partnerschaftsgesellschaft *(Peters)* 401

7.Teil. Recht der Kapitalgesellschaften

§ 13 GmbH *(Gores/Hauschild/Kallrath/Leitzen/v. Proff/Stucke/Terbrack)* 419
§ 14 Aktiengesellschaft *(Haupt/Pfisterer/Schaub/Zimmermann)* 668
§ 15 Kommanditgesellschaft auf Aktien (KGaA) *(Reul)* 830
§ 16 Europäische Aktiengesellschaft (SE) *(Kleiser)* 852
§ 17 Gesellschaftervereinbarungen *(Gores)* 886

8. Teil. Stille Beteiligungen

§ 18 Stille Gesellschaft, Unterbeteiligung und Treuhand *(Piehler)* 927

9. Teil. Konzernrecht

§ 19 Konzernrecht *(Link)* 1007

10. Teil. Unternehmenskauf

§ 20 Die Rolle des Notars beim Unternehmenskauf *(de Lousanoff)* 1037
§ 21 Veräußerung kleiner und mittlerer Unternehmen *(Hauschild/Böttcher)* 1068

11. Teil. Unternehmensumstrukturierungen

§ 22 Umwandlungsrecht *(Weiler/Flüh)* 1115
§ 23 Anwachsungsmodelle *(v. Proff)* 1219
§ 24 Umwandlungen mit Auslandsberührung *(Zimmermann)* 1237

12. Teil. Existenz- und Vertretungsnachweise

§ 25 Vollmachten sowie Existenz- und Vertretungsnachweise bei in- und ausländischen Gesellschaften *(Schmiegelt)* 1283

13. Teil. Unternehmensnachfolge

§ 26 Unternehmensnachfolge *(Riemenschneider)* 1323

14. Teil. Familienrecht

§ 27 Unternehmensbeteiligungen im Familienrecht *(Münch)* 1399

15. Teil. Minderjährigenrecht

§ 28 Minderjährige im Gesellschaftsrecht *(Heinemann)* 1455

16. Teil. Insolvenzrecht

§ 29 Insolvenzrecht *(Böttcher)* 1493

17. Teil. Steuerrecht

§ 30 Steuerrecht *(Wachter)* 1531

Sachverzeichnis 1659

Inhaltverzeichnis

1. Teil. Der Notar im Gesellschaftsrecht

§ 1 **Berufsbild – Aufgaben – Einbettung in das Unternehmensrecht**

I. Ausgangspunkt ... 1
1. Das Gesellschaftsrecht – ein wichtiger Teil notarieller Tätigkeit ... 1
2. Historischer Hintergrund ... 2
II. Berufsrolle und Selbstverständnis des Notars ... 2
1. Vorsorgende Rechtspflege ... 2
2. Konsensuale Betreuung ... 3
III. Aufgaben ... 4
1. Kapitalgesellschaften ... 4
2. Umwandlungsrecht ... 6
3. Der Notar als „Tor zum und Filter vor dem Handelsregister“ ... 7
4. Europäische Rechtsformen ... 8
5. Freiwillige Aufgaben ... 8
IV. Einbettung in das Unternehmensrecht ... 10
1. Gesellschaftsrechtliche Mandanten ... 10
2. Rechtsökonomischer Stellenwert ... 11
V. Resümee ... 12

2. Teil. Die Erwartungshaltung der Mandanten und der sonstigen Beteiligten

§ 2 **Die Perspektive der Anwaltschaft**

I. Einleitung ... 14
II. Der Notar im Transaktionsprozess ... 14
1. Klassifizierung von Unternehmenstransaktionen ... 14
2. Notarielle Aufgaben im Transaktionsprozess ... 19
3. Spezifische Anforderungen an die notarielle Praxis ... 21
III. Ausgewählte beurkundungsrechtliche Aspekte ... 26
1. Verpflichtung zur Umwandlung ... 27
2. Zusammengesetzte Rechtsgeschäfte ... 30
IV. Resümee ... 37

§ 3 **Die Perspektive des Unternehmens**

I. Einleitung ... 38
II. Die Beteiligten ... 39
1. Notar ... 39
2. Rechtsberater im Unternehmen ... 40
3. Externe Rechtsberater ... 40
4. Vertragspartner und deren Rechtsberater ... 40
5. Registergericht ... 41
III. Zusammenwirken der Beteiligten in zeitlicher Hinsicht ... 41
1. Vorbereitungsphase ... 41
2. Beurkundung ... 43
3. Nach der Beurkundung ... 43
IV. Rechtsformspezifische Themengebiete ... 43
1. Aktiengesellschaft/SE ... 44

2. GmbH ... 44
3. Personenhandelsgesellschaften ... 45
V. Inhaltliche Themenschwerpunkte ... 46
1. Gesellschaftsgründung und Satzung ... 46
2. Anteilsübertragung ... 47
3. Umstrukturierung, insbesondere nach dem Umwandlungsgesetz ... 48
4. Mergers & Acquisitions ... 50
5. Hauptversammlung, insbesondere der börsennotierten Aktiengesellschaft ... 51
6. Corporate Housekeeping ... 52
VI. Beurkundungen zu besonderen Zeitpunkten ... 53
VII. Administratives ... 54
1. Abstimmung mit dem Notariat ... 54
2. Ort der Beurkundung ... 55
3. Kosten ... 56

§ 4 **Die Perspektive des Registergerichts**
I. Allgemeines ... 57
II. Übermittlung und Korrespondenz ... 59
1. Elektronische Dateien ... 59
2. Korrespondenz mit dem Gericht und Beschleunigung, Verfahren ... 60
III. Einzelne Rechtsgebiete ... 62
1. Einzelunternehmen und Personenhandelsgesellschaften ... 62
2. GmbH ... 63
3. Aktiengesellschaft ... 69
4. Konzern- und Umwandlungsrecht ... 69
5. Ausländische Rechtsformen ... 70
6. Auslandsbeurkundungen ... 71
7. Ausländische Vertretungsorgane ... 72
IV. Ausblick, SPE ... 73

3. Teil. Rechtsformwahl

§ 5 **Rechtsformwahl**
I. Überblick ... 76
1. Anlässe der Rechtsformwahl ... 76
2. Entscheidungsfindung zur richtigen Rechtsform ... 77
3. Sachverhaltsermittlung für die Rechtsformwahl ... 78
4. Rechtsformwahl und Notar ... 78
II. Gesetzliche Vorgaben zur Rechtsformwahl ... 79
1. Numerus clausus der Rechtsformen ... 79
2. Rechtsformzwang wegen Rechtsformverfehlung ... 80
3. Gesetzliche Vorgaben zum Unternehmensgegenstand ... 80
4. Gesetzliche Vorgaben zum Unternehmenszweck ... 81
III. Gesellschaftsrechtliche Kriterien für die Rechtsformwahl ... 81
1. Überblick über die Personen- und Kapitalgesellschaften ... 81
2. Gründung ... 86
3. Finanzierung ... 88
4. Kapitalaufbringung ... 89
5. Kapitalerhaltung und Haftung ... 90
6. Geschäftsführung, Vertretung und Kontrolle ... 92
7. Willensbildung unter den Gesellschaftern ... 94
8. Beteiligung an Gewinn und Verlust ... 95
9. Gesellschafterwechsel ... 96

10. Rechnungslegung und Publizität ... 99
11. Mitbestimmung ... 99
IV. Steuerliche Kriterien für die Rechtsformwahl ... 100
1. Ertragsteuern in der laufenden Besteuerung ... 100
2. Gewerbesteuer ... 102
3. Grunderwerbsteuer ... 103
4. Weitere steuerliche Aspekte ... 104
V. Weitere Rechtsformen ... 105
1. Rechtsfähiger Idealverein (e. V.) ... 105
2. Eingetragene Genossenschaft (eG) ... 106
3. Versicherungsverein auf Gegenseitigkeit (VVaG) ... 108
4. Rechtsfähige Stiftung des Privatrechts ... 109
5. Europäische wirtschaftliche Interessenvereinigung (EWIV) ... 110

4. Teil. Registerrecht

§ 6 Handelsregister
I. Allgemeines zu Registeranmeldungen ... 114
1. Form und Inhalt der Anmeldung ... 114
2. Anmeldepflichtige Personen ... 116
3. Vertretung im Handelsregisterverfahren ... 117
4. Das Erfordernis der elektronischen Einreichung der Anmeldung ... 121
5. Zu den Amtspflichten des Notars bei der Bearbeitung einer Registeranmeldung ... 123
II. Anmeldungen durch den Rechtsnachfolger des Eingetragenen ... 123
III. Form der Einreichung von Anlagen zur Anmeldung und sonstigen Dokumenten ... 126
IV. Einreichung und Offenlegung von Übersetzungen in eine andere Sprache ... 127
V. Zwischenverfügung und gerichtliches Freigabeverfahren ... 128
1. Zwischenverfügung des Registergerichts ... 128
2. Beseitigung einer Registersperre durch das Freigabeverfahren ... 129
VI. Grundzüge des Firmenrechts ... 131
1. Überblick über die Grundsätze des Firmenbildungsrechts ... 132
2. Überblick über die allgemeinen Grundsätze des Firmenordnungsrechts ... 133
3. Erfordernis der Kennzeichnungseignung ... 134
4. Erfordernis der Unterscheidungskraft ... 136
5. Verbot der Irreführung ... 137
6. Beifügung eines Rechtsformzusatzes ... 138
7. Bestimmten Rechtsträgern vorbehaltene Firmenbestandteile ... 141
8. Sonstige firmenrechtliche Grundsätze ... 141
9. Zulässigkeit der Firmenfortführung in besonderen Fällen ... 142
VII. Die Pflicht zur Anmeldung einer inländischen Geschäftsanschrift ... 147
VIII. Ausblick: EU-Grünbuch zur Verknüpfung von Unternehmensregistern ... 148

§ 7 Zweigniederlassungen
I. Allgemeines zur Zweigniederlassung ... 152
1. Merkmale einer Zweigniederlassung ... 152
2. Registerverfahren ... 153
II. Zweigniederlassungen inländischer Rechtsträger ... 154
1. Inhalt der Anmeldung und anmeldepflichtige Personen ... 154
2. Änderung und Aufhebung einer Zweigniederlassung ... 155

III. Zweigniederlassungen ausländischer Rechtsträger in Deutschland 156
1. Allgemeines zu Zweigniederlassungen ausländischer Unternehmen 157
2. Besondere Voraussetzungen der Anmeldung von Zweigniederlassungen ausländischer Kapitalgesellschaften 162
3. Zusätzliche Anmeldepflichten bei Zweigniederlassungen ausländischer Gesellschaften mit beschränkter Haftung 168
4. Zusätzliche Anmeldepflichten bei Zweigniederlassungen ausländischer Aktiengesellschaften 174
5. Änderung der Zweigniederlassung 175
6. Aufhebung der Zweigniederlassung 177
7. Besonderheiten bei Eintritt der Insolvenz des ausländischen Rechtsträgers 178
8. Umwandlung einer ausländischen Gesellschaft mit Zweigniederlassung in eine deutsche GmbH 180
IV. Das Firmenrecht der Zweigniederlassung 183
1. Grundsätzliche Verwendbarkeit der Firma der Hauptniederlassung ... 183
2. Besonderheiten im Firmenrecht der Zweigniederlassung eines ausländischen Rechtsträgers 184

5. Teil. Beurkundungsrecht

§ 8 **Beurkundungsrecht**
I. Beurkundungserfordernisse im Gesellschaftsrecht 191
1. Übersicht über die einzelnen Beurkundungserfordernisse 191
2. Sinn und Zweck der Beurkundungspflicht 194
3. Umfang der Beurkundungspflicht 195
4. Rechtsfolgen eines Formverstoßes 197
5. Heilung von Formverstößen 198
II. Beurkundungszuständigkeit 199
1. Sachliche Zuständigkeit 199
2. Örtliche Zuständigkeit 200
3. Mitwirkungsverbote, Ausschließungsgründe, Ablehnung der Beurkundung 201
III. Aufklärungspflichten vor Beurkundung 207
1. Registereinsicht 207
2. Grundbucheinsicht 209
3. Weitere Aufklärungspflichten vor Beurkundung 210
IV. Beurkundung von Willenserklärungen 212
1. Inhalt der Niederschrift 212
2. Beteiligte 212
3. Prüfungs- und Belehrungspflichten 215
4. Urkundssprache 219
5. Verlesung der Niederschrift 222
6. Genehmigung und Unterzeichnung der Niederschrift 228
V. Beurkundung von Beschlüssen 230
1. Inhalt der Niederschrift 231
2. Behandlung von Anlagen 232
3. Unterzeichnung der Niederschrift 233
VI. Vollzugstätigkeit 233
1. Behandlung der Urkunde 233
2. Erteilung von Ausfertigungen und Abschriften 235
3. Anzeige- und Mitteilungspflichten 237
4. Einreichungspflichten 240

§ 9 Auslandsbeurkundung
I. Problemlage ... 244
II. Internationalprivatrechtliche Grundlagen ... 245
III. Formstatut bei gesellschaftsrechtlichen Vorgängen ... 245
1. Statusrelevante Vorgänge ... 245
2. Übertragung von Geschäftsanteilen ... 249
IV. Zusammenfassung ... 256

6. Teil. Recht der Personengesellschaften

§ 10 Gesellschaft bürgerlichen Rechts
I. Grundlagen ... 258
1. Personalistische Grundstruktur ... 258
2. Vermögenszuordnung und Vertretung der Außen-GbR ... 258
3. Einteilung der Gesellschaftsarten; Innen- und Außengesellschaft ... 262
4. Einheitlichkeit der Beteiligung ... 262
5. Abspaltungsverbot und Selbstorganschaft ... 263
6. Haftung ... 264
II. Abschluss des Gesellschaftsvertrages ... 265
1. Bedeutung in der notariellen Praxis ... 265
2. Form ... 265
3. Vertretung ... 266
4. Essentialia ... 268
5. Accidentalia ... 269
III. Umstrukturierung ... 283
IV. GbR als Gesellschafterin ... 284
1. Gesellschafterfähigkeit ... 284
2. Verlautbarung in Registern und Verzeichnissen ... 284
3. Mittelbare Registerpublizität ... 285
4. Handelsregisteranmeldungen für die GbR ... 286
V. GbR im Immobilienverkehr ... 286
1. Überblick ... 287
2. Problemschwerpunkte und Gestaltungsvorschläge ... 288

§ 11 OHG und KG
I. Bedeutung von oHG und KG ... 299
1. Rechtsnatur und Erscheinungsformen ... 299
2. Rechtsformwahl ... 300
II. Errichtung und Entstehung der Gesellschaft ... 301
1. Zeitpunkt der Entstehung ... 301
2. Gesellschafter ... 302
3. Gesellschaftsvertrag ... 304
4. Handelsregisteranmeldung ... 309
5. Eintragungen in das Handelsregister ... 311
III. Geschäftsführung und Vertretung ... 313
1. Geschäftsführung ... 313
2. Vertretungsmacht ... 314
IV. Rechte und Pflichten aus der Mitgliedschaft ... 316
1. Überblick ... 316
2. Stimmrecht und Beschlussfassung ... 316
3. Informationsrechte ... 319
4. Wettbewerbsverbot ... 320
5. Beitragspflicht ... 321
6. Beteiligung am Gewinn und Verlust sowie Entnahmerecht ... 324

7. Verfügung über Mitgliedschaftsrechte ... 329
8. Belastung von Gesellschaftsanteilen ... 330
V. Rechtsbeziehungen zu Dritten ... 334
1. oHG und KG als Rechtsträgerin ... 334
2. Außenhaftung der Gesellschafter ... 335
3. Regress ... 343
VI. Gesellschafterwechsel ... 344
1. Eintritt eines neuen Gesellschafters ... 344
2. Rechtsgeschäftliche Übertragung der Gesellschafterstellung ... 347
3. Wechsel der Art der Gesellschafterstellung in der KG ... 354
4. Ausscheiden eines Gesellschafters ... 356
5. Tod eines Gesellschafters ... 368
VII. Beendigung der Gesellschaft ... 381
1. Auflösung ... 381
2. Liquidation ... 382
3. Handelsregisteranmeldung ... 383
4. Fortsetzung der aufgelösten Gesellschaft ... 384
VIII. Besonderheiten bei der GmbH & Co. KG ... 384
1. Einführung ... 384
2. Gründungsphase ... 386
3. Übertragung von Gesellschaftsanteilen ... 395
4. Erbfolge ... 397
5. Sonderfall: Einheits-GmbH & Co. KG ... 398

§ 12 Partnerschaftsgesellschaft
I. Entstehungsgeschichte ... 401
II. Wesen der Partnerschaftsgesellschaft ... 402
III. Wahl der Rechtsform ... 402
1. Gesellschaftsrechtliche Erwägungen ... 402
2. Steuerrechtliche Erwägungen ... 404
3. Berufsrechtliche Erwägungen ... 405
IV. Die Gründung der Partnerschaftsgesellschaft ... 405
1. Der Gesellschaftsvertrag ... 405
2. Das Partnerschaftsregister ... 406
3. Die Anmeldung der Partnerschaft ... 406
4. Zweigniederlassung ... 409
V. Der Name der Partnerschaftsgesellschaft ... 409
VI. Die Gesellschafter der Partnerschaftsgesellschaft ... 411
1. Der Begriff des Freiberuflers ... 411
2. Das Ausscheiden eines Partners ... 413
VII. Die Vertretung der Partnerschaftsgesellschaft ... 415
VIII. Die Umwandlung der Partnerschaftsgesellschaft ... 416
IX. Die Beendigung der Partnerschaftsgesellschaft ... 416

7. Teil. Recht der Kapitalgesellschaften

§ 13 GmbH
I. Gründung ... 423
1. Errichtung der Gesellschaft ... 423
2. Kapitalaufbringung ... 432
3. Gründer ... 437
4. Gründung mit Auslandsbezug ... 437
5. Genehmigungen ... 439
6. Handelsregisteranmeldung ... 440

II. Erwerb von Vorrats- und Mantelgesellschaften 441
1. Allgemeines 441
2. Vorratsgesellschaften 441
3. Mantelgesellschaften 444
4. Kritik der BGH-Rechtsprechung 445
5. Haftung 446
III. Satzungsgestaltung 450
1. Notar und Satzungsgestaltung 452
2. Grundlagen der Satzungsgestaltung 455
3. Satzungen im Standardportfolio des Notars 457
4. Technik der Satzungsgestaltung 458
5. Technik bei der Beurkundung von Satzungen 459
6. Parameter für die individuelle Satzungsgestaltung 460
7. Zwingende Satzungsregelungen 461
8. Fakultative Regelungen 473
9. Besondere Satzungsklauseln 536
10. Typische Schwachstellen von Fremdsatzungen 542
IV. Geschäftsführung und Vertretung 544
1. Organstellung 544
2. Bestellung zum Geschäftsführer 544
3. Vertretungsbefugnis 546
4. Geschäftsführungsbefugnis 549
5. Beendigung des Geschäftsführeramtes 552
V. Finanzierung und Kapitalmaßnahmen 553
1. Überblick zu Finanzierungsformen 554
2. Allgemeines zu Kapitalerhöhung und Kapitalherabsetzung 556
3. Die Kapitalerhöhung gegen Bareinlagen 562
4. Die Sachkapitalerhöhung 570
5. Die Kapitalerhöhung aus Gesellschaftsmitteln 574
6. Genehmigtes Kapital 576
7. Reguläre Kapitalherabsetzung 580
8. Vereinfachte Kapitalherabsetzung 584
VI. Verfügungen über Geschäftsanteile 587
1. Übertragung von Geschäftsanteilen 588
2. Die Belastung von Geschäftsanteilen mit Pfandrecht oder Nießbrauch 606
VII. Die Liste der Gesellschafter 611
1. Materiell-rechtliche Bedeutung der Liste 612
2. Erste Liste und Inhalt der Gesellschafterliste 614
3. Einreichungspflichtige Veränderungen 616
4. Mitwirkung des Notars: Abgrenzung zu Absatz 1 618
5. Mitwirkung des Notars: Voraussetzungen der Einreichung 620
6. Einreichung von Liste und Notarbescheinigung 621
7. Zuordnung eines Widerspruchs (§ 16 Abs. 3 S. 3, 4) 623
VIII. Liquidation, §§ 66 ff. GmbHG 624
1. Die Übernahme des Mandats 625
2. Die Auflösung der GmbH 629
3. Die einzelnen Schritte des Liquidationsverfahrens 645
4. Beendigung der Liquidation, Erlöschen der Gesellschaft 654
5. Notarkosten im Zusammenhang mit der Liquidation 656
IX. Unternehmergesellschaft (haftungsbeschränkt) 658
1. Einführung 658
2. Gründung 658
3. Kapitalaufholung 661
4. Umwandlung 664

§ 14 **Aktiengesellschaft**
I. Gründung der Aktiengesellschaft ... 669
1. Allgemeines ... 669
2. Bargründung ... 670
3. Sachgründung ... 705
4. Umgehungstatbestände ... 718
5. Wirtschaftliche Neugründung. ... 722
6. Nachgründung ... 723
II. Der Notar in der Hauptversammlung ... 730
1. Die Rolle des Notars ... 730
2. Auftragserteilung ... 731
3. Vorbereitende Tätigkeit ... 734
4. Betreuungspflichten während der Hauptversammlung ... 738
5. Die Niederschrift über die Hauptversammlung ... 744
6. Verfahren nach Abschluss der Niederschrift ... 770
7. Kosten ... 772
III. Kapitalmaßnahmen ... 774
1. Kapitalerhöhung gegen Einlagen ... 774
2. Bedingte Kapitalerhöhung ... 798
3. Genehmigtes Kapital ... 806
4. Kapitalerhöhung aus Gesellschaftsmitteln ... 813
5. Kapitalherabsetzung ... 816
IV. Sonstige Satzungsänderungen ... 821
1. Allgemeines ... 821
2. Änderung der Satzung durch Beschluss der Hauptversammlung ... 823
3. Änderung der Satzungsfassung durch Beschluss des Aufsichtsrats ... 824
4. Handelsregisteranmeldung und Eintragung ... 824
V. Der Notar beim Börsengang ... 825
1. Einführung ... 825
2. Börsengang ... 825

§ 15 **Kommanditgesellschaft auf Aktien (KGaA)**
I. Rechtsnatur ... 831
II. Gestaltungsfreiheit ... 831
III. Erscheinungsformen ... 832
IV. Gründung/Kapital/Einlagen ... 832
1. Gründung ... 832
2. Aktien und Einlagen ... 833
V. Satzung ... 834
VI. Rechtsverhältnisse der Komplementäre und Kommanditaktionäre ... 835
1. Komplementäre ... 835
2. Kommanditaktionäre ... 838
3. Übertragung der Beteiligung ... 841
VII. Aufsichtsrat ... 842
VIII. Hauptversammlung ... 843
1. Anwendung der aktienrechtlichen Vorschriften ... 843
2. Zuständigkeiten ... 844
3. Zustimmung der persönlich haftenden Gesellschafter ... 844
4. Form der Zustimmungserklärung ... 845
5. Beurkundung der Zustimmungserklärung ... 845
IX. Satzungsänderung ... 847
1. Dispositive Satzungsbestimmungen ... 847
2. Verfahren ... 847

X. Kapitalmaßnahmen ... 848
1. Vermögenseinlage der Komplementäre ... 848
2. Grundkapital ... 849
3. Umwandlung von Komplementäranteilen in Aktien ... 849
4. Umwandlung von Aktien in Komplementäranteile ... 850
XI. Handelsregisteranmeldungen ... 850
XII. Auflösung ... 850

§ 16 Europäische Aktiengesellschaft (SE)
I. Überblick ... 853
1. Einführung ... 853
2. Rechtsgrundlagen, Normenhierarchie ... 854
3. Mitwirkung des Notars ... 855
II. Grundlagen ... 855
1. Verfassung der SE ... 855
2. Mitbestimmung ... 858
III. Gründung ... 860
1. Überblick ... 860
2. Gründung durch Verschmelzung ... 860
3. Gründung einer Holding-SE ... 868
4. Gründung einer gemeinsamen Tochter-SE ... 873
5. Gründung durch Formwechsel ... 875
6. Gründung einer Tochter-SE der SE ... 879
IV. Strukturmaßnahmen ... 880
1. Sitzverlegung ins EU-Ausland ... 880
2. Rückumwandlung der SE in eine Aktiengesellschaft ... 883
3. Beteiligung der SE an Umwandlungsmaßnahmen nach dem UmwG ... 884

§ 17 Gesellschaftervereinbarungen
I. Erscheinungsformen; Abgrenzung ... 887
1. Arten von Gesellschaftervereinbarungen ... 887
2. Terminologie ... 888
II. Notarielles Aufgabenfeld ... 889
III. Motive zum Abschluss von Gesellschaftervereinbarungen ... 890
1. Keine Registerpublizität ... 890
2. Formfreiheit, Flexibilität ... 890
3. Beschränkung auf den Kreis der Vertragspartner ... 891
4. Einzelfallcharakter der Regelung ... 891
5. Eingeschränkte Gestaltungsfreiheit ... 891
6. Erbschaftsteuer ... 892
IV. Dogmatische Einordnung und Verhältnis zur Satzung; Zulässigkeit ... 892
1. Rechtsnatur ... 892
2. Zulässigkeit ... 896
3. Änderung und Beendigung von Gesellschaftervereinbarungen ... 897
4. Übergang auf Rechtsnachfolger ... 898
5. Rechte und Pflichten der Gesellschaft ... 899
6. Gerichtliche Durchsetzung ... 899
7. Konzernrechtliche Auswirkungen ... 900
8. Anwendbares Recht ... 900
V. Formbedürftigkeit ... 901
1. Grundsatz: Formfreiheit ... 901
2. Fälle der Formbedürftigkeit ... 902

VI. Einzeldarstellung typischer Gesellschaftervereinbarungen ... 904
1. Stimmbindungs- und Stimmpoolverträge ... 904
2. Beteiligungsverträge ... 910
3. Vor-Gründungsverträge ... 915
4. Joint-Venture-Verträge ... 917
VII. Kosten ... 923
1. Konsortialverträge ... 924
2. Poolvertrag ... 925
3. Kooperationsvereinbarungen ... 925
4. Vor-Gründungsverträge ... 925
5. Zusammenfassende Beurteilung ... 926

8. Teil. Stille Beteiligungen

§ 18 Stille Gesellschaft, Unterbeteiligung und Treuhand

I. Die Stille Gesellschaft ... 929
1. Tatbestand, Anwendungsbereiche, Erscheinungsformen ... 929
2. Abschluss des Gesellschaftsvertrages ... 936
3. Inhalt des Vertrages ... 944
II. Die Unterbeteiligung ... 959
1. Allgemeines ... 959
2. Vertragsschluss ... 962
3. Inhalt des Vertrages ... 966
III. Die Treuhand ... 977
1. Arten der Treuhand ... 978
2. Begründung der Treuhand ... 980
3. Inhalt des Treuhandvertrages ... 987
4. Veränderungen des Treuhandverhältnisses ... 1001
5. Haftungsfragen ... 1004

9. Teil. Konzernrecht

§ 19 Konzernrecht

I. Bedeutung des Konzernrechts in der notariellen Praxis ... 1008
II. GmbH-Konzernrecht ... 1008
1. Beherrschungs- und Gewinnabführungsverträge mit einer GmbH als untergeordneter Gesellschaft ... 1008
2. Sonstige Unternehmensverträge mit einer GmbH als untergeordneter Gesellschaft ... 1027
3. Faktischer GmbH-Konzern ... 1028
III. Aktienkonzernrecht ... 1031
1. Errichtung von Unternehmensverträgen mit einer AG als untergeordneter Gesellschaft ... 1031
2. Änderung und Beendigung von Unternehmensverträgen mit einer AG als untergeordneter Gesellschaft ... 1033
3. Faktischer AG-Konzern ... 1034

10. Teil. Unternehmenskauf

§ 20 Die Rolle des Notars beim Unternehmenskauf

I. Einführung ... 1037
II. Vorbereitung der Beurkundung ... 1040
1. Feststellung der Beteiligten und der für sie auftretenden Personen ... 1040

2. Ermittlung der Vertretungsbefugnis 1042
3. Bevollmächtigte als Vertreter der Beteiligten 1043
4. Prüfung des Vertragsentwurfs 1046
5. Prüfung der Anlagen zum Vertrag 1047
6. Bezugsurkunde 1048
7. Entwurf der Mantelurkunde zum Unternehmenskaufvertrag 1051
8. Sonderproblem: Schiedsklauseln 1052
III. Beurkundung des Unternehmenskaufvertrages 1054
1. Beurkundung beim Notar 1054
2. Typische Situationen während des Beurkundungsvorgangs 1055
3. Gleichzeitige Beurkundung von Unternehmenskaufvertrag und Anlagen 1057
4. Änderungen und Ergänzungen der Urkunde während des Verlesens 1057
5. Belehrungen und Abschluss des Beurkundungsvorgangs 1058
IV. Notarielle Tätigkeiten nach Beurkundung des Unternehmenskaufvertrages 1060
1. Erfüllung von Anzeigepflichten 1060
2. Verwahrungsauftrag hinsichtlich der Dokumente des Datenraums 1063
V. Schlussbemerkung 1067

§ 21 Veräußerung kleiner und mittlerer Unternehmen
I. Die Rolle des Notars bei der Veräußerung kleiner und mittlerer Unternehmen 1070
1. Interessenlage der Beteiligten 1070
2. Anforderungen an den Notar 1071
3. Erwerbswege und Durchführungsformen, Verfahren 1073
II. Vorbereitung und Informationsbeschaffung durch den Notar 1075
1. Rechtliche Aspekte; Zweckmäßigkeitserwägungen 1075
2. Wirtschaftliche und steuerliche Aspekte 1076
III. Steuerstrukturierung 1077
1. Grundsätzliche Erwägungen 1077
2. Steuerliche Interessenlage der Beteiligten 1078
3. Grundzüge der Besteuerung von Unternehmensveräußerungen 1078
IV. Gestaltung des Unternehmenskaufvertrages 1082
1. Kaufgegenstand 1082
2. Kaufpreis 1093
3. Gewährleistung / Garantien 1096
4. Haftung für Altverbindlichkeiten 1101
5. Arbeitsrechtliche Aspekte 1102
6. Kartellrechtliche Aspekte 1104
7. Steuerklausel 1105
8. Wettbewerbsverbote 1106
9. Sonstige Regelungen 1108
10. Management-Buy-Out/Management-Buy-In 1109
11. Vertragsmuster 1110

11. Teil. Unternehmensumstrukturierungen

§ 22 Umwandlungsrecht
I. Einführung 1117
1. Begriff „Umwandlung“ 1117
2. Das Umwandlungsgesetz 1994 1118

3. Umwandlungsarten nach dem Umwandlungsgesetz ... 1118
4. Gesetzessystematik ... 1119
5. Umstrukturierungsmaßnahmen außerhalb des UmwG ... 1119
6. Grundprinzipien der Umwandlung nach UmwG ... 1121
7. Beteiligte Rechtsträger ... 1125
8. Rechtsfolgen der Umwandlung ... 1127
9. Risiken und Schutzmechanismen ... 1131
10. Ablauf einer Umwandlung nach Umwandlungsgesetz ... 1134
11. Überblick Steuerrecht ... 1139
12. Überblick Kartellrecht ... 1141
13. Überblick Kostenrecht ... 1142
II. Verschmelzung ... 1143
1. Einführung ... 1143
2. Beteiligte Rechtsträger ... 1143
3. Verschmelzungsvertrag ... 1144
4. Verschmelzungsbericht ... 1150
5. Verschmelzungsprüfung ... 1151
6. Zuleitung an den Betriebsrat ... 1151
7. Bekanntmachung des Verschmelzungsvertrages ... 1152
8. Zustimmungsbeschlüsse ... 1152
9. Registeranmeldung ... 1155
10. Eintragung ... 1160
11. Besonderheiten bei der Verschmelzung zur Neugründung ... 1160
12. Besonderheiten einzelner Verschmelzungskonstellationen ... 1161
III. Spaltung ... 1175
1. Allgemeines ... 1175
2. Spaltungs- und Übernahmevertrag, Spaltungsplan ... 1185
3. Spaltungsbericht und Spaltungsprüfung ... 1196
4. Spaltungsbeschlüsse ... 1197
5. Registeranmeldung ... 1199
6. Eintragung der Spaltung und Wirkungen ... 1202
7. Besonderheiten bei der Beteiligung von Gebietskörperschaften ... 1205
IV. Formwechsel ... 1205
1. Einführung ... 1205
2. Beteiligte Rechtsträger ... 1206
3. Umwandlungsbericht ... 1206
4. Umwandlungsprüfung ... 1206
5. Zuleitung an den Betriebsrat ... 1207
6. Umwandlungsbeschluss ... 1207
7. Registeranmeldung ... 1212
8. Eintragung ... 1213
9. Besonderheiten einzelner Formwechselkonstellationen ... 1214

§ 23 Anwachsungsmodelle

I. Allgemeines ... 1219
1. Keine Ein-Mann-Personengesellschaft ... 1219
2. Erfordernis der Übernahmevereinbarung ... 1220
3. Anwachsungsprinzip und Gesamthand ... 1220
4. Anwachsung bei unterschiedlich belasteten Anteilen ... 1222
II. Handels- und ertragsteuerrechtliche Einordnung ... 1223
III. Anwachsung bei der GmbH & Co. KG ... 1224
1. Einfaches Anwachsungsmodell ... 1226
2. Erweitertes Anwachsungsmodell ... 1232

§ 24 Umwandlungen mit Auslandsberührung
I. Vorbemerkung ... 1238
II. Einführung ... 1238
1. Arten der Umwandlungen mit Auslandsberührung ... 1238
2. Ermittlung des anwendbaren Rechts ... 1238
III. Grenzüberschreitende Umwandlungen nach deutschem Recht ... 1240
1. Grenzüberschreitende Verschmelzungen ... 1240
2. Grenzüberschreitende Spaltungen ... 1243
3. Grenzüberschreitender Formwechsel ... 1244
4. Grenzüberschreitende Vermögensübertragung ... 1245
IV. Inländische Umwandlung mit Auslandsberührung ... 1245
V. Ausländische Umwandlung mit Inlandsberührung ... 1246
VI. Grenzüberschreitende Verschmelzungen gemäß § 122 a ff. UmwG ... 1247
1. Regelungsumfang ... 1247
2. Hereinverschmelzung ... 1248
3. Hinausverschmelzung ... 1277

12. Teil. Existenz- und Vertretungsnachweise

§ 25 Vollmachten sowie Existenz- und Vertretungsnachweise bei in- und ausländischen Gesellschaften
I. Einführung ... 1284
1. Bedeutung von Existenz- und Vertretungsnachweisen ... 1284
2. Rechtsgrundlagen der notariellen Pflichten im Zusammenhang mit Existenz- und Vertretungsnachweisen ... 1285
II. Existenz- und Vertretungsnachweise bei deutschen Gesellschaften ... 1287
1. Registereintragungen als Grundlage für Existenz- und Vertretungsnachweise ... 1287
2. Nachweis der Existenz ... 1290
3. Vertretungsnachweise ... 1295
III. Existenz- und Vertretungsnachweise bei ausländischen Gesellschaften ... 1309
1. Anwendungsfälle ... 1309
2. Existenznachweise ... 1310
3. Vertretungsnachweise ... 1315
4. Verwendung ausländischer Existenz- und Vertretungsnachweise im Inland ... 1319

13. Teil. Unternehmensnachfolge

§ 26 Unternehmensnachfolge
I. Einführung ... 1325
1. Rolle des Notars ... 1325
2. Vor- und Nachteile einer vorweggenommenen Erbfolge ... 1326
3. Nicht behandelte Unternehmensformen bzw. -nachfolgegestaltungen . 1327
II. Grundfragen ... 1327
1. Bestandsaufnahme ... 1327
2. Ermittlung der Interessen und Regelungsziele ... 1328
3. Typisierung der persönlichen Lebenssituationen ... 1329
III. Ziele einer Unternehmensnachfolge und deren Umsetzung ... 1331
1. Unternehmensfortführung ... 1331
2. Konfliktvermeidung, gerechte Verteilung unter den Familienangehörigen/Begünstigten ... 1334

3. Wirtschaftliche Absicherung ... 1336
4. Möglichkeit der Rückabwicklung und Sicherung der Einflussnahme .. 1338
5. Schenkungscharakter einer vorweggenommenen Erbfolge ... 1341
6. Formvorschriften, Vollzugs- und Zustimmungserfordernisse ... 1342
IV. Einzelunternehmen ... 1344
1. Übertragung des Einzelunternehmens auf einen Nachfolger ... 1344
2. Beteiligung des Nachfolgers durch Umwandlung des Einzelunternehmens in eine Personen- oder Kapitalgesellschaft ... 1348
V. Personengesellschaften ... 1349
1. Übertragung eines Gesellschaftsanteils auf einen oder mehrere Nachfolger ... 1349
2. Aufnahme eines oder mehrer Nachfolger in eine Personengesellschaft ... 1350
3. Sicherung des Übergebers ... 1351
4. Wesentliche gesellschaftsvertragliche Regelungen für Familiengesellschaften ... 1354
VI. Kapitalgesellschaften ... 1364
1. Übertragung eines Gesellschaftsanteils auf einen/mehrer Nachfolger ... 1364
2. Aufnahme eines oder mehrer Nachfolger in eine Kapitalgesellschaft ... 1364
3. Sicherung des Übergebers ... 1365
4. Wesentliche Satzungsregelungen für Familienkapitalgesellschaften 1368
VII. Umwandlung des Unternehmens zur Gestaltung der Nachfolge ... 1370
1. Wesentliche Merkmale einer Personengesellschaft ... 1370
2. Eignung von GbR einerseits und OHG und KG andererseits ... 1371
3. Wesentliche Merkmale einer Kapitalgesellschaft ... 1372
4. Wesentliche Merkmale GmbH & Co. KG ... 1373
5. Eignung der GmbH, der GmbH & Co. KG und der AG ... 1373
6. Personen- oder Kapitalgesellschaft? ... 1373
VIII. Stille Gesellschaft und Unterbeteiligung ... 1374
1. Allgemeines und Abgrenzung ... 1374
2. Stille Gesellschaft ... 1375
3. Unterbeteiligung ... 1378
IX. Der Beirat ... 1378
1. Allgemeines ... 1378
2. Mögliche Aufgaben und Kompetenzen eines Beirats ... 1378
3. Schaffung eines Beirats als Gesellschaftsorgan und dessen Organisation ... 1379
4. Nutzen für die Unternehmensnachfolge ... 1382
5. Kompetenzen und Grenzen der Kompentenzverlagerung ... 1383
X. Beteiligung Minderjähriger ... 1385
1. Allgemeines ... 1385
2. Vertretung eines Minderjährigen – Erfordernis eines Ergänzungspflegers ... 1385
3. Erfordernis einer familiengerichtlichen Genehmigung ... 1388
XI. Unternehmensnachfolge von Todes wegen ... 1391
1. Allgemeines ... 1391
2. Gestaltung durch Verfügung von Todes wegen ... 1392
XII. Begleitmaßnahmen ... 1395
1. Ehevertragliche Regelungen ... 1395
2. Pflichtteilsansprüche ... 1396
3. Vorsorgevollmacht ... 1397
4. Notfallordner ... 1398

14. Teil. Familienrecht

§ 27 Unternehmensbeteiligungen im Familienrecht

I. Gesetz und Ehevertrag als Ersatzgesetz ... 1400
1. Unpassende gesetzliche Regelung ... 1400
2. Der Ehevertrag als Individualgesetz der Unternehmerehe ... 1400
3. Inhaltskontrolle fordert Mindeststandards ... 1401
II. Güterstand ... 1406
1. Der gesetzliche Güterstand – kein Unternehmermodell ... 1406
2. Modifizierungen des gesetzlichen Güterstandes ... 1420
3. Gütertrennung ... 1426
4. Ansprüche der sog. „Zweiten Spur" im Familienrecht ... 1428
5. Güterstandsklauseln in Gesellschaftsverträgen ... 1430
6. Ausländische Güterstände – Übersicht ... 1431
III. Unterhalt ... 1433
1. Der gesetzliche Unterhalt nach der Reform ... 1433
2. Steuerbilanz – Unterhaltsbilanz ... 1442
3. Abweichende unterhaltsrechtliche Vereinbarungen ... 1448
IV. Versorgungsausgleich ... 1453
1. Neukonzeption ... 1453
2. Regelungsbedarf ... 1453

15. Teil. Minderjährigenrecht

§ 28 Minderjährige im Gesellschaftsrecht

I. Einleitung ... 1457
II. Beteiligung an Kapitalgesellschaften ... 1458
1. GmbH/UG ... 1458
2. AG ... 1461
3. Genossenschaft ... 1462
III. Beteiligung an einer Personengesellschaft ... 1463
1. Offene Handelsgesellschaft ... 1463
2. Kommanditgesellschaft ... 1465
3. Gesellschaft bürgerlichen Rechts ... 1468
4. Stille Gesellschaft und Unterbeteiligung ... 1470
5. Partnerschaftsgesellschaft ... 1471
6. Übersicht ... 1471
IV. Bestellung des Ergänzungspflegers ... 1473
1. Bestellung eines oder mehrerer Ergänzungspfleger ... 1473
2. Zuständigkeit ... 1473
3. Verfahren ... 1474
4. Vorschlagsrecht der Eltern/des Vormunds ... 1476
5. Entscheidung des Gerichts ... 1477
6. Rechtsmittel ... 1478
V. Familiengerichtliche Genehmigung ... 1480
1. Zuständigkeit ... 1480
2. Verfahren ... 1480
3. Anhörungen ... 1481
4. Entscheidung des Gerichts ... 1481
5. Bekanntgabe der Entscheidung ... 1483
6. Wirksamwerden der Entscheidung ... 1485

7. Rechtsmittel ... 1486
8. Rechtsmittelverzicht ... 1488
9. Mitteilung der Entscheidung ... 1489

16. Teil. Insolvenzrecht

§ 29 Insolvenzrecht
I. Krise und Insolvenz von Gesellschaft und Gesellschaftern ... 1495
1. Allgemeines ... 1495
2. Ziele und Eröffnung des Insolvenzverfahrens; vorläufiger Insolvenzverwalter ... 1496
3. Folgen der Verfahrenseröffnung und Rechtsstellung des Insolvenzverwalters ... 1497
II. Die Insolvenz eines Gesellschafters ... 1498
1. Die Risiken einer Insolvenz eines Gesellschafters für die Gesellschaft und die übrigen Gesellschafter ... 1498
2. Besonderheiten bei Personengesellschaften ... 1498
3. Gestaltungsmöglichkeiten bei der GmbH ... 1499
III. Krise, Sanierung und Insolvenz der Gesellschaft ... 1505
1. Kapitalmaßnahmen in der Krise ... 1505
2. Umwandlungsmaßnahmen in der Krise ... 1508
3. Insolvenz von Gesellschaften ... 1510
4. Erwerb von Unternehmen in Krise oder Insolvenz ... 1513
5. Sanierungsmöglichkeiten durch das ESUG ... 1518
IV. Haftungsrisiken für Gesellschafter in der Insolvenz der Gesellschaft ... 1520
1. Fortbestehen der Einlagepflichten ... 1520
2. Haftung gemäß § 9 GmbHG (Sacheinlage) ... 1520
3. Verdeckte Sacheinlage ... 1521
4. Fälle des Hin- und Herzahlens ... 1521
5. Unterbilanzhaftung ... 1521
6. Kapitalerhaltung in der GmbH und existenzvernichtender Eingriff ... 1522
V. Die Firma in der Insolvenz ... 1523
1. Generelle Verwertungsbefugnis des Insolvenzverwalters ... 1523
2. Änderung und Löschung der Firma während des Insolvenzverfahrens ... 1523
3. Rechte des Erwerbers ... 1523
VI. Vollmachten in der Insolvenz ... 1524
1. Erlöschen von Vollmachten, die vom Gemeinschuldner erteilt wurden ... 1524
2. Kein Erlöschen von Vollmachten, die dem Gemeinschuldner erteilt worden sind ... 1525
3. Erteilung von Vollmachten durch den Insolvenzverwalter und ihr Erlöschen ... 1525
VII. Notarielle Berufspflichten in der Insolvenz ... 1526
1. Auskunftsrechte und -pflichten ... 1526
2. Recht auf Ausfertigungen, Abschriften und Einsicht ... 1527
3. Versagen der Amtstätigkeit ... 1527
4. Notarielle Belehrungspflichten ... 1528

17. Teil. Steuerrecht

§ 30 Steuerrecht

I. Einführung ... 1532
1. Notar und Steuerrecht ... 1532
2. Informationsquellen im Steuerrecht ... 1534
3. Inhalt und Ziel der weiteren Darstellung ... 1536
II. Steuerliches „Pflichtprogramm“ ... 1537
1. Steuerliche Anzeigepflichten ... 1537
2. Steuerliche Hinweis- und Belehrungspflichten ... 1547
III. Steuerliches „Kürprogramm“ ... 1557
1. Allgemeine Fragen des Steuerrechts ... 1557
2. Ausgewählte Einzelfragen des Steuerrechts ... 1581

Sachverzeichnis ... 1659

Bearbeiterverzeichnis

Prof. Dr. Walter Bayer
Richter am Oberlandesgericht a. D.,
o. Professor an der Universität Jena

Johannes Bolkart
Notar in Straubing

Dr. Leif Böttcher LL. M.
Notarassessor in Bonn

John Flüh
Rechtsanwalt und Notar in Berlin

Dr. Joachim Gores
Rechtsanwalt und Notar in Essen

Dr. Ulrich Haupt
Rechtsanwalt und Notar in Hannover

Dr. Armin Hauschild M. C. J.
Notar in Düsseldorf

Dr. Jörn Heinemann LL. M.
Notar in Neumarkt i. d. OPf.

Sebastian Herrler
Notar a. D.,
Geschaftsführer des DNotI in Würzburg

Dr. Jürgen Kallrath
Notar in Köln

Thomas Kilian
Notarassessor in Aichach

Dr. Matthias Kleiser
Notar in Hamburg

Dr. Mario Leitzen M. Jur.
Notarassessor in Düsseldorf

Dr. Jan Link, Dipl.-Kfm.
Notar in Moers

Dr. Oleg de Lousanoff LL. M.
Rechtsanwalt und Notar in Frankfurt a. M.

Annett Meier-Wehrsdorfer
Geschäftsführende Assistentin an der Universität Jena

Dr. Christof Münch
Notar in Kitzingen

Dr. Harald Peters
Notar in Aachen

Dr. Benedikt Pfisterer
Notar in München

Dr. Klaus Piehler LL. M.
Notar in Köln

Prof. Dr. Hans-Joachim Priester
Notar a. D. in Hamburg

Dr. Maximilian Freiherr von Proff zu Irnich
Notar in Waldbröl

Dr. Adolf Reul
Notar in Neu-Ulm

Dr. Winfried Richardt
Rechtsanwalt in Neuss

Dr. Markus Riemenschneider
Notar in München

Prof. Dr. Peter Ries
Richter am Amtsgericht und Fachhochschullehrer in Berlin

Dr. Bernhard Schaub
Notar in München

Dr. Karl-Heinz Schmiegelt
Rechtsanwalt und Notar in Frankfurt a. M.

Dr. Harald Selzner
Rechtsanwalt in Düsseldorf

Dr. Carl Otto Stucke
Rechtsanwalt und Notar in Essen

Dr. Christoph Terbrack
Notar in Aachen

Thomas Wachter
Notar in München

Dr. Simon Weiler
Notar in Bamberg

Dr. Norbert Zimmermann LL. M.
Notar in Düsseldorf

Abkürzungs- und Literaturverzeichnis

Hinweis: Literatur, die nur Bezug zu speziellen Kapiteln des Werkes hat, wird dort aufgeführt (insbesondere Zeitschriftenaufsätze).

a. A.	anderer Ansicht
a. a. O.	am angegebenen Ort
abgedr.	abgedruckt
abl.	ablehnend
ABlEG	Amtsblatt der Europäischen Gemeinschaften
Abs.	Absatz (Absätze)
Abw.	abweichend
AcP	Archiv für die civilistische Praxis
Adler/Düring/Schmaltz	Rechnungslegung und Prüfung der Unternehmen, (Loseblatt, auch zitiert als *A/D/S*)
a. E.	am Ende
a. F.	alte Fassung
AG	Aktiengesellschaft; Die Aktiengesellschaft (Zeitschrift); Amtsgericht
AGB	Allgemeine Geschäftsbedingungen
AktG	Aktiengesetz
Allg.	allgemein
Allg. M.	allgemeine Meinung
Alt.	Alternative
Amtl.	amtlich
Amtl. Begr.	Amtliche Begründung
AN	Arbeitnehmer
Anh.	Anhang
Anm.	Anmerkung(en)
AnwKommAktR	Heidel (Hrsg.), Anwaltkommentar Aktienrecht, 2003
AO	Abgabenordnung
AR	Aufsichtsrat
ArbG	Arbeitsgericht
Arg.	argumentum
Armbrüster/Preuß/Renner	Beurkundungsgesetz und Dienstordnung für Notarinnen und Notare, Kommentar, 5. Aufl. 2009
Arndt/Lerch/Sandkühler	Bundesnotarordnung, Kommentar, 6. Aufl. 2008
Art.	Artikel
Assmann/Schneider	Wertpapierhandelsgesetz, Kommentar, 5. Aufl. 2009
AT	Allgemeiner Teil
Aufl.	Auflage
AuR	Arbeit und Recht
Ausdr.	ausdrücklich
AuslG	Ausländergesetz
AuslInvG	Auslandsinvestitionsgesetz
AWG	Außenwirtschaftsgesetz
AWVO	Außenwirtschaftsverordnung
BaFin	Bundesanstalt für Finanzdienstleistungsaufsicht
BAG	Bundesarbeitsgericht
BAGE	Entscheidungen des Bundesarbeitsgerichts
BankArch	Bank-Archiv. Zeitschrift für Bank- und Börsenwesen
BankBiRiLiG	Bank-Bilanzrichtliniengesetz
BAnz	Bundesanzeiger
Bamberger/Roth	Bürgerliches Gesetzbuch, Kommentar, 3. Aufl. 2011
Baumbach/Hefermehl	Wechselgesetz und Scheckgesetz, 23. Aufl. 2008
Baumbach/Hopt	Handelsgesetzbuch (ohne Seerecht), 34. Aufl. 2010
Baumbach/Hueck AktG	Aktiengesetz, 13. Aufl. 1968
Baumbach/Hueck GmbHG	GmbH-Gesetz, 19. Aufl. 2010

Baumbach/Lauterbach/ Albers/Hartmann	Zivilprozessordnung, 69. Aufl. 2011
BAFin	Bundesanstalt für Finanzdienstleistungsaufsicht
BayObLG	Bayerisches Oberstes Landesgericht
BayObLGZ	Entscheidungen des Bayerischen Obersten Landesgerichts in Zivilsachen
BB	Betriebs-Berater
BBankG	Bundesbankgesetz
Bd(e)	Band (Bände)
BeckAG-Hdb	Beck'sches Handbuch der AG – Gesellschaftsrecht, Steuerrecht, Börsengang, 2004
BeckBilKomm	Beck'scher Bilanzkommentar, Jahresabschluss nach Handels- und Steuerrecht, 7. Aufl. 2010
BeckNotarHdb	Beck'sches Notar-Handbuch, 5. Aufl. 2009
BeckFormb	Hoffmann-Becking/Rawert, Beck'sches Formularbuch Bürgerliches, Handels- und Wirtschaftsrecht, 10. Aufl. 2010
BeckGmbH-Hdb	Beck'sches Handbuch der GmbH – Gesellschaftsrecht, Steuerrecht, 4. Aufl. 2009
BeckOF	Beck'sche Online-Formulare
BeckOK	Beck'scher Online-Kommentar
BeckPersG-Hdb	Beck'sches Handbuch der Personengesellschaften – Gesellschaftsrecht und Steuerrecht, 3. Aufl. 2009
Begr.	Begründung
Beil.	Beilage
Bek.	Bekanntmachung
Bes.	besondere(r), besonders
Betr.	betreffen(d), betrifft
BetrVG	Betriebsverfassungsgesetz
BeurkG	Beurkundungsgesetz
BewG	Bewertungsgesetz
BFH	Bundesfinanzhof
BFHE	Sammlung der Entscheidungen des Bundesfinanzhofs
BGB	Bürgerliches Gesetzbuch
BGBl	Bundesgesetzblatt
BGH	Bundesgerichtshof
BGHZ	Entscheidungen des Bundesgerichtshofs in Zivilsachen
BHO	Bundeshaushaltsordnung
BHR	Bonner Handbuch Rechnungslegung, Textsammlung, Einführung, Kommentierung, 2. Aufl. 1996
BiRiLiG	Bilanzrichtliniengesetz
Binz/Sorg	GmbH & Co. KG, 11. Aufl. 2010
BKR	Zeitschrift für Bank- und Kapitalmarktrecht
BNotO	Bundesnotarordnung
BörsenZulV(O)	Börsenzulassungsverordnung
BörsG	Börsengesetz
Brandmüller	Der GmbH-Geschäftsführer im Gesellschaftsrecht, Steuerrecht und Sozialversicherungsrecht, 18. Aufl. 2006
Brandmüller/Küffner	Bonner Handbuch GmbH, Loseblatt
BR-Drucks	Bundesrats-Drucksache
BT-Drucks	Bundestags-Drucksache
Brönner/Rux/Wagner	Brönner/Rux/Wagner, GmbH & Co. KG in Recht und Praxis, 8. Aufl. 1998
Bsp.	Beispiel(e)
BStBl	Bundessteuerblatt
BT-Drucks	Bundestags-Drucksache
BuB	Bankrecht und Bankpraxis
Bumiller/Winkler	Freiwillige Gerichtsbarkeit, 10. Aufl. 2011
Bunnemann/Zirngibl	Auswirkungen des MoMiG auf bestehende GmbHs, 2008
BVerfG	Bundesverfassungsgericht
BVerfGE	Entscheidungen des Bundesverfassungsgerichts
BVerwG	Bundesverwaltungsgericht
BVerwGE	Entscheidungen des Bundesverwaltungsgerichts

bzgl.	bezüglich
bzw.	beziehungsweise
C.i.c.	culpa in contrahendo
DAV	Deutscher Anwaltverein
DB	Der Betrieb
Dehmer	Dehmer, Umwandlungsgesetz – Umwandlungssteuergesetz, 3. Aufl. 2001
DepG	Depotgesetz
dergl	dergleichen
ders.	derselbe
d. h.	das heißt
dies.	dieselbe(n)
Diss.	Dissertation
DJ	Deutsche Justiz
DJT	Deutscher Juristentag
DJZ	Deutsche Juristenzeitung
DNotZ	Deutsche Notarzeitung
DONot	Dienstordnung für Notare
DÖV	Die öffentliche Verwaltung
DR	Deutsches Recht
DRiZ	Deutsche Richterzeitung
DStBl	Deutsches Steuerblatt
DStR	Deutsches Steuerrecht
DStZ	Deutsche Steuer-Zeitung
DVBl	Deutsches Verwaltungsblatt
DZWir	Deutsche Zeitschrift für Wirtschaftsrecht
E/B/J/S	*Ebenroth/Boujong/Joost/Strohn* (Hrsg.) Handelsgesetzbuch, 2. Aufl. 2009
Eckhardt/Hermanns	Kölner Handbuch Gesellschaftsrecht, 2010 (auch zitiert als: KölnHdbGesR, s. u.)
EFG	Entscheidungen der Finanzgerichte
EG	Europäische Gemeinschaften
EGAktG	Einführungsgesetz zum Aktiengesetz
EGBGB	Einführungsgesetz zum Bürgerlichen Gesetzbuch
EGHGB	Einführungsgesetz zum Handelsgesetzbuch
EGInsO	Einführungsgesetz zur Insolvenzordnung
EGV	Vertrag zur Gründung der Europäischen Gemeinschaften
Einf.	Einführung
Einl.	Einleitung
einstw.	einstweilig(e)
Emmerich/Habersack	Aktien- und GmbH-Konzernrecht. Kommentar, 6. Aufl. 2010
entspr.	entsprechen(d), entspricht
Entw.	Entwurf
ErgBd	Ergänzungsband
Erl.	Erläuterung(en); Erlass
EStG	Einkommensteuergesetz
EU	Europäische Union
EuGH	Europäischer Gerichtshof
EuroEG	Euro-Einführungsgesetz
evtl.	eventuell
EWiR	Entscheidungen zum Wirtschaftsrecht
EWR	Europäischer Wirtschaftsraum EWS Europäisches Wirtschafts- und Steuerrecht
Eylman/Vaasen	Bundesnotarordnung und Beurkundungsgesetz, 3. Aufl. 2011
f., ff.	folgende
FamFG	Gesetz über das Verfahren in Familiensachen und in den Angelegenheiten der freiwilligen Gerichtsbarkeit
FG	Finanzgericht
f. G.	freiwillige Gerichtsbarkeit
FGPrax	Praxis der Freiwilligen Gerichtsbarkeit. Vereinigt mit OLGZ

FinMin/FM .... Finanzministerium
Fn. .... Fußnote
Form .... Formular
FS .... Festschrift

GBO .... Grundbuchordnung
GbR .... Gesellschaft bürgerlichen Rechts
Geibel/Süßmann .... Wertpapiererwerbs- und Übernahmegesetz (WpÜG), 2. Aufl. 2008
GebrMG .... Gebrauchsmustergesetz
gem. .... gemäß
GenG .... Genossenschaftsgesetz
gerichtl. .... gerichtlich
Ges. .... Gesetz(e)
ges. .... gesetzlich
Geßler/Hefermehl/
Eckardt/Kropff .... Aktiengesetz, Kommentar, 1973–1994
GesRZ .... Der Gesellschafter. Zeitschrift für Gesellschaftsrecht (Österreich)
GewStG .... Gewerbesteuergesetz
ggf. .... gegebenenfalls
GmbH .... Gesellschaft mit beschränkter Haftung
GmbHG .... Gesetz betreffend die Gesellschaften mit beschränkter Haftung idF v. 20. 5. 1898 (RGBl. S. 846)
GmbH-Handbuch .... Loseblatt, bearb. v. Brand, Fuhrmann, Heuser, Kallmeyer, Moll, Tillmann, hrsg. v. Centrale für GmbH
GmbHR .... GmbH-Rundschau
GoB .... Grundsätze ordnungsmäßiger Buchführung
Gottwald .... Insolvenzrechts-Handbuch, 3. Aufl. 2006
Goutier/Seidel .... Handkommentar zum GmbH-Gesetz und zur GmbH-Novelle, 1990
grdsl. .... grundsätzlich
GroßkommAktG .... Großkommentar zum Aktienrecht, 4. Aufl. 1992 ff.
GroßkommHGB .... Staub, Handelsgesetzbuch Großkommentar, 4. Aufl. 1982 ff.
GRUR .... Gewerblicher Rechtsschutz und Urheberrecht (Zeitschrift)
GS .... Großer Senat
Gummert .... Münchener Anwaltshandbuch Personengesellschaftsrecht, 2005
GuV .... Gewinn- und Verlustrechnung
GVG .... Gerichtsverfassungsgesetz
GWB .... Gesetz gegen Wettbewerbsbeschränkungen
GWR .... Gesellschafts- und Wirtschaftsrecht

Haarmann/Schüppen ...... Öffentliche Übernahmeangebote – Kommentar zum WpÜG, 3. Aufl. 2008
Habersack .... Europäisches Gesellschaftsrecht, 3. Aufl. 2006
Hachenburg .... Gesetz betreffend die Gesellschaften mit beschränkter Haftung, 8. Aufl. 1989 ff.
Hamann/Sigle .... Vertragsbuch Gesellschaftsrecht, 2008
HandwerksO .... Handwerksordnung
HansRGZ .... Hanseatische Rechts- und Gerichtszeitschrift
Happ .... Aktienrecht, 3. Aufl. 2007
Hdb. .... Handbuch
Heckschen/Heidinger ...... Die GmbH in der Gestaltungs- und Beratungspraxis, 2. Aufl. 2009
Heidel .... Aktienrecht und Kapitalmarktrecht, Kommentar, 3. Aufl. 2011
Heim .... Handbuch des Aktienrechts, 1978
Henn .... Handbuch des Aktienrechts, 8. Aufl. 2009
Henze .... Handbuch zum GmbH-Recht, 2. Aufl. 1997
Henze/Röhricht .... GmbH-Recht, Höchstrichterliche Rechtsprechung
Henze/Triller .... Die GmbH & Co., 11. Aufl. 1973
Hettler/Stratz/Hörtnagl ... Beck'sches Mandatshandbuch Unternehmenskauf, 2004
Heymann .... Handelsgesetzbuch, Kommentar, 2. Aufl. 1995 ff.
Heymann/Kötter .... Handelsgesetzbuch, Kommentar, 21. Aufl. 1971
HGB .... Handelsgesetzbuch
HK-AktG......................... Heidelberger Kommentar zum Aktiengesetz, hrsg. v. Körber/Bürgers, 2. Aufl. 2011

HK-GmbHR .... Heidelberger Kommentar zum GmbH-Recht, hrsg. v. Bartl/Fichtelmann/Koch, 6. Aufl. 2008
HK-InsO .... Heidelberger Kommentar zur Insolvenzordnung, v. Kreft, 6. Aufl. 2011
h. L. .... herrschende Lehre
h. M. .... herrschende Meinung
Hoffmann/Liebs .... Der GmbH-Geschäftsführer, 3. Aufl. 2009
Hoffmann/Preu .... Der Aufsichtsrat. Ein Leitfaden für Aufsichtsräte, 5. Aufl. 2003
HR .... Handelsregister
HRefG .... Handelsrechtsreformgesetz
HRR .... Höchstrichterliche Rechtsprechung
Hrsg. .... Herausgeber
HRV .... Handelsregisterverfordnung
HS .... Halbsatz
Hüffer .... Aktiengesetz, 9. Aufl. 2010
HV .... Hauptversammlung

i. d. F. .... in der Fassung
i. d. R. .... in der Regel
IDW .... Institut der Wirtschaftsprüfer
i. E. .... im Ergebnis
i. e. .... im einzelnen
i. e. S. .... im engeren Sinne
IHK .... Industrie- und Handelskammer
insges. .... insgesamt
InsO .... Insolvenzordnung
Int. .... international
IPrax .... Praxis des internationalen Privat- und Verfahrensrechts
InvG .... Investmentgesetz
i. R. .... im Rahmen
i. R. d. .... im Rahmen des (der)
i. S. d. .... im Sinne des (der)
i. S. v. .... im Sinne von
i. ü. .... im übrigen
i. V. m. .... in Verbindung mit
i. w. S. .... im weiteren Sinne
i. Z. .... im Zweifel

Jauernig .... Bürgerliches Gesetzbuch, Kommentar, 13. Aufl. 2009
JbFSt .... Jahrbuch der Fachanwälte für Steuerrecht
JFG .... Jahrbuch für Entscheidungen in Angelegenheiten der freiwilligen Gerichtsbarkeit und des Grundbuchrechts
JMBl .... Justizministerialblatt
JR .... Juristische Rundschau
jur. .... juristisch
JurBüro .... Das juristische Büro
JuS .... Juristische Schulung
Justiz .... Die Justiz (Zeitschrift)
JW .... Juristische Wochenschrift
JZ .... Juristenzeitung

Kallmeyer .... Umwandlungsgesetz, 4. Aufl. 2009
KapErhG .... Kapitalerhöhungsgesetz
KapErhStG .... Gesetz über steuerrechtliche Maßnahmen bei Erhöhung des Nennkapitals aus Gesellschaftsmitteln
KapMuG .... Gesetz über Musterverfahren in kapitalmarktrechtlichen Streitigkeiten (Kapitalanleger-Musterverfahrensgesetz)
Kersten/Bühling .... Formularbuch und Praxis der Freiwilligen Gerichtsbarkeit, 23. Aufl. 2010
KfH .... Kammer für Handelssachen
KG .... Kammergericht; Kommanditgesellschaft

KGaA	Kommanditgesellschaft auf Aktien
KHzA/*Bearbeiter*	Kasseler Handbuch zum Arbeitsrecht, 2. Aufl. 2000
Klauss/Birle GmbH	Die GmbH, 5. Aufl. 1992
Klauss/Birle GmbH & Co. KG	Die GmbH & Co. KG, 7. Aufl. 1988
Klunzinger	Grundzüge des Gesellschaftsrechts, 15. Aufl. 2009
Koller/Roth/Morck	Handelsgesetzbuch, Kommentar, 7. Aufl. 2011
KölnHdBGesR	Kölner Handbuch Gesellschaftsrecht, hrsg. v. Eckhardt/Herrmanns, 2010 (auch zitiert als Eckhart/Herrmanns, s. o.)
KölnKommAktG	Kölner Kommentar zum Aktiengesetz, hrsg. von Zöllner/Noack, 3. Aufl. 2004 ff., 2. Aufl. 1986 ff.
KölnKommWpÜG	Kölner Kommentar zum WpÜG, hrsg. von Hirte/Möllers, 2002
KölnKommUmwG	Kölner Kommentar zum Umwandlungsgesetz, 2009
Komm.	Kommentar
KonTraG	Gesetz zur Kontrolle und Transparenz im Unternehmensbereich
KostO	Kostenordnung
KostRspr	Kostenrechtsprechung (Nachschlagewerk)
Krafka/Willer/Kühn	Registerrecht, 8. Aufl. 2010
Kraft/Kreutz	Gesellschaftsrecht, 12. Aufl. 2008
krit.	kritisch
KStG	Körperschaftsteuergesetz
KStR	Körperschaftsteuerrichtlinien
KTS	Zeitschrift für Insolvenzrecht, Konkurs/Treuhand/Sanierung
Kübler	Gesellschaftsrecht, 5. Aufl. 1999
Küting/Weber Konzernrechnungslegung	Handbuch der Konzern-Rechnungslegung, 2. Aufl. 1998
Küting/Weber Rechnungslegung	Handbuch der Rechnungslegung, 3. Aufl. 1990, 4. Aufl. 1995 ff.
KWG	Kreditwesengesetz
Langenfeld	GmbH-Vertragspraxis, 6. Aufl. 2009
Leistikow	Das neue GmbH-Recht, 2009
Lerch	Beurkundungsgesetz, 4. Aufl. 2009
LG	Landgericht
Limmer	Handbuch der Unternehmensumwandlung, 3. Aufl. 2007
Limmer/Hertel/Frenz/Mayer	Würzburger Notarhandbuch, 2. Aufl. 2009 (auch zitiert als: WürzbNotHdb, s. u.)
Lit.	Literatur
lit.	litera
LM	Nachschlagewerk des Bundesgerichtshofs, hrsg. von Lindenmaier, Möhring u. a.
Lorz/Pfisterer/Geber AktR	Beck'sches Formularbuch Aktienrecht, 2005
Lorz/Pfisterer/Geber GmbHR	Beck'sches Formularbuch GmbH-Recht, 2009
LS	Leitsatz
Lücke/Schaub	Beck'sches Mandatshandbuch Vorstand der AG, 2. Aufl. 2010
Lutter UmwG	Umwandlungsgesetz, Kommentar, 4. Aufl. 2009
Lutter Holding-Handbuch	Holding-Handbuch, 4. Aufl. 2004
Lutter/Hommelhoff	GmbH-Gesetz, 16. Aufl. 2004
Lutter/Scheffler/Schneider	Handbuch der Konzernfinanzierung, 1998
Lutter/Ulmer/Zöllner	100-Jahre-GmbH-Gesetz, 1992 = FS 100 Jahre GmbHG
Lutter Unternehmensrecht	Europäisches Unternehmensrecht, 4. Aufl. 1996
MarkenG	Markengesetz
Marsch-Barner/Schäfer	Handbuch börsennotierte AG, 2. Aufl. 2009
m. a. W.	mit anderen Worten
MDR	Monatsschrift für deutsches Recht

Meyer-Landrut .... Gesetz betreffend die Gesellschaften mit beschränkter Haftung, Kommentar, 1987
Michalski .... Kommentar zum Gesetz betreffend die Gesellschaften mit beschränkter Haftung (GmbH-Gesetz), 2002
MinBlFin .... Ministerialblatt des Bundesministers der Finanzen
Mio .... Million(en)
MittBayNotK .... Mitteilungen der Bayerischen Notarkammer
MittRhNotK .... Mitteilungen der Rheinischen Notarkammer
m. N. .... mit Nachweisen
MoMiG .... Gesetz zur Modernisierung des GmbH-Rechts und zur Bekämpfung von Missbräuchen
Mrd. .... Milliarde(n)
MünchHdbArbR .... Münchener Handbuch zum Arbeitsrecht, Band I–III, 2. Aufl. 2000
MünchHdbGesR (I-VI)/
Bearbeiter .... Münchener Handbuch des Gesellschaftsrechts (Band), 3. Aufl. 2007 ff.
MünchKommAktG/
Bearbeiter .... Münchener Kommentar zum Aktiengesetz, 2. Aufl. 2000 ff.
MünchKommBGB/
Bearbeiter .... Münchener Kommentar zum BGB, 2. Aufl. 1984 ff.; 3. Aufl. 1994 ff., 4. Aufl. 2000 ff., 5. Auf. 2006 ff.
MünchKommHGB/
Bearbeiter .... Münchener Kommentar zum HGB, 2. Aufl. 2004 ff., 3. Aufl. 2010 ff.
MünchVertragsHdB (I–VI)/
Bearbeiter .... Münchener Vertragshandbuch (Band), 6. Aufl. 2007 ff., 7. Aufl. 2010 ff.
m. w. N.

NachhBG .... Nachhaftungsbegrenzungsgesetz
Nachtr. .... Nachtrag
Nachw. .... Nachweis(e)
NaStraG .... Namensaktiengesetz
NdsRPfl .... Niedersächsische Rechtspflege
n. F. .... neue Fassung
NJW .... Neue Juristische Wochenschrift
NJW-RR .... NJW-Rechtsprechungs-Report Zivilrecht
Nr. .... Nummer
NZA .... Neue Zeitschrift für Arbeitsrecht
NZG .... Neue Zeitschrift für Gesellschaftsrecht

obj. .... objektiv
öffentl. .... öffentlich
örtl. .... örtlich
Oetker .... Handelsgesetzbuch – HGB, Kommentar, 2. Aufl. 2011
OFD .... Oberfinanzdirektion
OGHZ .... Entscheidungen des obersten Gerichtshofs für die britische Zone in Zivilsachen
OHG .... Offene Handelsgesellschaft
OLG .... Oberlandesgericht
OLGR(spr) .... Die Rechtsprechung der Oberlandesgerichte auf dem Gebiet des Zivilrechts
OLGZ .... Entscheidungen der Oberlandesgerichte in Zivilsachen einschließlich der freiwilligen Gerichtsbarkeit
OWiG .... Gesetz über Ordnungswidrigkeiten

Palandt .... Bürgerliches Gesetzbuch, 70. Aufl. 2011
PatAnwO .... Patentanwaltsordnung
PatG .... Patentgesetz
PersBefG .... Personenbeförderungsgesetz
PfandBG .... Pfandbriefgesetz
PublG .... Publizitätsgesetz
pVV .... positive Vertragsverletzung

RegBegr .... Regierungsbegründung
RegE .... Regierungsentwurf

RGZ .... Entscheidungen des Reichsgerichts in Zivilsachen
Rischbieter/Gröning .... Gründung und Leben der GmbH nach dem MoMiG, GmbH-Handbuch für Praktiker, 2009
RIW .... Recht der internationalen Wirtschaft
Rdnr. .... Randnummer(n)
Röhrich/v. Westphalen ..... Handelsgesetzbuch, 3. Aufl. 2008
Römermann .... Münchener Anwaltshandbuch GmbH-Recht, 2. Aufl. 2009
Römermann/Wachter ..... GmbH-Beratung nach dem MoMiG, 2008
Roth/Altmeppen .... Roth/Altmeppen, Gesetz betreffend die Gesellschaft mit beschränkter Haftung, 6. Aufl. 2009
Rowedder/Schmidt-Leithoff .... Gesetz betreffend die Gesellschaften mit beschränkter Haftung (GmbHG), Kommentar, 4. Aufl. 2002
RPfl .... Der deutsche Rechtspfleger
RPflG .... Rechtspflegergesetz
Rspr. .... Rechtsprechung

S. .... Satz; Seite
s. .... siehe
s. a. .... siehe auch
SAG .... Die Schweizerische Aktiengesellschaft
ScheckG .... Scheckgesetz
Schlegelberger .... Handelsgesetzbuch, Kommentar von Geßler, Hefermehl, Hildebrandt und Schröder, 5. Aufl. 1999
K. Schmidt GesR .... Gesellschaftsrecht 4. Aufl. 2002
K. Schmidt HandelsR ..... Handelsrecht, 5. Aufl. 1999
Schmidt/Lutter................. Aktiengesetz: AktG, Kommentar, 2. Aufl. 2010
Schmitt/Hörtnagel/Stratz Umwandlungsgesetz – Umwandlungssteuergesetz, 5. Aufl. 2009
Schmolke......................... Kapitalerhaltung in der GmbH nach dem MoMiG, 2009
Scholz .... Kommentar zum GmbH-Gesetz, 7. Aufl. 986–1989; 8. Aufl. 1993/95 ff.; 9. Aufl. 2000; 10. Aufl. 2006 ff.
Scholz/Fischer .... GmbH-Gesetz, Kleinkommentar, 8. Aufl. 1977
Schüppen Kleine AG .... Satzung der kleinen AG, 2001
Schüppen/Schaub .... Münchener Anwaltshandbuch Aktienrecht, 2. Aufl. 2010
Seibert/Kiem/Schüppen ... Handbuch der Kleinen AG, 5. Aufl. 2007
Seibt .... Beck'sches Formularbuch Mergers & Acquisitions, 2008; 2. Aufl. 2011
Semler/Pelzer .... Arbeitshandbuch für die Vorstandmitglieder, 2005
Semler/v. Schenk .... Arbeitshandbuch für Aufsichtsratsmitglieder, 3. Aufl. 2009
Semler/Stengel .... Umwandlungsgesetz mit Spruchverfahrensgesetz, Kommentar, 2. Aufl. 2008, 3. Auflage 2011
Semler/Volhard/Reichert .... Arbeitshandbuch für die Hauptversammlung, 3. Aufl. 2011
SeuffArch .... Seufferts Archiv für Entscheidungen der obersten Gerichte in den deutschen Staaten
SJZ .... Süddeutsche Juristenzeitung
Slg. .... Sammlung
s. o. .... siehe oben
Soergel/Siebert .... Kommentar zum Bürgerlichen Gesetzbuch, 13. Aufl. 2000 ff.
Spindler/Stilz .... Kommentar zum Aktiengesetz, 2. Aufl. 2010
StÄndG .... Steueränderungsgesetz
stat. .... Statistisch
Staudinger .... Kommentar zum Bürgerlichen Gesetzbuch, 13. Aufl. 1994 ff.
StBerG .... Steuerberatungsgesetz; Steuerbereinigungsgesetz
Stein/Jonas/Berger .... Kommentar zur Zivilprozessordnung, 22. Aufl. 2006 ff.
StGB .... Strafgesetzbuch
str. .... streitig
Streifzug .... Streifzug durch die Kostenordnung, hrsg. von der Bayerischen Notarkasse, 8. Aufl. 2010
st.Rspr. .... ständige Rechtsprechung
StückAG .... Stückaktiengesetz
StuW .... Steuer und Wirtschaft
s. u. .... siehe unten

subj. .... subjektiv
Sudhoff Gesellschafts-
vertrag .... Der Gesellschaftsvertrag der GmbH, 8. Aufl. 1992
Sudhoff/
GmbH & Co. KG .... GmbH & Co. KG, 6. Aufl. 2005

teilw. .... Teilweise
Thomas/Putzo .... Zivilprozessordnung mit Gerichtsverfassungsgesetz und den Einführungsgesetzen, Kommentar 31. Aufl. 2010
Tillmann/Mohr .... GmbH-Geschäftsführer, 9. Aufl. 2009
Tipke/Lang .... Steuerrecht, 20. Aufl. 2009
Tipke/Kruse .... Abgabenordnung – Finanzgerichtsordnung, Loseblatt

u. .... unten
u. a. .... und andere; unter anderem
u. ä. .... und ähnliche(s)
Ulmer/Habersack/
Winter .... GmbHG Großkommentar, 2008
UMAG .... Gesetz zur Unternehmensintegrität und Modernisierung des Anfechtungsrechts
umfangr. .... umfangreich
UmwBerG .... Umwandlungsbereinigungsgesetz
UmwG .... Umwandlungsgesetz
UmwR .... Umwandlungsrecht
UmwStG .... Umwandlungssteuergesetz
unstr. .... unstreitig
unzutr. .... unzutreffend
UStG .... Umsatzsteuergesetz
u.s. w. .... und so weiter
u. U. .... unter Umständen
UWG .... Gesetz gegen den unlauteren Wettbewerb

VA .... Verwaltungsakt
Var. .... Variante
Verf .... Verfasser
VerkProspG .... Wertpapier-Verkaufsprospektgesetz
VerschmG .... Verschmelzungsgesetz
vgl. .... vergleiche
VglO .... Vergleichsordnung
VO .... Verordnung
Vorb. .... Vorbemerkung(en)
VVG .... Versicherungsvertragsgesetz
VwGO .... Verwaltungsgerichtsordnung
VwVfG .... Verwaltungsverfahrensgesetz

Wachter .... Fachanwaltshandbuch Handels- und Gesellschaftsrecht, 2. Aufl. 2010
WiB .... Wirtschaftsrechtliche Beratung
WG .... Wechselgesetz
Wicke .... Gesetz betreffend die Gesellschaften mit beschränkter Haftung (GmbHG), 2008
Widmann/Mayer .... Umwandlungsrecht, Kommentar, Loseblatt
Winnefeld .... Bilanz-Handbuch, 4. Aufl. 2006
WM .... Wertpapier Mitteilungen
w. N. .... weitere Nachweise
WPg .... Die Wirtschaftsprüfung
WP-Hdb .... Handbuch der Wirtschaftsprüfung (Loseblatt)
WpHG .... Wertpapierhandelsgesetz
WPO .... Wirtschaftsprüferordnung
WpÜG .... Wertpapiererwerbs- und Übernahmegesetz
WRP .... Wettbewerb in Recht und Praxis
WuB .... Entscheidungssammlung zum Wirtschafts- und Bankrecht

WürzbNotdB	Würzburger Notarhandbuch, hrsg. von *Limmer/Hertel/Frenz/Mayer*, 2. Aufl. 2009 (auch zitiert als: *Limmer/Hertel/Frenz/Mayer*, s. o.)
Wurm/Wagner/Zartmann	Das Rechtsformularbuch, 16. Aufl. 2011
z. B.	zum Beispiel
ZBB	Zeitschrift für Bankrecht und Bankwirtschaft
ZBlHR	Zentralblatt für Handelsrecht
ZGR	Zeitschrift für Unternehmens- und Gesellschaftsrecht
ZHR	Zeitschrift für das gesamte Handels- und Wirtschaftsrecht
Ziff.	Ziffer(n)
ZIP	Zeitschrift für Wirtschaftsrecht
Zöller	Zivilprozessordnung, 27. Aufl. 2011
ZPO	Zivilprozessordnung
z. T.	zum Teil
zust.	zustimmend
zutr.	zutreffend
ZVG	Zwangsversteigerungsgesetz
z. Z.	zur Zeit

1. Teil. Der Notar im Gesellschaftsrecht

§ 1 Berufsbild – Aufgaben – Einbettung in das Unternehmensrecht

Übersicht

	Rdnr.
I. Ausgangspunkt	1–7
1. Das Gesellschaftsrecht – ein wichtiger Teil notarieller Tätigkeit	1–3
2. Historischer Hintergrund	4–7
II. Berufsrolle und Selbstverständnis des Notars	8–13
1. Vorsorgende Rechtspflege	8–11
2. Konsensuale Betreuung	12/13
III. Aufgaben	14–44
1. Kapitalgesellschaften	14–24
a) Aktiengesellschaft	14–18
b) GmbH	19–24
2. Umwandlungsrecht	25–27
3. Der Notar als „Tor zum und Filter vor dem Handelsregister“	28–33
4. Europäische Rechtsformen	34/35
a) SE	34
b) SPE	35
5. Freiwillige Aufgaben	36–44
IV. Einbettung in das Unternehmensrecht	45–58
1. Gesellschaftsrechtliche Mandanten	45–52
a) Unternehmer	45–47
b) Externe Berater	48–51
c) Rechtsabteilungen	52
2. Rechtsökonomischer Stellenwert	53–58
V. Resümee	59

I. Ausgangspunkt

1. Das Gesellschaftsrecht – ein wichtiger Teil notarieller Tätigkeit

1 Das Gesellschaftsrecht gehört zu den wesentlichen Tätigkeitsfeldern des Notars in Deutschland.[1] Es mag sein, dass diese Materie in ihrem ökonomischen Stellenwert für das Notariat hinter dem Grundstücksrecht zurücktritt, weil dort Beurkundungen zahlenmäßig und in Bezug auf durchschnittliche Geschäftswerte gewichtiger sind. Ferner mögen erbrechtliche Aufgaben vor und nach dem Erbfall sowie ehegüterrechtliche Regelungen, insbesondere aber seit geraumer Zeit die Vorsorgevollmachten für das Bild des Notars in der Öffentlichkeit bedeutsamer sein, da sie quasi jedermann betreffen können.

2 All dies ändert nichts daran, dass dem Gesellschaftsrecht als dem Verfassungsrecht der Unternehmen in einer marktwirtschaftlich strukturierten Wirtschaftsordnung generell und der Beteiligung des Notars daran speziell eine entscheidende Bedeutung zukommt. Korrespondierend damit handelt es sich beim Gesellschaftsrecht ungeachtet des Respekts vor anderen Bereichen des Zivilrechts um ein juristisch besonders anspruchsvolles Rechtsgebiet. Wegen der hohen Anforderungen an die Qualifikation der Notare erscheint das Gesellschaftsrecht deshalb bei ihnen besonders gut aufgehoben.

---

[1] Die vorliegende Darstellung schreibt den Beitrag des *Verfassers* in DNotZ Sonderheft 2001 S. 52 ff. fort.

3 Wie im Folgenden zu zeigen, ist das Notariat einerseits historisch jedenfalls im Recht der Kapitalgesellschaften fest verankert, andererseits aber immer wieder, auch in jüngster Zeit Angriffen ausgesetzt gewesen.[2]

Vor diesem Hintergrund wird es hier im Schwerpunkt um die Berufsrolle des Notars, seine heutigen Aufgaben im Gesellschaftsrecht sowie seine Einbettung in das Unternehmensrecht gehen.

2. Historischer Hintergrund

4 Den ältesten Gegenstand einer obligatorischen Zuständigkeit der Notare bildet die Aktiengesellschaft. Das Erfordernis notarieller Beurkundung ihrer Satzung stellt seit dem ADHGB von 1861 einen der festen Bestandteil des deutschen Rechts dar. Entsprechende Vorläuferregelungen enthielten das preußische Aktiengesetz von 1843 sowie die Entwürfe eines Handelsgesetzbuches für das Königreich Württemberg von 1838/40 und eines Handelsgesetzbuches für die Preußischen Staaten von 1857. Deren Vorbilder wiederum dürften im Code de Commerce bzw. dessen beiden wichtigsten „Nachfolgern", dem spanischen Codigo de Commercio von 1829 und dem niederländischen Wetboek van Kophandel von 1838 zu suchen sein.

5 Dazu hieß es in der Begründung des Preußischen Aktiengesetzes von 1843, die gerichtliche oder notarielle Beurkundung der Satzung sei nach dem Beispiel der niederländischen Gesetzgebung festgesetzt worden, „da einerseits dies nothwendig ist, damit die Legitimation der Vertreter feststehe, andererseits es aber zweckmäßig erscheint, dass bei Errichtung eines derartigen Gesellschaftsvertrages ein Sachverständiger zugezogen wird." Auch die Satzungsänderung wurde im ADHGB der notariellen Beurkundung unterworfen.[3]

6 Es ging dann weiter mit der Aktienrechtsnovelle von 1884, die im neu geschaffenen Art. 238 a ADHGB verlangte, jeder Beschluss der Generalversammlung bedürfe der gerichtlichen oder notariellen Beurkundung. In der Begründung liest man zweierlei, nämlich einmal, dass es darum gehe, „formell jede Ungewissheit über einen von der Generalversammlung gefassten Beschluss auszuschließen," zum anderen solle die Anwesenheit eines Richters oder Notars dazu beitragen, „dass Gesetz und Statut bei den Beschlüssen sorgfältiger beobachtet werden."[4]

7 Für die 1892 „aus der Retorte" neu geschaffene GmbH hatte der erste Entwurf eine notarielle Mitwirkung bei der Gründung noch nicht vorgesehen, da man meinte, mit Rücksicht auf die gegenüber der Aktiengesellschaft einfachere Struktur des Gründungshergangs fehle es an einem entsprechenden Bedürfnis.[5] Das ist aber nicht Gesetz geworden. Vielmehr verlangte § 2 Abs. 1 Satz 1 GmbHG die notarielle Beurkundung und § 53 Abs. 2 Satz 1 GmbHG sah dies gleichfalls für die Satzungsänderung vor. Hinzu kam die Beurkundungspflicht bei der Anteilsübertragung und einer Verpflichtung dazu (§ 15 Abs. 3 und 4 GmbHG).

Eine nähere Besichtigung der von den Notaren heute im Gesellschaftsrecht wahrgenommenen Aufgaben und der nach wie vor bestehenden Versuche ihrer Beschneidung erfordert einen vorherigen Blick auf die berufliche Rolle und das Selbstverständnis des Notars.

II. Berufsrolle und Selbstverständnis des Notars

1. Vorsorgende Rechtspflege

8 Der Notar ist entgegen verbreiteter Auffassung keineswegs bloßer Protokollant der von den Beteiligten abgegebenen Willenserklärungen. Er hat vielmehr im Zusammenhang mit

[2] Die jüngste Attacke hat der EuGH geritten, der entschieden hat, die Mitgliedstaaten dürften den Zugang zum Beruf des Notars nicht ihren eigenen Staatsangehörigen vorbehalten, denn die notariellen Tätigkeiten seien nach ihrer gegenwärtigen Definition in den betreffenden Mitgliedstaaten nicht im Sinne von Art. 45 EG-Vertrag mit der Ausübung öffentlicher Gewalt verbunden, Urt. v. 24. 5. 2011 – EuZW 2011, 468.

[3] Art. 214 ADHGB; BGBl. des Norddeutschen Bundes 1869, 404.

[4] Abgedr. bei *Schubert/Hommelhoff*, Hundert Jahre modernes Aktienrecht, ZGR-Sonderheft 4, 1985, 505 f.

[5] Entwurf eines Gesetzes betreffend die Gesellschaft mit beschränkter Haftung nebst Begründung und Anlagen, Amtliche Ausgabe, 1891, S. 47.

der Beurkundung einer Reihe rechtsvorsorgender Pflichten, deren wesentliche Grundlage sich in § 17 BeurkG findet, und dort wieder schwerpunktmäßig in dessen Absatz 1. Danach muss der Notar zunächst den Sachverhalt klären. Der altehrwürdige Grundsatz des „da mihi facta, dabo tibi ius" betrifft nicht nur das Gericht, sondern auch den Notar, nicht zuletzt im Gesellschaftsrecht.[6]

Wesentlicher Aspekt der notariellen Urkundstätigkeit ist auf dieser Grundlage die präzise 9
und Auslegungsschwierigkeiten minimierende Niederlegung des von den Beteiligten Gewollten. Hinzu kommt die individuelle, situationsgerechte Gestaltung des Rechtsgeschäfts im Rahmen der vom Gesetz und dessen Auslegung durch die Rechtsprechung gezogenen Grenzen. Weiterhin soll der Notar eine sachgerechte Auswahl der in Betracht kommenden Rechtsinstrumente vorschlagen. Angesprochen sind insoweit etwa die Rechtsformwahl und mögliche Umstrukturierungen, aber auch spätere Satzungsänderungen oder der Abschluss von Unternehmensverträgen.

Der Notar hat die Beteiligten ferner über die rechtliche Tragweite des Geschäfts zu unter- 10
richten – das Gesetz enthält weiterhin den altfränkischen Ausdruck „belehren". Dieser Aufgabe kommt gerade im Gesellschaftsrecht besondere Bedeutung zu. Bei der Gesellschaftsgründung sind die Beteiligten über die Kapitalaufbringungsregeln und die Haftungsgefahren im Gründungsstadium zu informieren. Bei der Anteilsübertragung geht es um die – wieder einmal steuerlich diktierte – Gewinnabgrenzung, die Haftung des Erwerbers aus § 16 Abs. 2 GmbHG und um die Vormännerhaftung gemäß § 22 Abs. 1 GmbHG. Beim Erwerb eigener Anteile kommen die Kapitalerhaltungsregeln ins Spiel. Die Beispiele ließen sich vermehren, zeigen aber insgesamt, welches Gewicht der Notar hier besitzt.

Schließlich hat der Notar darauf zu achten, dass „unerfahrene und ungewandte" Beteilig- 11
te nicht benachteiligt werden (§ 17 Abs. 1 Satz 2 BeurkG). Dem Notar wächst damit eine Art „verbraucherschützende" Funktion zu. Sie wird bei gesellschaftsrechtlichen Maßnahmen im Bereich größerer Unternehmen kaum eine oder auch gar keine Rolle spielen. Anders sieht es aber bei vielen Unternehmensgründern aus oder etwa dann, wenn Mitarbeiter Teilhaber werden sollen.

2. Konsensuale Betreuung

Zweite Determinante notarieller Tätigkeit im Gesellschaftsrecht ist die Vorschrift des § 14 12
Abs. 1 Satz 2 BnotO, wonach der Notar nicht Vertreter einer Partei, sondern unparteiischer Betreuer der Beteiligten ist. Das Wirken des Notars in findet also im Konsens der Beteiligten statt und bildet damit einen Gegensatz zur antagonistischen Betreuung im Sinne der Interessenvertretung eines der Beteiligten, wie dies der typischen Berufsrolle der Rechtsanwälte entspricht.[7]

Ziel und Leitbild sollte dem Notar dabei die sachgerechte Lösung sein. Kautelarpraktische Erfahrung und die bei kritischem Herangehen keineswegs anstößige Benutzung von Mustern bzw. Bausteinen helfen ihm dabei. Erleichternd kommt hinzu, dass die Gesellschaft durch das Zusammenwirken der daran Beteiligten charakterisiert ist, bildet doch der gemeinsame Zweck der Gesellschafter ihr Konstitutivum (§ 705 BGB).

Angesichts der intensivierten Suche nach vermittelnden Verfahren für die Austragung von 13
Interessengegensätzen kann man bei der Rolle des Notars geradezu von einer „Mediation vor dem Streit" sprechen. Ergänzen ließe sich: Vielfach auch „nach dem Streit. Nicht selten gelingt es dem Notar nämlich, noch nach der Beurkundung Meinungsverschiedenheiten der Beteiligten auszuräumen. Damit soll nicht gesagt sein, dass die interessengerichtete Beratung einzelner Beteiligter durch Anwälte etwa überflüssig wäre. Es gibt viele Konstellationen, in denen die antagonistische Betreuung unverzichtbar ist. Der Notar wird den Beteiligten nicht selten sogar ausdrücklich dazu raten müssen. Jedenfalls eignet sich die konsensuale Betreu-

[6] Ob man dabei die Sachverhaltsdarstellung der Beteiligten – wie dies *Piehler* in seinem Referat anlässlich des 27. Deutschen Notartages 2007, DNotZ Sonderh. 2007, S. 212, 223 empfohlen hat – näher hinterfragen sollte, hängt vom Einzelfall ab. Der Grundsatz der Amtsermittlung gilt für den Notar zumindest nicht; *Winkler*, BeurkG, § 17 Rdnr. 213 m. w. Nachw.

[7] Hierzu näher *Kanzleiter*, DNotZ-Sonderh. 2001, S. 69 ff.

ung der Beteiligten durch den Notar auch und gerade im Gesellschaftsrecht. Nicht ganz unerwähnt bleiben soll, dass zu dieser sachlichen Eignung auch ein Kostenvorteil hinzutritt: Ein Betreuer ist nun einmal billiger als es deren mehrere sind.

III. Aufgaben

1. Kapitalgesellschaften

14 a) **Aktiengesellschaft.** In ihrem Bereich hat sich die Rechtslage nur geringfügig geändert. Geblieben ist sowohl die zwingende Zuständigkeit in der Notare für die Gründung der Gesellschaft (§ 23 Abs. 1 AktG) als auch für die Änderung ihrer Satzung (§ 179 Abs. 1 AktG) unter Einschluss der so wichtigen Änderungen des Eigenkapitals (§§ 182, 192, 202, 207, 222, 229 AktG). Insoweit geht es bei der nach dem gesetzlichen Konzept als Kapitalsammelbecken konstruierten Aktiengesellschaft nicht allein um die Interessen der Gründer bzw. der derzeitigen Aktionäre, sondern deutlich auch um die künftigen Anleger. Allerdings besteht für den Notar wegen der aktienrechtlichen Satzungsstrenge (§ 23 Abs. 5 AktG) nur ein eingeschränkter Aktionsradius.

15 Im Grundsatz geblieben ist auch die Notwendigkeit notarieller Beurkundung der Hauptversammlungsbeschlüsse (§ 130 AktG). Gerade diese Aufgabe ist dem Notar wie auf den Leib geschnitten. Im Vordergrund steht dort zwar die Protokollierungspflicht. Dies bedeutet aber nicht, dass dem Notar in der Hauptversammlung die lediglich passive Rolle des Schriftführers zugewiesen ist. Aufgrund seiner Eigenschaft als Organ der Rechtspflege reicht seine Aufgabe vielmehr weiter. Er hat sich vor allem ein Bild von der Ordnungsmäßigkeit des Versammlungsablaufs zu machen. Bemerkt er hier Mängel, hat er darauf hinzuwirken, dass sie abgestellt werden.[8] Den Intentionen des historischen Gesetzgebers entsprechend nimmt er also eine Doppelrolle ein: Er ist „Protokollant und Inspizient.“[9] Die unparteiische Betreuerrolle des Notars in der Hauptversammlung hat das OLG München jüngst eindrucksvoll unterstrichen.[10]

16 Andererseits hat ein gewisser „Rückbau“ notarieller Zuständigkeit in Gestalt des § 130 Ab. 1 Satz 3 AktG stattgefunden.[11] Danach genügt bei nicht börsennotierten Gesellschaften ein privatschriftliches, vom Vorsitzenden des Aufsichtsrats unterzeichnetes Protokoll, soweit keine Beschlüsse gefasst werden, für die das Gesetz eine Dreiviertel- oder größere Mehrheit bestimmt.[12] Der Gesetzgeber hat dazu gemeint, eine personalistisch strukturierte AG sei nicht strenger zu behandeln als eine GmbH. Daneben wurde die notarielle Beurkundung als unnötiger und die Rechtsform belastender Kostenfaktor angesehen.[13]

Diese Regelung wirft allerdings zunächst einmal eine Reihe praktischer Abgrenzungsfragen auf. Zu erwähnen ist etwa die „gemischte Hauptversammlung“, also der Fall, dass neben beurkundungsfreien auch beurkundungsbedürftige Beschlüsse gefasst werden. Hier wird man die gesamte Verhandlung für beurkundungsbedürftig halten müssen.[14]

17 Ob die Entscheidung des Gesetzgebers rechtspolitisch weise war, braucht hier nicht erörtert zu werden. Immerhin kommt dem privatschriftlichen Protokoll des Aufsichtsratsvorsitzenden lediglich eingeschränkter Beweiswert zu. Es unterliegt der freien Beweiswürdigung gemäß § 286 ZPO. Die notariell aufgenommene Urkunde besitzt dagegen die Beweiskraft des § 415 ZPO.[15] Außerdem stellt das nicht-notarielle Protokoll besondere Anforderungen an die Gesellschaft und den Versammlungsleiter.[16] Dies führt dann übrigens nicht selten

---

[8] Mit gewissen Differenzierungen im einzelnen allg. Ans.; vgl *Hüffer* AktG § 130 Rdnr. 12.

[9] *Priester*, Festschrift 50 Jahre Deutsches Anwaltsinstitut, 2003, S. 571.

[10] OLG München DNotZ 2011,142 m. Anm. *Priester.*

[11] Eingefügt durch das „Gesetz für kleine Aktiengesellschaften und zur Deregulierung des Aktienrechts“ vom 2. 8. 1994, BGBl. I, 1961.

[12] Dazu gehören – wie seit BGHZ 159, 30, 35 f. – Gelatine feststeht – etwa heute noch relevante „Holzmüller“-Beschlüsse.

[13] BT-Drucks. 12/6721 v. 1. 2 1994, S. 9.

[14] So mit Recht Schmidt/Lutter/*Ziemons* AktG § 130 Rdnr. 37 m. vielen Nachw. auch hins. Gegenstimmen.

[15] Statt vieler: Spindler/Stilz/*Wicke* AktG § 130 Rdnr. 1.

[16] Zur beurkundungsfreien Hauptversammlung eingehend *G. Bezzenberger,* in FS Schippel,1996, S. 361 ff.

dazu, dass der Notar als neutrale, rechtskundige Urkunds- und Überwachungsperson weiterhin mit der Beurkundung auch dort beauftragt wird, wo er nicht tätig werden müsste.

18 Umgekehrt sind allerdings einige notarielle Zuständigkeiten hinzugekommen. Im Rahmen der Beurkundung von Hauptversammlungsbeschlüssen ist der Notar inzwischen auch eingeschaltet bei der Übertragung des Gesellschaftsvermögens im Ganzen (nunmehr § 179a AktG), bei Abschluss von Unternehmensverträgen (jetzt § 293 AktG), bei der Eingliederung (§ 319 AktG) und beim sog. Squeeze-Out (§ 327a AktG). Dem Notar zugewendet wurde ferner die Gründungsprüfung im Rahmen von § 33 Abs. 3 S. 1 AktG[17] – ein freilich zweifelhaftes Geschenk, denn diese Prüfung ist bei Licht besehen überflüssig und von der Gebühr her in der Regel uninteressant.[18]

19 **b) GmbH.** Für die GmbH ist es dabei geblieben, dass die Gründung notarieller Beurkundung bedarf (§ 2 Abs. 1 Satz. 1 GmbHG). Der Zweck dieser Formvorschrift wird heute zunächst einmal darin gesehen, im Interesse der Rechtssicherheit und des Rechtsverkehrs die Grundlagen der eingetragenen GmbH klarzustellen.[19] Zum anderen wird im Anschluss an die reichsgerichtliche Rechtsprechung[20] die Warnfunktion der Beurkundung betont. Sie solle den Gründern die Bedeutung ihrer Willenserklärung bewusst machen und eine notarielle Belehrung der Beteiligten über die Rechtsfolgen der Gründung herbeiführen. Der Bundesgerichtshof hat sich dem angeschlossen.[21]

20 Diese notarielle Zuständigkeit war allerdings im Vorstadium des MoMiG Angriffen ausgesetzt. So hatte der Regierungsentwurf zunächst vorgesehen, bei Verwendung einer neu zu schaffenden gesetzlichen Mustersatzung die bloße Unterschriftbeglaubigung ausreichen zu lassen. Der Rechtsausschuss des Bundestages hat dies aber mit Recht verhindert.[22] Das dem GmbH-Gesetz nunmehr als Anlage beigefügte Musterprotokoll,[23] bedarf der Beurkundung, mögen auch zugunsten des Benutzers und damit zulasten des Notars Gebührenermäßigungen vorgeschrieben.[24]

21 Mit der Satzungsbeurkundung bei Gründung korrespondiert die notarielle Zuständigkeit für Satzungsänderungen (§ 53 Abs. 2 Satz 1 GmbHG). Auch hier geht es um Rechtsklarheit und die Belehrung der Beteiligten sowie – darüber hinaus – die materielle Richtigkeitsgewähr durch die Mitwirkung des Notars.[25] Im Zusammenhang damit ist den Notaren auch die Mitwirkung beim Abschluss von Unternehmensverträgen zugewachsen, da der BGH den Zustimmungsbeschluss bei der abhängigen Gesellschaft den Regeln über die Satzungsänderung unterstellt hat.[26]

22 Ein GmbH-spezifisches Beurkundungserfordernis enthalten § 15 Abs. 3 und 4 GmbHG, wonach die Abtretung von GmbH-Anteilen ebenso beurkundungspflichtig ist wie die Verpflichtung zu ihrer Übertragung. Dieses Formerfordernis war bereits im ersten Entwurf vorgesehen. Es sollte „Gewähr dafür bieten, dass die Antheilsrechte der neuen Gesellschaften nicht zu einem Gegenstande des Handelsverkehrs werden.“[27] Außerdem sollte dafür gesorgt werden, dass „Zweifel und Unklarheiten über die Tatsache der Übertragung nicht entstehen können.“[28] Der Hintergrund war die Absicht des Gesetzgebers, die GmbH als eine geschlos-

[17] Durch das TransPuG v. 19. 7. 2002, BGBl. I S. 2681; dazu *Hermanns* ZIP 2002, 1785, 1788 f.

[18] Den korrespondierenden Kostenvorteil für die Unternehmen hat die Gesetzesbegründung denn auch in bemerkenswerter Ehrlichkeit als Grund für die Vorschrift genannt; BMJ-Regierungsentwurf TransPug, Stand 6. Feb. 2002, S. 24.

[19] GroßKomm/*Ulmer* GmbHG § 2 Rdnr. 11.

[20] RGZ 54, 418, 419; RGZ 66, 116, 121; RGZ 149, 38, 395.

[21] BGH DB 1988, 223 zur Formbedürftigkeit des – praktisch ja sehr seltenen – Vorvertrages zur Gründung einer GmbH.

[22] Zur Gesetzesgeschichte *Römermann*, GmbHR Sonderh. Okt. 2008, 16 f.

[23] Wegen seiner geringen Praxistauglichkeit sei auf die Ausführungen von *Ries* unten § 4 Rdnr. 33–36 verwiesen; ferner etwa auf *Katschinski/Rawert* ZIP 2008, 1993 ff.

[24] § 41 d KostO.

[25] Deutlich: BGHZ 105, 324, 338 – Supermarkt; aus dem Schrifttum Lutter/Hommelhoff/*Bayer* GmbHG, 17. Aufl. 2009, § 2 Rdnr. 19; Roth/Altmeppen/*Roth* § 53 Rdnr. 21; *Goette*, DStR 1996, 709, 712.

[26] BGHZ 105, 324, 330 – Supermarkt.

[27] Begründung (Fußn. 4), S. 37.

[28] Begründung (Fußn. 4), S. 38.

sene Gesellschaft zu konstruieren, bei der ein Mitgliederwechsel zwar nicht ausgeschlossen sein, aber formal erschwert werden sollte. In dem Beurkundungserfordernis lag also gewissermaßen ein Typenschutz.[29]

23 Diese Beurkundungszuständigkeit war schon seit längerem in das Visier der unternehmensberatenden Praxis geraten. Dabei ging es nicht zuletzt um die – inzwischen durch Gebührendeckelung erkennbar reduzierte – Höhe der Beurkundungsgebühren.[30] Während der Vorphase des MoMiG wurden diese Angriffe noch einmal verstärkt. In der Abschaffung des Beurkundungserfordernises wurde ein Beitrag zur „Deregulierung", ja sogar zur „Entrümpelung" des GmbH-Rechts gesehen, die der internationalen Wettbewerbsfähigkeit der Rechtsform GmbH geschuldet sei.[31] Auch das ist bekanntlich nicht Gesetz geworden. Der Notar muss dafür allerdings den – einerseits positionsverstärkenden, andererseits aber auch problembeladenen[32] – Preis des § 40 Abs. 2 GmbHG bezahlen, nämlich immer dann eine neue Gesellschafterliste aufstellen und bescheinigen, wenn er an einer Anteilsveränderung mitgewirkt hat. Allerdings ist nicht zu verkennen, dass die Aufwertung der Gesellschafterliste durch ihre neue Funktion als Legitimationsgrundlage für die Ausübung der Gesellschafterechte und als Rechtsscheinträger für einen gutgläubigen Erwerb von Geschäftsanteilen im Trend der Zeit liegt: Eine gesteigerte Transparenz der Beteiligungsverhältnisse soll bei der GmbH nicht zuletzt der Bekämpfung des „Bestattungsunwesens" dienen,[33] bei der AG mit der Namensaktie als geplanter Regelform für nicht börsennotierte Gesellschaften dem Kampf gegen die Geldwäsche und gar den Terrorismus![34]

24 Das System notarieller Beurkundung bei der GmbH weist allerdings zwei eigentümliche Lücken auf. Das gilt einmal für die Anteilseinziehung, die eine notarielle Beurkundung nicht erfordert, was bedeutet, dass die Anteilsbildung und die Anteilsübertragung zu beurkunden sind, nicht dagegen die Anteilsvernichtung. Entsprechendes gilt für die Teilung und die Zusammenlegung von Geschäftsanteilen (§ 46 Nr. 4 GmbHG). Ebenso bemerkenswert ist, dass die Gründung der Gesellschaft und die Änderung ihrer Satzung einer notariellen Beurkundung bedürfen, aber nicht ihre Auflösung.

2. Umwandlungsrecht

25 Zu einer rechten Domäne des Notariats hat sich das Umwandlungsrecht entwickelt. Hier wird der Notar für den gesamten Bereich der Umwandlungsmaßnahmen gebraucht, und zwar sowohl für die Beurkundung des Verschmelzungsvertrages und der Zustimmungsbeschlüsse (§§ 6, 13 UmwG), des Spaltungsvertrages bzw. des Spaltungsplans und wiederum der Zustimmungsbeschlüsse (§ 125 i. V. m. §§ 6, 13 UmwG) als auch des Umwandlungsbeschlusses beim Formwechsel (§ 193 Abs. 3 Satz 1 UmwG).

26 Der Gesetzgeber hat das Beurkundungserfordernis für die Verschmelzung mit der Parallele zur Veräußerung des gesamten Vermögens gerechtfertigt, die nach § 311 (jetzt § 311 b Abs. 3) BGB der notariellen Beurkundung bedarf.[35] Für den Fall der Spaltung wurde auf die Bedeutung des Spaltungsvertrages hingewiesen und ergänzend angeführt, anderenfalls könnten die Formvorschriften für die Übertragung bestimmter Vermögensgegenstände umgangen werden.[36] Die notarielle Beurkundung des Umwandlungsbeschlusses wurde mit der Auffassung begründet, der Formwechsel sei ein wirtschaftlich und rechtlich sehr bedeutsamer Vorgang, dessen Überwachung durch den Notar deshalb zweckmäßig erscheine.[37]

---

[29] *Großfeld/Bernd* RIW 1996, 623, 629.

[30] Einer der Protagonisten war *Heidenhain* ZIP 2001, 721 ff.; gegen ihn *Kanzleiter* ZIP 2001, 2105 ff.

[31] So insbes. *Triebel/Otte* ZIP 2006, 311, 316.

[32] Welche praktischen Schwierigkeiten das bereiten kann, ist an anderer Stelle dieses Buch ist nachzulesen; vgl. insbes. *Ries* unten § 4 Rdnr. 50 sowie *de Lousanoff* in § 20.

[33] Zur rechtsmissbräuchlichen Verwendung der GmbH in der Krise *Seibert* in: FS Röhricht, 2005, S. 585 ff.

[34] Referentenentwurf eines Gesetzes zur Änderung des Aktiengesetzes („Aktienrechtsnovelle 2011"); Darstellung und Kritik bei *Bungert/Wettich* ZIP 2011, 160 f.

[35] Begr.RegE § 6 UmwG, abgedr. bei *Ganske*, Umwandlungsrecht, 1994, S. 42.

[36] Begr.RegE § 126 UmwG, *Ganske* (Fußn. 34), S. 138.

[37] Begr.RegE § 193 UmwG, *Ganske* (Fußn. 34), S. 192.

Die erhebliche Bedeutung des Umwandlungsrechts für den Notar liegt darin, dass mit dem Umwandlungsgesetz 1994 nicht nur die Zahl möglicher Umstrukturierungsmaßnahmen, vor allem in Gestalt der Spaltung, deutlich ausgeweitet wurde. Mindestens ebenso wichtig ist, dass gegenüber dem früheren Rechtszustand eine ganze Reihe weiterer Rechtsformen in den Kreis beteiligungsfähiger Rechtsträger Aufnahme gefunden hat. Das gilt insbesondere für Personenhandelsgesellschaften, Partnerschaftsgesellschaften, Genossenschaften und Vereine, deren Verschmelzungsverträge und Zustimmungsbeschlüsse beurkundungspflichtig geworden sind. Ihre Gesellschaftsverträge und Satzungen dürfen bei einer Verschmelzung zur Neugründung im Rahmen des Verschmelzungsvertrages der notariellen Beurkundung (§ 37 UmwG). Bedeutung hat das über § 125 UmwG nicht zuletzt auch für die Spaltung zur Neugründung. 27

3. Der Notar als „Tor zum und Filter vor dem Handelsregister"

Eine obligatorische Zuständigkeit des Notars im Gesellschafts- und Unternehmensrecht ergibt sich ferner aus § 12 HGB, wonach Anmeldungen zum Handelsregister in öffentlich beglaubigter Form zu erfolgen haben. Gleiches gilt für Vollmachten zu Registeranmeldungen. Hier ist gesetzlich zwingend zwar allein die Unterschriftsbeglaubigung i. S. v. § 45 BeurkG. Gewährleistet werden damit nur Identität der Anmelder sowie Ort und Zeitpunkt der Unterschriftsleistung. Schon diese Sicherheit darf aber nicht gering geschätzt werden.[38] Wird der Notar – wie dies häufig geschieht – auch mit der Entwurfsfertigung beauftragt, führt das darüber hinaus zu entsprechender Beratung. 28

Mit Einführung des elektronischen Handelsregisters[39] ist die Bedeutung des Notars als dessen Eingangstation noch einmal deutlich verstärkt worden. Nach § 12 HGB sind Anmeldungen zur Eintragung in das Handelsregister sowie die zugehörigen Dokumente ausschließlich elektronisch einzureichen. Die eintragungsrelevanten Daten sind dem Gericht strukturiert elektronisch zu übermitteln. Der Notar hat die Daten so aufzubereiten dass sie unmittelbar in die Registersoftware übernommen werden können, der Registerrichter also – bildlich gesprochen – nur noch auf den Knopf drücken muss. 29

Die Rolle des Notars gegenüber dem Handelsregister geht aber über diese letztlich eher formale Prüfung, ja geradezu technische Mitwirkung, ganz wesentlich hinaus. Ihm ist die wichtige Funktion der Vorprüfung zugewachsen. Er ist notwendig vorgeschaltete juristische Kontrollinstanz. Er dient der Erleichterung der Registrierung, indem er quasi deren Filter bildet und dem Gericht weitgehend die zeitraubende Auseinandersetzung mit den Beteiligten erspart. 30

Soweit Gesellschaftsverträge der notariellen Beurkundung bedürfen, hat der Notar eine deutlich materielle Kontrollfunktion. Er achtet auf die Einhaltung der Normativbestimmungen, die erst den Anspruch auf Eintragung der Gesellschaft ermöglicht. Seine Einschaltung dient der materiellen Richtigkeitsgewähr.[40] Das dispensiert das Gericht zwar nicht von einer eigenen Prüfung, erleichtert sie aber ungemein. Erfahrungsgemäß macht es einen ganz erheblichen Unterschied, ob Vertragstexte von Juristen ohne einschlägige Spezialkenntnisse, vielleicht sogar von juristischen Laien produziert werden oder ob sie die kritische Kontrolle eines Kenners der Materie passiert haben. Es ist kein Zufall, dass die Begründung zum Umwandlungsgesetz von einer „Überwachung" des Vorgangs durch den Notar gesprochen hat.[41] 31

Neben die Kontrolle tritt die notarielle Beratung, etwa zu den Notwendigkeiten der Kapitalaufbringung, die ebenfalls zugleich dem Handelsregister dient. So wird beispielsweise eine große Zahl verdeckter Sacheinlagen dadurch verhindert, dass der Notar die Beteiligten entsprechend befragt. 32

[38] Wegen der insoweit abweichenden – und problematischen – Situation in angelsächsischen Rechtssystemen vgl. *Ries* unten § 4 Rdnr. 85.

[39] Durch das Gesetz über elektronische Handelsregister und Genossenschaftsregister sowie das Unternehmensregister (EHUG) v. 10. 11. 2006 BGBl. I S. 2553.

[40] BGHZ 105, 324, 338 – Supermarkt.

[41] Begr.RegE § 193, *Ganske* (Fn. 34), S. 192; vgl. oben Rdnr. 19 ff.

33 Die Filterfunktion des Notars zeigt sich schließlich auch darin, dass er für die Einreichung möglichst richtiger und vollständiger Anlagen sorgt. Die Registerrichter würden ebenso überrascht wie ungehalten sein, wenn alles das auf ihren Tisch käme, was den Notaren etwa an Einzahlungsbestätigungen von Banken, Sachgründungsberichten oder auch Wertnachweisunterlagen präsentiert wird.

4. Europäische Rechtsformen

34 a) **SE.** Die Zuständigkeit des Notars im Bereich der SE (Societas Europea) entspricht im Grundsatz derjenigen im Bereich der Aktiengesellschaft. So gibt es neben der Generalverweisung in Art. 9 der SE-VO auf das deutsche Aktienrecht spezielle Verweisungen hinsichtlich der Gründung (Art. 15 SE-VO), der Hauptversammlung (Art. 53 SE-VO) und der Kapitalmaßnahmen (Art. 5 SE-VO). Für die Gründung einer SE durch Verschmelzung gem. Art. 2 Abs. 1 SE-VO dürfte sich über Art. 18 SE-VO die Formbedürftigkeit des Verschmelzungsvertrages nach § 6 UmwG bestimmen.[42] Vergleichbares gilt für den Umwandlungsplan nach Art. 2 Abs. 4 SE-VO.[43]

35 b) **SPE.** Über die Rolle des Notars bei der SPE (Societas Privata Europea – zunächst unter „EPG" = Europäische Privatgesellschaft firmierend) ist in der inzwischen langen Entwurfsphase vielfach diskutiert worden.[44] Die Beobachtung wird aber laufend fortgesetzt.[45] Der derzeitige Stand lässt sich lässt sich nach Auskunft des BMJ nur dahin charakterisieren: „Alles noch offen."

5. Freiwillige Aufgaben

36 Jenseits des Handelsregisters gänzlich ausgeklammert aus dem Bereich obligatorischer Zuständigkeit des Notars sind die Personengesellschaften. Ihre Gesellschaftsverträge können, wie man weiß, formfrei geschlossen werden. Etwas anderes gilt nur aufgrund von Sondervorschriften in Einbringungsfällen, nämlich des § 311 b Abs. 1 BGB für Grundstücke und des § 15 GmbHG für GmbH-Geschäftsanteile. Hintergrund dieser Regelungsfreiheit könnte die Vorstellung gewesen sein, bei derartigen Verträgen handle es sich um Individualvereinbarungen im Gegensatz zum Normativsystem der Kapitalgesellschaften.

37 Auch die zunächst gar nicht vorgesehene, dann aber von Rechtsprechung und Schrifttum entwickelte Übertragung von Gesellschaftsanteilen braucht den Notar nicht. Hinsichtlich der Letzteren ist indes insoweit eine Einschränkung zu machen, als Kommanditanteile zusammen mit den Anteilen an der Komplementär-GmbH übertragen werden sollen. Hier ergibt sich eine Pflicht zur Beurkundung aus § 15 Abs. 4 GmbHG.[46] Allerdings erfasst die Heilung gemäß § 15 Abs. 4 Satz 2 GmbHG auch die Kommanditanteile.[47] Nebenbei: Interessanterweise sind – allerdings vereinzelt gebliebene – Überlegungen vorgetragen worden, die Veräußerung von Anteilen an Publikumsgesellschaften aus dem Blickwinkel des Anlegerschutzes de lege ferenda einem Beurkundungserfordernis zu unterstellen.[48]

38 Nicht selten wird der Notar freilich auch bei der Abfassung und Änderung von Personengesellschaftsverträgen tätig. Um offene Handelsgesellschaften wird es sich dabei weniger handeln, was aber nicht so sehr an den Notaren, als vielmehr daran liegt, dass diese Rechtsform selten geworden ist. Häufiger wird der Notar eingeschaltet bei Verträgen der Kom-

[42] So die überwieg. Ans.; etwa *Heckschen* DNotZ 2003, 25 1, 258; *Teichmann* ZGR 2002, 383, 402 f.; *Vossius* ZIP 2005, 741, 743.
[43] Vgl. MünchKommAktG/*Schäfer* Art. 37 SE-VO Rdnr. 14.
[44] So schon früh Hommelhoff/Helms/*Priester* (Hrsg.), Neue Wege in die europäische Privatgesellschaft, 2001, S. 143 ff.
[45] Etwa: *Teichmann/Limmer* GmbHR 2009, 537 ff.
[46] BGH NJW 1986, 2642; zur Thematik: *Binz/Mayer* NJW 2002, 3054 ff.
[47] Dazu MünchHdbGesR II/*Piehler/Schulte* KG § 35 Rdnr. 29.
[48] *Armbrüster* DNotZ 1997, 763, 784.

manditgesellschaft und hier schwerpunktmäßig solcher einer GmbH &Co. KG. Das beruht einmal auf deren weiter Verbreitung, zum anderen darauf, dass immer eine GmbH beteiligt ist, die entweder bei Neugründung oder beim Erwerb einer bestehenden Gesellschaft notarieller Mitwirkung bedarf. Da ist der Zusammenhang zwischen GmbH und KG rasch hergestellt. Er ergibt sich auch sachlich, denn GmbH und KG sind aufeinander bezogen, sei es bei der beteiligungsidentischen GmbH & Co. mit ihren Verzahnungsnotwendigkeiten, sei es bei der sog. Einheitsgesellschaft.

Eine Beauftragung des Notars mit der Abfassung von Gesellschaftsverträgen der Perso- 39 nenhandelsgesellschaften bietet sich schließlich auch deshalb an, weil über die Handelsregisteranmeldung in jedem Falle ein Gang zum Notar erforderlich ist. Gleiches gilt übrigens für die Verträge von Partnerschaftsgesellschaften. Bei ihnen ergibt sich das Erfordernis öffentlich beglaubigter Registeranmeldung aus § 5 PartGG i. V. m. § 12 HGB.

Eine interessante Aufgabe ist den Notaren ferner in der Vertragsabfassung bei Ge- 40 sellschaften bürgerlichen Rechts eröffnet. Im Vordergrund stehen hier sicherlich Grundstücksgesellschaften. Bei ihnen ist häufig wegen der damit verbundenen Grundstückseinbringung eine notarielle Zuständigkeit über § 311 b Abs. 1 BGB schon zwingend gegeben. Auch dort aber, wo diese Formvorschrift nicht eingreift, weil das Grundstück nicht eingebracht wird, wirkt sich die Kompetenz des Notars im Grundstücksrecht bei solchen Verträgen aus.

Die Verbindungslinie von der GbR zu den Personenhandelsgesellschaften ist seit der 41 Handelsrechtsreform von 1998 über § 105 Abs. 2 HGB öffnet, wonach sich auch minderkaufmännische oder nur vermögensverwaltend tätige Gesellschaft in das Handelsregister als OHG bzw. über § 161 Abs. 2 HGB, als Kommanditgesellschaften eintragen lassen können. Hier ist wegen § 12 HGB wiederum ein Besuch beim Notar unumgänglich. Dieser bietet sich aber kraft Sachverstandes auch für die Gestaltung eines solchen „Formwechsels außerhalb des UmwG" an.

Ferner werden Verträge für stille Beteiligungen und Unterbeteiligungen an Gesellschafts- 42 anteilen nicht selten von Notaren erstellt. Die notarielle Beurkundung ist sogar zwingend geboten, wenn derartige Beteiligungen Minderjährigen schenkweise eingeräumt werden. Mag das in zwei frühen BGH-Entscheidungen[49] angesichts des § 518 BGB aufgestellte Beurkundungserfordernis zivilrechtlich auch streitig sein,[50] verlangt doch der BFH[51] für die steuerrechtliche Anerkennung des Vertrages die Einhaltung der notariellen Form und das ist für die Kautelarpraxis entscheidend. Eine Mitwirkung des Notars ist sodann bei der stillen Gesellschaft an einer AG erforderlich, da diese heute als Teilgewinnabführungsvertrag i. S. v. § 292 Abs. 1 Nr. 2 AktG angesehen wird, [52] so dass die Vorschrift des § 293 Abs. 1 AktG zum Zuge kommt.

Mögliches Betätigungsfeld sind auch Geschäftsführerverträge bei der GmbH. Hier wer- 43 den allerdings zur Vermeidung von Haftungsrisiken besondere steuerrechtliche und in gewissem Umfange auch arbeitsrechtliche und sozialversicherungsrechtliche Kenntnisse sowie deren laufende Aktualisierung verlangt.

Die Intensität solcher freiwilliger Inanspruchnahme des Notars auf dem Gebiet des 44 Gesellschaftsrechts ist lokal und regional unterschiedlich. Sie scheint in ländlichen Bereichen größer zu sein als in Großstädten mit entsprechend spezialisierter Anwaltschaft. Gleichwohl darf ihre Bedeutung nicht unterschätzt werden. Das Ausmaß notarieller Beauftragung auch dort, wo sie gesetzlich nicht zwingend ist, zeigt nicht zuletzt die Vielzahl der Anfragen beim Deutschen Notarinstitut in Würzburg[53] gerade auch zum Recht der Personengesellschaften.

---

[49] BGHZ 7, 174, 179; BGHZ 7, 378, 379 f.; inzwischen allerdings offen gelassen in BGHZ 112, 40, 46.

[50] Nachw. b. Ebenroth/Boujong/Joost/Strohn/*Gehrlein* HGB § 230 Rdnr. 23.

[51] BFH, BStBl. 1975 II, 141 ff.; bestätigt durch BFH, BStBl. 1984 II, 623, 624.

[52] *Hüffer* (Fn. 7), § 292 Rdnr. 15 m. zahlr. Nachw. zu Rechtsprechung und Schrifttum.

[53] Die dann in Gestalt fachlich hochstehender Gutachten beantwortet werden.

IV. Einbettung in das Unternehmensrecht

1. Gesellschaftsrechtliche Mandanten

45 a) **Unternehmer.** Im Bereich seiner gesellschaftsrechtlichen Tätigkeit hat der Notar es nicht selten mit Unternehmern selbst zu tun. Das gilt zunächst einmal für den Einzelunternehmer, den er bei seiner Handelsregistereintragung unterstützt, den er aber auch bei der Rechtsformwahl berät und ihm vielleicht die GmbH – möglicherweise in ihrer „kleinen" Variante der Unternehmergesellschaft (haftungsbeschränkt)[54] – als Alternative empfiehlt. Hierher gehören aber auch unternehmerische Vorhaben mehrerer Beteiligter in Gestalt von Gesellschaftsgründungen, sei es nun als Personen- oder als Kapitalgesellschaft.

46 Bei rechtlich und wirtschaftlich einfacher gelagerten Sachverhalten besteht auch im Unternehmensbereich durchaus die Möglichkeit, dass die Beteiligten die rechtliche Gestaltung gemeinsam in die Hand des Notars legen. Die Praxis zeigt das. Immer wieder werden gesellschaftsrechtliche Maßnahmen – und sei es auf Vorschlag steuerlicher Berater – sogleich vom Notar erledigt. Nicht selten kommen Unternehmensgründer auch mit „Eigenbau"-Entwürfen für ihre GmbH-Satzung direkt zum Notar.

47 Der Notar wird ferner rechtsfürsorgend eingreifen, wenn er sieht, dass die Beteiligten mit der GmbH und erst recht mit der „kleinen" AG nicht umgehen können. Beispiele dafür gibt es genug. Genannt seien nur das vermeintliche Ausscheiden aus der GmbH ohne Übertragung bzw. Einziehung des Anteils und der Erwerb nicht voll eingezahlter eigener Anteile oder – noch häufiger – der Erwerb zwar voll eingezahlter Anteile, aber bei Fehlen der notwendigen Eigenmittel zur Bildung der Rücklage gemäß § 272 Abs. 4 HGB.

48 b) **Externe Berater.** In der Mehrzahl der Fälle dürfte allerdings der Kontakt zwischen Notar und Mandant über dessen externe Berater zustandekommen. Dabei denkt man als erstes wohl an Rechtsanwälte. Praktisch eher häufiger werden es aber gerade bei kleinen Unternehmen und erst recht bei Existenzgründern steuerliche Berater sein, in erster Linie also Steuerberater. Sie haben bei kleinen Unternehmen nicht selten geradezu die Funktion von „Hausärzten".

49 Was das Zusammenspiel zwischen Notaren und Steuerberatern angeht, hier nur soviel: Der Notar sollte zwar möglichst steuerrechtliche Kenntnisse haben, um Problemlagen zu erkennen. Wünschenswert wäre darüber hinaus, dass er dem Steuerberater ein Gesprächspartner ist. Er sollte aber regelmäßig nicht selbst im Steuerrecht verantwortlich beraten. Das gilt angesichts des überaus komplizierten Systems der Unternehmensbesteuerung in besonderem Maße für das Gesellschaftsrecht. Der Steuerberater verfügt über das differenziertere Fachwissen und hat wegen seiner zumeist langjährigen Verbundenheit mit dem Mandanten eine bessere Kenntnis von der tatsächlichen Situation des Unternehmens.

50 Bei gesellschaftsrechtlichen Angelegenheiten größerer Unternehmen treten dann allerdings Rechtsanwälte deutlich in den Vordergrund. Das schließt eine Mitwirkung der Steuerfachleute zwar keineswegs aus, sie wird aber gegenüber dem Notar zumeist durch die Anwälte kanalisiert.

51 In diesen Bereich fallen natürlich vor allem Umstrukturierungen, also umwandlungsrechtliche Maßnahmen, aber auch Unternehmens-Akquisitionen. Je nach Schwierigkeit und Volumen der Vorhaben sind dann hochspezialisierte Anwaltskanzleien gefragt. Hier ist der Notar herausgefordert, mit den Anwälten fachlich „auf Augenhöhe" zusammenzuwirken. Das wird freilich keineswegs von allen verlangt. Die gern ins Rampenlicht gerückten „Transaktions-Notare"[55] sind gewiss hervorragende Fachkönner, aber letztendlich auf wenige große Wirtschaftsmetropolen unseres Landes beschränkt.

52 c) **Rechtsabteilungen.** Bei größeren Unternehmen und erst recht natürlich bei Großunternehmen hat es der Notar darüber hinaus zumeist mit Rechtsabteilungen zu tun. Im laufen-

[54] Diesenfalls sollte er allerdings einen Hinweis nicht unterlassen, dass es sich bei der „UG" um eine GmbH mit ernst zu nehmenden Sonderregeln handelt; dazu *Priester*, in FS Günter H. Roth, 2011, S. 175 ff.

[55] Dazu eingehend *Selzner* unten § 2.

den Angelegenheiten sind dann die jeweils zuständigen Sachbearbeiter, gegebenenfalls auch der Leiter der Rechtsabteilung Ansprechpartner des Notars. Hier wird sich vor allem bei einer länger bestehenden Geschäftsbeziehung nicht selten ein für beide Seiten fruchtbarer Kontakt ergeben. Dabei kann sich der Notar auf dem von ihm betreuten Gebiet durchaus als geschätzter Fachmann etablieren.

2. Rechtsökonomischer Stellenwert

Die vorstehende Darstellung der Position des Notars im Gesellschaftsrecht darf nicht 53
schließen, ohne dass ein Blick auf seinen ökonomischen Wert geworfen wird.

Dabei lassen sich fünf entscheidende Momente herausstellen:

1. Der Notar trägt erheblich zur Entlastung der Gerichte bei. Das gilt zunächst für das 54
Handelsregister, und zwar im doppelter Hinsicht. Seine Mitwirkung beschränkt sich ja keineswegs auf die Aufbereitung der einzutragenden Daten. Er sorgt vielmehr in allen Fällen vorgenommener Beurkundungen und von ihm entworfener Anmeldungen für deren rechtliche Wirksamkeit. Das hat zu einer deutlichen Verminderung der gerichtlichen Kontrollaufgaben geführt, wie nicht zuletzt die einschränkende Einfügung des Abs. 2 in § 9c GmbHG im Jahre 1998 gezeigt hat.[56] Man kann insoweit geradezu von einem „dualen System" notarieller Vor- und richterlicher Nachkontrolle sprechen. Der Notar als unabhängiger Amtsträger ersetzt damit einen Teil sonst notwendiger Staatskontrolle.[57]
   Diese notarielle Mitwirkung begründet den hohen Standard des deutschen Handelsregisters hinsichtlich Aussagekraft und Zuverlässigkeit. Ihre elektronische Abrufbarkeit würde nichts nützen, wenn man sich auf die Eintragungen nicht verlassen könnte.
2. Entlastet werden aber nicht nur die freiwillige Gerichtsbarkeit, sondern durchaus auch 55
die ordentlichen Gerichte. Die unabhängige Stellung des Notars und die von ihm verlangte exakte Erfassung des rechtlichen Willens der Beteiligten führt dazu, dass viele Streitigkeiten vermieden werden und damit nicht vor die Gerichte, unter Einschluss der Schiedsgerichte, gelangen.
3. Neben dieser Kontroll- und Filterfunktion quasi im staatlichen Interesse hat der Notar 56
aber auch eine Lotsenfunktion für die Beteiligten. Er reicht nicht nur das Notwendige beim Handelsregister ein, sondern klärt auch Beanstandungen seitens des Gerichts oder wehrt diese erforderlichenfalls ab. Dabei kommen ihm seine Kenntnis der Materie und dazu noch seine Vertrautheit mit den Handhabungsgewohnheiten zumindest seines heimischen Registers zugute.
4. Der Notar mag aus der Sicht eines Allgemein-Anwalts vielleicht Spezialist sein, aus der 57
Sicht hoch spezialisierter M & A-Anwälte ist er aber Generalist, der auch angrenzende Rechtsgebiete professionell im Griff hat. Das gilt zunächst für das Erbrecht, dessen Bedeutung für gesellschaftsrechtliche Gestaltungen nicht unterschätzt werden darf, gilt aber auch etwa für das Grundstücksrecht oder das Ehegüterrecht, beides Materien mit zumindest gelegentlichem Einfluss auf das Gesellschaftsrecht. Insoweit kann man geradezu von einer „Rundum-Versorgung" sprechen.[58]
5. Vor allem aber: Ungeachtet der Einbindung einer – am Ende überschaubaren – Reihe von 58
Notaren in große Transaktionen ist der im Gesellschaftsrecht tätige Notar in Deutschland Betreuer des Mittelstandes. Dort liegt der Schwerpunkt seiner entsprechenden Arbeit und zugleich sein Wert aus gesamtökonomischer Sicht. Hinzukommt, dass gerade hier die Kosten in Form der Notargebühren durchgängig nicht nur gesetzlich genau festgelegt, sondern auch vergleichsweise durchaus moderat sind.

---

[56] Durch das Handelsrechtsreformgesetz v. 22. 6. 1998, BGBl. I S. 1474.

[57] Darauf hat *Goette* in seinem Referat anlässlich des 27. Deutschen Notartages 2007, DNotZ Sonderh. 2007, S. 194 mit Recht aufmerksam gemacht.

[58] So *Goette* (Fn. 52), S. 196.; ähnlich *Piehler* (Fn. 5), S. 223 „Rundum-Service".

V. Resümee

59 Der Notar hat im deutschen Gesellschaftsrecht einen festen Platz. Aus gesamtökonomischer Sicht garantiert er in den von ihm betreuten Sektoren eine hohe Zuverlässigkeit der Rechtsstrukturen, nicht zuletzt des so wichtigen Handelsregisters. Aus dem Blickwinkel der Beteiligten wird er als unparteiischer Fachmann gebraucht. Man darf ihn deshalb als Standortvorteil Deutschlands bezeichnen.[59]

[59] Wie dies *Ries* unten § 4 Rdnr. 88 mit Recht tut.

2. Teil. Die Erwartungshaltung der Mandanten und der sonstigen Beteiligten

§ 2 Die Perspektive der Anwaltschaft

Übersicht

	Rdnr.
I. Einleitung	1
II. Der Notar im Transaktionsprozess	2–72
1. Klassifizierung von Unternehmenstransaktionen	3–25
a) Veräußerungsprozess	4–11
b) Veräußerungsgegenstand	12–16
c) Transaktionsbeteiligte	17–20
d) Börsennotierung	21–25
2. Notarielle Aufgaben im Transaktionsprozess	26–43
a) Vorbereitungsphase beim Veräußerer	27–31
b) Vorbereitungsphase beim Erwerber	32
c) Abschluss des Unternehmenskaufvertrages	33–39
d) Vollzugsvorbereitungsphase	40–42
e) Nachvollzugsphase	43
3. Spezifische Anforderungen an die notarielle Praxis	44–52
a) Transaktionsbedingte Herausforderungen	45–51
b) Anforderungsprofil für Transaktionsnotare	52
III. Ausgewählte beurkundungsrechtliche Aspekte	73–133
1. Verpflichtung zur Umwandlung	76–100
a) Ausgangslage	77–80
b) Rechtliche Überlegungen	81–99
c) Konsequenzen für die Praxis	100
2. Zusammengesetzte Rechtsgeschäfte	101–133
a) Ausgangslage	102/103
b) Rechtliche Überlegungen	104–129
c) Konsequenzen für die Praxis	130–133
IV. Resümee	134–136

Schrifttum: *Habersack*, Verbundene Geschäfte nach § 9 Verbraucherkreditgesetz – eine Zwischenbilanz, DStR 1994, 1853; *Harrer/Janssen*, Rechtliche Aspekte von Special Purpose Acquisition Companies in Deutschland, FB 2009, 46; *Haug*, Die Amtshaftung des Notars, 2. Aufl. 1997; *Hauschild/Zimmermann*, Plage statt Wohltat? – Überlegungen zur Beurkundungsbedürftigkeit von zusammengesetzten Rechtsgeschäften im Mehrpersonenverhältnis, in: Festsschrift für Sebastian Spiegelberger zum 70. Geburtstag, 2009, S. 1418; *Hermanns*, Beurkundungspflichten im Zusammenhang mit Unternehmenskaufverträgen und -umstrukturierungen, ZIP 2006, 2296; *Hölters*, Handbuch Unternehmenskauf, 7. Aufl. 2010; *Holzapfel/Pöllath*, Unternehmenskauf in Recht und Praxis, 14. Aufl. 2010; *Just*, Special Purpose Acquisition Companies (SPACs) – Börsengang durch die Hintertür?, ZIP 2009, 1698; *Kallmeyer*, Umwandlungsgesetz Kommentar, 4. Aufl. 2010; *Kanzleiter*, Das Vorlesen der Niederschrift, DNotZ 1997, 261; *ders*, Die Beurkundungsbedürftigkeit des „Verknüpfungswillens" bei zusammenhängenden Rechtsgeschäften – ein Scheinproblem! – Gleichzeitig Anmerkungen zum Urt. des BGH v. 13. 2. 2003 – IX ZR 76/99, DNotZ 2003, 632 –, DNotZ 2004, 178; *ders*, Erwiderung zur Stellungnahme von Weigl, DNotZ 2004, 341; *Kästle/Oberbracht*, Unternehmenskauf, 2. Aufl. 2010; *Keller*, Grenzbereiche zwischen Strafrecht und Standesrecht des Notars, DNotZ 1995, 99; *Knott/Mielke*, Unternehmenskauf, 4. Aufl. 2011; *Korte*, Handbuch der Beurkundung von Rechtsgeschäften, 1990; *Langenfeld*, Vertragsgestaltung, 3. Aufl. 2004; *Lischka*, Die Nachholung einer vergessenen Unterschrift unter einer notariellen Urkunde, NotBZ 1999, 8; *Loritz*, Rechtsfragen der notariellen Beurkundung bei Verkauf und Abtretung von GmbH-Geschäftsanteilen, DNotZ 2000, 90; *Michalski*, Kommentar zum Gesetz betreffend die Gesellschaften mit beschränkter Haftung, 2. Aufl. 2010; *Musielak*, Kommentar zur Zivilprozessordnung, 8. Aufl. 2011; *Picot*, Unternehmenskauf und Restrukturierung, 3. Aufl. 2004; *Priester*, Satzungsänderungen bei der Vor-GmbH, ZIP 1987, 280; *Rödl/Walkshäusl*, SPACs: Struktur, Performance und Bewertung, FB 2008, 641; *Schmitz/Slopek*, PIPE-Transaktionen aus rechtlicher Sicht – Aktien- und wertpapierrechtliche Gestaltungsmöglichkeiten von Private Investments in Public Entities, NJOZ 2009, 1264; *Schröder*, Der sichere Weg bei der Vertragsgestaltung, 1990; *Selzner*, SPAC Transaktionen in Deutschland – Unternehmensübernahmen durch Special Purpose Acquisition Companies, ZHR 174 (2010), 318; *Semler/Stengel*, Umwandlungsgesetz mit Spruchverfahrensgesetz, 3. Aufl. 2011; *Sieger/Schulte*, Vereinbarungen über Satzungsänderungen, GmbHR 2002, 1050; *Thiergart/Olbertz*, Börsengang leicht gemacht? – Übernahme und Verschmelzung eines Unternehmens auf die SPAC in der Rechtsform der SE, BB 2010, 1547; *Ulmer/Habersack/Winter*, Gesetz betreffend die Gesellschaften mit beschränkter Haftung Großkommentar, 2008; *Wicke*, Gesetz betreffend die Gesellschaften mit beschränkter Haftung Kommentar, 2008; *Widmann/Mayer*, Umwandlungsrecht, Loseblatt (117. Aktualisierung) September 2010; *Wiedemann*, Gesellschaftsrecht Band II Recht der Personengesellschaften, 2004; *Winkler*, Beurkundungsgesetz, 16. Aufl. 2008; *Zoller*, Die Mikro-, Foto- und Telekopie im Zivilprozeß, NJW 1993, 429.

I. Einleitung

1 Unternehmerische Aktivitäten werden heute weit überwiegend in Verbandsform – als Personen- oder Kapitalgesellschaft – organisiert, die der laufenden rechtlichen Beratung, der Begleitung im Rahmen gesellschaftsrechtlicher Gestaltungsmaßnahmen sowie der Unterstützung bei der Umsetzung ganzer Unternehmenstransaktionen bedürfen. Hieran wirken regelmäßig – je nach konkreter Maßnahme neben anderen Beratern – auch Rechtsanwälte und Notare mit. Die Einbindung des Notars kann sich dabei bereits zwingend aus der Beurkundungspflicht[1] einer bestimmten gesellschaftsrechtlichen Maßnahme oder Gestaltung oder gegebenenfalls auch unabhängig davon ergeben. Häufig kommt es – gerade bei komplexeren Gestaltungen – zu einem Miteinander von Rechtsanwalt und Notar bei der Bewältigung gesellschaftsrechtlicher Aufgabenstellungen. Besonders intensiv ist die Zusammenarbeit zwischen dem anwaltlichen Berater und dem Notar naturgemäß bei der gesellschaftsrechtlichen Begleitung von Unternehmenstransaktionen. Der Transaktionsbereich erscheint daher im besonderen Maße geeignet, die spezifischen Anforderungen an den im Gesellschaftsrecht tätigen Notar – aus der Anwaltsperspektive – zu betrachten. Hierum soll es im Folgenden gehen.

II. Der Notar im Transaktionsprozess

2 Bevor auf die besonderen Anforderungen an den im Gesellschaftsrecht tätigen Notar aus der Anwaltsperspektive eingegangen wird, ist jedoch zunächst – als Grundlegung – der Gegenstand der Zusammenarbeit selbst, hier die Unternehmenstransaktion (in ihren diversen Erscheinungsformen), in den Blick zu nehmen. Hierzu soll zunächst eine Klassifizierung der in der Praxis relevanten Unternehmenstransaktionen vorgenommen werden (siehe hierzu Rdnr. 3 ff.). Danach werden die typischen Aufgaben des Notars im Transaktionsprozess erörtert (siehe hierzu Rdnr. 26 ff.). Hieran anschließend sind die spezifischen Anforderungen an die notarielle Praxis bei der Unternehmenstransaktion aus der Anwaltssicht Gegenstand der Untersuchung und Bewertung (siehe hierzu Rdnr. 44 ff.).

1. Klassifizierung von Unternehmenstransaktionen

3 Die auf den Erwerb bzw. auf die Veräußerung eines Unternehmens bzw. dessen Rechtsträger gerichtete Transaktion[2] lässt sich im Grundsatz nach unterschiedlichen Kriterien –

[1] Vgl. etwa bei der Gesellschaftsgründung (§ 2 Abs. 1 GmbHG; § 23 Abs. 1 AktG); bei der Änderung von Gesellschaftsvertrag bzw. Satzung (§ 53 Abs. 2 GmbHG; § 179 Abs. 2 i. V. m. § 130 Abs. 1 AktG); bei der Übertragung von Geschäftsanteilen (§ 15 Abs. 4, 3 GmbHG); bei Nachgründungskonstellationen (§ 52 Abs. 5 i. V. m. § 130 Abs. 1 AktG); bei dem Abschluss von Unternehmensverträgen (§ 293 Abs. 1 i. V. m. § 130 Abs. 1 AktG; für die GmbH: BGHZ 105, 324, 342 = BGH NJW 1989, 295, 298 – Supermarkt); bei Maßnahmen nach dem UmwG – Verschmelzung, Spaltung, Vermögensübertragung, Formwechsel – (etwa § 6; § 13 Abs. 3; § 125 i. V. m. § 6 bzw. § 13 Abs. 3; § 176 Abs. 1 i. V. m. § 6 bzw. § 13 Abs. 3; § 177 Abs. 1 i. V. m. § 125 i. V. m. § 6 bzw. § 13 Abs. 3; § 193 Abs. 3 UmwG); bei der Auflösung von Aktiengesellschaften (§ 262 Abs. 1 Nr. 2 i. V. m. § 130 Abs. 1 AktG); bei dem gesellschaftsrechtlichen Squeeze-out von börsennotierten Aktiengesellschaften (§ 327 a Abs. 1 i. V. m. § 130 Abs. 1 AktG) sowie bei der Eingliederung (§ 319 Abs. 2 i. V. m. § 130 Abs. 1 AktG bzw. i. V. m. § 320 Abs. 1 AktG). Entsprechendes gilt grundsätzlich für Gestaltungen bei einer nach deutschem Recht gegründeten Europäischen Gesellschaft (SE); siehe hierzu Art. 9 Abs. 1 lit. (c)(ii) der Verordnung (EG) 2157/2001.

[2] Vgl. allgemein zum Markt für Unternehmenstransaktionen, insbesondere zu den M&A Akteuren, der weltweiten Entwicklung und den Besonderheiten des deutschen Marktes: Hölters/*Hölters* Teil I Rdnr. 32 ff.

zur Verdeutlichung ihrer Charakteristika – ordnen. In Betracht kommen insbesondere Unterscheidungen nach dem Veräußerungsprozess, dem Gegenstand des Erwerbs bzw. der Veräußerung, der Person der Transaktionsbeteiligten sowie im Hinblick auf eine Börsennotierung des Zielunternehmens.

a) **Veräußerungsprozess.** In Bezug auf den Veräußerungsprozess lassen sich zunächst 4
Transaktionen, die auf der Grundlage bilateraler Verhandlungen geführt werden, von sog. (kontrollierten) Auktions- oder Bietverfahren unterscheiden. In der Praxis hat sich zudem in beiden Prozessvarianten das *Dual Track* Verfahren als Sonderform etabliert. Auch wenn es für Unternehmenstransaktionen selbstverständlich keine festen Regeln oder ein für alle Umstände passendes Verfahren gibt, haben sich in der Praxis vornehmlich die vorgenannten Prozesstypen herausgebildet.[3]

aa) Bilateraler Transaktionsprozess. Der bilaterale Transaktionsprozess[4] bildet den klassi- 5
schen Ausgangspunkt der Gestaltung von Unternehmenstransaktionen. Er ist dadurch geprägt, dass die veräußerungswillige Partei lediglich mit einem einzigen Erwerbsinteressenten verhandelt. Der bilaterale Veräußerungsprozess kann – für eine vorherbestimmte Periode – auf exklusiver Basis geführt werden. In der Praxis erfolgen die Gespräche häufiger ohne eine solche ausdrücklich vereinbarte Exklusivitätsbindung, teilweise auf der Basis einer *de-facto* – also nicht einer rechtsverbindlich zugesagten, sondern tatsachlich durchgeführten – Exklusivität.

Der bilaterale Transaktionsprozess zeichnet sich typischerweise durch ein – im Vergleich 6
zum Auktionsverfahren – geringeres Niveau an prozessualen Strukturvorgaben und – anders gewendet – ein höheres Maß an (Prozess-)Flexibilität aus. Der Prozess lässt sich regelmäßig in die nachfolgenden Einzelschritte gliedern: Nach einem ersten Kontakt – vermittelt durch den Verkaufswilligen, den Kaufinteressenten oder eine dritte Person – und der Offenlegung von Basisdaten zum Zielunternehmen kommt es zu einer ersten (rechtlich nicht verbindlichen) Fixierung der wesentlichen Eckpunkte für die Transaktion durch Abschluss einer Absichtserklärung.[5] Daran anschließend erfolgt die Unternehmensprüfung (*Due Diligence*) durch den Kaufinteressenten, die in die Verhandlung und den Abschluss des Unternehmenskaufvertrages mündet.

Der bilaterale Transaktionsprozess ist in der Praxis der letzten Jahre zugunsten des Auk- 7
tionsverfahrens vermehrt in den Hintergrund getreten. Dennoch war und ist diese Art der Verhandlung immer wieder in Sonderkonstellationen, die die Durchführung einer Auktion nicht zulassen, anzutreffen.

bb) Auktions- oder Bietverfahren. Das Auktionsverfahren[6] zeichnet sich – gegenüber dem 8
bilateralen Transaktionsprozess – durch einen strukturierten, vom Veräußerungswilligen einseitig vorgegebenen und gesteuerten Prozessablauf aus, in dem sich mehrere Erwerbsinteressenten parallel um den Zuschlag zum Erwerb des Zielunternehmens bewerben. Der dadurch erzeugte Wettbewerb zwischen den Bietern dient der Optimierung des Verhandlungs- und Transaktionsergebnisses für den Veräußerungswilligen.

Zu den wesentlichen Einzelschritten eines Auktionsverfahrens – nach einer intensiven 9
Vorbereitungsphase bestehend aus der Errichtung eines Datenraumes, gegebenenfalls der Durchführung einer *Vendor Due Diligence*, der Erarbeitung eines *Information Memorandum* zuzüglich einer Kurzdarstellung (*Teaser*) sowie dem Entwurf der Transaktionsdoku-

[3] Vgl. Beck'sches Formularbuch Mergers & Acquisitions/*Seibt* S. 15 ff., der auch noch auf sog. offene Bietverfahren insbesondere bei Privatisierungen mit öffentlicher Ausschreibung – im Gegensatz zu den vorgenannten kontrollierten Auktions- oder Bietverfahren – hinweist.

[4] Hölters/*Hölters* Teil I Rdnr. 132 ff., Beck'sches Formularbuch Mergers & Acquisitions/*Seibt* S. 16.

[5] Die Absichtserklärung kann in Form eines sog. *Letter of Intent* (LoI), eines *Memorandum of Understanding* (MoU), eines *Heads of Agreement* (HoA) oder eines *Term Sheet* erfolgen; eine Beurkundung dieses Dokuments erfolgt auch bei beurkundungspflichtigen Maßnahmen der beabsichtigten Unternehmenstransaktion bewusst nicht, da eine rechtliche Bindung in Bezug auf den Abschluss und die Durchführung der Transaktion gerade noch nicht bewirkt werden soll. Rechtliche Bindungswirkung wird aber in Bezug auf Vertraulichkeitspflichten, Abwerbeverbote etc. vereinbart.

[6] Hölters/*Hölters* Teil I Rdnr. 149 ff.; Knott/Mielke/*Knott* Rdnr. 243 ff.; Picot/*Picot* Teil I Rdnr. 9 ff.; Beck'sches Formularbuch Mergers & Acquisitions/*Seibt* S. 16.

mentation – die Ansprache etwaiger Interessenten, deren Auswertung des *Information Memorandum*, der Abgabe indikativer Angebote, der Zulassung von Interessenten zur *Due Diligence*, der Abgabe finaler Angebote (einschließlich Überarbeitungen der Transaktionsdokumentation), der Verhandlung mit einzelnen (*fast track process*) oder mehreren Interessenten sowie dem Abschluss des Unternehmenskaufvertrages.

10 Das Auktionsverfahren wird einem strikten Zeitplan unterworfen und mit detaillierten Prozessvorgaben versehen, die in entsprechenden Mitteilungen (*Process Letter*) für einzelne Prozessschritte festgelegt werden. Zentrales Anliegen ist die alleinige Steuerung der Unternehmenstransaktion durch den Verkaufswilligen bis hin zum Transaktionsabschluss. Teilweise wird im Rahmen eines Auktionsverfahrens auch eine Finanzierungsoption durch eine oder mehrere Banken (sog. *Stapled Financing*) angeboten.[7]

11 *cc) Dual Track Verfahren.* Eine weitere Steigerung der Wettbewerbssituation zugunsten der veräußerungswilligen Partei kann dadurch erreicht werden, dass zusätzlich zu der geplanten M&A Unternehmenstransaktion (*Trade Sale*) ein Börsengang (*Initial Public Offering*) des Zielunternehmens vorbereitet wird, sog. *Dual Track* Verfahren. Ein solcher *Dual Track* wird regelmäßig mit einem Auktionsverfahren verzahnt; möglich ist allerdings in Einzelfällen auch eine parallele Vorbereitung eines *IPO* mit einem bilateralen M&A Prozess.

12 **b) Veräußerungsgegenstand.** Unternehmenstransaktionen lassen sich auch nach dem Gegenstand der Veräußerung unterscheiden. Dies betrifft in erster Linie die Differenzierung nach *Share Deal* und *Asset Deal*.[8] Auch Mischkonstellationen sind vorstellbar und kommen in der Praxis vor. Zuweilen sind vor der Durchführung der Unternehmenstransaktion vorbereitende Maßnahmen (*Carve-out* bzw. *Carve-in*) durchzuführen, um den Gegenstand der Veräußerung nach den Vorstellungen der Transaktionsparteien für die Unternehmenstransaktion zu bündeln oder zu strukturieren. Schließlich können gesellschaftsrechtliche Strukturmaßnahmen zur Umsetzung von Unternehmenstransaktionen genutzt werden.

13 *aa) Veräußerung von Gesellschaftsanteilen (Share Deal).* Die Unternehmenstransaktion kann zunächst durch Veräußerung des Unternehmensträgers erfolgen, also durch Veräußerung von Gesellschaftsanteilen. Das Zielunternehmen und die das operative Geschäft ausmachenden Vermögenswerte, Verbindlichkeiten und Vertragsverhältnisse werden nur mittelbar von der Unternehmenstransaktion betroffen. Das Zielunternehmen bleibt in seiner rechtlichen Substanz im Grundsatz erhalten. Der Wechsel auf Gesellschafterebene berührt die Rechtsverhältnisse des Zielunternehmens nur ausnahmsweise, etwa bei Verträgen mit sog. *change-in-control* Bestimmungen oder bei bestimmten öffentlich-rechtlichen Erlaubnissen und Genehmigungen.[9]

Eine Beurkundungspflicht der Unternehmenstransaktion in Form eines *Share Deals* ergibt sich insbesondere dann, wenn GmbH-Geschäftsanteile veräußert werden sollen, § 15 Abs. 4, 3 GmbHG.

14 *bb) Veräußerung einzelner Vermögenswerte (Asset Deal).* Die Veräußerung kann sich auch unmittelbar auf ein Unternehmen selbst beziehen; dann werden die das operative Geschäft ausmachenden einzelnen Vermögenswerte, Verbindlichkeiten und Vertragsverhältnisse unmittelbar verkauft und sind jeweils im Wege der Einzelrechtsnachfolge zu übertragen. Damit können einzelne Bestandteile des Unternehmens von der Transaktion ausgenommen werden; allerdings kann die erforderliche Einzelrechtsübertragung die Involvierung Dritter erforderlich machen (etwa nach §§ 414, 415 BGB). Im Übrigen können gesetzliche Haftungstatbestände (etwa nach § 25 HGB oder § 75 AO) neben dem gesetzlichen Übergang von Arbeitsverhältnissen (§ 613a BGB) eingreifen.

---

[7] Vgl. zum *Stapled Financing* auch die Ausführungen unter Rdnr. 122ff.

[8] Vgl. zu den Unterschieden bei *Share* und *Asset Deals* Beck'sches Formularbuch Mergers & Acquisitions/*Seibt* S. 5ff.; *Holzapfel/Pöllath* Rdnr. 230ff., 939ff.; *Kästle/Oberbracht* S. 3ff.; Picot/*Picot* Teil I Rdnr. 26ff., 75ff.

[9] Vgl. hierzu Beck'sches Formularbuch Mergers & Acquisitions/*Seibt* S. 5; hinzuweisen ist darüber hinaus auf betriebsverfassungsrechtliche bzw. übernahmerechtliche Informationspflichten gegenüber Arbeitnehmern bzw. Arbeitnehmervertretern (vgl. § 106 Abs. 2, 3 Ziff. 9a BetrVG; §§ 10 Abs. 5, 14 Abs. 4 WpÜG).

Eine Beurkundungspflicht der Unternehmenstransaktion in Form eines *Asset Deals* kommt in der Praxis insbesondere dann vor, wenn zu den zu übertragenden Vermögenswerten Grundbesitz (§ 311 b Abs 1 BGB) oder GmbH-Geschäftsanteile (§ 15 Abs. 4, 3 GmbHG) gehören oder es sich bei der Unternehmenstransaktion um die Veräußerung des *gegenwärtigen Vermögens* einer Vertragspartei im Sinne von § 311 b Abs. 3 BGB handelt.[10] 15

cc) Gesellschaftsrechtliche Strukturmaßnahmen. Eine Unternehmenstransaktion kann schließlich unter Verwendung gesellschaftsrechtlicher Strukturmaßnahmen[11] gestaltet werden. In Betracht kommen etwa die Übertragung und Einbringung eines Unternehmens oder eines Unternehmensträgers im Rahmen einer Kapitalerhöhung sowie eine Übertragung im Wege einer Verschmelzung oder Spaltung. Bei Personengesellschaften kann das Gesellschaftsvermögen des Zielunternehmens durch Anwachsung gemäß § 738 Abs. 1 S. 1 BGB auf den Erwerber übergehen, etwa durch Eintritt des Erwerbers in die Personengesellschaft bei nachfolgendem Austritt sämtlicher übriger Gesellschafter. In den Fällen der Verschmelzung, Spaltung oder Anwachsung erfolgt die Übertragung des Gesellschaftsvermögens im Wege der Gesamtrechtsnachfolge.[12] 16

Eine Beurkundungspflicht von Unternehmenstransaktionen in Form gesellschaftsrechtlicher Strukturmaßnahmen kann sich etwa aus §§ 55, 53 Abs. 2 GmbHG, aus § 130 AktG oder aus § 6; § 13 Abs. 3; § 125 i.V.m. § 6 bzw. § 13 Abs. 3 UmwG ergeben.

c) **Transaktionsbeteiligte.** Ein weiteres Differenzierungskriterium für Unternehmenstransaktionen sind die Transaktionsbeteiligten,[13] insbesondere auf der Erwerberseite.[14] Zu unterscheiden sind vor allem Erwerbstransaktionen durch strategische Investoren, Finanzinvestoren oder ein externes oder internes Managementteam. 17

aa) Erwerb durch strategische Investoren. Der Erwerb eines Unternehmens durch einen strategischen Investor, etwa einen Wettbewerber des Zielunternehmens, wird typischerweise durch langfristige, operativ-strategische Überlegungen (etwa zu einem Markteintritt oder der Verstärkung der Marktposition sowie der Nutzung von Skaleneffekten und Synergien) bestimmt. Die Finanzierung des Erwerbs kann durch Einsatz eigener Mittel oder von Fremdkapital – gegebenenfalls durch den Erwerber abgesichert – erfolgen. Der nachfolgenden Integration des Zielunternehmens in die Erwerbergruppe kommt auch bei der Transaktionsgestaltung ein hoher Stellenwert zu, insbesondere für Zwecke der *Due Diligence* Prüfung, Ausgestaltung des Unternehmenskaufvertrages oder der kartellrechtlichen Implikationen. Schließlich wird im Hinblick auf die strategischen Ziele möglicherweise eine entsprechende Prämie im Kaufpreis mitberücksichtigt. 18

bb) Erwerb durch Finanzinvestoren. Erfolgt die Unternehmenstransaktion auf der Erwerberseite durch einen Finanzinvestor, etwa einen Private Equity Fonds, so ergeben sich spezifische Besonderheiten. Diese bestehen zunächst darin, dass unterschiedliche Investments eines Fonds (insbesondere für Investitions- und Finanzierungszwecke als auch haftungsrechtlich) strikt separat zu halten und zu behandeln sind. Dies bedeutet, dass jeder Erwerb im Grundsatz über eine eigene Erwerbsgesellschaft durchgeführt wird, die auch die Finanzierung und Besicherung der Transaktion separat und unabhängig von anderen Investments des Fonds darstellen muss. Investitionsziel ist – anders als bei Strategen – allein eine Wertsteigerung des 19

[10] Soll eine Aktiengesellschaft durch Vertrag verpflichtet werden, ihr ganzes Gesellschaftsvermögen zu übertragen, ohne dass die Übertragung unter die Vorschriften des UmwG fällt, ergibt sich eine Beurkundungspflicht aus §§ 179 a Abs. 1, 179 Abs. 1 i. V. m. § 130 Abs. 1 AktG.

[11] Vgl. hierzu Beck'sches Formularbuch Mergers & Acquisitions/*Seibt* S. 5; *Holzapfel/Pöllath* Rdnr. 341 ff.

[12] Die Gesamtrechtsnachfolge ergibt sich für Verschmelzung und Spaltung aus § 20 Abs. 1 Nr. 1 UmwG – für die Spaltung i. V. m. § 125 UmwG; vgl. nur Kallmeyer/*Marsch-Barner* § 20 Rdnr. 4 ff.; für die Anwachsung vgl. nur BGHZ 71, 296, 300 = BGH NJW 1978, 1525, 1525; BGH NZG 2000, 474, 474; *Wiedemann* § 5 I 3 S. 418.

[13] Vgl. zu den unterschiedlichen Motivlagen insbesondere bei strategischen Investoren und Finanzinvestoren: Beck'sches Formularbuch Mergers & Acquisitions/*Seibt* S. 3 f.; Hölters/*Hölters* Teil I Rdnr. 8 ff., 57 ff.; *Kästle/Oberbracht* S. 9 f.; Knott/Mielke/*Knott* Rdnr. 235 ff.

[14] Auch auf der Veräußererseite kann es bei der Gestaltung von Unternehmenstransaktionen zu Besonderheiten kommen, insbesondere bei der Veräußerung durch Private Equity Fonds, die typischerweise in der Ausgestaltung des Haftungsregimes spezifische Vorgaben zu beachten haben.

erworbenen Zielunternehmens und einer entsprechenden Renditemaximierung – regelmäßig unter Einsatz von Fremdfinanzierungsmechanismen (sog. *Leverage* Effekt). Der Investitionshorizont ist dabei zumeist auf eine mittelfristige Periode ausgerichtet, so dass die Gestaltung einer späteren Beendigung des Engagements (*Exit*) bereits bei der anfänglichen Bewertung und Ausgestaltung der Unternehmenstransaktion zu berücksichtigen ist. Das Management des Zielunternehmens wird darüber hinaus typischerweise am Zielunternehmen beteiligt, um einen Gleichlauf der Interessen mit dem Investor sicherzustellen.

20 *cc) Erwerb durch Management.* Führt die Unternehmenstransaktion zu einem Erwerb des Zielunternehmens durch das bestehende oder ein externes Management,[15] spricht man von einem *Management Buy Out* (MBO) bzw. von einem *Management Buy In* (MBI). Besonderheiten ergeben sich naturgemäß aus der Behandlung des möglicherweise bestehenden Interessenkonflikts aus der Doppelstellung als Vertreter des Zielunternehmens und Käufer, im Hinblick auf das (beschränkte) Haftungsregime sowie die regelmäßig beschränkten Finanzierungsressourcen, die zu alternativen Gestaltungen bzw. der Nutzung von *Leverage* Strukturen führen.

21 **d) Börsennotierung.** Sind die Aktien einer Zielgesellschaft jetzt oder künftig börsennotiert, ergeben sich weitere Kriterien für eine Klassifizierung von Unternehmenstransaktionen, auf die nachfolgend in gebotener Kürze eingegangen werden soll.

22 Der Weg an die Börse erfolgt klassischerweise über den Börsengang[16] oder auch *Initial Public Offering* (IPO). Berührungspunkte zur notariellen Praxis bestehen dann, wenn etwa die an die Börse strebende Gesellschaft im Vorfeld einem Formwechsel zu unterziehen ist.

23 Die sozusagen gegenteilige Unternehmenstransaktion ist das *Taking Private*,[17] mit dem ein börsennotiertes Unternehmen ganz oder mehrheitlich von einem Erwerber übernommen wird. Hierzu kann zunächst eine sog. Pakettransaktion – etwa von einem wesentlich beteiligten Aktionär – außerhalb des Börsenhandels durchgeführt werden. Wird durch die Pakettransaktion die Kontrolle über die Gesellschaft erlangt, so ist ein Pflichtangebot nach den Bestimmungen des WpÜG abzugeben, das in der Praxis bereits mit der Pakettransaktion abgestimmt und verzahnt gestaltet wird. Abhängig von dem Erfolg des Übernahmeverfahrens und der damit erlangten Gesamtbeteiligung des Erwerbers kann ein gesellschaftsrechtlicher *Squeeze-out* (§§ 327a ff. AktG) oder ein übernahmerechtlicher *Squeeze-out* (§§ 39a ff. WpÜG) zum Ausschluss von Minderheitsaktionären angestrengt werden. Alternativ kann der Abschluss eines Unternehmensvertrages oder eine Verschmelzung mit der Erwerbsgesellschaft eine weitergehende Integration befördern oder ermöglichen. Schließlich kann auf Antrag die Börsennotierung der Gesellschaft beendet werden (sog. *Delisting*). Der Notar wirkt an den entsprechenden Beschlussfassungen der Hauptversammlung durch Beurkundung gemäß § 130 Abs. 1 S. 1 AktG mit.

24 Bei einer *PIPE* Transaktion (*Private Investment in Public Equity*)[18] erwirbt ein Investor oder eine begrenzte Anzahl von Investoren im Rahmen einer außerbörslichen Transaktion eine (Minderheits-) Beteiligung an der Zielgesellschaft typischerweise unterhalb der Kontrollschwelle. Es handelt sich nicht um eine öffentliche Emission. Die Beteiligung wird unmittelbar von der Zielgesellschaft – etwa aus dem genehmigten Kapital oder dem Bestand eigener Aktien unter Ausschluss des Bezugsrechts – erworben und nicht etwa von Altaktionären. Für die Zielgesellschaft stellt die *PIPE* Transaktion eine interessante alternative Finanzierungsform dar. Berührungspunkte für die notarielle Praxis ergeben sich wiederum aus der Beurkundung des entsprechenden Hauptversammlungsbeschlusses.

25 Schließlich sind in der jüngsten Zeit Transaktionen mit *Special Purpose Acquisition Companies* (SPAC)[19] auch in Bezug auf den deutschen Markt durchgeführt worden. Im

---

[15] Hölters/*Hölters* Teil I Rdnr. 77 ff.; *Holzapfel/Pöllath* Rdnr. 596 ff.; Knott/Mielke/*Knott* Rdnr. 249 ff.; Picot/*Picot* Teil I Rdnr. 156 ff.

[16] Eine Alternative zum Börsengang besteht etwa in Form der SPAC Transaktion; siehe hierzu Fn. 19.

[17] *Holzapfel/Pöllath* Rdnr. 402 ff.

[18] Vgl. hierzu *Schmitz/Slopek* NJOZ 2009, 1264 ff.

[19] Vgl. *Selzner* ZHR 2010 (174), 318 ff.; *Thiergart/Olbertz* BB 2010, 1547 ff.; *Just* ZIP 2009, 1698 ff.; *Harrer/Janssen* FB 2009, 46 ff.; *Rödl/Walkshäusl* FB 2008, 641 ff.

Kern geht es bei dieser Form der Unternehmenstransaktion um einen Börsengang einer Gesellschaft ohne operativen Geschäftsbetrieb, die mit den am Kapitalmarkt erlangten Mitteln nachfolgend ein operativ tätiges Unternehmen erwirbt, das nachfolgend auf die börsennotierte Gesellschaft überführt wird. Wegen der gesellschaftsrechtlichen Besonderheiten dieser Anlageform wird in der Praxis auf ausländische Rechtsformen zurückgegriffen – insbesondere die SE mit Sitz in Luxemburg. Insofern ergeben sich notarielle Berührungspunkte mehr im Zusammenhang mit der Folgetransaktion zum Erwerb des operativ tätigen Unternehmens.

2. Notarielle Aufgaben im Transaktionsprozess

In einem nächsten Schritt sollen die typischen Aufgaben des Notars im Rahmen einer Unternehmenstransaktion in das Blickfeld genommen werden. Hierzu wird exemplarisch der Transaktionsablauf bei einem Auktionsverfahren zugrunde gelegt. 26

a) **Vorbereitungsphase beim Veräußerer.** In der Phase zur Vorbereitung des Auktionsverfahrens durch den Veräußerer und dessen Berater – regelmäßig Investmentbanker, Rechtsanwälte und Wirtschaftsprüfer – stehen wie gesehen in erster Linie die Maßnahmen zur Errichtung des Datenraums, der Durchführung einer *Vendor Due Diligence*, der Erstellung der Transaktionsdokumentation sowie der Erarbeitung des Information Memorandums im Vordergrund. Die Berührungspunkte zur notariellen Praxis sind hier regelmäßig begrenzt. 27

Allerdings deckt die *Vendor Due Diligence* zuweilen Sachverhalte auf, die der nachträglichen Aufarbeitung bedürfen und auch tatsächlich nachträglich noch gestaltet werden können. Ist etwa in der Vergangenheit eine GmbH-Geschäftsanteilsübertragung rechtsfehlerhaft erfolgt, so kann eine entsprechende Heilung durch erneute Beurkundung angeraten sein. Gleiches gilt für (zweifelhafte) Optionsgestaltungen oder sonstige gesellschaftsrechtliche Maßnahmen. Hier findet also eine Involvierung des Notars im Hinblick auf die Ergebnisse der *Vendor Due Diligence* statt, die schwierige Auseinandersetzungen in der Verhandlungsphase – insbesondere Abschläge auf den Kaufpreis – vermeiden soll. 28

Darüber hinaus kann die frühzeitige Einschaltung des Notars in den Transaktionsprozess erforderlich werden, wenn der zu veräußernde Geschäftsbereich noch nicht in einer für die beabsichtigte Transaktion geeigneten Struktur besteht. In der Konzernpraxis ist regelmäßig eine operative Steuerung nach Maßgabe virtueller Strukturen anzutreffen, die nicht mit den gesellschaftsrechtlichen Strukturen übereinstimmt. Beispielsweise werden in einer bestimmten Gesellschaft unterschiedliche operative Geschäftsbereiche betrieben; eine Zwischenholding hält möglicherweise nicht alle für einen bestimmten Geschäftsbereich relevanten Tochterunternehmen; wesentliche Vermögenswerte – etwa Grundstücke oder gewerbliche Schutzrechte – werden für den Gesamtkonzern etwa in einer Sondergesellschaft gebündelt. 29

Ein solcher Befund erfordert die Umsetzung von gezielten Strukturierungsmaßnahmen (*Carve-out* oder *Carve-in*), mit denen die jeweils für den zu veräußernden Geschäftsbereich relevanten Gesellschaften, Vermögenswerte, Verbindlichkeiten und Vertragsverhältnisse gebündelt und von allen nicht relevanten Geschäftsaktivitäten separiert werden. Ein *Carve-out* bzw. *Carve-in* kann dabei auch in einer späteren Prozessphase vorgesehen werden. Der Notar wirkt hier bei den entsprechenden Übertragungen mit, sofern etwa die Übertragung von GmbH-Geschäftsanteilen oder Grundstücken miterfasst oder die Übertragungen beispielsweise im Wege von Verschmelzungen oder Spaltungen vorgenommen werden sollen. 30

Schließlich kann die Vorbereitung des Zielunternehmens auf den Veräußerungsprozess die Durchführung von Konzernentflechtungsmaßnahmen erfordern. Hierzu gehören insbesondere die Beendigung, Abänderung oder der Neuabschluss von Vertragsverhältnissen zwischen den bisherigen konzernverbundenen Unternehmen. Als typisches Beispiel mag die Beendigung eines Unternehmensvertrages gelten, an dem der Notar gegebenenfalls entsprechend mitzuwirken hat. Solche Konzernentflechtungsmaßnahmen können je nach Fallgestaltung vor dem Abschluss des Unternehmenskaufvertrages, in der Phase bis zum Transaktionsvollzug sowie auch danach vorkommen. 31

32 **b) Vorbereitungsphase beim Erwerber.** Auf Seiten des Erwerbers ist in der Vorbereitungsphase insbesondere eine – häufig an den konkreten Erfordernissen der Transaktionsfinanzierung ausgerichteten – Akquisitionsstruktur zu errichten. Hierzu ist eine – oder häufig eine Mehrzahl übereinander geschalteter – Erwerbsgesellschaft(en) zu gründen oder zu erwerben. Dabei kommt es regelmäßig zur Nutzung von GmbHs, so dass eine Involvierung des Notars stattfindet. Werden in diesem Zusammenhang Vorratsgesellschaften genutzt oder Mantelgesellschaften verwendet, sind Fragen der wirtschaftlichen Neugründung[20] zu beachten. Darüber hinaus kommt es regelmäßig zu Änderungen des Gesellschaftsvertrages und zur Neubestellung von Geschäftsführern.

33 **c) Abschluss des Unternehmenskaufvertrages.** Nach den verschiedenen Zwischenschritten im Auktionsverfahren – insbesondere der Abgabe des indikativen Angebots, der Erwerber *Due Diligence*, der Abgabe des finalen Angebots und den Schlussverhandlungen – kommt es schließlich zum Abschluss des Unternehmenskaufvertrages. Ist dieser beurkundungspflichtig, bildet dies den zentralen Mitwirkungsbeitrag des Notars im Transaktionsprozess.

34 Der abzuschließende Unternehmenskaufvertrag ist regelmäßig ein komplexes und umfangreiches Vertragswerk, das unter Mithilfe diverser Berater von den Parteien in einem strukturierten Prozess ausverhandelt wurde. Behandelt die Unternehmenstransaktion einen grenzüberschreitenden Sachverhalt, wird der Unternehmenskaufvertrag häufig in englischer Sprache verfasst, was die Anforderungen an die Parteien und sonstigen Beteiligten gegebenenfalls nochmals erhöht.

35 Der Notar wird regelmäßig weder in die Erstellung der Transaktionsdokumentation noch in die Verhandlung des Unternehmenskaufvertrages eingebunden. Oftmals erhält er eine Abschrift des zu beurkundenden Vertragsentwurfs nur wenige Stunden vor Beginn der Beurkundung. Eine detaillierte Vorbereitung ist oftmals nicht möglich; der Notar muss daher in kürzester Zeit den komplexen Beurkundungsstoff erfassen und rechtlich nachvollziehen. Dies gilt in besonderem Maße für die Prüfungs- und Belehrungspflichten des Notars gemäß §§ 17ff. BeurkG. Da die Parteien regelmäßig auf eine möglichst schnelle Beurkundung drängen, entsteht enormer Zeitdruck.

36 Der Unternehmenskaufvertrag enthält typischerweise eine Vielzahl von Anlagen, bei denen insbesondere festzustellen ist, inwieweit diese nach Maßgabe der §§ 13ff. BeurkG der Verlesung bedürfen. Wegen etwa bestehender Zeitvorgaben werden in der Praxis bestimmte Teile der Transaktionsdokumentation – vor allem aus dem Bereich der Anlagen – aus der Unternehmenskaufvertragsurkunde ausgegliedert und in einer Bezugsurkunde vorab beurkundet, auf die in der Haupturkunde gemäß § 13a Abs. 1 S. 1 BeurkG verwiesen werden kann.

37 In Ausnahmesituationen strukturiert der Veräußerer das Auktionsverfahren dergestalt, dass sämtliche Bieter der Schlussrunde auf der Grundlage parallel ausgehandelter Entwürfe notariell beurkundete Angebote zum Abschluss des Unternehmenskaufvertrages vorzulegen haben. Dies stellt den oder die beurkundenden Notar(e) zuweilen vor weitere auch logistische Herausforderungen.

38 Des Weiteren überreichen die Parteien dem Notar aus Beweissicherungsgründen zuweilen auch eine Kopie des (physischen) Datenraumes zur Verwahrung; im Zuge der Verbreitung elektronischer Datenräume kommt es mittlerweile regelmäßig zur Übergabe von elektronischen Datenträgen (DVD). Folgen später Auseinandersetzungen über eine mögliche Haftung bzw. deren Ausschluss wegen Offenlegung im Datenraum, hat der Notar den Parteien nach Maßgabe der vertraglichen Vereinbarung Zugang zum verwahrten Datenraum zu gewähren.

39 Nicht zu unterschätzen ist – je nach Umfang der Urkunde und der Bezugsurkunde – der im Notariat zu leistende Aufwand zur kurzfristigen Erstellung von einfachen oder beglaubigten Abschriften sowie von Ausfertigungen. Dies insbesondere dann, wenn die von den beteiligten Rechtsanwälten vorbereiteten Entwürfe – wie in den weit überwiegenden Fällen

[20] Vgl. hierzu nur BGHZ 153, 158, 160ff. = BGH NJW 2003, 892, 893ff.; BGHZ 155, 318, 321ff. = BGH NJW 2003, 3198, 3199ff.; Baumbach/Hueck/*Hueck/Fastrich* § 3 Rdnr. 13; Ulmer/Habersack/Winter/*Ulmer* § 3 Rdnr. 137f.; Michalski/*Michalski* § 3 Rdnr. 25ff.; *Wicke* § 3 Rdnr. 10ff.

der Praxis – von den Parteien während des Beurkundungsvorgangs in einzelnen Bereichen weiterverhandelt werden und der Notar die gefundenen Verhandlungsergebnisse handschriftlich in die Urschrift aufzunehmen hat.

40 d) **Vollzugsvorbereitungsphase.** In der Phase nach dem Abschluss des Unternehmenskaufvertrages (*Signing*) bis zu dessen Vollzug (*Closing*) gestaltet sich die Intensität und die Art der Involvierung des Notars je nach den Gegebenheiten des Einzelfalles ganz unterschiedlich. Denkbar sind etwa:

41 Soll die Unternehmenstransaktion im Wege der Einzelrechtsübertragung (*Asset Deal*) durchgeführt werden, ist der Notar an der entsprechenden Vorbereitungen für den Vollzug des Eigentumsübergangs, insbesondere bei Grundstücksübertragungen, beteiligt. Sind im Unternehmenskaufvertrag *Carve-out* bzw. *Carve-in* Maßnahmen für diese Periode vorgesehen, wird der Notar nach Maßgabe der Ausführungen zur Vorbereitungsphase beim Veräußerer (siehe Rdnr. 27 ff.) entsprechend tätig. Erfordert der Vollzug der Transaktion den zustimmenden Beschluss der Hauptversammlung nach den *Holzmüller/Gelatine* Grundsätzen, so wirkt der Notar entsprechend mit. Sieht der Unternehmenskaufvertrag die Kaufpreisabwicklung über ein Notaranderkonto vor, hat der Notar die erforderlichen vorbereitenden Maßnahmen zu ergreifen.

42 Wird die Unternehmenstransaktion fremdfinanziert, so werden spätestens zwischen Abschluss des Unternehmenskaufvertrages und dessen Vollzug die Kredit- und Sicherheitenverträge verhandelt und abgeschlossen. Hier wird der Notar insbesondere bei der Bestellung von Sicherheiten – etwa Verpfändungen von GmbH-Geschäftsanteilen – eingebunden. Kommt es kurz vor dem Vollzug der Transaktion zu weiterem Regelungsbedarf, wird häufig ein Änderungsvertrag zum Unternehmenskaufvertrag abgeschlossen, der gegebenenfalls auch der Beurkundung bedarf.[21] Schließlich wirkt der Notar – je nach den zu bewirkenden Vollzugsmaßnahmen (*Closing Actions*) – auch am Transaktionsvollzug (*Closing*) selbst mit.

43 e) **Nachvollzugsphase.** Auch in der Zeit nach dem Transaktionsvollzug kann es zur weiteren Involvierung des Notars kommen. So hat der Notar nach dem Vollzug der Transaktion im Falle von GmbH-Geschäftsanteilsübertragungen eine aktualisierte Gesellschafterliste zum Handelsregister einzureichen, § 40 Abs. 1 GmbHG. Häufig ergeben sich weitere Strukturmaßnahmen – etwa ein *Squeeze-out*, eine Verschmelzung oder der Abschluss eines Unternehmensvertrages – zur verstärkten Integration des Zielunternehmens in die Unternehmensgruppe des Erwerbers. Auch können sich insofern weitere Restrukturierungsmaßnahmen unterhalb der Ebene der unmittelbaren Zielgesellschaft ergeben. Schließlich kann es Änderungen von Gesellschaftsverträgen oder Satzungen sowie das Erfordernis zur Durchführung von Kapitalmaßnahmen geben. Auch dies erfordert das Tätigwerden des Notars.

3. Spezifische Anforderungen an die notarielle Praxis

44 Nach den Betrachtungen zur Unternehmenstransaktion und deren möglicher Klassifizierung sowie zum Spektrum der in diesem Zusammenhang auftretenden notariellen Aufgaben ist nunmehr der Boden bereitet, um sich den spezifischen Anforderungen an den im Rahmen einer Unternehmenstransaktion tätigen Notar – aus der Sicht des die Transaktion begleitenden Rechtsanwalts – zu widmen.

45 a) **Transaktionsbedingte Herausforderungen.** Bereits die bisherigen Ausführungen haben die Besonderheiten von Unternehmenstransaktionen für die involvierten Parteien und sonstigen Beteiligten kenntlich werden lassen. Auch für den die Unternehmenstransaktion betreuenden Notar ergeben sich aus dem Transaktionscharakter eine Reihe von spezifischen Herausforderungen, denen er sich selbst, mit seinen Mitarbeitern und gemeinsam mit den weiteren Beteiligten stellen muss, um den heute geltenden Anforderungen an einen modernen Transaktionsnotar gerecht werden zu können.

46 *aa) Transaktionskomplexität.* Bei einer Unternehmenstransaktion geht es regelmäßig um die Gestaltung eines wirtschaftlich wie rechtlich äußerst komplexen Vorgangs; M&A Trans-

[21] Vgl. RGZ 88, 61, 65; RG DR 1940, 1292 ff.; BGH NJW 1959, 1433, 1434; *Loritz* DNotZ 2000, 90, 99.

aktionen werden zuweilen als die Königsdisziplin der wirtschaftsrechtlichen Beratung bezeichnet. Es geht in der Praxis um die Zusammenführung, Veräußerung oder Umgestaltung von Unternehmen oder ganzer Unternehmensgruppen im mehrstelligen Millionen- oder zunehmend sogar im Milliardenbereich, ganz überwiegend im internationalen Kontext.

47 Die Transaktionen erfolgen in einem immer vielschichtiger werdenden, sich stetig fortentwickelnden Regelungsumfeld und die Anforderungen an eine feinjustierte, die Belange der Parteien optimierende Gestaltung steigen fortlaufend. Dabei vollziehen sich die Unternehmenstransaktionen von der ersten Vorbereitungsmaßnahme bis zum Vollzug häufig über einen signifikanten, mehrere Monate andauernden Zeitraum, wobei es in jeder einzelnen Phase des Transaktionsprozesses zu enormem Zeitdruck kommen kann. Darüber hinaus wirken an einer Unternehmenstransaktion regelmäßig eine Vielzahl unternehmensinterner- wie externer Beteiligte – neben Rechtsanwälten, Wirtschaftsprüfern und Notaren etwa Finanzberater, Unternehmensberater, technische Berater sowie Kommunikationsberater – mit, deren Arbeitsströme miteinander zu verzahnen und abzustimmen sind. Es handelt sich teilweise um Spezialisten, die nur einen bestimmten Teilausschnitt der Transaktion betreuen, sowie um Beteiligte, die über die gesamte Strecke von der anfänglichen Vorbereitung bis zum erfolgreichen Vollzug mit der Unternehmenstransaktion befasst sind.

48 *bb) Notarielle Schnittstellen.* Für den Notar ergeben sich aus alledem die folgenden transaktionsspezifischen Herausforderungen: Typischerweise gehört der Notar nicht zu den Beteiligten, die durchgehend mit der Unternehmenstransaktion befasst sind. Die notariellen Schnittstellen und Aufgaben sind vielmehr – wie gesehen – eher punktueller Natur. Daraus folgt, dass der Notar den Gesamtüberblick über die Unternehmenstransaktion nicht haben kann, sondern sich in den jeweils relevanten Abschnitten sehr schnell und häufig ohne große Vorbereitungszeit – und typischerweise ohne wesentliche Vorkenntnisse zu Transaktionsinhalt und -geschichte – in dem laufenden Transaktionsprozess orientieren muss. Dies erlangt eine noch gesteigerte Relevanz, wenn die im Rahmen der Unternehmenstransaktion anfallenden notariellen Aufgaben von unterschiedlichen Notaren erfüllt werden. Dies ist etwa vorstellbar, wenn in der Vorbereitungsphase – beispielsweise in Bezug auf *Carve-out* Maßnahmen – der Hausnotar des Zielunternehmens eingebunden wird, der Unternehmenskaufvertrag später jedoch von einem erfahrenen Transaktionsnotar beurkundet und schließlich in der Nachvollzugsphase – etwa bei Strukturmaßnahmen zur Integration des Zielunternehmens in die Erwerbergruppe – der Hausnotar des Erwerbers tätig wird.

49 Die Prozesssteuerung der Unternehmenstransaktion liegt nicht in den Händen des Notars – wie auch regelmäßig nicht in den Händen eines einzelnen der anderen Beteiligten – und unterliegt typischerweise immer wieder externen Faktoren, die der einzelne am Prozess Beteiligte nur in Maßen oder gar nicht beeinflussen – in den seltensten Fällen aber kontrollieren – kann. Dies fordert von dem Notar – wie von den anderen Beteiligten – eine große Bereitschaft zur zeitlichen und organisatorischen Flexibilität sowie eine äußerst schnelle fachliche Auffassungsgabe. Dies gilt umso mehr bei einer – insbesondere in Bezug auf die Beurkundung des Unternehmenskaufvertrages – geltenden sprichwörtlichen Einbindung auf Zuruf. Eine besondere Herausforderung mag auch darin gesehen werden, dass der Notar – wie bereits erwähnt – nicht in die Vorbereitung, den Entwurf sowie die Verhandlung des Unternehmenskaufvertrages eingebunden wird; häufig wird ein Leseexemplar für den Notar erst unmittelbar vor Beginn der Beurkundung überreicht. Ist der Unternehmenskaufvertrag in englischer Sprache verfasst, sind entsprechende Fremdsprachenkenntnisse des Notars unverzichtbar.

50 *cc) Logistische Herausforderungen.* Die Beurkundung kann zunächst in den Geschäftsräumen des Notars stattfinden. Dann ergeben sich besondere Herausforderungen an die Logistik und die Notariatsorganisation. Dies betrifft nicht nur die Bereitstellung ausreichend großer Besprechungsräume in erforderlicher Anzahl,[22] sondern auch Aspekte der

[22] Die Beurkundung erfordert regelmäßig mehr als nur einen großen Besprechungsraum, in dem die Beurkundung selbst stattfindet. Kommt es während der Beurkundung zu Auseinandersetzungen und entsprechenden Verhandlungen, sind weitere Räumlichkeiten erforderlich, in denen sich Verhandlungsteams zur Vor- und Nachbereitung von Regelungsangeboten zurückziehen können.

Verpflegung sowie Fragen der Organisation der laufenden – nicht transaktionsinvolvierten – Notariatspraxis. Aus diesen Gründen werden Beurkundungen großer Unternehmenstransaktionen häufig außerhalb der Geschäftsräume des Transaktionsnotars vorgenommen, etwa in den Räumen einer der die Transaktion begleitenden Anwaltssozietäten. Dann muss der Notar die Beurkundung in ungewohnter Umgebung, regelmäßig ohne Zugriff auf eigene Mitarbeiter oder Logistik, durchführen.

Schließlich fordert die Betreuung von Unternehmenstransaktionen – insbesondere bei der 51 Beurkundung des Unternehmenskaufvertrages – vom Notar wie auch allen anderen Beteiligten eine gewisse physische Konstitution und Belastbarkeit, da manche Sitzungen über Stunden und Tage (bzw. Nächte) andauern.

b) **Anforderungsprofil für Transaktionsnotare.** Welches Anforderungsprofil ergibt sich 52 nun aus den zuvor erörterten transaktionsspezifischen Herausforderungen für den an einer Unternehmenstransaktion beteiligten Notar, also den Transaktionsnotar? Nachfolgend sollen zunächst ausgewählte Grundanforderungen formuliert werden, bevor konkrete beurkundungsbezogene und beurkundungsunabhängige Anforderungen entwickelt und bestimmt werden sollen.

aa) Ausgewählte Grundanforderungen. (1) Unparteiische Amtsführung. Ausgangspunkt 53 und Basis jeglicher notarieller Tätigkeit sind die allgemeinen Berufspflichten für die Ausübung des Amtes eines Notars. Von zentraler Bedeutung ist damit neben der Pflicht zur Verschwiegenheit (§ 18 BNotO) die allgemeine Berufspflicht nach § 14 BNotO. Danach ist der Notar nicht Vertreter einer Partei, sondern unabhängiger und unparteiischer Betreuer der Beteiligten. Das damit statuierte Gebot der Unparteilichkeit des Notars hat auch für die Begleitung von Unternehmenstransaktionen zentrale und uneingeschränkte Bedeutung. Für den Transaktionsnotar bedeutet dies u. a., dass jegliche Stellungnahme zu wirtschaftlichen Verhandlungsergebnissen strikt zu unterbleiben hat. Diese wurden in einem – dem Notar im einzelnen unbekannten – langwierigen Prozess zwischen den Parteien unter Mitwirkung diverser (spezialisierter) Berater gefunden. Eine Bewertung ist dem Notar daher gar nicht möglich.

(2) Angemessenes Amtsverhalten. Der Notar hat sich durch sein Verhalten innerhalb und 54 außerhalb seines Amtes der Achtung und des Vertrauens, die dem Notaramt entgegengebracht werden, würdig zu zeigen; dabei ist jedes Verhalten zu vermeiden, das den Anschein eines Verstoßes gegen die ihm gesetzlich auferlegten Pflichten erzeugt, insbesondere den Anschein der Abhängigkeit oder Parteilichkeit. Für die Tätigkeit des Notars bei der Begleitung einer Unternehmenstransaktion sind daher auch im persönlichen Umgang mit anderen Beteiligten unangemessene Verhaltensformen, die den Anschein einer Parteilichkeit begründen könnten, zu unterlassen. Der Notar sollte daher eine verbindliche, aber hinreichend professionell-distanzierte Verhaltensweise üben; das Duzen einzelner Beteiligter während der Beurkundung des Unternehmenskaufvertrages hat beispielsweise zu unterbleiben.

(3) Dienstleistungsbereitschaft. Der die Unternehmenstransaktion betreuende Notar ist – 55 wie die involvierten Transaktionsanwälte – Dienstleister. Dies verlangt wie bereits ausgeführt die Bereitschaft, in jeder relevanten Phase der Unternehmenstransaktion den erforderlichen Einsatz mit der gebotenen Flexibilität kurzfristig, dennoch sorgfältig und in einer vorausschauenden, pro-aktiven Weise zu erbringen. Neben einem entsprechenden persönlichen Einsatz des Notars – insbesondere im Hinblick auf Erreichbarkeit und Bearbeitungsfristen – sind auch die entsprechenden personellen, technischen und organisatorischen Mittel und Abläufe im Notariat so zu gestalten, dass sie modernen Transaktionserfordernissen genügen. Das gilt insbesondere für Kommunikationsmittel, EDV-Ausstattung, Fremdsprachenkenntnisse, etc.

(4) Teamansatz und -einsatz. Die Komplexität von Unternehmenstransaktionen erfordert 56 wie gesehen die Einbindung einer Vielzahl von (internen wie externen) Beteiligten. Zu diesen gehören auch die unterschiedlichen, eine Unternehmenstransaktion begleitenden Berater, die ihre jeweils zu erbringenden Arbeiten aufeinander abzustimmen und gegebenenfalls miteinander zu verzahnen haben. Gefordert ist insofern von jedem einzelnen Berater ein ent-

sprechender Teamansatz und -einsatz gemeinsam mit den anderen Transaktionsbeteiligten. Von besonderer Bedeutung für die rechtliche Begleitung der Unternehmenstransaktion ist dabei die Zusammenarbeit zwischen Transaktionsanwälten und Notar. Hier ist im Interesse eines erfolgreichen Transaktionsabschlusses ein vertrauensvolles, kollegiales und unterstützendes Zusammenwirken der einzelnen Beteiligten geboten.

57 *bb) Beurkundungsbezogene Anforderungen.* Zentraler Bezugspunkt für die gemeinsame Tätigkeit der eine Unternehmenstransaktion begleitenden Rechtsanwälte und des die Transaktion beurkundenden Notars ist die rechtliche Transaktionsdokumentation, im Kern regelmäßig der Unternehmenskaufvertrag. Die sich hierauf beziehenden Anforderungen an den Transaktionsnotar sollen im Folgenden Gegenstand der Überlegungen sein.

58 *(1) Prüfungspflichten.* Die (notariell zu beurkundende) Niederschrift über den Unternehmenskaufvertrag wird im Transaktionskontext nicht vom Notar, sondern von den Transaktionsanwälten vorbereitet, entworfen und verhandelt. Der Notar wird wie gesehen erst sehr kurzfristig involviert. Dementsprechend obliegt es den an der Transaktion beteiligten Anwälten, den Notar mit den Besonderheiten der Transaktion vertraut zu machen und insbesondere durch den Entwurf des Unternehmenskaufvertrages zu führen. Dem Notar obliegt es, sich möglichst rasch und dennoch sorgfältig in die Transaktion einzufinden und sich insbesondere im Hinblick auf den Entwurf der Niederschrift zügig zu orientieren.

59 Hierzu gehört selbstverständlich auch eine rechtliche Durchsicht und Würdigung der vorgefundenen Vertragsgestaltungen. Dies ist von den Transaktionsanwälten entsprechend zu fördern und soweit erforderlich zu unterstützen. Der Notar darf sich nicht auf die Rolle des Verlesers der Niederschrift zurückziehen oder hierauf zurückgedrängt werden. Etwaige Überlegungen oder Anmerkungen des Notars sind gemeinsam mit den Transaktionsanwälten zu erörtern, wobei der Notar – wie auch die übrigen Beteiligten – nicht nur für die Benennung etwaiger Probleme, sondern gerade auch für die Unterbreitung konkreter Lösungsvorschläge geschätzt wird.

60 Da sich der Notar wie gesehen nicht zu den wirtschaftlichen Verhandlungsergebnissen äußern kann und soll, besteht typischerweise ein besonderer Fokus der notariellen Prüfung auf den Vertretungs-, Beurkundungs- und Abwicklungsaspekten der Transaktion und des Unternehmenskaufvertrages. Diese Themenfelder sind nun aber auch von den Transaktionsanwälten mit abzudecken, um den für sie geltenden Anforderungen an die Gesamtverantwortlichkeit für die Unternehmenstransaktion gerecht zu werden. Anstatt einer Delegation dieser Themen an den Notar hat auch hier ein kollegialer Austausch stattzufinden.

61 *(2) Beurkundungslogistik.* Auch der eigentliche Beurkundungsvorgang stellt spezifische Anforderungen an den Transaktionsnotar. Es wurde bereits darauf hingewiesen, dass die Beurkundung häufig nicht in den Räumen des Notariats stattfindet; die Logistik obliegt dann Dritten. Nichtsdestotrotz wird der Notar sicherstellen, wie die logistischen Abläufe und Verhältnisse – insbesondere zur Dokumentenbe- und -verarbeitung – organisiert und vorbereitet sind, einschließlich der Bereitstellung von Leseexemplaren in hinreichender Anzahl. In besonderen Fällen mag es dem Transaktionsnotar angezeigt erscheinen, eigene Mitarbeiter im Rahmen der Beurkundung vor Ort unterstützend beizuziehen. Findet die Beurkundung in den Geschäftsräumen des Notariats statt, stellt die erforderliche Logistik für die Beurkundung eines Unternehmenskaufvertrages eigene Anforderungen. Besteht nur das kleinste Risiko, dass die Beurkundung durch offene Verhandlungspunkte belastet werden könnte, ist eine Beurkundung im Notariat für den Notar und dessen Mitarbeiter sowie die sonstigen Mandanten des Notariats eigentlich nicht zumutbar und sollte möglichst unterbleiben.

62 *(3) Beurkundungsbeteiligte.* Am Beurkundungstermin trifft der Notar häufig das erste Mal auf eine Reihe ihm persönlich unbekannter Beteiligter, teilweise in großer Anzahl. Durch die Komplexität der Unternehmenstransaktion sind regelmäßig weit mehr Beteiligte während der Beurkundung zugegen, als die im Rahmen der Beurkundung auftretenden Erschienenen; dies ist insbesondere dann festzustellen, wenn ökonomische Aspekte der Trans-

aktion bei Beginn der Beurkundung noch nicht abschließend verhandelt und geregelt sind. Dies alles erfordert, dass der Transaktionsnotar – mit Unterstützung der Transaktionsanwälte – den Überblick behalten und den weiteren Ablauf der Beurkundung in jeder einzelnen Phase höflich aber bestimmt steuern muss.

(4) Beurkundungsdauer. Die Gesamtphase der Verlesung der Niederschrift nimmt zuweilen eine erhebliche Zeitperiode – teilweise über Tage und Nächte – in Anspruch. Nach den Anforderungen des Einzelfalles sind vom Notar ein angemessenes zügiges Lesetempo und eine entsprechende Leselautstärke zu wählen. Auch kann es sich anbieten, die Verlesung von anderen Beteiligten für eine gewisse Zeit übernehmen zu lassen.[23] 63

Die Verlesung wird zuweilen durch Auseinandersetzungen oder Verhandlungen über bestimmte Einzelpunkte unterbrochen. Für den Notar kommt es mitunter – wie vor Beginn der Beurkundung – zu (oft stundenlangen) Wartezeiten, die es – aus Sicht des Notars – sinnvoll (mit Büroarbeiten o. ä.) zu überbrücken gilt. 64

Permanent betreten oder verlassen Personen den Raum, in dem verlesen wird.[24] Hier werden Notar und Transaktionsanwälte genauestens darauf zu achten haben, dass die Verlesung unterbrochen wird, wenn und solange einer der Erschienen nicht mehr anwesend ist. Auch bedarf es zu Beginn eines Hinweises und danach gelegentlich einer Ermahnung, den Raum nicht unabgestimmt oder zu häufig zu verlassen. 65

Die Ergebnisse etwaiger Zwischenverhandlungen sind sodann in die Urschrift aufzunehmen; auch hierzu müssen sich Transaktionsnotar und Transaktionsanwälte abstimmen. Werden handschriftliche Ergänzungen des Entwurfs vorgenommen, sind die Anforderungen, die sich aus der Qualität als mangelfreie öffentliche Urkunde ergeben (§§ 415, 419 ZPO), einzuhalten. Insbesondere die Lesbarkeit bzw. Verständlichkeit der handschriftlichen Randvermerke bzw. -ergänzungen muss gewährleistet sein.[25] Für die Gesamtdauer der Beurkundung ist sicherzustellen, dass die Urschrift unter ausschließlicher Kontrolle des Notars bleibt, was sich im Hinblick auf die in der Praxis auftretende Beurkundungsdauer in bestimmten Fällen sehr anspruchsvoll gestalten kann und die vorbehaltslose Unterstützung der Transaktionsanwälte erfordert. 66

(5) Beurkundungsdisziplin. Des Weiteren ist vom Notar darauf zu achten, dass während der Verlesung sämtliche Erschienenen als unmittelbar an der Beurkundung Beteiligte mit ungeteilter Aufmerksamkeit der Verlesung folgen; auch dies gestaltet sich in der Praxis nicht immer ohne Herausforderungen. Dies heißt in der heutigen Zeit: Keine Telefongespräche, keine Email Kommunikation, kein Zeitungslesen, kein Internetsurfen und insbesondere kein Einschlafen während der Verlesung. Der Notar selbst benötigt jedenfalls für Marathonsitzungen eine entsprechende physische Leistungsfähigkeit. Gleiches gilt natürlich für die Transaktionsanwälte, die den Notar zu jeder Tages- und Nachtzeit entsprechend zu unterstützen haben. 67

(6) Beurkundungsabschluss. Schließlich ist von dem Notar darauf zu achten, dass die Urschrift nach beendeter Verlesung von sämtlichen Erschienenen ordnungsgemäß unterzeichnet wird. Dies klingt banal, kann aber in der Praxis dann zu Problemen führen, wenn eine große Anzahl eigentlich nicht an der Beurkundung unmittelbar Beteiligter zugegen ist und 68

[23] Kritisch zur Sinnhaftigkeit eines solchen Vorgehens Huhn/von Schuckmann/*von Schuckmann/Renner* § 13 Rdnr. 6; *Winkler* § 13 Rdnr. 8; *Lerch* § 13 Rdnr. 13, 14; *Kanzleiter* DNotZ 1997, 261, 263.

[24] Das Vorlesen der Niederschrift in Gegenwart des Notars und der Beteiligten nach § 13 BeurkG ist Wirksamkeitsvoraussetzung. Eine Verletzung führt zur Formnichtigkeit der Urkunde und kann auch dienstrechtlich streng geahndet werden bzw. eine strafbare Falschbeurkundung im Amt darstellen, BGH DNotZ 1975, 365 ff.; BGH DNotZ 2000, 535, 535; OLG Frankfurt DNotZ 2000, 513, 513; Huhn/von Schuckmann/*von Schuckmann/Renner* § 13 Rdnr. 1; *Winkler* § 13 Rdnr. 2; *Keller* DNotZ 1995, 99, 111 f.; *Kanzleiter* DNotZ 1997, 261 ff. Die Formwirksamkeit setzt voraus, dass die formell Beteiligten (d. h. die Erschienen, § 6 Abs. 2 BeurkG) ununterbrochen anwesend sind, d. h. Notar und Erschienene müssen einander jederzeit sehen und hören können, BGH DNotZ 1975, 365, 367; BGH DNotZ 2000, 535, 535; Huhn/von Schuckmann/*von Schuckmann/Renner* § 13 Rdnr. 6; *Winkler* § 13 Rdnr. 5; Bamberger/Roth/*Litzenburger* § 13 Rdnr. 4; *Lerch* § 13 Rdnr. 13.

[25] Musielak/*Huber* § 415 Rdnr. 4; MünchKommZPO/*Schreiber* § 415 Rdnr. 5 f.; *Zoller* NJW 1993, 429, 430 f.; handschriftliche Randvermerke bzw. -ergänzungen auf der Notarurkunde sind zu unterschreiben, BGH NJW 1994, 2768; Musielak/*Huber* § 415 Rdnr. 2, § 419 Rdnr. 1.

plötzliche Aufbruchstimmung nach Beendigung der Verlesung – etwa wegen des nächst möglichen Fluges – aufkommt.[26] Nach der Beendigung des Beurkundungsprozesses sind kurzfristig einfache und beglaubigte Abschriften sowie Ausfertigungen für die Beteiligten zu erstellen. Darüber hinaus benötigen die Transaktionsanwälte einfache Abschriften in loser bzw. elektronischer (PDF) Fassung.

69 *cc) Beurkundungsunabhängige Anforderungen. (1) Vollzugsmaßnahmen.* Für die Unternehmenstransaktion beginnt mit dem Abschluss der Beurkundung des Unternehmenskaufvertrages die Phase zur Vorbereitung des Vollzugs der Transaktion. Diese wird typischerweise durch die Transaktionsanwälte geplant, überwacht und gesteuert. Hierzu werden regelmäßig Arbeitslisten für noch zu erledigende Maßnahmen erstellt (*Post Signing Action List*), in die die vom Transaktionsnotar zu verantwortenden Einzelmaßnahmen ebenfalls aufgenommen werden. Erfordert die Vorbereitung des Transaktionsvollzuges ein komplexes Geflecht von Einzelschritten, so werden in der Praxis regelmäßige Telefonabstimmungen (*Jour Fix Conference Calls*) durchgeführt, an denen alle Beteiligten über den Status, etwaige Fortschritte, mögliche Schwierigkeiten und die noch offenen Maßnahmen berichten. Hier wird man den Notar und gegebenenfalls dessen Mitarbeiter einbeziehen.

70 *(2) Registergerichte.* Von besonderer Relevanz für den Vollzug und die Abwicklung des Unternehmenskaufvertrages sind Maßnahmen mit Registerbezug. Hier kommt es in besonderem Maße auf eine funktionierende Arbeitsbeziehung des Notars zu den Registergerichten (Handelsregister, Grundbuchamt) an. Dies insbesondere dann, wenn transaktionsbedingt bestimmte Fristen einzuhalten sind und die Phase zwischen Abschluss der Unternehmenstransaktion und deren Vollzug möglichst kurz gehalten werden soll.

71 *(3) Notarnetzwerke.* Der Notar hat bei Vollzugsmaßnahmen vermehrt nicht nur mit den Gerichten seines eigenen Bezirks, sondern auch mit anderen Registergerichten im Bundesgebiet zu tun. Hier können im Einzelfall wechselseitige Unterstützungsnetzwerke mit anderen Notaren durchaus hilfreich sein. Systematische Kontakte von Transaktionsnotaren auf europäischer Ebene – etwa auch zum Austausch über eine *best practice* bei der Beurkundung von Unternehmenstransaktionen – sind wohl bislang eher selten.

72 *(4) Tagesgeschäft.* Unter den beurkundungsunabhängigen Anforderungen ist schließlich anzumerken, dass der Notar und seine Mitarbeiter durch geeignete organisatorische Maßnahmen den Ablauf und die Durchführung des weiteren – transaktionsunabhängigen – Notariatsbetriebs während der Beteiligung an der Unternehmenstransaktion sicherzustellen haben. Hier liegt die besondere Herausforderung und organisatorische Kunst darin, dafür Sorge zu tragen, dass insbesondere während der Beurkundung des Unternehmenskaufvertrages (und der damit verbundenen Abwesenheit des Notars) das Tagesgeschäft nicht zum völligen Erliegen kommt. Erfahrene Transaktionsnotare nutzen hierzu immer wieder die (wenig vorhersehbaren) Beurkundungsunterbrechungen durchaus mit einer gewissen Virtuosität.

III. Ausgewählte beurkundungsrechtliche Aspekte

73 Beurkundungsrechtliche Fragestellungen bilden auch bei Unternehmenstransaktionen eine der wesentlichen Schnittstellen zwischen der anwaltlichen und notariellen Tätigkeit, die

[26] Hat einer von mehreren Beteiligten zwar der Verhandlung bis zum Abschluss der Niederschrift durch Vorlesung und Genehmigung beigewohnt, aber seine Unterschrift vergessen, so ist das gesamte Rechtsgeschäft nicht vollständig beurkundet und gemäß § 125 BGB formnichtig. Die bloße Nachholung der unterbliebenen Unterschrift auf der ursprünglichen Niederschrift an einem späteren Tag ist unzulässig und kann auch nicht durch Eigenerklärung des Notars geheilt werden, BayObLG NJW-RR 2001, 734; OLG Düsseldorf DNotZ 2002, 299 m. Anm. *Wochner*; LG Düsseldorf ZNotP 1997, 71, 72; *Winkler* § 13 Rdnr. 66; Huhn/von Schuckmann/*von Schuckmann/Renner* § 13 Rdnr. 50 ff.; *Lischka* NotBZ 1999, 8, 9; vgl. zur Möglichkeit einer Nachtragsniederschrift über die Nachholung der Unterschrift und damit letztendlich zur Heilung der Formunwirksamkeit, *Winkler* § 13 Rdnr. 67; Huhn/von Schuckmann/*von Schuckmann/Renner* § 13 Rdnr. 53 ff.; Eylmann/Vaasen/*Limmer* § 13 Rdnr. 24; *Haug* Rdnr. 600; OLG Düsseldorf DNotZ 2002, 299 m. Anm. *Wochner*; DNotI-Rep 1998, 33, 34.

sich daher in besonderer Weise eignen, die gemeinsame inhaltliche Zusammenarbeit bei einer Transaktion exemplarisch zu konturieren. In der Transaktionspraxis stellen sich immer wieder Fragen zur Notwendigkeit oder zum konkreten Umfang einer Beurkundung, die vom Notar und den Transaktionsanwälten gemeinsam zu erörtern und einer belastbaren Gestaltung zuzuführen sind. Anwälte wie Notar sind dabei in besonderer Weise einer möglichst sicheren Vertragsgestaltung verpflichtet.[27] Ergeben sich in einer konkreten Situation Unsicherheiten, ist richtigerweise im Zweifel (umfassend) zu beurkunden.

Allerdings darf eine solche rein an einer sicheren Vertragsgestaltung orientierte Beurkun- 74
dungspraxis – quasi als prophylaktische Sicherheitsbeurkundung – nicht den Blick für die Bestimmung der eigentlich zutreffenden Beurkundungserfordernisse versperren. Denn zum einen können überzogene Beurkundungspraktiken auf längere Sicht die generelle Akzeptanz der Beurkundung (weiter) beeinträchtigen; zum anderen wird es in der Praxis auch immer wieder vorkommen, dass eine solche prophylaktische Sicherheitsbeurkundung – etwa im Hinblick auf ein entgegenstehendes Fristenregime – praktisch nicht möglich ist und daher ausscheidet.

Rechtsprechung und Literatur bleiben daher gefordert, den Boden für die vertragsgestal- 75
tende Praxis mit rechtlich überzeugenden und verlässlichen Leitlinien zu bereiten. Hieran sollten sich natürlich auch Notare und Transaktionsanwälte beteiligen. Im Folgenden sollen daher zur Verdeutlichung ausgewählte beurkundungsrechtliche Aspekte aus der Transaktionspraxis in der gebotenen Kürze betrachtet werden.

1. Verpflichtung zur Umwandlung

Der erste zu betrachtende Komplex betrifft die Frage der Beurkundungspflicht einer 76
schuldrechtlichen Vereinbarung, nach der sich eine Vertragspartei verpflichtet, in der Gesellschafterversammlung für eine Umwandlungsmaßnahme zu stimmen. Wird durch eine solche Absprache eine (ansonsten nicht beurkundungspflichtige) Transaktion beurkundungspflichtig?

a) **Ausgangslage.** In der Praxis treffen Transaktionsanwälte und Notar auf folgende Un- 77
ternehmenstransaktion: Beabsichtigt wird die Veräußerung einer Mehrheitsbeteiligung an einer (nicht börsennotierten) Aktiengesellschaft. Es ist vorgesehen, dass der Veräußerer mit einer (wesentlichen) Minderheitsbeteiligung weiterhin Aktionär der Gesellschaft bleibt. Im Unternehmenskaufvertrag soll der Veräußerer insofern verpflichtet werden, auf Verlangen des Erwerbers und späteren Mehrheitsaktionärs, in der Hauptversammlung für eine Umwandlungsmaßnahme – etwa Verschmelzung oder Formwechsel – zu stimmen. Begründet dies eine Beurkundungspflicht des Unternehmenskaufvertrages?

Die soweit ersichtlich einzige gerichtliche Entscheidung zu diesem Aspekt stammt vom 78
Landgericht Paderborn.[28] Hier wird eine Beurkundungspflicht ohne großen Begründungsaufwand angenommen. Hingewiesen wird hierzu auf die Regelung in § 13 Abs. 3 S. 1 UmwG. Danach muss der Verschmelzungsbeschluss notariell beurkundet werden.[29] Bei einer (rechtlich bindenden) Verpflichtung, die Beschlüsse zur Verschmelzung mitzutragen, handele es sich rechtlich um einen Vorvertrag mit der Folge, dass auch dafür die notarielle Form zu beachten sei.[30] In der Literatur wurde dieser Entscheidung gefolgt.[31] Begründet wurde dies – wenn überhaupt – mit dem Gedanken einer faktischen Vorwegnahme des ei-

[27] Vgl. zum Postulat des sicheren Weges, also der Anforderung, bei jeder Vertragsgestaltung eine möglichst rechtsbeständige und streitvermeidende Lösung zu wählen: RGZ 151, 259, 264; BGHZ 27, 274, 276 = BGH NJW 1958, 1398, 1398; BGHZ 70, 374, 375 = BGH NJW 1978, 1005, 1006; BGH NJW 1988, 3013, 3015; *Schröder*, Der sichere Weg bei der Vertragsgestaltung, 1990; *Langenfeld* § 2 Rdnr. 216 ff.

[28] LG Paderborn NZG 2000, 899 ff.

[29] Die Regelung des § 13 Abs. 3 UmwG gilt entsprechend auch für den Spaltungs- und Vermögensübertragungsbeschluss, vgl. § 125 UmwG, §§ 176, 177 UmwG; für den Formwechselbeschluss ergibt sich ein entsprechendes Beurkundungserfordernis aus § 193 Abs. 3 UmwG.

[30] LG Paderborn NZG 2000, 899, 900.

[31] Vgl. etwa Widmann/Mayer/*Heckschen* § 13 Rdnr. 231.1; KölnKommUmwG/*Simon* § 13 Rdnr. 76; Kallmeyer/*Zimmermann* § 13 Rdnr. 37; Eckhardt/Hermanns/*Specks* 4. Kapitel B Rdnr. 188, 127; wohl auch Lutter/*Lutter/Drygala* § 13 Rdnr. 12 i. V. m. § 6 Rdnr. 2; offen: *Hermanns* ZIP 2006, 2296, 2298.

gentlichen Beschlusses und den Gründen für die Beurkundungspflicht des Beschlusses selbst, nämlich der Beweis-, Warn- und Belehrungsfunktion.[32]

79 In der Praxis hat dies dazu geführt, dass Unternehmenskaufverträge mit einer entsprechenden schuldrechtlichen Abrede – im Hinblick auf das Postulat des sicheren Weges – reihenweise mit prophylaktischen Sicherheitsbeurkundungen und der damit verbundenen Kostenfolge versehen wurden, regelmäßig nicht ohne einvernehmliche Einschätzung der jeweils beteiligten Vertragsjuristen, die Auffassung des LG Paderborn und der sie stützenden Literaturstimmen sei in der Sache unzutreffend.

80 Wird also eine Beurkundungspflicht für schuldrechtliche Umwandlungsbeschlüsse dem gesetzlichen Regelungsregime in § 13 Abs. 3 S. 1 bzw. § 193 Abs. 3 S. 1 UmwG gerecht?

81 **b) Rechtliche Überlegungen.** Die hier interessierende Frage ist im Wege der Auslegung des eine Beurkundungspflicht für Verschmelzungsbeschlüsse anordnenden § 13 Abs. 3 S. 1 UmwG[33] zu klären. Hierzu sollen der Wortlaut, die Gesetzesbegründung und der Gesetzeszweck der Norm näher betrachtet werden.

82 *aa) Wortlautauslegung.* Nach § 13 Abs. 3 S. 1 UmwG müssen der Verschmelzungsbeschluss und die nach dem UmwG erforderlichen Zustimmungserklärungen einzelner Anteilsinhaber einschließlich der erforderlichen Zustimmungserklärungen nicht erschienener Anteilsinhaber notariell beurkundet werden.

83 Die Regelung ordnet die notarielle Beurkundung damit für zwei unterschiedliche Tatbestände an, nämlich den Verschmelzungsbeschluss einerseits sowie die Zustimmungserklärungen der Anteilsinhaber andererseits; gemeint sind bei der zweiten Regelungsvariante die im UmwG selbst im Hinblick auf Sonderkonstellationen geforderten Zustimmungserklärungen, etwa nach § 13 Abs. 2 (Vinkulierung), § 40 Abs. 2 S. 2 (persönliche Haftung), § 50 Abs. 2 (Sonderrechte), § 51 (offene Einlagen).[34]

84 Neben diesen Zustimmungserklärungen bezieht der Wortlaut der Norm das Beurkundungserfordernis ausdrücklich nur auf den Verschmelzungsbeschluss selbst; für eine schuldrechtliche Verpflichtung der Anteilsinhaber, in einer Gesellschafterversammlung einen Verschmelzungsbeschluss zu fassen, besteht jedenfalls keine ausdrückliche gesetzliche Formpflicht.[35]

85 Im Wortlaut des § 13 Abs. 3 S. 1 UmwG findet daher die postulierte Beurkundungspflicht in Bezug auf rein schuldrechtliche Vereinbarungen, in der Gesellschafterversammlung für einen Verschmelzungsbeschluss zu stimmen, keine Stütze.[36]

86 *bb) Gesetzesbegründung.* Auch in der Gesetzesbegründung findet sich kein unmittelbarer Hinweis darauf, dass eine schuldrechtliche Verpflichtung, in der Gesellschafterversammlung für einen Verschmelzungsbeschluss zu stimmen, auf der Grundlage von § 13 Abs. 3 S. 1 UmwG notariell zu beurkunden ist.[37]

87 Nach den Überlegungen des Gesetzgebers dient die in § 13 Abs. 3 S. 1 UmwG vorgesehene notarielle Beurkundung – im Hinblick auf die wirtschaftliche Bedeutung des Verschmelzungsvorgangs – der Rechtssicherheit durch die Kontrolle des Notars, der die Verantwortung dafür übernimmt, dass die Versammlung der Anteilsinhaber ordnungsgemäß abgewickelt wird.[38] Eine Ausweitung der Beurkundungspflicht auf eine dem Verschmelzungsbeschluss vorausgehende schuldrechtliche Verpflichtung wird in der Gesetzesbegründung entsprechend nicht erörtert oder auch nur nahegelegt.

88 Allein im Hinblick auf die ebenfalls in § 13 Abs. 3 S. 1 UmwG behandelten, nur in besonderen Fällen erforderlichen Zustimmungserklärungen der Anteilsinhaber übernimmt die

[32] Widmann/Mayer/*Heckschen* § 13 Rdnr. 231.1.

[33] Auf die insoweit wortgleiche Formulierung in § 193 Abs. 1 S. 1 UmwG wird verwiesen.

[34] Vgl. BT Drucks. 12/6699, S. 86; für die hier interessierende Konstellation spielen allerdings die in § 13 Abs. 3 S. 1 UmwG in Bezug genommenen Zustimmungserklärungen einzelner Anteilsinhaber keine Rolle.

[35] Dies konzediert auch Widmann/Mayer/*Heckschen* § 13 Rdnr. 231.1.

[36] Auf den Wortlaut der Norm wird im Zusammenhang mit dem Gesetzeszweck, insbesondere dem angeordneten Beurkundungsverfahren, erneut eingegangen werden.

[37] Vgl. BT Drucks. 12/6699, S. 85 ff.

[38] BT Drucks. 12/6699, S. 86.

notarielle Form nach der Vorstellung des Gesetzgebers zusätzlich die ihr auch sonst im Zivilrecht eigene Warnfunktion.[39] Insofern ist nach der Gesetzesbegründung strikt zu trennen zwischen dem im Hinblick auf den Verschmelzungsbeschluss (Rechtssicherheit, materielle Richtigkeitsgewähr) und dem für die Zustimmungserklärungen (zusätzliche Warnfunktion) geltenden Beurkundungserfordernis.

Auch aus der Gesetzesbegründung des § 13 Abs. 3 S. 1 UmwG ergibt sich daher kein Beurkundungserfordernis für eine schuldrechtliche Verpflichtung, an einem Verschmelzungsbeschluss mitzuwirken. 89

cc) Gesetzeszweck. Schließlich ist der mit der Regelung in § 13 Abs. 3 S. 1 UmwG verfolgte Sinn und Zweck zu untersuchen. 90

(1) Materielle Richtigkeitsgewähr, Beweisfunktion. Das Beurkundungserfordernis des Verschmelzungsbeschlusses verfolgt unstreitig den Zweck der Gewährleistung der Rechtssicherheit und der materiellen Richtigkeit durch die Einschaltung des Notars. Damit verbunden hat die Beurkundung des Verschmelzungsbeschlusses auch eine Beweisfunktion.[40] Aus diesen Funktionen kann allerdings eine – über den Wortlaut der Norm – hinausgehende Anwendung des Beurkundungserfordernisses nicht begründet werden. Gesichtspunkte der Rechtssicherheit, der materiellen Richtigkeitsgewähr oder auch der Beweissicherung können nur eine Beurkundung des Verschmelzungsbeschlusses selbst rechtfertigen. 91

(2) Warn- und Belehrungsfunktion. Eine Ausweitung auf ein vorgeschaltetes, schuldrechtliches Verpflichtungsgeschäft kann nur dem Zweck des Gesetzes entsprechen, wenn der Beurkundung des Verschmelzungsbeschlusses auch Warn- oder Belehrungsfunktion zukäme, die rechtlich wirksame Verpflichtung zur Verschmelzung also zu einer faktischen Vorwegnahme der Verschmelzung führte und damit die nachfolgende Belehrung also ins Leere ginge. Dies wird in der Literatur wie bereits erwähnt teilweise angenommen.[41] 92

Bereits der Blick auf die Gesetzesbegründung der Norm hat jedoch gezeigt, dass – jedenfalls nach dem subjektiven Willen des historischen Gesetzgebers – die Beurkundung des Verschmelzungsbeschlusses allein der Rechtssicherheit und der materiellen Richtigkeitsgewähr dient; nur für die Sonderkonstellation der erforderlichen Zustimmungserklärungen der Anteilsinhaber tritt nach der Gesetzesbegründung eine Warnfunktion hinzu. Das erscheint im Hinblick auf den Wortlaut und die spezifische Ausgestaltung der Norm auch zweckmäßig und interessengerecht. Dies bestätigt ein erneuter Blick auf den Wortlaut und die Struktur der Norm: 93

Anders als in Bezug auf die Zustimmungs*erklärungen* verlangt der Wortlaut des § 13 Abs. 3 S. 1 UmwG die notarielle Beurkundung des Verschmelzungs*beschlusses*, nicht hingegen die Beurkundung der einzelnen Stimmabgaben durch die Gesellschafter. Die Beurkundung bezieht sich insofern lediglich auf die tatsächlichen Wahrnehmungen des Notars über die Beschlussfassung und das Abstimmungsergebnis. Es ist daher unzweifelhaft und unstreitig, dass die notarielle Beurkundung des Verschmelzungsbeschlusses nach Maßgabe der §§ 36 ff. BeurkG (Tatsachenbeurkundung) erfolgen kann und gerade keine Beurkundung von Willenserklärungen gem. §§ 8 ff. BeurkG erfordert.[42] 94

Aus dem Verzicht auf die Beurkundung der einzelnen Stimmabgaben und aus der Unanwendbarkeit der §§ 8 ff. BeurkG[43] – insbesondere des § 17 BeurkG – folgt zugleich, dass der Zweck des Beurkundungserfordernisses nicht in der Warnung der Gesellschafter oder in 95

[39] So ausdrücklich BT Drucks. 12/6699, S. 86.

[40] Vgl. Semler/Stengel/*Gehling* § 13 Rdnr. 51.

[41] So etwa Widmann/Mayer/*Heckschen* § 13 Rdnr. 231.1.

[42] Vgl. nur Widmann/Mayer/*Heckschen* § 13 Rdnr. 222, Kallmeyer/*Zimmermann* § 13 Rdnr. 37; KölnKommUmwG/*Simon* § 13 Rdnr. 78; Schmitt/Hörtnagel/Stratz/*Stratz* § 13 Rdnr. 41; Semler/Stengel/*Gehling* § 13 Rdnr. 52; Eckhardt/Hermanns/*Specks* 4. Kapitel B Rdnr. 189. Für die Beurkundung der Zustimmungserklärungen gelten demgegenüber die Bestimmungen über die Beurkundung von Willenserklärungen nach §§ 8 ff. UmwG; vgl. hierzu nur Kallmeyer/*Zimmermann* § 13 Rdnr. 41; Widmann/Mayer/*Heckschen* § 13 Rdnr. 232; KölnKommUmwG/*Simon* § 13 Rdnr. 81; Semler/Stengel/*Gehling* § 13 Rdnr. 53.

[43] Selbstverständlich bleibt es möglich, das Beurkundungserfordernis nach § 13 Abs. 3 S. 1 UmwG auch durch eine Beurkundung von Willenserklärungen nach §§ 8 ff. BeurkG zu erfüllen – nur erforderlich ist dies nach dem Gesetz nicht; vgl. hierzu nur Widmann/Mayer/*Heckschen* § 13 Rdnr. 222.

ihrer Belehrung durch den Notar zu finden ist.[44] Anders gewendet: Eine Tatsachenbeurkundung ist *per se* nicht geeignet, einer Warn- oder Belehrungsfunktion zu erfüllen. Ein entsprechender Zweck wird damit nicht verfolgt.

96 Anders ist dies nur im Hinblick auf die Beurkundung der erforderlichen Zustimmungserklärungen der Anteilsinhaber; hier erfordert § 13 Abs. 3 S. 1 UmwG nach Wortlaut, Gesetzesbegründung und Gesetzeszweck die Beurkundung von Willenserklärungen nach §§ 8 ff. BeurkG und verfolgt entsprechend auch eine Warn- und Belehrungsfunktion. Bei der Auslegung der Norm und der Bestimmung des Beurkundungserfordernisses ist allerdings – wie bereits gezeigt – strikt zwischen den beiden Regelungskomplexen zu differenzieren.

97 *dd) Schlussfolgerungen.* Für die rechtswirksame Verpflichtung, in der Gesellschafterversammlung für einen Verschmelzungsbeschluss zu stimmen, bedeutet dies:

98 Eine Ausweitung des Beurkundungserfordernisses für den Verschmelzungsbeschluss selbst auf die vorausgehende, schuldrechtliche Verpflichtung kommt gestützt auf § 13 Abs. 3 S. 1 UmwG nicht in Betracht und lässt sich weder mit dem Wortlaut, der Gesetzesbegründung noch mit dem spezifischen Gesetzeszweck der Norm überzeugend begründen. Die Beurkundung des Verschmelzungsbeschlusses dient allein der Rechtssicherheit und bezweckt die materielle Richtigkeitsgewähr (einschließlich Beweisfunktion). Eine Warn- oder Belehrungsfunktion verfolgt die Regelung nicht und könnte auch durch die angeordnete Tatsachenbeurkundung nicht erreicht werden. Etwas anderes gilt nur für den weiteren, aber strikt gesondert zu behandelnden Regelungskomplex des § 13 Abs. 3 S. 1 UmwG, die Beurkundung erforderlicher Zustimmungserklärungen der Anteilsinhaber.

99 Bei Lichte betrachtet handelt es sich bei der schuldrechtlichen Vereinbarung, in der Gesellschafterversammlung für die Verschmelzung zu stimmen, um eine Stimmbindung. Diese ist aus den vorstehenden Gründen und nach zutreffender Auffassung ohne besondere Form wirksam, selbst wenn der relevante Beschluss der notariellen Form unterliegt.[45]

100 c) **Konsequenzen für die Praxis.** Damit hat sich gezeigt, dass die Entscheidung des LG Paderborn und die sich anschließende Literaturauffassung zur Beurkundungspflicht schuldrechtlicher Vereinbarungen, an einem Verschmelzungsbeschluss mitzuwirken, nicht zu überzeugen vermögen. Rechtsprechung wie Literatur bleiben aufgefordert, die Formfreiheit einer solchen Stimmbindungsvereinbarung für die Transaktionspraxis klarzustellen, damit Notar und Transaktionsanwälte auch vor dem Hintergrund des Postulats des sicheren Weges rechtlich überzeugende und den Parteiinteressen entsprechende Vertragsgestaltungen liefern können.

2. Zusammengesetzte Rechtsgeschäfte

101 Ein zweiter in der Transaktionspraxis relevanter Komplex, der beispielhaft betrachtet werden soll, betrifft das Beurkundungserfordernis zusammengesetzter Verträge insbesondere mit Drittbezug. Hier geht es um die Frage, ob die (erforderliche) Beurkundung eines Unternehmenskaufvertrages auch etwaige im Zusammenhang damit abzuschließende (an sich formfreie) Vereinbarungen – etwa zur Akquisitionsfinanzierung – mit zu erfassen hat.

102 a) **Ausgangslage.** In der Transaktionspraxis treffen Notar und Transaktionsanwälte auf die folgende – eigentlich recht typische – Konstellation:

Auf der Grundlage und nach Durchführung eines intensiven Auktionsverfahrens soll ein nach § 15 Abs. 4 GmbHG beurkundungspflichtiger Unternehmenskaufvertrag abgeschlossen werden. Im Rahmen der Auktion wurden die Bieter aufgefordert, die Verfügbarkeit der

---

[44] So überzeugend im Hinblick auf das Beurkundungserfordernis für den Beschluss zur Änderung des GmbH-Gesellschaftsvertrages: Ulmer/Habersack/Winter/*Ulmer* § 53 Rdnr. 49; MünchKommGmbHG/*Harbarth* § 53 Rdnr. 68; Baumbach/Hueck/*Zöllner* § 53 Rdnr. 71; a. A. BGH WM 1981, 376; BGHZ 105, 324, 338 = BGH NJW 1989, 295, 298.

[45] Vgl. BGH ZIP 1983, 432; OLG Koblenz ZIP 1986, 503, 504; OLG Saarbrücken AG 1980, 26, 27; Ulmer/Habersack/Winter/*Ulmer* § 53 Rdnr. 49; MünchKommGmbHG/*Harbarth* § 53 Rdnr. 69; Lutter/Hommelhoff/*Bayer* § 53 Rdnr. 40; *Priester* ZIP 1987, 280, 285; *Sieger/Schulte* GmbHR 2002, 1050 ff.

für den Unternehmenskauf erforderlichen (Eigen- und Fremdkapital-)Finanzierung bereits mit dem finalen Angebot detailliert darzulegen; etwaige Kreditverträge über die Aufnahme von Fremdkapital zur Finanzierung des Kaufpreises sollten zwischen dem Erwerber und den finanzierenden Banken nach den Vorgaben des Veräußerers bereits bei Abschluss des Unternehmenskaufvertrages rechtsverbindlich und unwiderruflich vereinbart werden. Diese Anforderungen wurden – wie von den meisten anderen Bietern – auch von dem (vom Veräußerer ausgewählten) Erwerber erfüllt. Entsprechend der gängigen Marktpraxis enthält der Kreditvertrag eine spezifische Zweckbindung für den konkreten Unternehmenskauf und den entsprechenden Unternehmenskaufvertrag.

Bei der Beurkundung des Unternehmenskaufvertrages besteht – im Hinblick auf die von der Rechtsprechung entwickelten Leitlinien zum Umfang des Beurkundungserfordernis – Unsicherheit, ob neben dem Unternehmenskaufvertrag auch der Kreditvertrag zwischen dem Erwerber und den finanzierenden Banken – entgegen der bisherigen Marktpraxis – der Beurkundung bedarf.[46] 103

b) Rechtliche Überlegungen. *aa) Allgemeine Grundsätze zum Beurkundungsumfang.* Eine Vereinbarung, durch welche die Verpflichtung eines Gesellschafters zur Abtretung eines GmbH-Geschäftsanteils begründet wird, bedarf nach § 15 Abs. 4 S. 1 GmbHG der notariellen Form. 104

Das Formerfordernis bezieht sich nach ganz herrschender Auffassung nicht nur auf die Hauptpflicht zur Abtretung eines Geschäftsanteils, sondern grundsätzlich auch auf alle damit verbundenen Nebenabreden, die nach dem Willen der Parteien Bestandteil der Vereinbarung über die Abtretung sein sollen (sog. Vollständigkeitsgrundsatz).[47] Begründet wird die Erstreckung des Formzwangs vornehmlich mit den Gesichtspunkten der effektiven Erschwerung des spekulativen Handels mit GmbH-Geschäftsanteilen, der Rechtssicherheit sowie der Einheit des Verpflichtungsgeschäfts, das in seinen Rechtswirkungen nicht unnötig aufgespaltet werden soll.[48] 105

Welche Folgerungen ergeben sich nun aus dem allgemeinen Vollständigkeitsgrundsatz für das vorliegend interessierende spezifische Verhältnis von (beurkundungspflichtigem) Unternehmenskaufvertrag zu dem (an sich nicht beurkundungspflichtigem) Kreditvertrag? Dies stellt die Frage nach dem erforderlichen Beurkundungsumfang zusammengesetzter Rechtsgeschäfte. 106

bb) Beurkundung zusammengesetzter Verträge. Die Rechtsprechung hat in gefestigter Spruchpraxis für das Beurkundungserfordernis zusammengesetzter Rechtsgeschäfte relevante Kriterien und Leitlinien entwickelt,[49] die jedenfalls im Ergebnis von der herrschenden Auffassung in der Literatur mitgetragen werden. Diese sollen im Folgenden kurz nachgezeichnet und gewürdigt werden (siehe hierzu Rdnr. 108 ff.), um dann aus der Sicht und für die Zwecke der Kautelarpraxis nach alternativen, überzeugenderen Leitlinien Ausschau zu halten (siehe hierzu Rdnr. 117 ff.). Schließlich sind daraus die Konsequenzen für eine Beurkundungspflicht von Unternehmenskaufvertrag und Akquisitionskreditvereinbarung abzuleiten (siehe hierzu Rdnr. 122 ff.). 107

---

[46] In der Praxis hat sich das hierzu mittlerweile vorzufindende Maß an Verunsicherung mit einer kürzlich veröffentlichten Arbeit zur Beurkundungsbedürftigkeit von zusammengesetzten Rechtsgeschäften im Mehrpersonenverhältnis, in der das bislang vorherrschende Meinungsbild in Rechtsprechung und Literatur und die damit für die Kautelarpraxis verbundenen Risiken aufgezeigt wurden, noch weiter verstärkt; vgl. *Hauschild/Zimmermann* FS Spiegelberger 2009 S. 1418 ff.; vgl. weiter *Hermanns* ZIP 2006, 2296 ff.

[47] BGH DStR 1999, 539 m. Anm. *Goette*; BGH NJW 2002, 142, 143; Münch-KommGmbHG/*Reichert/Weller* § 15 Rdnr. 106; Lutter/Hommelhoff/*Bayer* § 15 Rdnr. 49; Baumbach/Hueck/*Hueck/Fastrich* § 15 Rdnr. 30; Ulmer/Habersack/Winter/*Winter/Loebbe* § 15 Rdnr. 77.

[48] Vgl. hierzu Baumbach/Hueck/*Hueck/Fastrich* § 15 Rdnr. 30; Michalski/*Ebbing* § 15 Rdnr. 89; Münch-KommGmbHG/*Reichert/Weller* § 15 Rdnr. 106; Ulmer/Habersack/Winter/*Winter/Loebbe* § 15 Rdnr. 77 ff.

[49] Die von der Rechtsprechung angewendeten Grundsätze sind weitestgehend im Bereich des Grundstücksrechts zu § 311 b Abs. 1 S. 1 BGB entwickelt worden; im Hinblick auf den sowohl für den Grundstückskauf wie für die schuldrechtliche Verpflichtung zur GmbH-Geschäftsanteilsveräußerung geltenden Vollständigkeitsgrundsatz werden die von der Rechtsprechung zu § 311 b Abs. 1 S. 1 BGB (vormals § 313 S. 1 BGB) entwickelten Kriterien auch in Bezug auf § 15 Abs. 4 GmbHG Geltung beanspruchen.

108 *(1) Subjektiver Verknüpfungswille.* Nach gefestigter Rechtsprechung ist eine für sich allein nicht formbedürftige Vereinbarung dann notariell zu beurkunden, wenn sie mit einem beurkundungspflichtigen Vertrag – etwa einem Grundstückskaufvertrag – rechtlich – und nicht nur wirtschaftlich – zusammenhängt.[50] Dies ist nach dem BGH dann der Fall, wenn die Vereinbarungen nach dem Willen der Parteien derart voneinander abhängig sind, dass sie miteinander *stehen und fallen* sollen.[51] Auch wenn nur einer der Vertragspartner einen solchen Einheitswillen erkennen lässt und der andere Partner ihn anerkennt oder zumindest hinnimmt, kann ein einheitlicher Vertrag vorliegen.[52] Dass an jedem der Rechtsgeschäfte jeweils dieselben Parteien beteiligt sind, soll nicht erforderlich sein.[53] Die Rechtsprechung erkennt schließlich eine Vermutung, dass ein rechtlicher Zusammenhang nicht vorliegt, wenn mehrere selbständige Verträge in verschiedenen Urkunden errichtet werden, was allerdings – für Zwecke der Kautelarpraxis – erheblich relativiert wird.[54]

109 Entscheidend ist nach der Rechtsprechung also ein rechtlicher – nicht bloß wirtschaftlicher – Zusammenhang zwischen den Vereinbarungen; hierzu wird auf einen (subjektiven) Verknüpfungswillen jedenfalls eines Vertragspartners abgestellt, sofern dieser von dem anderen Vertragsteil anerkannt oder zumindest hingenommen wurde. Die herrschende Auffassung in der Literatur ist bereit, dem zu folgen,[55] auch wenn die auf dieser Grundlage im Einzelfall vorzunehmenden Abgrenzungen als vielfach zweifelhaft und streitig beschrieben werden.[56] Was bedeutet dies für die anfangs geschilderte Konstellation aus der Transaktionspraxis? Kann aus der *ex ante* Sicht der Kautelarpraxis sicher ein (subjektiver) Verknüpfungswille im Sinne der vorstehenden Leitlinien zwischen Unternehmenskaufvertrag und Kreditvertrag ausgeschlossen werden?

110 Der Bedeutungszusammenhang beider Verträge ist zunächst evident: Der Erwerber würde den Kreditvertrag sicher nicht ohne den Unternehmenskaufvertrag abschließen; der Kreditvertrag dient für den Erwerber ausschließlich dazu, seiner Verpflichtung zur Zahlung des Kaufpreises aus dem Unternehmenskaufvertrag nachkommen zu können. Auch der Veräußerer hat ein zentrales Interesse daran, dass der Erwerber in der Lage sein wird, bei Transaktionsvollzug den Kaufpreis zahlen zu können, daher wurde der Abschluss der Kreditverträge im Auktionsverfahren – für den Fall einer etwaigen Fremdkapitalfinanzierung – zur Vorgabe für alle Bieter gemacht. Der Finanzierungsaspekt gehörte möglicherweise mit zu den maßgeblichen Kriterien bei der Auswahl des Erwerbers. Schließlich ist insbesondere im Hinblick auf die spezifische Zweckbindung im Darlehensvertrag zu unterstellen, dass auch die finanzierenden Banken Kenntnis von dieser doch typischen Interessenverteilung zwischen den Parteien des Unternehmenskaufvertrages hatten.

---

[50] RGZ 79, 434, 436; BGH LM § 313 Nr. 3; BGHZ 76, 43, 48 = BGH NJW 1980, 829, 830; zustimmend etwa Palandt/*Grüneberg* § 311 b Rdnr. 32; Staudinger/*Wufka* § 311 b Rdnr. 173; Münch-KommBGB/*Kanzleiter* § 311 b Rdnr. 53.

[51] BGHZ 76, 43, 48 f. = BGH NJW 1980, 829, 830; BGHZ 101, 393, 396 = BGH NJW 1988, 132, 132; BGH NJW 2004, 3330; BGH WM 2010, 18,17; zustimmend etwa Palandt/*Grüneberg* § 311 b Rdnr. 32; Staudinger/*Wufka* § 311 b Rdnr. 173; dies kritisiert allerdings *Hermanns* ZIP 2006, 2296, 2299, der zutreffend auf die mangelnde Präzision und rechtspraktische Handhabbarkeit dieses Postulats hinweist; die Reichweite der Beurkundungspflicht solle sich – unter Hinweis auf *Korte* S. 87 – vielmehr nach dem regelnden Inhalt des beurkundungsbedürftigen Rechtsgeschäfts richten.

[52] BGHZ 76, 43, 49 = BGH NJW 1980, 829, 830; BGH NJW-RR 2009, 953; zustimmend etwa Palandt/*Grüneberg* § 311 b Rdnr. 32.

[53] BGHZ 76, 43, 49 = BGH NJW 1980, 829, 830; vgl. auch BGH NJW-RR 1989, 199; BGH ZIP 2006, 459, 461; zustimmend etwa Palandt/*Grüneberg* § 311 b, Rdnr. 34; Staudinger/*Wufka* § 311 b Rdnr. 179; MünchKommBGB/*Kanzleiter* § 311 b Rdnr. 54; Bamberger/Roth/*Gehrlein* § 311 b Rdnr. 26.

[54] BGHZ 76, 43, 49 = BGH NJW 1980, 829, 830; hierzu wird in der Literatur allerdings festgestellt, dass das Beurkundungserfordernis nicht von Fragen der Vertraggestaltung abhängig gemacht werden dürfe; vgl. hierzu nur Staudinger/*Wufka* § 311 b Rdnr. 174, 176; MünchKommBGB/*Kanzleiter* § 311 b Rdnr. 54; die Bedeutung dieser Vermutungsregel ist daher für die Praxis begrenzt; wird nämlich der relevante (subjektive) Verknüpfungswille unter Berücksichtigung der Parteiinteressen und ihres erklärten Willens festgestellt, soll auch die Vermutung getrennter Urkunden widerlegt sein.

[55] Vgl. hierzu die Aufarbeitung des Meinungsbildes in der Literatur bei *Hauschild/Zimmermann* FS Spiegelberger 2009 S. 1418, 1422 ff.

[56] Vgl. etwa Palandt/*Grüneberg* § 311 b Rdnr. 32; MünchKommBGB/*Kanzleiter* § 311 b Rdnr. 54; *Kanzleiter* DNotZ 2004, 178 ff. sowie 341.

Es fällt daher schwer, in dieser Konstellation den von der Rechtsprechung postulierten (subjektiven) Verknüpfungswillen mit Sicherheit auszuschließen. Wäre ein rechtlicher Zusammenhang zwischen Unternehmenskaufvertrag und Kreditvertrag anzunehmen, müssten beide Verträge als einheitliches Geschäft beurkundet werden, um deren Wirksamkeit zweifelsfrei sicherzustellen. Ein solches Ergebnis stößt allerdings bei den Beteiligten zu Recht auf Unbehagen, weil es der eigentlichen Interessensituation der Parteien – bei näherer Betrachtung – nicht gerecht wird: 111

Die vom Veräußerer im Auktionsverfahren gestellte Vorgabe zur Akquisitionsfinanzierung diente – für die Bieter erkennbar – allein der wirtschaftlichen Absicherung des Kaufpreiszahlungsanspruchs. Dies ist für den Veräußerer insbesondere dann von zentralem Interesse, wenn der Erwerb – wie in der heutigen Praxis vermehrt bzw. regelmäßig anzutreffen – über ein Erwerbsvehikel ohne eigene Vermögenswerte erfolgt. Der aufwendig durchgeführte Auktionsprozess soll nicht nachträglich frustriert werden, weil der ausgewählte Bieter am Vollzugsstichtag nicht über die Finanzmittel zur Zahlung des vereinbarten Kaufpreises verfügt. Es liegt demgegenüber nicht im Interesse des Veräußerers, seine Rechte und Ansprüche aus dem Unternehmenskaufvertrag von der Wirksamkeit oder den Bestimmungen der Finanzierungsverträge rechtlich abhängig zu machen. Anders gewendet: Etwaige rechtshindernde oder rechtsvernichtende Einwendungen sowie rechtshemmende Einreden des Darlehensvertrages sollen gerade keine Auswirkung auf den Unternehmenskaufvertrag und die dort vereinbarten Rechtspositionen des Veräußerers haben. Eine rechtliche Verknüpfung widerspräche fundamental dem Interesse des Veräußerers.[57] 112

Die Leistung – und damit mittelbar eine etwaige Finanzierung – der Kaufpreiszahlung ist materiellrechtliche Hauptleistungspflicht des Käufers, ist Gegenstand der synallagmatischen Verknüpfung zur Hauptleistungspflicht des Verkäufers und liegt insofern allein und ausschließlich im Verantwortungsbereich des Erwerbers.[58] An dieser grundlegenden, allgemein zivilrechtlichen – dem gesetzlichen Leitbild entsprechenden – Risikoaufteilung zwischen Veräußerer und Erwerber soll regelmäßig gerade nichts abgeändert werden. Für den Veräußerer geht es daher in Bezug auf die Finanzierung des Kaufpreises bei Lichte betrachtet nicht um einen rechtlichen, sondern um einen bloßen wirtschaftlichen Zusammenhang; der Unternehmenskaufvertrag soll gerade nicht mit dem Darlehen *stehen und fallen*. 113

Nach den Leitlinien der Rechtsprechung ist dies – ein fehlender Verknüpfungswillen des Veräußerers – aber auch gar nicht erforderlich. Hier genügt es, dass *ein* Vertragsteil – etwa der Erwerber – den (subjektiven) Verknüpfungswillen besitzt, sofern dieser nur von dem anderen Vertragsteil anerkannt oder zumindest hingenommen wurde. Wann dies der Fall ist, soll Frage der tatrichterlichen Würdigung im Einzelfall sein.[59] Auf der Grundlage der beschriebenen Interessenlage und Risikoverteilung kann in Bezug auf die Verpflichtung zur Kaufpreiszahlung grundsätzlich eine Anerkenntnis oder ein Hinnehmen durch den Veräußerer richtigerweise nicht angenommen werden. Allerdings ermangelt es insoweit einer verlässlichen Klärung oder Präzisierung durch die Rechtsprechung. Dies macht eine *ex ante* Beurteilung für die Praxis so schwierig und hat zu Verunsicherung geführt, zumal einer ausdrücklichen Regelung, dass gerade kein Verknüpfungswille besteht oder jedenfalls hingenommen wird, nur Indizwirkung zugesprochen wird.[60] 114

---

[57] Auch das Interesse des Erwerbers kann im Einzelfall gegen eine rechtliche Verknüpfung von Unternehmenskauf und Darlehen sprechen; etwa dann, wenn die Akquisitionsfinanzierung in eine allgemeine (Konzern-)Refinanzierung eingebettet wird; hier wird dem Erwerber nicht daran gelegen sein, dem Veräußerer durch eine rechtliche Verknüpfung detaillierte Kenntnis von der Gesamtfinanzierung zu gewähren.

Auch das Interesse der finanzierenden Banken spricht regelmäßig und typischerweise gegen eine rechtliche Verknüpfung, da – so relevant der Unternehmenskauf zur Bewertung und Absicherung der eigenen Rechtsposition sein mag – ein Einwendungsdurchgriff gerade nicht gelten soll.

[58] Vgl. auch zum Beschaffungsrisiko bei Geldschulden: BGHZ 83, 293, 300 = BGH NJW 1982, 1585, 1587; BGHZ 107, 92, 102 = BGH NJW 1989, 1276, 1278; Jauernig/*Stadler* § 276 Rdnr. 40; MünchKomm-BGB/*Grundmann* § 276 Rdnr. 180; Palandt/*Grüneberg* § 276 Rdnr. 3, 28 ff., „Geld muss der Schuldner haben“, der Schuldner muss für seine finanzielle Leistungsfähigkeit verschuldensunabhängig einstehen.

[59] BGHZ 76, 43, 49 = BGH NJW 1980, 829, 830; BGH NJW 1987, 1069 ff.; Staudinger/*Wufka* § 311 b Rdnr. 176.

[60] Vgl. nur OLG Dresden NotBZ 2005, 364; Staudinger/*Wufka* § 311 b Rdnr. 174.

115 Wird nun in der Praxis auf diesen Befund mit einer prophylaktischen Sicherheitsgesamtbeurkundung von Unternehmenskaufvertrag und Darlehensvertrag reagiert, so ergibt sich regelmäßig eine Gestaltung entgegen der eindeutigen Interessenlage und einvernehmlichen Risikoaufteilung der Parteien. Denn durch eine Gesamtbeurkundung werden die Rechtsgeschäfte – regelmäßig entgegen der Interessenlage der Parteien – rechtlich miteinander verknüpft, um für die Praxis nicht gänzlich auszuschließende Wirksamkeitsrisiken wegen mangelnder Beurkundung zu vermeiden. Eine solche auf die Vertragsinhalte wirkende Gestaltung aus bloßen beurkundungsrechtlichen Sicherheitsüberlegungen wider die materiellrechtlichen Parteiinteressen sollte aber unzweifelhaft und einvernehmlich als nicht akzeptabel eingestuft werden.

116 Der zu Tage getretene Befund und die sich daraus ergebenden Unsicherheiten für die vetragsgestaltende Praxis gründen im Kern auf dem von der Rechtsprechung angewendeten Kriterium eines erkennbaren (subjektiven) Verknüpfungswillens nur einer Vertragspartei, das jedenfalls aus der *ex ante* Perspektive nicht mit der für die Vertragsgestaltung erforderlichen Sicherheit zu angemessenen, am Interesse der beteiligten Parteien ausgerichteten Ergebnissen führt. Dies sollte Anlass genug sein, nach einem anderen, tauglicheren Kriterium zur Bestimmung des für eine Gesamtbeurkundungspflicht relevanten rechtlichen Zusammenhangs Ausschau zu halten.

117 *(2) Objektivierter Verknüpfungsmaßstab.* Bietet eine Abgrenzung nach dem erkennbaren (subjektiven) Verknüpfungswillen nur einer Vertragspartei keine hinreichende Gewähr für eine angemessene, am typischen Parteieninteresse ausgerichtete Bestimmung des Beurkundungserfordernisses, so deutet sich bereits an, dass das typische Parteiinteresse selbst in das Zentrum der Überlegungen zu stellen ist. Bereits von *Hauschild/Zimmermann* wurde in überzeugender Weise ein Plädoyer für eine Verobjektivierung des Verknüpfungsmaßstabs gehalten.[61] Dem ist zu folgen. Orientierung für einen am Interesse der Vertragsparteien ausgerichteten objektivierten Verknüpfungsmaßstab können nach *Hauschild/Zimmermann* insbesondere diejenigen bereits gesetzlich vorgesehenen Fälle geben, bei denen der Gesetzgeber oder aber die Rechtsprechung eine Typisierung des verbundenen oder einheitlichen Vertrages oder des rechtlichen Zusammenhangs verschiedener Vertragsbeziehungen vorgenommen hat.[62]

118 Hierzu ist zunächst die Wertung in § 358 BGB zu verbundenen Verträgen mit Verbrauchern in den Blick zu nehmen. Diese Norm regelt einheitlich die Rechtsfolgen, wenn ein Verbrauchervertrag über die Lieferung einer Ware oder die Erbringung einer anderen Leistung mit einem Darlehensvertrag derart verbunden ist, dass das Darlehen ganz oder teilweise der Finanzierung des anderen Vertrages dient und beide Verträge eine wirtschaftliche Einheit bilden und einer dieser Verträge vom Verbraucher wirksam widerrufen wird.[63] Dabei ist nach der Bestimmung in § 358 Abs. 3 S. 3 BGB im Falle eines Immobiliardarlehens eine wirtschaftliche Einheit zwischen dem Grundstückskaufvertrag und dem Darlehensvertrag nur anzunehmen, wenn der Darlehensgeber selbst das Grundstück oder das grundstücksgleiche Recht verschafft oder wenn er über die Zurverfügungstellung von Darlehen hinaus den Erwerb des Grundstücks oder des grundstücksgleichen Rechts durch Zusammenwirken mit dem Unternehmer fördert, indem er sich dessen Veräußerungsinteressen ganz oder teilweise zu eigen macht, bei der Planung, Werbung oder Durchführung des Projekts Funktionen des Veräußerers übernimmt oder den Veräußerer einseitig begünstigt.

119 Die hier offengelegten Wertungen sind aber nicht auf den Sonderfall des Verbraucherschutzrechtes zu beschränken, sondern basieren auf allgemein gültigen Überlegungen. So

[61] *Hauschild/Zimmermann* FS Spiegelberger 2009 S. 1418, 1425 ff.; auch nach Staudinger/*Wufka* § 311 b Rdnr. 176, 179, wird dem Interesse der Parteien – neben dem erklärten Willen und der Verkehrssitte – besondere Bedeutung beigemessen. Eine Verknüpfung von Grundstück- und Darlehensdrittvertrag soll danach explizit ausscheiden. Etwas anderes gelte nur dann, wenn der Verkäufer selbst die Gegenleistung des Käufers finanziert.

[62] *Hauschild/Zimmermann* FS Spiegelberger 2009, S. 1418, 1425.

[63] Vgl. BT Drucks. 14/6040, S. 200; Erman/*Saenger* § 358 Rdnr. 3; MünchKommBGB/*Habersack* § 358 Rdnr. 1; Palandt/*Grüneberg* § 358 Rdnr. 1. Vor dem 1. 1. 2002 waren die „verbundenen Geschäfte" in § 9 VerbrKrG geregelt. Vgl. hierzu etwa *Habersack* DStR 1994, 1853 ff.

hat die Rechtsprechung außerhalb des Verbraucherschutzrechts für Fälle des finanzierten Kaufs herausgearbeitet, dass Erwerbsgeschäft und Finanzierungsgeschäft im Grundsatz rechtlich selbständig zu behandeln sind.[64] Etwas anderes gilt – gestützt auf § 242 BGB – ausnahmsweise dann, wenn beide Vereinbarungen über ein Zweck-Mittel-Verhältnis hinaus derart miteinander verbunden sind, das kein Geschäft ohne dass andere geschlossen worden wäre oder jeder der Verträge seinen Sinn erst durch den anderen erhält.[65] In einem solchen Ausnahmefall kann der Käufer und Darlehensnehmer dem Darlehensgeber trotz rechtlicher Selbständigkeit der Vertragsverhältnisse nach Treu und Glauben Einwendungen aus dem Kaufvertrag entgegensetzen.

Bei finanzierten Grundstücksgeschäften wird aber eine hinreichende Verflechtung nur 120 dann angenommen, wenn der Darlehensgeber sich nicht mit seiner Finanzierungsrolle begnügt, sondern Funktionen des Verkäufers (etwa Werbung und Vertrieb, rechtliche Ausgestaltung der Erwerbsgeschäfts) im Zusammenwirken mit diesem in einer Weise und in einem Umfang wahrnimmt, dass die Berufung auf die rechtliche Selbständigkeit gegen Treu und Glauben verstoßen würde.[66] Wird dem Käufer bloß ein zweckgebundenes Darlehen gewährt, soll eine hinreichende Verflechtung von Erwerbsgeschäft und Kreditgeschäft demgegenüber nicht vorliegen.[67]

Hieraus folgt: Die Frage, ob zwischen zwei Rechtsgeschäften – hier Erwerbsgeschäft ei- 121 nerseits und Finanzierungsgeschäft andererseits – ein rechtlicher Zusammenhang besteht, mit der Folge, dass Einwendungen aus dem einen auch im Rahmen des anderen Geschäfts geltend gemacht werden können und diese hierdurch zu einem einheitlichen Rechtsgeschäft verschmelzen mit der weiteren Folge einer entsprechenden Erstreckung des Beurkundungserfordernisses, ist allein aus dem materiellen Recht zu beantworten. Die insofern erforderliche Verflechtung setzt voraus, dass – im Falle von Erwerbs- und Finanzierungsgeschäft – über ein Zweck-Mittel-Verhältnis hinaus eine Funktions- oder Sphärenvermischung von Veräußerer und Darlehensgeber erfolgt; diese müssen also – aus Sicht des Erwerbers und Darlehensnehmers – demselben Lager zuzuordnen sein. Ist dies nicht der Fall, muss eine rechtliche Zusammenführung der Rechtsgeschäfte ausscheiden; eine Pflicht zur Gesamtbeurkundung besteht dann gerade nicht.

(3) Unternehmenskauf und Akquisitionsfinanzierung. Was folgt nun aus den vorstehen- 122 den Überlegungen für die Frage einer etwaigen Gesamtbeurkundungspflicht von Unternehmenskauf und Akquisitionsfinanzierung?

Der Unternehmenskaufvertrag und der Akquisitionskreditvertrag gehen in der Praxis 123 ganz überwiegend nicht über ein bloßes Zweck-Mittel-Verhältnis hinaus. Eine Funktions- oder Sphärenvermischung von Unternehmensveräußerer und den finanzierenden Banken liegt typischerweise nicht vor. Die im Darlehensvertrag regelmäßig vorgesehene Zweckbestimmung führt als solche daher nicht zu einer materiellrechtlichen Verknüpfung und entsprechenden Gesamtbeurkundungspflicht der Verträge.[68]

Einen Grenzbereich betritt man demgegenüber bei einer Finanzierung im Rahmen eines 124 sog. *Stapled Financing*. Hier wird ein Finanzierungsangebot im Rahmen eines Auktionsverfahrens von einer Bank auf Veranlassung des Veräußerers einheitlich an alle Bieter ausgelegt. Allerdings besteht für die Bieter keine Verpflichtung oder sonstiger Erwartungsdruck, dieses Finanzierungsangebot anzunehmen. Das *Stapled Financing* soll vielmehr die Mindestkonditionen für eine Finanzierung des konkreten Unternehmenserwerbs absichern. In der Praxis dient das *Stapled Financing* häufiger zur Verhandlung und Optimierung einer ge-

[64] Vgl. etwa BGH NJW 1967, 1028 ff.; BGH NJW 1978, 1427 ff.; BGH NJW 1981, 389 ff.

[65] BGHZ 91, 9, 11 = BGH NJW 1984, 1755, 1755, BGH NJW-RR 1990, 1072, 1073; BGH NJW 2000, 3065, 3066.

[66] BGH NJW 1980, 41, 42 ff.; BGH NJW 2000, 3065, 3066; vgl. zur entsprechenden Anwendung der besprochenen Grundsätze auf den finanzierten Mitarbeitervertrag auch BGH NJW 1980, 1514, 1515 ff. bzw. auf die drittfinanzierte Beteiligung an einer Abschreibungsgesellschaft BGH NJW 1981, 389 ff., wobei das Vorliegen der Voraussetzungen jeweils verneint worden ist.

[67] BGH NJW 1980, 41, 42 ff.; BGH NJW-RR 1987, 523, 523; BGH NJW 2000, 3065, 3066.

[68] Etwas anderes gilt, wenn der Veräußerer selbst die Finanzierung ganz oder teilweise – etwa in Form eines *Vendor Loan* – zur Verfügung stellt.

sonderten Akquisitionsfinanzierung durch Drittbanken; eine Annahme dieser Finanzierungsofferte der *Stapled Finance* Bank erfolgt in der Praxis eher selten. Hintergrund für das Angebot eines *Stapled Financing* im Rahmen eines Auktionsverfahrens ist aus Sicht des Veräußerers im Wesentlichen, etwaige Auswirkungen der Finanzierung – vorgetragen durch den Bieter als angebliche Forderung der finanzierenden Banken – auf die Verhandlung des Unternehmenskaufvertrages auszuschließen. Was folgt hieraus für den rechtlichen Zusammenhang zwischen Unternehmenskaufvertrag und Darlehensvertrag?

125 Sonderaspekte in Bezug auf eine Verflechtung von Unternehmenskauf und Akquisitionsfinanzierung bestehen dann nicht, wenn das *Stapled Financing* Angebot durch den Erwerber nicht angenommen, sondern die Finanzierung von Drittbanken ausgelegt wird. Hier scheidet eine Verknüpfung entsprechend aus.

126 Eine Funktions- oder Sphärenvermischung zwischen Veräußerer und finanzierender Bank könnte aber bei einer Nutzung des *Stapled Financing* durch den Erwerber anzunehmen sein, etwa aus dem Aspekt einer *Kreditvermittlung*; beim *Stapled Financing* steht zwar nicht die Vermittlung eines (unverhandelt anzunehmenden) Finanzierungsangebotes im Vordergrund. Vielmehr soll – für Zwecke der Verhandlung des Unternehmenskaufvertrages – lediglich ein Bezugspunkt und Vergleichsmaßstab für den Forderungskatalog der finanzierenden Banken im Hinblick auf den Unternehmenskauf gesetzt werden. Es liegt insofern im Interesse des Veräußerers, dass das *Stapled Financing* möglichst für die Bieter günstige Finanzierungskonditionen – mit möglichst wenigen Forderungen der Banken an die Verhandlung und Gestaltung des Unternehmenskaufs – aufweist. An einer konkreten Finanzierung durch das *Stapled Financing* Angebot besteht demgegenüber für den Veräußerer kein Interesse.

127 Unbeschadet von dieser Interessenlage beim Veräußerer ist aber dennoch nicht zu verkennen, dass der Veräußerer auf die Finanzierungssphäre in gewisser Weise einwirkt; allerdings sollte dieser Einwirkung durch den Veräußerer im Regelfall – also allein durch die Einführung der *Stapled Finacing* Option im Auktionsverfahren – nach Art und Umfang nicht die Intensität zukommen, dass eine Berufung auf die rechtliche Selbständigkeit von Unternehmenskauf und Akquisitionskredit gegen Treu und Glauben verstoßen würde. Denn auch das im Rahmen einer *Stapled Financing* gemachte Finanzierungsangebot ist grundsätzlich vom Erwerber verhandelbar; die Entscheidung, das Angebot unmodifiziert anzunehmen, ist daher das Ergebnis einer eigenen autonom-unternehmerischen – und daher allein vom Erwerber zu verantwortenden – Willensbildung.

128 In jedem Fall muss aber eine Verknüpfung ausscheiden, wenn – wie in der Praxis üblich – der vom Veräußerer in der Auktion ins Spiel gebrachte *Stapled Financing* Kredit vom Erwerber nicht schlicht angenommen und genutzt wird, sondern zwischen Erwerber und *Stapled Financing* Banken eigenständig endverhandelt und (nicht nur unerheblich) modifiziert wird. Eine solche Abänderung der Finanzierung bewirkt, dass der Erwerber nicht mehr redlicherweise davon ausgehen kann, Veräußerer und finanzierende Bank stünden im gleichen Lager.

129 Damit steht fest: Auch beim *Stapled Financing* wird in der Praxis regelmäßig keine rechtliche Verknüpfung zwischen Unternehmenskaufvertrag und Akquisitionsfinanzierungsvertrag anzunehmen sein. Entweder nutzt der Erwerber das *Stapled Financing* lediglich zur Verhandlung und Optimierung seiner eigenen, separaten Akquisitionsfinanzierung. Oder er tritt mit den das *Stapled Financing* offerierenden Banken in weitere Verhandlungen über die Finanzierung, mit denen regelmäßig die Konditionen der Finanzierung nicht nur unerheblich verändert werden. Nur wenn der Erwerber das offerierte *Stapled Financing* zu unveränderten Konditionen schlicht annimmt, ergibt sich eine Sphärenvermischung. Diese ist aber regelmäßig nach Art und Umfang nicht so intensiv, dass eine rechtliche Verknüpfung anzunehmen ist. Eine Gesamtbeurkundungspflicht besteht daher auch insofern regelmäßig nicht.

130 c) **Konsequenzen für die Praxis.** Die Rechtsprechung und herrschende Lehre beurteilt den Umfang eines Beurkundungserfordernisses bei zusammengesetzten Verträgen nach dem erkennbaren (subjektiven) Verknüpfungswillen nur einer Vertragspartei. Dieses Kriterium vermag allerdings im Einzelfall nicht, die für eine *ex ante* Beurteilung im Rahmen von Vertragsgestaltungen erforderliche Abgrenzung hinreichend sicherzustellen. Die daraus in der

Praxis mittlerweile resultierende Verunsicherung kann aber nicht durch prophylaktische Sicherheitsgesamtbeurkundungen behoben werden, wenn und soweit dies zu einer Verknüpfung der Rechtsgeschäfte wider die Parteiinteressen führt.

Maßgebliches Kriterium für die Feststellung eines rechtlichen – und nicht nur wirtschaftlichen – Zusammenhangs kann daher mangels einer ausdrücklichen anders lautenden Parteiabrede nur das typische Parteiinteresse als objektivierter Verknüpfungstatbestand sein. Das in der Literatur jüngst gehaltene Plädoyer für eine solche Objektivierung des Maßstabes wird hiermit ausdrücklich unterstützt. Rechtsprechung und Lehre bleiben berufen, die erforderliche Präzisierung der relevanten Kategorien für eine am typischen Parteiinteresse ausgerichtete, sichere Vertraggestaltung bereitzustellen und im Sinne eines objektivierten Verknüpfungsmaßstabes fortzuentwickeln. 131

Bis dahin muss die Vertragspraxis mit der misslichen Kategorie des erkennbaren (subjektiven) Verknüpfungswillens leben; es ist anzuraten – trotz der bloßen Indizwirkung – bei der Vertragsgestaltung explizit auf einen (fehlenden) Verknüpfungswillen der Parteien einzugehen und darüber hinaus ausdrücklich festzustellen ob ein etwaiger Verknüpfungswille der anderen Vertragspartei hingenommen wird oder nicht. Sollte dies – wie im Regelfall – nicht der Fall sein, ist konkret aufzuführen, dass die rechtliche Selbständigkeit beider Rechtsgeschäfte unangetastet bleiben und insbesondere etwaige rechtshindernde oder rechtsvernichtende Einwendungen sowie rechtshemmende Einreden in Bezug auf das eine (beurkundungspflichtige) Rechtsgeschäft keine Auswirkungen auf das andere (nicht beurkundungspflichtige) Rechtsgeschäft haben soll, ein rechtlicher Zusammenhang also gerade nicht gewollt oder hingenommen wird. 132

Notar und Transaktionsanwälte bleiben in der Transaktionspraxis aufgerufen, insbesondere die Möglichkeiten, aber auch Risiken von prophylaktischen Sicherheitsgesamtbeurkundungen im Einzelfall genau zu bedenken und keine Vertragsgestaltung wider die Interessen der Parteien zu befördern. 133

IV. Resümee

Der im Gesellschaftsrecht tätige Notar ist in der Praxis besonderen Herausforderungen ausgesetzt. Dies gilt in besonderer Weise im Bereich von Unternehmenstransaktionen. Hier kommt es typischerweise zu einer engen Zusammenarbeit von Notar und Transaktionsanwalten. Die Besonderheiten für das Anforderungsprofil an den in einer Unternehmenstransaktion involvierten Notar ergeben sich dabei insbesondere aus den Charakteristika der Unternehmenstransaktion selbst. 134

Die mit einer Unternehmenstransaktion regelmäßig verbundene wirtschaftliche Bedeutung, die Komplexität insbesondere an gesellschaftsrechtlichen Gestaltungen, der vorgegebene enorme Zeitdruck sowie die Einbindung einer Vielzahl von Beteiligten führen zu transaktionsbedingten Herausforderungen an die notarielle Praxis wie auch zu einem spezifisch herausgebildeten Anforderungsprofil für Transaktionsnotare. Es ist festzustellen, dass sich seit geraumer Zeit einige notarielle Praxen zu ausgewiesenen Transaktionsnotariaten herausgebildet haben, bei denen die Notare insbesondere über die erforderliche gesellschaftsrechtliche Expertise, die unabdingbare Transaktionserfahrung sowie die entsprechende Büroinfrastruktur verfügen.[69] 135

Eine der wesentlichen Schnittstellen zwischen der anwaltlichen und der notariellen Tätigkeit bilden auch bei Unternehmenstransaktionen beurkundungsrechtliche Fragestellungen. Dabei sind Transaktionsnotar wie Transaktionsanwalte gemeinsam aufgerufen, insbesondere die Möglichkeiten, aber auch die Risiken von prophylaktischen Sicherheitsbeurkundungen im Einzelfall genau zu bedenken und keine Vertragsgestaltung wider die Interessen der Parteien zu befördern. 136

[69] Diese in der Praxis anzutreffende Konzentration wird wohl auch durch die zwingende, einheitliche Vergütungsstruktur für deutsche Notare bedingt und gefördert. Verbietet sich nämlich nach den Regelungen der Kostenordnung eine Preisdifferenzierung, so erfolgt eine Mandatierung für die Begleitung von Unternehmenstransaktionen vornehmlich nach Leistungs- und Erfahrungsgesichtspunkten.

§ 3 Die Perspektive des Unternehmens

Übersicht

	Rdnr.
I. Einleitung	1–4
II. Die Beteiligten	5–14
1. Notar	5–7
2. Rechtsberater im Unternehmen	8/9
3. Externe Rechtsberater	10/11
4. Vertragspartner und deren Rechtsberater	12
5. Registergericht	13/14
III. Zusammenwirken der Beteiligten in zeitlicher Hinsicht	15–24
1. Vorbereitungsphase	16–20
2. Beurkundung	21–23
3. Nach der Beurkundung	24
IV. Rechtsformspezifische Themengebiete	25–38
1. Aktiengesellschaft/SE	26–29
2. GmbH	30–34
3. Personenhandelsgesellschaften	35–38
V. Inhaltliche Themenschwerpunkte	39–69
1. Gesellschaftsgründung und Satzung	40–43
2. Anteilsübertragung	44/45
3. Umstrukturierung, insbesondere nach dem Umwandlungsgesetz	46–54
4. Mergers & Acquisitions	55–58
5. Hauptversammlung, insbesondere der börsennotierten Aktiengesellschaft	59–67
6. Corporate Housekeeping	68/69
VI. Beurkundungen zu besonderen Zeitpunkten	70–75
VII. Administratives	76–84
1. Abstimmung mit dem Notariat	77–80
2. Ort der Beurkundung	81–83
3. Kosten	84

Schrifttum: *Ek*, Praxisleitfaden für die Hauptversammlung, 2. Aufl. 2010; *Hüffer*, Aktiengesetz, 9. Aufl. 2010; Kölner Kommentar zum Umwandlungsgesetz, 1. Aufl. 2009; *Lutter*, Umwandlungsgesetz, 4. Aufl. 2009; *Lutter/Hommelhoff*, GmbH-Gesetz, 17. Aufl. 2009; Münchener Handbuch des Gesellschaftsrechts, Band 4 Aktiengesellschaft, 3. Aufl. 2007; Münchener Vertragshandbuch, Band 1 Gesellschaftsrecht, 6. Aufl. 2005; *Schmidt/Lutter*, Aktiengesetz, 2. Aufl. 2010; *Scholz*, GmbHG, 10. Aufl. 2010; *Spindler/Stilz*, Aktiengesetz, 2. Aufl. 2010.

I. Einleitung

1 Zwischen Notaren und Wirtschaftsunternehmen bestehen im Gesellschaftsrecht eine Reihe von Bezugspunkten. Diese sind vornehmlich rechtlicher Art. In der alltäglichen Zusammenarbeit sind darüber hinaus aber auch die praktischen und organisatorischen Aspekte nicht zu vernachlässigen.

2 Es gibt eine ganze Reihe von Mitwirkenden, die für das Gelingen eines gesellschaftsrechtlichen Projekts eine Rolle spielen. Zunächst seien hier – ohne dass die gewählte Reihenfolge eine Wertung oder gar Bewertung implizieren soll – der Notar und die Rechtsberater im Unternehmen genannt. Im Unternehmen sind je nach Vorgang weitere Beteiligte zu befassen. Dies sind an erster Stelle die Zeichnungsberechtigten, vor allem geschäftsführende Organe. Hinzu kommen die verschiedenen Fachbereiche, die etwa bei einer Übertragung von Geschäftsanteilen oder einem umwandlungsrechtlichen Vorgang involviert sind. Beispielhaft seien hier das Rechnungswesen, die Steuerabteilung und die Personalabteilung genannt, weitere können hinzutreten. Je nach Thema mögen auch externe Berater eine Rolle spielen. Für bestimmte Fälle ist auch die Einbeziehung eines Wirtschaftsprüfers erforderlich. Hat man es mit einem M&A-Projekt zu tun, vervielfältigt sich die Zahl der Beteiligten mit der Anzahl

der einbezogenen Parteien. In einem Konzern ist es durchaus auch denkbar, dass die einzubeziehenden Fachbereiche auf mehrere Konzernebenen verteilt sind, etwa die Rechtsabteilung einer Holding und die der Tochtergesellschaft. Hinzu kommen das Registergericht und – im streitigen Verfahren – ein Prozessgericht. Diese Aufzählung erhebt keinen Anspruch auf Vollständigkeit. Sie zeigt aber bereits, dass es in gesellschaftsrechtlichen Projekten gilt, die Belange einer Vielzahl von Betroffenen abzustimmen, zu koordinieren und schlicht gesagt unter einen Hut zu bringen. Eine gute Zusammenarbeit der Beteiligten ist für einen erfolgreichen Abschluss von großer Bedeutung. Hierbei sind der Notar und der Unternehmensjurist, der häufig die Kontaktstelle zwischen Notar und den unternehmensinternen Beteiligten ist, gefragt. Der Notar wiederum bildet typischerweise die Schnittstelle insbesondere zum Registergericht.

Die einzelnen Teilrechtsgebiete innerhalb des Gesellschaftsrechts sind ebenfalls vielfältig. 3
Zu denken ist an die klassische Unterteilung in Personen- und Kapitalgesellschaftsrecht. Letzteres unterteilt sich im Kern wiederum in das Aktien- und GmbH-Recht. Besondere Formen wie KGaA und SE bieten noch einmal eigenständige Herausforderungen für die Beteiligten. Ein weites Spielfeld ist zudem das Umwandlungsrecht. All die vorgenannten Themengebiete – wiederum ohne Anspruch auf Vollzähligkeit – haben registerrechtliche Besonderheiten. Häufig bildet die Eintragung einer Maßnahme in das Handelsregister gleichzeitig auch ihren materiellrechtlichen Abschluss. So lautet eine häufig gestellte Frage, ob diese oder jene Maßnahme denn schon in das Handelsregister eingetragen sei bzw. wann dies zu erwarten sei.

Auf übergeordneter Ebene zeigt sich an dieser Stelle bereits die Erwartungshaltung des 4
Unternehmens an den Notar. Neben einer großen Expertise im Hinblick auf materiell- und verfahrensrechtliche Fragen wird eine Mitwirkung an dem Gesamtprozess einer Maßnahme erwartet, die letztlich in ihrem erfolgreichen Abschluss münden soll. Und mit „Prozess“ ist hier nicht der Gerichtsprozess gemeint; denn diesen gilt es idealerweise durch vorausschauendes Handeln zu vermeiden. Was diese Erwartungshaltung im Einzelnen bedeutet, soll nachfolgend ausgeführt werden.

II. Die Beteiligten

1. Notar

Die rechtlichen Zuständigkeiten und Aufgaben des Notars sind in einer Reihe von Geset- 5
zen geregelt. Man mag das BeurkG für viele Fragen als Klammer bezeichnen. Aber gerade auch in den einschlägigen gesellschaftsrechtlichen Normen etwa des HGB, des GmbH- und des Aktienrechts werden Zuständigkeiten und Aufgaben festgelegt. Es ist nicht Aufgabe dieses Beitrags, die Aufgaben des Notars abstrakt zu beschreiben oder gar die berufsrechtlichen Vorschriften über den Notar als unabhängigen Träger eines öffentlichen Amtes (§ 1 BNotO) rechtlich zu würdigen. Vielmehr geht es darum, Rolle und Aufgaben des Notars im Rahmen einer gesellschaftsrechtlich veranlassten Beurkundung zu umreißen.

Die vornehmste Aufgabe des Notars in diesem Zusammenhang ist offensichtlich: Es ist 6
die Beurkundung selbst. Daneben bestehen häufig weitere Erfordernisse, die sich unmittelbar aus dem Gesetz ergeben. Es sind dies zunächst die Handelsregisteranmeldungen, die häufig auch dann zu erfolgen haben, wenn der zugrunde liegende Vertrag – etwa die Veräußerung eines Kommanditanteils – nicht beurkundungspflichtig ist. Ein weiterer bedeutender Block, für den die Dienste des Notars in Anspruch genommen werden, sind die Beglaubigungen von Unterschriften. So sind etwa bestimmte Verzichtserklärungen öffentlich zu beglaubigen, etwa der Verzicht auf den Bericht über den Unternehmensvertrag gemäß § 293 a Abs. 3 AktG.[1]

Wie der Notar mit den anderen Beteiligten zusammenwirkt, ist im Einzelnen nachfolgend 7
unter Rdnr. 18 ff. zu zeigen.

[1] *Hüffer* § 293 a Rdnr. 21.

2. Rechtsberater im Unternehmen

8 Eine bedeutende Rolle bei der hier erörterten Thematik spielt der Rechtsberater im Unternehmen bzw. Syndikusanwalt oder Inhouse-Counsel. Soweit der Unternehmensjurist als Rechtsanwalt zugelassen ist, gelten grundsätzlich die Vorschriften über Rechtsanwälte. Immerhin bringt eine solche Zulassung sehr deutlich das beratende Mandat des Unternehmensjuristen zum Ausdruck. Und häufig hat der Unternehmensjurist auch mehr als einen Mandanten. Dies gilt jedenfalls dann, wenn der Unternehmensjurist für mehr als eine Gesellschaft im Konzern die Betreuung der rechtlichen Angelegenheiten übernimmt.

9 Seine Aufgabe ist zunächst die Wahrnehmung der rechtlichen Interessen des Unternehmens, für das er tätig ist. Innerhalb dessen obliegt ihm zunächst die Prüfung und ggf. Begutachtung der rechtlichen Belange. Häufig ist es auch seine Aufgabe, die Prozesse, die für Planung, Durchführung und Abschluss einer Maßnahme benötigt werden, zu koordinieren, etwa Vertragsentwürfe unternehmensintern mit anderen Fachbereichen abzustimmen. Hier ist er typischerweise auch die Kontaktstelle zum Notar. Hauptansprechpartner des Notars wird in aller Regel der Unternehmensjurist sein, der mit gesellschaftsrechtlichen Fragen betraut ist. Bei einer Beurkundung gerade etwa im Bereich des Umwandlungsrechts spielen auch arbeitsrechtliche Aspekte eine Rolle, etwa nach § 5 Abs. 1 Nr. 9 UmwG die Folgen einer Verschmelzung – oder aufgrund der entsprechenden Verweisung auf § 5 UmwG der anderen Maßnahmen nach dem UmwG – für die Arbeitnehmer. Fällt hier die unternehmensinterne Zuständigkeit für gesellschafts- und arbeitsrechtliche Fragen im Unternehmen auseinander, ist – auch innerhalb des juristischen Fachgebiets – eine Koordinierung erforderlich.

3. Externe Rechtsberater

10 Die Beauftragung externer Rechtsberater kann aus verschiedenen Motiven veranlasst sein. Eine Beauftragung mag aufgrund deren etwaiger Spezialkenntnisse begründet sein, etwa bei M&A-Transaktionen, oder auch mit Blick auf zu ergänzende Ressourcen. Auch hier mögen M&A-Transaktionen als Beispiel dienen, etwa im Rahmen einer Due Diligence. Eingesetzt werden typischerweise Anwaltskanzleien mit einem speziellen wirtschaftsrechtlichen Hintergrund. Die Tätigkeit eines externen Rechtsberaters kann sich hierbei auf das gesamte Projekt beziehen, oder aber ausschließlich auf einen bestimmten Teilaspekt, beispielsweise zur Unterstützung der internen Rechtsabteilung bei fusionskontrollrechtlichen Fragen etwa im Ausland, da möglicherweise nicht für alle Jurisdiktionen ein vollständiges Detailwissen intern vorgehalten werden kann, wenn dieses Wissen vielleicht nur einmal in vielen Jahren abzurufen ist.

11 Gerade wenn noch ein weiterer Jurist – der externe Rechtsberater – hinzukommt, ist besonders sorgfältig zu klären, wer welche Aufgaben übernimmt, an welcher Stelle ein Vier-Augen-Prinzip angewendet werden soll und welche Aufgaben einer der Beteiligten schwerpunktmäßig oder in toto allein zu verantworten hat. Abschließend sei hier auf das beratende Mandat der Rechtsanwälte in Abgrenzung zur Tätigkeit der Notare hingewiesen.

4. Vertragspartner und deren Rechtsberater

12 Der Kreis der Beteiligten erweitert sich noch einmal erheblich, wenn der notariell zu beurkundende Vorgang kein konzerninternes Rechtsgeschäft, sondern ein Vertrag mit einer oder mehreren Parteien als fremde Dritte ist. Bereits bei konzerninternen Transaktionen gilt es, eine Vielzahl von Aspekten gegeneinander abzuwägen. Kommen jedoch noch eine oder mehrere dritte Parteien hinzu, müssen häufig diametral entgegen gesetzte Interessen berücksichtigt und miteinander in Einklang gebracht werden. Dies wird besonders augenscheinlich bei den bereits erwähnten M&A-Transaktionen. Aber auch in anderen Konstellationen kann eine Mehrzahl divergierender Interessen zu koordinieren sein, etwa bei der Gesellschaftervereinbarung einer GmbH. Die rechtlichen Berater – ob unternehmensintern oder extern – mögen dann die unterschiedlichen Interessen vertreten; lediglich die Rolle eines einzigen Beteiligten wird nicht mehrfach besetzt: die des Notars.

5. Registergericht

Das Registergericht ist typischerweise diejenige beteiligte Instanz, mit der überwiegend der Notar zu tun hat. In aller Regel erfolgt die Kommunikation in einem gesetzlich geregelten und formalisierten Verfahren. In erster Linie handelt es sich um Anmeldungen zum und Eintragungen in das Handelsregister. Nicht selten ist die Registereintragung ein Meilenstein in einem gesellschaftsrechtlichen Vorgang, da vielfach erst die Eintragung einer Maßnahme in das Handelsregister den rechtlich gewünschten Erfolg herbeiführt, also konstitutive Wirkung hat. Häufig hat die Registereintragung auch noch deutlich darüber hinausgehende materielle Rechtsfolgen. Zu denken ist hier etwa an § 20 UmwG. Bei der Eintragung einer Verschmelzung in das Handelsregister wird gleich ein ganzes Bündel von Rechtsfolgen ausgelöst.[2] Dies beginnt mit der Übertragung des Vermögens des übertragenden Rechtsträgers (§ 20 Abs. 1 Nr. 1 UmwG) und geht bis zur Heilung etwaiger Mängel der Verschmelzung (§ 20 Abs. 1 Nr. 4, Abs. 2 UmwG). 13

An der häufig entscheidenden Wirkung der Handelsregistereintragung einerseits und an der in der Regel gegebenen alleinigen Kommunikation des Notars mit dem Registergericht andererseits, sei es auch über die formalisierte Anmeldung, zeigt sich ein bedeutender Aspekt der Erwartungshaltung der Unternehmen gegenüber dem Notar. Wenn eine Maßnahme erfolgreich sein soll und – was häufig vorkommt – auch zeitkritisch ist, muss sich der Notar auch in die Sichtweise des Registerrichters hineinversetzen können. Kommt es zu registergerichtlichen Beanstandungen oder Zwischenverfügungen, mag zwar nicht der Erfolg der Maßnahme an sich gefährdet sein, wenngleich auch das denkbar ist. Jede Zwischenverfügung bedeutet aber eine unwillkommene Verzögerung des Prozesses, bei dem die gesellschaftsrechtliche Maßnahme oftmals in einen übergeordneten Gesamtkontext eingebettet ist und der Zeitplan des Gesamtwerks nicht verzögert werden soll. Also gilt es, offen liegende und versteckte Mängel oder zumindest Fragezeichen im Rahmen einer Beurkundung bzw. eines handelsregisterrelevanten Vorganges aufzudecken und zu vermeiden. 14

III. Zusammenwirken der Beteiligten in zeitlicher Hinsicht

Nachfolgend soll der Ablauf einer gesellschaftsrechtlichen Maßnahme unter Mitwirkung des Notars beschrieben werden. Natürlich bestehen zwischen einzelnen Maßnahmen ganz erhebliche formelle und materiellrechtliche Unterschiede. Dies ist allein schon in den verschiedenen Gebieten des Gesellschaftsrechts begründet, in denen die Mitwirkung eines Notars erforderlich ist. Die Durchführung der Hauptversammlung einer etwa im DAX notierten Aktiengesellschaft ist etwas völlig anderes als die konzerninterne Umhängung der Geschäftsanteile einer GmbH einerseits oder eine komplexe M&A-Transaktion andererseits. Gleichwohl lassen sich jedenfalls bei einer Vielzahl von Maßnahmen gleiche Grundmuster oder -prinzipien des Zusammenwirkens erkennen. Basis soll hierbei ein notariell zu beurkundender Geschäftsvorfall auf dem Gebiet des Gesellschaftsrechts sein. 15

1. Vorbereitungsphase

Die Initiative für eine gesellschaftsrechtliche Maßnahme wird typischerweise von dem Unternehmen ausgehen. Je nach unternehmensinternen Zuständigkeiten und Eigenart der Maßnahme kann diese in der Rechtsabteilung eines Unternehmens ihren Ursprung haben. In vielen Fällen kann aber der Auslöser für einen solchen juristischen Vorgang außerhalb der Rechtsabteilung liegen. Dieser kann beispielsweise strategischer, operativer, struktureller oder bilanzieller Natur sein. Im ersten Schritt mag auch noch gar nicht erkennbar sein, dass die Maßnahme der Beteiligung des Notars bedarf. Gerade wenn die gesellschaftsrechtliche Maßnahme selbst nur ein Teilaspekt einer Gesamtmaßnahme ist, wird zu Beginn noch nicht klar sein, welche gesellschaftsrechtliche Register – hier ist einmal nicht das Handelsregister gemeint – zu ziehen sind. Dementsprechend wird der Notar auch noch nicht beteiligt sein. 16

[2] Vgl. hierzu KölnKommUmwG/*Simon* § 20 Rdnr. 3 ff.; Lutter/*Grunewald* § 20 Rdnr. 7 ff.

17 Bald wird erkennbar werden, dass für den gewünschten Erfolg eine gesellschaftsrechtliche Maßnahme notwendig ist. Je nach Art der Maßnahme können für die Zielerreichung mehrere Wege in Betracht kommen. Soll zum Beispiel Vermögen übertragen werden, kann an eine Übertragung von Sachvermögen oder Anteilen an einer Gesellschaft gedacht werden. Häufig wird auch ein Instrument aus dem Umwandlungsgesetz in Erwägung zu ziehen sein, etwa eine Spaltung oder eine Verschmelzung. Als Alternative zu einer Verschmelzung wiederum mag eine Anwachsung von Gesellschaftsvermögen unter Beteiligung einer Personenhandelsgesellschaft zu erwägen sein. Bei der Auswahl des am besten geeigneten rechtlichen Instruments kann der Notar bereits eine Rolle spielen, so beim Durchdenken verschiedener Szenarien. Mögen insbesondere bilanzielle und steuerliche Aspekte von den hierfür berufenen Einheiten im Unternehmen abgewogen werden, so bestehen häufig eine Reihe rechtlicher Themen, die in der Zuständigkeit des Unternehmensjuristen fallen. Der Notar kann in diesem Zusammenhang nicht nur ein Sparringspartner bei Rechtsfragen sein, insbesondere solchen, die einen starken beurkundungsrechtlichen Einschlag haben; vielmehr kann er auch mitunter einen wertvollen Beitrag zur Zeitplanung leisten, beispielsweise bei der Einschätzung, wie viel Zeit eine Maßnahme benötigt, um in das Handelsregister eingetragen zu werden. Derlei praktische Fragen, die häufig auch von Registergericht zu Registergericht leicht unterschiedlich sein mögen, finden sich in der Regel nicht in juristischen Lehrbüchern oder Kommentaren. Hier zählt vor allem die Erfahrung der Beteiligten.

18 Steht das gesellschaftsrechtliche Instrumentarium fest, sind die einzelnen rechtlichen Schritte vorzubereiten. Der Rechtsberater im Unternehmen muss sich fragen, welche unternehmens- oder konzerninternen Gremien zu beteiligen sind. Möglicherweise sind auch Dritte einzubeziehen, z. B. Behörden. Hat eine Maßnahme etwa fusionskontrollrechtliche Relevanz, ist auch dies zu einem möglichst frühen Stadium zu berücksichtigen, will man nach einem verlässlichen Zeitplan arbeiten.

19 Einen guten Teil der Arbeit wird die Erstellung der rechtlichen Dokumente einnehmen. Hier ist zunächst eine Abstimmung mit dem Notar vorzunehmen, wer für die Erstellung welcher Dokumente zuständig ist: Der Notar, der Unternehmensjurist oder auch der Rechtsberater der dritten Partei, die Beteiligte des Vorgangs ist. Gerade bei der Beteiligung Dritter ist zu beachten, dass der Notar nicht der anwaltliche Berater der einen oder der anderen Partei ist. Hier wird man gut daran tun, die Aufgabengebiete besonders sorgfältig abzustecken, um unnötige Schwierigkeiten im Verlauf des Prozesses zu vermeiden. In der Regel wird es mit der Erstellung eines Vertragstextes oder eines Gesellschafterbeschlusses nicht getan sein. Diese mögen zwar allein oder hintereinandergeschaltet oft den Kern eines Vorganges ausmachen, aber die „Satelliten" um diese Dokumente herum dürfen nicht vernachlässigt werden. Zu denken ist etwa an Zustimmungserklärungen nach Gesetz oder Gesellschaftsvertrag. Diese mögen gerade bei konzerninternen Vorgängen häufig nur eine Formalie sein, da es in der Sache keine Schwierigkeit mit sich bringt, sie zu erlangen. Gleichwohl kann deren Fehlen das Wirksamwerden einer Maßnahme hindern. Gelangt erst der Registerrichter zu der Erkenntnis, dass es noch einer Zustimmung bedurft hätte, kann dies den Ablauf einer Maßnahme deutlich verzögern. Von daher ist vorausschauendes Handeln – in erster Linie des Notars und des Unternehmensjuristen – vonnöten. Neben solchen Erklärungen bedarf es häufig noch Vollmachten der zu beteiligenden juristischen Personen. Hier kann und sollte selbstverständlich auf bewährte Muster aus den Beständen des Notars oder der Rechtsabteilung zurückgegriffen werden. Wie bei allen vermeintlich oder tatsächlichen standardisierten und routinemäßigen Vorgängen ist vor allem auf Formalien und Aktualität der Musterdokumente zu achten. Unterzeichnen für die verschiedenen beteiligten juristischen Personen jeweils dieselben Personen, ist zu prüfen, ob diese von dem Verbot der Mehrfachvertretung nach § 181 BGB befreit sind. Ein Blick in den Handelsregisterauszug und ggf. in zugrundeliegende Befreiungsakte von diesem Verbot kann und sollte hier helfen.

20 Sind die Entwürfe der Dokumente erstellt, werden diese soweit erforderlich unternehmensintern abgestimmt und ggf. mit dem Vertragspartner verhandelt. Je nach Maßnahme kann dies einige Tage dauern oder sich über einen Zeitraum von mehreren Wochen hinziehen. Aktualisierungen werden dann ggf. in einer weiteren Abstimmungsrunde mit den Beteiligten einschließlich dem Notar abgestimmt. Besteht Einigkeit über den Inhalt der zu errich-

tenden Urkunde und sind alle materiellen und formellen Voraussetzungen erfüllt, kann ein Beurkundungstermin vereinbart werden. Dort genügt dann nicht mehr die Korrespondenz per Telefon oder e-mail; hier bedarf es des Verlesens des Urkundentextes. Formell mag der Notar erst an dieser Stelle in Erscheinung treten.

2. Beurkundung

Findet der Beurkundungstermin statt, ist es – auch bei äußerlicher Betrachtung – mit dem Verlesen des Urkundentextes nicht getan. Vorab sind noch einmal alle Dokumente zu überprüfen, die die Beurkundung oft erst möglich oder rechtlich zulässig machen. Neben den augenscheinlichen Dingen, ob z. B. ordnungsgemäße Vollmachten vorliegen, sollten auch die weniger zu Tage liegenden Umstände noch einmal geprüft werden, soweit dies nicht im Vorfeld geschehen ist. So wird vor der Abhaltung einer Gesellschafterversammlung einer GmbH, und sei es auch eine Ein-Mann-GmbH, zu prüfen sein, ob eine ggf. erforderliche Beteiligungsmitteilung nach § 21 AktG[3] vorliegt. 21

Eine gute Zeitplanung ist ebenfalls von Vorteil. Ein gewisser Puffer über die reine Zeit des Verlesens hinaus sollte – außer bei völlig unproblematischen Angelegenheiten – stets eingeplant werden. Es kann nicht ausgeschlossen werden, dass während des Verlesens noch eine Rückfrage auftaucht, auch bei bester Vorbereitung. Ggf. mögen auch noch kleine redaktionelle Anpassungen sinnvoll sein. Ist die Urkunde durch Unterschriften aller handelnden Personen einschließlich des Notars versehen, ist die Urkunde errichtet. 22

Wird in der Niederschrift auf eine andere notarielle Niederschrift verwiesen, die nach den Vorschriften über die Beurkundung von Willenserklärungen errichtet worden ist, so braucht diese nach § 13a Abs. 1 BeurkG nicht vorgelesen werden, wenn die Beteiligten erklären, dass ihnen der Inhalt der anderen Niederschrift bekannt ist, und sie auf das Vorlesen verzichten. Auch eine Beifügung ist bei entsprechendem Verzicht der Beteiligten entbehrlich (§ 13a Abs. 2 BeurkG). § 13a BeurkG ist eine Vorschrift, die in der Praxis oft angewandt wird. Urkunden, die in Bezug genommen werden, sind in vielen Konstellationen denkbar, sei es etwa im Rahmen von M&A-Transaktionen, sei es bei sonstigen Anteilsübertragungen, die beispielsweise auf einen Grundstückserwerb Bezug nehmen. 23

3. Nach der Beurkundung

Ist die Niederschrift verlesen und unterschrieben, werden Ausfertigungen erstellt und den Beteiligten zugeleitet. Die Urschrift verbleibt grundsätzlich in der Verwahrung des Notars (§ 45 Abs. 1 BeurkG). Etwa erforderliche Unterschriftsbeglaubigungen sind im Beurkundungstermin idealerweise gleich mit vorgenommen worden, etwa bei der Unterzeichnung von Handelsregisteranmeldungen. Die Ausfertigungen können dann den weiteren Betroffenen im Unternehmen zugeleitet werden. Hier kann sich im Einzelfall der Hinweis empfehlen, dass Beurkundung und Wirksamwerden eines Vorgangs nicht zusammenfallen müssen. So wird etwa ein Unternehmensvertrag nach §§ 293 ff. AktG oder eine Verschmelzung erst mit der oder den erforderlichen Registereintragungen zivilrechtlich wirksam, kann dann aber wiederum Rückwirkung etwa auf den Beginn eines Geschäftsjahres entfalten. Auch ein Hinweis auf noch nicht eingetretene aufschiebende Bedingungen kann eine gute Unterstützung sein, soweit dies den Beteiligten nicht ohnehin bewusst ist. 24

IV. Rechtsformspezifische Themengebiete

Auf den unterschiedlichen Gebieten des Gesellschaftsrechts ist die Notwendigkeit, einen Notar an bestimmten Vorgängen zu beteiligen, ganz unterschiedlich ausgeprägt. Dies gilt vor allem für die beiden in der Praxis besonders relevanten Sachgebiete der Anteilsübertragungen und der Anteilseignerversammlungen. Häufig knüpft bei Letzterem die Frage des notariellen Beurkundungserfordernisses nicht nur an die Rechtsform an, sondern auch an 25

[3] Vgl. etwa *Hüffer* § 21 Rdnr. 2 f.; Spindler/Stilz/*Petersen* § 21 Rdnr. 3 ff.

den Gegenstand der Beschlussfassung, etwa eine Satzungsänderung bei einer GmbH. Besondere Sorgfalt ist auf die Sachverhalte zu verwenden, die gesetzlich nicht ausdrücklich, jedenfalls nicht für die betreffende Rechtsform geregelt sind, z.B. ein zustimmender Gesellschafterbeschluss zu einem Unternehmensvertrag i.S.d. § 293 AktG bei zwei Gesellschaften mbH.

1. Aktiengesellschaft/SE

26 Bei der Aktiengesellschaft – die SE und die KGaA seien hier vom Grundsatz her ebenfalls mit gemeint – spielt der Notar eine ganz andere Rolle als etwa bei der GmbH, gerade wenn es sich um eine börsennotierte Aktiengesellschaft handelt, deren Hauptversammlung grundsätzlich nur einmal im Jahr stattfindet und jedenfalls bei großen Gesellschaften ein Ereignis mit einer hohen Teilnehmerzahl ist. Auf die Einzelheiten bei der Hauptversammlung soll nachfolgend unter V. 5. eingegangen werden.

27 Erstmalig ist der Notar nach § 23 Abs. 1 Satz 1 AktG bereits bei der Gründung der Aktiengesellschaft hinzuzuziehen: Die Satzung muss durch notarielle Beurkundung festgestellt werden. Ebenso ist nach § 30 Abs. 1 Satz 1 AktG die Bestellung des ersten Aufsichtsrats und des Abschlussprüfers für das erste Voll- oder Rumpfgeschäftsjahr notariell zu beurkunden.

28 Die eingangs genannten Hauptanwendungsfälle einer notariellen Beurkundung bei gesellschaftsrechtlichen Vorgängen sind bei der Aktiengesellschaft recht unterschiedlich ausgeprägt. Dass der Notar bei der Anteilsübertragung bei der GmbH eine ganz andere Rolle spielt als bei der Aktiengesellschaft, ist offensichtlich. Teilweise anders sieht es dagegen bei Anteilseignerversammlungen aus. Vom dogmatischen Ansatz her ist die Frage der Beurkundungspflicht bei Gesellschaften mbH genau anders herum geregelt als bei der AG. Beschlüsse der Gesellschafterversammlung einer GmbH bedürfen grundsätzlich nicht der notariellen Beurkundung (arg e §§ 28, 53 GmbHG).[4] Anders ist es im Aktienrecht. Hier schreibt § 130 Abs. 1 Satz 1 AktG vor, dass jeder Beschluss der Hauptversammlung durch eine über die Verhandlung notariell aufgenommene Niederschrift zu beurkunden ist. Das Gesetz macht für nicht börsennotierte Gesellschaften allerdings eine Ausnahme, soweit keine Beschlüsse gefasst werden, für die das Gesetz eine Dreiviertel- oder größere Mehrheit bestimmt.

29 Dies bedeutet, dass in der Praxis die Frage der Mitwirkungspflicht des Notars bei der Aktiengesellschaft in vielen Fällen genauso wie bei der GmbH zu beurteilen ist: Der Gewinnverwendungsbeschluss ist bei der nichtbörsennotierten AG ebenso wie bei der GmbH nicht beurkundungspflichtig. Satzungsändernde Beschlüsse hingegen bedürfen in beiden Fällen einer Befassung des Notars. Dies gilt selbstverständlich erst recht bei einer börsennotierten AG. Auf die rechtlichen und praktischen Unterschiede der notariellen Niederschrift eines notariell beurkundeten Gesellschafterbeschlusses bei einer GmbH und der notariellen Niederschrift nach § 130 AktG soll an dieser Stelle nicht weiter eingegangen werden.

2. GmbH

30 Die Fungibilität bzw. fehlende Fungibilität von Geschäftsanteilen an einer GmbH im Gegensatz zu Aktien insbesondere einer börsennotierten Aktiengesellschaft soll hier eingangs nur kurz erwähnt werden. Inwieweit das Beurkundungserfordernis bei der Übertragung von Geschäftsanteilen an einer GmbH eine (Mit-)Ursache ist, soll hier nicht weiter vertieft werden.

31 Auch ohne eine flächendeckende Erhebung durchzuführen, kann man festhalten, dass der gesellschaftsrechtlich tätige Notar weit mehr mit Gesellschaften mbH befasst ist als mit Aktiengesellschaften. Dies ist sicherlich zu einem ganz erheblichem Teil in der viel weiteren Verbreitung ersterer Rechtsform begründet, hat aber auch mit dem Umfang beurkundungspflichtiger Rechtsgeschäfte im Zusammenhang mit der GmbH zu tun. Dies ist zunächst die Vielzahl notariell beurkundungspflichtiger Gesellschafterbeschlüsse. Die jährlich zu fassenden „ordentlichen" Gesellschafterbeschlüsse sind zwar beurkundungsfrei. Aber bereits eine Satzungsänderung bedarf der notariellen Beurkundung. Ebenfalls zählen hierzu Kapital-

[4] Lutter/Hommelhoff/*Bayer* § 48 Rdnr. 18.

maßnahmen oder Maßnahmen nach dem UmwG wie etwa der Verschmelzungsbeschluss und Zustimmungserklärungen nach § 13 Abs. 3 Satz 1 UmwG. Nicht unerwähnt bleiben soll auch die Gründung der GmbH (§ 2 Abs. 1 Satz 1 GmbHG).

Eine in der Praxis mindestens ebenso bedeutende Rolle spielt § 15 Abs. 3 GmbHG. Danach bedarf es zur Abtretung von Geschäftsanteilen eines in notarieller Form geschlossenen Vertrages. Ist dieser Anwendungsfall vom Grundsatz her verhältnismäßig einfach zu handhaben, kann es im Rahmen von § 15 Abs. 4 GmbHG bereits einer eingehenderen Prüfung bedürfen. Auch die Verpflichtung zur Abtretung von Geschäftsanteilen bedarf der notariellen Form. Dies gilt auch dann, wenn nur unter bestimmten Voraussetzungen eine Übertragungspflicht besteht, etwa bei Andienungspflichten.[5] 32

Ob Gesellschaftervereinbarungen unter GmbH-Gesellschaftern der notariellen Beurkundung bedürfen, lässt sich nicht pauschal beantworten. Hier kommt es auf die Inhalte und damit auf die gegenseitig eingegangenen Verpflichtungen an. Verpflichtet sich beispielsweise ein Gesellschafter zur Übertragung seiner Anteile, besteht die Pflicht, den entsprechenden Vertrag in notarieller Form abzuschließen bzw. den Gesellschafterbeschluss notariell zu beurkunden. Anders mag es bei einem Vorvertrag zu einer Kapitalerhöhung sein.[6] Gerade bei Finanzierungsangelegenheiten durch die Erhöhung des Eigenkapitals kann die Frage der Beurkundungspflicht relevant werden, und zwar dann, wenn mit der Finanzierungsabrede gleichzeitig ein Beschluss zur Erhöhung des Stammkapitals verbunden ist und nicht etwa lediglich die Rücklagen dotiert werden. 33

Bei der Aktiengesellschaft wie bei der GmbH gilt, dass der Notar bei Handelsregisteranmeldungen zu beteiligen ist, auch wenn der zugrunde liegende Vorgang, etwa die Bestellung eines Vorstands- oder Geschäftsführungsmitglieds, nicht beurkundungspflichtig ist, sondern privatschriftlich erfolgen kann. 34

3. Personenhandelsgesellschaften

Wiederum anders liegen die Dinge bei den Personenhandelsgesellschaften. Der Notar ist hier mit erheblich weniger Angelegenheiten zu befassen als bei den Kapitalgesellschaften. Der Ursprung dessen wird vielleicht dann deutlich, wenn man berücksichtigt, dass die Personenhandelsgesellschaften ihren rechtlichen Ursprung in der Gesellschaft bürgerlichen Rechts haben. Bei einer GbR, wie sie vielfach im Alltag ent- und besteht – in einigen Fällen möglicherweise sogar ohne das Bewusstsein, eine Gesellschaft gegründet zu haben –, kämen die Beteiligten gar nicht auf die Idee, für ihr Gesellschaftsverhältnis einen Notar zu bemühen. 35

Weder der Gesellschaftsvertrag der oHG noch der KG sind per se beurkundungspflichtig. Dass einzelne Vorgänge im Zusammenhang mit der Begründung eine Beurkundungspflicht auslösen können, ist eine andere Frage. Verpflichtet sich etwa ein Kommanditist, eine Beteiligung an einer GmbH in die KG einzubringen, so unterliegt dies selbstverständlich den Regeln des § 15 GmbHG. 36

Auch der zweite wesentliche Aspekt, die Übertragung von Anteilen, ist bei den Personenhandelsgesellschaften vom Grundsatz her formfrei, wobei hier noch hinzukommt, dass das Gesetz aufgrund der grundsätzlich personalistischen Struktur von oHG und KG zunächst vom Eintritt eines Gesellschafters in die Gesellschaft ausgeht (§ 173 HGB) und nicht von der Übertragung von Anteilen. Zulässig ist aber auch die Übertragung des Kommanditanteils,[7] wie sie auch in der Praxis üblich ist.

Aber auch bei den Personenhandelsgesellschaften ist der Notar beteiligt und in der Pflicht, spätestens sobald es um die Anmeldungen zum Handelsregister geht. Zwar ist nicht jede Änderung des Gesellschaftsvertrages anmeldepflichtig, wohl aber insbesondere der Wechsel der (persönlich haftenden) Gesellschafter, Änderungen der Firma, des Sitzes sowie der Geschäftsanschrift (§§ 106, 107 HGB). Bei der KG kommen die Eintragung der Kommanditisten und der Betrag ihrer Einlage sowie diesbezügliche Änderungen hinzu (§ 162 Abs. 1 Satz 1 HGB). 37

[5] Lutter/Hommelhoff/*Bayer* § 15 Rdnr. 46.
[6] Scholz/*Priester* § 55 Rdnr. 116.
[7] MünchVertragsHdb/*Riegger/Götze* III. 19 1.

38 Die Zuständigkeit des Notars bei vielen Aspekten der Personenhandelsgesellschaften ist damit nicht so weitreichend wie bei Kapitalgesellschaften. Gleichwohl lässt sich auch hier eine Erwartungshaltung der Unternehmen an den Notar nicht verneinen. Dies gilt vor allem dann, wenn – wie es des Öfteren vorkommt – Transaktionen oder Vorgänge bei Personenhandelsgesellschaften einen Einschlag haben, der wiederum zu einer Beurkundungspflicht führt, etwa im Zusammenhang mit Immobilientransaktionen oder der Übertragung von Geschäftsanteilen an einer GmbH. Aufgrund der Zusammenhänge wird es hier zuweilen nicht sachdienlich erscheinen, mit dem Notar nur Stückwerk abzustimmen und ihn nicht zumindest in Umrissen in den gesamten gesellschaftsrechtlichen Vorgang einzubinden.

V. Inhaltliche Themenschwerpunkte

39 Die vorangehende Übersicht sollte einen kurzen Abriss über die notarielle Tätigkeit bei den einzelnen Rechtsformen bieten und aufzeigen, wo diesbezüglich Schwerpunkte bestehen können. Die nachfolgende Darstellung bezieht sich auf ausgewählte Einzelaspekte bestimmter Themengebiete. Sicherlich ist auch hier der Anknüpfungspunkt zunächst rechtsformspezifisch zu sehen. Teilweise finden sich aber Überschneidungen bei den jeweiligen Themen; so wird der Notar bei der Gründung einer Aktiengesellschaft ebenso tätig wie bei einer GmbH, auch wenn die Gründungsformalien unterschiedlich sind. Außerdem sollen bestimmte Gesichtspunkte vertieft dargestellt werden, etwa die Mitwirkung des Notars bei der Hauptversammlung einer börsennotierten Aktiengesellschaft.

1. Gesellschaftsgründung und Satzung

40 Aufgrund ihrer wirtschaftlichen Bedeutung – bereits rein quantitativ betrachtet – soll hier zunächst die GmbH behandelt werden. Die Gründung einer GmbH kann für die einzelnen Mitwirkenden eine ganz unterschiedliche Bedeutung haben. Unabhängig von dem wirtschaftlichen Hintergrund der Gründung einer GmbH ist es in jedem Fall ein Vorgang, bei dem intensiv mit dem Notar zusammengearbeitet wird.

41 Vorzubereiten ist zunächst eine Gründungsurkunde sowie als deren Anlage und Kernstück des Gründungsvorganges der Gesellschaftsvertrag (§ 2 Abs. 1 GmbHG). Erst an späterer Stelle – etwa in §§ 53ff. GmbHG bei den Änderungen des Gesellschaftsvertrages – spricht das Gesetz von der Satzung. Aufgabe von Notar und Unternehmensjurist ist es, einen Gesellschaftsvertrag vorzusehen, der den rechtlichen und praktischen Anforderungen des Unternehmens Rechnung trägt. Gerade bei einer Ein-Mann-GmbH mag dies auf den ersten Blick nicht besonders herausfordernd erscheinen. Gleichwohl gibt es diverse Punkte, an die bereits bei der Gründung gedacht werden sollte. Dies fängt bei der Weichenstellung an, ob es sich um eine Bar- oder eine Sachgründung handelt. Schon wegen des Erfordernisses eines Sachgründungsberichts (§ 5 Abs. 4 Satz 2 GmbHG) wird aus Beschleunigungs- und Praktikabilitätsgründen häufig einer Bargründung der Vorzug zu geben sein. Weiter stellt sich in jedem Fall die Frage nach dem geeigneten Unternehmensgegenstand und einer zulässigen Firma. Diesbezüglich besteht zwar seit längerem eine große Freiheit in der Wahl der Firmierung; gleichwohl ist an Fragen nach Verwechslungsgefahr und der Erlangung von markenrechtlichem Schutz zu denken. In den Tiefen der Satzung ergeben sich dann weitere Fragen. Was die Stückelung der Geschäftsanteile angeht, sollte bereits bei Gründung überlegt werden, ob daran gedacht ist, kurzfristig mehrere Gesellschafter aufzunehmen oder ob es sich auf absehbare Zeit um eine Ein-Mann-Gesellschaft handeln soll. Auch in letzterem Fall mag es sinnvoll sein, vorsorglich Regelungen zur Vinkulierung der Anteile aufzunehmen. Ein weiterer Aspekt, der in der Satzung zu verankern ist, betrifft die Frage nach den Organen. Bezüglich des „Ob" bestimmter Organe ist die Beratungsmöglichkeit des Notars sicherlich begrenzt; bei der konkreten Ausgestaltung der Regelungen mag er wieder ein willkommener Sparringspartner hinsichtlich einer Best Practice sein. Während Geschäftsführung und Gesellschafterversammlung zum Mindestbestand gehören, wird abhängig von der Einbindung der Gesellschaft in einen Konzern sowie ihrer Tätigkeit und Funktion zu fragen sein, ob weitere Organe eingerichtet werden können oder müssen. Zu denken ist

insbesondere an einen fakultativen oder obligatorischen Aufsichtsrat, z. B. nach dem MitbestG.

Sind alle Satzungsregelungen abgestimmt und stehen die Geschäftsführer fest, kann die Gründung beurkundet werden. Wird wie in der Praxis häufig aufgrund einer Vollmacht gehandelt, ist darauf zu achten, dass der Bevollmächtigte aufgrund einer notariell errichteten oder beglaubigten Vollmacht handelt (§ 2 Abs. 2 GmbHG), auch dies ein Punkt, der in der Beurkundung standardmäßig abgehakt werden sollte. Alsdann kann die Gründung mit den in § 8 GmbHG bestimmten Angaben zum Handelsregister angemeldet werden. Nach Eintragung der Gesellschaft läuft der Informationsfluss umgekehrt, d. h. vom Registergericht zurück zum Notar, wobei die Eintragungsmitteilung in der Regel zeitgleich parallel an das Unternehmen bzw. die Gesellschafter übersandt wird. 42

Bei der Aktiengesellschaft ist der grundsätzliche Ablauf durchaus ähnlich. Einer der Unterschiede besteht in den Möglichkeiten der Satzungsgestaltung. Auf ihn soll nachfolgend kurz eingegangen werden. Während die Gesellschafter der GmbH in weiten Teilen frei sind zu bestimmen, was in der Satzung geregelt werden soll und was nicht, gilt im Aktienrecht der Grundsatz der Satzungsstrenge gemäß § 23 Abs. 5 AktG.[8] Dies ist keine Abhandlung über Möglichkeiten zur Satzungsgestaltung und deren Unterschiede bei Aktiengesellschaft und GmbH, schon gar keine Rückführung dieser Unterschiede auf die Wesensverschiedenheiten dieser beiden Rechtsformen. Aber hier kann ein Unterschied in der Herangehensweise an die Satzungsgestaltung bei Aktiengesellschaft und GmbH herausgearbeitet werden. Dieser Unterschied betrifft auch den Notar bei der Mitwirkung an der Gestaltung der jeweiligen Satzung. Auf eine Grundformel gebracht, mag man den Unterschied wie folgt formulieren: Bei der GmbH ist zu fragen, was in der Satzung geregelt werden *soll*, während bei der Aktiengesellschaft zu fragen ist, was geregelt werden *darf*. Während also – vereinfacht und generalisierend ausgedrückt – bei der GmbH Kreativität gefragt ist, welche Regelungen als für den oder die Gesellschafter sinnvoll und gewünscht aufgenommen werden können, bedarf es bei der Aktiengesellschaft eine gleichsam umgekehrte Prüfung dahingehend, ob eine bestimmte Regelung überhaupt zulässig ist (auch wenn sich diese Frage selbstredend auch bei der GmbH stellt). 43

2. Anteilsübertragung

Die folgenden Überlegungen gehen schwerpunktmäßig auf Anteilsübertragungen bei einer GmbH ein. Gemeint ist zunächst der Grundfall einer Anteilsübertragung, also ein relativ schlanker Anteilsübertragungsvertrag, etwa in einem Konzern. Hier ist die Rolle des Notars sicherlich eine andere als bei den später zu erörternden M&A-Transaktionen. Bei den Anteilsübertragungen ist es Aufgabe des Unternehmensjuristen, die verschiedenen zu berücksichtigenden Aspekte miteinander in Einklang zu bringen und vor allem unternehmens- oder konzernintern abzustimmen. Wirtschaftlicher Hintergrund einer solchen Transaktion ist in der Regel ein ganz anderer als bei M&A-Transaktionen. Während es bei letztgenannten darum geht, ein Unternehmen oder Teile eines Unternehmens zu erwerben oder zu veräußern und damit einen bestimmten Teil des Business zu transferieren, haben (sonstige) Anteilsübertragungen eher einen strukturellen, bilanziellen oder anderweitig motivierten internen Hintergrund. Bei ihnen mag auch durchaus die rechtliche Anteilsübertragung als solche im Vordergrund stehen und wesentlicher Teil des wirtschaftlich bezweckten Erfolgs ausmachen, während bei einer M&A-Transaktion die Übertragung eines Unternehmens im Vordergrund steht und der Erwerb der Geschäftsanteile eher lediglich ein Vehikel ist. Da aber bei solchen „allgemeinen" Anteilsübertragungen der Übertragungsvorgang stärker in den Mittelpunkt rückt, ist auch die Beteiligung des Notars hieran relativ gesehen oftmals höher als bei einer M&A-Transaktion, bei der externe anwaltliche Berater typischerweise eine bedeutende Rolle spielen können. 44

Inhaltlich wird hierbei das Beurkundungserfordernis im Allgemeinen eine Rolle spielen, auch unter dem Aspekt des Beurkundungszusammenhangs, wenn neben den Geschäftsanteilen noch weitere Vermögensgegenstände übertragen werden sollen. Gesetzliche und sat- 45

[8] *Hüffer* § 23 Rdnr. 34 ff; vgl. MünchHdbGesR IV/*Wiesner* § 6 Rdnr. 9 ff.

zungsmäßige Übertragsvoraussetzungen und -hindernisse sind zu prüfen, vor allem um keinen unbemerkten Mangel bei der Übertragung zu schaffen. Sämtliche Formalien sind standardmäßig abzuarbeiten. Anteilsübertragungen sind eben Teil des Alltagsgeschäfts der gesellschaftsrechtlich tätigen Unternehmensjuristen und Notare. Die erforderliche Sorgfalt ist in jedem Fall geboten, um Fehler zu vermeiden und damit Folgen auszuschließen, die später zu unerwünschten Konsequenzen führen können, die außerhalb des Übertragungsvorganges liegen, etwa bilanzielle oder steuerliche Aspekte.

3. Umstrukturierung, insbesondere nach dem Umwandlungsgesetz

46 Die Anteilsübertragung wurde vorangehend eher abstrakt dargestellt. Dies liegt auch daran, dass nicht auf jede dahinter liegende Motivation eingegangen werden kann. Eine dieser Motivationen ist eine unternehmens- bzw. konzerninterne Umstrukturierung. Beispiele hierfür können sein: Geschäftsfelder sollen neu gegliedert werden, Unternehmensteile sollen nach neuen Ordnungskriterien strukturiert werden, etwa von einer bisherigen Aufteilung nach Sparten in eine regionale Gliederung. Aus einem Stammhauskonzern soll eine Holding herausgelöst werden, die künftig selektive, konzernleitende Aufgaben wahrnimmt, während das operative Geschäft in Tochtergesellschaften gebündelt werden soll. Man mag die Anteilsübertragung, etwa in Form der Einbringung von Anteilen einer Gesellschaft in eine andere im Rahmen einer Kapitalerhöhung, als den Grundfall einer Umstrukturierung ansehen.

47 Mit diesem Grundmuster lässt sich in der Praxis eine Reihe von Anforderungen bewältigen. Häufig ist es aber weder erforderlich noch hinreichend, die Anteile an einer Gesellschaft innerhalb eines Konzerns umzuhängen. Vielfach wird eine Gesellschaft als solche nicht mehr benötigt, weil ihre Aufgaben mit der einer anderen Gesellschaft vereinigt werden sollen, oder aber es sollen nur einzelne Vermögenswerte aus einer Gesellschaft herausgelöst werden. Mit einer Liquidation für den ersten oder einem Asset Deal für den zweiten Fall kommt man in vielen Fällen nicht oder nicht optimal zum Ziel. In all diesen Fällen ist der Katalog des Umwandlungsgesetzes gefordert. Im Wesentlichen ist dabei an die Verschmelzung und die Spaltung in ihren Varianten der Auf- und Abspaltung sowie der Ausgliederung zu denken, aber auch an den Formwechsel. Jede dieser Maßnahmen hat nicht nur für sich genommen eine Reihe von Verästelungen mit ihren jeweiligen rechtlichen Besonderheiten, z. B. abhängig davon, welche Rechtsform von der umwandlungsrechtlichen Maßnahme betroffen ist. Vielmehr lassen sich auch unterschiedliche Maßnahmen innerhalb und außerhalb des Umwandlungsrechts miteinander kombinieren, etwa indem sie nacheinander geschaltet werden. Zu denken ist etwa an eine Kettenverschmelzung mehrerer Gesellschaften verbunden mit einer Anwachsung des Vermögens einer Personenhandelsgesellschaft, die ebenfalls zu einer Vermögensübertragung führt.

48 Dieser kleine Aufriss zeigt bereits, wie der Notar auch hier gefordert ist. Während für die außerhalb des Gesellschaftsrechts liegenden Aspekte andere Beteiligte, vornehmlich innerhalb des Unternehmens, zuständig sind, kann mit dem Notar überlegt werden, mit welcher der Maßnahmen, die das Gesetz bietet, welche rechtlichen Vor- und Nachteile verbunden sind. Dies gilt insbesondere für Einzelheiten einer Maßnahme, gerade auch was die Fragen der Beurkundung anbelangt. Darüber hinaus mag im Einzelfall eine Abstimmung mit dem Registergericht zweckmäßig sein, namentlich bei Rechtsfragen, die einerseits noch nicht (gerichtlich) geklärt sind, andererseits aber für die Eintragung relevant sind. Zeichnen sich hier Schwierigkeiten ab, kann die Suche nach Alternativen mitunter hilfreicher sein, als eine bestimmte Rechtsfrage in einem förmlichen Verfahren „auszufechten".

49 Nachfolgend soll auf einige Einzelaspekte der Umstrukturierungen nach dem Umwandlungsgesetz eingegangen werden. Eines der Kernstücke des Umwandlungsgesetzes sind die Vorschriften über die Verschmelzung, insbesondere den Verschmelzungsvertrag. Hieran wird der Notar häufig in erheblichem Umfang mitwirken, bereits vor der Beurkundung des Vertrages und der Verschmelzungsbeschlüsse. Auf Besonderheiten einer Hauptversammlung (so sie keine Vollversammlung i. S. d. § 121 Abs. 6 AktG ist), in der etwa ein Verschmelzungsbeschluss gefasst wird, soll bei den Ausführungen zur Hauptversammlung näher eingegangen werden. § 5 UmwG schreibt den Inhalt des Verschmelzungsvertrages vor und bildet über die

Verweisungsvorschriften auch die Basis für andere Maßnahmen nach dem Umwandlungsgesetz. Eine Reihe inhaltlicher Vorgaben mag man als Formalien bezeichnen. Wieder andere Vorschriften, wie etwa die zum Umtauschverhältnis von Anteilen, spielen keine Rolle, wenn es sich um eine Verschmelzung handelt, bei der eine Kapitalerhöhung nach § 54 Abs. 1 UmwG nicht zulässig ist oder wenn Geschäftsanteile deshalb nicht gewährt werden, weil alle Anteilsinhaber eines übertragenden Rechtsträgers darauf nach § 54 Abs. 1 Satz 3 UmwG verzichten – ein typischer Fall bei der Verschmelzung zweier Schwestergesellschaften in einem Konzern. Bei dieser Gelegenheit soll nicht unerwähnt bleiben, dass auch diese Verzichtserklärungen notariell zu beurkunden sind (§ 54 Abs. 1 Satz 1 2. Hs. UmwG). Diese nur punktuellen Aspekte zeigen, dass es hilfreich, wenn nicht notwendig ist, den Notar auch in den Hintergrund der beabsichtigten Umstrukturierung einzubinden, da ansonsten die Gefahr besteht, dass ein Vertragsentwurf an dem wirtschaftlich gewollten Ergebnis vorbeigehen kann oder vorteilhafte Gestaltungsmöglichkeiten ungenutzt bleiben.

Besondere Aufmerksamkeit ist auch den Angaben zu den Folgen der Verschmelzung (resp. 50 der anderen Maßnahme) für die Arbeitnehmer und ihre Vertretungen sowie die insoweit vorgesehenen Maßnahmen zu widmen. Diesbezüglich wird der Notar typischerweise nicht den notwendigen vertieften Einblick in die individual- und kollektivarbeitsrechtlichen Gegebenheiten der beteiligten Rechtsträger haben. Aber auch hier kann ein gewisses Hintergrundwissen hilfreich sein, um die Angaben zu plausibilisieren. Dies gilt insbesondere vor dem Hintergrund, dass die Angaben auch registergerichtliche Auswirkungen bei der Anmeldung der Verschmelzung haben. Dies betrifft die Frage, an welche Arbeitnehmervertretungen der Verschmelzungsvertrag oder sein Entwurf nach § 5 Abs. 3 UmwG zuzuleiten ist. Hieran wiederum ist die Monatsfrist für die Abhaltung der Anteilseignerversammlung, in der die Verschmelzungsbeschlüsse gefasst werden, geknüpft. Der Nachweis über die rechtzeitige Zuleitung des Verschmelzungsvertrages an den zuständigen Betriebsrat wiederum ist der Handelsregisteranmeldung beizufügen (§ 17 Abs. 1 UmwG).

Je nach Konstellation der beteiligten Rechtsträger und ihrer Anteilseigener sowie ggf. 51 zu erlangender Verzichtserklärungen sind des Weiteren ein Verschmelzungsbericht (§ 8 UmwG), eine Verschmelzungsprüfung (§ 9 UmwG) sowie ein Prüfungsbericht (§ 12 UmwG) erforderlich. Die Erstellung dieser Unterlagen bzw. Durchführung der Prüfung ist nicht Aufgabe des Notars. Gleichwohl wäre die Anmeldung der Verschmelzung ohne die Einreichung der betreffenden Unterlagen nach § 17 Abs. 1 UmwG unvollständig. In jedem Fall beizufügen ist eine Bilanz des übertragenden Rechtsträgers (Schlussbilanz). Diese wiederum ist auf einen höchstens acht Monate vor der Anmeldung liegenden Stichtag aufzustellen.

Bei all den vorgenannten Themen, die wiederum nur einen Ausschnitt der aufgeworfenen 52 Fragen bilden, ist auf eine sachgerechte und rechtzeitige Abstimmung aller Beteiligten unter Einbeziehung des Notars zu achten. Vieles liegt bereits in seinen Händen, etwa die Beurkundung der erforderlichen Verträge und Beschlüsse. Das, was nicht unmittelbar Aufgabe des Notars ist, holt ihn gleichermaßen bei der Handelsregisteranmeldung wieder ein. Da auch er ein Interesse an dem materiellen Gelingen der beurkundeten Maßnahme hat und niemand will, dass eine Verschmelzung wegen eines formellen oder materiellen Problems beim Registergericht nicht oder nicht ohne Verzögerung zur Eintragung gelangt, weil erst der Registerrichter auf das Problem aufmerksam wird, ist jeder Beteiligte aufgefordert, seine Aufgaben zu meistern und darüber hinaus auch ein wenig über den eigenen Tellerrand hinaus zu schauen. Die hauptsächliche Koordinationsarbeit mag dabei sicherlich – je nach Organisation des Unternehmens – bei dem (internen) Rechtsberater des Unternehmens liegen. Der Notar muss am Ende bei der Anmeldung zum Handelsregister alle Unterlagen beisammen haben.

Was hier für die Verschmelzung im Ansatz ausgeführt wurde, gilt für die anderen Gestal- 53 tungsmöglichkeiten nach dem Umwandlungsgesetz in gleichem oder sogar noch stärkerem Maße. So ist beispielsweise bei einer Spaltung genau zu definieren, welche Vermögensteile abgespalten oder ausgegliedert und welche bei dem übertragenden Rechtsträger verbleiben sollen.[9] Beim Formwechsel hingegen wird häufig im Vorfeld bereits feststehen, welche

[9] KölnKommUmwG/*Simon* § 126 Rdnr. 51.

Rechtsform der Rechtsträger künftig annehmen soll. Auch hier sollte aber sorgfältig vorausgeplant werden, da nicht nur die Besonderheiten eines anderen rechtlichen Regelwerks für die neue Rechtsform zu beachten sind, sondern auch etwaige Spezialfragen und Hürden auf dem Weg dorthin.

54 Durch alle Maßnahmen und ihren Ablauf zieht sich das Erfordernis einer guten Abstimmung wie ein roter Faden. Gerade wenn die Komplexität steigt, etwa bei der Kombination mehrerer Gestaltungsvarianten, ist – so banal es klingen mag – ein sorgfältig ausgearbeiteter Projektplan eine wertvolle Arbeitshilfe. Diesen sollte auch der Notar einmal gesehen haben, besonders wenn unter der Rubrik „Zuständigkeit" sein Name vermerkt ist.

4. Mergers & Acquisitions

55 Sind Umstrukturierungen im hier verstandenen Sinne typischerweise ein konzerninterner Vorgang, so handelt es sich bei M&A-Aktivitäten um Vorgänge unter Beteiligung Dritter. Die Ansatzpunkte für die Beteiligung eines Notars können vielfältig sein. Der Begriff *mergers* zeigt, dass es sich zum einen um Verschmelzungsvorgänge zwischen verschiedenen Unternehmen handeln kann. Diese gehören nicht zum alltäglichen Geschäft eines Unternehmens, sondern stellen außerordentliche Maßnahmen dar. Dies zeigt sich insbesondere dann, wenn für eine solche Maßnahme bei einer börsennotierten Gesellschaft eine außerordentliche Hauptversammlung einberufen wird. Die Vorbereitung hierfür kann durchaus Monate in Anspruch nehmen. Dieser Zeitraum wird allerdings durch die „Nachbereitung" um ein Mehrfaches übertroffen, wenn man an die bisweilen folgenden Anfechtungsklagen und Spruchverfahren denkt. *Acquisitions* – dies meint auch Unternehmensveräußerungen – dagegen kommen in der Praxis weit häufiger vor. Unternehmen oder Unternehmensteile werden hinzuerworben oder sie werden als nicht mehr zum Portfolio gehörend oder aus anderen Gründen veräußert.

56 Rechtlicher Ansatzpunkt für die notarielle Beurkundung sind die umzusetzenden Verträge – häufig in Form des Erwerbs oder der Veräußerung von Geschäftsanteilen an Gesellschaften mbH. Hinzu kommen auch hier Verträge nach dem Umwandlungsgesetz, insbesondere Verschmelzungsverträge. Die Durchführung einer Gesellschafter- bzw. Hauptversammlung kann sich bereits aus dem Gesetz ergeben, etwa den Vorschriften des Umwandlungsgesetzes oder § 179a AktG. Ferner hat der BGH in seiner Holzmüller/Gelatine-Rechtsprechung[10] Vorgaben für das Erfordernis einer Zustimmung der Hauptversammlung aufgestellt.

57 Art und Umfang der Einbeziehung des Notars in den Gesamtprozess einer Transaktion sind durchaus unterschiedlich. Geht es um die Durchführung einer Hauptversammlung mit einer Vielzahl von Aktionären, gelten im Grundsatz die später zur Mitwirkung des Notars bei einer Hauptversammlung anzustellenden Überlegungen. Der Termin steht bereits – schon wegen der Einberufungsfrist einer Hauptversammlung und organisatorischer Gegebenheiten – seit längerem fest. Der Tag der Hauptversammlung selbst lässt den Beteiligten einschließlich des Notars wenig bis keinen Spielraum für Anderes. Der einzige sichere Anhaltspunkt ist das vorgegebene Ende der Hauptversammlung vor Mitternacht. Ist die Hauptversammlung für zwei Tage einberufen und wird der zweite Tag in Anspruch genommen, verlängert sich die Einsatzzeit entsprechend. Der Termin der Beurkundung eines Unternehmenserwerbs wird dagegen deutlich kurzfristiger festgelegt; oft ist er auch variabel, abhängig vom Verlauf der Verhandlungen. In deren Verlauf mögen neue Aspekte zu Tage treten, die eine kurzfristige Verschiebung des Termins notwendig machen. Bei der Beurkundung selbst mag sich ein zeitlicher Aufwand von mehreren Stunden ergeben, einschließlich des Zeitbedarfs für etwaige kurzfristige Änderungen.

58 Bei einem Unternehmenserwerb ist der Vertrag das Ergebnis der Verhandlungen der Vertragsparteien. Diese mögen der Beurkundung bereits über Wochen vorausgegangen sein. Wenngleich sich Standards finden, so ist der Inhalt eines Unternehmenskaufvertrages doch sehr unterschiedlich. Dies beginnt bei Regelungen zur Kaufpreisfindung und hört bei Garantien des Verkäufers noch lange nicht auf. Die Parteien werden hier in vielen Fällen anwaltlich beraten sein, so dass die Rolle des Notars eine andere ist als bei einem Vorgang, bei

[10] Vgl. hierzu *Hüffer* § 119 Rdnr. 16 ff.

dem nicht die Interessen zweier fremder Parteien gegeneinander stehen. Aufgrund der weitreichenden Folgen solcher Transaktionen gilt es umso mehr, auch die vermeintlichen formalen Aspekte des Vertrages zu beachten. Hier können und müssen sich die Parteien auch auf die Fachkenntnisse des Notars verlassen können, der in beurkundungsrechtlichen Fragen der berufene Experte ist, auch wenn viele inhaltliche Fragen durch die – nicht nur rechtlich beratenen – Parteien determiniert werden. Ein unentdeckter Beurkundungsmangel kann in diesen Fällen möglicherweise noch schwerer als bei einem konzerninternen Geschäft behoben bzw. geheilt werden.

5. Hauptversammlung, insbesondere der börsennotierten Aktiengesellschaft

Nach § 130 Abs. 1 AktG ist jeder Beschluss der Hauptversammlung durch eine über die 59 Verhandlung notariell aufgenommene Niederschrift zu beurkunden. Eine Ausnahme gilt für nicht börsennotierte Gesellschaften, soweit keine Beschlüsse gefasst werden, für die das Gesetz eine Dreiviertel- oder größere Mehrheit bestimmt.

Bis es allerdings zu einer Beurkundung nach § 130 AktG kommt, vergeht gerade bei einer 60 börsennotierten Gesellschaft ein erheblicher Zeitraum, der für die oft arbeitsintensive Vorbereitung der Hauptversammlung genutzt wird. Der Notar ist hierbei bereits im Vorfeld einzubeziehen. Dies beginnt bereits mit einer frühzeitigen Mitteilung des Termins der Hauptversammlung an den Notar. Auch wenn Ziff. 2.2.4 des Deutschen Corporate Governance Kodex die Anregung enthält, dass der Versammlungsleiter sich davon leiten lassen sollte, dass eine ordentliche Hauptversammlung spätestens nach vier bis sechs Stunden endet, so kann die Dauer von Hauptversammlungen doch deutlich darüber hinausgehen. Hinzu kommt die Zeit der Vorbereitung vor Beginn der Hauptversammlung. Dies bedeutet letztlich, dass der Notar in vielen Fällen den gesamten Tag für die Hauptversammlung einzuplanen hat und deshalb in der Lage sein sollte, den Termin frühzeitig zu reservieren. Entsprechendes gilt, wenn ein Zweitnotar für bestimmte Aufgaben hinzugezogen werden soll.[11]

Auch wenn die Vorgaben nach § 130 AktG dem Umfang nach überschaubar scheinen 61 mögen, so sind gleichwohl viele Einzelheiten der Erstellung des Protokolls zu beachten und Fehler mit Blick auf Anfechtbarkeit oder Nichtigkeit von Hauptversammlungsbeschlüssen tunlichst zu vermeiden. Bereits ein Blick in die gesetzlichen Anforderungen zeigt, dass sich der Notar mit den Gegebenheiten der Hauptversammlung vertraut machen muss. Eines der Kernstücke ist sicherlich das Abstimmungsverfahren und seine zutreffende Beschreibung.[12] Hier ist es hilfreich, wenn der Notar bereits vor der Hauptversammlung darüber informiert ist, welches Abstimmungsverfahren – sei es das traditionelle Handaufhaben in einer Hauptversammlung mit einem (sehr) kleinen Teilnehmerkreis, seien es einzelne Stimmkarten, die weit verbreiteten Stimmkartenblöcke oder etwa ein elektronisches Abstimmungsverfahren. Dann gilt es zu fragen, ob das Additions- oder das Subtraktionsverfahren zur Stimmenermittlung herangezogen wird. Im Protokoll findet sich zudem etwa der Hinweis, dass der Notar die Stimmenauszählung überwacht und sich zuvor von dem Funktionieren des Auszählsystems überzeugt habe.

Hinzu kommt all das, was sich im Verlauf der Hauptversammlung ergibt. Hier ist der 62 Notar im Wesentlichen auf sich gestellt, und zwar rechtlich und faktisch: rechtlich, da der Notar keine „Partei" wie etwa die Gesellschaft oder einen Aktionär oder eine Gruppe von Aktionären vertritt, und faktisch, weil er anders als etwa die Fachberater bei der Fragenbeantwortung nicht im Back Office, sondern auf der Bühne Platz nimmt, d. h. auch räumlich getrennt ist und zudem ad hoc entscheiden muss, ob ein bestimmter Umstand in das notarielle Protokoll aufzunehmen ist oder nicht. Er „stenographiert" den Gang der Verhandlungen eben nicht mit, sondern hat ein Protokoll zu erstellen, dass den Anforderungen des § 130 AktG entspricht. Sowohl rechtlich als auch in der Praxis besonders bedeutsam sind zum einen Minderheitsverlangen (§ 130 Abs. 1 Satz 2 AktG) und Widersprüche zu Protokoll (§ 245 Nr. 1 AktG). Darüber hinaus ist an denkbare ungeschriebene obligatorische Pro-

[11] Vgl. hierzu Schmidt/Lutter/*Ziemons* § 130 Rdnr. 33.
[12] Schmidt/Lutter/*Ziemons* § 130 Rdnr. 10.

tokollinhalte zu denken, was bereits im Einzelnen diskutiert wird. Hierzu zählen die Vorgänge, die für die Wirksamkeit der protokollierten Beschlüsse erheblich sind.[13] Weitere Inhalte wie die Angabe von Beginn und Ende der Hauptversammlung sind zumindest üblich.[14]

63 Über die Protokollierungspflicht hinaus trifft den Notar die Überwachungsaufgabe i. S. einer gewissen Prüfungs- und Hinweispflicht,[15] die sich auch aus § 14 BNotO ergibt. Hierzu mögen die Zugangskontrolle sowie die Präsenzerfassung zählen, die bereits erwähnte Organisation der Stimmenauszählung und – ganz generell – die Frage des ordnungsgemäßen Ablaufs der Hauptversammlung. Was hierzu im Einzelnen zu rechnen ist, soll an dieser Stelle nicht weiter vertieft werden. Alle vorgenannten Aspekte zeigen jedoch, dass der Notar sich bereits im Vorfeld der Hauptversammlung mit den relevanten Fragen vertraut machen sollte. Soweit erforderlich, ist hierbei auch der HV-Provider, der das Abstimmungsverfahren technisch betreut, hinzuzuziehen.

64 Sicherlich kann der Notar nicht mit allen Einzelheiten des Ablaufs der Hauptversammlung befasst werden. Ebenso wenig kann er alle Winkel des Präsenzbereichs ständig persönlich im Auge haben, da es gerade bei Hauptversammlungen mit einer größeren Teilnehmerzahl eine Reihe von Nebenräumen gibt. Gleichwohl sollte er aber damit vertraut sein, wie der Präsenzbereich gefasst ist – speziell dann, wenn für die Stimmenauszählung das Subtraktionsverfahren angewendet wird – und wie die Abläufe beschaffen sind.

65 An dieser Stelle sei auch auf die aktienrechtliche Kompetenzordnung hinsichtlich der handelnden Personen eingegangen. Neben den Aktionären, die ihre Rechte in der Hauptversammlung ausüben, gilt im Wesentlichen eine Dreiteilung: Während der Notar für die Protokollierung verantwortlich ist, obliegt nicht ihm, sondern dem Versammlungsleiter, in der Regel der Vorsitzende des Aufsichtsrats, die Versammlungsleitung. Der Vorstand wiederum ist verpflichtet, die Auskünfte im Rahmen von § 131 AktG zu erteilen. Wenngleich es in der Praxis üblich und nicht zu beanstanden ist, dass beispielsweise auch der Aufsichtsratsvorsitzende Fragen zu bestimmten Themen beantwortet – namentlich zu Fragen, die den Aufsichtsrat betreffen[16] –, ist es gerade auch in Bezug auf den Notar bedeutsam, dass die Rollentrennung und -verteilung gewahrt wird, auch um sich nicht unnötig Beanstandungen auszusetzen. Diese – ob berechtigt oder nicht – kosten in jedem Falle Zeit und beeinträchtigen zunächst den Ablauf der Hauptversammlung.

66 Im Vorfeld der Hauptversammlung können schließlich noch weitere Belange und Vorgehensweisen erörtert werden, beispielsweise mit Blick auf aktuelle Rechtsprechung, Stellungnahmen in der aktienrechtlichen Literatur sowie Entwicklungen in der Praxis, wie sie sich im Jahr seit der letzten Hauptversammlung ergeben haben und sich auf die Tätigkeit des Notars beziehen.

67 Nach Abschluss ist das Protokoll zu unterzeichnen.[17] Die Folgearbeit besteht dann darin, das Protokoll zum Handelsregister einzureichen und anmeldepflichtige Beschlüsse zur Eintragung in das Handelsregister anzumelden. Für eine der Hauptversammlung möglicherweise folgende Anfechtungsklage kann das notarielle Protokoll ebenfalls eine Rolle spielen, und zwar mit Blick auf dessen Beweiskraft nach § 415 ZPO.[18]

6. Corporate Housekeeping

68 Der Begriff Corporate Housekeeping im hier verstandenen Sinne bezieht sich weder auf ein spezielles Rechtsgebiet noch auf einen konkreten beurkundungspflichtigen Vorgang. Gemeint ist vielmehr die gesellschaftsrechtliche „Pflege" eines Unternehmens. Die Akten liegen hierbei zunächst bei der Gesellschaft. Aus ihnen ergibt sich die Historie der Gesellschaft von der Gründung oder dem Erwerb angefangen über ihre gesamt rechtliche Existenz bis zur Beendigung, sei es durch Verschmelzung, Veräußerung oder Liquidation.

---

[13] Schmidt/Lutter/*Ziemons* § 130 Rdnr. 27.
[14] Schmidt/Lutter/*Ziemons* § 130 Rdnr. 30 m. w. N.
[15] Schmidt/Lutter/*Ziemons* § 130 Rdnr. 45.
[16] Vgl. *Ek* Rdnr. 307, wobei verlangt wird, dass sich der Vorstand die Antworten zu Eigen macht.
[17] Schmidt/Lutter/*Ziemons* § 130 Rdnr. 52.
[18] Schmidt/Lutter/*Ziemons* § 130 Rdnr. 32.

Insbesondere bei Kapitalgesellschaften, bei denen namentlich Satzungsänderungen und – bei der GmbH – Anteilsveräußerungen beurkundungspflichtig sind, wird häufig auch das Notariat über einen erheblichen Teil der rechtlichen Historie verfügen. Gerade wenn eine Gesellschaft in ihrer Grundverfassung durch denselben Notar betreut wird, sind dem Notar die benötigten Informationen über die Gesellschaft oft ohne weiteres geläufig und müssen nicht erst recherchiert werden. So wirkt der Notar nicht nur bei den genannten Satzungsänderungen und Anteilsübertragungen mit, sondern auch bei sämtlichen eintragungspflichtigen Vorgängen, etwa bei Änderungen der Mitglieder des Geschäftsleitungsorgans und Prokuristen sowie deren Vertretungsberechtigungen. Auch in diesen alltäglichen Fragen kann der Notar ein Partner für das Unternehmen sein. Dies kann wiederum die bereits erwähnte Rolle als Sparringspartner sein. Gerade bei kleineren Unternehmen wird es möglicherweise keinen auf das Gesellschaftsrecht spezialisierten Rechtsberater geben, so dass der Notar hier in seiner Rolle – auch in Abgrenzung zum beratenden Mandat des Rechtsanwalts – noch stärker gefordert ist. 69

VI. Beurkundungen zu besonderen Zeitpunkten

Die nachfolgenden Ausführungen beziehen sich weniger auf gesellschaftsrechtliche Vorgaben, sondern auf die Praxis, wie sie in Notariaten und Unternehmen erlebt werden kann. Es handelt sich mithin mehr um einen tatsächlichen Befund. 70

Bei den besonderen Zeitpunkten einer Beurkundung kann es sich sowohl um besondere Jahreszeiten als auch um besondere Tageszeiten handeln. Beides kann in der Notariats- und Unternehmenswirklichkeit von Belang sein. 71

Beurkundet wird selbstverständlich zu allen Jahreszeiten. Es entsteht gleichwohl bisweilen der Eindruck, dass bestimmte Jahreszeiten – besser gesagt: Zeiträume oder Zeitpunkte innerhalb eines Jahres – für manche Beurkundungen prädestiniert sind. Zu einem guten Teil liegt der Grund hierfür wenigstens mittelbar im Gesetz selbst. So schreibt beispielsweise § 17 Abs. 2 Satz 4 UmwG vor, dass die Verschmelzung – Entsprechendes gilt für andere umwandlungsrechtliche Vorgänge – nur eingetragen werden darf, wenn die Bilanz auf einen höchstens acht Monate vor der Anmeldung liegenden Stichtag aufgestellt worden ist. Betrachtet man, dass das Geschäftsjahr vieler Gesellschaften gleich dem Kalenderjahr ist und es nicht gewollt sei, für eine Verschmelzung eine gesonderte Bilanz zu erstellen, zeigt sich, dass der August ein typischer Monat ist, um solche Vorgänge zu beurkunden und zum Handelsregister anzumelden – mag dies auch gelegentlich mit dem Sommerurlaub in Konflikt geraten. Ein anderer Zeitraum liegt noch näher. Häufig sollen zum Geschäftsjahresende – wiederum oft gleichbedeutend mit dem Ende des Kalenderjahres – noch bestimmte Vorgänge durchgeführt werden, damit sie z.B. in der Bilanz noch berücksichtigt werden können. 72

In all diesen Fällen ist das Unternehmen dankbar oder auch darauf angewiesen, wenn es sich auch zu Zeiten auf den Notar verlassen kann, wenn andere typischerweise ihren wohlverdienten Urlaub genießen. Dies gilt neben dem erwähnten Beispiel gerade auch für die Zeit zwischen Weihnachten und Sylvester, wenn bestimmte Maßnahmen, die in der Zeit bis Mitte Dezember geprüft und verhandelt werden, anschließend noch vor Jahresende umzusetzen sind. 74

Unabhängig davon, aber auch in Kombination mit dem Vorgesagten denkbar, sind Beurkundungen zu bestimmten Tageszeiten. In der Regel werden Beurkundungen zu den üblichen Geschäftszeiten von Notariat und Unternehmen stattfinden. Hiervon sind Ausnahmen denkbar, gerade wenn es um Beurkundungen geht, die unter einem gewissen Zeitdruck abzuschließen sind. So kann es etwa heißen, man habe zur späten Nachtstunde die Unterschriften unter einen (notariell beurkundeten) Vertrag im Rahmen einer M&A-Transaktion gesetzt. Ein anderes Beispiel zeigt allerdings, dass der Notar – und alle übrigen Beteiligten – zumindest keiner theoretisch unbefristeten Dauer eines Beurkundungsvorgangs unterliegen. Dies ist die vieldiskutierte Mitternachtsstunde – genau genommen der Moment vor Mitternacht – als spätestes Ende der Hauptversammlung einer Aktiengesellschaft, wie bereits an- 75 gesprochen. Ist die Hauptversammlung für ein bestimmtes Datum einberufen, wird vielfach vertreten, dass sie nicht über Mitternacht in den neuen Tag hinein ausgedehnt werden könne.[19] Nicht verkannt werden darf dabei, dass es auch Zumutbarkeitsgrenzen gibt, die für ein früheres Ende der Hauptversammlung streiten mögen.[20] Aus diesen Beispielen wird erkennbar, dass der Notar sich einer Beurkundung bzw. ihrer Fortsetzung auch zu ungewöhnlichen Tageszeiten nicht verschließen kann und es zu seinen Dienstleistungen gehört, auch dann tätig zu sein.

VII. Administratives

76 Abschließend soll noch ein kurzer Blick auf einige administrative Aspekte der Zusammenarbeit zwischen Notar und Unternehmen in der gesellschaftsrechtlichen Praxis geworfen werden. Auch diese Punkte sind teilweise gesetzlich geregelt. Dies betrifft namentlich Kostenfragen. Andere Punkte ergeben sich aus Aspekten der Zweckmäßigkeit, etwa die Frage des Orts der Beurkundung. Allerdings sind auch hier gesetzliche Vorgaben zu beachten. Außerdem soll an dieser Stelle noch einmal allgemein auf die – bereits mehrfach im Sachzusammenhang angesprochene Frage – der Abstimmung mit dem Notariat eingegangen werden.

1. Abstimmung mit dem Notariat

77 Es bedarf kaum einer Erwähnung, dass ein Urkundenentwurf selten fertig aus der Schublade gezogen wird und alsdann den Beteiligten ohne weiteres verlesen werden kann. Je schwieriger die rechtliche Materie, je komplexer der zugrunde liegende Lebenssachverhalt ist und je mehr Beteiligte involviert sind, desto arbeitsintensiver ist die Erstellung der Urkunde. Wie gezeigt, gilt es auch bei unternehmens- bzw. konzerninternen Vorgängen, sorgfältig alle rechtlichen Regularien zu beachten, alle relevanten Fachabteilungen hinzuzuziehen und dadurch eine interessengerechte Lösung zu finden. Kommen weitere Beteiligte hinzu, wird dies umso anspruchsvoller.

78 Es ist evident, dass der Notar nicht in alle Aspekte einer Gesamtmaßnahme Einblick nehmen kann. Es ist sicherlich nicht seine Aufgabe, die Gesamtprojektleitung bei der Fusion zweier Großunternehmen zu übernehmen. Gleichwohl ist es bei letztlich allen Angelegenheiten, die einer notariellen Tätigkeit bedürfen, wichtig, dass sich Notar und Unternehmen in geeigneter Weise miteinander abstimmen. Je nach Sachlage kann dies durch ein anfängliches Telefonat erfolgen, in dem zunächst die Sachlage erörtert wird und vielleicht ein erster Gedankenaustausch zu möglichen Lösungswegen und Alternativen erfolgt. Der nächste Schritt kann der Entwurf der Urkunde sein. Handelt es sich um einen standardisierten Vorgang, gilt es insbesondere, die einschlägigen Regularien zu beachten und dann die Urkunde zum Abschluss zu bringen. In den anderen Fällen wird der Urkundenentwurf vertieft abzustimmen und ggf. zu verhandeln sein. Im Laufe dieses Prozesses ist es empfehlenswert, darauf zu achten, dass alle Beteiligten einschließlich des Notars stets auf dem aktuellen Wissensstand über das Vorhaben sind. Bisweilen kann sich aus einem einzelnen Aspekt eine grundlegende Änderung des zu beurkundenden Vorgangs ergeben. Dies ist zum einen in inhaltlicher Hinsicht denkbar, wenn sich etwa herausstellt, dass eine Maßnahme nun auf einem anderen Wege vollzogen werden soll als ursprünglich geplant. Zum anderen kann eine zeitliche Verschiebung denkbar sein, wenn sich etwa ein relevanter Stichtag verschiebt und die Beurkundung nunmehr zu einem früheren oder späteren Zeitpunkt vorzunehmen ist. Eine Abstimmung mit dem Notar im Verlaufe dieses Prozesses – und sei es durch den Griff zum Telefonhörer – kann hier immer wieder hilfreich sein. Auch nach der Beurkundung mag eine Abstimmung mitunter nützlich sein, etwa im Rahmen einer schnellen Vorabinformation, ob alle erforderlichen Genehmigungserklärungen zu einer Urkunde bereits eingegangen sind. Abzugrenzen ist dies wiederum vom beratenden Mandat der internen und externen Rechtsberater.

[19] *Ek* Rdnr. 87 m. w. N., der selbst eine abweichende Auffassung vertritt.
[20] Vgl. *Ek* Rdnr. 85.

Die Abstimmung hat dabei nicht immer mit dem Notar persönlich zu erfolgen. Auch die weiteren im Notariat tätigen Personen werden in zahlreichen Fällen hilfreiche Dienste leisten. Hierbei geht es beileibe nicht nur um Terminvereinbarungen für einen Beurkundungs- oder Beglaubigungstermin. Zur Frage der Terminabsprachen sei allerdings gesagt, dass alle Beteiligten für ein gutes Zeitmanagement sicherlich dankbar sind. In vielen Fällen lassen sich Beurkundungstermine einige Zeit im Voraus planen und auch vom benötigten Zeitbedarf her gut abschätzen. In anderen Fällen ist dies nicht der Fall, so dass hier mit einem gewissen zeitlichen Puffer zu arbeiten ist. Als eines der Paradebeispiele sei die Hauptversammlung einer Aktiengesellschaft mit einer Vielzahl von Teilnehmern genannt, deren Datum bereits lange im Voraus feststeht, aber auch M&A-Transaktionen können hierunter fallen. Ist das Unternehmen einerseits dankbar, wenn der Notar auf Anforderungen flexibel reagiert und einen auch über mehrere Stunden dauernden Termin bei Bedarf kurzfristig möglich macht, selbst in der häufig sehr betriebsamen Zeit vor Jahresende, ist es andererseits für den Notar hilfreich, wenn er von Änderungen im Ablauf möglichst frühzeitig erfährt. Zwar wird sich besagte Hauptversammlung kaum vom Datum her verschieben, im Rahmen einer zu beurkundenden Transaktion, bei der kurz vor Abschluss ein weiterer Verhandlungspunkt auftaucht, mag dies jedoch im Einzelfall anders sein. In all diesen Fällen findet die Abstimmung in der Regel mit den Mitarbeitern des Notariats statt. 79

Eine Abstimmung mit den Mitarbeitern des Notariats kommt jedoch auch in einer Vielzahl anderer Fälle zum Tragen. Auch wenn letztlich der Notar die Verantwortung für die Beurkundung trägt, können viele Themen im Vorfeld, aber auch im Nachgang zu einer Beurkundung mit seinen Mitarbeitern abgestimmt und geklärt werden. Exemplarisch seien hier Fragen der Vorbereitung der Urkunde aufgeführt. Bereits das Einsetzen der Namen der handelnden Personen in den Eingangsteil der Urkunde dient nicht nur der Vorbereitung derselben, sondern kann auch rechtliche Fragen aufzeigen, etwa in Bezug auf § 181 BGB, wenn mehrere Personen für den gleichen Vertretenen auftreten sollen. Als weitere Beispiele seien genannt die Vorbereitung von Dokumenten, die für eine Vielzahl von Fällen benötigt werden, etwa Handelsregisteranmeldungen. Bei aller Standardisierung und Routine müssen hierbei stets die Besonderheiten des einzelnen Falles beachtet werden, die ein mögliches Abweichen vom Standard notwendig machen können. Umso hilfreicher ist es, wenn die zugrunde liegende Arbeit bereits erfolgt ist. Nach der Beurkundung werden im Notariat die Ausfertigungen der Urkunde erstellt und an die Beteiligten übersandt. Ohne an dieser Stelle die Frage zu vertiefen, welchen rechtlichen Wert die Übersendung einer Urkunde in elektronischer Form hat, ist dies ein sehr nützlicher Weg, um die Urkunde bzw. die in ihr enthaltenen Informationen schnell zu erhalten sowie sie zügig und mit wenig Aufwand an alle Beteiligten weiterleiten zu können. 80

2. Ort der Beurkundung

Als Ort der Beurkundung kommt im Grundsatz dreierlei in Frage: die Räumlichkeiten des Notars, die des Unternehmens bzw. des Vertragspartners oder ein dritter, „neutraler" Ort. In der Praxis findet die Beurkundung häufig in den Räumen des Unternehmens statt. Dies gilt besonders dann, wenn sich dort eine Mehrzahl von Personen, von denen Unterschriften einzuholen sind, befindet. Dies zeigt gleichzeitig, dass es nicht nur für den Notar hilfreich sein kann, wenn mehrere Beglaubigungen sowie eine Beurkundung gebündelt werden können. So kann ein Vorgang im Block abgearbeitet werden. Es mögen etwa Vollmachten einzuholen sein, bei denen die Unterschriften notariell zu beglaubigen sind, um anschließend den entsprechenden Vorgang – etwa die Gründung einer GmbH – notariell beurkunden zu können. 81

Handelt es sich um einen Vorgang, an dem Dritte beteiligt sind, kann auch bei diesem Dritten eine Beurkundung in Frage kommen. Will man sich auf „neutralem" Boden treffen, kommt hierfür auch das Notariat in Betracht. Der Vorteil hierbei ist, dass nicht nur die benötigte Büroinfrastruktur ohne weiteres zur Verfügung steht und nicht erst organisiert werden muss, sondern auch der Weg von der Beurkundung zu den Ausfertigungen der Urkunde der denkbar kürzeste ist. Als weitere Orte mögen Konferenzzentren und Hotels in Betracht 82 kommen. An den beiden letztgenannten Orten können beispielsweise auch Hauptversammlungen von Aktiengesellschaften oder Gesellschafterversammlungen von Gesellschaften mbH jeweils mit einem größeren Teilnehmerkreis stattfinden, wenn hierfür nicht sogar noch größere Räume benötigt werden, wie sie etwa Messezentren vorhalten.

83 Bei der Wahl all dieser Orte – außer dem Amtssitz des Notars selbst – ist zu prüfen, ob der Notar die Beurkundung dort räumlich vornehmen darf: Der Notar hat die Beurkundung grundsätzlich innerhalb seines Amtsbezirks vorzunehmen. Zwar wird nach §§ 11 Abs. 3 BNotO, 2 BeurkG die Beurkundung durch einen Verstoß nicht unwirksam. Gleichwohl ist ein Verlassen des Amtsbezirks ohne eine Ausnahmeregelung zu vermeiden.

3. Kosten

84 Abschließend soll kurz auf das Thema Kosten eingegangen werden. Gemeint sind hiermit die Kosten der Notare i. S. d. KostO, also die Vergütung für ihre Tätigkeit. Dieses Thema wird dominiert von den inhaltlichen Regelungen der KostO und dem Verbot der Vereinbarungen über die Höhe der Kosten nach § 140 Satz 2 KostO. Dies soll weder der Ort einer rechtspolitischen Diskussion über die Kostenhöhe sein, auch nicht mittelbar über die Frage, welche Vorgänge überhaupt beurkundungspflichtig sind und damit unter die KostO fallen, noch sollen an dieser Stelle die Vorschriften des Kostenrechts kommentiert werden. Festgehalten sei lediglich, dass in der Praxis Verhandlungen mit dem Notar über die Kosten einer Beurkundung weder üblich noch wie gezeigt statthaft sind. In Grenzen sind Kosten zulässigerweise gestaltbar, etwa im Rahmen der Erstellung bzw. Überprüfung von Urkundenentwürfen nach § 145 KostO, je nach dem, ob man sich dafür entscheidet, diese Tätigkeit durch den Notar vornehmen zu lassen.

§ 4 Die Perspektive des Registergerichts

Übersicht

	Rdnr.
I. Allgemeines	1–6
II. Übermittlung und Korrespondenz	7–26
1. Elektronische Dateien	7–14
2. Korrespondenz mit dem Gericht und Beschleunigung, Verfahren	15–26
a) Korrespondenz mit dem Gericht und Beschleunigung	15–20
b) Verfahren	21–26
III. Einzelne Rechtsgebiete	27–80
1. Einzelunternehmen und Personenhandelsgesellschaften	28–32
a) Einzelunternehmen/Haftungsausschluss	29/30
b) Personenhandelsgesellschaften	31/32
2. GmbH	33–55
a) Musterprotokoll	34–36
b) Staatliche Genehmigung	37/38
c) Einzahlung	39
d) Abtretung im Gründungsstadium	40
e) Vollmachtlose Ein-Mann-Gründung	41
f) Mantelverwendung	42
g) Unternehmergesellschaft	43–45
h) Hin- und Herzahlen	46
i) Gesellschafterliste	47–54
j) Nachtragsliquidation	55
3. Aktiengesellschaft	56–60
4. Konzern- und Umwandlungsrecht	61–64
5. Ausländische Rechtsformen	65–72
6. Auslandsbeurkundungen	73–78
7. Ausländische Vertretungsorgane	79/80
IV. Ausblick, SPE	81–85

Schrifttum: *Böttcher/Ries*, Handbuch des Registerrechts. 2. Auflage, 2009; *Krafka/Willer/Kühn*, Registerrecht, 8. Auflage, 2010; *Müther*, Handelsregisterrecht, 2. Auflage 2007.

I. Allgemeines

Deutschland hat sich wie die meisten kontinentaleuropäischen Staaten entschieden, zur Gründung von Kapitalgesellschaften und zur Änderung von Gesellschaftsverträgen von Kapitalgesellschaften **kumulativ** die Einschaltung eines **Notars** und die Eintragung in das **Handelsregister** erforderlich zu machen. Auch bei der Anmeldung zum Handelsregister und bei Abtretungen von GmbH-Anteilen wirkt der Notar in Deutschland mit. Der Notar erfüllt dabei eine beratende und kontrollierende, das Registergericht eine überwachende Funktion. Im Zeitalter der Informationstechnologie kommt dem Notar zudem auch noch die Rolle eines sicheren Übermittlers der Daten zu. 1

Für Außenstehende scheint dieses System auf den ersten Blick zu regulatorisch zu sein. Manch einer mag auch denken, dass durch die Einschaltung zweier „Autoritäten" Gründungen von Gesellschaften und Änderungen von Gesellschaftsverträgen zu langsam, zu umständlich und zu teuer seien. Der gleiche Vorwurf wird oft bezüglich der Mitwirkung des Notars bei der Abtretung von Anteilen gemacht. Die Praxis zeigt aber, dass sich dieses **System** in der Vergangenheit und in der Gegenwart **bewährt** hat, nicht zu langsam ist und auch nicht zu viel kostet. Dies gilt auch im Vergleich zum angelsächsischen System, das bei der Gründung von Gesellschaften europarechtswidrig unter Verstoß gegen die Publizitätsrichtlinie weder eine Einschaltung von Notaren noch eine tiefer gehende Kontrolle durch Register kennt und auch für Änderungen von Gesellschaftsverträgen, Abtretung von Anteilen und Anmeldungen zum Handelsregister eine Beteiligung von Notaren und Prüfung durch Registerbehörden oder Registergerichte nicht vorsieht. 2

3 Die Mitwirkung des Notars in gesellschaftsrechtlichen Angelegenheiten und bei der Anmeldung zum Handelsregister ist bedeutend für die Aufrechterhaltung der **Publizitätsfunktion des Handelsregisters.** Voraussetzung für die Publizitätswirkung ist, dass der Inhalt des Registers in der Regel der wahren Rechtslage entspricht. Hierzu ist eine korrekte Fertigung, Einreichung und vor allem Überprüfung der Unterlagen erforderlich. Notare leisten einen wichtigen Beitrag zur Sicherheit des Rechtsverkehrs, indem sie für die Überprüfung der Identität der Gesellschafter und anmeldenden Personen und für die sichere Übermittlung der Dokumente an das Registergericht zuständig sind.

4 Die Mitwirkung der Notare bei der Erstellung von Urkunden **entlastet** die **Registergerichte.** Die Komplexität firmenrechtlicher und gesellschaftsrechtlicher Fragen bei Gründung, Änderung des Gesellschaftsvertrages und Abtretung von Anteilen überfordert den Laien. Ohne juristische Beratung ist eine fehlerfreie Gründung, Änderung des Gesellschaftsvertrages und Abtretung von Anteilen an einer Gesellschaft oft nicht möglich. Dies zeigt sich in der Registerpraxis, wenn Laien Unterlagen einreichen, die sie selbst entworfen haben. Die Fehleranfälligkeit ist in diesen Fällen enorm hoch.

5 Gerade bei komplexen Sachverhalten hat sich in den letzten Jahren eine fruchtbare Zusammenarbeit zwischen den Notaren einerseits und den Sachbearbeitern bei den Registergerichten andererseits entwickelt. Dabei hat sich auch die traditionelle **Aufgabenverteilung bei den Registergerichten** als sinnvoll erwiesen. Die Aufgaben im Handelsregister sind zwischen Richtern und Rechtspflegern verteilt, vgl. § 3 Nr. 2d und § 17 RpflG. Der Richter ist im Wesentlichen für komplexere Aufgaben im Kapitalgesellschafts- und Umwandlungsrecht zuständig. § 19 Abs. 1 Nr. 6 RpflG ermöglicht es nun den Landesregierungen, Aufgaben, für die bislang der Richter zuständig ist, auf den Rechtspfleger zu übertragen. Einige Bundesländer (Niedersachsen, Baden-Württemberg, Hessen) haben von dieser Möglichkeit Gebrauch gemacht. Hintergrund dieser Übertragung mag der Wunsch der Finanzminister gewesen zu sein Kosten zu sparen, da der Rechtspfleger „billiger“ als der Richter ist. Kosten lassen sich allerdings durch die Übertragung nicht sparen, da die Kosten für Registereintragungen aufwandsbezogen sein müssen.[1] In den Ländern, in denen die Rechtspfleger Aufgaben übertragen bekommen haben, müsste also die Kostenordnung entsprechen angepasst worden sein. Problematisch an der Übertragung von Registeraufgaben ist die Tatsache, dass gerade das Kapitalmaßnahmerecht und das Umwandlungsrecht in der Ausbildung der Rechtspfleger derzeit eher Randthemen sind. Dies führt dazu, dass die Bearbeitung in solchen Fällen, in denen gerade eine schnelle Eintragung wichtig wäre (z. B. Kapitalerhöhung) zeitaufwändiger wird, weil sich der Sachbearbeiter in die Thematik einarbeiten muss. Ähnliches gilt für die immer häufiger werdenden Fällen mit Auslandsbezug, wo der Rechtspfleger aber immerhin die Möglichkeit hat und in der Praxis häufig in Anspruch nimmt, die Sache dem Richter vorzulegen, § 5 Abs. 2 RpflG. Wegen dieser Unzulänglichkeiten lässt sich in der Praxis eine gewisse Art von Registertourismus beobachten. Größere Unternehmen verlegen teilweise Ihren Satzungssitz in Registerbezirke, in denen noch Richterzuständigkeit gegeben ist, wobei die Satzungssitzverlegung wegen der Neufassung des § 4a GmbHG und des § 5 AktG, die die Beibehaltung des Verwaltungssitzes zulassen, problemlos möglich ist.

6 Die Zusammenarbeit zwischen Notaren und Registergerichten ließe sich noch weiter dadurch verbessern, dass eine **Vereinheitlichung der bundesweiten Registerpraxis** angestrebt wird. Zu Recht beklagen die Notare, dass die Standards bei den Registergerichten unterschiedlich sind und es dem Mandanten nicht zu vermitteln ist, dass das eine Registergericht so entscheidet und das andere Registergericht den gleichen Sachverhalt anders beurteilt. Idealzustand wäre hier, wenn es bundesweit nur ein Registergericht gäbe. Dies wäre in puncto Erreichbarkeit kein Problem, da die Kommunikation schon jetzt nur auf elektronischem Weg erfolgt. Den Idealzustand wird es wegen der föderalen Struktur unseres Staatswesens nicht geben. Die Länder haben aber die Möglichkeit, über § 376 Abs. 2 FamFG das Registerwesen „hoch“ zu konzentrieren. Es wäre danach denkbar, für jedes Bundesland nur ein Registergericht vorzusehen. Sachsen-Anhalt hat von dieser Möglichkeit Gebrauch gemacht. Auch die Gerichte selbst können für eine einheitlichere Registerpraxis sorgen. Durch

[1] EuGH ZIP 1998, 206 – Fantask.

das FamFG ist das Beschwerdeverfahren deutlich gestrafft worden. Beschwerdeinstanz ist nun das Oberlandesgericht (§ 119 Abs. 1 Nr. 1 b GVG), Rechtsbeschwerdegericht der Bundesgerichtshof (§ 133 GVG). Durch die Konzentration der Beschwerden bei den Oberlandesgerichten lässt sich wenigstens für den OLG-Bezirk eine einheitliche Rechtsprechung sicherstellen. Um eine bundesweit einheitlichere Rechtsprechung zu erreichen, sollten die OLG bei der Zulassung der Rechtsbeschwerden nach § 70 Abs. 2 FamFG nicht zu restriktiv sein. Schließlich haben die Beteiligten selbst es in der Hand, durch Einlegung einer Sprungrechtsbeschwerde nach § 75 FamFG gleich den BGH anzurufen und dadurch für eine Vereinheitlichung der Rechtsprechung zu sorgen.

II. Übermittlung und Korrespondenz

1. Elektronische Dateien

Dokumente sind ausschließlich **elektronisch** über das Elektronische Gerichts- und Verwaltungspostfach (EGVP) zum Registergericht einzureichen, § 12 Abs. 1 S. 1 und Abs. 2 HGB. Dabei ist es möglich, die Dateien in .tif, .txt, .rtf, .pdf, .asci oder .doc/doc(x)-Formaten einzureichen. Um die Lesbarkeit der Dokumente zu verbessern und damit die Arbeit der Registergerichte zu erleichtern, ist die Verwendung eines einheitlichen Formats für die verschiedenen Dokumente wünschenswert. Bei Verwendung von .pdf- und .tif-Dateien sollte sichergestellt werden, dass diese (für das Gericht) durchsuchbar sind, da Registergerichte, die bereits mit der elektronischen Akte arbeiten, die Suchfunktion bei der Überprüfung der Dokumente nutzen. Beim Einscannen der Dokumente sollte darauf geachtet werden, dass eine hohe Scan-Auflösung (200 dpi sind nicht ausreichend) und eine richtige Scan-Einstellung (schwarz-weiß, nicht Graustufen) gewählt werden. Nicht selten werden Dokumente eingereicht, die kaum lesbar sind. 7

Bei **umfangreicheren Vorgängen**, insbesondere aus dem Bereich des Umwandlungsrechts, können Anzahl und Größe der Dokumente zum Problem werden. In solchen Fällen sollte vorab mit dem Registergericht abgesprochen werden, ob die Unterlagen ohne weiteres über EGVP eingereicht werden können, oder ob ausnahmsweise nach behördlicher Genehmigung eine Einreichung der Unterlagen auf CD-Rom (nicht DVD) möglich ist. 8

Die elektronisch eingereichten Dokumente müssen mit einer **Dokumentenbezeichnung** versehen werden. Hierzu sehen die Notarsoftwareprogramme eine Vielzahl von Dokumententypen (z.B. Gesellschaftsvertrag/Satzung, Gesellschafterliste, Beschluss) vor. Die Dokumentenbezeichnung taucht dann auch wieder bei der Beauskunftung für den Rechtsverkehr auf. Sie sollte also tunlichst korrekt sein. Die Dokumente müssen auch mit einem **Dokumentendatum** versehen werden. Leider werden die Dokumentenbezeichnungen und Dokumentendaten oft falsch angegeben. Das Registergericht muss dann die richtige Dokumentenbezeichnung und das richtige Datum manuell und zeitaufwändig nachtragen. 9

Notariell beglaubigte oder beurkundete Dokumente sind als elektronisch beglaubigte Abschrift zu übermitteln und einzeln **qualifiziert zu signieren**, § 12 HGB, § 39 a BeurkG. Am Ende des Dokuments sollte der Satz 10

Formulierungsvorschlag

Ich beglaubige hiermit die Übereinstimmung dieser elektronischen Aufzeichnung mit der mir vorliegenden Urschrift/beglaubigten Abschrift/Ausfertigung.

wiedergegeben werden.

Sogenannte „**eingebettete**" Signaturen (in dem Dokument selbst enthalten) sind zulässig. Die „Einbettung" führt allerdings dazu, dass das Dokument (aus technischen Gründen) nur unter großem Aufwand geöffnet werden kann. Daher sollte die Signatur als separate Signaturdatei dem Dokument angehängt werden.

11 Die Signatur der Gesamtnachricht ersetzt die Einzelsignaturen nicht. Ist nur eine Urschrift oder einfache Abschrift einzureichen oder ist für das Dokument nur die Schriftform vorgesehen, genügt nach § 12 Abs. 2 S. 2 Halbs. 1 HGB die Übermittlung einer **elektronischen Aufzeichnung.** Bei der vom Geschäftsführer im Original unterschriebenen Gesellschafterliste ist ein elektronischer Beglaubigungsvermerk also nicht erforderlich, bei der vom Notar gefertigten und eingereichten Gesellschafterliste aber schon, es sei denn, dass es sich um eine origiär elektronisch gefertigte Liste handelt.[2]

12 Bei der Gründung von Kapitalgesellschaften muss das **Gründungsprotokoll** und der **Gesellschaftsvertrag** bzw. die **Satzung** in einem (1) Dokument übermittelt werden. Wenn das Dokument in Gründungsprotokoll und Gesellschaftsvertrag aufgeteilt wird und beide Dokumente getrennt eingereicht werden, ist die Form der § 2 Abs. 1 GmbHG, § 23 Abs. 1 AktG für die Gründung nicht eingehalten.

13 Allerdings sollte im Kapitalgesellschafts- und Umwandlungsrecht nicht nur ein einziges Dokument, das Anmeldung und Anlagen (wie z. B. Gesellschaftsvertrag, Umwandlungsvertrag, Beschluss, Gesellschafterliste oder Ähnliches) enthält, eingereicht werden. Denn die einzelnen Dokumente sind elektronisch auch getrennt zu beauskunften. Sie müssen also (mit der oben erwähnten Besonderheit bei der Gründung von Kapitalgesellschaften) auch getrennt eingereicht werden.

14 Es ist vorgesehen, dass die Notare neben den Dokumenten auch die so genannten **„XML-Daten“** liefern. Das sind die (Meta-)Daten, die in der Eintragung auf dem Registerblatt erscheinen. Im Idealfall kann das Registergericht diese Daten übernehmen. Leider entspricht dieser Idealfall oft nicht der Realität. Die XML-Daten sind oft fehlerhaft.

2. Korrespondenz mit dem Gericht und Beschleunigung, Verfahren

15 **a) Korrespondenz mit dem Gericht und Beschleunigung.** Der Mandant des Notars ist an einer schnellen Eintragung im Register interessiert. Die Eintragungszeiten haben sich insbesondere bei Neugründungen von Kapitalgesellschaften durch das MoMiG erheblich reduziert, weil öffentlich-rechtliche Genehmigungen nicht mehr Eintragungsvoraussetzung sind und die Prüfungskompetenzen des Registergerichts eingeschränkt wurden. Eintragungen innerhalb eines Tages seit Eingang beim Register sind bei fehlerfreien Anmeldungen durchaus möglich und bei einigen Registergerichten üblich.

16 Registereintragungen lassen sich aber auch noch durch andere Maßnahmen beschleunigen. So sollte bei firmenrechtlichen Fragen und bei komplexen Vorgängen, insbesondere bei umfangreichen Vorgängen nach dem UmwG, rechtzeitig **vorab Kontakt** zu dem zuständigen Sachbearbeiter des Gerichts (zu ermitteln über die im Internet einsehbaren Geschäftsverteilungspläne) gesucht werden, um die Firma und den Inhalt der Dokumente abzusprechen. Die meisten Sachbearbeiter werden der Vorab-Prüfung positiv gegenüberstehen, da dann Zwischenverfügungen überflüssig werden. Insbesondere zur „Umwandlungs-Hoch-Zeit“ im August wäre es dabei sinnvoll, die Kontaktaufnahme frühzeitig vor dem gewünschten Beurkundungstermin in die Wege zu leiten und den beteiligten Unternehmen und den sie begleitenden Anwälten und Steuerberatern klar zu machen, dass die Kapazitäten der Registergerichte in diesen Zeiten beschränkt sind. Manche Registergerichte arbeiten mit den lokalen Notarkammern zusammen. So stellt das Berliner Registergericht der Berliner Notarkammer regelmäßig Hinweise und sogar Muster zur Verfügung. Diese Muster sollten in dem jeweiligen Registerbezirk dann auch benutzt werden.

17 Zu Verzögerungen führen oft nicht gezahlte **Vorschüsse.** Bei konstitutiven Eintragungen „soll“ das Gericht nach § 8 Abs. 2 KostO einen Vorschuss vorlegen. Einige Registergerichte verzichten bei Eintragungsreife auf den Vorschuss, wenn die Gesellschaft nicht vorher negativ durch Nicht-Bezahlung einer Kostenrechnung aufgefallen ist. Auch bei einer unterkapitalisierten Unternehmergesellschaft, bei der die Einziehung der Kosten problematisch erscheint, wird das Gericht auf Zahlung des Vorschusses bestehen. Gängige Registerpraxis ist es, dass bei der **Kostenverbürgung** durch den Notar kein Vorschuss verlangt wird.

[2] OLG Thüringen GmbHR 2010, 760; KG v. 20. 6. 2011 – 25 W 25/11.

Ein leidiges Problem sind **Kostenvorschüsse bei Sitzverlegung oder Firmenänderung.** Hier gehen Vorschussrechnungen oft ins Leere, weil die Gesellschaften entweder noch keine Postanschrift beim neuen Firmensitz haben oder schon vor der Eintragung (§ 54 Abs. 3 GmbHG, § 181 Abs. 3 AktG!) unter der neuen Firma auftreten. 18

Verzögerungen treten bei **Sitzverlegungen** auch aus anderen Gründen auf. Diese resultieren daraus, dass das Gericht des neuen Sitzes regelmäßig prüft, ob die Sitzverlegung rechtsmissbräuchlich ist. Rechtsmissbräuchlich kann die Sitzverlegung sein, wenn der Sitz ohne sachlichen Grund im Liquidations- oder Insolvenzstadium verlegt wird oder wenn die den Sitz verlegende Gesellschaft im Schuldnerverzeichnis geführt wird. Zur Beschleunigung der Eintragung ist die Vorlage einer entsprechenden Negativbescheinigung (des Insolvenzgerichts und Schuldnerverzeichnisses) hilfreich. 19

Schließlich treten Verzögerungen bei der Eintragung durch Einschaltung der **IHK** ein. Die IHK kann vom Registergericht „in zweifelhaften Fällen", z. B. bei schwierigen firmenrechtlichen Fragen, eingeschaltet werden, § 380 Abs. 2 FamFG. Viele Notare fragen schon vorab bei der IHK an, ob die gewünschte Firma zulässig ist. Die Einschaltung der IHK sollte nicht zum Regelfall werden. Viele Registergerichte verzichten regelmäßig auf die (für das Registergericht unverbindliche) Stellungnahme der IHK, da sie zu Recht die Auffassung vertreten, dass firmenrechtliche Fragen vom Gericht selbst entschieden werden können. Der Notar erhält Eintragungsmitteilungen. Zur Vermeidung der eigenen Haftung[3] sollten die **Eintragungsmitteilungen** auf ihre Richtigkeit **kontrolliert** werden. 20

b) Verfahren. Das Verfahren vor dem Registergericht ist durch das FamFG neu geregelt worden. Folgende Standardprobleme tauchen im Registerverfahren auf: 21

Die Eintragung **zukünftiger Ereignisse** ist nicht möglich.[4] Die Eintragung vergangener Ereignisse ist nur möglich, wenn dies wegen § 15 HGB nötig ist (Bsp.: „... war Geschäftsführer"). Bedingte Eintragungsanträge sind nicht zulässig.[5] 22

Beteiligte[6] sind die Antragsteller nach § 7 Abs. 1 FamFG und die unmittelbar rechtlich Betroffenen nach § 7 Abs. 2 Nr. 1 FamFG, z. B. der betroffene Rechtsträger (vertreten durch die Anmeldenden)[7] und neue Geschäftsführer (da sie Versicherungen zur Person abgeben). Nicht zu den „Betroffenen" zählen Prokuristen, da deren Eintragung nur deklaratorisch wirkt. Bei Umwandlungsvorgängen und Unternehmensverträgen werden der andere Vertragsteil und die Gesellschafter des anderen Vertragsteils dadurch beteiligt, dass die entsprechenden Verträge und Gesellschafterbeschlüsse, an denen der andere Vertragsteil mitwirkt, dem Registergericht vorliegen. 23

Problematisch ist, welche **Vertreter** auftreten dürfen. Nach § 10 FamFG ist Vertretung an sich nur durch Rechtsanwälte, Notare, Beschäftigte, volljährige Familienangehörige und Beteiligte, die für die Vertretung kein Entgelt erhalten, möglich. Bei Handelsregisteranmeldungen wird aber über § 12 HGB als lex specialis die Vertretung auch durch andere Bevollmächtigte (unter Einhaltung der in § 12 Abs. 1 S. 2 HGB genannten Form) zulässig sein. Die Einschränkungen in der Bevollmächtigung durch § 10 FamFG ist zu reduzieren auf das (streitige) Erkenntnisverfahren. § 10 FamFG kann keine Geltung für die Abgabe einseitiger Erklärungen gegenüber Notaren, Gerichten und Behörden haben.[8] In der Praxis relevant ist die Vertretung durch den Notar[9] (oder seine Mitarbeiter) nach § 378 FamFG, wenn dieser eine zur Eintragung erforderliche Erklärung beglaubigt oder beurkundet hat, und zwar unabhängig davon, ob die Eintragung deklaratorisch oder konstitutiv ist. Ebenfalls relevant ist in der Praxis die Vertretung bei so genannten Publikums-KGs. Die Kommanditisten erteilen in diesen Fällen häufig einem „geschäftsführenden Kommanditisten", einem persönlich haftenden Gesellschafter oder einem nicht an der Gesellschaft beteiligten Dritten Vollmacht, 24

[3] Vgl. BGHZ 28, 104, 108 f.; vgl. auch OLG Hamm NZG 2010, 1156.
[4] OLG Düsseldorf GmbHR 2000, 232.
[5] OLG Hamm MittBayNotk 2002, 408.
[6] Hierzu *Krafka* FGPrax 2007, 51 f. und *Heinemann* DNotZ 2009, 31.
[7] *Krafka* FGPrax 2007, 52 ff.
[8] LG Bielefeld Rpfl 2008, 636; *Stöber* NotBZ 2008, 209.
[9] Zum Beschwerderecht von Notaren gegen die Nichtaufnahme der von ihnen gefertigten Gesellschafterlisten vgl. BGH NZG 2011, 516.

sämtliche Registeranmeldungen vorzunehmen.[10] Keine Vertretung ist möglich bei höchstpersönlichen Erklärungen, insbesondere bei Versicherungen nach § 8 GmbHG und § 37 AktG, und bei der so genannten Abfindungsversicherung im Zusammenhang mit der Abtretung von Kommanditanteilen.[11]

25 Schon bei der Anmeldung sind unter Umständen dem Registergerichte **Nachweise** vorzulegen, die oft vergessen werden. So ist insbesondere die Erbfolge durch öffentliche Urkunden in Form eines Erbscheins oder eines öffentlichen Testaments mit Eröffnungsprotokoll nachzuweisen, § 12 Abs. 1 S. 3 HGB. Bei Beteiligung Minderjähriger an Gesellschaften sind unter Umständen Nachweise über die Einschaltung eines Ergänzungspflegers und die familiengerichtliche Genehmigung vorzulegen.

26 Kommt es zu **Zwischenverfügungen** des Registergerichts ist nach der Neufassung des FamFG (§§ 382 Abs. 4, 38 ff. FamFG) ein förmlicher Beschluss mit Rechtsbehelfsbelehrung zu erlassen. Dieser Beschluss kann nur innerhalb von einem Monat (§ 63 Abs. 1 FamFG) angegriffen werden. Selbst wenn der Notar die Zwischenverfügung aber nicht innerhalb der gesetzten Frist erledigt und auch nicht fristgemäß die Zwischenverfügung angreift, ist eine Eintragung noch erreichbar. Denn nach der Zwischenverfügung wird das Gericht einen Zurückweisungsbeschluss erlassen, der wiederum mit der Beschwerde innerhalb eines Monats angreifbar ist. Es besteht also auch in diesem Fall die Möglichkeit, die Beanstandung noch zu beheben.

III. Einzelne Rechtsgebiete

27 Nachfolgend werden die Hauptfehlerquellen bei Anmeldungen aus der Sicht des Registergerichts dargestellt. In den anderen Teilen dieses Buchs werden die einzelnen Probleme detailliert besprochen.

1. Einzelunternehmen und Personenhandelsgesellschaften

28 Vorgänge im Handelsregister Abteilung A sind generell weniger fehlerträchtig als Vorgänge im Handelsregister Abteilung B. Aus der Registerpraxis sei auf folgende Hauptfehlerquellen hingewiesen:

29 a) **Einzelunternehmen/Haftungsausschluss.** Bei der Übertragung eines Einzelunternehmens und beim Eintritt von Personen in Einzelunternehmen muss vom Notar auf die Möglichkeit des Ausschlusses der Haftung für Altverbindlichkeiten (§§ 25 Abs. 2, 27, 28 Abs. 2 HGB) hingewiesen werden. Fehlt dieser Hinweis, führt das unter Umständen zur Haftung des Notars.[12] Bei der Haftung gemäß §§ 25, 27 HGB ist die Unternehmensfortführung und Firmenfortführung Haftungsvoraussetzung. Unternehmensfortführung wird auch bei der Übernahme eines wesentlichen Teils des Unternehmens angenommen.[13] Firmenfortführung wird von der obergerichtlichen Rechtsprechung schon bei der Übernahme des wesentlichen Kerns bejaht.[14] Der Haftungsausschluss muss nach der Rechtsprechung unverzüglich angemeldet und dann „alsbald" eingetragen und bekannt gemacht werden. Die Eintragung und Bekanntmachung ist konstitutiv. Eintragung und Bekanntmachung fünf, sieben oder gar zehn Monate nach der Vereinbarung des Haftungsausschlusses sind zu spät.[15] Der Notar sollte also darauf achten, dass das Handelsregister den Haftungsausschluss alsbald einträgt und bekannt macht.

30 Aus Vorsichtsgründen sollte auch in den Fällen, in denen die Fortführung der Firma oder der Übergang des wesentlichen Teils des Unternehmens nicht klar ist, versucht werden, ei-

[10] Vgl. *Rudolph/Melchior* NotBZ 2007, 350–356.
[11] KG NZG 2009, 905.
[12] BGH MittBayNotk 2005, 168.
[13] BGH DB 2010, 50 und BGH DB 2009, 2429; BGH DNotZ 2006, 629.
[14] BGH DB 2008, 2475; BGH DB 2004, 1204.
[15] OLG München DNotZ 2007, 716; OLG Frankfurt am Main DB 2005, 2520; OLG Hamm OLGZ 1994, 282.

nen Haftungsausschluss eingetragen zu bekommen. Viele Registergerichte werden im Zweifel eher den Haftungsausschluss eintragen, da „nichts Falsches“ eingetragen wird – entweder liegt eine Fortführung von Firma und Unternehmen nicht vor, dann ist die Eintragung eben nur deklaratorisch, oder es liegt eine Fortführung von Firma und Unternehmen vor, dann ist die Eintragung konstitutiv.[16]

b) **Personenhandelsgesellschaften.** Gerade bei Publikumsgesellschaften lassen sich Gesellschafter oft vertreten, insbesondere auch bei der Anmeldung. Anmeldevollmachten sind nur wirksam, wenn sie notariell beglaubigt sind, § 12 Abs. 1 S. 2 HGB. Diese Form wird oft nicht eingehalten. 31

Beim **Erwerb von Kommanditanteilen** muss der Rechtsgrund des Erwerbs mit angemeldet und eingetragen werden. Bei der Abtretung von Kommanditanteilen ist zusätzlich zu beachten, dass von den vertretungsberechtigten persönlich haftenden Gesellschaftern und vom Zedenten höchstpersönlich[17] eine Abfindungsversicherung abgegeben werden muss und dass die Abtretung zur Vermeidung der Haftung des Erwerbers nach § 176 Abs. 2 HGB unter die aufschiebende Bedingung der Eintragung gestellt werden muss. 32

2. GmbH

Das GmbH-Recht ist das Haupttätigkeitsgebiet des im Gesellschaftsrecht tätigen Notars. Durch die Reform des GmbH-Rechts sind neue Fehlerquellen geschaffen worden. Die Hauptfehlerquellen in der Registerpraxis werden nachfolgend dargestellt. 33

a) **Musterprotokoll.** Das durch das MoMiG im November 2008 eingeführte Musterprotokoll erweist sich in der Praxis als untauglich, da es oft nicht den Bedürfnissen der Gründer genügt. Es enthält **zu wenige Klauseln**, insbesondere zur Abtretung und Einziehung von Anteilen und zur Beschlussfassung. Zudem ist es fehleranfällig, da schon **kleinste inhaltliche Abweichungen** dazu führen, dass die Gründung **nicht als Musterprotokoll-Gründung anerkannt** wird. In diesem Fall liegt eine nicht kostenprivilegierte Regelgründung vor, die die Einreichung einer separaten Gesellschafterliste erforderlich macht.[18] 34

Die **Vertretungsregelung** in Nr. 4 des Musterprotokolls führt zu zahlreichen Problemen, insbesondere bei Folgeänderungen. Die im Musterprotokoll enthaltene Vertretungsregelung ist „unechter“ Satzungsbestandteil und enthält die konkrete Bestellung des ersten Geschäftsführers mit einer konkreten Vertretungsbefugnis, die angemeldet werden muss. Bei Verwendung des Musterprotokolls ergibt sich die abstrakte Vertretungsbefugnis, die auch angemeldet werden muss, aus § 35 GmbHG, wonach der einzige Geschäftsführer allein und mehrere Geschäftsführer gemeinsam vertreten.[19] Im Fall der Gründung mit Musterprotokoll gibt es nur einen Geschäftsführer, der solange alleine vertritt wie er einziger Geschäftsführer ist. Dieser (und nur dieser) erste Geschäftsführer ist von den Beschränkungen des § 181 BGB befreit, wobei die abstrakte Möglichkeit zu dieser Befreiung konkludent in der konkreten Befreiung zu finden ist.[20] Die vorgenannte Befreiung gilt weiter, wenn weitere Geschäftsführer bestellt werden.[21] Werden später **weitere Geschäftsführer** bestellt, sind diese nicht automatisch von den Beschränkungen des § 181 BGB befreit und vertreten diese nach der gesetzlichen Vertretungsregelung des § 35 Abs. 2 S. 1 GmbHG zusammen mit dem ersten Geschäftsführer. Ist in diesem Fall konkret eine andere Vertretungsbefugnis gewollt (z. B. Alleinvertretungsbefugnis für den ersten oder für weitere Geschäftsführer oder Befreiung der weiteren Geschäftsführer von den Beschränkungen des § 181 BGB) muss der Gesellschafts- 35

[16] Ähnlich auch OLG Köln NZG 2010, 879 und OLG Schleswig FGPrax 2010, 253, die annahmen, keine überspannten Voraussetzungen an die Eintragung eines Haftungsausschlusses zu stellen, selbst bei Kauf eines nicht eingetragenen Unternehmens unter Fortführung der Geschäftsbezeichnung.

[17] KG NZG 2009, 905.

[18] Nach OLG München DB 2010, 1283 muss darüber hinaus für die Befreiung des ersten Geschäftsführers von den Beschränkungen des § 181 BGB der Gesellschaftsvertrag um eine entsprechende Ermächtigung ergänzt werden; hiergegen zu Recht *Herrler* GmbHR 2010, 960.

[19] OLG Hamm DStR 2009, 2499.

[20] A. A. aber OLG München DB 2010, 1283.

[21] *Wachter* GmbHR 2009, 791; a. A. OLG Stuttgart ZIP 2009, 1011.

vertrag unter Beachtung der §§ 53f. GmbHG und ohne Kostenprivilegierung ergänzt werden.[22]

36 Wegen der oben genannten Schwierigkeiten sollte der Notar auf den Mandanten einwirken, vom Musterprotokoll Abstand zu nehmen. Die Verwendung des Musterprotokolls **„spart"** – entgegen der Auffassung des Gesetzgebers – auch **keine Zeit** bei der Eintragung, da zum einen oft Fehler gemacht werden und zum anderen Gründer, die schon bei den Notarkosten sparen, auch oft sehr zögerlich Einzahlungen auf die Geschäftsanteile vornehmen und dadurch die Einreichung der Anmeldung beim Registergericht verzögern.

37 b) **Staatliche Genehmigung.** Der Gesetzgeber hat durch das MoMiG § 8 Abs. 1 Nr. 6 GmbHG gestrichen. Die Vorlage einer evtl. erforderlichen staatlichen Genehmigung (bis auf Genehmigungen nach dem KWG) ist **nicht mehr Eintragungsvoraussetzung**, auch nicht bei späteren Satzungsänderungen, durch die genehmigungspflichtige Gegenstände eingeführt werden. Dies führt zu einer erheblichen Beschleunigung der Eintragung, da bislang gerade das Fehlen der Genehmigung zu Verzögerungen bei der Eintragung führte. Nur gesetzeswidrige oder sittenwidrige Tätigkeiten werden weiter nicht eingetragen, vgl. § 1 GmbHG. Wird in die Firma eine **geschützte Berufsbezeichnung** („Steuerberater", „Rechtsanwälte" ...) oder der Zusatz **„gemeinnützig"** aufgenommen, wird die Eintragung aber auch in Zukunft wegen der Irreführungsgefahr nach § 18 Abs. 2 HGB von der Vorlage der Zustimmung der Berufskammer bzw. der positiven Stellungnahme des Finanzamtes abhängig gemacht werden können.

38 Unklar ist, ob zur Vermeidung der Täuschung auch bei reinen **Sachfirmen**, die eine genehmigungspflichtige Tätigkeit beschreiben (z.B. Bauhandwerk), vor der Eintragung doch die Genehmigung vorgelegt werden muss. Nach ganz herrschender Registerpraxis muss die Genehmigung in diesem Fall nicht vorgelegt werden, da sonst die gesetzgeberische Intention, die Eintragung zu erleichtern, ohne gewichtigen Grund (wie bei den in Rdnr. 37 geschilderten Fällen) konterkariert würde. Um Probleme zu vermeiden, könnte dem Mandanten aber geraten werden, auf Sachfirmen zu verzichten, wenn der Gegenstand des Unternehmens genehmigungspflichtig ist. Schließlich ist darauf hinzuweisen, dass bei unzulässigen Gegenständen **Löschungsverfahren nach § 397 FamFG** in Betracht kommen.[23]

39 c) **Einzahlung.** Das Mindestkapital von € 25.000,– für die „normale" GmbH muss bei Bargründungen nach der Neufassung des § 7 Abs. 2 GmbHG bis zur Eintragung auch dann nur **zur Hälfte eingezahlt** sein, wenn es sich um eine Ein-Mann-GmbH handelt. Das Registergericht kann nur bei erheblichen Zweifeln an der Richtigkeit der Versicherungen zu den gezahlten Einlagen einen Einzahlungsnachweis verlangen, § 8 Abs. 2 S. 2 GmbHG. Wann nun **„erhebliche Zweifel"** an der Leistung der Einlagen bestehen,[24] lässt der Gesetzgeber offen. Viele Registergerichte lassen sich wie bisher dann Einzahlungsnachweise (u.U. sogar über die Einzahlung des vollen Einlagebetrags) vorlegen, wenn einer der Gesellschafter im Schuldnerverzeichnis notiert ist oder ein Insolvenzantrag bezüglich des Vermögens eines Gesellschafters vorliegt oder wenn der Gesellschafter in einem Staat wohnt, mit dem die Bundesrepublik kein Vollstreckungsübereinkommen hat. Gleiches gilt, wenn unterkapitalisierte Unternehmergesellschaften ihrerseits eine Regel-GmbH (mit € 25.000,– Stammkapital) gründen.

40 d) **Abtretung im Gründungsstadium.** Geschäftsanteile existieren erst mit Eintragung der Gesellschaft im Register. Die Abtretung von „Geschäftsanteilen" noch nicht eingetragener Gesellschaften bezieht sich im Zweifel also nicht auf die Anteile der GmbH in Gründung, sondern auf die Abtretung der zukünftig mit der Eintragung entstehenden Geschäftsanteile. Sollen „Geschäftsanteile" tatsächlich schon vorher „abgetreten" werden, ist hierfür die **Änderung des Gesellschaftsvertrages** durch alle Gründer und den neuen Gesellschafter erforderlich.[25]

---

[22] Vgl. auch OLG Hamm GmbHR 2011, 87; KG vom 26. 10. 10 – 1 W 309/10.

[23] Str., ablehnend Jansen/*Steder*, FGG, 3. Aufl. 2006, § 144 FGG Rdnr. 18.

[24] Vgl. *Breitenstein/Meyding* BB 2007, 1458.

[25] BGHZ 134, 133.

e) **Vollmachtlose Ein-Mann-Gründung.** Der Organisationsakt zur Errichtung einer GmbH mit nur einem Gesellschafter ist ein streng einseitiges Rechtsgeschäft, weil es für dessen Wirksamkeit nicht darauf ankommt, dass ein Anderer von ihm Kenntnis erlangt. Eine Einmann-GmbH kann daher wegen § 180 BGB nicht durch einen vollmachtlosen Vertreter errichtet werden. Die Einmanngründung ist in diesem Fall als einseitiges Errichtungsgeschäft **nichtig und nicht genehmigungsfähig.**[26] 41

f) **Mantelverwendung.** Werden jedenfalls zugleich mit dem Erwerb der Geschäftsanteile von den neuen Gesellschaftern Änderungen bezüglich Firma, Gegenstand und/oder Geschäftsführung beschlossen, rechtfertigt das den Schluss, dass eine **wirtschaftliche Neugründung** durch Verwendung eines „alten" Mantels einer rechtlich bestehenden, aber inaktiv gewordenen Gesellschaft ohne Geschäftsbetrieb beabsichtigt ist. Zur Vermeidung der Differenzhaftung[27] der neuen Gesellschafter und der Handelndenhaftung ist dann die Tatsache der Wiederverwendung eines zwischenzeitlich leer gewordenen Gesellschaftsmantels gegenüber dem Registergericht offen zu legen und dies mit der am satzungsmäßigen Stammkapital auszurichtenden Versicherung gemäß § 8 Abs. 2 GmbHG zu verbinden.[28] Gleiches gilt auch, wenn Anteile einer Vorrats-GmbH erworben werben und dadurch die Gesellschaft inganggesetzt wird.[29] 42

g) **Unternehmergesellschaft.** Die durch das MoMiG eingeführte „Unternehmergesellschaft" (nachfolgend „UG") bereitet in der registerrechtlichen Praxis ebenfalls Probleme. In der Registerpraxis unstreitig ist, dass die UG sich als einzige **Komplementärin** an einer Co. KG beteiligen kann. Selbst wenn sie nicht am Gewinn der Co. KG partizipiert, verstößt das nicht gegen die in § 5a Abs. 3 GmbHG vorgesehene Thesaurierungspflicht, da gesetzlich nicht vorgeschrieben ist, dass die UG Gewinne machen muss.[30] Unstreitig ist auch, dass die UG für **gemeinnützige** Unternehmen in Betracht kommt. Die Gemeinnützigkeit kollidiert auch nicht mit der Thesaurierungspflicht, da eine Verwendung thesaurierter Mittel für gemeinnützige Zwecke möglich ist. Die UG kann beherrschte Partei eines **Unternehmensvertrages** sein; die gesetzliche Thesaurierungspflicht geht dabei der vertraglichen Gewinnabführungsverpflichtung vor.[31] 43

In der Registerpraxis streitig sind Fragen zur **Volleinzahlung** und zu **Sacheinlagen** bei der UG. Bei der Gründung der UG muss dass Stammkapital in voller Höhe geleistet werden. Dies gilt auch für Kapitalerhöhungen bis zu € 24.999,–.[32] Eine Sacheinlage ist weder bei der Gründung der UG noch bei späteren Kapitalerhöhungen (bis zu € 24.999,–) möglich, § 5a Abs. 2 S. 2 GmbHG.[33] Bei Kapitalerhöhungen auf einen Betrag von € 25.000,– und mehr sollen Sacheinlagen möglich sein, da ansonsten eine Ungleichbehandlung mit der normalen GmbH vorläge.[34] Übersehen hat der Gesetzgeber eine ausdrückliche Regelung zur verdeckten Sacheinlage bei der UG. Fraglich ist, ob § 19 Abs. 4 GmbHG auch für die UG gilt. Verneinen ließe sich diese Frage nur, wenn man § 19 Abs. 4 GmbHG nur auf die Fälle anwendet, in denen eine Sacheinlage überhaupt zulässig wäre.[35] 44

---

[26] LG Berlin GmbHR 1996, 123; a. A. *Dürr* GmbHR 2008, 410 ff.

[27] Dagegen KG NZG 2010, 387 n. rkr.

[28] BGH GmbHR 2003, 1125.

[29] BGH GmbHR 2003, 227.

[30] *Gasteyer* NZG 2009, 1366; *Heckschen* DStR 2009, 171; *Römermann/Passarge* ZIP 2009, 1499; a. A. aber *Veil* GmbHR 2007, 1084.

[31] *Waldenberger/Sieber* GmbHR 2009, 119 f.; *Römermann/Passarge* ZIP 2009, 1503.

[32] *Lange* NJW 2010, 3686; *Berninger* GmbHR 2010, 65 f.; *Heckschen* DStR 2009, 170; *Klose* GmbHR 2009, 295; strenger aber OLG München BB 2010, 2529, das die Sondervorschriften des § 5a GmbHG erst entfallen lässt, wenn die Kapitalerhöhung (bar oder aus Gesellschaftsmitteln) im Register eingetragen ist; vgl. auch *Hennrichs* NZG 2009, 1161.

[33] *Bormann* GmbHR 2007, 901; *Heckschen* DStR 2009, 170 f.; *Klose* GmbHR 2009, 295; a. A. und differenzierend *Waldenberger/Sieber* GmbHR 2009, 119; strenger OLG München a. a. O.

[34] BGH ZIP 2011, 955 *Gasteyer* NZG 2009, 1366; strenger OLG München a. a. O.

[35] *Bormann* GmbHR 2007, 901 und *Joost* ZIP 2007, 2244; a. A. *Waldenberger/Sieber* GmbHR 2009, 117; *Römermann/Passarge* ZIP 2009, 1502 und *Herrler* DB 2008, 2349, die § 19 Abs. 4 und 5 GmbHG auf die UG anwenden wollen; s. zum Problem auch *Ulmer* ZIP 2008, 49 und *Gasteyer* NZG 2009, 1365.

45 Die UG kann wegen des Verbots der Sacheinlage bei einer **Verschmelzung** oder **Spaltung** nicht neuer Rechtsträger oder, falls im Zuge der Verschmelzung oder Spaltung eine Kapitalerhöhung bis zu € 24.999,– erfolgt, übernehmender Rechtsträger sein.[36] Die UG kann wegen des Verbots der Sacheinlage auch nicht Zielrechtsträger für formwechselnde Umwandlungen sein.[37]

46 h) **Hin- und Herzahlen.** Das MoMiG sieht vor, dass vom Inferenten vereinbarungsgemäß geleistete Zahlungen an die Gesellschaft, die nach der Einzahlung vereinbarungsgemäß wieder zurückgewährt werden, trotzdem **schuldbefreiend** sind, wenn ein vollwertiger und liquider Rückgewähranspruch besteht und das Hin- und Herzahlen in der Versicherung offen gelegt wird, § 19 Abs. 5 GmbHG, wobei die Offenlegung konstitutiv wirkt. Letzteres soll sogar für Altfälle vor Inkrafttreten des MoMiG gelten.[38] Das von der Rechtsprechung verbotene „Hin- und Herzahlen" ist also jetzt erlaubt, was insbesondere Bedeutung für das cash pooling haben kann. Nicht klar ist, ob und vor allem wie die Registergerichte prüfen sollen, ob die Voraussetzungen des § 19 Abs. 5 GmbHG vorliegen. Einige Registergerichte verlangen standardmäßig die Versicherung der Geschäftsführer, dass nichts zurückgezahlt worden ist, und falls doch etwas zurückgezahlt worden ist, Nachweise zur Werthaltigkeit und Liquidität des Rückgewähranspruchs.[39]

47 i) **Gesellschafterliste.** Die Bedeutung der Gesellschafterliste ist durch das MoMiG enorm gestiegen. Die beim Handelsregister aufgenommene Gesellschafterliste dient als **Legitimationsgrundlage** für die als Gesellschafter auftretende Person, § 16 Abs. 1 GmbHG. Bei der Überprüfung der Wirksamkeit von Gesellschafterbeschlüssen wird von den Registergerichten die letzte Gesellschafterliste herangezogen. Wer dort als Gesellschafter aufgeführt ist, gilt als zur Beschlussfassung berechtigt. Die Gesellschafterliste ist schließlich auch Grundlage für einen **gutgläubigen Erwerb** des Geschäftsanteils nach § 16 Abs. 3 GmbHG. Wegen der gesteigerten Bedeutung der Gesellschafterliste ist Sorgfalt bei der Fertigung und Einreichung diese Liste geboten. In der Registerpraxis treten insbesondere folgende Probleme auf:

48 Die einzelnen Geschäftsanteile sind insbesondere zu nummerieren (vgl. §§ 8 Abs. 1 Nr. 3, 40 GmbHG), wobei bei Teilung von Geschäftsanteilen auch die Nummerierung „1.1., 1.2" zulässig sein dürfte.[40] Streitig war, ob bei Abtretungen die ursprüngliche Nummerierung beibehalten werden muss.[41] Der BGH lässt eine Umnummerierung zu, wenn die Geschäftsanteile identifizierbar bleiben.[42] Problematisch ist bisweilen schon die **Kompetenz** zur Fertigung der Gesellschafterliste. Die Gesellschafterliste wird in den Fällen von Gründung, Einziehung, Teilung, Zusammenlegung und Erbfall von der Geschäftsführung nach Mitteilung und Nachweis erstellt und elektronisch über EGVP eingereicht, §§ 40 Abs. 1, 8 Abs. 5 GmbHG. Bei Mitwirkung eines Notars (z. B. bei Abtretung,[43] Kapitalmaßnahmen,[44] Maßnahmen nach dem UmwG,[45] jedenfalls bei Spaltungen)[46] geht die Kompetenz zur Fertigung der Liste auf den Notar über, § 40 Abs. 2 S. 1 GmbHG. Dieser muss nach Wirksamwerden des Anteilserwerbs, der Kapitalmaßnahme bzw. der Spaltung bestätigen, dass die geänderten Ein-

[36] *Berninger* GmbHR 2010, 68; weitergehend *Hennrichs* NZG 2009, 1163 f.; vgl. auch *Werner* GmbHR 2011, 464.

[37] OLG Frankfurt am Main GmbHR 2010, 920; *Berninger* GmbHR 2010, 67; *Römermann/Passarge* ZIP 2009, 1499 f.; *Meister* NZG 2008, 768.

[38] OLG Koblenz GWR 2011, 161; a. A. *Heckschen* GWR 2011, 51.

[39] Vgl. OLG München DB 2011, 581.

[40] OLG Thüringen vom 22. 3. 2010 – 6 W 110/10.

[41] Bejahend OLG Bamberg NZG 2010, 675; verneinend LG Stendal NZG 2010, 393.

[42] BGH NZG 2011, 516.

[43] Bei getrennter Beurkundung von Angebot und Annahme ist wohl der die Annahme beurkundende Notar für die Fertigung und Einreichung der neuen Gesellschafterliste zuständig.

[44] Bei getrennter Beurkundung (des Beschlusses) und Anmeldung (der Übernahmeerklärung, der Anmeldung) ist wohl der die Anmeldung beglaubigende Notar zuständig, da erst durch die Anmeldung die Eintragung verursacht wird, *Bork/Schäfer/Wachter* GmbHG § 40 Rdnr. 37; nach a. A. soll der den Beschluss beurkundende Notar für die Fertigung und Einreichung der neuen Gesellschafterliste zuständig sein, vgl. *Baumbach/Hueck* GmbHG § 40 Rdnr. 54.

[45] Vgl. hierzu OLG München GmbHR 2010, 921.

[46] Diesbezüglich str., vgl. OLG Hamm NZG 2010, 113 und *Roth/Altmeppen* § 40 Rdnr. 16.

tragungen in der Liste den Veränderungen entsprechen, an denen er mitgewirkt hat, und die übrigen Eintragungen mit dem Inhalt der zuletzt im Handelsregister aufgenommenen Liste übereinstimmen, § 40 Abs. 2 S. 2 GmbHG. Dabei reicht eine Unterschrift unter Liste und Bestätigung aus.[47] Von Notaren eingereichte Gesellschafterlisten benötigen neben der elektronischen Signatur auch einen elektronischen Beglaubigungsvermerk nach § 39a BeurkG.[48] Bei Abtretungen kann die Wirksamkeit durch aufschiebende Bedingungen herausgezögert sein, bei Kapitalmaßnahmen und Maßnahmen nach dem UmwG hängt die Wirksamkeit von der Eintragung ab, § 54 Abs. 3 GmbHG, § 20 UmwG. Für die Notare besteht also ein erheblicher Kontrollaufwand. Manche Registergerichte lassen bei Kapitalmaßnahmen die Einreichung der neuen Gesellschafterliste vor Eintragung zu, wenn aus der Bestätigung des Notars klar wird, dass die Liste erst mit Eintragung gelten soll.[49] Falls vom Notar ein Hinweis auf eine (noch nicht eingetretene) aufschiebende Bedingung gemacht wird, muss die Liste vom Registergericht nicht in den Registerordner aufgenommen werden.[50]

Legitimationswirkung kommt nach wohl h. M.[51] und der Registerpraxis **auch „alten" Papier-Gesellschafterlisten** zu. Daran ändert auch die Formulierung „im Fall einer Veränderung" in § 16 Abs. 1 S. 1 GmbHG nichts. Denn würde man aus dieser Formulierung den Schluss ziehen, dass nur bei Veränderungen neu eingereichte Gesellschafterlisten Legitimationswirkung entfalten, würde die bei der Gründung erstellte Gesellschafterliste niemals diese Wirkung haben, was der Gesetzgeber nicht gewollt haben kann. Auch der Gleichbehandlungsgrundsatz spricht für eine einheitliche Behandlung von elektronisch eingereichten Listen und Papierlisten. 49

Über § 16 Abs. 1 S. 2 GmbHG wird eine **Rückwirkungsfiktion** für Rechtshandlungen der Gesellschafter und damit auch für Rechtshandlungen und Wissenserklärungen der vor der Einreichung der Liste neu bestellten Geschäftsführer geschaffen, wenn die Liste unverzüglich[52] nachgereicht und in den Registerordner aufgenommen wird, was insbesondere bei der Ingangsetzung von Vorrats-GmbHs von Bedeutung ist. In der Registerpraxis treten Probleme auf, wenn Listen verspätet eingereicht werden und damit die Rückwirkungsfiktion des § 16 Abs. 1 S. 2 GmbHG nicht ausgelöst wird. Bei Abtretungen mit gleichzeitiger Beschlussfassung der Erwerber werden in diesem Fall diese Beschlüsse unwirksam sein und damit auch evtl. Rechtshandlungen oder Wissenserklärungen von evtl. neu bestellten Geschäftsführern. Zur Vermeidung dieser Probleme ist die Erteilung einer Stimmrechtsvollmacht durch den Veräußerer an den Erwerber anzuraten.[53] 50

Die Neu-Regelung des § 16 Abs. 1 GmbHG führt **bisweilen zu kaum lösbaren Problemen** in der Registerpraxis, wie der folgende Sachverhalt zeigt: Der einzige Gesellschafter einer GmbH, der gleichzeitig auch einziger Geschäftsführer ist, stirbt. Sein einziger Erbe will sich zum Geschäftsführer bestellen und nach § 40 Abs. 1 GmbHG eine neue Gesellschafterliste einreichen. Hier scheitert der Bestellungsbeschluss eigentlich an § 16 Abs. 1 GmbHG, da der Erbe dort noch nicht als Gesellschafter geführt wird. Andererseits kann der Erbe aber noch nicht eine neue Gesellschafterliste fertigen, da er noch nicht zum Geschäftsführer bestellt ist. Um das Dilemma aufzulösen, müssen die Registergerichte es wohl zulassen, dass der Erbe unter Nachweis seiner Erbenstellung mittels öffentlicher Urkunden (§ 12 Abs. 1 S. 3 HGB) eine neue Gesellschafterliste fertigt, sich selbst zum Geschäftsführer bestellt und umgehend die neue Gesellschafterliste beim Handelsregister einreicht (Rechtsgedanke des § 16 Abs. 1 S. 2 GmbHG). 51

---

[47] OLG München GmbHR 2009, 825.

[48] OLG Thüringen v. 25. 5. 2010 GmbHR 2010, 760.

[49] Kritisch hierzu *Wachter* GmbHR 2009, 794, da (u. a.) bei Scheitern der Eintragung die Liste zurückgefordert werden müsste; weitergehend OLG Jena DB 2010, 2044, das die Erstellung der neuen Gesellschafterliste vor der Eintragung der Kapitalerhöhung zulässt.

[50] OLG München NZG 2009, 1192.

[51] BegrRegE zum MoMiG zu § 16 GmbHG, S. 84 ff., in dem ausdrücklich auf Papierakten und damit Papierlisten Bezug genommen wird; vgl. auch *Wicke* NotBZ 2009, 12; *Begemann/Galla* GmbHR 2009, 1066; a. A. aber LG München GmbHR 2010, 149.

[52] Nach *Schulte* GmbHR 2010, 1130 soll „unverzüglich" einen Zeitraum von drei bis vier Wochen umfassen.

[53] *Wicke* NotBZ 2009, 12.

52 Auch für die Registergerichte gilt die Regelung des § 16 Abs. 1 GmbHG, d.h. eine **gerichtliche Prüfung** der Gesellschafterstellung mittels Vorlage von Abtretungsurkunden gehört der Vergangenheit an. Registergerichte dürfen die Listen auf Formalien (Unterschrift, Vorhandensein von Nummern) prüfen. Es stellt sich allerdings die Frage, ob den Registergerichten ein weitergehendes materielles Prüfungsrecht zusteht und wie die Registergerichte mit offensichtlich unrichtigen (Bsp.: krumme €-Beträge) Listen und mit Listen, die offensichtlich nicht vom Geschäftsführer stammen, umgehen sollen. Ein materielles Prüfungsrecht wird grundsätzlich nur für offensichtlich unrichtige Listen bejaht.[54] (Nicht offensichtlich unrichtige) Listen von unautorisierten Personen werden von den Registergerichten regelmäßig ungeprüft in den Registerordner verschoben, zumal eine materielle Prüfung der Gesellschafterstellung durch die Registergerichte nicht gewollt ist.[55] Das Registergericht hat also nur ein formelles Prüfungsrecht; ein materielles Prüfungsrecht besteht nur bei offensichtlichen Fehlern.

53 Problematisch ist auch die durch § 16 Abs. 3 GmbHG neu geschaffene Möglichkeit des **gutgläubigen Erwerbs** von GmbH-Anteilen. Um einen Verlust des Geschäftsanteils durch gutgläubigen Erwerb zu vermeiden, wird in der Notarpraxis bei bedingten Veräußerungen von Anteilen empfohlen, vorsorglich einen **Widerspruch** gegen die an sich richtige Liste einzulegen. Die Registerpraxis lässt dies teilweise zu.[56] Allerdings wird auch die Auffassung vertreten, dass das Wort „Widerspruch" eigentlich impliziert, dass eine unrichtige Liste vorliegen muss.[57]

54 Gesellschafterlisten sind nach den vorgenannten Ausführungen problematisch. Aus Sicht der Registergerichte wäre eine andere Lösung durch den Gesetzgeber wünschenswert. Da die Erfahrung zeigt, dass von Geschäftsführern allein gefertigte Gesellschafterlisten oft mit Fehlern behaftet sind, sollte der **Gesetzgeber für alle Fälle der Veränderungen in den Personen der Gesellschafter eine Zuständigkeit der Notare** zur Fertigung und Einreichung der Gesellschafterliste vorsehen, also auch für Erb-, Einziehungs-, Teilungs- und Zusammenlegungsfälle und alle Fälle nach dem Umwandlungsgesetz. Dies hätte auch den Charme, dass Sicherheit über die Identität der die Gesellschafterliste fertigenden Person bestünde, die es wegen der fehlenden Unterschriftsbeglaubigung bei von Geschäftsführern gefertigten Listen nicht gibt.

55 **j) Nachtragsliquidation.** Gelöschte Kapitalgesellschaften können „wiederbelebt" werden, in dem vom Amtsgericht ein Nachtragsliquidator bestellt wird, vgl. § 66 Abs. 5 GmbHG und § 273 Abs. 4 AktG. Bei der Antragstellung nach diesen Vorschriften ist zu beachten, dass nur in ihren Rechten beeinträchtigte Beteiligte den **Antrag** stellen können und der Grund für den Antrag, nämlich Auftauchen von Vermögen oder **Abwicklungsbedarf, dargelegt und zumindest glaubhaft** gemacht wird. Auch sollte zur Beschleunigung eine **Person** vorgeschlagen werden, die das Amt übernimmt. Diese Person sollte gegenüber dem Gericht darlegen, dass sie das Amt annimmt, dass keine Bestellungshindernisse bestehen und dass sie auf Kosten- und Auslagenersatz gegenüber dem Land verzichtet. Der Anwalt oder Vertreter des Antragstellers kann das Amt nicht annehmen, da er als Nachtragsliquidator die Interessen der Gesellschaft vertreten muss. Der Nachtragsliquidator wird nicht im Handelsregister eingetragen.[58]

---

[54] In diese Richtung OLG Frankfurt GmbHR 2011, 198; OLG Thüringen vom 22. 3. 2010 – 6 W 110/10 und OLG München GmbHR 2009, 825; *Wachter* NZG 2009, 1002 f.

[55] Vgl. Begründung des Referentenentwurfs zum MoMiG zu § 16 GmbHG S. 49, und OLG München a. a. O.; nach *Reymann* BB 2009, 508 f., 512 soll allerdings eine gefälschte Gesellschafterliste keine Legitimationswirkung haben, wenn bewiesen werden kann, dass die Eintragung in der Liste nicht zurechenbar war; ähnlich auch *Altmeppen* ZIP 2009, 353 und *Baumbach/Hueck* GmbHG § 16 Rdnr. 6, die „Zurechenbarkeit" bzgl. Benachteiligtem für Legitimationswirkung verlangen.

[56] Bejahend LG Köln v. 16. 9. 09 – 88 T 13/09; *Klöckner* NZG 2008, 842; *Wicke* NotBZ 2009, 15 f., der in diesem Fall auch davon ausgeht, dass der Widerspruch nach Einreichung der neuen Liste bei Bedingungseintritt hinfällig ist und ohne weiteres gelöscht werden kann; a. A. aber OLG München v. 11. 3. 2011 – NZG 2011, 473 n. rkr.

[57] *Begemann/Galla* GmbHR 2009, 1067.

[58] OLG München NZG 2011, 38.

3. Aktiengesellschaft

Aktienrecht ist nicht das „tägliche Brot" des im gesellschaftsrechtlichen Bereich tätigen Notars. Folgende „Standard-Fehler" tauchen in der Registerpraxis immer wieder auf: 56

Im Aktienrecht gilt das Prinzip der **„Satzungsstrenge"**. Voraussetzung für die Zulässigkeit von Klauseln in der Satzung ist zum einen, dass nicht von zwingenden Normen des AktG abgewichen wird, und zum anderen, dass das AktG bezüglich der geplanten Satzungsregelung keine abschließende Norm enthält, § 23 Abs. 5 AktG 57

Der **Aufsichtsrat** einer Aktiengesellschaft besteht nach § 95 AktG aus drei Mitgliedern. In der Satzung kann eine bestimmte höhere und durch drei teilbare Zahl festgelegt sein, das heißt „sechs", „neun" ..., nicht aber „wenigstens sechs", „bis zu neun".[59] Ein Verstoß gegen § 95 AktG führt zur Nichtigkeit der Satzungsbestimmung.[60] Falls mehr Aufsichtsräte als gesetzlich zulässig bestellt werden, ist die Wahl nichtig nach § 250 Abs. 1 Nr. 3 AktG.[61] 58

Eine Befreiung des Vorstands einer Aktiengesellschaft vom Verbot des Selbstkontrahierens ist weder abstrakt noch konkret möglich. Wegen **§ 112 AktG** kommt nur eine Befreiung vom Doppelkontrahierungsverbot in Betracht. 59

Die Beurkundung der Hauptversammlung richtet sich nach **§ 130 AktG**. Nach § 130 Abs. 2 S. 1 AktG sind Art und Ergebnis der Abstimmung und die Feststellung des Vorsitzenden über die Beschlussfassung, auch wenn der Antrag abgelehnt wird, anzugeben. Diese Angaben werden in der Praxis oft vergessen und stattdessen die Hauptversammlung wie die Gesellschafterversammlung einer GmbH protokolliert. Nach § 241 Nr. 2 AktG führt der Verstoß gegen § 130 Abs. 2 S. 1 AktG zur Nichtigkeit des Beschlusses.[62] Bei börsennotierten Gesellschaften ist § 130 Abs. 2 S. 2[63] zu beachten. 60

4. Konzern- und Umwandlungsrecht

Bei der Anmeldung von **Unternehmensverträgen** ist zu beachten, dass die beurkundungspflichtigen Zustimmungsbeschlüsse zu diesen Verträgen fest mit diesen Verträgen oder den Entwürfen dieser Verträge verbunden sind.[64] Gleiches gilt für Zustimmungsbeschlüsse zu **Umwandlungsvorgängen**. So muss der Zustimmungsbeschluss zur Verschmelzung mit dem Verschmelzungsvertrag als Anlage fest verbunden werden. 61

Häufig werden bei Umwandlungsvorgängen die §§ 16f. UmwG nicht beachtet. Bei der Anmeldung von Verschmelzungen und Spaltungen ist beim übertragenden Rechtsträger die **Verschmelzungs- bzw. Spaltungsbilanz** einzureichen, für die §§ 242ff. HGB gelten und die von allen Vertretungsorganen unterschrieben sein muss, § 17 Abs. 2 UmwG. Allerdings ist es bei Verschmelzung bzw. Spaltung mit Kapitalerhöhung bei der übernehmenden Gesellschaft angebracht, die Verschmelzungsbilanz auch zu dem Register der übernehmenden Gesellschaft einzureichen, damit dort die Werthaltigkeit der Erhöhung überprüft werden kann. 62

Bei der Anmeldung von Umwandlungsvorgängen ist die **Negativerklärung nach § 16 Abs. 2 UmwG** durch die Vertretungsorgane in vertretungsberechtigter Zahl abzugeben. Ohne diese Erklärung erfolgt keine Eintragung, es sei denn alle Anteilsinhaber haben auf die Klage verzichtet. 63

Die **Acht-Monatsfrist** des § 17 Abs. 2 S. 4 UmwG, die nur für die Anmeldung der Verschmelzung bzw. Spaltung zum Register des übertragenden Rechtsträgers gilt,[65] ist einzuhalten. Fehlt ein Essentialium für die Verschmelzung bzw. die Spaltung (z. B. fehlende Zuleitung des Vertrages an den Betriebsrat, keine Angaben im Vertrag zu den Folgen für die Arbeit- 64

[59] BAG AG 1990, 361.

[60] *Hüffer* § 95 AktG Rdnr. 7; KölnKommAktG/*Mertens* § 95 AktG Rdnr. 16.

[61] Z. B. bei unwirksamer Niederlegung und gleichzeitiger Neuwahl eines Aufsichtsrats, vgl. LG Flensburg DB 2004, 1253.

[62] Die Einhaltung des § 130 Abs. 2 Satz 1 AktG ist wohl nur bei der Ein-Mann-AG entbehrlich, vgl. *Geßler/Hefermehl/Eckardt/Kropff* § 130 AktG Rdnr. 42 dazu; KölnKommAktG/*Zöllner* § 130 AktG Rdnr. 40 und 99 und § 133 AktG Rdnr. 98; GroßkommAktG/*Werner* § 130 AktG Rdnr. 28.

[63] Neu eingeführt durch das ARUG.

[64] Vgl. § 293g Abs. 2 S. 2 AktG und BGH BB 1992, 662.

[65] LG Frankfurt am Main GmbHR 1996, 542.

nehmer)[66]und kann der Mangel nicht sofort behoben werden, kann die Verschmelzung bzw. Spaltung nicht eingetragen werden.[67] Die fristgerecht aufgestellte Verschmelzungsbilanz kann der Anmeldung der Verschmelzung bzw. Spaltung auch noch nach Ablauf der Acht-Monatsfrist nachgereicht werden.[68] Ansonsten führt auch nur eine geringfügige Fristüberschreitung zur Zurückweisung der Anmeldung,[69] jedenfalls wenn der Mangel nicht durch Änderung des Umwandlungsstichtages und Nachreichung einer Bilanz mit dem entsprechend späteren Stichtag behoben wird.[70]

5. Ausländische Rechtsformen

65 Im Zeitalter der Globalisierung verblüfft es nicht, dass im deutschen Rechtsraum häufig ausländische Gesellschaften auftreten, sei es als Gesellschafter oder bei der Errichtung von Zweigniederlassungen. Den Handelsregistern stellt sich zunächst das Problem, wie diese Gesellschaften zu behandeln sind. Nach der berühmten Entscheidung des EuGH **„Inspire Art“**[71] bestand zunächst die Hoffnung, dass die in Deutschland vertretene Sitztheorie begraben sei. Der BGH vertritt aber weiterhin die Auffassung, dass die **Sitztheorie** jedenfalls für Gesellschaften, die aus einem Gebiet außerhalb der EU, EFTA (außer Schweiz) und den USA kommen, weiter gilt.[72] Briefkastengesellschaften aus diesem Bereich werden demnach nicht als Kapitalgesellschaften, sondern als Personengesellschaften bzw. als Einzelunternehmen behandelt.

66 Weiter taucht das Problem auf, wie die **Existenz** dieser Gesellschaften und die **Vertretungsberechtigung** der sie vertretenden Organe **nachgewiesen** werden kann und welche Form diese Nachweise haben müssen. Leider ist die Registerpraxis zu diesen Problemen nicht einheitlich. Die überwiegende Praxis lässt bei Gesellschaften aus dem **kontinentaleuropäischen Raum** als Nachweise beglaubigte Registerauszüge der ausländischen Kapitalgesellschaft zu, da in diesem Raum Register existieren, die mit dem deutschen Handelsregister vergleichbar sind (z. B. Österreich, Schweiz, Belgien, Dänemark, Frankreich, Italien, Spanien, Portugal, Niederlande).[73]

67 In anderen Staaten ist ein dem deutschen Handelsregister vergleichbares Handelsregister nicht vorhanden, z. B. in den **USA** oder im **UK**. In diesen Fällen ist der Nachweis der Existenz und der Vertretungsberechtigung schwerer zu führen. Es bietet sich der folgende – komplizierte – Weg an, der am Beispiel einer US-amerikanischen Kapitalgesellschaft, die Gesellschafterin einer deutschen GmbH ist, dargestellt wird:

68 Zunächst muss nachgewiesen werden, dass die US-amerikanische Kapitalgesellschaft existiert. Dies ist möglich durch Vorlage eines **„certificate of incorporation“** verbunden mit einem „certificate of good standing“, das von der staatlichen Stelle, die für die Registrierung von US-amerikanischen Kapitalgesellschaften zuständig ist, ausgestellt wird.

69 Weiter muss der Nachweis geführt werden, dass die Personen, die für die US-amerikanische Kapitalgesellschaft gehandelt haben, vertretungsberechtigt waren. Dies geschieht zum einen durch Vorlage der **„articles of incorporation“**, die dem deutschen Gesellschaftsvertrag entsprechen und meist auch eine Vertretungsregelung enthalten. Weiter muss zum Nachweis der konkreten Vertretungsbefugnis eine Bestätigung des **„corporate secretary“** mit Siegel der Gesellschaft („corporation seal“) vorgelegt werden, in dem dieser nicht nur bestätigt, dass die Gesellschaft ordnungsgemäß errichtet ist und existiert, sondern dass die handelnden Personen die Gesellschaft vertreten konnten. Teilweise wird darüber hinaus die Vorlage des Bestellungsbeschlusses verlangt.[74]

---

[66] AG Duisburg GmbHR 1996, 372.
[67] KG NZG 1999, 174; LG Dresden NotBZ 1997, 138 mit Anm. Heckschen, 132.
[68] LG Frankfurt am Main GmbHR 1998, 380.
[69] OLG Köln GmbHR 1998, 1085 f.
[70] OLG Schleswig DNotZ 2007, 957.
[71] DB 2003, 2219.
[72] BGH GmbHR 2010, 211 für Singapur Limited und BGH BB 2009, 14 für Schweizerische AG.
[73] Vgl. im Einzelnen *Schaub* NZG 2000, 958 ff.
[74] OLG Dresden DB 2007, 2084; KG GmbHR 2004, 116.

Wie oben dargestellt, fällt der Nachweis der Existenz und der Vertretungsberechtigung von Kapitalgesellschaften gerade aus dem angelsächsischen Rechtskreis oft schwer. Das LG Berlin[75] lässt bei englischen Gesellschaften die **Bescheinigung des „Registrar of Companies"** (ohne Apostille) ausreichen. Dies wird aber wahrscheinlich nicht von allen Registergerichten so gesehen. 70

Meines Erachtens sollte es auch ausreichen, wenn die Existenz und die Vertretungsbefugnis bzgl. einer englischen oder US-amerikanischen Gesellschaft durch eine **Stellungnahme eines** (zur Wahrheit verpflichteten) **ausländischen Rechtsanwalts, Steuerberaters** („*expert opinion*") oder Notars, zumindest in England, bestätigt wird.[76] Eine solche Bestätigung ist vergleichbar mit der Bestätigung eines deutschen Notars nach § 21 BNotO.[77] Auch die Bestätigung des „**corporate secretary**", bzw. im englischen Rechtskreis des „company secretary", sollte als Beweismittel für Existenz und Vertretung bzgl. einer US-amerikanischen bzw. englischen Gesellschaft genügen.[78] Der „corporate secretary" bzw. „company secretary" ist im US-amerikanischen bzw. englischen Rechtskreis eine relative unabhängige Person, die gerade für den obigen Nachweis für die Gesellschaft auftritt. Bezüglich des Existenznachweises müsste eigentlich auch ein Blick des Richters/Rechtspflegers auf die **homepage des ausländischen Registers**, z.B. des Companies House (www.companieshouse.gov.uk, mit hilfreichen links zu den meisten Registern der Welt) genügen, da dort kostenlos abgefragt werden kann, ob die Gesellschaft existiert.[79] Leider kann auf dieser homepage aber nicht die Vertretungsbefugnis kostenlos abgefragt werden und leider genießen jedenfalls bezüglich der Vertretungsberechtigten die angelsächsischen Register keinen öffentlichen Glauben. 71

Viele Registergerichte verlangen, dass die oben genannten Unterlagen (Handelsregisterauszug, certificate of incorporation, certificate of good standing, corporate secretary certificate, articles of incorporation) **übersetzt, beglaubigt und eventuell „überbeglaubigt" (legalisiert)** sein müssen. Allerdings gibt es auch Registergerichte, die die vorgenannten Unterlagen nur als Beweismittel ansehen und daher nach §§ 26, 29 FamFG auf Übersetzung, Beglaubigung und eventuell Legalisation verzichten, vorausgesetzt, der Richter bzw. Rechtspfleger versteht die Unterlagen. 72

6. Auslandsbeurkundungen

Die Globalisierung bringt es mit sich, dass vermehrt **im Ausland beurkundet** wird, einerseits weil der Weg nach Deutschland zu lang und zu teuer ist, andererseits, weil die Beurkundung im Ausland scheinbar billiger als in Deutschland ist. Das wirft die Frage auf, ob Registergerichte Urkunden aus dem Ausland anerkennen. Wenn dies der Fall ist, bleibt allerdings immer noch zu beachten, dass ein deutscher Notar die Übermittlung der ausländischen Urkunden übernehmen wird, da weder deutsche Auslandsvertretungen noch ausländische Notare über die Software verfügen werden, um direkt mit den deutschen Registergerichten kommunizieren zu können. 73

Beurkundungen durch die **deutschen Auslandsvertretungen** sind möglich (vgl. Konsulargesetz). Die gilt für Beurkundungen nach §§ 6 bis 38 BeurkG und für Beglaubigungen nach §§ 39ff. BeurkG (z.B. für Anmeldungen und für die Vollmacht zur Gründung einer GmbH, § 2 Abs. 2 GmbHG), wobei auch Beglaubigungen durch Honorarkonsule anerkannt werden. Es liegt dann eine deutsche Urkunde vor. Gerade bei Anmeldungen durch im Ausland lebende Personen bietet sich der Weg zu den deutschen Auslandsvertretungen an. Registergerichte akzeptieren Urkunden deutscher Auslandsvertretungen ohne weiteres. Es entstehen zudem keine Kosten für Übersetzung und Legalisation. 74

Bei Beurkundungen durch ausländische Notare ist zu differenzieren: 75

[75] ZIP 2004, 2380 mit Anm. *Ries*; kritisch hierzu *Wachter* DB 2004, 2795; vgl. auch KG DB 2005, 1158 und KG GmbHR 2005, 771.
[76] S. dazu unten Rdnr. 78 ff.
[77] Ähnlich auch OLG Dresden DB 2007, 2084 und *Wachter* GmbHR 2007, 1160.
[78] Ähnlich auch OLG Dresden DB 2007, 2084 und *Wachter* GmbHR 2007, 1160.
[79] In diese Richtung OLG Düsseldorf GmbHR 2006, 548.

Beglaubigungen durch **ausländische Notare**, insbesondere auch durch Notare aus dem US-amerikanischen Raum („notary public"), werden von Registergerichten anerkannt, da nur eine Identitätsüberprüfung stattfindet.[80]

76 Fraglich ist aber, ob **ausländische Notare** z. B. die Gründung einer deutschen GmbH, den Beschluss über die Änderung des Gesellschaftsvertrages einer deutschen GmbH, die Abtretung von GmbH-Anteilen oder Vorgänge nach dem UmwG **beurkunden** können. Dies wird teilweise bejaht, wenn die Beurkundung durch den ausländischen Notar einer Beurkundung durch einen deutschen Notar gleichwertig ist. Es gilt das „Wirkungsstatut" Art. 11 Abs. 1, 1. Alt. EGBGB.[81] Für die Beurteilung der „Gleichwertigkeit" wird darauf abgestellt, ob der ausländische Notar nach Vorbildung und Stellung im Rechtsleben eine dem deutschen Notar entsprechende Funktion ausübt und ein in den Grundsätzen dem deutschen Recht entsprechendes Beurkundungsrecht anwendet.[82] Grundsätzlich ist das „Lateinische Notariat" dem deutschen Notariat gleichwertig. Von einigen Registergerichten werden daher Beurkundungen von Notaren aus der Schweiz,[83] Österreich, Frankreich, Belgien, Niederlande, Spanien und Italien anerkannt. Diese Grundsätze gelten nach wohl h. M. für Abtretungen.[84] Was bezüglich Gründung einer deutschen GmbH, den Beschluss über die Änderung des Gesellschaftsvertrages einer deutschen GmbH und Umwandlungen gilt, ist wegen den Belehrungspflichten und der Haftung des Notars unklar.[85] Um keine formunwirksame Beurkundung und die damit verbundene Nichtigkeit (vgl. § 241 Nr. 2 AktG) zu riskieren, sollte in jedem Fall vorab Kontakt mit dem zuständigen Registergericht aufgenommen und angefragt werden, ob die Beurkundung durch einen ausländischen Notar akzeptiert wird. Die Eintragung würde evtl. Beurkundungsfehler „heilen" (vgl. § 242 Abs. 1 AktG).

77 Bei dem „Nicht-Lateinischen" Notariat, insbesondere im **US-amerikanischen Raum**, wird eine Beurkundung (außerhalb von Beglaubigungen) durch die dort tätigen Notare („notary public") nicht als gleichwertig anerkannt.

78 Ausländische Urkunden müssen **übersetzt** werden, da sie Inhalt der von der Öffentlichkeit einsehbaren Akte werden. Sie müssen zudem als echt anerkannt werden. Dazu ist grundsätzlich eine **Legalisation**, also die Bestätigung der Echtheit der Urkunde durch die deutsche Botschaft oder durch ein deutsches Konsulat, erforderlich. Ausnahmsweise ist eine Legalisation aufgrund bilateraler Verträge nicht erforderlich. Derartige Verträge bestehen mit Belgien, Frankreich, Italien, Dänemark, Griechenland, Österreich, Schweiz, Spanien und Großbritannien (hier aber nicht bzgl. Urkunden von Gerichten und Notaren). Schließlich ist statt einer Legalisation der Urkunde eine sogenannte „Apostille" ausreichend, wenn der ausländische Staat, in dem die Urkunde ausgestellt worden ist, Mitgliedstaat des Haager Übereinkommens vom 5. Oktober 1961 ist. Die Apostille wird dabei von einer Stelle erteilt, die dieser Staat bestimmt. Die aktuellen Mitgliedstaaten des oben genannten Haager Übereinkommens findet man unter www.hcch.net.

7. Ausländische Vertretungsorgane

79 Bezüglich Ausländern als Geschäftsführer gilt Folgendes: **EU-Ausländer** können jederzeit Geschäftsführer einer deutschen GmbH werden. **Nicht EU-Ausländer**, die ihren Wohnsitz nicht in Deutschland haben, können jedenfalls dann Geschäftsführer einer GmbH sein, wenn sie jederzeit in die BRD **einreisen** können.[86] Manche Registergerichte verlangten diese Einreisemöglichkeit auch dann, wenn es noch einen zweiten Geschäftsführer gibt, der diese

[80] Vgl. Schaub NZG 2000, 956.

[81] Vgl. *Baumbach/Hueck* GmbHG § 2 Rdnr. 9 und § 53 GmbHG Rdnr. 40; *Scholz* § 2 GmbHG Rdnr. 18 und Einl. Rdnr. 94 f.; *Lutter/Hommelhoff* § 2 GmbHG Rdnr. 13.

[82] BGHZ 80, 76.

[83] Vgl. *Saenger/Scheuch* BB 2008, 67; *Weller* BB 2005, 1807; dagegen *Pilger* BB 2005, 1285.

[84] Vgl. OLG Düsseldorf NZG 2011, 388 und OLG Frankfurt am Main GmbHR 2005, 764; zweifelnd wegen § 40 Abs. 2 GmbHG, der nur für deutsche Notare gilt, LG Frankfurt am Main DB 2009, 2500 und hierzu *Kindler* BB 2010, 74; vgl. auch *Peters* DB 2010, 97.

[85] Vgl. *Brück* DB 2004, 2409 ff.

[86] OLG Celle ZIP 2007, 1157; OLG Köln BB 1999, 493.

Voraussetzungen erfüllt.[87] Die jederzeitige Einreisemöglichkeit ist auch dann gewährleistet, wenn der Geschäftsführer für Aufenthalte bis zu drei Monaten keiner Visumspflicht unterliegt. Geschäftsführer aus bestimmten Ländern können nach der EU-Verordnung vom 15. 3. 2001 (Amtsblatt der Europäischen Gemeinschaften L 81 vom 21. 3. 2001) jederzeit einreisen.

Nach der Neufassung des § 4a GmbHG durch das MoMiG dürfte **jeder Ausländer ohne weiteres Geschäftsführer** einer GmbH sein können. § 4a GmbHG lässt nämlich den Verwaltungssitz der GmbH im Ausland zu. Damit kann es auf die Einreisemöglichkeit nicht mehr ankommen.[88] Gleiches gilt auch für Liquidatoren von GmbH. Auch für Vorstände und Abwickler von Aktiengesellschaften muss man zu dem vorgenannten Ergebnis kommen, da durch das MoMiG auch für Aktiengesellschaften der Verwaltungssitz im Ausland zugelassen ist, vgl. § 5 AktG. 80

IV. Ausblick, SPE

Notare leisten einen **wichtigen Beitrag zur Sicherheit des Rechtsverkehrs**, indem sie für die **Überprüfung der Identität** der Gesellschafter und der anmeldenden Personen, für den Entwurf und die Prüfung der Dokumente und für die sichere Übermittlung der Dokumente an das Registergericht zuständig sind. Diese Sicherheit ist für die Aufrechterhaltung der Publizitätswirkung der Handelsregister unverzichtbar. 81

In angelsächsischen Rechtssystemen ist die vorgenannte **Sicherheit nicht gegeben**. Dort ist die unkontrollierte online-Anmeldung für jedermann und damit auch für Kriminelle möglich. Dies führt dazu, dass angelsächsische Register nur eine eingeschränkte oder gar keine Publizitätsfunktion haben. Des Weiteren sind die Fälle des „Indentitätsbetrugs“ und des „Indentitätsdiebstahls“ schon so häufig geworden, dass sich z. B. das companies house in England bemüßigt fühlt, auf seiner homepage vor „identity fraud“ zu warnen. Die Schäden durch falsche Eintragungen im companies house sollen sich pro Jahr auf ca. 50 Millionen britische Pfund belaufen.[89] 82

Trotz dieser bekannten Probleme wird immer wieder vorgeschlagen, Beurkundungs- und Beglaubigungsvorschriften „im Interesse der Wirtschaft“ abzuschaffen, um Kosten einzusparen. So hat die Europäische Kommission in ihrem Vorschlag zu einer **SPE-Verordnung keine ausreichenden Maßnahmen zur Überprüfung der Identität** der Gründer und der anmeldenden Personen **und zur gesicherten Übermittlung** der Unterlagen getroffen und fällt damit hinter den bereits in den meisten Mitgliedsstaaten der EU bestehenden Standard zurück. In § 10 Abs. 1 des Entwurfs der SPE-Verordnung heißt es lapidar, dass die Gründungsgesellschafter oder von ihr bevollmächtigte Personen elektronisch den Eintragungsantrag stellen können. Kein Wort wird darüber verloren, ob die Identität der Vertretungsorgane wenigstens bei der Gründung in irgendeiner Weise überprüft wird. Ebenfalls findet sich kein Wort darüber, wie sichergestellt werden kann, dass die übermittelten Bilddateien mit den Papierdokumenten übereinstimmen und dass die einreichenden Personen auch zur Einreichung berechtigt sind. Um die Publizitätsfunktion der Register vorhalten zu können, muss gewährleistet sein, dass Missbräuche bei der Übertragung der Daten ausgeschlossen sind. Ohne Einhaltung dieser in den meisten Mitgliedsstaaten der EU bereits bestehenden Mindeststandards droht die SPE zur Gesellschaftsform unseriöser und vielleicht sogar krimineller Gründer zu werden. Wozu fehlende Sicherheitsstandards führen können, beweist das Beispiel der in Deutschland tätigen Limiteds, die bekanntermaßen einen schlechten Ruf genießen und nicht selten für kriminelle Aktivitäten genutzt werden. 83

Für die SPE schlägt die Kommission weiter vor, dass die **Abtretung von Anteilen ohne Notar** erfolgen kann und diese Abtretung nach außen wirksam wird, wenn der Erwerber in 84

[87] OLG Hamm DNotZ 2000, 235.

[88] OLG München NZG 2010, 157; OLG Zweibrücken GmbHR 2010, 1260; OLG Düsseldorf vom 16. 4. 09 – I 3 Wx 85/09; vor dem MoMiG so schon OLG Dresden GmbHR 2003, 537 (mit zustimmender Anmerkung von *Wachter*) und LG Berlin GmbHR 2004, 951.

[89] Stellungnahme des Deutschen Notarvereins zum Entwurf der SPE-Verordnung vom 1. 8. 2008, S. 13.

eine vom Vertretungsorgan der SPE geführte und verwahrte Liste aufgenommen wird, wobei diese Liste zum Nachweis der Gesellschafterstellung dient und auch einen gutgläubigen Erwerb von Anteilen ermöglichen soll (Art. 16 und 15 des Entwurfs der SPE-Verordnung). Damit wird auf eine Identitätskontrolle beim Anteilserwerb verzichtet und als Anknüpfungspunkt für einen gutgläubigen Erwerb eines Anteils eine Liste akzeptiert, die nicht unbedingt von einer kompetenten und unabhängigen Person stammt. Der Sicherheit des Rechtsverkehrs dient das freilich nicht. Gläubigern eines Gesellschafters, Erwerbern von Anteilen und auch Registergerichten bzw. Registerbehörden wird damit das Leben nicht leichter gemacht, Anteilsinhabern droht der Verlust ihres Anteils aufgrund unzureichender und falscher Gesellschafterlisten.

85 Schon erreichte Qualitätsstandards sollten für vermeintliche Kostenvorteile nicht aufgegeben werden. Die Identitäts- und Qualitätskontrolle durch **Beteiligung der Notare** hat sich in der Vergangenheit als **Standortvorteil** erwiesen und sollte für die Zukunft beibehalten werden.

3. Teil. Rechtsformwahl

§ 5 Rechtsformwahl

Übersicht

	Rdnr.
I. Überblick	1–14
1. Anlässe der Rechtsformwahl	1/2
2. Entscheidungsfindung zur richtigen Rechtsform	3–9
a) Gesetzliche Vorgaben zur Rechtsformwahl	4
b) Vergleich der Eigenschaften der einzelnen Rechtsformen	5–7
c) Abwägung von Vor- und Nachteilen	8/9
3. Sachverhaltsermittlung für die Rechtsformwahl	10–12
4. Rechtsformwahl und Notar	13/14
II. Gesetzliche Vorgaben zur Rechtsformwahl	15–26
1. Numerus clausus der Rechtsformen	15–17
2. Rechtsformzwang wegen Rechtsformverfehlung	18–20
3. Gesetzliche Vorgaben zum Unternehmensgegenstand	21–23
a) Einschränkung der Rechtsformwahl für bestimmte Unternehmensgegenstände	21/22
b) Rechtsformen ausschließlich für bestimmte Unternehmensgegenstände	23
4. Gesetzliche Vorgaben zum Unternehmenszweck	24–26
III. Gesellschaftsrechtliche Kriterien für die Rechtsformwahl	27–133
1. Überblick über die Personen- und Kapitalgesellschaften	27–52
a) Gesellschaft bürgerlichen Rechts (GbR)	27/28
b) Offene Handelsgesellschaft (oHG)	29/30
c) Kommanditgesellschaft (KG)	31/32
d) GmbH & Co. KG	33/34
e) Partnerschaftsgesellschaft (PartG)	35/36
f) Stille Gesellschaft – Unterbeteiligung	37/38
g) Gesellschaft mit beschränkter Haftung (GmbH) – UG (haftungsbeschränkt)	39–41
h) AG	42/43
i) Kommanditgesellschaft auf Aktien (KGaA)	44/45
j) Societas Europeae (SE)	46/47
k) Ausländische Gesellschaftsformen	48–52
2. Gründung	53–61
a) Personengesellschaften	55/56
b) Kapitalgesellschaften	57–61
3. Finanzierung	62–67
a) Personengesellschaften	64/65
b) Kapitalgesellschaften	66/67
4. Kapitalaufbringung	68–73
a) Personengesellschaften	70
b) Kapitalgesellschaften	71–73
5. Kapitalerhaltung und Haftung	74–87
a) Personengesellschaften	76–80
b) Kapitalgesellschaften	81–84
c) Besondere Haftungstatbestände	85
d) Haftungsrisiken für die Geschäftsführung	86/87
6. Geschäftsführung, Vertretung und Kontrolle	88–96
a) Personengesellschaften	90–93
b) Kapitalgesellschaften	94–96
7. Willensbildung unter den Gesellschaftern	97–102
a) Personengesellschaften	99/100
b) Kapitalgesellschaften	101/102
8. Beteiligung an Gewinn und Verlust	103–111
a) Personengesellschaften	105–107
b) Kapitalgesellschaften	108–111

Rdnr.
9. Gesellschafterwechsel 112–119
a) Personengesellschaften 114–116
b) Kapitalgesellschaften 117–119
10. Rechnungslegung und Publizität 120–126
a) Personengesellschaften 122–124
b) Kapitalgesellschaften 125/126
11. Mitbestimmung 127–133
a) Personengesellschaften 129–131
b) Kapitalgesellschaften 132/133
IV. Steuerliche Kriterien für die Rechtsformwahl 134–159
1. Ertragsteuern in der laufenden Besteuerung 134–143
a) Personengesellschaften 136–140
b) Kapitalgesellschaften 141–143
2. Gewerbesteuer 144–149
3. Grunderwerbsteuer 150–152
4. Weitere steuerliche Aspekte 153–159
a) Gemeinnützigkeit 153
b) Unternehmenskauf und -verkauf 154–156
c) Umwandlungen 157/158
d) Erbschaftsteuer 159
V. Weitere Rechtsformen 160
1. Rechtsfähiger Idealverein (e. V.) 161
2. Eingetragene Genossenschaft (eG) 162
3. Versicherungsverein auf Gegenseitigkeit (VVaG) 163
4. Rechtsfähige Stiftung des Privatrechts 164
5. Europäische wirtschaftliche Interessenvereinigung (EWIV) 165

Schrifttum: *Hierl/Huber*, Rechtsformen und Rechtsformwahl, 2008; *Jahnke*, Rechtsformzwang und Rechtsformverfehlung bei der Gestaltung privater Rechtsverhältnisse, ZHR 146, 595; *Jakobs*, Unternehmensbesteuerung und Rechtsform, 3. Aufl. 2008; *Jorde/Götz*, Kapital- oder Personengesellschaft? Steuerliche Gesichtspunkte der Rechtsformwahl – national und international, BB 2008, 1032; *Kessler/Schiffers/Teufel*, Unternehmensrechtsform, 2008; *Krüger*, Zweckmäßige Wahl der Unternehmensform, 7. Aufl. 2002; *Oppenländer/Trölitzsch*, Rechtsformwahl, in: GmbH-Geschäftsführung, 2. Aufl. 2011 § 3; *Schneeloch*, Rechtsformwahl und Rechtsformwechsel mittelständischer Unternehmen, 2. Aufl. 2006; *Söffing/Thümmel*, Praxishandbuch der Unternehmensgestaltung, 2003; *Stock*, Wahl der Rechtsform im gemeinnützigen Nonprofit-Bereich, NZG 2001, 440; *Stehle/Stehle/Leuz*, Die rechtlichen und steuerlichen Wesensmerkmale der verschiedenen Gesellschaftsformen, 20. Aufl. 2010.

I. Überblick

1. Anlässe der Rechtsformwahl

1 Der typische Anlass der Rechtsformwahl ist die **Gründung** eines Unternehmens. Da sich die Entscheidung für eine bestimmte Rechtsform durch **Umwandlung** jederzeit ändern lässt, gibt es nach der Gründung eines Unternehmens immer wieder Anlässe, die einmal getroffene Rechtsformwahl zu hinterfragen. Typische Anlässe sind:

- Aufnahme oder Ausscheiden von Gesellschaftern,
- Stärkung des Eigenkapitals, etwa durch Venture Capital oder einen Börsengang,
- Vergrößerung des Unternehmens,
- Unternehmensveräußerung,
- Erbfall oder Nachfolgeplanung,
- wesentliche Änderungen in der Unternehmensbesteuerung.

2 Aus der Möglichkeit, die Rechtsform bei jedem dieser Anlässe ändern zu können, wird sich keine unternehmerische Pflicht ableiten lassen, die Rechtsform ständig überprüfen zu müssen. In einem laufenden Unternehmen findet die Diskussion zur Rechtsform typischerweise erst dann statt, wenn sich die Eigenschaften der aktuellen Rechtsform als Hemmnis herausstellen. Erst dann wird die zentrale **Fragestellung der Rechtsformwahl** aufgeworfen, nämlich der Vergleich, wie das konkrete Unternehmen unter den Eigenschaften der ver-

schiedenen Rechtsformen, die das Gesellschaftsrecht zur Verfügung stellt, funktionieren könnte.

2. Entscheidungsfindung zur richtigen Rechtsform

Die Entscheidungsfindung zur Rechtsformwahl lässt sich in **drei Schritte** gliedern, erstens die Prüfung gesetzlicher Vorgaben, zweitens der Vergleich der Eigenschaften der Rechtsformen anhand ihrer wichtigsten Gesichtspunkte und drittens eine Abwägung der Vor- und Nachteile derjenigen Rechtsformen, die in die engere Wahl kommen.[1] 3

a) Gesetzliche Vorgaben zur Rechtsformwahl. Im Grundsatz verpflichtet das deutsche Recht die Unternehmen nicht zur Verwendung bestimmter Rechtsformen, sondern überlässt es dem Unternehmer, aus den vielen möglichen Rechtsformen die für ihn passende zu wählen. Von diesem Grundsatz gibt es Ausnahmen, die zumeist an den Gegenstand oder den Zweck des Unternehmens anknüpfen.[2] 4

b) Vergleich der Eigenschaften der einzelnen Rechtsformen. Im zweiten Schritt stellt sich die Frage, wie das Unternehmen mit den typischen Eigenschaften der verschiedenen Rechtsformen zurechtkommt. Das Ziel dieses Prüfungsschritts besteht zum einen darin, Rechtsformen auszusortieren, die sich als ungeeignet herausstellen und die Vorteile und Nachteile der verbleibenden Rechtsform zu identifizieren, die im letzten Prüfungsschritt einer Gesamtabwägung unterzogen werden können. 5

In der Praxis sind es oft die **steuerlichen Eigenschaften** der Rechtsformen, die im Zentrum dieser Prüfung stehen. Da es bis heute keine rechtsformneutrale Besteuerung gibt, hat die Rechtsformwahl unverändert Auswirkungen auf wesentliche steuerbare Vorgänge des Unternehmens, allen voran auf die laufende ertragssteuerliche Belastung und die Steuerbelastung im Rahmen von Umstrukturierungen oder Unternehmensverkäufen. In jüngster Zeit haben sich die Ergebnisse der steuerliche Belastungsvergleiche zwischen Personen- und Kapitalgesellschaften etwas angenähert. Die früheren großen Unterschiede insbesondere in der laufenden Ertragsbesteuerung oder der Erbschaftsteuerbelastung hinsichtlich der GmbH einerseits und der GmbH & Co. KG andererseits gibt es so heute nicht mehr. Dennoch bleibt das Steuerrecht ein wesentlicher Baustein der Rechtsformwahl. Einen wirkungsvollen Anwendungsbereich hat es in grenzüberschreitenden Gestaltungen, etwa in den Versuchen, Vorteile aus der unterschiedlichen Behandlung derselben Rechtsform in verschiedenen Jurisdiktionen zu ziehen. Im Vordergrund dieser Darstellung stehen allerdings gesellschaftsrechtliche Aspekte. 6

Die **wesentlichen gesellschaftsrechtlichen Aspekte** des Rechtsformvergleichs lassen sich wie folgt gliedern: 7

- Gründung
- Finanzierung
- Kapitalaufbringung
- Kapitalerhaltung und Haftung
- Geschäftsführung, Vertretung und Kontrolle
- Willensbildung unter den Gesellschaftern
- Beteiligung an Gewinn und Verlust
- Gesellschafterwechsel
- Rechnungslegung und Publizität
- Mitbestimmung

c) Abwägung von Vor- und Nachteilen. Der letzte Prüfungsschritt einer Rechtsformwahl besteht in einem Vergleich ihrer Eigenschaften und in der **Abwägung von Vor- und Nachteilen** all jener Rechtsformen, die nach den ersten beiden Prüfungsschritten in die engere Wahl gekommen sind. Diese Abwägung ist üblicherweise stark durch die individuellen Präferenzen und Gestaltungsziele des Unternehmers geprägt, die sich meist nicht exakt quantifizie- 8

[1] Zur Systematisierung aus steuerlicher Sicht vgl. *Schneeloch* III und IX.2.
[2] Vgl. Rdnr. 15 ff., 21 ff.

ren lassen.[3] Eine zahlenmäßige Quantifizierung gibt es allenfalls zur laufenden Steuerbelastung, die man anhand prognostizierter Zahlen errechnen kann. Solche Berechnungen wurden in den vergangen Jahren immer wieder von Steuerrechtsänderungen eingeholt und ihre Qualität hängt stark von der ihnen zugrunde liegenden Prognose ab.

9 Ein wesentlicher Aspekt in der Abwägung der Vor- und Nachteile sollte stets **der Aufwand und die Komplexität** der Rechtsform sein. Eine Rechtsform, die einen höheren Aufwand erzeugen wird, als dem Unternehmen zuzumuten ist, muss ausscheiden, selbst wenn sie insgesamt für die Gestaltungsziele des Unternehmers gut passt. So ist eine AG für Unternehmer, die keine laufende juristische Beratung vorhalten wollen, häufig rechtlich zu aufwändig. Die GmbH & Co. KG kann für einen Unternehmer besonders geeignet sein, der bisher Einzelunternehmer war, weil sie aus steuerlicher Sicht von ihm keine komplexe Umgewöhnung des Leistungsverkehrs zwischen Privatsphäre und Gesellschaftssphäre verlangt, die ihn spätestens in der Betriebsprüfung einholt. Aufwand und Komplexität steigen in der Regel, wenn sich die Gestaltungsziele nur mit Hilfe ungewöhnlicher Ausgestaltungen der Rechtsform erreichen lassen. Daher verdient eine Rechtsform, die schon in ihrer gesetzestypischen Grundform geeignet ist, die wichtigsten Ziele umzusetzen, häufig eine gewisse Präferenz.

3. Sachverhaltsermittlung für die Rechtsformwahl

10 Am Ausgangspunkt der Rechtsformwahl steht eine Sachverhaltsermittlung, die alle wesentlichen wirtschaftlichen Aspekte des Unternehmens umfasst und auch die persönlichen Aspekte der an ihm beteiligten Personen.[4]

11 Zu den **wirtschaftlichen Aspekten** gehören insbesondere der Kapitalbedarf des Unternehmens, die geplante Finanzierung durch Eigenkapital, Gesellschafterdarlehen oder Fremddarlehen, eine erhoffte Gewinnthesaurierung oder eine Börsennotierung. Zur Haftung bedarf es einer Einschätzung der Risiken des Unternehmens. Ermittelt werden die Größe des Betriebs sowie die Anzahl der Mitarbeiter, ferner der Standort, Aspekte zur betrieblichen Ausstattung mit Produktionsanlagen und Produktionsmitteln, das Vorhandensein von Lizenzen und öffentlich-rechtlicher Erlaubnisse. Natürlich gibt es in jedem Einzelfall weitere wesentliche wirtschaftliche Gesichtspunkte und individuelle Bedürfnisse, die in die Betrachtung einfließen müssen.

12 Die Bestandsaufnahme zu den **persönlichen Aspekten** des Unternehmens beginnt mit den Personen und – ansatzweise – auch den Persönlichkeiten der Gründer und der Organe. Zwingend zu klären ist, in welchem Maße jeder der Beteiligten einen Beitrag zur Unternehmung leisten soll, sei es durch Kapital, Arbeitskraft oder sonstige Werte. Die Haltung der Beteiligten zu Haftungsrisiken ist aufzuklären, und zwar sowohl die der Gesellschafter als auch die der Organe. Relevant sind die persönlichen und fachlichen Qualifikationen der Beteiligten und stets auch, welche unternehmerischen und rechtsformspezifischen Erfahrungen sie haben. Auch hier kommen je nach Einzelfall weitere Gesichtspunkte und persönliche Präferenzen in Betracht.

4. Rechtsformwahl und Notar

13 Die Gründung von Kapitalgesellschaften und Umwandlungen nach dem UmwG sind Rechtsgeschäfte, die notariell beurkundet werden müssen (§ 2 GmbHG, § 23 AktG, § 6 UmwG), was den Notar regelmäßig mit Situationen der Rechtsformwahl in Berührung bringt. In der Beurkundung hat der Notar die **beurkundungsrechtlichen Amtspflichten** zu beachten und daher auch zu Fragen der Rechtsform den wahren Willen der Beteiligten zu ermitteln, den Sachverhalt aufzuklären und die Beteiligten über die rechtliche Tragweite des Geschäfts zu belehren (§ 17 Abs. 1 und 2 BeurkG).[5] Dazu gehört eine gestaltende Beratung

[3] Zur Auswertung anhand eines quantifizierenden Punktesystems Gummert/*Mutter* Rdnr. 252 ff.

[4] Römermann/*Büsching* § 1 Rdnr. 6 f.

[5] Andere Amtspflichten hat der Notar bei Versammlungsniederschriften nach § 37 BeurkG oder § 130 AktG; *Winkler* Beurkundungsgesetz 16. Aufl. § 37 Rdnr. 11, 14, 26.

des Notars,[6] die den Beteiligten hilft, den von ihnen erstrebten rechtlichen Erfolg zu erreichen und die unmittelbaren rechtlichen Wirkungen des Rechtsgeschäfts zu verstehen.[7] Das bedeutet allerdings keine umfassende Beratung der Rechtsformwahl. Sie hat ihre Grenzen, wo es um die wirtschaftliche Auswirkungen[8] oder die Zweckmäßigkeit der Gestaltung[9] geht, also um den eigentlichen Kern einer jeden Rechtsformwahl. Der Notar hat grundsätzlich[10] auch nicht über steuerliche Folgen[11] zu belehren und nicht über öffentlich-rechtliche Anzeigepflichten.[12] Allenfalls in seltenen Ausnahmefällen können ihn auch insoweit erweiterte Betreuungspflichten treffen.[13]

Jenseits der beurkundungsrechtlichen Amtspflichten steht es dem Notar frei, Fragen der Rechtsformwahl im Rahmen einer **selbständige Betreuung** zu beraten (§ 24 BNotO). Voraussetzung ist ein Auftrag, der allerdings auch konkludent erteilt sein kann.[14] Im Rahmen seines Auftrages ist der Notar zur gewissenhaften und sorgfältigen Beratung verpflichtet.[15] Sobald der Notar mehr als die beurkundungsrechtlich gebotenen Hinweise zur Rechtsformwahl erteilt, sollte er im Zweifelsfall den Umfang seiner Betreuung klarstellen. 14

II. Gesetzliche Vorgaben zur Rechtsformwahl

1. Numerus clausus der Rechtsformen

Die Rechtsformwahl spielt sich im Rahmen eines **numerus clausus von Rechtsformen** ab.[16] Das Gesellschaftsrecht gestattet keine dem Schuldrecht vergleichbare Vertragsfreiheit, sondern zwingt zur Verwendung der gesetzlich vorgegebenen Typen und innerhalb dieser Typen zur Beachtung der gesetzlichen Gestaltungsoptionen. Die Auswahl an möglichen Rechtsformen ist allerdings bereits unter den gesetzlichen Grundtypen des deutschen Rechts ausgesprochen groß und wächst weiter, zuletzt durch die PartG und – auf europarechtlicher Grundlage – durch die EWIV und die SE. 15

Überholt ist die Diskussion, dass aus dem Grundsatz des numerus clausus der Rechtsformen ein Verbot **gesellschaftsrechtlicher Mischformen** abzuleiten wäre.[17] Neben den gesetzlichen Grundtypen hat sich die GmbH & Co. KG weit verbreitet, daneben unter anderem die GmbH & atypisch Still, die Stiftung & Co. KG oder die GmbH & Co. KGaA. 16

Erheblich vergrößert hat sich die Auswahl an **ausländischen Rechtsformen**, die ihren effektiven Verwaltungssitz in Deutschland nehmen dürfen, ohne dass dies ihre Rechtsform beeinträchtigt. Aufgrund der Rechtsprechung des EuGH[18] zur Niederlassungsfreiheit gilt dies nunmehr für alle in anderen EU- und EWR-Staaten gegründeten Gesellschaften, was in Deutschland anfangs einen Ansturm auf die englische Ltd. auslöste. Bereits zuvor galt dies aufgrund staatsvertraglicher Anerkennung im Verhältnis von Deutschland zu den USA.[19] 17

---

[6] BGH NJW 2002, 2787f.; *Reithmann/Albrecht/Riegel* Hdb. d. notariellen Vertragsgestaltung 8. Aufl. Rdnr. 1140.

[7] *Winkler* Beurkundungsgesetz 16. Aufl. § 17 Rdnr. 224; BeckOK-Litzenburger BeurkG § 17 Rdnr. 3.

[8] BGH DNotZ 1992, 813, 815; BGH DNotZ 1965, 115, 117; *Winkler* Beurkundungsgesetz 16. Aufl. § 17 Rdnr. 237.

[9] BGH DNotZ 1967, 323, 324.

[10] Ausnahmen gelten zur Haftung gemäß §§ 75ff. AO, BGH NJW-RR 1992, 1178, 1180; oder § 8 Abs. 1 S. 5, Abs. 4 ErbStDV zum Hinweis auf Erbschaft- und Schenkungsteuer.

[11] BGH NJW 2008, 1085; OLG Frankfurt DNotZ 1996, 589, 590; *Winkler* Beurkundungsgesetz § 17 Rdnr. 237.

[12] OLG Hamm DNotZ 1996, 121.

[13] BGH DNotZ 1954, 319; BGH NJW 1996, 522; *Winkler* BeurkG § 17 Rdnr. 242ff.

[14] Arndt/*Lerch*/Sandkühler DNotO § 24 Rdnr. 10.

[15] BGH DNotZ 1981, 775; BGH DNotZ 1985, 636; BGH DNotZ 1993, 459.

[16] *K. Schmidt* GesR § 5.II.1.

[17] Zu Grenzen der Typenvermischung *K. Schmidt* GesR § 5 III.

[18] EuGH ZIP 1986, 643 – Centros; EuGH NJW 2002, 3614 – Inspire Art –; EuGH NJW 2003, 1461 – Überseering; vgl. Rdnr. 48ff.

[19] BGH NJW 2003, 1407.

2. Rechtsformzwang wegen Rechtsformverfehlung

18 Eng mit dem Grundsatz des numerus clausus der Rechtsformen verbunden ist ein Rechtsformzwang durch Rechtsformverfehlung. Das deutsche Gesellschaftsrecht zwingt Gesellschaftern in bestimmten Konstellationen eine Rechtsform auf, die sie gar nicht gewählt haben, weil die von ihnen gewählte Rechtsform im konkreten Fall nicht zulässig war. Dieser Rechtsformzwang ist also ein gesetzlicher **Reaktionsmechanismus für eine Rechtsformverfehlung.**[20]

19 Die wichtigsten Fälle spielen im **Recht der Personenhandelsgesellschaften.** Eine GbR, die für ein Handelsgewerbe gegründet wird, ist nach § 105 HGB zwingend eine oHG. Umgekehrt ist eine Gesellschaft, die von ihren Gesellschaftern als KG, aber für eine nichtvollkaufmännische Tätigkeit gegründet wird und nicht im Handelsregister eingetragen ist, zwingend eine GbR. Verliert eine KG ihren einzigen Komplementär und führen die verbleibenden Gesellschafter der Geschäfte fort, ist die Gesellschaft eine oHG oder GbR.[21] Verbleibt nur ein einziger Gesellschafter, gibt es gar keine Personengesellschaft mehr, sondern ein Einzelunternehmen, da Personengesellschaften – anders als Kapitalgesellschaften – aus mindestens zwei Gesellschaftern bestehen müssen.

20 Eine weitere Fallgruppe betrifft **Gesellschaften aus Drittstaaten (ohne USA):** Eine Kapitalgesellschaft mit Satzungssitz außerhalb der EU und des EWR (sowie den USA), die ihren effektiven Verwaltungssitz im Inland nimmt, ist nach deutschem internationalen Gesellschaftsrecht eine GbR oder oHG.[22] Kapitalgesellschaften aus Drittstaaten (ohne USA) stehen für eine Rechtsformwahl im Inland daher in der Regel nicht zur Verfügung.

3. Gesetzliche Vorgaben zum Unternehmensgegenstand

21 **a) Einschränkung der Rechtsformwahl für bestimmte Unternehmensgegenstände.** Vornehmlich im **Recht der öffentlich-rechtlichen Wirtschaftsaufsicht** und im **beruflichen Standesrecht** finden sich gesetzliche Vorgaben zur Rechtsform, die an den Gegenstand des Unternehmens anknüpfen.[23] Sie schränken die Rechtsformwahl teils erheblich ein.

22 Die **wichtigsten Fälle** sind folgende: Bankunternehmen müssen Handelsgesellschaften sein (§ 2a KWG). Private Versicherungen sind in der Rechtsform einer Aktiengesellschaft (einschließlich der SE) zu führen oder als Versicherungsverein auf Gegenseitigkeit (§ 7 Abs. 1 VAG). Kapitalanlagegesellschaften steht nur die Rechtsform der Aktiengesellschaft oder der Gesellschaft mit beschränkter Haftung offen (§ 6 Abs. 1 InvG). Rechtsanwälten ist ein Zusammenschluss nur in der Form der GbR, der Partnerschaftsgesellschaft oder nach § 59c BRAO möglich oder als Rechtsanwaltsgesellschaften in der GmbH. Steuerberatungs- (§ 49 StBG) und Wirtschaftsprüfungsgesellschaften (§ 27 WiPrO) haben eine etwas größere Auswahl an Rechtsformen. Apotheken können von mehreren nur in der Rechtsform der Gesellschaft bürgerlichen Rechts oder der offenen Handelsgesellschaft betrieben (§ 8 ApoG) werden. Diese Aufzählung kann nicht abschließend sein. Die für den konkreten Unternehmensgegenstand einschlägigen Gesetze enthalten in der Regel weitere Anforderungen an die Ausgestaltung der zulässigen Rechtsform.

23 **b) Rechtsformen ausschließlich für bestimmte Unternehmensgegenstände.** Diverse Rechtsformen sind von Gesetzes wegen **bestimmten Unternehmensgegenständen** vorbehalten und können von anderen Unternehmen nicht verwendet werden. Die wichtigsten sind die Folgenden:

- Die Partnerschaftsgesellschaft (PartG) dient dem Zusammenschluss der Angehörigen der Freien Berufe zur Ausübung ihrer Berufe (§ 1 Abs. 1 S. 1 PartGG).
- Die Partenreederei ist auf die Verwendung eines den Reedern gemeinschaftlich zustehenden Schiffes zum Erwerb durch die Seefahrt beschränkt (§ 489 Abs. 1 HGB).

[20] *K. Schmidt* § 5.II.3; *Jahnke* ZHR 146, 595 ff.
[21] Baumbach/Hopt/*Hopt* § 177 Rdnr. 1.
[22] BGH NJW 2009, 289 = DNotZ 2009, 385.
[23] *K. Schmidt* GesR § 5.II. a).

- Der Versicherungsverein auf Gegenseitigkeit (VVaG) dient ausschließlich Versicherungsunternehmen.
- Die Europäische wirtschaftliche Interessenvereinigung (EWIV) dient als grenzüberschreitende Kooperationsplattform.

4. Gesetzliche Vorgaben zum Unternehmenszweck

Die Rechtsformen der Personen- und Kapitalgesellschaften dienen in erster Linie Unternehmen, die **eigene erwerbswirtschaftliche Zwecke** verfolgen. Die Personenhandelsgesellschaften sind zudem auf Unternehmen beschränkt, die gewerbliche Zwecke verfolgen oder Vermögensverwaltung betreiben (§ 105 HGB), und können für andere Zwecke, etwa für gemeinnützige oder künstlerische, nicht eingesetzt werden. Die Kapitalgesellschaften, allen voran die GmbH, stehen quasi allen Zwecken offen. Auch in der GbR können beliebige Zwecke umgesetzt werden, solange sie kein Handelsgewerbe betreibt, das sie von Gesetzes wegen zur oHG werden lässt. 24

Der Gesetzgeber hat einige Rechtsformen geschaffen, die gerade solchen Unternehmungen dienen, die **nicht in erster Linie eigene erwerbswirtschaftliche Zwecke**, sondern nichtgewerbliche verfolgen oder überwiegend dem Wohl ihrer Mitglieder dienen. Es handelt sich vor allem um die folgenden, vgl. Rdnr. 160 ff. 25

- Rechtsfähiger Idealverein (e. V.),
- Eingetragene Genossenschaft (eG) und Europäische Genossenschaft (SCE),
- Versicherungsverein auf Gegenseitigkeit (VVaG),
- Rechtsfähige Stiftung des Privatrechts und
- Europäische wirtschaftliche Interessenvereinigung (EWIV).

Diese Rechtsformen gehören **nicht zum Gesellschaftsrecht im engeren Sinne**. Sie werden daher im Gang dieser Darstellung nicht in den Überblick gesellschaftsrechtlicher Kriterien für die Rechtsformwahl einbezogen, sondern sind am Ende dieses Kapitels Gegenstand eines stichwortartigen Überblicks anhand einiger wesentlicher Kriterien der Rechtsformwahl. Unberücksichtigt bleiben die Rechtsformen des öffentlichen Rechts, des ausländischen Rechts sowie wenig verbreitete Rechtsformen des Gesellschaftsrechts, etwa die Partenreederei. 26

III. Gesellschaftsrechtliche Kriterien für die Rechtsformwahl

1. Überblick über die Personen- und Kapitalgesellschaften

a) **Gesellschaft bürgerlichen Rechts (GbR).** Die GbR (BGB-Gesellschaft) ist eine im bürgerlichen Recht geregelte Personengesellschaft (§§ 705 bis 740 BGB). Wesensmerkmale der GbR sind, dass sie mindestens zwei Gesellschafter benötigt, die Geschäftsführung und organschaftliche Vertretung jedenfalls auch von den Gesellschaftern wahrgenommen werden muss (Selbstorganschaft), und die Gesellschafter persönlich für ihre Verbindlichkeiten haften. Die GbR kann im Grundsatz für jeden erlaubten Zweck eingesetzt werden und tritt daher in einer Vielzahl von Erscheinungsformen auf, unter anderem durch bloße Innengesellschaften, Zusammenschlüsse für ideelle Vorhaben, Freiberuflergesellschaften, gemeinsame Vermögensverwaltungen, Arbeitsgemeinschaften, Konsortien, Familiengesellschaften oder Stimmrechtspools. Der GbR verschlossen ist der Betrieb eines Handelsgewerbes (§ 1 Abs. 2 HGB). Als Anwendungsfall des sog. Rechtsformzwangs ist jede Personengesellschaft, die ein Handelsgewerbe betreibt, automatisch eine offene Handelsgesellschaft (§ 105 Abs. 1 HGB) oder Kommanditgesellschaft.[24] Die (Außen-)GbR ist ähnlich der oHG rechtsfähig.[25] 27

Der **Anwendungsbereich** der GbR liegt in jeder Umsetzung gemeinsamer Interessen, wenn kein auf Dauer eingerichtetes Gewerbe ausgeübt werden soll, keine Haftungsbeschränkung 28

[24] Vgl. Rdnr. 19.
[25] BGHZ 146, 341= NJW 2001, 1056; BGH NJW 2002, 1207.

erforderlich ist und auch sonst keine Registereintragung benötigt wird. Das Fehlen eines Registereintrags ist im Rechtsverkehr der GbR ein Nachteil, als Alternative kommt die Gründung einer vermögensverwaltenden oHG oder KG in Betracht.[26]

29 b) **Offene Handelsgesellschaft (oHG).** Die oHG ist eine Personenhandelsgesellschaft, also eine Personengesellschaft, deren Zweck der Betrieb eines Handelsgewerbes (§ 1 Abs. 2 HGB) unter gemeinschaftlicher Firma ist (§ 105 Abs. 1 HGB). § 105 Abs. 2 HGB erweitert den Anwendungsbereich der oHG zudem um solche Personengesellschaften, die ihre Firma in das Handelsregister eintragen lassen, aber nicht schon nach § 1 Abs. 2 HGB Handelsgewerbe sind oder lediglich eigenes Vermögen verwalten. Damit geht der Anwendungsbereich der oHG über die Handelsgewerbe hinaus. Verschlossen ist die oHG im Grundsatz den Freiberuflern[27] sowie künstlerischen oder ideellen Vorhaben. Für erstere gibt es die GbR, die PartG und ggf. Kapitalgesellschaften. Letzteren sind die GbR, die Kapitalgesellschaften und vor allem die nicht erwerbsorientierten Rechtsformen, wie der e. V., vorbehalten. Die oHG ist keine juristische Person, aber rechtsfähig (§ 124 HGB). Geregelt ist sie in §§ 105 bis 160 HGB und darüber hinaus in den Vorschriften zur GbR (§ 105 Abs. 3 HGB).

30 Der **Anwendungsbereich** der oHG liegt vor allem bei Handelsgewerben gleichberechtigter und -verpflichteter Partnern, die keine Haftungsbeschränkung benötigen. Hilfreich ist die oHG für Vermögensverwaltungen, die einen Handelsregistereintrag als Existenz- und Vertretungsnachweis benötigen.[28] Störend kann die (geringe) Buchführungspflicht sein, die Registerpublizität und der unpassenden Firmenzusatz „Handelsgesellschaft"; eine IHK-Pflichtmitgliedschaft oder bilanzielle Offenlegungspflichten bestehen nicht.[29]

31 c) **Kommanditgesellschaft (KG).** Die KG ist eine Personenhandelsgesellschaft mit Haftungsbeschränkung für ihre Kommanditisten. Mindestens ein Gesellschafter muss unbeschränkt persönlich haften (§ 161 Abs. 1 HGB). Soweit §§ 161 bis 177 a HGB für die KG keine besonderen Regeln vorsehen, gelten die Vorschriften der oHG für die KG entsprechend (§ 161 Abs. 2 HGB). Auch die KG steht im Grundsatz Vermögensverwaltungen zur Verfügung, wenn die Firma im Handelsregister eingetragen wird. Verschlossen ist sie in der Regel Freiberuflern sowie künstlerischen oder ideellen Vorhaben.

32 Der **Anwendungsbereich** der KG liegt überwiegend in Typenkombinationen, vor allem als GmbH & Co. KG. Interessant ist die KG, bei der zumindest ein Gesellschafter, der natürliche Person ist, die persönliche Haftung übernimmt, allerdings zur Vermeidung bilanzieller Offenlegungspflichten.[30] Wie die oHG kann die KG für einen erleichterten Existenz- und Vertretungsnachweis sorgen,[31] kombiniert mit ihrer Haftungsbeschränkung und dem Vertretungsausschluss für den Kommanditisten. Letzteres kann gerade bei Familiengesellschaften mit Minderjährigen im Vergleich zu GbR und oHG vorteilhaft sein, insbesondere um familiengerichtliche Genehmigungspflichten zu minimieren und im Erbfall eine Testamentsvollstreckung effizient durchzusetzen.

33 d) **GmbH & Co. KG.** Die GmbH & Co. KG ist eine KG, deren einziger persönlich haftender Gesellschafter eine GmbH ist. Diese Typenkombination ermöglicht es, wesentliche Vorteile der Kapitalgesellschaften mit Eigenschaften der Personenhandelsgesellschaften zu verknüpfen, insbesondere die beschränkte Haftung und die Möglichkeit der Fremdgeschäftsführung über den Geschäftsführer der GmbH einerseits und die Möglichkeit der steuerlichen Verlustverrechnung mit sonstigen Einkünften der Gesellschafter andererseits. Anders als die gewöhnliche KG kann die GmbH & Co. KG auch von nur einer einzigen Person errichtet und geführt werden, indem der Gesellschafter der Komplementär-GmbH zugleich deren Geschäftsführer und der einzige Kommanditist der KG ist. Die GmbH & Co. KG gibt es in vielen Varianten. Die GmbH-Gesellschafter können beteiligungsidentisch

---

[26] Zur Grundstücks-GbR BGH DStR 2011, 1041 = BGH ZIP 2011, 1003.
[27] MünchKommBGB/*Ulmer/Schäfer* § 1 PartGG Rdnr. 13.
[28] *Von Oertzen*, Vermögensverwaltende GbR vs. vermögensverwaltende KG: Überblick über die zivil- und steuerrechtlichen Gemeinsamkeiten bzw. Unterschiede, ZEV 2003, 400.
[29] *Spiegelberger*, Die Familien-GmbH & Co. KG, ZEV 2003, 391, 399.
[30] Vgl. Rdnr. 122.
[31] Vgl. Rdnr. 30.

zugleich Kommanditisten der KG sein oder nicht, womit Kontrolle und wirtschaftliche Beteiligung verbunden oder getrennt werden können. In der sog. Einheitsgesellschaft, wenn die KG die alleinige Gesellschafterin ihrer Komplementär-GmbH ist, wird das Auseinanderfallen von Geschäftsführungs- und Kapitalbeteiligung effektiv verhindert und die Übertragbarkeit der Anteile erleichtert, aber die Kontrolle der Geschäftsführung erschwert. Andere Typenkombinationen sind etwa die UG (haftungsbeschränkt) & Co. KG, die AG & Co. KG oder die Stiftung & Co. KG.[32]

Die GmbH & Co. KG hat einen ausgesprochen großen **Anwendungsbereich**. Neben der GmbH ist die GmbH & Co. KG in Deutschland die für Unternehmen am häufigsten verwendete Form der Handelsgesellschaft, vom Kleinunternehmen bis hin zum Kapitalsammelfonds. Häufig ist sie steuerlich motiviert.[33] Ein wesentlicher Nachteil der GmbH & Co. KG besteht darin, dass sie zwei Rechtsträger benötigt, die beide im Handelsregister einzutragen sind und insbesondere beide buchführungspflichtig sind. Das erhöht den Aufwand dieser Rechtsform im Vergleich zur GmbH. 34

e) Partnerschaftsgesellschaft (PartG). Die PartG ist die Sonderrechtsform einer Personengesellschaft, die ausschließlich den Freien Berufen i. S. d. § 1 Abs. 2 PartGG offen steht. Für die PartG gilt überwiegend das Rechts der GbR (§ 1 Abs. 4 PartGG) bzw. der oHG. Die Besonderheit der PartG gegenüber der GbR besteht vor allem in ihre Namensfähigkeit, der Eintragung in ein öffentliches Register und der teilweisen Haftungsbeschränkung für berufliche Fehler (§ 8 Abs. 2 PartGG). 35

Der **Anwendungsbereich** der PartG ist durch die Beschränkung auf die Freien Berufe vorgegeben. Der Freiberufler hat typischerweise die Wahl zwischen GbR, PartG und, soweit berufsrechtlich zulässig, insbesondere der GmbH.[34] Die Haftungsverfassung der PartG ist ihr wesentlicher Vorteil gegenüber der GbR, so dass sie sich insbesondere bei großen deutschen Rechtsanwaltskanzleien durchgesetzt hat. 36

f) Stille Gesellschaft – Unterbeteiligung. Die Stille Gesellschaft ist eine Innengesellschaft, bei der sich der Stille am Handelsgewerbe des Inhabers mit einer Vermögenseinlage beteiligt (§§ 230 bis 237 HGB i. V. m. § 705 bis 740 BGB). Ähnlich verhält es sich bei der sog. Unterbeteiligung, über die sich der Unterbeteiligte an der Unternehmensbeteiligung eines anderes beteiligt. Auch letztere ist Innengesellschaft. Die Vorschriften zur Stillen Gesellschaft können auf sie analog anwendbar sein.[35] 37

Der **Anwendungszweck** der Stillen Gesellschaft kann darin bestehen, dass der Stille nicht bekannt werden soll. Darüber hinaus wird sie als Mittel zur Verbesserung der Kapitalausstattung von Unternehmen auch gesetzlich gefördert (z. B. Bankenrettungspakete der öffentlichen Hand; § 1 a Abs. 3 S. 2 UBGG).[36] Bedeutung hat sie vor allem in steuerlichen Gestaltungen, insbesondere als GmbH & atypisch Still, um eine der GmbH & Co. KG vergleichbare steuerliche Mitunternehmerschaft zu erreichen, ohne dass es eines zweiten im Handelsregister eingetragenen Rechtsträgers bedarf. 38

g) Gesellschaft mit beschränkter Haftung (GmbH) – UG (haftungsbeschränkt). Die GmbH ist eine Kapitalgesellschaft mit personalistischen Zügen. Ihr großer Vorteil ist, dass sie im Gesellschaftsvertrag ausgesprochen flexibel an die Bedürfnisse ihrer Gesellschafter angepasst werden kann. Die Haftung der GmbH-Gesellschafter ist auf ihre Einlage beschränkt, wobei das Stammkapital mindestens € 25.000,– betragen muss. Die GmbH ist als reine Einpersonengesellschaft zulässig, mit nur einem einzigen Gesellschafter, der zugleich Geschäftsführer sein kann. Anders als bei Personengesellschaften muss der Geschäftsführer nicht Gesellschafter sein (sog. Fremdorganschaft). Als Kapitalgesellschaft ist die GmbH juristische Person und als solche rechtsfähig (§ 13 GmbHG). Sie kann für jeden erlaubten Zweck errichtet werden (§ 1 Abs. 1 GmbHG). Damit ist sie nicht nur für Handelsgewerbe geeignet, sondern auch für Vermögensverwaltungen oder gemeinnützige Projekte. Für Frei- 39

[32] Gummert/*Mutter* § 1 Rdnr. 119 ff.
[33] Vgl. Rdnr. 134 ff.
[34] MünchKommBGB/*Ulmer/Schäfer* § 1 PartGG Rdnr. 11 ff.; MünchHdbGesR I/*Salger* § 36 Rdnr. 23 ff.
[35] *Baumbach/Hopt* § 105 Rdnr. 38.
[36] MünchHdbGesR(II)/*Bezzenberger/Keul* § 72 Rdnr. 23 ff.

berufler kommt die GmbH anstelle der GbR oder PartGG in Betracht, sofern dem nicht berufsrechtliche Vorschriften entgegenstehen.[37]

40 Die GmbH kann in der Sonderform einer **Unternehmergesellschaft (haftungsbeschränkt)** gegründet werden. Sie dient Unternehmensgründern mit geringem Startkapital, da ihr Stammkapital lediglich € 1,– betragen muss. Ihr Nachteil gegenüber der GmbH ist ihr langer und etwas unattraktiver Firmenzusatz und die Pflicht, ein Viertel des Jahresgewinns den Rücklagen zuzuführen.

41 Der **Anwendungsbereich** der GmbH ist so groß, dass sie zu der in Deutschland am weitesten verbreiteten Kapitalgesellschaft wurde.[38] Im Alltag ist sie relativ einfach zu handhaben. Anders als die übrigen Kapitalgesellschaftsformen brauchen kleinere Unternehmen in der GmbH meist neben einer steuerlichen Unterstützung keine aufwendige gesellschaftsrechtliche Beratung, sondern können damit arbeiten, dass für wesentliche Strukturmaßnahmen ohnehin die notarielle Mitwirkung vorgesehen ist. Zugleich ist die GmbH hinreichend flexibel, dass sie auch für größere Unternehmen, in Konzernen und in sonstigen komplexeren Gesellschafterstrukturen eingesetzt werden kann.

42 **h) AG.** Die AG ist eine Kapitalgesellschaft und juristische Person (§ 1 Abs. 1 AktG). Im Gegensatz zur GmbH ist sie börsenfähig. Ihr Grundkapital muss mindestens € 50.000,– betragen. Die Haftung des Aktionärs ist auf die Einlage beschränkt. Die Leitungs- und die Kapitalebene der AG ist auf drei Organe verteilt, Vorstand, Aufsichtsrat und Hauptversammlung. Daher benötigt die AG mindestens vier Personen, nämlich mindestens einen Aktionär, der zugleich Mitglied des Aufsichtsrates oder des Vorstands sein kann, mindestens drei Mitglieder des Aufsichtsrates und mindestens ein Vorstandsmitglied. Ein wichtiges Merkmal der AG ist das Gebot der Satzungsstrenge (§ 23 Abs. 5 AktG), das ihre Satzung unflexibel macht.

43 Der **Anwendungsbereich** der AG liegt vor allem bei kapitalmarktorientierten Unternehmen. Die AG ist juristisch anspruchsvoll und kann in der Praxis kaum ohne eine laufende gesellschaftsrechtliche Beratung eingesetzt werden.

44 **i) Kommanditgesellschaft auf Aktien (KGaA).** Die KGaA (§§ 278 bis 290 AktG) ist Kapitalgesellschaft und juristische Person,[39] aber zugleich eine Mischform, die teils Regeln der Kommanditgesellschaft anwendet und teils der Aktiengesellschaft (§ 278 AktG). Entsprechend hat die KGaA zwingend zwei Arten von Gesellschaftern, wenigstens einen Komplementär und wenigstens einen Kommanditaktionär, wobei beide allerdings in einer Person zusammenfallen dürfen.[40] Das Grundkapital der KGaA muss mindestens € 50.000,– betragen. Die Haftung des Kommanditaktionärs ist auf die Einlage beschränkt, nicht aber die des Komplementärs. Mischformen sind zulässig, etwa indem eine GmbH die Stellung des Komplementärs übernimmt (GmbH & Co. KGaA).[41] Dem Komplementär obliegt die Leitungsebene der KGaA. Die Kapitalebene wird von Aufsichtsrat und Hauptversammlung vertreten. Die Satzung der KGaA erlaubt im Vergleich zur AG deutlich freiere Gestaltungsmöglichkeiten.[42] Die KGaA ist wie die AG börsenfähig.

45 Der **Anwendungsbereich** der KGaA ist eng. Trotz ihrer Flexibilität gibt es nur knapp über 200 aktive Einheiten.[43] Die persönliche Haftung des Komplementärs führt in ihrer Reinform dazu, dass sie gerade für Großunternehmen, die eigentlich den durch sie ermöglichten Zugang zum Kapitalmarkt brauchen, ungeeignet ist. Als Mischform, etwa als GmbH & Co. KGaA, ist sie juristisch sehr anspruchsvoll, kann aber durch flexible Satzungsgestaltungen, eine recht große Unabhängigkeit der Leitungsebene und mitbestimmungsrechtliche Vorteile in Einzelfällen interessant sein.[44] Die KGaA kann in der Praxis nicht ohne eine qualifizierte gesellschaftsrechtliche Beratung eingesetzt werden.

[37] MünchKommBGB/*Ulmer/Schäfer* Vor § 1 PartGG Rdnr. 15 ff.
[38] *Hüffer* § 278 Rdnr. 4, Römermann/*Büsching* § 1 Rdnr. 3.
[39] MünchKommAktG/*Perlitt* § 289 Rdnr. 2 f.
[40] *Hüffer* § 278 Rdnr. 5.
[41] BGH NJW 1997, 1923.
[42] MünchHdbGesR(IV)/*Herfs* § 75 Rdnr. 10 ff.
[43] Vgl. www.handelsregister.de – Erweiterte Suche nach Rechtsform; *Hüffer* AktG § 278 Rdnr. 2.
[44] Münch.Hdb.AG/*Herfs* § 75 Rdnr. 5 f.

j) Societas Europeae (SE). Die SE (Europäische Gesellschaft oder Europäische Aktiengesellschaft) ist eine supranationale Rechtsform, die durch die SE-Verordnung (SE-VO) eingeführt und in den Mitgliedstaaten durch Ausführungsgesetze konkretisiert wurde, in Deutschland durch das SE-Ausführungsgesetz (SEAG). Daher gibt es so viele unterschiedliche Arten der SE wie es EU-Mitgliedstaaten gibt. Die Wesensmerkmale der deutschen SE entsprechen überwiegend der AG. Sie ist als Kapitalgesellschaft juristische Person (Art. 1 Abs. 3 SE-VO) und börsenfähig. Ihr Grundkapital muss mindestens € 120.000,– betragen und die Haftung der Aktionäre ist auf die Einlage beschränkt. Natürliche Personen können nicht Gründer einer SE sein und die Gründer müssen aus unterschiedlichen Rechtsordnungen stammen. Im Unterschied zur AG kann die Satzung der SE die Leitungsebene nach Wahl mit Vorstand und Aufsichtsrat (dualistisches System) oder mit einem Verwaltungsrat (monistisches System) besetzen. Zur Arbeitnehmermitbestimmung hatte die SE anfangs ein Alleinstellungsmerkmal unter den Rechtsformen, da sie Vereinbarungen mit der Arbeitnehmerseite zulässt. Zwischenzeitlich steht diese Möglichkeit auch anderen Rechtsformen im Rahmen grenzüberschreitender Verschmelzungen offen (MgVG).[45] 46

Der **Anwendungsbereich** der SE sind die großen grenzüberschreitenden Unternehmen. Entsprechend gering ist ihre Verbreitung. In Deutschland gibt es weniger als 200 aktive Einheiten, darunter viele Vorratsgesellschaften.[46] Da ihre anfänglichen mittbestimmungsrechtlichen Vorteile kein Alleinstellungsmerkmal mehr sind, liegt ihr Vorteil vor allem in der Gestaltungsfreiheit zur Leitungsebene und dem internationalen Auftritt. 47

k) Ausländische Gesellschaftsformen. Die Rechtsprechung des EuGH zur **EU-Niederlassungsfreiheit**[47] hat Unternehmen die Möglichkeit eröffnet, in Deutschland mit Gesellschaften zu agieren, die in anderen EU- und EWR-Staaten nach dem dortigen Recht gegründet wurden. Der Unternehmer kann den effektiven Verwaltungssitz ins Inland verlegen, aber den Satzungssitz sowie die Registerzuständigkeit im Gründungsstaat bewahren. Das europäische Recht überlagert dadurch die im deutschen internationalen Privatrecht herrschende Sitztheorie, die auf Gesellschaften im Grundsatz das Recht ihres sog. effektiven Verwaltungssitzes für anwendbar erklärt.[48] Die ausländische Handelsgesellschaft hat die Pflicht, sich als Zweigniederlassung im deutschen Handelsregister eintragen zu lassen (§§ 13d ff. HGB). 48

Für Gesellschaften aus **Drittstaaten** gelten die Erleichterungen dieser EuGH-Rechtsprechung nicht. Verlegt der Unternehmer den effektiven Verwaltungssitz seiner Gesellschaft, die er in einem Drittstaat gegründet hat, ins Inland, so scheitert seine Rechtsformwahl. Er verwirklicht einen Anwendungsfall des sog. Rechtsformzwangs wegen Rechtsformverfehlung.[49] Für diese Gesellschaften verweist das deutsche Internationale Privatrecht auf das deutsche materielle Gesellschaftsrecht, sofern nicht – wie etwa im Fall der USA[50] – ein Staatsvertrag ausnahmsweise das Gründungsrecht zur Anwendung bringt. Die ausländische Gesellschaft gilt dann typischerweise als oHG oder GbR, je nachdem ob sie ein Handelsgewerbe betreibt oder nicht,[51] da andere Gesellschaftsformen eine Eintragung in das deutschen Handelsregister voraussetzen würden. 49

Von den EU-Gesellschaftsformen hat sich vor allem die **englische Limited** in Deutschland verbreitet. Der Grund dafür liegt in ihrem geringen Mindestkapital, einem schnellen Gründungsverfahren und der Möglichkeit, sie als Rechtsform einfach gewerbsmäßig zu vertreiben. Der deutsche Gesetzgeber hat auf diese Entwicklung durch die Einfügung der UG (haftungsbeschränkt) mit einem Mindeststammkapital von € 1,– reagiert sowie mit einem verbesserten deutschen Registerverfahren und einem schlankeren und günstigeren Grün- 50

[45] Gesetz über die Mitbestimmung der Arbeitnehmer bei einer grenzüberschreitenden Verschmelzung vom 21. 12. 2006 (BGBl I, 3332), zuletzt geändert am 30. 7. 2009 (BGBl. I, 2479).

[46] Vgl. www.handelsregister.de – Erweiterte Suche nach Rechtsform.

[47] EuGH NJW 1999, 2027 – Centros –; EuGH NJW 2002, 3631 – Überseering –; EuGH NJW 2003, 1461 – Inspire Art–.

[48] BGH NJW 2009, 289.

[49] Vgl. Rdnr. 20.

[50] BGH NJW 2003, 1407.

[51] BGH NJW 2009, 289 für die schweizerische Aktiengesellschaft.

dungsrecht (Musterprotokoll). Dadurch hat die englische Limited ihren gerade erst gewonnenen Anwendungsbereich im Inland wieder verloren.

51 Die **Wahl einer EU-Rechtsform** ist vor allem dort interessant, wo die Gesellschaft einen EU-Auslandsbezug hat. Vertriebstöchter können unter der Rechtsordnung des Vertriebslandes gegründet werden, selbst wenn die Verwaltung der Tochter aus dem Inland geführt wird. Joint-Ventures können in der Rechtsform eines ausländischen Mitgesellschafters gegründet werden, unabhängig vom Ort ihrer Verwaltung. Interessant können EU-Rechtsformen auch ohne jeden Auslandsbezug sein, sofern sie rechtliche Eigenschaften haben, die im Einzelfall von entscheidender Bedeutung und im deutschen Gesellschaftsrecht nicht erreichbar sind. Als Beispiel gilt die englische Limited Liability Partnership (LLP), die bei deutschen Anwaltskanzleien eine gewisse Verbreitung gefunden hat, weil sie in England eine über § 8 Abs. 2 PartGG hinausgehende Haftungsbeschränkung kennt,[52] deren Handhabung in Deutschland allerdings noch nicht abschließend geklärt ist.[53]

52 **Nachteile der ausländischen Rechtsformen** ergeben sich insbesondere aus dem Zusammentreffen zweier Rechtsordnungen. Register-, gesellschafts-, bilanz- und steuerrechtlich muss die Gesellschaft bei vielen Fragestellungen das Recht ihres Gründungsstaates und das Recht ihres Sitzstaates beachten. Insbesondere hat sie Jahresabschlüsse unter zwei Rechtsordnungen aufzustellen. Sobald vertiefter juristischer Rat erforderlich wird, etwa anlässlich der Beteiligung neuer Gesellschafter, dem Ausscheiden von Gesellschaftern oder bei Strukturmaßnahmen, lassen sich bei ihr deutliche erhöhte Beratungskosten kaum vermeiden. Der folgende Vergleich von Rechtsformen wird ausländische Rechtsformen nicht einbeziehen.

2. Gründung

53 **Wichtige Gesichtspunkte** jeder Rechtsformwahl zur Gründung sind die Formalien des Gründungsvorgangs und der Gründungsaufwand.

54 **Überblick:** Personengesellschaften lassen sich im Grundsatz formfrei gründen und brauchen Notar und Gericht allenfalls für die Handelsregistereintragung. Die Gründung von Kapitalgesellschaften verlangt hingegen stets eine notarielle Beurkundung sowie die Beachtung einer ganze Reihe weiterer Formalien, was sich auch in einem höheren Gründungsaufwand niederschlägt. Gesichtspunkte der Gründung sind vor allem für kleinere Unternehmen wichtig und dort für die Rechtsformwahl oft entscheidend. Bei großen Unternehmen fallen formalen Erschwerungen des Gründungsverfahren hingegen kaum ins Gewicht.

55 a) **Personengesellschaften.** Die **Gründungsformalien** der Personengesellschaften sind typischerweise gering. Die GbR wird durch den bloßen Abschluss eines Gesellschaftsvertrages errichtet, der im Grundsatz formfrei ist und auch konkludent geschlossen werden kann. Nur ausnahmsweise gibt es eine Pflicht zur notariellen Beurkundung der Gründung, wenn die Einbringung von Grundbesitz vereinbart wird (§ 311 b Abs. 1 BGB), von GmbH-Geschäftsanteilen (§ 15 Abs. 4 GmbHG) oder einer Vermögensgesamtheit (§ 311 b Abs. 3 BGB). Entsprechendes gilt für die Gründung der Stillen Gesellschaft. OHG und KG sind nach Abschluss des Gesellschaftsvertrages in öffentlicher Form zur Eintragung in das Handelsregister anzumelden (§§ 106, 12 HGB), was allerdings nur für Gesellschaften, die kein Handelsgewerbe betreiben, konstitutive Gründungsvoraussetzung ist. Die Gründung der GmbH & Co. KG unterscheidet sich nicht von der gewöhnlichen KG-Gründung, setzt aber voraus, dass es eine rechtlich zumindest als Vorgesellschaft existierende GmbH gibt, die Komplementär sein kann. Etwas aufwändiger ist die Gründung der PartG, die einen schriftlichen Gesellschaftsvertrag braucht, der das landes- oder bundesrechtliche Berufsrecht des freien Berufs beachten muss, und zudem die Anmeldung zur Eintragung im Partnerschaftsregister in öffentlicher Form sowie die Registereintragung als konstitutive Gründungsvoraussetzung (§§ 5, 7 Abs. 1 PartGG). Im Vergleich zu den Kapitalgesellschaften hat die

[52] Etwa *Triebel/Silny* NJW 2008, 1034.
[53] BGH NJW 2009, 3162 mit Anm. *Henssler* NJW 2009, 3136.

Gründung der Personengesellschaften einen wesentlichen Vorteil, nämlich das Fehlen einer Satzungspublizität. Die Gesellschaftsverträge der Personengesellschaften werden nicht beim Handelsregister vorgelegt und sind daher auch nicht für jedermann online zugänglich.

Die **Gründungskosten** der Personengesellschaften beschränken sich in der Regel auf die Beratungskosten für einen passenden Gesellschaftsvertrag und, sofern einschlägig, die Notargebühren für die Registeranmeldung und die Gerichtsgebühren für die Eintragung im Register. Damit sind die Gründungskosten typischerweise niedrig und liegen deutlich unter denen einer Kapitalgesellschaft. Dieser Gebührenvorteil entfällt, falls ein Gesellschaftsvertrag ausnahmsweise notariell beurkundet werden muss. Zwei gebührenrechtliche Vorteile hat die notarielle Beurkundung. Sie umfasst die rechtliche Beratung durch den Notar und sie eröffnet bei sehr hohen Gegenstandswerten Gestaltungsmöglichkeiten, da der kostenrechtliche Gegenstandswert eines Gesellschaftsvertrages € 5.000.000,– nicht übersteigt (§ 39 Abs. 5 KostO). 56

b) **Kapitalgesellschaften.** Die **Gründungsformalien** der Kapitalgesellschaften sind deutlich umfänglicher als die der Personengesellschaften. Sie bestehen üblicherweise aus einem notariell beurkundeten Gründungsakt, der Wahl von Gesellschaftsorganen und der Anmeldung sowie Eintragung der Gesellschaft im Handelsregister. 57

Der **notarielle Gründungsakt** der GmbH besteht im Abschluss des Gesellschaftsvertrages (§ 2 Abs. 2 GmbHG) und umfasst üblicherweise in derselben Urkunde auch den Beschluss über die Wahl der Geschäftsführer. Eine vereinfachte und kostenrechtlich günstigere GmbH-Gründung erlaubt das Musterprotoll (§ 2 Abs. 1a GmbHG), das vor allem für Einpersonengründungen geeignet sein kann und den Gesellschaftsvertrag, die Geschäftsführerbestellung und die Gesellschafterliste in einem Rechtsakt vereint. Das notarielle Protokoll der AG-Gründung enthält die Feststellung der Satzung (§ 23 Abs. 1 AktG) und die Bestellung des ersten Aufsichtsrates (§ 30 AktG). Letzterer wählt in seiner konstituierenden Sitzung den Vorstand. Entsprechendes gilt für die KGaA, deren persönlich haftende Gesellschafter zwingend in der Satzung zu benennen sind (§§ 280 Abs. 1, 281 AktG). In der SE unterscheidet sich der notarielle Gründungsakt nach dem Gründungsverfahren, sei es Verschmelzungsgründung, Holding-Gründung oder Gründung einer Tochter-SE. 58

Die **Anmeldung** der Kapitalgesellschaft zur Eintragung ins Handelsregister erfordert stets öffentliche Form. In der GmbH ist sie die Aufgabe sämtlicher Geschäftsführer (§§ 7 Abs. 1, 8 Abs. 5, 78 GmbHG, § 12 HGB), in der AG sämtlicher Gründer, Aufsichtsratsmitglieder und Vorstandsmitglieder (§ 36 AktG); in der KGaA treten die persönlich haftenden Gesellschafter an die Stelle der Vorstandsmitglieder. Die Gründung der SE ist komplizierter und erfordert in der Regel eine registerrechtliche Beteiligung in zwei Rechtsordnungen. 59

Für die Kapitalgesellschaften gilt Satzungspublizität. Die Gründungsurkunde mit dem Gesellschaftsvertrag bzw. der Satzung ist bei jeder Kapitalgesellschaftsgründung zwingende **Anlage zur Handelsregisteranmeldung** (§ 8 Abs. 1 Nr. 1 GmbHG; § 37 Abs. 4 Nr. 1 AktG). Die Satzung wird registerrechtlich geprüft und ist später von jedermann online abrufbar. Vertrauliche Vereinbarungen der Gründer, insbesondere zu Finanzierungsverpflichtungen, Wettbewerbsverboten oder Zustimmungsvorbehalten, müssen in zusätzliche Gesellschafter- bzw. Aktionärsvereinbarungen ausgelagert werden. Für die Handelsregisteranmeldungen sind weitere Anlagen vorgeschrieben. Falls nicht nur Bar-, sondern Sacheinlagen erbracht werden, führen die Vorlage eines Einbringungsvertrages und die Pflicht, die Werthaltigkeit der Einlagen nachzuweisen, häufig zu nicht unerheblichem Mehraufwand. 60

Der **Gründungsaufwand** der Kapitalgesellschaften liegt in der Regel deutlich über denjenigen der Personengesellschaften. Eine Ausnahme machen Gründungen unter Verwendung des Musterprotokolls für die GmbH und UG (haftungsbeschränkt), deren Kosten nicht wesentlich ins Gewicht fallen (§ 41d KostO). Zu den Beurkundungsgebühren kommen Kosten für jedes Dokument, das zusätzlich für das Handelsregister vorzubereiten ist. Deshalb führt die Gründung einer AG, die üblicherweise ein höheres Kapital mit höheren Beurkundungsgebühren hat und eine umfangreichere Gründungsdokumentation braucht, zu höheren Gründungkosten als die GmbH. Gründung mit Sacheinlagen erfordern häufig teure Bewertungsnachweise. 61

3. Finanzierung

62 **Wichtige Gesichtspunkte** jeder Rechtsformwahl zur Finanzierung sind, wie gut die Rechtsform geeignet ist, Eigenkapital einzuwerben, und welche Auswirkungen sie auf den Zugang zu Fremdkapital hat.

63 **Überblick:** Für die Eigenkapitalbeschaffung in der Rechtsform einer Personengesellschaft bieten sich die GmbH & Co. KG und die stille Gesellschaft an. Die idealtypische Rechtsform zur Eigenkapitalbeschaffung ist eigentlich die AG; dennoch ist die GmbH in der Praxis verbreitet. Für Fremdkapitalfinanzierungen gibt es keine effektiven zivilrechtlichen Unterschiede zwischen den Rechtsformen, wohl aber steuerliche. Eine Ausnahme bilden die speziellen Finanzierungsformen des Aktienrechts.

64 **a) Personengesellschaften.** Die **Kapitalbeschaffung durch Eigenkapital** ist in solchen Personengesellschaften schwierig, die ihre kapitalgebenden Gesellschafter einer persönlichen Haftung aussetzen. Daher sind GbR und oHG im Nachteil, ebenso die PartG, die meist auch aus berufsrechtlichen Gründen ausscheidet. Die typische Personengesellschaftsform zur Aufnahme von Eigenkapital ist die KG, vor allem als GmbH & Co. KG. Sie ist insbesondere als Rechtsform für Kapitalsammelfonds verbreitet (Immobilienfonds, Schifffonds, Containerfonds). Verbreitet ist auch die stille Gesellschaft, da sie flexibel darlehensähnlich oder atypisch ähnlich einer Kommanditistenstellung ausgestaltet werden kann und nicht zwei Handelsregistereintragungen erfordert. Aus Sicht des Kapitalgebers können Investitionen in eine Personengesellschaft im Hinblick auf eine steuerliche Verlustzuweisung von Vorteil sein.[54] Nachteilig für den Investor ist die eingeschränkte Fungibilität des Personengesellschaftsanteils.

65 Die Aufnahme von **Fremdkapital** ist in Personengesellschaften theoretisch vorteilhafter als in einer Kapitalgesellschaft, sofern sie solvente persönlich haftende Gesellschafter hat. In der Praxis wird dieser Vorteil in kleinen Kapitalgesellschaften dadurch ausgeglichen, dass die Gesellschafter bei Bedarf persönliche Sicherheiten leisten. Fremdkapitalfinanzierungen durch die Gesellschafter sind in Personengesellschaften ertragssteuerlich zumeist nachteilig.[55]

66 **b) Kapitalgesellschaften.** Für die **Kapitalbeschaffung durch Eigenkapital** haben die AG, die KGaA und die SE den Vorteil, dass ihre Aktien an der Börse handelbar sind, was einem Eigenkapitalgeber den Ausstieg aus seinem Investment formal erleichtert. Nutzen können diesen Vorteil aber nur Gesellschaften, die börsennotiert sind und für deren Aktien ein substantieller Handel stattfindet. Kleineren Gesellschaften, deren Aktien nicht oder kaum gehandelt werden, bringt die formale Fungibilität des Anteilsrechts kaum Vorteile. Daran ändert nichts, dass der Gesetzgeber solchen AGs, deren Aktien nicht in einem regulierten Markt gehandelt werden (sog. kleine AG), den Zugang zum Kapitalmarkt erleichtert, indem er sie von vielen strengen Regularien ausnimmt. Als Finanzierungsinstrument hat sich die kleine AG seit den Misserfolgen der New Economy nicht wieder durchsetzen können. Die wichtigste Alternative zur Eigenkapitalfinanzierung an der Börse ist das Private Equity, das sich bei Unternehmen in der Aufbauphase häufig in den Rechtsformen der GmbH findet, die dann später leicht in die AG formwechseln kann, oder in der GmbH & Co. KG. Der Vorteil der GmbH liegt in ihren flexibleren Gestaltungsmöglichkeiten. Als Nachteil gilt das Formerfordernis für Anteilsabtretungen (§ 15 Abs. 3 und 4 GmbHG).

67 Die Kapitalbeschaffung durch **Fremdfinanzierung** ist für kleinere Kapitalgesellschaften schwierig, wenn sie allenfalls ihr Mindestkapital vorweisen können und daher eine schlechte Bonität haben. Das zwingt ihre Gesellschafter in aller Regel dazu, persönliche Sicherheiten zu gewähren und dadurch die Haftungsbeschränkung der Rechtsform faktisch zu durchlöchern. Vorteile bei der Fremdfinanzierung haben AG, KGaA und SE durch spezielle Finanzierungsinstrumente, insbesondere Gewinn- und Wandelschuldverschreibungen und Genussscheine, die ihnen am Kapitalmarkt eine größere Flexibilität geben und sich in ande-

[54] Vgl. Rdnr. 139.
[55] Vgl. Rdnr. 138.

ren Rechtsformen kaum nachahmen lassen. Die Gesellschafterfremdfinanzierung ist in Kapitalgesellschaften aus steuerlicher Sicht oft vorteilhafter.[56] Die insolvenzrechtlichen Grenzen dieser Gesellschafterfremdfinanzierung sind keine Besonderheit dieser Rechtsformen, sondern gelten auch für die GmbH & Co. KG und ausländische beschränkt haftende Rechtsformen (§ 39 Abs. 1 Nr. 5, Abs. 4 und 5 InsO).[57]

4. Kapitalaufbringung

Wichtige Gesichtspunkte jeder Rechtsformwahl zur Kapitalaufbringung sind die gesetzlichen Vorgaben zum Mindestkapital der Gesellschaft und zur Kapitalaufbringungskontrolle seitens des Handelsregisters. 68

Überblick: Das Personengesellschaftsrecht kennt kein strenges Kapitalaufbringungsrecht, sondern überlässt es den Gesellschaftern, ihre Einlagen und deren Wertverhältnisse frei festzulegen. Besonderheiten gelten für die Hafteinlage des Kommanditisten. Ganz anders das Kapitalgesellschaftsrecht mit seinem Mindestkapital und der strengen Prüfung der Kapitalaufbringung. 69

a) **Personengesellschaften.** Die Personengesellschaften kennen **kein gesetzliches Mindestkapital** und keine gesetzliche Pflicht, die Einlageleistung ganz oder teilweise bereits anlässlich der Gründung zu vollziehen. Einlagen können ohne Weiteres in der Form von Bar- oder Sacheinlagen vereinbart werden und auch durch Erbringung von Dienstleistungen, der gerade in Freiberuflersozitäten typischen Form des Gesellschafterbeitrags. Die Gesellschafter können sich in Personengesellschaften über die Bewertung ihrer Einlagen frei verständigen. Lediglich die Einlage eines Kommanditisten muss werthaltig und bilanzierungsfähig sein, soweit sie Begrenzung seiner Gläubigerhaftung gewährleisten soll. 70

b) **Kapitalgesellschaften.** Im Gegensatz zu den Personengesellschaften verlangt das Gesetz für alle Kapitalgesellschaften ein **gesetzliches Mindestkapital.** Es bildet den Grundstock für einen Haftungsfonds als Gegenstück zur begrenzten Haftung der Gesellschafter. Das Mindestkapital beträgt in der GmbH € 25.000,– und als UG (haftungsbeschränkt) sogar nur € 1,–, obwohl dort üblicherweise ein Betrag nicht unter € 300,– gewählt werden sollte, um den Gründungsaufwand in höchst möglichem Umfang zu Lasten der Gesellschaft und nicht zu Lasten der Gründer gehen zu lassen (vgl. Ziff. 5 Musterprotokoll). Das Mindestkapital der AG und der KGaA beträgt jeweils € 50.000,–, der SE € 120.000,–. Soweit die Gesellschafter vereinbaren, Kapital über den Nennbetrag ihres Anteilsrechts hinaus in die Gesellschaft einzubringen, unterliegen sie in der Kapitalgesellschaft nicht wesentlich engeren Schranken als in der Personengesellschaft. 71

Das Stamm- oder Grundkapital der Kapitalgesellschaft kann durch **Bar- oder Sacheinlagen** erbracht werden. Sacheinlagen im Rahmen einer Gründung oder Kapitalerhöhung unterliegen einer oft mühsamen Werthaltigkeitskontrolle. Vereinbarungen über ihre Bewertung kommen allenfalls insoweit in Betracht, als ihr Verkehrswert den Nennbetrag des für sie ausgegebenen Geschäftsanteils übersteigt. Für die UG (haftungsbeschränkt) sind Sacheinlagen ganz ausgeschlossen (§ 5 a Abs. 2 S. 2 GmbHG). Dienstleistungen sind in Kapitalgesellschaft insoweit nicht einlagefähig, als sie nicht auf das Stamm- oder Grundkapital geleistet werden können. Sie sind als gesellschaftsrechtliche Nebenleistungen möglich, zusätzlich zum Stamm- oder Grundkapital, und natürlich als Gegenstand eines Dienstvertrags mit der Gesellschaft. 72

Allen Kapitalgesellschaften gemein ist, dass zumindest ein Teil der **Einlagen** bereits anlässlich der Gründung geleistet werden muss. Im Rahmen der Bargründung der GmbH ist auf jeden Geschäftsanteil mindestens ein Viertel des Nennbetrages zu zahlen, insgesamt mindestens € 12.500,– (§ 7 Abs. 2 GmbHG) und Entsprechendes gilt für Kapitalerhöhungen. Die UG (haftungsbeschränkt) erfordert Volleinzahlung ihres (geringen) Stammkapitals (§ 5 a Abs. 2 S. 1 GmbHG). Bei AG und KGaA sind vor der Anmeldung auf jede Aktie mindestens ein Viertel des geringsten Ausgabebetrages zu zahlen. Unterschiede zwischen den Kapitalge- 73

[56] Vgl. 143.

[57] OLG Köln ZIP 2010, 2016.

sellschaften gibt es hinsichtlich eines Aufgelds, das über den über den Nennbetrag des Anteilsrechts hinaus gezahlt werden soll. In der GmbH darf das Aufgeld später fällig gestellt werden, wohingegen das Aktienrecht seine Leistung noch vor Anmeldung einer Gründung oder Kapitalerhöhung erfordert (§ 36a AktG). Allenfalls bei einem kleinen Aktionärskreis wird man auf ein schuldrechtliches Aufgeld ausweichen können, etwa wenn es etappenweise zahlbar gestellt werden soll.

5. Kapitalerhaltung und Haftung

74 **Wichtige Gesichtspunkte** jeder Rechtsformwahl zur Kapitalerhaltung und Haftung sind, ob und wie den Gesellschaftern eine Haftungsbegrenzung gewährt wird, was zur Bewahrung der Haftungsbeschränkung beachtet werden muss und welche besonderen Haftungstatbestände es zu vermeiden gilt.

75 **Überblick:** Personen- und Kapitalgesellschaften unterscheidet sich im Hinblick auf die Haftung ihrer Gesellschafter grundlegend. Die Kapitalgesellschaften gewähren den Gesellschaftern eine Haftungsbeschränkung und sind im Gegenzug einer strengen Reglementierung des Leistungsbezugs zwischen Gesellschaft und Gesellschaftern ausgesetzt, der gewährleisten soll, dass der Gesellschaft ein unantastbarer Kapitalstock erhalten bleibt. In den Personengesellschaften haftet stets mindestens ein Gesellschafter persönlich und unbeschränkt für die Gesellschaftsverbindlichkeiten. Lediglich über Mischformen, allen voran die GmbH & Co. KG, lässt sich die persönliche Haftung der natürlichen Personen beschränken, die hinter der Personengesellschaft stehen. Im Gegenzug sind die Leistungsbeziehungen in den Personengesellschaften weniger reglementiert. Ausnahmen gelten für die KG und strengere für die GmbH & Co. KG.

76 a) **Personengesellschaften.** GbR und oHG kennen **keine Haftungsbeschränkungen**. Die oHG-Gesellschafter haften unbeschränkt gesamtschuldnerisch für die Verbindlichkeiten ihrer Gesellschaft (§ 128 HGB) und dies überträgt die Rechtsprechung im Grundsatz auch auf die (Außen-)GbR.[58] Neu eintretende Gesellschafter haften im Grundsatz auch für Altverbindlichkeiten (§ 130 HGB). Ausgeschiedene oHG-Gesellschafter sind noch für fünf Jahre einer Nachhaftung für Altverbindlichkeiten ausgesetzt (§ 159f. HGB; § 736 Abs. 2 BGB). Diese Haftungsgrundsätze gelten auch für die Komplementäre der KG. In der Stillen Gesellschaft haftet nur der Inhaber seinen Gläubigern gegenüber direkt, der Stille bloß im Innenverhältnis mit seiner Einlage (§ 232 HGB).

77 Eine Haftungsbeschränkung für alle Gesellschafter wird im Personengesellschaftsrecht durch die **Zwischenschaltung einer haftungsbeschränkten Rechtsform** erreicht, insbesondere als GmbH & Co. KG durch die Aufnahme einer GmbH als alleinige Komplementärin der KG. Da die Komplementär-GmbH typischerweise weder einen Kapitalanteil noch einen Gewinnanteil an der KG bekommt, sondern bloß eine Haftungsvergütung, erreichen die Kommanditisten auf diese Weise, dass sie die alleinige wirtschaftliche Beteiligung innehaben, aber ihre Haftung voll begrenzen.

78 Die **Haftungsbeschränkung der Kommanditisten** ist die wesentliche Eigenschaft der KG (§ 161 Abs. 1 HGB). Sie wird erst mit der Eintragung der KG im Handelsregister effektiv bzw. mit Eintragung eines neuen Kommanditisten (§§ 172, 176 HGB). Ab Eintragung haftet der Kommanditist den Gläubigern der Gesellschaft gegenüber nur noch bis zur Höhe seiner im Handelsregister eingetragenen Hafteinlage (auch: Haftsumme) (§ 171 HGB, aber: § 172 Abs. 2 HGB). Seine Gläubigerhaftung endet, soweit der Kommanditist seine gesellschaftsvertragliche Pflichteinlage geleistet hat (§ 171 Abs. 1 HGB) oder er einmalig Gesellschaftsgläubiger in Höhe der Haftsumme befriedigt. Die Haftung lebt wieder auf, soweit eine bereits geleistete Einlage wieder zurückgezahlt wird (§ 172 Abs. 4 HGB). Da diese Vorschrift weit ausgelegt wird, ist bei allen Leistungen der KG an den Kommanditisten Vorsicht geboten, die wirtschaftlich keinem Drittgeschäft entsprechen und auch nicht Gewinnentnahme bei hinreichendem Kapitalkonto sind.[59]

---

[58] BGH NJW 2003, 1803; MünchKommBGB/*Ulmer/Schäfer* § 714 Rdnr. 35ff.
[59] *Baumbach/Hopt* § 172 Rdnr. 4ff.

Für die **Haftungsbeschränkung in der GmbH & Co. KG** gelten Besonderheiten. Die wichtigste davon ist, dass die Leistungen der GmbH & Co. KG an den Kommanditisten den GmbH-rechtlichen Grundsätzen zum Eigenkapitalerhalt nach §§ 30, 31 GmbHG unterliegen, selbst wenn der Kommanditist nicht zugleich der GmbH angehört.[60] Haftungsrechtlich bietet die GmbH & Co. KG insoweit keine Erleichterung gegenüber der GmbH. Entsprechendes gilt für jede Personengesellschaft, bei der keine natürliche Person persönlich haftet. 79

Das **Haftungsprivileg der PartG** ist ihr wesentlicher Vorteil zur Freiberufler-GbR. Für berufliche Fehler haftet neben der PartG ausschließlich der mit der Bearbeitung des Auftrags befasste Partner persönlich (§ 8 Abs. 2 PartGG). Im Übrigen bleibt es auch in der PartG bei der solidarischen Haftung aller Partner (§ 8 Abs. 1 PartGG). 80

b) **Kapitalgesellschaften.** Prägendes Merkmal der GmbH, AG, KGaA und SE ist die **Haftungsbeschränkung auf das Gesellschaftsvermögen** (§ 13 Abs. 2 GmbHG, § 1 Abs. 1 S. 1 AktG). In der KGaA haften daneben noch die Komplementäre unbeschränkt gesamtschuldnerisch (§ 278 Abs. 1 HGB), aber sie dürfen selbst eine haftungsbeschränkte Rechtsform haben, etwa als GmbH & Co. KGaA. In allen Kapitalgesellschaften beginnt die gesetzliche Haftungsbeschränkung in vollem Umfang erst ab ihrer Eintragung im Handelsregister. 81

GmbH- und Aktienrecht unterscheiden sich wesentlich in der **Form ihrer Haftungsbegrenzung.** GmbH-Gesellschafter haften, wenn auch in einem gestuften Verfahren, gesamtschuldnerisch für ausstehende Einlagen ihrer Mitgesellschafter (§ 24 GmbHG). Diese gesamtschuldnerische Haftung erstreckt sich selbst auf Rückzahlungsansprüche, wenn einem Gesellschafter Leistungen unter Verstoß gegen die Kapitalerhaltungsvorschrift des § 30 GmbHG gewährt wurden (§ 31 Abs. 3 GmbHG). Entsprechende Haftungsrisiken sind Aktionären fremd. 82

GmbH- und Aktienrecht unterscheiden sich zudem hinsichtlich der Vorschriften zum **Kapitalerhalt** bzw. **Kapitalbindung.** Sie bilden das Gegenstück zur Haftungsbeschränkung, indem sie die Leistungsbeziehungen zwischen den Gesellschaftern und Gesellschaft limitieren und das Vermögen dadurch vor dem Zugriff der Gesellschafter schützen. Leistungen der GmbH an ihre Gesellschafter sind zivilrechtlich unwirksam, wenn sie eine Verringerung des Eigenkapitals unter die Stammkapitalziffer zur Folge haben (§ 30 Abs. 1 GmbHG). Das Aktienrecht ordnet sogar eine umfassende Vermögensbindung selbst hinsichtlich der Rücklagen an. Zuwendungen an Aktionäre sind im Grundsatz nur über die Gewinnverwendung (§ 57 Abs. 1 S. 1 AktG) oder eine Kapitalherabsetzung möglich und alle sonstigen Leistungsbeziehungen mit der AG müssen jedenfalls marktüblich sein. Verstöße führen zur Nichtigkeit und Rückabwicklung des Geschäfts (§ 31 GmbHG, § 62 AktG). 83

Die strengen Grundsätze des Kapitalerhaltungsrechts lassen sich im **Vertragskonzern** vermeiden (§ 30 Abs. 2 S. 2 GmbHG und § 57 Abs. 2 S. 3 AktG), wo sie durch eine Verlustausgleichspflicht ersetzt sind (§ 302 AktG). 84

c) **Besondere Haftungstatbestände.** Jede Haftungsbeschränkung im Gesellschaftsrecht kann in extremen Ausnahmefällen durchbrochen werden. In Betracht kommt dann eine sog. **Durchgriffshaftung** der Gesellschafter insbesondere für folgende Fallgruppen: 85

- eine undurchsichtige Vermögensvermengung zwischen Privat- und Gesellschaftsebene,
- eine erhebliche materielle Unterkapitalisierung der Gesellschaft (sehr str.),
- eine deliktsrechtliche Haftung, insbesondere wegen existenzvernichtenden Eingriffs (§ 826 BGB),[61]
- eine Haftung als mittelbare Folge insolvenzrechtlicher Anfechtungen.

d) **Haftungsrisiken für die Geschäftsführung.** Der (Gesellschafter-)Geschäftsführer einer **Personengesellschaft** haftet in Ausübung seiner Geschäftsführungspflicht nur für diejenige Sorgfalt, die er in eigenen Angelegenheiten anzuwenden pflegt (§ 708 BGB), sofern im Gesellschaftsvertrag nichts anderes vereinbart ist. Dieses Haftungsprivileg gilt nicht bei grober Fahrlässigkeit oder Vorsatz und nicht für Publikumsgesellschaften. Für den Geschäftsführer 86

[60] BGHZ 110, 342 = NJW 1990, 1725.
[61] BGHZ 173, 246 = NJW 2007, 2689 (Trihotel).

der Komplementär-GmbH einer GmbH & Co. KG gelten die GmbH-rechtlichen Haftungsgrundsätze.

87 Die Haftungsrisiken der Geschäftsführungsorgane von **Kapitalgesellschaften** gehen deutlich über die von Personengesellschaften hinaus. Geschäftsführer der GmbH und Vorstände der AG schulden die Sorgfalt eines ordentlichen und gewissenhaften Geschäftsleiters und haften im Fall schuldhafter Verletzung nach allgemeinen Grundsätzen (§ 43 Abs. 1 GmbHG, § 93 Abs. 1 AktG). Ein schuldhafter Verstoß gegen Grundsätze der Kapitalerhaltung bzw. Kapitalbindung hat ihre persönliche Haftung zur Folge (§ 31 Abs. 6 GmbH, § 93 Abs. 3 AktG). Ferner drohen Geschäftsführern und Vorständen persönliche Haftungsrisiken, wenn sie Zahlungen an Gesellschafter veranlassen, die erkennbar später eine Zahlungsunfähigkeit mitverursachen können (§ 64 S. 3 GmbHG, § 92 Abs. 2 S. 3 AktG). Diese Risiken können nur zum Teil durch D&O-Versicherungen kompensiert werden.

6. Geschäftsführung, Vertretung und Kontrolle

88 **Wichtige Gesichtspunkte** jeder Rechtsformwahl zur Vertretung und Geschäftsführung sind, welche Personen für diese Funktionen der Leitungsebene in Betracht kommen und welche Mitwirkungs- und Informationsrechte die Gesellschafter haben, um die Leitungsebene zu überwachen.

89 **Überblick:** Die Leitung der Personengesellschaft muss zwingend (auch) von Gesellschaftern ausgeübt werden (Selbstorganschaft). Will der Gründer die Leitung ausschließlich einer außenstehenden Person anvertrauen, so kommt für ihr nur eine Kapitalgesellschaft oder eine Mischform, etwa die GmbH & Co. KG, in Betracht. Mitwirkungs- und Informationsrechte der Gesellschafter sind in Personengesellschaften hinsichtlich der persönlich haftenden Gesellschafter stark ausgestaltet, für sonstige Gesellschafter eher schwach. In der GmbH ist die Geschäftsführung gegenüber den Gesellschaftern in ihrer Gesamtheit weisungsabhängig. Ganz anders in der AG, die dem Vorstand eine relativ große Unabhängigkeit bietet. Die KGaA ermöglicht recht unabhängige Komplementäre. Die SE gestattet es, mit dem monistischen System des Verwaltungsrats ein Leitungsmodell einzusetzen, das dem deutschen Recht sonst unbekannt ist.

90 a) **Personengesellschaften.** Falls der Gesellschaftsvertrag nichts anderes bestimmt, obliegt die Geschäftsführung in der GbR allen Gesellschafter gemeinschaftlich (§ 709 BGB), in oHG und PartG jedem Gesellschafter allein mit Widerspruchsrecht jedes anderen (§§ 114 f. HGB, § 6 Abs. 3 PartGG), bei der KG jedem Komplementär (§ 164 HGB), in der Stillen Gesellschaft dem Inhaber. Der Gesellschaftsvertrag kann die Geschäftsführung einem oder einzelnen Gesellschaftern übertragen und dabei durchaus auch Außenstehende beteiligen. Die wesentliche Einschränkung des Personengesellschaftsrechts besteht im **Grundsatz der Selbstorganschaft**, wonach die Geschäftsführung mindestens bei einem Gesellschafter liegen muss.[62] Soll ein Nicht-Gesellschafter allein geschäftsführungsbefugt sein, so lässt sich das nur durch Mischformen erreichen, vor allem durch die GmbH & Co. KG. Da die Komplementär-GmbH der GmbH & Co. KG eine Gesellschafterin der KG ist, darf sie deren Geschäftsführung innehaben, und für sie ist als Kapitalgesellschaft die sog. Fremdorganschaft erlaubt, so dass auch ein Gesellschaftsfremder ihr Geschäftsführer sein kann. Dass die Geschäftsführung der KG dabei auf eine juristische Personen übertragen wird, ist im Personengesellschaftsrecht unschädlich.

91 Die **organschaftliche Vertretungsmacht** der Personengesellschaft ist ausschließlich Sache der persönlich haftenden Gesellschafter. Soweit der Gesellschaftsvertrag nichts anderes bestimmt, wird sie in der GbR von allen geschäftsführenden Gesellschaftern gemeinsam wahrgenommen (§ 714 BGB), bei der oHG und der PartG von jedem Gesellschafter einzeln (§ 125 BGB, § 7 Abs. 3 PartGG) und in der KG von jedem Komplementär einzeln. Abweichende Regelungen im Gesellschaftsvertrag der oHG, KG und PartG gelten Dritten gegenüber erst mit Eintragung im Handels- bzw. Partnerschaftsregister. Eine organschaftliche Vertretungsmacht für den Kommanditisten oder Stillen Gesellschafter wären unzulässig.

[62] Baumbach/Hopt/*Hopt* § 114 Rdnr. 24.

Die **Kontrolle der Geschäftsführung** obliegt im Personengesellschaftsrecht allen Gesellschaftern gemeinsam. Die Kontrollrechte unterscheiden sich je nach Gesellschafterstellung und können im Gesellschaftsvertrag jedenfalls in Grenzen gestaltet werden. Die persönlich haftenden Gesellschafter der GbR, oHG, KG und PartG haben starke Mitwirkungs- oder Widerspruchsrechte, sofern sie selbst geschäftsführungsbefugt sind. Im Übrigen haben sie umfassende Informationsrechte (§ 716 BGB, § 118 HGB, § 6 Abs. 3 PartGG). Kommanditisten und Stille Gesellschafter sind im Grundsatz auf die Überprüfung des Rechnungsabschlusses beschränkt (§§ 166, 233 HGB). Besser stehen die Kommanditisten einer GmbH & Co. KG, die zugleich Gesellschafter der Komplementär-GmbH sind, da sie die Auskunfts- und Einsichtsrechte des GmbH-Rechts (§ 51a GmbHG) auch für die KG haben.[63] Damit sind die Kontrollrechte jedenfalls der personenidentischen GmbH & Co. KG denen der GmbH angeglichen. 92

Personengesellschaften haben von Gesetzes wegen keine **weiteren Kontrollorgane** für das Geschäftsführungs- und das Vertretungsorgan. Der Gesellschaftsvertrag kann weitere Organe bilden, etwa eine Gesellschafterversammlung, einen Beirat oder einen Aufsichtsrat. Dadurch kann die Überwachung der Geschäftsführung in der Personengesellschaft weitgehenden an das System der Kapitalgesellschaften angelichen werden. 93

b) Kapitalgesellschaften. Das Kapitalgesellschaftsrecht prägt der **Grundsatz der Fremdorganschaft.** Wer das Geschäftsführungs- und Vertretungsorgan besetzt, muss nicht zwingend zugleich Gesellschafter sein. Er muss aber, anders als in der Personengesellschaft, zwingend natürliche Person sein. Eine Ausnahme gilt in der KGaA, die als Mischform von Personen- und Kapitalgesellschaft insoweit personengesellschaftsrechtlichen Grundsätzen unterliegt, einschließlich des Grundsatzes der Selbstorganschaft. In der GmbH ist die Geschäftsführung und ebenso die organschaftliche Vertretung Sache der Geschäftsführer, in der AG des Vorstands. Mehrere Geschäftsführer und Vorstände teilen sich eine Gesamtverantwortung für die Geschäftsführung und, sofern die Satzung nicht – wie üblich – Abweichungen gestattet, eine Gesamtvertretung (§ 35 Abs. 2 GmbHG, § 78 Abs. 2 AktG). Die SE kann wie eine AG mit Vorstand und Aufsichtsrat organisiert sein (dualistisches System) oder aber monistisch mit einem einzigen Leitungs- und Überwachungsorgan, dem Verwaltungsrat (§ 20 SEAG). Die Geschäftsführung der monistischen SE wird überwiegend nicht vom Verwaltungsrat, sondern von den geschäftsführenden Direktoren wahrgenommen (§ 40 Abs. 2 S. 1 SEAG), die Mitglieder des Verwaltungsrats sein können, aber es nicht sein müssen. Ihnen steht auch die organschaftliche Vertretung der SE zu (§ 41 Abs. 1 SEAG). Damit eröffnet die SE ein Verwaltungsmodell, dass bisher dem angelo-amerikanischen Recht vorbehalten war. 94

Hinsichtlich der **Kontrolle der Geschäftsführung** unterscheiden sich GmbH und AG grundlegend. Die Gesellschafterversammlung der GmbH kann den Geschäftsführern sowohl für den Einzelfall als auch generell Weisungen erteilen. Die Rechte der GmbH-Gesellschafter in der Gesellschafterversammlung kann der Gesellschaftsvertrag dabei recht frei ausgestalten. Ihnen steht aber jedenfalls ein weitgehendes Auskunfts- und Einsichtsrecht zur Kontrolle der Geschäftsführung zu (§ 51a GmbHG). Ein ganz anderes Kontrollsystem hat die AG. Ihr Vorstand ist nicht weisungsabhängig und kann lediglich durch eine Geschäftsordnung für bestimmte Geschäfte oder Geschäftsarten an die Zustimmung des Aufsichtsrates gebunden werden (§§ 82 Abs. 2, 111 Abs. 4 S. 2 AktG); seine Amtszeit ist auf höchstens fünf Jahre befristet (§ 84 Abs. 1 S. 1 AktG). Der Aufsichtsrat ist ebenfalls nicht weisungsabhängig und wird von der Hauptversammlung für maximal ca. fünf Jahre bestellt. Die Aktionäre üben ihre Rechte in der Hauptversammlung aus und haben dort neben dem Stimmrecht lediglich ein umfassendes Fragerecht (§ 131 AktG). Dieses Leitungssystem der AG ist überwiegend zwingend; zulässig sind etwa Sonderrechte von Aktionären auf die Besetzung von Aufsichtsratsmandaten. Die KGaA hat einen schwachen Aufsichtsrat, der keinen Einfluss auf die Auswahl und Amtsdauer der Komplementäre hat und auch nur wenige Kontrollrechte, sofern die Satzung nicht Aufsichtsrat oder Hauptversammlung mit besonderen Rechten ausstatten. In der monistischen SE liegt die Kontrolle der Geschäftsfüh- 95

[63] KG NJW-RR 1484, 230.

rung beim Verwaltungsrat, der – im Gegensatz zu einem Aufsichtsrat der AG – weisungsbefugt gegenüber den geschäftsführenden Direktoren ist (Art. 44 Abs. 2 SEAG), also GmbH-ähnlich. Die größte Satzungsflexibilität bieten mithin die GmbH und die KGaA, die geringste die AG, die SE liegt in der Mitte.

96 Ein **weiteres Kontrollorgan** über die Geschäftsführung hat die GmbH im Fall der betriebsverfassungsrechtlichen Mitbestimmung, für die sie einen Aufsichtsrat zu bilden hat. Der Gesellschaftsvertrag kann einen freiwilligen Aufsichtsrat oder einen Beirat vorsehen und dadurch die Kontrolle der Geschäftsführung der AG annähern oder individuelle Strukturen schaffen. Die AG-Satzung kann kein weiteres Organ bilden. Gleiches gilt für die SE, abgesehen von der Wahl zwischen dem dualistischen und dem monisitischen Verwaltungssystem und der in der Praxis wichtigen Ausgestaltung des mitbestimmten Aufsichtsrats durch Vereinbarung.[64] Die Satzung der KGaA ist freier und kann insbesondere neben dem Aufsichtsrat eine weitere Vertretung der Kommanditaktionäre zulassen.

7. Willensbildung unter den Gesellschaftern

97 **Wesentliche Gesichtspunkte** jeder Rechtsformwahl zur Willensbildung sind die Mehrheitserfordernisse bei Beschlussfassungen und die Gestaltungsmöglichkeiten im Gesellschaftsvertrag bzw. der Satzung.

98 **Überblick:** Im Personengesellschaftsrecht müssen im Grundsatz alle Gesellschafter an der Willensbildung beteiligt werden. Von diesem Grundsatz kann nicht uneingeschränkt durch Gesellschaftsvertrag abgewichen werden. Die Willensbildung im Kapitalgesellschaftsrecht findet vor allem in Versammlungen statt, in denen eine Mehrheit der Anwesenden entscheidet. Der GmbH-Gesellschaftsvertrag lässt flexible Gestaltungen zur Willensbildung zu. Die Satzungen der AG, der KGaA und der SE sind insoweit unflexibel.

99 a) **Personengesellschaften.** Die Willensbildung in den Personengesellschaften erfolgt durch Gesellschafterbeschluss und im Grundsatz unter **Zustimmung aller Gesellschafter** (§ 709 BGB, § 119 HGB, § 6 Abs. 3 PartGG). Selbst Stimmrechtsvollmachten sind nur mit Einverständnis der übrigen Gesellschafter gestattet. Von dieser starren Regelung kann der Gesellschaftsvertrag weitgehende Abweichungen vorsehen, insbesondere indem eine dem Kapitalgesellschaftsrecht vergleichbare Gesellschafterversammlung als Organ implementiert wird, in der Mehrheitsbeschlüsse gefasst werden können und in der die Abstimmung anhand der ordnungsgemäß in der Versammlung vertretenen Stimmen erfolgt.

100 Ihre Grenze finden gesellschaftsvertragliche Regeln im sog. **Bestimmtheitsgrundsatz.** Im Personengesellschaftsrecht können Änderungen des Gesellschaftsvertrages nur dann durch Mehrheitsbeschluss gefasst werden, wenn sich aus dem Gesellschaftsvertrag eindeutig ergibt, dass der in Frage stehende Beschlussgegenstand der Mehrheitsentscheidung unterworfen sein soll.[65] Änderungen, die im Gesellschaftsvertrag nicht bereits antizipiert wurden, erfordern Zustimmung aller Gesellschafter. Erleichterungen bestehen lediglich bei kapitalistischen KGs, insbesondere den Publikumsgesellschaften.

101 b) **Kapitalgesellschaften.** Die Willensbildung findet in Kapitalgesellschaften grundsätzlich in Versammlungen statt. Nur das GmbH-Recht erlaubt Beschlüsse auch außerhalb einer Versammlung, insbesondere in Umlaufverfahren, sofern alle Gesellschafter zustimmen (§ 48 Abs. 2 GmbHG). In der AG, der KGaA und der SE sind Beschlussfassungen den Hauptversammlungen vorbehalten, was im Alltag kleinerer Gesellschaften mühsam sein kann. In Versammlungen werden Gesellschafterbeschlüsse in der Regel durch **Mehrheitsentscheidung** gefasst, und zwar im Grundsatz mit einfacher Stimmenmehrheit der abgegebenen Stimmen und für wichtige Entscheidungen mit qualifizierten Mehrheiten. Das gilt auch für Satzungsänderungen und Kapitalmaßnahmen, die dafür – anders als im Personengesellschaftsrecht – keiner bestimmten Erwähnung im Gesellschaftsvertrag oder der Satzung bedürfen. Stimmrechtsvertretungen sind im Kapitalgesellschaftsrecht zulässig. Besonderheiten gelten für die KGaA, in der bestimmte Beschlüsse nur mit Zustimmung der Komplementäre möglich sind.

[64] Vgl. § 16 Rdnr. 27 ff.
[65] Baumbach/Hopt/*Hopt* § 119 Rdnr. 37.

Ein Hemmnis für die KGaA ist, dass umgekehrt die Komplementäre wichtigen Stimmverboten unterliegen, wenn sie selbst Kommanditaktionäre sind.

Der **Gesellschaftsvertrag** der GmbH kann von den gesetzlichen Bestimmungen zur Willensbildung weitgehend abweichen. Zulässig sind Mehrstimmrechte einzelner Gesellschafter, Stimmrechtsausschlüsse und Regeln zur Bevollmächtigung. Die Satzungsgestaltung der AG und der KGaA ist weitaus weniger frei; Mehrstimmrechte sind unzulässig; erlaubt ist etwa die Änderung bestimmter Mehrheitserfordernisse und die Einführung stimmrechtsloser Vorzugsaktien. Dieser Nachteil der AG lässt sich bei Aktiengesellschaften mit kleinerem Aktionärskreis durch schuldrechtliche Aktionärsvereinbarungen kompensieren. 102

8. Beteiligung an Gewinn und Verlust

Wesentliche Gesichtspunkte jeder Rechtsformwahl zur Gewinn- und Verlustbeteiligung sind die gesetzlichen Regeln zur Gewinnverteilung und Gewinnausschüttung sowie die Gestaltungsfreiheiten. 103

Überblick: Im Personengesellschaftsrecht führt in der Praxis kein Weg daran vorbei, die Gewinnverteilung und Gewinnausschüttung gesellschaftsvertraglich zu regeln, da die gesetzliche Ausgangslage selten passt. Das Kapitalgesellschaftsrecht hingegen ist mit seiner Gewinnverteilung im Verhältnis der Beteiligungsquoten und einer Gewinnausschüttung, die im Grundsatz einen mehrheitlichen Beschluss voraussetzt, für viele Fälle gut geeignet. Das GmbH-Recht gestattet flexible Anpassungen, das Aktienrecht nur eingeschränkte. In der UG (haftungsbeschränkt), aber auch im Aktienrecht sind bei der Gewinnverwendung die Grenzen zu beachten, die sich aus gesetzlichen Pflichten zur Rücklagenbildung ergeben. Unterschiede gibt es zudem beim Entgelt für eine Mitarbeit in der Gesellschaft, die im Personengesellschaftsrecht häufig über die Gewinnverteilung berücksichtigt wird, im Kapitalgesellschaftsrecht hingegen durch Lohneinkünfte, was auch steuerliche Vorteile haben kann. 104

a) **Personengesellschaften.** Die gesetzliche **Gewinn- und Verlustverteilung** der Personengesellschaften ist dispositiv. Regelt der Gesellschaftsvertrag nichts, so teilen GbR und PartG den Gewinn oder Verlust nach Köpfen, also unabhängig vom Verhältnis der Einlagen und des Umfangs einer gesellschaftsvertraglich geschuldeten Mitarbeit (§ 722 Abs. 1 BGB, § 1 Abs. 4 PartGG). Auch die oHG verteilt Gewinn und Verlust nach Köpfen, nachdem vorab die Kapitalanteile mit bis zu 4% p.a. verzinst wurden (§ 121 HGB). Die KG gewährt eine entsprechende Vorabverzinsung und verteilt danach in einem „angemessenen Verhältnis" (§ 168 HGB). Denselben unbestimmten Rechtsbegriff verwendet das Gesetz zum Gewinn- und Verlustanteil des Stillen Gesellschafters (§ 231 HGB). 105

Die gesetzlichen Regeln zur **Gewinnausschüttung** und den sonstigen Entnahmen bei den Personengesellschaften sind ebenfalls dispositiv. Sie gewähren dem GbR-Gesellschafter und dem Partner der PartG eigentlich erst am Ende der Gesellschaft eine Auszahlung, aber bei Gesellschaften von längerer Dauer jährlich (§ 721 BGB, § 1 Abs. 4 PartGG). Dem oHG-Gesellschafter und dem Komplementär der KG steht ein freies Entnahmerecht über jährlich 4% des zuletzt festgestellten Kapitalanteils zu, und zwar selbst dann, wenn es keinen Gewinn gibt (§ 122 HGB). Kommanditisten und Stille Gesellschafter dürfen jeweils ihre Gewinnanteile entnehmen (§§ 169, 232 HGB). 106

Die gesetzlichen Regelungen zur Gewinnverteilung und Entnahme passen in der Praxis selten auf Personengesellschaften, die wirtschaftlich tätig sind. Die Gewinnverteilung ist damit Sache des **Gesellschaftsvertrags**, der hinsichtlich der Gewinnquoten Rücksicht auf die Einlagequoten zu nehmen hat und auch Arbeitsleistungen sowie sonstige nicht bilanzierbare Vorteile angemessenen berücksichtigen muss. Zur Entnahme bzw. Gewinnausschüttung hat der Gesellschaftsvertrag Rücksicht auf die Liquiditätsplanung der Gesellschafter zu nehmen, die als Mitunternehmer die einkommensteuerliche Belastung für die Erträge der Gesellschaft trifft. Dafür gibt es erprobte Vertragsmuster, so dass dieser Aspekt kein erheblicher Nachteil der Personengesellschaft ist. Dennoch muss es als Vorteil der GmbH gelten, dass sie im Regelfall keinen vergleichbaren Regelungsbedarf hat, sondern ihr gesetzliches Systems der Gewinnverteilung, Gewinnausschüttung und Tätigkeitsvergütungen oft ohne weiteres brauchbar ist. 107

108 b) **Kapitalgesellschaften.** In den Kapitalgesellschaften geht es in der Regel nur um die Gewinn-, nicht um eine Verlustverteilung. Verluste treffen ihre Gesellschafter in der Regel nicht direkt, sondern nur mittelbar durch die Wertminderung der Anteilsrechte und die Einschränkung ihrer Entnahmemöglichkeiten. Die Gesellschafter der Kapitalgesellschaften haben einen Anspruch auf den **Bilanzgewinn** (§ 29 GmbHG, § 58 Abs. 4 AktG), der sich aus dem Jahresüberschuss des festgestellten Jahresabschlusses errechnet, vermindert um einen Verlustvortrag und zuzüglich eines Gewinnvortrags. Über die Feststellung des Jahresabschlusses beschließt in der GmbH die Gesellschafterversammlung. In der AG ist dies in der Regel Sache des Aufsichtsrats, der dabei Teile des Jahresüberschusses in Rücklagen einstellen und sie damit der Disposition der Aktionäre entziehen kann (§ 58 Abs. 2 AktG). Die UG (haftungsbeschränkt) hat von Gesetzes wegen eine Rücklage zu bilden, in die ein Viertel des um einen Verlustvortrag geminderten Jahresüberschusses einzustellen ist (§ 5a Abs. 3 GmbHG). In geringerem Umfang gilt auch im Aktienrecht eine Pflicht zur Bildung gesetzlicher Rücklagen (§ 150 AktG).

109 Die **Verteilung des Bilanzgewinns** erfolgt in den Kapitalgesellschaften jeweils im Verhältnis zur Beteiligungsquote (§ 29 Abs. 3 GmbHG, § 60 Abs. 1 AktG). Der Gesellschaftsvertrag der GmbH kann eine andere und auch disquotale Gewinnverteilung vorsehen (§ 29 Abs. 3 GmbHG). In der Satzung einer AG sind Abweichungen zur quotalen Gewinnverteilung insbesondere durch Schaffung von Vorzugsaktien möglich (§ 60 Abs. 3 AktG). In der KGaA gilt zur Gewinnverteilung Satzungsautonomie, mangels einer Satzungsregelung greifen die Vorschriften für Kommanditgesellschaften entsprechend.[66]

110 In der GmbH ist es Sache der Gesellschafterversammlung, anstelle der **Gewinnausschüttung** eine Gewinnthesaurierung zu beschließen, sofern der Gesellschaftsvertrag nichts anderes bestimmt (§ 29 Abs. 2 GmbHG). Die GmbH kennt kein Mindestausschüttungsrecht, anders als das Aktienrecht, das eine Anfechtung eines Gewinnverwendungsbeschlusses zulässt, wenn eine nicht erforderliche Rücklagenbildung dazu führt, dass weniger als 4% des durch Einlagen belegten Grundkapitals ausgeschüttet werden (§ 254 AktG). Vorabausschüttung auf den voraussichtlichen Gewinn eines Geschäftsjahres sind in der GmbH zulässig, nicht aber in der AG. Ihre Obergrenze findet die Gewinnausschüttung der Kapitalgesellschaften im Kapitalerhaltungsrecht, da das Vermögen auch nach der Ausschüttung jedenfalls noch den Betrag des satzungsmäßigen Stammkapitals erreichen muss.

111 Die **Mitarbeit** einzelner Gesellschafter hat in Kapitalgesellschaften üblicherweise nichts mit der Gewinnverteilung zu tun. Sie ist nicht einlagefähig, wird aber auch nur selten als gesellschaftsvertragliche Nebenleistungspflicht vereinbart. Im Regelfall ist sie Gegenstand eines Anstellungsverhältnisses und wird auf dessen Grundlage entlohnt. Das ermöglicht eine klare Trennung zwischen Kapital- und Leistungsvergütung und hat zudem den steuerlichen Vorteil, dass die Vergütung auf der Ebene der Gesellschaft abzugsfähiger Aufwand ist, sofern die steuerlichen Voraussetzungen eingehalten werden. Wo immer die strikte Trennung von Mitarbeit und Kapital nicht passt, können beide im Gesellschaftsvertrag verzahnt werden, etwa durch Einziehung des Anteilsrechts für den Fall der Beendigung der Mitarbeit.

9. Gesellschafterwechsel

112 Den Gesellschafterwechsel betrachtet man im Rahmen der Rechtsformwahl am besten getrennt nach der **Art des Wechsels,** also für die Übertragung der Gesellschaftsanteile unter Lebenden, der erbrechtlichen Nachfolge und die sonstigen Gründe für ein Ausscheiden des Gesellschafters.

113 **Überblick:** Im Personengesellschaftsrecht sind die Regeln zum Gesellschafterwechsel durch die starke persönlichen Bindung der Gesellschafter geprägt. Daher ist die Übertragbarkeit der Anteile beschränkt, ihre Vererbung kompliziert und „Störfälle" auf der Gesellschafterebene führen schnell zum Ausscheiden eines Gesellschafters oder zur Auflösung der Gesellschaft. In der GmbH & Co. KG lässt sich dies am besten handhaben. Das Kapitalgesellschaftsrecht geht vom umgekehrten Konzept aus und bewahrt der Gesellschaft große

[66] MünchKommAktG/*Perlitt* § 288 Rdnr. 6.

Unabhängigkeit von Ereignissen in der Person ihrer Gesellschafter; Abtretbarkeit und Vererblichkeit der Anteile bilden den Regelfall. In der GmbH lassen sie sich flexibel einschränken, weniger hingegen in AG, KGaA und SE.

a) **Personengesellschaften.** Das Personengesellschaftsrecht lässt die **Übertragung eines Gesellschaftsanteils** nicht von Gesetzes wegen zu, sondern erst dann, wenn ihr alle Gesellschafter zustimmen oder die Übertragung im Gesellschaftsvertrag gestattet ist. Der Gesellschaftsvertrag kann die unterschiedlichsten Klauseln zur Erleichterung der Übertragbarkeit enthalten. Die Übertragung ist grundsätzlich formfrei und muss im Grundsatz selbst dann nicht notariell beurkundet werden, wenn zum Vermögen der Personengesellschaft Grundstücke oder GmbH-Geschäftsanteile gehören. Haftungsrechtlich ist die Übertragung für die persönlich haftende Gesellschafter der GbR, oHG oder KG einem Austritt vergleichbar und sie bleiben noch für fünf Jahre für Altverbindlichkeiten ihrer Gesellschaft haftbar (§ 736 BGB, § 160 HGB), und zwar neben der Gesellschaft, den Mitgesellschaftern und dem Erwerber (§ 130 HGB). Veräußerer und Erwerber eines Kommanditanteils treffen keine Haftungsrisiken, wenn die Hafteinlage auf den Kommanditanteil voll geleistet war, nicht zurückgewährt wird und der Erwerb erst mit der Eintragung des Sonderrechtsnachfolgers im Handelsregister wirksam wird. 114

Die **erbrechtliche Nachfolge** in das Anteilsrecht an einer Personengesellschaft muss im Gesellschaftsvertrag und in den Testamenten der Gesellschafter sorgfältig vorbereitet werden. Sofern der Gesellschaftsvertrag nichts regelt, wird die GbR mit Tod eines Gesellschafters aufgelöst (§ 727 BGB), bei oHG und KG scheidet der persönlich haftende Gesellschafter mit dem Tod aus (§§ 131 Abs. 3 Nr. 1, 161 Abs. 2 HGB), ebenso der Partner aus der PartG (§ 9 Abs. 4 PartGG). Lediglich die Gesellschaftsanteile des Kommanditisten und des Stillen Gesellschafters sind von Gesetzes wegen vererblich (§§ 177, 234 Abs. 2 HGB), und zwar im Wege einer Sondererbfolge, in der das Anteilsrecht zwischen Miterben automatisch und ohne eine Erbauseinandersetzung im Verhältnis der Erbanteile geteilt wird. Die Gesellschafter können die Nachfolge von Todes wegen im Gesellschaftsvertrag abweichend regeln und insbesondere die Fortsetzung der Gesellschaft ohne die Erben anordnen (sog. Fortsetzungsklauseln), die Nachfolge aller Erben (sog. einfache Nachfolgeklauseln), die Nachfolge nur bestimmter Erben (sog. qualifizierte Nachfolgeklauseln) oder ein Eintrittsrecht Dritter in das Anteilsrecht des Verstorbenen (sog. Eintrittsklauseln) vorsehen. Diese Gestaltungsfreiheiten sind ein Vorteil der Personengesellschaft, besonders in Verbindung mit der Sondererbfolge, die Streitigkeiten im Rahmen einer Erbauseinandersetzung von der Gesellschaft fern hält. Wichtig sind gesellschaftsvertragliche Regelungen zur Abfindung der weichenden Erben, die allerdings erbschaftsteuerlichen Auswirkungen auch auf die Mitgesellschafter (§ 7 Abs. 7 S. 1 ErbStG) und die Nachfolger haben können. Kommen minderjährige Erben als Nachfolger in Betracht, sollte aus den Rechtsformen des Personengesellschaftsrechts möglichst auf die KG oder die GmbH & Co. KG zurückgegriffen werden. Allenfalls bei der Vererbung von Kommanditanteilen lässt sich eine übermäßige familiengerichtliche Einflussnahme auf die Gesellschaft vermeiden, ebenso schwierige Haftungsfragen und das gesetzliche Kündigungsrecht des Erben, sobald er volljährig wird (§ 723 Abs. 1 S. 3 Nr. 2 BGB), ferner erlauben lediglich Kommanditanteile die einfache Umsetzung einer Verwaltungstestamentsvollstreckung. 115

Das Personengesellschaftsrecht kennt – unterschiedlich für jede Rechtsform – eine ganze Reihe gesetzlicher Gründe für das **Ausscheiden eines Gesellschafters** (GbR und Stille Gesellschaft in §§ 723 ff. BGB; oHG, KG und PartG in §§ 131 Abs. 3, 132, 134 f., 162 Abs. 2 HGB, § 9 Abs. 1 PartGG; Stille Gesellschaft in § 234 Abs. 1 HGB) und ebenso eine Reihe gesetzlicher Auflösungsgründe, die deutlich über die Standardfälle von Auflösungsbeschluss oder Insolvenz hinausgehen (GbR in §§ 726 ff. BGB; oHG, KG und PartG in §§ 131 Abs. 1 und 2, 133, 162 Abs. 2 HGB, § 9 Abs. 1 PartGG; Stille Gesellschaft in §§ 726 ff. BGB, § 234 Abs. 1 HGB). Der Gesellschaftsvertrag kann das Ausscheiden und die Auflösung sowie die Abfindung – in Grenzen – regeln und dadurch insbesondere die Gesellschafterstellung von Ereignissen, die in der Person der Gesellschafter liegen, weniger abhängig machen, insbesondere das freie Kündigungsrecht der Gesellschafter einschränken. 116

117 b) **Kapitalgesellschaften.** Im Kapitalgesellschaftsrecht gilt im Grundsatz die freie **Übertragbarkeit von Gesellschaftsanteilen**, vom Komplementäranteil an der KGaA abgesehen. Die Übertragung von GmbH-Geschäftsanteilen wird durch das Formerfordernis der notariellen Beurkundung für die Abtretung (§ 15 Abs. 3 GmbHG) und das zugrundliegende Rechtsgeschäft (§ 15 Abs. 4 GmbHG) erschwert. Zugleich ermöglicht das GmbHG einen gutgläubigen Erwerb von Geschäftsanteilen (§ 16 Abs. 3 GmbHG) und eine vom Notar mitbetreute Gesellschafterliste, die im Verhältnis zur Gesellschaft Sicherheit über den Gesellschafterbestand bietet (§ 16 Abs. 1 GmbHG). Beides sind Vorteile der GmbH, die es im Recht der Personengesellschaften nicht gibt. Der GmbH-Gesellschaftsvertrag kann die Abtretung an weitere Voraussetzungen knüpfen (15 Abs. 5 GmbHG), etwa an die Zustimmung der Gesellschafterversammlung oder der Mitgesellschafter. Von diesem Recht wird in der Praxis typischerweise Gebrauch gemacht, um den Gesellschafterbestand zu kontrollieren. Die Übertragbarkeit von Aktien an einer AG, SE oder KGaA ist einfacher. Sie sind an Wertpapierbörsen handelbar. Zur Form ihrer Übertragung ist zu unterscheiden, ob Inhaber- oder Namensaktien ausgegeben wurden (§ 10 Abs. 1 AktG). Verbriefte Inhaberaktien werden im Grundsatz durch Verfügung über das Papier (§§ 929 ff., BGB) übertragen, verbriefte Namensaktien durch Indossament (§ 68 Abs. 1 AktG) oder Abtretung mit Papierübergabe (§§ 413, 398 ff. BGB), insbesondere für börsennotierte Unternehmen jeweils ergänzt durch Vorschriften des DepotG. Aus der Abtretung nach sachen- oder wertpapierrechtlichen Grundsätzen folgt für verbriefte Aktien die Möglichkeit eines gutgläubigen Erwerbs, nicht aber an nicht-verbrieften Aktien, wie sie bei kleineren Aktiengesellschaft eher die Regel sind. Das Aktienrecht bietet keine dem GmbH-Recht vergleichbare Transparenz des Aktionärskreises. Neben den Meldepflichten nach § 20 AktG und WpHG, die nur in groben Quoten Abhilfe schaffen, sind Namensaktien das wesentliche Instrument zu diesem Zweck. Zum einen muss sich ein Erwerber von Namensaktien in das Aktienregister eintragen lassen, jedenfalls dann, wenn er gegenüber der Gesellschaft als Aktionär gelten will (§ 67 Abs. 2 AktG). Zum anderen kann die Satzung für Namensaktien eine Vinkulierung anordnen und die Aktienübertragung damit an die Zustimmung der Gesellschaft binden (§ 68 Abs. 2 AktG), ohne jedoch einen dem § 15 Abs. 5 GmbHG vergleichbaren Schutz vor Verfügungen zu gewähren. Wo die persönliche Bindung der Gesellschafter im Vordergrund steht, ist die GmbH insoweit von Vorteil.

118 Die **erbrechtliche Nachfolge** in Gesellschaftsanteile an Kapitalgesellschaft ist aus rechtlicher Sicht deutlich einfacher als die an Personengesellschaftsanteilen. GmbH-Geschäftsanteile und Aktien sind frei vererblich, sie fallen wie gewöhnliche Nachlassgegenstände in den Nachlass, unterliegen der Erbauseinandersetzung und sind Gegenstand einer vom Erblasser angeordneten Testamentsvollstreckung. Eine Ausnahme gilt wiederum für die Komplementäranteile an der KGaA, die nach personengesellschaftsrechtlichen Grundsätzen vererbt werden. Der GmbH-Gesellschaftsvertrag kann nach h. M. kein automatisches Ausscheiden des verstorbenen Gesellschafters anordnen, wohl aber eine Einziehung durch Gesellschafterbeschluss gegen Abfindung, eine Abtretungsverpflichtung der Erben und Einschränkungen zu Testamentsvollstreckungen. Auch die AG-Satzung kann die Erbfolge anhand einer Einziehung steuern (§ 237 AktG).

119 Im Kapitalgesellschaftsrecht ist das **Ausscheiden von Gesellschaftern** weitaus weniger von Ereignissen in der Person des Gesellschafters abhängig als die Gesellschafterstellung an Personengesellschaften. Selbst das Ausscheiden des Komplementärs der KGaA unterliegt nicht uneingeschränkt personengesellschaftsrechtlichen Grundsätzen (§ 289 Abs. 3 und 5 AktG). Der GmbH-Gesellschafter kann seine Mitgliedschaft durch Kaduzierung im Fall ausstehender Einlagen (§ 21 GmbHG) verlieren und unter engen Voraussetzungen durch Ausschluss bzw. Austritt aus wichtigem Grund. Der Gesellschaftsvertrag der GmbH kann weitere Gründe für eine Zwangseinziehung festlegen. Ebenso kann der Gesellschaftsvertrag der GmbH den Austritt und – in Grenzen – die Abfindung regeln. Im Aktienrecht ist die Rechtslage ähnlich, mit Ausnahme des Austritts, für den aufgrund der recht freien Abtretbarkeit kein Platz ist. Ein Ausschluss des Aktionärs ist bei Säumnis möglich (§ 64 AktG), aus wichtigem Grund und – als Besonderheit des Aktienrechts – durch Beschluss über einen Squeeze Out als Abtretungsverpflichtung der Minderheitsaktionäre an den Mehrheitsaktionär, der

mehr als 95% des Grundkapitals hält (§§ 327a ff. AktG). Die Satzung kann weitergehende Einziehungsrechte vorsehen (§ 237 AktG).

10. Rechnungslegung und Publizität

Wesentliche Gesichtspunkte jeder Rechtsformwahl zur Rechnungslegung und Publizität betreffen den Umfang, in dem das Unternehmen verpflichtet ist, seine Zahlen aufzubereiten, sie prüfen zu lassen und Dritten zugänglich zu machen. Spätestens seitdem die Publizitätspflichten in Deutschland wirksamer durchgesetzt werden und die Jahresabschlüsse publizitätspflichtiger Unternehmen über das Internet zugänglich sind, wird die Publizität stärker als Aspekt der Rechtsformwahl wahrgenommen. 120

Überblick: Der Umfang der Rechnungslegungspflichten ist in Kapitalgesellschaften größer als in Personengesellschaften. In den Kapitalgesellschaften und der GmbH & Co. KG wachsen die Rechnungslegungspflichten ganz erheblich mit der Unternehmensgröße. Die Publizitätspflicht ist ein Gegenstück zur Haftungsbegrenzung und entfällt dort, wo die Rechtsform keine Haftungsbegrenzung gewährt. 121

a) **Personengesellschaften.** Die GbR und die PartG unterliegen nicht der kaufmännischen **Rechnungslegungspflicht,** sondern haben lediglich einen im Gesetz nur rudimentär geregelten Rechnungsabschluss zu erstellen (§ 721 BGB) und steuerlich eine Einnahme- und Überschussrechnung (§ 4 Abs. 3 EStG). Für alle Handelsgesellschaften gilt Buchführungspflicht (§§ 238 ff. HGB) und sie sind zur Erstellung eines Jahresabschlusses (§§ 242 ff. HGB) sowie einer Steuerbilanz verpflichtet (§ 140 AO). In der typischen Stillen Gesellschaft ist lediglich der Inhaber buchführungspflichtig. Die GmbH & Co. KG unterliegt, wie alle Handelsgesellschaften ohne persönlich haftende natürliche Person, im Grundsatz denselben Rechnungslegungspflichten wie Kapitalgesellschaften (§§ 264a ff. HGB). 122

Von den Personengesellschaften sind nur die GmbH & Co. KG und die weiteren Handelsgesellschaften, bei denen keine natürliche Person persönlich haftet, **prüfungspflichtig** (§§ 264a Abs. 1, 316 HGB), soweit sie nicht als kleine Gesellschaften i. S. v. § 267 Abs. 1 HGB von der Prüfungspflicht befreit sind. 123

Personengesellschaften, bei denen eine natürliche Person persönlich haftet, sehen sich keinerlei **Publizitätspflichten** ausgesetzt. Die GmbH & Co. KG und alle weiteren Handelsgesellschaften, bei denen keine natürliche Person persönlich haftet, werden wie Kapitalgesellschaften behandelt (§§ 264a f. HGB). 124

b) **Kapitalgesellschaften.** Die gesetzlichen Vertreter der Kapitalgesellschaft sind für diese buchführungspflichtig (§§ 238 ff. HGB) und zur Erstellung eines Jahresabschlusses verpflichtet, der den für Personenhandelsgesellschaften vorgeschriebenen Umfang deutlich übersteigen kann (§§ 242 ff., §§ 264 ff. HGB), aber auch größenabhängige Erleichterungen für kleine und mittelgroße Kapitalgesellschaften vorsieht (§§ 266 Abs. 1, 274a, 276, 288 HGB). Erweitert wird der Umfang der Rechnungslegung für Kapitalgesellschaft durch eine Pflicht einen Konzernabschluss zu erstellen, wenn die Gesellschaft auf ein anderes Unternehmen unmittel- oder mittelbar einen beherrschenden Einfluss ausüben kann (§ 290 HGB). 125

Kapitalgesellschaft sind **prüfungspflichtig,** soweit sie nicht als kleine Gesellschaften i. S. v. § 267 Abs. 1 HGB von der Prüfungspflicht befreit sind. 126

Kapitalgesellschaft sind **publizitätspflichtig,** wobei der Umfang der Bekanntmachungspflicht größenabhängig ist (§ 316 Abs. 1 HGB).

11. Mitbestimmung

Wesentliche Gesichtspunkte jeder Rechtsformwahl zur Mitbestimmung ist die Frage, ob und ab wann die Gesellschaft einen Aufsichtsrat zu bilden hat, der einer Unternehmensmitbestimmung der Arbeitnehmer unterliegt. 127

Überblick: Keine Unternehmensmitbestimmung haben Personengesellschaften, bei der eine natürliche Person die Stellung als Komplementär übernimmt. Die Wahl einer GmbH & Co. KG hilft zumindest insoweit, als in ihr die Schwelle für das Einsetzen der Mitbestim- 128 mung erst später erreicht wird. Kapitalgesellschaften unterliegen ab einer gewissen Anzahl von Arbeitnehmern stets einer Unternehmensmitbestimmung.

129 a) **Personengesellschaften.** Personengesellschaften, die eine natürliche Person als persönlich haftenden Gesellschafter haben, sind von Mitbestimmungspflichten ausgenommen, also insbesondere die GbR, die oHG, die KG, die Stille Gesellschaft und die PartG.

130 Die **GmbH & Co. KG** unterliegt nicht der Mitbestimmung nach dem DrittelBG. Sie muss einen Aufsichtsrat für eine Unternehmensmitbestimmung in den Grenzen des MitbestG errichten, nämlich wenn die Mehrheit der Kommanditisten die Mehrheit der GmbH-Anteile hält, der eigene Geschäftsbetrieb der GmbH weniger als 500 Arbeitnehmer beschäftigt und die GmbH und die KG insgesamt mehr als 2.000 Arbeitnehmer beschäftigen (§ 4 MitbestG). Dasselbe gilt auch, wenn die GmbH & Co. KG herrschendes Unternehmen eines Unterordnungskonzerns mit regelmäßig mehr als 2.000 Arbeitnehmern ist (§ 5 MitbestG).

131 Nach der h. M. lässt sich die Mitbestimmung in der Personengesellschaft ferner dadurch vermeiden, dass eine **ausländische Rechtsform** der alleinige persönlich haftende Gesellschafter wird, da die Mitbestimmung ausschließlich für die im Gesetz abschließend aufgezählten deutschen Rechtsformen gilt.[67]

132 b) **Kapitalgesellschaften.** Eine GmbH, AG oder KGaA, die mehr als 500 Arbeitnehmer hat, muss den Aufsichtsrat im Grundsatz zu einem Drittel mit Vertretern der Arbeitnehmer besetzen, wobei die GmbH zu diesem Zweck einen Aufsichtsrat zu bilden hat (§§ 1 Abs. 1, 4 Abs. 1 DrittelBG). In einer AG, GmbH oder KGaA, die mehr als 2.000 Arbeitnehmer beschäftigt, greift das MitbestG und es muss der Aufsichtsrat im Grundsatz paritätisch besetzt sein, mit einem Aufsichtsratsvorsitzenden aus der Anteilseignerseite, dem letztlich ein Stichentscheid zusteht (§§ 1 Abs. 1, 29 MittBestG). Die KGaA hat einen schwachen Aufsichtsrat, dessen Organstellung – anders als bei der GmbH – weder durch das DrittelBG noch durch das MitBestG an die Kompetenzordnung des AG-Aufsichtsrats angeglichen wurde.

133 Das Mitbestimmungsregime der **SE** ist einer der Vorteile dieser Rechtsform im Vergleich zur deutschen AG. Ihr Mitbestimmungsregime wird durch eine Beteiligungsvereinbarung festgelegt und kann dabei in Grenzen vom nationalen Mitbestimmungssystem abweichen und zudem für die Zukunft eingefroren werden (§ 21 SEBG).[68] Vergleichbare Möglichkeiten können sonstigen nationalen Rechtsformen offen stehen, sofern sie Partei einer grenzüberschreitenden Verschmelzung sind (MgVG).

IV. Steuerliche Kriterien für die Rechtsformwahl

1. Ertragsteuern in der laufenden Besteuerung

134 Das **System der Ertragsbesteuerung** ist für Personengesellschaften und Kapitalgesellschaften grundlegend verschieden. Die Kapitalgesellschaft ist als juristische Personen selbst Steuersubjekt und unterliegt der Körperschaftsteuer (§ 1 KStG). Soweit sie Gewinne ausgeschüttet, sind diese beim Anteilseigner zu versteuern (Trennungsprinzip). Die Personengesellschaft ist im Einkommensteuerrecht nicht Steuersubjekt. Sie schuldet keine Einkommensteuer. Die Steuersubjekte für die Einkünfte des Unternehmens, das von der Personengesellschaft betrieben wird, sind ausschließlich die natürlichen oder juristischen Personen, die an ihr beteiligt sind (Transparenzprinzip).

135 Welchen Unterschied die Rechtsform auf die steuerliche Belastung des Unternehmensertrags genau hat, lässt sich nur für den Einzelfall anhand von **Vergleichsrechnungen über die Ertragsteuerbelastung** ermitteln. Diese Vergleichsrechnungen erfordern eine Reihe von Prognosen, die das Ergebnis mehr oder weniger stark beeinflussen können. Relevant sind unter anderem die persönlichen Steuersätze der Gesellschafter, das geplante Ausschüttungsverhalten der Gesellschaft, die Tätigkeitsvergütungen der Gesellschafter und die geplante

[67] Sudhoff/*Reichert* GmbH & Co. KG § 18 Rdnr. 5.
[68] Vgl. § 16 Rdnr. 27 ff.

Finanzierung der Gesellschaft mit Eigen- und Fremdkapital.[69] In den letzten Jahren waren viele Vergleichsrechnungen vor allem deshalb schnell überholt, da der Gesetzgeber die einschlägigen steuerrechtlichen Grundlagen in kurzer Abfolge mehrfach erheblich geändert hat. Im Folgenden werden daher lediglich Grundlinien der beiden Besteuerungssysteme erläutert.

a) **Personengesellschaften.** Die laufende Besteuerung der Erträge einer Personenhandelsgesellschaft geht vom Begriff der **Mitunternehmerschaft** aus. Liegt eine Mitunternehmerschaft vor, kommt es zur Besteuerung auf Grundlage des steuerlichen Gewinns der Gesellschaft. 136

Mitunternehmer sind insbesondere die Gesellschafter einer **gewerblich tätigen Personengesellschaft**, sofern sie Mitunternehmerinitiative entfalten und ein Mitunternehmerrisiko tragen (§ 15 Abs. 1 Nr. 2, Abs. 3 EStG). Für die oHG, die KG und letztere auch in der Form der GmbH & Co. KG wird dies jedenfalls bei gesetzestypischer Ausgestaltung angenommen. Gleiches gilt für den EWiV, selbst wenn die Gewinnerzielung allenfalls Nebenzweck sein darf.[70] Stille Gesellschafter sind keine Mitunternehmer, sondern haben Einkünfte aus Kapitalvermögen (§ 20 Abs. 1 Nr. 4 EStG), sofern ihre Gesellschafterrechte nicht atypisch ausgestaltet sind (sog. atypisch Stille Gesellschaft).[71]

Erzielt die Gesellschaft **keine gewerblichen Einkünfte**, aber sonstige betriebliche Einkünfte, etwa aus freiberuflicher Tätigkeit in einer PartG oder Freiberufler-GbR, gilt sie ebenfalls als Mitunternehmerschaft (§§ 13 Abs. 5, 18 Abs. 4 EStG). Anders eine reine Vermögensverwaltung, etwa eine Vermietung und Verpachtung von Immobilien, die anstelle einer Gewinnbesteuerung einer Besteuerung des Überschusses der Einnahmen über die Werbungskosten unterliegt (§ 2 Abs. 2 Nr. 2 EStG). In der Rechtsform der GmbH & Co. KG kann die Vermögensverwaltung über eine sog. gewerbliche Prägung (§ 15 Abs. 3 Nr. 2 EStG) in die Besteuerung der Mitunternehmerschaft überführt werden. 137

Das betriebliche Ergebnis der Mitunternehmerschaft wird gesondert und einheitlich für alle Mitunternehmer ermittelt und jedem Mitunternehmer als eigene Einkünfte direkt zugerechnet (§§ 18 Abs. 1, 180 Abs. 1 Nr. 2 AO). Diese Zurechnung geschieht allerdings unter Anwendung einiger Korrekturen. Dabei werden Vergütungen für die Tätigkeiten des Mitunternehmers in der Gesellschaft und Zinsen für seine Gesellschafterdarlehen dem steuerlichen Ergebnis wieder hinzugerechnet, damit sie das steuerliche Ergebnis der Mitunternehmerschaft nicht mindern (§ 15 Abs. 1 S. 1 Nr. 2 EStG), was insbesondere auch für die Vergütung des GmbH-Geschäftsführers in der GmbH & Co. KG gilt, wenn dieser zugleich Kommanditist ist. Weitere Korrekturen gibt es auf der Ebene des Mitunternehmers im Hinblick auf sog. Sonderbetriebsvermögen und Ergänzungsbilanzen. Dasjenige Ergebnis, das dem Mitunternehmer letztlich zugerechnet wird, verrechnet er schließlich mit seinen sonstigen Einkünften und versteuert sie mit seinem individuellen Einkommensteuertarif, also bis zu einem **Spitzensteuersatz von derzeit 45%**. Verrechnet werden aber nicht nur die positiven Einkünfte, sondern auch die Verluste der Gesellschaft, die folglich das zu versteuernde Einkommen ihrer Gesellschafter insgesamt vermindern können, und zwar in den Grenzen der §§ 10 d, 15 a EStG, wonach insbesondere der Verlustausgleich für den Kommanditisten nur insoweit zugelassen ist, als seine Verlustbeteiligung bei der KG nicht zu einem negativen Kapitalkonto führt oder ein solches erhöht (§ 15 a Abs. 1 S. 1 EStG). 138

Die Möglichkeiten der Verlustverrechnung mit dem sonstigen Einkommen ist einer der wesentlichen **Vorteile der Personengesellschaften.** Bei einem größeren Gesellschafterkreis hat sie zudem erweiterte Möglichkeiten des Verlustvortrags.[72] 139

Die Maßgeblichkeit des individuellen Steuersatzes des Gesellschafters ist zumeist ein **Nachteil der Personengesellschaft.** Das gilt vor allem, wenn die Gesellschaft ihren Gewinn nicht ausschüttet, sondern thesauriert.[73] Ein Antrag auf eine verminderte Thesaurierungsbe- 140

[69] Aktuelle Vergleichsrechnungen vgl. *Hierl/Huber* § 8; Römermann/*Büsching* § 1 Rdnr. 100 ff.; *Jorde/Götz* BB 2008, 1032 ff.
[70] MünchHdbGesR I/*Salger/Neye* § 98 Rdnr. 3 ff.
[71] MünchHdbGesR(II)/*Schönhaus* § 90 Rdnr. 15 ff., 37 ff.
[72] *Binz/Sorg* § 22 Rdnr. 26, 73.
[73] Vergleichsrechnung etwa bei *Binz/Sorg* § 22 Rdnr. 29.

günstigung (§ 34a EStG) hat lediglich eine Steuerstundung zur Folge,[74] so dass bei hoher Gewinnthesaurierung die Kapitalgesellschaft meist im Vorteil ist. Bei einem niedrigen individuellen Steuersatz des Gesellschafters kann aber auch die Personengesellschaft im Vorteil sein.

141 b) **Kapitalgesellschaften.** Beim Steuervergleich mit einer Kapitalgesellschaft muss als Folge des Trennungsprinzips unterschieden werden zwischen der steuerlichen Belastung der Körperschaft selbst und derjenigen des Gesellschafters. Der zu versteuernde Gewinn der Körperschaft unterliegt derzeit einem Körperschaftsteuertarif von lediglich **15%** (§ 23 Abs. 1 KStG), gleich ob dieser Gewinn in der Gesellschaft thesauriert oder ausgeschüttet wird. Der niedrige Steuersatz dient dazu, Mehrfachbelastungen zu vermeiden, zum einen hinsichtlich der Gewerbesteuer und zum anderen hinsichtlich der Besteuerung von Ausschüttungen an die Gesellschafter. Die Ausschüttungen hat der Gesellschafter seinerseits zu versteuern. Ist der Gesellschafter eine Kapitalgesellschaft, sind Ausschüttungen derzeit im Ergebnis in der Regel zu 95% steuerfrei (§ 8b Abs. 1 und 5 KStG). Ausschüttungen an natürliche Personen, die ihre Anteile im Privatvermögen halten, unterliegen zur Zeit einer Abgeltungsteuer von 25%. Werden die Anteile im Betriebsvermögen der Privatperson gehalten, kommt beim Gesellschafter ein Teileinkünfteverfahren zur Anwendung, das derzeit lediglich 60% der Einkünfte, Aufwendungen und Verluste mit dem individuellen Steuersatz des Gesellschafters erfasst. Schon diese Zahlen zeigen, dass der Vor- und Nachteil der Köperschaft vom Einzelfall abhängt. Besondere Gestaltungsmöglichkeiten eröffnet allerdings die KGaA, da sie für die Komplementäre eine Mitunternehmerschaft sein kann und für die Kommanditaktionäre eine Körperschaft ist.[75]

142 Ertragsteuerliche **Nachteile der Kapitalgesellschaft** bestehen darin, dass ihre Verluste nicht mit den Einkünften der Gesellschafter verrechnet werden können. Zum Teil lässt sich dieser Nachteil durch die Begründung steuerlicher Organschaften oder die Gestaltungen wie der GmbH & atypisch Still kompensieren.[76]

143 Ein **Vorteil der Kapitalgesellschaft** ist die gewinnmindernde Wirkung von Geschäftsführervergütungen und sonstigen Leistungsvergütungen an Gesellschafter. Gleiches gilt von Pensionsrückstellungen, die allerdings bei einer späteren Veräußerung des Unternehmens häufig Schwierigkeiten bereiten.[77] Leistungen an die Gesellschafter müssen im Körperschaftsteuerrecht einem Drittvergleich standhalten, um nicht als verdeckte Gewinnausschüttungen qualifiziert zu werden, was eine vorsichtige Überwachung der Leistungsbeziehungen zu den Gesellschaftern verlangt und nicht jedem Gesellschafter liegt. Die steuerlich Nachteile der verdeckten Gewinnausschüttung haben sich allerdings erheblich vermindert.[78] Einer übermäßigen Gesellschafterfremdfinanzierung beugt eine strenge Zinsschranke vor (§ 4h EStG, § 8a KStG), die im Grundsatz in Personen- und Kapitalgesellschaften gleichermaßen gilt.

2. Gewerbesteuer

144 Auch im Gewerbesteuerrecht werden Personen- und Kapitalgesellschaften unterschiedlich behandelt und dennoch wiederum anders als im Ertragsteuerrecht. Die Gewerbesteuerbelastung ist daher ein weiterer Aspekt der Rechtsformwahl, der in eine **Vergleichsrechnung** einfließen muss. Zusätzliche Rechengröße ist dabei der Gewerbesteuerhebesatz der für das Unternehmen zuständigen Gemeinde. Er entscheidet über die absolute Höhe der Gewerbesteuer und auch über das Ausmaß, in dem sich Rechtsformen hinsichtlich der Gewerbesteuerbelastung unterscheiden.

145 Anders als im Ertragsteuerrecht ist die **Personengesellschaft** im Gewerbesteuerrecht selbst Steuersubjekt (§ 5 Abs. 1 S. 3 GewStG). Sie ist gewerbesteuerpflichtig, sofern sie ein gewerbliches Unternehmen i.S.d. § 15 Abs. 2 EStG betreibt. Personengesellschaften, die nicht ge-

---

[74] Römermann/*Büsching* Rdnr. 100ff.
[75] *Krüger* S. 280ff.; MünchKommAktG/*Perlitt* Vorbem. Rdnr. 80ff.
[76] *Binz/Sorg* § 22 Rdnr. 32ff.
[77] Römermann/*Büsching* Rdnr. 125f.
[78] Vergleichsrechnung bei *Binz/Sorg* § 22 Rdnr. 51ff.

werblich tätig sind, sondern etwa eine Vermietung und Verpachtung oder eine freiberufliche Tätigkeit ausüben, zahlen keine Gewerbesteuer. Damit sind die PartG und die EWiV in der Regel gewerbesteuerfrei, außer wenn sie doch unter dem Mantel ihrer eigentlich nichtgewerblichen Rechtsform ein Gewerbe betreiben.[79] Auch die Vermietung und Verwaltung eigener Immobilien, die als oHG oder KG organisiert wird, ist gewerbesteuerfrei.[80]

Für den **Gesellschafter der Personengesellschaft** birgt die Gewerbesteuer seiner Gesell- 146
schaft das Risiko einer Doppelbelastung. Die Gewerbesteuer mindert den Gewinn der Gesellschaft nicht und kann beim Gesellschafter auch sonst nicht auf seine Einkommensteuer angerechnet werden. Es findet lediglich eine Ermäßigung seiner tarifliche Einkommensteuer statt (§ 35 EStG), was die Gewerbesteuerbelastung in der Regel nicht voll kompensiert.

Kapitalgesellschaften sind Gewerbesteuersubjekt und unabhängig von ihrem Unterneh- 147
mensgegenstand gewerbesteuerpflichtig. Kapitalgesellschaften, die nicht gewerblich tätig sind, haben daher einen steuerlichen Nachteil, der aber durchaus durch andere Vorteile aufgewogen sein kann, was sich in der Praxis an der Verbreitung von Rechtsanwalts-GmbHs zeigt. In der Kapitalgesellschaft werden Gewerbe- und Körperschaftsteuer ohne jede Ermäßigung oder Anrechnung nebeneinander erhoben, so dass es stets zu einer vollen Doppelbelastung des Gewerbeertrags kommt. Diese Doppelbelastung wurde im niedrigen Körperschaftsteuertarif berücksichtigt.

Ein **Vorteil der Kapitalgesellschaften** liegt darin, dass angemessene Tätigkeitsvergütun- 148
gen und Zinsen auf Gesellschafterdarlehen den Gewerbeertrag mindern. Auf der Ebene des Gesellschafters werden sie als Lohneinkünfte bzw. Kapitaleinkünfte besteuert und sind dort unbelastet von einer Gewerbesteuer. In der Personengesellschaft dürfen diese Posten nicht gewinnmindernd berücksichtigt werden, so dass sie auch der Gewerbesteuer unterliegen.

Ein **Vorteil der Personengesellschaft** besteht in einem Eingangsfreibetrag von € 24.500,– 149
(§ 11 Abs. 1 Nr. 1 GewStG), so dass sie für kleinere Unternehmen oft besonders günstig ist. Ein weiterer Vorteil ist, dass sie eine volle Doppelbelastung von Gewerbe- und Ertragsteuer vermeidet. Welcher Vorteil im Einzelfall überwiegt, ergibt erst die Vergleichsrechnung.

3. Grunderwerbsteuer

Die **Übertragung von Grundstücken** auf eine Personengesellschaft ist grunderwerbsteuer- 150
frei, soweit der Veräußerer selbst an der Gesellschaft beteiligt ist (§ 5 Abs. 2 GrEStG), allerdings nur unter Beachtung von Haltefristen. Entsprechendes gilt beim Erwerb des Gesellschafters von seiner Gesellschaft (§ 6 Abs. 2 GrEStG). In beiden Fällen ist eine Übertragung ferner insoweit steuerfrei, als andere Gesellschafter der Personengesellschaft zum Kreis der in § 3 Nr. 4 bis 6 GrEStG privilegierten Familienmitglieder gehören,[81] so dass die Personengesellschaft eine gute Rechtsform ist, um Vermögen in eine Familiengesellschaft einzubringen.

Die Übertragung von Grundstücken auf eine oder von einer Kapitalgesellschaft erlaubt 151
keine vergleichbare Steuerbefreiung. Allerdings gibt es im **Konzern** eine Privilegierung für Umwandlungsvorgänge, die auch für Kapitalgesellschaften interessante grunderwerbsteuerfreie Gestaltungen eröffnet (§ 6a GrEStG).[82]

Der **Wechsel von Gesellschaftern** an einer Personengesellschaft, die Grundbesitz hält, 152
führt erst dann zu Grunderwerbsteuer, wenn innerhalb von fünf Jahren mindestens 95% am Gesellschaftsvermögen auf neue Gesellschafter übergehen (§ 1 Abs. 2a GrEStG), Erbfälle sind ausgenommen. Anteilsverschiebungen an einer grundbesitzenden Kapitalgesellschaft sind grunderwerbsteuerpflichtig, wenn durch die Übertragung unmittelbar oder mittelbar mindestens 95% der Anteile der Gesellschaft in die Hand eines Erwerbers gelangen (§ 1 Abs. 3 GrEStG). Je nach Sachverhalt kann also die Personen- oder die Kapitalgesellschaft insoweit vorteilhafter sein.

[79] MünchHdbGesR I/*Salger* § 37 Rdnr. 9ff.; MünchHdbGesR I/*Salger/Neye* § 98 Rdnr. 3ff.
[80] *v. Oertzen/Hermann*, Vermögensverwaltende GbR vs. vermögensverwaltende KG, ZEV 2003, 400.
[81] BFH BStBl. II 1982, 177.
[82] Vgl. *Ihle*, Neue Entwicklungen im Bereich der Grunderwerbsteuer, DNotZ 2010, 725.

4. Weitere steuerliche Aspekte

153 a) **Gemeinnützigkeit.** Ein Unternehmen, dass ausschließlich steuerbegünstigte Zwecke verfolgt und steuerlich daher als gemeinnützig anerkannt werden soll, muss in der Rechtsform einer Körperschaft organisiert werden (§ 51 Abs. 1 AO), etwa als e.V. oder als **Kapitalgesellschaft.** Personengesellschaften können keine entsprechenden steuerlichen Begünstigungen in Anspruch nehmen.

154 b) **Unternehmenskauf und -verkauf.** Aus der **Sicht des Erwerbers** eines Unternehmens ist es in der Regel von Vorteil, wenn das Unternehmen in der Rechtsform einer Personengesellschaft organisiert ist. Der Erwerb eines Mitunternehmeranteils erlaubt es dem Erwerber, den Kaufpreis als Anschaffungskosten anteilig auf die Wirtschaftsgüter der Gesellschaft zu verteilen, so dass er diese fortan mit den erhöhten Anschaffungskosten abschreiben kann. Die Abschreibung mindert in den Folgejahren seine Steuerlast und gibt ihm so Mittel frei, die er zur Tilgung seiner Anschaffungsfinanzierung verwenden kann. Bei einem Unternehmen, das als Kapitalgesellschaft geführt wird, gibt es diese Möglichkeit nicht. Dem Erwerber eines Kapitalgesellschaftsanteils gehört aufgrund des ertragsteuerlichen Trennungsprinzips kein Anteil am Vermögen der Gesellschaft, sondern es gehört ihm sein Anteilsrecht als eigenes steuerliches Wirtschaftsgut, das einer Abschreibung allenfalls unter strengen Voraussetzungen zugänglich ist.[83]

155 Aus der **Sicht des Veräußerers** stellt sich im Rechtsformvergleich die Frage, welcher steuerlichen Belastung der Veräußerungserlös unterliegt. Eine pauschale Antwort gibt es hier nicht, da die unterschiedlichen Besteuerungssysteme für Personen- und Kapitalgesellschaft in so vielen Tatbestandsmerkmalen differenzieren, dass das Ergebnis nur für den Einzelfall berechnet und verglichen werden kann. Die Kapitalgesellschaft gilt dennoch in vielen Fällen als für den Veräußerer günstiger, da für Veräußerungsgewinne bei Anteilen an Kapitalgesellschaften zumeist günstigere Tarife gelten. Veräußerungsgewinne sind bei Personengesellschaften hingegen in der Regel zum persönlichen Steuersatz – mit einer Tarifglättung (§ 34 Abs. 1 EStG) – steuerpflichtig, außer der einmaligen Privilegierung beim über 55-jährigen Veräußerer (§ 34 Abs. 3 EStG).

156 Dem ertragsteuerlichen Vorteil des Erwerbers eines Personengesellschaftsanteils steht mithin häufig ein Nachteil des Veräußerers gegenüber. Diese Situation wird häufig dazu führen, dass der **Kaufpreis** für Anteile an einer Personengesellschaft etwas höher ausfallen wird.[84]

157 c) **Umwandlungen.** Personen- und Kapitalgesellschaften haben gleichermaßen die Möglichkeit durch **Umwandlungen nach dem UmwG** Vermögen im Wege einer Gesamtrechtsnachfolge auf eine andere Rechtsform oder auf einen anderen Rechtsträger zu übertragen. Steuerlich liegt das Augenmerk jeder Umwandlung darauf, dass die Vermögensübertragung möglichst keine noch nicht versteuerten Gewinne (stille Reserven) aufdeckt und durch sie keine Verlustvorträge untergehen. Das UmwStG ermöglicht dieses Ziel nicht bei allen Umwandlungsformen gleichermaßen, wobei insbesondere der Übergang vom Besteuerungssystem der Körperschaften auf das der Mitunternehmerschaften nicht ohne Brüche gelingt. Die Vor- und Nachteile, die sich aus diesem Systemwechsel ergeben, sind komplex und lassen nicht eindeutig eine dieser Rechtsformen als stets vorteilhafter erscheinen.[85] Als Nachteil der Kapitalgesellschaft gilt insbesondere, dass ein Übernahmeverlust beim Wechsel in die Personengesellschaft außer Ansatz bleibt (§ 4 Abs. 6 UmwStG). Ein Vorteil kann eine deutlich niedrigere steuerliche Belastung des Übernahmegewinns beim Gesellschafter einer Kapitalgesellschaft sein.[86] Bei der Umwandlung hat die Personengesellschaft den Nachteil, dass eine Buchwertfortführung scheitern muss, wenn nicht alle wesentlichen Betriebsgrundlagen mitübertragen werden, etwa wenn diese im Sonderbetriebsvermögen eines Gesellschafters stehen und daher von der zivilrechtlichen Gesamtrechtsnachfolge der Umwandlung nicht erfasst werden.

---

[83] *Binz/Sorg* § 22 Rdnr. 92 f.
[84] Aktueller Überblick bei Römermann/*Büsching* Rdnr. 174 ff.; *Binz/Sorg* § 22 Rdnr. 94.
[85] Überblick bei *Hierl/Huber* § 12 Rdnr. 65 ff.; Römermann/*Büsching* Rdnr. 209.
[86] Römermann/Büsching Rdnr. 212.

Unterschiede der Rechtsformen gibt es auch in den **Umwandlungsformen außerhalb des UmwG**, sei es als Einzelrechtsnachfolge oder – etwa durch die Anwachsungsmodelle des Personengesellschaftsrechts – durch Gesamtrechtsnachfolge. Ein Vorteil der Personengesellschaften besteht darin, dass auch die Übertragung einzelner Wirtschaftsgüter zwischen Gesellschaft und Gesellschafter häufig ohne eine Aufdeckung stiller Reserven möglich ist (§ 6 Abs. 5 EStG). In der Kapitalgesellschaft setzen entsprechende Gestaltungen am Vorliegen eines Teilbetriebs an. 158

d) **Erbschaftsteuer.** Die früheren Unterschiede von Personen- und Kapitalgesellschaften im Erbfall sind durch die Erbschaftsteuerreform zum 1. 1. 2009 entfallen.[87] Die Bewertung von Betriebsvermögens eines Gewerbebetriebs oder freiberuflicher Tätigkeit erfolgt nunmehr im Grundsatz einheitlich mit dem gemeinen Wert, ungeachtet ob der Betrieb von Körperschaften, Personenvereinigungen oder Vermögensmassen geführt wird (§§ 96, 97, 109 BewG). Ausnahmen gelten für die Berücksichtigung sog. Verwaltungsvermögens.[88] 159

V. Weitere Rechtsformen

Die Rechtsformwahl ist nicht auf die Rechtsformen der Personen- und Kapitalgesellschaften beschränkt, sondern vergleicht auch andere Rechtsformen und wägt deren Vor- und Nachteile ab, falls sie grundsätzlich in Betracht kommen. Im Folgenden sollen einige dieser Rechtsformen kurz anhand wesentlicher Kriterien der Rechtsformwahl vorgestellt werden. Überwiegend handelt sich um Rechtsformen, deren Unternehmenszweck **nicht in erster Linie in der Erreichung eigener erwerbswirtschaftlicher Ziele** liegt. 160

1. Rechtsfähiger Idealverein (e. V.)

Der e. V. ist die typische Rechtsform für **nicht-erwerbswirtschaftliche Vorhaben einer größeren Gruppe von Personen.** Sein Erfolg beruft darauf, dass der Gründungsaufwand gering, die Haftungsverfassung recht privilegiert und vor allem die steuerliche Anerkennung im Rahmen des Gemeinnützigkeitsrechts praktisch leicht durchführbar ist. 161

- **Grundlagen:** Der Verein ist eine auf Dauer angelegte Verbindung einer größeren Anzahl von Personen zur Erreichung eines gemeinsamen Zweckes, die nach ihrer Satzung körperschaftlich organisiert ist, einen Gesamtnamen führt und auf einen wechselnden Mitgliederbestand angelegt ist.[89] Der e. V. zeichnet sich dadurch aus, dass er auf einen nichtwirtschaftlichen Geschäftsbetrieb gerichtet ist und durch eine Eintragung in das Vereinsregister Rechtsfähigkeit als juristische Person erlangt (§ 21 BGB). Ein wirtschaftlicher Geschäftsbetrieb ist im e. V., von den Fällen des sog. „Nebenzweckprivilegs" abgesehen,[90] unzulässig. Nimmt der e. V. nach Eintragung im Vereinsregister eine schädliche wirtschaftliche Tätigkeit auf, ist er von Amts wegen zu löschen (§ 395 FamFG).[91] Neben dem e. V. gibt es den wirtschaftlichen Verein und den nicht-rechtsfähigen Verein. Letzterer hat für eine planende Rechtsformwahl nicht zuletzt aufgrund vieler offener Rechtsfragen[92] keine wesentliche Bedeutung. Der wirtschaftliche Verein erlangt seine Rechtsfähigkeit durch behördliche Verleihung (§ 22 BGB) und ist in der Praxis selten.[93]
- **Gründung:** Die Gründung des e. V. erfordert eine schriftliche Satzung unter Mitwirkung von mindestens sieben Mitgliedern. Organe des Vereins sind der Vorstand und die Mitgliederversammlung. Der Vorstand, der von den Mitgliedern bestellt wird (§ 27 Abs. 1 BGB), meldet den Verein zur Eintragung in das Vereinsregister an. Einen notarielle Mit-

[87] *Jorde/Götz* BB 2008, 1032 ff.
[88] Vgl. *Wartenburger,* Steuerbefreiung für Betriebsvermögen nach der Erbschaftsteuerreform – Neuere Entwicklungen, MittBayNot 2011, 197, 198 ff.
[89] RGZ 60, 94, 99; 165, 140, 143; *K. Schmidt* GesR § 23.I.1.
[90] MünchKommBGB/*Reuter* §§ 21, 22 Rdnr. 4 ff.
[91] *Krafka/Willer* Rdnr. 2256.
[92] Vgl. MünchKommBGB/*Ulmer* Vor § 705 Rdnr. 136 f.; Ebenroth/Boujong/Joost/Stroth/*Kindler* HGB § 1 Rdnr. 74.
[93] Vgl. *K. Schmidt* GesR § 23 II.2.a und III.

wirkung ist grundsätzlich nur für die Anmeldung erforderlich, die in öffentlich beglaubigter Form zu erfolgen hat (§ 77 BGB).
- **Kapitalaufbringung und Haftung:** Ein e. V. hat kein gesetzliches Mindestkapital. Der e. V. haftet mit seinem Vermögen, seine Mitglieder trifft im Grundsatz keine Haftung für Vereinsverbindlichkeiten.[94] Eine Haftung des Vorstands ist im Verhältnis zum Verein und den Vereinsmitgliedern auf Fälle von Vorsatz und grober Fahrlässigkeit beschränkt, sofern er unentgeltlich tätig ist oder eine Vergütung erhält, die € 500,– jährlich nicht übersteigt (§ 31 a BGB).
- **Vertretung und Geschäftsführung:** Der Vorstand vertritt den Verein, aber die Satzung kann seine Vertretungsmacht im Außenverhältnis beschränken (§ 26 Abs. 1 BGB). Dem Vorstand obliegt auch die Geschäftsführung nach den Vorschriften des Auftragsrecht (§ 27 Abs. 3 BGB), soweit die Satzung nichts anderes bestimmt. Die Satzung kann die Binnenorganisation des Vereins recht frei ausgestaltet. Mangels abweichender Satzungsregelung ist der Vorstand weisungsabhängig von der Mitgliederversammlung (§§ 27 Abs. 3, 665 BGB).
- **Willensbildung:** Die Mitglieder entscheiden über die Angelegenheiten des Vereins grundsätzlich in der Mitgliederversammlung durch Beschluss (§§ 32 ff. BGB). Im Grundsatz hat jedes Mitglied das gleiche Stimmrecht; die Satzung kann jedenfalls aus sachlichen Gründen Mehrfachstimmrechte sowie Stimmrechtsbeschränkungen und -ausschlüsse vorsehen; auch Stimmrechtsbindungen gelten als zulässig.[95] Von Umwandlungsfällen abgesehen, ist eine notarielle Mitwirkung an Beschlussfassungen nicht erforderlich.
- **Gesellschafterwechsel:** Die Mitgliedschaft im Verein ist nicht übertragbar und nicht vererblich (§ 38 Satz 1 BGB), sofern die Satzung nichts anderes regelt (§ 40 BGB). Das Rechte zum Austritt aus dem Verein kann durch die Satzung nur geringfügig beschränkt werden (§ 39 BGB).
- **Beteiligung an Gewinn und Verlust:** Das Mitgliedschaftsrecht am Vereins vermittelt keinen Anspruch auf eine Beteiligung an Überschüssen und begründet keine Pflicht zur Verlusttragung.
- **Rechnungslegung und Publizität:** Der e. V. erfordert grundsätzlich nur eine Rechnungslegung nach Auftragsrecht (§ 27 Abs. 3, §§ 259, 260, 666 BGB), soweit er nicht als Nebenzweck ein Handelsgewerbe betreibt.[96] Es können weitergehende steuerliche Buchführungspflichten bestehen, insbesondere bei gemeinnützigen Vereinen (§ 63 Abs. 3 AO).
- **Mitbestimmung:** Der e. V. unterliegt keiner unternehmensverfassungsrechtlichen Mitbestimmung (§ 1 Abs. 1 MitbestG; § 1 Abs. 1 DrittelBG, § 1 Abs. 2 MontanMitbestG).
- **Besteuerung:** Der e. V. ist als juristische Person des Privatrechts Körperschaftsteuersubjekt (§ 1 Abs. 1 Nr. 4 KStG).

2. Eingetragene Genossenschaft (eG)

162 Die eingetragene Genossenschaft ist ausschließlich für **genossenschaftliche Verbandszwecke** zugelassen. Sie ist der Typus eines Selbsthilfeunternehmens und in der Praxis nicht zuletzt durch die großen Genossenschaftsbanken und Agrargenossenschaft bekannt.[97] Kaum Bedeutung hat die Rechtsform der Europäischen Genossenschaft (SCE),[98] von der es derzeit lediglich eine einzige deutsche Einheit gibt.[99] Ferner gibt es die nicht-eingetragene Genossenschaft, die ähnlich dem nicht-eingetragenen Verein für eine planende Rechtformwahl ungeeignet ist.

---

[94] BGHZ 175, 12 = NZG 2008, 670 zur Durchgriffshaftung.
[95] Vgl. MünchKommBGB-*Reuter* § 32 Rdnr. 35 ff.
[96] Beck'scher Bilanz-Kommentar/*Winkeljohann/Klein* § 238 Rdnr. 38.
[97] Zur Abgrenzung von der AG vgl. *Steding*, Die eingetragene Genossenschaft – eine (noch) konkurrenzfähige Rechtsform zwischen Personen- und Kapitalgesellschaften? NZG 1999, 282; *ders.*, Die Genossenschaft und ihr ambivalentes Verhältnis zum Aktienrecht Überlegungen zur juristischen Annäherung der eG an die AG, NZG 2002, 449.
[98] *Krimphove*, Brauchen wir die Europäische Genossenschaft?, EuZW 2010, 892.
[99] Vgl. www.handelsregister.de – Erweiterte Suche nach Rechtsform.

- **Grundlagen:** Gemäß der Legaldefinition in § 1 Abs. 1 GenG ist die eG eine Gesellschaft von nicht geschlossener Mitgliederzahl, deren Zweck darauf gerichtet ist, den Erwerb oder die Wirtschaft ihrer Mitglieder oder deren soziale oder kulturelle Belange durch gemeinschaftlichen Geschäftsbetrieb zu fördern. Sie wird durch die Eintragung im Genossenschaftsregister als juristische Person rechtsfähig und ist Formkaufmann (§ 17 GenG).
- **Gründung:** Die Gründung der eG erfolgt durch schriftliche Satzung unter Beteiligung von mindestens drei Mitgliedern (§§ 4, 5 GenG). Organe sind die Generalversammlung, der Aufsichtsrat und der Vorstand sowie ggf. eine Vertreterversammlung. Vorstand und Aufsichtsrat müssen im Grundsatz selbst Mitglieder der Genossenschaft sein. Der Vorstand meldet die Genossenschaft zur Eintragung in das Genossenschaftsregister an (§ 11 GenG) und nur insofern gibt es eine notarielle Mitwirkung (§ 11 Abs. 4 GenG i. V. m. § 12 Abs. 2 HGB).
- **Kapitalaufbringung und Haftung:** Die eG hat kein gesetzliches Mindestkapital, die Satzung kann ein Kapital festlegen (§ 8a GenG). Die eG haftet mit ihrem Vermögen, eine Außenhaftung von Mitgliedern gibt es nicht (§ 2 GenG). Die Satzung kann eine Nachschusspflicht der Genossen im Insolvenzfall bestimmen oder diese ausschließen (§ 6 Nr. 3 GenG, § 105 GenG). Die Organe haften bei Pflichtverletzung. Falls sie Zahlungen entgegen den Vorschriften des GenG oder der Satzung leisten, haften sie unmittelbar gegenüber den Gläubigern der eG (§ 34 Abs. 3 und 5 GenG).
- **Vertretung und Geschäftsführung:** Die Genossenschaft wird vom Vorstand vertreten (§ 26 GenG). Dem Vorstand obliegt auch die Geschäftsführung (§ 27 GenG), bei der er weisungsunabhängig und im Grundsatz nur dem Gesetz und der Satzung unterworfen ist. Die Überwachung des Vorstands obliegt dem Aufsichtsrat, der bei einer eG mit nicht mehr als 20 Mitgliedern entbehrlich ist (§ 9 Abs. 1 S. 2 GenG), sonst der Generalversammlung. Die Satzung kann Zustimmungsvorbehalte für den Aufsichtsrat oder die Generalversammlung vorsehen.[100] Die Geschäftsführung und die wirtschaftlichen Verhältnisse der eG unterliegen einer Pflichtprüfung durch einen Prüfungsverband, wenn ihre Bilanzsumme € 1 Million und die Umsatzerlöse € 2 Millionen übersteigen (§§ 53 ff. GenG).
- **Willensbildung:** Oberstes Willensbildungsorgan ist die Generalversammlung (§ 43 GenG), bei mehr als 1.500 Mitglieder kann die Satzung zudem eine Vertreterversammlung bilden (§ 43a GenG). Jedes Mitglied hat eine Stimme, wobei das Stimmrecht nicht entzogen und nur innerhalb enger Grenzen beschränkt werden kann und Mehrstimmrechte in Ausnahmefallen gestattet sind (§ 43 Abs. 3 GenG). Die Versammlungsniederschrift (§ 47 GenG) erfordert – von Umwandlungsfällen abgesehen – keine notarielle Mitwirkung.
- **Gesellschafterwechsel:** Die Mitgliedschaft eines Genossen (Geschäftsanteil) ist nicht als solches übertragbar, sondern im Grundsatz lediglich sein Geschäftsguthaben, sofern der Erwerber der eG zugleich beitritt (§ 76 GenG). Die Mitgliedschaft ist vererblich, aber die Erben scheiden mit Ende des laufenden Geschäftsjahres aus, sofern die Satzung nichts anderes bestimmt (§ 77 GenG). Das Austrittsrecht der Mitglieder ist wenig beschränkt (§§ 65 ff. GenG).
- **Beteiligung an Gewinn und Verlust:** Bei der eG steht der Förderzweck im Vordergrund, so dass ein Anspruch auf Gewinnausschüttung nicht besteht.[101] Sofern die Satzung die Gewinnverteilung nicht ganz ausschließt (§ 20 GenG) oder sonst näher regelt, entscheidet die Generalversammlung über Gewinnverwendung (§ 19 GenG).
- **Rechnungslegung und Publizität:** Die eG ist als Formkaufmann buchführungspflichtig (§ 33 Abs. 1 S. 1 GenG). Für ihre Rechnungslegung gelten die Vorschriften für alle Kaufleute (§ 17 Abs. 2 GenG i. V. m. §§ 238 bis 263 HGB), ergänzt um ausgewählte Vorschriften für Kapitalgesellschaften (§§ 336 bis 339 HGB); Besonderheiten gelten für Kreditgenossenschaften und kapitalmarktorientiere Genossenschaften. Der Einzelabschluss der eG ist offenzulegen (§ 339 HGB). Die eG als Mutterunternehmen hat einen Konzernab-

[100] Pöhlmann/Fandrich/Bloehs/[3]*Fandrich* Genossenschaftsgesetz § 27 Rdnr. 71.
[101] Pöhlmann/Fandrich/Bloehs/[3]*Fandrich* Genossenschaftsgesetz § 19 Rdnr. 1.

schluss nach den Vorschriften über Kapitalgesellschaften aufzustellen und bekanntzumachen (§ 11 Abs. 1 PublG).
- **Mitbestimmung:** Die eG unterliegt der unternehmensverfassungsrechtlichen Mitbestimmung (§ 1 Abs. 1 Nr. 5 DrittelbG, § 1 Abs. 1 Nr. 1 MitbestG).
- **Besteuerung:** Die eG ist Körperschaftsteuersubjekt (§ 1 Abs. 1 Nr. 2 KStG).

3. Versicherungsverein auf Gegenseitigkeit (VVaG)

163 Der VVaG ist ein rechtsfähiger wirtschaftlicher Verein, der die Versicherung seiner Mitglieder nach dem **Grundsatz der Gegenseitigkeit** betreibt. Aufgrund des engen Zwecks und Unternehmensgegenstands gibt es weniger als 100 aktive VVaG.[102]
- **Grundlagen:** Die Mitgliedschaft in einem VVAG ähnelt in der Praxis der Versicherungspolice einer Versicherungs-AG.[103] Zugleich mit Beginn der Mitgliedschaft entsteht ein Versicherungsschutz. Nur der sog. große VVaG kann Versicherungen zudem Nicht-Mitgliedern anbieten (§§ 21 Abs. 2, 53 Abs. 1 S. 2 VAG). Der VVaG ist juristische Person (§ 15 VAG). Er erlangt Rechtsfähigkeit mit der Erlaubnis der Aufsichtsbehörde (§ 15 VAG), daher ist seine Eintragung im Handelsregister lediglich deklaratorisch.
- **Gründung:** Die Gründung des VVaG erfolgt durch notariell beurkundete Satzung (§ 17 Abs. 2 VVaG) und Genehmigung der Aufsichtsbehörde. Der VVaG ist zur Eintragung in das Handelsregister in öffentlich beglaubigter Form anzumelden (§ 30 VAG).
- **Kapitalaufbringung und Haftung:** Der VVaG hat kein gesetzliches Mindestkapital. Seine Finanzierung muss den versicherungsrechtlichen Regeln über die Kapitalausstattung und Solvabilität genügen (§§ 53c, 54ff. VAG). Die Gründer bilden einen Gründungsstock (§ 22 VAG) und danach ist im laufenden Geschäft mindestens eine Verlustrücklage aufzubauen (§ 37 VAG). Neue Mitglieder sind an diesem Kapital in der Regel nicht beteiligt und erhalten auch im Fall des Ausscheidens keine Beteiligung daran. Für alle Verbindlichkeiten des Vereins haftet der Verein nur mit seinem Vermögen (§ 19 VAG). Die Vorstände haften für Pflichtverletzung.
- **Vertretung und Geschäftsführung:** Der VVaG wird durch den Vorstand vertreten, der aus mindestens zwei Personen besteht. Für die Organe des VVaG gelten sonst überwiegend die Bestimmungen des AktG entsprechend (vgl. §§ 34ff. VAG).
- **Willensbildung:** Die oberste Vertretung des VVaG ist entweder eine Versammlung der Mitglieder oder eine Versammlung von Vertretern der Mitglieder, für die überwiegend die Bestimmungen für die Hauptversammlung von Aktiengesellschaften entsprechend gelten, einschließlich des Erfordernisses einer notariellen Niederschrift über der Versammlung der Mitglieder (§ 36 VAG, § 130 Abs. 1 S. 1 AktG).
- **Gesellschafterwechsel:** Ein Gesellschafterwechsel als solches ist vom Gesetz nicht vorgesehen. Mitglied eines VVaG kann nur werden, wer ein Versicherungsverhältnis mit dem Verein begründet. Die Mitgliedschaft endet, soweit die Satzung nichts anderes bestimmt, wenn das Versicherungsverhältnis aufhört (§ 20 S. 2 und 3 VAG).
- **Beteiligung an Gewinn und Verlust:** Ein sich nach der Bilanz ergebender Überschuss wird an die in der Satzung bestimmten Mitglieder verteilt, soweit er nicht nach der Satzung der Verlustrücklage oder anderen Rücklagen zuzuführen oder zur Verteilung von Vergütungen zu verwenden oder auf das nächste Geschäftsjahr zu übertragen ist (§ 38 Abs. 1 S. 1 VAG).
- **Rechnungslegung und Publizität:** Die Rechnungslegung des VAG richtet sich nach §§ 341ff. HGB ergänzt um die Vorschriften für Kapitalgesellschaften (§ 16 S. 2 VAG). Für die Offenlegung gilt § 341l HGB.
- **Mitbestimmung:** Der VVaG unterliegt der unternehmensverfassungsrechtlichen Mitbestimmung nach den Vorschriften des DrittelbG (§ 1 Abs. 1 Nr. 4 DrittelbG; § 1 Abs. 1 und 3 MitbestG).
- **Besteuerung:** Der VVaG ist Körperschaftsteuersubjekt (§ 1 Abs. 1 Nr. 3 KStG).

[102] Vgl. www.handelsregister.de – Erweiterte Suche nach Rechtsform.
[103] *K. Schmidt* GesR I.2.

4. Rechtsfähige Stiftung des Privatrechts

Bei der Stiftung geht es nicht um einen Zusammenschluss von Gesellschaftern oder Mitgliedern. Ihr prägendes Kriterium ist das **zweckgebundene Sondervermögen.** Der Stifter, der ein Sondervermögen einem konkreten Zweck widmen will, steht in einem ersten Schritt vor der Frage, ob er für diese Zweckbindung tatsächlich eine eigene Rechtsform benötigt oder ob er mit einer unselbständigen Stiftung ohne eigene Rechtspersönlichkeit arbeiten kann, etwa über Zustiftungen an eine bestehende Stiftung oder eine sog. Treuhandschaftstiftung. Wählt er eine eigene Rechtsperson, so hat er zuerst die Wahl zwischen den Rechtsformen des Gesellschaftsrechts, die stiftungsähnlich ausgestaltet werden können, allen voran die GmbH,[104] mit deren Hilfe er gewährleisten kann, dass er über das Sondervermögen noch eine gewisse eigene Kontrolle ausüben kann. Diese Kontrolle kann ein Vorteil, aber – etwa im Hinblick auf Erben oder Gläubiger – auch eine Belastung sein. Mit der rechtsfähigen Stiftung des Privatrechts wählt der Stifter die strengste Form der Trennung des Stiftungsvermögens von seinem eigenen Vermögen und dem seiner Erben. 164

- **Grundlagen:** Die rechtsfähige Stiftung des Privatrechts ist in §§ 80 ff. BGB geregelt. Als Stiftung in diesem Sinn gilt eine mit einem bestimmten Vermögen (Stiftungsvermögen) ausgestattete, rechtsfähige, nicht verbandsmäßig organisierte Institution des Zivilrechts (Stiftungsorganisation), die zu einem bestimmten Zweck (Stiftungszweck) geschaffen und diesem dauerhaft gewidmet ist.[105] Die Rechtsfähigkeit der Stiftung als juristische Person entsteht durch behördliche Anerkennung (§ 80 BGB). Der Stifter hat einen Rechtsanspruch auf Anerkennung, wenn das Stiftungsgeschäft den Anforderungen des § 80 Abs. 1 BGB genügt, die dauernde und nachhaltige Erfüllung des Stiftungszwecks gesichert erscheint und der Stiftungszweck das Gemeinwohl nicht gefährdet (§ 80 Abs. 2 BGB). Der Zweck der Stiftung ist durch den Willen des Stifters bestimmt und grundsätzlich unabänderlich (§ 87 BGB). Verbreitet sind gemeinnützige Stiftungen und Familienstiftungen. Die Grenzen des Stiftungszwecks sind nicht unumstritten,[106] insbesondere hinsichtlich der Stiftung als Träger eines Unternehmens, als Holding oder als Komplementärin einer Stiftung & KG.[107] Die Zweckbindung des Stifungsvermögens wird durch die landesrechtliche Stiftungsaufsicht überwacht.
- **Gründung:** Das Stiftungsgeschäft unter Lebenden erfordert Schriftform. Die Stiftung kann auch aufgrund Verfügung von Todes errichtet werden (§ 83 BGB), so dass sie erst nach dem Tod des Stifters entsteht.
- **Kapitalaufbringung und Haftung:** Das Stiftungsrecht hat kein gesetzliches Mindestkapital, aber es muss ausreichen, die dauernde und nachhaltige Erfüllung des Stiftungszwecks zu sichern (§ 80 Abs. 2 BGB). Die Stiftung haftet mit ihrem Vermögen. Soweit Vorstandsmitglieder ihre Pflichten schuldhaft verletzen und der Stiftung dadurch Schäden entstehen, haften diese nach Auftragsrecht (§§ 86, 27 Abs. 3 BGB) unter Anwendung der vereinsrechtlichen Haftungsbeschränkung nach § 31 a BGB (§ 86 BGB). Strittig ist, ob die Landesstiftungsgesetze weitere Haftungsbeschränkungen vorsehen dürfen.[108]
- **Vertretung und Geschäftsführung:** Der Vorstand vertritt die Stiftung, soweit die Satzung die Vertretungsmacht nicht beschränkt (§§ 86, 26 Abs. 1 BGB). Die Geschäftsführung unterliegt Auftragsrecht (§§ 86, 27 Abs. 3 BGB), soweit sich aus der Satzung nichts anderes ergibt. Eine Überwachung der Geschäftsführung erfolgt durch die von der Satzung hierfür bestimmten Organe und die Stiftungsaufsicht.
- **Willensbildung:** Mangels Mitgliedern sind Fragen zur Willensbildung bei der Stiftung nicht einschlägig.

---

[104] MünchKommBGB/*Reuter* Vor § 80 Rdnr. 87 ff. und Rdnr. 109 ff.; *Schneeloch* I.6.2.

[105] BVerwGE 106, 177 = NJW 1998, 2545, 2546; BayObLG NJW 1973, 249; MünchKommBGB/*Reuter* Vor § 80 Rdnr. 48 ff.; Palandt/*Heinrichs* Vorb. v. § 80 Rdnr. 5; Staudinger/*Rawert* Vor § 80 Rdnr. 4; RegE BT-Drucks 14/8765 S. 10.

[106] Überblick bei MünchHdbGesR(V)/*Beuthin* § 77 Rdnr. 27 ff.

[107] Vgl. MünchHandbGesR(V)/ *Gummert* § 81 Rdnr. 1 ff.; Staudinger/*Rawert* Vorbem zu § 80 ff. Rdnr. 83 ff.; MünchKommBGB/*Reuter* Vor § 80 Rdnr. 77 ff.

[108] MünchKommBGB/*Reuter* § 86 Rdnr. 20.

- **Gesellschafterwechsel:** Die Stiftung hat keine Gesellschafter und keine Anteilsrechte.
- **Beteiligung an Gewinn und Verlust:** Die Erträge des Stiftungsvermögens sind für den Stiftungszweck einzusetzen. Die Stiftungssatzung kann sog. Destinatären Ansprüche auf Stiftungsleistungen verschaffen, was insbesondere Familienstiftungen nutzen. Mittlerweile ist anerkannt, dass diese Zuwendungen nicht als Schenkungen gelten und nicht zur notariellen Beurkundungspflicht des Stiftungsgeschäfts führen.[109]
- **Rechnungslegung und Publizität:** Die Rechnungslegung der rechtsfähigen Stiftung[110] bestimmt sich grundsätzlich nach Auftragsrecht (§§ 27 Abs. 3, 259, 260, 666 BGB), daneben nach den Landesstiftungsgesetze. Unternehmensträgerstiftungen unterliegen der handelsrechtlichen Rechnungslegung und Publizität (§ 3 Abs. 1 Nr. 4, § 11 Abs. 1 und 5 PublG). Im Übrigen können steuerliche Buchführungspflichten bestehen, insbesondere für gemeinnützige Stiftungen (§ 63 Abs. 3 AO).
- **Mitbestimmung:** Die Stiftung unterliegt keiner unternehmensverfassungsrechtlichen Mitbestimmung nach dem DrittelbG, dem MitbestG oder dem MontanMitbestG. Besonderheiten gelten, wenn das Stiftungsstatut eine Unternehmensmitbestimmung der Arbeitnehmer vorsieht.[111]
- **Besteuerung:** Die rechtsfähige Stiftung des Privatrechts ist Körperschaftsteuersubjekt (§ 1 Abs. 1 Nr. 5 KStG). Zur Familienstiftung gilt, dass ihre Errichtung erbschaftsteuerpflichtig ist, aber einem Steuerklassenprivileg nach dem Verwandtschaftsgrad zwischen dem Stifter und dem entferntesten Berechtigten unterliegt (§ 15 Abs. 2 S. 1 ErbStG). Das Vermögen einer inländischen Familienstiftung unterliegt alle 30 Jahre einer Erbersatzsteuer (§ 1 Abs. 1 Nr. 4 ErbStG), unter Anwendung von Freibeträgen und Progressionsvorteilen.

5. Europäische wirtschaftliche Interessenvereinigung (EWIV)

165 Die EWIV ist eine **supranationale Personengesellschaft**, deren Zweck darin liegt, die Kooperation über die europäischen Binnengrenzen zu ermöglichen. Der Kooperationszweck steht derart im Vordergrund, dass die EWIV von Gesetzes wegen auf Hilfstätigkeiten beschränkt wurde (Art. 3 EWIV-VO).[112] Sie darf keinen primären Gewinnerzielungszweck haben, nicht als Holdinggesellschaft fungieren, keine Leitungsmacht ausüben und nicht mehr als 500 Arbeitnehmer beschäftigen. In der Praxis gibt es in Deutschland kaum mehr als 250 aktive EWIV.[113]

- **Grundlagen:** Für eine EWIV mit Satzungssitz in Deutschland, gilt im Wesentlichen das Recht der oHG entsprechend (§ 1 EWIV-AusfG).[114] Die EWIV ist nicht juristische Person, aber mit Eintragung im Handelsregister rechtsfähig entsprechend der oHG (Art. 1 Abs. 2 EWIV-VO). Die EWIV braucht Mitglieder aus mindestens zwei verschiedenen Mitgliedstaaten der EU bzw. des EWR, die entweder Gesellschaften, andere juristische Einheiten des öffentlichen oder privaten Rechts (außer EWIV) oder natürliche Personen sein müssen, die eine gewerbliche, kaufmännische, handwerkliche, landwirtschaftliche oder freiberufliche Tätigkeit in der Gemeinschaft ausüben oder dort andere Dienstleitungen erbringen (Art. 4 EWIV-VO).
- **Gründung:** Die Gründung einer deutschen EWIV erfolgt durch Gründungsvertrag, Handelsregisteranmeldung und Eintragung im Handelsregister (Art. 1 Abs. 1 Uabs. 2 EWIV-VO; § 2 Abs. 1 EWIV-AusfG). Der Gründungsvertrag unterliegt grundsätzlich keinem Formzwang. Die Handelsregisteranmeldung erfordert öffentliche Form.

---

[109] BGH DNotZ 2010, 188 = NJW 2010, 234; Palandt/*Ellenberger* § 85 Rdnr. 4.

[110] *Kußmaul/Meyering*, Die Rechnungslegung der Stiftung, DStR 2004, 371.

[111] BGHZ 84, 352 = NJW 1982, 2369.

[112] EWIV-VO (Verordnung Nr. 2137/85 des Rates der Europäischen Gemeinschaften vom 25. 7. 1985 über die Schaffung einer Europäischen Wirtschaftlichen Interessenvereinigung)

[113] Vgl. www.handelsregister.de – Erweiterte Suche nach Rechtsform; Ebenroth/Boujong/Joost/Strohn/*W. Hakenberg* HGB EWIV Rdnr. 7 f.

[114] EWIV-AusfG (Gesetz zur Ausführung der EWG-Verordnung über die Europäische Wirtschaftliche Interessenvereinigung vom 14. 4. 1988 – BGBl. I S. 514).

- **Kapitalaufbringung und Haftung:** Ein Mindestkapital ist für die EWIV nicht vorgeschrieben. Die EWIV haftet mit ihrem Vermögen und die Mitglieder haften subsidiär, aber unbeschränkt und gesamtschuldnerisch (Art. 24 EWIV-VO). Wie in der oHG unterliegen ausgeschiedene Mitglieder einer fünfjährigen Nachhaftung (Art. 34, 37 EWIV-VO, §§ 159, 160 HGB). Neue Mitglieder können anders als in der oHG von der Haftung für Verbindlichkeiten befreit werden, die vor ihrem Beitritt entstanden sind (Art. 26 Abs. 2 EWIV-VO). Geschäftsführer haften für die Sorgfalt eines ordentlichen und gewissenhaften Geschäftsleiters (§ 5 Abs. 1 EWIV-AG).
- **Vertretung und Geschäftsführung:** Die EWIV wird organschaftlich durch die Geschäftsführer vertreten, und zwar im Außenverhältnis unbeschränkbar. Eine Fremdgeschäftsführung durch Nicht-Mitglieder ist – anders als bei der oHG – gestattet.[115] Die Geschäftsführer sind weisungsabhängig gegenüber der Mitgliederversammlung. Der Gründungsvertrag kann weitere Organe schaffen (Art. 16 Abs. 2 Unterabsatz 2 EWIV-VO).
- **Willensbildung:** Die Willensbildung findet in der Mitgliederversammlung statt, die für alle Beschlüsse zur Verwirklichung des Unternehmensgegenstandes zuständig ist (Art. 16 Abs. 2 EWIV-VO). Jedes Mitglied hat grundsätzlich eine Stimme; Mehrstimmrechte sind zulässig, soweit nicht einem einzigen Mitglied die Stimmenmehrheit zukommt (Art. 17 Abs. 1 EWIV-VO). Beschlüsse werden grundsätzlich einstimmig gefasst, wovon im Gründungsvertrag nur in Grenzen abgewichen werden kann (Art. 17 Abs. 3 EWIV-VO).
- **Gesellschafterwechsel:** Die Mitgliedschaft ist mit Zustimmung der übrigen Mitglieder übertragbar (Art. 22 Abs. 1 EWIV-VO). Mit Zustimmung der übrigen Mitglieder oder aufgrund des Gründungsvertrages ist die Mitgliedschaft ordentlich kündbar, außerordentlich stets (Art. 27 Abs. 1 EWIV-VO). Bei schwerem Pflichtverstoß kann ein Mitglied ausgeschlossen werden, in der Regel durch gerichtliche Entscheidung (Art. 27 Abs. 2 EWIV-VO). Ein Mitglied scheidet insbesondere aus, wenn es die gesetzlichen Mitgliedsvoraussetzungen verliert (Art. 28 Abs. 1 EWIV-VO i. V. m. § 8 EWIV-AG). Eine Vererbung kann im Gründungsvertrag vorgesehen oder im Einzelfall einstimmig beschlossen werden (Art. 28 Abs. 2 EWIV-VO).
- **Beteiligung an Gewinn und Verlust:** Die EWIV ist grundsätzlich nicht gewinnorientiert (Art. 3 Abs. 1 EWIV-VO). Fallen Gewinne an, so sind sie auf die Mitglieder aufzuteilen, und zwar zu gleichen Teilen, sofern der Gründungsvertrag keine andere Verteilung vorsieht (Art. 21 Abs. 1 EWIV-VO).
- **Rechnungslegung und Publizität:** Die Geschäftsführer sind zur Buchführung verpflichtet und haben den Jahresabschluss aufzustellen (§ 6 EWIV-AG), und zwar nach Maßgabe der §§ 238 bis 261 HGB. Eine Offenlegungspflicht besteht allenfalls nach PublG.[116]
- **Mitbestimmung:** Die EWIV unterliegt als Personengesellschaft und wegen seiner beschränkten Zahl von Arbeitnehmern nicht der unternehmensverfassungsrechtlichen Mitbestimmung.
- **Besteuerung:** Das Ergebnis der Tätigkeit einer EWIV wird bei ihren Mitgliedern besteuert (Art. 40 EWIV-VO), so dass die EWIV Mitunternehmerschaft ist, je nach Einkunftsart.

[115] Ebenroth/Boujong/Joost/Strohn/W. *Hakenberg* EWIV Rdnr. 31.
[116] Ebenroth/Boujong/Joost/Strohn/W. *Hakenberg* EWIV Rdnr. 39.

4. Teil. Registerrecht

§ 6 Handelsregister

Übersicht

	Rdnr.
I. Allgemeines zu Registeranmeldungen	1–38
1. Form und Inhalt der Anmeldung	2–8
2. Anmeldepflichtige Personen	9–11
3. Vertretung im Handelsregisterverfahren	12–25
a) Vertretung aufgrund Vollmacht	13–17
b) Gesetzliche und organschaftliche Vertretung	18–20
c) Vertretung durch den Notar	21–25
4. Das Erfordernis der elektronischen Einreichung der Anmeldung	26–33
5. Zu den Amtspflichten des Notars bei der Bearbeitung einer Registeranmeldung	34–38
II. Anmeldungen durch den Rechtsnachfolger des Eingetragenen	39–44
III. Form der Einreichung von Anlagen zur Anmeldung und sonstigen Dokumenten	45–49
IV. Einreichung und Offenlegung von Übersetzungen in eine andere Sprache	50–54
V. Zwischenverfügung und gerichtliches Freigabeverfahren	55–67
1. Zwischenverfügung des Registergerichts	55–60
a) Erlassvoraussetzungen und Inhalt	55–58
b) Reaktionsmöglichkeiten	59/60
2. Beseitigung einer Registersperre durch das Freigabeverfahren	61–67
a) Umwandlungsrechtliches Freigabeverfahren	61–64
b) Aktienrechtliche Freigabeverfahren	65–67
VI. Grundzüge des Firmenrechts	68–130
1. Überblick über die Grundsätze des Firmenbildungsrechts	70/71
2. Überblick über die allgemeinen Grundsätze des Firmenordnungsrechts	72–76
3. Erfordernis der Kennzeichnungseignung	77–82
4. Erfordernis der Unterscheidungskraft	83–86
5. Verbot der Irreführung	87–92
6. Beifugung eines Rechtsformzusatzes	93–100
7. Bestimmten Rechtsträgern vorbehaltene Firmenbestandteile	101–104
8. Sonstige firmenrechtliche Grundsätze	105–110
9. Zulässigkeit der Firmenfortführung in besonderen Fällen	111–130
a) Firmenfortführung bei Namensänderung	112
b) Firmenfortführung bei Erwerb eines Handelsgeschäfts	113–120
c) Firmenfortführung bei Änderungen im Gesellschafterbestand	121–123
d) Firmenfortführung in Umwandlungsfällen	124–130
VII. Die Pflicht zur Anmeldung einer inländischen Geschäftsanschrift	131–138
VIII. Ausblick: EU-Grünbuch zur Verknüpfung von Unternehmensregistern	139–144

Schrifttum: *Apfelbaum,* Die GmbH-Reform 2008, notar 2008, 160; *Apfelbaum/Bettendorf*, Die elektronisch beglaubigte Abschrift im Handelsregisterverkehr, RNotZ 2007, 89; *Elsing*, Einführung in das Handels- und Gesellschaftsrecht, 2010; *Gassen/Wegerhoff,* Elektronische Beglaubigung und elektronische Handelsregisteranmeldung in der Praxis, 2. Aufl. 2009; *Gustavus*, Handelsregister-Anmeldungen, 7. Aufl. 2009; *Jeep/Wiedemann*, Die Praxis der elektronischen Registeranmeldung, NJW 2007, 2439; *Krause*, gGmbH als unzulässiger Rechtsformzusatz, NJW 2007, 2156; *Kögel,* Firmenbildung von Zweigniederlassungen in- und ausländischer Unternehmen, RPfleger 1993, 8; *Krafka*, Registerrechtliche Neuerungen durch das FamFG, NZG 2009, 650; *K. Schmidt* (Hrsg.), Münchener Kommentar zum Handelsgesetzbuch Band 1, 3. Aufl. 2010; *Lutter/Bork*, Kommentar zum Umwandlungsrecht, 4. Aufl. 2009; *Nedden-Böger,* Die Anwendung des allgemeinen Teils des FamFG in Registersachen und unternehmensrechtlichen Verfahren, FGPrax 2007, 1; *Paulick,* Das Ende der gGmbH im Gemeinnützigkeitsrecht?, DNotZ 2008, 167; *Schaub*, Stellvertretung bei Handelsregisteranmeldungen, MittBayNot 1999, 539; *Ries,* Änderungen in Registerverfahren nach der Reform der freiwilligen Gerichtsbarkeit, RPfleger 2009, 441; *Sauerbruch*, Das Freigabeverfahren gemäß § 246 a AktG, 2008;

Schmidt-Kessel/Leutner/Müther, Handelsregisterrecht, 2010; *Schmidt/Sikora/Tiedtke*, Praxis des Handels- und Kostenrechts, 5. Aufl. 2009; *Sikora/Schwab*, Das EHUG in der notariellen Praxis, MittBayNot 2007, 1; *W.-H. Roth*, Das neue Firmenrecht, in: Die Reform des Handelsstandes und der Personengesellschaft, 1999.

I. Allgemeines zu Registeranmeldungen

1 Zentrale Norm des Registerrechts ist **§ 12 HGB**. Die jetzige Fassung dieser Vorschrift beruht auf dem am 1. Januar 2007 in Kraft getretenen Gesetz über das elektronische Handelsregister und Genossenschaftsregister sowie das Unternehmensregister (**EHUG**). Damit wurde den europarechtlichen Vorgaben der Ersten gesellschaftsrechtlichen Richtlinie[1] („Publizitätsrichtlinie") hinsichtlich der elektronischen Führung des Handelsregisters entsprochen. Weitere wichtige Regelungen für den Registerverkehr finden sich nach der Reform des Rechts der freiwilligen Gerichtsbarkeit in den **§§ 378 ff. FamFG**. Mit der Überführung in das neue Verfahrensrecht war eine Neusystematisierung der einschlägigen Vorschriften verbunden, wesentliche inhaltliche Änderungen erfolgten nicht.

1. Form und Inhalt der Anmeldung

2 Handelsregisteranmeldungen sind **elektronisch in öffentlich beglaubigter Form** einzureichen, § 12 Abs. 1 S. 1 HGB, gleiches gilt für bestimmte einzureichende Dokumente oder öffentlich beglaubigte Abschriften, § 12 Abs. 2 HGB.[2] Dazu muss die Papierurkunde in eine elektronische Urkunde umgewandelt werden. In einem ersten Schritt wird dazu die Urschrift der Handelsregisteranmeldung vom Antragsteller handschriftlich unterzeichnet. Zusätzlich errichtet der Notar in Papierform seinen Unterschriftsbeglaubigungsvermerk und verbindet diesen mit der Anmeldeurkunde. Insoweit unterscheidet sich das Original einer Handelsregisteranmeldung nicht von seiner Form vor der Einführung des elektronischen Rechtsverkehrs.[3] In einem zweiten Schritt ist diese Papierurkunde in die elektronische Form zu überführen. Dies geschieht durch die Anfertigung einer **elektronisch beglaubigten Abschrift**.

3 Somit hat der Notar für den elektronischen Registerverkehr gemäß §§ 39, 39 a BeurkG zwei Zeugnisurkunden zu fertigen. Mit dem in Papierform gefertigten Unterschriftsbeglaubigungsvermerk wird die Unterschrift des Antragstellers unter der Registeranmeldung beglaubigt und somit die Identität des Antragstellers festgestellt. Das zweite Zeugnis betreffend die inhaltliche Übereinstimmung der elektronischen Datei mit dem Papierdokument (welches die Unterschriftsbeglaubigung beinhaltet) wird in elektronischer Form gemäß §§ 39, 39 a, 42 BeurkG gefertigt.[4] Dazu wird in der Praxis regelmäßig das Programm **„SigNotar"** verwendet. Es schlägt verschiedene Texte für die Fassung des elektronischen Beglaubigungsvermerk vor, abhängig davon, welche Art von Papierdokument signiert wird. Bei der Erstellung des Vermerks sollte genau formuliert werden, damit für den Rechtsverkehr klar wird, ob eine Urschrift, eine Ausfertigung oder eine beglaubigte Abschrift vorlag. Empfehlenswert ist die folgende Fassung des Beglaubigungsvermerks:

Formulierungsvorschlag:

Durch die beigefügte qualifizierte elektronische Signatur beglaubige ich, dass es sich bei dem vorstehenden elektronischen Dokument um die inhaltlich übereinstimmende Wiedergabe des mir in Urschrift/in Ausfertigung/in beglaubigter Abschrift vorliegenden Papierdokuments handelt.

Ort, Tag der Signatur

Notar

[1] Richtlinie 2003/58/EG des Europäischen Parlaments und des Rates vom 15. 7. 2003 (ABl. Nr. L 221/13 vom 4. 9. 2003).

[2] Siehe dazu Rdnr. 46.

[3] *Gassen/Wegerhoff* Rdnr. 65.

[4] *Gassen/Wegerhoff* Rdnr. 65; *Apfelbaum/Bettendorf* RNotZ 2007, 89, 90.

Da der elektronischen Urkunde weder Unterschrift noch Siegel beigefügt werden können, schreibt § 39a BeurkG die **Beifügung einer** mit Notarattribut versehenen **qualifizierten elektronischen Signatur** als funktionsgleiches elektronisches Äquivalent vor. Technisch erfolgt dies durch Verwendung einer von einem Zertifizierungsdiensteanbieter (z.B. Bundesnotarkammer, DATEV oder Deutsche Post AG) ausgegebenen Signaturkarte unter Eingabe der zugehörigen PIN in ein Kartenlesegerät. 4

Wichtiger Hinweis:

Die zur Erzeugung seiner elektronischen Signatur erforderliche Signatureinheit von Zugangskarte und Zugangscode darf der Notar keinesfalls Mitarbeitern oder Dritten zur Verwendung überlassen. Er hat die Signatureinheit vor Missbrauch zu schützen. Ein Verstoß gegen die Pflicht zur höchstpersönlichen Erstellung der qualifizierten elektronischen Signatur führt zur Unwirksamkeit der Urkunde und hat empfindliche disziplinarrechtliche und strafrechtliche Konsequenzen.[5]

Für die **Gestaltung der elektronischen Notarurkunde** nach § 39a BeurkG gelten im Grundsatz dieselben Regeln wie für die papiergebundene Vermerkurkunde. Die Vorschrift macht aufgrund des anders gearteten Mediums nur nähere Vorgaben zur Ausgestaltung der elektronischen Urkunde, nicht jedoch zur Frage des Inhalts. Deshalb kann jede Vermerkurkunde, die bislang in papiergebundener Form erzeugt wurde, auch in elektronischer Form dargestellt werden.[6] 5

Die **Formvorschrift** des § 12 Abs. 2 2. Halbs. HGB **gilt nicht nur für die Anmeldeurkunde.** Erfasst werden auch rechtsgeschäftliche Anmeldevollmachten, Gründungsvollmachten nach §§ 2 Abs. 2 GmbHG, 23 Abs. 1 S. 2 AktG, Gesellschafterbeschlüsse nach §§ 53 Abs. 2 GmbHG, 130 Abs. 1 S. 1 AktG und Beschlüsse nach §§ 13 Abs. 3 S. 1, 125, 193 Abs. 3 S. 1 UmwG sowie Verschmelzungsverträge, § 6 UmwG.[7] 6

Bis zur Eintragung kann die Anmeldung frei zurückgenommen werden. Eine solche **Rücknahme** bedarf nicht der Form des § 12 Abs. 1 HGB. Ist der Eintragungsantrag von einem Notar gestellt worden, kann auch dieser die Anmeldung unter Beachtung des § 24 Abs. 3 der BNotO zurücknehmen. Die **Rücknahme der Rücknahme** stellt eine erneute Anmeldung dar und bedarf daher wieder der elektronischen Einreichung in öffentlich beglaubigter Form.[8] 7

Die Registeranmeldung muss klar und bestimmt gefasst sein. Dazu muss sie die einzutragende Tatsache eindeutig und vollständig bezeichnen. Einen **bestimmten Wortlaut muss die Anmeldung** dagegen **nicht enthalten**, der Anmeldende ist insbesondere nicht verpflichtet, die einzutragende Tatsache in Übereinstimmung mit dem Wortlaut des Gesetzes oder in Anlehnung an diesen darzustellen.[9] Die Fassung der Eintragung ist nämlich allein Aufgabe des Registergerichts.[10] Der erforderliche Inhalt der Registeranmeldung ergibt sich aus dem jeweiligen Anmeldetatbestand und den von der Rechtsprechung ergänzend entwickelten Vorgaben. Beispiele für solche richterrechtliche Vorgaben sind die sog. negative Abfindungsversicherung beim Kommanditistenwechsel im Wege der Einzelrechtsnachfolge[11] und die zusätzliche Geschäftsführerversicherung bei der wirtschaftlichen Neugründung einer Kapitalgesellschaft.[12] Außerdem sind die Vorschriften der Handelsregisterverordnung (HRV) zu beachten, wonach z.B. mit der Anmeldung das Geburtsdatum der einzutragenden Personen anzugeben ist, § 24 Abs. 1 HRV. Wegen der Vielgestaltigkeit der verschiedenen Anmeldetat- 8

[5] Näher dazu Mitteilung der Bundesnotarkammer, Höchstpersönliche Verwendung von Signaturkarten, abgedruckt in: DNotZ 2008, 161 ff.
[6] *Gassen/Wegerhoff* Rdnr. 68.
[7] Schmidt-Kessel/Leutner/*Müther* § 12 Rdnr. 55.
[8] *Krafka/Willer/Kühn* Rdnr. 83.
[9] *Krafka/Willer/Kühn* Rdnr. 76.
[10] Schmidt-Kessel/Leutner/*Müther* § 12 Rdnr. 13.
[11] BGH NJW-RR 2006, 107.
[12] BGHZ 155, 318 = NJW 2003, 3198.

bestände muss an dieser Stelle hinsichtlich der einzelnen inhaltlichen Vorgaben auf entsprechende Spezialliteratur verwiesen werden.[13]

2. Anmeldepflichtige Personen

9 Vor der Übermittelung an das Registergericht ist besonderes Augenmerk darauf zu legen, dass sämtliche anmeldepflichtigen Personen an der Registeranmeldung mitgewirkt haben. Andernfalls wird das Gericht auf das Manko mittels Zwischenverfügung hinweisen und sich die Eintragung verzögern. Muss die Anmeldung, wie im Umwandlungsrecht, innerhalb einer bestimmten Frist erfolgen, kann die fehlende Unterschrift eines Anmeldepflichtigen zum vollständigen Scheitern des Vertragsvollzugs führen.

Checkliste
Anmeldpflichtige Personen

I. Anmeldung eines Einzelkaufmanns
- ☐ Einzelkaufmann selbst

II. Anmeldung einer OHG oder KG
- ☐ Grundsatz: Anmeldung durch sämtliche Gesellschafter, also auch alle Kommanditisten, (§§ 108, 143 Abs. 1 und 2, 148 Abs. 1 i. V. m. § 161 Abs. 2 HGB)
- ☐ Ausnahmsweise: nur durch deren vertretungsbefugte Gesellschafter (z. B. § 13 Abs. 1 und 5, § 53 Abs. 1 und 3 i. V. m. § 125 Abs. 1, 161 Abs. 2 HGB)
- ☐ Ausnahmsweise: nur durch deren Liquidatoren (§ 157 Abs. 1, 161 Abs. 2 HGB)

III. Anmeldungen einer GmbH
- ☐ Grundsatz: Anmeldung durch die Geschäftsführer bzw. die Liquidatoren in vertretungsberechtigter Zahl (§ 266 Abs. 1 AktG)
- ☐ Ausnahme: Anmeldung der Gründung und Kapitalerhöhung; hier ist die Anmeldung durch sämtliche Geschäftsführer erforderlich, § 78 GmbHG

IV. Anmeldungen einer AG
- ☐ Grundsatz: Anmeldung durch die Mitglieder des Vorstandes (z. B. § 81 AktG, 181 AktG) bzw. die Abwickler in vertretungsberechtigter Zahl (§ 266 Abs. 1 AktG)
- ☐ Ausnahme: Anmeldung durch sämtliche Vorstandsmitglieder (z. B. Gründung der AG, § 36 Abs. 1 AktG) und zusätzlich die Gründer und die Mitglieder des Aufsichtsrats
- ☐ weitere Ausnahme: Kapitalerhöhung; hier ist neben der Anmeldung durch Vorstandsmitglieder in vertretungsberechtigter Zahl auch die Anmeldung durch den Vorsitzenden des Aufsichtsrates erforderlich, vgl. §§ 184 Abs. 1, 188 Abs. 1, 195 Abs. 1, 223 AktG
- ☐ Bei der **Europäischen Aktiengesellschaft** (SE) treten an die Stelle des Vorstandes das Leitungsorgan und an die Stelle des Aufsichtsrats das Aufsichtsorgan und bei Wahl des monistischen Systems die geschäftsführenden Direktoren an die Stelle des Vorstandes und der Vorsitzende des Verwaltungsrats an die Stelle des Aufsichtsratsvorsitzenden

V. Anmeldungen sonstiger juristischer Personen im Sinne des § 33 Abs. 1 HGB (z. B. Landesbanken)
- ☐ sämtliche Vorstandsmitglieder bei Gründung, i. Ü. Vorstand in vertretungsberechtigter Zahl

10 Eine **Anmeldung,** die nicht durch sämtliche Mitglieder des Vertretungsorgans bzw. alle Gesellschafter zu erfolgen hat, kann von einzelnen Vorstandsmitgliedern, Geschäftsführern oder Gesellschaftern je **in Gemeinschaft mit einem Prokuristen** abgegeben werden, wenn der anmeldepflichtigen Person durch den Gesellschaftsvertrag oder einen Beschluss unechte Ge-

[13] Z. B. *Gustavus* Handelsregister-Anmeldungen und *Elsing* Einführung in das Handels- und Gesellschaftsrecht.

samtvertretungsbefugnis eingeräumt wurde.[14] **Nicht möglich** ist die Anmeldung auch bei Bestehen von unechter Gesamtvertretungsbefugnis aber insoweit, als in der Anmeldung **höchstpersönliche Erklärungen** abzugeben sind.[15] **Durch** einen **Prokuristen allein**, d. h. ohne Beteiligung eines Mitglieds des Vertretungsorgans oder eines vertretungsbefugten Gesellschafters, kann eine Anmeldung jedenfalls dann **nicht** erfolgen, **wenn** sie die **Grundlagen des Handelsgeschäfts** betrifft. Dies ist der Fall, wenn eine Firmenänderung, oder die Aufnahme von Gesellschaftern angemeldet werden soll, ebenso bei der Anmeldung der Erteilung einer Prokura und bei der Anmeldung einer Zweigniederlassung oder eines Umwandlungsbeschlusses.[16]

Anmeldepflichtig ist nach einem Erbfall der Rechtsnachfolger eines eingetragenen Ge- 11
sellschafters oder der Testamentsvollstrecker. Hinsichtlich der Anmeldebefugnisse ist danach zu unterscheiden, ob es sich um einen Abwicklungs- oder einen Dauertestamentsvollstrecker handelt. Nach Auseinandersetzung einer Erbengemeinschaft ist nur letzterer zur Anmeldung der Rechtsnachfolge befugt.[17] Auch den **Insolvenzverwalter** kann eine Anmeldepflicht treffen, sofern die betroffene Tatsache gegenständlich der Insolvenzmasse zuzuordnen ist.[18] Nicht dazu gehört z. B. die Anmeldung eines Geschäftsführerwechsels bei einer insolventen GmbH. Ein solcher Wechsel ist auch nach Bestellung des Insolvenzverwalters weiter von den Geschäftsführern anzumelden, da es an einem Bezug zur Insolvenzmasse fehlt.[19]

3. Vertretung im Handelsregisterverfahren

Der Anmeldepflichtige kann sich im Registerverfahren vertreten lassen, §§ 10 Abs. 1, 378 12
Abs. 1 FamFG. Dabei ist zwischen rechtsgeschäftlicher und gesetzlicher bzw. organschaftlicher Vertretung zu unterscheiden. Darüber hinaus kann der Anmeldepflichtige aufgrund der Vollmachtsvermutung in § 378 Abs. 2 FamFG auch durch den Notar vertreten werden, der die Eintragungsgrundlage beurkundet oder beglaubigt hat.

a) **Vertretung aufgrund Vollmacht.** Eine Registeranmeldung kann aufgrund rechtsge- 13
schäftlicher Vertretung erfolgen, wobei es keiner Spezialvollmacht bedarf. Aus dem Wortlaut der Vollmacht muss sich nur eindeutig genug ergeben, dass Registeranmeldungen vom Umfang der Vertretungsmacht umfasst sind, einer ausdrücklichen Erwähnung bedarf dies allerdings nicht.[20] Die Vollmacht muss öffentlich beglaubigt sein, hierfür gelten die Anforderungen, die an die Anmeldung selbst zu stellen sind.[21] Da es sich bei der Anmeldung um eine Verfahrenshandlung im Rahmen der freiwilligen Gerichtsbarkeit handelt, findet **§ 181 BGB** keine Anwendung.[22] Ein Bevollmächtigter kann somit mehrere Anmeldepflichtige gleichzeitig vertreten. Ein selbst anmeldepflichtiger Bevollmächtigter kann auch zugleich im eigenen Namen und im Namen des anmeldepflichtigen Vollmachtgebers anmelden.

Praxistipp:

Die Tatsache der Vertretung muss sich aus dem Text der Anmeldung selbst ergeben. Gleiches gilt für die Person des Vertretenen. Ein entsprechender Hinweis im Beglaubigungsvermerk des Notars wird zwar häufig von den Registergerichten als ausreichend angesehen. Verlassen kann man sich darauf aber nicht. Es empfiehlt sich daher, unter der Namensunterschrift des Anmeldenden die Vertretungsverhältnisse anzugeben.

[14] *Krafka/Willer/Kühn* Rdnr. 106.
[15] Dazu näher Rdnr. 17.
[16] Schmidt-Kessel/Leutner/*Müther* § 12 Rdnr. 27.
[17] OLG Hamm NZG 2011, 437.
[18] *Krafka/Willer/Kühn* Rdnr. 107.
[19] *Krafka/Willer/Kühn* Rdnr. 107.
[20] Schmidt-Kessel/Leutner/*Müther* § 12 Rdnr. 25; *Krafka/Willer/Kühn* Rdnr. 114.
[21] Siehe dazu Rdnr. 2.
[22] BayObLGZ 1977, 76 = DNotZ 1977, 683; BayObLGZ 1970, 133 = RPfleger 1970, 288; *Krafka/Willer/Kühn* Rdnr. 110.

14 Im Verfahren der freiwilligen Gerichtsbarkeit wird der **Kreis möglicher Bevollmächtigter** grundsätzlich durch § 10 Abs. 2 FamFG beschränkt. Nach dieser Vorschrift kämen als Vertreter nur Rechtsanwälte, Notare, Beschäftigte des Beteiligten, volljährige Familienangehörige, Personen mit Befähigung zum Richteramt und andere Beteiligte, wenn die Vertretung nicht im Zusammenhang mit einer entgeltlichen Tätigkeit steht, in Betracht. **Im Registerverfahren ist demgegenüber jedoch § 378 Abs. 1 FamFG vorrangig.** Nach dieser Vorschrift kann jede beliebige Person bevollmächtigt werden, sofern die von dieser abzugebende Erklärung der öffentlich beglaubigten Form bedarf. Damit ist es auch unter Geltung des neuen Verfahrensrechts problemlos möglich, bei Beteiligung an einer Publikumspersonengesellschaft einen Mitgesellschafter, z. B. den Komplementär oder den jeweiligen Geschäftsführer eines Mitgesellschafters zur Abgabe der Handelsregisteranmeldungen zu bevollmächtigen.[23]

Praxistipp:

Bei Gründung einer Publikumskommanditgesellschaft und beim Eintritt von weiteren Kommanditisten sollten diese im Gesellschaftsvertrag verpflichtet werden, eine beglaubigte Handelsregistervollmacht an den persönlich haftenden Gesellschafter zu erteilen.[24] Da bei späteren Änderungen im Bestand der Gesellschafter immer alle Kommanditisten anmeldepflichtig sind, wird sonst eine zeitnahe Registerberichtigung vor allem bei größeren Fondsgesellschaften nahezu unmöglich. Zum Schutz des Anlegers sollten solche Vollmachten allerdings nicht zu weit gehen. Insbesondere der Fall der Erhöhung oder Herabsetzung der eigenen Kommanditbeteiligung und der Austritt des Vollmachtgebers sollten nicht von der Anmeldebefugnis umfasst sein. In diesen Fällen ist es der Fondsgesellschaft zumutbar, auf eine persönliche Mitwirkung des Anlegers hinzuwirken. Die Handelsregistervollmacht sollte auch zumindest nach dem Ausscheiden des Anlegers aus der Gesellschaft widerruflich sein.

15 Für die Handelsregistervollmacht eines Kommanditisten einer **Publikums-GmbH & Co. KG** kann folgendes Muster verwendet werden:

Formulierungsvorschlag:

Ich erteile dem jeweiligen persönlich haftenden Gesellschafter dieser Kommanditgesellschaft Vollmacht, sowohl meinen Eintritt in die Gesellschaft und den Eintritt und das Ausscheiden anderer Gesellschafter und Veränderungen ihrer Person und ihrer Kommanditbeteiligung, sowie Änderungen hinsichtlich der Gesellschaft, insbesondere deren Firma und Sitz, in meinem Namen zum Handelsregister anzumelden, und alle anderen Anmeldungen in meinem Namen als Gesellschafter dieser Kommanditgesellschaft vorzunehmen, bei denen meine Mitwirkung als Kommanditist gesetzlich vorgeschrieben ist. Nicht von dieser Vollmacht erfasst ist die Anmeldung meines Ausscheidens aus der Gesellschaft, sowie die Anmeldung der Erhöhung oder Herabsetzung meiner Kommanditbeteiligung.

Diese Vollmacht ist für die Dauer meiner Beteiligung als Kommanditist an dieser Gesellschaft unwiderruflich. Sie erlischt nicht durch meinen Tod. Der Bevollmächtigte ist nicht berechtigt, Untervollmacht zu erteilen.

.... Ort, Datum

.... Unterschrift

16 Allgemein ist bei der **Gestaltung von Handelsregistervollmachten** darauf zu achten, dass möglichst auf die **Anknüpfung an eine Bedingung verzichtet** wird, da auch deren Eintritt in öffentlicher Urkunde nachgewiesen werden muss. Handelt es sich bei der Bedingung um den Tod des Vollmachtgebers oder die Scheidung einer Ehe, so ist dies ohne Weiteres mög-

[23] *Krafka* NZG 2009, 650, 651.
[24] Zur Zulässigkeit einer solchen Klausel BGH DNotZ 2005, 864, 866.

lich. Anders ist dies aber z. B. wenn die nach einer Übertragung eines Kommanditanteils erteilte Registervollmacht vom Eintritt eines Rückfallgrundes, etwa des Gesellschaftsausschlusses aus wichtigem Grund abhängig gemacht wird. In solchen Fällen muss dann vor der Anmeldung der Eintritt der aufschiebenden Bedingung erst zeitraubend durch ein Prozessgericht geklärt werden, da die Vollmacht vorher keine Verwendung finden kann.[25]

Praxistipp:

Wird die Erteilung einer solchen bedingten Vollmacht gewünscht, lassen sich derartige Vollzugsprobleme leicht durch eine klare textliche Unterscheidung zwischen dem Außenverhältnis und dem Innenverhältnis von Vollmachtgeber und Bevollmächtigtem vermeiden.

Im Zusammenhang mit einigen Registeranmeldungen müssen **höchstpersönliche Erklärungen** abgegeben werden. Dazu zählen z. B. die Geschäftsführerversicherung bei der Neuanmeldung einer GmbH und bei einer Kapitalerhöhung gemäß §§ 8 Abs. 2, 57 Abs. 2 GmbHG. Vom Vorstand einer Aktiengesellschaft werden gemäß §§ 37 Abs. 2, 188 Abs. 2 AktG gleichartige Versicherungen verlangt. Auch die Erklärung nach § 16 Abs. 2 UmwG, dass keine bzw. keine fristgerechte Klage gegen den Umwandlungsbeschluss erhoben wurde, muss höchstpersönlich abgegeben werden. Immer dann, wenn das jeweilige Gesetz die Falschabgabe einer solchen Erklärung oder Versicherung strafrechtlich sanktioniert, scheidet eine rechtsgeschäftliche Vertretung bei deren Abgabe aus.[26] 17

Praxistipp:

Nicht erfasst vom Vertretungsverbot ist die Registeranmeldung als solche. Es ist daher zulässig, die Anmeldung durch den Bevollmächtigten vornehmen zu lassen und die höchstpersönlich abzugebende Versicherung/Erklärung in eine separaten Urkunde aufzunehmen und als Anlage zur Anmeldung einzureichen. Die Unterschrift des Versichernden bedarf allerdings auch in diesem Fall der öffentlichen Beglaubigung.

b) **Gesetzliche und organschaftliche Vertretung.** Juristische Personen werden im Registerverfahren durch ihre Organe vertreten. Das Registergericht hat dabei zu prüfen, ob die Vertretungsmacht besteht und die Befugnis zur Anmeldung zum Handelsregister mitumfasst. Der Nachweis kann entweder durch Vorlage eines amtlichen Ausdrucks aus dem Handelsregister oder durch eine Notarbescheinigung nach § 21 Abs. 1 BNotO erbracht werden. 18

Ist der Anmeldepflichtige geschäftsunfähig oder beschränkt geschäftsfähig, erfolgt die Anmeldung durch seinen **gesetzlichen Vertreter**. Minderjährige werden dabei durch beide Elternteile vertreten. Abhilfe kann hier nur eine Vollmacht des einen Elternteils für den anderen in öffentlich beglaubigter Form schaffen. Ist nur ein Elternteil sorgeberechtigt, so vertritt dieser das Kind allein, das Alleinsorgerecht ist in diesem Fall durch eine Personenstandsurkunde nachzuweisen. Gleiches gilt für eine nach §§ 1643, 1822 Nr. 3, 10, 11 BGB etwa erforderliche **familien- oder betreuungsgerichtliche Genehmigung**. Beschränkungen der Vertretungsmacht nach §§ 1795, 181 BGB bestehen im Registerverfahren nicht.[27] 19

Praxistipp:

Bedarf der anzumeldende Rechtsvorgang der betreuungs- oder familiengerichtlichen Genehmigung, ist die entsprechende Genehmigungsurkunde mit Rechtskraftvermerk einzureichen, da das Registergericht nicht nur die Erteilung der Genehmigung, sondern auch deren Wirksamwerden prüfen muss.

---

[25] OLG Schleswig DNotZ 2010, 867, 870.
[26] *Krafka/Willer/Kühn* Rdnr. 115.
[27] *Krafka/Willer/Kühn* Rdnr. 111.

20 Ist für den Anmeldepflichtigen ein **Vormund oder ein Betreuer** bestellt, so hat die Anmeldung durch diesen zu erfolgen. Dasselbe gilt für den **Insolvenzverwalter** hinsichtlich solcher Anmeldungen, die sich auf die Insolvenzmasse beziehen. Auch der **Testamentsvollstrecker** und der Nachlassverwalter sind im Rahmen ihrer jeweiligen Verwaltungsbefugnisse zur Registeranmeldung berechtigt und verpflichtet.[28] In diesen Fällen ist dem Gericht auch die **Bestallungs- oder Bestellungsurkunde** sowie beim Testamentsvollstrecker das Testamentsvollstreckerzeugnis jeweils in elektronisch beglaubigter Form vorzulegen. Gleiches gilt für die Urkunde über die Bestellung zum Insolvenzverwalter. Grundsätzlich besteht für den Nachweis kein Formzwang, so dass die Beibringung einer beglaubigten Abschrift der jeweiligen Urkunde genügt. Das Testamentsvollstreckerzeugnis muss jedoch, wie der Erbschein, in Urschrift oder Ausfertigung vorliegen.[29]

21 c) **Vertretung durch den Notar.** Nach § 378 Abs. 2 FamFG gilt jeder deutsche[30] Notar als bevollmächtigt, im Namen des Anmeldeverpflichteten die Eintragung zu beantragen, wenn er die zu einer Eintragung erforderliche Erklärung beurkundet oder eine Unterschrift unter dieser Erklärung beglaubigt hat. Die Vorschrift schafft eine **widerlegliche gesetzliche Vermutung** für das Bestehen einer Vollmacht zugunsten des Notars, den erforderlichen Eintragungsantrag zu stellen. Ob die Vollmacht tatsächlich besteht, ist vom Registergericht nicht zu prüfen.[31]

22 Mit der Reform des Rechts der freiwilligen Gerichtsbarkeit wurde die **Vorschrift neu gefasst.** Aus dem neuen Wortlaut geht hervor, dass die Vollmachtsvermutung nun auch in Fällen greift, in denen keine Anmeldepflicht im öffentlich-rechtlichen Sinne besteht.[32] Somit kann sich der Notar nunmehr auch bei nicht erzwingbaren Eintragungen, wie z. B. der Gründung einer Kapitalgesellschaft oder einer Satzungsänderung auf die Vermutung berufen. Wie im Fall der rechtsgeschäftlichen Vertretung bleibt auch bei § 378 Abs. 2 FamFG die Abgabe der höchstpersönlichen Versicherungen oder Erklärungen den jeweiligen Organen der Kapitalgesellschaft vorbehalten. Eine Abgabe etwa der Versicherung des Geschäftsführers einer neu gegründeten GmbH nach § 8 Abs. 3 GmbHG durch den Notar aufgrund der Vermutung ist nicht möglich.

23 Die zur Eintragung erforderliche Erklärung, deren Beurkundung oder Beglaubigung das Antragsrecht des Notars begründet, kann jede materiell-rechtliche Eintragungsgrundlage sein. Ob darunter auch die Handelsregisteranmeldung selbst fällt, ist umstritten, im Ergebnis aber zu bejahen.[33] § 378 Abs. 2 FamFG bietet daher in Fällen, in denen der Notar nur die Unterschrift unter der Registeranmeldung beglaubigt hat, eine komfortable Möglichkeit, auf Zwischenverfügungen des Registergerichts zu reagieren. Insbesondere bei Fremdentwürfen, zu deren Prüfung der Notar bei der Beglaubigung nicht verpflichtet ist, kommt es immer wieder zu erheblichem Korrekturbedarf im Rahmen des Vollzugs. Hier kann der Notar aufgrund der gesetzlichen Vollmachtsvermutung handeln und muss die Anmeldepflichtigen nicht nochmals zur Korrektur der Urkunde vorladen. Erstellt der Notar den Entwurf der Registeranmeldung selbst, **sollte** er **sich** insbesondere **in kritischen Fällen allerdings nicht auf die Vollmachtsvermutung allein verlassen**, sondern diese um eine rechtsgeschäftliche Vollmacht ergänzen. Dies empfiehlt sich, um Streit mit dem Registergericht über die Reichweite der gesetzlichen Vermutung von vornherein zu vermeiden.

Formulierungsvorschlag:

Der unterschriftsbeglaubigende Notar wird über seine gesetzlichen Befugnisse hinaus ermächtigt, diese Anmeldung abzuändern, zu ergänzen und ganz oder teilweise zurückzunehmen sowie Teilvollzug zu beantragen.

[28] *Krafka/Willer/Kühn* Rdnr. 112; OLG Hamm NZG 2011, 437.
[29] Siehe dazu Rdnr. 43.
[30] Zur Beschränkung auf deutsche Notare: Schmidt-Kessel/Leutner/*Müther* § 12 Rdnr. 32.
[31] *Krafka/Willer/Kühn* Rdnr. 119.
[32] *Krafka/Willer/Kühn* Rdnr. 121.
[33] BayObLGZ 1959, 195, 197; Schmidt-Kessel/Leutner/*Müther* § 12 Rdnr. 34; *Krafka/Willer/Kühn* Rdnr. 123; a. A. *Schaub* MittBayNot 1999, 539, 543.

Der Notar sollte immer durch eine ausdrückliche Erklärung **klar stellen**, ob er den in der Anmeldeurkunde bereits enthaltenen Eintragungsantrag als **Bote** des Antragstellers übermittelt, oder ob er als dessen **Vertreter** einen gesonderten Antrag stellt. Nur im zweiten Fall kann der Notar den gestellten Antrag zurücknehmen, erhält er eine Eintragungsmitteilung vom Gericht und kann er für den Anmeldenden Beschwerde einlegen. 24

Praxistipp:

Der Fertigung eines gesonderten Anschreibens in Papierform bedarf es für diese Erklärung nicht mehr, denn die für den elektronischen Rechtsverkehr vielfach verwendete Software X-Notar erstellt das Schreiben auf Wunsch automatisch als Teil der an das Gericht zu übermittelnden Nachricht.

Legt der Notar auf der Basis des § 378 Abs. 2 FamFG **Beschwerde** ein, so gilt diese als im Namen der Beteiligten erhoben, für die er tätig geworden ist. Ein eigenes Beschwerderecht verleiht ihm die Norm nicht. Gibt er in der Beschwerdeschrift nicht genau an, in wessen Namen das Rechtsmittel eingelegt wird, geht die Auslegung im Zweifel dahin, dass die vom Notar eingelegte Beschwerde namens aller Anmeldeverpflichteten erhoben worden ist.[34] Um unerwünschte Ergebnisse zu vermeiden, sollte bei der Formulierung einer Beschwerdeschrift auf diesen Punkt besonders geachtet werden. 25

4. Das Erfordernis der elektronischen Einreichung der Anmeldung

§ 12 Abs. 1 HGB fordert nicht nur die elektronische Beglaubigung der Handelsregisteranmeldung, sondern auch deren elektronische Übermittlung an das Gericht. Diese Übermittlung erfolgt mit einer speziellen Software, dem sog. **EGVP-Client**. Inzwischen dürfte jeder Notar über diese Software verfügen. Sie wird allen Anwendern des elektronischen Gerichts- und Verwaltungspostfachs (EGVP) von dessen Betreibern, d. h. dem Bund und den Ländern, kostenfrei zur Verfügung gestellt. Das Programm wurde nicht exklusiv für die Notare entwickelt. Es wird z. B. auch von Rechtsanwälten für das elektronischen Mahnverfahren verwendet.[35] 26

In der Praxis wird von den Anmeldepflichtigen bzw. deren Beratern häufig verkannt, das die **Reaktion auf eine Zwischenverfügung** des Registergerichts oder die **Nachreichung von Unterlagen** auf eine Beanstandung hin nur elektronisch mit dem EGVP-Client erfolgen kann. Es empfiehlt sich daher nicht, solche Beanstandungsschreiben oder Zwischenverfügungen kommentarlos mit der Bitte um Abhilfe an den Mandanten zu senden. Der Notar sollte bei solchen Anlässen besser darauf hinweisen, dass die in Papierform beizubringenden Unterlagen zurück an ihn zur elektronischen Weiterleitung zu übersenden sind, sofern nicht der Mandant, dessen Rechtsanwalt oder Steuerberater selbst über eine Anbindung an das elektronische Gerichts- und Verwaltungspostfach verfügt. Gerade in den Anfangsjahren des elektronischen Rechtsverkehrs, d. h. solange die Pflicht zur elektronischen Einreichung noch nicht allgemein bekannt ist, wird sich ein solcher Hinweis empfehlen, um Verfahrensverzögerungen zu vermeiden. Das Gericht muss nämlich alle Einreichungen in Papierform oder per E-Mail zurückweisen. 27

Entsprechend den nach § 8 a Abs. 2 HGB erlassenen Landesverordnungen über den elektronischen Registerverkehr hat der Notar die in das Handelsregister einzutragenden Tatsachen mit Hilfe des Programms „X-Notar" in einer **zusätzlichen**, ebenfalls über den EGVP-Client zu übermittelnden **Datei im XML-Format** zu übertragen. Der Notar soll diese Tatsachen aus der Papieranmeldung übernehmen und so in Dateiform **strukturieren**, dass das Gericht sie unmittelbar weiterverarbeiten kann. Auf diese Weise wird staatlicher Personal-, Sach- und Zeitaufwand eingespart, denn der Registerrichter und der Rechtspfleger können nun den vorformulierten Registereintrag – nach Überprüfung – direkt in das Registerblatt übernehmen. 28

[34] OLG Nürnberg MittBayNot 2010, 404, 405.
[35] *Gassen/Wegerhoff* Rdnr. 145.

29 Eine Arbeitserleichterung tritt für das Gericht jedoch nur ein, wenn die übermittelten Strukturdaten von hoher Qualität sind. Folgende Punkte sollten deshalb beachtet werden:[36]

Praxistipp:

Die Software „X-Notar" fragt häufig nach dem Datum eines eingereichten Dokumentes, damit mehrere gleichartige Dokumente später beim Abruf über das Internet geordnet dargestellt werden können. Gemeint ist hier grundsätzlich das Erstellungsdatum des Dokuments, also der Zeitpunkt der Beurkundung, der Beschlussfassung oder der Zeitpunkt, an dem das Dokument seine Wirksamkeit entfaltete. Für Gesellschafter- und Aufsichtsratslisten bedeutet dies, das als Dokumentendatum der Stichtag, ab dem die jeweilige Änderung in Kraft ist, anzugeben ist.

30 Entscheidend für die Zuordnung der vom Notar erstellten Strukturdaten und damit auch den späteren elektronischen Dokumentabruf ist weiter die **zutreffende Bezeichnung der übermittelten Dateien** im Programm „X-Notar":[37]

Praxistipp:

Unter der Bezeichnung *„Gesellschaftervertrag/Satzung/Statut"* sollte nur die Satzungsbescheinigung nach §§ 54 GmbHG, 181 AktG eingereicht werden. Gesellschafterbeschlüsse und Hauptversammlungsprotokolle sind als *„Beschluss/Protokoll"* einzureichen. *„Anmeldung"* meint nur die von den Anmeldepflichtigen unterzeichnete Anmeldungsurkunde. Unter der Bezeichnung *„Dokument für den internen Gebrauch"* sollten nur Einreichungsschreiben des Notars, Bankbelege u. ä. eingereicht werden. Unter *„Sonstige Urkunden/Unterlagen"* fallen u. a. staatliche Genehmigungen (sofern unter Geltung des MoMiG überhaupt noch einzureichen), die Übernahmeerklärungen und Übernehmerlisten der Gesellschafter bei der GmbH-Kapitalerhöhung, Zeichnungsscheine, Sachgründungsberichte, Einbringungs- und Umwandlungsverträge, Bewertungsnachweise, Amtsniederlegungsschreiben, Erbscheine und Vollmachten.

31 Bei einer Gesellschaftsgründung oder Satzungsänderung ist bei der **Eingabe des Unternehmensgegenstandes** nur der Teil der entsprechenden Satzungsbestimmung anzugeben, der auch im Register verlautbart wird. Die Worte „Gegenstand des Unternehmens ist" sind ebenso wegzulassen[38] wie die häufig anzutreffende allgemeine Formulierung, das die Gesellschaft Zweigniederlassungen im In- und Ausland errichten und sich an anderen Gesellschaften beteiligen darf.

32 Schließlich ist das Feld für die Angabe einer konkreten **Vertretungsbefugnis** des Geschäftsführers oder Vorstands nur auszufüllen, wenn diese sich von der allgemeinen unterscheidet.[39] Eine Zusammenfassung mehrerer Dokumente der gleichen Dokumentenart (z. B. Registervollmachten der Kommanditisten oder Zeichnungsscheine bei der Kapitalerhöhung einer AG) sollte unterbleiben,[40] da es dem Gericht andernfalls nicht möglich ist, diese wie vorgeschrieben einzeln abrufbar in den elektronischen Registerordner einzustellen.

33 Für den Fall, dass die **elektronische Übermittlung** an das Registergericht **aufgrund technischer Probleme gestört** ist, haben die nach § 8 a Abs. 2 HGB erlassenen Landesverordnungen über den elektronischen Registerverkehr Vorsorge getroffen. Liegen die strengen Voraussetzungen für einen Störfall tatsächlich vor, sind die Daten in der Regel auf eine CD zu brennen und diese dann dem Handelsregister einzureichen.

[36] Kersten/Bühling/*M. Wachter* § 124 Rdnr. 25.
[37] Kersten/Bühling/*M. Wachter* § 124 Rdnr. 26.
[38] Kersten/Bühling/*M. Wachter* § 124 Rdnr. 26.
[39] Ebenso Kersten/Bühling/*M. Wachter* § 124 Rdnr. 26.
[40] A. A. Kersten/Bühling/*M. Wachter* § 124 Rdnr. 27 a. E.

5. Zu den Amtspflichten des Notars bei der Bearbeitung einer Registeranmeldung

In der Praxis begegnet man immer wieder Mandanten, die ihre Registeranmeldungen selbst fertigen und zur Beglaubigung mitbringen. Ergeht nach deren Einreichung eine Zwischenverfügung wird dem Notar schnell vorgeworfen, er hätte das Dokument sorgfältiger prüfen sollen. So hätte er die **Fehler im Vorfeld aufspüren** und den Mandanten darauf hinweisen können. Die erforderlichen Angaben wären dann vollständig in der Anmeldung enthalten gewesen und die Verfahrensverzögerung wäre nicht eingetreten. 34

Wenn es sich um einen Standardfall handelt oder wenn die anmeldepflichtige Gesellschaft über eine versierte Rechtsabteilung verfügt, ist gegen den Eigenentwurf von Registeranmeldungen grundsätzlich nichts einzuwenden. Dann bestehen die beschriebenen qualitativen Probleme in der Regel aber auch nicht. In den meisten Fällen wird die **Aufgabe**, eine beanstandungslos **vollzugsfähige Registeranmeldung** zu fertigen, in der Praxis aber **völlig unterschätzt**. Dies gilt vor allem im Bereich der Kapitalerhöhung und des Umwandlungsrechts. 35

Prüfungspflichten hinsichtlich des Inhalts der Anmeldung **treffen den Notar** dabei **nur, wenn** er den **Entwurf selbst gefertigt** hat.[41] Deshalb wird der Entwurfsverfasser in den meisten Fällen auch in der Urkunde vermerkt. Gibt der Mandant eine selbst gefertigte Anmeldung zur Unterschriftsbeglaubigung ab, muss der Notar nur auf die gröbsten Mängel hinweisen, im Übrigen erschöpft sich seine Aufgabe in der Identifikation des Verfahrensbeteiligten und der Fertigung des entsprechenden Unterschriftsbeglaubigungsvermerks.[42] Beim Eigenentwurf ist der Mandant damit, was den Inhalt der Anmeldung und die Frage des reibungslosen Vollzugs betrifft, auf sich allein gestellt. 36

Auch **finanziell lohnt sich** der Aufwand für den Anmeldepflichtigen **nur in seltenen Fällen**. Zwar fällt nach der derzeit gültigen Kostenordnung nur eine Viertelgebühr statt einer halben Gebühr für die Unterschriftsbeglaubigung an und beträgt der Höchstsatz € 130,– statt € 403,50. Für die Übermittlung des Fremddokuments an das Registergericht hat der Notar jedoch nach § 147 Abs. 2 KostO eine ½-Nebentätigkeitsgebühr aus 10–20% des Hauptgebührenwerts zu erheben.[43] Je nach Art der Registeranmeldung sind dies zwischen € 13,– und € 66,–. Diese Gebühr fällt für die elektronische Übermittelung eines vom Notar gefertigten Entwurfs an das Registergericht dagegen nicht an. 37

Im Ergebnis **sollte** daher in den meisten Fällen **dem notariellen Entwurf der Anmeldung der Vorzug** gegenüber der Eigenfertigung **gegeben werden**. Der Notar hat durch seine tägliche Praxis und seine spezielle Ausbildung die Fähigkeit, Fehler und Vollzugshindernisse früh zu erkennen. Dies garantiert eine schnelle Registereintragung, finanzielles Sparpotenzial findet sich an dieser Stelle dagegen kaum. 38

II. Anmeldungen durch den Rechtsnachfolger des Eingetragenen

Nach einem Erbfall oder dem Wirksamwerden eines Umwandlungsvorgangs ist das Handelsregister zu aktualisieren. Zur Vermeidung unrichtiger Eintragungen legt § 12 Abs. 1 S. 3 HGB fest, dass die **Rechtsnachfolge** gegenüber dem Gericht **durch öffentliche Urkunden nachzuweisen** ist. Diese Vorschrift greift nicht nur bei Gesamtrechtsnachfolge ein, sondern erfasst auch die Einzelrechtsnachfolge, z.B. nach einer Unternehmensveräußerung.[44] 39

Hauptanwendungsfall ist in der Praxis die Registeranmeldung durch den Erben des Eingetragenen. Beruht die **Erbfolge** auf einer privatschriftlicher Verfügung von Todes wegen oder ist gesetzliche Erbfolge eingetreten, ist ein Erbschein (§§ 2353ff. BGB) vorzulegen. Liegt der Erbenstellung dagegen eine notariell beurkundete Verfügung von Todes wegen zugrunde, ist grundsätzlich kein Erbschein erforderlich. In analoger Anwendung des § 35 Abs. 1 GBO lässt das Registergericht hier die Vorlage der Verfügung von Todes wegen zusammen mit der Niederschrift über deren Eröffnung gemäß § 348 Abs. 1 S. 2 FamFG genü- 40

41 *Winkler* BeurkG § 40 Rdnr. 42, 48.
42 *Winkler* BeurkG § 40 Rdnr. 42.
43 *Gassen/Wegerhoff* Rdnr. 115.
44 Schmidt-Kessel/Leutner/*Müther* § 12 Rdnr. 41.

gen. Anders ist dies nur, wenn sich aus dem Testament oder dem Erbvertrag die Erbfolge nicht mit hinreichender Deutlichkeit ergibt. Liegen mehrere Verfügungen von Todes wegen vor oder ist der Erbe nicht mit Namensangabe bestimmt oder verbleiben sonstige Zweifel an der Erbfolge, kann das Gericht ergänzend einen **Erbschein** anfordern.[45]

Praxistipp:

Verfügt der Erblasser über Grundbesitz, wurde häufig anlässlich der Testamentseröffnung durch das Nachlassgericht ein Erbschein nur für Grundbuchzwecke erteilt, um die immobiliarsachenrechtlichen Verhältnisse ordnen zu können. Da auch dieser Erbschein Vollerbschein ist, muss, wenn sich später die Notwendigkeit der Handelsregisterberichtigung ergibt, kein weiterer oder neuer Erbschein beantragt werden. Wenn dasselbe Amtsgericht, das die Nachlassakten verwahrt auch das Register führt, kann stattdessen Aktenbeiziehung angeregt werden. Der Notar sollte jedoch darauf hinweisen, dass es zur Nacherhebung von Gerichtskosten für den Erbschein nach § 107a KostO kommen wird.

41 Will der **Testamentsvollstrecker** die Registeranmeldung vornehmen, hat er dem Gericht das Testamentsvollstreckerzeugnis gemäß § 2368 BGB vorzulegen. Dabei wird häufig verkannt, dass dieses zwar die Rechtsstellung des Testamentsvollstreckers bezeugt, nicht jedoch die Person des Erben. Aus diesem Grunde muss zusätzlich der Nachweis der Erbfolge nach den vorstehenden Ausführungen erfolgen. Dies gilt auch, wenn die Erbfolge mittels einer der inzwischen weit verbreiteten notariell beurkundeten Vorsorgevollmachten in das Handelsregister eingetragen werden soll. Zwar wird eine solche **Vorsorgevollmacht** dem Bevollmächtigten regelmäßig trans- oder postmortal erteilt. Damit wird jedoch nur die Mitwirkung des Erben an der Registeranmeldung, nicht aber der Nachweis der Erbfolge entbehrlich.[46]

42 Besonderheiten bestehen schließlich im Fall der **Vor- und Nacherbfolge**. Hier ist bis zum Eintritt des Nacherbfalls nur der Vorerbe anmeldeberechtigt. Knüpft die Nacherbschaft an den Tod des Vorerben an und ist der Nacherbfall eingetreten, haben der Erbe des Vorerben und der Nacherbe die Registeranmeldung vorzunehmen. In diesem Fall muss ein die Nacherbfolge ausweisender Erbschein, der erst neu beantragt werden muss, betreffend die Rechtsnachfolge des ursprünglichen Erblassers vorgelegt werden. Die Vorlage nur des dem Vorerben erteilten Erbscheins zusammen mit einem Nachweis über den Eintritt des Nacherbfalls, z. B. einer Sterbeurkunde, genügt hier nicht.[47]

43 In allen Fällen der Rechtsnachfolge stellt sich die Frage, in welcher **Form die öffentlichen Nachweisurkunden** dem Registergericht eingereicht werden müssen. Als das Register noch in Papierform geführt wurde, wurde die Vorlage der Originalurkunde bzw. einer Ausfertigung derselben verlangt. Da es eine elektronische Ausfertigung einer öffentliche Urkunde (derzeit) rechtlich nicht gibt und auch die Vorlage des Originals im elektronischen Rechtsverkehr ausscheidet, müssen insoweit neue Wege beschritten werden. Dies ist insbesondere bei solchen Urkunden von hoher Bedeutung, bei denen nur deren Besitz die tatsächliche Wirksamkeit beweisen kann. Darunter fallen z. B. der Erbschein, das Testamentsvollstreckerzeugnis und die notarielle Vorsorge- bzw. Handelsregistervollmacht. Denn der Erbschein und das Testamentsvollstreckerzeugnis können durch Einziehung ihre Wirksamkeit verloren haben, die Vollmachtsurkunde kann vom Vollmachtgeber zurückgefordert worden sein. Das Gesetz selbst schweigt zu der Frage, wie die Kautelen der Papierwelt im elektronischen Zeitalter umgesetzt werden sollen. Die Regierungsbegründung zum EHUG führt allerdings aus, das die Einreichung einer „zeitnah“ erstellten und elektronisch beglaubigten Aufzeichnung der jeweiligen Urkunde erforderlich und ausreichend sein soll.[48] Im elektronischen Rechtsverkehr ersetzt dann die Vorlage der Ausfertigung bzw. des Originals (nicht genügend

[45] Baumbach/*Hopt* § 12 Rdnr. 5; *Krafka/Willer/Kühn* Rdnr. 128.
[46] KG FGPrax 2003, 42 = RPfleger 2003, 197; *Krafka/Willer/Kühn* Rdnr. 130.
[47] BGHZ 84, 196; *Krafka/Willer/Kühn* Rdnr. 129.
[48] BT-Drucks. 16/960 S. 45.

nach wie vor: einer beglaubigten Abschrift)[49] beim Notar deren Vorlage beim Registergericht. Diese Auffassung hat sich im Schrifttum durchgesetzt[50] und in der Praxis bewährt.

Praxistipp:

Zwischen der Herstellung der elektronisch beglaubigten Abschrift der Ausfertigung des Erbscheins, des Testamentsvollstreckerzeugnisses oder der Vollmachtsurkunde und deren elektronischer Vorlage als Anlage zur Anmeldung beim Registergericht sollte nicht mehr als eine Woche liegen.[51] Andernfalls muss mit der Zurückweisung der Anmeldung gerechnet werden. Soll bei einer späteren Registeranmeldung dieselbe elektronisch beglaubigte Abschrift verwendet werden, ist zusätzlich elektronisch eine gesiegelte Bescheinigung des Notars einzureichen, aus welcher sich ergibt, dass ihm die Urkunde im Original oder in Ausfertigung weiterhin vorliegt.[52]

Die vorstehende Problematik stellt sich nicht nur, wenn die Registeranmeldung durch einen Rechtsnachfolger des Eingetragenen vorgenommen werden soll. Das es bisher keine elektronische Ausfertigung gibt, wirkt sich z. B. auch dann aus, wenn eine Anmeldung für eine **Publikumspersonengesellschaft** aufgrund zahlloser **Registervollmachten** vorgenommen werden soll. Diese Vollmachten wurden bisher im Original eingereicht und vom Registergericht in dessen Akten verwahrt, so dass sich die Frage der Fortexistenz der Vertretungsmacht nicht stellen konnte. Nunmehr liegen dem Gericht nur noch Abschriften der Vollmachten in elektronisch beglaubigter Form vor. Bei Anwendung der vorstehenden Grundsätze wäre es daher bei jeder neuen Anmeldung erforderlich, sämtliche vom Anmeldenden vorgelegten Vollmachten erneut elektronisch zu beglaubigen und als Anlage elektronisch mit einzureichen. 44

Hier **empfiehlt es sich** künftig, den **Notar** in der Vollmachtsurkunde anzuweisen, diese **für die Gesellschaft im Original in Papierform zu verwahren.** Dann kann der Notar in einer der Registeranmeldung beizufügenden Eigenurkunde bescheinigen, dass ihm die schon eingereichten Vollmachten noch im Original oder in Ausfertigung vorliegen. Auf diese Weise kann die einmal erstellte und dem Registergericht übermittelte elektronisch beglaubigte Abschrift der Vollmachtsurkunde unproblematisch für alle künftigen Anmeldungen der Gesellschaft verwendet werden. Ein **erneutes Signieren und Übermitteln aller Vollmachten** ist **dann nicht mehr erforderlich.** Im Rahmen der Übertragung von Aufgaben der freiwilligen Gerichtsbarkeit auf die Notare soll geplant sein, dem Notar über eine Ergänzung des § 21 BNotO auch förmlich die Befugnis zur Erstellung einer derartigen „Vollmachtsbescheinigung" einzuräumen.[53] Bis dahin kann die notarielle Bescheinigung beispielsweise wie folgt formuliert werden:

Formulierungsvorschlag:

Der Unterzeichner der Handelsregisteranmeldung handelt zugleich für alle bereits eingetragenen Kommanditisten, deren Vollmachten dem Registergericht in Urschrift, Ausfertigung oder elektronisch beglaubigter Abschrift vorliegen. Der die Anmeldung elektronisch signierende Notar bescheinigt, das ihm die bereits zum Handelsregister in elektronisch beglaubigter Form eingereichten Vollmachten immer noch in der für die Eintragung erforderlichen Form vorliegen bzw. am Tage der Unterschriftsbeglaubigung vorgelegt wurden.[54]

[49] Baumbach/*Hopt* § 12 Rdnr. 5.

[50] Oetker/*Preuß* § 12 Rdnr. 55, 68; MünchKommHGB/*Krafka* § 12 Rdnr. 50; Baumbach/*Hopt* § 12 Rdnr. 5.

[51] MünchKommHGB/*Krafka* § 12 Rdnr. 50.

[52] Oetker/*Preuß* § 12 Rdnr. 68.

[53] Kersten/Bühling/*M. Wachter* § 124 Rdnr. 36.

[54] *Jeep/Wiedemann*, NJW 2007, 2445; Kersten/Bühling/*M. Wachter* § 124 Rdnr. 35. Das Vertretungsverhältnis darf sich nicht nur aus der Bescheinigung, sondern muss sich aus der Urkunde selbst, etwa aus einem Vermerk unter der Unterschrift des Beteiligten ergeben.

III. Form der Einreichung von Anlagen zur Anmeldung und sonstigen Dokumenten

45 Sehen Rechtsvorschriften vor, dass gemeinsam mit der Registeranmeldung oder unabhängig davon bestimmte Dokumente, z. B. Protokolle von Gesellschafterversammlungen, Verträge, Bilanzen, Listen oder Bekanntmachungen einzureichen sind, so sind auch diese gemäß § 12 Abs. 2 S. 1 HGB zwingend elektronisch einzureichen.[55] Hinsichtlich der **Qualität der vorzulegenden Dokumente** ist zu unterscheiden: Entweder das Gesetz sieht zwingend die Einreichung einer notariell beurkundeten Erklärung oder einer öffentlich beglaubigten Abschrift vor oder es verlangt die Vorlage der Urschrift oder einer Abschrift des Dokuments.

46 Wenn das Gesetz zwingend die Einreichung einer **notariell beurkundeten Erklärung** oder einer **öffentlich beglaubigten Abschrift** vorsieht, muss das entsprechende Dokument im Sinne des § 39 a BeurkG vom Notar signiert werden, § 12 Abs. 2 S. 2 Halbs. 2 HGB. Gleiches gilt, wenn nur aufgrund allgemeiner Registerpraxis der Inhalt einer notariell beurkundeten Erklärung nachzuweisen ist,[56] wie z. B. im Fall der GmbH-Satzungsänderung die Fassung des entsprechenden Gesellschafterbeschlusses. Auch die notariell bescheinigte Gesellschafterliste ist elektronisch signiert einzureichen, da der Gesetzgeber mit dem MoMiG diese Liste zum wichtigsten Dokument neben der Satzung aufgewertet hat und damit ein berechtigtes Interesse an der sicheren und eindeutigen sowie dauerhaften Identifikation des Notars als Absender der Bescheinigung nach § 40 Abs. 2 S. 2 GmbHG begründet hat.[57] Bezüglich der Erstellung der elektronisch beglaubigten Abschrift kann auf die Ausführungen unter Rdnr. 3 ff. verwiesen werden.

47 Sieht das Gesetz dagegen die Einreichung der **Urschrift** oder einer **einfachen Abschrift** (d. h. einer Kopie) eines Dokuments vor, so **genügt die elektronische Übermittlung einer einfachen elektronischen Aufzeichnung** dieses Dokuments. Für die Praxis ist es müßig, über die Frage zu diskutieren, was der Gesetzgeber mit dem neuen Rechtsbegriff der elektronischen Aufzeichnung gemeint hat. Genügend ist jedenfalls jede Form, die es ermöglicht, Dokumente inhaltlich unverändert zur Ablage im Registerordner zu speichern.[58] Der reguläre Weg der Herstellung der Aufzeichnung ist daher das Einscannen des Papierdokuments und dessen Speicherung in einem nicht mehr änderbaren Format, z. B. als tiff- oder als pdf-a-Datei, nicht jedoch im herkömmlichen pdf-Format.[59] In jedem Fall erforderlich ist die Erzeugung eines optisch identischen Bildes der Papierurkunde.[60]

48 Mit der Gleichbehandlung von Urschriften und einfachen Abschriften, also Kopien der Urschrift hat sich der Gesetzgeber bewusst für eine Herabsetzung der Anforderungen an die Qualität der vorzulegenden Dokumente entschieden. Die Anordnung in § 12 Abs. 2 S. 2 2. Halbs. HGB enthält jedoch **kein Verbot, auch Dokumente, die unter Halbs. 1 dieser Norm fallen, mit einem Beglaubigungsvermerk nach § 39 a BeurkG zu versehen** und signiert an das Registergericht zu übermitteln.[61] Dieses Verfahren scheidet natürlich aus, wenn der Mandant nur eine Kopie oder einen Scan zum Notar mitbringt. Legt er dagegen das Original der Urkunde vor, macht der Beglaubigungsvermerk des Notars einem späteren Nutzer des Handelsregisters genau dies deutlich, wenn das Dokument herunter geladen und geöffnet wird. Diese „Aufwertung" ermöglicht es, den höheren Beweiswert des Originals aus der Papierwelt zumindest teilweise in die elektronische Welt zu übertragen.[62] Da für die elektronische Beglaubigung der Notar zuständig ist, entsteht kein neuer Bürokratieaufwand für die Unternehmen. Beglaubigungsgebühren dürfen für die gesetzlich nicht geforderte „Auf-

[55] MünchKommHGB/*Krafka* § 12 Rdnr. 53.
[56] MünchKommHGB/*Krafka* § 12 Rdnr. 59.
[57] Thür. OLG Jena DNotZ 2010, 793, 794.
[58] *Sikora/Schwab* MittBayNot 2007, 1, 4.
[59] *Gassen/Wegerhoff* Rdnr. 498.
[60] MünchKommHGB/*Krafka* § 12 Rdnr. 56.
[61] MünchKommHGB/*Krafka* § 12 Rdnr. 61.
[62] Ohne Begründung ebenso *Sikora/Schwab* MittbayNot 2007, 1, 4; a. A. MünchKommHGB/*Krafka* § 12 Rdnr. 61; *Krafka/Willer/Kühn* S. 41 Fn. 6.

wertung" nicht verlangt werden (§ 16 KostO), so dass das vorgeschlagene Vorgehen für den Mandanten auch kostenneutral ist.

Wer zur **Einreichung verpflichtet** ist, ergibt sich aus der jeweiligen Vorschrift selbst. 49
Meistens sind dies die Vorstandsmitglieder oder Geschäftsführer in vertretungsberechtigter Zahl. Besteht unechter Gesamtvertretungsbefugnis, so kann die Einreichung auch durch einen Vorstand oder einen Geschäftsführer in Gemeinschaft mit einem Prokuristen erfolgen.[63]

Checkliste
Form einzureichender Dokumente

I. Signiertes Dokument im Sinne des § 39 a BeurkG:
- ☐ Gründungsurkunde einer GmbH/AG
- ☐ notariell beurkundetes Hauptversammlungsprotokoll
- ☐ Gesellschafterbeschluss bei GmbH-Satzungsänderung
- ☐ notarielle Satzungsbescheinigung
- ☐ mit Notarbescheinigung versehene GmbH-Gesellschafterliste
- ☐ Umwandlungsvertrag, Umwandlungsbeschlüsse, Zustimmungs- und Verzichtserklärungen der Gesellschafter nach dem Umwandlungsgesetz

II. Einfache elektronische Aufzeichnung im Sinne des § 12 Abs. 2 Halbs. 1 HGB:
- ☐ Beschluss über Geschäftsführerwechsel bei der GmbH
- ☐ vom Geschäftsführer unterzeichnete GmbH-Gesellschafterliste
- ☐ Aufsichtsratsliste bei AG und GmbH
- ☐ nicht notariell beurkundetes Hauptversammlungsprotokoll
- ☐ Zeichnungsscheine und Zeichnerverzeichnis nach Kapitalerhöhung bei der AG
- ☐ Umwandlungsbericht, Umwandlungsprüfungsbericht
- ☐ Bilanz bei Umwandlung und Kapitalerhöhung

IV. Einreichung und Offenlegung von Übersetzungen in eine andere Sprache

Entsprechend dem Ziel der europäischen Publizitätsrichtlinie, den grenzüberschreitenden 50
Zugang zu Unternehmensinformationen zu erleichtern, sieht § 11 HGB nunmehr die Möglichkeit vor, freiwillig Übersetzungen des Inhalts der Handelsregistereintragung bzw. der hinterlegten Dokumente **in jeder Amtsprache der Europäischen Union** zum Handelsregister einzureichen und damit dessen Nutzerkreis zugänglich zu machen. Die in der Richtlinie vorgesehene Option, auch Übersetzungen in andere Sprachen (z. B. Chinesisch) zuzulassen, hat Deutschland nicht wahrgenommen. Die übersetzten Dokumente können zusätzlich zu den handelsrechtlich einzureichenden Unterlagen, nicht jedoch anstelle dieser hinterlegt werden.

Das Gesetz verlangt nur die Einstellung der eingereichten Übersetzungen in den elektroni- 51
schen Registerordner. Weder der betroffene Rechtsträger, noch das Gericht sind verpflichtet, die eingereichten Unterlagen zu pflegen oder später hinzukommende Unterlagen zu übersetzen bzw. in der Fremdsprache einzureichen.[64] Auch eine **inhaltliche Prüfungspflicht des Registergerichts besteht nicht.** Zurückweisen darf es eine Übersetzung jedoch dann, wenn sie offensichtlich unrichtig oder erkennbar nicht in einer Amtssprache der EU abgefasst ist.[65]

Deutschland hat auch nicht von der in der Publizitätsrichtlinie enthaltenen Option Ge- 52
brauch gemacht, eine Beglaubigung der Übersetzung zu verlangen. Insbesondere wurde auf die verpflichtende Einschaltung eines beeidigten Übersetzers gemäß § 142 Abs. 3 ZPO ver-

[63] *Krafka/Willer/Kühn* Rdnr. 132.
[64] *Krafka/Willer/Kühn* Rdnr. 134.
[65] MünchKommHGB/*Krafka* § 11 Rdnr. 7.

zichtet.[66] Die **Verantwortung** für die Richtigkeit der eingereichten Dokumente **liegt damit allein beim einreichenden Rechtsträger.**

53 Da es sich bei den übersetzten Dokumenten weder um Registeranmeldungen im Sinne des § 12 Abs. 1 HGB handelt, noch die Vorlage öffentlich beglaubigter Abschriften verlangt wird, **genügt die Übermittlung einer einfachen elektronischen Aufzeichnung** der Dokumente nach § 12 Abs. 2 S. 2 Halbs. 2 HGB an das Registergericht.

54 Die Hürden für die Nutzung der Möglichkeit zur Einreichung von Übersetzungen liegen damit denkbar niedrig. Dennoch ist zweifelhaft, ob das Ziel der Richtlinie erreicht wird. Hauptgrund dafür sind die ebenfalls **europarechtlich vorgegebenen Publizitätsfolgen** der Einreichung. Unkritisch ist insoweit, dass sich der Rechtsträger des Unternehmens Dritten gegenüber nicht auf eine falsche Übersetzung berufen kann, § 11 Abs. 2 S. 1 HGB. Große Probleme wird jedoch Satz 2 der Vorschrift verursachen. Dieser sieht vor, dass es jedem Dritten erlaubt ist, sich auf den unrichtigen Inhalt der Übersetzung zu berufen. Wie bei § 15 HGB kommt es hierbei nicht darauf an, ob der Dritte die Übersetzung bei Vornahme seiner Rechtshandlung kannte, es handelt sich mithin um einen Fall des abstrakten Vertrauensschutzes.[67] Bei Vorliegen von Übersetzungen in mehrere Sprachen kann sich der Dritte auf die falsche Fassung sogar dann berufen, wenn die anderen Varianten korrekte Übersetzungen sind. Hinzu kommt, dass der den Gutglaubenschutz beseitigende Beweis, dass der Dritte die Originalfassung kannte, kaum je zu erbringen sein wird. Zu beweisen ist dazu nämlich nicht nur, dass der Dritte um die Existenz der Originalfassung wusste, sondern auch, dass er deren Inhalt kannte und das er die Möglichkeit hatte, diese Fassung in sprachlicher Hinsicht zu verstehen.[68]

Praxistipp:

Ein Unternehmensträger, der von der fakultativen Möglichkeit der Offenlegung in einer zusätzlichen Sprache Gebrauch macht, trägt ein hohes Risiko, wenn es zu einer Diskrepanz zwischen Original und Übersetzung kommt.[69] Als Notar sollte man den Mandanten möglichst auf dieses Risiko hinweisen und von der Einstellung in das Register abraten, sofern es sich nicht um eine durch einen Dolmetscher geprüfte Übersetzung handelt. Ergibt eine vor Einreichung einer Anmeldung vorgenommene Registereinsicht, dass bereits eine Übersetzung hinterlegt ist, sollte deren Aktualisierung angeregt werden. Entsprechende Amtspflichten bestehen zwar nicht, diesbezügliche Hinweise werden jedoch in der Praxis regelmäßig dankbar aufgenommen und sollten in einem serviceorientierten Notariat nicht fehlen.

V. Zwischenverfügung und gerichtliches Freigabeverfahren

1. Zwischenverfügung des Registergerichts

55 a) **Erlassvoraussetzungen und Inhalt.** Ist eine Registeranmeldung unvollständig oder sonst wie fehlerhaft, darf das Gericht sie nur dann sofort zurückweisen, wenn der Mangel unbehebbar und der Eintragungsantrag damit per se nicht vollziehbar ist. In allen anderen Fällen muss es dem Anmeldenden **vor der Zurückweisung zunächst die Möglichkeit geben, den Mangel zu beseitigen** oder die fehlenden Unterlagen nachzureichen. Das Registergericht erlässt zu diesem Zweck in der Regel eine Zwischenverfügung.

56 Inhalt einer Zwischenverfügung darf nur sein, dem Antragsteller aufzugeben, ein dem Vollzug der Anmeldung entgegenstehendes Hindernis zu beseitigen, mit der Folge, dass nach dessen Beseitigung die Anmeldung, so wie sie dem Registergericht vorliegt, vollzogen wird. Daher **führt** eine Zwischenverfügung **in der Regel sämtliche im Zeitpunkt ihres Erlasses bestehende Vollzugshindernisse auf** und soll nach deren Behebung eine weitere Zwischenver-

[66] MünchKommHGB/*Krafka* § 11 Rdnr. 5.
[67] Oetker/*Preuß* § 11 Rdnr. 9; MünchKommHGB/*Krafka* § 11 Rdnr. 10.
[68] MünchKommHGB/*Krafka* § 11 Rdnr. 11; Staub/*Koch* § 11 Rdnr. 18; *Nedden-Böger* FGPrax 2007, 1, 3.
[69] Oetker/*Preuß* § 11 Rdnr. 10.

fügung nur ergehen, wenn später neue vollzugshindernde Umstände eingetreten sind.[70] Da die entsprechenden Modalitäten jedoch gesetzlich nicht geregelt sind, muss in der Praxis trotzdem mit derartigen Überraschungen gerechnet werden.

Eine Zwischenverfügung ergeht nicht durch Beschluss im Sinne der §§ 38 FamFG. Sie führt neben den Eintragungshindernissen in der Regel kurz die Möglichkeiten zu ihrer Behebung auf und setzt eine **Erledigungsfrist** mit der Androhung, die Anmeldung bei Nichtbeachtung zurückzuweisen. Analog § 39 FamFG enthält sie in der Regel auch eine Rechtsbehelfsbelehrung. 57

Der Erlass einer **Zwischenverfügung**, welche den Antragsteller zur **Zurücknahme seines Antrags bewegen soll, ist nicht möglich.** Ebenso wenig darf das Gericht eine Zwischenverfügung erlassen, wenn der Notar die XML-Strukturdaten unrichtig oder unvollständig in die Datenerfassungsmaske des Programms „X-Notar“ eingegeben hat, sofern die Anmeldeurkunde als solche ordnungsgemäß übermittelt wurde.[71] 58

b) **Reaktionsmöglichkeiten.** Die Zwischenverfügung ist abweichend vom Grundsatz des § 58 Abs. 1 FamFG, wonach nur Endentscheidungen beschwerdefähig sind, **gesondert anfechtbar** gemäß § 382 Abs. 4 S. 2 FamFG. Werden mehrere verschiedene Fehler moniert, kann die Beschwerde auch nur bezogen auf einzelne Punkte erhoben werden.[72] Unterbleibt die Beseitigung des Hindernisses innerhalb der gesetzten Frist und wird auch innerhalb der Monatsfrist des § 63 FamFG keine Beschwerde gemäß § 58 Abs. 1 FamFG erhoben, ergeht gerichtlicher Zurückweisungsbeschluss. Dann können Rechtsmittel nur noch gegen diesen Beschluss, nicht mehr jedoch gegen die Zwischenverfügung eingelegt werden.[73] Dies ist nur dann anders, wenn die Verfügung **keine Rechtsmittelbelehrung** enthielt, da dann gemäß § 17 Abs. 2 FamFG im Rahmen eines Antrags auf Wiedereinsetzung in die versäumte Beschwerdefrist das Fehlen eines Verschuldens vermutet wird. 59

Von der Zwischenverfügung **zu unterscheiden ist die formlose Beanstandung** einer Anmeldung in Form einer bloßen Meinungsäußerung des Gerichts. Eine solche Meinungsäußerung liegt in der Regel vor, wenn keine Beseitigungsfrist für den Mangel gesetzt wurde. In diesem Fall fehlt es an einer gesondert anfechtbaren Entscheidung. Der Antragsteller hat dann nur die Möglichkeit, der Anregung des Gerichts zu folgen oder die bei Nichtbeachtung ergehende Entscheidung des Gerichts abzuwarten und dann diese anzufechten. 60

Praxistipp:

Mit der Reform der freiwilligen Gerichtsbarkeit ist das Führen eines Fristenkalenders für den Notar wichtiger geworden. Das Büro sollte so organisiert sein, dass die Wiedervorlage von Zwischenverfügungen mit Beseitigungsfrist rechtzeitig erfolgt.

2. Beseitigung einer Registersperre durch das Freigabeverfahren

a) **Umwandlungsrechtliches Freigabeverfahren.** Vor allem bei umwandlungsrechtlichen Vorgängen kommt es immer wieder vor, dass einzelne Gesellschafter oder Aktionäre einen Zustimmungsbeschluss eines der beteiligten Rechtsträger anfechten. Die **Anmeldepflichtigen** beider Rechtsträger **müssen** deshalb gemäß § 16 Abs. 2 S. 1 UmwG **erklären**, dass im Zeitpunkt der Anmeldung der Umwandlung zum Handelsregister keine oder keine fristgerechte Anfechtungsklage erhoben wurde. 61

Formulierungsvorschlag Erklärung nach § 16 Abs. 2 S. 1 UmwG:

Ich/Wir erkläre/n, dass innerhalb eines Monats nach Beschlussfassung keine Klage gegen die Wirksamkeit des Umwandlungsbeschlusses erhoben wurde.

[70] *Krafka/Willer/Kühn* Rdnr. 166.
[71] *Krafka/Willer/Kühn* Rdnr. 166.
[72] BayObLG RPfleger 1970, 288.
[73] *Ries* RPfleger 2009, 441.

62 Ohne diese Erklärung kann die Eintragung nur erfolgen, wenn ein **notariell beurkundeter Verzicht aller klageberechtigten Anteilseigner** vorgelegt wird. Wurde also nach der Beschlussfassung über die Zustimmung zu einem Umwandlungsvertrag eine Anfechtungsklage erhoben, führt diese Tatsache zu einer faktischen Registersperre. Dies kann empfindliche Folgen für die beteiligten Rechtsträger haben, insbesondere wenn diese aus wirtschaftlichen Gründen auf eine zeitnahes Wirksamwerden der Umwandlungsmaßnahme durch deren Eintragung in das Handelsregister angewiesen sind.

Formulierungsvorschlag Erklärung nach § 16 Abs. 2 S. 2 UmwG:

Ich/Wir erkläre/n, dass eine Klage gegen die Wirksamkeit des Umwandlungsbeschlusses nicht erhoben werden kann, da sämtliche Gesellschafter bzw. Aktionäre zu notarieller Urkunde auf die Erhebung einer Anfechtungsklage verzichtet haben. Elektronisch beglaubigte Abschriften sämtlicher Verzichtserklärungen sind dieser Handelsregisteranmeldung beigefügt.

63 Das Gesetz eröffnet mit dem in **§ 16 Abs. 3 UmwG geregelten Freigabeverfahren** einen Ausweg aus diesem Dilemma. Bedeutung hat das Freigabeverfahren vor allem in Fällen, in denen die Anfechtungsklage unzulässig oder offensichtlich unbegründet ist oder der Kläger nur Inhaber einer Kleinstbeteiligung (d.h. unter einen Nennbetrag von € 1.000,–) ist. Hier kann das Oberlandesgericht auf Antrag des betroffenen Rechtsträgers durch Beschluss feststellen, das die Anfechtungsklage der Registereintragung nicht entgegensteht.

64 Damit stellt die Rechtsordnung ein wirksames Mittel zur Bekämpfung missbräuchlich erhobener Anfechtungsklagen zur Verfügung, denn das **Registergericht ist an** die die Eintragung gestattende **Freigabeentscheidung des Oberlandesgerichts gebunden.**[74] Davon unberührt bleibt aber das Recht des Registergerichts, die Eintragung aus einem anderen Grund als dem in der erhobenen Anfechtungsklage geltend gemachten zu verweigern. Es ist insoweit nicht in seiner Prüfungsbefugnis eingeschränkt.[75] Wurde die Eintragung allerdings vorgenommen, kann sie auch dann nicht mehr beseitigt werden, wenn die Klage später erfolgreich sein sollte, § 16 Abs. 3 S. 9 a.E. UmwG. Wegen der weiteren Einzelheiten des umwandlungsrechtlichen Freigabeverfahren muss auf die dazu erschienene Spezialliteratur verwiesen werden.[76] Für die nach einem erfolgreichem Freigabeverfahren gegenüber dem Registergericht abzugebende Erklärung kann folgendes Muster verwendet werden:

Formulierungsvorschlag Erklärung nach erfolgreichem Freigabeverfahren:

Ich/Wir erkläre/n, dass eine Klage gegen die Wirksamkeit des Umwandlungsbeschlusses zwar erhoben wurde, das das Prozessgericht aber durch rechtskräftigen Beschluss festgestellt hat, dass die Erhebung der Klage der Eintragung der *(Bezeichnung des konkreten Umwandlungsvorgangs)* in das Handelsregister nicht entgegensteht. Eine elektronisch beglaubigte Abschrift des mit Rechtskraftvermerk versehenen Beschlusses des Prozessgerichts ist dieser Handelsregisteranmeldung beigefügt.

65 **b) Aktienrechtliche Freigabeverfahren.** Abseits von Umwandlungsmaßnahmen sind Freigabeverfahren noch in § 319 Abs. 6 AktG für den Spezialfall der aktienrechtlichen **Eingliederung** und in § 327e Abs. 2 AktG für den Fall des Ausschlusses von Minderheitsaktionä-

[74] *Limmer* Handbuch der Unternehmensumwandlung Teil 2 Rdnr. 797.
[75] *Krafka/Willer/Kühn* Rdnr. 171a.
[76] Z.B. *Lutter/Bork* Kommentar zum Umwandlungsgesetz § 16 Rdnr. 20ff.

ren, den sog. „**Squeeze Out**", vorgesehen. Von besonderer praktischer Bedeutung ist schließlich die Freigabe angefochtener Hauptversammlungsbeschlüsse im Verfahren nach § 246 a AktG. Dieses gilt allerdings nur bei Beschlüssen über **Kapitalbeschaffungsmaßnahmen und Kapitalherabsetzung** (§ 182 bis § 240 AktG) und für Zustimmungsbeschlüsse zu Unternehmensverträgen (§§ 291 ff. AktG). Auch hier kann das Oberlandesgericht auf Antrag der Gesellschaft feststellen, dass die Klageerhebung der Eintragung nicht entgegensteht. An einen entsprechenden rechtskräftigen Beschluss ist das Registergericht gebunden. Auch insoweit bleibt aber dessen allgemeines Prüfungsrecht hinsichtlich weiterer, nicht beim Prozessgericht anhängiger Gründe unberührt.[77]

Anders als beim Freigabeverfahren nach § 16 Abs. 3 UmwG ist das Vorliegen einer gesetzlichen **Registersperre** bei den aktienrechtlichen Freigabeverfahren **keine Anwendungsvoraussetzung**, so dass das Oberlandesgericht bereits bei nach § 381 FamFG drohender Aussetzung angerufen werden kann. 66

Ähnlich wie beim umwandlungsrechtlichen Freigabeverfahren **bleiben** aufgrund der Freigabeentscheidung vorgenommene **Eintragungen** gemäß § 246 a Abs. 4 AktG **auch dann erhalten, wenn der angefochtene Hauptversammlungsbeschluss später für nichtig erklärt wird.** Deshalb darf das Registergericht gemäß § 242 Abs. 2 S. 5 Halbs. 2 AktG auch weder den Inhalt des in einem erfolgreichen Anfechtungsverfahren ergangenen Urteils in das Register eintragen, noch eine Löschung der Registereintragung nach § 398 FamFG vornehmen.[78] Wegen der weiteren Einzelheiten der aktienrechtlichen Freigabeverfahren muss auf die dazu erschienene Spezialliteratur verwiesen werden.[79] 67

VI. Grundzüge des Firmenrechts

Die letzte große Reform des Firmenrechts liegt inzwischen mehr als zwölf Jahre zurück. Es wurde durch das Handelsrechtsreformgesetz von 1998 vollständig neu gefasst. Ziel dieses Gesetzes war es, die bis dahin im europäischen Vergleich sehr strengen Vorschriften über die Firmenbildung zu liberalisieren. Die **Unternehmen haben** seitdem von der **größeren Freiheit bei der Wahl ihrer Firma** regen Gebrauch gemacht. Wie die nachfolgenden Ausführungen zeigen, gelangen in den letzten Jahren auch zahlreiche firmenrechtliche Streitigkeiten bis zum BGH, so dass die im reformierten Firmenrecht verbliebenen Auslegungsfragen nach und nach einer höchstrichterlichen Klärung zugeführt werden. Das Firmenrecht ist damit kein leicht zu überschauendes, sondern ein im ständigen Wandel befindliches Rechtsgebiet. 68

Aus diesem Grund erlaubt das Gesetz in § 380 Abs. 2 FamFG dem Registergericht in zweifelhaften Fällen, **bei der** für den Rechtsträger zuständigen **Industrie- und Handelskammer** oder bei der Handwerkskammer ein **Gutachten über die Zulässigkeit der gewählten Firma anzufordern.** Diesen Mechanismus kann man sich auch als Notar zu Nutze machen. Ist erkennbar, dass es mit der Firma möglicherweise Schwierigkeiten gibt, sollte bereits im Vorfeld ein entsprechendes Gutachten eingeholt und als Anlage zur Registeranmeldung eingereicht werden. Dieses Vorgehen beschleunigt oft den Eintragungsprozess, da der Richter sich im Regelfall an die Stellungnahme des berufsständischen Organs halten wird. Damit die Kammer das Gutachten erteilen kann, bedarf es neben der Angabe der gewünschten Firma auch der Angabe des Unternehmenszweckes. Zudem sollten auch die Vor- und Nachnamen des bzw. der Gesellschafter angegeben werden, damit die IHK bzw. die Handwerkskammer auch Probleme im Zusammenhang mit einer gewählten Personenfirma aufzeigen kann. Sowohl die Anforderung, als auch der Empfang des Gutachtens kann auf elektronischem Wege, d. h. über den EGVP-Client erfolgen. Kosten fallen durch die Begutachtung weder für den Notar, noch für die Beteiligten an. 69

[77] *Krafka/Willer/Kühn* Rdnr. 171 b.
[78] *Krafka/Willer/Kühn* Rdnr. 171 b.
[79] Z. B. *Sauerbruch*, Das Freigabeverfahren gemäß § 246 a AktG.

Musterschreiben: Einholung einer firmenrechtlichen IHK-Stellungnahme

Gründung einer neuen GmbH
Firma: ....
Sitz: ......

Sehr geehrte Damen und Herren,

zur Vorbereitung der Gründung einer neuen Gesellschaft bitte ich um Stellungnahme ob die Wahl der Firma ...... GmbH firmenrechtlich unbedenklich ist.

Der Unternehmensgegenstand der neuen GmbH wird sein: ......

Gründer sind: ...... (Vorname(n) und Familienamen(n) der Gründungsgesellschafter)

Mit freundlichen Grüßen,

Notar

1. Überblick über die Grundsätze des Firmenbildungsrechts

70 Dem Rechtsträger steht es frei, ob er seine Firma als Sach-, Personen- oder Fantasiefirma bildet oder ob er eine Mischung solcher Firmenelemente (Mischfirma) verwendet, denn das liberalisierte Firmenrecht ist nicht mehr durch starre Firmenbildungsregeln geprägt. Folgende **grundlegende Voraussetzungen** muss jedoch **jede Firma** erfüllen.[80]

Checkliste: Firmenbildung

I. Firma muss **Unterscheidungskraft** haben (§ 18 Abs. 1 HGB)
II. Firma muss **Kennzeichnungseignung** aufweisen (§ 18 Abs. 1 HGB)
III. Firma darf nicht gegen das **Irreführungsverbot** verstoßen (§ 18 Abs. 2 HGB)
IV. Firma muss einen korrekten **Rechtsformzusatz** enthalten (§ 18 Abs. 2 HGB)

71 Gerade bei ungewöhnlichen Firmen erscheint es in der Beratungspraxis wichtig, im Vorfeld der Anmeldung darauf hinzuweisen, dass das **Registergericht bei der Eintragung nicht** an eine **bestimmte Schreibweise gebunden** ist. Dies wird mit der immer noch vorherrschenden Namensfunktion der Firma begründet. Da die grafische Gestaltung des Schriftbildes keine namensrechtliche Relevanz habe, sei sie auch firmenrechtlich unbeachtlich. Zur Veranschaulichung sei hierzu nur auf eine jüngere Entscheidung des Kammergerichts verwiesen.[81] Dort hatte eine bereits eingetragene GmbH einen Gesellschafterbeschluss zum Register eingereicht, wonach ein Teil ihrer Firma künftig statt in Klein- in Großbuchstaben geführt werden sollte. Das Kammergericht wies den Eintragungsantrag mit der Begründung zurück, dass die in einer Firmenanmeldung enthaltene Schreibweise der Firma lediglich einen Vorschlag zur Fassung des Eintragungsvermerks darstellt, an den das Registergericht nicht gebunden ist. Dies gilt z. B. für die Verwendung einer „hochgestellten Zahl“ im Firmennamen, da dieser regelmäßig nur graphische Bedeutung zukommt.[82] Ob das Registergericht diesem Vorschlag Folge leistet, ist eine im Beschwerdeverfahren nur sehr eingeschränkt überprüfbare Ermessenentscheidung.[83] Eine ähnliches Problem ergibt sich, wie noch auszuführen ist, bei der gerichtlichen Behandlung von Sonderzeichen (z. B. „?“, „!“, „()“, „:“, „.“, „&“ oder „+“) innerhalb einer Firma.

[80] *Krafka/Willer/Kühn* Rdnr. 205.
[81] KG FGPrax 2000, 248 = GmbHR 2000, 1101.
[82] OLG München NotBZ 2011, 223.
[83] KG FGPrax 2000, 248 = GmbHR 2000, 1101; *Krafka/Willer/Kühn* Rdnr. 206.

2. Überblick über die allgemeinen Grundsätze des Firmenordnungsrechts

Über die in den Rdnr. 70 ff. genannten Firmenbildungsvoraussetzungen hinaus, sind auch unter dem liberalisierten Firmenrecht bestimmte **allgemeine Grundsätze** zwingend zu beachten. Es handelt sich dabei um das Gebot der Firmenwahrheit und der Firmenunterscheidbarkeit, den Grundsatz der Firmenbeständigkeit und den der Firmeneinheit. 72

Der Grundsatz der **Firmenwahrheit** ist eng mit dem nachfolgend noch erörterten Irreführungsverbot des § 18 Abs. 2 HGB verknüpft. Der Grundsatz betrifft nicht nur den Firmenkern, sondern auch Firmenzusätze. Sämtliche Bestandteile der Firma müssen demnach der Unternehmenswirklichkeit entsprechen.[84] 73

Praxistipp:

Da Zweck des Grundsatzes der Firmenwahrheit neben dem Schutz des Rechtsverkehrs auch der Schutz der Lauterkeit des Wettbewerbs ist, erfordert eine Verletzung dieses Grundsatzes keine konkrete Täuschungsabsicht des Rechtsträgers. Hier begründet bereits die objektive Eignung zur Täuschung ein Eintragungshindernis.[85] Deshalb gehört der Verstoß gegen das Irreführungsverbot zu den vom Registergericht am häufigsten gerügten Fehlern bei der Firmenbildung.

In einem gewissen Gegensatz zur Firmenwahrheit steht der Grundsatz der **Firmenbeständigkeit**.[86] Er besagt, dass der Kern einer einmal zulässig gebildeten Firma auch dann beibehalten werden darf, wenn sich die für die Firmenbildung maßgeblichen Verhältnisse wesentlich geändert haben. Seine Grenze findet der Grundsatz der Firmenbeständigkeit in § 19 HGB. Danach muss eine weitergeführte Firma den ihr aktuell entsprechenden Rechtsformzusatz enthalten. Das Recht auf Firmenfortführung wird durch die große wirtschaftliche Bedeutung, die die Firma für das Unternehmen hat, gerechtfertigt. Als Beispiel kann § 22 Abs. 1 HGB angeführt werden, wonach eine bislang zulässigerweise geführte Personenfirma nach einem Unternehmensinhaberwechsel ohne einen dies klarstellenden Zusatz weitergeführt werden kann. Auch die übrigen Firmenfortführungsvorschriften in §§ 22–24 HGB beziehen sich hauptsächlich auf die Personenfirma. Nach der Liberalisierung des Firmenrechts durch das Handelsrechtsreformgesetz von 1998 ist die Verwendung einer Personenfirma aber nur noch für die Partnerschaftsgesellschaft und nicht mehr wie früher für den Einzelkaufmann und die Personenhandelsgesellschaften vorgeschrieben. Damit hat die **Bedeutung des Grundsatzes der Firmenbeständigkeit erheblich nachgelassen**. Hinzu kommt, dass sich die Zulässigkeit einer bestimmten Firma nun oft bereits daraus ergibt, dass sie nach dem allgemeinen Firmenrecht neu gebildet werden kann.[87] 74

§ 30 HGB fordert, dass sich jede neue Firma von allen an demselben Ort oder in derselben Gemeinde bereits bestehenden und in das Handelsregister oder Genossenschaftsregister eingetragenen Firmen deutlich unterscheiden muss. Diese **Unterscheidbarkeit von Firmen** soll der Vermeidung von Verwechselungen verschiedener Rechtsträger dienen.[88] In der Praxis ist es oft schwierig, die Reichweite des Ortsbegriffs des § 30 HGB zu bestimmen, denn ein „Ort" im Sinne der Norm kann auch aus mehreren politischen Gemeinden bestehen.[89] Problematisch ist im Vorfeld der Beratung auch, welcher Maßstab für die Unterscheidbarkeit anzulegen ist. Von besonderer Bedeutung ist insofern die Branchennähe der Firma und ihr Klangbild für Auge und Ohr.[90] Ein unterschiedlicher Rechtsformzusatz allein führt nicht zur ausreichenden Unterscheidbarkeit im Sinne des § 30 HGB. Bei Personenfirmen kann registergerichtlichen Beanstandungen oft durch die Beifügung des Vornamens des Namensgebers abgeholfen werden.[91] 75

[84] MünchKommHGB/*Heidinger* Vor § 17 Rdnr. 18.
[85] *Krafka/Willer/Kühn* Rdnr. 210.
[86] MünchKommHGB/*Heidinger* Vor § 17 Rdnr. 19.
[87] MünchKommHGB/*Heidinger* Vor § 17 Rdnr. 27.
[88] *Krafka/Willer/Kühn* Rdnr. 212.
[89] MünchKommHGB/*Heidinger* § 30 Rdnr. 22.
[90] BGHZ 46, 7, 12.
[91] *Krafka/Willer/Kühn* Rdnr. 212.

Praxistipp:

Immer wieder kommt es vor, dass das Registergericht die Eintragung einer Firma unter Hinweis auf einen unter gleichem oder ähnlichem Namen in das Vereinsregister eingetragenen Verein ablehnt. Zwar ist nicht unumstritten, ob auch das Vereinsregister bei der Frage der Unterscheidbarkeit einzubeziehen ist. Widerspruchslos hinnehmen sollte man eine solche Zwischenverfügung aber nicht. Ursprünglich sah § 30 HGB nämlich nur das Erfordernis der Unterscheidbarkeit mit bereits in das *Handelsregister* eingetragenen Firmen vor. Als später das Genossenschaftsregister vom Gesetzgeber ergänzt wurde, war der Streit um die Einbeziehung des Vereinsregisters bereits bekannt. Eine analoge Anwendung der Norm muss daher ausscheiden, die besseren Argumente sprechen eindeutig gegen die Berücksichtigung des Vereinsregisters.[92] Einigkeit besteht dagegen darüber, dass das Partnerschaftsregister in den Schutzbereich des § 30 HGB einzubeziehen ist.[93]

76 Der **Grundsatz der Firmeneinheit** besagt schließlich, dass für ein und dasselbe Handelsgeschäft auch dieselbe Firma zu führen ist.[94] Begründen lässt sich dies mit der Namensfunktion der Firma, § 17 Abs. 1 HGB.[95] Genau wie natürliche Personen können nämlich auch die handelsrechtlichen Rechtsträger grundsätzlich nur einen einzigen Namen führen. Dieser Grundsatz schließt es jedoch nicht aus, dass dieselbe natürliche Person mehrere selbständige Unternehmen gründet und diese unter verschiedenen Firmen im Handelsregister eintragen lässt.[96] Eingetragene Genossenschaften und Handelsgesellschaften können dagegen nur eine Firma führen. Ausnahmen bestehen hier nur, wenn Zweigniederlassungen gegründet werden, worauf in § 7 dieses Buches noch näher eingegangen wird.

3. Erfordernis der Kennzeichnungseignung

77 Aus der Namensfunktion der Firma ergibt sich auch, dass sie zur Kennzeichnung des Kaufmanns geeignet sein muss, § 18 Abs. 1 S. 1 1. Var. HGB. Daher **müssen Firmenkern und Firmenzusätze** grundsätzlich eine **wörtliche und aussprechbare Bezeichnung** darstellen.[97]

78 Besonders gut illustrieren lässt sich dies am Beispiel von Firmen, die aus einer nicht als Wort aussprechbaren Buchstabenzusammenstellung gebildet wurden. Zum jahrelangen Streit um die Zulässigkeit solcher Firmen hat der BGH im Jahr 2009 Stellung genommen. In dem der Entscheidung zu Grunde liegenden Verfahren beantragten die Gesellschafter der „Harpener M & A GmbH & Co. KG" die Eintragung der Änderung der Firma der Gesellschaft in „HM & A GmbH & Co. KG" in das Handelsregister. Anders als die Vorinstanzen schloss sich der BGH der liberaleren Ansicht an und entschied, dass die **Aussprechbarkeit der Firma im Sinne der Artikulierbarkeit** für die Namensfähigkeit grundsätzlich genügt und somit die Eintragung einer Firma allein wegen ihrer fehlenden Aussprechbarkeit „als Wort" nicht abgelehnt werden kann.[98] Dies ist konsequent, sollte doch mit dem Handelsrechtsreformgesetz von 1998 das Recht der Personengesellschaften an die Rechtswirklichkeit angepasst und in diesem Zusammenhang die im internationalen Vergleich strengen Vorschriften über die Firmenbildung liberalisiert werden. Zudem ist eine wichtige Grundlage der nur eingeschränkten firmenrechtlichen Anerkennung reiner Buchstabenkombinationen mit der Neufassung der §§ 3 Abs. 1, 8 Abs. 2 Nr. 2 MarkenG und des § 16 Abs. 1 UWG im Rahmen der Reform des Marken- und Kennzeichnungsrechts entfallen. Hinzu kommt, dass die bisherige Abgrenzung zwischen „unaussprechbaren" und „als Wort aussprechbaren" Buchstabenkombinationen weitgehend willkürlich war. Am Beispiel der vermeintlich unaussprechbaren Firma „DBK" zeigt sich, dass auch einer Abkürzung oder beliebigen Aneinander-

[92] MünchKommHGB/*Heidinger* § 30 Rdnr. 22; Staub/*Burghard* Rdnr. 8; a. A. OLG Stuttgart OLGE 42 (1921), 211 f.; LG Limburg RPfleger 1981, 23 f.

[93] MünchKommHGB/*Heidinger* § 30 Rdnr. 22 a. E.; Staub/*Burghard* Rdnr. 18.

[94] BGH NJW 1991, 2023.

[95] *Krafka*/*Willer*/*Kühn* Rdnr. 213.

[96] *Krafka*/*Willer*/*Kühn* Rdnr. 213.

[97] *Krafka*/*Willer*/*Kühn* Rdnr. 214; MünchKommHGB/*Heidinger* § 18 Rdnr. 11.

[98] BGH NJW-RR 2009, 327, 328.

reihung von Buchstaben ein spezifisch eindeutiges, zumindest „wortähnliches“ Klangbild (hier: „Debeka“) zukommen kann, das vom Rechtsverkehr als Unternehmensname verstanden werden kann und auch regelmäßig so verstanden wird.

Praxistipp:

Trotz dieser liberalen Rechtsprechung bleiben Firmenbestandteile, die in einer sinnlosen Aneinanderreihung von A-Blöcken bestehen, unzulässig. Diese dienen meist nur dem Zweck in Telefonbüchern und anderen Verzeichnissen dauerhaft an erster Stelle zu stehen. Dann handelt es sich um rechtsmissbräuchliches Verhalten, so dass die Eintragung nach wie vor abgelehnt werden kann.[99]

Problematisch im Hinblick auf die Kennzeichnungseignung ist auch die Fallgruppe der Bild- und Sonderzeichen. **Bildzeichen** wie z. B. „*“; „#“, „$“, „€“ und „=„ haben keine Namensfunktion und können damit auch kein Firmenbestandteil sein. Anders verhält sich dagegen mit Satzzeichen wie z. B. „?“, „!“, „()“, „:“ und „.“ sowie dem kaufmännischen „&“ und dem mathematischen „+“ in ihrer Verwendung als „Und-Zeichen“.[100] Bei den „Und-Zeichen“ ist die Aussprache nämlich eindeutig und bei Verwendung eines Satzzeichens ist jedermann klar, dass es überhaupt nicht ausgesprochen werden soll.[101] Anders ist dies, wenn das Satzzeichen buchstabenersetzend verwendet wird. Als Beispiel kann die Verwendung eines „!“ als umgekehrtes „i“ angeführt werden. Deshalb ist z. B. eine „Computerelektron!k Conrad AG“ nicht eintragungsfähig.[102] 79

Ein Sonderzeichen sind solange kein tauglicher Firmenbestandteil, wie seine Aussprache objektiv mehrdeutig ist.[103] Dies ist der Fall, bis das entsprechende Zeichen eine objektive Verkehrsgeltung erlangt hat. Hauptanwendungsfall ist insoweit die immer wieder gewünschte Verwendung des **„@“-Zeichens** innerhalb eines Firmenbestandteils. Nach Ansicht des BayObLG hatte das „@“-Zeichen im Jahr 2001 die erforderliche objektive Verkehrsgeltung noch nicht erlangt. Hinzu kommt, dass tendenziell unklar bleibt, ob es lediglich als modische Schreibweise des Buchstabens „a“ Verwendung findet oder im Sinne eines englischen „at“ und damit im Sinne von „bei“.[104] Dennoch wird hier mit der fortschreitenden Verbreitung des Internets ein Sinneswandel ein- und sich die Verwendung des „@“-Zeichens bei der Firmenbildung durchsetzen.[105] 80

Die Firma ist auch dann im Hinblick auf ihre Kennzeichnungseignung besonders zu prüfen, wenn sie einen **ausländischen Namensbestandteil** enthält. Hier ist zu unterscheiden. Werden lateinische Schriftzeichen verwendet, kann die Kennzeichnungskraft nicht allein deshalb abgelehnt werden, weil der Namensbestandteil bei deutscher Aussprache wenig eingängig ist. Dem Rechtsverkehr ist es bei Verwendung einer fremdsprachigen Firma nämlich durchaus zumutbar, im Zweifelsfall eine Individualisierung anhand des genauen Wortlauts vorzunehmen.[106] Anders verhält es sich dagegen, wenn die Firma aus anderen als lateinischen Buchstaben gebildet werden soll. Hier kann das Registergericht die Eintragung unter Hinweis auf § 18 Abs. 1 S. 1 HGB ablehnen.[107] Dies gilt auch für die Firma der Zweigniederlassung eines in der Europäischen Union oder in einem Staat des EWR ansässigen Rechtsträgers, nähere Ausführungen zu diesen Fällen finden sich in § 7 Rdnr. 117. 81

Auch **Eigennamen** oder der **Gegenstand des betriebenen Unternehmens** können Firmenbestandteil sein.[108] Zu vermeiden sind jedoch nicht hinreichend konkretisierende Gattungsangaben wie z. B. „Dienstleistungsgesellschaft“ oder „Handelsgesellschaft“. Solche Angaben 82

[99] MünchKommHGB/*Heidinger* § 18 Rdnr. 20.
[100] *Krafka/Willer/Kühn* Rdnr. 214.
[101] OLG Hamm RPfleger 2008, 313.
[102] BayObLG NJW 2001, 2337; *Krafka/Willer/Kühn* Rdnr. 214.
[103] MünchKommHGB/*Heidinger* § 18 Rdnr. 13
[104] Oetker/*Schlinghoff* § 18 Rdnr. 8.
[105] Ebenso bereits LG München MittBayNot 2009, 315; MünchKommHGB/*Heidinger* § 18 Rdnr. 13.
[106] *Krafka/Willer/Kühn* Rdnr. 219.
[107] BGH NJW-RR 2009, 327, 328.
[108] *Krafka/Willer/Kühn* Rdnr. 218.

sind firmenrechtlich nur dann unbedenklich, wenn sie um konkretisierende Zusätze wie z. B. eine Buchstabenkombination („TK Dienstleistungsgesellschaft"), eine Ortsangabe („Eisenacher Großhandelsgesellschaft") oder um ein Fantasiewort ergänzt werden.[109] Bei der Hinzufügung einer Ortsangabe ist allerdings darauf zu achten, dass nicht gegen das Irreführungsverbot des § 18 Abs. 2 HGB verstoßen wird.

4. Erfordernis der Unterscheidungskraft

83 Die vom Rechtsträger eines Unternehmens gewählte Firma muss Unterscheidungskraft besitzen, § 18 Abs. 1 S. 1 2. Var. HGB. Sie muss dazu allgemein gesehen geeignet sein, ihren Inhaber von anderen Unternehmensträgern zu unterscheiden. **Unterscheidungskraft** setzt danach eine zur Unterscheidung des Unternehmens von anderen ausreichende **Eigenart** voraus.[110] Nicht verwechselt werden darf dieses Erfordernis mit dem bereits in Rdnr. 75 genannten konkreten Unterscheidbarkeitserfordernis gemäß § 30 HGB, wonach das Gericht die Firma auf ihrer Verwechselungsfähigkeit mit anderen an demselben Ort bereits in das Register eingetragenen Firmen zu prüfen hat. Beide Voraussetzungen sind in der Beratungspraxis vielmehr kumulativ zu beachten.

84 Im Bereich der abstrakten Unterscheidungskraft ist zunächst wieder die Fallgruppe der aus einer **Branchen- oder Gattungsbezeichnung** gebildeten Firma problematisch. Wie bereits im Hinblick auf die Kennzeichnungseignung erörtert, ist auch für die Vermittlung von Unterscheidungskraft in der Regel erforderlich, aber auch ausreichend, einen individualisierten Zusatz wie z. B. ein Fantasiewort oder einen Ortsnamen beizufügen. Auch hier muss allerdings die Ortsbezeichnung an sich zulässig sein, um das Gebot der Unterscheidungskraft zu erfüllen.[111] Anschaulich illustrieren lässt sich die Problematik an dem vom Kammergericht entschiedenen, sehr grenzwertigen[112] Fall der Firma „Autodienst-Berlin Ltd.".[113] Das Gericht hielt durch die Hinzufügung der Ortsangabe „Berlin" zur allgemeinen Branchenbezeichnung „Autodienst" die erforderliche abstrakte Unterscheidungskraft grundsätzlich für gegeben. Zweifelhaft war jedoch, ob die Kombination nicht an einem vorrangigen Freihaltebedürfnis scheitert. Dies wurde vom Kammergericht verneint, da Dritte weiterhin die Möglichkeit hätten, Firmen zu gebrauchen, die die Bezeichnung „Autodienst" mit einer anderen zulässigen Ortsangabe oder einem sonstigen individualisierenden Zusatz enthalten.

85 Besondere Beachtung sollte der Notar auch dem Mandantenwunsch nach Aufnahme einer **Internetdomain** in die Firma schenken, wenn diese als Kern nur eine **Gattungs- oder Branchenbezeichnung** enthält. Abseits der bereits beschriebenen Sonderzeichenproblematik wegen des ggf. gewünschten „@" in der Firma wird hier teilweise die Unterscheidungskraft auch dann verneint, wenn ein individualisierender Domainzusatz wie z. B. „.de" oder „.org" aufgenommen wird, z. B. brillenshop.de.[114] Registerrechtliche Beanstandungen sollten in solchen Fällen nicht widerspruchslos hingenommen werden, da die eigene so verwendete **Internetdomain** nur von einer einzigen Person verwendet werden darf, nämlich derjenigen, für die sie bei der Vergabestelle DENIC registriert wurde.[115] Hier lohnt sich auch die vorherige Einholung eines firmenrechtlichen Gutachtens der Industrie- und Handelskammer oder Handwerkskammer, um dem Gericht von vornherein den Wind aus den Segeln zu nehmen.

86 Im Bereich der Personenfirmen dürfte die Verwendung von sog. **Allerweltsnamen** wie Maier oder Müller nach der Handelsrechtsreform 1998 auch ohne Zusatz eines Vornamens unproblematisch sein. Die abweichende Auffassung[116] ist abzulehnen, da sie nicht genügend zwischen den Erfordernissen der Kennzeichnungseignung, der abstrakten Unterscheidungskraft und der konkreten Unterscheidbarkeit von bereits am Ort ins Register eingetragenen

[109] *Krafka/Willer/Kühn* Rdnr. 218.
[110] MünchKommHGB/*Heidinger* § 18 Rdnr. 23.
[111] MünchKommHGB/*Heidinger* § 18 Rdnr. 31.
[112] *Kanzleiter*, DNotZ 2008, 392, 394.
[113] KG DNotZ 2008, 392.
[114] LG Köln RNotZ 2008, 553 = RPfleger 2008, 425; Röricht/v. Westphalen/*Ammon/Ries* § 18 Rdnr. 17 a.
[115] MünchKommHGB/*Heidinger* § 18 Rdnr. 33.
[116] *W.-H. Roth*, S. 31, 36; zu allgemein *Krafka/Willer/Kühn* Rdnr. 220.

Firmen differenziert.[117] Allein § 30 HGB kann es erforderlich machen, einen Zusatz wie beispielsweise den Vornamen hinzufügen.[118] Abstrakt betrachtet ist dagegen jeder Familienname unabhängig von seiner Häufigkeit geeignet, seinen Namensträger individuell zu bezeichnen und somit von anderen Personen zu unterscheiden.[119]

5. Verbot der Irreführung

Von hoher praktischer Bedeutung ist auch das durch § 18 Abs. 2 HGB statuierte Irreführungsverbot. 87 Danach darf die Firma weder in ihrem Kern, noch in ggf. enthaltenen Zusätzen Angaben enthalten, die geeignet sind, über geschäftliche Verhältnisse zu täuschen, die für die angesprochenen Verkehrskreise wesentlich sind. **Geschäftliche Verhältnisse** in diesem Sinne sind vor allem Art, Größe, Umfang und Bedeutung des Unternehmens, aber auch geografische Angaben, aus denen eine Alleinstellung des Unternehmens abgeleitet werden könnte.[120] Ebenso können Angaben zum Alter des Unternehmens und Berufsbezeichnungen zu den geschäftlichen Verhältnissen zählen. Taucht in einer Firma ein Personenname auf, ist auch der Bezug dieser Person zum Unternehmen ein dem Irreführungsverbot unterliegendes Verhältnis.

Das Verbot greift nur für Verhältnisse, die für die angesprochenen Verkehrskreise **wesentlich** sind. 88 Eine Trennlinie ist hier schwer zu ziehen. Jedenfalls werden solche Angaben, die nur von geringer wettbewerbsrechtlicher Relevanz sind und solche, die für die wirtschaftliche Entscheidung der angesprochenen Verkehrskreise von nur untergeordneter Bedeutung sind, aus dem Anwendungsbereich herausfallen.[121] Seit der Handelsrechtsreform 1998 muss die Möglichkeit der Täuschung nicht nur einzelne Personen betreffen, sondern die angesprochenen Verkehrskreise als eine ganze Gruppe von Adressaten.[122]

Einer der Hauptproblemfälle des Irreführungsverbots ist in der Praxis die Verwendung 89 des Namens einer Person in der Firma einer Handelsgesellschaft, die nicht zum Gesellschafterkreis gehört. Anschaulich machen lässt sich dies anhand eines vom OLG Karlsruhe entschiedenen Falls, in welchem eine GmbH & Co. KG in ihre Firma den Namen einer Person aufnehmen wollte, die zum Zeitpunkt der Anmeldung weder als Komplementär, noch als Kommanditist beteiligt war.[123] Es handelte es sich dabei um eine als Großinvestor und Mäzen bekannte Persönlichkeit, unter dessen maßgeblichem Einfluss die KG stand, da er mittelbar an einem der KG-Mehrheitsgesellschafter beteiligt war. Das Registergericht lehnte die Eintragung unter Hinweis auf die Irreführungseignung ab. Demgegenüber war das OLG der Auffassung, dass der Liberalisierungsgedanke der Handelsrechtsreform 1998 der Aufstellung eines pauschalen Verbots der **Aufnahme eines Nichtgesellschafternamens in eine Personenfirma** entgegenstehe. Zur Feststellung der Irreführungseignung sei vielmehr eine Einzelfallprüfung unter Anwendung eines variablen Maßstabes durchzuführen. Bei dieser Prüfung gibt es nach Auffassung des Gerichts dann auch keine vom Antragsteller zu widerlegende Vermutung der Irreführung bei Verwendung eines Drittnamens. Das Registergericht habe aber gemäß § 26 FamFG aufzuklären, ob durch die Verwendung des Namens unzulässig Wettbewerbsvorteile erstrebt werden und die Firma deshalb irreführend sei.

Besondere Aufmerksamkeit ist in der Beratungspraxis auch dann geboten, wenn eine 90 **geografische Bezeichnung** in die Firma aufgenommen werden soll. Hier hatte der BGH zum alten Firmenrecht entschieden, dass eine Ortsangabe in substantivischer Form, wie z.B. „Textilreinigung Bad Salzungen" unbedenklich, eine Verwendung derselben Ortsangabe in attributiver Form z.B. „Bad Salzunger Textilreinigung" dagegen als Hinweis auf eine besondere Qualifikation oder Leistungsfähigkeit des Unternehmensträgers in dem betreffenden Gebiet zu verstehen und damit täuschungsgeeignet ist. Hier hat nach der Handels-

[117] MünchKommHGB/*Heidinger* § 18 Rdnr. 35.
[118] Ebenso der BGH, NJW 2008, 2923 in einem markenrechtlichen Fall.
[119] MünchKommHGB/*Heidinger* § 18 Rdnr. 35.
[120] *Krafka/Willer/Kühn* Rdnr. 222.
[121] MünchKommHGB/*Heidinger* § 18 Rdnr. 53.
[122] Vgl. dazu im Einzelnen MünchKommHGB/*Heidinger* § 18 Rdnr. 54 ff.
[123] notar 2010, 303 mit Anmerkung *Kilian*.

rechtsreform von 1998 ein Umdenken eingesetzt.[124] Dies zeigt sich an einem aktuellen, vom OLG München entschiedenen Fall, in welchem das Registergericht die Eintragung einer Firmenänderung in „Münchner Hausverwaltung GmbH" mit der Begründung abgelehnt hatte, dass der Gesellschaft nicht die Stellung eines führenden Unternehmens der Branche für München zukomme. Das OLG stellte dazu fest, dass sich ein Wandel in der Auslegung des § 18 Abs. 2 HGB vollzogen habe. Aus der **attributiven Verwendung von Ortsnamen** sei nicht mehr herzuleiten, dass die Gesellschaft eine besondere Qualifikation oder Stellung behaupte. Nach der maßgeblichen Sicht eines durchschnittlichen Angehörigen der angesprochenen Verkehrskreise würden solche geografischen Bezeichnungen nämlich regelmäßig nur als Hinweis auf den Sitz (Ort oder Region) oder das Haupttätigkeitsgebiet einer Firma verstanden werden. Eine Ausnahme von diesem Grundsatz sei nur anzuerkennen, wenn zusätzliche Angaben in den Firmennamen mit aufgenommen werden, die eine Alleinstellung oder eine besondere Bedeutung des Unternehmens nahe legen. Das OLG München stellte weiter klar, dass der Firma auch die notwendige Kennzeichnungseignung im Sinne des § 18 Abs. 1 HGB zukomme. Zwar sei dies bei bloßen Branchen- oder Gattungsbezeichnungen (wie hier: „Hausverwaltung") in der Regel nicht der Fall. Solche Bezeichnungen könnten jedoch durch Ortsnamen individualisiert werden. Dem stehe nicht entgegen, dass in dem in der Firma genannten Ort (hier „München") weitere Unternehmen mit demselben Geschäftsgegenstand ansässig seien.

91 Besonderheiten sind schließlich bei der **Verwendung von Rechtsformzusätzen** zu beachten, da sich das Irreführungsverbot auch hierauf erstreckt. Probleme können insbesondere nach einer mit einem Rechtsträgerwechsel verbundenen Unternehmensübertragung entstehen. Zwar darf die bestehende Firma nach den §§ 22 ff. HGB grundsätzlich fortgeführt werden. Dennoch muss für Außenstehende durch Hinzufügung des aktuellen Rechtsformzusatzes deutlich gemacht werden, welche Rechtsform gerade aktuell ist.[125] Erwirbt und führt z. B. ein Einzelkaufmann ein zuvor von einer OHG betriebenes Unternehmen fort, kann er die Bezeichnung „OHG" nur dann beibehalten, wenn er durch einen entsprechenden Nachfolgezusatz zweifelsfrei außenwirksam erklärt, dass er allein der aktuelle Unternehmensträger ist.

92 Im Eintragungsverfahren ist die Irreführungseignung nur zu berücksichtigen, wenn sie ersichtlich ist, § 18 Abs. 2 S. 2 HGB. Diese Einschränkung des Amtsermittlungsgrundsatzes (§ 26 FamFG) soll die firmenrechtliche Prüfung des Gerichts vereinfachen und die Eintragungszeiten verkürzen.[126] **Ersichtlichkeit** in diesem Sinne bedeutet, dass die Täuschungseignung nicht allzu fern liegen darf und ohne umfangreiche Beweisaufnahme, z. B. in Form eines Gutachtens eines Meinungsforschungsinstituts, deutlich erkennbar sein muss. Das Registergericht darf zur Begründung der Ersichtlichkeit neben dem Akteninhalt, eigenes Wissen, das vorliegende Prüfungs- und Recherchematerial sowie Auskünfte aus den üblichen Informationsquellen (z. B. Internet) heranziehen.[127]

Praxistipp:

Wenn das Registergericht feststellt, dass die Irreführung ersichtlich ist, kann dies nicht im Wege der Beschwerde angegriffen werden, da aufgrund des Aktenmaterials auch für das Beschwerdegericht die Ersichtlichkeit vorliegt. Damit ist dieses Kriterium einem Rechtstreit entzogen. Es ist also in derartigen Fällen empfehlenswert, sich bei der Begründung des Rechtsmittels darauf zu konzentrieren, warum es an der Eignung zur Irreführung überhaupt fehlt.[128]

6. Beifügung eines Rechtsformzusatzes

93 § 19 Abs. 1 HGB schreibt für die Unternehmensträger des HGB vor, dass diese ihrer Firma einen ihre Rechtsform charakterisierenden Rechtsformzusatz beifügen müssen. Danach hat z. B. der Einzelkaufmann entweder eine **ausgeschriebene Bezeichnung** (eingetragener Kauf-

[124] MünchKommHGB/*Heidinger* § 18 Rdnr. 151.
[125] *Krafka/Willer/Kühn* Rdnr. 225.
[126] *Krafka/Willer/Kühn* Rdnr. 224.
[127] *Krafka/Willer/Kühn* Rdnr. 224.
[128] *Krafka/Willer/Kühn* Rdnr. 224.

mann) oder eine **allgemein verständliche Abkürzung** (e.K.) als Firmenbestandteil zu führen. Gleiche Vorschriften enthalten die §§ 4, 5a Abs. 1 GmbHG, § 4 AktG, § 3 GenG, § 2 PartGG, § 18 Abs. 2 S. 2 VAG für die Rechtsträger des Gesellschaftsrechts. Mit der Reform des Handelsrechts 1998 hat der Gesetzgeber die Bedeutung dieser Vorschriften aufgewertet,[129] so dass in diesem Bereich besonders sorgfältig beraten werden muss, um Zwischenverfügungen des Registergerichts und damit Verzögerungen der Eintragung zu vermeiden.

Besonderheiten im Hinblick auf den Rechtsformzusatz gelten für Personengesellschaften, 94 bei denen keine natürliche Person persönlich haftender Gesellschafter ist. Häufigster Anwendungsfall in der Praxis ist hier die **GmbH & Co. KG.** Nach § 19 Abs. 2 HGB hat die Firma einer solchen Gesellschaft einen haftungsbeschränkenden Zusatz zu enthalten. Für mehrstöckige GmbH & Co. KG entfällt dieses Erfordernis, wenn auf einer beliebigen Stufe der Konzernstruktur eine natürliche Person als persönlich haftender Gesellschafter in Erscheinung tritt. In alle anderen Fällen ist die Bezeichnung „GmbH & Co.", „AG & Co." oder „Stiftung & Co." in Verbindung mit dem Zusatz der Gesellschaftsform KG oder OHG allgemein gebräuchlich.[130] Auf den Zwischenbestandteil „& Co." oder eine ähnlich aussagekräftige Bezeichnung wie z.B. „& Cie." oder „& Comp." kann nicht verzichtet werden, da bei einer unmittelbaren Aneinanderreihung von Rechtsformzusätzen unklar bliebe, welche Rechtsform die Gesellschaft letztlich hat, z.B. „GmbH KG" oder „KG GmbH & Co.".[131] Die Voranstellung der ausgeschriebenen eigentlichen Rechtsform ist zumindest dann zulässig, wenn der Firmenkern zwischen die Rechtsformzusätze gestellt wird, z.B. Kommanditgesellschaft Stadtbau Eisenach GmbH & Co.[132]

Obwohl es sich bei der UG (haftungsbeschränkt) um eine besondere Form der GmbH 95 handelt, ist es der immer mehr in Mode kommenden KG mit einer **UG (haftungsbeschränkt) als alleiniger Komplementärin** nicht erlaubt, das Kürzel „GmbH" statt „UG" in der Firma zu führen.[133] Dies wäre zum einen mittelbar ein Verstoß gegen § 5a Abs. 1 GmbHG und zum anderen wegen der häufig erheblich niedrigeren Kapitalausstattung der UG (haftungsbeschränkt) geeignet, den Rechtsverkehr über die Haftungsverhältnisse zu täuschen.

Besonderheiten gelten auch für die **gemeinnützige GmbH.** Das OLG München hat hierzu 96 entgegen der h.M. im Schrifttum entschieden, dass die Abkürzung **„gGmbH"** für eine solche GmbH nicht eintragungsfähig ist. § 4 GmbHG sei eng auszulegen und lasse die Aufnahme weiterer Kürzel für zusätzliche Angaben, wie den Gesellschaftszweck, nicht zu.[134] Nur durch eine enge Auslegung der Bestimmung könne vermieden werden, dass entsprechende Gesellschaften im Rechtsverkehr als Sonderform der GmbH angesehen werden und Unklarheit darüber entstehe, welches Haftungsregime Anwendung finde. In der Folge, so das Gericht, handele es sich bei „gGmbH" um eine **unzulässige Firmenbezeichnung,** deren Eintragung in das Handelsregister sich aus Verkehrsschutzgründen verbiete.[135]

Praxistipp

Offen blieb in der Entscheidung des OLG München, ob die Verwendung des Zusatzes „gemeinnützige GmbH" in ausgeschriebener Form zulässig ist. Da in diesem Fall keine Irreführungsgefahr besteht, wird weithin davon ausgegangen, dass entsprechende Firmen eintragungsfähig sind.[136] Es empfiehlt sich daher künftig, die Gründer einer gemeinnützigen GmbH auf das Problem aufmerksam zu machen und zur Vermeidung von Verzögerungen im Eintragungsverfahren auf die Verwendung des Rechtsformzusatzes in ausgeschriebener Form hinzuwirken.

---

[129] MünchKommHGB/*Heidinger* § 18 Rdnr. 181; *Krafka/Willer/Kühn* Rdnr. 228.
[130] MünchKommHGB/*Heidinger* § 19 Rdnr. 27.
[131] *Krafka/Willer/Kühn* Rdnr. 229.
[132] BGHZ 68, 271, 273.
[133] KG NZG 2009, 1159.
[134] OLG München, NJW 2007, 1601.
[135] Dem OLG München beipflichtend: *Rohde* GmbHR 2007, 268; *Paulick* DNotZ 2008, 167, 175; dagegen: MünchKommHGB/*Heidinger* § 18 Rdnr. 189; *Wachter* EWiR 2007, 181 f.; *Krause* NJW 2007, 2156, 2157 f.
[136] *Paulick* DNotZ 2008, 167, 174; *Rohde* GmbHR 2007, 268, 270; *Krause* NJW 2007, 2156, 2158.

97 Problematisch sind in der Praxis auch die Fälle, in denen die Firma ein **Fantasiewort** enthalten soll, **das über eine bestimmte Rechtsform täuschen könnte.** Meistens handelt es sich um Firmen mit der Endung „ag" oder „AG", wie z. B. Asfinag oder INDROHAG Industrie Rohstoffe GmbH. Die unter dem alten Firmenrecht bestehende Problematik der Irreführungsgefahr ist jedoch durch die mit der Handelsrechtsreform 1998 erfolgten Absenkung des registergerichtlichen Kontrollmaßstabs entschärft. Seitdem muss die Täuschungseignung bei verständiger Würdigung aus der Sicht des durchschnittlichen Angehörigen der angesprochenen Verkehrskreise objektiv vorliegen. Legt man den neuen Maßstab an, so ist jedenfalls eine bloße Endsilbe, die einen Rechtsformzusatz enthält, ohne besondere Herausstellung grundsätzlich nicht mehr zur Täuschung im Sinne des § 18 Abs. 2 HGB geeignet.[137]

98 Bei der Bildung der Firma eines **Einzelkaufmanns** ist besondere Sorgfalt darauf zu legen, alle Zusätze zu vermeiden, die auf ein **Gesellschaftsverhältnis** oder das Vorhandensein mehrerer Unternehmensinhaber hindeuten könnten. Dabei ist zwischen der Firmenfortführung und Firmenneubildung zu unterscheiden. Für die Firmenfortführung enthalten die §§ 22–24 HGB Sonderregeln, die die Beifügung von Zusätzen wie z. B. „& Söhne", „& Co." „Erben" im Einzelfall zulässig machen können.[138] Bei der Neufirmierung sollte davon jedoch Abstand genommen werden, da derartige Zusätze potenziell geeignet sind, falsche Vorstellungen dahingehend zu erzeugen, es handele sich um ein Unternehmen mit besonderer Familientradition oder besonderer Erfahrung auf seinem Tätigkeitsgebiet. Die Beifügung des Rechtsformzusatzes „e. K." vermag an dieser Einschätzung der Registergerichte häufig nichts zu ändern.[139]

99 Nach § 2 PartGG muss die Bezeichnung „Partnerschaft", „und Partner" oder „& Partner" im Namen der **Partnerschaft** enthalten sein, worauf der Mandant vom Notar möglichst frühzeitig hingewiesen werden sollte. Probleme mit dem Registergericht drohen aber nicht nur, wenn dieser Zusatz vergessen wird. So sollte der Begriff „Sozietät" neben der Bezeichnung „& Partner" besser unterlassen werden.[140] Unproblematisch ist dagegen die zusätzliche Bezeichnung „Gemeinschaftspraxis" im Namen einer ärztlichen Partnerschaftsgesellschaft.[141] Führt eine Partnerschaft in ihrer Firma neben dem Namen zweier Partner die Bezeichnung „& Partner", bleibt diese Firmierung wegen des Grundsatzes der Firmenbeständigkeit auch dann zulässig, wenn der Partner ausscheidet, der zuvor mit der Bezeichnung „& Partner" gemeint war.[142]

100 Besonderheiten sind schließlich bei der **Beteiligung einer ausländischen Gesellschaft an einer deutschen Personenhandelsgesellschaft** zu beachten. Die Pflicht aus § 19 Abs. 2 HGB zur Beifügung eines auf die Haftungsbeschränkung hinweisenden Zusatzes gilt auch hier, wenn keine natürliche Person als persönlich haftender Gesellschafter beteiligt ist.[143] Bei Gesellschaften aus dem deutschsprachigen Ausland ist zudem zu beachten, dass hier die Rechtsformzusätze in der Regel mit den deutschen identisch sind. Um die Haftungsverhältnisse in der Gesellschaft klar zu stellen, muss dann die ausländische Herkunft der Gesellschaft hervorgehoben werden, z. B. wie folgt: „österreichische GmbH & Co. KG" oder „AG liechtensteinischen Rechts & Co. KG".[144] Firmenrechtliche Besonderheiten gelten auch für Zweigniederlassungen ausländischer Rechtsträger in Deutschland. Diesbezüglich wird auf die Ausführungen in § 7 Rdnr. 111 ff. verwiesen.

---

137 MünchKommHGB/*Heidinger* § 18 Rdnr. 181.
138 MünchKommHGB/*Heidinger* § 18 Rdnr. 183.
139 MünchKommHGB/*Heidinger* § 18 Rdnr. 183.
140 *Römermann* NZG 1998, 549; a. A. LG Zweibrücken NZG 1998, 548; tendenziell auch MünchKommHGB/*Heidinger* § 18 Rdnr. 186.
141 OLG Schleswig FGPrax 2003, 37.
142 OLG Celle 2008, 866.
143 *Krafka/Willer/Kühn* Rdnr. 230.
144 *Krafka/Willer/Kühn* Rdnr. 230.

Praxistipp

Das die ausländische Herkunft der Komplementärgesellschaft wie vorstehend beschrieben offen zu legen ist, entspricht der derzeit herrschenden Meinung.[145] Wird diese Vorgabe missachtet, sollte man dennoch dementsprechende Beanstandungen des Registergerichts zumindest dann, wenn es sich um eine Gesellschaft mit Sitz im EU-Ausland handelt, nicht widerspruchslos hinnehmen, denn es sprechen gute Argumente für die Gegenauffassung. Zum einen enthält das reformierte Firmenrecht keine Pflicht mehr, positiv über den namensgebenden Gesellschafter zu informieren. Zum anderen wäre eine Verpflichtung, sich durch Beifügung eines Zusatzes als Gesellschaft aus dem EU-Ausland zu „outen" eine Diskriminierung, die europarechtlich nicht zu rechtfertigen ist.[146] In diesem Bereich ist die die künftige obergerichtliche Rechtsprechung besonders zu beobachten.

7. Bestimmten Rechtsträgern vorbehaltene Firmenbestandteile

Um der erhöhten Schutzbedürftigkeit des Geschäftspartners und bestimmten althergebrachten Erwartungen des Rechtsverkehrs gerecht zu werden, sind einige Firmenbestandteile aufgrund besonderer gesetzlicher Vorschriften bestimmten Rechtsträgern vorbehalten.[147] Als Beispiel kann § 11 Abs. 1 PartGG herangezogen werden, wonach die Bezeichnungen **„und Partner"** und **„Partnerschaft"** allein der Firma einer Partnerschaftsgesellschaft im Sinne des PartGG vorbehalten sind. Werden solche Beschränkungen in der notariellen Beratungspraxis übersehen, kann sich die gewünschte Registereintragung erheblich verzögern. Nachfolgende sind die wichtigsten „reservierten" Firmenbestandteile aufgelistet.[148] 101

Aus dem Bereich der beratenden **freien Berufe**: 102

- Rechtsanwaltsgesellschaft gemäß § 59k Abs. 2 BRAO
- Steuerberatungsgesellschaft gemäß §§ 43 Abs. 1, 53 Abs. 1, 161 StBerG
- Wirtschaftsprüfungsgesellschaft gemäß §§ 31, 133 WPO
- Architekt, Ingenieur entsprechend den einschlägigen Landesgesetzen (z.B. Art. 8 BayBauKaG)

Aus dem Bereich des **Bankwesens**: 103

- Bank, Bankier gemäß § 39 Abs. 1 KWG
- Volksbank gemäß § 39 Abs. 2 KWG
- Sparkasse gemäß § 40 Abs. 1 KWG
- Spar- und Darlehenskasse gemäß § 40 Abs. 2 KWG
- Bausparkasse gemäß § 1 Bausparkassengesetz

Aus dem Bereich des **Kapitalmarktrechts**: 104

- Kapitalanlagegesellschaft, Investmentgesellschaft, Investmentfonds, Kapitalanlage- und Investmentaktiengesellschaft gemäß § 3 InvG
- Unternehmensbeteiligungsgesellschaft gemäß § 20 Abs. 1 UBGG
- REIT-Aktiengesellschaft, REIT-AG und Real Estate Investment Trust gemäß §§ 6, 7 REITG

8. Sonstige firmenrechtliche Grundsätze

Abgesehen von den vorstehend erörterten Grundsätzen und Beschränkungen ist die Firmenbildung mit dem Handelsrechtsreformgesetz von 1998 deutlich vereinfacht und sind die entsprechenden Möglichkeiten erheblich ausgeweitet worden. Insbesondere können nach dem derzeit geltenden Recht sämtliche Rechtsträger **zwischen Personen-, Sach- oder Fantasiefirma wählen** oder sich für eine Kombination dieser Möglichkeiten in Form einer Misch- 105

[145] LG Hagen NJW 1973, 2162; *Kögel* RPfleger 1993, 8, 10; *Krafka/Willer/Kühn* Rdnr. 230.
[146] MünchKommHGB/*Heidinger* § 19 Rdnr. 33.
[147] *Krafka/Willer/Kühn* Rdnr. 232.
[148] Die Aufzählung ist *Krafka/Willer/Kühn* Rdnr. 233 entnommen.

firma entscheiden. Eine Kapitalgesellschaft kann daher ebenso eine Personenfirma führen, wie es einer Personenhandelsgesellschaft möglich ist, eine Sachfirma zu wählen.[149]

106 Von einer **Personenfirma** in diesem Sinne spricht man, wenn ein Personenname oder die Firma eines anderen Rechtsträgers als Firmenkern verwendet wird.[150] Die Aufnahme des Namens mindestens eines Gesellschafters ist nur noch in Ausnahmefällen gesetzlich vorgeschrieben, z. B. in § 59k Abs. 1 BRAO für Rechtsanwaltsgesellschaften. Abseits dieser Sondertatbestände wird die Bildung einer Personenfirma in der Praxis nur noch wenige Probleme aufwerfen, nachdem inzwischen sogar die Aufnahme des Namens eines Nichtgesellschafters für unbedenklich gehalten wird.[151]

107 Von einer **Sachfirma** spricht man dagegen, wenn der Firmenkern aus dem Gegenstand des Unternehmens entnommen wird[152] (z. B. „Aichacher Gerüstfabrik GmbH"). Zu den Hauptaufgaben in der Beratungspraxis zählt es, solche Firmen mit genügender Kennzeichnungs- und Unterscheidungskraft im Sinne des § 18 Abs. 1 HGB auszustatten, vor allem bei Verwendung allgemeiner Branchen- und Gattungsbezeichnungen.[153] Von Bedeutung für die Firmenbildung ist hier darüber hinaus, dass eine Sachfirma immer einen irgendwie gearteten Bezug zum Gegenstand des Unternehmens aufweisen muss, um dem Verdikt der Irreführung des § 18 Abs. 2 HGB zu entgehen.[154]

108 Schließlich können nun auch **Fantasieworte** im Firmenkern verwendet werden. Anders als nach früherem Recht ist nicht mehr erforderlich, dass sie verständlich sind und den Unternehmensgegenstand für den unbefangenen Betrachter hinreichend deutlich machen.[155] Heute ist nur noch erforderlich, dass die Firma so unterscheidungskräftig ist, dass sie die Namensfunktion für das betreffende Unternehmen erfüllt. Dies ist in der Beratungspraxis nur selten problematisch, da die Unterscheidungskraft von Fantasiefirmen in der Regel sogar größer und effektiver ist, als die von Sachfirmen. Schließlich kann die Eintragung einer Fantasiefirma, deren Zusammensetzung auf mehrere verschiedene Unternehmensgegenstände hindeutet auch nicht unter dem Aspekt der Irreführungseignung nach § 18 Abs. 2 HGB versagt werden.[156]

109 Werden Elemente einer Personen-, Sach- und/oder Fantasiefirma kombiniert, ist die Firma in ihrer Gesamtheit an § 18 HGB zu messen. Ob den einzelnen Bestandteilen einer solchen **Mischfirma** genügend Kennzeichnungskraft zukommt, ist gleichgültig, wenn dies nur bei der Gesamtfirma der Fall ist.[157]

110 Hinsichtlich weiterer **Detailprobleme des Firmenrechts**, derer es nicht wenige gibt, muss an dieser Stelle auf die einschlägige Spezial- und Kommentarliteratur verwiesen werden.[158] Bleiben Zweifel, sollte im Vorfeld ein Unbedenklichkeitsgutachten der zuständigen Industrie- und Handelskammer oder der Handwerkskammer eingeholt und dem Eintragungsantrag an das Gericht beigefügt werden.

9. Zulässigkeit der Firmenfortführung in besonderen Fällen

111 In der Beratungspraxis wird häufig gefragt, ob nach dem Eintritt von Veränderungen in der Person, der personellen Zusammensetzung oder nach einer Unternehmensübertragung die bisherige Firma fortgeführt werden darf und welche **Voraussetzungen** dafür vorliegen müssen. Bei Beantwortung dieser Frage ist von der Art der Veränderung im Unternehmensträger auszugehen und zwischen reinen Namensänderungen, der Unternehmensveräußerung, Änderungen im Gesellschaftsbestand und umwandlungsrechtlichen Vorgängen zu differenzieren.

---

149 *Krafka/Willer/Kühn* Rdnr. 234.
150 *Krafka/Willer/Kühn* Rdnr. 235.
151 Siehe Rdnr. 89.
152 *Krafka/Willer/Kühn* Rdnr. 236.
153 Siehe Rdnr. 85.
154 *Krafka/Willer/Kühn* Rdnr. 236.
155 MünchKommHGB/*Heidinger* § 18 Rdnr. 74.
156 *Krafka/Willer/Kühn* Rdnr. 237.
157 *Krafka/Willer/Kühn* Rdnr. 238.
158 Z. B. *Krafka/Willer/Kühn* Rdnr. 240 ff. und MünchKommHGB/*Heidinger* § 18 Rdnr. 113 ff.

a) **Firmenfortführung bei Namensänderung.** Nach § 21 HGB kann eine bestehende, zulässig gebildete Firma fortgeführt werden, wenn eine bei der Bildung namensgebende Person ihren Namen geändert hat, ohne dass der Inhaber des Unternehmens selbst gewechselt hat. Eine entsprechende Namensänderung kann etwa durch eine Eheschließung oder eine Adoption bedingt sein.[159] In diese Fallgruppe fallen aber nicht nur natürliche Personen als Namensgeber einer Gesellschaft. Erfasst sind auch Gesellschaften, die ihrerseits einer anderen Gesellschaft den Namen geben. Die Änderung der Firma einer solchen Namensgeberin ist ebenso Namensänderung im Sinne des § 21 HGB, so dass die bisherige Firma fortgeführt werden kann. Von besonderer Bedeutung ist dies für die GmbH & Co. KG, die danach keine aufwendige, weil die Mitwirkung aller Kommanditisten erfordernde Firmenänderung veranlassen muss, wenn sich die Firma der namensgebenden Komplementär-GmbH ändert.[160] Auf § 21 HGB kann sich der Firmeninhaber jedoch nur berufen, wenn die Firma vor der Namensänderung bereits Bestand hatte. Erforderlich ist also, dass sie in das Handelsregister eingetragen war oder das das Geschäft eines nicht eingetragenen handelsrechtlichen Rechtsträgers Handelsgewerbe ist, § 1 Abs. 2 HGB.[161] 112

b) **Firmenfortführung bei Erwerb eines Handelsgeschäfts.** Einen gänzlich anderen Fall der erlaubten Firmenfortführung erfasst § 22 HGB. Hier ist erforderlich, dass ein bereits bestehendes Handelsgeschäft unter Lebenden oder von Todes wegen auf einen neuen Inhaber übergeht. Ein entsprechender **Erwerb unter Lebenden** liegt insbesondere in folgenden Fällen vor: 113

- Einbringung eines Unternehmens als Sacheinlage in eine Gesellschaft
- Unternehmenskauf und Unternehmensübergabe
- Bestellung eines Unternehmensnießbrauchs, § 22 Abs. 2 HGB
- Verpachtung eines Unternehmens, § 22 Abs. 2 HGB sowie
- Anwachsung durch Ausscheiden des vorletzten Gesellschafters einer Personengesellschaft.

Auch hier ist essentielle Voraussetzung für die Fortführung, dass die bisherige Firma zulässigerweise gebildet und geführt wurde.[162] Hinzu kommt, dass das Unternehmen im Ganzen übertragen bzw. erworben worden sein muss, um den **Anwendungsbereich** des § 22 HGB zu eröffnen. Die Firmenfortführung setzt kein aktiv betriebenes Unternehmen voraus, kann also auch dann erfolgen, wenn der Betrieb vorübergehend eingestellt wurde. Voraussetzung ist dann allerdings, dass die jederzeitige Möglichkeit der Wiederaufnahme der Geschäftstätigkeit gegeben sein muss. In diesem Fall steht auch die Liquidation oder Insolvenz des bisherigen Rechtsträgers nicht entgegen.[163] 114

Eine Firmenfortführung nach § 22 Abs. 1 HGB kann nur erfolgen, wenn ihr bisherige Inhaber dem zustimmt. Diese **Zustimmung** kann sowohl vor als auch nach Vollendung des jeweiligen Erwerbsvorgangs erteilt werden. Mangels besonderer Formvorschrift muss die Zustimmung dem Registergericht nicht öffentlich beglaubigt vorgelegt werden, es genügt die Beifügung in Schriftform.[164] Ist der **bisherige Inhaber** des Unternehmens eine Gesellschaft, ist die Zustimmungserklärung durch deren Vertretungsorgane oder Gesellschafter in vertretungsberechtigter Zahl abzugeben.[165] Eine **Besonderheit** gilt bei Personenhandelsgesellschaften nur insoweit, als zumindest auch der **Gesellschafter** zustimmen muss, **dessen Name in der Firma erscheint.**[166] 115

Praxistipp:
Im Falle der Insolvenz des Rechtsträgers muss die Einwilligung des Insolvenzverwalters eingeholt werden, da die Firma selbst Teil der Insolvenzmasse ist.[167]

[159] *Krafka/Willer/Kühn* Rdnr. 279.
[160] MünchKommHGB/*Heidinger* § 21 Rdnr. 6.
[161] *Krafka/Willer/Kühn* Rdnr. 280.
[162] MünchKommHGB/*Heidinger* § 22 Rdnr. 28.
[163] *Krafka/Willer/Kühn* Rdnr. 283.
[164] *Krafka/Willer/Kühn* Rdnr. 283.
[165] MünchKommHGB/*Heidinger* § 22 Rdnr. 37 f.
[166] MünchKommHGB/*Heidinger* § 22 Rdnr. 39.
[167] *Krafka/Willer/Kühn* Rdnr. 283.

116 Obwohl die Unterzeichnung der Anmeldung des Geschäftsübergangs durch den bisherigen Inhaber als Einwilligung in die Firmenfortführung ausgelegt wird, **empfiehlt es sich in der Praxis, eine ausdrückliche Erklärung** in die Anmeldeurkunde aufzunehmen. Folgendes Muster kann dafür verwendet werden:

Formulierungsvorschlag:

Ich *Vorname, Nachname, Geburtsdatum, Wohnort des bisherigen Geschäftsinhabers* habe das von mir unter obiger Firma betriebene Geschäft mit dem Recht, die Firma mit oder ohne Beifügung eines das Nachfolgeverhältnis andeutenden Zusatzes fortzuführen an *Vorname, Nachname, Geburtsdatum, Wohnort des Erwerbers* veräußert. Dieser führt das Geschäft unter der Firma ...... fort.

Die Geschäftsräume befinden sich in ......; dies ist auch die inländische Geschäftsanschrift im Sinne des § 29 HGB.

ggf. zusätzlich:

Die Haftung des Erwerbers für die im Betrieb des Geschäfts begründeten Verbindlichkeiten des bisherigen Inhabers sowie der Übergang der im Betrieb begründeten Forderungen auf den Erwerber ist ausgeschlossen.

117 Mit der Firmenfortführung geht gemäß § 25 Abs. 1 HGB die Haftung für die Geschäftsschulden des bisherigen Inhabers einher. Dies ist den Beteiligten möglicherweise nicht bewusst. Entwirft der Notar die Registeranmeldung selbst, sollte er zuvor stets nachfragen, ob (ggf. konkludent) ein entsprechender **Haftungsausschluss** vereinbart wurde. Wirksam ist ein solcher Haftungsausschluss nur, wenn er in das Register eingetragen wurde, § 25 Abs. 2 HGB. Es empfiehlt sich daher, den im vorstehenden Muster enthaltenen Satz zunächst als Merkposten stehen zu lassen und erforderlichenfalls vor der Unterschriftsleistung der Beteiligten zu streichen. Zumindest dann, wenn der **Notar** im Rahmen eines Auftrags zur Handelsregisteranmeldung einer Geschäfts- und Firmenübernahme auch die Beratung des Übernehmers bei der Firmenübernahme und die Einholung materiell-rechtlicher Erklärungen zur Weiterführung der Firma übernommen hat, **muss** er neben der Beratung über die Sicherung des Firmennamens nämlich auch **über** die aus § 25 Abs. 1 HGB folgenden **Haftungsrisiken** und die Möglichkeiten zu deren Vermeidung **belehren.**[168] Bei Verletzung dieser **Amtspflicht** haftet der Notar dem Unternehmenserwerber ggf. auf Schadensersatz.

118 In der Beratungspraxis stellt sich auch häufig die Frage, inwieweit die übernommene Firma fortzuführen ist. Dabei ist es wichtig, den Mandanten darauf hinzuweisen, dass § 22 HGB **grundsätzlich nur** die **unveränderte Weiterführung** des bisherigen Firma **erlaubt.**[169] Etwas anderes kann allerdings wegen des Irreführungsverbots aus § 18 Abs. 2 HGB gelten. So muss ein unrichtig gewordener Rechtsformzusatz durch den nunmehr passenden ersetzt werden.[170] Ausnahmsweise darf ein alter Rechtsformzusatz jedoch beibehalten werden, wenn durch einen Nachfolgezusatz unzweifelhaft klargestellt wird, welches die aktuelle Rechtsform ist, z. B. Mittermaier e. K., vormals Mittermaier und Schmidt OHG.[171]

119 Ob **sonstige potenziell täuschende Firmenzusätze** zu entfernen sind, ist umstritten. Dies betrifft vor allem unbestimmte Gesellschaftszusätze wie „& Sohn“, „Geschwister“ oder „Erben“, wenn die Firma durch einen Einzelkaufmann fortgeführt wird. Da nach dem Handelsrechtsreformgesetz von 1998 auch der Einzelkaufmann seiner Firma einen spezifizierenden Rechtsformzusatz beifügen muss, wird man wohl bei Beibehaltung solcher Zusätze eine Täuschung über die Rechtsform des Unternehmensträgers für ausgeschlossen halten müssen.[172]

---

[168] BGH MittBayNot 2005, 168.
[169] *Krafka/Willer/Kühn* Rdnr. 284.
[170] MünchKommHGB/*Heidinger* § 22 Rdnr. 62 ff.
[171] *Krafka/Willer/Kühn* Rdnr. 284; MünchKommHGB/*Heidinger* § 22 Rdnr. 65.
[172] MünchKommHGB/*Heidinger* § 22 Rdnr. 69 ff.; a. A. *Krafka/Willer/Kühn* Rdnr. 284.

Andere wesentliche Änderungen der Firma sind **nur dann zulässig** und geboten, wenn durch einzelne Bestandteile in sonstiger Weise unrichtige Vorstellungen über den Umfang, den Sitz oder den Gegenstand des Unternehmens erweckt werden könnten. Zulässig ist auch eine spätere Beifügung oder Entfernung von Sachbezeichnungen in der Firma infolge eines nach der Übernahme eingetretenen Umstandes.[173] 120

c) **Firmenfortführung bei Änderungen im Gesellschafterbestand.** § 24 HGB erlaubt die Fortführung der Firma auch dann, wenn ein Gesellschafter in ein bestehendes Handelsgeschäft aufgenommen oder wenn einer bestehenden Gesellschaft ein weiterer Gesellschafter beitritt oder wenn es zu einem sonstigen **Wechsel im Gesellschafterbestand**, etwa durch Ausscheiden, kommt. Voraussetzung ist wie beim Tatbestand des § 22 HGB, dass die Firma bereits besteht und in zulässiger Weise gebildet wurde.[174] Anders als § 22 HGB greift § 24 HGB aber grundsätzlich nicht im Fall der Übertragung des Handelsgeschäfts auf einen neuen Rechtsträger, sondern nur dann, wenn es zu einer Änderung im Personenbestand des Unternehmensträgers kommt. Abweichend von diesem Grundsatz ist jedoch die **Einbringung des Geschäfts im Wege der Sachgründung** in eine neu gegründete Gesellschaft erfasst.[175] 121

Der **Zustimmung eines namensgebenden Gesellschafters** zur Firmenfortführung bedarf es nur, wenn gerade dieser ausscheidet, § 24 Abs. 2 HGB. Wie bei § 22 HGB kann diese Zustimmung dem Registergericht in Schriftform nachgewiesen werden. Ihre Erteilung wird bei einer Unterzeichnung der Registeranmeldung durch den ausscheidenden Gesellschafter vermutet.[176] 122

Praxistipp:

Bei einer Kapitalgesellschaft bedarf es einer solchen Zustimmung des ausscheidenden namensgebenden Gesellschafters für die Zulässigkeit der Firmenfortführung nicht. Dies wird damit begründet, dass § 24 HGB insgesamt[177] oder aber jedenfalls § 24 Abs. 2 HGB[178] auf den Gesellschafterwechsel bei einer Kapitalgesellschaft überhaupt nicht anwendbar ist, da sich die Anwendung der Norm mit dem Wesen der Kapitalgesellschaft als juristische Person nicht vertragen würde. Von Bedeutung ist dies insbesondere für die Gestaltung der Satzung einer solchen Gesellschaft, wenn eine Personenfirma gewünscht ist. Legt ein Beteiligter Wert darauf, über die Weiterverwendung seines Namens im Falles seines Ausscheidens mitentscheiden zu können, sollte ein entsprechender Einwilligungsvorbehalt ausdrücklich mit in den Gesellschaftsvertrag aufgenommen werden.[179]

Auch im Anwendungsbereich des § 24 HGB ist die Firma **grundsätzlich im wesentlichen unverändert fortzuführen.**[180] Hier sind allerdings ebenfalls Fälle denkbar, in denen im Hinblick auf das Irreführungsverbot des § 18 Abs. 2 HGB Modifikationen erforderlich sind. Dies betrifft z. B. die Ergänzung um einen Zusatz, der auf einen veränderten Tätigkeitsbereich des Unternehmens hinweist oder die Entfernung unrichtig gewordener Rechtsformzusätze oder anderer Firmenbestandteile.[181] 123

d) **Firmenfortführung in Umwandlungsfällen.** Die Frage der Zulässigkeit der Firmenfortführung stellt sich in der Praxis auch häufig in Umwandlungsfällen. Sie lässt sich aus **Sondervorschriften des Umwandlungsrechts** beantworten, die sich in § 18 UmwG für die Verschmelzung, in § 125 UmwG i. V. m. § 18 UmwG für die Aufspaltung und in § 200 UmwG für den Formwechsel finden. Diese Vorschriften **erlauben weitgehend die Beibehaltung der** 124

173 OLG Hamm FGPrax 2002, 232; *Krafka/Willer/Kühn* Rdnr. 284.
174 *Krafka/Willer/Kühn* Rdnr. 285.
175 MünchKommHGB/*Heidinger* § 24 Rdnr. 10.
176 BGHZ 68, 271, 276; Oetker/*Schlingloff* § 24 Rdnr. 15; *Krafka/Willer/Kühn* Rdnr. 288.
177 Baumbach/*Hopt* § 24 Rdnr. 12; *Krafka/Willer/Kühn* Rdnr. 286.
178 Oetker/*Schlingloff* § 24 Rdnr. 4; MünchKommHGB/*Heidinger* § 24 Rdnr. 14
179 MünchKommHGB/*Heidinger* § 24 Rdnr. 4 a. E.
180 OLG Hamm NZG 2002, 866; *Krafka/Willer/Kühn* Rdnr. 287.
181 *Krafka/Willer/Kühn* Rdnr. 287.

bisherigen Firma, sofern ein unrichtig gewordener Rechtsformzusatz entfernt und durch den nunmehr passenden Zusatz ersetzt wird.

125 Nach einer **Verschmelzung** kann von dem übernehmenden oder neu gegründeten Rechtsträger die Firma des übertragenden Rechtsträgers mit oder ohne Beifügung eines Nachfolgezusatzes fortgeführt werden, § 18 Abs. 1 UmwG. Es handelt sich hierbei um einen **Sondertatbestand** zu § 22 HGB mit denselben Tatbestandsvoraussetzungen, so dass weitgehend auf die diesbezüglichen, vorstehenden Ausführungen in Rdnr. 113ff. verwiesen werden kann.

126 Beachtung sollten in der Beratungspraxis auch die Vorgaben des § 18 Abs. 2 UmwG finden. Danach bedarf es, wenn in der Firma der Name einer natürlichen Person enthalten ist, die am übernehmenden Rechtsträger nicht beteiligt ist, zur Firmenfortführung der Einwilligung dieses Gesellschafters. Das Gesetz hat hier vor allem die nicht verhältniswahrende Aufspaltung und den Fall des **Ausscheidens des namensgebenden Gesellschafters** nach den §§ 29ff. UmwG vor Augen.[182] Anders als bei § 24 HGB ist umstritten, ob die Zustimmungspflicht auch dann besteht, wenn die Umwandlung einer Kapitalgesellschaft im Raum steht. M.E. sollte hier ein Gleichlauf mit dieser Vorschrift hergestellt werden, weshalb in einem solchen Fall das Bestehen einer Zustimmungspflicht abzulehnen ist.[183]

127 Besonderheiten gelten gemäß § 18 Abs. 3 UmwG, wenn eine **Partnerschaftsgesellschaft** an der Verschmelzung beteiligt ist. Eine Firma kann nur dann als Name einer übernehmenden Partnerschaft fortgeführt werden, wenn die Voraussetzungen des § 2 Abs. 1 PartGG erfüllt sind, also der Name mindestens eines Partners und Berufsbezeichnungen aller in der Partnerschaft ausgeübten Berufe enthalten sind. Gegebenfalls müssen diese Firmenbestandteile ebenso wie der Rechtsformzusatz ergänzt werden.[184]

128 Wie bei den übrigen Firmenfortführungstatbeständen gilt auch hier, dass die Firma nur dann beibehalten werden darf, wenn sie schon bisher zulässigerweise geführt wurde. Weiter ist zu beachten, dass auch § 18 UmwG voraussetzt, dass das **Unternehmen fortgeführt** wird und die **Firma grundsätzlich unverändert beizubehalten** ist. Ist bei einer Verschmelzung der übernehmende Rechtsträger nicht firmenfähig, z.B. eine GbR, so erlischt die Firma.

Praxistipp:

Wird eine GmbH auf ihren Alleingesellschafter verschmolzen, führt dies nicht notwendigerweise zum Erlöschen der Firma der Gesellschaft. Ist der Alleingesellschafter zugleich Einzelkaufmann oder wird er es infolge der Verschmelzung, kann er die Firma fortführen.[185]

129 Im Rahmen einer umwandlungsrechtlichen **Spaltung** gilt § 18 UmwG grundsätzlich nur im Falle der Aufspaltung, nicht jedoch bei Abspaltung und Ausgliederung, § 125 S. 1 UmwG. In den letzten beiden Fällen sollte der Berater die Möglichkeit der originären Firmenbildung mit gleichem Wortlaut an einem anderen Ort ansprechen. Wenn der aufnehmende Rechtsträger am selben Ort sitzt wie der abspaltende/ausgliedernde Teil, kann auch eine Firmenbildung mit ähnlichem Wortlaut vorgeschlagen werden, wobei das Gebot der Unterscheidbarkeit gemäß § 30 HGB zu beachten sein wird.[186] Im Fall der **Aufspaltung** ist streitig, ob nur der Rechtsträger, der den größten Teil des Unternehmens übernimmt, jeder beliebige oder sogar alle übernehmenden Rechtsträger die Firma fortführen dürfen.[187]

130 Im Falle eines **Formwechsels** hält § 200 UmwG diverse Sonderregelungen bereit, die sich im Aufbau im wesentlichen an § 18 UmwG orientieren. Auch hier kann die alte Firma fortgeführt werden, wenn sämtliche Bezeichnungen, die auf die alte Rechtsform hindeuten, entfernt werden und der korrekte Rechtsformzusatz ergänzt wird. § 200 Abs. 3 UmwG bein-

[182] *Krafka/Willer/Kühn* Rdnr. 274.

[183] Ebenso Widmann/Mayer/*Vollrath* § 18 Rdnr. 28; *Krafka/Willer/Kühn* Rdnr. 274; a.A. Ebenroth/Boujong/Joost/Strohn/*Zimmer* § 24 Rdnr. 7.

[184] *Krafka/Willer/Kühn* Rdnr. 276.

[185] OLG Düsseldorf FGPrax 1997, 236.

[186] *Krafka/Willer/Kühn* Rdnr. 277.

[187] MünchKommHGB/*Heidinger* § 22 Rdnr. 100.

haltet eine Sonderregel für den Fall, dass im Rahmen des Formwechsels ein namensgebender Gesellschafter ausscheidet. Wird in eine **Partnerschaftsgesellschaft** umgewandelt, sind wiederum die Voraussetzungen des § 2 Abs. 1 PartGG zu beachten, vgl. § 200 Abs. 4 UmwG.

Praxistipp:

Führt die formwechselnde Gesellschaft aufgrund der Übergangsregelungen des PartGG rechtmäßig den Bestandteil „& Partner" in ihrer Firma, ohne eine Partnerschaftsgesellschaft zu sein, so erlaubt § 200 UmwG die Beibehaltung dieses Firmenbestandteils im Zuge des Formwechsels.[188]

VII. Die Pflicht zur Anmeldung einer inländischen Geschäftsanschrift

Mit dem MoMiG wurden **sämtliche Unternehmensträger mit Ausnahme der eingetragenen Genossenschaft** gesetzlich dazu verpflichtet, ihre inländische Geschäftsanschrift in das Handelsregister eintragen zu lassen. Für die handelsrechtlichen Rechtsträger wurde dies in §§ 29, 106 HGB, Art. 65 EGHGB und für die Zweigniederlassungen in- und ausländischer Gesellschaften in §§ 13 Abs. 1 S. 1, §§ 13d Abs. 2, 13e Abs. 2 S. 3 HGB verankert. Für die Kapitalgesellschaften enthalten § 8 Abs. 4 Nr. 1 GmbHG, § 3 EGGmbHG, § 37 Abs. 3 Nr. 1 AktG, § 18 EGAktG entsprechende Regelungen. Die Eintragung soll der vereinfachten Auffindung einer zustellfähigen Adresse dienen und im Bereich der Kapitalgesellschaften den Missbrauch der Rechtsform, insbesondere sog. „Firmenbestattungen" eindämmen helfen.[189] 131

Bei der Gestaltung von Registeranmeldungen ist darauf zu achten, dass die **Anschrift unmittelbar in den Anmeldetext eingebunden** ist. Eine Nennung nur im Eingang der Anmeldung wird der Neuregelung nicht gerecht.[190] Die Anmeldepflicht gilt auch für bereits bestehende Gesellschaften. Sie war gemäß den jeweiligen Übergangsvorschriften im Rahmen der ersten, die eingetragene Gesellschaft betreffenden Registeranmeldung nach Inkrafttreten des MoMiG, spätestens jedoch bis zum 31. 10. 2009 zu erfüllen. 132

Nach zwei begrüßenswerten Entscheidungen des OLG München ist eine vor dem 1. 11. 2008 in das Handelsregister eingetragene Gesellschaft **aber nur dann** verpflichtet, ihre inländischen Geschäftsanschrift zum Handelregister anzumelden, **wenn** sie diese Anschrift **nicht bereits vor dem 1. 11. 2008 mitgeteilt** hat **oder wenn** sich die Anschrift **geändert** hat.[191] Es ist dennoch empfehlenswert, die aktuelle Geschäftsanschrift vorsorglich beim ersten neuen Anmeldefall mit anzumelden, denn die Gerichte haben seit 1. 11. 2009 die Pflicht, die ihnen zuletzt bekannt gewordene Geschäftsanschrift ohne weitere Aktualitätsprüfung von Amts wegen in das Register einzutragen. 133

Von besonderer Bedeutung ist die Pflicht zur Anmeldung einer Geschäftsanschrift vor allem für die Kapitalgesellschaften (GmbH, AG, SE, KGaA und VVaG). Für diese sehen §§ 15a HGB, 185 Nr. 2 ZPO nämlich die **Möglichkeit einer öffentlichen Zustellung** vor, wenn ein Zugang weder unter der eingetragenen Anschrift, noch unter einer ggf. im Handelsregister veröffentlichten Anschrift eines Empfangsberechtigten, noch unter einer sonstigen ohne weitere Ermittlungen bekannten Anschrift möglich ist. Weitere Versuche, insbesondere den Versuch einer Zustellung im Ausland, muss der Gläubiger nicht unternehmen.[192] 134

Praxistipp:

Es empfiehlt sich, Geschäftsführer und Vorstände von Kapitalgesellschaften auf die mit der Neuregelung verbundenen Gefahren aufmerksam zu machen und darauf hinzuweisen, dass die eingetragene Anschrift korrekt sein und eine Änderung angemeldet werden muss.

188 OLG Frankfurt FGPrax 1999, 115.
189 Oetker/*Preuß* § 15 a Rdnr. 2.
190 Ebenso *Apfelbaum*, notar 2008, 160, 165.
191 OLG München notar 2009, 220 für die GmbH, ZIP 2009, 619 für die AG.
192 Oetker/*Preuß* § 15 a Rdnr. 13.

135 In der Praxis wird häufig gefragt, ob eine **inländische Geschäftsanschrift mit dem Zusatz „c/o"** eintragungsfähig ist. Die Abkürzung „c/o" steht für den englischen Begriff „care of" und hat im Deutschen die Bedeutung „bei" oder „im Hause". Das OLG Naumburg hielt eine Anschrift mit diesem Zusatz jedenfalls für **grundsätzlich eintragungsfähig.**[193] Es argumentierte mit dem Zweck der neuen Anmeldepflicht, der darin besteht, es den Gesellschaftsgläubigern zu ermöglichen, zuverlässig wirksam zustellen zu können. Wenn sich an dem hinter dem „c/o" genannten Ort ein Geschäftsraum der Gesellschaft oder eine andere Stelle befindet, an der eine nach der ZPO wirksame Zustellung möglich sei, stehe der Eintragung der Anschrift nichts entgegen, da es sich um eine nähere Konkretisierung der exakten Anschrift handelt.[194] Dagegen ist ein Postfach nicht eintragungsfähig.[195]

136 Seit dem MoMiG können Satzungs- und Verwaltungssitz einer Kapitalgesellschaft auseinander fallen. Deshalb muss die inländische Geschäftsanschrift nicht mit der **Lage der Geschäftsräume** übereinstimmen. In einem solchen Fall der Abweichung ist die Lage der Geschäftsräume sowie deren Änderung, obwohl nicht in das Handelsregister einzutragen, dem Registergericht zusätzlich formlos mitzuteilen, § 24 Abs. 2 HRV.[196]

137 Die **Möglichkeit der öffentlichen Zustellung** ist gegenüber Einzelkaufleuten und Personengesellschaften nicht gegeben. Unklar ist in diesem Zusammenhang aber noch, ob dies auch dann gilt, wenn **an die Komplementär-GmbH einer GmbH & Co. KG** zugestellt werden soll.[197] Dies ist abzulehnen, da Adressat der zuzustellenden Erklärung nicht die geschäftsführende Gesellschafterin, sondern die Personenhandelsgesellschaft selbst ist.[198] Eine andere Betrachtung ist allenfalls dann geboten, wenn unter den persönlich haftenden Gesellschaftern der KG keine natürliche Person ist,[199] denn in diesen Fällen ist die Gesellschaft von ihrer Struktur her einer Kapitalgesellschaft gleichzustellen.

138 Ebenfalls **noch ungeklärt** ist die Frage, ob **bei Einzelkaufleuten und den Personenhandelsgesellschaften** die inländische **Geschäftsanschrift stets mit der Lage der Geschäftsräume übereinstimmen muss.**[200] Bejaht man dies, muss dem Registergericht – anders als bei einer Kapitalgesellschaft s. o. – die Verlagerung der Geschäftsräume und damit der inländischen Geschäftsanschrift in Form einer öffentlich beglaubigten Registeranmeldung mitgeteilt werden.[201]

VIII. Ausblick: EU-Grünbuch zur Verknüpfung von Unternehmensregistern

139 Mit dem Fortschreiten der europäischen Integration sind Unternehmen verstärkt über die nationalen Grenzen hinweg tätig und nutzen die Chancen des Binnenmarktes. Es sind grenzüberschreitende Unternehmensgruppen und Konzerne entstanden. Zahlreiche Verschmelzungen und Spaltungen der letzten Jahre betreffen Unternehmen aus verschiedenen Mitgliedstaaten der EU. Hinzu kommt, dass es die Rechtsprechung des Europäischen Gerichtshofs den Kapitalgesellschaften ermöglicht hat, sich in einem Mitgliedstaat der EU in das Handelsregister eintragen zu lassen und ihre Geschäftstätigkeit teilweise oder vollständig in einem anderen Mitgliedstaat auszuüben.[202] Bisher werden die Handels- und Unternehmensregister in Europa zwar nur auf nationaler oder regionaler Ebene geführt, d. h. es werden darin alle Informationen über die in dem betreffenden Land oder Bundesland bzw. der betreffenden Region eingetragenen Unternehmen gespeichert. Bereits jetzt **setzen** jedoch

[193] OLG Naumburg MittBayNot 2009, 391.
[194] Ebenso *Krafka/Willer/Kühn* Rdnr. 340.
[195] MünchKommHGB/*Krafka* § 29 Rdnr. 9.
[196] *Krafka/Willer/Kühn* Rdnr. 340.
[197] Begr. RegE des MoMiG BT-Drucks. 16/6140, S. 50.
[198] Oetker/*Preuß* § 15 a Rdnr. 9.
[199] MünchKommHGB/*Krafka* § 15 a Rdnr. 4; Oetker/*Preuß* § 15 a Rdnr. 9.
[200] Dagegen: *Schmidt/Sikora/Tiedtke*, Rdnr. 174.
[201] *Krafka/Willer/Kühn* Rdnr. 341; Oetker/*Weitemeyer*, § 107 Rdnr. 9.
[202] EUGH Urteil v. 9. 3. 1999 – C-212/97 – Slg. I-1459 – Centros; Urteil v. 5. 11. 2002 – C-208/00 – Slg. I-9919 – Überseering; Urteil v. 30. 9. 2003 – C-167/01 – Slg. I-10 155.

zahlreiche Vorschriften des sekundären Gemeinschaftsrechts eine Zusammenarbeit der verschiedenen Register voraus,[203] die in der Praxis auf freiwilliger Basis auch gut funktioniert.

140 Aktuell erfolgt diese Zusammenarbeit im Wesentlichen auf der Grundlage des **European Business Register** (EBR) **und** des **Projekts „BRITE"** (Business Register Interoperability Throughout Europe).[204] Das EBR[205] wurde 1993 als Netzwerk der nationalen Handelsregister gegründet, inzwischen gehören ihm 19 Mitgliedstaaten der EU und sechs weitere europäische Rechtsordnungen an.[206] Bisher wurde vor allem in diesem Rahmen der Austausch grenzübergreifender Veränderungsmitteilungen durch das von der Europäischen Kommission geförderte BRITE-Projekt vorangetrieben.

141 Es lässt sich streiten, ob darüber hinaus weiterer Bedarf für einen grenzüberschreitenden Zugang zu Unternehmensinformationen, sei es für gewerbliche Zwecke oder zur Verbesserung des Gläubigerschutzes, besteht. Sofern nicht von der bereits beschriebenen **Möglichkeit zur freiwilligen Veröffentlichung von Unternehmensdaten** in anderen Sprachen als der Heimatsprache des Rechtsträgers Gebrauch gemacht wird,[207] behindern derzeit nämlich vor allem **sprachliche Barrieren** den Zugriff auf diese Informationen. Der grenzüberschreitende Zugriff auf offizielle und verlässliche Unternehmensinformationen für Gläubiger, Geschäftspartner und Verbraucher ist vor allem unter diesem Aspekt verbesserungswürdig, um auf den Märkten der EU ein ausreichendes Maß an Transparenz und Rechtssicherheit zu gewährleisten.

142 **Von Bedeutung ist** in diesem Zusammenhang weiter, dass **bestimmte Vorgänge** wie grenzüberschreitende Verschmelzungen oder die Errichtung von Zweigniederlassungen in einem anderen Mitgliedstaat eine **Zusammenarbeit der nationalen Handelsregister voraussetzen.** Als Beispiel im deutschen Recht kann etwa die Pflicht des Registergerichts aus § 122k Abs. 4 UmwG angeführt werden, die bei ihm aufbewahrten elektronischen Dokumente nach Wirksamwerden einer grenzüberschreitenden Verschmelzung der registerführenden Stelle der übernehmenden Gesellschaft zu übermitteln. Durch eine engere Zusammenarbeit der nationalen Handelsregister können derartige Verfahren beschleunigt und die Rechtssicherheit verbessert werden. Darüber hinaus könnte eine effizientere grenzüberschreitende Zusammenarbeit zwischen den Registern auch zu einer Senkung der Verwaltungs- und Beratungskosten für grenzüberschreitend tätige Unternehmen führen.

143 Die Europäische Kommission hat es sich deshalb zum Ziel gesetzt, die bestehende Zusammenarbeit der nationalen Handelsregister zu intensivieren und den grenzübergreifenden Zugang zu Unternehmensinformationen zu verbessern. Dazu soll die bisherige freiwillige Kooperation durch einen europäischen Gesetzgebungsakt in eine obligatorische Form der Zusammenarbeit überführt werden. Zu diesem Zweck hat die **Kommission Ende 2009** eine Konsultation auf der Basis eines **Grünbuchs über die Verknüpfung von Unternehmensregistern**[208] eingeleitet, die am 31. 1. 2010 abgeschlossen worden ist. Bei einem Grünbuch handelt es sich um ein im Vorfeld eines europäischen Gesetzgebungsverfahrens herausgegebenes Diskussionspapier, mit dem eine öffentliche wissenschaftliche Diskussion im jeweils betroffenen Themengebiet angestoßen werden soll, mit dem Ziel, die Ergebnisse dieser Diskussion in die spätere Richtlinie oder Verordnung einfließen zu lassen. Die Kommission schlägt im Grünbuch zur Verknüpfung von Unternehmensregistern vor, eine verstärkte Zusammenarbeit auf der Basis des BRITE-Projekts voranzutreiben. Alternativ denkt die Kommission daran, die Informationen aus den Unternehmensregistern in das sog. Binnenmarkt-Informationssystem (IMI)[209] einzubinden. Denkbar erscheint ihr auch eine Kombination dieser Optionen. Im daraufhin verfassten Bericht des Rechtsausschusses des Europäischen Parlamen-

[203] RL 2005/56/EG (Richtlinie über grenzüberschreitende Fusionen), RL 89/666/EWG (Richtlinie über die Offenlegung von Zweigniederlassungen), VO (EG) 2157/2001 (Verordnung über die Europäische Aktiengesellschaft).

[204] http://www.briteproject.eu

[205] http://www.ebr.org

[206] Guernsey, Jersey, Mazedonien, Serbien, Ukraine, Norwegen.

[207] Siehe dazu Rdnr. 50.

[208] KOM (2009) 614 endgültig.

[209] Siehe dazu näher Grünbuch KOM (2009) 614 endgültig Ziff. 3.2.

tes wurde die Schaffung eines gemeinschaftsweit einheitlichen Zugangsportals zu den nationalen Registern gefordert. Über das Portal soll sich jedermann Informationen über sämtliche in den Mitgliedstaaten eingetragenen Gesellschaften verschaffen können. Der Bericht des Rechtsausschusses wurde im September 2010 vom Europäischen Parlament angenommen. Das Parlament befürwortet darin den Plan der Kommission, die nationalen Unternehmensregister elektronisch zu vernetzen und damit den Zugang zu Unternehmensinformationen zu erleichtern.[210] Eine Entscheidung des Rates der Europäischen Union steht noch aus. Mit einem Richtlinienentwurf der Kommission ist im Frühjahr 2011 zu rechnen.

144 Es bleibt zu hoffen, dass im Rahmen des Gesetzgebungsverfahrens berücksichtigt wird, dass die **Registerstandards in den Mitgliedstaaten der EU** derzeit noch **sehr unterschiedlich** sind.[211] So weist das Handelsregister Deutschlands und zahlreicher anderer kontinentaleuropäischer Rechtsordnungen wie z. B. Italien, Spanien, Österreich, Niederlande und Estland weit reichende Publizitätswirkungen auf. Vergleichbare Standards finden sich keineswegs gemeinschaftsweit. **Vor allem** das **britische Companies House hat mangels** notarieller **Identitätskontrolle und Authentifikationsprüfung große Probleme** mit dem sog. company identity fraud.[212] Wegen dieser **erheblichen Unterschiede in den Registerstandards** wäre es fatal, wenn die im Grünbuch der Europäischen Kommission angesprochene grenzüberschreitende Zusammenarbeit der Unternehmensregister dazu führen würde, dass Register in Mitgliedstaaten mit hoher Richtigkeitsgewähr und öffentlichem Glauben dazu verpflichtet werden, Registerangaben aus Mitgliedstaaten mit niedrigeren Standards ungeprüft zu übernehmen. **Solange kein einheitlich hohes Registerniveau in der EU erreicht ist, wäre es** vielmehr **besser**, wenn sich die angestrebte **Gesetzgebungsmaßnahme** inhaltlich **auf** eine **Verbesserung des Austauschs von Informationen zwischen den Unternehmensregistern** und eine Erleichterung des grenzübergreifenden Zugangs für Gläubiger, Geschäftspartner und Verbraucher, z. B. **durch Stärkung des European Business Register** (EBR), **beschränken würde.**

[210] Siehe auch die positive Stellungnahme des Ausschusses der Regionen, ABl. C 267 vom 1. 10. 2010, S. 22–24.

[211] Vgl. nur die Kurzdarstellungen zum ausländischen Handelsregisterrecht in Schmidt-Kessel/Leutner/*Brunnschweiler*, S. 405 ff.

[212] Auch im Übrigen ist eine Prüfung der in das Register einzutragenden Tatsachen auf ihre Richtigkeit nicht vorgeschrieben und findet tatsächlich auch nicht statt, vgl. nur Schmidt-Kessel/*Leutner* Abschnitt Handelsregisterrecht England und Wales, Rdnr. 11. Im Prinzip handelt es sich daher beim Register des Companies House um eine rein vertrauensbasierte, ungeprüfte Datensammlung, die den trügerischen Schein eines amtlichen Registers vermittelt.

§ 7 Zweigniederlassungen

Übersicht

	Rdnr.
I. Allgemeines zur Zweigniederlassung	1–10
1. Merkmale einer Zweigniederlassung	2–7
2. Registerverfahren	8–10
II. Zweigniederlassungen inländischer Rechtsträger	11–18
1. Inhalt der Anmeldung und anmeldepflichtige Personen	11–15
2. Änderung und Aufhebung einer Zweigniederlassung	16–18
a) Änderungen bei einer Zweigniederlassung	16/17
b) Aufhebung einer Zweigniederlassung	18
III. Zweigniederlassungen ausländischer Rechtsträger in Deutschland	19–99
1. Allgemeines zu Zweigniederlassungen ausländischer Unternehmen	21–37
a) Prinzip des Gleichlaufs von Heimat- und Zweigniederlassungsregister	21–25
b) Im Eintragungsverfahren anzuwendendes Recht	26–29
c) Errichtung der Zweigniederlassung	30/31
d) Registeranmeldung	32–37
2. Besondere Voraussetzungen der Anmeldung von Zweigniederlassungen ausländischer Kapitalgesellschaften	38–53
a) Rechtsordnung und Empfangsberechtigter	39–41
b) Ständiger Vertreter	42–47
c) Angaben zum Kapital	48
d) Nachweise und sonstige Anlagen zur Anmeldung	49–53
3. Zusätzliche Anmeldepflichten bei Zweigniederlassungen ausländischer Gesellschaften mit beschränkter Haftung	54–66
4. Zusätzliche Anmeldepflichten bei Zweigniederlassungen ausländischer Aktiengesellschaften	67–71
5. Änderung der Zweigniederlassung	72–77
a) Allgemeines zu den Anmeldepflichten	73/74
b) Besonderheiten bei Zweigniederlassungen ausländischer Kapitalgesellschaften	75–77
6. Aufhebung der Zweigniederlassung	78–81
7. Besonderheiten bei Eintritt der Insolvenz des ausländischen Rechtsträgers	82–87
8. Umwandlung einer ausländischen Gesellschaft mit Zweigniederlassung in eine deutsche GmbH	88–99
a) Rechtsformwechsel durch grenzüberschreitende Verschmelzung	91–97
b) UG (haftungsbeschränkt) als Zielrechtsträger	98/99
IV. Firmenrecht der Zweigniederlassung	100–117
1. Grundsätzliche Verwendbarkeit der Firma der Hauptniederlassung	101–105
a) Wiedergabe der Firma oder des Firmenkerns mit Filialzusatz	103/104
b) Verwendung einer anderen Firma mit erweitertem Filialzusatz	105
2. Besonderheiten im Firmenrecht der Zweigniederlassung eines ausländischen Rechtsträgers	106–117
a) Zulässigkeit der ausländischen Firma	107–109
b) Zulässigkeit der Zweigniederlassungsfirma	110–117

Schrifttum: *Gassen/Wegerhoff*, Elektronische Beglaubigung und elektronische Handelsregisteranmeldung in der Praxis, 2. Aufl. 2009; *Gustavus*, Handelsregister-Anmeldungen, 7. Aufl. 2009; *Herchen*, Checkliste zur Eintragung einer Zweigniederlassung einer englischen private company limited by shares im Handelsregister, RIW 2005, 529; *Herrler/Schneider*, Von der Limited zur GmbH, 2010; *Just*, Die englische Limited in der Praxis, 3. Aufl. 2008; *Keidel*, Kommentar zum FamFG, 16. Aufl. 2009; *Kögel*, Firmenbildung von Zweigniederlassungen in- und ausländischer Unternehmen, RPfleger 1993, 8; *Krafka*, Registerrechtliche Neuerungen durch das FamFG, NZG 2009, 650; *K. Schmidt* (Hrsg.), Münchener Kommentar zum Handelsgesetzbuch Band 1, 3. Aufl. 2010; *Klose-Mokroß*, Die Eintragung einer englischen private limited company in das deutsche Handelsregister (Teil II), DStR 2005, 1013; *Lenhard*, Die Pflicht zur Registrierung von Sicherungsrechten nach englischem Gesellschaftsrecht, RIW 2007, 348; *Müller*, Die Limited in Deutschland: Ein Überblick über das anzuwendende englische Gesellschaftsrecht, DB 2006, 824; *Mayer/Weiler*, Aktuelle Änderungen des Umwandlungsrechts aus Sicht der notariellen Praxis, MittBayNot 2007, 368; *Noack*, Das EHUG ist beschlossen – elektronische Handels- und Unternehmensregister ab 2007, NZG 2006, 801; *Ries*, Änderungen in Registerverfahren nach der Reform der freiwilligen Gerichtsbarkeit, RPfleger 2009, 441; *Schmidt-Kessel/Leutner/Müther*,

Handelsregisterrecht, 2010; *Schmidt/Sikora/Tiedtke*, Praxis des Handels- und Kostenrechts, 5. Aufl. 2009; *Schmitz-Vornmoor*, Aufgaben verlagern – Ressourcen schonen, notar 2010, 206; *Seibert*, Die Umsetzung der Zweigniederlassungs-Richtlinie der EG in deutsches Recht, GmbHR 1992, 738; *Süß*, Häufige Probleme mit Zweigniederlassungen englischer Limited Companies, DNotZ 2005, 180; *Süß/Wachter*, Handbuch des internationalen GmbH-Rechts, 2006; *Wachter*, Zweigniederlassungen englischer private limited companies im deutschen Handelsregister, ZNotP 2005, 122; *Wachter*, Auswirkungen des Urteils in Sachen Inspire Art Ltd. auf Beratungspraxis und Gesetzgebung, GmbHR 2004, 88.

I. Allgemeines zur Zweigniederlassung

1 Die Eintragung von Zweigniederlassungen in das Handelsregister ist in den §§ 13 ff. HGB geregelt. Diese Vorschriften **unterscheiden zwischen Zweigniederlassungen inländischer Rechtsträger** (§ 13 HGB) **und** Zweigniederlassungen **ausländischer Unternehmen** (§§ 13 d bis 13 g HGB). Es handelt sich hierbei um zwei in sich abgeschlossene Regelungskomplexe, die sich nicht ergänzen. Aus diesem Grund können die Vorschriften nicht wechselseitig zur Auslegung herangezogen werden.[1]

1. Merkmale einer Zweigniederlassung

2 Die Frage, ob eine Zweigniederlassung überhaupt vorliegt, ist jedoch unabhängig davon zu beantworten, ob die Hauptniederlassung im In- oder Ausland betrieben wird. In beiden Fällen handelt es sich um einen unselbständigen Teil des Gesamtunternehmens ohne eigene Rechtspersönlichkeit.[2] Das Vorliegen einer Zweigniederlassung setzt jedoch voraus, dass bei einer Gesamtbetrachtung eine in personeller und organisatorischer Hinsicht **selbständige Organisationseinheit** vorliegt, die ohne Weiteres nach einer Veräußerung der Hauptniederlassung als eigenständiges Unternehmen fortgeführt werden könnte.[3]

3 Errichtet wird eine Zweigniederlassung durch ihre tatsächliche Einrichtung. Die **Eintragung** in das Handelsregister ist dafür **nicht konstitutiv**, sie ist allein deklaratorischer Natur. Nach erfolgter Anmeldung hat das Gericht nur in sehr beschränktem Umfang zu prüfen, ob die Zweigniederlassung tatsächlich existiert. Gemäß § 13 Abs. 2 HGB darf es die Eintragung nämlich nur ablehnen, wenn für das Gericht offensichtlich ist, dass eine Zweigniederlassung im Sinne des Gesetzes nicht existiert. Ein Gutachten der zuständigen Industrie- und Handelskammer muss das Gericht vor einer solchen Ablehnung nicht einholen.[4]

4 Da es eine Legaldefinition nicht gibt, kann die Frage des Vorliegens einer Zweigniederlassung **in der Praxis aber durchaus streitig** sein. Dies lässt sich, wie bereits gesagt, nur anhand einer Gesamtbetrachtung beantworten. Entscheidende Merkmale sind dabei räumliche und organisatorische Selbständigkeit,[5] die Art der von oder innerhalb der Zweigniederlassung vorgenommenen Geschäfte[6] und das Vorhandensein eines Niederlassungsleiters mit Befugnis zum selbständigen Handeln.[7]

5 Der durch die Zweigniederlassung repräsentierte Unternehmensteil **muss räumlich von der Hauptniederlassung getrennt sein**. Ein Umkehrschluss aus der firmenrechtlichen Bestimmung des § 30 Abs. 3 HGB ergibt jedoch, das sich diese abgetrennten Räumlichkeiten auch in der Stadt bzw. der Gemeinde befinden können, in welcher die Hauptniederlassung ihren Sitz hat.[8]

6 Die Zweigniederlassung muss auch **organisatorisch selbständig** sein. Hierbei sind die äußeren Umstände entscheidend, der internen Zuständigkeitsverteilung oder der Hierarchie im Unternehmen kommt dagegen keine Bedeutung zu.[9] Erforderlich ist u. a. ein eigenes Ge-

[1] Oetker/*Preuß* § 13 Rdnr. 1.
[2] *Krafka/Willer/Kühn* Rdnr. 289.
[3] BayObLGZ 1979, 159 = MittbayNot 1979, 122; Oetker/*Preuß* § 13 Rdnr. 9.
[4] *Krafka/Willer/Kühn* Rdnr. 290.
[5] Oetker/*Preuß* § 13 Rdnr. 38, 40.
[6] *Krafka/Willer/Kühn* Rdnr. 292.
[7] Oetker/*Preuß* § 13 Rdnr. 43.
[8] *Krafka/Willer/Kühn* Rdnr. 291.
[9] Oetker/*Preuß* § 13 Rdnr. 40.

schäftslokal und das die Niederlassung tatsächlich über Betriebsmittel verfügt, die ihr ein nach außen angelegtes, selbständiges Auftreten im Rechtsverkehr ermöglichen.[10] Aufgrund der zunehmenden unternehmensinternen Zentralisierung und des Fortschritts der Computertechnik wird man eine gesonderte Buchführung nicht mehr verlangen können.[11] Es muss vielmehr bei einer computergestützten Buchführung grundsätzlich genügen, wenn in der Hauptniederlassung ein gesonderter Datenspeicher für die Zweigniederlassung angelegt wurde.[12] Die erforderliche organisatorische Selbstständigkeit setzt jedoch typischerweise voraus, dass die den Unternehmensteil betreffenden Zahlungsein- und -ausgänge feststellbar, also die Geschäfte der Zweigniederlassung gesondert ausweisbar sind.[13]

Es ist keineswegs erforderlich, dass alle Geschäftsarten der Hauptniederlassung in der 7 Zweigniederlassung ausgeübt werden, auch muss sie nicht selbst nach Art- und Umfang ein Handelsgewerbe betreiben. Es müssen jedoch **Geschäfte** erledigt werden, die zumindest einen **Ausschnitt aus dem Unternehmensgegenstand der Hauptniederlassung** darstellen, wobei es sich nicht um bloße Hilfs- oder Ausführungsgeschäfte ohne eigenständige Bedeutung handeln darf.[14] **Reine Warenlager, Vermittlungs- und Verkaufsstellen sind daher keine Zweigniederlassungen.**[15]

Ein wichtiges Kriterium für das Vorliegen einer Zweigniederlassung ist schließlich, dass ein **intern weisungsgebundener Leiter** nach außen selbstständig für die Niederlassung auftritt.[16] Deshalb ermöglicht § 13e Abs. 2 Nr. 5 HGB auch die Eintragung eines ständigen Vertreters in das Handelsregister. Typischerweise ist dem Leiter der Zweigniederlassung Handlungsvollmacht im Sinne des § 54 HGB oder Prokura erteilt.[17]

Praxistipp:

Möglich ist die Erteilung einer Prokura, die gemäß § 50 Abs. 3 HGB auch im Außenverhältnis wirksam auf den Betrieb einer oder mehrerer Zweigniederlassungen beschränkt ist (sog. Niederlassungs- oder Filialprokura). Dritten gegenüber wirkt die Beschränkung des Vollmachtsumfangs aber nur, wenn die Haupt- und die Zweigniederlassung bzw. die Zweigniederlassungen unter verschiedenen Firmen betrieben werden und die Beschränkung zum Handelsregister angemeldet und dort eingetragen wurde.

2. Registerverfahren

Die §§ 13ff. HGB unterwerfen Zweigniederlassungen besondere Offenlegungspflichten. 8 Dies ist erforderlich, da eine Zweigniederlassung als solche keinen handels- oder gesellschaftsrechtlichen Rechtsträger darstellt und daher nach den allgemeinen Bestimmungen nicht registerpflichtig wäre.[18] Die besonderen Offenlegungspflichten stellen sicher, dass Dritte den abgezweigten Unternehmensteil einem bestimmten Rechtsträger zuordnen können. Interessierte Kreise sollen zudem alle relevanten Basisinformationen über den Unternehmensträger erhalten. Schließlich bereiten die §§ 13ff. HGB die **Grundlage für die materielle Publizitätswirkung** der Eintragung einer Zweigniederlassung gemäß § 15 Abs. 4 HGB.[19] Aus diesem Grunde kann die Anmeldung auch durch das Registergericht der Hauptniederlassung gemäß § 14 HGB mittels Festsetzung von Zwangsgeld durchgesetzt werden.[20]

[10] Oetker/*Preuß* § 13 Rdnr. 41.
[11] Baumbach/*Hopt* § 13 Rdnr. 3.
[12] Staub/*Koch* § 13 Rdnr. 29.
[13] *Krafka*/*Willer*/*Kühn* Rdnr. 293.
[14] *Krafka*/*Willer*/*Kühn* Rdnr. 292.
[15] MünchKommHGB/*Krafka* § 13 Rdnr. 14.
[16] Staub/*Koch* § 13 Rdnr. 26.
[17] Oetker/*Preuß* § 13 Rdnr. 44.
[18] Oetker/*Preuß* § 13 Rdnr. 3.
[19] Oetker/*Preuß* § 13 Rdnr. 3.
[20] *Krafka*/*Willer*/*Kühn* Rdnr. 295; Keidel/*Heinemann* FamFG § 388 Rdnr. 24.

9 Durch das EHUG ist zum 1. 1. 2007 das Registerverfahren zur Eintragung einer Zweigniederlassung deutlich vereinfacht worden. Die zuvor bestehende Arbeitsteilung zwischen dem Gericht der Hauptniederlassung und dem Gericht der Zweigniederlassung wurde aufgehoben.[21] Das EHUG hat das **Registerverfahren** stattdessen **vollständig dem Gericht der Hauptniederlassung übertragen**. Die am 1. 1. 2007 vorhandenen Registerblätter bei den Gerichten der Zweigniederlassungen wurden, soweit es sich um die Zweigniederlassungen inländischer Rechtsträger handelte, geschlossen und mit dem Vermerk versehen, dass die Zweigniederlassungen nunmehr im Register der Hauptniederlassung geführt werden.

10 Zuletzt wurden die §§ 13ff. HGB zum 1. 11. 2008 durch das **MoMiG** geändert. Die meisten Rechtsträger müssen nun eine inländische Geschäftsanschrift im Handelsregister angeben. Das MoMiG erstreckte diese Pflicht auch auf die Zweigniederlassungen in- und ausländischer Unternehmensträger. Weitere Änderungen erfolgten im Recht der Zweigniederlassungen ausländischer Rechtsträger, d. h. den §§ 13e, 13f HGB.

II. Zweigniederlassungen inländischer Rechtsträger

1. Inhalt der Anmeldung und anmeldepflichtige Personen

11 Gemäß § 13 Abs. 1 HGB ist das Bestehen einer Zweigniederlassung eines Unternehmens unter Angabe ihres Ortes und ihrer inländischen Geschäftsanschrift zum Handelsregister anzumelden. Wie bereits dargestellt, hat die Anmeldung nach der Reform des Rechts der Zweigniederlassung beim Gericht der Hauptniederlassung zu erfolgen. Die durch das MoMiG eingeführte **Pflicht zur Anmeldung einer inländischen Geschäftsanschrift** schafft die Möglichkeit, auch der Zweigniederlassung Dokumente zuzustellen. Unter Berücksichtigung dieses Gesetzeszweckes scheint es gerechtfertigt, eine Abweichung zwischen der Geschäftsanschrift und der tatsächlichen Lage der Geschäftsräume nur bei Zweigniederlassungen juristischer Personen zuzulassen, da eine öffentliche Zustellung aufgrund der engen Fassung der §§ 15a HGB, 185 Nr. 2 ZPO bei allen anderen Rechtsträgern ausscheidet.[22] Entsprechend § 24 Abs. 2 HRV muss **im Falle des Auseinanderfallens von Anschrift und Geschäftsräumen** deren Lage jedoch gesondert in der Anmeldung angegeben werden.

12 **Anmeldepflichtig sind** die vertretungsberechtigen Personen des betroffenen Rechtsträgers. Bei den Personengesellschaften erfolgt die Anmeldung daher durch die persönlich haftenden Gesellschafter in vertretungsberechtigter Zahl, bei den Kapitalgesellschaften durch den Vorstand oder die Geschäftsführer ebenfalls in vertretungsberechtigter Zahl.

13 **Prokuristen** sind zur Anmeldung einer Zweigniederlassung nur gemeinsam mit einem persönlich haftenden Gesellschafter oder einem Vertretungsorgan befugt, d. h. es muss Gesamtvertretung vorliegen. Unabhängig davon, ob man die Errichtung einer Zweigniederlassung als Grundlagengeschäft einstuft oder nicht, ist eine Anmeldung durch Prokuristen allein aufgrund ihrer Prokura ausgeschlossen. Einen Ausweg bietet hier nur die Möglichkeit der Anmeldung aufgrund allgemeiner oder spezieller Handelsregistervollmacht. Diese muss aber wiederum von den Gesellschaftern einer Personengesellschaft oder Vertretungsorganen in vertretungsberechtigter Zahl oder durch eine dieser Personen in Gesamtvertretung mit einem Prokuristen ausgestellt worden sein.[23]

14 Für die Anmeldung einer Zweigniederlassung einer Personenhandelsgesellschaft kann folgendes Muster verwendet werden:

Formulierungsvorschlag:

Die ...... OHG/KG hat in ...... eine Zweigniederlassung errichtet.

Die Geschäftsräume der Zweigniederlassung befinden sich in ......; dies ist auch die inländische Geschäftsanschrift im Sinne des § 13 HGB.

---

[21] Näher dazu *Noack*, NZG 2006, 801, 804 ff. und Oetker/*Preuß* § 13 Rn 6.

[22] *Krafka/Willer/Kühn* Rdnr. 295.

[23] *Krafka/Willer/Kühn* Rdnr. 296.

Die Zweigniederlassung führt die Firma ......

Der Unternehmensgegenstand der Zweigniederlassung ist ......

Ggf:

Herrn ......, geb. ......, wohnhaft in ......, wurde Einzelprokura erteilt mit der Beschränkung, dass diese nur zur Vertretung der Zweigniederlassung in ...... befugt.

Folgendes Muster kann für die Anmeldung einer Zweigniederlassung einer Kapitalgesellschaft verwendet werden: 15

Formulierungsvorschlag:

In ...... wurde unter der Firma ...... eine Zweigniederlassung errichtet. Die inländische Geschäftsanschrift der Zweigniederlassung lautet: ...... Die Geschäftsräume der Zweigniederlassung befinden sich in: ......

Ggf:

Herrn ......, geb. ......, wohnhaft in ......, wurde Einzelprokura erteilt mit der Beschränkung, dass diese nur zur Vertretung der Zweigniederlassung in ...... befugt.

2. Änderung und Aufhebung einer Zweigniederlassung

a) **Änderungen bei einer Zweigniederlassung.** Verändern sich die **Verhältnisse** einer bereits eingetragenen Zweigniederlassung, so ist auch dies anmeldepflichtig. Darunter fällt z. B. eine Änderung der inländischen Geschäftsanschrift, der Firma der Zweigniederlassung oder eine Änderung in der Person eines Prokuristen.[24] **Anmeldepflichtig** und -berechtigt ist für solche Veränderungen derselbe Personenkreis, dem bereits die erstmalige Anmeldung oblag.[25] Anzumelden ist auch hier zum Gericht der Hauptniederlassung, da nur dort die Eintragung erfolgen kann. Ein **Sonderfall** liegt vor, wenn sich die **Lage der Geschäftsräume einer Zweigniederlassung einer Kapitalgesellschaft ändert.** In diesem Fall bedarf es keiner förmlichen Anmeldung im Sinne des § 12 HGB, vielmehr genügt eine formlose Mitteilung der neuen Adresse an das Registergericht.[26] Für die Anmeldung einer der vorgenannten Änderungen kann folgendes Muster verwendet werden: 16

Formulierungsvorschlag:

Die Firma der Zweigniederlassung wurde geändert in: ......

Die inländische Geschäftsanschrift der Zweigniederlassung lautet nun: ......

Einen Sonderfall der Veränderung stellt auch die **Verlegung des Orts** einer Zweigniederlassung dar. Das dies möglich ist, ergibt sich aus § 20 HRV. Voraussetzung ist jedoch, dass die Identität der Zweigniederlassung durch die örtliche Veränderung nicht berührt wird, insbesondere Arbeitsbereich und Kundenkreis unverändert bleiben. Eine Aufhebung der Niederlassung am bisherigen Ort und eine erneute Errichtung am neuen Ort ist dann nicht erforderlich.[27] Für eine derartige Anmeldung kann folgendes Muster verwendet werden: 17

[24] *Krafka/Willer/Kühn* Rdnr. 307.

[25] Siehe Rdnr. 12.

[26] *Krafka/Willer/Kühn* Rdnr. 307.

[27] OLG Stuttgart BB 1963, 1152. *Krafka* sieht nach der Reform des Rechts der Zweigniederlassung dagegen kein Bedürfnis mehr für eine Verlegung, MünchKommHGB/*Krafka* § 13 h Rdnr. 11.

Formulierungsvorschlag:

Die Zweigniederlassung wurde von ...... nach ...... verlegt.

Die Geschäftsräume befinden sich nunmehr in ......; dies ist auch die inländische Geschäftsanschrift der Zweigniederlassung.

Ggf:

Die bisher erteilten Prokuren bleiben für die Zweigniederlassung weiterhin bestehen.

18 b) **Aufhebung einer Zweigniederlassung.** Ist eine Zweigniederlassung aufgelöst worden, so ist auch dies zum Handelsregister anzumelden. Dafür gelten gemäß § 13 Abs. 3 HGB dieselben Vorschriften wie für die Anmeldung der Errichtung. Zu beachten ist auch hier, dass es sich bei der Aufhebung einer Zweigniederlassung **um einen tatsächlichen Akt handelt** und der **Registereintragung deshalb nur deklaratorische Wirkung** zukommt. Wurden auf die Zweigniederlassung beschränkte Prokuren erteilt, ist auch deren Erlöschen anzumelden. Folgendes Muster kann für die Anmeldung der Aufhebung einer Zweigniederlassung verwendet werden:

Formulierungsvorschlag:

Die Zweigniederlassung mit der Firma ...... wurde aufgehoben.

Ggf:

Die auf den Betrieb der Zweigniederlassung beschränkte Prokura von ...... ist erloschen.

III. Zweigniederlassungen ausländischer Rechtsträger in Deutschland

19 Weitaus **höhere Bedeutung** als den Regelungen zur Behandlung von Zweigniederlassungen inländischer Rechtsträger kommt **in der Praxis** dem in den §§ 13d–13h HGB niedergelegten Recht der Zweigniederlassungen ausländischer Unternehmen zu. Dies liegt zum einen daran, dass diese Vorschriften zugleich der registerrechtlichen Behandlung inländischer Gesellschaften ausländischen Rechts dienen, d. h. von **Gesellschaften**, die satzungsmäßig im Ausland sitzen und dem ausländischen Personalstatut unterliegen, aber **faktisch ihren Sitz in Deutschland haben.**[28] Zum anderen kam es nach der liberalen Rechtsprechung des EuGH zur Niederlassungsfreiheit[29] seit 2003 zu einer sprunghaften Zunahme der Zahl von Neugründungen inländischer Zweigniederlassungen. Dabei handelt es sich vornehmlich um private limited companies (Ltd.) englischen Rechts, die in ihrem Herkunftsland keine Geschäftstätigkeit entfalten. Es bleibt abzuwarten, ob dieser Trend anhält. Nachdem der deutsche Gesetzgeber mit dem MoMiG die Herausforderung zu einem internationalen Wettbewerb der Gesellschaftsrechtsordnungen erfolgreich angenommen hat, ist in der Praxis bereits ein deutlicher Rückgang der Gründungszahlen festzustellen. Insbesondere bietet nun die **Unternehmergesellschaft (haftungsbeschränkt)** die Möglichkeit, mit einem Stammkapital von unter € 500,– zu starten, wobei theoretisch sogar ein einziger Euro genügt, um eine solche Gesellschaft zu gründen. Hinzu kommt, dass die **Ausweitung der Inhabilitätsvorschriften** auf die Geschäftsführer der Auslandsgesellschaften Wirkung zeigt. Die Gründung der Zweigniederlassung einer englischen Ltd. eignet sich damit zunehmend weniger als Vehikel zur Umgehung des deutschen GmbH-Rechts. Die nachfolgende Darstellung will einen Überblick über das Recht der Zweigniederlassungen ausländischer Unternehmen und deren Handhabung in der Praxis verschaffen.[30]

[28] *Schmidt-Kessel*/Leutner/Müther § 13 d Rdnr. 2.

[29] EUGH NJW 2003, 3331 – Inspire Art.

[30] Hinsichtlich der weiteren Detailprobleme des internationalen Gesellschaftsrechts muss auf die diesbezüglich erschienene Spezialliteratur verwiesen werden, z. B. *Süß/Wachter* Handbuch des internationalen GmbH-Rechts, 2006.

Die §§ 13 d–13 h HGB dienen der registerrechtlichen **Umsetzung der europäischen Zweigniederlassungsrichtlinie.**[31] Bei der Auslegung der Vorschriften sind daher die gemeinschaftsrechtlichen Vorgaben dieser Richtlinie soweit wie möglich zur Geltung zu bringen. Zu beachten ist dabei, dass deren Regelungen insoweit abschließend sind, als der europäische Gesetzgeber für Gesellschaften aus EU-Mitgliedstaaten und Vertragstaaten des EWR eine Vollharmonisierung bezweckte. Für Gesellschaften aus Drittstaaten enthält die Richtlinie dagegen nur Mindeststandards.[32] 20

1. Allgemeines zu Zweigniederlassungen ausländischer Unternehmen

a) **Prinzip des Gleichlaufs von Heimat- und Zweigniederlassungsregister.** Um die praktische Handhabung des die Zweigniederlassung ausländischer Unternehmen betreffenden Registerrechts zu verstehen, muss man sich zunächst die frühere Handhabung von Zweigniederlassungen inländischer Unternehmen in Erinnerung rufen. Bis zum Inkrafttreten des EHUG im Jahre 2007 war die Zweigniederlassung auf einem gesonderten Registerblatt einzutragen. Dabei galt der **Grundsatz,** dass die Eintragung beim **Zweigniederlassungsregister ein Spiegelbild der Eintragung beim Hauptregister** sein musste. Der eine Zweigniederlassung betreffende Registerinhalt wurde mithin ganz maßgeblich vom Register der Hauptniederlassung bestimmt.[33] 21

Mag dieser **Grundsatz** mit der Abschaffung des Parallellaufs von Haupt- und Zweigniederlassungsregister für das Inland keine Bedeutung mehr haben, für die Eintragung der Zweigniederlassung eines ausländischen Unternehmens **gilt** er **ungeschrieben,** allerdings bezogen auf die Angaben im Heimatregister des Rechtsträgers, **fort.** Hierbei ist jedoch zu beachten, dass der Blick in und die Verweisung auf das Hauptniederlassungsregister nicht ohne weiteres geeignet sind, um die Zweigniederlassungseintragung korrekt zu bewirken. Zwar sind inzwischen die Registerinhalte der meisten europäischen Jurisdiktionen zentral über das European Business Register (EBR) einsehbar.[34] Dies darf jedoch nicht darüber hinwegtäuschen, dass die dortige Registerführung, was Prüfungsprogramm, Inhalt und Publizitätswirkung betrifft, mit dem deutschen Standard in der Regel nicht vergleichbar ist. Hinzu kommt in den meisten Fällen eine Sprachbarriere.[35] 22

Die **Eintragungen im Heimatregister sind** nach der gesetzgeberischen Konzeption nichtsdestotrotz **für die Eintragungen im deutschen Handelsregister bestimmend.** Etwas anderes gilt nur, wenn das materielle Heimatrecht des Rechtsträgers eine einzutragende Rechtstatsache nicht kennt und hinsichtlich solcher **Tatsachen, die ausschließlich die Zweigniederlassung betreffen,** wie z. B. deren Firma sowie die Personendaten und die Vertretungsbefugnis eines ständigen Vertreters.[36] 23

Das Prinzip des Gleichlaufs von Heimat- und Zweigniederlassungsregister ist der Grund, aus welchem das **deutschen Registergericht eine Eintragung** grundsätzlich **nur dann vornimmt,** wenn ihm zuvor durch einen beglaubigten Registerauszug oder durch Vorlage eines anderen amtlichen Dokuments **nachgewiesen wurde, dass die neu angemeldete Tatsache bereits Inhalt des Heimatregisters ist.**[37] Ein entsprechender Nachweis ist nicht nur für Rechtsvorgänge erforderlich, bei denen die Eintragung nach deutschem Recht konstitutiv ist, wie z. B. einer Kapitalerhöhung oder Satzungsänderung, sondern auch in den Fällen, in denen die Registrierung nach unserem Recht rein deklaratorisch ist, wie z. B. der Bestellung eines Vorstandes einer Aktiengesellschaft. Der Hauptgrund dafür ist, dass die Registergerichte in aller Regel nicht beurteilen können, ob eine nach deutschem Recht deklaratorische Eintragung nach dem materiell entscheidenden Heimatrecht des Unternehmens ebenfalls deklaratorischer oder aber konstitutiver Natur ist.[38] 24

---

[31] RL 89/666/EWG, ABl. L 395, S. 36.
[32] *Schmidt-Kessel*/Leutner/Müther § 13 d Rdnr. 4.
[33] *Krafka/Willer/Kühn* Rdnr. 311 a.
[34] www.ebr.org; näher dazu bereits in § 7 Rdnr. 140 ff.
[35] *Krafka/Willer/Kühn* Rdnr. 311 a.
[36] *Krafka/Willer/Kühn* Rdnr. 311 b.
[37] *Krafka/Willer/Kühn* Rdnr. 311 c.
[38] *Krafka/Willer/Kühn* Rdnr. 311 b.

25 Das Registergericht verlangt den Nachweis der Eintragung bzw. Aufnahme in das Heimatregister unabhängig davon, ob es sich um die Ersteintragung der Zweigniederlassung oder ob es sich um eine spätere Änderung handelt. Es spielt auch keine Rolle, ob der Anwendungsbereich der europäischen Zweigniederlassungsrichtlinie eröffnet ist. Die vorstehenden Grundsätze gelten vielmehr auch dann, wenn die **Hauptniederlassung ihren Sitz außerhalb der Europäischen Union oder eines Mitgliedsstaates des EWR** hat, denn die Vorschriften der §§ 13d–13g HGB differenzieren nicht nach der Herkunft des jeweiligen Rechtsträgers der Hauptniederlassung.[39]

26 **b) Im Eintragungsverfahren anzuwendendes Recht.** Für das Eintragungsverfahren gilt deutsches Registerrecht als lex fori.[40] Alle Anmeldungen haben deshalb **in deutscher Sprache** (§ 184 GVG) in der Form des § 12 HGB bei dem Gericht zu erfolgen, in dessen Bezirk die Zweigniederlassung liegt. Die für die Eintragung erforderlichen Dokumente sind gemäß § 13f Abs. 2 S. 1, 13g Abs. 2 S. 1 HGB in beglaubigter Übersetzung einzureichen. Der Dolmetscher muss zumindest in einem deutschen Bundesland gerichtlich bestellt sein.[41]

27 Die inländische Zweigniederlassung ist gemäß § 13d Abs. 3 HGB **so zu behandeln, als ob** sie die **Hauptniederlassung** oder eine Niederlassung am Sitz des Rechtsträgers **wäre**. Da das ausländische Unternehmen in keinem inländischen Register eingetragen ist, bedeutet dies, dass die Erstanmeldung der Zweigniederlassung grundsätzlich wie die desjenigen deutschen Rechtsträgers vorzunehmen und gerichtlich zu prüfen ist, der dem ausländischen Rechtsträger von seiner Struktur her am nächsten kommt.[42] Eine Einschränkung dieses Grundsatzes enthält § 13d Abs. 3 HGB insoweit, als das ausländische Recht Abweichungen notwendig macht.

Die **materiell-rechtlichen Verhältnisse** der Zweigniederlassung richten sich dagegen nach dem ausländischen Recht ihres Rechtsträgers. Grund dafür ist, dass ihr als abhängigem Unternehmensteil keine eigene Rechtspersönlichkeit zukommt.[43] Für die Zweigniederlassungen von Gesellschaften gilt daher das ausländische Gesellschaftsstatut, wird die Hauptniederlassung von einem Einzelkaufmann betrieben, so gilt dessen Personalstatut.

28 Solange das deutsche internationale Gesellschaftsrecht nicht kodifiziert ist,[44] gilt für Gesellschaften aus Mitgliedstaaten der EU und des EWR die **Gründungstheorie**, d. h. ihr „Entstehen, Leben und Vergehen" beurteilt sich nach ihrem jeweiligen Gründungsrecht.[45] Wurde die Hauptniederlassungsgesellschaft in einem Nicht-EU/EWR-Staat gegründet, ist für das Gesellschaftsstatut auf den Ort des effektiven Verwaltungssitzes der Gesellschaft abzustellen (**Sitztheorie**), weshalb ihr unter Umständen in Deutschland die Rechtsfähigkeit zu versagen ist.[46] Eine Ausnahme gilt insoweit aufgrund einer speziellen völkerrechtlichen Vereinbarung für Gesellschaften mit Satzungssitz in den USA.[47] Jedenfalls dann, wenn eine solche Gesellschaft zumindest auch geschäftliche Aktivitäten in den Vereinigten Staaten entfaltet, wird auch ihre Rechts- und Parteifähigkeit unabhängig von ihrem tatsächlichen Verwaltungssitz nach ihrem Gründungsrecht beurteilt.[48]

29 Das **Registergericht muss sich über** das nach vorstehenden Grundsätzen zu ermittelnde **ausländische Recht Kenntnis verschaffen und sonach** anhand der nach diesem Recht zu beurteilenden Eintragungsvoraussetzungen die **wirksame Gründung der Gesellschaft feststellen**, die eine Zweigniederlassung errichten will. Dabei sind die Eintragungen und Entscheidungen des ausländischen Staates zu respektieren, insbesondere darf das

[39] *Krafka/Willer/Kühn* Rdnr. 311 c.
[40] MünchKommHGB/*Krafka* § 13 d Rdnr. 24.
[41] OLG Hamm DNotZ 2008, 630.
[42] MünchKommHGB/*Krafka* § 13 d Rdnr. 24.
[43] MünchKommHGB/*Krafka* § 13 d Rdnr. 13.
[44] Bisher gibt es nur einen Referentenentwurf eines Gesetzes zum Internationalen Privatrecht der Gesellschaften, Vereine und juristischen Personen vom 7. 1. 2008, abrufbar unter www.bmj.bund.de.
[45] Oetker/*Preuß* § 13 d Rdnr. 16.
[46] BGHZ 178, 182 für eine Gesellschaft aus der Schweiz.
[47] Freundschafts-, Schiffahrts- und Handelsvertrag vom 29. 10. 1954, BGBl. 1956 II S. 487.
[48] Oetker/*Preuß* § 13 d Rdnr. 23, 24.

Registergericht nicht in die durch das maßgebliche Recht festgelegten Verhältnisse der Gesellschaft eingreifen oder deren Entstehungsvoraussetzungen oder Struktur beeinflussen.[49]

30 c) **Errichtung der Zweigniederlassung.** Das Registergericht hat stets zu prüfen, ob die Zweigniederlassung tatsächlich errichtet wurde, was sich grundsätzlich nach deutschem Recht beurteilt. Deshalb kann hinsichtlich der entsprechenden Voraussetzungen auf die Ausführungen in Rdnr. 2 ff. verwiesen werden. **Sofern hinsichtlich** der tatsächlichen **Errichtung Zweifel bestehen**, kann das Gericht gemäß § 380 Abs. 2 FamFG ein Gutachten der zuständigen Industrie- und Handelskammer einholen.[50]

Praxistipp:

Bedenken des Gerichts lassen sich oft im Vorfeld auch bereits dadurch beseitigen, dass der Anmeldung die Gewerbeanmeldung der Zweigniederlassung beigefügt wird.[51] Zudem sollte der Geschäftsführer an die Anbringung eines deutlich sichtbaren Briefkastenschildes erinnert werden, da die Registergerichte häufig durch Zusendung einer Kostenvorschussanforderung prüfen, ob die Zweigniederlassung über die angegebene Adresse erreichbar ist.

31 Besonderheiten für **Gesellschaften mit Sitz in einem EU-Mitgliedstaat** ergeben sich hinsichtlich der Errichtung jedoch aus Art. 49, 54 AEUV. Die darin gewährleistete **Niederlassungsfreiheit** gebietet es, die Errichtung einer Zweigniederlassung auch dann anzuerkennen, wenn deren Rechtsträger seine Unternehmenstätigkeit ausschließlich oder hauptsächlich in Deutschland, dagegen aber keinerlei Unternehmenstätigkeit im Ausland entfaltet. Aus diesem Grund können auch sog. **Scheinauslandsgesellschaften**, die dort nur ihren Satzungssitz haben, deren **tatsächlicher Verwaltungssitz** aber **in Deutschland** liegt, hier Zweigniederlassungen gründen und registrieren lassen.[52]

Praxistipp:

In der Praxis stellte sich in der Vergangenheit gelegentlich auch die gegenteilige Frage, d. h. ob eine Anmeldepflicht hinsichtlich der Zweigniederlassung besteht, vor allem im Zusammenhang mit der Rechtsform der Limited & Co. KG. Diesbezüglich hat das OLG Frankfurt/Main entschieden, dass allein die Übernahme einer Komplementärstellung in einer deutschen Kommanditgesellschaft grundsätzlich nicht die anmeldepflichtige Errichtung einer Zweigniederlassung der ausländischen Gesellschaft in Deutschland zur Folge hat.[53] Zwar hat diese Problematik inzwischen mit der Einführung der Unternehmergesellschaft (haftungsbeschränkt) durch das MoMiG an Bedeutung verloren, da die h. M. davon ausgeht, dass diese Gesellschaftsform als Komplementärin fungieren kann.[54] Bis diese Frage höchstrichterlich geklärt ist, wird die Gründung einer Limited & Co. KG aber bisweilen noch nachgefragt werden. In einem solchen Fall kann die KG-Anmeldung nach der Entscheidung des OLG Frankfurt/Main grundsätzlich auch vor bzw. ohne Anmeldung und Eintragung einer Zweigniederlassung der Auslandsgesellschaft vorgenommen werden.

32 d) **Registeranmeldung.** In der Registeranmeldung der Zweigniederlassung eines ausländischen Rechtsträgers ist zunächst deren **Firma** anzugeben. Diese ist unter Beachtung des deutschen Firmenrechts zu bilden.[55]

---

[49] MünchKommHGB/*Krafka* § 13 d Rdnr. 25.
[50] *Krafka/Willer/Kühn* Rdnr. 326.
[51] Süß/*Wachter* § 2 Rdnr. 45.
[52] KG NZG 2004, 49; OLG Zweibrücken NZG 2003, 537; OLG Celle GmbHR 2003, 552.
[53] OLG Frankfurt, DNotZ 2008, 860.
[54] Siehe dazu § 11 Rdnr. 229.
[55] MünchKommHGB/*Krafka* § 13 d Rdnr. 20. Siehe dazu näher Rdnr. 100 ff.

Praxistipp:

Auch wenn dies nicht zu den Amtspflichten des Notars gehört, empfiehlt es sich unter dem Servicegedanken, im Zusammenhang mit der Registeranmeldung die Organvertreter einer ausländischen Kapitalgesellschaft auch auf die Pflichtangaben in Geschäftsbriefen und E-Mails gemäß §§ 35 a GmbHG, 80 AktG aufmerksam zu machen. In diesem Bereich erfolgte durch das MoMiG eine Harmonisierung mit den für deutsche Gesellschaften geltenden Vorschriften. Fehlt eine der Pflichtangaben auf einem Geschäftsbrief, droht jetzt auch der ausländischen Gesellschaft die Abmahnung, §§ 35 a Abs. 4 GmbHG, 80 Abs. 4 AktG.

33 In der Anmeldeurkunde muss weiter der **Unternehmensgegenstand der Zweigniederlassung** angegeben sein. Zu einer Prüfung, ob dieser auch von dem der ausländischen Gesellschaft gedeckt ist, ist das Registergericht nicht befugt.[56] Der die Registeranmeldung entwerfende Notar braucht die ausländische Satzung daher nicht auf diese Frage hin zu überprüfen.

Praxistipp:

Auch wenn der Unternehmensgegenstand der Hauptniederlassung – wie im Regelfall – weiter gefasst ist, braucht er nicht zum Handelsregister angemeldet werden, denn eingetragen und bekannt gemacht wird allein der Gegenstand der Zweigniederlassung.[57] An dieser Stelle weicht das Registerrecht vom Grundsatz des Gleichlaufs von Heimat- und Zweigniederlassungsregister ab.[58] Deshalb erübrigt sich auch eine Prüfung, ob die Formulierung des Unternehmensgegenstandes in der ausländischen Satzung den deutschen Bestimmtheitserfordernissen genügt.[59] Bei der Formulierung der Registeranmeldung ist jedoch zu beachten, dass der Gegenstand *der Zweigniederlassung* aussagekräftig und nicht zu allgemein gefasst ist.[60]

34 Schließlich muss die Registeranmeldung stets auch den **Ort der Zweigniederlassung** und deren **inländische Geschäftsanschrift** angeben. Letzteres macht die sichere Zustellung von Schriftstücken möglich. Diese Anforderung geht nicht über die Publizierungspflichten aus der Zweigniederlassungsrichtlinie hinaus und ist deshalb gemeinschaftsrechtskonform.[61]

Praxistipp:

In den meisten Fällen macht das Gericht die Eintragung der Zweigniederlassung von der Vorwegleistung der Eintragungsgebühren (Höhe: € 101) abhängig. Insbesondere dann, wenn die Eintragung eilt, kann der Notar dem durch Abgabe einer sog. Kostenstarksagungserklärung gemäß § 8 Abs. 2 Nr. 3 KostO zuvorkommen. Das für die Erzeugung der elektronischen Handelsregisteranmeldung zumeist verwendete Programm X-Notar sieht auf Wunsch sogar die automatische Erzeugung einer solchen Starksagungserklärung vor, so dass das Einscannen eines zusätzlichen Papierdokuments nicht notwendig ist.

35 **Anmeldepflichtig** und -berechtigt sind bei einer juristischen Person die Mitglieder des Vertretungsorgans und bei einer Personengesellschaft die Gesellschafter in vertretungsberechtigter Zahl.[62] Von der ordnungsgemäßen Anmeldeerklärung müssen die mit dem MoMiG ein-

[56] *Krafka/Willer/Kühn* Rdnr. 327.
[57] OLG Frankfurt, RPfleger 2006, 265; *Krafka/Willer/Kühn* Rdnr. 327.
[58] Siehe dazu Rdnr. 21 ff.
[59] OLG Jena DNotZ 2006, 153; OLG Hamm FGPrax 2006, 32.
[60] OLG Schleswig FGPrax 2008, 217; *Krafka/Willer/Kühn* Rdnr. 314.
[61] Oetker/*Preuß* § 13 d Rdnr. 52.
[62] KG NZG 2004, 49, 50; MünchKommHGB/*Krafka* § 13 e Rdnr. 13; Baumbach/Hopt § 13 e Rdnr. 2; Oetker/*Preuß* § 13 e Rdnr. 17.

geführten obligatorischen Versicherungen sämtlicher Organmitglieder hinsichtlich des Nichtbestehens von Bestellungshindernissen unterschieden werden. Denn aus diesem neuen Erfordernis ergibt sich nicht zwangsläufig, dass sämtliche Organmitglieder auch die Anmeldeerklärung als solche abgeben müssten.[63]

Praxistipp:

Anders als das deutsche Gesellschaftsrecht sehen manche ausländische Rechtsordnungen vor, dass auch juristische Personen zum Vertretungsorgan einer Kapitalgesellschaft bestellt werden können. In einem solchen Fall ist zwar nur diese juristische Person anzumelden und nicht auch deren Vertretungsberechtigte.[64] Trotzdem muss bei der Anmeldung nicht nur ein Nachweis der Existenz der juristischen Person, sondern auch ein Nachweis für die Bestellung und die Vertretungsbefugnis von deren Organmitgliedern, jedenfalls soweit sie die Anmeldeurkunde unterzeichnen, beigebracht werden.[65] Da sich dadurch der Aufwand für die Eintragung deutlich erhöht, sollte diese Besonderheit dem Mandanten möglichst früh mitgeteilt werden.

Nicht anmeldeberechtigt ist ein **ständiger Vertreter** der Zweigniederlassung im Sinne des § 13e Abs. 2 S. 5 Nr. 3 HGB. Es ist jedoch durchaus möglich, dass das Vertretungsorgan der ausländischen Gesellschaft ihrem ständigen Niederlassungsvertreter zu diesem Zweck eine Handelsregistervollmacht in öffentlich beglaubigter Form (ggf. unter Beifügung einer Apostille) erteilt.[66] 36

Wie bereits dargelegt, ist der Anmeldung stets ein **Nachweis über das Bestehen** der ausländischen Gesellschaft beizufügen, zum Beispiel ein beglaubigter Registerauszug. Ist die Beibringung eines solchen Auszugs nicht möglich oder zu zeitaufwendig, muss über andere Nachweisformen nachgedacht werden. Von immer größerer praktischer Bedeutung sind insoweit aufgrund einer eigenen Registereinsicht erteilte **Bescheinigungen durch** den mit dem Entwurf der Anmeldung betrauten **deutschen Notar**. Wenn § 21 BNotO auf dem „Handelsregister" aufbauende Bescheinigungen ermöglicht, meint die Vorschrift aus historischen Gründen damit aber nur das deutsche Handelsregister. Aus diesem Grund wird der Beweiswert einer solchen auf einem ausländischen Register aufbauenden Bescheinigung von manchen Registergerichten angezweifelt. Im Einklang mit der neueren Rechtsprechung[67] werden die Gerichte eine solche Bescheinigung jedoch zumindest hinsichtlich solcher Umstände anerkennen müssen, die dem ausländischen Register unmittelbar zu entnehmen sind, wie z.B. Firma, Sitz, Registernummer, Kapital und Namen der Vertretungsorgane bei einer Eintragung in das britische Companies House.[68] 37

Praxistipp:

Einer Aussage zu Umständen, die sich nicht unmittelbar aus dem Register der ausländischen Gesellschaft ergeben, sollte sich der Notar wegen des hohen Haftungsrisikos grundsätzlich enthalten. Nur wenn er über sichere Kenntnis des ausländischen Rechts verfügt, kann unter Berufung auf dieses Recht zusätzlich zur Bescheinigung gutachterlich zu solchen Umständen Stellung genommen werden.

[63] Siehe dazu näher Rdnr. 57ff.
[64] *Krafka/Willer/Kühn* Rdnr. 329; *Klose-Mokroß* DStR 2005, 1013, 1015; a.A. *Süß* DNotZ 2005, 180, 184.
[65] A.A. *Wachter*/Süß § 2 Rdnr. 50.
[66] *Wachter*/Süß, § 2 Rdnr. 180.
[67] OLG Schleswig DNotZ 2008, 709.
[68] *Krafka/Willer/Kühn* Rdnr. 314.

Formulierungsvorschlag:

Notarbestätigung nach § 24 BNotO

Aufgrund einer am ...... vorgenommenen elektronischen Einsicht in das Handelsregister des Companies House in Cardiff/Wales bestätige ich, der unterzeichnende Notar, dass in dem vorgenannten Register folgende Eintragungen erfolgt sind:

1. Gesellschaft (company name): ...... Ltd.
2. Registernummer (company Number): ......
3. Rechtsform: Private Limited Company
4. Tag der Gründung (date of Incorporation): ......
5. Geschäftsanschrift (registered office): ......
6. Geschäftsführer (director): ......
7. Secretary: ...... *(entfällt ggf.)*

Weitere gutachterliche Hinweise:

Zur Vertretungsbefugnis enthält das britische Register keine Angaben. Gesellschaften der vorgenannten Rechtsform werden grundsätzlich gemeinsam durch die directors (board of directors) vertreten. Der Umfang der Vertretungsmacht ist nach dem auf die Gesellschaft anwendbaren Gesellschaftsrecht grundsätzlich nicht nach außen beschränkbar. Dokumente, die von einem director und dem secretary oder einem weiteren director unterschrieben worden, genießen im Wesentlichen Gutglaubensschutz. Alternativ kann im Wege eines Beschlusses des board of directors einzelnen directors oder Dritten Vollmacht zur Vornahme von Rechtsgeschäften erteilt werden. Eine dem § 181 BGB entsprechende Bestimmung kennt das Heimatrecht der Gesellschaft nicht.

Ort, Datum Unterschrift und Siegel des Notars

2. Besondere Voraussetzungen der Anmeldung von Zweigniederlassungen ausländischer Kapitalgesellschaften

38 Besondere Vorschriften für die Behandlung von Zweigniederlassungen ausländischer Kapitalgesellschaften enthält § 13e HGB. Nachfolgende Checkliste fasst die **zusätzlich** in der Registeranmeldung **anzugebenden Tatsachen** zusammen:

Checkliste
Zusätzlich erforderliche Angaben in der Anmeldung

I. Bezeichnung des Registers der ausländischen Gesellschaft
II. Nummer des Registereintrags
III. Rechtsform der ausländischen Gesellschaft
IV. Gesellschaftsrecht des Staates, dem die Gesellschaft unterliegt
☐ Ausnahme: Gesellschaft aus einem EU-Mitgliedstaat oder EWR-Staat
V. Ggf.: Ständige Vertreter der Zweigniederlassung unter Angabe ihrer Befugnisse
VI. Ggf.: Empfangs- und Zustellungsbevollmächtigter
VII. Ggf.: Beschränkte Dauer der Gesellschaft (häufig bei italienischen und französischen Gesellschaften)[69]

39 a) **Rechtsordnung und Empfangsberechtigter.** Nach § 13e Abs. 2 S. 5 Nr. 4 HGB ist insbesondere anzugeben, **welchem** ausländischen **Recht** die Gesellschaft **unterliegt.** Das Gesetz fordert diese Angabe zwar nur, wenn es sich um eine Gesellschaft aus dem Nicht-EU/EWR-Ausland handelt. Im Schrifttum wird empfohlen, das Gesellschaftsstatut aber auch in allen anderen Fällen anzugeben, da sich die nationalen Rechtsordnungen erheblich voneinander unterscheiden.[70] Lässt sich die Gesellschaftsform nicht eindeutig einem bestimmten Gesellschaftstyp deutschen Rechts zuordnen, ist sie auch in der Sprache des Heimatstaates anzu-

[69] *Krafka/Willer/Kühn* Rdnr. 329.
[70] *Krafka/Willer/Kühn* Rdnr. 315.

geben, z. B. Shoqëri me Përgjegjësi të Kufizuar (Gesellschaft mit beschränkter Haftung nach albanischem Recht).[71] Führt der ausländische Staat **kein Handelsregister**, entfällt die entsprechende Pflichtangabe nach § 13e Abs. 2 S. 5 Nr. 1 HGB. Es ist dann aber in der Anmeldeurkunde klarstellend auf das Fehlen eines Registers hinzuweisen.[72]

§ 13e Abs. 2 S. 4 HGB ermöglicht es, freiwillig bei der Anmeldung der Zweigniederlassung einer Kapitalgesellschaft eine **Person** mit einer Anschrift in Deutschland anzugeben, die für Willenserklärungen und Zustellungen an die Gesellschaft **empfangsberechtigt** ist. Die Eintragung mehrerer solcher Personen in das Handelsregister ist nach dem klaren Wortlaut der Vorschrift nicht möglich.[73] Dritten gegenüber gilt die Empfangsberechtigung der eingetragenen Person so lange als fortbestehend, bis sie im Handelsregister gelöscht und die Löschung bekannt gemacht worden ist, es sei denn, dass die fehlende Empfangsberechtigung dem die Erklärung abgebenden Dritten positiv bekannt war. Da § 15a HGB hier Anwendung findet, empfiehlt sich die Bestellung und Eintragung eines Empfangsberechtigten wegen der damit verbundenen Publizitätswirkung vor allem zur Vermeidung öffentlicher Zustellungen. 40

Eine **Pflicht**, die Bestellung der einzutragenden Person zum Empfangsberechtigten der Gesellschaft **nachzuweisen, sieht das Gesetz nicht vor**, dass Registergericht darf daher keine Vorlage eines Gesellschafterbeschlusses o. ä. verlangen. 41

Praxistipp:

Das Gesetz macht keine Vorgaben hinsichtlich der Person des Empfangsberechtigten. Bestellt werden können beispielsweise Gesellschafter oder Aufsichtsratsmitglieder, aber auch sonstige rechtsgeschäftlich empfangsberechtigte Personen wie Rechtsanwälte und Steuerberater. Möglich ist auch die Benennung eines sonst nur gesamtvertretungsberechtigten Mitglieds des Vertretungsorgans der Gesellschaft[74] oder eine juristische Person, deren Rechtsform und Firma anzugeben wäre.[75] Zivilrechtlich kann schließlich auch ein Notar zum Empfangsbevollmächtigten bestellt werden, ein solches Ansinnen sollte jedoch einer sorgfältigen berufsrechtlichen Prüfung unterzogen werden.

b) Ständiger Vertreter. Eine weitere zusätzliche Angabe bei der Anmeldung einer Zweigniederlassung einer ausländischen Kapitalgesellschaft verlangt § 13e Abs. 2 S. 5 Nr. 3 HGB. Danach sind in der Registeranmeldung auch diejenigen Personen anzuführen, die befugt sind, die Gesellschaft als **ständige Vertreter** im Geschäftsbereich der Zweigniederlassung gerichtlich und außergerichtlich zu vertreten. Für jeden der ständigen Vertreter ist zudem dessen konkrete Vertretungsbefugnis anzugeben und in das Handelsregister einzutragen. 42

Praxistipp:

Die Vorgabe wurde in der Vergangenheit von manchem Registergericht dahingehend ausgelegt, dass für jede Zweigniederlassung einer ausländischen Kapitalgesellschaft mindestens ein ständiger Vertreter anzumelden sei. Dieser Auslegung ist vor kurzem das OLG München in einer sehr überzeugenden Entscheidung entgegengetreten. Danach besteht keine Pflicht zur Bestellung eines ständigen Vertreters. Nur dann, wenn freiwillig tatsächlich ein solcher Vertreter bestellt wurde, ist er auch anzumelden.[76] Anders verhält es sich allerdings, wenn Spezialgesetze die Bestellung eines ständigen Vertreters vorschreiben, wie z. B. im Bankrecht § 53 Abs. 2 Nr. 1 KWG und für die Zweigniederlassung einer ausländischen Versicherungs- oder Rückversicherungsgesellschaft in § 106 Abs. 3 VAG.[77]

---

[71] Ebenroth/Boujong/Joost/Strohn/*Pentz* § 13e Rdnr. 29; *Schmidt-Kessel*/Leutner/Müther § 13e Rdnr. 41.

[72] Ebenroth/Boujong/Joost/Strohn/*Pentz* § 13e Rdnr. 28; *Schmidt-Kessel*/Leutner/Müther § 13e Rdnr. 40.

[73] Ebenso *Krafka/Willer/Kühn* Rdnr. 316.

[74] MünchKommHGB/*Krafka* § 13e Rdnr. 11.

[75] *Krafka/Willer/Kühn* Rdnr. 316.

[76] OLG München NZG 2008, 342.

[77] Entsprechende Regelungen gibt auch für die rechtsberatenden Berufe, z. B. für Zweigniederlassungen von Rechtsanwaltsgesellschaften, § 59i Abs. 2 BRAO, Wirtschaftsprüfungsgesellschaften, § 47 WPO und Steuerberatungsgesellschaften, §§ 34, 72 StBerG.

43 Hinsichtlich der **Person des ständigen Vertreters** macht das Gesetz keine Vorgaben. In der Regel wird es sich um einen Handlungsbevollmächtigten mit ständiger Prozessführungsbefugnis im Sinne des § 54 Abs. 2 HGB oder einen Generalbevollmächtigten der Gesellschaft handeln. In Betracht kommt auch die Bestellung eines Prokuristen zum ständigen Vertreter. Dies macht insbesondere dann Sinn, wenn die Vertretungsbefugnisse in den beiden Funktionen verschieden geregelt sind, z. B. wenn der Gesamtprokurist zum einzelvertretungsberechtigten ständigen Vertreter ernannt wird.

44 Ist der ständige Vertreter von den **Beschränkungen des § 181 BGB** befreit, so ist auch dies anmelde- und eintragungspflichtig. Ob eine solche Befreiung rechtlich zulässig ist, beurteilt sich nicht nach dem Recht der ausländischen Gesellschaft, da für das Vertretungsverhältnis deutsches Recht als Vollmachtsstatut Anwendung findet.[78] Es spielt also keine Rolle, ob das Gesellschaftsstatut eine dem § 181 BGB entsprechende Vorschrift kennt und ob es ggf. eine Befreiung zulässt. Wie bereits dargelegt, stellt sich dies für die Befugnisse der Mitglieder des Vertretungsorgans genau gegenteilig dar, d. h. deren Umfang ergibt sich aus dem Heimatrecht der Gesellschaft. Eine Befreiung der Organmitglieder von den Beschränkungen des § 181 BGB ist deshalb nur dann eintragungsfähig, wenn dem Registergericht in Form einer Legal Opinion eines ausländischen Notars oder Rechtsanwalts oder in Form eines Gutachtens nach § 24 BNotO eine präzise und ausführliche Darstellung der Beschränkungen der Vertretungsmacht, die nach dem Gesellschaftsstatut bestehen, eingereicht wird.[79] Vor diesem Hintergrund ist es sehr attraktiv, ein **Mitglied des Vertretungsorgans** zum ständigen Vertreter der Niederlassung zu bestellen. Zum einen kann diesem Mitglied Einzelvertretungsbefugnis auch dann verliehen werden, wenn nach dem Heimatrecht nur mehrere Vertretungsorgane gemeinsam vertreten können.[80] Zum anderen ist die Befreiung von § 181 BGB dann ohne weitere Recherche- und Nachweiserfordernisse eintragbar.

Praxistipp:

Das ein Organmitglied zugleich ständiger Vertreter der Zweigniederlassung sein kann, ist nicht ganz unumstritten.[81] Es bestehen jedoch gute Chancen, gegen dies verneinende Zwischenverfügungen des Registergerichts vorzugehen, da die besseren Argumente für eine Vereinbarkeit beider Funktionen sprechen. Insoweit lassen sich nämlich weder Art. 2 Abs. 1 lit. e), Art. 8 lit. h) der europäischen Zweigniederlassungsrichtlinie, noch § 13 e Abs. 2 S. 4 Nr. 3 HGB Einschränkungen entnehmen. Zudem liegt die Registerfähigkeit im Interesse des Rechtsverkehrs. Insbesondere für Gesellschaften, die nicht dem Recht eines EWR-Mitgliedstaates unterliegen, kann es für alle Beteiligten von Interesse sein, Mitglieder des Vertretungsorgans auch nach deutschem Vollmachtsstatut zu bevollmächtigen, um so zusätzliche Publizitätswirkungen zu begründen[82] und damit Streit um die Vertretungsbefugnisse nach dem Heimatrecht von vornherein zu vermeiden.

45 Zum Zwecke der Missbrauchsbekämpfung wurde mit dem MoMiG die Eintragung der Zweigniederlassung gemäß § 13 e Abs. 3 S. 2 HGB davon abhängig gemacht, dass sämtliche **Mitglieder des Vertretungsorgans** der ausländischen Gesellschaft eine **Versicherung** zum Handelsregister einreichen, dass sie nach deutschem Kapitalgesellschaftsrecht **nicht an der Ausübung einer vergleichbaren Organfunktion** (Geschäftsführer, Vorstand) **gehindert** wären.[83] Wegen des strukturellen Unterschieds zwischen organschaftlicher und rechtsgeschäftlicher Vertretungsbefugnis findet diese Vorschrift **grundsätzlich keine Anwendung auf den ständigen Vertreter** einer Zweigniederlassung.[84] Im Regelfall kann daher das Registergericht

[78] *Krafka/Willer/Kühn* Rdnr. 318.
[79] *Schmidt-Kessel*/Leutner/Müther § 13 f Rdnr. 34.
[80] *Krafka/Willer/Kühn* Rdnr. 317.
[81] Dafür *Krafka/Willer/Kühn* Rdnr. 317, 318; *Schmidt-Kessel*/Leutner/Müther § 13 e Rdnr. 58; *Schall* NZG 2006, 54, 55; dagegen: *Herchen* RIW 2005, 529, 532; *Wachter* ZNotP 2005, 122, 134; *Seibert* GmbHR 1992, 738, 740.
[82] *Schmidt-Kessel*/Leutner/Müther § 13 e Rdnr. 58.
[83] Näher dazu Rdnr. 57 ff.
[84] MünchKommHGB/*Krafka* § 13 e Rdnr. 9.

die Eintragung der Zweigniederlassung mit ständigem Vertreter nicht davon abhängig machen, dass auch dieser eine Versicherung analog §§ 76 Abs. 3 AktG, 6 Abs. 3 GmbHG abgibt.

Folgt man der vorstehend geäußerten Ansicht, das auch ein Organmitglied zum ständigen Vertreter der Zweigniederlassung bestellt werden kann, stellt sich allerdings die **Frage, ob** die nach dem Wortlaut der Norm nur für die organschaftlichen Vertreter geregelten Folgen der hypothetischen **Inhabilität auch der Eintragung des Organmitglieds als ständiger Vertreter** im Sinne des § 13e Abs. 2 S. 5 Nr. 3 HGB **entgegensteht.** Das gewichtige Wortlautargument muss hier m. E. der systematischen Auslegung weichen.[85] Die Stellung der auf die deutschen Inhabilitätsvorschriften verweisenden Norm direkt nach einer den ständigen Vertreter betreffenden Regelung lässt sich kaum anders erklären, als das der Gesetzgeber ihre Anwendbarkeit auf den Fall der Personenidentität mit einem Organmitglied angewendet sehen wollte.[86] Hinzu kommt die sonst drohende Umgehungsgefahr. Durch das MoMiG sollte zuverlässig verhindert werden, dass Personen, die in Deutschland das Untauglichkeitsurteil erhalten haben, über den Umweg einer Scheinauslandsgesellschaft auf deutschem Hoheitsgebiet unbehelligt weiter unter einem Haftungsprivileg agieren können. Im Hinblick auf den Gläubiger- und Verbraucherschutz wäre es nicht vermittelbar, einer Person die Rückkehr als Vorstand bzw. Geschäftsführer zu versagen, ihr im Rechtsverkehr aber gleichzeitig einen Auftritt als ständiger Vertreter der Zweigniederlassung zu erlauben, zumal das Schädigungspotenzial aufgrund der in beiden Fällen eingreifenden Registerpublizität durchaus vergleichbar ist. Aus diesem Grund kann, wer nach deutschem Kapitalgesellschaftsrecht ungeeignet zur Übernahme einer Organstellung ist, nicht zum ständigen Vertreter eine Zweigniederlassung bestellt werden.[87] 46

Wird ein einmal bestellter ständiger Vertreter wieder abberufen oder ein weiterer ernannt, wird dessen Vertretungsbefugnis geändert oder kommt es zu einer sonstigen **Änderung in seiner Person,** so ist auch diese Tatsache anmeldepflichtig, § 13e Abs. 3 S. 1 HGB. Eine solche Anmeldung kann entweder durch die vertretungsberechtigten Organe des ausländischen Rechtsträgers oder durch den ständigen Vertreter selbst erfolgen. Die Anmeldeberechtigung setzt allerdings das Bestehen der Vertretungsmacht voraus. Bei Bestehen von Gesamtvertretungsberechtigung reicht also die Anmeldung eines ständigen Vertreters allein nicht aus. Auch das eigene Ausscheiden kann nicht mehr angemeldet werden, wenn die Vollmacht bereits entzogen wurde. 47

Praxistipp:

Ähnlich wie bei der Prokura ist gegenüber dem Registergericht weder für die Bestellung, noch für die Abberufung des ständigen Vertreters ein Nachweis zu erbringen, und zwar auch dann nicht, wenn der Vertreter eine ihn selbst betreffende Anmeldung vornimmt.[88] Aus diesem Grunde wird sich eine bereits erloschenen Anmeldebefugnis anders als bei der Abberufung von Vorstandsmitgliedern oder Geschäftsführern in der Praxis kaum je als Problem erweisen. Der Frage, ob die nach deutschem Vollmachtsstatut stets zulässige Befreiung von den Beschränkungen des § 181 BGB[89] nach dem ausländischen Gesellschaftsrecht im Verhältnis zwischen Vertretungsorgan und ständigem Vertreter wirksam erteilt wurde, muss ebenfalls nicht nachgegangen werden.[90]

c) **Angaben zum Kapital.** In der Registeranmeldung anzugeben ist auch das Stamm- oder Grundkapital der ausländischen Gesellschaft. Hierbei ist auf die **Besonderheiten des ausländischen Gesellschaftsrechts** Rücksicht zu nehmen. Wird hier zwischen dem aktuell gezeich- 48

[85] Ebenso *Schmidt-Kessel*/Leutner/Müther § 13e Rdnr. 59 der dies allerdings nur als Hilfsargument verwendet, weil er bei Inhabilität eines Organmitglieds bereits die Fähigkeit der Gesellschaft zur Anmeldung einer inländischen Zweigniederlassung verneint.

[86] MünchKommHGB/*Krafka* § 13e Rdnr. 9 a. E lehnt dies ohne Diskussion der Problematik pauschal ab.

[87] A. A. MünchKommHGB/*Krafka* § 13e Rdnr. 11 a. E.

[88] *Krafka/Willer/Kühn* Rdnr. 318, 319.

[89] Dazu oben Rdnr. 44.

[90] *Krafka/Willer/Kühn* Rdnr. 319.

neten Kapital („issued capital“) und dem Nominalkapital („authorized capital“) unterschieden, so ist nur Letzeres anzumelden und in das Register einzutragen. Das „authorized capital“ entspricht nach deutschen Maßstäben zwar nur einem genehmigten Kapital.[91] Da nach dem ausländischen Gesellschaftsstatut die Satzung aber häufig nur dessen Angabe vorsieht und sich die spätere Kapitalerhöhung oft auch außerhalb des Registers vollzieht und eine Satzungsänderung nicht erfordert, würde die Pflicht, auch das tatsächlich gezeichnete Kapital zur Eintragung zu bringen, den Anmeldenden in den meisten Fällen vor **unüberwindbare Nachweishindernisse** stellen.

49 d) **Nachweise und sonstige Anlagen zur Anmeldung.** Zusammen mit der Registeranmeldung sind eine Reihe von Nachweisen und Dokumenten einzureichen. Welche Anlagen im Einzelfall erforderlich sind, bestimmt sich grundsätzlich nach deutschem Registerrecht. In einigen Fällen sind jedoch Abweichungen geboten, je nachdem, ob der ausländische Staat ein Handelsregister führt und welche Eintragungen in dieses Register erfolgen. In der Praxis kann nachfolgende Checkliste herangezogen werden:

Checkliste
Erforderliche Anlagen zur Anmeldung der Zweigniederlassung

I. Nachweis des Bestehens der Gesellschaft
- ☐ Registerauszug aus dem ausländischen Handelsregister
  oder Certificate of incorporation bzw. Certificate of good standing
  jeweils nach Legalisation bzw. mit Apostille
  oder Bescheinigung eines deutschen Notars nach §§ 21, 24 BNotO
- ☐ beglaubigte Übersetzung aller vorstehenden Dokumente

II. Nachweis der Bestellung der Mitglieder des Vertretungsorgans
- ☐ Grundsatz: Registerauszug und Bestellungsbeschluss
  jeweils nach Legalisation bzw. mit Apostille
- ☐ zusätzlich ggf. Certificate of good standing
  jeweils nach Legalisation bzw. mit Apostille
- ☐ beglaubigte Übersetzung aller vorstehenden Dokumente

III. Nachweis der Vertretungsbefugnis der Mitglieder des Vertretungsorgans
- ☐ Grundsatz: durch Registerauszug erbracht
- ☐ Ausnahme: zusätzlich erforderlich eine Aussage diesbezüglich im Certificate of good standing bzw. eine Bescheinigung der registerführenden Behörde mit Legalisation bzw. mit Apostille, sofern aus Register nicht zu entnehmen
  oder Bescheinigung eines deutschen Notars nach §§ 21, 24 BNotO
- ☐ ggf.: beglaubigte Übersetzung des Certificate of good standing

50 Der Nachweis, dass die ausländische Gesellschaft besteht, muss eine gewisse Aktualität aufweisen. In der Praxis darf der **Nachweis daher nicht älter als vier Wochen** sein.[92] In erster Linie kommt hier die Vorlage eines Auszugs aus dem ausländischen Handelsregister in Betracht. Unter einem „Auszug“ darf man sich aber nicht immer ein einem deutschen Registerauszug entsprechendes Dokument vorstellen. Oftmals handelt es sich vielmehr um eine von der registerführenden Stelle ausgestellte Bescheinigung, z. B. bei der englischen Limited um ein „Certificate of incorporation“ oder das umfangreichere „Certificate of good standing“.[93] Besteht unter dem anwendbaren Gesellschaftsstatut kein Handels- oder Gesellschaftsregister, kann der Nachweis durch Vorlage der Gründungsurkunde samt Satzung ge-

[91] *Krafka/Willer/Kühn* Rdnr. 330.
[92] Süß/*Wachter* § 2 Rdnr. 49 ff.; Krafka/*Willer/Kühn* Rdnr. 320; *Schmidt-Kessel*/Leutner/Müther § 13 e Rdnr. 34: nicht älter als zwei Wochen.
[93] *Schmidt-Kessel*/Leutner/Müther § 13 e Rdnr. 35.

führt werden, wobei die deutschen Registergerichte bei länger als vier Wochen zurückliegender Gründung oftmals zusätzlich ein „Certificate of good standing" verlangen, das durch einen des ausländischen Rechts kundigen Rechtsanwalt oder Notar ausgestellt sein muss.[94]

Gemäß § 13g Abs. 2 S. 2 HGB i.V.m. § 8 Abs. 1 Nr. 2, 4 GmbHG sind zusammen mit der Registeranmeldung auch Urkunden einzureichen, aus denen sich die Bestellung der organschaftlichen Vertreter und der Umfang der diesen eingeräumten **Vertretungsbefugnis** ergibt. Nur wenn die Bestellung bereits im ebenfalls einzureichenden Gesellschaftsvertrag erfolgt ist und die Vertretungsbefugnis aus dem Registerauszug der ausländischen Gesellschaft ersichtlich ist, ist ein gesonderter Nachweis entbehrlich. Eingereicht werden muss in diesem Fall jedoch gemäß §§ 13f bzw. § 13g Abs. 5 HGB, 81 Abs. 2 AktG, 39 Abs. 2 GmbHG der der Eintragung zugrunde liegende **Bestellungsbeschluss.**[95] In den Fällen, in denen das Gesellschaftsstatut kein Handels- oder Gesellschaftsregister kennt oder dieses keine bzw. keine tragfähige Aussage zur Vertretungsbefugnis trifft, ist der Nachweis durch ein „Certificate of good standing", eines des ausländischen Rechts kundigen Rechtsanwalts oder Notars zu führen. Es ist darauf zu achten, dass dieses auch Angaben zur Vertretungsbefugnis enthält, was keine Selbstverständlichkeit ist. In einigen Fällen genügt auch die Bescheinigung der registerführenden Behörde, z.B. bei einer Gesellschaft aus bestimmten Bundesstaaten der USA durch den secretary of state.[96] 51

Sind die einzureichenden Dokumente – wie im Regelfall erforderlich – von einer amtlichen ausländischen Stelle ausgestellt oder beglaubigt, ist vor der Einreichung grundsätzlich die Unterschrift des ausländischen Amtsträgers gemäß § 13 Abs. 2 KonsularG durch die zuständige Auslandsvertretung (Deutsche Botschaft oder Deutsches Konsulat) zu legalisieren. Aufgrund des Haager Übereinkommens zur Befreiung ausländischer öffentlicher Urkunden von der Legalisation vom 5. 10. 1961 genügt für Dokumente aus zahlreichen Staaten die **Erteilung einer Apostille** (Überbeglaubigung) durch eine bestimmte ausländische Behörde.[97] Auf diese Weise wird die **Echtheit der ausländischen Urkunde** bzw. der ausländischen amtlichen Unterschrift nachgewiesen. Urkunden aus einigen Ländern wie z.B. Italien, Frankreich, Belgien, Österreich und Dänemark werden aufgrund bilateraler völkerrechtlicher Vereinbarungen jedoch generell ohne vorherige **Legalisation** oder Apostillierung anerkannt.[98] Für in einem anderen EU/EWR-Mitgliedstaat ansässige Gesellschaften ist auch unter Geltung der europäischen Zweigniederlassungsrichtlinie am Erfordernis der Apostille festzuhalten, um die hohe Qualität des deutschen Registerinhalts zu sichern und Falscheintragungen möglichst weitgehend zu vermeiden.[99] 52

Ist ein einzureichendes Dokument in einer Fremdsprache abgefasst, muss zusätzlich eine **Übersetzung durch** einen in einem deutschen Bundesland **gerichtlich bestellten Dolmetscher** beigefügt werden.[100] Fehlt die Übersetzung, darf das Registergericht die Eintragung im Wege einer Zwischenverfügung blockieren und schließlich auch endgültig zurückweisen.[101] 53

---

[94] MünchKommHGB/*Krafka* § 13d Rdnr. 5.

[95] *Krafka/Willer/Kühn* Rdnr. 321.

[96] *Schmidt-Kessel*/Leutner/Müther § 13e Rdnr. 37.

[97] OLG Schleswig DNotZ 2008, 709.

[98] Eine ständig aktualisierte Übersicht betreffend die Länder, in denen die Erteilung der Apostille genügt bzw. ganz auf eine Überbeglaubigung verzichtet werden kann, findet sich auf der Internetseite des Deutschen Notarinstituts, www.dnoti.de abrufbar unter Arbeitshilfen/IPR.

[99] Unter völliger Verkennung der Problematik behauptet *Schmidt-Kessel*/Leutner/Müther § 13e Rdnr. 36 die Gemeinschaftsrechtswidrigkeit dieses Erfordernisses. Er übersieht zudem, dass die Gesetzgebungsbefugnis für das Recht der öffentlichen Urkunde noch nicht auf die EU übertragen wurde, weshalb die völkerrechtlichen Vereinbarungen im Haager Übereinkommen nicht durch Richtlinienrecht der EU außer Kraft gesetzt werden können.

[100] OLG Hamm FGPrax 2008, 167.

[101] A.A. völlig praxisfern *Schmidt-Kessel*/Leutner/Müther § 13e Rdnr. 36 für Gesellschaften aus EU/EWR-Staaten, mit der Behauptung der Gemeinschaftsrechtswidrigkeit des Erfordernisses der amtlichen Übersetzung.

Praxistipp:

Eine Ausnahme gilt nur dann, wenn der ausländische Gesellschaftsvertrag oder Gründungsakt auf eine im ausländischen Gesellschaftsrecht angebotene gesetzliche „Mustersatzung" verweist. Da es sich dabei um ausländische Rechtsvorschriften handelt, muss sich das Registergericht aufgrund seiner Amtsermittlungspflicht selbst Kenntnis von deren Inhalt verschaffen. So wurde bereits obergerichtlich entschieden, dass für die unter der Bezeichnung „Table A" existierende Mustersatzung der englischen Limited keine Übersetzung eingereicht werden muss.[102]

3. Zusätzliche Anmeldepflichten bei Zweigniederlassungen ausländischer Gesellschaften mit beschränkter Haftung

54 Mit § 13g HGB enthält das Gesetz eine besondere Vorschrift für die Anmeldung von Zweigniederlassungen ausländischer Gesellschaften mit beschränkter Haftung. Bevor man sich mit deren Anforderungen beschäftigt, muss in der Praxis zunächst immer geklärt werden, ob die **ausländische Gesellschaftsform** unabhängig von ihrer Bezeichnung **einer deutschen GmbH** im Wesentlichen **entspricht.** Für Gesellschaften mit Sitz in einem EU/EWR-Mitgliedstaat kann diesbezüglich auf den Katalog in Art. 1 der europäischen Zweigniederlassungsrichtlinie zurückgegriffen werden.[103] Für Gebilde aus Drittstaaten[104] ist entscheidend, dass die Gesellschaft eine körperschaftliche, d.h. auf der Mitgliedschaft der Gesellschafter beruhende Organisation aufweist, das das Stammkapital in Anteile bzw. Beteiligungsquoten zerlegt ist und das die Haftung der Gesellschafter grundsätzlich auf das Gesellschaftsvermögen beschränkt ist.[105] Soweit eine Rechtsordnung mehrere Formen der Kapitalgesellschaft kennt, ist zu fragen, ob die Gesellschaft typischerweise einen kleinen Gesellschafterkreis aufweist, ob eine eingeschränkte Verkehrsfähigkeit der Gesellschaftsanteile gegeben ist und ob eine im Vergleich zu den anderen Gesellschaftsformen geringere Kontrolldichte bei der Gründung besteht.[106]

55 Ist festgestellt, dass die ausländischen Gesellschaft einer deutschen GmbH gleichzusetzen ist, so ist zusätzlich zu den ohnehin erforderlichen Tatsachen auch die **Vertretungsbefugnis der Geschäftsführer anzumelden** und zwar gemäß § 8 Abs. 4 Nr. 2 GmbHG sowohl die allgemeine Vertretungsregelung, als auch die ggf. für einzelne Organträger abweichende konkrete Vertretungsbefugnis. Ausnahmen sind nur geboten, wenn das ausländische Recht keine echte allgemeine Vertretungsregelung kennt, sondern vorsieht, dass bei Vorhandensein eines Geschäftsführers dieser die Gesellschaft allein vertritt, bei Bestellung mehrere Geschäftsführer deren Vertretungsbefugnis für jeden Einzelfall geregelt werden muss, weil sonst Gesamtvertretungsbefugnis besteht.[107] Für die Zweigniederlassungen solcher Gesellschaften ist unabhängig davon, ob solche Einzelermächtigungen bestehen, nur anzumelden:

Formulierungsvorschlag:

Ist nur ein Geschäftsführer (director) bestellt, so vertritt dieser die Gesellschaft allein. Sind mehrere Geschäftsführer bestellt, so wird die Gesellschaft durch die Geschäftsführer gemeinsam vertreten.

56 Bedeutungslos und deshalb nicht in der Registeranmeldung zu berücksichtigen ist weiter, ob das ausländische Recht dem **§ 181 BGB nahe kommende Vertretungsbeschränkungen** enthält und demzufolge auch, ob von solchen Beschränkungen Befreiung erteilt wurde.[108]

[102] OLG Zweibrücken, DNotZ 2008, 795.
[103] Eine entsprechende Liste findet sich auch bei *Schmidt-Kessel*/Leutner/Müther § 13g Rdnr. 6.
[104] Eine entsprechende Liste findet sich auch bei *Schmidt-Kessel*/Leutner/Müther § 13g Rdnr. 11.
[105] *Schmidt-Kessel*/Leutner/Müther § 13g Rdnr. 7.
[106] *Schmidt-Kessel*/Leutner/Müther § 13g Rdnr. 10.
[107] *Krafka/Willer/Kühn* Rdnr. 322.
[108] *Krafka/Willer/Kühn* Rdnr. 322.

Die für die Praxis mit Abstand problematischste Vorschrift des Rechts der Zweigniederlassung ist durch das MoMiG geschaffen worden. Um den Missbrauch ausländischer Gesellschaftsformen durch Personen zu stoppen, die im Inland wegen einer Vorstrafe usw. nicht zum Geschäftsführer bestellt werden können, schreibt § 13g Abs. 2 S. 2 HGB nunmehr vor, dass sämtliche Geschäftsführer der ausländischen GmbH analog § 6 Abs. 2 S. 2 und 3 GmbHG **versichern müssen, dass keine Hindernisse in ihrer Person bestehen**, die einer **Bestellung zum Geschäftsführer** einer deutschen GmbH **entgegenstünden**. Die Versicherung bezieht sich also auf das Nichtbestehen einer hypothetischen Inhabilität. 57

Nur selten stellt sich dabei die Frage, was für **Auswirkungen die hypothetische Inhabilität eines von mehreren Geschäftsführern** der Gesellschaft hat. Fordert man die Versicherung entsprechend dem Wortlaut des § 13g Abs. 2 S. 2 HGB tatsächlich von jedem der Geschäftsführer, könnte die Zweigniederlassung bei Nichtabgabe auch nur durch einen von ihnen überhaupt nicht in das deutsche Handelsregister eingetragen werden.[109] Geht man jedoch vom Gesetzeszweck aus, der nicht darin besteht, die ausländische Gesellschaft an der Errichtung einer Zweigniederlassung zu hindern, sondern darin, das Tätigwerden inhabiler Personen als Geschäftsführer solcher Gesellschaften in Deutschland unmöglich zu machen, wird eine andere Konsequenz zu ziehen sein. Richtigerweise kann die Zweigniederlassung als solche auch ohne die Versicherung des inhabilen Vertreters registriert werden, allerdings scheidet dessen Eintragung als Geschäftsführer der ausländischen GmbH im Handelsregister aus.[110] 58

In der Praxis klagen vor allem große und im Markt etablierte, im Ausland tatsächlich aktive Gesellschaften mit einer **großen Zahl von Organmitgliedern** über die mit der MoMiG-Reform verbundenen **Erschwernisse** bei der Anmeldung von Zweigniederlassungen **durch die Versicherungspflicht.** Dies ist vor allem durch die nicht unerhebliche Länge der Erklärung, den Bedarf nach Übersetzung in die Sprache des Organmitglieds, die ggf. erforderliche Rückübersetzung in die deutsche Sprache, die Legalisation bzw. Apostillierung und die Verzögerungen durch die erforderliche Beibringung bei in mehreren verschiedenen Ländern ansässigen Geschäftsführern bedingt. Hinzu kommt, dass es zwar nunmehr möglich ist, die Belehrung über den Inhalt der Strafvorschriften, die zur Inhabilität führt, auch durch einen ausländischen Notar oder Rechtsanwalt vornehmen zu lassen, dies aber häufig an der mangelnden Kenntnis des deutschen Rechts scheitert und damit auch keine wirkliche Erleichterung darstellt. Die Vorschrift des § 13g Abs. 2 S. 2 HGB darf dabei nicht dahingehend verstanden werden, dass nunmehr die Mitwirkung sämtlicher Organmitglieder der ausländischen Gesellschaft an der Anmeldung einer Zweigniederlassung im Sinne einer Unterzeichnung der Anmeldeurkunde erforderlich ist.[111] Die Unterzeichnung erfolgt allerdings häufig tatsächlich durch sämtliche Organmitglieder, da die Versicherungserklärungen in der Regel in dieser Urkunde enthalten sind. 59

Abhilfe könnte hier die **Abgabe der Versicherung** durch einen in Deutschland ansässigen Gesellschaftsvertreter für das bzw. die ausländischen Organmitglieder **aufgrund** öffentlich beglaubigter **Handelsregistervollmacht** schaffen. Ob die Abgabe aufgrund Vollmacht zulässig ist, ist allerdings umstritten. Wie bei der Versicherung des deutschen GmbH-Geschäftsführers wird teilweise davon ausgegangen, dass eine höchstpersönliche Erklärung erforderlich ist.[112] Nach allgemeinen registerrechtlichen Grundsätzen wird die Höchstpersönlichkeit jedoch nur bei solchen Erklärungen verlangt, deren Falschabgabe strafbar ist. Mangels eindeutiger Verweisung des HGB-Rechts der Zweigniederlassungen auf die Strafvorschriften des GmbHG ist jedoch davon auszugehen, dass es bei der für die Anmeldung der Zweigniederlassung erforderlichen Versicherung an einer Strafbewehrung 60

[109] Oetker/*Preuß* § 13e Rdnr. 61 a.E.; *Krafka/Willer/Kühn* Rdnr. 322; so wohl auch *Schmidt-Kessel*/Leutner/Müther § 13e Rdnr. 14 a.E., der allerdings nicht sauber zwischen der Anmeldepflicht bzw. -befugnis eines inhabilen Organvertreters und dem Erfordernis der Versicherung unterscheidet.

[110] Dieser Ansicht ist wohl auch MünchKommHGB/*Krafka* § 13e Rdnr. 11 weil er das Auseinanderfallen des Registerstands der ausländischen Haupt- und der inländischen Zweigniederlassung in solchen Fällen beklagt.

[111] Oetker/*Preuß* § 13e Rdnr. 18.

[112] *Krafka/Willer/Kühn* Rdnr. 322; Oetker/*Preuß* § 13e Rdnr. 18, 61.

fehlt.[113] Dies ist zwar bedauerlich, weil es Betrügern Tür und Tor öffnet, rechtfertigt aber durchaus eine Abweichung vom Höchstpersönlichkeitsgrundsatz, so dass die Abgabe auch aufgrund Vollmacht zulässig sein muss.[114]

Praxistipp:

Bis eine obergerichtliche Rechtsprechung zu dieser Frage vorliegt, ist aufgrund des Gebots des sichersten Weges eine höchstpersönliche Versicherung jedes Organmitglieds einzuholen und einzureichen.

61 Erleichtert werden kann die Erfüllung der Anmeldevoraussetzungen aber auch bereits jetzt durch eine **Entkoppelung von Registeranmeldung und Versicherungserklärungen**, da es keine Vorschrift gibt, nach welcher beides in einem Dokument enthalten sein muss. In der Praxis wird dabei nicht nur die Versicherungserklärung als solche, sondern auch die Notarbelehrung über die unbeschränkte Auskunftspflicht des Geschäftsführers in ein einziges eigenständiges Dokument ausgelagert, denn die Belehrung muss nach dem MoMiG nicht mehr mündlich erfolgen. Ist der Geschäftsführer der englischen Sprache mächtig, kann zudem gleich eine zweisprachige Fassung verwendet werden, um die Übersetzung und eine ggf. erforderliche Rückübersetzung entbehrlich zu machen. Dem Geschäftsführer kann dazu das nachfolgende Muster zur Unterzeichnung vorgelegt werden:

Muster: Zweisprachige Notarbelehrung und Geschäftsführerversicherung

Nach § 6 Abs. 2 S. 2 und 3 des Gesetzes betreffend die Gesellschaften mit beschränkter Haftung (GmbHG) kann eine Person, die wegen Insolvenzverschleppung oder nach §§ 283 bis 283 d StGB (Insolvenzstraftaten), wegen falscher Angaben nach § 82 GmbHG oder § 399 AktG, wegen unrichtiger Darstellung nach §§ 400 AktG, 331 HGB, 313 UmwG oder § 17 PublG oder im Ausland wegen einer vergleichbaren Tat rechtskräftig verurteilt wurde oder die nach § 263 StGB (Betrug), § 263 a (Computerbetrug), § 264 StGB (Subventionsbetrug), § 264 a StGB (Kapitalanlagebetrug), § 265 b StGB (Kreditbetrug), § 266 StGB (Untreue) oder § 266 a (Vorenthalten oder Veruntreuen von Arbeitsentgelt) zu einer Freiheitsstrafe von mindestens einem Jahr oder im Ausland wegen einer vergleichbaren Tat rechtskräftig verurteilt wurde, auf die Dauer von 5 Jahren seit der Rechtskraft des Urteils nicht Geschäftsführer einer GmbH und damit auch nicht Geschäftsführer (director) einer *Bezeichnung der ausländischen GmbH* sein. Die Zeit, in der der Angeklagte durch Anordnung der Behörde inhaftiert war, wird in die Frist nicht eingerechnet. Eine Person, der durch gerichtliches Urteil oder vollziehbare Entscheidung einer Verwaltungsbehörde die Ausübung eines Berufs, eines Berufszweigs, eines Gewerbes oder Gewerbe-

Pursuant to Section 6 paragraph 2, sentence 2 and 3 of the German Act on companies with Limited Liability (GmbHG), a person convicted concerning delay in filing a petition in insolvency or of a criminal act pursuant to Secs. 283–283 d of the Criminal Code („StGB“) (Bankruptcy crimes), of false statements pursuant to Sec. 82 GmbHG or Sec. 399 Stock Corporation Act („AktG“), or of false description pursuant to Sec. 400 AktG, Sec. 331 Commercial Code („HGB“), Sec. 313 Transformation Act („UmwG“), Sec. 17 Disclosure Act („PublG“) or of Sec. or convicted finally of a comparable crime by a foreign court or convicted of Sec. 263 StGB (fraud), Sec. 263 a StGB (computer fraud), Sec. 264 StGB (economic subsidy fraud), Sec. 264 a (investment fraud), Sec. 266 StGB (disloyalty) or Sec. 266 a StGB (withholding or embezzling of wages) to imprisonment of at least one year or convicted finally of a comparable crime by a foreign court may not be managing director of a GmbH an therefore not director of a *Bezeichnung der ausländischen GmbH* for a period of five years from the date of the final conviction; the time during which the defendant was confined to an institution- by order of the authorities is not counted as part of this period. A person prohibited by court judgement from practising a profession

[113] MünchKommHGB/*Krafka* § 13 e Rdnr. 7, 11, § 13 g Rdnr. 4.
[114] MünchKommHGB/*Krafka* § 13 e Rdnr. 7.

zweiges untersagt worden ist, kann für die Zeit, für welche das Verbot gilt, nicht Geschäftsführer einer GmbH und damit auch nicht Geschäftsführer (director) einer *Bezeichnung der ausländischen GmbH* sein, deren Unternehmensgegenstand ganz oder teilweise mit dem Gegenstand des Verbots übereinstimmt. Der Geschäftsführer einer GmbH und damit auch der einer *Bezeichnung der ausländischen GmbH* ist verpflichtet, dem Handelsregistergericht unbeschränkt Auskunft darüber zu erteilen, ob Umstände der genannten Art vorliegen, die seiner Bestellung zum Geschäftsführer entgegenstehen.

Sie sind verpflichtet, im Rahmen der Handelsregisteranmeldung über ihre Bestellung zum Geschäftsführer der *Firma und Bezeichnung der ausländischen GmbH* gegenüber dem Gericht zu versichern, dass keine Umstände vorliegen, die Ihrer Bestellung gemäß § 6 Abs. 2 S. 2 und 3 GmbHG entgegenstehen und das sie über ihre Auskunftspflicht gegenüber dem Gericht belehrt worden sind.

Unterschrift des Notars Siegel

Bestätigung:

Ich bestätige als Geschäftsführer (director) der *Firma der ausländischen GmbH*, von diesem notariellen Hinweis über die unbeschränkte Auskunftspflicht gegenüber dem Gericht Kenntnis genommen zu haben. Ich habe die Hinweise und Belehrungen verstanden. Ich versichere:

Es liegen keine Umstände vor, aufgrund derer ich nach § 6 Abs. 2 S. 2 und S. 3 GmbHG vom Amt eines Geschäftsführers ausgeschlossen wäre:

a) ich bin noch nie, weder im In-, noch im Ausland wegen einer Straftat verurteilt worden;

b) mir ist gegenwärtig weder durch gerichtliches Urteil noch durch vollziehbare Entscheidung der Verwaltungsbehörde die Ausübung eines Berufes, Berufszweiges, Gewerbes oder Gewerbezweiges untersagt, somit auch nicht im Rahmen des Unternehmensgegenstandes der Gesellschaft und

c) ich wurde auch nicht aufgrund einer behördlichen Anordnung in einer Anstalt verwahrt.

or a trade, or line of profession or trade, may not, during the period for which the prohibition is effective, be managing director of a GmbH an therefore not director of a *Bezeichnung der ausländischen GmbH,* the purpose of which is identical in whole or in part with the subject matter of the prohibition. The managing director of a GmbH and therefore the director of a *Bezeichnung der ausländischen GmbH* is obliged to give full information to the commercial register court without any restriction whether such facts exist which precludes his appointment as managing director of a GmbH and therefore as director of a *Bezeichnung der ausländischen GmbH.*

You are obliged to confirm to the Commercial Register in connection with the application for the entry of your appointment as director of ...... into the Commercial Register, that no facts exists which preclude your appointment pursuant to Sec. 6 paragraph 2, sentence 2 and 3 GmbHG, and that you have been advised of your unrestricted obligation to give information to the court.

Signature of Notary Public Seal

Confirmation:

I hereby confirm to have taken notice of the above notarial advise including the advise on my unlimited duty of disclosure vis-à-vis the competent register court with my assurance as referred to above.

The signing director of *Firma der GmbH* confirm and warrant:

That there are no circumstances of which according to the provisions of the German Limited Liability Companies Act (GmbHG) I am bared form acting as a managing director of a GmbH:

a) I have never been convicted of an offence in Germany or outside Germany;

b) I have not been bared by Court Judgement or by an enforceable decision of an administrative authority from exercising a profession, a branch of a profession, a trade or a branch of trade.

c) I have not been institutionalized by an enforceable decision of an administrative authority.

Vorstehendem Muster wurde zur weiteren Vereinfachung und Kürzung eine neue Entscheidung des BGH zugrunde gelegt, wonach weder Wortlaut, noch Sinn und Zweck des § 8 62

Abs. 3 GmbHG es erfordern, **die einzelnen Straftatbestände des Katalogs** in § 6 Abs. 2 S. 2 Nr. 3 GmbHG **ausdrücklich** in die Versicherung des Geschäftsführers **aufzunehmen.**[115] Danach genügt es, wenn er versichert, dass er „noch nie, weder im In-, noch im Ausland wegen einer Straftat verurteilt wurde". Dies ist in der Praxis bei großen und im Markt etablierten, im Ausland tatsächlich aktiven Gesellschaften unbedenklich, da deren Geschäftsführer in aller Regel überhaupt nicht vorbestraft sind. In Zweifelsfällen sollte zur Vermeidung einer falschen Versicherung nachgefragt und deren Text ggf. angepasst werden, wenn eine länger als fünf Jahre zurückliegende Strafverurteilung vorliegt oder wenn eine Verurteilung wegen einer nicht einschlägigen Straftat erfolgte, auch wenn dies gerade kein Bestellungshindernis begründet.

63 Wurde die ausländische Gesellschaft im Wege der **Sachgründung** errichtet und sind seit deren Eintragung im Ausland noch keine zwei Jahre verstrichen, sind die nach deutschem Recht im Gesellschaftsvertrag vorzunehmenden Festsetzungen des Gegenstands der Sacheinlage, des Nennbetrages und des Geschäftsanteils, auf den sie sich bezieht, in die Handelsregisteranmeldung aufzunehmen, § 13g Abs. 2 S. 3 HGB.[116] Dies gilt jedoch nicht, falls das ausländische Recht solche Festsetzungen überhaupt nicht kennt, wie z.B. das englische Gesellschaftsrecht für die Limited.

64 Der Anmeldung ist zusätzlich zu den in Rdnr. 49 bezeichneten Dokumenten die **Satzung** der ausländischen Gesellschaft **in der Originalsprache beizufügen.** Entsprechend den deutschen Gründungsvorschriften muss es sich dabei um eine elektronisch beglaubigte Abschrift des Originals (der Urschrift) oder einer beglaubigten Abschrift des Satzung handeln. Es genügt daher nicht, dem Notar eine einfache Kopie zu überreichen. Reicht nach dem Gesellschaftsstatut aber die Einreichung eines elektronischen Dokuments zur wirksamen Gründung der Gesellschaft aus, ist bei der Anmeldung der Zweigniederlassung eine beglaubigte Abschrift der Satzung in der beim ausländischen Register archivierten Form ausreichend, obwohl eine Beglaubigung des Dokuments nach deutschem Rechtsverständnis eigentlich unzulässig ist.[117] Ist die Satzung in einer Fremdsprache verfasst, ist zusätzlich deren **Übersetzung ins Deutsche** durch einen gerichtlich bestellten Dolmetscher anzufertigen. Diese Übersetzung muss ebenfalls im Original oder in beglaubigter Abschrift vorliegen und ist dem Registergericht in elektronisch beglaubigter Abschrift **einzureichen.** Bei Anmeldung der Zweigniederlassung einer englischen Limited ist darauf zu achten, dass nicht nur die „articles of association", sondern auch das „memorandum of association" beigefügt werden; eine Einreichung der Mustersatzung „Table A" ist dagegen nicht erforderlich.[118]

65 Eine **Erleichterung** hinsichtlich der Pflicht zur Einreichung der Satzung und zur Anmeldung späterer Satzungsänderungen beinhaltet § 13e Abs. 5 HGB **für** ausländische Gesellschaften, die **mehrere** deutsche **Zweigniederlassungen** unterhalten. Danach ist es möglich, eine dieser Zweigniederlassungen in der Erstanmeldung oder nachträglich[119] als Hauptzweigniederlassung zu benennen. Bei den anderen Zweigniederlassungen ist außerdem jeweils das Registergericht der Hauptzweigniederlassung und deren Registernummer anzugeben. Wird von dieser Option Gebrauch gemacht, ist die Satzung der ausländischen Gesellschaft[120] nur beim Gericht der Hauptzweigniederlassung einzureichen und spätere Satzungsänderungen unter Beifügung der aktualisierten Satzung nur bei dem so bestimmten **„Zentralgericht"** anzumelden. Zu beachten ist jedoch, dass alle übrigen Anmeldepflichten unberührt bleiben, die bei der Existenz mehrerer Zweigniederlassungen gegenüber jedem Gericht der Zweigniederlassung bestehen.[121] Auch ist es nicht möglich, auf eine gesonderte Registrierung jeder weiteren Zweigniederlassung zu verzichten und sie stattdessen im Regis-

[115] BGH NZG 2010, 829, 830.
[116] Oetker/*Preuß* § 13g Rdnr. 18.
[117] OLG Hamm NJW-RR 2011, 465.
[118] *Krafka/Willer/Kühn* Rdnr. 322.
[119] *Schmidt-Kessel*/Leutner/Müther § 13e Rdnr. 74.
[120] Kritisch hinsichtlich der Beschränkung allein auf die Satzung unter gemeinschaftsrechtlichen Gesichtspunkten *Schmidt-Kessel*/Leutner/Müther § 13e Rdnr. 73.
[121] Ebenroth/Boujong/Joost/Strohn/*Pentz* HGB § 13e Rdnr. 82.

ter der Hauptzweigniederlassung eintragen zu lassen.[122] Nicht von der Konzentrationswirkung erfasst wird im Übrigen die **Pflicht zur Einreichung der Rechnungslegungsunterlagen**, da der frühere § 325 a Abs. 1 S.2 HGB aufgehoben wurde.[123] Das Registergericht kann die Ausübung des Wahlrechts durch den ausländischen Rechtsträger **nicht erzwingen**, ob er davon Gebrauch macht, steht in seinem freien Ermessen.[124]

Für die Anmeldung der Zweigniederlassung einer ausländischen Gesellschaft, die von ihrer Organisationsstruktur einer deutschen GmbH gleichkommt, kann das folgende Muster verwendet werden: 66

Muster: Anmeldung einer Zweigniederlassung einer ausländischen GmbH

Wir, die unterzeichnenden Geschäftsführer (directors) der *Firma der ausländischen GmbH* mit dem Sitz in *Sitzort* melden hiermit zur Ersteintragung in das Handelsregister an:

1. Die *Firma der ausländischen GmbH* mit satzungsmäßigem Sitz in *Sitzort und Staat*, gegründet am ……, eingetragen in das Handelsregister von …… unter der Registernummer ……, eine Gesellschaft *Benennung des Gesellschaftsstatuts* Rechts mit beschränkter Haftung (*ggf.*: *Originalbezeichnung in Landessprache*) hat eine Zweigniederlassung in …… errichtet.
2. Die Firma der Zweigniederlassung lautet: ……
3. Gegenstand der Zweigniederlassung ist: ……
4. Die Geschäftsräume der Zweigniederlassung befinden sich in: ……; dies ist auch die inländische Geschäftsanschrift im Sinne des § 13 e Abs. 2 S. 3 HGB.
5. Ggf.: Empfangsberechtigte Person im Sinne des § 13 e Abs. 2 S. 4 HGB ist ……
6. Die abstrakte Vertretungsbefugnis der Gesellschaft lautet: ……
7. Die konkrete Vertretungsbefugnis lautet:
8. Ggf.: Ständiger Vertreter für die Geschäfte der Zweigniederlassung gemäß § 13 e Abs. 2 S. 5 Nr. 3 HGB ist: …… Er hat Einzelvertretungsbefugnis und ist von sämtlichen Beschränkungen des § 181 BGB befreit.
9. Wir erklären gemäß § 13 g HGB, dass die Dauer der Gesellschaft nicht beschränkt ist und das ausgegebene Stammkapital der Gesellschaft *Angabe in ausländischer Währung oder Euro* beträgt.
10. Jeder von uns versichert:
    Es liegen keine Umstände vor, aufgrund derer ich nach § 6 Abs. 2 S. 2 und S. 3 GmbHG vom Amt eines Geschäftsführers einer GmbH ausgeschlossen wäre:
    a) ich bin noch nie, weder im In-, noch im Ausland wegen einer Straftat verurteilt worden oder ausführliche Aufzählung siehe Rdnr. 62;
    b) mir ist gegenwärtig weder durch gerichtliches Urteil noch durch vollziehbare Entscheidung der Verwaltungsbehörde die Ausübung eines Berufes, Berufszweiges, Gewerbes oder Gewerbezweiges untersagt, somit auch nicht im Rahmen des Unternehmensgegenstandes der Gesellschaft;
    c) ich wurde auch noch nie aufgrund einer behördlichen Anordnung in einer Anstalt verwahrt und
    d) ich wurde von dem die Unterschrift beglaubigenden Notar über meine unbeschränkte Auskunftspflicht gegenüber dem Registergericht belehrt.

Dieser Anmeldung sind in elektronisch beglaubigter Abschrift beigefügt:

- Existenznachweis in Form eines Handelsregisterauszugs vom *Datum* in öffentlich beglaubigter Abschrift nebst beglaubigter Übersetzung in die deutsche Sprache,
- Gesellschaftsvertrag vom *Datum* in öffentlich beglaubigter Abschrift nebst beglaubigter Übersetzung in die deutsche Sprache
- Beschluss der Gesellschafterversammlung vom *Datum*, der unsere Bestellung zu Geschäftsführern (directors) und die Festlegung unserer Vertretungsbefugnis zum Gegenstand hat, nebst beglaubigter Übersetzung in die deutsche Sprache.

Ggf.: Unsere Vertretungsbefugnis ergibt sich darüber hinaus aus dem beigefügten Registerauszug.

---

[122] OLG Schleswig NZG 2007, 918, 919.
[123] Dies übersieht *Schmidt-Kessel*/Leutner/Müther § 13 e Rdnr. 75.
[124] MünchKommHGB/*Krafka* § 13 e Rdnr. 21.

4. Zusätzliche Anmeldepflichten bei Zweigniederlassungen ausländischer Aktiengesellschaften

67 Ergibt die in Rdnr. 54 beschriebene Prüfung, das die ausländische Kapitalgesellschaft aufgrund ihrer Organisationsstruktur nicht einer deutschen GmbH, sondern einer deutschen Aktiengesellschaft gleichzusetzen ist,[125] sind bei der Anmeldung der Zweigniederlassung **die besonderen Vorschriften des § 13 f HGB** zu beachten.

68 Grundsätzlich anzugeben sind wie bei der GmbH die Firma und der Sitz von Haupt- und Zweigniederlassung, das Register, die Registernummer und die Rechtsform der ausländischen Gesellschaft, das anwendbare Gesellschaftsrecht, die inländische Geschäftsanschrift, die Namen und Vertretungsbefugnisse der Organmitglieder sowie der Unternehmensgegenstand der Zweigniederlassung. Hinsichtlich der **zusätzlich erforderlichen Angaben** kann man sich zunächst an folgender Checkliste orientieren:

Checkliste
Zusätzliche Angaben für Zweigniederlassungen von AG

I. Höhe des Grundkapitals
II. Zerlegung des Grundkapitals samt Angabe der Aktienzahl und ggf. der Nennbeträge der Aktien, bei mehreren Gattungen auch nähere Angaben hierzu
III. Angabe ob Namens- oder Inhaberaktien ausgegeben wurden
IV. Bestimmungen darüber, ob Namens- in Inhaberaktien oder umgekehrt umgewandelt werden können
V. die Bestimmungen der Satzung über die Zahl der Mitglieder des Leitungsorgans oder die Regeln, nach denen diese Zahl festgelegt wird und diejenigen über die Zusammensetzung des Leitungsorgans
VI. die Bestimmungen über die Form der freiwilligen Bekanntmachungen der Gesellschaft sowie über etwaige weitere Gesellschaftsblätter

69 Wie bei der Zweigniederlassung einer ausländischen GmbH müssen auch hier **sämtliche Mitglieder des Vertretungsorgans**, die in das Handelsregister eingetragen werden sollen, im Rahmen der Anmeldung oder in gesonderten Dokumenten versichern, dass ihrer hypothetischen Bestellung durch eine deutsche Aktiengesellschaft keine Hindernisse entgegenstehen. Hinsichtlich des Textes der **Versicherungserklärungen** kann man sich an den Mustern in Rdnr. 61 und 66 orientieren, da die zur Inhabilität führenden Kataloge bei beiden Kapitalgesellschaften identisch sind. Statt auf §§ 6, 8 GmbHG sollte allerdings auf §§ 37 Abs. 2, 76 Abs. 3 S. 2 Nr. 2 und 3 sowie S. 3 AktG verwiesen werden. Bei der Anmeldung der Zweigniederlassung einer AG findet sich wie bei der einer GmbH hinsichtlich einer falschen Versicherung keine gesetzliche Verweisung auf Strafvorschriften, so dass auch hier keine höchstpersönliche Abgabe der Erklärung erforderlich ist, sondern das Nichtbestehen von Bestellungshindernissen auch aufgrund Vollmacht versichert werden kann.[126]

Praxistipp:
Bis obergerichtliche Rechtsprechung zu dieser Frage vorliegt, ist aufgrund des Gebots des sichersten Weges eine höchstpersönliche Versicherung jedes Organmitglieds einzuholen und einzureichen.

70 Besonderheiten sind zu beachten, wenn die ausländischen AG im Wege der **Sachgründung** errichtet wurde und bei Anmeldung der Zweigniederlassung noch nicht mehr als zwei Jahre

[125] Entsprechende Kataloge finden sich in *Schmidt-Kessel*/Leutner/Müther § 13 f Rdnr. 8, 14.
[126] MünchKommHGB/*Krafka* § 13 g Rdnr. 4.

verstrichen sind. Zahlreiche der nach deutschem Gesellschaftsrecht in der Gründungsurkunde bzw. der Satzung verankerten Festsetzungen sind, soweit dies das ausländische Recht nicht unmöglich macht, mit in die Handelsregisteranmeldung aufzunehmen.

Checkliste
Zusätzliche Angaben bei einer im Sachgründungsverfahren errichteten AG

I. Festsetzung von Sondervorteilen eines einzelnen Aktionärs oder eines Dritten
II. Festsetzung des Gründungsaufwands
III. *Ggf.*: Änderungen der Festsetzungen und Satzungsregelungen zu Sondervorteilen und Gründungsaufwand
IV. Festsetzung von Sacheinlagen und Sachübernahmen einschließlich deren Vergütung und spätere Änderungen dieser Festsetzungen
V. Ausgabebetrag der Aktien
VI. Namen und Wohnorte der Gründer

Beizufügen sind der Registeranmeldung grundsätzlich dieselben **Nachweise** wie bei Errichtung einer GmbH-Zweigniederlassung. Auf eine Besonderheit ist allerdings hinzuweisen. § 13f Abs. 2 S. 4 HGB verlangt, anders als § 13g Abs. 2 HGB, in dem diese Bestimmung fehlt, zusätzlich die Beifügung der bei Eintragung der ausländischen Gesellschaft ergangenen Bekanntmachung. Wird das ausländische Handelsregister durch ein Gericht geführt, so ist dessen **Eintragungsbekanntmachung** einzureichen, in allen anderen Fällen jede in diesem Sinne vergleichbare Bekanntmachung durch die zuständige Stelle.[127] Gibt es nach dem Gesellschaftsstatut der ausländischen Gesellschaft überhaupt keine offizielle Bekanntmachung der Gründung, ist die Registeranmeldung der Zweigniederlassung um eine entsprechende Negativerklärung zu ergänzen.[128] 71

5. Änderung der Zweigniederlassung

Ergeben sich Änderungen der Verhältnisse des ausländischen Rechtsträgers oder ändert sich eine allein für die Zweigniederlassung relevante Tatsache, so ergeben sich jeweils Anmeldepflichten. Handelt es sich um die Zweigniederlassung einer Kapitalgesellschaft, müssen Besonderheiten hinsichtlich der einzureichenden Dokumente und Nachweise berücksichtigt werden. 72

a) **Allgemeines zu den Anmeldepflichten.** In allen Fällen, in denen sich ein bereits **bei der Zweigniederlassung** in Deutschland eingetragener **Umstand ändert**, ist die Änderung anmeldepflichtig. Dazu gehören die Änderung der Firma, des Sitzes, des Gegenstandes der Zweigniederlassung ebenso wie die Änderung der inländischen Geschäftsanschrift oder die Verlegung der Zweigniederlassung an einen anderen Ort gemäß §§ 13h HGB, 20 HRV. Da es in all diesen Fällen zu keiner Änderung im Handelsregister der Auslandsgesellschaft kommt, ist auch kein entsprechender Eintragungsnachweis zu erbringen.[129] 73

Anders verhält es sich jedoch, wenn sich eine **Änderung in den Verhältnissen des ausländischen Rechtsträgers selbst** ergibt. Wegen des grundsätzlich geforderten Gleichlaufs von Heimat- und Zweigniederlassungsregister (siehe dazu Rdnr. 21) ist hier zunächst die Registereintragung im Ausland herbeizuführen und dem deutschen Registergericht sodann unter Vorlage eines beglaubigten Handelsregisterauszugs ggf. zusammen mit einer amtlichen Übersetzung nachzuweisen. Bevor die Eintragung beim Auslandsrechtsträger erfolgt 74

[127] *Schmidt-Kessel*/Leutner/Müther § 13f Rdnr. 39.
[128] MünchKommHGB/*Krafka* § 13f Rdnr. 6.
[129] *Krafka/Willer/Kühn* Rdnr. 332.

ist, wird das Registergericht eine entsprechende Anmeldung bei der Zweigniederlassung mit einer Zwischenverfügung blockieren, eine „Vorab-Eintragung" ist nicht zulässig.[130] Diese Grundsätze gelten auch in Fällen, in denen eine Änderung beim ausländischen Rechtsträger mit einer Änderung bei der Zweigniederlassung einhergeht, z. B. hinsichtlich der Firmierung. In der folgenden Checkliste sind die wichtigsten Anmeldepflichten aufgeführt:[131]

Checkliste
Anmeldepflicht von Änderungen beim ausländischen Rechtsträger

I. Satzungsänderung wenn Rechtsträger eine Kapitalgesellschaft ist
II. Änderungen in den Mitgliedern des Vertretungsorgans oder ihrer Vertretungsbefugnis
III. Umwandlungsvorgänge
IV. Auflösung der Gesellschaft, Bestellung und Änderung der Liquidatoren oder ihrer Vertretungsbefugnis und Beendigung der Liquidation
V. Eröffnung eines Insolvenzverfahrens über das Vermögen des ausländischen Rechtsträgers

75 b) **Besonderheiten bei Zweigniederlassungen ausländischer Kapitalgesellschaften.** Ändern sich Verhältnisse, die mit einer **Anpassung der Satzung** einer ausländischen Kapitalgesellschaft einhergehen, so ist auch dies durch die Mitglieder des Vertretungsorgans in vertretungsberechtigter Zahl zum Handelsregister anzumelden. Besonderheiten gelten hier insofern, als § 13g Abs. 4 HGB auf § 54 GmbHG und § 13f Abs. 5 HGB auf § 181 AktG verweisen. Deshalb müssen der Anmeldung jeweils der vollständige Wortlaut des geänderten Gesellschaftsvertrages in der Originalsprache ggf. mit amtlicher Übersetzung[132] samt Bescheinigung eines Notars beigefügt werden, wonach die geänderten Satzungsbestimmungen mit dem diesbezüglichen Änderungsbeschluss der Gesellschafter- oder Hauptversammlung und die unveränderten Bestimmungen mit dem zuletzt zum Handelsregister eingereichten vollständigen Wortlaut des Gesellschaftsvertrages übereinstimmen. Diese Anforderung bereitet in der Praxis vor allem dann Schwierigkeiten, wenn eine Kapitalerhöhung eingetragen werden soll und der Heimatstaat der Gesellschaft kein lateinisches Notariatssystem kennt oder den dortigen Notaren keine Vollzugskompetenzen im Gesellschaftsrecht zustehen. Entsprechende Zwischenverfügungen sollte man zunächst mit einem Hinweis auf den Wortlaut der §§ 13g Abs. 4, 13f Abs. 5 HGB beantworten, da diese einen Verzicht auf die Vorlage einer **notariellen Satzungsbescheinigung** ermöglichen, sofern das ausländische Recht Abweichungen notwendig macht. Dieses Vorgehen verspricht jedoch nicht in allen Fällen Erfolg, insbesondere dreht man sich im Kreis, wenn das Registergericht die Auffassung vertritt, dass auch ein deutscher Notar die entsprechende Bescheinigung erteilen könnte, sich aber mangels entsprechender Kenntnisse des Gesellschaftsrechts oder der fremden Sprache keiner dazu bereit findet.[133] Manche Registergerichte lassen zumindest dann die Einreichung des vollständigen aktuellen Gesellschaftsvertrages ohne notarielle Satzungsbescheinigung genügen, wenn zusätzlich auch der **satzungsändernde Gesellschafter- oder Hauptversammlungsbeschluss** ggf. samt amtlicher Übersetzung in elektronisch beglaubigter Abschrift eingereicht wird. Außerdem ist ein **beglaubigter Auszug aus dem Heimatregister** der Gesellschaft beizufügen, aus welchem sich die Eintragung der Satzungsänderung ergibt.[134] Für derartige Fälle kann auf das nachfolgende Muster zurückgegriffen werden:

[130] So OLG München NZG 2006, 513 für den Fall der Verschmelzung einer GmbH auf die ausländische Gesellschaft.
[131] *Krafka/Willer/Kühn* Rdnr. 332.
[132] MünchKommHGB/*Krafka* § 13g Rn 8.
[133] Limmer/Hertel/Frenz/Mayer/*Süß* Würzburger Notarhandbuch, Teil 7 Kap. 6 Rdnr. 136.
[134] *Krafka/Willer/Kühn* Rdnr. 333.

Formulierungsvorschlag:

Wir, die unterzeichnenden Geschäftsführer (directors) der *geänderte Firma des ausländischen Rechtsträgers* (bisher: *alte Firma des ausländischen Rechtsträgers*) mit dem Sitz in ...... melden hiermit zur Eintragung in das Handelsregister an:

1. Die Gesellschafterversammlung/Hauptversammlung vom ...... hat die Änderung der Firma der Gesellschaft in *neue Firma des ausländischen Rechtsträgers* beschlossen und § ...... der Satzung entsprechend geändert. Dies wurde am ...... in das Handelsregister am Sitz der Gesellschaft eingetragen.
2. *Ggf.:* Die Firma der Zweigniederlassung wurde geändert in: ......

Dieser Anmeldung sind in elektronisch beglaubigter Abschrift beigefügt:

- Handelsregisterauszug vom *Datum* in öffentlich beglaubigter Abschrift nebst beglaubigter Übersetzung in die deutsche Sprache,
- mit notarieller Satzungsbescheinigung versehender Gesellschaftsvertrag vom *Datum* in öffentlich beglaubigter Abschrift nebst beglaubigter Übersetzung in die deutsche Sprache
- Beschluss der Gesellschafterversammlung vom *Datum*, der die Änderung der Firma samt Satzungsänderung zum Gegenstand hat, nebst beglaubigter Übersetzung in die deutsche Sprache.

Hat sich eine **Änderung im Vertretungsorgan** der Kapitalgesellschaft ergeben, so ist diese anzumelden und gegenüber dem deutschen Registergericht durch Vorlage des Bestellungs- oder Abberufungsbeschlusses oder durch ein vom zuständigen Organ empfangsbescheinigtes Amtsniederlegungsschreiben, jeweils in Form einer einfachen elektronischen Aufzeichnung[135] ggf. zusammen mit einer Übersetzung in die deutsche Sprache nachzuweisen. Gleiches gilt bei einer **Änderung der Vertretungsbefugnis eines oder mehrere Organmitglieder**. Sofern entsprechende Registrierungen im Heimatregister der Gesellschaft erfolgen, ist außerdem stets ein beglaubigter Auszug aus diesem Register beizufügen, aus dem sich ergibt, dass die entsprechende Eintragung dort bereits erfolgt ist.[136] 76

Vorbehaltlich Abweichungen fordernder ausländischer Rechtsvorschriften sind auch bei Anmeldung der **Auflösung** bzw. Abwicklung der ausländischen Kapitalgesellschaft, bei **Liquidatorenbestellung** und **-abberufung** sowie bei **Beendigung der Liquidation** entsprechende beglaubigte und ggf. übersetzte ausländische Registerauszüge sowie urkundliche Nachweise für die genannten Tatsachen vorzulegen, §§ 13g Abs. 5, 13f Abs. 6 HGB.[137] 77

6. Aufhebung der Zweigniederlassung

Stellt die ausländische Gesellschaft die Geschäftstätigkeit ihrer Zweigniederlassung ein, so ist auch dies gemäß §§ 13f Abs. 6 HGB, 13g Abs. 6 HGB zum deutschen Handelsregister anzumelden. **Nachweise** über die **Durchführung eines Liquidationsverfahrens** sind in diesem Fall **nicht beizubringen**, da es sich bei der Zweigniederlassung um keine liquidationsfähige Einheit handelt.[138] Aus diesem Grund kann, auch wenn das ausländische Recht die Liquidation allein der Zweigniederlassung zulassen würde, dieser Beschluss nicht im deutschen Handelsregister erfasst werden.[139] Soll die Aufhebung angemeldet werden, so kann folgendes Muster Verwendung finden: 78

Formulierungsvorschlag:

Die Zweigniederlassung der *Firma des ausländischen Rechtsträgers* mit dem Sitz in ......, eingetragen im Handelsregister von ...... unter Registernummer ...... wurde aufgehoben. Die Firma der Zweigniederlassung ist erloschen.

---

[135] MünchKommHGB/*Krafka* § 13g Rdnr. 9.
[136] *Krafka/Willer/Kühn* Rdnr. 333.
[137] MünchKommHGB/*Krafka* § 13g Rdnr. 9.
[138] MünchKommHGB/*Krafka* § 13g Rdnr. 9.
[139] *Krafka/Willer/Kühn* Rdnr. 337.

79 Eine besondere Situation ergibt sich, wenn es zur **Löschung der ausländischen Gesellschaft in deren Heimatregister** kommt. Dies kann z. B. nach Abschluss eines Insolvenzverfahrens über das Vermögen der Gesellschaft oder bei der englischen Limited dann geschehen, wenn die Geschäftsführung ihrer jährlichen Pflicht zur Einreichung ihrer Gesellschaftsunterlagen zum Companies House nicht nachkommt.

80 Wie bereits ausgeführt, sind die europäischen Registerstellen, -gerichte und -behörden untereinander bisher noch nicht verknüpft[140] und schon aus Zeit- und Kostengründen wird kaum ein deutsches Registergericht in Eigeninitiative systematisch ausländische Handelsregister auf der Suche nach aufgelösten Gesellschaften durchforsten. Dennoch muss auch vor dem Inkrafttreten der im Grünbuch „Verknüpfung von Unternehmensregistern" in Aussicht gestellten europäischen Gesetzgebungsmaßnahmen in zunehmendem Maße damit gerechnet werden, dass die deutschen Registergerichte von der Löschung ausländischer Rechtsträger Kenntnis erlangen. Grund dafür ist das bereits im Pilotbetrieb befindliche europaweite Informationssystem zur Benachrichtigung von Registern über wesentliche Veränderungen im Hauptniederlassungsregister, das sog. **„branch disclosure service (BDS)"**. An diesem **Informationssystem** beteiligen sich derzeit Großbritannien, Schweden, Norwegen und Irland. Außerdem ist es auch bilateral seit September 2009 zwischen Großbritannien und Deutschland in Betrieb. Wird in einem der teilnehmenden Länder eine Zweigniederlassung errichtet, so teilt das Zweigniederlassungsregister dies dem Register der Hauptniederlassung unter Angabe der Registerstelle per E-Mail mit. **Ändert sich** später **der Status der Hauptniederlassung**, wird diese z. B. gelöscht, ist im Gegenzug eine E-Mail-Benachrichtigung des Zweigniederlassungsregisters vorgesehen. Es kann außerdem auch in sonstigen Zweifelsfällen informell beim Hauptniederlassungsregister eine Statusabfrage vornehmen. Im Begleitpapier zum Grünbuch „Verknüpfung von Unternehmensregistern"[141] wird ausgeführt, dass die zunächst allein am BDS beteiligten nordrhein-westfälischen Registergerichte in der ersten Pilotphase bei über 3.700 einbezogenen Zweigniederlassungen in ca. 17% der Fälle feststellten, dass die Auflösung der ausländischer Rechtsträger im britischen Companies House längst vollzogen war.[142]

81 Hat das deutsche Registergericht auf dem vorstehend beschriebenen Weg oder anderweitig zuverlässige Kenntnis von der Löschung der ausländischen Gesellschaft erlangt, hat es für die nunmehr mangels eigenständiger Rechtspersönlichkeit gegenstandslose Zweigniederlassung ein **Amtslöschungsverfahren nach § 395 FamFG** durchzuführen. Dabei ist unerheblich, ob die ausländische Gesellschaft noch Vermögenswerte in Deutschland hat, da die Auflösungsentscheidung der Heimatrechtsordnung zu respektieren ist. Hoch umstritten ist in diesem Zusammenhang, welches rechtliche **Schicksal** derartige **Vermögenswerte** trifft und in welcher Weise über sie nach Auflösung der Gesellschaft verfügt werden kann. So besteht Uneinigkeit darüber, ob sie als Vermögen einer Rest- oder Spaltgesellschaft fortbestehen[143] und ob für diese ein Nachtragsliquidator analog § 273 Abs. 4 AktG[144] oder ein Pfleger gemäß § 1913 BGB zu bestellen ist.[145]

7. Besonderheiten bei Eintritt der Insolvenz des ausländischen Rechtsträgers

82 Besonderheiten bestehen schließlich, wenn es zu einem Insolvenzverfahren über das Vermögen der ausländischen Gesellschaft kommt. Diesbezüglich schreibt § 13e Abs. 4 HGB vor, dass die Eröffnung eines Insolvenzverfahrens über das Vermögen der ausländischen Gesellschaft und die Ablehnung der Eröffnung eines solchen Verfahrens mangels Masse zur

[140] Siehe dazu § 7 Rdnr. 139 ff.

[141] Fortschrittsbericht der Kommission vom 4. 11. 2009, SEC 2009 (1492), abrufbar in englischer Sprache unter http://ec.europa.eu/internal_market/consultations/docs/2009/interconnection_of_business_registers/working_document_en.pdf

[142] Der Bericht macht leider keine Angaben zur Dauer der ersten Pilotphase.

[143] *Krafka/Willer/Kühn* Rdnr. 337 b; a. A. AG Charlottenburg GmbHR 2009, 321, dessen Vorlagefrage nach Art. 234 EG der EUGH mangels Zuständigkeit zu beantworten abgelehnt hat, Beschluss vom 12. 1. 2010, C 497/08, ABl. EU 2010, Nr C 63, 19.

[144] So OLG Jena, DNotZ 2008, 298; a. A. *Krafka/Willer/Kühn* Rdnr. 337 b.

[145] So OLG Nürnberg NZG 2008, 77; *Krafka/Willer/Kühn* Rdnr. 337 b.

Eintragung in das Handelsregister der Zweigniederlassung anzumelden sind. **Anmeldepflichtig sind** in erster Linie ständige Vertreter der Zweigniederlassung. Ist ein ständiger Vertreter nicht bestellt, hat die Anmeldung durch die Organe der Gesellschaft in vertretungsberechtigter Zahl zu erfolgen. Einen Nachweis für die Eröffnung bzw. Ablehnung der Eröffnung, wie z. B. ein entsprechender Gerichtsbeschluss, ist nicht beizufügen.

Seit dem Inkrafttreten der **Europäischen Insolvenzverordnung** (EUInsVO) im Jahr 83
2000[146] werden Insolvenzverfahren über das Vermögen ausländischer Rechtsträger, die in einem EU-Mitgliedstaat mit Ausnahme Dänemarks eingeleitet werden, in Deutschland allgemein anerkannt. Außerhalb des Anwendungsbereichs der EuInsO ist gemäß § 343 InsO im Einzelfall über die inländische Anerkennung eines solchen Verfahrens zu entscheiden.[147]

Ist die Europäischen Insolvenzverordnung anwendbar und ist Insolvenzschuldner eine 84
Gesellschaft, so ist gemäß Art. 3 Abs. 1 EuInsVO grundsätzlich das Insolvenzgericht an deren Satzungssitz für die Verfahrenseinleitung zuständig. Es kann das Verfahren über das gesamte Vermögen der Gesellschaft eröffnen, sog. **Hauptinsolvenzverfahren.** Alternativ ist es dem ausländischen Insolvenzgericht auch möglich, das Verfahren nur auf das Vermögen der Gesellschaft in deren Heimatstaat zu beschränken, sog. **Partikularinsolvenzverfahren.** Ebenso ist es möglich, dass ein deutsches Insolvenzgericht gemäß Art. 3 Abs. 2 EuInsVO i. V. m. §§ 354 ff. InsO ein Partikularinsolvenzverfahren ausschließlich bezogen auf das Inlandsvermögen der Gesellschaft eröffnet.[148]

Die **Anmeldepflicht** aus § 13 e Abs. 4 HGB **entsteht nur dann,** wenn ein **ausländisches** 85
Hauptinsolvenzverfahren oder ein **inländisches Partikularinsolvenzverfahren** eingeleitet wurde. Bei einer nur auf das Auslandsvermögen der Gesellschaft bezogenen Insolvenz bleibt das Gesellschaftsvermögen in Deutschland nämlich unberührt, so dass eine Eintragung im Zweigniederlassungsregister eher irreführend wäre. Für die Fassung der Anmeldetextes kann folgendes Muster verwendet werden:

Formulierungsvorschlag:

Über das Vermögen der *Firma des ausländischen Rechtsträgers* mit dem Sitz in ...... eingetragen im Handelsregister des ...... unter der Nr. ...... wurde mit Beschluss des Insolvenzgerichts ...... vom ...... das Insolvenzverfahren (*Bezeichnung des ausländischen Insolvenzverfahrens)* eröffnet. Das Insolvenzverfahren erfasst auch das Vermögen der Gesellschaft in Deutschland. Es wird daher angeregt, diesen Sachverhalt dem Amtsgericht ...... – Insolvenzgericht – mitzuteilen und sonach auf dessen Ersuchen hin die Eröffnung des Insolvenzverfahrens im Register der Zweigniederlassung einzutragen.

Auch wenn die Anmeldung durch die Vertretungsorgane bzw. ständigen Vertreter ord- 86
nungsgemäß erfolgt ist, wird die entsprechende Registereintragung in der Praxis oft erst mit einiger Verzögerung erfolgen. Hat die Gesellschaft ihren Sitz in der EU, so ergibt sich dies daraus, dass das Registergericht die Anmeldung zunächst dem gemäß Art. 102 § 6, 1 EGInsO zuständigen deutschen **Insolvenzgericht** vorzulegen hat. Dieses prüft den Sachverhalt und **legt den Inhalt des** auf sein Ersuchen hin einzutragenden **Insolvenzvermerks fest,** Art. 102 § 6 Abs. 2 EGInsO.[149] Nur wenn der Anwendungsbereich des EGInsO nicht eröffnet ist, hat das Registergericht in eigener Verantwortung von Amts wegen zu ermitteln, ob das inländische Vermögen vom Insolvenzverfahren erfasst ist, ob eine Anerkennung nach § 343 InsO möglich und ob eine Eintragung analog § 32 HGB zulässig ist.[150]

Erfährt das deutsche Registergericht von der Auflösung der Gesellschaft infolge der Be- 87
endigung eines ausländischen Insolvenzverfahrens, so ist die Zweigniederlassung gemäß § 394 Abs. 1 S. 2 FamFG von Amts wegen zu löschen. Nur scheinbar problematisch sind die

[146] VO (EG) Nr. 1346/2000 des Rates vom 29. 5. 2000 über das Insolvenzverfahren.
[147] *Krafka/Willer/Kühn* Rdnr. 335 c.
[148] *Krafka/Willer/Kühn* Rdnr. 335 a.
[149] *Krafka/Willer/Kühn* Rdnr. 335 b.
[150] *Krafka/Willer/Kühn* Rdnr. 335 c.

Fälle, in denen nach Beendigung eines in Deutschland durchgeführten Insolvenzverfahrens eine Information des Heimatregisters unterbleibt. Eine **Löschung der deutschen Zweigniederlassung von Amts wegen** nach § 394 Abs. 1 S. 2 FamFG scheidet in einem solchen Fall aus, **da** die Zweigniederlassung mangels eigener Rechtspersönlichkeit **nicht insolvenzfähig** ist.[151] Zudem richtet sich die insolvenzbedingte Beendigung der Auslandsgesellschaft nach dem auf sie anwendbaren Gesellschaftsstatut und setzt in der Regel die Löschung in deren Register voraus. Dies spricht ebenfalls gegen eine Anwendbarkeit des § 394 Abs. 1 S. 2 FamFG.[152] Bei Vorliegen entsprechender Hinweise hat das Gericht jedoch von Amts wegen der Frage nachzugehen, ob die Zweigniederlassung mangels entsprechender wirtschaftlicher Mittel tatsächlich nicht mehr unterhalten wird. Ist dies der Fall, kann es die **Löschung** im Verfahren nach **§ 395 FamFG** betreiben.[153]

Praxistipp:

Auch wenn insoweit keine Anmeldepflicht besteht, sollte der Insolvenzverwalter die Beendigung des Insolvenzverfahrens über das Vermögen einer ausländischen Gesellschaft deren Register mitteilen und die Aufhebung der Zweigniederlassungen in Deutschland zum Handelsregister anmelden, um ein kostenintensives Amtslöschungsverfahren zu vermeiden.[154]

8. Umwandlung einer ausländischen Gesellschaft mit Zweigniederlassung in eine deutsche GmbH

88 Wie bereits beschrieben, ebbt der nach der liberalisierenden Rechtsprechung des EUGH[155] im Jahre 2003 begonnene Trend zur Umgehung des deutschen Gesellschaftsrechts durch Gründung von Scheinauslandsgesellschaften mit Zweigniederlassung in Deutschland, insbesondere von englischen Limited, inzwischen deutlich ab. Hauptsächlich sind es die zahlreichen, durch das **MoMiG vorgenommenen Änderungen im deutschen GmbH-Recht, die eine Ausweichen in das ausländische Recht weniger attraktiv machen.** Insbesondere steht nunmehr mit der Unternehmergesellschaft (haftungsbeschränkt) eine Kapitalgesellschaft zu Verfügung, die mit äußerst geringem Stammkapital gegründet werden kann. Das optionale Mustergründungsprotokoll bietet zumindest dann, wenn nur ein Gesellschafter beteiligt ist, eine vernünftige Alternative für den schnellen und kostengünstigen Start in die Selbstständigkeit.

89 In der Praxis kommt hinzu, dass sich inzwischen die Erkenntnis durchgesetzt hat, dass die Gründung einer Briefkastengesellschaft mit Zweigniederlassung in Deutschland im laufenden Betrieb **weniger Vor- als Nachteile** mit sich bringt. So ist zwar die Gründung z. B. einer englischen Limited schnell und kostengünstig per Mausklick im Internet durchführbar. Die laufenden Kosten für die rechtliche Beratung und Betreuung im Ausland übersteigen die für eine deutsche Gesellschaft anfallenden vergleichbaren Belastungen jedoch um ein Vielfaches.[156] Außerdem sind für eine solche Scheinauslandsgesellschaft wegen ihrer unbeschränkten Körperschaftsteuerpflicht in Deutschland alle Jahresabschlüsse doppelt, d. h. einmal in deutscher Sprache nach deutschem Steuerrecht und ein zweites Mal in englischer Sprache nach englischem Bilanzrecht zu erstellen und einzureichen.[157] Insbesondere bei der Limited kommt als weiteres Problem hinzu, dass die Nichtbeachtung der jährlichen Pflicht zur Einreichung der Gesellschaftsunterlagen beim Companies House empfindliche Geldbußen nach sich ziehen sowie zur Löschung der Gesellschaft im englischen Handelsregister und damit zur persönlichen Haftung der Gesellschafter gegenüber den Gläubigern führen kann.

[151] Oetker/*Preuß* § 13 Rdnr. 28.
[152] *Krafka/Willer/Kühn* Rdnr. 337 c.
[153] *Krafka/Willer/Kühn* Rdnr. 337 c.
[154] Ähnlich *Schmitz-Vornmoor*, notar 2010, 206, 207, der die Einführung einer gesetzlichen Anmeldepflicht für den Insolvenzverwalter vorschlägt, sich dabei aber auf deutsche Gesellschaften beschränkt.
[155] EUGH NJW 2003, 3331 – Inspire Art.
[156] *Wachter* GmbHR 2004, 88, 94; *Müller* DB 2006, 824, 826.
[157] *Just* Rdnr. 258 ff.

Schließlich ist von erheblicher Bedeutung, dass die **deutschen Gesellschaftsformen im Rechtsverkehr immer noch eine deutlich größere Akzeptanz** erfahren. So erhält eine GmbH im Regelfall wegen der vergleichsweise einfachen Möglichkeit der dinglichen Sicherung von Gesellschaftsvermögensgegenständen in der Regel ohne persönliche Mitverpflichtung der Gesellschafter ein Bankdarlehen, während dies bei einer Auslandsgesellschaft mit geringer Kapitalausstattung der Ausnahmefall ist.[158] Folglich ist es **nicht mehr ratsam**, anstelle einer GmbH oder UG (haftungsbeschränkt) eine englische Limited oder eine andere **Auslandsgesellschaft neu zu gründen.**

Der Notar wird nun auch vermehrt von Steuerberatern und Rechtsanwälten gefragt, ob sich nicht für bereits bestehende Scheinauslandsgesellschaften mit tatsächlich bestehendem Geschäftsbetrieb ein **Weg zurück ins deutsche Gesellschaftsrecht** finden lässt. Meist sind diese Berater bereits selbst zu der Erkenntnis gekommen, dass eine Liquidation der Auslandsgesellschaft verbunden mit der Neugründung einer deutschen GmbH nicht zu empfehlen ist. Zum einen käme es infolge der Liquidation zu einer steuerlich problematischen **Aufdeckung stiller Reserven.** Zum anderen würden die bereits bestehenden Vertragsverhältnisse nicht automatisch auf die neue Gesellschaft übergehen. Sie müssten jeweils einzeln unter Zustimmung des Vertragspartners übergeleitet oder aber mit diesem völlig neu abgeschlossen werden, was in der Praxis regelmäßig nicht durchsetzbar sein wird. Auch eine **bloß faktische Verlagerung des Geschäftsbetriebs** der Auslandsgesellschaft **kommt nicht in Betracht,** da dies von den Finanzbehörden in der Regel als verdeckte Gewinnausschüttung qualifiziert wird und dann **erhebliche nachteilige Steuerfolgen** nach sich zieht.[159] 90

a) **Rechtsformwechsel durch grenzüberschreitende Verschmelzung.** Einen derartige Nachteile vermeidenden Weg für den Rechtsformwechsel gibt es seit dem Jahr 2007 zumindest für Auslandsgesellschaften mit Sitz in einem Mitgliedstaat der EU oder des EWR aufgrund der **Umsetzung der europäischen Verschmelzungsrichtlinie**[160] in nationales Recht. In Deutschland finden sich die entsprechenden Vorschriften zur grenzüberschreitenden Verschmelzung in den §§ 122a ff. UmwG. Die Verschmelzung der Auslandsgesellschaft auf eine deutsche GmbH führt zu einer **Gesamtrechtsnachfolge** und damit zum automatischen Übergang aller Aktiva und Passiva des Ausgangsrechtsträgers. Eine komplizierte Überleitung der Vertragsverhältnisse ist somit entbehrlich. Auch steuerlich ist eine grenzüberschreitende Verschmelzung neutral, da unter den Voraussetzungen des § 11 Abs. 2 UmwStG ein Antrag auf **Buchwertfortführung** zulässig ist und folglich eine Aufdeckung stiller Reserven unterbleibt. 91

Das grenzüberschreitende Verschmelzungsverfahren läuft in sechs Schritten ab. **Zunächst** wird der **Zielrechtsträger,** d.h. eine neue GmbH **gegründet** und sämtliche Anteile an der Auslandsgesellschaft auf die GmbH übertragen. Zur Vermeidung von steuerlichen Nachteilen ist dieses Ergebnis **im Wege der Sachgründung** herbeizuführen, da die Einbringung der Anteile im Anschluss an eine Bargründung zur Aufdeckung stiller Reserven führen würde.[161] **Alternativ** kann die Einbringung auch steuerneutral im Wege der **Sachkapitalerhöhung** bei einer bereits bestehenden GmbH erfolgen. 92

Im zweiten Schritt ist der **Verschmelzungsvertrag** zwischen der Auslandsgesellschaft und der deutschen GmbH abzuschließen. Die §§ 122a ff. UmwG sprechen diesbezüglich in Abweichung von der sonstigen Terminologie des Umwandlungsrechts vom „Verschmelzungsplan".[162] Vor der Beurkundung muss dieses Dokument im Entwurf unter Beachtung der umwandlungsrechtlichen Fristen sowohl bei der registerführenden Stelle im Ausland, als auch beim deutschen Registergericht **eingereicht und zusätzlich** am Satzungssitz der Auslandsgesellschaft zur Einsicht **ausgelegt werden.**[163] 93

Sodann ist ein **Verschmelzungsbericht** zu erstellen und in den Geschäftsräumen der GmbH auszulegen. Anders als bei rein innerstaatlichen Vorgängen **können die Anteilseigner** 94

[158] Dazu näher *Lenhard* RIW 2007, 348 f.

[159] *Herrler/Schneider* Rdnr. 3.

[160] RL 2005/56/EG vom 26. 10. 2005 über die Verschmelzung von Kapitalgesellschaften aus verschiedenen Mitgliedstaaten, ABl. L 310 v. 25. 11. 2005, 1 ff.

[161] *Herrler/Schneider* Rdnr. 9.

[162] *Limmer* Rdnr. 3082.

[163] *Limmer* Rdnr. 3117.

bei der grenzüberschreitenden Verschmelzung **nicht auf die Erstellung des Berichts verzichten.**[164] Da es sich um eine Mutter-Tochter-Verschmelzung handelt, sind allerdings die Durchführung einer **Verschmelzungsprüfung** und die Erstellung eines **Verschmelzungsprüfungsberichts entbehrlich,** §§ 122f, 9 Abs. 2 UmwG.

Praxistipp:

Sofern es das ausländische Umwandlungsrecht genauso wie § 122a Abs. 2 UmwG i.V.m. § 8 Abs. 1 S. 1 Halbs. 2 UmwG zulässt, empfiehlt sich die Erstellung eines gemeinsamen Verschmelzungsberichts beider beteiligter Rechtsträger, ggf. in zweisprachiger Ausführung.

95 Frühestens einen Monat nach Einreichung des Verschmelzungsplans zum Handelsregister müssen die Gesellschafter der GmbH der Verschmelzung in einem **notariell beurkundeten Beschluss** zustimmen. Ob auch auf Seiten des Ausgangsrechtsträgers ein Zustimmungsbeschluss zu fassen ist und welche Form einzuhalten ist, ergibt sich aus dem jeweiligen nationalen Gesellschafts- und Umwandlungsrecht. Handelt es sich um eine englische Limited, so ist ein solcher Beschluss in der Mutter-Tochter-Konstellation entbehrlich.[165]

96 Nach Fassung des Verschmelzungsbeschlusses ist bei einer im nationalen Umwandlungsrecht der Ausgangsgesellschaft festgelegten amtlichen Stelle eine Bescheinigung zu beantragen, dass sämtliche nach diesem Recht zu beachtenden materiellen und formellen Voraussetzungen für eine Verschmelzung erfüllt wurden, sog. **Verschmelzungsbescheinigung.** Handelt es sich bei der ausländischen Gesellschaft um eine englische Limited, so ist der High Court of Justice in London für die Ausstellung dieser Bescheinigung zuständig.[166]

97 Diese Verschmelzungsbescheinigung und ggf. eine amtliche Übersetzung in die deutsche Sprache sind der Anmeldung der Verschmelzung zum deutschen Handelsregister in elektronisch beglaubigter Abschrift beizufügen. Die **Registeranmeldung** hat gemäß § 122l Abs. 1 S. 3 Halbs. 1 UmwG innerhalb von sechs Monaten nach Ausstellung der Verschmelzungsbescheinigung zu erfolgen.[167] Mit der Eintragung im Handelsregister der deutschen GmbH wird die Verschmelzung wirksam, § 122a Abs. 2 UmwG i.V.m. § 20 Abs. 1 UmwG. Die Löschung der ausländischen Gesellschaft in deren Handelsregister wird entweder von der betreuenden Servicegesellschaft betrieben[168] oder ist andernfalls gesondert im Ausland zu beantragen. Mit dem Erlöschen der Auslandsgesellschaft wird das deutsche **Zweigniederlassungsregister unrichtig.** Sind für die neu gegründete GmbH und die Zweigniederlassung dasselbe Registergericht zuständig, hat der Richter die notwendige sichere Kenntnis von der Unrichtigkeit durch die Anmeldung der Verschmelzung erlangt und muss deshalb das Register **gemäß § 395 FamFG von Amts wegen berichtigen,**[169] einer gesonderten Anmeldung bedarf es dann nicht.[170]

98 **b) UG (haftungsbeschränkt) als Zielrechtsträger.** Weitere Besonderheiten sind zu beachten, wenn die **Verschmelzung** der ausländischen Gesellschaft **auf eine Unternehmergesellschaft (haftungsbeschränkt) gewünscht** wird, um den Kapitalbedarf zu begrenzen. Gemäß § 5a Abs. 2 S. 2 GmbHG ist die Schaffung einer solchen Gesellschaft im Wege der Sachgründung sowie eine Sachkapitalerhöhung ausgeschlossen. Damit kommt beides zur Einbringung der Anteile an der Auslandsgesellschaft nicht in Frage. Die Herbeiführung der verfahrenserleichternden Mutter-Tochter-Konstellation, d.h. kurzer Verschmelzungsvertrag nur mit den Mindestangaben, Entbehrlichkeit einer Verschmelzungsprüfung, Entbehrlichkeit eines Verschmelzungsprüfungsberichts und grundsätzlich auch eines Zustimmungsbeschlusses

[164] *Limmer* Rdnr. 3129.
[165] *Herrler/Schneider* Rdnr. 53.
[166] *Herrler/Schneider* Rdnr. 54.
[167] Ein Muster für die Anmeldung findet sich bei *Limmer* Handbuch der Unternehmensumwandlung Rdnr. 3215.
[168] *Herrler/Schneider* S. 22, Fn. 127.
[169] Siehe dazu bereits Rdnr. 87f.
[170] *Herrler/Schneider* Rdnr. 63.

der Auslandsgesellschaft, ist deshalb nur um den Preis einer Aufdeckung der stillen Reserven der Auslandsgesellschaft, z. B. durch Anteilsabtretung möglich.[171]

Will man die steuerliche Problematik vermeiden, bleibt nur die Möglichkeit, auf die mit der Einbringung der Anteile an der ausländischen Gesellschaft in die UG (haftungsbeschränkt) verbundenen Verfahrenserleichterungen zu verzichten. Denn eine Umwandlung im Wege der grenzüberschreitenden **Verschmelzung zur Aufnahme in eine UG (haftungsbeschränkt)** ist zumindest dann möglich, **wenn** sämtliche Anteilseigner der Auslandsgesellschaft in notarieller Form **auf die Gewährung von Anteilen** an der Zielgesellschaft gemäß §§ 122 a Abs. 2, 54 Abs. 1 S. 3 UmwG **verzichten.**[172] In diesem Fall bedarf es nämlich keiner verschmelzungsbedingten Kapitalerhöhung bei der UG (haftungsbeschränkt), weshalb auch kein Verstoß gegen das Verbot der Sacheinlage gemäß § 5 a Abs. 2 S. 2 GmbHG vorliegt. Da § 20 Abs. 1 UmwStG die Gewährung von neuen Anteilen am Zielrechtsträger nur bei der Verschmelzung einer Personenhandelsgesellschaft auf eine Kapitalgesellschaft zur Voraussetzung für eine Buchwertfortführung macht, sind die Verzichtserklärungen nach §§ 122 a Abs. 2, 54 Abs. 1 S. 3 UmwG auch steuerlich unbedenklich.[173] 99

IV. Das Firmenrecht der Zweigniederlassung

Wie bereits ausgeführt, ist in der Anmeldung stets auch die Firma anzugeben, unter der die Zweigniederlassung geführt werden soll. Bei der Firmenbildung sind verschiedene Besonderheiten zu beachten, auf die nachfolgend hingewiesen werden soll. Dabei muss zwischen Zweigniederlassungen inländischer und ausländischer Rechtsträger unterschieden werden. 100

1. Grundsätzliche Verwendbarkeit der Firma der Hauptniederlassung

Im Grundsatz kann die Zweigniederlassung die Firma der Hauptniederlassung unverändert und ohne Beifügung eines Zusatzes führen. In diesem Fall hat sie streng betrachtet überhaupt keine eigene Firma, sondern leitet sie nur vom Niederlassungsträger ab. Dies ist unproblematisch möglich, da die **Zweigniederlassung keine eigenständige Rechtspersönlichkeit** hat, sondern nur unselbständiger Teil des Gesamtunternehmens ist.[174] 101

In der Praxis stehen bei Anmeldung einer Zweigniederlassung aber noch zwei weitere Möglichkeiten zur Verfügung. So kann die Firma der Zweigniederlassung oder zumindest deren Kern zu Grunde gelegt und mit einem **Filialzusatz** versehen werden. Alternativ kann eine gänzlich andere Firma verwendet werden, wenn dieser ein erweiterter Filialzusatz unter Wiedergabe der Firma der Hauptniederlassung beigefügt wird.[175] 102

a) **Wiedergabe der Firma oder des Firmenkerns mit Filialzusatz.** Den Gründern einer Zweigniederlassung steht es frei, die Firma des Rechtsträgers zu verwenden und mit einem **einfachen Filialzusatz** zu versehen, welcher erkennbar macht, dass es sich nicht um die Hauptniederlassung des Unternehmens handelt, z. B. „Filiale München" oder „Zweigniederlassung Stuttgart". 103

Praxistipp:

Diese Option empfiehlt sich insbesondere dann, wenn später die Vertretungsmacht eines Prokuristen oder die eines persönlich haftenden Gesellschafters auf den Betrieb der Zweigniederlassung beschränkt werden soll. Dies ist mit Wirkung im Außenverhältnis nämlich nur möglich, wenn deren Firma ein Filialzusatz beigefügt ist, §§ 50 Abs. 3 S. 2, 126 Abs. 3 HGB.

[171] *Herrler/Schneider* Rdnr. 116.
[172] *Herrler/Schneider* Rdnr. 117.
[173] *Mayer/Weiler* MittBayNot 2007, 368, 371.
[174] *Krafka/Willer/Kühn* Rdnr. 268.
[175] *Krafka/Willer/Kühn* Rdnr. 271.

104 Gibt es am Ort oder in der Gemeinde der Zweigniederlassung bereits eine gleiche im Handels- oder Genossenschaftsregister eingetragene Firma, schreibt § 30 Abs. 3 HGB die Beifügung eines einfachen **Filialzusatzes verbindlich** vor. Bei Nichtbeachtung dieser Vorgabe ist mit einer Zwischenverfügung des Registergerichts zu rechnen.

105 **b) Verwendung einer anderen Firma mit erweitertem Filialzusatz.** Die Gründer einer Zweigniederlassung können sich auch dagegen entscheiden, die Firma oder den Firmenkern des Rechtsträgers zu verwenden. Dies ergibt sich aus einem Umkehrschluss aus § 50 Abs. 3 S. 1 HGB. Der Grundsatz der Firmenwahrheit macht es jedoch in solchen Fällen erforderlich, einen **erweiterten Filialzusatz** aufzunehmen, welcher die Firma der Hauptniederlassung erkennbar macht. So kann z. B. die „Sonnenstudio Saranda GmbH" eine Zweigniederlassung auch unter der Firma „Vlora Zweigniederlassung der Saranda GmbH" errichten. Die Beifügung eines einfachen Filialzusatzes, wie in Rdnr. 103 beschrieben, genügt demgegenüber nicht.[176]

Praxistipp:

Bei der Gründung einer Kapitalgesellschaft ist die Frage, ob später eine Zweigniederlassung errichtet werden soll, bereits im Rahmen der Satzungsgestaltung zu berücksichtigen. Nach der Rechtsprechung muss nämlich zumindest dann, wenn die Zweigniederlassung eine Firma führen soll, die nicht die Firma oder den Firmenkern der Hauptniederlassung enthält, eine entsprechende Satzungsermächtigung vorhanden sein, um die Durchbrechung des Grundsatzes der Firmeneinheit gesellschaftsintern ordnungsgemäß zu legitimieren.[177] Dieser Vorgabe wird in der Praxis dadurch Rechnung getragen, dass in der Regel unmittelbar nach der Beschreibung des Unternehmensgegenstandes eine Satzungsbestimmung aufgenommen wird, wonach die Gesellschaft „Zweigniederlassungen im In- und Ausland unter gleicher oder abweichender Firma" errichten darf.

2. Besonderheiten im Firmenrecht der Zweigniederlassung eines ausländischen Rechtsträgers

106 Die vorstehend für Zweigniederlassungen inländischer Rechtsträger dargelegten Firmenbildungsregeln gelten im Grundsatz auch dann, wenn die Hauptniederlassung außerhalb Deutschlands ansässig ist oder wenn es sich um eine Scheinauslandsgesellschaft handelt. Es ist jedoch **zu beachten**, dass sich die **Zulässigkeit der Firma des ausländischen Unternehmens nach dem für dieses geltenden Personal- oder Gesellschaftsstatut richtet**. Nur die Firma der Zweigniederlassung unterliegt den deutschen Rechtsvorschriften. Bei deren Errichtung ist jedoch zu bedenken, dass sich das Prüfungsrecht des Registergerichts auf beide Komplexe erstreckt.[178]

107 **a) Zulässigkeit der ausländischen Firma.** Bei der Errichtung einer Zweigniederlassung eines ausländischen Rechtsträgers **hat das Registergericht** auch die nach dem ausländischen Recht bestehenden Eintragungsvoraussetzungen, z. B. die wirksame Gründung einer ausländischen Gesellschaft **zu prüfen**, da die Zweigniederlassung gemäß §§ 13 d bis 13 g HGB wie eine Hauptniederlassung zu behandeln ist. Aus diesem Grund muss die ausländische Firma gemessen am Maßstab des ausländischen Rechts zulässig sein. Dies gilt auch für den beigefügten Rechtsformzusatz. Wird z. B. einer englischen Limited statt der Kurzbezeichnung „Ltd." oder „Limited" die für die englische public company limited by shares reservierte Abkürzung „plc" beigefügt, kann das Registergericht die Eintragung einer Zweigniederlassung unter dieser Firma verweigern.[179]

108 Darüber hinaus **gebietet** insoweit aber das **Europarecht** für Rechtsträger mit Sitz in einem EU/EWR-Mitgliedstaat eine **Einschränkung des registerrechtlichen Prüfungsrechts**. Zum ei-

[176] *Krafka/Willer/Kühn* Rdnr. 270.
[177] BayObLG NJW-RR 1992, 1062.
[178] MünchKommHGB/*Krafka* § 13 d Rdnr. 18.
[179] Süß/*Wachter* Handbuch des internationalen GmbH-Rechts § 2 Rdnr. 157; *Krafka/Willer/Kühn* Rdnr. 272 b.

nen ist das aus Art. 49 AEUV abgeleitete Verbot der Doppelbelastung zu beachten. Danach ist eine Prüfung der Firma durch das deutsche Registergericht nur noch eingeschränkt möglich, wenn und soweit sie bereits durch eine Behörde des Heimatstaates geprüft wurde.[180] Zum anderen schränkt Art. 2 Abs. 1 lit. d) der europäische Zweigniederlassungsrichtlinie die Prüfungsbefugnis ein. Danach ist die Firma einer Zweigniederlassung nur dann „offenlegungspflichtig", wenn sie von der Firma der Hauptniederlassung abweicht. Aus dem abschließenden Charakter der Vorgaben der Zweigniederlassungsrichtlinie wird eine grundsätzliche Berechtigung zur Führung der Firma nach Heimatrecht abgeleitet.[181]

Möglich bleibt aber immer eine Prüfung am Maßstab des deutschen ordre public gemäß Art. 6 EGBGB.[182] Nach der durch das Handelsrechtsreformgesetz 1998 erfolgten Liberalisierung des Firmenrechts wird sich hier aber nur noch in seltenen Fällen ein Verstoß feststellen lassen. Denkbar ist die **Unzulässigkeit der ausländische Firma unter dem Gesichtspunkt des ordre public** z.B. bei einer Verletzung des Irreführungsverbots gemäß § 18 Abs. 1 HGB oder wenn sie nicht genügend Unterscheidungskraft aufweist, § 18 Abs. 2 HGB.[183] Ist etwa ein slowakischer Rechtsträger unter der Firma „Photovoltaikanlagenbau Bratislava GmbH s.r.o." in seinem Heimatregister eingetragen, kann diese Firma für eine deutsche Zweigniederlassung nicht verwendet werden. Zwar ist der Bestandteil „GmbH" nach slowakischem Recht unbedenklich. In Deutschland begründet er jedoch eine ganz erhebliche Irreführungsgefahr, da er auf eine inländische Gesellschaftsform hindeutet, obwohl tatsächlich eine slowakische Gesellschaft vorliegt.[184] 109

b) Zulässigkeit der Zweigniederlassungsfirma. Von der vorstehend erörterten Problematik strikt zu trennen ist die Frage, ob die ggf. mit der ausländischen Firma identische Firma der Zweigniederlassung registergerichtliche Bedenken hervorrufen kann. Maßstab hierfür ist das deutsche Firmenrecht, welches allerdings dann, wenn sich der Sitz der Hauptniederlassung im EU- oder EWR-Ausland befindet, europarechtskonform auszulegen ist.[185] 110

Die **Niederlassungsfreiheit** im Sinne des Art. 49 AEUV **gewährt** einem Unternehmen grundsätzlich die **Befugnis, unter derselben Firma im gesamten europäischen Raum tätig zu sein.** In der Praxis noch nicht ganz geklärt ist, inwieweit sich Einschränkungen dieses Rechts rechtfertigen lassen. So geht es sicher zu weit, bei Firmenidentität des ausländischen Unternehmens mit der Zweigniederlassung stets die Beifügung eines Zusatzes zu verlangen, der erkennbar macht, dass es sich um die Firma der Zweigniederlassung eines ausländischen Unternehmens handelt (z.B. „Niederlassung Deutschland").[186] Gleiches gilt für die bisweilen erhobene Forderung, der ausländischen Gesellschaftsbezeichnung stets einen geographischen Zusatz beizufügen, um die Zweigniederlassung eindeutig einem bestimmten ausländischen Rechtsträger zuordnen zu können,[187] z.B. „Photo Henry SARL – Paris".[188] 111

Sehr unterschiedlich behandelt wird noch die Frage, ob die Firma der Zweigniederlassung hinsichtlich ihrer **Unterscheidungskraft** an den deutschen Maßstäben gemessen werden darf. So stellt sich etwa die Frage, ob eine tschechische Gesellschaft, die sich in ihrer Heimat problemlos unter der Phantasiefirma „Sonnenenergie s.o.o." hat registrieren lassen können, unter Hinweis auf § 18 Abs. 1 HGB wegen Verwendung einer freizuhaltenden Gattungsbezeichnung zur Beifügung eines kennzeichnenden Zusatzes gezwungen werden kann.[189] Dafür spricht, dass es andernfalls zu einer Bevorzugung ausländischer Firmen käme und den 112

---

180 *Schmidt-Kessel*/Leutner/Müther § 13d Rdnr. 96.

181 *Schmidt-Kessel*/Leutner/Müther § 13d Rdnr. 95; Baumbach/*Hopt* § 17 Rdnr. 49; *Krafka/Willer/Kühn* Rdnr. 272.

182 MünchKommHGB/*Krafka* § 13d Rdnr. 19; *Schmidt-Kessel*/Leutner/Müther § 13d Rdnr. 97.

183 MünchKommHGB/*Krafka* § 13d Rdnr. 19; Baumbach/*Hopt* § 17 Rdnr. 49.

184 *Krafka/Willer/Kühn* Rdnr. 272; *Schmidt-Kessel*/Leutner/Müther § 13d Rdnr. 97.

185 MünchKommHGB/*Krafka* § 13d Rdnr. 20; Staub/*Koch* § 13d Rdnr. 25.

186 MünchKommHGB/*Krafka* § 13d Rdnr. 20; a.A. Regierungsentwurf zum Umsetzungsgesetz der Zweigniederlassungsrichtlinie, BT-Drucks. 12/3908, S. 15.

187 So aber *Krafka/Willer/Kühn* Rdnr. 272; anders ist dies, wenn eine ausländische Gesellschaft in der Firma einer Kommanditgesellschaft als persönlich haftender Gesellschafter genannt wird. Anders lässt sich eine Irreführung über die Haftungsverhältnisse nicht sicher vermeiden, siehe dazu näher § 6 Rdnr. 100.

188 Zu Ausnahmen siehe Rdnr. 113.

189 *Krafka/Willer/Kühn* Rdnr. 272.

daraus resultierenden Umgehungsmöglichkeiten ein Riegel vorgeschoben werden sollte. Auf der anderen Seite würde die Ausübung des aus der Niederlassungsfreiheit fließenden Rechts zur Verwendung derselben Firma im gesamten europäischen Rechtsraum praktisch unmöglich gemacht. Aus diesem Grund geht die Rechtsprechung in dieser Frage zuletzt in Richtung der liberaleren Sichtweise. So hatte das OLG München letztlich keine Bedenken gegen die Firma „Planung für Küche und Bad Ltd.“.[190] Obwohl nach den Maßstäben deutschen Rechts nicht mit hinreichender Unterscheidungskraft versehen, gebiete die **europäische Niederlassungsfreiheit** deren Zulassung, weil kein zwingendes Interesse des Allgemeinwohls erkennbar sein, gerade die gewählte Zusammensetzung beschreibender Begriffe firmenrechtlich freizuhalten.

Praxistipp:

Die vorstehenden Fragen werden derzeit regional noch sehr unterschiedlich beurteilt. Bei Zweifeln sollte vor der Registeranmeldung eine firmenrechtliche Stellungnahme der örtlichen Industrie- und Handelskammer oder Handwerkskammer eingeholt und dem Registergericht vorgelegt werden.

113 Modifiziert wird der Grundsatz der unveränderten Übernahme der ausländischen Firma jedenfalls aber durch das **Gebot der Beifügung eines aussagekräftigen Rechtsformzusatzes** gemäß § 19 Abs. 1 HGB. Kann der Rechtsformzusatz des ausländischen Rechtsträgers leicht mit einem gleich lautenden inländischen verwechselt werden, wie z. B. bei einer österreichischen „GesmbH“, muss die Firma der deutschen Zweigniederlassung angepasst werden. Es ist ein Zusatz beizufügen, aus welchem sich eindeutig entnehmen lässt, welchem Personal- oder Gesellschaftsstatut der Rechtsträger unterliegt. Dies kann entweder ausdrücklich geschehen („Ski-alpin GesmbH nach österreichischem Recht“) oder durch die Aufnahme des Sitzortes, sofern dessen geographische Lage allgemein bekannt ist („Ski-alpin GesmbH – Wien“).[191]

114 **Europarechtlich unbedenklich** ist es auch zu fordern, dass die **Firma** der Zweigniederlassung **ihre ausländische Herkunft offen legt, wenn** durch die Stellung des ausländischen Rechtsformzusatzes innerhalb der Firma **nicht** sichergestellt ist, dass der Rechtsverkehr sie **zweifelsfrei einem bestimmten Rechtsträger zuordnen kann.** Dies ist der Fall, wenn mehrere Buchstabenfolgen in der Firma als Rechtsformzusatz dienen könnten und sich daraus die Irreführungsgefahr ergibt, so ist z. B. bei „ApS Eiskonfekt AS“ nicht klar, ob die Hauptniederlassung in Dänemark oder in Norwegen sitzt. Gleiches gilt, wenn der Rechtsformzusatz wegen der Verwendung einer weiteren Buchstabenkombinationen in der Firma nicht als solcher erkennbar ist, z. B. bei „AppS Eiskonfekt ApS.[192] In beiden Fällen ist dem Verkehrsschutz jedoch bereits Rechnung getragen, wenn der internationale Charakter des die Firma gebrauchenden Unternehmens offen gelegt wird, so dass die Beifügung des Zusatzes „Niederlassung Deutschland“ oder „Zweigniederlassung Deutschland“ grundsätzlich genügt.[193] Alternativ kann auch hier ein örtlich allgemein bekannter Sitzort der Hauptniederlassung aufgenommen werden. Der erläuternde Zusatz darf in dieser Fallgruppe allerdings nicht auf die vergleichbare deutsche Rechtsform Bezug nehmen, wie z. B. bei „AppS Eiskonfekt ApS – GmbH nach dänischem Recht“, da dies ebenfalls irreführend im Sinne des § 18 Abs. 1 HGB wäre.[194]

115 Probleme ergeben sich auch, **wenn das ausländische Personal- oder Gesellschaftsstatut überhaupt keinen Rechtsformzusatz vorschreibt.** Dies ist wegen der Harmonisierung der entsprechenden Vorschriften innerhalb der EU nur noch bei Rechtsträgern aus dem übrigen Ausland denkbar. In diesen Fällen muss die Firma entweder ausdrücklich auf das anzuwen-

[190] OLG München DNotZ 2007, 866.
[191] MünchKommHGB/*Krafka* § 13 d Rdnr. 21.
[192] MünchKommHGB/*Krafka* § 13 d Rdnr. 21.
[193] MünchKommHGB/*Krafka* § 13 d Rdnr. 22.
[194] Oetker/*Preuß* § 13 d Rdnr. 37; MünchKommHGB/*Krafka* § 13 d Rdnr. 22.

dende Recht Bezug nehmen oder den internationalen Bezug durch Aufnahme des Sitzortes und ggf. des Sitzstaates offen legen.[195]

116 Eine Modifikation erfährt der Grundsatz der unveränderten Übernahme der ausländischen Firma auch dann, wenn für einen Firmenbestandteil in Deutschland besondere gesetzliche Vorgaben existierten. Dies ist z. B. der Fall, wenn dieser **Bestandteil** wegen der Schutzbedürftigkeit des Rechtsverkehrs **bestimmten Berufsträgern oder Institutionen vorbehalten** ist.[196] Anschaulich darstellen lässt sich dies an dem durch § 39 Abs. 2 KWG geschützten Begriff „Volksbank". Eine Firma „Volksbank Augsburg Ltd." wird in Großbritannien schon aufgrund der sprachlichen Unterschiede völlig anders verstanden als in Deutschland und dürfte dort problemlos zu verwenden sein. In Deutschland muss dagegen der Verbraucher- und der Gläubigerschutz der europäischen Niederlassungsfreiheit vorgehen, so dass die Eintragung einer Zweigniederlassung unter dieser Firma auch dann abgelehnt werden kann, wenn ein Filialzusatz oder ein Hinweis auf den Auslandsbezug aufgenommen wird.[197]

117 Als problematisch erweist sich schließlich oft noch die Frage, ob das Registergericht eine **Übersetzung der Firma ins Deutsche** oder eine **Transkription in lateinische Schriftzeichen** verlangen kann. Hinsichtlich der Übersetzungspflicht ist zwischen Rechtsträgern mit Sitz in einem EU oder EWR-Mitgliedstaat und Gesellschaften aus Drittstaaten zur unterscheiden. Wegen der gemeinschaftsrechtlichen Gewährleistungen kann nur letzteren die Übersetzung der fremdsprachigen Firma auferlegt werden. Unabhängig vom Herkunftsstaat **kann aber stets die Verwendung lateinischer Schriftzeichen verlangt werden.** Andernfalls wäre eine Erstellung der XML-Strukturdaten für die elektronische Handelsregisteranmeldung durch den Notar und eine Verarbeitung der Daten im elektronischen Registersystem nicht möglich. Außerdem könnte das Gericht die Firma nicht auf ihre Unterscheidbarkeit von anderen Firmen prüfen.[198]

---

[195] MünchKommHGB/*Krafka* § 13 d Rdnr. 22.

[196] Siehe dazu näher oben § 6 Rdnr. 101 ff.

[197] *Krafka/Willer/Kühn* Rdnr. 272 a; a. A. *Schmidt-Kessel*/Leutner/Müther § 13 d Rdnr. 98.

[198] Oetker/*Preuß* § 13 d Rdnr. 34; MünchKommHGB/*Heidinger* § 18 Rdnr. 14; a. A. und völlig praxisfern *Schmidt-Kessel*/Leutner/Müther § 13 d Rdnr. 98 mit dem unpassenden Argument, dass Unverständlichkeit im Handelsverkehr nicht die Gefahr der Irreführung begründe.

5. Teil. Beurkundungsrecht

§ 8 Beurkundungsrecht

Übersicht

	Rdnr.
I. Beurkundungserfordernisse im Gesellschaftsrecht	1–27
1. Übersicht über die einzelnen Beurkundungserfordernisse	1–6
a) Beurkundungserfordernisse	1/2
b) Beglaubigungserfordernisse	3/4
c) Sonstige Mitwirkungserfordernisse bzw. -befugnisse des Notars	5/6
2. Sinn und Zweck der Beurkundungspflicht	7–11
a) Allgemeines	7
b) Beweisfunktion	8
c) Gewährsfunktion	9
d) Warn- und Schutzfunktion	10
e) Kontrollfunktion	11
3. Umfang der Beurkundungspflicht	12–18
a) Gesellschaftssatzungen	12/13
b) Hauptversammlungen und Satzungsänderungen	14
c) Umwandlungsvorgänge	15
d) GmbH – Geschäftsanteilsveräußerungen, § 15 Abs. 3 und 4 GmbHG	16–18
4. Rechtsfolgen eines Formverstoßes	19–23
a) Gesamtnichtigkeit	19
b) Arglisteinwand	20
c) Umdeutung, Neuvornahme, falsa demonstratio	21
5. Heilung von Formverstößen	24–27
a) Heilung durch wirksame Abtretung, § 15 Abs. 4 S. 2 GmbHG	24
b) Heilung durch Registereintragung, § 242 AktG, § 20 Abs. 1 Nr. 4 UmwG	25–27
II. Beurkundungszuständigkeit	28–47
1. Sachliche Zuständigkeit	28/29
a) Beurkundungsmonopol der Notare	28
b) Beglaubigungen	29
2. Örtliche Zuständigkeit	30–32
3. Mitwirkungsverbote, Ausschließungsgründe, Ablehnung der Beurkundung	33–47
a) Mitwirkungsverbote, § 3 BeurkG und § 16 Abs. 1 BNotO	33–38
b) Ausschließungsgründe, §§ 6, 7 BeurkG	39–44
c) Ablehnung der Beurkundung, § 4 BeurkG, § 14 Abs. 2, § 16 Abs. 2 BNotO	45–47
III. Aufklärungspflichten vor Beurkundung	48–65
1. Registereinsicht	50–56
a) Allgemeines	50
b) Gegenstand, Art und Weise der Einsichtnahme	51
c) Datum der Einsichtnahme	52/53
d) Umfang der Einsichtnahme	54
e) Einsicht in andere und in ausländische Register	55/56
2. Grundbucheinsicht	57–59
a) Allgemeines	57
b) Art und Weise sowie Datum der Einsichtnahme	58/59
3. Weitere Aufklärungspflichten vor Beurkundung	60–65
a) Allgemeines	60
b) Einsicht in Gerichtsakten	61
c) Einsicht in Urkunden	62
d) Verhinderung verfrühter Handlungen	63–65
IV. Beurkundung von Willenserklärungen	66–144
1. Inhalt der Niederschrift	66–69
2. Beteiligte	70–82
a) Natürliche Personen	70–75

Rdnr.
b) Juristische Personen und Personengesamtheiten ... 76–78
c) Gesetzliche und rechtsgeschäftliche Vertretung ... 79–82
3. Prüfungs- und Belehrungspflichten ... 83–94
a) Grundsatz, § 17 Abs. 1, 2 BeurkG ... 83–85
b) Gestaltung des Beurkundungsverfahrens, § 17 Abs. 2 a BeurkG ... 86–89
c) Ausländisches Recht, § 17 Abs. 3 BeurkG ... 90
d) Genehmigungserfordernisse, § 18 BeurkG ... 91–93
e) Steuerliche Beratungspflichten ... 94
4. Urkundssprache ... 95–105
a) Beurkundungen in deutscher und fremder Sprache ... 95/96
b) Übersetzung der Niederschrift, §§ 16, 50 BeurkG ... 97–105
5. Verlesung der Niederschrift ... 106–136
a) Grundsatz, § 13 Abs. 1 S. 1 BeurkG ... 106–111
b) Verweisung auf Schriftstücke, § 9 Abs. 1 S. 2 BeurkG ... 112–115
c) Verweisung auf Karten, Zeichnungen und Abbildungen, § 9 Abs. 1 S. 3, § 13 Abs. 1 S. 1 BeurkG ... 116–118
d) Ausnahmen von der Verlesungspflicht, § 13 Abs. 2 BeurkG ... 119–122
e) Verweisung auf andere notarielle Niederschriften, § 13 a Abs. 1 bis 3 BeurkG ... 123–126
f) Verweisung auf Bilanzen, Inventare oder sonstige Bestandsverzeichnisse, § 14 Abs. 1 S. 1 BeurkG ... 127–133
g) Strategien zur Vereinfachung der Verlesungspflicht ... 134–136
6. Genehmigung und Unterzeichnung der Niederschrift ... 137–145
a) Genehmigung der Niederschrift, § 13 Abs. 1 S. 1 BeurkG ... 137
b) Unterzeichnung der Niederschrift, § 13 Abs. 1 S. 1 und Abs. 3 BeurkG 138–145

V. Beurkundung von Beschlüssen ... 146–159
1. Inhalt der Niederschrift ... 149–155
a) Gesellschafterbeschlüsse außerhalb des Anwendungsbereichs von § 130 AktG ... 149–153
b) Hauptversammlungsbeschlüsse nach § 130 AktG ... 154/155
2. Behandlung von Anlagen ... 156–158
3. Unterzeichnung der Niederschrift ... 159

VI. Vollzugstätigkeit ... 160–193
1. Behandlung der Urkunde ... 161–165
a) Verbindung ... 161/162
b) Verwahrung der Urschrift ... 163
c) Aushändigung der Urschrift ... 164
d) Vermerkurkunden, Registeranmeldungen, Bescheinigungen ... 165
2. Erteilung von Ausfertigungen und Abschriften ... 166–173
a) Allgemeines ... 166–168
b) Niederschriften nach §§ 8 ff. BeurkG ... 169
c) Niederschriften nach §§ 36 ff. BeurkG ... 170–172
d) Rechtsnachfolger ... 173
3. Anzeige- und Mitteilungspflichten ... 174–185
a) Allgemeines ... 174
b) Anzeigepflicht nach § 54 EStDV ... 175–179
c) Anzeigepflicht nach § 18 GrEStG ... 180
d) Anzeigepflicht nach § 34 ErbStG ... 181–183
e) Mitteilungspflicht nach § 379 Abs. 1 FamFG ... 184
f) Mitteilungspflichten nach dem Außenwirtschaftsgesetz ... 185
4. Einreichungspflichten ... 186–193
a) Allgemeines ... 186
b) Einreichung beim Registergericht, § 53 BeurkG ... 187–191
c) Einreichung der Gesellschafterliste beim Registergericht, § 40 Abs. 2 GmbHG ... 192
d) Einreichung beim Grundbuchamt, § 53 BeurkG ... 193

Schrifttum: *Altmeppen*, Die Grundfesten des deutschen Notarwesens geraten ins Wanken, NJW 2006, 3761; *Apfelbaum*, Wichtige Änderungen für Notare durch das EHUG jenseits der elektronischen Handelsregisteranmeldung, DNotZ 2007, 166; *Armbrüster/Preuß/Renner*, Beurkundungsgesetz/DONot, 5. Aufl. 2009; *Binz/Mayer*, Beurkundungspflichten bei der GmbH & Co. KG, NJW 2002, 3054; *Bohrer*, Notarsperre für Verbraucherverträge?, DNotZ 2002, 579; *Bohlscheid*, Ausländer als Gesellschafter und Geschäftsführer einer deutschen GmbH, RNotZ 2005, 505; *Boruttau*, GrEStG, 17. Aufl. 2011; *Bous/Solveen*, Pflicht zur Verschwiegenheit gemäß § 18 BNotO im Insolvenzverfahren, DNotZ 2005, 261; *Brambring*, Die Änderung des Beurkundungsgesetzes durch die BNotO-Novelle, FGPrax 1998, 201; *Eckhardt*, Nochmals: Der Dolmetscher im Beurkundungsverfahren, ZNotP 2005, 221; *Eylmann/Vaasen*, BNotO/BeurkG, 3. Aufl. 2011; *Fembacher*, Urkundsgewährungspflicht und „Grauer Kapitalmarkt“, MittBayNot 2002, 496; *Ganter/Hertel/Wöstmann*, Handbuch der Notarhaftung, 2. Aufl. 2009; *Görk*, Zur Zulässigkeit der Änderung von Hauptversammlungsniederschriften, MittBayNot 2007, 382; *Grein*, Vollzugstätigkeiten des Notars, RNotZ 2004, 115; *Grziwotz/Everts/Heinemann/Koller*, Grundstückskaufverträge, 2005; *Heidinger*, Müssen Treuhandverträge über GmbH-Anteile nach § 54 EstDV dem Finanzamt gemeldet werden?, DStR 1996, 1353; *Heinemann*, FamFG für Notare, 2009; *ders.*, Die Wiedergabe der Unterschrift in Ausfertigungen und Abschriften, NotBZ 2003, 467; *ders.*, Nochmals: Zu den Anforderungen an die Unterschrift der Beteiligten in der notariellen Niederschrift, DNotZ 2003, 243; *ders.*, Zu den Anforderungen an die Unterschrift der Beteiligten in der notariellen Niederschrift, ZNotP 2002, 223; *Heller/Vollrath*, „Vorbefassung“ des hauptberuflichen Notars?, MittBayNot 1998, 322; *Hermanns*, Beurkundungspflichten im Zusammenhang mit Unternehmenskaufverträgen und -umstrukturierungen, ZIP 2006, 2296; *Jansen*, FGG/BeurkG, 2. Aufl. 1971; *Kanzleiter*, Der Zweck der Beurkundungspflicht für Veräußerungsverträge über GmbH-Anteile, ZIP 2001, 2105; *Keidel*, FamFG, 16. Aufl. 2009; *Keller*, Grenzbereiche zwischen Strafrecht und Standesrecht des Notars, DNotZ 1995, 99; *Klein*, Grenzüberschreitende Verschmelzung von Kapitalgesellschaften, RNotZ 2007, 565; *Kordel*, Immobilienkartellrecht in der notariellen Praxis, RNotZ 2008, 78; *Krause/Jenderek*, Rechtsprobleme einer fremdsprachigen deutschen Hauptversammlung, NZG 2007, 426; *Krieger*, Berichtigung von Hauptversammlungsprotokollen, NZG 2003, 366; *Küperkoch*, Notarielle Mitteilungspflichten, RNotZ 2002, 298; *Leitzen*, Neues zur Satzungsdurchbrechung und schuldrechtlichen Nebenabreden, RNotZ 2010, 566; *Lerch*, Beurkundungsgesetz, 4. Aufl. 2011; *Leske*, Die notarielle Unparteilichkeit und ihre Sicherung durch die Mitwirkungsverbote des § 3 Abs. 1 BeurkG, 2004; *Limmer*, Der Notar und sein Amt, DNotZ 2004, 334; *Lischka*, Die Nachholung einer vergessenen Unterschrift unter einer notariellen Urkunde, NotBZ 1999, 8; *Ludwig*, Das vorsorgliche Hauptversammlungsprotokoll, ZNotP 2008, 345; *Lwowoski/Wunderlich*, Insolvenzanfechtung von Kapitalerhöhungsmaßnahmen, NZI 2008, 129; *Mayer*, Die Vertretungsbescheinigung des Notars, Rpfleger 1989, 142; *Mihm*, Die Mitwirkungsverbote gemäß § 3 BeurkG nach der Novellierung des notariellen Berufsrechts, DNotZ 1999, 8; *Müller-Magdeburg*, Die Untätigkeitsbeschwerde nach § 15 Abs. 2 BNotO im Licht des FamFG, ZNotP 2009, 216; *Petersen/Habbe*, Squeeze out mit Eintragung im Handelsregister bestandskräftig?, NZG 2010, 1091; *Priester*, Aufgaben und Funktionen des Notars in der Hauptversammlung, DNotZ 2001, 661; *Renner*, Die Namensunterschrift, NotBZ 2003, 178; *Röll*, Die Beurkundung von GmbH-Gesellschafterbeschlüssen, DNotZ 1979, 644; *Schaub*, Stellvertretung bei Handelsregisteranmeldungen, MittBayNot 1999, 539; *Schröder*, Die strafrechtliche Haftung des Notars als Gehilfe bei der Entsorgung einer insolvenzreifen GmbH außerhalb des Insolvenzverfahrens, DNotZ 2005, 596; *Schulte-Bunert/Weinreich*, FamFG, 2009; *Schumacher-Hey*, Anfechtung nach Anfechtungsgesetz und Insolvenzordnung in Auswirkung auf die notarielle Praxis, RNotZ 2004, 544; *Schunck*, Haftung des Notars für steuerliche Belehrungspflichten, BB 1996, 2232; *Schwerin*, Die Behandlung der Urschrift einer Handelsregisteranmeldung nach Einführung des elektronischen Registerverkehrs durch das EHUG, RNotZ 2007, 27; *Stauf*, Umfang und Grenzen der Verweisungsmöglichkeiten nach § 13 a BeurkG und der eingeschränkten Vorlesungspflicht nach § 14 BeurkG; *Troll/Gebel/Jülicher*, ErbStG, 39. Aufl. 2010; *Wachter*, Neue Anzeigepflichten für Notare im Gesellschaftsrecht, ZNotP 2008, 113; *Wälzholz*, Die Reform des GmbH-Rechts, MittBayNot 2008, 425; *Waldner*, Beurkundungsrecht für die notarielle Praxis, 2007; *Wicke*, Die Bedeutung der öffentlichen Beurkundung im GmbH-Recht, ZIP 2006, 977; *Wilhelmi*, Der Notar in der Hauptversammlung der Aktiengesellschaft, BB 1987, 1331; *Winkler*, Beurkundungsgesetz, 16. Aufl. 2008; *Witt*, Formbedürftigkeit und Heilung von Formmängeln bei der gleichzeitigen Einbringung von KG- und GmbH-Anteilen in eine Holding-Gesellschaft, ZIP 2000, 1033.

I. Beurkundungserfordernisse im Gesellschaftsrecht

1. Übersicht über die einzelnen Beurkundungserfordernisse

a) **Beurkundungserfordernisse.** Anders als im Grundstücksrecht, wo § 311 b Abs. 1 BGB als zentrale Norm die Beurkundungsbedürftigkeit aller schuldrechtlichen Verträge, die die Verpflichtung zum Erwerb und zur Übertragung von Eigentum an Grundstücken zum Gegenstand haben, statuiert, fehlt es im Gesellschaftsrecht an einem solchen einheitlichen Beurkundungstatbestand. Es existieren vielmehr **zahlreiche einzelne Beurkundungstatbestände,** die sich in ihren Voraussetzungen, aber auch in ihren Wirkungen durchaus voneinander unterscheiden. Deshalb ist es wichtig, genau zu ermitteln, auf welche gesetzliche Bestimmung ein Beurkundungserfordernis gestützt werden soll. Die wichtigsten Normen, die eine notarielle Beurkundung fordern, sind: 1

2

Übersicht: Beurkundungserfordernisse

§ 2 Abs. 1 GmbHG	Gesellschaftsvertrag einer GmbH
§ 15 Abs. 3 GmbHG	Abtretungsvertrag über Geschäftsanteile einer GmbH
§ 15 Abs. 4 GmbHG	Vereinbarung einer Verpflichtung zur Abtretung von Geschäftsanteilen einer GmbH
§ 53 Abs. 2 S. 1 GmbHG	Abänderung des Gesellschaftsvertrags einer GmbH
§ 55 Abs. 1 GmbHG	Erklärung über die Übernahme des erhöhten Stammkapitals
§ 23 Abs. 1 S. 1 AktG	Feststellung der Satzung einer AG
§ 130 Abs. 1 S. 1, 3 AktG	Beschlüsse der Hauptversammlung einer AG
§ 130 Abs. 1 S. 2 AktG	Minderheitsverlangen nach § 120 Abs. 1 S. 2, § 137 AktG
§ 179 a AktG	Verpflichtung zur Übertragung des gesamten Gesellschaftsvermögens
§ 245 Nr. 1 AktG	Widerspruch gegen Beschluss der Hauptversammlung
§ 280 Abs. 1 S. 1 AktG	Feststellung der Satzung einer KGaA
§ 278 Abs. 3, § 285 AktG	Hauptversammlung einer KGaA
§ 319 Abs. 5 S. 2 AktG	Klageverzicht gegen Eingliederungsbeschluss
§ 17 Abs. 2 VAG	Satzung eines VVaG
§ 36 S. 1 VAG	Beschlüsse der obersten Vertretung eines VVaG
§ 6 UmwG	Verschmelzungsvertrag
§ 8 Abs. 3 S. 2 UmwG	Verzicht auf Verschmelzungsbericht
§ 9 Abs. 3 UmwG	Verzicht auf Verschmelzungsprüfung
§ 12 Abs. 3 UmwG	Verzicht auf Prüfungsbericht
§ 13 Abs. 3 S. 1 UmwG	Verschmelzungsbeschluss und Zustimmungserklärungen
§ 16 Abs. 2 S. 2 UmwG	Klageverzicht gegen Verschmelzungsbeschluss
§ 29 Abs. 1 S. 1 UmwG	Widerspruch gegen Verschmelzungsbeschluss
§ 30 Abs. 2 S. 3 UmwG	Verzicht auf Prüfung und Prüfungsbericht einer Barabfindung
§ 54 Abs. 1 S. 3 UmwG	Verzicht auf Kapitalerhöhung bei einer GmbH
§ 68 Abs. 1 S. 3 UmwG	Verzicht auf Kapitalerhöhung bei einer AG
§ 115 S. 2 UmwG	Bestellung der Vereinsorgane eines VVaG
§ 122 c Abs. 4 UmwG	Verschmelzungsplan bei grenzüberschreitender Verschmelzung[1]
§ 125 S. 1 UmwG	Spaltungs- und Übernahmevertrag, Verzicht auf Spaltungsbericht, Verzicht auf Spaltungsprüfung und Prüfungsbericht, Spaltungsbeschluss und Zustimmungserklärungen, Klageverzicht und Widerspruch gegen Spaltungsbeschluss, Verzicht auf Kapitalerhöhung
§ 127 S. 2 UmwG	Verzicht auf Spaltungsbericht
§ 136 UmwG	Spaltungsplan
§ 163 Abs. 3 UmwG	Ausgliederungsbeschluss und Zustimmungserklärungen
§ 180 Abs. 3 UmwG	Zustimmungerklärung zur Vermögensübertragung
§ 192 Abs. 2 S. 2 UmwG	Verzicht auf Umwandlungsbericht
§ 193 Abs. 3 S. 1 UmwG	Umwandlungsbeschluss und Zustimmungserklärungen
§ 198 Abs. 3 UmwG	Klageverzicht gegen Umwandlungsbeschluss
§ 207 Abs. 1 S. 1 UmwG	Widerspruch gegen Umwandlungsbeschluss
§ 208 UmwG	Verzicht auf Prüfung und Prüfungsbericht einer Barabfindung
§ 221 S. 1 UmwG	Beitritt persönlich haftender Gesellschafter zur KGaA
§ 311 b Abs. 1 S. 1 BGB	Vertrag über die Verpflichtung zur Veräußerung oder zum Erwerb von Eigentum an einem Grundstück (z. B. als Einlageleistung des Gesellschafters einer Personengesellschaft)[2]
§ 311 b Abs. 3 BGB	Verpflichtung zur Übertragung des gegenwärtigen Vermögens einer Gesellschaft (z. B. einer GmbH)[3]
§ 518 Abs. 1 S. 1 BGB	Schenkungsversprechen (z. B. über die Beteiligung an einer Personengesellschaft)[4]

[1] *Klein* RNotZ 2007, 565, 583 f.
[2] Vgl *Binz/Mayer* NJW 2002, 3054, 3055 f.
[3] OLG Hamm ZIP 2010, 2304 = EWiR 2011, 141 *(Schmitz-DuMont)*; *Hermanns* ZIP 2006, 2296, 2297.
[4] Vgl. *Binz/Mayer* NJW 2002, 3054, 3056.

§ 2301 BGB	Schenkungsversprechen auf den Todesfall (z. B. bei Abfindungsklauseln einer Personengesellschaft)[5]

b) **Beglaubigungserfordernisse.** Das Gesetz verlangt daneben in einigen Fällen, dass Erklärungen wenigstens in öffentlich beglaubigter Form (§ 129 BGB) abzugeben sind. Insbesondere die verfahrensrechtlichen **Anträge zum Registergericht**, die das materielle Recht als Anmeldungen bezeichnet,[6] sind elektronisch in öffentlich beglaubigter Form abzugeben (siehe § 6). Folgender Überblick listet die Vorschriften auf, die eine öffentliche Beglaubigung im Gesellschaftsrecht vorschreiben. 3

4 **Übersicht: Beglaubigungserfordernisse**

§ 12 Abs. 1 S. 1 HGB	Anmeldungen zum Handelsregister
§ 12 Abs. 1 S. 2 HGB	Handelsregistervollmacht
§ 2 Abs. 3 GmbHG	Vollmacht zur Unterzeichung des GmbH-Vertrags
§ 55 Abs. 1 GmbHG	Erklärung über die Übernahme des erhöhten Stammkapitals
§ 23 Abs. 1 S. 2 AktG	Vollmacht zur Feststellung der Satzung einer AG
§ 280 Abs. 1 S. 3 AktG	Vollmacht zur Feststellung der Satzung einer KGaA
§ 293 a Abs. 3 AktG	Verzicht auf Bericht über Unternehmensvertrag
§ 157 GenG	Anmeldungen zum Genossenschaftsregister
§ 5 Abs. 2 PartGG	Anmeldungen zum Partnerschaftsregister

c) **Sonstige Mitwirkungserfordernisse bzw. -befugnisse des Notars.** Neben der Tätigkeit des Notars als Urkundsperson bei der Protokollierung und Beglaubigung von Erklärungen, sehen spezielle Vorschriften des Gesellschaftsrechts eine besondere notarielle Mitwirkung vor. Zu nennen sind dabei vor allem die vielfältigen **Bescheinigungen**, die der Notar erstellen darf bzw. muss, z. B. Vertretungsbescheinigungen, Satzungsbescheinigungen und Bescheinigungen über geänderte GmbH-Gesellschafterlisten. Von hoher praktischer Bedeutung ist die Pflicht des Notars unverzüglich eine **neue Gesellschafterliste** einzureichen, wenn er an den zugrundeliegenden Veränderungen in den Personen der Gesellschafter mitgewirkt hat, § 40 Abs. 2 S. 1 GmbHG (siehe § 13). Es handelt sich hierbei zwar um eine Amtspflicht, diese kann aber vom Registergericht nicht mit Zwangsmitteln durchgesetzt werden.[7] Abgesehen von der Befugnis des Notars, von Urkunden **öffentlich beglauigte Abschriften** (§§ 39, 42 BeurkG, auch in elektronischer Form, § 39 a BeurkG) zu erstellen, wie dies für Zwecke des Registerverfahrens in zahlreichen Vorschrift vorgesehen ist (§ 12 Abs. 2 S. 2 HGB; § 39 Abs. 2, § 57 Abs. 3 Nr. 1, § 67 Abs. 2 GmbHG; § 81 Abs. 2 AktG; § 17 Abs. 1 S. 1 UmwG), bestehen folgende Aufgaben des Notars zur Mitwirkung in gesellschaftsrechtlichen Vorgängen: 5

6 **Übersicht: Sonstige notarielle Mitwirkungserfordernisse**

§ 21 Abs. 1 BNotO	Bescheinigung über Vertretungsberechtigung sowie über sonstige rechtserhebliche Umstände, die sich aus dem Handelsregister oder einem ähnlichen Register ergeben
§ 318 Abs. 3 S. 5 HGB	Glaubhaftmachtung der Aktionärsstellung durch eidesstattliche Versicherung vor Notar
§ 8 Abs. 3 S. 2 GmbHG	Belehrung nach § 53 Abs. 2 BZRG
§ 40 Abs. 2 S. 1 GmbHG	Einreichung einer neuen Gesellschafterliste bei Mitwirkung des Notars an der Veränderung

[5] Vgl. *Binz/Mayer* NJW 2002, 3054, 3057 f.
[6] Keidel/*Heinemann* § 374 FamFG Rdnr. 37.
[7] OLG München DStR 2009, 637 = NZG 2009, 797; Keidel/*Heinemann* § 379 FamFG Rdnr. 17; § 388 FamFG Rdnr. 31; a. A. MünchKommZPO/*Krafka* § 388 FamFG Rdnr. 22; *ders.*, FGPrax 2010, 203.

§ 40 Abs. 2 S. 2 GmbHG	Bescheinigung der Übereinstimmung mit den Änderungen und mit den unveränderten Eintragungen der alten Gesellschafterliste
§ 54 Abs. 1 S. 2 GmbHG	Bescheinigung der Übereinstimmung mit den Änderungen und mit den unveränderten Bestimmungen der alten Satzung
§ 58f Abs. 1 S. 3 GmbHG	Nachweis der Übernahme und Einzahlung gegenüber Notar
§ 33 Abs. 3 S. 1 AktG	Gründungsprüfung durch Notar
§ 37 Abs. 2 S. 2 AktG	Belehrung nach § 53 Abs. 2 BZRG
§ 181 Abs. 1 S. 2 AktG	Bescheinigung der Übereinstimmung mit den Änderungen und mit den unveränderten Bestimmungen der alten Satzung
§ 235 Abs. 1 S. 3 AktG	Nachweis der Zeichnung und Einzahlung gegenüber Notar
§ 248 Abs. 2 AktG	Bescheinigung der Satzung nach Nichtigkeitsklage
§ 258 Abs. 2 S. 5 AktG	Glaubhaftmachtung der Aktionärsstellung durch eidesstattliche Versicherung vor Notar
§ 265 Abs. 2 S. 3 AktG	Glaubhaftmachtung der Aktionärsstellung durch eidesstattliche Versicherung vor Notar
§ 40 Abs. 1 S. 3 VAG	Bescheinigung der Übereinstimmung mit den Änderungen und mit den unveränderten Bestimmungen der alten Satzung

2. Sinn und Zweck der Beurkundungspflicht

7 a) **Allgemeines.** Mit der Beurkundungspflicht werden unterschiedliche Zwecke verfolgt, die jedoch **keine tatbestandsmäßigen Voraussetzungen** der Formbedürftigkeit sind. Es handelt sich vielmehr um eine typisierende Anordnung durch den Gesetzgeber, unabhängig davon, ob die beabsichtigten Formzwecke im Einzelfall notwendig sind oder tatsächlich verwirklicht werden. Durch die notarielle Beurkundung sollen **verschiedene Funktionen** erfüllt werden, wobei die einzelnen Formvorschriften nicht unbedingt allen Beurkundungszwecken dienen bzw. die eine oder andere Funktion in den Vordergrund treten lassen.

8 b) **Beweisfunktion.** In jedem Fall dient die notarielle Beurkundung der Beweissicherung.[8] Durch die Niederlegung von Willenserklärungen und Beschlüssen in einer öffentlichen Niederschrift werden diese mit der Beweiswirkung der §§ 415, 418 ZPO ausgestattet.[9] Da die notarielle Urkunde verwahrt wird, kann **dauerhaft und rechtssicher** auf deren Inhalt zurückgegriffen werden. Auf diesem Wege lassen sich beispielsweise im Zusammenspiel mit den zum Handelsregister eingereichten Gesellschafterlisten die einzelnen Abtretungsvorgänge von Geschäftsanteilen einer GmbH nachvollziehen.[10]

9 c) **Gewährsfunktion.** In öffentlicher Urkunde niedergelegte Erklärungen sind mit einer besonderen materiellen Richtigkeitsgewähr versehen,[11] insbesondere spricht eine Vermutung dafür, dass der Urkundsinhalt vollständig und richtig wiedergegeben ist.[12] Damit wird insbesondere die **Rechtssicherheit und Rechtsklarheit** befördert,[13] indem sich die Beteiligten, aber auch die Öffentlichkeit darauf verlassen können, dass z.B. der Inhalt einer Gesellschaftssatzung oder einer Hauptversammlung insgesamt zuverlässig wiedergegeben ist.[14] Diesem Zweck korrespondiert die Pflicht des Notars, den Sachverhalt zu erforschen und die Erklärungen der Beteiligten klar und unzweideutig zu protokollieren, § 17 Abs. 1 S. 1 BeurkG.

---

[8] BGHZ 105, 324, 338 = NJW 1989, 295, 298; Altmeppen/Roth/*Altmeppen* § 53 GmbHG Rdnr. 21.

[9] OLG Düsseldorf DNotZ 2003, 775, 777; *Kanzleiter* ZIP 2001, 2105, 2108; Staudinger/*Hertel* Vor §§ 127a, 128 BGB Rdnr. 704.

[10] *Wicke* ZIP 2006, 977, 981 f.

[11] BGHZ 105, 324, 338 = NJW 1989, 295, 298; *Kanzleiter* ZIP 2001, 2105, 2108; Semler/Stengel/*Schröer* § 6 UmwG Rdnr. 2.

[12] BGH NJW 2002, 3164, 3165.

[13] BGHZ 127, 107, 113 = NJW 1994, 3094, 3095; OLG Düsseldorf DNotZ 2003, 775, 777; Schmitt/Hörtnagl/Stratz/*Stratz* § 13 UmwG Rdnr. 41; Semler/Stengel/*Gehling* § 13 UmwG Rdnr. 51; Staudinger/*Hertel* Vor §§ 127a, 128 BGB Rdnr. 23.

[14] OLG Düsseldorf DNotZ 2003, 775, 777; *Priester* DNotZ 2001, 661, 664 f.; Altmeppen/Roth/*Altmeppen* § 53 GmbHG Rdnr. 21, § 55 GmbHG Rdnr. 19; MünchKommAktG/*Kubis* § 130 Rdnr. 1; *Wicke* § 53 GmbHG Rdnr. 13.

d) **Warn- und Schutzfunktion.** Durch die Beurkundung sollen die Beteiligten vor Übereilung geschützt werden, sie sollen vor den rechtlichen Folgen eines möglicherweise unbedachten Handelns gewarnt werden.[15] Gerade im Gesellschaftsrecht sind die Beteiligten oftmals unbewandert und haben Fehlvorstellungen von der rechtlichen Bedeutung einzelner Vorschriften.[16] Der Notar ermöglicht den Beteiligten eine **neutrale** und preiswerte, dabei aber kompetente **juristische Beratung.**[17] So soll das Beurkundungserfordernis die Beteiligten bei der Gründung einer GmbH oder bei einer Erhöhung von deren Kapital (auch) vor einer Voreinzahlung bewahren.[18] Im Aktien- und Umwandlungsrecht bedürfen bestimmte Verzichtserklärungen deshalb der notariellen Beurkundung, um die Verzichtenden auf die damit verbundenen Folgen hinweisen zu können.[19] Verfahrensrechtlich wird die Warn- und Schutzfunktion durch § 17 Abs. 1 S. 2, Abs. 2 und Abs. 2a BeurkG verwirklicht: Der Notar soll darauf achten, dass Irrtümer und Zweifel vermieden sowie unerfahrene und ungewandte Beteiligte nicht benachteiligt werden. Zweifel am wahren Willen und an der Wirksamkeit des Geschäfts soll der Notar mit den Beteiligten erörtern. Das Beurkundungsverfahren soll so gestaltet werden, dass die Einhaltung dieser Pflichten gewährleistet ist. 10

e) **Kontrollfunktion.** Schließlich soll durch die Beurkundung die Einhaltung bestimmter, vornehmlich im öffentlichen Interesse bestehender Vorschriften überwacht werden.[20] Diese Kontrollfunktion begegnet in unterschiedlicher Ausprägung: Die Tätigkeit des **Registergerichts** soll erleichtert werden,[21] die notarielle Beurkundung und Beglaubigung soll als **Filter** fungieren, die Identität der Beteiligten und die Authentizität von deren Erklärungen garantieren.[22] Gerade im Aktien- und Umwandlungsrecht soll eine **Präventivkontrolle** zudem die Einhaltung formellen und materiellen Rechts gewährleisten.[23] Durch die notariellen **Mitteilungs- und Auskunftspflichten** soll vornehmliche das staatliche Steueraufkommen gesichert werden.[24] Eine besondere Bedeutung kommt dem Formerfordernis nach § 15 Abs. 3 GmbHG zu. Durch die Pflicht zur Beurkundung von Geschäftsanteilsabtretungen soll der **Handel mit GmbH-Anteilen erschwert**, insbesondere zum Schutz der Anleger die Börsenfähigkeit der GmbH verhindert werden.[25] 11

3. Umfang der Beurkundungspflicht

a) **Gesellschaftssatzungen.** Beurkundungsbedürftig ist nicht nur der notwendige, sondern auch der **fakultative Satzungsinhalt.**[26] Insbesondere Sonderrechte oder -pflichten einzelner Gesellschafter, Vorkaufs-, Andienungs- und Optionsrechte sind formbedürftig.[27] Vorverträge unterliegen ebenfalls dem Beurkundungserfordernis.[28] Keine Beurkundungspflicht besteht für **schuldrechtliche Nebenabreden** der Gesellschafter.[29] Diese binden allerdings immer nur die Gesellschafter, zwischen denen die Abrede getroffen wurde.[30] 12

---

[15] BGHZ 105, 324, 338 = NJW 1989, 295, 298; BGH NJW 1981, 1160; *Kanzleiter* ZIP 2001, 2105, 2108; Semler/Stengel/*Gehling* § 13 UmwG Rdnr. 51.

[16] *Wicke* ZIP 2006, 977, 980.

[17] *Wicke* ZIP 2006, 977, 979 ff.

[18] BGH DNotZ 2008, 841 = MittBayNot 2009, 394; BGH DNotZ 1996, 572 mit Anm. *Rinsche/Kanzleiter*.

[19] Schmitt/Hörtnagl/Stratz/*Stratz* § 8 UmwG Rdnr. 35; Semler/Stengel/*Gehling* § 8 UmwG Rdnr. 71.

[20] Staudinger/*Hertel* Vor §§ 127a, 128 BGB Rdnr. 23 ff.

[21] Semler/Stengel/*Gehling* § 13 UmwG Rdnr. 51.

[22] Staudinger/*Hertel* Vor §§ 127a, 128 BGB Rdnr. 25.

[23] OLG Düsseldorf DNotZ 2003, 775, 777; *Hüffer* § 130 AktG Rdnr. 1; MünchKommAktG/*Kubis* § 130 Rdnr. 1.

[24] *Küperkoch* RNotZ 2002, 298, 299; *Wicke* ZIP 2006, 977, 982.

[25] BGHZ 127, 129, 135 = NJW 1994, 3227, 3229 = DNotZ 1995, 557, 561; BGH NJW 1999, 2594, 2595; NJW 1996, 3338, 3339; *Kanzleiter* ZIP 2001, 2105, 2106; *Wicke* ZIP 2006, 977, 979.

[26] Staudinger/*Hertel* Vor §§ 127a, 128 BGB Rdnr. 194, 198.

[27] BGH NJW 1969, 131; BGH BB 1981, 926; Staudinger/*Hertel* Vor §§ 127a, 128 BGB Rdnr. 198 m. w. N.

[28] BGH DNotZ 1988, 504, 505 = NJW-RR 1988, 288.

[29] Zuletzt BGH RNotZ 2010, 589, 590 = ZNotP 2010, 353 mit zahlreichen Nachweisen.

[30] BGH RNotZ 2010, 589, 590 = ZNotP 2010, 353.

Praxistipp:

13 Die Abgrenzung von formfreien Nebenabreden und formbedürftigen Satzungsbestandteilen fällt nicht immer leicht,[31] so dass aus notarieller Sicht gemäß dem Grundsatz des sichersten Wegs zu einer Beurkundung geraten werden sollte.[32]

14 b) **Hauptversammlungen und Satzungsänderungen.** Hauptversammlungsbeschlüsse einer **börsennotierten AG** sind stets beurkundungsbedürftig, für **nichtbörsennotierte Gesellschaften** bestehen gewisse Erleichterungen, § 130 Abs. 1 S. 1, 3 AktG. Besteht jedoch nach § 130 Abs. 1 S. 3 AktG eine Protokollierungspflicht, so erfasst diese die gesamte Hauptversammlung.[33] Im GmbH-Recht bestimmt § 53 Abs. 2 S. 1 GmbHG die notarielle Mitwirkung nur für satzungsändernde Beschlüsse. **Satzungsdurchbrechungen**, die einen von der Satzung abweichenden rechtlichen Zustand begründen, also nicht nur eine „punktuelle" Bedeutung haben, sind ohne Einhaltung der für eine Satzungsänderung geltenden Formvorschriften unwirksam.[34] Der Beschluss über die **Auflösung der GmbH** ist nur dann beurkundungsbedürftig, wenn der Gesellschaftsvertrag ausnahmsweise die Zeitdauer der GmbH bestimmt.[35]

15 c) **Umwandlungsvorgänge.** Bei Umwandlungsvorgängen gilt ebenfalls der Grundsatz, dass alle Abreden, auch wenn sie nur **Nebenabreden** sind, dem notariellen Beurkundungserfordernis unterliegen, insofern sie mit dem gesamten Umwandlungsvorgang nach dem Willen der Beteiligten eine Einheit bilden sollen.[36] **Änderungen und Ergänzungen** des ursprünglichen Vertrags sind ebenfalls formbedürftig.[37] Schon der **Vorvertrag** (nicht aber der bloße Entwurf) zu einer Umwandlung muss beurkundet werden.[38] Ein formgültiger Umwandlungsvertrag bedarf zu seiner **Aufhebung** jedenfalls dann der Form des § 6 UmwG, wenn dem übernehmenden Rechtsträger eine einseitig nicht mehr entziehbare Rechtsposition (Anwartschaftsrecht) erwachsen ist.[39] Dies ist jedenfalls dann der Fall, wenn zum Vollzug der Umwandlung nur noch die Einreichung der Handelsregisteranmeldungen (vgl. § 16 Abs. 1, 2 UmwG) erforderlich ist.[40]

16 d) **GmbH-Geschäftsanteilsveräußerungen, § 15 Abs. 3 und 4 GmbHG.** Das Beurkundungserfordernis nach § 15 Abs. 4 GmbHG greift ein, wenn ein (auch künftiger) **GmbH-Geschäftsanteil oder ein Teil** hiervon vertraglich **veräußert oder erworben** werden soll.[41] Gleichgültig ist, ob es sich um eine entgeltliche oder unentgeltliche Vereinbarung handelt.[42] Formbedürftig sind auch Abreden über die Einräumung von **Vorkaufs-, Ankaufs-, Andienungs- und Optionsrechten** sowie **Vorverträge.**[43] Ein **Treuhandvertrag** hinsichtlich eines GmbH-Geschäftsanteils, der **vor der Beurkundung des Gesellschaftsvertrags** geschlossen wird, unterliegt nicht dem Formzwang des § 15 Abs. 4 GmbHG. Verpflichtet sich ein Gesellschafter allerdings, seinen Geschäftsanteil **künftig für einen Treugeber** zu halten, bedarf diese Vereinbarung der notariellen Beurkundung. Ebenso ist die Treuhandabrede beurkundungsbedürftig, die der Gesellschafter **nach Gründung**, aber vor Eintragung der GmbH hinsichtlich des künftig entstehenden Geschäftsanteils abschließt.[44]

---

[31] Staudinger/*Hertel* Vor §§ 127 a, 128 BGB Rdnr. 199.
[32] *Leitzen* RNotZ 2010, 566, 573.
[33] Staudinger/*Hertel* Vor §§ 127 a, 128 BGB Rdnr. 210 m. w. N.
[34] BGHZ 123, 15, 18 = NJW 1993, 2246, 2247.
[35] BayObLG NJW-RR 1995, 1001, 1002.
[36] Staudinger/*Hertel* Vor §§ 127 a, 128 BGB Rdnr. 206.
[37] Semler/Stengel/*Schröer* § 6 UmwG Rdnr. 9.
[38] LG Paderborn NZG 2000, 899, 900; *Hermanns* ZIP 2006, 2296, 2297 f.
[39] Staudinger/*Hertel* Vor §§ 127 a, 128 BGB Rdnr. 207.
[40] Widmann/Mayer/*Heckschen* § 6 Rdnr. 41; a. A. Semler/Stengel/*Schröer* § 6 UmwG Rdnr. 10.
[41] Staudinger/*Hertel* Vor §§ 127 a, 128 BGB Rdnr. 147, 148 m. w. N.
[42] Staudinger/*Hertel* Vor §§ 127 a, 128 BGB Rdnr. 152.
[43] Baumbach/*Hueck*/*Fastrich* § 15 GmbHG Rdnr. 31; Staudinger/*Hertel* Vor §§ 127 a, 128 BGB Rdnr. 151.
[44] BGHZ 141, 207, 211 f. = NJW 1999, 2594, 2595 = DNotZ 1999, 756, 757 f.

Wie im Rahmen des § 311 b Abs. 1 BGB gilt, dass nicht nur die Verpflichtung zur Abtretung des Geschäftsanteils beurkundungsbedürftig ist, sondern dass **alle Haupt- und Nebenabreden** insgesamt formbedürftig sind.[45] Gemischte und zusammengesetzte Verträge sind dann insgesamt beurkundungsbedürftig, wenn diese von der Übertragung des Geschäftsanteils abhängen, mit dieser „stehen und fallen" sollen.[46] So bedarf bei einer **GmbH & Co KG** nicht nur die Veräußerung des GmbH-Geschäftsanteils, sondern auch die des **Kommanditanteils** der notariellen Beurkundung, wenn die Veräußerung des GmbH-Geschäftsanteils davon abhängt, was bei einem Gleichlauf der Beteiligungsverhältnisse regelmäßig der Fall ist.[47] 17

Vertragsänderungen sind ebenfalls beurkundungsbedürftig, z. B. eine Einigung dahingehend, dass eine zunächst vereinbarte Bedingung entfallen soll.[48] Eine **Vertragsaufhebung** soll, solange die Abtretung noch nicht erfolgt ist, formlos möglich sein.[49] Steht die Abtretung unter einer aufschiebenden Bedingung, so muss die Vertragsaufhebung dann beurkundet werden, wenn der Erwerber bereits ein Anwartschaftsrecht erworben hat, also der Bedingungseintritt von ihm einseitig herbeigeführt werden kann. **Keiner Form** bedürfen eine Vollmacht zum Erwerb oder zur Veräußerung eines Geschäftsanteils, selbst wenn die Vollmacht unwiderruflich erteilt wird, oder die Genehmigung zu einer Anteilsveräußerung.[50] Die vorstehenden Grundsätze gelten für die **Abtretung eines Geschäftsanteils** (§ 15 Abs. 3 GmbHG) entsprechend, so dass alle Nebenabreden beurkundungsbedürftig sind.[51] Auch die Abtretung eines Anspruchs auf Übertragung eines Geschäftsanteils unterliegt der Form des § 15 Abs. 3, 4 GmbHG.[52] 18

4. Rechtsfolgen eines Formverstoßes

a) **Gesamtnichtigkeit.** Vorbehaltlich etwaiger Heilungstatbestände (siehe Rdnr. 24 ff.) führt die Nichtbeachtung der notariellen Form zur **Nichtigkeit des gesamten Rechtsgeschäfts**, § 125 S. 1 BGB, § 241 Nr. 2 AktG. Die unvollständige Beurkundung, z. B. eine zu niedrige Angabe des Kaufpreises im Rahmen einer Geschäftsanteilsveräußerung oder die unvollständige Beurkundung eines zusammengesetzten Vertrags, führt im Zweifel ebenfalls zur Nichtigkeit des gesamten Vertragswerks. 19

b) **Arglisteinwand.** Der Berufung auf den Formmangel kann grundsätzlich nicht der **Einwand der Arglist** entgegen gehalten werden.[53] Nur soweit ein Vertragsteil durch die Formnichtigkeit untragbar und einseitig belastet würde, ist gem. § 242 BGB vom Bestand des Vertrags auszugehen. Dies ist insbesondere der Fall, wenn die Formnichtigkeit von demjenigen Vertragsteil, der sich auf die Unwirksamkeit beruft, vorwerfbar verursacht worden ist.[54] 20

c) **Umdeutung, Neuvornahme, falsa demonstratio.** Die **Umdeutung** eines formnichtigen in ein wirksames Rechtsgeschäft (§ 140 BGB) scheidet in aller Regel aus.[55] Allerdings kann ein unwirksamer Gesellschafterbeschluss in eine formgültige schuldrechtliche Nebenabrede umgedeutet werden.[56] Das unwirksame Rechtsgeschäft kann nur durch **Neuvornahme**, also erneute und vollständige Beurkundung, ex nunc geheilt werden, § 141 Abs. 1, 2 BGB.[57] Der Grundsatz, dass eine unbewusst unrichtige Beurkundung unschädlich ist, wenn die Beteilig- 21

[45] BGH DStR 2000, 1272; BGH DNotZ 1984, 481; OLG Celle NZG 2002, 479, 480; Baumbach/*Hueck/Fastrich* § 15 GmbHG Rdnr. 30.
[46] OLG Hamm GmbHR 1993, 106.
[47] BGH NJW 1986, 2642, 2643 = MittBayNot 1986, 270, 271 = DNotZ 1986, 687, 688.
[48] BGH NJW-RR 1989, 291, 292 = DNotZ 1990, 122, 123 = MittBayNot 1989, 165, 166.
[49] Staudinger/*Hertel* Vor §§ 127 a, 128 BGB Rdnr. 158.
[50] Staudinger/*Hertel* Vor §§ 127 a, 128 BGB Rdnr. 163, 165.
[51] Staudinger/*Hertel* Vor §§ 127 a, 128 BGB Rdnr. 161.
[52] BGHZ 75, 352, 353 f. = NJW 1980, 1100, 1101 = DNotZ 1980, 376, 377.
[53] Staudinger/*Hertel* § 125 BGB Rdnr. 111.
[54] Staudinger/*Hertel* § 125 BGB Rdnr. 112 m. w. N.
[55] Baumbach/*Hueck/Fastrich* § 15 GmbHG Rdnr. 29.
[56] BGH RNotZ 2010, 589, 590 = ZNotP 2010, 353; *Leitzen* RNotZ 2010, 566, 573.
[57] Baumbach/*Hueck/Fastrich* § 15 GmbHG Rdnr. 29.

ten übereinstimmend denselben Gegenstand gemeint, diesen aber falsch bezeichnet haben (**falsa demonstratio non nocet**), gilt auch im Gesellschaftsrecht.[58]

Praxistipp:

22 Der falsa-demonstratio-Grundsatz kann bei der Abtretung von Geschäftsanteilen eine Rolle spielen, z. B. wenn die Beteiligten irrtümlich davon ausgehen, dass ein Geschäftsanteil eine bestimmte Nummer habe.

23 Selbst bei **Beschlussfassungen** kann dieser Grundsatz zur Anwendung kommen. Gehen beispielsweise alle Beteiligten davon aus, dass es sich bei der Ausgabe von Inhaberaktien um vinkulierte Namensaktien handeln solle, kann hierin eine unschädliche Falschbezeichnung liegen.[59]

5. Heilung von Formverstößen

24 **a) Heilung durch wirksame Abtretung, § 15 Abs. 4 S. 2 GmbHG.** Die formnichtige Vereinbarung zur Abtretung eines Geschäftsanteils wird durch die wirksame und formgerechte Abtretung geheilt. Allerdings muss sich die Abtretung gerade auf die formnichtige Vereinbarung beziehen und die Vertragsbeteiligten müssen zum Zeitpunkt des Wirksamwerdens der Vereinbarung noch den übereinstimmenden Willen zum Abschluss des Vertrags besitzen.[60] Geheilt werden auch alle formnichtigen Nebenabreden sowie nicht beurkundete zusammengesetzte Verträge. Für die Heilung einer formnichtigen Vereinbarung zur Abtretung von Anteilen an einer GmbH & Co. KG mangels Mitbeurkundung der Abtretung der Kommanditbeteiligungen kommt es nur auf die wirksame Beurkundung der Abtretung der GmbH-Geschäftsanteile an.[61]

25 **b) Heilung durch Registereintragung, § 242 AktG, § 20 Abs. 1 Nr. 4 UmwG.** Eine formnichtige **Gesellschaftsgründung** kann uneingeschränkt bis zur Registereintragung geltend gemacht werden.[62] Ist die Gesellschaft zwar noch nicht eingetragen, aber mit übereinstimmendem Willen der Beteiligten in Vollzug gesetzt, gelten die Grundsätze über die **fehlerhafte Gesellschaft**, eine Auflösung derselben kommt also nur mit Wirkung für die Zukunft in Betracht.[63] Durch die Registereintragung werden etwaige Formfehler (auch eine formnichtige Vollmacht) **geheilt**, eine Nichtigkeit der AG, KGaA oder GmbH kann nur auf die in § 275 Abs. 1 AktG, § 75 Abs. 1 GmbHG genannten Gründe gestützt werden.[64]

26 Der **nicht ordnungsgemäß beurkundete Hauptversammlungsbeschluss** einer AG stellt nach § 241 Nr. 2 AktG einen Nichtigkeitsgrund dar, der aber nach Eintragung des Beschlusses im Handelsregister nicht mehr gerügt werden kann, § 242 Abs. 1 AktG.[65] Für die GmbH gelten diese Prinzipien in entsprechender Weise.[66] Besondere Heilungswirkung entfaltet das sog. **Freigabeverfahren**, das es der Gesellschaft ermöglicht, die Registereintragung eines angefochtenen Beschlusses vor Durchführung der Anfechtungsklage zu erreichen. Eine der-

[58] BGH NJW 2007, 2117 = MittBayNot 2007, 416; a. A. OLG München DNotZ 2009, 474 für Unternehmensverträge.

[59] Insoweit nicht entschieden vom OLG Köln FGPrax 2010, 250.

[60] BGHZ 127, 129, 135 = NJW 1994, 3227, 3229 = DNotZ 1995, 557, 561.

[61] BGH NJW-RR 1992, 991 = DNotZ 1993, 615 = MittBayNot 1992, 407; *Witt* ZIP 2000, 1033, 1038 f.

[62] Baumbach/*Hueck/Fastrich* § 2 GmbHG Rdnr. 38; *Hüffer* § 23 AktG Rdnr. 41; Staudinger/*Hertel* Vor §§ 127 a, 128 BGB Rdnr. 681.

[63] Baumbach/*Hueck/Fastrich* § 2 GmbHG Rdnr. 39; *Hüffer* § 275 AktG Rdnr. 8; Staudinger/*Hertel* Vor §§ 127 a, 128 BGB Rdnr. 682.

[64] Baumbach/*Hueck/Fastrich* § 2 GmbHG Rdnr. 40; *Hüffer* § 23 AktG Rdnr. 42; Staudinger/*Hertel* Vor §§ 127 a, 128 BGB Rdnr. 683.

[65] Staudinger/*Hertel* Vor §§ 127 a, 128 BGB Rdnr. 685.

[66] BGH NJW 1996, 257, 258 = DNotZ 1996, 684, 685 = MittBayNot 1996, 48, 49; Staudinger/*Hertel* Vor §§ 127 a, 128 BGB Rdnr. 686.

artige Eintragung kann auch nach erfolgreicher Klage nicht mehr beseitigt werden, § 246a Abs. 4 S. 2, § 319 Abs. 6 S. 11, § 327e Abs. 2 AktG, § 16 Abs. 3 S. 10 UmwG.[67]

27 Bei Umwandlungsvorgängen werden durch die Registereintragung Beurkundungsmängel der **Umwandlungsverträge** und der **Zustimmungs- und Verzichtserklärungen** einzelner Anteilseigner geheilt, § 20 Abs. 1 Nr. 4 UmwG. Geheilt werden auch nicht beurkundete Nebenabreden; eine gänzlich fehlende oder mangels Zuständigkeit unwirksame Beurkundung sowie etwaige materiellrechtliche Mängel werden von der Heilungswirkung aber nicht erfasst.[68] Die **Zustimmungsbeschlüsse** einzelner Anteilseigner fallen nicht unter § 20 Abs. 1 Nr. 4 UmwG, sondern können nach den jeweils einschlägigen Vorschriften geheilt bzw. unanfechtbar werden (siehe Rdnr. 26). In jedem Fall bleiben die Wirkungen der Umwandlung von etwaigen materiellen oder formellen Mängeln unberührt, § 20 Abs. 2 UmwG.[69]

II. Beurkundungszuständigkeit

1. Sachliche Zuständigkeit

28 a) **Beurkundungsmonopol der Notare.** Mit der Vereinheitlichung des Beurkundungsverfahrens durch das Beurkundungsgesetz vom 28. 8. 1969 sind auch die uneinheitlichen Zuständigkeiten innerhalb Deutschlands weitgehend zugusten einer ausschließlichen Beurkundungszuständigkeit der Notare bereinigt worden. Während in Grundstücksangelegenheiten konkurrierende Beurkundungszuständigkeiten[70] oder konkurrierende Verwaltungsverfahren (Umlegungsverfahren, freiwilliger Landtausch) eine gewisse Rolle spielen, werden in Gesellschafts- und Handelssachen **inländische Beurkundungen** so gut wie ausschließlich von den Notaren vorgenommen. Große Bedeutung kommt hingegen der Frage zu, inwieweit **Auslandsbeurkundungen**, die vor einem ausländischen Notar stattgefunden haben, dem nationalen Beurkundungserfordernis genügen. Siehe hierzu ausführlich § 9.

29 b) **Beglaubigungen.** Soweit gesetzlich die Vorlage einer öffentlich-beglaubigten Erklärung vorgesehen ist, sind ebenfalls in erster Linie die Notare zu deren Vornahme zuständig, §§ 39, 40 BeurkG. Beglaubigungen können jedoch in manchen Bundesländern auch von anderen Stellen vorgenommen werden, z. B. in **Hessen** durch den Ortsgerichtsvorsteher (§ 13 Abs. 1, Abs. 2 S. 1 HessOrtsGG), in **Rheinland-Pfalz** durch die Kommunalbehörde (§ 2 i. V. m. § 1 Abs. 1 Nr. 1 bis 3 RhPfBeglG) und in **Baden -Württemberg** durch den Ratschreiber (§ 32 Abs. 4 LFGG).[71] Keine öffentliche Beglaubigung stellt allerdings die amtliche Beglaubigung dar. Unberührt bleibt die Befugnis der Behörden, in eigenen Angelegenheiten Willens- und Verfahrenserklärungen durch **Behördenurkunde** abzugeben (sog. Eigenurkunde). Dies gilt insbesondere für Anmeldungen zum Handels-, Genossenschaft-, Partnerschafts- und Vereinsregister, da eine öffentliche Urkunde (wie im Rahmen des § 29 GBO) die gleiche Richtigkeitsgewähr wie eine öffentlich beglaubigte Erklärung bietet.[72] Fordert das Gesetz aber – wie in § 2 Abs. 2 GmbHG – „notarielle Beglaubigung", genügt die Behördenurkunde nicht.[73] Anders als die Auslandsbeurkundung wird die **Beglaubigung durch einen ausländischen Notar** allgemein als zulässig angesehen. Um im deutschen Registerverfahren als taugliche Urkunde anerkannt zu werden, muss die ausländische Urkunde, sofern nicht ausnahmsweise ein Abkommen mit dem ausländischen Staat zur wechselseitigen An-

[67] *Hüffer* § 246a AktG Rdnr. 1; *Petersen/Habbe* NZG 2010, 1091.
[68] Staudinger/*Hertel* Vor §§ 127a, 128 BGB Rdnr. 687.
[69] Staudinger/*Hertel* Vor §§ 127a, 128 BGB Rdnr. 688.
[70] In der Praxis begegnen der vom Gericht protokollierte Prozessvergleich (§ 127a BGB) und die vom baden-württembergischen Ratschreiber beurkundeten einfachen Grundstückskauf- und -tauschverträge (§ 32 Abs. 3 LFGG); die Beurkundungszuständigkeit des Ratschreibers wird zum 1. 1. 2018 durch das Gesetz zur Änderung der BNotO und anderer Gesetze vom 15. 7. 2009 (BGBl. I 1798) aufgehoben.
[71] Ortsgerichtsvorsteher und Kommunalbehörde dürfen nur Unterschriften beglaubigen, die vollzogen wurden; der Ratschreiber darf keine Handzeichen beglaubigen.
[72] OLG Stuttgart FGPrax 2009, 129, 130; BayObLGZ 1975, 227 = DNotZ 1976, 120 = Rpfleger 1975, 315; Armbrüster/Preuß/Renner/*Armbrüster* § 56 BeurkG Rdnr. 7; Staudinger/*Hertel* § 129 BGB Rdnr. 50.
[73] Staudinger/*Hertel* § 129 BGB Rdnr. 52; a. A. OLG Düsseldorf MittRhNotK 1997, 436.

erkennung öffentlicher Urkunden besteht, mit der **Apostille** versehen oder **legalisiert** sein.[74] Da in aller Regel nur die inländischen Notare an den elektronischen Rechtsverkehr mit den Registergerichten angeschlossen sind, können auch nur diese Registeranmeldungen in elektronischer Form gem. § 12 Abs. 1 S. 1 HGB einreichen.[75]

2. Örtliche Zuständigkeit

30 Beurkundungen und Beglaubigungen können von jedem deutschen Notar innerhalb des Staatsgebiets der Bundesrepublik Deutschland vorgenommen werden, es gilt der Grundsatz der **freien Notarwahl.** § 10a Abs. 2 BNotO gestattet dem Notar jedoch nur innerhalb seines **Amtsbereichs** (= der Amtsgerichtsbezirk oder der von der Landesjustizverwaltung festgelegte Amtsbereich, § 10a Abs. 1 BNotO) tätig zu werden, sofern nicht besondere berechtigte Interessen der Rechtsuchenden ein Tätigwerden außerhalb des Amtsbereichs gebieten.[76] Außerhalb seines **Amtsbezirks** (= der Oberlandesgerichtsbezirk in dem der Notar seinen Amtssitz hat, § 11 Abs. 1 BNotO) darf der Notar Amtshandlungen nur vornehmen, wenn Gefahr im Verzuge ist oder die Aufsichtsbehörde es genehmigt hat, § 11 Abs. 2 BNotO.[77]

Praxistipp:

31 Kein ausreichender Grund für die Erteilung einer Ausnahmegenehmigung liegt vor, wenn der Notar bisher öfter die Versammlungsniederschriften für eine Gesellschaft errichtet hatte und die Versammlung nunmehr außerhalb seines Amtsbezirks stattfinden soll; von besonders gelagerten Fällen abgesehen, kann die Versammlungsniederschrift im Allgemeinen ohne weiteres und ohne besondere Kenntnis der Verhältnisse auch durch einen ansässigen Notar aufgenommen werden.[78]

32 Eine **Überschreitung des Amtsbereichs oder Amtsbezirks** (auch über die Grenze eines Bundeslands hinaus) berührt die Wirksamkeit der Urkunde zwar nicht (§ 2 BeurkG; § 11 Abs. 3 BNotO), hat aber dienstrechtliche Konsequenzen zur Folge.[79] Eine Falschbeurkundung (§ 348 StGB) oder Amtsanmaßung (§ 132 StGB) liegt aber nicht vor.[80] Zur Unwirksamkeit führt die von einem **deutschen Notar im Ausland** vorgenommene Beurkundung, z. B. die Teilnahme an einer im Ausland abgehaltenen Gesellschafterversammlung,[81] möglich ist in diesen Fällen nur die Unterstützung eines ausländischen Notars, § 11a S. 1 BNotO.[82] Besteht die Amtstätigkeit, wie bei der Tatsachenbeurkundung oder der Unterschriftsbeglaubigung, aus **zwei Handlungsakten** (Wahrnehmung und Erstellung der Niederschrift bzw. des Vermerks), so ist die im Inland vorgenommene Beurkundung bzw. Beglaubigung der im Ausland wahrgenommenen Tatsache nach überwiegender Ansicht wirksam.[83] Es handelt sich dabei aber um ein Dienstvergehen.[84] Zur Frage, ob ein ausländischer Notar in Deutschland wirksam Amtshandlungen vornehmen kann, siehe § 9.

[74] Schulte-Bunert/Weinrich/*Nedden-Boeger* Vor § 378 FamFG Rdnr. 33 ff.

[75] Ring/Grziwotz/*Hecht* § 8 GmbHG Rdnr. 18; vgl. zur elektronischen Einreichung *Krafka/Willer/Kühn* Rdnr. 137 ff.

[76] Siehe hierzu Ziffer IX. der Richtlinienempfehlungen der BNotK vom 29. 1. 1999, DNotZ 1999, 258.

[77] Schippel/Bracker/*Püls* § 11 BNotO Rdnr. 2 f.; Armbrüster/Preuß/Renner/*Preuß* § 2 BeurkG Rdnr. 13 ff.

[78] Schippel/Bracker/*Püls* § 11 BNotO Rdnr. 3; a. A. Arndt/Lerch/Sandkühler/Lerch § 11 BNotO Rdnr. 10.

[79] Armbrüster/Preuß/Renner/*Preuß* § 2 BeurkG Rdnr. 17; Eylmann/Vaasen/*Limmer* § 2 BeurkG Rdnr. 3; *Winkler* § 2 BeurkG Rdnr. 10 ff.

[80] BGH NJW 1998, 3790, 3791.

[81] Schippel/Bracker/*Püls* § 11 BNotO Rdnr. 4; Armbrüster/Preuß/Renner/*Preuß* § 2 BeurkG Rdnr. 20.

[82] BGHZ 138, 359, 361 = NJW 1998, 2830, 2831; Armbrüster/Preuß/Renner/*Preuß* § 2 BeurkG Rdnr. 19; Eylmann/Vaasen/*Limmer* § 2 BeurkG Rdnr. 9.

[83] Rundschreiben BNotK DNotZ 1998, 913, 921; OGH IPRax 1996, 274; Armbrüster/Preuß/Renner/*Preuß* § 2 BeurkG Rdnr. 20; Eylmann/Vaasen/*Limmer* § 2 BeurkG Rdnr. 9; *Winkler* § 2 BeurkG Rdnr. 3; a. A. Staudinger/*Winkler von Mohrenfels* Art. 11 EGBGB Rdnr. 283.

[84] Rundschreiben BNotK DNotZ 1998, 913, 921.

3. Mitwirkungsverbote, Ausschließungsgründe, Ablehnung der Beurkundung

a) **Mitwirkungsverbote, § 3 BeurkG und § 16 Abs. 1 BNotO.** Der Notar ist nicht Vertreter einer Partei, sondern unabhängiger und unparteiischer Betreuer aller Urkundsbeteiligten. Er soll nach § 14 Abs. 3 S. 2 BNotO jeden **Anschein der Abhängigkeit und Parteilichkeit** vermeiden. Diese Amtspflicht wird durch § 3 BeurkG konkretisiert, der abstrakte Gefahrensituationen beschreibt, in denen die Neutralität des Notars bedroht erscheint.[85] Dass sich der Notar tatsächlich in einer parteilichen Lage befindet, ist nicht erforderlich.[86] Die Inhabilitätsvorschriften des § 3 BeurkG durchziehen nach § 16 Abs. 1 BNotO die gesamte Amtstätigkeit und erfassen sowohl die **Beurkundung von Willenserklärungen** als auch die Niederschrift sonstiger Tatsachen und Vorgängen, z. B. die **Protokollierung einer Gesellschafter- oder Hauptversammlung.**[87] Nach h. M. greifen die Mitwirkungsverbote auch bei einer **Unterschriftsbeglaubigung** ein, zumindest dann, wenn der Notar das Schriftstück, unter dem er die Unterschrift beglaubigt, entworfen hat.[88] 33

Bei gesellschaftsrechtlichen Angelegenheiten kann sich in zahlreichen Konstellationen ein Mitwirkungsverbot des Notars ergeben, wenn er, einer seiner Angehörigen oder eine beruflich mit ihm verbundene Person an der Beurkundung **in eigener Sache** beteiligt ist (§ 3 Abs. 1 S. 1 Nr. 1 bis 6, Nr. 9). 34

35

Checkliste 1: Mitwirkungsverbote nach § 3 Abs. 1 S. 1 Nr. 1–6, 9 BeurkG

- **Personengesellschaften (GbR, oHG, KG, Partnerschaftsgesellschaft, EWIV):** Ist der Notar (§ 3 Abs. 1 S. 1 Nr. 1 BeurkG) oder eine der in § 3 Abs. 1 S. 1 Nr. 2, 2 a, 3 oder 4 BeurkG genannten Personen Gesellschafter, darf der Notar keine Willenserklärungen und keine Gesellschafterbeschlüsse beurkunden.[89]
- **Juristische Personen (AG, SE, GmbH, KGaA, Genossenschaft, SCE, Verein, Stiftung):**
  a) *Vorstand, Geschäftsführer:* Ist der **Notar** oder eine mit ihm **beruflich verbundene Person** Vorstand oder Geschäftsführer (§ 3 Abs. 1 S. 1 Nr. 5, 6 BeurkG), so darf er **keine Willenserklärungen** und **keine Gesellschafterbeschlüsse** der Gesellschaft beurkunden,[90] auch wenn weitere vertretungsberechtigte Organe vorhanden sind und nur diese handeln.[91]
  Ist ein **Angehöriger** des Notars (§ 3 Abs. 1 S. 1 Nr. 2, 2 a, 3 BeurkG) Vorstand oder Geschäftsführer, so darf der Notar – sofern diese nicht zugleich wirtschaftliche Inhaber, Mehrheitsgesellschafter oder qualifizierte Minderheitsgesellschafter sind und kein Ausschließungsgrund nach §§ 6, 7 BeurkG vorliegt[92] – **Willenserklärungen** der Gesellschaft beurkunden,[93] nicht aber **Gesellschafterbeschlüsse** protokollieren.[94] Diese Verbote gelten auch dann, wenn die genannten Personen erst in ein Gesellschaftsorgan gewählt werden sollen.[95]
  b) *Aufsichtsrat/Beirat:* Ist der **Notar**, eine mit ihm **beruflich verbundene Person**[96] oder einer seiner **Angehörigen** aufsichtsführendes Organ der Gesellschaft, so darf er **keine Gesell-**

---

[85] BT-Drucks. 13/4184 S. 36; Armbrüster/Preuß/Renner/*Armbrüster* § 3 BeurkG Rdnr. 1.

[86] Armbrüster/Preuß/Renner/*Armbrüster* § 3 BeurkG Rdnr. 1; *Limmer* DNotZ 2004, 334, 337.

[87] Armbrüster/Preuß/Renner/*Armbrüster* § 3 BeurkG Rdnr. 10, 18; *Mihm* DNotZ 1999, 8, 10 f.

[88] Armbrüster/Preuß/Renner/*Armbrüster* § 3 BeurkG Rdnr. 10, 18; *Winkler* § 3 BeurkG Rdnr. 17; *Mihm* DNotZ 1999, 8, 10 f.; *Waldner* Rdnr. 172; teilweise a. A. *Lerch* § 3 BeurkG Rdnr. 5.

[89] Armbrüster/Preuß/Renner/*Armbrüster* § 3 BeurkG Rdnr. 23, 33; Eylmann/Vaasen/*Eylmann* § 3 BeurkG Rdnr. 16; *Lerch* § 3 BeurkG Rdnr. 7; *Winkler* § 3 BeurkG Rdnr. 34, 39, 163, 164.

[90] Armbrüster/Preuß/Renner/*Armbrüster* § 3 BeurkG Rdnr. 23, 36, 64; *Winkler* § 3 BeurkG Rdnr. 42, 89, 92.

[91] Armbrüster/Preuß/Renner/*Armbrüster* § 3 BeurkG Rdnr. 64; Schippel/Bracker/*Schäfer* § 16 BNotO Rdnr. 43; *Winkler* § 3 BeurkG Rdnr. 92.

[92] Armbrüster/Preuß/Renner/*Armbrüster* § 3 BeurkG Rdnr. 23, der aber wohl nur eine qualifizierte Mehrheitsbeteiligung für schädlich erachtet.

[93] Armbrüster/Preuß/Renner/*Armbrüster* § 3 BeurkG Rdnr. 23, 64; *Winkler* § 3 BeurkG Rdnr. 93.

[94] Armbrüster/Preuß/Renner/*Armbrüster* § 3 BeurkG Rdnr. 36; *Winkler* § 3 BeurkG Rdnr. 42; a. A. *Hüffer* § 130 AktG Rdnr. 9; MünchKomm/*Kubis* § 130 AktG Rdnr. 11; *Wilhelmi* BB 1987, 1331, 1332: kein Mitwirkungsverbot, der Notar soll sich aber nach § 16 Abs. 2 BNotO enthalten.

[95] *Winkler* § 3 BeurkG Rdnr. 45.

[96] *Winkler* § 3 BeurkG Rdnr. 42; *Hüffer* § 130 AktG Rdnr. 9; MünchKomm/*Kubis* § 130 AktG Rdnr. 11.

schafterbeschlüsse beurkunden.[97] Dies gilt ausnahmslos, selbst wenn die Beschlüsse nicht unmittelbar die rechtliche Stellung des Aufsichtsorgans betreffen.[98]

Bei der Beurkundung von **Willenserklärungen** liegt hingegen kein Mitwirkungsverbot vor,[99] es sei denn, das Aufsichtsorgan ist **ausnahmsweise** zur Vertretung berechtigt (§ 111 Abs. 2 S. 2, 3, § 112 S. 1, § 246 Abs. 2, § 249 Abs. 1 S. 1 AktG; § 52 Abs. 1 GmbHG; § 38 Abs. 1 a, § 39 Abs. 1 S. 1 GenG) oder muss einem Rechtsgeschäft der Gesellschaft zustimmen (§ 111 Abs. 4 S. 2, § 114 Abs. 1, § 115 AktG, § 52 Abs. 1 GmbHG; § 39 Abs. 2 GenG).[100] Nur in diesen Fällen sind der **Notar** oder eine mit ihm **beruflich verbundene Person** nach § 3 Abs. 1 S. 1 Nr. 5, 6 BeurkG ausgeschlossen. Darf der Notar beurkunden, soll er aber auf seine Stellung als Aufsichtsrat nach § 3 Abs. 3 Nr. 1 i. V. m. Abs. 2 BeurkG hinweisen.[101]

Angehörige des Notars in einem aufsichtführenden Organ haben hingegen kein Mitwirkungsverbot des Notars bei der Beurkundung von **Willenserklärungen** zur Folge, es kann jedoch ein Ausschließungsgrund nach §§ 6, 7 BeurkG vorliegen.[102]

c) *Gesellschafter*: Ist der **Notar** mit mehr als 5% Stimmrecht oder mehr als € 2.500,– „Haftkapital"[103] an der Gesellschaft als Aktionär, Gesellschafter oder Genosse beteiligt, so darf er keine Willenerklärungen und keine Gesellschafterbeschlüsse beurkunden (§ 3 Abs. 1 S. 1 Nr. 9 BeurkG). **Schachtelbeteiligungen** aus Unternehmensbeteiligungen und Beherrschungsverträgen sowie treuhänderische Beteiligungen sind dabei hinzuzurechnen.[104] Verfügt der Notar über eine geringere Beteiligung, so darf er **Gesellschafterbeschlüsse** nur beurkunden, wenn er sein Stimm- oder Widerspruchsrecht weder selbst noch durch einen Vertreter ausübt, die bloße Stimmenthaltung genügt insoweit nicht.[105] Das Mitwirkungsverbot besteht auch bei einer geringeren Beteiligung, wenn die **rechtliche Stellung des Notars** in der Gesellschaft betroffen ist, z. B. durch Gewährung oder Entzug von Sonderrechten.[106]

Ist ein **Angehöriger** des Notars oder eine **beruflich mit ihm verbundene Person** Gesellschafter, so darf der Notar keine Willenserklärungen und Gesellschafterbeschlüsse beurkunden, wenn diese Personen als **wirtschaftliche Inhaber** der Gesellschaft anzusehen sind (z.B. bei einer Ein-Mann-GmbH),[107] über eine **Mehrheitsbeteiligung**[108] oder über eine **qualifizierte Minderheitsbeteiligung**[109] verfügen. Eine Differenzierung danach, ob es sich um eine personalistisch organisierte Kapitalgesellschaft handelt, ist hingegen weder praktikabel noch vom Gesetz vorgegeben.[110] Bei **Gesellschafterbeschlüssen** ist der Notar auch bei einer **unwesentlichen Minderheitsbeteiligung** von der Beurkundung ausgeschlossen, wenn die Beschlüsse die rechtliche Stellung der in § 3 Abs. 1 S. 1 Nr. 2 bis 4

---

[97] *Winkler* § 3 BeurkG Rdnr. 42, 92; a. A *Hüffer* § 130 AktG Rdnr. 9; MünchKomm/*Kubis* § 130 AktG Rdnr. 11: kein Mitwirkungsverbot, der Notar soll sich aber nach § 16 Abs. 2 BNotO enthalten.

[98] *Winkler* § 3 BeurkG Rdnr. 42; a. A. Armbrüster/Preuß/Renner/*Armbrüster* § 3 BeurkG Rdnr. 37.

[99] Armbrüster/Preuß/Renner/*Armbrüster* § 3 BeurkG Rdnr. 23, 65; *Winkler* § 3 BeurkG Rdnr. 92.

[100] Armbrüster/Preuß/Renner/*Armbrüster* § 3 BeurkG Rdnr. 23, 65; Eylmann/Vaasen/*Eylmann* § 3 BeurkG Rdnr. 39; *Winkler* § 3 BeurkG Rdnr. 92.

[101] Armbrüster/Preuß/Renner/*Armbrüster* § 3 BeurkG Rdnr. 23, 65.

[102] Armbrüster/Preuß/Renner/*Armbrüster* § 3 BeurkG Rdnr. 23; *Winkler* § 3 BeurkG Rdnr. 93.

[103] Gemeint ist der Nominalwert der Gesellschaftsbeteiligung, *Winkler* § 3 BeurkG Rdnr. 166, 167.

[104] Armbrüster/Preuß/Renner/*Armbrüster* § 3 BeurkG Rdnr. 91; BeckOK/*Litzenburger* § 3 BeurkG Rdnr. 27; *Winkler* § 3 BeurkG Rdnr. 168.

[105] Armbrüster/Preuß/Renner/*Armbrüster* § 3 BeurkG Rdnr. 38, 92; a. A. *Winkler* § 3 BeurkG Rdnr. 165; MünchKomm/*Kubis* § 130 AktG Rdnr. 11; differenzierend Schippel/Bracker/*Schäfer* § 16 BNotO Rdnr. 22: Mitwirkungsverbot, wenn der Notar Widerspruchsrecht ausübt oder ein zu protokollierendes Minderheitsverlangen unterstützt.

[106] Schippel/Bracker/*Schäfer* § 16 BNotO Rdnr. 22.

[107] Armbrüster/Preuß/Renner/*Armbrüster* § 3 BeurkG Rdnr. 23, 39, 93; *Winkler* § 3 BeurkG Rdnr. 33.

[108] Armbrüster/Preuß/Renner/*Armbrüster* § 3 BeurkG Rdnr. 39; *Winkler* § 3 BeurkG Rdnr. 33.

[109] *Leske* Mitwirkungsverbote S. 178 ff. und Armbrüster/Preuß/Renner/*Armbrüster* § 3 BeurkG Rdnr. 39 stellen insoweit auf eine Beteiligung in Höhe von 25% ab, während MünchKomm/*Kubis* § 130 AktG Rdnr. 11 auch insoweit die Grenze des § 3 Abs. 1 S. 1 Nr. 9 BeurkG heranziehen möchte, was aber dem eindeutigen Wortlaut des Gesetzes widerspricht.

[110] Armbrüster/Preuß/Renner/*Armbrüster* § 3 BeurkG Rdnr. 23; a. A. BeckOK/*Litzenburger* § 3 BeurkG Rdnr. 13; *Winkler* § 3 BeurkG Rdnr. 48 ff., 51 f., der bei der personalistisch orientierten GmbH und Genossenschaft stets von einem Mitwirkungsverbot ausgeht, wenn die Anghörigen des Notars an der Gesellschaft beteiligt sind, auch wenn sie an der Versammlung nicht teilnehmen.

BeurkG genannten Personen betreffen, z. B. Sonderrechte gewährt oder entzogen werden sollen oder Ansprüche der Gesellschaft gegen diese geltend gemacht werden sollen.[111] Schließlich darf der Notar **Gesellschafterbeschlüsse** nur protokollieren, wenn die genannten Personen ihr Stimm- oder Widerspruchsrecht weder selbst noch durch einen Vertreter ausüben, die bloße Stimmenthaltung genügt nicht.[112]
Der Notar sollte sich aber auch in **allen Fällen**, in denen er nur über eine **Minderheitsbeteiligung** i. S. des § 3 Abs. 1 S. 1 Nr. 9 BeurkG oder seine Angehörigen/seine Sozien nur über eine unwesentliche Minderheitsbeteiligung verfügen, nach § 16 Abs. 2 BNotO der **Beurkundung enthalten**, um jeden Anschein der Parteilichkeit zu vermeiden.

Daneben sind stets die Mitwirkungsverbote nach § 3 Abs. 1 S. 1 Nr. 7 und 8 BeurkG wegen einer **Vorbefassung** oder **Bevollmächtigung in derselben Angelegenheit** und wegen eines **ständigen Geschäftsverhältnisses** mit einer beteiligten Person zu beachten. 36

Checkliste 2: Mitwirkungsverbote nach § 3 Abs. 1 S. 1 Nr. 7, 8 BeurkG 37

- Eine **Vorbefassung** bedeutet ein Mitwirkungsverbot, wenn der Notar oder eine mit ihm beruflich verbundene Person **in derselben Angelegenheit außerhalb seiner Amtstätigkeit** bereits tätig war oder ist, es sei denn, diese Tätigkeit wurde im Auftrag aller Urkundsbeteiligten ausgeübt (§ 3 Abs. 1 S. 1 Nr. 7 BeurkG). Vor Beurkundung hat der Notar die Beteiligten nach einer Vorbefassung **zu fragen** und die Antwort in der Urkunde **zu vermerken**, § 3 Abs. 1 S. 2 BeurkG. Während die Vorschrift im Bereich des **hauptberuflichen Notariats** eine mehr theoretische Rolle spielt, z. B. bei Tätigkeit als Gutachter, Schiedsrichter oder vor der Ernennung zum Notar als Rechtsanwalt, so dass deren Geltung dort überhaupt bestritten,[113] zumindest teleologisch reduziert wird,[114] entfaltet sie im Bereich des Auch-Notariats (**Anwaltsnotariat**) ihre eigentliche Bedeutung.[115] Gesellschaftsrechtliche Mandate berühren in aller Regel eine Vielzahl rechtlicher, insbesondere steuerrechtlicher Fragestellungen, die oftmals von Sozien oder Partnern derselben Kanzlei bearbeitet werden. Soweit ein **assoziierter Notar** in einer solchen Angelegenheit beurkunden soll, hat er stets das Mitwirkungsverbot zu beachten, beispielsweise, wenn er den Vertrag über eine Geschäftsanteilsabtretung, eine Umwandlung, einen Unternehmenskauf oder eine Gewinnabführung protokollieren soll, der von seiner Kanzlei in rechtlicher und/oder steuerlicher Hinsicht geprüft wurde.[116] Bei dem Befreiungstatbestand einer **Vorbefassung für alle Beteiligten** ist Vorsicht geboten, diese liegt z. B. nicht vor, wenn ein Sozius alle Gesellschafter einer künftigen GmbH steuerlich beraten hat, weil auch die GmbH als Beteiligte anzusehen ist, so dass der Notarsozius den Gründungsvertrag nicht beurkunden darf.[117] Keinen Verstoß gegen § 3 Abs. 1 S. 1 Nr. 4 und Nr. 7 BeurkG stellt es allerdings dar, wenn die Tätigkeit des Sozius in der Ausübung so genannter **Vollzugs-, Durchführungs- oder Abwicklungsvollmachten** liegt, oder wenn der Sozius für alle an der Beurkundung materiell Beteiligten auftritt, einvernehmlich von allen bevollmächtigt ist und für alle – nach vorheriger Absprache – gleich lautende Erklärungen abgibt, z. B. im Rahmen von Gesellschaftsgründungen oder Gesellschafterversammlungen.[118]
- eine **Bevollmächtigung in derselben Angelegenheit** (§ 3 Abs. 1 S. 1 Nr. 8 Alt. 1 BeurkG) steht einer Mitwirkung dann entgegen, wenn der Notar oder eine mit ihm beruflich verbundene

[111] Eylmann/Vaasen/*Eylmann* § 3 BeurkG Rdnr. 19; *Winkler* § 3 BeurkG Rdnr. 45.

[112] Armbrüster/Preuß/Renner/*Armbrüster* § 3 BeurkG Rdnr. 38, 39; Eylmann/Vaasen/*Eylmann* § 3 BeurkG Rdnr. 59; *Winkler* § 3 BeurkG Rdnr. 44, 46.

[113] BeckOK/*Litzenburger* § 3 BeurkG Rdnr. 21; *Winkler* § 3 BeurkG Rdnr. 126; *Brambring* FGPrax 1998, 201, 202; *Heller/Vollrath* MittBayNot 1998, 322, 325; a. A. Eylmann/Vaasen/*Eylmann* § 3 BeurkG Rdnr. 42.

[114] Armbrüster/Preuß/Renner/*Armbrüster* § 3 BeurkG Rdnr. 80; von Eylmann/Vaasen/*Eylmann* § 3 BeurkG Rdnr. 52 *de lege ferenda* gefordert.

[115] Armbrüster/Preuß/Renner/*Armbrüster* § 3 BeurkG Rdnr. 81 ff.

[116] Eylmann/Vaasen/*Eylmann* § 3 BeurkG Rdnr. 49.

[117] A. A. Eylmann/Vaasen/*Eylmann* § 3 BeurkG Rdnr. 45.

[118] OLG Köln NJW 2005, 2092; teilweise strenger OLG Celle DNotZ 2006, 553; DNotZ 2004, 716.

Person[119] von der Vollmacht noch keinen Gebrauch gemacht hat, sonst greift bereits § 3 Abs. 1 S. 1 Nr. 7 BeurkG ein;[120]

- ein **ständiges Geschäftsverhältnis** (§ 3 Abs. 1 S. 1 Nr. 8 Alt. 2 BeurkG) liegt vor, wenn der Notar oder eine mit ihm beruflich verbundene Person als **Syndikus, Justiziar, Prokurist** eines beteiligten Unternehmens tätig sind.[121] Die Stellung als **Aufsichtsrat** begründet für sich allein noch kein Mitwirkungsverbot in diesem Sinne, kann aber eine eigene Angelegenheit nach § 3 Abs. 1 S. 1 Nr. 1 bis 4 BeurkG darstellen.[122] Kein Mitwirkungsverbot liegt hingegen vor, wenn der Notar für ein und dasselbe Unternehmen häufig oder ständig in Beurkundungsangelegenheiten tätig wird (sog. Hausnotar).[123]

38 Der Verstoß gegen ein Mitwirkungsverbot nach § 3 BeurkG lässt die **Wirksamkeit der Beurkundung unberührt**, so dass eine unter Verletzung des § 3 Abs. 1 Nr. 5 BeurkG a.F. (= § 3 Abs. 1 S. 1 Nr. 8 BeurkG) beglaubigte Anmeldung zum Registergericht verfahrensrechtlich wirksam abgegeben ist.[124] Allerdings kann der Verstoß **haftungs-, kosten- und disziplinarrechtliche Folgen** haben.[125] Wird der einen GmbH-Gesellschaftsvertrag beurkundende Notar als Rechtsanwalt zur Abwehr von Ansprüchen auf Einzahlung der Stammeinlage tätig, so ist der zugrundeliegende Anwaltsvertrag wegen Verstoßes gegen § 45 Abs. 1 Nr. 1 BRAO i. V. m. § 134 BGB nichtig.[126]

39 b) **Ausschließungsgründe, §§ 6, 7 BeurkG.** Weitergehend als § 3 BeurkG statuieren die §§ 6, 7 BeurkG absolute Ausschließungsgründe, deren Nichtbeachtung im Fall des § 6 BeurkG die **vollständige Unwirksamkeit**,[127] im Fall des § 7 BeurkG die **teilweise Unwirksamkeit** des Beurkundungsakts zur Folge hat.[128] Diese Vorschriften gelten ausweislich ihrer systematischen Stellung nur bei der Beurkundung von **Willenserklärungen**, nicht jedoch bei der Beurkundung von Gesellschafterbeschlüssen oder bei Unterschriftsbeglaubigungen.[129] Werden jedoch **Gesellschafterbeschlüsse** nach den für Willenserklärungen bestehenden Normen protokolliert oder zusätzlich zu Beschlüssen auch Willenserklärungen beurkundet, so sind auch die §§ 6, 7 BeurkG zu beachten.[130]

Praxistipp:

40 Die Einhaltung der §§ 6, 7 BeurkG empfiehlt sich deshalb bei der Protokollierung von Versammlungsbeschlüssen in jedem Fall, auch wenn diese nach Maßgabe der §§ 36 ff. BeurkG erfolgt.[131]

41 Die Ausschließungsgründe nach § 6 BeurkG verhindern die Beurkundung unter **formeller Beteiligung** (vgl. § 6 Abs. 2 BeurkG) des Notars (Nr. 1), seines Ehegatten bzw. Lebenspart-

119 Die Anwendbarkeit von § 3 Abs. 1 S. 1 Nr. 8 Alt. 1 BeurkG auf die in § 3 Abs. 1 S. 1 Nr. 4 BeurkG genannten Personen ist strittig; wie hier *Winkler* § 3 BeurkG Rdnr. 147; a. A. Armbrüster/Preuß/Renner/*Armbrüster* § 3 BeurkG Rdnr. 88.

120 Armbrüster/Preuß/Renner/*Armbrüster* § 3 BeurkG Rdnr. 87; Eylmann/Vaasen/*Eylmann* § 3 BeurkG Rdnr. 56; *Winkler* § 3 BeurkG Rdnr. 148.

121 Armbrüster/Preuß/Renner/*Armbrüster* § 3 BeurkG Rdnr. 89; Eylmann/Vaasen/*Eylmann* § 3 BeurkG Rdnr. 57; Schippel/Bracker/*Schäfer* § 16 BNotO Rdnr. 73; *Winkler* § 3 BeurkG Rdnr. 157.

122 Schippel/Bracker/*Schäfer* § 16 BNotO Rdnr. 73; *Winkler* § 3 BeurkG Rdnr. 158.

123 Eylmann/Vaasen/*Eylmann* § 3 BeurkG Rdnr. 57; Armbrüster/Preuß/Renner/*Armbrüster* § 3 BeurkG Rdnr. 89, der allerdings eine Amtspflicht zur Ablehnung der Beurkundung bejaht, wenn dem Notar bekannt ist, dass das Unternehmen die Beurkundung durch ihn zur Bedingung erhoben hat; weitergehend wohl *Lerch* § 3 BeurkG Rdnr. 40; *Winkler* § 3 BeurkG Rdnr. 157.

124 BayObLG DNotZ 1996, 167, 169 = NJW-RR 1996, 991; *Winkler* § 3 BeurkG Rdnr. 10.

125 *Waldner* Rdnr. 156; Armbrüster/Preuß/Renner/*Armbrüster* § 3 BeurkG Rdnr. 2; *Winkler* § 3 BeurkG Rdnr. 11; vgl. BGH NJW 2004, 1954; BayObLG DNotZ 1996, 167, 169 = NJW-RR 1996, 991.

126 BGH NJW 2011, 373.

127 Armbrüster/Preuß/Renner/*Armbrüster* § 6 BeurkG Rdnr. 19; *Winkler* § 6 BeurkG Rdnr. 1.

128 Armbrüster/Preuß/Renner/*Armbrüster* § 7 BeurkG Rdnr. 6; *Winkler* § 7 BeurkG Rdnr. 12.

129 Armbrüster/Preuß/Renner/*Armbrüster* § 6 BeurkG Rdnr. 2, 3; *Winkler* Vor §§ 6 ff. BeurkG Rdnr. 3.

130 Armbrüster/Preuß/Renner/*Armbrüster* § 6 BeurkG Rdnr. 2; *Winkler* Vor §§ 6 ff. BeurkG Rdnr. 3.

131 *Winkler* Vor §§ 6 ff. BeurkG Rdnr. 3.

ners (Nr. 2, 2 a), einer Person, die mit ihm in gerader Linie verwandten ist oder war (Nr. 3), oder eines Vertreters, der für eine dieser Personen handelt (Nr. 4: materielle Beteiligung). Selbst wenn bei gesellschaftsrechtlichen Angelegenheiten **kein Ausschließungsgrund** nach § 6 BeurkG vorliegt, muss im Einzelfall geprüft werden, ob nicht ein Mitwirkungsverbot nach § 3 Abs. 1 BeurkG eingreift, da dessen Tatbestände zum Teil weiter gefasst sind:

Checkliste 1: Ausschließungsgründe nach § 6 BeurkG 42

- **Personengesellschaften (GbR, oHG, KG, Partnerschaftsgesellschaft, EWIV):** Ist der Notar (§ 6 Abs. 1 Nr. 1 BeurkG) oder einer seiner Angehörigen (§ 6 Abs. 1 Nr. 2, 2 a oder 3 BeurkG) an einer Personengesellschaft beteiligt, so kann er nach h. M. die Erklärungen der Gesellschaft **nicht wirksam beurkunden**, selbst wenn die Gesellschaft ausschließlich von Gesellschaftern vertreten wird, die nicht zu dem in § 6 Abs. 1 Nr. 1 bis 3 BeurkG genannten Personenkreis zählen.[132]
- **Juristische Personen (AG, SE, GmbH, KGaA, Genossenschaft, SCE, Verein, Stiftung):** Die **Mitgliedschaft** in einer juristischen Person stellt **keinen Ausschließungsgrund** bei der Beurkundung von Willenserklärungen dar, denn vertreten wird die juristische Person, nicht deren Gesellschafter.[133] Dies gilt selbst dann, wenn der Notar oder einer seiner Angehörigen **Alleingesellschafter**,[134] **vertretungsberechtigtes Organ** oder **Aufsichtsrat** ist.[135] Vertreten in diesen Fällen ein **anderes vertretungsberechtigtes Organ** oder ein **Bevollmächtigter**, greift auch § 6 Abs. 1 Nr. 4 BeurkG nicht ein, da diese Personen wiederum die Gesellschaft, nicht das Vertretungsorgan als solches vertreten.[136] Die Mitwirkungsverbote nach § 3 Abs. 1 Satz 1 Nr. 1 bis 6, 9 BeurkG werden insoweit als **ausreichende Sanktion** angesehen.[137]

Die Ausschließungsgründe nach § 7 BeurkG verhindern die Beurkundung von Willenserklärungen, die darauf gerichtet sind, dem Notars (Nr. 1), seinem gegenwärtigen oder früheren Ehegatten bzw. Lebenspartner (Nr. 2, 2 a) oder einer Person, die mit ihm in gerader Linie verwandt oder verschwägert oder in der Seitenlinie bis zum dritten Grad verwandt oder bis zum zweiten Grad verschwägert ist oder war (Nr. 3), einen **rechtlichen Vorteil** zu verschaffen. Ein solcher unmittelbarer rechtlicher Vorteil liegt vor, wenn die Rechte des genannten Personenkreises erweitert oder deren Verpflichtungen vermindert werden.[138] Ist der Notar oder einer seiner Angehörigen **Aufsichtsrat** einer Gesellschaft, so liegt ein Unwirksamkeitsgrund vor, als die Beurkundung darauf gerichtet ist, dem Aufsichtsratsmitglied einen rechtlichen Vorteil zu verschaffen, z. B. diesen zu entlasten. Unwirksam ist nach h. M. ebenfalls die Beurkundung von Vereinbarungen, in der der beurkundende Notar oder einer seiner Angehörigen zum **Schiedsgutachter, Schiedsrichter**[139] oder zum **Treuhänder** nach § 71 UmwG bestellt werden.[140] 43

[132] BeckOK/*Litzenburger* § 6 BeurkG Rdnr. 6; Eylmann/Vaasen/*Eylmann* § 6 BeurkG Rdnr. 8; *Lerch* § 6 BeurkG Rdnr. 12; *Winkler* § 6 BeurkG Rdnr. 25; a. A. Armbrüster/Preuß/Renner/*Armbrüster* § 6 BeurkG Rdnr. 8 unter Hinweis auf die (Teil-)Rechtsfähigkeit der Personengesellschaften, so dass keine Vertretung der anderen Gesellschafter vorliegt.

[133] Armbrüster/Preuß/Renner/*Armbrüster* § 6 BeurkG Rdnr. 7; BeckOK/*Litzenburger* § 6 BeurkG Rdnr. 6; *Winkler* § 6 BeurkG Rdnr. 24.

[134] Armbrüster/Preuß/Renner/*Armbrüster* § 6 BeurkG Rdnr. 7; a. A. Eylmann/Vaasen/*Eylmann* § 6 BeurkG Rdnr. 8 unter Berufung auf OLG Frankfurt OLGR 1993, 174.

[135] Eylmann/Vaasen/*Eylmann* § 6 BeurkG Rdnr. 8; *Lerch* § 6 BeurkG Rdnr. 11.

[136] Armbrüster/Preuß/Renner/*Armbrüster* § 6 BeurkG Rdnr. 14; *Winkler* § 6 BeurkG Rdnr. 24.

[137] Armbrüster/Preuß/Renner/*Armbrüster* § 6 BeurkG Rdnr. 7, 14.

[138] *Winkler* § 7 BeurkG Rdnr. 3.

[139] Armbrüster/Preuß/Renner/*Armbrüster* § 7 BeurkG Rdnr. 4; Eylmann/Vaasen/*Eylmann* § 7 BeurkG Rdnr. 8; *Lerch* § 7 BeurkG Rdnr. 6; *Winkler* § 7 BeurkG Rdnr. 7; a. A. BeckOK/*Litzenburger* § 7 BeurkG Rdnr. 4.

[140] *Winkler* § 7 BeurkG Rdnr. 7.

44 **Checkliste 2: Ausschließungsgründe nach § 7 BeurkG**

- **Personengesellschaften (GbR, oHG, KG, Partnerschaftsgesellschaft, EWIV):** Ist der Notar (§ 7 Nr. 1 BeurkG) oder einer seiner Angehörigen (§ 7 Nr. 2, 2 a oder 3 BeurkG) an einer Personengesellschaft beteiligt, so sind von ihm beurkundete Erklärungen der Gesellschaft **insoweit unwirksam**, als sie der Gesellschaft einen rechtlichen Vorteil einbringen, z. B. den Erwerb eines Grundstücks. Zwar erzielen die Gesellschafter den Vorteil nicht unmittelbar, es genügt jedoch, dass diese über die interne Gewinn- und Verlustbeteiligung sowie die akzessorische Außenhaftung unmittelbar betroffen sind.[141]
- **Juristische Personen (AG, SE, GmbH, KGaA, Genossenschaft, SCE, Verein, Stiftung): Keinen rechtlichen Vorteil** erzielen der Notar oder seine Angehörigen, wenn er ein Rechtsgeschäft zugunsten einer juristischen Person beurkundet, an der er oder seine Angehörigen beteiligt sind.[142] Dies gilt selbst dann nicht, wenn der Notar oder seine Angehörigen als **wirtschaftliche Inhaber** anzusehen sind oder **beherrschenden Einfluss** auf die Gesellschaft ausüben können.[143]

45 c) **Ablehnung der Beurkundung, § 4 BeurkG, § 14 Abs. 2, § 16 Abs. 2 BNotO.** Liegen keine Mitwirkungsverbote oder Ausschließungsgründe vor, so kann der Notar trotzdem verpflichtet bzw. berechtigt sein, die Beurkundung abzulehnen. Nach § 4 BeurkG und § 14 Abs. 2 BNotO soll der Notar die Beurkundung ablehnen, wenn sie mit seinen Amtspflichten nicht vereinbar wäre, insbesondere wenn seine Mitwirkung bei Handlungen verlangt wird, mit denen erkennbar unerlaubte oder unredliche Zwecke verfolgt werden. Aufgabe des Notars ist es, materiellrechtlich wirksame Willenserklärungen und Beschlüsse zu beurkunden. Abgelehnt werden muss deshalb ein Beurkundungsersuchen, das nach Überzeugung des Notars zur **Nichtigkeit** (§§ 104, 117, 134, 138 BGB) des Rechtsgeschäfts führt.[144] Bei lediglich **anfechtbaren** (§ 119 BGB; §§ 3 ff. AnfG; §§ 129 ff. InsO) oder **schwebend unwirksamen** Rechtsgeschäften besteht hingegen kein Ablehnungsrecht, es sei denn, Nichtigkeitsgründe sind nach Überzeugung des Notars ebenfalls naheliegend.[145] Schließlich muss der Notar seine Mitwirkung versagen, wenn für ihn erkennbar mit der Beurkundung **missbilligenswerte Zwecke** verfolgt werden, z. B. der Anschein eines seriösen Geschäftszwecks erweckt werden soll.[146] Besondere Vorsicht ist geboten, wenn der Notar durch die notwendige Beurkundung **Beihilfe zu einer strafbaren Handlung** begeht.[147]

46 Im Bereich der gesellschaftsrechtlichen Beurkundungen begegnen eine Reihe von Sachverhalten, bei denen der Notar allenfalls erahnen, nicht aber mit der für eine Ablehnung erforderlichen Gewissheit erkennen kann, dass unerlaubte oder unredliche Zwecke verfolgt werden. Folgende **Beispiele** sollen Anhaltspunkte für eine Prüfung ermöglichen:

- **Abtretung von Geschäftsanteilen einer überschuldeten GmbH zum Zwecke der „Firmenbestattung“: Ablehnung wegen Beihilfe zu einer Straftat (§§ 283 ff. StGB; § 15 a InsO);**[148]
- **Abtretung von Geschäftsanteilen oder Durchführung von Kapitalerhöhungen zur Gläubigerbenachteiligung:**[149] **grundsätzlich keine Ablehnung, da nur anfechtbares Rechtsgeschäft;**[150]

---

141 Armbrüster/Preuß/Renner/*Armbrüster* § 7 BeurkG Rdnr. 4; im Ergebnis ebenso BeckOK/*Litzenburger* § 7 BeurkG Rdnr. 6; Eylmann/Vaasen/*Eylmann* § 7 BeurkG Rdnr. 7; *Winkler* § 7 BeurkG Rdnr. 8.

142 Armbrüster/Preuß/Renner/*Armbrüster* § 7 BeurkG Rdnr. 4; Eylmann/Vaasen/*Eylmann* § 7 BeurkG Rdnr. 7; *Winkler* § 7 BeurkG Rdnr. 8.

143 Armbrüster/Preuß/Renner/*Armbrüster* § 7 BeurkG Rdnr. 4; BeckOK/*Litzenburger* § 7 BeurkG Rdnr. 6; a. A. OLG Frankfurt OLGR 1993, 174; Eylmann/Vaasen/*Eylmann* § 7 BeurkG Rdnr. 7; *Winkler* § 7 BeurkG Rdnr. 8.

144 Armbrüster/Preuß/Renner/*Armbrüster* § 4 BeurkG Rdnr. 12; *Winkler* § 4 BeurkG Rdnr. 8, 9.

145 *Winkler* § 4 BeurkG Rdnr. 10.

146 Armbrüster/Preuß/Renner/*Armbrüster* § 4 BeurkG Rdnr. 24; *Winkler* § 4 BeurkG Rdnr. 28 ff.

147 Armbrüster/Preuß/Renner/*Armbrüster* § 4 BeurkG Rdnr. 27 f.

148 *Schröder* DNotZ 2005, 596, 601 ff.; *Fembacher* MittBayNot 2002, 496; Armbrüster/Preuß/Renner/*Armbrüster* § 4 BeurkG Rdnr. 27.

149 *Lwowski/Wunderlich* NZI 2008, 129.

150 *Schumacher-Hey* RNotZ 2004, 544.

- Beteiligung an wirtschaftlich unsinnigen Geschäften, insbesondere intransparenten Gesellschaftsformen („grauer Kapitalmarkt", „Schneeballsysteme"): Ablehnung wegen unredlicher Zweckverfolgung;[151]
- Beurkundung nichtiger Gesellschafterbeschlüsse: Ablehnung wegen Nichtigkeit;[152]
- Beurkundung anfechtbarer Gesellschafterbeschlüsse: grundsätzlich keine Ablehnung;[153]
- Geldwäsche als Hauptzweck: Ablehnung wegen Beihilfe zu einer Straftat;[154]
- Gründung einer GmbH und/oder Abtreteung von Geschäftsanteilen unter Verstoß gegen das AuslG: grundsätzlich keine Ablehnung;[155]
- Scheingründung einer GmbH zwecks Subventionsbetrugs (§ 264 StGB): Ablehnung wegen Nichtigkeit (§ 117 BGB) und Beihilfe zu einer Straftat;[156]
- Steuerhinterziehung als Hauptzweck: Ablehnung wegen Beihilfe zu einer Straftat;[157]

Über diese zwingenden Ablehnungsgründe hinaus, ist es dem Notar teilweise freigestellt, die Beurkundung abzulehnen. Zu nennen ist hier der Fall der Amtsenthaltung wegen **Befangenheit** (§ 16 Abs. 2 BNotO), die vor allem in den Fällen in Betracht gezogen werden sollte, in denen die Anwendbarkeit des § 3 BeurkG umstritten ist (siehe Rdnr. 35). Außerdem darf der Notar die Beurkundung ablehnen, wenn ein von ihm geforderter **Kostenvorschuss** (§ 8 Abs. 1, 2, § 141 KostO) nicht bezahlt wurde[158] oder wenn er in einer **fremden Sprache** beurkunden soll (§ 15 Abs. 1 S. 2 BNotO).[159] Das Verweigerungsrecht zur Teilnahme am elektronischen Rechtsverkehr nach § 15 Abs. 3 BNotO ist mit Ablauf des 31. 3. 2006 obsolet. 47

III. Aufklärungspflichten vor Beurkundung

Der Notar hat nach § 17 Abs. 1 S. 1 BeurkG den Willen der Beteiligten zu erforschen und den Sachverhalt zu klären, damit er die Beteiligten über die rechtliche Tragweite des Geschäfts belehren und ihre Erklärungen klar und unzweideutig in der Niederschrift niederlegen kann. Der Notar muss **keine eigenen Ermittlungen** anzustellen, vielmehr haben ihm die Beteiligten den beurkundungserheblichen Sachverhalt mitzuteilen. Insbesondere haben sie ihm benötigte Unterlagen beizubringen. Kann sich der Notar Urkunden oder Unterlagen auf einfache Weise selbst beschaffen, z. B. weil sich die Urkunden in seiner Urkundensammlung befinden oder indem er beim Nachlassgericht seines Amtssitzes die Ausfertigung eines Erbscheins einholt, so hat er dies nach **pflichtgemäßem Ermessen** unter Berücksichtigung der Umstände des Einzelfalls zu veranlassen. Auf die **Richtigkeit tatsächlicher Angaben** darf der Notar vertrauen, es sei denn, ihm ist die Unrichtigkeit positiv bekannt oder er hat diesbezüglich Zweifel. Seine Bedenken muss er den Beteiligten mitteilen und sie zu einer weiteren Aufklärung des Sachverhalts anhalten. 48

Nachstehend werden zu diesen beispielhaft genannten Aspekten **einige typische Aufklärungshandlungen** des Notars aufgezeigt, die im Vorfeld einer gesellschaftsrechtlichen Beurkundung zu beachten sind. Zu den Prüfungs- und Belehrungspflicht während der Beurkundung sowie zu den sich an die Beurkundung anschließenden Betreuungs- und Belehrungspflichten siehe Rdnr. 83 ff. und 160 ff. 49

1. Registereinsicht

a) **Allgemeines.** Eine dem § 21 Abs. 1 BeurkG vergleichbare Vorschrift, sich bei Geschäften, die in einem der in § 374 FamFG genannten Register eingetragene oder einzutragende Rechte zum Gegenstand haben, über den Registerinhalt zu unterrichten, existiert nicht. Al- 50

[151] *Fembacher* MittBayNot 2002, 496, 497; *Winkler* § 4 BeurkG Rdnr. 28 a.
[152] *Röll* DNotZ 1979, 644, 654 f.
[153] *Röll* DNotZ 1979, 644, 655 f.
[154] *Winkler* § 4 BeurkG Rdnr. 9.
[155] *Bohlscheid* RNotZ 2005, 505, 514 f.
[156] *Keller* DNotZ 1995, 99, 110; Armbrüster/Preuß/Renner/*Armbrüster* § 4 BeurkG Rdnr. 27.
[157] *Winkler* § 4 BeurkG Rdnr. 9; vgl. BGHZ 14, 25, 30 = NJW 1954, 1401.
[158] *Winkler* § 4 BeurkG Rdnr. 39.
[159] Schippel/Bracker/*Reithmann* § 15 BNotO Rdnr. 101.

lerdings lässt sich der für eine Beurkundung oder Beglaubigung **erforderliche Sachverhalt** zuverlässig nur durch eine vorherige Registereinsicht ermitteln (vgl. § 17 Abs. 1 S. 1 BeurkG). Nur auf diese Weise kann festgestellt werden, ob die betroffene Gesellschaft überhaupt existiert, wer die zu deren Vertretung berechtigten Personen und wer deren Gesellschafter sind sowie wer die etwa erforderlichen Anmeldungen zum Registergericht abgeben muss. Zudem darf der Notar **Bescheinigungen über die Vertretungsberechtigung** sowie über das Bestehen oder den Sitz einer juristischen Person oder Handelsgesellschaft, die Firmenänderung, eine Umwandlung oder sonstige rechtserhebliche Umstände (§ 21 Abs. 1 S. 1 BNotO) nur nach entsprechender Einsichtnahme in das Register ausstellen, § 21 Abs. 2 BNotO. Für die Vorbereitung einer Beurkundung empfiehlt es sich, auf die für die Registereinsicht nach § 21 Abs. 2 BNotO entwickelten Grundsätze zurückzugreifen.

51 **b) Gegenstand, Art und Weise der Einsichtnahme.** Nach § 385 FamFG i. V. m. § 9 HGB, § 156 Abs. 1 GenG, § 5 Abs. 2 PartGG und § 79 BGB kann jedermann das Handels-, Genossenschafts-, Partnerschafts- und Vereinsregister einsehen.[160] Gegenstand der Einsichtnahme können dabei neben dem **aktuellen Registerinhalt** auch ein **historischer (chronologischer) Ausdruck** sowie die zum Register **eingereichten Dokumente** sein.[161] Die Einsichtnahme in das Register kann durch **Hilfskräfte** geschehen,[162] sie wird in aller Regel elektronisch durch **automatisierten Datenabruf** erfolgen (§§ 52 f. HRV, §§ 33, 36 VRV), der einer unmittelbaren Präsenzeinsicht (§ 10 HRV, §§ 16, 31 VRV) oder einer Einsichtnahme in einen beglaubigten Registerauszug/-ausdruck (§§ 30, 30 a HRV, §§ 17, 32 VRV) gleichsteht.[163] Eine bundesweite Registereinsicht, der sich jeder Notar anschließen kann, ermöglicht das Registerportal unter www.handelsregister.de.

52 **c) Datum der Einsichtnahme.** Im Rahmen einer Bescheinigung nach § 21 Abs. 1 BNotO ist der Tag der Einsichtnahme in das Register oder den beglaubigten Registerauszug anzugeben, § 21 Abs. 2 S. 2 BNotO. Dabei soll die Bescheinigung nur auf eine Einsichtnahme gestützt werden, die **nicht älter als vier bis sechs Wochen** ist, wobei keine feste zeitliche Grenze besteht, sondern der Einzelfall ausschlaggebend sein soll.[164] Angesichts der Möglichkeit, das Handels-, Genossenschafts- und Partnerschaftsregister jederzeit auf elektronischem Wege aufzurufen, sollte dieser Zeitraum aber nur in Ausnahmefällen ausgeschöpft werden.

Praxistipp:

53 Es ist vielmehr angeraten, diese Register, soweit elektronisch verfügbar, unmittelbar vor einer Beurkundung oder Beglaubigung nochmals auf etwaige Veränderungen zu überprüfen. Ist die Einsicht, z. B. aus technischen Gründen, einmal nicht möglich, sollte zumindest das kostenfreie Unternehmensregister (siehe Rdnr. 55) konsultiert werden.

54 **d) Umfang der Einsichtnahme.** Welche Informationen und Dokumente aus dem Register im Einzelnen abgerufen und eingesehen werden sollten, ist stark abhängig vom Inhalt der bevorstehenden Beurkundung. Soll nur die Unterschrift unter einer Anmeldung beglaubigt werden, so sind im Regelfall nur die anmeldeverpflichteten und anmeldeberechtigten Personen in vertretungsberechtigter Zahl zu ermitteln. Soll die Satzungsänderung einer GmbH protokolliert werden, muss der **aktuelle Satzungstext** (§ 54 Abs. 1 S. 2 GmbHG) abgerufen werden. Die aktuell ins Handelsregister aufgenommene **Gesellschafterliste** (§ 40 GmbHG) sollte immer dann vorliegen, wenn es auf die Gesellschafterstellung ankommt, also bei Beschlussfassungen, vor allem aber bei Geschäftsanteilsabtretungen. Nur auf diese Weise kann

[160] Keidel/*Heinemann* § 385 FamFG Rdnr. 4.

[161] Keidel/*Heinemann* § 385 FamFG Rdnr. 10, 12.

[162] LG Aachen MittBayNot 1990, 125, 126; Schippel/Bracker/*Reithmann* § 21 BNotO Rdnr. 11; *Winkler* § 12 BeurkG Rdnr. 22; a. A. *Mayer* Rpfleger 1989, 142.

[163] Armbrüster/Preuß/Renner/*Renner* § 12 BeurkG Rdnr. 24; *Winkler* § 12 BeurkG Rdnr. 22 a.

[164] OLG Frankfurt Rpfleger 1995, 248; LG Berlin RNotZ 2003, 470; Armbrüster/Preuß/Renner/*Renner* § 12 BeurkG Rdnr. 31; *Winkler* § 12 BeurkG Rdnr. 23; vgl. auch OLG Hamm Rpfleger 1990, 85; enger jedoch OLG Saarbrücken MittBayNot 1993, 398, 400 f.

ermittelt werden, welcher Geschäftsanteil ganz oder teilweise Vertragsgegenstand sein soll, wer Inhaber des Geschäftsanteils ist, ob etwaige Veräußerungsbeschränkungen, Ankaufs- oder Vorkaufsrechte bestehen.[165] Von besonderer praktischer Bedeutung kann die Einsichtnahme in ein bereits **geschlossenes Registerblatt** sein, da sich oftmals nur aus diesem ersehen lässt, wann und aus welchem Rechtsgrund eine Eintragung gelöscht wurde.

e) **Einsicht in andere und in ausländische Register.** Neben der Einsicht in die in § 374 55
Nr. 1 bis 4 FamFG genannte Register kann auch die Einsichtnahme in das **Unternehmensregister** (§ 8b HGB) lohnend sein. Diese kann von jedermann über das Internet unter www.unternehmensregister.de erfolgen, § 13 Abs. 1 URV. Zwar handelt es bei diesem um kein mit öffentlichem Glauben ausgestattetes Register,[166] es vereinigt jedoch alle Bekanntmachungen der Registergerichte mit weiteren veröffentlichungspflichtigen Informationen. Z. B. können auf diesem Weg die eingereichten Jahresabschlüsse ermittelt werden. Weiterhin ermöglicht das Unternehmensregister eine bundesweite strukturierte Suche, wodurch z. B. ermittelt werden kann, ob eine bestimmte Firma bereits existiert.

Bei der Beteiligung ausländischer Rechtsträger darf der Notar Bescheinigungen nach 56
§ 21 BNotO auch nach Einsichtnahme in ein **ausländisches Register** vornehmen.[167] Sind die Beteiligten selbst nicht in der Lage, formgerechte Nachweise über die Existenz und die Vertretungsbefugnis einer ausländischen Gesellschaft beizubringen, kann der Notar eine eigene Einsichtnahme versuchen, viele ausländische Unternehmensregister sind (zum Teil kostenfrei) über das Internet abrufbar. Auf eine solche eigene oder durch eigene Hilfskräfte durchgeführte Einsichtnahme sollte der vorsichtige Notar aber nur vertrauen, wenn er sowohl der Landessprache mächtig ist, als auch die Funktionsweise und die Rechtsnatur des ausländischen Registers kennt und über einschlägige gesellschaftliche Kenntnisse der fremden Rechtsordnung verfügt. Die Schaffung eines **europaweiten Unternehmensregisters**, das die Daten aller nationalen Register miteinander verknüpfen soll, wird von der Europäischen Kommission und dem Europäischen Parlament derzeit vorangetrieben.[168]

2. Grundbucheinsicht

a) **Allgemeines.** Hat ein Rechtsgeschäft die unmittelbare Verpflichtung zur Übertragung 57
bzw. zum Erwerb von Eigentum an Grundstücken oder grundstücksgleichen Rechten zum Gegenstand, so muss sich der Notar zuvor vom Grundbuchinhalt unterrichten, vgl. § 21 Abs. 1 S. 1 BeurkG. In Gesellschaftssachen wird eine vorherige Grundbucheinsicht nur ausnahmsweise erforderlich sein. Unabdingbare Voraussetzung ist sie aber überall dort, wo die **Einbringung von Grundbesitz** Teil der gesellschaftlichen Leistungspflicht ist, insbesondere wenn die **Einlagepflicht eines Gesellschafters** durch Übereignung eines Grundstücks an die Gesellschaft erbracht werden soll. Weiterhin muss bei Betroffenheit von Grundbesitz in den Fällen einer **Spaltung** stets das Grundbuch eingesehen werden, damit dem Bestimmtheitserfordernis des § 126 Abs. 2 S. 2 UmwG i. V. m. § 28 GBO genügt werden kann. Der auf den übernehmenden Rechtsträger übergehende Grundbesitz muss in grundbuchmäßiger Form bezeichnet sein, sei es durch wörtliche Bezugnahme auf das Grundbuch, bei Teilflächen unter Bezugnahme auf einen bereits vorliegenden Fortführungsnachweis.[169] Besondere Vorsicht ist bei unvermessenen Teilflächen geboten, hier muss auf eine sorgfältige Bestimmung dieser Flächen im Spaltungs- und Übernahmevertrag geachtet werden. Für die anschließende Berichtigung des Grundbuchs ist nach Vorliegen des amtlichen Messungsergebnisses eine (notarielle) Identitätserklärung ausreichend, aber auch erforderlich.[170] Bei der **BGB-Gesellschaft** besteht nunmehr die Besonderheit, dass neben der Gesellschaft auch deren Gesell-

[165] BeckNotarHdb./*Mayer/Weiler* D I. Rdnr. 101, 137, 141.

[166] Keidel/*Heinemann* § 374 FamFG Rdnr. 7; *Krafka/Willer/Kühn* Rdnr. 37.

[167] LG Aachen MittBayNot 1990, 125, 126; Armbrüster/Preuß/Renner/*Renner* § 12 BeurkG Rdnr. 40; *Winkler* § 12 BeurkG Rdnr. 25.

[168] Vgl. Grünbuch der Kommission KOM (2009), 61; EuZW 2010, 803.

[169] BGH DNotZ 2008, 468 mit. Anm. *Limmer* = MittBayNot 2008, 307 mit Anm. *Weiler*.

[170] BeckNotarHdb./*Heckschen* D IV. Rdnr. 62; *Weiler* MittBayNot 2008, 312.

schafter in das Grundbuch eingetragen werden müssen, § 47 Abs. 2 S. 1 GBO, § 899a S. 1 BGB. Zwar kann nicht ausgeschlossen werden, dass sich der Gesellschafterbestand ohne entsprechende Grundbuchberichtigung geändert hat, dennoch bietet das Grundbuch nunmehr einen gewissen Anhaltspunkt zur Ermittlung der Gesellschafter einer BGB-Gesellschaft, solange diese noch nicht als im Handelregister registrierungsfähig angesehen wird.

58 b) **Art und Weise sowie Datum der Einsichtnahme.** Die Grundbucheinsicht kann durch **Hilfpersonen** vorgenommen werden,[171] es genügt eine einfache Abschrift aus dem Grundbuch, die auch durch **automatisierten Abruf** hergestellt worden sein kann.[172] Wie beim Handelsregister entscheidet der Einzelfall darüber, innerhalb welchen Zeitraums vor Beurkundung die Einsichtnahme erfolgt sein sollte. **Keinesfalls** sollte die Einsicht **älter als vier Wochen** sein.[173]

Praxistipp:

59 Soweit ein elektronischer Abruf möglich ist, sollte sicherheitshalber unmittelbar vor der Beurkundung das Grundbuch auf etwaige Änderungen überprüft werden.[174] Ansonsten hat der Notar darauf hinzuweisen und in der Urkunde zu vermerken, dass er das Grundbuch nicht oder nicht aktuell einsehen konnte und über die damit verbundenen Gefahren belehrt hat, die Beteiligten aber dennoch auf sofortiger Beurkundung bestanden, § 21 Abs. 1 S. 2 BeurkG.

3. Weitere Aufklärungspflichten vor Beurkundung

60 a) **Allgemeines.** Neben der Registereinsicht, die standardmäßig erfolgen sollte, und der Grundbucheinsicht, die in den einschlägigen Fällen vorgenommen werden sollte, können eine Vielzahl weiterer Maßnahmen geboten sein, um den der Beurkundung zugrunde liegenden Sachverhalt ordnungsgemäß zu erforschen.

61 b) **Einsicht in Gerichtsakten.** Der Notar kann nicht nur das Register und das Grundbuch einsehen, sondern allgemein Auskunft aus den Gerichtsakten verlangen, vgl. § 13 FamFG. Die Bedeutung der Akteneinsicht in Gesellschaftssachen ist eher gering, da auch die zum Register eingereichten Dokumente elektronisch abgerufen werden können. In Altfällen, in denen die Dokumente entweder (noch) nicht oder (bei geschlossenen Registerblättern) niemals digitalisiert werden,[175] kann nur ein Blick in die **Registerakte** (§ 8 HRV, § 7 Abs. 1 S. 1, 2 VRV) weiterhelfen. Außerdem dürfen bestimmte Dokumente und Schriftstücke nicht veröffentlicht, sondern nur in der Registerakte aufbewahrt werden, so dass sie nur über das allgemeine Akteneinsichtsrecht zur Verfügung stehen.[176] Zu nennen sind hier Kostenberechnungen, Stellungnahmen der berufsständischen Organe und sonstiger Schriftverkehr (z. B. über Zwischenverfügungen, Zwangsgeldandrohungen).[177] Ebenfalls geboten sein kann die Einsicht in **Grundakten**, um näheren Aufschluss über die Rechtsverhältnisse an einem Grundstück zu erlangen, die Einsicht in **Betreuungsakten**, um aus Gutachten Erkenntnisse über die Geschäftsfähigkeit eines Beteiligten zu erlangen sowie in **Nachlassakten**, um den Rechtsnachfolger eines Gesellschafters ermitteln zu können. Die Einsichtnahme Dritter in Gerichtsakten setzt allgemein ein **berechtigtes Interesse** voraus, § 13 Abs. 2 S. 1 FamFG. Im Regelfall genügt es, wenn der Notar zur Glaubhaftmachung versichert, die Akte zur Erfül-

[171] Armbrüster/Preuß/Renner/*Preuß* § 21 BeurkG Rdnr. 10; *Winkler* § 21 BeurkG Rdnr. 15; Grziwotz/Heinemann/Koller/Everts/*Heinemann* Rdnr. 52.

[172] *Winkler* § 21 BeurkG Rdnr. 17; Grziwotz/Heinemann/Koller/Everts/*Heinemann* Rdnr. 52.

[173] Ebenso *Lerch* § 21 BeurkG Rdnr. 8; die Rechtsprechung ist sehr uneinheitlich, vgl. LG Frankenthal JurBüro 1987, 1721, 1722; LG München II MittBayNot 1978, 237: zwei Wochen können ausreichen; großzügiger OLG Frankfurt DNotZ 1985, 244, 245 f.: sechs Wochen können ausreichen.

[174] Armbrüster/Preuß/Renner/*Preuß* § 21 BeurkG Rdnr. 13; *Winkler* § 21 BeurkG Rdnr. 14.

[175] Zum Anspruch auf Übertragung der Papierdokumente in elektronische Dokumente siehe MünchKommZPO/*Krafka* § 385 FamFG Rdnr. 6.

[176] Keidel/*Heinemann* § 385 FamFG Rdnr. 14, 21.

[177] Keidel/*Heinemann* § 385 FamFG Rdnr. 17.

lung seiner Amtspflichten zu benötigen.[178] Handelt der Notar als Bevollmächtigter eines Beteiligten (§ 10 Abs. 2 S. 1 Nr. 3 FamFG), kann ihm die Akteneinsicht nur verweigert werden, wenn schwerwiegende Interessen eines Beteiligten entgegenstehen, § 13 Abs. 1 FamFG. Zwar besteht nach § 13 Abs. 4 S. 2 FamFG kein Anspruch auf Überlassung der Akte in die Geschäftsräume, das Gericht muss jedoch sein **Ermessen pflichtgemäß** ausüben, so dass im Regelfall keine Bedenken gegen eine Überlassung an den Notar bestehen dürften.[179]

c) **Einsicht in Urkunden.** Von besonderer Bedeutung sind im Gesellschaftsrecht Urkunden, die in Bezug auf die Gesellschaft und ihre Rechtsverhältnisse errichtet worden sind. Zum Teil befinden sich diese **Vorurkunden** beim Register und können dort elektronisch abgerufen werden (siehe Rdnr. 61), insbesondere bei der Beurkundung von Satzungsänderungen und Geschäftsanteilsabtretungen einer GmbH wird man ohne Kenntnis der Vorurkunden keine rechtssichere Gestaltung dieser Maßnahmen erreichen können.[180] Es empfiehlt sich aber nicht nur notarielle Urkunden einzusehen, auch **privatschriftliche Urkunden**, insbesondere Gesellschaftsverträge von Personengesellschaften müssen eingesehen werden, wenn Anteile an einer solchen Gesellschaft auf Dritte (z. B. minderjährige Kinder) übertragen werden sollen und der Gesellschafterwechsel im Handelsregister eingetragen werden muss. Daneben geben **gerichtliche Zeugnisse**, z. B. Erbscheine, Testamentsvollstreckerzeugnisse, Bestallungsurkunden des Vormunds, Pflegers, Betreuers, Insolvenzverwalters usw. Aufschluss darüber, wer Rechtsnachfolger eines verstorbenen Gesellschafters ist und wer zur dessen Vertretung berechtigt ist. Von besonderer Bedeutung sind **Vollmachtsurkunden** (siehe § 26), die sich der Notar schon im Vorfeld einer Beurkundung vorlegen lassen sollte, um prüfen zu können, ob die Vollmacht den formellen und materiellen Anforderungen genügt. 62

d) **Verhinderung verfrühter Handlungen.** Eine besondere Aufklärungspflicht vor Beurkundung trifft den Notar in Hinblick auf Gefahren, die den Beteiligten aus einer verfrühten Vornahme von Handlungen erwachsen können. So kann die **Einzahlung von Geldbeträgen** zur Aufbringung des Stammkapitals bei Gründung oder Kapitalerhöhung einer GmbH mit schuldbefreiender Wirkung erst nach der wirksamen Beurkundung des Gesellschaftsvertrags bzw. der Satzungsänderung erfolgen.[181] Viele Gesellschafter haben eine laienhafte Vorstellung von der Bedeutung einer „Bareinzahlung", insbesondere ist der Irrtum, eine **Voreinzahlung** sei unschädlich bzw. müsse sogar erfolgen, unausrottbar. Der BGH hat Notare mehrfach für die Fehlvorstellungen solcher belehrungsresistener Gesellschafter haften lassen.[182] 63

Praxistipp:

Bei der Bargründung einer GmbH oder bei der Barkapitalerhöhung einer GmbH sollte den Beteiligten immer und unmissverständlich bedeutet werden, dass sie unter keinen Umständen die aufzubringenden Geldbeträge vor der Beurkundung einzahlen dürfen. Ist dies bereits gesehen, hat der Notar über die Folgen zu belehren und eine Rückzahlung anzuregen sowie die Protokollierung der Beschlussfassung aufzuschieben.[183] 64

Die Problematik, dass aus verfrühten Handlungen den Beteiligten unüberschaubare Risiken erwachsen, stellt sich auch bei der **vorzeitigen Erbringung einer Sacheinlageleistung**, für den Geschäftsführer beim Handeln im Namen der GmbH vor deren Eintragung (sog. **Handelndenhaftung**, § 11 Abs. 2 GmbHG) und für die Kommanditisten, wenn die Gesellschaft vor deren Eintragung im Handelsregister Verbindlichkeiten eingeht (sog. **unbeschränkte Kommanditistenhaftung**, § 176 Abs. 1 S. 1 HGB). In allen diesen Fällen sollte der Notar schon vor einer Beurkundungsverhandlung auf die hiermit verbundenen Risiken hinweisen. 65

[178] *Heinemann* FamFG für Notare Rdnr. 66.
[179] *Heinemann* FamFG für Notare Rdnr. 68.
[180] BeckNotarHdb./*Mayer/Weiler* D I. Rdnr. 101, 137, 140.
[181] Zuletzt BGH DNotZ 2008, 841 = MittBayNot 2009, 394.
[182] BGH DNotZ 2008, 841 = MittBayNot 2009, 394; BGH DNotZ 1996, 572 mit Anm. *Rinsche/Kanzleiter*.
[183] *Kilian* MittBayNot 2009, 398, 399.

IV. Beurkundung von Willenserklärungen

1. Inhalt der Niederschrift

66 Die Beurkundung von Willenserklärungen erfolgt durch die Aufnahme einer Niederschrift nach Maßgabe der §§ 9ff. BeurkG. Dieses wegen § 13 Abs. 1 BeurkG aufwändigere Verfahren kann auch anstelle der §§ 36f. BeurkG für die **Beurkundung von Beschlüssen** gewählt werden.[184] In diesem Fall müssen allerdings sämtliche Anforderungen dieses Verfahrens beachtet werden, insbesondere die §§ 17ff. BeurkG.[185]

67 Zwingender **Muss-Inhalt des Protokolls** sind die Bezeichnung des Notars und der Beteiligten sowie deren Erklärungen (§ 9 Abs. 1 S. 1 BeurkG). Zur Bezeichnung der Beteiligten siehe Rdnr. 70ff. Die Person des Notars muss sich durch Bezeichnung mit dem Familiennamen aus der Niederschrift selbst ergeben, wobei die namentliche Benennung irgendwo (z.B. durch das Dienstsiegel, die Unterschrift des Notars selbst oder im Anschluss an die Unterschrift des Notars) im Urkundstext ausreicht.[186]

Praxistipp:

68 Fehlt im Urkundseingang der Name des Notars, kann dieser – soweit der beurkundende Notar unzweifelhaft feststeht – im Wege der Berichtigung nach § 44a Abs. 2 BeurkG durch nachträgliche Feststellung ergänzt werden.[187]

69 **Ort und Datum**, an dem die Niederschrift errichtet wurde, sollen angegeben werden, § 9 Abs. 2 BeurkG. Eine Verletzung dieser Vorschrift hat keine Unwirksamkeit der Beurkundung zur Folge, kann jedoch die Beweiskraft der Urkunde beeinträchtigen.[188] Zwingend anzugeben ist nur der **Ortsname**, an dem die Protokollierung tatsächlich stattgefunden hat,[189] um Verwechslungen vorzubeugen, empfiehlt sich jedoch den Beurkundungsort zusätzlich durch Angabe von Postleitzahl, Straße und Hausnummer zu bezeichnen. Der Tag der Errichtung ist nach **Tag, Monat und Jahr** zu bezeichnen, eine Angabe der Tageszeit ist nicht geboten.[190] Wurde die Beurkundung unterbrochen und an einem **anderen Ort** oder einem **anderen Tag fortgesetzt** oder erstreckte sich die Beurkundung **über mehrere Tage**, soll sich diese Tatsache aus dem Protokoll ergeben, es ist aber nicht erforderlich abzugrenzen, welche Teile der Niederschrift wann und wo errichtet wurden.[191] Erstreckt sich die Beurkundung über mehrere Tage sollen nach h.M. **alle Tage** in die Niederschrift aufgenommen werden.[192] Diese Auffassung widerspricht der Einheit des Beurkundungsverfahrens, die erst mit ihrer Genehmigung und Unterzeichnung durch die Beteiligten abgeschlossen ist. Richtigerweise ist – wie bei einem gerichtlichen Verfahren – der Schluss der letzten mündlichen Verhandlung als Beurkundungstag maßgeblich, so dass die **Angabe des letzten Tags** der Protokollierung ausreichend ist.[193]

2. Beteiligte

70 **a) Natürliche Personen.** Die Person der Beteiligten ist in der Niederschrift so genau zubezeichnen, dass Zweifel und Verwechslungsgefahren ausgeschlossen sind, § 10 Abs. 1

[184] *Winkler* § 37 BeurkG Rdnr. 9.

[185] OLG Düsseldorf NJW 1995, 1761 = DNotI-Report 1995, 62; Armbrüster/Preuß/Renner/*Armbrüster* § 17 BeurkG Rdnr. 119; *Winkler* § 37 BeurkG Rdnr. 14; a.A. Armbrüster/Preuß/Renner/*Preuß* § 37 BeurkG Rdnr. 41.

[186] BGHZ 38, 130, 135 = NJW 1963, 200 = DNotZ 1964, 104; OLG Frankfurt MittBayNot 1986, 274 = Rpfleger 1986, 184.

[187] Armbrüster/Preuß/Renner/*Renner* § 9 BeurkG Rdnr. 8; DNotI-Report 2006, 9, 11f.

[188] *Winkler* § 9 BeurkG Rdnr. 91.

[189] Armbrüster/Preuß/Renner/*Renner* § 9 BeurkG Rdnr. 60; *Winkler* § 9 BeurkG Rdnr. 88.

[190] *Winkler* § 9 BeurkG Rdnr. 89.

[191] BGHZ 29, 6, 9 = DNotZ 1959, 215; *Winkler* § 9 BeurkG Rdnr. 89.

[192] Armbrüster/Preuß/Renner/*Renner* § 8 BeurkG Rdnr. 6; *Winkler* § 9 BeurkG Rdnr. 86.

[193] In diese Richtung auch *Winkler* § 9 BeurkG Rdnr. 89; ebenso BGHZ 29, 6, 9 = DNotZ 1959, 215.

BeurkG. Dieses Erfordernis wird durch § 26 Abs. 2 S. 1 DONot konkretisiert. Danach sind **Name, Geburtsdatum, Wohnort und Wohnung** anzugeben sowie der **Geburtsname**, wenn dieser vom geführten Familiennamen abweicht. Zum Schutz besonders gefährdeter Beteiligter oder eines ihrer Haushaltsangehörigen kann von der Angabe der Wohnung abgesehen werden, § 26 Abs. 2 S. 2 DONot. Soweit als Beteiligte **Mitarbeiter des Notars** auftreten, genügt anstelle der Angabe von deren Privatanschrift die Angabe der Anschrift der Geschäftsstelle des Notars, § 26 Abs. 2 S. 3 b) DONot.

Als eine der vornehmsten und bedeutendsten Amtspflichten des Notars ist die **Identitätsfestellung** der Beteiligten anzusehen, § 10 Abs. 2 BeurkG. Als Mittel der Identifizierung dienen in erster Linie amtliche, mit Lichtbild versehene Ausweispapiere, vor allem Personalausweise und Reisepässe.[194] Es kann sich dabei auch um **abgelaufene Ausweispapiere** handeln, solange nur hinreichend festgestellt werden kann, dass die ausgewiesene Person mit dem Beteiligten übereinstimmt.[195] Andere, **nichtamtliche Ausweise** bieten keine hinreichende Gewähr und sollten ebenso wie **Erkennungszeugen** nur ausnahmsweise vom Notar als ausreichend akzeptiert werden.[196] Insbesondere von **ausländischen Staatsangehörigen** sollte stets die Vorlage eines amtlichen Ausweispapiers verlangt werden.[197] Der Notar muss die Identitätsprüfung **persönlich** vornehmen.[198] 71

Praxistipp:

Soweit das Ausweispapier nicht ohnehin kopiert wird, empfiehlt es sich, den Ausweis oder Pass nicht schon nach Feststellung der Beteiligten, sondern erst nach der Unterzeichnung der Niederschrift auszuhändigen, damit die Unterschriften auf dem Ausweis und auf der Urkunde miteinander vergleichen werden können (siehe Rdnr. 140). 72

Weitergehende Identifizierungspflichten können sich aus dem **Geldwäschegesetz** ergeben. Hier muss der Notar die Beteiligten (auch eine juristische Person oder Personengesellschaft, § 4 Abs. 3 Nr. 2, Abs. 4 S. 1 Nr. 2 GwG) identifizieren, bei natürlichen Personen muss der Notar die Vorlage eines **gültigen amtlichen Ausweispapiers** verlangen und neben Namen, Geburtsdatum, Staatsangehörigkeit und Anschrift auch die Art des Ausweispapiers, die Nummer und die ausstellende Behörde erfassen, § 4 Abs. 3 Nr. 1, Abs. 4 S. 1 Nr. 1 GwG.[199] Zweckmäßigerweise geschieht dies durch **Fotokopieren des Ausweispapiers**. Diese Daten sind fünf Jahre lang aufzubewahren, wobei es zulässig ist, diese Kopien zu den für sieben Jahre zu verwahrenden Nebenakten zu nehmen.[200] Auch die Anlegung einer eigenen Sammelakte, in der die Ausweiskopien alphabetisch abgelegt sind, ist zulässig und ratsam.[201] 73

In Gesellschaftssachen spielt die Identifizierung nach dem GwG eine große Rolle, sie muss vorgenommen werden 74

- beim **Kauf und Verkauf von Gewerbebetrieben**, § 2 Abs. 1 S. 1 Nr. 7 a) GwG: hierzu zählen vor allem die Veräußerung und der Erwerb von Geschäftsanteilen einer GmbH, und zwar unabhängig davon, ob es sich um eine Minder- oder Mehrheitsbeteiligung handelt;
- bei der **Verwaltung von Geld, Wertpapieren oder sonstigen Vermögenswerten** sowie bei der **Eröffnung oder Verwaltung von Bank-, Spar- oder Wertpapierkonten**, § 2 Abs. 1 S. 1 Nr. 7 b), 7 c) GwG: hierzu gehören alle Verwahrungstätigkeiten, die der Notar für die Beteiligten übernimmt;
- bei der **Beschaffung der zur Gründung, zum Betrieb oder zur Verwaltung von Gesellschaften erforderlichen Mittel**, § 2 Abs. 1 S. 1 Nr. 7 d) GwG: hier kommt allenfalls eine

[194] Armbrüster/Preuß/Renner/*Renner* § 26 DONot Rdnr. 6; *Winkler* § 10 BeurkG Rdnr. 18.
[195] Armbrüster/Preuß/Renner/*Renner* § 26 DONot Rdnr. 8; *Winkler* § 10 BeurkG Rdnr. 18.
[196] Armbrüster/Preuß/Renner/*Renner* § 26 DONot Rdnr. 11, 13; *Winkler* § 10 BeurkG Rdnr. 21.
[197] Vgl. Armbrüster/Preuß/Renner/*Renner* § 26 DONot Rdnr. 9.
[198] Armbrüster/Preuß/Renner/*Renner* § 26 DONot Rdnr. 7.
[199] Armbrüster/Preuß/Renner/*Renner* § 10 BeurkG Rdnr. 25; *Winkler* § 10 BeurkG Rdnr. 32.
[200] Armbrüster/Preuß/Renner/*Renner* § 10 BeurkG Rdnr. 37.
[201] Armbrüster/Preuß/Renner/*Renner* § 10 BeurkG Rdnr. 38, 39.

mittelbare Mitwirkung des Notars, z. B. bei der Bestellung von Grundschulden und/oder Schuldanerkenntnissen zugunsten kreditgebender Banken in Betracht;

- **bei der Gründung, beim Betrieb oder bei der Verwaltung von Treuhandgesellschaften, Gesellschaften oder ähnlichen Strukturen,** § 2 Abs. 1 S. 1 Nr. 7 e) GwG: hier werden alle Gründungsvorgänge erfasst, die zum Entstehen eines neuen Rechtsträgers führen, also die Beurkundung eines Gesellschafts- oder Umwandlungsvertrags, aber auch die Beglaubigung der dazu gehörigen Handelsregisteranmeldung.

75 Schon die Beurkurkundung oder Beglaubigung einer **Vollmacht** kann die Aufzeichnungspflichten auslösen, wenn diese der unmittelbaren Durchführung einer der vorgenannten Vorgänge dient.[202] Da das Auftreten eines Bevollmächtigten in der Niederschrift ohnedies zweifelsfrei festgehalten wird, spielt die weitergehende Pflicht, den **wirtschaftlich Berechtigten festzustellen** (§ 4 Abs. 5 GwG), in der Regel keine besondere Rolle.[203] Allerdings spielen im GmbH-Recht **Treuhandvereinbarungen** eine große Rolle, so dass bei Beurkundungen über einen Geschäftsanteil die Nachfrage, ob dieser treuhänderisch für einen Dritten gehalten wird, regelmäßig erfolgen sollte.

76 b) **Juristische Personen und Personengesamtheiten.** Auch eine juristische Person und eine Personengesellschaft sowie deren Organe und Vertreter sind zweifelsfrei in der Urkunde zu bezeichnen. Anzugeben sind **Name oder Firma** der Gesellschaft, deren **Sitz** und die **Geschäftsadresse.** Bei Gesellschaften die im Handels-, Genossenschafts- oder Partnerschaftsregister eingetragen sind, bereitet dieses Erfordernis keine besonderen Schwierigkeiten, als weiteres Identifizierungsmerkmal sollten auch die entsprechende Registernummer und das Registergericht aufgeführt werden. Problematisch ist insbesondere das Auftreten einer BGB-Gesellschaft oder anderer, nicht registrierter Körperschaften und Personengesamtheiten, wie z. B. öffentlich rechtliche Körperschaften, Stiftungen und ausländische Gesellschaften. Zur Existenz und zum Nachweis der Vertretungsbefugnis siehe ausführlich § 26.

Praxistipp:

77 Richtigerweise kann auch die BGB-Gesellschaft als solche in das Handelsregister eingetragen werden. Die Eintragung ist fakultativ und deklaratorisch, ermöglicht aber einen verläßlichen Existenz- und Vertretungsnachweis.[204]

78 Die **organschaftlichen Vertreter** einer Gesellschaft haben oftmals ein legitimes Interesse daran, dass ihre Privatanschrift nicht in der Urkunde verlautbart wird. Dem trägt § 26 Abs. 2 S. 3 a) DONot Rechnung: dem Identifizierungserfordernis nach § 10 Abs. 1 BeurkG ist genügt, wenn der Vertreter mit **Vor- und Zuname, Geburtsdatum** und der **Geschäftsadresse** bezeichnet wird.

79 c) **Gesetzliche und rechtsgeschäftliche Vertretung.** Die gesetzliche Vertretung spielt vor allem bei **juristischen Personen und Personengesellschaften** eine Rolle. Zu deren Feststellung siehe ausführlich § 26. **Minderjährige Beteiligte** werden durch ihre sorgeberechtigten Eltern, ihren Vormund oder, soweit diese von der Vertretung ausgeschlossen sind, durch einen Ergänzungspfleger vertreten. Zum Erfordernis und zum Verfahren einer Ergänzungspflegerbestellung in Gesellschaftssachen siehe ausführlich § 28.

80 Soweit sich ein Beteiligter **rechtsgeschäftlich vertreten** lässt, hat der Bevollmächtigte dem Notar eine ihm ausgestellte Vollmachtsurkunde vorzulegen. Da die Vollmacht grundsätzlich keiner besonderen Form bedarf, kann diese aber auch **mündlich** erteilt worden sein. Mit einer solchen Erklärung kann dem Notar jedoch nicht die Erteilung der Vollmacht nachgewiesen werden.[205] Sofern nicht ohnehin das materielle (§ 23 Abs. 1 S. 2 AktG; § 2 Abs. 2, § 15 Abs. 3, 4, § 47 Abs. 3 GmbHG) oder das formelle Recht (§ 12 Abs. 1 S. 2 HGB) eine

[202] Armbrüster/Preuß/Renner/*Renner* § 10 BeurkG Rdnr. 20; *Winkler* § 10 BeurkG Rdnr. 28.
[203] Armbrüster/Preuß/Renner/*Renner* § 10 BeurkG Rdnr. 31.
[204] Keidel/*Heinemann* § 374 FamFG Rdnr. 14; *Heinemann* JR 2010, 31.
[205] Armbrüster/Preuß/Renner/*Renner* § 12 BeurkG Rdnr. 16.

besondere Form fordern,[206] muss der Notar auf der Vorlage einer **schriftlichen Vollmachtsbestätigung** bestehen.[207] Soweit der Vertreter einen schriftlichen Vollmachtsnachweis erbringen kann, muss er die Vollmacht entweder in **Urschrift oder Ausfertigung** beibringen, die Vorlage einer beglaubigten oder einfachen Abschrift der Vollmacht genügt nicht.[208]

Die Vollmachtsurkunde ist der Niederschrift in Urschrift oder beglaubigter Abschrift **beizufügen,** § 12 S. 1 BeurkG. Im Regelfall ist die Urschrift bzw. Ausfertigung den Beteiligten wieder auszuhändigen und nur eine beglaubigte Abschrift zur Urkunde zu nehmen.[209] Die Verbindung mit der Urkunde erfolgt durch **Anheften oder Ankleben** (vgl. § 18 Abs. 2 S. 2 DONot), eine feste Verbindung nach § 44 BeurkG ist nicht zwingend erforderlich.[210] Für die Ausfertigung der Urkunde mitsamt der Vollmacht gilt die Erleichterungsvorschrift des § 49 Abs. 3 BeurkG. 81

Zu Vollmachten siehe ausführlich § 25. 82

3. Prüfungs- und Belehrungspflichten

a) Grundsatz, § 17 Abs. 1, 2 BeurkG. Die zentrale Norm der notariellen Prüfungs- und Belehrungspflicht stellen § 17 Abs. 1 und Abs. 2 BeurkG dar. Der Notar soll den Willen der Beteiligten erforschen, den Sachverhalt klären, die Beteiligten über die rechtliche Tragweite des Geschäfts **belehren** und ihre Erklärungen klar und unzweideutig protokollieren, § 17 Abs. 1 S. 1 BeurkG. Er soll darauf achten, dass Zweifel und Irrtümer vermieden werden sowie unerfahrene und ungewandte Beteiligte nicht benachteiligt werden, § 17 Abs. 1 S. 2 BeurkG. **Zweifel an der Wirksamkeit des Rechtsgeschäfts** hat der Notar mit den Beteiligten zu erörtern und, wenn die Beteiligten dennoch auf der Beurkundung bestehen, seine Belehrungen und die Erklärungen der Beteiligten in der Urkunde zu vermerken, § 17 Abs. 2 BeurkG. 83

In Handels- und Gesellschaftssachen sind die Beteiligten, auch wenn es sich bei ihnen um wirtschaftlich erfahrene Geschäftsleute handelt, oftmals ohne jede fundierte Rechtskenntnis. Der BGH stellt daher hohe Anforderungen an die notariellen Belehrungspflichten (siehe bereits Rdnr. 63). Dies hat dazu geführt, dass sich in notariellen Niederschriften über Gesellschaftsgründungen und Satzungsänderungen sehr **umfangreiche und pauschale Belehrungen** finden.[211] Diese Tendenz, über die gesetzlich erforderlichen Vermerkpflichten hinaus, Hinweise in die Urkunde aufzunehmen, ist nicht unproblematisch, denn sie kann nach fragwürdiger Auffassung des BGH dazu führen, dass das Fehlen eines praxisüblichen Belehrungsvermerks die Beweiswürdigung im Amtshaftungsprozess zu Lasten des Notars beeinflusst.[212] Allerdings erfüllen derartige pauschale Belehrungen durchaus eine **praktische Funktion**, indem sie dem Notar einerseits als Prüfungsschema zur gehörigen Sachverhaltsaufklärung dienen, andererseits den Beteiligten zu vernünftigen Handlungen anleiten. 84

Die **folgenden Hinweise** sind in Gesellschaftssachen häufig geboten, stellen aber nur eine kleine Auswahl dar. Keinesfalls müssen diese Belehrungen schriftlich in der Urkunde vermerkt werden: 85

- **Hinweis auf Erfordernis der Registereintragung**: Soweit eine Registereintragung nicht nur deklaratorische, sondern konstitutive Rechtswirkung hat, muss der Notar die Beteiligten hierüber belehren (vgl. § 41 Abs. 1 S. 1, § 181 Abs. 3 AktG; § 11 Abs. 1, § 54 Abs. 3 GmbHG; § 20 Abs. 1 Nr. 1, 2 UmwG, Art. 1 Abs. 2 EWIV-VO);[213] in engem Zusammenhang damit steht die Hinweispflicht, dass **Handlungen, die vor der Registrierung vorge-**

[206] Vgl. Armbrüster/Preuß/Renner/*Renner* § 12 BeurkG Rdnr. 6, 7.
[207] Armbrüster/Preuß/Renner/*Renner* § 12 BeurkG Rdnr. 18.
[208] *Winkler* § 12 BeurkG Rdnr. 14.
[209] Armbrüster/Preuß/Renner/*Renner* § 12 BeurkG Rdnr. 64.
[210] *Winkler* § 44 BeurkG Rdnr. 7.
[211] Vgl. *Wachter* in MAH GmbH-Recht § 4 Rdnr. 16, der zutreffend darauf hinweist, dass die von ihm vorgeschlagenen Erläuterungen nur als unverbindliche Anregungen zu verstehen sind.
[212] BGH DNotZ 2006, 912, 915 mit abl. Anm. *Krebs*.
[213] BGH Urt. v. 21. 10. 2010 – IX ZR 48/10, BeckRS 2010, 28291; BGH MDR 1957, 605; Staudinger/*Hertel* Vor §§ 127a, 128 BGB Rdnr. 491; Armbrüster/Preuß/Renner/*Armbrüster* § 17 BeurkG Rdnr. 115; Ganter/Hertel/Wöstmann/*Ganter* Handbuch der Notarhaftung Rdnr. 1026.

nommen werden, zu erheblichen Haftungsrisiken führen können (vgl. § 41 Abs. 1 S. 2 AktG; § 11 Abs. 2 GmbHG; Art. 9 Abs. 2 EWIV-VO; § 176 HGB);[214]

- **Hinweis auf die Grundsätze der Firmenwahrheit:** Insbesondere darauf, dass die Firma mit einem zwingenden bzw. zutreffenden Rechtsformzusatz versehen sein muss (§ 19 HGB; § 4 AktG; § 4 GmbHG), hat der Notar hinzuweisen; ob die Firma irreführend ist oder keine ausreichende Unterscheidungskraft besitzt, hat der Notar hingegen nicht zu prüfen, er sollte die Beteiligten aber insofern an die entsprechenden berufsrechtlichen Organe (IHK, Handwerkskammer, Ingenieurkammer, Architektenkammer, Rechtsanwaltskammer etc.) verweisen;[215]
- **Hinweis auf Art und Weise der Einlageleistung:** Nach Ansicht des BGH sind hier Irrtümer besonders häufig, so dass der Notar stets den Unterschied zwischen einer **Bareinlage** und einer **Sacheinlage** erläutern und auf die Risiken hinweisen sollte, die mit einer **Vorleistung auf die Bareinlage**, mit **verdeckten Sacheinlagen** oder dem **Hin- und Herzahlen** von Bareinlagen verbunden sind (siehe Rdnr. 63);[216]
- **Hinweis auf den Kapitalaufbringungs- und Kapitalerhaltungsgrundsatz:** Hiergegen wird im GmbH-Recht (vgl. § 7 Abs. 2, §§ 30, 31 GmbHG) häufig verstoßen, weil den Beteiligten der Sinn und Zweck dieses Erfordernisses nicht geläufig ist; es ist daher ratsam, die Beteiligten bei Gründung auf die Gefahren hinzuweisen, die bei einem Verstoß hiergegen bestehen können, insbesondere darauf, dass die GmbH nicht eingetragen wird, wenn das erforderliche Stammkapital nicht (mehr) vorhanden ist, und dass die Gesellschafter insoweit eine Nachschussverpflichtung treffen kann;[217]
- **Hinweis**, dass bei der Einbringung von Darlehensforderungen gegen die Gesellschaft als **Sacheinlage** im Rahmen der erforderlichen Festsetzung die Bewertung der Sacheinlagen von dem **Registergericht überprüft** wird und bei einer Überbewertung der Sacheinlage eine Zurückweisung der Anmeldung droht und dass bei einer dennoch erfolgten Eintragung die Gesellschafter zur Barzahlung des Differenzbetrages gem. §§ 56 Abs. 2, § 9 GmbHG verpflichtet bleiben;[218]
- **Hinweis auf die Gründungshaftung:** Gesellschafter und Geschäftsführer haften im Gründungsstadium, wenn sie falsche Angaben gemacht haben, §§ 9, 9 a GmbHG;
- **Hinweis auf die strafrechtliche Verantwortlichkeit des Geschäftsführers:** Diese Pflicht spielt vor allem im Gründungsstadium eine erhebliche Rolle (§ 82 Abs. 1 Nr. 1, 5 GmbHG);
- **Hinweis auf die Unterschiede einer Unternehmergesellschaft** im Gegensatz zur „regulären" GmbH, § 5 a GmbHG;
- **Hinweis auf die Haftung der Rechtsvorgänger** für ausstehende Einlageverpflichtungen, § 22 GmbHG;[219]
- **Hinweis auf die Möglichkeiten und Grenzen des gutgläubigen Erwerbs** von GmbH-Geschäftsanteilen (§ 16 Abs. 3 GmbHG);
- **Hinweis auf die Pflicht des Geschäftsführers zur Aktualisierung der Gesellschafterliste** nach § 40 Abs. 1 GmbHG;
- **Hinweis auf die Haftungsvorschriften** nach § 25 HGB und § 75 AO (siehe Rdnr. 94);
- **Hinweis auf die schwebende Unwirksamkeit** des Rechtsgeschäfts, insbesondere weil privatrechtliche Genehmigungen oder Zustimmungen, die kraft Gesetzes oder kraft Gesellschaftsvertrags erforderlich sind (vgl. § 15 Abs. 5 GmbHG), noch ausstehen, oder weil eine Bedingung noch nicht eingetreten ist.

86 **b) Gestaltung des Beurkundungsverfahrens, § 17 Abs. 2 a BeurkG.** Das Beurkundungsverfahren soll so gestaltet werden, dass die Einhaltung der nach § 17 Abs. 1 und 2 BeurkG bestehenden Beleherungs- und Hinweispflichten gewährleistet ist, § 17 Abs. 2 a S. 1 BeurkG. Diese allgemeine **Verfahrensgestaltungspflicht** wird durch die Richtlinienempfehlungen der

[214] BGH MDR 1957, 605; Staudinger/*Hertel* Vor §§ 127 a, 128 BGB Rdnr. 492.
[215] Armbrüster/Preuß/Renner/*Armbrüster* § 17 BeurkG Rdnr. 115.
[216] Armbrüster/Preuß/Renner/*Armbrüster* § 17 BeurkG Rdnr. 116.
[217] BGH Urt. v. 21. 10. 2010 – IX ZR 48/10, BeckRS 2010, 28291.
[218] OLG Düsseldorf NJW 1995, 1761, 1762 = DNotI-Report 1995, 62.
[219] Armbrüster/Preuß/Renner/*Armbrüster* § 17 BeurkG Rdnr. 118.

BNotK und der einzelnen Notarkammern anhand von Beispielen konkretisiert. Das Verfahren soll so gestaltet werden, dass die materiell Beteiligten als Adressaten der Belehrungen und Hinweise auch tatsächlich von diesen erreicht werden.[220]

Problematisch sind insbesondere folgende Verfahrensgestaltungen: 87

- systematische Beurkundungen mit vollmachtlosen Vertretern, RLE-BNotK Ziff. II. 1. S. 4 lit. a);
- systematische Beurkundungen mit bevollmächtigten Vertretern, soweit nicht durch vorausgehende Beurkundung mit dem Vollmachtgeber sichergestellt ist, dass dieser über den Inhalt des abzuschließenden Rechtsgeschäfts ausreichend belehrt werden konnte, RLE-BNotK Ziff. II. 1. S. 4 lit. b); die in gesellschaftsrechtlichen Beurkundungen oftmals anzutreffende Gestaltung, anstelle der Anteilsinhaber bzw. deren organschaftlicher Vertreter Bevollmächtigte handeln zu lassen, stellt keine mißbräuchliche Verfahrensgestaltung dar, da in der Regel rechtskundige Mitarbeiter oder Rechtsanwälte auftreten;
- systematische Beurkundung mit Mitarbeitern des Notars als Vertreter, ausgenommen Vollzugsgeschäfte; gleiches gilt für Personen, mit denen sich der Notar zur gemeinsamen Berufsausübung verbunden hat oder mit denen er gemeinsame Geschäftsräume unterhält, RLE-BNotK Ziff. II. 1. S. 4 lit. c); keinen Verstoß hiergegen stellt es dar, wenn bei umfangreichen gesellschaftsrechtlichen Beurkundungen bestimmte Vertragsinhalte, die längst zwischen den Beteiligten und ihren Rechtsvertretern ausgehandelt sind, vorweg beurkundet werden, so dass in der eigentlichen Beurkundungsverhandlung auf diese Erklärung gem. § 13a Abs. 1 BeurkG verwiesen werden kann; allerdings sollte der Notar zumindest darauf hinwirken, dass anstelle seiner Mitarbeiter Vertreter oder Beschäftigte der Beteiligten an diesen Verweisungsurkunden mitwirken;
- systematische Aufspaltung von Verträgen in Angebot und Annahme; soweit die Aufspaltung aus sachlichen Gründen gerechtfertigt ist, soll das Angebot vom belehrungsbedürftigen Teil ausgehen, RLE-BNotK Ziff. II. 1. S. 4 lit. d);
- gleichzeitige Beurkundung von mehr als fünf (in Bayern: drei) Niederschriften bei verschiedenen Beteiligten, RLE-BNotK Ziff. II. 1. S. 4 lit. e);
- missbräuchliche Auslagerung geschäftswesentlicher Vereinbarungen in Bezugsurkunden (§ 13a BeurkG); eine Missbrauch liegt jedenfalls dann nicht vor, wenn diese Vereinbarungen, selbst wenn sie geschäftswesentlich sind, durch die Beteiligten oder deren Rechtsvertreter ausgiebig und abschließend im Vorfeld der Beurkundung ausgehandelt worden sind und diese zur Vereinfachung und Beschleunigung des abschließenden Beurkundungsverfahrens vorweg mit Mitarbeitern oder Vertrauenspersonen der Beteiligten beurkundet worden sind (siehe auch § 20 Rdnr. 40).

Weitergehende Hinwirkungspflichten bestehen bei **Verbraucherverträgen**, § 17 Abs. 2a S. 2 BeurkG. Ein Verbrauchervertrag liegt dann vor, wenn auf der einen Seite ein Unternehmer, auf der anderen ein Verbraucher beteiligt ist. Diese Konstellation ist **auch in Gesellschaftssachen** denkbar, § 310 Abs. 4 S. 1 BGB führt nicht etwa zur Unanwendbarkeit des § 17 Abs. 2a S. 2 BeurkG.[221] Zwar dürfte in Gesellschaftssachen nur ausnahmsweise ein Verbrauchervertrag vorliegen,[222] in Zweifelsfällen sollte der Notar jedoch das Verfahren nach § 17 Abs. 2a S. 2 Nr. 1 und Nr. 2 BeurkG beachten. 88

Praxistipp:

Insbesondere bei Geschäftsanteilsabtretungen treten bisweilen Personen auf, die als Treuhänder oder Strohmänner fungieren sollen, aber ersichtlich über keinerlei Kenntnisse des GmbH-Rechts verfügen. Selbst wenn der Veräußerer nicht als Unternehmer auftritt, empfiehlt es sich, einen Beurkundungstermin erst anzusetzen, wenn der schutzbedürftige Teil ausreichend Gelegenheit hatte, sich mit dem Beurkundungsgegenstand auseinander zu setzen. Dabei kann die bei nach § 311b Abs. 1 und Abs. 3 BGB zu beachtende Zwei-Wochen-Frist durchaus als Anhaltspunkt dienen. 89

[220] Armbrüster/Preuß/Renner/*Armbrüster* § 17 BeurkG Rdnr. 145.

[221] Armbrüster/Preuß/Renner/*Armbrüster* § 17 BeurkG Rdnr. 171; a.A. *Winkler* § 17 BeurkG Rdnr. 101; *Bohrer* DNotZ 2002, 579, 591.

[222] Armbrüster/Preuß/Renner/*Armbrüster* § 17 BeurkG Rdnr. 171.

90 c) **Ausländisches Recht, § 17 Abs. 3 BeurkG.** Bei Beteiligung ausländischer Staatsangehöriger und bei grenzüberschreitenden Sachverhalten ist stets die Anwendbarkeit ausländischen Rechts in Erwägung zu ziehen. Darauf soll der Notar die Beteiligten **hinweisen** und dies in der Niederschrift **vermerken**, § 17 Abs. 3 S. 1 BeurkG. Zur Belehrung über eine ausländische Rechtsordnung ist der Notar zwar berechtigt, aber nicht verpflichtet, § 17 Abs. 3 S. 2 BeurkG. Über das deutsche Recht hat der Notar allerdings umfassend zu beraten, also auch das **deutsche internationale Kollisionsrecht** zu erläutern, nicht jedoch über den Inhalt des ausländischen IPR zu belehren.[223] Das unmittelbar in den Mitgliedstaaten geltende **Recht der Europäischen Union** ist als nationales Recht anzusehen, über das der Notar informieren muss.[224] In Gesellschaftssachen sind daher von Bedeutung die EWIV-VO (VO EWG Nr. 2137/1985 des Rates der Europäischen Gemeinschaften über die Schaffung einer Europäischen wirtschaftlichen Interessenvereinigung), die SCE-Verordnung (VO EG Nr. 1435/2003 des Rates über das Statut der Europäischen Genossenschaft) und die SE-Verordnung (VO EG Nr. 2157/2001 des Rates über das Statut der Europäischen Gesellschaft). **Berät der Notar freiwillig** über ausländisches Recht, so haftet er für die Richtigkeit seiner Beratung wie bei einer Belehrung über nationales Recht.[225] Es empfiehlt sich, dass der Notar nicht nur auf seine Zweifel über die Anwendbarkeit fremden Rechts hinweist, sondern den Beteiligten aufzeigt, wie sie sich über den Inhalt der fremden Rechtsordnung informieren können.[226]

91 d) **Genehmigungserfordernisse, § 18 BeurkG.** Über die zur Wirksamkeit des Rechtsgeschäfts erforderlichen gerichtlichen oder behördlichen Genehmigungen hat der Notar die Beteiligten zu belehren oder auf etwaige Zweifel hierüber hinzuweisen. Dass dieser Hinweis erteilt wurde, soll der Notar in der Niederschrift **vermerken.** Mit dem Wegfall von § 37 Abs. 4 Nr. 5 AktG und § 8 Abs. 1 Nr. 6 GmbHG, der die Registereintragung einer AG oder GmbH von der Vorlage der staatlichen Genehmigungsurkunde zur Ausübung des Unternehmensgegenstands abhängig machte,[227] muss auch der Notar nicht mehr auf etwaige behördliche Genehmigungserfordernisse bei **Gründung einer AG oder GmbH** hinweisen.[228] Allerdings sollte er den **allgemeinen Rat erteilen**, dass etwaige Genehmigungserfordernisse natürlich weiterhin bestehen, auch wenn dies im Eintragungsverfahren nicht mehr geprüft wird.[229] Soweit dem Notar bekannt ist, dass eine Gesellschaft ohne die erforderliche Genehmigung tätig wird, muss er dies nach § 379 Abs. 1 FamFG dem Registergericht zur Einleitung eines Zwangsgeld- oder Amtslöschungsverfahrens mitteilen (siehe Rdnr. 184).

92 Unterliegt ein gesellschaftsrechtlicher Vorgang (z. B. ein Unternehmenskaufvertrag) der **Zusammenschlusskontrolle** des Bundeskartellamtes (§ 37 GWB) oder der europäischen Kommission, so führt das **kartellrechtliche Vollzugsverbot** dazu, dass der Rechtsvorgang bis zur Erteilung der Freigabe noch nicht wirksam geworden ist, § 41 Abs. 1 GWB. Soweit dem Notar entsprechende Anhaltspunkte für das Erfordernis eines kartellrechtlichen Freigabeverfahrens vorliegen, hat er die Beteiligten hierüber zu belehren.[230]

93 In der Beurkundungspraxis dürfte am häufigsten der Hinweis auf das Erfordernis einer **gerichtlichen Genehmigung** bei Beteiligung eines Minderjährigen oder eines Betreuten geschuldet sein.[231] Zu den einzelnen Genehmigungserfordernissen sowie zum Ablauf des Genehmigungsverfahrens siehe ausführlich § 28 Rdnr. 3 ff., 63 und Rdnr. 89 ff.

94 e) **Steuerliche Beratungspflichten.** Gesellschaftsrechtliche Vorgänge berühren sich regelmäßig mit steuerrechtlichen Fragestellungen. Eine Belehrung über die steuerrechtlichen und wirtschaftlichen Folgen des Rechtsgeschäfts gehört grundsätzlich nicht zu den Amtspflich-

[223] Armbrüster/Preuß/Renner/*Armbrüster* § 17 BeurkG Rdnr. 192.
[224] Armbrüster/Preuß/Renner/*Armbrüster* § 17 BeurkG Rdnr. 195.
[225] Armbrüster/Preuß/Renner/*Armbrüster* § 17 BeurkG Rdnr. 196.
[226] *Winkler* § 17 BeurkG Rdnr. 271.
[227] *Wälzholz* MittBayNot 2008, 425, 426.
[228] Vgl. zur alten Rechtslage die Zusammenstellung bei *Winkler* § 18 BeurkG Rdnr. 41 a.
[229] Armbrüster/Preuß/Renner/*Preuß* § 18 BeurkG Rdnr. 2; *Tebben* RNotZ 2008, 441, 451.
[230] Vgl. *Kordel* RNotZ 2008, 78, 85 ff.
[231] Vgl. Armbrüster/Preuß/Renner/*Preuß* § 18 BeurkG Rdnr. 72 ff.

ten des Notars,[232] es sei denn, diese hängen **unmittelbar mit den Rechtsvorgang zusammen**, so dass im Falle einer Firmen- oder Unternehmensfortführung der Hinweis auf die Haftungsfolgen der § 25 HGB und § 75 AO geschuldet ist, wenn eine Haftung des Erwerbers gerade ausgeschlossen sein soll.[233] Steuerliche Beratungspflichten werden auch nicht durch § 19 BeurkG oder § 8 Abs. 1 S. 4 ErbStDV begründet.[234] Eine erweiterte Belehrungspflicht nach § 17 Abs. 1 BeurkG kann sich aber aufgrund der **konkreten Umstände des Einzelfalls** ergeben, wenn der Notar die begründete Befürchtung haben muss, dass einem Beteiligten wegen mangelnder Kenntnis der Rechts- und Sachlage ein steuerlicher Schaden droht und wenn die Beteiligten auf die Klärung dieser steuerlichen Frage erkennbaren Wert legen und den Notar um eine diesbezügliche Auskunft ersuchen.[235] In diesem Fall hat der Notar über die **drohenden Gefahren zu belehren**, wenn sie ihm bekannt sind, da er zu entsprechenden Auskünften aber nicht verpflichtet ist, genügt er seiner Amtspflicht, indem er die Beteiligten **an einen steuerlichen Berater oder an die Finanzverwaltung** verweist.[236]

4. Urkundssprache

a) **Beurkundungen in deutscher und fremder Sprache.** Urkundssprache ist die deutsche 95
Sprache, § 5 Abs. 1 BeurkG. Auf Verlangen der Beteiligten kann der Notar die Urkunde auch in einer fremden Sprache errichten, § 5 Abs. 2 S. 1 BeurkG. Er soll dies aber nur tun, wenn er der fremden Sprache hinreichend kundig ist, § 5 Abs. 2 S. 2 BeurkG. Die Aufnahme der Niederschrift in einer fremden Sprache gilt nicht nur für die Beurkundung von Willenserklärungen, sondern für **alle Beurkundungs- und Beglaubigungsvorgänge.**[237] Zur Beurkundung in einer fremden Sprache ist der Notar nicht verpflichtet, selbst dann nicht, wenn er dieser Sprache hinreichend kundig ist.[238] Seine **hinreichende Sprachkenntnis** hat der Notar nach pflichtgemäßem Ermessen selbst zu ermitteln.[239] Dabei sind die Anforderungen höher, wenn der Notar den Urkundstext selbst entwerfen soll, im Vergleich zur Beurkundung eines von den Beteiligten mitgebrachten Entwurfs.[240] In jedem Fall muss sich der Notar ein zuverlässiges Urteil darüber bilden können, dass seine Mitwirkung nicht zu unerlaubten oder unredlichen Zwecken verlangt wird.[241] Die Beteiligten selbst müssen weder der deutschen noch der fremden Sprache, in der die Urkunde aufgenommen wird, kundig sein.[242] In diesem Fall ist allerdings das Verfahren nach § 16 BeurkG zu beachten (Rdnr. 97 ff.). Der **Gesellschaftsvertrag einer GmbH** kann auch in einer fremden Sprache (z. B. englisch) abgefasst und notariell beurkundet werden. Bei der Anmeldung zur Eintragung in das Handelsregister kann das Registergericht jedoch die Vorlage einer deutschen Übersetzung des Gesellschaftsvertrages nach § 142 Abs. 3 ZPO verlangen.[243] Unabhängig davon, in welcher Sprache eine Gesellschafterversammlung abgehalten wurde,[244] kann der Notar unter den Voraussetzungen des § 5 Abs. 2 BeurkG die Niederschrift in einer fremden Sprache errichten.[245]

Die Beurkundung kann sowohl in einer lebenden als auch in einer „toten" Sprache 96
aufgenommen werden,[246] dabei dürfen auch **fremde Schriftzeichen** verwendet wer-

[232] BGH NJW 1995, 2794 = DNotZ 1996, 116; Armbrüster/Preuß/Renner/*Armbrüster* § 17 BeurkG Rdnr. 114; *Schuck* BB 1996, 2332, 2335.
[233] BGH NJW 2008, 1085, 1086 = DNotZ 2008, 370, 373.
[234] *Jansen* § 19 BeurkG Rdnr. 4.
[235] BGH NJW 2008, 1085 = DNotZ 2008, 370, 371; BGH NJW-RR 2003, 1498 = DNotZ 2003, 845; BGH NJW 1995, 2794 = DNotZ 1996, 116.
[236] BGH NJW 2008, 1085 = DNotZ 2008, 370, 371; BGH NJW-RR 2003, 1498 = DNotZ 2003, 845; zu weitgehend Armbrüster/Preuß/Renner/*Armbrüster* § 17 BeurkG Rdnr. 114, der dem Notar empfiehlt, stets klarzustellen, dass er nicht steuerlich beraten kann bzw. will.
[237] *Winkler* § 5 BeurkG Rdnr. 3.
[238] Armbrüster/Preuß/Renner/*Preuß* § 5 BeurkG Rdnr. 5.
[239] *Winkler* § 5 BeurkG Rdnr. 8.
[240] Armbrüster/Preuß/Renner/*Preuß* § 5 BeurkG Rdnr. 6; *Winkler* § 5 BeurkG Rdnr. 8.
[241] Armbrüster/Preuß/Renner/*Preuß* § 5 BeurkG Rdnr. 6.
[242] *Winkler* § 5 BeurkG Rdnr. 9.
[243] LG Düsseldorf Rpfleger 1999, 334 = GmbHR 1999, 609; *Winkler* § 5 BeurkG Rdnr. 12.
[244] Hierzu *Krause/Jenderek* NZG 2007, 246; DNotI-Report 2003, 81.
[245] DNotI-Report 2003, 81, 82.
[246] Armbrüster/Preuß/Renner/*Preuß* § 5 BeurkG Rdnr. 8; *Winkler* § 5 BeurkG Rdnr. 2.

den.[247] Eine Mischung der Urkunde aus mehreren Sprachen ist ebenso zulässig, wie die Aufnahme der Urkunde in **zwei oder mehreren Sprachen.**[248] Als empfehlenswert haben sich hierbei Urkunden mit mehreren Spalten erwiesen, bei denen die verschiendenen Textfassungen einander gegenüber gestellt sind.[249] Zu beachten ist, dass der Notar in diesem Fall die Urkunde in allen Sprachen verlesen muss, wenn nicht ein Übersetzer beigezogen worden ist. Zur Vermeidung von Auslegungsschwierigkeiten[250] sollte aber stets klargestellt werden, welches die **maßgebliche Textfassung** darstellt.[251] Bei Beurkundung in einer fremden Sprache ist ein Auslandsbezug naheliegend, so dass der Notar stets die Hinweis- und Vermerkpflicht nach § 17 Abs. 3 BeurkG (Rdnr. 90) beachten sollte.

97 **b) Übersetzung der Niederschrift, §§ 16, 50 BeurkG.** Ist ein Beteiligter der Urkundssprache, egal, ob es sich um die deutsche oder eine fremde Sprache handelt, nicht hinreichend kundig, so soll der Notar dies in der Niederschrift feststellen, § 16 Abs. 1 BeurkG. Anstelle des Vorlesens muss die Niederschrift diesem Beteiligten übersetzt werden, § 16 Abs. 2 S. 1 BeurkG. Zusätzlich kann der Beteiligte die Anfertigung einer **schriftlichen Übersetzung** verlangen, die ihm zur Durchsicht vorgelegt werden und der Niederschrift beigefügt werden soll, worauf ihn der Notar hinweisen soll, § 16 Abs. 2 S. 2, 3 BeurkG. Auch dies soll der Notar in der Niederschrift feststellen und entsprechend vermerken, § 16 Abs. 2 S. 4 BeurkG. Soweit der Notar die Übersetzung nicht selbst übernimmt, muss ein **Dolmetscher** hinzugezogen werden, § 16 Abs. 3 S. 1 BeurkG. Dieser Dolmetscher unterliegt denselben Ausschließungsgründen, die nach §§ 6, 7 BeurkG für einen Notar gelten, § 16 Abs. 3 S. 2 BeurkG. Besondere berufliche Qualifikationen muss der Dolmetscher nicht aufweisen, insbesondere muss er **kein staatlich geprüfter Dolmetscher** sein.[252] Es obliegt den Beteiligten, einen aus Sicht des Notars geeigneten Übersetzer beizubringen. Ist der Dolmetscher aus Sicht des Notars ungeeignet, kann er die Beurkundung ablehnen,[253] bestehen Zweifel an der Ordnungsgemäßheit seiner Übersetzung, sollte der Notar die Beteiligten auf die Möglichkeit hinweisen, diesen zu vereidigen. Ein nicht allgemein vereidigter Dolmetscher soll vom Notar **vereidigt** werden, es sei denn, alle Beteiligten haben darauf verzichtet, § 16 Abs. 3 S. 3 BeurkG. Auch diese Tatsachen sollen in der Urkunde vermerkt werden. Der Dolmetscher soll mit den Beteiligten die Urkunde **unterschreiben**, ein Verstoß hiergegen berührt jedoch nicht die Wirksamkeit der Urkunde.[254]

Formulierungsvorschläge:

98 Herr [Name] ist spanischer Staatsangehöriger und nach seinen Angaben und nach meiner, des Notars, Überzeugung nicht hinreichend der deutschen Sprache kundig. Er spricht und versteht die spanische Sprache.

Als Dolmetscher für die spanische Sprache wurde Frau [Name] zugezogen. Ein Ausschließungsgrund nach §§ 6, 7 BeurkG ist nicht ersichtlich. Frau [Name] erklärt, als Dolmetscher nicht allgemein vereidigt zu sein. Alle Beteiligten haben auf die Vereidigung des Dolmetschers durch den Notar verzichtet.

Der Notar hat Herrn [Name] darauf hingewiesen, dass er eine schriftliche Übersetzung dieser Niederschrift verlangen kann.

Er hat hierauf verzichtet.

oder

---

247 Armbrüster/Preuß/Renner/*Preuß* § 5 BeurkG Rdnr. 8; *Winkler* § 5 BeurkG Rdnr. 7.

248 Armbrüster/Preuß/Renner/*Preuß* § 5 BeurkG Rdnr. 8; *Winkler* § 5 BeurkG Rdnr. 11; *Klein* RNotZ 2007, 565, 588.

249 Armbrüster/Preuß/Renner/*Preuß* § 5 BeurkG Rdnr. 8; *Klein* RNotZ 2007, 565, 588.

250 Vgl. *Klein* RNotZ 2007, 565, 595.

251 Armbrüster/Preuß/Renner/*Preuß* § 5 BeurkG Rdnr. 8; *Klein* RNotZ 2007, 565, 588.

252 *Waldner* Rdnr. 236; a. A. *Eckhardt* ZNotP 2005, 221; differenzierend Armbrüster/Preuß/Renner/*Renner* § 16 BeurkG Rdnr. 28 f.

253 Armbrüster/Preuß/Renner/*Renner* § 16 BeurkG Rdnr. 28.

254 Armbrüster/Preuß/Renner/*Renner* § 16 BeurkG Rdnr. 36.

Eine schriftliche Übersetzung dieser Niederschrift wurde Herrn [Name] zur Durchsicht vorgelegt und ist dieser Urkunde beigefügt.

Formulierungsvorschläge Abschlussvermerk:

Die Niederschrift wurde den Beteiligten vom Notar vorgelesen, von diesem in die spanische Sprache übersetzt, von den Beteiligten genehmigt und unterschrieben.

oder

Die Niederschrift wurde den Beteiligten vom Notar vorgelesen, vom Dolmetscher in die spanische Sprache übersetzt, von den Beteiligten genehmigt und von den Beteiligten und dem Dolmetscher unterschrieben.

War die Angabe des Beteiligten zu seiner Sprachkunde unrichtig oder war der Notar zu 99 Unrecht von dieser überzeugt, hat er sich geirrt oder wurde er getäuscht, beeinflusst dies die Wirksamkeit der Beurkundung nicht.[255] Nur wenn die **Sprachunkunde in der Niederschrift festgestellt** ist, sich also aus der Niederschrift selbst ergibt, greifen die Mussvorschriften des § 16 Abs. 2 S. 1 bzw. § 16 Abs. 3 S. 1 BeurkG ein. Fehlt dagegen eine Feststellung, obwohl ein Beteiligter Sprachunkunde behauptet oder der Notar davon überzeugt ist, und verfährt der Notar mit ihm wie mit einem Sprachkundigen, so ist die Beurkundung trotzdem wirksam.[256]

Hat der Notar die Urkunde in einer fremden Sprache selbst errichtet oder verwahrt er 100 eine solche Urkunde, so kann er die deutsche Übersetzung dieser Urkunde mit einer **Bescheinigung ihrer Richtigkeit und Vollständigkeit** versehen, § 50 Abs. 1 S. 1 BeurkG. Der Notar ist, auch wenn er der Sprache hinreichend kundig ist, **nicht verpflichtet**, die Bescheinigung zu erteilen.[257] Er entscheidet nach **freiem Ermessen**, ob er diese besondere Rechtsbesorgung auf dem Gebiet der nichtstreitigen Rechtspflege erbringen will, selbst dann, wenn er die Niederschrift nach § 5 Abs. 2 in fremder Sprache errichtet hatte.[258]

Für die Erteilung der Bescheinigung ist nicht erforderlich, dass die Übersetzung vom 101 Notar selbst stammt, dieser muss nur – wie im Rahmen des § 5 Abs. 2 S. 2 BeurkG der fremden Sprache hinreichend kundig sein, § 50 Abs. 1 S. 3 BeurkG. Die Bescheinigung der Richtigkeit und Vollständigkeit der Übersetzung hat der Notar entsprechend § 39 in Vermerkform zu erstellen, da es sich der Sache nach um eine **Tatsachenbezeugung** handelt.[259] Die Bescheinigung muss mit Unterschrift des Notars und seinem Dienstsiegel versehen sein sowie Ort und Datum der Ausstellung angeben. In der Bescheinigung muss nicht (kann aber!) angegeben sein, dass der Notar der übersetzten Sprache hinreichend kundig ist.[260]

Formulierungsvorschlag:

Ich bescheinige hiermit die Richtigkeit und Vollständigkeit der vorstehenden Übersetzung aus der 102 spanischen in die deutsche Sprache.

Ort, Datum

(Siegel) Notar

Die Bescheinigung verleiht der Übersetzung die Vermutung der Vollständigkeit und Rich- 103 tigkeit, § 50 Abs. 2 S. 1 BeurkG. Es handelt sich um eine **gesetzliche Vermutungsregel** i. S. des § 292 ZPO, nicht um eine Beweisregel i. S. des § 286 Abs. 2 ZPO.[261] Dies gilt selbst

[255] BGH NJW 2001, 3135, 3137.
[256] BGH NJW 2001, 3135, 3137; *Winkler* § 16 BeurkG Rdnr. 32.
[257] Armbrüster/Preuß/Renner/*Preuß* § 50 BeurkG Rdnr. 2; *Winkler* § 50 BeurkG Rdnr. 7.
[258] *Huhn/von Schuckmann*, 3. Aufl. § 50 BeurkG Rdnr. 4.
[259] A. A. Armbrüster/Preuß/Renner/*Preuß* § 50 BeurkG Rdnr. 5.
[260] *Jansen* § 50 BeurkG Rdnr. 2.
[261] *Huhn/von Schuckmann*, 3. Aufl. § 50 BeurkG Rdnr. 10; a. A. *Lerch* § 50 BeurkG Rdnr. 3.

dann, wenn der Notar entgegen § 50 Abs. 1 S. 3 BeurkG die Übersetzung hergestellt hat, ohne der Fremdsprache hinreichend kundig zu sein,[262] was im Falle der tatsächlichen Richtigkeit der Übersetzung ohnehin kaum nachprüfbar wäre. Der Gegenbeweis bleibt zulässig (§ 50 Abs. 2 S. 2 BeurkG), muss in diesem Fall aber von demjenigen angetreten werden, der die Richtigkeit und Vollständigkeit der Übersetzung bestreitet.

Praxistipp:

104 Ist der Notar einer fremden Sprache hinreichend kundig, so kann die Niederschrift nicht nur in dieser Sprache aufgenommen werden, sondern in Verbindung mit der Bescheinigung nach § 50 BeurkG mit einer für das Registergericht ausreichenden Übersetzung versehen werden. Dieses Verfahren kann den Beteiligten viel Zeit und Kosten ersparen.

105 Auf § 50 kann nur die Bescheinigung einer Übersetzung in die deutsche Sprache, nicht jedoch in eine **andere Sprache** gestützt werden.[263] Im Rahmen des § 24 BNotO kann der Notar aber auch eine solche Rechtsbesorgung für die Beteiligten übernehmen, der Übersetzung fehlt freilich die Beweiswirkung nach Abs. 2.

5. Verlesung der Niederschrift

106 a) **Grundsatz, § 13 Abs. 1 S. 1 BeurkG.** Die Niederschrift muss mit ihrem gesamten Inhalt einschließlich aller Anlagen vorgelesen werden. Die Urkunde muss **nicht vom Notar persönlich**, sondern nur in dessen Gegenwart, vorgelesen werden. Allerdings darf die Verlesung nicht durch einen Urkundsbeteiligten, sondern nur durch eine im neutralen Lager des Notars stehende Person, also einen Mitarbeiter des Notars, vorgetragen werden.[264] Zu jedem Zeitpunkt muss gewährleistet sein, dass der Notar die erforderlichen Belehrungen selbst erteilen und persönlich die Fragen der Beteiligten beantworten kann. Nach h. M. soll die Verlesung durch **Abspielen eines Tonbands oder einer digitalen Datei** nicht genügen.[265] Das **Ablesen vom Bildschirm eines Computers** oder dergleichen soll ebenfalls ungenügend sein, da Gegenstand der Verlesung das zu unterschreibende Schriftstück sein muss.[266]

Praxistipp:

107 Zulässig ist es aber, wenn die vom Notar vorgelesene Niederschrift gleichzeitig den Beteiligten mittels eines Beamers oder auf einem Großbildschirm zum Mitlesen angezeigt wird. Es handelt sich hierbei um eine Art Leseexemplar, das die Beteiligten weniger vom Inhalt der Verhandlung ablenkt als ein papiergebundenes Leseexemplar.

108 **Änderungen** während der Niederschrift können am Schluss vor den Unterschriften oder am Rande vermerkt werden. Randvermerke sollen vom Notar besonders unterschrieben werden, § 44a Abs. 1 S. 1 BeurkG. Anstelle der Änderung des zunächst verlesenen Schriftstücks kann der Notar auch einen **vollständigen oder teilweisen Neuausdruck** der geänderten Seiten vornehmen. In diesem Fall muss nicht die gesamte Niederschrift erneut vorgelesen werden, es genügt, die geänderten Stellen nochmals zu verlesen.[267]

---

[262] Armbrüster/Preuß/Renner/*Preuß* § 50 BeurkG Rdnr. 6.

[263] *Jansen* § 50 BeurkG Rdnr. 1.

[264] Bamberger/Roth/Litzenburger § 13 BeurkG Rdnr. 1; a. A. Armbrüster/Preuß/Renner/*Preuß* § 13 BeurkG Rdnr. 6.

[265] OLG Hamm DNotZ 1978, 54, 57; Armbrüster/Preuß/Renner/*Preuß* § 13 BeurkG Rdnr. 7.

[266] OLG Frankfurt DNotZ 2000, 513 f.; Armbrüster/Preuß/Renner/*Preuß* § 13 BeurkG Rdnr. 10; a. A. LG Stralsund NJW 1997, 3178 f.

[267] Armbrüster/Preuß/Renner/*Preuß* § 13 BeurkG Rdnr. 13; *Winkler* § 13 BeurkG Rdnr. 18.

Praxistipp:

109 Unstatthaft ist es, die handschriftlich geänderte Niederschrift nach Abschluss der Beurkundung neu auszudrucken und anstelle der verlesenen Seiten in die Niederschrift einzufügen. Stattdessen empfiehlt es sich, eine Reinschrift zu erstellen, die anstelle der Urschrift für die Beteiligten ausgefertigt wird. Auf diese Weise können auch die Unterschriften und das Siegel durch entsprechende Vermerke („gez." und „Siegel" oder „l. s.") ersetzt werden.

110 Es ist möglich, eine Beurkundungsverhandlung in **mehreren Schritten** durchzuführen. So können zunächst die Erklärungen eines Beteiligten beurkundet werden und im Anschluss hieran innerhalb derselben Niederschrift die Erklärungen eines anderen Beteiligten. Aus der Niederschrift muss aber deutlich hervorgehen, welche Teile der Niederschrift die Erklärungen welches Beteiligten enthalten.[268] Dabei soll es genügen, wenn ein Beteiligter **innerhalb der Niederschrift** nur die von ihm abgegebenen Erklärungen „unterschreibt", selbst wenn sich daran die Erklärungen eines anderen Beteiligten anschließen.[269] Sinnvoller erscheint es, im Urkundseingang oder im Schlussvermerk aufzuführen, welche Beteiligte, bei welchen Erklärungen zugegen waren. Ein solches Verfahren kann bei einer sehr umfangreichen Beurkundungsverhandlung z. B. gewählt werden, wenn ein **alleinvertretungsberechtigter Vertreter** eines Beteiligten während des einen Teils der Beurkundungsverhandlung, ein anderer Vertreter während des anderen Teils anwesend sein soll.[270]

Praxistipp:

111 Da dieses Verfahren sehr fehleranfällig ist, empfiehlt es sich, stattdessen die Erklärungen in getrennten Urkunden niederzulegen und in der späteren Niederschrift auf die frühere Urkunde nach § 13 a Abs. 1 BeurkG zu verweisen.

112 **b) Verweisung auf Schriftstücke, § 9 Abs. 1 S. 2 BeurkG.** In der Niederschrift kann auf Erklärungen in einem Schriftstück, das der Niederschrift beigefügt ist, verwiesen werden, so dass diese Erklärungen als in der Niederschrift unmittelbar enthalten gelten. Beurkundungstechnisch ergeben sich keine Besonderheiten, auch die **Anlage muss verlesen und genehmigt** werden,[271] sie braucht aber nicht gesondert unterschrieben zu werden,[272] insofern erstreckt sich die Unterschrift auf der Niederschrift auch auf die Anlagen. Das Schriftstück muss nach § 44 BeurkG fest mit der Niederschrift verbunden werden. **Besondere Feststellungen** müssen in der Niederschrift **nicht getroffen werden,**[273] es muss sich aber aus dem Inhalt der Urkunde ergeben, dass die Beteiligten konkret auf das beigefügte Schriftstück verweisen wollen.[274]

Praxistipp:

113 Bei mehreren Anlagen empfiehlt sich, diese zu nummerieren oder schlagwortartig zu bezeichnen und jeweils konkret im Text auf die in Bezug genommenen Anlagen zu verweisen.

114 Von diesem Verfahren wird in gesellschaftsrechtlichen Angelegenheiten praktisch in hohem Maße Gebrauch gemacht, z. B. bei der Beurkundung eines Gesellschaftsvertrags, eines Umwandlungsvertrags oder eines Unternehmenskaufvertrags wird dieser in eine Anlage ausgegliedert. In der sog. **Mantelurkunde** finden sich dann nur die beurkundungsverfahrensrechtlichen Erklärungen.

268 *Winkler* § 13 BeurkG Rdnr. 27.
269 OLG Hamburg DNotZ 1994, 306, 308; *Winkler* § 13 BeurkG Rdnr. 27.
270 *Winkler* § 13 BeurkG Rdnr. 28 a.
271 *Winkler* § 9 BeurkG Rdnr. 56.
272 *Winkler* § 9 BeurkG Rdnr. 57.
273 *Winkler* § 9 BeurkG Rdnr. 56.
274 BGH NJW 1995, 2095 = DNotZ 1995, 35, 36; *Altmeppen* NJW 2006, 3761, 3762.

Formulierungsvorschlag:

115 Auf den dieser Niederschrift als Anlage beigefügten Gesellschaftsvertrag wird verwiesen.

......

Samt Anlage vorgelesen vom Notar, von den Beteiligten genehmigt und eigenhändig unterschrieben.

116 c) **Verweisung auf Karten, Zeichnungen und Abbildungen, § 9 Abs. 1 S. 3, § 13 Abs. 1 S. 1 BeurkG.** Sollen Karten, Zeichnungen oder Abbildungen zum Inhalt der Niederschrift gemacht werden, so geschieht dies durch Verweisung auf die der Niederschrift beigefügten Anlagen. Anstelle des Vorlesens müssen diese Anlagen den Beteiligten **zur Durchsicht vorgelegt** werden, § 13 Abs. 1 S. 1 BeurkG. Unterschreiben müssen die Beteiligten auf dieser Anlage nicht,[275] eine Unterschrift stellt allerdings keinen Schaden dar, sondern empfiehlt sich aus Beweisgründen sogar.

117 Alle **bildhaften auf Papier niedergelegten Darstellungen** können auf diese Weise zum Inhalt der Urkunde erklärt werden: Karten, Zeichnungen, Abbildungen, Fotografien, Bilder etc. Nicht hierunter fallen alle bildhaften Darstellungen, die sich auf **anderen Datenträgern** befinden, insbesondere auf **elektronische Dateien** kann nicht derart verwiesen werden.[276] Enthält die Darstellung auch Text, so muss dieser verlesen werden, um Teil der Urkunde zu werden, es sei denn, es handelt sich um einen **intergralen Bestandteil des Bildes**, z. B. die Legende einer Karte oder den auf einer Bildmarke befindlichen Text.[277] Neben der Verweisungserklärung muss die Abbildung nach § 44 S. 2 BeurkG durch **Siegel und Faden fest mit der Urschrift** verbunden werden. Soweit das Bild ein anderes Format als DIN-Format aufweist, sondern größer ist, ist es entsprechend zu falten, sofern es kleiner ist, kann das Bild zunächst auf ein gesondertes DIN A4-Blatt geheftet werden und dieses sodann nach § 44 BeurkG mit der restlichen Niederschrift verbunden werden.[278]

Formulierungsvorschlag:

118 Gegenstand des Vertrags ist die dieser Urkunde als Anlage beigefügte Bildmarke. Auf diese Anlage wird verwiesen. Sie wurde den Beteiligten anstelle des Vorlesens zur Durchsicht vorgelegt.

119 d) **Ausnahmen von der Verlesungspflicht, § 13 Abs. 2 BeurkG.** Für **Sammelbeurkundungen** gilt die Erleichterung, dass mehrere Niederschriften, die ganz oder teilweise übereinstimmen, nicht jedesmal vollständig vorgelesen werden müssen, sondern der übereinstimmende Teil nur einmal, die unterschiedlichen Teile zusätzlich gesondert vorgetragen werden müssen. Anstelle des Vorlesens des **übereinstimmenden Teils** kann dieser den Beteiligten auch **zur Durchsicht vorgelegt** werden. Art und Umfang der Übereinstimmung sind gleichgültig, es muss sich nicht um längere Textpassagen handeln, so dass z. B. auch ein stets gleichbleibender Urkundseingang nicht jedesmal neu verlesen werden muss. Die Beteiligten müssen mit dem Verfahren einer Sammelbeurkundung einverstanden sein, ihnen muss deutlich vor Augen geführt werden, dass der übereinstimmende Text **nur einmal verlesen** wird und mit diesem Inhalt auch für ihre Niederschrift gültig ist.[279] Die Verschwiegenheitspflicht des § 18 BNotO ist natürlich zu wahren, so dass die voneinander abweichenden Textpassagen so zu beurkunden sind, dass nur die betroffenen Beteiligten deren Inhalt erfahren dürfen. Die Beteiligten können jedoch übereinstimmend auf diesen Schutz ihrer Privatsphäre bzw. auf Geheimhaltung **verzichten.**[280]

---

[275] Kersten/Bühling/*Peter* § 15 Rdnr. 68.
[276] Armbrüster/Preuß/Renner/*Renner* § 13 BeurkG Rdnr. 58.
[277] Armbrüster/Preuß/Renner/*Renner* § 13 BeurkG Rdnr. 59.
[278] *Winkler* § 44 BeurkG Rdnr. 8.
[279] *Winkler* § 13 BeurkG Rdnr. 32.
[280] *Winkler* § 13 BeurkG Rdnr. 36.

Praxistipp:

Aus der Urkunde muss sich nicht ergeben, dass und wie der Notar eine Sammelbeurkundung durchgeführt hat, es liegt auch keineswegs nahe, einen solchen vom Gesetz nicht geforderten Vermerk in die Niederschrift aufzunehmen. 120

Sammelbeurkundungen sind **verfahrensrechtlich nicht unbedenklich**, vor allem wenn an den Rechtsgeschäften unterschiedliche Personen mit unterschiedlichen Interessen beteiligt sind. Die Richtlinienempfehlung der BNotK hält daher eine gleichzeitige Beurkundung von **mehr als fünf** Niederschriften für unzulässig, die bayerischen Richtlinien beschränken eine Sammelbeurkundung auf **drei gleichzeitige Niederschriften.**[281] 121

Praxistipp:

Diese Einschränkungen gelten aber dann nicht, wenn jeweils dieselben Beteiligten auftreten. Es ist also statthaft, wenn dieselben Beteiligten in einer Verhandlung mehr als drei bzw. fünf Niederschriften über GmbH-Gründungen oder GmbH-Anteilsveräußerungen errichten. 122

e) **Verweisung auf andere notarielle Niederschriften, § 13 a Abs. 1 bis 3 BeurkG.** § 13 a Abs. 1 BeurkG gestattet den Beteiligten auf die Verlesung einer anderen gem. §§ 8 ff. BeurkG errichteten notariellen Niederschrift oder auf die Vorlage zur Durchsicht von Karten, Zeichnungen oder Abbildungen innerhalb einer solchen notariellen Niederschrift zu verzichten, auf die verwiesen werden soll. 123

Praxistipp:

Nicht verwiesen kann auf andere als nach den §§ 8 ff. BeurkG errichtete Urkunden, z. B. nach §§ 36 f. BeurkG errichtete Niederschriften, auf andere öffentliche Urkunden oder auf Urkunden, die vor ausländischen Notaren aufgenommen worden sind, auch wenn das Beurkundungsverfahren dem deutschen vergleichbar ist.[282] 124

Eine Verweisung auf eine andere notarielle Niederschrift spielt vornehmlich bei **Unternehmenskaufverträgen** eine große Rolle: Um dem Notar und den Vertragsbeteiligten die Verlesung von unstreitigen Nebenabreden (z. B. der IFRS-Regeln, einer Schiedsgerichtsordnung,[283] einem technischen Regelwerk etc.) oder bloßen Bestandsverzeichnissen zu ersparen, kann auf eine vorweg mit Mitarbeitern des Notars oder – besser – Mitarbeitern der Vertragsbeteiligten protokollierte Niederschrift verwiesen werden. Trotz dieser verständlichen und daher vom Gesetzgeber auch berücksichtigten Belange darf die Bezugnahme aber nicht dazu führen, daß die Aufklärungs- und Belehrungspflichten des Notars vereitelt werden, § 17 Abs. 2 a BeurkG, so dass der Notar nicht nur über die Bedeutung der Verweisung, sondern über die **Verweisungsurkunde insgesamt belehren** muss, § 13 a Abs. 3 S. 2 BeurkG. Die Voraussetzungen für eine Bezugnahme gem. § 13 a BeurkG sind deshalb ernst zu nehmen, insbesondere sollte ein Verzicht nur dann erklärt werden, wenn bei der Beurkundung wenigstens eine beglaubigte Abschrift der Verweisungsurkunde vorliegt und wenn davor ausreichend Möglichkeit bestand, vom **Inhalt der Verweisungsurkunde Kenntnis zu nehmen** und die Beteiligten vom Inhalt tatsächlich Kenntnis genommen haben, § 13 a Abs. 1 S. 3, Abs. 3 S. 1 BeurkG. Auf die Verweisungsurkunde ist gem. § 9 Abs. 1 S. 2 BeurkG deutlich zu verweisen und diese so genau wie möglich (Urkundennummer, Errichtungsdatum, beurkundender Notar) zu bezeichnen, wenn unter den Voraussetzungen des § 13 a Abs. 2 BeurkG auf deren Beifügung verzichtet wurde. 125

281 *Winkler* § 13 BeurkG Rdnr. 35.
282 *Stauf* RNotZ 2001, 129, 141; *Winkler* § 13 a BeurkG Rdnr. 35.
283 Vgl. *Winkler* § 13 BeurkG Rdnr. 31, 56 a.

Formulierungsvorschlag:

126 Das Statut des Schlichtungs- und Schiedsgerichtshofs Deutscher Notare ist in der Urkunde des Notars Dr. Hans Wolfsteiner in München vom 19. 1. 2000 (URNr. 82/2000) enthalten. Auf diese Niederschrift wird verwiesen. Sie lag heute als beglaubigter Ausdruck (§ 42 Abs. 4 BeurkG) vor.[284] Die Beteiligten erklären, dass ihnen der Inhalt dieser Niederschrift bekannt ist und sie auf deren Vorlesen und Beifügen zu dieser Niederschrift verzichten.

127 **f) Verweisung auf Bilanzen, Inventare oder sonstige Bestandsverzeichnisse, § 14 Abs. 1 S. 1 BeurkG.** Eine im Gesellschaftsrecht **bedeutsame Ausnahme** von der Verlesungspflicht stellt der erst mit Art. 2 Nr. 2 a Buchst. a) des Dritten Gesetzes zur BNotO und anderer Gesetze vom 31. 8. 1998[285] eingefügte § 14 Abs. 1 S. 1 BeurkG dar. Danach kann auf die Verlesung von Bilanzen, Inventaren und anderen Bestandsverzeichnissen verzichtet werden. Die Begründung des Rechtsausschusses knüpft an den Begriff des Bestandsverzeichnisses i. S. des § 260 BGB an.[286] Im Schrifttum wird hingegen eine **weitere Auslegung** befürwortet, da eine enge sachliche Verbindung der aufgelisteten Gegenstände oftmals nicht in der Beurkundungsverhandlung festgestellt werden kann.[287] Nicht erfasst sein sollen Gegenstände, die erst noch beschafft oder hergestellt werden müssen.[288] Da diese einer besonderen Konkretisierung bedürfen, erachtet der Gesetzgeber die Verlesung als wesentlich. Das darf freilich nicht zu der Annahme verleiten, dass in Bilanzen oder Bestandsverzeichnissen ausgewiesene künftige Gegenstände (z. B. Anwartschaftsrechte, herzustellende Gegenstände) nicht von § 14 Abs. 1 S. 1 BeurkG erfasst wären.

128 Unter § 14 Abs. 1 S. 1 BeurkG fallen insbesondere:

- **Bilanzen** i. S. des § 242 Abs. 1 HGB;[289]
- **Gewinn- und Verlustrechnungen** i. S. des § 242 Abs. 2 HGB;[290]
- **Anhänge zum Jahresabschluss** i. S. des § 284 HGB;
- **Inventare** i. S. des § 240 HGB;
- **Inventarlisten**;[291]
- **Aufstellungen** über bewegliche Wirtschaftsgüter, bestehende Verträge, Forderungen und Verbindlichkeiten, Beteiligungen an anderen Gesellschaften, Versicherungen, Patente, gewerbliche Schutzrechte, Lizenzen, anhängige Prozesse, Verzeichnisse über den Auftragsbestand;[292]
- **Personenverzeichnisse** von Mitarbeitern, Schuldnern, Gläubigern, Kunden, Lieferanten etc.[293]
- **Grundstückslisten**, auch soweit es sich nicht um den gesamten Grundstücksbestand handelt;[294]
- **Grundbuchinhalt insgesamt**, auch soweit es sich nicht um den gesamten Grundstücksbestand handelt;[295]
- **Rechte in Abteilung II und III des Grundbuchs.**[296]

[284] Diese Niederschrift kann unter http://www.dnotv.de/_files/zip/Schlichtung-undSchiedsordnung.tif.zip heruntergeladen werden und nach erfolgreicher Signaturprüfung und erfolgtem Medienumbruch in ein Papierdokument als Verweisungsurkunde genutzt werden.

[285] BGBl. I S. 2585.

[286] BT-Drucks. 13/10 589 S. 39.

[287] Armbrüster/Preuß/Renner/*Renner* § 14 BeurkG Rdnr. 10; *Winkler* § 14 BeurkG Rdnr. 12 f.

[288] BT-Drucks. 13/10 589 S. 39; *Stauf* RNotZ 2001, 129, 145 f.

[289] *Stauf* RNotZ 2001, 129, 145.

[290] *Stauf* RNotZ 2001, 129, 145, 146; Armbrüster/Preuß/Renner/*Renner* § 14 BeurkG Rdnr. 11.

[291] *Stauf* RNotZ 2001, 129, 145.

[292] *Stauf* RNotZ 2001, 129, 146.

[293] *Stauf* RNotZ 2001, 129, 146; Armbrüster/Preuß/Renner/*Renner* § 14 BeurkG Rdnr. 11.

[294] Armbrüster/Preuß/Renner/*Renner* § 14 BeurkG Rdnr. 12; *Winkler* § 14 BeurkG Rdnr. 24; a. A. *Stauf* RNotZ 2001, 129, 146; DNotI-Report 2003, 17, 18.

[295] Armbrüster/Preuß/Renner/*Renner* § 14 BeurkG Rdnr. 12; *Winkler* § 14 BeurkG Rdnr. 23, 24; a. A. *Stauf* RNotZ 2001, 129, 146; DNotI-Report 2003, 17, 18.

[296] *Winkler* § 14 BeurkG Rdnr. 24.

Praxistipp:

Bei Grundstücksaufstellungen, die nicht den gesamten Grundbesitz betreffen, ist umstritten, ob das Verfahren nach § 14 Abs. 1 S. 1 BeurkG gewählt werden kann. Aus Sicherheitsgründen empfiehlt es sich daher, Grundstücksverzeichnisse zu verlesen, notfalls unter Zuhilfenahme des § 13 a BeurkG. 129

Verfahrenstechnisch muss in der Urkunde auf das Bestandsverzeichnis **verwiesen** und dieses der Niederschrift fest i. S. des § 44 BeurkG **beigefügt** werden. **Alle Beteiligten** müssen auf das Vorlesen **verzichtet** haben. Anstelle des Vorlesens soll es den Beteiligten zur Kenntnisnahme vorgelegt und von ihnen unterschrieben werden. Besteht das Schriftstück aus mehreren Seiten, soll jede Seite unterzeichnet werden, § 14 Abs. 2 BeurkG. 130

Praxistipp:

Umstritten ist, ob jede Seite i. S. des § 13 Abs. 1 S. 1 BeurkG unterschrieben werden muss, ob nur die letzte Seite auf diese Weise unterschrieben werden muss oder ob die Paraphierung aller Seiten ausreicht. Richtigerweise genügt die Paraphierung.[297] 131

Die Anlagen müssen nicht in der Beurkundungsverhandlung unterzeichnet werden, sie können schon unterzeichnet mitgebracht werden.[298]

In der Niederschrift **muss festgestellt** werden, dass alle Beteiligten auf das **Vorlesen verzichtet** haben, es soll festgestellt werden, dass es zur Kenntnisnahme vorgelegt wurde. 132

Formulierungsvorschlag:

Auf die Anlagen 1 bis 500 wird verwiesen. Auf das Vorlesen der Anlagen wird von allen Beteiligten verzichtet. Sie wurden den Beteiligten anstelle des Vorlesens zur Kenntnisnahme vorgelegt und von ihnen auf jeder Seite unterzeichnet. 133

g) **Strategien zur Vereinfachung der Verlesungspflicht.** Die Pflicht zur vollständigen Verlesung der Niederschrift steht häufig in der Kritik, sie wird als „lästig" empfunden[299] und vor allem von ausländischen Urkundsbeteiligten als **unverständlicher Formalismus** betrachtet. Dabei werden die **unschlagbaren Vorteile einer Verlesung** häufig ignoriert bzw. unterschätzt. Selbst ein mehrfach von den Beteiligten im Vorfeld durchgelesener und geprüfter Vertragsentwurf offenbart erst bei dessen lauter Verlesung grammatikalische und orthographische Fehler. Erst die Verlesung ermöglicht den Beteiligten durch passives Zuhören den Text der Urkunde distanziert aufzunehmen.[300] Schließlich soll gerade die „Lästigkeit" des Beurkundungsverfahrens „Schnellschüsse", insbesondere unüberlegte und undurchdachte Rechtsgeschäfte verhindern. 134

Es gibt natürlich Konstellationen, in denen sich die Verlesung als **sinnlose Förmelei** darstellt. In diesen Fällen schadet das Verlesen manchmal sogar mehr als dass es einen praktischen Nutzen erbringt. Viele dieser Situationen können aber durch eine **geschickte und umfangreiche Ausnutzung der bestehenden Verfahrenserleichterungen** (insbesondere der § 13 Abs. 2, §§ 13 a, 14 BeurkG) entschärft werden.[301] Es ist ratsam, schon im Vorfeld einer an- 135

[297] Vgl. zum Streitstand *Stauf* RNotZ 2001, 129, 150; Armbrüster/Preuß/Renner/*Renner* § 14 BeurkG Rdnr. 29.

[298] *Stauf* RNotZ 2001, 129, 150; Armbrüster/Preuß/Renner/*Renner* § 14 BeurkG Rdnr. 29; *Winkler* § 14 BeurkG Rdnr. 45.

[299] Insoweit aus Anwaltssicht typisch *Binz/Mayer* NJW 2002, 3054.

[300] Vgl. die Stellungnahme des Deutschen Notarvereins vom 30. 5. 2008 S. 3, abrufbar unter: http://www.dnotv.de/_files/Dokumente/Stellungnahmen/2008-05-30StellungnahmeBeurkGendg.pdf (Stand: 15. 12. 2010).

[301] Vgl. die Stellungnahme des Deutschen Notarvereins vom 30. 5. 2008 S. 14 f. abrufbar unter: http://www.dnotv.de/_files/Dokumente/Stellungnahmen/2008-05-30StellungnahmeBeurkGendg.pdf (Stand: 15. 12. 2010).

stehenden Beurkundung die Beteiligten und ihre Rechtsvertreter auf die bestehenden Möglichkeiten hinzuweisen und auf eine „Entschlackung" des zu verlesenden Textes hinzuwirken. Soweit möglich sollten **Bestandsverzeichnisse** i. S. des § 14 BeurkG erstellt werden (siehe Rdnr. 127 ff.). Mehrere gleichlautende Beurkundungen sollten in einem **Sammeltermin** zusammengefasst werden, um die gleichlautenden Teile der Niederschriften entweder gar nicht oder zumindest nur einmal lesen zu müssen (siehe Rdnr. 119 ff.). Schließlich sollten in geeigneten Fällen umfangreiche Texte, die aus Sicht der Beteiligten voraussichtlich keiner Änderung mehr bedürfen, vorweg mit Mitarbeitern der Beteiligten beurkundet werden, so dass eine **Verweisungsurkunde** i. S. des § 13 a BeurkG vorliegt (siehe Rdnr. 123 ff.).

136 Verbleibende Vorlesungspflichten können durch eine **sachgerechte Gestaltung des Beurkundungsverfahrens** abgemildert werden, insbesondere indem den Beteiligten ausreichend Gelegenheit eingeräumt wird, die passive Rolle des bloßen Zuhörers zu verlassen, z. B. dadurch, dass ihnen Zwischenfragen gestattet werden, dass ihnen ein Leseexemplar ausgehändigt wird oder dass der Urkundstext zum Mitlesen an die Wand projiziert wird. Der erfahrene Notar wird selbst auf die **Veremeidung langer und weitschweifiger Texte** achten bzw. drängen, als problematisch erweisen sich diesbezüglich vor allem die von Anwaltsseite ausgehenden Vertragsentwürfe, die immer mehr dem **anglo-amerikanischen Modell** exzessiver Definitions- und Detailwut folgen. Hierbei handelt es sich aber nicht um ein Defizit des deutschen Beurkundungsverfahrens, sondern um ein strukturelles Problem der internationalen Kauterlarpraxis.

6. Genehmigung und Unterzeichnung der Niederschrift

137 **a) Genehmigung der Niederschrift, § 13 Abs. 1 S. 1 BeurkG.** Die Niederschrift muss nach der Verlesung genehmigt werden. Beigefügte Anlagen müssen nicht eigens genehmigt werden.[302] Das Genehmigungserfordernis erstreckt sich nur auf die **Erklärungen der Beteiligten,** nicht aber auf Hinweise, Feststellungen und Vermerke des Notars.[303] An die Genehmigungserteilung sind keine zu hohen Anforderungen zu stellen, es kann insbesondere auch **konkludent,** z. B. durch Kopfnicken oder durch Unterzeichnung der Urkunde erklärt werden.[304] Die Genehmigung kann bis zur Wirksamkeit des Beurkundungsakts, also bis zur Unterzeichnung durch den Notar, **widerrufen** werden.[305] In diesem Fall muss sich der Notar der Unterschrift enthalten.

138 **b) Unterzeichnung der Niederschrift, § 13 Abs. 1 S. 1 und Abs. 3 BeurkG.** Die Niederschrift muss von den Beteiligten und dem Notar abschließend unterschrieben werden. An die Unterschrift der Beteiligten stellt die Rechtsprechung **hohe und übertriebene Anforderungen,** die weder dem Zweck des Beurkundungsverfahren noch der Lebenswirklichkeit gerecht werden.[306] Gefordert wird zwar nicht die Lesbarkeit der Unterschrift, sie muss aber ausreichend individualisierbare Merkmale aufweisen, darf also keine bloße Linie und **keine reine Paraphe** darstellen.[307] Hingegen genügt die Unterschrift nur mit dem Familiennamen,[308] bei einem Doppelnamen reicht ein Namensbestandteil aus.[309] Die Verwendung von Pseudonymen und Künstlernamen ist ebenso statthaft,[310] wie die Unterzeichnung mit der Handelsfirma.[311] Es dürfen auch **fremde Schriftzeichen** verwendet werden, z. B. griechische, kyrillische, arabische oder hebräische Schriften.[312] Die Unterzeichnung nur mit dem **Vornamen** soll aber unzureichend sein, eine für einen demokratischen und laizistischen Staat

302 *Winkler* § 13 BeurkG Rdnr. 40.
303 *Lerch* § 13 BeurkG Rdnr. 19; *Winkler* § 13 BeurkG Rdnr. 40.
304 *Winkler* § 13 BeurkG Rdnr. 41.
305 Armbrüster/Preuß/Renner/*Preuß* § 13 BeurkG Rdnr. 27; *Winkler* § 13 BeurkG Rdnr. 43.
306 Grziwotz/Heinemann/Koller/Everts/*Heinemann* Rdnr. 74.
307 OLG Stuttgart NJW 2002, 832 = DNotZ 2002, 543 = ZNotP 2002, 229.
308 BGHZ 152, 256 = NJW 2003, 1120 = DNotZ 2003, 269, 270.
309 Armbrüster/Preuß/Renner/*Preuß* § 13 BeurkG Rdnr. 52.
310 Armbrüster/Preuß/Renner/*Preuß* § 13 BeurkG Rdnr. 46; *Winkler* § 13 BeurkG Rdnr. 52.
311 Armbrüster/Preuß/Renner/*Preuß* § 13 BeurkG Rdnr. 46.
312 Armbrüster/Preuß/Renner/*Preuß* § 13 BeurkG Rdnr. 43; *Winkler* § 13 BeurkG Rdnr. 52.

schwer verständliche Ausnahme macht der BGH aber insoweit für „kirchliche Würdenträger und Angehörige des Hochadels".[313] Mit dem Vornamen soll ein **Ausländer** dann unterschreiben dürfen, wenn er aufgrund seines Heimatrechts gar keinen Familiennamen führt.[314] Richtigerweise muss man die Unterzeichnung mit dem (vermeintlichen) Vornamen durch einen Ausländer auch dann genügen lassen, wenn es der **heimatlichen Übung** entspricht.

Praxistipp:

Im vom BGH entschiedenen Fall hatte ein türkischer Staatsangehöriger die Urkunde nur mit seinem Vornamen unterschrieben. In der Türkei ist es üblich, nur mit dem Vornamen zu unterzeichnen. Hier wird besonders auffällig, dass der BGH den Beteiligten im Ergebnis eine „Unterschriftsfälschung" abverlangt, sie jedenfalls dazu zwingt, nicht zu unterschreiben, sondern ihren Familiennamen aufs Papier zu zeichnen. 139

Wegen der vielfältigen Unsicherheiten die diese Rechtsprechung für die formelle Wirksamkeit der Urkunde in sich birgt, rät das Schrifttum dazu, in Zweifelsfällen die Unterschrift der Beteiligten mit der Unterschrift auf einem vorgelegten **Ausweispapier zu vergleichen** oder die Beteiligten um Ergänzung ihrer Unterschrift durch „Hinschreiben" ihres **Nachnamens in Druckbuchstaben** zu ergänzen.[315] Insbesondere geschäftsgewandte und ausländische Beteiligte werden dieses Ansinnen des Notars bestenfalls als „typisch deutschen Bürokratismus" belächeln, schlimmstenfalls als nicht minder „typisch deutsche Bevormundung" oder gar „Fremdenfeindlichkeit" missverstehen. Der Notar sollte jedoch das Risiko, dass ein Beteiligter die formelle Nichtigkeit der Urkunde behauptet, nicht unterschätzen. Er sollte deshalb tunlichst darauf achten, dass die Beteiligten einen **längeren und individuellen Schriftzug** vollziehen und in Zweifelsfällen um die **Hinzufügung des Vornamens** bitten. 140

Praxistipp:

Hat der Notar keine Zweifel an der Ordnungsgemäßheit der Unterschrift, darf er die Urkunde ausfertigen. Dabei sollten die Unterschriften nicht in Kopie, sondern durch maschinenschriftliche Wiedergabe des Nachnamens mit dem Zusatz „gez." wiedergegeben werden.[316] Auf diese Weise wird nicht etwa eine mögliche Unwirksamkeit der Urkunde „verschleiert", sondern den Beteiligten kein Anlass geliefert, die Urkunde nachträglich aus formalen Gründen in Frage zu stellen.[317] 141

Für die **Unterzeichnung durch den Notar** gelten die vorstehenden Ausführungen entsprechend,[318] wobei der Notar die beim Landegrichtspräsidenten hinterlegte Unterschrift verwenden soll, § 1 S. 1 DONot. Der Notar soll seiner Unterschrift die **Amtsbezeichnung** beifügen, § 13 Abs. 3 Satz 2 BeurkG, § 1 S. 3 DONot. Zeitlich und räumlich folgt die Unterschrift des Notars derjenigen der Beteiligten nach. Ausgerechnet diese der Gesetzessystematik und dem Sinn und Zweck des Verfahrens entsprechende Reihenfolge wird als unhaltbar kritisiert.[319] Dennoch ist es empfehlenswert, dass der Notar erst unterschreibt, nachdem alle Beteiligten ihre Unterschrift geleistet haben. Außerdem sollte der Notar darauf achten, dass seine Unterschrift, wenn sie sich nicht ohnehin **räumlich unter denjenigen der Beteiligten** befindet, zumindest die letzte innerhalb der Reihe ist. 142

[313] BGHZ 152, 256 = NJW 2003, 1120 = DNotZ 2003, 269, 270; ablehnend Grziwotz/Heinemann/Koller/Everts/*Heinemann* Rdnr. 74.
[314] BGHZ 152, 256 = NJW 2003, 1120 = DNotZ 2003, 269, 270.
[315] Vgl. hierzu *Heinemann* ZNotP 2002, 223, 226.
[316] *Heinemann* DNotZ 2003, 243, 251.
[317] *Heinemann* NotBZ 2003, 467, 469 gegen *Renner* NotBZ 2003, 178, 187.
[318] Vgl. die Entscheidung des OLG Naumburg OLGR 2000, 239 = DNotI-Report 2000, 129.
[319] Armbrüster/Preuß/Renner/*Preuß* § 13 BeurkG Rdnr. 63.

143 Hat ein **Beteiligter** aus **Versehen vergessen seine Unterschrift** zu leisten, so kann diese auch durch eine einseitige Nachtragsbeurkundung „nachgeholt" werden, die Mitwirkung und das Einverständnis der anderen Vertragsbeteiligten ist grundsätzlich nicht erforderlich.[320] Aus der Nachtragsniederschrift muss aber deutlich hervorgehen, dass die ursprüngliche Niederschrift in Gegenwart des Beteiligten verlesen und von diesem genehmigt wurde, die Unterschrift aber versehentlich vergessen wurde.[321]

144 Die vom **Notar vergessene Unterschrift** kann – ebenso wie des Richters unter einem Urteil oder Beschluss – von ihm jederzeit nachgeholt werden.[322] Eine zeitliche Grenze besteht nicht, insbesondere kann die Unterschrift auch noch nach Erteilung der Ausfertigungen geleistet werden.[323] Es bedarf keiner besonderen Feststellung oder Nachtragsverhandlung, der Notar kann die Unterschrift ohne weiteren Zusatz unter die Urkunde setzen.

Praxistipp:

145 Vor Herstellung der Ausfertigungen sollte stets geprüft werden, ob der Notar die Urkunde unterschrieben hat. Das Büropersonal sollte entsprechend angewiesen sein. Regelmäßig wird nicht eine fehelnde, sondern eine unzureichende Unterschrift des Notars i. S. der restriktiven Rechtsprechung gerügt werden. Auch aus diesem Grund empfiehlt es sich, Ausfertigungen ohne bildliche Wiedergabe der Unterschriften herzustellen (siehe Rdnr. 141).

V. Beurkundung von Beschlüssen

146 Gesellschafterbeschlüsse sind **keine Willenserklärungen**, sondern ein mehrseitiges Rechtsgeschäft eigener Art, das auf der Stimmabgabe der Gesellschafter beruht und daher als **gesellschaftsrechtlicher Gesamtakt** bezeichnet wird.[324] Für die Beurkundung von Versammlungsbeschlüssen gelten daher nicht die §§ 8 ff. BeurkG, sondern die erleichterten Vorschriften der §§ 36 f. BeurkG über die Beurkundung von Tatsachen und sonstigen Vorgängen. In der notariellen Praxis spielen insbesondere die Beurkundung von Beschlüssen der **Hauptversammlung einer AG** und die Beurkundug von Beschlüssen einer **GmbH-Gesellschafterversammlung** eine große Rolle. Für die Hauptversammlung einer AG (auch einer KGaA) geht die bundesrechtliche Verfahrensvorschrift des § 130 AktG als lex specialis den Bestimmungen des BeurkG vor, dieses kommt allenfalls ergänzend zur Anwendung.[325] Für die Beurkundung von GmbH-Beschlüssen kann zur Lückenfüllung ebenfalls auf § 130 AktG zurückgegriffen werden.[326]

147 Möglich und zulässig ist es, anstelle einer Beurkundung nach §§ 36 f. BeurkG eine **ausführliche Niederschrift in der Form der §§ 8 ff. BeurkG** zu errichten, nicht jedoch umgekehrt.[327] Vor allem bei der Beurkundung von GmbH-Gesellschafterbeschlüssen wird bevorzugt dieses Verfahren gewählt, weil dort oftmals Beschlüsse und Willenserklärungen in einer Urkunde zusammengefasst werden. Das Verfahren kann auch dann gewählt werden, wenn die Gesellschafter keine einstimmigen Beschlüsse fassen.[328] Statthaft ist es auch, die Verfahren nach §§ 36 f. BeurkG und §§ 8 ff. BeurkG innerhalb einer Urkunde miteinander zu **kombinieren**,[329] was aber faktisch auf die Einhaltung der strengeren Form, also der §§ 8 ff. BeurkG, hinausläuft.

[320] OLG Düsseldorf DNotZ 2000, 299, 301 f.; Armbrüster/Preuß/Renner/*Preuß* § 13 BeurkG Rdnr. 57.
[321] OLG Düsseldorf DNotZ 2000, 299, 301 f.; Armbrüster/Preuß/Renner/*Preuß* § 13 BeurkG Rdnr. 57.
[322] Armbrüster/Preuß/Renner/*Preuß* § 13 BeurkG Rdnr. 66.
[323] LG Aachen DNotZ 1976, 428, 430 f.; Armbrüster/Preuß/Renner/*Preuß* § 13 BeurkG Rdnr. 67; *Lischka* NotBZ 1999, 8, 10; a. A. OLG Naumburg OLGR 2000, 239 = DNotI-Report 2000, 129.
[324] *Winkler* § 36 BeurkG Rdnr. 5; § 37 BeurkG Rdnr. 13.
[325] Armbrüster/Preuß/Renner/*Preuß* § 37 BeurkG Rdnr. 8; *Winkler* § 37 BeurkG Rdnr. 18.
[326] Armbrüster/Preuß/Renner/*Preuß* § 37 BeurkG Rdnr. 36; *Winkler* § 37 BeurkG Rdnr. 12.
[327] *Winkler* § 37 BeurkG Rdnr. 9.
[328] *Winkler* § 37 BeurkG Rdnr. 13; a. A. Armbrüster/Preuß/Renner/*Preuß* § 37 BeurkG Rdnr. 36.
[329] Armbrüster/Preuß/Renner/*Preuß* § 37 BeurkG Rdnr. 36.

Praxistipp:

Wählt der Notar ein einheitliches Beurkundungsverfahren nach Maßgabe der §§ 8 ff. BeurkG sind die Verfahrensvorschriften insgesamt, also insbesondere auch die §§ 17 ff. BeurkG auf etwaige Gesellschafterbeschlüsse anzuwenden.[330] 148

1. Inhalt der Niederschrift

a) **Gesellschafterbeschlüsse außerhalb des Anwendungsbereichs von § 130 AktG.** Die Niederschrift muss zwingend enthalten die Bezeichnung des Notars sowie den Bericht über seine Wahrnehmungen, § 37 Abs. 1 S. 1 BeurkG. Ansonsten sollte der Notar das Verfahren an den Erfordernissen des materiellen Rechts ausrichten, wobei er sich an § 130 Abs. 2 AktG orientieren kann. 149

Im Rahmen einer Satzungsänderung nach §§ 47, 53 GmbHG muss der Bericht des Notars mindestens enthalten:[331] 150

- **Bezeichnung des Notars,** § 37 Abs. 1 S. 1 Nr. 1 BeurkG (siehe Rdnr. 67);
- **Angabe der Versammlungsteilnehmer**; § 10 BeurkG gilt zwar nicht,[332] es empfiehlt sich jedoch, dass der Notar entsprechend verfährt und sich davon überzeugt, dass die Versammlungsteilnehmer mit den in der Gesellschafterliste ausgewiesenen Gesellschaftern identisch sind.[333] Bevollmächtigte haben sich entsprechend den Vorgaben der Satzung durch Vorlage einer entsprechenden Vollmacht auszuweisen, wobei die Prüfung, ob eine Bevollmächtigung formell und materiell zulässig ist, nicht dem Notar, sondern dem Versammlungsleiter obliegt. § 12 BeurkG findet zwar keine Anwendung, aus Beweissicherungsgründen sollte der Notar aber eine beglaubigte Abschrift der Vollmachtsurkunde zur Niederschrift nehmen.[334]
- **Feststellung, dass es sich um einen Versammlungsbeschluss handelt**; hier sollte angegeben werden, welcher Rechtsträger die Versammlung abhält, wer die Versammlung leitet sowie wann und wie die Versammlung einberufen wurde; außerdem sollte festgehalten werden, dass der Versammlungsleiter die Beschlussfähigkeit festgestellt hat;
- **Bezeichnung des Beschlussgegenstands**; dazu gehört die Angabe des genauen Wortlauts des zur Abstimmung gestellten Tagesordnungspunkts;
- **Art der Abstimmung**, also ob geheim oder offen, ob mittels Wahlzetteln oder durch Handaufheben abgestimmt wurde etc;
- **Ergebnis der Abstimmung,** also Anzahl der Ja- und Nein-Stimmen sowie der Enthaltungen;
- **Feststellung des Versammlungsleiters** über das Abstimmungsergebnis;
- **Unterschrift des Notars,** § 37 Abs. 3 BeurkG (siehe Rdnr. 142); die Unterschrift der Versammlungsteilnehmer ist nicht erforderlich, aber unschädlich.

Angegeben werden sollen **Tag und Ort der Wahrnehmungen** des Notars sowie **Tag und Ort der Errichtung der Urkunde,** § 37 Abs. 2 BeurkG. Schon hieraus ergibt sich, dass die Versammlung selbst und die Protokollierung derselben nicht an ein und demselben Tag erfolgen müssen. Fehlen diese Angaben, so ist die Urkunde dennoch wirksam, kann allerdings in ihrem Beweiswert eingeschränkt sein.[335] Eine bereits in den Rechtsverkehr gegebene Niederschrift kann auch nachträglich berichtigt werden. In Betracht kommt die Korrektur **offenbarer Unrichtigkeiten** nach § 44a Abs. 2 S. 1, 2 BeurkG durch einen Nachtragsvermerk. 151

[330] OLG Düsseldorf NJW 1995, 1761 = DNotI-Report 1995, 62; Armbrüster/Preuß/Renner/*Armbrüster* § 17 BeurkG Rdnr. 119; *Winkler* § 37 BeurkG Rdnr. 14; a. A. Armbrüster/Preuß/Renner/*Preuß* § 37 BeurkG Rdnr. 41.

[331] Vgl. auch Ring/Grziwotz/*Krause* § 47 GmbHG Rdnr. 43.

[332] Armbrüster/Preuß/Renner/*Preuß* § 37 BeurkG Rdnr. 37.

[333] *Winkler* § 37 BeurkG Rdnr. 10.

[334] *Winkler* § 37 BeurkG Rdnr. 10, 13.

[335] Vgl. *Winkler* § 37 BeurkG Rdnr. 37.

Praxistipp:

152 Keine offensichtliche Unrichtigkeit liegt vor, wenn die Stammkapitalerhöhung einer Aktiengesellschaft durch die Ausgabe von vinkulierten Namensaktien statt – wie im Protokoll vermerkt – durch Inhaberaktien erfolgen soll.[336]

153 Anwendbar ist aber auch § 44 a Abs. 2 S. 3 BeurkG, so dass der Notar durch ein weiteres, den Voraussetzungen des § 37 Abs. 1 BeurkG bzw. des § 130 AktG entsprechendes Protokoll Änderungen oder Berichtigungen vornehmen kann.[337]

154 b) **Hauptversammlungsbeschlüsse nach § 130 AktG.** Die Protokollierung von Hauptversammlungsbeschlüssen einer AG (oder einer KGaA) geht über den zwingenden Mindestinhalt nach § 37 Abs. 1, 3 BeurkG hinaus. Die Niederschrift muss enthalten:[338]

- **Ort und Tag der Verhandlung,** § 130 Abs. 2 S. 1 AktG; dauert die Hauptversammlung mehrere Tage, so ist zumindest der Tag der letzten Verhandlung zu bezeichnen. Zusätzlich sollten **Ort und Tag der Errichtung der Niederschrift** entsprechend § 37 Abs. 2 BeurkG angegeben werden, fehlen diese Angaben, ist die Niederschrift jedoch nicht unwirksam;[339]
- **Bezeichnung des Notars,** § 130 Abs. 2 S. 1 AktG (siehe Rdnr. 67);
- **Art der Abstimmung,** § 130 Abs. 2 S. 1 AktG;
- **Ergebnis der Abstimmung,** § 130 Abs. 2 S. 1 AktG;
- **Feststellung des Vorsitzenden** über die Beschlussfassung, § 130 Abs. 2 S. 1 AktG; bei börsennotierten Aktiengesellschaften muss auf Verlangen eines Aktionärs für jeden Beschluss zusätzlich festgestellt werden: die Zahl der Aktien, für die gültige Stimmen abgegeben wurden, der Anteil des durch die gültigen Stimmen vertretenen Grundkapitals, die Zahl der für einen Beschluss abgegebenen Stimmen, Gegenstimmen und gegebenenfalls die Zahl der Enthaltungen, § 130 Abs. 2 S. 2, 3 AktG;
- **Widersprüche** gegen einen Beschluss, § 132 Abs. 2 S. 1, § 245 Nr. 1 AktG;
- **Minderheitsverlangen,** § 130 Abs. 1 S. 2 i.V.m. § 120 Abs. 1 S. 2, §§ 137, 147 Abs. 1 AktG;
- **Auskunftsbegehren,** die abgelehnt wurden, wenn der fragende Aktionär deren Protokollierung beantragt hat, § 131 Abs. 5 AktG;
- **Unterschrift des Notars,** § 130 Abs. 4 S. 1 AktG (siehe Rdnr. 142); eine Zuziehung von Zeugen ist nicht erforderlich, aber auch nicht ausgeschlossen. So wird bei der Beurkundung von Hauptversammlungsbeschlüssen börsennotierter Aktiengesellschaften oftmals ein zweiter Notar als Zeuge hinzugezogen.

155 Zur Protokollierung von Hauptversammlungsbeschlüssen einer AG siehe ausführlich § 14 Rdnr. 274 ff.

2. Behandlung von Anlagen

156 Der Notar kann seinen Bericht ganz oder teilweise in eine **Anlage ausgliedern,** z.B. um die Übersichtlichkeit zu gewährleisten oder um ein schon angefertigtes Schriftstück über die Versammlung unverändert übernehmen zu können. In diesem Fall muss auf das Schriftstück **förmlich verwiesen** und dieses der Niederschrift beigefügt werden, § 37 Abs. 1 S. 2 BeurkG. Gleiches gilt, wenn der Bericht unter Verwendung von Karten, Zeichnungen oder Abbildungen erstellt werden soll. Die Verweisung sollte tunlichst ausdrücklich verlautbart werden, § 37 Abs. 1 S. 3 BeurkG. Die Anlage soll mit der Niederschrift durch Schnur und Prägesiegel **fest verbunden** werden, § 44 S. 2 BeurkG.

[336] OLG Köln FGPrax 2010, 250.

[337] Armbrüster/Preuß/Renner/*Preuß* § 37 BeurkG Rdnr. 29; *Winkler* § 37 BeurkG Rdnr. 33 ff.; *Krieger* NZG 2003, 366, 369 ff.; a. A. *Hüffer* § 130 AktG Rdnr. 11 a.

[338] Vgl. Armbrüster/Preuß/Renner/*Preuß* § 37 BeurkG Rdnr. 15; *Winkler* § 37 BeurkG Rdnr. 22.

[339] LG Frankfurt NJW 2008, 91, 93 = RNotZ 2008, 172, 175; Armbrüster/Preuß/Renner/*Preuß* § 37 BeurkG Rdnr. 25.

Formulierungsvorschlag:

Der Bericht über die Gesellschafterversammlung ist in der dieser Niederschrift beigefügten Anlage enthalten. Auf diese Anlage wird verwiesen. 157

Der Hauptversammlungsniederschrift sind die Belege über die **Einberufung der Versammlung** als Anlage beizufügen, wenn sie nicht unter Angabe ihres Inhalts in der Niederschrift aufgeführt sind, § 130 Abs. 3 AktG. Bei Versammlungsniederschriften sind ferner bestimmte **Verträge oder Entwürfe von Verträgen** als Anlage beizufügen (§ 52 Abs. 2 S. 7 [Nachgründungsverträge], § 293g Abs. 2 S. 2 AktG [Unternehmensverträge]; § 13 Abs. 3 S. 2 UmwG [Umwandlungsverträge]).[340] Hierbei handelt es sich jeweils nicht um eine förmliche Verweisung i.S. des § 37 Abs. 1 S. 2, 3 BeurkG, so dass weder ausdrücklich auf diese Anlagen verwiesen werden muss, noch eine feste Verbindung gem. § 44 BeurkG erforderlich ist.[341] 158

3. Unterzeichnung der Niederschrift

Das Beschlussprotokoll ist nach § 37 Abs. 3 i.V.m. § 13 Abs. 3 BeurkG bzw. nach § 130 Abs. 4 S. 1 AktG vom Notar zwingend zu unterschreiben. Aus Gründen der Rechtssicherheit ist es üblich, dass der Notar nach Beendigung der Hauptversammlung eine dort angefertigte Niederschrift sofort unterschreibt und sodann an seiner Amtsstelle ein umfassend **redigiertes Protokoll errichtet und erneut unterschreibt.**[342] In diesem Fall handelt es sich bei dem ursprünglichen Protokoll trotz Unterzeichnung nur um einen **Entwurf**, den der Notar ohne weiteres vernichten kann.[343] Die vorläufige Niederschrift erstarkt nur für den Fall zur endgültigen Niederschrift, dass der Notar keine andere Niederschrift mehr errichten kann oder will.[344] Selbst nachdem das Protokoll in den Rechtsverkehr gelangt ist, kann dieses im Wege der Berichtigung nach § 44a Abs. 2 BeurkG korrigiert werden (siehe Rdnr. 151). 159

VI. Vollzugstätigkeit

Die notarielle Tätigkeit erschöpft sich nicht im Beurkundungsakt selbst, auch nicht in der vor- und nachsorgenden Beratung und Belehrung der Beteiligten. Vielmehr schließen sich an den Beurkundungsvorgang zahlreiche **weitere Amtshandlungen** an, die mit diesem in engem Zusammenhang stehen. Bei jeder Beurkundung stellt sich die Frage, wie mit der Urschrift der Urkunde zu verfahren ist und welchen Personen und Stellen Abschriften von der Urkunde zu erteilen sind. Gegenüber Gerichten und Behörden, insbesondere gegenüber den Finanzbehörden bestehen Mitteilungspflichten. Die **wichtigste Tätigkeit** im Anschluss an die Beurkundung stellt jedoch die sog. **Vollzugstätigkeit** dar, nämlich die Umsetzung des beurkundeten Rechtsvorgangs in den öffentlichen Registern sowie im Grundbuch. 160

1. Behandlung der Urkunde

a) **Verbindung.** Die Urschrift einer notariellen Niederschrift ist, soweit sie aus mehreren Blättern oder Bögen besteht, nach § 44 S. 1 BeurkG (§ 30 DONot) mit **Schnur und Prägesiegel** zu verbinden. Dies gilt auch für Schriftstücke, Karten, Zeichnungen und Abbildungen, auf die nach § 9 Abs. 1 S. 2, 3, §§ 14, 37 Abs. 1 S. 2, 3 BeurkG in der Niederschrift verwiesen wird, § 44 S. 2 BeurkG. In gesellschaftsrechtlichen Beurkundungen sind also insbesondere **Bilanzen, Inventare und sonstige Bestandsverzeichnisse,** die nach § 14 Abs. 1 S. 1 BeurkG ohne Verlesung Inhalt der Niederschrift werden sollen, zur Vorbeugung einer Ver- 161

[340] *Hüffer* § 130 AktG Rdnr. 25.
[341] Vgl. *Hüffer* § 130 AktG Rdnr. 24.
[342] *Görk* MittBayNot 2007, 382.
[343] LG Frankfurt NJW 2008, 91, 92f. = RNotZ 2008, 172, 174f.; Armbrüster/Preuß/Renner/*Preuß* § 37 BeurkG Rdnr. 27; a.A. OLG Frankfurt NJW 2007, 1221 mit unhaltbarer Begründung.
[344] Wie hier *Ludwig* ZNotP 2008, 345, 348ff.; anders Armbrüster/Preuß/Renner/*Preuß* § 37 BeurkG Rdnr. 27.

lustgefahr fest mit der Urschrift zu verbinden. Hingegen gilt die Verbindungspflicht nicht für andere notarielle Niederschriften, behördliche Karten oder Zeichnungen (§ 13a Abs. 1, 3 BeurkG), selbst dann nicht, wenn nicht auf die Beifügung verzichtet wurde. Für **unechte Verweisungen,** die auf dem Wunsch der Beteiligten oder auf gesetzlicher Anordnung beruhen, gilt § 44 BeurkG ebenfalls nicht. So muss der Unternehmensvertrag nach § 293g Abs. 2 S. 2 AktG der Hauptversammlungsniederschrift zwar als Anlage beigefügt sein, jedoch nicht in der Form des § 44 BeurkG.[345] In diesen Fällen hat die Verbindung untechnisch nach § 18 Abs. 2 S. 1, 2 DONot erfolgen, z.B. durch Ankleben, aber auch durch Heftklammerung.[346]

Praxistipp:

162 Auch soweit keine Pflicht nach § 44 BeurkG zur Verbindung mittels Schnur und Prägesiegel besteht, empfiehlt sich eine derartige Behandlung der Urkunde, um einen Verlust wichtiger Dokumente zu verhindern. Da die Registeranmeldung theoretisch an die Beteiligten herausgegeben werden muss (siehe Rdnr. 165), sollten wichtige Unterlagen, wie Einzahlungsbelege oder die von den Geschäftsführern unterzeichneten Gesellschafter- und Übernehmerlisten, bei den zugehörigen Niederschriften über die Gründung bzw. Satzungsänderung angeheftet werden, um eine dauerhafte Aufbewahrung zu gewährleisten.

163 b) **Verwahrung der Urschrift.** Die Niederschrift nach §§ 9, 37 BeurkG verbleibt grundsätzlich in der Urkundensammlung (§ 18 Abs. 1 S. 1 DONot) des Notars, § 45 Abs. 1 BeurkG. Vor dem 1. 1. 1950 aufgenommene Niederschriften sind **dauerhaft,** nach diesem Datum errichtete Urkunde auf die Dauer von **100 Jahren** aufzubewahren, § 5 Abs. 4 S. 1 DONot.

164 c) **Aushändigung der Urschrift.** Die Aushändigung einer Niederschrift kommt nur in Betracht, wenn schlüssig dargelegt wird,[347] dass sie zur **Verwendung im Ausland** benötigt wird und alle Beteiligten, die nach § 51 Abs. 1 BeurkG eine Ausfertigung verlangen könnten, der Aushändigung zugestimmt haben, § 45 Abs. 2 S. 1 BeurkG. In gesellschaftsrechtlichen Angelegenheiten kommt eine Aushändigung beispielsweise bei der Beurkundung von **Beschlüssen einer Auslandsgesellschaft** in Betracht. Die Urschrift ist zu siegeln und für die Urkundensammlung ist eine Ausfertigung zurückzubehalten, § 45 Abs. 2 S. 2, 3 BeurkG. Diese tritt für den Inlandsverkehr an die Stelle der ausgehändigten Urschrift.[348]

165 d) **Vermerkurkunden, Registeranmeldungen, Bescheinigungen.** Vermerkurkunden, insbesondere Erklärungen, unter denen der Notar eine Unterschrift beglaubigt hat (§ 40 BeurkG), sind den Beteiligten in aller Regel auszuhändigen, § 45 Abs. 3 BeurkG. Dasselbe gilt für die Bescheinigungen nach § 40 Abs. 2 S. 1, § 54 Abs. 1 S. 2 GmbHG und § 181 Abs. 1 S. 2 AktG. Diese Bescheinigungen und Registeranmeldungen, die nach alter Rechtslage grundsätzlich in Urschrift beim Registergericht eingereicht wurden, müssen gemäß § 12 Abs. 1 S. 1, Abs. 2 S. 1 HGB, § 157 GenG, § 5 Abs. 2 PartGG in Handels-, Genossenschafts- und Partnerschaftsregistersachen in **elektronischer Form** übermittelt werden.[349] In diesem Fall stellt sich die Frage, was mit der Urschrift zu geschehen hat. Im Regelfall werden die Beteiligten abweichend vom Grundsatz des § 45 Abs. 3 BeurkG die Verwahrung durch den Notar bevorzugen, nicht allein, weil dies der Praktikabilität dient, sondern vor allem, um die **dauerhafte Beweisfunktion** erhalten zu können.[350] Da das Verwahrungsersuchen auch stillschweigend erteilt werden kann, darf der Notar grundsätzlich davon ausgehen, die An-

345 Demnächst Grziwotz/*Heinemann* § 44 BeurkG Rdnr. 3.

346 Demnächst Grziwotz/*Heinemann* § 44 BeurkG Rdnr. 11; a.A. Armbrüster/Preuß/Renner/*Renner* § 18 DONot Rdnr. 20.

347 Glaubhaftmachung ist nicht erforderlich, *Lerch* § 45 BeurkG Rdnr. 2; Armbrüster/Preuß/Renner/*Preuß* § 45 BeurkG Rdnr. 7.

348 *Winkler* § 45 BeurkG Rdnr. 14.

349 *Schwerin* RNotZ 2007, 27, 28.

350 *Schwerin* RNotZ 2007, 27, 28; *Winkler* § 45 BeurkG Rdnr. 17ff.

meldung aufbewahren zu dürfen.[351] Dasselbe gilt für eine vom Notar bescheinigte Gesellschafterliste oder Satzung. Verlangt aber ein Beteiligter die Herausgabe, so hat der Notar die Anmeldung an alle Urkundsbeteiligten gemeinsam auszuhändigen. Soll der Notar nur die Unterschrift eines Beteiligten unter der Anmeldung beglaubigen, die Anmeldung aber **von einem anderen Notar** beim Registergericht eingereicht werden, scheidet eine Verwahrung durch den beglaubigenden Notar aus.

2. Erteilung von Ausfertigungen und Abschriften

a) **Allgemeines.** Für die Erteilung von Abschriften und Ausfertigungen ist diejenige Stelle 166
zuständig, die die Urschrift verwahrt, das ist im Regelfall der beurkundende Notar, § 48 S. 1 BeurkG. **Ausfertigung** ist die (beglaubigte) Abschrift der Urschrift, die mit dem Ausfertigungsvermerk versehen ist, § 49 Abs. 1 S. 1 BeurkG. Im **Ausfertigungsvermerk** sollen neben dem Beglaubigungsvermerk, Tag und Ort der Erteilung sowie die Person, der die Ausfertigung erteilt wird, enthalten sein, § 49 Abs. 2 S. 1 BeurkG. Hierbei genügt die Bezeichnung der Person mit Vor- und Nachnamen, bei juristischen Personen oder Personenverbänden die Angabe der Firma oder des Namens. Aus dem Ausfertigungsvermerk muss sich nicht ergeben, aus welchem Recht die Ausfertigung erteilt wurde, insbesondere ist kein Rechtsnachfolgezusatz (§ 51 Abs. 1 a. E.) erforderlich.[352] Die Form der Erteilung einer **beglaubigten Abschrift** richtet sich nach § 42 BeurkG. Dabei soll festgestellt werden, ob die beglaubigte Hauptschrift eine Urschrift, eine Ausfertigung, eine beglaubigten oder einfachen Abschrift darstellt, § 42 Abs. 1 BeurkG. Diese Soll-Vorschrift gilt auch für elektronische Dokumente i. S. des § 39a BeurkG, wie sie dem Registergericht zu übermitteln sind.[353]

Praxistipp:

Ein Verstoß hiergegen begründet jedoch nicht automatisch eine Zwischenverfügung des Register- 167
gerichts. Ergibt sich ohne weiteres aus den Umständen, dass der elektronisch beglaubigten Abschrift nur eine Urschrift als Hauptschrift zugrundegelegen haben kann (z. B. weil der beurkundende und die Urschrift verwahrende Notar die elektronische Abschrift eingereicht hat), darf das Registergericht die Urkunde nicht als fehlerhaft zurückweisen.[354]

Wer Ausfertigungen verlangen kann, ist auch berechtigt, einfache und beglaubigte Ab- 168
schriften zu verlangen und die Urschrift einzusehen, § 51 Abs. 3 BeurkG. Einem **unbestimmten Ansuchen** auf Einsichtnahme und Abschriftsgewährung in alle von einer Person etwa errichteten Urkunden, braucht der Notar nicht nachzukommen.[355] Das Einsichtsrecht in die Urkunde gewährt **kein Recht auf Akteneinsicht**, insbesondere nicht in die Nebenakten.[356] Offen geblieben ist zwar, ob der Notar **Einsicht in die Nebenakten** gewähren darf, wenn alle Urkundsbeteiligten hierin eingewilligt haben, dies dürfte aber zu bejahen sein.[357] Schriftstücke, die von einem Beteiligten stammen (z. B. Anschreiben an den Notar), können vom Verfasser eingesehen werden, wenn sie in einem konkreten Zusammenhang mit der Beurkundung stehen.[358] Im Zweifel sollte eine Einsichtsgewährung in die Nebenakten immer abgelehnt werden, die Beteiligten müssen dann den Weg der Beschwerde nach § 54 BeurkG beschreiten. Im Beschwerdeverfahren besteht kein Einsichtsrecht in die Nebenakte nach § 13 FamFG.[359]

351 *Apfelbaum* DNotZ 2007, 166, 167; *Winkler* § 45 BeurkG Rdnr. 19.
352 *Waldner* Beurkundungsrecht Rdnr. 180; *Jansen* § 49 BeurkG Rdnr. 7; unklar *Lerch* § 49 BeurkG Rdnr. 3.
353 *Winkler* § 39a BeurkG Rdnr. 13, § 42 BeurkG Rdnr. 24; insoweit zutreffend OLG Brandenburg BeckRS 2010, 28 703.
354 Unzutreffend daher OLG Brandenburg BeckRS 2010, 28703.
355 *Bous/Solveen* DNotZ 2005, 261, 281; vgl. auch BGH DNotZ 2003, 780, 782.
356 BGHZ 109, 260, 272 f. = DNotZ 1990, 392.
357 Armbrüster/Preuß/Renner/*Preuß* § 51 BeurkG Rdnr. 6.
358 LG Frankfurt a. M. DNotZ 1990, 393, 394 mit zust. Anm. *Winkler*.
359 *Heinemann* FamFG für Notare Rdnr. 610; a. A. *Müller-Magdeburg* ZNotP 2009, 216, 221.

169 b) **Niederschriften nach §§ 8 ff. BeurkG.** Bei der Beurkundung von Willenserklärungen ist jeder berechtigt, eine Ausfertigung zu verlangen, der eine Erklärung **im eigenen Namen** abgegeben hat oder in dessen Namen eine Erklärung abgegeben worden ist, § 51 Abs. 1 Nr. 1 BeurkG. Das Gesetz stellt formal darauf ab, in wessen Namen eine Erklärung abgegeben wurde. Auch wenn eine Willenserklärung einen Dritten materiell rechtlich begünstigt oder benachteiligt, kann er ohne abweichende Vereinbarung nach § 51 Abs. 2 BeurkG keine Ausfertigung beanspruchen.[360] Wurde die Erklärung **im fremden Namen** abgegeben, kann nur der Vertretene, nicht der Vertreter eine Ausfertigung verlangen.[361] Dies gilt auch bei Handeln eines **Vertreters ohne Vertretungsmacht.**[362] Zwar wird der Vertreter in aller Regel auch dazu bevollmächtigt sein, eine Ausfertigung im Namen des Vertretenen in Empfang zu nehmen,[363] um jedoch Zweifeln vorzubeugen, sollte der Kreis der Ausfertigungsberechtigten nach § 51 Abs. 2 BeurkG klargestellt werden. Im Falle **organschaftlicher Vertretung** sind somit ausfertigungsberechtigt die vertretene Gesellschaft bzw. Personenvereinigung. **Parteien kraft Amtes** können aus eigenem Recht eine Ausfertigung verlangen,[364] z. B. kann der Insolvenzverwalter über das Vermögen einer GmbH Ausfertigungen von Erklärungen, die im Namen der Gesellschaft abgegeben wurden, verlangen. Hierzu zählen aber nicht Erklärungen, die **keinen Bezug zum Insolvenzverfahren** aufweisen[365] sowie Erklärungen der Gesellschafter oder anderer Personen. Befinden sich diese Erklärungen in einer Urkunde, so müssen diese notfalls auszugsweise ausgefertigt werden, § 49 Abs. 5 S. 1 BeurkG. Der **Insolvenzverwalter einer GmbH** kann also eine (auszugsweise) Ausfertigung über die Zustimmung der Gesellschaft zu einer Anteilsveräußerung, nicht jedoch den Vertrag über Anteilsveräußerung und -abtretung begehren. Da aber die Zustimmung nur im Zusammenhang mit dem zustimmungsbedürftigen Rechtsgeschäft verständlich wird, empfiehlt es sich, der Gesellschaft (und damit ggf. einem späteren Insolvenzverwalter) auch insoweit ein Recht auf Ausfertigung der ganzen Urkunde einzuräumen. Zu prüfen ist aber in jedem Fall, ob die Willenserklärungen der Beteiligten (auch diejenigen des Insolvenzschuldners) überhaupt einen Bezug zum Insolvenzverfahren aufweisen.[366]

170 c) **Niederschriften nach §§ 36 f. BeurkG.** Bei anderen als Willenserklärungen, insbesondere bei Gesellschafterbeschlüssen, kann jeder eine Ausfertigung verlangen, der die **Aufnahme der Niederschrift beantragt** hat, § 51 Abs. 1 Nr. 2 BeurkG.

Praxistipp:

171 Wurde die Niederschrift allerdings nach den §§ 8 ff. BeurkG errichtet, so gilt – auch soweit es sich um Beschlüsse handelt – ausschließlich § 51 Abs. 1 Nr. 1 BeurkG.

172 Zu prüfen ist also, auf wessen Veranlassung, die Gesellschafterversammlung einberufen und der Notar mit der Aufnahme der Niederschrift beauftragt wurde. Dies können bei der **GmbH** der **Geschäftsführer** (§ 49 GmbHG), **Gesellschafter** mit mindestens 10% des Stammkapitals (§ 50 GmbHG)[367] oder ein nach der Satzung einrufungsberechtigter **Beirat** gewesen sein. Bei der **AG** erfolgt die Einberufung durch den **Vorstand** (§ 175 AktG), auf Verlangen einer **Minderheit der Aktionäre** (§ 122 AktG) oder durch den **Aufsichtsrat** (§ 111 Abs. 3 AktG).[368] Von seinen Fragen und Redebeiträgen sowie den hierauf erteilten Antworten des Vorstands hierauf, kann der Aktionär eine auszugsweise Ausfertigung verlangen.[369] Hat ein

[360] OLG Frankfurt FGPrax 1997, 119; Armbrüster/Preuß/Renner/*Preuß* § 51 BeurkG Rdnr. 10; *Winkler* § 51 BeurkG Rdnr. 8.

[361] Armbrüster/Preuß/Renner/*Preuß* § 51 BeurkG Rdnr. 9; *Winkler* § 51 BeurkG Rdnr. 9.

[362] *Winkler* § 51 BeurkG Rdnr. 9; a. A. LG Stuttgart MittBayNot 2003, 158, 159.

[363] Armbrüster/Preuß/Renner/*Preuß* § 51 BeurkG Rdnr. 9; *Winkler* § 51 BeurkG Rdnr. 9.

[364] *Winkler* § 51 BeurkG Rdnr. 10; *Bous/Solveen* DNotZ 2005, 261, 280.

[365] LG Mannheim ZInsO 2001, 38, 39; *Bous/Solveen* DNotZ 2005, 261, 280 f.

[366] LG Mannheim ZInsO 2001, 38, 39; *Bous/Solveen* DNotZ 2005, 261, 280 f.

[367] *Winkler* § 51 BeurkG Rdnr. 11.

[368] *Winkler* § 51 BeurkG Rdnr. 11.

[369] BGHZ 127, 107, 113 f. = NJW 1994, 3094, 3096 f.

Aktionär zu einzelnen Beschlüssen Widerspruch erhoben ohne einen eigenen Rede- oder Fragebeitrag geleistet zu haben, so hat er keinen Anspruch auf Ausfertigung der entsprechenden Passagen gegen den Notar.[370] Vom Inhalt der Hauptversammlung kann er sich durch Einsichtnahme in das zum Handelsregister eingereichte Protokoll nach § 9 HGB (§ 385 FamFG) informieren.[371]

d) **Rechtsnachfolger.** Durch § 51 Abs. 1 a. E. BeurkG ist klargestellt, dass auch die Rechtsnachfolger, der in Nr. 1 und Nr. 2 genannten Berechtigten Ausfertigungen beanspruchen können. Für die **Gesamtrechtsnachfolge** ergibt sich dies schon zwanglos aus dem vollständigen Eintritt in die Rechte des Rechtsvorgängers. In gesellschaftsrechtlichen Angelegenheiten sind als Gesamtrechtsnachfolger anzusehen der Erbe eines Beteiligten, der Gesellschafter, dem das Gesellschaftsvermögen nach § 738 BGB angewachsen ist sowie der übernehmende Rechtsträger einer Umwandlung (Verschmelzung, Spaltung oder Vermögensnachfolge) nach dem UmwG.[372] **Sonderrechtsnachfolger** sind diejenigen, die ein Recht oder eine Verbindlichkeit, auf das sich die Urkunde bezieht, von einem Beteiligten im Wege der Abtretung, Pfändung oder Schuldübernahme erworben haben.[373] Fraglich ist, ob beispielsweise der **Erwerber eines GmbH-Geschäftsanteils** Ausfertigungen der Erwerbsurkunden seines Rechtsvorgängers verlangen kann. Während dies für Urkunden über Grundstückskaufverträge verneint wird,[374] könnte man in Hinblick auf die gesetzliche Ausfallhaftung des Erwerbers nach § 16 Abs. 2 GmbHG durchaus anderer Ansicht sein. Allerdings ist dem Rückgriffsinteresse des Erwerbers durch die beim Handelsregister geführte Gesellschafterliste in ausreichendem Maße Rechnung getragen. Es ist auch hier sorgfältig zu prüfen, ob derjenige, der als Sonderrechtsnachfolger die Erteilung einer Ausfertigung begehrt, hinsichtlich aller Urkundsbestandteile als Rechtsnachfolger zu beurteilen ist. Ist dies nicht der Fall, kann er nur eine auszugsweise Ausfertigung der Urkunde für sich beanspruchen.[375] 173

3. Anzeige- und Mitteilungspflichten

a) **Allgemeines.** In § 51 Abs. 4 BeurkG ist klargestellt, dass der Notar die gesetzlichen Mitteilungs- und Anzeigepflichten gegenüber Gerichten und Behörden zu beachten hat, ohne einen Verstoß gegen § 18 BNotO zu begehen. Darüberhinaus tritt das Offenbarungsgegenüber dem Geheimhaltungsinteresse zurück. Insbesondere muss der Notar allgemeine oder spezielle Auskunftsersuchen der Finanzbehörden, die über die gesetzlichen Bestimmungen hinausreichen, zurückweisen.[376] 174

b) **Anzeigepflicht nach § 54 EStDV.** Zahlreiche Vorgänge, die eine **Kapitalgesellschaft** betreffen, hat der Notar nach § 54 Abs. 1 und 4 EStDV dem Finanzamt anzuzeigen. Kapitalgesellschaften sind AG, KGaA, SE, GmbH (auch die UG) sowie die Vor-GmbH, aber auch vergleichbare **ausländische Kapitalgesellschaften.**[377] Die Vorschrift betrifft nicht Vorgänge bei Genossenschaften, einem VVaG oder einer **Personengesellschaft** (BGB-Gesellschaft, oHG, KG, Partnerschaft, EWIV), auch wenn diese Gesellschaften (alle) Anteile einer Kapitalgesellschaft innehaben. 175

Anzeigepflichtig sind gem. § 54 Abs. 1 S. 1 EStDV alle Urkunden, die die **Gründung, Kapitalerhöhung oder -herabsetzung, Umwandlung** oder **Auflösung** einer AG, KGaA, SE, GmbH (UG) sowie einer Vor-GmbH zum Gegenstand haben. Außerdem müssen alle Urkunden vorgelegt werden, die die **Verfügung über Anteile** an einer Kapitalgesellschaft betreffen. Hierunter ist jede Verfügung über Aktien (Stückaktien, Nennbetragsaktien, Inhaberaktien, Namensaktien, Vorzugsaktien ohne Stimmrecht, Mehrstimmrechtsaktien, stimmrechtslose Aktien mit eingeschränktem Gewinnbezugsrecht oder Zwischenscheinen) einer 176

[370] Armbrüster/Preuß/Renner/*Preuß* § 51 BeurkG Rdnr. 12; *Winkler* § 51 BeurkG Rdnr. 11.
[371] Armbrüster/Preuß/Renner/*Preuß* § 51 BeurkG Rdnr. 13.
[372] Armbrüster/Preuß/Renner/*Preuß* § 51 BeurkG Rdnr. 15; *Winkler* § 51 BeurkG Rdnr. 14.
[373] Armbrüster/Preuß/Renner/*Preuß* § 51 BeurkG Rdnr. 18; *Winkler* § 51 BeurkG Rdnr. 15, 18.
[374] Armbrüster/Preuß/Renner/*Preuß* § 51 BeurkG Rdnr. 16; *Winkler* § 51 BeurkG Rdnr. 16.
[375] KG DNotZ 1998, 200, 202 f. = MittBayNot 1997, 378 mit Anm. *Winkler*.
[376] Armbrüster/Preuß/Renner/*Preuß* § 51 BeurkG Rdnr. 24.
[377] *Küperkoch* RNotZ 2002, 298, 310 f.

AG oder KGaA, Geschäftsanteile an einer GmbH oder UG, Kuxe, Genussscheine und ähnliche Beteiligungen sowie Anwartschaften auf solche Beteiligungen zu verstehen.[378] Angezeigt werden muss nur das **Verfügungsgeschäft**, die Beurkundung des Verpflichtungsgeschäfts (z.B. nach § 15 Abs. 4 GmbHG) ist für sich allein nicht anzeigepflichtig.[379] Ob die Anteilsverfügung sofort wirksam ist oder ob sie vom Eintritt einer **Bedingung** oder der Erteilung einer **Genehmigung** abhängt, ist unerheblich, die Anzeigepflicht knüpft an den formalen Abschluss des Beurkundungsvorgangs, nicht an die Wirksamkeit des Rechtsgeschäfts an.[380] Bei **Treuhandverhältnissen** ist zu unterscheiden: wird ein GmbH-Geschäftsanteil dem Treuhänder übertragen, liegt eine anzeigepflichtige Verfügung vor (**Übertragungstreuhand**).[381] Wird hingegen vereinbart, dass der GmbH-Anteil künftig treuhänderisch für einen Dritten gehalten werden soll, fehlt es an einer Verfügung (**Vereinbarungstreuhand**).[382] Wird der Anteil zugleich aufschiebend bedingt an den Treugeber abgetreten, muss dies dem Finanzamt mitgeteilt werden.[383] Der weitergehenden Auffassung des BMF, dass schon die schuldrechtliche Verpflichtung, den Anteil künftig wieder an den Treugeber herausgeben zu müssen,[384] die Mitteilungspflicht auslöst, ist abzulehnen.[385] Bei einem Wechsel des Treugebers ist entsprechend zu differenzieren.[386]

177 **Nicht anzeigepflichtig** ist das **Angebot** auf Abschluss eines Verfügungs- oder Verpflichtungsvertrags,[387] die **Annahme** muss dann mitgeteilt werden, wenn sie zur Wirksamkeit der Verfügung führt.[388] Die Einräumung eines **Ankaufs-, Vorkaufs- oder Optionsrechts** lösen ebenso wie die **Verpfändung** eines Anteils oder die Bestellung eines **Nießbrauchs** hieran keine Mitteilungspflicht aus, es sei denn, der Vorgang ist mit einer Anteilsabtretung verbunden.[389] Überträgt der **Komplementär einer KGaA** seine Beteiligung, so besteht keine Anzeigepflicht, denn es handelt sich nicht um die Verfügung über einen Kapitalgesellschaftsanteil; anders liegt es, wenn Aktien einer KGaA übertragen werden.[390]

178 Mitgeteilt werden müssen Dokumente, die im Rahmen einer Anmeldung einer inländischen Zweigniederlassung einer Kapitalgesellschaft mit Sitz im Ausland zur Eintragung in das Handelsregister diesem zu übersenden sind, § 54 Abs. 1 S. 2 EStDV. Dies betrifft vor allem die Fälle der **Anmeldung einer inländischen Zweigniederlassung einer ausländischen Kapitalgesellschaft**, insbesondere einer englischen Limited.[391] Zu übermitteln ist die Handelsregisteranmeldung in beglaubigter Abschrift, und zwar auch dann, wenn der Notar nur die Unterschrift unter der Anmeldung beglaubigt hat, diese jedoch von einem anderen Notar beim Handelsregister eingereicht wird.[392]

179 Die Abschrift ist binnen **zwei Wochen nach der Niederschrift** oder der Beglaubigung einzureichen, § 54 Abs. 2 S. 1 EStDV. Sie soll mit der **Steuernummer** gekennzeichnet sein, mit der die Kapitalgesellschaft beim Finanzamt geführt wird, § 54 Abs. 2 S. 2 EStDV. Hat der Notar die Urkunde in ausländischer Sprache aufgenommen, besteht keine Verpflichtung, diese für das Finanzamt zu übersetzen.[393] Die Absendung der Urkunde ist auf der zurückbehaltenen Urschrift der Urkunde beziehungsweise auf einer zurückbehaltenen Abschrift zu vermerken, § 54 Abs. 2 S. 3 EStDV. Erst nach Absendung dieser beglaubigten Abschrift darf

[378] *Küperkoch* RNotZ 2002, 298, 308.
[379] *Küperkoch* RNotZ 2002, 298, 308; *Heidinger* DStR 1997, 823; a. A. BMF DStR 1997, 822.
[380] BMF DStR 1997, 822; *Küperkoch* RNotZ 2002, 298, 309.
[381] BMF DStR 1997, 822; *Küperkoch* RNotZ 2002, 298, 309.
[382] BMF DStR 1997, 822; *Küperkoch* RNotZ 2002, 298, 309.
[383] *Heidinger* DStR 1996, 1353, 1355; *Küperkoch* RNotZ 2002, 298, 309.
[384] BMF DStR 1997, 822.
[385] Ebenso *Küperkoch* RNotZ 2002, 298, 309; *Heidinger* DStR 1996, 1353, 1355; *ders.* DStR 1997, 823.
[386] *Küperkoch* RNotZ 2002, 298, 310.
[387] BMF DStR 1997, 822; *Küperkoch* RNotZ 2002, 298, 308; *Heidinger* DStR 1997, 823.
[388] *Küperkoch* RNotZ 2002, 298, 308; *Heidinger* DStR 1997, 823; a. A. BMF DStR 1997, 822: Annahme immer anzeigepflichtig.
[389] BMF DStR 1997, 822; *Küperkoch* RNotZ 2002, 298, 310; *Heidinger* DStR 1997, 823.
[390] *Küperkoch* RNotZ 2002, 298, 310.
[391] Armbrüster/Preuß/Renner/*Preuß* § 51 BeurkG Rdnr. 27; vgl. BT-Drucks. 16/6739 S. 19.
[392] *Wachter* ZNotP 2008, 113, 116.
[393] KG DStRE 2001, 466, 467; *Küperkoch* RNotZ 2002, 298, 308.

den Beteiligten die Urschrift, eine Ausfertigung oder (beglaubigte) Abschrift ausgeghändigt werden, § 54 Abs. 3 EStDV. **Zuständig** ist in den Fällen des § 54 Abs. 1 EStDV das nach § 20 AO zuständige,[394] im Fall des § 54 Abs. 4 EStDV zusätzlich das nach § 19 AO zuständige Finanzamt.[395]

c) **Anzeigepflicht nach § 18 GrEStG.** Hinsichtlich der Grunderwerbsteuer besteht in gesellschaftsrechtlichen Angelegenheiten eine Mitteilungspflicht vor allem nach den Tatbeständen des § 18 Abs. 1 S. 1 Nr. 1, 2 GrEStG (Umwandlungsvorgänge, vgl. auch § 18 Abs. 1 S. 1 Nr. 3 S. 2 GrEStG) und des § 18 Abs. 2 S. 2 GrEStG (Gesellschafterwechsel). Bei **Umwandlungsvorgängen** besteht eine Anzeigepflicht für Verschmelzungs- und Spaltungsverträge, soweit der übertragende Rechtsträger über Grundbesitz verfügt.[396] Keine Anzeigepflicht besteht für formwechselnde Umwandlungen.[397] Voraussetzung für eine Mitteilungspflicht ist stets, dass für den Notar **erkennbar ein Grundstück** von dem Vorgang betroffen ist.[398] Es besteht keine Nachforschungspflicht, ob die Gesellschaft tatsächlich inländischen Grundbesitz hält, vielmehr genügt es, dass sich der Notar bei den Beteiligten **erkundigt**[399] und die Aussage (am besten in der Urkunde) dokumentiert. Er darf auf die Angaben der Beteiligten vertrauen.[400] Ist inländischer Grundbesitz vorhanden, so besteht die Mitteilungspflicht unabhängig davon, ob die **Anteilsübertragung** tatsächlich steuerpflichtig ist (vgl. § 18 Abs. 3 S. 2 GrEStG).[401] Die Anzeige an das Finanzamt hat schriftlich (nicht elektronisch) auf amtlichem Vordruck zu erfolgen, ihr ist eine einfache Abschrift der Urkunde beizufügen, § 18 Abs. 3 S. 1 GrEStG. Da die amtlichen Vordrucke nur bedingt für Gesellschaftsanteilsübertragungen brauchbar sind, genügt der Notar seiner Anzeigepflicht, wenn er das Formular so weit es ihm möglich ist, ausfüllt.[402] Die Anzeige hat **innerhalb von zwei Wochen** zu erfolgen, auch wenn das Rechtsgeschäft noch nicht wirksam geworden ist, § 18 Abs. 3 S. 1 GrEStG. Erst danach dürfen den Beteiligten Abschriften erteilt werden, § 21 GrEStG. Zu den Folgen einer fehlenden oder verspäteten Mitteilung siehe § 20 Rdnr. 79 ff. 180

d) **Anzeigepflicht nach § 34 ErbStG.** In gesellschaftsrechtlicher Hinsicht kann eine anzeigepflichtige Schenkung/Zweckzuwendung gegeben sein: 181

- **bei Beteiligung naher Angehöriger an einer Familiengesellschaft, z. B. durch Abtretung von Gesellschaftsanteilen, Kommanditbeteiligungen oder Geschäftsanteilen;**[403]
- **bei Kapitalerhöhungen einer AG/GmbH gegen ein zu geringes bzw. zu hohes Aufgeld;**[404]
- **bei Änderung der Gewinnverteilung ohne ersichtliche Gegenleistung;**[405]
- **bei Veränderung des Gesellschafterbestands mit oder ohne Abfindung.**[406]

Allerdings stellt nicht jede Anteilsveräußerung, die ohne Gegenleistung erfolgt, eine anzeigepflichtige Schenkung oder Zweckzuwendung dar. Insbesondere unter nicht miteinander verwandten Gesellschaftern kann davon ausgegangen werden, dass sie sich nichts schenken wollen, sondern die Abtretung aus anderen gesellschaftsrechtlichen Gründen erfolgt.

Der Notar hat dem zuständigen Finanzamt unter Angabe des der Kostenberechnung zugrunde gelegten Werts eine **vollständige beglaubigte Abschrift** der Urkunde zu übersenden und unter Verwendung des Musters nach Anlage 6 der ErbStDV unverzüglich nach der Beurkundung **schriftlich Anzeige** über den Vorgang zu machen, § 8 Abs. 1 S. 1, 2 und 4 ErbStDV. Enthält die Urkunde keine Angaben darüber, sind die Beteiligten über das persön- 182

[394] Hierzu *Küperkoch* RNotZ 2002, 298, 311.
[395] Vgl. BT-Drucks. 16/3369 S. 7.
[396] *Küperkoch* RNotZ 2002, 298, 303.
[397] BFHE 181, 349 = MittBayNot 1997, 124; *Küperkoch* RNotZ 2002, 298, 303.
[398] Boruttau/*Viskorf* § 18 GrEStG Rdnr. 19; *Küperkoch* RNotZ 2002, 298, 302.
[399] Boruttau/*Viskorf* § 18 GrEStG Rdnr. 19; *Küperkoch* RNotZ 2002, 298, 302.
[400] *Küperkoch* RNotZ 2002, 298, 302.
[401] Boruttau/*Viskorf* § 18 GrEStG Rdnr. 19.
[402] Boruttau/*Viskorf* § 18 GrEStG Rdnr. 19; *Küperkoch* RNotZ 2002, 298, 303.
[403] *Küperkoch* RNotZ 2002, 298, 305.
[404] *Küperkoch* RNotZ 2002, 298, 305.
[405] Troll/Gebel/Jülicher/*Jülicher* § 34 ErbStG Rdnr. 11; *Küperkoch* RNotZ 2002, 298, 306.
[406] Troll/Gebel/Jülicher/*Jülicher* § 34 ErbStG Rdnr. 11; *Küperkoch* RNotZ 2002, 298, 306.

liche Verhältnis (Verwandtschaftsverhältnis)[407] des Erwerbers zum Schenker und den Wert der Zuwendung zu befragen und die Angaben in der Anzeige mitzuteilen, § 8 Abs. 1 S. 3 ErbStDV. Zu weitergehenden Nachforschungspflichten ist der Notar nicht verpflichtet, er darf sich auf die Angaben der Beteiligten verlassen und hat, soweit sie keine Angaben machen können oder wollen, die Anzeige ggf. unvollständig an das Finanzamt zu übermitteln.[408] Das **zuständige Finanzamt** ist dasjenige, an dem der Schenker/Zuwendende seinen Wohnsitz hat, § 35 Abs. 1 S. 1 ErbStG. Wird die Zuwendung von einer Körperschaft, Personenvereinigung oder Vermögensmasse vorgenommen, bestimmt sich das zuständige Finanzamt anhand des Ortes der Geschäftsleitung, ersatzweise des Ortes des Sitzes.[409] Das für den inländischen Erwerber zuständige Finanzamt hat die Anzeige zu erhalten, wenn der Schenker kein Inländer war und keinen Wohnsitz bzw. gewöhnlichen Aufenthalt im Inland hatte. Ist Inlandsvermögen i.S.v. § 121 BewG vorhanden und sowohl der Zuwendende als auch der Erwerber kein Inländer, ist die Anzeige an das Finanzamt zu versenden, in dessen Bezirk sich das Vermögen befindet.[410]

183 Der Notar hat nach § 8 Abs. 1 S. 4 ErbStDV auf eine **mögliche Steuerpflicht hinzuweisen.** Obwohl es an einer ausreichenden Ermächtigungsgrundlage im ErbStG für diese Amtspflicht fehlt, sehen einige Obergericht in einer Verletzung dieser Hinweispflicht eine zum Schadensersatz verpflichtende **Amtspflichtverletzung.**[411] Es ist daher ratsam, in Zweifelsfällen nicht nur eine beglaubigte Abschrift an das Finanzamt zu übersenden, sondern in der Niederschrift auch auf eine möglicherweise anfallende Schenkungsteuer hinzuweisen, wobei ein **allgemeiner Hinweis** völlig ausreichend ist.[412]

184 e) **Mitteilungspflicht nach § 379 Abs. 1 FamFG.** Diese weitgehend übersehene Mitteilungspflicht gegenüber dem Registergericht dient dazu, diesem die Erfüllung seiner Aufgaben zu erleichtern.[413] Nur solche Tatsachen, deren Anmeldung mittels Zwangsgeld nach § 388 FamFG erzwungen oder nach §§ 394ff. FamFG von Amts wegen berichtigt werden können, müssen vom Notar mitgeteilt werden.[414] Die unrichtige, unvollständige oder unterlassene Anmeldung muss dem Notar gerade in seiner amtlichen Eigenschaft bekannt geworden sein. Keine Mitteilungspflicht erwächst aus der bloßen Pflicht des Notars zur Vorlage oder Einreichung von Dokumenten, z.B. einer neuen Gesellschafterliste nach § 40 Abs. 2 GmbHG.[415] Beispiele für die registerrechtliche Mitteilungspflicht sind die Änderung einer inländischen Geschäftsanschrift,[416] aber auch die Kenntnis davon, dass eine GmbH ihren Unternehmensgegenstand ohne Anpassung der Satzung geändert hat.

185 f) **Mitteilungspflichten nach dem Außenwirtschaftsgesetz.** Zu den Mitteilungspflichten nach dem AWG siehe *Küperkoch* RNotZ 2002, 298, 313ff.

4. Einreichungspflichten

186 a) **Allgemeines.** Hat der Notar Willenserklärungen beurkundet, die beim Grundbuchamt oder beim Registergericht einzureichen sind, so soll er dies veranlassen, sobald die Urkunde eingereicht werden kann, es sei denn, **alle Urkundsbeteiligten** verlangen etwas anderes, § 53 BeurkG. In diesem Fall hat der Notar auf die mit einer Verzögerung der Einreichung verbundenen Gefahren hinzuweisen. Die Einreichungspflicht besteht nur bei **beurkundeten Willenserklärungen,** wobei diesen Beschlüsse, die in der Form der §§ 8ff. BeurkG protokolliert wurden, gleichstehen. Hat der Notar lediglich eine **Unterschrift beglaubigt,** den Text

[407] Die Verhältnisse des Erwerbers und nicht die des Schenkers sind entscheidend, wenn der Beschenkte eine Körperschaft, Personenvereinigung oder Vermögensmasse ist, *Küperkoch* RNotZ 2002, 298, 307.

[408] *Küperkoch* RNotZ 2002, 298, 307.

[409] *Küperkoch* RNotZ 2002, 298, 307.

[410] *Küperkoch* RNotZ 2002, 298, 307.

[411] OLG Oldenburg DNotZ 2010, 312 = MittBayNot 2009, 399; OLG Schleswig ZEV 2006, 221 = MittBayNot 2005, 516.

[412] Demnächst Grziwotz/*Heinemann* § 19 BeurkG Rdnr. 17.

[413] Keidel/*Heinemann* § 379 FamFG Rdnr. 3; *Küperkoch* RNotZ 2002, 298, 313.

[414] Keidel/*Heinemann* § 379 FamFG Rdnr. 4; *Küperkoch* RNotZ 2002, 298, 313.

[415] Keidel/*Heinemann* § 379 FamFG Rdnr. 4.

[416] MünchKommZPO/*Krafka* § 379 FamFG Rdnr. 3.

der Erklärung aber nicht entworfen, so besteht für ihn keine Einreichungspflicht nach § 53 BeurkG,[417] er kann jedoch eine entsprechende Betreuungspflicht nach § 24 Abs. 1 BNotO übernehmen.[418]

b) **Einreichung beim Registergericht, § 53 BeurkG.** Der Notar kann Urkunden, die zum Registergericht einzureichen sind, einerseits als Bote, aber auch als Bevollmächtigter der Beteiligten einreichen. Derjenige Notar, der eine zur **Eintragung erforderliche Erklärung** beurkundet oder beglaubigt hat, kann sich auf die Vollmachtsvermutung des § 378 Abs. 2 FamFG stützen. Hierunter fallen unstreitig **alle Erklärungen**, die die **Grundlage der beantragten Registereintragung** bilden, also Gesellschafterbeschlüsse, Gesellschafter- und Unternehmensverträge[419] sowie sonstige Erklärungen, deren Inhalt eingetragen werden soll.[420] Der Notar, der den Gesellschaftsvertrag einer GmbH beurkundet hat, ist demzufolge berechtigt, die darin enthaltene abstrakte Vertretungsregelung[421] oder die Befreiung des Geschäftsführers von den Beschränkungen der § 181 BGB[422] im Namen der Geschäftsführer zur Eintragung ins Handelsregister anzumelden. Auch die **Anmeldung** selbst stellt eine Erklärung in diesem Sinne dar, gleichgültig, ob diese vom Notar beurkundet oder lediglich beglaubigt wurde.[423] Nicht ausreichend ist, wenn Erklärungen und Urkunden, die lediglich **mittelbar** zur Eintragung erforderlich sind, notariell beurkundet oder beglaubigt sind, wie etwa beglaubigte Abschriften, Vollmachten oder Vertretungsnachweise.[424] Die Vermutungswirkung des § 378 Abs. 2 FamFG besteht auch, wenn **keine öffentlich-rechtliche Anmeldepflicht** besteht, wie beispielsweise bei der Anmeldung einer Ausgliederung nach dem UmwG.[425] Die Vollmacht ermächtigt im Zweifel zur Antragstellung sowie (unter Beachtung von § 24 Abs. 3 BNotO) zur Antragsrücknahme und zur Beschwerdeeinlegung im Namen der Beteiligten.[426] 187

Nach Eintritt der **Vollzugsreife**, d. h. nach Vorliegen aller Genehmigungen und Eintritt aller Bedingungen, die für die Registeranmeldung erforderlich sind, hat der Notar die Anmeldung nebst den erforderlichen Unterlagen **unverzüglich** (§ 121 Abs. 1 S. 1 BGB) elektronisch an das Registergericht zu übermitteln. Der Notar genügt seiner Einreichungspflicht in aller Regel, wenn er die Anmeldung **innerhalb von 10 Werktagen** an das Registergericht übermittelt,[427] wobei aber stets der Einzelfall zu beachten ist. In besonders eilbedürftigen Angelegenheiten verkürzt sich der Einreichungszeitraum. In Gesellschaftssachen gilt dies vor allem für die Anmeldung von **Haftungsausschlüssen**, das Erlöschen der **Handelndenhaftung** und den Eintritt der **Haftungsbeschränkung des Kommanditisten.**[428] Hier wird eine Frist von **zwei bis drei Tagen** als pflichtgemäß angesehen.[429] Besonderheiten bestehen außerdem bei Anmeldungen, denen ein **Jahresabschluss, der nicht älter als acht Monate** sein darf, beigefügt werden muss (vgl. § 210 Abs. 2 AktG; § 57f Abs. 1 S. 2 GmbHG; § 17 Abs. 2 S. 4 UmwG). Zur Wahrung dieser Frist kann es unter Umständen geboten sein, die Anmeldung schon vor Vollzugsreife einzureichen.[430] 188

Die Beteiligten können **übereinstimmend** dem Notar eine von der unverzüglichen Einreichungspflicht abweichende Weisung erteilen, auf die mit der Verzögerung verbundenen Risiken soll der Notar hinweisen. Obwohl keine entsprechende Vermerkpflicht besteht, emp- 189

[417] *Grein* RNotZ 2004, 115, 116; *Winkler* § 53 BeurkG Rdnr. 2.
[418] Vgl. OLG Hamm MittBayNot 2004, 465, 466.
[419] BayObLGZ 1970, 235, 237.
[420] *Schaub* MittBayNot 1999, 539, 543.
[421] LG München DNotZ 1976, 682 (Ls.).
[422] LG Weiden MittBayNot 1980, 174 mit Anm. *Schmidt*.
[423] KG NJW 1959, 1086, 1087; Jansen/*Steder* § 129 FGG Rdnr. 13, MünchKommZPO/*Krafka* § 378 FamFG Rdnr. 2; a. A. *Schaub* MittBayNot 1999, 539, 543.
[424] Keidel/*Heinemann* § 378 FamFG Rdnr. 6.
[425] Keidel/*Heinemann* § 378 FamFG Rdnr. 8; anders noch BayObLG NJW-RR 2000, 990.
[426] Keidel/*Heinemann* § 378 FamFG Rdnr. 10 ff.
[427] Armbrüster/Preuß/Renner/*Preuß* § 53 BeurkG Rdnr. 23; *Winkler* § 53 BeurkG Rdnr. 17; *Grein* RNotZ 2004, 115, 117.
[428] Armbrüster/Preuß/Renner/*Preuß* § 53 BeurkG Rdnr. 24.
[429] Armbrüster/Preuß/Renner/*Preuß* § 53 BeurkG Rdnr. 24.
[430] *Winkler* § 53 BeurkG Rdnr. 19.

fiehlt sich, den Hinweis in die Urkunde, die die Anweisung der Beteiligten enthält, mitaufzunehmen. Die Weisung **eines Beteiligten** kann auch ausreichen, z. B. kann ein Gesellschafter einer OHG oder KG seine Anmeldung dem Notar gegenüber einseitig widerrufen.[431] Liegen der Anmeldung allerdings vertragliche Vereinbarungen zugrunde, so ist eine Weisung aller Urkundsbeteiligten an den Notar erforderlich.[432]

190 Von der Einreichungspflicht ist die **Überwachung der Eintragung** zu unterscheiden. Diese obliegt dem Notar nicht aufgrund von § 53 BeurkG, sondern stellt eine **besondere Betreuungsaufgabe** nach § 24 BNotO dar.[433] Diese umfasst nicht nur die Nachfrage beim Registergericht, ob die Anmeldung eingangen ist und wann mit deren Vollzug gerechnet werden kann, sondern auch die Beseitigung etwaiger mit Zwischenverfügung aufgezeigter Hindernisse sowie die Prüfung der Eintragungsmitteilung auf deren inhaltliche und formelle Richtigkeit.[434] Diese Vollzugsbetreuung kann immer dann angenommen werden, wenn der Notar die Anmeldung als Bevollmächtigter (u. U. gestützt auf § 378 Abs. 2 FamFG) einreicht. Insbesondere bei einer **elektronischen Antragsübermittlung** muss von einer solchen erweiterten Vollzugstätigkeit ausgegangen werden.[435] Will der Notar keine Vollzugsüberwachung übernehmen, so muss er die Beteiligten darüber belehren, dass sie dies selbst übernehmen müssen,[436] und hat dem Registergericht gegenüber deutlich zu verlautbaren, dass er **nur als Bote** auftritt.[437]

Praxistipp:

191 Gebräuchliche Formulierungen für eine Handlung als Boten sind die Vorlage „zum Vollzug" oder „zur weiteren Veranlassung".[438]

192 c) **Einreichung der Gesellschafterliste beim Registergericht, § 40 Abs. 2 GmbHG.** Hat ein Notar an einer Veränderung in den Personen der Gesellschafter oder des Umfangs ihrer Beteiligung „mitgewirkt", so ist er nach § 40 Abs. 2 S. 1 GmbHG verpflichtet, unverzüglich nach deren Wirksamwerden ohne Rücksicht auf etwaige später eintretende Unwirksamkeitsgründe die Liste anstelle der Geschäftsführer zu unterschreiben, zum Handelsregister einzureichen und eine Abschrift der geänderten Liste an die Gesellschaft zu übermitteln. Die Liste muss mit einer Bescheinigung versehen sein, dass die geänderten Eintragungen den Veränderungen entsprechen, an denen der Notar mitgewirkt hat, und die übrigen Eintragungen mit dem Inhalt der zuletzt im Handelsregister aufgenommenen Liste übereinstimmen, § 40 Abs. 2 S. 2 GmbHG. Es handelt sich hierbei um eine **spezielle Vollzugspflicht** aufgrund vorhergehender Amtstätigkeit.[439] Diese Einreichungspflicht kann vom Registergericht nicht mit Zwangsmitteln durchgesetzt werden.[440] Umstritten ist, ob der Notar mit der Einreichung der Liste eine ausschließlich im öffentlichen Interesse bestehende Amtspflicht erfüllt[441] oder eine Aufgabe im privaten Interesse der Gesellschaft besorgt.[442] Zur Gesellschafterliste siehe ausführlich § 13 Rdnr. 674 ff.

193 d) **Einreichung beim Grundbuchamt, § 53 BeurkG.** Sofern der Notar gesellschaftsrechtliche Willenserklärungen beurkundet hat, die zu einer Unrichtigkeit des Grundbuchs führen,

---

431 *Grein* RNotZ 2004, 115, 117.

432 *Grein* RNotZ 2004, 115, 117.

433 Armbrüster/Preuß/Renner/*Preuß* § 53 BeurkG Rdnr. 27.

434 Armbrüster/Preuß/Renner/*Preuß* § 53 BeurkG Rdnr. 27.

435 Keidel/*Heinemann* § 378 FamFG Rdnr. 18; a. A. Schulte-Bunert/Weinreich/*Nedden-Boeger* § 378 FamFG Rdnr. 20.

436 Armbrüster/Preuß/Renner/*Preuß* § 53 BeurkG Rdnr. 26.

437 Keidel/*Heinemann* § 378 FamFG Rdnr. 18.

438 Keidel/*Heinemann* § 378 FamFG Rdnr. 18; *Grein* RNotZ 2004, 115, 119.

439 Armbrüster/Preuß/Renner/*Preuß* Anhang zu § 53 BeurkG Rdnr. 42, 43.

440 OLG München FGPrax 2010, 181; Keidel/*Heinemann* § 379 FamFG Rdnr. 17; § 388 FamFG Rn. 31; a. A. MünchKommZPO/*Krafka* § 388 FamFG Rdnr. 22.

441 So OLG Köln FGPrax 2010, 202.

442 So wohl OLG Hamm FGPrax 2010, 88.

besteht die Pflicht nach § 53 BeurkG darin, die zur Berichtigung des Grundbuchs erforderlichen Urkunden nach Eintritt der Vollzugsreife beim Grundbuchamt einzureichen. Eine **Grundbuchberichtigung** nach § 22 GBO kommt insbesondere in den Fällen in Betracht, in denen Grundbesitz des ursprünglichen Rechtsträgers durch Umwandlung nach dem UmwG auf einen anderen Rechtsträger übergegangen ist, im Falle eines Formwechsels sowie im Falle des Ein- bzw. Austritts eines Gesellschafters in bzw. aus einer Grundbesitz haltenden BGB-Gesellschaft.[443]

[443] Ausführlich MünchKommBGB/*Kohler* § 873 Rdnr. 22 ff.

§ 9 Auslandsbeurkundung

Übersicht

	Rdnr.
I. Problemlage	1/2
II. Internationalprivatrechtliche Grundlagen	3/4
III. Formstatut bei gesellschaftsrechtlichen Vorgängen	5–32
1. Statusrelevante Vorgänge	5–9
a) Formstatut	6
b) Substitution	7–9
2. Übertragung von Geschäftsanteilen	10–32
a) Verpflichtungsgeschäft	10
b) Verfügungsgeschäft	11–32
IV. Zusammenfassung	33–35

Schrifttum: *Bayer,* Privatschriftliche Abtretungen deutscher GmbH-Anteile in der Schweiz? – Anmerkungen zum Urt. des LG Frankfurt v. 7. 10. 2009 – Aktenzeichen 3-13 O 46/09 –, DNotZ 2009, 887; *Braun*, Die Abtretung von Geschäftsanteilen einer GmbH im Ausland: Wirksam oder nicht?, DNotZ 2009, 585; *Engel*, Die Auslandsbeurkundung nach MoMiG und Schweizer GmbH-Reform, DStR 2008, 1593; *Heckschen/Heidinger,* Die GmbH in der Beratungs- und Gestaltungspraxis, 2. Aufl. 2009; *Preuß,* Gesellschafterliste, Legitimation gegenüber der Gesellschaft und gutgläubiger Erwerb von GmbH-Anteilen, ZGR 2008, 676; *Reichert/Weller,* Der GmbH-Geschäftsanteil, 2006; *Reuter*, Keine Auslandsbeurkundung im Gesellschaftsrecht?, BB 1998, 116; *Saenger/Scheuch,* Auslandsbeurkundung bei der GmbH – Konsequenzen aus MoMiG und Reform des Schweizer Obligationenrechts, BB 2008 65; *Schervier*, Beurkundung GmbH-rechtlicher Vorgänge im Ausland, NJW 1992, 593.

I. Problemlage

1 Das GmbH-Recht verlangt für bestimmte Akte die Mitwirkung eines Notars. Insbesondere bei werthaltigen Gesellschaften können so schnell hohe Gebühren entstehen. Zwar wurden im Jahre 2004 die Kosten der inländischen Beurkundung durch Einführung einer Geschäftswerthöchstgrenze[1] auf maximal rund 52.000,– Euro gedeckelt, doch bieten Notare anderer Länder – wie etwa die Schweiz, wo die Kosten frei verhandelbar sind – auch weiterhin deutlich günstigere Beurkundungen an. Hinzu kommt, dass im Falle von Inlandsbeurkundungen etwaige Mitteilungspflichten gegenüber dem Finanzamt ausgelöst werden (vgl. § 54 EStDV, § 18 GrEStG). Insbesondere in (vermeintlich) einfach gelagerten Fällen besteht daher oft der Wunsch der Vertragsbeteiligten, die notarielle Beurkundung im Ausland vorzunehmen oder nach den dort geltenden Vorschriften der Ortsform auf eine Beurkundung sogar gänzlich zu verzichten.

2 Ob – und wenn ja unter welchen Voraussetzungen – eine Auslandsbeurkundung im Hinblick auf eine deutsche GmbH (= GmbH mit Satzungssitz in Deutschland) anerkannt wird, ist schon lange Gegenstand kontroverser Diskussionen. Angesichts aktueller Entwicklungen ist zu prüfen, ob sich die bisher gefestigten Ansichten auch weiterhin aufrechterhalten lassen. Denn einerseits wurde durch die MoMiG-Reform[2] die Bedeutung der Gesellschafterliste gesteigert, zum anderen ist mit Inkrafttreten der Reform des Schweizer Obligationenrechts[3] das Erfordernis der öffentlichen Beurkundung bei der Abtretung von Geschäftsanteilen entfallen. Ferner ist fraglich, ob bei einer Anteilsabtretung im Ausland auch die alleinige Einhaltung der ausländischen Ortsform ausreichend ist, oder ob angesichts der Reform durch das MoMiG eine neue Bewertung geboten erscheint.

---

[1] Vgl. § 18 Abs. 1 KostO.

[2] Gesetz zur Modernisierung des GmbH-Rechts und zur Bekämpfung von Missbräuchen (MoMiG) v. 23. 10. 2008, BGBl. I, 2026.

[3] Obligationenrecht (GmbH-Recht sowie Anpassungen im Aktien-, Genossenschafts-, Handelsregister- und Firmenrecht) (OR), Änderung vom 16. 12. 2005, AS 2007, S. 4791.

II. Internationalprivatrechtliche Grundlagen

Wird ein Rechtsgeschäft betreffend eine deutsche GmbH im Ausland vorgenommen, liegt ein Sachverhalt mit Auslandsberührung vor. Welches Recht in diesem Fall Anwendung findet, bestimmt sich nach den Regeln des internationalen Privatrechts. Das dem Rechtsgeschäft zugrundeliegende Verpflichtungsgeschäft unterliegt nach Art. 3 Rom I-VO[4] der Parteiautonomie (für bis zum 17. 12. 2009 geschlossene Verträge: Art. 27 EGBGB a. F.); in Ermangelung einer wirksamen Rechtswahl gelten die allgemeinen Regeln der Art. 4 ff. Rom I-VO (Altverträge: Art. 28 ff. EGBGB a. F.). Dagegen kommt für das dingliche Rechtsgeschäft eine Rechtswahl nicht in Betracht.[5] Die Wirksamkeit des Verfügungsgeschäfts beurteilt sich vielmehr nach dem Gesellschaftsstatut der betreffenden GmbH.[6] Da § 4 a GmbHG n. F. richtiger Ansicht nach auch kollisionsrechtlicher Gehalt zukommt, gilt für deutsche GmbH nunmehr insoweit die Gründungstheorie,[7] d. h. dass unabhängig vom Ort des Verwaltungssitzes der GmbH ausschließlich deutsches materielles Recht zur Anwendung kommt.[8] 3

Hiervon abzugrenzen ist die Frage nach den Formerfordernissen eines im Ausland vorgenommenen Rechtsgeschäfts; denn die Bestimmung des Formstatuts unterliegt eigenen kollisionsrechtlichen Grundsätzen. Für das schuldrechtliche Geschäft bestimmt Art. 11 Abs. 1 Rom I-VO im Interesse des *favor negotii*, dass ein Vertrag, bei dessen Abschluss sich die Parteien (oder ihre Vertreter) in demselben Staat befinden, formgültig ist, wenn er die Formerfordernisse des auf ihn nach dieser Verordnung anzuwendenden materiellen Rechts (vgl. dazu oben) erfüllt (*lex causae*) oder den Formerfordernissen des Rechts des Staates gerecht wird, in dem er geschlossen wird (*lex loci actus*). Für das Verfügungsgeschäft, das von der Rom I-VO nicht erfasst wird, gilt dagegen Art. 11 Abs. 1 EGBGB.[9] Dieser beruht allerdings auf Art. 9 EVÜ,[10] [11] (der Vorgängernorm des Art. 11 Abs. 1 Rom I-VO)[12] und etabliert für Verträge zwischen Personen, die sich bei Vertragsschluss in demselben Staat befinden, dieselben beiden gleichwertigen Alternativen:[13] Es genügt, wenn die Beteiligten entweder das Geschäftsstatut (*lex causae*) einhalten (hier: deutsches materielles Recht) oder das Ortsrecht (*lex loci actus*), d. h. die am Vornahmeort geltenden Bestimmungen, beachten (hier: ausländisches Recht). Inwieweit diese Bestimmungen auf gesellschaftsrechtliche Vorgänge anwendbar sind, lässt sich jedoch nicht einheitlich beantworten. Ob eine Beurkundung im Ausland vorgenommen werden kann oder gar das Ortsrecht anwendbar ist, richtet sich vielmehr nach der Art des zu beurkundenden Rechtsgeschäfts. 4

III. Formstatut bei gesellschaftsrechtlichen Vorgängen

1. Statusrelevante Vorgänge

Das GmbH-Gesetz verlangt für statusrelevante Vorgänge, d. h. Rechtsgeschäfte, welche die Verfassung der Gesellschaft betreffen, die notarielle Form (vgl. §§ 2 Abs. 1, 53 Abs. 2 5

[4] VO (EG) Nr. 593/2008 des Europäischen Parlaments und des Rates v. 17. 6. 2008 über das auf vertragliche Schuldverhältnisse anzuwendende Recht (Rom I), ABlEU v. 4. 7. 2008, L 177/6.

[5] OLG Stuttgart GmbHR 2000, 721, 724; *Reichert/Weller* § 15 Rdnr. 134; Ulmer/Habersack/Winter/*Winter/Löbbe* Großkomm GmbHG § 15 Rdnr. 134 m. w. N.; *Janssen/Robertz* GmbHR 2003, 433, 436.

[6] *Engel* DStR 2008, 1593; *Müller* RIW 2010, 591, 592; *Olk* NJW 2010, 1639, 1640; *Reichert/Weller* DStR 2005, 250; *Weller* Der Konzern 2008, 253, 254 f.

[7] Lutter/Hommelhoff/*Bayer* GmbHG § 4 a Rdnr. 15; *Bayer/J. Schmidt* ZHR 173 (2009) 735, 746 ff. m. z. w. N. (auch zur Gegenansicht).

[8] Lutter/Hommelhoff/*Bayer* GmbHG § 15 Rdnr. 26; MünchKommGmbHG/*Reichert/Weller* § 15 Rdnr. 134.

[9] *Mankowski* NZG 2010, 201, 206; *Müller* RIW 2010, 591, 592; *Olk* NJW 2010, 1639 f.

[10] Übereinkommen über das auf vertragliche Schuldverhältnisse anzuwendende Recht aufgelegt zur Unterzeichnung am 19. 6. 1980 in Rom, ABlEG v. 9. 10. 1980, L 266/1 = BGBl. 1986 II, 810.

[11] Vgl. BT-Drucks. 10/504, S. 48.

[12] Vgl. KOM(2005) 650, S. 9; MünchKommBGB/*Spellenberg* Art. 11 EGBGB Rdnr. 1.

[13] Vgl. nur MünchKommBGB/*Spellenberg* Art. 11 EGBGB Rdnr. 6; *Pfeiffer* EuZW 2008, 622, 628 f.

GmbHG). Für diese Beschlüsse hat der Gesetzgeber bewusst die notarielle Beurkundung vorgesehen. Zweck der Form ist die Gewährleistung von Rechtssicherheit und die rechtliche Beratung der Gesellschafter.[14]

6 a) **Formstatut.** Werden Beschlüsse betreffend eine deutsche GmbH im Ausland gefasst, stellt sich die Frage, welche Formerfordernisse einzuhalten sind. Die Formgültigkeit von Rechtsgeschäften, die im Ausland vorgenommen werden, bestimmt sich grundsätzlich nach Art. 11 Abs. 1 EGBGB. Möglich wäre danach, dass die Vertragsbeteiligten auf eine Beurkundung nach den deutschen Formvorschriften verzichten und allein das dort geltende Ortsrecht einhalten (Art. 11 Abs. 1 Alt. 2 EGBGB). Für statusrelevante Beschlüsse wie die Gründung oder Satzungsänderung kann diese Vorschrift jedoch nicht uneingeschränkt Anwendung finden. Vielmehr ist wegen ihrer besonderen materiellen Bedeutung allein das Geschäftsstatut (Art. 11 Abs. 1 Alt. 1 EGBGB) maßgeblich.[15] Dies folgt aus der analogen Anwendung von Art. 11 Abs. 4 EGBGB. Diese Vorschrift sieht abweichend von Abs. 1 für sachenrechtliche Rechtsgeschäfte die Aufhebung der Rechtswahl vor, so dass ausschließlich das Recht der belegenen Sache (*lex rei sitae*) zu beachten ist. Für Strukturmaßnahmen der Gesellschaft kann jedoch nichts anderes gelten. Dennoch wird teilweise die Anwendbarkeit der Ortsform bejaht.[16] Der BGH hat in einer Entscheidung aus dem Jahr 1981 – also vor der IPR-Reform von 1986[17] – in einer nicht näher begründeten Aussage die Zulässigkeit der Ortsform auch für solche Rechtsgeschäfte angenommen, die Frage jedoch letztlich offengelassen.[18] Demgegenüber haben die meisten Gerichte in später ergangenen Entscheidungen für Vorgänge der Gesellschaftsverfassung allein das Geschäftsstatut als maßgebliches Recht angesehen.[19] Dass die Ortsform nicht dem Schutzzweck des GmbH-Gesetzes genügt, formuliert bereits die BegrRegE zum Gesetz vom 25. Juli 1986: Danach regelt Art. 11 EGBGB „nicht die Form von Vorgängen (…), die sich auf die Verfassung von Gesellschaften und juristischen Personen beziehen".[20] In dem 2008 vorgelegten RefE eines Gesetzes zum Internationalen Privatrecht der Gesellschaften, Vereine und juristischen Personen[21] wurde dieser Gedanke zudem in Art. 11 Abs. 6 EGBGB-E übernommen.

7 b) **Substitution.** Nach h. M. wird das vorgeschriebene Beurkundungserfordernis auch dann gewahrt, wenn die inländische Formvorschrift (des Geschäftsstatuts) durch die Beurkundung eines ausländischen Notars ersetzt wird (Substitution).[22] Voraussetzung ist, dass der Beurkundungsvorgang nach dem ausländischen Ortsrecht der inländischen Beurkundung gleichwertig ist. Nach der grundlegenden Entscheidung des BGH vom 16. Februar

[14] Lutter/Hommelhoff/*Bayer* GmbHG § 2 Rdnr. 15; Ulmer/Habersack/Winter/*Ulmer* GmbHG § 2 Rdnr. 11; Roth/Altmeppen/*Roth* GmbHG § 2 Rdnr. 24.

[15] So die mittlerweile wohl überwiegende Auffassung: Lutter/Hommelhoff/*Bayer* GmbHG § 2 Rdnr. 18, § 53 Rdnr. 17; Baumbach/Hueck/*Hueck/Fastrich* GmbHG § 2 Rdnr. 9, § 53 Rdnr. 75; MünchKommGmbHG/*Mayer* § 2 Rdnr. 44; Roth/Altmeppen/*Roth* GmbHG § 2 Rdnr. 23, § 53 Rdnr. 21; Ulmer/Habersack/Winter/*Ulmer* GmbHG § 2 Rdnr. 17, § 53 Rdnr. 53; *Scholz/Priester/Veil* GmbHG § 53 Rdnr. 71; für das IPR: Bamberger/Roth/*Mäsch* BGB Art. 11 EGBGB Rdnr. 68; Staudinger/*Winkler von Mohrenfels* EGBGB/IPR Art. 11 EGBGB Rdnr. 309; für das Aktienrecht: Großkomm AktG/*Röhricht* § 23 Rdnr. 48; MünchKommAktG/*Pentz* § 23 Rdnr. 30; *Hüffer* AktG § 23 Rdnr. 10; aus der Literatur zum Umwandlungsrecht: Lutter/Winter/*Lutter/Drygala* UmwG § 6 Rdnr. 7; Semler/Stengel/*Schröer* UmwG § 6 Rdnr. 16.

[16] So OLG Düsseldorf NJW 1989, 2200 (Kapitalerhöhung); OLG Stuttgart NJW 1989, 1176; Michalski/*Michalski* GmbHG § 2 Rdnr. 23; MünchKommBGB/*Spellenberg* Art. 11 EGBGB Rdnr. 173; Palandt/*Thorn* Art. 11 EGBGB Rdnr. 13 m. w. N.; *Sick/Schwarz* NZG 1998, 540, 542 f; obiter in der Tendenz auch BGHZ 80, 76 Tz 3 (Satzungsänderung).

[17] Gesetz zur Neuregelung des Internationalen Privatrechts v. 25. 7. 1986, BGBl. I, 1142. Zu den damit erfolgten Änderungen von Art. 11 EGBGB etwa Staudinger/*Winkler von Mohrenfels* Art. 11 EGBGB Rdnr. 8 ff.

[18] BGHZ 80, 76 Tz 3.

[19] Vgl. LG Augsburg DB 1996, 1666 (Verschmelzung); LG Kiel DB 1997, 1223 (Verschmelzung); LG Mannheim BWNotZ 2000, 150 (Kapitalerhöhung).

[20] BT-Drucks. 10/504, S. 49.

[21] Abrufbar unter http://www.bmj.bund.de/files/-/2751/RefE Gesetz zum Internationalen Privatrecht der Gesellschaften, Vereine und juristischen Personen.pdf.

[22] BGHZ 80, 76 Tz 5; Scholz/*Emmerich* GmbHG § 2 Rdnr. 18 c; MünchKommGmbHG/*Mayer* § 2 Rdnr. 52 ff.; Michalski/*Michalski* GmbHG § 2 Rdnr. 22; MünchKommAktG/*Pentz* § 23 Rdnr. 33; Palandt/*Thorn* Art. 11 EGBGB Rdnr. 10.

1981 ist eine solche Gleichwertigkeit dann anzunehmen, „wenn die ausländische Urkundsperson nach Vorbildung und Stellung im Rechtsleben eine der Tätigkeit des deutschen Notars entsprechende Funktion ausübt und für die Errichtung der Urkunde ein Verfahrensrecht zu beachten hat, das den tragenden Grundsätzen des deutschen Beurkundungsrechts entspricht".[23] Der Entscheidung lag eine in Zürich beurkundete Satzungsänderung zugrunde. Dem folgend wurde die Gleichwertigkeit von der obergerichtlichen Rechtsprechung in der Vergangenheit etwa für Züricher[24] und Basler[25] Notare bejaht. Die instanzgerichtliche Rechtsprechung nahm die Möglichkeit der Substitution zudem für Auslandbeurkundungen in Österreich an,[26] während die Wirksamkeit einer Beurkundung in den Niederlanden ausdrücklich offengelassen[27] und für den kalifornischen *notary public* verneint wurde.[28] Ob sich hieraus die allgemeine Aussage ableiten lässt, dass Beurkundungen in der Schweiz und in allen Ländern mit sog. lateinischem Notariat (romanischer Rechtskreis) das Gleichwertigkeitserfordernis erfüllen,[29] lässt sich jedoch in Anbetracht der aktuellen Entwicklungen bezweifeln (dazu noch unten). Zu berücksichtigen ist außerdem, dass bereits innerhalb der Schweiz die personellen Anforderungen an die Urkundsperson sehr unterschiedlich sind.[30] Mit Blick auf die in der Praxis erforderliche Rechtssicherheit empfiehlt sich aber ohnehin, eine spezifische Analyse der Substitutionsvoraussetzungen für jedes Land gesondert vorzunehmen.[31]

Umstritten ist die Möglichkeit der Substitution jedoch bei statusrelevanten Beschlüssen. 8
Ein Teil der Literatur, der auch bei Strukturbeschlüssen eine Gleichwertigkeitsprüfung vornimmt, verneint die Vergleichbarkeit etwa dann, wenn der Notar bei der Beurkundung seine Haftung ausschließt.[32] Nach anderer Ansicht bedürfen alle statusrelevanten Beschlüsse wie der Abschluss des Gesellschaftsvertrages zur Gründung einer GmbH nach § 2 GmbHG[33] sowie eine Satzungsänderung nach § 53 GmbHG[34] zwingend der Mitwirkung eines deutschen Notars. Dasselbe soll – wegen ihrer organisationsrechtlichen Wirkung – für Umwandlungsbeschlüsse[35] und Unternehmensverträge[36] gelten.

In der Tat ergeben sich in diesen Konstellationen generelle Einwände gegen das Tätigwer- 9
den eines ausländischen Notars. Das deutsche Geschäftsstatut wird nämlich nur gewahrt, wenn die im Ausland errichtete Urkunde dem Zweck des zu beachtenden inländischen Formgebots genauso gerecht wird, wie wenn ein deutscher Notar tätig geworden wäre. Die bislang h. M. berücksichtigt zu wenig die bestehenden Rechtsunterschiede. Nach § 17 BeurkG muss der Notar von sich aus die Beteiligten über die rechtliche Tragweite des Geschäfts belehren und etwa bestehende Bedenken erörtern bzw. dokumentieren. Von einem ausländischen Notar kann aber nicht erwartet werden, dass dieser genaue Kenntnisse des

[23] BGHZ 80, 76 Tz 5.

[24] BGHZ 80, 76, 78, bestätigt durch BGH GmbHR 1990, 25, 28.

[25] OLG München GmbHR 1998, 46; OLG Frankfurt GmbHR 2005, 764, 767; zweifelnd allerdings Heckschen/Heidinger/*Heckschen* § 2 Rdnr. 39.

[26] LG Kiel BB 1998, 120 f.

[27] OLG Düsseldorf NJW 1989, 2200.

[28] OLG Stuttgart GmbHR 2000, 721, 724 f.

[29] In diese Richtung MünchKommAktG/*Pentz* § 23 Rdnr. 35; MünchKommBGB/*Spellenberg* Art. 11 EGBGB Rdnr. 111; Palandt/*Thorn* Art. 11 EGBGB Rdnr. 9.

[30] Ausf. *Pilger* BB 2005, 1285, 1287.

[31] Richtig Ulmer/Habersack/Winter/*Winter/Löbbe* GmbHG § 15 Rdnr. 137; MünchKommGmbHG/*Reichert/Weller* § 15 Rdnr. 151.

[32] Großkomm AktG/*Röhricht* § 23 Rdnr. 56; MünchKommGmbHG/*Mayer* § 2 Rdnr. 55; Heckschen/Heidinger/*Heckschen* § 2 Rdnr. 41; *Schervier* MittBayNot 1992, 66, 67; *ders.* NJW 1992, 593, 595 f; *Reithmann* NJW 2003, 385, 387 f; vgl. auch Lutter/Winter/*Lutter/Drygala* UmwG § 6 Rdnr. 8; Semler/Stengel/*Schröer* UmwG § 6 Rdnr. 17; kritisch dazu Benecke RIW 2002, 280, 284.

[33] Lutter/Hommelhoff/*Bayer* GmbHG § 2 Rdnr. 19; Ulmer/Habersack/Winter/*Ulmer* GmbHG § 2 Rdnr. 17; tendenziell auch *Hüffer* AktG § 23 Rdnr. 11; *Goette* DStR 1996, 709, 713.

[34] Lutter/Hommelhoff/*Bayer* GmbHG § 53 Rdnr. 17; Ulmer/Habersack/Winter/*Behrens* GmbHG Einl. B. Rdnr. B 136; *Goette* DStR 1996, 709, 713; anders jedoch Ulmer/Habersack/Winter/*Ulmer* GmbHG § 53 Rdnr. 54.

[35] Ulmer/Habersack/Winter/*Behrens* GmbHG Einl. B. Rdnr. B 136; *Goette* DStR 1996, 709, 711.

[36] Ulmer/Habersack/Winter/*Behrens* GmbHG Einl. B. Rdnr. B 136.

deutschen Rechts besitzt,[37] weshalb eine umfassende Prüfung und Belehrung regelmäßig unterbleiben wird. Den sich hieraus ergebenden Bedenken hält der BGH in seiner Entscheidung vom 16. Februar 1981 (noch) entgegen, dass die Wahrnehmung dieser Pflichten nicht zu den Wirksamkeitsvoraussetzungen der Beurkundung zähle und somit verzichtbar sei.[38] Einem solchen Verzicht komme es praktisch gleich, wenn die Beteiligten einen ausländischen Notar aufsuchen.[39] Diese Meinung wurde indes im Schrifttum zu Recht heftig kritisiert und in Frage gestellt.[40] Zutreffend wies vor allem *Goette*[41] darauf hin, dass eine Verzichtbarkeit nur dann in Betracht kommt, wenn es um die Wahrung der Interessen der unmittelbar am Geschäft Beteiligten geht. Bei statusrelevanten Vorgängen sei dies aber nicht der Fall, weil das zu beurkundende Rechtsgeschäft nicht allein für die an der Beurkundung beteiligten Personen, sondern für alle Mitglieder – auch künftige Gesellschafter – gilt. Die Ansicht überzeugt. Gerade in der neuen Rechtsprechung des II. Zivilsenats des BGH wird der Zweck der notariellen Beurkundung des Gesellschaftsvertrages nicht nur mit „Beweissicherungs- und Rechtssicherheitsgründen" gekennzeichnet, sondern auch mit der „materiellen Richtigkeitsgewähr" sowie der „Gewährleistung einer Prüfungs- und Betreuungsfunktion" begründet.[42] Mithin scheitert die Vergleichbarkeit der ausländischen Beurkundung, jedenfalls soweit sie gesellschaftsrechtliche Akte der Verfassung betreffen, daran, dass die Beurkundung nicht den Zweck der inländischen Formvorschrift erfüllt. Weiterhelfen kann hier auch nicht die Tatsache, dass die Urkunden dem Registergericht vorzulegen sind.[43] Zwar ist das Registergericht gemäß § 9c GmbHG gehalten, vor der Eintragung die ordnungsgemäße Errichtung der Gesellschaft zu prüfen. Die gilt über die allgemeine Verweisungsregel in § 57a GmbHG auch für Satzungsänderungen. Dennoch hat es der Gesetzgeber bewusst bei der notwendigen Einschaltung des Notars belassen, der in eigener Verantwortung die rechtliche Wirksamkeit der von ihm beurkundeten Erklärung zu überprüfen und Zweifel ausdrücklich in der Urkunde zu vermerken hat. Mithin stehen die notarielle Prüfung und die anschließende registergerichtliche Prüfung unabhängig nebeneinander.[44] Hierfür spricht auch die Einschränkung der Prüfungsfunktion des Registergerichts in § 9c GmbHG.[45] Das Registergericht kann folglich keine Defizite im Rahmen der notariellen Kontrolle ersetzen. Vielmehr soll der Notar durch seine Arbeit die Gerichte entlasten, indem er für Rechtsklarheit sorgt und die Einhaltung der Gründungsvorschriften gewährleistet. Die besonderen Qualitäten des Notars, mithin seine Kenntnisse und Fähigkeiten, seine Unparteilichkeit kraft Amtes und der diesbezügliche Vertrauenskredit helfen den Beteiligten, die gesetzlichen Regeln einzuhalten und Interessengegensätze zu vermeiden.[46] Hinzu kommt, dass die hier in Rede stehenden Beschlüsse nicht selten versteckte Risiken aus Differenz- und Ausfallhaftung[47] bergen. Insbesondere bei der Gründung besteht Aufklärungsbedarf für die Beteiligten hinsichtlich der Folgen verdeckter Sacheinlagen und sonstiger Gründungsmängel, weshalb der zusätzliche wirtschaftliche Aufwand durch die Hinzuziehung eines deutschen Notars gerechtfertigt wird. Bei statusrelevanten Vorgängen gebietet der mit der Anordnung der notariellen Beurkundung verbundene Zweck folglich das Tätigwerden einer deutschen Urkundsperson.

[37] Ebenso LG Nürnberg-Fürth WM 1992, 950 f.; Lutter/Hommelhoff/*Bayer* GmbHG § 2 Rdnr. 19; MünchKommGmbHG/*Reichert*/*Weller* § 15 Rdnr. 144; MünchKommAktG/*Pentz* § 23 Rdnr. 30.

[38] BGHZ 80, 76 Tz. 7.

[39] BGHZ 80, 76 Tz. 7.

[40] Vgl. Ulmer/Habersack/Winter/*Ulmer* GmbHG § 2 Rdnr. 17; Großkomm AktG/*Röhricht* § 23 Rdnr. 53 ff.; Heckschen/Heidinger/*Heckschen* § 2 Rdnr. 41; *ders.* DB 1990, 161 ff.; *Haerendel* DStR 2001, 1802, 1805; *Reithmann* NJW 2003, 385, 386 ff.

[41] *Goette* DStR 1996, 709, 712 f.

[42] So BGHZ 105, 324 Tz. 28 (Supermarkt) für Satzungsänderung bzw. Unternehmensvertrag, allerdings ohne Auseinandersetzung mit der zitierten Entscheidung BGHZ 80, 76.

[43] So aber BGHZ 80, 76 Tz. 7.

[44] Lutter/Hommelhoff/*Bayer* GmbHG § 9c Rdnr. 13 a. E.

[45] Ebenso Ulmer/Habersack/Winter/*Ulmer* GmbHG § 2 Rdnr. 17. Allerdings gilt die Einschränkung in § 9c Abs. 2 GmbHG nicht für Satzungsänderungen, da § 57a ausdrücklich nur auf § 9c Abs. 1 GmbHG verweist, dazu Lutter/Hommelhoff/*Lutter* GmbHG § 57a Rdnr. 1.

[46] Roth/Altmeppen/*Roth* GmbHG § 2 Rdnr. 24.

[47] Dazu Lutter/Hommelhoff/*Bayer* GmbHG § 9 Rdnr. 1 ff., § 24 Rdnr. 4 ff.

2. Übertragung von Geschäftsanteilen

a) Verpflichtungsgeschäft. Die Verpflichtung zur Abtretung eines Geschäftsanteils bedarf gemäß § 15 Abs. 4 Satz 1 GmbHG auch nach der Reform durch das MoMiG der notariellen Form.[48] Bei Auslandsbezug bestimmt sich das anwendbare Recht (sog. Schuldvertragsstatut) für alle nach dem 17. Dezember 2009 geschlossenen Verträge nach Art. 3 ff. Rom I-VO (für bis dahin geschlossene Verträge gilt Art. 27 ff. EGBGB a. F.). Die Form wird allerdings gesondert nach Art. 11 Abs. 1 Rom I-VO (für Altverträge: Art. 11 Abs. 1 EGBGB) angeknüpft (vgl. bereits oben II.): Danach ist ein Vertrag, bei dessen Abschluss sich die Parteien (oder ihre Vertreter) in demselben Staat befinden, wirksam, wenn er entweder die Formerfordernisse des auf ihn nach dieser Verordnung anzuwendenden materiellen Rechts (*lex causae*) oder die Formerfordernisse des Rechts des Staates, in dem er geschlossen wird (*lex loci actus*), erfüllt. Bedenken gegen die uneingeschränkte Anwendbarkeit des Art. 11 Abs. 1 Rom I-VO (bzw. früher Art. 11 Abs. 1 EGBGB) bestehen nicht,[49] so dass auch die Wahrung der Ortsform genügt. Erleichternd kommt hinzu, dass ein Formmangel gemäß § 15 Abs. 4 Satz 2 GmbHG durch wirksame Abtretung geheilt wird.[50] 10

b) Verfügungsgeschäft. Die Abtretung von GmbH-Geschäftsanteilen erfolgt nach §§ 398, 413 BGB.[51] Erforderlich ist auch hier die notarielle Beurkundung des Vertrages gemäß § 15 Abs. 3 GmbHG. Findet die Abtretung von Geschäftsanteilen an einer deutschen GmbH im Ausland statt, gilt deutsches Recht. Die selbständig anzuknüpfende Formfrage richtet sich nach Art. 11 EGBGB (vgl. bereits oben II.). 11

aa) Geschäftsstatut. Zur Wahrung der Form genügt nach Art. 11 Abs. 1 Alt. 1 EGBGB die Beachtung des sog. Geschäftsstatuts (hier: deutsches materielles Recht). Im Hinblick auf Anteilsabtretungen einer GmbH ist das Formgebot unstreitig auch dann eingehalten, wenn die vorgeschriebene Beurkundung durch einen ausländischen Notar substituiert wird, vorausgesetzt der Beurkundungsvorgang nach dem ausländischen Ortsrecht ist der inländischen notariellen Beurkundung gleichwertig. Demgemäß bezieht sich der BGH in seiner Entscheidung vom 22. Mai 1989 zur Frage der Formwirksamkeit einer im Ausland beurkundeten Anteilsabtretung ohne nähere Auseinandersetzung auf die grundlegende Entscheidung in BGHZ 80, 76.[52] Anders als bei statusrechtlichen Vorgängen gehen die Erklärungen bei Anteilsabtretungen nicht über den Kreis der unmittelbar Beteiligten hinaus. Generelle Einwände gegen eine Substitution – wie sie in Fällen der Beurkundung des Gesellschaftsvertrages oder einer Satzungsänderung erhoben werden – greifen somit nicht.[53] 12

Nach Maßgabe der von der Rechtsprechung entwickelten Grundsätze setzt eine wirksame Substitution zweierlei voraus: Zum einen muss der Notar in personeller Hinsicht einem deutschen Notar vergleichbar sein. Zum anderen muss die Beurkundung die wesentlichen verfahrensbezogenen Anforderungen des deutschen Beurkundungsverfahrens erfüllen.[54] Notwendig ist somit zunächst, dass der ausländische Notar eine entsprechende Ausbildung genossen hat, die ihn dazu befähigen, den Inhalt des deutschen Rechtsgeschäfts zu begreifen und weitervermitteln zu können. Bezogen auf das Verfahren werden vergleichbare Prüfungs- und Belehrungspflichten verlangt. An die Gleichwertigkeit der ausländischen Beurkundung sind somit strenge Anforderungen zu stellen – insbesondere ist ein Haftungsverzicht des Notars unzulässig.[55] 13

[48] Zum Vorschlag des Wegfalls des Formerfordernisses de lege ferenda vgl. *Bayer* notar 2007, 41 ff.
[49] Lutter/Hommelhoff/*Bayer* GmbHG § 15 Rdnr. 43; Bork/Schäfer/*Brandes* GmbHG § 15 Rdnr. 34; MünchKommGmbHG/*Reichert/Weller* § 15 Rdnr. 167; Ulmer/Habersack/Winter/*Winter/Löbbe* GmbHG § 15 Rdnr. 90; *Goette* DStR 1996, 709, 711; *Schervier* NJW 1992, 593, 597 f; *Reuter* BB 1998, 116, 117; abw. *Grossfeld/Berndt* RIW 1996, 625, 628 ff.
[50] Dazu näher Lutter/Hommelhoff/*Bayer* GmbHG § 15 Rdnr. 52 ff.
[51] Siehe nur Lutter/Hommelhoff/*Bayer* GmbHG § 15 Rdnr. 24.
[52] BGH GmbHR 1990, 25, 28.
[53] Vgl. *Goette* DStR 1996, 709, 713.
[54] Vgl. Ulmer/Habersack/Winter/*Winter/Löbbe* GmbHG § 15 Rdnr. 135; *Mankowski* NZG 2010, 201, 202.
[55] Lutter/Hommelhoff/*Bayer* GmbHG § 15 Rdnr. 27.

14 *(1) Auswirkungen des MoMiG.* Fraglich ist, ob die Zulässigkeit von Auslandsbeurkundungen infolge des MoMiG neu zu beurteilen ist. Für großes Aufsehen sorgte in diesem Zusammenhang ein *obiter dictum* des LG Frankfurt/M. vom 7. Oktober 2009.[56] Das Gericht hatte darüber zu entscheiden, ob ein in Basel im Jahre 2005 beurkundeter Kauf- und Abtretungsvertrag über einen Geschäftsanteil an einer deutschen GmbH wirksam ist. Dies wurde unter Verweis auf die damals geltende Rechtslage bejaht. Bei dieser Gelegenheit wies die Kammer allerdings darauf hin, „dass unter Geltung der jetzigen Fassung des § 40 Abs. 2 GmbHG eine andere Einschätzung nicht nur möglich, sondern sogar wahrscheinlich ist", denn der „aufgestellten Verpflichtung des an der Anteilsübertragung beteiligten Notars wird ein Baseler Notar wegen Fehlens von Amtsbefugnissen in Deutschland nicht nachkommen können".[57]

15 Eine Auslandsbeurkundung von GmbH-Anteilsabtretungen wäre somit nach Inkrafttreten des MoMiG nicht mehr zulässig. Diese Ansicht fand insbesondere auf notarieller Seite Zustimmung,[58] während andere Teile der Literatur die Entscheidung vehement kritisierten.[59]

16 Zur Beantwortung der Frage, ob sich aus den Änderungen des MoMiG eine Aussage zur Zulässigkeit von Auslandsbeurkundungen ableiten lässt, bedarf es eines Blicks auf die Neuerungen in § 16 und § 40 GmbHG. Im Zuge der Reform wurde die Bedeutung der Gesellschafterliste erheblich aufgewertet.[60] Wie bereits nach früherem Recht ist bei Gründung der Gesellschaft und nach jeder Veränderung des Gesellschafterbestandes eine Gesellschafterliste zum Handelsregister einzureichen. Im Verhältnis zur GmbH gilt nunmehr aber nur noch derjenige als Gesellschafter und damit als Inhaber der mitgliedschaftlichen Rechte und Pflichten, der „als solcher in der im Handelsregister aufgenommenen Gesellschafterliste (...) eingetragen ist". Hiervon verspricht sich der Gesetzgeber ein Mehr an Rechtssicherheit im Hinblick auf die Personen der Gesellschafter und die Höhe ihrer Beteiligung.[61] Die weitere Bedeutung der Gesellschafterliste besteht darin, dass nach § 16 Abs. 3 S. 1 GmbHG nur sie als Rechtsscheinträger den gutgläubigen Erwerb von GmbH-Geschäftsanteilen legitimieren kann. Dies gilt jedoch nur dann, wenn die im Handelsregister aufgenommene Liste zumindest ihrem äußeren Anschein nach den formalen Anforderungen des § 40 GmbHG entspricht.[62]

17 Zuständig für die Erstellung einer neuen Gesellschafterliste und deren Einreichung ist im Falle der Abtretung von GmbH-Geschäftsanteilen nach § 40 Abs. 2 GmbHG allein der Notar. Ihn treffen umfassende Prüfpflichten. Er darf die geänderte Gesellschafterliste nur dann zum Handelsregister einreichen, wenn er sich vom Wirksamwerden der Änderung sicher überzeugt hat.[63] Insbesondere hat er auch die Rechtsstellung des Veräußerers aufgrund der bestehenden Listen-Voreintragung zu prüfen.[64] Über seine Tätigkeit hat er zudem eine Bescheinigung auszustellen, die zusätzlich zum Handelsregister einzureichen ist (§ 40 Abs. 2 S. 2 GmbHG). Aus dieser muss hervorgehen, dass die geänderten Eintragungen den Veränderungen entsprechen, an denen er mitgewirkt hat, und dass die übrigen Eintragungen mit dem Inhalt der zuletzt im Handelsregister aufgenommenen Liste übereinstimmen. Für Pflichtverletzungen haftet der Notar gemäß § 19 BNotO.[65]

---

[56] LG Frankfurt GmbHR 2010, 96 = DNotZ 2009, 949 m. Bspr. *Bayer* DNotZ 2009, 887 ff.

[57] LG Frankfurt GmbHR 2010, 96, 97.

[58] *Bohrer* MittBayNot 2010, 17 ff.; *Böttcher* ZNotP 2010, 6, 8 ff.; *Hermanns* RNotZ 2010, 38, 39 ff.; vgl. auch *Gerber* GmbHR 2010, 96, 98 f.

[59] *Hasselmann* ZIP 2010, 2486, 2487 ff.; *Krause* BB 2009, 2502; *Laeger* BB 2010, 2647, 2649 f; *Mankowski* NZG 2010, 201; *Mauch* EWiR § 15 GmbHG 1/10, 79, 80; *Olk/Nikoleyczik* DStR 2010, 1567, 1579 ff.; *Peters* DB 2010, 97, 99 f.

[60] Dazu näher Lutter/Hommelhoff/*Bayer* GmbHG § 16 Rdnr. 3 ff.

[61] Begr. MoMiG-RegE BT-Drucks. 16/6140, S. 26.

[62] Ausf. Lutter/Hommelhoff/*Bayer* GmbHG § 16 Rdnr. 53; *Preuß* ZGR 2008, 676, 688; *Vossius* DB 2007, 2299, 2300; *Zessel* GmbHR 2009, 303.

[63] *Mayer* ZIP 2009, 1037, 1047.

[64] Lutter/Hommelhoff/*Bayer* GmbHG § 40 Rdnr. 28; *Preuß* ZGR 2008, 676, 681; *Wicke* BNotZ 2009, 1, 14.

[65] Lutter/Hommelhoff/*Bayer* GmbHG § 40 Rdnr. 36 m. w. N.

Erfolgt die Beurkundung durch einen ausländischen Notar, trifft diesen nicht die Pflicht zur Erstellung einer Gesellschafterliste und deren Einreichung. Ein ausländischer Notar ist auch bei Beurkundung der Abtretung im Ausland dem inländischen Notar nicht gleichgestellt. Aufgrund des Territorialitätsprinzips kann der deutsche Gesetzgeber dem ausländischen Notar Pflichten gem. § 40 Abs. 2 GmbHG nicht auferlegen. Vereinzelt wird daher die Ansicht vertreten, dass der Gesetzgeber die Beurkundung der Anteilsübertragung ausschließlich dem deutschen Notar zuweisen wollte.[66] Begründet wird dies damit, dass mit der notariellen Beurkundung – ähnlich wie bei Strukturbeschlüssen – nunmehr auch bei Anteilsveräußerungen eine materielle Richtigkeitsgewähr verbunden sei.[67] Im Hinblick auf die neu eingeführte Möglichkeit des gutgläubigen Erwerbs erscheint dies nachvollziehbar. Entscheidend gegen ein Verbot der Auslandsbeurkundung spricht jedoch das grundlegende Motiv der MoMiG-Reform, die Attraktivität der deutschen GmbH gegenüber ausländischen Rechtsformen zu erhalten und zu stärken.[68] Insbesondere für ausländische Investoren würde die Attraktivität sinken, wenn die Beurkundung nur von einem deutschen Notar vorgenommen werden dürfte. Dies lässt sich weder aus dem Wortlaut des Gesetzes noch der Gesetzesbegründung zum MoMiG entnehmen. Der pauschale Hinweis in den Gesetzgebungsmaterialien, wo es heißt „es bestehen jedoch weiterhin Lücken, z. B. bei der Auslandsbeurkundung, die nunmehr geschlossen werden",[69] kann nicht ohne Weiteres dahingehend gedeutet werden,[70] denn welche Lücken hiermit gemeint sind, oder wie diese geschlossen werden sollen, bleibt unklar. Insbesondere mit Blick auf die obergerichtliche Rechtsprechung zur Gleichwertigkeit ausländischer Beurkundungen hätte sich der Gesetzgeber hierzu – wenn er dies hätte regeln wollen – ausdrücklich äußern müssen.[71] Folglich ist auch weiterhin davon auszugehen, dass Auslandsbeurkundungen von Geschäftsanteilsabtretungen nach Maßgabe der von der Rechtsprechung entwickelten Grundsätze zulässig sind.[72] Dieser Auffassung hat sich jüngst auch das OLG Düsseldorf angeschlossen.[73] 18

Zu trennen ist die Pflicht zur Einreichung der Gesellschafterliste nach § 40 Abs. 2 GmbHG von der Beurkundung der Abtretung nach § 15 Abs. 3 GmbHG. Erfolgt die Beurkundung durch einen ausländischen Notar, so bleibt es bei der grundsätzlichen Zuständigkeit des Geschäftsführers gemäß § 40 Abs. 1 GmbHG.[74] Zwar kann er sich des ausländischen Notars als Gehilfe bedienen, doch wird er dadurch nicht von seiner persönlichen Verpflichtung befreit.[75] Dem steht auch nicht die Tatsache entgegen, dass die Gesellschafterliste als Rechtsscheinträger für den gutgläubigen Erwerb von GmbH-Geschäftsanteilen fungiert. Vielmehr ist ein gutgläubiger Erwerb grundsätzlich auch auf Grundlage einer vom Geschäftsführer eingereichten Liste möglich.[76] 19

[66] Heckschen/Heidinger/*Heidinger* § 13 Rdnr. 27; *Braun* DNotZ 2009, 585, 591 ff.; *Pilger* NJW 2010, 684; offengelassen *Berger/Kleissl* DB 2008, 2235, 2240.

[67] Heckschen/Heidinger/*Heidinger* § 13 Rdnr. 27; in diese Richtung auch Heckschen/Heidinger/*Heckschen*, § 2 Rdnr. 31.

[68] Begr. MoMiG-RegE BT-Drucks. 16/6140, S. 25.

[69] Begr. MoMiG-RegE BT-Drucks. 16/6140, S. 48.

[70] So aber *Braun* DNotZ 2009, 585, 592; *Gerber* GmbHR 2010, 97, 98; Heckschen/Heidinger/*Heidinger* § 13 Rdnr. 27.

[71] *Laeger* BB 2010, 2647, 2649; *Mankowski* NZG 2010, 201, 204 f.

[72] Ebenso Michalski/*Ebbing* GmbHG § 15 Rdnr. 98; MünchKommGmbHG/*Reichert/Weller* § 15 Rdnr. 144; Palandt/*Thorn* Art. 11 EGBGB Rdnr. 10; *Engel* DStR 2008, 1593, 1598; *Hasselmann* ZIP 2010, 2486, 2487 ff.; *Saenger/Scheuch* BB 2008, 65, 67; aA wohl LG Frankfurt GmbHR 2010, 96, 97; *Gerber* GmbHR 2010, 97, 98.

[73] OLG Düsseldorf GmbHR 2011, 417, 419 f.

[74] Roth/Altmeppen/*Altmeppen* GmbHG § 40 Rdnr. 14; Baumbach/Hueck/*Hueck/Fastrich* GmbHG § 40 Rdnr. 70; U. H. *Schneider* GmbHR 2009, 393, 396; insoweit irrtümlich abw. oder evident unrichtig OLG Düsseldorf GmbHR 2011, 417, 420: Zuständigkeit der Gesellschafter.

[75] Lutter/Hommelhoff/*Bayer* GmbHG § 40 Rdnr. 27; Heckschen/Heidinger/*Heidinger* § 13 Rdnr. 364; Ulmer/Habersack/Winter/*Paefgen* Großkomm GmbHG Ergänzungsband MoMiG § 40 Rdnr. 56; aA *Vossius* DB 2007, 2299, 2304; *Wachter* ZNotP 2008, 378, 390; *Wälzholz* MittBayNot 2008, 425, 435; die abw. Auffassung von *D. Mayer* DNotZ 2008, 403, 411 ist durch ZIP 2009, 1037, 1046 aufgegeben.

[76] *Bohrer* DStR 2007, 995, 1000; *Saenger/Scheuch* BB 2008, 65, 67.

20 Nach Auffassung des OLG Düsseldorf ist es hingegen zulässig, dass der eine Anteilsabtretung wirksam beurkundende ausländische Notar anstelle des Geschäftsführers die Gesellschafterliste einreicht, wobei er sich eines deutschen Notars als Boten bedienen kann, um auf diese Weise die elektronischen Signaturanforderungen zu erfüllen.[77] Dies ist zweifelhaft, weil der ausländische Notar im Falle von Pflichtverstößen – anders als der deutsche Notar – nicht nach § 19 BNotO haftet;[78] und auch der deutsche Geschäftsführer könnte mangels Einbindung in die Erstellung der Gesellschafterliste seiner Haftung gemäß § 40 Abs. 3 GmbHG entgehen. Daher muss es dabei bleiben, dass der ausländische Notar nur als Gehilfe des GmbH-Geschäftsführers tätig werden darf.[79]

21 *(2) Auslandsbeurkundungen in der Schweiz.* Für die in der Praxis häufig aufgesuchte Schweiz wurde die Möglichkeit der Beurkundung von Geschäftsanteilsabtretungen bislang überwiegend bejaht.[80] Zweifelhaft ist jedoch, ob diese Ansicht vor dem Hintergrund der erfolgten Reform des Schweizer GmbH-Rechts auch weiterhin aufrechterhalten werden kann. Am 1. Januar 2008 ist das neue Schweizer Obligationenrecht[81] in Kraft getreten. Seither bedarf die Anteilsübertragung nicht mehr der notariellen Beurkundung, stattdessen genügt gemäß Art. 785 OR die einfache Schriftform; nach Art. 786 OR muss darüber hinaus die Gesellschafterversammlung zustimmen.[82]

22 Der Wegfall des Beurkundungserfordernisses hat zur Folge, dass die Beurteilung der Gleichwertigkeit von Beurkundungen in der Schweiz erneut Gegenstand heftiger Diskussionen geworden ist. Zweifel wurden geltend gemacht, inwieweit Schweizer Notare künftig noch in der Lage seien, den tragenden Grundsätzen des deutschen Beurkundungsrechts hinreichend gerecht zu werden.[83] Dem ist entgegenzuhalten, dass das schweizerische Recht nach wie vor Beurkundungen für bestimmte Rechtsgeschäfte vorsieht.[84] So bedarf etwa nach Art. 780 OR die Satzungsänderung einer schweizerischen GmbH auch weiterhin der notariellen Form.

23 Bedenken gegen die Gleichwertigkeit ergeben sich aber aufgrund eines anderen Aspekts. Der BGH verlangt für die Gleichwertigkeit nicht nur die personelle Vergleichbarkeit, sondern auch die Beachtung zwingender Verfahrensgrundsätze des ausländischen Rechts. Danach ist erforderlich, dass „die ausländische Urkundsperson (...) für die Errichtung der Urkunde ein Verfahrensrecht zu beachten hat, das den tragenden Grundsätzen des deutschen Beurkundungsrechts entspricht“.[85] Angesichts dessen muss die Beurkundung nach den abstrakten gesetzlichen Vorgaben des ausländischen Rechts den Standards des deutschen Rechts entsprechen, d.h. die hinreichende Belehrung der Parteien, eine beweiskräftige Dokumentation und die Richtigkeitsgewähr der Beurkundung sicherstellen.

24 Fraglich ist, ob ein *gewillkürtes Beurkundungsverfahren* vor einem ausländischen Notar diesen Anforderungen gerecht wird. Nach der Reform des Schweizer GmbH-Rechts ist die Beurkundung von Anteilsübertragungen nicht mehr gesetzlich vorgeschrieben. Soll die Abtretung von Geschäftsanteilen an einer deutschen GmbH in der Schweiz beurkundet werden, müssten sich die Beteiligten folglich freiwillig dem Beurkundungsverfahren unterwerfen. Bereits aus der Formulierung des BGH ergibt sich jedoch, dass die *gesetzlichen Vorgaben* „für die Errichtung der Urkunde“ und nicht individuell vereinbarte Anforderun-

---

[77] OLG Düsseldorf GmbHR 2011, 417, 420; in diesem Sinne bereits *Vossius* DB 2007, 2299, 2304.

[78] Zur Haftung des deutschen Notars: Lutter/Hommelhoff/*Bayer* GmbHG § 40 Rdnr. 36; *D. Mayer* DNotZ 2008, 403, 415.

[79] So nunmehr auch *D. Mayer* ZIP 2009, 1037, 1046.

[80] BGHZ 80, 76, 78, bestätigt durch BGH GmbHR 1990, 25, 28; OLG München GmbHR 1998, 46; OLG Frankfurt GmbHR 2005, 764, 767 mit Anm *Werner* und Anm *Klein/Theusinger* EWiR 2005, 727; jüngst wieder OLG Düsseldorf GmbHR 2011, 417, 419 f.

[81] Vgl. Obligationenrecht (GmbH-Recht sowie Anpassungen im Aktien-, Genossenschafts-, Handelsregister- und Firmenrecht) (OR), Änderung vom 16. 12. 2005, AS 2007, S. 4791.

[82] Näher zur Reform allgemein: *Ammann* RIW 2007, 735 ff.; *Bärtsch* NotBZ 2008, 50 ff.; *Drenckhan* GmbHR 2006, 1190 ff.

[83] So *Braun* DNotZ 2009, 585, 588; ablehnend *Pilger* FAZ v. 18. 4. 2007: „Der Beurkundungstourismus in die Schweiz birgt Risiken“.

[84] Dazu *Laeger* BB 2010, 2647, 2651.

[85] So BGHZ 80, 76 Tz 5.

gen an das Verfahren zu vergleichen sind.[86] Mithin bedarf es einer Beurkundungsverpflichtung für das betreffende Rechtsgeschäft im Heimatrecht des Notars. Andernfalls stünde die Einhaltung der Verfahrensgrundsätze zur Disposition der Parteien, welche ohne Weiteres von den Beteiligten geändert bzw. eingeschränkt werden könnten. Eine im Interesse des Rechtsverkehrs vergleichbare Richtigkeitsgewähr für den Inhalt der Urkunde lässt sich auf diese Weise nicht begründen. Damit kann die Durchführung eines nur freiwillig eingehaltenen Beurkundungsverfahrens nicht gleichgesetzt werden mit der Beurkundung eines deutschen Notars gemäß § 15 Abs. 3 GmbHG.[87] Nach Änderung des Art. 785 OR ist eine Beurkundung der Geschäftsanteilsabtretung in der Schweiz folglich entgegen der h. M.[88] nicht mehr ausreichend zur Wahrung der Geschäftsform nach Art. 11 Abs. 1 Alt. 1 EGBGB. Von einer Auslandsbeurkundung in der Schweiz ist den Verfahrensbeteiligten daher dringend abzuraten.

bb) Ortsstatut. Art. 11 Abs. 1 Alt. 2 EGBGB lässt für die Einhaltung der Form indes auch die ausländische Ortsform genügen. Das Recht des Vornahmeorts tritt gleichberechtigt neben das Geschäftsstatut. Dabei ist unerheblich, ob auch das ausländische Wirkungsstatut die Ortsform genügen lässt, denn die alternative Anknüpfung der Form ist eine Entscheidung des deutschen IPR.[89] 25

Anders als im Falle der Gründung und der Satzungsänderung soll diese Regelung nach bislang h. M. auch für die Abtretung von Geschäftsanteilen an einer deutschen GmbH gelten.[90] Verzichtet die ausländische Rechtsordnung auf ein Formgebot, könnten die Vertragsbeteiligten auf diese Weise das strenge deutsche Formerfordernis umgehen. Voraussetzung wäre, dass der ausländische Abschlussort ein der Abtretung eines GmbH-Geschäftsanteils vergleichbares Rechtsgeschäft kennt. Dies ist erfüllt, wenn die ausländische Gesellschaftsform, nach deren Formvorschriften die Anteilsübertragung erfolgen soll, wesentliche Merkmale einer deutschen GmbH aufweist.[91] Fehlt eine vergleichbare Gesellschaftsform und somit auch eine entsprechende Formvorschrift, würde Art. 11 Abs. 1 Alt. 2 EGBGB ins Leere gehen, so dass dann allein das Geschäftsstatut maßgeblich wäre. 26

Eine im Vordringen befindliche Ansicht verneint hingegen die Anwendbarkeit von Art. 11 Abs. 1 Alt. 2 EGBGB auf Anteilsübertragungen unter Verweis auf die Funktion des § 15 Abs. 3 GmbHG und den Rechtsgedanken des Art. 11 Abs. 4 EGBGB.[92] Der BGH hat die Rechtsfrage bislang unentschieden gelassen,[93] tendiert jedoch zur h. M.[94] 27

Betrachtet man die Reform des Schweizer Obligationenrechts aus dem Jahre 2008, so ist die Frage der Zulässigkeit der Ortsform von großer praktischer Relevanz. Gemäß Art. 785 28

[86] BGHZ 80, 76 Tz 5: „ein Verfahrensrecht zu beachten *hat*"; vgl. auch Großkomm AktG/*Röhricht* § 23 Rdnr. 55; aA jedoch MünchKommAktG/*Pentz* § 23 Rdnr. 34; Scholz/*H. Winter/Seibt* GmbHG § 15 Rdnr. 87.

[87] Ebenso *Hermanns* RNotZ 2010, 38, 41 f; *Pilger* NJW 2010, 684.

[88] Anders als hier: OLG Düsseldorf GmbHR 2011, 417, 419 f.; vgl. weiter MünchKommGmbHG/*Reichert/Weller* § 15 Rdnr. 150; *Böttcher/Blasche* NZG 2006, 766, 768; *Engel* DStR 2008, 1593, 1597; *Saenger/Scheuch* BB 2008, 66, 67; *Schlößer* GmbHR 2007, 301, 302 f; *Trendelenburg* GmbHR 2008, 644, 647 f.

[89] BGHZ 29, 137; BGH NJW 1967, 1177; MünchKommBGB/*Spellenberg* Art 11 EGBGB Rdnr. 114.

[90] So RGZ 160, 225, 229 ff.; BayObLG DB 1977, 2320, 2321; OLG München GmbHR 1998, 46; Roth/Altmeppen/*Altmeppen* GmbHG § 15 Rdnr. 87; Baumbach/Hueck/*Hueck/Fastrich* GmbHG § 15 Rdnr. 22; Michalski/*Ebbing* GmbHG § 15 Rdnr. 97; MünchKommGmbHG/*Reichert/Weller* § 15 Rdnr. 158; Scholz/*H. Winter/Seibt* GmbHG § 15 Rdnr. 82; Ulmer/Habersack/Winter/*Winter/Löbbe* GmbHG § 15 Rdnr. 138; Staudinger/*Winkler von Mohrenfels* Art. 11 EGBGB Rdnr. 309; *Goette* FS Boujong, 1996, S. 131, 138; *Benecke* RIW 2002, 280, 282; *Gätsch/Schulte* ZIP 1999, 1954, 1956 ff.; *Loritz* DNotZ 2000, 90, 107 f; *Weller* BB 2005, 1807, 1808.

[91] Vgl. Scholz/*H. Winter/Seibt* GmbHG § 15 Rdnr. 83.

[92] MünchKommBGB/*Kindler* IntGesR Rdnr. 423; vgl. auch *Grossfeld/Berndt* RIW 1996, 625, 628 ff.; *Janssen/Robertz* GmbHR 2003, 433, 436; *König/Götte/Bormann* NZG 2009, 881, 886; *Mauch* EWiR § 15 GmbHG 1/10, 79, 80; *Randenborgh/Kallmeyer* GmbHR 1996, 908, 909; *Schervier* NJW 1992, 593, 598; im Ergebnis ebenso *Kindler*, Geschäftsanteilsabtretungen im Ausland, 2010, S. 38; *ders.* BB 2010, 74, 76 f; *Laeger* BB 2010, 2647, 2648, wonach § 15 Abs. 3 GmbHG nicht als Formvorschrift iSd Art. 11 Abs. 1 EGBGB zu qualifizieren sei. Bedenken gegen die Zulässigkeit der Ortsform auch bei Lutter/Hommelhoff/*Bayer* GmbHG § 15 Rdnr. 28.

[93] BGH GmbHR 1990, 25, 28.

[94] BGH GmbHR 2005, 53, 54.

OR genügt für die Anteilsübertragung von GmbH-Geschäftsanteilen die einfache Schriftform; das Erfordernis der notariellen Beurkundung ist entfallen. Allerdings muss nach Art. 786 OR die Gesellschafterversammlung der (schweizerischen) GmbH der Abtretung zustimmen. Ließe man die Einhaltung des Ortsrechts ausreichen, hätte dies zur Folge, dass die Vertragsbeteiligten bei einer Abtretung von Anteilen an einer deutschen GmbH in der Schweiz auf eine notarielle Beurkundung ohne Weiteres verzichten könnten. Fraglich wäre dann, ob zur Ortsform auch die Zustimmung der Gesellschafterversammlung zählt, d. h. die Form nur dann gewahrt wäre, wenn sowohl Art. 785 als auch Art. 786 OR beachtet wurden. Nach der international-privatrechtlichen Dogmatik zählen zum Formbegriff des IPR – und damit zum selbständig anzuknüpfenden Formstatut des Art. 11 Abs. 1 EGBGB – allein die äußeren Umstände der Willenserklärung.[95] Hierzu gehören unstreitig Regeln zur Art und Weise der Rechtshandlung, wie etwa Mündlichkeit, Schriftlichkeit, Handschriftlichkeit etc.,[96] nicht jedoch inhaltliche Fragen, wie die Registereintragung im Falle der GmbH-Gründung bzw. Satzungsänderung[97] oder die Beachtung einer Vinkulierungsklausel gemäß § 15 Abs. 5 GmbHG.[98] Mithin stellt allein Art. 785 OR eine Formvorschrift im Sinne des Art. 11 Abs. 1 EGBGB dar, während Art. 786 OR als materielle Gültigkeitsvoraussetzung zu qualifizieren ist.[99] Die Vertragsbeteiligten könnten somit in der Schweiz die Abtretung von GmbH-Anteilen ohne Einschaltung eines Notars unter Berufung auf die Ortsform privatschriftlich vornehmen, da das deutsche GmbH-Recht eine dem Art. 786 OR vergleichbare zusätzliche Wirksamkeitsvoraussetzung nicht kennt.

29 Ausgehend von diesem Ergebnis begegnet die uneingeschränkte Anwendbarkeit des Art. 11 Abs. 1 EGBGB bei Anteilsabtretungen im Ausland erheblichen Bedenken, da dem notariell beurkundeten Abtretungsvertrag im Rechtsverkehr eine besondere Bedeutung zu kommt. Verzichtet die ausländische Rechtsform auf jegliche Erfordernisse der Richtigkeitsgewähr, indem sie die bloße privatschriftliche oder gar mündliche Abtretung von Geschäftsanteilen gestattet, läuft dieser Schutzzweck völlig leer. Die Vertragsbeteiligten würden zur missbräuchlichen Umgehung geradezu eingeladen, da sie nicht einmal den ausländischen Abschlussort aufsuchen müssten, sondern einvernehmlich in den Abtretungsvertrag den ausländischen Abschlussort willkürlich einsetzen könnten und darüber hinaus sogar in der Lage wären, den Zeitpunkt der Abtretung nach Belieben vor- oder zurückzudatieren.

30 Nach der Reform durch das MoMiG gelten diese Bedenken umso mehr. Denn der notariellen Beurkundung der Abtretung ist nunmehr noch größeres Gewicht beizumessen als nach früherer Rechtslage. Dies belegt ein Blick auf den Zweck der Beurkundung in § 15 Abs. 3 GmbHG: Zweck der Formerfordernisse des § 15 Abs. 3 und 4 GmbHG ist nach der gesetzlichen Konzeption zum einen, den (spekulativen) Handel mit Geschäftsanteilen zu erschweren,[100] zum anderen die Beweiserleichterung und damit die Rechtssicherheit.[101] Oftmals übersehen wird dabei aber, dass sowohl der Wortlaut als auch die systematische Trennung der Formvorschriften in § 15 Abs. 3 und 4 S. 1 GmbHG eine Differenzierung des Normzwecks nahelegen.[102] Der Zweck der Formvorschrift des § 15 Abs. 4 S. 1 GmbHG besteht nach dem Willen des historischen Gesetzgebers vorrangig darin, einen schnellen, spekulativen Handel mit Anteilen an einer GmbH zu unterbinden.[103] Hingegen soll durch das Formerfordernis des § 15 Abs. 3 GmbHG insbesondere im Hinblick auf § 16 GmbHG dar-

---

95 Statt aller: Staudinger/*Winkler von Mohrenfels* Art. 11 EGBGB Rdnr. 100.

96 Vgl. MünchKomm BGB/*Spellenberg* Art 11 EGBGB Rdnr. 147.

97 Staudinger/*Winkler von Mohrenfels* Art. 11 EGBGB Rdnr. 115.

98 Vgl. *Engel* DStR 2008, 1593, 1594; *Weller* BB 2005, 1807, 1809.

99 *Bayer* DNotZ 2009, 887, 893; *Engel* DStR 2008, 1593, 1596; *Weller* BB 2005, 1807, 1808; aA LG Frankfurt GmbHR 2010, 96; *Pilger* BB 2005, 1285, 1286.

100 So Motive zum GmbHG, 8. Legislaturperiode – I. Session 1890/1892, 5. Anlagenbd., Aktenstück Nr. 660, S. 3729.

101 Ständige Rspr., vgl. BGHZ 13, 51 f; BGHZ 75, 352, 353; BGHZ 141, 207, 211; BGH NZG 2008, 377, 378.

102 Vgl. *Bayer* DNotZ 2009, 887.

103 So deutlich BGH NZG 2008, 377, 378; OLG Frankfurt NZG 2008, 19, 20 (Vorinstanz); Motive zum GmbHG, Verhandlungen des Reichstages, aaO, S. 3729, auszugsweise abgedruckt bei: *Armbrüster* DNotZ 1997, 768.

über hinaus der wichtige Beweis der (nicht verbrieften) Anteilsinhaberschaft gewährleistet werden.[104] Auch im Rahmen der MoMiG-Reform[105] hat der Gesetzgeber beide Formvorschriften – entgegen erhobener Forderungen aus der Wirtschaft[106] – aufrecht erhalten.[107] Entscheidend hierfür war sicherlich, dass mit Inkrafttreten der Reform der gutgläubige Erwerb von GmbH-Geschäftsanteilen ermöglicht (vgl. § 16 Abs. 3 GmbHG) und die beim Handelsregister einzureichende Gesellschafterliste deutlich aufgewertet wurde (vgl. § 16 Abs. 1 Satz 1 GmbHG). Sie gilt nunmehr als alleinige Legitimationsbasis für die Ausübung von Gesellschafterrechten und dient überdies als Rechtsscheinträger für den neu eingeführten gutgläubigen Erwerb. Beide Reformen waren in den Augen des Gesetzgebers letztlich nur dadurch möglich und praxistauglich, dass der Notar stärker in die Aktualisierung der Gesellschafterliste einbezogen wurde. Anstelle des Geschäftsführers ist nunmehr der Notar gem. § 40 Abs. 2 GmbHG verpflichtet, bei Veränderungen in den Personen der Gesellschafter oder des Umfangs ihrer Beteiligung, an denen er mitgewirkt hat, eine neue Gesellschafterliste beim Handelsregister einzureichen. Neben dem das Formerfordernis rechtfertigenden Zweck, den spekulativen Handel mit GmbH-Anteilen zu erschweren, kommt somit dem weiteren Zweck der Rechtssicherheit immer stärkere Bedeutung zu.

Dennoch wollen einige Stimmen der Literatur – gemäß der bislang h. M. – Art. 11 Abs. 1 31
EGBGB auf Geschäftsanteilsabtretungen auch weiterhin uneingeschränkt anwenden.[108] Dem kann nicht gefolgt werden. Durch das Zusammenspiel von notarieller Beurkundung und Listeneinreichung will der Gesetzgeber die Richtigkeitsgewähr für die Gesellschafterliste erhöhen. Verzichtet die Ortsform auf eine notarielle Beurkundung bei der Abtretung von GmbH-Anteilen, wird die nötige Rechtssicherheit nicht mehr gewährleistet. Ein ausländischer Notar ist weder nach § 40 Abs. 1 GmbHG noch nach § 40 Abs. 2 GmbHG zuständig für die Erstellung einer neuen Gesellschafterliste. Er kann auch nicht von der GmbH zur Erstellung oder Einreichung einer Liste beauftragt werden, sondern allenfalls als Gehilfe für den GmbH-Geschäftsführer tätig werden.[109] Hinzu kommt, dass das Registergericht die Listen lediglich entgegennimmt und keine inhaltliche Prüfung vornimmt.[110] Das Gericht prüft nur, ob die nach § 40 GmbHG erforderlichen Angaben gemacht wurden und ob die neue Liste bruchlos an die vorangehende Liste anknüpft.[111] Der durch den Gesetzgeber verfolgte Zweck, gerade im praktisch wichtigsten Fall der Abtretung von GmbH-Geschäftsanteilen für klare Verhältnisse zu sorgen, würde somit verfehlt. Die Zulässigkeit der Ortsform kann deshalb nicht anerkannt werden.[112] Sowohl die Interessen der Beteiligten, als auch die der Gesellschaft sowie von gutgläubigen Dritterwerbern sind zu schützen.

Es darf nicht übersehen werden, dass der Gesetzgeber durch die Hürden der notariellen 32
Form und der Listeneinreichung nicht mehr nur den spekulativen Handel mit GmbH-Anteilen erschweren will, sondern verstärkt Rechtssicherheit gewährleisten möchte. Für den häufigen Fall der Veränderung des Gesellschafterbestandes hat der Gesetzgeber deshalb dem Notar eine besondere Rolle zugedacht. Ließe man eine Anteilsübertragung ohne jegliche Mitwirkung eines Notars zu, würde diese gesetzliche Konzeption in Frage gestellt. Der

---

104 Diesen Aspekt betonen für das Verfügungsgeschäft RGZ 164, 162, 170; BGHZ 13, 49, 52; vgl. dazu Motive zum GmbHG, Motive zum GmbHG, Verhandlungen des Reichstages, 8. Legislaturperiode – I. Session 1890/1892, 5. Anlagenbd., Aktenstück Nr. 660, S. 3729, aaO, S. 3729; *Armbrüster* DNotZ 1997, 762, 774; *Greitemann* GmbHR 2005, 577, 578; *König/Götte/Bormann* NZG 2009, 881, 882; *Pohlmann* GmbHR 2002, 41, 43.

105 Vgl. BT-Drucks. 16/6140, S. 25 f.

106 Vgl. Stellungnahme BDI v. 7. 9. 2007; ebenso etwa *König* ZIP 2004, 1838, 1842; *Triebel/Otte* ZIP 2006, 1321, 1325; *Happ* ZHR 169 (2005), 6, 23 ff.

107 De lege ferenda für Differenzierung zwischen § 15 Abs. 3 und Abs. 4 GmbHG jedoch: *Bayer* notar 2007, 41, 43; *Vetter* notar 2007, 31, 33.

108 So *Trendelenburg* GmbHR 2008, 644, 646; *Saenger/Scheuch* BB 2008, 65, 68; *Schlößer* GmbHR 2007, 301, 303 f; *Engel* DStR 2008, 1593, 1596 f.

109 Dazu näher oben Rdnr. 19.

110 RegBegr. BT-Drucks. 16/6140, S. 38, 44; Lutter/Hommelhoff/*Bayer* GmbHG § 40 Rdnr. 15; Scholz/*Schneider* GmbHG § 40 Rdnr. 22.

111 Ulmer/Habersack/Winter/*Paefgen* Großkomm GmbHG Ergänzungsband MoMiG § 40 Rdnr. 34; *Wachter* ZNotP 2008, 378, 386; *Hasselmann* NZG 2009, 486, 490.

112 *Bayer* DNotZ 2009, 887, 894; vgl. bereits Lutter/Hommelhoff/*ders.* GmbHG § 15 Rdnr. 28.

Normzweck des § 15 Abs. 3 GmbHG liefe leer. Der hiermit verbundenen Missbrauchsgefahr wäre Tür und Tor geöffnet, denn niemand sieht einer privatschriftlich verfassten Anteilsabtretung an, wenn diese zwar in Deutschland verfasst, jedoch im gegenseitigen Einvernehmen als Erstellungsort „Basel" oder „Zürich" vermerkt wurde.

Bis zur Klärung der Frage durch den BGH ist der Praxis daher zu empfehlen, auch bei Anteilsabtretungen im Ausland die deutsche Geschäftsform nach § 15 Abs. 3 GmbHG einzuhalten.

IV. Zusammenfassung

33 Die Wirksamkeit im Ausland vorgenommener Beurkundungen lässt sich für gesellschaftsrechtliche Vorgänge nicht einheitlich beantworten. Für statusrelevante Vorgänge gebietet die mit der notariellen Beurkundung bezweckte materielle Richtigkeitsgewähr das Tätigwerden eines deutschen Notars. Anderes gilt hingegen für die Beurkundung von Kauf- und Abtretungsverträgen über GmbH-Geschäftsanteile. Hinsichtlich des Verpflichtungsgeschäfts bestehen keine Bedenken gegen die uneingeschränkte Anwendbarkeit des Art. 11 Abs. 1 Rom I-VO. Gilt deutsches Recht als Schuldvertragsstatut, kann § 15 Abs. 4 GmbHG durch eine ausländische Beurkundung substituiert werden. Wahlweise genügt auch die Einhaltung der Ortsform. Für das Verfügungsgeschäft geben die Änderungen des Schweizer GmbH-Rechts und die MoMiG-Reform hingegen Anlass, die bisher gefestigten Ansichten neu zu überdenken.

34 Werden Geschäftsanteile einer deutschen GmbH im Ausland abgetreten, genügt zur Wahrung der Form gemäß Art. 11 Abs. 1 Alt. 1 EGBGB die Beachtung des sog. Geschäftsstatuts (hier: deutsches materielles Recht). Eingehalten wird das Formerfordernis unstreitig auch dann, wenn die vorgeschriebene Beurkundung durch einen ausländischen Notar substituiert wird. Voraussetzung hierfür ist, dass der Beurkundungsvorgang einer deutschen Beurkundung gleichwertig ist. Die Neuerungen des MoMiG bewirken nicht, dass die Beurkundung der Anteilsübertragung allein den deutschen Notaren zugewiesen wird. Eine Auslandsbeurkundung bleibt somit auch weiterhin grundsätzlich zulässig. Zuständig für die Erstellung der Gesellschafterliste und deren Einreichung beim Handelsregister ist in diesem Falle der Geschäftsführer. Änderungen ergeben sich aber für Beurkundungen in der Schweiz. Mit Wegfall des Beurkundungserfordernisses im Schweizer Obligationenrecht ist eine Substitution der deutschen notariellen Beurkundung nicht mehr möglich (sehr streitig).

35 Die Anwendbarkeit der Ortsform mit der Konsequenz, dass auch formlose oder privatschriftliche Anteilsabtretungen wirksam sind, muss verneint werden. Durch das MoMiG ist der notariellen Beurkundung ein noch größeres Gewicht beizumessen als nach früherer Rechtslage. Die Zulassung der Ortsform widerspricht eindeutig dem durch die Neufassung der §§ 16 Abs. 1 und 3, 40 Abs. 2 GmbHG verstärkten Zweck, bei Anteilsabtretungen ein hohes Maß an Rechtsicherheit zu gewährleisten. Für die Form von Geschäftsanteilsabtretungen im Ausland ist nach der MoMiG-Reform somit allein das Gesellschaftsstatut maßgeblich (streitig).

6. Teil. Recht der Personengesellschaften

§ 10 Gesellschaft bürgerlichen Rechts

Übersicht

	Rdnr.
I. Grundlagen	1–16
1. Personalistische Grundstruktur	1–3
2. Vermögenszuordnung und Vertretung der Außen-GbR	4–10
3. Einteilung der Gesellschaftsarten; Innen- und Außengesellschaft	11
4. Einheitlichkeit der Beteiligung	12/13
5. Abspaltungsverbot und Selbstorganschaft	14
6. Haftung	15/16
II. Abschluss des Gesellschaftsvertrages	17–87
1. Bedeutung in der notariellen Praxis	17
2. Form	18–23
3. Vertretung	24–30
a) Bevollmächtigung	24
b) Minderjährige	25–28
c) Betreute	29/30
4. Essentialia	31–36
a) Gesellschafter	31–33
b) Gemeinsamer Zweck	34
c) Beitragspflicht	35/36
5. Accidentalia	37–87
a) Name	37/38
b) Geschäftsführung und Vertretung	39–44
c) Mehrheitsentscheidungen	45–48
d) Verteilungsmaßstab für Gesellschafterrechte	49/50
e) Gewinnermittlung und -verwendung	51/52
f) Tod eines Gesellschafters	53–63
g) Verfügungen über den Gesellschaftsanteil	64–73
h) Dauer	74–78
i) Ausschließung	79–83
j) Abfindung	84–87
III. Umstrukturierung	88–91
IV. GbR als Gesellschafterin	92–99
1. Gesellschafterfähigkeit	92
2. Verlautbarung in Registern und Verzeichnissen	93–96
3. Mittelbare Registerpublizität	97/98
4. Handelsregisteranmeldungen für die GbR	99
V. GbR im Immobilienverkehr	100–130
1. Überblick	101–107
a) Rechtsentwicklung	101–103
b) Neuregelungen des ERVGBG	104–107
2. Problemschwerpunkte und Gestaltungsvorschläge	108–134
a) Keine Namensangabe im Grundbuch	108–110
b) Erwerb von Immobiliarvermögen durch GbR	111–116
c) Verfügungen über Immobiliarvermögen von GbR	117–130

Literaturverzeichnis: *Everts*, Die Testamentsvollstreckung an Personengesellschaftsbeteiligungen in der notariellen Praxis, MittBayNot 2003, 427; *Flume*, Gesellschaft und Gesamthand, ZHR 136 (1972), 17; *Gummert*, Münchner Anwaltshandbuch Personengesellschaftsrecht, 2005 (MAH); *Heinze*, Die Gesellschaft bürgerlichen Rechts im Grundbuchverkehr, RNotZ 2010, 289; *Jülicher*, Mühlstein nach der Reform des ErbStG: Steuerpflicht des Ausscheidens zu einer gesellschaftsvertraglich bedingten Abfindung unter dem Verkehrswert, ZErb 2008, 214; *Krüger*, Die Gesellschaft bürgerlichen Rechts und das Grundbuch – causa infinita, NZG 2010, 801; *Krauß*, Immobilienkaufverträge in der Praxis, 5. Aufl. 2009, Rdnr. 272 ff. (Beteiligung von Gesellschaften bürgerlichen Rechts); *Lautner*, Alles wieder beim Alten? – Die gesetzliche Neuregelung zur Teilnahme der

Gesellschaft bürgerlichen Rechts am Grundstücksverkehr, DNotZ 2009, 650; *Reymann*, Rechtsscheinhaftung und Bereicherungsausgleich beim Gutglaubenserwerb nach § 899 a BGB, Festschrift für Dieter Reuter, S. 271; *Ruhwinkel*, Gesetzliche Neuregelung der Behandlung von Gesellschaften bürgerlichen Rechts im Immobiliarverkehr, MittBayNot 2009, 421; *Schäfer*, Das bedingte Austrittsrecht nach § 139 HGB in der GbR, NJW 2005, 3665; *Steffek*, Die Gesellschaft bürgerlichen Rechts im Grundbuch, ZIP 2009, 1445; *Ulmer/Löbbe*, Zur Anwendbarkeit des § 313 BGB im Personengesellschaftsrecht, DNotZ 1998, 711; *Wälzholz*, Rückforderungsrechte bei Gesellschaftsanteilen bei vorweggenommener Erbfolge, NZG 2007, 416; *Winkler*, Unternehmensnachfolge und Pflichtteilsrecht – Wege zur Minimierung des Störfaktors „Pflichtteilsansprüche", ZEV 2005, 89

I. Grundlagen

1. Personalistische Grundstruktur

1 Die nach gesetzlichem Statut gegründete GbR ist der **Prototyp eines personalistischen Verbandes.** Das Gesetz legt zugrunde, dass der Gesellschaftszweck nur durch sämtliche Gesellschafter gemeinsam erreicht werden kann. Kann oder will auch nur ein Gesellschafter nichts mehr zur Zweckverwirklichung beitragen, endet die Gesellschaft. Tod, Kündigung und Insolvenz führen deswegen zur Auflösung (§§ 727 Abs. 1, 728 Abs. 2 S. 1 BGB). In dieser **notwendig gemeinschaftlichen Zweckerreichung** liegt ein wesentlicher Unterschied zu den Personenhandelsgesellschaften, wo die genannten Umstände nach gesetzlicher Regel nur zum Ausscheiden bei Fortsetzung der werbenden Gesellschaft durch die übrigen Gesellschafter führen (§ 130 Abs. 3 Nr. 1 bis 3); bei der KG ist der Kommanditanteil an der werbenden Gesellschaft sogar frei vererblich (§ 177 HGB). Weitere typusprägende Merkmale der personalistischen GbR sind gleiche Beiträge (§ 706 Abs. 1 BGB), gleiche Anteile an Gewinn, Verlust und Liquidationserlös (§§ 722 Abs. 1, 734 BGB), gemeinschaftliche Geschäftsführung (§ 709 Abs. 1 BGB), Konsens statt Mehrheitsmacht und strenge Vinkulierung der Gesellschaftsanteile.

2 Das vorstehend skizzierte gesetzliche Leitbild kann durch entsprechende Gestaltung des Gesellschaftsvertrages weitgehend modifiziert werden. Es ist auch möglich, die GbR unter völliger Denaturierung des gesetzlichen Leitbilds in einen anonymisierten Massenverband zu verwandeln mit der Folge, dass an die Stelle einzelner Regelungen aus den §§ 705 ff. BGB ihre jeweiligen Pendants aus dem Kapitalgesellschaftsrecht treten. So hat etwa das LG Nürnberg-Fürth jüngst entschieden, dass eine Publikums-GbR mit 3.400 Gesellschaftern nicht gem. § 730 Abs. 2 S. 2 BGB durch sämtliche, sondern entsprechend § 265 Abs. 1 AktG nur durch den geschäftsführenden Gesellschafter liquidiert wird.[1] Praktisch dürfte das **Sonderrecht der Publikums-Personengesellschaften** bei der GbR allerdings seltener zur Anwendung kommen als etwa bei der KG.

3 Im **Bereich des Immobilienrechts** stellen nun die durch das ERVGBG eingeführten Regelungen der §§ 47 Abs. 2 S. 1, 82 Satz 3 GBO klar, dass bei einer GbR stets sämtliche Gesellschafter im Grundbuch eingetragen und aktualisiert werden müssen. Der Attraktivität mitgliederstarker Publikums-GbRs im Immobilienbereich dürfte das Abbruch tun.[2] Solche Gesellschaften sollten sich darauf besinnen, dass ihnen die Handelsrechtsreform 1998[3] mit der vermögensverwaltenden Personenhandelsgesellschaft (§ 105 Abs. 2 Alt. 2, 161 Abs. 2 HGB) die passende Rechtsform zur Verfügung gestellt hat.[4]

2. Vermögenszuordnung und Vertretung der Außen-GbR

4 Die unklare Vermögenszuordnung bei der Außen-GbR wirft in der Praxis einige Schwierigkeiten auf. Um sie zu bewältigen, ist ein gewisses theoretisches Rüstzeug unabdingbar.

[1] NJW 2010, 2960.

[2] Abschreckend LG Stuttgart MittRhNotK 1999, 244: Grundstücks-GbR mit 1.500 Mitgliedern.

[3] Gesetz zur Neuregelung des Kaufmanns- und Firmenrechts und zur Änderung anderer handels- und gesellschaftsrechtlicher Vorschriften vom 22. 6. 1998, BGBl. I S. 1474.

[4] BT-Drucks 13/8444, S. 40: Die Gesellschaft bürgerlichen Rechts ist für diese Gesellschaften ..register- sowie ggf. grundbuchrechtlich unzureichend – Aspekte die insbesondere bei Publikumsgesellschaften mit großem und häufig wechselndem Gesellschafterbestand problematisch sind.

Die Beiträge der Gesellschafter und die durch die Geschäftsführung für die Gesellschaft erworbenen Gegenstände werden gemeinschaftliches Vermögen der Gesellschafter. So definiert § 718 Abs. 1 BGB das Gesellschaftsvermögen der GbR. Wahrscheinlich dürfte kein anderer Satz des BGB einen vergleichbaren exegetischen Aufwand verursacht haben. Im ersten Entwurf des BGB war die GbR noch ein reines Schuldverhältnis. Gemeinschaftliches Vermögen stand den Gesellschaftern zu Bruchteilen zu.[5] Erst die zweite Kommission schuf mit dem Gesellschaftsvermögen der GbR neben der Erbengemeinschaft und der ehelichen Gütergemeinschaft die dritte Gesamthandsgemeinschaft des BGB. Indem man dem Gesellschafter die Verfügungsbefugnis (§ 719 Abs. 1 BGB) und seinen Privatgläubigern die Vollstreckungsbefugnis (§ 736 ZPO) im Hinblick auf die einzelnen Gegenstände des Gesellschaftsvermögens entzog, unterwarf man dieses einer stärkeren Bindung an den Gesellschaftszweck. Inwieweit diese Vermögensbindung darüber hinaus zu einer Verselbständigung der Gesellschaft gegenüber ihren Mitgliedern führt, blieb jedoch vom Gesetz unbeantwortet[6] und ist seit jeher umstritten. 5

Nach Inkrafttreten des BGB begriff man die GbR zunächst ganz überwiegend als gebundenes **Sondervermögen** der Gesellschafter („traditionelle Gesamthandslehre"), also als **Rechtsobjekt.**[7] Die Rechtszuständigkeit im Hinblick auf das Gesellschaftsvermögen lag bei den Gesellschaftern selbst. Diese Sichtweise hatte den Vorteil, dass sich die Gutglaubenstatbestände aus §§ 892, 932 ff. BGB unmittelbar auf die Rechtszuständigkeit der Gesellschafter beziehen ließen. Diese Transaktionssicherheit ging jedoch zu Lasten der Dynamik und des Gläubigerschutzes. Bezog man Rechtsbeziehungen der Gesellschaft unmittelbar auf die Gesellschafter, so konnten sich Gesellschafterwechsel nicht unabhängig von den Außen-Rechtsverhältnissen der GbR vollziehen. Anders als bei der Erbengemeinschaft und der ehelichen Gütergemeinschaft ist der Gesellschaftsanteil an der GbR selbst taugliches Objekt einer formfreien Einzelrechtsnachfolge.[8] Diese „Innendynamik" ist schlecht kompatibel mit der „Außenschwerfälligkeit" der traditionellen Gesamthandslehre. Hinzukommt: Da die GbR über kein gesetzliches Garantiekapital verfügt, sind ihre Gläubiger auf eine unbeschränkte persönliche Außenhaftung der Gesellschafter angewiesen. Begründet man vertragliche Gesellschaftsverbindlichkeiten dadurch, dass ein vertretungsbefugter Gesellschafter sowohl im eigenen Namen als auch im Namen der vertretenen Gesellschafter aufgrund rechtsgeschäftlich erteilter Vertretungsmacht kontrahiert (so die vom Wortlaut des § 714 BGB nahegelegte **„Doppelverpflichtungslehre"**), könnten die übrigen Gesellschafter die Vollmacht eigentlich auch mit der Einschränkung erteilen, dass ein anderer Gesellschafter Vertretungsmacht nur dann hat, wenn er die Haftung auf das Gesamthandsvermögen beschränkt.[9] Folge wäre eine **GbR-mbH** ohne Garantiekapital und ohne unbeschränkte Gesellschafter-Außenhaftung. 6

Diese Schwächen der traditionellen Gesamthandslehre leisteten seit Anfang der 1970er Jahre einer Denkrichtung Vorschub, die die Gesellschaft gegenüber den Gesellschaftern rechtlich verselbständigte.[10] Das Sondervermögen der Gesellschafter emanzipierte sich zu 7

[5] Protokolle der 2. Kommission in *Mugdan* Materialien zum Bürgerlichen Gesetzbuch, S. 989: zum ersten Entwurf: Nach dem Entw. ist die Gesellschaft prinzipiell ein rein obligatorisches Verhältnis. Die gemeinsamen Zwecke werden nur dadurch verfolgt, dass sich die Gesellschafter untereinander zu bestimmten Leistungen verpflichten. Ein Gesellschaftsvermögen im eigentlichen Sinne gibt es nicht. ...... Vermögensstücke, welche in die Gemeinschaft eingebracht oder in Folge des Erwerbs aus der Geschäftsführung gemeinschaftlich werden, stehen den Gesellschaftern nach ...... Bruchteilen zu.

[6] Protokolle der 2. Kommission in *Mugdan* Materialien zum Bürgerlichen Gesetzbuch, S. 990: Die Kom. war der Ansicht, daß eine Stellungnahme zu der wissenschaftlichen Streitfrage über das Wesen der gesammten Hand zu vermeiden sei.

[7] Siehe die Nachweise bei MünchKommBGB/*Ulmer* § 705 Rdnr. 296.

[8] Siehe dazu unten Rdnr. 64.

[9] Eine solche Beschränkung ließ der BGH grundsätzlich nur aufgrund einer individualvertraglichen Vereinbarung mit dem Vertragspartner zu, NJW 1999, 3483. Interessanterweise entwickelt der BGH dieses Ergebnis sowohl auf der Grundlage der Doppelverpflichtungslehre als auch auf der Grundlage einer organschaftlichen Vertretungsmacht mit akzessorischer Gesellschafterhaftung – ein schönes Beispiel für die geringe Ergebnisrelevanz der fundamentalen konstruktiven Divergenzen in der Gesamthandsdiskussion.

[10] Die Renaissance dieses personenrechtlichen Verständnisses der Gesamthand wird auf *Flume* ZHR 136 (1972), 177, zurückgeführt.

einem **teilverselbständigten Zuordnungssubjekt.** Rechtsbeziehungen der Gesellschaft erhielten damit einen überindividuellen Bezugspunkt und konnten so gegen Gesellschafterwechsel immunisiert werden. Die Vertretungsmacht ließ sich als rechtsgeschäftlich nicht frei beschränkbare gesetzliche Organbefugnis denken. Und aus dem überindividuellen Bezugspunkt von Gesellschaftsverbindlichkeiten ließ sich eine gesetzlich-unbeschränkte akzessorische Gesellschafterhaftung ableiten. Ihren praktischen Durchbruch erlebte diese Denkrichtung mit dem **Urteil des II. Zivilsenats des BGH vom 29. 1. 2001.**[11] Mit dieser Entscheidung erkannte der Senat sowohl einen überindividuellen Bezugspunkt für Rechtsverhältnisse der Gesellschaft als auch eine hieraus abgeleitete akzessorische Gesellschafterhaftung an.

8 Die rechtliche Emanzipation der Gesellschaft gegenüber ihren Gesellschaftern leidet allerdings unter einem **Geburtsfehler:** Der GbR fehlt die für eine solche Emanzipation eigentlich erforderliche **Publizität.** Auch OHG und KG sind zwar überindividuell wirkende Gesamthandsgemeinschaften. Ihre Existenz, Identität und Vertretungsverhältnisse lassen sich jedoch durch das Handelsregister nachvollziehen. Bei der registerlosen GbR geht das grundsätzlich nicht.[12] Besonders folgenschwer wirkte sich das im Immobilienverkehr aus. Denn das streng formalisierte Grundbuchverfahren ist darauf angewiesen, dass Existenz, Identität und Vertretungsverhältnisse der Verfahrensbeteiligten liquide und formgerecht nachgewiesen werden können (§§ 29, 32 GBO). Da das bei der GbR streng genommen nicht möglich ist, brachte die rechtliche Emanzipation der GbR gegen Ende der 16. Legislaturperiode die Grundbuchrechtspflege zum Teil flächendeckend zum Erliegen. Diese Kollateralschäden wären möglicherweise vermieden worden, hätte der II. Zivilsenat seine „Jahrhundertentscheidung“ vom 29. 1. 2001 mit dem für Grundstücksrecht zuständigen V. Zivilsenat abgestimmt.[13] „Die Ursache für alle Misslichkeiten“ dürfte jedoch weniger in der Rechtsprechung des II. Zivilsenats des BGH liegen,[14] sondern in einem Konstruktionsfehler des historischen BGB-Gesetzgebers. Mit dem Gesamthandsvermögen gem. §§ 718 ff. BGB hat er die Außen-GbR für eine dynamische Teilnahme am Rechtsverkehr prädestiniert, der sie eigentlich nicht gewachsen war.

9 Den **künftigen Umgang** mit der GbR dürften drei Dinge erleichtern: Erstens sollte man sich gedanklich endgültig von der traditionellen Gesamthandslehre verabschieden. Das gilt insbesondere für Notare. Es gibt überhaupt keine Anhaltspunkte dafür, dass Gesetzgeber oder BGH die Rechtslage vor dem 29. 1. 2001 wiederherstellen werden. Diesen Zeiten nachzuhängen oder sie durch destruktive Exegese wieder herbeischreiben zu wollen,[15] ist müßig. Zweitens dürfen die – zugegeben üblen – Nebenwirkungen der neueren Rechtsentwicklung nicht isoliert betrachtet werden. Sondern die berechtigten Anliegen der modernen Gesamthandslehre sind mit in den Blick zu nehmen. Die Komplexität der Materie verbietet Lagerdenken. Drittens sollte man sich im Umgang mit der GbR von allzu begrifflichem Denken frei machen. Die Fragestellungen sind zu vielschichtig, um realistischerweise mit plakativen Schlagwörtern wie „(Teil-)Rechtsfähigkeit“, „Rechtspersönlichkeit“ oder „Rechtssubjektivität“ gelöst werden zu können. Es sollte stutzig machen, wenn eine BGH-Entscheidung Antworten auf eine der „schwierigsten und umstrittensten Fragen der gegenwärtigen Zivilrechtsdogmatik“[16] „derart selbstverständlich“ werden lässt, „dass einem die Worte fehlen [, sie] zu begründen.“[17, 18]

10 Eine wichtige Maßnahme, um die Versteinerung der gegenwärtigen GbR-Diskussion aufzubrechen, bestünde darin, bei der GbR die kategoriale Unterscheidung zwischen „Verfü-

[11] NJW 2001, 1056.

[12] Zur Ausnahme der mittelbaren Registerpublizität siehe unten Rdnr. 97 f.

[13] Was versäumt wurde, siehe *Krüger* NZG 2010, 801, 802. Dessen Ausführungen lassen allerdings die Frage offen, weshalb sich sein Senat an die unabgestimmte und offenbar als falsch erachtete Rechtsprechung des II. Senats gebunden sah.

[14] So aber Krüger NZG 2010, 801.

[15] Symptomatisch *Bestelmeyer* Rpfleger 2010, 169.

[16] *K. Schmidt* Gesellschaftsrecht § 8 III.1.a).

[17] *Krüger* NZG 2010, 801, 802.

[18] *K. Schmidt* Gesellschaftsrecht § 8 III 1.a): Die Theorie der Gesamthand ...... dient dann dazu, Problemlösungen auf eine möglichst widerspruchsfreie Formel zu bringen, nicht dagegen dient sie der begrifflichen Ableitung solcher Problemlösungen.

gungsbefugnis" und „Vertretungsbefugnis" zu überwinden und **Verfügungen sämtlicher Gesellschafter über Gesellschaftsvermögen im eigenen Namen** zuzulassen. Das würde im Immobilienverkehr zu einer deutlichen praktischen Verbesserung führen. Veräußern hier die Buchgesellschafter, gewährleistet § 899a BGB nicht zuverlässig ein intaktes Kausalverhältnis, wenn der tatsächliche Gesellschafterbestand von der Buchlage abweicht.[19] Durch eine persönliche Mitverpflichtung der Gesellschafter dürfte sich der Erwerb nach derzeit herrschender Sichtweise zwar kondiktionsfest gestalten, jedoch wohl nicht unter Vormerkungsschutz stellen lassen. Das sog. Identitätsgebot[20] verhindert, dass eine persönliche Verpflichtung der Gesellschafter durch eine Vormerkung an Vermögen abgesichert wird, für das eine gegenüber den Gesellschaftern verselbständigte Wirkungseinheit rechtszuständig ist.[21] Lässt man gemeinschaftliche Eigen-Verfügungen sämtlicher Gesellschafter über GbR-Vermögen zu, wird es möglich, gemeinschaftliche Eigen-Verpflichtungen der Gesellschafter durch Vormerkung an GbR-Vermögen abzusichern. Dogmatischer Ansatzpunkt hierfür ist § 736 ZPO.[22] Die Vorschrift musste zwar zugunsten der modernen Gesamthandstheorie einem gewissen exegetischen Deformationsprozess unterzogen werden. Man kann sie jedoch noch insoweit beim Wort nehmen, als ein gegen sämtliche Gesellschafter persönlich gerichteter Titel tatsächlich zur Vollstreckung in Gesellschaftsvermögen genügt.[23] Damit ist die rechtliche Verselbständigung der GbR gegenüber den Gesellschaftern nicht in dem Sinne absolut, dass die Gesellschafter ihre gemeinschaftliche Rechtszuständigkeit für das Gesellschaftsvermögen vollständig verloren hätten. Sondern § 736 ZPO erhält den Gesellschaftern einen Rest gemeinschaftlicher „prozessuale Verfügungsbefugnis" über das Gesellschaftsvermögen der GbR: Unterwerfen sich sämtliche Gesellschafter gemeinschaftlich wegen einer (angeblichen) persönlichen Zahlungsverpflichtung gem. § 794 Abs. 1 Nr. 5 ZPO der sofortigen Zwangsvollstreckung in ihr gesamtes Vermögen, so kann der Gläubiger sich gem. § 736 ZPO aufgrund dieses Titels beispielsweise eine Geldforderung des Gesellschaftsvermögens gem. § 835 Abs. 2 ZPO an Zahlungs statt überweisen lassen. Die Gesellschafter haben dann durch ihr gemeinschaftliches prozessuales Eigen-Handeln die selben Wirkungen hervorgerufen, die eine materielle Verfügung über die Geldforderung der GbR gem. § 398 BGB gehabt hätte. Es wäre widersprüchlich, den Gesellschaftern materielle Befugnisse vorzuenthalten, deren Wirkungen sie auf prozessualem Weg erreichen können. Gemeinschaftliche Eigen-Verfügungen sämtlicher Gesellschafter zuzulassen bedeutet auch keinen Rückfall in die Zeiten der überwundenen Doppelverpflichtungslehre. Denn die Doppelverpflichtung wurde zu dem Zweck durch eine einheitliche Organvertretung ersetzt, um etwaige Beschränkungen rechtsgeschäftlich erteilter Vertretungsmacht zum Gläubigerschutz zu unterbinden. Solche Gefahren drohen jedoch bei Verfügungen sämtlicher Gesellschafter im eigenen Namen (und bei entsprechenden Verpflichtungen hierzu) nicht. Auch die durch das ERVGBG eingefügten § 899a BGB, § 47 Abs. 2 S. 2 GBO schließen gemeinschaftliche Eigen-Verfügungen sämtlicher Gesellschafter über GbR-Vermögen nicht aus. Diese Vorschriften zeichnen zwar die rechtliche Verselbständigung der Gesellschaft nach, wie sie von der Rechtsprechung entwickelt worden ist. Sie stehen jedoch normenhierarchisch mit § 736 ZPO auf einer Ebene. Die Rechtszuständigkeit der überindividuellen Wirkungseinheit, von der § 899a BGB, § 47 Abs. 2 S. 2 GBO ausgeht, kann deswegen nicht weiter reichen, als § 736 ZPO es zulässt. Diese gemeinschaftliche Verfügungsbefugnis aller Gesellschafter harmoniert auch mit dem Normzweck des § 719 Abs. 1 BGB. Die Vorschrift soll verhindern, dass einzelne Gesellschafter Gesellschaftsvermögen seiner Zweckbindung entziehen. Eine solche Gefahr besteht nicht, wenn sämtliche Gesellschafter gemeinsam als Herren des Gesellschaftsvetrages an ei-

[19] Dazu eingehender b) Rdnr. 124.

[20] MünchKommBGB/*Kohler* § 883 Rdnr. 25.

[21] So i. E. *Ruhwinkel* MittBayNot 2009, 421, 423; *Krauß* Immobilienkaufverträge Rdnr. 331.

[22] Bekanntlich wird § 736 ZPO heute so gelesen, dass auch ein gegen die Gesellschaft gerichteter Titel eine Vollstreckung in ihr Vermögen erlaubt, BGH NJW 2001, 1056, 1059 f.

[23] BGH NJW 2001, 1056, 1060: Versteht man die Bestimmung so, dass der Gläubiger nicht nur mit einem Titel gegen die Gesellschaft als Partei in das Gesellschaftsvermögen vollstrecken kann, sondern auch mit einem Titel gegen alle einzelnen Gesellschafter aus ihrer persönlichen Mithaftung ......, behält sie durchaus einen eigenständigen Regelungsgehalt.

ner solchen Entwidmung mitwirken. Die Befugnis sämtlicher Gesellschafter zu Eigenverfügungen über Gesellschaftsvermögen schließt allerdings Verfügungen der Gesellschaft nicht aus. Sondern beide Wege stehen kumulativ zur Verfügung. Auch das hat seine Parallele im Vollstreckungsrecht. Zur Vollstreckung in Gesellschaftsvermögen genügt sowohl ein Titel gegen die Gesellschaft als auch gegen alle Gesellschafter.[24] Auf die materielle Ebene übertragen genügt sowohl eine Verfügung durch die Gesellschaft als auch durch alle Gesellschafter, um einen Verfügungserfolg herbeizuführen.

3. Einteilung der Gesellschaftsarten; Innen- und Außengesellschaft

11 Es gibt verschiedene Gesichtspunkte, nach denen GbR kategorisiert werden, z. B. als Gelegenheits- oder Dauergesellschaften, unternehmenstragendende und schlicht-zivilistische Gesellschaften, Ideal- und Wirtschaftsgesellschaften oder personalistische und kapitalistisch verfasste Gesellschaften.[25] Für die notarielle Praxis ist die Unterscheidung zwischen **Innen- und Außengesellschaft** wichtig. Es ist ein typusprägendes Merkmal der GbR, dass Gesellschaftsvermögen i. S. d. § 718 BGB vorhanden ist. Sondern eine GbR kann auch als reines Schuldverhältnis zwischen den Beteiligten bestehen (Innengesellschaften in Abgrenzung zu Außengesellschaften mit Gesamthandsvermögen i. S. d. § 738 BGB). Auch in diesem Fall kann Vermögen vorhanden sein, das der Zweckerreichung dient. Dieses ist jedoch nicht notwendig Gesellschaftsvermögen i. S. d. § 718 BGB, sondern kann auch einzelnen Gesellschaftern alleine oder mehreren Gesellschaftern gemeinschaftlich zu Bruchteilen zustehen. Für die notarielle Praxis spielen dabei Innengesellschaften zwischen Partnern nichtehelicher Lebensgemeinschaften eine besondere Rolle, in die ein Partner ihm alleine gehörendenden, jedoch gemeinsam genutzten Grundbesitz quoad sortem einbringt. Hierzu näher unter Rdnr. 34 sowie in § 27. Zum Teil wird auch zwischen GbR mit und ohne **eigener „Identitätsausstattung"** unterschieden und hiervon die „Rechtsfähigkeit" der Gesellschaft abhängig gemacht.[26] Dieses Kriterium ist jedoch zu unbestimmt. Rechtsfähigkeit als elementarste rechtliche Eigenschaft verlangt nach klareren Voraussetzungen (siehe § 1 BGB). Abgesehen davon könnte „Identitätsausstattung" im Grundbuchverfahren als Eintragungsvoraussetzung kaum gem. § 29 GBO formgerecht nachgewiesen werden. Sie zu fordern wäre unpraktikabel. Ähnliches gilt hinsichtlich der Forderung, der Gesellschaftszweck dürfe sich nicht im **„Halten und Verwalten"** von Vermögen erschöpfen.[27] Zu eben diesem Zweck hat das HRefG 1998 die vermögensverwaltende Personenhandelsgesellschaft zur Verfügung gestellt. Was für die Kann-OHG als Gesellschaftszweck recht ist, muss auch für die Außen-GbR billig sein.[28] Das verwischt zwar die Grenzen zwischen Gemeinschaft und Gesellschaft ein Stück weit, ist jedoch als Entscheidung des Gesetzgebers so zu akzeptieren.

4. Einheitlichkeit der Beteiligung

12 Während § 1 GmbHG und § 2 AktG die Gründung einer GmbH und einer AG durch eine Person zulassen, fordert § 705 BGB hierfür bei der GbR, dass sich „die Gesellschafter" gegenseitig zur Zweckförderung verpflichten und schließt damit eine Einpersonengründung aus. Hintergrund ist das historische Verständnis der Gesellschaft als Schuldverhältnis (mit implantiertem Sondervermögen). Da ein Schuldverhältnis gem. § 241 Abs. 1 S. 1 BGB voraussetzt, dass Gläubiger und Schuldner personenverschieden sind, es also ein „Ein-Personenschuldverhältnis" nicht geben kann, kann aus diesem Verständnis heraus auch **keine**

[24] BGH NJW 2001, 1056, 1060.

[25] *K. Schmidt* Gesellschaftsrecht § 58 II.

[26] MünchKommBGB/*Ulmer* § 705 Rdnr. 306.

[27] In diese Richtung jüngst wieder *Krüger* NZG, 801, 803 und Fn. 53.

[28] Im Dunkeln bleibt, was die Materialien des HRefG meinen, wenn dort völlig unbedeutende und wirtschaftlich nicht über den alltäglichen privaten Bereich herausreichende Betätigungen als unzulässige Betätigungen von Personenhandelsgesellschaften bezeichnet werden (BT-Drs 13/8444, S. 13). Soll das Registergericht die Bedeutungsschwere der Betätigung messen? Womit? Offenbar befürchteten die Materialien eine Überflutung des Handelsregisters mit Kleinstgesellschaften. Hiergegen beugen jedoch Kostentatbestände wirksamer vor als eine nebulöse Beschränkung zulässiger Gesellschaftszwecke.

Ein-Personen-GbR existieren. Über den Wortlaut des § 705 BGB hinaus gilt das Erfordernis mindestens zweier Gesellschafter jedoch nicht nur für das Gründungsstadium sondern auch später. Demnach erlischt die Gesellschaft liquidationslos und ihr Vermögen wächst dem letzten verbleibenden Gesellschafter an, wenn sich sämtlich Anteile in der Hand eines Gesellschafters vereinigen.[29] Im Umwandlungssteuerrecht wird dieser sich an § 738 Abs. 1 S. 1 BGB anlehnende Vorgang auch als „**erweitere Anwachsung**" bezeichnet.[30] Erwirbt ein GbR-Gesellschafter einen weiteren Gesellschaftsanteil hinzu und sind weitere Gesellschafter vorhanden, so besteht die Gesellschaft zwar unter Wahrung ihrer Identität fort.[31] Beide Anteile vereinigen sich jedoch in der Hand des Erwerbers zu einer rechtlichen Einheit und verlieren ihre rechtliche Selbständigkeit.[32] Das **Prinzip der notwendig einheitlichen Beteiligung** suspendiert im Umwandlungsrecht den Grundsatz der Anteilsgewährpflicht, soweit Anteilsinhaber des Ausgangsrechtsträgers bereits am Zielrechtsträger beteiligt sind.[33] Es stößt allerdings auf Schwierigkeiten, soweit sich in der Hand eines Gesellschafters mehrere Anteile vereinigen, **die unterschiedlichen Belastungen oder Beschränkungen** unterliegen. Das kommt z. B. in Betracht, wenn auf einen Gesellschafter ein weiterer Anteil unter Lebenden oder von Todes wegen übergeht und nur einer der beiden bisherigen Anteile mit einem Nießbrauch oder einem Pfandrecht belastet ist oder der Testamentsvollstreckung oder der Nacherbfolge unterliegt. Inwieweit in solchen Fällen die rechtliche Verselbständigung mehrere Anteile in der selben Hand oder gar eine Ein-Personen-GbR zugelassen werden muss, ist ungeklärt.[34]

Praxistipp:

Wegen der unklaren Rechtsfolgen sollte das Zusammenfallen mehrerer unterschiedlich belasteter oder beschränkter Gesellschaftsanteile sowohl durch Rechtsgeschäft unter Lebenden als auch von Todes wegen möglichst vermieden werden. Wird der Notar damit beauftragt, einen entsprechenden Vorgang vorzubereiten und würde der Übergang oder die Übertragung zu einer Vereinigung unterschiedlich belasteter Anteile führen, sollte daher erwogen werden, den Anteil nicht unmittelbar auf den Mitgesellschafter übergehen zu lassen, sondern stattdessen auf einen Treuhänder, der den Anteil für Rechnung des Mitgesellschafters hält. 13

5. Abspaltungsverbot und Selbstorganschaft

§ 710 BGB sieht vor, dass die Geschäftsführung „einem Gesellschafter oder mehreren Gesellschaftern übertragen" werden kann. Von der Übertragung auf gesellschaftsfremde Dritte ist dort nicht die Rede. Und § 717 BGB stellt „Ansprüche, die den Gesellschaftern aus dem Gesellschaftsverhältnis gegeneinander zustehen," unübertragbar. Das Gesetz bringt damit zum Ausdruck, dass die Mitgliedschaft nicht frei von den mit ihr verbundenen Vermögens- und Verwaltungsrechten getrennt werden kann. Die im Außenverhältnis unbeschränkt persönlich haftenden Gesellschafter dürfen sich nicht zugunsten gesellschaftsfremder Dritter entmachten. Für die notarielle Praxis dürften dabei die folgenden Gesichtspunkte wesentlich sein: **Geschäftsführungsbefugnisse** können zwar Dritten zur Ausübung überlassen werden, etwa aufgrund eines Anstellungsvertrages. Originäre Geschäftsführungsbefugnis unter Verdrängung der Gesellschafter kann ihnen jedoch in der werbenden Gesellschaft[35] nicht eingeräumt werden. Eine **faktische Fremdorganschaft** lässt sich jedoch dadurch konstruieren, dass man an der GbR als allein geschäftsführungsbefugten Gesellschafter eine Gesellschaft wie z. B. eine GmbH oder AG beteiligt, bei der das Verbot der Selbstorganschaft nicht 14

[29] MünchKommBGB/*Ulmer* § 705 Rdnr. 60.
[30] Schmitt/Hörtnagl/*Schmitt* § 20 UmwStG Rdnr. 195.
[31] Dazu unten Rdnr. 65.
[32] Siehe etwa zur KG BGH NJW 1987, 3184, 3186.
[33] Semler/Stengel/*Schröer* UmwG § 126 Rdnr. 29.
[34] Zum Streitstand siehe MünchKommBGB/*Ulmer* § 705 Rdnrn. 60 ff.
[35] In der Liquidation und in sog. „liquidationsähnlichen Sonderlagen" (dazu BGH NZG 2010, 1381, 1382) ist der Grundsatz der Selbstorganschaft dagegen entsprechend § 146 HGB suspendiert, siehe MünchKomm-BGB/*Ulmer/Schäfer* § 130 Rdnr. 47.

gilt.[36] Im praktischen Ergebnis wird die GbR damit unter die Geschäftsführung eines Fremdorgans gestellt. Keine unzulässige Abspaltung liegt ferner vor, wenn der **Gesellschaftsanteil mit einem Nießbrauch belastet** wird und dadurch bestimmte Befugnisse des Gesellschafters auf den Nießbraucher übergehen.[37] Denn dabei bleiben die Gesellschafterrechte in ihrer Substanz mit der Mitgliedschaft verbunden, sie werden lediglich für die Dauer des Nießbrauchs einer anderen Person zugewiesen. Das Abspaltungsverbot verbietet grundsätzlich auch nicht, Gesellschafterrechte durch **Vertreter** ausüben zu lassen. Unzulässig ist es lediglich, die Ermächtigung des Vertreters mit der Verpflichtung des Gesellschafters zu kombinieren, sich der Ausübung der entsprechenden Befugnisse zu enthalten („verdrängende Vollmacht").[38] Auch die **„Geburtsvollmacht" einer Grundstücks-GbR** zugunsten der jeweiligen im Grundbuch eingetragenen Gesellschafter[39] verstößt nicht gegen das Abspaltungsverbot, zielt sie doch gerade nicht auf eine Entmachtung sondern auf eine Stärkung der rechtlichen Befugnisse der Gesellschafter.

6. Haftung

15 Das **Binnenhaftungskonzept** der GbR, also die Haftung der Gesellschafter gegenüber der Gesellschaft, ergibt sich unmittelbar aus dem Gesetz. In der werbenden Gesellschaft haben die Gesellschafter die vereinbarten Beiträge zu leisten, §§ 705 f. BGB und sind zur Erhöhung der vereinbarten Beiträge nicht verpflichtet, § 707 BGB. Zusätzliche Binnenleistungspflichten über den vereinbarten Beitrag hinaus sind jedoch nur in der werbenden Gesellschaft suspendiert. Im Rahmen der Abwicklung der GbR müssen die Gesellschafter einen Liquidationsverlust durch entsprechenden Nachschuss unbegrenzt decken, § 735 BGB. Diese Binnenhaftungskonzept der GbR ist **dispositiv**. So kann entgegen §§ 707, 735 BGB eine Nachschusspflicht auch in der werbenden Gesellschaft begründet oder in der Liquidationsgesellschaft ausgeschlossen werden.[40] Einem GbR-Gesellschafter kann auch entsprechend § 167 Abs. 3 HGB eine im Innenverhältnis **kommanditistenähnliche Rechtsstellung** eingeräumt werden, indem der Gesellschaftsvertrag bestimmt, dass der Gesellschafter nur in Höhe seiner Einlage an einem Verlust teilnimmt. Eine nur beschränkte Außenhaftung entsprechend § 171 Abs. 1 HGB kann dagegen durch gesellschaftsvertragliche Vereinbarung nicht begründet werden.

16 Die rechtliche Verselbständigung der Gesellschaft durch die moderne Gesamthandslehre hat auch zu einer neuen Beschreibung des **Außenhaftungskonzepts** geführt. Primär haben Gesellschaftsverbindlichkeiten jetzt mit der Gesellschaft einen überindividuellen Bezugspunkt. Ein hierauf bezogener Titel ist Titel „gegen alle Gesellschafter" i. S. d. § 736 ZPO und ermöglicht eine Vollstreckung in das gebundene Gesellschaftsvermögen. Aus einer so verstandenen Gesellschaftsverbindlichkeit leitet sich entsprechend § 128 HGB eine unbeschränkte akzessorische Außenhaftung aller Gesellschafter auch mit ihrem Privatvermögen ab,[41] und zwar sowohl für rechtsgeschäftlich begründete als auch für gesetzliche Verbindlichkeiten.[42] Deliktisches Handeln der Geschäftsführer wird der Gesellschaft entsprechend § 31 BGB zugerechnet.[43] Neugesellschafter haften für Altverbindlichkeiten entsprechend § 130 HGB.[44] Eine **Beschränkung der Haftung** für rechtsgeschäftlich begründete Verbindlichkeiten auf das Gesellschaftsvermögen ist möglich. Allerdings ist dafür eine Individualvereinbarung mit dem Vertragspartner erforderlich.[45] Eine solche Individualvereinbarung kommt nicht schon dadurch zustande, dass die Gesellschaft als **„GbR mbH"** oder ähnlich firmiert. Allerdings kann den vertretungsbefugten Gesellschaftern durch entsprechende

[36] Das wird für zulässig gehalten, siehe MünchKommBGB/*Ulmer/Schäfer* § 709 Rdnr. 5.
[37] Palandt/*Bassenge* § 1068 Rdnr. 4.
[38] Zur verdrängenden Stimmrechtsvollmacht siehe BGH NJW 1970, 468.
[39] Dazu unter Rdnr. 126 ff.
[40] BGH NJW-RR 2005, 1347, 1348 zu § 707 und BGH WM 1967, 346 zu § 735 BGB.
[41] BGH NJW 2001, 1056, 1061.
[42] BGH NJW 2003, 1445.
[43] BGH NJW 2003, 1445, 1446 f.
[44] BGH NJW 2006, 765.
[45] BGH NJW 1999, 3483.

Vereinbarung im Innenverhältnis auferlegt werden, (bestimmte) Rechtsgeschäfte nur vorzunehmen, wenn sie dabei eine Haftungsbeschränkung auf das Gesellschaftsvermögen vereinbaren. Dabei sollte allerdings bedacht werden, dass sich eine entsprechende Haftungsbeschränkung kaum gegenüber allen Gläubigern durchsetzen lassen wird. Eine allzu enge Pflichtenbindung der Geschäftsführer im Innenverhältnis könnte die Gesellschaft im Außenverhältnis handlungsunfähig werden lassen.

II. Abschluss des Gesellschaftsvertrages

1. Bedeutung in der notariellen Praxis

17 Mandate, die sich darin erschöpfen, die Gründung einer GbR vorzubereiten und durchzuführen, sind in der notariellen Praxis selten. Nur ausnahmsweise ist der Gesellschaftsvertrag rechtlich beurkundungsbedürftig.[46] Dennoch sollte der Notar aus drei Gründen mit den rechtlichen Vorgaben zu Abschluss und Inhalt eines GbR-Vertrages vertraut sein. **Erstens** bauen alle übrigen Personengesellschaften auf dem Regelungskonzept der GbR auf (§§ 105 Abs. 3, 161 Abs. 2 HGB; § 1 Abs. 4 PartGG, § 1 Halbs. 1 EWIV-AG). Insbesondere bei der GmbH & Co KG wird der Notar häufig nicht nur mit der Vorbereitung der GmbH-Gründung sondern auch mit dem Entwurf des KG-Vertrages betraut. Hier sind Kenntnisse des GbR-Rechts hilfreich. Erwirbt eine ad hoc im Erwerbsvertrag gegründete GbR Immobiliarvermögen, wird es **zweitens** häufig erforderlich sein, einen vom gesetzlichen Statut abweichenden Gesellschaftsvertrag mitzubeurkunden.[47] **Drittens** ist es ein schöner Service, wenn der Notar für seine Textsammlung ein brauchbares Muster für einen einfachen GbR-Vertrag entwirft, den er Mandanten, Steuerberatern oder Rechtsanwälten bei Bedarf zur Verfügung stellen kann.

2. Form

18 Die §§ 705 ff. BGB enthalten keine besonderen Formvorschriften für den Gesellschaftsvertrag einer GbR. Er ist damit **grundsätzlich formfrei**. Das entspricht der Rechtslage bei den anderen Personengesellschaften.

19 Ausnahmsweise ist der Gesellschaftsvertrag formbedürftig, wenn sein Abschluss den Tatbestand einer speziellen Formvorschrift verwirklicht. Das ist insbesondere dann der Fall, wenn der Vertrag die Verpflichtung enthält, **Grundbesitz oder GmbH-Anteile** zu übertragen. Die Vorschriften der § 311 b Abs. 1 BGB, § 15 Abs. 4 GmbHG sind auf den Gesellschaftsvertrag als – zumindest auch –[48] mehrseitigen Schuldvertrag unmittelbar anwendbar. Ihr Tatbestand ist etwa dann verwirklicht, wenn Vermögensgegenstände quoad dominium von einem Gesellschafter eingebracht oder, z. B. bei Auflösung der Gesellschaft, aus dem Gesellschaftsvermögen auf einen Gesellschafter übertragen werden müssen (soweit damit nicht lediglich die gesetzliche Einlagenrückgewähr gem. § 733 Abs. 2 S. 1 BGB beschrieben wird).

20 Die Formbedürftigkeit des Gesellschaftsvertrages kann auch aus dem **Zweck** der GbR resultieren.[49] Besteht er darin, bestimmten Grundbesitz[50] zu erwerben oder veräußern, ist der Gesellschaftsvertrag gemäß § 311 b Abs. 1 BGB beurkundungsbedürftig. Ist der Gesellschaftszweck dagegen nur allgemein auf Erwerb und Veräußerung von Grundbesitz gerichtet, ohne ihn zu konkretisieren, soll das Entscheidungsermessen der geschäftsführenden Gesellschafter die Formbedürftigkeit ausschließen.[51]

[46] Dazu sogleich unter Rdnr. 18.

[47] Dazu Rdnr. 23.

[48] Typologisch weist der Gesellschaftsvertrag der Außen-GbR sowohl schuldrechtliche als auch organisationsrechtliche Elemente auf; siehe MünchKommBGB-*Ulmer* § 705 Rdnr. 155 ff.

[49] *Ulmer/Löbbe* DNotZ 1998, 711, 733 ff.

[50] Entsprechendes müsste auch für Erwerb oder Veräußerung von GmbH-Anteilen gelten, ohne dass dieser Fall jedoch in der Literatur behandelt ist.

[51] Zur Bedeutung der Konkretisierung des betroffenen Grundbesitzes für § 311 b BGB, siehe auch MünchKommBGB-Kanzleiter/*Krüger* § 311 b Rdnr. 12.

21 Als rechtsgeschäftliche Einheit ist von den Formvorschriften der § 311 b Abs. 1 BGB, § 15 Abs. 4 GmbHG nicht nur die eigentliche Übertragungsverpflichtung, sondern der gesamte Gesellschaftsvertrag erfasst.[52] Kommt eine Umdeutung (etwa einer Pflicht zur Einbringung quoad dominium in eine solche quoad usum oder quoad sortem) nicht in Betracht, ist der Gesellschaftsvertrag grundsätzlich gemäß § 125 S. 1 BGB seinem ganzen Inhalt nach nichtig. Ist die Gesellschaft jedoch in Vollzug gesetzt, treten an die Stelle der Rechtsfolgen aus § 125 S. 1 BGB die ungeschriebenen Sonderregeln der fehlerhaften Gesellschaft.[53]

22 Werden GmbH-Anteile in der Folge formwirksam abgetreten oder Grundbesitz aufgelassen, tritt gemäß § 311 b Abs. 1 S. 1 BGB, § 15 Abs. 4 S. 2 GmbHG Heilung ein, und zwar hinsichtlich des gesamten Gesellschaftsvertrages.[54]

23 Soll eine GbR **Grundbesitz** erwerben, kommt in Betracht, sie ad hoc **in der Erwerbsurkunde** zu **gründen.**[55] Kostenneutral ist das nur zum gesetzlichen Regelstatut möglich. Häufig wird das aber nicht den Interessen der Beteiligten entsprechen. Zum Beispiel passt die Auflösungsfolge beim Tod eines Gesellschafters gemäß § 727 Abs. 1 BGB für Vermögensverwaltungsgesellschaften in der Regel nicht; sondern hier werden meistens Nachfolgeklauseln gewünscht. Solche Punkte aus Kostengründen einer späteren formfreien Änderung des Gesellschaftsvertrages vorzubehalten, ist angesichts der Reichweite des Formzwangs aus § 311 b Abs. 1 BGB gefährlich.[56] Der gewissenhafte Notar wird bei ad-hoc-Gründungen zum Grundstückserwerb zunächst ermitteln, ob das gesetzliche Regelstatut den Wünschen der Beteiligten entspricht und widrigenfalls auf die (allerdings gem. § 44 Abs. 2 a) KostO wertverdoppelnde) Mitbeurkundung eines individuellen Gesellschaftsvertrags hinwirken.

3. Vertretung

24 a) **Bevollmächtigung.** Die künftigen Gesellschafter können sich bei Abschluss des Gesellschaftsvertrages durch einen Bevollmächtigten vertreten lassen. Anders als bei den Kapitalgesellschaften (§ 2 Abs. 2 GmbHG, § 23 Abs. 1 S. 2 AktG) bedarf eine entsprechende Vollmacht bei der GbR und den sonstigen Personengesellschaften **keiner Form.** Das gilt grundsätzlich auch dann, wenn der Gesellschaftsvertrag ausnahmsweise selbst formbedürftig ist (§ 167 Abs. 2 BGB).

Da der Gesellschaftsvertrag in seiner Eigenschaft als Schuldvertrag Rechtsbeziehungen zwischen allen Gesellschaftern erzeugt, muss der Vertreter von den Beschränkungen des § 181 BGB befreit sein, wenn er selbst Gesellschafter werden oder einen weiteren Gesellschafter bei Abschluss des Gesellschaftsvertrages vertreten soll.

25 b) **Minderjährige.**[57] Der Abschluss eines Gesellschaftsvertrages ist für den Gesellschafter **niemals lediglich rechtlich vorteilhaft.** Denn zu seinem notwendigen Inhalt gehört die Verpflichtung, den gemeinsamen Zweck i. S. v. § 705 BGB zu fördern.[58] Ein Minderjähriger bedarf zum Abschluss eines Gesellschaftsvertrages daher stets gemäß §§ 107 f. BGB der Zustimmung seines gesetzlichen Vertreters (Eltern, Vormund, Ergänzungspfleger).

26 Soll an der Gesellschaft neben dem Minderjährigen **auch sein gesetzlicher Vertreter beteiligt** werden, so kann dieser den Minderjährigen beim Abschluss des Gesellschaftsvertrages gemäß §§ 181 Alt. 1, 1795 Abs. 2 BGB ggf. i. V. m. § 1629 Abs. 2 S. 1 BGB oder § 1915 Absatz 1 S. 1 BGB nicht vertreten. Das gleiche gilt gemäß § 1795 Abs. 1 Nr. 1 BGB, wenn bestimmte Angehörige des gesetzlichen Vertreters Mitgesellschafter werden sollen. In einem solchen Fall muss für den Minderjährigen ein Ergänzungspfleger gemäß § 1909 Abs. 1 S. 1

---

[52] Zur gegenständlichen Reichweite des § 15 GmbH und des § 311 b Abs. 1 BGB siehe Roth/Altmeppen/*Altmeppen* § 15 Rdnr. 70 ff. und Palandt/*Grüneberg* § 311 b Rdnr. 25 ff.

[53] Dazu MünchKommBGB-*Ulmer* § 705 Rdnr. 323 ff.

[54] Zur Reichweite der Heilungswirkung bei § 311 b siehe Palandt/*Grüneberg* § 311 b Rdnr. 55 und zu § 15 GmbH Baumbach/Hueck-Hueck/*Fastrich* § 15 Rdnr. 36.

[55] Dazu unter Rdnr. 116.

[56] Zur Beurkundungsbedürftigkeit verbundener Verträge bei Grundstücksgeschäften siehe *Wedemann* WM 2010, 395.

[57] Dazu ausführlich unten in § 28.

[58] *K. Schmidt* Gesellschaftsrecht § 59 I 4.

BGB bestellt werden. Sollen mehrere Minderjährige beteiligt werden, muss für jeden ein eigener Ergänzungspfleger bestellt werden.[59]

Gemäß § 1822 Nr. 2 BGB ggf. i. V. m. § 1643 Abs. 1 BGB ist eine **familiengerichtliche Genehmigung** erforderlich, wenn die Gesellschaft den „Betrieb eines Erwerbsgeschäfts" zum Zweck hat. Darunter versteht man jede berufsmäßig ausgeübte, auf selbständigen Erwerb gerichtete, auf Dauer angelegte und von Gewinnerzielung getragene Tätigkeit.[60] Zum Teil wird angenommen, rein vermögensverwaltende Tätigkeiten seien generell von der Genehmigungspflicht gemäß § 1822 Nr. 3 BGB ausgenommen.[61] Eine derart pauschale Sichtweise würde aber dem Normzweck des § 1822 BGB nicht gerecht und setzt den Begriff des „Erwerbsgeschäfts" zu Unrecht gleich mit demjenigen des „Gewerbes". Die Vorschrift soll den Minderjähren bei typischerweise riskanten Geschäften schützen. Vermögensverwaltung ist jedoch nicht typischerweise so risikoarm, dass es gerechtfertigt wäre, sie generell vom Begriff des „Erwerbsgeschäftes" auszunehmen. So wird man eine Genehmigung etwa bei der Verwaltung und Vermietung umfangreichen Immobilienbesitzes fordern, beim bloßen Halten des Familienwohnheims zur Selbstnutzung dagegen nicht. Letztlich kommt es auf den Einzelfall an. 27

Praxistipp:

Der Begriff des „Erwerbsgeschäfts" in § 1822 Nr. 3 BGB ist nicht klar konturiert. Eine Genehmigungsbedürftigkeit wird sich nur in den seltensten Fällen zuverlässig verneinen lassen. Im Zweifel sollte daher stets versucht werden, eine gerichtliche Genehmigung einzuholen. Anderenfalls ist die steuerliche Anerkennung der Gesellschaftsgründung bedroht. Denn die zivilrechtliche Unwirksamkeit indiziert bei Angehörigenverträgen, dass sie nicht der Einkunftserzielungs- sondern der Privatsphäre der Beteiligten zuzurechnen sind.[62] 28

c) **Betreute.** Bei der gesetzlichen Vertretung einer betreuten Person gelten die vorstehenden Ausführungen zur Vertretung Minderjähriger entsprechend (§ 1908 i Abs. 1 S. 1 BGB). Zuständig, die Genehmigung gemäß § 1822 Nr. 3 BGB zu erteilen, ist hier allerdings gemäß § 23 c Abs. 1 GVG, § 271 Nr. 3 FamFG das Betreuungsgericht. Die Verweisung in § 1908 i Abs. 1 S. 1 BGB auf die Zuständigkeitsregel in § 1822 BGB (Familiengericht) ist insoweit teleologisch zu reduzieren.[63] 29

Praxistipp:

Soll neben einem nicht voll Geschäftsfähigen (Minderjähriger, Betreuter) auch sein gesetzlicher Vertreter an einer neu zu gründenden Gesellschaft beteiligt werden, sollte erwogen werden, auf eine mittelbare Treuhandbeteiligung auszuweichen. Wird der Gesellschaftsvertrag für den nicht voll Geschäftsfähigen oder seinen Vertreter von einem mittelbareren Stellvertreter im eigenen Namen aber für fremde Rechnung geschlossen, liegt kein unzulässiges Insichgeschäft vor. Durch das Treuhandverhältnis werden Rechte und Pflichten zwar materiell auf den Treugeber übergeleitet. Diese materielle Betroffenheit genügt aber nicht, um den Tatbestand der an formale Kriterien anknüpfenden §§ 181, 1795 BGB zu erfüllen. Die materielle Betroffenheit führt allerdings dazu, dass die Treuhandvereinbarung genehmigungsbedürftig ist, wenn der Gesellschaftsvertrag den Tatbestand des § 1822 Nr. 3 BGB erfüllt.[64] Treuhandkonstruktionen können also die Bestellung eines Ergänzungspflegers, nicht aber gerichtliche Genehmigungsverfahren vermeiden helfen. 30

---

[59] OLG Zweibrücken OLGZ 1980, 213, 215. Bei Innengesellschaften ist unklar, ob Rechtsbeziehungen aller Gesellschafter untereinander (dann jeweils ein eigener Ergänzungspfleger) oder jeweils getrennte Rechtsbeziehungen bestehen (dann ein gemeinsamer Ergänzungspfleger ausreichend); generell für getrennte Rechtsverhältnisse Beck´sches Notar-Handbuch-*Spiegelberger* Teil E. Rdnr. 225, differenzierend *K. Schmidt* Gesellshaftsrecht § 59 I.1.a).

[60] Palandt/*Diederichsen* § 1822 Rdnr. 3.

[61] So aber LG Münster FamRZ 1997, 842.

[62] BFH NJW 2006, 3743.

[63] *Bolkart* MittBayNot 2009, 268, 271.

[64] Siehe dazu *Wachter/Eberl* HdbFA Teil 2 § 3 Rdnr. 32 m. w. N.

4. Essentialia

Der Gesellschaftsvertrag einer GbR hat notwendig folgenden Inhalt:

31 a) **Gesellschafter.** Der Vertrag muss mindestens zwei Personen als Gesellschafter der GbR festlegen. Tauglicher Gesellschafter ist grundsätzlich jeder, der Träger von Rechten und Pflichten sein kann. Das trifft insbesondere auf in- und ausländische natürliche oder juristische Personen zu. Gesellschafter einer GbR können auch andere Personengesellschaften, insbesondere auch eine andere GbR sein.[65] Auch **Vorgesellschaften** von Kapitalgesellschaften, wie Vor-GmbH und Vor-AG, können sich an einer GbR beteiligen.[66] Da bei Ihnen die Vertretungsmacht der zuständigen Organe gesetzlich auf gründungsnotwendige Geschäfte beschränkt ist und die Beteiligung an anderen Gesellschaften nicht dazu zählt, muss sie jedoch durch die Gründungsgesellschafter entsprechend erweitert werden.[67] Ehegatten in **Gütergemeinschaft** können nach Auffassung der Rechtsprechung ohne Vorbehaltsgutsvereinbarung miteinander keine Zwei-Personen-GbR gründen, weil sich die Gesellschaftsanteile sonst zwingend im Gesamtgut vereinigen.[68] Beteiligen sich Ehegatten in Gütergemeinschaft neben Dritten an einer GbR, fallen Ihre Anteile dann gemäß § 1417 Abs. 2 BGB in das jeweilige Sondergut, wenn die Anteile nicht gesellschaftsvertraglich frei übertragbar gestellt sind. Bei frei übertragbaren Anteilen ist strittig, ob sie in das Gesamt- oder Sondergut fallen.[69]

Praxistipp:

32 Um Unklarheiten zu vermeiden, sollten Ehegatten in Gütergemeinschaft ihre Anteile an Personengesellschaften möglichst durch notarielle Vereinbarung gemäß § 1418 Abs. 2 Nr. 1 BGB zum Vorbehaltsgut erklären.

33 Mehrere Personen können sich nicht in **Erbengemeinschaft** an einer werbenden GbR beteiligen.[70] Daher werden sie auch dann als Einzelne und nicht als Erbengemeinschaft Gesellschafter, wenn sie sich gemäß § 2041 BGB aus Mitteln der Erbschaft an der Gründung einer GbR beteiligen.

34 b) **Gemeinsamer Zweck.** Der Gesellschaftsvertrag muss einen „gemeinsamen Zweck" festlegen. Jeder erlaubte Zweck ist zulässig, nur nicht der Betrieb eines Handelsgewerbes. Der Zweck darf sich außerdem nicht darin erschöpfen, ein anderes typisiertes Rechtsverhältnis zu begründen oder zu vollziehen. Insbesondere besteht ein tauglicher Gesellschaftszweck nicht darin, eine (eheliche, lebenspartnerschaftliche oder nichteheliche) Lebensgemeinschaft zu verwirklichen.[71] Bei Scheitern einer solchen Beziehung bestehen daher in der Regel keine Ausgleichsansprüche aus konkludent vereinbarter Ehegatteninnengesellschaft, wenn Beiträge zu einem gemeinschaftlich genutzten, jedoch nur einem Ehegatten gehörenden Familienheim geleistet wurden.[72] Ein zulässiger Gesellschaftszweck liegt allerdings auch im Rahmen einer Lebensgemeinschaft stets vor, wenn ein Vermögensgegenstand in der Rechtsform einer **Außengesellschaft** als Gesellschaftsvermögen gehalten werden soll.[73]

35 c) **Beitragspflicht.** Die Beitragspflicht ist gemäß § 705 BGB zwingendes Typusmerkmal der GbR. Der Begriff des „Beitrags" ist weit und umfasst jedes Tun oder Unterlassen, das den gemeinsamen Zweck fördert. Schon das bloße Mit-Halten des Gesellschaftsvermögens

[65] BGH NJW 1998, 376.
[66] Siehe BGH NJW 1981, 1373 zur Beteiligung einer Vor-GmbH als Komplementärin an einer KG.
[67] BGH NJW 1981, 1373, 1375.
[68] NJW 1975, 1774; aA MünchKommBGB/*Ulmer* § 705 Rdnr. 75 m. w. N.
[69] Siehe MünchKommBGB/*Kanzleiter* § 1416 Rdnr. 9.
[70] MünchKommBGB/*Ulmer* § 705 Rdnr. 81.
[71] Siehe BGH NJW 2008, 3277 zur nichtehelichen Lebensgemeinschaft.
[72] Anders bei Beiträgen zu einem nur einem Ehegatten/Partner gehörenden Unternehmen, siehe BGH NJW 2006, 1268.
[73] Dazu näher oben Rdnr. 11.

ist ausreichender Beitrag,[74] so dass dem Erfordernis der „Beitragspflicht“ bei der Außengesellschaft keine begrenzende Funktion zukommt. Ein Beitrag setzt nicht voraus, dass Gegenstände in das haftende Gesellschaftsvermögen eingelegt werden.[75]

Praxistipp:

Ein Gesellschaftsvertrag mit allen typusprägenden Merkmalen liegt bereits dann vor, wenn in einer 36
Urkunde zur Veräußerung von Grundbesitz eine „hiermit gegründete GbR bestehend aus den alleinigen Gesellschaftern <......>“ erwirbt. Gesellschafter, Zweck (Erwerb und Halten des Grundbesitzes) und Beitragspflicht (zumindest Mit-Halten des Gesellschaftsvermögens) sind hier ausreichend festgelegt.

5. Accidentalia

a) **Name.** Anders als die registrierten Personengesellschaften (§ 3 Abs. 2 Nr. 1 PartGG, 37
§ 106 Abs. 2 Nr. 2 HGB) muss die GbR keinen Namen haben, sie kann aber. Die Namensfähigkeit der GbR ist zwischenzeitlich gesetzlich anerkannt (§ 15 Abs. 1 lit. c) Halbs. 2 GBV). Vorschriften über die Namensbildung bei der GbR fehlen naturgemäß, weil eine entsprechende registergerichtliche Kontrolle nicht stattfindet. Der Name dient in erster Linie der **Individualisierung** der GbR, sollte also hierzu geeignet sein. Wie eine Firma (§ 18 Abs. 1 HGB) sollte er sich zur Kennzeichnung eignen und Unterscheidungskraft besitzen, ohne dass ein Verstoß hiergegen unmittelbar rechtliche Konsequenzen hätte. Ein individueller Name erleichtert es, die GbR bei künftigen Rechtshandlungen eindeutig zu bezeichnen, ist hierfür jedoch nicht notwendig. Die GbR kann auch durch andere Merkmale eindeutig bezeichnet werden (z. B. Innehaben einer bestimmten Rechtsposition, Gesellschafter, Gründungszeitpunkt und -ort).[76]

Es ist umstritten, ob der Name der GbR einen **Rechtsformzusatz** enthalten muss.[77] Ein 38
etwaiger Verstoß ist aber jedenfalls folgenlos (außer im Sonderfall des § 11 Abs. 1 S. 3 PartGG).[78] Denn für Handelsfirmen schreibt § 19 HGB zwingend einen Rechtsformzusatz vor, so dass das Führen eines Namens ohne Rechtsformzusatz niemals einen unbefugten „Firmen“gebrauch i. S. d. § 37 HGB darstellen kann.[79] Davon unabhängig ist der Name zweckmäßigerweise so zu wählen, dass keine fremden Namens-, Firmen- oder Markenrechte verletzt werden oder gegen Berufs- oder Wettbewerbsrecht verstoßen wird.

b) **Geschäftsführung und Vertretung.** Nach **gesetzlichem Statut** (§§ 709 Abs. 1, 714 BGB) 39
stehen Geschäftsführungsbefugnis und Vertretungsmacht sämtlichen Gesellschaftern gemeinschaftlich zu. **Geschäftsführung ist** jedes Handeln zur Verwirklichung des Gesellschaftszwecks. Geschäftsführungsbefugt ist, wer **gegenüber den anderen Gesellschaftern** solche Handlungen vornehmen *darf*. Demgegenüber legt die Vertretungsmacht fest, wer für die Gesellschaft *Dritten gegenüber* rechtsgeschäftlich handeln **kann.** Zwischen beiden Regelungsebenen gibt es Überschneidungen. Wenn im Gesellschaftsvertrag nichts Abweichendes vereinbart ist, sind Geschäftsführungsbefugnis und Vertretungsmacht synchronisiert (§ 714 BGB). Die Zuweisung von Vertretungsmacht ohne entsprechende Geschäftsführungsbefugnis ist nicht denkbar, weil die Ausübung der Vertretungsmacht ihrerseits Geschäftsführungsmaßnahme ist.[80]

Grundsätzlich **nicht** in die Kompetenz der Geschäftsführer fallen **Satzungsänderungen** 40
und **Grundlagengeschäfte**. Grundlagengeschäfte sind Maßnahmen, die in die Struktur der Gesellschaft eingreifen (z. B. Ausgliederung eines wesentlichen Unternehmensteils)[81]oder aus sonstigen Gründen Gesellschaftern vorbehalten sind (z. B. Beschluss über Feststellung der

[74] *K. Schmidt* Gesellschaftsrecht § 59 II 4. mit § 20 II 2.
[75] Zur Unterscheidung zwischen Beitrag und Einlage, siehe *K. Schmidt* Gesellschaftsrecht § 20 II.
[76] Dazu näher unter Rdnr. 110.
[77] Dazu MünchKomm/*Ulmer* § 705 Rdnr. 274.
[78] Kontrolle durch Partnerschaftsregister § 37 Abs. 1 HGB i. V. m. § 2 Abs. 2 PartGG.
[79] Siehe dazu Ebenroth/Boujong/Joost/*Strohn* § 17 Rdnr. 9 mit § 37 Rdnr. 2.
[80] Wachter/*Kesseler* HdbFA Teil 2 § 1 Rdnr. 176.
[81] MünchKommHGB/*Rawert* § 114 Rdnr. 11.

Jahresabrechnung[82] oder der Schlussrechnung).[83] Die Unterscheidung zwischen Geschäftsführungsmaßnahmen einerseits sowie Satzungsänderungen und Grundlagengeschäften andererseits bildet jedoch keine absolut indispositive Kompetenzschranke. Sondern es ist unter bestimmten Voraussetzungen möglich, im Gesellschaftsvertrag den Geschäftsführern auch die Kompetenz für Satzungsänderungen und Grundlagengeschäfte (z. B. Aufnahme neuer Gesellschafter) zu übertragen.[84]

41 Bei der **Gestaltung des Gesellschaftsvertrages** sind die Gesellschafter nur insoweit beschränkt, als sie gesellschaftsfremden Dritten keine organschaftliche Geschäftsführungsbefugnis zuweisen können. Ansonsten können Geschäftsführungsbefugnisse nach persönlichen oder sachlichen Gesichtspunkten frei verteilt werden. So kann allen oder mehreren Gesellschaftern gemeinschaftlich oder einzeln Geschäftsführungsbefugnis zugewiesen werden. Auch Kombinationen, Alleingeschäftsführungsbefugnis nur eines Gesellschafters oder Zuweisung nach Ressorts ist möglich. Der Fantasie sind keine Grenzen gesetzt. Sind Mehrere einzelgeschäftsführungsbefugt, steht jedem von ihnen gegen Geschäftsführungsmaßnahmen des anderen ein seinerseits dispositives[85] gesetzliches Widerspruchsrecht zu (§ 711 BGB).

42 Geschäftsführungsbefugnisse können grundsätzlich nur einstimmig **geändert** werden. Soll einem Gesellschafter die Geschäftsführungsbefugnis aus wichtigem Grund entzogen werden, genügt gem. § 712 Abs. 1 BGB Einstimmigkeit der übrigen Gesellschafter. Bei größeren, auf längere Zeit angelegten Gesellschaften wird das gesetzliche Statut in der Regel zu unflexibel sein. Hier sollte man im Gesellschaftsvertrag die Abberufung und Neubestellung von Geschäftsführern durch Mehrheitsbeschluss zulassen. Je nach dem, wie entpersonalisiert der Verband angelegt ist, wird man eine qualifizierte Mehrheit fordern oder einfache Mehrheit genügen lassen.

43 Gemäß § 714 BGB korrespondiert die Vertretungsmacht grundsätzlich mit der Geschäftsführungsbefugnis. Weil Interessen Dritter betroffen sind, ist der Spielraum bei der **vertraglichen Ausgestaltung** der Vertretungsmacht allerdings geringer als bei der Geschäftsführungsbefugnis. Die Vertretungsmacht kann auf gesellschaftsvertraglicher Ebene nicht in der Weise beschränkt werden, dass Verpflichtungen nur zu Lasten des Gesellschaftsvermögens, nicht aber auch zu Lasten des sonstigen Vermögens der Gesellschafter begründet werden können.[86] Ansonsten ist im Detail ungeklärt, inwieweit der Umfang der Vertretungsmacht mit Drittwirkung beschränkt werden kann.[87] Bei der Ausgestaltung der Vertretungsregelung sollte darauf geachtet werden, dass die Handlungsfähigkeit der GbR im Außenverhältnis durch die fehlende Registerpublizität ohnehin gegenüber anderen Rechtsformen beeinträchtigt ist. Man sollte die Handlungsfähigkeit darüber hinaus nicht durch allzu restriktive Vertretungsregelungen beschneiden. So ist etwa Gesamtvertretungsmacht aller Gesellschafter unpraktikabel, weil einem Geschäftsgegner dann der jeweilige Gesellschafterbestand bei Vornahme eines Rechtsgeschäfts nachgewiesen werden müsste (zur Sondersituation des § 899 a BGB, siehe unten). Vorzugswürdig ist es, allen oder zumindest einzelnen namentlich benannten Gesellschaftern Einzelvertretungsmacht einzuräumen, gegebenenfalls mit Zustimmungsvorbehalten im Innenverhältnis.

Formulierungsvorschlag

§ ...... Geschäftsführung und Vertretung

44 1) Jeder Gesellschafter ist stets einzeln geschäftsführungs- und vertretungsbefugt sowie von den Beschränkungen des § 181 BGB befreit.
2) Folgende Geschäfte dürfen nur mit Zustimmung der Gesellschafterversammlung vorgenommen werden:

---

[82] BGH NJW 2007, 1685.
[83] KG NZG 2010, 223.
[84] Wachter/*Kesseler* HdbFA Teil 2 § 1 Rdnr. 177.
[85] Palandt/*Sprau* § 711 Rdnr. 1.
[86] Eine derartige Haftungsbeschränkung ist nur durch individualvertragliche Abrede mit dem Vertragspartner möglich, BGH NJW 1999, 3483.
[87] Siehe dazu Palandt/*Sprau* § 714 Rdnr. 3 m. w. N.

- Begründung, Beendigung oder Änderung von Dauerschuldverhältnissen (z. B. Arbeits-, Miet- und Lieferverträge);
- Erwerb, Veräußerung oder Belastung von Beteiligungen an anderen Unternehmen;
- Gewährung und Inanspruchnahme von Krediten; das gilt nicht für geschäftsübliche Zahlungsziele;
- Rechtsgeschäfte mit einem Wert von mindestens € 5.000,–

3) Die Beschränkungen gemäß Ziffer 2 gelten nur im Innenverhältnis.

c) **Mehrheitsentscheidungen.** Bei der GbR wie auch bei den übrigen Personengesellschaften bedürfen Geschäftsführungsmaßnahmen, Satzungsänderungen und Grundlagengeschäfte der Einstimmigkeit. Das für Kapitalgesellschaften typische Mehrheitsprinzip (§ 47 Abs. 1 GmbHG, § 133 Abs. 1 AktG) ist dem gesetzlichen Statut der GbR wie auch den übrigen Persongesellschaften fremd (vgl. § 709 Abs. 1 Halbs. 2, 712 Abs. 1 BGB, § 119 HGB). Bei statischen, mitgliederarmen GbRs, wie etwa einer Ehegatten- oder Familien-Außengesellschaft zum Halten des Familienwohnheims[88] kommt man mit dem Einstimmigkeitsprinzip praktisch zurecht. Ist jedoch z. B. bei einer größeren Freiberufler-GbR höhere Dynamik erforderlich, muss Einstimmigkeit durch Mehrheitsmacht ersetzt werden. 45

Dass der Gesellschaftsvertrag der GbR Mehrheitsentscheidungen zulassen kann, ist zwar gesetzlich nur für Geschäftsführungsmaßnahmen in § 709 Abs. 2 BGB ausdrücklich geregelt, jedoch grundsätzlich auch für Änderungen des Gesellschaftsvertrags und Grundlagengeschäfte anerkannt. Bei Änderungen des Gesellschaftsvertrags und Grundlagengeschäften praktiziert die Rechtsprechung allerdings einen **zweistufigen Kontrollmechanismus zum Minderheitenschutz:**[89] Auf einer erste Stufe ist im Wege der **Auslegung** zu prüfen, ob der jeweilige Beschlussgegenstand überhaupt von der Mehrheitsklausel umfasst ist. Besteht eine entsprechende formelle Legitimation für den Beschluss, ist auf einer zweiten Stufe zu prüfen, ob der Beschluss materiell wegen Verstoßes gegen die gesellschaftsrechtliche **Treuepflicht** unwirksam ist. 46

Auf der ersten Stufe genügt es grundsätzlich, wenn sich nach allgemeinen Auslegungsregeln feststellen lässt, dass der konkrete Beschlussgegenstand von der Mehrheitsklausel gedeckt ist. Einer minutiösen Auflistung aller denkbarer Beschlussgegenstände bedarf es hierfür grundsätzlich nicht.[90] Allerdings muss ein Beschlussgegenstand in einer Mehrheitsklausel desto präziser bestimmt sein, je schwerwiegender er in Gesellschafterrechte eingreift oder je ungewöhnlicher er ist („**Bestimmtheitsgrundsatz**"). Beispielsweise sieht der BGH[91] den **Beschluss über die Feststellung des Jahresabschlusses** als Angelegenheit der laufenden Verwaltung von einer allgemeinen Mehrheitsklausel[92] gedeckt. Klauseln, die entgegen § 707 BGB eine nachträgliche **Beitragserhöhung** erlauben sollen, müssen diesen Beschlussgegenstand dagegen ausdrücklich aufführen und zudem das Ausmaß einer möglichen zusätzlichen Belastung erkennen lassen.[93] Der Beschluss über die **Feststellung einer Schlussabrechnung**[94] (als Voraussetzung einer Nachschusspflicht gem. § 735 BGB) oder der **Fortsetzung einer aufgelösten Gesellschaft**[95] soll, da **nicht regelmäßig wiederkehrend,** ebenfalls nicht von einer allgemeinen Mehrheitsklausel umfasst sein. 47

Die zweite Stufe der Beschlusskontrolle, ob nämlich der formell durch den Gesellschaftsvertrag legitimierte Beschluss materiell gegen die gesellschaftsrechtliche Treupflicht verstößt, spielt bei der Gestaltung des Gesellschaftsvertrages keine Rolle. Es handelt es sich um eine reine Ausübungskontrolle aus Anlass der Beschlussfassung. Die materiellen Beschlussvoraussetzungen müssen nicht schon im Gesellschaftsvertrag konkretisiert wer- 48

[88] Zur Zulässigkeit einer solchen Außen-GbR, siehe oben unter Rdnr. 11.
[89] BGH NJW 2007, 1685 und 2009, 669.
[90] BGH NJW 2007, 1685, 1686.
[91] NJW 2007, 1685.
[92] Gesellschafterbeschlüsse werden mit einfacher Mehrheit ...... gefasst, soweit nicht einzelne Bestimmungen dieses Gesellschaftsvertrags oder sonstige Vereinbarungen der Gesellschafter etwas anderes vorschreiben.
[93] BGH NJW-RR 2006, 827.
[94] KG NZG 2010, 223.
[95] BGH NJW 1953, 102.

den.[96] Eine Treupflichtverletzung liegt regelmäßig vor, wenn unmittelbar in Verwaltungs- oder Vermögensrechte der Gesellschafter eingegriffen wird (sog. „**Kernbereichslehre**").[97] Dagegen ist es grundsätzlich zulässig, im Gesellschaftsvertrag eines als Innen-GbR ausgestalteten **Konsortiums** zu bestimmen, dass die Konsortialmitglieder ihr Stimmrecht aus den von ihnen gehaltenen Beteiligungen an bestimmten Kapitalgesellschaften auch bei dort einer qualifizierten Mehrheit bedürftigen Beschlüssen so auszuüben haben, wie das jeweils zuvor in dem Konsortium mit einfacher Mehrheit beschlossen wurde.[98]

49 d) **Verteilungsmaßstab für Gesellschafterrechte.** Nach der gesetzlichen Regelung haben die GbR-Gesellschafter gleiches Stimmrecht (§ 709 Abs. 2 BGB) und gleichen Anteil an Gewinn und Verlust (§ 722 Abs. 1) sowie am Liquidationserlös (§ 734 BGB). Das geht von der Regel aus, dass die Gesellschafter gleiche Beiträge leisten (§ 706 Abs. 1 BGB). Insbesondere bei ungleichen Beiträgen wird häufig auch ein abweichender Verteilungsmaßstab für die Gesellschafterrechte gewollt sein. Einen **Kapitalanteil** als Verteilungsmaßstab für Gesellschafterrechte wie bei Handelsgesellschaften (§§ 121 Abs. 1, 155 Abs. 1 HGB) kennt das gesetzliche Statut der GbR nicht. Dennoch kann ein solcher Verteilungsmaßstab auch bei der GbR vereinbart werden.[99] Praxisüblich ist bei der GbR auch eine in % ausgedrückte Beteiligungsquote, aus der dann die Verteilung der übrigen Gesellschafterrechte abgeleitet wird.

50 Gem. § 719 Abs. 1 BGB kann ein Gesellschafter nicht über seinen „**Anteil an dem Gesellschaftsvermögen**" verfügen. Was das Gesetz hier meint, ist Gegenstand einer akademischen Diskussion. Manche stellen in Abrede, dass es einen solchen Anteil überhaupt gibt.[100] Für die Kautelarpraxis ist dieser dogmatische Grundlagenstreit unergiebig, weil das Steuerrecht, etwa in den §§ 1 Abs. 2 a, 5 f. GrEStG, einen quantifizierbaren Anteil des Gesellschafters am Gesamthandsvermögen voraussetzt. Es empfiehlt sich daher, einen solchen Anteil im Gesellschaftsvertrag auch zu bestimmen.

51 e) **Gewinnermittlung und -verwendung.** Was die gesetzlichen Regeln zur **Gewinnermittlung** angeht, so hat die Geschäftsführung[101] einer Dauergesellschaft gem. §§ 721 Abs. 2, 259 Abs. 1 BGB jeweils am Geschäftsjahresende eine geordnete und belegte Zusammenstellung der Einnahmen und Ausgaben herzustellen. Definitionsgemäß scheidet eine handelsrechtliche **Buchführungspflicht** gem. § 238 HGB bei sämtlichen und eine steuerrechtliche Buchführungspflicht gem. § 141 AO bei freiberuflichen und vermögensverwaltenden GbR aus. Kleingewerbliche GbR werden in der Regel nicht die Schwellenwerte aus § 141 AO überschreiten. Dennoch wird empfohlen, in GbR-Verträgen regelmäßig eine Buchführungspflicht festzulegen.[102] Diesem Ratschlag sollte man nicht folgen. Freiberufler und Kleingewerbetreibende würden so ohne Not aus der weniger aufwändigen und liquiditätsschonenderen Einnahmen-Überschuss-Rechnung gem. § 4 Abs. 3 EStG in einen Betriebsvermögensvergleich gem. §§ 4, 5 Abs. 1 EStG gedrängt.

52 Die **Gewinnverteilung** erfolgt entweder gesetzlich nach Köpfen (§ 722 Abs. 1 BGB) oder nach einem abweichenden vertraglichen Verteilungsmaßstab. Wird eine **Tätigkeitsvergütung** vereinbart, ist klarzustellen, ob es sich insoweit – wie regelmäßig – um einen Gewinnvoraus handelt (Tätigkeitsvergütung ist nur geschuldet, wenn Gewinn in ausreichender Höhe erzielt wurde) oder ob die Vergütung als Aufwand behandelt werden soll (Tätigkeitsvergütung ist auch dann geschuldet, wenn Gewinn in ausreichender Höhe nicht erzielt wurde).[103] Auch bei zivilrechtlicher Vereinbarung von Aufwand wird die Vergütung allerdings im Anwendungsbereich **der §§ 15 Abs. 1 S. 1 Nr. 2 S. 1, 18 Abs. 4 S. 2 EStG gewinnneutral umqualifiziert.** Der **Gewinnanspruch** entsteht erst mit dem Beschluss über die Feststellung der Jahres-

[96] BGH NJW 2009, 669, 671: [E]ine Mehrheitsklausel ...... begründet ohnehin nur eine formelle Legitimation für die von ihr erfassten Mehrheitsentscheidungen.
[97] Beispiele *Gummer/Plückelmann* MAH § 4 Rdnr. 12.
[98] BGH NJW 2009, 669.
[99] Siehe hierzu etwa MünchVertragshdb I/*Marsch/Barner* Formular I.4 Anm. 9.
[100] Nachweis des Meinungsstandes bei *K. Schmidt* Gesellschaftsrecht § 8 III 2.
[101] MünchKommBGB/*Ulmer* § 721 Rdnr. 4.
[102] Etwa MünchVertragshdb I/*Marsch/Barner* Formular I.3 Anm. 15 und *Wachter/Kesseler* HdBFA Teil 2 § 1 Rdnr. 272.
[103] Dazu MüHdbGR/*Gummert* § 15 Rdnrn. 26 f.

abrechnung.[104] Das Gesetz geht von Vollausschüttung aus. **Entnahmebeschränkungen** müssen vertraglich festgelegt oder aufgrund entsprechender Öffnungsklausel beschlossen werden, um den Gewinnanspruch beschränken zu können.[105]

f) Tod eines Gesellschafters. *aa) Gesetzliche Regelung.* Nach der **gesetzlichen Regel** des 53
§ 727 Abs. 1 BGB wird eine werbende GbR durch den Tod eines Gesellschafters **aufgelöst.** Das heißt, ihr Zweck ändert sich von Gesetzes wegen dahin, das Gesellschaftsvermögen auseinander zu setzen.[106] Hinter § 727 BGB steht das gesetzliche Leitbild eines personalistischen Verbandes, bei dem der Gesellschaftszweck nur durch die Gründungsgesellschafter gemeinsam verwirklicht werden kann. Wie sich aus § 727 Abs. 2 BGB ergibt, werden die **Erben Gesellschafter** der Liquidationsgesellschaft. Mehreren Erben fällt der Anteil an dieser Liquidationsgesellschaft gem. § 2032 Abs. 1 BGB gemeinschaftlich zur gesamten Hand an.[107] Eine bruchteilsmäßige Sondererbefolge findet nur bei entsprechender Vereinbarung in eine werbende Gesellschaft statt, nicht aber in eine Liquidationsgesellschaft.

Praxistipp:

Praktisch wird das gesetzliche Modell **selten den Wünschen der Beteiligten entsprechen.** 54

- Bei entpersonalisierten **Vermögensverwaltungs-GbR** kann der Gesellschaftszweck weitgehend unabhängig vom Gesellschafterbestand erreicht werden. Hier wird in der Regel eine mehr oder wenige freie Vererblichkeit der Anteile vorzusehen sein. Anders ist es bei **Vermögensverwaltungs-GbR zwischen Ehegatten**, wenn die Ehegatten sich wie regelmäßig zu Alleinerben einsetzen. Hier führt die Alleinerbeinsetzung über die Alleinberechtigung des überlebenden Ehegatten am Gesellschaftsvermögen und die Konfusion des Abfindungsanspruchs zum gewünschten Ergebnis, ohne dass gesellschaftsvertragliche Vorkehrungen erforderlich sind.[108]
- Bei **kleingewerblichen GbR** werden die verbleibenden Gesellschafter sich in der Regel zumindest die Möglichkeit offen halten wollen, den Gesellschaftszweck alleine zu verwirklichen, ohne von den Erben zur Liquidation gezwungen zu werden. Zu einem Formulierungsvorschlag, siehe unter e).
- Ähnliches gilt bei **Freiberufler-GbR**. Hier werden der oder die verbleibenden Gesellschafter in der Regel persönlich ausreichend qualifiziert sein, um das Unternehmen fortzuführen, so dass eine Zwangsliquidation auch hier nicht passt.

bb) Gestaltungsoptionen. Die Regelung des § 727 BGB gilt nur, „sofern nicht aus dem 55
Gesellschaftsvertrag sich ein anderes ergibt" (Abs. 1). Zur Disposition stehen dabei sowohl die Auflösung gem. § 727 Abs. 1 BGB, als auch der in § 727 Abs. 2 BGB vorausgesetzte Anfall des Anteils an den Erben. Klauseln, die lediglich die Auflösung ausschließen, bezeichnet man als „**Nachfolgeklauseln**" und Regelungen, die auch den Anfall ausschließen, als „**Fortsetzungsklauseln**". Folge ist in jedem Fall die Fortsetzung der werbenden Gesellschaft, bei Fortsetzungsklauseln nur unter den verbleibenden Gesellschaftern, bei Nachfolgeklauseln auch mit Erben. Denkbar ist zudem, den Anfall an die Erben, nicht aber auch die Auflösung auszuschließen. Folge wäre, dass die übrigen Gesellschafter das gesamte, also auch das ihnen gemäß § 738 Abs. 1 S. 1 BGB angewachsene Gesellschaftsvermögen auseinandersetzen. Den Erben stünde lediglich ein Abfindungsanspruch zu, ohne dass sie an der Auseinadersetzung beteiligt wären. Soweit ersichtlich, wird diese Gestaltung sonst nicht erwogen. Ihr Vorteil gegenüber der gesetzlichen Regelung des § 727 BGB wäre eine personelle Verschlankung des Liquidationsverfahrens. Als Modifikation der Auseinandersetzung dürfte eine entsprechende Vereinbarung gemäß § 731 S. 1 BGB („in Ermangelung einer anderen Vereinbarung") zulässig sein. Eine weitere, als „**Eintrittsklauseln**" bezeichnete Kategorie gesellschaftsvertraglicher Vereinbarungen kombiniert eine Fortsetzungsklausel mit einem vertraglichen Recht zugunsten bestimmter Personen, Gesellschafter zu werden.

[104] MünchKommBGB/*Ulmer/Schäfer* § 721 Rdnr. 9 und 13.
[105] Dazu MüHdbGR/*Gummert* § 15 Rdnr. 51 ff.
[106] Palandt/*Sprau* § 722 Rdnr. 2.
[107] BGH NJW 1995, 3314, 3315.
[108] Wiederum anders allerdings, wenn versucht werden soll, durch wechselseitigen aleatorischen Ausschluss des Abfindungsanspruchs auf den Todesfall Pflichtteilsansprüche zu reduzieren; dazu *Winkler* ZEV 2005, 89, 93.

56 *cc) Nachfolgeklauseln.* Je nachdem, ob der Gesellschaftsanteil zugunsten von jedermann oder nur zugunsten bestimmter Personen vererblich gestellt wird, unterscheidet man zwischen **einfachen und qualifizierten Nachfolgeklauseln.** Da es einen erbenlosen Nachlass nicht gibt, haben einfache Nachfolgeklauseln den Vorteil, dass sie auf jeden Fall zu einem Übergang des Gesellschaftsanteils führen.

Dagegen können qualifizierte Nachfolgeklauseln verunglücken, wenn sie nicht **mit den Verfügungen von Todes wegen der Gesellschafter synchronisiert** werden. Denn Gesellschaftsrecht genießt insoweit Vorrang vor Erbrecht, als eine Nachfolge in den Gesellschaftsanteil gem. § 1922 Abs. 1 BGB nur stattfindet, wenn der Erbe die gesellschaftsvertraglich definierten Merkmale eines zulässigen Nachfolgers erfüllt.[109] Bestimmt etwa eine qualifizierte Nachfolgeklausel, dass Nachfolger nur Abkömmlinge werden können und setzt der Erblasser seinen Ehegatten zum Alleinerbein ein, führt das zum Ausscheiden. Zwar kommt bei einem solchen Unfall die Umdeutung der Nachfolge- in eine Eintrittsklausel in Betracht.[110] Dieser Reparaturmechanismus wird aber versagen, wenn der Abfindungsanspruch gem. § 738 Abs. 1 S. 2 BGB nicht der eintrittsberechtigten Person zugeordnet werden kann.

57 Eine qualifizierte Nachfolgeklausel muss es ermöglichen, dass **die Person des Nachfolgers hinreichend genau bestimmt** werden kann. Dabei muss die Konkretisierung jedoch nicht unmittelbar durch den Gesellschaftsvertrag erfolgen, sondern sie kann auch weiteren Rechtshandlungen vorbehalten bleiben. Insbesondere kann vereinbart werden, dass Nachfolger in einen GbR-Anteil nur die Person sein kann, die der Gesellschafter (etwa im Rahmen einer Verfügung von Todes wegen) hierzu bestimmt.[111]

Formulierungsvorschlag
(qualifizierte Nachfolgeklausel mit Benennungsrecht der Gesellschafter)

58 Die Anteile der Gesellschafter können vererbt werden, ohne dass die Gesellschaft aufgelöst wird. Jeder Anteil kann jedoch nur einem einzigen Erben anfallen. Hat ein Gesellschafter mehrere Erben, geht der Anteil auf denjenigen von ihnen über, den der Gesellschafter dazu bestimmt; ist eine solche Bestimmung nicht getroffen, setzen die verbleibenden Gesellschafter die Gesellschaft unter Abfindung der Erben fort. Ist nur ein Gesellschafter übrig, wächst ihm das Gesellschaftsvermögen alleine an.

59 **Rechtsfolge** einer Nachfolgeklausel ist, dass der Anteil an der werbenden Gesellschaft unmittelbar von Todes wegen mit allen Rechten und Pflichten auf den oder die Erben übergeht. Auf **mehrere Erben** geht der Anteil nicht einheitlich zur gesamten Hand über, sondern einzeln zu Bruchteilsberechtigung gemäß Erbquoten. Diese gesellschaftsrechtliche Modifikation des § 2032 BGB bei der Vererbung von Personengesellschaftsanteilen geht auf eine ständige höchstrichterliche Rechtsprechung[112] zurück und ist zwischenzeitlich für die OHG und die PartG durch § 139 Abs. 1 HGB, § 9 Abs. 4 S. 3 PartGG positiviert. Das ändert jedoch nichts an der **Nachlasszugehörigkeit** des Gesellschaftsanteils.[113] Die Befugnisse des Erben und dessen Privatgläubiger können also auch im Hinblick auf vererbte Personengesellschaftsanteile durch erbrechtliche Vorschriften beschränkt sein, etwa durch ein **Nachlassinsolvenzverfahren,**[114] wegen angeordneter **Nacherbfolge**[115] **oder Testamentsvollstreckung.**[116] Im Detail ist hier viel streitig.

Eigentlich müsste der Gesellschafter-Erbe ausschlagen, um der unbeschränkten akzessorischen Haftung für Gesellschaftsverbindlichkeiten entsprechend § 128 HGB zu entgehen. Zum Schutz hiervor sollte man ihm bei kleingewerbetreibenden und vermögensverwalten-

[109] Siehe BGH NJW 1977, 1339.
[110] Dazu BGH NJW 1978, 264.
[111] MünchKommBGB/Ulmer/*Schäfer* § 727 Rdnr. 29.
[112] Siehe aus jüngerer Zeit BGH NJW 1999, 571, 572 m. w. N.
[113] BGH NJW 1989, 3152
[114] Siehe BGH NJW 1984, 2104, zur Nachlassinsolvenz des OHG-Erben.
[115] Dazu Nieder/Kössinger/*Nieder*, Handbuch der Testamentsgestaltung, 3. Aufl. 2008, § 10 Rdnr. 114.
[116] Dazu *Everts* MittBayNot 2003, 427, 428.

den GbRs ein **bedingtes Austrittsrecht entsprechend § 139 Abs. 2 HGB** gewähren, wenn die übrigen Gesellschafter nicht bereit sind, die GbR in eine Personenhandelsgesellschaft umzuwandeln und ihm darin die Stellung eines Kommanditisten einzuräumen.[117]

dd) Eintrittsklauseln. Eintrittsklauseln führen beim Tod eines Gesellschafters zunächst zur Fortsetzung der Gesellschaft unter den verbleibenden Gesellschaftern. Durch Vertrag zugunsten Dritter wird einer oder mehreren Personen das Recht eingeräumt, anstelle des Verstorbenen Gesellschafter zu werden. Diese Gestaltung muss dem Umstand Rechnung tragen, dass mit dem Ausscheiden des verstorbenen Gesellschafters grundsätzlich ein **Abfindungsanspruch** gem. § 738 Abs. 1 S. 2 BGB entsteht. Kommt ein solcher Anspruch zur Entstehung, werden die Beteiligten den Eintritt in der Regel nur dann zulassen wollen, wenn der Eintretende im Gegenzug den Abfindungsanspruch einbringt. Dazu müsste sichergestellt werden, dass der Abfindungsanspruch von Todes wegen dem Eintrittsberechtigten zugewiesen wird. Auch hier wäre also eine Synchronisation zwischen Gesellschaftsvertrag und Verfügungen von Todes wegen erforderlich. Eleganter ist es, den Abfindungsanspruch nur dann zur Entstehung gelangen zu lassen, wenn das Eintrittsrecht ungenutzt erloschen ist. Bis dahin oder bis zu einem Eintritt halten die übrigen Gesellschafter das ihnen angewachsene Vermögen für Rechnung des Eintrittsberechtigten.[118] Gegenüber einer qualifizierten Nachfolgeklausel hat eine solche Gestaltung zwei Vorteile: Die Nachfolge in den Gesellschaftsanteil vollzieht sich gesellschaftsrechtsautonom, ohne dass zwingender Abstimmungsbedarf mit den Verfügungen von Todes wegen besteht. Außerdem besteht bei der qualifizierten Nachfolgeklausel ein Ausgleichsanspruch gegen den Gesellschafter-Miterben, wenn der Wert der zugewandten Beteiligung höher ist als seine quotenmäßige Beteiligung am Nachlasswert.[119] Ein solcher erbrechtlicher Ausgleichsanspruch besteht bei einer Eintrittsklausel nicht. Auch Pflichtteilsergänzungsansprüche unter dem Gesichtspunkt, dass dem Nachlass der Abfindungsanspruch vorenthalten wird, dürften nach dem derzeit vorherrschenden Meinungsbild nicht in Betracht kommen.[120] 60

Formulierungsvorschlag[121]
(Eintrittsrecht mit Abfindungsausschluss und Benennungsrecht)

1. Stirbt <Gesellschafter>, wird die Gesellschaft unter Ausschluss der Erben fortgesetzt. <Eintrittsberechtigter> ist jedoch berechtigt, in die Gesellschaft einzutreten. 61
2. Der Eintritt erfolgt durch schriftliche Erklärung gegenüber der Gesellschaft. Das Eintrittsrecht kann nur innerhalb von sechs Monaten nach dem Erbfall ausgeübt werden. Mit Ablauf dieser Frist erlischt es.
3. Die Ausübung des Eintrittsrechts bewirkt, dass <Eintrittsberechtigter> ohne weiteres Gesellschafter mit den Rechten und Pflichten wird, die <Gesellschafter> gehabt hätte, wenn er bis zu diesem Zeitpunkt Gesellschafter geblieben wäre. Bis dahin nehmen die übrigen Gesellschafter die ihnen angewachsenen Rechte und Pflichten für Rechnung von <Eintrittsberechtigter> wahr.
4. Die Erben werden für das Ausscheiden von <Gesellschafter> nur unter der Bedingung abgefunden, dass das Eintrittsrecht erlischt, ohne ausgeübt worden zu sein.
5. <Gesellschafter> ist jederzeit berechtigt, durch schriftliche Erklärung gegenüber der Gesellschaft einen anderen Eintrittsberechtigten zu benennen. Die Benennung mehrere Eintrittsberechtigter ist unzulässig. Das Benennungsrecht ist höchstpersönlich, kann also nicht durch einen Vertreter oder Erben ausgeübt werden.
6. Die vorstehenden Regelungen gelten für den Tod des Eintrittsberechtigten und von dessen Nachfolgern entsprechend. Ein Eintrittsrecht besteht hier zugunsten derjenigen Person, die jeweils entsprechend Ziffer 5. bestimmt wurde.

---

117 *C. Schäfer* NJW 2005, 3665.

118 Dazu MünchKommBGB/*Ulmer/Schäfer* § 727 Rdnr. 59.

119 NJW 1977, 1339, 1342 f.

120 Überblick über den Meinungsstand Mayer/Süß/Tanck/Bittler/Wälzholz/*Riedel*, Handbuch Pflichtteilsrecht, 2. Aufl. 2009, § 16 Rdnr. 11 ff.

121 Zur ertragsteuerlichen Behandlung eines solchen Eintrittsrechts siehe MünchVertragshdb-*Oldenburg* Form. II.4 Anm. 18 a.

62 *ee) Zwischenlösungen.* Es ist auch möglich, die vorstehenden Gestaltungsmöglichkeiten miteinander zu kombinieren. Ist bei Abschluss des Gesellschaftsvertrages schlecht absehbar, ob der Tod eines Mitgesellschafters zur Auflösung zwingen wird, oder ob die übrigen Gesellschafter in der Lage sein werden, das Unternehmen der Gesellschaft unter Abfindung der Erben fortzuführen, könnten gesetzliches Modell, Fortsetzungs- und Nachfolgeklausel etwa wie folgt miteinander kombiniert werden:

Formulierungsvorschlag
(Fortsetzungsoption der übrigen Gesellschafter bei Tod eines Mitgesellschafters)

63 1. Beim Tod eines Gesellschafters gilt grundsätzlich die gesetzliche Regelung. Das heißt, die Gesellschaft wird unter Beteiligung der Erben aufgelöst.
2. Die verbleibenden Gesellschafter haben jedoch das Recht, mit einer Mehrheit von drei Vierteln der abgegebenen Stimmen die Fortsetzung der Gesellschaft zu beschließen. Den Erben steht bei diesem Beschluss kein Stimmrecht zu. Der Beschluss kann nur innerhalb von sechs Monaten nach dem Erbfall gefasst werden.
3. Soweit in einem Fortsetzungsbeschluss gemäß Ziffer 2. keine abweichende Bestimmung getroffen wird, scheiden die Erben gegen Abfindung aus der Gesellschaft aus.
4. War neben dem verstorbenen Gesellschafter nur ein weiterer Gesellschafter vorhanden, so steht diesem ein Übernahmerecht[122] zu. Dieses wird durch schriftliche Erklärung gegenüber dem Erben ausgeübt; bei mehreren Erben genügt der Zugang bei einem Miterben. Wird das Übernahmerecht ausgeübt, wächst das Gesellschaftsvermögen dem verbleibenden Gesellschafter alleine an und die Gesellschaft erlischt ohne Auflösung. Im übrigen gelten für das Übernahmerecht die Ziffern 1 bis 3 entsprechend.

64 **g) Verfügungen über den Gesellschaftsanteil.** Die Mitgliedschaft in einer Personengesellschaft ist als solche taugliches **Verfügungsobjekt.**[123] Daher ist für einen Gesellschafterwechsel kein kombinierter An- und Abwachsungsvorgang erforderlich, bei dem der Altgesellschafter aus- und der Neugesellschafter eintritt.[124] Sondern der Anteil an der GbR kann unmittelbar durch Rechtsgeschäft zwischen Alt- und Neugesellschafter gem. § 413 BGB übertragen werden. Dem stehen weder § 717 S. 1 BGB noch § 719 Abs. 1 BGB entgegen. Die Vorschriften sollen verhindern, dass Gesellschafterrechte von der Mitgliedschaft abgespalten werden (§ 717 S. 1 BGB) und dass Gegenstände des Gesellschaftsvermögens durch Verfügungen einzelner Gesellschafter ihrer Zweckbindung entzogen werden (§ 719 Abs. 1 BGB). Beide Normzwecke sind nicht einschlägig, wenn die Mitgliedschaft selbst, d. h. der Inbegriff sämtlicher Rechte und Pflichten eines Gesellschafters, übertragen wird.

65 **Folge** einer solchen Übertragung ist, dass der Erwerber vollumfänglich in die Rechtsstellung des Veräußerers eintritt. Die **Identität der GbR** bleibt durch die Anteilsabtretung in dem Sinn **unberührt,** dass Rechtsverhältnisse, an denen die GbR beteiligt ist, durch die Abtretung grundsätzlich nicht tangiert werden; das gilt selbst dann, wenn durch Anteilsabtretungen sämtliche Gesellschafter ausgetauscht werden.[125] Dieser Grundsatz kann aber nicht uneingeschränkt gelten. Vertragsverhältnisse mit GbR, die auf **persönlichem Vertrauen zu den Gesellschaftern** fußen, können von einem Gesellschafterwechsel nicht unberührt bleiben. Wurde etwa eine Wohnung aufgrund entsprechender Selbstauskünfte an die GbR zweier wohl beleumundeter Zahnärzte in nicht ehelicher Lebensgemeinschaft vermietet,[126] und treten diese ihre Anteile an zwei Studenten mit volatilen Einnahmen ab, muss sich der Vermieter gegen diesen faktischen Mieterwechsel wehren können. Die Emanzipation der Gesellschaft gegenüber ihren Mitgliedern soll Rechtsverhältnisse beständiger machen, an denen

[122] Zu diesem Übernahmerecht siehe MünchVertragshdb-*Marsch-Barner* Form. I.3 Am. 24.
[123] BGH NJW 1981, 2747.
[124] Zu diesem „Doppelvertrag" siehe MünchKommBGB/Ulmer/*Schäfer* § 719 Rdnr. 17 ff.
[125] BGH NJW 1966, 499.
[126] Treten als Mieter die Partner eine nichtehelichen Lebensgemeinschaft auf, soll regelmäßig davon auszugehen sein, dass Mietvertragspartei eine aus ihnen bestehende GbR ist, siehe Palandt/*Weidenkaff* § 535 Rdnr. 7. Den meisten Vermieten wird das ebenso wenig bewusst sein wie die Möglichkeit ihrer vermeintlichen Mieter, die Anteile an der Mieter-GbR vollständig identitätswahrend auf Dritte zu übertragen.

die Gesellschaft beteiligt ist. Zu einer Frustration von Drittvertrauen darf sie nicht führen. Im Beispielsfall wird man mit einem außerordentlichen Kündigungsrecht gem. §§ 543, 569 BGB aushelfen.

Erfolgt die Übertragung so, dass sich **sämtliche Gesellschaftsanteile in der Hand eines einzigen Gesellschafters** vereinigen, erlischt die Gesellschaft liquidationslos und ihr Vermögen wächst dem Erwerber zur alleinigen Berechtigung an.[127] 66

Die Anteilsabtretung und das korrespondierende Verpflichtungsgeschäft sind **formfrei.** 67 Das gilt grundsätzlich auch dann, wenn zum **Gesellschaftsvermögen** Vermögensgegenstände wie **Grundstücke oder GmbH-Anteile** gehören, deren unmittelbare Veräußerung formbedürftig wäre. Die Veräußerung des GbR-Anteils unterliegt nur ausnahmsweise den für das Gesellschaftsvermögen geltenden Formvorschriften, wenn die Errichtung der GbR dazu dient, diese Formvorschriften zu umgehen. Das ist nicht schon dann anzunehmen, wenn sich der Gesellschaftszweck auf das Halten und Verwalten solcher Vermögensgegenstände beschränkt.[128]

aa) Gesellschaftsvertraglich erleichterte Übertragbarkeit. Zur Übertragung eines GbR- 68 Anteils ist die **Zustimmung** sämtlicher Mitgesellschafter erforderlich. Das folgt aus der personalistischen Grundstruktur der GbR. Bis die erforderlichen Zustimmungserklärungen vorliegen, ist eine Übertragung schwebend unwirksam.[129] Die Zustimmung durch die übrigen Gesellschafter kann antizipiert im Gesellschaftsvertrag erteilt werden.[130] Sie wirkt dann auch gegen Sonderrechtsnachfolger in den GbR Anteil. Im Ergebnis können GbR-Anteile auf diesem Weg **frei übertragbar gestellt** werden. Die Zustimmung zu künftigen Übertragungen kann aber auch eingeschränkt erteilt werden, z. B. nur zugunsten eines bestimmten Personenkreises (Übertragung an Abkömmlinge, Verwandte in gerader Linie, Ehegatten etc). Enthält der Gesellschaftsvertrag für den Tod eines Gesellschafters eine einfache oder qualifizierte **Nachfolgeklausel**, sollte die Zustimmung zu Übertragungen unter Lebenden hierauf **abgestimmt** werden. Eine einfache Nachfolgeklausel wird daher in der Regel mit der freien Übertragbarkeit unter Lebenden einhergehen, eine qualifizierte Nachfolgeklausel mit einer entsprechend persönlich beschränkten Zustimmung zu Übertragungen unter Lebenden. Es ist auch möglich, Übertragungen des Gesellschaftsanteils unter der Voraussetzung zuzulassen, dass ein **zustimmender Gesellschafterbeschluss** vorliegt.[131] Die Mehrheit für einen solchen Beschluss kann frei festgelegt werden. Sie sollte desto höher sein, je personalistischer der Verband angelegt ist. Weder eine allgemeine Mehrheitsklausel noch eine Klausel, die Änderungen des Gesellschaftsvertrages allgemein durch Mehrheitsbeschluss zulässt, deckt allerdings einen solchen Zustimmungsbeschluss.[132] Soll also die Vinkulierung der Gesellschaftsanteile durch Mehrheitsentscheidung aufgehoben werden können, muss dies ausdrücklich zu einem tauglichen Beschlussgegenstand erklärt werden.

Formulierungsvorschlag
(Qualifizierte Nachfolgeklausel mit entsprechend eingeschränkter Übertragbarkeit unter Lebenden und Beschlussvorbehalt)

1. Beim Tod eines Gesellschafters wird die Gesellschaft mit dessen Erben fortgesetzt. 69
2. Der Gesellschaftsanteil kann jedoch nur an Angehörige im Sinn von § 15 der Abgabenordnung in der heute gültigen Fassung vererbt werden, ausgenommen Pflegeeltern und Pflegekinder.
3. An Personen gemäß Ziffer 2 kann ein Gesellschaftsanteil auch unter Lebenden ohne Zustimmung der übrigen Gesellschafter übertragen werden.
4. Die Gesellschafter können im Einzelfall beschließen, dass Gesellschaftsanteile an weitere Personen vererbt oder übertragen werden können. Ein solcher Beschluss bedarf einer Mehrheit von drei Vierteln der abgegebenen Stimmen.

[127] Siehe BGH NJW 1978, 1525, zur KG.
[128] BGH NJW-RR 2008, 773.
[129] BGH NJW 1954, 1155.
[130] BGH WM 1961, 303.
[131] BGH WM 1961, 303, 304.
[132] MünchKommBGB/Ulmer/*Schäfer* § 719 Rdnr. 28.

70 *bb) Gestaltung von Anteilsveräußerungen.* Bei der **entgeltlichen Veräußerung von GbR-Anteilen** kann man **Leistung und Gegenleistung sichern**, indem die Anteilsabtretung unter die **aufschiebende Bedingung** gestellt wird, dass die Gegenleistung vollständig erbracht ist. § 161 Abs. 1 BGB schützt den Erwerber wirksam vor **Zwischenverfügungen über den veräußerten GbR-Anteil**, weil ein gutgläubiger Dritterwerb von GbR-Anteilen über § 161 Abs. 3 BGB nicht möglich ist. Vor **Zwischenverfügungen über das Gesellschaftsvermögen** ist der Erwerber durch die aufschiebende bedingte Anteilsabtretung aber jedenfalls dann nicht ausreichend geschützt, wenn er bisher nicht an der GbR beteiligt war. Ob § 161 Abs. 1 BGB Verfügungen über Gesellschaftsvermögen erfasst, wenn aufschiebend bedingt über den GbR-Anteil verfügt ist, erscheint zweifelhaft.[133] Jedenfalls droht wegen § 161 Abs. 3 BGB der Verlust von Gesellschaftsvermögen an gutgläubige Erwerber, wo das Gesetz entsprechende Gutglaubenstatbestände vorsieht, wie bei beweglichen Sachen, Grundstücken und möglicherweise auch bei GmbH-Anteilen.[134]

71 Für die notarielle Praxis sind in erster Linie Fälle relevant, in denen zum **Gesellschaftsvermögen Grundbesitz** gehört und es dem Erwerber auf diesen Bestandteil des Gesellschaftsvermögens wirtschaftlich ankommt. Die Kautelarpraxis kann sich in einem solchen Fall an den Gestaltungsvorschlägen orientieren, die zur entgeltlichen Erbteilsveräußerung bestehen, wenn zum Nachlass Grundbesitz gehört.[135] Auf die GbR übertragen tritt der Verkäufer den GbR-Anteil dabei an den Käufer unter einer **auflösenden Bedingung** ab.[136] Auflösende Bedingung ist, dass der Verkäufer vom Kaufvertrag zurücktritt, weil der Käufer den Kaufpreis nicht vollständig bezahlt hat. Die **Vorlage der Urkunde zur Grundbuchberichtigung** wird **gesperrt**, bis der Verkäufer dem Notar bestätigt hat, den Kaufpreis erhalten zu haben. Bis dahin werden nur Teilausfertigungen ohne die Abtretung und gegebenenfalls ohne eine etwaige Berichtigungsbewilligung herausgegeben. Als Zwischensicherheit wird für den Käufer ein **Widerspruch** gem. §§ 899 Abs. 2 S. 1 Alt. 2, 899a S. 2 BGB im Grundbuch eingetragen. Hiervon wird die Kaufpreisfälligkeit abhängig gemacht.

72 Es ist zweifelhaft, ob die auflösend bedingte Abtretung des GbR-Anteils Zwischenverfügungen über das Gesellschaftsvermögen gem. § 161 Abs. 2 BGB verhindert und ob dies zum Schutz des Verkäufers so im Grundbuch verlautbart werden kann.[137] Wegen dieser Ungewissheit sollte die Grundbuchberichtigung erst gegen Nachweis der Kaufpreiszahlung betrieben werden. Das Sicherungsinteresse des Verkäufers ist berechtigter Grund i. S. v. §§ 82 S. 2 i. V. m. S. 3 GBO und **suspendiert den Grundbuchberichtigungszwang**. Gem. § 22 Abs. 1 Satz 1 GrEStG iVm. § 47 Abs. 2 S. 2 GBO muss zum Endvollzug zudem die **Unbedenklichkeitsbescheinigung** vorliegen.

Formulierungsvorschlag
(Verkauf des Anteils an einer Grundstücks-GbR; Sicherung von Leistung und Gegenleistung)

73 1. V ist als Gesellschafter an der GbR beteiligt, welche im Grundbuch des Amtsgerichts ...... von ...... Blatt ...... als Eigentümerin des folgenden Grundbesitzes eingetragen ist: ......
2. V verkauft seinen gesamten in Ziffer 1. bezeichneten Gesellschaftsanteil mit allen Rechten und Pflichten an K.
3. V überträgt den verkauften Gesellschaftsanteil an K zur alleinigen Berechtigung. Die Übertragung wird unwirksam, wenn V von diesem Vertrag zurücktritt, weil K den geschuldeten Kaufpreis nicht vollständig gezahlt hat. Die auflösende Bedingung entfällt, wenn der Notar diese Urkunde in grundbuchtauglicher Form mit dem Antrag auf Grundbuchberichtigung beim

[133] Von BayObLG MittBayNot 1994, 223, bejaht für den nur eingeschränkt vergleichbaren Fall, dass über Nachlassgegenstände verfügt wird, nachdem ein Erbteil aufschiebend bedingt abgetreten wurde.

[134] Zur Frage, ob § 16 Abs. 3 GmbHG eine Gutglaubensvorschrift i. S. d. § 161 Abs. 3 BGB darstellt, siehe *Weigl* MittBayNot 2009, 116, 117.

[135] Dazu Schöner/*Stöber* Rdnr. 955 ff.

[136] Für eine Gestaltung mittels aufschiebend bedingter Abtretung *Heinze* RNotZ 2010, 289, 307, der inzident davon ausgeht, dass der Käufer bei aufschiebend bedingter Abtretung des GbR Anteils vor Verfügungen über Gesellschaftsvermögen analog § 161 Abs. 1 BGB geschützt ist und dass dies im Grundbuch verlautbart werden kann, um einen gutgläubigen Erwerb gem. §§ 161 Abs. 3, 892 Abs. 1 S. 1 BGB auszuschließen.

[137] Zur parallelen Fragestellung bei der aufschiebend bedingten Abtretung siehe Fn. 90.

Grundbuchamt einreicht. K nimmt diese auflösend bedingte Übertragung an. G1, G2 und G3 als alleinige Mitgesellschafter der Gesellschaft stimmen der Übertragung zu. Es wird allseits bewilligt und beantragt, die vorstehende Übertragung berichtigend im Grundbuch einzutragen und dabei den Widerspruch gemäß Ziffer 4 zu löschen.

4. Es wird bewilligt und beantragt, gegen die Eintragung des Verkäufers als Gesellschafter der in Ziffer 1 bezeichneten GbR im Grundbuch einen Widerspruch einzutragen.
5. Der Notar darf dem Grundbuchamt diese Urkunde erst dann zum Vollzug der Grundbuchberichtigung vorlegen, wenn ihm der Verkäufer schriftlich bestätigt hat, den Kaufpreis gemäß Ziffer 6 erhalten zu haben. Bis dahin dürfen grundbuchtaugliche Abschriften dieser Niederschrift nur auszugsweise ohne Ziffer 3 erteilt werden.
6. Der Kaufpreis beträgt ...... und ist fällig zehn Tage nachdem dem Käufer eine schriftliche Mitteilung des Notars zugegangen ist, wonach der Widerspruch gemäß Ziffer 4 im Grundbuch eingetragen ist. Der Notar soll diese Mitteilung mit einfachem Brief versenden und den Verkäufer hiervon benachrichtigen. Der Kaufpreis muss fristgerecht auf folgendem Konto des Verkäufers gutgeschrieben sein: ...... Wegen seiner Verpflichtung zur Zahlung des Kaufpreises unterwirft sich der Käufer der sofortigen Zwangsvollstreckung aus dieser Urkunde in sein gesamtes Vermögen.
7. Die GbR ist an keiner GmbH beteiligt.[138]
8. *[Übliche Kautelen zu Gewährleistung, Gewinnabgrenzung, Kostentragung und Hinweis gem. § 19 BeurkG]*

h) Dauer. Gelegenheitsgesellschaften enden in der Regel mit Zweckerreichung (§ 726 Alt. 1 BGB). In der notariellen Praxis spielen **Dauergesellschaften** eine größere Rolle. Diese enden mit Zeitablauf oder außerordentlicher Kündigung, wenn sie wirksam für eine bestimmte Zeit eingegangen sind (§§ 158 Abs. 2, 163 BGB und § 723 Abs. 1 S. 2 BGB), sonst mit Kündigung (§ 723 Abs. 1 S. 1 BGB). Beendigung in diesem Sinne führt zur **Auflösung** der Gesellschaft. Das ist zwar im Gesetz nicht ausdrücklich angeordnet, wird aber von § 736 Abs. 1 BGB vorausgesetzt. Die Auflösung der Gesellschaft bewirkt eine gesetzliche Änderung ihres Zwecks. Neuer Gesellschaftszweck ist die Auseinandersetzung des Gesellschaftsvermögens. Die Auseinandersetzung ist beendet, sobald zum Gesellschaftsvermögen kein verteilungsfähiges Aktivum mehr gehört (**Vollbeendigung**). Die Kündigung unterliegt von Gesetzes wegen abgesehen vom Unzeitverbot gem. § 723 Abs. 2 BGB keinen Beschränkungen, etwa durch Form- oder Fristvorschriften. 74

Antworten auf die Frage, inwieweit die genannten Regeln **vertraglich modifiziert** werden können, werden vom Gesetz mehr verdunkelt als erhellt. Einerseits scheint § 723 Abs. 1 S. 1 BGB eine Befristung der Gesellschaft schrankenlos zuzulassen. Andererseits scheint § 723 Abs. 3 BGB jede Einschränkung (auch) des ordentlichen Kündigungsrechts zu verbieten. Beides trügt. § 724 S. 1 BGB lässt sich die Wertung entnehmen, dass überlange Bindungsfristen unzulässig sind. Und was die prima facie gemäß § 723 Abs. 3 BGB ausgeschlossene Einschränkung des Kündigungsrechts angeht, so lässt sie das Gesetz in § 723 Abs. 1 S. 1 und 6 BGB doch in weitem Umfang zu: Nämlich durch Befristung der Gesellschaft oder des Kündigungsrechts selbst. Auch ein **gewillkürtes Formerfordernis** wird trotz § 723 Abs. 3 BGB allgemein für zulässig gehalten.[139] 75

Als **Quintessenz** lässt sich festhalten: **Gesellschaft und ordentliches Kündigungsrecht können befrist werden, aber nicht unangemessen lang.** Zwischen noch und nicht mehr angemessener Bindung verläuft keine starre Grenze, sondern es kommt auf den Einzelfall an. Die Vertragsgestaltung bewegt sich hier auf unsicherem Terrain. Längere Fristen als **30 Jahre** sollten generell nicht vorgesehen werden.[140] An die 30-Jahres-Grenze sollte man sich aber auch nur dann heranwagen, wenn keine laufenden Beiträge zu leisten, die Haftungsrisiken gering und die Anteile möglichst frei übertragbar gestellt sind. Ansonsten sind entsprechend 76

---

[138] Zur Bedeutung dieses Merkpostens siehe unten Rdnr. 92 ff.

[139] Siehe etwa MünchKommBGB-*Ulmer/Schäfer* § 723 Rdnr. 12 sowie MünchVertragshdb/*Marsch-Barner* Form. I.3 § 2 S. 2.

[140] Diese 30-Jahres-Grenze geht auf BGH WM 1967, 315, 316, zurück, wird heute jedoch nicht mehr als allgemein zulässige Höchstgrenze angesehen; siehe MünchKommBGB/Ulmer/*Schäfer* § 723 Rdnr. 66.

kürzere Fristen vorzusehen. Wird eine unzulässig lange Frist vereinbart, droht jederzeitige Kündigungsmöglichkeit gem. § 723 Abs. 1 S. 1 BGB.[141]

77 Läuft die Befristung der Gesellschaft aus, beginnt von Gesetzes wegen das Liquidationsverfahren. Diese Rechtsfolge kann gesellschaftsvertraglich modifiziert werden. Insbesondere kann eine **Verlängerungsklausel** vorgesehen werden, nach der die Fortsetzung der Gesellschaft nach Fristablauf mehrheitlich beschlossen werden kann.[142] Eine solche Verlängerungsklausel darf jedoch ihrerseits nicht zu einer unangemessenen Bindung führen. Im Gesellschaftsvertrag müssen also angemessene Höchstfristen für die Verlängerung bestimmt und dissentierenden Gesellschaftern sollte die Möglichkeit zum Ausscheiden gegen Abfindung eingeräumt werden.[143]

Formulierungsvorschlag

(Befristung der Gesellschaft mit Verlängerungsklausel)

78 1. Die Gesellschaft ist für eine Frist von 20 Jahren eingegangen. Während dieser Zeit kann die Gesellschaft nicht ordentlich gekündigt werden.
2. Sollte diese Fristbestimmung unwirksam sein, so ist die Gesellschaft auf die gerade noch zulässige Höchstdauer eingegangen.
3. Die Gesellschafter können frühestens sechs und spätestens drei Monate vor Fristablauf beschließen, dass die Gesellschaft auf eine Zeit von höchstens zehn weiteren Jahren fortgesetzt wird. Der Beschluss bedarf einer Mehrheit von drei Vierteln der abgegebenen Stimmen.
4. Gesellschafter, die nicht oder gegen die Fortsetzung gestimmt haben, können mit einmonatiger Frist kündigen. Das Kündigungsrecht erlischt drei Monate nach Beschlussfassung und muss schriftlich ausgeübt werden. Mit Wirksamwerden der Kündigung scheidet der Kündigende aus der Gesellschaft aus.
5. Erklären mindestens drei Gesellschafter eine Kündigung gemäß Ziffer 4, so können sich ihr auch diejenigen Gesellschafter anschließen, die für die Fortsetzung gestimmt haben. Diese Anschlusskündigung muss innerhalb von drei Monaten nach Fortsetzung der Gesellschaft erklärt werden; im übrigen gilt Ziffer 3 für sie entsprechend.
6. Für die Verlängerung einer gemäß Ziffer 3 beschlossenen Frist gelten die Ziffern 3 bis 5 entsprechend.

79 i) **Ausschließung.** Gem. § 737 BGB kann ein Gesellschafter aus einer GbR ausgeschlossen werden, wenn in seiner Person ein **wichtiger Grund** vorliegt und wenn der Gesellschaftsvertrag eine **Fortsetzungsklausel** enthält. Die Fortsetzungsklausel bringt zum Ausdruck, dass sich die Gesellschafter auch dann in der Lage sehen, den Gesellschaftszweck zu verwirklichen, wenn einzelne Mitgesellschafter ausfallen. Das Ausschließungsrecht steht gem. § 737 S. 2 BGB den übrigen Gesellschafter gemeinschaftlich zu. Die Ausschließung kann von ihnen also nur **einstimmig** beschlossen werden. War der Auszuschließende bei der Beschlussfassung nicht zugegen,[144] muss ihm die Ausschließung gem. § 737 S. 3 **mitgeteilt** werden. Hierfür ist jeder Mitgesellschafter einzeln zuständig. Die genannten gesetzlichen Regeln sind grundsätzlich **dispositiv.** Praxisrelevant dürfte dabei alleine die Frage sein, inwieweit die Ausschließungsvoraussetzungen **erleichtert** werden können.

80 Abweichend von der Regel des § 737 S. 2 BGB, wonach ein einstimmiger Ausschließungsbeschluss erforderlich ist, kann eine **Mehrheitsentscheidung** zugelassen oder die **Ausschließungsentscheidung einem einzelnen Mitgesellschafter übertragen** werden.[145] Es ist auch möglich vorzusehen, dass ein Gesellschafter **automatisch ausscheidet,** wenn bestimmte Voraussetzungen vorliegen, ohne dass es noch eines Ausschließungsbeschlusses und dessen Mitteilung bedürfte. So kann man beispielsweise regeln, dass Gesellschafter mit Erreichen einer

[141] Zu den Rechtsfolgen überlanger Bindungsfristen und zu Reparaturmöglichkeiten aufgrund ergänzender Vertragsauslegung siehe MünchKommBGB/Ulmer/*Schäfer* § 723 Rdnr. 63.

[142] MünchKommBGB/Ulmer/*Schäfer* § 723 Rdnr. 69.

[143] MünchKommBGB/Ulmer/*Schäfer* § 723 Rdnr. 69.

[144] Zu dieser ungeschriebenen Einschränkung des § 737 S. 3 BGB siehe MünchKommBGB/Ulmer/*Schäfer* § 737 Rdnr. 14.

[145] MünchKommBGB/Ulmer/*Schäfer* § 737 Rdnr. 13.

bestimmten **Altersgrenze** ausscheiden. In der Praxis werden fremdgenutzte Wohnungseigentumsanlagen häufig mit einer beteiligungsidentischen Betriebs-Personengesellschaft gekoppelt. Hier kann geregelt werden, dass ein Gesellschafter automatisch aus der Betriebsgesellschaft ausscheidet, wenn er sein Wohnungseigentum ohne zugehörigen Gesellschaftsanteil veräußert.[146]

Soll von dem Erfordernis eines wichtigen Grundes abgewichen und der Ausschluss unter erleichterten Voraussetzungen zugelassen werden, begibt sich die Vertragsgestaltung auf unsicheres Terrain. Dabei ist von folgenden Eckdaten auszugehen: Grundsätzlich hält es die Rechtsprechung rechtsformunabhängig für **sittenwidrig**, ein **völlig freies Ausschlussrecht** zu Lasten eines Gesellschafters zu vereinbaren. Denn ein solches Recht könnte den Gesellschafter davon abhalten, seine Gesellschafterrechte wahrzunehmen und sich wirksam an der Förderung des Gesellschaftszwecks zu beteiligen („**Damoklesschwert**"-Rechtsprechung).[147] Ein Ausschlussrecht muss daher grundsätzlich von einem **sachlichen Grund** abhängig gemacht werden. Wo genau die Grenze zwischen „sachlichem" und „wichtigen" Grund verläuft, weiß wohl niemand genau. Immerhin lässt die Rechtsprechung auch ein freies Ausschließungsrecht ausnahmsweise zu, wenn dies **wegen besonderer** Umstände sachlich gerechtfertigt ist. Bei der Annahme solcher „besonderen" Umstände zeigt sich die Rechtsprechung zunehmend großzügig. Als besondere Umstände wurden angesehen: 81

- Dreijährige Probezeit bei Aufnahme eines Arztes in eine Gemeinschaftspraxis.[148]
- Zuwendung einer Gesellschaftsbeteiligung von Todes wegen, wenn diese von vorneherein mit einem freien Hinauskündigungsrecht bemakelt ist.[149]
- Der Ausschlussberechtigte übernimmt wegen enger persönlicher Beziehungen zu seinem Mitgesellschafter die volle Finanzierung der Gesellschaft und dem Mitgesellschafter wird eine Mehrheitsbeteiligung sowie die alleinige Geschäftsführungsbefugnis eingeräumt.[150]

Für die notarielle Praxis von besonderer Bedeutung ist die Frage, ob die **unentgeltliche Übertragung** oder Einräumung der Gesellschafterstellung für sich genommen einen „besonderen Umstand" darstellt, der eine freie Ausschließungsmöglichkeit rechtfertigt. Bedauerlicherweise ist diese Frage ungeklärt.[151] Notaren, die ein entsprechendes Ausschließungsrecht formulieren sollen, ist auf jeden Fall zu einer Befristung und zur Aufnahme eines Vermerks gem. § 17 Abs. 2 S. 2 BeurkG zu raten. 82

Vergleichbare Fragen stellen sich, wenn in dem Vertrag zur unentgeltlichen Überlassung eines Gesellschaftsanteils ein **freies Rückforderungsrecht** zugunsten des Veräußerers vorbehalten werden soll.[152] Gegenüber einem gesellschaftsvertraglichen Hinauskündigungsrecht ist das erst recht problematisch, weil bei Ausübung des Rückforderungsrechts noch nicht einmal ein gesetzlicher Abfindungsanspruch besteht. Hinzukommen steuerliche Nachteile, etwa, dass die erbschaftssteuerliche Privilegierung als Betriebsvermögen gem. §§ 13a, 13b ErbStG nicht in Anspruch genommen werden kann.[153] Freie Rückforderungsrechte in Zusammenhang mit der Überlassung von Gesellschaftsanteilen sollten daher besser nicht vereinbart werden. 83

j) **Abfindung.** Scheidet ein Gesellschafter aus der Gesellschaft aus, so gewährt ihm § 738 Abs. 1 S. 2 BGB unabhängig vom Grund seines Ausscheidens (Tod, Kündigung durch ihn, seine Gläubiger oder die Mitgesellschafter, Gesellschafterinsolvenz, Verwirklichung eines automatisch wirkenden Ausscheidenstatbestandes etc.) u. a. einen Abfindungsanspruch in Höhe seines hypothetischen Liquidationserlöses im Zeitpunkt des Ausscheidens. Abzufinden ist der Verkehrswert des Anteils, und zwar wider den Gesetzeswortlaut („was er bei der Auseinandersetzung erhalten würde, wenn die Gesellschaft zur Zeit seines Ausscheidens 84

[146] BGH NJW 2003, 1729, betreffend eine KG zur Bewirtschaftung einer Wohnungseigentumsanlage.
[147] BGH NJW 1981, 2565, 2566.
[148] BGH NJW-RR 2007, 1256.
[149] BGH NZG 2007, 422.
[150] BGH NJW 1990, 2622.
[151] BGH NJW 1990, 2622, 2623.
[152] Zur Gestaltung von Rückforderungsrechten bei der Überlassung von Gesellschaftsanteilen siehe *Wälzholz* NZG 2007, 416.
[153] *Reich* MittBayNot 2007, 182, 187, m. w. N.

aufgelöst worden wäre") nicht zum Zerschlagungs- sondern zum Fortführungswert.[154] Bei der Auswahl zwischen mehreren in Betracht kommenden Bewertungsverfahren steht dem Tatrichter ein nicht revisibler Beurteilungsspielraum zu.[155]

85 Ein sofort fälliger Abfindungsanspruch in Höhe des anteiligen wahren Wertes kann die Liquidität des Unternehmens erheblich belasten. Deswegen wird häufig der Gestaltungswunsch geäußert, den **Abfindungsanspruch vertraglich zu beschränken.**[156] Die Grenzen solcher Gestaltungen sind rechtsformübergreifend gleich. Als grobe Eckpfeiler sollte man beachten: Ein **Totalausschluss** ist regelmäßig unzulässig,[157] es sei denn beim todesbedingten Ausscheiden.[158] Eine Abfindungsbeschränkung darf nicht nur für den Fall der Gesellschafterinsolvenz oder der Gläubigerkündigung vereinbart werden, sonst ist sie wegen **Gläubigerbenachteiligung** unwirksam. Eine entsprechende Abfindungsbeschränkung muss vielmehr auch für den Fall vereinbart werden, dass ein Gesellschafter aus wichtigen Grund ausgeschlossen wird.[159] Die Inhalts- oder Ausübungskontrolle von Abfindungsbeschränkungen ist nicht allein deswegen gelockert, weil dem Betroffenen seine **Beteiligung unentgeltlich zugewendet** wurde.[160] Sogenannte **„Buchwertklauseln"** sollten im Gesellschaftsvertrag einer GbR schon deswegen nicht vereinbart werden, weil die GbR in der Regel weder steuer- noch handelsrechtlich buchführungspflichtig ist und es sich regelmäßig auch nicht empfiehlt, eine vertragliche Buchführungspflicht zu statuieren.[161] Wegen der Angleichung der Verkehrs- und Steuerwerte durch die Erbschaftssteuerreform 2009[162] sollten bei Abfindungsbeschränkungen auch die **erbschafts- und schenkungssteuerlichen Nebenwirkungen** aus §§ 3 Abs. 1 Nr. 2 S. 2, 7 Abs. 7 Satz 1 ErbStG beachtet werden.[163]

86 Insgesamt sollte man sich daher bei abfindungsbeschränkenden Vereinbarungen zurückhalten. Um die Liquidität des Unternehmens zu schonen, sollte in erster Linie mit **Stundungen** gearbeitet werden. Eine Aufteilung der Abfindung auf **fünf Jahresraten** gegen eine angemessene Verzinsung dürfte in aller Regel unbedenklich sein.[164] Um die Rechtssicherheit für die Beteiligten zu erhöhen und kostenintensive Abfindungsprozesse zu vermeiden, sollte man die **Bestimmung der Abfindungshöhe** und die Auswahl des Bewertungsverfahrens **gem. § 317 Abs. 1 BGB** im Streitfall möglichst einem **sachverständigen Dritten** nach billigem Ermessen übertragen. Üblicherweise wird vorgeschlagen, die Entscheidung einem von der Wirtschaftsprüferkammer benannten Wirtschaftsprüfer zu übertragen.[165]

Formulierungsvorschlag
(Einfache Abfindungsklausel)

87 1. Scheidet ein Gesellschafter aus, erhält er eine Abfindung in Höhe des tatsächlichen Werts seines Anteils.
2. Die Abfindung ist zahlbar in drei gleichen Jahresraten. Die erste Rate ist fällig drei Monate, nachdem der Gesellschafter wirksam ausgeschieden ist.
3. Der Abfindungsbetrag ist ab dem Zeitpunkt des Ausscheides mit einem Zinssatz von fünf Prozent über dem Basiszinssatz zu verzinsen. Die Zinsen sind mit den jeweiligen Abfindungsraten fällig.

---

[154] MünchKommBGB/Ulmer/*Schäfer* § 738 Rdnr. 32.
[155] Siehe BGH NJW 1991, 1547, 1548, zur Unternehmensbewertung im Rahmen des Zugewinnausgleichs.
[156] Wachter/*Kesseler* HdbFA Teil 2 § 1 Rdnr. 371 weist zu Recht darauf hin, dass die Gründungsgesellschafter häufig zu wenig in Rechnung stellen, dass auch sie selbst es sein können, die von einer entsprechenden Abfindungsbeschränkung betroffen werden.
[157] Ausnahme: Ideelle Zwecksetzung der Gesellschaft, BGH NJW 1997, 2592.
[158] Zu dieser Ausnahme BGH NJW 1957, 180, 181.
[159] BGH NJW 2000, 2819.
[160] BGH NJW 1989, 2685, 2686.
[161] Siehe dazu oben unter B. V.5.
[162] Gesetz zur Reform des Erbschaftsteuer- und Bewertungsrechts vom 24. 12. 2008, BGBl. I S. 3018.
[163] Dazu *Jülicher* Zerb 2008, 214.
[164] MünchKommBGB/Ulmer/*Schäfer* § 738 Rdnr. 65.
[165] Siehe etwa *Giehl*, in Beck'sche Online-Formulare Vertragsrecht, 14. Ed. 2010, Formular 7.8.2.3 (Mehrpersonen GmbH ohne beherrschenden Gesellschafter).

4. Wird über die Höhe der Abfindung keine Einigung erzielt, wird sie durch einen Wirtschaftsprüfer nach billigem Ermessen bestimmt. Der Wirtschaftsprüfer legt dann auch das Bewertungsverfahren fest. Der Wirtschaftsprüfer wird von der Wirtschaftsprüferkammer benannt. Die Kosten tragen der Ausscheidende und die Gesellschaft zur Hälfte.
5. Wird ein Gesellschafter aus wichtigem Grund aus der Gesellschaft ausgeschlossen, treten an die Stelle a) der drei Raten in Ziffer 2 Satz 1 sieben Raten und b) des Zinssatzes in Höhe von fünf Prozent über dem Basiszinszins gemäß Ziffer 3 Satz 1 ein Zinssatz in Höhe von zwei Prozent fest.
6. Die vorstehenden Regelungen gelten auch, wenn das Gesellschaftsvermögen einem Gesellschafter alleine anwächst. Sie gelten nicht bei einer Anteilsübertragung im Wege der Einzelrechtsnachfolge.

III. Umstrukturierung

Eine gewerbetreibende GbR wird kraft Gesetzes zur **OHG**, wenn ihr Unternehmen nach Art oder Umfang einen in kaufmännischer Weise eingerichteten Geschäftsbetrieb erfordert, §§ 105 Abs. 1, 1 Abs. 2 HGB. Kleingewerbetreibende und vermögensverwaltende GbR werden zur OHG, wenn sie auf entsprechende Anmeldung der Gesellschafter hin als solche im Handelsregister eingetragen werden, § 105 Abs. 2 HGB. Die Eintragung einer Freiberufler-GbR in das Partnerschaftsregister gem. §§ 4f. PartGG lässt sie zur **Partnerschaftsgesellschaft** werden. Damit steht praktisch bei allen GbR der Weg offen, sie identitätswahrend und steuerneutral in die Rechtsform einer Personengesellschaft mit umfassender Registerpublizität zu überführen. 88

Eine solche **Überführung in eine registrierte Rechtsform** ist auch Voraussetzung dafür, dass sich die Gesellschaft umfassend an **Umstrukturierungen nach dem Umwandlungsgesetz** beteiligen kann. Soll beispielsweise das Vermögen einer GbR auf zwei GmbHs aufgespalten werden, so ist die Gesellschaft in einem ersten Schritt als OHG im Handelsregister einzutragen. In einem zweiten Schritt kann die Aufspaltung unter Beteiligung der OHG als übertragender Rechtsträger gem. §§ 124 Abs. 1, 3 Abs. 1 Nr. 1 UmwG durchgeführt werden. Die beiden Schritte sind gedanklich zu trennen, können jedoch uno actu zum Handelsregister angemeldet werden. 89

Ansonsten erwähnt das Umwandlungsgesetz die GbR nur an einer Stelle: Gem. §§ 191 Abs. 2 Nr. 1, 226 UmwG ist sie tauglicher **Rechtsträger neuer Rechtsform bei dem Formwechsel einer Kapitalgesellschaft**. Während das Umwandlungsgesetz 1969 die Umwandlung einer Kapitalgesellschaft in eine Personengesellschaft nur als übertragende Umwandlung zuließ,[166] stellt das Umwandlungsgesetz 1994 mit dem Formwechsel ein Instrument zur identitätswahrenden Umwandlung zwischen Kapital- und Personengesellschaften zur Verfügung. Diese **spezifisch umwandlungsrechtliche Identität zwischen Personen- und Kapitalgesellschaften** bezweckt in erster Linie, Transaktionsaufwand zu minimieren. Insbesondere lässt sie den Formwechsel zwischen Personen- und Kapitalgesellschaft verkehrssteuerneutral ablaufen.[167] Der Beitrag des umwandlungsrechtlichen Identitätsgrundsatzes zur gesellschaftsrechtlichen Systembildung sollte nicht überschätzt werden. Denn die entscheidende Frage lässt das Gesetz offen: Geht der Identitätsgrundsatz von divergierenden Vermögenszuordnungskonzepten bei juristischer Person und Gesamthand aus und blendet lediglich bestimmte Rechtsfolgen hiervon aus (z.B. Verkehrssteuerpflicht von Formwechseln) oder nivelliert er die Unterschiede der Vermögenszuordnungskonzepten selbst? In der Literatur ist die Frage selbstverständlich umstritten.[168] 90

Das UmwG lässt die GbR unmittelbar nur als Rechtsträger neuer Rechtsform bei der Umwandlung von Kapitalgesellschaften zu. Dennoch lässt sich auch eine **Verschmelzung** unter unmittelbarer Beteiligung von GbR **funktional nachbilden**, wenn an die Stelle der Gesamtrechtsnachfolge gem. §§ 2, 20 Abs. 1 Nr. 1 UmwG eine Gesamtrechtsnachfolge kraft 91

[166] Lutter/*Decher* UmwG Vor § 190 Rdnr. 3f.
[167] Siehe etwa zur Grunderwerbsteuerfreiheit des Formwechsels.
[168] Zum Meinungsstand siehe Lutter/*Decher* UmwG § 190 Rdnr. 3ff.

Anwachsung entsprechend § 738 Abs. 1 S. 1 BGB gesetzt wird: Die GbR-Gesellschafter bringen dabei im Rahmen einer Sachgründung oder Sachkapitalerhöhung ihre sämtlichen Anteile an der GbR in die Kapitalgesellschaft ein. Das GbR-Vermögen wächst dann der Kapitalgesellschaft im Rahmen einer Gesamtrechtsnachfolge an und **§ 20 UmwStG** ermöglicht grundsätzlich eine Buchwertfortführung. § 20 UmwStG ist auf **Einbringungen kraft sog. erweiterter Anwachsung** anwendbar.[169] § 1 Abs. 3 Nr. 4 UmwStG, der insoweit eine „Einzelrechtsnachfolge" fordert, steht dem nicht entgegen. Auch bei der Einbringung durch erweiterte Anwachsung geht der Gesamtrechtsnachfolge in das Gesellschaftsvermögen eine Einzelrechtsnachfolge in die Gesellschaftsanteile voran. Außerdem gibt es keinen sachlichen Grund, diese Einbringungsart gegenüber einer Einbringung der Einzelwirtschaftsgüter steuerlich zu diskriminieren.

IV. GbR als Gesellschafterin

1. Gesellschafterfähigkeit

92 Eine GbR kann sich als Gesellschafterin an anderen Personen- und Kapitalgesellschaften beteiligen. Aus § 162 Abs. 1 S. 2 HGB kann nicht der Umkehrschluss gezogen werden, dass die Beteiligung an anderen Persongesellschaften unzulässig wäre. Sondern eine GbR kann sich sowohl an einer anderen GbR[170] als auch an einer OHG[171] beteiligen. Die Beteiligung einer GbR an einer Partnerschaftsgesellschaft dürfte gem. § 1 Abs. 1 S. 3 PartGG wegen der weit gehenden rechtlichen Verselbständigung der GbR gegenüber ihren Gesellschaftern unzulässig sein.

2. Verlautbarung in Registern und Verzeichnissen

93 **§§ 47 Abs. 2 S. 1 GBO und § 162 Abs. 1 S. 2 HGB** schreiben vor, dass sämtliche Gesellschafter der GbR einzutragen sind, wenn die GbR als Berechtigte im Grundbuch oder als Kommanditistin im Handelsregister eingetragen wird. Dem kommt **Leitbildfunktion** für andere Konstellationen und Verzeichnisse zu. Die Vorschriften sind entsprechend anzuwenden, wenn die GbR als **persönlich haftende Gesellschafterin** einer OHG oder KG im Handelsregister, als Gesellschafterin eine **GmbH** in der **Gesellschafterliste** oder als Gesellschafterin einer **Aktiengesellschaft** im **Aktienregister** eingetragen werden soll. In all diesen Fällen müssen sämtliche Gesellschafter angegeben werden[172] und ist es unzulässig, beispielsweise nur die vertretungsberechtigten Gesellschafter einzutragen.[173] Denn es geht hier auch darum zu verlautbaren, wer als persönlich haftender Gesellschafter hinter der GbR steht, auf wen also wegen einer Gesellschaftsverbindlichkeit gem. § 128 HGB oder einer Einlageverpflichtung gem. § 16 Abs. 2 GmbHG zurückgegriffen werden kann.

94 Sehen Rechtsvorschriften vor, dass Gesellschafterverzeichnisse aktuell zu halten sind, so gelten diese Vorschriften entsprechend bei **Gesellschafterwechseln** einer GbR, die als Gesellschafterin unter Angabe ihrer Gesellschafter eingetragen ist. Auch insoweit kommt den entsprechenden Regelungen in § 82 S. 3 GBO, § 162 Abs. 1 S. 2 HGB Leitbildfunktion zu. Wechseln also die Gesellschafter einer GbR, die als Gesellschafterin einer GmbH in deren Gesellschafterliste eingetragen ist, so muss gemäß § 40 GmbHG eine berichtigte Gesellschafterliste zum Handelsregister eingereicht werden. Der Fall lässt sich als „Veränderung in den Personen der Gesellschafter" der GmbH ansehen. Denn die Eintragung der Gesellschafter einer GbR dient auch dazu, die GbR zu identifizieren.[174] Und auch sonst muss eine berichtigte Gesellschafterliste zum Handelsregister eingereicht werden, wenn sich ohne Änderung der Identität der Gesellschafter die ihrer Identifizierung dienenden Merkmale än-

[169] Schmitt/Hörtnagl/*Schmitt* UmwStG § 20 Rdnr. 195; Haritz/Menner-*Menner* UmwStG § 20 Rdnr. 81.
[170] BGH NJW 1998, 376.
[171] Krafka/Willer/Kühn-Krafka/*Kühn* Registerrecht Rdnr. 604.
[172] So auch DNotI-Report 2011, 73.
[173] Siehe BT-Drs 16/13 437, S. 24, zu § 47 Abs. 2 S. 1 GBO.
[174] Siehe für das Grundbuchverfahren BT-Drs 16/13 437, S. 24.

dern.[175] Entsprechend § 67 Abs. 3 AktG ist das Aktienregister auf Mitteilung und Nachweis zu berichtigen, wenn sich der Gesellschafterbestand einer Aktionärs-GbR ändert.

Praxistipp:

Beurkundet ein Notar die Abtretung eines GbR-Anteils und ist die GbR an einer GmbH beteiligt, so muss der Notar nach dem vorstehend Gesagten gem. § 40 Abs. 2 GmbHG eine berichtigte Gesellschafterliste zum Handelsregister einreichen. In seine Muster zur Übertragung von GbR-Anteilen sollte der Notar daher als Merkposten einen Satz wie „Die GbR ist an keiner GmbH beteiligt." einbauen. 95

Ist eine GbR an einer Aktiengesellschaft beteiligt, so muss entsprechend **§ 69 Abs. 1 AktG ein gemeinschaftlicher Vertreter** bestellt werden.[176] Wegen der rechtlichen Verselbständigung der GbR gegenüber ihren Mitgliedern wird man zwar kaum von „mehreren Berechtigten" i. S. v. § 69 Abs. 1 AktG sprechen können. Mehrere gesamtvertretungsberechtigte Gesellschafter eines Aktionärs sind für die AG aber genauso lästig wie mehrere gesamtberechtigte Aktionäre. § 69 Abs. 1 AktG ist also seinem Normzweck nach entsprechend anzuwenden. Zwar wäre denkbar, dass gesellschaftsvertraglich abweichend von §§ 714, 709 BGB Einzelvertretungsmacht aller oder einzelner Gesellschafter vereinbart wurde. Anders als im Registerverfahren (dazu nachfolgend unter 3.) sollte man diesem Gesichtspunkt hier jedoch keine Relevanz beimessen. Denn anders als einem auf entsprechende Prüfungen spezialisierten Registergericht kann der Verwaltung der AG nicht zugemutet werden, die volatilen Vertretungsverhältnisse einer publizitätslosen Aktionärs-GbR zu prüfen (und gegebenenfalls im Aktienregister zu verlautbaren). § 69 AktG kommt deswegen unabhängig davon zur Anwendung, ob bei der GbR eine vom Gesetz abweichende Vertretungsregelung vereinbart wurde. 96

3. Mittelbare Registerpublizität

Entsprechend § 106 Abs. 2 Nr. 4 HGB sollte man es zulassen, dass eine von §§ 714, 709 Abs. 1 BGB abweichende **Vertretungsregelung einer GbR im Handelsregister eingetragen** wird, wenn die GbR vertretungsberechtigte Gesellschafterin einer Personenhandelsgesellschaft ist.[177] Zwingende Gesamtvertretung der GbR ohne Möglichkeit, eine flexiblere Vertretungsregelung registermäßig zu verlautbaren, würde die Personenhandelsgesellschaft im Außenverhältnis unnötig lähmen. Die Möglichkeit, Vertretungsverhältnisse der GbR im Handelsregister zu verlautbaren, sollte jedoch nur dann zugelassen werden, wenn die GbR zur Vertretung der Personenhandelsgesellschaft befugt ist, also nicht, wenn sie Kommanditistin oder von der Vertretung ausgeschlossene persönlich haftende Gesellschafterin ist. Zwar mögen Mitgesellschafter (etwa bei Änderungen des Gesellschaftsvertrages) oder das Registergericht (etwa bei Anmeldungen) auch in solchen Fällen ein Informationsbedürfnis hinsichtlich der Vertretungsverhältnisse haben. Sie sind jedoch nicht Adressaten der Registerpublizität aus § 15 HGB.[178] Ihr Informationsbedürfnis ist normativ irrelevant. 97

Wird die GbR mit sämtlichen Gesellschaftern und gegebenenfalls mit ihren gewillkürten Vertretungsverhältnissen als Gesellschafterin in das Register einer Personenhandelsgesellschaft eingetragen, mutiert dieses zwar zu einem Ersatzregister der sonst publizitätslosen GbR. Anders als bei der Eintragung der GbR-Gesellschafter im Grundbuch sprechen hier 98

[175] Baumbach/Hueck-Zöllner/*Noack* GmbHG § 40 Rdnr. 6 zur Namens- und Firmenänderung.

[176] So i. E. auch MünchKommAktG/*Bayer* § 69 Rdnr. 8.

[177] So auch LG Berlin NZG NZG 2003, 580, 581; *Grunewald* Gesellschaftsrecht 1. A. Rdnr. 104 m. w. N.; aA Krafka/Willer/Kühn-*Krafka/Kühn* Registerrecht Rdnr. 604.

[178] Für Mitgesellschafter siehe MünchKommHGB/*Krebs* § 15 Rdnr. 90 mit 43; für das Registergericht siehe Krafka/Willer/Kühn-*Krafka/Kühn* Rdnr. 118. Dass § 15 HGB nicht gegenüber dem Registergericht gelten soll, erscheint allerdings etwas zweifelhaft. So gelten die Publizitätswirkungen des Grundbuchs über §§ 891, 899 a Satz 1 BGB auch gegenüber dem Grundbuchamt. Dass Entsprechendes nicht auch beim Handelsregister gelten soll, ist systematisch unbefriedigend und teleologisch begründungsbedürftig.

jedoch keine systematischen Bedenken[179] gegen eine entsprechende funktionelle Erweiterung des Handelsregisters. Denn das Handelsregister hat ohnehin die Aufgabe, Existenz, Identität und Vertretungsverhältnisse von Gesellschaften zu verlautbaren. Anders als bei § 899a S. 1 BGB, der die Publizitätswirkungen des Grundbuchs auf Rechtshandlungen „in Ansehung des eingetragenen Rechts" beschränkt, kommt die GbR als Gesellschafterin einer Personenhandelsgesellschaft über § 15 Abs. 3 HGB zu einer **gegenständlich unbeschränkten Registerpublizität.** Diese bezieht sich nicht nur auf Rechtshandlungen in Zusammenhang mit der Beteiligung an der Personengesellschaft, sondern auf alle denkbaren Rechtshandlungen. Ist also beispielsweise im Handelsregister als vertretungsberechtigte Komplementärin eine ABC-GbR bestehend aus den Gesellschaftern A, B und C mit C als alleinvertretungsberechtigtem Gesellschafter eingetragen, so kann C gem. § 32 Abs. 2 GBO unter Bezugnahme auf das Handelsregister beispielsweise für diese GbR Grundstückseigentum erwerben. Für Verfügungen über Immobiliarvermögen einer GbR wird eine solche Registerpublizität in der Regel nichts bringen, da die Identität zwischen im Grundbuch und im Handelsregister eingetragener GbR nicht in der Form des § 29 GBO dargetan werden kann. Etwas anderes wird aber gelten, wenn ausweislich der Erwerbsurkunde für eine bestimmte, registermäßig bezeichnete GbR erworben wurde („veräußert an die im Handelsregister des Amtsgerichts ...... unter HRA ...... als ...... eingetragene GbR ......").

4. Handelsregisteranmeldungen für die GbR

99 Ist die GbR an einer Personenhandelsgesellschaft beteiligt und soll für die GbR in dieser Eigenschaft eine Anmeldung zum Handelsregister abgegeben werden, so muss die **Anmeldung grundsätzlich durch sämtliche Gesellschafter** erfolgen. Das gilt unabhängig davon, ob Veränderungen bei der GbR gem. § 162 Abs. 1 S. 2 HGB oder Veränderungen bei der Personenhandelsgesellschaft gem. §§ 107, 161 Abs. 2 HGB angemeldet werden sollen. Bei Veränderungen bei der Personenhandelsgesellschaft gem. §§ 107, 161 Abs. 2 HGB kommt für die GbR allerdings auch eine Anmeldung nur durch die vertretungsberechtigten Gesellschafter in Betracht, wenn eine von §§ 714, 709 Abs. 1 BGB abweichende Vertretungsregelung im Register verlautbart ist (dazu unter vorstehend 3.). Wegen der rechtlichen Verselbständigung der GbR gegenüber ihren Mitgliedern schlägt das auf Ebene der Personenhandelsgesellschaft bestehende Erfordernis gemeinschaftlicher Anmeldung aus § 108 HGB nicht auf die Ebene der GbR-Gesellschafter durch. Sind Veränderungen bei der GbR anzumelden (Änderungen ihrer Gesellschafter oder ggf. ihrer Vertretungsmacht), sind entsprechend § 108 HGB nur die GbR-Gesellschafter anmeldebefugt und verpflichtet, nicht auch die übrigen Gesellschafter der Personenhandelsgesellschaft. Denn die Anmeldung durch sämtliche Gesellschafter gem. § 108 HGB soll gewährleisten, dass die angemeldete Tatsache möglichst der Wahrheit entspricht.[180] Eine Mitwirkung der außenstehenden OHG- oder KG-Gesellschafter bei der Anmeldung von internen Vorgängen der Gesellschafter-GbR erhöht aber die Richtigkeitsgewähr der Anmeldung nicht.

V. GbR im Immobilienverkehr

100 Die vom BGH initiierte rechtliche Verselbständigung der GbR gegenüber ihren Mitgliedern hat Literatur, Rechtsprechung und letztlich sogar den Gesetzgeber vor allem in Zusammenhang mit Immobilientransaktionen beschäftigt. Der Grund für diesen Fokus dürfte darin liegen, dass Immobilientransaktionen in ein Grundbuchverfahren mit eingeschränkten Nachweismitteln eingebettet sind (§ 29 BO), dem die publizitätsarme GbR nicht recht gewachsen ist. Die entsprechenden Fragen liegen an der Schnittstelle zwischen Gesellschafts-, Sachen- und Grundbuchverfahrensrecht. Die sachen- und grundbuchverfahrensrechtliche Seite ist nicht Schwerpunkt der folgenden Darstellung. Hierzu kann auf andere Veröffentli-

[179] Für das Grundbuch siehe BT-Drs 16/13437, S. 26: Das Anliegen der Regelung [des § 899a S. 1 BGB] besteht nicht darin, dem Grundbuch die Funktion eines allgemeinen Gesellschaftsregisters zukommen zu lassen.
[180] Ebenroth/Boujong/Joost/Strohn/*Mertens* § 108 Rdnr. 1.

chungen verwiesen werden.[181] Die folgenden Ausführungen beschränken sich insoweit auf einen Überblick und betonen gesellschaftsrechtliche Aspekte der Diskussion.

1. Überblick

a) **Rechtsentwicklung.** Die Grundlagenentscheidung des BGH vom 29. 1. 2001[182] wurde praktisch so rezipiert, dass sie den **Grundbuchinhalt transformierte**, wenn eine GbR als Berechtigte im Grundbuch eingetragen war. Die Rechtszuständigkeit sollte den Gesellschaftern (durch eine Art Judikativenteignung mit Rückwirkung auf den 1. 1. 1900)[183] restlos entzogen und vollständig auf die Gesellschaft übergegangen sein. Die Angaben zu den Gesellschaftern sollten demnach nicht mehr den Berechtigten selbst, sondern nur noch dessen vertretungsbefugte Organe ausweisen. Als bloßer Behelf zur Identifzierung des Berechtigten sollten sie kein Grundbuchinhalt und auch nicht mehr Anknüpfungspunkt für den öffentlichen Glauben des Grundbuchs sein.[184] Damit hatte die registerlose GbR die Publizität verloren, auf die sie im Grundbuchverfahren angewiesen ist. Existenz, Identität und Vertretungsverhältnisse konnten praktisch kaum formgerecht i. S. d. § 29 GBO nachgewiesen werden. Die Situation spitzte sich gegen Ende der 16. Legislaturperiode zu. In einigen Grundbuchbezirken war eine vollständige **Grundbuchblockade** zu Lasten von GbR eingetreten, so dass diese verfahrensrechtlich von Verfügungen über ihre materielle Rechtspositionen abgeschnitten waren. 101

Diese Rechtsentwicklung setzt die Verselbständigung der GbR gegenüber ihren Mitgliedern auch im Vermögensrecht konsequent um. Sie ist jedoch **über das Ziel hinausgeschossen**, welches die Grundlagenentscheidung des BGH vom 29. 1. 2001 gesteckt hat: Dieser Entscheidung ging es in erster Linie darum, **Außenrechtsverhältnisse** der GbR dadurch **gegen Mitgliederwechsel zu immunisieren**, dass sie auf einen überindividuellen Bezugspunkt („die Gesellschaft") ausgerichtet wurden. Dieses Ziel lässt sich jedoch auch erreichen, ohne den Gesellschaftern die Rechtszuständigkeit für das Gesellschaftsvermögen restlos zugunsten der Gesellschaft zu entziehen. Oben[185] ist gezeigt worden, dass den Gesellschaftern trotz „Rechtsfähigkeit" der GbR eine beschränkte Rechtszuständigkeit im Hinblick auf das Gesellschaftsvermögen zusteht und sie gemeinsam befugt sind, im eigenen Namen über Gesellschaftsvermögen zu verfügen. Eine solche „Durchgriffszuständigkeit" lässt sich als eigene Rechtszuständigkeit der Gesellschafter systemgerecht unmittelbar auf der Grundlage der §§ 891 ff. BGB abbilden. § 899 a BGB kommt bei diesem Verständnis klarstellende Funktion zu. Andererseits stellt eine solche „Durchgriffszuständigkeit" die rechtliche Verselbständigung der Gesellschaft nicht in Frage und lässt insbesondere identitätswahrende Mitgliederwechsel zu. 102

Mit seiner Entscheidung vom 4. 12. 2008[186] machte der für Grundstücksrecht zuständige V. Zivilsenat allerdings klar, dass er aus dem geltenden Recht keine auf die Gesellschafter bezogene Grundbuchpublizität entwickeln würde. Offenbar wollte man die „Misslichkeiten",[187] die der II. Senat durch seine unabgestimmte[188] „Jahrhundertentscheidung" vom 29. 1. 2001 im Immobilienrecht verursacht hatte, nicht mit einem – vermeintlichen – Systembruch im Sachenrecht beheben. Solche richterliche Selbstbeschränkung zugunsten der Legislative verdient Anerkennung. Sie zieht die Grenzen der eigenen Rechtsfortbildungskompetenz jedoch zu eng. Wie dargelegt, lässt sich eine eigene beschränkte Rechtszuständigkeit der Gesellschafter sowie eine hieran anknüpfende Grundbuchpublizität auf der Grundlage des geltenden Rechts entwickeln, ohne sich dabei in Widerspruch zur Rechtsprechung des II. Senats zu setzen. 103

---

[181] Einen Überblick über alle relevanten Fragen gab zuletzt Heinze RNotZ 2010, 289.
[182] NJW 2001, 1056.
[183] Art. 1 Abs. 1 EGBGB.
[184] BGH NJW 2009, 594, 596: Das Vertrauen in die Vertretungsbefugnis eines oder mehrerer Gesellschafter wird auch durch den Grundbucheintrag nicht geschützt.
[185] Unter Rdnr. 4 ff.
[186] NJW 2009, 594.
[187] *Krüger* NZG 2010, 594.
[188] *Krüger* aaO.

104 b) **Neuregelungen des ERVGBG.**[189] Nachdem mit der Entscheidung vom 4. 12. 2008 klar geworden war, dass sich der BGH nicht selbst in der Lage sah, die Probleme der GbR im Grundstücksrecht zu lösen, **reagierte der Gesetzgeber prompt.** Auf den Entwurf des ERVGBG, welches eigentlich in erster Linie den elektronischen Rechtsverkehr und die elektronische Akte in Grundbuchsachen einführen sollte, wurden in letzter Minute über den Rechtsausschuss des Bundestages Regelungen zur Behandlung der GbR im Immobilienverkehr aufgesattelt. Das Gesetz löste vom Folgetag seines Inkrafttretens an die zuvor angetretene Grundbuchblockade.

105 Materiellrechtlich wurde dazu in § 899a S. 1 BGB die **Vermutung** formuliert, dass der im Grundbuch verlautbarte Gesellschafterbestand den tatsächlichen Gesellschafterbestand zutreffend wiedergibt. Flankiert wurde diese Vermutung durch einen öffentlich-rechtlichen Grundbuchberichtigungszwang in § 82 S. 3 GBO und einen privatrechtlichen Grundbuchberichtigungsanspruch in §§ 894, 899a Satz 2 BGB. Dadurch werden **Verlautbarungen zu GbR-Gesellschaftern** rückwirkend (Art. 229 § 21 EGBGB) wieder eindeutig zum **Inhalt des Grundbuchs** und nehmen an dessen öffentlichen Glauben teil. Da die Vermutung aus § 899a S. 1 BGB auch gegenüber dem Grundbuchamt gilt, können GbR mit dem eingetragenen Gesellschafterbestand nun grundsätzlich wieder ohne weitere Nachweise die verfahrensrechtlichen Voraussetzungen für materielle Verfügungen über ihre Rechtspositionen erfüllen. Um diese Handlungsfähigkeit im Grundbuchverfahren auch bei künftigen Eintragungen zugunsten von GbR gewährleisten, ordnet § 47 Abs. 2 S. 1 GBO (nur)[190] bei Neueintragungen an, dass stets auch sämtliche Gesellschafter miteinzutragen sind.

106 Neben diesen überwiegend verfahrensrechtlichen Regelungen lassen §§ 892 Abs. 1, 899a S. 2 BGB materiell einen gutgläubigen Erwerb von Immobiliarvermögen zu, wenn sämtliche Buchgesellschafter verfügen und der tatsächliche Gesellschafterbestand abweicht. Die Reichweite dieser Vorschrift ist umstritten (dazu sogleich unter Rdnr. 121 ff.).

107 Die Materialien des ERVGBG gehen von einer **absoluten rechtlichen Verselbständigung** der Gesellschaft gegenüber ihren Mitgliedern aus, wenn dort die Rede ist von der „Vermutung, dass die GbR ordnungsgemäß vertreten ist, wenn diejenigen Personen in ihrem Namen handeln, die als ihre Gesellschafter im Grundbuch verlautbart sind. Dieses Ergebnis ist notwendige Folge des Personengesellschaften kennzeichnenden Grundsatzes der Selbstorganschaft.“ Dementsprechend legen § 899a S. 2 BGB und § 47 Abs. 2 S. 2 BGB fest, dass bestimmte, auf den Berechtigten bezogene Vorschriften auf die Gesellschafter nur „entsprechend“ anwendbar sein sollen. Für die künftige Dogmatik der GbR sollte dem keine übermäßige Bedeutung beigemessen werden. Gesetzgebung allgemein und Notfallgesetzgebung zumal bauen auf einem vorgefundenen, von Rechtsprechung und Literatur entwickelten Rechtszustand auf, ohne ihn dadurch für alle Zeit zu konservieren. Weniger die Annahmen, sondern mehr die Schlussfolgerungen des Gesetzgebers binden die Auslegung. Auch nach Inkrafttreten des ERVGBG sollte man daher von einer beschränkten eigenen Rechtszuständigkeit der Gesellschafter ausgehen.[191]

2. Problemschwerpunkte und Gestaltungsvorschläge

108 a) **Keine Namensangabe im Grundbuch.** Gem. § 15 Abs. 1 lit. c) 2. Halbs. GBV können zur Bezeichnung der GbR deren Name und Sitz angegeben werden. Das Gesetz geht davon aus, dass die Gesellschaft grundbuchverfahrensrechtlich auch ohne die Angabe ihres Namens ausreichend individualisiert ist. Maßgeblich für die hinreichende Individualisierung sind dabei weniger die Angaben zu den Gesellschaftern.[192] Denn nach allgemeiner, allerdings zweifelhafter, Auffassung soll es möglich sein, dass mehrere beteiligungsidentische, jedoch nach außen gegeneinander rechtlich verselbständigte GbRs existieren. Sondern **maß-**

[189] Gesetz zur Einführung des elektronischen Rechtsverkehrs und der elektronischen Akte in Grundbuchverfahren sowie zur Änderung weiterer grundbuch-, register- und kostenrechtlicher Vorschriften vom 11. 8. 2009, BGBl. I S. 2713.

[190] Art. 229 § 21 ERGBG bezieht die Rückwirkung ausdrücklich nicht auf § 47 Abs. 2 S. 1 GBO.

[191] Dazu näher oben A. II.

[192] So jedoch BT-Drs. 16/13 437, S. 24.

geblich für die Individualisierung der GbR ist die dingliche Rechtsposition, als deren Berechtigte sie im Grundbuch eingetragen ist. Da diese Rechtsposition nur einem einzigen Rechtsträger zugeordnet sein kann, ist die GbR hierdurch zweifelsfrei identifiziert. Daneben bringen Angaben zu Name und Sitz keinen Nutzen, sondern werfen nur zusätzliche Fragen auf („Namenskontrolle" durch das GBA? Nach welchen rechtlichen Maßstäben?)[193] und ziehen unnötige Folgekosten nach sich (Richtigstellung gem. § 60 KostO[194] bei Sitzverlegung oder Namensänderung). Es ist daher davon abzuraten, Namen oder Sitz in die Eintragungsbewilligung zugunsten einer GbR aufzunehmen.

Soll eine GbR über gebuchtes Immobiliarvermögen **verfügen**, kann sie im Urkundseingang wie folgt zweifelsfrei identifiziert werden: 109

Formulierungsvorschlag
(Identifizierung einer verfügenden GbR im Urkundseingang)

X, Y und Z handeln hier
a) sowohl im eigenen Namen[195] als auch
b) im Namen der im Grundbuch des Amtsgerichts <*GBA*> von <*Gemarkung*> als <*Rechtsinhaberschaft*> eingetragenen Gesellschaft bürgerlichen Rechts als deren alleinige Gesellschafter.

Soll eine GbR Immobiliarvermögen **erwerben**, ist es zwar ebenfalls denkbar, sie zweifelsfrei als Inhaberin eines bestimmten Rechts (etwa anderweit gebuchten Immobilieneigentums oder des Anteils an einer Personenhandelsgesellschaft, § 162 Abs. 1 S. 2 HGB) zu identifizieren. Aber das wird nicht immer möglich sein. Wird die erwerbende GbR unmittelbar in der Erwerbsurkunde gegründet, ist sie damit zugleich eindeutig identifiziert. Wo dies nicht möglich ist, wenn also im Rahmen des § 20 GBO für eine bereits existierende oder im Rahmen des § 19 GBO für eine außerhalb der Eintragungsbewilligung gegründete GbR erworben werden soll, muss auf **andere Identifizierungsbehelfe** zurückgegriffen werden. In Betracht kommen neben dem ohnehin obligatorischen Gesellschafterbestand ein etwaiger Name, der Sitz sowie Zeitpunkt und Ort der Gründung. Egal wie präzise man hier wird, bei solchen Identifizierungsbehelfen ist stets denkbar, dass weitere GbR existieren, die die gleichen Identifizierungsmerkmale aufweisen. Ergibt die Auslegung in einem solchen Fall nicht, auf welche dieser GbR sich eine Rechtshandlung (schuldrechtlicher Vertrag, dingliche Einigung, Bewilligung, Eintragung) bezieht, ist sie wegen **Unbestimmtheit** unwirksam. Das praktische Risiko, dass sich eine Erwerbs-GbR bei sonst behutsamer Identifizierung auf diesem Weg selbst hinters Licht führt, dürfte allerdings gering sein. Dem Veräußerer sollte man in einem solchen theoretischen Fall gesamtschuldnerische Ansprüche gegen alle handelnden Gesellschafter entsprechend § 179 Abs. 1 BGB gewähren. 110

Formulierungsvorschlag
(Identifizierung einer erwerbenden, nicht in der Erwerbsurkunde gegründeten GbR im Urkundseingang)

X, Y und Z handeln hier als alleinige Gesellschafter der GbR mit dem Namen ...... und dem Sitz in ......, gegründet privatschriftlich in ...... am ......, in deren Namen. X, Y und Z versichern, dass zwischen ihnen keine weitere GbR mit den gleichen Merkmalen besteht.

b) Erwerb von Immobiliarvermögen durch GbR. Ziel des ERVGBG war es, GbR aus dem Grundbuch heraus, nicht in das Grundbuch hinein zu helfen. Dementsprechend ist der Erwerb von Immobilienvermögen durch GbR nicht unmittelbar Thema des Gesetzes. 111

aa) Erwerb im Rahmen von § 19 GBO. Ein Erwerb im Rahmen von § 19 GBO, etwa einer beschränkten persönlichen Dienstbarkeit oder eines Grundpfandrechts, ist **einfach** zu 112

[193] Dazu *Heinze* RNotZ 2010, 289, 294 f.
[194] Dazu *Heinze* RNotZ 2010, 289, 294.
[195] Wegen der zweckmäßigen persönlichen Mitverpflichtung, sieht unten V.2.c) Rdnr. 124 f. und 130.

bewerkstelligen. Die Eintragung erfolgt hier allein aufgrund der Bewilligung des verlierenden Teils. Existenz, Identität und Vertretungsverhältnisse der erwerbenden GbR müssen insoweit nicht nachgewiesen werden. Zur hinreichenden Bezeichnung der GbR genügt es grundbuchverfahrensrechtlich, sie durch ihren Gesellschafterbestand zu identifizieren. Denn das Gesetz bringt in § 15 Abs. 1 lit. c) 1. Halbs. GBV zum Ausdruck, dass diese Identifizierungsmerkmale hinreichen und zusätzliche Identifizierungsmerkmale nur fakultativ aufzunehmen sind. Zwar soll es möglich sein, dass mehrere nach außen rechtlich verselbständigte, beteiligungsidentische GbR existieren. Diese **abstrakten Identitätszweifel** werden jedoch grundbuchverfahrensrechtlich ausgeblendet,[196] es sei denn das GBA hat ausnahmsweise einmal konkrete Anhaltspunkte, dass weitere beteiligungsidentische GbR existieren.

113 Stellt die GbR als gewinnender Teil den Eintragungsantrag gem. § 13 Abs. 1 S. 2 Alt. 2 GBO, so müssen im Rahmen der **Antragsbefugnis** Existenz, Identität und ordnungsgemäße Vertretung festgestellt werden. Hierfür gilt jedoch nicht das Nachweisverfahren aus § 29 GBO, sondern Freibeweis gem. § 29 FamFG. Pragmatische Grundbuchrechtspfleger werden im Regelfall die im Antrag konkludent enthaltene Erklärung der Handelnden genügen lassen, dass sie die bestehende, in der Eintragungsbewilligung näher bezeichnete GbR vertreten können. Das Schriftformerfordernis aus § 11 S. 1 FamFG gilt nur für rechtsgeschäftlich erteile, nicht jedoch für organschaftliche Vertretungsmacht.

Praxistipp:

114 Der Notar sollte sich nicht mit dem Minimal-Standard begnügen, den § 15 Abs. 1 lit. c) 1. Halbs. GBV für die Identifizierung einer erwerbenden GbR vorschreibt. Zwar mag so die Eintragung glücken. Ob sie zu einem materiell wirksamen Rechtserwerb führt, ist aber ungewiss. Bestehen nämlich weitere GbR mit identischem Gesellschafterbestand und wird auch durch Auslegung nicht klar, auf welche sich Bewilligung und Eintragung beziehen, findet mangels Bestimmtheit kein Rechtserwerb statt. Zur Individualisierung sollten daher stets alle zur Verfügung stehenden Identifizierungsbehelfe herangezogen werden (Name, Sitz, Gründungsdatum und -ort etc).

115 *bb) Erwerb im Rahmen von § 20 GBO.* Rechtlich interessanter als ein Erwerb gem. § 19 GBO ist ein solcher gem. § 20 GBO. Hier muss dem Grundbuchamt eigentlich eine wirksame Einigung und in deren Rahmen Existenz, Identität und ordnungsgemäße Vertretung der erwerbenden GbR in der Form des § 29 Abs. 1 S. 1 GBO[197] nachgewiesen werden. [198] Mit der rechtlichen Verselbständigung der GbR gegenüber ihren Gesellschaftern hat diese Problematik übrigens nichts zu tun. Erwarben Gesellschafter auf Grundlage der traditionellen Gesamthandslehre Grundeigentum im eigenen Namen, so hätte es eigentlich auch des Nachweises bedurft, dass die Handelnden den aktuellen Gesellschafterbestand vollständig repräsentieren. Denn wären weitere oder andere Gesellschafter vorhanden, so wäre auch deren Mitwirkung oder Vertretung erforderlich, um einen wirksamen Erwerb zum gesamthänderisch gebunden Vermögen aller Gesellschafter einer bestimmten GbR zu gewährleisten. Soweit ersichtlich, wurden solche Nachweise in der früheren Praxis auf Grundlage der traditionellen Gesamthandslehre jedoch nicht gefordert.

116 Für einen Erwerb im Rahmen von § 20 GBO genügt es in jedem Fall, wenn die GbR **in der notariellen Erwerbsurkunde gegründet** wird.[199] Ob und wie eine bereits bestehende GbR im Rahmen des materiellen Konsensprinzips Grundbesitz erwerben kann, war dagegen eine Zeit lang umstritten.[200] Mit seiner Entscheidung vom 28. 4. 2011[201] hat der V. BGH-Zivilsenat die Frage für die Praxis geklärt: Bei der Auflassung an eine GbR müssen deren Gesellschafter zwar Erklärungen zur Existenz, Identität und Vertretung der Gesellschaft ab-

[196] BT-Drs. 16/13 437, S. 24.

[197] Zur Anwendbarkeit von Satz 1 dieser Vorschrift siehe *Lautner* DNotZ 2009, 650, 658 m. w. N. in Fn. 38.

[198] Überblick über den Meinungsstand DNotI-Report 2010, 189; fast täglich kamen neue Entscheidungen hinzu; siehe etwa OLG Hamm, Beschl. v. 2. 11. 2010, Az. 15 W 440/10, und KG, Beschl. v. 5. 10. 2010, Az. 1 W 132/10, beide abrufbar auf www.dnoti.de.

[199] DNotI-Report 2010, 189, 190.

[200] Siehe dazu etwa DNotI-Report 2010, 189.

[201] V ZB 194/2010 – NJW 2011, 1958.

geben. Einen Nachweis, dass diese Angaben richtig sind, kann das Grundbuchamt aber nicht verlangen; es sei denn, es liegen ausnahmsweise einmal „hinreichende Anhaltspunkte" für das Unrichtigwerden des Grundbuchs vor. Der V. Senat stützt dieses Ergebnis u. a. darauf, dass das Verfahrensrecht die Eintragung für eine Gesellschaft systematisch bei den Gemeinschaftsverhältnissen (bei § 47 GBO) und nicht bei den Eintragungsvoraussetzungen (§ 29 GBO) behandelt. Ein Nachweis, dass bei mehreren Erwerbern das von ihnen angegebene Gemeinschaftsverhältnis besteht, brauche im Grundbuchverfahren nicht geführt werden. Die Entscheidung denkt die in § 47 Abs. 2 Satz 2 GBO angelegte Trennung von materiellem Recht und Verfahrensrecht konsequent fort: Wenn das Verfahrensrecht die Gesellschafter wie materiell Berechtigte behandelt, dann kann es auch die Gesellschaft wie ein Gemeinschaftsverhältnis behandeln. In der Praxis führt die Entscheidung zu einer Entlastung und erleichtert die Teilnahme von GbR an Immobilientransaktionen. Wird die erwerbende GbR im Urkundseingang wie in Rdnr. 109 oder 110 vorgeschlagen bezeichnet, so genügt dies den Vorgaben des BGH und sind weitere Nachweise grundsätzlich auch im Rahmen von § 20 GBO entbehrlich.

c) **Verfügungen über Immobiliarvermögen von GbR.** Eingangs wurde dargestellt, dass das 117
ERVGBG mit § 899a S. 1 BGB die verfahrensrechtlichen Voraussetzungen für Verfügungen über Immobiliarvermögen von GbR wieder hergestellt hat. Handeln sämtliche im Grundbuch eingetragenen Gesellschafter, geht das GBA grundsätzlich ohne weitere Nachweise davon aus, dass diese Verfügungen mit Wirkung für das Gesellschaftsvermögen treffen können.

Was die **materielle Transaktionssicherheit** solcher Verfügungen angeht, werden im Hin- 118
blick auf §§ 892 Abs. 1 S. 1, 899a S. 2 BGB zwei Fragen diskutiert: Erstens, ob ein gutgläubiger Erwerb auch dann möglich ist, wenn eine Buch-GbR tatsächlich zwischenzeitlich erloschen ist, etwa durch Anteilsvereinigung. Zweitens, ob die genannten Gutglaubensvorschriften auch ein intaktes Kausalverhältnis gewährleisten, wenn tatsächliche und Buchgesellschafter nicht identisch sind.[202]

aa) Vermutet § 899a BGB die Existenz der eingetragenen GbR?. Die erste Frage ist zu 119
bejahen. Vereinzelt wird zwar gegen die insoweit expliziten Materialien[203] argumentiert, der gute Glaube des Grundbuchs beziehe sich nicht auf bestimmte Eigenschaften des Eingetragenen, und könne sich deswegen nicht auf die Existenz der GbR erstrecken.[204] Diese Argumentation trägt aber der Funktionsweise des neuen § 899a BGB nicht genügend Rechnung. Dessen eigentliche Innovation besteht darin, bestimmte rechtliche Eigenschaften der eingetragenen GbR zu verlautbaren, nämlich deren Gesellschafterbestand.[205] Insoweit übernimmt das Grundbuch bestimmte Teilfunktionen eines fehlenden GbR-Registers. Dabei bildet § 899a BGB in einem beschränkten sachlichen Umfang ein funktionales Äquivalent zu § 15 Abs. 3 HGB.[206] § 15 HGB erzeugt i. V. m. § 157 Abs. 1 HGB Registerpublizität auch im Hinblick auf das Fortbestehen von Gesellschaften.[207] Auch wertungsmäßig muss sich § 899a BGB auf die Existenz der eingetragenen Gesellschaft beziehen, wie folgendes Beispiel zeigt: G1 und G2 sind als Gesellschafter einer GbR im Grundbuch eingetragen, der ein Grundstück gehört. Tritt nur G1 seinen Anteil an Z ab, ohne dass dies im Grundbuch berichtigt wird und veräußern G1 und G2 als (Buch-)Gesellschafter das Grundstück an E, ist gutgläubiger Erwerb unbestritten möglich. Tritt zusätzlich auch G2 seinen Anteil an Z ab, so dass sich in dessen Person sämtliche Anteile vereinigen und die GbR erlischt, sollen G1 und G2 nach der dargestellten Mindermeinung als Buchgesellschafter das Eigentum nicht mehr gem. §§ 892 Abs. 1 Satz 1, 899a S. 2 BGB[208] wirksam auf E übertragen können. Das

---

202 Zum Diskussionsstand siehe *Heinze* RNotZ 2010, 289, 295 ff.

203 BT-Drs. 16/13 437, S. 27.

204 *Krüger* NZG 2010, 801, 805; *Steffek* ZIP 2009, 1445, 1453.

205 *Reymann,* FS Reuter, 271, 304.

206 BT-Drs. 16/13 437, S. 27.

207 Siehe MüKoHGB-*Krebs* § 15 Rdnr. 26.

208 Wohl i. V. m. unmittelbarer Anwendung des § 892 Abs. 1 S. 1 BGB, weil das Grundbuch hier nicht nur falsche Gesellschafter, sondern mit der GbR zudem einen falschen Eigentümer ausweist. Zur kombinierten Anwendung von § 892 Abs. 1 S. 1 BGB unmittelbar und in Verbindung mit § 899a S. 2 BGB siehe BT-Drs. 16/13 437, S. 27.

aber hieße, den öffentlichen Glauben des Grundbuchs von Zufälligkeiten wie Anzahl und Adressaten von Anteilsabtretungen zu machen. Man kann auch nicht argumentieren, im zweiten Fall (Abtretung sowohl durch G1 als auch G2) belaste der gutgläubige Erwerb E stärker, weil er hier nicht nur mediatisiertes Eigentum (Eigentum im Vermögen einer Gesellschaft, an der E beteiligt ist) sondern unmittelbares Eigentum verliert. Denn das Gesetz mutet dem wahren Berechtigten durch § 892 Abs. 1 Satz 1 BGB auch den Verlust des unmittelbaren Eigentums zu.

120 *bb) Gewährleistet § 899a BGB ein intaktes Kausalverhältnis?.* Schwieriger zu beantworten ist die zweite Frage, ob § 899a BGB die Publizität des Grundbuchs „in Ansehung des eingetragenen Rechts" auch auf das Kausalverhältnis bezieht, durch das sich die GbR verpflichten soll, über das eingetragene Recht zu verfügen.[209] Eine vom BDR e.V. im Internet wiedergegebene Stellungnahme des BMJ zeigt, dass dieses die Publizität des § 899a BGB bewusst nicht auf das Kausalverhältnis erstrecken wollte.[210] Das BMJ hat nicht nur die Systematik sondern auch sachlich-rechtspolitische Gründe auf seiner Seite. Denn eine Ausdehnung der Grundbuchpublizität auch auf das Kausalverhältnis droht leicht zu einer nicht zurechenbaren Haftung mit dem gesamten Vermögen zu führen. Beispiel: Zum umfangreichen Vermögen einer GbR, an der G1 und G2 beteiligt sind, gehört u.a. eine Grundschuld. G1 tritt seinen Anteil an der GbR an X ab, die Grundschuld wird dabei übersehen und das Grundbuch dementsprechend nicht berichtigt. Später wollen G1 und G2 für die GbR die Verpflichtung eingehen, diese Grundschuld gegen Zahlung einer bestimmten Summe löschen zu lassen. Bezöge man den öffentlichen Glauben des Grundbuchs auch auf das Kausalverhältnis, haftet X für die Löschung der Grundschuld entsprechend § 128 HGB persönlich, insbesondere auch der Höhe nach unbeschränkt für Schadensersatzansprüche des Vertragspartners wegen etwaiger Pflichtverletzungen. Und zwar auch dann, wenn er von der Grundschuld und der Löschungsverpflichtung überhaupt nichts wusste. Vergleichbare Risiken ergeben sich zwar auch für den Zessionar eines OHG-Geschäftsanteils, wenn der noch im Handelsregister eingetragene Zedent Rechtshandlungen für die OHG vornimmt. Bei der OHG weiß der Zessionar jedoch, dass zwingend eine Registereintragung besteht, die korrigiert werden muss. Er kann die betroffene Eintragung im Handelsregister auch unschwer deutschlandweit online recherchieren. Beides ist bei Grundbucheintragungen zugunsten von GbR nicht der Fall.

121 Auch wenn die Praxis derzeit also nicht gesichert davon ausgehen kann, dass sich § 899a BGB auch auf das Kausalverhältnis bezieht, besteht kein Grund überzureagieren. Fälle, in denen Scheingesellschafter für GbR auftreten, sind zwar dogmatisch interessant, kommen aber praktisch offenbar nicht vor. Bei beweglichen Sachen oder Rechten würde ein solcher Vertretungsmangel ja spätestens seit dem 29. 1. 2001[211] unweigerlich jeden Transaktionserfolg vereiteln. Eine Rechtsprechungs-Recherche in den einschlägigen Datenbanken fördert jedoch keinen einzigen Fall zu Tage, in dem einmal über einen solchen Fall gestritten wurde.

122 *cc)Gestaltungsvorschläge. (1) Geburtsvollmacht.* Nach derzeitigem Diskussionsstand gewährleisten §§ 892, 899a BGB nicht zuverlässig umfassende Transaktionssicherheit. Die Publizitätslücken, die diese Vorschriften lassen, können jedoch durch eine sog. Geburtsvollmacht geschlossen werden. Dabei handelt es sich um eine Vollmacht, die eine GbR anlässlich ihrer Gründung in einer Erwerbsurkunde zugunsten bestimmter Personen erteilt. Die Vollmacht soll dann u.a. dazu ermächtigen, über den erworbenen Grundbesitz zu verfügen. Die Publizität aus §§ 892, 899a BGB wird damit um diejenige aus § 172 BGB erweitert, und letztere bezieht sich zweifelsfrei auch auf Verpflichtungsgeschäfte. § 172 BGB entfaltet einen Rechtsschein im Hinblick auf den Fortbestand einer einmal erteilten Vollmacht. Der Rechtsschein bezieht sich allerdings nicht auch darauf, dass der Vollmachtgeber existiert und bei Vollmachtserteilung ordnungsgemäß vertreten war. Diese Rechtsscheinslücke wird bei einer Geburtsvollmacht dadurch geschlossen, dass man Gründung und Voll-

[209] Eingehend hierzu *Reymann,* FS Reuter, S. 271 ff.
[210] http://www.rechtspflegerforum.de/showthread.php?47 649-GbR-BDR-Stellungnahmen, dort post #9.
[211] Tag der Grundlagenentscheidung BGH NJW 2001, 1056.

machtserteilung zeitlich und urkundlich koinzidieren lässt. Damit stehen Existenz und Vertretungsverhältnisse der GbR im Zeitpunkt der Vollmachtserteilung zu öffentlicher Urkunde fest.

Die Idee der Geburtsvollmacht geht zurück auf *Zimmer*.[212] *Krauß* hat diese Idee dahin 123
weiterentwickelt, die Vollmacht dynamisch den jeweils im Grundbuch eingetragenen Gesellschaftern zu erteilen.[213] Hierin liegt keine unzulässige **„Verdinglichung" der Vollmacht**.[214] Eine solche wird im Wohnungseigentumsrecht angenommen, wenn in der Teilungserklärung bestimmten Personen Änderungsvollmacht erteilt wird, die gegen die jeweiligen Einzelrechtsnachfolger der Ersterwerber wirken soll. Die Rechtsposition des *Vollmachtgebers* geht hier nicht auf einen Einzelrechtsnachfolger im Wohnungseigentum über, ohne dass dieser selbst eine entsprechende Vollmacht erteilt.[215] Bei einer Geburtsvollmacht für den jeweils im Grundbuch eingetragenen Gesellschafter dagegen geht es darum, ob ohne Wechsel des Vollmachtgebers der *Bevollmächtigte* vom Vollmachtgeber dynamisiert bestimmt werden kann. Dabei handelt es sich auf der Seite des Bevollmächtigten nicht um eine Rechtsnachfolge in die Bevollmächtigung, sondern um eine originäre, aber eben dynamisch-bedingte Bevollmächtigung jedes neu eingetragenen Gesellschafters durch ein und denselben Vollmachtgeber. Eine vergleichbare Dynamisierung wird in der Praxis bei Vollzugsvollmachten praktiziert, die in der Regel „den beurkundenden Notar, dessen Stellevertreter und Amtsnachfolger" zu bestimmten Vollzugshandlungen ermächtigen.

Der folgende Formulierungsvorschlag ergänzt die Ideen von *Zimmer* um *Krauß* noch um 124
einige Details. Zum einen wird eine Regelung getroffen, die sicherstellt, dass von der Geburtsvollmacht auch schon vor grundbuchlichem Vollzug Gebrauch gemacht werden kann. Dazu wird die Vollmacht bis zu diesem Zeitpunkt bestimmten ausdrücklich benannten Personen erteilt und erst ab Grundbuchvollzug dynamisiert. Zum anderen beschränkt sich die Vollmacht nicht darauf, Verfügungen über den zu erwerbenden Grundbesitz und entsprechende Verpflichtungsgeschäfte zu gewährleisten. Sondern vorgesehen wird eine Generalvollmacht, die es etwa auch ermöglicht, für die GbR weiteren Grundbesitz zu erwerben. Die vorgeschlagene Generalvollmacht wird den jeweils im Grundbuch eingetragenen Gesellschaftern einzeln erteilt. Bei Änderungen des Gesellschafterbestandes müssen diese gem. § 82 S. 3 GBO aktualisiert werden. Die Generalvollmacht zielt also darauf, die rechtlichen Befugnisse der wahren Gesellschafter zu erweitern, nicht jedoch darauf, sie aus ihrer Organstellung zu verdrängen. Daher verstößt die vorgeschlagene Generalvollmacht nicht gegen den Grundsatz der Selbstorganschaft. Zweckmäßigerweise wird die Geburtsvollmacht als echte Anlage der Erwerbsurkunde beurkundet, um später gesondert teilausgefertigt werden zu können.

Formulierungsvorschlag
(Geburtsvollmacht für eine erwerbende GbR)

A) **Urkundseingang** 125
......G1, G2 und G3 handeln hier
a) im eigenen Namen[216] und
b) im Namen der unter B. II. dieser Urkunde gegründeten GbR als deren alleinige Gesellschafter.

B) **Haupturkunde**
I. <Grundbuchstand>
II. V verkauft an eine hiermit von G1, G2 und G3 zu diesem Zweck gegründete Gesellschaft bürgerlichen Rechts (‚GbR') den in Ziffer I. bezeichneten Grundbesitz (‚Vertragsgegenstand'). Die GbR erteilt die in der Anlage zu dieser Niederschrift enthaltene Vollmacht. Der Notar hat die Anlage vorgelesen ......

[212] NZM 2009, 187.
[213] Immobilienkaufverträge in der Praxis Rdnr. 302.
[214] So aber Reetz/*Reymann*, DAI-Skript Aktuelle Gesetzesänderungen in der notariellen Praxis 2009, S. 375.
[215] Siehe BayObLG DNotZ 1998, 379.
[216] Zur GbR-Gründung.

...... Von dieser Urkunde erhalten Abschriften ...... Die Abschriften sind ohne die Anlage auszufertigen. Außerdem erhalten G1, G2 und G3 je eine Teilausfertigung dieser Niederschrift, die den Urkundseingang, Ziffer I. und II. sowie die Anlage enthält ......

C) **Anlage**

Generalvollmacht

Die GbR ermächtigt die Bevollmächtigten, sie umfassend gegenüber jedermann in allen Angelegenheiten zu vertreten, soweit Stellvertretung zulässig ist.

Diese Generalvollmacht wird folgenden Bevollmächtigten erteilt:
- Bis zur Eintragung der GbR als Eigentümerin des Vertragsgegenstandes im Grundbuch: G1, G2 und G3.
- Danach: Den jeweiligen im Grundbuch eingetragenen Gesellschaftern der GbR.

Jeder Bevollmächtigte ist jeweils einzelvertretungsberechtigt, von den Beschränkungen des § 181 BGB befreit und darf auch unentgeltlich über Gesellschaftsvermögen verfügen. Die Vollmacht gilt bis zur entsprechenden Grundbuchberichtigung fort, wenn die GbR, etwa durch Anteilsvereinigung, erlischt.

126 *(2) Persönliche Mitverpflichtung.* Soll eine GbR veräußern, der keine Geburtsvollmacht an die Hand gegeben wurde, so kann darüber nachgedacht werden, wie die Transaktionssicherheit nachträglich erhöht werden kann. Mit **Risikohinweisen** sollte der Notar sparsam umgehen. Sie helfen den Beteiligten nicht weiter, können für den Veräußerer einer faktischen Veräußerungssperre gleichkommen und sind deswegen angesichts des regelmäßig geringen tatsächlichen Transaktionsrisikos[217] unverhältnismäßig. Notare mit Augenmaß werden es etwa bei persönlich bekannten Mitgliedern einer Ehegatten- oder Familien-GbR nach Rücksprache mit deren Steuerberater bei der urkundlichen **Versicherung** belassen, dass die im Grundbuch eingetragenen Gesellschafter nach wie vor die alleinigen Gesellschafter der GbR sind.

127 Wer mehr tun möchte, schafft ein intaktes Kausalverhältnis auch für den Fall, dass der tatsächliche Gesellschafterbestand von der Buchlage abweicht. In einem solchen Fall gewährleistet §§ 899a S. 2, 892 Abs. 1 S. 1 BGB zwar einen dinglich wirksamen Erwerb vom Nichtberechtigten. Beziehen sich diese Vorschriften dagegen nicht auf das Kausalverhältnis, ist der Erwerb kondizierbar. Es liegt dann kein Erwerb vom Nichtberechtigten, sondern vom nicht ordnungsgemäß vertretenen Berechtigten vor.[218] Beim Erwerb vom Nichtberechtigten besteht zwischen diesem und dem Leistungsempfänger ein intaktes Kausalverhältnis, welches das endgültige Behaltendürfen der Leistung rechtfertigt (vorausgesetzt, es sieht ein Entgelt vor). Eine Direktkondiktion des wahren Berechtigten gegen den Leistungsempfänger ist deswegen ausgeschlossen. Stattdessen erhält der wahre Berechtigte die Herausgabekondiktion aus § 816 Abs. 1 S. 1 BGB gegen den Nichtberechtigten. Beim Erwerb von einer nicht ordnungsgemäß vertretenen GbR würde dagegen jedes intakte Kausalverhältnis fehlen, aufgrund dessen der Erwerber die Zuwendung behalten darf. *Ruhwinkel* hat deswegen den Vorschlag entwickelt, bei der Veräußerung durch eine GbR die Buchgesellschafter persönlich mitzuverpflichten, um so das möglicherweise fehlende Kausalverhältnis herzustellen.[219] Das verspricht Erfolg. Zwar läge dann immer noch keine wirksame rechtsgeschäftliche Tilgungsbestimmung seitens der nicht ordnungsgemäß vertretenen GbR vor.[220] Aber die persönlich handelnden Gesellschafter können eine eigene Tilgungsbestimmung abgeben, die dazu führt, dass die persönliche Mitverpflichtung durch die Vermögensverschiebung zwischen GbR und Erwerber erfüllt wird. Diese Leistungsbeziehung ist vorrangig in dem Sinn, dass sie eine Direkt-Kondiktion der GbR gegen Erwerber ausschließt. Dieser Vorrang lässt sich mit dem Zweck des § 899a BGB begründen, Transaktionssicherheit wiederherzustellen.

[217] Siehe dazu oben Rdnr. 121.

[218] Eingehend zu den bereicherungsrechtlichen Konsequenzen des § 899a BGB *Reymann,* FS Reuter, S. 271 passim.

[219] MittBayNot 2009, 421, 423.

[220] Für eine Tilgungsbestimmung kraft allgemeiner Rechtsscheinsgrundsätze *Reymann,* FS Reuter 271, 302.

Zum Teil wird dieser Gesichtspunkt argumentativ schon dafür herangezogen, die gesetzliche Reichweite des § 899a BGB auch auf das Kausalverhältnis zu erstrecken.[221] Ob der genannte Normzweck eine so starke konstruktive Gestaltungswirkung entfaltet, ist allerdings zweifelhaft.[222] Jedenfalls reicht er aus, bei gegebenen konstruktiven Rahmenbedingungen wertungsmäßig den Vorrang der Leistungsbeziehung zu den Gesellschaftern und in dessen Gefolge einen Kondiktionsausschluss zu Lasten der GbR zu rechtfertigen.

Im Detail ist der Vorschlag von *Ruhwinkel* dahin zu ergänzen, dass zweckmäßigerweise 128
nicht nur die Übereignungspflicht der GbR auf die persönliche Ebene übertragen wird. Denn bei einem etwaigen Vertretungsmangel würde hierdurch ein hinkendes Rechtsverhältnis produziert. Die Hauptleistungspflicht der GbR hinge mit ungewissem rechtlichen Schicksal in der Luft. Um dies zu vermeiden, sollte der gesamte Kaufvertrag auf die persönliche Ebene gespiegelt werden.

Formulierungsvorschlag
(Spiegelung des Kaufvertrages auf persönlicher Ebene)

<Namen der Gesellschafter> („Gesellschafter") garantieren, dass sie die Verkäuferin wirksam vertreten können, dass sie insbesondere nach wie vor ihre alleinigen Gesellschafter sind und dass sie ohne Rücksicht auf ein Vertretenmüssen gesamtschuldnerisch für alle Schäden haften, die dem Käufer aus einer etwaigen Verletzung dieses Garantieversprechens resultieren. 129

Zwischen den Gesellschaftern als Gesamtschuldnern und Gesamtgläubigern einerseits und dem Käufer andererseits wird hiermit ein weiteres vertragliches Rechtsverhältnis begründet, das dem geschlossenen Kaufvertrag inhaltlich entspricht. Insbesondere sind die Gesellschafter als Gesamtschuldner zur Übereignung und Übergabe des Vertragsobjekts verpflichtet und können als Gesamtgläubiger neben der Verkäuferin den Kaufpreis fordern. Dies alles gilt unabhängig von einer etwa daneben bestehenden gesetzlichen Gesellschafterhaftung und insbesondere auch insoweit, als eine Verbindlichkeit zu Lasten der Verkäuferin nicht wirksam begründet ist, etwa wenn diese hier nicht ordnungsgemäß vertreten sein sollte.

Sämtliche Vermögensverschiebungen aufgrund dieser Urkunde, insbesondere Übereignung, Besitzübergabe und Kaufpreiszahlung, erfolgen als Leistung in dem Rechtsverhältnis zwischen Gesellschaftern und Käufer.

(3) Erweiterung der Vormerkungswirkung. Nach bisherigem Diskussionsstand soll die 130
persönliche Mitverpflichtung der Gesellschafter nicht über die fehlende Vormerkungssicherung des Käufers hinweghelfen. Bei der Vormerkung gem. § 883 Abs. 1 BGB muss der Schuldner des gesicherten Anspruchs zugleich über den Belastungsgegenstand verfügungsbefugt sein (sog. Identitätsgrundsatz). Der Identitätsgrundsatz soll verletzt sein, wenn eine persönliche Übereignungsverpflichtung der Gesellschafter mit einer Vormerkung an Gesellschaftsvermögen gesichert wird.[223] Das trifft nach hier vertretener Sichtweise nicht zu. Die GbR ist nicht so weit rechtlich verselbständigt, dass zwischen ihr und ihren Gesellschaftern absolute Nichtidentität bestünde. Eine nähere Analyse des § 736 ZPO zeigt, dass die Rechtszuständigkeit für das Gesellschaftsvermögen nicht unter völligem Ausschluss der Gesellschafter auf die Gesellschaft übergegangen sein kann. Sondern sämtlichen Gesellschaftern verbleibt trotz rechtlicher Verselbständigung der Gesellschaft zwingend die Befugnis, gemeinsam im eigenen Namen über Gesellschaftsvermögen zu verfügen. Das alles ist oben näher dargelegt.[224] Ebenso wie eine Mehrheit von Anspruchsberechtigten nicht zu einer Mehrheit von Vormerkungen (sondern zu einer Vormerkung unter Angabe des Gemeinschaftsverhältnisses) führt, sollte man auch für die gesamtschuldnerische[225] Haftung von GbR und Gesellschaftern eine Vormerkung genügen lassen.

[221] So etwa *Heinze* RNotZ 2010, 289, 297 f.
[222] Ablehnend *Krüger* NZG 2010, 801, 805 f.
[223] *Heinze* RNotZ 2010, 289, 298 f.
[224] Unter Rdnr. 4 ff.
[225] Die persönliche Mitverpflichtung der Gesellschafter lässt neben die akzessorische eine gesamtschuldnerische Haftung für die entsprechenden Gesellschaftsverbindlichkeiten treten.

Formulierungsvorschlag
(Vormerkung bei persönlicher Mitverpflichtung der Gesellschafter)

Zur Sicherung des Anspruchs auf Übereignung des Vertragsgegenstandes gegen <Gesellschaft> gemäß Ziffer ...... und gegen die Gesellschafter gemäß Ziffer ...... bewilligen <Gesellschaft> und <Gesellschafter> und beantragt <Käufer> die Eintragung einer Vormerkung in das Grundbuch.

Da man hier juristisches Neuland betritt, sollte man eine solche Gestaltung vorab mit dem zuständigen Grundbuchrechtspfleger abstimmen.

§ 11 OHG und KG

Übersicht

	Rdnr.
I. Bedeutung von oHG und KG	1–7
1. Rechtsnatur und Erscheinungsformen	1–3
2. Rechtsformwahl	4–7
a) Steuerliche Aspekte	5
b) Gesellschaftsrechtliche Aspekte	6/7
II. Errichtung und Entstehung der Gesellschaft	8–36
1. Zeitpunkt der Entstehung	8
2. Gesellschafter	9–12
3. Gesellschaftsvertrag	13–26
a) Notwendige Bestandteile des Gesellschaftsvertrages	14–16
b) Fakultative Bestandteile des Gesellschaftsvertrages	17–19
c) Form- und Genehmigungserfordernisse	20–23
d) Exkurs: Änderung des Gesellschaftsvertrages	24–26
4. Handelsregisteranmeldung	27–31
5. Eintragungen in das Handelsregister	32–36
a) Prüfungsrecht des Registergerichts	34/35
b) Publizitätswirkung des Handelsregisters	36
III. Geschäftsführung und Vertretung	37–45
1. Geschäftsführung	38–41
2. Vertretungsmacht	42–45
a) Umfang der Vertretungsmacht	42
b) Vertretungsmodell	43/44
c) Entziehung der Vertretungsmacht, passive Vertretung	45
IV. Rechte und Pflichten aus der Mitgliedschaft	46–94
1. Überblick	46
2. Stimmrecht und Beschlussfassung	47–52
a) Gesellschafterversammlung	47
b) Beschlussfassung	48–51
c) Fehlerhafte Beschlüsse, Rechtsfolgen	52
3. Informationsrechte	53–56
a) Kontrollrechte (§§ 118, 166 HGB)	54/55
b) Auskunftsrechte	56
4. Wettbewerbsverbot	57–59
a) Persönlicher Anwendungsbereich	57
b) Sachlicher Anwendungsbereich	58
c) Rechtsfolgen	59
5. Beitragspflicht	60–65
a) Art und Bewertung der Beiträge	61
b) Leistung der Einlagen	62/63
c) Individualvertraglich geschuldete Leistungen	64
d) Nachschusspflicht entgegen § 707 BGB	65
6. Beteiligung am Gewinn und Verlust sowie Entnahmerecht	66–80
a) Kapitalanteil	67/68
b) Ergebnisbeteiligung	69–76
c) Entnahmerecht/Anspruch auf Gewinnauszahlung	77–80
7. Verfügung über Mitgliedschaftsrechte	81–83
8. Belastung von Gesellschaftsanteilen	84–94
a) Nießbrauch	84–92
b) Verpfändung	93/94
V. Rechtsbeziehungen zu Dritten	95–121
1. oHG und KG als Rechtsträgerin	95/96
2. Außenhaftung der Gesellschafter	97–118
a) Persönlich haftender Gesellschafter/Komplementär	97–102
b) Kommanditist	103–118
3. Regress	119–121
a) Regressanspruch gegen die Gesellschaft (§ 110 HGB)	120
b) Rückgriffsanspruch gegenüber den Mitgesellschaftern (§ 426 Abs. 2 S. 1 BGB)	121

Rdnr.
VI. Gesellschafterwechsel 122–214
1. Eintritt eines neuen Gesellschafters 122–129
a) Aufnahmevertrag 122–126
b) Rechtsfolgen der Aufnahme 127
c) Exkurs: Widerruf der Aufnahme als Gesellschafter 128
d) Handelsregisteranmeldung 129
2. Rechtsgeschäftliche Übertragung der Gesellschafterstellung 130–150
a) Übertragungsvertrag 131–143
b) Handelsregisteranmeldung 144/145
c) Sonderfall: Übertragung eines Kommanditanteils 146–150
3. Wechsel der Art der Gesellschafterstellung in der KG 151–155
a) Umwandlung der Gesellschafterstellung 151–154
b) Anteilsübertragung unter Änderung der Gesellschafterstellung 155
4. Ausscheiden eines Gesellschafters 156–183
a) Überblick über die Ausscheidensgründe 156/157
b) Gesetzliches Kündigungsrecht (§ 131 Abs. 3 S. 1 Nr. 3 HGB) 158–160
c) Ausscheiden aufgrund Beschlusses der Gesellschafter (§ 131 Abs. 3 S. 1 Nr. 6 HGB) 161–165
d) Ausschließung eines Gesellschafters nach § 140 HGB 166/167
e) Handelsregisteranmeldung 168/169
f) Folgen des Ausscheidens 170–183
5. Tod eines Gesellschafters 184–214
a) Gesetzliche Lage 187–192
b) Gesellschaftsvertragliche Gestaltungen 193–209
c) Überblick über die erb- und pflichtteilsrechtlichen Folgen 210–214
VII. Beendigung der Gesellschaft 215–221
1. Auflösung 215/216
2. Liquidation 217/218
a) Verfahren 217
b) Verhältnis zum Insolvenzverfahren 218
3. Handelsregisteranmeldung 219/220
4. Fortsetzung der aufgelösten Gesellschaft 221
VIII. Besonderheiten bei der GmbH & Co. KG 222–262
1. Einführung 222–227
a) Vorzüge der GmbH & Co. KG 223–225
b) Erscheinungsformen der GmbH & Co. KG 226/227
2. Gründungsphase 228–251
a) Komplementär 228–231
b) Errichtung der Gesellschaft 232–237
c) Haftung im Gründungsstadium 238/239
d) Formerfordernis 240/241
e) Kapitalaufbringung 242–245
f) Gestaltung der Gesellschaftsverträge 246–251
3. Übertragung von Gesellschaftsanteilen 252–254
a) Gesetzliche Ausgangssituation 252
b) Verzahnung der Gesellschaftsverträge 253
c) Formerfordernis 254
4. Erbfolge 255/256
a) Gesetzliche Ausgangssituation 255
b) Verzahnung der Gesellschaftsverträge von GmbH und KG 256
5. Sonderfall: Einheits-GmbH & Co. KG 257–262
a) Allgemeines 257
b) Vorzüge der Einheitsgesellschaft 258
c) Problemkomplexe bei der Einheitsgesellschaft 259–262

Schrifttum: *Bengel/Reimann,* Handbuch der Testamentsvollstreckung, 4. Aufl. 2010; *Binz/Mayer,* Beurkundungspflichten bei der GmbH & Co. KG, NJW 2002, 3054 ff.; *Binz/Sorg,* Die GmbH & Co. KG. 11. Aufl. 2010; *Casper/Altgen,* Gesellschaftsvertragliche Abfindungsklauseln – Auswirkungen der Erbschaftsteuerreform, DStR 2008, 2319 ff.; DNotI-Gutachten, Handelsregisteranmeldung bei „Anwachsung des Gesellschaftsanteils" eines ausscheidenden Kommanditisten zugunsten der verbleibenden Gesellschafter; Erhöhung der Haftsumme, DNotI-Report 2010, 21 ff.; DNotI-Gutachten, Stimmverbote in der Einheitsgesellschaft, DNotI-Report 2010, 153 ff.; *Flume,* Allgemeiner Teil des bürgerlichen Rechts, 1. Bd., 1983; *Giehl,* Willensbildung in der Einheits-GmbH & Co. KG, MittBayNot 2008, 268 ff.; *Grunewald,* Haftungsbeschränkungs- und Kündigungsmöglichkeiten für volljährig gewordene Personengesellschafter, ZIP 1999, 597 ff.; *Heinemann,*

Gesellschafter am seidenen Faden? Zur freien Widerruflichkeit von Schenkungsverträgen über Gesellschaftsbeteiligungen, ZHR 155 (1991), 447 ff.; *Hölscher,* Der gesellschaftsrechtliche Abfindungsausschluss in der erbrechtlichen Gestaltung: Wirksames Instrument zur Pflichtteilsreduzierung?, ZEV 2010, 609 ff.; *Leitzen,* Abfindungsklauseln bei Personengesellschaften und GmbHs – Aktuelle Entwicklungen und Auswirkungen der Erbschaftsteuerreform, RNotZ 2009, 315 ff.; *Mayer,* Schenkungswiderruf bei Gesellschaftsanteilen im Spannungsfeld zwischen Gesellschafts- und Schenkungsrecht, ZGR 1995, 93 ff.; *Nieder/Kössinger,* Handbuch der Testamentsgestaltung, 4. Aufl. 2011; *Priester,* Grundsatzfragen des Rechts der Personengesellschaften im Spiegel der Otto-Entscheidung des BGH, DStR 2008, 1386 ff.; *Reimann,* Der Minderjährige in der Gesellschaft – Kautelarjuristische Überlegungen aus Anlaß des Minderjährigenhaftungsbeschränkungsgesetzes, DNotZ 1999, 179 ff.; *K. Schmidt,* Mehrheitsbeschlüsse in Personengesellschaften, ZGR 2008, 1 ff.

Personenhandelsgesellschaften spielen in der notariellen Praxis mangels eines Formerfordernisses für die Gründung, die Anteilsübertragung sowie die Fassung von Gesellschafterbeschlüssen im Vergleich zur GmbH und zur AG nur eine untergeordnete Rolle. Im Regelfall ist der Notar lediglich mit dem Entwurf und der Beglaubigung der Handelsregisteranmeldung betraut. Infolgedessen beschränkt sich die nachfolgende Darstellung auf die Grundzüge des Rechts der Personenhandelsgesellschaften, wobei allerdings auch die nicht unmittelbar notarrelevanten Bereich überblicksartig dargestellt werden. Gerade der rechtliche nicht bzw. nur kursorisch beratene Mandant wird dem Notar für den einen oder anderen Hinweis insoweit dankbar sein.

I. Bedeutung von oHG und KG

1. Rechtsnatur und Erscheinungsformen

1 Bei den Personenhandelsgesellschaften oHG und KG handelt es sich gem. § 124 Abs. 1 (i. V. m. § 161 Abs. 2) HGB um selbstständige Träger von Rechten und Pflichten. Von der GbR unterscheiden sie sich dadurch, dass ihr Gesellschaftszweck auf den Betrieb eines Handelsgewerbes (vgl. hierzu § 1 Abs. 2 HGB) unter einer gemeinschaftlichen Firma gerichtet ist (§ 105 Abs. 1 HGB).[1] Liegt lediglich ein Gewerbebetrieb, jedoch kein Handelsgewerbe i. S. d. § 1 Abs. 2 HGB vor (sog. Kleingewerbetreibende) bzw. verwaltet die Gesellschaft nur eigenes Vermögen, setzt die Entstehung der oHG gem. § 105 Abs. 2 S. 1 HGB die Eintragung in das Handelsregister voraus. Umstritten ist allerdings, ob auch solche vermögensverwaltenden Gesellschaften, die lediglich „völlig unbedeutende und wirtschaftlich nicht über den alltäglichen privaten Bereich hinausreichende Betätigungen" entfalten, z. B. Ehegatten, welche die von ihnen selbst genutzte Immobilie in Gesellschaft bürgerlichen Rechts erworben haben,[2] zur oHG bzw. KG werden können. Da sich aus dem Wortlaut von § 105 Abs. 2 S. 1 HGB keine Anhaltspunkte für ein einschränkendes Verständnis ergeben und aufgrund der damit einhergehenden Buchführungs- und Bilanzierungspflichten (§§ 238 ff., 242 ff. HGB) keine missbräuchliche Inanspruchnahme dieser Option droht, ist eine Relevanzschwelle hinsichtlich des verwalteten Vermögens nicht gerechtfertigt.[3] Solange die Streitfragen über den Geltungsanspruch von § 899 a BGB nicht geklärt sind (insbesondere Erstreckung der Gutglaubenswirkung auf das schuldrechtliche Geschäft),[4] stellt die oHG bzw. die KG aufgrund der Publizität des Handelsregisters (§ 15 HGB) eine geeignete Alternative zur GbR dar,[5] freilich unter Inkaufnahme der Konsequenzen hinsichtlich Buchführung und Bilanzierung. Freiberuflern steht die Möglichkeit der Errichtung einer oHG

[1] Baumbach/*Hopt* HGB § 1 Rdnr. 11 bis 29 zu den Tatbestandsmerkmalen des Handelsgewerbes.

[2] Vgl. BGH NJW 1982, 170 f.

[3] Ebenso Baumbach/*Hopt* HGB § 105 Rdnr. 13; *K. Schmidt* JZ 2003, 585, 591; a. A. Ebenroth/Boujong/Joost/Strohn/*Wertenbruch* HGB § 105 Rdnr. 23 m. w. N.; *Schön* DB 1998, 1169, 1174; vgl. Begründung Regierungsentwurf BT-Drucks. 13/8444 S. 41.

[4] Vgl. hierzu u. a. *Bestelmeyer* Rpfleger 2010, 169 ff.; *Heinze* RNotZ 2010, 289 ff.; *Krüger* NZG 2010, 801 ff.; *Lautner* DNotZ 2009, 650 ff.; *Rebhan* NotBZ 2009, 445 ff.; *Reymann,* FS D. Reuter, 2010, S. 271 ff.; *Ruhwinkel* MittBayNot 2009, 177 ff.; *Tebben* NZG 2009, 288 ff.; *Volmer* ZfIR 2009, 97 ff.; *Weigl* NZG 2010, 1053 ff. Zum Immobilienerwerb durch eine bestehende GbR vgl. jüngst BGH ZIP 2011, 1003.

[5] Vgl. ausführlich zur Problematik der Veräußerung bzw. des Erwerbs einer Immobilie durch eine GbR § 10 Rdnr. 100 ff.

bzw. KG durch Eintragung in das Handelsregister mangels Gewerbebetriebs jedoch nicht offen.[6]

2 Regelungstechnisch finden auf die oHG und die KG gem. § 105 Abs. 3 (ggf. i.V.m. § 161 Abs. 2) HGB die Vorschriften über die GbR Anwendung, soweit in den §§ 105 ff. bzw. 161 ff. HGB keine Sonderregelungen enthalten sind. OHG und KG weisen daher sämtliche Tatbestandsmerkmale einer Gesellschaft bürgerlichen Rechts auf und stellen somit eine Sonderform der Personengesellschaft dar. Anders als bei einer juristischen Person haften die (bzw. bei der KG zumindest ein) Gesellschafter einer Personenhandelsgesellschaft unbeschränkt und unbeschränkbar für Gesellschaftsverbindlichkeiten (vgl. §§ 105 Abs. 1, 128 HGB). Durch das sog. Prinzip der Selbstorganschaft (vgl. unten Rdnr. 37) wird außerdem eine unmittelbare Beteiligung der Gesellschafter an der Unternehmensführung gewährleistet. Von der Gesellschaft bürgerlichen Rechts unterscheiden sich die Personenhandelsgesellschaften insbesondere dadurch, dass es sich stets um Außengesellschaften handelt,[7] die – vom Ausnahmefall des § 105 Abs. 2 HGB abgesehen – ein Handelsgewerbe unter einer gemeinschaftlichen Firma betreiben.

3 Wenngleich sich die praktische Bedeutung gerade der oHG insbesondere im Vergleich zur GmbH als bescheiden darstellt, kommt dieser Rechtsform dennoch eine nicht zu unterschätzende Bedeutung als Auffangtatbestand zu. Sofern die Tatbestandsmerkmale des § 105 Abs. 1 HGB erfüllt sind, ist die Gesellschaft kraft Rechtsformzwangs als oHG zu qualifizieren.[8] So entsteht eine oHG beispielsweise dadurch, dass eine weitere Person als Gesellschafter in das Handelsgewerbe eines Einzelkaufmanns aufgenommen wird oder eine Gesellschaft bürgerlichen Rechts die Schwelle zum Handelsgewerbe gem. § 1 Abs. 2 HGB überschreitet. Gleiches gilt dann, wenn der einzige Komplementär aus einer KG ausscheidet und die Kommanditisten die Gesellschaft fortführen oder die beabsichtigte Haftungsbeschränkung bei der anvisierten KG misslingt.[9]

2. Rechtsformwahl

4 Die Wahl der Gesellschaftsform ist von zahlreichen Faktoren zivil- und steuerrechtlicher Art abhängig. Nachfolgend sollen einzelne Aspekte herausgegriffen werden, die bei der Rechtsformwahl typischerweise von besonderer Bedeutung sind.

5 **a) Steuerliche Aspekte.**[10] Anders als Kapitalgesellschaften, bei denen es sich um juristische Personen handelt, unterliegen oHG und der KG als Gesamthandsgemeinschaften nicht der Körperschaftsteuer, sondern das **steuerliche Ergebnis** wird **den Gesellschaftern unmittelbar zugewiesen.**[11] Hinsichtlich der Objekt- bzw. Verkehrssteuern (u.a. Grundsteuer, Gewerbesteuer, Umsatzsteuer) stellen oHG und KG allerdings ein selbständiges Steuersubjekt dar. Wenngleich die vollständig rechtsformneutrale Besteuerung der Unternehmen noch nicht erreicht ist, wurden die Diskrepanzen in der Besteuerung von Personenhandels- und Kapitalgesellschaften in den letzten Jahren erheblich verringert, sodass der wesentliche Vorteil – bzw. ggf. auch Nachteil – der Personengesellschaften in der unmittelbaren Zuweisung des steuerlichen Ergebnisses an die Gesellschafter unabhängig davon, ob diesen die Erträge tatsächlich liquide zugeflossen sind oder nicht, zu sehen ist.[12] Gerade bei der KG können sich in diesem Zusammenhang aufgrund der Möglichkeit der Verlustzuweisung Gestaltungschancen bieten. Allerdings ist die Verrechnung dieser Verluste mit anderen Einkünften mittlerweile durch §§ 15, 15 a, 15 b EStG wesentlich beschränkt worden.[13]

[6] Jüngst zur Rechtsanwalts-GmbH & Co. KG: BGH Beschl. v. 18. 7. 2011 – AnwZ (Bfrg) 18/10. Gleiches gilt für Wissenschaftler und Künstler. Vgl. Baumbach/*Hopt* HGB § 1 Rdnr. 19 f. m. zahlr. Anwendungsbeispielen.

[7] Hierdurch unterscheidet sich die oHG insbesondere auch von der stillen Gesellschaft gem. §§ 230 ff. HGB.

[8] MünchHdbGesR I/*Happ/Möhrle* § 46 Rdnr. 11; *K. Schmidt* Gesellschaftsrecht § 5 II 3.

[9] MünchHdbGesR I/*Happ/Möhrle* § 46 Rdnr. 11.

[10] Für einen knappen Überblick: Wachter/*Sommer* Teil 2 Rdnr. 544 ff.

[11] Je nach ihrer Rechtsnatur haben die Gesellschafter ihren Gewinnanteil auf der Grundlage des Einkommensteuergesetzes oder des Körperschaftsteuergesetzes zu versteuern. Nach §§ 179 ff. AO wird der Gewinn einheitlich und gesondert für alle Gesellschafter durch das Betriebsfinanzamt festgestellt.

[12] Vgl. MünchHdbGesR II/*Gummert* § 49 Rdnr. 8.

[13] Näher zur ertragsteuerlichen Behandlung der GmbH & Co. KG: MünchHdbGesR II/*Levedag* § 58.

b) Gesellschaftsrechtliche Aspekte. Während bei Kapitalgesellschaften den Gläubigern als Haftungsmasse für Verbindlichkeiten der Gesellschaft grundsätzlich nur das Gesellschaftsvermögen zur Verfügung steht (vgl. § 1 Abs. 1 S. 2 AktG, § 13 Abs. 2 GmbHG), **haften** bei der oHG sämtliche Gesellschafter und bei der KG die Komplementäre **unbeschränkt und unbeschränkbar** (§ 105 Abs. 1, § 128 HGB). Die Kommanditisten haften grundsätzlich nur mit der vereinbarten Haftsumme (§§ 171 f. HGB). Infolge der persönlichen Haftung der Gesellschafter ist bei den Personenhandelsgesellschaften im Unterschied zur GmbH und zur AG **kein gesetzliches Mindestkapital** normiert. Auch die Hafteinlage des Kommanditisten kann völlig frei bestimmt werden.[14] Generell besteht bei den Personenhandelsgesellschaften eine höhere Kapitalflexibilität als bei den Kapitalgesellschaften. Während bei Letzteren nur Bar- und Sacheinlagen mit Erfüllungswirkung geleistet werden können, kann der Kommanditist seine Einlage beispielsweise auch durch Dienstleistungen erbringen (vgl. demgegenüber § 27 Abs. 2 Halbs. 2 AktG).[15] Ebenso wenig bestehen gesetzliche Entnahmebeschränkungen vergleichbar § 57 AktG bzw. §§ 30, 31 GmbHG.[16] 6

Neben dem bereits erwähnten Grundsatz der **Selbstorganschaft** bei Personenhandelsgesellschaften (Ausübung organschaftlicher Vertretungsbefugnisse nur durch einen Gesellschafter) unterscheiden sich die verschiedenen Gesellschaftsformen auch im Hinblick auf die **(fehlende) Weisungsunterworfenheit** der Organe. Während der GmbH-Geschäftsführer in weitem Umfang den Weisungen der Gesellschafter unterliegt, hat der Komplementär einer KG insoweit – vorbehaltlich einer abweichenden gesellschaftsvertraglichen Regelung – eine sehr starke Position (§ 164 S. 1 HGB).[17] Erhebliche Unterschiede zwischen Personenhandelsgesellschaften und Kapitalgesellschaften bestehen ferner hinsichtlich der **Vererblichkeit der Gesellschafterstellung.** Während die reine Kapitalbeteiligung an einer AG bzw. GmbH ohne Weiteres vererbt werden kann (vgl. § 15 Abs. 1 GmbHG), führt der Tod eines persönlich haftenden Gesellschafters gem. § 131 Abs. 3 S. 1 Nr. 1 (ggf. i. V. m. § 161 Abs. 2) HGB in Ermangelung einer anderweitigen vertraglichen Bestimmung zum Ausscheiden aus der Gesellschaft. Wurde eine Nachfolgeklausel vereinbart, geht die Gesellschaftsbeteiligung bei mehreren Erben unmittelbar im Wege der Sonderrechtsnachfolge auf diese im Verhältnis ihrer Erbquote über. Demgegenüber ist die Kommanditbeteiligung als reine Kapitalbeteiligung gem. § 177 HGB vererblich (ebenfalls im Wege der Sonderrechtsnachfolge). 7

II. Errichtung und Entstehung der Gesellschaft

1. Zeitpunkt der Entstehung

Im Innenverhältnis entstehen oHG bzw. KG mit Abschluss eines Gesellschaftsvertrages durch mindestens zwei Gesellschafter, in welchem der Betrieb eines Handelsgewerbes unter einer gemeinschaftlichen Firma vereinbart wird.[18] Soll die Haftung eines oder mehrerer, nicht jedoch aller Gesellschaftern beschränkt werden, ist (im Innenverhältnis) eine KG entstanden. **Im Außenverhältnis** tritt die Wirksamkeit der oHG bzw. KG nach § 123 Abs. 1 HGB allerdings erst mit Eintragung der Gesellschaft in das Handelsregister ein. Im Regelfall entfaltet die Gesellschaft allerdings schon vor Eintragung Geschäftstätigkeit,[19] sodass die 8

[14] Durch die Einführung der Unternehmergesellschaft (haftungsbeschränkt) im Zuge des MoMiG in § 5 a GmbHG mit einem gesetzlichen Mindeststammkapital von € 1.– hat dieser Vorteil der Personenhandelsgesellschaften allerdings an Bedeutung verloren.

[15] Vgl. insoweit aber jüngst BGH NZG 2010, 343 – Eurobike (zur AG); NZG 2009, 463 – Qivive (zur GmbH).

[16] Vgl. hierzu MünchHdbGesR II/*Gummert* § 49 Rdnr. 9.

[17] Die Stellung des Komplementärs ähnelt der des Vorstands einer Aktiengesellschaft (vgl. § 76 Abs. 1 AktG).

[18] Anders als bei den Kapitalgesellschaften (vgl. § 2 AktG, § 1 GmbHG) kommt eine Ein-Mann-Personenhandelsgesellschaft nicht in Betracht.

[19] Insoweit genügen nach der Rechtsprechung bereits Vorbereitungshandlungen der Gesellschafter im Namen der künftigen oHG oder KG, bspw. die Einstellung von Personal, die Eröffnung eines Bankkontos oder die Anmietung von Geschäftsräumen (BGH WM 1990, 586; ZIP 2004, 1208; Baumbach/*Hopt* HGB § 123 Rdnr. 10).

Gesellschaft auch im Verhältnis zu Dritten nach § 123 Abs. 2 HGB grundsätzlich bereits mit Geschäftsbeginn wirksam entsteht, soweit kein Kleingewerbe gem. § 2 HGB oder eine lediglich vermögensverwaltende Tätigkeit gem. § 105 Abs. 2 HGB vorliegt. In den letztgenannten Fällen handelt es sich vor Eintragung in das Handelsregister in aller Regel um Gesellschaften bürgerlichen Rechts, mit der Folge der unbeschränkten persönlichen Haftung analog § 128 HGB. Relevanz hat dies allein für die als Kommanditisten vorgesehenen Gesellschafter. Diese haften auch bei wirksamer Entstehung der KG vor Eintragung (§ 123 Abs. 2 HGB) für bis zur Eintragung begründete Verbindlichkeiten gem. § 176 Abs. 1 S. 1 HGB unbeschränkt persönlich. Ein Beginn der Geschäfte der Gesellschaft i. S. v. § 123 Abs. 2 HGB ist allerdings nur dann zu bejahen, wenn sämtliche Gesellschafter diesem zugestimmt haben. Die in § 125 Abs. 1 HGB normierte Einzelvertretungsbefugnis findet erst mit wirksamer Entstehung der Gesellschaft im Außenverhältnis Anwendung.[20] Eine abweichende Vereinbarung über den Entstehungszeitpunkt der Gesellschaft ist Dritten gegenüber nach § 123 Abs. 3 HGB unwirksam.

2. Gesellschafter

9 Als Gesellschafter einer oHG oder KG kommt **jede natürliche oder juristische Person** in Betracht.[21] Eine Geschäftsunfähigkeit oder beschränkte Geschäftsfähigkeit steht der Gesellschafterstellung nicht entgegen. Allerdings bedürfen Geschäftsunfähige oder in der Geschäftsfähigkeit beschränkte Personen zum Abschluss des Gesellschaftsvertrages sowie zur Wahrnehmung der Gesellschafterrechte der Mitwirkung ihres gesetzlichen Vertreters. Der Abschluss des Gesellschaftsvertrages bedarf gem. § 1822 Nr. 3 Var. 2 i. V. m. § 1643 Abs. 1 BGB zudem der familiengerichtlichen Genehmigung (näher unten Rdnr. 22).[22]

10 Auch die **oHG** und die **KG** selbst können Gesellschafter einer anderen oHG oder KG sein (ggf. doppelstöckige oHG bzw. KG).[23] Gleiches gilt seit der Anerkennung der Rechtsfähigkeit für die **(Außen-)Gesellschaft bürgerlichen Rechts.**[24] Aufgrund deren fehlender Publizität sind allerdings auch die Gesellschafter der Außen-GbR in entsprechender Anwendung des § 162 Abs. 1 S. 2 HGB zur Eintragung in das Handelsregister mit dem Zusatz „in Gesellschaft bürgerlichen Rechts" anzumelden. Bei späteren Veränderungen im Gesellschafterbestand der GbR ist ebenso zu verfahren.[25] Wenngleich der BGH die Eintragung einer GbR im Grundbuch unter ihrem Namen ohne Angabe der Gesellschafter für zulässig erachtet hat,[26] ist diese Rechtsprechung aufgrund der gesetzlichen Wertentscheidung in § 161 Abs. 1 S. 2 HGB nicht auf das Handelsrecht übertragbar, zumal gem. § 47 Abs. 2 S. 1 GBO[27] nunmehr auch im Grundbuch stets die Gesellschafter der GbR einzutragen sind. Unklarheiten hinsichtlich der Vertretungsverhältnisse können ebenfalls durch Eintragung einer von §§ 714, 709 BGB abweichenden Vertretungsberechtigung beseitigt werden.[28] Aufgrund der Anerkennung der Gesellschafterfähigkeit der Außen-GbR spricht vieles dafür, dass der **nicht rechtsfähige Verein** ebenfalls Gesellschafter einer oHG oder KG werden kann.[29] Demgegenüber ist allgemein anerkannt, dass die **Erbengemeinschaft** weder als Gesellschafterin einer

[20] H. L., Baumbach/*Hopt* HGB § 123 Rdnr. 12; MünchHdbGesR I/*Happ/Möhrle* § 47 Rdnr. 16; a. A. MünchKommHGB/*K. Schmidt* § 123 Rdnr. 10; offen BGH ZIP 2004, 1208, 1209.

[21] Zur Fähigkeit ausländischer Gesellschaften, Gesellschafter einer oHG oder KG zu sein, vgl. MünchHdbGesR I/*Happ/Möhrle* § 47 Rdnr. 41 ff.

[22] Vgl. MünchHdbGesR I/*Happ/Möhrle* § 47 Rdnr. 23 f., auch zur Gesellschafterstellung des *nasciturus* (§ 1923 Abs. 2 BGB).

[23] Vgl. Baumbach/*Hopt* HGB § 105 Rdnr. 28; § 161 Rdnr. 4; MünchKommHGB/*K. Schmidt* § 105 Rdnr. 93.

[24] Vgl. LG Berlin ZIP 2003, 1201 f.; Baumbach/*Hopt* HGB § 105 Rdnr. 29, § 161 Rdnr. 4.

[25] Baumbach/*Hopt* HGB § 106 Rdnr. 6; *K. Schmidt* Gesellschaftsrecht § 46 I b.

[26] BGH NZG 2009, 137 ff.

[27] Eingeführt durch das Gesetz zur Einführung des elektronischen Rechtsverkehrs und der elektronischen Akte im Grundbuchverfahren sowie zur Änderung weiterer grundbuch-, register- und kostenrechtlicher Vorschriften – ERVGBG BGBl. 2009 I, 2713.

[28] MünchKommHGB/*K. Schmidt* § 105 Rdnr. 102 m. w. N.

[29] So MünchHdbGesR I/*Happ/Möhrle* § 47 Rdnr. 37; Baumbach/*Hopt* HGB § 105 Rdnr. 28; MünchKommHGB/*K. Schmidt* § 105 Rdnr. 87 m. w. N.; a. A. Großkomm/HGB/*Ulmer* § 105 Rdnr. 97 m. w. N.

oHG noch als Komplementär oder Kommanditist einer KG in Betracht kommt.[30] Vielmehr findet – die Nachfolgefähigkeit hinsichtlich der Gesellschafterstellung vorausgesetzt (hierzu unten Rdnr. 184 ff.) – eine Sonderrechtsnachfolge in Höhe der jeweiligen Erbenstellung in den Gesellschaftsanteil statt.[31]

Die Gesellschafterstellung wird entweder durch Beteiligung am Gründungsvorgang, im Wege der Einzel- bzw. Gesamtrechtsnachfolge (u. a. Erbfolge, Verschmelzung) oder durch späteren Beitritt erlangt. Wie bereits erwähnt, setzt die Entstehung einer oHG bzw. KG den Abschluss eines Gesellschaftsvertrages und damit die **Beteiligung von mindestens zwei Gesellschaftern** voraus.[32] Im Hinblick auf die KG ist noch nicht abschließend geklärt, ob die **gleichzeitige Stellung als Komplementär und Kommanditist** möglich ist. Anders als bei Kapitalgesellschaften, bei denen ein Gesellschafter mehrere Aktien oder Geschäftsanteile innehaben kann, gilt im Personengesellschaftsrecht der Grundsatz, dass die Beteiligung eines Gesellschafters stets einheitlich ist (**Einheitlichkeit der Mitgliedschaft**).[33] Demnach scheidet eine Stellung als Komplementär und zugleich als Kommanditist grundsätzlich aus.[34] Auf diese Weise soll eine Vermischung der Haftungsregime (unbeschränkte persönliche Haftung einerseits, auf die Haftsumme beschränkte Haftung andererseits) verhindert werden. Vereinigen sich durch Erbfolge Komplementär- und Kommanditistenstellung in einer Person, entsteht eine einheitliche Beteiligung, bei der die Komplementärstellung die Gesamtbeteiligung prägt.[35] Gleiches gilt dann, wenn sämtliche Gesellschaftsanteile aufgrund rechtsgeschäftlicher Übertragung in der Hand des letzten verbleibenden Gesellschafters zusammentreffen. Die **herrschende Meinung** geht mit Blick auf die Gesamthandsstruktur sowie die vertragliche Grundlage von Personengesellschaften nach wie vor davon aus, dass in diesem Fall die **Gesellschaft stets liquidationslos erlischt.**[36] Etwas anderes ist allerdings richtigerweise dann anzunehmen, wenn dem überlebenden Gesellschafter die Gesellschafterstellung des Erblassers nicht unbeschränkt zufällt, sondern (Verwaltungs-)Testamentsvollstreckung angeordnet ist.[37] Unter diesen Umständen ist die Gesellschaft für die Dauer der Testamentsvollstreckung als nicht erloschen anzusehen (Arg.: unterschiedliche Haftungsregime bereits wegen Testamentsvollstreckung).[38] Konsequenterweise müsste eine gleichzeitige Stellung als Komplementär und als Kommanditist unabhängig von der Anzahl der verbleibenden anderen Gesellschafter möglich sein, wenn und solange der vererbte Anteil der Testamentsvollstreckung unterliegt.[39] 11

Eine Höchstzahl an Gesellschaftern für Personenhandelsgesellschaften ist gesetzlich nicht vorgesehen. Vor allem aufgrund des Einstimmigkeitsprinzips und der persönlichen Haftung eignet sich die oHG aber kaum für den Zusammenschluss einer größeren Anzahl von Personen. Etwas anderes gilt für die KG, die insbesondere in der Form der GmbH & Co. KG trotz des Eintragungserfordernisses sämtlicher Kommanditisten vielfältig als Publikums- bzw. Massen-KG anzutreffen ist. Häufig wird insoweit aber mit sog. **Treuhandkommanditisten** gearbeitet. 12

---

[30] Vgl. nur BGHZ 58, 316, 317; BGH NJW 1983, 2376, 2377; Baumbach/*Hopt* HGB § 161 Rdnr. 4.

[31] MünchHdbGesR I/*Happ/Möhrle* § 47 Rdnr. 35 m. w. N.

[32] Vgl. OLG Schleswig ZIP 2006, 616 ff.; *Ulmer* ZHR 167 (2003), 103 f.

[33] BGHZ 24, 108; NJW 1984, 363; BayObLG ZIP 2003, 1443; Baumbach/*Hopt* HGB § 124 Rdnr. 16.

[34] So die h. M., vgl. BGH NJW 1987, 3184, 3186; OLG Hamm NZG 1999, 344, 345; BayObLG ZIP 2000, 1214; Baumbach/*Hopt* HGB § 161 Rdnr. 4; Oetker/*Oetker* HGB § 161 Rdnr. 8 m. w. N.; a. A. MünchKomm-HGB/*Grunewald* § 161 Rdnr. 4.

[35] BayObLG DNotZ 2003, 456, 457.

[36] MünchKommBGB/*Ulmer* § 705 Rdnr. 62; *K. Schmidt* Gesellschaftsrecht § 45 I 2 b; *Baumann* NZG 2005, 919 f.; MünchHdbGesR I/*Happ/Möhrle* § 47 Rdnr. 21; a. A. *Priester* DB 1998, 55 ff.

[37] Bei der Vererbung eines Kommanditanteils wird die Verwaltungstestamentsvollstreckung mittlerweile ohne weiteres als zulässig anerkannt (vgl. BGH NJW 1989, 3152; a. A. noch OLG Frankfurt OLGZ 1983, 189 = WM 1983, 485; BayObLG DB 1978, 79); im Hinblick auf einen Komplementäranteil bestehen gegen eine Dauertestamentsvollstreckung insoweit keine Bedenken, als sich diese auf die Wahrnehmung und Erhaltung der mit dem Anteil verbundenen übertragbaren Vermögensrechte beschränkt („Außenseite der Beteiligung", vgl. BGH NJW 1996, 1284, 1285). Ausführlich hierzu Bengel/Reimann/*Mayer* Kap. 5 Rdnr. 148 ff.

[38] Vgl. BGH NJW 1986, 2431, 2433 f. Gleiches muss dann gelten, wenn ein **belasteter und** ein **unbelasteter Gesellschaftsanteil** in der Hand des verbleibenden Gesellschafters **zusammentreffen** (z. B. bei Nießbrauch, vgl. unten Rdnr. 90).

[39] Näher DNotI-Gutachten Nr. 102 372 im Gutachtenabruf unter http:/faxabruf.dnoti-online-plus.de/.

3. Gesellschaftsvertrag

13 Im Hinblick auf den Inhalt des Gesellschaftsvertrages von oHG und KG besteht – anders als bei der AG, vgl. § 23 Abs. 5 S. 1 AktG – eine sehr **weitgehende Vertragsfreiheit** (vgl. § 109 Halbs. 1 HGB). Da die in Ermangelung gesellschaftsrechtlicher Bestimmungen anwendbaren gesetzlichen Vorschriften für oHG und KG überwiegend als antiquiert angesehen werden (§§ 105 ff. bzw. §§ 161 ff. HGB sowie hilfsweise §§ 705 ff. BGB i. V. m. §§ 105 Abs. 3, 161 Abs. 2 HGB), sind **detaillierte gesellschaftsrechtliche Regelungen** in aller Regel **empfehlenswert.**[40]

14 a) **Notwendige Bestandteile des Gesellschaftsvertrages.** Der Mindestinhalt eines Gesellschaftsvertrages einer Personenhandelsgesellschaft ist gering. Gem. § 105 Abs. 1 (ggf. i. V. m. § 161 Abs. 2) HGB müssen die Gesellschafter lediglich einen **gemeinsamen Zweck** vereinbaren[41] und sich zu dessen Förderung verpflichten, wobei die Förderungspflicht nicht notwendig einer näheren Konkretisierung bedarf.[42] Der Zweck der Gesellschaft muss auf den Betrieb eines Handelsgewerbes (§ 105 Abs. 1 HGB) oder auf einen sonstigen Gewerbebetrieb bzw. die Verwaltung eigenen Vermögens (§ 105 Abs. 2 HGB) unter einer gemeinschaftlichen Firma gerichtet sein.[43] Als **Firma** kommt eine Personen-, Sach- oder Phantasiefirma in Betracht. Zu beachten sind insoweit allerdings die Anforderungen der §§ 18 ff. HGB. Danach muss die Firma zur Kennzeichnung geeignet sein und Unterscheidungskraft besitzen (§ 18 Abs. 1 HGB), darf keine Angaben enthalten, die geeignet sind, über geschäftliche Verhältnisse irrezuführen (§ 18 Abs. 2 S. 1 HGB) – wobei dem Registergericht insoweit nach § 18 Abs. 2 S. 2 HGB nur ein eingeschränktes Prüfungsrecht zusteht –,[44] muss den Rechtsformzusatz oHG oder KG aufweisen (§ 19 Abs. 1 Nr. 2 bzw. Nr. 3 HGB) und hat sich von allen an demselben Ort oder in derselben Gemeinde bereits bestehenden und im Handelsregister bzw. Genossenschaftsregister eingetragenen Firmen deutlich zu unterscheiden (§ 30 Abs. 1 HGB). Angesichts der ganz erheblichen Liberalisierung des Firmenrechts besteht insoweit eine weitgehende Wahlfreiheit der Gesellschafter.[45]

15 In Abgrenzung zum Gesellschaftszweck wird durch den ebenfalls im Gesellschaftsvertrag festzulegenden **Unternehmensgegenstand** die konkrete, von der Gesellschaft zu verfolgende Tätigkeit festgelegt. Der Unternehmensgegenstand ist zum einen für die Geschäftsführungsbefugnisse der geschäftsführenden Gesellschafter bzw. Komplementäre von erheblicher Bedeutung, da sich diese nach dem gesetzlichen Regelbild in § 116 Abs. 1 HGB auf alle Handlungen erstrecken, welche der gewöhnliche Betrieb des Handelsgewerbes der Gesellschaft mit sich bringt. Demgegenüber ist zur Vornahme von Handlungen, die darüber hinausgehen, gem. § 116 Abs. 2 HGB ein Beschluss sämtlicher Gesellschafter erforderlich. Letzteres gilt entsprechend für die Kommanditisten, welche gem. § 164 S. 1 Halbs. 1 HGB von der Geschäftsführung ausgeschlossen sind (vgl. § 164 S. 1 HS 2 HGB, hierzu unten Rdnr. 39). Schließlich erlangt der Unternehmensgegenstand noch Bedeutung für das Wettbewerbsverbot der Gesellschafter gem. § 112 (ggf. i. V. m. § 161 Abs. 2) HGB.

16 Im Gesellschaftsvertrag sind ferner sämtliche **Gesellschafter** namentlich zu bezeichnen. Der KG-Vertrag muss vorsehen, welche Gesellschafter unbeschränkt und welche Gesellschafter nur beschränkt haften **(Haftungsregime).** Im Hinblick auf Letztere ist ferner die von diesen zu erbringende **Einlage** festzulegen.[46] Hier ist zwischen der allein im Innenverhältnis relevanten sog. „Pflichteinlage" des Kommanditisten und der im Handelsregister

---

[40] Zur Rechtsnatur des Gesellschaftsvertrages (Schuldvertrag und gemeinschaftsbegründender personenrechtlicher Vertrag) vgl. MünchHdbGesR I/*Happ/Möhrl* § 47 Rdnr. 46 ff., auch zur umstrittenen Frage, ob der Gesellschaftsvertrag als gegenseitiger Vertrag i. S. d. §§ 320 ff. BGB zu qualifizieren ist.

[41] Hierdurch unterscheidet sich die Personenhandelsgesellschaft vom partiarischen Rechtsverhältnis; vgl. MünchKommBGB/*Ulmer* § 705 Rdnr. 128.

[42] MünchHdbGesR I/*Happ/Möhrle* § 47 Rdnr. 52.

[43] Näher MünchHdbGesR I/*Happ/Möhrle* § 47 Rdnr. 53 ff.

[44] Eine Eignung zur Irreführung ist nur zu berücksichtigen, wenn sie ersichtlich ist.

[45] Näher zu den Anforderungen an die Firma sowie zur Firmenfortführung gem. §§ 21 ff. HGB: MünchHdbGesR I/*Bezzenberger* § 49 Rdnr. 7 ff.

[46] Anders als bei den Kapitalgesellschaften findet bei der KG keine präventive Werthaltigkeitskontrolle der Einlage durch das Registergericht statt. Näher zur Erbringung der Einlage unten Rdnr. 62 f.

einzutragenden, für die Außenhaftung relevanten sog. „Haftsumme" zu differenzieren. Im Zweifel ist von einem Gleichlauf von Pflicht- und Hafteinlage auszugehen.[47] Wie sich aus § 172 Abs. 3 HGB ergibt, kann die Pflichteinlage von der Haftsumme abweichen. Eine höhere Haftsumme wird mitunter dann vereinbart, wenn die Gesellschafter mit Verlusten rechnen, welche die Pflichteinlage übersteigen, und diese sofort steuerlich nutzbar machen wollen (vgl. § 15a EStG).[48]

b) **Fakultative Bestandteile des Gesellschaftsvertrages.** Über die vorgenannten notwendigen Bestandteile des Gesellschaftsvertrages einer oHG bzw. KG hinaus bestehen zahlreiche Regelungsmöglichkeiten, von denen in aller Regel Gebrauch gemacht werden sollte. Ohne Anspruch auf Vollständigkeit bieten sich häufig Regelungen 17

- zum Beginn (und ggf. zur Dauer) der Gesellschaft,
- zur Geschäftsführung und zur Vertretung (Einzel- oder Gesamtvertretung, Befreiung von den Beschränkungen des § 181 BGB, ggf. Katalog zustimmungspflichtiger Geschäfte),
- zu den Kompetenzen der Gesellschafterversammlung,
- zu den Einberufungsmodalitäten,
- zur Beschlussfassung innerhalb und außerhalb von Gesellschafterversammlungen,[49]
- zu den Pflichten der einzelnen Gesellschafter (u. a. Wettbewerbsverbote, Verschwiegenheitspflichten),
- zur Teilhabe am Gesellschaftsergebnis (Ergebnisverwendung und Ergebnisverteilung, Entnahmen, Gesellschafterkonten)[50]sowie
- zu Verfügungen über die Gesellschaftsbeteiligung oder sonstige Änderungen im Gesellschafterbestand (Zustimmungserfordernisse, Vor- bzw. Ankaufsrechte, Ausschluss von Gesellschaftern, Kündigung durch Gesellschafter, Rechtsfolge beim Tod eines Gesellschafters, Abfindungsklauseln)[51]

an.[52]

Anders als bei Kapitalgesellschaften (vgl. § 23 Abs. 3 Nr. 1 AktG, § 3 Abs. 1 Nr. 1 GmbHG) muss der Gesellschaftsvertrag einer oHG bzw. KG **nicht notwendig** den **Sitz** der Gesellschaft bestimmen. Der Sitz einer Personenhandelsgesellschaft befindet sich vielmehr an dem Ort, an welchem die grundlegenden Entscheidungen der Unternehmensleitung effektiv in laufende Geschäftsführungsakte umgesetzt werden (**effektiver Verwaltungssitz**).[53] Bis zur Änderung von § 4a GmbHG und § 5 AktG durch das MoMiG bestand weitgehend Einvernehmen, dass im Gesellschaftsvertrag einer Personenhandelsgesellschaft kein vom Verwaltungssitz abweichender **statutarischer Sitz** bestimmt werden kann.[54] Dem satzungsmäßigem Sitz kommt insbesondere Bedeutung für die Zuständigkeit des Registergerichts (vgl. § 106 Abs. 1 HGB), für den allgemeinen Gerichtsstand der Gesellschaft (§ 17 Abs. 1 S. 1 ZPO) sowie ggf. für die Bestimmung des Gesellschaftsstatuts zu. Angesichts der Liberalisierung im Recht der Kapitalgesellschaften erscheint es auf den ersten Blick naheliegend, dass auch bei Personenhandelsgesellschaften den Gesellschaftern das Recht zugestanden wird, den statutarischen Sitz abweichend vom Verwaltungssitz festzulegen.[55] 18

---

[47] Vgl. BGH DB 1977, 1249; Baumbach/*Hopt* HGB § 171 Rdnr. 1.

[48] Wachter/*Sommer* Teil 2 Rdnr. 602.

[49] Näher unten Rdnr. 47.

[50] Vgl. hierzu Wachter/*Sommer* Teil 2 Rdnr. 610ff.

[51] Näher unten Rdnr. 81f.

[52] Vgl. MünchHdbGesR I/*Happ/Möhrle* § 47 Rdnr. 60ff. für die oHG sowie MünchHdbGesR II/*Happ/Möhrle* § 2 Rdnr. 98ff. für die KG. Muster für oHG-Verträge finden sich u.a. im MünchVertragsHdb II. 1–4, Muster für KG-Verträge im MünchVertragsHdb a.a.O., III. 1–4.

[53] BGHZ 97, 269, 272 = MittBayNot 1986, 269.

[54] Ebenroth/Boujong/Joost/Strohn/*Märtens* HGB § 106 Rdnr. 13; MünchKommHGB/*Langhein* 2. Aufl. 2006 § 106 Rdnr. 28f.; Oetker/*Weitemeyer* HGB 2009, § 106 Rdnr. 22; MünchHdbGesR I/*Bezzenberger* § 49 Rdnr. 143 m.w.N.

[55] So ausdrücklich Röhricht/Graf von Westphalen/*Gerkan/Haas* HGB, 3. Aufl. 2008, § 106 Rdnr. 11; *Koch* ZHR 173 (2009), 101ff.; Baumbach/*Hopt* HGB § 106 Rdnr. 8 m.w.N.; a.A. *Krafka/Willer/Kühn* Registerrecht Rdnr. 607; Koller/Roth/Morck/*Koller* HGB § 106 Rdnr. 2 (arg e § 4a GmbHG, § 5 AktG und Verweis auf bisherige höchstrichterliche Rechtsprechung). Zu den mit einer Sitzverlegung ins Ausland verbundenen Zweifelsfragen vgl. MünchHdbGesR I/*Bezzenberger* § 49 Rdnr. 147ff.

19 Hiervon abzugrenzen ist die weitere Frage, **ob** die gem. § 106 Abs. 2 Nr. 2 HGB zusätzlich anzumeldende **inländische Geschäftsanschrift** mit dem effektiven Verwaltungssitz übereinstimmen muss. Durch die Angabe der inländischen Geschäftsanschrift soll die Zustellung von Willenserklärungen an die Gesellschaft erleichtert werden (vgl. § 15a HGB i.V.m. § 185 Nr. 2 ZPO).[56] Teilweise wird unter Verweis auf den Wortlaut von § 106 Abs. 2 Nr. 2 HGB („Ort, an dem sie ihren Sitz hat, *und* [!] die inländische Geschäftsanschrift) davon ausgegangen, dass inländische Geschäftsanschrift und effektiver Verwaltungssitz voneinander abweichen können (vgl. insoweit auch den Wortlaut von § 24 Abs. 2 HRV).[57] Dem steht allerdings der mit dem Erfordernis der Eintragung der inländischen Geschäftsanschrift in das Handelsregister verfolgte Schutzzweck entgegen, da durch *„die verbesserte Transparenz [...] eine faktisch wirkende Zustellungserleichterung erzielt"*[58] werden soll. Hiermit ist – anders als bei der Kapitalgesellschaft (vgl. § 8 Abs. 4 Nr. 1 GmbHG)[59] – ein Auseinanderfallen von inländischer Geschäftsanschrift und effektivem Verwaltungssitz nicht vereinbar, da die öffentliche Zustellung gem. § 15a HGB i.V.m. § 185 Nr. 2 ZPO nach dem Willen der Gesetzesverfasser des MoMiG nur für juristische Personen vorgesehen ist.[60] Im Ergebnis ist daher von einem **notwendigen Gleichlauf von inländischer Geschäftsanschrift und effektivem Verwaltungssitz** auszugehen.[61]

20 **c) Form- und Genehmigungserfordernisse.** Der Abschluss des Gesellschaftsvertrages einer oHG bzw. KG ist **grundsätzlich formfrei**, somit auch stillschweigend bzw. konkludent möglich.[62] Aus Dokumentationsgründen sollte der Vertragsschluss jedoch stets zumindest schriftlich erfolgen.[63] Ist ein **konkretes** im Gesellschaftsvertrag niedergelegtes **Leistungsversprechen** allerdings **formbedürftig,** z.B. die Verpflichtung, ein bestimmtes Grundstück (§ 311b Abs. 1 BGB) oder einen GmbH-Geschäftsanteil (§ 15 Abs. 4 S. 1 GmbHG) auf die Gesellschaft zu übertragen, erstreckt sich das Formerfordernis auf den gesamten Gesellschaftsvertrag, d.h. auf alle Vereinbarungen, aus denen sich das Rechtsgeschäft nach dem Willen der Vertragschließenden zusammensetzt.[64] Wird das Formerfordernis missachtet, ist grundsätzlich der gesamte Gesellschaftsvertrag nach § 125 S. 1 i.V.m. § 139 BGB nichtig.[65] Soweit in der jeweiligen gesetzlichen Formvorschrift eine Heilung im Falle der Erfüllung der Verpflichtung vorgesehen ist (vgl. § 311b Abs. 1 S. 2 BGB, § 15 Abs. 4 S. 2 GmbHG), wird der Formmangel durch Erfüllung der Leistungsverpflichtung geheilt. Die Formerfordernisse der §§ 311b Abs. 1 S. 1 BGB sowie § 15 Abs. 4 S. 1 GmbHG greifen allerdings nicht ein, wenn der Unternehmensgegenstand nur allgemein auf den Erwerb oder die Veräußerung von Grundstücken bzw. GmbH-Geschäftsanteilen gerichtet ist.[66]

21 Ist ein **nicht voll Geschäftsfähiger** an der Gründung einer Personenhandelsgesellschaft beteiligt, wird er bei Abschluss des Gesellschaftsvertrages durch seinen **gesetzlichen Vertreter bzw.** durch einen **Ergänzungspfleger** i.S.v. § 1909 BGB vertreten, wenn der gesetzliche Vertreter selbst (§ 181 BGB), sein Ehegatte, Lebenspartner oder einer seiner Verwandten in gerader Linie (§§ 1629 Abs. 2 S. 1, 1795 Abs. 1 Nr. 1 BGB) Vertragspartei ist. Mehrere nicht voll geschäftsfähige Personen werden jeweils durch einen eigenen Ergänzungspfleger vertreten (vgl. § 181 BGB).[67] Gleiches gilt, wenn mehrere nicht voll geschäftsfähige Personen durch Aufnahmevertrag mit den übrigen Gesellschaftern in eine bestehende Gesell-

[56] Gesetzesentwurf der Bundesregierung, BT-Drs. 16/6140 S. 49 re. Sp. oben.
[57] *Melchior/Schulte*, Handelregisterverordnung, 2. Aufl. 2009, § 40 Rdnr. 7 sowie § 24 Rdnr. 3 und 4; *Schmidt/Sikora/Tiedtke*, Praxis des Handels- und Kostenrechts, 5. Aufl. 2009, Rdnr. 174.
[58] BT-Drs. 16/6140 S. 49 re. Sp. oben.
[59] Vgl. BT-Drs. 16/6140 S. 36.
[60] BT-Drs. 16/6140 S. 49 re. Sp. oben.
[61] *Krafka/Willer/Kühn* Registerrecht Rdnr. 341; Fleischhauer/Preuß/*Kallrath* Handelsregisterrecht S. 197 f.
[62] BGH WM 1962, 880.
[63] MünchHdbGesR I/*Happ/Möhrle* § 47 Rdnr. 69.
[64] Allg. Meinung, vgl. RGZ 50, 163, 168 f.; Großkomm/HGB/*Ulmer* § 105 Rdnr. 171; MünchKommHGB/*K. Schmidt* § 105 Rdnr. 132 ff.
[65] So BGH NJW 1982, 877, 879; MünchKommHGB/*K. Schmidt* § 105 Rdnr. 137; a.A. Baumbach/*Hopt* HGB § 105 Rdnr. 57; MünchKommBGB/*Ulmer* § 705 Rdnr. 34, 40, 52 f.
[66] Staudinger/*Wufka* BGB Neubearb. 2006, § 311b Abs. 1 Rdnr. 16 m.w.N.
[67] Vgl. OLG Zweibrücken OLGZ 1980, 213, 215 = DNotZ 1981, 42.

schaft eintreten.[68] Demgegenüber kann ein einziger Ergänzungspfleger mehrere nicht voll geschäftsfähige Personen im Falle der Anteilsübertragung durch einen Gesellschafter vertreten, da nur zwischen dem bisherigen Gesellschafter und den Erwerbern unmittelbare Rechtsbeziehungen begründet werden. Die Mitgesellschafter müssen der Verfügung zwar zustimmen, werden hierdurch aber nicht Partei des Veräußerungsvertrages (vgl. unten Rdnr. 132).[69]

Der Vertreter bedarf zum Abschluss des Gesellschaftsvertrages gem. § 1643 Abs. 1 i. V. m. 22 § 1822 Nr. 3 a. E. BGB der **Genehmigung des Familiengerichts**, unabhängig davon, ob der nicht voll Geschäftsfähige eine Gegenleistung für die Einräumung der Gesellschaftsbeteiligung erbringen muss, und auch bei lediglich kommanditistischer Beteiligung des nicht voll Geschäftsfähigen.[70] Voraussetzung für das Genehmigungserfordernis ist allerdings das Vorliegen eines **Erwerbsgeschäfts**, d. h. einer berufsmäßig ausgeübten, auf Gewinnerzielung gerichteten Tätigkeit.[71] Ein Erwerbszweck wird überwiegend dann verneint, wenn sich die Tätigkeit der Gesellschaft auf die Verwaltung des von den Gesellschaftern selbst genutzten Wohnraums beschränkt. Unter diesen Umständen soll es an einer auf selbständigen Erwerb gerichteten Tätigkeit fehlen.[72] Etwas anderes gilt allerdings dann, wenn gewerblich nutzbare Immobilien von erheblichem Wert zum Gesellschaftsvermögen gehören.[73]

Praxishinweis:

Angesichts des noch nicht abschließend geklärten Anwendungsbereichs von § 1822 Nr. 3 a. E. BGB empfiehlt sich stets eine vorherige Abstimmung mit dem zuständigen Familien- bzw. Betreuungsgericht sowie ggf. die vorsorgliche Beantragung der familien- bzw. betreuungsgerichtlichen Genehmigung.

Leben Ehegatten im gesetzlichen Güterstand und verpflichtet sich ein Ehegatte im Gesell- 23 schaftsvertrag zur Erbringung einer Einlage, die sein **wesentliches Vermögen** darstellt, und ist dies den anderen Gesellschaftern bekannt, bedarf der Gesellschaftsvertrag nach **§ 1365 BGB** der Einwilligung des anderen Ehegatten.[74]

d) Exkurs: Änderung des Gesellschaftsvertrages. Für Änderungen des Gesellschaftsvertra- 24 ges, die ebenso wie der erstmalige Abschluss grundsätzlich formfrei möglich sind,[75] ist nach der gesetzlichen Konzeption die Zustimmung sämtlicher – auch der nicht an der Beschlussfassung teilnehmenden – Gesellschafter erforderlich (**Einstimmigkeitsprinzip**, vgl. § 119 Abs. 1 HGB). Aufgrund des daraus resultierenden **Vetorechts** jedes einzelnen Gesellschafters, welches die Handlungsfähigkeit der Gesellschaft nicht unerheblich zu beeinträchtigen geeignet ist, wird das Einstimmigkeitsprinzip nicht nur bei Publikums-Personenhandels-

[68] Vgl. BayObLG FamRZ 1959, 125, 126; OLG Zweibrücken NZG 1999, 717, 718.

[69] OLG München ZEV 2010, 646 = MittBayNot 2010, 400 = RNotZ 2010, 461 (Vertretung mehrerer minderjähriger Kinder durch denselben Ergänzungspfleger bei Anteilserwerb im Wege der Sonderrechtsnachfolge).

[70] BGHZ 17, 160, 162 ff.; BayObLG BB 1977, 669; Palandt/*Diederichsen* BGB § 1822 Rdnr. 8.

[71] BayObLG DNotZ 1995, 941, 942 f.

[72] Vgl. OLG München ZEV 2008, 609 = DNotZ 2009, 230 (unentgeltlicher Erwerb eines Kommanditanteils durch Minderjährigen nicht nach § 1822 Nr. 3 BGB genehmigungsbedürftig, wenn sich Tätigkeit der KG auf Verwaltung des von den Gesellschaftern selbst genutzten Wohnraums beschränkt); KölnHdbGesR/*Fleischhauer* 1. Kap. Rdnr. 313; unklar BeckOK/*Bettin* Stand 1. 8. 2010, § 1822 BGB Rdnr. 12.

[73] BayObLG DNotZ 1995, 941, 943.

[74] BGH NJW 1965, 909; Palandt/*Brudermüller* BGB § 1365 Rdnr. 9 f.

[75] Aus Dokumentationsgründen empfiehlt sich allerdings in aller Regel die schriftliche Niederlegung von Vertragsänderungen. Häufig wird sich auch eine sog. „qualifizierte" oder „doppelte" **Schriftformklausel** anbieten:

„Änderungen dieses Vertrages sind nur in schriftlicher Form möglich. Dies gilt auch für eine Änderung oder Aufhebung der vorstehenden Schriftformklausel."

Ob hierdurch eine nicht schriftlich erfolgende Vertragsänderung ausgeschlossen werden kann, ist höchstrichterlich noch nicht geklärt (vgl. MünchHdbGesR II/*Piehler/Schulte* § 34 Rdnr. 15 f.; offen gelassen von BGH NJW-RR 1991, 1289 m. w. N.). Näher zur Schriftformklausel: MünchKommHGB/*Enzinger* § 119 Rdnr. 45–47.

gesellschaften[76] regelmäßig in weitem Umfang gesellschaftsvertraglich abbedungen. Wie sich aus § 119 Abs. 2 HGB ergibt, bestehen auch für die Änderung des Gesellschaftsvertrages keine grundsätzlichen Bedenken gegen die Einführung eines **Mehrheitsprinzips**. In aller Regel wird die „Mehrheit der Stimmen“ im Gesellschaftsvertrag abweichend von der gesetzlichen Zweifelsfallregelung in § 119 Abs. 2 HGB (Mehrheit nach Köpfen)[77] nach der Höhe des festen Kapitalkontos bestimmt.[78] Denkbar sind aber auch andere bzw. qualifizierte Mehrheitserfordernisse.

25 *aa) Bestimmtheitsgrundsatz.* Um die Minderheitsgesellschafter angemessen zu schützen, wurden allerdings der Mehrheitsentscheidung kraft vertraglicher Bestimmung durch die höchstrichterliche Rechtsprechung schon früh Grenzen gesetzt.[79] Jüngst hat der BGH das Schutzkonzept zugunsten der Minderheitsgesellschafter präzisiert. Eine die Abweichung vom gesellschaftsrechtlichen Einstimmigkeitsprinzip legitimierende Mehrheitsklausel habe zunächst dem **Bestimmtheitsgrundsatz** Rechnung zu tragen. Entgegen einer weit verbreiteten Auffassung in der Literatur erfordere dieser jedoch nicht notwendig eine Auflistung der betroffenen Beschlussgegenstände, sondern setze lediglich voraus, dass sich durch Auslegung des Gesellschaftsvertrages mit hinreichender Deutlichkeit ermitteln lasse, ob der in Rede stehende Beschlussgegenstand einer Mehrheitsentscheidung unterworfen sein soll. Grund, Umfang und Ausmaß der Eingriffsbefugnisse der Mehrheit müssen deutlich aus dem Gesellschaftsvertrag hervorgehen.[80] Auch wenn die minutiöse Auflistung der dem Mehrheitsprinzip unterfallenden Beschlussgegenstände danach nicht erforderlich ist, empfehlen sich dennoch ausdrückliche und hinreichend klare Regelungen hinsichtlich der Reichweite des Mehrheitsprinzips im Gesellschaftsvertrag.[81] Sofern im Vertrag lediglich die Beschlussfassung mit einfacher oder qualifizierter Mehrheit vorgesehen ist, wird eine derartige **allgemeine Mehrheitsklausel** restriktiv ausgelegt, d. h. sie erfasst nur die laufende Geschäftsführung betreffende Beschlüsse oder übliche bzw. geringfügige Änderungen des Gesellschaftsvertrages.[82]

26 *bb) Kernbereichslehre.* An der aus dem Bestimmtheitsgrundsatz resultierenden, in der Praxis weit verbreiteten katalogartigen Aufzählung der von der Mehrheitsklausel erfassten Beschlussgegenstände wurde zunehmend deren mangelnde Warnfunktion kritisiert. Der mit dem Bestimmtheitsgrundsatz bezweckte Minderheitenschutz werde daher nicht erreicht.[83] Aus diesem Grund nimmt der BGH auf der zweiten Stufe eine „inhaltliche Wirksamkeitsprüfung“ vor, bei welcher die Schutzkonzepte der **Kernbereichslehre** und des Belastungsverbotes Anwendung finden.[84] Die Disposition über unverzichtbare Rechte[85] kommt dabei von vornherein nicht in Betracht. Die Kernbereichslehre bezieht sich auf diejenigen Elemente der Mitgliedschaft, über die nicht ohne Einverständnis des Betroffenen disponiert werden kann. Hierzu sind u. a. die Änderung des Gesellschaftszwecks sowie unmittelbare Eingriffe in das

[76] Für die Publikumspersonengesellschaft hat das KG jüngst entschieden, dass ein satzungsmäßig vorgesehenes Einstimmigkeitsprinzip für bestimmte Konstellationen durch Beschluss der Gesellschafter mit der satzungsgemäß für Änderungen des Gesellschaftsvertrags erforderlichen Mehrheit aufgehoben werden kann. Die Beseitigung eines unpraktikablen Einstimmigkeitsprinzips stelle keinen treupflichtwidrigen Eingriff in absolut oder relativ unentziehbare Rechte der Minderheit dar, wenn alle Gesellschafter der Möglichkeit, den Gesellschaftsvertrag mit qualifizierter Mehrheit zu ändern, von Beginn an durch ihren Beitritt zugestimmt haben (KG, Urteil vom 21. 3. 2011 – 23 U 4/10, BeckRS 2011, 06710 = ZIP 2011, 659, n. rk., Revision anhängig unter Az. II ZR 70/11).

[77] D. h. Mehrheit der stimmberechtigten anwesenden Gesellschafter, vgl. Baumbach/*Hopt* HGB § 119 Rdnr. 41.

[78] Vgl. BGH NJW 2009, 669, 670.

[79] Vgl. RGZ 91, 166 ff.; 151, 321, 327; BGHZ 8, 35, 41 f. = NJW 1953, 102.

[80] BGHZ 170, 283 = DStR 2007, 494.

[81] *Priester* DStR 2008, 1386, 1388.

[82] Vgl. MünchHdbGesR I/*Happ/Möhrle* § 47 Rdnr. 84 m. w. N.

[83] *Wiedemann* JZ 1978, 612; *U. H. Schneider* AG 1979, 57, 60 f.; *Leenen*, Zweite Festschrift Larenz, S. 371 ff.; *Schiessl* DB 1986, 735 ff.

[84] *K. Schmidt* ZGR 2008, 1, 16 f.; ähnl. MünchHdbGesR I/*Happ/Möhrle* § 47 Rdnr. 84 m. w. N.

[85] Vgl. hierzu *K. Schmidt* Gesellschaftsrecht § 16 III 3 a: U. a. Austrittsrecht aus wichtigem Grund, Recht auf Teilnahme an Gesellschafterversammlungen, Informationsrecht.

Stimm- und Gewinnrecht zu rechnen.[86] Ist der Kernbereich der Mitgliedschaftsrechte betroffen, scheidet eine Mehrheitsentscheidung, d. h. eine Entscheidung gegen bzw. ohne den Willen eines Betroffenen aus. Andererseits kann dieser seine **Zustimmung** zum Eingriff **im Voraus erteilen.** Eine derartige Zustimmung muss aber Ausmaß und Umfang des Eingriffs in die betreffenden Mitgliedschaftsrechte möglichst präzise bestimmen, insbesondere eine Obergrenze für mögliche zusätzliche Belastungen des jeweiligen Gesellschafters erkennen lassen.[87] Vor allem potenzielle Nachschusspflichten, die im Wege der Mehrheitsentscheidung konkretisiert werden können, müssen daher nach Art und Ausmaß klar definiert und begrenzt werden (vgl. § 707 BGB).

4. Handelsregisteranmeldung

Erfordert der beabsichtigte oder ausgeübte Gewerbebetrieb nach Art oder Umfang einen in kaufmännischer Weise eingerichteten Geschäftsbetrieb (Handelsgewerbe i. S. v. § 1 Abs. 2 HGB), sind die Gesellschafter verpflichtet, die Gesellschaft zur Eintragung in das Handelsregister bei dem Gericht anzumelden, in dessen Bezirk die Gesellschaft ihren Sitz hat (§ 106 Abs. 1 HGB, lediglich **deklaratorische Eintragung**). Andernfalls (Kleingewerbetreibender bzw. Vermögensverwaltung i. S. v. § 105 Abs. 2 S. 1 HGB) liegt es in ihrem Ermessen, die Gesellschaft als oHG oder KG durch Anmeldung mit der Eintragung in das Handelsregister entstehen zu lassen (**konstitutive Wirkung** der Eintragung).[88] Die gem. § 108 HGB von sämtlichen Gesellschaftern zu bewirkende Handelsregisteranmeldung hat gem. § 106 Abs. 2 HGB, § 24 HRV die folgenden Angaben zu enthalten: 27

- Name, Vorname, Geburtsdatum und Wohnort jedes Gesellschafters[89]
- Firma der Gesellschaft nebst Rechtsformzusatz, Sitz, inländische Geschäftsanschrift (zur Frage, ob Sitz und inländische Geschäftsanschrift voneinander abweichen können vgl. oben Rdnr. 18 f.)
- Vertretungsmacht der Gesellschafter (auch wenn diese nicht vom gesetzlichen Regelungsmodell abweicht)[90]
- Geschäftsgegenstand (§ 24 Abs. 4 HRV)

Die Einreichung weiterer Unterlagen (Gesellschaftsvertrag, Protokoll über Beschlussfassung etc.) ist nicht erforderlich. Die registergerichtliche Prüfung findet grundsätzlich allein auf Basis der Angaben in der Handelsregisteranmeldung statt.[91] 28

[86] BGH NJW 1995, 194, 195; MünchKommBGB/*Ulmer/Schäfer* § 709 Rdnr. 93.

[87] OLG Stuttgart NZG 2010, 702 (nur Leitsatz) – Nichtzulassungsbeschwerde unter Az. II ZR 71/10; *Priester* DStR 2008, 1386, 1389.

[88] Zur Frage, ob eine lediglich vermögensverwaltende Personenhandelsgesellschaft durch Eintragung vor Inkrafttreten von § 105 Abs. 2 HGB n. F. am 1. 7. 1998 wirksam entstanden ist, vgl. Gutachten DNotI-Report 2011, 18 f. Nach der vorzugswürdigen h. M. wurden unzulässige Alteintragungen durch das Inkrafttreten von § 105 Abs. 2 HGB n. F. „geheilt“.

[89] Ob Änderungen der in § 106 Abs. 2 Nr. 1 HGB genannten Personalia ebenfalls anmeldepflichtig sind, ist umstritten (verneinend: Baumbach/*Hopt* HGB § 107 Rdnr. 3; MünchHdbGesR I/*Keul* § 50 Rdnr. 22 m. w. N., unter Verweis auf die abschließende Regelung in § 107 HGB; tendenziell bejahend: MünchKommHGB/*Krafka* § 8 Rdnr. 40).

[90] Anzugeben ist die allgemeine, d. h. die für alle Gesellschafter geltende Vertretungsregelung sowie ggf. eine hiervon abweichende konkrete Vertretungsregelung hinsichtlich eines oder mehrerer Gesellschafter (vgl. Fleischhauer/Preuß/*Kallrath* Handelsregisterrecht D I 1 Anm. 6; *Schmidt/Sikora/Tiedtke* Praxis des Handels- und Kostenrechts Rdnr. 314), d. h die konkrete Vertretungsbefugnis ist nur dann anzuführen, wenn sie von der allgemeinen Vertretungsbefugnis abweicht.

[91] *Krafka/Willer/Kühn* Registerrecht Rdnr. 613.

Muster:

Neuanmeldung einer offenen Handelsgesellschaft

Amtsgericht ...
Handelsregister Abteilung A

Eintragung der ... oHG

Zur Eintragung in das Handelsregister melden wir an:

1. Wir, ... (Name, Vorname, Geburtsdatum, Wohnort), haben mit Gesellschaftsvertrag vom ... eine offene Handelsgesellschaft unter der Firma ... mit dem Sitz in ... gegründet.
2. Gegenstand des Unternehmens ist ......
3. Die inländische Geschäftsanschrift (§ 106 Abs. 2 Nr. 2 HGB) lautet ......
4. Jeder Gesellschafter vertritt die Gesellschaft alleine. [ggf. zusätzlich: Jeder Gesellschafter ist berechtigt, im Namen der Gesellschaft Rechtsgeschäfte mit sich im eigenen Namen oder als Vertreter eines Dritten vorzunehmen.

[Unterschriften samt Beglaubigung]

29 Bei der Kommanditgesellschaft hat die Anmeldung zusätzlich die Bezeichnung der Kommanditisten und die jeweilige Haftsumme gem. § 162 Abs. 1 S. 1 HGB zu enthalten.

Zusätzliche Angaben bei der Neuanmeldung einer Kommanditgesellschaft[92]

Persönlich haftende(r) Gesellschafter ist/sind ...... (Name, Vorname, Geburtsdatum, Wohnort).
Kommanditist(en) ist/sind ...... (Name, Vorname, Geburtsdatum, Wohnort) mit einer Kommanditeinlage (Haftsumme) von ...... Euro.

30 Ist eine **Gesellschaft bürgerlichen Rechts** Gesellschafterin einer oHG oder KG, sind neben der Bezeichnung der GbR durch Name, Sitz und Gründungsdatum gem. § 162 Abs. 1 S. 2 HGB (analog) auch deren Gesellschafter in der Handelsregisteranmeldung nach Maßgabe von § 106 Abs. 2 Nr. 1 HGB zu nennen und in das Handelsregister einzutragen. Anders als bei der Anmeldung einer GmbH ist der Gesellschaftsvertrag der Handelsregisteranmeldung nicht beizufügen. Nach § 12 Abs. 1 S. 1 HGB ist die Anmeldung elektronisch in öffentlich beglaubigter Form einzureichen. Gleiches gilt im Falle der Vertretung eines Gesellschafters gem. § 12 Abs. 1 S. 2 HGB für die Vollmacht zur Anmeldung. Ändert sich nach Eintragung der Gesellschaft die Firma, der Sitz oder die inländische Geschäftsanschrift, tritt ein neuer Gesellschafter ein oder ändert sich die Vertretungsmacht, so ist dieser Umstand ebenfalls von sämtlichen Gesellschaftern zur Eintragung in das Handelsregister anzumelden (§ 107 i. V. m. § 108 HGB).[93]

31 Von dem **Erfordernis der Anmeldung durch sämtliche Gesellschafter** in §§ 108, 143 Abs. 1 S. 1, 144 Abs. 2, 148 Abs. 1 S. 1 HGB gibt es **nur wenige Ausnahmen** (vgl. §§ 13 Abs. 1 S. 1, 53 Abs. 1 S. 1, 157 Abs. 1 HGB). Zwar sind die Gesellschafter aufgrund ihrer gesellschaftsrechtlichen Treuepflicht verpflichtet, bei der Anmeldung mitzuwirken.[94] Dennoch ist die Erteilung von **Handelsregistervollmachten** insbesondere, aber nicht nur bei Publikumsgesellschaften **zweckmäßig** und allgemein üblich, um den Transaktionsaufwand bei

[92] Bei der Angabe der Vertretungsregelung sollte zudem klargestellt werden, dass nur die (bzw. einzelne) persönlich haftende Gesellschafter zur Vertretung berechtigt sind.

[93] Weitere anmeldungs- und eintragungspflichtige Vorgänge sind u. a. die Gründung einer Zweigniederlassung (§§ 13–13 g HGB), ein Haftungsausschluss bei Geschäftsübernahme (§ 25 Abs. 2 HGB) bzw. bei Eintritt eines Gesellschafters in das Geschäft eines Einzelkaufmanns (§ 28 Abs. 2 HGB), die Erteilung und das Erlöschen einer Prokura (§ 53 HGB) sowie das Ausscheiden eines Gesellschafters (§ 143 HGB).

[94] OLG Karlsruhe Rpfleger 1997, 438, 439; MünchHdbGesR I/*Keul* § 50 Rdnr. 7.

Folgeanmeldungen zu begrenzen. Derartige Vollmachten müssen zumindest **in öffentlich beglaubigter Form** erteilt werden (§ 12 Abs. 1 S. 2 HGB). An die **Auslegung** einer solchen Handelsregistervollmacht sind zum Schutz des Vollmachtgebers in Abweichung von den allgemeinen Auslegungsgrundsätzen für einseitige empfangsbedürftige Willenserklärungen strenge Anforderungen zu stellen. Insbesondere muss die Vollmacht zur Anmeldung zum Handelsregister aus sich heraus verständlich sein; eine über den Wortlaut des Vollmachttextes hinausgehende Auslegung unter Verweis auf den wirklichen Willen des Vollmachtgebers kommt nicht in Betracht. Ergeben sich Unklarheiten, so ist von dem geringeren Umfang der Vollmacht auszugehen, wenn sich der größere Umfang nicht zweifelsfrei nachweisen lässt.[95]

Praxishinweis:

Es empfiehlt sich, diejenigen Anmeldevorgänge, die von einer Handelsregistervollmacht erfasst sein sollen, in der Vollmacht eindeutig zu bezeichnen, z. B. durch eine beispielhafte Aufzählung („insbesondere ..."). Der pauschale Passus „Ermächtigung zur Vornahme sämtlicher Handelsregisteranmeldungen" ist hingegen nicht hinreichend bestimmt.[96]

5. Eintragungen in das Handelsregister

Der **Eintragung** der oHG bzw. KG kommt **grundsätzlich** nur **deklaratorische** Bedeutung 32
zu. Konstitutiv wirkt die Eintragung der Gesellschaft nur im Falle des Nichtvorliegens eines Handelsgewerbes (Kleingewerbetreibender i. S. v. § 2 HGB bzw. vermögensverwaltende Gesellschaft i. S. v. § 105 Abs. 2 HGB). Bei der KG ist ferner zu beachten, dass die **Haftungsbeschränkung der Kommanditisten** auf die Haftsumme i. S. v. § 171 HGB grundsätzlich erst mit Eintragung der Gesellschaft in das Handelsregister eingreift. Hat die Gesellschaft ihre Geschäfte bereits vor diesem Zeitpunkt begonnen, ohne dass ein Fall der §§ 2 bzw. 105 Abs. 2 HGB vorliegt, haftet jeder Kommanditist, der dem Geschäftsbeginn zugestimmt hat, für die bis zur Eintragung begründeten Verbindlichkeiten der Gesellschaft ebenso wie ein persönlich haftender Gesellschafter, sofern der Gläubiger keine Kenntnis von seiner Beteiligung an der Gesellschaft lediglich als Kommanditist hatte (§ 176 Abs. 1 S. 1 HGB). Dieser strengen Haftung kann und sollte der Kommanditist dadurch entgehen, dass er seinen **Beitritt** zur Gesellschaft **aufschiebend bedingt** auf die Eintragung derselben in das Handelsregister erklärt.[97] Ist eine Gesellschaft bürgerlichen Rechts Gesellschafter einer oHG oder KG, sind gem. § 162 Abs. 1 S. 2 HGB (ggf. analog) auch deren Gesellschafter in das Handelsregister einzutragen.[98]

Grundsätzlich sind nur solche Tatsachen im Handelsregister eintragungsfähig, die vom 33
Gesetz zur Eintragung bestimmt sind. Mittlerweile ist allerdings anerkannt, dass bestimmte Tatsachen und Rechtsverhältnisse eintragungs- und anmeldepflichtig sind, obwohl es an einer gesetzlichen Normierung fehlt (**richterrechtliche Eintragungserfordernisse**). So ist die Befreiung von den Beschränkungen des § 181 BGB bei Organmitgliedern eine eintragungspflichtige Tatsache,[99] ebenso die einem Prokuristen erteilte Befugnis zur Veräußerung und Belastung von Grundstücken (§ 49 Abs. 2 HGB).[100] In eng begrenzten Ausnahmefällen hat die Rechtsprechung auch **gesetzlich nicht normierte, lediglich eintragungsfähige,** nicht jedoch eintragungspflichtige Tatsachen anerkannt, wenn Sinn und Zweck des Handelsregisters die Eintragung gebieten und an dieser ein erhebliches Bedürfnis des Rechtsverkehrs besteht.[101] Mit Blick auf die Publizitätsfunktion des Handelsregisters sind folglich ohne gesetzliche Verankerung folgende Tatsachen eintragungsfähig:

[95] OLG Frankfurt a. M. FGPrax 2010, 305; KG FGPrax 2005, 173; *Krafka/Willer/Kühn* Registerrecht Rdnr. 114.
[96] Vgl. näher MünchHdbGesR I/*Keul* § 50 Rdnr. 14.
[97] Vgl. BGH NJW 1983, 2259; Baumbach/*Hopt* HGB § 176 Rdnr. 1.
[98] Baumbach/*Hopt* HGB § 106 Rdnr. 6.
[99] BGH DNotZ 1983, 633.
[100] BayObLG DB 1980, 2232.
[101] BayObLG MittBayNot 2000, 568; OLG Hamburg GmbHR 2009, 252.

- Gesamt- bzw. Sonderrechtsnachfolge bei Gesellschafterwechsel
- Befreiung eines Prokuristen von den Beschränkungen des § 181 BGB.[102]

34 a) **Prüfungsrecht des Registergerichts.** Das Registergericht hat das **Recht** und die **korrespondierende Pflicht**, jede Handelsregisteranmeldung auf die Einhaltung der formellen Voraussetzungen zu überprüfen (u. a. Zuständigkeit des Gerichts, Eintragungsfähigkeit der angemeldeten Tatsachen und Rechtsverhältnisse, Vollständigkeit der Anlagen, formgerechte Unterzeichnung durch sämtliche Personen).[103] Insoweit bestehen keine Unterschiede zwischen konstitutiven und deklaratorischen Eintragungen.[104] Für das Vorliegen der Eintragungsvoraussetzungen kommt es auf den Zeitpunkt der Eintragung in das Handelsregister an.[105] Eine **materielle Prüfung,** d. h. eine Prüfung der sachlichen Richtigkeit der angemeldeten Tatsachen, nimmt das Registergericht **in der Regel nicht** vor.[106] Die Prüfung des Registergerichts erstreckt sich insoweit lediglich darauf, ob auf Grundlage der Anmeldung keine Zweifel an der Richtigkeit des vorgetragenen Sachverhalts bestehen. Sofern aufgrund einer derart eingeschränkten Prüfung Bedenken gegen die Richtigkeit der angemeldeten Tatsachen aufkommen, hat das Registergericht diesen im Rahmen der Amtsermittlung nach § 26 FamFG nachzugehen.[107]

35 Das Registergericht hat gem. § 25 Abs. 1 S. 2 HRV unverzüglich über die Anmeldung zu entscheiden. Bei begründeten Zweifeln an der Richtigkeit der Anmeldung hat es den Sachverhalt aufzuklären (§ 26 FamFG). Bei Unvollständigkeit der Anmeldung oder bei Vorliegen eines behebbaren Eintragungshindernisses ist der Antragsteller im Wege der Zwischenverfügung zur Behebung der Mängel aufzufordern (§ 25 Abs. 1 S. 2 HRV). Bei sonstigen Mängeln ist die Anmeldung unter Angabe der Gründe zurückzuweisen. Anderenfalls hat das Gericht die Eintragung zu verfügen sowie die erforderlichen Bekanntmachungen zu veranlassen (§ 25 Abs. 1 S. 4 i. V. m. §§ 32 ff. HRV, § 10 HGB).[108]

36 b) **Publizitätswirkung des Handelsregisters.** Anders als das Grundbuch (vgl. § 892 Abs. 1 BGB) genießt das Handelsregister nur **eingeschränkten öffentlichen Glauben.**[109] Gem. § 15 Abs. 1 HGB darf ein Dritter, solange eine eintragungspflichtige Tatsache nicht in das Handelsregister eingetragen und bekannt gemacht ist, auf die Richtigkeit und Vollständigkeit der im Handelsregister eingetragenen und bekannt gemachten Rechtsverhältnisse des Unternehmens vertrauen (**negative Publizität**). Etwas anderes gilt nur dann, wenn er die wirkliche Lage positiv kennt. Die negative Publizität wirkt ausweislich des Wortlauts des § 15 Abs. 1 HGB nur zugunsten eines Dritten.[110] Dem Dritten steht es folglich frei, sich auf die ihm günstiger erscheinende tatsächliche Rechtslage oder auf den unrichtigen Inhalt des Handelsregisters zu berufen („Rosinentheorie").[111] Umgekehrt hat ein Dritter im Falle der richtigen Eintragung und Bekanntmachung von Tatsachen gem. § 15 Abs. 2 S. 1 HGB diese gegen sich gelten zu lassen, auch wenn er sie nicht gekannt hat. § 15 Abs. 3 HGB knüpft schließlich allein an die Bekanntmachung einer eintragungspflichtigen Tatsache[112] eine Rechtsscheinwirkung. Insoweit ist ohne Bedeutung, ob eine Eintragung erfolgt ist. Ein Dritter kann sich gegenüber demjenigen, in dessen Angelegenheiten die Tatsache einzutragen war, auf den Inhalt der Bekanntmachung berufen, sofern er nicht Kenntnis von der Unrichtigkeit hatte (**positive Publizität**). Mit Blick auf das Zurechnungskriterium (Obliegenheit zur

[102] *Krafka/Willer/Kühn* Registerrecht Rdnr. 102 f.
[103] MünchKommHGB/*Krafka* § 8 Rdnr. 57 f.
[104] *Krafka/Willer/Kühn* Registerrecht Rdnr. 153 m. w. N.
[105] OLG Hamm Rpfleger 2007, 327; MittBayNot 2002, 408.
[106] BGHZ 113, 335, 352 = NJW 1991, 1754; KG MittBayNot 1998, 453.
[107] MünchKommHGB/*Krafka* § 8 Rdnr. 64; Baumbach/*Hopt* HGB § 8 Rdnr. 8; näher zum Prüfungsrecht des Registergerichts in materieller Hinsicht vgl. *Krafka/Willer/Kühn* Registerrecht Rdnr. 159 ff.
[108] Näher zur Bekanntmachung MünchHdbGesR I/*Keul* § 50 Rdnr. 44.
[109] Vgl. Baumbach/*Hopt* HGB § 15 Rdnr. 1; MünchHdbGesR I/*Keul* § 50 Rdnr. 45.
[110] Vgl. BGHZ 65, 309, 310; Baumbach/*Hopt* HGB § 15 Rdnr. 6. Demjenigen, in dessen Angelegenheiten die Eintragung zu erfolgen hatte, ist die Berufung auf eine unrichtig eingetragene oder bekannt gemachte Tatsache verwehrt.
[111] Vgl. MünchKommHGB/*Krebs* § 15 Rdnr. 53 m. w. N.
[112] Vgl. Baumbach/*Hopt* HGB § 15 Rdnr. 18; a. A. MünchKommHGB/*Krebs* § 15 Rdnr. 87 (auch lediglich eintragungsfähige Tatsachen).

Überwachung des Vollzugs) findet § 15 Abs. 3 HGB dann keine Anwendung, wenn die Bekanntmachung ohne Veranlassung des Betroffenen erfolgt ist.[113]

III. Geschäftsführung und Vertretung

Das Prinzip der **Selbstorganschaft** bei Personenhandelsgesellschaften erstreckt sich sowohl auf die Geschäftsführungsbefugnisse (Innenverhältnis) als auch auf die Vertretungsmacht (Außenverhältnis) der Gesellschafter. Anders als nach dem gesetzlichen Regelungsmodell für die GbR (§§ 709, 714 BGB) sind die persönlich haftenden Gesellschafter **grundsätzlich** zur **Einzelgeschäftsführung bzw. Einzelvertretung** berechtigt (§§ 114 Abs. 1 bzw. 125 Abs. 1 HGB, ggf. i. V. m. § 161 Abs. 2 HGB). Die Kommanditisten sind gem. § 164 S. 1 Halbs. 1 sowie § 170 HGB von Geschäftsführung und Vertretung der Gesellschaft ausgeschlossen. 37

1. Geschäftsführung

Sämtliche Gesellschafter der oHG und alle Komplementäre der KG sind gem. §§ 114 Abs. 1, 115 Abs. 1 HGB zur Vornahme jeder Handlung im Rahmen des Geschäftsbetriebs der Gesellschaft berechtigt. Hiervon abzugrenzen sind sog. **Grundlagengeschäfte**, welche das Gesellschaftsverhältnis an sich betreffen (z. B. Änderung des Gesellschaftszwecks, Aufnahme neuer Gesellschafter, Auflösung der Gesellschaft). Diese können nur mit Zustimmung aller Gesellschafter vorgenommen werden, sofern nicht im Gesellschaftsvertrag etwas anderes geregelt ist (vgl. zu den Anforderungen an eine derartige Regelung – Bestimmtheitsgrundsatz, Kernbereichslehre – oben Rdnr. 25 f.).[114] Die Einzelgeschäftsführungsbefugnis sämtlicher persönlich haftender Gesellschafter kann gesellschaftsvertraglich eingeschränkt oder abbedungen werden (vgl. §§ 109, 114 Abs. 2, 115 Abs. 2 HGB). Bei Gefahr im Verzug besteht allerdings trotz einer gesellschaftsvertraglich vereinbarten Gesamtgeschäftsführungsbefugnis das Recht jedes geschäftsführungsbefugten Gesellschafters zur Einzelvertretung (§ 115 Abs. 2 HGB).[115] 38

Die Geschäftsführungsbefugnis erstreckt sich gem. § 116 Abs. 1 HGB auf sämtliche Handlungen, welche der **gewöhnliche Geschäftsbetrieb** der Gesellschaft mit sich bringt, so z. B. sämtliche Geschäfte im Handelszweig, welcher dem Unternehmensgegenstand entspricht einschließlich der üblichen Kreditgewährung, ebenso die Erteilung und der Widerruf einer Handlungsvollmacht.[116] Darüber hinausgehende Handlungen sind nicht von der Geschäftsführungsbefugnis umfasst und bedürfen nach § 116 Abs. 2 HGB grundsätzlich eines Beschlusses sämtlicher Gesellschafter. Trotz des insoweit unklaren Wortlauts von § 164 S. 1 HS 2 HGB steht den im Übrigen von der Geschäftsführung ausgeschlossenen Kommanditisten bei derartigen Geschäften nicht nur ein Widerspruchsrecht zu; vielmehr bedarf der gem. § 116 Abs. 2 HGB erforderliche Beschluss der Zustimmung der Kommanditisten.[117] Ob eine über den gewöhnlichen Betrieb des Handelsgewerbes der Gesellschaft hinausgehende Handlung vorliegt, ist nach Gegenstand, Umfang, Bedingungen, Risiko, Zweck und Dauer des Geschäfts zu beurteilen.[118] Der in § 116 Abs. 2 HGB normierte Schutz der nicht geschäftsführungsbefugten Gesellschafter (in der KG insbesondere der Kommanditisten) ist gem. § 109 HGB dispositiv. Neben einer abstrakten Erweiterung bzw. Einschränkung des Mitwirkungserfordernisses[119] kommt die Niederlegung eines Katalogs zustimmungsbedürf- 39

---

[113] Baumbach/*Hopt* HGB § 15 Rdnr. 19 m. w. N.

[114] Baumbach/*Hopt* HGB § 114 Rdnr. 3.

[115] Hiervon ist das Recht zur Notgeschäftsführung gem. § 744 Abs. 2 BGB abzugrenzen, welches auch den nicht geschäftsführungsbefugten Gesellschaftern zusteht.

[116] Baumbach/*Hopt* HGB § 116 Rdnr. 1.

[117] Ganz h. L., vgl. nur RGZ 158, 305; MünchKommHGB/*Grunewald*, 2. Aufl. 2007, § 164 Rdnr. 10 m. w. N.

[118] Vgl. Baumbach/*Hopt* HGB § 116 Rdnr. 2 mit Beispielen.

[119] Im Falle eines Ausschlusses des „Widerspruchsrechts" des Kommanditisten gem. § 164 S. 1 Halbs. 2 HGB ist allerdings darauf zu achten, dass die damit einhergehende Beschneidung der Mitunternehmerinitiative nicht zur Versagung der steuerlichen Mitunternehmerstellung führt (Wachter/*Sommer* Teil 2 Rdnr. 636).

tiger Geschäfte im Gesellschaftsvertrag in Betracht, wodurch einem etwa bestehenden Bedürfnis nach Rechtssicherheit und Rechtsklarheit hinsichtlich der Reichweite der Geschäftsführungsbefugnisse Rechnung getragen werden kann. Ist keine Gesamtgeschäftsführung vereinbart, so steht jedem anderen geschäftsführenden Gesellschafter ein Widerspruchsrecht zu (§ 115 Abs. 1 HS 2 HGB), welches ausschließlich im Interesse der Gesellschaft auszuüben ist. Insoweit verfügt der Gesellschafter aber über einen weiten Ermessensspielraum.[120]

40 Die **Bestellung eines Prokuristen** bedarf mangels abweichender gesellschaftsvertraglicher Regelung gem. § 116 Abs. 3 S. 1 HGB in jedem Fall der Zustimmung sämtlicher geschäftsführungsbefugter Gesellschafter, wohingegen die Abberufung durch jeden geschäftsführenden Gesellschafter erfolgen kann (§ 116 Abs. 3 S. 2 HGB). Die Entziehung der Geschäftsführungsbefugnisse aus wichtigem Grund erfolgt bei der oHG – anders als bei der GbR (vgl. § 712 BGB: einstimmiger Beschluss der Gesellschafter) – nach § 117 HGB in Ermangelung einer abweichenden gesellschaftsvertraglichen Regelung durch gerichtlichen Beschluss.[121] Trotz des Grundsatzes der Selbstorganschaft können **Dritte** im Rahmen eines Anstellungs- oder Auftragsverhältnisses in weitgehendem Umfang mit Geschäftsführungsaufgaben betraut werden. Hierdurch werden die originären Geschäftsführungsbefugnisse der geschäftsführenden Gesellschafter allerdings nicht verdrängt. Diese können dem Dritten, der **lediglich** über ein **abgeleitetes Recht** verfügt, Weisungen erteilen und ihm jederzeit die Befugnisse entziehen.[122] Wo die Überlassung der Ausübung von Geschäftsführungsbefugnissen im Wege schuldrechtlicher Abreden aufgrund des in § 717 S. 1 BGB normierten Abspaltungsverbotes ihre Grenze findet, ist allerdings noch nicht abschließend geklärt.[123] Jedenfalls darf eine Überlassung der Ausübung von Geschäftsführungsbefugnissen nicht im Wesentlichen der Übertragung dieser Rechte gleichkommen.[124]

41 Da Maßnahmen der Geschäftsführung **ausschließlich** das **Innenverhältnis** der Gesellschafter betreffen, beeinträchtigt die Überschreitung der Geschäftsführungsbefugnisse durch einen Gesellschafter nicht die Wirksamkeit der vorgenommenen Maßnahme im Außenverhältnis, sofern diese von der Vertretungsmacht des Gesellschafters gedeckt war. In Betracht kommen allerdings Schadensersatzansprüche gegen den Gesellschafter aufgrund pflichtwidriger Überschreitung seiner Befugnisse.

2. Vertretungsmacht

42 a) **Umfang der Vertretungsmacht.** Nach dem gesetzlichen Modell sind sämtliche persönlich haftenden Gesellschafter einzeln zur Vertretung der oHG bzw. KG berechtigt (§ 125 Abs. 1 HGB, ggf. i.V.m. § 161 Abs. 2 HGB). Den Kommanditisten steht hingegen nach der zwingenden Regelung in § 170 HGB[125] keine organschaftliche Vertretungsbefugnis zu.[126] Allerdings kann den Kommanditisten – ebenso wie außenstehenden Nichtgesellschaftern – rechtsgeschäftliche Vertretungsbefugnis erteilt werden (auch Prokura oder Generalvollmacht).[127] Im Gegensatz zum Umfang der Geschäftsführungsbefugnis ist der **Umfang der Vertretungsmacht** in § 126 HGB zwingend festgelegt, vgl. § 126 Abs. 2 HGB. Anders als die Geschäftsführungsbefugnis ist die Vertretungsmacht auch nicht auf Handlungen beschränkt, welche der gewöhnliche Betrieb des Handelsgewerbes der Gesellschaft mit sich bringt, sondern **unbeschränkt und unbeschränkbar.**[128] Die Vertretungsmacht erstreckt sich auf alle gerichtlichen und außergerichtlichen Handlungen, unabhängig von einer im Innenverhältnis

---

[120] BGH NJW 1986, 844.

[121] Für gesellschaftsvertragliche Gestaltungsvarianten vgl. Wachter/*Wegerhoff*/*Wolterhoff* Teil 2 Rdnr. 460 ff.

[122] Vgl. BGH WM 1994, 237, 238.

[123] Vgl. näher MünchHdbGesR I/*von Ditfurth* § 53 Rdnr. 24 ff.

[124] MünchHdbGesR I/*von Ditfurth* § 53 Rdnr. 25.

[125] Umkehrschluss aus § 163 HGB.

[126] H. M., vgl. BGHZ 51, 198, 200 = JZ 1969, 469; Baumbach/*Hopt* HGB § 170 Rdnr. 1; a. A. Ebenroth/Boujong/Joost/Strohn/*Weipert* HGB § 170 Rdnr. 4.

[127] Baumbach/*Hopt* HGB § 170 Rdnr. 3 m. w. N.

[128] Etwas anderes gilt nur dann, wenn die Gesellschaft mehrere Niederlassungen unter verschiedenen Firmen betreibt. Dann kann die Vertretungsmacht auf den Betrieb einer von mehreren Niederlassungen beschränkt werden (§ 126 Abs. 3 i. V. m. § 50 Abs. 3 HGB).

bestehenden Befugnis hierzu. Nicht erfasst sind lediglich Änderungen der Grundlagen des Gesellschaftsverhältnisses (Änderungen des Gesellschaftsvertrages, Veräußerung des gesamten Unternehmens etc.).[129] Letzteres wird überwiegend auf eine entsprechende Anwendung von § 179a AktG (Verpflichtung zur Übertragung des ganzen Gesellschaftsvermögens) bzw. des dort normierten Rechtsgedankens gestützt.[130]

b) **Vertretungsmodell.** Während der sachliche Umfang der Vertretungsmacht unabänderlich ist, besteht hinsichtlich des Vertretungsmodells (**Einzel- oder Gesamtvertretungsbefugnis**) weitestgehend **Gestaltungsfreiheit** (vgl. § 125 HGB, ggf. i.V.m. § 161 Abs. 2 HGB). In jedem Fall ist die Vertretungsregelung in das Handelsregister einzutragen (vgl. § 106 Abs. 2 Nr. 4 HGB). Abweichend vom gesetzlichen Modell der Einzelvertretung durch jeden persönlich haftenden Gesellschafter (§ 125 Abs. 1 HGB) können einzelne Gesellschafter von der Vertretung ausgeschlossen werden, aufgrund des Prinzips der Selbstorganschaft aber nicht alle.[131] Alternativ kann gem. § 125 Abs. 2 S. 1 HGB angeordnet werden, dass sämtliche oder einzelne Gesellschafter nur in Gemeinschaft zur Vertretung der Gesellschaft befugt sind (Gesamtvertretung). Auch insoweit besteht weitestgehende Dispositionsfreiheit. So kann einzelnen Gesellschaftern Einzelvertretungsbefugnis, anderen Gesamtvertretungsbefugnis erteilt werden. Im Rahmen der Gesamtvertretungsbefugnis kann bestimmt werden, dass sämtliche oder eine bestimmte Anzahl von Gesellschaftern zusammenzuwirken haben. Denkbar ist auch eine Regelung, wonach zwei oder mehrere bestimmte Gesellschafter gemeinsam zur Vertretung der Gesellschaft berechtigt sind.[132] Neben der Gesamtvertretung mehrerer persönlich haftender Gesellschafter gem. § 125 Abs. 2 HGB kann nach § 125 Abs. 3 HGB angeordnet werden, dass ein Gesellschafter nur in Gemeinschaft mit einem Prokuristen zur Vertretung der Gesellschaft ermächtigt ist (**gemischte Gesamtvertretung**). Aufgrund des Prinzips der Selbstorganschaft darf ein derartiges Vertretungsmodell aber nicht dazu führen, dass die Vertretung der Gesellschaft stets die Mitwirkung des Prokuristen erfordert. Folglich kommt gemischte Gesamtvertretung nur neben einem Vertretungsmodell ausschließlich durch Gesellschafter in Betracht.[133] 43

Gem. § 125 Abs. 2 S. 2 HGB können Gesellschafter mit Gesamtvertretungsbefugnis einzelne von ihnen zur Vornahme bestimmter Geschäfte oder bestimmter Arten von Geschäften **ermächtigen,** wobei die Ermächtigung sich nicht auf den gesamten Umfang der Vertretungsmacht, sondern nur auf einzelne Geschäfte beziehen darf.[134] Auf diese Weise wird der Ermächtigte partiell zum organschaftlichen Alleinvertreter.[135] Die Ermächtigung nach § 125 Abs. 2 S. 2 HGB soll nicht eintragungsfähig sein, da es sich nicht um eine generelle Regelung der Vertretungsmacht handele.[136] 44

c) **Entziehung der Vertretungsmacht, passive Vertretung.** Für die **Entziehung der Vertretungsmacht** gem. § 127 HGB gilt das zur Entziehung der Geschäftsführungsbefugnis Gesagte entsprechend.[137] Zur **passiven Vertretung** der Gesellschaft sind stets alle (einzel- oder gesamtvertretungsbefugten) Gesellschafter jeweils einzeln berechtigt (vgl. § 125 Abs. 2 S. 3 HGB). 45

[129] Vgl. Wachter/*Sommer* Teil 2 Rdnr. 639.

[130] BGH NJW 1995, 596 = DNotZ 1995, 961; MünchKommHGB/*K. Schmidt* § 126 Rdnr. 13; Baumbach/*Hopt* HGB § 126 Rdnr. 13. Ausführlich DNotI-Gutachten Nr. 108 787 im Gutachtenabruf unter http:/faxabruf.dnoti-online-plus.de/ auch zur Gegenauffassung und den Konsequenzen eines schwebend unwirksamen Verpflichtungsgeschäfts für eine Vormerkung.

[131] BGHZ 41, 367 = JZ 1964, 558.

[132] Vgl. MünchHdbGesR I/*von Ditfurth* § 54 Rdnr. 25.

[133] BGHZ 26, 330, 333; MünchKommHGB/*K. Schmidt* § 125 Rdnr. 33.

[134] BGH NJW-RR 1986, 778; Baumbach/*Hopt* HGB § 125 Rdnr. 17.

[135] BGHZ 64, 72, 75 = NJW 1975, 1117; MünchKommHGB/*K. Schmidt* § 125 Rdnr. 44 m.w.N.

[136] *Hueck/Windbichler* Gesellschaftsrecht[21] § 15 Rdnr. 11.

[137] Vgl. näher Wachter/*Sommer* Teil 2 Rdnr. 643 ff.

IV. Rechte und Pflichten aus der Mitgliedschaft

1. Überblick

46 Im Unterschied zu den im vorstehenden Kapitel dargestellten organschaftlichen Leitungsbefugnissen (Geschäftsführung, Vertretung), welche die geschäftsführungs- bzw. vertretungsberechtigten Gesellschafter für die Gesamtheit der Mitglieder als deren Treuhänder ausüben, betreffen die nachfolgend darzustellenden mitgliedschaftlichen Rechte und Pflichten das Verhalten der Gesellschafter gegenüber anderen Gesellschaftern. Insoweit ist zwischen vermögensbezogenen und **nicht vermögensbezogenen Rechten** aus der Mitgliedschaft zu unterscheiden. Zu den nicht vermögensbezogenen Rechten gehören einerseits die **Verwaltungsrechte**, welche dem Gesellschafter Einflussnahme auf das Verhalten der Gesellschaft ermöglichen (u. a. Stimmrecht), der Sicherung der Ausübung dieser Rechte dienen (Informations- und Kontrollrechte) und ggf. Schutz vor pflichtwidrigem Verhalten anderer Gesellschafter bieten. Dem steht die Förderungspflicht der Gesellschafter gegenüber. Jene sind zum einen zur Leistung ihrer vereinbarten Beiträge verpflichtet und haben darüber hinaus die gesellschaftsrechtliche Treuepflicht zu beachten. Unter die **vermögensbezogenen Mitgliedschaftsrechte und Pflichten** des Gesellschafters fällt die Beitragspflicht, die Beteiligung am Gesellschaftsvermögen sowie an Gewinn und Verlust, zusätzlich bei der KG die Vergütung des Komplementärs sowie ein etwaiger Aufwendungsersatz.

2. Stimmrecht und Beschlussfassung

47 a) **Gesellschafterversammlung.** Im Unterschied zu den Kapitalgesellschaften existieren keine gesetzlichen Regelungen für die Vorbereitung und den Ablauf von Gesellschafterversammlungen von Personenhandelsgesellschaften. Ein Gesellschafterbeschluss i. S. v. § 119 HGB setzt lediglich die Stimmabgabe der Gesellschafter voraus, ob in einer Versammlung, im Umlaufverfahren, durch Briefwechsel oder anderweitig.[138] Gesellschafterbeschlüsse können auch stillschweigend durch übereinstimmendes schlüssiges Verhalten zustande kommen.[139] Im Regelfall werden sich gesellschaftsvertragliche Regelungen hinsichtlich des Zustandekommens von Gesellschafterbeschlüssen empfehlen, jedenfalls dann, wenn gesellschaftsvertraglich vom gesetzlichen Einstimmigkeitserfordernis abgewichen wird. Insoweit besteht ein **weiter Gestaltungsspielraum.**[140] Regelungsbedürftig sind insbesondere die zulässige Art der Beschlussfassung (in Gesellschafterversammlung, im Umlaufverfahren etc.), die Einberufungskompetenz[141] sowie Form und Frist der Ladung, der Ort der Gesellschafterversammlung, Regelungen zur Beschlussfähigkeit, zur Versammlungsleitung, zur Vertretung von Gesellschaftern und zur eigentlichen Beschlussfassung. Teilweise wird in Gesellschaftsverträgen insoweit auf die Regelungen des Aktien- bzw. GmbH-Rechts verwiesen. Vorzugswürdig dürfte aber eine auf den personalistischen Charakter der Personenhandelsgesellschaft zugeschnittene detaillierte Regelung im Gesellschaftsvertrag selbst sein, zumal sämtlichen Gesellschaftern die maßgeblichen Vorschriften auf diese Weise unschwer zugänglich sind.[142] In Ermangelung gesellschaftsvertraglicher Regelungen kann ggf. im Wege der Lückenfüllung auf §§ 47–51 GmbHG zurückgegriffen werden, wobei die Details hier umstritten sind. Jedenfalls ist den Unterschieden zwischen GmbH und Personenhandelsgesellschaft Rechnung zu tragen.[143]

48 b) **Beschlussfassung.** Gem. § 119 Abs. 1 HGB kommt ein Gesellschafterbeschluss nur durch Zustimmung aller zur Mitwirkung bei der Beschlussfassung berufenen Gesellschafter

[138] Vgl. Baumbach/*Hopt* HGB § 119 Rdnr. 26.

[139] BayObLG BB 1987, 713.

[140] MünchKommHGB/*Enzinger* § 119 Rdnr. 40 ff.

[141] Insbesondere bei Publikumsgesellschaften sollte diese auf den Komplementär beschränkt werden. Ggf. kann zusätzlich einer bestimmten Anzahl von Gesellschaftern in Anlehnung an § 50 GmbHG das Recht eingeräumt werden, die Einberufung einer Gesellschafterversammlung zu verlangen.

[142] Vgl. Wachter/*Sommer* Teil 2 Rdnr. 653.

[143] Staub/*Schäfer* HGB § 119 Rdnr. 17; MünchKommHGB/*Enzinger* § 119 Rdnr. 48; Ebenroth/Boujong/Joost/Strohn/*Goette* HGB § 119 Rdnr. 36.

zustande. Das **Einstimmigkeitsprinzip** ist nur insoweit eingeschränkt, als es gesetzliche Stimmverbote und vertraglich vereinbarte Stimmrechtsausschlüsse berücksichtigt. Insbesondere bei Publikums-Personenhandelsgesellschaften wird das Einstimmigkeitsprinzip weitgehend gesellschaftsvertraglich abbedungen, was gem. § 119 Abs. 2 HGB auch zulässig ist.[144] Hinsichtlich der **Stimmkraft** wird in Abweichung von der gesetzlichen Zweifelsfallregelung in § 119 Abs. 2 HGB (Kopfprinzip) häufig eine Orientierung am Kapitalanteil des jeweiligen Gesellschafters angemessen sein. Bei der Ausgestaltung des Mehrheitsprinzips ist je nach Struktur der Gesellschaft, der Interessenlage der Gesellschafter sowie der Umstände des Einzelfalls die einfache Mehrheit oder eine qualifizierte Mehrheit vorzusehen. Diesbezüglich sollte klargestellt werden, ob sich das Mehrheitserfordernis auf die abgegebenen Stimmen bezieht oder auch Stimmenthaltungen zu berücksichtigen sind, welche dann wie Gegenstimmen wirken.[145]

aa) Stimmrechtsausschluss. In §§ 112 Abs. 2, 113 Abs. 2, 117, 127, 140 Abs. 1 HGB wird 49
das Stimmrecht des „betroffenen Gesellschafters" ausgeschlossen. Entsprechendes gilt dann, wenn einem Gesellschafter vertraglich begründete Sonderrechte aus wichtigem Grund entzogen werden sollen.[146] Darüber hinaus besteht im Schrifttum im Wesentlichen Einvernehmen dahingehend, dass kein Gesellschafter bei einem Beschluss mitzustimmen berechtigt ist, wenn dies einem **„Richten in eigener Sache"** gleichkäme.[147] Wird über die Berufung eines Gesellschafters in ein Gesellschaftsorgan abgestimmt (**Wahl**), greift hingegen **kein Stimmverbot** ein.[148] Von einem Stimmverbot bleiben das Teilnahmerecht, das Rederecht sowie das Recht auf Antragstellung unberührt.[149] Grundsätzlich können die gesetzlichen Stimmverbote vertraglich abbedungen (vgl. § 109 HGB) bzw. vertragliche Stimmverbote begründet werden. Im Hinblick auf die gesetzlichen Stimmverbote steht lediglich das Verbot des Richtens in eigener Sache in seinem Kernbereich nicht zur Disposition.[150] Ein vertraglicher Stimmrechtsausschluss kommt jedenfalls für den Kernbereich der Gesellschafterstellung nicht in Betracht. Teilweise wird darüber hinausgehend der Stimmrechtsausschluss in Bezug auf den persönlich haftenden Gesellschafter generell für unzulässig gehalten.[151] Andernfalls stehe der unbeschränkten persönlichen Haftung keine hinreichende Einflussnahmemöglichkeit auf das Handeln der Gesellschaft gegenüber. Da auch ein persönlich haftender Gesellschafter von der Geschäftsführung und Vertretung der Gesellschaft ausgeschlossen werden kann, dürfte aber ein den Kernbereich der Mitgliedschaft nicht erfassendes Stimmverbot zulässig sein.[152] Werden die Mitwirkungsbefugnisse eines Gesellschafters weitestmöglich ausgeschlossen, kann dies allerdings zur Versagung der steuerlichen Mitunternehmerstellung führen.[153]

bb) Stimmrechtsvollmacht, Teilnahmerecht, Beschlussfähigkeit. Angesichts der **Höchst-** 50
persönlichkeit des Stimmrechts wird vielfach in Ermangelung einer abweichenden gesellschaftsvertraglichen Regelung die Stimmrechtsausübung durch einen bevollmächtigten Dritten (mit Ausnahme des gesetzlichen Vertreters) für unzulässig gehalten.[154] Daher sollte eine Regelung in den Gesellschaftsvertrag aufgenommen werden, ob und ggf. durch welche Personen ein Gesellschafter bei der Beschlussfassung gem. § 119 HGB vertreten werden kann. In diesem Zusammenhang sollte ebenfalls geregelt werden, ob und wenn ja, welche sonsti-

[144] Zu den Grenzen des Mehrheitsprinzips vgl. oben Rdnr. 24 ff. sowie MünchHdbGesR I/*Weipert* § 57 Rdnr. 27 ff. (u. a. Bestimmtheitsgrundsatz, Kernbereichslehre).
[145] Vgl. BGH DStR 2001, 495.
[146] MünchHdbGesR I/*Weipert* § 57 Rdnr. 10.
[147] *K. Schmidt* Gesellschaftsrecht § 21 II 2 a; Baumbach/*Hopt* HGB § 119 Rdnr. 8; MünchKommBGB/*Ulmer/Schäfer* § 709 Rdnr. 65 ff.
[148] *K. Schmidt* Gesellschaftsrecht § 21 II 2 a aa; MünchKommBGB/*Ulmer/Schäfer* § 709 Rdnr. 66.
[149] Baumbach/*Hopt* HGB § 119 Rdnr. 9.
[150] BGH BB 1989, 1496; Baumbach/*Hopt* HGB § 119 Rdnr. 12.
[151] Koller/Roth/Morck/*Koller* HGB § 119 Rdnr. 2 m. w. N.
[152] Ebenso MünchHdbGesR I/*Weipert* § 57 Rdnr. 17 m. w. N.
[153] Vgl. Wachter/*Sommer* Teil 2 Rdnr. 669.
[154] MünchKommBGB/*Ulmer/Schäfer* § 709 Rdnr. 60, 77; Baumbach/*Hopt* HGB § 119 Rdnr. 21; vgl. RGZ 123, 289, 299; a. A. *K. Schmidt* Gesellschaftsrecht § 19 III 4 c; MünchHdbGesR I/*Weipert* § 57 Rdnr. 62 ff. (Stellvertretung durch Mitgesellschafter sowie bei schriftlicher Beschlussfassung stets zulässig).

gen Personen (z.B. Berater) bei einer Gesellschafterversammlung anwesend sein dürfen.[155] Wurde das Einstimmigkeitsprinzip des § 119 Abs. 1 HGB gesellschaftsvertraglich abbedungen, sollte ferner eine Regelung zur **Beschlussfähigkeit** der Gesellschafterversammlung getroffen werden, um einerseits die nicht anwesenden Gesellschafter vor den Folgen der in ihrer Abwesenheit gefassten Beschlüsse zu schützen, andererseits aber eine taktische Verhinderung der Beschlussfassung durch Minderheitsgesellschafter weitestmöglich auszuschließen. Welches Quorum der Stimmen zweckmäßig ist, richtet sich vorrangig nach der Gesellschafterstruktur und dem Bedürfnis nach Minderheitenschutz. Um gleichwohl die Funktionsfähigkeit der Gesellschafterversammlung nicht zu gefährden, bietet sich – v. a. bei einem hohen Quorum – eine zweistufige Regelung nach dem folgenden Muster an:

Formulierungsvorschlag: Beschlussfähigkeit der Gesellschafterversammlung

Die Gesellschafterversammlung ist beschlussfähig, wenn ordnungsgemäß geladen wurde und die Stimmen der anwesenden sowie der vertretenen Gesellschafter mindestens X % aller Stimmen betragen. Im Falle der Beschlussunfähigkeit einer Gesellschafterversammlung ist unverzüglich eine weitere Gesellschafterversammlung einzuberufen, wobei die Einladungsfrist nunmehr lediglich X Wochen beträgt. Diese zweite Gesellschafterversammlung ist hinsichtlich derjenigen Gegenstände, die bereits auf der Tagesordnung der vorangegangenen beschlussunfähigen Gesellschafterversammlung standen, ohne Rücksicht auf die Zahl der anwesenden bzw. vertretenen Gesellschafter sowie deren Stimmen beschlussfähig. Hierauf ist in der Einladung hinzuweisen.

51 *cc) Protokollierung, Beschlussfassung außerhalb einer Gesellschafterversammlung.* Im Regelfall wird ein Beschluss in einer Gesellschafterversammlung gefasst. Eine Protokollierung ist gesetzlich nicht vorgeschrieben, gleichwohl aber aus Dokumentationsgründen empfehlenswert, auch wenn das Protokoll, anders als bei der AG und GmbH, nicht zur Anmeldung eines eintragungspflichtigen Vorgangs beim Handelsregister eingereicht werden muss. Im Gesellschaftsvertrag sollte ferner die kraft Gesetzes bestehende Möglichkeit der Beschlussfassung außerhalb einer Gesellschafterversammlung näher konkretisiert werden. Je nach Struktur der Gesellschaft (personalistische bzw. Publikums-Gesellschaft) sollte eine andere Art der Beschlussfassung durch Einverständnis aller, einer bestimmten Anzahl oder einer qualifizierten Mehrheit aller Gesellschafter zugelassen werden, um in dringlichen Angelegenheiten eine rasche Entscheidungsfindung zu ermöglichen.

Formulierungsvorschlag: Beschlussfassung außerhalb einer Gesellschafterversammlung

Eine Beschlussfassung kann außerhalb einer Gesellschafterversammlung erfolgen, wenn sämtliche Gesellschafter (oder: Gesellschafter, die über mehr als X % der Stimmen aller Gesellschafter verfügen,) sich schriftlich/per Telefax/in elektronischer Form/in Textform mit der jeweiligen Art der Abstimmung einverstanden erklären oder dem Beschlussvorschlag zustimmen.

52 c) **Fehlerhafte Beschlüsse, Rechtsfolgen.** Wurden bei der Beschlussfassung die nach dem Gesellschaftsvertrag oder den allgemeinen Grundsätzen zu beachtenden Regeln verfahrensrechtlicher oder inhaltlicher Art missachtet, führt dies grundsätzlich zur **Nichtigkeit** des Beschlusses.[156] Etwas anderes gilt, wenn ein Verfahrensfehler geheilt wird, beispielsweise ein nicht ordnungsgemäß geladener Gesellschafter zur Gesellschafterversammlung erscheint und die fehlerhafte Ladung nicht beanstandet. Die Geltendmachung der Beschlussnichtigkeit erfolgt im Wege der **Feststellungsklage** gem. § 256 Abs. 1 ZPO, die gegen die Mitgesellschafter zu richten ist.[157] Anders als im Kapitalgesellschaftsrecht **fehlt** eine **gesetzliche Kla-**

[155] Zur Problematik der Stimmrechtsausübung durch Dritte im eigenen Namen vgl. MünchHdbGesR I/*Weipert* § 57 Rdnr. 75 ff.

[156] Baumbach/*Hopt* HGB § 119 Rdnr. 31 m.w.N. auch zur Gegenansicht; vgl. BGH NJW 1983, 1056, 1059.

[157] BGH NZG 2011, 544 = ZNotP 2011, 181.

gefrist vergleichbar § 246 Abs. 1 AktG. Eine Geltendmachung der Nichtigkeit ist nur dann ausgeschlossen, wenn der Gesellschafter dieses Recht verwirkt hat.[158] Es wird aber allgemein für zulässig gehalten, im Gesellschaftsvertrag für die Geltendmachung von Beschlussmängeln eine Frist vorzusehen, die jedoch die Monatsfrist des § 246 Abs. 1 AktG nicht unterschreiten darf.[159] Ferner sollte gesellschaftsvertraglich bestimmt werden, dass der Beschlussmangel gegenüber der Gesellschaft geltend zu machen ist.[160]

Formulierungsvorschlag: Anfechtung fehlerhafter Gesellschafterbeschlüsse

Die Unwirksamkeit eines fehlerhaften Gesellschafterbeschlusses ist durch Klage gegen die Gesellschaft geltend zu machen. Ein nicht gegen zwingende gesetzliche Vorschriften verstoßender fehlerhafter Gesellschafterbeschluss kann nur innerhalb eines Monats nach Beschlussfassung durch Klage angefochten werden. Die Anfechtungsfrist beginnt mit Absendung der Beschlussniederschrift. Bei nicht fristgerecht erhobener Klage oder Erledigung des Klageverfahrens ohne Sachentscheidung ist der Beschlussmangel geheilt.

3. Informationsrechte

Die Informationsrechte der Gesellschafter einer oHG bzw. KG werden vorrangig aus 53 § 118 bzw. § 166 HGB, aber auch aus §§ 713, 666 bzw. § 242 BGB hergeleitet. Als nicht vermögensrechtliche Mitgliedschaftsrechte sind sie mit der Gesellschafterstellung verknüpft, erlöschen also grundsätzlich mit dem Ausscheiden eines Gesellschafters.[161] Da sie zum Kernbereich der Mitgliedschaft zählen, können sie keinem Gesellschafter gegen seinen Willen entzogen werden.[162] Die Informationsrechte betreffen in ihren wesentlichen Erscheinungsformen Kontrollrechte sowie das Recht auf (individuelle und kollektive) Auskunftserteilung gegen die Gesellschaft und erstrecken sich auf alle gewöhnlichen und außergewöhnlichen Angelegenheiten der Gesellschaft (vgl. § 118 Abs. 1 HGB). Insbesondere der persönlich haftende Gesellschafter hat ein umfassendes Informationsrecht.[163]

a) **Kontrollrechte (§§ 118, 166 HGB).** Das jedem **persönlich haftenden Gesellschafter** in 54 § 118 Abs. 1 HGB unabhängig von seiner Geschäftsführungsbefugnis eingeräumte Recht, sich jederzeit über die Angelegenheiten der Gesellschaft zu unterrichten und hierfür die Handelsbücher und Papiere der Gesellschaft einzusehen, ist ein **Individualrecht** jedes Einzelnen. Dieser hat grundsätzlich auch etwaige Kosten zu tragen.[164] Wie sich aus § 118 Abs. 2 HGB ergibt, kann das Informationsrecht des Komplementärs grundsätzlich durch gesellschaftsvertragliche Vereinbarung oder durch einstimmigen Gesellschafterbeschluss beschränkt werden. Ein über § 118 Abs. 2 HGB hinausgehender Mindeststandard an Kontrollrechten, der teilweise unter Berufung auf § 51a Abs. 3 GmbHG gefordert wird,[165] stünde in Widerspruch zu der ausdrücklichen gesetzlichen Regelung in § 118 Abs. 2 HGB und ließe die strukturellen Unterschiede zwischen der GmbH und der Personenhandelsgesellschaft unberücksichtigt. Im Übrigen kann dem berechtigten Interesse der von der Geschäftsführung ausgeschlossenen Gesellschafter an Information durch das individuelle sowie das kollektive Auskunftsrecht (hierzu unten Rdnr. 56 hinreichend Rechnung getragen werden.[166]

---

[158] Vgl. BGH NJW 1999, 3113 ff.; MünchKommBGB/*Ulmer/Schäfer* § 709 Rdnr. 110.

[159] BGH NJW 1995, 1218; NJW 1988, 411, 413 m. w. N.

[160] Vgl. Wachter/*Sommer* Teil 2 Rdnr. 675. Aus der Vereinbarung einer „Anfechtungsfrist" ergibt sich dies nicht notwendig (BGH NZG 2011, 544 = ZNotP 2011, 181 Tz. 21).

[161] Abweichende gesellschaftsvertragliche Regelungen sind freilich zulässig, vgl. *Weipert* DStR 1992, 1097.

[162] BGH DNotZ 1995, 214, 215 f.

[163] Baumbach/*Hopt* HGB § 118 Rdnr. 3. Ob sich dieses auch auf die Verhältnisse innerhalb verbundener Unternehmen erstreckt, ist derzeit noch nicht abschließend geklärt (vgl. Staub/*Schäfer* HGB § 118 Rdnr. 13 f. m. w. N.).

[164] Vgl. Baumbach/*Hopt* HGB § 118 Rdnr. 5 m. w. N.

[165] Vgl. BGH NJW 1989, 225 f.; 1992, 1890, 1891; Baumbach/*Hopt* HGB § 166 Rdnr. 18; MünchHdb-GesR II/*Weipert* § 15 Rdnr. 6, jew. m. w. N.

[166] Staub/*Schäfer* HGB § 118 Rdnr. 42 m. w. N.

55 Das **Kontrollrecht der Kommanditisten** ist gegenüber dem Kontrollrecht der persönlich haftenden Gesellschaftern beschränkt. Nach § 166 Abs. 1 HGB steht ihnen lediglich das Recht zu, die abschriftliche Mitteilung des Jahresabschlusses zu verlangen und dessen Richtigkeit unter Einsicht der Bücher und Papiere zu prüfen. Ob dieses Einsichts- und Prüfungsrecht des Kommanditisten nach Billigung (Feststellung) des Jahresabschlusses wegfällt, ist noch nicht abschließend geklärt.[167] In jedem Fall erstreckt sich das Kontrollrecht des Kommanditisten nach der gesetzlichen Konzeption nicht auf laufende Vorgänge. Im Grundsatz ist das Kontrollrecht des Kommanditisten in § 166 HGB dispositiv (vgl. § 163 a.E. HGB). Unproblematisch möglich ist eine Erweiterung des Kontrollrechts des Kommanditisten, z.B. nach dem Vorbild von § 118 Abs. 1 HGB. Ob bzw. inwieweit das Kontrollrecht des Kommanditisten gem. § 166 Abs. 1 HGB gesellschaftsvertraglich beschränkt werden darf, ist heftig umstritten. Gegen eine Unabdingbarkeit der gesetzlichen Rechte spricht die Systematik und der in § 166 Abs. 3 HGB normierte Mindeststandard. Dennoch erscheint der vollständige Ausschluss des ordentlichen Informationsrechts wegen der hohen verfahrensmäßigen und inhaltlichen Anforderungen an das außerordentliche Informationsrecht gem. § 166 Abs. 3 HGB nicht hinnehmbar. Durch den Gesellschaftsvertrag kann das Kontrollrecht des Kommanditisten nach § 166 Abs. 1 HGB somit zwar ausgestaltet und dadurch beschränkt, nicht jedoch ganz beseitigt werden.[168]

56 b) **Auskunftsrechte.** Sofern die erforderlichen Angaben nicht aus den Handelsbüchern und den Papieren der Gesellschaft ersichtlich sind, kann das individuelle Informationsrecht nach § 118 Abs. 1 HGB einen Auskunftsanspruch des einzelnen Gesellschafters gegen die Gesellschaft begründen. Eine umfassende Informationsverschaffungspflicht der Geschäftsführung gegenüber jedem einzelnen Gesellschafter besteht jedoch nicht.[169] Ebenso kann das Kontrollrecht des Kommanditisten nach § 166 Abs. 1 HGB ausnahmsweise zum (individuellen) Auskunftsrecht erstarken.[170] Neben diesem nur ausnahmsweise bestehenden **individuellen Auskunftsanspruch** steht der Gesamtheit der Gesellschafter ein **Auskunftsrecht in Form eines Kollektivrechts** gegen die Gesellschaft zu (vgl. § 105 Abs. 2 HGB i.V.m. §§ 713, 666 BGB). Ein derartiges Auskunftsverlangen setzt in der Regel einen wirksamen Gesellschafterbeschluss voraus; in Ermangelung eines solchen kann jeder einzelne Gesellschafter im Wege der actio pro socio vorgehen.[171]

4. Wettbewerbsverbot

57 a) **Persönlicher Anwendungsbereich.** Nach der gesetzlichen Konzeption unterliegt **lediglich** der **persönlich haftende Gesellschafter** einem Wettbewerbsverbot (§§ 112, 113 HGB). Da Kommanditisten in der Regel keine Geschäftsführungsbefugnisse und nur eingeschränkte Informations- und Kontrollrechte haben, gilt für sie kein Wettbewerbsverbot (§ 165 HGB). Diese typisierende gesetzliche Regelung bedarf allerdings im Einzelfall der Präzisierung. Sofern ein persönlich haftender Gesellschafter von Geschäftsführung und Vertretung ausgeschlossen ist und auch nicht über die Informations- und Kontrollrechte nach § 118 Abs. 1 HGB verfügt, ist eine vertragliche Einschränkung des gesetzlichen Wettbewerbsverbotes in § 112 Abs. 1 HGB mit Blick auf § 1 GWB geboten, da andernfalls vorrangig die Tätigkeit des Gesellschafters außerhalb der Gesellschaft beschränkt würde.[172] Umgekehrt findet das gesetzliche Wettbewerbsverbot aufgrund des Normzwecks der §§ 165, 112, 113 HGB ausnahmsweise auf einen Kommanditisten Anwendung, wenn dieser nach dem Gesellschaftsvertrag über Geschäftsführungsbefugnisse verfügt oder in anderer Weise beherr-

[167] Vgl. hierzu Ebenroth/Boujong/Joost/Strohn/*Weipert* HGB § 166 Rdnr. 16 m.w.N.

[168] Vgl. BayObLG WM 1988, 1790; Baumbach/*Hopt* HGB § 166 Rdnr. 18; ähnlich Koller/Roth/Morck/*Koller* HGB § 166 Rdnr. 7 (anders bei drohendem Missbrauch); a.A. MünchKommHGB/*Grunewald*, 2. Aufl. 2007, § 166 Rdnr. 48 m. zahlr. w.N.

[169] Vgl. Baumbach/*Hopt* HGB § 118 Rdnr. 7; Staub/*Schäfer* HGB § 118 Rdnr. 24.

[170] Baumbach/*Hopt* HGB § 166 Rdnr. 11.

[171] BGH NJW 1992, 1890; MünchHdbGesR II/*Weipert* § 15 Rdnr. 7 m.w.N.

[172] Häufig bei im Wesentlichen kapitalistisch organisierten Personenhandelsgesellschaften. Vgl. BGHZ 38, 306; MünchHdbGesR I/*Mattfeld* § 59 Rdnr. 8 m.w.N.; Baumbach/*Hopt* HGB § 113 Rdnr. 16.

schenden Einfluss auf die Gesellschaft auszuüben in der Lage ist.[173] Das Wettbewerbsverbot besteht grundsätzlich nur für die Dauer der gesellschaftsrechtlichen Beteiligung. Ob nach dem Ausscheiden eines zuvor einem Wettbewerbsverbot unterliegenden Gesellschafters dessen Fortwirken für eine Übergangszeit angenommen werden kann, ist umstritten, im Ergebnis aber – von außergewöhnlichen Sachverhalten abgesehen – abzulehnen (**kein nachwirkendes Wettbewerbsverbot**).[174] Häufig wird es sich daher anbieten, im Gesellschaftsvertrag ein die Mitgliedschaft überdauerndes Wettbewerbsverbot niederzulegen. Insoweit sind allerdings die zwingenden gesetzlichen Schranken in § 1 GWB und § 138 BGB i. V. m. Art. 12 GG zu beachten (insbesondere sachliche, räumliche und zeitliche Begrenzung).[175] Insbesondere bei personalistisch strukturierten Kommanditgesellschaften wird sich eine vertragliche Erstreckung des in § 112 HGB niedergelegten Wettbewerbsverbotes auf Kommanditisten anbieten. Sinnvoll erscheint ferner eine Regelung, wonach die Gesellschafterversammlung (ggf. mit qualifizierter Mehrheit) berechtigt ist, einzelne oder alle betroffenen Gesellschafter ganz (oder teilweise) vom Wettbewerbsverbot zu befreien.[176]

b) **Sachlicher Anwendungsbereich.** In sachlicher Hinsicht ist es einem dem gesetzlichen 58
Wettbewerbsverbot unterliegenden Gesellschafter untersagt, auf eigene oder fremde Rechnung Geschäfte im Handelszweig der Gesellschaft zu machen. Insoweit kommt es v. a. auf die Abgrenzung des relevanten Marktes an.[177] Ferner ist eine Beteiligung an gleichartigen Handelsgesellschaften als persönlich haftender Gesellschafter verboten. Allerdings gilt die Einwilligung der übrigen Gesellschafter zur Beteiligung als persönlich haftender Gesellschafter als erteilt, wenn jenen diese bei Abschluss des Gesellschaftsvertrages bekannt war (vgl. § 112 Abs. 2 HGB). Zwar wird die Beteiligung an konkurrierenden Kapitalgesellschaften nicht von § 112 Abs. 1 Var. 2 HGB erfasst. Führt diese Beteiligung aber zu einem Abhängigkeitsverhältnis oder stehen beide Gesellschaften unter einheitlicher Leitung des betreffenden Gesellschafters, so greift das Wettbewerbsverbot des § 112 Abs. 1 Var. 1 HGB („Geschäfte machen") ein.[178]

c) **Rechtsfolgen.** Wird gegen das Wettbewerbsverbot verstoßen, so steht der Gesellschaft 59
wahlweise ein Anspruch auf Schadensersatz oder ein Eintrittsrecht zu (§ 113 Abs. 1 HGB). Zudem kann die Gesellschaft einen Unterlassungsanspruch gegen den das Wettbewerbsverbot missachtenden Gesellschafter geltend machen.[179]

5. Beitragspflicht

Charakteristikum einer Personenhandelsgesellschaft ist es, dass sich die Gesellschafter im 60
Gesellschaftsvertrag verpflichten, den Gesellschaftszweck zu fördern, insbesondere die vertraglich vereinbarten Beiträge zu leisten (§ 705 BGB).[180] Aufgrund der Vertragsfreiheit der Gesellschafter zur Regelung des Innenverhältnisses (vgl. § 109 HGB) besteht allerdings Einvernehmen, dass einzelne oder alle Gesellschafter von der Leistung von Beiträgen im engeren Sinne, d. h. von vermögenswerten Leistungen, welche das Gesellschaftsvermögen mehren, befreit werden können.[181] Von der Pflicht zur Förderung des Gesellschaftszwecks i. S. v. § 705 BGB (Beitragspflicht im weiteren Sinne) können die Gesellschafter hingegen nicht befreit werden. Beim Kommanditisten ist zwischen der **Pflichteinlage** und der **Haftsumme** zu

[173] Vgl. BGH NJW 1984, 1351; MünchHdbGesR II/*Doehner/Hoffmann* § 16 Rdnr. 47 ff.

[174] Vgl. Staub/*Schäfer* HGB § 112 Rdnr. 13; Baumbach/*Hopt* HGB § 112 Rdnr. 14.

[175] Vgl. hierzu Wachter/*Sommer* Teil 2 Rdnr. 837 ff.

[176] Insoweit bietet sich eine Klarstellung an, dass der betroffene Gesellschafter bei der Beschlussfassung kein Stimmrecht hat.

[177] Vgl. hierzu MünchHdbGesR I/*Mattfeld* § 59 Rdnr. 20; Baumbach/*Hopt* HGB § 112 Rdnr. 5.

[178] Baumbach/*Hopt* HGB § 112 Rdnr. 6; Staub/*Schäfer* HGB § 112 Rdnr. 25 m. zahlr. w. N.; vgl. auch BGH NJW 1984, 1351; OLG Bremen NZG 2008, 225, 226.

[179] Vgl. MünchHdbGesR I/*Mattfeld* § 59 Rdnr. 33 ff. zu den Rechtsfolgen der Verletzung eines Wettbewerbsverbotes.

[180] Zur Abgrenzung von „Beitrag" und „Einlage" vgl. MünchHdbGesR I/*von Falkenhausen/Schneider* § 60 Rdnr. 2 f.

[181] MünchHdbGesR II/*von Falkenhausen/Schneider* § 60 Rdnr. 5 ff.; MünchHdbGesR II/*von Falkenhausen/Schneider* § 17 Rdnr. 9 ff.; Baumbach/*Hopt* HGB § 109 Rdnr. 6.

unterscheiden. Während Erstere die gegenüber den anderen Gesellschaftern im Innenverhältnis übernommene Leistungspflicht betrifft, stellt die Haftsumme denjenigen Betrag dar, für welchen der Kommanditist gem. §§ 171, 172 HGB den Gläubigern der Gesellschaft im Außenverhältnis einzustehen hat.[182] Pflichteinlage und Haftsumme können – v. a. aus steuerlichen Gründen – voneinander abweichen. Übersteigt die Haftsumme die Pflichteinlage und leistet der Kommanditist aufgrund seiner weitergehenden Haftung im Außenverhältnis den Mehrbetrag an einen Gesellschaftsgläubiger, so resultiert daraus keine Erhöhung der Pflichteinlage, sodass dem Kommanditisten der Mehrbetrag von der Gesellschaft und den Mitgesellschaftern zu erstatten ist.[183]

61 **a) Art und Bewertung der Beiträge.** Anders als im Rahmen der Kapitalaufbringung bei Kapitalgesellschaften herrscht bei Personenhandelsgesellschaften hinsichtlich der Art der Beiträge, deren Bewertung und Erbringung **Vertragsfreiheit.** Im Gesellschaftsvertrag kann die Erbringung jeglicher Art von vermögenswerten Rechten als geschuldeter Beitrag vereinbart werden.[184] In Betracht kommen u. a. Geld, Sacheinlagen – wobei insoweit zwischen der Einbringung zu Eigentum (quoad dominium), dem Werte nach (quoad sortem) und zum Gebrauch (quoad usum) zu unterscheiden ist –,[185] Sachgesamtheiten (v. a. Unternehmen), immaterielle Wirtschaftsgüter (z. B. Know-how, Goodwill), die Gewährung von Darlehen sowie die Erbringung von Dienstleistungen (vgl. § 27 Abs. 2 HS 2 AktG). Im Innenverhältnis herrscht auch hinsichtlich der Bewertung der zu erbringenden Beiträge der Gesellschafter völlige Vertragsfreiheit. Über- und Unterbewertungen begegnen keinen Bedenken, solange die allgemeinen Regeln der §§ 138, 826 BGB nicht verletzt werden.[186] Dies gilt allerdings nicht für die Bewertung der Hafteinlage des Kommanditisten, da insoweit die schutzwürdigen Interessen der Gläubiger zu berücksichtigen sind. Insoweit ist stets die tatsächliche Wertzuführung (objektiver Zeitwert) maßgeblich.[187]

62 **b) Leistung der Einlagen.** Üblicherweise erbringen die Gesellschafter ihre Einlage durch Übertragung des geschuldeten Vermögenswertes an die Gesellschaft.[188] Grundsätzlich möglich sind jedoch auch die Erbringung des Beitrags durch Dritte (§ 267 Abs. 1 BGB)[189] sowie durch Aufrechnung. Wird die vereinbarte Einlage nicht an die Gesellschaft, sondern an einen Gläubiger der Gesellschaft geleistet, wirkt dies nur unter den Voraussetzungen des § 362 Abs. 2 BGB befreiend.[190] Andernfalls erlangt der Gesellschafter jedoch aufgrund der Erfüllung einer Gesellschaftsverbindlichkeit einen Ersatzanspruch gegen die Gesellschaft nach § 110 HGB, mit welchem er – auch noch in der Insolvenz der Gesellschaft – gegen seine Einlageschuld aufrechnen kann.[191]

63 Der Anspruch der Gesellschaft gegen den Gesellschafter auf Leistung der Einlage ist abtretbar und daher auch pfändbar. Angesichts der persönlichen Haftung im Außenverhältnis nach §§ 128, 171 HGB ist dies jedoch praktisch kaum relevant.[192] Im Zweifel sind die zu leistenden Beiträge nach § 271 BGB sofort fällig. Ihre Einziehung obliegt den geschäftsführenden Gesellschaftern. Diese sind allerdings nicht zum Erlass oder zur Stundung berechtigt.

[182] Vgl. BGH NJW 1995, 197.

[183] MünchHdbGesR II/*von Falkenhausen/Schneider* § 17 Rdnr. 7 f. U. U. kann für diese Situation bereits im Gesellschaftsvertrag dahingehend Vorsorge getroffen werden, dass eine Erstattungspflicht ausgeschlossen und dadurch die Pflichteinlage aufschiebend bedingt auf die Zahlung des Mehrbetrages erhöht wird.

[184] Vgl. MünchKommHGB/*K. Schmidt* § 105 Rdnr. 179.

[185] Vgl. MünchHdbGesR I/*von Falkenhausen/Schneider* § 60 Rdnr. 13 ff.

[186] MünchHdbGesR I/*von Falkenhausen/Schneider* § 60 Rdnr. 33 f.

[187] Vgl. BGHZ 95, 188, 195 = NJW 1985, 2947; Baumbach/*Hopt* HGB § 171 Rdnr. 6. Wird die Einlage **kurz vor der Insolvenz** der Gesellschaft erbracht, findet eine tatsächliche Wertzuführung nur in Höhe des sog. **Versilberungswertes** statt (vgl. BGHZ 39, 330).

[188] Vgl. MünchHdbGesR I/*von Falkenhausen/Schneider* § 60 Rdnr. 70 ff. zu den Folgen von Leistungsstörungen bei der Erbringung der Einlagen.

[189] Einen Sonderfall der Erbringung durch Dritte stellt die Umbuchung eines entnahmefähigen Gewinnanteils zugunsten eines neu eintretenden Gesellschafters dar. Dabei wird der Gesellschaft kein neuer Vermögenswert zugeführt (vgl. MünchHdbGesR I/*von Falkenhausen/Schneider* § 60 Rdnr. 44 ff.).

[190] Vgl. BGH WM 1983, 1381, 1382.

[191] MünchKommHGB/*K. Schmidt* § 172 Rdnr. 50, 111; vgl. auch BGH WM 1983, 1381, 1382.

[192] Allenfalls bei einer die Haftsumme übersteigenden Pflichteinlage des Kommanditisten.

Hierfür bedarf es vielmehr der Zustimmung sämtlicher Gesellschafter.[193] Eine derartige Erlass- oder Stundungsvereinbarung erstreckt sich gem. § 172 Abs. 3 HGB bei einem Kommanditisten immer nur auf die Pflichteinlage, nicht auf die Haftsumme. Trotz des weitergehenden Wortlauts des § 172 Abs. 3 HGB muss ein Gläubiger eine einvernehmliche Herabsetzung der bereits gepfändeten Pflichteinlage gegen sich gelten lassen, da diese Vorschrift nach Sinn und Zweck nur die Haftung des Kommanditisten im Außenverhältnis und damit die Haftsumme erfasst.[194]

c) **Individualvertraglich geschuldete Leistungen.** Die gesellschaftsvertraglich geschuldeten Beiträge sind von sonstigen Leistungen der Gesellschafter abzugrenzen, die ihre Rechtsgrundlage nicht im Gesellschaftsverhältnis haben, sondern individualvertraglich geschuldet sind (Kaufvertrag, Mietvertrag etc.). Hat ein Gesellschafter mit der Gesellschaft einen nicht im Gesellschaftsverhältnis wurzelnden Vertrag geschlossen, so unterliegt dieser nicht den gesellschaftsrechtlichen Regelungen. Folglich steht es ihm z.B. frei, seine Mitgesellschafter unmittelbar auf Leistung gem. § 128 HGB in Anspruch zu nehmen.[195] Das Rechtsinstitut der verdeckten Sacheinlage (vgl. hierzu § 19 Abs. 4 GmbHG) hat im Recht der Personenhandelsgesellschaften keinen Anwendungsbereich, da den Gesellschaftern die Bewertung der Einlage im Innenverhältnis freisteht und es im Außenverhältnis allein die tatsächliche Wertzuführung maßgeblich ist, ohne dass es auf Art und Zeitpunkt der Leistung ankäme. Anders als im Zivilrecht hat die Unterscheidung zwischen gesellschaftsvertraglich geschuldeten Beiträgen und individualvertraglich geschuldeten Leistungen im Steuerrecht keine Bedeutung. Vergütungen, welche ein Gesellschafter von der Gesellschaft für seine Tätigkeit im Dienst der Gesellschaft, für die Hingabe von Darlehen oder die Überlassung von Wirtschaftsgütern bezieht, stellen gewerbliche Einkünfte gem. § 15 Abs. 1 S. 1 Nr. 2 EStG dar und unterliegen somit der Einkommen- und der Gewerbesteuer. 64

d) **Nachschusspflicht entgegen § 707 BGB.** Der Umfang der Beitragspflicht ist typischerweise im Gesellschaftsvertrag (mehr oder weniger) präzise niedergelegt. Auf die subsidiäre Regel des § 706 Abs. 1 BGB wird bei oHG und KG kaum je zurückgegriffen. Nach § 707 BGB i.V.m. § 105 Abs. 3 (ggf. § 161 Abs. 2) HGB ist grundsätzlich kein Gesellschafter zur Erhöhung seiner Beiträge verpflichtet, es sei denn, es besteht eine abweichende vertragliche Vereinbarung. Eine anerkannte Ausnahme hiervon greift dann ein, wenn ein Gesellschafter gegenüber einem Gesellschaftsgläubiger Verbindlichkeiten der Gesellschaft beglichen hat und die Gesellschaft seinen aus § 110 HGB resultierenden Ersatzanspruch nicht erfüllen kann.[196] Theoretisch denkbar wäre ferner eine Nachschusspflicht auf Grundlage der Treuepflicht der Gesellschafter. Um die gesetzliche Wertentscheidung in § 707 BGB nicht zu konterkarieren, kommt dies allerdings nur unter ganz außergewöhnlichen Umständen in Betracht. So hat der BGH bereits entschieden, dass die Gesellschafter im Falle der Sanierungsbedürftigkeit der Gesellschaft nicht aufgrund ihrer Treuepflicht zur Erhöhung der Beiträge verpflichtet sind, selbst wenn ihnen die nötigen Mittel ohne Weiteres zur Verfügung stehen.[197] Aus der Treuepflicht kann sich aber unter bestimmten Umständen für nicht nachschusswillige Gesellschafter die Pflicht zum Ausscheiden aus der Gesellschaft ergeben.[198] Dies gilt jedoch dann nicht, wenn der Gesellschaftsvertrag einer Publikumspersonengesellschaft regelt, dass eine Kapitalerhöhung auch im Krisenfall nur einstimmig beschlossen werden kann und das Nichterreichen der Einstimmigkeit zur Folge hat, dass die zustimmenden Gesellschafter berechtigt sind, ihre Einlagen zu erhöhen, während die nicht zustimmenden Gesellschafter eine Verringerung ihres Beteiligungsverhältnisses hinzunehmen 65

[193] MünchHdbGesR I/*von Falkenhausen/Schneider* § 60 Rdnr. 59.

[194] MünchKommHGB/*K. Schmidt* § 172 Rdnr. 39; Ebenroth/Boujong/Joost/Strohn/*Strohn* HGB § 172 Rdnr. 17; MünchHdbGesR II/*von Falkenhausen/Schneider* § 18 Rdnr. 38.

[195] Vgl. MünchHdbGesR I/*von Falkenhausen/Schneider* § 60 Rdnr. 27.

[196] BGHZ 37, 299, 302; MünchHdbGesR I/*von Falkenhausen/Schneider* § 60 Rdnr. 101.

[197] WM 1991, 32, 34; jüngst NZG 2009, 1347, 1349; NZG 2009, 862; zustimmend MünchKommBGB/*Ulmer/Schäfer* § 707 Rdnr. 1.

[198] BGH NZG 2009, 1347 – Sanieren oder Ausscheiden. Dies gilt jedenfalls dann, wenn sie infolge der mit dem Ausscheiden verbundenen Pflicht, den auf sie entfallenden Auseinandersetzungsfehlbetrag zu leisten, finanziell nicht schlechter stehen, als sie im Falle einer sofortigen Liquidation stünden.

haben.[199] Abweichend von § 707 BGB kann eine gesellschaftsvertragliche Nachschusspflicht vereinbart werden. Insoweit sind allerdings der Bestimmtheitsgrundsatz und die aus der Kernbereichslehre folgenden Beschränkungen (Präzisierung nach Art und Ausmaß der Nachschusspflicht) zu beachten.[200]

6. Beteiligung am Gewinn und Verlust sowie Entnahmerecht

66 Ebenso wie das Vermögen einer GbR steht auch das Vermögen einer Personenhandelsgesellschaft deren Gesellschaftern gem. §§ 718–719 BGB i. V. m. § 105 Abs. 3 (ggf. § 161 Abs. 2) HGB **zur gesamten Hand** zu. Unbeschadet dessen können oHG und KG – ebenso wie die Außen-GbR – unter ihrer Firma Eigentum und andere dingliche Rechte an Grundstücken sowie sonstige Rechte aller Art erwerben und Verbindlichkeiten eingehen (§ 124 Abs. 1 HGB). Infolge der gesamthänderischen Bindung können die einzelnen Gesellschafter aber weder über ihren Anteil am Gesellschaftsvermögen noch über Anteile an einzelnen Gegenständen des Gesellschaftsvermögens verfügen (vgl. § 719 Abs. 1 BGB).[201] Die **Verfügungsverbote in § 719 Abs. 1 BGB** sind wegen der untrennbaren Verbindung zwischen Mitgliedschaft und Gesamthandsbeteiligung zwingender Natur, eine gesellschaftsvertragliche Gestattung der Verfügung über den Anteil am Gesellschaftsvermögen oder über Anteile an einzelnen Gegenständen des Gesellschaftsvermögens kommt nicht in Betracht.[202] Demgegenüber unterfällt der Gesellschafterwechsel als Verfügung über die Mitgliedschaft im Ganzen nicht dem Verbotstatbestand des § 719 Abs. 1 BGB, erfordert allerdings die Zustimmung sämtlicher Gesellschafter, welche bereits vorab im Gesellschaftsvertrag generell oder für bestimmte Veräußerungsfälle oder ad hoc durch Gesellschafterbeschluss erteilt werden kann (näher hierzu Rdnr. 132). Ein weiteres Charakteristikum der Berechtigung zur gesamten Hand stellt das **Anwachsungsprinzip** in § 738 Abs. 1 S. 1 BGB dar, welches die Existenz eines Sondervermögens unabhängig vom Mitgliederbestand dokumentiert.

67 a) **Kapitalanteil.** An mehreren Stellen findet der „Kapitalanteil" im Gesetz Erwähnung. Auch wenn es an einer gesetzlichen Definition des Kapitalanteils fehlt, kommt diesem Bedeutung u. a. für die Vorausdividende nach § 121 Abs. 1 HGB, für das Entnahmerecht nach § 122 Abs. 1 HGB sowie für die Vermögensverteilung bei Abschluss der Liquidation nach § 155 Abs. 1 HGB zu. Es besteht im Wesentlichen Einvernehmen, dass unter Kapitalanteil eine Zahl zu verstehen ist, die „für gewisse Zwecke das Verhältnis der Rechte und Pflichten der Gesellschafter angeben soll".[203] Im Übrigen ist die Definition des Kapitalanteils umstritten.[204] Die Kennziffer Kapitalanteil ist – wie sich aus § 120 Abs. 2 HGB ergibt – grundsätzlich veränderlich. In aller Regel finden sich im Gesellschaftsvertrag aber von § 120 Abs. 2 HGB abweichende Regelungen. Üblicherweise werden sämtlichen Gesellschaftern **feste Kapitalanteile** zugeordnet, um die Gewinnverteilung zu vereinfachen und für eine Transparenz der Beteiligungsverhältnisse zu sorgen.[205] Es begegnet darüber hinausgehend auch keinen Bedenken, den Kapitalanteil eines oder mehrerer Gesellschafter mit null festzusetzen. Eine derartige Regelung kommt insbesondere dann in Betracht, wenn der zum Geschäftsführer zu bestellende Gesellschafter materiell nicht an der Gesellschaft beteiligt sein soll, wie dies typischerweise bei der Komplementär-GmbH einer GmbH & Co. KG der Fall ist.[206]

68 Werden allen Gesellschaftern feste Kapitalkonten (sog. Kapitalkonto 1) zugeordnet, verfügen diese typischerweise über ein weiteres **veränderliches Kapitalkonto** (sog. Kapitalkonto 2), um Gewinne, welche den festen Kapitalanteil übersteigen, an die Gesellschaft binden zu können (entweder in Form eines Forderungskontos oder einer echten Einlage). Im

[199] So jüngst BGH, Urteil vom 25. 1. 2011 – II ZR 122/09, BeckRS 2011, 07513 = GWR 2011, 209.
[200] Vgl. oben Rdnr. 24 ff.
[201] Baumbach/*Hopt* HGB § 124 Rdnr. 17.
[202] MünchKommBGB/*Ulmer/Schäfer* § 719 Rdnr. 1–5; Palandt/*Sprau* § 719 Rdnr. 4; Staudinger/*Habermeier* § 719 Rdnr. 1.
[203] Baumbach/*Hopt* HGB § 120 Rdnr. 13.
[204] Vgl. im Überblick Staub/*Schäfer* HGB § 120 Rdnr. 49 ff.; Großkomm-HGB/*Ulmer* § 120 Rdnr. 48.
[205] Vgl. MünchHdbGesR I/*von Falkenhausen/Schneider* § 61 Rdnr. 30 m. w. N.
[206] Vgl. Staub/*Schäfer* HGB § 120 Rdnr. 74 ff.

letztgenannten Fall ist der Saldo von Kapitalkonto 1 und Kapitalkonto 2 maßgeblich für die Vorausdividende nach § 121 Abs. 1 HGB sowie das Entnahmerecht nach § 122 Abs. 1 HGB.[207] Neben dem festen Kapitalkonto 1 und dem variablen Kapitalkonto 2 existieren typischerweise noch Sonderkonten für die Verbuchung von Gewinnen und Verlusten, für Rücklagen (entweder in Form der geteilten und damit jedem Gesellschafter individuell zugeordneten Rücklage oder der ungeteilten Rücklage), Darlehenskonten der Gesellschafter sowie Privat- und Verrechnungskonten, auf denen die entnehmbaren Gewinne sowie sonstige Forderungen und Verbindlichkeiten zwischen Gesellschaft und Gesellschafter verbucht werden.[208]

b) **Ergebnisbeteiligung.** Im Rahmen der Erstellung des Jahresabschlusses (§ 242 Abs. 3 HGB)[209] sind eine Bilanz sowie eine Gewinn- und Verlustrechnung zu erstellen und von den Gesellschaftern festzustellen. Das sich aus der Bilanz ergebende Jahresergebnis (Gewinn oder Verlust) ist auf die Gesellschafter zu verteilen (Ergebnisbeteiligung). In einem zweiten Schritt ist zu klären, ob den Gesellschaftern ein Zugriff auf den Gewinn gestattet ist (hierzu unten Rdnr. 77 ff.). 69

aa) Gesetzliche Regelung (§§ 121, 168 HGB). Nach dem gesetzlichen Regelungsmodell in §§ 121 Abs. 1, 168 Abs. 1 HGB steht jedem Gesellschafter grundsätzlich unabhängig davon, ob er seine Einlage bereits erbracht hat, ein Anspruch auf eine Vorausdividende in Höhe von 4% des Kapitalanteils zu.[210] Da es sich bei der **Vorausdividende** um einen **Gewinnanteil** und nicht um eine Verzinsung des eingesetzten Kapitals handelt, besteht der Anspruch nur insoweit, als Gewinn für das in Rede stehende Geschäftsjahr angefallen ist. Sofern die Vorausdividende in einem Geschäftsjahr geringer oder gänzlich ausgefallen ist, besteht in den Folgejahren kein Anspruch auf Nachzahlung.[211] Der nach Abzug der Vorausdividende verbleibende Gewinn ist bei der oHG gem. § 121 Abs. 3 HGB unter den Gesellschaftern nach Köpfen zu verteilen. Im gesetzlichen Regelungsmodell bei der KG ist vorgesehen, dass ein die Vorausdividende übersteigender Gewinn in angemessenem Verhältnis zu verteilen ist (§ 168 Abs. 2 HGB). 70

bb) Gesellschaftsvertragliche Regelung. Weder die Verteilung des die Vorausdividende übersteigenden Gewinns nach Köpfen in § 121 Abs. 3 HGB noch der Verteilungsmaßstab der Angemessenheit in § 168 Abs. 2 HGB sind im Regelfall interessengerecht; der letztgenannte Maßstab ist zudem äußerst streitanfällig. Hinzu kommt, dass die vollständige Verteilung des Gewinns und das damit grundsätzlich einhergehende unbeschränkte Entnahmerecht häufig nicht sachgerecht sind. Gesellschaftsvertragliche Regelungen zur Ergebnisverteilung sind geboten und in vielfältiger Hinsicht denkbar. Der Vertragsfreiheit werden insoweit nur durch die allgemeinen Regelungen (insbesondere § 138 BGB) Grenzen gesetzt. Zu beachten ist allerdings, dass eine Änderung des Gewinn- bzw. Verlustverteilungsschlüssels nur **durch einstimmigen Gesellschafterbeschluss** erfolgen kann (§ 119 Abs. 1 HGB), es sei denn, der Gesellschaftsvertrag enthält diesbezüglich eine (wirksame) Mehrheitsklausel (vgl. zu den Anforderungen hieran oben Rdnr. 24 ff.). Eine Verpflichtung eines Gesellschafters, der Abänderung des Ergebnisverteilungsschlüssels zuzustimmen, kann sich lediglich aus der Treuepflicht ergeben und wird nur in seltenen Ausnahmefällen zu bejahen sein.[212] Trotz des Beschlusserfordernisses in § 119 Abs. 1 HGB kommt ausnahmsweise eine **stillschweigende Änderung** des Ergebnisverteilungsschlüssels in Betracht, sofern ein abweichender Verteilungsschlüssel über einen langen Zeitraum unwidersprochen angewandt wurde.[213] 71

[207] MünchHdbGesR I/*von Falkenhausen/Schneider* § 61 Rdnr. 32.

[208] Für einen Überblick über die verschiedenen Gesellschafterkonten vgl. MünchHdbGesR I/*von Falkenhausen/Schneider* § 61 Rdnr. 49 ff.

[209] Vgl. hierzu überblicksweise Wachter/*Sommer* Teil 2 Rdnr. 678 ff. sowie ausführlicher MünchHdbGesR I/*von Falkenhausen/Schneider/Bezzenberger* § 62.

[210] Die Salden der Kapitalkonten 1 und 2 sind hierzu zu addieren.

[211] MünchHdbGesR I/*Bezzenberger/von Falkenhausen/Schneider* § 63 Rdnr. 6.

[212] Vgl. MünchHdbGesR I/*Bezzenberger/von Falkenhausen/Schneider* § 63 Rdnr. 11 m. w. N.

[213] BGH NJW 1966, 826, 827: mehr als 20 Jahre.

72 *(1) Varianten der Ergebnisverteilung.* Vertragliche Regelungen der Ergebnisverteilung sind in vielfältiger Weise möglich. Trotz fehlender obergerichtlicher oder höchstrichterlicher Rechtsprechung besteht weitgehend Einvernehmen, dass ein Gesellschafter im Gesellschaftsvertrag vollkommen von der Ergebnisbeteiligung **ausgeschlossen** werden kann. Das Erfordernis der Förderung eines gemeinsamen Zwecks setzt richtigerweise nicht notwendig eine Ergebnisbeteiligung voraus.[214] Denkbar ist ferner eine Ergebnisverteilung **nach festen Quoten**. Ein derartiger Verteilungsschlüssel wird allerdings häufig als zu starr empfunden werden. In Anlehnung an das gesetzliche Regelungsmodell in § 121 HGB wird oftmals eine Verzinsung der Kapital- und ggf. auch anderer Konten vereinbart und der darüber hinausgehende Gewinn ebenfalls nach Kapitalanteilen verteilt. Eine derartige Differenzierung zwischen der Verzinsung der Konten und der Verteilung des übrigen Gewinns im Verhältnis der Kapitalanteile ist aber nur dann sinnvoll, wenn die zu verzinsenden Konten sich von denjenigen Konten unterscheiden, die zur Bestimmung des Verhältnisses der Kapitalanteile heranzuziehen sind. Andernfalls hat die in der Verzinsung der Konten liegende Vorausdividende keine eigenständige Bedeutung, sofern sie nicht ausnahmsweise gewinnunabhängig angeordnet und somit nicht nur aus den erwirtschafteten Gewinnen zu zahlen ist. Eine Gewinnverteilung nach dem Verhältnis der Kapitalanteile birgt die Gefahr, dass ein kapitalstarker Gesellschafter auf die Ausschüttung von Gewinnen verzichtet und auf diese Weise seine Ergebnisbeteiligung erheblich steigern kann.[215] Sind die für die Gewinnverteilung maßgeblichen Kapitalanteile gleichwohl veränderlich, so ist gesellschaftsvertraglich zu bestimmen, welcher Stichtag für die jeweiligen Salden maßgeblich sein soll. Andernfalls wären die Saldenveränderungen im laufenden Jahr zeitanteilig zu berücksichtigen (vgl. § 121 Abs. 2 HGB), wodurch komplizierte und ggf. schwer nachvollziehbare Rechenoperationen ausgelöst würden.[216]

73 *(2) Tätigkeitsvergütung oder Gewinnvorab für Geschäftsführung.* Werden die Geschäfte lediglich von einem oder einzelnen Gesellschaftern geführt, wird hierfür häufig eine **feste Vergütung** vereinbart. Bei einer derartigen Vergütung kann es sich um einen **Gewinnvorab** oder um eine unabhängig vom Gewinn zu zahlende **Tätigkeitsvergütung** aufgrund einer gesonderten vertraglichen Vereinbarung handeln. Insoweit empfiehlt sich eine Klarstellung im Vertrag. Regelmäßig wird es sich um eine gewinnunabhängige Tätigkeitsvergütung handeln, wenn diese als „Gewinngarantie" bezeichnet ist oder in einem getrennt vom Gesellschaftsvertrag geschlossenen Anstellungsvertrag niedergelegt ist.[217] Sowohl bei der oHG als auch bei der KG gebührt den geschäftsführenden Gesellschaftern eine derartige Tätigkeitsvergütung allerdings nicht kraft Gesetzes.[218] Eine konkludent vereinbarte Tätigkeitsvergütung wird nur ganz ausnahmsweise in Betracht kommen.[219] Es empfiehlt sich daher stets, eine Regelung in den Gesellschaftsvertrag aufzunehmen, ob dem oder den geschäftsführenden Gesellschafter(n) über den Auslagenersatz nach § 110 HGB hinaus ein Anspruch auf eine Tätigkeitsvergütung zusteht. Gerade bei kapitalistisch strukturierten Kommanditgesellschaften wird dies der absolute Regelfall sein. Fehlt es an der vertraglichen Vereinbarung einer Tätigkeitsvergütung, kann der geschäftsführende Gesellschafter nach § 110 HGB nur diejenigen Aufwendungen ersetzt verlangen, welche er in Geschäftsangelegenheiten den Umständen nach für erforderlich halten durfte.

74 *(3) Rücklagendotierung.* Typischerweise werden die Gesellschafter jedenfalls einen Teil des Gewinns in eine Rücklage einstellen. Dies kann entweder bereits (ggf. durch die hierzu vertraglich ermächtigten geschäftsführenden Gesellschafter)[220] im Rahmen der Gewinnfeststellung oder erst im Gewinnverwendungsbeschluss erfolgen. Die Feststellung des Jahresab-

[214] So zutreffend MünchKommBGB/*Ulmer* § 705 Rdnr. 150; Staub/*Schäfer* HGB § 121 Rdnr. 19, jew. m. zahlr. w. N.

[215] Vgl. zu dieser Problematik MünchHdbGesR I/*Bezzenberger/von Falkenhausen/Schneider* § 63 Rdnr. 18 f.

[216] Zur Problematik eines Sollsaldos auf dem Kapitalkonto eines oder mehrerer Gesellschafter vgl. MünchHdbGesR II/*von Falkenhausen/Schneider* § 22 Rdnr. 74 ff.

[217] Vgl. Baumbach/*Hopt* HGB § 121 Rdnr. 9; BGH WM 1974, 177, 178.

[218] Vgl. BGHZ 17, 299, 302 = WM 1955, 1119; Wachter/*Sommer* Teil 2 Rdnr. 648.

[219] Vgl. OLG Koblenz NJW-RR 1987, 24; BGH GmbHR 1976, 135, 136; *Bork* AcP 184 (1984), 465, 477.

[220] Vgl. BGH DStR 2009, 1544; OLG Stuttgart DB 2007, 2587, 2589.

schlusses und die damit verbundene Entscheidung über die Thesaurierung eines Teils des Jahresergebnisses ist als Angelegenheit der laufenden Verwaltung regelmäßig von einer allgemeinen Mehrheitsklausel im Gesellschaftsvertrag (vgl. hierzu oben Rdnr. 25) gedeckt.[221]

(4) Verlustverteilung. Erwirtschaftet die Gesellschaft in einem Geschäftsjahr Verluste, so sind diese nach dem gesetzlichen Regelungsmodell des § 722 Abs. 2 BGB nach demselben Schlüssel zu verteilen wie etwaige Gewinne. Mangels gesellschaftsvertraglicher Regelung zur Gewinn- bzw. Verlustverteilung ist daher das in § 121 Abs. 3 HGB normierte „Kopfprinzip" heranzuziehen bzw. es hat eine Verlustverteilung in angemessenem Verhältnis zu erfolgen (vgl. § 168 Abs. 2 HGB).[222] Typischerweise wird aber die Gewinnverteilung abweichend vom gesetzlichen Regelungsmodell vereinbart sein, sodass die vorgenannte Verlustverteilung gem. § 722 Abs. 2 BGB nicht zur Anwendung gelangt. Verfügt ein Gesellschafter über eine Gewinngarantie, ist darin in aller Regel zugleich eine Freistellung von einer Verlustteilnahme zu sehen.[223] Ein Ausschluss von der Verlustbeteiligung gilt im Zweifel auch für die Liquidation.[224] 75

(5) Unterjähriger Gesellschafterwechsel. Kommt es zu einem unterjährigen Gesellschafterwechsel (z. B. durch entgeltliche bzw. unentgeltliche Übertragung der Gesellschaftsbeteiligung), sind der scheidende und der neu eintretende Gesellschafter nach der gesetzlichen Regelung des § 101 Nr. 2 BGB mangels abweichender vertraglicher Regelung pro rata temporis am Ergebnis beteiligt. Im Interesse einer leicht handhabbaren, transparenten Regelung sollte dem Erwerber im Übertragungsvertrag regelmäßig der volle Gewinnanteil für das laufende Geschäftsjahr zugewiesen werden.[225] 76

c) **Entnahmerecht/Anspruch auf Gewinnauszahlung.** *aa) Gesetzliches Modell.* Bei der Ergebnisbeteiligung geht es um die Verteilung des in der Bilanz festgestellten Gewinns (oder Verlustes) auf die Gesellschafter. Demgegenüber betrifft das Entnahmerecht die Frage, inwieweit die Gesellschafter von der Gesellschaft Auszahlungen verlangen können. Das gesetzliche Entnahmerecht bzw. der gesetzliche Anspruch des **Komplementärs** auf Gewinnauszahlung ist in § 122 bzw. § 169 HGB geregelt. Danach kann der persönlich haftende Gesellschafter gewinnunabhängig grundsätzlich 4% seines Kapitalanteils pro Jahr entnehmen (**Vorabausschüttung**).[226] Darüber hinaus steht ihm ein Entnahmerecht hinsichtlich des die gesetzliche Vorabausschüttung übersteigenden Anteils am Gewinn des letzten Jahres zu (§ 122 Abs. 1 HS 2 HGB). Ein Anspruch auf weitergehende Auszahlungen hat der persönlich haftende Gesellschafter nicht, insbesondere ist er nicht befugt, eigenmächtig seinen Kapitalanteil zu vermindern, § 122 Abs. 2 HGB. Das gesetzliche Entnahmerecht des persönlich haftenden Gesellschafters ist durch die in § 122 Abs. 1 HS 2 HGB gesetzlich normierte Ausprägung der Treuepflicht begrenzt („soweit es nicht zum offenbaren Schaden der Gesellschaft gereicht").[227] Es **entsteht mit Bilanzfeststellung** nach Abschluss des Geschäftsjahres und verfällt, wenn es nicht bis zur Feststellung der Bilanz des Folgejahres ausgeübt worden ist.[228] Auszahlungen, die das gesetzliche Entnahmerecht übersteigen, sind unabhängig von der Gutgläubigkeit des Gesellschafters[229] verzinst zurückzuzahlen. 77

Während dem persönlich haftenden Gesellschafter ein Entnahmerecht zusteht, muss der **Kommanditist** von der Gesellschaft Auszahlung seines Gewinnanteils verlangen. Dieser Anspruch erstreckt sich gem. § 169 Abs. 1 S. 2 HS 1 HGB auf seinen Anteil am gesamten 78

---

[221] BGH DStR 2009, 1544; BGHZ 170, 283 = DNotZ 2007, 629.

[222] Vgl. Baumbach/*Hopt* HGB § 121 Rdnr. 7, § 168 Rdnr. 3.

[223] BGH WM 1975, 662.

[224] MünchHdbGesR I/*Bezzenberger/von Falkenhausen/Schneider* § 63 Rdnr. 36.

[225] Ebenso MünchHdbGesR I/*Bezzenberger/von Falkenhausen/Schneider* § 63 Rdnr. 92 ff.

[226] Großkomm-HGB/*Ulmer* § 122 Rdnr. 11; Baumbach/*Hopt* HGB § 122 Rdnr. 8.

[227] Näher zu den Einschränkungen des Entnahmerechts aufgrund der Treuepflicht MünchHdbGesR I/*Bezzenberger/von Falkenhausen/Schneider* § 63 Rdnr. 40 ff., auch zur umstrittenen Frage, ob die Treuepflicht ebenso den Anspruch auf Auszahlung der Vorausdividende nach §§ 121 Abs. 1, 122 Abs. 1 HS 1 HGB beschränken kann.

[228] Vgl. BGHZ 80, 357 = NJW 1981, 2563; BGH DB 1976, 42; Großkomm-HGB/*Ulmer* § 122 Rdnr. 4, 10.

[229] Keine analoge Anwendung von § 172 Abs. 5 HGB im Innenverhältnis, vgl. Schlegelberger/*Martens* § 122 Rdnr. 19.

in der Bilanz festgestellten Jahresgewinn. Eine Vorabausschüttung nach dem Vorbild des § 122 Abs. 1 HS 1 HGB ist für den Kommanditisten nicht vorgesehen (vgl. § 169 Abs. 1 S. 1 HGB). Ein Auszahlungsverbot besteht gem. § 169 Abs. 1 S. 2 HS 2 HGB, wenn der Kapitalanteil des Kommanditisten durch Verluste unter die Pflichteinlage gefallen ist oder fallen würde. Ist der Kapitalanteil hingegen überhaupt noch nicht einbezahlt worden oder durch eine zulässige Entnahme gemindert, findet das Auszahlungsverbot keine Anwendung.[230] Das Auszahlungsverbot betrifft – anders als § 122 Abs. 1 HS 2 HGB – die gesamte Gewinnauszahlung. Wurden Gewinne berechtigterweise ausgezahlt, führen spätere Verluste nach der klarstellenden Vorschrift des § 169 Abs. 2 HGB nicht zu einer Rückzahlungspflicht.[231]

79 *bb) Gesellschaftsvertragliches Entnahme- bzw. Auszahlungssystem.* Die dispositiven gesetzlichen Regelungen zur Entnahme bzw. Gewinnauszahlung gewährleisten keine angemessene Kapitalbildung, da grundsätzlich der gesamte Gewinn zur Entnahme bzw. Auszahlung vorgesehen ist. Zudem ist die Entnahme bzw. Auszahlung erst nach Bilanzfeststellung möglich, was eine Vorfinanzierung der laufenden Steuervorauszahlungen durch die Gesellschafter erfordert. Daher ist ein vom gesetzlichen Modell abweichendes gesellschaftsvertragliches Entnahme- bzw. Auszahlungssystem zu empfehlen. Wie bei der Ergebnisbeteiligung sind die Gestaltungsmöglichkeiten hier groß. Denkbar ist beispielsweise die Vereinbarung eines garantierten **fixen Ausschüttungsbetrages** unabhängig vom Gewinn oder ein **gewinnabhängiges Entnahme- bzw. Auszahlungsrecht.** Alternativ kann das Entnahme- bzw. Auszahlungsrecht an den Saldo eines oder mehrerer Konten (**kontenabhängige Entnahmeklausel**) oder an den Liquiditätsüberschuss der Gesellschaft (**liquiditätsabhängiges Entnahmerecht**) geknüpft werden.[232] Möglich ist schließlich auch, dass die Gesellschafter in einem Gewinnverwendungsbeschluss den auszuschüttenden Betrag jeweils individuell festsetzen oder dieses Recht einzelnen – typischerweise den geschäftsführungsbefugten – Gesellschaftern übertragen.[233]

80 Gerade im Hinblick darauf, dass die Gesellschafter aus den Erträgen ihren Lebensunterhalt bestreiten oder laufende Steuervorauszahlungen begleichen müssen, wird typischerweise vereinbart, dass ein **Entnahme- bzw. Auszahlungsrecht bereits vor Bilanzfeststellung** besteht. Dies gilt in besonderem Maße für das sog. „**Steuerentnahmerecht**“, welches in nahezu jedem Gesellschaftsvertrag enthalten ist. In Ermangelung einer gesellschaftsvertraglichen Regelung kann ein derartiges Recht aber grundsätzlich nicht aus der Treuepflicht oder sonstigen allgemeinen Erwägungen abgeleitet werden.[234] Zur Wahl stehen insoweit ein individuelles Steuerentnahmerecht, bei welchem der konkrete Steuersatz jedes Gesellschafters zu ermitteln ist. Da die Gesellschafter häufig nicht willens sein werden, der Gesellschaft ihre Einkommensverhältnisse offenzulegen, ist in aller Regel ein pauschales Steuerentnahmerecht – z. B. unter Zugrundelegung des Spitzensteuersatzes – vorzugswürdig. Klarzustellen ist ferner, ob sich das Steuerentnahmerecht lediglich auf die Ertragsteuern oder auch auf die Erbschaftsteuer bezieht.[235]

Formulierungsvorschlag: Pauschales Steuerentnahmerecht

Jeder Gesellschafter ist berechtigt, im laufenden Geschäftsjahr die auf seinen Gewinnanteil (anteiliger Jahresüberschuss) entfallenden Ertragsteuern (Einkommen- bzw. Körperschaftsteuer, Kirchensteuer, Solidaritätszuschlag etc.) zu entnehmen. Zur Ermittlung der fiktiven Einkommensteuer ist der jeweils gültige Höchststeuersatz für den vollen Gewinnanteil ohne Rücksicht auf sonstige Einkünfte oder Verluste des jeweiligen Gesellschafters zugrunde zu legen. Bemessungsgrundlage ist der von dem jeweiligen Gesellschafter für das vorangegangene Geschäftsjahr zu versteuernde Gewinnanteil.

230 MünchHdbGesR II/*von Falkenhausen/Schneider* § 24 Rdnr. 41 m. w. N.
231 Baumbach/*Hopt* HGB § 169 Rdnr. 6. Kein bloßer Gutglaubensschutz vergleichbar § 172 Abs. 5 HGB.
232 Vgl. Wachter/*Sommer* Teil 2 Rdnr. 625.
233 Vgl. MünchHdbGesR I/*Bezzenberger/von Falkenhausen/Schneider*§ 63 Rdnr. 72.
234 Vgl. MünchHdbGesR I/*Bezzenberger/von Falkenhausen/Schneider* § 63 Rdnr. 79.
235 Im Zweifel Beschränkung auf die Ertragsteuern, vgl. BGH ZIP 1990, 1327, 1328.

7. Verfügung über Mitgliedschaftsrechte

Da bei Personenhandelsgesellschaften nach dem gesetzlichen Leitbild die persönlichen Beziehungen der Gesellschafter im Mittelpunkt stehen, sind Ansprüche aus dem Gesellschaftsverhältnis nach § 717 S. 1 BGB unübertragbar und eine Verfügung über Anteile am Gesellschaftsvermögen oder an einzelnen Gegenständen scheidet gem. § 719 Abs. 1 HS 1 BGB aus. Unzweifelhaft zulässig ist hingegen die Verfügung über den gesamten Gesellschaftsanteil, welche jedoch die Zustimmung sämtlicher Gesellschafter erfordert.[236] Die **in §§ 717 S. 1, 719 Abs. 1 BGB niedergelegten Beschränkungen** sind **zwingend**. Auch Umgehungsgeschäfte werden vom Verbotstatbestand erfasst.[237] Im Einzelfall mag es unter Umständen möglich sein, eine nach § 719 Abs. 1 HS 1 BGB unzulässige Verfügung in ein zulässiges Rechtsgeschäft (z. B. Abtretung von Einzelrechten nach § 717 S. 2 BGB) umzudeuten.[238] 81

Während die nicht vermögensbezogenen Mitgliedschaftsrechte, v. a. die Verwaltungs- und Stimmrechte, unübertragbar sind, **gestattet § 717 S. 2 BGB** die **Übertragung bestimmter Vermögensrechte**. Die dortige Aufzählung ist grundsätzlich als **abschließend** anzusehen.[239] Danach sind insbesondere die Ansprüche eines geschäftsführenden Gesellschafters nach § 110 Abs. 1 HGB sowie Ausgleichsansprüche desjenigen Gesellschafters, der gegenüber Dritten Verbindlichkeiten der Gesellschaft beglichen hat, übertragbar.[240] Gleiches gilt für den Anspruch auf den bereits festgestellten oder zukünftigen Gewinn.[241] Übertragbar sind ebenfalls die Ansprüche der Gesellschaft gegen die einzelnen Gesellschafter (Sozialansprüche). 82

Die **Vorausabtretung des künftigen Gewinnanspruchs** ist allerdings für den Zessionar mit dem Risiko verbunden, dass der Zedent im Zeitpunkt der Entstehung des Gewinnanspruchs nicht mehr Gesellschafter ist und die Vorausabtretung dadurch gegenstandslos wird (Verfügung eines Nichtberechtigten).[242] Da der Zessionar mit dem Gewinnanspruch keine Mitwirkungs- oder Kontrollrechte erwirbt, wirkt er an der Gewinnfeststellung nicht mit. Selbst eine nachträgliche Änderung des vertraglichen Gewinnverteilungsschlüssels hat er gegen sich gelten zu lassen.[243] Schon nach dem Wortlaut des § 717 S. 2 BGB zulässig ist die Verfügung über Ansprüche auf ein Abfindungs- bzw. Auseinandersetzungsguthaben. Auch insoweit hat der Zessionar jedoch das Risiko zu tragen, dass der Gesellschaftsvertrag in der Zeit zwischen Abtretung und Auseinandersetzung zu seinen Lasten geändert wird. Der Schutz des § 135 BGB kommt ihm nicht zugute.[244] Heftig umstritten ist schließlich, ob neben den Ansprüchen auf den Gewinnanteil auch die Kapitalentnahme- bzw. Auszahlungsansprüche übertragbar sind. Die herrschende Meinung lehnt dies ab. Sie begründet dies zum einen damit, dass der Dritte gegenüber der Gesellschaft und den Gesellschaftern keine Treuepflichten zu erfüllen habe. Zum anderen bedürfe ein über die Gewinnbeteiligung hinausgehendes Entnahmerecht einer besonderen Rechtfertigung, die typischerweise in den persönlichen Leistungen oder den besonderen Bedürfnissen des jeweiligen Gesellschafters zu sehen sei. Diese Rechtfertigung entfalle im Falle der Übertragung (vgl. § 399 BGB).[245] Diejenigen vermögensbezogenen Mitgliedschaftsrechte der Gesellschafter, welche nach den vorstehenden Ausführungen übertragen werden können, unterliegen nach § 851 Abs. 1 ZPO auch der Pfändung. 83

---

236 MünchKommBGB/*Ulmer/Schäfer* § 719 Rdnr. 21 ff.

237 Vgl. BGHZ 20, 363, 364.

238 Vgl. MünchKommBGB/*Ulmer/Schäfer* § 719 Rdnr. 6.

239 Vgl. MünchHdbGesR I/*Bezzenberger/von Falkenhausen/Schneider* § 64 Rdnr. 4.

240 MünchKommBGB/*Ulmer/Schäfer* § 717 Rdnr. 34.

241 Baumbach/*Hopt* HGB § 121 Rdnr. 4.

242 Vgl. MünchKommBGB/*Ulmer/Schäfer* § 717 Rdnr. 31 m. w. N.

243 Vgl. MünchHdbGesR I/*Bezzenberger/von Falkenhausen/Schneider* § 64 Rdnr. 9 ff., auch zur umstrittenen Frage, ob dem Gesellschafter ein selbstständiges Gewinnstammrecht zusteht, über das dieser verfügen kann.

244 *Riegger* BB 1972, 115, 116.

245 Näher MünchHdbGesR I/*Bezzenberger/von Falkenhausen/Schneider* § 64 Rdnr. 13 ff.

8. Belastung von Gesellschaftsanteilen

84 a) **Nießbrauch.** Der Nießbrauch gewährt ein dingliches Recht zur umfassenden Nutzung des belasteten Gegenstandes (§ 1030 BGB). Danach stehen dem Nießbraucher grundsätzlich die Nutznießungs- und Verwaltungsrechte zu, während der Nießbrauchsbesteller den belasteten Gegenstand in seiner Substanz behält. Der Nießbrauch ist unübertragbar und unvererblich, kann jedoch Dritten zur Ausübung überlassen werden (§§ 1059 ff., 1061 BGB). Beim Nießbrauch an einem Gesellschaftsanteil handelt es sich um einen nach §§ 1030, 1068 BGB grundsätzlich zulässigen **Rechtsnießbrauch,** welcher von der Unterbeteiligung und der Treuhand abzugrenzen ist. Während der Nießbrauch an einem Gesellschaftsanteil eine **mittelbare Teilhabe am Unternehmen der Gesellschaft** bewirkt, handelt es sich bei der **Unterbeteiligung** um eine reine Innengesellschaft zwischen dem Gesellschafter (dem Hauptbeteiligten) und dem Unterbeteiligten, welche keinerlei Rechte an der Hauptbeteiligung vermittelt. Demgegenüber stellt die **Treuhand** eine fiduziarische Vollrechtsübertragung dar,[246] bei welcher der Treunehmer den ursprünglichen Rechtsinhaber (Treugeber) vollständig verdrängt und lediglich im Innenverhältnis den schuldrechtlichen Bindungen des Treuhandvertrages unterliegt.[247] Schließlich besteht die Möglichkeit, den Nießbrauch lediglich an den nach § 717 S. 2 BGB übertragbaren Ansprüchen (Gewinnanteil, Auseinandersetzungsguthaben) zu bestellen (sog. **Ertragsnießbrauch**). Problematisch hieran ist die Pflicht zum Wertersatz nach Nießbrauchsende (§§ 1067 Abs. 1, 1075 Abs. 2 BGB).[248] Da eine treuhänderische Vollrechtsübertragung häufig nicht gewünscht und der bloße Ertragsnießbrauch mit Ungewissheiten behaftet ist, wird die Bestellung eines Nießbrauchs am Gesellschaftsanteil selbst in der Regel vorzugswürdig sein. Der Nießbrauch an einer Gesellschaftsbeteiligung wird vielfach dazu genutzt, die **Ertrag- sowie** die **Erbschaftsteuer** durch Zuweisung der Gewinne bzw. schrittweise Anteilsübertragung **möglichst gering zu halten.**[249]

85 *aa) Zulässigkeit und Entstehungsvoraussetzungen des Nießbrauchs.* Mittlerweile dürfte weitgehend anerkannt sein, dass keine durchgreifenden Bedenken gegen die generelle Zulässigkeit der Nießbrauchsbestellung an einem Gesellschaftsanteil bestehen. Früher wurde dies unter Verweis auf das gesellschaftsrechtliche Abspaltungsverbot des § 719 BGB in Frage gestellt.[250] Zu beachten ist allerdings stets, dass das Gesellschaftsrecht gegenüber dem Sachenrecht hinsichtlich des Inhalts der dem Nießbraucher zuzuweisenden Rechtsstellung vorrangig ist. Dies hat u. a. zur Folge, dass die Nießbrauchsbestellung als dingliche Belastung der Mitgliedschaft deren generelle Übertragbarkeit oder eine Übertragbarkeit aufgrund allgemein oder ad hoc erteilter Zustimmung der übrigen Gesellschafter voraussetzt (vgl. auch § 1069 Abs. 2 BGB, §§ 717, 719 BGB i. V. m. §§ 105 Abs. 3, 161 Abs. 2 HGB).[251] Aufgrund des bestehenden Spannungsverhältnisses zwischen Sachenrecht und Gesellschaftsrecht bestehen aber zahlreiche (teilweise noch ungeklärte) Fragen hinsichtlich der Abgrenzung der Rechte und Pflichten von Nießbrauchsbesteller und Nießbraucher.

86 Gem. § 1069 Abs. 1 BGB erfolgt die Bestellung des Nießbrauchs nach den für die Übertragung des Gesellschaftsanteils geltenden Vorschriften, da es sich um eine Teilabtretung der Befugnisse des Rechtsinhabers handelt.[252] Die Einräumung des Nießbrauchs setzt somit eine formlose **Einigung** zwischen Besteller und Nießbraucher voraus (§§ 398, 413 BGB). Zudem muss die Nießbrauchsbestellung **im Gesellschaftsvertrag gestattet** sein oder müssen die **Mitgesellschafter ad hoc zustimmen.** Ob eine gesellschaftsvertraglich niedergelegte Übertragbarkeit der Mitgliedschaft stets auch die Nießbrauchsbestellung umfasst, ist umstritten. Insoweit dürfte es maßgeblich darauf ankommen, inwieweit dem Nießbraucher die Ausübung der Mit-

[246] Vgl. zur Abgrenzung MünchKommHGB/*K. Schmidt* Vor § 230 Rdnr. 10–12.

[247] Hierzu ausführlich Staudinger/*Frank* Anh. zu §§ 1068, 1069 Rdnr. 54 ff.

[248] Näher zum Ertragsnießbrauch Staudinger/*Frank* Anh. zu §§ 1068, 1069 Rdnr. 64 ff., auch zur Frage, ob der Nießbrauch an einem Gewinnstammrecht des Gesellschafters bestellt werden kann.

[249] Vgl. ausführlich zu den steuerlichen Aspekten der Nießbrauchsbestellung MünchHdbGesR I/*Hohaus* § 66 Rdnr. 38 ff.

[250] Vgl. *K. Schmidt* Gesellschaftsrecht § 19 III 4 b m. w. N.

[251] Vgl. Staudinger/*Frank* Anh. zu §§ 1068, 1069 Rdnr. 49, 57 ff. m. zahlr. w. N.

[252] MünchHdbGesR I/*Hohaus* § 66 Rdnr. 14.

gliedschaftsrechte gestattet ist.[253] In der Praxis dürfte es stets ratsam sein, auf eine klare gesellschaftsvertragliche Regelung bzw. ggf. auf einen ad hoc zu fassenden Zustimmungsbeschluss Wert zu legen. Wird der Nießbrauch an dem Geschäftsanteil eines Minderjährigen bestellt, bedarf dies gem. § 1822 Nr. 3 BGB der familiengerichtlichen Genehmigung.[254]

bb) Rechtsfolgen des Nießbrauchs. (1) Vermögensbezogene Rechte. Als dinglich wirkende Belastung des Gesellschaftsanteils erstreckt sich der Nießbrauch auf alle bei der Gesellschaft geführten Gesellschafterkonten. Demjenigen, dem ein Nießbrauch am Gesellschaftsanteil zusteht, gebührt der **gesamte entnahmefähige Gewinnanteil** des Bestellers (mit Ausnahme der Geschäftsführervergütung).[255] Hingegen handelt es sich bei dem vollen bilanzmäßigen Gewinn nicht um die dem Nießbraucher gebührenden Früchte der Beteiligung, welche diese bestimmungsgemäß gewährt (§ 90 Abs. 2 BGB).[256] Mit der herrschenden Meinung ist dem Nießbraucher kein gewinnunabhängiges Entnahmerecht gem. § 122 Abs. 1 HS 1 HGB zuzugestehen. Vielmehr kommt ihm dieses nur insoweit zugute, als es vom Gewinn gedeckt ist.[257] Wird die Gesellschaft aufgelöst und das Gesellschaftsvermögen auseinandergesetzt oder scheidet der Gesellschafter gegen Abfindung aus der Gesellschaft aus, fällt das Auseinandersetzungsguthaben bzw. die Abfindung nicht an den Nießbraucher, sondern an den Besteller, da es sich nicht um einen Ertrag der Beteiligung, sondern in der Sache um die Beteiligungssubstanz handelt. Grundsätzlich setzt sich der Nießbrauch allerdings am Auseinandersetzungsguthaben als Surrogat der Beteiligung fort.[258] 87

(2) Nicht vermögensbezogene Rechte. Das Spannungsverhältnis zwischen Sachenrecht und Gesellschaftsrecht (§§ 717, 719 BGB) kommt insbesondere im Hinblick auf die **Aufteilung der Mitverwaltungsrechte** zwischen Nießbraucher und Besteller zum Ausdruck. Was das **Stimmrecht** angeht, so steht dieses jedenfalls insoweit dem Nießbrauchsbesteller zu, als Grundlagenbeschlüsse gefasst werden oder der Kernbereich der Mitgliedschaft betroffen ist. Im Hinblick auf laufende Angelegenheiten wird dem Nießbraucher teilweise ein eigenes ausschließliches Stimmrecht zugestanden.[259] Nach anderer Ansicht soll die Stimmrechtsausübung nur gemeinschaftlich möglich sein.[260] Die herrschende Auffassung lehnt eine Aufspaltung des Stimmrechts hingegen ab und weist es auch im Hinblick auf laufende Angelegenheiten dem Gesellschafter zu.[261] Angesichts der insoweit bestehenden Rechtsunsicherheit erscheint eine vertragliche Regelung über die Beteiligung des Nießbrauchers am Stimmrecht ratsam, beispielsweise in Gestalt einer Stimmrechtsvollmacht für den Nießbraucher oder einer Ermächtigung zur Stimmrechtsausübung. Ferner sollte geregelt werden, in welchen Angelegenheiten der Nießbraucher von diesem Recht (ggf. nach Rücksprache bzw. im Einvernehmen mit dem Nießbrauchsbesteller) Gebrauch machen darf.[262] 88

Formulierungsvorschlag: Vorbehaltsnießbrauch an einem Kommanditanteil bei schenkweiser Anteilsübertragung[263]

Im Zuge der Anteilsübertragung behält sich der Veräußerer den Nießbrauch an dem übertragenen Kommanditanteil ([...] Euro = [...] % am Festkapital) vor (Vorbehaltsnießbrauch). Der Anteilsinhaber soll trotz des vorbehaltenen Nießbrauchs Mitunternehmer insbesondere im steuerlichen Sinn sein. Für den Nießbrauch wird daher Folgendes vereinbart:

---

[253] Vgl. Staudinger/*Frank* Anh. zu §§ 1068, 1069 Rdnr. 63 m. w. N. zum Streitstand.

[254] Näher MünchHdbGesR I/*Hohaus* § 66 Rdnr. 17.

[255] BGH NJW 1972, 1755; BFH NJW 1995, 1918, 1919; MünchKommBGB/*Pohlmann* § 1068 Rdnr. 50 m. w. N.

[256] Staudinger/*Frank* Anh. zu §§ 1068, 1069 Rdnr. 79 m. w. N. auch zur Gegenansicht.

[257] MünchKommBGB/*Pohlmann* § 1068 Rdnr. 61; Staudinger/*Frank* Anh. zu §§ 1068, 1069 Rdnr. 85, jew. m. w. N.

[258] MünchHdbGesR I/*Hohaus* § 66 Rdnr. 23 m. w. N.

[259] So BFH BStBl. 1995 II, 241.

[260] *Schön* ZHR 158 (1994), 229, 262.

[261] MünchKommHGB/*K. Schmidt* Vor § 230 Rdnr. 21; MünchKommBGB/*Pohlmann* § 1068 Rdnr. 68 ff.; Staudinger/*Frank* Anh. zu §§ 1068, 1069 Rdnr. 72.

[262] Zu den übrigen Mitverwaltungsrechten vgl. MünchHdbGesR I/*Hohaus* § 66 Rdnr. 30 ff.

[263] Formulierungsvorschlag nach *Frank* MittBayNot 2010, 96, 103 f.

1. Der Nießbrauch besteht an der gesamten übertragenen Beteiligung einschließlich aller Gesellschafterkonten, im Fall einer Erhöhung der Festkapitalanteile der Gesellschafter aus Gesellschaftsmitteln – nicht jedoch aufgrund von Einlagen – auch an dem erhöhten Anteil. Im Fall der Auflösung der Gesellschaft oder des Ausscheidens des Gesellschafters erstreckt sich der Nießbrauch auf das Auseinandersetzungsguthaben (d. h. dessen Erträge).
2. Dem Nießbraucher steht der nach Gesetz, Gesellschaftsvertrag, festgestelltem Jahresabschluss und etwaigen Gesellschafterbeschlüssen entnahmefähige Gewinnanteil des nießbrauchsbelasteten Anteils zu. Dem Nießbraucher stehen ferner die entnahmefähigen Guthabenszinsen aus Gesellschafterkonten zu. Beruht ein Gewinn auf der Veräußerung von Anlagevermögen, gebührt der hierauf entfallende Gewinnanteil einschließlich des Entnahmerechts dem Anteilsinhaber. Der Nießbraucher ist nicht verpflichtet, die Steuermehrbelastung aus dem Gewinnanteil zu tragen, der vom Anteilsinhaber zu versteuern ist, es sei denn, dieser kann zu einem späteren Zeitpunkt vom Nießbraucher entnommen werden. Eine Verlustausgleichs- oder Wertersatzpflicht des Nießbrauchers bei Nießbrauchsende besteht nicht.
3. Die Stimm- und Mitverwaltungsrechte in der Gesellschaft stehen trotz des Nießbrauchs nach außen hin allein dem Anteilsinhaber zu, welcher diese jedoch nur unter Beachtung der berechtigten Interessen des Nießbrauchers und den nachstehenden Beschränkungen ausüben darf.
   a) Der Anteilsinhaber bevollmächtigt den Nießbraucher, das Stimmrecht in folgenden Angelegenheiten selbst auszuüben:
      - Beschlüsse zur laufenden Geschäftsführung;
      - Beschlüsse über die Gewinnverwendung;
      - Ausübung von Kontroll- und Informationsrechten zur laufenden Geschäftsführung und zum Gewinn.

   Soweit der Nießbraucher hiervon keinen Gebrauch macht, darf der Anteilsinhaber das Stimmrecht in diesen Angelegenheiten nur mit Zustimmung des Nießbrauchers ausüben.
   b) In folgenden Fällen darf der Anteilsinhaber jedoch sein Stimmrecht ohne Zustimmung des Nießbrauchers ausüben und der Nießbraucher darf ein ihm ggf. trotz der vorstehenden Regelungen zustehendes eigenes Stimmrecht nur mit Zustimmung des Anteilsinhabers ausüben:
      - Beschlüsse zur Verfügung über Gegenstände des Anlagevermögens;
      - Beschlüsse über die Verwendung von außerordentlichen Erträgen (z. B. Gewinnen aus der Veräußerung von Anlagevermögen) oder über die Auflösung von Gewinnrücklagen zur Ausschüttung an die Gesellschafter sowie über die Ausschüttung von mehr als [......]% des Jahresgewinns zusätzlich zu den auf den Gewinnanteil des Nießbrauchers entfallenden Steuern.
   c) In folgenden Angelegenheiten entscheiden Anteilsinhaber und Nießbraucher einvernehmlich über die Ausübung des Stimmrechts unabhängig davon, wem das Stimmrecht im Verhältnis zur Gesellschaft zusteht:
      - Entnahmen, die zum Wiederaufleben der Haftung des Anteilsinhabers führen;
      - Änderungen des Gesellschaftsvertrages mit nachteiliger Auswirkung auf den Nießbrauch, insbesondere hinsichtlich Gewinnverteilung und Entnahmebefugnisse;
      - Auflösung, Kündigung, Fortsetzung oder Umwandlung der Gesellschaft;
      - Veräußerung der Beteiligung.
4. Nießbraucher und Anteilsinhaber sind einander jederzeit zur umfassenden Information über die Angelegenheiten der Gesellschaft verpflichtet. Der Nießbraucher ist zur Teilnahme an allen Gesellschafterversammlungen berechtigt.

89 *(3) Verfügung über den belasteten Geschäftsanteil.* Von einer Übertragung des gesamten Gesellschaftsanteils bleibt der Nießbrauch unberührt. Ein gutgläubiger lastenfreier Erwerb des Geschäftsanteils ist gesetzlich nicht vorgesehen. Dies gilt unabhängig von der umstrittenen Frage der Eintragungsfähigkeit des Nießbrauchs im Handelsregister (hierzu unten Rdnr. 92).[264] Nach zutreffender Auffassung ist gem. § 1071 BGB die Aufhebung bzw. Änderung des nießbrauchsbelasteten Gesellschaftsanteils nur mit Zustimmung des Nießbrauchers zulässig. Andernfalls ist das Rechtsgeschäft absolut unwirksam. Auch wenn ansonsten Verfügungen i. S. v. § 1071 BGB ohne Zustimmung des Nießbrauchers lediglich zur relativen

[264] Vgl. Staudinger/*Frank* Anh. zu §§ 1068, 1069 Rdnr. 68.

Unwirksamkeit gegenüber diesem führen,[265] ist hier aufgrund der Komplexität der gesellschaftsrechtlichen Verhältnisse die absolute Unwirksamkeit der Maßnahme anzunehmen.[266]

cc) Zusammentreffen von belastetem und unbelastetem Geschäftsanteil. Erwirbt ein Gesellschafter einen nießbrauchsbelasteten Gesellschaftsanteil hinzu, ist heftig umstritten, ob der Nießbrauch aufgrund des Grundsatzes der Einheitlichkeit der Mitgliedschaft (vgl. oben Rdnr. 11) erlischt und lediglich im Innenverhältnis weiterhin Wirkungen entfaltet, als Quotennießbrauch fortbesteht oder in diesem Fall eine Ausnahme von der Einheitlichkeit der Mitgliedschaft anzuerkennen ist. Nur durch die letztgenannte Lösung werden die Rechte von Nießbraucher und Gesellschafter angemessen gewahrt, sodass ein Nebeneinander von einem nießbrauchsbelasteten und einem unbelasteten Gesellschaftsanteil (ebenso wie bei zwei Gesellschaftsanteilen in der Hand einer Person, von denen lediglich einer der Testamentsvollstreckung unterliegt) zugelassen werden sollte.[267] 90

dd) Außenwirkung des Nießbrauchs. Was die Außenwirkung des Nießbrauchs angeht, so besteht Einvernehmen, dass dem Nießbraucher **keine organschaftliche Vertretungsbefugnis** nach § 125 HGB zusteht. Ebenso wenig wird die **Haftung des Bestellers** nach §§ 128 bzw. 171, 172 HGB für während des Nießbrauchs begründete Verbindlichkeiten der Gesellschaft berührt.[268] Eine **Haftung des Nießbrauchers** gegenüber Dritten kommt aber dann in Betracht, wenn man dem Nießbraucher relevante Mitverwaltungsrechte neben dem Gesellschafter zugestehen möchte (Gleichlauf von Haftung und Mitverwaltungsrechten, str.).[269] Verfügt der Nießbraucher, wie bei der reinen Ertragsbeteiligung, über keine Mitverwaltungsrechte, sollte eine Haftung ausscheiden. 91

ee) Eintragung des Nießbrauchs in das Handelsregister. Ebenfalls noch nicht abschließend geklärt ist, ob die Bestellung eines Nießbrauchs an einem Gesellschaftsanteil zur Eintragung in das Handelsregister anzumelden ist. Die herrschende Meinung lehnt dies ab.[270] Diese Auffassung ist dann folgerichtig, wenn man eine Außenhaftung des Nießbrauchers generell verneint. Sofern dem Nießbraucher allerdings relevante Mitverwaltungsrechte übertragen werden, ist richtigerweise eine persönliche Haftung im Außenverhältnis zu bejahen, sodass aus Publizitätsgründen und mit Blick auf die in § 22 Abs. 2 HGB zum Ausdruck kommende gesetzliche Wertung der Nießbrauch zur Eintragung in das Handelsregister anzumelden ist.[271] 92

Praxishinweis:

Wird ein Nießbrauch an einem Kommanditanteil bestellt, ist dessen Anmeldung zur Eintragung in das Handelsregister stets empfehlenswert, um dem Nießbraucher für den Fall der Außenhaftung das Haftungsprivileg der §§ 171, 172 HGB zu verschaffen.[272]

b) Verpfändung. An einem Gesellschaftsanteil kann zur Sicherung einer Forderung ein Pfandrecht bestellt werden, welches den Gläubiger berechtigt, sich durch Verwertung des Pfandes aus dem Erlös zu befriedigen (§§ 1273 Abs. 1, 1204 BGB). Bei dem Pfandrecht handelt es sich um ein vom Bestand der gesicherten Forderung abhängiges Sicherungsrecht (**Akzessorietät**). Während das Pfandrecht an beweglichen Sachen mittlerweile durch die 93

[265] Palandt/*Bassenge* § 1071 Rdnr. 1.

[266] So Staudinger/*Frank* Anh. zu §§ 1068, 1069 Rdnr. 76 m. w. N. auch zu den Gegenansichten (relative Unwirksamkeit bzw. lediglich Schadensersatzansprüche des Nießbrauchers).

[267] Ebenso Staudinger/*Frank* Anh. zu §§ 1068, 1069 Rdnr. 70 m. w. N. zum Streitstand.

[268] H. M., vgl. MünchKommBGB/*Ulmer* § 705 Rdnr. 84 a; *K. Schmidt* Gesellschaftsrecht § 61 II 3.

[269] Vgl. *Lindemeier* DNotZ 1999, 876, 894 f.; Staudinger/*Frank* Anh. zu §§ 1068, 1069 Rdnr. 91 m. w. N.; a. A. h. L. (keine Außenhaftung des Nießbrauchers), vgl. nur Baumbach/*Hopt* HGB § 105 Rdnr. 44; MünchKommHGB/*K. Schmidt* Vor § 230 Rdnr. 24 m. w. N.; a. A. (gleichrangige Haftung) MünchKommBGB/*Ulmer* § 705 Rdnr. 106.

[270] MünchKommHGB/*K. Schmidt* Vor § 230 Rdnr. 16; *Krafka/Willer/Kühn* Registerrecht Rdnr. 770, jew. m. w. N.

[271] Vgl. LG Köln RNotZ 2001, 170; Staub/*Ulmer* HGB § 139 Rdnr. 95; MünchKommBGB/*Pohlmann* § 1068 Rdnr. 85; MünchHdbGesR I/*Hohaus* § 66 Rdnr. 16; Staudinger/*Frank* Anh. zu §§ 1068, 1069 Rdnr. 92.

[272] Gutachten DNotI-Report 1999, 194, 195.

Sicherungsübereignung als bevorzugtes Mittel der Kreditsicherheit verdrängt wurde, wird die Verpfändung eines Gesellschaftsanteils nach wie vor der sicherungsweisen Anteilsübertragung vorgezogen. Auf diese Weise wird eine Außenhaftung des Darlehensgebers und Sicherungsnehmers ausgeschlossen und zudem verhindert, dass dieser als (lediglich treuhänderisch gebundener) Vollrechtsinhaber seine Gläubigerinteressen zulasten der Gesellschaftsinteressen durchsetzt.[273]

94 Ebenso wie die Nießbrauchsbestellung erfolgt die Verpfändung eines Gesellschaftsanteils nach den für die Übertragung des Rechts geltenden Vorschriften (§ 1274 Abs. 1 S. 1 BGB). Folglich bedarf es einer Einigung zwischen Gesellschafter und Pfandgläubiger (§§ 398, 413 BGB). Ferner muss der Gesellschaftsanteil übertragbar sein (§ 1274 Abs. 2 BGB), wobei auch hier streitig ist, ob die generelle Gestattung der Übertragbarkeit im Gesellschaftsvertrag genügt oder eine Gestattung konkret der Verpfändung erforderlich ist (vgl. zum Parallelproblem beim Nießbrauch oben Rdnr. 86). Da es sich beim Gesellschaftsanteil nicht um eine Forderung handelt, ist eine Anzeige nach § 1280 BGB entbehrlich.[274] **Vor Eintritt der Pfandreife** stehen dem Pfandgläubiger grundsätzlich keine Mitverwaltungsrechte aus der Mitgliedschaft zu. § 1258 Abs. 1 BGB findet auf den Anteil an Personenhandelsgesellschaften keine Anwendung. Folglich stellt sich die Stellung des Pfandgläubigers vor Eintritt der Verwertungsreife als schwach dar, zumal kein Schutz vor Beeinträchtigungen der Mitgliedschaft infolge von Gesellschafterbeschlüssen besteht (Unanwendbarkeit von § 1276 BGB).[275] In aller Regel werden aber die primären Verwertungsgegenstände, die Gewinnansprüche und das Auseinandersetzungsguthaben, zusammen mit dem Gesellschaftsanteil verpfändet. Diese sind auch schon vor Verwertungsreife vor Verfügungen des Gesellschafters ohne Zustimmung des Pfandgläubigers geschützt (u. a. §§ 1276, 1281 BGB), so dass es auf die Frage nicht ankommt, ob sich das Pfandrecht am Gesellschaftsanteil auf Einzelansprüche des Gesellschafters erstreckt und wenn ja, auch welche.[276] **Nach Eintritt der Verwertungsreife** kann der Pfandgläubiger gem. § 1277 BGB Befriedigung nur aufgrund eines vollstreckbaren Titels nach den für die Zwangsvollstreckung geltenden Vorschriften suchen, wenn nichts anderes vereinbart ist. Somit ist zunächst der Gesellschaftsanteil zu pfänden und sodann durch Überweisung des Anteils zur Einziehung oder an Zahlungs statt zu verwerten (§ 859 Abs. 1 S. 1 ZPO i. V. m. §§ 105 Abs. 3, 161 Abs. 2 HGB, §§ 829 Abs. 1 und 835 Abs. 1 i. V. m. § 857 Abs. 1 ZPO).[277]

V. Rechtsbeziehungen zu Dritten

1. oHG und KG als Rechtsträgerin

95 Entgegen der gesetzlichen Überschrift vor §§ 123 ff. HGB sind im Außenverhältnis nicht die Gesellschafter von oHG oder KG die Träger von Rechten und Pflichten, sondern die Gesellschaft selbst (vgl. § 124 Abs. 1 HGB). Die **Rechtsfähigkeit** der Personenhandelsgesellschaft kommt ferner darin zum Ausdruck, dass sie im Grundbuch unter ihrer Firma als Berechtigte eingetragen werden kann,[278] über ihr Vermögen ein selbstständiges Insolvenzverfahren stattfindet (§ 11 Abs. 2 Nr. 1 InsO) und die Zwangsvollstreckung in das Gesellschaftsvermögen einen Titel gegen die Gesellschaft erfordert (§ 124 Abs. 2 HGB).[279]

[273] Vgl. MünchHdbGesR I/*Hohaus* § 66 Rdnr. 62.

[274] MünchKommBGB/*Damrau* § 1274 Rdnr. 70 m. w. N.

[275] Vgl. Staudinger/*Wiegand* § 1276 Rdnr. 10; MünchHdbGesR I/*Hohaus* § 66 Rdnr. 64 f., jeweils m. w. N. auch zur Gegenansicht (zum Parallelfall der Verpfändung eines GmbH-Geschäftsanteils).

[276] Vgl. *K. Schmidt* Gesellschaftsrecht § 45 IV 1; MünchHdbGesR I/*Hohaus* § 66 Rdnr. 65.

[277] Näher MünchHdbGesR I/*Hohaus* § 66 Rdnr. 67 ff.

[278] Anders als bei der GbR besteht bei den Personenhandelsgesellschaften kein Erfordernis der Eintragung aller Gesellschafter (vgl. § 47 Abs. 2 GBO).

[279] MünchHdbGesR I/*Neubauer* § 67 Rdnr. 1. Die Rechtsfähigkeit von oHG und KG wird auch durch §§ 14, 1059 a Abs. 2, 1061, 1092 Abs. 2 BGB dokumentiert. Im Hinblick auf Nießbrauch und beschränkte persönliche Dienstbarkeit werden die Personenhandelsgesellschaften wie juristische Personen behandelt, sodass diese Rechte nicht mit dem Tode der Gesellschafter, sondern erst mit der Vollbeendigung der Gesellschaft erlöschen (§§ 1061 S. 2, 1090 Abs. 2 BGB).

Gleichwohl handelt es sich bei den Personenhandelsgesellschaften nicht um juristische Personen. Die wesentlichen Strukturunterschiede liegen in der beschränkten bzw. unbeschränkten Haftung der Gesellschafter für Gesellschaftsverbindlichkeiten, im (fehlenden) Zugriff der Gläubiger des jeweiligen Gesellschafters auf den Kapitalwert des jeweiligen Gesellschaftsanteils (vgl. § 135 HGB) sowie im Grad der Verselbstständigung der Gesellschaft gegenüber ihren Mitgliedern.[280] In steuerlicher Hinsicht sind die Personenhandelsgesellschaften – anders als die Kapitalgesellschaften als juristische Personen – Steuersubjekt nur für Gewerbesteuer, Umsatzsteuer, Grundsteuer sowie Verkehrs- und Verbrauchsteuern, nicht aber für Einkommen- und Körperschaftsteuer.

Die Personenhandelsgesellschaften können gem. § 124 Abs. 1 HGB Inhaber von Rechten 96
aller Art sein. Insbesondere steht ihnen die Möglichkeit offen, Gesellschafter anderer Personen- und Kapitalgesellschaften zu werden (vgl. §§ 130a Abs. 1 S. 1, 172 Abs. 6 S. 2 HGB). OHG und KG können somit Gesellschafter einer GbR, einer anderen oHG oder KG, einer GmbH oder AG sein. Ebenso kann eine Personenhandelsgesellschaft rechtsgeschäftliche Verbindlichkeiten eingehen (§§ 124 Abs. 1, 125ff. HGB) sowie aufgrund gesetzlicher Anspruchsgrundlagen in Anspruch genommen werden (deliktische Haftung analog § 31 BGB).[281]

2. Außenhaftung der Gesellschafter

a) **Persönlich haftender Gesellschafter/Komplementär.** Nach § 128 S. 1 HGB haftet jeder 97
Gesellschafter der oHG sowie der Komplementär der KG für Verbindlichkeiten der Gesellschaft **persönlich** mit seinem gesamten Vermögen und gesamtschuldnerisch mit den anderen Gesellschaftern.[282] Die Gläubiger der Gesellschaft können **unmittelbar** auf jeden persönlich haftenden Gesellschafter zugreifen (keine bloße Innenhaftung) und können nicht auf eine vorrangige Geltendmachung des Anspruchs gegenüber der Gesellschaft verwiesen werden (**primäre** Haftung). Jeder persönlich haftende Gesellschafter kann in Höhe der gesamten Gesellschaftsverbindlichkeit in Anspruch genommen werden. Seine Haftung ist – anders als die des Kommanditisten – **weder gegenständlich noch summenmäßig beschränkt** und auch **nicht beschränkbar** (§ 128 S. 2 HGB). Die gesamtschuldnerische Haftung mehrerer Gesellschafter hat zur Folge, dass ein Erlassvertrag oder Vergleich zwischen dem Gesellschaftsgläubiger und einem Gesellschafter nur dann den gewünschten wirtschaftlichen Erfolg zeitigt, wenn gleichzeitig ein Rückgriff der übrigen Gesellschafter ausgeschlossen wird, was regelmäßig voraussetzt, dass diese ebenfalls in Höhe des internen Haftungsanteils des am Erlassvertrags oder Vergleichs beteiligten Gesellschafters befreit werden.[283] Neben der **akzessorischen** (hierzu sogleich Rdnr. 99) Haftung des persönlich haftenden Gesellschafters kommt ferner eine Eigenhaftung aufgrund Verschuldens bei Vertragsschluss oder unerlaubter Handlung sowie dann in Betracht, wenn ein Gesellschafter für Gesellschaftsschulden bürgt.

aa) Haftungsvoraussetzungen. Die Haftung nach § 128 HGB setzt das Bestehen einer Per- 98
sonenhandelsgesellschaft zum Zeitpunkt der Begründung der Verbindlichkeit sowie ferner voraus, dass der Gesellschafter in diesem Zeitpunkt der Gesellschaft angehörte oder ihr später beigetreten ist (**Eintretendenhaftung**, vgl. § 130 Abs. 1 HGB). Altverbindlichkeiten eines Einzelkaufmanns, dessen Geschäftsbetrieb durch Beitritt eines Gesellschafters zur oHG wird, lösen grundsätzlich ebenfalls die persönliche Gesellschafterhaftung aus (vgl. § 28 Abs. 1 S. 1 HGB).[284] Aufgrund der Publizitätswirkung des Handelsregisters hat ein aus-

[280] U. a. Zulässigkeit bzw. Unzulässigkeit einer Einmanngesellschaft sowie von Mehrmitgliedschaftsrechten, Anwachsung im Falle des Ausscheidens eines Gesellschafters (§ 738 BGB). Vgl. *K. Schmidt* Gesellschaftsrecht § 8 IV.

[281] BGH NJW 1952, 537f.; Palandt/*Ellenberger* § 31 Rdnr. 3.

[282] Wird die gesamtschuldnerische Haftung vertraglich durch eine teilschuldnerische Haftung der Gesellschafter für Gesellschaftsverbindlichkeiten ersetzt, bleibt die Akzessorietät der Haftung unberührt (KG Urt. v. 22. 12. 2010 – Az.: 26 U 232/09, NZG 2011, 102).

[283] Vgl. MünchHdbGesR I/*Neubauer/Herchen* § 68 Rdnr. 9ff.

[284] MünchKommHGB/*K. Schmidt* § 128 Rdnr. 8. Vgl. aber die Möglichkeit einer abweichenden Vereinbarung gem. § 28 Abs. 2 HGB.

scheidender Gesellschafter für nach seinem Ausscheiden begründete Verbindlichkeiten einzustehen, sofern diese innerhalb von 15 Tagen nach der Bekanntmachung seines Ausscheidens begründet wurden und der Gläubiger im Hinblick auf die Gesellschaftereigenschaft gutgläubig war (§ 15 Abs. 1, Abs. 2 S. 2 HGB). Ferner muss es sich bei der Forderung um eine **Gesellschaftsverbindlichkeit** handeln (vgl. Rdnr. 99). Ein Ausschluss der akzessorischen Gesellschafterhaftung ist nur durch unmittelbare Vereinbarung mit dem betreffenden Gläubiger möglich (vgl. § 128 S. 2 HGB, zu den Folgen einer rein internen Vereinbarung siehe Rdnr. 101). Nach dem Ausscheiden haftet der frühere Gesellschafter weiterhin für die bis zu seinem Ausscheiden begründeten Verbindlichkeiten. Allerdings kommt ihm hier die **fünfjährige Ausschlussfrist des § 160 HGB** zugute.

99 *bb) Akzessorietät der Haftung.* Zwischen Gesellschaft und persönlich haftenden Gesellschaftern besteht keine Gesamtschuldnerschaft. Vielmehr ist die Gesellschafterhaftung nach § 128 HGB akzessorisch zur Gesellschaftsschuld. Ein Erlass gegenüber der Gesellschaft unter Aufrechterhaltung der Gesellschafterhaftung ist somit nicht möglich.[285] Ebenso stehen dem Gesellschafter sämtliche Einwendungen der Gesellschaft gegenüber dem Gläubiger zur Verfügung (§ 129 Abs. 1–3 HGB).[286] Leistungsstörungen im Verhältnis Gesellschaft-Gesellschaftsgläubiger betreffen unmittelbar den Inhalt der Gesellschafterhaftung.[287] Der Akzessorietätsgrundsatz wird lediglich im Hinblick auf die Haftung des ausgeschiedenen Gesellschafters aufgrund der dort anders gelagerten Interessenlage durchbrochen.[288] Haftungsauslösende Gesellschaftsverbindlichkeiten können aus Vertrag oder Gesetz resultieren. Auch öffentlich-rechtliche Verbindlichkeiten werden erfasst (z. B. Steuerschulden),[289] nicht hingegen Sozialansprüche von Mitgesellschaftern gegen die Gesellschaft. Etwas anderes gilt jedoch für Forderungen eines Gesellschafters gegen die Gesellschaft, die nicht im Gesellschaftsverhältnis begründet sind (Drittgläubigerforderungen, näher hierzu Rdnr. 102).

100 *cc) Inhalt der Gesellschafterhaftung.* Noch nicht abschließend geklärt ist, ob der Gesellschaftsgläubiger den Gesellschafter nach § 128 HGB in derselben Weise wie die Gesellschaft in Anspruch nehmen darf (sog. **Erfüllungstheorie**) oder ob er stets auf einen Zahlungsanspruch verwiesen ist (sog. **Haftungstheorie**). Hierbei sind nach der Rechtsprechung der Zweck der Gesellschafterhaftung sowie das Sicherungsinteresse des Gläubigers und die zu berücksichtigenden schutzwürdigen Interessen des Gesellschafters gegeneinander abzuwägen. Sofern der Gesellschafter sich im Innenverhältnis zur Erbringung einer entsprechenden Leistung verpflichtet hat, steht einer Erfüllungshaftung auch im Außenverhältnis regelmäßig nichts entgegen.[290] Im Übrigen gilt: Ist dem Gesellschafter die Erfüllung in natura möglich, ist er hierzu grundsätzlich auch verpflichtet, es sei denn, die Naturalleistung ist ihm im konkreten Fall unzumutbar.[291]

101 *dd) Abweichende Vereinbarungen (Innen-, Außenverhältnis).* Die persönliche, unbeschränkte, unmittelbare und primäre Haftung des Gesellschafters für die gesamte Verbindlichkeit kann nicht durch Vereinbarung zwischen den Gesellschaftern abbedungen werden (§ 128 S. 2 HGB). Eine derartige Vereinbarung kann sich lediglich auf das Innenverhältnis beziehen und damit etwaige Regressansprüche abweichend von der gesetzlichen Regelung ausgestalten (abstrakt-generell oder im Einzelfall). Bedeutsam ist dies v. a. bei Ausscheiden eines Gesellschafters aufgrund dessen fortbestehender Haftung für Altverbindlichkeiten. Wurden Letztere bereits bei der Berechnung seiner Abfindung berücksichtigt, ist die Vereinbarung eines Freistellungsanspruchs regelmäßig angezeigt.[292] Im Außenverhältnis, d. h.

[285] BGHZ 47, 376.

[286] Ausführlich zu den Einwendungen des Gesellschafters gegen seine Inanspruchnahme vgl. MünchHdb-GesR I/*Neubauer/Herchen* § 68 Rdnr. 28 ff.

[287] Vgl. MünchHdbGesR I/*Neubauer/Herchen* § 68 Rdnr. 6 m. w. N.

[288] Vgl. u. a. BGHZ 36, 224, 227; Baumbach/*Hopt* HGB § 128 Rdnr. 36.

[289] Die zivilrechtliche Haftung nach § 128 HGB verleiht allerdings der Verwaltung nicht die Befugnis, unmittelbar einen Leistungsbescheid gegen den Gesellschafter zu erlassen (vgl. OVG Frankfurt/Oder NZG 1998, 850).

[290] Ebenso MünchHdbGesR I/*Neubauer/Herchen* § 68 Rdnr. 17 ff. mit Beispielen.

[291] Vgl. BGH BB 1987, 1201; BGHZ 73, 217, 221 f. = NJW 1979, 1361.

[292] MünchHdbGesR I/*Neubauer/Herchen* § 68 Rdnr. 25.

durch Vereinbarung zwischen Gesellschaft bzw. Gesellschafter und Gesellschaftsgläubiger, kann hingegen ohne Weiteres eine von der gesetzlichen Regelung abweichende Vereinbarung getroffen werden. Ein stillschweigender Verzicht auf die Gesellschafterhaftung im Wege eines Erlassvertrages nach § 397 BGB wird aber nur ausnahmsweise anzunehmen sein.[293]

ee) Sozialansprüche vs. Drittgläubigeransprüche. Wie bereits erwähnt, erstreckt sich die persönliche Gesellschafterhaftung nach § 128 HGB nicht auf **Sozialansprüche** der Mitgesellschafter gegenüber der Gesellschaft, da dies andernfalls einer Nachschusspflicht entgegen § 707 BGB gleichkäme. Die Abtretung eines Sozialanspruchs (u.a. Anspruch auf Geschäftsführervergütung oder Gewinnauszahlung) an einen Dritten ändert hieran nichts.[294] Demgegenüber kann derjenige Gesellschafter, dem ein Erstattungsanspruch nach § 110 HGB gegen die Gesellschaft zusteht, die anderen Gesellschafter im Rahmen des Gesamtschuldnerausgleichs in Anspruch nehmen, wenn die Gesellschaft auf Aufforderung nicht zahlt.[295] Ist die Forderung eines Gesellschafters gegen die Gesellschaft hingegen nicht im Gesellschaftsverhältnis, sondern in einem hiervon unabhängigen Rechtsverhältnis (Kauf- oder Werkvertrag etc.) begründet, handelt es sich um einen von dem Sozialanspruch abzugrenzenden sog. **Drittgläubigeranspruch.** Derartige Ansprüche eines Mitgesellschafters unterfallen grundsätzlich dem Anwendungsbereich des § 128 HGB. Aufgrund der Treuepflicht des Gesellschafter-Gläubigers darf dieser allerdings seine Mitgesellschafter nur dann in Anspruch nehmen, wenn nicht zu erwarten ist, dass sein Anspruch aus dem Gesellschaftsvermögen erfüllt werden wird (Subsidiarität). Ferner ist vorab der im Innenverhältnis auf den Gesellschafter-Gläubiger entfallende Anteil in Abzug zu bringen, sodass eine Forderung in aller Regel nicht in voller Höhe geltend gemacht werden kann.[296] Mit Blick auf die in § 404 BGB enthaltene Wertung ändert sich an diesen Einschränkungen der Gesellschafterhaftung auch dann nichts, wenn der Gesellschafter-Gläubiger seine Drittforderung an einen Nichtgesellschafter abtritt (str.).[297] 102

b) **Kommanditist.** Bei der Kommanditgesellschaft ist die Haftung eines oder mehrerer Gesellschafter gegenüber den Gesellschaftsgläubigern gem. § 161 Abs. 1 HGB auf den Betrag einer bestimmten Vermögenseinlage beschränkt. Bis zur Höhe dieser Einlage haftet der Kommanditist den Gläubigern unmittelbar (§ 171 Abs. 1 HS 1 HGB).[298] Soweit die Einlage geleistet ist, kommt eine Außenhaftung des Kommanditisten jedoch nicht in Betracht (§ 171 Abs. 1 HS 2 HGB). Wie bereits angesprochen, ist bei der Einlage des Kommanditisten zwischen der im Innenverhältnis geschuldeten **Pflichteinlage** und der im Außenverhältnis maßgeblichen **Haftsumme** zu unterscheiden. Nach Eintragung in das Handelsregister ist für die Außenhaftung allein der in der Eintragung angegebene Betrag maßgeblich (§ 172 Abs. 1 HGB). Sofern und soweit der Kommanditist den Gesellschaftsgläubigern nach §§ 171, 172 HGB unmittelbar haftet, steht seine Haftung der eines persönlich haftenden Gesellschafters gleich (§§ 161 Abs. 2, 128, 129 HGB), d.h. er haftet unmittelbar, persönlich, mit seinem gesamten Vermögen und grundsätzlich auch primär für sämtliche Verbindlichkeiten der Kommanditgesellschaft (s. hierzu oben Rdnr. 97). Hierzu zählen auch diejenigen Verbindlichkeiten, die bereits vor seinem Eintritt begründet waren (Eintretendenhaftung, vgl. § 173 Abs. 1 HGB), sowie Drittforderungen von Gesellschafter-Gläubigern, Letztere aber mit den oben dargestellten Modifikationen (vgl. Rdnr. 102). Die Haftung des Kommanditisten erstreckt sich allerdings nicht auf Sozialansprüche von Mitgesellschaftern. Etwas anderes gilt 103

[293] Vgl. OLG München WM 2003, 1324, 1326 f.; Baumbach/*Hopt* HGB § 128 Rdnr. 38.

[294] Vgl. MünchHdbGesR I/*Neubauer/Herchen* § 68 Rdnr. 54.

[295] BGH NJW-RR 2002, 455, 456.

[296] Ist der Ausfall eines Mitgesellschafters im Rahmen des internen Ausgleichs zu erwarten, hat der Gesellschafter-Gläubiger dies ebenfalls bei der Höhe der nach § 128 HGB geltend zu machenden Forderung zu berücksichtigen (Baumbach/*Hopt* HGB § 128 Rdnr. 24; *K. Schmidt* Gesellschaftsrecht § 49 I 2 b).

[297] Vgl. hierzu MünchHdbGesR I/*Neubauer/Herchen* § 68 Rdnr. 50 f. m.w.N. auch zur Gegenauffassung.

[298] Wurde über das Vermögen der KG das Insolvenzverfahren eröffnet, nimmt der Insolvenzverwalter während der Dauer des Verfahrens die den Gesellschaftsgläubigern nach § 171 Abs. 1 HGB zustehenden Rechte wahr (§ 171 Abs. 2 HGB, näher MünchHdbGesR II/*Neubauer/Herchen* § 30 Rdnr. 74 ff.).

für Rückgriffsansprüche, welche ein anderer Gesellschafter aufgrund Befriedigung eines Gesellschaftsgläubigers gegenüber der Gesellschaft bzw. den anderen Gesellschaftern geltend macht (vgl. hierzu oben Rdnr. 102).[299]

104 Was den **Inhalt der beschränkten Kommanditistenhaftung** anbelangt, so besteht auch hier im Schrifttum Streit darüber, ob die Haftung auf Erfüllung in natura oder stets lediglich auf das Interesse, d. h. eine Geldzahlung, gerichtet ist (vgl. Rdnr. 100). Angesichts dessen, dass der Kommanditist gem. § 164 HGB von der Geschäftsführung ausgeschlossen ist und die Haftsumme im Handelsregister ebenfalls in Geld beziffert wird, soll nach einer Auffassung die Haftung des Kommanditisten stets auf Zahlung von Wertersatz in Geld beschränkt sein.[300] Jedenfalls dann, wenn der Kommanditist im Innenverhältnis zu einer entsprechenden Leistung verpflichtet ist, spricht nichts dagegen, im Außenverhältnis von einer Erfüllungshaftung auszugehen.[301] Folglich ist die Kommanditistenhaftung auch primär, d. h. jener kann bei nicht auf Geldzahlung gerichteten Ansprüchen bereits vor deren Umwandlung in einen Schadensersatzanspruch in Anspruch genommen werden, wenn er im Innenverhältnis der Gesellschaft gegenüber zu einer entsprechenden Leistung verpflichtet ist.

105 *aa) Haftung vor Eintragung.* Sofern die Gesellschaft ihre **Geschäfte begonnen** hat, **bevor** sie **in das Handelsregister eingetragen** wurde, kommt eine **unbeschränkte Haftung** des Kommanditisten gleich der eines persönlich haftenden Gesellschafters in Betracht (§ 176 Abs. 1 HGB).[302] Die unbeschränkte Haftung nach Maßgabe von § 176 Abs. 1 HGB greift ein, wenn eine als Kommanditgesellschaft bestehende Gesellschaft tatsächlich existiert (Betreiben eines Handelsgewerbes, vgl. § 176 Abs. 1 S. 2 HGB), die Gesellschaft bei Begründung der Gesellschaftsverbindlichkeit noch nicht im Handelsregister eingetragen ist, der Kommanditist der Aufnahme geschäftlicher Tätigkeit vor Registereintragung zugestimmt hat – was auch konkludent möglich ist, etwa dann, wenn ein Gesellschafter sein Handelsgeschäft vertragsgemäß einbringt und dessen Stilllegung bis zur Eintragung nicht verabredet ist[303] – und schließlich der Gesellschaftsgläubiger keine positive Kenntnis von der lediglich beschränkten Haftung des Kommanditisten hat.[304] Teilweise wird die Anwendung von § 176 HGB auch für Gesellschaften bürgerlichen Rechts befürwortet, die kein Handelsgewerbe betreiben, aber die Eintragung als Kommanditgesellschaft beantragt haben, da es andernfalls zu einer nicht gerechtfertigten Privilegierung der Kommanditisten gegenüber Gesellschaftern einer GbR käme.[305]

106 *(1) Reichweite der unbeschränkten Haftung.* Im Anwendungsbereich von § 176 Abs. 1 S. 1 HGB haftet der Kommanditist wie ein persönlich haftender Gesellschafter. Die weitergehenden Rechte des persönlich haftenden Gesellschafters stehen ihm allerdings nicht zu. Inhaltlich ist die unbeschränkte Haftung gegenüber der herkömmlichen Kommanditistenhaftung begrenzt. Nach dem BGH sind Verbindlichkeiten aus unerlaubter Handlung nicht erfasst, da die Publizität der Eintragung insoweit keine Rolle spiele.[306] Ob darüber hinausgehend auch Steuer- und sonstige öffentlich-rechtliche Verbindlichkeiten der Kommanditgesellschaft von der unbeschränkten Kommanditistenhaftung ausgenommen sind[307] oder sich die unbeschränkte Haftung auf alle Geschäftsverbindlichkeiten aus dem gesamten „Ge-

[299] Näher MünchHdbGesR II/*Neubauer/Herchen* § 30 Rdnr. 15.

[300] MünchKommHGB/*K. Schmidt* §§ 171, 172 Rdnr. 16; *Koller*/Roth/Morck HGB §§ 171, 172 Rdnr. 7; MünchHdbGesR II/*Neubauer/Herchen* § 30 Rdnr. 11 m. w. N.

[301] Baumbach/*Hopt* HGB § 171 Rdnr. 2 mit § 128 Rdnr. 8; *Flume,* Allgemeiner Teil des bürgerlichen Rechts, 1. Bd. § 16 III 2.

[302] Der Normzweck von § 176 HGB wird im Schutz des Rechtsverkehrs (so Großkomm-HGB/*Schilling* § 176 Rdnr. 1) bzw. darin gesehen, dass jeder, der sich am Geschäftsverkehr beteiligt, für die entstehenden Verbindlichkeiten grundsätzlich unbeschränkt haftet, es sei denn, eine beschränkte Haftung wurde vereinbart (*Crezelius* BB 1983, 5; *Flume*, Allgemeiner Teil des bürgerlichen Rechts, 1. Bd. § 16 IV 5).

[303] Vgl. MünchKommHGB/*K. Schmidt* § 176 Rdnr. 12.

[304] Weder besteht insoweit eine Erkundigungspflicht noch genügt fahrlässige Unkenntnis (vgl. Großkomm-HGB/*Schilling* § 176 Rdnr. 11).

[305] So *K. Schmidt* Gesellschaftsrecht § 55 I 2 a; a. A. Baumbach/*Hopt* HGB § 171 Rdnr. 6; *Clauss/Fleckner* WM 2003, 1790 ff.; *Jacobs* DB 2005, 2227, 2232.

[306] BGHZ 82, 209, 215 = NJW 1982, 883.

[307] So MünchKommHGB/*K. Schmidt* § 176 Rdnr. 37; *Koller*/Roth/Morck HGB § 176 Rdnr. 5.

schäfts- und Prozessverkehr" der Kommanditgesellschaft erstreckt,[308] ist umstritten. Die spätere Eintragung der Gesellschaft ändert nichts an der unbeschränkten Haftung für die bis dahin begründeten Gesellschaftsverbindlichkeiten der vorgenannten Art. Allerdings findet die fünfjährige Ausschlussfrist des § 160 Abs. 3 HGB auch insoweit (entsprechende) Anwendung.[309]

(2) Haftungsvermeidung. Um die unbeschränkte Kommanditistenhaftung im Gründungsstadium zu vermeiden, kann die Gesellschaft entweder ihre **Geschäfte erst ab Eintragung im Handelsregister aufnehmen** oder es kann – gerade bei Eintritt eines Kommanditisten in das Geschäft eines Einzelkaufmanns (§ 28 HGB) – vereinbart werden, dass der Einzelkaufmann bis zur Eintragung die Geschäfte noch selbst, aber für Rechnung der Kommanditgesellschaft tätigt.[310] 107

bb) Haftung nach Eintragung. Nach Eintragung wird die Haftung des Kommanditisten im Außenverhältnis durch die eingetragene Haftsumme bestimmt (§ 172 Abs. 1 HGB). Während sich deren Höhe vor Eintragung in das Handelsregister noch nach der gesellschaftsvertraglichen Vereinbarung richtet, ist mit Eintragung **allein** der **eingetragene Betrag maßgeblich.**[311] Wurde irrtümlicherweise eine **zu hohe Haftsumme eingetragen**, sollen sich die Gesellschaftsgläubiger in entsprechender Anwendung von § 172 Abs. 2 HGB nicht hierauf berufen können, wenn ihnen bekannt ist, dass der eingetragene Betrag höher ist als der angemeldete bzw. im Gesellschaftsvertrag vereinbarte Betrag.[312] Teilweise wird eine Beschränkung dieser Ausnahme von der Maßgeblichkeit des Registerinhalts auf Fehler des Registergerichts beschränkt, d.h. bei fehlerhafter Anmeldung kommt es auch bei Kenntnis der Gläubiger allein auf die eingetragene Haftsumme an.[313] Mangels Bekanntmachung der Haftsumme (§ 162 Abs. 2 HGB) findet § 15 Abs. 3 HGB keine Anwendung.[314] Ein Erlass bzw. eine Stundung der Einlage durch die Gesellschaft bzw. die anderen Gesellschafter hat im Außenverhältnis keine Wirkung (§ 172 Abs. 3 HGB). 108

(1) Anforderungen an die Einlagenleistung. Die Haftung des Kommanditisten ist ausgeschlossen, soweit dieser die Einlage geleistet hat, wobei es insoweit allein auf die im Handelsregister eingetragene Haftsumme ankommt (§§ 171 Abs. 1 HS 2, 172 Abs. 1 HGB). Im Innenverhältnis sind die Gesellschafter darin frei, den Wert der vom Kommanditisten erbrachten Einlage festzulegen. Im Außenverhältnis kommt es hingegen auf die **tatsächliche Wertzuführung** an (Kapitalaufbringungsprinzip), d.h. eine Haftungsbefreiung setzt voraus, dass der objektive Wert der Einlageleistung die Haftsumme erreicht oder übersteigt.[315] Maßgeblich ist der tatsächliche Wert im Zeitpunkt der Leistungserbringung. Bei der **Geldeinlage** stellen sich insoweit nur wenige Schwierigkeiten.[316] Grundsätzlich kann die Zahlung der Geldeinlage auch durch einen Dritten für Rechnung des Kommanditisten erfolgen. Die Zahlung durch einen Mitgesellschafter wirkt allerdings nur haftungsbefreiend, wenn diese nicht aus bei der Kommanditgesellschaft gebundenen Mitteln erfolgt. So kann die Bareinlage beispielsweise durch Umbuchung vom Darlehens- oder Privatkonto eines Komplementärs erfolgen, da der persönlich haftende Gesellschafter frei über diese Mittel verfügen kann (vgl. unten Rdnr. 114).[317] Eine haftungsbefreiende Einlageleistung liegt jedoch nicht vor, wenn die Mittel (tatsächlich oder bei wirtschaftlicher Betrachtung) aus dem Vermögen der 109

[308] Baumbach/*Hopt* HGB § 176 Rdnr. 1.
[309] BGHZ 78, 117 = NJW 1981, 175; BGH WM 1983, 703.
[310] *K. Schmidt* Gesellschaftsrecht § 55 IV 1; MünchHdbGesR II/*Neubauer/Herchen* § 30 Rdnr. 105.
[311] MünchKommHGB/*K. Schmidt* §§ 171, 172 Rdnr. 25; Röhricht/Graf von Westphalen/*von Gerkan/Haas* HGB § 172 Rdnr. 5; Ebenroth/Boujong/Joost/Strohn/*Strohn* HGB § 172 Rdnr. 3.
[312] MünchKommHGB/*K. Schmidt* §§ 171, 172 Rdnr. 31 m. w. N.; Ebenroth/Boujong/Joost/Strohn/*Strohn* HGB § 172 Rdnr. 5 f.; MünchHdbGesR II/*Neubauer/Herchen* § 30 Rdnr. 9 m. w. Beispielen fehlerhafter Eintragungen.
[313] OLG Celle ZIP 1985, 100; Röhricht/Graf von Westphalen/*von Gerkan/Haas* HGB § 172 Rdnr. 6; in der Tendenz ebenso Baumbach/*Hopt* HGB § 172 Rdnr. 1.
[314] MünchKommHGB/*K. Schmidt* §§ 171, 172 Rdnr. 26.
[315] BGHZ 95, 188, 197 = NJW 1985, 2947; Baumbach/*Hopt* HGB § 171 Rdnr. 6 m. w. N.
[316] Vgl. zum Leistungszeitpunkt im Einzelnen MünchHdbGesR II/*Neubauer/Herchen* § 30 Rdnr. 26.
[317] OLG Köln OLGZ 1976, 306; *K. Schmidt* Gesellschaftsrecht § 54 II 4 a.

Kommanditgesellschaft selbst stammen. Das ist u.a. der Fall, wenn die zur Zahlung verwandten Gelder durch einen von der Kommanditgesellschaft abgesicherten Kredit des persönlich haftenden Gesellschafters aufgebracht wurden.[318]

Anstelle von Geldeinlagen können sich die Gesellschafter zur Erbringung jeglicher anderen Art von Einlagen verpflichten. Entscheidend ist lediglich, dass der Gesellschaft ein tatsächlicher Vermögenswert zugeführt wird. Für die Werthaltigkeit einer **Sacheinlage** im weiteren Sinne kommt es auf den objektiven Zeitwert im Zeitpunkt des Zuflusses an.[319] Maßgeblich ist somit grundsätzlich, welchen Betrag die Gesellschaft zur Anschaffung des Sachgegenstandes hätte aufwenden müssen.[320] Erfolgt die Erbringung der Sachleistung erst unmittelbar vor der Insolvenz der Gesellschaft, erfolgte eine tatsächliche Wertzuführung allerdings nur in Höhe des „Versilberungswertes" der Sachleistung.[321]

110 *(2) Leistung der Einlage durch Aufrechnung.* Steht dem Kommanditisten eine Forderung gegen die Gesellschaft zu, kann die Leistung der Einlage grundsätzlich auch durch Aufrechnung erfolgen (§§ 387ff. BGB). In den Grenzen des § 406 BGB wird die Aufrechnungsmöglichkeit nicht durch Abtretung der Einlageforderung an einen Dritten berührt. Nach dem Prinzip der tatsächlichen Wertzuführung kommt es abweichend von §§ 387, 389 BGB nicht auf den Nennbetrag der Forderung des Kommanditisten, sondern allein auf den **tatsächlichen Wert der Forderung** im Aufrechnungszeitpunkt an. Entscheidend ist somit, ob die Kommanditgesellschaft bei Zugang der Aufrechnungserklärung in der Lage ist, sämtliche gegen sie bestehenden fälligen Forderungen zu erfüllen.[322] Ob bzw. inwieweit der Gesellschafter-Gläubiger im Falle der Uneinbringlichkeit seiner Forderung bei den Mitgesellschaftern Regress nehmen könnte, ist insoweit unmaßgeblich.[323] Demgegenüber kommt es auf den Nennbetrag der Forderung und nicht auf deren tatsächlichen Wert an, wenn ein bereits ausgeschiedener Kommanditist sein Pfändungsguthaben als Darlehen stehen gelassen hat und nunmehr den Darlehensanspruch gegen die nach § 172 Abs. 4 HGB wiederauflebende Einlageforderung aufrechnet.[324]

111 *(3) Aufrechnung nach Befriedigung eines Gesellschaftsgläubigers (§ 110 HGB).* Eine Aufrechnungslage zugunsten eines Kommanditisten kann insbesondere dann entstehen, wenn dieser einen Gesellschaftsgläubiger unmittelbar befriedigt. Die Pflichteinlageforderung des Kommanditisten erlischt nicht automatisch durch Befriedigung eines Gesellschaftsgläubigers, sondern im Regelfall erst durch Aufrechnung des Erstattungsanspruchs gegen die Gesellschaft (§ 110 HGB i.V.m. § 161 Abs. 2 HGB) gegen die Einlageforderung.[325] Anders als bei der Aufrechnung mit einer sonstigen Forderung gegen die Gesellschaft führt die Aufrechnung mit einem derartigen Erstattungsanspruch stets zur **Enthaftung** des Kommanditisten **in Höhe des Nennwertes** der erfüllten Gesellschaftsverbindlichkeit. Auf die Bonität kommt es insoweit nicht an; die Forderung muss lediglich wirksam bestehen.[326] Erfüllt der Kommanditist die Forderung eines Gesellschafter-Gläubigers, gilt Vorstehendes mit der Maßgabe, dass in Höhe des im Innenverhältnis vom Gesellschafter-Gläubiger zu tragenden Verlustanteils keine Enthaftung des Kommanditisten eintritt.[327]

112 *cc) Wiederaufleben der beschränkten Haftung.* Die Haftung des Kommanditisten lebt wieder auf, soweit ihm die Einlage zurückbezahlt wird oder soweit sein Kapitalanteil durch Entnahmen unter den Betrag seiner Einlage sinkt (Überentnahmen, § 172 Abs. 4 S. 1, S. 2 HGB). Jegliche Leistung aus dem Vermögen der Kommanditgesellschaft an den Kommandi-

[318] BGH BB 1973, 862.
[319] Vgl. Baumbach/*Hopt* HGB § 171 Rdnr. 6.
[320] Großkomm-HGB/*Schilling* § 171 Rdnr. 14.
[321] BGHZ 39, 319, 330.
[322] OLG Oldenburg ZInsO 2005, 826f.; OLG Köln NJW-RR 1994, 869f.; *K. Schmidt* Gesellschaftsrecht § 54 II 3c bb; vgl. BGHZ 95, 188.
[323] BGH WM 1976, 107.
[324] *K. Schmidt* Gesellschaftsrecht § 54 II 3c cc.
[325] Vgl. BGH WM 1994, 893, 895; MünchKommHGB/*K. Schmidt* §§ 171, 172 Rdnr. 50; MünchHdbGesR II/*Neubauer/Herchen* § 30 Rdnr. 46 auch zu den Besonderheiten bei Vereinbarung einer Sacheinlage.
[326] Baumbach/*Hopt* HGB § 171 Rdnr. 7.
[327] MünchHdbGesR II/*Neubauer/Herchen* § 30 Rdnr. 43.

tisten, für welche Erstere keine gleichwertige Gegenleistung erhält, stellt dabei eine **Einlagenrückzahlung i.S.v. § 172 Abs. 4 S. 1 HGB** dar.[328] Bei einer die Haftsumme übersteigenden Pflichteinlage sind Vermögenstransfers von der Kommanditgesellschaft an den Kommanditisten so lange haftungsunschädlich, als die Haftsumme nicht unterschritten wird.

Findet zwischen Kommanditist und Gesellschaft ein Leistungsaustausch aufgrund eines **nicht im Gesellschaftsverhältnis wurzelnden Rechtsgeschäfts** (z.B. Kauf, Miete, Darlehen) statt, so fehlt es an einer Einlagenrückzahlung, wenn Leistung und Gegenleistung in einem angemessenen Verhältnis zueinander stehen.[329] Gleiches gilt für ein Entgelt, welches der Kommanditist aufgrund eines Dienstvertrages von der Kommanditgesellschaft erhält, sofern es sich hierbei nicht um einen Gewinnvorab (vgl. oben Rdnr. 73) handelt, welcher causa societatis erfolgt und § 172 Abs. 4 S. 2 HGB unterfällt.[330] Die bloße Umwandlung der Kommanditeinlage in ein Darlehen ist mangels Entziehung von Vermögenswerten nach herrschender Meinung nicht als Einlagenrückzahlung i.S.v. § 172 Abs. 4 HGB anzusehen. Erst die Auszahlung der Darlehensvaluta führt zum Wiederaufleben der Haftung des Kommanditisten.[331] Eine Einlagenrückzahlung i.S.v. § 172 Abs. 4 S. 1 HGB setzt nicht notwendig einen Vermögenstransfer unmittelbar an den Kommanditisten voraus. Erfüllt die Gesellschaft persönliche Verbindlichkeiten des Kommanditisten[332] oder erfolgt die Leistung an dem Kommanditisten nahestehende Personen (Ehegatte, Kinder),[333] kann ebenfalls eine Einlagenrückzahlung zu bejahen sein. 113

Demgegenüber fehlt es mangels Vermögensverlustes der Gesellschaft regelmäßig an einer Einlagenrückzahlung, wenn ein Kommanditist seine Einlage **aus dem Vermögen eines persönlich haftenden Gesellschafters** zurückerhält. Zwar wird dadurch das Haftungssubstrat der Gesellschaftsgläubiger geschmälert, doch steht ihnen das Privatvermögen der Gesellschafter nur in seinem jeweiligen Bestand zur Verfügung.[334] Etwas anderes gilt, wenn der Mitgesellschafter für Rechnung der Kommanditgesellschaft handelt und infolgedessen einen durchsetzbaren Erstattungsanspruch gem. § 110 i.V.m. § 161 Abs. 2 HGB erwirbt.[335] Da § 172 Abs. 4 S. 1 HGB auch und gerade auf die Einlagenrückzahlung im Zusammenhang mit dem Ausscheiden eines Kommanditisten aus der Kommanditgesellschaft Anwendung findet, ist hier besondere Sorgfalt angezeigt (vgl. näher unten Rdnr. 146, 150). 114

Die (beschränkte) Haftung des Kommanditisten lebt ebenfalls dann wieder auf, wenn sein Kapitalanteil durch Entnahme (echter)[336] Gewinne unter den Betrag seiner Einlage (Haftsumme, § 172 Abs. 1 HGB) sinkt bzw. gesunken ist. Unbeschadet der Spezialregelung in § 172 Abs. 5 HGB ist die Auszahlung von Scheingewinnen als Einlagenrückgewähr gem. § 172 Abs. 4 S. 1 HGB schädlich.[337] § 172 Abs. 4 S. 2 HGB wirkt somit nur dann haftungsauslösend, wenn die vom Kommanditisten in der Vergangenheit geleistete Einlage durch Gewinnentnahmen unter die Haftsumme gesunken ist. Fehlt es hingegen bisher an einer Einlageleistung durch den Kommanditisten,[338] hat eine Gewinnentnahme keine Auswirkun- 115

[328] BGHZ 39, 319, 331; MünchKommHGB/*K. Schmidt* §§ 171, 172 Rdnr. 66; MünchHdbGesR II/*Neubauer/Herchen* § 30 Rdnr. 50 auch zur streitigen Frage, ob die Einlageleistung nach der Verrechnungs- oder Vertragstheorie zu bestimmen ist.

[329] *K. Schmidt* Gesellschaftsrecht § 54 III 2 a bb.

[330] Näher MünchHdbGesR II/*Neubauer/Herchen* § 30 Rdnr. 54.

[331] So BGHZ 39, 319, 331; Baumbach/*Hopt* HGB § 172 Rdnr. 7; Ebenroth/Boujong/Joost/Strohn/*Strohn* HGB § 172 Rdnr. 24 m.w.N. auch zur Gegenauffassung.

[332] MünchKommHGB/*K. Schmidt* §§ 171, 172 Rdnr. 70.

[333] BGH NJW 1982, 386, 387.

[334] BGHZ 93, 246, 250 = NJW 1985, 1776; Baumbach/*Hopt* HGB § 172 Rdnr. 7; MünchKommHGB/*K. Schmidt* §§ 171, 172 Rdnr. 71 m.w.N. auch zur Gegenauffassung.

[335] BGHZ 76, 127, 130 = NJW 1980, 1163; 61, 149, 152 = JZ 1973, 671; MünchKommHGB/*K. Schmidt* §§ 171, 172 Rdnr. 71.

[336] Zur Behandlung von Scheingewinnen, welche ein gutgläubiger Kommanditist aufgrund einer im guten Glauben errichteten Bilanz bezieht vgl. § 172 Abs. 5 HGB sowie MünchHdbGesR II/*Neubauer/Herchen* § 30 Rdnr. 66 ff.

[337] MünchKommHGB/*K. Schmidt* §§ 171, 172 Rdnr. 78.

[338] Im Innenverhältnis führt die Nichterbringung der Pflichteinlage grundsätzlich gem. §§ 167 Abs. 2, 169 Abs. 1 S. 2 HGB dazu, dass der Kommanditist die auf ihn entfallenden Gewinnanteile nicht fordern kann.

gen auf seine Außenhaftung. Der Wert des Kapitalanteils des Kommanditisten bemisst sich allein nach der Bilanz der Kommanditgesellschaft, nicht hingegen nach dem Verkehrswert des Anteils am Gesellschaftsvermögen unter Berücksichtigung der stillen Reserven.[339]

116 *dd) Änderung der Haftsumme.* Jede Erhöhung oder Herabsetzung der Haftsumme ist zur Eintragung in das Handelsregister anzumelden (§ 175 S. 1 HGB). Grundsätzlich wird eine Erhöhung der Haftsumme **erst mit Eintragung wirksam.** Ein Gläubiger kann sich vor Eintragung nur dann auf die erhöhte Haftsumme berufen, wenn die Erhöhung in handelsüblicher Weise kundgemacht oder ihm auf andere Weise von der Gesellschaft mitgeteilt wurde (§ 172 Abs. 2 HGB). Nach Eintragung kommt die erhöhte Haftung aber auch denjenigen Gläubigern zugute, deren Verbindlichkeiten bereits vor Erhöhung der Haftsumme begründet wurden. Umgekehrt entfaltet eine Herabsetzung der Einlage im Außenverhältnis ebenfalls erst mit Eintragung in das Handelsregister Wirkung; die Haftung des Kommanditisten mit der höheren Haftsumme für Altverbindlichkeiten bleibt von der Herabsetzung der Einlage stets unberührt (§ 174 HS 2 HGB). Richtigerweise ist im Hinblick auf die Differenz der Haftsummen allerdings in entsprechender Anwendung von § 160 Abs. 1, Abs. 3 HGB das Eingreifen einer fünfjährigen Ausschlussfrist zu bejahen.[340] Wie sich aus § 175 S. 3 HGB ergibt, besteht kein Registerzwang nach § 14 HGB hinsichtlich der Änderung der Haftsumme und folglich **keine registerrechtliche Anmeldepflicht.** Eine gesellschaftsvertragliche Pflicht zur Anmeldung bleibt von der Regelung in § 175 S. 3 HGB aber unberührt.[341] Da die Handelsregistereintragung für die Höhe der Haftsumme konstitutiv ist (vgl. §§ 172 Abs. 2, 174 HGB), kommt der gesellschaftsvertraglichen Änderung der Haftsumme vor Eintragung grundsätzlich keine Bedeutung zu.

Handelsregisteranmeldung: Erhöhung der Haftsumme

Amtsgericht ......
– Handelsregister Abteilung A

HRA ......
...... KG

Zur Eintragung in das Handelsregister melden wir an:

1. Die Kommanditeinlage (Haftsumme) des Kommanditisten ...... wurde von ...... Euro um ...... Euro auf ...... Euro erhöht.
2. Die Geschäftsräume der Gesellschaft befinden sich unverändert in ...... Dies ist auch die inländische Geschäftsanschrift (§ 106 Abs. 2 Nr. 2 HGB).

......
[Unterschriften samt Beglaubigung]

117 *ee) Haftung bei Gesellschafterwechsel (§ 176 Abs. 2 HGB).* Tritt ein Kommanditist in eine bestehende Handelsgesellschaft ein, so haftet er nicht nur für die ab seinem Eintritt begründeten Gesellschaftsverbindlichkeiten, sondern nach § 173 HGB auch für Altverbindlichkeiten. Ferner droht eine **unbeschränkte Haftung** des Kommanditisten **für** solche **Verbindlichkeiten**, die **zwischen** seinem **Eintritt und** seiner **Eintragung** in das Handelsregister begründet wurden (§ 176 Abs. 2 HGB). Unter Eintritt in diesem Sinne ist zum einen der Beitritt zur Gesellschaft aufgrund **Aufnahmevertrages** (vgl. Rdnr. 122), zum anderen aber auch ein Gesellschafterwechsel in Gestalt des **Ein- und Austritts** zu verstehen.[342] Im Falle des **de-**

[339] BGH WM 1990, 233.

[340] Baumbach/*Hopt* HGB § 174 Rdnr. 2; MünchKommHGB/*K. Schmidt* §§ 174, 175 Rdnr. 19; MünchHdbGesR II/*Neubauer/Herchen* § 30 Rdnr. 10, jew. m. w. N. auch zur Gegenansicht.

[341] MünchKommHGB/*K. Schmidt* § 174, 175 Rdnr. 3, 6; Ebenroth/Boujong/Joost/Strohn/*Strohn* HGB § 175 Rdnr. 2; vgl. auch DNotI-Gutachten Nr. 101 983 im Gutachtenabruf unter http:/faxabruf.dnoti-online-plus.de/.

[342] MünchKommHGB/*K. Schmidt* § 176 Rdnr. 20 mit § 173 Rdnr. 20.

rivativen Anteilserwerbs einer Kommanditbeteiligung ist die Anwendbarkeit von § 176 Abs. 2 HGB noch nicht abschließend geklärt (siehe hierzu unten Rdnr. 149). Daher empfiehlt es sich auch insoweit, den Anteilsübergang erst aufschiebend bedingt mit Eintragung in das Handelsregister zu vereinbaren.[343]

Praxishinweis:

Um die unbeschränkte persönliche Haftung zu vermeiden, wird es sich regelmäßig anbieten, den **Beitritt** zur Gesellschaft von der Eintragung des Kommanditisten in das Handelsregister abhängig zu machen (**aufschiebende Bedingung**). Was die Ergebnisverteilung angeht, kann ohne Weiteres eine hiervon abweichende Regelung mit schuldrechtlicher Wirkung getroffen werden.

Formulierungsvorschlag: Aufschiebend bedingter Beitritt zur Gesellschaft

Die Aufnahme von Frau ...... [Name, Vorname, Geburtsdatum, Wohnort] als Kommanditistin in die Gesellschaft mit einer Kommanditeinlage (Haftsumme) von ...... Euro erfolgt aufschiebend bedingt auf die Eintragung der neuen Kommanditisten in das Handelsregister.

118 Demgegenüber stellt der Erwerb einer Kommanditbeteiligung aufgrund **Rechtsnachfolge von Todes wegen** nach mittlerweile ganz herrschender Meinung **keinen Eintritt i. S. v. § 176 Abs. 2 HGB** dar.[344] Gleiches gilt, wenn ein **Kommanditist** einen **weiteren Kommanditanteil** oder Anteil eines Komplementärs unter Umwandlung in eine Kommanditbeteiligung **hinzuerwirbt**.[345]

Anders als bei der Haftung nach § 176 Abs. 1 HGB kommt es für die unbeschränkte Haftung des eintretenden Kommanditisten nach § 176 Abs. 2 HGB auf dessen Zustimmung zur Geschäftsfortführung der Gesellschaft nicht an.[346] Wiederum steht nur die positive Kenntnis des Gesellschaftsgläubigers der unbeschränkten Haftung des Kommanditisten entgegen. Rechtsfolgenseits beschränkt sich die unbeschränkte Haftung auf solche Gesellschaftsverbindlichkeiten, die zwischen dem Eintritt des Kommanditisten in die Gesellschaft und dessen Eintragung in das Handelsregister begründet wurden.

3. Regress

119 Wird ein Gesellschafter von einem Gesellschaftsgläubiger für eine Gesellschaftsverbindlichkeit in Anspruch genommen, für welche im Innenverhältnis die Gesellschaft aufzukommen hat, stehen ihm regelmäßig Ausgleichsansprüche gegen die Gesellschaft sowie gegen seine Mitgesellschafter zu.[347] Ein Kommanditist wird einen Gesellschaftsgläubiger nur dann befriedigen, wenn und soweit seine Außenhaftung noch nicht durch Einlagenleistung erloschen ist (§ 171 Abs. 1 HS 2 HGB).[348] Zum Erlöschen der Außenhaftung infolge Aufrechnung vgl. oben Rdnr. 110f.

120 a) **Regressanspruch gegen die Gesellschaft (§ 110 HGB). Im Verhältnis zur Gesellschaft** führt die Erfüllung einer Gesellschaftsschuld grundsätzlich zu einem **Regressanspruch** gem. bzw. entsprechend **§ 110** (ggf. i. V. m. § 161 Abs. 2) **HGB**,[349] es sei denn, der Gesellschafter durfte die Erfüllung der Verbindlichkeit nicht für erforderlich halten, weil der Gesellschaft

[343] Vgl. BGH NJW 1983, 2258, 2259.

[344] BGHZ 108, 197 = NJW 1989, 3152; *K. Schmidt* ZHR 144 (1980), 192; Ebenroth/Boujong/Joost/Strohn/*Strohn* HGB § 176 Rdnr. 25; Baumbach/*Hopt* HGB § 176 Rdnr. 12.

[345] BGH BB 1976, 436.

[346] BGHZ 82, 209, 211 = NJW 1982, 883; Baumbach/*Hopt* HGB § 176 Rdnr. 9.

[347] Zu Rückgriffsansprüchen des ausgeschiedenen Gesellschafters bzw. gegen den ausgeschiedenen Gesellschafter vgl. MünchHdbGesR I/*Neubauer/Herchen* § 69 Rdnr. 16ff.

[348] Etwas anderes gilt nur für den im Außenverhältnis nach § 176 HGB unbeschränkt haftenden Kommanditisten.

[349] BGHZ 37, 299, 301; Baumbach/*Hopt* HGB § 110 Rdnr. 10.

Einwendungen oder Einreden gegen die Forderung zustanden.[350] Ein automatischer Übergang der befriedigten Forderung samt zugehöriger Sicherheiten gem. §§ 426 Abs. 2 S. 1, 401, 412 BGB findet mangels Bestehen einer Gesamtschuldnerschaft zwischen Gesellschafter und Gesellschaft nach höchstrichterlicher Rechtsprechung nicht statt.[351] Ein Kommanditist, der die Gesellschaft von einer Verbindlichkeit befreit hat, kann mit seinem Regressanspruch nach § 110 i. V. m. § 161 Abs. 2 HGB gegen den Anspruch auf Zahlung der Pflichteinlage aufrechnen bzw. im Falle einer Sacheinlage ein Zurückbehaltungsrecht geltend machen kann.[352]

121 b) **Rückgriffsanspruch gegenüber den Mitgesellschaftern (§ 426 Abs. 2 S. 1 BGB).** Neben der Gesellschaft kann der eine Gesellschaftsschuld erfüllende Gesellschafter auch die **Mitgesellschafter** in Anspruch nehmen. Hierbei kommt ihm die **cessio legis nach § 426 Abs. 2 S. 1 BGB** zugute (samt Sicherheiten, §§ 412, 401 BGB). Aufgrund der Treuepflicht ist dieser Regressanspruch jedoch subsidiär gegenüber dem Ersatzanspruch gegen die Gesellschaft nach § 110 HGB. Zahlt die Gesellschaft auf Anfordern nicht, darf der Gesellschafter seine Mitgesellschafter unmittelbar in Anspruch nehmen.[353] Allerdings kommt eine Inanspruchnahme der Mitgesellschafter nur in Höhe ihrer jeweiligen gesellschaftsvertraglichen Verlustbeteiligung in Betracht (vgl. § 426 Abs. 1 S. 1 BGB).[354] Persönliche Einwendungen des in Anspruch genommenen Mitgesellschafters gegenüber dem befriedigten Gesellschaftsgläubiger stehen einer Inanspruchnahme grundsätzlich nicht entgegen.[355]

VI. Gesellschafterwechsel

1. Eintritt eines neuen Gesellschafters

122 a) **Aufnahmevertrag.** Die Aufnahme eines neuen Gesellschafters als **Grundlagengeschäft** erfolgt durch Vertrag zwischen **allen bisherigen Gesellschaftern** und dem Eintretenden.[356] Die Gesellschaft selbst ist nicht Partei des Aufnahmevertrages. Je nach Struktur der Gesellschaft können die Anforderungen an die Neuaufnahme eines Gesellschafters erschwert oder **erleichtert** werden. Denkbar ist beispielsweise ein Beschluss der Gesellschafterversammlung mit einfacher oder qualifizierter Mehrheit. Alternativ kann die Entscheidung über die Aufnahme eines neuen Gesellschafters auf ein Gesellschaftsorgan, auf die Gesellschaft selbst oder auf einen Dritten übertragen werden. Gerade bei einer Publikums-KG kann sich eine derartige Ermächtigung der Gesellschaft empfehlen.[357] Wird vom Einstimmigkeitserfordernis hinsichtlich der Aufnahme eines neuen Gesellschafters abgewichen, kommt eine Beschränkung des Rechts der Mehrheit dergestalt in Betracht, dass an die Person des Aufzunehmenden weitere Anforderungen gestellt werden (Verwandtschaftsverhältnis zu den bisherigen Gesellschaftern, fachliche Qualifikation, Aufbringung von Kapital etc.). Unter Geltung des Einstimmigkeitserfordernisses kommt der Statuierung zusätzlicher Anforderungen an die Person des Eintretenden im Gesellschaftsvertrag hingegen keine praktische Bedeutung zu.

[350] BGH DB 2002, 318 f.; MünchKommHGB/*K. Schmidt* § 128 Rdnr. 32; MünchHdbGesR I/*Neubauer/Herchen* § 69 Rdnr. 5 auch zur Relevanz einer Einwendung des Gesellschafters gem. § 129 Abs. 2 oder 3 HGB.

[351] BGHZ 39, 319, 323; Baumbach/*Hopt* HGB § 128 Rdnr. 25; a. A. *Flume,* Allgemeiner Teil des Bürgerlichen Rechts, 1. Bd., § 16 II 2 c: § 426 Abs. 2 BGB analog; MünchKommHGB/*K. Schmidt,* § 128 Rdnr. 31: § 774 Abs. 1 BGB analog. Auch der BGH lässt einen Forderungs- und Sicherheitenübergang im Falle der Befriedigung durch den ausgeschiedenen Gesellschafter zu (BGHZ 39, 319, 325).

[352] MünchKommHGB/*K. Schmidt* §§ 171, 172 Rdnr. 50.

[353] Kein Erfordernis der Vorausklage oder des Nachweises der Aussichtslosigkeit der Zwangsvollstreckung in das Gesellschaftsvermögen, vgl. BGH NJW 1980, 339, 340; NJW-RR 2002, 455, 456.

[354] BGHZ 37, 299, 303.

[355] MünchHdbGesR I/*Neubauer/Herchen* § 69 Rdnr. 14 m. w. N.

[356] BGH NJW 1988, 1321, 1322; Baumbach/*Hopt* HGB § 105 Rdnr. 67 m. w. N.

[357] Der Aufnahmevertrag wird in diesen Fällen gleichwohl zwischen dem Eintretenden und allen übrigen Gesellschaftern geschlossen, Letztere vertreten durch die geschäftsführungsbefugten Komplementäre. In der Ermächtigung liegt im Zweifel zugleich die Einräumung rechtsgeschäftlicher Vertretungsmacht (BGH BB 1976, 154; NJW 1978, 1000).

aa) Formerfordernis. Ebenso wie der Abschluss des ursprünglichen Gesellschaftsvertrages bedarf auch der Aufnahmevertrag grundsätzlich keiner **Form.** Etwas anderes gilt nur, wenn sich der Aufzunehmende zur Übertragung eines Grundstücks oder grundstücksgleichen Rechts oder eines GmbH-Geschäftsanteils verpflichtet (vgl. Rdnr. 20).[358] Wird dem Eintretenden seine Gesellschafterstellung eingeräumt, ohne dass er selbst eine Einlage zu leisten hat, kommt ein Beurkundungserfordernis nach § 518 Abs. 1 S. 1 BGB (**Schenkung**) in Betracht. Dass die unentgeltliche Aufnahme als Kommanditist eine beurkundungspflichtige Schenkung darstellt, ist seit dem Urteil des BGH vom 2. 7. 1990 geklärt.[359] Ob in der Einräumung einer Beteiligung als persönlich haftender Gesellschafter ebenfalls eine freigebige Zuwendung gesehen werden kann, ist hingegen noch nicht abschließend geklärt. Gegen eine Einordnung als Schenkung sprechen die persönliche Haftung des neu eintretenden Gesellschafters (§§ 128, 130 HGB), dessen Verlustbeteiligung und seine Pflicht zur Geschäftsführung.[360] Sofern relevantes Gesellschaftsvermögen vorhanden ist, führt die Einräumung der Gesellschafterstellung gleichwohl zu einer Bereicherung des Eintretenden und einer korrespondierenden Entreicherung der übrigen Gesellschafter, welcher keine konkrete Gegenleistung gegenübersteht. Somit erscheint die Annahme einer beurkundungsbedürftigen Schenkung i. S. d. §§ 516, 518 Abs. 1 BGB dann nahe liegend, wenn sich die Gesellschafter und der Eintretende über die Unentgeltlichkeit des Aufnahmevertrages einig sind. In der Regel wird ein etwaiger Formmangel aber durch den unmittelbaren Vollzug der Schenkung im Aufnahmevertrag gem. § 518 Abs. 2 BGB geheilt, sodass der Frage der Beurkundungsbedürftigkeit nach § 518 Abs. 1 BGB im Ergebnis kaum Bedeutung zukommt.[361] 123

bb) Genehmigungserfordernis. Wollen **Eltern ihren minderjährigen Kindern** eine Gesellschaftsbeteiligung übertragen, bedarf es stets der Bestellung eines **Ergänzungspflegers** (§§ 181 bzw. 1795 Abs. 1 Nr. 1, 1629 Abs. 2 i. V. m. § 1909 Abs. 1 BGB).[362] Die vorgenannten Ausschlüsse der Vertretungsmacht sind zwar bei lediglich rechtlich vorteilhaften Rechtsgeschäften für den Vertretenen teleologisch zu reduzieren.[363] Dennoch soll selbst die **Einräumung einer Kommanditistenstellung unter gleichzeitiger Volleinzahlung** der Pflichteinlage sowie Haftsumme nach herrschender Ansicht **nicht lediglich rechtlich vorteilhaft** sein (h. M., str.). Denn aus der Gesellschafterstellung erwüchsen unbeschadet dessen, dass das Risiko der Eintretendenhaftung nach § 176 Abs. 2 HGB durch aufschiebend bedingte Anteilsübertragung ausgeschlossen werden könne und ein Wiederaufleben der Haftung nach § 172 Abs. 4 HGB eine Einlagenrückzahlung an den Minderjährigen voraussetze, mannigfaltige Pflichten und Haftungsrisiken.[364] 124

Soll ein nicht voll Geschäftsfähiger in die Gesellschaft aufgenommen werden, so bedarf der Aufnahmevertrag zudem der **familien- bzw. betreuungsgerichtlichen Genehmigung** (§ 1643 Abs. 1 i. V. m. § 1822 Nr. 3 bzw. Nr. 10 BGB). Selbst wenn man das Tatbestandsmerkmal „Betrieb eines Erwerbsgeschäfts" i. S. v. § 1822 Nr. 3 BGB bei einer nur vermögensverwaltenden Gesellschaft i. S. v. § 105 Abs. 2 S. 1 Var. 2 HGB verneinen wollte (vgl. oben Rdnr. 22), ist der Beitritt als persönlich haftender Gesellschafter wegen der Übernahme fremder Verbindlichkeiten nach § 130 HGB dennoch stets gem. § 1822 Nr. 10 BGB genehmigungsbedürftig.[365] Gleiches gilt wegen § 173 HGB grundsätzlich ebenfalls für die 125

[358] Vgl. MünchHdbGesR I/*Piehler/Schulte* § 72 Rdnr. 14 ff.; Bd. 2 § 34 Rdnr. 9 ff. auch zur Frage, unter welchen Umständen der Beitritt zu einer grundstücksverwaltenden und -verwertenden Gesellschaft dem Beurkundungserfordernis unterliegt.

[359] BGH NJW 1990, 2616.

[360] Vgl. BGH BB 1959, 574; BB 1965, 359; NJW 1990, 2616.

[361] Vgl. MünchHdbGesR I/*Piehler/Schulte* § 72 Rdnr. 17 f.

[362] Mehrere nicht voll geschäftsfähige Personen werden jeweils durch einen eigenen Ergänzungspfleger vertreten (vgl. BayObLG FamRZ 1959, 125, 126; OLG Zweibrücken NZG 1999, 717, 718).

[363] Vgl. Palandt/*Ellenberger* § 181 Rdnr. 9; Palandt/*Diederichsen* § 1795 Rdnr. 4, jeweils m. w. N.

[364] LG Aachen NJW-RR 1994, 1319, 1320; BeckOK/*Wendtland* Stand 1. 2. 2010, § 107 BGB Rdnr. 10; KölnerHdBGesR/*Fleischhauer* Rdnr. 458; vgl. auch BGH NJW 1977, 1339, 1341; a. A. OLG Bremen RNotZ 2008, 625.

[365] Baumbach/*Hopt* HGB § 105 Rdnr. 26; MünchHdbGesR I/*Piehler/Schulte* § 72 Rdnr. 8, jew. auch zur Relevanz der Haftungsbeschränkung nach § 1629 a BGB und dem Kündigungsrecht nach § 723 Abs. 1 S. 3 Nr. 2 BGB.

Aufnahme als Kommanditist. Im Unterschied zur Beurteilung der rechtlichen Vorteilhaftigkeit des Rechtsgeschäfts fehlt es aber dann an der Übernahme einer fremden Verbindlichkeit, wenn die Pflichteinlage sowie die Haftsumme bereits schuldbefreiend geleistet wurden. Den das dem Anteilserwerb verbundene Bündel von (Rechten und) Pflichten stellt sich mit Blick auf den Normzweck von § 1822 Nr. 10 BGB nicht als Übernahme fremder Verbindlichkeiten dar.

126 *cc) Inhalt des Aufnahmevertrages.* Hinsichtlich des Inhalts des Aufnahmevertrages gilt das zur Gründung Gesagte entsprechend (Einlage, Beteiligung am Vermögen der Gesellschaft etc., vgl. Rdnr. 14 ff.). Zusätzlich ist u.a. zu regeln, von welchem Zeitpunkt an der Eintretende am Ergebnis der Gesellschaft teilnimmt und wer die durch den Eintritt entstandenen Kosten und ggf. Steuern (insbesondere Grunderwerbsteuer, Schenkungsteuer) zu tragen hat.

127 **b) Rechtsfolgen der Aufnahme.** Mit Wirksamwerden des Beitritts zur Gesellschaft **wächst** dem Eintretenden das Gesellschaftsvermögen entsprechend seiner Beteiligungshöhe **an** und den übrigen Gesellschaftern ab (vgl. § 738 Abs. 1 S. 1 BGB).[366] Die Identität der Gesellschaft als Trägerin der Rechte und Pflichten bleibt vom Eintritt hingegen unberührt. Tritt ein persönlich haftender Gesellschafter in eine bestehende Gesellschaft ein, so haftet er auch für die Altverbindlichkeiten nach § 130 (ggf. i.V.m. § 161 Abs. 2) HGB. Gleiches gilt für einen eintretenden Kommanditisten gem. § 173 HGB. Hinzu kommt die unbeschränkte Haftung des eintretenden Kommanditisten für die zwischen dem Eintritt und dessen Eintragung in das Handelsregister begründeten Gesellschaftsverbindlichkeiten nach § 176 Abs. 2 HGB, welche tunlichst dadurch vermieden werden sollte, dass der Eintritt unter die aufschiebende Bedingung der Eintragung in das Handelsregister gestellt wird (s.o. Rdnr. 117).[367]

128 **c) Exkurs: Widerruf der Aufnahme als Gesellschafter.** Angesichts dessen, dass ein Gesellschafter grundsätzlich nicht ohne sachlichen Grund (unten Rdnr. 163) und ohne angemessene Abfindung (unten Rdnr. 170 ff.) aus der Gesellschaft hinausgekündigt bzw. ausgeschlossen werden darf (keine „Gesellschafter zweiter Klasse"), gilt es zu klären, ob dies auch für die **gesetzlichen Widerrufsrechte** bzw. einen vertraglich vereinbarten Widerrufsvorbehalt gilt. Da das gesetzliche Rückforderungsrecht nach § 528 BGB und das gesetzliche Widerrufsrecht nach § 530 BGB nicht willkürlich ausgeübt werden können und zudem einer zeitlichen Begrenzung unterliegen, sind diese Rechte nicht aus den vorgenannten gesellschaftsrechtlichen Aspekten einzuschränken.[368] Ein **vertraglich vereinbartes freies Widerrufs- bzw. Rückforderungsrecht** wird überwiegend für problematisch erachtet.[369] Ein vertragliches Widerrufs- bzw. Rückforderungsrecht ist daher nur zulässig, wenn es an einen bestimmten Tatbestand geknüpft ist, dessen Eintritt nicht im freien Belieben des Rückforderungs- bzw. Widerrufsberechtigten steht.[370] Um den Rückübertragungsanspruch abzusichern, kann der in die Gesellschaft eintretende Zuwendungsempfänger den Gesellschaftsanteil sogleich aufschiebend bedingt auf die wirksame Ausübung des Widerrufs- bzw. Rückforderungsrechts zurückübertragen (Schutz durch § 161 BGB). Was die Abfindung im Falle des Ausschlusses infolge Ausübung eines Widerrufs- bzw. Rückforderungsrechts angeht, sollte danach differenziert werden, ob die Gesellschafterstellung entgeltlich oder unentgeltlich eingeräumt worden ist. Im letztgenannten Fall dürfte ein Abfindungsausschluss bei einem lediglich kapitalistisch beteiligten Gesellschafter keinen Bedenken unterliegen.[371]

129 **d) Handelsregisteranmeldung.** Der Eintritt eines neuen Gesellschafters ist nach § 107 i.V.m. § 108 HGB von allen bisherigen Gesellschaftern und dem Eintretenden zur Eintra-

[366] OLG Düsseldorf DNotZ 1994, 100 ff.

[367] Zu den steuerlichen Folgen des Eintritts vgl. Wachter/*Sommer* Teil 2 Rdnr. 853 ff., sowie MünchHdb-GesR I/*Fabian/Farle* § 77.

[368] BGH NZG 2002, 323; NJW 1990, 2616; MünchHdbGesR II/*Piehler/Schulte* § 34 Rdnr. 26 ff.

[369] Durch ein freies Ausschlussrecht wird der betroffene Gesellschafter in seinen Entscheidungen abhängig, da er seine Mitgliedschaftsrechte stets unter dem Damoklesschwert des Ausschlusses auszuüben hat.

[370] Vgl. BGH NJW 1990, 2622; *Heinemann* ZHR 155 (1991), 447; *Mayer* ZGR 1995, 93, 104 ff.

[371] Vgl. näher zur Frage der Abfindung MünchHdbGesR II/*Piehler/Schulte* § 34 Rdnr. 32.

gung in das Handelsregister anzumelden. Hierbei sind gem. § 106 Abs. 2 Nr. 1 HGB der Name, Vorname, Geburtsdatum und Wohnort des Eintretenden anzugeben, bei Kommanditisten zusätzlich die Bezeichnung als Kommanditist und der Betrag der Haftsumme (§ 162 Abs. 1 S. 1 HGB).[372]

Handelsregisteranmeldung: Eintritt eines neuen Kommanditisten

Amtsgericht ......
– Handelsregister Abteilung A

HRA ......
...... KG

Zur Eintragung in das Handelsregister melden wir an:

1. Frau ...... [Name, Vorname, Geburtsdatum, Wohnort] ist als Kommanditistin in die Gesellschaft eingetreten.
2. Ihre einzutragende Kommanditeinlage (Haftsumme) beträgt ...... Euro.
3. Die Geschäftsräume der Gesellschaft befinden sich unverändert in ...... Dies ist auch die inländische Geschäftsanschrift (§ 106 Abs. 2 Nr. 2 HGB).

......
[Unterschriften samt Beglaubigung]

2. Rechtsgeschäftliche Übertragung der Gesellschafterstellung

Ein Gesellschafterwechsel in einer Personenhandelsgesellschaft kann durch Austritt des alten sowie Eintritt eines neuen Gesellschafters oder dadurch stattfinden, dass der Altgesellschafter seine Gesellschafterstellung als Recht i. S. v. § 413 BGB an einen Dritten abtritt (§ 398 BGB).[373] Rechtsfolgenseits führen Eintritt und Austritt zu einer Anwachsung des Gesellschaftsvermögens beim Eintretenden entsprechend seiner Beteiligung und zugleich zu einer Abwachsung bei den übrigen Gesellschaftern bzw. zu einer Anwachsung bei den übrigen Gesellschaftern, während beim derivativen Erwerb die Beteiligung schlicht übertragen wird.[374] Die Gestaltung des Gesellschafterwechsels (Ein- und Austritt bzw. Übertragung der Mitgliedschaft) spielt v. a. beim Wechsel in der Person eines Kommanditisten eine Rolle („Verdoppelung der Haftsummen"?, vgl. Rdnr. 146). 130

a) **Übertragungsvertrag.** Anders als der Eintritt eines neuen und der Austritt des bisherigen Gesellschafters, welche beide als Grundlagengeschäft einen Vertrag sämtlicher Gesellschafter erfordern, erfolgt die Übertragung eines Geschäftsanteils durch einen **Vertrag** lediglich **zwischen Veräußerer und Erwerber.** 131

aa) Zustimmungserfordernis. Da in der Auswechslung eines Gesellschafters das Grundverhältnis der Gesellschafter untereinander betroffen ist, müssen dennoch sämtliche übrigen Gesellschafter der Übertragung zustimmen („**gesetzliche Vinkulierung**"). Hierdurch werden sie allerdings nicht Partei des Übertragungsvertrages.[375] Die Zustimmung kann wiederum bereits generell oder bezogen auf bestimmte Übertragungen im Gesellschaftsvertrag enthalten sein oder im Einzelfall ad hoc erteilt werden (bei entsprechender gesellschaftsvertraglicher Regelung auch durch Mehrheitsbeschluss).[376] Solange es an der erforderlichen Zustimmung eines Gesellschafters fehlt, ist das Verfügungsgeschäft über die Mitgliedschaft schwebend unwirk- 132

[372] Weicht die Vertretungsberechtigung des eintretenden Gesellschafters von der allgemeinen Vertretungsbefugnis der Gesellschafter ab, so ist auch diese zur Eintragung in das Handelsregister anzumelden (vgl. § 106 Abs. 2 Nr. 4 HGB).

[373] Heute allgemeine Ansicht, vgl. BGHZ 13, 179; 24, 106; MünchKommBGB/*Ulmer/Schäfer* § 719 Rdnr. 25 m. w. N.

[374] Vgl. *K. Schmidt* Gesellschaftsrecht § 45 II 5.

[375] MünchKommBGB/*Ulmer/Schäfer* § 719 Rdnr. 25 m. w. N.

[376] Vgl. MünchHdbGesR I/*Piehler/Schulte* § 73 Rdnr. 6 f. zu Gestaltungsmöglichkeiten für gesellschaftsvertragliche Regelungen hinsichtlich der Übertragbarkeit sowie der Versagung bzw. des Widerrufs der Zustimmung.

sam. Gem. § 184 Abs. 1 BGB führt eine spätere Genehmigung zur Wirksamkeit ex tunc.[377] Das Zustimmungserfordernis erstreckt sich hingegen nicht auf das Verpflichtungsgeschäft.[378] Da sich kein Gesellschafter gegen seinen Willen einen neuen Mitgesellschafter aufdrängen lassen muss, kommt eine Verpflichtung zur Erteilung der Zustimmung unter dem Gesichtspunkt der gesellschaftsrechtlichen Treuepflicht nur ganz ausnahmsweise in Betracht.[379] Die im Gesellschaftsvertrag bindend niedergelegte **Zustimmung** zur Übertragung der Mitgliedschaft ist ebenso wie die ad hoc erteilte nachträgliche Zustimmung (Genehmigung) **grundsätzlich unwiderruflich.** Etwas anderes gilt für die vorherige Zustimmung (Einwilligung), welche gem. § 183 S. 1 BGB grundsätzlich frei widerrufen werden kann. Ein Widerruf der an sich unwiderruflichen Zustimmung kommt dann in Betracht, wenn sich die Aufnahme des neuen Gesellschafters als unzumutbar darstellt, etwa weil in der Person des Erwerbers ein zum Ausschluss berechtigender wichtiger Grund vorliegt.[380]

133 Ist eine **Kapitalgesellschaft**, eine andere Personenhandelsgesellschaft oder eine GbR **Gesellschafterin einer Personenhandelsgesellschaft**, erfordert eine Anteilsübertragung bei den erstgenannten Gesellschaften grundsätzlich nicht die Zustimmung der Gesellschafter der letztgenannten Gesellschaft, da die Einräumung der Gesellschafterstellung an eine andere Gesellschaft das Risiko eines Mitgliederwechsels impliziert.[381] Unter Umständen kommt ein Ausschluss der Gesellschafter-Gesellschaft in Betracht, wenn die Anteilsübertragung einem Gesellschafterwechsel in der Personenhandelsgesellschaft gleichkommt und den verbleibenden Gesellschaftern die Fortsetzung der Gesellschaft nicht zumutbar ist.[382] Ob das Zustimmungserfordernis auch durch die Vereinbarung eines Gesellschafters mit einem Dritten, den Anteil künftig für diesen zu halten, trotz fehlender Änderung im Gesellschafterbestand Anwendung findet, ist heftig umstritten.[383]

134 *bb) Formerfordernis:* Grundsätzlich sind weder der Übertragungsvertrag noch der diesem zugrunde liegende schuldrechtliche Vertrag formbedürftig. Nach der Rechtsprechung soll das Formerfordernis des § 311 b Abs. 1 S. 1 BGB bzw. § 15 Abs. 3, 4 GmbHG grundsätzlich selbst dann nicht ausgelöst werden, wenn sämtliche Anteile an der Gesellschaft übertragen werden und das Halten des Grundbesitzes bzw. der GmbH-Anteile den einzigen Zweck der Gesellschaft darstellt (vgl. § 105 Abs. 2 S. 1 Halbs. 2 HGB).[384] Der BGH begründet diese restriktive Handhabung mit der begrenzten Analogiefähigkeit von Formvorschriften. Wenngleich deren Schutzzweck auf diese Weise weitgehend ausgehebelt wird,[385] ist angesichts der jüngst erfolgten Bestätigung dieser Rechtsprechung (Urteil des II. Zivilsenats vom 10. 3. 2008 – II ZR 312/06)[386] einstweilen davon auszugehen, dass das Formerfordernis auf die Anteilsübertragung nur dann durchschlägt, wenn die beteiligte Gesellschaft gerade mit dem Zweck gegründet wurde, Grundstücke bzw. GmbH-Geschäftsanteile unter Umgehung des Formgebots (und ggf. außerhalb des Grundbuchs bzw. außerhalb der Gesellschafterliste) übertragen zu können.[387] Zur Formbedürftigkeit der Übertragung des Anteils an einer GmbH & Co. KG vgl. unten Rdnr. 254.

135 *cc) Genehmigungserfordernis.* Die **Veräußerung** eines Geschäftsanteils durch einen nicht voll Geschäftsfähigen bedarf nach § 1822 Nr. 3 BGB der familiengerichtlichen Genehmi-

[377] BGHZ 13, 179, 186.
[378] *Michalski* NZG 1998, 95.
[379] Vgl. BGH NJW 1987, 952; NJW-RR 2005, 263 = ZEV 2005, 71 m. Anm. *Reimann.*
[380] BGH ZIP 1982, 309, 310; MünchKommBGB/*Ulmer/Schäfer* § 719 Rdnr. 30 m. w. N.
[381] Vgl. OLG Naumburg NZG 2004, 775, 778 f.; MünchHdbGesR I/*Piehler/Schulte* § 73 Rdnr. 10 Fn. 45 m. w. N.
[382] *Lutter/Grunewald* AG 1989, 409, 411, 414; MünchKommBGB/*Ulmer/Schäfer* § 719 Rdnr. 31.
[383] Bejahend RGZ 1995, 272, 280 f.; OLG Hamburg BB 1983, 1030; Baumbach/*Hopt* HGB § 105 Rdnr. 32; MünchKommHGB/*K. Schmidt* Einl. III Vor § 230 Rdnr. 54; a. A. OLG Hamm GmbHR 1993, 656, 658; *Armbrüster* GmbHR 2001, 941, 947.
[384] BGH DNotZ 2008, 785 = DNotI-Report 2008, 94; BGHZ 86, 367, 370 = NJW 1983, 1110; OLG Frankfurt/Main NJW-RR 1996, 1123 = MittRhNotK 1996, 192.
[385] So auch *K. Schmidt* Gesellschaftsrecht § 58 IV 3 b aa; MünchKommBGB/*Ulmer/Schäfer* § 719 Rdnr. 35 f.; *Schöner/Stöber* Grundbuchrecht, 14. Aufl. 2008, Rdnr. 982 i.
[386] DNotZ 2008, 785.
[387] BGH DNotZ 2008, 785; BGHZ 86, 367 = NJW 1983, 1110.

gung.[388] Gleiches gilt für den **entgeltlichen** und – mit Blick auf den Schutzzweck des Genehmigungserfordernisses – entgegen dem Wortlaut auch für den **unentgeltlichen Erwerb eines Geschäftsanteils** an einer oHG oder KG (zum Erfordernis eines Ergänzungspflegers siehe oben Rdnr. 124), da der nicht voll Geschäftsfähige beim Erwerb eines Gesellschaftsanteils gleichermaßen schutzbedürftig ist wie beim Eintritt in eine Gesellschaft (str.).[389] Nach der hier vertretenen Auffassung spielt es für die Frage der Genehmigungsbedürftigkeit somit keine Rolle, ob der Anteilserwerb originär oder derivativ erfolgt. Ob eine Genehmigungsbedürftigkeit zu verneinen ist, wenn sich die Tätigkeit der Gesellschaft auf die Verwaltung des von den Gesellschaftern selbst genutzten Wohnraums beschränkt, ist noch nicht abschließend geklärt, dürfte aber im Ergebnis zu bejahen sein (Arg.: kein Erwerbsgeschäft).[390] Wegen der Haftung für Altverbindlichkeiten nach §§ 130, 173 HGB steht aber in aller Regel[391] das Genehmigungserfordernis nach § 1822 Nr. 10 BGB im Raum, sodass – von besonderen Ausnahmefällen abgesehen – die Einholung der familiengerichtlichen Genehmigung unabhängig davon erforderlich ist, ob man das Vorliegen eines Erwerbsgeschäfts bejaht (siehe oben Rdnr. 125).

dd) Vertragsinhalt.[392] Neben einem etwaigen Kaufpreis, der Regelung der Gewährleistung, der Kostentragung sowie des Zeitpunkts des dinglichen und des schuldrechtlichen Übergangs der Mitgliedschaft bzw. der Rechte aus der Mitgliedschaft sollte insbesondere detailliert geregelt werden, **welche Rechte und Pflichten** des Veräußerers auf den Erwerber **übergehen**. Mangels abweichender vertraglicher Regelung gehen nicht nur die gem. § 717 S. 1 BGB nicht abspaltbaren Gesellschafterrechte und Gesellschafterpflichten, sondern grundsätzlich auch die nach § 717 S. 2 BGB selbstständig übertragbaren Vermögensansprüche des übertragenden Gesellschafters **aus dem Gesellschaftsverhältnis** auf den Erwerber über.[393] Im Zweifel ist allerdings nur der Übergang der aus dem Rechenwerk der Gesellschaft ersichtlichen Ansprüche und Verbindlichkeiten auf den neuen Gesellschafter gewollt.[394] Ansprüche und Verbindlichkeiten, welche **nicht aus dem Gesellschaftsverhältnis resultieren**, gehen demgegenüber im Zweifel nicht auf den Erwerber über.[395] Während im Hinblick auf die nicht abspaltbaren Mitgliedschaftsrechte keine Dispositionsmöglichkeit besteht, können die Parteien bestimmen, ob bzw. in welchem Umfang die nach § 717 S. 2 BGB übertragbaren vermögensrechtlichen Ansprüche und Verbindlichkeiten auf den Erwerber übergehen. Gerade hinsichtlich der Ergebnisverteilung des laufenden Geschäftsjahres empfiehlt sich eine von der gesetzlichen Regelung (Auskehrung des zeitanteiligen entnahmefähigen Gewinns nach § 101 Nr. 2 BGB)[396] abweichende Regelung.[397] 136

[388] Ist der gesetzliche Vertreter nach § 181 bzw. §§ 1629 Abs. 2 S. 1, 1795 Abs. 1 Nr. 1 BGB von der Vertretung ausgeschlossen, können mehrere nicht voll geschäftsfähige Personen durch ein und denselben Ergänzungspfleger vertreten werden (siehe aber oben Rdnr. 124 Fn. 362 bei Eintritt mehrerer nicht voll geschäftsfähiger Personen).

[389] OLG Frankfurt/Main NZG 2008, 749; vgl. OLG Hamm OLGZ 1974, 158, 161 f.; MünchHdbGesR I/*Piehler/Schulte* § 73 Rdnr. 13, Bd. 2, § 35 Rdnr. 13, jew. m. w. N.; a. A. KG NJW 1962, 54; MünchKommBGB/*Wagenitz* § 1822 Rdnr. 14.

[390] Vgl. OLG München ZEV 2008, 609 = DNotZ 2009, 230 (unentgeltlicher Erwerb eines Kommanditanteils durch Minderjährigen nicht nach § 1822 Nr. 3 BGB genehmigungsbedürftig, wenn sich Tätigkeit der KG auf Verwaltung des von den Gesellschaftern selbst genutzten Wohnraums beschränkt). Ähnlich OLG Bremen NZG 2008, 750 = RNotZ 2008, 625 (kein Genehmigungserfordernis bei schenkweiser Übertragung von KG-Anteilen, die lediglich Unternehmensbeteiligungen in nicht gewerblicher Weise verwaltet); KölnHdbGesR/*Fleischhauer* 1. Kap. Rdnr. 313.

[391] Etwas anderes dürfte bei Erwerb eines voll eingezahlten Kommanditanteils gelten.

[392] Zum Inhalt des schuldrechtlichen Geschäfts („Share Deal") vgl. Münchener Vertragshandbuch, Band 2 Teil IV 4 = S. 574 ff. Je nach dem, ob alle bzw. nahezu alle Anteile oder nur eine Minderheitsbeteiligung verkauft werden bzw. wird, finden die Regeln über den Sach- bzw. über den Rechtskauf Anwendung (vgl. Baumbach/*Hopt* HGB § 105 Rdnr. 73).

[393] Lediglich höchstpersönliche Rechte sind hiervon ausgenommen.

[394] Vgl. BGH NJW 1966, 1307; NJW-RR 1987, 286; MünchHdbGesR I/*Piehler/Schulte* § 73 Rdnr. 21.

[395] Vgl. MünchHdbGesR I/*Piehler/Schulte* § 73 Rdnr. 17 ff. m. w. N.

[396] BGH NJW 1995, 1027, 1028 f.

[397] In steuerlicher Hinsicht findet hingegen regelmäßig eine zeitanteilige Aufteilung des Ergebnisses des laufenden Geschäftsjahres statt, vgl. Wachter/*Sommer* Teil 2 Rdnr. 862 sowie Rdnr. 870 ff. zu den steuerlichen Folgen einer entgeltlichen Anteilsübertragung.

137 Nach Auffassung des BGH erstreckt sich eine generelle Zustimmung zu Anteilsübertragungen auch auf die **aus dem Gesellschaftsverhältnis resultierenden Verbindlichkeiten** (Sozialansprüche) des Veräußerers. Demnach würden diese Verbindlichkeiten mit Übertragung der Mitgliedschaft auf den Erwerber übergehen, ohne dass es insoweit einer gesonderten Zustimmung der übrigen Gesellschafter bedürfte.[398] Richtigerweise wird man in der Zustimmung zur Übertragung der Mitgliedschaft jedoch keine Haftentlassung i. S. v. § 415 BGB (befreiende Schuldübernahme) sehen können, sodass entgegen dem BGH Veräußerer und Erwerber gesamtschuldnerisch für die aus dem Gesellschaftsverhältnis herrührenden Altverbindlichkeiten einzustehen haben.[399] Eine abweichende Vereinbarung entfaltet mangels Zustimmung der anderen Gesellschafter nur im Innenverhältnis Wirkung. Resultieren Ansprüche bzw. Verbindlichkeiten des Veräußerers nicht aus dem Gesellschaftsverhältnis, so gehen diese mangels abweichender vertraglicher Vereinbarung nicht auf den Erwerber über.[400] Gleiches gilt für Verbindlichkeiten des übertragenden Gesellschafters aus dem Gesellschaftsverhältnis, die lediglich gegenüber Mitgesellschaftern bestehen (z. B. Regressanspruch nach § 426 Abs. 2 S. 1 BGB).[401]

138 *ee) Handelsregistervollmacht.* Um den Vollzug des Übertragungsvorgangs im Handelsregister, d. h. die Eintragung des Gesellschafterwechsels, sicherzustellen, können sich die Vertragsteile gegenseitig **Handelsregistervollmacht** erteilen. Insoweit ist das Formerfordernis nach § 12 Abs. 1 S. 2 HGB zu beachten.

139 *ff) Rechtsfolgen der Anteilsübertragung.* Der Gesellschafterwechsel im Wege der Anteilsübertragung lässt die Identität der Gesellschaft unberührt, selbst dann, wenn sämtliche Mitglieder der Gesellschaft zugleich ausgewechselt werden.[402] In firmenrechtlicher Hinsicht ist lediglich § 24 Abs. 2 HGB zu berücksichtigen (Einwilligungserfordernis des Ausscheidenden, wenn dessen Name in der Firma enthalten ist). Abgesehen von den höchstpersönlichen Rechten des Übertragenden geht die Mitgliedschaft mit allen Rechten und Pflichten auf den Erwerber über. Dies gilt mangels abweichender Vereinbarung ebenso für Sozialansprüche und Sozialverbindlichkeiten, nicht jedoch für Drittgläubigeransprüche und Drittgläubigerverbindlichkeiten, d. h. Rechte und Pflichten des Übertragenden, welche nicht im Gesellschaftsverhältnis wurzeln. Zum Wechsel in der Art der Gesellschafterstellung infolge einer Anteilsübertragung s. u. Rdnr. 155.

140 Findet der **Übertragungsvorgang zwischen zwei Gesellschaftern** statt, vereinigen sich die beiden Gesellschaftsanteile aufgrund des Grundsatzes der **Einheitlichkeit der Mitgliedschaft** in der Person des Erwerbers, wenn nicht ausnahmsweise ein berechtigtes Interesse an der fortdauernden Selbstständigkeit der Anteile besteht (z. B. Testamentsvollstreckung, Vor- und Nacherbschaft).[403] Werden **sämtliche Geschäftsanteile** an einer oHG oder KG **auf einen Mitgesellschafter** bzw. **auf einen Dritten übertragen**, geht das Gesellschaftsvermögen im Wege der **Gesamtrechtsnachfolge** auf den Erwerber über und die Gesellschaft wird liquidationslos beendet.[404] Ob diese Rechtsfolge auch dann eintritt, wenn einzelne der sich in einer Hand vereinigenden Gesellschaftsanteile der Testamentsvollstreckung bzw. der Vor- und Nacherbschaft unterliegen oder mit einem Pfandrecht belastet sind, ist noch nicht abschließend geklärt. Insoweit erscheint eine Ausnahme vom Grundsatz der Einheitlichkeit der Mitgliedschaft angezeigt (s. o. Rdnr. 11).

141 *gg) Sonderfall: Teilweise Übertragung der Beteiligung.* Grundsätzlich kann ein Gesellschafter auch **lediglich** einen **Teil seiner Gesellschaftsbeteiligung** auf eine andere Person **übertragen.**[405] Es ist allerdings zu beachten, dass eine im Gesellschaftsvertrag erteilte generelle Zu-

---

[398] BGH NJW 1966, 1307, 1309; a. A. h. L. *Teichmann* NJW 1966, 2336, 2339 f.; Großkomm-HGB/*Ulmer* § 105 Rdnr. 321; MünchHdbGesR I/*Piehler/Schulte* § 73 Rdnr. 24 m. w. N.

[399] So zu Recht MünchKommBGB/*Ulmer/Schäfer* § 719 Rdnr. 45.

[400] Vgl. BGH DB 1978, 877.

[401] Vgl. BGH NJW 1981, 1095; MünchKommBGB/*Ulmer/Schäfer* § 719 Rdnr. 46.

[402] BGHZ 44, 229, 232 = NJW 1966, 499.

[403] Vgl. *K. Schmidt* Gesellschaftsrecht § 45 I 2 b.

[404] BGH NJW-RR 1990, 798; NJW 1978, 1525.

[405] Zum Sonderfall der teilweisen Übertragung eines Kommanditanteils auf einen anderen Kommanditisten, insbesondere hinsichtlich der im Handelsregister eingetragenen Haftsumme vgl. DNotI-Gutachten Nr. 101 983 im Gutachtenabruf unter http:/faxabruf.dnoti-online-plus.de/.

stimmung zu Anteilsübertragungen nicht ohne Weiteres ebenso Teilübertragungen erfasst, da damit eine Erhöhung der Gesellschafteranzahl einhergeht und die Stimmenverhältnisse zwischen den Gesellschaftern verschoben werden. Es empfiehlt sich daher, im Zweifel eine ad-hoc-Zustimmung der übrigen Gesellschafter zur teilweisen Übertragung eines Gesellschaftsanteils einzuholen.[406] Da noch nicht abschließend geklärt ist, ob aus dem Gesellschaftsverhältnis resultierende, bereits entstandene Ansprüche bzw. Verpflichtungen in Ermangelung einer abweichenden vertraglichen Vereinbarung auf den Erwerber übergehen, sollte insoweit ebenfalls eine klarstellende Regelung in den Übertragungsvertrag aufgenommen werden.[407] Im Hinblick auf unteilbare Verwaltungsrechte (z. B. Informationsrecht, Kontrollrecht) führt die Teilübertragung der Gesellschafterstellung im Zweifel dazu, dass die Rechte sowohl dem Erwerber als auch dem Veräußerer zustehen.[408]

Soll die Beteiligung eines Komplementärs teilweise unter Umwandlung in eine Komman- 142
ditbeteiligung übertragen werden, sind neben dem Zustimmungserfordernis insbesondere die Haftungsfolgen zu beachten. Aufgrund des Grundsatzes der Einheitlichkeit der Beteiligung kann die Umwandlung nicht in der Hand des Veräußerers, sondern erst beim Erwerber stattfinden. Dieser ist somit zumindest für eine logische Sekunde Komplementär, so dass die unbeschränkte persönliche Haftung des Erwerbers für die bis zu diesem Zeitpunkt begründeten Altverbindlichkeiten eingreift. Aus diesem Grund kommt diese Gestaltung in aller Regel nicht in Betracht. Stattdessen sollte der Kommanditist im Wege des Eintritts in die KG aufgenommen, der Kapitalanteil des Komplementärs durch Änderung des Gesellschaftsvertrags um den vorgesehenen Betrag herabgesetzt und dieser Betrag dem Kapitalkonto des Eintretenden gutgeschrieben werden (sog. „**Einbuchungslösung**“).[409]

hh) Haftungsfolgen. Wird der Gesellschaftsanteil eines persönlich haftenden Gesellschaf- 143
ters übertragen, haftet der Erwerber nach §§ 128–130 HGB unbeschränkt auch für Verbindlichkeiten aus der Zeit vor seiner Zugehörigkeit zur Gesellschaft. Der Veräußerer haftet weiterhin für die im Zeitpunkt seines Ausscheidens aus der Gesellschaft begründeten Verbindlichkeiten nach §§ 128, 160 HGB (Fünfjahresfrist). Zu den Spezialfragen bei der Übertragung einer Kommanditbeteiligung s. sogleich Rdnr. 146 ff. Sofern sich das „Nachhaftungsrisiko“ eines ausgeschiedenen Gesellschafters realisiert, kommt ein Regressanspruch gegen den Erwerber in Betracht, wenn sich dem Übertragungsvertrag bzw. dem schuldrechtlichen Grundgeschäft – wie regelmäßig – eine **Freistellungsverpflichtung des Erwerbers** entnehmen lässt.[410] Hiervon unberührt bleibt selbstverständlich die Möglichkeit des Altgesellschafters, die Gesellschaft sowie seine früheren Mitgesellschafter in Regress zu nehmen (§ 110 HGB bzw. § 426 Abs. 2 S. 1 BGB).

b) Handelsregisteranmeldung. Ebenso wie der Gesellschafterwechsel infolge Aus- und 144
Eintritts ist auch die Übertragung der Gesellschafterstellung **von allen Gesellschaftern** (inkl. des eintretenden und des austretenden Gesellschafters)[411] in der Form des § 12 Abs. 1 HGB zur Eintragung in das Handelsregister anzumelden (§§ 107, 108 HGB). Erfolgt die Anmeldung durch einen Bevollmächtigten, ist auch die Vollmacht elektronisch in öffentlich beglaubigter Form einzureichen (§ 12 Abs. 1 S. 2 HGB). Zu den Besonderheiten der Handelsregisteranmeldung beim Kommanditistenwechsel s. sogleich Rdnr. 147 ff.

Erfolgen **mehrere Gesellschafterwechsel in unmittelbarer zeitlicher Abfolge** im Wege der 145
Gesamt- oder Sonderrechtsnachfolge, sind sämtliche Ein- und Austritte nach §§ 107, 143 Abs. 2, 161 Abs. 2, 162 Abs. 1 und 3 HGB unter Angabe der Haftsumme zur Eintragung in das Handelsregister anzumelden. Ist im Handelsregister noch der Rechtsvorgänger eines Kommanditisten eingetragen, der seinerseits durch Tod oder Übertragung seines Anteils aus

[406] Vgl. MünchHdbGesR I/*Piehler/Schulte* § 73 Rdnr. 3.
[407] Vgl. hierzu BFH BStBl. 1982 II, 211, 214; MünchHdbGesR I/*Piehler/Schulte* § 73 Rdnr. 43.
[408] Großkomm-HGB/*Ulmer* § 105 Rdnr. 325; a. A. *Staudenmaier* DNotZ 1966, 724, 727 (gemeinschaftliche Rechtsausübung).
[409] MünchHdbGesR II/*Piehler/Schulte* § 35 Rdnr. 36; MünchKommHGB/*K. Schmidt* §§ 171, 172 Rdnr. 45.
[410] Vgl. BGH NJW 1995, 166, 167.
[411] Vgl. Baumbach/*Hopt* HGB § 108 Rdnr. 1. Zum Vorgehen bei unbekanntem Aufenthalt eines ausgeschiedenen Kommanditisten oder dessen Tod und unbekannten Erben vgl. DNotI-Gutachten Nr. 13 206 im Gutachtenabruf unter http:/faxabruf.dnoti-online-plus.de/.

der Gesellschaft ausgeschieden ist, so kann der Gesamt- oder Sonderrechtsnachfolger des zuletzt Ausgeschiedenen **erst nach der Zwischeneintragung seines Rechtsvorgängers** in das Handelsregister eintragen werden.[412] Anders als § 40 GBO sehen die vorgenannten Bestimmungen keine Ausnahmen vom Eintragungserfordernis vor. Zudem zielt die Eintragungspflicht auf eine **lückenlose Wiedergabe** insbesondere **der Haftungsverhältnisse** der Gesellschaft.[413]

146 c) **Sonderfall: Übertragung eines Kommanditanteils.** Soll ein **Kommanditistenwechsel** erfolgen, so stehen das **„Austritt-Eintritt-Modell"** sowie die unmittelbare **Übertragung der Kommanditbeteiligung** zur Verfügung. Das Austritt-Eintritt-Modell führt stets zu einer Verdoppelung der Haftung, selbst dann, wenn der Ausscheidende seine Einlage vollständig erbracht hat und der Eintretende unter Einverständnis sämtlicher Gesellschafter seine Einlage durch Zahlung an den Ausscheidenden auf dessen Abfindungsanspruch leistet, weil darin eine Einlagenrückgewähr i.S.v. § 172 Abs. 4 HGB zu sehen ist.[414] Daher ist regelmäßig die unmittelbare **Übertragung der Kommanditbeteiligung vorzugswürdig,** bei welcher der Eintretende schlicht den Anteil des ausscheidenden Kommanditisten übernimmt. In diesem Fall beschränkt sich die Haftung von Veräußerer und Erwerber insgesamt auf die eingetragene Haftsumme.[415]

147 *aa) Nachfolgevermerk und Abfindungsversicherung.* Eine Verdoppelung der Haftsummen ist aber nur dann zuverlässig ausgeschlossen, wenn die Sonderrechtsnachfolge durch einen sog. **Nachfolgevermerk**[416] im Register verlautbart wird. Fehlt der Vermerk, geht dies zulasten des veräußernden Kommanditisten, da dem Erwerber die Einlagenleistung infolge des Eintritts in die Rechtsposition des Veräußerers zugute kommt.[417] Ob das Fehlen eines Nachfolgevermerks stets zur Haftung des übertragenden Kommanditisten gem. §§ 171, 172 Abs. 4 HGB führt[418] oder seit der Neufassung des § 162 Abs. 2 und 3 HGB eine Haftung des ausscheidenden Kommanditisten nur nach allgemeinen Rechtsscheingrundsätzen in Betracht kommt,[419] sodass eine Haftungsverdoppelung nur dann droht, wenn der Altgläubiger von der Eintragung Kenntnis hat und im Vertrauen auf die Verdoppelung der Haftsummen Dispositionen trifft, ist umstritten. Da jedenfalls eine Haftung nach allgemeinen Rechtsscheingrundsätzen im Raum steht, hat die Eintragung des Rechtsnachfolgevermerks im Handelsregister ihre Bedeutung nicht verloren.[420]

148 Nach der Rechtsprechung bedarf es für die Eintragung des Nachfolgevermerks einer Versicherung des ausscheidenden Kommanditisten sowie der vertretungsberechtigten Gesellschafter, dass die Gesellschaft Ersterem keine Abfindung gezahlt hat und ihm auch keine solche versprochen wurde (sog. **Abfindungsversicherung**).[421] Angesichts dessen, dass die Abfindungsversicherung unschwer in die Handelsregisteranmeldung integriert werden kann, welche von allen Gesellschaftern einschließlich des Eintretenden und des Ausscheidenden zu unterschreiben ist (§§ 107, 108 sowie § 143 Abs. 1, 2 i.V.m. § 161 Abs. 2 HGB), kommt

---

412 OLG Köln DNotZ 2005, 555; KG ZNotP 2003, 112 = FGPrax 2003, 42; KG DNotZ 2001, 408; OLG Hamm NJW-RR 1993, 807; zustimmend Ebenroth/Boujong/Joost/Strohn/*Märtens* HGB § 107 Rdnr. 11; *Krafka/Willer/Kühn* Registerrecht Rdnr. 751, 756; *Schmidt/Sikora/Tiedtke,* Praxis des Handels- und Kostenrechts, Rdnr. 533.

413 KG DNotZ 2001, 408, 409; OLG Hamm NJW-RR 1993, 807, 808 f.; vgl. LG Frankenthal Rpfleger 1995, 74 für einen Sonderfall; hierzu auch *Krafka/Willer/Kühn* Registerrecht Rdnr. 756.

414 Vgl. *K. Schmidt* GmbHR 1981, 253, 255. Im Fall des Ein- und Austritts haften der eintretende Kommanditist gem. § 173 HGB und der ausscheidende Kommanditist nach §§ 171, 172 i.V.m. §§ 160 Abs. 1, 161 Abs. 2 HGB jeweils in Höhe der eingetragenen Haftsumme für (Alt-) Verbindlichkeiten der Gesellschaft.

415 Zum Sonderfall der teilweisen Übertragung eines Kommanditanteils auf einen anderen Kommanditisten, insbesondere hinsichtlich der im Handelsregister eingetragenen Haftsumme siehe oben Fn. 405.

416 Für ein Formulierungsbeispiel vgl. *Krafka/Willer/Kühn* Registerrecht Rdnr. 754.

417 BGHZ 81, 82, 84 f., 89 = NJW 1981, 2747.

418 So Ebenroth/Boujong/Joost/Strohn/*Strohn* HGB § 173 Rdnr. 18 m.w.N.

419 So *K. Schmidt* ZIP 2002, 413, 418; MünchHdbGesR II/*Piehler/Schulte* § 35 Rdnr. 39; Gutachten DNotI-Report 2002, 113, 115.

420 Ebenso Fleischhauer/Preuß/*Kallrath* Handelsregisterrecht S. 277 m.w.N.

421 BGH WM 2006, 36, 37; *Krafka/Willer/Kühn* Registerrecht Rdnr. 750 m.w.N.; a.A. KG ZIP 2004, 1847, 1849.

dem Streit um die Berechtigung ihrer Anforderung durch das Registergericht keine praktische Bedeutung zu.[422]

Muster: Handelsregisteranmeldung der Übertragung des Kommanditanteils

Amtsgericht ……
Handelsregister Abteilung A

HRA ……
…… KG

Zur Eintragung in das Handelsregister melden wir an:

1. Der Kommanditist …… (Name, Vorname, Geburtsdatum, Wohnort) ist infolge der Übertragung seiner Kommanditeinlage in Höhe von …… Euro im Wege der Sonderrechtsnachfolge auf …… (Name, Vorname, Geburtsdatum, Wohnort) aus der Gesellschaft ausgeschieden. Der Erwerber ist anstelle des bisherigen Kommanditisten in die Gesellschaft als Kommanditist mit einer Kommanditeinlage in Höhe von …… Euro eingetreten.
2. Die Übertragung des Kommanditanteils erfolgt aufschiebend bedingt auf den Zeitpunkt der Eintragung des Kommanditistenwechsels in das Handelsregister.[423]
3. Der ausscheidende Kommanditist sowie sämtliche vertretungsberechtigten Gesellschafter versichern, dass der ausscheidende Kommanditist keine Abfindung aus dem Gesellschaftsvermögen erhalten hat und ihm eine solche auch nicht versprochen wurde.
4. Die Geschäftsräume der Gesellschaft befinden sich unverändert in …… Dies ist auch die inländische Geschäftsanschrift (§ 106 Abs. 2 Nr. 2 HGB).

……
[Unterschriften samt Beglaubigung]

bb) Vermeidung der Eintretendenhaftung nach § 176 Abs. 2 HGB. Ebenso wie beim Aus- und Eintritt eines Kommanditisten ist auch bei der Übertragung einer Kommanditbeteiligung sicherzustellen, dass der den Gesellschaftsanteil erwerbende Kommanditist nicht gem. § 176 Abs. 2 HGB unbeschränkt haftet. Zwar wird in der Literatur die unbeschränkte Eintretendenhaftung bis zum Zeitpunkt der Eintragung in das Handelsregister gem. § 176 Abs. 2 HGB im Fall der Übertragung der Kommanditbeteiligung insbesondere unter Verweis auf Wortlaut („tritt … ein“) und den Schutzzweck der Vorschrift nahezu einhellig abgelehnt.[424] Da der BGH in einer Entscheidung aus dem Jahr 1983 aber (noch) eine Anwendbarkeit von § 176 Abs. 2 HGB bei derivativem Erwerb einer Kommanditbeteiligung bejaht,[425] empfiehlt es sich, die Übertragung eines Kommanditanteils ebenfalls **aufschiebend bedingt auf die Eintragung** des Kommanditistenwechsels in das Handelsregister zu vereinbaren (s. das Muster oben Rdnr. 148).[426] Wird der Kommanditanteil hingegen von einem anderen Kommanditisten erworben, findet § 176 Abs. 2 HGB mangels Eintritts eines neuen Gesellschafters in die Gesellschaft keine Anwendung.[427] 149

cc) Haftungsfolgen. Ist die Kommanditeinlage im Zeitpunkt des Wirksamwerdens der Übertragung nicht bzw. nicht vollständig i. S. v. § 171 Abs. 1 HS 2 HGB geleistet (ggf. auch aufgrund einer Einlagenrückzahlung i. S. v. § 172 Abs. 4 HGB), greift eine gesamtschuldneri- 150

[422] Ist die Versicherung nicht in der Handelsregisteranmeldung hinsichtlich des Kommanditistenwechsels enthalten, kann sie nach h. M. auch in nicht öffentlich beglaubigter Form nachgereicht werden (KG NZG 2009, 905; *Krafka/Willer/Kühn* Registerrecht Rdnr. 750 m. w. N. auch zur Gegenansicht).

[423] S. hierzu die Ausführungen unten Rdnr. 149.

[424] Baumbach/*Hopt* HGB § 176 Rdnr. 11; Ebenroth/Boujong/Joost/Strohn/*Strohn* HGB § 176 Rdnr. 26 f.; MünchHdbGesR II/*Piehler/Schulte* § 35 Rdnr. 40; MünchKommHGB/*K. Schmidt* § 176 Rdnr. 26.

[425] BGH NJW 1983, 2258, 2259; zustimmend: *Koller*/Roth/Morck HGB § 176 Rdnr. 9.

[426] Ebenso Fleischhauer/Preuß/*Kallrath* Handelsregisterrecht S. 278.

[427] BGH NJW 1976, 848, 849; *Schilling* ZGR 1978, 173, 174; MünchHdbGesR II/*Piehler/Schulte* § 35 Rdnr. 47 f., auch zum Erwerb durch einen persönlich haftenden Gesellschafter.

sche Haftung von Alt- und Neukommanditist gem. § 171 Abs. 1 HS 1 HGB, wobei dem Altkommanditisten § 160 HGB zugutekommt.[428] Wird ein **voll eingezahlter Kommanditanteil übertragen**, ist umstritten, ob eine **spätere Einlagenrückzahlung** an den neuen Kommanditisten i. S. v. § 172 Abs. 4 HGB sich zulasten des bereits ausgeschiedenen Gesellschafters auswirkt.[429] Ggf. empfiehlt sich insoweit eine Freistellungsvereinbarung zwischen Veräußerer und Erwerber, die freilich nur schuldrechtlich wirkt.[430] Ist der **veräußernde Kommanditist** selbst **nicht im Handelsregister eingetragen** und haftet folglich nach § 176 Abs. 2 HGB unbeschränkt für die während seiner Zugehörigkeit zur Gesellschaft begründeten Verbindlichkeiten, so geht diese Haftung infolge der Übertragung der Mitgliedschaft auf den Erwerber über.[431] Der Erwerb eines Kommanditanteils von einem nicht eingetragenen Kommanditisten sollte folglich tunlichst vermieden werden.[432]

3. Wechsel der Art der Gesellschafterstellung in der KG

151 a) **Umwandlung der Gesellschafterstellung.** Wie sich aus § 160 Abs. 3 HGB ergibt, kann ein Komplementär seine Gesellschafterstellung in die eines Kommanditisten umwandeln. Ebenso wie bei der Übertragung der Gesellschafterstellung bedarf es auch für die Umwandlung nicht notwendig eines Austritts in der einen Funktion und eines Eintritts in der anderen, sondern es besteht die Möglichkeit, die durchgehend bestehende **Mitgliedschaft lediglich inhaltlich zu ändern.**[433] Die Umwandlung der Gesellschafterstellung kann ebenso im Rahmen einer Übertragung derselben erfolgen (hierzu unten Rdnr. 155). Da es sich bei dem Wechsel der Art der Gesellschafterstellung um eine Änderung des Gesellschaftsvertrages handelt, bedarf er grundsätzlich der **Mitwirkung sämtlicher Gesellschafter**. Etwas anderes gilt nur dann, wenn im Gesellschaftsvertrag vorgesehen ist, dass einzelnen Gesellschaftern unter bestimmten Voraussetzungen das einseitige Recht zur Umwandlung ihrer Gesellschafterstellung zusteht. Umgekehrt kann im Gesellschaftsvertrag vorgesehen sein, dass ein persönlich haftender Gesellschafter durch Mehrheitsbeschluss zum Kommanditisten herabgestuft werden kann. Eine derartige Regelung ist jedenfalls unter der Voraussetzung zulässig, dass die „Herabstufung“ durch Mehrheitsbeschluss nur bei Vorliegen eines wichtigen Grundes i. S. v. § 140 HGB möglich ist.[434] Wird die Gesellschafterstellung eines nicht voll Geschäftsfähigen umgewandelt, ist hierfür keine familiengerichtliche Genehmigung nach § 1822 Nr. 3 BGB erforderlich. Soll der nicht voll Geschäftsfähige von der Kommanditisten- in die Komplementärstellung wechseln, bedarf es wegen der damit verbundenen unbeschränkten Haftung aber einer Genehmigung nach § 1822 Nr. 10 BGB.[435]

152 *aa) Regelungsbedarf.* In dem grundsätzlich formfreien Änderungsvertrag muss insbesondere die neue Rechtsstellung des von der Umwandlung betroffenen Gesellschafters geregelt werden (u. a. Auseinandersetzungs- oder Abfindungsansprüche, Gewinnvorab bzw. Tätigkeitsvergütung). Wechselt ein Komplementär in die Kommanditistenstellung, bedarf es der Festlegung von Pflichteinlage und Haftsumme, welche typischerweise durch Umbuchung der Kapitalkonten erbracht werden. Eine haftungsbefreiende Einlageleistung i. S. v. § 171 Abs. 1 S. 2 HGB kommt sogar bei negativem Kapitalkonto in Betracht, wenn der Wert der Beteiligung aufgrund stiller Reserven die Haftsumme erreicht oder überschreitet. Einer Ak-

---

[428] BGHZ 81, 82, 85 = NJW 1981, 2747.

[429] So BGH NJW 1976, 751, 752; MünchKommHGB/*K. Schmidt* § 173 Rdnr. 33; Ebenroth/Boujong/Joost/Strohn/*Strohn* HGB § 173 Rdnr. 21 (kein Schuldnerwechsel ohne Zustimmung des Gläubigers). A. A. Baumbach/*Hopt* HGB § 173 Rdnr. 12; *Koller*/Roth/Morck HGB §§ 171, 172 Rdnr. 26.

[430] *Limmer* ZNotP 2000, 297, 302, 303.

[431] *K. Schmidt* NJW 1983, 2260; MünchHdbGesR II/*Piehler/Schulte* § 35 Rdnr. 42.

[432] Zu den Konsequenzen des Fehlens eines Nachfolgevermerks s. o. Rdnr. 147 sowie MünchHdbGesR II/*Piehler/Schulte* § 35 Rdnr. 44 f.

[433] Allg. Meinung, Baumbach/*Hopt* HGB § 162 Rdnr. 10; MünchKommHGB/*Grunewald* § 161 Rdnr. 17; *K. Schmidt* Gesellschaftsrecht § 45 I 3.

[434] BGH NJW 1961, 1767; Baumbach/*Hopt* HGB § 140 Rdnr. 29. Der BGH will darüber hinausgehend eine Herabstufung durch Mehrheitsbeschluss auch ohne sachlichen Grund zulassen (NJW 1973, 651; a. A. MünchHdbGesR II/*Piehler/Schulte* § 35 Rdnr. 62 m. w. N. zum Streitstand).

[435] BGH NJW 1992, 300, 301; Baumbach/*Hopt* HGB § 105 Rdnr. 26.

tivierung der stillen Reserven bedarf es nicht, sofern die Anrechnung derselben im Einvernehmen sämtlicher Gesellschafter erfolgt.[436]

bb) Haftungsfolgen. Im Hinblick auf die aus der geänderten Gesellschafterstellung resultierenden Haftung gilt Folgendes: Wechselt ein Kommanditist in die Stellung eines persönlich haftenden Gesellschafters, haftet er gem. §§ 128, 130 HGB unbeschränkt für sämtliche Alt- und Neuverbindlichkeiten der Gesellschaft. Auf die (beschränkte) Nachhaftung des Kommanditisten kommt es insoweit nicht an. Im umgekehrten Fall des Wechsels eines persönlich haftenden Gesellschafters in die Stellung eines Kommanditisten ist die unbeschränkte Haftung für Altverbindlichkeiten nach § 160 Abs. 3 i. V. m. Abs. 1 und 2 HGB auf fünf Jahre nach Eintragung der Veränderung der Gesellschafterstellung in das Handelsregister begrenzt.[437] Für nach dem Wechsel begründete Verbindlichkeiten kommt eine unbeschränkte Haftung nach § 15 Abs. 1 HGB in Betracht.[438] Zudem haftet der Gesellschafter für sämtliche Verbindlichkeiten der Gesellschaft gem. §§ 171, 173 HGB, d. h. beschränkt auf die in das Handelsregister eingetragene Haftsumme. Die unbeschränkte Eintretendenhaftung nach § 176 Abs. 2 HGB findet auf den Wechsel in der Art der Gesellschafterstellung keine Anwendung.[439] 153

cc) Handelsregisteranmeldung. Die Änderung in der Art der Gesellschafterstellung ist analog §§ 107, 108 i. V. m. § 161 Abs. 2 HGB zur Eintragung in das Handelsregister anzumelden.[440] 154

Muster: Handelsregisteranmeldung des Wechsels von der Komplementär- in die Kommanditistenstellung

Amtsgericht ......
– Handelsregister Abteilung A

HRA ......
...... KG

Zur Eintragung in das Handelsregister melden wir an:

1. Der bisherige persönlich haftende Gesellschafter ...... (Name, Vorname, Geburtsdatum und Wohnort) ist nunmehr Kommanditist mit einer Kommanditeinlage (Haftsumme) in Höhe von ...... Euro.[441]
2. Die Geschäftsräume der Gesellschaft befinden sich unverändert in ...... Dies ist auch die inländische Geschäftsanschrift (§ 106 Abs. 2 Nr. 2 HGB).

......
[Unterschriften samt Beglaubigung]

b) **Anteilsübertragung unter Änderung der Gesellschafterstellung.** Die Art der Gesellschafterstellung kann ebenso im Zuge ihrer Übertragung geändert werden. Voraussetzung hierfür ist wiederum, dass die übrigen Gesellschafter ad hoc ihr Einverständnis erklären oder der Gesellschaftsvertrag die Übertragung unter Umwandlung der Gesellschafterstellung zulässt. Bei Übertragung unter Wechsel von der Kommanditisten- in die Komplementärstellung haftet der Erwerber unbeschränkt auch für sämtliche Altverbindlichkeiten der Gesellschaft (§§ 128, 130 HGB). Im umgekehrten Fall, d. h. bei Fortführung der Komplementär- als Kommanditbeteiligung, haftet der Erwerber in jedem Fall für alle Alt- und Neuverbindlichkeiten gem. §§ 171, 173 HGB, d. h. begrenzt auf die eingetragene Haftsumme. Darüber hinaus haftet der ausscheidende Komplementär unbeschränkt für die im Zeitpunkt seines 155

[436] BGH NJW 1987, 3184, 3185; MünchKommHGB/*K. Schmidt* §§ 171, 172 Rdnr. 45; Ebenroth/Boujong/Joost/Strohn/*Strohn* HGB § 171 Rdnr. 45.
[437] BGH NJW 1983, 2940, 2943.
[438] MünchKommHGB/*K. Schmidt* § 176 Rdnr. 21.
[439] BGHZ 66, 98, 101; Baumbach/*Hopt* HGB § 176 Rdnr. 11.
[440] MünchHdbGesR II/*Piehler/Schulte* § 35 Rdnr. 74 auch zu Fragen der Bekanntmachung.
[441] Alternativ kann der Wechsel in der Art der Gesellschafterstellung auch als Austritt und korrespondierender Eintritt angemeldet werden, vgl. Wachter/*Sommer* Teil 2 Rdnr. 879.

Ausscheidens bzw. der Umwandlung der Art der Gesellschafterstellung begründeten Verbindlichkeiten, wobei ihm die fünfjährige Enthaftungsfrist nach § 160 HGB zugutekommt. Ob die unbeschränkte Nachhaftung auch den Erwerbenden trifft, dürfte maßgeblich davon abhängen, in welchem Stadium der Umwandlung der Gesellschafterstellung er in die Rechtsposition des Veräußerers eintritt. Jedenfalls dann, wenn die Umwandlung der Komplementär- in die Kommanditistenstellung noch in der Hand des Veräußerers stattgefunden hat, spricht viel dafür, die Nachhaftung gem. §§ 128, 160 HGB auf die Person des Veräußerers zu beschränken.[442] Sieht man die aus §§ 128, 160 HGB resultierenden Verbindlichkeiten hingegen als Bestandteil der Mitgliedschaft an, könnte auch bei dieser Gestaltung ein Übergang auf den Erwerbenden in Betracht kommen.

Praxishinweis:

Soll eine Komplementärbeteiligung im Zuge der Übertragung in eine Kommanditbeteiligung umgewandelt werden, empfiehlt sich ein Austritt des persönlich haftenden Gesellschafters verbunden mit einem Eintritt des Erwerbers als Kommanditist, um eine unbeschränkte persönliche Haftung des Erwerbers für Altverbindlichkeiten zuverlässig auszuschließen.

4. Ausscheiden eines Gesellschafters

156 a) **Überblick über die Ausscheidensgründe.** Anders als bei der rechtsgeschäftlichen Übertragung der Gesellschafterstellung ist das Ausscheiden dadurch charakterisiert, dass der Gesellschafter die fortbestehende Gesellschaft verlässt, ohne seine Mitgliedschaft auf einen Dritten zu übertragen. Im Unterschied zur Gesellschaft bürgerlichen Rechts (vgl. §§ 723, 726, 727 BGB) ist die Kontinuität der Personenhandelsgesellschaft seit dem Handelsrechtsreformgesetz von 1998[443] grundsätzlich von der Kontinuität des Gesellschafterkreises unabhängig. Lediglich die Gesellschaft selbst unmittelbar betreffende Umstände führen zu deren Auflösung (vgl. § 131 Abs. 1 HGB). Demgegenüber scheidet ein Gesellschafter aus der fortbestehenden Gesellschaft aus, wenn einer der **in § 131 Abs. 3 HGB normierten Gründe** vorliegt (hierzu sogleich Rdnr. 157ff.) oder er infolge **Ausschließungsklage** aufgrund Urteils aus der Gesellschaft ausgeschlossen wird (§ 140 HGB, Rdnr. 166f.). Schließlich ist ein Ausscheiden noch aufgrund **formfreier**[444] **Austrittsvereinbarung sämtlicher Gesellschafter** möglich. Insoweit kann sich ein Genehmigungserfordernis aus § 1822 Nr. 3 BGB („Veräußerung eines Erwerbsgeschäfts") oder ein Zustimmungserfordernis aus § 1365 BGB ergeben.[445] Die vorstehenden Ausscheidensgründe gelten ebenso in der lediglich **aus zwei Personen bestehenden Gesellschaft** (zu den Rechtsfolgen des Ausscheidens des vorletzten Gesellschafters siehe Rdnr. 171).[446]

157 Gem. § 131 Abs. 3 S. 1 HGB führen der Tod eines Gesellschafters (hierzu unten Rdnr. 184ff.), die Eröffnung des Insolvenzverfahrens über das Vermögen eines Gesellschafters, die Kündigung durch den Gesellschafter bzw. seine Privatgläubiger sowie ein entsprechender Beschluss der Gesellschafter zum Ausscheiden eines Gesellschafters. Darüber hinausgehend kann der Gesellschaftsvertrag weitere Ausscheidenstatbestände vorsehen (§ 131 Abs. 1 Nr. 5 HGB, s.u. Rdnr. 161ff.). Die **in § 131 Abs. 3 S. 1 HGB normierten Ausscheidensgründe** können grundsätzlich gesellschaftsvertraglich **modifiziert bzw. abbedungen** werden. Dies gilt allerdings nicht für den Ausscheidensgrund der Eröffnung des Insolvenzverfahrens und nur eingeschränkt für den Ausscheidensgrund der Kündigung durch einen Privatgläubiger des Gesellschafters, da die Verwertung der Gesellschaftsbeteiligung zugunsten der Gläubiger nicht verhindert werden darf.[447] Eine Kündigung durch den Privatgläubi-

---

[442] So auch MünchHdbGesR II/*Piehler/Schulte* § 35 Rdnr. 36.

[443] BGBl. 1998 I, 1474.

[444] Vgl. hierzu MünchHdbGesR I/*Piehler/Schulte* § 74 Rdnr. 34.

[445] Vgl. MünchHdbGesR I/*Piehler/Schulte* § 74 Rdnr. 33.

[446] Die für die Zweipersonengesellschaft bestehende Sonderregelung des § 142 HGB wurde durch das Handelsrechtsreformgesetz 1998 ersatzlos aufgehoben.

[447] *Schlitt* NZG 1998, 580, 583ff.; MünchHdbGesR I/*Piehler/Schulte* § 74 Rdnr. 9ff. (Ausscheiden wegen Insolvenzeröffnung), Rdnr. 27ff. (Ausscheiden infolge Kündigung durch einen Privatgläubiger eines Gesellschafters).

ger gem. §§ 131 Abs. 3 S. 1 Nr. 4, 135 HGB[448] setzt voraus, dass ein nicht nur vorläufig vollstreckbarer Titel gegen den Gesellschafter vorliegt, innerhalb der letzten sechs Monate eine Zwangsvollstreckung in das bewegliche Vermögen des Gesellschafters erfolglos versucht wurde[449] und die Pfändung und Überweisung des Geschäftsanteils erwirkt wurden. Ob zur Erlangung des Kündigungsrechts die isolierte Pfändung des Auseinandersetzungsanspruchs ausreichend ist, wird unterschiedlich beurteilt,[450] sodass die Pfändung des Gesellschaftsanteils nach § 859 Abs. 1 ZPO aus Sicht des Privatgläubigers vorzugswürdig erscheint, zumal diese den Auseinandersetzungsanspruch umfasst.[451]

b) Gesetzliches Kündigungsrecht (§ 131 Abs. 3 S. 1 Nr. 3 HGB). Nach dem gesetzlichen Regelungsmodell kann jeder Gesellschafter einer auf unbestimmte Zeit eingegangenen Gesellschaft seine Mitgliedschaft zum Schluss des Geschäftsjahres kündigen, wobei die Kündigungserklärung mindestens sechs Monate vorher zugehen muss (§ 132 HGB). Gleiches gilt für eine auf Lebenszeit eines Gesellschafters oder für bestimmte Dauer eingegangene Gesellschaft, welche nach Ablauf der vorgesehenen Zeit stillschweigend fortgesetzt wurde (§ 134 HGB). Die formlos mögliche Kündigung hat als einseitige empfangsbedürftige Willenserklärung gegenüber den anderen Gesellschaftern zu erfolgen, da das Grundverhältnis betroffen ist. Wird sie gegenüber der Gesellschaft abgegeben, entfaltet sie erst mit Weiterleitung an die bzw. Zugang bei den übrigen Gesellschaftern Wirkung.[452] Nur ganz ausnahmsweise führt die gesellschaftsrechtliche Treuepflicht zur Unwirksamkeit einer ausgesprochenen Kündigung.[453] 158

aa) Gesellschaftsvertragliche Modifizierung. Da die große Mehrheit der Gesellschaften auf unbestimmte Zeit eingegangen werden, ist eine Kündigung seitens eines Gesellschafters demnach jederzeit möglich. Aufgrund des mit der Abfindungszahlung verbundenen Liquiditätsentzugs (hierzu unten Rdnr. 172) sowie ggf. aufgrund der Bedeutung einzelner Gesellschafter für den Betrieb des Handelsgewerbes der Gesellschaft ist es häufig empfehlenswert und weit verbreitet, das in §§ 131 Abs. 3 S. 1 Nr. 3, 132, 134 HGB normierte Kündigungsrecht gesellschaftsvertraglich einzuschränken. Zwar kommt ein vollständiger Ausschluss mit Blick auf § 723 Abs. 3 BGB i. V. m. §§ 105 Abs. 3, 161 Abs. 2 HGB nicht in Betracht.[454] Gleiches gilt für weitgehende Beschränkungen des Kündigungsrechts, welche im Ergebnis auf einen Ausschluss hinauslaufen.[455] Hiervon abgesehen sind **Beschränkungen des Kündigungsrechts** bzw. Ausgestaltungen desselben (z. B. Formerfordernis, Zugangsfiktion etc.) aber grundsätzlich zulässig. Auch eine maßvolle Verlängerung der Kündigungsfrist ist insoweit unbedenklich, zumal die Eingehung einer Gesellschaft auf bestimmte (längere) Zeit die Gesellschafter in gleicher Weise bindet. Eng verknüpft mit dem Kündigungsrecht des Gesellschafters ist die Modifizierung des gesetzlichen Abfindungsanspruchs (hierzu unten Rdnr. 174 ff.). Eine unangemessene Reduzierung bzw. ein Ausschluss des Abfindungsanspruchs kann die Freiheit des Gesellschafters zur Kündigung ebenfalls in unzulässiger Weise einschränken. 159

bb) Regelung für Volljährigwerden (vgl. § 723 Abs. 1 S. 3 Nr. 2 BGB). Ob einem minderjährigen Gesellschafter das außerordentliche Kündigungsrecht des § 723 Abs. 1 S. 3 Nr. 2 BGB mit Erreichen der Volljährigkeit zusteht, ist noch nicht abschließend geklärt, zumal die Gesetzesverfasser eher von einem Ausstrahlen dieser Vorschrift auf § 133 HGB ausgin- 160

---

[448] § 135 HGB gilt nur für Privatgläubiger des Gesellschafters, nicht für nach § 128 HGB gegenüber dem Gesellschafter geltend gemachte Gesellschaftsverbindlichkeiten (Schlegelberger/*K. Schmidt* HGB § 135 Rdnr. 8).

[449] Insoweit ist unerheblich, wer die Zwangsvollstreckung betrieben hat und ob dies aufgrund rechtskräftigen oder lediglich vorläufig vollstreckbaren Titels erfolgt ist (Schlegelberger/*K. Schmidt* HGB § 135 Rdnr. 19).

[450] Bejahend Schlegelberger/*K. Schmidt* HGB § 135 Rdnr. 9 ff.; Baumbach/*Hopt* HGB § 135 Rdnr. 7; verneinend Ebenroth/Boujong/Joost/Strohn/*Lorz* HGB § 135 Rdnr. 12 f., jew. m. w. N.

[451] Vgl. BGH NJW 1986, 1991, 1992; Zöller/*Stöber* ZPO § 859 Rdnr. 4.

[452] Vgl. MünchHdbGesR I/*Piehler/Schulte* § 74 Rdnr. 15.

[453] Schlegelberger/*K. Schmidt* HGB § 132 Rdnr. 19 f.

[454] Vgl. BGH NJW 1954, 106; Schlegelberger/*K. Schmidt* HGB § 132 Rdnr. 28.

[455] Vgl. MünchKommBGB/*Ulmer/Schäfer* § 723 Rdnr. 71; MünchHdbGesR I/*Piehler/Schulte* § 74 Rdnr. 23, insbesondere zur Problematik der überlangen vertraglichen Dauer der Gesellschaft.

gen.[456] Daher erscheint es vorzugswürdig, im Gesellschaftsvertrag eine Regelung für den Fall des Volljährigwerdens eines minderjährigen Gesellschafters zu treffen (z. B. Anbieten des Wechsels der Gesellschafterstellung in diejenige eines Kommanditisten entsprechend § 139 HGB).[457]

161 c) **Ausscheiden aufgrund Beschlusses der Gesellschafter (§ 131 Abs. 3 S. 1 Nr. 6 HGB).** Der Ausscheidenstatbestand des § 131 Abs. 3 S. 1 Nr. 6 HGB hat in seiner gesetzlichen Ausprägung keine eigenständige Bedeutung, da ein entsprechender Gesellschafterbeschluss gem. § 119 Abs. 1 HGB **einstimmig** zu fassen ist und daher ein Ausschluss gegen den Willen des Auszuschließenden nicht in Betracht kommt (auch arg e § 140 HGB). Dass die Gesellschafter einvernehmlich eine Veränderung im Gesellschafterbestand vornehmen können, war auch schon vor Einführung von § 131 Abs. 3 S. 1 Nr. 6 HGB allgemein anerkannt. Bedeutung erlangt diese Regelung aber im Zusammenspiel mit **§ 131 Abs. 3 S. 1 Nr. 5 HGB**. Danach können im Gesellschaftsvertrag weitere über § 131 Abs. 3 S. 1 HGB hinausgehende Ausscheidensgründe festgelegt werden. Je nach Ausgestaltung ziehen diese das **automatische Ausscheiden** des betroffenen Gesellschafters nach sich oder ermöglichen es der Gesellschafterversammlung, den jeweiligen Gesellschafter durch (ggf. qualifizierten) Mehrheitsbeschluss auszuschließen. Die **Ausschließung infolge Mehrheitsbeschlusses** gestattet es den Gesellschaftern, flexibel auf den jeweiligen Einzelfall zu reagieren, und ist deshalb in aller Regel vorzugswürdig.[458]

162 *aa) Inhaltliche Anforderungen an eine gesellschaftsvertragliche Ausschließungsklausel.* Da durch eine derartige gesellschaftsvertragliche Klausel der Kernbereich der Mitgliedschaft als solcher betroffen ist, sind an ihre Zulässigkeit strenge Anforderungen zu stellen. Zum einen muss der jeweilige Ausscheidensgrund hinreichend klar im Vertrag niedergelegt sein (**Bestimmtheitserfordernis**). Von einer allgemeinen Mehrheitsklausel im Gesellschaftsvertrag ist die Ausschließung eines Gesellschafters jedenfalls nicht gedeckt. Es ist somit empfehlenswert, die Ausschließungsgründe konkret im Gesellschaftsvertrag aufzuzählen. Ferner muss für jeden Ausschließungstatbestand ein **sachlicher Grund** vorliegen. Dies ist insbesondere dann **nicht** der Fall, wenn das zum Ausschluss berechtigende Ereignis von anderen Gesellschaftern **nach Belieben herbeigeführt** werden kann.[459] Die inhaltlichen Anforderungen gelten in gleicher Weise für einen gesellschaftsvertraglich geregelten Automatismus. Für eine Differenzierung zwischen einem automatischen Ausscheiden und dem Ausscheiden durch Mehrheitsbeschluss besteht kein Anlass.

163 *bb) Insbesondere: Sachlicher Grund für Ausschließung.* Angesichts dessen, dass ein Ausschließungsrecht nach freiem Ermessen der Gesellschaftermehrheit in aller Regel als nach § 138 Abs. 1 BGB nichtig anzusehen ist, da die Betroffenen hierdurch zu Gesellschaftern minderen Rechts würden („Damoklesschwert der Hinauskündigung"),[460] kommt der Frage besondere Bedeutung zu, welcher Umstand als sachlicher Grund für eine Ausschließung anzuerkennen ist. Wenngleich generelle Aussagen nur schwer zu treffen sind, da stets die Umstände des Einzelfalls, insbesondere die Struktur der jeweiligen Gesellschaft, berücksichtigt werden müssen, lässt sich doch festhalten, dass die Anforderungen an den sachlichen Grund hinter denjenigen an einen wichtigen Grund i. S. v. § 133 Abs. 1 BGB wesentlich zurückbleiben. Denkbar sind insofern u. a. das Erreichen einer bestimmten Altersgrenze, eine lange Krankheit bzw. die Unfähigkeit eines Gesellschafters zur Mitarbeit in der Gesellschaft etc.[461]

164 *cc) Ausnahmsweise freies Ausschließungsrecht.* In bestimmten Konstellationen hat der BGH aber ausnahmsweise ein freies Ausschließungsrecht der übrigen Gesellschafter für zu-

[456] Vgl. BT-Drucks. 13/5624 sowie *Reimann* DNotZ 1999, 179, 207 ff.; Baumbach/*Hopt* HGB § 133 Rdnr. 7; MünchKommBGB/*Ulmer/Schäfer* § 723 Rdnr. 41; *Grunewald* ZIP 1999, 597, 599.

[457] Vgl. MünchHdbGesR I/*Piehler/Schulte* § 74 Rdnr. 25 f., auch zur gesetzlich nicht geregelten außerordentlichen Kündigung aus wichtigem Grund.

[458] Vgl. MünchHdbGesR I/*Piehler/Schulte* § 74 Rdnr. 30 für denkbare Gründe eines automatischen Ausscheidens.

[459] Vgl. MünchHdbGesR I/*Piehler/Schulte* § 74 Rdnr. 30, 62 ff.

[460] Vgl. BGH NJW 1994, 1156, 1157; NJW 1989, 2681; NJW 1988, 1903.

[461] Großkomm-HGB/*Schäfer* § 131 Rdnr. 98 ff.; MünchHdbGesR I/*Piehler/Schulte* § 74 Rdnr. 30.

lässig gehalten, wenn dies aufgrund besonderer Einzelfallumstände sachlich gerechtfertigt ist. Wird beispielsweise ein neuer **Gesellschafter in eine seit Langem bestehende Freiberuflersozietät aufgenommen**, hält der BGH ein zeitlich auf wohl **maximal drei Jahre** (**Probezeit**) beschränktes freies Ausschließungsrecht für zulässig.[462] Gleiches gilt, wenn der Gesellschafter die Beteiligung im Wege der **Erbfolge** erworben und der Erblasser die **Hinauskündigungsmöglichkeit letztwillig angeordnet** hat.[463] Ebenfalls ist mittlerweile anerkannt, dass derjenige Gesellschafter, dem seine Gesellschafterstellung im Rahmen eines **Mitarbeiter- bzw. Managerbeteiligungsmodells** von vornherein lediglich für die Dauer seiner Tätigkeit eingeräumt wurde, bei Beendigung derselben kraft einer vertraglichen Regelung ohne weitere Voraussetzungen ausgeschlossen werden kann.[464] Ob eine sachliche Rechtfertigung eines freien Ausschließungsrechts auch in der **schenkweisen Übertragung** eines Gesellschaftsanteils gesehen werden kann, wurde vom BGH bislang **offen** gelassen.[465]

dd) Gestaltungsüberlegungen. Sofern keine der von der Rechtsprechung anerkannten Fallgruppen eines freien Ausschließungsrechts vorliegt, erscheint es ratsam, das gesellschaftsvertraglich einzuräumende Ausschließungsrecht durch Mehrheitsentscheidung an die Erfüllung fest umrissener Tatbestandsmerkmale zu knüpfen, deren Eintritt nicht im freien Belieben der ausschließungsberechtigten Gesellschafter steht. Zudem muss der Ausschluss aus Sicht eines objektiven Betrachters zumindest nachvollziehbar sein (sachlicher Grund, z.B. Verletzung gesellschaftsvertraglicher Pflichten). Schließlich darf das Ausschließungsrecht nach den Voraussetzungen nicht zeitlich unbefristet ausübbar sein.[466] Die Unzulässigkeit eines freien Ausschließungsrechts durch Mehrheitsentscheidung kann nicht durch ein **bindendes Angebot** eines Gesellschafters an einen oder mehrere Mitgesellschafter zum Erwerb seines Gesellschaftsanteils umgangen werden. Ein derartiges Angebot ist für den anbietenden Gesellschafter nicht verbindlich.[467] 165

d) **Ausschließung eines Gesellschafters nach § 140 HGB.** Unbeschadet einer etwa bestehenden gesellschaftsvertraglich normierten Möglichkeit des Ausschlusses eines Gesellschafters durch Mehrheitsbeschluss kann ein Gesellschafter im Wege der **Ausschließungsklage** der übrigen Gesellschafter nach § 140 Abs. 1 HGB durch **Gestaltungsurteil** gegen seinen Willen aus der Gesellschaft ausgeschlossen werden. Der hierfür erforderliche wichtige Grund (§ 140 Abs. 1 S. 1 i.V.m. § 133 HGB) ist gegeben, wenn den übrigen Gesellschaftern die Fortsetzung der Gesellschaft mit dem Auszuschließenden aufgrund **umfassender Würdigung** der Umstände des Einzelfalls nicht zumutbar ist.[468] In § 133 Abs. 2 HGB sind die vorsätzliche oder grob fahrlässige Verletzung einer wesentlichen gesellschaftsvertraglichen Verpflichtung sowie die Unmöglichkeit der Erfüllung einer derartigen Verpflichtung als Beispielsfälle genannt. Erforderlich ist ein **Bezug des wichtigen Grundes zum Gesellschaftsverhältnis.** Rein private Verfehlungen sind grundsätzlich nicht zu berücksichtigen. Ob sich ein Fehlverhalten eines Gesellschafters als hinreichend schwerwiegend darstellt, ist stets mit Blick auf den Gesellschaftszweck zu beurteilen.[469] Ein etwaiges Verschulden des Gesellschafters hinsichtlich der Pflichtverletzung ist im Rahmen der Gesamtwürdigung zulasten des Auszuschließenden zu berücksichtigen, stellt jedoch keine notwendige Voraussetzung für 166

[462] BGH NZG 2007, 583; NJW 2004, 2013 = DNotZ 2004, 865 (Unzulässigkeit einer zehnjährigen Probezeit in Freiberufler-GbR).

[463] BGH NZG 2007, 422.

[464] BGH NJW 2005, 3644; NJW 2005, 3641.

[465] BGH NJW 1990, 2616, 2618. Unter Verweis auf die BGH-Rechtsprechung zum Mitarbeiter- bzw. Managerbeteiligungsmodell sowie zur Hinauskündigungsmöglichkeit aufgrund letztwilliger Verfügung halten *Piehler/Schulte* – meines Erachtens zurecht – ein Ausschließungsrecht nach freiem Ermessen bei schenkweise erworbener Gesellschafterstellung dann für zulässig, wenn dieses Recht bereits im Schenkungsvertrag niedergelegt ist (MünchHdbGesR I § 74 Rdnr. 74).

[466] Vgl. zum Ganzen MünchHdbGesR I/*Piehler/Schulte* § 74 Rdnr. 64, 69 m. w. N. Der BGH hat ein zeitlich unbefristet ausübbares Ausschließungsrecht im Wege der geltungserhaltenden Reduktion aber als befristetes Ausschließungsrecht aufrechterhalten (BGHZ 105, 213 = NJW 1989, 834).

[467] Vgl. BGH NJW 1990, 2622.

[468] Vgl. Baumbach/*Hopt* HGB § 133 Rdnr. 5 m. w. N.

[469] Vgl. MünchHdbGesR I/*Piehler/Schulte* § 74 Rdnr. 39 mit Beispielen.

das Vorliegen eines wichtigen Grundes dar.[470] Ein eigenes Fehlverhalten der Ausschließungskläger kann zur Verneinung des Ausschließungsanspruchs nach § 140 HGB führen, insbesondere dann, wenn die Kläger in ihrer Person selbst einen Ausschließungsgrund verwirklicht haben.[471] Zu berücksichtigen ist ferner die Stellung des Auszuschließenden in der Gesellschaft. So bedarf der Ausschluss eines rein kapitalistisch beteiligten Kommanditisten, der kaum Einfluss auf die Führung der Gesellschaft hat, eines besonders schwerwiegenden Fehlverhaltens.[472] Im Rahmen der vorzunehmenden Gesamtwürdigung sind zudem die Leistungen und Verdienste des auszuschließenden Gesellschafters für die Gesellschaft aus der Vergangenheit zu berücksichtigen.[473] Da es sich bei der Ausschließung eines Gesellschafters nach § 140 HGB um ein Verteidigungsmittel zur Fortsetzung der Gesellschaft handelt, müssen die verbleibenden Gesellschafter zur Fortführung des Unternehmens ohne den Auszuschließenden bereit sein.[474] Die Ausschließungsklage hat nur dann Erfolg, wenn **kein milderes Mittel** (z.B. Umwandlung der Beteiligung eines persönlich haftenden Gesellschafters in die eines Kommanditisten, Einsetzung eines Treuhänders, Ausschluss des Stimmrechts, Entzug der Geschäftsführungs- und Vertretungsbefugnis) in Betracht kommt (ultima ratio).[475]

167 Anders als die in § 133 HGB normierte Möglichkeit der Auflösung der Gesellschaft aus wichtigem Grund ist die **Regelung zur Ausschließung** eines Gesellschafters nach § 140 HGB **nicht zwingend.** Im Gesellschaftsvertrag kann sowohl die Schwelle für eine Ausschließung als auch das gesetzlich hierfür vorgesehene Verfahren modifiziert werden. Verfahrensrechtlich bietet sich insoweit in Anlehnung an die Regelung bei der GbR (§ 737 BGB) insbesondere die Ausschließung aufgrund Gesellschafterbeschlusses an. Inhaltlich können die Ausschließungsgründe erweitert bzw. konkretisiert werden, wobei die oben dargestellten inhaltlichen Anforderungen an ein Ausschließungsrecht infolge Mehrheitsentscheidung zu beachten sind (Rdnr. 162 ff.). Schließlich kommt eine vollständige oder teilweise Abbedingung des Rechts zur Ausschließungsklage nach § 140 HGB in Betracht, sodass den übrigen Gesellschaftern bei Vorliegen eines wichtigen Grundes lediglich die Auflösungsklage nach § 133 HGB verbleibt.

168 e) **Handelsregisteranmeldung.** Das Ausscheiden eines Gesellschafters ist von **allen verbliebenen** Gesellschaftern sowie von **dem Ausgeschiedenen** selbst **zur Eintragung in das Handelsregister anzumelden** (§ 143 Abs. 2 i. V. m. Abs. 1 S. 1 HGB). Erfolgt das Ausscheiden infolge Ausschlussurteils i. S. v. § 140 Abs. 1 HGB, bedarf es der Mitwirkung des Ausgeschlossenen nach § 16 Abs. 1 S. 1 HGB nicht.[476] Scheidet ein Gesellschafter infolge Todes aus der Gesellschaft aus (§ 131 Abs. 3 S. 1 Nr. 1 HGB), haben grundsätzlich alle Erben unabhängig von ihrer Nachfolge- oder Eintrittsberechtigung dessen Ausscheiden zur Eintragung in das Handelsregister anzumelden.[477] Allerdings kann nach Maßgabe von § 143 Abs. 3 HGB auf die Mitwirkung der Erben bei der Handelsregisteranmeldung verzichtet werden. Bei Ausscheiden infolge Eröffnung des Insolvenzverfahrens (§ 131 Abs. 3 S. 1 Nr. 2 HGB) hat die Handelsregisteranmeldung nicht durch den Ausgeschiedenen, sondern nach § 80 Abs. 1 InsO durch den Insolvenzverwalter zu erfolgen.[478]

169 Wenngleich die Eintragung des Ausscheidens in das Handelsregister nur **deklaratorische** Wirkung hat, da der Gesellschafter bereits mit Verwirklichung des Ausscheidenstatbestan-

[470] Ebenroth/Boujong/Joost/Strohn/*Lorz* HGB § 140 Rdnr. 11 m. w. N.; *Dißars* DStR 1996, 345, 346.
[471] BGH NJW 1999, 3779.
[472] BGH NJW 1998, 146; NJW 1995, 597.
[473] MünchHdbGesR I/*Piehler/Schulte* § 74 Rdnr. 46. Nach der Auffassung von *Piehler/Schulte* sollen zudem die persönlichen und wirtschaftlichen Folgen des Ausschlusses für den betroffenen Gesellschafter von Relevanz sein.
[474] RGZ 153, 274, 280.
[475] BGH NZG 2003, 625; Baumbach/*Hopt* HGB § 140 Rdnr. 6; Ebenroth/Boujong/Joost/Strohn/*Lorz* HGB § 140 Rdnr. 8 ff.; *K. Schmidt* Gesellschaftsrecht § 50 III 1 b. Zum Verfahren der Ausschlussklage vgl. MünchHdbGesR I/*Piehler/Schulte* § 74 Rdnr. 51 ff.
[476] MünchKommHGB/*K. Schmidt* § 143 Rdnr. 14.
[477] BayObLG DNotZ 1979, 109, 111; Ebenroth/Boujong/Joost/Strohn/*Lorz* HGB § 143 Rdnr. 11; MünchHdbGesR I/*Piehler/Schulte* § 75 Rdnr. 81, auch zur Anmeldeberechtigung bei Anordnung von Testamentsvollstreckung.
[478] BGH NJW 1988, 822; Ebenroth/Boujong/Joost/Strohn/*Lorz* HGB § 143 Rdnr. 10.

des aus der Gesellschaft ausscheidet,[479] kommt der Eintragung insbesondere im Hinblick auf die Haftung des Ausgeschiedenen erhebliche Bedeutung zu. Zum einen haftet der Ausgeschiedene nach § 15 Abs. 1 i. V. m. § 128 HGB gegenüber gutgläubigen Dritten bis zur Eintragung seines Ausscheidens weiterhin für neu entstehende Gesellschaftsschulden. Ebenso ist die fünfjährige Ausschlussfrist des § 160 Abs. 1 HGB an die Eintragung des Ausscheidens in das Handelsregister geknüpft (§ 160 Abs. 1 S. 2 HGB).[480]

f) Folgen des Ausscheidens. *aa) Gesetzliche Folgen.* Scheidet ein Gesellschafter aufgrund 170 Eintritts eines der in § 131 Abs. 3 S. 1 HGB bzw. im Gesellschaftsvertrag geregelten Ereignisse oder aufgrund rechtskräftigen Ausschließungsurteils i. S. v. § 140 HGB aus der Gesellschaft aus, so **wächst sein Anteil den verbleibenden Gesellschaftern** gem. § 738 Abs. 1 S. 1 BGB (i. V. m. §§ 105 Abs. 3, 161 Abs. 2 HGB) **zu.** Im Gegenzug steht dem ausgeschiedenen Gesellschafter, seinen Erben bzw. dem Insolvenzverwalter/der Insolvenzmasse ein **Abfindungsanspruch** nach § 738 Abs. 1 S. 2 BGB zu. Die **Identität der Gesellschaft** bleibt vom Ausscheiden eines Gesellschafters grundsätzlich **unberührt.**

Etwas anderes gilt nur in der **Zweipersonengesellschaft** sowie bei Ausscheiden des ein- 171 zigen Komplementärs aus einer Kommanditgesellschaft. Scheidet einer von zwei Gesellschaftern aus der Gesellschaft aus, führt dies zur liquidationslosen Vollbeendigung der Gesellschaft. Das Gesellschaftsvermögen geht im Wege der Gesamtrechtsnachfolge auf den verbleibenden Gesellschafter über.[481] Dies gilt in gleicher Weise bei **Ausscheiden des Komplementärs** aus einer zweigliedrigen Kommanditgesellschaft. Dem vormaligen Kommanditisten wächst das Gesellschaftsvermögen mit allen Aktiva und Passiva zu, sodass grundsätzlich eine unbeschränkte Haftung des bisherigen Kommanditisten für Gesellschaftsverbindlichkeiten im Raum steht.[482] Es erscheint jedoch vorzugswürdig, den verbliebenen Kommanditisten für Verbindlichkeiten der Gesellschaft nur mit dem ihm zugefallenen Gesellschaftsvermögen haften zu lassen, sofern sich eine weitergehende Haftung nicht aus §§ 171 f. HGB oder § 25 HGB (Fortführung des Handelsgeschäfts) ergibt, zumal das Ausscheiden des anderen Gesellschafters gem. § 131 Abs. 3 S. 1 HGB weitgehend außerhalb der Einflusssphäre des Kommanditisten liegt und die dort niedergelegten Ausscheidensgründe nur teilweise dispositiv sind. In analoger Anwendung von § 27 Abs. 2 HGB soll eine unbeschränkte Haftung des früheren Kommanditisten nur dann in Betracht kommen, wenn er das Geschäft über die Dreimonatsfrist des § 27 Abs. 2 HGB hinaus fortführt.[483]

(1) Abfindung in Höhe des Verkehrswerts der Beteiligung (§ 738 Abs. 1 S. 2 BGB). Mit 172 Ausscheiden eines Gesellschafters wird dessen Abfindungsanspruch gem. § 738 Abs. 1 S. 2 BGB in Ermangelung einer abweichenden vertraglichen Regelung sofort fällig (§ 271 Abs. 1 BGB). Der Abfindungsanspruch ist auf der Grundlage des wirklichen Wertes des lebenden Unternehmens einschließlich stiller Reserven und des Goodwills (**Verkehrswert**) zu berechnen.[484] Trotz des missverständlichen Wortlauts von § 738 Abs. 1 S. 2 BGB stellt der Liquidationswert nur den Mindestwert dar; für die Ermittlung des Abfindungsanspruchs ist davon auszugehen, dass das Unternehmen bei gedachter Auflösung als Ganzes veräußert worden wäre.[485] Für die Unternehmensbewertung ist grundsätzlich auf den Tag des Ausscheidens abzustellen.[486] Schuldner des Abfindungsanspruchs ist entgegen dem Wortlaut von § 738 Abs. 1 S. 2 BGB primär die Gesellschaft, wobei die übrigen Gesellschafter gegen-

[479] Vgl. Ebenroth/Boujong/Joost/Strohn/*Lorz* HGB § 143 Rdnr. 19.

[480] Umstritten ist, ob die Eintragung des Ausscheidens eines Gesellschafters von dessen Voreintragung abhängig gemacht werden darf (MünchHdbGesR I/*Piehler/Schulte* § 75 Rdnr. 80 m. w. N.).

[481] BGH NZG 2008, 704 = MittBayNot 2009, 57.

[482] So tendenziell BGH NJW 2000, 1119; a. A. *Frey/von Bredow* ZIP 1998, 1621; *Liebs* ZIP 2002, 1716; *K. Schmidt* GmbHR 2002, 1209, die alle eine teleologische Reduktion des § 131 Abs. 3 S. 1 Nr. 1 HGB bei der zweigliedrigen Kommanditgesellschaft erwägen.

[483] So BGH ZIP 2004, 1047 = RNotZ 2004, 338, für das Ausscheiden der Komplementär-GmbH infolge Insolvenz aus einer GmbH & Co. KG; vgl. Gutachten DNotI-Report 2010, 45 ff.

[484] BGH NJW 1985, 192, 193; Baumbach/*Hopt* HGB § 131 Rdnr. 49.

[485] Vgl. MünchHdbGesR I/*Piehler/Schulte* § 75 Rdnr. 20 ff., auch zu den Einzelheiten der Unternehmensbewertung.

[486] Bei der Ausschließungsklage nach § 140 HGB kommt es hingegen auf den Tag der Klageerhebung an (§ 140 Abs. 2 HGB).

über dem Ausgeschiedenen unmittelbar nach § 128 HGB haften.[487] Ergibt sich bei der Ermittlung des Auseinandersetzungsguthabens ein **negativer Betrag**, hat der Ausgeschiedene der Gesellschaft gegenüber anteilig für den Fehlbetrag aufzukommen.[488]

173 *(2) Weitere Folgen des Ausscheidens.* Ferner hat der ausscheidende Gesellschafter einen Anspruch aus § 738 Abs. 1 S. 2 BGB auf Rückgabe derjenigen Gegenstände, die er der Gesellschaft zur Benutzung überlassen hat (quoad usum). Gleiches gilt für Gegenstände, die er „dem Wert nach“ (quoad sortem) in die Gesellschaft eingebracht hat.[489] Sofern der Ausgeschiedene aufgrund seiner nachvertraglichen Treuepflicht im Einzelfall gehalten ist, in seinem Eigentum stehende, von der Gesellschaft aber dringend benötigte Gegenstände dieser vorläufig weiter zu belassen,[490] steht ihm regelmäßig ein angemessenes Nutzungsentgelt zu.[491] Weiterhin hat der Ausgeschiedene gem. § 738 Abs. 1 S. 2 BGB ein Anspruch gegen die Gesellschaft auf Befreiung von denjenigen gemeinschaftlichen Schulden, für welche er auch persönlich haftet. Sofern diese Verbindlichkeiten noch nicht fällig sind (u. a. Verbindlichkeiten aus schwebenden Geschäften, vgl. § 740 Abs. 1 S. 1 BGB),[492] kann die Gesellschaft dem Ausgeschiedenen Sicherheit leisten. Das Ergebnis schwebender Geschäfte ist nach § 740 BGB bei der Ermittlung des Auseinandersetzungsguthabens bzw. -fehlbetrages nicht zu berücksichtigen. Vielmehr ist über die schwebenden Geschäfte jeweils zum Jahresende gesondert abzurechnen. An deren Gewinn und Verlust nimmt der Ausgeschiedene entsprechend seinem Gewinn- bzw. Verlustanteil teil. Für diejenigen Gesellschaftsverbindlichkeiten, die im Zeitpunkt des Ausscheidens bestehen, **haftet** der **Ausscheidende** auch weiterhin (§§ 128, 160 ggf. i. V. m. § 161 Abs. 2 HGB bzw. §§ 171, 172 i. V. m. §§ 160 Abs. 1, 161 Abs. 2 HGB). Ein ausgeschiedener persönlich haftender Gesellschafter und ein ausgeschiedener Kommanditist haften demnach für Altschulden nur dann, wenn sie vor Ablauf von fünf Jahren nach dem Ausscheiden fällig sind und der Anspruch in einer in § 197 Abs. 1 Nrn. 3–5 BGB bezeichneten Art festgestellt oder eine gerichtliche oder behördliche Vollstreckungshandlung vorgenommen oder beantragt wurde. Im Unterschied zu § 159 HGB (Verjährungseinrede) handelt es sich bei **§ 160 HGB** um eine **Ausschlussfrist**.[493]

174 *bb) Gesellschaftsvertragliche Modifizierung.* Die gesetzliche Regelung der vermögensrechtlichen Ansprüche und Pflichten des ausgeschiedenen Gesellschafters in §§ 738–740 BGB ist – abgesehen von der in § 738 Abs. 1 S. 1 BGB angeordneten Anwachsung – **dispositiv.** In aller Regel wird sich eine gesellschaftsvertragliche Abfindungsregelung empfehlen, welche nicht unwesentlich von dem gesetzlichen Regelungsmodell abweicht. In § 738 Abs. 1 S. 2 BGB ist lediglich niedergelegt, dass das Abfindungsguthaben auf Grundlage des Verkehrswerts der Gesellschaft zu berechnen ist. Eine bestimmte Bewertungsmethode wird vom Gesetz hingegen nicht vorgegeben, sodass das **gesetzliche Modell** schon aufgrund der denkbaren unterschiedlichen Bewertungsansätze[494] äußerst **streitanfällig** ist. Daher sollte in jedem Gesellschaftsvertrag eine **möglichst klare** und **einfach zu handhabende Vereinbarung** über die Abfindung ausscheidender Gesellschafter enthalten sein. Festzulegen sind insbesondere die Methode zur Bewertung des Unternehmens, das Verfahren bei Streitigkeiten über die Bewertung sowie die Fälligkeit bzw. Stundung des Abfindungsanspruchs.

175 Bei Vereinbarung eines vom gesetzlichen Anspruch nach § 738 Abs. 1 S. 2 BGB abweichenden Abfindungsguthabens verfolgen die Gesellschafter typischerweise die folgenden Ziele: Der **Liquiditätsabfluss** soll im Interesse der Gesellschaft und der verbleibenden Gesellschafter **begrenzt** und auf diese Weise das Überleben der Gesellschaft gesichert werden. Hierfür bietet sich eine Bewertungsmethode an, durch welche der Abfindungsanspruch (ggf.

[487] BGH WM 1971, 1451, 1452; NZG 2001, 936, 937; Baumbach/*Hopt* HGB § 128 Rdnr. 23; Schlegelberger/*K. Schmidt* HGB § 138 Rdnr. 43.

[488] Näher MünchHdbGesR I/*Piehler/Schulte* § 75 Rdnr. 51.

[489] Ebenroth/Boujong/Joost/Strohn/*Lorz* HGB § 131 Rdnr. 61; MünchKommBGB/*Ulmer/Schäfer* § 732 Rdnr. 8 f.

[490] Vgl. BGH NJW 1981, 2802; Ebenroth/Boujong/Joost/Strohn/*Lorz* HGB § 181 Rdnr. 60.

[491] MünchKommBGB/*Ulmer/Schäfer* § 738 Rdnr. 76.

[492] MünchKommBGB/*Ulmer/Schäfer* § 738 Rdnr. 80.

[493] Baumbach/*Hopt* HGB § 160 Rdnr. 3.

[494] Vgl. MünchHdbGesR I/*Piehler/Schulte* § 75 Rdnr. 19 ff.

deutlich) niedriger als der Verkehrswert des Gesellschaftsanteils festgesetzt wird. Zudem kann der Abfindungsanspruch gestundet bzw. der Gesellschaft die **ratenweise Zahlung der Abfindung** gestattet werden. Ferner dient eine gesellschaftsvertragliche Abfindungsklausel dazu, durch eine möglichst klare und einfach zu handhabende Regelung Streit zwischen dem ausscheidenden Gesellschafter und der Gesellschaft zu vermeiden sowie einen **Streitbeilegungsmechanismus** zur Verfügung zu stellen, welcher eine zeitnahe und kostengünstige Klärung gestattet. Im Übrigen ist die Auswahl einer Bewertungsmethode stark von den Umständen des jeweiligen Einzelfalls abhängig (Art des wesentlichen Gesellschaftsvermögens, Anzahl der Gesellschafter, Kapitalstruktur des Unternehmens etc.). Folglich gibt es nicht die vorzugswürdige Abfindungsklausel, sodass im Folgenden lediglich verschiedene Modelle dargestellt werden.

(1) Wirksamkeits- und Ausübungskontrolle. Grundsätzlich bestehen keine Bedenken, den gesetzlichen Abfindungsanspruch aus § 738 Abs. 1 S. 2 BGB gesellschaftsvertraglich zu beschränken.[495] Derartige **abfindungsbeschränkende Vereinbarungen** können aber wegen Sittenwidrigkeit nach § 138 Abs. 1 BGB sowie wegen unzulässiger Beschränkung des Kündigungsrechts analog § 723 Abs. 3 BGB unwirksam sein (1. Stufe: **Wirksamkeitskontrolle**). Folge der Nichtigkeit ist das Eingreifen der gesetzlichen Regelung des § 738 Abs. 1 S. 2 BGB, d.h. die Abfindung des ausscheidenden Gesellschafters in Höhe des Verkehrswertes seiner Beteiligung. Eine Abfindungsbeschränkung allein für den Fall, dass der Gesellschafter aufgrund Insolvenz oder Kündigung eines Privatgläubigers aus der Gesellschaft ausscheidet, ist aufgrund vorsätzlicher Gläubigerbenachteiligung nichtig.[496] Sofern die Abfindungsbeschränkung aber nicht nur die Gläubiger des Gesellschafters, sondern ebenfalls diesen selbst im Falle eines Ausscheidens aus anderen Gründen trifft, kommt eine Unwirksamkeit der Klausel wegen Gläubigerbenachteiligung nach § 138 Abs. 1 BGB nicht in Betracht.[497] Auch ohne Benachteiligung der Gesellschafter-Gläubiger ist eine Abfindungsklausel gleichwohl wegen sittenwidriger Knebelung des Gesellschafters nach § 138 Abs. 1 BGB nichtig, wenn **im Zeitpunkt des Vertragsschlusses** ein **grobes Missverhältnis** zwischen dem tatsächlichen Verkehrswert des Gesellschaftsanteils und dem vorgesehenen Abfindungsbetrag besteht. Ein solches Missverhältnis liegt grundsätzlich (zu den Ausnahmen Rdnr. 177) dann vor, wenn eine Abfindung – sei es auch nur beschränkt auf den Ausschluss eines Gesellschafters aus wichtigem Grund – **vollständig ausgeschlossen** wird.[498] Ebenso wurde eine Abfindungsbeschränkung auf die Hälfte des Buchwertes oder auf den Nennwert der Beteiligung als unwirksam angesehen.[499] Entscheidend für das Sittenwidrigkeitsverdikt ist dabei, dass entweder die Freiheit des Gesellschafters zur Kündigung seiner Gesellschafterstellung unvertretbar eingeengt (vgl. § 723 Abs. 3 BGB)[500] oder sein berechtigtes Interesse an einer seinem Anteil entsprechenden Abfindung in unvertretbarer Weise missachtet wird.[501] Unwirksam sind daher ebenfalls Abfindungsklauseln, in denen ein Abfindungsbetrag festgelegt wird, der den **Verkehrswert der Beteiligung um 50% oder mehr unterschreitet.**[502] Demgegenüber dürfte ein Abschlag vom Verkehrswert der Beteiligung in Höhe von 25% im Regelfall ohne Weiteres zulässig sein. Bei der Wirksamkeitskontrolle kommt es stets auf die Wertverhältnisse im Zeitpunkt der Vereinbarung der Abfindungsklausel an. Spätere Veränderungen in den Wertverhältnissen sind grundsätzlich ohne Bedeutung. Dies wird teilweise für Buchwertklauseln, welche bei Gründung der Gesellschaft vereinbart wurden und ausdrücklich auch für den 176

[495] Vgl. § 7 Abs. 7 ErbStG zu den erbschaft- und schenkungsteuerlichen Folgen einer Abfindungsbeschränkung.

[496] BGH NJW 1993, 2101, 2102.

[497] Vgl. BGH NJW 1993, 2101, 2102 f.; MünchHdbGesR I/*Piehler/Schulte* § 76 Rdnr. 22 m. w. N.

[498] Baumbach/*Hopt* HGB § 131 Rdnr. 63; MünchKommHGB/*K. Schmidt* § 131 Rdnr. 166; MünchKommBGB/*Ulmer/Schäfer* § 738 Rdnr. 60, jew. m. w. N.

[499] BGH NJW 1994, 2536, 2539; NJW 1992, 892.

[500] BGH NJW 1985, 192, 193.

[501] KölnHdbGesR/*Fleischhauer* 1. Kap. Rdnr. 481.

[502] Hierbei ist unerheblich, ob das darin liegende grobe Missverhältnis durch einen hohen prozentualen Abschlag vom Verkehrswert unmittelbar ins Auge fällt oder sich aufgrund der Angabe eines konkreten Abfindungsguthabens erst aus den Rahmenbedingungen ergibt (vgl. BGHZ 123, 281 = NJW 1993, 3193; OLG München NZG 2004, 1055; Ebenroth/Boujong/Joost/Strohn/*Lorz* HGB § 131 Rdnr. 133.

Fall gelten sollen, dass sich später ein grobes Missverhältnis zwischen dem vereinbarten Abfindungsguthaben und dem tatsächlichen Wert der Beteiligung ergibt, infrage gestellt.[503] Angesichts dessen, dass im Zeitpunkt der Vereinbarung noch gar nicht feststeht, ob später ein grobes Missverhältnis entsteht, und die Parteien ein solches allenfalls billigend in Kauf nehmen, erscheint das Sittenwidrigkeitsverdikt zu streng, zumal im Rahmen der Ausübungskontrolle (dazu sogleich Rdnr. 178) flexibel auf Veränderungen der Wertverhältnisse reagiert werden kann. Für eine generalpräventive Gesamtunwirksamkeit einer Abfindungsklausel ist zudem außerhalb des Anwendungsbereichs von § 306 Abs. 2 BGB kein Raum.[504] Unter dem Gesichtspunkt der unzulässigen Kündigungsbeschränkung (§ 723 Abs. 3 BGB) kann sich eine Abfindungsklausel auch bei geringer Abweichung des Abfindungsbetrages vom Verkehrswert der Beteiligung als unwirksam darstellen, wenn der Abschlag ausschließlich für den Fall der Austrittskündigung eines Gesellschafters vorgesehen wird.[505]

177 Für bestimmte Fallgruppen hat die Rechtsprechung allerdings einen **vollständigen Abfindungsausschluss** bzw. eine sehr weitgehende Beschränkung des Abfindungsanspruchs für zulässig erachtet. So bestehen beispielsweise keine Bedenken, den Abfindungsanspruch der Erben eines **infolge Todes ausscheidenden Gesellschafters** vollständig auszuschließen. Dies gilt unabhängig davon, ob der Abfindungsausschluss alle Gesellschafter gleichermaßen betrifft oder nur für einzelne vereinbart wurde.[506] Ein weitreichender Abfindungsausschluss ist ebenso bei **Gesellschaften mit ideeller Zwecksetzung**,[507] insbesondere gemeinnützigen Gesellschaften (vgl. § 55 Abs. 1 S. 2 AO), sowie bei Gesellschaften mit genossenschaftlichem Charakter zulässig.[508]

178 Sofern das grobe Missverhältnis zwischen Abfindungsbetrag und anteiligem Wert der Beteiligung nicht bereits im Zeitpunkt der Vereinbarung der Abfindungsklausel bestand, sondern sich erst nachträglich einstellte, ist die Klausel nicht nach § 138 Abs. 1 bzw. § 723 Abs. 3 BGB nichtig, sondern allenfalls im Wege der ergänzenden Vertragsauslegung (§§ 157, 242 BGB) den geänderten Verhältnissen anzupassen (2. Stufe: **Ausübungskontrolle**).[509] Eine Anpassung findet immer dann statt, wenn ein derart erhebliches Missverhältnis vorliegt, dass dem hiervon nachteilig betroffenen Gesellschafter auch unter Berücksichtigung der berechtigten Interessen der anderen ein Festhalten an dieser Klausel nicht zuzumuten ist. Bei dieser Beurteilung sind nach der höchstrichterlichen Rechtsprechung sämtliche Umstände des Einzelfalles heranzuziehen. Neben dem Ausmaß des Missverhältnisses sind die Dauer der Mitgliedschaft des Anspruchsinhabers, der Anlass des Ausscheidens, die Art und die Dauer der Beteiligung des Ausgeschlossenen (insbesondere sein Anteil am Erfolg des Unternehmens) zu berücksichtigen.[510] Von maßgeblicher Bedeutung ist ferner der bei Vertragsschluss zum Ausdruck gekommene Wille der Vertragsparteien.[511] Teilweise wird auch eine generalisierende objektivierte Angemessenheitskontrolle befürwortet, bei der die Einschätzung des Gerichts an die Stelle des mutmaßlichen Willens der Vertragsteile treten soll.[512] Für einen so weitreichenden Eingriff in die Privatautonomie der Gesellschafter besteht aller-

[503] *K. Schmidt* Gesellschaftsrecht § 50 IV 2 c dd; *Schulze-Osterloh* JZ 1993, 45, 46.

[504] MünchHdbGesR I/*Piehler/Schulte* § 76 Rdnr. 23 m. w. N.

[505] *Richter*, Die Abfindung ausscheidender Gesellschafter unter Beschränkung auf den Buchwert, 2002, S. 154 (finale Beeinträchtigung des Austrittsrechts).

[506] BGHZ 22, 186, 194 f.; BGH WM 1971, 1338, 1339 f.; MünchKommBGB/*Ulmer/Schäfer* § 738 Rdnr. 61; *Volmer* DB 1998, 2507 f. Relevant wird die Reichweite des Abfindungsausschlusses lediglich für die Begründung ihrer Zulässigkeit (aleatorisches Rechtsgeschäft oder auf den Todesfall bezogene unentgeltliche Verfügung unter Lebenden, vgl. Ebenroth/Boujong/Joost/Strohn/*Lorz* HGB § 131 Rdnr. 123; *K. Schmidt* Gesellschaftsrecht § 45 V 3; vgl. auch BGH NJW 1981, 1956, 1957).

[507] BGH NJW 1997, 1592.

[508] OLG Oldenburg GmbHR 1997, 503.

[509] BGH NJW 1993, 3193.

[510] BGH NJW 1993, 2101, 2102; zu den insoweit maßgeblichen Kriterien näher MünchHdbGesR I/*Piehler/Schulte* § 76 Rdnr. 28, 30 ff.

[511] BGH NJW 1993, 3193. Ob eine nachträgliche Anpassung des Abfindungsbetrages im Gesellschaftsvertrag antizipativ ausgeschlossen werden kann, ist umstritten (s. hierzu oben Rdnr. 176).

[512] So *Dauner-Lieb* GmbHR 1994, 836, 839 unter Verweis auf BGH NJW 1994, 2536.

dings, vom Sonderfall der Publikumspersonengesellschaft abgesehen, kein Anlass. Erweist sich die vereinbarte Abfindung als unangemessen niedrig, ist die Klausel unter Berücksichtigung sämtlicher Umstände des konkreten Falles einschließlich des mutmaßlichen Willens der Gesellschafter anzupassen. **Im Regelfall** wird der **Abfindungsbetrag** daher lediglich **auf das gerade noch zulässige Maß zu erhöhen** sein, da die Gesellschafter durch Vereinbarung der Abfindungsklausel zum Ausdruck gebracht haben, den Abfindungsanspruch des Ausscheidenden möglichst weitgehend begrenzen zu wollen.[513] Angesichts dessen, dass derzeit noch nicht abschließend geklärt ist, ob die Anpassung mit Blick auf den mutmaßlichen Parteiwillen im konkreten Einzelfall oder im Wege einer generalisierenden Interessenabwägung[514] zu erfolgen hat, erscheint die Aufnahme einer **salvatorischen Klausel** am Ende der Abfindungsvereinbarung ratsam, welche eine Erhöhung des Abfindungsbetrages über das erforderliche Maß hinaus verhindert:

Formulierungsvorschlag: Salvatorische Klausel

Sollte die vorstehende Abfindungsvereinbarung unwirksam sein oder eine Anpassung infolge geänderter Verhältnisse erforderlich werden, ist der Abfindungsanspruch des Ausscheidenden auf das gerade noch zulässige Maß beschränkt.[515]

(2) Bewertungsmethoden im Überblick. Zur Ermittlung des Abfindungsanspruchs eines ausscheidenden Gesellschafters kommt eine Orientierung am Buchwert des Anteils, am Steuerwert oder am Ertragswert in Betracht.[516] 179

(a) Buchwertklausel. Wird eine Buchwertklausel vereinbart, so führt dies typischerweise zu einer Beschränkung der Abfindung des ausscheidenden Gesellschafters, da die stillen Reserven sowie der Goodwill nicht vom Buchwert erfasst werden.[517] Ist der ausscheidende Gesellschafter zum Buchwert abzufinden, so stehen ihm zudem die Guthaben auf den Einlagekonten, einbehaltene Gewinne sowie sonstige anteilige Rücklagen und Rückstellungen mit Eigenkapitalcharakter nach Maßgabe der letzten, auf den Stichtag der Abfindung fortzuschreibenden Handelsbilanz zu.[518] Die Vorteile der Buchwertklausel sind in der beschränkten Beeinträchtigung der Liquidität der Gesellschaft sowie in der einfachen Berechnung des Abfindungsguthabens und der damit in Zusammenhang stehenden Vermeidung von Streitigkeiten zwischen den Gesellschaftern zu sehen. Der **tatsächliche Wert** der Beteiligung wird durch eine Buchwertklausel aber **kaum je sachgerecht abgebildet**. Neben dem damit einhergehenden Gerechtigkeitsproblem steht zudem aufgrund erheblicher Abweichung zwischen Buch- und Verkehrswert die Wirksamkeit der Abfindungsvereinbarung nicht selten infrage bzw. es droht eine nachträgliche Anpassung des Abfindungsanspruchs (vgl. oben Rdnr. 178). Wegen der insoweit bestehenden Ungewissheiten wird eine Buchwertklausel mit der Erwägung befürwortet, sie fördere die Kompromissbereitschaft der Gesellschafter bei der Bestimmung des Abfindungsanspruchs.[519]

---

[513] *Richter*, Abfindung ausscheidender Gesellschafter, S. 173. Vgl. auch BGH NJW 1993, 3193.

[514] So *Ulmer/Schäfer* ZGR 1995, 134, 152.

[515] Vgl. *Ebenroth/Müller* DB 1993, 1153, 1169; *Haack* GmbHR 1994, 437, 442; MünchHdbGesR I/*Piehler/Schulte* § 76 Rdnr. 33. Außerhalb des Anwendungsbereichs der §§ 305 ff. BGB muss das Transparenzgebot nicht berücksichtigt werden.

[516] In Betracht kommt ebenfalls eine Orientierung am **Substanzwert**, insbesondere bei einem hohen Anteil an nicht notwendigem Betriebsvermögen im Gesellschaftsvermögen (vgl. MünchHdbGesR I/*Piehler/Schulte* § 76 Rdnr. 54 ff.).

[517] Baumbach/*Hopt* HGB § 131 Rdnr. 64.

[518] MünchKommBGB/*Ulmer/Schäfer* § 738 Rdnr. 63; Wachter/*Sommer* Teil 2 Rdnr. 808.

[519] MünchHdbGesR I/*Piehler/Schulte* § 76 Rdnr. 46 f., 51, die ferner eine sog. Korrekturklausel empfehlen, wodurch dem Ausgeschiedenen sowie der Gesellschaft die Möglichkeit eingeräumt wird, zur Ermittlung des tatsächlichen Wertes des Unternehmens die Erstellung eines Schiedsgutachtens zu verlangen. Bei erheblichen Abweichungen vom Buchwert soll der derart ermittelte Wert Vorrang genießen.

Formulierungsvorschlag: „Buchwertklausel"

1. Scheidet ein Gesellschafter aus der Gesellschaft aus, ohne dass die Gesellschaft dadurch aufgelöst wird oder sein Anteil auf einen Rechtsnachfolger übergeht, so erhält er eine Abfindung.
2. Die Höhe der Abfindung bemisst sich nach Buchwert des Gesellschaftsanteils, welcher in einer auf den Tag des Ausscheidens erstellten Auseinandersetzungsbilanz nach den für den Jahresabschluss geltenden Grundsätzen zu ermitteln ist.
3. Guthaben auf Verrechnungs- und anderen Forderungskonten werden bei der Ermittlung des Buchwertes nicht berücksichtigt, sondern sind dem Gesellschafter unverzüglich nach seinem Ausscheiden auszubezahlen.[520] Dieser hat einen etwaigen negativen Saldo unverzüglich auszugleichen.

180 *(b) Steuerwertklausel.* In der Praxis sind Abfindungsklauseln weit verbreitet, die sich an den steuerlich maßgeblichen Werten orientieren. Bis zum Inkrafttreten des neuen Erbschaftsteuer- und Bewertungsrechts am 1. 1. 2009 war dies das sog. **Stuttgarter Verfahren**[521] für die Bewertung von Anteilen an nicht börsennotierten Kapitalgesellschaften (vgl. R 97–100 ErbStR 2003). Wird auf die steuerlich maßgeblichen Werte abgestellt, ermöglicht dies ebenfalls eine **wenig streitanfällige Ermittlung** des Wertes des Gesellschaftsanteils. Zwar wird der Verkehrswert des Anteils nicht exakt abgebildet, doch ist die Diskrepanz zwischen Steuerwert und Verkehrswert in aller Regel deutlich geringer als zwischen Buchwert und Verkehrswert. Da das Stuttgarter Verfahren für Erb- und Schenkungsfälle nach dem 1. 1. 2009 nicht mehr angewandt wird, eignet es sich aber nur noch sehr beschränkt zur Bewertung des Abfindungsanspruchs eines ausscheidenden Gesellschafters.[522] Vielmehr sollte auf ein **derzeit angewandtes steuerliches Bewertungsverfahren** verwiesen werden, um Rechtsunsicherheit bei der Berechnung des Abfindungsguthabens zu vermeiden. Nach dem derzeit gültigen Verfahren liegt der Steuerwert (anders als noch nach dem Stuttgarter Verfahren) allerdings im Regelfall nicht mehr erheblich unter dem Verkehrswert, sodass die Vereinbarung eines Wertabschlags zur Schonung der Liquidität der Gesellschaft zu erwägen ist.

Formulierungsvorschlag: „Steuerwertklausel"

1. Scheidet ein Gesellschafter aus der Gesellschaft aus, ohne dass die Gesellschaft dadurch aufgelöst wird oder sein Anteil auf einen Rechtsnachfolger übergeht, so erhält er eine Abfindung.
2. Die Höhe der Abfindung bemisst sich nach dem seiner Beteiligung entsprechenden Anteil am Unternehmenswert der Gesellschaft, der nach dem vereinfachten Ertragswertverfahren gem. §§ 199 ff. BewG zu ermitteln ist, mit der Maßgabe, dass der Zuschlag nach § 203 Abs. 1 BewG auf 6,5% erhöht wird und Immobilien mit 70% ihres Verkehrswertes anzusetzen sind. Der hiernach ermittelte Unternehmenswert darf den Verkehrswert nicht überschreiten.

181 *(c) Ertragswertklausel.*[523] Unabhängig von der Regelung in § 199 BewG stehen zahlreiche Varianten des Ertragswertverfahrens zur Ermittlung des Abfindungsguthabens zur Verfügung, die alle auf eine möglichst präzise Abbildung des Verkehrswertes der Beteiligung abzielen. Der bloße Verweis auf die Wertermittlung nach der Ertragswertmethode ist folglich nicht ausreichend. Vielmehr ist das anzuwendende Wertermittlungsverfahren detailliert im Gesellschaftsvertrag niederzulegen. Gerade bei personalistisch strukturierten Gesellschaften sollten Ertragswertverfahren, welche eine Unternehmensbewertung nur mit hohem zeitlichen und finanziellen Aufwand gestatten, vermieden werden. Aus Vereinfachungsgründen

[520] Ggf. kann hier auch eine Ratenzahlung vereinbart werden, wobei das Guthaben in aller Regel zu verzinsen sein wird.

[521] Ebenroth/Boujong/Joost/Strohn/*Lorz* HGB § 131 Rdnr. 72.

[522] Gutachten DNotI-Report 2009, 121 ff.; *Casper/Altgen* DStR 2008, 2319, 2322 ff.; *Leitzen* RNotZ 2009, 315, 320 ff.

[523] Bei einer Gesellschaft, deren Vermögen im Wesentlichen aus unrentablen Grundvermögen besteht, ist eine Ertragswertklausel in der Regel nicht sachgerecht (Wachter/*Sommer* Teil 2 Rdnr. 803).

bietet sich insoweit ein Verweis auf die jeweils vom Institut der Wirtschaftsprüfer in Deutschland e.V. empfohlene Bewertungsmethode an (standardisiertes Ertragswertverfahren – IDW S 1). Um den Liquiditätsabfluss der Gesellschaft zu begrenzen, kommt wiederum die Vereinbarung eines Abschlags in Betracht, dessen Höhe je nach Grund des Ausscheidens unterschiedlich ausfallen kann.

Formulierungsvorschlag: „Modifizierte Ertragswertklausel"

1. Scheidet ein Gesellschafter aus der Gesellschaft aus, ohne dass die Gesellschaft dadurch aufgelöst wird oder sein Gesellschaftsanteil auf einen Rechtsnachfolger übergeht, so erhält er eine Abfindung.
2. Die Höhe der Abfindung bemisst sich nach dem seiner Beteiligung entsprechenden Anteil am Unternehmenswert der Gesellschaft, welcher nach der vom Institut der Wirtschaftsprüfer im Zeitpunkt des Ausscheidens empfohlenen Methode zu ermitteln ist (derzeit standardisiertes Ertragswertverfahren – IDW S 1). Vom derart ermittelten anteiligen Unternehmenswert ist ein Abschlag in Höhe von 25% zu machen.

(3) Sonstige Auszahlungsvereinbarungen. Um die Liquidität der Gesellschaft zu schonen, 182
empfiehlt sich regelmäßig eine **Stundungsvereinbarung**, wonach das Abfindungsguthaben in monatlichen bzw. jährlichen Raten über einen gewissen Zeitraum auszubezahlen ist. Die Stundung des Abfindungsanspruchs stellt eine Beschränkung desselben dar, sodass insoweit ebenfalls eine Inhalts- und Ausübungskontrolle vorzunehmen ist. Unabhängig von der Verzinsung des Abfindungsguthabens sollte keinesfalls ein Ratenzahlungszeitraum bzw. gar eine Stundung von mehr als zehn Jahren in Betracht gezogen werden.[524] Die Wirksamkeit einer Ratenzahlungsvereinbarung zwischen fünf und zehn Jahren ist abhängig von der Verzinsung und Absicherung des Anspruchs sowie von der Diskrepanz zwischen Abfindungsguthaben und anteiligem Verkehrswert des Unternehmens.[525] Aufgrund der mit derartigen Stundungsvereinbarungen verbundenen Rechtsunsicherheit ist es in aller Regel aber empfehlenswert, den **Zahlungszeitraum** auf **fünf Jahre** zu beschränken und eine **moderate Verzinsung des Abfindungsguthabens** vorzusehen.[526]

Formulierungsvorschlag: Stundungsvereinbarung

Die Auszahlung des Abfindungsguthabens erfolgt in drei gleich hohen, unmittelbar aufeinanderfolgenden Jahresraten, deren erste sechs Monate nach dem Ausscheiden zur Zahlung fällig ist. Die folgenden Raten sind jeweils zum Ende der darauf folgenden Geschäftsjahre fällig. Das Abfindungsguthaben ist mit 2% über dem Basiszinssatz zu verzinsen; die Zinsen sind jeweils mit den einzelnen Jahresraten fällig. Vorzeitige Tilgungsleistungen sind jederzeit zulässig. Sicherheit kann nicht verlangt werden.

Schließlich wird es in aller Regel im Interesse der Gesellschafter liegen, die Ansprüche des 183
ausgeschiedenen Gesellschafters auf Befreiung von den gemeinschaftlichen Schulden bzw. auf Sicherheitsleistung nach § 738 Abs. 1 S. 2, S. 3 BGB auszuschließen. Gleiches gilt für die Beteiligung am Ergebnis schwebender Geschäfte nach § 740 BGB. Sofern das Abfindungsguthaben auf Grundlage der Ertragswertmethode ermittelt wird, ist § 740 BGB gegenstandslos, da die schwebenden Geschäfte bei der Ermittlung des künftigen Ertrages einzubeziehen sind.[527] Dennoch erscheint ein ausdrücklicher Ausschluss des Anspruchs aus § 740

[524] Vgl. Baumbach/*Hopt* HGB § 131 Rdnr. 68; MünchHdbGesR I/*Piehler/Schulte* § 76 Rdnr. 23 m. w. N.

[525] Vgl. *Engel* NJW 1986, 345, 349; *Lange* NZG 2001, 635, 637; *K. Schmidt* Gesellschaftsrecht § 50 IV 2 c cc; MünchKommBGB/*Ulmer/Schäfer* § 738 Rdnr. 65.

[526] Etwas anderes mag dann gelten, wenn zwingende Gesellschaftsinteressen einen längeren Stundungszeitraum erforderlich machen. In diesem Fall sollte allerdings das Insolvenzrisiko der Gesellschaft, welches der ausgeschiedene Gesellschafter zu tragen hat, angemessen abgesichert werden (vgl. MünchHdbGesR I/*Piehler/Schulte* § 76 Rdnr. 23).

[527] Vgl. MünchKommBGB/*Ulmer/Schäfer* § 740 Rdnr. 3 m. w. N.

BGB vorzugswürdig. Schließlich sollte noch geregelt werden, wie das Abfindungsguthaben zu ermitteln ist, wenn die Beteiligten hierüber keine Einigkeit erzielen, insbesondere auch, wer die Kosten eines etwaigen Sachverständigengutachtens zu tragen hat.[528]

Formulierungsvorschlag: Streitbeilegungsmechanismus

Sofern keine Einigung erzielt wird, ist das Abfindungsguthaben durch einen Wirtschaftsprüfer als Schiedsgutachter zu ermitteln. Kommt eine Einigung über den Schiedsgutachter nicht zustande, wird dieser durch den Präsidenten der Wirtschaftsprüferkammer bestimmt, welche für den Sitz der Gesellschaft zuständig ist. Das Ergebnis des Schiedsgutachtens ist für alle Beteiligten verbindlich.[529] Die Kosten des Schiedsgutachtens tragen der Ausscheidende und die Gesellschaft zu gleichen Teilen.

5. Tod eines Gesellschafters

184 Im Gegensatz zur Gesellschaft bürgerlichen Rechts (vgl. § 727 BGB) führt der Tod eines Gesellschafters bei oHG und KG nach dem gesetzlichen Regelungsmodell nicht zur Auflösung der Gesellschaft. Vielmehr wird diese ohne den persönlich haftenden Gesellschafter bzw. seine Erben (§ 131 Abs. 3 S. 1 Nr. 1 HGB), allerdings mit den Erben des Kommanditisten (§ 177 HGB) fortgesetzt. Die gesetzlichen Regelungen zu den Rechtsfolgen des Todes eines Gesellschafters sind dispositiv, sodass die Gesellschafterstellung im Gesellschaftsvertrag entgegen § 131 Abs. 3 S. 1 Nr. 3 HGB vererblich gestellt oder die nach § 177 HGB bestehende Vererblichkeit der Kommanditbeteiligung ausgeschlossen werden kann. Soll eine bestimmte Person nach dem Willen des Erblassers in dessen Gesellschafterstellung nachrücken,[530] gilt es, die **gesellschaftsrechtlichen und erbrechtlichen Regelungen aufeinander abzustimmen**, sofern die Übertragung nicht durch Verfügung unter Lebenden auf den Todesfall erfolgt (hierzu unten Rdnr. 193) oder dem zu Begünstigenden lediglich ein Eintrittsrecht eingeräumt wird (hierzu unten Rdnr. 205 ff.).[531] Das Gesellschaftsrecht genießt insoweit Vorrecht vor dem Erbrecht, als es darüber entscheidet, ob eine Beteiligung überhaupt vererblich (gestellt) ist.[532] Dies vorausgesetzt, kann der Erblasser durch letztwillige Verfügung bestimmen, welche der grundsätzlich nachfolgeberechtigten Personen den Gesellschaftsanteil durch Rechtsnachfolge von Todes wegen erwerben.

185 Ist die Gesellschafterstellung vererblich (gestellt), geht diese nach § 1922 Abs. 1 BGB mit dem Tod des Erblassers unmittelbar auf den Erben über. Bei Vorhandensein mehrerer nachfolgeberechtigter Erben findet die dort normierte Gesamtrechtsnachfolge allerdings keine Anwendung. Trotz der jüngeren BGH-Rechtsprechung zur Rechtsfähigkeit der Außen-GbR steht die überwiegende Meinung nach wie vor zu Recht auf dem Standpunkt, dass eine Erbengemeinschaft nicht Gesellschafter einer werbend tätigen Personengesellschaft sein kann, da die Erbengemeinschaft im Unterschied zur werbend tätigen Personengesellschaft auf Auseinandersetzung gerichtet ist (vgl. § 2042 BGB) und die erbrechtlichen Haftungsbeschränkungen auf den Nachlass (vgl. § 2059 Abs. 1 BGB) nicht mit den gesellschaftsrechtlichen Haftungskonzepten (§§ 128, 171 f. HGB) vereinbar sind.[533] Daher geht die Gesellschaftsbeteiligung unmittelbar im Wege der **Sondererbfolge (Singularsukzession)** auf die einzelnen Miterben entsprechend ihrer Erbquoten über. Nicht die Erbengemeinschaft, sondern sämtliche (nachfolgeberechtigte) Miterben treten als Gesellschafter in die Gesellschaft

[528] *Piltz* BB 1994, 1021, 1026.

[529] Abfindungsbeschränkungen zulasten des ausscheidenden Gesellschafters führen zu einem schenkung- bzw. erbschaftsteuerlichen Erwerb bei den übrigen Gesellschaftern (vgl. § 7 Abs. 7 ErbStG). Zu den weiteren steuerlichen Folgen des Ausscheidens vgl. MünchHdbGesR I/*Fabian/Farle* § 77.

[530] Für einen kompakten Überblick über die steuerlichen Folgen der Vererbung von Gesellschaftsanteilen vgl. Wachter/*Sommer* Teil 2 Rdnr. 740 ff.

[531] Sind im letztgenannten Fall die Abfindungsansprüche des infolge Todes ausscheidenden Gesellschafters nicht ausgeschlossen, ist ebenfalls eine Abstimmung nötig, da die Aufnahme in Ausübung des Eintrittsrechts regelmäßig gegen Einbringung des Abfindungsguthabens erfolgen soll.

[532] Vgl. *Reimann* ZEV 1994, 7.

[533] Näher MünchKommBGB/*Ulmer* § 705 Rdnr. 81.

ein.[534] Etwas anderes gilt nur dann, wenn die Gesellschaft im Zeitpunkt des Erbfalls bereits aufgelöst war.[535] Die Singularsukzession ändert allerdings nichts an der **Nachlasszugehörigkeit der Gesellschaftsbeteiligung**, so dass sich etwaige erbrechtliche Beschränkungen (Anordnung von Vor- und Nacherbfolge oder Testamentsvollstreckung) auch auf Letztere erstrecken. Ebenso ist die Gesellschaftsbeteiligung bei der Berechnung des ordentlichen Pflichtteilsanspruchs (§ 2311 Abs. 1 S. 1 i.V.m. § 2303 BGB) zu berücksichtigen.

Eine unmittelbare Sonderrechtsnachfolge scheidet aber aus, wenn dem vom Erblasser vorgesehenen Nachfolger die Gesellschaftsbeteiligung nur im Wege eines Vermächtnisses zugewandt wurde. In diesem Fall geht die Beteiligung zunächst unmittelbar auf die Erben über, welche den schuldrechtlichen Anspruch des Vermächtnisinhabers (§ 2174 BGB) zu befriedigen haben (näher hierzu unten Rdnr. 201).[536] Sofern ein Gesellschafter von Todes wegen einen weiteren Gesellschaftsanteil erwirbt, vereinigen sich beide Anteile grundsätzlich zu einem einheitlichen Gesellschaftsanteil (Grundsatz der Einheitlichkeit der Mitgliedschaft, vgl. oben Rdnr. 11). Erwirbt ein persönlich haftender Gesellschafter einen Kommanditanteil, besteht im Außenverhältnis lediglich die Stellung als persönlich haftender Gesellschafter fort. Die im Handelsregister eingetragene Haftsumme des Erblassers ist entsprechend zu korrigieren. Gleiches gilt im umgekehrten Fall. Erwirbt ein Kommanditist einen weiteren Kommanditanteil, führt dies zur Vereinigung der Beteiligungen. Infolge dessen ist die im Handelsregister eingetragene Haftsumme entsprechend zu erhöhen.[537] Eine Vereinigung der Gesellschaftsanteile findet nach richtiger Auffassung trotz Personenidentität dann nicht statt, wenn eine Aufrechterhaltung der Selbstständigkeit aufgrund unterschiedlicher Belastung, wegen Testamentsvollstreckung oder angeordneter Nacherbfolge geboten ist (siehe oben Rdnr. 11).[538] 186

a) **Gesetzliche Lage.** *aa) Tod eines persönlich haftenden Gesellschafters.* Seit Inkrafttreten des Handelsrechtsreformgesetzes am 1. 7. 1998 führt der Tod eines persönlich haftenden Gesellschafters gem. § 131 Abs. 3 S. 1 Nr. 1, S. 2 (ggf. i.V.m. § 161 Abs. 2) HGB zu dessen Ausscheiden aus der Gesellschaft bei gleichzeitiger Fortsetzung derselben durch die übrigen Gesellschafter (gesetzlich normierte Fortsetzungsklausel).[539] Ist eine Personen- oder Kapitalgesellschaft Gesellschafter einer oHG oder KG, so steht deren Vollbeendigung (nicht bereits deren Auflösung) dem Tod eines Gesellschafters gleich und hat deren Ausscheiden aus der Gesellschaft zur Folge.[540] Mit Ausscheiden des Erblassers aus der Gesellschaft wächst sein Anteil am Gesamthandsvermögen den verbleibenden Gesellschaftern aufgrund der zwingenden gesetzlichen Regelung in § 738 Abs. 1 S. 1 BGB automatisch zu.[541] Den Erben des Gesellschafters stehen lediglich – soweit nicht gesellschaftsvertraglich abbedungen – die in §§ 738, 740 BGB normierten schuldrechtlichen Ansprüche zu – mehreren Miterben in gesamthänderischer Verbundenheit der Erbengemeinschaft.[542] Etwaige sonstige Ansprüche, die dem Erblasser vor seinem Tod gegen die Gesellschaft zustanden (Sozialverbindlichkeiten 187

---

534 St. Rspr., vgl. BGHZ 22, 186, 192; 68, 225, 237 = NJW 1977, 1339; BGH NJW 1983, 2376f.; NJW 1999, 571, 572; a.A. *Ann* MittBayNot 2003, 193ff.; *Eberl-Borges* ZEV 2002, 125ff.

535 BGH NJW 1995, 3314, 3315; *K. Schmidt* Gesellschaftsrecht § 45 V 2d und 4a.

536 MünchHdbGesR II/*Klein/Lindemeier* § 40 Rdnr. 47.

537 Vgl. Gutachten DNotI-Report 2010, 23, 24 m.w.N. Die Haftsumme des erwerbenden Kommanditisten erhöht sich in allen Fällen der Einzel- und Gesamtrechtsnachfolge trotz § 172 Abs. 2 HGB automatisch, so dass der Erwerber für eine rückständige Einlage des Rechtsvorgängers oder im Falle der Einlagenrückzahlung an diesen gem. § 172 Abs. 4 HGB gegenüber den Gläubigern der KG haftet.

538 BGH ZEV 2002, 111, 112f.; OLG Schleswig DNotZ 2006, 374; Gutachten DNotI-Report 2005, 153 m.w.N.; Baumbach/*Hopt* HGB § 131 Rdnr. 19; MünchHdbGesR II/*Klein/Lindemeier* § 40 Rdnr. 52 m. zahlr. w.N.

539 Zur Übergangsregelung für Altgesellschaften (Art. 41 EGHGB) vgl. MünchHdbGesR I/*Klein/Lindemeier* § 78 Rdnr. 23ff.

540 BGH NJW 1980, 233; OLG Hamburg NJW-RR 1987, 1896; Ebenroth/Boujong/Joost/Strohn/*Lorz* HGB § 131 Rdnr. 44 m.w.N. auch zur Gegenauffassung.

541 MünchKommBGB/*Ulmer/Schäfer* § 738 Rdnr. 8 m.w.N.

542 Vgl. MünchKommBGB/*Leipold* § 1922 Rdnr. 33. Da es sich insoweit lediglich um schuldrechtliche Ansprüche handelt, besteht kein Grund zu einer Abweichung von dem in § 1922 Abs. 1 BGB normierten Prinzip der Gesamtrechtsnachfolge.

i. S. v. § 717 S. 2 BGB sowie Drittgläubigerforderungen), können grundsätzlich nicht von der Erbengemeinschaft geltend gemacht werden, da diese als unselbstständige Rechnungsposten bei der Ermittlung des Abfindungsanspruchs berücksichtigt werden.[543] Wurde hingegen ein Abfindungsausschluss vereinbart, stehen die Drittgläubigerforderungen unmittelbar der Erbengemeinschaft zu.[544] Sollte ein gem. § 739 BGB auszugleichender Fehlbetrag existieren, finden die allgemeinen Regeln zur Beschränkung der Haftung der Erben für Nachlassverbindlichkeiten Anwendung. Gleiches gilt für die Haftung der Erben betreffend Altverbindlichkeiten der Gesellschaft. Demgegenüber handelt es sich bei nach dem Erbfall begründeten Verbindlichkeiten nicht um Nachlassverbindlichkeiten, sodass eine Haftung der Erben hierfür ausscheidet. Etwas anderes kann sich jedoch aus § 15 Abs. 1 HGB für vor Eintragung des Ausscheidens des verstorbenen Gesellschafters in das Handelsregister sowie deren Bekanntmachung begründete Verbindlichkeiten ergeben (ggf. zzgl. der in § 15 Abs. 2 HGB bestimmten 15-Tages-Frist). Insoweit ist umstritten, ob die erbrechtlichen Haftungsbeschränkungen eingreifen.[545] Wie bereits erwähnt, führt das Ausscheiden des vorletzten Gesellschafters aus einer Zweipersonengesellschaft nach § 131 Abs. 3 S. 1 Nr. 1 HGB zum liquidationslosen Erlöschen der Gesellschaft und zum Übergang des gesamten Unternehmens auf den verbleibenden Gesellschafter.[546]

188 *bb) Tod eines Kommanditisten.* Da es sich bei einer Kommanditbeteiligung eher um eine kapitalistische Beteiligung ähnlich der Gesellschafterstellung in einer GmbH oder AG handelt, führt der Tod des Kommanditisten nach dem gesetzlichen Regelungsmodell in § 177 HGB zur Fortsetzung der Gesellschaft mit den Erben. Die Kommanditbeteiligung ist daher anders als die Beteiligung eines persönlich haftenden Gesellschafters grundsätzlich vererblich gestellt.[547] Mehrere Miterben erwerben die Kommanditbeteiligung nicht in Erbengemeinschaft, sondern entsprechend ihrer Erbquote im Wege der Sonderrechtsnachfolge (Singularsukzession, siehe oben Rdnr. 185). Die einheitliche Beteiligung wird somit in mehrere Einzelbeteiligungen zerlegt.[548] Mangels rechtsgeschäftlichen Erwerbs bzw. rechtsgeschäftlicher Übernahme einer fremden Verbindlichkeit setzt der Erwerb einer Kommanditbeteiligung durch den in der Geschäftsfähigkeit beschränkten Erben keine familien- bzw. betreuungsgerichtliche Genehmigung (§ 1822 Nr. 3 bzw. Nr. 10 BGB) voraus.[549] Angesichts der nunmehr in § 1629 a BGB normierten Möglichkeit des volljährig Gewordenen, seine Haftung auf den Bestand des bei Eintritt der Volljährigkeit vorhandenen Vermögens zu beschränken, besteht insoweit auch kein Schutzdefizit. Der volljährig gewordene Kommanditist verfügt hingegen nicht über das in § 723 Abs. 1 S. 2, S. 3 Nr. 2 BGB (ggf. in entsprechender Anwendung) normierte Sonderkündigungsrecht, es sei denn, die Außenhaftung nach § 171 Abs. 1 HGB ist mangels Leistung der Haftsumme noch nicht ausgeschlossen.[550] Ein fristloses Ausscheiden aus der Gesellschaft entsprechend § 139 Abs. 2 HGB (näher zu § 139 HGB unten Rdnr. 198) kommt mangels Anwendbarkeit dieser Vorschrift auf Erben eines Kommanditisten ebenfalls nicht in Betracht. Freilich verfügt jeder Erbe über das Recht, die Erbschaft insgesamt nach Maßgabe der §§ 1943 ff. BGB auszuschlagen.[551]

189 Der bzw. die Rechtsnachfolger eines Kommanditisten haften für Altverbindlichkeiten der Gesellschaft nach erbrechtlichen Grundsätzen gem. § 1967 BGB i. V. m. §§ 171 f. HGB (Möglichkeit der Haftungsbeschränkung auf den Nachlass) sowie – jedenfalls nach herrschender

543 Vgl. BGH NJW 1992, 2757, 2758; NJW 1997, 376; Ebenroth/Boujong/Joost/Strohn/*Lorz* HGB § 131 Rdnr. 99; MünchHdbGesR I/*Klein/Lindemeier* § 78 Rdnr. 20, jew. m. w. N.

544 Vgl. MünchHdbGesR I/*Klein/Lindemeier* § 78 Rdnr. 20. Gleiches gilt im Zweifel für Forderungen des Erblassers aufgrund von Privat-, Darlehens- sowie Sonderkonten.

545 Vgl. MünchHdbGesR I/*Klein/Lindemeier* § 78 Rdnr. 17 m. w. N. zum Streitstand.

546 BGH NJW 1993, 1918, 1919; MünchKommHGB/*K. Schmidt* § 131 Rdnr. 105.

547 Folglich führt der Tod eines Kommanditisten nicht zum Eintritt eines zur Auflösung der Gesellschaft berechtigenden wichtigen Grundes i. S. v. § 133 HGB (vgl. Großkomm-HGB/*Schilling* § 177 Rdnr. 24).

548 BGH NJW 1983, 2376, 2377; NJW 1993, 1265, 1267.

549 BGHZ 92, 259, 267 f. = NJW 1985, 136; MünchKommBGB/*Wagenitz* § 1822 Rdnr. 16, 23 f.; Palandt/*Diederichsen* § 1822 Rdnr. 10, jew. m. w. N. auch zur Gegenansicht.

550 MünchKommBGB/*Ulmer/Schäfer* § 723 Rdnr. 41; *Grunewald* ZIP 1999, 597, 599 f.; *Christmann* ZEV 2000, 45, 47; a. A. *Reimann* DNotZ 1999, 179, 181.

551 Vgl. MünchHdbGesR II/*Klein/Lindemeier* § 40 Rdnr. 57.

Meinung – als eintretende Gesellschafter gem. §§ 173, 171 f. HGB. Die gesellschaftsrechtliche Haftung nach §§ 173, 171 f. HGB ist weder erb- noch gesellschaftsrechtlich beschränkbar, sodass die Gesellschaftsgläubiger – vorbehaltlich einer Ausschlagung der Erbschaft – in Höhe der Haftsumme auf das gesamte Privatvermögen des Kommanditisten-Erben zugreifen können, soweit noch keine haftungsbefreiende Einlageleistung i. S. v § 171 Abs. 1 HS 2 HGB stattgefunden hat.[552] Etwas anderes gilt nur dann, wenn die Gesellschaft im Zeitpunkt des Erbfalls bereits aufgelöst war (Haftung auf den Nachlass beschränkbar).[553] Für Neuverbindlichkeiten haftet der Kommanditisten-Erbe nach §§ 171, 172 HGB. Eine unbeschränkte Haftung des Erben eines eingetragenen Kommanditisten bis zu dessen eigener Eintragung in das Handelsregister nach § 176 Abs. 2 HGB kommt hingegen nicht in Betracht.[554]

cc) Handelsregisteranmeldung. Sowohl das Ausscheiden des persönlich haftenden Gesellschafters gem. § 131 Abs. 3 S. 1 Nr. 1 HGB als auch die Rechtsnachfolge in die Kommanditbeteiligung nach § 177 HGB ist gem. § 143 Abs. 2 i. V. m. Abs. 1 S. 1 (ggf. i. V. m. § 161 Abs. 2) bzw. §§ 107, 108 (ggf. i. V. m. §§ 161 Abs. 2, 162 Abs. 3) HGB von sämtlichen Gesellschaftern sowie sämtlichen Erben des verstorbenen Gesellschafters zur Eintragung in das Handelsregister anzumelden. Die Mitwirkung eines oder mehrerer Erben kann ggf. nach § 143 Abs. 3 HGB entbehrlich sein.[555] Schon mit Blick auf die Publizität des Handelsregisters und die damit verbundenen haftungsrechtlichen Gefahren (vgl. § 15 Abs. 1 sowie Anlauf der Enthaftungsfrist nach § 160 Abs. 1 S. 2 HGB) hat die Anmeldung **unverzüglich** zu erfolgen, wobei die Erben nach richtiger Ansicht auch dann zur Mitwirkung verpflichtet sind, wenn ihnen eine etwaige Abfindung noch nicht zugeflossen ist, da dem öffentlichen Interesse an der Richtigkeit des Handelsregisters Vorrang vor vermögensrechtlichen Individualinteressen gebührt.[556] Ist eine Außen-GbR Gesellschafterin und findet ein todesfallbedingter Wechsel in deren Gesellschafterbestand statt, so ist auch diese Veränderung in entsprechender Anwendung von § 162 Abs. 1 S. 2 HGB zur Eintragung in das Handelsregister anzumelden.[557] Es empfiehlt sich, in der Anmeldung den Grund des Ausscheidens des Gesellschafters anzugeben.[558] 190

Geht die Kommanditbeteiligung des Erblassers auf mehrere Erben entsprechend ihrer Erbquote über, sind in der Handelsregisteranmeldung die jeweiligen Haftsummen der neuen Kommanditisten anzugeben. Wird ein bisheriger Mitgesellschafter Erbe, ist die Erhöhung seiner Haftsumme zur Eintragung in das Handelsregister anzumelden.[559] Scheidet ein persönlich haftender Gesellschafter, dessen Name Firmenbestandteil ist, aus der Gesellschaft aus, müssen dessen Erben ausdrücklich in die Fortführung der bisherigen Firma einwilligen. Insoweit ist ferner ein Nachweis des Erbrechts der Zustimmenden erforderlich. 191

Auf die **Zwischeneintragung** des Ersterwerbers eines Kommanditanteils im Wege der Erbfolge **kann** auch dann **nicht verzichtet werden**, wenn der in Rede stehende Anteil in engem zeitlichen Zusammenhang durch Gesamt- oder Einzelrechtsnachfolge auf einen Dritten übergegangen ist. Anders als § 40 GBO sehen die handelsrechtlichen Vorschriften **keine Ausnahme vom Anmeldungs- und Eintragungserfordernis** vor. Zudem kann nur auf diese Weise die bezweckte lückenlose Wiedergabe insbesondere der Haftungsverhältnisse gewährleistet werden.[560] 192

552 BGH NJW 1989, 3152, 3154; MünchKommHGB/*K. Schmidt* § 173 Rdnr. 46; Großkomm-HGB/*Schilling* § 177 Rdnr. 16; Ebenroth/Boujong/Joost/Strohn/*Strohn* HGB § 173 Rdnr. 25 ff.; Baumbach/*Hopt* HGB § 173 Rdnr. 15, jew. m. w. N. auch zur Gegenauffassung, welche dem Erben eines Kommanditisten entsprechend § 139 Abs. 4 HGB die Möglichkeit der erbrechtlichen Haftungsbeschränkung für Altschulden einräumen möchte.

553 BGH NJW 1995, 3314, 3315.

554 Vgl. BGH NJW 1989, 3152, 3155; MünchKommHGB/*K. Schmidt* § 176 Rdnr. 22 f. m. w. N.

555 Vgl. hierzu MünchKommHGB/*K. Schmidt* § 143 Rdnr. 15 ff.

556 OLG München NJW-RR 1999, 472, 474 (kein Zurückbehaltungsrecht nach § 273 Abs. 1 BGB).

557 Vgl. *Krafka/Willer/Kühn* Registerrecht Rdnr. 604 f. m. w. N.

558 Vgl. MünchKommHGB/*K. Schmidt* § 143 Rdnr. 8.

559 Vgl. MünchHdbGesR II/*Klein/Lindemeier* § 40 Rdnr. 72.

560 OLG Köln DNotZ 2005, 555; KG ZNotP 2003, 112 = FGPrax 2003, 42; KG DNotZ 2001, 408; OLG Hamm NJW-RR 1993, 807; zustimmend Ebenroth/Boujong/Joost/Strohn/*Märtens* HGB § 107 Rdnr. 11; *Krafka/Willer/Kühn* Registerrecht Rdnr. 751, 756; *Schmidt/Sikora/Tiedtke*, Praxis des Handels- und Kostenrechts, Rdnr. 533.

Muster: Handelsregisteranmeldung bei Ausscheiden eines persönlich haftenden Gesellschafters

Amtsgericht ......
– Handelsregister Abteilung A

HRA ......
...... oHG

Zur Eintragung in das Handelsregister melden wir an:

1. Der (persönlich haftende) Gesellschafter ...... [Name, Vorname, Geburtsdatum, Wohnort] ist am ...... verstorben und damit aus der Gesellschaft ausgeschieden.
2. Seine Erben sind mit der Fortführung der Firma einverstanden.[561]
3. Als Nachweis der Erbenstellung wird vorgelegt ...... [Erbschein des Amtsgerichts ...... vom ......, Az ...... oder notariell beurkundetes Testament vom ...... zur Urkunde des Notars ...... samt Eröffnungsprotokoll des Amtsgerichts ...... vom ......, Az ......].
4. Die Geschäftsräume der Gesellschaft befinden sich unverändert in ......Dies ist auch die inländische Geschäftsanschrift (§ 106 Abs. 2 Nr. 2 HGB).

......
[Unterschriften samt Beglaubigung]

Muster: Handelsregisteranmeldung bei Übergang der Kommanditbeteiligung auf Erben

Amtsgericht ......
– Handelsregister Abteilung A

HRA ......
...... KG

Zur Eintragung in das Handelsregister melden wir an:

1. Der Kommanditist (Name, Vorname, Geburtsdatum, Wohnort) ist am ...... verstorben und somit aus der Gesellschaft ausgeschieden. Sein Kommanditanteil ist im Wege der Sonderrechtsnachfolge wie folgt auf seine Erben übergegangen:
   - Frau ...... (Name, Vorname, Geburtsdatum, Wohnort) ist dadurch mit einer Kommanditeinlage (Haftsumme) von ...... Euro,
   - Herr ...... (Name, Vorname, Geburtsdatum, Wohnort) ist dadurch mit einer Kommanditeinlage (Haftsumme) von ...... Euro

   in die Gesellschaft eingetreten.
2. Wir überreichen als Erbnachweis [Erbschein des Amtsgerichts ...... vom ......, Az ...... oder notariell beurkundetes Testament samt Eröffnungsprotokoll des Amtsgerichts ...... vom ......, Az ......].
3. Die Geschäftsräume der Gesellschaft befinden sich unverändert in ...... Dies ist auch die inländische Geschäftsanschrift (§ 106 Abs. 2 Nr. 2 HGB).

......
[Unterschriften samt Beglaubigung]

193 **b) Gesellschaftsvertragliche Gestaltungen.** *aa) Überblick.* Das Ausscheiden des persönlich haftenden Gesellschafters und seiner Erben aus der Gesellschaft nach § 131 Abs. 3 S. 1 Nr. 1 HGB ist häufig nicht interessengerecht, insbesondere dann, wenn die Gesellschafter eine Fortführung ihrer unternehmerischen Beteiligung in der Familie wünschen und die persönliche Mitwirkung der Gründungsgesellschafter an der Verwirklichung des Gesellschafts-

[561] Nur erforderlich, wenn der Name des Verstorbenen in der Firma enthalten ist, vgl. § 24 Abs. 2 HGB.

zwecks nicht unverzichtbar ist.[562] Im Gesellschaftsvertrag kann daher die freie Vererblichkeit der Beteiligung statuiert (**einfache erbrechtliche Nachfolgeklausel**, s. Rdnr. 197), die Vererblichkeit von der Erfüllung bestimmter sachlicher oder personeller Voraussetzungen abhängig gemacht (**qualifizierte erbrechtliche Nachfolgeklausel**, vgl. Rdnr. 200) oder bestimmten Personen das Recht zum Eintritt in die Gesellschaft eingeräumt werden (**Eintrittsklausel**, vgl. Rdnr. 205). Alternativ besteht die Möglichkeit, die Gesellschaftsbeteiligung „am Nachlass vorbei" durch Rechtsgeschäft unter Lebenden auf den Todesfall auf den Nachfolger unter der aufschiebenden Bedingung dessen Überlebens zu übertragen (**rechtsgeschäftliche Nachfolgeklausel**).[563] Bei Vereinbarung einer rechtsgeschäftlichen Nachfolgeklausel erfolgt der Rechtsübergang außerhalb des Nachlasses auf den im Gesellschaftsvertrag bestimmten Nachfolger.[564] Die Erbfolge nach dem verstorbenen Gesellschafter ist insoweit ohne Bedeutung.[565] Da es sich bei der rechtsgeschäftlichen Nachfolgeklausel um ein Verfügungsgeschäft handelt, welches nicht zugunsten Dritter abgeschlossen werden kann, ist die Mitwirkung des Begünstigten unabdingbar. Entweder muss er Partei der gesellschaftsvertraglichen Vereinbarung sein oder dieser zustimmen.[566] Fehlt es an der Mitwirkung des vorgesehenen Nachfolgers, kommt ggf. eine Umdeutung der Nachfolgeregelung in ein Eintrittsrecht in Form des Vertrages zugunsten Dritter (unten Rdnr. 205) oder in eine erbrechtliche (qualifizierte) Nachfolgeklausel (unten Rdnr. 200) in Betracht.[567] Nach höchstrichterlicher Rechtsprechung unterfällt die aufschiebend bedingte Anteilsübertragung unter Lebenden auf den Todesfall nicht dem Formgebot von § 2301 Abs. 1 BGB, da eine bereits zu Lebzeiten des Erblassers vollzogene Zuwendung vorliege.[568]

Praxishinweis:

Da der Erblasser sich durch eine rechtsgeschäftliche Nachfolgeklausel bereits vorzeitig auf die Person des Nachfolgers festlegt, wird diese nur ausnahmsweise empfehlenswert sein. Aus Sicht des Erblassers ist regelmäßig eine (einfache oder qualifizierte) Nachfolgeklausel im Gesellschaftsvertrag bzw. eine Eintrittsklausel mit Benennungsrecht vorzugswürdig, welche ihm die Dispositionsfreiheit über die Person seines Nachfolgers – unbeschadet einer erbrechtlichen Bindung – erhält.[569]

Eine **Auflösungsklausel** entsprechend § 727 Abs. 1 BGB, wonach die Gesellschaft im Falle 194
des Todes eines oder bestimmter Gesellschafter aufzulösen ist, dürfte nur dann in Erwägung zu ziehen sein, wenn die Mitwirkung aller bzw. der genannten Gesellschafter für die Verwirklichung des Gesellschaftszwecks unverzichtbar ist.[570]

Im Hinblick auf die persönlich haftenden Gesellschafter ist in § 131 Abs. 3 S. 1 Nr. 1 195
HGB die sog. **Fortsetzungsklausel** bereits gesetzlich normiert. Der Erblasser und seine Erben scheiden aus der Gesellschaft aus; diese wird von den verbleibenden Gesellschaftern fortgesetzt. Ein derartiger Regelungsmechanismus kann in gleicher Weise für die Kommanditisten vereinbart werden, deren Beteiligung nach § 177 HGB grundsätzlich vererblich ist.

---

[562] Vgl. Nieder/*W. Kössinger* § 20 Rdnr. 10.

[563] Vgl. BGH NJW 1970, 1638 ff.; *Marotzke* AcP 184 (1984), 541, 557 f.

[564] Für einen Formulierungsvorschlag vgl. Nieder/*W. Kössinger* § 20 Rdnr. 55.

[565] MünchHdbGesR I/*Klein/Lindemeier* § 79 Rdnr. 27.

[566] BGHZ 68, 225, 231 ff. = NJW 1977, 1339; MünchKommBGB/*Ulmer/Schäfer* § 727 Rdnr. 49 ff.

[567] Vgl. BGH NJW 1978, 264, 265; BGHZ 68, 225, 233 = NJW 1977, 1339.

[568] BGH NJW-RR 1986, 1133, 1134; NJW-RR 1989, 1282; MünchKommBGB/*Musielak* § 2301 Rdnr. 21 m. w. N.

[569] Soll tatsächlich eine rechtsgeschäftliche Nachfolgeklausel i. S. einer aufschiebend bedingten Anteilsübertragung unter Lebenden auf den Todesfall vereinbart werden, ist dies im Gesellschaftsvertrag unzweifelhaft zum Ausdruck zu bringen, da andernfalls eine hiervon abweichende Auslegung der vertraglichen Bestimmung durch die Rechtsprechung droht (vgl. BGHZ 68, 225, 229 ff. = NJW 1977, 1339; BayObLG DB 1980, 2028 f.; MünchHdbGesR I/*Klein/Lindemeier* § 79 Rdnr. 29 m. w. N.).

[570] Näher zur inhaltlichen Ausgestaltung einer Auflösungsklausel s. MünchHdbGesR I/*Klein/Lindemeier* § 79 Rdnr. 100.

Formulierungsvorschlag: Fortsetzungsklausel

Der Tod eines Kommanditisten führt zu dessen Ausscheiden aus der Gesellschaft, welche durch die verbleibenden Gesellschafter und ohne die Erben des verstorbenen Kommanditisten fortgesetzt wird.

196 Scheidet ein Kommanditist todesbedingt aus der Gesellschaft aus, wächst seine Beteiligung am Gesellschaftsvermögen in diesem Fall kraft gesellschaftsvertraglicher Regelung den übrigen Gesellschaftern zu. Anders als beim Erwerb der Kommanditbeteiligung im Wege der Einzel- oder Gesamtrechtsnachfolge (vgl. hierzu oben Rdnr. 146 ff., 191) führt die Anwachsung **nicht automatisch** zu einer **Erhöhung der Haftsummen der begünstigten Kommanditisten.** Denn die Anwachsung geht gerade nicht mit einem Übergang des Gesellschaftsanteils des Verstorbenen auf die anderen Gesellschafter einher, sondern setzt dessen Untergang voraus.[571]

Während die vorstehend beschriebenen gesellschaftsvertraglichen Modifizierungen in der Praxis nur selten verwandt werden, finden sich im Folgenden die gängigen Klauseln für den Fall des Todes eines Gesellschafters:

197 *bb) Einfache (erbrechtliche) Nachfolgeklausel.* Durch eine sog. **einfache erbrechtliche Nachfolgeklausel** wird die Beteiligung eines persönlich haftenden Gesellschafters in gleicher Weise frei vererblich gestellt wie dies nach § 177 HGB für die Kommanditbeteiligung gilt. Die Gesellschaft wird bei Tod eines persönlich haftenden Gesellschafters mit sämtlichen Erben fortgesetzt, wobei der Anteil des Verstorbenen nicht der Erbengemeinschaft zur gesamten Hand zusteht, sondern im Wege der Sonderrechtsnachfolge unmittelbar von Todes wegen auf die einzelnen Miterben entsprechend ihrer Erbquote übergeht (s. o. Rdnr. 185).[572] Die einfache Nachfolgeklausel gewährt dem Erblasser maximale Gestaltungsfreiheit, welche er durch Errichtung sowie Änderung von letztwilligen Verfügungen ausnutzen kann. Die Nachfolge hinsichtlich der Beteiligung richtet sich ausschließlich nach der durch Verfügung von Todes wegen bestimmten bzw. hilfsweise nach der gesetzlichen Erbfolge nach dem Erblasser.

Formulierungsvorschlag: Einfache (erbrechtliche) Nachfolgeklausel[573]

Im Falle des Todes eines persönlich haftenden Gesellschafters wird die Gesellschaft mit seinen Erben fortgesetzt.

198 *(1) Wahlrecht des Erben nach § 139 HGB.* Bei Vererblichkeit der Beteiligung eines persönlich haftenden Gesellschafters gewährt § 139 HGB den Erben insbesondere angesichts der mit dem Übergang der Gesellschafterstellung verbundenen Haftungsrisiken (§§ 128, 130 HGB) das unentziehbare Recht (vgl. § 139 Abs. 5 HS 1 HGB), von den übrigen Gesellschaftern die Einräumung einer Kommanditistenstellung zu verlangen. Andernfalls hätte der Erbe lediglich die Möglichkeit, die gesamte Erbschaft auszuschlagen, um der unbeschränkten persönlichen Haftung zu entgehen.[574] Daher kommt das Wahlrecht grundsätzlich nur denjenigen Personen zugute, welche mit dem Todesfall **kraft Erbrechts automatisch in die Gesellschaft einrücken** (einfache oder qualifizierte erbrechtliche Nachfolgeklausel). Das Wahlrecht steht nach Sinn und Zweck der Regelung **allein den Erben der persönlich haftenden Gesellschafter** zu.[575] Bei rechtsgeschäftlichem Erwerb der Beteiligung (rechtsgeschäft-

[571] Gutachten DNotI-Report 2010, 23, 24, 26. Vgl. RGZ 65, 227, 238: „Wer durch Akkreszenz erwirbt, erwirbt nicht den Anteil des anderen hinzu, sondern vergrößert seinen eigenen Anteil, weil der Anteil des anderen weggefallen ist."

[572] Zu den steuerlichen Folgen der einfachen erbrechtlichen Nachfolgeklausel vgl. Wachter/*Sommer* Teil 2 Rdnr. 769 f.

[573] Für eine komplexere „einfache" Nachfolgeklausel vgl. Nieder/W. *Kössinger* § 20 Rdnr. 32.

[574] Vgl. nur Ebenroth/Boujong/Joost/Strohn/*Lorz* HGB § 139 Rdnr. 3. Eine teilweise Ausschlagung nur im Hinblick auf die Gesellschaftsbeteiligung ist in §§ 1943 ff. BGB nicht vorgesehen.

[575] Baumbach/*Hopt* HGB § 139 Rdnr. 7.

liche Nachfolgeklausel oder Eintrittsklausel) findet das in § 139 HGB normierte Wahlrecht ebenso wenig Anwendung wie bei bereits gesellschaftsvertraglich vereinbarter Umwandlung in eine Kommanditbeteiligung.[576] Mehreren nachfolgeberechtigten Miterben steht das Wahlrecht jeweils gesondert zu.[577] Die Ausübung des Wahlrechts hat gem. § 139 Abs. 3 S. 1 HGB innerhalb von drei Monaten nach Kenntniserlangung vom Anfall der Erbschaft zu erfolgen. Die Umwandlung der Gesellschafterstellung setzt die Mitwirkung sämtlicher Gesellschafter voraus. Weigern sich die übrigen Gesellschafter, steht dem Erben ein außerordentliches fristloses Kündigungsrecht nach § 139 Abs. 2 HGB zu.[578] Das Wahlrecht nach § 139 HGB ist zwar unabdingbar; doch kann gesellschaftsvertraglich die Herabsetzung des Gewinnanteils bei Wechsel in die Stellung eines Kommanditisten vereinbart werden, um dem Gesellschafter-Erben einen Anreiz zur Beibehaltung der Stellung als persönlich haftender Gesellschafter zu bieten (§ 139 Abs. 5 HS 2 HGB).[579] Erbt ein Kommanditist die Beteiligung eines persönlich haftenden Gesellschafters, führt sein Verlangen nach § 139 HGB nicht notwendig zu einer Erhöhung seiner im Handelsregister eingetragenen Haftsumme.[580]

(2) Exkurs: Einheitliche Ausübung der Gesellschafterrechte. Der Nachteil der einfachen (rechtsgeschäftlichen) Nachfolgeklausel ist vorrangig in der darin angelegten „Zersplitterung" der Gesellschafterstellung zu sehen. Unabhängig von der persönlichen sowie fachlichen Eignung der nachfolgeberechtigten Personen erschwert häufig bereits eine (erhebliche) Steigerung der Gesellschafterzahl die Entscheidungsfindung, selbst dann, wenn das in § 119 Abs. 1 HGB normierte Einstimmigkeitsprinzip weitgehend abbedungen wurde. Um die damit verbundenen Schwierigkeiten bestmöglich zu vermeiden, kann im Gesellschaftsvertrag bestimmt werden, dass die Erben (und Erbeserben) eines Gesellschafters ihre Rechte nur **einheitlich durch einen gemeinsamen Vertreter** ausüben können. Außerhalb des Kernbereichs der Mitgliedschaft wird eine derartige Vertreterklausel überwiegend für zulässig erachtet, sofern der Vertreter den Weisungen der Gesellschafter Folge zu leisten hat und jederzeit von ihnen abberufen werden kann.[581] 199

Formulierungsvorschlag: Vertreterklausel

Wird ein Gesellschafter von mehreren Personen beerbt, können diese die Gesellschafterrechte nur einheitlich ausüben und haben hierzu einen gemeinsamen Vertreter zu benennen. Bis zur Benennung eines gemeinsamen Vertreters gegenüber der Gesellschaft ruhen ihre Gesellschafterrechte.

cc) Qualifizierte (erbrechtliche) Nachfolgeklausel. Um eine Zersplitterung der Beteiligung der Gesellschafter zu verhindern, kann die Dispositionsbefugnis des Erblassers im Hinblick auf die Rechtsnachfolge in seinen Gesellschaftsanteil beschränkt werden (**qualifizierte erbrechtliche Nachfolgeklausel**),[582] z. B. durch namentliche Bezeichnung der zugelassenen Nachfolger, durch Beschränkung auf bestimmte Personengruppen (Ehegatte, Abkömmlinge des Gesellschafters, Mitgesellschafter etc.). Auch kann eine Höchstzahl nachfolgeberechtigter Personen bestimmt werden. 200

Bei der Formulierung einer qualifizierten erbrechtlichen Nachfolgeklausel ist allerdings zu beachten, dass nur der Erbe – auch der Vorerbe – sowie der Ersatzerbe und der Erbeserbe automatisch in die Gesellschafterstellung einrücken.[583] Wurde der als Nachfolger auserko- 201

[576] Vgl. Großkomm-HGB/*Schäfer* § 139 Rdnr. 72, 75; Ebenroth/Boujong/Joost/Strohn/*Lorz* HGB § 139 Rdnr. 100, 137 ff.; MünchHdbGesR I/*Klein/Lindemeier* § 79 Rdnr. 39 m. w. N.

[577] BGH NJW 1971, 1268 f.

[578] Näher zur Ausübung des Wahlrechts sowie zur Haftung des wechselwilligen Gesellschafter-Erben: MünchHdbGesR I/*Klein/Lindemeier* § 79 Rdnr. 38 ff.

[579] In eine ähnliche Richtung zielt eine abfindungsbeschränkende Regelung im Hinblick auf das Sonderkündigungsrecht des volljährig gewordenen persönlich haftenden Gesellschafters nach § 723 Abs. 1 S. 3 Nr. 2 BGB.

[580] Vgl. Gutachten DNotI-Report 2003, 1 ff.

[581] BGH NJW 1993, 1265, 1266 f.; Baumbach/*Hopt* HGB § 163 Rdnr. 10 f., jew. m. w. N.

[582] Zu den steuerlichen Folgen der qualifizierten erbrechtlichen Nachfolgeklausel vgl. *Sommer* Fachanwaltshandbuch Handels- und Gesellschaftsrecht Teil 2 Rdnr. 774 ff.

[583] Vgl. BGHZ 69, 47, 49 f. = NJW 1977, 1540; Baumbach/*Hopt* HGB § 139 Rdnr. 19; Ebenroth/Boujong/Joost/Strohn/*Lorz* HGB § 139 Rdnr. 8.

renen Person die Gesellschaftsbeteiligung nur **vermächtnisweise** zugewandt, scheidet ein automatisches Einrücken in jedem Falle aus (vgl. § 2174 BGB sowie oben Rdnr. 186).[584]

Praxishinweis:

In der Nachfolgeklausel sollte klargestellt werden, ob auch das Einrücken eines Gesellschafters in Vollziehung eines Vermächtnisses zulässig ist.[585]

202 Andernfalls besteht die Gefahr, dass die rechtsgeschäftliche Übertragung der Gesellschafterstellung in Erfüllung des Vermächtnisses der Zustimmung sämtlicher Mitgesellschafter bedarf, wobei sich unter Umständen im Falle der Vereinbarung einer erbrechtlichen Nachfolgeklausel eine Zustimmungspflicht aus § 242 BGB ergibt.[586] Eine klarstellende Regelung im Gesellschaftsvertrag empfiehlt sich ebenfalls hinsichtlich einer (grundsätzlich nur schuldrechtlich wirkenden)[587] erbrechtlichen **Teilungsanordnung,** da deren unmittelbar dingliche Zuordnungswirkung umstritten ist.[588]

Formulierungsvorschlag: Qualifizierte (erbrechtliche) Nachfolgeklausel[589]

Im Falle des Todes eines Gesellschafters wird die Gesellschaft mit denjenigen Erben und/oder denjenigen Personen, auf welche die Erben den Gesellschaftsanteil des verstorbenen Gesellschafters in Erfüllung eines Vermächtnisses oder einer Teilungsanordnung des Erblassers übertragen, mit Wirkung auf den Zeitpunkt des Erbfalls fortgesetzt, soweit es sich bei den vorgenannten Personen um Mitgesellschafter, den Ehegatten oder leibliche Abkömmlinge des Erblassers handelt.[590]

203 Häufig wird es im Interesse des Erblassers bzw. der weitestmöglichen Aufrechterhaltung seiner Dispositionsfreiheit liegen, wenn ihm selbst die Bezeichnung des Nachfolgers durch letztwillige Verfügung oder lebzeitige, gegenüber der Gesellschaft abzugebende Erklärung obliegt (vgl. für einen Formulierungsvorschlag unten Rdnr. 208).

204 Durch eine qualifizierte Nachfolgeklausel kann eine Vervielfältigung der Gesellschafterrechte vermieden sowie der Einfluss der übrigen Gesellschafter auf die Auswahl des Nachfolgers eines verstorbenen Gesellschafters gesichert werden.[591] Anders als bei der einfachen Nachfolgeklausel müssen aber die **gesellschaftsvertragliche Regelung und** die **letztwillige Verfügung zwingend aufeinander abgestimmt** werden. Sofern keiner der Erben (bzw. der Vermächtnisnehmer) die im Gesellschaftsvertrag normierten Voraussetzungen erfüllt, schlägt die Nachfolgeklausel fehl, der Erblasser scheidet ohne Nachfolger aus der Gesellschaft aus und diese wird von den übrigen Gesellschaftern fortgesetzt (vgl. § 131 Abs. 3 S. 1 Nr. 1 HGB). Unter Umständen lässt sich aus der qualifizierten Nachfolgeklausel im Wege der ergänzenden Vertragsauslegung ein rechtsgeschäftliches Eintrittsrecht gegenüber den verbleibenden Gesellschaftern ableiten.[592] Um ein endgültiges Fehlschlagen der qualifizierten Nachfolgeklausel zu vermeiden, kann gesellschaftsvertraglich ein Eintrittsrecht für den

584 *Reimann* ZNotP 2006, 162, 173; Nieder/*W. Kössinger* § 20 Rdnr. 20.

585 Vgl. MünchHdbGesR I/*Klein/Lindemeier* § 79 Rdnr. 17.

586 Vgl. MünchKommHGB/*K. Schmidt* § 139 Rdnr. 22 m. w. N.

587 Palandt/*Weidlich* § 2048 Rdnr. 4.

588 Vgl. zum Streitstand Soergel/*Wolf* § 2032 Rdnr. 16; *Göbel* DNotZ 1979, 133, 144f. m. w. N.; MünchKommBGB/*Ulmer/Schäfer* § 727 Rdnr. 30.

589 Für eine detailliertere qualifizierte Nachfolgeklausel sowie eine korrespondierende letztwillige Verfügung vgl. Nieder/*W. Kössinger* § 20 Rdnr. 43f.

590 Um auf etwaige Versäumnisse des Erblassers bei der Errichtung seiner letztwilligen Verfügung reagieren zu können und den Gesellschaftern eine gewisse Flexibilität bei der Erweiterung des Gesellschafterkreises zu gewähren, kann ferner gesellschaftsvertraglich bestimmt werden, dass die **Gesellschafter mit (qualifizierter) Mehrheit** die **Fortsetzung** des Gesellschaftsverhältnisses **mit Erben oder Vermächtnisnehmern** eines verstorbenen Gesellschafters **beschließen können,** welche nicht zum Kreis der nachfolgeberechtigten Personen gehören.

591 MünchHdbGesR I/*Klein/Lindemeier* § 79 Rdnr. 26.

592 BGH NJW-RR 1986, 28, 29f.; NJW 1978, 264ff.; MünchKommHGB/*K. Schmidt* § 139 Rdnr. 21f.; MünchKommBGB/*Ulmer/Schäfer* § 727 Rdnr. 42, 62.

Fall der fehlenden Harmonisierung zwischen qualifizierter Nachfolgeklausel und Erbfolge vorgesehen werden, wobei auch etwaige Abfindungsansprüche der nicht nachfolgeberechtigten Erben berücksichtigt werden sollten.[593] Bei Vereinbarung einer qualifizierten Nachfolgeklausel erhält der nachrückende Gesellschafter häufig einen seine Erbquote übersteigenden Anteil am Nachlass, sodass Ausgleichungspflichten gegenüber den Miterben im Raum stehen. Diese können durch die Anordnung eines Vorausvermächtnisses i.S.v. § 2150 BGB bis zur Grenze des Pflichtteils (vgl. § 2306 BGB) wirkungsvoll abbedungen werden (näher unten Rdnr. 212ff.).

dd) Eintrittsrecht. Die **Eintrittsklausel** ist dadurch charakterisiert, dass der Erblasser, 205
ebenso wie im gesetzlichen Regelungsmodell nach § 131 Abs. 3 S. 1 Nr. 1 HGB, aus der Gesellschaft ausscheidet und Letztere von den übrigen Gesellschaftern fortgesetzt wird, denen der Anteil des Erblassers am Gesellschaftsvermögen nach § 738 Abs. 1 S. 1 BGB zuwächst. Ein automatischer Übergang der Beteiligung kraft Erbrechts findet somit nicht statt. Ferner vereinbaren sämtliche Gesellschafter, dass einzelne oder alle Erben oder sonstige Personen unabhängig von einem Rechtserwerb von Todes wegen einen schuldrechtlichen Anspruch auf Aufnahme in die Gesellschaft erhalten. Wirkt der Begünstigte an dieser gesellschaftsvertraglichen Abrede nicht mit, handelt es sich um einen Vertrag zugunsten Dritter i.S.d. §§ 328 Abs. 1, 331 BGB. Anders als bei der oben dargestellten rechtsgeschäftlichen Nachfolgeklausel steht der **Eintritt** in die Gesellschaft vorliegend **im Belieben des Eintrittsberechtigten.** Dies gilt vorbehaltlich einer abweichenden vertraglichen Vereinbarung auch dann, wenn der Eintrittsberechtigte an der gesellschaftsvertraglichen Einräumung des Eintrittsrechts beteiligt war.[594] Erst durch Ausübung des Eintrittsrechts (näher hierzu Rdnr. 208) wird die Mitgliedschaft des Eintrittsberechtigten in der Gesellschaft begründet.[595] § 2301 Abs. 1 BGB findet auf die Eintrittsklausel daher keine Anwendung.[596]

Praxishinweis:

Wünschen die Parteien die Vereinbarung einer Eintrittsklausel, so ist dies im Gesellschaftsvertrag unmissverständlich zum Ausdruck zu bringen und insbesondere klarzustellen, dass der Gesellschaftsanteil nicht i.S. einer einfachen oder qualifizierten erbrechtlichen Nachfolgeklausel vererblich gestellt werden soll.[597]

(1) Vor- und Nachteile des Eintrittsrechts. Im Ausschluss des automatischen Rechtsüber- 206
gangs der Beteiligung auf den Begünstigten liegen die Vorteile und zugleich auch die Nachteile der Eintrittsklausel. Der Berechtigte kann regelmäßig frei über seinen Eintritt in die Gesellschaft entscheiden, ohne dass hierdurch zugleich seine Erbenstellung betroffen wäre.[598] Je nach Ausgestaltung der Eintrittsklausel erfordert die Aufnahme des Begünstigten die Mitwirkung der übrigen Gesellschafter, die bei fehlender Eignung des Betroffenen dessen Aufnahme in die Gesellschaft ggf. verhindern können. Schließlich bedarf es nicht zwingend einer Harmonisierung der gesellschafts- und erbrechtlichen Bestimmungen, da die Rechtsnachfolge von Todes wegen nach dem ausscheidenden Gesellschafter keinen Einfluss auf das Eintrittsrecht des Begünstigten hat (siehe aber Rdnr. 172ff. zum Abfindungsanspruch).[599]

---

593 Vgl. MünchHdbGesR I/*Klein/Lindemeier* § 79 Rdnr. 25.

594 Vgl. MünchKommBGB/*Leipold* § 1922 Rdnr. 67ff.; MünchKommHGB/*K. Schmidt* § 139 Rdnr. 25ff.

595 Zu den steuerlichen Folgen des Eintrittsrecht vgl. Wachter/*Sommer* Teil 2 Rdnr. 778f.

596 Nieder/*Kössinger* § 20 Rdnr. 46ff.; Staudinger/*Kanzleiter* § 2301 Rdnr. 51.

597 Vgl. MünchKommBGB/*Ulmer/Schäfer* § 727 Rdnr. 60. Im Zweifel geht die Rechtsprechung vom Vorliegen einer erbrechtlichen Nachfolgeklausel aus, da dadurch ein unmittelbarer Anteilsübergang ermöglicht (keine Rechtsunsicherheit bis zur Ausübung des Eintrittsrechts) und ein planwidriger Kapitalabfluss verhindert werden (vgl. BGHZ 68, 225, 231 = NJW 1977, 1339; NJW 1974, 498; OLG Frankfurt/Main DB 1988, 104).

598 Aus diesem Grund besteht kein Raum für das Wahlrecht nach § 139 HGB (s. o. Rdnr. 198).

599 Der zu Begünstigende kann daher auch anstelle vom Erblasser von einer dritten Person bestimmt werden; § 2065 BGB findet keine Anwendung.

Praxishinweis:

Gerade in Konstellationen, in denen die Gesellschafterstellung nicht unmittelbar, sondern erst bei Vorliegen bestimmter Voraussetzungen oder zu einem bestimmten späteren Zeitpunkt auf den zu Begünstigenden übergehen soll, bietet sich regelmäßig die Vereinbarung einer Eintrittsklausel an.[600]

207 Die Nachteile der Eintrittsklausel liegen in der **fehlenden Kontinuität im Gesellschafterkreis** und ggf. in der Belastung der Gesellschaft mit Abfindungsansprüchen bei Nichtausübung des Eintrittsrechts.[601] Nicht empfehlenswert ist die Eintrittsklausel jedenfalls bei einer zweigliedrigen Gesellschaft, da das Ausscheiden des vorletzten Gesellschafters notwendig die liquidationslose Beendigung der Gesellschaft zur Folge hat und die Ausübung des Eintrittsrechts sich als Neugründung einer Gesellschaft darstellt.[602] Sofern die Person des Eintrittsberechtigten bereits im Gesellschaftsvertrag bestimmt ist, wird die Dispositionsfreiheit des Erblasser erheblich eingeschränkt, da er für eine Änderung auf die Mitwirkung sämtlicher anderer Gesellschafter angewiesen ist, was in aller Regel nicht seinen Interessen entsprechen dürfte.

208 *(2) Ausgestaltung des Eintrittsrechts.* Alternativ zur Festlegung des Eintrittsberechtigten im Gesellschaftsvertrag kann vereinbart werden, dass der Erblasser-Gesellschafter die eintrittsberechtigte Person durch lebzeitige Erklärung gegenüber der Gesellschaft und/oder durch letztwillige Verfügung zu bestimmen ist, wobei in der Eintrittsklausel – ähnlich wie bei der qualifizierten Nachfolgeklausel – der Kreis der eintrittsberechtigten Personen bereits vorab beschränkt werden kann. Je nachdem, ob in der Eintrittsklausel bereits ein bindendes Angebot der übrigen Gesellschafter an den Eintrittsberechtigten enthalten ist oder nicht, vollzieht sich der Eintritt entweder durch einseitige Annahmeerklärung des Berechtigten oder durch Abschluss eines Aufnahmevertrages mit den übrigen Gesellschaftern.[603] Angesichts dessen, dass die Bedingungen des Eintritts und die Ausgestaltung der Gesellschafterstellung des Aufzunehmenden ex-ante häufig nicht im Detail feststehen werden, ist die Angebotslösung nur im Ausnahmefall vorzugswürdig.[604] In der Eintrittsklausel ist ferner zu regeln, innerhalb welcher Frist das Eintrittsrecht ausgeübt werden muss. Je nachdem, ob dem aufgrund Todes ausscheidenden Gesellschafter bzw. seinen Erben ein Abfindungsanspruch zusteht oder dieser ausgeschlossen ist, bedarf es auch bei der Eintrittsklausel einer Harmonisierung zwischen gesellschaftsrechtlicher und erbrechtlicher Regelung. Besteht ein Abfindungsanspruch nach § 738 Abs. 1 S. 2 BGB, soll der Eintrittsberechtigte regelmäßig das Wahlrecht zwischen der Abfindung und dem Eintritt in die Gesellschaft haben, sodass ihm der Abfindungsanspruch zumindest vermächtnisweise zuzuwenden ist.[605] Bei gesellschaftsvertraglichem Abfindungsausschluss sollte vereinbart werden, dass die übrigen Gesellschafter den Gesellschaftsanteil des Verstorbenen nach Ausübung des Eintrittsrechts unentgeltlich auf den Eintrittsberechtigten zu übertragen haben und ihn bis dahin treuhänderisch für den Eintrittsberechtigten halten.[606] Einer Harmonisierung von gesellschaftsrechtlicher und erbrechtlicher Regelung bedarf es in diesem Fall nicht.

Formulierungsvorschlag: Eintrittsklausel

Im Falle des Todes eines Gesellschafters wird die Gesellschaft von den verbleibenden Gesellschaftern fortgeführt. Derjenigen Person, welche der Erblasser durch lebzeitige Erklärung gegenüber der Gesellschaft oder durch letztwillige Verfügung bestimmt hat, steht das Recht zu, von den übrigen

[600] Vgl. MünchHdbGesR I/*Klein/Lindemeier* § 79 Rdnr. 77 f. m. w. N.
[601] Die Abfindungsansprüche können bei Ausscheiden eines Gesellschafters durch Tod allerdings umfassend ausgeschlossen werden (vgl. oben Rdnr. 177).
[602] Vgl. *Göbel* DNotZ 1979, 133, 152; Großkomm-HGB/*Schäfer* § 139 Rdnr. 145.
[603] Näher zum Vollzug des Rechtsübergangs: MünchHdbGesR I/*Klein/Lindemeier* § 79 Rdnr. 86 ff.
[604] Vgl. MünchKommBGB/*Ulmer/Schäfer* § 727 Rdnr. 57.
[605] In Betracht kommt auch eine rechtsgeschäftliche Zuwendung auf den Todesfall nach § 2301 BGB.
[606] MünchKommBGB/*Ulmer/Schäfer* § 727 Rdnr. 59 m. w. N.

Gesellschaftern die unentgeltliche Aufnahme in die Gesellschaft zu verlangen. Der Anspruch auf Abschluss eines Aufnahmevertrages ist durch schriftliche Erklärung gegenüber den verbliebenen Gesellschaftern innerhalb von sechs Monaten nach dem Tod des verstorbenen Gesellschafters geltend zu machen. Andernfalls erlischt der Anspruch. Bis zur Ausübung bzw. zum Erlöschen des Eintrittsrechts (infolge Zeitablaufs oder Nichtausübungserklärung) wird der Anteil des verstorbenen Gesellschafters von den übrigen Gesellschaftern im Verhältnis ihrer festen Kapitalanteile treuhänderisch gehalten. Wird das Eintrittsrecht fristgerecht ausgeübt, ist die treuhänderisch gehaltene Beteiligung des verstorbenen Gesellschafters unentgeltlich auf den Eintrittsberechtigten zu übertragen. Abfindungsansprüche der Erben des verstorbenen Gesellschafters sind stets ausgeschlossen.

ee) Handelsregisteranmeldung. Für die Anmeldepflicht hinsichtlich eines Wechsels im Gesellschafterbestand aufgrund gesellschaftsvertraglicher Gestaltung für den Fall des Todes eines Gesellschafters gelten die oben dargestellten Grundsätze (vgl. Rdnr. 190), d. h. sämtliche Veränderungen im Gesellschafterbestand sind grundsätzlich unverzüglich von sämtlichen Gesellschaftern sowie – hinsichtlich des Ausscheidens des Verstorbenen – von sämtlichen Erben zur Eintragung in das Handelsregister anzumelden (zur Entbehrlichkeit der Mitwirkung einzelner Erben vgl. § 143 Abs. 3 HGB). Bei erbrechtlicher Nachfolge in eine Gesellschaftsbeteiligung ist neben dem Ausscheiden des verstorbenen Gesellschafters der Übergang auf den gesellschaftsvertraglich und erbrechtlich hierzu Berufenen zur Eintragung anzumelden. Das Unverzüglichkeitsgebot wird bei der Rechtsnachfolge in die Stellung eines persönlich haftenden Gesellschafters allerdings vom Wahlrecht des § 139 HGB überlagert, sodass eine Anmeldung erst nach Ausübung des Wahlrechts bzw. Ablauf der Frist des § 139 Abs. 3 HGB angezeigt erscheint.[607] Demgegenüber hat die Anmeldung des Ausscheidens des verstorbenen Gesellschafters im Falle einer Eintrittsklausel ungeachtet der bestehenden Ungewissheit über die Aufnahme des Eintrittsberechtigten in die Gesellschaft unverzüglich zu erfolgen.[608] 209

c) **Überblick über die erb- und pflichtteilsrechtlichen Folgen.** *aa) Erbrechtliche Ausgleichsansprüche.* Wird die zur Nachfolge in die Gesellschaftsbeteiligung bestimmte Person zugleich Erbe des Gesellschafter-Erblassers, so stehen bei Vorhandensein weiterer Miterben erbrechtliche Ausgleichsansprüche im Raum. Dies gilt v. a. dann, wenn eine qualifizierte erbrechtliche Nachfolgeklausel vereinbart wurde und die Gesellschaftsbeteiligung anteilsmäßig einen höheren Wert verkörpert, als dem nachfolgenden Erben nach seiner Erbquote am Gesamtnachlass zusteht. Trotz des Grundsatzes der Sondererbfolge in die Gesellschaftsbeteiligung wird nahezu einhellig eine Ausgleichungspflicht des Nachfolgeberechtigten gegenüber den (gesetzlichen oder testamentarischen) Miterben bejaht.[609] Da der Nachfolger des verstorbenen Gesellschafters die Ausgleichszahlung ggf. aus seinem sonstigen Vermögen zu erbringen hat,[610] sollen Ausgleichsansprüche in aller Regel vermieden werden. Entweder setzt der Erblasser-Gesellschafter den Nachfolgeberechtigten zum Alleinerben ein oder wendet ihm die Gesellschaftsbeteiligung im Wege des Vorausvermächtnisses i. S. d. § 2150 BGB zu. Denkbar ist ferner die Bestimmung einer hinreichend hohen Erbquote, was sich angesichts der Wertschwankungen der Gesellschaftsbeteiligung sowie der sonstigen Vermögensgegenstände im Nachlass des Erblassers aber kaum als vorzugswürdige Gestaltung darstellen dürfte.[611] 210

Erfolgt der Eintritt aufgrund rechtsgeschäftlicher Nachfolgeklausel oder aufgrund Ausübung eines gesellschaftsvertraglich vereinbarten Eintrittsrechts, fehlt es an einer Rechts- 211

[607] Vgl. hierzu Baumbach/*Hopt* HGB § 139 Rdnr. 45; *Emmerich* ZHR 150 (1986), 193, 198 ff.; Großkomm-HGB/*Schäfer* § 139 Rdnr. 128 ff., jew. m. w. N.

[608] Vgl. Großkomm-HGB/*Schäfer* § 139 Rdnr. 127; MünchHdbGesR I/*Klein/Lindemeier* § 79 Rdnr. 117.

[609] Umstritten ist lediglich die Begründung der Ausgleichungspflicht, wobei teilweise §§ 2050 ff. BGB unmittelbar herangezogen werden, teilweise die qualifizierte erbrechtliche Nachfolgeklausel einer mit dem Erbfall vollzogenen Teilungsanordnung gleichgestellt, auf den Grundsatz von Treu und Glauben zurückgegriffen oder eine Analogie zur Wertgemeinschaft zwischen Gesamtgut und Sondergut bei ehelicher Gütergemeinschaft bemüht wird (vgl. hierzu MünchHdbGesR I/*Klein/Lindemeier* § 81 Rdnr. 36 m. zahlr. w. N.).

[610] Allg. Ansicht, vgl. *Lange/Kuchinke* Erbrecht 5. Aufl. 2001, § 5 VI A 6 d = S. 137.

[611] Vgl. zu weiteren erbrechtlichen Gestaltungen MünchHdbGesR I/*Klein/Lindemeier* § 80 Rdnr. 10.

nachfolge von Todes wegen, sodass für eine Ausgleichungspflicht selbst im Falle der Erbenstellung des Nachfolge- bzw. Eintrittsberechtigten meines Erachtens kein Raum besteht. Einer Harmonisierung zwischen gesellschaftsvertraglicher und erbrechtlicher Regelung bedarf es daher an sich nicht. Da teilweise aber trotz rechtsgeschäftlicher Nachfolge in die Gesellschafterstellung eine Ausgleichungspflicht in Betracht gezogen wird,[612] sollten auch in diesen Fällen vorsorglich die oben beschriebenen erbrechtlichen Anordnungen zur Vermeidung einer Ausgleichungspflicht getroffen werden.

212 *bb) Pflichtteilsansprüche.* Geht die Gesellschaftsbeteiligung von Todes wegen auf einen Nachfolger über bzw. führt das Ausscheiden des Erblassers zur Entstehung von Abfindungsansprüchen, ist der Wert der Beteiligung bzw. sind die Abfindungsansprüche bei der Ermittlung des für den ordentlichen Pflichtteilsanspruch nach §§ 2303 ff. BGB maßgeblichen Nachlasswertes i. S. v. § 2311 Abs. 1 S. 1 BGB zu berücksichtigen. Erfolgt die Rechtsnachfolge bzw. Aufnahme in die Gesellschaft hingegen auf rechtsgeschäftlicher Grundlage, kommen allenfalls Pflichtteilsergänzungsansprüche in Betracht, sofern in der Übertragung des Gesellschaftsanteils bzw. in der Einräumung des Eintrittsrechts eine Schenkung i. S. v. § 2325 Abs. 1 BGB zu sehen ist. **Aus pflichtteilsrechtlicher Sicht** sind somit **erbrechtliche Nachfolgeklauseln nachteilig,** da der Wert der Gesellschaftsbeteiligung den Pflichtteilsanspruch erhöht.[613] Sofern die Pflichtteilsberechtigten zu Miterben berufen sind und dem Nachfolger die Gesellschaftsbeteiligung im Wege des Vorausvermächtnisses bzw. der Teilungsanordnung zugewiesen ist, steht diesen zudem gem. § 2306 Abs. 1 HS 1 BGB das Recht zu, unter Ausschlagung der Erbschaft den Pflichtteil zu verlangen. Alternativ kommt die Geltendmachung eines Pflichtteilsrestanspruchs nach § 2305 BGB in Betracht. In allen anderen Fällen (Eintrittsklausel, rechtsgeschäftliche Nachfolgeklausel, einfache Fortsetzungsklausel i. S. v. § 131 Abs. 3 S. 1 Nr. 1 HGB) lässt sich eine Berücksichtigung des Wertes der Gesellschaftsbeteiligung beim ordentlichen Pflichtteilsanspruch durch Ausschluss des Abfindungsanspruchs nach § 738 Abs. 1 S. 2 BGB vermeiden.[614]

213 Ob der **Ausschluss des Abfindungsanspruchs** in vorstehenden Fällen stets zu dem gewünschten Ergebnis, d. h. zur Herausnahme des Wertes der Gesellschaftsbeteiligung aus der Bemessungsgrundlage der Pflichtteils- und Pflichtteilsergänzungsansprüche, führt, ist allerdings nicht abschließend geklärt. Nach der h. M. stellt sich ein allseitiger Abfindungsausschluss bei Ausscheiden eines Gesellschafters im Todesfall grundsätzlich als Vorgang dar, der keine Pflichtteilsergänzungsansprüche auslöst. Zum einen erhalte jeder Gesellschafter durch den Abfindungsausschluss – neben dem Risiko des wirtschaftlichen Totalverlustes (zulasten des Nachlasses) – die Chance der Vergrößerung der eigenen Beteiligung (aleatorisches Element). Zum anderen handele es sich bei der gesellschaftsvertraglichen Regelung um eine Abrede mitgliedschaftlicher Art, die nicht ohne weiteres isoliert betrachtet und als entgeltlich oder unentgeltlich eingestuft werden könne.[615] Liegt allerdings eine von den Beteiligten in Kauf genommene, nicht nur unerhebliche Risikodisparität vor (z. B. große Altersunterschiede der Gesellschafter, schwere Erkrankung o. Ä.), soll die Erhöhung der Beteiligung der verbleibenden Gesellschafter infolge des Abfindungsausschlusses auch nach der h. M. eine ergänzungspflichtige Zuwendung i. S. v. § 2325 BGB darstellen.[616] Die Behandlung des gesellschaftsvertraglichen Abfindungsausschlusses durch die h. M. wird insbesondere deshalb kritisiert, weil dadurch ein „Schleichweg am Erbrecht vorbei" gestattet werde.[617] Besonders

[612] Vgl. hierzu MünchHdbGesR I/*Klein/Lindemeier* § 81 Rdnr. 37 f.

[613] Soergel/*Dieckmann* § 2311 Rdnr. 26 f.

[614] Vgl. MünchKommBGB/*Lange* § 2311 Rdnr. 31. Wird der Abfindungsanspruch hingegen nicht ausgeschlossen und unter Übergehung der Pflichtteilsberechtigten durch letztwillige Verfügung einem Dritten zugewandt, ist dieser nach § 2311 Abs. 1 S. 1 BGB pflichtteilserhöhend zu berücksichtigen (MünchHdbGesR I/*Klein/Lindemeier* § 81 Rdnr. 27).

[615] BGHZ 22, 186 = NJW 1957, 180, 181; BGH DNotZ 1966, 620, 622; *Winkler* BB 1997, 1697, 1703; *Riedel* ZErb 2003, 212, 214.

[616] BGH NJW 1981, 1956, 1957; KG DNotZ 1978, 109, 111; *Lange/Kuchinke* Erbrecht § 37 X 2 i = S. 938 f. m. w. N.

[617] Vgl. MünchKomm/*Frank*, BGB, 3. Aufl. 1997, § 2325 Rn 16.; Bamberger/Roth/*J. Mayer* § 2325 Rdnr. 15; Dauner-Lieb/Grziwotz/Hohmann-Dennhardt/*Vedder* Pflichtteilsrecht und Gesellschaftsrecht, 2010, Anh. 3 Rdnr. 24 ff., jeweils m. w. N.

deutlich wird dies bei der vermögensverwaltenden Ehegattengesellschaft. Haben die Ehegatten ihr (nahezu) gesamtes Vermögen in die Gesellschaft eingebracht, kommt die Vereinbarung eines Abfindungsausschluss wirtschaftlich betrachtet einer bindenden gegenseitigen Erbeinsetzung gleich.[618] Angesichts der traditionell pflichtteilsfreundlichen Rechtsprechung des IV. Zivilsenats ist daher nicht auszuschließen, dass bei vereinbartem Abfindungsausschluss die Erhöhung der Beteiligung der verbleibenden Gesellschafter als ergänzungspflichtige Schenkung i. S. v. § 2325 Abs. 1 BGB angesehen wird.[619]

In der Einräumung des Eintrittsrechts ist in jedem Fall eine Schenkung des Erblassers im Wege des Vertrages zugunsten Dritter an den Eintrittsberechtigten zu sehen, jedenfalls insoweit, als Letzterer die unentgeltliche Aufnahme in die Gesellschaft verlangen kann. Gleiches gilt für das rechtsgeschäftliche Nachfolgerecht. Angesichts dessen, dass der Zuwendungsgegenstand in allen vorgenannten Konstellationen erst im Zeitpunkt des Todes wirtschaftlich aus dem Vermögen des Erblassers ausgegliedert wird, beginnt die Zehnjahresfrist des § 2325 Abs. 3 BGB erst mit dem Erbfall zu laufen.[620] Mangels rechtlicher Ausgliederung des Zuwendungsgegenstandes aus dem Erblasservermögen bei Abschluss der gesellschaftsvertraglichen Vereinbarung findet auch das in § 2325 Abs. 2 S. 2 BGB normierte Niederstwertprinzip keine Anwendung.[621] 214

VII. Beendigung der Gesellschaft

1. Auflösung

Nach dem gesetzlichen Regelungsmodell setzt die Beendigung der Gesellschaft deren Auflösung und das sich hieran anschließende Abwicklungsverfahren (Liquidation, §§ 145 ff. HGB) voraus (vgl. § 145 Abs. 1 Halbs. 1 HGB). Erst nach Beendigung der Liquidation ist die Gesellschaft beendet und das Erlöschen der Firma nach § 157 Abs. 1 HGB zur Eintragung in das Handelsregister anzumelden. Im Regelfall wird die Gesellschaft bei Verwirklichung eines Auflösungsgrundes i. S. v. § 131 Abs. 1 HGB somit nicht unmittelbar beendet. Vielmehr wird der Gesellschaftszweck von der werbenden Tätigkeit hin zur Abwicklung geändert.[622] Die Gesellschafter können jedoch im Gesellschaftsvertrag oder durch einen ad hoc gefassten Gesellschafterbeschluss anstelle des vorstehend beschriebenen Verfahrens eine andere Art der Auseinandersetzung vereinbaren (§ 145 Abs. 1 Halbs. 2 HGB), z. B. die Übernahme des Handelsgeschäfts durch einen Gesellschafter, die Naturalteilung des Gesellschaftsvermögens oder die Einbringung des Handelsgeschäfts in eine Kapitalgesellschaft.[623] 215

Wie sich aus dem systematischen Vergleich von § 131 Abs. 1 und Abs. 3 HGB ergibt, führen in der Person eines Gesellschafters liegende Gründe nicht zur Auflösung der Gesellschaft, sondern lediglich zu dessen Ausscheiden unter Fortsetzung der Gesellschaft durch die übrigen Gesellschafter. Zu einer Auflösung kommt es nach § 131 Abs. 1 HGB nur dann, wenn die gesellschaftsvertraglich bestimmte Zeitdauer verstrichen oder der zeitlich begrenzte Gesellschaftszweck erreicht ist (Nr. 1),[624] die Gesellschafter – mangels abweichender gesellschaftsvertraglicher Vereinbarung: einstimmig (§ 119 Abs. 1 HGB) – die Auflösung der Gesellschaft beschließen (Nr. 2) oder die Gesellschaft infolge gerichtlicher Entscheidung aufgelöst wird (Nr. 4 i. V. m. § 133 HGB). Die Gesellschaft wird ferner dann aufgelöst, wenn das Insolvenzverfahren über das Vermögen der Gesellschaft eröffnet wurde (Nr. 3). Der Antrag auf Eröffnung des Insolvenzverfahrens ist grundsätzlich ebenso wenig ausreichend wie die Ablehnung des Eröffnungsantrags mangels Masse (Ausnahme § 131 Abs. 2 S. 1 Nr. 1 216

[618] *Herrler* notar 2010, 92, 105; Dauner-Lieb/Grziwotz/Hohmann-Dennhardt/*Vedder* Pflichtteilsrecht und Gesellschaftsrecht, 2010, Anh. 3, Rn 30 f.

[619] Für einen Überblick zum Meinungsstand in Rechtsprechung und Literatur vgl. *Hölscher*, ZEV 2010, 609 ff.

[620] Soergel/*Dieckmann* § 2325 Rdnr. 32; Staudinger/*Olshausen* § 2325 Rdnr. 56.

[621] *Herrler* notar 2010, 92, 105 Fn. 136.

[622] Baumbach/*Hopt* HGB § 131 Rdnr. 2.

[623] Vgl. Ebenroth/Boujong/Joost/Strohn/*Hillmann* HGB § 145 Rdnr. 22 ff.

[624] Vgl. BGH WM 1985, 1369; Baumbach/*Hopt* HGB § 131 Rdnr. 11.

HGB).[625] Scheidet der vorletzte Gesellschafter oder der einzige Komplementär nach § 131 Abs. 3 S. 1 HGB aus der Gesellschaft aus, führt dies ebenfalls zur Auflösung, allerdings zugleich zur liquidationslosen Vollbeendigung der Gesellschaft (s. o. Rdnr. 171).

2. Liquidation

217 **a) Verfahren.** Im Anschluss an die Auflösung der Gesellschaft findet in Ermangelung einer abweichenden gesellschaftsvertraglichen Vereinbarung das Liquidationsverfahren nach §§ 145 ff. HGB statt, wenn nicht das Insolvenzverfahren über das Vermögen der Gesellschaft eröffnet wurde. Im Liquidationsverfahren sollen die laufenden Geschäfte der Gesellschaft beendet, ihre Forderungen eingezogen, ihr übriges Vermögen in Geld umgesetzt und ihre Gläubiger befriedigt werden (vgl. § 149 S. 1 HGB). Anschließend ist das Gesellschaftsvermögen gem. § 155 Abs. 1 HGB unter den Gesellschafter nach dem Verhältnis der Kapitalanteile zu verteilen. In der Liquidation wird die Gesellschaft grundsätzlich von **sämtlichen Gesellschaftern einschließlich der Kommanditisten** als **Liquidatoren** vertreten (§ 146 Abs. 1 S. 1 HGB, „geborene" Liquidatoren). Die geschäftsführenden Gesellschafter haben mit Auflösung der Gesellschaft ihre Geschäftsführungs- und Vertretungsbefugnisse verloren. Gesellschaftsvertraglich oder durch ad hoc gefassten Gesellschafterbeschluss kann eine von § 146 Abs. 1 S. 1 HGB (Gesamtvertretungsbefugnis sämtlicher Gesellschafter) abweichende Vertretungsregelung getroffen und können nur einzelne Gesellschafter und/oder außenstehende Dritte zu Liquidatoren bestellt werden („gekorene" Liquidatoren, vgl. § 146 Abs. 1 S. 1 HGB), was sich regelmäßig empfiehlt.

Anders als bei der GmbH (vgl. § 73 GmbHG) ist für das Liquidationsverfahren einer Personenhandelsgesellschaft **keine bestimmte Mindestdauer** vorgesehen. Vielmehr ist das Verfahren abgeschlossen, wenn die Liquidatoren ihre Aufgaben gem. § 149 HGB erfüllt haben. Nach erfolgter Vermögensverteilung gem. § 155 HGB ist die Liquidation und damit auch die Gesellschaft (voll-)beendet. Etwaige bestehende Verbindlichkeiten sollen trotz § 149 HGB weder dem Ende des Liquidationsverfahrens noch der Vollbeendigung der Gesellschaft entgegen stehen.[626]

218 **b) Verhältnis zum Insolvenzverfahren.** Wird über das Gesellschaftsvermögen ein **Insolvenzverfahren** eröffnet, so **verdrängt** dieses gem. § 145 Abs. 1 Halbs. 2 HGB das **Liquidationsverfahren** in seinem Anwendungsbereich. Die Verwaltungs- und Verfügungsbefugnis geht nach Maßgabe von § 80 Abs. 1 InsO auf den Insolvenzverwalter über. Im Übrigen bleibt die Organisation der Gesellschaft bestehen,[627] sowohl hinsichtlich der Gesellschafter als Gruppe als auch hinsichtlich der Geschäftsführungs- und Vertretungsbefugnis der Gesellschafter, welche allerdings auf die Wahrnehmung der Schuldneraufgaben der insolventen Gesellschaft beschränkt sind. **Gibt** der **Insolvenzverwalter** einen **Gegenstand** des Gesellschaftsvermögens **frei,**[628] erlangt die Schuldnerin ihre Verwaltungs- und Verfügungsbefugnis zurück. Ob in diesem Fall hinsichtlich des freigegebenen Vermögensgegenstands ein Liquidationsverfahren durchzuführen und hierzu Liquidatoren zu bestellen bzw. jedenfalls anzumelden sind, ist bislang noch nicht höchstrichterlich geklärt. Gegen die parallele Durchführung eines Liquidationsverfahrens spricht, dass der freigegebene Gegenstand regelmäßig keinen verteilungsfähigen Vermögenswert verkörpern wird und daher ein Liquidationsverfahren funktionslos wäre. Zudem bestünden ansonsten drei verschiedene Regelungen für die Vertretungs- und Verfügungsbefugnis der insolventen Gesellschaft (Insolvenzverwalter hinsichtlich des zur Insolvenzmasse gehörende Vermögen, § 80 Abs. 1 InsO – vertretungsberechtigte Gesellschafter hinsichtlich der Wahrnehmung der Rechte der Insolvenzschuldnerin

[625] Baumbach/*Hopt* HGB § 131 Rdnr. 13, 15.

[626] Ebenroth/Boujong/Joost/Strohn/*Hillmann* HGB § 155 Rdnr. 21; Baumbach/*Hopt* HGB § 157 Rdnr. 1, die beide auf die fortbestehende Gesellschafterhaftung nach § 128 HGB verweisen. A. A. MünchKommHGB/*K. Schmidt* § 157 Rdnr. 10 unter Verweis auf die Nachschusspflicht der Gesellschafter gegenüber der Gesellschaft im Falle eines Fehlbetrages.

[627] Vgl. OLG Karlsruhe NJW 1993, 1931 (zum Konkursrecht).

[628] Zur Zulässigkeit der Freigabe im Insolvenzverfahren über das Vermögen einer Personenhandelsgesellschaft vgl. BGH NJW 2005, 2015.

– Liquidatoren hinsichtlich des freigegebenen Vermögens).[629] Daher erscheint es vorzugswürdig, einen Vorrang des Insolvenz- vor dem Liquidationsverfahren auch bei Freigabe eines Gegenstandes anzunehmen.

3. Handelsregisteranmeldung

Die Auflösung der Gesellschaft sowie die Liquidatoren und deren Vertretungsmacht sind von sämtlichen Gesellschaftern zur Eintragung in das Handelsregister anzumelden (§§ 143 Abs. 1 S. 1, 148 Abs. 1 S. 1 HGB). 219

Muster: Handelsregisteranmeldung der Auflösung und Liquidatorenbestellung

Amtsgericht ......
– Handelsregister Abteilung A

HRA ......
...... KG

Zur Eintragung in das Handelsregister melden wir an:

1. Die Gesellschaft ist durch einstimmigen Gesellschafterbeschluss vom ...... aufgelöst.
2. Der persönlich haftende Gesellschafter, Herr ......, wurde durch einstimmigen Gesellschafterbeschluss zum Liquidator bestellt.
3. a) Mehrere Liquidatoren vertreten die Gesellschaft gemeinschaftlich.
   b) Herr ...... ist stets zur alleinigen Vertretung der Gesellschaft sowie dazu befugt, im Namen der Gesellschaft mit sich im eigenen Namen oder als Vertreter eines Dritten Rechtsgeschäfte vorzunehmen.
4. Die Geschäftsräume der Gesellschaft befinden sich unverändert in ...... Dies ist auch die inländische Geschäftsanschrift (§ 106 Abs. 2 Nr. 2 HGB).

......
[Unterschriften samt Beglaubigung]

Wurde die Gesellschaft hingegen aufgrund Eröffnung des Insolvenzverfahrens über ihr Vermögen aufgelöst, ist zunächst keine Handelsregisteranmeldung veranlasst, da das Gericht die Auflösung und den Grund derselben nach § 143 Abs. 1 S. 3 HGB von Amts wegen einzutragen hat.

Nach Beendigung der Liquidation ist das Erlöschen der Firma von den Liquidatoren zur Eintragung in das Handelsregister anzumelden (§ 157 HGB). Alternativ kann die Anmeldung auch durch sämtliche Gesellschafter erfolgen.[630] Nach Abschluss des Insolvenzverfahrens ist der Insolvenzverwalter ebenfalls zur Anmeldung des Erlöschens der Gesellschaft verpflichtet.[631] Sämtliche Eintragungen in das Handelsregister haben lediglich deklaratorische Wirkung. 220

Muster: Handelsregisteranmeldung des Erlöschens der Firma

Amtsgericht ......
– Handelsregister Abteilung A

HRA ......
...... KG

Zur Eintragung in das Handelsregister melden wir an:

[629] Vgl. DNotI-Gutachten Nr. 96258 im Gutachtenabruf unter http:/faxabruf-dnoti-online-plus.de/.
[630] Baumbach/*Hopt* HGB § 157 Rdnr. 2; Ebenroth/Boujong/Joost/Strohn/*Hillmann* HGB § 157 Rdnr. 5.
[631] Ebenroth/Boujong/Joost/Strohn/*Hillmann* HGB § 157 Rdnr. 2.

1. Die Firma ist aufgrund Beendigung der Liquidation erloschen.
2. Die Bücher und Papiere der aufgelösten Gesellschaft wurden dem bisherigen Gesellschafter, Herrn ...... [Geburtsdatum, Adresse], zur Verwahrung übergeben.

......
[Unterschriften samt Beglaubigung]

4. Fortsetzung der aufgelösten Gesellschaft

221 Vor Vollbeendigung der Gesellschaft steht es den Gesellschaftern frei, die Fortsetzung der Gesellschaft als werbende zu beschließen und somit den ursprünglichen Gesellschaftszweck wieder zu verfolgen (vgl. § 144 Abs. 1 HGB für den Sonderfall der Fortsetzung nach Insolvenz der Gesellschaft).[632] Mit dem Fortsetzungsbeschluss endet das Liquidationsverfahren und damit auch die Vertretungsmacht der Liquidatoren, was nach § 148 Abs. 1 S. 2 HGB sowie analog § 144 Abs. 2 HGB zur Eintragung in das Handelsregister anzumelden ist.

Muster: Handelsregisteranmeldung der Fortsetzung einer aufgelösten Gesellschaft

Amtsgericht ......
– Handelsregister Abteilung A

HRA ......
...... KG

Zur Eintragung in das Handelsregister melden wir an:
1. Die aufgelöste Gesellschaft wird unter der alten Firma und mit dem früheren Gesellschaftsgegenstand, ..., fortgesetzt. Die Liquidation war noch nicht beendet.
2. Die Liquidatoren ...... [Name, Geburtsdatum, Wohnort] sind abberufen worden.
3. Jeder persönlich haftende Gesellschafter ist berechtigt, die Gesellschaft jeweils allein zu vertreten.
4. Die Geschäftsräume der Gesellschaft befinden sich unverändert in ...... Dies ist auch die inländische Geschäftsanschrift (§ 106 Abs. 2 Nr. 2 HGB).

......
[Unterschriften samt Beglaubigung]

Ist die Liquidation allerdings einmal beendet, scheidet eine Fortsetzung der Gesellschaft aus. In Betracht kommt dann lediglich eine Neugründung.

VIII. Besonderheiten bei der GmbH & Co. KG

1. Einführung

222 Bei der GmbH & Co. KG handelt es sich um eine Personenhandelsgesellschaft, welche deren Vorteile mit denen einer Kapitalgesellschaft kombiniert. Typischerweise verfügt die GmbH & Co. KG nur über einen einzigen persönlich haftenden Gesellschafter in Gestalt einer – haftungsbeschränkten – GmbH (sog. Komplementär-GmbH). Anders als bei den übrigen Personenhandelsgesellschaften übernimmt bei der GmbH & Co. KG keine natürliche Person die unbeschränkte persönliche Haftung nach § 128 i. V. m. § 161 Abs. 2 HGB. Während zunächst Bedenken gegen die Zulässigkeit einer derartigen Gestaltung erhoben wurden,[633] ist jedenfalls seit dem Beschluss des Reichsgerichts vom 4. 7. 1922[634] die

[632] Baumbach/*Hopt* HGB § 131 Rdnr. 30; MünchKommHGB/*K. Schmidt* § 145 Rdnr. 71 m. w. N.
[633] Vgl. *Binz/Sorg* § 1 Rdnr. 10 ff.
[634] RGZ 100, 101 ff.; vgl. auch schon BayObLGZ 27, 331 aus 1912.

GmbH & Co. KG zivilrechtlich anerkannt. Der Gesetzgeber hat diese Entwicklung mittlerweile ebenfalls nachvollzogen (vgl. §§ 19 Abs. 2, 172 Abs. 6 HGB; §§ 15a Abs. 1 S. 2, 19 Abs. 3 InsO). Auch steuerrechtlich ist die GmbH & Co. KG heutzutage allgemein anerkannt (vgl. §§ 15 Abs. 3 Nr. 2, 15a EStG).[635]

a) **Vorzüge der GmbH & Co. KG.** Ein wesentlicher Vorteil der GmbH & Co. KG als Personenhandelsgesellschaft liegt – wie bereits erwähnt – in der Vermeidung der unbeschränkten persönlichen Haftung einer natürlichen Person, welche ansonsten ein Wesensmerkmal der Personenhandelsgesellschaft darstellt. Zudem können die organschaftlichen Leitungsbefugnisse (Geschäftsführung und Vertretung) bei der GmbH & Co. KG anders als bei anderen Personenhandelsgesellschaften von natürlichen Personen wahrgenommen werden, ohne dass diese für die Verbindlichkeiten der Gesellschaft persönlich unbeschränkt haften und ohne dass diese am Kapital der Gesellschaft beteiligt sind („**Herrschaft ohne Haftung**"). Denn die Leitungsfunktion wird von den Geschäftsführern der Komplementär-GmbH ausgeübt, welche völlig frei bestimmt werden können (Fremdorganschaft). Damit kann die Herrschaftsmacht bei der GmbH & Co. KG über das Vehikel der Komplementär-GmbH von der Gesellschafterstellung getrennt werden, d. h. auch gesellschaftsfremde Dritte können die Geschäftsführungs- und Vertretungsbefugnisse ausüben.[636] Ferner geht die Herrschaft über die Geschicke der Gesellschaft nicht notwendig mit der kapitalmäßigen Beteiligung an dieser einher. Weichen die Beteiligungen an der Komplementär-GmbH und der KG voneinander ab, obliegt den Geschäftsführern der GmbH selbst dann die Führung der Geschäfte gem. § 114 i. V. m. § 164 HGB, wenn der GmbH kein oder nur ein unerheblicher Kapitalanteil an der KG zusteht („**Herrschaft ohne Mehrheit**"). Auf diese Weise lässt sich die Herrschaft über die KG von der Beteiligung am wirtschaftlichen Erfolg trennen, was v. a. im Rahmen der Unternehmensnachfolge nutzbar gemacht werden kann, wenn der Unternehmer mehrere Kinder beteiligen, jedoch nur einem von ihnen die Leitungsaufgaben übertragen möchte.[637] Ebenso hat der Übergeber im Rahmen der vorweggenommenen Erbfolge die Möglichkeit, die Vermögenssubstanz zur Ausnutzung der erbschaftsteuerlichen Freibeträge entweder unmittelbar oder durch Einräumung einer Kommanditbeteiligung zu übertragen, ohne dem Empfänger Einfluss auf die Unternehmensleitung zuzugestehen. 223

Ein weiterer Vorteil der GmbH & Co. KG ist darin zu sehen, dass der Gesellschaftsvertrag der KG anders als die Satzung einer GmbH oder AG nicht zum Handelsregister eingereicht werden muss und folglich nicht der Registerpublizität i. S. v. § 9 HGB unterliegt.[638] Im Unterschied zur OHG oder zur herkömmlichen KG, bei welchen die Unternehmensfortführung durch den Tod eines persönlich haftenden Gesellschafters bedroht sein kann (vgl. § 139 HGB, oben Rdnr. 198), besteht ein derartiges Risiko bei Existenz einer Komplementär-GmbH nicht. Hinzu kommen die steuerlichen Vorzüge der GmbH & Co. KG. Unter anderem werden die Gewinne unmittelbar den einzelnen Gesellschaftern zugerechnet, was insbesondere im Hinblick auf die Zuweisung von Verlusten vorteilhaft ist (vgl. oben Rdnr. 5).[639] Ferner können die Gesellschafter Immobilien grundsätzlich grunderwerbsteuerfrei in die GmbH & Co. KG einlegen (§§ 5, 6 GrEStG) und die Begünstigungen für Betriebsvermögen (§§ 13a, 13b, 19a ErbStG) bei der Übertragung von Anteilen an einer GmbH & Co. KG greifen.[640] Da die Rechtsform der GmbH & Co. KG gerade wegen der im Verhältnis zur Kapitalgesellschaft abweichenden ertrag- und erbschaftsteuerlichen Behandlung gewählt wird, sollte die Komplementär-GmbH nicht am Vermögen der KG beteiligt werden, um die Anwendung des Steuerrechts der Kapitalgesellschaften zu vermeiden.[641] 224

Die GmbH & Co. KG kombiniert somit die Vorzüge der Kapitalgesellschaft (u. a. Haftungsbeschränkung, Möglichkeit der Fremdorganschaft) mit denen der Personenhandelsge- 225

[635] S. bereits BFH BStBl. 1951 III, 181 = GmbHR 1951, 107.
[636] Vgl. *Binz/Sorg* § 1 Rdnr. 22 ff.
[637] *Binz/Sorg* § 1 Rdnr. 28 f.
[638] Wachter/*Wachter* Teil 2 Rdnr. 921.
[639] Zum Umfang des Verlustausgleichs vgl. *Binz/Sorg* § 16 Rdnr. 289 ff., § 22 Rdnr. 28 ff.
[640] Wachter/*Wachter* Teil 2 Rdnr. 924 f. auch zur gewerblich geprägten GmbH & Co. KG gem. § 15 Abs. 3 Nr. 2 EStG.
[641] *Giehl* MittBayNot 2008, 268.

sellschaften (u. a. eingeschränkte Publizität, steuerliche Vorteile)[642] und stellt damit nach der GmbH die beliebteste Rechtsform in Deutschland dar.

226 b) **Erscheinungsformen der GmbH & Co. KG.** Von einer **typischen** oder **echten** GmbH & Co. KG spricht man, wenn die GmbH der einzige Komplementär der Gesellschaft ist. Eine **beteiligungsidentische** GmbH & Co. KG liegt vor, wenn alle Kommanditisten an der Komplementär-GmbH und der KG im gleichen Verhältnis beteiligt sind.[643] Ist dieselbe Person einziger Kommanditist der KG und Alleingesellschafter der Komplementär-GmbH, spricht man von der **Einpersonen-GmbH & Co. KG.** Einen Spezialfall der GmbH & Co. KG stellt die sog. **Einheits-GmbH & Co. KG** dar, bei welcher die KG alleiniger Gesellschafter der Komplementär-GmbH ist und somit Komplementär-GmbH und KG wechselseitig aneinander beteiligt sind (näher hierzu unten Rdnr. 257 ff.).

227 Eine GmbH & Co. KG, die als Vehikel zur Einwerbung von Kapital genutzt wird, ohne dass irgendeine persönliche Verbundenheit der Gesellschafter besteht, bezeichnet man als **Publikums-GmbH & Co. KG.** Die Publikums-GmbH & Co. KG ist in ihrer Funktionsweise einer Kapitalgesellschaft, insbesondere der AG, angenähert. Die Kommanditisten beschränken sich in aller Regel auf die Rolle als Kapitalgeber. Ihre Anzahl ist häufig nicht beschränkt, jedermann kann eine Kommanditbeteiligung erwerben, die Kommanditisten haben auf die Ausgestaltung des Gesellschaftsvertrages sowie den Beitritt weiterer Gesellschafter keinen Einfluss,[644] ihre Mitwirkungsrechte sind weitestmöglich eingeschränkt[645] und ihnen steht häufig das Recht zu, nach Ablauf eines gewissen Zeitraums durch Kündigung aus der Gesellschaft auszuscheiden. Die Initiatoren der GmbH & Co. KG sind typischerweise die alleinigen Gesellschafter der Komplementär-GmbH, sie bestimmen den Inhalt des Gesellschaftsvertrages der KG und nehmen häufig auch die organschaftlichen Leitungsfunktionen als Geschäftsführer der Komplementär-GmbH wahr.[646] Neben der steuerlichen Verlustzuweisungsmöglichkeit bietet die Publikums-GmbH & Co. KG gegenüber der AG als derjenigen Gesellschaftsform, welche vom Gesetzgeber primär für die Einwerbung von Kapital am Kapitalmarkt vorgesehen ist, auch zivilrechtliche Vorteile: Anders als bei der satzungsstrengen AG (vgl. § 23 Abs. 5 Halbs. 1 AktG) kann der Gesellschaftsvertrag der KG flexibel auf die jeweiligen Bedürfnisse zugeschnitten werden. Auch der Gründungsvorgang sowie die Kapitalerhöhung durch Aufnahme neuer Gesellschafter stellen sich erheblich unkomplizierter dar. Ebenso wenig müssen die strengen Grundsätze der Kapitalerhaltung in der AG (vgl. § 57 AktG), die Vorschriften der Nachgründung (§ 52 AktG) sowie das im Hinblick auf nicht bare Einlageleistungen der Gesellschafter strenge Kapitalaufbringungsrecht (vgl. § 27 AktG) beachtet werden.[647] Damit hat sich die Publikums-GmbH & Co. KG weit von dem gesetzlichen Leitbild einer Personenhandelsgesellschaft als eines zahlenmäßig überschaubaren, von besonderem Vertrauen und persönlicher Mitarbeit geprägten Verbandes von Gesellschaftern entfernt. Aus diesem Grund hat die Rechtsprechung in Abweichung von §§ 161 ff. HGB ein Sonderrecht für Publikumsgesellschaften entwickelt, welches dem Schutzbedürfnis der lediglich kapitalistisch beteiligten und von der Unternehmensleitung ausgeschlossenen Kommanditisten Rechnung trägt.[648]

2. Gründungsphase

228 a) **Komplementär.** Neben der klassischen GmbH kommen als Komplementär auch andere haftungsbeschränkte Kapitalgesellschaften in Betracht. Dies gilt anerkanntermaßen für die

[642] Der einzige wesentliche Nachteil ist in der Existenz zweier Gesellschaften und den damit verbundenen höheren Kosten zu sehen (z. B. Buchhaltung, Jahresabschluss, Steuererklärung).

[643] Zur Aufrechterhaltung der Beteiligungsidentität in Fällen der Einzel- und Gesamtrechtsnachfolge bedarf es allerdings der Vorsorge in den Gesellschaftsverträgen (vgl. Rdnr. 253, 256).

[644] Im Zuge ihres Beitritts ermächtigen sie die Komplementär-GmbH oder deren Geschäftsführer, weitere Anleger als Kommanditisten in die Gesellschaft aufzunehmen (s. o. Rdnr. 122).

[645] Häufig müssen Kommanditisten im Zuge ihres Beitritts einen Treuhänder mit der Wahrnehmung ihrer Rechte beauftragen.

[646] Vgl. MünchHdbGesR II/*Gummert/Horbach* § 61 Rdnr. 1 f.; *Binz/Sorg* § 13 Rdnr. 1 ff.

[647] MünchHdbGesR II/*Gummert/Horbach* § 61 Rdnr. 6.

[648] Ausführlich hierzu *Binz/Sorg* § 13 Rdnr. 22 ff.; MünchHdbGesR II/*Gummert/Jaletzke* § 65.

AG (**AG & Co. KG**), welche sich jedoch aufgrund der in § 23 Abs. 5 Halbs. 1 AktG normierten Satzungsstrenge, der nur eingeschränkten Befreiungsmöglichkeit der Vorstandsmitglieder von den Beschränkungen des § 181 BGB (vgl. § 112 AktG) sowie des fehlenden Weisungsrechts der Aktionäre gegenüber dem Vorstand (§ 76 Abs. 1 AktG) nicht in gleicher Weise wie die GmbH für die Komplementärstellung eignet.

Die durch das MoMiG in § 5a GmbHG neu geschaffene Sonderform der GmbH, die **Unternehmergesellschaft (haftungsbeschränkt)**, kann nach mittlerweile ganz herrschender Auffassung ebenfalls die Stellung als Komplementär wahrnehmen. Zwar war dies zunächst teilweise unter Verweis auf die in § 5a Abs. 3 GmbHG normierte Pflicht zur Rücklagenbildung bezweifelt worden, sofern sich der Gegenstand der Unternehmergesellschaft auf die Tätigkeit als persönlich haftender Gesellschafter der KG beschränkt.[649] Dem wurde aber zu Recht entgegengehalten, dass die Bildung einer gesetzlichen Rücklage i. S. v. § 5a Abs. 3 GmbHG bei der Unternehmergesellschaft auch im Übrigen nicht gewährleistet sei, da durch Gestaltung der Geschäftsführervergütung ein Jahresüberschuss gem. § 5a Abs. 3 S. 1 GmbHG jedenfalls weitgehend verhindert werden kann.[650] Zudem wird dem gebotenen Schutz des Rechtsverkehrs durch die Firmierung im Falle der Komplementärstellung einer Unternehmergesellschaft Rechnung getragen (s. hierzu unten Rdnr. 247). Die teilweise in der Literatur vertretene Auffassung, aus § 5a Abs. 3 GmbHG folge eine Pflicht zur Gewinnbeteiligung der Komplementär-Unternehmergesellschaft,[651] ist daher ebenso abzulehnen wie die Verpflichtung zur gleichmäßigen Dotierung der gesetzlichen Rücklage innerhalb eines Zehnjahreszeitraums entsprechend § 300 Abs. 1 AktG.[652] Weder aus Wortlaut noch aus Sinn und Zweck von § 5a Abs. 3 GmbHG folgt eine Verpflichtung der Unternehmergesellschaft zur Gewinnerzielung. Eine Unternehmergesellschaft kann folglich ohne Einräumung einer Gewinnbeteiligung Komplementärin einer KG sein.[653] Typischerweise wird vertraglich vereinbart, dass der Komplementär-Unternehmergesellschaft neben dem Ersatz ihrer Auslagen ein Entgelt für die Übernahme des Haftungsrisikos zusteht, was regelmäßig bereits aus steuerlichen Gründen zur Vermeidung einer verdeckten Gewinnausschüttung auf Ebene der Unternehmergesellschaft geboten ist.[654] Für ihre Eignung als Komplementärin spielt ein derartiger Anspruch auf Avalprovision und Auslagenersatz aber keine Rolle.[655] 229

Ausländische Kapitalgesellschaften, sonstige juristische Personen ausländischen Rechts sowie ausländische Personenhandelsgesellschaften können grundsätzlich ebenfalls die Stellung als Komplementär einer KG inne haben, sofern die im Ausland erworbene Rechtsfähigkeit auch in Deutschland anerkannt wird. Für Gesellschaften aus anderen Mitgliedstaaten der EU folgt dies schon aus den Gewährleistungen des primären Gemeinschaftsrechts (vgl. Art. 49, 54 AEUV).[656] Gleiches gilt für Auslandsgesellschaften mit satzungsmäßigem Sitz im Bereich des Europäischen Wirtschaftsraums sowie in den Vereinigten Staaten von Amerika.[657] Bis zum Inkrafttreten des MoMiG und der Einführung der Unternehmergesellschaft (haftungsbeschränkt) war die **Limited & Co. KG**, bei welcher eine englische Private 230

[649] So *Veil* GmbHR 2007, 1080, 1084; *Katschinski/Rawert* ZIP 2008, 1993, 1999; *Wachter* GmbHR Sonderheft Oktober 2008, 87, 88 f. (ggf. Nichtigkeit des KG-Vertrages nach § 5a Abs. 3 GmbHG i. V. m. § 134 BGB).

[650] Diese Gefahr hat der Gesetzgeber gesehen und sich dennoch gegen die Einführung weitergehender Schutzmechanismen entschieden (BT-Drucks. 16/6140, S. 32, 64 und 75).

[651] So *Veil* ZGR 2009, 623, 641; *Wicke* GmbHG, 2. Aufl. 2011, § 5a Rdnr. 19; *Weber* BB 2009, 842, 847.

[652] So Baumbach/Hueck/*Hueck/Fastrich* GmbHG, 19. Aufl. 2010, § 5a Rdnr. 36.

[653] *Miras*, Die neue Unternehmergesellschaft, 2. Aufl. 2010, Rdnr. 399; Lutter/Hommelhoff/*Lutter* GmbHG, 17. Aufl. 2009, § 5a Rdnr. 18; MünchKomm-GmbHG/*Rieder* 2010 § 5a Rdnr. 54 f.; *Stenzel* NZG 2009, 168, 171; *Hirte* ZInsO 2008, 933, 935; *Römermann* NJW 2010, 905, 909; *Roth*/Altmeppen GmbHG, 6. Aufl. 2009, § 5a Rdnr. 10, 19; *Heckschen* DStR 2009, 166, 171; *Scholz/U. H. Schneider* GmbHG, Nachtrag MoMiG, 10. Aufl. 2001, § 5a Rdnr. 54.

[654] Angemessen sind zwischen 1 bis 5% des Stammkapitals der GmbH (vgl. Hesselmann/Tillmann/Mueller-Thuns/*Lüke* Handbuch GmbH & Co. KG, 20. Aufl. 2009, § 3 Rdnr. 122).

[655] Vgl. *Heckschen* DStR 2009, 166, 171; *Römermann* NJW 2010, 905, 909; *Roth*/Altmeppen GmbHG, § 5a Rdnr. 10, 19; *Stenzel* NZG 2009, 168, 171.

[656] Vgl. EuGH NJW 1999, 2027 – *Centros*; NJW 2002, 3614 – *Überseering*; NJW 2003, 3331 – *Inspire Art;* NJW 2006, 425 – *SEVIC*. Vgl. *Thiermann* ZIP 2011, 988 ff. zu Möglichkeiten und Grenzen.

[657] MünchHdbGesR II/*Gummert* § 49 Rdnr. 17 m. w. N.

Company Limited by Shares die Stellung als persönlich haftender Gesellschafter einnahm, eine beliebte Konstruktion.[658] Mittlerweile ist auch weitgehend anerkannt, dass eine Stiftung Komplementär einer KG sein kann (**Stiftung & Co. KG**). Diese Rechtsform eignet sich u.a. zur Vermeidung der Mitbestimmung und zur Gestaltung der Unternehmensnachfolge.[659] Als besondere Erscheinungsform der GmbH & Co. KG ist schließlich noch die sog. **„doppelstöckige"** GmbH & Co. KG zu nennen, bei der eine weitere GmbH & Co. KG die Stellung eines Komplementärs oder eines Kommanditisten einnimmt. Durch § 105 Abs. 2 HGB ist klargestellt, dass gegen eine derartige Gestaltung selbst dann keine Bedenken bestehen, wenn sich die Funktion einer Komplementär-GmbH & Co. KG auf die Übernahme der persönlichen Haftung in der anderen GmbH & Co. KG beschränkt.[660]

231 Da (jedenfalls bislang) in der überwiegenden Mehrzahl der Fälle eine GmbH die Komplementärstellung wahrnimmt, werden im Folgenden stets die Begriffe „Komplementär-GmbH" sowie „GmbH & Co. KG" verwandt, die stellvertretend für die vorgenannten weiteren Erscheinungsformen der Kommanditgesellschaft stehen, die über keine natürliche Person als Komplementär verfügt.

232 b) **Errichtung der Gesellschaft.** Die Errichtung einer GmbH & Co. KG ist auf verschiedene Arten möglich. Im Regelfall wird zunächst die Komplementär-GmbH gegründet. Sodann schließen die Komplementär-GmbH in Gründung sowie die Kommanditisten den Gesellschaftsvertrag der KG. Neben der vollständigen Neugründung der beteiligten Gesellschaften kann eine GmbH & Co. KG auch durch Umwandlung, insbesondere durch Formwechsel einer Kapitalgesellschaft, sowie durch Eintritt der Komplementär-GmbH in eine bereits bestehende Personengesellschaft errichtet werden.

233 Je nachdem, ob der Geschäftsbetrieb der GmbH & Co. KG auf die Ausübung eines **Handelsgewerbes** i.S.v. § 1 Abs. 2 HGB gerichtet ist oder nicht, entsteht die GmbH & Co. KG im Außenverhältnis entweder bereits mit Geschäftsbeginn (§ 123 Abs. 2 i.V.m. § 161 Abs. 2 HGB, vgl. oben Rdnr. 8) oder kraft konstitutiver Eintragung in das Handelsregister (§ 105 Abs. 2 S. 1 i.V.m. § 161 Abs. 2 HGB).[661] Die Entstehung der GmbH & Co. KG im Außenverhältnis ist nicht von der Eintragung der GmbH in das Handelsregister abhängig. Auch die Vor-GmbH (oder „GmbH i.Gr.") kann die Stellung des Komplementärs einnehmen (zu den haftungsrechtlichen Folgen für die GmbH-Gründer siehe Rdnr. 238).[662]

234 *aa) Eintragung als „Vor-GmbH & Co. KG".* Betreibt die KG kein Handelsgewerbe bzw. verwaltet sie nur eigenes Vermögen, kann sie im Außenverhältnis durch Eintragung in das Handelsregister entstehen, was insbesondere dann relevant wird, wenn sich die Eintragung der Komplementär-GmbH verzögert. In diesem Fall erfolgt die Eintragung als **„Vor-GmbH & Co. KG"**.[663] Die Eintragung der Vor-GmbH & Co. KG in das Handelsregister setzt voraus, dass die Gründung der Vor-GmbH durch Abschluss eines notariellen Gesellschaftsvertrages, die Bestellung und die Ermächtigung der GmbH-Geschäftsführer, die Vor-GmbH als Komplementärin an der KG zu beteiligen, und – sofern die GmbH-Geschäftsführer auch Kommanditisten werden sollen – deren Befreiung von den Beschränkungen des § 181 BGB dem Handelsregister gegenüber nachgewiesen werden.[664] Üblicherweise wird der Notar die Anmeldung der GmbH zusammen mit der Anmeldung der KG beim Handelsregister einreichen. In diesem Fall wird das Registergericht die GmbH entweder zeitgleich mit der KG oder vor der KG eintragen, es sei denn, der Handelsregisteranmeldung der KG-Gründung ist unmissverständlich zu entnehmen, dass auch deren Eintragung vor Eintragung der

[658] Zu den Nachweisanforderungen gegenüber dem deutschen Handelsregister vgl. Fleischhauer/Preuß/*Solveen* Handelsregisterrecht S. 910ff., insbesondere S. 921 zur Vertretungsbefugnis der directors, sowie KölnHdbGesR/*Fleischhauer* Rdnr. 590ff.

[659] S. näher zur Stiftung & Co. KG: MünchHdbGesR V/*Gummert* §§ 82, 112; Wachter/*Wachter* Teil 2 Rdnr. 979.

[660] Vgl. zur doppelstöckigen GmbH & Co. KG: *Binz/Sorg* § 2 Rdnr. 18ff.; Hesselmann/Tillmann/Mueller-Thuns/*Lüke* Handbuch GmbH & Co. KG, § 2 Rdnr. 440f.

[661] Für mögliche Motive für einen vorzeitigen Geschäftsbeginn vgl. *Binz/Sorg* § 3 Rdnr. 56.

[662] BGHZ 80, 129, 132 = NJW 1981, 1373.

[663] BGH NJW 1985, 736; Baumbach/*Hopt* HGB Anh. § 177a Rdnr. 13; *K. Schmidt* NJW 1981, 1347.

[664] Fleischhauer/Preuß/*Kallrath* Handelsregisterrecht S. 306; KölnHdbGesR/*Fleischhauer* 1. Kap. Rdnr. 555.

GmbH gewünscht ist. Aufgrund der damit verbundenen Haftungsfolgen (sogleich Rdnr. 238) und zusätzlichen Kosten für die Löschung des Zusatzes „Vor-" (bzw. „in Gründung") nach Eintragung der GmbH, wird eine Eintragung der KG vor Eintragung der GmbH im Regelfall nicht angezeigt sein.[665]

bb) Handelsregisteranmeldung. Die GmbH & Co. KG ist gem. §§ 106, 108 HGB von sämtlichen Gesellschaftern, d. h. den Kommanditisten und der Komplementär-GmbH vertreten durch ihre Geschäftsführer in vertretungsberechtigter Zahl[666] zur Eintragung in das Handelsregister anzumelden. Die GmbH kann ebenso durch einen Einzelprokuristen oder durch zwei gemeinsam vertretungsberechtigte Prokuristen vertreten werden, da die Anmeldung nicht das Unternehmen des „Prinzipals" (das der GmbH), sondern lediglich ein Unternehmen betrifft, an welchem der Prinzipal beteiligt ist.[667] 235

Erfolgt die Anmeldung der KG **nach Eintragung der Komplementär-GmbH**, so ist Letztere **mit Firma und Sitz** zu bezeichnen.[668] Es empfiehlt sich ebenfalls die **Handelsregisternummer** (HRB) sowie ggf. das zuständige Amtsgericht zu nennen. Angesichts der elektronischen Einsichtnahmemöglichkeit muss der Anmeldung nach richtiger Auffassung kein Auszug des Handelsregisterblattes der GmbH beigefügt werden.[669] 236

Muster: Neuanmeldung einer GmbH & Co. KG

Amtsgericht ......
HRA ......

Eintragung der ...... GmbH & Co. KG

Zur Eintragung in das Handelsregister melden wir an:

1. Wir, die X-GmbH mit dem Sitz in ...... (Amtsgericht ......, HRB ......) als persönlich haftende Gesellschafterin und ...... (Name, Vorname, Geburtsdatum, Wohnort) als Kommanditisten, haben mit Gesellschaftsvertrag vom ...... eine Kommanditgesellschaft unter der Firma ...... GmbH & Co. KG mit dem Sitz in ...... gegründet.
2. Persönlich haftende Gesellschafterin ist die X-GmbH mit dem Sitz in ...... (Amtsgericht ......, HRB ......).
3. Kommanditisten sind ...... (Name, Vorname, Geburtsdatum, Wohnort) mit einer Kommanditeinlage (Haftsumme) von ...... Euro.
4. Gegenstand des Unternehmens ist ......
5. Jeder persönlich haftende Gesellschafter vertritt die Gesellschaft alleine. (ggf.: Die X-GmbH und ihre jeweiligen Geschäftsführer sind berechtigt, im Namen der Gesellschaft Rechtsgeschäfte mit sich im eigenen Namen oder als Vertreter eines Dritten vorzunehmen.)
6. Die Geschäftsräume der Gesellschaft befinden sich in ...... Dies ist auch die inländische Geschäftsanschrift (§ 106 Abs. 2 Nr. 2 HGB).

......
[Unterschriften samt Beglaubigung]

Erfolgt die **Anmeldung** der KG **vor Eintragung der Komplementär-GmbH**, so ist die in Gründung befindliche Komplementärin unter der Firma der künftigen GmbH mit dem Zusatz „Vor-" oder „in Gründung" zu bezeichnen und so in das Handelsregister einzutragen. Ferner ist dem Handelsregister der KG gegenüber nachzuweisen, dass die Vor-GmbH wirksam entstanden ist und von ihren Geschäftsführern bei Abschluss des Gesellschaftsvertrags 237

[665] Näher Fleischhauer/Preuß/*Kallrath* Handelsregisterrecht S. 305.
[666] Fleischhauer/Preuß/*Kallrath* Handelsregisterrecht S. 307.
[667] Vgl. *Krafka/Willer/Kühn* Registerrecht Rdnr. 116, 806.
[668] Ebenroth/Boujong/Joost/Strohn/*Märtens* HGB § 106 Rdnr. 10.
[669] Fleischhauer/Preuß/*Kallrath* Handelsregisterrecht S. 305; a. A. *Krafka/Willer/Kühn* Registerrecht Rdnr. 811 (entbehrlich nur, wenn dasselbe Amtsgericht zuständig ist).

der KG wirksam vertreten wurde, was durch Vorlage des notariellen Gesellschaftsvertrages sowie des Beschlusses über die Bestellung und die Ermächtigung der GmbH-Geschäftsführer zu erfolgen hat, die Vor-GmbH als Komplementärin an der KG zu beteiligen (vgl. oben Rdnr. 234).[670]

238 c) **Haftung im Gründungsstadium.** *aa) Haftung der Komplementär-GmbH bzw. ihrer Gesellschafter.* Ist die Vor-GmbH & Co. KG bereits durch Aufnahme ihrer Geschäfte nach § 123 Abs. 2 i. V. m. § 161 Abs. 2 HGB bzw. durch Eintragung nach § 123 Abs. 1 i. V. m. § 161 Abs. 2 HGB im Außenverhältnis entstanden, haftet die Vor-GmbH als persönlich haftende Gesellschafterin der KG für alle Gesellschaftsverbindlichkeiten (§ 128 i. V. m. § 161 Abs. 2 HGB). Zudem haften die **GmbH-Gesellschafter** gegenüber der Gesellschaft **persönlich** und der Höhe nach **unbeschränkt** entsprechend dem Verhältnis der Nennbeträge ihrer Geschäftsanteile für die von der Vor-GmbH begründeten Verbindlichkeiten.[671] Bis zur Eintragung der GmbH in das Handelsregister spricht man von Verlustdeckungshaftung, ab Eintragung von Vorbelastungshaftung (**Unterbilanzhaftung**), wobei das Haftungskonzept jeweils als **Innenhaftung** gegenüber der Gesellschaft ausgestaltet ist.[672] Kommt es – wie im Regelfall – zur Eintragung der GmbH, haften die Gründer für die in diesem Zeitpunkt bestehende Diskrepanz zwischen Stammkapital und Vermögen der GmbH und damit für sämtliche von der KG bis zur Eintragung der GmbH begründete Verbindlichkeiten persönlich, prorataisch, unbeschränkt und unbeschränkbar, sofern sie die Geschäftsführer zur Aufnahme der Geschäfte ermächtigt haben.[673] Aufgrund dieses nicht unerheblichen Haftungsrisikos empfiehlt es sich im Regelfall, mit der Geschäftsaufnahme bis zur Eintragung der GmbH zu warten.[674]

239 *bb) Haftung der Kommanditisten.* Nimmt die GmbH & Co. KG ihre Geschäfte vor ihrer Eintragung in das Handelsregister auf, steht eine unbeschränkte persönliche Haftung der Kommanditisten nach § 176 Abs. 1 S. 1 HGB im Raum (siehe oben Rdnr. 105 f.). Sofern die Vertragsabschlüsse aber **im Namen der GmbH & Co. KG** erfolgen (vgl. § 19 Abs. 2 HGB), kommt eine unbeschränkte persönliche **Haftung nach § 176 Abs. 1 S. 1 HGB richtigerweise nicht** in Betracht, da der Rechtsverkehr bei einer derart firmierenden Gesellschaft nicht darauf vertrauen darf, ein nicht eingetragener Gesellschafter sei Komplementär. Zwar ist die Haftung nach § 176 Abs. 1 S. 1 HGB nur bei positiver Kenntnis des Gläubigers ausgeschlossen. Sofern jenem aber Umstände bekannt sind, aus welchen sich zwingend ergibt, dass etwa vorhandene Mitgesellschafter nicht unbeschränkt haften, steht dies der Kenntnis im Hinblick auf eine Beteiligung als Kommanditist gleich.[675] Wenngleich dies aus der Firmierung „GmbH & Co. KG" nicht denknotwendig folgt, ist nach der allgemeinen Lebenserfahrung nicht mit der Existenz eines weiteren Komplementärs in Gestalt einer natürlichen Person zu rechnen. Nach der gesetzlichen Konzeption wird dem Rechtsformzusatz „GmbH & Co. KG" eine ausreichende Warnfunktion zugemessen.[676] Höchstrichterlich geklärt ist diese Frage allerdings noch nicht, so dass es sich bei erheblichen Haftungsrisiken empfehlen dürfte, den Gläubiger ausdrücklich darauf hinzuweisen, dass neben der GmbH keine weiteren Personen unbeschränkt haften, oder mit der Geschäftsaufnahme bis zur Eintragung in das Handelsregister zuzuwarten.

240 d) **Formerfordernis.** Während der Gesellschaftsvertrag der Komplementär-GmbH nach **§ 2 Abs. 1 S. 1 GmbHG** der notariellen Form bedarf, ist für den Abschluss des KG-Vertrages grundsätzlich keine bestimmte Form vorgeschrieben. Etwas anderes gilt, wenn

[670] Fleischhauer/Preuß/*Kallrath* Handelsregisterrecht S. 306.

[671] Vgl. BGHZ 134, 333. Zudem kommt eine Ausfallhaftung analog § 24 GmbHG in Betracht (Baumbach/Hueck/*Hueck/Fastrich* GmbHG § 11 Rdnr. 25).

[672] BGHZ 134, 333 = DNotZ 1998, 142 = NJW 1997, 1507.

[673] BGHZ 105, 300, 303 = DNotZ 1989, 516; Lutter/Hommelhoff/*Bayer* GmbHG § 11 Rdnr. 33 m. w. N.

[674] Neben der Gründerhaftung greift auch die Handelndenhaftung gem. § 11 Abs. 1 GmbHG, welche jedoch mit Eintragung der GmbH in das Handelsregister und Übergang der Verbindlichkeit auf diese erlischt (vgl. Baumbach/Hueck/*Hueck/Fastrich* GmbHG § 11 Rdnr. 53).

[675] Vgl. bereits RGZ 128, 172, 183.

[676] Ganz h. M., vgl. nur OLG Schleswig DZWiR 2005, 163; *Binz/Sorg* § 15 Rdnr. 33 ff. m. w. N. in Fn. 78; MünchKommHGB/*K. Schmidt* § 176 Rdnr. 50 m. zahlreichen w. N. Anders noch BGH NJW 1980, 54 vor Inkrafttreten von § 19 Abs. 2 HGB. Vgl. jetzt aber BGH NJW 1983, 2258, 2260 m. Anm. *K. Schmidt*. A. A. *Koller*/Roth/Morck HGB § 176 Rdnr. 4.

eine Einlageverpflichtung ihrerseits beurkundungsbedürftig ist (vgl. oben Rdnr. 20). Da die Kommanditisten, welche auch Gesellschafter der Komplementär-GmbH werden, die Errichtung beider Gesellschaften als einen einheitlichen Vorgang ansehen, kommt eine Beurkundungsbedürftigkeit auch des KG-Vertrages gem. § 2 Abs. 1 S. 1 GmbHG unter dem Aspekt des **Beurkundungszusammenhangs** in Betracht, sofern der Wille der Kommanditisten, das eine Gesellschaftsverhältnis nicht ohne das andere zu begründen, eindeutig zutage tritt.[677]

Die Beurkundungsbedürftigkeit des KG-Vertrages kann sich bei einer beteiligungsidenti- 241
schen GmbH & Co. KG zudem aus **§ 15 Abs. 4 S. 1 GmbHG** ergeben, wenn in dem Vertrag die Verpflichtung derjenigen Kommanditisten, die ihren Kommanditanteil veräußern, niedergelegt ist, auch ihren GmbH-Anteil abzutreten (hierzu unten Rdnr. 253).[678] Zwar wird die Formnichtigkeit nach § 15 Abs. 4 S. 2 GmbHG durch formgerechte Abtretung des GmbH-Anteils geheilt.[679] Allerdings wirkt die Heilung nur ex nunc,[680] sodass sich bei der anzunehmenden Gesamtunwirksamkeit des KG-Gesellschaftsvertrages aus diesem bis dahin keine Rechte und Pflichten ergeben.[681]

e) **Kapitalaufbringung.** *aa) Einlagenrückzahlung i. S. v. § 19 Abs. 5 GmbHG durch Darle-* 242
hensgewährung der Komplementär-GmbH an die KG. Für die Kapitalaufbringung bei der Komplementär-GmbH gelten die allgemeinen Grundsätze. Da sich die Funktion der GmbH darauf beschränkt, die Stellung des persönlich haftenden Gesellschafters einzunehmen, hat sie in aller Regel kaum eine sinnvolle Verwendung für das ihr – jedenfalls hälftig (vgl. § 7 Abs. 2 S. 2 GmbHG) – zugeflossene satzungsmäßige Stammkapital.[682] Demgegenüber hat die KG als Unternehmensträger regelmäßig einen höheren Kapitalbedarf. Aus diesem Grund soll die GmbH nach dem Willen ihrer Gründungsgesellschafter häufig die aufgebrachten Barmittel umgehend darlehensweise an die KG weiterreichen. Nach der Rechtslage vor Inkrafttreten des MoMiG am 1. 11. 2008 fehlte es bei einer absprachegemäßen Darlehensgewährung an den Gesellschafter oder an ein von ihm beherrschtes Unternehmen[683] an einer befreienden Leistung zu freier Verfügung der Geschäftsführung.[684] Durch das MoMiG wurde die Kapitalaufbringung liberalisiert. Eine darlehensweise Rückgewähr der Bareinlage, eine **Einlagenrückzahlung i. S. v. § 19 Abs. 5 GmbHG**, steht der Tilgung der Einlageschuld nicht entgegen, wenn die Vorgaben von § 19 Abs. 5 Sätze 1 und 2 GmbHG eingehalten werden.[685] Die Anwendbarkeit von § 19 Abs. 5 GmbHG bei der UG (haftungsbeschränkt) als besonderer Form der GmbH ist mittlerweile ganz überwiegend anerkannt, da die Rückzahlung der Einlage an den Gesellschafter nach der gesetzlichen Konzeption nichts an deren Charakter als Bareinlage ändert und somit das Sacheinlagenverbot in § 5 a Abs. 2 S. 2 GmbHG nicht betroffen ist.[686]

---

677 Sudhoff/*Ihrig* GmbH & Co. KG, 6. Aufl. 2005, § 9 Rdnr. 20; *Binz/Mayer* NJW 2002, 3054, 3055.

678 Hesselmann/Tillmann/Mueller-Thuns/*Lüke* Handbuch GmbH & Co. KG, § 3 Rdnr. 55; *Binz/Mayer* NJW 2002, 3054, 3057, die deshalb empfehlen, eine derartige Abtretungsverpflichtung ausschließlich in der Satzung der Komplementär-GmbH zu normieren.

679 Zur Reichweite der Heilung vgl. MünchKommGmbHG/*Reichert/Weller* § 15 Rdnr. 125 ff.

680 Vgl. nur Baumbach/Hueck/*Hueck/Fastrich* GmbHG § 15 Rdnr. 36.

681 Vgl. *Binz/Mayer* NJW 2002, 3054, 3058.

682 Die nachfolgend beschriebene Problematik stellt sich bei der Verwendung einer Unternehmergesellschaft (haftungsbeschränkt) mit minimalem Stammkapital (vgl. § 5 a Abs. 1 GmbHG) als Komplementär naturgemäß nicht.

683 BGHZ 170, 47, 53 = DNotZ 2007, 230; BGHZ 125, 141, 144 = MittBayNot 1994, 344; *Grigoleit/Rieder* GmbH-Recht nach dem MoMiG, 2009, Rz. 204. Gleiches gilt dann, wenn der Gesellschafter durch die Zahlung an den Dritten in gleicher Weise begünstigt wird, wie durch eine Zahlung an ihn selbst (BGHZ 171, 113, 116 = DNotZ 2007, 708).

684 BGH DNotZ 2008, 545, 547 = DNotI-Report 2008, 22; *K. Schmidt* Gesellschaftsrecht § 56 V 1.

685 Die Missachtung des Offenlegungserfordernisses in § 19 Abs. 5 S. 2 GmbHG sollte richtigerweise der Tilgung der Einlageschuld nicht entgegen stehen (näher *Herrler* GmbHR 2010, 785, 786 f. m. zahlr. w. N. zum Streitstand). Dennoch sieht der BGH in der ordnungsgemäßen Offenlegung eine Erfüllungsvoraussetzung (DNotZ 2009, 941, 944 = DNotI-Report 2009, 134 – Cash Pool II; bereits angedeutet in DNotZ 2009, 766, 769 = DNotI-Report 2009, 78 – Qivive).

686 Ganz h. M., vgl. Baumbach/Hueck/*Fastrich* GmbHG § 5 a Rdnr. 12; *Heckschen* DStR 2009, 166, 171; Michalski/*Miras* GmbHG, 2. Aufl. 2010, § 5 a Rdnr. 50; MünchKommGmbHG/*Rieder* § 5 a Rdnr. 24; *Römermann* NZG 2010, 1375, 1377; *Roth*/Altmeppen GmbHG § 5 a Rdnr. 12; A. A. *Wicke* GmbHG § 5 a Rdnr. 7.

243 Trotz Beachtung der in § 19 Abs. 5 GmbHG normierten Kautelen könnte man die Erfüllungswirkung der Einlageleistung mit der Erwägung in Zweifel ziehen, bei wirtschaftlicher Betrachtung fehle das zusätzliche Haftungssubstrat in Form des Vermögens des persönlich haftenden Gesellschafters. Der Komplementär diene den Gläubigern der KG als weiteres Haftungssubjekt. Bei einer juristischen Person als persönlich haftendem Gesellschafter ziele die unbeschränkte Haftung nach §§ 128, 161 Abs. 2 HGB allein auf das Vermögen der Komplementärgesellschaft. In der Person des Komplementärs begründete Erwerbsaussichten scheiden von vornherein aus, wenn einzige Aufgabe der GmbH die Übernahme der Komplementärsstellung ist. Hat die GmbH nun aber ihr gesamtes Stammkapital darlehensweise an die KG ausgereicht, stellt der Rückzahlungsanspruch gegen die KG den einzigen Vermögenswert der GmbH dar. Der Anspruch ist genau in dem Augenblick nicht mehr werthaltig, in dem typischerweise gem. §§ 128, 161 Abs. 2 HGB auf das Vermögen des Komplementärs zurückgegriffen wird (Überschuldung bzw. Zahlungsunfähigkeit der KG selbst). Aufgrund dieser strukturellen Wertlosigkeit des Darlehensanspruchs in der Krise der KG könnte man die Erfüllung der Einlageschuld in einer derartigen Konstellation bezweifeln.

244 Richtigerweise muss aber eine nicht erfüllungsschädliche Einlagenrückzahlung unter Beachtung der in § 19 Abs. 5 GmbHG statuierten Vorgaben auch bei der GmbH & Co. KG durch Darlehensgewährung der Komplementär-GmbH an die KG möglich sein.[687] Denn das Vertrauen der Gläubiger der KG auf die Solvenz des persönlich haftenden Gesellschafters ist generell nicht schutzwürdig, da die GmbH ihr Stammkapital im Rahmen ihres Geschäftsbetriebs, z. B. aufgrund einer fehlgeschlagenen Investitionsentscheidung, eingebüßt haben könnte. Nichts anderes kann für die Verwendung der Geldeinlage zur Darlehensgewährung an die KG gelten. Nach den in § 19 Abs. 5 GmbHG niedergelegten Erfüllungsvoraussetzungen ist ausschließlich die Werthaltigkeit und Liquidität des Rückgewähranspruchs im Zeitpunkt der Darlehensausreichung entscheidend. Erfolgte die Rückzahlung bereits vor der Anmeldung, kommt es auf die Vollwertigkeit der Forderung im Zeitpunkt des Eingangs der Anmeldung bei Gericht an. Eine irgendwie geartete Zukunftsprognose ist nur insoweit von Bedeutung, als dadurch der Wert des Anspruchs bei wirtschaftlicher Betrachtung bereits im Moment der Ausreichung gemindert ist..[688] Die bloße Gefahr einer künftigen Wertlosigkeit des Rückzahlungsanspruchs hat der Gesetzgeber bewusst der Gesellschaft und mittelbar deren Gläubigern zugewiesen. Dies hat auch für ein strukturell bedingtes Risiko der Wertlosigkeit zu gelten. Im Übrigen können Erwerbschancen der GmbH jederzeit durch Erweiterung ihres Geschäftsgegenstandes und Entfaltung von über die Komplementärstellung hinausgehender Tätigkeiten entstehen. Sofern die in § 19 Abs. 5 GmbHG normierten Anforderungen gewahrt sind, steht die Darlehensgewährung durch die GmbH an die KG einer Tilgung der Einlageschuld der Gesellschafter folglich nicht entgegen.[689] In Altfällen kommt ggf. eine Heilung der damals nicht erfüllungswirksamen Einzahlung der Bareinlage in Betracht, wodurch sich ggf. das Risiko einer doppelten Einlageleistung beseitigen lässt.[690]

Praxishinweis:

Soll das eingezahlte Stammkapital darlehensweise an die KG weitergereicht werden (Einlagenrückzahlung), sind die in § 19 Abs. 5 Sätze 1 und 2 GmbHG normierten Anforderungen zu beachten, insbesondere ist die Rückzahlung der Einlage in der Anmeldung der GmbH offen zu legen, um dem Registergericht die Prüfung der Vollwertigkeit und der Liquidität der Forderung zu ermöglichen.

[687] Vgl. *Binz/Sorg* § 3 Rdnr. 23 f. zu den Grundsätzen der Kapitalerhaltung i. S. v. § 30 Abs. 1 GmbHG, welche zu beachten sind, wenn die Darlehensgewährung nicht absprachegemäß und auch nicht in engem sachlichen und zeitlichen Zusammenhang mit der Einlageleistung erfolgt.

[688] Vgl. speziell zum Fall der GmbH & Co. KG: *Benz* Verdeckte Sacheinlage und Einlagenrückzahlung im reformierten GmbH-Recht (MoMiG), 2010, S. 342 f.

[689] Im Ergebnis ebenso (jedoch ohne größere Problematisierung): Lutter/Hommelhoff/*Bayer* GmbHG § 19 Rdnr. 87; GrK-GmbHG/*Casper*, Ergänzungsband MoMiG, 2010, § 19 Rdnr. 103; *Roth*/Altmeppen GmbHG § 19 Rdnr. 99; a. A. *Krafka/Willer/Kühn* Registerrecht Rdnr. 805 unter Bezugnahme auf die BGH-Rechtsprechung zur Rechtslage vor dem MoMiG, allerdings ohne Erwähnung der gesetzlichen Neuregelung in § 19 Abs. 5 GmbHG.

[690] Vgl. zur Möglichkeit einer Heilung: *Herrler* GmbHR 2010, 785, 787 ff. mit Formulierungsvorschlag.

bb) Haftungsbefreiende Einlageleistung (§ 172 Abs. 6 HGB). Um die reale Kapitalaufbringung zu gewährleisten und zu verhindern, dass den Gläubigern bei GmbH und KG insgesamt nur ein Haftungspotential zur Verfügung steht,[691] kann die haftungsbefreiende Einlageleistung i. S. v. § 171 Abs. 1 HS 2 HGB in einer GmbH & Co. KG gem. § 172 Abs. 6 S. 1 HGB nicht durch Übertragung von Anteilen an der Komplementär-GmbH erbracht werden. 245

f) Gestaltung der Gesellschaftsverträge. *aa) Firma.* Bei der Auswahl der Firmen der Komplementär-GmbH und der KG sind die allgemeinen Anforderungen der §§ 18 ff. HGB zu berücksichtigen (Kennzeichnungseignung, Unterscheidungskraft, Irreführungsverbot, Rechtsformzusatz). Nach § 30 HGB muss sich jede neue Firma von allen an demselben Ort bestehenden und in das Handelsregister eingetragenen Firmen **deutlich unterscheiden.** Dies gilt ebenfalls für die GmbH & Co. **KG** und die ‚zugehörige' **Komplementär-GmbH.**[692] Nach dem BGH ist es nicht ausreichend, wenn GmbH und GmbH & Co. KG sich lediglich durch den nach § 19 HGB erforderlichen Rechtsformzusatz unterscheiden, ihr Firmenkern aber identisch ist.[693] Im Anwendungsbereich von § 30 HGB (Unterscheidbarkeit von *an demselben Ort* oder *in derselben Gemeinde* bestehenden und in das Handelsregister eingetragenen Firmen)[694] sollte die Firma der Komplementär-GmbH daher mit einem Zusatz versehen werden. Üblich sind insoweit Zusätze wie „Besitz-", „Verwaltungs-", „Geschäftsführungs-" o. Ä., durch welche die Funktion der GmbH zum Ausdruck gebracht wird.[695] Keine Schwierigkeiten stellen sich ebenfalls, wenn Komplementär-GmbH und GmbH & Co. KG völlig unterschiedliche Firmen haben, was mittlerweile ohne Weiteres zulässig ist.[696] 246

Bei der Firmenbildung ist weiterhin **§ 19 Abs. 2 HGB** zu beachten. Fehlt es an einer natürlichen Person als persönlich haftendem Gesellschafter, muss aus der Firma die Haftungsbeschränkung ersichtlich sein.[697] Die Bezeichnung als GmbH & Co. KG wird diesen Anforderungen im Allgemeinen gerecht. Dies gilt allerdings nicht, wenn persönlich haftender Gesellschafter der KG eine Unternehmergesellschaft (haftungsbeschränkt) ist. Zwar wird teilweise geltend gemacht, die einzige Funktion des § 19 Abs. 2 HGB liege darin klarzustellen, dass keine natürliche Person persönlich haftet, was sich auch aus der Gesetzeshistorie ergebe („beschränkt haftende Kommanditgesellschaft").[698] Zudem handele es sich bei der Unternehmergesellschaft nicht um eine eigenständige Rechtsform, sondern um eine Spezialform der GmbH (vgl. § 5 a GmbHG). Unbeschadet dessen muss jedoch aufgrund des in § 18 Abs. 2 HGB normierten Irreführungsverbotes in der Firma der KG ausgewiesen werden, dass das haftende Stammkapital der Komplementärin eben nicht mindestens € 25.000,– (§ 5 Abs. 1 GmbHG), sondern ggf. lediglich € 1,– (§ 5 a Abs. 1 GmbHG) beträgt. Der mit der Anordnung einer besonderen Firmierung durch § 5 a Abs. 1 GmbHG bezweckte Hinweis an den Rechtsverkehr, die Gesellschaft verfüge über ein Mindeststammkapital von weniger als € 25.000,–, dürfte daher zumindest über § 18 Abs. 2 HGB auch Auswirkungen auf die zulässige Firma einer KG haben, deren einzige Komplementärin eine Unternehmergesellschaft ist (sog. **UG (haftungsbeschränkt) & Co. KG**).[699] 247

Ob es in Anbetracht des gem. § 19 Abs. 2 HGB erforderlichen, die Haftungsbeschränkung kennzeichnenden Zusatzes stets zulässig ist, den **Namen eines Kommanditisten** in die 248

[691] Vgl. MünchKommHGB/*K. Schmid* § 172 Rdnr. 124 m. w. N.

[692] BGHZ 46, 7, 12; MünchKommHGB/*Heidinger* § 30 Rdnr. 11 f. m. zahlr. w. N.

[693] BGHZ 46, 7, 12; OLG Frankfurt GmbHR 1974, 155 f.; BayObLG DNotZ 1969, 384; vgl. *Binz/Sorg* § 11 Rdnr. 16 f.

[694] Vgl. MünchHdbGesR II/*Gummert* § 50 Rdnr. 29.

[695] Vgl. *Binz/Sorg* § 11 Rdnr. 17.

[696] Vgl. *Krafka/Willer/Kühn* Registerrecht Rdnr. 248; *Binz/Sorg* § 11 Rdnr. 15.

[697] Wird gegen § 19 Abs. 2 HGB verstoßen, droht eine Haftung der Gesellschafter und/oder der Geschäftsführer der Komplementär-GmbH nach Rechtsscheingrundsätzen (vgl. BGH NJW 1978, 2030; NJW 1990, 2678, 2679).

[698] MünchKommHGB/*Heidinger* § 19 Rdnr. 28 unter Verweis auf BT-Drucks. 13/8444, S. 54, 56; ausführlich zu den Anforderungen an den Rechtsformzusatz: *Binz/Sorg* § 11 Rdnr. 19 ff.

[699] KG NZG 2009, 1159; *Binz/Sorg* § 11 Rdnr. 9 f.; *Wachter* NZG 2009, 1263; Hesselmann/Tillmann/Mueller-Thuns/*Lüke* Handbuch GmbH & Co. KG § 3 Rdnr. 41; *Miras* Die neue Unternehmergesellschaft Rdnr. 398 a.

Firma aufzunehmen, oder ob das Irreführungsverbot (§ 18 Abs. 2 HGB) dem im Einzelfall entgegenstehen kann, ist noch nicht abschließend geklärt. Es erscheint vorzugswürdig, von einer generellen Zulässigkeit einer derartigen Firmierung auszugehen, da der Rechtsverkehr durch den haftungsbeschränkenden Rechtsformzusatz nach § 19 Abs. 2 HGB deutlich auf die fehlende Haftung einer natürlichen Person hingewiesen wird, sodass für die maßgeblichen Verkehrskreise keine falschen Vorstellungen über die Person des persönlich haftenden Gesellschafters hervorgerufen werden.[700]

249 *bb) Unternehmensgegenstand.* Im Hinblick auf den gem. § 3 Abs. 1 Nr. 2 GmbHG in der **GmbH-Satzung** anzugebenden Unternehmensgegenstand ist nach wie vor streitig, ob über die unmittelbare Tätigkeit der Komplementär-GmbH selbst („Übernahme der Funktion eines persönlich haftenden Gesellschafters in der X-KG") zudem der Geschäftszweig der KG benannt werden muss.[701] Angesichts dessen, dass auf diese Weise Eigen- und Fremdgeschäftsführung der GmbH miteinander vermischt würden und das bloße Haftungsrisiko nach § 128 i.V.m. § 161 Abs. 2 HGB nicht mit dem Unternehmensgegenstand der GmbH gleichgesetzt werden kann, steht die ganz herrschende Lehre zu Recht auf dem Standpunkt, dass der Gegenstand der KG nicht in die Satzung der GmbH aufzunehmen ist.[702] Teilweise wird es sogar für entbehrlich gehalten, den Namen der konkreten KG im Rahmen des Unternehmensgegenstandes der Komplementär-GmbH zu nennen.[703] Um eine Verzögerung der Eintragung der GmbH in das Handelsregister und die damit verbundenen Haftungsfolgen für die Gesellschafter (s. o. Rdnr. 105 f.) zu verhindern, empfiehlt sich aber die Angabe der konkreten Gesellschaft(en), bei welchen die GmbH Komplementär- und Geschäftsführungsfunktionen wahrnimmt.[704]

250 *cc) Geschäftsführung und Vertretung.* Als Komplementärin ist die GmbH allein zur Geschäftsführung und Vertretung der KG berechtigt (§ 164 sowie §§ 125, 170 HGB). Ein Widerspruchs- oder gar Weisungsrecht der Kommanditisten besteht nicht (vgl. § 164 S. 1 HS 2 HGB). Sofern die **Kommanditisten zugleich Geschäftsführer der Komplementär-GmbH** sind, handeln sie vermittelt durch ihre Organstellung in der Komplementär-GmbH auch für die GmbH & Co. KG. § 170 HGB steht dem nicht entgegen, da die Kommanditisten als Geschäftsführer der GmbH unmittelbar für diese und die GmbH wiederum als persönlich haftender Gesellschafter für die GmbH & Co. KG handelt. Den Gesellschaftern der Komplementär-GmbH steht jedoch gegenüber ihren Geschäftsführern ein Weisungsrecht zu (vgl. § 43 Abs. 3 S. 3 GmbHG). Im Falle der Beteiligungsidentität verfügen somit die Kommanditisten trotz § 164 S. 1 Halbs. 2 HGB durch ihre Stellung als GmbH-Gesellschafter über eine unmittelbare Einflussnahmemöglichkeit auf die Geschäftsführung und Vertretung der GmbH & Co. KG. Alternativ – insbesondere bei einer nicht beteiligungsidentischen GmbH & Co. KG – ist es denkbar, im Innenverhältnis für sämtliche oder einzelne Maßnahmen das Erfordernis der vorherigen Zustimmung der Gesellschafterversammlung zu normieren.[705] Neben der organschaftlichen Vertretung der GmbH & Co. KG durch die Komplementär-GmbH kommt eine rechtsgeschäftliche Vertretung der KG in Betracht. So kann außenstehenden Dritten oder bei einer nicht beteiligungsidentischen GmbH & Co. KG den Kommandisten beispielsweise **Prokura für die KG** erteilt werden.[706]

---

[700] Ebenso OLG Saarbrücken DNotZ 2006, 711 = DNotI-Report 2006, 65; MünchKommHGB/*Heidinger* § 18 Rdnr. 178 f.; Fleischhauer/Preuß/*Kallrath* Handelsregisterrecht S. 304 f.; Wachter/*Wachter* Teil 2 Rdnr. 1017; offener MünchHdbGesR II/*Gummert* § 50 Rdnr. 27.

[701] So BayObLG NJW 1976, 1694, 1695; OLG Hamburg BB 1968, 267.

[702] Baumbach/Hueck/*Hueck/Fastrich* GmbHG § 3 Rdnr. 9; Lutter/Hommelhoff/*Bayer* GmbHG § 3 Rdnr. 6; Michalski/*Michalski* GmbHG § 3 Rdnr. 11; *Sudhoff* GmbHR 1977, 218, 219; MünchKommGmbHG/*Wicke* § 3 Rdnr. 20; so tendenziell auch BayObLG NJW-RR 1996, 413, 414.

[703] So MünchKommGmbHG/*Wicke* § 3 Rdnr. 20; a.A. Lutter/Hommelhoff/*Bayer* GmbHG § 3 Rdnr. 7; Michalski/*Michalski* GmbHG § 3 Rdnr. 12; Hesselmann/Tillmann/Mueller-Thuns/*Lüke* Handbuch GmbH & Co. KG § 3 Rdnr. 11; MünchKommHGB/*Grunewald* § 161 Rdnr. 55; *Jeck* DB 1978, 832; so tendenziell auch BayObLG NJW-RR 1996, 413, 414.

[704] So ebenfalls Hesselmann/Tillmann/Mueller-Thuns/*Lüke* Handbuch GmbH & Co. KG § 3 Rdnr. 11; vorsichtiger noch *Binz/Sorg* § 3 Rdnr. 31 f.

[705] Vgl. BGHZ 45, 204, 209; *Binz/Sorg* § 4 Rdnr. 11.

[706] Vgl. Baumbach/*Hopt* HGB Anh. § 177 a Rdnr. 37.

Bei der GmbH & Co. KG kann das Verbot der Mehrfachvertretung und des Insichgeschäfts (**§ 181 BGB**) in verschiedener Hinsicht zur Anwendung gelangen. Aus dem Blickwinkel der Komplementär-GmbH greift es ein, wenn deren Geschäftsführer bei Abschluss des KG-Gesellschaftsvertrages zugleich als Kommanditist beteiligt werden soll oder wenn er bei einem Rechtsgeschäft zwischen der Komplementär-GmbH und der GmbH & Co. KG für beide Gesellschaften auftritt. Aus Sicht der KG greift das Verbot des Insichgeschäfts ein, wenn die Komplementär-GmbH ein Rechtsgeschäft zwischen sich und der KG abschließt oder für mehrere Kommanditgesellschaften jeweils als deren persönlich haftender Gesellschafter tätig wird, ferner dann, wenn der Geschäftsführer der Komplementär-GmbH ein Rechtsgeschäft zwischen sich und der KG vornimmt.[707] Die jeweils betroffene Gesellschaft kann eine **generelle Befreiung** von den Beschränkungen des § 181 BGB entweder unmittelbar in ihrem Gesellschaftsvertrag oder aufgrund einer gesellschaftsvertraglichen Ermächtigung durch Beschluss der Gesellschafterversammlung erteilen.[708] Seitens der GmbH & Co. KG können sowohl die Komplementär-GmbH als auch deren Geschäftsführer von den Beschränkungen des § 181 BGB befreit werden. Eine derartige generelle Befreiung kann auch im Handelsregister eingetragen werden.[709] Eintragungsfähig ist allerdings nur eine Befreiung „der" oder „der jeweiligen Geschäftsführer", da die Eintragung ohne Hinzuziehung anderer Registerblätter nachvollziehbar sein muss. Die Eintragung der Befreiung eines namentlich benannten Geschäftsführers ist daher unzulässig.[710] 251

Formulierungsvorschlag: Befreiung vom Verbot des Insichgeschäfts im GmbH & Co. KG-Gesellschaftsvertrag

Der persönlich haftenden Gesellschafterin und ihren jeweiligen Geschäftsführern ist es gestattet, im Namen der GmbH & Co. KG mit sich im eigenen Namen oder als Vertreter eines Dritten Rechtsgeschäfte vorzunehmen.

Praxishinweis:

Jedenfalls bei der typischen, insbesondere bei der beteiligungsidentischen GmbH & Co. KG, bei welcher ein oder mehrere Kommanditisten zugleich Geschäftsführer der Komplementär-GmbH sind, ist eine generelle Befreiung von den Beschränkungen des § 181 BGB bzw. die Möglichkeit einer generellen Befreiung durch Gesellschafterbeschluss (ggf. mit qualifizierter Mehrheit) im Gesellschaftsvertrag von GmbH und KG vorzusehen.[711]

3. Übertragung von Gesellschaftsanteilen

a) Gesetzliche Ausgangssituation. Die Geschäftsanteile der Komplementär-GmbH sind gem. § 15 Abs. 1 GmbHG grundsätzlich frei veräußerlich und vererblich. Demgegenüber bedarf es für die Übertragung eines Kommanditanteils der Zustimmung sämtlicher übriger Gesellschafter, da das Grundverhältnis durch die Auswechslung eines Gesellschafters betrof- 252

[707] *Binz/Sorg* § 4 Rdnr. 16, 20.

[708] Bei der Einpersonen-GmbH soll der Alleingesellschafter-Geschäftsführer nach umstrittener Ansicht mit Blick auf den Schutzzweck von § 35 Abs. 3 GmbHG nur durch satzungsmäßige Regelung von den Beschränkungen des § 181 BGB befreit werden können (vgl. Baumbach/Hueck/*Zöllner/Noack* GmbHG § 35 Rdnr. 140 m. w. N. auch zur Gegenansicht).

[709] BayObLG MittBayNot 2000, 53; MittBayNot 2000, 330; OLG Hamburg DB 1986, 1451; OLG Hamm BB 1983, 858.

[710] BayObLG MittBayNot 2000, 330 f.; *Krafka/Willer/Kühn* Registerrecht Rdnr. 809.

[711] Sofern eine Befreiung nicht generell erfolgt ist, kann diese auch im jeweiligen Einzelfall erteilt werden (**ad-hoc-Befreiung**), wobei die Befugnis hierzu bei der GmbH der Gesellschafterversammlung zusteht. Bei der KG wäre eine auf den Einzelfall bezogene Erlaubnis, als Vertreter der KG und zugleich im eigenen Namen zu handeln, als Maßnahme der Geschäftsführung und Vertretung grundsätzlich durch den Geschäftsführer der KG zu erteilen, also durch die Komplementär-GmbH, welche wiederum durch ihren Geschäftsführer vertreten wird. Dieser ist jedoch gem. § 181 BGB an der Gestattung gehindert. Nach Auffassung des BGH können daher sämtliche Gesellschafter der KG durch übereinstimmende Willenserklärung formlos das Insichgeschäft im Einzelfall gestatten (BGHZ 58, 115, 118 f. = NJW 1972, 623).

fen ist (gesetzliche Vinkulierung, vgl. oben Rdnr. 132). Sofern die Gesellschafter entweder nur an der KG oder nur an der Komplementär-GmbH beteiligt sind, besteht kein zwingender Anlass zur gesellschaftsvertraglichen Abweichung vom gesetzlichen Regelungsmodell hinsichtlich der Abtretbarkeit der Geschäftsanteile.

253 b) **Verzahnung der Gesellschaftsverträge.** Handelt es sich hingegen um eine beteiligungsidentische GmbH & Co. KG, soll nach dem Willen der Gesellschafter typischerweise gewährleistet werden, dass die Beteiligungsidentität nicht durch isolierte Abtretung nur des GmbH-Anteils aufgehoben wird. Denkbar ist insoweit die Aufnahme einer allgemeinen Vinkulierungsklausel i. S. v. § 15 Abs. 5 GmbHG in die Satzung der Komplementär-GmbH, wonach die Abtretung eines GmbH-Anteils der Zustimmung sämtlicher Gesellschafter bedarf. Alternativ kann die Veräußerung der Kommanditanteile entsprechend dem gesetzlichen Regelungsmodell in § 15 Abs. 1 GmbHG allgemein gestattet werden. Bei freier Abtretbarkeit der Anteile an der GmbH und der (GmbH & Co.) KG ist aber sicherzustellen, dass die Beteiligungskongruenz gewahrt wird, etwa dadurch, dass ein Einziehungsrecht, ein Ausschlussgrund oder eine Abtretungsverpflichtung für den Fall der Verfügung nur über den Geschäftsanteil an einer Gesellschaft bzw. allgemein für die Beteiligungsidentität nicht wahrende Verfügungen vereinbart wird. Schließlich besteht die Möglichkeit, die Veräußerung der GmbH-Geschäftsanteile zu erschweren und parallel die Veräußerung der Kommanditanteile zu erleichtern, beispielsweise indem die Abtretung nur für bestimmte Fälle zugelassen wird (Abtretung an Mitgesellschafter, Ehegatten, Lebenspartner, leibliche Abkömmlinge von Gesellschaftern).[712] Um einem Auseinanderfallen der Beteiligungsquoten von vornherein vorzubeugen, erscheint es empfehlenswert, die Verfügung über einen Geschäftsanteil an der jeweiligen Gesellschaft nur unter der Bedingung der gleichzeitigen Verfügung über den entsprechenden Geschäftsanteil an der jeweils anderen Gesellschaft zu gestatten.

Formulierungsvorschlag: Verfügung über Geschäftsanteile

Die Verfügung über Geschäftsanteile ist nur dann zulässig, wenn der Veräußerer gleichzeitig seinen Geschäftsanteil an der KG/persönlich haftenden Gesellschafterin im gleichen Umfang an denselben Erwerber überträgt oder der Gleichlauf der Beteiligungsquoten durch die Verfügung hergestellt wird.[713]

Entsprechend dem Vorstehenden sollten die Regelungen zur ordentlichen und außerordentlichen Kündigung sowie zur Ausschließung (vgl. §§ 132, 133, 140 i. V. m. § 161 Abs. 2 HGB) aneinander angeglichen werden.[714]

254 c) **Formerfordernis.** Das schuldrechtliche Verpflichtungsgeschäft und die entsprechende Veräußerung eines Kommanditanteils sind grundsätzlich nicht formbedürftig. Demgegenüber bedürfen sowohl das Kausalgeschäft als auch die Übertragung des Anteils an der Komplementär-GmbH gem. § 15 Abs. 4 bzw. Abs. 3 GmbHG der notariellen Beurkundung. Das Beurkundungserfordernis hinsichtlich der GmbH-Anteile erstreckt sich jedenfalls dann auf die Kommanditanteile, wenn Erstere entsprechend der vorstehend vorgeschlagenen Regelung (vgl. Rdnr. 253) nur gleichzeitig mit dem korrespondierenden Kommanditanteil übertragen werden können. Gleiches gilt im Regelfall aber auch ohne eine derartige zwingende Verzahnung, da sich das Formerfordernis in § 15 Abs. 4 S. 1 GmbHG nach herrschender Meinung nicht nur auf die bloße Verpflichtung zur Abtretung des Geschäftsanteils, sondern auf sämtliche, mit der Begründung dieser Übertragungsverpflichtung in Zusammenhang stehenden Vereinbarungen einschließlich aller Nebenabreden erstreckt.[715] Damit

[712] Vgl. MünchHdbGesR II/*Gummert* § 50 Rdnr. 55 m. w. N.
[713] Vgl. Wachter/*Wachter* Teil 2 Rdnr. 1183 f.
[714] Näher hierzu MünchHdbGesR II/*Gummert* § 50 Rdnr. 67 ff.
[715] BGH NJW 1986, 2642; NJW 1996, 3338, 3339; Baumbach/Hueck/*Hueck/Fastrich* GmbHG § 15 Rdnr. 30; *Wiesner* NJW 1984, 95, 97; *Binz/Mayer* NJW 2002, 3054, 3059 f.; MünchHdbGesR II/*Gummert* § 50 Rdnr. 56 m. w. N.

schlägt das Formerfordernis des § 15 Abs. 4 S. 1 GmbHG grundsätzlich auf die Verpflichtung zur Veräußerung des Kommanditanteils durch, da die Vereinbarungen jedenfalls nach dem erkennbaren Willen einer Vertragspartei „miteinander stehen und fallen" und damit eine rechtliche Einheit bilden.[716] Wurde das Beurkundungserfordernis missachtet, wird dieser Formmangel durch wirksame, insbesondere formgerechte (§ 15 Abs. 3 GmbHG) Abtretung der GmbH-Anteile mit ex-nunc-Wirkung geheilt.[717] Die Heilungswirkung erstreckt sich nach herrschender, allerdings nicht unbestrittener Auffassung auch auf etwaige Formmängel im Hinblick auf die Übertragung des Kommanditanteils.[718]

4. Erbfolge

a) Gesetzliche Ausgangssituation. Sowohl die Anteile an der Komplementär-GmbH als auch die Kommanditanteile sind frei vererblich (§ 15 Abs. 1 GmbHG, § 177 HGB). Allerdings unterliegt der Kommanditanteil bei Existenz mehrerer Miterben nicht der Gesamtrechtsnachfolge nach § 1922 Abs. 1 BGB, sondern geht im Wege der Sondererbfolge auf die jeweiligen Miterben entsprechend ihrer Erbquoten über (s. o. Rdnr. 185). Demgegenüber steht der Anteil an der Komplementär-GmbH einer Erbengemeinschaft zur gesamten Hand zu, wobei die Miterben die Rechte aus der Beteiligung nach § 18 Abs. 1 GmbHG nur gemeinschaftlich ausüben können. Hinsichtlich des Kommanditanteils rücken somit die einzelnen Miterben, hinsichtlich des GmbH-Anteils die Erbengemeinschaft als solche in die Gesellschafterstellung des Erblassers ein. Erwähnenswert ist an dieser Stelle ferner, dass das bei einer herkömmlichen KG im Falle des Todes des persönlich haftenden Gesellschafters seinen Erben zustehende Wahlrecht gem. § 139 HGB bei der GmbH & Co. KG keine Probleme bereitet, da eine Gesamtrechtsnachfolge nach § 1922 Abs. 1 BGB nicht in Betracht kommt.[719] 255

b) Verzahnung der Gesellschaftsverträge von GmbH und KG. Sofern eine beteiligungsidentische GmbH & Co. KG vorliegt, soll auch im Falle des Todes eines Gesellschafters typischerweise die Beteiligungsidentität aufrechterhalten werden. Wie vorstehend dargestellt, besteht aber kein völliger Gleichlauf hinsichtlich der Erbfolge betreffend den GmbH- sowie den Kommanditanteil. Zudem ist es jedenfalls denkbar, dass der Erblasser-Gesellschafter durch letztwillige Verfügung unterschiedliche Anordnungen hinsichtlich des GmbH- und des Kommanditanteils trifft und dadurch die Beteiligungsidentität beseitigt wird. Daher bedarf es gesellschaftsvertraglicher Regelungen, welche ein Auseinanderfallen der Beteiligungsquoten von vornherein verhindern bzw. die Wiederherstellung der Beteiligungsidentität gewährleisten. Ein vollständiger Ausschluss der Vererblichkeit ist zwar hinsichtlich des Kommanditanteils möglich (vgl. § 177 HGB), nicht jedoch hinsichtlich des GmbH-Anteils, da die in § 15 Abs. 1 GmbHG angeordnete Vererblichkeit der Geschäftsanteile eine zwingende Regelung darstellt.[720] Ebenso wenig kann die GmbH-Satzung eine Sonderrechtsnachfolge unter Aufspaltung der einheitlichen GmbH-Beteiligung anordnen.[721] Allerdings besteht die Möglichkeit, die freie Vererblichkeit der GmbH-Geschäftsanteile mittelbar einzuschränken, etwa durch die Vereinbarung eines allgemeinen oder nur unter bestimmten Voraussetzungen eingreifenden Einziehungsrechts im Falle des Todes eines Gesellschafters oder durch Vereinbarung einer Abtretungsverpflichtung. Parallel hierzu kann die Vererb- 256

[716] Bei der Einheits-GmbH & Co. KG besteht hingegen kein Beurkundungserfordernis, da lediglich die Verpflichtung zur Übertragung der Kommanditanteile begründet wird und diese übertragen werden (s. u. Rdnr. 258).

[717] Weder der Wirksamkeit des Verfügungsgeschäfts noch seiner Heilungswirkung im Hinblick auf das Verpflichtungsgeschäft steht entgegen, dass beide Rechtsgeschäfte in derselben notariellen Urkunde enthalten sind (st. Rspr., vgl. nur BGH NJW 1994, 3227, 3228).

[718] BGH NJW-RR 1992, 991; *Binz/Sorg* § 6 Rdnr. 9 ff. auch zur gezielten Einsetzung dieser Heilungsbestimmung; a. A. *Kempermann* NJW 1991, 684.

[719] Vgl. MünchHdbGesR II/*Gummert* § 50 Rdnr. 63 ff. auch zur Testamentsvollstreckung an einem GmbH-Geschäftsanteil.

[720] Vgl. Scholz/*H. Winter/Seibt* GmbHG § 15 Rdnr. 27 m. w. N.

[721] MünchHdbGesR II/*Gummert* § 50 Rdnr. 61.

lichkeit des Kommanditanteils gesellschaftsvertraglich eingeschränkt werden. Sofern keine generelle Einschränkung der Vererblichkeit gewünscht ist und lediglich die Wahrung der Beteiligungsidentität sichergestellt werden soll, bietet sich ein gesellschaftsvertragliches Ausschlussrecht (KG) bzw. Einziehungsrecht (GmbH) für den Fall an, dass die Beteiligungskongruenz bei inkongruenter Erbfolge nicht innerhalb einer bestimmten Frist wieder hergestellt wird.[722]

5. Sonderfall: Einheits-GmbH & Co. KG

257 a) **Allgemeines.** Die Einheits-GmbH & Co. KG unterscheidet sich von einer herkömmlichen GmbH & Co. KG dadurch, dass nicht der oder die Kommanditisten oder außenstehende Dritte, sondern die GmbH & Co. KG selbst alleinige Gesellschafterin der Komplementär-GmbH ist. Zur Entstehung gelangt die Einheits-GmbH & Co. KG in der Regel dadurch, dass die Kommanditisten ihre Geschäftsanteile an der Komplementär-GmbH in die KG einbringen, was gem. § 172 Abs. 6 HGB im Außenverhältnis nicht als haftungsbefreiende Einlageleistung gilt.[723] Zwar wurde die Zulässigkeit der Einheitsgesellschaft mitunter in Frage gestellt bzw. die Gestaltung als „hypertrophe Rechtskonstruktion" kritisiert.[724] Mittlerweile dürfte die rechtliche Zulässigkeit der Einheits-GmbH & Co. KG aber nicht mehr zweifelhaft sein, zumal auch der Gesetzgeber ihre Existenz u. a. in § 172 Abs. 6 HGB voraussetzt.[725]

258 b) **Vorzüge der Einheitsgesellschaft.** Die **Gewährleistung der Beteiligungsidentität** bei der herkömmlichen GmbH & Co. KG ist sowohl gestalterisch aufwendig als auch störanfällig. Demgegenüber wird durch die Konstruktion der Einheitsgesellschaft der Gleichlauf der Beteiligungen sichergestellt, da lediglich die Kommanditanteile rechtsgeschäftlich übertragen oder vererbt werden, während die Anteile an der Komplementär-GmbH als Bestandteil des Gesellschaftsvermögens der GmbH & Co. KG dem neuen Gesellschafter vermittelt durch seine KG-Beteiligung stets automatisch zustehen. Ferner sind **Anteilsübertragungen** mangels Anwendbarkeit von § 15 Abs. 3 und 4 GmbHG sowie **Änderungen des Gesellschaftsvertrages** der KG, welcher für die Rechtsstellung der Kommanditisten allein maßgeblich ist, stets **formfrei** möglich.[726] Hinzu kommt die Vereinfachung der Gewinnverwendung sowie die Vermeidung steuerlichen Sonderbetriebsvermögens der Kommanditisten in Gestalt ihrer Anteile an der Komplementär-GmbH.[727]

259 c) **Problemkomplexe bei der Einheitsgesellschaft.** *aa) Kapitalaufbringung.* Durch die wechselseitige Beteiligung von Komplementär-GmbH und GmbH & Co. KG besteht die Gefahr, dass das bei beiden Gesellschaften aufzubringende Haftungskapital zulasten der Gläubiger vermischt wird. In § 172 Abs. 6 HGB kommt die gesetzgeberische Wertentscheidung zum Ausdruck,[728] dass das Stammkapital der Komplementär-GmbH und die Haftsumme der KG unabhängig voneinander aufgebracht und erhalten werden müssen, was insbesondere dann von praktischer Relevanz ist, wenn GmbH und KG unterschiedliche Gläubiger aufweisen. Um eine Vermischung der Haftungsmassen zu vermeiden, sollten daher nur **voll eingezahlte GmbH-Geschäftsanteile** auf die KG **übertragen** werden. Denn für rückständige Einlageverpflichtungen haftet gem. § 16 Abs. 2 GmbHG der Erwerber, d. h. die GmbH & Co. KG, neben dem Veräußerer. Im Ergebnis würde also die Komplementär-GmbH gem.

[722] Vgl. MünchHdbGesR II/*Gummert* § 50 Rdnr. 61 f.

[723] Alternativ können die Gründungsgesellschafter in einem ersten Schritt eine oHG errichten, welche ihrerseits in einem zweiten Schritt eine GmbH gründet. In einem dritten Schritt wird die GmbH als Komplementärin in die oHG unter Umwandlung der bisherigen Beteiligungen in Kommanditanteile aufgenommen (vgl. *Giehl* MittBayNot 2008, 268).

[724] *K. Schmidt* Gesellschaftsrecht § 56 II 3 e.

[725] Vgl. auch BGH DNotZ 2008, 145 sowie BFH DStR 1985, 672 zur steuerlichen Anerkennung der Einheits-GmbH & Co. KG.

[726] *Binz/Sorg* § 8 Rdnr. 4.

[727] Für weitere Vorteile der Einheitsgesellschaft vgl. Wachter/*Wachter* Teil 2 Rdnr. 956.

[728] Vgl. auch § 264 c Abs. 4 HGB, wonach für Anteile an von der KG gehaltenen Komplementärgesellschaften in Höhe des aktivierten Betrages auf der Passivseite der Bilanz ein Ausgleichsposten zu bilden ist, welcher einer gesetzlichen Ausschüttungssperre unterliegt (*Zeyer* BB 2008, 1442).

§ 128 i. V. m. § 161 Abs. 2 HGB für die Aufbringung ihres eigenen Stammkapitals haften, wodurch der Schutzzweck des § 16 Abs. 2 GmbHG konterkariert würde.[729]

Ferner sollte dem Kommanditisten für die Übertragung seines Anteile an der Komplementär-GmbH auf die KG (in der Regel) **keine Gegenleistung** gewährt werden. Wird für die Übertragung der GmbH-Anteile seitens der KG ein Entgelt bezahlt, ist hierin grundsätzlich – auch unter Berücksichtigung des Rechtsgedankens des § 172 Abs. 6 HGB – eine Rückzahlung der Einlage i. S. v. § 172 Abs. 4 S. 1 HGB zu sehen, was zur Wiederbegründung der persönlichen Haftung der Kommanditisten führen kann, sofern das Entgelt aus dem gebundenen Gesellschaftsvermögen stammt. Wird das Kapitalkonto des Kommanditisten durch die Gegenleistung hingegen nicht unter seine Haftsumme gedrückt wird, lebt auch seine persönliche Haftung nicht wieder auf.[730] Eine Gegenleistung der KG für die Übertragung der GmbH-Anteile führt somit nicht unweigerlich zum Wiederaufleben der (Außen-)Haftung des Kommanditisten. 260

bb) Willensbildung. In der Einheits-GmbH & Co. KG ist die KG alleinige Gesellschafterin der GmbH, sodass das Stimmrecht in der **Gesellschafterversammlung der GmbH** grundsätzlich von der KG, vertreten durch die Komplementär-GmbH selbst und Letztere wiederum vertreten durch deren Geschäftsführer, ausgeübt wird. Würden die Organe der GmbH in ihrer eigenen Gesellschafterversammlung die Gesellschafterrechte ausüben, wären Interessenkonflikte vorprogrammiert, insbesondere dann, wenn es um die Bestellung, Abberufung und Entlastung der Geschäftsführer geht. Trotz des institutionalisierten Interessenkonflikts wird teilweise dennoch in Ermangelung einer abweichenden gesellschaftsvertraglichen Regelung eine Vertretung der KG durch die Komplementär-GmbH bzw. deren Geschäftsführer in der Gesellschafterversammlung der GmbH angenommen.[731] Teilweise wird jedoch mit Blick auf den in § 34 BGB, §§ 71 b, 71 d, 136 AktG und § 47 Abs. 4 GmbHG zum Ausdruck kommenden Rechtsgedanken eine Vertretung der KG in der Gesellschafterversammlung der Komplementär-GmbH durch Letztere auch ohne gesellschaftsvertragliche Regelung ausgeschlossen. Vielmehr sollen stets die Kommanditisten zur Ausübung der Gesellschafterrechte befugt sein.[732] 261

Auf welche Weise den Kommanditisten am wirkungsvollsten die Ausübung der Gesellschafterrechte in der Komplementär-GmbH zugewiesen werden kann, ist allerdings noch nicht abschließend geklärt. Denkbar ist die Schaffung eines **weiteren Organs bei der Komplementär-GmbH** (z. B. ein Beirat bestehend aus den Kommanditisten), welches die Rechte der Gesellschafterversammlung wahrnimmt.[733] Allerdings kommt eine vollständige Verlagerung der Rechte der Gesellschafterversammlung auf ein anderes Organ nicht in Betracht.[734] Daher erscheint es vorzugswürdig, auf **Ebene der KG** zu regeln, dass deren **Gesellschafterrechte** in der Komplementär-GmbH nicht durch Letztere bzw. deren Geschäftsführer selbst, sondern **durch** die **Kommanditisten ausgeübt** werden. Hierzu bietet es sich an, eine sog. Kommanditistenversammlung zwischenzuschalten, welche der Willensbildung unter den Kommanditisten dient.[735] Sofern man in dieser Übertragung der Gesellschafterrechte – schon aufgrund der zwingenden Regelung in § 170 HGB – eine rechtsgeschäftliche Voll- 262

[729] Umstritten ist allerdings, ob bei Übertragung nicht voll eingezahlter GmbH-Anteile der Erwerb analog § 33 GmbHG nichtig ist (so *Fetsch* Beilage DNotZ 1969, 111, 119) oder lediglich die gesamtschuldnerische persönliche Haftung aller Kommanditisten begründet wird, wenn die KG die restrückständige Einlage nicht aus ihrem freien Vermögen erbringen kann (so die h. M., MünchHdbGesR II/*Gummert* § 51 Rdnr. 7; Großkomm-HGB/*Schilling* § 161 Rdnr. 36; Sudhoff/*Liebscher* GmbH & Co. KG § 3 Rdnr. 13).

[730] Vgl. BGHZ 84, 383 = NJW 1982, 2500; Baumbach/*Hopt* HGB § 172 Rdnr. 4; MünchKommHGB/*K. Schmidt* §§ 171, 172 Rdnr. 64 m. w. N.

[731] Vgl. *Binz/Sorg* § 8 Rdnr. 14; *Werner* GmbHR 2007, 1035; so in der Tendenz auch BGH NZG 2007, 751 = DNotZ 2008, 145, wobei in dem vom BGH zu entscheidenden Fall ein weiterer, am Beschlussgegenstand nicht persönlich beteiligter GmbH-Geschäftsführer vorhanden war („partielle Einheitsgesellschaft").

[732] *K. Schmidt* Gesellschaftsrecht § 56 II 3 e; Sudhoff/*Liebscher* GmbH & Co. KG § 3 Rdnr. 10.

[733] So MünchKommHGB/*Grunewald* § 161 Rdnr. 99.

[734] Vgl. Scholz/*K. Schmidt* GmbHG, 10. Aufl. 2007, II. Band, Anh. § 45 Rdnr. 60; *Binz/Sorg* § 8 Rdnr. 16.

[735] Vgl. Hesselmann/Tillmann/Mueller-Thuns/*Lüke* Handbuch GmbH & Co. KG § 2 Rdnr. 406; *Blaum/Scholz*, in: Beck'sches Formularbuch Bürgerliches, Handels- und Wirtschaftsrecht, 10. Aufl. 2010, Form. VIII. D. 11 und 12.

macht sieht,[736] ist allerdings zu berücksichtigen, dass diese jederzeit widerrufen werden kann und die organschaftliche Vertretungsmacht der Komplementär-GmbH nicht verdrängt.[737] Durch Einräumung eines **Sonderrechts** im Gesellschaftsvertrag der KG lässt sich die erstgenannte Gefahr zwar deutlich verringern.[738] Angesichts der dennoch bestehenden Möglichkeit des Widerrufs aus wichtigem Grund bleibt die sog. **Vollmachtslösung** mit Unzulänglichkeiten behaftet, zumal dem geschäftsführenden Gesellschafter der KG, d.h. der Komplementär-GmbH vertreten durch deren Geschäftsführer, ein Weisungsrecht gegenüber rechtsgeschäftlich Bevollmächtigten zusteht. Den letztgenannten Risiken kann in gewissem Umfang dadurch begegnet werden, dass im Gesellschaftsvertrag der KG ein Zustimmungsvorbehalt statuiert wird, wonach der Komplementär zum Widerruf der Vollmacht sowie zur Erteilung von Weisungen an die Bevollmächtigten der Zustimmung der Gesellschafterversammlung bedarf. Im Außenverhältnis ändert dies allerdings – vorbehaltlich eines Missbrauchs der Vertretungsmacht – nichts an der bestehenden Möglichkeit des Komplementärs zur Vornahme der vorgenannten Handlungen (vgl. § 126 HGB).

Praxishinweis:

Im Interesse einer rechtssicheren Gestaltung und um möglichen Interessenkonflikten vorzubeugen, empfiehlt sich eine **Regelung im Gesellschaftsvertrag der KG**, wonach die **Gesellschafterrechte in der Komplementär-GmbH** nicht durch die Komplementär-GmbH und ihre Geschäftsführer, sondern **durch** die **Kommanditisten ausgeübt** werden. Ferner sollte vorgesehen werden, dass regelmäßig ein Kommanditist zu ermächtigen ist, die Gesellschafterrechte in der Komplementär-GmbH entsprechend der Beschlussfassung der Kommanditistenversammlung auszuüben.[739]

[736] So die h.M., vgl. Scholz/*K. Schmidt* GmbHG Anh. § 45 Rdnr. 59; *Bahnsen* GmbHR 2001, 186, 187; a.A. Hesselmann/Tillmann/Mueller-Thuns/*Lüke* Handbuch GmbH & Co. KG § 2 Rdnr. 407 (trotz § 170 HGB organschaftliche Vertretungsbefugnis).

[737] A.A. MünchKommHGB/*Grunewald* § 161 Rdnr. 99.

[738] Scholz/*K. Schmidt* GmbHG Anh. § 45 Rdnr. 59; *Bahnsen* GmbHR 2001, 186, 187.

[739] Ausführlich zum Stimmverbot in der Einheitsgesellschaft: Gutachten DNotI-Report 2010, 154 ff.

§ 12 Partnerschaftsgesellschaft

Übersicht

	Rdnr.
I. Entstehungsgeschichte	1/2
II. Wesen der Partnerschaftsgesellschaft	3–5
III. Wahl der Rechtsform	6–20
1. Gesellschaftsrechtliche Erwägungen	6
a) Gesellschaft bürgerlichen Rechts	7–10
b) Personenhandelsgesellschaft	11
c) GmbH	12–14
d) AG	15
e) EWIV	16
f) Weitere Rechtsformen	17
2. Steuerrechtliche Erwägungen	18
3. Berufsrechtliche Erwägungen	19/20
IV. Die Gründung der Partnerschaftsgesellschaft	21–44
1. Der Gesellschaftsvertrag	21/22
2. Das Partnerschaftsregister	23–27
3. Die Anmeldung der Partnerschaft	28–32
a) Name und Wohnort der Partner (§ 3 Abs. 2 Ziff. 2 PartGG)	33
b) Ausgübter Beruf (§ 3 Abs. 2 S. 1 PartGG)	34
c) Beteiligung der Berufskammern	35
d) Registervollmacht	36–40
4. Zweigniederlassung	41–44
V. Der Name der Partnerschaftsgesellschaft	45–57
VI. Die Gesellschafter der Partnerschaftsgesellschaft	58
1. Der Begriff des Freiberuflers	58–69
2. Das Ausscheiden eines Partners	70–88
a) Der Tod eines Gesellschafters	74–85
b) Die Beendigung der Berufsträgereigenschaft	86
c) Die Übertragung der Beteiligung an einer Partnerschaftsgesellschaft	87/88
VII. Die Vertretung der Partnerschaftsgesellschaft	89–92
VIII. Die Umwandlung der Partnerschaftsgesellschaft	93–95
IX. Die Beendigung der Partnerschaftsgesellschaft	96–102

Schrifttum: *Feddersen/Meyer-Landrut*, Partnerschaftsgesellschaftsgesetz – Kommentar und Mustervertrag, 1995; *Henssler*, Partnerschaftsgesellschaftsgesetz PartGG, 2. Aufl. 2008; *Kamps/Wollweber*, Formen der Berufsausübung für Steuerberater – Steuerberatungs-GmbH und Partnerschaftsgesellschaft, DStR 2009, S. 1870; *Knoll/Schüppen*, Die Partnerschaftsgesellschaft – Handlungszwang, Handlungsalternative oder Schubladenmodell?, DStR 1995, S. 608 (Teil I) u. S. 646 (Teil II); *Meilicke/Graf v. Westphalen/Hoffmann/Lenz/Wolff*, Partnerschaftsgesellschaftsgesetz, 2. Aufl. 2006; *Michalski/Römermann*, Kommentar zum Partnerschaftsgesellschaftsgesetz PartGG, 3. Aufl. 2005; *Römermann*, Neues im Recht der Partnerschaftsgesellschaft, NZG 1998, S. 675; *Schaub*, Das neue Partnerschaftsregister, NJW 1996, S. 625; *Sommer*, Umwandlung einer GbR in eine Partnerschaftsgesellschaft, NJW 1998, S. 3549; *Stuber*, Die Partnerschaftsgesellschaft, 1995.

I. Entstehungsgeschichte

Das Partnerschaftsgesellschaftsgesetz ist am 1. 7. 1995 in Kraft getreten.[1] Es beendete die bereits in den fünfziger Jahren begonnene Diskussion und die seit den siebziger Jahren konkret gewordenen rechtspolitischen Bemühungen um die Schaffung einer den Freien Berufen vorbehaltenen, den Besonderheiten dieser Berufsgruppe angepassten Rechtsform.[2] Die Part- 1

[1] Zum Gesetzgebungsverfahren ausführlich MünchHdbGesR/*Salger* § 36 Rdnr. 1 ff. m. w. N.; *Henssler* PartGG Einführung Rdnr. 1 ff. m. w. N.; Meilicke/Graf v. Westphalen/Hoffmann/*Lenz*/Wolff PartGG § 1 Rdnr. 1 m. w. N.

[2] Zur Vorgeschichte des Gesetzes ausführlich: *Michalski/Römermann* PartGG Einführung Rdnr. 1 ff. m. w. N.

nerschaftsgesellschaft erfreut sich nach anfänglicher Zurückhaltung in der Praxis zunehmender Beliebtheit, vor allem, nachdem der Gesetzgeber von der Praxis als notwendig erachtete Änderungen des Gesetzes vorgenommen hat.[3]

2 In der Praxis wenden sich Freiberufler oftmals direkt an den Notar, obwohl ein direktes Beurkundungserfordernis dem Gesetz nicht zu entnehmen ist. Auch hier zeigt sich, dass der Notar als kompetenter Ansprechpartner in Fragen der Vertragsgestaltung nicht auf seine Funktion als Beglaubigungsperson für die notwendigen Registeranmeldungen reduziert werden kann, sondern dem rechtssuchenden Publikum umfassende Hilfestellung bei den zugrunde liegenden Verträgen und Beschlüssen liefert. Dies vor Allem, weil der Großteil der Beteiligten keine ständige anwaltliche Beratung in Anspruch nimmt und eine direkte Beratung durch den Notar diesen eine schnelle, kostengünstige und kompetente Abwicklung ihres Begehrens sichert.

Die nachfolgende Darstellung orientiert sich an den in der notariellen Praxis auftretenden Gestaltungsfragen der Beteiligten und an deren Umsetzung.

II. Wesen der Partnerschaftsgesellschaft

3 Die Partnerschaft ist rechtsfähige Personengesellschaft, nicht juristische Person. Auch wenn das Partnerschaftsgesetz in weiten Teilen auf die Regelungen des HGB zur offenen Handelsgesellschaft verweist, stellt sie eine eigenständige Rechtsform dar. Sie ist ausgestaltet worden als speziell den Bedürfnissen der Berufsgruppe der Freien Berufe angepasste Rechtsform, die deren durch die persönliche Leistungserbringung eines einzelnen Berufsträgers geprägten Charakter mit einer den heutigen Anforderungen an Organisation und Ausgestaltung der Zusammenarbeit mehrerer Berufsträger entsprechenden Regelungsintensität verbindet.

4 Die Partnerschaftsgesellschaft ist gemäß § 7 Abs. 1 PartGG i.V.m. § 124 Abs. 1 HGB rechtsfähig; sie kann beispielsweise Gesellschafterin anderer Gesellschaften sein, Grundbesitz erwerben und Partei von Unternehmensverträgen im Sinne des Konzernrechtes sein.[4]

5 Die Wahl der Rechtsform kann auch für bestehende Zusammenschlüsse von Freiberuflern interessant sein, da diese von der Gesellschaft bürgerlichen Rechts unter Wahrung der Identität in die Partnerschaftsgesellschaft wechseln können.[5] Ebenso ist ein Rechtsformwechsel in die Partnerschaftsgesellschaft möglich; natürlich auch aus dieser hinaus.[6]

III. Wahl der Rechtsform

1. Gesellschaftsrechtliche Erwägungen

6 In der notariellen Praxis steht zunächst die Beratung der Freiberufler bei der Wahl der idealen Rechtsform für die Zusammenarbeit im Vordergrund. Hier stehen neben der Partnerschaftsgesellschaft zunächst die BGB-Gesellschaft und die Kapitalgesellschaften GmbH sowie AG zur Auswahl. Entsprechend bedarf es einer Abwägung der bei den verschiedenen Rechtsformen für die Mandanten bestehenden Vor- und Nachteile:

7 a) **Gesellschaft bürgerlichen Rechts.** Die **Gesellschaft bürgerlichen Rechts** bietet vordergründig eine Möglichkeit der Verfassung beruflicher Zusammenarbeit, ohne ein Registrierungsverfahren durchlaufen zu müssen und damit den Vorteil, bei Gründung und späteren Änderungen innerhalb der Gesellschaft unbürokratisch – weil privatschriftlich – wirksame Regelungen treffen zu können. Die Ausgestaltung des Gesellschaftsvertrages kann in vielen Bereichen den Regelungen des PartGG angenähert werden und die in der Rechtsprechung

[3] Nach *Henssler* PartGG Einführung Rdnr. 14 betrug die Anzahl der zum 31. 3. 2007 eingetragenen Partnerschaftsgesellschaften 7.400, hierunter alleine 2.378 Anwaltskanzleien (Quelle: FAZ vom 17. 11. 2010).

[4] Vgl. *Schmidt* ZIP 1994, 1741, 1742, 1746. Zur steuerlichen Behandlung der PartGG vgl. *Henssler* PartGG Einführung Rdnr. 15 ff.

[5] § 2 Abs. 2 HS 2 PartGG.

[6] § 191 Abs. 1 Nr. 1 und Abs. 2 Nr. 2 UmwG; vgl. dazu auch nachstehend Abschnitt IX.

entwickelte Teilrechtsfähigkeit der GbR hat auch dies betreffend eine Verbesserung der Handlungsfähigkeit dieser Gesellschaftsform gebracht. Von Vorteil kann im Einzelfall die der Partnerschaftsgesellschaft verwehrte Möglichkeit der BGB-Gesellschaft sein, auch juristische Personen in die Gesellschaft aufzunehmen. Insbesondere die Öffnung vieler freiberuflicher Standesregelungen betreffend die Gründung von Kapitalgesellschaften hat hier ein Anwendungsgebiet für die BGB-Gesellschaft eröffnet, für das die PartGG nicht zur Verfügung steht.

Im Rechtsverkehr ermöglicht das Partnerschaftsregister der Gesellschaft einen einfachen Nachweis der Vertretungsregelungen und -berechtigungen. Insbesondere im Grundbuchverfahren und bei der Notwendigkeit von Eintragungen in ausländischen Registern ist dies ein Vorteil gegenüber der GbR, für die ein Register nicht existiert. 8

Oftmals zugunsten der Partnerschaftsgesellschaft entscheidender Vorteil gegenüber der GbR ist die in § 8 Abs. 2 PartGG statuierte gesetzliche Haftungsbeschränkung bei der Berufsausübung. Eine solche Haftungsbegrenzung ist durch vertragliche Gestaltung innerhalb des Vertrages der GbR nicht zu erreichen. Nach § 8 Abs. 2 PartGG haftet für berufliche Fehler nur der Partner, der mit der Bearbeitung des Auftrages befasst war, sofern es sich nicht um Bearbeitungsbeiträge von untergeordneter Bedeutung handelt.[7] Insbesondere für haftungsträchtige Berufsbilder und größere, insbesondere überörtliche Zusammenschlüsse von Freiberuflern, ist die Haftungsbeschränkung auf den handelnden Partner von erheblicher Bedeutung. Dieser Vorteil setzt sich fort in der Frage der Haftung eines neu eintretenden Partners. Ein solcher kann für entstandene Schäden aus vor seinem Eintritt erfolgten Auftragsarbeiten mangels Beteiligung an der Bearbeitung nicht haftbar gemacht werden.[8] 9

Im Ergebnis sprechen daher die größere Rechtssicherheit durch das Registerverfahren und die gesetzliche Haftungsbeschränkung sowie die den modernen Anforderungen an die Unternehmensführung der Freiberufler angepassten gesetzlichen Regelungen z. B. zur Geschäftsführung, für die Partnerschaftsgesellschaft als Rechtsform. 10

b) Personenhandelsgesellschaft. Die Rechtsformen der **Personenhandelsgesellschaften** (oHG, KG, Gmbh & Co. KG) stehen den Angehörigen der freien Berufe nicht zur Verfügung, da diese kein Handelsgewerbe im Sinne des § 1 HGB betreiben. 11

c) GmbH. Die Rechtsform der **GmbH** steht in vielen Fällen auch den Angehörigen der freien Berufe zur Wahl. Dies ist für Steuerberater[9] und Wirtschaftsprüfer[10] gesetzlich geregelt und im Übrigen mangels gesetzlichem Verbot[11] anerkannt. Zum Teil musste die Öffnung vor Gericht erstritten werden, wie etwa bei der Anerkennung der Rechtsanwalts-GmbH,[12] was in den Regelungen der §§ 59 ff. BRAO mündete.[13] Auch den Ärzten steht die GmbH weitgehend offen; die Zuständigkeit des Landesgesetzgebers macht jedoch eine bundeseinheitliche Regelung unmöglich. So bestehen zum Teil landesrechtliche Einschränkungen bis hin zum Verbot,[14] sich in der Rechtsform der GmbH zur ärztlichen Berufsausübung zusammenzuschließen.[15] 12

Die Vorteile der GmbH liegen auf der Hand: Möglichkeit der Einmann-Gründung, der Fremdorganschaft, der Beteiligung von juristischen Personen und berufsfremden Dritten, soweit berufsrechtliche Vorschriften dies nicht verbieten. Auch die Haftung der Gesellschafter ist bei der GmbH weitergehend ausgeschlossen als bei der Partnerschaftsgesellschaft, da letztere in § 8 Abs. 2 PartGG nur die Haftung aufgrund von Fehlern bei der Berufsausübung 13

---

[7] Vgl. dazu *Henssler* PartGG § 8 Rdnr. 51 ff.

[8] Zur umstrittenen analogen Anwendung des § 130 HGB auf die BGB-Gesellschaft vgl. BGH NJW 2003, S. 1803, 1804 f.; a. A. *Henssler* PartGG Einführung Rdnr. 34 m. w. N.

[9] Vgl. §§ 49 ff. StBerG.

[10] Vgl. §§ 27 ff. WPO.

[11] Nur § 8 ApoG verbietet dem Berufsstand der Apotheker ausdrücklich die Gründung einer GmbH.

[12] Vgl. grundlegend BayObLG ZIP 1994, S. 1868 mit Anm. *Henssler* BayOLG ZIP 1996, S. 1790; OLG Bamberg MDR 1996, S. 423; im Jahre 2010 bestehen ca. 320 Anwaltskanzleien in der Rechtsform der GmbH, FAZ v. 17. 11. 2010.

[13] Zur Zulässigkeit der Zahnärzte-GmbH BGH Z 124, S. 224 (= NJW 1994, 786).

[14] So in Bayern (Art. 18 Abs. 1 HkaG Bayern) und Berlin (§ 4 a Abs. 5 KammerG Berlin).

[15] Vgl. zu den landesrechtlichen Besonderheiten *Hennsler* PartGG Einführung Rdnr. 39.

auf den Handelnden beschränkt, diese aber nicht generell auf das Vermögen der Gesellschaft begrenzt. Für andere Verbindlichkeiten der Partnerschaftsgesellschaft haften die Gesellschafter gemäß § 8 Abs. 1 S. 1 PartGG unbeschränkt als Gesamtschuldner. Auch die von der Rechtsprechung anerkannte persönliche Haftung des mit der Fortführung eines Auftrages befassten eintretenden Partners für vor seinem Eintritt begründete Berufsfehler,[16] kann nur in der Kapitalgesellschaft vermieden werden.

14 Für die Partnerschaftsgesellschaft schlagen demgegenüber die bei der GmbH mit erheblich höherem Aufwand verbundenen Buchführungspflichten zu Buche sowie die erhöhten Publizitätspflichten u. a. gegenüber dem Handelsregister. Auch sind die Prämien für die z. B. bei Rechtsanwälten vorgeschriebenen Berufshaftpflichtversicherungen erheblich höher.

15 d) AG. Die **Aktiengesellschaft** ist den Freiberuflern im gleichem Umfange wie die GmbH zugänglich.[17] Auch hier sind die Vorteile der juristischen Person offenkundig, insbesondere betreffend die Haftungsbegrenzung. Größere Zusammenschlüsse, vor allem bei den rechts- und steuerberatenden Berufen, werden die differenzierten Möglichkeiten der Unternehmensführung durch die drei Organe Hauptversammlung, Aufsichtsrat und Vorstand zu nutzen wissen und die größere Fungabilität der Aktie gegenüber dem Geschäftsanteil der GmbH als Vorteil werten.[18] Insbesondere in diesen Gesellschaften wird die persönliche Erbringung der freiberuflichen Dienstleistung immer weniger im Vordergrund stehen, was die Beauftragung der anonymeren Aktiengesellschaft rechtfertigt. Auch erlaubt das in der Kapitalgesellschaft liberalere Firmenrecht die Bildung regelrechter „Marken“, unter denen die entsprechenden Großzusammenschlüsse am Markt auftreten.

16 e) **EWIV.** Die Europäische wirtschaftliche Interessenvereinigung (EWIV) als supranationale Rechtsform auf EU-Ebene scheidet hingegen als Alternative für den beruflichen Zusammenschluss von Freiberuflern aus. Ziel der EWIV darf nicht die Gewinnerzielung sein, so dass lediglich eine Hilfsfunktion der EWIV bei der grenzüberschreitenden Zusammenarbeit von Freiberuflern oder Freiberuflerzusammenschlüssen verbleibt. Die eigentliche Berufsausübung kann nicht in der EWIV erfolgen.[19] Die Schaffung einer entsprechenden Rechtsform auf EU Ebene ist gescheitert und in überschaubarer Zeit nicht zu erwarten.

17 f) **Weitere Rechtsformen.** Seit den grundlegenden Entscheidungen des EuGH zur Niederlassungfreiheit[20] können sich auch Freiberufler grundsätzlich jeder Rechtsform bedienen, die in der EU, im Europäischen Wirtschaftsraum[21] und den USA diesem Personenkreis offen stehen.[22] Dies hat, vor Allem für grenzüberschreitende Kooperationen freieruflicher Berufsträger, die Rechtsformwahlfreiheit erheblich erweitert. So können auch in Deutschland tätige Freiberufler eine im Ausland registrierte Gesellschaft gründen, die alsdann ihren Verwaltungssitz nach Deutschland verlegt. Natürlich kann die mit Satzungssitz im Ausland gegründete Gesellschaft auch Zweigniederlassungen in Deutschland errichten.[23] So wählen beispielsweise zunehmend deusche Anwaltskanzleien die angelsächsische Rechtsform der Limited Liability Partnership (LLP).

2. Steuerrechtliche Erwägungen

18 Bei der Wahl der Rechtsform spielen zunehmend auch **steuerrechtliche Überlegungen** eine Rolle. Hier kann zugunsten der Partnerschaftsgesellschaft angeführt werden, dass diese nicht den Buchführungspflichten der §§ 238, 242 HGB unterliegt, so dass eine vereinfachte

---

[16] BGH DStR 2010, 463 mit ablehnender Anmerkung *Meixner/Schröder*.

[17] Zur Zulässigkeit der Anwalts-AG vgl. BGH Z 161, 376 ff. (= NJW 2005, 1568 ff.).

[18] Im Jahr 2010 sind nur ca. 15 Anwaltskanzleien in der Rechtsform der AG organisiert.

[19] Vgl. Meilicke/Graf v. Westphalen/Hoffmann/*Lenz*/Wolff PartGG § 1 Rdnr. 11 m. w. N.

[20] EuGH Slg. 1999, I S. 1459 – Centros, Slg. 2002, I S. 9919 – Überseering, Slg. 2003, I S. 10155 – inspire Art.

[21] Aufgrund des EWR Abkommens sind auch die Staaten des Europäischen Wirtschaftsraums in die Auswirkungen der EuGH Rechtsprechung einbezogen.

[22] Vgl. BGHZ 153, 353, 356 f. = NJW 2003, 1607, 1608 f.; BGH NZG 2004, 1001.

[23] Darstellung der wesentlichen den Freiberuflern offen stehenden ausländischen Zusammenschlüsse bei *Henssler* PartG Einführung Rdnr. 62 ff. und Meilicke/Graf v. Westphalen/Hoffmann/*Lenz*/Wolff PartGG § 1 Rdnr. 14 ff. m. w. N.

Einnahme-Überschußrechnung nach § 4 Abs. 3 EStG ausreicht.[24] Wie die Personenhandelsgesellschaft unterliegt die Partnerschaftsgesellschaft nicht der Einkommens- und Körperschaftssteuerpflicht (vgl. § 1 EStG, § 1 KStG); Gewinne und Verluste werden den Partnern unmittelbar zugerechnet.[25] Mangels Betreiben eines Handelsgewerbes besteht zudem keine Gewerbesteuerpflicht (vgl. § 1 Abs. 1 PartGG i. V. m. § 1 Abs. 1 GewStG). Für die von der Partnerschaft als Unternehmer geschuldete Umsatzsteuer haften die Partner nach § 8 Abs. 1 PartGG als Gesamtschuldner.

3. Berufsrechtliche Erwägungen

§ 1 Abs. 3 PartGG stellt die Begründung der Partnerschaftsgesellschaft unter einen allgemeinen Berufsrechtsvorbehalt.[26] Diese Gesetzestechnik bedeutet für die Beratungspraxis, dass das Gesetz niemals isoliert, sondern immer in Verbindung mit den jeweiligen berufsrechtlichen Vorschriften, die den Mandanten betreffen, gesehen werden müssen. Eine Vorgabe des PartGG kann eine berufs- und standesrechtliche Freiheit einschränken; das Berufsrecht kann die Möglichkeiten der Zusammenarbeit nach dem PartGG einschränken und gar ausschliessen. Immer ist die jeweils „engere“ Vorschrift zu beachten. Interprofessionelle Zusammenschlüsse müssen den Vorschriften aller beteiligten Berufsträger entsprechen. 19

Bringt § 1 Abs. 3 PartGG das Berufsrecht für das Ob und Wie des Abschlusses eines Partnerschaftsgesellschaftsvertrages in Geltung, so stellt § 8 Abs. 3 PartGG klar, dass die jeweiligen Berusausübungsregeln für den in der Partnerschaftsgesellschaft tätigen Berufsträger selbstverständlich weiter bindend sind. Hier wird das Leitbild des Gesetzes deutlich, das die Zusammenarbeit der Träger eines freien Berufes regeln will, nicht die Berufsausübung selbst. Das PartGG ist kein „Gesetz der freien Berufe“ sondern nur eine vom Gesetzgeber angebotene Möglichkeit, sich zur gemeinsamen Berufsausübung zusammenzuschließen. Dies betreffend wird das Gesetz von den Beteiligten oftmals „überschätzt“, was den Notar in die Rolle des Wächters über die Einhaltung auch der berufsrechtlichen Beschränkungen setzt. Angesichts der Vielzahl berufs- und standesrechtlicher Regelungen, wird in der Regel eine Vorprüfung angedachter Urkunden durch die jeweils zuständigen Berufs- und Standesorganisationen angzeigt sein. 20

IV. Die Gründung der Partnerschaftsgesellschaft

1. Der Gesellschaftsvertrag

Die Partnerschaftsgesellschaft entsteht, wie jede andere Gesellschaftsform, durch Abschluss eines auf die Entstehung der Gesellschaft gerichteten Vertrages („Partnerschaftsvertrag“, vgl. § 3 Abs. 1 PartGG). Inhalt des Partnerschaftsvertrages sind neben dem Namen und dem Sitz der Gesellschaft auch Name und Wohnort[27] eines jeden Partners sowie der von einem jeden Partner ausgeübte Beruf und der Gegenstand der Gesellschaft (§ 3 Abs. 2 Nr. 1 bis 3 PartGG). Neben diesem gesetzlich vorgeschriebenen Mindestinhalt werden selbstverständlich alle weiteren, das Verhältnis der Gesellschafter betreffenden Regelungen, im Gesellschaftsvertrag festgeschrieben (Dauer, Geschäftsjahr, Beiträge, Beschlussfassung, Gewinnverteilung, Ausscheiden/Abfindung usw.). 21

Das Gesetz schreibt in § 3 Abs. 1 PartGG die Schriftform zur Begründung des Partnerschaftsvertrages vor. Damit werden zugleich auch spätere Änderungen des Gesellschaftsvertrages dem Schriftformerfordeniss unterworfen.[28] Wird diese Form nicht eingehalten, wird überwiegend die Nichtigkeit des Vertrages angenommen; eine trotzdem vorgenommene Eintragung im Partnerschaftsregister heilt den Formmangel nicht.[29] Da die Partnerschaftsge- 22

[24] *Kamps/Wollweber* DStR 2009, 1870, 1873.

[25] *Knoll/Schüppen* DStR 1995, 608/613.

[26] Vgl. zur Geschichte der Norm *Michalski/Römermann* PartGG § 1 Rdnr. 96 ff.

[27] Dies bedeutet, dass jede Änderung des Wohnortes eines Partners dem Partnerschaftsregister anzumelden ist!

[28] Vgl. zur Kritik an § 3 PartGG *Meilicke*/Graf v. Westphalen/Hoffmann/Lenz/Wolff PartGG § 3 Rdnr. 3 ff.

[29] A. A. MünchHdbGesR I/*Salger* § 38 Rdnr. 10 f.

sellschaft gemäß § 7 Abs. 1 PartGG mit konstitutiver Wirkung durch ihre Eintragung im Partnerschaftsregister entsteht, gelten vor Eintragung die §§ 705 ff. BGB im Verhältnis zu Dritten. Im Innenverhältnis der Gesellschafter gelten die Vereinbarungen des Partnerschaftsvertrages. Dem Registergericht muss der Gesellschaftsvertrag nicht eingereicht werden.

2. Das Partnerschaftsregister

23 Die Rechtsfähigkeit der Partnerschaftsgesellschaft bedingt das Vorhandensein eines entsprechenden Registers, das mit dem Partnerschaftsregister geschaffen wurde. Hierdurch wurde zugleich die Mitwirkung der Notare bei allen Vorgängen, die eine Eintragung in diesem Register zur Folge haben, zwingend.

24 Das Partnerschaftsregister wird gemäß § 160 b Abs. 1 S. 1 FGG von den Amtsgerichten geführt. Zuständig ist nach § 3 Nr. 2 lit. d, § 4 Abs. 1, § 17 RechtsPflG der Rechtspfleger. Die örtliche Zuständigkeit des Amtsgerichts, in dessen Bezirk die Gesellschaft ihren Sitz hat (§ 4 Abs. 1 S. 1 PartGG i. V. m. § 106 Abs. 1 HGB) wird in der Praxis durch die ausgeübte Konzentrationsermächtigung zugunsten der Länder in § 160 b Abs. 1 S. 2 HGB i. V. m. § 125 Abs. 2 FGG überlagert.[30]

25 Für die Registerführung wurde auf der Grundlage der §§ 160 b, 125 Abs. 3 FGG die Partnerschaftsregisterverordnung (PRV) erlassen,[31] die im Grundsatz auf die Handelsregisterverfügung (HRV) verweist und die Partnerschaftsgesellschaft der oHG betreffend die Prüfung der Registergerichte gleichstellt.

26 Eine Besonderheit des Registerverfahrens bei der PartGG stellt jedoch die Regelung des § 4 Abs. 2 S. 2 PartGG i. V. m. § 3 Abs. 1 S. 4 PRV dar, wonach das Registergericht seinen Eintragungen die Angaben der Gesellschafter zugrundelegt, es sei denn, ihm ist die Unrichtigkeit der angemeldeten Tatsache bekannt. Umstritten ist, ob sich diese Vermutung der Richtigkeit angemeldeter Tatsachen auf alle anzumeldenden Tatsachen im Sinne der §§ 4 Abs. 1 S. 2, 4 Abs. 2 S. 1 und 3 Abs. 2 PartGG bezieht.[32] Nur dies entspricht der Intention des Gesetzes, das Registergericht durch Minimierung des Prüfungsaufwandes zu entlasten. Das Registergericht kann folglich eine Eintragung nur dann ablehnen, wenn es positive Kenntnis von der Unrichtigkeit einer angemeldeten Tatsache hat. Bloße, wenn auch begründete, Zweifel reichen für eine Antragszurückweisung nicht aus. Das Registergericht kann in diesem Falle (nur) eine zuständige Berufskammer anhören um hierdurch Kenntnis betreffend die bezweifelten Tatsachen zu erlangen, § 4 PRV. Ergibt sich eine solche Kenntnis nicht, besteht eine weitere Ermittlungsbefugnis der Registergerichts aus § 12 FGG nicht und die Eintragung hat zu erfolgen.[33]

27 Das Registergericht kann nach §§ 5 Abs. 2 PartGG, 14 HGB die Anmeldung eintragungspflichtiger Tatsachen durch Zwangsgeld erzwingen. Adressaten der Zwangsgeldandrohung und -festsetzung sind die zur Anmeldung verpflichteten Partner. Die Gebühren für die Eintragungen ergeben sich aus den §§ 26 a, 79, 82, 86 Abs. 1 Satz 1, 88 KostO.

3. Die Anmeldung der Partnerschaft

28 Nach § 4 PartGG ist die Gründung der Partnerschaftsgesellschaft zum Partnerschaftsregister anzumelden. Die Anmeldungen zum Partnerschaftsregister sind gemäß § 5 Abs. 2 PartGG in der Form des § 12 HGB zu bewirken, d. h. öffentlich zu beglaubigen und in elektronischer Form einzureichen.

29 Soweit die Anmeldung nicht höchstpersönlich, sondern durch Bevollmächtigte geschieht, bedarf die Vollmacht ebenfalls der notariellen Beglaubigung bzw. Beurkundung. In der Praxis wird der Notar in der Regel mit der Vorbereitung einer entsprechenden Registeranmel-

[30] Übersicht über die Zuständigkeiten in den einzelnen Bundesländern bei Meilicke/Graf v. Westphalen/Hoffmann/Lenz/*Wolff* PartGG § 4 Rdnr. 13.

[31] BGBl. I S. 808 f. vom 16. 6. 1995; Abruck bei Meilicke/Graf v. Westphalen/Hoffmann/Lenz/Wolff PartGG Anhang; vgl. zur Entstehungsgeschichte *Michalski/Römermann* PartGG Einführung Rdnr. 24.

[32] So *Keilbach* RNotZ 2001, 159 m. w. N.; a. A. Meilicke/Graf v. Westphalen/Hoffmann/Lenz/*Wolff* PartGG § 4 Rdnr. 48 f.; MünchKomm/*Ulmer* §§ 4, 5 PartGG Rdnr. 12.

[33] Meilicke/Graf v. Westphalen/Hoffmann/Lenz/*Wolff* PartGG § 4 Rdnr. 52.

dung betraut, die dann durch ihn beglaubigt und dem Partnerschaftsregister eingereicht wird.

Nach § 7 Abs. 1 PartGG entsteht die Partnerschaftsgesellschaft mit der Eintragung im Partnerschaftsregister, die insoweit konstitutive Wirkung hat. Vor der Eintragung bilden die Gesellschafter im Falle einer gemeinsamen Berufsausübung eine Gesellschaft bürgerlichen Rechts,[34] mit allen sich aus deren Teilrechtsfähigkeit ergebenden Konsequenzen. 30

Zuständig für die Eintragung ist das für den Sitz der Gesellschaft zuständige Registergericht. Die Anmeldung der Partnerschaft hat nach § 3 Abs. 2 PartGG zu enthalten: 31

- Name der Partnerschaft
- Sitz der Partnerschaft
- Name, Vorname, Geburtsdatum und Wohnanschrift eines jeden Partners
- Angabe des Berufes, den jeder einzelne Partner in der Partnerschaft ausübt
- Gegenstand der Partnerschaft
- Angabe sämtlicher in der Partnerschaft ausgeübter Berufe
- Vertretungsregelung innerhalb der Partnerschaft

Jede Änderung bei einer dieser Tatsachen ist erneut dem Register anzumelden. Dies kann bei einzelnen Tatsachen, wie etwa dem Wohnortwechsel eines Partners, zu einer von den Beteiligten unterschätzten Frequenz von Anmeldevorgängen führen. Im Einzelnen ist zu den vorgenannten Punkten Folgendes in der Praxis besonders zu beachten: 32

a) **Name und Wohnort der Partner (§ 3 Abs. 2 Ziff. 2 PartGG).** Das Gesetz fordert ausdrücklich die Angabe des Namens und des Vornamens. Hierbei ist anerkannt, dass die Angabe eines Vornamens („Rufname") sowie des Familiennames ausreichend sind. Wohnort eines in Deutschland lebenden Partners ist gemäß § 7 BGB der Ort, der den tatsächlichen Lebensmittelpunkt des Betreffenden bildet. Da das BGB in § 7 Abs. 2 BGB ausdrücklich mehrere Wohnorte anerkennt, ist die Angabe eines mit dem Willen zur Residenzbildung begründeten Domizilortes ausreichend und ist die Angabe mehrerer Orte erlaubt. 33

b) **Ausgeübter Beruf (§ 3 Abs. 2 S. 1 PartGG).** Anzugeben ist der vom jeweiligen Partner in der Partnerschaft ausgeübte Beruf. Damit stellt das Gesetz klar, dass eine Person, die mehrere Berufe ausübt, darüber entscheiden kann (und muss), welche Berufe innerhalb der Gesellschaft ausgeübt werden und welche nicht. 34

c) **Beteiligung der Berufskammern.** Nach § 6 PRV holt das Partnerschaftsregister bei denjenigen Partnerschaften, in denen von einem oder mehreren Partnern ein Beruf ausgeübt wird, für den eine berufsständische Kammer gebildet ist, Gutachten der jeweiligen Berufskammer ein. Eintragungen im Partnerschafsregister werden den Berufskammern gemäß § 4 PRV mitgeteilt. Hierdurch soll die Einhaltung der berufständischen Regelungen durch die jeweiligen Berufsträger, auch soweit sie in Partnerschaftsgesellschaften ihren Beruf ausüben, gesichert werden. 35

d) **Registervollmacht.** Jede Anmeldung zum Partnerschaftsregister ist stets von allen Partnern anzumelden, §§ 4 Abs. 1 S. 2 PartGG, 108 HGB. Da diese öffentlich-rechtliche Anmeldepflicht jeden Partner trifft, sind die Partner im Innenverhältnis gegenseitig zur Vornahme der Anmeldung verpflichtet. Zu beachten ist insbesondere, dass auch etwaig von der Vertretung der Partnerschaft ausgeschlossene Partner die Registeranmeldungen stets mitvorzunehmen haben. Dies führt vor allem bei großen oder überörtlichen Partnerschaftsgesellschaften zu praktischen Problemen, da alle Unterschriften zu beglaubigen sind. Hier scheint es ratsam, entsprechende Registervollmachten vorzuhalten. 36

Eine solche Vollmacht kann einzelnen oder mehreren Partnern für künftige Anmeldungen erteilt werden. Die Vollmacht ist grundsätzlich nicht an eine bestimmte Form geknüpft und kann auch bereits im Gesellschaftsvertrag selbst erteilt werden. Sie kann zudem eingeschränkt werden, z. B. betreffend die Anmeldung des Ausscheidens des Vollmachtgebers aus der Gesellschaft. Nach allgemeinen Grundsätzen bedarf sie aber zum Nachweis gegenüber dem Registergericht der öffentlichen Beglaubigung. 37

[34] *Bumiller/Harders* FamFG § 374 Rdnr. 10.

Formulierungsvorschlag für die Erstanmeldung einer Partnerschaftsgesellschaft:

38 Zur Eintragung in das Partnerschaftsregister melden wir an:

1. Wir,
   a) ......, geboren am ......
   wohnhaft ......
   b) ......, geboren am ......
   wohnhaft ......
   haben eine Partnerschaftsgesellschaft gegründet.
2. Die Partnerschaft führt die Bezeichnung

   ......
   Partnerschaftsgesellschaft
   (Partnerschaft/und Partner)

   Sie hat ihren Sitz in ...... Die Geschäftsräume befinden sich in ......
3. Gegenstand der Partnerschaftsgesellschaft ist die Erbringung von Leistungen im Bereich der ......
4. Herr/Frau ...... übt in der Partnerschaft den Beruf des/der ......,
   Herr/Frau ...... den Beruf des/der ......,
   aus.
   Die Befähigung zur Ausübung eines solchen Berufs ergibt sich aus der beigefügten öffentlich beglaubigten Abschrift der Abschlußzeugnisse.
   Wir erklären, dass in den Vorschriften über die von uns in der Partnerschaft ausgeübten Berufe eine Berufsausübung in einer Partnerschaft weder ausgeschlossen, noch von weiteren Voraussetzungen abhängig gemacht wird. Des weiteren ist auch eine Zusammenarbeit der von uns in der Partnerschaft ausgeübten Berufe nicht verboten oder sonstigen Einschränkungen unterlegen.
   Für die von uns ausgeübten Berufe bestehen Berufskammern, nämlich
   - ......
   - ......
5. Die Partnerschaft wird durch jeden Partner einzeln vertreten ODER: Wir vertreten die Partnerschaft gemeinschaftlich. Einzelne Partner können durch schriftlich abzufassenden Beschluss zur Alleinvertretung bevollmächtigt werden.
6. Folgende Partner sind zur alleinigen Vertretung der Partnerschaft befugt:
   - ......
   - ......

39 Für die Anmeldung einer Partnerschaftsgesellschaft gilt § 29 S. 2 i. V. m. §§ 41 a und 41 b KostO. Das heißt, es ist für die Ermittlung des Geschäftswerts gemäß § 41 a Abs. 3 Nr. 2 KostO für die ersten beiden Partner ein Geschäftswert von € 37.500,– und für jeden weiteren Partner ein Erhöhungsbetrag von € 12.500,– zugrundezulegen. Das Gesetz bestimmt jedoch in § 45 Abs. 1 KostO einen Höchstwert von € 500.000,–. Bei späteren Änderungen in der Zusammensetzung der Partnerschaft ist bei Anmeldung des Eintritts und Austritts von einem oder von zwei Partnern stets ein Geschäftswert von € 25.000,–, für die gleichzeitige Anmeldung jedes weiteren Partners zusätzlich € 12.500,– anzusetzen, § 145 Abs. 1 S. 1 i. V. m. § 41 a Abs. 4 Nr. 3 KostO. Eine halbe Gebühr nach § 38 Abs. 2 Nr. 7 KostO fällt an, falls der Notar die Anmeldung entwirft; für die bloße Beglaubigung von Unterschriften *1/4* Gebühr nach § 45 KostO, höchstens € 130,–.

40 Das Partnerschaftsregister fordert gemäß §§ 79 Abs. 1, 79 a KostO i. V. m. § 1 HRegGebV, GV 1101, 1102 einen Gerichtskostenvorschuss an. Dieser berechnet sich nach der Anzahl der Partner und beträgt bei bis zu 2 Partnern € 70,00 und erhöht sich für jeden weiteren Partner um € 20,00. Zusätzlich ist eine Veröffentlichungsauslage von € 1,00 einzuzahlen.[35]

[35] Angabe nach Merkblatt des AG Essen (Stand: Januar 2007) abrufbar unter www.ag-essen.nrw.de/service/Formulare, Merkblätter, Anträge/Partnerschaften.

4. Zweigniederlassung

Die Partnerschaftsgesellschaft kann Zweigniederlassungen errichten, vgl. § 5 Abs. PartGG i. V. m. §§ 13, 13 c, 13 d, 13 h HGB. Beschränkungen können sich insoweit jedoch aus etwaig entgegenstehenden berufsständischen Regelungen ergeben. Da das Partnerschaftsgesetz einen Mehrfachsitz nicht kennt, machen vor allem überörtliche Sozietäten von Freiberuflern von der Möglichkeit der Bildung von Zweigniederlassungen Gebrauch. Dabei ist trotz der berufsrechtlichen Möglichkeit des Bestehens mehrerer gleichberechtigter (Haupt-)Sitze[36] eine Niederlassung als Sitz der Partnerschaft anzumelden, während die weiteren Niederlassungen als Zweigniederlassungen einzutragen sind. Die berufsrechtliche Wertung als gleichberechtigte Niederlassung ändert sich hierdurch nicht. 41

Praxistipp:

Zur Abgrenzung gleichberechtigter Niederlassungen gegenüber gewöhnlichen Zweigniederlassungen kann in der Anmeldung wie folgt formuliert werden: 42

In *ORT* ist eine Zweigniederlassung (Niederlassung in überörtlicher Partnerschaft) der Partnerschaft errichtet. Die Geschäftsräume der Niederlassung befinden sich in *ADRESSE.*

Zusätzlich muss der Gegenstand der Partnerschaft die Ergänzung enthalten: .... *in überörtlicher Partnerschaft.*

Das Partnerschaftsregister trägt in diesem Fall die Zweigniederlassung mit dem Zusatz: *Niederlassung in überörtlicher Partnerschaft* ein.

Die Begründung einer Zweigniederlassung ist dem Partnerschaftsregister zur Eintragung anzumelden. Hierbei ist es ausnahmsweise ausreichend, wenn die Anmeldung durch geschäftsführungsbefugte Partner in vertretungsberechtigter Anzahl vorgenommen wird, § 5 Abs. 2 PartGG i. V. m. § 13 Abs. 1 S. 1 HGB. Das für den Sitz der Gesellschaft zuständige Registergericht leitet die Anmeldung alsdann an das für die Zweigniederlassung zuständige Registergericht weiter. 43

Die grundsätzlich nicht beschränkbare Vertretungsbefugnis vertretungsberechtigter Partner kann auf den Bereich einer Zweigniederlassung beschränkt werden, § 7 Abs. 3 PartGG i V m. §§ 126 Abs. 2, 50 Abs. 3 HGB. Diese Beschränkung der Vertretungsbefugnis ist zum Register der Partnerschaft anzumelden. 44

V. Der Name der Partnerschaftsgesellschaft

In der Beratungspraxis spielt für viele Freiberufler die Wahl des Namens für die zu gründende Partnerschaftsgesellschaft eine wichtige Rolle. Hierunter tritt die Gesellschaft im Rechtsverkehr, vor allem aber auch im Wettbewerb, auf. 45

Das Gesetz stellt in § 2 Abs. 1 PartGG vergleichsweise strenge Anforderungen an die Namensgebung der Partnerschaftsgesellschaft. So muss der Familienname mindestens eines Partners,[37] der Rechtsformzusatz („und Partner“ oder „Partnerschaft“) sowie die Bezeichnung aller in der Gesellschaft ausgeübten Berufe[38] enthalten sein.[39] Eine Ausnahme bilden hier z. B. die als Steuerberatungsgesellschaften anerkannten Partnerschaften, die gemäß § 53 S. 1 StBerG den Zusatz *Steuerberatungsgesellschaft* führen; für diese entfällt nach § 53 S. 2 StBerG die Pflicht, alle in der Partnerschaft ausgeübten Berufe im Namen der Gesellschaft zu führen.[40] 46

[36] Vgl. etwa § 59 a Abs. 2 BRAO.
[37] Vgl. zur Frage des Personennamens OLG Karlsruhe NJW 1999, 2284 f.
[38] Und nur diese: so darf insbes. der Anwaltsnotar auf seine notarielle Tätigkeit im Namen der Partnerschaft nicht hinweisen.
[39] Vgl. allg. zur Firmierung der PartGG: *Hülsmann* NJW 1998, 35 ff.
[40] *Kamps/Wollweber* DStR 2009, 1870, 1872.

47 Daraus folgen in der Beratungspraxis zu beachtende Einschränkungen für die Namensführung. So dürfen andere Namen als diejenigen von Gesellschaftern nicht in der Bezeichnung der Partnerschaft enthalten sein, § 2 Abs. 1 S. 3 PartGG. Eine Mehrzahl darf die Berufsbezeichnung (z.B. Rechtsanwälte) nur enthalten, wenn der Beruf auch tatsächlich von mehreren Partner in der Gesellschaft ausgeübt wird. Die Berufsbezeichnung selbst hat sich an dem Katalog des § 1 Abs. 2 PartGG zu orientieren; da dieser aber nicht abschliessend ist, können auch dort nicht genannte freie Berufe in den Namen der Gesellschaft aufgenommen werden.[41] Abweichungen bei den Katalogberufen des § 1 Abs. 2 PartGG selbst sind jedoch nicht zulässig; so ist der „Fachanwalt" kein gegenüber dem Rechtsanwalt eigenständiger Beruf und kann nur als Zusatz in den Namen der Partnerschaft aufgenommen werden.[42]

48 Der Rechtsformzusatz lautet grundsätzlich „Partnerschaft" bzw. „und Partner", wobei Letzterer das Vorhandensein von mindestens einem weiteren als der bereits im Namen aufgeführten Partner voraussetzt. Die gebräuchlichen Zeichen & bzw. + können das ausgeschriebene „und" ersetzen.[43] Die Verwendung anderer, ebenfalls die Gesellschaft eindeutig kennzeichnenden Begriffe, wie „Partnerschaftsgesellschaft" oder „PartGG", wird überwiegend als zulässig erachtet.[44] Über den Namenskern hinausgehende Zusätze, die z.B. den Charakter der Gesellschaft kennzeichen sowie Sach- und Fantasiezusätze sind zulässig, soweit diese nicht irreführend wirken.[45] Jedoch bestehen insoweit verbreitet standesrechtliche Schranken, die beachtet werden müssen.[46]

49 Daneben erklärt § 2 Abs. 2 S. 1 PartGG § 18 Abs. 2 HGB für entsprechend anwendbar. Damit ist sichergestellt, dass die für das Firmenrecht geltenden Vorschriften und Grundsätze der Fimenwahrheit, der Firmenbeständigkeit und der Firmenausschließlichkeit auch für den Namen der Partnerschaftsgesellschaft zu beachten sind.[47]

50 Scheidet ein Partner aus der Partnerschaft aus, so darf sein Name nur mit dessen Zustimmung weiterhin als Bestandteil der Firmierung der Partnerschaftsgesellschaft geführt werden, § 24 HGB. Die Zustimmung kann vom ausscheidenden Partner auch bedingt oder befristet erteilt werden.[48] In der Gestaltungspraxis hat es sich wegen des besonderen Interesses an der Namenskontinuität bewährt, entsprechende Zustimmungserklärungen bereits in den Gesellschaftsvertrag selbst aufzunehmen.

Formulierungsvorschlag:

51 Der Partnerschaft ist es gestattet, den Namen des Partners XXXX (oder: den Namen ausscheidender namensgebender Partner) im Falle des Ausscheidens aus der Gesellschaft weiterzuführen. Dem kann der betreffende Partner nur im Falle des Vorliegens eines besonders wichtigen Grundes widersprechen; das Recht zum Widerspruch ist dabei höchstpersönlich und geht nicht auf Erben über.

52 Dies gilt auch, wenn ein Gesellschafter im Falle des Formwechsels einer BGB-Gesellschaft in die Partnerschaftsgesellschaft[49] nicht Gesellschafter derselben wird, sondern ausscheidet.[50]

53 Probleme können sich ergeben, wenn die im Gesetz verankerten firmenrechtlichen Grundsätze gegeneinander abzuwägen sind, weil mehrere Gesellschafterwechsel zum Konflikt zwischen dem Grundsatz der Firmenwahrheit und dem Grundsatz der Firmenkontinui-

[41] Vgl. *Krafka/Willer/Kühn* Registerrecht Rdnr. 258.
[42] OLG Hamburg Rpfleger 1998, 28; *Henssler* PartGG § 2 Rdnr. 17.
[43] BGHZ 135, 257 = NJW 1997, 1854.
[44] So *Krafka/Willer/Kühn* Registerrecht Rdnr. 259 m. w. N.; a. A. MünchKomm/*Ulmer* § 2 PartGG Rdnr. 8.
[45] BGH NJW 2004, 1651; *Michalski/Römermann* PartGG § 2 Rdnr. 10a; *Henssler* PartGG § 2 Rdnr. 3, 15 ff.
[46] Vgl. im Einzelnen *Michalski/Römermann* PartGG § 2 Rdnr. 20 ff.; *Henssler* PartGG § 2 Rdnr. 41 ff.
[47] Vgl. OLG Rostock NZG 2006, 587, 588.
[48] BayObLG NJW 1998, 1158; *Meilicke*/Graf v. Westphalen/Hoffmann/Lenz PartGG § 2 Rdnr. 33.
[49] Vgl. hierzu ausführlich Beck'sches Formularbuch Bürgerliches, Handels- und Wirtschaftsrecht, Ziffer 1.
[50] *Krafka/Willer/Kühn* Registerrecht Rdnr. 262; *Henssler* PartGG § 2 Rdnr. 35 ff.; zur Problematik der Namensänderung eines Partners im Falle der Umwandlung vgl. *Henssler* PartGG § 2 Rdnr. 24.

tät führen. § 2 Abs. 1 S. 3 PartGG i.V.m. § 24 Abs. 1 HGB erlaubt grundsätzlich nur die (unveränderte) Fortführung des Namens der Partnerschaftsgesellschaft unter Beibehaltung der Nennung eines ausgeschiedenen Partners. Wird der Name der Partnerschaft zusätzlich geändert, so ist die Beibehaltung der Bennenung des Ausgeschiedenen nur in Ausnahmefällen möglich. Dies hat in der Rechtsprechung zur Herausbildung von Fallgruppen geführt:

Scheidet aus der bestehenden Gesellschaft ein im Namen der Partnerschaft nicht ge- 54
nannter Partner aus, so darf die aus sämtliche Partnern bestehende Bezeichnung nebst dem Zusatz *und Partner* beibehalten werden; insoweit tritt der Grundsatz der Firmenwahrheit hinter dem Interesse der verbleibenden Partner an der Namenskontinuität zurück.[51] Tritt jedoch ein weiterer Partner der Gesellschaft bei, so hindert dessen Benennung in der Bezeichnung der Gesellschaft die Fortführung der Namensnennung eines bereits ausgeschiedenen Gesellschafters; eine identitätswahrende Firmenfortführung liegt dann nicht vor.[52]

Übt kein weiterer Partner den vom ausscheidenden Gesellschafter ausgeübten Beruf in- 55
nerhalb der Partnerschaft aus, so ist diese Berufsbezeichnung aus dem Namen der Partnerschaft zu entfernen, § 18 Abs. 2 HGB.

Tritt ein weiterer Partner in die Gesellschaft ein, so kann der bisherige Name grundsätz- 56
lich weiter geführt werden. Übt allerdings ein eintretender Partner einen Beruf innerhalb der Parnerschaft aus, der bislang nicht Gegenstand der Partnerschaft war, so ist dieser zusätzliche Beruf nunmehr in den Namen der Gesellschaft aufzunehmen, da alle innerhalb der Partnerschaft ausgeübten Berufe nach § 2 Abs. 1 PartGG im Namen enthalten sein müssen. In diesem Falle muss zudem der Gesellschaftsvertrag betreffend den Gegenstand der Partnerschaft geändert werden; dies ist dem Register zusätzlich anzumelden.

Im Falle der Übernahme einer Partnerschaft kann der Name, soweit die vorstehenden 57
Grundsätze nicht entgegenstehen, mit oder ohne eine die Nachfolge kennzeichnenden Zusatz fortgeführt werden, § 2 Abs. 2 PartGG. Der Name der Partnerschaft selbst kann nicht ohne die Substanz der Gesellschaft übertragen werden.[53]

VI. Die Gesellschafter der Partnerschaftsgesellschaft

1. Der Begriff des Freiberuflers

Das Gesetz begrenzt den Anwendungsbereich des PartGG in § 1 Abs. 1 S. 1 PartGG auf eine 58
bestimmte Personengruppe, die mit dem Begriff des „Freiberuflers" nur sehr allgemein umschrieben und im Gesetz auch nur entsprechend allgemein definiert ist. Im Rahmen der Gründung und Anmeldung einer Partnerschaftsgesellschaft hat der Notar zu prüfen, ob der jeweils konkret ausgeübte Beruf dem Anwendungsbereich des Gesetzes unterfällt oder nicht. Dies kann im Einzelfall zu erheblichen Schwierigkeiten führen, da sich neben den „klassischen" freien Berufen wie Rechtsanwalt, Steuerberater oder Architekt eine Vielzahl, vor allem auch neuer, Berufsbilder entwickelt hat, deren Klassifizierung nicht ohne weiteres möglich ist.

Unterfällt eine berufliche Tätigkeit nicht dem Katalog des § 1 Abs. 2 S. 2 PartGG,[54] der 59
die dort aufgeführten Berufe als „Freie Berufe" im Sinne des Gesetzes definiert, so ist die Tätigkeit unter die Tatbestandsmerkmale des § 1 Abs. 2 S. 1 PartGG zu subsumieren. Danach muss die Tätigkeit

- auf der Grundlage einer besonderen beruflichen Qualifikation oder schöpferischen Begabung erfolgen
- die eigenverantwortliche und fachlich unabhängige Erbringung von Dienstleistungen höherer Art zum Gegenstand haben
- im Interesse der Auftraggeber und der Allgemeinheit erfolgen.

Zusätzliche Unsicherheit birgt die Formulierung des § 1 Abs. 2 S. 2 PartGG, die nach der 60
Aufzählung der vom Gesetz anerkannten Freien Berufe auch „ähnliche Berufe" in den Kata-

[51] OLG Celle NZG 2008, 866.
[52] OLG Frankfurt a.M. NZG 2005, 925.
[53] MünchKomm/*Ulmer* § 2 PartGG Rdnr. 19; *Henssler* PartGG § 2 Rdnr. 25.
[54] Krit. hierzu *Römermann* NZG 1998, 675, 676 f.

log einbezieht. Da § 1 Abs. 2 S. 2 PartGG die dort genannten Berufe unabhängig von der Definition des § 2 Abs. 2 S. 1 PartGG als partnerschaftsgesellschaftsfähig anerkennt, kann hier eine genaue Abgrenzung kaum vorgenommen werden.

Praxistipp:

61 Es empfiehlt sich in Zweifelsfällen eine Vorprüfung beim zuständigen Partnerschaftsregister vorzunehmen, um Antragszurückweisungen zu vermeiden

62 Weitere Probleme kann die in Anordnung in § 1 Abs. 3 PartGG bereiten, die das Gesetz für berufsständische Regelungen öffnet, soweit diese über die Regelungen des PartGG hinausgehende Vorschriften betreffend die Zulässigkeit der Berufsausübung innerhalb einer Partnerschaftsgesellschaft vorsehen. Diese vielfältigen berufsständischen Regelungen lassen eine Abklärung der anzumeldenden Tatsachen mit der jeweiligen Berufskammer angezeigt erscheinen, zumal diese nach §§ 4 Abs. 1, 6 PRV ohnehin vom Registergericht angehört werden und etwaige Bedenken zu Beanstandungen des Registergerichts führen.

63 Das PartGG fordert für einen jeden der Partner ausdrücklich die Angabe, welcher Beruf innerhalb der Partnerschaft ausgeübt wird. Dies bedeutet zugleich, dass die Gründung einer berufsübergreifenden Partnerschaftsgesellschaft zulässig ist; dies natürlich nur innerhalb der gemäß § 1 Abs. 3 PartGG zu beachtenden berufsrechtlichen Regelungen, insbesondere betreffend dort verankerter Sozietätsverbote. Gemäß § 3 Abs. 2 PRV sind dem Registergericht bei Anmeldung der Partnerschaft Angaben über etwaige berufsrechtliche Vorschriften zur Zusammenarbeit mit anderen Berufen zu machen; diese werden vom Partnerschaftsregister gemäß § 4 Abs. 2 S. 2 PartGG als richtig unterstellt. Durch die vorgeschriebene Anhörung der berufsständischen Kammern, die über die Einhaltung entsprechender Vorschriften wachen, ist jedoch die Einhaltung der Zusammenarbeitsverbote und -einschränkungen gesichert. Unabhängig davon sollen die Partner nach § 3 Abs. 2 PRV eine Erklärung darüber abgeben, dass berufsrechtliche Schranken der Gründung nicht entgegenstehen.

Praxistipp:

64 Auch hier gebietet die Vorsicht eine Vorprüfung durch die entsprechenden Berufskammern vornehmen zu lassen, bevor es durch die Anhörung von Seiten des Partnerschaftsregisters zu Beanstandungen oder gar zur Zurückweisung von Anträgen kommt

Die wichtigsten berufsrechtlichen Regelungen zur Zusammenarbeit betreffen die Berufsgruppen der Rechtsanwälte, Steuerberater und Wirtschaftsprüfer sowie die Ärzte.

65 Die **Bundesrechtsanwaltsordnung (BRAO)** beschränkt in § 59a BRAO den Personenkreis, mit dem Rechtsanwälte eine berufliche Zusammenarbeit eingehen können, auf Patentanwälte,[55] Steuerberater und -bevollmächtigte, Wirtschaftsprüfer und vereidigte Buchprüfer. Ausdrücklich erfasst sind zudem Rechtsanwälte aus EU-Staaten oder aus sonstigen Drittstaaten, soweit sie sich in Deutschland niederlassen und ihre Kanzlei im Ausland betreiben dürfen.

66 Aus der Sicht des **Notariates** ergeben sich aufgrund der Ausübung eines öffentlichen Amtes besondere Restriktionen: Bei einer aus Anwälten und Anwaltsnotaren bestehenden Partnerschaftsgesellschaft kann betreffend die Anwaltsnotare die notarielle Berufsausübung aufgrund der Regelungen in § 1 PartGG, § 59a BRAO und § 9 BNotO nicht in die Partnerschaft einbezogen werden.[56] Betreffend die anwaltliche Berufsausübung ist eine Beteiligung an einer Partnerschaftsgesellschaft mit Rechtsanwälten und Steuerberatern möglich, jedoch darf der Gesellschaftsvertrag den Anwaltsnotar nicht in seiner persönlichen, eigenverantwortlichen und selbständigen Amtsausübung einschränken.[57] Der Briefbogen der Partner-

[55] Ebenso § 52a Patentanwaltsordnung.

[56] OLG Stuttgart NJW 2006, 527; Schippel/Bracker/*Görk* BNotO § 9 Rdnr. 12; a. A. Meilicke/Graf v. Westphalen/Hoffmann/*Lenz*/Wolff PartGG § 1 Rdnr. 36.

[57] Vgl. 9 Abs. 2 und 3 BNotO.

schaftsgesellschaft darf einen Hinweis auf das Notaramt enthalten. Auch verstößt die Ausübung der notariellen Tätigkeit und der anwaltlichen Tätigkeit auf gemeinsame Rechnung nicht gegen das Verbot der Gebührenteilung in § 17 Abs. 1 S. 4 BNotO.

Das **Steuerberatungsgesetz (StbG)** enthält in § 56 Abs. 1 StbG eine der Regelung der 67
BRAO entsprechende Vorschrift. Für Wirtschaftsprüfer erweitert § 44 b der Wirtschaftsprüferordnung (WPO) den Kreis der möglichen Berufe, mit denen eine Zusammenarbeit möglich sein soll, auf alle einer berufsständischen Kammer angehörigen Berufsträger die ein Zeugnisverweigerungsrecht nach den Vorschriften der Stafprozeßordnung haben.

§ 23 der **Berufsordnung für die deutschen Ärzte (BO-Ä)** regelt ausdrücklich die Zusam- 68
menarbeit in Partnerschaftsgesellschaften. Apotheker dagegen können nach § 8 **ApothekenG** nur die GbR und die oHG als Rechtsform für die gemeinsame Berufsausübung wählen.

Benötigt die Partnerschaftsgesellschaft selbst eine staatliche Zulassung,[58] so ist der An- 69
meldung eine Erklärung der zuständigen Behörde beizufügen, dass die Zulassung nach erfolgter Eintragung erfolgen kann (vgl. § 3 Abs. 3 PRV).

2. Das Ausscheiden eines Partners

Das Ausscheiden eines Partners aus der Partnerschaftsgesellschaft hat im Grundsatz kei- 70
nerlei Auswirkungen auf den Bestand der Gesellschaft. Die entsprechende Eintragung im Partnerschaftsregister hat lediglich deklaratorische Bedeutung, so dass die erforderliche Registeranmeldung ihre Bedeutung vor allem aus der zeitlichen Begrenzung der Nachhaftung bezieht. Anzumelden ist ein Ausscheiden stets von allen Partnern, auch dem Ausscheidenden; bei Insolvenz des Partners vom Insolvenzverwalter, bei Tod von dessen Erben. Letztere haben ihre Erbenstellung durch öffentliche Urkunden nachzuweisen. Im Übrigen ist der Grund des Ausscheidens nicht anzumelden.

Hat der ausscheidende Partner in der Gesellschaft einen Beruf ausgeübt, der alsdann nicht 71
mehr in der Partnerschaft vertreten ist, so ist der Gesellschaftsvertrag entsprechend zu ändern und die Änderung des Gegenstandes der Partnerschaft dem Register zusätzlich zum Ausscheiden des Partners anzumelden. Entsprechend ist eine bis zum Ausscheiden des Partners im Namen dokumentierte Vielzahl von Berufsträgern *(Rechtsanwälte)* zu korrigieren, wenn nur ein Berufsträger dieses Berufes in der Gesellschaft verbleibt.

Scheiden alle Partner bis auf einen aus der Gesellschaft aus, so geht deren Vermögen ge- 72
mäß den allgemeinen Grundsätzen im Wege der Gesamtrechtsnachfolge auf den verbleibenden Gesellschafter über, §§ 738 bis 740 BGB.

Neben dem Ausscheiden aufgrund eines (einstimmigen) Beschlusses der Gesellschafter, 73
der Eröffnung des Insolvenzverfahrens oder dem Ausschluss aufgrund Vorliegen eines wichtigen Grundes, sind in der Praxis vor Allem der Tod eines Gesellschafters und der Verlust der Berufsträgereigenschaft von Bedeutung.

a) Der Tod eines Gesellschafters. Nicht zuletzt aufgrund der häufigen Mitwirkung des 74
Notars bei der Nachlassabwicklung, sind Fragen der Rechtsnachfolge bei Tod eines Partners der Partnerschaftsgesellschaft häufig Gegenstand der notariellen Beratungstätigkeit. Der Tod eines Gesellschafters führt nach § 9 Abs. 1 PartGG i. V. m. § 131 Abs. 3 Nr. 1 HGB nicht zur Auflösung der Gesellschaft, sondern zum Ausscheiden des Verstorbenen. Seine Beteiligung wächst den übrigen Partnern an, § 1 Abs. 4 PartGG i. V. m. § 738 Abs. 1 BGB. Es entsteht im Nachlass ein Anspruch auf Zahlung des Auseinandersetzungsguthabens nach § 738 BGB i. V. m. § 105 Abs. 3 HGB, der gemäß den allgemeinen Grundsätzen des Personengesellschaftsrechts ausgestaltet bzw. ausgeschlossen werden kann.[59]

Die Gesellschafterstellung ist somit nach dem Gesetz nicht vererblich ausgestaltet. Dies- 75
betreffend kann der Gesellschaftsvertrag der Partnerschaftsgesellschaft zwar eine abweichende Regelung treffen, wonach die Gesellschaft mit dem oder den Erben fortgesetzt wird; ein Eintritt in die Gesellschaft setzt jedoch auch in diesem Falle voraus, dass der Eintretende

[58] Vgl. 49 Abs. 1 StBerG, § 27 Abs. 1 und § 130 Abs. 2 WPO.
[59] Vgl. *Michalski/Römermann* PartGG § 9 Rdnr. 34 f.

die Voraussetzungen des § 1 PartGG erfüllt.[60] Wird die Beteiligung an der Gesellschaft vererbt, so ist ein entsprechender Vermerk betreffend die eingetretene Gesamtrechtsnachfolge in das Partnerschaftsregister einzutragen. Die Erbfolge ist durch öffentliche Urkunden wie Erbschein oder Eröffnungsprotokoll einer notariellen Verfügung von Todes wegen nachzuweisen. Ergibt sich die Erbfolge aus den Akten des Nachlassgerichtes am selben Gericht, kann nach den allgemeinen Grundsätzen auf die Nachlassakten verwiesen werden.

76 Sieht der Gesellschaftsvertrag eine Vererbung der Gesellschafterstellung vor, so kommen hierfür die im Personengesellschaftsrecht entwickelten Nachfolgeklauseln zur Anwendung. Naturgemäß kann nur § 139 Abs. 1 HGB keine Anwendung finden, da die Einräumung der Kommanditistenstellung nicht möglich ist.

77 *aa) Einfache Nachfolgeklausel.* Der Gesellschaftsvertrag kann die Nachfolge durch den oder die Erben vorsehen, soweit diese die Berufsqualifikation erfüllen. Erfüllt nur ein Erbe von mehreren die Voraussetzungen des § 1 PartGG, so wird dieser alleine Partner; ein Abfindungsanspruch der übrigen Erben gegenüber der Gesellschaft besteht nicht.

78 Der Erbe hat die Möglichkeit, die Nachfolge in die Gesellschafterstellung auf einen Teil der Erben zu beschränken. Zudem kann der eintretende Erbe von der Vertretungs- und/oder Geschäftsführungsbefugnis ausgeschlossen werden und/oder sein Stimmrecht eingeschränkt sein, etwa durch die angeordnete Verpflichtung mehrerer Erben, nur einheitlich durch einen Vertreter abzustimmen.

79 *bb) Qualifizierte Nachfolgeklausel.* Der Gesellschaftsvertrag kann bestimmen, dass von mehreren Erben nur einer die Nachfolge gemäß seiner Erbquote in den Gesellschaftsanteil antreten soll, während die weichenden Erben einen Abfindungsanspruch erhalten. Dieser fällt alsdann in den Nachlass und steht den Erben gemäß § 2032 BGB gesamthänderisch zu.

80 *cc) Eintrittsklauseln.* Der Gesellschaftsvertrag kann neben den vorgenannten Nachfolgeklauseln auch Eintrittsrechte vorsehen. So kann angeordnet werden, dass partnerschaftsfähige Erben ein Recht zum Eintritt in die Gesellschaft erhalten, nachdem der Anteil des Erblassers den verbleibenden Partner angewachsen ist. Mit der Abgabe der entsprechenden Erklärung wandelt sich der entstandene Abfindungsanspruch in Höhe der jeweiligen Erbquote des Eintretenden in einen Gesellschaftsanteil um.

81 Dieses Eintrittsrecht kann grundsätzlich auch Dritten, also Nichterben, gewährt werden. Hierbei handelt es sich streng genommen nicht um eine „Vererbung" des Anteils sondern um einen Vertrag zugunsten Dritter bzw. ein bindendes Vertragsangebot. Gleiches gilt für die schon zu Lebzeiten vereinbarte Übertragung des Gesellschaftsanteils unter der aufschiebenden Bedingung des Todes des Partners.

82 Bei der Formulierung von Nachfolgeklauseln sollte möglichst genau formuliert werden, welche Voraussetzungen der Nachfolgende erüllen muss, um die Nachfolge anzutreten. Nur so kann vermieden werden, dass ein Angehöriger eines freien Berufes, der mit den in der Gesellschaft bereits ausgeübten Berufen nicht kompatibel ist, zum Partner wird oder ein Beruf, der in der Partnerschaft aus verschiedenen Gründen nicht gewünscht oder bereits ausreichend vertreten ist, den verbleibenden Partner aufgedrängt wird.

83 Dem Erben bleibt nach erfolgter Vererbung neben dem Verbleib in der Gesellschaft nur der Austritt, da das Gesetz in § 9 Abs. 4 S. 2 PartGG ausdrücklich die in § 139 HGB vorgesehene Möglichkeit der Umwandlung der Gesellschafterstellung in die eines Kommanditisten ausschließt. Der Austritt ist gemäß § 139 Abs. 2 HGB ohne Einhaltung einer Kündigungsfrist möglich und innerhalb von drei Monaten seit Kenntnis von der Erbschaft auszuüben; die Frist endet zudem nicht vor dem Ende der Ausschlagungsfrist. Diese Austrittsmöglichkeit kann durch den Gesellschaftsvertrag nicht eingeschränkt oder ausgeschlossen werden.

84 Vorsicht ist in der Praxis bei der grundsätzlich möglichen Übertragung der Gesellschafterstellung im Wege des Vermächtnisses geboten. Dies kann nur dann gelingen, wenn sowohl der Erbe selbst, als auch der Vermächtnisnehmer partnerschaftsfähig sind, da Ersterer die Gesellschafterstellung nur dann übertragen kann, wenn er selbst diese erlangt hat.

[60] Vgl. MünchKommBGB/*Leipold* § 1922 Rdnr. 74 m. w. N.

Grundsätzlich kann der Gesellschaftsvertrag auch die Auflösung der Gesellschaft im Falle des Todes eines Partners anordnen. In diesem Fall ist der Gesellschaftsanteil frei vererblich; die Beschränkung des § 9 Abs. 4 S. 1 PartGG ergibt für diesen Fall keinen Sinn.[61] 85

b) Die Beendigung der Berufsträgereigenschaft. Endet die Berufsträgereigenschaft eines Partner der Gesellschaft, erfüllt dieser somit die Voraussetzungen des § 1 PartGG nicht mehr, so scheidet er zwingend aus der Partnerschaft aus.[62] Relevant ist dies vor allem bei denjenigen Berufsträgern, die für die Ausübung ihres Berufes einer besonderen Zulasssung bedürfen, wie etwa Rechtsanwälte, Ärzte, Steuerberater, Wirtschaftsprüfer, Architekten usw. Hier führt der (endgültige) Verlust der Zulassung zum Ausscheiden aus der Partnerschaft, vgl. § 9 Abs. 3 PartGG. 86

c) Die Übertragung der Beteiligung an einer Partnerschaftsgesellschaft. Die Gesellschafterstellung innerhalb einer Partnerschaftsgesellschaft ist nach allgemeinen Grundsätzen übertragbar. Hierzu müssen alle Partner einer entsprechenden Übertragungsvereinbarung zwischen Veräußerer und Erwerber zustimmen, wenn nicht der Gesellschaftsvertrag Abweichendes, etwa die generelle Übertragbarkeit ohne weitere Zustimmung der Partner, festschreibt. Zusätzlich zur gesetzlich notwendigen (allgemeinen) Zugehörigkeit des Erwerbers zu einem Freien Beruf i. S. d. § 1 PartGG, kann der Gesellschaftsvertrag die Veräusserung an das Vorliegen einer Zugehörigkeit des Erwerbers zum gleichen Freien Beruf vorschreiben, den der Veräusserer innerhalb der Gesellschaft ausübt. 87

Dem Partnerschaftsregister ist im Falle der Übertragung einer Mitgliedschaft innerhalb der Gesellschaft das Ausscheiden des veräussernden Partners und das Eintreten des erwerbenden Partners anzumelden. Die Ameldung hat durch alle Partner, einschließlich des Ausscheidenden und des Eintretenden, zu erfolgen. Dies betreffend sowie betreffend etwaig notwendige Änderungen des Namens und des Gegenstandes der Partnerschaft, gelten die dargestellten Grundsätze zum Eintritt und Austritt eines Partners entsprechend. 88

VII. Die Vertretung der Partnerschaftsgesellschaft

Die Vertretung der Partnerschaft bestimmt sich gemäß § 7 Abs. 3 PartGG nach den Vorschriften der §§ 125–127 HGB. Sie ist gemäß § 5 Abs. 1 PartGG für alle Partner ist das Partnerschaftsregister einzutragen. 89

Mangels abweichender Regelung im Gesellschaftsvertrag wird die Partnerschaft von jedem Gesellschafter einzeln vertreten. Oftmals wird jedoch im Gesellschafsvertrag eine Gesamtvertretung durch alle oder mehrere Partner angeordnet, etwa dergestalt, dass die Gesellschaft von zwei Partner gemeinsam vertreten wird. Neben dieser abstrakten Vertretungsregelung kann für jeden Partner einzeln eine davon abweichende besondere Vertretungsbefugnis vereinbart und zum Partnerschaftsregister angemeldet werden. So kann bei grundsätzlich vereinbarter Gesamtvertretung der Gesellschaft einzelnen Partnern Einzelvertretungsbefugnis oder eine Befreiung von den Beschränkungen des § 181 BGB erteilt werden. Ob ein gänzlicher Ausschluß eines Partner von der Vertretung der Gesellschaft gegen die Bestimmung des § 6 Abs. 2 PartGG verstößt ist umstritten, aber wohl zu verneinen.[63] 90

Nach dem in § 125 Abs. 1 HGB niedergelegten Grundsatz der Selbstorganschaft können nur Gesellschafter organschaftliche Vertreter der Gesellschaft sein. Somit können z. B. nicht sämtliche Gesellschafter von der Vertretung der Gesellschaft ausgeschlossen werden. Dritten kann nur eine (widerrufliche) rechtsgeschäftliche Vertretungsbefugnis eingeräumt werden, auch in Form einer Generalvollmacht.[64] Nur wenn die Vollmacht die Vertretungsbefugnis der organschaftlichen Vertreter beschränkt, kann hierin ein Verstoß gegen das Prinzip der Selbstorganschaft liegen. 91

[61] So auch MünchKommBGB/*Leipold* § 1922 Rdnr. 75.

[62] Vgl. im Einzelnen Meilicke/Graf v. Westphalen/*Hoffmann*/Lenz/Wolff PartGG § 9 Rdnr. 21 ff.

[63] So *Meilicke*/Graf v. Westphalen/Hoffmann/Lenz/Wolff PartGG § 7 Rdnr. 27; a. A. *Michalski*/*Römermann* PartGG § 7 Rdnr. 17.

[64] *Meilicke*/Graf v. Westphalen/Hoffmann/Lenz/Wolff PartGG § 7 Rdnr. 25.

92 Da eine inhaltliche Beschränkung der organschaftlichen Vertretungsmacht eines Partners nach § 7 Abs. 3 PartGG i. V. m. § 126 Abs. 2 HGB unwirksam ist, kann dem Bedürfnis nach einer Vertretungsbeschränkung in der Praxis nur dadurch Rechnung getragen werden, dass zur Gesamtvertretung berechtigte Partner Einzelne von Ihnen für bestimmte Handlungen gemäß § 125 Abs. 2 S. 2 HGB zum Handeln ermächtigen.

Die Erteilung von Prokura durch die Partnerschaftsgesellschaft ist ausgeschlossen.[65]

VIII. Die Umwandlung der Partnerschaftsgesellschaft

93 Die Partnerschaftsgesellschaft kann nach den §§ 3 Abs. 1 Nr. 3, 191 Abs. 1 Nr. 1, 191 Abs. 2 Nr. 1 UmwG Beteiligte von Umwandlungsvorgängen nach den Bestimmungen des Umwandlungsgesetzes sein und unterliegt insoweit den allgemeinen Vorschriften.[66] Hierzu sind durch die UmwG-Novelle vom 22. 7. 1998[67] ergänzende Vorschriften in das Gesetz eingefügt worden, vgl. §§ 45 a–45 c, 225 a–225 c UmwG. Folglich kann eine Partnerschaftsgesellschaft ihr Vermögen als Ganzes im Wege der Verschmelzung auf eine andere Partnerschaftsgesellschaft, eine Personenhandelsgesellschaft, eine Kapitalgesellschaft oder eingetragene Genossenschaft übertragen, sofern dies berufsrechtlich zulässig ist. Auch kann ein übetragender Rechtsträger auf eine Partnerschaftsgesellschaft verschmolzen werden, wenn alle Anteilsinhaber die Anforderungen des § 1 Abs. 1 und 2 PartGG erfüllen. Letzteres gilt auch für den Fall des Formwechsels in die Rechtsform der Partnerschaftsgesellschaft. Wird die Partnerschaftsgesellschaft in eine andere Rechtsform umgewandelt, so unterliegt dieser Formwechsel den berufsrechtlichen Einschränkungen des jeweiligen freien Berufes. Die Spaltung einer Partnerschaftsgesellschaft ist nach Maßgabe der §§ 124, 125 UmwG möglich.

94 In der Praxis werden oftmals bestehende Freiberufler GbR's in Partnerschaftsgesellschaften umgewandelt. Da die GbR kein umwandlungsfähiger Rechtsträger i. S. d. § 191 UmwG ist, wird dies Umwandlung ausserhalb der Bestimmungen des UmwG durch Beschluss der Gesellschafter oder entsprechende (formlose) Vereinbarung bewirkt. Alsdann ist die Gesellschaft zur Eintragung in das Partnerschaftsregister anzumelden; eine Abwicklung der GbR findet nicht statt, da eine identitätswahrende Änderung der Rechtsform vorliegt.[68] Die Partnerschaftsgesellschaft entsteht auch in diesem Falle mit der Eintragung der Gesellschaft im Partnerschaftsregister. In der notariellen Praxis ist bedeutsam, dass etwaige Eintragungen im Grundbuch lediglich berichtigt werden müssen; Übertragungsakte, insbesondere Auflassungen, sind nicht erforderlich.[69]

95 Umgekehrt kann natürlich auch eine eingetragene Partnerschaftsgesellschaft durch Änderung ihres Gesellschaftsvertrages ausserhalb der Bestimmungen des UmwG in eine GbR umgewandelt werden. Die Gesellschafter haben alsdann die Löschung der Gesellschaft zum Register anzumelden. Die jeweilige Eintragung hat in diesen Fällen konstitutiven Charakter.

IX. Die Beendigung der Partnerschaftsgesellschaft

96 Die Beendigung der Partnerschaft kann auf vielfältige Weise bedingt sein. So endet die Partnerschaft durch Zeitablauf, wenn diese befristet vereinbart war oder dann, wenn über ihr Vermögen das Insolvenzverfahren eröffnet wird. Wird in der Partnerschaft nach erfolgter Eintragung eine Tätigkeit ausgeübt, die nicht mehr die Voraussetzungen des § 1 PartGG erfüllt, so wird die Gesellschaft zur oHG. Dabei spielt es keine Rolle, ob dies willentlich erfolgt oder wie die Tätigkeit bezeichnet wird.[70] Der Registereintrag wird falsch und ist zu be-

[65] OLG München NJW 2005, 3730 m. w. N.
[66] Vgl. hierzu eingehend Widman/Mayer/*Vossius* UmwG § 225 a Rdnr. 6 ff.
[67] BGBl. I, S. 1878.
[68] *Henssler* PartGG § 1 Rdnr. 33.
[69] Grunderwerbssteuer fällt mangels Übertragungsvorgang in diesen Fällen nicht an.
[70] Vgl. BGHZ 10, 91, 95 ff.

richtigen. Scheidet bei der aus zwei Personen bestehenden Partnerschaftsgesellschaft der vorletzte Partner aus der Gesellschaft aus, so geht das Vermögen der Partnerschaft ohne weiteres im Wege der Gesamtrechtsnachfolge auf den letzten Partner über; die Gesellschaft erlischt.[71]

Im Falle der Liquidation der Partnerschaft gelten nach § 10 Abs. 1 PartGG die Regelungen zur oHG (§§ 145–158 HGB) entsprechend, soweit diese dem Charakter der Partnerschafsgesellschaft entsprechen. So bedarf es einer Eröffnungsbilanz auch bei Beginn der Liquidation nicht, lediglich die nach § 155 HGB zu fertigende Liquidationschlussbilanz ist vorzulegen. Da nach § 10 PartGG i. V. m. § 146 Abs. 1 HGB grundsätzlich sämtliche Partner zu Liquidatoren berufen sind und § 150 HGB alsdann Gesamtvertretungsbefugnis mehrerer Liquidatoren vorsieht, empfiehlt es sich u. U. im Gesellschaftsvertrag vorzusehen, dass nur bestimmte, z. B. geschäftsführungsbefugte Partner zu Liquidatoren bestimmt sind und deren Vertretungsbefugnis konkret zu regeln. Dies kann ohne eine solche Regelung nur durch ad hoc gefassten Gesellschafterbeschluss herbeigeführt werden. Entgegen dem bei der werbenden Gesellschaft bestehenden Grundsatz der Selbstorganschaft, kann zum Liquidator auch ein gesellschaftsfremder Dritter bestellt werden; dieser muss jedoch zum Kreis der Angehörigen der in der Partnerschaft ausgeübten freien Berufe gehören. Zu beachten ist, dass die Liquidatoren und deren Vertretungsbefugnis aufgrund allgemeiner und konkreter Vertretungsregelung nach § 10 PartGG i. V. m. § 148 HGB durch sämtliche Gesellschafter anzumelden sind. Zwar ist die Eintragung nicht konstitutiv, doch kann das Partnerschaftsregister die entsprechende Anmeldung erzwingen und notfalls sogar selbst Liquidatoren bestimmen. Der bestellte Liquidator kann jederzeit durch einstimmigen Beschluss der Gesellschafter abberufen werden.[72] 97

Zu beachten ist, dass die Liquidatoren gemäß § 10 PartGG i. V. m. § 152 HGB dem Namen der Gesellschaft einen auf die Abwicklung hinweisenden **Zusatz, wie etwa i. L.** beizufügen haben. 98

Mit der Beendigung der Liquidation erlischt die Partnerschaftsgesellschaft und damit ihr Name. Dies ist dem Partnerschaftsregister durch sämtliche Liquidatoren oder alle Partner anzumelden, § 10 PartGG i. V. m. § 157 Abs. 1 HGB. Aufgrund der lediglich deklaratorischen Wirkung der Eintragung des Erlöschens des Namens der Partnerschaft kann die Liquidation in dem Falle, dass das Vorhandensein von Vermögen nach erfolgter Löschung festgestellt wird, fortgesetzt werden. Die erfolgte Eintragung des Erlöschens wird zu diesem Zwecke ihrerseits gelöscht. 99

Die Bestimmungen zur Nachhaftung (§§ 159, 160 HGB) sehen eine Verjahrung der Ansprüche aus Verbindlichkeiten der Partnerschaft gegen die Gesellschafter innerhalb von fünf Jahren nach deren Auflösung (bzw. nach dem Ausscheiden des Partners) vor. 100

Praxistipp:

Da die Nachhaftungsfrist nach § 10 Abs. 2 PartGG, §§ 159f. HGB erst mit der Registereintragung zu laufen beginnt, ist den Beteiligten die zeitnahe Anmeldung der Auflösung der Gesellschaft bzw. des Ausscheidens eines Gesellschafters dringend zu empfehlen. 101

Anstelle der Liquidation können die Partner im Falle der einvernehmlich beschlossenen Auflösung der Gesellschaft gemäß § 10 PartGG i. V. m. § 145 Abs. 1 HGB auch eine andere Art der Auseinandersetzung vereinbaren, etwa in Form einer Naturalteilung des Gesellschaftsvermögens, der Veräusserung des Unternehmens als ganzes oder der Übernahme des durch die Gesellschaft betriebenen Geschäfts durch einen Partner gegen Zahlung eines Kaufpreises an die übrigen Partner.[73] 102

[71] Vgl. KG DNotZ 2007, 954, 955 m. w. N.
[72] OLG Düsseldorf NJW-RR 1999, 37ff.
[73] BGH NZG 2009, 778.

7. Teil. Recht der Kapitalgesellschaften

§ 13 GmbH

Übersicht

Rdnr.

I. Gründung *(Terbrack)* 1–85
1. Errichtung der Gesellschaft 1–34
a) Beurkundung des Gesellschaftsvertrages 2
b) Stellvertretung bei der Gründung 3–5
c) Sprache des Gesellschaftsvertrages 6–8
d) Gründungsverfahren 9–27
e) Beschleunigung der Gründung 28–34
2. Kapitalaufbringung 35–60
a) Mindeststammkapital 37
b) Stückelung des Stammkapitals 38/39
c) Kapitalaufbringung 40–60
3. Gründer 61–64
4. Gründung mit Auslandsbezug 65–73
a) Auslandsbeurkundung 66–68
b) Ausländische Gesellschafter 69–73
5. Genehmigungen 74–77
6. Handelsregisteranmeldung 78–85

II. Erwerb von Vorrats- und Mantelgesellschaften *(v. Proff)* 86–112
1. Allgemeines 86
2. Vorratsgesellschaften 87–94
a) Offene und verdeckte Vorratsgründung 87
b) Gründungsaufwand 88
c) Aktivierung der Vorratsgesellschaft 89–94
3. Mantelgesellschaften 95–99
a) Begriff 95
b) Motivation 96
c) Wirtschaftliche Neugründung 97–99
4. Kritik der BGH-Rechtsprechung 100/101
5. Haftung 102–112
a) Verlustdeckungshaftung und Vorbelastungshaftung 102/103
b) Adressaten der Vorbelastungs-/Unterbilanzhaftung 104/105
c) Kein Erlöschen durch Einzahlungen der Gesellschafter in das Eigenkapital 106
d) Haftung gutgläubiger Erwerber 107
e) Altfälle 108
f) Haftung analog § 9 a GmbHG 109
g) Handelndenhaftung analog § 11 Abs. 2 GmbHG 110
h) Keine Haftung nach GbR- bzw. OHG-Grundsätzen (sog. unechte Vorgesellschaft) 111
i) Keine strafrechtliche Haftung nach § 82 GmbHG 112

III. Satzungsgestaltung *(Hauschild/Kallrath)* 113–408
1. Notar und Satzungsgestaltung 113–121
a) Typische Beratungssituation und Praxis des Notars bei der Satzungsgestaltung 113/114
b) Funktionen der notariellen Beurkundung der GmbH-Satzung 115/116
c) Standardisierung oder maßgeschneiderte Satzung? 117–121
2. Grundlagen der Satzungsgestaltung 122–129
a) Rechtsnatur der Satzung 122–124
b) Zwingender und fakultativer Inhalt der Satzung 125–127
c) Grenzen der Gestaltungsfreiheit 128/129
3. Satzungen im Standardportfolio des Notars 130
4. Technik der Satzungsgestaltung 131/132
a) Sprache der Satzung 131
b) Aufbau und Struktur der Satzung 132

Rdnr.
5. Technik bei der Beurkundung von Satzungen ... 133/134
6. Parameter für die individuelle Satzungsgestaltung ... 135–141
7. Zwingende Satzungsregelungen ... 142–176
a) Firma ... 142–149
b) Sitz ... 150–153
c) Unternehmensgegenstand ... 154–159
d) Stammkapital ... 160–165
e) Geschäftsanteile und Gesellschafter ... 166–176
8. Fakultative Regelungen ... 177–391
a) Geschäftsjahr, Dauer der Gesellschaft ... 177–180
b) Nebenleistungspflichten ... 181–184
c) Nachschusspflicht ... 185/186
d) Geschäftsführung und Vertretung ... 187–221
e) Gesellschafterversammlung ... 222–240
f) Gesellschafterbeschlüsse ... 241–256
g) Jahresabschluss ... 257–264
h) Ergebnisverwendung ... 265–278
i) Steuerklausel ... 279–283
j) Wettbewerbsverbote und Wettbewerbsklauseln ... 284–291
k) Teilung und Zusammenlegung von Geschäftsanteilen ... 292–300
l) Veräußerung von Geschäftsanteilen ... 301–318
m) Vererbung ... 319–327
n) Ausscheiden eines Gesellschafters ... 328–358
o) Sonderrechte und Vorzugsgeschäftsanteile ... 359–363
p) Informationsrecht der Gesellschafter ... 364–366
q) Aufsichtsrat/Beirat ... 367–375
r) Gründungsaufwand, Sondervorteile ... 376–378
s) Liquidation ... 379–382
t) Bekanntmachung ... 383/384
u) Salvatorische Klausel ... 385/386
v) Schiedsklausel und Gerichtsstand ... 387–391
9. Besondere Satzungsklauseln ... 392–407
a) Sonderrechte Dritter ... 392–395
b) Güterstandsklauseln ... 396–400
c) Konfliktlösungsmechanismen ... 401–407
10. Typische Schwachstellen von Fremdsatzungen ... 408

IV. Geschäftsführung und Vertretung *(Stucke)* ... 409–451
1. Organstellung ... 409/410
2. Bestellung zum Geschäftsführer ... 411–418
a) Zeitpunkt ... 411
b) Befugnis ... 412–415
c) Eignung/Dauer ... 416/417
d) Anmeldung der Bestellung eines Geschäftsführers zum Handelsregister ... 418
3. Vertretungsbefugnis ... 419–431
a) Satzungsregelungen zur Einzel-/Gesamtvertretung ... 420–425
b) Satzungsregelungen zu § 181 BGB ... 426–428
c) Praxishinweis ... 429
d) Formulierungsvorschläge ... 430/431
4. Geschäftsführungsbefugnis ... 432–438
a) Verhältnis zur Gesellschafterversammlung ... 432–436
b) Verhältnis mehrerer Gesellschafter untereinander ... 437/438
5. Beendigung des Geschäftsführeramtes ... 439–451
a) Abberufung ... 440–445
b) Erlöschen des Amtes ... 446/447
c) Amtsniederlegung ... 448–450
d) Anmeldung des Ausscheidens eines Geschäftsführers zum Handelsregister ... 451

V. Finanzierung und Kapitalmaßnahmen *(Leitzen)* ... 452–581
1. Überblick zu Finanzierungsreformen ... 452–462
a) Erhöhung des Eigenkapitals ... 453/454
b) Zuführung von Fremdkapital ... 455
c) Mischformen ... 456–460

	Rdnr.
d) Finanzierung im Konzern	461
e) Bedeutung der verschiedenen Finanzierungsarten in der notariellen Praxis und Tätigkeiten des Notars	462
2. Allgemeines zu Kapitalerhöhung und Kapitalherabsetzung	463–489
a) Satzungsänderung	463
b) Aufhebung und Änderung von Beschlüssen über Kapitalmaßnahmen	464/465
c) UG (haftungsbeschränkt), GmbH/UG (haftungsbeschränkt) nach Musterprotokoll	466
d) Kapitalmaßnahmen in der Vorgesellschaft, Liquidationsgesellschaft und in der Insolvenz	467–470
e) Kapitaländerungsbeschluss	471–482
f) Handelsregistereintragung (§ 54 Abs. 3 GmbHG) und Gesellschafterliste	483/484
g) Verpflichtung zu Kapitalmaßnahmen	485
h) Staatliche Genehmigungen	486/487
i) Notarielle Mitteilungspflichten	488
j) Andere notarielle Dienstpflichten im Zusammenhang mit Kapitaländerungen	489
3. Die Kapitalerhöhung gegen Bareinlagen	490–521
a) Kapitalerhöhungsbeschluss	490–494
b) Zulassungsbeschluss	495
c) Ausschluss oder Einschränkung des Bezugsrechts der Gesellschafter	496/497
d) Satzungsänderung	498
e) Übernahmeerklärung	499–501
f) Einlageleistung	502–508
g) Handelsregisteranmeldung und -eintragung	509–516
h) Fehlerhafte Kapitalerhöhung	517–521
4. Die Sachkapitalerhöhung	522–537
a) Kapitalerhöhungsbeschluss	523–525
b) Sacheinlagefähigkeit	526–529
c) Bewertung der Sacheinlage	530–532
d) Mischeinlage und gemischte Sacheinlage	533
e) Übernahmeerklärung	534
f) Erbringung der Sacheinlage	535
g) Handelsregisteranmeldung	536
h) Heilung einer verdeckten Sacheinlage	537
5. Die Kapitalerhöhung aus Gesellschaftsmitteln	538–544
a) Überblick	538
b) Kapitalerhöhungsbeschluss	539–541
c) Anforderungen an Bilanz	542
d) Durchführung der Kapitalerhöhung	543
e) Registervollzug	544
6. Genehmigtes Kapital	545–555
a) Überblick	545
b) Inhalt der Ermächtigung	546–552
c) Ausnutzung der Ermächtigung	553–555
7. Reguläre Kapitalherabsetzung	556–569
a) Überblick	556
b) Der Kapitalherabsetzungsbeschluss	557–562
c) Bekanntmachung der Kapitalherabsetzung	563–565
d) Sperrjahr	566
e) Registervollzug	567
f) Ausführungsmaßnahmen	569
8. Vereinfachte Kapitalherabsetzung	570–581
a) Überblick	570
b) Tatbestandsvoraussetzungen	571/572
c) Beschlussinhalt	573
d) Berücksichtigung der Kapitalherabsetzung im Jahresabschluss (§ 58 e)	574
e) Registervollzug	575
f) Rechtsfolgen	576
g) Kapitalschnitt	577–581
VI. Verfügungen über Gesellschaftsanteile *(Kallrath)*	582–673
1. Übertragung von Geschäftsanteilen	582–654
a) Vorbereitung der Beurkundung	582/583

Rdnr.
b) Gegenstand der Übertragung ... 584–589
c) Die Abtretung des Geschäftsanteils ... 590–617
d) Schuldrechtliche Vereinbarungen ... 618–632
e) Erwerb eigener Anteile ... 633–635
f) Formerfordernis des § 15 GmbHG ... 636–650
g) Abwicklung der Geschäftsanteilsübertragung ... 651–654
2. Die Belastung von Geschäftsanteilen mit Pfandrecht oder Nießbrauch ... 655–673
a) Verpfändung von Geschäftsanteilen ... 655–669
b) Nießbrauch ... 670–673

VII. Die Liste der Gesellschafter *(Leitzen)* ... 674–715
1. Materiell-rechtliche Bedeutung der Liste ... 674–680
a) Liste nur Inhalt des Handelsregisters i. w. S. ... 674
b) Rechtsfolgen der Listenaufnahme und -eintragung ... 675–679
c) Übergangsrecht ... 680
2. Erste Liste und Inhalt der Gesellschafterliste ... 681–688
a) Gründung ... 681
b) Allgemeines ... 682
c) Wohnort und Sitz ... 683
d) Identifizierung der Gesellschafter ... 684
e) Nummerierung ... 685–687
f) Verfügungsbeschränkungen ... 688
3. Einreichungspflichtige Veränderungen ... 689–692
a) Nachträgliche Veränderungen ... 689
b) Mehrzahl von Veränderungen ... 690
c) Wechselwirkung § 40–§ 16 GmbHG ... 691
d) Korrektur von Listen ... 692
4. Mitwirkung des Notars: Abgrenzung zu Absatz 1 ... 693–699
a) Handhabung in der Praxis ... 693/694
b) Unmittelbare und mittelbare Mitwirkung ... 695/696
c) Auslandsbeurkungung ... 697
d) Kompetenzkonflikte innerhalb von Absatz 2 ... 698
e) Führungslosigkeit der GmbH ... 699
5. Mitwirkung des Notars: Voraussetzungen der Einreichung ... 700–704
a) Wirksamwerden der Veränderung ... 700
b) Registerbedingungen ... 701
c) Der Umgang mit fehlerhaften Listen ... 702–704
6. Einreichung von Liste und Notarbescheinigung ... 705–713
a) Allgemeines ... 705
b) Form der Einreichung ... 706
c) Die Bescheinigung nach § 40 Abs. 2 S. 2 GmbHG ... 707–710
d) Prüfung beim Registergericht ... 711–713
7. Zuordnung eines Widerspruchs (§ 16 Abs. 3 S. 3, 4) ... 714/715
a) Eintragung ... 714
b) Löschung ... 715

VIII. Liquidation, §§ 66 ff. GmbHG *(Gores)* ... 716–818
1. Die Übernahme des Mandats ... 716–725
a) Ausgangslage und Gestaltungsziele ... 716–722
b) Notarielles Aufgabenspektrum im Rahmen der Liquidation ... 723–725
2. Die Auflösung der GmbH ... 726–770
a) Auflösungsgründe ... 729
b) Fälle der Zwangsauflösung ... 730
c) Freiwillige Auflösung ... 731–737
d) Die Auflösung der GmbH durch Gesellschafterbeschluss, § 60 Abs. 1 Nr. 2 GmbHG ... 738–743
e) Bestellung der Liquidatoren, Vertretungsmacht ... 744–755
f) Anmeldung der Auflösung und der Liquidatoren zum Handelsregister 756–764
g) Bekanntmachung der Auflösung ... 765–768
h) Fortsetzung der Gesellschaft ... 769/770
3. Die einzelnen Schritte des Liquidationsverfahrens ... 771–805
a) Beendigung der laufenden Geschäfte ... 772–779
b) Erfüllung der Verpflichtungen der Gesellschaft ... 780–786
c) Versilberung des Gesellschaftsvermögens ... 787–790
d) Vermögensverteilung ... 791–795

Rdnr.
e) Sperrjahr und Fälligkeit des Ausschüttungsanspruchs 796–800
f) Haftung bei Verstoß gegen die Leistungssperre 801–805
4. Beendigung der Liquidation, Erlöschen der Gesellschaft 806–811
a) Beendigung 806
b) Schlussrechnung 807
c) Anmeldung des Erlöschens der Gesellschaft 808
d) Aufbewahrung der Bücher und Schriften 809
e) Nachtragsliquidation 810/811
5. Notarkosten im Zusammenhang mit der Liquidation 812–818
a) Auflösungsbeschluss 813–816
b) Handelsregisteranmeldung der Auflösung 817
c) Handelsregisteranmeldung der Beendigung der Liquidation 818
IX. Unternehmergesellschaft (haftungsbeschränkt) *(Stucke)* 819–860
1. Einführung 819
2. Gründung 820–832
a) Firma 820
b) Stammkapital 821–823
c) Gründungsaufwand 824/825
d) Belehrungen 826–829
e) Kosten 830–832
3. Kapitalaufholung und „Kapitalerhöhung" zur GmbH 833–845
a) Gesetzliche Rücklage 833/834
b) Kapitalerhöhung zur GmbH 835–840
c) Keine Kapitalherabsetzung zur Unternehmergesellschaft 841
d) Komplementärfähigkeit der Unternehmergesellschaft? 842–844
e) Gewinnabführungsvertrag mit Unternehmergesellschaft 845
4. Umwandlung 846–860
a) Verschmelzung 849–854
b) Spaltung 855/856
c) Formwechsel 857/858
d) „Umwandlung" durch Austrittsmodell 859/860

I. Gründung

1. Errichtung der Gesellschaft

Eine GmbH kann durch eine oder mehrere natürliche oder juristische Personen zu jedem gesetzlich zulässigen Zweck gegründet werden (§ 1 GmbHG). Schließen sich mehrere Beteiligte zum Zwecke der Gründung einer GmbH zusammen, entsteht eine sogenannte **Vorgründungsgesellschaft.** Diese ist regelmäßig eine **Gesellschaft bürgerlichen Rechts** (GbR) oder – bei Betrieb eines Handelsgewerbes – eine **offene Handelsgesellschaft** (OHG).[1] Mit der notwendigen **notariellen Beurkundung** des Gründungsprotokolls (§ 2 Abs. 1 Satz 1 GmbHG) entsteht zunächst die sogenannte **Vor-GmbH,** die uneingeschränkt rechts- und insolvenzfähig ist. Nach Eintragung im Handelsregister entsteht die **GmbH** schließlich als juristische Person (§ 11 Abs. 1 GmbHG). 1

In der Praxis vollzieht sich der **Gründungsablauf** einer GmbH in folgenden Schritten:

Formulierungsvorschlag:

- Der **Gesellschaftsvertrag** wird von den Gründern in **notariell beurkundeter Form** festgestellt (§ 2 GmbHG).
- Regelmäßig zeitgleich erfolgt die Bestellung des oder der Geschäftsführer (§ 6 GmbHG) sowie die **notarielle Beglaubigung** der **Handelsregisteranmeldung.**
- Nach der Feststellung des Gesellschaftsvertrages in notarieller Form werden die erforderlichen **Leistungen auf die Stammeinlagen** vorgenommen (§ 7 Abs. 2 GmbHG). Hierüber ist dem Notar ein entsprechender Nachweis zu erbringen.

[1] Süß/Wachter/*Terbrack* Teil: Deutschland Rdnr. 7.

- Der **Notar** übersendet in **elektronischer Form** die **Handelsregisteranmeldung** nebst **Anlagen** zum Handelsregister ein. Nach **Prüfung** der eingereichten Unterlagen durch das Gericht (§ 9c GmbHG) trägt dieses die Gesellschaft in das Handelsregister ein. Mit der Eintragung der Gesellschaft entsteht diese als **juristische Person** (§ 11 Abs. 1 GmbHG).
- Mit Eintragung nimmt das Handelsregister die notwendigen **Veröffentlichungen** vor, die allein deklaratorischen Charakter haben (§§ 10, 11 HGB).

2 a) **Beurkundung des Gesellschaftsvertrages.** In jedem Fall der Gründung einer GmbH oder Unternehmergesellschaft ist der Gesellschaftsvertrag in **notariell beurkundeter** Form festzustellen (§ 2 GmbHG). Abweichende vorherige Überlegungen sind im Gesetzgebungsverfahren zum MoMiG aufgegeben worden. Wird die Form der notariellen Beurkundung nicht eingehalten, ist der Gründungsakt **nichtig.**[2] Zur Beurkundung ist jeder **deutsche Notar** zuständig (§ 20 BNotO).[3] Die entsprechende Urkunde ist dazu den Erschienenen in Gegenwart des Notars zu verlesen, von ihnen zu genehmigen und von ihnen und dem Notar zu unterzeichnen (§§ 8 ff. BeurkG).[4] In der Praxis wird dazu regelmäßig der notariellen Gründungsurkunde, d. h. der Einigung der Gründer über die Errichtung der Gesellschaft, der Gesellschaftsvertrag – auch Satzung genannt – als Anlage beigefügt und mit beurkundet.[5]

3 b) **Stellvertretung bei der Gründung.** Die Gründer können sich bei der notariellen Errichtung der Gesellschaft vertreten lassen. Dazu bedarf es der Vorlage einer entsprechenden Vollmacht. Diese Vollmacht kann entweder speziell auf die Gründung einer Gesellschaft gerichtet sein, sie kann aber auch eine allgemeine Generalvollmacht sein.

4 Die Vollmacht muss zwingend mindestens **notariell beglaubigt** sein (§ 2 Absatz 2 GmbHG, § 129 BGB, § 40 BeurkG). Diese Beglaubigung kann auch durch einen ausländischen Notar vorgenommen werden. Bei Staaten, mit denen Deutschland ein entsprechendes Abkommen unterhält (dies sind zur Zeit allein Belgien, Dänemark, Frankreich, Italien und Österreich) muss diese ausländische Notarurkunde ohne weitere Echtheitsnachweise von den deutschen Registergerichten akzeptiert werden.[6] Bei den Vertragsstaaten des Haager Übereinkommens vom 5. 10. 1961 ist dem notariellen Beglaubigungsvermerk eine von der zuständigen ausländischen Behörde ausgestellte **Apostille** beizufügen. Ansonsten ist eine sogenannte **Legalisation** des Beglaubigungsvermerks durch die deutsche Botschaft in dem betreffenden Staat notwendig.[7] Ist der Gründer eine **juristische Person**, sind dem deutschen Registergericht gegenüber Existenznachweise für diese Gründungsgesellschaft sowie Vertretungsnachweise für die handelnden Personen in öffentlicher Form gemäß den vorstehenden Grundsätzen vorzulegen.

5 Neben einer Vertretung aufgrund Vollmacht kommt auch eine **vollmachtlose Vertretung** mit nachträglicher Genehmigung in Betracht, wenn die Gesellschaft durch mehr als eine Person gegründet wird. Wird die Gesellschaft **allein durch eine Person** gegründet, so scheidet die Möglichkeit der vollmachtlosen Vertretung mit anschließender Genehmigung aus (vgl. § 180 Abs. 1 Satz 1 BGB);[8] in derartigen Fällen ist zwingend eine Gründungsvollmacht zu erteilen. In den Fällen, in denen bei der Gründung durch mindestens zwei Gesellschafter eine vollmachtlose Vertretung vorgelegen hat, bedarf die **Genehmigungserklärung** des vollmachtlos Vertretenen mindestens der **notariellen Beglaubigung**; hier gelten die vorstehend für die Vollmacht ausgeführten Grundsätze entsprechend.

[2] Erfolgt gleichwohl eine Eintragung der Gesellschaft in das Handelsregister, gilt der Formmangel als geheilt, vgl. BGHZ 21, 378, 381.

[3] Zu der Frage, ob eine derartige notarielle Beurkundung auch im Ausland vorgenommen werden kann vgl. Rdnr. 66 ff.

[4] Zur Stellvertretung bei der Beurkundung vgl. Rdnr. 3.

[5] Süß/Wachter/*Terbrack* Teil Deutschland Rdnr. 50.

[6] Süß/Wachter/*Terbrack* Teil Deutschland Rdnr. 53.

[7] Süß/Wachter/*Terbrack* Teil Deutschland Rdnr. 53.

[8] Eine Heilung nach § 180 Satz 2 BGB scheidet aus, da diese Vorschrift nur auf empfangsbedürftige Willenserklärungen anzuwenden ist und es sich bei der Gründung einer Ein-Personen-Gesellschaft um keine derartige Willenserklärung handelt, vgl. Süß/Wachter/*Terbrack* Teil Deutschland Rdnr. 54.

c) **Sprache des Gesellschaftsvertrages.** Grundsätzlich wird der Gesellschaftsvertrag in deutscher Sprache errichtet. Zwingend ist dies jedoch nicht. Ist der beurkundende deutsche Notar der fremden Sprache, in welcher der Gesellschaftsvertrag abgefasst wird, hinreichend kundig, so kann er die Beurkundung auch in dieser fremden Sprache vornehmen (§ 5 Abs. 2 BeurkG); eine Verpflichtung des Notars hierzu besteht allerdings nicht (§ 15 Abs. 2 BNotO).[9] 6

Sofern der Gesellschaftsvertrag nicht in deutscher Sprache beurkundet wird, ist dem Handelsregister zusätzlich eine deutsche Übersetzung einzureichen.[10] Sofern der deutsche Notar der fremden Sprache hinreichend kundig ist, kann er selbst die Übersetzung in deutsche Sprache anfertigen (§ 50 BeurkG). Er kann bei entsprechenden Sprachkenntnissen auch die Beurkundung **zweisprachig** vornehmen. So kann er etwa den Text der Urkunde in deutscher und fremder Sprache in zwei Spalten nebeneinander setzen und beurkunden, d.h. beide Spalten verlesen. Zur Vermeidung von **Auslegungsschwierigkeiten** und Ungenauigkeiten bei der Übersetzung sollte in derartigen Fällen in der Niederschrift festgelegt werden, welche Spracheversion des Gesellschaftsvertrages maßgeblich sein soll.[11] 7

Sofern die Beurkundung weder zweisprachig vorgenommen wird, noch der Notar selber die Übersetzung fertigt, ist die Übersetzung durch einen **Dolmetscher** anzufertigen. Dieser Dolmetscher muss nicht zwingend öffentlich vereidigt sein. 8

d) **Gründungsverfahren.** Bei der Gründung einer GmbH oder einer Unternehmergesellschaft, die nur eine Unterart der GmbH darstellt (vgl. Rdnr. 819), ist zwischen zwei unterschiedlichen Gründungsverfahren zu unterscheiden: Zum einen zwischen dem **klassischen Gründungverfahren** § 2 Abs. 1 GmbHG und zum andere zwischen dem **vereinfachten Gründungverfahren** nach § 2 Abs. 1 lit. a) GmbHG. 9

In beiden Fällen bedarf das Gründungsverfahren der **notariellen Beurkundung** (§ 2 Abs. 1 Satz 1 GmbHG). Die **Unterscheidung** zwischen dem klassischen und dem vereinfachten Gründungsverfahren erfolgt anhand der **Art der Satzung**: Bei dem klassischen Gründungsverfahren wird eine **individuelle Satzung** verwandt, bei dem vereinfachten Verfahren hingegen die vom Gesetzgeber im **Musterprotokoll** vorgegebene **Satzung**. 10

aa) Die klassische Gründung nach § 2 Abs. 1 GmbHG. Bei der klassischen Gründung nach § 2 Abs. 1 GmbHG ist der Gesellschaftsvertrag festzustellen. Praktisch geschieht dies regelmäßig durch eine sogenannte **Mantelurkunde**, in welcher die Daten der Gründer, deren Wille zur Errichtung einer GmbH, die Eckdaten der neuen Gesellschaft (Firma, Sitz, Gegenstand), die Angaben zu den Leistungen auf die Geschäftsanteile sowie die Bestellung des bzw. der ersten Geschäftsführer enthalten sind. Dieser Mantelurkunde wird die erste **Satzung** der Gesellschaft als Anlage beigefügt. 11

Die **Satzung** muss **zwingend** folgende **Mindestangaben** enthalten (vgl. § 3 Abs. 1 GmbHG):

Firma: Sie ist der Name, unter dem die Gesellschaft als Kaufmann ihr Geschäft betriebt (§ 17 HGB). 12

Die Firma muss bei einer **GmbH** die Bezeichnung „**Gesellschaft mit beschränkter Haftung**" oder eine entsprechende, allgemein verständliche Abkürzung dessen, wie z.B. „**GmbH**", „**Gesellschaft mbH**" oder – wie in Österreich üblich – „**Ges.m.b.H.**", enthalten (§ 4 GmbHG).

Die Firma bei einer **Unternehmergesellschaft** muss den rechtsformzusatz „**UG (haftungsbeschränkt)**" oder „**Unternehmergesellschaft (haftungsbeschränkt)**" enthalten (§ 5a Abs. 1 GmbHG). Abkürzungen wie „UGmbH", „UG" o.ä. sind unzulässig (dazu auch Rdnr. 820).

Darüber hinaus gilt grundsätzlich das Recht der **freien Firmenbildung**, sofern die allgemeinen handelsrechtlichen Grundsätze (vgl. §§ 17–37a HGB) beachtet werden, insbesondere das Gebot der **Firmenwahrheit** und **Firmenklarheit** (§ 18 HGB) sowie der **Firmenausschließlichkeit** (§ 30 HGB). Zur Vermeidung von Nachbesserungen der Gründungsurkunde sollte vor Beurkundung der Firmengründung stets eine Klärung der Zulässigkeit der avisier-

[9] Süß/Wachter/*Terbrack* Teil Deutschland Rdnr. 46.
[10] Gemäß § 184 GVG ist die Gerichtssprache deutsch.
[11] Süß/Wachter/*Terbrack* Teil Deutschland Rdnr. 48.

ten Firma über die zuständige Industrie- und Handelskammer vorgenommen werden. In gesellschaftsrechtlich ausgerichteten Notariaten ist dies eine der Standardaufgaben, die der zuständige Sachbearbeiter vor Beurkundung zu erledigen hat.

13 **Sitz:** Der satzungsgemäß anzugebende Sitz der Gesellschaft kann von den Gründern frei im Inland festgelegt werden, ohne dass es weitere Voraussetzungen gibt (vgl. § 4a GmbHG). Der Satzungssitz muss somit nicht mit dem Ort identisch sein, an dem die Gesellschaft einen Betrieb, ihre Geschäftsleitung oder ihre Verwaltung hat. Anders als der satzungsgemäß zu bestimmende Sitz der Gesellschaft kann der Ort, an dem die Geschäftsleitung der Gesellschaft ansässig ist (sog. Verwaltungssitz) auch im Ausland belegen sein.[12]

14 **Gegenstand:** Er ist die Umschreibung des Tätigkeitsbereichs, der von der Gesellschaft ausgeübt wird. Die Beschreibung des Unternehmensgegenstandes soll zum Einen dem Registergericht eventuell notwendige Genehmigungserfordernisse aufzeigen sowie zum Anderen der Geschäftsführung im Innenverhältnis die Grenzen und den Umfang ihrer Geschäftsführungsbefugnis aufzeigen[13] Daher ist von weiten Fassung des Unternehmensgegenstandes abzuraten; vielmehr sollte der Schwerpunkt der beabsichtigten Tätigkeit so präzise wie möglich formuliert werden.[14] Auch hier empfiehlt sich dringend eine vorherige Abklärung der Zulässigkeit des avisierten Gegenstandes durch Anfrage bei der Industrie- und Handelskammer sowie gegebenenfalls sonstiger Berufskammern, etwa der Handwerkskammer.

15 **Stammkapital:** Die Höhe des Stammkapitals der Gesellschaft muss mit einem festen Betrag in der Satzung angegeben werden, und zwar in Euro. Bei der GmbH beträgt das gesetzlich vorgeschriebene Mindestkapital € 25.000,– (§ 5 Abs. 1 GmbH). Bei der Unternehmergesellschaft (haftungsbeschränkt) beträgt der Mindestbetrag des Stammkapitals € 1,– und der Höchstbetrag € 24.999,– (vgl. § 5a Abs. 1 GmbHG).

16 **Geschäftsanteile:** Der Begriff des Geschäftsanteils umschreibt den Anteil am Stammkapital sowie die sich aus der Gesellschafterstellung ergebenden Rechten und Pflichten. Die **Anzahl** sowie die **Höhe** der Nennbeträge der Geschäftsanteile können frei bestimmt werden, sofern sie auf **volle Euro** lauten.

17 Die Höhe der Nennbeträge der einzelnen Geschäftsanteile kann unterschiedlich bestimmt werden, jeder Gesellschafter kann bei Errichtung mehrere Geschäftsanteile übernehmen. Die Summe der Nennbeträge aller Geschäftsanteile muss jedoch zwingend mit der Summe des Stammkapitals übereinstimmen (vgl. zum Ganzen § 5 GmbHG). Sollen Sacheinlagen geleistet werden, müssen der Gegenstand der Sacheinlage und der Nennbetrag des Geschäftsanteils, auf den sich die Sacheinlage bezieht, im Gesellschaftsvertrag festgesetzt werden (§ 5 Abs. 4 GmbHG). Die Geschäftsanteile müssen in der Gesellschafterliste nummeriert werden, nicht aber zwingend auch in der Satzung. Gleichwohl empfiehlt sich dringend, die Nummerierung schon der Satzung festzulegen.[15]

18 Neben der Feststellung der Satzung muss die **Bestellung** des bzw. der ersten **Geschäftsführer** erfolgen. Regelmäßig ist sie Teil der Mantelurkunde, mit welcher der Gesellschaft notariell gegründet wird (vgl. vorstehend Rdnr. 11). Sie kann aber auch in einem gesonderten privatschriftlichen Dokument vorgenommen werden.

19 *bb) Die vereinfachte Gründung nach § 2 Abs. 1 lit. a) GmbHG.* Bei der vereinfachten Gründung verwendet der **Notar** das gesetzlich vorgegebene **Musterprotokoll**, welches dem GmbHG mit Einführung des MoMiG als Anlage beigefügt wurde Dieses enthält neben den notwendigen **Satzungsangaben** auch die **Gesellschafterliste** sowie die **Geschäftsführerbestellung**. Damit reduziert sich die Anzahl der zur Gründung notwendigen Dokumente auf zwei: Das gesetzliche Musterprotokoll sowie die Handelsregisteranmeldung; letztere ist weiterhin vom Notar „individuell" zu fertigen, der Gesetzgeber hat hierfür kein Muster zur Verfügung gestellt.

Mit dem Musterprotokoll kann sowohl eine **GmbH** als auch eine **Unternehmergesellschaft** (haftungsbeschränkt) gegründet werden.

---

[12] BT-Drucks 16/9737, S. 94; *Heckschen/Heiliger* § 4 Rdnr. 77.

[13] *Heckschen/Heiliger* § 4 Rdnr. 55.

[14] Süß/Wachter/*Terbrack* Teil Deutschland Rdnr. 40.

[15] *Heckschen/Heiliger* § 4 Rdnr. 87.

Sinn und Zweck der vereinfachten Gründung ist die der **Kostenersparnis.** Die vereinfachte Gründung wird durch § 41 d KostO kostenrechtlich privilegiert. Die Kostenvorteile belaufen sich in der Regel jedoch auf wenige Euro. 20

Zu verstehen ist der **Sinn und Zweck** des gesetzlichen Musterprotokolls eigentlich nur vor dem Hintergrund der Genesis des MoMiG. Zu Beginn des Gesetzgebungsverfahrens wurde über eine Abschaffung der notariellen Beurkundung einer GmbH-Gründung nachgedacht. Um den Beteiligten dennoch eine gewisse Form der Rechtssicherheit zu bieten, wurde das gesetzliche Musterprotokoll zur Erleichterung der privatschriftlichen Gründung erdacht. Im Verlaufe des weiteren Gesetzgebungsverfahrens haben jedoch die überzeugenden Argumente für eine notarielle Beteiligung bei der Gründung Gehör gefunden. Auf das mühsam ersonnene Musterprotokoll wollte man aber offensichtlich nicht mehr verzichten und übernahm es – ohne echten Mehrwert für den Rechtsanwender – in das GmbH-Gesetz. Der Gesetzgeber wäre gut beraten, diesen überflüssigen Teil des Gesetzes bei nächster Gelegenheit ersatzlos zu streichen. 21

Der ebenfalls vom Gesetzgeber ursprünglich angedachte Vorteil der **Beschleunigung** des Gründungsverfahrens[16] ist in der Praxis ohne Belang. Es gibt keinen Erfahrungssatz, nach welchem Gesellschaften mit individuellen Satzungen später in das Handelsregister eingetragen werden als solche, die mittels Musterprotokoll gegründet wurden. Vielmehr ist in der Vergangenheit vereinzelt ein gegenteiliger Trend zu beobachten gewesen, da sich für den Registerrichter immer wieder die Frage stellt, ob das Musterprotokoll unzulässiger Weise geändert wurde.[17] 22

Praxistipp:

Die vereinfachte Gründung kann nur in ganz bestimmten Fällen angewandt werden, nämlich dann, wenn

- nicht mehr als 3 Personen gründen und
- die Gesellschaft nur einen Geschäftsführer hat und
- der Geschäftsführer keine vom Musterprotokoll abweichende Vertretungsbefugnis erhalten soll und
- es sich um eine Bargründung handelt.

Ist auch nur eine dieser Voraussetzungen nicht gegeben, kann das vereinfachte Verfahren zur Gründung nicht benutzt werden, sondern es muss auf die klassische Art und Weise (vgl. Rdnr. 11 ff.) vorgegangen werden. 23

Praxistipp:

- Wegen des nicht vorhandenen Inhalts des Musterprotokolls in Bezug auf die Rechtsbeziehungen der Gesellschafter untereinander sowie die Tatsache, dass nur ein Geschäftsführer bei Gründung benannt werden kann, ist diese Art der Gründung regelmäßig nur für den **Einzelgründer** von Interesse.
- Bei Benutzung des Musterprotokolls gilt mangels abweichender Angaben für die abstrakte Vertretungsbefugnis des bzw. der Geschäftsführer § 35 GmbHG. Dies bedeutet, dass bei einem späteren Hinzutritt eines oder mehrerer weiterer Geschäftsführer diese allesamt nur **gemeinschaftlich** zur Vertretung der Gesellschaft befugt sind. Diese aus dem Musterprotokoll folgende **zwingende** Gesamtvertretungsregelung kann nur durch eine **Satzungsänderung** aufgelöst werden.

[16] Vgl. dazu *Seibert/Decker* ZIP 2008, 1208, 1209; *Wälzholz* GmbHR 2008, 841, 843.

[17] Vgl. beispielsweise: OLG München GmbHR 2010, 40; OLG München GmbHR 2010, 312; OLG München Beschl. v. 28. 10. 2010 – 31 Wx 173/10; OLG München GmbHR 2010, 755; zum Ganzen auch *Schulte* GmbHR 2010, 1128.

24 Das Musterprotokoll für die **Einpersonengründung** lautet:

Muster[18]

UR. Nr. ......

Heute, den ......,

erschien vor mir, ...,
Notar/in mit dem Amtssitz in
......,

Herr/Frau[1)]
......
......
......[2)].

1. Der Erschienene errichtet hiermit nach § 2 Abs. 1a GmbHG eine Gesellschaft mit beschränkter Haftung unter der Firma ......
......
mit dem Sitz in ......
2. Gegenstand des Unternehmens ist ......
3. Das Stammkapital der Gesellschaft beträgt ...... EUR (i.W. ...... Euro) und wird vollständig von Herrn/Frau[1)] ...... (Geschäftsanteil Nr. 1) übernommen. Die Einlage ist in Geld zu erbringen, und zwar sofort in voller Höhe/zu 50 Prozent sofort, im Übrigen sobald die Gesellschafterversammlung ihre Einforderung beschließt[3)].
4. Zum Geschäftsführer der Gesellschaft wird Herr/Frau[4)] ......, geboren am ......, wohnhaft in ......, bestellt. Der Geschäftsführer ist von den Beschränkungen des § 181 des Bürgerlichen Gesetzbuchs befreit.
5. Die Gesellschaft trägt die mit der Gründung verbundenen Kosten bis zu einem Gesamtbetrag von 300 EUR, höchstens jedoch bis zum Betrag ihres Stammkapitals. Darüber hinausgehende Kosten trägt der Gesellschafter.
6. Von dieser Urkunde erhält eine Ausfertigung der Gesellschafter, beglaubigte Ablichtungen die Gesellschaft und das Registergericht (in elektronischer Form) sowie eine einfache Abschrift das Finanzamt – Körperschaftsteuerstelle –.
7. Der Erschienene wurde vom Notar/von der Notarin insbesondere auf Folgendes hingewiesen: ....

Hinweise:
[1)] Nicht Zutreffendes streichen. Bei juristischen Personen ist die Anrede Herr/Frau wegzulassen.
[2)] Hier sind neben der Bezeichnung des Gesellschafters und den Angaben zur notariellen Identitätsfeststellung ggf. der Güterstand und die Zustimmung des Ehegatten sowie die Angaben zu einer etwaigen Vertretung zu vermerken.
[3)] Nicht Zutreffendes streichen. Bei der Unternehmergesellschaft muss die zweite Alternative gestrichen werden.
[4)] Nicht Zutreffendes streichen.

......

[18] Anl. angef. mWv 1. 11. 2008 durch G v. 23. 10. 2008 (BGBl. I S. 2026).

Muster für die Mehrpersonengründung

UR. Nr. 25

Heute, den ......,

erschienen vor mir, ...,
Notar/in mit dem Amtssitz in
......,

Herr/Frau[1)]
......
......[2)],

Herr/Frau[1)]
......
......[2)],

Herr/Frau[1)]
......
......[2)].

1. Die Erschienenen errichten hiermit nach § 2 Abs. 1a GmbHG eine Gesellschaft mit beschränkter Haftung unter der Firma ......
   ......
   mit dem Sitz in ......
2. Gegenstand des Unternehmens ist ......
   Das Stammkapital der Gesellschaft beträgt ...... EUR (i.W. ...... Euro) und wird wie folgt übernommen:
   Herr/Frau[1)] ...... übernimmt einen Geschäftsanteil mit einem Nennbetrag in Höhe von ...... EUR (i.W. ...... Euro) (Geschäftsanteil Nr. 1),
   Herr/Frau[1)] ...... übernimmt einen Geschäftsanteil mit einem Nennbetrag in Höhe von ...... EUR (i.W. ...... Euro) (Geschäftsanteil Nr. 2),
   Herr/Frau[1)] ...... übernimmt einen Geschäftsanteil mit einem Nennbetrag in Höhe von ...... EUR (i.W. ...... Euro) (Geschäftsanteil Nr. 3).
3. Die Einlagen sind in Geld zu erbringen, und zwar sofort in voller Höhe/zu 50 Prozent sofort, im Übrigen sobald die Gesellschafterversammlung ihre Einforderung beschließt[3)].
4. Zum Geschäftsführer der Gesellschaft wird Herr/Frau[4)] ......, geboren am ......, wohnhaft in ......, bestellt. Der Geschäftsführer ist von den Beschränkungen des § 181 des Bürgerlichen Gesetzbuchs befreit.
5. Die Gesellschaft trägt die mit der Gründung verbundenen Kosten bis zu einem Gesamtbetrag von 300 EUR, höchstens jedoch bis zum Betrag ihres Stammkapitals. Darüber hinausgehende Kosten tragen die Gesellschafter im Verhältnis der Nennbeträge ihrer Geschäftsanteile.
6. Von dieser Urkunde erhält eine Ausfertigung jeder Gesellschafter, beglaubigte Ablichtungen die Gesellschaft und das Registergericht (in elektronischer Form) sowie eine einfache Abschrift das Finanzamt – Körperschaftsteuerstelle –.
7. Die Erschienenen wurden vom Notar/von der Notarin insbesondere auf Folgendes hingewiesen: ......

Hinweise:

[1)] Nicht Zutreffendes streichen. Bei juristischen Personen ist die Anrede Herr/Frau wegzulassen.

[2)] Hier sind neben der Bezeichnung des Gesellschafters und den Angaben zur notariellen Identitätsfeststellung ggf. der Güterstand und die Zustimmung des Ehegatten sowie die Angaben zu einer etwaigen Vertretung zu vermerken.

[3)] Nicht Zutreffendes streichen. Bei der Unternehmergesellschaft muss die zweite Alternative gestrichen werden.

[4)] Nicht Zutreffendes streichen.

Praxistipp:

Das Musterprotokoll ist von dem beurkundenden Notar in Bezug auf die folgenden Punkte zu ergänzen:

- Urkundenrollen-Nummer
- Datum der Beurkundung und Namensangabe des Notars
- Daten der Beteiligten
- Firma, Sitz (nicht: inländische Geschäftsanschrift, die allein in der Handelsregisteranmeldung anzugeben ist) und Gegenstand des Unternehmens
- Stammkapitalziffer und Geschäftsanteile
- Höhe der Leistung auf die Geschäftsanteile (100% Einzahlung oder nur 50% Einzahlung)
- Daten des einzigen Geschäftsführers

26 Das Musterprotokoll sieht explizit belehrende **Hinweise** des beurkundenden Notars vor. Hier sollte der Notar insbesondere auf die Voraussetzungen der Kapitalaufbringung, die Haftung während der Gründungsphase sowie die Pflicht zur Rücklagenbildung bei der Unternehmergesellschaft hinweisen.

Formulierungsvorschlag:

Der Notar wies darauf hin,

- dass die vor der Eintragung in das Handelsregister im Namen der Gesellschaft Handelnden nach Maßgabe von § 11 Abs. 2 GmbHG persönlich haften,
- dass die Gesellschafter für den Ausgleich eines bis zur Eintragung der Gesellschaft in das Handelsregister eventuell eintretenden Verlustes haften,
- dass zum Jahresabschluss nach § 5 a Absatz 3 GmbHG eine jährliche Rücklage zu bilden ist,
- dass bei Zahlungsunfähigkeit oder Überschuldung der Gesellschaft der Geschäftsführer (wenn kein Geschäftsführer vorhanden ist, der Gesellschafter) unverzüglich, spätestens innerhalb 3 Wochen, Insolvenzantrag stellen müssen und sich strafbar machen können, falls sie das nicht richtig oder nicht rechtzeitig tun.

27 **Sonstige Ergänzungen** und/oder **Änderungen** des Musterprotokolls sind **unzulässig** (§ 2 Abs. 1a Satz 3 GmbHG). Sie führen nach **überwiegender Auffassung** dazu, dass zum einen die gebührenrechtliche Privilegierung des § 41 d KostO entfällt und zum anderen eine separate Gesellschafterliste einzureichen ist;[19] die Eintragung durch das Registergericht ist aber gleichwohl vorzunehmen. Handelt es sich hingegen um völlig unbedeutende textliche Änderungen des Musterprotokolls ohne inhaltliche Relevanz, so ist dies ohne weiteres erlaubt.[20] Die übliche Aufnahme von **Durchführungsvollmachten** für den Notar oder seine Mitarbeiter dürfte beispielswiese keine unbedeutende Änderung sein.[21] Derartige Vollmachten können daher nicht in das Musterprotokoll aufgenommen werden.

Praxistipp:

In der Praxis sind Durchführungsvollmachten für die Angestellten des beurkundenden Notars insbesondere dann sinnvoll, wenn die von den Gründern avisierte Firmierung nicht vorab geklärt werden konnte. Hier bietet es sich an, eine solche Vollmacht der Vorsicht halber in die Handelsregisteranmeldung aufzunehmen.

[19] MünchKommGmbHG/*J. Mayer* § 2 Rdnr. 233; Lutter/Hommelhoff/*Bayer* GmbHG § 2 Rdnr. 55; Großkomm-GmbHG/*Löbbe* § 2 Rdnr. 32; *Tebben* RNotZ 2008, 441, 444; *Heckschen* DStR 2009, 166, 168.

[20] Zu solchen unschädlichen Veränderungen des Musterprotokolls verhält sich OLG München Beschl. v. 28. 10. 2010 – 31 Wx 173/10; zu schädlichen Änderungen vgl. OLG MünchenGmbHR 2010, 755.

[21] *Heckschen* MoMiG Rdnr. 332.

e) **Beschleunigung der Gründung.** Durch die Einführung der elektronischen Handelsregister sowie die elektronische Kommunikation zwischen Notariaten und Handelsregistern sind die Eintragungszeiten von notariell gegründeten GmbH verkürzt worden. Sie betragen regelmäßig nie mehr als 2 Wochen, vereinzelt werden die Gesellschaften schon nach einem oder zwei Werktagen nach Einreichung der Gründungsurkunde durch den Notar im Handelsregister eingetragen. Diese Erfahrungswerte beziehen sich auf neugegründete GmbH, bei denen die Leistungen auf die Geschäftsanteile in bar zu erbringen sind, sogenannte **Bargründung** (siehe dazu Rdnr. 40 ff.). 28

Bei der Vereinbarung einer **Sachgründung** (siehe dazu Rdnr. 53 ff.) entsteht bei dem zuständigen Handelsregister ein erhöhter Prüfungsaufwand (vgl. § 9c Abs. 1 S. 2 GmbHG). Daher sollten Gründer, den es auf eine schnelle Eintragung der Gesellschaft ankommt, soweit möglich stets den Weg der Bargründung wählen. Vorsicht ist allerdings geboten, wenn die Bargründung allein zu Beschleunigungszwecken nur auf dem Papier stattfindet, in Wahrheit aber eine Sachgründung gewollt ist (sogenannte **verdeckte Sacheinlage**). Die früher katastrophalen Rechtsfolgen für die Gründer[22] sind zwar durch das MoMiG gemindert worden, können aber gleichwohl den Gründer noch immer schmerzhaft treffen (vgl. dazu Rdnr. 50 f.). 29

Die meisten Verzögerungen beim gerichtlichen Eintragungsverfahren entstehen durch **Kostenvorschussanforderungen** der Gerichtskassen sowie die **Einholung von Stellungnahmen** der zuständigen Industrie- und Handelskammern bei **zweifelhaften Firmierungen.** 30

Zur Vermeidung der Einforderung eines **Kostenvorschusses** durch da zuständige Handelsregister kann der Notar sich bei der elektronischen Übersendung der Gründungsurkunden für die Einzahlung dieser Kosten stark sagen, also insoweit eine Art „Bürgschaftserklärung" für die Zahlung dieser Kosten abgeben. Der Notar wird dazu regelmäßig jedoch nur dann bereit sein, wenn die Zahlung dieser Kosten durch die Gründer sichergestellt ist, etwa weil er diese als zuverlässige Klienten kennt oder sie an den Notar wiederum einen Kostenvorschuss gezahlt haben. Die Praxis der Einforderung eines Kostenvorschusses ist bei den Registergerichten nicht einheitlich. Zu beobachten ist jedoch, dass regelmäßig bei Gründern, die ihren Wohn- bzw. Geschäftssitz im Ausland haben, Kostenvorschüsse eingefordert werden. In derartigen Fällen führt wegen des teilweise langen Post- und Überweisungsweges die Einforderung des Kostenvorschusses zu erheblichen Verzögerungen. In derartigen Sachverhalten sollte der beurkundende Notar vorab mit den Beteiligten über eine Kostenstarksagung sprechen. 31

Die Handelsregister können zu dem bei aus ihrer Sicht **zweifelhaften Firmierungen** (etwa dann, wenn sie eine Irreführung befürchten oder Verwechslungsgefahr besteht) die Stellungnahme der zuständigen Industrie- und Handelskammer einholen. Diesbezüglich sollte es zur Standardarbeitsanweisung in allen Notariaten gehören, bereits vor notarieller Gründung der Gesellschaft die Firmierung – zumindest fernmündlich – mit der zuständigen Industrie- und Handelskammer abzustimmen, spätestens nach Gründung durch Übersendung einer einfachen Kopie an die zuständige Industrie- und Handelskammer deren Stellungnahme einzuholen und diese mit den Gründungsdokumenten dem Handelsregister einzureichen. Dies erspart unnötige Rückfragen der Handelsregister. 32

Praxistipp:

- Zur Vermeidung von Kostenvorschussanforderungen sollte über eine **Kostenstarksagung** nachgedacht werden, insbesondere dann, wenn Gründer mit einem ausländischen Wohn- bzw. Geschäftssitz beteiligt sind.
- Zur Vermeidung unnötiger Rückfragen der Handelsregister in Bezug auf die Zulässigkeit der Firmierung sollte mit den Gründungsdokumenten die **Stellungnahme der zuständigen Industrie- und Handelskammer bezüglich der Firmierung** eingereicht werden.

[22] Die Verpflichtung zur Bareinlage blieb bestehen; das schuldrechtliche Umsatzgeschäft war gemäß § 27 Abs. 3 AktG nichtig, was nach der Rechtsprechung des BGH auch für das dingliche Rechtsgeschäft galt, vgl. Süß/Wachter/*Terbrack* Teil Deutschland Rdnr. 15.

33 Als Alternative zur Neugründung einer GmbH kann auch eine sogenannte **Vorratsgesellschaft** erworben werden. Hierbei handelt es sich um bereits existierende GmbH, die ausschließlich zum Zwecke der Weiterveräußerung gegründet wurden und bisher keine Geschäftstätigkeit entfaltet haben. Hierdurch wird das Gründungsverfahren, insbesondere unter zeitlichen und haftungsrechtlichen Gesichtspunkten, vermieden.[23]

34 Der Erwerb einer sogenannten **Mantelgesellschaft**, das heißt einer GmbH, die ursprünglich geschäftlich tätig war, zwischenzeitlich aber durch Einstellung aller Geschäftstätigkeiten inaktiv geworden ist, ist keine empfehlenswerte Alternative zur Neugründung, da die Prüfung der ordnungsgemäßen Kapitalaufbringung und -erhaltung für den Erwerber regelmäßig kaum möglich ist.[24]

2. Kapitalaufbringung

35 Eine **GmbH** kann mittels Bar- und Sacheinlage gegründet werden (§ 5 GmbHG). Voraussetzung für die Anmeldung der GmbH zum Handelsregister ist die Einzahlung von je ¼ des Nennbetrages bei Bareinlagen, wobei die insgesamt geleisteten Beträge mindestens € 12.500,– (dies entspricht der Hälfte des Mindeststammkapitals, vgl. § 5 Abs. 1 GmbHG) erreichen. **Sacheinlagen** müssen stets vollständig erbracht sein (§ 7 Abs. 3 GmbHG).

36 Eine **Unternehmergesellschaft** (haftungsbeschränkt) kann ausschließlich mittels **Bareinlage** gegründet werden. Eine Registeranmeldung der Gesellschaft kann erst nach **vollständiger** Einzahlung des Stammkapitals erfolgen (§ 5 a Abs. 2 GmbHG). Die Gründung einer Unternehmergesellschaft (haftungsbeschränkt) mittels **Sacheinlage** ist unzulässig (§ 5 Abs. 2 Satz 2 GmbHG).

37 a) **Mindeststammkapital.** Das Mindeststammkapital einer GmbH beträgt € 25.000,– (§ 5 Abs. 1 GmbHG). Hieran hat der Gesetzgeber trotz oder gerade wegen all der Veränderungen, die das MoMiG mit sich gebracht hat, festgehalten. Im Rahmen der Reform des GmbHG wurde lange Zeit darüber diskutiert, ob dieses Mindeststammkapital von € 25.000,– zu hoch sei und damit Gründungen behindere. Um hier Gründern, die in weniger kapitalintensiven Bereichen tätig sein wollen, Alternativen zur GmbH anzubieten, hat der Gesetzgeber sich zur Schaffung der Unternehmergesellschaft (haftungsbeschränkt) entschieden. Bei dieser beträgt das Mindeststammkapital lediglich € 1,– und höchstens € 24.999,–.

Praxistipp:

Trotz der für junge Gründer verlockenden Möglichkeit zur Festlegung von lediglich € 1,– Stammkapital sollte darauf hingewiesen werden, dass das Stammkapital einer Gesellschaft, gleichgültig ob GmbH oder Unternehmergesellschaft, nicht unangetastet als Haftungsfonds auf einem Festgeldkonto der Gesellschaft verbleiben muss, sondern vielmehr frei für die Zwecke der GmbH verwendet werden kann. Dies sollten die Gründer berücksichtigen und das Stammkapital an ihrem Finanzbedarf, beispielsweise für Geschäftsausstattung, Mietkosten etc. orientieren.

38 b) **Stückelung des Stammkapitals.** Die bisherigen, teils komplizierten Stückelungsregelungen für das Stammkapital hat der Gesetzgeber durch das MoMiG aufgegeben. Die einzigen Vorgaben für die Stückelung des Stammkapitals sind nunmehr, dass jeder Geschäftsanteil einen Nennbetrag von **mindestens € 1,–** aufweisen muss und auf **glatte Eurobeträge** zu lauten hat (§ 5 Abs. 2 Satz 1 GmbH).

39 Die Stückelung der Geschäftsanteile muss **nicht** für alle Geschäftsanteile **gleich sein.** Jeder Gründer kann, anders als noch in der Zeit vor dem MoMiG, **mehrere Geschäftsanteile** bei Gründung unmittelbar **übernehmen** (§ 5 Abs. 2 Satz 2 GmbHG). Die **Summe aller Geschäftsanteile** muss bei Gründung deckungsgleich sein mit der **Summe des Stammkapitals** (§ 5 Abs. 3 Satz 2 GmbHG).

---

[23] Süß/Wachter/*Terbrack* Teil Deutschland Rdnr. 18, vgl. dazu auch nachfolgend Teil II. (Rdnr. 86 ff.).
[24] Süß/Wachter/*Terbrack* Teil Deutschland Rdnr. 19, vgl. dazu auch nachfolgend Teil II. (Rdnr. 86 ff.).

c) **Kapitalaufbringung.** Wird eine **GmbH** im Wege der **Bargründung** errichtet (zur **Sachgründung** vgl. nachstehend Rdnr. 53ff.), so kann die Anmeldung der neugegründeten Gesellschaft zum Handelsregister erst dann erfolgen, wenn auf die Bareinlagen je ¼ des Nennbetrages eingezahlt ist und die geleisteten Beträge insgesamt mindestens die Hälfte des gesetzlichen Mindeststammkapitals (vgl. § 5 Abs. 1 GmbHG) erreichen, d.h. wenn mindestens € 12.500,– auf ein Konto der Gesellschaft eingezahlt worden sind. Bei Errichtung einer **Unternehmergesellschaft** (haftungsbeschränkt) kann die Registeranmeldung der neugegründeten Gesellschaft erst nach **vollständiger Einzahlung** des festgelegten Stammkapitals erfolgen (§ 5a Abs. 2 GmbHG). 40

Ohne besondere Satzungsregelungen kann die Gesellschafterversammlung in den Fällen der gesetzlichen Mindesteinzahlung jederzeit über die Einforderung der noch ausstehenden Einlagen beschließen (§ 46 Nr. 2 GmbHG). Die Einlageforderung wird dann im Zeitpunkt der Beschlussfassung fällig; ist der betroffene Gesellschafter nicht anwesend, tritt Fälligkeit mit Mitteilung der entsprechenden Zahlungsaufforderung durch die Geschäftsführung bei ihm ein.[25] Die Satzung kann aber auch festlegen, zu welchen genau benannten Zeitpunkten ausstehende Einzahlungen zu tätigen sind oder die Kompetenz zur Beschlussfassung über die Einforderung von der Gesellschafterversammlung auf die Geschäftsführung übertragen. 41

Praxistipp:

Da sämtliche Gesellschafter für nicht eingezahlte und auch nicht einbringbare Einlagebeträge der anderen Mitgesellschafter haften (§ 24 GmbHG), ist bei einer Gründung durch mehrere Personen eine **sofortige Volleinzahlung** sämtlicher Bareinlagen zu empfehlen. Dies ist durch eine entsprechende **Satzungsbestimmung** festzulegen.

Die **Geschäftsführer** haben in der Registeranmeldung eine **Versicherung** dahingehend abzugeben, dass die für die Anmeldung erforderlichen Leistungen auf die Geschäftsanteile gemäß § 7 Abs. 2, 3 GmbHG bewirkt sind und sich endgültig in der freien Verfügung der Geschäftsführer befinden (§ 8 Abs. 2 Satz 1 GmbHG). 42

Die von den Geschäftsführern in der Handelsregisteranmeldung abzugebende Versicherung in Bezug auf die Einzahlungen der Bareinlagen sind notwendig, aber auch ausreichend, d.h. das Registergericht darf **keine weiteren Nachweise** bezüglich der Einzahlungen, wie etwa die Vorlage von **Kontoauszügen**, verlangen, es sei denn, es liegen begründete Anhaltspunkte für eine falsche Versicherung der Geschäftsführer vor. Diese Ansicht entsprach schon der bisher ganz herrschenden Meinung und ist durch das MoMiG auch im Gesetz manifestiert worden (vgl. § 8 Abs. 2 S. 2 GmbHG). 43

In der Praxis läuft der **Einzahlungsvorgang** regelmäßig dergestalt ab, dass die Gründer beim Notar die Gesellschaft errichten, die sodann als GmbH bzw. Unternehmergesellschaft (haftungsbeschränkt) in Gründung (was in der Firma mit dem Zusatz „i.G." Dritten gegenüber kenntlich zu machen ist) existiert, die Gründer mit Kopien der notariellen Gründungsurkunde ein **Bankkonto** eröffnen, die erforderlichen Einzahlungen vornehmen und hierüber dem Notar einen **Einzahlungsnachweis** präsentieren. Sobald der Notar diesen Einzahlungsnachweis erhalten hat, übersendet er die beim Errichtungsakt bereits unterzeichnete Handelsregisteranmeldung nebst den weiteren Anlagen an das Handelsregister. 44

Die Tatsache, dass die Gründer somit bei der Errichtung der GmbH auch die Handelsregisteranmeldung, in welcher die ordnungsgemäße Kapitaleinzahlung versichert wird, die bei Unterschrift regelmäßig jedoch noch nicht vorliegt, ist unbedenklich. Die in der Handelsregisteranmeldung abgegebene Versicherung der Geschäftsführer muss erst mit **Zugang beim Handelsregister** inhaltlich zutreffend sein.[26] 45

Die Fälle der sogenannten **Voreinzahlung**, d.h. der Einzahlung der Bareinlagen vor notarieller Errichtung der Gesellschaft, sind in der Praxis eher selten, da Banken ohne Vorlage 46

[25] Süß/Wachter/*Terbrack* Teil Deutschland Rdnr. 59.

[26] RGSt 43, 323; RGSt 43, 431; RG LZ 1916, 617; Scholz/*Tiedemann* GmbHG § 82 Rdnr. 61; Heckschen/Heidinger/*Heidinger* § 2 Rdnr. 120.

notarieller Gründungsurkunden regelmäßig keine Konten eröffnen.[27] Ist eine solche Voreinzahlung dennoch getätigt worden, so hat diese nach überwiegender Ansicht in Rechtsprechung und Literatur keine **schuldtilgende Wirkung.**[28]

47 Bei der Bargründung einer Gesellschaft treten immer wieder die Fälle des sogenannten **Hin- und Herzahlens** auf. Diese Sachverhalte zeichnen sich dadurch aus, dass der zur Bareinlage verpflichtete Gesellschafter seine Leistung erbringt und diese kurze Zeit später – regemäßig in Form eines Darlehens – von der Gesellschaft zurückerhält. Besonders häufig anzutreffen sind derartige Konstellationen im Rahmen der Gründung von Tochtergesellschaften in **Konzernverhältnissen** (hier sind derartige Sachverhältnisse in der Rechtsprechung und Literatur unter dem Stichwort **„cash-pooling"** zu finden) sowie im Bereich der **Gründung von GmbH & Co. KG,** bei denen die Bareinlagen der GmbH der Kommanditgesellschaft als Darlehen ausgereicht werden. Diese Sachverhalte haben zu einer Flut von gerichtlichen Entscheidungen geführt, die die Problematik unter dem Gesichtspunkt der Kapitalerhaltung (§§ 30, 31 GmbHG) sowie auch der Kapitalaufbringung beleuchten. Mit dem durch das MoMiG neu geschaffenen **§ 19 Abs. 5 GmbHG legalisiert** der Gesetzgeber die Fälle des Hin- und Herzahlens, sofern der Sachverhalt gegenüber dem Handelsregister bei Anmeldung der Gesellschaft offengelegt wird und die Rückzahlung der Bareinlagen an den Gesellschafter durch einen liquiden, vollwertigen Rückzahlungsanspruch gedeckt ist und es sich um keine verdeckte Sacheinlage im Sinne des § 19 Abs. 4 GmbHG handelt (vgl. dazu sogleich die Rdnr. 50f.).

Die Offenlegung eines zulässigen Hin- und Herzahlungsvorgangs könnte wie folgt lauten:

Formulierungsvorschlag:

Hiermit wird von den Geschäftsführern gem. § 19 Absatz 5 GmbHG angemeldet, dass:

- die am 1. 3. 2011 geleistete Einlage des Gesellschafters Max Mustermann in Höhe von € 25.000,– ist an diesen in voller Höhe am 3. 3. 2011 zurückgezahlt worden,
- der Rückzahlung der Einlage liegt der Darlehensvertrag vom 28. 2. 2011,
- der Rückzahlungsanspruch ist vollwertig und kann durch fristlose Kündigung der Gesellschaft jederzeit fällig gestellt werden.

48 Sind die Voraussetzungen des § 19 Abs. 5 GmbHG erfüllt, so hat der Gründer seine Bareinlageverpflichtung erbracht. Ist jedoch eine der vorgenannten Voraussetzungen nicht erfüllt, führt dies nach dem **„Alles-oder-Nichts-Prinzip"** dazu, dass die Bareinlage in vollem Umfang als nicht erbracht gilt und der Geschäftsführer sich ggf. wegen der Abgabe einer **falschen Versicherung** strafbar gemacht hat.

49 Die Frage, wer die **Beweislast** für das Vorliegen der Voraussetzungen des § 19 Abs. 5 GmbHG trägt, hat der Gesetzgeber erstaunlicherweise offengelassen. Wegen des Charakters der Vorschrift als Ausnahmeregelung und vor dem Hintergrund des Gläubigerschutzes sprechen viele Anhaltspunkte dafür, dem Gesellschafter die Beweislast aufzuerlegen.[29]

50 Abzugrenzen von diesen Sachverhalten des zulässigen Hin- und Herzahlens sind die Fälle der sogenannten **verdeckten Sacheinlage.** Eine solche verdeckte Sacheinlage nimmt die Rechtsprechung dann an, wenn die gesetzlich vorgegebenen Regeln für Sacheinlagen dadurch umgangen werden, dass zwar in der notariellen Gründungsurkunde eine Bareinlage vereinbart wird, die gegründete Gesellschaft aber bei wirtschaftlicher Betrachtung aufgrund einer im Zusammenhang mit der Gründung getroffenen Absprache vom Gesellschafter einen Sachwert erhält.[30] Der Paradefall ist die Einzahlung des Stammkapitals, wobei von vorneherein vereinbart ist, dass mit dem so eingezahlten Stammkapital Sachwerte des Gründungsgesellschafters durch die Gesellschaft erworben werden. Die Folgen der verdeckten Sacheinlage waren für die betroffenen Gesellschafter vor der Reform des GmbHG durch

[27] Dies verbietet § 154 AO.
[28] Vgl. zum Ganzen Heckschen/Heidinger/*Heidinger* § 11 Rdnr. 8 ff. m. w. Nw.
[29] *Heckschen* MoMiG Rdnr. 147.
[30] Vgl. nur BGHZ 170, 47, 51; BGH GmbHR 2008, 483 = NZG 2008, 311, jeweils m. w. N.

das MoMig verheerend: Die Verpflichtung zur Bareinlage blieb bestehen; das schuldrechtliche Umsatzgeschäft war gemäß § 27 Abs. AktG nichtig, was nach der neueren Rechtsprechung des BGH auch für das dingliche Rechtsgeschäft galt.[31]

Durch das MoMiG sind die so durch die Rechtsprechung festgelegten Rechtsfolgen etwas abgemildert worden, gleichwohl bleibt für die Gesellschafter ein Restrisiko, das nicht eingegangen werden sollte. Seit dem MoMiG ist der Begriff der verdeckten Sacheinlage gesetzlich definiert (§ 19 Abs. 4 Satz 1 GmbHG). Die früher noch von der Rechtsprechung unterstellte Umgehungsabsicht der Bargründungsvorschriften[32] verlangt das Gesetz nicht mehr. Im übrigen ist die Tatbestandsseite der verdeckten Sacheinlage unverändert geblieben, jedoch hat der Gesetzgeber die Rechtsfolgenseite verändert. Seit dem MoMiG wird der Wert der verdeckten Sacheinlage von Gesetzes wegen auf die grundsätzlich fortbestehende Bareinlagepflicht des betreffenden Gesellschafters **automatisch angerechnet.**[33] Für die Anrechnung bedarf es keiner **Verrechnungsabrede** oder Zustimmung übriger Gesellschafter. Die **Beweislast** für die Werthaltigkeit der verdeckt geleisteten Sacheinlage trägt der betreffende Gesellschafter (§ 19 Abs. 4 Satz 5 GmbHG). Er ist nachweispflichtig dafür, dass die von ihm verdeckt geleistete Sacheinlage zum Zeitpunkt des Einlagegeschäftes den Wert der zu erbringenden Bareinlage abdeckt. Diese Regelung mindert die Folgen der verdeckten Sacheinlage erheblich ab, gleichwohl wird es dem betreffenden Gesellschafter nach einem längerem Zeitraum (den regelmäßig fallen verdeckte Sacheinlagen erst dem Insolvenzverwalter auf) schwer fallen, die Werthaltigkeit des Gegenstandes zum Leistungszeitpunkt nachzuweisen. 51

Praxistipp:

Bei erkannten Fällen verdeckter Sacheinlage ist den Beteiligten dringend zu raten, zeitnah Wertgutachten einzuholen um damit späteren Auseinandersetzungen – insbesondere mit einem Insolvenzverwalter – gewappnet zu sein.

Die abgeschwächten Rechtsfolgen der verdeckten Sacheinlage sollten nicht dazu verleiten, sie in Gestaltungsüberlegungen einzubeziehen.

Die zuvor geschildeten Neuregelungen für verdeckte Sacheinlagen gelten erstaunlicherweise auch für **Altfälle** (vgl. § 3 Abs. 4 EGGmbHG), soweit für diese weder ein wirksamer Vergleich noch ein rechtskräftiges Urteil vorliegt.[34] 52

Wollen die Gesellschafter ihre Leistungen auf die Geschäftsanteile nicht in Geld, sondern auf andere Weise erbringen (sog. **Sacheinlage**) so muss dies in der Satzung ausdrücklich festgelegt werden. Dazu sind in der Satzung sowohl der Gegenstand und der Nennbetrag des Geschäftsanteils, auf den sich die Sacheinlage bezieht, sowie der Name des zur Leistung verpflichteten Gesellschafters festzulegen (§ 5 Abs. 4 GmbHG). 53

Gegenstand einer Sacheinlage können alle **Sachen, Rechte** und sonstigen **Vermögensgegenstände** sein, welche die Funktionen des Stammkapitals, d. h. Bereitstellung einer Haftungsmasse für die Gläubiger der Gesellschaft, erfüllen können. Hierfür geeignet sind alle Güter, die verkehrsfähig sind, einen Vermögenswert haben und die in die Gesellschaft zu deren freien Verfügung eingebracht werden können.[35] Einlagefähig sind insbesondere **obligatorische Gebrauchs-** und **Nutzungsrechte,**[36] **Forderungen,**[37] **Immaterialgüterrechte,**[38] **Sach-** und **Rechtsgesamtheiten** (z. B. ein **Warenlager** oder die **Ausstattung** eines **Unternehmens**) sowie gesamte **Unternehmen.**[39] 54

[31] BGH ZIP 2003, 1540.
[32] Vgl. dazu BGHZ 170, 47.
[33] *Priester* ZIP 2008 55, 56; *Heckschen* MoMiG Rdnr. 84.
[34] Zu den erstaunlichen und verfassungsrechtlich interessanten Folgen dieser Rückwirkung vgl. nur *Heckschen* MoMiG Rdnr. 99 ff.
[35] Süß/Wachter/*Terbrack* Teil Deutschland Rdnr. 64.
[36] BGHZ 144, 290.
[37] BGH NJW 2001, 67.
[38] BGHZ 29, 300.
[39] BGHZ 45, 338.

55 Die Bewertung einer Sacheinlage nehmen grundsätzlich die Gesellschafter selbst vor. Maßgeblicher Zeitpunkt für die Bewertung ist der Zeitpunkt der **Anmeldung der Gesellschaft** zum Handelsregister.[40] Zugrunde zu legen ist maximal der aktuelle **Verkehrswert** des einzubringenden Gegenstandes. Zu den beim Handelsregister vorzulegenden **Wertnachweisen** vgl. nachstehend Rdnr. 58 f.

Praxistipp:

Da die Gesellschafter bei einer vom Handelsregister nicht beanstandeten Überbewertung für den Differenzbetrag zwischen übernommener Einlageverpflichtung einerseits und dem tatsächlichen Wert der erbrachten Sacheinlage andererseits haften, ist den Beteiligten zu einer **konservativen Schätzung** des Wertes einer Sacheinlage zu raten.

56 Die Erbringung der Sacheinlagepflicht ist grundsätzlich **formfrei**, sofern nicht für den zu übertragenden Gegenstand **besondere Formvorschriften** gelten, so etwa bei **Grundstücken** (§ 311 b BGB) oder bei **GmbH-Geschäftsanteilen** (§ 15 Abs. 3 und 4 GmbHG). In derartigen Fällen sollte die Erfüllung der Sacheinlageverpflichtung in der GmbH-Gründungsurkunde mit erklärt und beurkundet werden, da in derartigen Fällen keine zusätzlichen Notarkosten verursacht werden.[41]

Sacheinlagen sind stets in **voller Höhe** vor Anmeldung der Gesellschaft zum Handelsregister so zu bewirken, dass sie zur endgültigen freien Verfügung der Geschäftsführung stehen (§ 7 Abs. 3 GmbHG).

57 Dies bedeutet bei **beweglichen Sachen** die Übereignung des betreffenden Gegenstandes an die Gesellschaft (§§ 929 ff. BGB), bei **Forderung** deren Abtretung an die Gesellschaft (§ 398 BGB). Bei **Grundbesitz** sind die Voraussetzungen der Erbringung der Sacheinlage nicht vollends geklärt. Einer richtigen Ansicht[42] zufolge reicht die vor einem Notar erklärte Auflassung mit Eintragungsbewilligung sowie die rangwahrende Stellung des Umschreibungsantrages durch den Notar bei dem zuständigen Grundbuchamt aus.[43] Wollte man zusätzlich auch die Umschreibung im Grundbuch als Voraussetzung der ordnungsgemäßen Erbringung der Sacheinlage ansehen, so würde man durch die oft noch immer überlangen Eintragungszeiten der Grundbuchämter die Beteiligten wegen der Haftungsgefahren der Vorgesellschaft in eine nichtgewollte Aufspaltung des Gründungsvorgangs treiben.[44]

58 Da das GmbH-Gesetz auch weiterhin keine gesetzlichen Regelungen vorgibt, anhand welcher **Unterlagen** sich das Handelsregister von der **Werthaltigkeit** der Sacheinlage zu überzeugen hat, wird auch nach dem MoMiG die Handhabung der Registergerichte uneinheitlich bleiben. Einige Registergerichte geben sich allein mit dem von den Gesellschaftern zu fertigenden Sachgründungsbericht (vgl. § 5 Abs. 4 Satz 2 GmbH) zufrieden. Andere fordern umfangreiche Sachverständigengutachten an.

59 Unaufgefordert sollten solche Nachweise dem Registergericht eingereicht werden, die ohne großen Aufwand beigebracht werden können, beispielsweise bei neu angeschafften Gegenständen der Kaufvertrag, bei Aktien der Kurszettel oder bei zum Buchwert eingebrachten Unternehmen die Einbringungsbilanz, wobei hierbei ein Wirtschaftsprüfer bzw. Steuerberater die ordnungsgemäße Bilanzierung zu bestätigen hat und etwa zwischenzeitlich eingetretene Wertminderungen anzugeben sind.

60 Sind **Sacheinlagen** nicht unwesentlich **überbewertet** worden, hat das Registergericht die Eintragung der Gesellschaft abzulehnen (§ 9 c Abs. 1 Satz 2 GmbHG).

[40] OLG Köln GmbHR 1998, 43; OLG Köln GmbHR 1999, 293; dazu BGH NJW 2002, 824.

[41] Die Beurkundung einer Sacheinlagverpflichtung mit gleichzeitiger Erbringung der Sacheinlage ist gegenstandsgleich im Sinne von § 44 KostO.

[42] Lutter/Hommelhoff/*Lutter* GmbHG § 7 Rdnr. 13; *Roth/Altmeppen* GmbHG § 7 Rdnr. 37; *Baumbach/Hueck* GmbHG, § 7 Rdnr. 11, alle mit weiteren Nachweisen.

[43] Dies ist gegenüber dem Handelsregister durch eine entsprechende Bescheinigung des Notars zu belegen; hierfür benötigt der Notar den Nachweis über die Zahlung der Grunderwerbsteuer, die sog. Unbedenklichkeitsbescheinigung nach § 22 GrEStG.

[44] Süß/Wachter/*Terbrack* Teil Deutschland Rdnr. 68.

3. Gründer

Eine GmbH kann durch **eine** oder **mehrere natürliche** oder **juristische** Personen gegründet werden (§ 1 GmbHG). Sämtliche Besonderheiten bei der **Einpersonen-Gründung** (z. B. die Absicherung nicht voll eingezahlter Stammeinlagen) wurden durch das MoMiG abgeschafft. 61

Gründungsgesellschafter einer GmbH kann neben jeder **natürlichen** auch jede **juristische** Person sein; dies gilt auch für **Personenhandelsgesellschaften, Gesellschaften des bürgerlichen Rechts**, nicht rechtsfähige **Vereine** sowie für **Erbengemeinschaften.**[45] 62

Nicht voll Geschäftsfähige bedürfen der Mitwirkung des gesetzlichen Vertreters nach den allgemeinen Vorschriften (§§ 104 ff. BGB). Ist der Vertreter selbst am Vertragsabschluss beteiligt, ist die Bestellung eines **Ergänzungspflegers** erforderlich (§§ 1795, 1629, 1909 BGB). Betreibt die GmbH, wie dies regelmäßig der Fall sein dürfte, ein **Erwerbsgeschäft**, so ist zusätzlich die gerichtliche Genehmigung erforderlich (§ 1822 Nr. 3 BGB).[46] 63

Zur **Stellvertretung** bzw. zur **Bevollmächtigung** bei der Gründung vgl. vorstehend Rdnr. 3 ff. 64

Zu den Besonderheiten bei der Beteiligung von **ausländischen juristischen** und **natürlichen Personen** (vgl. nachstehend Rdnr. 69 ff.).

4. Gründung mit Auslandsbezug

Trotz aller Tendenzen, dass Gesellschaftsrecht in Europa anzugleichen und auf gemeinsame Mindeststandards anzuheben, führen Gründungen mit Auslandsbezug regelmäßig zu Schwierigkeiten in der Praxis. Daher ist bei Auslandsbezug besondere Vorsicht geboten. Der Auslandsbezug kann sich in verschiedener Hinsicht ergeben: Zum einen kann das Ansinnen der Beteiligten darin bestehen, die GmbH-Gründung im Ausland zu beurkunden (vgl. dazu nachfolgende Rdnr. 66), zum anderen kann einer oder mehrere Gründer eine ausländische natürliche oder juristische Person sein (vgl. dazu folgende Rdnr. 69 ff.). 65

a) **Auslandsbeurkundung.** Der Gesellschaftsvertrag einer GmbH sowie einer Unternehmergesellschaft ist zwingend **notariell zu beurkunden** (§ 2 Abs. 1 Satz 1 GmbHG), ansonsten ist er **nichtig.**[47] Zur Beurkundung ist jeder **deutsche Notar** zuständig (§ 20 BNotO). Die Urkunde ist hierzu den Beteiligten in Gegenwart des Notars zu verlesen, von ihnen zu genehmigen und von ihnen und dem Notar zu unterzeichnen (vgl. §§ 8 ff. BeurkG). In der Praxis wird dazu regelmäßig der notariellen Gründungsurkunde, d. h. der Einigung der Gründer über die Errichtung der Gesellschaft, der Gesellschaftsvertrag – auch Satzung genannt – als Anlage beigefügt und mit beurkundet.[48] 66

Gelegentlich beabsichtigen die Beteiligten, entweder aus Kostengründen oder aber aus Gründen der Praktikabilität die **notarielle Beurkundung** der Gründung **im Ausland** vorzunehmen. Als weitgehend geklärt darf gelten, dass die Formgültigkeit der Satzungsfeststellung sich nicht nach dem Recht des Ortes der Beschlussfassung richtet, sondern nach dem Wirkungsstatut am Sitz der Gesellschaft.[49] Zwar erkennt Artikel 11 Abs. 1 EGBGB die Ortsform als im Grundsatz ausreichend an. Er wird aber von Artikel 11 Abs. 5 EGBGB verdrängt, der wegen des besonderen öffentlichen Interesses des Belegenheitsstaates an der Einhaltung der auf seinem Territorium geltenden Formvorschriften Vorrang hat. Unklar ist in diesem Zusammenhang allerdings, ob eine Beurkundung im Ausland der nach deutschem Recht vorgeschriebenen Geschäftsform (gleich notarielle Beurkundung) gleichzusetzen ist. Hier hat der BGH im Jahre 1981 in diesem Zusammenhang entschieden, dass eine Beurkundung vor einem ausländischen Notar dann wirksam ist, wenn dieser dem deutschen No- 67

[45] Süß/Wachter/*Terbrack* Teil Deutschland Rdnr. 21.

[46] Süß/Wachter/*Terbrack* Teil Deutschland Rdnr. 21; *Schwaiger*, Beck´sches Handbuch der GmbH, § 2 Rdnr. 42.

[47] Wird die GmbH bzw. Unternehmergesellschaft gleichwohl in das Handelsregister eingetragen, gilt dieser Formmangel als geheilt, vgl. BGHZ 21, 378, 381.

[48] Süß/Wachter/*Terbrack* Teil Deutschland Rdnr. 50.

[49] Scholz/*Priester* GmbHG, § 53 Rdnr. 70; Lutter/Hommelhof/*Lutter* GmbHG § 53 Rdnr. 16; Süß/Wachter/*Terbrack* Teil Deutschland Rdnr. 51.

tar nach Ausbildung, Stellung und Funktion gleichwertig ist und ein deutschen Grundsätzen entsprechendes Beurkundungsrecht anwendet[50] (so etwa in Österreich, Belgien, Frankreich, Italien, Spanien, den Niederlanden und in Teilen der Schweiz).[51]

68 Nicht alle deutschen Registergerichte folgen jedoch dieser Rechtsprechung des BGH, die im Übrigen in der Literatur heftig umstritten ist.[52] Gegen die Ansicht des BGH wird zutreffend eingewandt, dass bei **statusrelevanten Vorgängen**, die auch für und gegen Dritte Geltung erlangen, eine neutrale, fachkundige Person die körperschaftlichen Bestimmungen überprüfen muss.[53] Hinzu kommt **aktuell**, dass durch das MoMiG das **Beurkundungserfordernis** aufgewertet wurde, weil hieran die Einreichung einer notariell bescheinigten **Gesellschafterliste** geknüpft ist (§ 40 Abs. 2 GmbHG), die Grundlage für den gutgläubigen Erwerb von GmbH-Geschäftsanteilen und Legitimationsbasis für die Ausübung der Gesellschafterrechte ist. Hieraus folgert die **ganz herrschende Meinung**, dass die notarielle Beurkundung der Gründung einer GmbH bzw. Unternehmergesellschaft vor einem **deutschen Notar** zu erfolgen hat.[54]

69 b) **Ausländische Gesellschafter.** Sind **natürliche Personen** mit ausländischem Wohnsitz an der Gründung beteiligt, so ist dies in Bezug auf **Angehörige von EU-Staaten** ohne weiteres zulässig. Ein **Wohnsitz** oder ein **dauernder Aufenthaltsort** dieser Person in Deutschland ist nicht erforderlich.

70 Problematisch war lange Zeit hingegen die Beteiligung von Angehörigen von **nicht EU-Staaten**, wenn für sie keine Aufenthaltserlaubnis in der Bundesrepublik Deutschland nachgewiesen werden konnte, sie somit nicht die Möglichkeit hatten, jederzeit nach Deutschland einzureisen. Die Rechtsprechung ging in derartigen Fällen von der **Unwirksamkeit** der Bestellung aus.[55] Seit der Reform des GmbHG durch das MoMiG halten viele Oberlandesgerichte jedoch an dieser Rechtsprechung ausdrücklich nicht mehr fest.[56] Es bleibt jedoch abzuwarten, wie sich andere Oberlandesgerichtes hierzu stellen. Der beurkundende Notar ist derartigen Sachverhalten gut beraten, vorab mit dem Handelsregister Kontakt aufzunehmen.

71 Sind ausländische **juristische Personen** an der Gründung beteiligt, richten sich deren **Rechtsfähigkeit** und **Vertretungsverhältnisse** nach dem Gesellschaftsstatut, d. h. dem betreffenden ausländischen Recht. Hier ergeben sich regelmäßig dann Schwierigkeiten, wenn in dem betreffenden Staat kein dem deutschen Handelsregister vergleichbares Register besteht. In derartigen Fällen ist der Existenz- und Vertretungsnachweis der Gesellschaft nur erschwert möglich.

72 Dieses Problem stellt sich insbesondere in Bezug auf Gesellschaften aus dem **angloamerikanischen Rechtskreis.** Existiert in dem ausländischen Staat ein entsprechendes Register, so wird der Existenz- und Vertretungsnachweis durch Einholung eines beglaubigten Handelsregisterauszuges geführt; ggf. ist die Urkunde zu legalisieren bzw. mit der Apostille zu versehen. Bei US-amerikanischen Kapitalgesellschaften beispielsweise, für die kein Handelsregister vergleichbar mit dem unsrigen geführt wird, wird die Existenz durch den Nachweis der ordnungsgemäßen Gründung (sog. certificate of incorperation) erbracht, der regelmäßig vom Secretary of State beim Department of state erstellt wird. Liegt die Gründung einige Zeit zurück, sollte zusätzlich ein Nachweis des fortdauernden Bestehens der Gesellschaft (sog. certificate of good standing) beigebracht werden. Der Nachweis der Vertretungsbefugnis kann ebenfalls mit dem certificate of incorporation, das hierzu Aussagen

[50] BGHZ 80, 76.

[51] Süß/Wachter/*Terbrack* Teil Deutschland Rdnr. 51.

[52] So etwa LG Augsburg DB 1996, 1666; AG Köln GmbHR 1990, 172; zu Kritiken der Literatur vgl. *Götte*, DSTR 1996, 709; *Götte* MittRhNotk 1997, 1.

[53] Dazu *Götte* DSTR 1996, 709; *Götte* MittRhNotk 1997, 1; *Knoche*, Jubiläums-FS des Rheinischen Notariats, S. 297; *Dignas* GmbHR 2005, 139, m. w. N.

[54] Vgl. dazu auch KölnHdbGesR/*Bischoff* Teil E Rdnr. 148 ff.

[55] OLG Zweibrücken Rpfleger 2001, 354; OLG Hamm Rpfleger 2000, 23; OLG Hamm Rpfleger 2000, 23; OLG Frankfurt NJW 1977, 1595; OLG Düsseldorf GmbHR 1978, 110.

[56] OLG Düsseldorf NZG 2009, 678; OLG München NJW-RR 2010, 338; OLG Zweibrücken FGPrax 2010, 310.

trifft, geführt werden. Haben sich Veränderungen ergeben, ist zusätzlich eine diesbezügliche Erklärung des secretary der Gesellschaft (sog. secretary's certificate) notwendig und ausreichend. Sie hat zum Inhalt, dass der secretary seine Eigenschaft als secretary sowie die Vertretungsberechtigung der betreffenden Personen – etwa durch Bestellung zum alleinvertretungsberechtigten Bordmitglied – bestätigt. Diese Erklärung ist das Firmensiegel, dem in den USA ein erheblicher Gutglaubensschutz beigemessen wird, bei zu drücken. Zudem hat der secretary gegenüber einem notary public eine Bestätigung der von ihm inhaltlich gemachten Angaben (sog. acknowledgement; entspricht in etwa einer eidesstattlichen Versicherung nach unserem Rechtsverständnis) abzugeben. Sämtliche vorgenannten Unterlagen sind mit der Apostille nach dem Haager Übereinkommen zur Befreiung ausländischer öffentlicher Urkunden von der Legalisation zu versehen.[57]

Sind **englische Kapitalgesellschaften** beteiligt, werden die Nachweise in vergleichbarer 73
Form erbracht. Daneben besteht in England auch noch die – für deutsche Registergerichte vertrautere – Möglichkeit einer Bestätigung eines englischen (Stadt-)Notars über Existenz- und Vertretungsberechtigung der Gesellschaft. Auch hier gilt die Pflicht zur Beifügung einer Apostille. Alternativ besteht aber auch die Möglichkeit der **gutachterlichen Stellungnahme eines deutschen Notars** in Bezug auf die Gesellschaftsverhältnisse. Eine derartige gutachterliche Bestätigung hat in etwa folgenden Wortlaut:

Formulierungsvorschlag:

Gutachterliche Stellungnahme

Ich, der unterzeichnete Notar, bestätige hiermit aufgrund meiner elektronischen Einsichten in das Companies House for England and Wales am 10. 3. 2011, sowie die mir vorgelegten Unterlagen (Gesellschaftsvertrag der Musterman Limited sowie Bescheinigung des Register of Companies House vom 3. 3. 2011), dass Herr Max Mustermann der alleinige Director der Mustermann Limited ist und das nach Ziffer 3.1 der Satzung der vorgenannten Gesellschaft ein jeder Director befugt ist, die Gesellschaft alleine zu vertreten. Die vorgenannten Unterlagen sowie die Unterlagen der Gesellschaft habe ich durchgesehen und dies ergab keine anderweitigen Erkenntnisse.

Aachen, den 10. 3. 2011

(Dr. Schmidt)
Notar

5. Genehmigungen

Die früher notwendige Vorlage von Genehmigungsurkunden für den Fall, dass der Gegen- 74
stand des Unternehmens oder eine andere Satzungsbestimmung der **staatlichen Genehmigung** bedarf (§ 8 Abs. 1 Nr. 6 GmbHG aF), ist durch das MoMiG ersatzlos gestrichen worden.[58] Mit der Streichung sollte eine Ungleichbehandlung von GmbH gegenüber sonstigen Gesellschaftsformen wie OHG, KG u. ä. sowie ggü. Einzelkaufleuten beseitigt werden.[59] Es ist aber nicht die Vorlagepflicht von jeglicher Genehmigungsurkunde schlechthin entfallen, sondern nur von solchen, die **nicht** durch **Spezialgesetz** ausdrücklich angeordnet sind. Dies bedeutet, dass beispielsweise die Vorlage einer allgemeinen gewerberechtlichen Erlaubnis nicht mehr notwendig ist. Für eine Erlaubnis nach §§ 32, 43 KWG verbleibt es aber dabei, dass diese zur Eintragung vorzulegen ist. In vielen Fällen verlangen die Registergerichte auch dann eine Erlaubnis, wenn mit dem Fehlen der Genehmigung zugleich ein unzulässiger Firmengebrauch einher gehen würde, wie dies beispielsweise bei **Steuerberatungs-** (§ 43 Abs. 4 iVm § 53 StBerG) oder **Rechtsanwaltsgesellschaften** (§ 59k Abs. 2 BRAO) der Fall ist.

Hinsichtlich der Genehmigungsbedürftigkeit des Unternehmensgegenstandes (§ 3 Abs. 1 75
Nr. 2 GmbHG) nach den vorstehenden Grundsätzen ist auf die **objektiv konkret beabsich-**

[57] Süß/Wachter/*Terbrack* Teil Deutschland Rdnr. 22.

[58] Zur vergleichbaren Rechtslage bei Aktiengesellschaften vgl. Heidel/*Terbrack* Aktienrecht, § 37 AktG Rdnr. 36 ff.

[59] Begr. RegE des MoMiG, BT-Drucks. 16/6140, S. 34.

tigte Betätigung der Gesellschaft abzustellen.[60] Es reicht aus, wenn nur ein Teil des Unternehmensgegenstandes hierunter fällt. Gegebenenfalls hat der Registerrichter zur Konkretisierung aufzufordern.[61] Ist allein eine **einzelne Betriebsanlage** oder ein **einzelnes Rechtsgeschäft** genehmigungspflichtig, so folgt daraus nicht ein Genehmigungserfordernis für den Unternehmensgegenstand.[62]

76 Bei **Zweifeln** des Registerrichters hinsichtlich der Genehmigungsbedürftigkeit des Unternehmensgegenstandes kann er die Industrie- und Handelskammer um Auskunft ersuchen oder die Beibringung einer **behördlichen Bescheinigung über die Genehmigungsfreiheit** durch die Gesellschaft verlangen.[63] Letzteres Vorgehen ist in der Praxis die Regel. Eine erteilte **behördliche Genehmigung** ist ebenso **bindend** für das Gericht wie ein entsprechendes **Negativattest.**[64]

77 In der Praxis wird daher in den allermeisten Fällen keinerlei Genehmigung mehr zur Eintragung in das Handelsregister vorgelegt werden müssen. Hinzuweisen ist jedoch darauf, dass trotz der Tatsache, dass keine Genehmigungen für den Registereintrag vorzulegen sind, öffentlich-rechtliche Genehmigungspflichten weiterhin bestehen. Regelmäßig macht sich nämlich der Gründer bzw. Geschäftsführer einer **Ordnungswidrigkeit** schuldig, wenn er den Geschäftsbetrieb aufnimmt ohne die erforderliche Genehmigung erteilt bekommen zu haben.

6. Handelsregisteranmeldung

78 Die **notariell gegründete GmbH** ist durch sämtliche Geschäftsführer zur Eintragung in das Handelsregister anzumelden. Die Anmeldung hat in **öffentlich beglaubigter Form** zu erfolgen (§§ 12 Abs. 1 HGB, 129 BGB, 40 BeurkG).

79 **Zuständig** ist das Amtsgericht, in dessen Bezirk die neugegründete Gesellschaft ihren Sitz hat (§ 7 Abs. 1 GmbHG in Verbindung mit § 125 FGG). Die Registeranmeldung ist in **elektronischer Form** zum Handelsregister einzureichen. Dies darf erst geschehen, wenn die in § 7 Abs. 2 und 3 GmbHG genannten Mindesteinlagen zur freien Verfügung der Geschäftsführer stehen. Bei Sacheinlagen sind diese vollständig vor Anmeldung zu erbringen (vgl. zum Ganzen vorstehende Rdnr. 56).

80 Die Handelsregisteranmeldung der neugegründeten Gesellschaft muss zum einen die Anmeldung der Gesellschaft an sich unter Angabe der **inländischen Geschäftsanschrift** enthalten. Des weiteren muss die Anmeldung der **Geschäftsführer** mit Wohnort und Geburtsdatum vorgenommen werden, wobei zusätzlich für jeden Geschäftsführer konkret die ihm zugewiesene **Vertretungsbefugnis** anzugeben ist und darüber hinaus auch die abstrakte Vertretungsbefugnis, d. h. die allgemeine Vertretungsbefugnis anhand der Satzung anzugeben ist. Enthält die Satzung keine abstrakte Vertretungsbefugnis oder wird die Gesellschaft mit dem Musterprotokoll gegründet, so richtet sich die abstrakte Vertretungsbefugnis nach der allgemeinen gesetzlichen Regelung des § 35 Abs. 1 Satz 1, 35 Abs. 2 Satz 1 GmbHG.

81 In der Anmeldung haben sämtliche Geschäftsführer die **Versicherung** abzugeben, dass die in § 7 Abs. 2 und 3 GmbHG bezeichneten Leistungen auf die Geschäftsanteile bewirkt worden sind und sich der Gegenstand der Leistung endgültig in der freien Verfügung der Geschäftsführer befindet. Das Gericht ist an diese Versicherung gebunden. Es kann nur bei er-

[60] OLG Celle NJW 1964, 1964f; OLG Frankfurt OLGZ 1979, 493f = WM 1980, 22; BayOblG DB 1990, 1079; MünchKommGmbHG/*Wicke* § 3 Rdnr. 13ff.; zur vergleichbaren Rechtslage bei der AG vgl.: Großkomm-AktienR/*Röhricht* Rdnr. 52; KölnKommAktG/*Kraft* Rdnr. 29; MünchKommAktG/*Pentz* Rdnr. 78; *Hüffer* Rdnr. 13.

[61] OLG Köln OLGZ 1981, 428, 430f = WM 1981, 805 = ZIP 1981, 736; GroßkommAktienR/*Röhricht* Rdnr. 52; MünchKommAktG/*Pentz* Rdnr. 78; *Hüffer* Rdnr. 13.

[62] BayObLG DB 1979, 2028; GroßkommAktienR/*Röhricht* Rdnr. 52; KölnKommAktG/*Kraft* Rdnr. 29; MünchKommAktG/*Pentz* Rdnr. 78; *Hüffer* Rdnr. 13.

[63] BayObLGZ 1976, 12 = BB 1976, 437 = WM 1976, 855; BayObLG DB 1979, 2028; OLG Köln OLGZ 1981, 428 = WM 1981, 805 = ZIP 1981, 736; GroßkommAktienR/*Röhricht* Rdnr. 52; MünchKommAktG/*Pentz* Rdnr. 79.

[64] BGHZ 102, 209, 217 = NJW 1988, 1087 = WM 1988, 379 = ZIP 1988, 433 = GmbHR 1988, 135 = DB 1988, 644; GroßkommAktienR/*Röhricht* Rdnr. 52; KölnKommAktG/*Kraft* Rdnr. 31; MünchKommAktG/*Pentz* Rdnr. 79; *Hüffer* Rdnr. 13.

heblichen Zweifeln an der Richtigkeit Nachweise in Form von Einzahlungsbelegen oder ähnlichem verlangen (vgl. § 8 Abs. 2 Satz 2 GmbHG).

In der Anmeldung haben die Geschäftsführer zu **versichern**, dass keine Umstände vorliegen, die ihrer Bestellung gemäß § 6 Abs. 2 Satz 2 Nr. 2 und 3 sowie Satz 3 GmbHG entgegenstehen und dass sie über ihre unbeschränkte **Auskunftspflicht** gegenüber dem Gericht belehrt worden sind (vgl. § 8 Abs. 3 Satz 1 GmbHG). Die Beleherung nach § 53 Abs. 2 des **Bundeszentralregistergesetzes** kann schriftlich vorgenommen werden; sie kann auch durch einen Notar oder einen im Ausland bestellten Notar, durch einen Vertreter eines vergleichbaren rechtsberatenden Berufs oder einen Konsularbeamten erfolgen (§ 8 Abs. 3 Satz 2 GmbHG). 82

Mit einzureichen sind gemäß § 8 Abs. 1 GmbHG der **Gesellschaftsvertrag** (ggf. samt Gründungsvollmachten, vgl. § 8 Abs. 1 Nr. 1 GmbHG), der **Beschluss** über die Bestellung der Geschäftsführer, sofern keine Bestellung derselben im Gesellschaftsvertrag selbst erfolgt ist (§ 8 Abs. 1 Nr. 2 GmbHG), eine von sämtlichen Geschäftsführern unterzeichnete **Liste der Gesellschafter**, welche den Anforderungen des § 8 Abs. 1 Nr. 3 GmbHG erfüllt sowie bei **Sachgründung** die entsprechenden Verträge und der Sachgründungsbericht (§ 8 Abs. 1 Nr. 4 GmbHG) nebst entsprechenden Wertnachweisen (§ 8 Abs. 1 Nr. 5 GmbHG). 83

Das Einreichen der Liste der Gesellschafter entfällt, wenn die Gesellschaft mittels **Musterprotokoll** gegründet wird (vgl. § 2 Abs. 1a Satz 4 GmbHG).[65] 84

Nach Prüfung der eingereichten Unterlagen auf formelle und materielle Richtigkeit durch das Handelsregister sowie Prüfung der ordnungsgemäßen Kapitalerbringung trägt das Registergericht die Gesellschaft in Abteilung B des Handelsregisters mit dem in § 10 GmbHG genannten Inhalt ein. Mit Eintragung ist die Gesellschaft als **juristische Person** im Sinne des § 13 GmbHG entstanden. Das Registergericht **veröffentlicht** die Eintragung in den gemäß § 10 HGB vorgeschriebenen Medien. 85

II. Erwerb von Vorrats- und Mantelgesellschaften

Schrifttum: *Goette,* Haftungsfragen bei der Verwendung von Vorratsgesellschaften und „leeren" GmbH-Mänteln, DStR 2004, 461 ff.; *Rohles-Puderbach,* Vorrats- und Mantelgesellschaften – Entwicklung, Haftungsrisiken und Umsetzung in der Praxis, RNotZ 2006, 274 ff.; *Wicke,* Risiko Mantelverwendung – Die wirtschaftliche Neugründung vor der Reform des GmbH-Rechts, NZG, 2005, 409 ff.

1. Allgemeines

Die Thematik der Vorrats- und Mantel-GmbH beschäftigt die Praxis vor allem unter dem Gesichtspunkt des **Kapitalschutzes.** Ungeachtet der Unterhöhlung des im deutschen GmbH-Recht normierten Mindeststammkapitals (§ 5 Abs. 1 GmbHG) durch ausländische Gesellschaftsformen mit niedrigeren oder praktisch gänzlich fehlenden Kapitalanforderungen (v. a. die Limited) und durch die Zulassung der „UG (haftungsbeschränkt)" (vgl. § 5a GmbHG) hebt die Rechtsprechung die Bedeutung des statutarischen Stammkapitals für die Befriedigung der Gläubiger hervor. Die ordnungsmäßige Aufbringung und Erhaltung des Stammkapitals ist nach dieser Sichtweise der Preis, den die Gesellschafter dafür zahlen, dass sie persönlich nicht für die Verbindlichkeiten der Gesellschaft haften.[66] Konsequenz ist jedoch ein kaum eingrenzbares **Haftungsrisiko für Mantelkäufer**, das insbesondere die Verwendung von Mantelgesellschaften aus der Praxis weitgehend verdrängt hat.[67] 86

2. Vorratsgesellschaften

a) **Offene und verdeckte Vorratsgründung.** Planen die Gesellschafter keine konkrete Geschäftstätigkeit, sondern gründen sie die GmbH als Vorratsgesellschaft, so ist dies offenzu- 87

[65] A. A. *Heckschen* Das MoMiG in der notariellen Praxis, Rdnr. 333, allerdings ohne eine Begründung für diese vom eindeutigen Gesetzeswortlaut abweichende Meinung anzugeben.

[66] *Goette* DStR 2004, 461; DStR 2010, 764, 765.

[67] So schon *K. Schmidt* NJW 2004, 1345. Die Einschätzung von *Goette* DStR 2004, 461, dass die Mantelgesellschaft keinen Platz in unserem Gesellschaftsrecht hat, hat sich bewahrheitet.

legen. Die Zulässigkeit einer solchen **offenen Vorratsgründung** ist seit langem anerkannt.[68] Sie erfolgt, indem der Gegenstand des Unternehmens (§ 3 Abs. 1 Nr. 2 GmbHG) entsprechend gefasst wird, z.B. als die „Verwaltung eigenen Vermögens".[69] Derartige Vorrats-GmbH werden meist von gewerblichen Anbietern (z.B. DNotV GmbH, Foratis AG) gegründet und gehandelt. Bisweilen werden sie in Konzernen gegründet. Käufer sind Akteure, die – etwa bei einer Umstrukturierung oder als „Vehikel" für einen Unternehmenskauf – sofort eine bestehende GmbH benötigen und daher keine Zeit für eine Neugründung haben.[70] Eine **verdeckte Vorratsgründung** liegt dagegen vor, wenn die Gründer der Gesellschaft einen Unternehmensgegenstand geben, der Aktivitäten vortäuscht, obwohl die Gesellschaft auf absehbare Zeit überhaupt nicht tätig werden soll. Derartiges Verhalten führt zur **Nichtigkeit** der Satzung und berechtigt zur Nichtigkeitsklage (§ 75 Abs. 1 GmbHG) und zur Amtslöschung (§ 397 Abs. 1 S. 2 FamFG).[71]

88 b) **Gründungsaufwand.** Für die Fälle der offenen Vorratsgründung ist umstritten, ob schon bei Gründung der Vorratsgesellschaft in der Satzung festgelegt werden kann, dass nicht nur der Gründungsaufwand im eigentlichen Sinne (Gründung der Vorratsgesellschaft), sondern auch die im Zusammenhang mit der Aktivierung der Vorratsgesellschaft (**erweiterter Gründungsaufwand**) von der Gesellschaft zu tragen sind.[72] Dies betrifft die (erst) anlässlich der wirtschaftlichen Neugründung entstehenden Kosten für die Änderung des Gesellschaftsvertrages und die Neubestellung der Geschäftsführung (Notar-, Gerichts- und Veröffentlichungskosten). Einschlägige höchstrichterliche Rechtsprechung ist hierzu, soweit ersichtlich, noch nicht ergangen.[73] Für einen Mantelkauf hat das OLG Jena überzeugend entschieden, dass die Kosten der ursprünglichen Gründung und die Kosten, die im Zusammenhang mit der Wiederbelebung des leeren Mantels aufgewendet wurden, nicht kumulativ in Abzug gebracht werden können.[74] Auf keinen Fall können die Kosten der Geschäftsanteilsabtretung auf die Gesellschaft abgewälzt werden.[75] Auch ist davon abzuraten, den Gründungsaufwand um die Kosten der Vorratshaltung der Gesellschaft, d.h. nach Registereintragung anfallende Bankgebühren und Bankspesen, zu erweitern.[76] Erst recht kann nicht empfohlen werden, (erst) anlässlich der wirtschaftlichen Neugründung eine Klausel über die Übernahme der Kosten der wirtschaftlichen Neugründung durch die Gesellschaft in den Gesellschaftsvertrag aufzunehmen.

89 c) **Aktivierung der Vorratsgesellschaft.** Die Vorratsgesellschaft wird aktiviert, indem sie ihren Geschäftsbetrieb aufnimmt. Diese **wirtschaftliche Neugründung** ist nach gefestigter BGH-Rechtsprechung hinsichtlich der Kapitalaufbringung wie eine erstmalige Gründung zu behandeln.[77] Diese Rechtsfortbildung *praeter legem*[78] durch die BGH-Rechtsprechung soll verhindern, dass die Kapitalaufbringung umgangen wird, die bei Gründung geboten ist.[79] Sie schützt die Gläubiger der GmbH.

90 Die Gesellschafter sind anteilig zur Auffüllung der etwa nicht mehr vollständig bestehenden Einlagen verpflichtet.[80] Dies wird überwiegend als Differenzhaftung analog § 9

[68] Vgl. BGHZ 117, 323 = GmbHR 1992, 451; MünchKommGmbHG/*Wicke* § 3 Rdnr. 28; Lutter/Hommelhoff/*Bayer* GmbHG § 3 Rdnr. 8; ausführlich *Rohles-Puderbach* RNotZ 2006, 274.

[69] *Krafka/Willer/Kühn* Registerrecht Rdnr. 931; Beck'sches Notarhdb/*Mayer/Weiler* D I Rdnr. 21.

[70] Vgl. Beck´sches Notarhdb/*Mayer/Weiler* D I Rdnr. 163.

[71] Vgl. Baumbach/Hueck/*Haas* GmbHG § 75 Rdnr. 15 f.; *K. Schmidt* NJW 2004, 1345, 1352.

[72] Für die Zulässigkeit *Rohles-Puderbach* RNotZ 2006, 274, 280.

[73] Zum Streitstand *Rohles-Puderbach* RNotZ 2006, 274, 279 f.

[74] OLG Jena NZG 2004, 1114.

[75] *Rohles-Puderbach* RNotZ 2006, 274, 280.

[76] Lutter/Hommelhoff/*Bayer* GmbHG § 3 Rdnr. 11; *Rohles-Puderbach* RNotZ 2006, 274, 280; a.A. aber *Schaub* NJW 2003, 2125, 2130.

[77] BGH Urt. v. 9. 12. 2002 – II ZB 12/02 DNotZ 2003, 443 m.Anm. *Schaub* = RNotZ 2003, 193 m.Anm. *Auernhammer*.

[78] *Goette* DStR 2004, 461, 462: „rechtsschöpferische[r] Akt". *Altmeppen* DB 2003, 2050, 2051 ff., bezweifelt das Vorliegen der Voraussetzungen einer Rechtsfortbildung.

[79] *Goette* DStR 2004, 461; *Apfelbaum* MittBayNot 2010, 328, 329. Krit. zum Aspekt der Umgehung als tragendem Grund dieser Rechtsfigur *K. Schmidt* NJW 2004, 1345, 1351 f.

[80] OLG Düsseldorf ZIP 2003, 1501 = NZG 2004, 380.

GmbHG,[81] teilweise mit einer analogen Anwendung des § 19 GmbHG (Leistung der Einlagen) begründet.[82] Schreibt die Satzung **Bareinlagen** vor, so dürfte es zulässig sein, das nicht mehr vorhandene Stammkapital auch durch Sacheinlagen (und nicht in bar) aufzufüllen, ohne dass die Satzung geändert werden müsste; ausreichend, aber auch erforderlich ist, dass der Geschäftsführer dies offenlegt und – wie bei einer Sachgründung – analog § 8 Abs 1 Nr. 5 GmbHG die Werthaltigkeit nachweist.[83] **Sacheinlagen** sind analog § 7 Abs. 3 GmbHG stets in vollem Umfang zu leisten.[84] Sieht die Satzung Sacheinlagen vor, werden diese im Zeitpunkt der wirtschaftlichen Neugründung nicht selten den Nennbetrag laut Satzung nicht erreichen. Die entstandene Lücke ist durch Bareinzahlung oder weitere Sacheinlage auszugleichen.[85] Reaktiviert die Gesellschaft ein Unternehmen, so sollen analog § 5 Abs. 4 S. 2 GmbHG die Jahresergebnisse der beiden letzten Geschäftsjahre anzugeben sein,[86] obwohl die GmbH diese ohnehin schon im Rahmen ihrer Offenlegungspflicht (§ 325 HGB) als Teil des Jahresabschlusses beim Betreiber des elektronischen Bundesanzeigers einreichen muss. Zum Wertnachweis soll außerdem die Vorlage einer zeitnahen Bilanz mit Bestätigungsvermerk eines Steuerberaters oder Wirtschaftsprüfers erforderlich sein.[87]

Der Geschäftsführer hat – bezogen auf den Zeitpunkt des Eingangs der Anmeldung beim 91
Handelsregister[88] – entsprechend § 8 Abs. 2 GmbHG zu versichern, dass die in § 7 Abs. 2, 3 GmbHG bezeichneten Leistungen auf die Stammeinlagen bewirkt sind und dass der Gegenstand der Leistungen sich weiterhin in seiner freien Verfügung befindet. Die **Versicherung** ist analog § 12 Abs. 1 S. 1 HGB öffentlich zu beglaubigen.[89] Sind mehrere Geschäftsführer bestellt, ist die Versicherung analog § 78 GmbHG **von allen Geschäftsführern** abzugeben.[90] Dies gilt selbst dann, wenn die Gesellschaft aufgrund einer entsprechenden Satzungsbestimmung abweichend von § 35 Abs. 2 S. 1 GmbHG auch von einzelnen Geschäftsführern vertreten werden kann. Der BGH ordnet die entsprechende Anwendung des § 7 Abs. 3 GmbHG an. Dieser verlangt die Versicherung durch alle Geschäftsführer. Die Versicherung des Geschäftsführers muss sich auf die von den Gesellschaftern nach der Satzung geschuldeten Leistungen auf deren Stammeinlagen beziehen. Übersteigt das Stammkapital der Gesellschaft den Mindestbetrag von € 25.000 (§ 5 Abs. 1 GmbHG), so hat der Geschäftsführer die Versicherung in Bezug auf die konkret satzungsmäßig geschuldeten Einlagen abzugeben.[91] Das kann deutlich mehr sein als der Betrag von € 12.500, d.h. die Hälfte des gesetzlichen Mindeststammkapitals gemäß § 7 Abs. 2 S. 2 letzter Halbsatz GmbHG. Sind die Einlagen nicht in der danach (z.B. im Wege der Volleinzahlung) geschuldeten Höhe vorhanden, sollte ggf. die Satzung entsprechend geändert werden (nur Teilzahlung).[92] Die Versicherung muss in elektronisch beglaubigter Form beim Handelsregister eingereicht werden (§ 12 Abs. 1 S. 1 HGB). Erfolgt die wirtschaftliche Neugründung in mehreren Schritten, sollte sie möglichst umgehend von den (noch) amtierenden Geschäftsführern offen gelegt und mit der Versicherung entsprechend § 8 Abs. 2 GmbHG verbunden werden. Dabei ist zu beachten, dass die Geschäftsführer im maßgeblichen[93] Zeitpunkt des Zugangs der Erklärung beim Handelsregister noch im Amt sind. Der Notar sollte die Beteiligten darauf hinweisen, dass sie die Geschäfte erst nach Eingang der Offenlegung/ Anmeldung beim Registergericht aufnehmen sollten.[94]

---

[81] Vgl. OLG Thüringen NZG 2004, 1114 = RNotZ 2005, 52.
[82] OLG Düsseldorf ZIP 2003, 1501 = NZG 2004, 380; *Rohles-Puderbach* RNotZ 2006, 274, 278.
[83] *Wicke* NZG 2005, 409, 413; vgl. auch *Rohles-Puderbach* RNotZ 2006, 274, 278 f.
[84] *Rohles-Puderbach* RNotZ 2006, 274, 279.
[85] Ebenso *Lindemeier* RNotZ 2003, 503, 511; *Wicke* NZG, 2005, 409, 413.
[86] *Wicke* NZG, 2005, 409, 413.
[87] *Wicke* NZG, 2005, 409, 413.
[88] *Goette* DStR 2004, 461, 464; OLG Thüringen Urt. v. 27. 9. 2006 – 6 W 287/06 – BeckRS 2006, 13966; *Rohles-Puderbach* RNotZ 2006, 274, 276.
[89] *Rohles-Puderbach* RNotZ 2006, 274, 277.
[90] Ebenso *Wicke* NZG 2005, 409, 414; *Rohles-Puderbach* RNotZ 2006, 274, 276.
[91] BGH Urt. v. 7. 7. 2003 – II ZB 4/02 – RNotZ 2003, 524.
[92] Wachter/*Heckschen* Teil 2 2. Kap. § 1 Rdnr. 122.
[93] *Rohles-Puderbach* RNotZ 2006, 274, 276.
[94] *Rohles-Puderbach* RNotZ 2006, 274, 276.

92 Der Geschäftsführer hat offen zu legen, dass die Vorratsgesellschaft ins Leben gerufen wird.[95] Auch diese Erklärung muss öffentlich beglaubigt und in elektronisch beglaubigter Form beim Handelsregister eingereicht werden (analog § 12 Abs. 1 S. 1 HGB).[96]

93 Das Registergericht hat von Amts wegen zu ermitteln, ob eine wirtschaftliche Neugründung stattgefunden hat.[97] Eine Eintragung der wirtschaftlichen Neugründung als solcher im Handelsregister erfolgt nicht.[98] Eine Vorratsgesellschaft wird insbesondere dadurch wirtschaftlich neu gegründet, dass die Geschäftsanteile veräußert werden, ein neuer Geschäftsführer bestellt und die Satzung insbesondere im Hinblick auf die Firma, den Unternehmensgegenstand und gegebenenfalls den Sitz geändert wird. Die vorgenannten Gesichtspunkte sind nach der Rechtsprechung des BGH – kumulativ oder auch einzeln – **Indizien** für eine wirtschaftliche Neugründung.[99]

94 Die analoge Anwendung der Gründungsvorschriften geht nicht so weit, dass **Anteilsveräußerungen** – wie im Gründungsstadium[100] – als Satzungsänderung zu behandeln wären, die nur unter Mitwirkung und Einverständnis aller Gesellschafter wirksam wäre.[101] Vielmehr ist hier maßgeblich, dass die GmbH mit Eintragung im Handelsregister entstanden ist. Die Gläubiger und Erwerbsinteressenten der GmbH sind über die beim Handelsregister eingereichte Gesellschafterliste (§ 40 GmbHG) ausreichend geschützt.

3. Mantelgesellschaften

95 a) **Begriff.** Mantelgesellschaft ist eine Gesellschaft, die früher unternehmerisch tätig war, jetzt aber unternehmenslos ist.[102] Manche Konzerne bewahren still gelegte Mäntel auf, um sie bei Bedarf verwenden zu können.

96 b) **Motivation.** Eine ältere, inzwischen aufgegebene und heute nicht mehr ernsthaft vertretene[103] Rechtsprechung hielt Mantelkäufe noch für nichtig.[104] In der Vergangenheit waren Mantelkäufe nicht selten dadurch motiviert, dass die Mantelgesellschaft über ertragsteuerliche Verlustvorträge verfügte (§ 10d EStG, § 10a GewStG), die der Erwerber sich zunutze machen wollte. Der Gesetzgeber hat im Lauf der letzten Jahre die Nutzung von Verlustvorträgen nach einem Beteiligungserwerb stetig eingeschränkt. Nach dem heute geltenden § 8c Abs. 1 S. 1 KStG gehen anteilig alle von der Körperschaft bis dahin noch nicht genutzten Verluste, insbesondere Verlustvorträge, unter, wenn innerhalb von fünf Jahren mehr als 25% der Anteile an der Körperschaft ihren Inhaber wechseln. Wechseln mehr als 50% der Anteile, so gehen die Verluste sogar vollständig und nicht nur quotal unter (§ 8c Abs. 1 S. 2 KStG). Die Motivation für Mantelkäufe ist daher heute nur mehr in der sofortigen Verfügbarkeit zu sehen.[105] Manche Mäntel sind zudem wegen der von ihnen gehaltenen immateriellen Wirtschaftsgüter oder ihrer Firma interessant.[106]

97 c) **Wirtschaftliche Neugründung.** Die wirtschaftliche Neugründung durch Mantelverwendung ist von der **Umorganisation** oder **Sanierung** einer noch aktiven GmbH dadurch zu unterscheiden, dass sie einer brachliegenden Gesellschaft wieder neues Leben einhaucht. Demgegenüber ist die Umorganisation oder Sanierung dadurch gekennzeichnet, dass sie einer

---

[95] *Rohles-Puderbach* RNotZ 2006, 274, 277.
[96] Vgl. *Rohles-Puderbach* RNotZ 2006, 274, 277.
[97] *Rohles-Puderbach* RNotZ 2006, 274, 275.
[98] Ganz h. M.; vgl. nur *Wicke* NZG, 2005, 409, 414; a. A. jedoch *Peetz* GmbHR 2004, 1429, 1436; *Rohles-Puderbach* RNotZ 2006, 274, 277.
[99] BGH DNotZ 2003,443.
[100] BGH DStR 1997, 625 m. Anm. *Goette*.
[101] Ebenso *Wicke* NZG, 2005, 409, 413.
[102] Vgl. BGH NJW 2010, 1459; BGH Urt. v. 7. 7. 2003 – II ZB 4/02 – RNotZ 2003, 524; Wachter/*Heckschen* Teil 2 2. Kap. § 1 Rdnr. 115; Gutachten DNotI-Report 2011, 1 ff., 49 f.
[103] *K. Schmidt* NJW 2004, 1345, 1346.
[104] KG JW 1924, 1535 m. abl. Anm. *Byk* und *Hachenburg*; KG Urt. v. 18. 12. 1924 – 1 X 516/24 – JW 1925, 635 m. abl. Anm. *Breit*; OLG Hamburg ZIP 1983, 570; offenlassend dagegen RG Urt. v. 1. 7. 1933 – 83/33 V – JW 1934, 27.
[105] Ebenso MünchKommGmbHG/*Wicke* § 3 Rdnr. 27.
[106] MünchKommGmbHG/*Wicke* § 3 Rdnr. 27; *Wicke* NZG, 2005, 409, 410.

Gesellschaft zu Gute kommt, die noch wirtschaftlich aktiv ist.[107] Eine Umorganisation ist es beispielsweise, wenn ein am Markt tätiges Unternehmen die Branche wechselt, z. B. sich wie Nokia vom Verkauf von Gummistiefeln auf die Herstellung von Mobiltelefonen verlegt. Verkauft eine aktive GmbH ihr Handelsgeschäft, so ist dies auch dann keine Mantelverwendung, wenn sie sich künftig auf die Verwaltung des Erlöses und ihres sonstigen Vermögens beschränkt.[108] Hier ist eine Mantelverwendung erst in dem Zeitpunkt denkbar, in dem die vermögensverwaltende GmbH mit neuem Leben erfüllt werden soll. Die GmbH ist aufgrund ihrer nur noch vermögensverwaltenden Tätigkeit einer Vorrats-GmbH vergleichbar.[109] Ob die Gesellschaft über Vermögen verfügt, ist nicht entscheidend.[110] Weist eine GmbH über Jahre beispielsweise auf der Aktivseite ihrer Bilanz nur noch eine Darlehensforderung gegen ein verbundenes Unternehmen aus, ist sie „leerer Mantel“.[111] Anzeichen für eine wirtschaftliche Neugründung durch Mantelverwendung sind, dass Geschäftsanteile an der GmbH veräußert werden, ein neuer Geschäftsführer bestellt und/oder die Satzung insbesondere im Hinblick auf die Firma, den Unternehmensgegenstand und gegebenenfalls den Sitz geändert wird.[112] Diese Indizien müssen jedoch nicht vorliegen, um von einer wirtschaftlichen Neugründung zu sprechen.[113] Es kann sogar vorkommen, dass keine Satzungsänderung erforderlich ist, etwa weil im Konzern eine Mantelgesellschaft mit „passendem“ Unternehmensgegenstand besteht. In diesem Fall hat der Geschäftsführer die Wiederbelebung gleichwohl offen zu legen.[114]

Wird die Gesellschaft wirtschaftlich neu gegründet, so sind die Gesellschafter anteilig zur Auffüllung der etwa nicht mehr vollständig bestehenden Einlagen verpflichtet.[115] Die obigen Ausführungen zur Vorratsgesellschaft gelten entsprechend (vgl. Rdnr. 90). 98

Der Geschäftsführer hat offen zu legen, dass die Mantelgesellschaft wiederbelebt wird und – bezogen auf den Zeitpunkt der Anmeldung beim Handelsregister[116] – entsprechend § 8 Abs. 2 GmbHG zu versichern, dass die Leistungen auf die Stammeinlagen bewirkt sind und dass der Gegenstand der Leistungen sich weiterhin in seiner freien Verfügung befindet. Auch insofern kann auf die obigen Ausführungen zur Vorratsgesellschaft verwiesen werden (vgl. Rdnr. 91 f.). 99

4. Kritik der BGH-Rechtsprechung

Die Rechtsprechung des BGH zur analogen Anwendung der Gründungsvorschriften auf die Aktivierung von Vorsatzgesellschaften und die Wiederbelebung von Mantelgesellschaften ist damit begründet worden, dass erst in diesem Zeitpunkt eine „gesetzestypische GmbH geschaffen“ würde[117] und die Gründung abgeschlossen sei.[118] An dieser Sichtweise ist Kritik geübt worden.[119] *Altmeppen* hat dem BGH die Befugnis einer so weitgehenden **Rechtsfort-** 100

[107] Vgl. BGH DStR 2010, 763 m. Anm. *Goette*; BGH RNotZ 2003, 524; LG Berlin Urt. v. 26. 2. 2008 – 92 O 24/07 – BeckRS 2008, 10 297.

[108] Unrichtig daher LG Köln RNotZ 2005, 239 m. abl. Anm. *v. Hoyenberg*; die Auffassung des LG Köln ablehnend auch *Rohles-Puderbach* RNotZ 2006, 274, 276.

[109] Vgl. OLG Thüringen NZG 2004, 1114 = RNotZ 2005, 52; *Goette* DStR 2010, 764, 765; Gutachten DNotI-Report 2011, 1, 2 ff.

[110] OLG Thüringen NZG 2004, 1114 = RNotZ 2005, 52; Wachter/*Heckschen* Teil 2 2. Kap. § 1 Rdnr. 115; *Rohles-Puderbach* RNotZ 2006, 274, 275; *Wicke* NZG – 2005, 409, 411. A. A. noch OLG Düsseldorf ZIP 2003, 1501 = NZG 2004, 380; OLG Stuttgart GmbHR 1999, 610.

[111] Vgl. OLG Thüringen NZG 2004, 1114 = RNotZ 2005, 52.

[112] BGH RNotZ 2003, 524.

[113] Vgl. *Goette* DStR 2004, 461, 462; OLG München DStR 2010, 820 = MittBayNot 2010, 326 m. Anm. *Apfelbaum* (Rev. beim BGH anhängig unter Az. II ZR 56/10); OLG Thüringen Urt. v. 1. 9. 2004 – 4 U 37/04 – NZG 2004, 1114 = RNotZ 2005, 52 (wirtschaftliche Neugründung bei Wiederbelebung eines GmbH-Mantels ohne Gesellschafterwechsel).

[114] Wachter/*Heckschen* Teil 2 2. Kap. § 1 Rdnr. 126.

[115] OLG Düsseldorf ZIP 2003, 1501 = NZG 2004, 380.

[116] *Goette* DStR 2004, 461, 464; OLG Thüringen Urt. v. 27. 9. 2006 – 6 W 287/06 – BeckRS 2006, 13 966.

[117] *Goette* DStR 2003, 300.

[118] *Goette* DStR 2004, 461.

[119] *Altmeppen* NZG 2003, 145; *Altmeppen*, DB 2003, 2050, *K. Schmidt* NJW 2004, 1345; *Wicke* NZG, 2005, 409, 411; *Heidenhain* NZG 2003, 1051; *Schaub* NJW 2003, 2125; *Herchen* DB 2003, 2211; *Gronstedt* BB 2003, 2082; *Kallmeyer* DB 2003, 2583; *Peetz* GmbHR 2003, 1128.

bildung abgesprochen und sieht hierzu nur den Gesetzgeber berechtigt.[120] Die Gläubiger der GmbH hätten anläßlich der (Re-)Aktivierung der Gesellschaft kein schutzwürdiges Vertrauen darauf, dass das statutarische Stammkapital wieder hergestellt wird.[121] Die BGH-Rechtsprechung laufe, so die Reaktion in der Literatur, der Konzeption des GmbHG zuwider. Nach der Gesetzessystematik prüft das Handelsregister den Vermögensbestand der GmbH lediglich im Rahmen der Eintragung bei der Gründung. Nach Eintragung der GmbH stellt insbesondere das Auszahlungsverbot nach § 30 Abs. 1 GmbHG die Erhaltung des Stammkapitals sicher.[122] Das in der Literatur vorgeschlagene Gegenkonzept, die GmbH-Gesellschafter dann unbeschränkt persönlich haften zu lassen, wenn sie die GmbH – gemessen an deren wirtschaftlicher Bedeutung – mit deutlich zu wenig Eigenkapital ausstatten (sog. Haftung wegen materieller Unterkapitalisierung),[123] konnte sich nicht durchsetzen. Das Konzept der sog. Haftung wegen materieller Unterkapitalisierung krankt daran, dass sich über das für jedes einzelne Unternehmen betriebswirtschaftlich gebotene Eigenkapital trefflich streiten läßt. Hält man sich zudem die notorische und vielfach beklagte Eigenkapitalschwäche des deutschen Mittelstandes vor Augen, erscheint dieses Haftungsmodell auch als realitätsfern, weil es weite Kreise der Selbständigen von der Rechtsform der GmbH ausschlösse.

101 An der BGH-Rechtsprechung erweisen sich die **ausufernden Tendenzen** zu einer persönlichen **Haftung** der Gesellschafter als besonders problematisch.[124] So soll ein Erwerber von Geschäftsanteilen analog § 16 Abs. 2 GmbHG in die Vorbelastungs-/Unterbilanzhaftung seiner Rechtsvorgängers selbst dann eintreten, wenn er von der wirtschaftlichen Neugründung und damit auch ihrer unterlassenen Offenlegung gegenüber dem Handelsregister nichts wusste.[125]

5. Haftung

102 a) **Verlustdeckungshaftung und Vorbelastungshaftung.** Für die Gründungsphase der GmbH zwischen der notariellen Beurkundung der Gründung und der Eintragung der GmbH im Handelsregister hat der BGH die Verlustdeckungshaftung anerkannt.[126] Es geht um Verluste aus Geschäften der GmbH i. G., die deren Stammkapital bis zur Eintragung im Handelsregister ganz oder teilweise aufzehren. Diejenigen Gründer, die mit der Aufnahme der Geschäftstätigkeit vor Eintragung einverstanden waren, haften hierfür unbeschränkt (**Verlustdeckungshaftung**), wenn die Eintragung der Gesellschaft **scheitert**. Dem BGH genügt die kenntnisabhängige Innenhaftung der Geschäftsführer und Gründungsgesellschafter nach § 9a GmbHG für falsche Angaben z. B. bei der Versicherung nach § 8 Abs. 2 GmbHG offenbar nicht. Die Verlustdeckungshaftung ist Äquivalent der **Vorbelastungs-/Unterbilanzhaftung.** Dies ist die unbeschränkte[127] Haftung der Gründer, die mit der Aufnahme der Geschäftstätigkeit vor Eintragung einverstanden waren, für Verluste aus Geschäften der GmbH i. G., die deren Stammkapital bis zur Eintragung im Handelsregister ganz oder teilweise aufzehren, wenn die GmbH **eingetragen** wird.[128] Sie wird mit dem gesetzlich in der Differenzhaftung für ungenügende Sacheinlagen gem. § 9 GmbHG verankerten Rechtsgedanken begründet, dass die satzungsmäßigen Einlagen zum Schutz der Gläubiger bei Eintragung der GmbH zur Verfügung stehen müssen. Sowohl die Verlustdeckungshaftung als auch die Vorbelastungs-/Unterbilanzhaftung sind grds. keine Außenhaftung, sondern eine

[120] *Altmeppen* DB 2003, 2050, 2051 ff.
[121] *Altmeppen* DB 2003, 2050, 2052.
[122] *Altmeppen* DB 2003, 2050; *Schaub*, DNotZ 2003, 447, 448 f. m. w. N.
[123] *K. Schmidt* NJW 2004, 1345, 1352 f.; *Altmeppen* NZG 2003, 145, 148 f.; *Altmeppen* DB 2003, 2050, 2054.
[124] Kritisch auch *Altmeppen* DB 2003, 2050, 2051; *K. Schmidt* NJW 2004, 1345, 1350; *Wicke* NZG, 2005, 409, 411.
[125] OLG München DStR 2010, 820 = MittBayNot 2010, 326 m. Anm. *Apfelbaum* (Rev. beim BGH anhängig unter Az. II ZR 56/10); a. A. OLG Schleswig Urt. v. 7. 9. 2006 – 5 U 26/06 – BeckRS 2006, 14 370.
[126] BGH DStR 1997, 625 m. Anm. *Goette*.
[127] Die Haftung ist insbesondere nicht auf das satzungsmäßige Stammkapital beschränkt; vgl. *Rohles-Puderbach* RNotZ 2006, 274, 278.
[128] BGH NJW 1981, 1373; OLG Brandenburg Urt. v. 11. 11. 2009 – 7 U 2/09 – BeckRS 2009, 86 689.

Innenhaftung der Gesellschafter gegenüber der GmbH (i. G.).[129] Damit soll ein Wettlauf der Gläubiger vermieden werden. Sie trifft die Gesellschafter anteilig entsprechend ihrer Beteiligungsquote. Die Gesellschafter haften jedoch analog § 24 GmbHG für ausgefallene Mitgesellschafter.[130] Eine Außenhaftung kommt jedoch bei der Verlustdeckungshaftung in Betracht, wenn die GmbH (i. G.) vermögenslos ist oder nur einen Gläubiger hat.[131] Bei der Vorbelastungs-/Unterbilanzhaftung gibt es auch in diesen Fällen keine Außenhaftung.[132] Der BGH betont in diesem Zusammenhang das Trennungsprinzip (§ 13 Abs. 2 GmbHG).[133]

Übertragen auf die wirtschaftliche Neugründung bedeutet dies: wird eine Vorrats- oder Mantelgesellschaft wirtschaftlich neu gegründet, so haften die Gesellschafter der GmbH analog § 8 Abs. 2 GmbHG für die im Zeitraum zwischen der wirtschaftlichen Neugründung[134] und der Offenlegung beim Handelsregister samt Versicherung eingetretenen Verluste aus Geschäften der GmbH (Vorbelastungs-/Unterbilanzhaftung). Unterbleibt die Offenlegung samt Versicherung, haften die Gesellschafter zeitlich unbeschränkt. Die bloße Offenlegung ohne Versicherung analog § 8 Abs. 2 GmbHG dürfte dem Gesellschafter nicht helfen.[135] Die Verjährung dauert analog § 9 Abs. 2 GmbHG zehn Jahre. Sie beginnt mit Offenlegung samt Versicherung.[136] 103

b) Adressaten der Vorbelastungs-/Unterbilanzhaftung. Die Vorbelastungs-/Unterbilanzhaftung trifft die **wirtschaftlichen Neugründer**. Dies sind die Gesellschafter der Mantel- oder Vorrats-GmbH, die an ihr bei der Reaktivierung beteiligt sind. Auch wer u. U. lange nach der wirtschaftlichen Neugründung **Anteile** (erstmalig) **erwirbt** und von der Neugründung nichts weiß, soll nach einem Urteil des OLG München v. 11. 3. 2010 der Haftung unterliegen.[137] Es könne nichts anderes gelten als bei der Differenzhaftung (§ 9 GmbHG) und der Unterbilanzhaftung in ihrem unmittelbaren Anwendungsbereich (Haftung der Gründer, die mit der Aufnahme der Geschäftstätigkeit vor Eintragung einverstanden waren, für Verluste).[138] Für diese ist die Literatur der Ansicht, dass Erwerber analog § 16 Abs. 2 GmbHG verschuldensunabhängig in die Innenhaftung des Veräußerers gegenüber der Gesellschaft eintreten.[139] Das OLG München begründet seine Ansicht weiter damit, dass das Vertrauen der Gläubiger auf den ungeschmälerten Bestand des Stammkapitals im Zeitpunkt der wirtschaftlichen Neugründung geschützt werden müsse.[140] Das OLG Schleswig hat in einem Urteil v. 7. 9. 2006 die gegenteilige Ansicht vertreten.[141] Die Vorbelastungs-/Unterbilanzhaftung bei der wirtschaftlichen Neugründung sei nicht mit der Einlagepflicht (§ 19 Abs. 1 GmbHG) vergleichbar. 104

Dass die Erwerber von Geschäftsanteilen für die vom Veräußerer nicht erfüllte Einlage haften, ist gerechtfertigt. Wer einen Geschäftsanteil kauft, kann sich ohne Mühe durch Einsicht in die Bilanz davon überzeugen, ob das Stammkapital vollständig eingezahlt ist. Die Gläubiger der Gesellschaft haben zwar ein schutzwürdiges Vertrauen darin, dass das Stammkapital bei wirtschaftlicher Neugründung unversehrt als Haftungsgrundlage zur Verfügung steht und dass die Gesellschafter in ihrem Bestand bei Reaktivierung der GmbH das Stammkapital wieder auffüllen. Dies rechtfertigt jedoch nicht eine unbeschränkte Haftung gutgläubiger Erwer- 105

[129] BGH DStR 1997, 625.
[130] BGH DStR 1997, 625; BGH NJW 1981, 1373; *Hueck/Fastrich* § 11 Rdnr. 61.
[131] BGH DStR 1997, 625.
[132] BGH DStR 2005, 2197 = GmbHR 2006, 88; *Hueck/Fastrich* § 11 Rdnr. 61.
[133] BGH DStR 2005, 2197 = GmbHR 2006, 88.
[134] Dagegen besteht keine Haftung für die vor wirtschaftlicher Neugründung begründeten Verbindlichkeiten *Wicke* NZG 2005, 409, 414. Zum Haftungsrisiko bei Verschmelzung auf eine andere Kapitalgesellschaft vgl. jüngst Gutachten DNotI-Report 2011, 49.
[135] Vgl. OLG Thüringen NZG 2004, 1114 = RNotZ 2005, 52. Abl. *K. Schmidt* NJW 2004, 1345, 1349.
[136] BGH NJW-RR 2008, 483.
[137] OLG München Urt. v. 11. 3. 2010 – 23 U 2814/09 – DStR 2010, 820 = MittBayNot 2010, 326 m. Anm. *Apfelbaum* (Rev. beim BGH anhängig unter Az. II ZR 56/10).
[138] BGH NJW 1981, 1373; OLG Brandenburg Urt. v. 11. 11. 2009 – 7 U 2/09 – BeckRS 2009, 86 689.
[139] Ulmer/Habersack/Winter/*Winter/Löbbe* GmbHG (2005) § 16 Rdnr. 33; Scholz/*Winter/Seibt* GmbHG § 16 Rdnr. 40.
[140] OLG München DStR 2010, 820 = MittBayNot 2010, 326 m. Anm. *Apfelbaum* (Rev. beim BGH anhängig unter Az. II ZR 56/10).
[141] OLG Schleswig Urt. v. 7. 9. 2006 – 5 U 26/06 – BeckRS 2006, 14 370.

ber, die sich erst später an der GmbH beteiligen. Die Erwerberhaftung ist im GmbHG die Ausnahme und nicht die Regel. Auch die verschuldensunabhängige Haftung der Gesellschafter ist die Ausnahme (vgl. §§ 9a Abs. 3, 31 Abs. 2 GmbHG). Zwar wird die Differenzhaftung nach § 9 GmbHG als Anspruchsgrundlage für die Vorbelastungs-/Unterbilanzhaftung wegen wirtschaftlicher Neugründung analog angewandt und ist für die Differenzhaftung die verschuldensunabhängige Erwerberhaftung anerkannt.[142] Gleichwohl erscheint eine (verschuldensunabhängige) Erwerberhaftung für die Vorbelastungs-/Unterbilanzhaftung wegen wirtschaftlicher Neugründung als überschießende Rechtsfolge, die mit dem Trennungsprinzip des § 13 Abs. 2 GmbHG nicht vereinbar ist.[143] Immerhin entspricht es überwiegender Auffassung in der Literatur, dass die Haftung eines Gesellschafters nach § 9a GmbHG wegen falscher Angaben bei der Errichtung der Gesellschaft und auf Erstattung verbotener Rückzahlungen nach § 31 GmbHG nicht auf den Anteilserwerber übergeht.[144]

106 c) **Kein Erlöschen durch Einzahlungen der Gesellschafter in das Eigenkapital.** Lange Zeit war umstritten, ob die einmal entstandene Vorbelastungs-/Unterbilanzhaftung dadurch entfällt, dass die Gesellschaft z. B. durch Einzahlungen der Gesellschafter in die Kapitalrücklage die Unterbilanz wenigstens zeitweilig beseitigt (Zweckerreichungslehre). Der BGH hat der Zweckerreichungslehre eine Absage erteilt.[145] Einschüsse der Gesellschafter bringen deren Verbindlichkeit gegenüber der Gesellschaft aus Vorbelastungs-/Unterbilanzhaftung nur zum Erlöschen, wenn sie zu deren Erfüllung und nicht zur Abgeltung z. B. von Stammeinlageverpflichtungen geleistet sind (Tilgungsbestimmung nach § 362 BGB).[146] In Betracht kommt jedoch eine Verrechnung durch die Gesellschaft selbst mit Ansprüchen des Gesellschafters, z. B. aus einer beschlossenen Gewinnausschüttung. Hierfür ist jedoch ein Gesellschafterbeschluss erforderlich und darüber hinaus, dass der Gegenanspruch des Gesellschafters werthaltig und fällig ist.[147]

107 d) **Haftung gutgläubiger Erwerber.** Die Vorbelastungs-/Unterbilanzhaftung bedeutet eine unbeschränkte Haftung selbst gutgläubiger Gesellschafter, die von der wirtschaftlichen Neugründung nichts wissen. Man kann zweifeln, ob diese überschießende Rechtsfolge vom Grundgedanken der Theorie zur wirtschaftlichen Neugründung getragen wird.[148] Schon bald nach der rechtsfortbildenden Schöpfung der Rechtsfigur „Vorbelastungs-/Unterbilanzhaftung" beschäftigte sich die Literatur daher mit Wegen zu ihrer **Eingrenzung.**[149] Eine Begrenzung der Vorbelastungs-/Unterbilanzhaftung wird neuerdings im Gefolge eines Urteils des OLG München vom 11. 3. 2010 diskutiert.[150] Dort hat das OLG München die Auffassung vertreten, dass diese Haftung der Gesellschafter ausgeschlossen ist, wenn das Stammkapital im Zeitpunkt der wirtschaftlichen Neugründung durch Gesellschaftsvermögen gedeckt ist. Die Beweislast hierfür trügen die betreffenden GmbH-Gesellschafter.[151] Die Behandlung der Fälle, in denen das Gesellschaftsvermögen das satzungsmäßige Stammkapital nicht erreicht, aufgebraucht oder sogar negativ ist, hat das OLG München offen gelassen.[152] Hier liegt es nahe, den gutgläubigen Gesellschaftern den Entlastungsnachweis zu

---

142 Vgl. Ulmer/Habersack/Winter/*Winter/Löbbe* GmbHG (2005) § 16 Rdnr. 33; Scholz/*Winter/Seibt* GmbHG § 16 Rdnr. 40.

143 Kritisch auch *Apfelbaum* MittBayNot 2010, 328, 330.

144 Scholz/*Winter/Seibt* GmbHG § 16 Rdnr. 40; Ulmer/Habersack/Winter/*Winter/Löbbe* GmbHG (2005) § 16 Rdnr. 34 und 36; Lutter/Hommelhoff/*Bayer* GmbHG § 31 Rdnr. 7. A. A. für Rückzahlungspflichten nach § 31 GmbHG jedoch wohl *Goette* DStR 2004, 461, 464.

145 BGH DNotZ 2006, 539. Vgl. zuvor schon für Erstattungsansprüche nach § 31 GmbHG BGH NJW 2000, 2577 *(Balsam/Procedo);* a. A. noch BGH NJW 1988, 139.

146 BGH DNotZ 2006, 539.

147 BGH Urt. v. 16. 1. 2006 – II ZR 65/04 – DNotZ 2006, 539.

148 Ebenso *Wicke* NZG, 2005, 409, 411.

149 *Altmeppen* DB 2003, 2050, 2052; *Goette* DStR 2004, 461.

150 OLG München DStR 2010, 820 = MittBayNot 2010, 326 m. Anm. *Apfelbaum* (Rev. beim BGH anhängig unter Az. II ZR 56/10).

151 So schon *Altmeppen* DB 2003, 2050, 2052; ebenso KG Urt. v. 7. 12. 2009 – 23 U 24/09 – NZG 2010, 387 (Rev. beim BGH anhängig unter Az. II ZR 13/10); Gutachten DNotI-Report 2011, 1.

152 OLG München DStR 2010, 820 = MittBayNot 2010, 326 m. Anm. *Apfelbaum* (Rev. beim BGH anhängig unter Az. II ZR 56/10).

eröffnen, dass aus ihrer Sicht kein Anhaltspunkt für eine wirtschaftliche Neugründung bestand.[153]

e) **Altfälle.** Die Behandlung sog. Altfälle wird äußerst kontrovers diskutiert.[154] Altfälle bezeichnet in diesem Zusammenhang die wirtschaftliche Neugründung vor Bekanntwerden des maßgeblichen BGH-Beschlusses vom 7. 7. 2003.[155, 156] Der BGH und Teile der obergerichtlichen Rechtsprechung[157] wenden die Vorbelastungs-/Unterbilanzhaftung auch auf Altfälle an. Sie ist jedoch auf die im Zeitpunkt der wirtschaftlichen Neugründung vorbehandene Unterbilanz beschränkt.[158] Daher beginnt die zehnjährige Verjährung analog § 9 Abs. 2 GmbHG nicht erst mit Offenlegung samt Versicherung, sondern schon mit wirtschaftlicher Neugründung.[159] Das OLG Köln lehnte dagegen für Altfälle sowohl die Offenlegungspflicht als auch die Vorbelastungs-/Unterbilanzhaftung ab.[160] 108

f) **Haftung analog § 9a GmbHG.** Geben die Geschäftsführer im Zusammenhang mit der wirtschaftlichen Neugründung eine **falsche Versicherung** analog § 8 Abs. 2 GmbHG beim Handelsregister ab, so haften sie gegenüber der GmbH analog § 9a Abs. 1 GmbHG.[161] Das Verschulden wird dabei vermutet (§ 9a Abs. 3 GmbHG analog). Erklären die Geschäftsführer, dass das Stammkapital unversehrt sei bzw. aufgefüllt sei, obwohl dies bewusst nicht zutrifft, so haften sie. 109

g) **Handelndenhaftung analog § 11 Abs. 2 GmbHG.** Ist vor der Eintragung einer rechtlich neu gegründeten GmbH im Namen der Gesellschaft gehandelt worden, so haften die Handelnden nach § 11 Abs. 2 GmbHG persönlich und solidarisch (Handelndenhaftung). Der BGH hat eine Handelndenhaftung analog § 11 Abs. 2 GmbHG bejaht, wenn vor Offenlegung der wirtschaftlichen Neugründung **Geschäfte aufgenommen** werden, ohne dass dem alle Gesellschafter zugestimmt haben.[162] Bereits zuvor haben das OLG Hamburg und das OLG Stuttgart eine entsprechende Haftung für den Erwerber einer Mantel-GmbH angenommen.[163] Die analoge Anwendung der Handelndenhaftung ist in der Literatur auf heftige Kritik gestoßen: weil die Gesellschaft eingetragen und damit registerrechtlich geprüft ist, habe sie keine Legitimation bei Vorrats- und Mantelgesellschaften.[164] Jedenfalls wird man davon ausgehen können, dass die Handelndenhaftung analog § 11 Abs. 2 GmbHG rückwirkend mit Offenlegung der wirtschaftlichen Neugründung entfällt.[165] 110

h) **Keine Haftung nach GbR- bzw. OHG-Grundsätzen (sog. unechte Vorgesellschaft).** Geben die Gründer einer GmbH nach Beurkundung der Satzung die Eintragungsabsicht endgültig auf, obwohl sie das Unternehmen fortführen, und verfolgen sie die Eintragung nicht mehr weiter, besteht in Wirklichkeit keine GmbH i. G. mehr, sondern eine OHG (falls ein Handelsgewerbe betrieben wird) bzw. GbR (sog. unechte Vorgesellschaft).[166] Dies bedeutet, 111

[153] *Wicke* NZG, 2005, 409, 411.

[154] BGH NJW-RR 2008, 483; OLG Köln Urt. v. 10. 12. 2007 – 18 U 172/06 – BeckRS 2008, 1102; OLG Thüringen NZG 2004, 1114 = RNotZ 2005, 52; *Goette* DStR 2004, 461, 465; *Wälzholz* NZG 2005, 203, 204; *Hueck/Fastrich* § 3 Rdnr. 13 a.

[155] BGH RNotZ 2003, 524.

[156] OLG Köln Urt. v. 10. 12. 2007 – 18 U 172/06 – BeckRS 2008, 1102.

[157] OLG Thüringen NZG 2004, 1114 = RNotZ 2005, 52; OLG Thüringen Urt. v. 27. 9. 2006 – 6 W 287/06 – BeckRS 2006, 13 966; OLG Schleswig Urt. v. 7. 9. 2006 – 5 U 26/06 – BeckRS 2006, 14 370. Krit. *Wicke* NZG, 2005, 409, 414.

[158] BGH NJW-RR 2008, 483; OLG Thüringen Urt. v. 1. 9. 2004 – 4 U 37/04 – NZG 2004, 1114 = RNotZ 2005, 52; OLG Thüringen Urt. v. 27. 9. 2006 – 6 W 287/06 – BeckRS 2006, 13 966; OLG Schleswig Urt. v. 7. 9. 2006 – 5 U 26/06 – BeckRS 2006, 14 370.

[159] BGH NJW-RR 2008, 483; OLG Thüringen Urt. v. 27. 9. 2006 – 6 W 287/06 – BeckRS 2006, 13 966; tendenziell auch OLG Schleswig Urt. v. 7. 9. 2006 – 5 U 26/06 – BeckRS 2006, 14 370.

[160] OLG Köln Urt. v. 10. 12. 2007 – 18 U 172/06 – BeckRS 2008, 1102.

[161] OLG Thüringen NZG 2004, 1114 = RNotZ 2005, 52; *Rohles-Puderbach* RNotZ 2006, 274, 278.

[162] BGH RNotZ 2003, 524, 527; OLG Thüringen NZG 2004, 1114 = RNotZ 2005, 52; *Goette* DStR 2004, 461, 464; *Hueck/Fastrich* § 3 Rdnr. 13 b. Abl. *K. Schmidt* NJW 2004, 1345, 1349 f.

[163] OLG Hamburg ZIP 1983, 570; OLG Stuttgart GmbHR 1999, 610.

[164] *K. Schmidt* NJW 2004, 1345, 1349 f.

[165] So für den Fall der rechtlichen Gründung BGH Urt. v. 16. 3. 1981, II ZR 59/80, NJW 1981, 1452.

[166] *Goette* DStR 2004, 461, 464 f.

dass die Gründer einer unbeschränkten Außenhaftung unterliegen.[167] Nun könnte man geneigt sein, diese Grundsätze auf die wirtschaftliche Neugründung zu übertragen, wenn die Offenlegung beim Handelsregister und Versicherung analog § 8 Abs. 2 GmbHG unterbleibt: die Aktivierung der Vorratsgesellschaft bzw. des brachliegenden Mantels soll wie eine GmbH-Neugründung behandelt werden.[168] Eine unbeschränkte Haftung nach GbR- bzw. OHG-Grundsätzen in derartigen Fällen wäre jedoch systemwidrig und nicht sachgerecht.[169] Die wirtschaftlich neu gegründete GmbH ist mit der bis zur (Re-)Aktivierung bestehenden Vorrats bzw. Mantelgesellschaft identisch und juristische Person. Für sie gilt das Trennungsprinzip (§ 13 Abs. 2 GmbHG).[170] Indem die Gesellschafter bzw. Geschäftsführer dem Handelsregister die (Wieder-)Belebung pflichtwidrig nicht offenlegen und die Unversehrtheit des Stammkapitals nicht versichern, führen sie ihr Unternehmen nicht in der Rechtsform der OHG oder GbR. Sie unterlassen es lediglich, eine eigene Vorbelastungs-/Unterbilanzhaftung zu vermeiden.

112 i) **Keine strafrechtliche Haftung nach § 82 GmbHG.** Nach § 82 Abs. 1 Nr. 1 bzw. 2 GmbHG wird mit Freiheitsstrafe bis zu drei Jahren oder mit Geldstrafe bestraft, wer als Gesellschafter oder als Geschäftsführer zum Zweck der Eintragung der Gesellschaft über die Übernahme der Geschäftsanteile, die Leistung der Einlagen, die Verwendung eingezahlter Beträge, über Sondervorteile, Gründungsaufwand und Sacheinlagen, oder als Gesellschafter im Sachgründungsbericht, falsche Angaben macht. Diese Vorschriften gelten nach ihrem Wortlaut und systematischen Zusammenhang nur bei der rechtlichen Erstgründung. Wegen des im Strafrecht geltenden Analogieverbots sind im Rahmen der wirtschaftlichen Neugründung vorsätzlich falsch gemachte Angaben nicht nach § 82 Abs. 1 Nrn. 1 oder 2 GmbHG strafbar. Diese Vorschriften gelten nur im Rahmen der rechtlichen Gründung und sind einer entsprechenden Anwendung nicht zugänglich.[171]

III. Satzungsgestaltung

Schrifttum: *Apfelbaum*, GmbH-Reform 2008, Die wichtigsten Änderungen für die notarielle Praxis, Notar 2008, 160; *Baetzgen*, Insichgeschäfte im Gesellschaftsrecht, RNotZ 2005, 193; *Baumann*, Die Ausschließung von GmbH-Gesellschaftern, Möglichkeiten der Satzungsgestaltung, MittRhNotK 1991, 271; *Bayer/Hoffmann/Schmidt*, Satzungskomplexität und Mustersatzung, GmbHR 2007, 953; *Binz/Sorg*, Die verdeckte Gewinnausschüttung nach der Unternehmenssteuerreform, DStR 2001, 1457; *Blasche*, Individualisierung sowie Über- und Unterschreitung des Unternehmensgegenstandes, DB 2011, 517; *Böttcher/Fischer*, Einbeziehung von Schiedsordnungen in die Satzung einer GmbH, NZG 2011, 601; *Bork*, Gerichtsstandsklauseln in Satzungen von Kapitalgesellschaften, ZHR 157 (1993), 48; *Brambring*, Güterstandsklauseln in Gesellschaftsverträgen, DNotZ 2008, 724; *Buchholz*, Rechtsnachfolge in GmbH-Geschäftsanteile, MittRhNotK 1991, 1; *Casper/Altgen*, Gesellschaftsvertragliche Abfindungsklauseln, Auswirkungen der Erbschaftsteuerreform, DStR 2008, 2319; *Casper/Risse*, Mediation von Beschlussmängelstreitigkeiten, ZIP 2000, 43; *Cramer*, Abschluss der GmbH-Geschäftsführerverträge bei satzungsmäßigen Sonderrechten, NZG 2011, 171; *Crezelius*, Unternehmenserbrecht, 2. Aufl., 2009; *Doye/Neuhaus*, Gesellschaftsvertrag der GmbH, 2004; *Ebbing*, Schiedsvereinbarungen in Gesellschaftsverträgen, NZG 1998, 281; *Elsing*, Gründungsaufwand und seine Höchstgrenze? § 5 GmbHG, § 26 AktG, DNotZ 2011, 245; *Fleischer/Schneider*, Zulässigkeit und Grenzen von Shoot-Out-Klauseln im Personengesellschafts- und GmbH-Recht, DB 2010, 2713; *Förl*, Die neue Teilbarkeit von Geschäftsanteilen – einfach (und) gut?, RNotZ 2008, 409; *Frenzel*, Erstarkung der Gesamt- zur Alleinvertretungsbefugnis bei Ausscheiden der übrigen Geschäftsführer, GmbHR 2001, 515; *Gassen*, Zulässigkeit und Grenzen gesellschaftsrechtlich vereinbarter Pflichten zur Vornahme familien- und erbrechtlicher Vereinbarungen mit Dritten, RNotZ 2004, 423; *Gaupp*, Notar und Steuerberater, in: Festschrift für Sebastian Spiegelberger, 2009, S 1410; *Götze/Bressler*, Praxisfragen der Gesellschafterliste und des gutgläubigen Erwerbs von Geschäftsanteilen nach dem MoMiG, NZG 2007, 894; *Greitemann/Bergjan*, Die Auswirkungen des MoMiG auf die M&A-Praxis, in: Festschrift für P+P Pöllath + Partners, 2008, S. 292; *Großfeld/Brondics*, Die Stellung des fakultativen Aufsichtsrats (Beirat) in der GmbH und in der GmbH & Co. KG, AG 1987, 293; *Hammen*, Zur Begründung von (organschaftlichen) Rechten Dritter im Gesellschaftsvertrag einer GmbH – Zugleich ein Bei-

[167] BGH DStR 2002, 2232 m Anm. *Goette*.

[168] Auf diese Konsequenz der BGH-Rechtsprechung weist *Altmeppen* DB 2003, 2050, 2051, kritisch hin.

[169] Ebenso *Wicke* NZG, 2005, 409, 414; *Bredow/Schumacher* DStR 2003, 1032, 1034.

[170] Vgl. BGH DStR 2005, 2197 = GmbHR 2006, 88.

[171] Einhellige Meinung; statt aller *Wicke* NZG 2005, 409, 414; *Heidenhain* NZG 2003, 1051, 1053; *Schaub* NJW 2003, 2125, 2127; *Rohles-Puderbach* RNotZ 2006, 274, 278.

trag zur Anwendung von § 328 Abs. 1 BGB im Kapitalgesellschaftsrecht, WM 1994, 765; *Heckschen*, Die GmbH-Reform – Wege und Irrwege, DStR 2007, 1442; *ders.*, Aktuelle Beratungshinweise bei Kündigung, Einziehung und Ausschluss von GmbH-Geschäftsanteilen, GmbHR 2006, 1254; *Heckschen/Heidinger*, Die GmbH in der Gestaltungs- und Beratungspraxis, 2. Aufl., 2008; *Herfs*, Einwirkung Dritter auf den Willensbildungsprozess der GmbH, 1994; *Hinderer*, Management-Beteiligungen bei Kapitalgesellschaften: Der BGH weist den Weg, RNotZ 2005, 416; *Hirte*, Die Ausübungen der Informationsrechte von Gesellschaftern durch Sachverständige, BB 1985, 2208; *Hommelhoff/Hartmann/Hillers*, Satzungsklauseln zur Ergebnisverwendung in der GmbH, DNotZ 1986, 323; *Irriger/Münstermann*, Teilung und Teilveräußerung von Geschäftsanteilen, GmbHR 2010, 617; *Ivens*, Informationsverweigerung gem. § 51 a Abs. 2 GmbHG gegenüber Konkurrenzgesellschaftern, GmbHR 1989, 273; *Kallrath*, Der Gesellschaftsvertrag der GmbH bei Beteiligung von Minderheitsgesellschaftern, MittRhNotK 1999, 325; *Karl*, Das Auskunfts- und Einsichtsrecht des GmbH-Gesellschafters nach § 51 a GmbHG, DStR 1995, 940; *Katschinski/Rawert*, Stangenware versus Maßanzug: Vertragsgestaltung im GmbH-Recht nach Inkrafttreten des MoMiG, ZIP 2008, 1993; *Kleindiek*, Materielle Unterkapitalisierung, Existenzvernichtung und Deliktshaftung – GAMMA, NZG 2008, 686; *Krafka/Willer/Kühn*, Registerrecht, 8. Aufl., 2010; *Langenfeld*, Der Gesetzgeber als Vertragsgestalter im Gesellschaftsrecht – eine Fehlbesetzung, in: Festschrift für Sebastian Spiegelberger, 2009, S. 809; *ders.*, GmbH-Vertragspraxis, 6. Aufl. 2009; *Leitzen*, Abfindungsklauseln bei Personengesellschaften und GmbHs – Aktuelle Entwicklungen und Auswirkungen der Erbschaftssteuerreform, RNotZ 2009, 315; *Lieder*, Grund- und Zweifelsfragen des genehmigten Kapitals der GmbH, DNotZ 2010, 655; *Lohr*, Die Beschränkung der Innenhaftung des GmbH-Geschäftsführers, NZG 2000, 1204; *Loritz*, Die Reichweite von Vinkulierungsklauseln in GmbH-Gesellschaftsverträgen, NZG 2007, 361; *D. Mayer*, Der Erwerb einer GmbH nach den Änderungen durch das MoMiG, DNotZ 2008, 403; *ders.*, Der Erwerb einer GmbH nach den Änderungen durch das MoMiG, in: DAI, 6. Gesellschaftsrechtliche Jahrestagung 2008; *ders.*, Wettbewerbsklauseln in Personengesellschaftsverträgen, NJW 1991, 23; *Mennicke*, Zum Weisungsrecht der Gesellschafter und der Folgepflicht des Geschäftsführers in der mitbestimmten GmbH, NZG 2000, 622; *Mohr*, Aufsichtsrat und Beirat in der GmbH – Einsatzmöglichkeiten und Satzungsgestaltung, GmbH-StB 2001, 86; *Moog/Schweizer*, Abfindungsregelung in Gesellschaftsverträgen und das Ende des Stuttgarter Verfahrens, GmbHR 2009, 1198; *Nassall*, Fort und Hinaus – Zur Zulässigkeit von Hinauskündigungsklauseln in Gesellschaftsverträgen von Personengesellschaften und Satzungen von GmbH, NZG 2008, 851; *Peters*, Verlegung des tatsächlichen Verwaltungssitzes der GmbH ins Ausland, GmbHR 2008, 245; *Priester*, Gestaltung von GmbH-Verträgen, 6. Aufl., 2010; *ders.*, Nachfolgeklauseln im GmbH-Vertrag, GmbHR 1981, 206; *ders.*, Unternehmens- Steuerreform und Gesellschaftsvertrag – Kautelarpraktische Überlegungen, DStR 2001, 795; *Raeschke-Kessler/Wiegand*, Schiedsvereinbarung und -verfahren für Gesellschafterstreitigkeiten, AnwBl. 2007, 396; *Reichert/Weller*, Der GmbH-Geschäftsanteil, 2006; *Reithmann*, Notarielle Vertragsgestaltung und mitgebrachte Entwürfe, in: Festschrift für Franz Merz, 1992, 469; *Reul*, Grundrechte und Vertragsfreiheit im Gesellschaftsrecht, DNotZ 2007, 184; *Römermann*, Ausschließung von GmbH-Gesellschaftern und Einziehung von Anteilen: ein Mienenfeld, NZG 2010, 96; *Scherer*, Familienunternehmen: Zivil- und steuerrechtliche Besonderheiten bei der Gestaltung des Gesellschaftsvertrags, BB 2010, 323; *Schulte/Sieger*, „Russian Roulette" und „Texan Shoot Out", NZG 2005, 24; *Sommer/Nachreiner*, Schiedsklausel in der GmbH-Satzung – Was Sie bei der Regelung im Gesellschaftsvertrag beachten sollten, GmbH-StB 2000, 287; *Sommer/Weitbrecht*, Salvatorische Klauseln in GmbH-Verträgen, GmbHR 1991, 449; *Stumpf*, Das Handelsregister nach der HGB-Reform, BB 1998, 2381; *Tebben*, Die Reform der GmbH – Das MoMiG in der notariellen Praxis, RNotZ 2008, 441; *ders.*, Gesellschaftsvertraglicher Schutz gegen Treuhand und Unterbeteiligungen an Geschäftsanteilen, GmbHR 2007, 63; *Ulmer*, Begründung von Rechten für Dritte in der Satzung einer GmbH, in: Festschrift für Winfried Werner, 1984, 911; *ders.*, Nochmals: Begründung von Rechten für Dritte in der Satzung einer GmbH, in: Festschrift für Herbert Wiedemann, 2002, 1297; *v. Trotha*, Zur Formproblematik bei Schiedsabreden von GmbH-Gesellschaftern, DB 1988, 1367; *van Venrooy*, Gesellschafter-Sonderrechte in der GmbH, GmbHR 2010, 841; *Vossius*, Die Europäische Privatgesellschaft – Societas Europaea Privata (EPG/ SEP), EWS 2007, 438; *ders.*, Zum Entwurf eines ganzheitlichen GmbH-Reformgesetzes aus der Praxis, GmbHR 2005, R 373; *Wachter*, Festsetzung des Gründungsaufwands in der GmbH-Satzung, NZG 2010, 734; *ders.*, Güterstandsklauseln in GmbH-Satzungen, GmbH-StB 2006, 234; *Waldenberger*, Sonderrechte der Gesellschafter einer GmbH – Ihre Arten und ihre rechtliche Behandlung, GmbHR 1997, 49; *Wälzholz*, Alternative Regelungstypen zum Gesellschafterausschluss – Texan Shoot Out, Tag Along, Drag Along, Russian Roulette, Bieterverfahren, GmbH-StB 2007, 84; *ders.*, Der Beirat im mittelständischen Unternehmen – Chancen, Grenzen und Probleme, DStR, 2003, 511; *ders.*, Die Reform des GmbH-Rechts, MittBayNot 2008, 425; *Weigl*, Behördliche Genehmigungen bei der GmbH-Gründung, DNotZ 2011, 169; *Weitnauer*, Der Beteiligungsvertrag, NZG 2001, 1065; *Wellhöfer*, Ausscheiden eines GmbH-Gesellschafters in der Gesellschaftspraxis, GmbHR 1994, 212; *Werner*, Der Beirat als Instrument der Unternehmensnachfolge, ZEV 2010, 619; *ders.*, Kautelarjuristische Strategien zur Trennung zerstrittener Gesellschafter, GmbHR 2005, 1554; *Wicke*, Die Bedeutung der öffentlichen Beurkundung im GmbH-Recht, ZIP 2006, 977; *ders.*, Echte und unechte Bestandteile im Gesellschaftsvertrag der GmbH, DNotZ 2006, 419; *M. Winter*, Mitgliedschaftliche Treuebindungen im GmbH-Recht, 1988, S. 252; *Wolff*, Beschlussmängelstreitigkeiten im Schiedsverfahren, NJW 2009, 2021; *Wurm/Wagner/Zartmann*, Rechtsformularbuch, 16. Aufl., 2011.

1. Notar und Satzungsgestaltung

113 a) **Typische Beratungssituation und Praxis des Notars bei der Satzungsgestaltung.** Zumindest in Großstadtnotariaten stellt die Beurkundung von GmbH- und UG-Gründungen für die Notare ein „Massengeschäft“ dar. Selten äußern die Beteiligten dabei von sich aus den Wunsch nach einem der Beurkundung vorangehenden Beratungsgespräch. Regelmäßig wird statt dessen bereits anlässlich der Kontaktaufnahme mit dem Notariat entweder die Bitte geäußert, der Beurkundung der Gründung die „Standardsatzung“ des Notariats oder aber (deutlich seltener) das Musterprotokoll zugrunde zu legen. Mindestens ebenso häufig behalten sich die Beteiligten vor, selbst einen Satzungstext für die Beurkundung zur Verfügung zu stellen, der dann entweder von einem rechtlichen Berater oder von dem Steuerberater der Unternehmensgründer stammt oder aber aus dem Internet heruntergeladen wurde. Auf die Frage des Notars nach der genauen Herkunft des Satzungstextes erfährt dieser überdies nicht selten, dass die darin enthaltenen Regelungen aus verschiedenen, meist im Internet zu findenden Quellen „zusammengestückelt“ und dann mit selbst entworfenen Regelungen ergänzt worden sind. Nur in wenigen Fällen, in denen der Satzungstext von den Beteiligten selbst stammt, wird bei dem Notar die Sorge aufkommen, dass (wie beim Musterprotokoll) ein „Regelungsdefizit“ besteht. Eher drängt sich der Verdacht auf, dass bei Fremdentwürfen nach der Devise „eher mehr als weniger“ verfahren wird mit der Folge, dass der Notar – wenn sein Büro nicht bereits im Vorfeld entsprechend Einfluss genommen hat – nicht selten auch bei Ein-Personen-Gründungen durch rechtliche und sprachliche Eleganz nicht durchweg überzeugende Satzungstexte in einer Länge von bis zu 20 Textseiten zu verlesen hat.[172]

114 Obgleich es sich bei der Gestaltung von GmbH-Satzungen – wie noch zu zeigen sein wird – um eine äußerst komplexe Aufgabe handelt, macht die in der vorstehenden Bestandsaufnahme beschriebene Ausgangslage die Beschäftigung mit GmbH-Satzungen bei vielen Notaren nicht sonderlich beliebt. Sicherlich unzutreffend ist indessen die gelegentlich geäußerte Mutmaßung, wonach die fehlende Beliebtheit damit zusammenhänge, dass die für die Gründung einer mit dem Mindeststammkapital ausgestatteten GmbH (oder einer UG mit geringerem Stammkapital) anfallenden Gebühren bei vielen Notaren nicht als sehr attraktiv gelten und zusätzlicher Aufwand bekanntermaßen nicht zu einer Steigerung der Gebühren führt.

115 b) **Funktionen der notariellen Beurkundung der GmbH-Satzung.** Die Beurkundung des Gesellschaftsvertrages ist in § 2 Abs. 1 Satz 1 GmbHG zwingend vorgeschrieben. Das Beurkundungserfordernis bezweckt in erster Linie eine **materielle Richtigkeitsgewähr** durch die in § 17 BeurkG vorgeschriebene Prüfungs- und Belehrungspflicht des Notars.[173] Der Aspekt der Richtigkeitsgewähr hat auch den Gesetzgeber dazu veranlasst, für die Gründung im sog. vereinfachten Verfahren (§ 2 Abs. 1a GmbHG) nicht – wie noch im Gesetzgebungsverfahren diskutiert – eine einfache Unterschriftsbeglaubigung genügen zu lassen, sondern die notarielle Beurkundung vorzusehen.[174] Überdies hat der Gesetzgeber durch die Beschränkung des Umfangs der richterlichen Prüfung durch Einführung eines neuen Abs. 2 in § 9c GmbHG im Rahmen des HRefG erkennen lassen, welchen Stellenwert er der **notariellen Beratung und Belehrung** beimisst und dass er diese letztlich für sach- und personennäher hält als eine nachgelagerte Prüfung durch das Registergericht.[175] Aufgaben und Pflichten des Notars im Zusammenhang mit dem Wirksamwerden und den Inhalten einer GmbH-Satzung sind somit keineswegs zu unterschätzen und können – im Falle ihrer Verletzung –

[172] Vgl. *Gaupp* FS Spiegelberger S. 1410, 1415: „nicht auszurottendes Übel“; ähnlich *Reithmann* FS Merz 469, 479.

[173] BT-Drucks. 16/9737 unter III. zum MoMiG; vgl. auch BGH NJW 1989, 295 („Supermarkt“). Daneben dient sie – wie die meisten Beurkundungen – der Beweissicherung und dem Schutz und der Warnung der Beteiligten, vgl. MünchHdbGesR III/*Riemenschneider/Freitag* § 5 Rdnr. 42. Ausführlich hierzu auch *Wicke* ZIP 2006, 977 ff.

[174] Vgl. BT-Drucks. 16/9737 unter III. zum MoMiG; MünchHdbGesR III/*Riemenschneider/Freitag* § 5 Rdnr. 42.

[175] Vgl. *Stumpf* BB 1998, 2381; MünchHdbGesR III/*Riemenschneider/Freitag* § 5 Rdnr. 43.

naturgemäß auch Haftungsfolgen nach sich ziehen. Klare Konturen der insoweit bestehenden notariellen Pflichten sind allerdings bislang nicht zu erkennen und einschlägige Gerichtsentscheidungen rar. Judiziert wurden vornehmlich Belehrungsversäumnisse, nicht hingegen Gestaltungsfehler. Im Zusammenhang mit dem im vereinfachten Verfahren zu verwendenden Musterprotokoll ist im Schrifttum vereinzelt die Ansicht vertreten worden, dass ein Notar sich schadensersatzpflichtig mache, wenn er Unternehmensgründern von sich aus eine solche Satzung vorschlagen würde, die zahlreiche in der Praxis übliche Regelungen für das Verhältnis der Gesellschafter untereinander (z. B. Vinkulierungsklauseln, Einziehungs- und Abtretungsklauseln etc.) vermissen lässt.[176] Tatsächlich liegt auf der Hand, dass der Notar zumindest für die Gewähr eines praxisüblichen, für bestimmte Gesellschafterkonstellationen typischerweise geeigneten Regelwerks und im übrigen für die rechtliche Tragfähigkeit und Schlüssigkeit der in ihm verwendeten Satzungsregelungen einzustehen hat. Darüber hinaus wird man die Haftung des Notars auf die (Nicht)Regelung solcher Sachverhalte beschränken müssen, die von ihm erkannt werden oder aber bei ordnungsgemäßer Amtswaltung hätten erkannt werden müssen. Viele Regelungsbedürfnisse der Beteiligten treten jedoch erst im Laufe der Zeit zutage und ergeben sich möglicherweise auch erst durch Veränderungen im Gesellschafterbestand oder in der Höhe der Beteiligungen.[177] Einen (individualisierenden) Blick in die Zukunft wird man vom Notar aber sicher nicht erwarten können.

Nicht wesentlich anders dürfte sich die Situation bei mitgebrachten Satzungsentwürfen darstellen. Verwendet der Notar einen mitgebrachten Entwurf, macht er ihn zu seiner Niederschrift.[178] Auch hier gelten für den Notar die konsultativen Pflichten des § 17 BeurkG.[179] Auch hier ist der Notar gehalten, durch gezielte Fragen an die Beteiligten festzustellen, ob der Entwurf ihrem wahren Willen entspricht. Gleichzeitig hat er sicherzustellen, dass Irrtümer und Zweifel vermieden werden.[180] Daneben obliegt dem Notar die Überprüfung des Entwurfs auf seine rechtliche Tragweite und seine Klarheit und Unmissverständlichkeit.[181] Die Zweckmäßigkeit des Entwurfs hat der Notar hingegen nicht zu überprüfen.[182] 116

c) **Standardisierung oder maßgeschneiderte Satzung?** Anlässlich der Reform des GmbH-Rechts ist – angeregt durch die für die englische Limited-Gründung verwendeten Einheitsformulare – die Standardisierbarkeit von Gesellschaftsverhältnissen vielfältig diskutiert worden.[183] Hervorgebracht hat das MoMiG letztlich die Einführung des Musterprotokolls nach § 2 Abs. 1a GmbHG, dessen Inhalt – wie bereits erwähnt – wegen seiner dürftigen Regelungen und seiner fehlenden Einzelfallbezogenheit stark kritisiert worden ist. Auch außerhalb der Verwendung des Musterprotokolls ist jedoch – bei Notaren nicht weniger als bei sonstigen wirtschaftsrechtlichen Beratern – im Bereich der GmbH-Satzungsgestaltung eine klare Neigung zur **Standardisierung** festzustellen. Solcherlei Standardisierung steht immer in einem gewissen Spannungsverhältnis zur tatsächlichen Bedürfnislage. Dass man den unterschiedlichen Bedürfnissen nur mit **„maßgeschneiderten" Gesellschaftsverträgen** vollauf gerecht werden kann,[184] wird man kaum ernsthaft anzweifeln können. Umgekehrt dürfte es aber auch keinem Zweifel unterliegen, dass der zeitliche und ökonomische Rahmen des Notars stark strapaziert würde, wollte dieser auf den Einsatz von Standardverträgen gänzlich verzichten und anlässlich jeder anstehenden GmbH-Gründung die individuellen Bedürfnisse 117

[176] Z. B. *Heckschen* DStR 2007, 1442, 1444; *Vossius* EWS 2007, 438, 442 (jeweils im Hinblick auf die im Regierungsentwurf ursprünglich enthaltene Mustersatzung).

[177] So ausdrücklich Baumbach/Hueck/*Zöllner* Vor § 45 Rdnr. 3.

[178] So ausdrücklich *Reithmann* FS Merz 469, 472.

[179] Ausdrücklich *Reithmann* FS Merz 469, 472.

[180] *Reithmann* FS Merz 469, 472.

[181] *Reithmann* FS Merz 469, 475.

[182] *Reithmann* FS Merz 469, 479.

[183] Vgl. hierzu z. B. *Katschinski/Rawert* ZIP 2008, 1993 („Stangenware versus Maßanzug"); *Wicke* ZIP 977, 978 f.

[184] So ausdrücklich *Vossius* GmbHR 2005, R 373 f.; vgl. auch BeckGmbH-HB/*Schwaiger* § 2 Rdnr. 68: „Die Vertragsgestaltung hat sich stets am Einzelfall zu orientieren. Der Rückgriff auf Formularmuster ist sehr nützlich, dient aber im Sinne einer Checkliste nur zur Überprüfung der Vollständigkeit und als Maßstab für mögliche Inhalte. Die spezifischen Gegebenheiten der konkreten Situation bedürfen darüber hinaus einer für die betreffende Gesellschaft ‚maßgeschneiderte' Regelung".

mit Hilfe eines ausführlichen Beratungsgesprächs zunächst ausführlich klären und anschließend auf der Grundlage der so ermittelten Ergebnisse einen individuell erstellten Gesellschaftsvertrag „maßschneidern".

118 Der Königsweg dürfte auch hier in der Mitte liegen und auf etwas hinauslaufen was man – um im Bild zu bleiben – als **„maßkonfektionierten" Gesellschaftsvertrag** bezeichnen könnte. Ausgehend von einer für einen bestimmten Vertragstypus entwickelten, in ständiger Praxis verfeinerten Mustersatzung bzw. von bestimmten Klauseln, die sich für typisierte Sachverhalte als zweckmäßig und interessengerecht erwiesen haben, sollte der Notar entweder im Vorfeld oder aber auch gelegentlich der Beurkundung im Gespräch mit den Beteiligten eine bestmögliche Feinjustierung der Satzungsregelung anstreben.[185] Erfahrungsgemäß wird der Inhalt der notariellen Mustersatzungen in der ganz überwiegenden Zahl aller Fälle allerdings als „passend" empfunden. Individualisierungsbedarf besteht – wenn überhaupt – meist nur bei den Regelungen zum Erbfall, zum Kündigungsrecht und zu den Mehrheitserfordernissen. In der Regel werden die Klienten dem Notar spätestens bei der Erläuterung der einzelnen Satzungsbestimmungen ihre eventuell abweichende Interessenlage mitteilen und ihm die für eine Optimierung erforderliche Grundlage liefern. Gelegentlich wird sich der Notar bei Unschlüssigkeit der Beteiligten aber auch auf die Empfehlung beschränken, mit einer bestimmten Satzungsregelung zunächst einmal „zu leben" und gegebenenfalls zu einem späteren Zeitpunkt aufgrund der gewonnenen Erfahrungen eine Satzungsänderung vorzunehmen. Die mit der Individualisierung der Mustersatzung verbundene Aufgabe sollte der Notar – nicht nur aus haftungsrechtlichen Gründen – außerordentlich ernst nehmen. Dabei hat er zu bedenken, dass die Satzung, unabhängig von ihrer genauen dogmatischen Verortung, die organisatorische Basis (Verfassung) für die Entstehung und Existenz der GmbH bis hin zu ihrer vollständigen Beendigung bildet. Sie hat sich in der täglichen Handhabung durch die Beteiligten zu bewähren und ist somit auf äußerste Langlebigkeit und Praktikabilität ausgelegt. Einzelne Bestimmungen, denen bei der Gründung der Gesellschaft naturgemäß noch kein besonderes Interesse geschenkt wird (z. B. Einziehungs- und Abfindungsklauseln) können zu einem späteren Zeitpunkt zum Kristallisationspunkt vollkommen entgegengesetzter Interessen werden. Spruchgerichte werden überdies oftmals durch unklar, unsorgfältig oder aber nicht interessengerecht formulierte Satzungsklauseln vor Auslegungsschwierigkeiten gestellt. Insgesamt empfinden sich viele Gesellschafter zu einem späteren Zeitpunkt im Leben der GmbH in ein nicht (mehr) passendes Korsett gepfercht, aus dem sie sich mitunter nur unter großer Mühe befreien können. Kurzum: Die Bedeutung der Satzung für das kooperative Leben steht oftmals im Gegensatz zu dem in ihre Gestaltung investierten Aufwand.

119 Für den Notar ist die individualisierende Satzungsgestaltung eine gute Gelegenheit, sich mit seiner Erfahrung als routinierter Ermittler zu regelnder Lebenssachverhalte und als souverän agierender Kenner des Gesellschaftsrechts zu bewähren und sich auf diese Weise möglicherweise auch für die künftige gesellschaftsrechtliche Beratung zu empfehlen. Im Ergebnis sollte der Notar die Satzungsgestaltung nicht als „lästiges Beiwerk" oder als „notwendiges Übel" seiner gesellschaftsrechtlichen Praxis betrachten, sondern vielmehr durchaus als Herzstück seiner Tätigkeit als wirtschaftsrechtlicher Berater.

120 *Schwaiger* hat grobe **Leitlinien** vorgeschlagen, die bei jeder Satzungsgestaltung beachtet werden sollten.[186] Danach soll die Satzung – unabhängig von ihrem konkreten Inhalt – stets

- praktikabel sein (keine unüberwindbaren Hindernisse),
- wirtschaftlich vernünftig sein (keine kostspieligen Formalitäten),
- Pattsituationen vermeiden helfen,
- künftige Entwicklungen antizipieren,
- steuerliche Nachteile ausschließen.

121 Diesen Leitlinien ist mit der Ergänzung uneingeschränkt zuzustimmen, dass bei der Satzungsgestaltung stets auch das Augenmaß bei der gewählten Regelungsdichte bewahrt wer-

[185] Vgl. MünchHdbGesR III/*Grziwotz* § 18 Rdnr. 1, der die von der Vertragsgestaltung insoweit verwendete Rechtstechnik mit derjenigen der Gerichte vergleicht, die gleich gelagerte Sachverhalte in ständiger Rechtsprechung" im selben Sinne entscheiden.

[186] BeckGmbH-HB/*Schwaiger* § 3 2 Rdnr. 68.

den sollte. Schon um die Unternehmensgründer nicht zu überfordern, sollten einfache Sachverhalte auch einfach geregelt werden.

2. Grundlagen der Satzungsgestaltung

a) **Rechtsnatur der Satzung.** Kennzeichnend für die Rechtsnatur der Satzung ist ihre **Doppelnatur**. Zum einen enthält sie die Vereinbarung der Gründer über die Errichtung der GmbH (bzw. die entsprechende Erklärung des Einpersonengründers). Zum anderen bildet sie die Grundlage für die Rechtsverhältnisse der GmbH, ihrer Beziehungen zu den Gesellschaftern und die Rechtsstellung ihrer Organe sowie das Verhältnis der Gesellschafter untereinander. Bis zur Eintragung der Gesellschaft in das Handelsregister überwiegt die Regelung der individuellen Rechtsbeziehungen zwischen den Gründungsgesellschaftern, ab der Eintragung rückt die überpersonale Bedeutung der Satzung als normative Grundordnung der Gesellschaft in den Vordergrund. Die Satzungsregelungen wirken nämlich über die am Vertragsschluss Beteiligten hinaus, sind als Verfassung des Unternehmens im Sinne von § 25 BGB auch für künftige Mitglieder bindend und haben zudem für den allgemeinen Rechtsverkehr Bedeutung (z. B. Art der Vertretung der Gesellschaft, Höhe des Stammkapitals etc.).[187] Von diesen sich im Laufe des Gründungsverfahrens verändernden Funktionen des Gesellschaftsvertrags wird auch der Meinungsstreit über die genaue **Rechtsnatur der Satzung** bestimmt, an dessen einem Ende die sogenannte Vertragstheorie (Gesellschaftsvertrag als Rechtsgeschäft zwischen den Gründern) und an dessen anderem Ende die Normentheorie (Schaffung objektiven Rechts kraft staatlicher Delegation durch die Gründer) steht.[188] Die hierzu heute überwiegend vertretenen Auffassungen bewegen sich, wenngleich mit jeweils unterschiedlicher Akzentsetzung, zwischen diesen Polen. Die von der Rechtsprechung und der überwiegenden Praxis vertretene sog. modifizierte Normentheorie betont dabei den Normencharakter der Satzungsregelungen.[189] Die Entscheidung hinsichtlich der Rechtsnatur der Satzung hat auch terminologische Auswirkungen. So wird vertreten, dass der „Gesellschaftsvertrag" nur das zwischen den Gründern abgeschlossene Errichtungsgeschäft und die „Satzung" die organisatorische Verfassung der GmbH nach ihrer Entstehung sei.[190] Das GmbHG selbst spricht lediglich vom Gesellschaftsvertrag (z. B. § 3 Abs. 1 GmbHG). 122

Praktische Relevanz hat die Frage der Rechtnatur vorrangig für die bei der **Auslegung** anzuwendende Methodik. Satzungsbestimmungen sind nach der Rechtsprechung – mit Ausnahme der in die Satzung aufgenommenen schuldrechtlichen Abreden, für die die allgemeinen Regeln der §§ 133, 157 BGB uneingeschränkt gelten – einer normenähnlichen, d. h. objektiven Auslegung zu unterziehen.[191] Dies bedeutet, dass die Satzung aus sich selbst heraus, also nach Wortlaut und Sinnzusammenhang, und im Übrigen nur unter Heranziehung von allgemein zugänglichen Unterlagen, wie dem Handelsregister und den Registerakten, auszulegen ist.[192] Ein Rückgriff auf nicht allgemein erkennbare Umstände, wie insbesondere die insoweit nicht zum Ausdruck gekommenen Vorstellungen und Äußerungen der Gesellschafter, ist daher ausgeschlossen.[193] Folgerichtig unterliegt die Auslegung der Satzung – anders als die in sie aufgenommenen schuldrechtlichen Abreden – einer uneingeschränkten **Prüfung durch das Revisionsgericht**.[194] Dass die für die Auslegung der Satzungsbestimmungen geltenden Maßstäbe weitreichende Bedeutung auch für die Satzungsgestaltung haben und insoweit an den Satzungsgestalter besondere (von der Gestaltung schuldrechtlicher Abreden abweichende) Anforderungen stellen, liegt auf der Hand. Gleichwohl wird dies in der Gestaltungspraxis gelegentlich übersehen und zwar typischerweise mit dem Hinweis, dass sich die Gesellschafter schon „einig sind", wie eine bestimmte Satzungsklausel zu verstehen sei. 123

[187] *Wicke* § 2 Rdnr. 2.
[188] Vgl. hierzu ausführlich MünchHdbGesR III/*Riemenschneider/Freitag* § 5 Rdnr. 6.
[189] MünchHdbGesR III/*Grziwotz* § 18 Rdnr. 2.
[190] Lutter/Hommelhoff/*Lutter* § 2 Rdnr. 10.
[191] OLG Köln NZG 1999, 1223.
[192] Vgl. nur *Wicke* § 2 Rdnr. 4; ähnlich Baumbach/Hueck/*Hueck/Fastrich* § 2 Rdnr. 31.
[193] *Wicke* § 2 Rdnr. 4.
[194] BGH DB 1993, 2423.

124 Die schon angesprochene Unterscheidung zwischen körperschaftlichen (auch: echten) und individualrechtlichen (auch: unechten) Satzungsbestimmungen hat rechtliche Bedeutung außer für die Auslegung der Vereinbarungen und deren etwaige Überprüfung durch das Revisionsgericht auch für die Anwendung der allgemeinen zivilrechtlichen Grundsätze über Willenserklärungen und Rechtsgeschäfte, die Möglichkeit einer Inhaltskontrolle nach Maßgabe der §§ 305 ff. BGB, die Rechtsfolgen von Pflichtverletzungen, die Form ihrer Abänderung sowie ihre rechtliche Wirkung im Hinblick auf die Gesellschaft, künftige Mitglieder und Dritte.[195]

125 b) **Zwingender und fakultativer Inhalt der Satzung.** Von nur sehr eingeschränkter praktischer Bedeutung für die (notarielle) Satzungsgestaltung ist die gängige Unterscheidung zwischen den verschiedenen **Kategorien möglicher Satzungsbestimmungen.** Unterschieden wird üblicherweise zwischen

- dem **zwingenden (notwendigen) Mindestinhalt** einer Satzung gemäß § 3 Abs. 1 GmbHG,
- dem **formbedürftigen fakultativen Inhalt** einer Satzung, dessen Regelung den Gesellschaftern zwar freisteht, der jedoch – wenn insoweit ein Regelungswunsch besteht – mit Wirkung für und gegen die Gesellschaft und künftige Gesellschafter kraft gesetzlicher Anordnung (z. B. §§ 3 Abs. 2, 5 Abs. 4, 15 Abs. 5, 26 Abs. 2, 29, 34 GmbHG, analog § 26 Abs. 2 AktG) nur in der (zu beurkundenden) Satzung geregelt werden kann,
- dem **sonstigen (nicht formbedürftigen) fakultativen Inhalt** einer Satzung, bei dem es im Belieben der Gesellschafter steht, ob sie die Regelung innerhalb des Satzungstextes entweder als (körperschaftlicher) „echter Satzungsbestandteil" oder als (nicht körperschaftlicher) „unechter (bloß formeller) Bestandteil" oder aber gänzlich außerhalb der Satzung vornehmen (etwa in einem Gesellschafterbeschluss oder einer schuldrechtlichen Nebenabrede). Dies können beliebige schuldrechtliche Vereinbarungen (z. B. Stimmrechtsvereinbarungen) sein, aber auch innergesellschaftliche Regelungen (z. B. Bestellung der Geschäftsführer, Besetzung des Aufsichtsrats oder Geschäftsordnung für Gesellschaftsorgane), die ebenso außerhalb des Gesellschaftsvertrags durch Gesellschafterbeschluss getroffen werden können.[196]

126 Soweit die betreffenden Regelungen tatsächlich in den Satzungstext aufgenommen worden sind, spielt zumindest die Unterscheidung zwischen den ersten beiden Kategorien, dem zwingenden Mindestinhalt und dem formbedürftigen fakultativen Inhalt, keine erkennbare Rolle.[197] Bedeutung hat die Unterscheidung – wie nachfolgend noch zu zeigen ist – allenfalls bei Fehlen entsprechender Bestimmungen. Praktische Hürden für den Satzungsgestalter resultieren hingegen vor allem aus der letzten Kategorie der sonstigen (nicht formbedürftigen) Satzungsinhalte, da bei diesen alleine aus dem Standort im Satzungstext nur beschränkte Rückschlüsse auf deren Qualität als körperschaftliche oder lediglich individualrechtliche (schuldrechtliche) Bestimmung gezogen werden können. Die Aufnahme der betreffenden Regelung in die Satzung spricht zunächst regelmäßig für den Willen den Parteien zur Schaffung eines echten Satzungsbestandteils.[198] Zentrale Aufgabe des Rechtsgestalters ist es insoweit, klare Festlegungen zu treffen, indem individualrechtliche Regelungen (vorzugsweise) vollständig aus der Satzung ferngehalten oder aber innerhalb der Satzung klar als solche gekennzeichnet werden. In jedem Falle sollten spätere Zweifel hinsichtlich des Charakters einer Regelung als echter oder unechter Satzungsbestandteil nach Möglichkeit vermieden werden. Für eine Ausnutzung der Wahlfreiheit zugunsten der Schaffung eines echten Satzungsbestandteils spricht die hierdurch erreichte „dingliche", also überpersonale Geltung der betreffenden Klausel, dagegen die erschwerte Abänderbarkeit (§ 53 Abs. 2 GmbHG) sowie die fehlende Vertraulichkeit der Regelung durch die (sogar online gewährleistete) Einsehbarkeit im Handelsregister durch jedermann.

[195] Vgl. *Wicke* DNotZ 2006, 419; *Wicke* § 3 Rdnr. 24.

[196] Baumbach/Hueck/*Hueck/Fastrich* § 3 Rdnr. 53.

[197] Die Notwendigkeit der Differenzierung zwischen obligatorischen und fakultativen Satzungsbestimmungen bezweifeln allgemein MünchHdbGesR III/*Grziwotz* § 19 Rdnr. 23; ebenso (im Zusammenhang mit der Satzungsauslegung) Baumbach/Hueck/*Hueck/Fastrich* § 2 Rdnr. 30.

[198] Vgl. nur Scholz/*Emmerich* § 3 Rdnr. 108; Baumbach/Hueck/*Hueck/Fastrich* § 3 Rdnr. 55; weitere Auslegungskriterien finden sich bei Römermann/*Seibt* § 2 Rdnr. 4.

§ 3 Abs. 1 Nr. 1–4 GmbHG schreibt den **Mindestinhalt jeder GmbH-Satzung** vor. Dieser umfasst die Firma und den Sitz der Gesellschaft, den Gegenstand des Unternehmens, den Betrag des Stammkapitals sowie die Zahlung und die Nennbeträge der Geschäftsanteile, die jeder Gesellschafter gegen Einlage auf das Stammkapital (Stammeinlage) übernimmt. Treffen die Gründer zu einem der genannten Punkte keine Regelung, so liegt ein nichtiger Gesellschaftsvertrag und damit ein Eintragungshindernis gem. § 9c Abs. 2 Nr. 1 GmbHG vor. Nach Eintragung in das Handelsregister können Mängel nach § 3 Abs. 1 GmbHG nur noch beschränkt und mit Wirkung für die Zukunft in besonderen Verfahren geltend gemacht werden.[199] Für Mängel bezüglich der Angaben zum Unternehmensgegenstand (Nr. 2) und zur Höhe des Stammkapitals (Nr. 3) sieht § 75 GmbHG insoweit die Nichtigkeitsklage vor. In den übrigen Fällen (z. B. fehlende Angaben zu Firma und Sitz) ist dagegen das Amtsauflösungsverfahren nach § 399 IV FamFG einschlägig, das nach § 60 Abs. 1 Nr. 5 GmbHG zur Auflösung der Gesellschaft führen kann.[200] Hier können Mängel noch während des Verfahrens durch Satzungsänderung geheilt werden (§ 399 Abs. 1 Nr. 1 und Abs. 2 FamFG).[201] 127

c) **Grenzen der Gestaltungsfreiheit.** Im Gegensatz zur Situation im Aktienrecht mit dem dort vorherrschenden Prinzip der formellen Satzungsstrenge (§ 23 Abs. 5 AktG) verfügen die Gesellschafter einer GmbH bei der Ausgestaltung ihrer Rechtsverhältnisse über **weitgehende Gestaltungsfreiheit.**[202] Gänzlich schrankenlos ist jedoch auch diese Freiheit nicht. Sie findet ihre Grenzen in[203] 128

- den **zwingenden Vorschriften des GmbHG**, die in erster Linie das Außenverhältnis der Gesellschaft, hier vor allem den Gläubigerschutz (z. B. Kapitalaufbringungs- und erhaltungsvorschriften, Stellung des Geschäftsführers, dessen unbeschränkte Vertretungsmacht und dessen Pflichten zur Kapitalsicherung und zur rechtzeitigen Stellung des Insolvenzantrags), seltener das Innenverhältnis (insbesondere Individual- und Minderheitenschutz) betreffen (z. B. Auskunfts- und Einsichtsrecht der Gesellschafter, Recht der Minderheit zur Einberufung einer Gesellschafterversammlung),
- den **ungeschriebenen Prinzipien des GmbH-Rechts**, insbesondere dem Grundsatz der Verbandssouveränität (z. B. Unveränderbarkeit der Stellung der Gesellschafterversammlung als oberstem Organ der GmbH) und dem Kernbereich von Gesellschafterrechten (z. B. Einberufungs-, Teilnahme- und Stimmrecht bei der Gesellschafterversammlung und Anfechtungsbefugnis sowie das Recht zur Gesellschafterklage),
- den **zwingenden allgemeinen Gesetzen** (z. B. Mitbestimmungsrecht und Grundsätze der Rechnungslegung) oder Verbotsnormen wie den Vorschriften der §§ 134, 138 BGB (z. B. Sittenwidrigkeit unangemessener Abfindungs-und Hinauskündigungsklauseln),
- **allgemeinen gesellschaftsrechtlichen Prinzipien** (z. B. der gesellschaftsrechtlichen Treuepflicht und dem Gleichbehandlungsgrundsatz).

Soweit Einzelheiten dieser Schranken für die Satzungsgestaltung von Bedeutung sind, werden diese im Nachfolgenden näher erörtert.

Insgesamt vermögen die bestehenden Schranken jedoch an der grundsätzlichen Elastizität der GmbH in der Gestaltung der Beziehungen der Gesellschafter zueinander und zur Gesellschaft und damit an ihrer Eignung als „Allzweckinstrument“ im Rechtsverkehr kaum etwas zu ändern.[204] 129

3. Satzungen im Standardportfolio des Notars

Notaren ist zu raten, in ihr Musterportfolio als Grundausstattung – neben den entsprechenden Musterprotokollen gemäß § 2 Abs. 1a GmbHG – zumindest ein Vertragsmuster für die Ein-Personen-GmbH und eines für die Mehrpersonen-GmbH aufzunehmen. In der 130

[199] Baumbach/Hueck/*Hueck/Fastrich* § 3 Rdnr. 23.
[200] Baumbach/Hueck/*Hueck/Fastrich* § 3 Rdnr. 23.
[201] Baumbach/Hueck/*Hueck/Fastrich* § 3 Rdnr. 23.
[202] Ihren gesetzlichen Ausdruck findet die Satzungsautonomie vor allem in § 3 Abs. 2 Alt. 2 und § 45 Abs. 1 GmbHG.
[203] Vgl. hierzu ausführlich MünchHdbGesR III/*Grziwotz* § 18 Rdnr. 11 ff.; Baumbach/Hueck/*Zöllner* § 45 Rdnr. 6.
[204] Vgl. *Wicke* § 2 Rdnr. 28; *Langenfeld* GmbH-Vertragspraxis S. 1.

Praxis hat es sich überdies bewährt, in das Muster für die Mehrpersonengründung alle denkbaren oder zumindest alle für sinnvoll erachteten Gestaltungsvarianten einzubeziehen, damit das Muster – gegebenenfalls durch Streichung nicht gewünschter Varianten – in jedem Falle als Ausgangspunkt für die individuelle Vertragsgestaltung dienen kann. Hilfreich kann darüber hinaus sein, ein gesondertes Vertragsmuster für Konstellationen mit einem Mehrheitsgesellschafter vorzuhalten, da die Integration der vielgestaltigen, typischerweise eine Vielzahl verschiedener Regelungsebenen betreffenden Minderheitsschutzbestimmungen in das Gesamtmuster möglicherweise den Überblick und damit insbesondere auch die leichte Handhabbarkeit für Notariatsmitarbeiter erschweren kann. Ob auch andere häufiger vorkommende Gesellschaftstypen, wie etwa die Familiengesellschaft, die gemeinnützige GmbH oder die Freiberufler-GmbH, durch eigene Vertragsmuster abgedeckt werden sollten, ist einerseits Geschmacksache, andererseits sicherlich auch abhängig von der in dem betreffenden Notariat vorkommenden Häufigkeit gesellschaftsrechtlicher Beratungen. Insgesamt haben eigene Satzungsmuster – neben dem Vertrauen in die Qualität der selbst konzipierten Regelung – den Vorteil der leichteren Orientierung und der schnelleren Erfassbarkeit der Folgen, die Eingriffe in Einzelregelungen für das Gesamtregelungsgefüge haben. Allerdings verlieren eigene Muster – im GmbH-Recht nicht weniger als in allen anderen Bereichen der Kautelarjurisprudenz – schnell ihren Wert, wenn sie nicht kontinuierlich vor dem Hintergrund der neueren Gesetzgebung und Rechtsprechung angepasst und gepflegt werden. Für denjenigen, der sich diesen Aktualisierungsaufwand ersparen möchte, hält das kautelarjuristische Schrifttum eine Vielzahl von verlässlichen Satzungsmustern für die meisten GmbH-Varianten und für viele Spezialfälle bereit.

4. Technik der Satzungsgestaltung

131 a) **Sprache der Satzung.** Die **Bedeutung der Sprache** für die Satzungsgestaltung ist nicht zu unterschätzen. Wer als Notar des Öfteren mit GmbH-Satzungen in Berührung kommt, wird im Laufe der Zeit ein gewisses „ästhetisches" Empfinden für die gewählten Formulierungen und den Duktus der Vertragssprache entwickeln. Stringenz in der Formulierung, die Vermeidung wechselnder Begrifflichkeiten und die weitestmögliche Benutzung der gesetzlichen Termini erhöhen das Vertrauen des geübten Lesers in die Solidität der Vertragsgestaltung und in die Kompetenz des Vertragsgestalters. Bei der Satzungsgestaltung sollte insbesondere der Versuchung widerstanden werden, die Allgemeinverständlichkeit durch die Benutzung von Umgangssprache vermeintlich zu erhöhen. Erfahrungsgemäß wird hierdurch die Komplexität der rechtlichen Regelungen in den Augen der Beteiligten keineswegs reduziert, umgekehrt die Gefahr von Auslegungsschwierigkeiten jedoch deutlich erhöht.[205] Es sollte daher unbedingt beim Gebrauch der Fachsprache verbleiben. Deren Übersetzung ins Allgemeinverständliche ist letztlich ureigene Aufgabe des beurkundenden Notars, der insoweit gleichsam als „Dolmetscher" tätig wird.[206] Grundsätzlich möglich ist es hingegen, die Satzung in einer **fremden Sprache** abzufassen (§ 5 Abs. 2 BeurkG). Bei der Handelsregisteranmeldung ist sie dann jedoch mit einer **Übersetzung** zu verbinden.[207] Die Schwierigkeiten, eine den vorstehenden sprachlichen Maßstäben entsprechende Satzung zu formulieren, werden auf diese Weise naturgemäß deutlich erhöht, da sich die Spezialbegrifflichkeiten des deutschen Gesellschaftsrechts kaum je in einer fremden Sprache werden präzise abbilden lassen. Zudem birgt die sich anschließende Übersetzung in die deutsche Sprache – sofern diese nicht vom Notar selbst gefertigt wird – die Gefahr von Unschärfen, da nur wenige Dolmetscher über eine juristische Ausbildung verfügen, die sie zu einer Übersetzung in die entsprechende Fachsprache befähigen würde. Sinnvoller erscheint daher der umgekehrte Weg, die Satzung zunächst in deutscher Sprache zu errichten und von dieser Fassung sodann eine „Convenience Translation" in die gewünschte Sprache zu erstellen.

132 b) **Aufbau und Struktur der Satzung.** Eng verwandt mit der Sprache des Vertrages ist sein **inhaltlicher Aufbau.** Dass die Satzung eine klare, in sich folgerichtige und übersichtliche

[205] So zu Recht *Langenfeld* GmbH-Vertragspraxis S. 10.
[206] Vgl. *Langenfeld* GmbH-Vertragspraxis S. 10.
[207] Vgl. LG Düsseldorf GmbHR 1999, 609.

Struktur aufweisen sollte, versteht sich.[208] Jedoch sollte das Augenmerk nicht nur auf die innere Schlüssigkeit, sondern darüber hinaus auf eine möglichst weitgehende Übereinstimmung mit den allgemeinen **„Aufbau-Usancen"** geachtet werden. Dies erleichtert nicht nur dem geübten Leser die schnelle Orientierung im Vertrag und das zügige Auffinden gesuchter Einzelregelungen. Zu diesen Usancen gehört es beispielsweise, dass die Angaben gem. § 3 Abs. 1 GmbHG gleich zu Beginn der Satzung aufgeführt werden, Regelungen zur Übernahme des Gründungsaufwandes hingegen, ebenso wie eine eventuelle Salvatorische Klausel, eher am Ende des Vertrages. Auch für sonstige Regelungsbereiche, z. B. Vinkulierungs- und Einziehungsregelungen haben sich bestimmte typische Standorte in den Satzungen eingespielt. Eher dem Bereich des Geschmacks zuzuordnen ist die Frage, inwieweit in der Satzung Regelungen wiederholt werden sollen, die bereits im Gesetz enthalten sind. Manche rechtlichen Berater bevorzugen diese Vorgehensweise, um die Satzung in der täglichen Praxis aus sich heraus und ohne Hinzuziehung des Gesetzes verständlich und handhabbar zu machen[209] und den Gesellschaftern bzw. Geschäftsführern auf diese Weise quasi ein vollständiges „Manual" an die Hand zu geben. Gelegentlich führt dies zu sehr länglichen, in der Sache etwas „aufgeblähten" Satzungsgestaltungen, zumal sich die Kriterien für die Auswahl und Übernahme einzelner Regelungsbereiche aus dem Gesetz nicht immer ohne Weiteres erschließen. Ferner riskiert diese Vorgehensweise das Entstehen von Auslegungsproblemen, wenn eine gesetzliche Vorschrift mit – absichtlichen oder unabsichtlichen? – leichten Änderungen oder Auslassungen wiedergegeben wird.[210] In diesen Fällen erhebt sich die Frage, ob beim Verfasser der Wunsch bestand, das Gesetz vollständig zu abrogieren oder ob dieses weiterhin primär oder ergänzend gelten soll.[211] Dringend ist überdies davon abzuraten, dass Gesetz nur sinngemäß oder umschreibend wiederzugeben.[212]

5. Technik bei der Beurkundung von Satzungen

Der Gesellschaftsvertrag bedarf zu seiner Wirksamkeit der notariellen Beurkundung 133
(§§ 6 ff. BeurkG).[213] Der notwendige **Beurkundungsumfang** erstreckt sich grundsätzlich auf alle Regelungen, die im Gesellschaftsvertrag notwendig enthalten sein müssen (§ 3 Abs. 1 GmbHG), gesetzlich der Regelung im Gesellschaftsvertrag vorbehalten sind oder von den Gesellschaftern sonst als echter korporativer Bestandteil des Gesellschaftsvertrags gewollt sind.[214] Dringend zu empfehlen ist dabei eine klare **Abgrenzung der körperschaftlichen Bestimmungen** (Satzung) von den nicht korporativen Bestandteilen, die nur bei Gelegenheit und im Rahmen des Abschlusses des Gesellschaftsvertrages zu Protokoll gegeben werden, aber ebenso gut in selbständigen Nebenvereinbarungen hätten getroffen werden können.[215] Für eine solche Abgrenzung eignet sich insbesondere eine Aufteilung der Urkunde in der Weise, dass die Satzung – wie in der Praxis üblich – als in sich geschlossener Komplex der Niederschrift als Anlage gemäß § 9 Abs. 1 Satz 2 BeurkG beigefügt wird, während alle außerhalb von ihr getroffenen Gründungsabreden im sogenannten „Mantel" der Urkunde erscheinen.[216] Diese Vorgehensweise erleichtert auch die bei späteren Satzungsänderungen notwendige Erstellung einer Satzungsbescheinigung gemäß § 54 GmbHG.

Der Gesellschaftsvertrag ist durch sämtliche Gesellschafter zu unterzeichnen (§ 2 Abs. 1 Satz 2 GmbHG). Einer separaten **Unterzeichnung** der als Anlage beigefügten Satzung bedarf es wegen § 9 Abs. 1 Satz 2 BeurkG nicht. Überhaupt nicht praxisrelevant ist die ebenfalls bestehende Möglichkeit, von einer einheitlichen Verhandlung mit gleichzeitiger Anwesenheit beim Notar abzusehen und Vertragsinhalt und Unterschriften stattdessen auf mehrere, von

---

[208] Vgl. nur *Langenfeld* GmbH-Vertragspraxis S. 11.

[209] Vgl. *Langenfeld* GmbH-Vertragspraxis S. 10.

[210] So zu Recht *Langenfeld* GmbH-Vertragsgestaltung S. 11.

[211] *Langenfeld* GmbH-Vertragsgestaltung S. 10 f.

[212] *Langenfeld* GmbH-Vertragsgestaltung S. 10 f.

[213] Wird die Gesellschaft allerdings trotz Verstosses gegen die Formvorschriften des § 2 GmbHG in das Handelsregister eingetragen, sind die Formmängel geheilt; vgl. nur Scholz/*Emmerich* § 2 Rdnr. 20.

[214] MünchHdbGesR III/*Riemenschneider/Freitag* § 5 Rdnr. 44.

[215] MünchHdbGesR III/*Riemenschneider/Freitag* § 5 Rdnr. 45.

[216] MünchHdbGesR III/*Riemenschneider/Freitag* § 5 Rdnr. 45.

verschiedenen Notaren aufgenommene Schriftstücke zu verteilen. Zu verlangen ist bei Verwendung dieses (selten begegnenden) Verfahrens lediglich, dass durch Bezugnahme und Beifügung als Anlage am Ende ein zusammengehöriges Vertragswerk entsteht und die Unterzeichnung jedes Gesellschafters jeweils den vollen Text deckt.[217] Der Satzungstext selbst muss in einer Urkunde enthalten sein.[218] Erst mit Beurkundung der letzten Unterschrift ist der Vertrag formgültig geschlossen.[219] Anstelle dieses auseinandergezogenen Verfahrens wird in der Praxis regelmäßig eine einheitliche Beurkundung bevorzugt, bei der sich nicht anwesende Gründer gegebenenfalls vertreten lassen. Die Vertreter können (außer bei der Gründung von Einpersonengesellschaften!) auch als Vertreter ohne Vertretungsmacht agieren. Für Vollmachten und gegebenenfalls erforderliche Genehmigungen gilt das Formerfordernis gemäß § 2 Abs. 2 GmbHG.

134 Gelegentlich finden sich in GmbH-Satzungen **Verweise gemäß § 13 a BeurkG** auf (Satzungs-) Regelungen, die sich in einer anderen Urkunde als der die Satzung enthaltenden Niederschrift befinden. Praktisch begegnet dies etwa, wenn in der Satzung auf eine institutionelle Schiedsgerichtsordnung Bezug genommen wird, die (vorsorglich) zum Gegenstand einer Bezugsurkunde gemacht worden ist.[220] Anzutreffen ist auch der Verweis auf Bewertungsregelungen, die z. B. in einem beurkundeten Beteiligungsvertrag enthalten sind. Zumindest wenn die Beurkundung nach den Vorschriften über die Beurkundung von Willenserklärungen gemäß §§ 6 ff. BeurkG vorgenommen wird, besteht kein Anlass, warum nicht auch die beurkundungsrechtlichen Erleichterungsmöglichkeiten durch Verweisung auf Anlagen gemäß §§ 9 Abs. 1 Nr. 2, 13 a BeurkG gelten sollen.[221] Dies ist bei der Gründung einer GmbH stets und bei einer Satzungsänderung häufig der Fall. Man wird jedoch eine Verpflichtung des Notars zu bejahen haben, die nach § 13 a BeurkG in Bezug genommene Urkunde ebenfalls dem Handelsregister zu übermitteln[222] und zusätzlich entsprechend § 54 Abs. 1 Satz 2 GmbHG den vollständigen (die ausgelagerte Regelung berücksichtigenden) Wortlaut des Gesellschaftsvertrages in einem einzelnen Schriftstück als fortlaufenden Text zum Handelsregister einzureichen.[223] Das Fehlen der Bescheinigung hat jedoch keinen Einfluss auf die Wirksamkeit der Eintragung.[224]

Vgl. zur Beurkundung durch ausländische Notare § 9 (dort insbesondere Rdnr. 5–9).

6. Parameter für die individuelle Satzungsgestaltung

135 In seiner eigenen Beratungs- und Gestaltungspraxis wird der Notar in erster Linie mit Satzungen personalistischer GmbHs in Berührung kommen. Die **Gründung einer personalistischen GmbH**, die geprägt wird durch einen kleinen Gesellschafterkreis und ein persönliches Verhältnis der Gesellschafter untereinander entspricht dem „statistischen Normalfall".[225] Im Zentrum der gestalterischen Überlegungen steht hier die Frage, inwieweit die personalistische Struktur perpetuiert werden soll, etwa durch Vinkulierungsbestimmungen und Erbfolgebeschränkungen (möglicherweise ergänzt durch Einziehungs- und Abfindungsregelungen sowie durch angepasste Vorkaufs- bzw. Ankaufsrechte). Regelmäßig gewünscht sein wird dies bei Familiengesellschaften, bei denen der Schutz des Gesellschafterkreises vor dem Eindringen familienfremder Dritter – neben etwaigen Sonderrechten für den jetzigen oder künftigen Seniorgesellschafter – stets eine zentrale Rolle spielt. Im Übrigen besteht der Wunsch nach Geschlossenheit des Gesellschafterkreises zwar bei den meisten, jedoch keineswegs bei allen Gründern einer personalistischen GmbH. Zumindest zeigt die Erfahrung

[217] Baumbach/Hueck/*Hueck/Fastrich* § 2 Rdnr. 17.
[218] OLG Frankfurt BB 1981, 894; OLG Hamm NJW 1987, 263.
[219] Baumbach/Hueck/*Hueck/Fastrich* § 2 Rdnr. 17.
[220] Vgl. hierzu auch *Heidbrink* GmbHR 2010, 848, 854.
[221] Vgl. für die AG Spindler/Stilz/*Limmer* § 23 Rdnr. 6. Wenn dies schon beim strengeren Verfahren der §§ 6 ff. BeurkG möglich ist, sprechen „erst recht" gute Gründe dafür, dies auch beim weniger strengen Verfahren nach §§ 36 ff. BeurkG zuzulassen.
[222] Vgl. hierzu Michalski/*Michalski* § 2 Rdnr. 16.
[223] Vgl. OLG Köln GmbHR 1973, 11; OLG Frankfurt Rpfleger 1981, 309; Scholz/*Winter/Veil* § 8 Rdnr. 3.
[224] Baumbach/Hueck/*Zöllner* § 54 Rdnr. 42.
[225] *Langenfeld* FS Spiegelberger S. 809.

aber, dass Unternehmensgründer die Frage der Kontrolle des Gesellschafterkreises als bedeutsam einstufen, auch wenn sie sich letztlich gegen eine solche entscheiden. Ähnlich große Bedeutung hat für die Beteiligten zumeist die Auswahl des für die Bemessung einer Abfindung heranzuziehenden Maßstabs. Regelmäßig kursieren unter Unternehmensgründern unzutreffende, zumindest aber unpräzise Vorstellungen von den in Betracht kommenden Bewertungsmethoden.

Wird die Geschäftsführung nicht von den Gesellschaftern selbst, sondern von einem oder mehreren **Fremdgeschäftsführern** übernommen, besteht möglicherweise Bedarf nach Regelungen, die eine intensive Überwachung der Geschäftsführung ermöglichen, z. B. durch Zustimmungsvorbehalte, die Einrichtung eines fakultativen Aufsichtsrats oder durch eine Konkretisierung der Berichtspflichten der Geschäftsführung. 136

In bestimmten Konstellationen, nämlich insbesondere dann, wenn ein Gesellschafter alleine über die Mehrheit der Geschäftsanteile verfügt und sich die Minderheitsgesellschafter nicht (uneingeschränkt) der Mehrheitsmacht unterwerfen wollen, kann sich die Aufnahme von **Minderheitenschutzbestimmungen** als notwendig erweisen. Ein Bedürfnis nach derartigen Regelungen kann im Hinblick auf das weitgehend geltende Mehrheitsprinzip jedoch auch dann bestehen, wenn die Gesellschaft mehrere Gesellschafter hat, von denen keiner alleine die Mehrheit stellt, die sich aber zu wechselnden Mehrheiten zusammenfinden können. Geeignete minderheitsschützende Instrumentarien sind z. B. Zustimmungsvorbehalte für Minderheitsgesellschafter, Sonderrechte auf Geschäftsführung, Gewinnausschüttungsklauseln sowie Andienungs- und Mitverkaufsrechte. In jedem Falle ist es die Aufgabe des Notars, den Gesellschaftern die sich aus dem Mehrheitsprinzip ergebenden Risiken für die Minderheit vor Augen zu führen und entsprechende vertragliche Regelungen zum Ausgleich vorzuschlagen. 137

Kann aufgrund der bei der Gesellschaft bestehenden Anteilsverhältnisse eine **Patt-Situation** entstehen, also insbesondere bei einem 50:50-Anteilsverhältnis, gewinnen Regelungen zur Vorbeugung bzw. Auflösung einer Blockade eine gewichtige Rolle (z. B. Zweitstimme für den Vorsitzenden der Gesellschafterversammlung, Aufsichtsrat oder Beirat als Schlichtungsorgan, Texas-Shoot-Out-Klausel). 138

Mit wachsender **Größe der Gesellschaft** (Umsatz, Mitarbeiter etc.) können sich zusätzliche Regelungsbedürfnisse ergeben. Abhängig von der Mitarbeiterzahl kann nach den geltenden Mitbestimmungsgesetzen die Einrichtung eines obligatorischen Aufsichtrats erforderlich werden. Auch können besondere Regelungen zur Aufstellung des Jahresabschlusses/Lageberichts und zu dessen Prüfung sinnvoll oder erforderlich sein. 139

Besonderheiten gelten schließlich auch für die Satzungsgestaltung bei Gesellschaften, an denen besondere Gesellschaftergruppen, wie etwa Finanzinvestoren oder Mitarbeiter des Unternehmens beteiligt sind, bzw. bei den Satzungen von Gemeinschaftsunternehmen mit zwei oder mehreren strategischen Partnern. 140

Im übrigen kann hinsichtlich der für die Satzungsgestaltung geltenden unternehmens- oder gesellschafterbezogenen Parameter sowie für in speziellen Situationen erforderliche Sonderbestimmungen auf die für die Gestaltungspraxis überaus hilfreichen **Checklisten von *Seibt*** verwiesen werden.[226] 141

7. Zwingende Satzungsregelungen

a) **Firma.** Das GmbH-Recht enthält nur eine Anforderung hinsichtlich der Firma der GmbH: Diese muss die **Bezeichnung der Rechtsform** – entweder ausgeschrieben (Gesellschaft mit beschränkter Haftung) oder als Abkürzung (GmbH) – enthalten (§ 4 GmbHG). Beträgt das Stammkapital weniger als € 25.000,–, verlangt § 5 a Abs. 1 GmbH, dass stattdessen die Bezeichnung Unternehmergesellschaft (haftungsbeschränkt) oder UG (haftungsbeschränkt) in die Firma aufgenommen wird. Die Rechtsformbezeichnung GmbH kann auch nur teilweise abgekürzt und in eine Wortverbindung aufgenommen werden (Beispiel: „ABC Transportgesellschaft mbH"). 142

Im Übrigen gelten für die Firma der GmbH die allgemeinen **handelsrechtlichen Grundsätze der Firmenbildung.** Nach der Liberalisierung des Firmenrechts durch die Handels- 143

[226] Römermann/*Seibt* § 2 Rdnr. 27 ff.

rechtsreform vom 1. 7. 1998, die auch zu einer Änderung des § 4 GmbHG geführt hat, gilt der Grundsatz der freien Firmenbildung. Die GmbH kann eine Personenfirma, eine Sachfirma, aber auch eine Firma unter Verwendung eines Fantasiebegriffs oder eine Kombination aus den genannten Möglichkeiten haben.[227]

144 Zu beachten sind die Anforderungen des § 18 HGB: Die Firma muss zur Kennzeichnung geeignet sein und Unterscheidungskraft besitzen (§ 18 Abs. 1 HGB) und von ihr darf keine irreführende Wirkung ausgehen (§ 18 Abs. 2 HGB). **Unterscheidungs- und Kennzeichnungskraft** hat eine Firma, wenn sie zur Individualisierung des Unternehmens geeignet ist, also wie der Eigenname einer natürlichen Person zur Kennzeichnung eines einzelnen Unternehmens dienen kann. Je ausgefallener und origineller die Firma ist, desto größer ist auch die Unterscheidungskraft.[228] Problematisch sind in diesem Zusammenhang **reine Sachfirmen**, die nur eine Branchenbezeichnung oder eine Gattungsbezeichnung für Waren oder Dienstleistungen enthalten. Firmen wie „Transportbeton"[229] oder „Baumaschinenconsulting"[230] sind deshalb nicht zulässig. In einem solchen Fall ist der Gattungsbezeichnung entweder ein Fantasiename oder eine Buchstabenkombination hinzuzufügen.[231] Der bloße Zusatz **.de**, der auf die Verwendung als Internet-Domain hinweist, gewährleistet die Unterscheidungsfähigkeit aber nicht.[232] Umstritten ist, ob eine Kombination aus Gattungsbezeichnung und Ortsangabe zu einer hinreichenden Unterscheidungskraft führt („Kölner Transportbeton").[233] Ebenfalls problematisch im Hinblick auf die Unterscheidungskraft sind rein geografische Bezeichnungen („Kölner GmbH").[234] Dass einer bloßen **Buchstabenkombination** die erforderliche Unterscheidungskraft und Kennzeichnungseignung zukommt, ist nunmehr anerkannt.[235] Voraussetzung ist lediglich, dass die Buchstabenkombination überhaupt aussprechbar ist, was bei endlosen Buchstabenfolgen verneint werden muss.[236] Problematisch ist die Kennzeichnungseignung und Unterscheidungskraft bei Firmen, die nur aus **Zahlen** bestehen. Zu bejahen ist die Kennzeichnungseignung bei ausgeschriebenen Zahlen, während die Firma nur aus Ziffern („101") nicht hinreichend unterscheidungskräftig ist.[237] Anders ist wiederum eine Kombination aus **Ziffern und Zeichen** („1+1") oder aus **Ziffern und Buchstaben** („Pro 7", „O2"; „B2B") zu beurteilen.[238] Bildzeichen werden unterschiedlich behandelt. Zulässig sind das kaufmännische „&" und das mathematische „+", ebenso werden Satzzeichen wie Ausrufezeichen oder Fragezeichen akzeptiert. Andere Zeichen wie „*" oder „#" werden im Schrifttum als Firma bzw. Firmenbestandteil abgelehnt, weil sie nicht aussprechbar sind und deshalb keine Namensfunktion haben können.[239] Kritisch wurde insoweit auch das @-Zeichen gesehen. Das Sonderzeichen sei nicht eintragungsfähig, weil die Aussprache objektiv mehrdeutig sei.[240] Aufgrund der sehr häufigen Verwendung dieses Zeichens im allgemeinen Gebrauch, dürfte dieses Argument der Eintragung heute nicht mehr entgegengehalten werden können. Dies gilt sowohl für die Verwendung innerhalb eines Wortes, wo das @-Zeichen als „moderner" Ersatz für den Buchstaben „a" verwendet wird, als auch am Wortende, wo sich allgemein die englische Aussprache „at" durchgesetzt hat.[241]

---

[227] Vgl. § 6 Rdnr. 68 ff.
[228] Lutter/Hommelhoff/*Bayer* § 4 Rdnr. 8.
[229] OLG Hamm NJW 1961, 2018.
[230] OLG Oldenburg DB 1990, 519.
[231] Baumbach/*Hopt* § 18 Rdnr. 8; Lutter/Hommelhoff/*Bayer* § 4 Rdnr. 10.
[232] LG Köln RNotZ 2008, 553: brillenshop.de.
[233] Bejahend OLG München DNotZ 2010, 933, 935; KG GmbHR 2008, 146 „Autodienst Berlin"; zweifelnd Baumbach/Hueck/*Hueck/Fastrich* § 4 Rdnr. 6.
[234] Vgl. Baumbach/Hueck/*Hueck/Fastrich* § 4 Rdnr. 6 b; Lutter/Hommelhoff/*Bayer* § 4 Rdnr. 10.
[235] BGH DNotZ 2009, 469.
[236] Lutter/Hommelhoff/*Bayer* § 4 Rdnr. 16.
[237] MünchKomm HGB/*Heidinger* § 18 Rdnr. 19.
[238] Lutter/Hommelhoff/*Bayer* § 4 Rdnr. 18.
[239] Vgl. MünchKommHGB/*Heidinger* § 18 Rdnr. 12.
[240] BayObLGZ 2001, 83; a. A. LG Cottbus NJW – RR 2000, 337; LG Berlin NJW – RR 2004, 835; LG München I MittBayNot. 2009, 315.
[241] So auch Baumbach/Hueck/*Hueck/Fastrich* § 4 Rdnr. 6 a; Lutter/Hommelhoff/*Bayer* § 4 Rdnr. 19.

Das **Verbot der Irreführung** nach § 18 Abs. 2 HGB ist bei der Frage betroffen, ob der Name eines nicht an der Gesellschaft Beteiligten in die Firma aufgenommen werden kann. Vor der Reform des Handelsrechts 1998 stand einer so gebildeten Personenfirma die Regelung des § 4 Abs. 1 S. 2 GmbHG entgegen. Diese Vorschrift ist nunmehr aufgehoben. Gleichwohl wird eine solche Firma teilweise für unzulässig gehalten – nunmehr unter Berufung auf das Irreführungsverbot des § 18 Abs. 2 HGB.[242] Dagegen spricht die Nähe eines erfundenen Eigennamens zu einer vom Gesetz als zulässig bezeichneten Fantasiebezeichnung. Da ohnehin auch nach früherer Rechtslage nach dem Ausscheiden des Namens-Gesellschafters keine Änderung der Firma erforderlich war, kann durch die Verwendung des Namens eines Nichtgesellschafters im Normalfall keine irreführende Wirkung entstehen.[243] Irreführend ist es aber, wenn der Name einer bekannten Persönlichkeit verwendet wird, ohne dass ein Bezug zu der Gesellschaft besteht.[244] Als Verstoß gegen das Irreführungsverbot wird teilweise die Verwendung der Abkürzung „gGmbH" bei der **gemeinnützigen GmbH** angesehen;[245] unproblematisch ist aber die ausgeschriebene Bezeichnung. 145

Geografische Zusätze wie „Europäisch", „Deutsch" oder „Kölner" können irreführende Wirkung haben. In der Vergangenheit wurde häufig eine Irreführung angenommen, wenn die Gesellschaft nicht eine herausgehobene Bedeutung im Sinne einer besonderen Marktstellung in dem betreffenden Gebiet hatte.[246] Dies entspricht heute nicht mehr dem Verständnis maßgeblicher Verkehrskreise, das für die Entscheidung über eine mögliche irreführende Wirkung heranzuziehen ist. Eine Ortsangabe in der Firma deutet nur darauf hin, dass die Gesellschaft an diesem Ort ihre Tätigkeit ausübt oder Produkte der Gesellschaft aus diesem Bereich stammen. Eine besondere Bedeutung der Gesellschaft in dem genannten Bereich wird man heute nicht mehr verlangen können. Etwas anderes kann nur dann gelten, wenn weitere Zusätze oder Angaben in der Firma eine besondere Bedeutung des Unternehmens nahelegen.[247] Auch bei der Verwendung der Namen größerer geografischer Einheiten („Rheinische", „Deutsche") wird heute überwiegend nicht mehr verlangt, dass die Gesellschaft in dem betreffenden Raum eine herausgehobene Stellung hat.[248] Die Tendenz geht dahin, eine irreführende Wirkung zu verneinen, wenn der Gegenstand der Gesellschaft auf eine Tätigkeit in dem in der Firma genannten geografischen Bereich ausgerichtet ist und die Gesellschaft nach Zustand und Ausstattung auch dazu in der Lage ist.[249] Bei der deutschen Tochtergesellschaft einer ausländischen Mutter wird der Firmenzusatz „Deutsch" in jedem Fall zugelassen.[250] 146

Die Firma muss sich von den anderen am selben Ort bereits bestehenden Firmen deutlich **unterscheiden** (§ 30 Abs. 1 HGB). Zu beachten ist, dass das Handelsregister bei der Prüfung nur die am selben Ort, das heißt in derselben politischen Gemeinde, bestehenden Firmen heranzieht. Die Verwendung einer gleichen oder nahezu gleichen Firma kann jedoch auch materiell-rechtliche Ansprüche anderer Unternehmen nach § 12 BGB, §§ 8, 9 UWG oder § 15 Abs. 4, 5 MarkenG auslösen. Diese werden im registerrechtlichen Verfahren nicht geprüft. Darauf sollte der Notar hinweisen und den Beteiligten ggf. auch nahelegen, vor der Neugründung zu klären, ob durch die Firma Rechte Dritter verletzt werden. In Fällen geringerer wirtschaftlicher Bedeutung reicht gegebenenfalls eine Recherche im Internet. Andern- 147

[242] Ebenroth/Boujong/Joost/Strohn/*Zimmer* § 18 Rdnr. 11; *Krafka/Willer/Kühn* Registerrecht Rdnr. 222.

[243] So jetzt auch OLG Jena NZG 2010, 1354 (Name einer fiktiven Person); OLG Karlsruhe RNotZ 2010, 482 zur GmbH & Co. KG.

[244] Ebenso Lutter/Hommerhoff/*Bayer* § 4 Rdnr. 34 f.; KölnHdbGesR/*Eckhardt*, Kap. 2 Rdnr. 180.

[245] Vgl. § 6 Rdnr. 96.

[246] Ebenroth/Boujong/Joost/Strohn/*Zimmer* § 18 Rdnr. 53 m. w. N.; Ebenso Lutter/Hommelhoff/*Bayer* § 4 Rdnr. 29; BGH NJW-RR 1990, 228 bei Verwendung der Ortsangabe in attributiver Form (Bad. Steuerberatungsgesellschaft).

[247] Ebenso OLG München DNotZ 2010, 933, 934; MünchKommHGB/*Heidinger* § 18 HGB Rdnr. 155; Ebenroth/Boujong/Joost/Strohn/*Zimmer* § 18 HGB Rdnr. 56.

[248] So aber der Leitsatz des Deutschen Industrie- und Handelstages, BB 1967, 1100; ebenso BGH NJW-RR 1987, 1178 m. w. N.

[249] Ebenroth/Boujong/Joost/Strohn/*Zimmer* § 18 Rdnr. 56; weitergehend MünchKommHGB/*Heidinger* § 18 Rdnr. 151.

[250] BayOLG MDR 1959, 41.

falls sollte vor der Gründung eine namens- und markenrechtliche Prüfung der Firma vorgenommen werden.

148 Ein in der Praxis immer wieder geäußerter Wunsch ist die Verwendung des Begriffs **Partner** in der Firma. Nach § 11 Abs. 1 S. 1 PartGG sind die Firmenbestandteile „Partnerschaft" oder „und Partner" für die Partnerschaftsgesellschaft reserviert. Die Rechtsprechung erstreckt dieses Verbot auch auf andere Schreibweisen wie „& Partner", „+ Partner" sowie die Verwendung der englischen Pluralform „partners". Zulässig sind aber zusammengesetzte Begriffe unter Verwendung des Bestandteils Partner („Immobilienpartner").[251]

149 Bei der Entscheidung über die Zulässigkeit der Firma kann das Handelsregister nach § 23 HRV „in zweifelhaften Fällen" ein Gutachten der Industrie- und Handelskammer einholen. Dieses Gutachten soll elektronisch eingeholt und übermittelt werden. Von dieser Möglichkeit macht die Praxis in unterschiedlichem Umfang Gebrauch. In zweifelhaften Fällen, aber auch wenn das Eintragungsverfahren beschleunigt werden soll, empfiehlt es sich für den Notar, selbst die **Stellungnahme der IHK** einzuholen, um sie dann gemeinsam mit der Handelsregisteranmeldung dem Handelsregister zu übermitteln.

150 b) **Sitz.** Ebenfalls zum zwingendem Inhalt der Satzung nach § 3 Abs. 1 Nr. 1 GmbHG gehört die Bestimmung des Sitzes der Gesellschaft. Nach § 4 a GmbHG können die Gesellschafter den Sitz im Inland frei wählen. Die frühere Verknüpfung mit dem tatsächlichen Verwaltungssitz der Gesellschaft in § 4 a Abs. 2 GmbHG a. F. ist durch das MoMiG weggefallen. Ergänzt wird diese Neuregelung dadurch, dass nunmehr zwingend eine inländische Geschäftsanschrift der Gesellschaft im Handelsregister einzutragen ist (§ 8 Abs. 4 Nr. 1 GmbHG). Der Satzungssitz der Gesellschaft bestimmt über die örtliche Zuständigkeit des Registergerichts (§ 7 Abs. 1 HGB), den allgemeinen Gerichtsstand der Gesellschaft (§ 17 ZPO) und schließlich auch über die Zuständigkeit des Insolvenzgerichts (§§ 3, 4 InsO). Sofern der Gesellschaftsvertrag die Frage nicht regelt, hat die Gesellschafterversammlung im Zweifel am Sitz der Gesellschaft stattzufinden (§ 121 Abs. 2 AktG analog).[252]

151 Dass der Gesetzgeber mit dem MoMiG die Verknüpfung von tatsächlichem Sitz und Satzungssitz aufgibt, soll nach Vorstellung des Gesetzgebers eine Gleichbehandlung der deutschen GmbH mit anderen europäischen Kapitalgesellschaften erreichen und eine Verwendung der Rechtsform der deutschen GmbH bei einer faktisch im Ausland ansässigen Gesellschaft ermöglichen.[253] Durch die Rechtsprechung des EuGH war zuvor Gesellschaften aus dem Gebiet der EU bzw. des EWR der Weg nach Deutschland eröffnet worden, u. a. mit der Folge der Verwendung von englischen „Limiteds" in Deutschland in großer Zahl. Der EuGH hatte in den Fällen Centros,[254] Überseering[255] und Inspire Art[256] entgegen der in Deutschland vertretenen Sitztheorie entschieden, dass bei einer Verlagerung des tatsächlichen Verwaltungssitzes einer nach den Regeln des Ursprungslandes wirksam existierenden Gesellschaft über die Grenze für eine Anerkennung der Rechtsfähigkeit im „Zuzugsland" keine zusätzlichen Anforderungen gestellt werden dürfen.

152 Bei der **grenzüberschreitenden Verwendung der GmbH** ist zu beachten, dass, sofern die Gesellschaft im Ausland tatsächlich tätig werden will, eine Anerkennung der Rechtsfähigkeit der Gesellschaft auch im Ausland gewährleistet sein muss. Für EU bzw. EWR-Staaten stellt sich das Problem aufgrund der dargestellten Rechtsprechung des EuGH nicht. Bei anderen Staaten ist jedoch zu prüfen, ob das Auseinanderfallen von Satzungssitz und tatsächlichem Verwaltungssitz der Anerkennung im Zielstaat entgegensteht. Folgt dieser Staat der Sitztheorie, entscheidet letztlich das dortige Gesellschaftsrecht über die Anerkennung der Gesellschaft.[257]

---

[251] OLG Düsseldorf RNotZ 2010, 2012, 2013; OLG München NJW-RR 2007, 761; OLG Frankfurt GmbHR 2005, 96.
[252] BGH WM 1985, 567, 568.
[253] Begr. RegE BR-Drucks. 354/07, S. 65.
[254] EuGH GmbHR 1999, 474.
[255] EuGH GmbHR 2002, 1137.
[256] EuGH GmbHR 2003, 1260.
[257] *Peters* GmbHR 2008, 245, 248; *Tebben* RNotZ 2008, 441, 447.

Dass nach neuer Rechtslage die Wahl des Satzungssitzes unabhängig vom tatsächlichen Verwaltungssitz ist, eröffnet Gestaltungsspielräume. So können **innerhalb eines Konzerns** dessen Konzerngesellschaften an verschiedenen Orten ansässig sein, der Satzungssitz gleichwohl am Standort der Obergesellschaft angesiedelt werden, etwa im Hinblick auf die dann gegebene Zuständigkeit desselben Registergerichts für alle Gesellschaften. Möglich ist nunmehr auch die spätere **Verlegung des tatsächlichen Verwaltungssitzes** ohne gleichzeitige Satzungsänderung. Nach der internen Kompetenzverteilung ist hierfür ein Gesellschafterbeschluss erforderlich, es handelt sich nicht um eine bloße Geschäftsführungsmaßnahme. Hier kann sich Bedarf für eine Regelung in der Satzung ergeben.[258] Eine Übertragung dieser Entscheidungskompetenz auf die Geschäftsführer wird im Regelfall nicht angezeigt sein.[259] Zum Schutz eines Minderheitsgesellschafters vor der Verlagerung des Verwaltungssitzes kann diese Entscheidung wie in dem nachstehenden Formulierungsvorschlag von einem Gesellschafterbeschluss mit qualifizierter Mehrheit abhängig gemacht werden. Noch weitergehender wäre es, den Verwaltungssitz selbst zum Satzungsgegenstand zu machen.[260] 153

Formulierungsvorschlag:

Der Sitz der Gesellschaft ist .....

Die Geschäftsführung ist befugt, den Verwaltungssitz an jeden beliebigen Ort im In- oder Ausland zu verlegen. Die Verlegung des Verwaltungssitzes bedarf jedoch eines mit der Mehrheit von drei Vierteln der abgegebenen Stimmen zu fassenden Gesellschafterbeschlusses.

c) **Unternehmensgegenstand.** Nach § 3 Abs. 1 Nr. 2 GmbHG ist die Angabe des Gegenstandes des Unternehmens, also des konkreten Tätigkeitsbereiches der Gesellschaft, zwingender Satzungsbestandteil. Wie genau der Unternehmensgegenstand in der entsprechenden Satzungsregelung zu kennzeichnen ist, ergibt sich aus dem vom Gesetz mit dieser Angabe verfolgten Zweck.[261] Die Angabe des Unternehmensgegenstandes dient der Information der am Geschäftsverkehr Beteiligten.[262] Die Beschreibung des Unternehmensgegenstandes muss deshalb informativ sein und den Gegenstand hinreichend individualisieren.[263] Klassischer Beispielsfall des nicht hinreichend individualisierten Unternehmensgegenstandes ist „Handel mit Waren aller Art".[264] Handelt die Gesellschaft tatsächlich mit Waren unterschiedlichster Art, so sollte ein kennzeichnendes Kriterium hinzugesetzt werden („Waren aller Art aus China"; „Waren aus Insolvenzen").[265] Bei Gründung einer **Vorratsgesellschaft** darf aus den dargestellten Gründen nicht ein fiktiver Unternehmensgegenstand angegeben werden, sondern der Unternehmensgegenstand muss ausdrücklich auf die Verwaltung eigenen Vermögens beschränkt werden.[266] 154

Bei einer **Komplementär-GmbH** verlangte die Rechtsprechung früher im Unternehmensgegenstand der GmbH auch die Angabe des Tätigkeitsbereichs der KG („Gegenstand des Unternehmens ist die Übernahme der persönlichen Haftung und der Geschäftsführung bei der ...... GmbH & Co. KG, deren Gegenstand ...... ist.").[267] Dieses Erfordernis wird von der neueren Rechtsprechung und der überwiegenden Literatur nicht aufrecht erhalten.[268] 155

[258] Michalski/*Funke* § 4 a Rdnr. 15; *Katschinski/Rawert* ZIP 2008, 1993, 1998.

[259] Vgl. aber insoweit den Formulierungsvorschlag bei Römermann/*Seibt* § 2 Rdnr. 44.

[260] Michalski/*Funke* § 4 a Rdnr. 15; *Heckschen* DStR 2007, 1442, 1447.

[261] Ausführlich *Blasche* DB 2011, 517 ff.

[262] BGH DB 1981, 466; BayObLGZ 1994, 224, 226; BayObLG NZG 2003, 482; Lutter/Hommelhoff/*Bayer* § 3 Rdnr. 5; Michalski/*Michalski* § 3 Rdnr. 7.

[263] OLG Düsseldorf RNotZ 2011, 117 f.; BayObLG, NJW-RR 1996, 413.

[264] OLG Düsseldorf RNotZ 2011, 117 f.; BayObLG NZG 2003, 482; Baumbach/Hueck/*Hueck/Fastrich*, § 3 Rdnr. 8.

[265] *Krafka/Wille/Kühn*, Registerecht, Rdnr. 932.

[266] Vgl. Rdnr. 87.

[267] BayObLG, NJW 1976, 1664.

[268] BayObLG 1995, 722; Lutter/Hommelhoff/*Bayer* § 3 Rdnr. 7; Baumbach/Hueck/*Hueck/Fastrich* § 3 Rdnr. 9; Michalski/*Michalski* § 3 Rdnr. 12.

Jedoch wird verlangt, dass die KG zumindest namentlich genannt wird.[269] Ist beabsichtigt, dass die GmbH bei mehreren Kommanditgesellschaften die Funktion des Komplementärs übernehmen soll, dürfte dem Erfordernis einer hinreichend konkreten Beschreibung des Unternehmensgegenstandes der GmbH auch dann Genüge getan sein, wenn nicht die Namen aller KGs genannt werden, sondern statt dessen in Anlehnung an die frühere Rechtsprechung der (gemeinsame) Tätigkeitsbereich der Kommanditgesellschaften.

156 Enthält die Firma der Gesellschaft eine Ortsbezeichnung, die auf den Ort ihrer geschäftlichen Tätigkeit verweist, kann es sinnvoll sein, diesen Ort auch in der Bestimmung über den Unternehmensgegenstand zu nennen, um im Registerverfahren den besonderen Bezug zu der „Örtlichkeit" darzustellen und eine Beanstandung der Firma wegen irreführender Wirkung[270] zu vermeiden. Dies gilt insbesondere, wenn der Sitz der Gesellschaft an einem anderen Ort liegt.

157 Ein unzureichend individualisierter Unternehmensgegenstand stellt nach § 9c Abs. 2 Nr. 1 GmbHG ein **Eintragungshindernis** dar. Ab Eintragung kann die bloße mangelnde Individualisierung vom Registergericht nicht mehr geltend gemacht werden.[271] Die **Nichtigkeitsklage** nach § 75 GmbHG oder ein **Löschungsverfahren** nach § 397 FamFG können aber eingeleitet werden, wenn die Angabe über den Unternehmensgegenstand nichtig ist. Dies ist etwa anzunehmen, wenn ein fiktiver Unternehmensgegenstand nur zum Schein genannt wurde (§ 117 BGB).[272] Bei späterer tatsächlicher Änderung des Tätigkeitsbereichs der Gesellschaft und einer dadurch herbeigeführten Abweichung vom satzungsmäßigen Unternehmensgegenstand wird eine entsprechende Anwendung der genannten §§ 75 GmbH und 397 FamFG erwogen, falls die Gesellschafter den Gesellschaftsvertrag nicht anpassen.[273]

158 Die Bestimmung des Unternehmensgegenstandes hat auch Wirkung für das Verhältnis der Gesellschafter untereinander.[274] Für den Minderheitsgesellschafter ist eine genaue Begrenzung des Unternehmensgegenstandes deshalb wichtig, weil der Unternehmensgegenstand den **Handlungsbereich der Geschäftsführer** begrenzt. Maßnahmen außerhalb des in der Satzung festgelegten Unternehmensgegenstandes, auch soweit es sich um Einzelfälle handelt, sind nicht von der Geschäftsführungsbefugnis der Geschäftsführer gedeckt. Hiermit sind in jedem Fall die Gesellschafter zu befassen.[275] Besonderer Augenmerk auf die Bestimmung des Unternehmensgegenstandes sollte gelegt werden, wenn Gesellschafter vor dem Hintergrund eines bestehenden gesellschaftsrechtlichen **Wettbewerbsverbots** ein Interesse daran haben, eigene wirtschaftliche Betätigungsfelder von den Tätigkeitsbereichen der Gesellschaft abzugrenzen und so einen Konflikt mit dem gesellschaftsrechtlichen Wettbewerbsverbot zu vermeiden. Da die Satzungsregelung über den Unternehmensgegenstand für die Anwendung des Wettbewerbsverbotes (nach allerdings bestrittener Auffassung) nur den Ausgangspunkt darstellt und insoweit auch der unter Umständen davon abweichende tatsächliche Tätigkeitsbereich der Gesellschaft zu beachten ist,[276] kann die Regelung des Unternehmensgegenstandes eine Abgrenzung der Tätigkeitsbereiche zwischen Gesellschaft und Gesellschaftern in der Satzungsregelung über das Wettbewerbsverbot aber nicht ersetzen (vgl. zum Wettbewerbsverbot auch nachstehend Rdnr. 284).

159 In der Praxis hat sich eingebürgert, die Regelung des Unternehmensgegenstandes durch **Zusätze** zu ergänzen, wie z. B. „Die Gesellschaft ist befugt, alle im Zusammenhang damit stehenden Geschäfte zu betreiben." oder „Die Gesellschaft ist befugt, alle Geschäfte zu betreiben, die geeignet sind, den Unternehmensgegenstand zu fördern." oder „Die Gesellschaft ist befugt, gleichartige oder ähnliche Unternehmen zu erwerben, sich an solchen zu beteiligen und Zweigniederlassungen im In- und Ausland zu errichten." Solche „Leerformeln"

---

[269] Lutter/Hommelhoff/*Bayer* § 3 Rdnr. 7; Michalski/*Michalski* § 3 Rdnr. 12.
[270] Vgl. dazu oben Rdnr. 146.
[271] Michalski/*Michalski* § 3 Rdnr. 16.
[272] BGHZ 102, 209, 213; Michalski/*Michalski* § 3 Rdnr. 15.
[273] Baumbach/*Hueck*/*Hueck*/*Fastrich* § 3 Rdnr. 10; Michalski/*Michalski* § 3 Rdnr. 18.
[274] Vgl. *Blasche* DB 2011, 517 ff.
[275] Lutter/Hommelhoff/*Kleindiek* § 37 Rdnr. 11; MünchHdbGesR III/*Marsch-Barner*/*Diekmann* § 44 Rdnr. 55; vgl. auch Baumbach/Hueck/*Zöllner*/*Noack* § 37 Rdnr. 8.
[276] Vgl. *Michalski*/*Funke* § 13 Rdnr. 243 ff. m. w. N.

sind unbedenklich, soweit klar ist, dass sie sich auf den in der Satzung hinreichend individualisierten Gegenstand des Unternehmens beziehen.[277] Die genannten Zusätze haben jedoch rechtlich keine Wirkung, da die genannten Maßnahmen auch ohne eine ausdrückliche Bestimmung vom Unternehmensgegenstand gedeckt wären.[278] Sie werden deshalb regelmäßig auch nicht bei der Eintragung des Unternehmensgegenstandes in das Handelsregister übernommen.[279] Lediglich für die **Beteiligung an anderen Unternehmen** wird eine ausdrückliche Erwähnung im Unternehmensgegenstand verlangt.[280] Wenn eine Beteiligung an anderen Gesellschaften (mit gleichem Unternehmensgegenstand) beabsichtigt ist oder – wie regelmäßig – jedenfalls nicht ausgeschlossen werden soll, empfiehlt es sich deshalb, den entsprechenden klarstellenden Zusatz in die Satzung aufzunehmen. Soll die Gesellschaft (als Holding-Gesellschaft oder Venture Capital Gesellschaft) Beteiligungen unabhängig vom Unternehmensgegenstand der Beteiligungsgesellschaft erwerben, reicht dieser Zusatz nicht aus, sondern es ist in der Satzungsregelung zum Ausdruck zu bringen, dass der Beteiligungserwerb selbst Unternehmensgegenstand ist.[281]

Seit der Änderung des § 8 GmbHG durch das MoMiG gehört es nicht mehr zu den Aufgaben des Handelsregisters, die Einhaltung öffentlich-rechtlicher Genehmigungserfordernisse für den Geschäftsbetrieb der GmbH im Rahmen des Unternehmensgegenstandes zu prüfen. Die in den Satzungen häufig verwendeten, den Unternehmensgegenstand einschränkenden Zusätze, wie z. B. „soweit nicht ein Genehmigungserfordernis nach § ...... besteht", die letztlich nur das Handelsregisterverfahren erleichtern und die Eintragung der Gesellschaft beschleunigen sollten, haben damit ihre Funktion verloren. Auf sie kann verzichtet werden. Zu beanstanden sind sie gleichwohl nicht.[282] Ausnahmsweise kann jedoch in den gesetzlichen Regelungen über das Genehmigungserfordernis eine Handelsregistersperre angeordnet sein. Dies gilt nach § 43 KWG für Bankgeschäfte und Finanzdienstleistungen.[283] In diesem Fall ist die Genehmigung vor der Handelsregistereintragung einzuholen und dem Registergericht vorzulegen. Auch wenn die Genehmigungsurkunde nicht im Registerverfahren vorzulegen ist, sollte der Notar auf durch den Gegenstand der Gesellschaft ausgelöste Genehmigungserfordernisse hinweisen, eine dahingehende (Amts-)Pflicht besteht aber im Regelfall nicht.[284]

d) **Stammkapital.** Nach § 3 Abs. 1 Nr. 3 GmbHG muss die **Höhe des Stammkapitals** als 160
fester Betrag in der Satzung angegeben sein. Die Möglichkeit, den Betrag des Stammkapitals durch die Addition der Nennbeträge der Geschäftsanteile zu ermitteln, genügt nicht.[285]

Das Stammkapital muss außerhalb des Anwendungsbereichs des § 5 a GmbHG (Unter- 161
nehmergesellschaft haftungsbeschränkt) mindestens € 25.000,– betragen. Das Gesetz verlangt von den Gesellschaftern nicht, die Gesellschaft mit einem, gemessen an dem geplanten Geschäftsvolumen, ausreichenden Eigenkapital in Form von Stammkapital auszustatten. Es obliegt der Finanzierungsentscheidung der Gesellschafter, ob und in welchem Umfang sie über das gesetzliche Mindestkapital hinaus der Gesellschaft Kapital zur Verfügung stellen und in welcher Form sie dies tun. Nicht zu beanstanden ist also, wenn die Gesellschafter planen, den Kapitalbedarf der Gesellschaft durch Gesellschafterdarlehen oder Fremdkapital zu decken. Überlegungen, eine Haftung der Gesellschafter in den Fällen zu begründen, in denen die Gesellschaft mit einem von vornherein unzureichenden Stammkapital ausgestattet ist, haben sich nicht durchgesetzt. Für eine solche **Haftung wegen Unterkapitalisierung** fehlt ein Anhaltspunkt im gesetzlichen System des GmbHG.[286] Es fehlen auch rechtliche Bewer-

[277] Baumbach/Hueck/*Hueck*/*Fastrich* § 3 Rdnr. 8; Lutter/Hommelhoff/*Bayer* § 3 Rdnr. 7; Michalski/*Michalski* § 3 Rdnr. 11.

[278] Lutter/Hommelhoff/*Bayer* § 3 Rdnr. 7; *Wicke* § 3 Rdnr. 6; Römermann/*Seibt* § 2 Rdnr. 53.

[279] Vgl. *Krafka*/*Willer*/*Kühn* Registerrecht Rdnr. 930; BayObLG GmbHR 1994, 60.

[280] Lutter/Hommelhoff/*Bayer*, § 3 Rdnr. 7.

[281] *Wicke* § 3 Rdnr. 6; Lutter/Hommelhoff/*Bayer* § 3 Rdnr. 7.

[282] Baumbach/Hueck/*Hueck*/*Fastrich* § 3 Rdnr. 8.

[283] Vgl. Rdnr. 74 ff.

[284] *Weigl* DNotZ 2011, 169, 175; *Wachter* NotBZ 2009, 361, 381; eine Übersicht über bestehende Genehmigungserfordernisse findet sich etwa bei *Fleischhauer*/*Preuß* Handelsregisterrecht S. 386.

[285] Lutter/Hommelhoff/*Bayer* § 3 Rdnr. 25 m. w. N.

[286] So auch die Regierungsbegründung zum MoMiG BR-Drucksache 354/07, 66; ebenso Baumbach/*Hueck*/*Fastrich* § 5 Rdnr. 6, Scholz/*Winter*/*Westermann* § 5 Rdnr. 19; Michalski/*Zeidler* § 5 Rdnr. 30.

tungsmaßstäbe, nach denen sich die Höhe eines angemessenen Stammkapitals bestimmen ließe. Der Bundesgerichtshof hat allerdings offen gelassen, ob eine Haftung der Gesellschafter nach § 826 BGB unter dem Gesichtspunkt der vorsätzlichen sittenwidrigen Schädigung wegen materieller Unterkapitalisierung in Betracht kommt, wenn weitere, den Haftungsdurchgriff rechtfertigende Pflichtverletzungen hinzukommen.[287] Für die Satzungsgestaltung bei Gründung einer GmbH spielt dies jedoch keine Rolle. Es ist auch anerkannt, dass im Rahmen des Handelsregisterverfahrens zur Eintragung der GmbH die ausreichende Unternehmensfinanzierung nicht geprüft wird.[288]

162 Durch das MoMiG wurde bei der GmbH die Möglichkeit eines **genehmigten Kapitals** geschaffen. Nach § 55 a GmbHG können die Geschäftsführer durch den Gesellschaftsvertrag ermächtigt werden, das Stammkapital durch Ausgabe neuer Geschäftsanteile gegen Einlagen zu erhöhen. Nach Gründung der GmbH kann das genehmigte Kapital auch durch eine Satzungsänderung eingeführt werden (§ 55 a Abs. 2 GmbHG). Der Gesetzgeber hat damit eine bisher nur für die Aktiengesellschaft bestehende Möglichkeit auf die GmbH übertragen. Die gleiche praktische Bedeutung wie bei der Aktiengesellschaft wird das genehmigte Kapital bei der GmbH aber voraussichtlich nicht erlangen. Der Vorteil des genehmigten Kapitals bei der Aktiengesellschaft, nämlich rasch und ohne Einhaltung der vorgeschriebenen Formalitäten für den erforderlichen Hauptversammlungsbeschluss das Kapital der Gesellschaft erhöhen zu können, gilt für die typische GmbH mit einem überschaubaren Gesellschafterkreis nicht. Selbst wenn nicht alle Gesellschafter greifbar sind, kann durch Verwendung entsprechender Vollmachten der zu beurkundende Kapitalerhöhungsbeschluss kurzfristig herbeigeführt werden.[289] Ein Beispiel für den Einsatz dieses neuen, vom Gesetzgeber zur Verfügung gestellten Instruments könnte sein, wenn bei Gründung der Gesellschaft ein möglicher Mitgesellschafter über seine Beteiligung noch nicht endgültig entschieden hat, ihm aber eine einfache Möglichkeit des Einstiegs in die Gesellschaft eröffnet werden soll. Entsprechendes gilt für eine beabsichtigte Aufstockung einer übernommenen Beteiligung.

163 Beim genehmigten Kapital wird die **Zuständigkeit zur Durchführung** einer Kapitalerhöhung von den Gesellschaftern auf ein anderes Organ, nämlich die Geschäftsführer, übertragen. Dies setzt eine entweder in der Gründungsatzung enthaltene oder durch Satzungsänderung geschaffene **Ermächtigung** in der Satzung voraus. In dieser Ermächtigung muss die Höhe des genehmigten Kapitals festgelegt werden, welches die Hälfte des bestehenden Stammkapitals nicht überschreiten darf. Die Ermächtigung ist auf fünf Jahre nach Eintragung der Gesellschaft bzw. Eintragung der Abänderung des Gesellschaftsvertrages zu begrenzen (§ 55 a Abs. 1 und 2 GmbHG). Eine Ausgabe von Geschäftsanteilen gegen Sacheinlagen ist nur zulässig, wenn dies schon in der Satzungsermächtigung so vorgesehen ist (§ 55 a Abs. 3 GmbHG). Liegt eine Satzungsermächtigung vor, obliegt die Entscheidung über die Durchführung der Kapitalerhöhung den Geschäftsführern. Anders als bei der Aktiengesellschaft, bei der diese Ermessensentscheidung des Vorstands nicht durch die Hauptversammlung beeinflusst werden kann,[290] können die Gesellschafter der GmbH den Geschäftsführern Vorgaben für die Entscheidung über die Durchführung der Kapitalerhöhung machen. Es gilt hier der allgemeine Grundsatz, dass die Gesellschafter der GmbH durch ihr Weisungsrecht Einfluss auf die Geschäftsführung (§§ 37, 45 GmbHG) nehmen können. Diese Einflussnahme kann auch schon in der Ermächtigungsgrundlage selbst erfolgen, indem die Satzung bestimmt, unter welchen Voraussetzungen das genehmigte Kapital auszunutzen ist. Eine dahingehende Weisung kann aber auch durch Gesellschafterbeschluss ergehen.[291]

164 Wie bei jeder Kapitalerhöhung besitzen die GmbH-Gesellschafter auch bei der Ausgabe von genehmigtem Kapital ein gesetzliches Bezugsrecht. Anders als das Aktienrecht in § 202

[287] BGH DNotZ 2008, 949; Baumbach/*Hueck*/*Fastrich*, Einl. Rdnr. 9; *Kleindiek* NZG 2008, 686, 688 jeweils auch unter Hinweis auf die gesetzgeberische Entscheidung für die Zulassung der UG (haftungsbeschränkt).

[288] Scholz/*Winter*/*Westermann* § 5 Rdnr. 19.

[289] Vgl. Scholz/*Priester* § 55 a Rdnr. 3.

[290] Vgl. *Hüffer* AktG § 202 Rdnr. 19.

[291] Scholz/*Priester* § 55 a Rdnr. 21; Lutter/Hommelhoff/*Lutter* § 55 a Rdnr. 9; a. A. *Wicke* § 55 a Rdnr. 7 unter Hinweis auf das Aktienrecht.

Abs. 2 AktG regelt das GmbH-Recht – genauso wie bei allen anderen Kapitalmaßnahmen – den Ausschluss des Bezugsrecht beim genehmigten Kapital nicht ausdrücklich. Der Ausschluss des Bezugsrechts kann einmal in der Satzungsermächtigung selbst erfolgen; diese kann aber auch den Geschäftsführern die Entscheidung über den Ausschluss des Bezugsrechts übertragen.[292] Ohne Ermächtigung in der Satzung können die Geschäftsführer bei Ausgabe von genehmigtem Kapital das Bezugsrecht der Gesellschafter jedoch nicht ausschließen.[293] Für den Ausschluss des Bezugsrechts gelten die gleichen Voraussetzungen wie bei einer ordentlichen Kapitalerhöhung.[294] Bei einem in der Gründungssatzung geschaffenen genehmigtem Kapital ist ein Bezugsrechtsauschluss ohne weiteres möglich, weil ohnehin alle Gesellschafter zustimmen. Die Regelung über ein genehmigtes Kapital zu dem Zweck, einem außenstehenden Dritten eine Beteiligung an der Gesellschaft zu ermöglichen, kann wie folgt formuliert werden:

Formulierungsvorschlag:

1. Die Geschäftsführung ist ermächtigt, das Stammkapital der Gesellschaft bis zum ...... (max. 5 Jahre nach Eintragung der Gesellschaft bzw. der Eintragung der Abänderung des Gesellschaftsvertrages) durch Ausgabe neuer Geschäftsanteile gegen Bareinlagen oder Sacheinlagen einmalig oder mehrmalig, insgesamt jedoch höchstens um € ...... (max. 50% des Stammkapitals) zu erhöhen (genehmigtes Kapital).
2. Die Geschäftsführung ist berechtigt, das Bezugsrecht der Gesellschafter auszuschließen, wenn die neuen Geschäftsanteile an ...... ausgegeben werden und der Ausgabebetrag für die neuen Geschäftsanteile mind. € ...... je ein Euro Nennbetrag beträgt.
3. Die Geschäftsführer sind ermächtigt, nach der Ausnutzung des genehmigten Kapitals oder dem Ablauf der Ermächtigungsfrist die Fassung der Satzung entsprechend anzupassen.

Die Durchführung einer Kapitalerhöhung aus genehmigtem Kapital bedarf eines schriftlich niederzulegenden[295] Beschlusses der Geschäftsführer und, wie bei einer regulären Kapitalerhöhung, der Übernahme der neuen Geschäftsanteile durch notariell zu beurkundende oder zu beglaubigende Übernahmeerklärungen der Übernehmer (§ 55 Abs. 1 GmbHG). Die Durchführung der Kapitalerhöhung ist durch sämtliche Geschäftsführer zur Eintragung im Handelsregister anzumelden. In diesem Zusammenhang ist auch eine Anpassung des Satzungswortlauts erforderlich. Im GmbH-Recht fehlt eine dem § 179 Abs. 1 S. 2 AktG entsprechende Vorschrift, wonach die Geschäftsführer zur Anpassung der Satzung ermächtigt werden können. Es entspricht aber einhelliger Auffassung in der Literatur, dass eine solche Ermächtigung zu einer formfreien Änderung möglich ist.[296] Fraglich ist aber, ob diese Ermächtigung ausdrücklich erteilt werden muss oder ob diese sich schon aus der Ermächtigung zur Kapitalerhöhung selbst ergibt.[297] Aus diesem Grunde sollte wie in dem vorstehenden Formulierungsvorschlag die Geschäftsführung ausdrücklich zur Anpassung der Satzung ermächtigt werden. Dieser Anpassungsbeschluss muss entsprechend § 107 Abs. 2 AktG nicht notariell beurkundet werden, es reicht die Schriftform.[298] 165

e) **Geschäftsanteile und Gesellschafter.** In der Gründungssatzung sind die einzelnen Gesellschafter zu nennen und die Zahl und der Nennbetrag der von den Gesellschaftern übernommenen Geschäftsanteile anzugeben. Nicht ausreichend ist, wenn diese Angaben nur in der eigentlichen Gründungsurkunde (Urkundsmantel) enthalten sind.[299] Bei einer **späteren** 166

[292] Scholz/*Priester* § 55 a Rdnr. 37 f; Lutter/Hommelhoff/*Lutter* § 55 a Rdnr. 23; Baumbach/Hueck/*Zöllner* § 55 a Rdnr. 7.

[293] Lutter/Hommelhoff/*Lutter* § 55 a Rdnr. 23.

[294] Vgl. hier dazu Rdnr. 496, 525.

[295] Lutter/Hommelhoff/*Lutter* § 55 a Rdnr. 16.

[296] Scholz/*Priester* Nachtrag MoMiG § 55 a Rdnr. 32; Lutter/Hommelhoff/*Lutter* § 55 a Rdnr. 33 m. w. N.

[297] Vgl. Lutter/Hommelhoff/*Lutter* § 55 a Rdnr. 33 m. w. N.

[298] Scholz/*Priester* Nachtrag MoMiG § 55 a Rdnr. 32; Lutter/Hommelhoff/*Lutter* § 55 a Rdnr. 33; a. A. wohl *Krafka/Willer/Kühn* Registerrecht Rdnr. 1070.

[299] Lutter/Hommelhoff/*Bayer* § 3 Rdnr. 31.

Änderung der Satzung können die Angaben über die Gründungsgesellschafter und über die übernommenen Geschäftsanteile entfallen, bei Bareinlagen auch wenn diese noch nicht vollständig geleistet sind.[300] Lediglich wenn Sacheinlagen erbracht werden, sollen die Angaben darüber mindestens 10 Jahre in der Satzung enthalten bleiben müssen.[301] Begründet wird dies mit der Haftung bei überbewerteter Sacheinlage gemäß § 9 Abs. 2 GmbHG, die nach 10 Jahren seit der Eintragung der Gesellschaft in das Handelsregister verjährt.

167 Bei der Gründung wie auch bei der späteren Kapitalerhöhung kann jeder Gesellschafter entgegen der früheren Rechtslage nunmehr mehrere Geschäftsanteile übernehmen (§ 5 Abs. 2 GmbHG). Die **laufenden Nummern** der Geschäftsanteile können bereits in der Gründungssatzung den einzelnen Geschäftsanteilen zugeordnet werden. Erforderlich ist dies aber nicht. Enthält die Satzung keine Nummerierung, sind die Geschäftsführer berufen, in der nach § 8 Abs. 1 Nr. 3 GmbHG einzureichenden Gesellschafterliste den Geschäftsanteilen Nummern zuzuordnen.[302]

168 Bei der **Bargründung** muss jeder Gesellschafter vor der Handelsregisteranmeldung mindestens ein Viertel seiner Einlagen eingezahlt haben und für alle Gesellschafter zusammen muss mindestens ein Betrag in Höhe von € 12.500,– erreicht werden (§ 7 Abs. 2 S. 1 und 2 GmbHG). In der Satzung sollte die **Fälligkeit der Einzahlung** geregelt werden. Fehlt eine Satzungsregelung, so entscheidet die Gesellschafterversammlung nach § 46 Nr. 2 GmbHG über die Einforderung der offenen Einlagen.

Formulierungsvorschlag:

Die Einlagen sind in Geld zu erbringen. Sie sind zur Hälfte sofort und im übrigen nach Maßgabe eines Gesellschafterbeschlusses zur Zahlung fällig.

169 Der **Nachweis der Einzahlung** der Einlagen gegenüber dem Handelsregister wird gemäß § 8 Abs. 2 S. 1 GmbHG dadurch erbracht, dass die Geschäftsführer versichern, dass die Leistungen bewirkt sind und das sich der Gegenstand der Leistungen endgültig in ihrer freien Verfügung befindet. Zusätzliche Nachweise, also insbesondere die Vorlage von Kontoauszügen, darf das Handelsregister nach § 8 Abs. 2 S. 2 GmbHG nur „bei erheblichen Zweifeln an der Richtigkeit der Versicherung" verlangen. Wird die Handelsregisteranmeldnung, die die Versicherung der Geschäftsführer enthält, bereits in dem Notartermin für die Gründung der Gesellschaft unterzeichnet, wird der Notar mit den Geschäftsführern vereinbaren, dass er die Anmeldung erst an das Handelsregister weiterleitet, wenn die Einzahlung erfolgt ist und er von den Geschäftsführern entsprechend informiert wird. Dass der Notar sich den Kontoauszug vorlegen lässt, ist nicht geboten.

170 Steht von vornherein fest, dass die Einlagen an den Einlegenden zurückfließen, stand dies früher der Erfüllungswirkung der Einlageleistung entgegen (**Hin- und Herzahlen**). Nunmehr kann auch in einem solchen Fall die Einlageforderung erfüllt werden, wenn die Anforderungen des § 19 Abs. 5 GmbHG eingehalten werden, also die Bareinlage zunächst ordnungsgemäß geleistet wird, eine vor Einlageleistung getroffenen Absprache existiert, dass der Gesellschafter die Einlage zurückerhält, ohne dass dafür ein sacheinlagefähiger Gegenstand eingebracht wird (Subsidiarität gegenüber § 19 Abs. 4 GmbHG), der Anspruch auf Rückgewähr des Bareinlagebetrages vollwertig und jederzeit fällig ist und der Sachverhalt dem Handelsregister in der Handelsregisteranmeldung offengelegt wird.[303] Schon allein wegen der erforderlichen Prüfung der Vollwertigkeit des Rückgewähranspruchs durch das Registergericht eignet sich dieses „Verfahren" nicht als Gestaltungsvariante für die tägliche Praxis.

171 Soll nicht eine Bar- sondern eine **Sacheinlage** erbracht werden, muss die Satzung zusätzliche Angaben enthalten. Zunächst muss die Person des Gesellschafters genannt sein, der die

[300] Baumbach/Hueck/*Hueck/Fastrich* § 3 Rdnr. 18.
[301] Baumbach/Hueck/*Hueck/Fastrich* § 5 Rdnr. 49; zweifelnd *Wicke* § 5 Rdnr. 13.
[302] Baumbach/Hueck/*Hueck/Fastrich* § 3 Rdnr. 16.
[303] Vgl. Lutter/Hommelhoff/*Bayer* § 19 Rdnr. 90 ff.

Sacheinlage erbringt.[304] Der Gegenstand der Sacheinlage muss so genau bezeichnet werden, dass eine zweifelsfreie Identifikation des Gegenstands möglich ist. Bei einem einzubringenden (Einzel-) Unternehmen als Sachgesamtheit von Aktiva und Passiva reicht nach herrschender Meinung die Angabe der Firma und Handelsregisternummer aus.[305] **Einlagefähig** sind alle Vermögensgegenstände, die einen feststellbaren wirtschaftlichen Wert haben, also Sachen, Rechte, Sachgesamtheiten oder Nutzungsrechte.[306] **Nicht einlagefähig** sind Ansprüche auf die Erbringung von Dienstleistungen oder personenbezogene Werkleistungsverpflichtungen, und zwar unabhängig davon, ob Schuldner der Gesellschafter oder ein Dritter ist (§ 27 Abs. 2 AktG analog).[307] Ebenfalls per se nicht einlagefähig sind schuldrechtliche Ansprüche gegen den Einlageschuldner selbst.[308]

Darüberhinaus ist in der Satzung der **Einlagewert** des einzubringenden Gegenstandes an- 172
zugeben, also der Wert, der auf die Einlageverpflichtung angerechnet wird. Nicht erforderlich ist die Angabe des Gesamtwertes des eingebrachten Gegenstandes.[309] **Übersteigt der Wert des einzubringenden Gegenstandes den Betrag der übernommenen Stammeinlage**, so bestehen verschiedene Möglichkeiten: Soll die Differenz dem einbringenden Gesellschafter entweder bar ausgezahlt oder als Darlehensforderung gutgeschrieben werden,[310] so setzt dies eine entsprechende ausdrückliche Anordnung in der Satzung voraus.[311] Es ist allerdings in diesem Fall nicht erforderlich, dass die Höhe der Vergütung bereits in der Satzung festgelegt wird. Vielmehr ist auch eine Vereinbarung ausreichend, dass eine sich aufgrund einer noch durchzuführenden Bewertung ergebende Differenz zwischen Einlagebetrag und Wert der Sacheinlage dem Gesellschafter zu vergüten ist.[312] Außerdem ist die Art der zu gewährenden Vergütung anzugeben.[313] Soll der den Einlagebetrag übersteigende Wert des Sacheinlagegegenstandes der Gesellschaft verbleiben, bestehen für die Satzungsgestaltung zwei Möglichkeiten. Zum einen kann der Sacheinlagegegenstand mit einem niedrigeren als dem tatsächlichen Wert angesetzt werden, ohne dass dies offengelegt wird (sog. Unterbewertung).[314] Die andere Möglichkeit ist, dass der Mehrwert des Sacheinlagegegenstandes offen ausgewiesen wird und als **Agio**, also Aufgeld, qualifiziert wird. Ob eine Wertdifferenz dem Gesellschafter vergütet werden oder der Gesellschaft als Eigenkapital verbleiben soll, sollte in der Satzung schon aus Gründen der Klarheit ausdrücklich geregelt werden, eine Rückvergütung an den Gesellschafter ist wie erwähnt ohnehin nur auf Grundlage einer Anordnung in der Satzung zulässig.

Formulierungsvorschlag:

1. Auf das Stammkapital der Gesellschaft in Höhe von ...... € übernehmen:
   a) der Gesellschafter ...... einen Geschäftsanteil im Nennbetrag von ...... € (Geschäftsanteil Nr. 1),
   b) der Gesellschafter ...... einen Geschäftsanteil im Nennbetrag von ...... € (Geschäftsanteil Nr. 2).
2. Der Gesellschafter ...... hat seine Einlage auf den Geschäftsanteil Nr. 1 in Geld zu erbringen. Der Gesellschafter ...... hat als Einlage auf den Geschäftsanteil Nr. 2 sein im Handelsregister des Amtsgerichts ...... unter HRA ...... eingetragenes einzelkaufmännisches Unternehmen mit allen Aktiva und Passiva in die Gesellschaft einzubringen.
3. Die Einlagen sind sofort und in voller Höhe zu leisten.

---

304 Baumbach/Hueck/*Hueck/Fastrich* § 5 Rdnr. 44.
305 Lutter/Hommelhoff/*Bayer* § 5 Rdnr. 31; Baumbach/Hueck/*Hueck/Fastrich* § 5 Rdnr. 45.
306 Lutter/Hommelhoff/*Bayer* § 5 Rdnr. 14 ff.
307 BGH NJW 2009, 2375, 2376 – Quivive; Lutter/Hommelhoff/*Bayer* § 5 Rdnr. 18.
308 BGH NJW 2009, 2375, 2376 – Quivive; Lutter/Hommelhoff/*Bayer* § 5 Rdnr. 15.
309 Baumbach/Hueck/*Hueck/Fastrich* § 5 Rdnr. 46; Michalski/*Zeidler* § 5 Rdnr. 132.
310 Dies wird auch als Gemischte Sacheinlage bezeichnet.
311 Baumbach/Hueck/*Hueck/Fastrich* § 5 Rdnr. 20, Michalski/*Zeidler* § 5 Rdnr. 58 a.
312 Baumbach/Hueck/*Hueck/Fastrich* § 5 Rdnr. 20.
313 Scholz/*Winter/Westermann*, § 5 Rdnr. 83.
314 Lutter/Hommelhoff/*Bayer* § 5 Rdnr. 27.

4. Sollte der Wert des eingebrachten Unternehmens den Nennbetrag des Geschäftsanteils 2 überschreiten, ist der Differenzbetrag dem Gesellschafter nicht zu vergüten.

Alternativ: Soweit der Wert des eingebrachten Unternehmens den Nennbetrag des Geschäftsanteils 2 übersteigt, ist der Differenzbetrag dem Gesellschafter in bar zu vergüten/als Gesellschafterdarlehen gutzuschreiben.

Alternativ: Der Wert des eingebrachten Unternehmens wird auf ...... € festgelegt. Der Betrag in Höhe von ...... €, um den der Wert der Einlage den Nennbetrag des Geschäftsanteils 2 übersteigt, ist dem Gesellschafter ...... als Gesellschafterdarlehen gutzuschreiben.

Alternativ: Der Wert des eingebrachten Unternehmens wird auf ...... € festgelegt. Der Betrag in Höhe von ...... €, um den der Wert der Einlage den Nennbetrag des Geschäftsanteils 2 übersteigt, ist von dem Gesellschafter ...... als Aufgeld zu leisten.

173 Die **Werthaltigkeit** der eingebrachten Sacheinlage wird vom Registergericht geprüft. Zu diesem Zweck ist vorgeschrieben, dass die Gesellschafter einen **Sachgründungsbericht** erstatten, in dem sie die für die Bewertung der Sacheinlage maßgeblichen Umstände darlegen müssen (§ 5 Abs. 4 S. 2 GmbHG). Darüberhinaus sind dem Handelsregister Unterlagen über die Werthaltigkeit der Sacheinlage wie z. B. Sachverständigengutachten bei Grundstücken oder Bilanzen bei Unternehmen vorzulegen (§ 8 Abs. 1 Nr. 5 GmbHG). Übersteigt der Wert des eingebrachten Gegenstandes die übernommene Stammeinlage, hängt die Prüfungspflicht des Registergerichts davon ab, welcher der oben genannten Wege beschritten wird. Wird der Mehrwert dem Gesellschafter vergütet, erstreckt sich die **Prüfungspflicht des Registergerichts** darauf, ob der Wert der Sacheinlage die Stammeinlage und die von der Gesellschaft geschuldete Vergütung deckt.[315] Wird die Wertdifferenz dem Gesellschafter nicht vergütet, beschränkt sich die Prüfungspflicht des Registergerichts darauf, ob der Betrag der übernommenen Stammeinlage durch den Wert des Sacheinlagegegenstandes gedeckt ist. Die Erbringung des Agios ist vom Registergericht nicht zu prüfen.[316] Auch die Haftung des Gesellschafters bei einer Überbewertung von Sacheinlagen nach § 9 GmbHG bezieht sich nur auf den Nennbetrag des übernommenen Geschäftsanteils. Ist das Agio durch den Wert des eingebrachten Gegenstandes nicht gedeckt, löst dies keine Haftung nach § 9 GmbHG aus.[317]

174 Nach § 7 Abs. 3 GmbHG müssen die Sacheinlagen vor der Anmeldung der Gesellschaft zum Handelsregister an die Gesellschaft geleistet sein. Dies setzt einen **wirksamen Übergang** der Einlagegegenstände auf die Gesellschaft voraus. Dies geschieht im Rahmen eines **Einbringungsvertrages**, der zwischen der Vor-GmbH und dem Einbringenden abgeschlossen wird und deshalb nicht Bestandteil der Satzung selbst sein kann. Der Einbringungsvertrag regelt den dinglichen Übergang der einzubringenden Gegenstände, enthält häufig aber auch weitere schuldrechtliche Abreden.[318] Bei der **Einbringung von Grundstücken** ist umstritten, ob als Voraussetzung für die Einlageleistung im Sinne des § 7 Abs. 3 GmbHG die Eintragung der Vor-GmbH als Eigentümer im Grundbuch verlangt werden muss oder ob eine bindende Einigung (§§ 873 Abs. 2, 925 BGB) zusammen mit Eintragungsbewilligung und erforderlichem Eintragungsantrag oder die Eintragung einer Eigentumsvormerkung (§ 883 BGB) genügen.[319] Jedenfalls müssen für die Übertragung des Einlagegegenstandes erforderliche Zustimmungserklärungen Dritter vorliegen und etwaige vereinbarte aufschiebende Bedingungen eingetreten sein.

175 Möglich ist auch eine **Kombination aus Bareinlage und Sacheinlage** (sogenannte gemischte Einlage oder Mischeinlage). Dies kann etwa nutzbar gemacht werden, wenn im Zeitpunkt der Beurkundung der Satzung das endgültige Ergebnis der späteren Bewertung der Sacheinlage unsicher ist. Ist zweifelhaft, ob der Wert der von einem Gesellschafter zu

[315] Vgl. Michalski/*Hermanns* § 56 Rdnr. 62.
[316] Michalski/*Tebben* § 9 c Rdnr. 24.
[317] Lutter/Hommelhoff/*Bayer* § 9 Rdnr. 4.
[318] MünchHdbGesR III/*Freitag/Riemenschneider* § 9 Rdnr. 36.
[319] Scholz/*Winter/Veil* § 7 Rdnr. 40.

erbringenden Sacheinlage den Betrag der von ihm übernommenen Stammeinlage erreicht, kann eine zusätzliche Bareinlage dieses Gesellschafters vereinbart werden, um Hindernissen bei der Eintragung aus dem Weg zu gehen und eine Differenzhaftung der Gesellschafter zu vermeiden. Es wird auch als zulässig angesehen, in dem Gesellschaftsvertrag – ohne konkrete Beträge zu nennen – allgemein anzuordnen, dass der Gesellschafter eine eventuelle Differenz zwischen dem Wert des Sacheinlagegegenstandes und dem Betrag der übernommenen Stammeinlage auszugleichen habe.[320]

Bei der gemischten Einlage wird eine Bareinlage mit einer Sacheinlage verbunden, so dass 176
der Gesellschafter seine Einlageverpflichtung teilweise durch eine Bareinlage und teilweise durch eine Sacheinlage erbringt. Sofern ziffernmäßig festgelegt wird, welcher Teil der Einlage durch Bareinlage und welcher durch Sacheinlage zu erfüllen ist, sind auf den Sacheinlageteil die Sacheinlagevorschriften und auf den Bareinlageteil die Bareinlagevorschriften anzuwenden. Die Bareinlage ist nur in dem in § 7 Abs. 2 S. 1 GmbHG bestimmten Umfang vor der Anmeldung zum Handelsregister zu leisten.[321] Wird in dem Gesellschaftsvertrag auf eine genaue Festlegung des bar zu erbringenden Teils verzichtet und stattdessen nur angeordnet, dass der Gesellschafter eine eventuelle Differenz zwischen dem Wert des Sacheinlagegegenstandes und dem Betrag der übernommenen Stammeinlage auszugleichen habe, wiederholt die Satzung lediglich die gesetzliche Differenzhaftung gemäß § 9 GmbHG. Der Wert der Sacheinlage muss dem Handelsregister spätestens mit der Handelsregisteranmeldung im Sachgründungsbericht offengelegt werden. Die bar zu erbringende Differenz zwischen dem Wert des Sacheinlagegegenstandes und dem Betrag der übernommenen Einlage ist vor der Anmeldung in voller Höhe zu leisten.[322] Dies muss auch von den Geschäftsführern in der Handelsregisteranmeldung nach § 8 Abs. 3 GmbHG versichert werden.[323]

8. Fakultative Regelungen

a) **Geschäftsjahr, Dauer der Gesellschaft.** Die Festlegung des **Geschäftsjahres** gehört nicht 177
zum zwingenden Inhalt der GmbH-Satzung. § 240 Abs. 2 S. 2 HGB schreibt vor, dass das Geschäftsjahr in keinem Fall länger als 12 Monate dauern darf. Kürzere Zeiträume sind ausnahmsweise zulässig. Beispiel ist das entstehende Rumpfgeschäftsjahr bei Gründung der Gesellschaft oder bei Umstellung des Geschäftsjahres. Das Geschäftsjahr kann vom Kalenderjahr abweichen, muss aber eine regelmäßige Dauer von 12 Monaten haben.[324] Fehlt im Gesellschaftsvertrag eine Regelung zum Geschäftsjahr, entspricht das Geschäftsjahr dem Kalenderjahr.[325] Es empfiehlt sich jedoch zur Vermeidung jeglicher Zweifel eine ausdrückliche Regelung. Bei Gründung der Gesellschaft können die Gesellschafter frei entscheiden, ob ein vom Kalenderjahr abweichender Zeitraum als Geschäftsjahr festgelegt werden soll.

Soll bei einer späteren **Satzungsänderung** für das Geschäftsjahr ein vom Kalenderjahr 178
abweichender Zeitraum festgelegt werden, wird dies **steuerlich** nur anerkannt, wenn die Änderung im Einvernehmen mit dem Finanzamt erfolgt (§ 7 Abs. 4 S. 3 KStG). Dies sollte vor der Satzungsänderung geklärt sein. Für die zivilrechtliche Wirksamkeit ist die Zustimmung des Finanzamtes nicht von Bedeutung. Bei der Umstellung des Geschäftsjahres ist weiterhin zu beachten, dass die Satzungsänderung jedenfalls nach überwiegender Auffassung noch **vor dem neuen Bilanzstichtag** im Handelsregister **eingetragen** sein muss, da die Eintragung konstitutive Wirkung hat und eine Rückwirkung von Satzungsänderungen, jedenfalls wenn wie hier Gläubigerinteressen berührt sind, ausgeschlossen ist.[326]

Fällt die Gründung der Gesellschaft in ein laufendes Geschäftsjahr, so ist das erste Ge- 179
schäftsjahr ein **Rumpfgeschäftsjahr**. Dies muss aber nicht in der Satzung erwähnt werden.

---

320 Michalski/*Zeidler* § 5 Rdnr. 59.

321 Baumbach/Hueck/*Hueck/Fastrich* § 7 Rdnr. 5; Scholz/*Winter/Veil* § 7 Rdnr. 20; Michalski/*Heyder* § 7 Rdnr. 21.

322 Michalski/*Zeidler* § 5 Rdnr. 59.

323 Baumbach/Hueck/*Hueck/Fastrich* § 9 Rdnr. 6.

324 Baumbach/Hopt/*Merkt* HGB § 240 Rdnr. 6.

325 *Wicke* § 41 Rdnr. 8.

326 OLG Frankfurt GmbHR 1999, 484; a. A. *Ulmer* § 53 Rdnr. 29: Anmeldung vor dem Stichtag ausreichend; Baumbach/Hueck/*Zöllner* § 53 Rdnr. 60; Lutter/Hommelhoff/*Bayer* § 53 Rdnr. 43.

Die Buchführungspflicht beginnt mit dem ersten buchungspflichtigen Geschäftsvorfall nach dem Abschluss des Gesellschaftsvertrages,[327] also schon dadurch, dass die Einlageforderungen begründet ist und Notarkosten entstanden sind. Die mitunter verwendete Formulierung, dass das Rumpfgeschäftsjahr mit der Eintragung der Gesellschaft beginne, ist deshalb zumindest buchungstechnisch nicht zutreffend.

180 Im Hinblick auf § 3 Abs. 2 GmbHG besteht nur dann Anlass, eine Regelung zur **Dauer** der Gesellschaft im Vertrag aufzunehmen, wenn diese beschränkt werden soll. Denkbar wäre eine Befristung oder die Auflösung der Gesellschaft bei Eintritt eines bestimmten Ereignisses. Solche Regelungen kommen aber in der Praxis sehr selten vor.

181 b) **Nebenleistungspflichten.** Sollen den Gesellschaftern über die Verpflichtung zur Erbringung der Einlagen hinaus weitere Verpflichtungen (**Nebenleistungspflichten**) auferlegt werden, so sind auch diese Bestimmungen nach § 3 Abs. 2 GmbHG in die Satzung aufzunehmen. Wichtigstes Beispiel ist die Verpflichtung zur Zahlung eines **Aufgeldes** (Agio). Nach Leistung des Aufgeldes ist dieses in der Kapitalrücklage auszuweisen (§ 272 Abs. 2 Nr. 1 HGB). Anders als die Einlage selbst muss das Aufgeld nicht vor der Anmeldung der Gesellschaft zum Handelsregister geleistet werden. Die Leistung des Aufgeldes ist dem Handelsregister gegenüber nicht nachzuweisen.[328]

182 Nebenleistungen, die Gegenstand einer Verpflichtung nach § 3 Abs. 2 GmbHG sind, können auch regelmäßig oder unregelmäßig wiederkehrende Zahlungen an die Gesellschaft oder die Gewährung von Gesellschafterdarlehen oder Sachleistungen sein. Weiteres Beispiel sind Handlungspflichten, hier insbesondere die Verpflichtung als Geschäftsführer für die Gesellschaft tätig zu werden. Als Nebenleistung kann auch vereinbart werden, dass die Gesellschafter verpflichtet sind, Leistungen der Gesellschaft in Anspruch zu nehmen. Weiterhin als Nebenleistungsverpflichtung i. S. des § 3 Abs. 2 GmbHG werden **Ankaufs- oder Vorkaufsrechte** hinsichtlich der Geschäftsanteile der Gesellschafter angesehen.[329]

183 Der Inhalt der Verpflichtung muss im Gesellschaftsvertrag so genau bestimmt werden, dass der Gesellschafter die auf ihn zukommende Verpflichtung ohne weiteres überschauen kann.[330] Der Rahmen der Leistungserbringung aber auch die Entgeltlichkeit oder Unentgeltlichkeit der Leistung und die Höhe der Gegenleistung sind in der Satzung festzulegen. Die Regelung weiterer Einzelheiten der Leistungserbringung kann einem gesondert abzuschließenden Ausführungsvertrag vorbehalten bleiben.[331] Allgemein gehaltene Formeln, wie z. B. die Gesellschaft „durch Rat und Tat" oder „durch Bürgschaften oder sonstige Sicherheitsleistungen" zu fördern, begründen aber keine wirksame Verpflichtung der Gesellschafter.[332]

Formulierungsvorschlag:

Der Gesellschafter ...... ist verpflichtet, als Geschäftsführer der Gesellschaft für die Gesellschaft tätig zu sein und seine gesamte Arbeitskraft der Gesellschaft zur Verfügung zu stellen. Als Vergütung für die Geschäftsführertätigkeit erhält der Gesellschafter einen Vergütung in Höhe von monatlich € ...... Die weiteren Einzelheiten der gegenseitigen Pflichten richten sich nach dem abzuschließenden Anstellungsvertrag.

184 Sehr häufig finden sich die Nebenleistungsverpflichtungen nicht im Gesellschaftsvertrag. Es ist anerkannt, dass die Gesellschafter die Möglichkeit haben, auch außerhalb des Gesellschaftsvertrages zusätzliche Verpflichtungen im Hinblick auf das Gesellschaftsverhältnis zu begründen (**satzungsergänzende Gesellschaftervereinbarungen**). Der Unterschied ist lediglich, dass die begründeten Verpflichtungen nicht gesellschaftsrechtlich wirken, sondern schuldrechtlich. Dieser Unterschied wirkt sich bei der Veräußerung von Geschäftsanteilen

[327] Baumbach/Hueck/*Haas* § 41 Rdnr. 7.
[328] Baumbach/Hueck/*Hueck/Fastrich* § 3 Rdnr. 36.
[329] Vgl. nur Scholz/*Emmerich* § 3 Rdnr. 77, Baumbach/Hueck/*Hueck/Fastrich* § 3 Rdnr. 41.
[330] BGH NZG 2008, 148.
[331] Scholz/*Emmerich* § 3 Rdnr. 70 ff., 78; Baumbach/Hueck/*Hueck/Fastrich* § 3 Rdnr. 38.
[332] Baumbach/Hueck/*Hueck/Fastrich* § 3 Rdnr. 38; Scholz/*Emmerich* § 3 Rdnr. 71.

aus: Gesellschaftsrechtliche Nebenleistungsverpflichtungen gehen, sofern es sich nicht nach der Regelung in der Satzung um höchstpersönliche Verpflichtungen handelt, auf den Erwerber eines Geschäftsanteils über. Schuldrechtliche Verpflichtungen gehen nur über, sofern sie von dem Erwerber des Geschäftsanteils übernommen werden.[333]

c) **Nachschusspflicht.** Der Gesellschaftsvertrag kann bestimmen, dass die Gesellschafter durch mit einfacher Mehrheit zu fassenden Gesellschafterbeschluss die Leistung von über die Nennbeträge der Geschäftsanteile hinausgehenden weiteren Einzahlungen (**Nachschüsse**) anfordern können (§ 26 Abs. 1 GmbHG). Anders als die Nebenleistungspflichten gemäß § 3 Abs. 2 GmbHG sind hier **nur Geldleistungen** möglich.[334] Grundsätzlich sind die Nachschüsse nach dem Verhältnis der Geschäftsanteile von allen Gesellschaftern zu erbringen (§ 26 Abs. 2 GmbHG). Die Satzung kann hiervon aber abweichen.[335] In der Praxis sind Nachschusspflichten im Regelfall auf einen bestimmten Höchstbetrag beschränkt. Andernfalls gilt zum Schutz der Gesellschafter die Regelung des § 27 GmbHG, wonach sich ein jeder Gesellschafter von der Verpflichtung zur Leistung des Nachschusses dadurch befreien kann, dass er seinen Geschäftsanteil zur Verfügung stellt. Unabdingbare Voraussetzung der Nachschusspflicht ist neben der Grundlage in der Satzung, dass der Nachschuss durch Gesellschafterbeschluss eingefordert wird. 185

Formulierungsvorschlag:

Die Gesellschafterversammlung kann die Einforderung von Nachschüssen bis zu einem Gesamtbetrag in Höhe von € ...... beschließen. Die Nachschüsse sind von den Gesellschaftern nach dem Verhältnis ihrer Geschäftsanteile zu zahlen.

Die Einführung einer Nachschusspflicht durch spätere **Satzungsänderung** bedarf der Zustimmung durch alle betroffenen Gesellschafter.[336] Zusätzliche Geldzahlungsverpflichtungen können aber, ohne dass die Regelungen in den §§ 26 ff. GmbHG eingehalten werden müssen, auch als Nebenleistungsverpflichtung gemäß § 3 Abs. 2 GmbHG (unter Beachtung der dafür geltenden Voraussetzungen) oder als schuldrechtliche Verpflichtung im Rahmen einer Gesellschaftervereinbarung begründet werden. In diesen Fällen besteht das bei Nachschüssen zwingende Erfordernis der Einforderung durch Gesellschafterbeschluss nicht. Die Fälligkeit kann also unabhängig davon geregelt werden und etwa die Anforderung der Geschäftsführung übertragen werden.[337] 186

d) **Geschäftsführung und Vertretung.** *aa) Bestellung und Abberufung des Geschäftsführers.* Die Bestellung des Geschäftsführers erfolgt gemäß § 6 Abs. 3 S. 2 GmbHG entweder **im Gesellschaftsvertrag oder durch einen Gesellschafterbeschluss**, der der einfachen Mehrheit der abgegebenen Stimmen bedarf (§§ 46, 47 Abs. 1 GmbHG). Sofern nicht ausnahmsweise die Geschäftsführerposition durch Regelung in der Satzung besonders abgesichert werden soll,[338] wird in der Praxis der flexiblere Weg der Bestellung des Geschäftsführers durch einfachen Gesellschafterbeschluss gewählt. Dies bedarf keiner Regelung im Gesellschaftsvertrag, wird aber im Regelfall in der Satzung ausdrücklich vorgesehen. 187

Die Satzung kann die **Befugnis zur Bestellung** des Geschäftsführers einem anderen Organ der Gesellschaft, z. B. einem Aufsichtsrat, Gesellschafterausschuss oder Beirat übertragen.[339] Dem Bestellungsorgan obliegt im Zweifel dann auch die Entscheidung über die Abberufung eines Geschäftsführers,[340] was aber in der entsprechenden Satzungsregelung klargestellt 188

[333] Vgl. zu dem Ganzen Baumbach/Hueck/*Hueck/Fastrich* § 3 Rdnr. 56; BGH NZG 2008, 73 zur Zulässigkeit eines schuldrechtlich vereinbarten Agios.
[334] Baumbach/Hueck/*Hueck/Fastrich* § 26 Rdnr. 2.
[335] Baumbach/Hueck/*Hueck/Fastrich* § 26 Rdnr. 6.
[336] KG NZG 2000, 688; Baumbach/Hueck/*Hueck/Fastrich* § 26 Rdnr. 7.
[337] Lutter/Hommelhoff/*Bayer* § 26 Rdnr. 4; Scholz/*Emmerich* § 26 Rdnr. 6 a; Michalski/*Zeidler* § 26 Rdnr. 7.
[338] Vgl. dazu unten Rdnr. 191.
[339] Baumbach/Hueck/*Hueck/Fastrich* § 6 Rdnr. 30; Michalski/*Lenz* § 35 Rdnr. 13.
[340] Scholz/*U. H. Schneider* § 38 Rdnr. 21.

werden sollte. Auch die Entscheidung über die vom Gesetz zwingend vorgesehene Möglichkeit einer Abberufung eines Geschäftsführers aus wichtigem Grunde (§ 38 Abs. 2 GmbHG) geht in einem solchen Fall von der Gesellschafterversammlung auf das in der Satzung bestimmte Bestellungsorgan über.[341]

Formulierungsvorschlag:

Die Gesellschaft hat einen oder mehrere Geschäftsführer. Sind mehrere Geschäftsführer vorhanden, so wird die Gesellschaft durch zwei Geschäftsführer gemeinschaftlich oder durch einen Geschäftsführer in Gemeinschaft mit einem Prokuristen vertreten. Ist nur ein Geschäftsführer vorhanden, so vertritt er die Gesellschaft allein.

Die Geschäftsführer der Gesellschaft werden durch den Beirat bestellt. Dieser entscheidet auch über die Abberufung eines Geschäftsführers.

Der Beirat kann die Vertretungsbefugnis der Geschäftsführer abweichend von Absatz 1 festlegen. Er kann insbesondere bei mehreren Geschäftsführern Einzelvertretungsbefugnis erteilen und diese ganz oder teilweise von den Beschränkungen des § 181 BGB befreien.

189 Bei **mitbestimmten Gesellschaften** werden die Geschäftsführer durch den Aufsichtsrat bestellt und abberufen (§§ 31 Abs. 5 MitbestG, 12 MontanMitbestG, 15 MitbestErgG).

190 Ob auch einem **gesellschaftsfremden Dritten** das Recht zur Bestellung und Abberufung von Geschäftsführern übertragen werden kann, ist umstritten.[342] Gegen diese Möglichkeit wird eingewandt, dass es gegen den zwingenden Grundsatz der Selbstbestimmung der Gesellschaft durch die Gesellschafter verstößt, wenn die Entscheidung über die Führung der Gesellschaft nicht von den Gesellschaftern und auch nicht von einem von den Gesellschaftern eingesetzten Organ der Gesellschaft getroffen wird.[343] Dem ist entgegenzuhalten, dass die Gesellschafterversammlung jederzeit durch Satzungsänderung die Entscheidung wieder an sich ziehen kann.[344] Angesichts der bestehenden Unsicherheit ist zu erwägen, gewünschte Einflussmöglichkeiten außenstehender Dritter auf die Auswahl des Geschäftsführers nicht durch die Satzungsregelung, sondern durch schuldrechtliche Vereinbarungen zwischen dem außenstehenden Dritten und den Gesellschaftern zu sichern.[345]

191 Die **Bestellung des Geschäftsführers in der Satzung** kann ein Mittel sein, um die Position des Geschäftsführers abzusichern. Dies gilt insbesondere für den Fall, dass es sich um einen Minderheitsgesellschafter handelt.[346] Ziel ist dann, die Abberufung von einem mit der qualifizierten Mehrheit des § 53 Abs. 2 GmbHG zu fassenden, satzungsändernden Beschluss abhängig zu machen. Zu diesem Zweck ist klarzustellen, dass die Geschäftsführerbestellung in der Satzung ein echter Satzungsbestandteil sein soll. Die Rechtsprechung geht nämlich bei fehlender ausdrücklicher Klarstellung davon aus, dass die Geschäftsführerbestellung in der Satzung im Zweifel nur ein sogenannter **unechter Satzungsbestandteil** sei.[347] Die Einordnung als unechter Satzungsbestandteil hätte zur Folge, dass die Geschäftsführerbestellung nicht an der für Satzungsregelungen geltenden Bestandskraft teilnimmt, sondern den für die Geschäftsführerbestellung durch Beschluss geltenden Vorschriften unterliegt, so dass die Abberufung des Geschäftsführers durch einfachen Mehrheitsbeschluss möglich wäre.

Die Position des durch (echte) Satzungsregelung bestellten Geschäftsführers kann weiter dadurch verstärkt werden, dass die Möglichkeit der Abberufung auf den Fall beschränkt wird, dass ein wichtiger Grund vorliegt (§ 38 Abs. 2 GmbHG).

[341] Vgl. Scholz/*K. Schmidt* § 46 Rdnr. 72; Baumbach/Hueck/*Zöllner*/*Noack* § 88 Rdnr. 25. a. A. MünchHdbGesR III/*Marsch-Barner*/*Diekmann* § 42 Rdnr. 58.

[342] Dafür MünchGesRHdb III/*Marsch-Barner*/*Diekmann* § 42 Rdnr. 58; dagegen Baumbach/Hueck/*Zöllner*/*Noack* § 38 Rdnr. 24; Scholz/*Schneider* § 38 Rdnr. 25; Lutter/Hommelhoff/*Kleindieck* § 38 Rdnr. 3; vgl. Rdnr. 392 ff.

[343] Baumbach/Hueck/*Zöllner* § 46 Rdnr. 97; Lutter/Hommelhoff/*Bayer* § 46 Rdnr. 23; Scholz/*Schneider* § 38 Rdnr. 25; Michalski/*Terlau* § 38 Rdnr. 17.

[344] Baumbach/Hueck/*Hueck*/*Fastrich*, § 6 Rdnr. 31: Michalski/*Tebben*, § 6 Rdnr. 63; sowie unten Rdnr. 392.

[345] Vgl. dazu Scholz/*Schneider* § 38 Rdnr. 25; Michalski/*Terlau* § 38 Rdnr. 17.

[346] Vgl. zum Ganzen *Kallrath* MittRhNotK 1999, 325, 327; Römermann/*Seibt* § 2 Rdnr. 92.

[347] BGH DB 1968, 2166; BGH NJW 1961, 507; vgl. auch OLG Hamm BB 2002, 1063, 1064 f.

In der Praxis wird die satzungsmäßig begründete Geschäftsführerposition des Gesellschafter-Geschäftsführers regelmäßig als **Sonderrecht** im Sinne des § 35 BGB ausgestaltet. Ein solches Sonderrecht kann dem Gesellschafter nur mit seiner Zustimmung wieder entzogen werden.[348] Zur Vermeidung von Auslegungsschwierigkeiten ist im Gesellschaftsvertrag eindeutig klarzustellen, dass die Begründung eines solchen Sonderrechts beabsichtigt ist.[349] Hier gilt erst recht: Die bloße Bestellung im Gesellschaftsvertrag bedeutet im Zweifel nicht, dass der Gesellschafter ein Sonderrecht zur Geschäftsführung erhalten soll. Im Zusammenhang mit der Regelung des Sonderrechts sollte klargestellt werden, ob das Sonderrecht bei Übergang des Geschäftsanteils auf den Rechtsnachfolger übergehen soll. Im Zweifel geht ein solches Sonderrecht zur Geschäftsführung bei Übertragung des Geschäftsanteils nicht auf den Erwerber über.[350] Sowohl bei der Geschäftsführerbestellung als echtem Satzungsbestandteil als auch bei der Einräumung eines Sonderrechts bleibt die Möglichkeit der **Abberufung des Geschäftsführers aus wichtigem Grund** nach § 38 Abs. 2 GmbHG unberührt. Zu beachten ist, dass der Gesellschafter-Geschäftsführer bei dem Beschluss über seine Abberufung aus wichtigem Grund kein Stimmrecht hat.[351] Die Satzung kann die Möglichkeit der Abberufung aus wichtigem Grund nicht ausschließen[352] oder beispielsweise dadurch einschränken, dass die Möglichkeit der Abberufung auf bestimmte genannte wichtige Gründe beschränkt wird. Umstritten ist allerdings das bei der Abberufung aus wichtigem Grund einzuhaltende Verfahren. Bei einem satzungsmäßigen Recht zur Geschäftsführung oder einem Sonderrecht wird für die Abberufung aus wichtigem Grund verlangt, dass die Regelungen über die Satzungsänderung eingehalten werden.[353] Demgegenüber wird teilweise die Auffassung vertreten, dass ein mit einfacher Mehrheit der abgegebenen Stimmen zu fassender Gesellschafterbeschluss ausreiche und dieses Mehrheitserfordernis auch nicht durch die Satzung verschärft werden könne.[354] Für den Fall, dass in der Person des Geschäftsführers ein wichtiger Grund besteht, der seine Abberufung rechtfertigt, spricht einiges dafür, die Abberufung nicht durch Verfahrensanforderungen zu erschweren. Auch insoweit ist eine klarstellende Regelung in der Satzung sinnvoll. Die Regelung eines Sonderrechts in der Satzung könnte wie folgt lauten: 192

Formulierungsvorschlag:

Der Gesellschafter ...... ist kraft Sonderrechts Geschäftsführer. Das Sonderrecht auf Geschäftsführung steht dem Gesellschafter nur persönlich zu, es geht auf einen Rechtsnachfolger nicht über.

Der Geschäftsführer kann nur aus wichtigem Grunde abberufen werden, und zwar durch einfachen, mit der Mehrheit der abgegebenen Stimmen zu fassenden Gesellschafterbeschluss.

Wird die Person des Geschäftsführers durch Gesellschafterbeschluss bestimmt, hat jeder Gesellschafter ein unverbindliches Vorschlagsrecht.[355] Soll insoweit die rechtliche Position einzelner Gesellschafter oder von Gesellschaftergruppen verstärkt werden, bestehen folgende Möglichkeiten: 193

Durch die Satzung kann einem Gesellschafter oder einer Gesellschaftergruppe ein bindendes Vorschlagsrecht eingeräumt werden (sogenanntes **Benennungsrecht**). Die Bestellung des Geschäftsführers erfolgt auch in diesem Fall durch einen Gesellschafterbeschluss. Die Mitgesellschafter sind jedoch aufgrund der Satzungsregelung verpflichtet, zugunsten des Benannten abzustimmen. In der Satzungsregelung kann auf unterschiedliche Weise festgelegt werden, wann die Zustimmungspflicht nicht besteht. So kann vorgesehen werden, dass die

[348] Vgl. Scholz/*Schneider* § 6 Rdnr. 43 f.
[349] Scholz/ *Schneider* § 6 Rdnr. 44.
[350] Scholz/*Winter/Seibt* § 14 Rdnr. 24.
[351] Michalski/*Terlau* § 38 Rdnr. 59 m. w. N.
[352] Baumbach/Hueck/*Zöllner/Noack* § 38 Rdnr. 6.
[353] OLG Nürnberg GmbHR 2000, 563 zum Entzug eines satzungsmäßigen Sonderrechts.
[354] Lutter/Hommelhoff/*Kleindieck* § 38 Rdnr. 16; Michalski/*Terlau* § 38 Rdnr. 58, Roth/*Altmeppen* § 38 Rdnr. 18; a. A. Scholz/*K. Schmidt* § 46 Rdnr. 73; Baumbach/Hueck/*Zöllner/Noack* § 38 Rdnr. 30.
[355] Lutter/Hommelhoff/*Bayer* § 46 Rdnr. 25.

Mitgesellschafter die Stimmabgabe nur aus sachlichen, im Interesse der Gesellschaft liegenden Gründen verweigern dürfen.[356] Weiter verstärkt wird das Benennungsrecht, wenn die Mitgesellschafter die Bestellung des Geschäftsführers nur verweigern dürfen, wenn wichtige Gründe im Sinne des § 38 Abs. 2 GmbHG vorliegen, die eine sofortige Abberufung des Geschäftsführers rechtfertigen würden.[357]

194 Noch weitergehend kann sich der Gesellschafter oder die Gesellschaftergruppe das Recht einräumen lassen, den Geschäftsführer unmittelbar selbst zu bestellen ohne dass es eines Gesellschafterbeschlusses bedarf (**sogenanntes Bestellungsrecht**).[358] Der Unterschied zwischen Benennungsrecht und Bestellungsrecht wirkt sich in der Praxis aus, wenn die Mitgesellschafter mit der Person des Geschäftsführers nicht einverstanden sind. Stimmen die Mitgesellschafter gegen den benannten Geschäftsführer, muss der berechtigte Gesellschafter sein Benennungsrecht erst gerichtlich durchsetzen.[359] Demgegenüber kann er den Geschäftsführer beim Bestellungsrecht unmittelbar ins Amt einsetzen.[360]

195 Beim Benennungsrecht obliegt auch die **Abberufung** des Geschäftsführers der Gesellschafterversammlung, bedarf aber der Zustimmung des vorschlagsberechtigten Gesellschafters.[361] Verlangt der vorschlagsberechtigte Gesellschafter die Abberufung, sind die anderen Gesellschafter verpflichtet, der Abberufung zuzustimmen.[362] Für den Fall, dass ein wichtiger Grund die Abberufung des Geschäftsführers gebietet (§ 38 Abs. 2 GmbHG), ist die Gesellschafterversammlung auch ohne Zustimmung des benennungsberechtigten Gesellschafters berechtigt, den Geschäftsführer abzuberufen. Beim Bestellungsrecht wird der Geschäftsführer grundsätzlich durch den berechtigten Gesellschafter wieder abberufen.[363] Die Kompetenz zur Abberufung aus wichtigem Grunde verbleibt jedoch auch hier bei der Gesellschafterversammlung.[364]

196 Sowohl das Benennungsrecht als auch das Bestellungsrecht können einem Gesellschafter oder einer Gruppe von Gesellschaftern persönlich als satzungsmäßiges Recht (Aufhebung durch satzungsändernden Beschluss) oder als Sonderrecht (Aufhebung durch Satzungsänderung nur mit Zustimmung des Betroffenen) eingeräumt werden. Sie können aber auch den jeweiligen Inhabern bestimmter Geschäftsanteile zugewiesen werden. Die Satzung sollte auch hier klarstellen, welche Kategorie gemeint ist.

Formulierungsvorschlag (für ein Benennungsrecht als Sonderrecht):

Dem Gesellschafter ...... steht das Sonderrecht zu, eine Person als Geschäftsführer vorzuschlagen. Die benannte Person ist zum Geschäftsführer zu bestellen es sei denn, in der Person des Benannten liegt ein wichtiger Grund im Sinne des § 38 Abs. 2 GmbHG vor. Der Gesellschafter ...... kann die Abberufung eines von ihm Benannten als Geschäftsführer verlangen. Im übrigen ist die Abberufung eines benannten Geschäftsführers nur zulässig, wenn ein wichtiger Grund im Sinne des § 38 Abs. 2 GmbHG vorliegt. Das Benennungsrecht steht dem Gesellschafter ...... nur persönlich zu. Es geht nicht auf seinen Rechtsnachfolger über. Es kann durch Satzungsänderung nur mit seiner Zustimmung aufgehoben werden.

---

[356] BGH WM 1989, 250, 252; Lutter/Hommelhoff/*Bayer* § 46 Rdnr. 25.

[357] Vgl. MünchHdbGesR III/*Marsch-Barner/Diekmann* § 42 Rdnr. 24; Scholz/*K. Schmidt* § 46 Rdnr. 83; *Kallrath* MittRhNotK 1999, 325, 327.

[358] MünchHdbGesR III/*Marsch-Barner/Diekmann* § 42 Rdnr. 27; *Kallrath* MittRhNotK 1999, 325, 327; Lutter/Hommelhoff/*Bayer* § 46 Rdnr. 25.

[359] Scholz/*K. Schmidt* § 45 Rdnr. 182: positive Beschlussfeststellungsklage; Ulmer/*Raiser* Anh. § 47 Rdnr. 274.

[360] Vgl. zu diesem Unterschied *Kallrath* MittRhNotK 1999, 325, 328; ebenso Römermann/*Seibt* § 2 Rdnr. 100.

[361] MünchHdbGesR III/*Marsch-Barner/Diekmann* § 42 Rdnr. 51.

[362] Lutter/Hommelhoff/*Kleindiek* § 38 Rdnr. 4.

[363] *Kallrath* MittRhNotK 1999, 325, 328; vgl. auch Baumbach/Hueck/*Zöllner/Noack* § 38 Rdnr. 25.

[364] So Scholz/*K. Schmidt* § 46 Rdnr. 3; MünchHdbGesR III/*Marsch-Barner/Diekmann* § 42 Rdnr. 58; Roth/*Altmeppen* § 38 Rdnr. 13.

Formulierungsvorschlag (für ein Bestellungsrecht nicht als Sonderrecht):

Dem Gesellschafter ...... steht das Recht zu, eine Person zum Geschäftsführer zu bestellen. Der Gesellschafter ...... ist auch berechtigt, eine von ihm bestellte Person als Geschäftsführer wieder abzuberufen. Ein bestellter Geschäftsführer kann durch Gesellschafterbeschluss, der der einfachen Mehrheit bedarf, nur abberufen werden, wenn ein wichtiger Grund die Abberufung notwendig macht. Das Bestellungsrecht steht dem Gesellschafter nur persönlich zu. Es geht nicht auf den Rechtsnachfolger über. Es kann durch Satzungsänderung auch ohne seine Zustimmung aufgehoben werden.

Die Satzung kann für die Person des Geschäftsführers über die formellen Voraussetzun- 197
gen des § 6 Abs. 2 GmbHG hinaus **persönliche und sachliche Qualifikationen** verlangen. Eine solche Regelung kann auch zur Begrenzung eines Bestellungs- oder Benennungsrecht eingesetzt werden.[365] In der Praxis finden sich etwa Regelungen, die die Zugehörigkeit zu einer bestimmten Familie oder Gesellschaftergruppe verlangen, ein Mindest- oder Höchstalter festsetzen oder eine bestimmte berufliche Vorbildung verlangen.[366] Bei solchen Eignungsvoraussetzungen ist das **Allgemeine Gleichbehandlungsgesetz** (AGG) zu beachten, das Benachteiligungen aus Gründen des Geschlechts, der Religion, des Alters etc. grundsätzlich verbietet.[367]

bb) Geschäftsführungsbefugnis. (1) Kompetenzen von Geschäftsführern und Gesellschaf- 198
tern. Den Geschäftsführern obliegt die Geschäftsleitung der Gesellschaft. Sie sind berechtigt und verpflichtet, im Rahmen des Unternehmensgegenstandes die Mittel der Gesellschaft zur Förderung des Unternehmens einzusetzen.[368] Bestimmte Aufgaben im Bereich der Geschäftsführung sind jedoch durch das Gesetz ausdrücklich der **Gesellschafterversammlung zugewiesen**, etwa die Feststellung des Jahresabschlusses (§ 46 Nr. 1 GmbHG), die Entscheidung über die Bestellung von Prokuristen und Handlungsbevollmächtigten (§ 46 Nr. 7 GmbHG), die Geltendmachung von Ersatzansprüchen aus Gründung und Geschäftsführung sowie die Prozessvertretung gegenüber Geschäftsführern (§ 46 Nr. 8 GmbHG).

Die Satzung kann die **Zuständigkeit der Geschäftsführer** in diesem Bereich **erweitern**, also 199
Entscheidungskompetenzen, die nach dem Gesetz der Gesellschafterversammlung obliegen, auf die Geschäftsführer übertragen. Dies gilt etwa für die Entscheidung über die Feststellung des Jahresabschlusses, die Entscheidung über die Bestellung von Prokuristen oder Handlungsbevollmächtigten und die Prozessvertretung gegenüber Geschäftsführern.[369] Ebenso kann die Entscheidung über die Einforderung von Einzahlungen auf Stammeinlagen (vgl. § 46 Nr. 2 GmbHG) oder die Entscheidung über die Teilung, Zusammenlegung oder Einziehung von Geschäftsanteilen (§ 46 Nr. 4 GmbHG) auf die Geschäftsführer übertragen werden.[370] Nicht übertragen werden kann die Zuständigkeit zur Bestellung und Abberufung der Geschäftsführer und die Entscheidung über deren Entlastung (§ 46 Nr. 5 GmbHG) sowie die Prüfung und Überwachung der Geschäftsführung (§ 46 Nr. 6 GmbHG) und die Entscheidung über die Geltendmachung von Ersatzansprüchen gegen Gesellschafter und Geschäftsführer (§ 46 Nr. 8 GmbHG).[371]

Das Verhältnis zwischen Gesellschaftern und Geschäftsführern im Bereich der Geschäfts- 200
führung ist in § 37 GmbHG geregelt: Die Gesellschafter sind den Geschäftsführern übergeordnet. Diese sind verpflichtet, die **durch Gesellschafterbeschluss oder durch die Satzung aufgestellten Grenzen** einzuhalten. Beschränkungen der Geschäftsführungsbefugnis durch Gesellschafterbeschluss können einmal **Weisungen** sein, die generelle oder spezielle Anweisungen enthalten.[372] Dieses Weisungsrecht besteht unabhängig von einer Satzungsgrundlage

[365] *Kallrath* MittRhNotK 1999, 325, 328.
[366] Vgl. Baumbach/Hueck/*Hueck/Fastrich* § 6 Rdnr. 8; Lutter/Hommelhoff/*Kleindiek* § 6 Rdnr. 33.
[367] Vgl. Lutter/Hommelhoff/*Kleindiek* § 6 Rdnr. 34 ff. m. w. N.
[368] Lutter/Hommelhoff/*Kleindiek* § 37 Rdnr. 3.
[369] Baumbach/Hueck/*Zöllner/Noack* § 37 Rdnr. 5.
[370] Baumbach/Hueck/*Zöllner* § 46 Rdnr. 93.
[371] Vgl. Baumbach/Hueck/*Zöllner* § 46 Rdnr. 93.
[372] Baumbach/Hueck/*Zöllner/Noack* § 37 Rdnr. 20.

als Ausfluss des auch in § 37 GmbHG zum Ausdruck kommenden Organisationsstatuts der GmbH.[373] Eine satzungsmäßige Grundlage wird nur dann verlangt, wenn – was keine praktische Relevanz haben dürfte – die Weisungen eine solche Intensität annehmen, dass den Geschäftsführern jeder Entscheidungsspielraum genommen wird.[374]

201 Durch Gesellschafterbeschluss können auch Geschäftsführungsmaßnahmen bezeichnet werden, die nur mit vorheriger Zustimmung der Gesellschafterversammlung vorgenommen werden dürfen. Ein solcher Katalog **zustimmungsbedürftiger Maßnahmen** kann auch durch die Satzung selbst aufgestellt werden. Fehlen solche verbindlichen Vorgaben seitens der Gesellschafter, sind die Geschäftsführer nur bei **ungewöhnlichen Maßnahmen**, das heißt bei solchen, die außerhalb des Unternehmensgegenstandes liegen oder die im Widerspruch zu einer von den Gesellschaftern festgelegten Unternehmenspolitik stehen oder die wegen ihrer wirtschaftlichen Auswirkung, insbesondere des damit verbundenen Risikos, Ausnahmecharakter haben, verpflichtet, die Zustimmung der Gesellschafter einzuholen.[375] Sofern es sich nicht um eine kleine GmbH mit wenigen Gesellschafter-Geschäftsführern handelt, ist der Zustimmungsvorbehalt für bestimmte Geschäftsführungsmaßnahmen zur eindeutigen Regelung der Verantwortlichkeiten sinnvoll. Ein Zustimmungsvorbehalt kann auch **minderheitsschützende Wirkung** haben, weil der an der Geschäftsführung selbst nicht beteiligte Minderheitsgesellschafter aufgrund des erforderlichen Zustimmungsbeschlusses der Gesellschafterversammlung zumindest erfährt, wenn besondere Geschäfte bevorstehen, und er im Rahmen der Gesellschafterversammlung ein Mitspracherecht hat.[376]

202 Im Regelfall wird dieser Zustimmungskatalog außerhalb der Satzung durch einfachen Gesellschafterbeschluss als sogenannte **Geschäftsordnung** aufgestellt. Der Vorteil besteht darin, dass auch die Anpassung des Zustimmungskataloges an veränderte wirtschaftliche Gegebenheiten einfach möglich ist, weil sie nicht einer Satzungsänderung bedarf. In die Satzung wird häufig ein Hinweis auf eine solche durch Gesellschafterbeschluss aufzustellende Geschäftsordnung aufgenommen.

Formulierungsvorschlag:

Die Geschäftsführer haben die Geschäfte der Gesellschaft in Übereinstimmung mit den Weisungen der Gesellschafter zu führen. Sie haben eine von den Gesellschaftern aufgestellte Geschäftsordnung zu beachten und von den Gesellschaftern als zustimmungspflichtig bezeichnete Geschäfte nur mit deren Zustimmung vorzunehmen.

Alternativ ist es auch möglich, den Zustimmungskatalog in die Satzung aufzunehmen, gleichzeitig aber vorzusehen, dass der Katalog durch einfachen Gesellschafterbeschluss wieder geändert werden kann.[377]

203 Ein **Zustimmungskatalog als echter Satzungsbestandteil** ohne eine solche Öffnungsklausel kann sinnvoll sein, wenn zum Schutz von Minderheitsgesellschaftern eine Änderung des Katalogs durch Gesellschafterbeschluss mit einfacher Mehrheit verhindert werden soll. Die Entscheidung über die Zustimmung der Geschäftsführungsmaßnahme selbst bedarf – soweit nicht anders in der Satzung bestimmt – der einfachen Mehrheit der abgegebenen Stimmen (§ 47 Abs. 1 GmbHG). In den in der Praxis verwendeten Satzungsregelungen wird teilweise zwischen einzelnen Geschäftsführungsmaßnahmen differenziert und für einschneidende Maßnahmen eine qualifizierte Mehrheit verlangt.

---

[373] Baumbach/Hueck/*Zöllner/Noack* § 37 Rdnr. 20; Lutter/Hommelhoff/*Kleindiek* § 37 Rdnr. 17.

[374] So Lutter/Hommelhoff/*Kleindiek* § 37 Rdnr. 18 a, a. A. Ulmer/*Paefgen* § 37 Rdnr. 19 f.; *Mennicke* NZG 2000, 623; Roth/*Altmeppen* § 37 Rdnr. 4; Scholz/*Schneider* § 37 Rdnr. 38 m. w. N., die keine solche Grenze für das Weisungsrecht annehmen.

[375] Vgl. Lutter/Hommelhoff/*Kleindiek* § 37 Rdnr. 11; Scholz/*Schneider* § 37 Rdnr. 13; teilw. a. A. Baumbach/Hueck/*Zöllner/Noack* § 37 Rdnr. 7 ff.

[376] So *Kallrath* MittRhNotK 1999, 325, 328.

[377] Vgl. Baumbach/Hueck/*Hueck/Fastrich* § 3 Rdnr. 53.

Formulierungsvorschlag:

Die Geschäftsführer bedürfen der vorherigen Zustimmung durch Gesellschafterbeschluss für

a) den Erwerb, die Veräußerung und die Belastung von Beteiligungen an anderen Unternehmen,
b) die Errichtung, Verlagerung und Aufhebung von Zweigniederlassungen oder Betriebsstätten,
c) den Erwerb, die Veräußerung und Belastung von Grundstücken oder grundstücksgleichen Rechten oder Rechten an Grundstücken,
d) den Abschluss, die Änderung und die Beendigung von Anstellungs- oder Dienstverträgen mit einer Jahresvergütung in Höhe von € ...... oder mehr,
e) den Abschluss oder die Beendigung von Dauerschuldverhältnissen mit einem Jahresvolumen von € ...... oder mehr,
f) den Erwerb und die Veräußerung von Wirtschaftsgütern mit einem Gegenstandswert von mehr als € ......,
g) die Gewährung und Inanspruchnahme von Krediten von mehr als € ......,
h) die Stellung von Sicherheiten für fremde Verbindlichkeiten,
i) alle Geschäfte, die über den gewöhnlichen Geschäftsbetrieb der Gesellschaft hinausgehen sowie
j) alle Geschäfte, welche die Gesellschafter durch Gesellschafterbeschluss für zustimmungsbedürftig erklären.

Geschäftsführungsmaßnahmen können auch von der Zustimmung einzelner Gesellschafter oder Gesellschaftergruppen abhängig gemacht werden, wie auch einzelnen Gesellschaftern oder Gesellschaftergruppen Weisungsrechte gegenüber den Geschäftsführern eingeräumt werden können.[378] 204

Die Satzung kann aber, anstatt die **Kompetenzen** der Geschäftsführer gegenüber den Gesellschaftern zu beschränken, deren Kompetenzen auch **ausweiten**. Es ist möglich, durch die Satzung den Geschäftsführern eine dem Vorstand einer Aktiengesellschaft angenäherte Position einzuräumen. Der Geschäftsführer ist dann wie der Vorstand der Aktiengesellschaft nicht den Weisungen der Gesellschafter in Fragen der Geschäftsführung unterworfen.[379] 205

(2) Geschäftsführung bei mehreren Geschäftsführern. Die Geschäftsführungsbefugnis steht mehreren Geschäftsführern **grundsätzlich gemeinschaftlich** zu. Bei der GmbH gilt die aktienrechtliche Regelung des § 77 Abs. 1 S. 1 AktG entsprechend.[380] Entscheidungen müssen einstimmig gefasst werden. Ist einem Geschäftsführer Einzelvertretungsbefugnis erteilt, ohne dass die Geschäftsführungsbefugnis durch Beschluss oder Satzung ausdrücklich geregelt ist, so wird aus der erteilten Einzelvertretungsbefugnis abgeleitet, dass auch für die Geschäftsführung eine Einzelbefugnis gelte.[381] 206

Die Gesellschafter können entweder im Gesellschaftsvertrag, durch Gesellschafterbeschluss im Einzelfall oder durch eine mittels Gesellschafterbeschluss aufgestellte **Geschäftsordnung** die Kompetenzen und Geschäftsbereiche der Geschäftsführer regeln. Sie können auch einen Geschäftsführer zum Vorsitzenden oder Sprecher der Geschäftsleitung bestimmen, dem besondere Kompetenzen zugewiesen werden. Möglich sind Regelungen, die dem Vorsitzenden ein Vetorecht bei bestimmten Maßnahmen einräumen oder seiner Stimme den Ausschlag bei Stimmengleichheit beilegen; nach bestrittener Meinung kann ihm auch ein Alleinentscheidungsrecht gegen die Mehrheit der Mitgeschäftsführer übertragen werden.[382] 207

Gegen die Verankerung solcher Regelungen der Geschäftsführungsbefugnis in der Satzung und für eine Regelung durch Gesellschafterbeschluss spricht wiederum die **größere Flexibilität der durch Gesellschafterbeschluss aufgestellten Geschäftsordnung.** Eine solche kann leichter angepasst werden, wenn sich wirtschaftliche Gegebenheiten oder die Personen der Geschäftsführer ändern und dies eine Anpassung der Geschäftsverteilung erfordert. Eine 208

[378] Römermann/*Seibt* § 2 Rdnr. 116.
[379] Lutter/Hommelhoff/*Kleindiek* § 37 Rdnr. 25.
[380] Baumbach/Hueck/*Zöllner/Noack* § 37 Rdnr. 29; Lutter/Hommelhoff/*Kleindiek* § 37 Rdnr. 28.
[381] Scholz/ *Schneider* § 37 Rdnr. 24 a; Lutter/Hommelhoff/*Kleindiek* § 37 Rdnr. 38.
[382] Vgl. Baumbach/Hueck/*Zöllner/Noack* § 37 Rdnr. 30 gegen Alleinentscheidungsrecht; Scholz/*Schneider* § 37 Rndr. 29 für Alleinentscheidungsrecht jeweils m. w. N.

Regelung der Geschäftsführungsbefugnis in der Satzung wird deshalb selten vorgenommen. Soweit die Interessen von Minderheitsgesellschaftern betroffen sind, kann für die Änderung einer solchen Zuständigkeitsregelung ein qualifiziertes Mehrheitserfordernis vorgesehen werden. Demgegenüber ist es sinnvoll, die Frage, ob Einzel- oder Gesamtgeschäftsführung gelten soll und mit welcher Mehrheit die Geschäftsführer entscheiden, in der Satzung zu regeln. Hier bietet es sich an, für den Fall, dass Abweichungen erforderlich werden, eine Öffnungsklausel vorzusehen.[383]

Formulierungsvorschlag:

Mehrere Geschäftsführer sind gemeinschaftlich zur Geschäftsführung befugt. Sie entscheiden durch Beschlüsse, die der Mehrheit der Stimmen aller Geschäftsführer bedürfen. Die Gesellschafter können durch Gesellschafterbeschluss die Geschäftsverteilung regeln und eine Geschäftsordnung erlassen, die auch Abweichungen von den Festlegungen dieses Absatzes enthalten kann.

209 Wenn weder die Satzung eine Festlegung trifft noch die Gesellschafter durch Gesellschafterbeschluss, können die Geschäftsführer selbst die Geschäftsordnung regeln, insbesondere **Geschäftsbereiche untereinander aufteilen**. Eine solche Regelung bedarf der Zustimmung aller Geschäftsführer.[384] Es bleibt auch bei einer solchen Aufteilung bei der Gesamtverantwortung der Geschäftsführer für die Erfüllung der den Geschäftsführern persönlich auferlegten gesetzlichen Verpflichtungen, wie der Insolvenzantragspflicht, sowie für Maßnahmen, die für die Gesellschaft von grundlegender Bedeutung sind, und für die Kontrolle der Tätigkeit der Mitgeschäftsführer in deren Zuständigkeitsbereichen.[385]

210 *cc) Haftung des Geschäftsführers.* Grundlage für die Haftung der Geschäftsführer bei der Verletzung ihrer Pflichten ist § 43 Abs. 2 GmbHG. Der Verschuldensmaßstab ist in § 43 Abs. 1 GmbHG geregelt, die Geschäftsführer haben in den Angelegenheiten der Gesellschaft die Sorgfalt eines ordentlichen Geschäftsmannes anzuwenden. Schadenersatzansprüche gegen die Geschäftsführer verjähren nach § 43 Abs. 4 GmbHG in fünf Jahren. Die Organhaftung nach § 43 GmbHG nimmt als Spezialregelung auch die Haftung aufgrund des schuldrechtlichen Anstellungsvertrages in sich auf.[386]

211 Ein Bedürfnis, diese Haftung durch Satzungsgestaltung zu beschränken, besteht insbesondere bei Gesellschaften, bei denen die Geschäftsführer **besonderen Haftungsrisiken** ausgesetzt sind. Bei einem **Gesellschafter-Geschäftsführer** stellt sich hier die Problematik, dass die Haftungsbeschränkung, die für den Gesellschafter mit der Rechtsform der GmbH verbunden ist, ausgehebelt wird, wenn der Gesellschafter wegen eines Fehlverhaltens als Geschäftsführer auf Schadenersatz in Anspruch genommen werden kann. Dies wirkt sich insbesondere im Insolvenzfall aus, wenn der Insolvenzverwalter danach trachten wird, potenzielle Schadenersatzansprüche der Gesellschaft gegen den Gesellschafter-Geschäftsführer geltend zu machen.

212 Die Frage, ob die Haftung des Geschäftsführers nach § 43 GmbHG beschränkt werden kann, ist streitig. Die überwiegende Auffassung, die sich auch auf die Rechtsprechung des BGH stützen kann, lässt aber **haftungsbeschränkende Vereinbarungen** grundsätzlich zu.[387] Gegen die Möglichkeit einer Haftungsbeschränkung wird der vermeintliche gläubigerschützende Zweck des § 43 GmbHG angeführt.[388] Demgegenüber wird u.E. zu Recht darauf hingewiesen, dass es nur im Anwendungsbereich des § 43 Abs. 3 GmbHG (Verstoß gegen die §§ 30, 33 GmbHG) um den Schutz der Gläubiger geht, während die Abs. 1 und 2 des

[383] MünchVertragsHdbGesR /*Meister/Klöcker*, Formular IV.26 Anm. 30.

[384] Lutter/Hommelhoff/*Kleindiek* § 37 Rdnr. 28; Baumbach/Hueck/*Zöllner/Noack* § 37 Rdnr. 24: einstimmiger Beschluss.

[385] Vgl. Lutter/Hommelhoff/*Kleindiek* § 37 Rdnr. 31 f. 35 m. w. N.

[386] Lutter/Hommelhoff/*Kleindiek* § 43 Rdnr. 3; Michalski/*Haas/Ziemons* § 43 Rdnr. 6.

[387] BGH NJW 2002, 3777; Baumbach/Hueck/*Zöllner/Noack* § 43 Rdnr. 5; Lutter/Hommelhoff/*Kleindiek* § 43 Rdnr. 55 f.; *Lohr* NZG 2000, 1204, 1209; a. A. Michalski/*Haas/Ziemons* § 43 Rdnr. 14 ff.

[388] Michalski/*Haas/Ziemons* § 43 Rdnr. 14.

§ 43 GmbHG lediglich dem Schutz der Interessen der Gesellschafter dienen. Dies zeigt sich auch daran, dass eine Haftung des Geschäftsführers nach § 43 GmbHG für eine sachwidrige Maßnahme ausgeschlossen ist, wenn die Maßnahme durch eine Weisung der Gesellschafter gedeckt war.[389]

Ein Ausschluss der **Haftung für Vorsatz** scheitert an § 276 Abs. 3 BGB. Nach überwiegender Auffassung kann auch die Haftung für grobe Fahrlässigkeit nicht ausgeschlossen werden.[390] Zwingender Natur, weil **gläubigerschützend**, ist die Haftung nach § 43 Abs. 3 GmbHG. Gleiches gilt nach überwiegender Auffassung für Ansprüche wegen der Verletzung der §§ 9a, 9b, 57 Abs. 4 und 64 GmbHG sowie für die Normen des § 34 AO, § 15a InsO und § 266a StGB.[391] 213

Zulässig ist auch eine **Verkürzung der Verjährungsfrist** des § 43 Abs. 4 GmbHG, soweit diese Verkürzung sich nicht auf Ansprüche nach § 43 Abs. 3 GmbHG bezieht.[392] 214

Die Haftungsbeschränkung kann in der Satzung selbst vereinbart werden, auch im Wege einer nachträglichen Satzungsänderung, für die keine besonderen Mehrheitserfordernisse gelten dürften.[393] Dem BGH zufolge genügt eine Regelung im Geschäftsführerdienstvertrag als Grundlage für die Haftungsbeschränkung des Geschäftsführers.[394] Nach überwiegender Auffassung der Literatur kann die Haftung auch durch einen einfachen Gesellschafterbeschluss beschränkt werden.[395] 215

Eine Regelung in der Satzung könnte wie folgt lauten:

Formulierungsvorschlag:

Die Haftung der Geschäftsführer gegenüber der Gesellschaft ist auf vorsätzliches oder grob fahrlässiges Verhalten beschränkt. Die Haftung nach § 43 Abs. 3 GmbHG bleibt hiervon unberührt.

dd) Vertretungsbefugnis. Fehlt eine vertragliche Regelung, wird die Gesellschaft durch alle Geschäftsführer gemeinschaftlich vertreten. Bei der **Passivvertretung** gilt die zwingende Regelung des § 35 Abs. 2 S. 2 GmbHG: Jeder einzelne Geschäftsführer ist hiernach zur Entgegennahme von Willenserklärungen für die Gesellschaft befugt.[396] 216

Hinsichtlich der **Aktivvertretung** sind folgende **abweichende Regelungen** möglich: Die Einzelvertretungsbefugnis für einzelne Geschäftsführer, die Gesamtvertretung abweichend vom Gesetz nicht durch alle, sondern durch zwei oder drei Geschäftsführer sowie die sogenannte unechte Gesamtvertretung, das heißt die Vertretung der Gesellschaft durch einen Geschäftsführer in Gemeinschaft mit einem Prokuristen. Eine unechte Gesamtvertretung ist nicht zulässig für einen alleinigen Geschäftsführer.[397] Auch bei einer angeordneten Gesamtvertretung durch Geschäftsführer gilt, dass, wenn nur ein Geschäftsführer bestellt ist, dieser alleinvertretungsberechtigt ist, sofern nicht die Satzung vorsieht, dass die Gesellschaft mehr als einen Geschäftsführer haben muss.[398] Nicht möglich ist der Ausschluss einzelner Geschäftsführer von der Vertretung.[399] Auch sachliche Beschränkungen der Vertretungsmacht für bestimmte Arten von Rechtsgeschäften oder die Verknüpfung der Vertretungsbefugnis (Einzel- oder Gesamtbefugnis) mit Umständen, die für den Rechtsverkehr nicht oder nicht ohne weiteres ersichtlich sind, wie etwa die Frage, ob ein Geschäftsführer Gesellschafter ist oder ob ein anderer Ge- 217

[389] Lutter/Hommelhoff/*Kleindiek* § 43 Rdnr. 32.

[390] Scholz/*Schneider* § 43 Rdnr. 185; Baumbach/Hueck/*Zöllner/Noack* § 43 Rdnr. 5; *Lohr* NZG 2000, 1204, 1209.

[391] Baumbach/Hueck/*Zöllner/Noack* § 43 Rdnr. 5; Lutter/Hommelhoff/*Kleindiek* § 43 Rdnr. 55.

[392] BGH NJW 2002, 3777, 3778.

[393] A. A. Rowedder/*Koppensteiner* § 43 Rdnr. 4.

[394] BGH NJW 2002, 3777, 3778.

[395] Baumbach/Hueck/*Zöllner/Noack* § 43 Rdnr. 5; Lutter/Hommelhoff/*Kleindiek*, § 43 Rdnr. 57; m. w. N.; eine Satzungsgrundlage verlangt Rowedder/*Koppensteiner* § 43 Rdnr. 4.

[396] Vgl. Baumbach/Hueck/*Zöllner/Noack* § 35 Rdnr. 104.

[397] Vgl. Baumbach/Hueck/*Zöllner/Noack* § 35 Rdnr. 112.

[398] OLG Schleswig GmbHR 2011, 253; *Frenzel* GmbHR 2011, 515.

[399] Scholz/*Schneider* § 35 Rdnr. 69; Baumbach/Hueck/*Zöllner/Noack* § 35 Rdnr. 108 m. w. N.

schäftsführer verhindert ist, sind nicht zulässig.[400] Die zulässige Abweichung vom gesetzlichen Modell der Gesamtvertretung kann durch die Satzung selbst geregelt werden, sie kann aber auch aufgrund einer Satzungsermächtigung durch Gesellschafterbeschluss bzw. durch Beschluss eines für die Bestellung der Geschäftsführer zuständigen Beirats oder Aufsichtsrats vorgenommen werden.[401] Sinnvoll ist die in der Praxis auch regelmäßig verwendete Kombination aus beidem: Die Satzung sieht für den Fall, dass mehrere Geschäftsführer bestellt sind, die Gesamtvertretung durch zwei Geschäftsführer oder durch einen Geschäftsführer in Gemeinschaft mit einem Prokuristen vor. Gleichzeitig erlaubt die Satzung eine eine abweichende Regelung der Vertretungsbefugnis durch das Bestellungsorgan.

Formulierungsvorschlag:

Die Gesellschaft wird durch zwei Geschäftsführer oder durch einen Geschäftsführer in Gemeinschaft mit einem Prokuristen vertreten. Ist nur ein Geschäftsführer bestellt, vertritt er die Gesellschaft allein.

Die Gesellschafter können einem oder allen Geschäftsführern Einzelvertretungsbefugnis erteilen.

218 *ee) Selbstkontrahieren des Geschäftsführers.* Für den Geschäftsführer gilt das Verbot des § 181 BGB. Von diesem Verbot kann der Geschäftsführer befreit werden. Sofern sich die **Befreiung** nicht auf ein bestimmtes Geschäft bezieht, bedarf sie jedenfalls nach überwiegender Auffassung zumindest einer **Grundlage in der Satzung.**[402] In der Praxis wird eine gewünschte vollständige oder teilweise Befreiung von dem Verbot des § 181 BGB entweder unmittelbar in der Satzung ausgesprochen oder – und dies ist der häufigere Fall – die Satzung enthält zumindest die Ermächtigung, den Geschäftsführer von den Beschränkungen des § 181 BGB durch Gesellschafterbeschluss zu befreien. Eine solche für eine Mehrzahl von Fällen ausgesprochene Befreiung von den Beschränkungen des § 181 BGB kann sich auf beide Alternativen der Vorschrift beziehen oder auch nur auf eine der beiden Alternativen, sie kann sich auch auf bestimmte Arten von Geschäften beschränken. Da die nicht auf den Einzelfall beschränkte Befreiung von § 181 BGB im Handelsregister eingetragen wird,[403] muss die Regelung so gefasst sein, dass die Eintragung aus sich heraus verständlich ist.[404] Nicht zulässig ist deshalb etwa eine Regelung, dass ein Geschäftsführer befreit ist, solange er der alleinige Gesellschafter der Gesellschaft ist.[405] Ebenso nicht zulässig ist eine Befreiung für Rechtsgeschäfte, die der Geschäftsführer im Namen der Gesellschaft mit sich als Vertreter von „Konzerngesellschaften" abschließt,[406] wohl aber eintragungsfähig ist eine Befreiung für Rechtsgeschäfte mit namentlich benannten natürlichen oder juristischen Personen. Die vorstehenden Grundsätze dürften auch gelten, wenn aufgrund einer Satzungsermächtigung durch Gesellschafterbeschluss eine nicht auf einen Einzelfall bezogene Befreiung ausgesprochen wird, da auch diese als Teil der besonderen Vertretungsbefugnis im Handelsregister einzutragen ist.[407] Eine Satzungsgrundlage ist nicht erforderlich und es erfolgt auch keine Eintragung im Handelsregister, wenn dem Geschäftsführer für einen konkreten Einzelfall eine Befreiung von § 181 BGB erteilt wird.[408]

219 Es ist sinnvoll, in der Satzung zumindest eine solche Befreiungsmöglichkeit anzulegen, weil § 181 BGB immer wieder zu Problemen im Unternehmensalltag führt. Die Befreiung der Geschäftsführer von § 181 BGB ist insbesondere bei kleinen Gesellschaften ins Auge zu fassen, weil hier in besonderem Maße das Risiko besteht, dass im alltäglichen Geschäft die

[400] Scholz *Schneider* § 35 Rdnr. 69.
[401] Scholz/*Schneider* § 35 Rdnr. 65; Baumbach/Hueck/*Zöllner/Noack* § 35 Rdnr. 106.
[402] So BayObLG DB 1984, 1517; OLG Köln GmbHR 1993, 37; OLG Celle GmbHR 2000, 1098; KG NZG 2006, 716; a. A. Baumbach/Hueck/*Zöllner/Noack* § 35 Rdnr. 132.
[403] Vgl. *Krafka/Willer/Kühn* Registerrecht Rdnr. 998.
[404] Lutter/Hommelhoff/*Kleindiek* § 35 Rdnr. 52.
[405] BGHZ 87, 62 f; OLG Stuttgart DNotZ 2008, 303; *Krafka/Willer/Kühn* Registerrecht Rdnr. 1000.
[406] *Krafka/Willer/Kühn* Registerrecht Rdnr. 1002.
[407] *Krafka/Willer/Kühn* Registerrecht Rdnr. 998.
[408] Baumbach/Hueck/*Zöllner/Noack* § 35 Rdnr. 132 m. w. N.

Vorschrift übersehen und unwirksame Rechtsgeschäfte eingegangen werden. Auch in Konzernsachverhalten verursacht § 181 BGB Schwierigkeiten, nicht nur beim Abschluss von Verträgen zwischen Gesellschaften mit denselben Geschäftsführern, sondern auch bei der Gründung von Tochtergesellschaften und der dann häufig gewünschten Bestellung von Geschäftsführern der Mutter auch als Organ der Tochtergesellschaft.[409]

Formulierungsvorschlag:

Die Gesellschafterversammlung kann einen oder mehrere Geschäftsführer ganz oder teilweise von den Beschränkungen des § 181 BGB befreien.

ff) Stellvertretende Geschäftsführer, Liquidatoren. Nach § 44 GmbHG können auch **Stellvertreter von Geschäftsführern** bestellt werden. Eine besondere Satzungsregelung ist dafür nicht erforderlich. Die Vertretungsmacht der stellvertretenden Geschäftsführer entspricht der der Geschäftsführer selbst. Eine Einschränkung durch die Satzung ist insoweit nicht zulässig.[410] Wohl aber kann die Geschäftsführungsbefugnis der stellvertretenden Geschäftsführer eingeschränkt werden. Eine solche Regelung kann durch Gesellschafterbeschluss auch ohne Satzungsgrundlage geschaffen werden. 220

Für die Vertretungsmacht der **Liquidatoren** gilt genauso wie bei den Geschäftsführern nach § 68 Abs. 1 S. 2 GmbHG der **Grundsatz der Gesamtvertretung** durch alle Liquidatoren. Ist nur ein Liquidator bestellt, so vertritt er allein. Die gesetzliche Gesamtvertretung gilt auch, wenn die ehemaligen Geschäftsführer gemäß § 66 GmbHG geborene Liquidatoren sind und ihre Vertretungsmacht als Geschäftsführer in der Satzung anders geregelt war.[411] Eine davon **abweichende Regelung** kann durch den Gesellschaftsvertrag oder durch Gesellschafterbeschluss getroffen werden. Anders als bei der Vertretungsmacht der Geschäftsführer wird eine abweichende Regelung durch Gesellschafterbeschluss aber auch dann zugelassen, wenn eine Satzungsgrundlage dafür fehlt. Die Möglichkeit einer abweichenden Regelung der Vertretungsbefugnis durch Gesellschafterbeschluss soll nach h. M. sogar auch dann bestehen, wenn dadurch von einer ausdrücklichen anderslautenden Regelung in der Satzung abgewichen wird.[412] Insoweit ist eine klarstellende Regelung in der Satzung zu empfehlen, etwa in der Weise, dass auf die für die Geschäftsführer geltenden Regelungen verwiesen wird.[413] Ohne eine satzungsrechtliche Grundlage ist nach herrschender Meinung eine Befreiung der Liquidatoren von den Beschränkungen des § 181 BGB indessen nicht möglich.[414] Anders als die in der Satzung selbst enthaltene Befreiung der Geschäftsführer von den Beschränkungen des § 181 BGB[415] soll die in der Satzung enthaltene Ermächtigung, die Geschäftsführer durch Gesellschafterbeschluss von dem Verbot des § 181 BGB zu befreien, im Zweifel auch für die Liquidatoren gelten.[416] Auch insoweit ist eine klarstellende Regelung in der Satzung durch den Verweis auf die entsprechenden Regelungen für die Geschäftsführer empfehlenswert. 221

Formulierungsvorschlag:

Die Regelungen zur Vertretungsbefugnis der Geschäftsführer gelten entsprechend für die Liquidatoren der Gesellschaft.

[409] BayObLG DNotZ 2001, 887; *Baetzgen* RNotZ 2005, 193, 221 ff.; Scholz/*Schneider* § 35, Rdnr. 128.
[410] Baumbach/Hueck/*Zöllner/Noack* § 44 Rdnr. 3, 7.
[411] BGH ZIP 2009, 34; ebenso Lutter/Hommelhoff/*Kleindiek* § 68 Rdnr. 2 m. w. N.; a. A. etwa Michalski/*Nerlich* § 68 Rdnr. 10.
[412] Vgl. Lutter/Hommelhoff/*Kleindiek* § 68 Rdnr. 2.
[413] Ebenso Scholz/*K. Schmidt* GmbHG § 68 Rdnr. 5; Beck'sches Formularbuch GmbH-Recht/*Haasen* C. I. 1. Anm. 11.
[414] Lutter/Hommelhoff/*Kleindiek* § 68 Rdnr. 4; *Wicke* § 68 Rdnr. 3.
[415] Dazu BGHZ 2009, 34, 36.
[416] BayObLG GmbHR 1996, 56 f.; OLG Zweibrücken GmbHR 1999, 237, 238; ebenso Lutter/Hommelhoff/*Kleindiek* § 68 Rdnr. 4; *Wicke* § 68 Rdnr. 3.

222 e) **Gesellschafterversammlung.** *aa) Zuständigkeit.* Die Gesellschafter in ihrer Gesamtheit, die in der Gesellschafterversammlung zusammengefasst sind, verkörpern das **oberste Organ** der GmbH.[417] **Gesetzlich zugewiesene Kompetenzen** der Gesellschafter bzw. der Gesellschafterversammlung sind die Entscheidung über Satzungsänderungen (§ 53 GmbHG), die Erteilung von Weisungen an die Geschäftsführer (§ 37 Abs. 1 GmbHG) sowie die in § 46 GmbHG genannten Zuständigkeiten, wie z. B. die Entscheidung über die Feststellung des Jahresabschlusses und die Verwendung des Ergebnisses (Nr. 1), die Einforderung der Einlagen (Nr. 2), die Teilung, die Zusammenlegung sowie die Einziehung von Geschäftsanteilen (Nr. 4), die Bestellung und die Abberufung von Geschäftsführern sowie die Entlastung derselben (Nr. 5), die Entscheidung über die Bestellung von Prokuristen und von Handlungsbevollmächtigten (Nr. 7) und die Geltendmachung von Ersatzansprüchen gegen Geschäftsführer (Nr. 8). Soweit diese gesetzlichen Kompetenzen nicht geändert werden, besteht kein Anlass die Zuständigkeiten der Gesellschafterversammlung in der Satzung zu wiederholen. Lediglich für den Bereich der Geschäftsführung finden sich in der Praxis Regelungen, die die Kompetenzen der Gesellschafterversammlung im Verhältnis zu den Geschäftsführern durch Normierung von Zustimmungsvorbehalten und/oder Satzungsregelungen zum Weisungsrecht bestimmen.[418]

223 Durch die Satzung kann die Zuständigkeit der Gesellschafterversammlung **erweitert oder dadurch eingeschränkt werden**, dass Kompetenzen auf andere Organe übertragen werden. Die Erweiterung der Kompetenzen der Gesellschafterversammlung ist angesichts der ohnehin schon gegebenen sehr weitreichenden Zuständigkeit der Gesellschafterversammlung kaum praxisrelevant. Als Beispiel wird genannt, dass die Gesellschafter in den Bereich der Geschäftsführung „eindringen", indem sie sich nahezu alle Sachentscheidungen vorbehalten;[419] die Vertretung der Gesellschaft im Außenverhältnis muss allerdings auch in diesem Fall zwingend bei den Geschäftsführern verbleiben. Eher praktisch relevant wird die **Übertragung von Kompetenzen der Gesellschafterversammlung auf andere Organe.** Dies kann zugunsten der Geschäftsführer geschehen oder aber auch zugunsten durch die Satzung geschaffener zusätzlicher Organe der Gesellschaft, wie z. B. eines Beirats oder Aufsichtsrats.

224 Für diese Zuständigkeitsverlagerung bestehen gesetzliche **Grenzen:** So kann den Geschäftsführern nicht die Zuständigkeit zur Bestellung und Abberufung von Mitgeschäftsführern oder die Entscheidung über deren Entlastung (§ 46 Nr. 5 GmbHG) sowie die Prüfung und Überwachung der Geschäftsführung (§ 46 Nr. 6 GmbHG) und die Entscheidung über die Geltendmachung von Ersatzansprüchen gegen Gesellschafter und Geschäftsführer (§ 46 Nr. 8 GmbHG) übertragen werden.[420] Bei der Übertragung von Kompetenzen auf durch die Satzung neu geschaffene Organe, beispielsweise auf einen mit Gesellschaftsfremden besetzten Beirat, ist zu beachten, dass zwingende Kompetenzen der Gesellschafterversammlung gewahrt bleiben. Der Gesellschafterversammlung darf die **Zuständigkeit zur Satzungsänderung** nicht genommen werden, ebenso wenig die Zuständigkeit zur Entscheidung über die Auflösung der Gesellschaft.[421] Diese Vorbehalte sichern die Stellung der Gesellschafterversammlung als oberstes Organ der GmbH, da die Gesellschafterversammlung durch eine Satzungsänderung alle Kompetenzen wieder an sich ziehen kann.

225 *bb) Einberufung.* Die Einberufung der Gesellschafterversammlung obliegt nach § 49 Abs. 1 GmbHG den **Geschäftsführern**, wobei auch im Fall der Gesamtvertretung jeder allein zur Einberufung befugt ist.[422] Die Satzung kann auch anderen Stellen die Befugnis zur Einberufung übertragen, so etwa einem durch die Satzung gebildeten Beirat.[423] Die Zuständigkeit der Geschäftsführer zur Einberufung der Gesellschafterversammlung kann aber

---

[417] Zu dem Streit, ob die Gesellschafterversammlung oder die Gesamtheit der Gesellschafter Organ der Gesellschaft sind vgl. MünchHdbGesRIII/*Wolff* § 36 Rdnr. 1.

[418] Vgl. dazu oben Rdnr. 202.

[419] Baumbach/Hueck/*Zöllner* § 46 Rdnr. 5.

[420] Vgl. dazu oben Rdnr. 199.

[421] Baumbach/Hueck/*Zöllner* § 45 Rdnr. 7; Lutter/Hommelhoff/*Bayer* § 45 Rdnr. 10; differenzierend: MünchHdbGesR III/*Wolff* § 37 Rdnr. 72.

[422] Scholz/*K. Schmidt/Seibt* § 49 Rdnr. 4 m. w. N.

[423] Baumbach/Hueck/*Zöllner* § 49 Rdnr. 9.

nicht ausgeschlossen werden.[424] Bei der mitbestimmten GmbH ist neben den Geschäftsführern auch der Aufsichtsrat zur Einberufung der Gesellschafterversammlung befugt, wenn das Wohl der Gesellschaft die Einberufung erfordert (§ 25 Abs. 1 S. 1 Nr. 1 MitbestG, § 1 Abs. 1 Nr. 3 DrittelbG, § 3 Abs. 2 MontanMitbestG, jeweils i. V. m. § 111 Abs. 3 S. 1 AktG). Daneben steht nach der minderheitsschützenden Regelung des § 50 Abs. 1 GmbHG Gesellschaftern, die **mindestens 10% der Anteile** auf sich vereinigen, das Recht zu, die Einberufung der Gesellschafterversammlung zu verlangen und, wenn diesem Verlangen nicht entsprochen wird, diese selbst zu bewirken. Durch die Satzung kann die Einberufung durch die Gesellschafter erleichtert werden. Die Vorschrift ist aber insoweit zwingend, als dieses **Minderheitsrecht** nicht durch die Satzung beschränkt werden darf.[425]

Die **Gründe**, aus denen die Gesellschafterversammlung einberufen werden muss, sind im 226
Gesetz nur lückenhaft geregelt. Die Gesellschafterversammlung ist nach § 49 Abs. 3 GmbHG einzuberufen, wenn die Hälfte des Stammkapitals verloren ist. Darüber hinaus, so bestimmt § 49 Abs. 2 GmbHG, ist sie einzuberufen, wenn es im Interesse der Gesellschaft erforderlich erscheint. Für eine Satzungsregelung zur Einberufungspflicht fehlt gleichwohl ein Bedürfnis. Regelmäßig wird es darum gehen, die Mitwirkung der Gesellschafter bei bestimmten Entscheidungen sicherzustellen. Dies wird nicht durch die Regelung der Einberufung der Gesellschafterversammlung erreicht, sondern durch entsprechende Zustimmungsvorbehalte, die für bestimmte Maßnahmen die Zustimmung der Gesellschafter verlangen.[426]

Hinsichtlich der **Form der Einberufung** sieht das Gesetz die Einladung mittels einge- 227
schriebenen Brief vor (§ 51 Abs. 1 GmbHG). Die Tagesordnung ist in gleicher Weise vor der Versammlung mitzuteilen (§ 51 Abs. 4 GmbH). Erforderlich ist ein von dem Einladenden unterschriebener Brief.[427] Umstritten ist, ob unter dem Einschreiben nur das herkömmliche Übergabeeinschreiben[428] oder das seit einigen Jahren auch mögliche sogenannte Einwurfeinschreiben[429] zu verstehen ist, bei dem die Postsendung in den Briefkasten des Empfängers eingelegt wird und nur dieser Vorgang vom Zusteller vermerkt wird. Bezüglich der Sicherung des Zugangs der Einladung beim Empfänger besteht kein wesentlicher Unterschied zwischen beiden Zustellungsformen, so dass auch die neue Form des Einschreibens dem gesetzlichen Erfordernis genügt. In einer Satzungsregelung der Einberufung kann dies zur Vermeidung von Streitigkeiten klargestellt werden.

Die Satzung kann nach überwiegender Auffassung weitere **Erleichterungen hinsichtlich** 228
der Form der Einberufung vorsehen, wobei die Einzelheiten wegen fehlender höchstrichterlicher Rechtsprechung ungesichert sind. Die Einberufung durch einfachen Brief wird teilweise ohne weitere Voraussetzungen für zulässig gehalten,[430] teilweise aber von einer zusätzlichen Sicherung der Benachrichtigung des Gesellschafters abhängig gemacht.[431] Auch die Einberufung durch E-Mail oder Fax wird überwiegend zugelassen und zwar ohne weitere Absicherung des Zugangs, genauso die mündliche oder telefonische Einberufung.[432] Die Sicherung der Information der Gesellschafter gebietet es nicht, an dem gesetzlichen Erfordernis des Einschreibens festzuhalten. Die Information kann genauso sicher auf andere Weise überbracht werden. Sieht die Satzung andere Übermittlungsformen vor, können die Gesellschafter sich darauf einrichten. Gegen eine Satzungsregelung, die eine Einberufung auch in anderer Form zulässt, spricht lediglich, dass vor dem Hintergrund des dargestellten Meinungsstreits Unsicherheit hinsichtlich der Wirksamkeit von Gesellschafterbeschlüssen entstehen kann. Gerade bei kleineren personalistischen Gesellschaften finden Gesellschafterver-

[424] Baumbach/Hueck/*Zöllner* § 49 Rdnr. 4; Lutter/Hommelhoff/*Bayer* § 49 Rdnr. 8; zweifelnd auch Scholz/*K. Schmidt/Seibt* § 49 Rdnr. 15.

[425] Scholz/*K. Schmidt/Seibt* § 49 Rdnr. 9, § 50 Rdnr. 6.

[426] Baumbach/Hueck/*Zöllner* § 49 Rdnr. 22.

[427] BGH DStR 2006, 715, 716.

[428] So Baumbach/*Hueck/Zöllner* § 51 Rdnr. 12; MünchHdbGesR III/*Wolff* § 39 Rdnr. 43.

[429] Scholz/*K. Schmidt/Seibt* § 51 Rdnr. 10; Lutter/Hommelhoff/*Bayer* § 51 Rdnr. 12.

[430] Thür.OLG Jena DNotZ 1997 84, 85; OLG Dresden NZG 2000 429; Lutter/Hommelhoff/*Bayer* § 51 Rdnr. 36.

[431] Baumbach/Hueck/*Zöllner* § 51 Rdnr. 39.

[432] Baumbach/Hueck/*Zöllner* § 51 Rdnr. 39; Scholz/*K. Schmidt/Seibt* § 51 Rdnr. 3; Lutter/Hommelhoff/*Bayer* § 51 Rdnr. 36; a. A. Michalski/*Römermann* § 51 Rdnr. 119.

sammlungen regelmäßig in der Form der Vollversammlung nach § 51 Abs. 3 GmbHG statt, bei der auf die Einhaltung aller Form- und Fristvorschriften verzichtet werden kann. Eine förmliche Einberufung wird bei diesen Gesellschaften häufig nur gewählt, wenn Gesellschafterbeschlüsse zu umstrittenen Gegenständen gefasst werden sollen oder schon Streit zwischen den Gesellschaftern besteht. In dieser Situation sind Zweifel hinsichtlich einzuhaltender Formalitäten nicht dienlich.

229 Die **Einberufungsfrist** beträgt nach § 61 Abs. 1 S. 2 GmbHG eine Woche, wobei nach der Rechtsprechung des Bundesgerichtshofs die Frist mit dem Tag beginnt, mit dem unter normalen Umständen mit Zugang des Einberufungsschreiben zu rechnen ist.[433] Eine Verkürzung dieser Einberufungsfrist durch die Satzung ist nicht zulässig.[434] Zulässig und sinnvoll ist die Verlängerung der sehr kurz bemessenen gesetzlichen Frist. Wird die Frist verlängert, kann auch der Fristbeginn abweichend von dem oben genannten Dargestellten geregelt und als Fristbeginn in Übereinstimmung mit der aktienrechtlichen Vorschrift des § 21 Abs. 4 S. 2 AktG der Tag der Versendung der Einladungsschreiben vorgesehen werden.[435] Wird der Fristbeginn geregelt, kann zur Klarstellung auch das Fristende geregelt werden, wobei insoweit von der gesetzlichen Regelung des § 188 Abs. 2 S. 1 BGB nicht abgewichen werden muss.

Formulierungsvorschlag:

Die Einladung zur Gesellschafterversammlung erfolgt mittels eingeschriebener Briefe (auch durch Einwurf-Einschreiben) unter Mitteilung der Tagesordnung. Die Einberufungsfrist beträgt zwei Wochen. Bei der Fristberechnung sind der Tag der Absendung der Schreiben und der Tag der Versammlung nicht mitzurechnen.

230 Die **Tagesordnung** soll bereits mit der Einberufung mitgeteilt werden (§ 51 Abs. 2 GmbHG), in jedem Fall müssen Tagesordnungspunkte wenigstens drei Tage vor der Versammlung in der für die Einberufung vorgeschriebenen Weise angekündigt worden sein (§ 51 Abs. 4 GmbHG). Änderungsbedarf bezüglich dieser Regelung durch eine Satzungsregelung dürfte nicht bestehen. Nicht zulässig ist es, durch die Satzung außerhalb der Universalversammlung eine Beschlussfassung über Gegenstände zuzulassen, die nicht zuvor angekündigt wurden.[436] Auch eine Verkürzung der Drei-Tages-Frist für die Ankündigung von Tagesordnungspunkten dürfte nicht zulässig sein.[437]

231 Kommen sämtliche Gesellschafter zusammen (sog. **Vollversammlung**), so können sie Beschlüsse unabhängig von der formgerechten Einberufung und Ankündigung der Tagesordnungspunkte fassen (§ 51 Abs. 3, 4 GmbHG). Zusätzlich ist erforderlich, dass sämtliche Gesellschafter mit der Abhaltung der Gesellschafterversammlung und der Beschlussfassung einverstanden sind, wobei dieses Einverständnis auch konkludent erklärt werden kann.[438] Diese sich aus dem Gesetz ergebende Regelung wird häufig in der Satzung wiederholt.

Formulierungsvorschlag:

Sind sämtliche Gesellschafter anwesend oder vertreten und mit der Beschlussfassung einverstanden, so können Beschlüsse auch dann gefasst werden, wenn die für die Einberufung und Ankündigung geltenden gesetzlichen und gesellschaftsvertraglichen Vorschriften nicht eingehalten werden.

[433] BGHZ 100, 267.

[434] Vgl. OLG Naumburg NZG 2000, 44; ebenso Baumbach/Hueck/*Zöllner* § 51 Rdnr. 39.

[435] Lutter/Hommelhoff/*Bayer* § 51 Rdnr. 14; MünchHdbGesR III/*Wolff* § 39 Rdnr. 52.

[436] Baumbach/Hueck/*Zöllner* § 51 Rdnr. 39; Lutter/Hommelhoff/*Bayer* § 51 Rdnr. 36; differenzierend Scholz/*K. Schmidt/Seibt* § 51 Rdnr. 3.

[437] Baumbach/Hueck/Zöllner a. a. O. Lutter/Hommelhoff/*Bayer* a. a. O. abweichend Scholz/*K. Schmidt/Seibt* a. a. O.

[438] BGHZ 100, 270; BGH NZG 2003, 127; BGH NZG 2009, 385; Baumbach/Hueck/*Zöllner* § 51 Rdnr. 31; Lutter/Hommelhoff/*Bayer* § 51 Rdnr. 33.

cc) Ablauf der Versammlung. Die Modalitäten von **Ort und Zeit** der Versammlung sind gesetzlich nicht ausdrücklich geregelt. Enthält auch die Satzung keine Regelung zum Versammlungsort, so ist dieser analog § 125 Abs. 5 S. 1 AktG grundsätzlich der Satzungssitz der Gesellschaft gemäß § 4a GmbHG. Der Einberufende kann in diesem Fall einen anderen Ort wählen, wenn dieser zweifelsfrei für alle Gesellschafter günstiger ist oder wenn alle Gesellschafter zustimmen.[439] Eine klarstellende Regelung in der Satzung empfiehlt sich, wenn das Bedürfnis besteht, Gesellschafterversammlungen auch an anderen Orten als dem Satzungssitz abzuhalten. Dieses Bedürfnis kann sich insbesondere ergeben, wenn der Verwaltungssitz nicht mit dem Satzungssitz identisch ist.[440] Eine Satzungsgrundlage sollte auch dann geschaffen werden, wenn Gesellschafterversammlungen im Ausland stattfinden sollen.[441] 232

Eine Regelung der Zeit der Versammlung in der Satzung ist nicht geboten. Zulässig ist grundsätzlich jede den Gesellschaftern zumutbare Zeit.[442] 233

Auch die **Person des Versammlungsleiters** ist gesetzlich nicht bestimmt. Die Gesellschafterversammlung kann deshalb auch ohne formellen Versammlungsleiter durchgeführt werden.[443] Die Gesellschafter können mit einfacher Mehrheit einen Versammlungsleiter wählen.[444] Insbesondere wenn eine Vielzahl von Gesellschaftern beteiligt ist, empfiehlt sich eine Regelung über die Auswahl des Versammlungsleiters. Auch der ohne Satzungsgrundlage durch Gesellschafterbeschluss bestellte Versammlungsleiter hat nach der überwiegenden Auffassung die Kompetenz zur verbindlichen Beschlussfeststellung.[445] Nach Auffassung von *Zöllner* gilt dies nur bei Einverständnis aller anwesenden Gesellschafter.[446] 234

Sofern nicht die notarielle Beurkundung Wirksamkeitsvoraussetzung für einen Gesellschafterbeschluss ist, ist für die Beschlussfassung keine besondere **Form** vorgeschrieben. Insbesondere sind nach dem Gesetz die gefassten Beschlüsse und der Versammlungsverlauf nicht zu protokollieren. Dies ist natürlich dennoch zu empfehlen. 235

Wenn die **Protokollierung** der Gesellschafterbeschlüsse in der Satzung vorgeschrieben wird, sollte – sofern es nicht aus dem Zusammenhang der Regelung hervorgeht – klargestellt werden, ob die Niederlegung im Protokoll Wirksamkeitsvoraussetzung des Beschlusses ist oder ob es sich um eine bloße Regelung zur Beweissicherung handelt.[447] 236

Formulierungsvorschlag:

Über jede Gesellschafterversammlung ist vom Vorsitzenden der Versammlung zu Nachweiszwecken ein Protokoll anzufertigen, in welcher Ort und Tag der Versammlung, die Teilnehmer, die Gegenstände der Tagesordnung, die gestellten Beschlussanträge und die gefassten Beschlüsse sowie die Abstimmungsergebnisse anzugeben sind. Die Niederschrift ist vom Vorsitzenden zu unterzeichnen und allen Gesellschaftern zu übersenden.

Bei der Ein-Personen-Gesellschaft ist die Protokollierung von Gesellschafterbeschlüssen nach § 48 Abs. 3 GmbHG vorgeschrieben, aber keine Wirksamkeitsvoraussetzung für die gefassten Beschlüsse.[448] 237

Steht ein Geschäftsanteil **mehreren Berechtigten** zu (z. B. Erben- oder Bruchteilsgemeinschaft) kann die Satzung bestimmen, dass an der Gesellschafterversammlung nur ein von den Berechtigten bestimmter **gemeinsamer Vertreter** teilnehmen darf.[449] 238

---

[439] BGH GmbHR 1985, 256, 257; OLG Düsseldorf NZG 2003, 975, 976; Lutter/Hommelhoff/*Bayer* § 48 Rdnr. 12; MünchHdbGesR III/Wolff § 39 Rdnr. 55.

[440] Lutter/Hommelhoff/*Bayer* § 48 Rdnr. 12.

[441] Vgl. Lutter/Hommelhoff/*Bayer* § 48 Rdnr. 13 m. w. N. zur grundsätzlichen Zulässigkeit.

[442] Lutter/Hommelhoff/*Bayer* § 48 Rdnr. 14; Baumbach/Hueck/*Zöllner* § 48 Rdnr. 14.

[443] Baumbach/Hueck/*Zöllner* § 48 Rdnr. 16.

[444] OLG München GmbHR 2005, 624, 625; Baumbach/Hueck/*Zöllner* § 48 Rdnr. 16; Lutter/Hommelhoff/*Bayer* § 48 Rdnr. 15 m. w. N.; a. A. (nur einstimmig): OLG Frankfurt NZG 1999, 406.

[445] Scholz/*K. Schmidt/Seibt* § 48 Rdnr. 36; MünchHdbGesR III/*Wolff* § 39 Rdnr. 72; Lutter/Hommelhoff/*Bayer* § 48 Rdnr. 16.

[446] Baumbach/Hueck/*Zöllner* § 48 Rdnr. 17.

[447] Zu der andernfalls entstehenden Auslegungsfrage MünchHdbGesR III/*Wolff* § 39 Rdnr. 86 m. w. N.

[448] Baumbach/Hueck/*Zöllner* § 48 Rdnr. 48.

[449] Baumbach/Hueck/*Hueck/Fastrich* § 18 Rdnr. 6.

239 Einzelne Gesellschafter haben nicht das Recht, **Dritte zur Gesellschafterversammlung hinzuzuziehen.** Auch ohne Satzungsregelung können Dritte allerdings durch Mehrheitsbeschluss zur Gesellschafterversammlung zugelassen werden.[450] Wenn es aufgrund der Gesellschafterstruktur angezeigt erscheint, kann dieser Punkt in der Satzung geregelt werden und den Gesellschaftern das Recht eingeräumt werden, rechtliche oder wirtschaftliche Berater zur Gesellschafterversammlung hinzuzuziehen.[451]

Formulierungsvorschlag:

Jeder Gesellschafter kann zu der Gesellschafterversammlung einen Berater zuziehen, der Steuerberater, Wirtschaftsprüfer oder Rechtsanwalt sein muss.

240 Die **Vertretung** in der Gesellschafterversammlung durch einen Dritten ist dagegen grundsätzlich zulässig.[452] § 47 Abs. 3 GmbHG verlangt für die Teilnahme an Beschlüssen eine Vollmacht in Textform. In der Satzung können Einschränkungen hinsichtlich der Person der in Frage kommenden Vertreter vorgesehen werden.[453]

241 **f) Gesellschafterbeschlüsse.** *aa) Beschlussfassung innerhalb und außerhalb der Gesellschafterversammlung.* Regelmäßig werden die Beschlüsse der Gesellschafter **in Versammlungen** gefasst, § 48 Abs. 1 GmbHG. Wenn alle Gesellschafter entweder in Textform dem Beschluss zustimmen oder zumindest alle Gesellschafter mit der schriftlichen Stimmabgabe einverstanden sind, kann ein Gesellschafterbeschluss auch **außerhalb der Gesellschafterversammlung** im schriftlichen Verfahren erfolgen (§ 48 Abs. 2 GmbHG). Nach überwiegender Auffassung ist das bei nicht einstimmigen Beschlüssen erforderliche Einverständnis mit der schriftlichen Stimmabgabe formfrei möglich, d. h. insbesondere kann das Einverständnis auch konkludent durch die Stimmabgabe erklärt werden.[454] Erforderlich ist die Zustimmung aller an der Gesellschafterversammlung teilnahmeberechtigten Gesellschafter, also auch solcher Gesellschafter, die für den Beschluss kein Stimmrecht haben.[455] Die **Satzung** kann die Beschlussfassung außerhalb der Gesellschafterversammlung weiter erleichtern, etwa eine **mündliche** sukzessive oder **telefonische Beschlussfassung** zulassen oder vorsehen, dass bei der Beschlussfassung im schriftlichen Verfahren Schweigen eines Gesellschafters zumindest als Zustimmung zu diesem Verfahren gilt.[456] Gegenüber der Möglichkeit, mündliche oder telefonische Stimmabgabe zuzulassen, ist aber wegen des Risikos, dass im nachhinein Streit über den Inhalt der Erklärung entsteht, Zurückhaltung geboten. Nach überwiegender Auffassung ist auch bei Gesellschafterbeschlüssen außerhalb einer Gesellschafterversammlung – ohne eine entsprechende Satzungsanordnung – die Wirksamkeit des Beschlusses nicht von einer **Beschlussfeststellung** abhängig.[457] Eine Protokollierung zu Beweiszwecken sollte die Satzung aber vorschreiben.

242 Eine sogenannte **kombinierte Beschlussfassung,** bei der einzelne Gesellschafter ihre Stimme in der Gesellschafterversammlung abgeben und andere Gesellschafter dem Gesellschafterbeschluss nach der Versammlung auf schriftlichem Wege zustimmen, bedarf einer Zulassung in der Satzung.[458]

[450] Scholz/*K. Schmidt/Seibt* § 48 Rdnr. 25 f.; Lutter/Hommelhoff/*Bayer* § 48 Rdnr. 8; einschränkend Baumbach/Hueck/*Zöllner* § 48 Rdnr. 12 f., der auch beim Mehrheitsbeschluss das Vorliegen eines sachlichen Grundes verlangt.

[451] Vgl. Römermann/*Seibt* § 2 Rdnr. 135; KölnHdbGesR/*Eckhardt* Kap. 2 Rdnr. 345.

[452] Baumbach/Hueck/*Zöllner* § 47 Rdnr. 44; Scholz/*K. Schmidt* § 47 Rdnr. 76.

[453] Baumbach/Hueck/*Zöllner* § 47 Rdnr. 44.

[454] Lutter/Hommelhoff/*Bayer* § 48 Rdnr. 25; Baumbach/Hueck/*Zöllner* § 48 Rdnr. 35; Scholz/*K. Schmidt/Seibt* § 48 Rdnr. 62; a. A. MünchHdbGesR III/*Wolff* § 39 Rdnr. 100.

[455] OLG Düsseldorf GmbHR 1989, 469; Baumbach/Hueck/*Zöllner* § 48 Rdnr. 33.

[456] Baumbach/Hueck/*Zöllner* § 48 Rdnr. 44; Lutter/Hommelhoff/*Bayer* § 48 Rdnr. 29; Scholz/*K. Schmidt/Seibt* § 48 Rdnr. 64.

[457] Scholz/*K. Schmidt/Seibt* § 48 Rdnr. 60; Baumbach/Hueck/*Zöllner* § 48 Rdnr. 32; Ulmer/*Hüffer* § 48 Rdnr. 54; Michalski/*Römermann* § 48 Rdnr. 269; a. A. Lutter/Hommelhoff/*Bayer* § 48 Rdnr. 27; differenzierend: BGHZ 15, 324, 329.

[458] BGH NJW 2006, 2044; Scholz/*K. Schmidt/Seibt* § 48 Rdnr. 65.

Formulierungsvorschlag:

Die Gesellschafter fassen ihre Beschlüsse in der Gesellschafterversammlung.

Außerhalb einer Gesellschafterversammlung können Beschlüsse gefasst werden, wenn alle Gesellschafter in Textform [oder telefonisch] dem Beschluss oder zumindest der Beschlussfassung außerhalb einer Versammlung zustimmen.

Gesellschafter, die bei einer Gesellschafterversammlung nicht anwesend sind, können ihre Stimme nachträglich in Textform innerhalb einer von den anwesenden Gesellschaftern bestrimmten Frist abgeben, wenn sich sämtliche bei der Gesellschafterversammlung anwesenden Gesellschafter damit einverstanden erklären.

Über die außerhalb von Versammlungen gefassten Beschlüsse ist von den Geschäftsführern eine Niederschrift zu erstellen, die allen Gesellschaftern zuzuleiten ist. Dies gilt auch bei nachträglicher Stimmabgabe.

Praxistipp:

Fehlt eine solche Satzungsregelung zur sogenannten kombinierten Beschlussfassung, kann man sich dadurch behelfen, dass das Stimmrecht für den nichtanwesenden Gesellschafter durch einen vollmachtlosen Vertreter ausgeübt wird. Der Abstimmungsleiter muss einen vollmachtlosen Vertreter nicht zur Abstimmung zulassen, kann es aber.[459] Die Stimmabgabe ist schwebend unwirksam und wird durch die formfrei mögliche Genehmigung des Vertretenen wirksam.[460]

bb) Beschlussfähigkeit. Zur Beschlussfähigkeit in der Gesellschafterversammlung gibt es keine gesetzliche Regelung. Daraus wird allgemein gefolgert, dass die Gesellschafterversammlung, sofern ordnungsgemäß einberufen, beschlussfähig ist, wenn nur ein stimmberechtigter Gesellschafter anwesend ist.[461] In der Satzung wird indessen häufig die Beschlussfähigkeit geregelt. Sieht die Satzung eine Mindestbeteiligung vor, sollte, wie es in der Praxis regelmäßig geschieht, vorgesehen werden, dass bei Verfehlen dieses Quorums eine weitere Versammlung einberufen werden kann, die unabhängig davon beschlussfähig ist. 243

cc) Stimmrecht. Jeder Euro eines Geschäftsanteils gewährt eine Stimme (§ 47 Abs. 2 GmbHG). Ältere Gesellschaftsverträge, die in Anlehnung an die gesetzliche Regelung vor dem MoMiG einen höheren Betrag nennen, sollten angepasst werden. 244

Hält ein Gesellschafter **mehrere Geschäftsanteile**, dann wird eine uneinheitliche Stimmabgabe zugelassen, wenn ein schutzwürdiges Interesse besteht. Dies ist etwa dann der Fall, wenn ein Gesellschafter als Treugeber für verschiedene Personen Anteile hält.[462] Die Satzung kann die uneinheitliche Stimmabgabe bei mehreren Geschäftsanteilen allgemein zulassen. Ob hingegen eine uneinheitliche Stimmabgabe bei einem Geschäftsanteil zugelassen werden kann, ist umstritten.[463] Eine solche Regelung sollte deshalb vermieden werden. Vorzugswürdig ist, die Anteile entsprechend zu stückeln. 245

Das Stimmrecht kann durch **Bevollmächtigte** ausgeübt werden.[464]

Die Satzung kann einzelne Gesellschafter vom Stimmrecht vollständig **ausschließen** oder einzelnen Gesellschaftern abweichend von der tatsächlichen Beteiligung ein **größeres Stimmrecht** zuweisen. Nicht zulässig ist, einem Nichtgesellschafter ein Stimmrecht zu gewähren.[465] 246

dd) Mehrheitserfordernis. Gesellschafterbeschlüsse werden grundsätzlich mit der **einfachen Mehrheit** der abgegebenen Stimmen gefasst (§ 47 Abs. 1 GmbHG). Enthaltungen zäh- 247

[459] Baumbach/Hueck/*Zöllner* § 47 Rdnr. 55.
[460] Baumbach/Hueck/*Zöllner* § 47 Rdnr. 55.
[461] OLG Köln NZG 2002, 381, 383; Baumbach/Hueck/*Zöllner* § 48 Rdnr. 3; Scholz/*K. Schmidt/Seibt* § 48 Rdnr. 43.
[462] Lutter/Hommerhoff/*Bayer* § 47 Rdnr. 9.
[463] Vgl. Lutter/Hommerhoff/*Bayer* § 47 Rdnr. 9.
[464] Vgl. dazu oben Rdnr. 240.
[465] Lutter/Hommelhoff/*Bayer* § 47 Rdnr. 4.

len bei der Ermittlung der abgegebenen Stimmen nicht.[466] Die Satzung kann dieses Mehrheitserfordernis erhöhen. Für Satzungsänderungen einschließlich Kapitalmaßnahmen (§ 53 Abs. 2 GmbHG), für die Auflösung (§ 60 Abs. 1 Nr. 2 GmbHG) sowie für strukturändernde Maßnahmen nach dem Umwandlungsgesetz sieht das Gesetz ein **qualifiziertes Mehrheitserfordernis** vor. Die Satzung kann dieses qualifizierte Mehrheitserfordernis – außer für den Beschluss über die Auflösung noch steigern, – aber nicht herabsetzen.[467] Durch eine von § 47 Abs. 2 GmbHG abweichende **Regelung zur Stimmkraft** der Anteile einzelner Gesellschafter kann jedoch das Mehrheitserfordernis des § 53 Abs. 2 GmbHG mittelbar abgeschwächt werden, wenn nämlich die nach der Satzungsregelung berechnete Stimmenmehrheit nicht drei Viertel des bei der Beschlussfassung vertretenen Stammkapitals entspricht. [468]

248 Durch Regelungen zum Stimmrecht und zu den Mehrheitserfordernissen können die **Einflussmöglichkeiten der einzelnen Gesellschafter** auf die Entscheidungen der Gesellschafterversammlung beeinflusst werden. Ein Bedürfnis dafür ergibt sich in der Praxis bei dem Zusammentreffen von Mehrheits- und Minderheitsgesellschaftern, aber auch beim Zusammentreffen von mehreren Gesellschaftern mit gleich großen Anteilen. Das allgemeine Mehrheitserfordernis für Gesellschafterbeschlüsse kann in einem solchen Fall so erhöht werden, dass Beschlüsse gegen die Stimmen einzelner Gesellschafter nicht gefasst werden können. Dies kann auf einzelne für den Gesellschafter wichtige Beschlussgegenstände wie z. B. Geschäftsführerbestellungen und -abberufungen oder die der Gesellschafterversammlung übertragenen Entscheidungen über wichtige Geschäftsführungsmaßnahmen beschränkt werden. Gegebenenfalls kann es sich auch anbieten, das Stimmrecht nicht abhängig von der Kapitalbeteiligung auszugestalten, sondern ein Stimmrecht nach Köpfen vorzusehen. Schließlich kann die Wirksamkeit von Gesellschafterbeschlüssen allgemein oder zu bestimmten Beschlussgegenständen von der Zustimmung einzelner Gesellschafter abhängig gemacht werden.[469] Solche **Zustimmungsvorbehalte** sind Sonderrechte im Sinne des § 35 BGB, die nur mit Zustimmung des Betroffenen entzogen werden können. In der Satzung sollte klargestellt werden, ob diese Rechte dem Gesellschafter persönlich zustehen oder ob sie bei Übergang des Anteils auf den Rechtsnachfolger übergehen. Zu beachten ist, dass die bloße Vereinbarung eines Einstimmigkeitserfordernisses für bestimmte Beschlussgegenstände nicht mit einem Zustimmungserfordernis identisch ist und deshalb durch Satzungsänderung mit der dafür erforderlichen Mehrheit beseitigt werden kann.[470]

249 *ee) Stimmrechtsausschluss.* **Gesetzliche Stimmverbote** ergeben sich aus § 47 Abs. 4 GmbHG. Das Stimmrecht des Gesellschafters ist ausgeschlossen, wenn er durch die Beschlussfassung entlastet werden soll, wenn er von einer Verbindlichkeit befreit werden soll, wenn der Beschluss die Einleitung oder Erledigung eines Rechtsstreits gegenüber dem Gesellschafter betrifft oder wenn Beschlussgegenstand die Vornahme eines Rechtsgeschäfts gegenüber einem Gesellschafter ist. Die Vorschrift wird insoweit einschränkend ausgelegt, als die Entscheidung über Rechtsgeschäfte, die einen körperschaftlichen, innergesellschaftlichen Charakter haben (herkömmlich als Sozialakte bezeichnet) von dem Stimmverbot ausgenommen werden.[471] Ein Stimmverbot besteht danach nicht bei der Entscheidung über die Bestellung des Gesellschafters zum Geschäftsführer oder über die normale Abberufung, ebenso nicht bei der Entscheidung über den Anstellungsvertrag eines Geschäftsführers.[472]

250 § 47 Abs. 4 GmbHG regelt die Fälle, in denen aufgrund eines bestehenden Interessenkonflikts das Stimmrecht eines Gesellschafters ausgeschlossen ist, **nicht abschließend**. Rechtsprechung und Literatur haben unter dem Leitsatz **„Kein Richten in eigener Sache"** weitere Beschlussgegenstände erarbeitet, bei denen das Stimmrecht des betroffenen Gesellschafters ausgeschlossen ist. So gilt ein Stimmrechtsausschluss bei der Entscheidung über die Abberu-

[466] Baumbach/Hueck/*Zöllner* § 47 Rdnr. 23.
[467] Baumbach/Hueck/*Zöllner* § 47 Rdnr. 24 m. w. N.
[468] Lutter/Hommelhoff/*Bayer* § 53 Rdnr. 13.
[469] Vgl. Römermann/*Seibt* § 2 Rdnr. 147 ff.
[470] Römermann/*Seibt*, MAHGmbH-Recht, § 2 Rdnr. 150.
[471] Baumbach/Hueck/*Zöllner* § 47 Rdnr. 82; Lutter/Hommelhoff/*Bayer* § 47 Rdnr. 44.
[472] Lutter/Hommelhoff/*Bayer* § 47 Rdnr. 45.

fung eines Geschäftsführers aus wichtigem Grund,[473] ebenso bei der Entscheidung über die Einziehung eines Geschäftsanteils aus wichtigem Grund.[474] Bei der Einziehung wird ein Stimmrechtsausschluss des betroffenen Gesellschafters auch dann bejaht, wenn der mit dem Einziehungstatbestand verfolgte Zweck dies voraussetzt.[475] Sieht die Satzung die Möglichkeit vor, dass Gesellschafter von einem bestehenden Wettbewerbsverbot befreit werden können, ist der betroffene Gesellschafter bei dem Befreiungsbeschluss ebenfalls vom Stimmrecht ausgeschlossen.[476] Schließlich wird ein Stimmverbot auch für den betroffenen Gesellschafter bei der Entscheidung über eine Informationsverweigerung nach § 51a Abs. 2 GmbHG angenommen.[477]

Die **Satzung** kann zusätzlich zu diesen bestehenden Stimmverboten weitere Stimmverbote 251 schaffen. Häufig findet sich in der Satzung etwa die Regel, dass der von einer Einziehung betroffene Gesellschafter (unabhängig vom Einziehungsgrund) vom Stimmrecht ausgeschlossen ist. Umstritten ist, inwieweit die Satzung das gesetzliche Stimmverbot einschränken kann. Hier hat sich durchgesetzt, dass der Stimmrechtsausschluss bei der Entlastung und bei der Befreiung von einer Verbindlichkeit zwingend ist, ebenso der Stimmrechtsausschluss bei Maßnahmen, die bei Vorliegen eines wichtigen Grundes gegen einen Gesellschafter getroffen werden können. In den anderen Fällen, insbesondere bei der Entscheidung über die Vornahme eines Rechtsgeschäfts mit dem Gesellschafter, ist das Stimmverbot abdingbar.[478]

Bei der Satzungsgestaltung sollten die wichtigsten ungeschriebenen Stimmverbote in der 252 Satzung eindeutig geregelt werden. Dies gilt einmal für das Stimmverbot des betroffenen Gesellschafters bei der Entscheidung über die Befreiung von einem Wettbewerbsverbot, wobei nach den vorstehenden Grundsätzen insoweit die Freiheit besteht, in der Satzung das ungeschriebene Stimmverbot nur zu wiederholen oder aber ein Stimmrecht des betroffenen Gesellschafters durch die Satzung vorzusehen. Sieht die Satzung eine Einziehungsregelung vor, sollte auch insoweit die Frage des Stimmverbots des betroffenen Gesellschafters geregelt werden. Zu berücksichtigten ist hier, dass für die Einziehung aus wichtigem Grund das Stimmverbot nicht eingeschränkt werden kann. Etwas anderes gilt für die Einziehung aus sonstigen in der Person des Gesellschafters liegenden Gründen (z. B. Einziehung bei Rechtsnachfolge von Todes wegen).

ff) Pattauflösung. Bei Gesellschaften ohne einen Mehrheitsgesellschafter finden sich zu- 253 weilen Regelungen für den Fall, dass Gesellschafterbeschlüsse nicht zustande kommen, weil sich Gesellschafter mit gleichem Stimmgewicht gegenüberstehen. Rechtlich zweifelhaft und jedenfalls nicht sinnvoll ist, für diesen Fall das Los entscheiden zu lassen. Die Satzung kann für diesen Fall die Entscheidung in die Hand eines anderen Gesellschaftsorgans, z. B. des Beirats oder des Geschäftsführers, legen oder anordnen, dass die Stimme eines bestimmten Gesellschafters den Ausschlag geben soll.[479] Schließlich kann die Satzung vorsehen, dass eine für diesen Fall zu bildende **Schiedsstelle** die Entscheidung treffen soll.[480] Diese Schiedsstelle ist ein ggf. ad hoc gebildetes Gesellschafterorgan, sie ist kein Schiedsgericht im Sinne der §§ 1025 ff. ZPO.[481] Die Vorschriften der §§ 1025 ff. ZPO finden keine Anwendung,[482] weil die Schiedsstelle nicht auf die rechtliche Überprüfung einer getroffenen Entscheidung

[473] Baumbach/Hueck/*Zöllner* § 47 Rdnr. 85.
[474] Lutter/Hommelhoff/*Bayer* § 47 Rdnr. 40.
[475] BGH GmbHR 1977, 81, 82: Einziehung des Geschäftsanteils eines Familienfremden; Baumbach/Hueck/*Hueck/Fastrich* § 34 Rdnr. 14; vgl. Rdnr. 337.
[476] Baumbach/Hueck/*Zöllner* SchlAnhKonzernR Rdnr. 95; Michalski/*Michalski/Funke*, § 13 Rdnr. 255; vgl. Rdnr. 446.
[477] Baumbach/Hueck/*Zöllner* § 51 a Rdnr. 38.
[478] Baumbach/Hueck/*Zöllner* § 47 Rdnr. 106; Lutter/Hommelhoff/*Bayer* § 47 Rdnr. 33.
[479] Scholz/*K. Schmidt* § 47 Rdnr. 10; Ulmer/*Hüffer* § 47 Rdnr. 18 ff.; MünchVertragsHdbGesR/*Meister/Klöcker* Form IV. 25. Anm. 39; einschränkend für den Stichentscheid durch Nichtgesellschafter: Baumbach/Hueck/*Zöllner* § 47 Rdnr. 23; Michalski/*Römermann* § 47 Rdnr. 575.
[480] Michalski/*Römermann* § 44 Rdnr. 68; Ulmer/*Hüffer* § 45 Rdnr. 24; Scholz/*K. Schmidt* § 45 Rdnr. 14.
[481] BGHZ 43, 261 = NJW 1965, 1378.
[482] Baumbach/Hueck/*Zöllner* § 45 Rdnr. 24; Lutter/Hommelhoff/*Bayer* § 45 Rdnr. 8; Michalski/*Römermann* § 45 Rdnr. 69.

beschränkt sein soll, sondern selbst gestaltend diese Entscheidung trifft. Die eingesetzte Schiedsstelle trifft eine eigene Ermessensentscheidung, für die dieselben Treue- und Sorgfaltspflichten gelten wie für die Gesellschafter beim Gesellschafterbeschluss.[483] Die Entscheidungen einer Schiedsstelle können in der gleichen Weise angefochten werden, wie die Entscheidung des Gesellschaftsorgans, an dessen Stelle die Schiedsstelle getreten ist.[484] Dass es sich nicht um ein Schiedsgericht im Sinne der ZPO handelt, sollte in der Satzung eindeutig formuliert sein. Eine Grenze findet das Schiedsstellenverfahren bei den Aufgaben, die der Gesellschafterversammlung zwingend zugewiesen sind. Nicht übertragbar sind Entscheidungen über Strukturänderungen, also über Satzungsänderungen, Kapitalmaßnahmen, Umwandlungen und Unternehmensverträge.[485] In diesem Bereich sind nur schuldrechtliche Vereinbarungen möglich.

Formulierungsvorschlag:

Werden bei einem Beschlussantrag ebenso viele Ja- wie Nein-Stimmen abgegeben, so kann jeder Gesellschafter verlangen, dass ein Schiedsrichter anstelle der Gesellschafterversammlung über den Beschlussgegenstand entscheidet. Dieses Verlangen ist schriftlich an alle anderen Gesellschafter zu richten. Können sich die Gesellschafter nicht innerhalb von vier Wochen nach einem solchen Verlangen auf die Person eines Schiedsrichters einigen, so wird dieser auf Antrag des das Verfahren betreibenden Gesellschafters durch den Präsidenten der Industrie- und Handelskammer in ...... ernannt. Der Schiedsrichter entscheidet nach Anhörung der Gesellschafter. Die Entscheidung muss schriftlich niedergelegt werden, sie bedarf keiner Begründung. Die Vorschriften der §§ 1025 ff. ZPO finden keine Anwendung. Die Kosten des Schiedsrichters trägt die Gesellschaft. Das Verfahren findet keine Anwendung, sofern für den Beschlussgegenstand nach dem Gesetz oder diesem Gesellschaftsvertrag eine qualifizierte Mehrheit erforderlich ist.

254 *gg) Nichtigkeit und Anfechtbarkeit von Gesellschafterbeschlüssen.* Das GmbH-Gesetz enthält keine Regelung zu fehlerhaften Gesellschafterbeschlüssen. Es werden die aktienrechtlichen Regelungen zur Nichtigkeit und Anfechtbarkeit von Gesellschafterbeschlüssen herangezogen. Diese finden Anwendung, soweit nicht die Besonderheiten der GmbH eine Abweichung erfordern.[486] Prägend für dieses aktienrechtliche System ist die Unterscheidung zwischen **Nichtigkeitsgründen**, die den Gesellschafterbeschluss von Anfang an unwirksam machen, und **Anfechtungsgründen**, die nur zur Unwirksamkeit eines Beschlusses führen, wenn sie in einem Anfechtungsverfahren in einer vorgesehenen Frist geltend gemacht werden. Die Nichtigkeitsgründe für Beschlüsse bei der GmbH werden in Anlehnung an die aktienrechtliche Vorschrift des § 241 AktG bestimmt. Diese Aufteilung zwischen Nichtigkeits- und Anfechtungsgründen ist insoweit zwingend, als die Satzung die Nichtigkeitsgründe nicht weiter einschränken und die Anfechtungsklage als Rechtschutzmittel auch für solche Beschlussmängel vorsehen kann.[487] In einer Satzungsregelung zur Anfechtungsklage sollte deshalb deutlich gemacht werden, dass diese nur Anwendung findet, wenn der Beschlussmangel nicht schon zur Nichtigkeit des Beschlusses führt. Umgekehrt könnten in der Satzung aber die Nichtigkeitsgründe ausgeweitet und die Anfechtbarkeit von Gesellschafterbeschlüssen durch die Nichtigkeit ersetzt werden. Eine solche Regelung wird aber zu Recht als nicht zweckmäßig angesehen.[488]

255 Sinnvoll ist hingegen eine Regelung zur **Anfechtungsfrist**. Die aktienrechtliche Monatsfrist des § 246 AktG stellt hier nur ein Leitbild dar.[489] Es gilt eine angemessene Frist, bei deren Bemessung die Umstände des Einzelfalls berücksichtigt werden. Die aktienrechtliche

[483] Lutter/Hommelhoff/*Bayer* § 45 Rdnr. 8.
[484] Michalski/*Römermann* § 45 Rdnr. 69.
[485] Vgl. nur Michalski/*Römermann* § 45 Rdnr. 43.
[486] BGHZ 11, 231, 235; BGH GmbHR 2009, 426, 427 (ständige Rechtsprechung); Lutter/Hommelhoff/*Bayer* Anh. zu § 47 Rdnr. 1 m. w. N.
[487] Baumbach/Hueck/*Zöllner* Anh. zu § 47 Rdnr. 29; Ulmer/*Raiser* Anh. zu § 47 Rdnr. 90.
[488] Baumbach/Hueck/*Zöllner* Anh. zu § 47 Rdnr. 31.
[489] BGHZ 101, 113, 117; 104, 66, 70 f.; 111, 224, 226.

Monatsfrist bildet dabei die Mindestfrist.[490] Nach dem Aktienrecht beginnt die Anfechtungsfrist mit der Beschlussfassung. Dies wird nicht in das GmbH-Recht übertragen. Hier wird überwiegend auf die Kenntnis des Gesellschafters von der Beschlussfassung abgestellt,[491] nach anderer Auffassung soll die Kenntnis des Tagesordnungspunktes ausreichend sein.[492] Hier sollte der Gesellschaftsvertrag für die betroffenen Gesellschafter Klarheit schaffen. Dabei darf die Mindestfrist von einem Monat nicht unterschritten werden.[493] Eine Anfechtungsfrist von einem Monat wird zudem nur akzeptiert, wenn für den Fristbeginn auf die Kenntnis des Gesellschafters vom Beschluss oder auf den Zugang des Beschlussprotokolls abgestellt wird.[494] Soll die Frist mit der Beschlussfassung beginnen, muss die Frist verlängert werden. Für den Fristbeginn auf den Zeitpunkt der Versendung des Beschlussprotokolls abzustellen, wird ebenfalls für unzulässig gehalten, da dieser Zeitpunkt dem Gesellschafter nicht bekannt ist und ihm deshalb eine Berechnung der Frist nicht möglich ist.[495] Für den Regelfall dürfte eine längere Anfechtungsfrist (sechs Wochen oder zwei Monate) beginnend mit dem Zugang des Beschlussprotokolls angemessen sein, auch um ausreichend Zeit für eine einvernehmliche Streitbeilegung zu geben.

Formulierungsvorschlag:

Soweit zwingendes Recht nicht entgegensteht, können fehlerhafte Beschlüsse nur innerhalb von zwei Monaten ab dem Zugang des Beschlussprotokolls angefochten werden.

256 Die aktienrechtliche Regelung, dass der bei der Beschlussfassung anwesende Gesellschafter nur anfechten kann, wenn er gegen den Beschluss Widerspruch erklärt hat und die Anfechtung eines ordnungsgemäß eingeladenen, aber bei der Beschlussfassung nicht anwesenden Gesellschafters ausgeschlossen ist (§ 245 Nr. 1, 2 AktG), wird nicht auf die GmbH übertragen.[496] Eine entsprechende Satzungsregelung ist aber möglich.[497]

Formulierungsvorschlag:

Die Geltendmachung von Beschlussmängeln ist ausgeschlossen, wenn der Gesellschafter an der Beschlussfassung teilgenommen, dem Beschluss aber nicht widersprochen hat.

257 **g) Jahresabschluss.** Die Geschäftsführer haben nach §§ 264 Abs. 1 HGB, 41 GmbHG den Jahresabschluss der Gesellschaft, bestehend aus Bilanz, Gewinn- und Verlustrechnung, Anhang sowie einem Lagebericht aufzustellen. Bei kleinen Kapitalgesellschaften (§ 267 Abs. 1 HGB) ist der Lagebericht nach § 264 Abs. 1 S. 3 HGB entbehrlich. Jahresabschluss und Lagebericht sind in den ersten drei Monaten des Geschäftsjahres aufzustellen (§ 264 Abs. 1 S. 2 HGB). Kleine Kapitalgesellschaften dürfen den Jahresabschluss auch später als drei Monate nach Beginn des Geschäftsjahres aufstellen, wenn dies einem ordnungsgemäßen Geschäftsgang entspricht, spätestens muss der Jahresabschluss aber innerhalb der ersten sechs Monate des Geschäftsjahres aufgestellt werden (§ 264 Abs. 1 S. 3 HGB). Diese **Fristen** können durch die Satzung nicht verlängert werden.[498] Als unzulässig wird auch eine generelle Verlängerung der Aufstellungsfrist für kleine Kapitalgesellschaften auf sechs Monate unabhängig von den Erfordernissen des ordnungsgemäßen Geschäftsgangs angesehen.[499] Eine

[490] Baumbach/Hueck/*Zöllner* Anh. zu § 47 Rdnr. 146; Lutter/Hommelhoff/*Bayer* Anh. zu § 47 Rdnr. 62, jeweils m. w. N.
[491] Lutter/Hommelhoff/*Bayer* Anh. zu § 47 Rdnr. 62.
[492] Baumbach/Hueck/*Zöllner* Anh. zu § 47 Rdnr. 154.
[493] Lutter/Hommelhoff/*Bayer* Anh. zu § 47 Rdnr. 64.
[494] Baumbach/Hueck/*Zöllner* Anh. zu § 47 Rdnr. 152, 155.
[495] OLG Düsseldorf NZG 2005, 980; KölnHdbGesR/*Eckhardt* Kap. 2 Rdnr. 367.
[496] Baumbach/Hueck/*Zöllner* Anh. zu § 47 Rdnr. 136.
[497] Römermann/Seibt § 2 Rdnr. 154.
[498] Baumbach/Hopt/*Merkt* § 264 Rdnr. 7.
[499] BayObLG WM 1987, 502.

Verkürzung der Frist für die Aufstellung des Jahresabschlusses wäre zulässig.[500] Im Regelfall dürfte es aber angezeigt sein, in der Satzung nur auf die gesetzliche Regelung zu verweisen.

Formulierungsvorschlag:

Der Jahresabschluss (Bilanz, Gewinn- und Verlustrechnung nebst Anhang) sowie – soweit gesetzlich vorgeschrieben – der Lagebericht sind von den Geschäftsführern innerhalb der gesetzlichen Frist aufzustellen und den Gesellschaftern zur Feststellung vorzulegen.

258 Die **inhaltlichen Anforderungen** für den Jahresabschluss sind im Gesetz (§§ 238 ff., 264 ff. HGB und §§ 42, 42 a GmbHG) detailliert geregelt. Die Regeln sind auch weitgehend zwingend, so dass insoweit im Regelfall kein Bedarf nach einer gesellschaftsvertraglichen Regelung besteht.[501]

259 Die **Aufstellung** des Jahresabschlusses obliegt zwingend den Geschäftsführern (§ 264 Abs. 1 HGB), die sich jedoch der Hilfe Dritter, also geeigneter Mitarbeiter oder Externer, bedienen können.

260 Mittelgroße und große Kapitalgesellschaften haben nach § 316 HGB ihren Jahresabschluss durch einen **Abschlussprüfer** prüfen zu lassen. Der Abschlussprüfer ist nach § 318 Abs. 1 HGB vor Ablauf des (zu prüfenden) Geschäftsjahres von den Gesellschaftern zu wählen. Die Satzung kann diese Kompetenz auch einzelnen Gesellschaftern, einem Gesellschafterausschuss, Aufsichtsrat oder Beirat oder auch einem Dritten übertragen, wegen der Besorgnis der Befangenheit aber nicht der Geschäftsführung.[502] Da die gesetzlichen Regelungen hinsichtlich der Prüfung weitgehend zwingende Mindestanforderungen enthalten, wird man sich bei der Satzungsgestaltung im Regelfall auch insoweit auf eine Wiederholung der gesetzlichen Pflichten beschränken:

Formulierungsvorschlag:

Der Jahresabschluss (Bilanz, Gewinn- und Verlustrechnung nebst Anhang) und der Lagebericht sind von den Geschäftsführern innerhalb der gesetzlichen Frist aufzustellen und, falls diese zu prüfen sind, dem Abschlussprüfer vorzulegen. Die Geschäftsführer haben den Jahresabschluss, den Lagebericht und ggf. den Prüfungsbericht des Abschlussprüfers unverzüglich nach Fertigstellung den Gesellschaftern vorzulegen.

261 Eine Verschärfung der gesetzlichen Anforderungen durch Satzungsregelung ist möglich, in der Praxis aber eher selten. So kann auch für kleine Kapitalgesellschaften eine Prüfung des Jahresabschlusses vorgeschrieben werden oder es können in Abweichung von § 319 HGB bei der mittelgroßen Kapitalgesellschaft die gleichen Anforderungen hinsichtlich der Qualifikation des Abschlussprüfers gestellt werden wie bei einer großen Kapitalgesellschaft.

262 Die gesetzlichen **Publizitätspflichten** werden regelmäßig nicht in der Satzung wiedergegeben. Nach § 325 Abs. 1 HGB hat jede GmbH unabhängig von ihrer Einordnung als kleine, mittlere oder große Kapitalgesellschaft ihren Jahresabschluss durch Bekanntmachung im elektronischen Bundesanzeiger (§ 325 Abs. 1 HGB) offen zu legen.

263 Die **Feststellung des Jahresabschlusses**, das heißt dessen Verbindlicherklärung, obliegt den Gesellschaftern (§ 46 Nr. 1 GmbHG). Die Gesellschafter entscheiden darüber mit einfacher Mehrheit der abgegebenen Stimmen (§ 47 Abs. 1 GmbH). Der festgestellte Jahresabschluss ist maßgebend für die Entscheidung über die Ergebnisverwendung. Die Gesellschafterversammlung kann bei ihrer Entscheidung den von den Geschäftsführern aufgestellten Jahresabschluss noch ändern. Aus dem generellen Über-/Unterordnungsverhältnis zwischen Gesellschaftern und Geschäftsführern ergibt sich, dass die Gesellschafter auch schon im

[500] Vgl. Römermann/Seibt § 2 Rdnr. 265.
[501] MünchVertragsHdbGesR/*Meister/Klöcker* Form. IV 25 Anm. 44.
[502] Baumbach/*Hopt/Merkt* § 318 Rdnr. 1.

Vorfeld auf die Aufstellung des Jahresabschlusses Einfluss nehmen können, das heißt Informationen zu der vorgesehenen Bildung von Rückstellungen oder zu Bewertungen verlangen und im Rahmen des bilanz- und steuerrechtlichen Spielraums Weisungen erteilen können.[503] Praktische Relevanz hat dies insbesondere bei prüfungspflichtigen Gesellschaften, da Änderungen des Jahresabschlusses nach erfolgter Prüfung eine erneute Prüfung erforderlich machen (vgl. 316 Abs. HGB). Eine Satzungsgrundlage für eine solche Einflussnahme der Gesellschafter auf die Aufstellung des Jahresabschlusses ist nicht erforderlich.

Die Feststellung des Jahresabschlusses hat **innerhalb der ersten acht Monate** (bei kleinen Kapitalgesellschaften innerhalb der ersten **elf Monate**) des Geschäftsjahres zu erfolgen (§ 42a Abs. 2 GmbH). Auch diese Frist kann durch die Satzung nicht verlängert werden. Die Satzung kann die Entscheidung über die Feststellung des Jahresabschlusses anderen Organen übertragen, z.B. einem Beirat, einzelnen Gesellschaftern oder auch den Geschäftsführern.[504] Für den Fall, dass in der Gesellschafterversammlung keine Mehrheit für die Feststellung des Jahresabschlusses erreicht werden kann, kann die Satzung auch einem zu diesem Zweck von einer unabhängigen Institution benannten Dritten oder zu diesem Zweck gebildeten Beschlussgremium die Entscheidung über die Feststellung des Jahresabschlusses übertragen.[505] 264

Formulierungsvorschlag:

Die Gesellschafter haben innerhalb der gesetzlichen Frist über die Feststellung des Jahresabschlusses und über die Ergebnisverwendung zu beschließen. Wird die erforderliche Mehrheit zur Feststellung des Jahresabschlusses in der Gesellschafterversammlung nicht erreicht, so entscheidet ein auf Antrag eines Gesellschafters vom Präsidenten der Industrie- und Handelskammer in ...... zu bestellender Sachverständiger anstelle der Gesellschafter verbindlich über die Feststellung des Jahresabschlusses. Der Sachverständige ist berechtigt, den von den Geschäftsführern aufgestellten Jahresabschluss zu ändern.

h) **Ergebnisverwendung.** *aa) Ausschüttung oder Thesaurierung.* Über die Verwendung des Ergebnisses entscheiden die Gesellschafter nach § 46 Nr. 1 GmbHG durch Beschluss. Genauso wie bei der Feststellung des Jahresabschlusses kann die Satzung diese **Kompetenz** auch einem anderen Gesellschaftsorgan, z.B. einem Beirat, dem Aufsichtsrat oder dem Geschäftsführer zuweisen.[506] Die Kompetenz zur Feststellung des Jahresabschlusses und zur Entscheidung über die Ergebnisverwendung sollte aber nicht unterschiedlichen Organen zugewiesen werden, da beide Entscheidungen miteinander zusammenhängen.[507] 265

Nach § 29 GmbHG haben die Gesellschafter grundsätzlich **Anspruch auf das Jahresergebnis**, das heißt auf den Jahresüberschuss zuzüglich eines Gewinnvortrags und abzüglich eines Verlustvortrags. Das Gewinnbezugsrecht der Gesellschafter steht aber zur Disposition der Entscheidung der Gesellschaftermehrheit. Diese kann durch Beschluss mit einfacher Mehrheit Teile des Ergebnisses in die **Rücklagen** einstellen und so von der Verteilung unter den Gesellschaftern ausschließen. Die Satzung kann der Rücklagenbildung Grenzen setzen oder eine Rücklagenbildung in einem bestimmten Umfang zwingend vorschreiben, sie kann auf der anderen Seite die Ausschüttung an die Gesellschafter begrenzen oder eine Mindestausschüttung vorsehen. Dieser Regelungsbereich ist von großer Bedeutung für die **Satzungsgestaltung** – in Gesellschaften mit einem Mehrheitsgesellschafter ebenso wie in Gesellschaften ohne Mehrheitsgesellschafter. Es stehen sich das bei den einzelnen Gesellschaftern möglicherweise unterschiedlich stark ausgeprägte Interesse an der regelmäßigen Ausschüttung von Gewinnen auf der einen Seite und das Interesse, der Gesellschaft die für ihre weitere Entwicklung erforderlichen Mittel zu belassen, auf der anderen Seite gegenüber. 266

503 Baumbach/Hueck/*Zöllner* § 46 Rdnr. 9.

504 Baumbach/Hueck/*Zöllner* § 46 Rdnr. 16; Scholz/*K. Schmidt* § 46 Rdnr. 46.

505 Baumbach/Hueck/*Haas* § 42a Rdnr. 16; vgl. auch zur Pattauflösung bei Gesellschafterbeschlüssen oben Rdnr. 253.

506 Baumbach/Hueck/*Zöllner* § 46 Rdnr. 16.

507 Römermann/*Seibt* § 2 Rdnr. 276.

267 Bei der Entscheidung zwischen **Ausschüttung und Thesaurierung** spielen auch **steuerliche Gründe** eine Rolle, jedenfalls dann wenn der Gesellschafter eine natürliche Person ist. Das Steuerrecht privilegiert in diesem Fall die Thesaurierung, Nicht ausgeschüttete Gewinne sind lediglich mit einer Körperschaftsteuer in Höhe von 15% belastet (§ 23 Abs. 1 KStG). Im Fall der Ausschüttung an natürliche Personen, fällt zusätzlich auf 60% des Ausschüttungsbetrages Einkommensteuer an (§§ 3 Nr. 40, 20 Abs. 1 Nr. 1 EStG). Ist der Gesellschafter eine Körperschaft, besteht diese Ungleichbehandlung zwischen Thesaurierung und Ausschüttung nicht: An die Körperschaft ausgeschüttete Gewinne sind bei dieser steuerfrei (§ 8 b Abs. 1 KStG).

268 Ohne eine Satzungsregelung steht das **Gewinnbezugsrecht** des Minderheitsgesellschafters unter dem Vorbehalt der Entscheidung der Gesellschaftermehrheit, Rücklagen zu bilden. Bei ihrer Entscheidung ist die Mehrheit aber an die gesellschaftsrechtliche **Treuepflicht** gebunden. Die Rücklagenbildung muss durch ein Finanzierungsinteresse der Gesellschaft gerechtfertigt sein und bei Berücksichtigung der Lage der Gesellschaft und der Verhältnisse der Gesellschafter angemessen sein.[508] Ob eine Rücklagenbildung danach zulässig ist oder nicht, ist angesichts der erforderlichen Wertungsentscheidungen im Einzelfall nur schwer zu entscheiden. Es ist deshalb in allen Fällen, in denen hier widerstreitende Interessen der Gesellschafter aufeinandertreffen können, zu empfehlen, den Umfang der Rücklagenbildung und der Ausschüttung in der Satzung zu regeln.[509]

269 Bei der Formulierung solcher Klauseln ist auf eine **eindeutige Terminologie** zu achten. Eine Rücklagendotierung kann in dem Beschluss über die Verwendung des Ergebnisses nach § 29 Abs. 1 S. 1 GmbHG erfolgen. Rücklagen können aber auch bereits bei Aufstellung des Jahresabschlusses gebildet werden (§ 268 Abs. 1 HGB). Die bei Aufstellung des Jahresabschlusses vorgenommene Rücklagendotierung wird von den Gesellschaftern bei dem Beschluss über die Feststellung des Jahresabschlusses nach §§ 42a Abs. 2 S. 1, 46 Nr. 1 GmbHG gebilligt. In diesem Fall entscheiden die Gesellschafter bei dem Beschluss über die Ergebnisverwendung nur noch über den danach verbleibenden Betrag, den Bilanzgewinn nach § 29 Abs. 1 S. 2 GmbHG. Eine die Thesaurierung begrenzende und die Ausschüttung regelnde Satzungsklausel muss sicherstellen, dass das gesamte zur Ausschüttung zur Verfügung stehende Ergebnis von der Klausel erfasst ist. Aus diesem Grunde sollte auf den **Begriff des Jahresergebnisses** abgestellt werden.[510] Jahresergebnis ist die Summe von Jahresüberschuss und Gewinnvortrag abzüglich des Verlustvortrags (§ 29 Abs. 1 GmbHG, § 266 Abs. 3 A V. HGB).

270 Für die Gestaltung der entsprechenden Regelung bestehen mannigfaltige Möglichkeiten.[511] Zur Sicherung des Thesaurierungsinteresses kann in sogenannten **Thesaurierungsklauseln** vorgesehen werden, dass ein bestimmter Betrag des Jahresergebnisses oder ein bestimmter Prozentsatz des Jahresergebnisses in Gewinnrücklagen einzustellen ist. Es kann auch vorgesehen werden, dass ein bestimmter Anteil des Jahresergebnisses so lange in die Rücklagen einzustellen ist, bis die Rücklagen einen bestimmten in der Satzung festgelegten Betrag erreichen. Umgekehrt kann zum Schutz des **Ausschüttungsinteresses** eine Mindestausschüttung in Höhe eines festgelegten Betrages oder eines bestimmten Prozentsatzes des Jahresergebnisses angeordnet werden. In der Praxis werden häufig Thesaurierungs- und Ausschüttungsklauseln in der Weise miteinander kombiniert, dass vereinbart wird, dass ein Teilbetrag des Jahresergebnisses in die Rücklagen einzustellen und ein weiterer Teilbetrag zwingend auszuschütten ist. Es ist aber sinnvoll, nicht die Verwendung des gesamten Jahresergebnisses schon in der Satzung verbindlich zu regeln, sondern den Gesellschaftern die Möglichkeit zu belassen, über einen nennenswerten Teil des Jahresergebnisses unter Berücksichtigung der aktuellen Situation der Gesellschaft im Ergebnisverwendungsbeschluss zu entscheiden.[512] Sofern eine Rücklagenbildung angeordnet wird, kann die Satzung vorsehen,

[508] Vgl. Baumbach/Hueck/*Hueck/Fastrich* § 29 Rdnr. 29 ff. m. w. N.

[509] Lutter/Hommelhoff/*Lutter* § 29 Rdnr. 26.

[510] *Hommelhoff/Hartmann/Hillers* DNotZ 1986, 323, 327.

[511] Vgl. *Hommelhoff/Hartmann/Hillers* DNotZ 1986, 323 ff.; Römermann/*Seibt* § 2 Rdnr. 278 ff.

[512] *Hommelhoff/Hartmann/Hillers* DNotZ 1986, 323, 335 Fn. 23; vgl. auch: MünchVertragsHdbGesR/*Meister/Klöcker* Form. IV. 28 § 17.

dass diese **Rücklagen** nicht durch schlichten Verwendungsbeschluss der Gesellschafter mit einfacher Mehrheit wieder **aufgelöst** werden können, sondern nur zum Ausgleich eines Jahresfehlbetrags, eines Verlustvortrags oder zur Kapitalerhöhung aus Gesellschaftsmitteln verwendet werden dürfen.

Formulierungsvorschlag:

Ein Teilbetrag in Höhe von 20% des Jahresergebnisses ist in eine Gewinnrücklage der Gesellschaft einzustellen. Diese darf zum Ausgleich eines Jahresfehlbetrags, eines Verlustvortrags oder zur Kapitalerhöhung aus Gesellschaftsmitteln verwendet werden sowie für andere Zwecke, wenn die Gesellschafter dies mit der Mehrheit von 75% der abgegebenen Stimmen billigen. Aus dem danach verbleibenden Teil des Jahresergebnisses ist an jeden Gesellschafter ein Betrag in Höhe von ...... % des Nennbetrags der Geschäftsanteile des Gesellschafters (und der auf ihn entfallenden anteiligen Gewinnrücklagen) auszuschütten. Über die Verwendung eines verbleibenden Restes des Jahresergebnisses entscheiden die Gesellschafter mit Mehrheit der abgegebenen Stimmen.

Zum Schutz des Interesses eines Minderheitsgesellschafters an einer regelmäßigen Aus- 271
schüttung des Jahresergebnisses kann es ausreichend sein, dass abweichend von § 29 GmbHG für die Entscheidung über die Rücklagenbildung eine **qualifizierte Mehrheit** verlangt wird, und dem Minderheitsgesellschafter so Einfluss auf die Rücklagenbildung eingeräumt wird.

bb) Verteilungsmaßstab. Die **Verteilung des Gewinns** erfolgt nach dem Verhältnis der Ge- 272
schäftsanteile; die Satzung kann aber einen anderen Maßstab festlegen (§ 29 Abs. 3 GmbHG). Sie kann etwa auf das Verhältnis der geleisteten Einlagen, auch unter Einbeziehung von Leistungen in die Rücklagen der Gesellschaft, abstellen oder das Gewinnbezugsrecht von der Volleinzahlung des Geschäftsanteils abhängig machen. Die Satzung kann einzelnen Gesellschaftern einen Vorzugsgewinnanteil einräumen oder einzelne Gesellschafter ganz oder zeitweise vom Gewinn ausschließen.[513] Ein Gewinnvorzug wird häufig vereinbart, wenn sich Investoren an neu gegründeten Unternehmen beteiligen. Ein solcher Gewinnvorzug kann wie folgt formuliert werden:

Formulierungsvorschlag:

Bei Ausschüttungen der Gesellschaft steht dem Investor ...... ein Vorzug gegenüber den übrigen Gesellschaftern dahingehend zu, dass vor Ausschüttung an die übrigen Gesellschafter sämtliche Ausschüttungen der Gesellschaft an den Investor auszuzahlen sind und zwar so lange bis der Investor einen Betrag in Höhe des 1,5-fachen der von dem Investor der Gesellschaft für den Erwerb seiner Geschäftsanteile zur Verfügung gestellten Finanzmittel (Nominalbetrag und sonstige Leistungen in die Kapitalrücklage der Gesellschaft) erhalten hat.

Weitere Beispiele für eine vom Gesetz abweichende Regelung der Gewinnverteilung sind 273
eine Gewinnverteilung nach Köpfen oder eine Gewinnverteilung nach den von den Gesellschaftern mit der Gesellschaft getätigten Umsätzen.[514] Klauseln, die zu einer ungleichen Teilhabe am Gewinn der Gesellschaft führen, verstoßen nicht gegen den **Gleichbehandlungsgrundsatz**, da sie bei Aufnahme in der Gründungssatzung durch die Zustimmung aller Gesellschafter gedeckt sind.[515] Soll durch eine **spätere Satzungsänderung** vom Grundsatz des § 29 Abs. 3 S. 1 GmbHG abgewichen werden, bedarf diese Satzungsänderung der Zustimmung der Gesellschafter, deren Gewinnbezugsrecht beschnitten wird.[516]

[513] Baumbach/Hueck/*Hueck/Fastrich* § 29 Rdnr. 52 m. w. N.
[514] Michalski/*Salje* § 29 Rdnr. 121.
[515] Baumbach/Hueck/*Hueck/Fastrich* § 29 Rdnr. 52.
[516] Scholz/*Emmerich* § 29 Rdnr. 79; Baumbach/Hueck/*Hueck/Fastrich* § 29 Rdnr. 53; Michalski/*Salje* § 29 Rdnr. 122.

274 Die Gesellschafter können außerhalb der Satzung durch **schuldrechtliche Vereinbarungen** beliebige Abreden über eine von § 29 Abs. 3 GmbHG abweichende Gewinnverteilung treffen.[517]

275 Anerkannt ist, dass in die Satzung auch eine **Öffnungsklausel** aufgenommen werden kann, wonach mit Zustimmung des betroffenen Gesellschafters eine von der Satzungsregelung abweichende Gewinnverteilung beschlossen werden kann.[518]

Formulierungsvorschlag:

Der ausgeschüttete Gewinn steht den Gesellschaftern nach dem Verhältnis der von ihnen gehaltenen Geschäftsanteile zu, sofern die Gesellschafterversammlung mit Zustimmung der nachteilig betroffenen Gesellschafter nicht eine andere Verteilung des Gewinns beschließt.

276 *cc) Vorabausschüttung.* Die Gesellschafter können schon im laufenden Geschäftsjahr beschließen, **Vorschüsse auf den zu erwartenden Gewinn** an die Gesellschafter auszuschütten. Anders als im Aktienrecht fehlt bei der GmbH eine gesetzliche Regelung für diese **Vorabausschüttung.** Zulässig ist eine Vorabausschüttung, wenn eine begründete Gewinnerwartung für das laufende Geschäftsjahr besteht und die Auszahlung nicht gegen das Gebot der Kapitalerhaltung gemäß § 30 GmbHG verstößt. Es muss nach sorgfältiger kaufmännischer Prüfung wahrscheinlich sein, dass ein Gewinn in einer die Vorabausschüttung rechtfertigenden Höhe erwirtschaftet werden kann. Die Aufstellung einer förmlichen Zwischenbilanz ist aber nicht erforderlich.[519]

Ergibt der Jahresabschluss keinen ausreichenden Gewinn, sind die Vorabausschüttungen in Höhe des überzahlten Betrages nach § 812 Abs. 1 S. 2 BGB zu erstatten.[520]

277 Als **Grundlage für eine Vorabausschüttung** reicht ein mit einfacher Mehrheit zu fassender Gesellschafterbeschluss. Eine Grundlage in der Satzung im Sinne einer Ermächtigung zur Vornahme von Vorabausschüttungen ist nicht erforderlich[521] und u. E. auch nicht geboten.[522] Eine Satzungsgrundlage ist hingegen erforderlich, wenn einzelnen oder allen Gesellschaftern das **Recht eingeräumt** werden soll, die Zahlung eines Gewinnvorschusses in einer bestimmten Höhe verlangen zu können.[523]

Formulierungsvorschlag:

Der Gesellschafter kann verlangen, dass zum 30. 6. eines Geschäftsjahres als Vorschuss auf den Gewinn für das laufende Geschäftsjahr ein Betrag in Höhe von ...... € unter Anrechnung auf seinen Gewinnanteil gezahlt wird. Dieser Gewinnvorschuss ist nur zu leisten, wenn zu erwarten ist, dass der auf den Gesellschafter entfallende ausschüttungsfähige Gewinn mindestens den Betrag des Vorschusses erreicht. Falls sich später ergibt, dass der Gewinnvorschuss den Gewinnanteil des Gesellschafters übersteigt, ist der Differenzbetrag zuzüglich Zinsen in Höhe von einem Prozentpunkt über dem jeweiligen Basiszinssatz jährlich an die Gesellschaft unverzüglich zurückzuzahlen.

278 **Entnahmerechte** können auch **unabhängig vom Vorhandensein eines ausschüttungsfähigen Gewinns** begründet werden. In diesem Fall ist lediglich die Grenze des § 30 GmbHG zu

[517] Baumbach/Hueck/*Hueck/Fastrich* § 29 Rdnr. 53.

[518] BayObLG GmbHR 2001, 728; Scholz/*Emmerich* § 29 Rdnr. 78; zur steuerlichen Motivation einer quotenabweichenden Ausschüttung vgl. *Priester* DStR 2001, 795, 797.

[519] Baumbach/Hueck/*Hueck/Fastrich* § 29 Rdnr. 61; Michalski/*Salje* § 29 Rdnr. 87 f: Lutter/Hommelhoff/*Lutter* § 29 Rdnr. 45.

[520] Baumbach/Hueck/*Hueck/Fastrich* § 29 Rdnr. 61.

[521] Baumbach/Hueck/*Hueck/Fastrich* § 29 Rdnr. 61; Michalski/*Salje* § 29 Rdnr. 87; Lutter/Hommelhoff/*Lutter* § 29 Rdnr. 45; Scholz/*Emmerich* § 29 Rdnr. 86.

[522] A. A. MünchVertragsHdbGesR/*Meister/Klöcker* Form. IV. 26 Anm. 49; Römermann/*Seibt* § 2 Rdnr. 303.

[523] Michalski/*Salje* § 29 Rdnr. 94; Baumbach/Hueck/*Hueck/Fastrich* § 29 Rdnr. 64.

beachten. Leistungen, die das zur Erhaltung des Stammkapitals erforderliche Vermögen beeinträchtigen, sind unzulässig.[524]

i) Steuerklausel. In Satzungen finden sich häufig Regelungen zur **verdeckten Gewinnausschüttung.** Ob solche Regelungen sinnvoll sind, ist allerdings fraglich. Eine verdeckte Gewinnausschüttung liegt vor, wenn Gesellschaftern außerhalb einer förmlichen Gewinnverteilung von der Gesellschaft Vorteile gewährt werden, denen keine angemessene Gegenleistung gegenübersteht.[525] Die möglichen Erscheinungsformen einer verdeckten Gewinnausschüttung sind vielfältig. Im Leistungsverkehr zwischen der Gesellschaft und einem Gesellschafter kann es – beabsichtigt oder unbeabsichtigt – dazu kommen, dass für eine Leistung des Gesellschafters zuviel bezahlt oder umgekehrt für eine Leistung der Gesellschaft an den Gesellschafter zuwenig in Rechnung gestellt wird. Die Problematik stellt sich häufig im Zusammenhang mit der Vergütung von Gesellschafter-Geschäftsführern. 279

In steuerlicher Sicht führt die Aufdeckung einer verdeckten Gewinnausschüttung zu einer **steuerlichen Mehrbelastung der Gesellschaft.** Verdeckte Gewinnausschüttungen mindern nach § 8 Abs. 3 S. 2 KStG das Einkommen der Gesellschaft nicht. Die als verdeckte Gewinnausschüttung zu qualifizierende Leistung an den Gesellschafter kann deshalb nicht als Betriebsausgabe abgezogen werden, sondern unterliegt der Gewerbe- und Körperschaftsteuer.[526] Bei dem begünstigten Gesellschafter kann die Aufdeckung einer verdeckten Gewinnausschüttung allerdings einen positiven steuerlichen Effekt haben. Ist eine Leistung der Gesellschaft als verdeckte Gewinnausschüttung zu qualifizieren, sind 40% der Leistung der Gesellschaft aufgrund des Teileinkünfteverfahrens gemäß § 3 Nr. 40, 20 Abs. 1 Nr. 1 EStG für den Gesellschafter steuerfrei.[527] 280

Gesellschaftsrechtlich ist eine verdeckte Gewinnausschüttung unzulässig, wenn die Leistung unter Verstoß gegen § 30 Abs. 1 GmbHG gewährt wird, also in das **zur Erhaltung des Stammkapitals erforderliche Vermögen** eingreift. Im Verhältnis der Gesellschafter untereinander kann die verdeckte Gewinnausschüttung an einen Gesellschafter gegen den **Gleichbehandlungsgrundsatz** verstoßen.[528] Schließlich ist die **Kompetenzordnung** der GmbH zu beachten, wonach das für die Gewinnausschüttung zuständige Organ, also im Regelfall die Gesellschafterversammlung, die Leistungsgewährung mit der erforderlichen Mehrheit zu beschließen hat.[529] Anders als im Aktienrecht (§§ 57, 58 Abs. 5 AktG) ist eine verdeckte Gewinnausschüttung aber im GmbH-Recht nicht per se unzulässig. Eine aufgrund Gesellschafterbeschluss mit Zustimmung aller nicht berücksichtigten Gesellschafter erbrachte Leistung an einen einzelnen Gesellschafter, die als verdeckte Gewinnausschüttung anzusehen ist, ist wirksam und gesellschaftsrechtlich nicht zu beanstanden.[530] Nur wenn diese Voraussetzungen nicht vorliegen, ist die (unzulässige) verdeckte Gewinnausschüttung nach gesellschaftsrechtlichen Maßstäben rückabzuwickeln.[531] 281

Die **Satzung** kann die verdeckte Gewinnausschüttung allgemein verbieten und der Gesellschaft für den Fall der Zuwiderhandlung einen Rückgewähranspruch hinsichtlich der Leistung an den Gesellschafter einräumen.[532] Gegen eine solche Regelung spricht aber, dass durch die Rückgewährverpflichtung des begünstigten Gesellschafters die steuerlichen Folgen der verdeckten Gewinnausschüttung nicht beseitigt werden können.[533] Der BFH behandelt die Rückführung der Leistung an die Gesellschaft als (neue) Einlage und nicht als Rückabwicklung der Leistung.[534] Es dürfte im Regelfall nicht interessengerecht sein, eine Rückab- 282

[524] BGH NJW 1984, 1067, Baumbach/Hueck/*Hueck/Fastrich* § 29 Rdnr. 64; Scholz/*Emmerich* § 29 Rdnr. 90.

[525] Vgl. Baumbach/Hueck/*Hueck/Fastrich* § 29 Rdnr. 68 m. w. N.

[526] *Binz/Sorg* DStR 2001, 1457, 1459.

[527] Vgl. *Binz/Sorg* DStR 2001, 1457, 1459.

[528] Vgl. Baumbach/Hueck/*Hueck/Fastrich* § 29 Rdnr. 72 f.; Lutter/Hommelhoff/*Hommelhoff* § 29 Rdnr. 48; Michalski/*Salje* § 29 Rdnr. 104.

[529] Scholz/*Emmerich* § 29 Rdnr. 104; Lutter/Hommelhoff/*Hommelhoff* § 29 Rdnr. 48.

[530] Vgl. nur Michalski/*Salje* § 29 Rdnr. 104.

[531] Baumbach/Hueck/*Hueck/Fastrich* § 29 Rdnr. 76 m. w. N.

[532] So etwa Römermann/*Seibt* § 2 Rdnr. 318; MünchVertragsHdbGesR/*Meister/Klöcker* Form. IV. 26 Anm. 51.

[533] Vgl. *Priester* DStR 2001, 795, 798.

[534] BFH BStBl. II 2001, 226.

wicklung nur aufgrund der steuerlichen Einordnung eines Leistungsvorgangs als verdeckte Gewinnausschüttung vorzusehen, wenn die Leistungserbringung mit Zustimmung aller betroffenen Gesellschafter erfolgt ist. Zu erwägen wäre allenfalls, das Erfordernis der Zustimmung der Mitgesellschafter in der Satzung ausdrücklich festzulegen:

Formulierungsvorschlag:

Außerhalb der ordnungsgemäßen Gewinnverteilung sind Leistungen an Gesellschafter oder an Personen, die einem Gesellschafter nahestehen, zu Bedingungen, die ein gewissenhaft nach kaufmännischen Grundsätzen handelnder Geschäftsführer mit einem Nichtgesellschafter nicht vereinbart hätte, nur zulässig, sofern alle Gesellschafter der Leistungserbringung zustimmen. Im Fall der Zuwiderhandlung ist der begünstigte Gesellschafter bzw. der dem Empfänger der Leistung nahestehende Gesellschafter verpflichtet, den Vorteil zu erstatten.

283 Wie bereits dargelegt, kann die nachträgliche steuerliche Umqualifizierung einer Leistung an einen Gesellschafter in eine verdeckte Gewinnausschüttung zu einer steuerlichen Begünstigung des betroffenen Gesellschafters führen, weil aufgrund des Teileinkünfteverfahrens Gewinnausschüttungen nicht so hoch besteuert werden, wie etwa Leistungsvergütungen an den Gesellschafter. Dass dem begünstigten Gesellschafter dieser Steuervorteil, dem eine Steuermehrbelastung der Gesellschaft gegenübersteht, verbleibt, dürfte im Regelfall nicht gewollt sein.[535] Da die Höhe des Vorteils von den persönlichen einkommensteuerlichen Verhältnissen des Gesellschafters abhängt, setzt eine Erstattung dieses Vorteils aber eine Offenlegung der einkommensteuerlichen Verhältnisse gegenüber der Gesellschaft voraus. Eine Regelung zum **Ausgleich des Steuervorteils** könnte wie folgt aussehen:

Formulierungsvorschlag:

Wird eine Leistung an einen Gesellschafter steuerlich als verdeckte Gewinnausschüttung angesehen, so ist der begünstigte Gesellschafter verpflichtet, die sich durch die Umqualifizierung der Leistung in eine verdeckte Gewinnausschüttung ergebende Steuerersparnis der Gesellschaft gegenüber auszugleichen.

284 **j) Wettbewerbsverbote und Wettbewerbsklauseln.** Kann bei Gründung der Gesellschaft oder zu einem späteren Zeitpunkt nicht ausgeschlossen werden, dass die eigenunternehmerischen Tätigkeiten einzelner Gesellschafter sich mit dem Geschäftsbereich der Gesellschaft überschneiden, sollte in der Satzung der rechtliche Rahmen für das wettbewerbliche Verhalten der Gesellschafter festgelegt werden.

285 Regelungsbedarf besteht zunächst dann, wenn im Gesellschafterkreis der Wunsch besteht, eine eigenunternehmerische **Konkurrenzaktivität** einzelner Gesellschafter generell zu unterbinden.[536] Denn anders als etwa bei der OHG (§ 112 HGB) ist für die Gesellschafter einer GmbH ein Wettbewerbsverbot gesetzlich nicht ausdrücklich geregelt. **Wettbewerbsfreiheit** ist für Gesellschafter (anders als für Geschäftsführer)[537] daher grundsätzlich **die Regel.** Nur für bestimmte Ausnahmefälle wird aus der gesellschaftsrechtlichen Treuepflicht ein **ungeschriebenes Wettbewerbsverbot** abgeleitet. Angenommen wird dies (i) für den Gesellschafter, der zugleich Geschäftsführer ist (arg. e § 88 AktG)[538] sowie (ii) für einen Gesellschafter, der

[535] *Binz/Sorg* DStR 2001, 1457, 1460; kritisch zu einer gesellschaftsvertraglichen Regelung *Priester* DStR 2001, 795, 798.

[536] Die Vereinbarung eines Wettbewerbsverbotes für alle Gesellschafter empfehlen Wurm/Wagner/Zartmann/*Langenfeld,* Kap. 111 Rdnr. 93 ff. und *Priester* S. 40.

[537] Der Fremdgeschäftsführer einer GmbH ist nach einhelliger Meinung auch ohne ausdrückliche Regelung in Satzung oder Dienstvertrag einem Wettbewerbsverbot unterworfen, BGH GmbHR 1989, 365. Hierzu näher KölnerHdbGesR /*Eckhardt* Kap. A Rdnr. 254 ff.

[538] MünchHdbGesR III/*Schiessl* § 34 Rdnr. 2 m. w. N.

(wegen der Mehrheitsverhältnisse oder wegen für ihn bestehender Sonderrechte)[539] einen beherrschenden Einfluss auf die Geschäftsführung ausüben kann. Die Gesellschaft soll in diesen Fällen davor geschützt werden, „von innen her ausgehöhlt zu werden".[540] Ob daneben auch für Gesellschafter einer personalistisch strukturierten GmbH – wegen der Vergleichbarkeit mit der Interessenlage bei einer OHG (§ 112 HGB) – generell ein ungeschriebenes Wettbewerbsverbot besteht, ist streitig.[541] Der Alleingesellschafter einer GmbH unterliegt zumindest so lange keinem ungeschriebenen Wettbewerbsverbot, als er der GmbH kein Vermögen entzieht, das zur Deckung des Stammkapitals erforderlich ist.[542] Wie weit das ungeschriebene Wettbewerbsverbot in den genannten Fällen jeweils reicht, ist nicht ganz klar. Äußerste Grenzlinie ist jedenfalls der satzungsmäßige Unternehmensgegenstand, teilweise wird (enger) auf die tatsächlich von der Gesellschaft ausgeübte Aktivität abgestellt.[543]

Wird in den Fällen, in denen nicht schon ein ungeschriebenes Wettbewerbsverbot besteht, 286
ein solches in der Satzung verankert, handelt es sich hierbei um eine **Nebenleistungspflicht** (Unterlassungspflicht) gemäß 3 Abs. 2 GmbHG.[544] Die Aufnahme eines satzungsmäßigen Wettbewerbsverbotes ist zumindest dann unproblematisch und verstößt auch bei entsprechender Marktrelevanz nicht gegen § 1 GWB, wenn es allein dem Bestand und der Erhaltung einer im übrigen kartellrechtsneutralen Gesellschaft dient (Schutz vor Aushöhlung).[545] Zusätzlich sind gesellschaftsvertragliche Wettbewerbsverbote am Maßstab von Art. 12 GG, § 138 Abs. 1 BGB zu messen, weil sie regelmäßig die grundgesetzlich geschützte Berufsausübungfreiheit des betroffenen Gesellschafters berühren.[546] Auch insoweit sind die beiderseitigen Interessen unter Berücksichtigung der jeweiligen Umstände des Einzelfalles, insbesondere des mit dem Wettbewerbsverbot verfolgten Zwecks zu beurteilen.[547] Da sich der Schadensnachweis für die Gesellschaft regelmäßig als schwierig erweisen wird, empfiehlt es sich, zur Sanktionierung eines Verstoßes gegen das vertragliche Wettbewerbsverbot eine Vertragsstrafenregelung vorzusehen, möglicherweise flankiert durch die Möglichkeit der Einziehung des Geschäftsanteils.[548]

Sowohl zivil- als auch steuerlich stellt sich die Frage nach den Möglichkeiten und Modali- 287
täten der **Befreiung** eines Gesellschafters von einem ungeschriebenen oder ausdrücklichen Wettbewerbsverbot. Zivilrechtlich geht es dabei in erster Linie um die Vermeidung von Unterlassungs- und Schadensersatzansprüchen, steuerlich um die Vermeidung einer **verdeckten Gewinnausschüttung (vGA)**. Zivilrechtlich würde zur Dispensierung des betroffenen Gesellschafters von einem Wettbewerbsverbot das bloße, unförmliche Einigsein der Gesellschafter über die Nichtgeltendmachung des Wettbewerbsverbotes genügen, steuerlich bliebe einem solchen unförmlichen Dispens die Anerkennung jedoch möglicherweise versagt.[549] Vorsichtshalber sollte daher davon ausgegangen werden, dass ein in der Satzung ausdrücklich geregeltes Wettbewerbsverbot, wenn eine **Öffnungsklausel** nicht vorhanden ist, grundsätzlich nur durch satzungsändernden Beschluss mit entsprechender Mehrheit und Anmeldung zum und Eintragung in das Handelsregister aufgehoben oder eingeschränkt werden kann.[550] Enthält die Satzung hingegen eine Öffnungsklausel, ist die Befreiung generell oder für den Einzelfall durch mit einfacher Mehrheit zu fassenden Gesellschafterbeschluss mög-

---

539 Z. B. wegen des Rechts zur Bestellung und Abberufung des Geschäftsführers oder bei Minderheitsgesellschaftern, die sich durch Stimmbindungsverträge mit anderen zu einer beherrschenden Gruppe zusammengeschlossen haben Michalski/*Michalski*, GmbHG, § 13 Rdnr. 239; vgl. auch BGHZ 89, 162, 166; 104, 246; OLG Köln GmbHR 1991, 366.

540 Vgl. BGH NJW 1988, 2737, 2738.

541 *M. Winter*, Mitgliedschaftliche Treuebindungen im GmbH-Recht, S. 252. Ausführlich zum Ganzen auch MünchHdbGesR III/*Schiessl* § 34 Rdnr. 4 ff.

542 BGHZ 122, 333; vgl. BFH ZIP 1995, 1890.

543 Vgl. hierzu MünchHdbGesR III/*Schiessl* § 34 Rdnr. 13 m. w. N.

544 *Doye/Neuhaus* S. 102.

545 BGH GmbHR 2010. 256 f.; BGHZ 104, 246, 251; BGH ZIP 1994, 61, 62.

546 BGH GmbHR 2010, 256; OLG München GmbHR 2011, 137 f.

547 BGH GmbHR 2010, 256; OLG München GmbHR 2011, 137.

548 So auch Römermann/*Seibt* § 2 Rdnr. 193.

549 Vgl. Michalski/*Michalski/Funke* § 13 Rdnr. 253.

550 Michalski/*Michalski/Funke* § 13 Rdnr. 255.

lich.[551] Der betroffene Gesellschafter ist nach § 47 GmbHG von der Abstimmung ausgeschlossen.[552] Ob auch die Befreiung von einem ungeschriebenen Wettbewerbsverbot – da es sich hierbei möglicherweise um einen materiellen Satzungsbestandteil handelt – einer förmlichen Satzungsänderung bedarf, ist streitig.[553] Es empfiehlt sich daher in der Satzung vorsorglich generell, also auch für die Fälle, in denen die Gesellschafter kein vertragliches Wettbewerbsverbot wünschen, eine Öffnungsklausel vorzusehen.

288 Liegt mangels wirksamer Befreiung ein Verstoß gegen ein bestehendes Wettbewerbsverbot tatbestandlich vor, so setzt ein Schadensersatzanspruch gegen den betreffenden Gesellschafter zivilrechtlich voraus, dass die Gesellschaft konkret um eine **Geschäftschance** gebracht worden ist, sie das Geschäft also selbst hätte ausführen können und wollen.[554] Auch der BFH, durch dessen Rechtsprechung die Gestaltung von Wettbewerbsklauseln lange Zeit geprägt wurde, hat sich bei der steuerlichen Beurteilung inzwischen – in deutlicher Abkehr von seiner früheren Rechtsprechung – der auf der Geschäftschancenlehre basierenden zivilrechtlichen Bewertung angenähert und nimmt eine vGA i. S. d. § 8 Abs. 3 Satz 2 KStG bei Verstoß gegen ein bestehendes Wettbewerbsverbot nur noch dann an, wenn konkrete Anhaltspunkte dafür bestehen, dass das betreffende Geschäft geschäftschancenmäßig der Gesellschaft zuzuordnen war. Weder soll die Geschäftschance allein nach formalen Kriterien (Unternehmensgegenstand) zugeordnet werden können noch ein Gebot der klaren vorweggenommenen Aufgabenabgrenzung bestehen, bei deren Fehlen automatisch eine vGA anzunehmen sei.[555] Umgekehrt sollen getroffene Vereinbarungen aber Vermutungen i. S. v. Indizien (für die Zuordnung der Geschäftschance) begründen.[556] Die Einstufung als vGA hängt nach Ansicht des BFH entscheidend davon ab, ob der einem Wettbewerbsverbot unterliegende Gesellschafter Informationen oder Geschäftschancen der Gesellschaft nutzt, für die ein Dritter ein Entgelt bezahlt haben würde.[557] Beruhte die Nutzung jedoch auf einem (nach den vorstehenden Maßstäben) wirksamen Dispens und wurde – sofern dies marktüblich wäre – eine angemessene Gegenleistung für die Dispensierung erbracht, scheidet eine vGA hiernach grundsätzlich aus.[558] Bei der Neugründung der Gesellschaft kann die Befreiung grundsätzlich unentgeltlich erfolgen.[559]

289 Auch nach der veränderten BFH-Rechtsprechung kann einem rechtswirksamen Dispens somit Bedeutung zukommen. Welche Rechtsqualität der Dispens aus steuerlicher Sicht haben muss,[560] ob hierfür insbesondere eine satzungsmäßige Grundlage erforderlich ist, kann den neueren BFH-Entscheidungen nicht sicher entnommen werden. Bei der Gestaltung sollten daher vorsichtshalber die bisherigen Maßstäbe zugrunde gelegt werden.

290 Ein satzungsmäßiges Wettbewerbsverbot könnte etwa wie folgt formuliert werden:

Formulierungsvorschlag:

Jedem Gesellschafter ist es untersagt, mit der Gesellschaft in Wettbewerb zu treten. Dies gilt nicht für einen Gesellschafter, der Geschäftsanteile im Nominalwert von weniger als [25]% des Stammkapitals der Gesellschaft hält.

[Verstößt ein Gesellschafter gegen das Wettbewerbsverbot, so kann die Gesellschafterversammlung die Einziehung der von ihm gehaltenen Geschäftsanteile nach näherer Maßgabe von § ... dieses Gesellschaftsvertrags beschließen.]

Die Gesellschafterversammlung kann durch Beschluss Befreiung von einem etwaigen Wettbewerbsverbot erteilen und bestimmen, ob und in welcher Höhe eine Gegenleistung an die Gesellschaft zu entrichten ist. Der zu befreiende Gesellschafter ist dabei nicht stimmberechtigt-

---

551 Vgl. MünchHdbGesR III/*Schiessl* § 34 Rdnr. 23.
552 BGH NJW 1981, 1512, 1513.
553 MünchHdbGesR III/*Schiessl* § 34 Rdnr. 24.
554 Vgl. Michalski/*Michalski/Funke* § 13 Rdnr. 270.
555 BFH GmbHR 1997, 315, 317; BFH ZIP 1995, 1890 ff.
556 BFH GmbHR 1997, 315, 317.
557 BFH ZIP 1995, 1890, 1892.
558 MünchHdbGesRIII /*Mayer* § 20 Rdnr. 18.
559 MünchHdbGesRIII/*Mayer* § 20 Rdnr. 18.
560 Diese Notwendigkeit bezweifeln *Doye/Neuhaus* S. 104.

Nach dem Ausscheiden eines Gesellschafters aus der Gesellschaft folgt aus der Treuepflicht nach allgemeiner Meinung kein Wettbewerbsverbot für den betreffenden Gesellschafter.[561] **Nachvertragliche Wettbewerbsverbote** bedürfen vielmehr stets einer ausdrücklichen vertraglichen Vereinbarung. Eine solche Vereinbarung ist wiederum an den Maßstäben des § 138 BGB und des § 1 GWB zu messen.[562] Generell dürfen nachvertragliche Wettbewerbsverbote nicht über das hinausgehen, was unbedingt erforderlich ist zur Abwehr nachteiliger Folgen für die Gesellschaft, die dadurch entstehen können, dass der Ausscheidende seine als Gesellschafter erworbenen Kenntnisse und Verbindungen ausnutzt.[563] Zu weit gehen daher grundsätzlich sogenannte **Branchenschutzklauseln**, die es einem ausscheidenden Gesellschafter (nach Art eines Berufsverbotes) verbieten, für die Dauer des Wettbewerbsverbots selbständig oder unselbständig auf Gebieten tätig zu werden, die zum Aufgabenbereich der Gesellschaft gehören.[564] Erlaubt sind hingegen sogenannte **Mandats- bzw. Kundenschutzklauseln**, durch die dem ausscheidenden Gesellschafter (z. B.) untersagt wird, auf die Dauer von zwei Jahren nach Ausscheiden aus der Gesellschaft bzw. nach Beendigung des Dienstverhältnisses Mandate von solchen Auftraggebern zu übernehmen, die während der letzten drei Jahre vor seinem Ausscheiden zur Klientel der Gesellschaft gehört haben.[565] Generell dürfen Wettbewerbsverbote zeitlich, räumlich und sachlich (betroffene Arbeitsgebiete) das notwendige Maß nicht überschreiten.[566] Es empfiehlt sich jedenfalls, einen Zeitraum von zwei Jahren nach Beendigung der Gesellschafterstellung nicht zu überschreiten. Bei einer Reichweite des Wettbewerbsverbots über diesen Zeitraum hinaus, sollte die Zahlung einer Karenzentschädigung in Erwägung gezogen werden. 291

k) Teilung und Zusammenlegung von Geschäftsanteilen. Regelungen zur Teilung und Zusammenlegung von Geschäftsanteilen waren bislang entbehrlich und in Satzungen infolgedessen auch nur selten anzutreffen.[567] Dies hat sich nach Inkrafttreten des MoMiG grundlegend geändert. Durch die ersatzlose **Abschaffung von § 17 GmbHG a. F.** ist der gesamte Bereich neu geordnet worden. Die abgeschaffte Bestimmung hatte eine rechtswirksame Teilung von Geschäftsanteilen (zur Erschwerung des Mitgliedschaftswechsels) noch an die Genehmigung der Gesellschaft geknüpft. Eine Teilung von Geschäftsanteilen war nur bei Veräußerung oder Vererbung möglich. Veränderungen in der Zahl und Dimensionierung von Geschäftsanteilen sind heute alleine in **§ 46 Ziffer 4 GmbHG** geregelt, der für derartige Maßnahmen eine Entscheidung durch Gesellschafterbeschluss vorsieht. § 46 GmbHG, dem zumindest vor Inkrafttreten des MoMiG nur Bedeutung für das Innenverhältnis zuerkannt wurde,[568] ist dispositiv (arg. e § 45 Abs. 2 GmbHG). Das MoMiG hat den Gesellschaftern somit grundsätzlich freie Hand gegeben, zu bestimmen, wann und unter welchen Voraussetzungen Geschäftsanteile geteilt und zusammengelegt werden können.[569] 292

Für die Fälle, in denen die Satzung keine eigene Regelung zu den Teilungsfragen trifft, sind die Auswirkungen der ersatzlosen Streichung des § 17 GmbHG a. F. (unter gleichzeitiger Beibehaltung der Teilungsregelung in § 46 Nr. 4 GmbHG) streitig.[570] Unklar ist zunächst, in wessen Zuständigkeitsbereich der eigentliche **Teilungsakt** nunmehr fällt (betroffener Gesellschafter oder Gesellschafterversammlung). Nicht abschließend geklärt ist ferner, ob der Gesellschafterbeschluss i. S. v. § 46 Nr. 4 GmbHG jetzt – anders als nach früherer Rechtslage – Wirksamkeitsvoraussetzung für die Teilung ist.[571] Fraglich ist schließlich bei 293

[561] Vgl. BGH DB 1986, 214.

[562] BGH GmbHR 2010, 256; vgl. auch *D. Mayer* NJW 1991, 23.

[563] MünchHdbGesR III/*Schiessl* § 34 Rdnr. 11.

[564] BGH DStR 1997, 1413; OLG Düsseldorf NZG 2000, 737.

[565] Vgl. Michalski/*Michalski/Funke* § 13 Rdnr. 215; vgl. hiezu auch *D. Mayer* NJW 1991, 23.

[566] BGH NZG 2005, 843.

[567] Gem. § 17 Abs. 3 GmbHG aF konnte in der Satzung vorgesehen werden, dass für die Veräußerung von Teilen eines Geschäftsanteils an andere Gesellschafter sowie für die Teilung von Geschäftsanteilen verstorbener Gesellschafter unter deren Erben eine Genehmigung der Gesellschaft nicht erforderlich ist.

[568] Nach ganz h. M. ließ das Fehlen eines Gesellschafterbeschlusses die Wirksamkeit der erteilten Genehmigung unberührt, vgl. nur *D. Mayer* DNotZ 2008, 403, 424 m. w. N.

[569] Michalski/*Römermann* § 46 Rdnr. 166.

[570] Ausführlich und mit umfangreichen Nachweisen hierzu *Irriger/Münstermann* GmbHR 2010, 617 ff.

[571] *Irriger/Münstermann* GmbHR 2010, 617 ff.

der Teilung (ebenso wie bei der Zusammenlegung von Geschäftsanteilen), ob die Zustimmung des Gesellschafters erforderlich ist, dessen Geschäftsanteile von der jeweiligen Maßnahme betroffen sind.[572] Höchstrichterliche Entscheidungen zu diesen Fragenkomplexen stehen noch aus. Im Schrifttum wird überwiegend die Auffassung vertreten, dass der Gesellschafterbeschluss durch die ersatzlose Streichung von § 17 GmbHG eine Aufwertung dergestalt erfahren hat, dass die Gesellschafterversammlung nunmehr konstitutiv mit Außenwirkung über die Teilung eines Geschäftsanteils befindet.[573] Zusätzlich wird die Zustimmung des betroffenen Gesellschafters für erforderlich gehalten.[574] Mit beachtlichen Argumenten wird jedoch auch das genaue Gegenteil vertreten, nämlich dass die Zuständigkeit zur Teilung weiterhin ausschließlich beim Gesellschafter verblieben ist.[575]

294 Vor dem Hintergrund der vollständigen Gegenläufigkeit der hierzu vertretenen Auffassungen und der äußerst gravierenden Folgen einer fehlgeschlagenen Teilung[576] besteht zumindest bis zum Vorliegen einer höchstrichterlichen Entscheidung Anlass, den Themenkomplex in der Satzung zweifelsfrei zu regeln. Den Gesellschaftern ist insoweit dringend zu empfehlen, von der nunmehr bestehenden Gestaltungsfreiheit Gebrauch zu machen.[577] Umgekehrt ist in der Gestaltungspraxis zu beachten, dass eine entgegen den gewählten Satzungsvorgaben erteilte Genehmigung zur Teilung unwirksam ist.[578]

295 *aa) Satzungsbestimmungen zur Teilung von Geschäftsanteilen.* Unabhängig von dem jeweils vertretenen Ausgangspunkt ist es wegen des ansonsten hohen Unwirksamkeitsrisikos ratsam, die Teilung weitestmöglich zu **erleichtern**. In der Praxis ist nämlich zu beobachten, dass die Genauigkeit beim Umgang mit den Teilungsvorschriften oftmals zu wünschen übrig lässt. Aus Vereinfachungsgründen ist vor allem eine Satzungsregelung zu empfehlen, die dem Gesellschafter das Gestaltungsrecht überlässt, die Teilung durch einseitige schriftliche Erklärung herbeizuführen.[579] Um die Geschäftsführung in die Lage zu versetzen, ihre Verpflichtungen nach § 40 Abs. 1 S. 2 GmbHG zu erfüllen, kann es sich empfehlen, die Wirksamkeit der Teilung an den Zugang einer entsprechenden Mitteilung bei der Geschäftsführung zu knüpfen.[580] Eine Klausel, die die **Teilungszuständigkeit** ausschließlich dem betroffenen Gesellschafter zuweist, könnte wie folgt lauten:

Formulierungsvorschlag:

Ein Gesellschafter kann voll eingezahlte Geschäftsanteile durch schriftliche Erklärung gegenüber der Gesellschaft teilen [oder zusammenlegen]. Die Teilung [oder Zusammenlegung] wird unmittelbar wirksam mit Zugang der Erklärung bei der Gesellschaft. Im Übrigen ist eine Teilung [oder Zusammenlegung] von Geschäftsanteilen ausgeschlossen.

296 Sollte hingegen – trotz des hiermit verbundenen höheren Aufwandes und einer möglichen Benachteiligung der Minderheitsgesellschafter[581] – eine Zuweisung der Teilungskompetenz an die Gesellschafterversammlung gewünscht sein, ist eine Klarstellung ratsam, dass es im Außenverhältnis keiner zusätzlichen Erklärung (etwa seitens der Geschäftsführung)

[572] Dagegen: RegE MoMiG S. 102; *Wicke* § 46 Rdnr. 9; mit beachtlicher Argumentation dafür *Roth/Altmeppen* § 46 Rdnr. 16c (u.a. Hinweis auf § 53 Abs. 3 GmbHG); ähnlich *D. Mayer* DNotZ 2008, 403, 426.

[573] Vgl. nur *Förl* RNotZ 2008, 409, 412; *Tebben* RNotZ 2008, 441, 458; *D. Mayer* DNotZ 2008, 403, 425; *Wicke* GmbHG § 46 Rdnr. 9.

[574] *D. Mayer* DNotZ 2008, 403, 425 f.; *Wälzholz* MittBayNot 2008, 425, 433; a. A. *Wicke* § 46 Rdnr. 9.

[575] *Irringer/Münstermann* GmbHR 2010, 617 ff.

[576] Vgl. hierzu nur *Irringer/Münstermann*, GmbHR 2010, 617 ff., 622.

[577] Vgl. *D. Mayer*, DNotZ 2008, 403, 425.

[578] Römermann/*Seibt* § 2 Rdnr. 228.

[579] So auch *D. Mayer* DNotZ 2008, 403, 425, der dies auch mit Blick auf den Minderheitenschutz empfiehlt, da anderenfalls die Minderheit gegen die Mehrheit nicht die Teilung der Geschäftsanteile durchsetzen könnte. Ähnlich auch *Irriger/Münstermann*, GmbHR 2010, 617 ff., 622 f.

[580] *Irriger/Münstermann* GmbHR 2010, 617 ff., 623; vgl. auch Beck'sches Formularbuch GmbH-Recht/*Haasen* C. I.2 Anm. 9.

[581] Vgl. hierzu KölnHdbGesR/*Eckhardt* Kap. A Rdnr. 297.

bedarf, sondern dass vielmehr dem Teilungsbeschluss unmittelbare Außenwirkung zukommt.[582]

297 Die Satzung kann die Teilung von Geschäftsanteilen im Rahmen der jetzt bestehenden Gestaltungsfreiheit aber auch **erschweren.** Denkbar wäre es sogar, die Teilung insgesamt oder nur für bestimmte Erwerbsfälle auszuschließen oder aber den alten Rechtszustand unter Geltung von § 17 GmbHG ganz oder teilweise wiederherzustellen.[583] Möglich ist ferner, den teilenden Gesellschafterbeschluss der Beurkundungspflicht oder aber strengeren Mehrheitserfordernissen zu unterwerfen.[584] Die Satzung kann schließlich auch vorsehen, dass die durch Teilung entstehenden Geschäftsanteile – zur Vermeidung von Zwerganteilen – bestimmte Mindestbeträge aufzuweisen haben.

298 Bei älteren, bereits vor Inkrafttreten des MoMiG in kraft getretenen Satzungen ist, gleichsam als Minimalmaßnahme, eine Streichung der früher üblichen Formulierung zu empfehlen, wonach „die Bestimmung des § 17 GmbHG unberührt bleibt". Eine (wenn auch unbewusste) Beibehaltung dieser Formulierung könnte nämlich die Frage provozieren, ob die ihr zugrunde liegenden Rahmenbedingungen im Rahmen der Satzungsdispositivität nicht fortgelten sollen.[585] Werden Beschränkungen der Teilbarkeit neu eingeführt, ist schließlich zu beachten, dass die hierzu erforderliche Satzungsänderung entsprechend § 53 Abs. 3 GmbHG die Zustimmung aller Gesellschafter erfordern dürfte.[586]

299 Rein tatsächlich haben die mit dem MoMiG eingeführte Mindeststückelungsregelung von EUR 1 und die Aufgabe des Verbotes, mehrere Geschäftsanteile zu übernehmen, in der Praxis zu einem vermehrten Vorkommen von GmbHs mit **kleinteiligem Stammkapital** geführt. Bei solchen GmbHs stellt sich das Teilungsproblem naturgemäß nicht oder nur in wesentlich eingeschränkterem Umfang. Insgesamt ist festzustellen, dass die Teilung und die Teilveräußerung von Geschäftsanteilen durch das MoMiG trotz der bestehenden Unsicherheiten deutlich vereinfacht worden ist. Erleichternd wirkt insofern auch der Umstand, dass aufgrund der ersatzlosen Streichung des § 17 Abs. 6 GmbHG a. F. nunmehr auch eine Vorratsteilung von Geschäftsanteilen möglich ist und dass Anteilskäufer nach neuer Rechtslage überdies auch mehrere Teil-Geschäftsanteile von einem Gesellschafter gleichzeitig erwerben können.

300 *bb) Satzungsbestimmungen zur Zusammenlegung von Geschäftsanteilen.* Vor Inkrafttreten des MoMiG enthielt das GmbHG keine Regelungen zur Zusammenlegung von Geschäftsanteilen. Durch eine entsprechende Ergänzung des § 46 Nr. 4 GmbHG ist nunmehr (entsprechend der schon zuvor herrschenden Meinung) klargestellt, dass auch die Zusammenlegung von Geschäftsanteilen grundsätzlich in die **Beschlusszuständigkeit der Gesellschafterversammlung** fällt. Diese Regelung ist ebenso **dispositiv** wie diejenige zur Teilung. Die Regelungsparallelität hat zur Folge, dass die sich im Zusammenhang mit der Zusammenlegung ergebenden Zweifelsfragen denjenigen bei der Teilung entsprechen. Zusätzlich stellt sich die Frage, ob die bisher von der Rechtsprechung für eine Zusammenlegung von Geschäftsanteilen geforderten **materiellen Voraussetzungen** (Volleinzahlung der Einlagen auf die Anteile, Nichtbestehen einer Nachschusspflicht, keine unterschiedlichen Rechte und Pflichten) auch nach der Neuregelung fortgelten. Die Regierungsbegründung verneint dies und überantwortet diese Gesichtspunkte statt dessen der Gesellschafterversammlung zur „Berücksichtigung" bei ihrer Entscheidung.[587] Dies wird im Schrifttum unter Verweis auf den zwingenden Charakter der durch § 22 Abs. 4 GmbHG geschützten Kapitalaufbringung stark kritisiert. [588] Fraglich ist nach der Neuregelung überdies, ob die Zustimmung des be-

[582] *Greitemann/Bergjan* FS Pöllath, S. 292 halten eine zusätzliche Erklärung für erforderlich; vgl. demgegenüber *Wicke* § 46 Rdnr. 9; Roth/*Altmeppen* § 46 Rdnr. 16 a.
[583] Hierzu ausführlich MünchHdbGesR/*U. Jasper* § 24 Rdnr. 17 f.
[584] *D. Mayer* DNotZ 2008, 403, 425; Römermann/*Seibt* § 2 Rdnr. 228; vgl. auch MünchHdbGesR/*U. Jasper* § 24 Rdnr. 18, allerdings für den Fall, dass die Inhalte des § 17 GmbHG a. F. zu einem Teil der Satzung gemacht werden.
[585] BeckFormb GmbH-Recht/*Frank* D. II.2 Anm. 10.
[586] *Wälzholz* MittBayNot 2008, 425, 429; BeckNotarhdb/*Mayer/Weiler* D I Rdnr. 43.
[587] Begründung RegE, BT-Drs. 16/6140, S. 102.
[588] Vgl. nur *D. Mayer* in: DAI, 6. Gesellschaftsrechtliche Jahrestagung 2008; *Apfelbaum* Notar 2008, 160, 172.

troffenen Gesellschafters – wie die Regierungsbegründung dies offenbar unterstellt[589] – entbehrlich geworden ist.[590] Wegen der erheblichen Konsequenzen der diesbezüglichen Streitfragen ist der Gestaltungspraxis auch insoweit zu zweifelsfreien Satzungsregelungen zu raten, die bis zu einer höchstrichterlichen Entscheidung des Komplexes vorsorglich von der Fortgeltung der bisherigen Voraussetzungen ausgehen sollten.

301 l) **Veräußerung von Geschäftsanteilen.** Nach **§ 15 Abs. 1 GmbHG** sind Geschäftsanteile **frei veräußerlich.** Bei personalistisch strukturierten GmbHs mit überschaubarem Gesellschafterkreis und persönlichem Vertrauensverhältnis, also dem Regelfall in der notariellen Gestaltungspraxis, ist die freie Veräußerlichkeit jedoch üblicherweise nicht erwünscht.[591] Den Gesellschaftern ist typischerweise im Gegenteil daran gelegen, die Gesellschaft und die Mitgesellschafter vor unerwünschten personellen Veränderungen im Gesellschafterkreis zu schützen und eventuell auch eine Verschiebung der Kräfteverhältnisse zu verhindern. Anders als bei Personengesellschaften, bei denen die Veräußerung der Beteiligung schon von Gesetzes wegen an die Zustimmung sämtlicher Mitgesellschafter geknüpft ist, besteht bei der GmbH Handlungsbedarf. Den entsprechenden Handlungsspielraum eröffnet § 15 Abs. 5 GmbHG. Diese Vorschrift gibt den Gesellschaftern die Möglichkeit, die Wirksamkeit der Abtretung von Geschäftsanteilen an weitere Voraussetzungen zu knüpfen, nämlich insbesondere an die „Genehmigung der Gesellschaft". Wird von dieser Möglichkeit – wie inzwischen in den meisten Satzungen – Gebrauch gemacht, so spricht man von **vinkulierten** (gebundenen oder gefesselten) Geschäftsanteilen.[592]

302 Bei der Satzungsgestaltung ist insoweit das Interesse des einzelnen Gesellschafters an einer möglichst unbeschränkten Übertragbarkeit (und Belastbarkeit) seiner Beteiligung mit dem Interesse der Mitgesellschafter an einer Kontrolle des Gesellschafterbestandes in Ausgleich zu bringen.[593] Begnügt sich die Satzung hierbei mit der Vinkulierung der Anteile, ist dies oftmals zu „kurz gesprungen". Wird dem veräußerungswilligen Gesellschafter die Veräußerung unter Hinweis auf die Vinkulierungsklausel verweigert, droht der Gesellschaft nämlich unter Umständen ein Austritt des betroffenen Gesellschafters aus wichtigem Grunde.[594] Auch wird es oftmals gar nicht wünschenswert sein, den ausscheidenswilligen Gesellschafter in der Gesellschaft zu halten.[595] Zur Schaffung eines ausgewogenen und elastischen Systems zur Kontrolle des Gesellschafterbestandes können deshalb die Kombination und das inhaltliche **Zusammenspiel der Vinkulierungsbestimmung mit Vorkaufs-, Vorerwerbs- und Andienungsrechten** sinnvoll sein. In Extremfällen vermag bei Bestehen eines Ausscheidenswunsches auch ein Ausschluss- bzw. Einziehungsrecht für die Mitgesellschafter Abhilfe zu schaffen. Schließlich gibt es bestimmte Sondersituationen, für die sich die Statuierung von Mitverkaufsrechten und -pflichten in der Satzung empfehlen kann.

303 *aa) Vinkulierungsklauseln.* Vinkulierungsklauseln gemäß § 15 Abs. 5 GmbHG stellen eine gesetzliche **Ausnahme von der Regel des § 137 Satz 1 BGB** dar, wonach die Befugnis zur Verfügung über ein veräußerliches Recht nicht durch Rechtsgeschäft ausgeschlossen oder beschränkt werden kann (Fall des § 399 BGB). Wichtigste und häufigste Form der Vinkulierungsklausel ist der **Zustimmungsvorbehalt.**[596] Zustimmungsvorbehalte können Wirksamkeitsvoraussetzungen für die Abtretung von Geschäftsanteilen regeln, nicht hingegen für das zugrunde liegende Verpflichtungsgeschäft. Der Begriff der „Genehmigung" in Abs. 5 stammt noch aus der Zeit vor Inkrafttreten des BGB und stimmt mit demjenigen des § 184 BGB nicht überein. Gemeint ist eine Zustimmung i. S. d. § 182 BGB, die grundsätzlich vor, bei oder nach der Anteilsabtretung erklärt werden kann.[597]

[589] Begründung RegE, BT-Drucks. 16/6140 S. 102 a.
[590] Dagegen z. B. ausführlich *Roth/Altmeppen* § 46 Rdnr. 16 c.
[591] MünchHdbGesR III/*U. Jasper* § 24 Rdnr. 180.
[592] Für Wirtschaftsprüfungs- und Steuerberatungsgesellschaften ist eine Vinkulierung sogar zwingend, §§ 28 Abs. 5 Satz 2 und 3 WPO, §§ 50 Abs. 2 und 3 StBerG.
[593] Hierzu ausführlich Römermann/*Seibt*, § 2 Rdnr. 197.
[594] Vgl. *Doye/Neuhaus* S. 22: bei wiederholter Ablehnung ohne sachliche Rechtfertigung.
[595] Vgl. *Langenfeld* GmbH-Vertragspraxis S. 96.
[596] Vgl. MünchHdbGesR III/*U. Jasper* § 24 Rdnr. 197.
[597] Reichert/*Weller* § 15 Rdnr. 397; vgl. auch KölnHdbGesR/*Eckhardt* Kap. A Rdnr. 267 ff.

304 Zentraler Gesichtspunkt bei der Formulierung von Zustimmungsvorbehalten ist die Zuweisung der **Entscheidungsprärogative**. Neben der in § 15 Abs. 5 GmbHG genannten Zustimmung der Gesellschaft selbst kann die Übertragbarkeit auch an die Zustimmung der Gesellschafterversammlung, der Geschäftsführer, eines etwa bestehenden Aufsichtsrats, eines Schiedsgerichts sowie aller oder einzelner Gesellschafter geknüpft werden. Nach überwiegender Auffassung ist es sogar möglich, die Entscheidungsprärogative einem Dritten (z. B. Kreditgeber, Gründungsgesellschafter oder Gebietskörperschaften)[598] zu überlassen.[599] Auch sind Kombinationen verschiedener Zustimmungszuständigkeiten denkbar.[600] In der notariellen Gestaltungspraxis wird sich üblicherweise die Wahl zwischen einer Zustimmung durch die Gesellschafter oder aber durch die Gesellschaft stellen. Die genauen Anforderungen sollten von der Struktur der Gesellschaft abhängig gemacht werden. Bei kleinen Gesellschaften wird man sinnvollerweise die Zustimmung aller Gesellschafter vorsehen, bei eher kapitalistisch strukturierten Gesellschaften kann hingegen die Zustimmung durch die Geschäftsführung ausreichen.[601] Zu berücksichtigen sind bei der Satzungsgestaltung auch die Auswirkungen von Zustimmungsvorbehalten auf das **Umwandlungsrecht**. Gemäß § 13 Abs. 2 UmwG bedarf die Beschlussfassung der Zustimmung nämlich auch derjenigen Anteilsinhaber, von deren Genehmigung die Abtretung der Anteile eines übertragenden Rechtsträgers abhängig ist. Enthält die Satzung der übernehmenden Gesellschaft eine Vinkulierungsklausel, so ist grundsätzlich ein Barabfindungsangebot gemäß § 29 Abs. 1 S. 2 UmwG erforderlich.[602]

305 Soll die Zustimmung, wie § 15 Abs. 5 GmbHG dies exemplarisch vorsieht, der **„Gesellschaft"** überlassen werden, so empfiehlt sich zur Vermeidung von Zweifeln[603] eine Klarstellung, dass die Zustimmung im Außenverhältnis durch die Geschäftsführung erteilt wird. Die Zustimmung wird dann entsprechend der gesetzlich vorgesehenen Kompetenzverteilung in der GmbH von den Geschäftsführern in vertretungsberechtigter Zahl erklärt (§ 35 GmbHG). Im Innenverhältnis wird man wegen der Bedeutung der Zusammensetzung des Gesellschafterkreises für die Gesellschafter und im Hinblick auf die Regelung des § 46 Nr. 4 GmbHG im Zweifel einen Gesellschafterbeschluss für erforderlich zu halten haben.[604] Auch dies sollte in der Satzung klargestellt werden. Das Fehlen eines notwendigen Gesellschafterbeschlusses wirkt im Außenverhältnis jedoch allenfalls über die Regeln des Missbrauchs der Vertretungsmacht.[605] Abzuraten ist von der häufig anzutreffenden Formulierung, die pauschal auf die „Zustimmung der Gesellschafter" verweist. Hier bleibt unklar, ob jeder einzelne Gesellschafter zustimmen muss, oder ob etwa ein Mehrheitsbeschluss der Gesellschafter ausreichend ist.[606] Ähnliche Fragen stellen sich bei der Formulierung „Zustimmung der übrigen Gesellschafter".[607] Sofern gewünscht, sollte die Wirksamkeit der Übertragung ausdrücklich an die Zustimmung „aller" oder „sämtlicher" Gesellschafter gebunden werden. In diesem Falle bedarf es dann eines von sämtlichen (nicht nur den anwesenden) Gesellschaftern gefassten Beschlusses oder aber der Erklärung der Zustimmung durch jeden einzelnen Gesellschafter.[608]

306 Für den Fall, dass die **Gesellschafterversammlung** – mit Außenwirkung oder nur im Innenverhältnis – zur Entscheidung berufen ist, besteht schließlich Regelungsbedarf hinsichtlich der Frage, ob der bzw. (im Falle, dass der Erwerber bereits Gesellschafter ist) die betroffenen Gesellschafter bei der Beschlussfassung stimmberechtigt ist bzw. sind und welche Mehrheit bei der Beschlussfassung erzielt werden muss. Mangels anderslautender Regelung

---

598 Ausführlich zum Meinungsstand *Reichert/Weller* § 15 Rdnr. 428 f.
599 Vgl. nur Baumbach/Hueck/*Fastrich* § 15 Rdnr. 38.
600 Ausführlich hierzu *Loritz* NZG 2007, 361.
601 Vgl. *Langenfeld* GmbH-Vertragspraxis S. 97; *Doye/Neuhaus* S. 20.
602 KölnHdbGesR/*Eckhardt* Kap. A Rdnr. 281.
603 Vgl. hierzu Römermann/*Seibt* § 2 Rdnr. 207.
604 H. M. Baumbach/Hueck/*Fastrich* § 15 Rdnr. 42.
605 Ein Missbrauch der Vertretungsmacht wird etwa regelmäßig bei einer Erklärung der Zustimmung gegenüber dem veräußernden Gesellschafter vorliegen, vgl. Michalski/*Ebbing* § 15 Rdnr. 143.
606 Vgl. zum Meinungsstand Scholz/*Winter/Seibt* § 15 Rdnr. 126.
607 Scholz/*Winter/Seibt* § 15 Rdnr. 126.
608 Michalski/*Ebbing* § 15 Rdnr. 151.

sind die Betroffenen nicht gemäß § 47 Abs. 4 GmbHG von der Beschlussfassung ausgeschlossen.[609] Der Zustimmungsbeschluss ist im Zweifel mit einfacher Mehrheit der abgegebenen Stimmen zu fassen.[610] Erwägungen des Minderheitenschutzes können hier andere Bestimmungen in der Satzung nahelegen.[611]

307 In der Satzung klarzustellen ist auch der **sachliche Anwendungsbereich** des Zustimmungsvorbehaltes. Sinnvoll und üblich ist eine Erstreckung auch auf die Einräumung von **dinglichen Rechten am Geschäftsanteil**, insbesondere die Verpfändung und den Nießbrauch. Entsprechende Belastungsbeschränkungen verhindern das Mitregieren von Gläubigern in der Gesellschaft. Die Pfändung durch Gläubiger lässt sich durch eine Vinkulierungsklausel hingegen ebenso wenig erschweren wie die Wahrnehmung der Rechte eines Insolvenzverwalters im Falle der Insolvenz eines Gesellschafters. Für diese Fälle sollte die Satzung ergänzend den Ausschluss des betreffenden Gesellschafters bzw. die Einziehung seines Anteils vorsehen.[612] Geregelt werden kann in der Vinkulierungsklausel des Weiteren, inwieweit diese auch **Umgehungskonstruktionen** erfassen soll, durch welche wirtschaftlich ein der Abtretung nahe kommendes Ergebnis erzielt werden kann. Vergleichbare Einflussmöglichkeiten auf die Gesellschaft können etwa durch den Abschluss von Treuhand-, Stimmbindungs- und Poolverträgen sowie durch die Einräumung einer Unterbeteiligung an einem Geschäftsanteil vermittelt werden. Weiter lassen sich Vinkulierungsklauseln unter Umständen auch dadurch umgehen, dass nicht die vinkulierten Geschäftsanteile übertragen werden, sondern die Anteile an einer anderen (Holding) Gesellschaft, von der die vinkulierten Geschäftsanteile gehalten werden (Change of Control). Unterwirft die Satzung – wie häufig – lediglich „Verfügungen über Geschäftsanteile" dem Zustimmungsvorbehalt und schweigt sie im Übrigen, so ist unklar, ob sich der Zustimmungsvorbehalt auch auf derartige Sachverhalte erstreckt. Ähnliche Fragen stellen sich in Bezug auf Maßnahmen, die zum Anteilsübergang im Wege der (partiellen) **Gesamtrechtsnachfolge** führen (z. B. Verschmelzung, Spaltung, Anwachsungsmodelle etc.).[613] Im Einzelnen ist die Rechtslage in diesem Bereich sehr unsicher. Teilweise wird unter Hinweis auf die übereinstimmende Interessenlage und die Gefahr des „Leerlaufens" der getroffenen Regelung ein sehr weitgehendes Eingreifen der Vinkulierungsklauseln befürwortet.[614] Zumindest für den Bereich der **Vereinbarungstreuhand** dürfte eine quasi-dingliche Wirkung der Vinkulierungsklausel sogar der überwiegenden Auffassung entsprechen.[615] Mit Blick auf das Rechtsprinzip, dass die Fähigkeit, Verträge abzuschließen, durch Rechtsgeschäft nicht beschränkt werden kann, vermag dies nicht zu überzeugen.[616] Die Sanktionen müssen in diesen Fällen außerhalb der versagten Übertragungswirksamkeit liegen. In der Satzung kann für solche Fälle etwa eine Vertragsstrafenregelung vorgesehen werden oder aber ein Recht der Gesellschaft, die unverzügliche Beendigung der mittelbaren Beteiligung zu verlangen oder den betroffenen Geschäftsanteil einzuziehen.[617] Ebenfalls zeigen Zustimmungsvorbehalte gemäß § 15 Abs. 5 GmbHG keine Wirkung in Bezug auf die **Abtretung von vermögensrechtlichen Ansprüchen**, die mit den Geschäftsanteilen verbunden sind (z. B. der Anspruch auf den Gewinn oder das Liquidationsguthaben). Insoweit kommt aber ein satzungsmäßiger Ausschluss gemäß §§ 399, 413 BGB in Betracht.[618]

308 Die Möglichkeiten der Vinkulierung beschränken sich nicht auf die Regelung von Zustimmungsvorbehalten. Z. B. kann die Wirksamkeit der Abtretung auch von bestimmten **Eigenschaften des Erwerbers** (Fachkunde, Familienzugehörigkeit etc.) oder der **Übernahme zusätzlicher Verpflichtungen** abhängig gemacht werden. Bei einer Komplementär-GmbH kann die Wirksamkeit der Abtretung an eine entsprechende Verfügung über die Anteile an

[609] BGH BB 1974, 431 f; BGHZ 48, 163, 166 f.; BayObLG DB 1991, 1270, 1271.
[610] *Reichert/Weller* § 15 Rdnr. 422.
[611] Vgl. Römermann/*Seibt* § 2 Rdnr. 208.
[612] *Doye/Neuhaus* S. 21.
[613] Vgl. hierzu Römermann/*Seibt* § 2 Rdnr. 200 ff.
[614] Vgl. nur MünchHdbGesR III/*Jasper*, § 24 Rdnr. 194 ff.
[615] Z. B. BGH GmbHR 2006, 875; umfassende Nachweise bei *Tebben* GmbHR 2007, 63, 64 Fn. 9.
[616] Überzeugend *Tebben* GmbHR 2007, 63 ff.; vgl. auch KölnHdbGesR/*Eckhardt* Kap. A Rdnr. 282.
[617] *Tebben* GmbHR 2007, 63, 69.
[618] Baumbach/Hueck/*Fastrich* § 15 Rdnr. 39.

der Kommanditgesellschaft geknüpft werden. Das Spektrum der Vinkulierungsmöglichkeiten reicht bis hin zum vollständigen Ausschluss der Abtretbarkeit.[619]

Als Grundform einer Vinkulierungsklausel dürfte sich folgende Bestimmung eignen: 309

Formulierungsvorschlag:

Jede Verfügung über Geschäftsanteile, insbesondere die Veräußerung oder Belastung, bedarf zu ihrer Wirksamkeit der Zustimmung der Gesellschaft. Über die Erteilung der Zustimmung entscheidet die Gesellschafterversammlung mit einer Mehrheit von [75%] der abgegebenen Stimmen; der betroffene Gesellschafter ist dabei nicht stimmberechtigt. Wirksam wird die Zustimmung mit Zugang der durch die Geschäftsführer abzugebenden Zustimmungserklärung bei dem betroffenen Gesellschafter.

bb) Vorkaufs- und Vorerwerbsrechte. Als flankierende Maßnahme zum Zustimmungsvorbehalt oder aber alternativ hierzu ist die **Statuierung von Vorkaufs- oder Vorerwerbsrechten** zu erwägen. Vorerwerbsrechte (auch: Ankaufsrechte oder aus Sicht des veräußerungswilligen Gesellschafters „Andienungspflichten") unterscheiden sich von **Vorkaufsrechten** dadurch, dass sie nicht nur bei einem Verkauf des Geschäftsanteils eingreifen, sondern auch bei der Eingehung anderer Verpflichtungsgeschäfte (Tausch, Schenkung, Einbringung in Gesellschaften etc.).[620] Wegen des sehr eingeschränkten Anwendungsbereiches bieten Vorkaufsrechte zahlreiche Umgehungsmöglichkeiten. Eine Umgehung kann etwa dadurch erfolgen, dass die Übertragung des Geschäftsanteils gezielt nicht als Verkauf, sondern als nicht vorkaufsrelevantes Rechtsgeschäft (z.B. Einbringung in eine weitere GmbH und deren anschließende Veräußerung) ausgestaltet wird. Eine andere Umgehung besteht darin, dass der Verkaufsfall mit Käuferpflichten dergestalt verbunden wird, dass der Vorkaufsberechtigte diese nicht erfüllen kann oder will.[621] Über die sehr eingeschränkten Ausübungsmöglichkeiten und das bestehende Umgehungspotential im Falle eines Vorkaufsrechts bestehen bei den Beteiligten nicht selten falsche Vorstellungen. Ihre diesbezüglichen Wünsche sind daher zunächst sorgfältig zu ermitteln. 310

Im Zweifel wird den Interessen der Beteiligten eher gedient sein, wenn anstelle von Vorkaufsrechten **Vorerwerbsrechte** vereinbart werden. Neben der Umgehungsresistenz haben diese den zusätzlichen Vorteil, dass sie inhaltlich nicht an die wirtschaftlichen Bedingungen des das Erwerbsrecht auslösenden Kaufvertrages gebunden sind, sondern an eigene, zuvor festgelegte Bedingungen geknüpft werden können. Bei den Vorerwerbsrechten besteht völlige Gestaltungsfreiheit, nicht nur was die Regelung der Ausübungsfälle anbelangt. So kann etwa vereinbart werden, dass sich das von den Berechtigten zu leistende Entgelt nach den statuarischen Abfindungsregelungen richtet, sofern nicht mit dem Dritterwerber ein niedrigerer Kaufpreis verabredet worden ist. Für die Bevorzugung von Vorerwerbsrechten spricht darüber hinaus, dass diese zu einem viel früheren Stadium eingreifen als Vorkaufsrechte. Vorerwerbsrechte gehen nämlich regelmäßig damit einher, dass der Verpflichtete bereits vor dem Abschluss von Verträgen mit Dritten seine Geschäftsanteile dem oder den Vorerwerbsberechtigten anzubieten hat (Andienungspflicht). Im Gegensatz dazu sind Vorkaufsrechte dadurch geprägt, dass der Inhaber des Vorkaufsrechts in den mit einem Erwerber bereits geschlossenen notariellen Geschäftsanteilskaufvertrag eintritt. Sieht die Satzung lediglich ein echtes Vorkaufsrecht vor, ist – um dieses gegen Umgehungen zu wappnen – die Aufnahme einer Regelung zu erwägen, wonach Geschäftsanteile nur aufgrund eines Verkaufs abgetreten werden können.[622] 311

Regelungsbedürftig ist im Falle der Statuierung von Vorerwerbsrechten das **Verfahren der Ausübung** des Vorerwerbsrechts, insbesondere die Frage, wer in welchem Anteilsverhältnis, 312

[619] RGZ 80, 179; BayObLG DB 1989, 214, 215f. Hierin liegt keine unzulässige Bindung des Gesellschafters, da ihm das Austritts- bzw. Kündigungsrecht aus wichtigem Grunde verbleibt.

[620] MünchHdbGesR III/*Jasper*, § 24 Rdnr. 213.

[621] *Heckschen/Heidinger*, § 4 Rdnr. 178.

[622] Vgl. MünchHdbGesR III/*U. Jasper* § 24 Rdnr. 214.

zu welchem Zeitpunkt und zu welchen Konditionen ein Vorerwerbsrecht hat.[623] Es kann sich darüber hinaus eine Koppelung mit einem etwaigen statuarischen Zustimmungsvorbehalt dergestalt empfehlen, dass im Falle einer Nichtausübung des Vorerwerbsrechts eine Zustimmungspflicht der betreffenden, ihr Recht nicht ausübenden Mitgesellschafter besteht oder dass deren Zustimmung mit Fristablauf sogar als erteilt gilt.[624] Im Falle des Verzichts auf eine solche Koppelung würden sich an die Nichtausübung des Vorerwerbsrechts keinerlei Rechtsfolgen knüpfen.[625] Da weder ein Vorkaufs- noch ein Vorerwerbsrecht dinglich wirken, sollte deren jeweilige Durchsetzung schließlich zusätzlich über die Aufnahme eines Zustimmungsvorbehalts in die Satzung abgesichert werden.

313 Eine Regelung zum Vorerwerbsrecht könnte bei einem überschaubaren Gesellschafterbestand etwa wie folgt lauten:

Formulierungsvorschlag:

1. Beabsichtigt ein Gesellschafter die [(entgeltliche oder unentgeltliche)] Übertragung von Geschäftsanteilen auf einen Anderen, so hat er alle übrigen Gesellschafter hierüber schriftlich unter Übersendung eines Entwurfs des mit dem Anderen abzuschließenden Vertrags zu informieren.
2. Alle übrigen Gesellschafter haben sodann das Recht zum Erwerb derjenigen Geschäftsanteile, die der übertragungswillige Gesellschafter auf den Anderen zu übertragen beabsichtigt. [Ist der Andere ein Gesellschafter, so gilt er für den Fall der Ausübung des Vorerwerbsrechts durch einen Gesellschafter seinerseits als Vorerwerbsberechtigter, der sein Vorerwerbsrecht ausgeübt hat.]
3. Die übrigen Gesellschafter können ihr Vorerwerbsrecht innerhalb einer Frist von 14 Tagen nach Zugang des gemäß Ziffer 1 von dem übertragungswilligen Gesellschafter zu versendenden Schreibens durch schriftliche Erklärung gegenüber dem übertragungswilligen Gesellschafter unter Angabe der maximalen Anzahl von Geschäftsanteilen (bei Geschäftsanteilen mit einem Nominalwert von mehr als € 1,– des maximalen Nominalbetrags), die zu erwerben sie wünschen, ausüben. Zur Fristwahrung ist der Zugang der Ausübungserklärung bei dem übertragungswilligen Gesellschafter maßgeblich.
4. Soweit die übrigen Gesellschafter von ihrem Vorerwerbsrecht in Übereinstimmung mit vorstehender Ziffer 3 Gebrauch machen, hat der übertragungswillige Gesellschafter sodann durch notarielle Vereinbarung die betreffenden Geschäftsanteile unverzüglich auf die vorerwerbswilligen Gesellschafter – bei Überzeichnung im Verhältnis ihrer Beteiligung an der Gesellschaft zueinander – gegen Zahlung eines Entgelts nach Maßgabe von § [......] des Gesellschaftsvertrags (Abfindungsentgelt)[, maximal jedoch in Höhe des Wertes der in dem Vertragsentwurf zwischen dem übertragungswilligen Gesellschafter und dem Anderen vereinbarten Gegenleistung,] zu übertragen. Soweit erforderlich, sind Geschäftsanteile zu teilen; Spitzen werden per Los verteilt. § [......] des Gesellschaftsvertrags (Vinkulierung) gilt für eine Übertragung gemäß dieser Ziffer 4 nicht.
5. Bei Uneinigkeit über die Höhe des Entgelts wird dieses mit bindender Wirkung für die Beteiligten durch einen Wertgutachter festgelegt, der auf ersten Antrag einer Partei durch den Präsidenten der IHK am Sitz der Gesellschaft bestimmt wird. Der Wertgutachter entscheidet nach billigem Ermessen entsprechend § 91 a ZPO auch über die Tragung der Begutachtungskosten.
6. Soweit die übrigen Gesellschafter von ihrem Erwerbsrecht keinen Gebrauch machen, ist der übertragungswillige Gesellschafter zur Übertragung der Geschäftsanteile an den Anderen innerhalb einer Frist von [acht] Wochen nach Zugang des gemäß Ziffer 1 zu versendenden Schreibens bei den übrigen Gesellschaftern zu den darin mitgeteilten Bedingungen berechtigt. Die Zustimmung zur Übertragung im Sinne von § [......] des Gesellschaftsvertrags (Vinkulierung) gilt insoweit als erteilt.

314 Bei einem größeren Gesellschafterbestand kann es sich anbieten, die Abwicklung des nach dem vorstehenden Klauselvorschlags durchzuführenden Verfahrens in die Hände der Ge-

[623] BeckFormb GmbH-Recht/*Haasen* C. I. 2 Anm. 29.
[624] MünchHdbGesR III /*U. Jasper* § 24 Rdnr. 214.
[625] Vgl. hierzu BeckFormb GmbH-Recht/*Haasen* C.I.2. Anm. 29.

schäftsführung zu legen, die dann als eine Art „Postbote" zwischen dem veräußerungswilligen Gesellschafter und den übrigen Gesellschaftern fungiert.

cc) Andienungsrechte. Seltener, aber möglicher Satzungsinhalt ist die Begründung von Andienungsrechten (auch: „Verkaufsrechte" oder „Put-Optionen") für einzelne oder sämtliche Gesellschafter. Hierdurch wird bei Eintritt näher bestimmter Umstände (z. B. Vorliegen bestimmter wirtschaftlicher Daten beim Unternehmen; Beschlussfassungen über Strukturmaßnahmen; Verweigerung der Zustimmung zur Verfügung über Geschäftsanteile) eine **Erwerbsverpflichtung der übrigen Gesellschafter** (zumeist pro rata) oder des Mehrheitsgesellschafters zu vorher festgelegten Bedingungen ausgelöst.[626] Regelungsbedürftig sind die genauen Bedingungen für das Entstehen der Erwerbsverpflichtung, das bei der Andienung einzuhaltende Verfahren sowie die Gegenleistung für den angebotenen Geschäftsanteil.[627] Wegen der regelmäßig unerwünschten Offenlegung solcher Regelungen werden diese typischerweise jedoch eher in schuldrechtliche Gesellschaftervereinbarungen als in Satzungen verortet. Im Hinblick auf § 15 GmbHG sind Gesellschaftervereinbarungen solchen Inhalts in jedem Falle beurkundungsbedürftig. 315

dd) Mitverkaufsrechte und -pflichten. Zunehmender Beliebtheit erfreut sich die satzungsmäßige Begründung von Mitverkaufsrechten (**„Tag along-Rechte"**) einerseits und Mitverkaufspflichten (**„Drag along-Rechte"**) andererseits. Beide Gestaltungsvarianten stammen ursprünglich aus dem (schuldrechtlichen) Regelungsrepertoire von Beteiligungsverträgen, die mit Finanzinvestoren bzw. Wagniskapitalgebern geschlossen werden.[628] 316

Mit der Begründung eines Mitverkaufsrechts wird beabsichtigt, Minderheitsgesellschafter an der Veräußerung der Geschäftsanteile durch den Mehrheitsgesellschafter wirtschaftlich (mittelbar) teilhaben zu lassen.[629] Typischerweise wird das Mitverkaufsrecht inhaltlich eng mit einer Vinkulierungsklausel gemäß § 15 Abs. 5 GmbHG verknüpft, und zwar dergestalt, dass dem Minderheitsgesellschafter das Recht eingeräumt wird, seine durch den Mehrheitsgesellschafter aufgrund der Vinkulierung benötigte Zustimmung zur Veräußerung der Geschäftsanteile an einen Dritten an die Bedingung zu knüpfen, dass ihm ein inhaltlich entsprechendes Erwerbsangebot durch den Dritten unterbreitet wird.[630] Auch ohne Vinkulierungsklausel kann ein Mitverkaufsrecht eingeräumt werden. Dieses wäre jedoch deutlich weniger wirkungsvoll, da der Minderheitsgesellschafter sich bei dessen Nichtbeachtung mit Sekundäransprüchen begnügen müsste. Zusätzliche oder alternative Absicherung kann durch die Regelung eines Einziehungs- oder Ausschlussrechtes bewirkt werden. Um den Minderheitsgesellschafter vor der Gefahr missbräuchlicher Preisgestaltung bei einer irgendwie gearteten Verbindung des Mehrheitsgesellschafters mit dem Dritterwerber zu schützen, wird zusätzlich die Einräumung eines (Letzt)Vetorechts bzw. eines Vorkaufsrechts empfohlen.[631] 317

Die umgekehrte Stoßrichtung verfolgt die Einräumung von Mitverkaufspflichten. Hierbei wird typischerweise dem Mehrheitsgesellschafter die Möglichkeit eingeräumt, den oder die Minderheitsgesellschafter zur Mitveräußerung der von ihnen gehaltenen Geschäftsanteile zu den vom Mehrheitsgesellschafter selbst erzielten Konditionen zu zwingen. Die Festlegung von Mitverkaufspflichten trägt dem Umstand Rechnung, dass eine wirtschaftlich optimierte Veräußerung oftmals am Vorhandensein eines Minderheitsgesellschafters scheitern würde und ein Squeeze-Out wie im Aktienrecht (§§ 327a ff. AktG) bei der GmbH nicht vorgesehen ist. Soll die Verhandlungsführerschaft bei einem Minderheitsgesellschafter (typischer- 318

---

[626] Näher zum Ganzen Römermann/*Seibt* § 2 Rdnr. 218 ff.

[627] Römermann/*Seibt* § 2 Rdnr. 218 ff.

[628] Vgl. zum Ganzen Römermann/*Seibt* § 2 Rdnr. 221 ff.; *Heckschen/Heidinger*, § 4 Rdnr. 182.

[629] Auf der Grundlage von Mitverkaufsrechten können sich Minderheitsgesellschafter davor schützen, dass sie einerseits eine Veräußerung des Mehrheitspaketes an der Gesellschaft nicht verhindern können und andererseits gezwungen wären, einen neuen Mehrheits- bzw. Großgesellschafter zu akzeptieren. Darüber hinaus kann sich der Mitverkaufsberechtigte auf diese Art und Weise die Verhandlungsführung seines regelmäßig wirtschaftlich stärkeren Mitgesellschafters sichern. Finanzinvestoren und geringfügig beteiligte Mitarbeiter können ferner sicherstellen, dass die eigene Beteiligung „versilbert" werden kann; so ausdrücklich Römermann/*Seibt* § 2 Rdnr. 222.

[630] Vgl. *Wälzholz* GmbH-StB 2007, 84, 85; Römermann/*Seibt* § 2 Rdnr. 221 ff.

[631] So insbesondere *Wälzholz* GmbH-StB 2007, 84, 85.

weise einem Finanzinvestor) liegen, so können die Mitverkaufspflichten auch zu dessen Gunsten eingeräumt werden.[632]

319 m) **Vererbung.** Geschäftsanteile sind nach § 15 Abs. 1 GmbHG **vererblich.** Die Vererbung richtet sich ausschließlich nach allgemeinem Erbrecht. Weder lässt sich durch Satzungsregelung die Vererblichkeit ausschließen oder beschränken noch kann statuarisch eine Sonderrechtsnachfolge (wie im Personengesellschaftsrecht) begründet werden (**Vorrang des Erbrechts**).[633] Der Geschäftsanteil fällt ohne weiteres mit allen Rechten und Pflichten (einschließlich der Haftung für rückständige Einlagen) in den Nachlass und steht mehreren Erben gemäß § 2038 Abs. 1 BGB zur gesamten Hand zu. Allerdings bedarf die Wahrnehmung der Gesellschafterrechte im Verhältnis zur Gesellschaft nach MoMiG noch der Aufnahme des Erben in die Gesellschafterliste gemäß § 16 GmbHG.[634] Wenn sich in vielen GmbH-Satzungen mit dem Begriff „Nachfolgeklausel" bezeichnete Regelungskomplexe finden, so ist dies mit Blick auf vergleichbare Regelungen im Personengesellschaftsrecht irreführend. Eine Nachfolgeklausel bedeutet bei der GmbH nämlich nicht, dass durch sie unmittelbar eine bestimmte Person zum Rechtsnachfolger in den Geschäftsanteil berufen wird. Vielmehr kann lediglich geregelt werden, ob und in welcher Art und Weise der Geschäftsanteil aus der (zeitweiligen) Zuständigkeit der Erbengemeinschaft auf den „unternehmerischen Nachfolger" zu übertragen ist.[635] Anders gewendet können gesellschaftsvertragliche Nachfolgeklauseln nicht bestimmen, welcher Erbe im Todesfall Nachfolger *ist*, sondern nur **welcher Erbe Nachfolger sein *soll*.**[636]

320 Durch Satzungsgestaltung kann also lediglich **mittelbar** auf das weitere Schicksal des oder der Erben Einfluss genommen werden. Zentrale Instrumentarien für eine solche mittelbare Einflussnahme sind die statuarische Begründung einer **Abtretungsverpflichtung** einerseits und die Einführung einer **Einziehungs- oder Kaduzierungsmöglichkeit** andererseits. Seltener anzutreffen sind Regelungen, die beim Ausscheiden eines Gesellschafters durch Tod zu einer Änderung der mit dem Geschäftsanteil verbundenen Rechte und Pflichten führen (z. B. Wegfall von zuvor bestehenden Sonderrechten o. ä.). Denkbar sind auch Vergünstigungen (z. B. der Fortfall von Notarpflichten oder Beschränkungen der mitgliedschaftlichen Rechtsstellung). In engen Grenzen ist darüber hinaus sogar eine Satzungsgestaltung möglich, die eine auf den Todesfall befristete Abtretung des Geschäftsanteils an einen Mitgesellschafter, an die Gesellschaft oder an einen am Abschluss des Gesellschaftsvertrages mitwirkenden Dritten vorsieht.[637]

321 Für den Normalfall hat sich eine Satzungsregelung bewährt, die im Sinne einer **Nebenleistungspflicht** gemäß § 3 Abs. 2 GmbHG[638] bestimmt, dass der Geschäftsanteil vom Erben an eine bestimmte Person, an die GmbH selbst, an einen der übrigen Gesellschafter oder an eine der GmbH genehme Person abzutreten ist. Zu regeln ist dabei insbesondere, ob der durch die **Abtretungsklausel** begünstigte Dritte ein eigenes Forderungsrecht erwerben soll. Trifft die Satzung hierzu keine abweichende Regelung, steht der Anspruch auf Abtretung nicht dem Begünstigten selbst, sondern lediglich der Gesellschaft zu (unechter Vertrag zugunsten Dritter).[639] Möglich ist jedoch auch eine Gestaltung, die dem Begünstigten ein originäres Recht auf Abtretung einräumt (Eintrittsrechts als Sonderfall).[640] In diesem Falle richtet sich das Forderungsrecht des Dritten, wenn nicht wiederum ein anderer Wille erkennbar ist, gegen den Erben und nicht gegen die Gesellschaft selbst.[641] Schließlich kann die Satzung auch der Gesellschaft die Möglichkeit einräumen, den Geschäftsanteil im Falle des

[632] Zu dieser Konstellation *Heckschen/Heidinger* § 4 Rdnr. 187.

[633] Ganz überwiegende Meinung, vgl. nur Baumbach/Hueck/*Fastrich* § 15 Rdnr. 9 m. w. N.

[634] *Götze/Bressler* NZG 2007, 894; Bork/Schäfer/*Brandes* § 15 Rdnr. 64.

[635] *Crezelius*, Unternehmenserbrecht, S. 222 Rdnr. 320.

[636] So ausdrücklich *K. Schmidt* Gesellschaftsrecht S. 1050.

[637] Diese Gestaltung dürfte wegen des mit ihr verbundenen Verfügungsschutzes gemäß §§ 160 ff. BGB nur selten interessengerecht sein. Ausführlich hierzu Michalski/*Ebbing* § 15 Rdnr. 24.

[638] *Reichert/Weller* § 15 Rdnr. 452.

[639] *Priester* GmbHR 1981, 206, 209.

[640] Hierzu ausführlich *Reichert/Weller* § 15 Rdnr. 454 f.

[641] Vgl. *Crezelius*, Unternehmenserbrecht, S. 228 Rdnr. 328.

Todes eines Gesellschafters auf einen bestimmten Nachfolger zu übertragen (Zwangsabtretung).[642] Dabei wird die Gesellschaft analog § 185 BGB zur Übertragung ermächtigt.

Alternativ zur Abtretungsverpflichtung oder gewissermaßen als Ultima Ratio bei Nichterfüllung der Abtretungsverpflichtung kann die Satzung für den Todesfall allgemein oder unter bestimmten konkreten Voraussetzungen (z. B. Übergang des Geschäftsanteils an einen Familienfremden) die **Einziehung oder Kaduzierung** des Geschäftsanteils vorsehen.[643] Während die Einziehung den Geschäftsanteil vernichtet, bleibt er bei der Kaduzierung erhalten.[644] Die Satzung kann entweder eine Verpflichtung zur Vornahme der Einziehung oder Kaduzierung vorsehen oder der Gesellschaft insoweit ein Wahlrecht einräumen.[645] Streitig ist, ob die Satzung auch eine automatische Einziehung im Falle des Todes eines Gesellschafters vorsehen kann.[646] In jedem Falle sollte die Satzung für die Vornahme der Einziehung bzw. Kaduzierung eine Frist vorsehen, da die Erben insoweit Anspruch auf eine zeitnahe Entscheidung des berechtigten Organs haben dürften.[647] 322

Empfehlenswert ist in jedem Falle eine Regelung, die mehrere Miterben – in Abweichung von § 18 GmbHG – dazu verpflichtet, einen **gemeinsamen Vertreter** zu bestellen, und zusätzlich eventuell anordnet, dass das Stimmrecht bis dahin ruht. Auch kann eine Regelung sinnvoll sein, wonach die Gesellschafterrechte bis zum Nachweis der Rechtsnachfolge durch Vorlage eines Erbscheins ruhen. 323

In allen vorgenannten Fällen, in denen der Erbe seiner gesellschaftsrechtlichen Stellung verlustig geht, ist die Frage des **Entgelts bzw. der Abfindung** von entscheidender Bedeutung. Fehlt in der Satzung eine Regelung über die Höhe des Abtretungs- bzw. Einziehungsentgelts, so gilt im Zweifel, dass die Abtretung bzw. die Einziehung gegen Zahlung einer sich nach dem Verkehrswert bestimmenden Gegenleistung erfolgt.[648] Üblich sind jedoch Satzungsregelungen, die die Höhe des Abtretungsentgelts bzw. der Abfindung in den Nachfolgefällen beschränken. Möglich ist nach Ansicht des BGH auch ein vollständiger Ausschluss eines Abtretungsentgelts.[649] Es besteht Streit über die Frage, ob erbrechtlich von einem **Schenkungsversprechen von Todes wegen** ausgegangen werden muss, wenn das Entgelt hinter dem Verkehrswert zurückbleibt mit der Folge der Anwendbarkeit des § 2301 BGB.[650] Die Annahme eines Schenkungsversprechens dürfte im Regelfall ausscheiden, da solche Regelungen üblicherweise nur unter Praktikabilitätsgesichtspunkten zu sehen sind und lediglich dem gesellschaftlichen Interesse an einer zügigen Abwicklung des Erbfalls und der Verhinderung existenzbedrohender Kapitalabflüsse bei der Gesellschaft dienen.[651] Anders mögen die Dinge liegen, wenn eine Abfindung entweder schlechthin ausgeschlossen wird oder aber lediglich einzelne Gesellschafter oder Dritte begünstigt werden. In diesen Fällen kann eine unentgeltliche Zuwendung an alle übrigen Gesellschafter bzw. an die sonst begünstigten einzelnen Gesellschafter oder Dritte in Betracht kommen, die jedoch – soweit eine gesellschaftsvertragliche Verpflichtung nicht ohnehin die erforderliche Form erfüllt – meist bereits vollzogen ist.[652] Erbrechtlich können insoweit eine Ausgleichungspflicht gemäß § 2050 BGB oder ein Pflichtteilsergänzungsanspruch gemäß § 2325 bestehen. 324

[642] Vgl. *Reichert/Weller* § 15 Rdnr. 456, denenzufolge die rechtskonstruktive Begründung noch nicht abschließend geklärt ist.

[643] Ausgeschlossen ist nach h. M. eine automatische Einziehung mit dem Tode des Gesellschafters, Lutter/Hommelhoff/*Bayer* § 15 Rdnr. 7.

[644] Zwar ist das Kaduzierungsverfahren gemäß §§ 21 ff. GmbHG eigentlich nur als Mittel zur Realisierung rückständiger Beiträge auf die Stammeinlage vorgesehen, doch steht es den Gesellschaftern frei, das Verfahren auch auf andere Sachverhalte zu erstrecken, *Crezelius*, Unternehmenserbrecht, S. 226 Rdnr. 327.

[645] *Reichert/Weller* § 15 Rdnr. 457.

[646] Vgl. zum Streitstand *Reichert/Weller* § 15 Rdnr. 441.

[647] Vgl. BGH BB 1977, 563.

[648] *Crezelius*, Unternehmenserbrecht, S. 228 Rdnr. 329 m. w. N.

[649] BGH GmbHR 1977, 81.

[650] Instruktiv hierzu Michalski/*Ebbing* § 15 Rdnr. 33 ff. m. w. N.

[651] Michalski/*Ebbing*, § 15 Rdnr. 33 ff

[652] Baumbach/Hueck/*Fastrich* § 15 Rdnr. 14; vgl. aber *Crezelius*, Unternehmenserbrecht, Rdnr. 326: nur „Rechtsreflex“.

325 Hat der Erblasser in seiner letztwilligen Verfügung **Testamentsvollstreckung** angeordnet, so unterliegt der Geschäftsanteil der Verwaltungszuständigkeit des Testamentsvollstreckers. Testamentsvollstreckung an GmbH-Geschäftsanteilen ist grundsätzlich zulässig.[653] Die Satzung kann jedoch die Ausübung der Verwaltungsrechte (nicht jedoch der Vermögensrechte) durch den Testamentsvollstrecker ausschließen und sie somit den Erben vorbehalten.[654]

326 Gänzlich ungeeignet ist nach Vorstehendem regelmäßig die – in der Praxis immer wieder anzutreffende – Übernahme von **Nachfolgeklauseln aus Personengesellschaftsverträgen** in GmbH-Satzungen.[655] In bestimmten Konstellationen, z. B. bei einer steuerlichen Betriebsaufspaltung oder aber bei einer GmbH & Co. KG, ist daher auf die Harmonisierung der entsprechenden Bestimmungen in den jeweiligen Gesellschaftsverträgen besondere Sorgfalt zu verwenden, um auseinanderfallende und möglicherweise steuerschädliche Nachfolgesituationen bei den verschiedenen Gesellschaften zu verhindern.[656]

327 Eine für den Todesfall eines Gesellschafters Vorsorge treffende Satzungsklausel könnte etwa wie folgt lauten:

Formulierungsvorschlag:

1. Im Falle des Todes eines Gesellschafters ruht dessen Stimmrecht bis zur Vorlage eines Erbscheins (bei Testamentsvollstreckung des Testamentsvollstreckerzeugnisses, bei Anordnung einer Nachlasspflegschaft der Bestallungsurkunde des Nachlasspflegers) und – bei mehreren Erben – Bestellung eines gemeinsamen Vertreters durch schriftliche Erklärung der Erbengemeinschaft gegenüber der Gesellschaft.
2. Der Tod eines Gesellschafters stellt einen zur Einziehung seiner Geschäftsanteile nach Maßgabe von § [.....] (Einziehung) berechtigenden wichtigen Grund dar.[657]

328 n) **Ausscheiden eines Gesellschafters.** Im Rahmen der **einseitigen Beendigung der Mitgliedschaft** in einer weiter bestehenden Gesellschaft lassen sich nach der Willensrichtung der Beteiligten zwei Wege unterscheiden, bei denen die Vorzeichen jeweils umgekehrt sind. Diejenigen Fälle, in denen der scheidende Gesellschafter den Verband freiwillig und notfalls sogar gegen den Willen der Mitgesellschafter verlässt, lassen sich als **Austritt im weiteren Sinne** bezeichnen.[658] Die umgekehrten Fälle, in denen die Gesellschaft bzw. die Mitgesellschafter den betroffenen Gesellschafter auch gegen dessen Willen aus dem Verband ausscheiden lassen, wären hiernach jeweils als **Ausschluss im weiteren Sinne** zu klassifizieren.[659] Sieht man von der Veräußerung des Geschäftsanteils gemäß § 15 GmbHG einmal ab, ist die einseitige Beendigung der Mitgliedschaft bei Fortbestand der Gesellschaft im übrigen im Gesetz nur für zwei – praktisch weniger relevante – Fälle konkret geregelt. Es sind dies die Nichterfüllung der Einlageverpflichtung (Kaduzierung, § 21 GmbHG) und die Befreiung von der unbeschränkten Nachschusspflicht (Preisgabe bzw. Abandon, § 27 GmbHG). Das in der Praxis wichtigste Instrumentarium zum Ausschluss im weiteren Sinne, nämlich die **freiwillige oder zwangsweise Einziehung von Geschäftsanteilen** (Amortisation), ist gesetzlich hingegen nur ansatzweise geregelt. Es bedarf gemäß § 34 GmbHG der satzungsmäßigen Aktivierung und (für den Fall der zwangsweisen Einziehung) auch der Konkretisierung. Schweigt die Satzung zur Frage des Austritts bzw. Ausschlusses eines Gesellschafters, ist ein solcher dennoch nicht gänzlich ausgeschlossen. Die Möglichkeit zum Austritt bzw. Ausschluss aus der Gesellschaft beschränkt sich dann aber auf die Ausnahmefälle, in denen ein **wichtiger Grund** das Verbleiben des Gesellschafters im Verband entweder ihm (Austritt) oder der Gesellschaft (Ausschluss) unzumutbar macht. Wegen des Prinzips der Lösbarkeit

[653] Vgl. BGH NJW 1959, 1820 f.
[654] Lutter/Hommelhoff/*Bayer* § 15 Rdnr. 6.
[655] Vgl. Beck'sches Formularbuch GmbH-Recht/*Haasen* C. I.3 Anm. 41.
[656] Vgl. hierzu Beck'sches Formularbuch GmbH-Recht/*Haasen* C. I.3 Anm. 41.
[657] Siehe Klauselvorschlag unter Rdnr. 340.
[658] Vgl. Michalski/*Sosnitza* Anh. § 34 Rdnr. 1.
[659] Michalski/*Sosnitza* Anh. § 34 Rdnr. 1.

personenbezogener Dauerrechtsverhältnisse aus wichtigem Grund ist ein (im Personengesellschaftsrecht selbstverständliches) generelles Ausschluss- und Austrittsrecht als Ultima Ratio auch im GmbH-Recht allgemein anerkannt.[660]

Der Ausschluss eines Gesellschafters ohne Satzungsgrundlage ist wegen der Notwendigkeit eines richterlichen Gestaltungsurteils ein eher beschwerlicher Weg. Satzungen sollten daher zumindest die Möglichkeit der Einziehung oder des Ausschlusses (im engeren Sinne) vorsehen. Diese beiden Formen der einseitigen Beendigung der Mitgliedschaft gegen den Willen des betroffenen Gesellschafters konkurrieren gewissermaßen miteinander.[661] Zur Unterscheidung wird üblicherweise darauf verwiesen, dass die Einziehung sich unmittelbar gegen einen einzelnen Geschäftsanteil richtet, während der Ausschluss den Gesellschafter persönlich und nicht den von ihm gehaltenen Geschäftsanteil betrifft.[662] Dies ist zumindest unscharf, da einerseits auch die Einziehung im Ergebnis zum Ausscheiden des betroffenen Gesellschafters führt und andererseits auch der Ausschluss aus wichtigem Grund im Rahmen seiner technischen Umsetzung unter Umständen eine Einziehung nach § 34 nach sich zieht.[663] Irreführend ist es umgekehrt jedoch auch, wenn Satzungsregelungen zum Ausschluss eines Gesellschafters ausschließlich der Tatbestands- und Einziehungsregelungen der Rechtsfolgenseite zugeordnet werden.[664] Es handelt sich vielmehr jeweils um eigenständige Regelungskomplexe, die auf der Tatbestandsseite identisch geregelt werden können und auch auf der Rechtsfolgenseite unter Umständen ineinander greifen. In der Satzungspraxis überwiegen Einziehungsregeln bei weitem. 329

aa) Einziehung. Die Einziehung setzt gemäß § 34 GmbHG grundsätzlich eine **Zulassung in der Satzung** voraus. Dies gilt – was gelegentlich übersehen wird – auch für den Fall der im Einvernehmen mit dem betroffenen Gesellschafter vorgenommenen Einziehung. Grund ist, dass die Einziehung das Kräfteverhältnis innerhalb der Gesellschaft durch Veränderung des Stimmengewichts zu beeinflussen und gesellschaftsrechtliche Pflichten der verbleibenden Gesellschafter zu erhöhen vermag.[665] Eine Einziehung ohne die Zustimmung des Anteilsberechtigten, also eine Zwangseinziehung, setzt überdies voraus, dass deren Voraussetzungen bereits bei Erwerb des Geschäftsanteils durch den betroffenen Gesellschafter in der Satzung hinreichend bestimmt geregelt waren. Wird die Einziehungsklausel erst nachträglich eingeführt, so wirkt sie gegen diejenigen Gesellschafter nicht, die dieser Satzungsänderung nicht zugestimmt haben.[666] Einer satzungsmäßigen Verankerung bedarf die Einziehung nach überwiegender Auffassung lediglich in den Fällen nicht, in denen sie nur dazu dient, den Ausschluss eines Gesellschafters aus wichtigem Grunde technisch zu vollziehen.[667] Der Ausschlussgrund ersetzt dann die fehlende Satzungsregelung.[668] 330

Eine Zwangseinziehung setzt gemäß § 34 Abs. 2 GmbHG voraus, dass die „Voraussetzungen derselben" in der Satzung festgesetzt sind. Die **Einziehungsgründe** müssen so genau formuliert sein, dass sie die mit der Klausel konkret verbundenen Risiken für den einzelnen Gesellschafter hinreichend deutlich machen und die Tatbestandserfüllung gerichtlich nachprüfbar ist.[669] Bei den Einziehungsgründen muss es sich um **sachliche Gründe** handeln.[670] Das Gewicht eines wichtigen Grundes müssen die satzungsmäßigen Einziehungsgründe hingegen nicht haben.[671] Anderenfalls verbliebe für die Zwangseinziehung im Verhältnis zum Ausschluss eines Gesellschafters aus wichtigem Grund kein eigener Anwendungsbereich.[672] 331

---

[660] BGHZ 9, 157; 6, 322; 32, 22; 80, 349; *K. Schmidt*, Gesellschaftsrecht, 1061. Ohne ein solches Recht bliebe nur die Alternative der Auflösung der Gesellschaft oder die Veräußerung des Geschäftsanteils.

[661] So zu Recht Michalski/*Sosnitza* § 34 Rdnr. 2.

[662] BGH NJW 1977, 2316 f.; Baumbach/Hueck/*Hueck/Fastrich* § 34 Rdnr. 2.

[663] Vgl. *Roth/Altmeppen* § 34 Rdnr. 1.

[664] So wohl *Doye/Neuhaus* S. 27 ff.

[665] Baumbach/Hueck/*Hueck/Fastrich* § 34 Rdnr. 3.

[666] BGHZ 116, 359, 327; *K. Schmidt* Gesellschaftsrecht S. 1055.

[667] BGH GmbHR 1978, 131; BGHZ 9, 157, 168; Baumbach/Hueck/*Hueck/Fastrich* § 34 Rdnr. 7, Fn. 16.

[668] Vgl. *Roth/Altmeppen* § 34 Rdnr. 1.

[669] BGH NJW 1977, 2316.

[670] Baumbach/Hueck/*Hueck/Fastrich* § 34 Rdnr. 9.

[671] Baumbach/Hueck/*Hueck/Fastrich* § 34 Rdnr. 9 a.

[672] Vgl. hierzu Baumbach/Hueck/*Hueck/Fastrich,* aaO.

Unzulässig sind die gleichsam am anderen Ende des möglichen Spektrums stehenden Klauseln, die die Zwangeinziehung in das freie Ermessen der Gesellschaftermehrheit oder gar einzelner Gesellschafter stellen, sog. **Hinauskündigungsklauseln**.[673] Die Abhängigkeit vom Wohlwollen der Gesellschaftermehrheit oder Einzelner würde nämlich zur Aushöhlung des Kernbereichs der Mitgliedschaft führen.[674] Zum Teil werden Hinauskündigungsklauseln in der Rechtsprechung sogar als sittenwidrig (§ 138 Abs. 1 BGB) eingestuft. Die einer solchen Regelung unterliegenden Gesellschafter seien nicht mehr frei, ihren Willen auszudrücken, da sie immer befürchten müssten, dass ihr Anteil eingezogen wird („Damoklesschwert").[675] Allerdings ist eine geltungserhaltende Reduktion dahingehend möglich, dass die Klausel zumindest zum Ausschluss aus wichtigem Grund berechtigt.[676]

332 In der Satzungspraxis hat sich ein **Standard von anerkannten Einziehungsgründen** entwickelt. Ein Großteil der üblicherweise anzutreffenden Einziehungsgründe zielt darauf ab, das **Eindringen bzw. die Einflussnahme Dritter** zu verhindern. Hierzu zählen:

- Pfändung des Geschäftsanteils
- Insolvenz des Gesellschafters
- Abgabe einer eidesstattlichen Versicherung gemäß § 807 ZPO
- Versterben eines Gesellschafters und/oder Vererbung an familienfremde Dritte bei der Familiengesellschaft oder an andere Personen als in der Satzung vorgesehen

333 Praxisrelevant sind Einziehungsklauseln überdies in den Fällen der **Beendigung eines bestimmten Rechtsverhältnisses**, dessentwegen die Geschäftsanteile dem Gesellschafter gleichsam als Annex übertragen worden sind. Dies sind etwa:

- Beendigung der Geschäftsführertätigkeit bei vorheriger Einräumung von Geschäftsanteilen im Hinblick auf die Geschäftsführerstellung[677]
- Beendigung des Arbeitsverhältnisses bei Einräumung von Beteiligungen an Arbeitnehmer[678]
- Ausscheiden aus einem zwischen den Gesellschaftern bestehenden Kooperationsvertrag

334 In eine ähnliche Richtung zielen diejenigen Einziehungsgründe, die mit dem **Verlust einer bestimmten objektiven Eigenschaft** in der Person des Gesellschafters verbunden sind, z. B. dem Verlust einer bestimmten Berufszugehörigkeit oder aber dem Verlust der Kommanditistenstellung in der GmbH & Co. KG.

335 Als sachliche Einziehungsgründe anerkannt sind außerdem die Fälle, in denen ein Gesellschafter seinerseits den Wunsch zum Ausscheiden aus der Gesellschaft unterbreitet, etwa durch Austritts- oder Kündigungserklärung. Problematisch ist hingegen eine Klausel, die die Einziehung generell als Folge der Erhebung einer Auflösungsklage durch den Gesellschafter vorsieht, da dadurch das Klagerecht gemäß § 61 GmbHG faktisch beseitigt wird.[679]

336 Als zulässig wird es schließlich auch angesehen, die zwangsweise Einziehung **allgemein** daran zu knüpfen, dass **wichtige Gründe in der Person des Gesellschafters** vorliegen. Eine solche Einziehungsregelung verstößt nach ganz herrschender Meinung nicht gegen den für die Einziehung erforderlichen Bestimmtheitsgrundsatz, da eine abschließende Konkretisierung der wichtigen Gründe wegen der Vielgestaltigkeit der in Betracht kommenden Sachverhalte ohnehin nicht möglich und der Rechtsbegriff des „wichtigen Grundes" auch sonst geläufig und gerichtlich nachprüfbar sei.[680] In ihrer konkreten fallbezogenen Umsetzung setzt die Einziehung auf dieser Grundlage nach der Rechtsprechung jedoch voraus, dass eine vorsätzliche oder fahrlässige Pflichtverletzung eines Gesellschafters so schwer wiegt, dass eine andere Lösung als das Ausscheiden dieses Gesellschafters dem oder den Mitgesellschaf-

[673] BGH DB 1990, 1709; Scholz/*Westermann* § 34 Rdnr. 17.
[674] Baumbach/Hueck/*Hueck/Fastrich* § 34 Rdnr. 9 a.
[675] BGHZ 112, 103, 107 f.; 164, 98, 101.
[676] BGH NJW 1989, 2681.
[677] „Managermodell", BGH NZG 2005, 968.
[678] „Mitarbeitermodell", BGH NZG 2005, 971; vgl. auch *Hinderer* RNotZ 2005, 416; *Nasall* NZG 2008, 851.
[679] OLG München MittBayNot 2010, 409 f.; BayObLG DB 1978, 2164; *Wicke* § 34 Rdnr. 16.
[680] Michalski/*Sosnitza* § 34 Rdnr. 36; Scholz/*Westermann* § 34 Rdnr. 16.

tern unter keinen Umständen zuzumuten ist.[681] Dies ist im Rahmen einer umfassenden Prüfung aller Umstände des Einzelfalls und einer Abwägung der beteiligten Interessen sowie des Verhaltens der übrigen Gesellschafter zu ermiteln.[682] Bejaht hat die Rechtsprechung einen die Einziehung rechtfertigenden wichtigen Grund etwa bei Verletzung eines Wettbewerbsverbots[683] oder der gesellschafterlichen Treuepflicht,[684] verneint hingegen etwa in dem Fall der Ablehnung der Übernahme einer Bürgschaft für Gesellschaftsschulden außerhalb einer Krise der Gesellschaft,[685] der Erstattung einer Strafanzeige gegen einen anderen Gesellschafter, sofern diese nicht besseren Wissens und nach vorherigem Einigungsversuch gestellt worden ist[686] sowie bei bloßen Spannungen zwischen verschiedenen Gesellschaftern.[687]

Die Einziehung eines Geschäftsanteils gegen den Willen des Gesellschafters erfolgt ebenso **zweistufig** wie die Einziehung mit Zustimmung des Gesellschafters. Voraussetzung für die wirksame Einziehung ist das Vorliegen eines entsprechenden **Beschlusses der Gesellschafterversammlung** (vgl. § 46 Nr. 4 GmbHG) und die **Mitteilung der Einziehung** gegenüber dem betroffenen Gesellschafter. Ein Gesellschafterbeschluss ist selbst dann erforderlich, wenn der Gesellschafter mit der Einziehung einverstanden ist.[688] In der Satzung sollte die Stimmberechtigung des betroffenen Gesellschafters geregelt werden. Von Gesetzes wegen besteht ein Stimmverbot nach herrschender Meinung nur dann, wenn ein Geschäftsanteil aus wichtigem Grund oder aus anderen, in der Person des Gesellschafters liegenden sachlichen Gründen eingezogen werden soll.[689] In der Satzung sollte klargestellt werden, dass die Einziehung auch dann möglich ist, wenn ein Geschäftsanteil mehreren Gesellschaftern ungeteilt zusteht, die Voraussetzungen der Einziehung aber nur bei einem Mitberechtigten vorliegen.[690] 337

Eine Einziehung darf nicht in **Widerspruch zu den Grundsätzen der Kapitalaufbringung und -erhaltung** vollzogen werden.[691] Die Einziehung ist daher nur möglich, wenn der einzuziehende Geschäftsanteil (einschließlich bereits wirksam eingeforderter Nachschüsse) voll eingezahlt ist (§ 19 Abs. 2 S. 1 GmbHG) und die Einzahlung nicht aus gebundenem Vermögen der Gesellschaft geleistet werden muss (§§ 34 Abs. 3 i.V.m. § 30 Abs. 1 GmbHG). Notfalls müssen die Mitgesellschafter selbst Kapital nachschießen oder eine Kapitalherabsetzung beschließen, um die Einziehungsvoraussetzungen zu schaffen.[692] Ein Einziehungsbeschluss ist nichtig, wenn bereits bei der Beschlussfassung feststeht, dass die Abfindung ganz oder teilweise nur aus gebundenem Vermögen bezahlt werden kann und der Beschluss nicht klarstellt, dass die Zahlung nur bei Vorhandensein ungebundenen Vermögens erfolgen darf.[693] Vorsorglich sollte die Satzung daher Alternativen zur Einziehung vorsehen, etwa die Verpflichtung zur Abtretung des Geschäftsanteils an einen von der Gesellschaft benannten Dritten oder – soweit zulässig – an diese selbst. Derlei Alternativmodalitäten können auch hilfreich sein, wenn die Einziehung aus anderen Gründen unzweckmäßig erscheint. Eine solche Verpflichtung ist gegebenenfalls durch Leistungsklage und Vollstreckung nach § 894 ZPO zu erzwingen.[694] Der Gesellschaftsvertrag kann stattdessen aber auch unmittelbar die Gesellschaft zur Abtretung des Geschäftsanteils ermächtigen (§ 185 BGB).[695] 338

Höchst umstritten ist die Frage, zu welchem **Zeitpunkt** die Einziehung **wirksam** wird, nämlich ob bereits mit Bekanntgabe des Einziehungsbeschlusses oder erst mit Zahlung des 339

681 OLG München DB 1994, 320, 321.
682 BGH NJW 1995, 1358, 1359.
683 OLG Nürnberg NJW-RR 2001, 403, 404.
684 OLG München DB 1994, 320, 321.
685 OLG Brandenburg Beck RS 2006, 06 526.
686 BGH NZG 2003, 530.
687 OLG Dresden NZG 2001, 809.
688 *K. Schmidt* Gesellschaftsrecht S. 1057.
689 OLG Zelle NZG 1998, 29; Baumbach/Hueck/*Zöllner* § 47 Rdnr. 88.
690 BeckNotarHdb/ *Mayer/Weiler* 5. Aufl. D 1 Rdnr. 59.
691 *K. Schmidt* Gesellschaftsrecht S. 1059.
692 Beck'sches Formularhandbuch GmbH-Recht/*Haasen* C. I.3 Anm. 39.
693 BGH ZIP 2011, 1104, 1106; BGHZ 144, 365.
694 *Baumann* MittRhNotK 1991, 271, 276.
695 Vgl. hierzu *Baumann* MittRhNotK 1991, 271, 276.

Einziehungsentgelts.[696] Nach wohl noch h.M. tritt die Wirksamkeit der Einziehung zum Schutz des Gesellschafters grundsätzlich erst **aufschiebend bedingt mit der Zahlung des Einziehungsentgelts** ein.[697] Statuarisch kann aber festgelegt werden, dass die Einziehung bereits mit Zustellung der Einziehungserklärung (einschließlich des Einziehungsbeschlusses) wirksam wird, also unabhängig von der Zahlung der Einziehungs- bzw. Abtretungsvergütung[698] Eine Einziehungsklausel befreit aber nur dann von der Abfindung als Wirksamkeitsvoraussetzung, wenn sie dies unmissverständlich zum Ausdruck bringt und keine sonstigen Regelungen enthält (z.B. Ruhen der Gesellschafterrechte), die nur bei einer durch Zahlung aufschiebend bedingten Wirksamkeit Sinn ergeben.[699] Sollte ein sofortiges Wirksamwerden nicht gewünscht sein, empfiehlt sich zumindest eine Regelung dahingehend, dass das Stimmrecht des Gesellschafters ab Bekanntgabe des Einziehungsbeschlusses ruht.

340 Rechtsfolge der Einziehung ist die **Vernichtung des Geschäftsanteils.** Der betroffene Gesellschafter verliert die Mitgliedschaft mit allen Rechten und Pflichten.[700] Das Stammkapital wird der Höhe nach von der Einziehung nicht tangiert. Jedoch entspricht die Stammkapitalziffer im Ergebnis nicht mehr der Summe der Nennbeträge der Geschäftsanteile. Hieraus ergibt sich eine Kollision mit dem im Rahmen des **MoMiG geänderten § 5 Abs. 3 S. 2 GmbHG.** Danach muss – anders als nach früherer Rechtslage – die Summe der Nennbeträge aller Geschäftsanteile mit dem Stammkapital übereinstimmen.[701] Damit die Einziehung nicht aus diesem Grunde unwirksam wird, müssen die Gesellschafter die Einziehung entweder mit einer Kapitalherabsetzung, mit einer Aufstockung der vorhandenen Geschäftsanteile oder mit einer Neubildung eines Geschäftsanteils und dessen Übernahme durch die Gesellschaft, einen Gesellschafter oder einen Dritten verbinden. In der Satzung sollte die Verpflichtung zur zeitgleichen Ergreifung dieser Maßnahmen vorsorglich formuliert werden, eventuell sogar im Sinne einer Rechtsbedingung, an die die Wirksamkeit des Einziehungsbeschlusses geknüpft wird (z.B. Einreichung einer entsprechend angepassten Gesellschafterliste). Abzuraten ist hingegen wegen der insoweit bestehenden Rechtsunsicherheit von einer – nach der Rechtsprechung wohl möglichen – Regelung, wonach sich der Nennbetrag der verbleibenden Geschäftsanteile mit Wirksamwerden der Einziehung automatisch erhöht.

Eine Einziehungsklausel könnte wie folgt formuliert werden:

Formulierungsvorschlag:

1. Geschäftsanteile können jederzeit mit Zustimmung des betroffenen Gesellschafters, ohne dessen Zustimmung nur aus wichtigem Grund eingezogen werden. Als wichtiger Grund gilt insbesondere:
   – [……]
   – [……]
   Steht ein Geschäftsanteil mehreren Mitberechtigten gemeinschaftlich zu, so ist die Einziehung auch dann zulässig, wenn ein wichtiger Grund nur in der Person eines Mitberechtigten vorliegt.
2. Die Einziehung eines Geschäftsanteils ist nur wirksam, wenn gleichzeitig mit dem Einziehungsbeschluss durch geeignete Maßnahmen sichergestellt wird, dass auch nach der Einziehung die Summe der Nennbeträge aller Geschäftsanteile mit dem Stammkapital übereinbatimmt.
3. Über die Einziehung entscheidet die Gesellschafterversammlung mit einer Mehrheit von [75%] der abgegebenen Stimmen. Soweit eine Einziehung ohne Zustimmung des betroffenen Gesellschafters erfolgt, ist dieser nicht stimmberechtigt. In diesem Fall ist der Beschluss innerhalb einer Frist von vier Wochen nach Kenntnis aller Gesellschafter von dem zur Einziehung berechtigenden wichtigen Grund zu fassen. Nach Ablauf der Frist ist eine Einziehung aus diesem Grund ausgeschlossen.

---

[696] Ausführlich zum Streitstand MünchHdbGesR III/*Kort* § 28 Rdnr. 40.

[697] *Heckschen* GmbHR 2006, 1254.

[698] Vgl. BGH DB 2009, 340; BGH GmbHR 2003, 1062. KölnHdbGesR/*Eckhardt* Kap. A Rdnr. 398 betont in diesem Zusammenhang zu Recht die „doppelte" Belehrungspflicht des Notars bei ungesicherter Vorleistung.

[699] KG DNotZ 2006, 304 m. Anm. *Reymann*; *Wicke* § 34 Rdnr. 11.

[700] Baumbach/Hueck/*Hueck/Fastrich* § 34 Rdnr. 19.

[701] Vgl. dazu LG Neubrandenburg ZIP 2011, 1214; LG Essen NZG 2010, 867.

4. Die Gesellschafter und Geschäftsführer sind verpflichtet, unverzüglich alle Beschlüsse zu fassen, Erklärungen abzugeben und entgegenzunehmen sowie Rechtshandlungen vorzunehmen, die zur Umsetzung des Einziehungsbeschlusses erforderlich sind.
5. Wirksam wird die Einziehung mit Zugang der durch die Geschäftsführer abgegebenen Einziehungserklärung bei dem betroffenen Gesellschafter. Die Zahlung des Einziehungsentgelts ist nicht Wirksamkeitsvoraussetzung.
6. Alternativ kann die Gesellschafterversammlung in den Fällen des Abs. 1 beschließen, dass die betroffenen Geschäftsanteile an eine von der Gesellschaft zu benennende erwerbswillige natürliche oder juristische Person oder Gesellschaft abzutreten sind. § [......] des Gesellschaftsvertrags (Vinkulierung) und § [......] des Gesellschaftsvertrags (Vorerwerbsrecht) gelten für diese Abtretung nicht. Die Gesellschaft ist unter Befreiung von den Beschränkungen des § 181 BGB ermächtigt, die Abtretung nach Wirksamwerden des Einziehungsbeschlusses ohne Mitwirkung des ausscheidenden Gesellschafters vorzunehmen. Absätze 2 und 3 sowie Abs. 4 Satz 2 gelten entsprechend.
7. Dem betroffenen Gesellschafter ist ein Einziehungs- bzw. Abtretungsentgelt nach Maßgabe von § [......] des Gesellschaftsvertrags (Abfindungsentgelt) zu zahlen. Im Falle des Abs. 5 haftet die Gesellschaft für die Zahlung des Entgelts neben dem Erwerber des Geschäftsanteils wie ein selbstschuldnerischer Bürge.

bb) Ausschluss, Austritt und Kündigung. Die Satzung kann das aus unabdingbarem Prinzip folgende **Ausschluss- und Austrittsrecht aus wichtigem Grund** (auch faktisch) nicht beschränken.[702] Sie kann aber weitere Ausschluss- und Austrittstatbestände eröffnen, den Tatbestand des Ausscheidens konkretisieren und die Modalitäten der Durchführung näher regeln.[703] Auch kann die Satzung die Modalitäten der Verwertung des Anteils regeln, etwa vorsehen, dass diese durch Kaduzierung, Einziehung oder Abtretung zu erfolgen hat. Insgesamt ähneln die insoweit in Betracht kommenden Regelungen denjenigen zur Durchführung der Einziehung. Ratsam ist insbesondere die Aufnahme einer Regelung dahingehend, dass der Ausschluss des Gesellschafters keiner Gestaltungsklage (Ausschlussklage), sondern lediglich eines rechtsgestaltenden Gesellschafterbeschlusses bedarf. Eine solche Regelung würde einer gleichwohl erhobenen Ausschlussklage das Rechtsschutzbedürfnis ebenso entziehen wie das Bestehen einer Einziehungsmöglichkeit.[704] 341

Das Gegenstück zum (erzwungenen) Ausschluss des Gesellschafters aus der Gesellschaft ist dessen (freiwilliger) **Austritt bzw. Kündigung.** Auch insoweit vermag die Satzung die ohne weiteres bestehenden Rechte allenfalls zu erweitern oder zu präzisieren.[705] Die Erweiterung kann bis hin zur Einräumung eines ordentlichen Kündigungsrechts gehen. Ohne Regelung besteht ein Recht zum Austritt ohne wichtigen Grund nicht.[706] Dem ausscheidewilligen Gesellschafter verbleibt in diesem Falle lediglich die Möglichkeit zur Veräußerung des Geschäftsanteils. Lässt die Satzung die **ordentliche Kündigung** zu, sollte unbedingt klargestellt werden, dass die Kündigung nicht – wie dies ohne Regelung der Fall wäre – zur Auflösung der GmbH gemäß § 60 GmbHG führt, sondern lediglich zum Ausscheiden des kündigenden Gesellschafters.[707] Auch die sonstigen Rechtsfolgen der Kündigung, insbesondere das Schicksal des betroffenen Geschäftsanteils sind zu regeln. Abermals bietet es sich an, die Einziehung oder Abtretung des Geschäftsanteils vorzusehen. Geregelt werden sollte schließlich die Form der Kündigung sowie eine (nicht zu kurz bemessene) Kündigungsfrist, möglicherweise verbunden mit einem zeitweiligen Ausschluß der Kündigungsmöglichkeit.[708] Letzterer kann der Gesellschaft in der Aufbauphase eine gewisse Stabilität verleihen.[709] Hin- 342

[702] *Roth/Altmeppen* § 60 Rdnr. 68.
[703] *Roth/Altmeppen* § 60 Rdnr. 69 ff.
[704] OLG Jena NZG 2006, 36.
[705] Baumbach/Hueck/*Hueck/Fastrich* § 34 Anh. Rdnr. 27.
[706] Vgl. nur *K. Schmidt* Gesellschaftsrecht S. 1064. Insoweit unterscheidet sich die Rechtslage gravierend von derjenigen bei den Personengesellschaften (§§ 723 BGB, 132 HGB).
[707] *K. Schmidt* Gesellschaftsrecht S. 1065.
[708] Vgl. hierzu BeckNotarHdb/*Mayer/Weiler* D I Rdnr. 67.
[709] So auch KölnHdbGesR/*Eckhardt* Kap. A Rdnr. 267.

sichtlich des Zeitpunkts des Wirksamwerdens des Ausscheidens und des Schicksals der Gesellschafterrechte bis zum Ausscheiden entspricht der Regelungsbedarf demjenigen bei den sonstigen Ausscheidensgründen.

343 Entsprechende Satzungsregelungen richten sich mit den genannten Besonderheiten nach demselben Prinzip wie Einziehungsklauseln. Insoweit wird auf den Klauselvorschlag oben unter Rdnr. 340 verwiesen.

344 *cc) Abfindung.* In allen Fällen der Ausschließung eines Gesellschafters, sei es durch Zwangseinziehung, Gestaltungsurteil oder Zwangsabtretung, aber auch beim Austritt bzw. der Kündigung durch den Gesellschafter selbst, hat dieser grundsätzlich **Anspruch auf Zahlung einer Abfindung.** Eine ausdrückliche Regelung des Abfindungsanspruchs enthält das GmbHG zwar nicht, jedoch setzt es das Bestehen einer Verpflichtung zur Leistung einer Abfindung inhaltlich voraus (vgl. § 34 Abs. 3 GmbHG). Dogmatisch wird der Abfindungsanspruch überwiegend auf eine Analogie zu der für die Personengesellschaften geltenden Vorschrift des § 738 Abs. 1 Satz 2 BGB gestützt.[710] Mangels abweichender Satzungsregelung richtet sich die Höhe der Abfindung – schon im Hinblick auf die auf das Zivilrecht ausstrahlende Eigentumsgarantie gemäß Art. 14 GG –[711] nach dem **vollen wirtschaftlichen Wert des betroffenen Geschäftsanteils (Verkehrswert).**[712] Die grundsätzliche Maßgeblichkeit des Verkehrswerts wird aus dem Umstand gefolgert, dass der Abfindungsanspruch zu den grundlegenden Mitgliedschaftsrechten zählt und seinerseits den wirtschaftlichen Gegenwert zum Geschäftsanteil verkörpert.[713]

345 Anders als bei börsennotierten Aktiengesellschaften lässt sich der Verkehrswert von GmbH-Geschäftsanteilen regelmäßig nicht auf der Grundlage eines Marktes für entsprechende Anteile (Börsenkurs) feststellen. Notwendig zur Ermittlung des Verkehrswertes ist daher in aller Regel eine objektivierte Bewertung des Unternehmens, die es ermöglicht, auf dieser Grundlage den anteiligen Wert des Geschäftsanteils zu ermitteln.[714] Bei der Unternehmensbewertung handelt es sich um eine überaus anspruchsvolle Aufgabe, bei der man im Regelfall nicht auf die Einholung eines **Sachverständigengutachtens** wird verzichten können.[715] Eine bestimmte **Methode der Unternehmensbewertung** geben weder das Gesetz noch die Rechtsprechung vor.[716] Die in Betracht kommenden betriebswirtschaftlichen Methoden sind vielfältig und umstritten. Sie werden in der Rechtsprechung des Bundesgerichtshofes größtenteils in dem Bereich der **Tatsachenfeststellung** verlegt, also nicht in „rechtlich richtige" und „rechtlich falsche" Methoden eingeteilt. Als angemessen erachtet werden heute überwiegend zukunftsbezogene Bewertungsmethoden wie das sog. Ertragswertverfahren oder das sog. Discounted Cash Flow Verfahren (DCF).

346 Das **Ertragswertverfahren** beruht auf der Kapitalisierung nachhaltig zu erwartender künftiger Erträge (Ertragsüberschüsse, Gewinne), die auf der Basis der gegenwärtigen Ertragslage des Unternehmens unter Berücksichtigung erkennbarer Entwicklungsfaktoren ermittelt werden. Mit dem Ertragswertverfahren verwandt ist das **Discounted Cash Flow Verfahren,** bei dem auf der Grundlage der Unternehmensplanung zukünftige Zahlungsüberschüsse ermittelt und mit Hilfe von Kapitalkosten auf den Bewertungsstichtag diskontiert werden. Daneben kann aber auch die nachfolgend noch zu erläuternde sog. **Substanzwertmethode** relevant werden, etwa bei der Bewertung ertragsschwacher Unternehmen.[717] In Deutschland sind die Einzelheiten der Bewertungsmethoden in den vom Institut der Wirtschaftsprüfer entwickelten Grundsätzen zur Durchführung von Unternehmensbewertungen (IDW S 1) niedergelegt.

347 Es besteht heute Einigkeit, dass aufgrund der Satzungsautonomie vom Grundsatz der Abfindung zum vollen wirtschaftlichen Wert abgewichen und statuarisch eine niedrigere

[710] Baumbach/Hueck/*Hueck/Fastrich* § 34 Rdnr. 22; Michalski/*Sosnitza* § 34 Rdnr. 44.
[711] Vgl. BVerfGE 100, 289.
[712] *Wicke* Anhang § 34 Rdnr. 14.
[713] BeckOK GmbHG/*Schindler* § 34 Rdnr. 81.
[714] OLG Köln NZG 1999, 1222, 1224.
[715] BGHZ 116, 359, 371; BGH NJW 1985, 192, 193.
[716] BGHZ 116, 359, 371; BGH NJW 1993, 2101, 2103.
[717] *K. Schmidt* Gesellschaftsrecht S. 1476; vgl. BGHZ 116, 359, 371.

Abfindung festgesetzt werden kann.[718] Die Stoßrichtung von **satzungsmäßigen Abfindungsklauseln** ist in der Regel eine zweifache: Einerseits sollen langwierige gerichtliche Streitigkeiten und aufwändige Begutachtungen des Unternehmenswerts vermieden werden. Andererseits dienen Abfindungsklauseln, indem sie die Gesellschaft gegen die Belastung durch hohe Abfindungsforderungen schützen, der Bestandssicherung des Unternehmens. Denn ohne entsprechende Satzungsregelungen müsste die Gesellschaft etwa im Falle der Einziehung eines Geschäftsanteils sofort den vollen Anteilswert an den betroffenen Gesellschafter zahlen – eine die Liquidität der Gesellschaft möglicherweise überfordernde Verpflichtung. Deshalb finden sich in den allermeisten Satzungen von Mehrpersonengesellschaften Abfindungsklauseln, die die Art und Höhe der Abfindung sowie die Auszahlungsmodalitäten näher regeln. Diese Klauseln unterliegen vollumfänglich der richterlichen Inhaltskontrolle. Schranken für die Zulässigkeit von Abfindungsbeschränkungen ergeben sich insbesondere aus den §§ 138 BGB bzw. 241 ff. AktG analog sowie aus Erfordernissen der Bestimmtheit und der Gleichbehandlung.

Maßstab für die Inhaltskontrolle ist zunächst die Frage, ob ein **grobes Missverhältnis** zwi- 348
schen dem satzungsmäßigen Abfindungsbetrag einerseits und dem anteiligen Verkehrswert andererseits festzustellen ist.[719] Liegt ein solches Missverhältnis vor, so unterscheiden sich die Rechtsfolgen danach, ob das Missverhältnis bereits anfänglich bestand, also entweder bereits beim Abschluss des Gesellschaftsvertrags oder bei Einfügung der Abfindungsbeschränkung durch Satzungsänderung, oder ob es hierzu erst durch zwischenzeitliche Entwicklungen der Gesellschaft bzw. des Gesellschaftsvermögens gekommen ist. Ein anfängliches Missverhältnis zieht die **Nichtigkeit der betreffenden Klausel** nach sich mit der Folge, dass eine Abfindung in Höhe des vollen Verkehrswerts geschuldet ist.[720] Hat sich das Missverhältnis hingegen erst nachträglich ergeben, bleibt die ursprünglich unkritische Abfindungsklausel weiterhin wirksam, jedoch gewährt der BGH im Wege **ergänzender Vertragsauslegung** nach Treu und Glauben und unter Abwägung der beiderseitigen Interessen von Gesellschaft und ausscheidendem Gesellschafter einen Anspruch auf Abfindung in angemessener Höhe.[721] In diesem Fall wird dann weder das gerade noch zulässige Mindestmaß noch der volle Anteilswert als Abfindung geschuldet. Es ist vielmehr nach einem beiderseitigen Interessenausgleich unter Berücksichtigung des Zwecks der Abfindungsklausel, des Ausscheidensgrunds und der Entwicklung der Vermögens- und Ertragslage der Gesellschaft zu suchen.[722]

Wann ein grobes Missverhältnis zwischen statuarischer Abfindung und Verkehrswert vor- 349
liegt, beantworten Rechtsprechung und h. M. nicht schematisch anhand eines festen Grenzwertes, sondern bezogen auf den jeweiligen Einzelfall unter Abwägung der betroffenen Interessen.[723] Verneint wurde ein grobes Missverhältnis bei einer Beschränkung der Abfindung auf 83% des Verkehrswertes.[724] In einem anderen Fall, in dem die Satzung die Abfindung auf ein Drittel des Zeitwertes begrenzt hatte, wurde hingegen ein grobes Missverhältnis bejaht.[725] Mit der gebotenen Vorsicht lässt sich aus den vorliegenden Entscheidungen die „Faustregel" entnehmen, dass ein grobes Missverhältnis jedenfalls dann zu bejahen ist, wenn die Abfindung unter 50% des echten Wertes liegt.[726] In jedem Falle ist zu raten, eine Abfindungsklausel in regelmäßigen Abständen dahin zu überprüfen, ob diese der wirtschaftlichen Situation der Gesellschaft, der persönlichen Situation der Gesellschafter sowie den Anforderungen der Rechtsprechung noch gerecht wird.[727] Unbedenklich dürfte dabei in aller Regel eine Abfindung sein, die sich auf 2/3 des Vertragswerts oder mehr beschränkt.[728]

[718] BGHZ 116, 359, 368; Lutter/Hommelhoff/*Lutter* § 34 Rdnr. 52.
[719] BGHZ 126, 226, 244; 164, 107, 115.
[720] §§ 241 ff. AktG analog. BGHZ 116, 359, 368; BGHZ 144, 365, 367 f.
[721] BGHZ 116, 359, 371; 123, 281, 289; 126, 226, 242.
[722] Baumbach/Hueck/*Hueck/Fastrich* § 34 Rdnr. 28.
[723] BGHZ 126, 226, 244; 164, 107, 115; *Wellhöfer* GmbHR 1994, 212, 218.
[724] OLG Naumburg NZG 2000, 698, 700.
[725] OLG Hamm NZG 2003, 440.
[726] Beck'sches Formularbuch GmbH-Recht/*Haasen* C. I.3 Anm. 42.
[727] Beck'sches Formularbuch GmbH-Recht/*Haasen*, aaO.
[728] *Leitzen* RNotZ 2009, 315, 322.

350 Gemessen an dieser Schranke erweisen sich **Ertragswertklauseln** im Regelfall als unproblematisch, da diese gewissermaßen die ohnehin gesetzlich maßgebliche Abfindung lediglich satzungsmäßig konkretisieren. Kaum zu beanstanden sind auch sog. **modifizierte Ertragswertklauseln**, bei denen entweder einzelne Parameter der Bewertung nach Maßgabe des Ertragswerts genauer festgelegt werden (z. B. Vereinbarung eines bestimmten Kapitalisierungszinssatzes oder branchen- und größenbezogene Festlegung des Risikoaufschlages auf den Basiszinssatz) oder eine prozentuale Kürzung des Abfindungsanspruchs vorgesehen ist.

351 **Substanzwertklauseln** hingegen bergen gerade bei ertragsstarken Unternehmen in größerem Maße die Gefahr eines groben Missverhältnisses zwischen Abfindungswert und Verkehrswert. Bei ihnen wird der Unternehmenswert anhand der Wiederbeschaffungswerte des Vermögens unter Abzug der Schulden ermittelt. Zwar werden stille Reserven wegen der Bewertung der einzelnen Vermögensgegenstände berücksichtigt, jedoch bleibt der Firmen- oder Geschäftswert außer Betracht. Zur Ermittlung des wirklichen Unternehmenswertes werden Substanzwertklauseln lediglich in besonderen Konstellationen geeignet sein, z. B. bei reinen Vermögensverwaltungsgesellschaften oder bei Freiberufler-GmbHs, bei denen der Ertrag durch die Mitarbeit der einzelnen Gesellschafter generiert wird.[729]

352 Bislang wurde in einer Vielzahl von Satzungsbestimmungen das sog. **Stuttgarter Verfahren**, zuletzt geregelt in Abschnitt 96 ff. der Erbschaftssteuerrichtlinien vom 17. 3. 2003,[730] als Bewertungsmaßstab herangezogen. Dieses Verfahren beinhaltet eine Mischung aus Substanz- und Ertragswertbewertung und führt in der Regel zu einer deutlich niedrigeren Bewertung von Anteilen an Kapitalgesellschaften als die Bewertung auf Grundlage des Ertragswertverfahrens.[731] Zumindest für steuerliche Zwecke ist das Stuttgarter Verfahren seit der Neuregelung von Betriebsvermögen durch das Erbschaftssteuerreformgesetz vom 24. 12. 2008[732] überholt. An seine Stelle ist nunmehr als Regelbewertung gemäß §§ 199 ff. BewG steuerlich ein **vereinfachtes Ertragswertverfahren** getreten, bei dem die Kapitalisierung für alle Unternehmen einheitlich mit einem Basiszinssatz zuzüglich eines Risikozuschlags von 4,5% erfolgen soll.[733] Da noch wenig Erfahrung mit der neuen Bewertungsmethode besteht, kann zu deren Heranziehung derzeit nicht geraten werden. Teilweise wird davon ausgegangen, dass das neue Verfahren zu deutlich überhöhten Unternehmenswerten führen könnte.[734] Im Sinne einer **statischen Verweisung** kann allerdings auch bei neuen Satzungen noch das hergebrachte Stuttgarter Verfahren als Bewertungsgrundlage vorgesehen werden. Maßgeblich sind dann die vor 2009 geltenden Erbschaftssteuerrichtlinien. Bei Abfindungsklauseln, die in älteren Satzungen auf das Stuttgarter Verfahren verweisen, besteht insoweit Prüfungs- und eventuell Handlungsbedarf, als teilweise vertreten wird, dass bei diesen Klauseln im Wege ergänzender Vertragsauslegung auf die neuen, möglicherweise zu gänzlich anderen Abfindungswerten führenden Regelungen des Bewertungsgesetzes zurückgegriffen werden muss.[735] Zur Vermeidung unerwünschter Ergebnisse empfiehlt sich möglicherweise eine Klarstellung.

353 Die ebenfalls weit verbreiteten **Buchwertklauseln** bergen zumindest bei längerem Bestehen der Gesellschaft regelmäßig die Gefahr, dass es zu einem Rechtsstreit über die Abfindung und möglicherweise zu einer richterlichen Anpassung nach den oben genannten Grundsätzen kommt. Bei Buchwertklauseln erfolgt die Abfindung auf der Grundlage des bilanziellen Gesellschaftsvermögens abzüglich der Schulden. Etwaige stille Reserven sowie ein Geschäfts- oder Firmenwert (Good Will) bleiben vollständig außer Betracht.

354 Zu noch eklatanteren Wertdifferenzen kann es schließlich bei **Nennwertklauseln** kommen. Bei ihnen wird dem ausscheidenden Gesellschafter lediglich der Wert der nicht durch Verluste geminderten Stammeinlage als Abfindung gezahlt. Anders als bei einer Abfindung nach dem Buchwert wird dem Gesellschafter nicht einmal der volle Wert des Eigenkapitals

[729] Vgl. BGH WM 1986, 1384, 1385.
[730] BStBl. S 1 2003, S. 2 ff.
[731] *Moog/Schweizer* GmbHR 2009, 1198.
[732] BGBl. I 2008, 3018.
[733] §§ 199 ff. BewG; vgl. hierzu *Casper/Altgen* DStR 2008, 2319 ff.
[734] *Casper/Altgen* DStR 2008, 2319, 2320.
[735] Vgl. *Casper/Altgen* DStR 2008, 2319, 2322.

einschließlich offener Rücklagen und Gewinnvorträge gewährt. Deshalb besteht bei Nennwertklauseln stets eine erhebliche Gefahr der fehlenden Durchsetzbarkeit.[736] Unproblematisch dürften Nennwertklauseln allenfalls bei Gesellschaften sein, deren Eigenkapital sich nur (noch) auf das Stammkapital beschränkt oder sogar darunter liegt. Zulässig können sie auch im Rahmen von Mitarbeiterbeteiligungsprogrammen sein, bei denen die betreffenden Gesellschafter ihren Anteil unentgeltlich oder zum Nennwert erworben haben.[737]

Regelmäßig unzulässig ist ein **vollständiger Ausschluss der Abfindung.** Ausnahmen werden insoweit nur für Gesellschaften anerkannt, die keinen Erwerbszweck, sondern nur ideelle Ziele verfolgen (z. B. eine rein gemeinnützige GmbH).[738] In Erwägung zu ziehen ist die Zulässigkeit eines vollständigen Abfindungsausschlusses ferner bei Familiengesellschaften und anderen personalistischen Gesellschaften für den Fall des Todes des Gesellschafters[739] sowie im Falle der Zwangseinziehung aus wichtigem Grund, sofern ein besonders schwerwiegender Verstoß des Gesellschafters vorliegt (Vertragsstrafengedanke).[740] Ähnliches gilt wiederum im Rahmen von Mitarbeiterbeteiligungsmodellen.[741] Im Abfindungsausschluss kann eine unentgeltliche Verfügung zugunsten der Mitgesellschafter liegen, die in der Regel schon mit Abschluss des ohnehin formgebundenen Gesellschaftsvertrags im Sinne der §§ 518, 2301 Abs. 2 BGB aufschiebend bedingt vollzogen ist.[742] 355

Weitere Schranken für Abfindungsklauseln ergeben sich aus dem **Bestimmtheits-** und dem **Gleichbehandlungsgrundsatz.** In formeller Hinsicht ist zunächst erforderlich, dass die Abfindungsklausel die Beschränkung der Abfindung so deutlich erkennen lässt, dass sich jeder Gesellschafter auf die Folgen einstellen kann.[743] Verboten ist außerdem eine sachlich nicht gerechtfertigte, willkürliche Ungleichsbehandlung der betroffenen Gesellschafter.[744] Keine willkürliche Ungleichbehandlung liegt aber z. B. vor, wenn in einer die Abfindungshöhe beschränkenden Klausel inhaltlich danach differenziert wird, wie lange das Kapital eines Gesellschafters der Gesellschaft zur Verfügung gestanden hat.[745] Unter dem Gesichtspunkt der **Gläubigerbenachteiligung** können schließlich solche Abfindungsklauseln unwirksam sein, welche die Abfindung nur bei Insolvenz des Gesellschafters oder bei Vollstreckung in seinen Geschäftsanteil beschränken, nicht aber bei sonstigen wichtigen Gründen in der Person des Gesellschafters.[746] Nach richtiger Auffassung wird die nichtige Klausel auch nicht zu Lasten der Gläubiger von der Heilungswirkung entsprechend § 242 Abs. 2 S. 1 AktG erfasst.[747] Vorsorglich sollten Abfindungsbeschränkungen zumindest immer auch auf den Fall einer Einziehung aus wichtigem Grunde erstreckt werden. 356

Unbedingt enthalten sollten Abfindungsklauseln eine **Ratenzahlungs- und Stundungsregelung.** Üblich und empfehlenswert ist es, dass die Satzung eine Auszahlung in mehreren gleichen Jahres- oder Halbjahresraten bei marktüblicher Verzinsung regelt. Sieht die Satzung hierbei allerdings einen übermäßig langen Auszahlungszeitraum vor, kann auch dies als grob unbillig, weil den wirtschaftlichen Wert des Abfindungsanpruchs mindernd, anzusehen sein. Nicht zu beanstanden sind in der Regel Zeiträume von bis zu fünf Jahren, bei ansonsten gesellschafterfreundlichen Abfindungsklauseln möglicherweise auch länger Zeiträume.[748] Eine mehr als achtjährige Dauer dürfte hingegen kaum noch zumutbar sein.[749] 357

Schließlich sollte die Satzung im Zusammenhang mit der Abfindungsregelung eine **Schiedsgutachterklausel** enthalten. Gemeint ist hierbei nicht eine Schiedsgerichtsvereinba- 358

[736] BGHZ 116, 359, 367 ff.; Michalski/*Sosnitza* § 34 Rdnr. 67.
[737] BGHZ 164, 98, 104; 164, 107, 116.
[738] BGHZ 135, 387, 390 f.; Michalski/*Sosnitza* § 34 Rdnr. 63.
[739] Vgl. Michalski/*Sosnitza* § 34 Rdnr. 64.
[740] Michalski/*Sosnitza* § 34 Rdnr. 63; a. A. Baumbach/Hueck/*Hueck/Fastrich* § 34 Rdnr. 34.
[741] *Wicke* Anhang § 34 Rdnr. 19.
[742] *Wicke* Anhang § 34 Rdnr. 19.
[743] BGH NJW 1977, 2316, 2317; *Roth/Altmeppen* § 34 Rdnr. 46.
[744] BGHZ 116, 359, 373; Baumbach/Hueck/*Hueck/Fastrich* § 34 Rdnr. 29.
[745] BGHZ 116, 359, 374.
[746] BGHZ 65, 22, 28 ff.; BGHZ 144, 365, 366 f.
[747] *Roth/Altmeppen* § 34 Rdnr. 54; vgl. aber BGHZ 144, 365, 367 f.
[748] Baumbach/Hueck/*Hueck/Fastrich* § 34 Rdnr. 38.
[749] Vgl. BGH NJW 1989, 2685, 2686.

rung im Sinne der §§ 1025 ff. ZPO, vielmehr soll der Schiedsgutachter die Höhe des Abfindungsguthabens nach billigem Ermessen bestimmen (§ 317 BGB). Nur wenn das von ihm gefundene Ergebnis offenbar unbillig ist, kann dieses nach § 319 Abs. 1 BGB vor den ordentlichen Gerichten angegriffen werden.[750] Üblich ist es, eine neutrale Stelle zu benennen (z. B. Präsident der örtlich zuständigen IHK), die verbindlich einen als Schiedsgutachter fungierenden Wertgutachter benennt.

Eine Abfindungsklausel könnte wie folgt lauten:

Formulierungsvorschlag:

1. Ist an einen Gesellschafter nach den Vorschriften dieses Gesellschaftsvertrags eine Abfindung zu zahlen, so beträgt diese 2/3 des wirtschaftlichen Werts der betroffenen Geschäftsanteile. Der Wert ist anhand des [unter Heranziehung der dann geltenden Bewertungsgrundsätze des Instituts der Wirtschaftsprüfer in Deutschland e. V. (derzeit IDW S 1 in der Fassung 2008 vom 2. April 2008)] nach dem Ertragswertverfahren errechneten anteiligen Unternehmenswerts zu bestimmen.
2. Bei Uneinigkeit über die Höhe des Entgelts wird dieses mit bindender Wirkung für die Beteiligten durch einen Wertgutachter festgelegt, der auf ersten Antrag einer Partei durch den Präsidenten der IHK am Sitz der Gesellschaft bestimmt wird. Der Wertgutachter entscheidet nach billigem Ermessen entsprechend § 91 a ZPO auch über die Tragung der Begutachtungskosten.
3. Das Abfindungsentgelt ist in zehn gleichen halbjährlichen Raten zu zahlen. Die erste Rate ist fällig sechs Monate nach dem Ausscheiden des abzufindenden Gesellschafters. Ausstehende Raten sind jährlich mit fünf Prozentpunkten über dem jeweiligen Basiszinssatz zu verzinsen. Kommt die Gesellschaft mit einer Ratenzahlung [(inklusive Zinsen)] in Verzug, sind alle weiteren Raten sofort fällig. Vorzeitige Zahlungen sind jederzeit in beliebiger Höhe zulässig und werden auf die zuletzt zu zahlenden Raten angerechnet.

359 o) **Sonderrechte und Vorzugsgeschäftsanteile.** Sonderrechte für Gesellschafter sind im GmbH-Gesetz nicht geregelt, aber unbestritten zulässig.[751] Sie begegnen vor allem in zwei Konstellationen. Zum einen können sie dafür sorgen, dass einem Gesellschafter dauerhaft ein im Verhältnis zur Größe seines Geschäftsanteils **überproportionales Gewicht** in der Gesellschaft zukommt. Zum anderen verkörpern sie ein geeignetes Instrumentarium für den **Schutz von Minderheiten**. In beiden Konstellationen geht es, wenngleich mit unterschiedlicher Stoßrichtung, darum, einzelnen Gesellschaftern oder Gesellschaftergruppen in möglichst unentziehbarer Weise Vorrechte gegenüber den anderen Gesellschaftern zu gewähren.[752] Zur **Perpetuierung solcher Strukturen** sind Gesellschaftersonderrechte deshalb geeignet, weil sie grundsätzlich nur durch satzungsändernden Beschluss mit Zustimmung des bevorrechtigten Gesellschafters aufgehoben oder geändert werden können.[753] Eine Aufhebung oder Änderung ohne Zustimmung des berechtigten Gesellschafters kommt nur ganz ausnahmsweise bei Vorliegen eines wichtigen Grundes in Betracht.[754] Gesellschafterbeschlüsse, die ohne Zustimmung des Berechtigten und ohne wichtigen Grund in ein Gesellschaftersonderrecht eingreifen, sind unwirksam (§ 35 BGB analog).[755] Gesellschaftersonderrechte können entgeltlich oder unentgeltlich vereinbart sein. Sie können isoliert bestehen oder auch als ein mit einer Nebenpflicht korrespondierendes Recht des Gesellschafters gegen die Gesellschaft (Pflichtrecht). Letzteres kommt insbesondere als Recht und Pflicht zur Geschäftsführung vor.

360 Gesellschaftersonderrechte können **vermögensrechtlicher** oder **organisationsrechtlicher** Art sein. Beispiele sind:

[750] Vgl. hierzu *K. Schmidt* Gesellschaftsrecht S. 1478.

[751] Vgl. nur *Priester* S. 38.

[752] Vgl. zur Unentziehbarkeit der Gesellschaftersonderrechte und zum Ausweichen auf schuldrechtliche Gestaltungen neuerdings *van Venrooy* GmbHR 2010, 841 ff.

[753] Baumbach/Hueck/*Hueck/Fastrich* § 14 Rdnr. 19; vgl. auch BeckGmbH-HB/*Schmiegelt/Gerber* Rdnr. 56.

[754] Vgl. hierzu BeckGmbH-HB/*Schmiegelt/Gerber* Rdnr. 56.

[755] BeckGmbH-HB/*Schmiegelt/Gerber*, aaO, Rdnr. 57.

- das Recht zur Geschäftsführung oder zur Ernennung von Geschäftsführern
- Entsendungsrechte für Mitglieder eines Aufsichtsrats oder Beirats
- ein erhöhtes Stimmrecht
- Zustimmungs- oder Einspruchsrechte bei Gesellschafterbeschlüssen
- Weisungsrechte gegenüber der Geschäftsführung
- das Recht auf Vorzugsdividende und/oder auf erhöhten Liquidationsanteil
- Zustimmungsvorbehalte bei der Veräußerung von Geschäftsanteilen oder das Recht zum Erwerb anderer Geschäftsanteile[756]
- Schutzrechte, z. B. die Erschwerung des Ausschlusses

Die satzungsmäßige Gestaltungsfreiheit findet ihre **Grenze** lediglich **in den allgemeinen** 361 **Regeln** (§§ 134 und 138 BGB) sowie **in den zwingenden Regelungen des GmbH-Rechts.**[757] Beispielsweise kann durch das Gesellschaftersonderrecht zur Ernennung eines Geschäftsführers nicht dessen Abberufung aus wichtigem Grund gem. § 38 Abs. 2 GmbHG verhindert werden.[758] Umgekehrt darf die Erfüllung eines Sonderrechts auf Vorzugsdividende nicht mit den zwingenden Kapitalerhaltungsvorschriften kollidieren.[759] Werden Gesellschaftersonderechte nicht bereits bei Gründung der Gesellschaft, sondern erst später im Wege einer Satzungsänderung eingeführt, so bedarf der betreffende Gesellschafterbeschluss wegen des Grundsatzes der gleichmäßigen Behandlung aller Gesellschafter der Zustimmung aller nichtbevorrechtigten Gesellschafter.[760] Ein hiergegen verstoßender Gesellschafterbeschluss ist anfechtbar.[761]

Bei der Formulierung von Gesellschaftersonderrechten ist stets klarzustellen, welches 362 **Schicksal** das betroffene Recht **bei Veräußerung des Geschäftsanteils** nehmen soll. Gesellschaftersonderrechte können in der Weise eingeräumt werden, dass diese entweder einem namentlich bestimmten Gesellschafter zeitlich begrenzt oder für die Dauer seiner Zugehörigkeit zur Gesellschaft (**personengebunden**) oder aber dem jeweiligen Inhaber eines bestimmten Geschäftsanteils (**anteilsgebunden**) zustehen sollen.[762] Sind die Gesellschaftersonderrechte anteilsgebunden, so spricht man auch von **Vorzugsgeschäftsanteilen.** Beide Arten von Gesellschaftersonderrechten stimmen überein, soweit es sich um den Kreis der Rechtspositionen handelt, die einzelnen Gesellschaftern eingeräumt werden können.[763] Sie unterscheiden sich lediglich hinsichtlich der Übertragbarkeit bei der Rechtsnachfolge in den Geschäftsanteil.[764] Insoweit sollte die Satzung keinen Zweifel offen lassen. Ein Beispiel für die bei fehlender Klarstellung entstehenden Auslegungsprobleme ist die Zweifelsfrage, ob durch die in der Satzung vorgenommene Bestellung eines Gesellschafters zum Geschäftsführer ein Sonderrecht des betreffenden Gesellschafters begründet wird. Dies wir überwiegend verneint.[765]

Beispielhaft könnte ein personengebundenes Sonderrecht zur Geschäftsführung durch 363 folgende Regelung begründet werden:

Formulierungsvorschlag:

Dem Gesellschafter XY steht als Sonderrecht das Recht zur alleinigen Geschäftsführung zu. Dieses Recht ist nicht vererblich oder auf anderem Wege übertragbar. Insbesondere geht es nicht mit der Übertragung der von dem Gesellschafter XY gehaltenen Geschäftsanteile auf einen Erwerber über. [Aus ihm folgt keine Verpflichtung zur Übernahme der Geschäftsführung.]

---

[756] BeckGmbH-HB/*Schmiegelt/Gerber* § 3 Rdnr. 54.
[757] *Waldenberger* GmbHR 1997, 49, 51; Scholz/Winter/*Seibt* § 14 Rdnr. 21 ff.
[758] BeckGmbH-HB/*Schmiegelt/Gerber* § 3 Rdnr. 34.
[759] BeckGmbH-HB/*Schmiegelt/Gerber* § 3 Rdnr. 34.
[760] Baumbach/Hueck/*Hueck/Fastrich* § 14 Rdnr. 18.
[761] Baumbach/Hueck/*Hueck/Fastrich* § 14 Rdnr. 17.
[762] Ausführlich hierzu *Waldenberger* GmbHR 1997, 49, 52 f.
[763] Vgl. *Buchholz* MittRhNotK 1991, 1, 3.
[764] *Buchholz* MittRhNotK 1991, 1, 3.
[765] Scholz/*Winter/Seibt* § 14 Rdnr. 22; vgl. auch *Priester* S. 38. Vgl. zum Abschluss der Geschäftsführer-Anstellungsverträge bei satzungsmäßigen Sonderrechten *Cramer* NZG 2011, 171 ff.

364 p) **Informationsrecht der Gesellschafter.** Das von § 51 a GmbHG jedem Gesellschafter gegenüber den Geschäftsführern (**im Sinne eines Individualrechts**) gewährte umfassende Kontroll- und Informationsrecht wird wegen seiner Schrankenlosigkeit allgemein als **zu weitgehend** angesehen.[766] Dennoch kann es, da § 51 a Abs. 3 GmbHG Abweichungen von den Bestimmungen der Abs. 1 und 2 untersagt, in der Satzung nicht beschränkt oder gar ausgeschlossen werden. Verbesserungen der Rechtsstellung der Gesellschafter sind hingegen selbstverständlich möglich, angesichts der sehr weitreichenden Fassung von § 51 a GmbHG jedoch wenig naheliegend.[767] Auch **Regelungen zum Verfahren** der Erfüllung des Auskunftsanspruchs müssen sich stets daran messen lassen, ob sie die Rechtsstellung der Gesellschafter – wenn auch nur reflexhaft – beschränken. Soweit der materielle Gehalt der Informationsrechte nicht eingeschränkt wird, bleibt es der Satzung jedoch unbenommen, das nähere Verfahren des Informationsverlangens und der Informationserteilung zu regeln.[768] Zulässig ist es z. B., in der Satzung für Gesellschafteranfragen die Schriftform vorzuschreiben oder eine kurze Ankündigungsfrist vor der Einsichtnahme vorzusehen.[769] Unwirksam sind hingegen Satzungsbestimmungen, die das Informationsrecht des Gesellschafters im zeitlichen Umfang begrenzen, z. B. auf eine Stunde im Monat oder auf wenige Zeiten im Jahr, oder Klauseln, die die Informationserteilung von einem vorgeschalteten Gesellschafterbeschluss abhängig machen.[770] Sehr umstritten ist die Zulässigkeit einer Regelung, die die Ausübung des Einsichtsrechts – unter Ausschluss des Gesellschafters – alleine einem zur Berufsverschwiegenheit verpflichteten Sachverständigen überlässt.[771] Dies wird zum Teil unter der Voraussetzung für zulässig erachtet, dass der Gesellschafter den zur Verschwiegenheit verpflichteten Dritten aussuchen kann und die GmbH die Kosten übernimmt.[772] Eine Schiedsklausel für Streitigkeiten über den Informationsanspruch wird als zulässig angesehen.[773] Problematisch wäre hingegen eine Klausel, die einen generellen Verzicht auf den von § 51 a GmbHG als Voraussetzung für eine Informationsverweigerung vorgesehenen Gesellschafterbeschluss anordnet.[774]

365 Im Hinblick auf die mit der Geltendmachung des Kontroll- und Informationsrechts für den laufenden Geschäftsbetrieb einhergehenden Beeinträchtigungen und das hiermit verbundene „querulatorische Potential" kann es sich empfehlen, den **Informationsfluss in der Gesellschaft** zu **institutionalisieren** und die individuellen Informationsrechte (durch Befriedigung) leerlaufen zu lassen. So kann in der Satzung beispielsweise eine laufende Berichterstattung an alle Gesellschafter durch die Geschäftsführung vorgesehen werden, z. B. durch standardisierte monatliche oder vierteljährliche Berichte.[775] Wegen der hierin an sich liegenden Erweiterung des Informationsrechtes der Gesellschafter ist gegen solche Satzungsbestimmungen grundsätzlich nichts einzuwenden.[776]

366 Eine entsprechende Klausel könnte wie folgt lauten:

Formulierungsvorschlag:

Die Geschäftsführung hat die Gesellschafter regelmäßig, mindestens jedoch zum Anfang eines jeden Quartals, schriftlich über die Angelegenheiten der Gesellschaft zu unterrichten.

367 q) **Aufsichtsrat/Beirat.** Anders als bei der Aktiengesellschaft gehört bei der GmbH ein Aufsichtsrat **nicht zur korporativen Grundausstattung.** Einzurichten sind Aufsichtsräte nach den Unternehmensmitbestimmungsgesetzen (DrittelbG, MitbestG, MontanMitbestG und

[766] Vgl. nur Michalski/*Römermann* § 51 a Rdnr. 242; *K. Schmidt* Gesellschaftsrecht S. 1040.
[767] *Priester* S. 44.
[768] BayObLG DNotZ 1989, 519; vgl. auch *Karl* DStR 1995, 940.
[769] BeckGmbH-HB/*Schmiegelt/Gerber* § 3 Rdnr. 66.
[770] Vgl. BayObLG GmbH-Rundschau 1989, 201; OLG Köln WM 1986, 761 ff.; BeckGmbH-HB/*Schmiegelt/Gerber*, aaO.
[771] Vgl. hierzu Michalski/*Römermann* § 51 a Rdnr. 247.
[772] Vgl. *Hirte* BB 1985, 2208; *Ivens* GmbHR 1989, 273, 276.
[773] Baumbach/Hueck/*Zöllner* § 51 b Rdnr. 3.
[774] Vgl. Michalski/*Römermann* § 51 a Rdnr. 248 m. w. N.
[775] BeckGmbH-HB/*Schmiegelt/Gerber* § 3 Rdnr. 66; Lutter/Hommelhoff/*Lutter* § 51 a Rdnr. 25.
[776] OK GmbHG/*Schindler* § 51 a Rdnr. 79.

MitbestErgG) grundsätzlich nur bei solchen Gesellschaften, in deren inländischen Betrieben regelmäßig mehr als 500 Arbeitnehmer beschäftigt sind. Obligatorisch ist die Einrichtung von Aufsichtsräten ferner im Falle von Kapitalanlagegesellschaften und kapitalmarktorientierten GmbHs.[777] Außerhalb des Spektrums obligatorischer Aufsichtsräte sind Gründer und Gesellschafter bei der **Schaffung weiterer Gremien weitgehend frei.**[778] Neben den beiden notwendigen und unverzichtbaren Organen der GmbH, der Gesellschafterversammlung und der Geschäftsführung, können durch den Gesellschaftsvertrag weitere Aufsichts- und Leitungsorgane fakultativ geschaffen und mit vielfältigen Aufgaben betraut werden. Selbst bei Gesellschaften, die der Unternehmensmitbestimmung unterliegen, besteht – solange nicht in die zwingende Kompetenzordnung eingegriffen wird – Raum für die Einrichtung zusätzlicher Gremien.[779] Über eine **organmäßige Stellung** verfügt ein freiwillig eingerichtetes Gremium nur dann, wenn dieses satzungsmäßig verankert ist, nicht hingegen, wenn es – was ebenfalls möglich ist – lediglich auf schuldrechtlicher Basis (z. B. Dienstleistungsverträge mit dem Gremienmitgliedern) oder auf einem einfachen Gesellschafterbeschluss beruht. Nur das satzungsmäßig installierte Gremium ist als Teil der Gesellschaftsverfassung auch von künftigen Gesellschaftern anzuerkennen und vermag im Rahmen seiner satzungsmäßigen Kompetenz die anderen Gesellschaftsorgane zu „verdrängen“.[780]

Da der Notar selten gestaltend mit obligatorischen Aufsichtsräten in Berührung kommen 368 wird, beschränkt sich die nachfolgende Darstellung auf Erläuterungen zu den freiwilligen Gremien.

Vielerlei **Gründe** können gerade bei mittelständischen Unternehmen für die freiwillige 369 Einrichtung zusätzlicher Gremien sprechen. Es sind dies z. B.:[781]

- die Überwachung der Geschäftsführung, insbesondere durch die Verankerung von Berichts- und Informationsrechten sowie von Zustimmungsvorbehalten
- die Einbindung externen Sachverstands im Sinne einer Dauerberatung, sei es für die Geschäftsführung, sei es für die Gesellschafterversammlung
- der Wunsch nach Kontaktpflege und des Sich-Umgebens mit einflussreichen Partnern im Sinne einer Marketingstrategie
- die Vorbereitung und Umsetzung der Unternehmensnachfolge, indem die Nachfolger begleitet und kontrolliert werden können und dem Altunternehmer ein gewisser Machterhalt gesichert wird[782]
- die Schaffung einer Schiedsinstanz bei Streitigkeiten innerhalb des Gesellschafterkreises oder der Geschäftsführung, die auch geeignet ist, Patt-Situationen aufzulösen
- die wechselseitige Kontrolle bei Unternehmenskooperationen
- die Einbindung externer Kapitalgeber

Besteht eine solche Interessenlage, wird dem Notar gegenüber gelegentlich bereits von 370 den Mandanten der Wunsch nach Einrichtung eines fakultativen Gremiums angetragen. Jedoch sollte er auch von sich aus die entsprechende Bedürfnislage erkennen und gegebenenfalls die Schaffung eines solchen Gremiums ins Gespräch bringen.

Außerhalb des Geltungsbereiches zwingender Aufsichtsratsregime ist die Gestaltungs- 371 freiheit erheblich. Auf eine **Grenze** stößt die Satzungsgestaltung insoweit lediglich in Gestalt der **zwingenden Kompetenzordnung des GmbH-Rechts** und – möglicherweise – in der **typisierten Funktion** eines als „Aufsichtsrat“ bezeichneten Organs, mit der sich bestimmte Erwartungen des Rechtsverkehrs verknüpfen.[783] So wird vertreten, dass dem Aufsichtsrat nicht alle Kompetenzen genommen werden dürfen, die das Vertrauen des Rechtsverkehrs darauf rechtfertigen, dass die Tätigkeit der Geschäftsführer bei vorhandenem Aufsichtsrat besser kontrolliert wird als ohne ein solches Organ.[784] Insoweit dürfte die Grenzziehung

[777] § 6 Abs. 2 Satz 1 InvestmentG und § 2 Abs. 1 Satz 1 WpHG.
[778] *K. Schmidt* Gesellschaftsrecht S. 1108.
[779] *Wälzholz* DStR, 2003, 511.
[780] MünchHdbGesRIII/*Marsch-Barner/Diekmann* § 48 Rdnr. 15.
[781] Vgl. zu den möglichen Gründen *Wälzholz* DStR 2003, 511 ff.; *Mohr* GmbH-StB 2001, 86.
[782] Vgl. hierzu *Werner* ZEV 2010, 619.
[783] Baumbach/Hueck/*Zöllner/Noack* § 52 Rdnr. 26 f.
[784] Baumbach/Hueck/*Zöllner/Noack* § 52 Rdnr. 27.

allerdings schwierig sein. Als unentziehbare Minimalkompetenz eines „Aufsichtsrates“ wird man jedenfalls eine irgendwie geartete Kontrolle der Geschäftsführung anzusehen haben. Denn ein Gremium, das diese Aufgabe in keiner Weise wahrnimmt, ist kein Aufsichtsrat. Klare Vorgaben ergeben sich hingegen aus den zwingenden Kompetenzzuweisungen des GmbH-Rechts. So darf der Gesellschafterversammlung etwa die Kompetenz zur Fassung strukturändernder Beschlüsse (z. B. Satzungsänderung, Unternehmensvertrag, Umwandlung, Auflösung) sowie das unmittelbare Weisungsrecht gegenüber der Geschäftsführung nicht genommen werden.[785] Hingegen können sonstige Gesellschafterbefugnisse (vorbehaltlich des Kernbereichs der Mitgliedschaft) dann auf das fakultative Gremium verlagert werden, wenn dieses von den Gesellschaftern bestellt und überwacht wird.[786] Je intensiver das Gremium Aufgaben der Geschäftsführung wahrnimmt, um so problematischer wird eine Verdrängung der Gesellschafterkompetenz.[787] Der Geschäftsführung ist ihrerseits die organschaftliche Vertretung und die Verpflichtung zur Buchführung und zur Erstellung des Jahresabschlusses zu belassen. Nicht disponibel sind ferner die Unvereinbarkeitsregeln des § 105 AktG, wonach jedenfalls aktive Geschäftsführer dem Aufsichtsrat nicht angehören dürfen.[788]

372 Die Gestaltungspraxis hat eine **Fülle von Gremien** hervorgebracht, die zwischen Aufsichtsrat und Gesellschafterversammlung stehen und deren Einordnung nicht immer ganz einfach ist.[789] Es finden sich Beiräte, Verwaltungsräte, Gesellschafterausschüsse, Kuratorien etc. Die gewählte **Bezeichnung** hat – abgesehen von dem vorgenannten Mindestbestand an Kompetenzen für einen „Aufsichtsrat“ – Bedeutung in erster Linie für die Anwendbarkeit von **§ 52 GmbHG.** Mittels Verweisung auf einige aktienrechtliche Bestimmungen über den Aufsichtsrat hält diese Vorschrift ein dispositives Set an Regelungen für alle fakultativen, in der Satzung vorgesehenen Gremien bereit, für die die Satzung keine oder nur unvollständige eigenständige Regelungen getroffen hat (**„Lückenbüßer-Funktion“**).[790] Der Satzung steht es frei, die Anwendbarkeit der in Absatz 1 in Bezug genommenen Regeln des Aktiengesetzes vollständig auszuschließen, z. B. durch die einfache Formulierung „§ 52 Abs. 1 findet keine Anwendung“.[791] Nicht abdingbar sind indessen, was gelegentlich übersehen wird, die in Abs. 2 vorgesehenen Formalitäten.[792] Zur Anwendung gelangt § 52 GmbHG auf all diejenigen Gremien, zu deren Aufgaben die **Überwachung der Geschäftsführung** zählt, ohne Rücksicht auf die konkrete Bezeichnung.[793] Ist das Gremium hingegen lediglich beratend tätig (dann meist „Beirat“) oder hat es weitergehende Weisungsrechte (dann meist „Gesellschafterausschuss“) oder sogar Geschäftsführungsbefugnisse (dann meist „Verwaltungsbeirat“), so ist § 52 Abs. 1 GmbHG grundsätzlich nicht oder nur eingeschränkt anwendbar.[794] Konkret ist dies eine Frage der Auslegung.[795]

373 Mindestens sollte die Satzung für den fakultativen Aufsichtsrat bestimmen:[796]

- die grundsätzliche Einrichtung eines freiwilligen Aufsichtsrates
- die Zahl der Aufsichtsräte
- das Verfahren zur Benennung der einzelnen Aufsichtsratsmitglieder (normalerweise Benennung durch die Gesellschafterversammlung, möglich aber auch Benennungsrechte für einzelne Gesellschafter oder Gesellschafterstämme)

---

785 Lutter/Hommelhoff/*Bayer* § 45 Rdnr. 6.

786 Vgl. *K. Schmidt* Gesellschaftsrecht S. 1110.

787 *K. Schmidt*, S. 1110.

788 OLG Frankfurt GmbH-Rundschau 1985, 159; *Roth/Altmeppen* § 52 Rdnr. 2; Baumbach/Hueck/*Zöllner/ Noack* § 52 Rdnr. 28; a. A. Scholz/*Schneider* § 52 Rdnr. 256; *Großfeld/Brondics* AG 1987, 300.

789 BeckGmbH-HB/*Müller* § 6 Rdnr. 3.

790 *Wälzholz* STtR 2010, 511, 512.

791 Baumbach/Hueck/*Zöllner/Noack* § 52 Rdnr. 23.

792 In Satz 1 werden Formalitäten hinsichtlich der erstmaligen Anmeldung der Gesellschaft zum Handelsregister und in Satz 2 hinsichtlich der Publizität bei späteren Änderungen in der Zusammensetzung des Aufsichtsrats geregelt.

793 OLG Düsseldorf WM 1985, 872; Lutter/Hommelhoff/*Lutter* § 52 Rdnr. 4; BeckGmbH-HB/*Müller* § 6 Rdnr. 3.

794 *Wälzholz* DStR 2003, 511, 512.

795 *Wälzholz* DStR 2003, 511, 512.

796 Vgl. zur Gestaltung detailliert *Mohr* GmbH-StB 2001, 86, 87 ff.

- das Verfahren zur Abberufung der Aufsichtsratsmitglieder (mangels anderweitiger Regelung ist ein wichtiger Grund für die Abberufung grundsätzlich nicht erforderlich)
- die persönlichen Voraussetzungen für die Mitgliedschaft (nur natürliche Personen, bei echtem Aufsichtsrat keine Bestellung von Geschäftsführern oder anderen Mitgliedern der Unternehmensleitung)
- die Amtszeit der Mitglieder
- die Aufgaben und Kompetenzen des Aufsichtsrats
- die Informations- und Überwachungsmöglichkeiten des Aufsichtsrats (eventuell Regelung in Anlehnung an §§ 51 a und 51 b GmbHG)
- die Grundzüge der inneren Ordnung des Aufsichtsrats (Einzelheiten sollten der Geschäftsordnung des Aufsichtsrats überlassen bleiben)
- die Vergütung der Aufsichtsräte und der für sie geltende Haftungsmaßstab[797]

Die nachträgliche Einführung eines fakultativen Gremiums in die Satzung ist im Wege der Satzungsänderung selbstverständlich jederzeit möglich. Die hierzu erforderlichen Mehrheiten mögen allerdings zu einer „Blockadepolitik" einzelner Gesellschafter einladen. Für den Fall, dass der Wunsch nach (späterer) Einrichtung eines Aufsichtsrats bereits bei Gründung nicht ganz ausgeschlossen ist, sollte die Aufnahme einer **Ermächtigung zur Schaffung eines Aufsichtsrats** in Betracht gezogen werden, die dann aktiviert wird, wenn die Gesellschafterversammlung dies mit einfacher oder qualifizierter Mehrheit beschließt.[798] Ein solcher Beschluss kann mit einfacher Mehrheit gefasst werden.[799] 374

Für die Bildung eines fakultativen Aufsichtsrats mit Beratungsfunktion bietet sich etwa folgende Formulierung an: 375

Formulierungsvorschlag:

1. Die Gesellschaft hat einen Aufsichtsrat. Dieser besteht aus [drei] Mitgliedern, die auf die Dauer von [drei] Jahren unter Bestimmung eines Aufsichtsratsvorsitzenden durch Gesellschafterbeschluss, der einer Mehrheit von [75%] der abgegebenen Stimmen bedarf, gewählt und jederzeit wieder abberufen werden können.
2. Mitglied des Aufsichtsrats kann nur eine natürliche, unbeschränkt geschäftsfähige Person sein. Die Mitglieder des Aufsichtsrats dürfen nicht zugleich Geschäftsführer oder Arbeitnehmer der Gesellschaft oder eines verbundenen Unternehmens im Sinne des § 15 AktG sein.
3. Die Mitglieder des Aufsichtsrats erhalten eine in dem Bestellungsbeschluss festzulegende jährliche Vergütung sowie Ersatz ihrer angemessenen Aufwendungen. Ihre Haftung ist auf die Wahrung der Sorgfalt eines ordentlichen und gewissenhaften Aufsichtsratsmitglieds begrenzt.
4. Aufgabe des Aufsichtsrats ist es, die Geschäftsführung zu überwachen und in wichtigen Fragen zu beraten. Die Geschäftsführer bedürfen zudem in den folgenden Fällen der vorherigen Zustimmung des Aufsichtsrats:
   – [......]
   – [......]
   [Verweigert der Aufsichtsrat seine Zustimmung, so können die Geschäftsführer verlangen, dass die Gesellschafterversammlung über die Zustimmung beschließt.]
5. Der Aufsichtsrat kann von den Geschäftsführern jederzeit einen Bericht über die Angelegenheiten der Gesellschaft verlangen. Außerdem kann der Aufsichtsrat die Bücher und Schriften der Gesellschaft einsehen und prüfen.
6. Die Sitzungen des Aufsichtsrats werden durch dessen Vorsitzenden mit einer Einberufungsfrist von 14 Tagen in Textform (§ 126b BGB) einberufen; in dringenden Fällen kann die Einberufungsfrist abgekürzt werden. Jedes Aufsichtsratsmitglied und die Geschäftsführer können unter Angabe des Zwecks und der Gründe verlangen, dass der Vorsitzende des Aufsichtsrats unverzüglich den Aufsichtsrat einberuft. Die Sitzung muss binnen zwei Wochen nach der Einberufung stattfinden. Wird dem Verlangen nicht entsprochen, so kann der Verlangende unter Mitteilung des Sachverhalts und der Angabe einer Tagesordnung selbst den Aufsichtsrat einberufen.

[797] Vgl. *Langenfeld*, GmbH-Vertragspraxis, S. 119 f.; Römermann/*Seibt* § 2 Rdnr. 165.
[798] *Wälzholz* DStR 2003, 511; *Mohr* GmbH-StB 2001, 86, 87.
[799] MünchHdbGesR III/*Marsch-Barner/Diekmann* § 45 Rdnr. 15.

7. Der Aufsichtsrats ist beschlussfähig, wenn mindestens zwei seiner Mitglieder anwesend sind. Beschlüsse des Aufsichtsrats werden mit einfacher Mehrheit der abgegebenen Stimmen gefasst; bei Stimmengleichheit entscheidet die Stimme des Aufsichtsratsvorsitzenden.
8. Der Aufsichtsrat gibt sich unter Berücksichtigung der vorstehenden Absätze selbst eine Geschäftsordnung, die Einzelheiten des zu beachtenden Verfahrens regelt.
9. § 52 Abs. 1 GmbHG findet auf den Aufsichtsrat keine Anwendung; aktienrechtliche Vorschriften über den Aufsichtsrat gelten für ihn nicht entsprechend.

376 r) **Gründungsaufwand, Sondervorteile.** Ist es der Wunsch der Gesellschafter, dass der Gründungsaufwand nicht von ihnen selbst, sondern von der Gesellschaft getragen wird, ist dies **analog § 26 Abs. 2 AktG**[800] zwingend in der Satzung festzusetzen.[801] Eine Aufnahme in das Gründungsprotokoll reicht nicht aus.[802] Den Gesellschaftern steht es (selbstverständlich) frei, auf die Aufnahme einer Regelung zum Gründungsaufwand in die Satzung gänzlich zu verzichten.[803] In Ermangelung einer Regelung ist der Gründungsaufwand anteilig von den Gründern zu tragen. Werden die Gründungskosten gleichwohl von der Gesellschaft übernommen, liegt steuerrechtlich eine **verdeckte Gewinnausschüttung** vor.[804] Konkret erforderlich ist die Angabe des (notfalls zu schätzenden) **Gesamtbetrags** des von der Gesellschaft zu tragenden Gründungsaufwands (§ 26 Abs. 2 AktG analog). Zum Gründungsaufwand gehören alle Kosten, die im Zusammenhang mit der GmbH-Gründung entstehen (Notar- und Gerichtsgebühren, Kosten der Bekanntmachung sowie Steuern bei Sacheinlagen) einschließlich der Vergütung von Dienstleistungen im Zusammenhang mit der Gründung (Rechtsanwalts- und Steuerberaterhonorare).[805] Nicht unter den Gründungsaufwand fallen sonstige Anlaufkosten wie z. B. Gehaltszahlungen an den Geschäftsführer oder Mietzahlungen für Büroräume.[806] Wenngleich vieles dafür spricht, dass in der Satzung lediglich der Gesamtaufwand anzugeben ist,[807] wird von der Registerpraxis überwiegend verlangt, dass neben dem Gesamtbetrag auch die einzelnen Kostenarten genannt werden, aus denen sich der Gründungsaufwand zusammensetzt.[808] Die Höhe der einzelnen Kosten ist hingegen auch nach der Registerpraxis in der Satzung nicht anzugeben.[809] Die **Höhe** des Gesamtaufwands ist **gesetzlich nicht begrenzt**, insbesondere auch nicht auf einen bestimmten Prozentsatz des Stammkapitals.[810] Maßgeblich ist, ob dem Registergericht die Höhe des angesetzten Gründungsaufwands nachgewiesen werden kann.[811] Auch existiert nicht, wie gelegentlich behauptet, eine 10%-Regelung. Erfahrungsgemäß verzichten die Registergerichte jedoch auf Einzelnachweise, wenn die Gründungskosten 10% des Stammkapitals nicht übersteigen.[812] Besonderheiten gelten bei Verwendung des Musterprotokolls gemäß Anlage zu § 2 Abs. 1 a GmbHG (Gründungskosten bis zu einer Summe von € 300,–, höchstens jedoch Betrag des Stammkapitals).[813]

377 In gleicher Weise wie mit dem Gründungsaufwand ist auch mit **Sondervorteilen** und **Gründerlohn**, d. h. sämtlichen Rechten, die einem Gesellschafter ohne Gegenleistung anläss-

[800] Indirekt wird dies in Bezug auf den Gründungsaufwand durch § 9 a Abs. 1 und, § 82 Abs. 1 Nr. 1 sowie neuerdings durch das Musterprotokoll bestätigt, wonach die Gründungskosten im vereinfachten Verfahren auf höchstens 300 Euro festgesetzt werden dürfen und im Übrigen von den Gründern zu tragen sind.
[801] *Wachter* NZG 2010, 734, 735.
[802] Vgl. BGH NJW 1998, 1610.
[803] So ausdrücklich OLG Frankfurt NZG 2010, 593.
[804] Vgl. *Wachter* NZG 2010, 734, 736 m. w. N.; BFH DB 1991, 459.
[805] *Wachter* NZG 2010, 734, 735.
[806] *Wachter* NZG 2010, 734, 735.
[807] Hierzu ausführlich *Wachter* NZG 2010, 734, 736.
[808] Vgl. BGH NJW 1998, 233.
[809] *Wachter* NZG 2010, 734, 735.
[810] LG Essen GmbHR 2003, 471; *Elsing* DNotZ 2011, 245; *Wachter* NZG 2010, 734, 736; BeckNotarHdB/*Mayer/Weiler* D I Rdnr. 76; anders hingegen *Doye/Neuhaus* Rdnr. 303.
[811] BeckNotarHdB/*Mayer/Weiler* D I Rdnr. 76.
[812] Vgl. BeckNotarHdB/*Mayer/Weiler* D I Rdnr. 76; differenzierend KölnHdbGesR/*Eckhardt* Kap. A Rdnr. 230.
[813] Hierzu ausführlicher KölnHdbGesR/*Eckhardt* Kap. A Rdnr. 231.

lich der Gründung eingeräumt werden, zu verfahren. Praktische Relevanz kommt dieser Fallgruppe jedoch kaum zu.

Die Übernahme des Gründungsaufwands und der Sondervorteile durch die Gesellschaft hat eine **Belastung des Stammkapitals** zur Folge. Im Rahmen des Erforderlichen führt dies nach der Wertung des § 26 Abs. 2 AktG weder zu einem Eintragungshindernis noch zu einer Vorbelastungshaftung der Gründer.[814] Auch das Ausschüttungsverbot des § 30 GmbHG ist insoweit einzuschränken.[815] Nach herrschender Meinung sind die Festsetzungen in der Satzung 5 Jahre beizubehalten (analog § 26 Abs. 4 AktG).[816] 378

s) **Liquidation.** In den §§ 60–74 GmbHG sind die **Gründe** für die **Auflösung der Gesellschaft** und das bei der Auflösung zu beachtende Verfahren detailliert geregelt. Zu unterscheiden ist insofern zwischen der Auflösung der Gesellschaft einerseits und der Beendigung der Gesellschaft andererseits. Mit Eintritt eines Auflösungsgrundes ist die Gesellschaft noch nicht beendet. Sie tritt vielmehr in das **Abwicklungsverfahren** (Liquidation) ein, dessen Ziel es ist, die Gläubiger zu befriedigen und das verbleibende Vermögen unter den Gesellschaftern zu verteilen.[817] Die Gesellschaft besteht als solche unverändert fort, lediglich ihr „werbender" Zweck wird in den Abwicklungszweck umgewandelt. Die **Vollbeendigung der Gesellschaft** schließt sich hieran zeitlich an, nämlich wenn nach der Liquidation der Gesellschaft Vermögenslosigkeit eingetreten und die Löschung der Gesellschaft nach Ablauf des Sperrjahres im Handelsregister eingetragen ist. 379

Auflösungsgründe und Auflösungsverfahren sind gesetzlich nicht vollständig zwingend vorgeschrieben. Auch hier besteht einiger Spielraum für die satzungsmäßige Gestaltung. So lässt beispielsweise § 60 Abs. 2 GmbHG die **Einführung weiterer, über den Katalog des Abs. 1 hinausgehender Auflösungsgründe** zu. Als gesellschaftsvertragliche Auflösungsgründe kommen ähnliche Tatbestände in Betracht, die wie diese üblicherweise als Einziehungsgründe geregelt werden (z.B. Tod oder Insolvenz eines Gesellschafters etc.) Daneben ist es z.B. auch möglich, die Auflösung an den Entzug einer gewerberechtlichen Erlaubnis, den Ablauf eines gewerblichen Schutzrechts oder die Feststellung eines Verlustes in bestimmter Höhe im handelsrechtlichen Jahresabschluss oder in einer Zwischenbilanz zu knüpfen.[818] 380

In der Praxis beruht die Auflösung der Gesellschaft meist auf einem **Beschluss der Gesellschafter** gemäß § 60 Abs. 1 Ziffer 2 GmbHG. Sofern die Satzung nichts anderes bestimmt, bedarf es einer Dreiviertel-Mehrheit der abgegebenen Stimmen. In der Satzung kann dieses **Mehrheitserfordernis** sowohl erschwert (z.B. Einstimmigkeitserfordernis), als auch erleichtert werden.[819] Eine geringere Mehrheit erscheint der Bedeutung des Auflösungsbeschlusses jedoch nicht angemessen.[820] Ratsam ist die Aufnahme einer Regelung zur **Person und zur Vertretungsmacht des Liquidators**, da die betreffenden Satzungsregelungen zum Geschäftsführer nicht automatisch auch für den Liquidator gelten.[821] Insbesondere ordnet § 68 Abs. 1 Satz 2 GmbHG für die Liquidatoren Gesamtvertretungsbefugnis an, und zwar auch dann, wenn die Liquidatoren zuvor als Geschäftsführer einzelvertretungsberechtigt waren. 381

Eine entsprechende Klausel könnte etwa wie folgt lauten:

Formulierungsvorschlag:

Die Geschäftsführer sind gleichzeitig auch die Liquidatoren der Gesellschaft, soweit die Gesellschafterversammlung nicht andere Personen zum Liquidator bestellt. Abs. [......] (Vertretungsregelung) gilt für die Liquidatoren entsprechend.]

[814] Vgl. Bork/*Schäfer* § 5 Rdnr. 36.
[815] Bork/*Schäfer* § 5 Rdnr. 36.
[816] Baumbach/Hueck/*Fastrich* § 5 Rdnr. 57.
[817] *Wicke* § 60 Rdnr. 1.
[818] Vgl. Baumbach/Hueck/*Haas* § 60 Rdnr. 89.
[819] Scholz/*K. Schmidt* § 60 Rdnr. 19.
[820] Vgl. *Priester* S. 107.
[821] BayObLG DNotZ 1986, 170, 172; OLG Düsseldorf GmbHR 1989, 465 f.

382 Schließlich kann die Satzung auch Regelungen zur **Verteilung des Liquidationserlöses** vorsehen. Nach § 72 GmbHG wird das Vermögen der Gesellschaft unter den Gesellschaftern grundsätzlich nach dem Verhältnis ihrer Geschäftsanteile verteilt. Nach Satz 2 kann durch die Satzung ein anderes Verhältnis für die Verteilung bestimmt werden. Möglich ist es, den Anspruch einzelner Gesellschafter hinsichtlich des Liquidationserlöses vollständig auszuschließen.[822] Auch kann der Liquidationserlös anderen Personen als den Gesellschaftern zugwiesen werden.[823] Vor allem bei Gemeinschaftsunternehmen findet sich oftmals die Regelung, dass bestimmte Vermögensgegenstände an bestimmte Gesellschafter herauszugeben sind (z. B. Teilbetriebe).[824]

383 t) **Bekanntmachungen.** Anders als nach früherer Rechtslage ist die satzungsmäßige **Festlegung eines Veröffentlichungsblattes** heute nicht mehr erforderlich. § 12 Abs. 1 GmbHG bestimmt den elektronischen Bundesanzeiger als Pflichtmedium für alle gesetzlich oder durch Gesellschaftsvertrag vorgeschriebenen Veröffentlichungen. Diese Vorschrift ist **zwingend.**[825] Von der in Satz 2 eingeräumten Möglichkeit, zusätzlich andere öffentliche Blätter oder elektronische Informationsmedien als Gesellschafter zu bezeichnen, wird schon aus Kostengründen regelmäßig kein Gebrauch gemacht.[825a] Üblicherweise findet sich in Satzungen die Feststellung, dass Bekanntmachungen „nur" im elektronischen Bundesanzeiger erfolgen. Vorgeschrieben sind Bekanntmachungen nur für wenige Fälle, z. B. die Rückzahlung von Nachschüssen (§ 30 Abs. 2 S. 2 GmbHG), die Kapitalherabsetzung (§ 58 Abs. 1 Nr. 1 GmbHG) und die Auflösung (§ 65 Abs. S. 1 GmbHG).

384 Nach der am 1. 4. 2005 in Kraft getretenen Neufassung von § 12 GmbHG waren die Auswirkungen der Neuregelung für ältere Satzungen, die den (papiernernen) Bundesanzeiger als Medium vorsehen, unklar. Hiermit verbundene Zweifelfragen sind mit dem am 1. 1. 2007 in Kraft getretenen Satz 3 ausgeräumt worden.

385 u) **Salvatorische Klausel.** Die Bedeutung salvatorischer Klauseln in GmbH-Satzungen wird allgemein eher überschätzt. **§ 75 Abs. 1 GmbHG** bestimmt nämlich abschließend **Gründe für die Nichtigkeit** der Gesellschaft.[826] Insoweit wird § 139 BGB verdrängt.[827] Die Bedeutung salvatorischer Klauseln beschränkt sich daher im Verhältnis zu § 139 BGB auf den Zeitraum bis zur Eintragung der GmbH im Handelsregister.[828] Schuldrechtlich erlangen diese außerdem Bedeutung für das Innenverhältnis zwischen den Gesellschaftern.[829] Empfehlenswert ist die Aufnahme einer salvatorischen Klausel hingegen zur Schließung von Lücken und zur Anpassung von Satzungsregelungen (z. B. einer Abfindungsklausel) an das rechtlich zulässige Maß.[830]

386 **Fiktionsklauseln**, die anordnen, dass anstelle etwa unwirksamer oder unvollständiger Bestimmungen ohne weiteres wirksame Bestimmungen gelten sollen, die deren wirtschaftlichen Zweck möglichst nahe kommen, gelten im Hinblick auf die Formalitäten der §§ 53 und 54 GmbHG als problematisch und führen gelegentlich zu Zwischenverfügungen.[831] Stattdessen sollte in der Satzung vorsichtshalber geregelt werden, dass die Gesellschafter zu einer entsprechenden – formgerechten – Änderung bzw. Ergänzung der Satzung verpflichtet sind (sog. **Ergänzungsklauseln**).[832]

---

[822] Baumbach/Hueck/*Schulze-Osterloh/Noack* § 72 Rdnr. 13.
[823] Baumbach/Hueck/*Schulze-Osterloh/Noack*, aaO.
[824] Römermann/*Seibt* § 2 Rdnr. 340.
[825] Baumbach/Hueck/*Fastrich* § 12 Rdnr. 4.
[825a] Vgl. aber OLG Stuttgart ZIP 2011, 84, 85 (Bekanntmachung im elektronischen Bundesanzeiger ersetzt nicht Bekanntmachung in anderen in der Satzung vorgesehenen Publikatororganen).
[826] Vgl. Baumbach/Hueck/*Haas* § 75 Rdnr. 1.
[827] Römermann/*Seibt* § 2 Rdnr. 49.
[828] Römermann/*Seibt* § 2 Rdnr. 49.
[829] Römermann/*Seibt* § 2 Rdnr. 49.
[830] Vgl. *Doye/Neuhaus* S. 106.
[831] Vgl. *Sommer/Weidbrecht* GmbHR 1991, 449.
[832] So auch Römermann/*Seibt* § 2 Rdnr. 49.

Beispiel:

Formulierungsvorschlag:
Sollte eine Bestimmung dieses Gesellschaftsvertrages ganz oder teilweise unwirksam oder undurchsetzbar sein oder werden, so wird die Wirksamkeit und Durchsetzbarkeit aller übrigen Bestimmungen hiervon nicht berührt. Die Gesellschafter sind verpflichtet, die unwirksame oder undurchsetzbare Bestimmung durch eine solche wirksame und durchsetzbare Bestimmung zu ersetzen, die dem mit der unwirksamen oder undurchsetzbaren Bestimmung verfolgten Zweck möglichst nahe kommt. Dies gilt entsprechend für nicht beabsichtigte Lücken in diesem Gesellschaftsvertrag.

v) **Schiedsklausel und Gerichtsstand.** *aa) Gesellschaftsvertragliche Schiedsklausel.* Mit 387
der Aufnahme einer **Schiedsklausel** in die Satzung verbindet sich die Hoffnung auf eine – im Vergleich zur Entscheidung durch staatliche Gerichte – zeitnahe und vertrauliche Beilegung der jeweiligen Streitigkeit. Für eine schiedsgerichtliche Konfliktlösung spricht ferner das Vertrauen in die Erfahrung, die Spezialisierung und die Sachkunde der Schiedsrichter, die für einen konkreten Streitfall von den Parteien ausgewählt werden.[833] Während die Satzung einer Aktiengesellschaft keine Schiedsklausel enthalten darf (§ 23 Abs. 5 AktG), sind **Schiedsklauseln in GmbH-Satzungen üblich und zulässig.**[834] Gesellschafterstreitigkeiten sind – da auf einen vermögensrechtlichen Anspruch gerichtet – grundsätzlich schiedsfähig. Ohne weiteres gilt dies für Streitigkeiten aus und über den Gesellschaftsvertrag sowie für **schuldrechtliche Streitigkeiten** mit Bezug zur Gesellschaft.[835] Auch für Nichtigkeits- und Anfechtungsklagen gegen Gesellschafterbeschlüsse (**Beschlussmängelstreitigkeiten**) hat der BGH nunmehr in konsequenter Fortführung seiner in der Entscheidung „Schiedsfähigkeit I" im Jahr 1996 begonnenen Rechtsprechung[836] die Schiedsfähigkeit im Grundsatz bejaht.[837] Voraussetzung hierfür ist nach Ansicht des BGH jedoch, dass die aus dem Rechtsstaatsprinzip folgenden **Mindeststandards an Mitwirkungsrechten und Rechtsschutzgewährung** für alle von der Rechtskraftwirkung der schiedsgerichtlichen Entscheidung potentiell betroffenen Gesellschafter gewährleistet sein müssen. Danach ist erforderlich:

- dass Beschlussmängelstreitigkeiten mit demselben Streitgegenstand bei ein und demselben Schiedsgericht konzentriert werden
- dass jedem Gesellschafter die Gewähr geboten wird, sich an dem Verfahren zumindest als Nebenintervenient zu beteiligen
- dass alle Gesellschafter gleichermaßen an der Schiedsrichterbestellung mitwirken können oder dass die Bestellung der Schiedsrichter durch eine neutrale Stelle erfolgt[838]

Bei Erfüllung der genannten Bedingungen ist nach inzwischen ganz herrschender Mei- 388
nung ein Schiedsverfahren für Beschlussmängelstreitigkeiten zulässig.[839]

Für gesellschaftsrechtliche Streitigkeiten eignet sich sowohl die vertragliche Einbeziehung 389
einer von einer Schiedsinstitution vorgegebenen Schiedsordnung (**institutionelles Schiedsverfahren**) als auch die einzelfallbezogene Errichtung eines Schiedsgerichtes (**ad-hoc Schiedsverfahren**). Der Praxistrend geht auch bei gesellschaftsrechtlichen Streitigkeiten inzwischen zum institutionellen Schiedsverfahren. Dies hat den Vorteil, dass auf umfängliche Detailregelungen in der Satzung, etwa zur Besetzung des Schiedsgerichts in Mehrparteien-Konstellationen, zugunsten der schlichten Inbezugnahme einer ausgewogenen und praktisch

[833] *Raeschke-Kessler/Wiegand* AnwBl. 2007, 396, 398.

[834] Beck'sches Formularbuch Bürgerliches Handels- und Wirtschaftsrecht/*Risse* XII 4 Anmerkung 1; *Sommer/Nachreiner* GmbH-StB 2000, 287 ff.

[835] Beck'sches Formularbuch GmbH-Recht/*Rombach* C. II. 3. Anm. 5.

[836] BGHZ 132, 278.

[837] BGH-Urt. v. 6. 4. 2009 – II ZR 255/08 – „Schiedsfähigkeit II" vgl. nunmehr auch OLG Frankfurt NZG 2011, 629, 630.

[838] Vgl. Baumbach/Hueck/*Zöllner* Anh. § 47 Rdnr. 37; ausführlich hierzu auch KölnHdbGesR/*Eckhardt* Kap. A Rdnr. 433 f.

[839] Baumbach/Hueck/*Zöllner* Anh. § 47 Rdnr. 37 m. w. N.

erprobten Verfahrensordnung verzichtet werden kann.[840] Ein geeignetes und praxiserprobtes Regelwerk bietet etwa die **Deutsche Institution für Schiedsgerichtsbarkeit e. V. (DIS)**. Die DIS hat den engen formalen Voraussetzungen des BGH für die Schiedsfähigkeit von Beschlussmängelstreitigkeiten zwischenzeitlich Rechnung getragen und „Ergänzende Regelungen für Gesellschaftsrechtliche Streitigkeiten" entwickelt. Die für deren Inbezugnahme in der Satzung von der DIS empfohlene Schiedsklausel lautet wie folgt:

Formulierungsvorschlag:

1. Alle Streitigkeiten zwischen Gesellschaftern oder zwischen der Gesellschaft und ihren Gesellschaftern im Zusammenhang mit diesem Gesellschaftsvertrag oder über seine Gültigkeit werden nach der Schiedsgerichtsordnung (DIS-SchO) und den Ergänzenden Regeln für gesellschaftsrechtliche Streitigkeiten (DIS-ERGeS) der Deutschen Institution für Schiedsgerichtsbarkeit e. V. (DIS) unter Ausschluss des ordentlichen Rechtswegs endgültig entschieden.
2. Die Wirkungen des Schiedsspruchs erstrecken sich auch auf die Gesellschafter, die fristgemäß als Betroffene benannt werden, unabhängig davon, ob sie von der ihnen eingeräumten Möglichkeit, dem schiedsrichterlichen Verfahren als Partei oder Nebenintervenient beizutreten, Gebrauch gemacht haben (§ 11 DIS-ERGeS). Die fristgemäß als Betroffene benannten Gesellschafter verpflichten sich, die Wirkungen eines nach Maßgabe der Bestimmungen in den DIS-ERGeS ergangenen Schiedsspruchs anzuerkennen.
3. Ausgeschiedene Gesellschafter bleiben an diese Schiedsvereinbarung gebunden.
4. Die Gesellschaft hat gegenüber Klagen, die gegen sie vor einem staatlichen Gericht anhängig gemacht werden und Streitigkeiten betreffen, die gemäß Ziffer 1 der Schiedsvereinbarung unterfallen, stets die Einrede der Schiedsvereinbarung zu erheben.

390 Satzungsmäßige Schiedsklauseln erfüllen stets die **Formvorschriften der ZPO.**[841] Beschränkt sich die Schiedsklausel auf Streitigkeiten aus dem Gesellschaftsvertrag, so unterliegt diese als angeordnete Schiedsregelung im Sinne von § 1066 ZPO nicht der Formvorschrift des § 1031 ZPO.[842] Soll sich die Schiedsklausel hingegen auch auf schuldrechtliche, die Gesellschaft betreffende Auseinandersetzungen erstrecken, so bedarf sie der Form des § 1031 ZPO. Diese ist aufgrund der notariellen Beurkundung des Gesellschaftsvertrags stets eingehalten.[843] Im Hinblick auf § 1031 Abs. 5 S. 3 Halbsatz 2 ZPO ist die Vereinbarung der Schiedsabrede selbst dann nicht in einem gesonderten Dokument niederzulegen, wenn Verbraucher an der Gesellschaft beteiligt sind.[844]

391 *bb) Gerichtsstandsklausel.* Da die §§ 17 und 22 ZPO als Gerichtsstand ohnehin den Sitz der Gesellschaft anordnen, besteht für eine Gerichtsstandsklausel im Regelfall **kein Bedürfnis.** Hiervon abweichende Regelungen würden für rein nationale Sachverhalte auch daran scheitern, dass die Gesellschafter einer GmbH oftmals keine Kaufleute sind und damit gemäß § 38 ZPO grundsätzlich für Streitigkeiten untereinander keinen Gerichtsstand vereinbaren können. Weitergehende Möglichkeiten bestehen im Anwendungsbereich des EuGVÜ für Auslandssachverhalte.[845]

9. Besondere Satzungsklauseln

392 **a) Sonderrechte Dritter.** Inwieweit durch die Satzung besondere Rechte Dritter begründet werden können, ist umstritten, teilweise wird dem unter Berufung auf das Selbstbestim-

[840] BeckFormb/*Risse* XII 4. Anm. 2. Sofern nicht auf eine Schiedsgerichtsordnung in ihrer jeweils gültigen Fassung (dynamisch) verwiesen wird, sollte vorsorglich von der Beurkundungsbedürftigkeit der Schiedsgerichtsordnung ausgegangen werden. Diese kann jedoch zum Gegenstand einer Bezugsurkunde und mittels eines Verweises gemäß § 13 a BeurkG eingebunden werden. Vgl. hierzu auch *Heidbrink* GmbHR 2010, 848, 854 sowie oben Rdn. 134.

[841] Vgl. zum Ganzen *Böttcher/Fischer* NZG 2011, 601 ff.

[842] *V. Trotha* DB 1988, 1367.

[843] *Ebbing* NZG 1998, 281, 282.

[844] *Lorz/Pfisterer/Gaber* GmbHR/*Rombach* C. II. 3. Anm. 3.

[845] OLG Hamm ZIP 1992, 472; *Bork* ZHR 157 (1993), 48.

mungsrecht der Gesellschafter enge Grenzen gezogen.[846] Dritte sind Personen, die nicht Gesellschafter und nicht Gesellschaftsorgan oder Teil eines Organs sind. Hier geht es um die Frage, ob Kapitalgebern der Gesellschaft, mit Gesellschaftern verbundenen Unternehmen oder bei Gesellschaften im kommunalen oder öffentlichen Bereich deren Entscheidungsgremien durch Zustimmungsvorbehalte und Mitentscheidungsrechte Einfluss auf die Gesellschaft eingeräumt werden kann. Insoweit sind zwei Fragestellungen zu unterscheiden: Zum einen, ob die Satzung überhaupt entsprechende Kompetenzen Dritter begründen kann, zum anderen, ob der Dritte durch eine solche Satzungsregelung eigene Rechte gegenüber der Gesellschaft erwirbt.

Der Grundsatz der Satzungsautonomie, wonach die interne Kompetenzverteilung zur 393
Disposition der Gesellschafter steht und nur wenigen zwingenden gesetzlichen Vorgaben unterliegt, lässt die Übertragung von Kompetenzen auf Nichtgesellschafter zu. Diese Kompetenzen beruhen auf einer Entscheidung der Gesellschafter in der Satzung. Daraus folgt, dass solche Befugnisse von den Gesellschaftern jederzeit durch eine Satzungsänderung auch ohne Zustimmung des Nichtgesellschafters wieder zurückgeholt werden können, so dass die Letztentscheidungsbefugnis der Gesellschafter gewahrt bleibt.[847] Werden einem Dritten, also einem Nichtgesellschafter, in der Satzung **Kompetenzen und Funktionen zugewiesen**, die dem Dritten maßgeblichen Einfluss auf die Willensbildung oder -ausführung der Gesellschaft einräumen, wird der Dritte dadurch zum **Organ der Gesellschaft.**[848]

Mit dieser Maßgabe ist es wohl nicht zu beanstanden, wenn die Gesellschafter in der 394
Satzung einem Nichtgesellschafter (z. B. einer Behörde, einem Kreditgeber oder der Konzernmuttergesellschaft) die Aufgabe übertragen, den **Geschäftsführer zu bestellen.**[849] Konsequenterweise wird man auch annehmen können, dass die Gesellschafter ihr **Weisungsrecht** gegenüber den Geschäftsführern und die Entscheidung über die Zustimmung zu bestimmten Geschäftsführungsmaßnahmen auf Nichtgesellschafter übertragen können. Nach ganz überwiegender Auffassung kann Dritten die Befugnis eingeräumt werden, die Mitglieder eines fakultativen Aufsichtsrats oder Beirats der Gesellschaft zu bestimmen.[850] Ein weiterer Anwendungsfall ist die Einschaltung von Nichtgesellschaftern zur **Streitentscheidung** oder zur Auflösung von **Pattsituationen.** Zu diesem Zweck kann die Satzung allgemein oder für den Fall der Stimmengleichheit der Gesellschafter etwa die Entscheidung über die Feststellung des Jahresabschlusses einem Nichtgesellschafter übertragen.[851] Aus dem genannten Grund, dass nämlich die Gesellschafterversammlung durch Satzungsänderung die Entscheidung jederzeit wieder an sich ziehen kann, dürfte auch ein zugunsten Dritter in der Satzung vorgesehener **Zustimmungsvorbehalt** bei einfachen Gesellschafterbeschlüssen nicht zu beanstanden sein,[852] ebenso ein Zustimmungsvorbehalt für Anteilsübertragungen.[853] Solche satzungsmäßigen Rechte Dritter lassen sich dadurch rechtfertigen, dass die Kompetenzen von den Gesellschaftern abgeleitet werden und auf der in der Satzung getroffenen Entscheidung der Gesellschafter beruhen. Daraus ergibt sich aber, dass die Änderung der Satzung selbst nicht an die Mitwirkung von Nichtgesellschaftern geknüpft werden kann.[854] Nach der Gegenauffassung soll auch das möglich sein, solange

[846] Vgl. *Ulmer* FS Wiedemann, 2002, 1297 ff.; ders. FS Werner, 1984, 911 ff.; *Herfs*, Einwirkung Dritter auf den Willensbildungsprozess der GmbH, 1994, 61 ff.; *Hammen* WM 1994, 765 ff.; *Heckschen/Heidinger*, S. 205 ff.

[847] Vgl. Baumbach/*Hueck/Fastrich* § 6 Rdnr. 31.

[848] Vgl. *Michalski* § 3 Rdnr. 85; Baumbach/*Hueck/Fastrich* § 6 Rdnr. 31.

[849] Sehr streitig, wie hier Baumbach/*Hueck/Fastrich* § 6 Rdnr. 31; Michalski/*Tebben* § 6 Rdnr. 63; a. A. Baumbach/Hueck/*Zöllner* § 46 Rdnr. 34; vgl. oben Rdnr. 190.

[850] Vgl. Michalski/*Giedinghagen* § 52 Rdnr. 92; Lutter/Hommelhoff/*Lutter* § 52 Rdnr. 6; MünchHdb-GesRIII/*Marsch – Barner/Diekmann* § 48 Rdnr. 29; Scholz/*Schneider* § 52 Rdnr. 226 f.; a. A. Baumbach/Hueck/*Zöllner/Noack* § 52 Rdnr. 43.

[851] Vgl. dazu oben Rdnr. 253 und Rdnr. 264; Baumbach/Hueck/*Haas* § 42 a Rdnr. 16; einschränkend Baumbach/Hueck/*Zöllner* § 46 Rdnr. 16.

[852] A. A. MünchHdbGesR III/*Mayer* § 20 Rdnr. 93.

[853] MünchHdbGesR III/*Mayer* § 20 Rdnr. 93; Baumbach/*Hueck/Fastrich* § 15 Rdnr. 38; Lutter/Hommelhoff/*Bayer* § 15 Rdnr. 48 a. A. Scholz/*Winter/Seibt* § 15 Rdnr. 122.

[854] Nahezu allg. M., vgl. Baumbach/Hueck/*Zöllner* § 53 Rdnr. 79.

gewährleistet ist, dass jedenfalls der Zustimmungsvorbehalt durch Satzungsänderung wieder abgeschafft werden kann.[855]

395 Der Nichtgesellschafter, dem durch die Satzung Aufgaben und Kompetenzen zugewiesen sind, erwirbt aber auf Grundlage der Satzungsregelung selbst **keine eigenen Rechte** gegenüber der Gesellschaft oder den Gesellschaftern. Nach der überwiegenden Auffassung können Rechte außenstehender Dritter nicht durch (materielle) Satzungsregelungen begründet werden, sondern nur auf schuldrechtlicher Grundlage.[856] Gleiches gilt für die Begründung von Pflichten des Nichtgesellschafters gegenüber der Gesellschaft.[857] Soll einem außenstehenden Dritten Einfluss auf die Willensbildung oder -ausführung der Gesellschaft eingeräumt werden, muss dies berücksichtigt werden. Hier ist aus dem genannten Grund eine Regelung in der Satzung nicht ausreichend. Es ist in diesen Fällen zu erwägen, dem Nichtgesellschafter zusätzlich einen schuldrechtlichen Anspruch gegen die Gesellschaft einzuräumen. Es kann auch daran gedacht werden, durch entsprechende Stimmbindungsverträge dafür Sorge zu tragen, dass die die Einwirkungsmöglichkeit begründende Satzungsregelung nicht durch Satzungsänderung wieder beseitigt wird.

396 **b) Güterstandsklauseln.** Zum Standard der Satzungsgestaltung gehören zunehmend auch sog. Güterstandsklauseln. Mit derartigen Klauseln wird die **Verhinderung der nachteiligen Folgen** beabsichtigt, die sich im Zusammenhang mit der **Scheidung** eines verheirateten (oder in gleichgeschlechtlicher Lebenspartnerschaft verbundenen) Gesellschafters für den Bestand des Unternehmens und die Vertraulichkeit betrieblicher Interna ergeben können. Des Weiteren sollen Güterstandsklauseln bestimmten, sich aus dem Güterstand ergebenen Einschränkungen für die freie Verfügungs- und Verwaltungsbefugnis eines Gesellschafters hinsichtlich des betrieblichen Vermögens bzw. seiner Gesellschaftsbeteiligung (§ 1365 BGB) entgegenwirken.

397 Gehört zum Vermögen eines verheirateten Gesellschafters eine Gesellschaftsbeteiligung, kann es im Rahmen eines Scheidungsverfahrens zur Notwendigkeit einer aufwendigen, eine vollständige **Offenlegung des betrieblichen Zahlenwerks** erfordernden Unternehmensbewertung und zu einem **Abfluss von Liquidität** zur Befriedigung einer Zugewinnausgleichsforderung kommen. Für die Bestimmung von Zugewinnausgleichsansprüchen ist nämlich sowohl das Anfangs- als auch das Endvermögen zu ermitteln. Sachvermögen ist zu diesem Zweck mit dem tatsächlichen Verkehrswert (einschließlich etwaiger stiller Reserven und eines Firmenwertes) zu bewerten.[858] Schlimmstenfalls ist der betroffene Gesellschafter zur Realisierung des in der Gesellschaftsbeteiligung liegenden Vermögenswerts durch Veräußerung oder Kündigung der Beteiligung bzw. durch deren Verpfändung genötigt.[859] Auch wird der betroffene Gesellschafter in dieser Situation der Gesellschaft keine Mittel für Investitionen zur Verfügung stellen können bzw. sogar Mittel aus der Gesellschaft abziehen müssen.[860] Schutz gegen derartige Risiken sollen (im Sinne von **Drittkontrahierungsklauseln**) Satzungsklauseln bieten, die die Gesellschafter zu entsprechenden ehevertraglichen Vorkehrungen verpflichten. Dabei geht es nicht nur um den Schutz der Gesellschaft und der Mitgesellschafter, sondern auch um die Interessen des betroffenen Gesellschafters. Der Abschluss eines Ehevertrages lässt sich gegenüber dem Ehegatten leichter ansprechen und durchsetzen, wenn hierfür eine bestehende Verpflichtung „verantwortlich" gemacht werden kann.[861]

---

[855] MünchHdbGesR III/*Wolff* § 37 Rdnr. 71 f.

[856] *Michalski* § 3 Rdnr. 85; Baumbach/*Hueck/Fastrich* § 3 Rdnr. 26; Lutter/Hommelhoff/*Bayer* § 4 Rdnr. 80; ebenso *Ulmer* a. a. O.

[857] Baumbach/*Hueck/Fastrich* § 6 Rdnr. 31.

[858] *Wachter* GmbH-StB 2006, 234 f.

[859] Als „stereotyp" kritisiert *Brambring* DNotZ 2008, 724 ff. die hierin liegende verbreitete sachliche Rechtfertigung für die Aufnahme einer Güterstandsklausel. Häufig werde übersehen, dass die Gesellschaftsbeteiligung in aller Regel zum Anfangsvermögen des Gesellschafter-Ehegatten gehöre und alleine die inflationsbereinigte Wertsteigerung ausgleichspflichtig sei. Die Liquidität und der Fortbestand des Familienunternehmens sei nur dann gefährdet, wenn der Gesellschafter die Ausgleichsforderung seines Ehegatten bei Scheidung der Ehe nicht aus seinem sonstigen Vermögen erfüllen könne.

[860] *Wachter* GmbH-StB 2006, 234, 235.

[861] Vgl. *Wachter* GmbH-StB 2006, 234, 235.

Im Lichte von **Art. 6 GG** (Drittwirkung von Grundrechten über die Generalklausel des § 138 BGB) werden Güterstandsklauseln – im Hinblick auf die berechtigten Interessen der Mitgesellschafter – dann für zulässig erachtet, wenn diese den Gesellschaftern keine konkrete ehevertragliche Regelung vorschreiben, sondern lediglich die durch den Ehevertrag sicherzustellende **Zielsetzung vorgeben.**[862] Problematisch sind deswegen vor allem solche Güterstandsklauseln, die den Gesellschaftern (oftmals ohne Problembewusstsein) die Vereinbarung einer Gütertrennung oder den vollständigen Ausschluss eines Zugewinnausgleichs vorschreiben.[863] Die neuere Rechtsprechung des BGH zur Inhaltskontrolle von Eheverträgen dürfte hingegen keine oder eine nur sehr eingeschränkte Bedeutung für die Beurteilung von Güterstandsklauseln haben.[864] Weitgehende Einigkeit besteht darüber, dass jedenfalls eine Klausel zulässig ist, die verheiratete Gesellschafter verpflichtet, mit ihrem Ehegatten ehevertraglich zu vereinbaren, dass die Gesellschaftsbeteiligung im Falle der Beendigung des Güterstandes auf andere Weise als durch den Tod, insbesondere bei Scheidung der Ehe, vom Zugewinnausgleich ausgeschlossen bleibt und er nicht den Beschränkungen des § 1365 unterliegt.[865] Empfehlenswert ist eine Erstreckung auch auf ausländische Güterstände. Anders als bei (nicht beurkundungsbedürftigen) Gesellschaftsverträgen von Personengesellschaften ergibt sich aus einem etwaigen Beurkundungserfordernis nach § 1410 BGB jedenfalls für die GmbH wegen der ohnehin bestehenden Beurkundungspflichten kein Problem.[866] 398

Sinnvoll kann es sein, die Güterstandsklausel auch auf **Vermögenswerte** zu erstrecken, die die Gesellschafter der Gesellschaft zur betrieblichen Nutzung überlassen haben (z. B. bei Betriebsaufspaltung).[867] Unbedingt sollte in der Güterstandsklausel sichergestellt werden, dass entsprechende ehevertragliche Vereinbarungen nicht nur zu treffen, sondern auch auf Dauer der Zugehörigkeit zur Gesellschaft **aufrecht zu erhalten** sind. Ferner empfiehlt sich die Regelung eines **Sanktionsmechanismus** für den Fall, dass der Gesellschafter seine Verpflichtung zu der verlangten güterrechtlichen Vereinbarung nicht nachkommt, da der Anspruch auf Abschluss eines Ehevertrages gegenüber dem Gesellschafter nicht durchsetzbar ist.[868] Zu diesem Zwecke kann etwa die Einziehung des Geschäftsanteils ohne Zustimmung des betreffenden Gesellschafters vorgesehen werden. Zu bedenken ist allerdings, dass der Ausschluss bzw. die Anteilseinziehung aufgrund der an den säumigen Gesellschafter infolgedessen zu zahlenden Abfindung die Gesellschaft gerade in die Situation führen kann, die durch die Güterstandsklausel gerade vermieden werden soll, nämlich zu einer Gefährdung ihrer Liquidität.[869] 399

Eine Güterstandsklausel könnte wie folgt lauten:

Formulierungsvorschlag:

1. Jeder verheiratete bzw. in eingetragener Lebenspartnerschaft lebende Gesellschafter ist verpflichtet, durch ehe- bzw. lebenspartnerschaftliche Vereinbarung für die gesamte Dauer seiner Beteiligung an der Gesellschaft sicherzustellen, dass er ohne Zustimmung seines Ehegatten bzw. Lebenspartners über die von ihm gehaltenen Geschäftsanteile an der Gesellschaft frei verfügen kann und dass diese – bei Beibehalten des gesetzlichen Güterstands – vom Zugewinnausgleich ausgenommen sind bzw. – im Falle der Vereinbarung der Gütergemeinschaft – unter Eintragung in das Güterrechtsregister zum Vorbehaltsgut des Gesellschafters gehören. Hierüber hat er der Gesellschaft auf Nachfrage unverzüglich schriftlich Auskunft zu erteilen.

---

[862] Vgl. BGH BB 1965, 1167; *Reul* DNotZ 2007, 184, 2006 zufolge lassen sich die Belange der Mitgesellschafter ihrerseits verfassungsmäßig an Art. 12 und 14 „festmachen".

[863] *Brambring* DNotZ 2008, 724, 735.

[864] Vgl. *Wachter* GmbH-StB 2006, 234, 236, der zutreffend darauf hinweist, dass der Gesellschaft gerade am Abschluss eines wirksamen Ehevertrages gelegen sein muss. Vgl. auch MünchHdbGesRIII/*Mayer* § 20 Rdnr. 91.

[865] *Brambring* DNotZ 2008, 724, 736; MünchHdbGesRIII/*Mayer* § 20 Rdnr. 91.

[866] So auch *Wachter* GmbH-StB 2006, 234, 238; vgl. zur Beurkundungspflicht wegen der vorverlagerten Bindung des Unternehmer-Ehegatten jetzt auch *Scherer* BB 2010, 323, 326.

[867] *Wachter* GmbH-StB 2006, 234, 236.

[868] Vgl. *Brambring* DNotZ 2008, 724, 726.

[869] *Gassen* RNotZ 2004, 423, 442 f.; vgl. auch *Brambring* DNotZ 2008, 724, 727.

2. Verstößt ein Gesellschafter gegen eine Verpflichtung aus Abs. 1, so stellt dies einen zur Einziehung der Geschäftsanteile des betroffenen Gesellschafters nach Maßgabe von § [.....] (Einziehung) berechtigenden wichtigen Grund dar.

400 In der Praxis seltener anzutreffen, aber ebenfalls empfehlenswert ist eine Erweiterung der Drittkontrahierungsklausel dahin, dass die Gesellschafter zum Abschluss von **gegenständlich beschränkten Pflichtteilsverzichtsverträgen** verpflichtet werden.[870] Für die (auch verfassungsrechtliche) Zulässigkeit einer solchen Gestaltung lassen sich die vorstehenden Erwägungen zur Güterstandsklausel anführen.[871]

401 c) **Konfliktlösungsmechanismen.** *aa) Mediationsklauseln.* Bei der Mediation handelt es sich um ein klar strukturiertes außergerichtliches Verfahren, in dem ein besonders geschulter **neutraler Dritter**, der Mediator, die Parteien unter Zuhilfenahme der Erkenntnisse der Verhaltensforschung zu einer von ihnen selbst erarbeiteten **gütlichen Einigung** zu bewegen versucht.[872] Im Gegensatz zum Schiedsrichter verfügt der Mediator über **keinerlei Entscheidungskompetenzen.** Die Hilfestellung des Mediators bezieht sich allein darauf, den Sachverhalt und die aus ihm abgeleiteten Parteiinteressen zu ermitteln, unter Berücksichtigung der rechtlichen Rahmenbedingungen Lösungsmodelle zu finden und zu bewerten, die Entscheidung für eine sachgerechte Lösung herbeizuführen und diese regelmäßig schriftlich in Form eines **Vergleichsvertrages** gemäß § 779 BGB auszuarbeiten.[873] Die Vorzüge der Mediation liegen – ähnlich wie beim Schiedsverfahren – in der Zeit- und Kostenersparnis sowie in der Vermeidung der Publizität des Konfliktes.[874] Fast noch wichtiger erscheint indessen die positive Wirkung eines Mediationsverfahrens auf den Erhalt positiver Parteibeziehungen auch in der Zeit nach Lösung des Konfliktes, da durch die Vermeidung der für ein Gerichts- oder Schiedsverfahren typischen Gewinner-/Verlierersituation einer weiterhin konstruktiven Zusammenarbeit keine Steine in den Weg gelegt werden.[875] Zudem verläuft die Entscheidungsfindung deutlich weniger schematisch als in einem Gerichts- oder Schiedsverfahren, da im Mediationsverfahren Parteianträge, hierdurch festgelegte Streitgegenstände und hieran anknüpfende gesetzliche Rechtsfolgen regelmäßig keine Rolle spielen.[876] Im angloamerikanischen Rechtskreis spielt die Mediation bei gesellschaftsrechtlichen Streitigkeiten derzeit noch eine größere Rolle als hierzulande.[877] Deshalb finden sich oftmals in Satzungen von Gesellschaften, an denen US-amerikanische oder britische Gesellschafter beteiligt sind, entsprechende Mediationsklauseln.[878]

402 Mediationsverfahren sind in jüngerer Zeit zunehmend auch bei **Beschlussmängelstreitigkeiten** als alternatives Verfahren zur Streitbeilegung ins Gespräch gebracht worden. Mitursächlich hierfür ist die Suche nach Alternativen vor dem Hintergrund der Zurückhaltung der Rechtsprechung bei der Bejahung der Schiedsfähigkeit von Beschlussmängelstreitigkeiten. Diese hat sich auch durch die BGH-Entscheidung vom 6. 4. 2009 („Schiedsfähigkeit II") nicht wesentlich geändert. Eine in der Satzung verankerte Verpflichtung, vor Erhebung der Anfechtungsklage ein Mediationsverfahren zu durchlaufen, wird allgemein unter zwei Voraussetzungen für zulässig gehalten: Zum einen muss sichergestellt sein, dass das den Gesellschaftern als unentziehbares Mitgliedschaftsrecht zustehende Anfechtungsrecht durch das Mediationsverfahren nicht beeinträchtigt wird.[879] Völlig unproblematisch ist dies bei ei-

[870] *Wachter* GmbH-StB 2006, 234, 235.
[871] Vgl. *Reul* DNotZ 2007, 184, 206; anders wohl *Brambring* DNotZ 2008, 724, 736 (für eine Verpflichtung zum Abschluss eine Erb- und Pflichtteilsverzicht).
[872] *Casper/Risse* ZIP 2000, 437, 438.
[873] *Langenfeld* GmbH-Vertragspraxis S. 125.
[874] *Casper/Risse* ZIP 437, 439.
[875] *Casper/Risse* ZIP 437, 439.
[876] *Casper/Risse* ZIP 437, 439.
[877] Vgl. zur internationalen Verbreitung der Wirtschaftsmediation *Risse* WM 1999, 1865 ff.
[878] Römermann/*Seibt* § 2 Rdnr. 354.
[879] *Casper/Risse* ZIP 437, 441 f.

nem parallel zu einer Anfechtungsklage stattfindenden Mediationsverfahren.[880] Bei einem **obligatorischen Vorschaltverfahren** muss die Satzung hingegen (z. B. durch eine angemessen lange Anfechtungsfrist oder durch die Anordnung der Hemmung des Fristlaufs) Vorsorge dafür treffen, dass die Anfechtungsfrist im Moment des Scheiterns der Mediation noch nicht abgelaufen ist.[881] Zum anderen ist sicherzustellen, dass alle Gesellschafter an dem Mediationsverfahren beteiligt werden. Dann scheitert die Zulässigkeit der (obligatorischen) Mediationsklausel auch nicht an der fehlenden Vergleichsfähigkeit von Beschlussmängelstreitigkeiten.[882] Bei Lichte betrachtet handelt es sich bei Beteiligung sämtlicher Gesellschafter nämlich um eine Fortsetzung der Gesellschafterversammlung „mit anderen Mitteln". Diese hat den praktischen Vorzug, dass die im Vergleichsvertrag vereinbarten Neuregelungen der Beschlusslage sofort durch Abhaltung einer Vollversammlung gemäß § 51 Abs. 3 GmbHG umgesetzt werden können.[883] Die vom BGH nunmehr für die Schiedsfähigkeit von Beschlussmängelstreitigkeiten entwickelten Kriterien dürften diese Bewertung zusätzlich untermauern.

Ist die Entscheidung zugunsten einer Mediationsklausel gefallen, kann es sich zur Geringhaltung des Regelungsaufwands empfehlen, auf eine **Mediationsverfahrensordnung** zu verweisen, z. B. auf diejenige der CfM Centrale für Mediation in Köln oder der Gesellschaft für Wirtschaftsmediation und Konfliktmanagement (GWMK). 403

bb) Texan-shoot-out und Auktionsverfahren.[884] Durch besonders **„radikale"**[885] **Trennungsmechanismen** werden zwei sich inhaltlich ähnelnde Verfahren zur Blockadeauflösung geprägt, die bislang vor allem (aber nicht nur) bei Joint-Venture-Gesellschaften zum Einsatz gekommen sind. Sowohl das Texan-Shoot-Out-Verfahren (oder „Russian Roulette" bzw. Shot-Gun") als auch das Auktionsverfahren kombinieren Elemente der freiwilligen und der erzwungenen Übertragung von Geschäftsanteilen.[886] 404

Das **Texan-Shoot-Out-Verfahren** ist besonders für zweigliedrige Gesellschaften geeignet. Wenn eine weitere Zusammenarbeit nicht mehr möglich oder gar ein Entscheidungsstillstand (**deadlock**) auf der Geschäftsführungsebene eingetreten ist, steht bei diesem Verfahren jedem Gesellschafter die Möglichkeit zu, dem anderen Gesellschafter ein Kaufangebot zu einem von ihm selbst bestimmten Kaufpreis zu unterbreiten.[887] Das Angebot erfolgt auf der Grundlage eines der notariellen Gründungs- oder Satzungsänderungsurkunde als Anlage beigefügten Kaufvertragstextes, bei dem lediglich der später dann einzusetzende Kaufpreis ausgespart ist.[888] Der Angebotsempfänger kann innerhalb einer zuvor festgelegten Frist entscheiden, ob er die Geschäftsanteile des Anbietenden kauft oder seinerseits vom Anbietenden verlangt, dass dieser die Beteiligung des Angebotsempfängers zu denselben Konditionen erwirbt. Wegen des diesem Verfahren innewohnenden Risikos eines „Bumerang-Effektes" wird der zunächst Anbietende zur Bestimmung eines möglichst angemessenen Kaufpreises genötigt.[889] Das Prozedere ist (wegen des Risikos des Verlustes der eigenen Beteiligung) üblicherweise **einigungsfördernd**. Der Gesellschafter, der das Verfahren einleitet, kann seine Gesellschaftsbeteiligung verlieren, obwohl er eigentlich den Geschäftsanteil des Mitgesellschafters zu einem angemessenen Preis erwerben möchte und umgekehrt. Das „Texan-Shout-out-Verfahren", ist regelungsintensiv, da das gesamte Verfahren und der Musterkaufvertrag bereits in der Satzung (oder alternativ in der Gesellschaftervereinbarung) festgelegt werden müssen.[890] Zwar fehlt es bislang an Rechtsprechung zur Zulässigkeit dieses (auf 405

[880] *Casper/Risse* ZIP 2000, 440.
[881] *Casper/Risse* ZIP 2000, 440 ff.
[882] *Casper/Risse* ZIP 2000, 442 f.
[883] *Casper/Risse* ZIP 2000, 442 f.
[884] Ausführlich hierzu *Fleischer/Schneider* DB 2010, 2715 ff.
[885] *Schulte/Sieger* NZG 2005, 24 sprechen von „radikalen Ausstiegsklauseln".
[886] Vgl. *Schulte/Sieger* NZG 2005, 24.
[887] Ausführlich hierzu *Schulte/Sieger* NZG 2005, 24 ff.; *Wälzholz* GmbH-StB 2007, 84 ff.
[888] Vgl. zu sich in diesem Zusammenhang stellenden Beurkundungsfragen KölnerHdbGesR/*Eckhardt* Kap. A Rdnr. 295 m. w. N.
[889] Vgl. *Wälzholz* GmbH-StB 2007, 84, 86; *Weitnauer* NZG 2001, 1065, 1072; *Werner* GmbHR 2005, 1554, 1557.
[890] Vgl. *Wälzholz* GmbH-StB 2007, 84, 87.

dem archaischen Prinzip „I cut you choose“ beruhenden) Verfahrens, jedoch wird an der Zulässigkeit nicht ernsthaft gezweifelt.[891]

406 Auf einem ähnlichen Mechanismus beruht das sog. **Auktionsverfahren**, das in erster Line bei Mehrpersonen-Gesellschaften zum Einsatz kommt. Im Rahmen dieses Verfahrens kann jeder Gesellschafter seinen Mitgesellschaftern – wiederum auf der Grundlage eines vorformulierten Kaufvertragstextes – den Ankauf aller anderen Geschäftsanteile und alternativ den Verkauf des eigenen Geschäftsanteils anbieten.[892] Der angebotene An- und Verkaufspreis müssen identisch sein. Das Angebot ist regelmäßig bei einem neutralen Dritten einzureichen, der dieses für alle Beteiligten entgegennimmt. Alle anderen Gesellschafter sind zur Abgabe eines entsprechenden Angebots verpflichtet. Derjenige Gesellschafter, der den Höchstpreis bietet und verlangt, darf und muss zu diesem Preis den anderen Mitgesellschaftern sämtliche Geschäftsanteile abkaufen. Hiermit korreliert eine entsprechende Verkaufsverpflichtung der Mitgesellschafter. Ein marktgerechter Preis wird wiederum durch die Zwänge des Verfahrens sichergestellt.

407 Das Texan-Shoot-Out-Verfahren und das Auktionsverfahren laufen übereinstimmend darauf hinaus, dass demjenigen Gesellschafter der Verbleib in der Gesellschaft bzw. deren vollständige Übernahme erlaubt wird, der das **größte wirtschaftliche Interesse** hieran hat.[893] Zumindest unter den **Voraussetzungen rationalen Handels** ist dies regelmäßig derjenige Gesellschafter, der den höchsten Preis für die Geschäftsanteile der Mitgesellschafter zu zahlen bereit ist.

10. Typische Schwachstellen von Fremdsatzungen

408 In wenigen anderen Bereichen des Gesellschaftsrechts begegnet der Notar so häufig **Fremdentwürfen** wie bei der Beurkundung von GmbH-Satzungen. Sowohl bei der Gründung einer GmbH als auch gelegentlich späterer Satzungsneufassungen werden dem Notar häufig vollständige Entwürfe hereingereicht, die entweder vom anwaltlichen oder steuerlichen Berater der Gesellschaft oder aber von den Beteiligten selbst stammen. Anders als in vielen anderen Rechtsgebieten ist der Respekt der Beteiligten vor der Komplexität der Materie hier scheinbar wenig ausgeprägt. Wie bereits erwähnt, kommt es nicht selten sogar vor, dass vollständige Entwürfe aus dem Internet heruntergeladen oder zu beurkundende Satzungstexte aus verschiedenen Versatzstücken vorhandener Satzungen von den Beteiligten selbst zusammengestellt werden. Dies hat zwar den Vorteil, dass bereits eine gewisse, die Beratung durch den Notar möglicherweise erleichternde Vorbefassung mit der Materie stattgefunden hat und die aus Sicht der Gesellschafter bestehenden Regelungsbedürfnisse einen ersten – wenngleich mitunter laienhaften – sprachlichen Ausdruck gefunden haben. Andererseits kann sich der Notar auf das Ergebnis dieser „Vorarbeiten“ inhaltlich nur sehr eingeschränkt verlassen. Gerade auch im Hinblick auf die mögliche Haftungsrelevanz sollte der Notar mit hereingereichten Satzungsunterlagen im Gegenteil besonders kritisch verfahren. Mit einer gewissen Erfahrung wird der Notar aber auch beim Umgang mit fremdentworfenen Satzungstexten bestimmte Typen immer wiederkehrender, mehr oder weniger gravierender Fehler erkennen können. Zumindest juristische Laien erweisen sich – jedenfalls solange der Notar hierfür die richtigen Worte findet – regelmäßig als dankbar, wenn in den mitgebrachten Entwurf vom Notar korrigierend eingegriffen wird. „Klassisch“ ist insoweit z. B. eine Vermengung kapitalgesellschaftsrechtlicher und personenrechtlicher Kategorien (z. B. bei den Regelungen zum Erbfall) und – in neuerer Zeit – die Nichtberücksichtigung der durch das MoMiG eingetretenen Änderungen des GmbH-Rechts. Besonders **häufige Gestaltungsschwächen** lassen sich anhand der nachfolgenden Checkliste ermitteln:

---

[891] Vgl. nur *Wälzholz* GmbH-StB 2007, 84, 88: Da in der Regel ein marktgerechter Preis erzielt wird, führen Texan-Shoot-Out-Klauseln weder zu einer unangemessenen Abfindungsbeschränkung noch zu einer unzulässigen Beschränkung des Kündigungsrechts gemäß § 723 Abs. 3 BGB. Auch laufen sie nicht auf eine unzulässige Hinauskündigungsklausel oder Wette hinaus. Ähnlich *Schulte/Sieger* NZG 2005, 24, 27 ff.

[892] *Wälzholz* GmbH-StB 2007, 84, 89.

[893] So ausdrücklich *Wälzholz* GmbH-StB 2007, 84, 85.

Checkliste:

- ☐ Ist der Unternehmensgegenstand bestimmt genug? Genügt die gewählte Firma den Anforderungen des § 18 HGB (Kennzeichnungseignung, keine Irreführung)?
- ☐ Enthält der Gesellschaftsvertrag die Namen der Gesellschafter und die Zahl und Nennbeträge der von ihnen übernommenen Geschäftsanteile (entsprechende Angaben nur im Gründungsprotokoll sind nicht ausreichend)?
- ☐ Ist die abstrakte Vertretungsregelung in sich schlüssig und widerspruchsfrei? Sind die Regelung der Geschäftsführungsbefugnis und der konkreten Vertretungsmacht eindeutig getrennt?
- ☐ Enthält die Satzung (sinnvollerweise) eine Ermächtigung zur Erteilung von Einzelvertretungsmacht für einzelne Geschäftsführer und für eine Befreiung einzelner Geschäftsführer von den Beschränkungen des § 181 BGB (Öffnungsklausel)?
- ☐ Ist bei einer Geschäftsführerbestellung in der Satzung hinreichend klargestellt, ob es sich um ein höchstpersönliches Sonderrecht handelt?
- ☐ Ist eine vorhandene Vinkulierungsklausel zweifelsfrei formuliert, insbesondere im Hinblick auf ihre Reichweite, die Zuständigkeit zur Entscheidung und das insoweit einzuhaltende Verfahren?
- ☐ Enthält die Satzung eine hinreichend klare und den Neuregelungen durch das MoMiG Rechnung tragende Regelung zur Teilung und Zusammenlegung von Geschäftsanteilen?
- ☐ Wird in gesetzlich zwingende Minderheitsrechte zur Einberufung der Gesellschafterversammlung nach § 50 Abs. 1 GmbHG eingegriffen?
- ☐ Genügt eine von § 51 Abs. 1 GmbHG abweichende Regelung über die Form der Einberufung der Gesellschafterversammlung den Anforderungen, die an die Sicherheit und Verlässlichkeit der Benachrichtigung gestellt werden?
- ☐ Ist bei Satzungsbestimmungen, die Mehrheitserfordernisse betreffen, klar geregelt, auf welche Basis sich das Mehrheitserfordernis bezieht (insgesamt vorhandene/abgegebene/vertretene Stimmen)?
- ☐ Sieht die Satzung für die Aufstellung und Feststellung des Jahresabschlusses unnötigerweise starre oder zu kurze Fristen vor?
- ☐ Tragen die zur Rechtsnachfolge von Todes wegen vorgesehenen Regelungen der grundsätzlichen Vererblichkeit von Geschäftsanteilen Rechnung und ist das Verfahren zur Herbeiführung des gewünschten Ergebnisses praktikabel (Einziehung etc.)?
- ☐ Sind die in der Satzung vorgesehenen Einziehungsgründe rechtlich tragfähig (problematisch ist z. B. der Einziehungsgrund der Erhebung der Auflösungsklage)?
- ☐ Bewegt sich die Abfindungsklausel innerhalb des zulässigen Rahmens?
- ☐ Wird (ohne Problembewusstsein) das für steuerliche Zwecke abgeschaffte Stuttgarter Verfahren herangezogen?
- ☐ Ist für den Fall, dass die Satzung die Einrichtung eines fakultativen Aufsichtsrats/Beirats vorsieht, eine Entscheidung über die Anwendbarkeit von § 52 Abs. 1 GmbHG getroffen?
- ☐ Sind die Kompetenzen von Aufsichtrat/Beirat einerseits und der Gesellschafterversammlung andererseits klar und in zulässiger Weise voneinander abgegrenzt?
- ☐ Verpflichtet eine in der Satzung enthaltene Güterstandsklausel die Gesellschafter unnötigerweise zur ehevertraglichen Vereinbarung einer Gütertrennung? Ist bei ausländischen Gesellschaftern den sich hieraus ergebenden Besonderheiten hinreichend Rechnung getragen?
- ☐ Enthält die Satzung eine Öffnungsklausel zur Befreiung von einem etwaigen Wettbewerbsverbot?
- ☐ Wurde bei einer Satzungsänderung die Regelung zur Übernahme der Gründungskosten durch die Gesellschaft vor Ablauf der 5 Jahres-Frist aus der Satzung entfernt?
- ☐ Sieht die salvatorische Klausel eine möglicherweise problematische automatische Anpassung vor?

IV. Geschäftsführung und Vertretung

1. Organstellung

409 Als juristische Person ist eine GmbH naturgemäß nicht für sich handlungsfähig. Dies geschieht grundsätzlich durch die Geschäftsführung, die für alle für die Erreichung des Gesellschaftszwecks erforderlichen und zweckmäßigen Maßnahmen zuständig ist, sofern nicht zwingend die Kompetenz der Gesellschafterversammlung oder anderer nach Gesetz oder Satzung zuständiger Organe begründet ist. Gemäß § 6 Abs. 1 GmbHG muss die GmbH einen oder mehrere Geschäftsführer haben. Von dem sich aus der **Geschäftsführungsbefugnis** ergebenden **„Dürfen“ im Innenverhältnis** ist die den Geschäftsführern nach § 35 GmbHG zugewiesene **Vertretungsbefugnis** der GmbH, also das **„Können“ nach außen,** zu unterscheiden:

410 Während von den durch das Gesetz vorgesehenen Vertretungsregelungen keine abweichenden satzungsmäßigen Regelungen zulässig sind (vgl. § 35 Abs. 3 GmbHG), können die Geschäftsführungsbefugnisse bis auf einen kleinen Kernbereich eigenverantwortlicher und unentziehbarer gesetzlicher Aufgaben durch den Gesellschaftsvertrag abweichend geregelt werden oder von dem weiteren Organ der GmbH, der Gesellschafterversammlung, die gegenüber der Geschäftsführung grundsätzlich weisungsbefugt ist, abweichend bestimmt und sogar übernommen werden. Weitergehende Ausführungen zur Geschäftsführung und Vertretung, insbesondere weitergehend auch zur Haftung des Geschäftsführers finden sich bei § 13 Rdnr. 187–221.

2. Bestellung zum Geschäftsführer

411 a) **Zeitpunkt.** Die Organstellung beginnt mit der Bestellung zum Geschäftsführer. Die Eintragung in das Handelsregister hat lediglich deklaratorische Bedeutung. Die Bestellung zum Geschäftsführer ist ein **zweiseitiger Organisationsakt, der der Annahme durch den Geschäftsführerkandidaten bedarf.** Sie muss daher mitgeteilt werden, die zufällige Kenntnisnahme reicht nicht aus. Die Annahme kann aber konkludent erfolgen, von der auszugehen ist, wenn der Kandidat seine Tätigkeit aufnimmt, er selbst an der Abstimmung teilnahm und für sich stimmte[894] oder an der Anmeldung zum Handelsregister mitwirkte.[895]

412 b) **Befugnis.** Soweit keine Ausnahmen im Gesellschaftsvertrag oder Gesetz vorgesehen sind, ist grundsätzlich die Gesellschafterversammlung für die Bestellung und Abberufung der Geschäftsführer zuständig (§§ 6 Abs. 3 S. 2, 46 Nr. 3 GmbHG). Es ist dann eine Frage der sonstigen Satzungsregelungen, mit welchen Mehrheiten die Gesellschafterversammlung entscheidet, und welche Voraussetzungen für eine solche Beschlussfassung gelten.

Sieht der Gesellschaftsvertrag lediglich vor, dass die Gesellschafterversammlung für die Bestellung und Abberufung der Geschäftsführer zuständig ist, gilt das Gleiche.

Liegen keine besonderen Festlegungen vor, kann der für eine Bestellung als Geschäftsführer vorgesehene Gesellschafter in der Gesellschafterversammlung mitstimmen.

413 *aa) Möglichkeit besonderer Satzungsregelung.* Die Befugnis zur Bestellung von Geschäftsführern kann durch **besondere Satzungsregelung** auf andere Organe und auch einzelne Gesellschafter (nicht aber auf die Geschäftsführer) übertragen werden.[896] So finden sich oft Regelungen über die Bestellung (und Abberufung) der Geschäftsführer durch einen vorgesehenen fakultativen Aufsichtsrat, Ausschuss der Gesellschafterversammlung oder einen Beirat. Ob dabei die Zuständigkeit zur Bestellung und Abberufung von Geschäftsführern auch auf außenstehende Dritte (z. B. Konzernobergesellschaft oder Kreditgeber) verlagert werden kann, ist sehr streitig.[897]

[894] Baumbach/Hueck/*Zöllner/Noack* § 35 Rdnr. 10.

[895] Lutter/*Kleindiek* § 6 Rdnr. 43.

[896] Baumbauch/Hueck/*Zöllner* § 46 Rdnr. 34.

[897] Für die Zulässigkeit z. B. Baumbach/Hueck/*Hueck/Fastrich* § 6 Rdnr. 20; *Roth/Altmeppen* § 6 Rdnr. 27; *Beuthien/Gätsch* ZHR 157 (1993) 483, 492 ff.; gegen die Zulässigkeit z. B. *Ulmer* § 3 Rdnr. 40 ff.; Ulmer/*Hüffer* § 46 Rdnr. 77; Scholz/*U. H. Schneider* § 6 Rdnr. 49, § 38 Rdnr. 24 f., § 52 Rdnr. 222; Scholz/*K. Schmidt* § 46 Rdnr. 72.

Bei Vorsehen eines Gesellschaftersonderrechts im Gesellschaftsvertrag gibt es verschiedene Regelungsmöglichkeiten: 414

Zum Beispiel kann ein unterschiedlich stark ausgeprägtes Vorschlagsrecht für einen Gesellschafter oder eine Gesellschaftergruppe aufgenommen werden; über den jeweiligen Vorschlag kann dann die Gesellschafterversammlung bei Beschlussfassung über die Geschäftsführerbestellung – abhängig von der Ausgestaltung des Vorschlagsrechts vom freien Belieben bis zu einer Verweigerung nur bei Vorliegen eines wichtigen Grunds – entscheiden.[898] Auch ist es möglich, ein Recht zur Bestellung eines Geschäftsführers für einen Gesellschafter oder eine Gesellschaftergruppe (d. h. ohne Beschlusskompetenz der Gesellschafterversammlung) vorzusehen.[899]

bb) Zwingende gesetzliche Regelungen aus Mitbestimmungsgesetzen. **Zwingende gesetzliche Regelungen** ergeben sich **aus** den **Mitbestimmungsgesetzen**; nicht jedoch nach dem Drittelbeteiligungsgesetz, das keine abweichenden Regelungen enthält und dessen § 1 Abs. 1 Nr. 3 DrittelbG nicht auf § 84 AktG verweist: 415

Bei der gemäß § 1 Abs. 1 Nr. 1 MitbestG 1976 mitbestimmten GmbH wird die Bestellungs- und Abberufungskompetenz dem unabdingbar vorgesehenen Aufsichtsrat zugewiesen (§ 31 MitbestG 1976 i. V. m. § 84 AktG). Darüber hinaus ist im Anwendungsbereich des Mitbestimmungsgesetzes ein Arbeitsdirektor zwingend als gleichberechtigtes Mitglied der Geschäftsführung zu bestellen, der für das Personal- und Sozialwesen zuständig ist (§ 33 Abs. 1 S. 1 MitbestG). Wegen dieser zwingenden gesetzlichen Regelung bedarf es keiner Umsetzung in der Satzung. Die Zuständigkeit für den gesetzlich vorgeschriebenen Kernbereich des Ressorts des Arbeitsdirektors kann auch nicht durch abweichende satzungsmäßige Regelungen bzw. eine Geschäftsordnung für die Geschäftsführung entzogen werden.

c) **Eignung/Dauer.** Zum Geschäftsführer bestellt werden kann nur eine Person, die die gesetzlichen Anforderungen[900] erfüllt. Weitergehende Anforderungen an die Eignung eines Geschäftsführers können durch die Satzung – begrenzt allein durch die Schranken von § 138 BGB – festgelegt werden. Ausländer können wie Inländer Geschäftsführer sein.[901] Ein Teil der bisherigen registergerichtlichen Praxis machte die Eintragung der Geschäftsführerbestellung jedoch von der jederzeitigen Einreisemöglichkeit nach Deutschland abhängig und verlangte daher von Angehörigen aus Nicht-EU-Staaten, die nicht durch die Positivliste nach Anhang II der EU-Visum-Verordnung[902] privilegiert sind, die Vorlage einer Aufenthalts- bzw. Einreiseerlaubnis.[903] Diese Praxis dürfte durch die Streichung von § 4 a Abs. 2 GmbHG und Neufassung von § 6 Abs. 2 GmbHG durch Art. 1 MoMiG vom 23. 10. 2008 und unter Hinweis darauf, dass der Einsatz moderner Kommunikationsmittel möglich ist und auch in öffentlich-beglaubigter Form abzugebende Erklärungen vor einem Konsulatbeamten im Ausland oder vor einem ausländischen Notar vorgenommen werden können, überholt sein.[904] 416

Die Dauer der Geschäftsführertätigkeit kann durch die Satzung geregelt oder auch offen gelassen werden. Eine Mindest- oder Höchstgrenze gibt es nicht. In der mitbestimmten Gesellschaft hingegen gelten die Vorschriften des Aktiengesetzes nach §§ 112, 80 AktG mit einer Höchstdauer einer Geschäftsführertätigkeit von fünf Jahren. Nach neuerer höchstrichterlicher Rechtsprechung[905] kann die Bestellung eines Geschäftsführer unter einer auflösenden Bedingung erfolgen, die zu einer automatischen Amtsbeendigung bei deren Eintritt führt. 417

d) **Anmeldung der Bestellung eines Geschäftsführers zum Handelsregister.** Die Anmeldung bedarf der notariell beglaubigten Form (§ 12 Abs. 2 S. 1 HGB) unter Beifügung von 418

[898] Römermann/*Lenz* § 8 Rdnr. 8.
[899] Baumbach/Hueck/*Fastrich* § 6 Rdnr. 18.
[900] Formulierungsvorschlag mit Muster einer Anmeldung zum Handelsregister mit der Wiedergabe der vom Gesetz vorgesehenen Eignungsvoraussetzungen eines Geschäftsführers s. u. bei § 13 Rdnr. 430 [§ 13 IV 3 d) cc)].
[901] Lutter/*Kleindiek* § 6 Rdnr. 14.
[902] VO (EG) Nr. 539/2001 des Rates vom 15. 3. 2001, ABl. EG Nr. L 81 v. 21. 3. 2001.
[903] OLG Celle ZIP 2007, 1157; OLG Hamm GmbHR 1999, 1089; OLG Köln GmbHR 1999, 182, 183; OLG Zweibrücken ZVG 2001, 157; weitere Literaturangaben bei: Lutter/*Kleindiek* § 6 Rdnr. 14.
[904] OLG Düsseldorf ZVG 2009, 678 ff.; *Lutter/Kleindiek* § 6 Rdnr. 15 m. w. N.
[905] BGH GmbHR 2006, 46 ff.; a. A. *Altmeppen* § 6 Rdnr. 34.

die Bestellung nachweisenden Unterlagen (also in der Regel Gründungsprotokoll oder gesonderter Gesellschafterbeschluss) im Original oder öffentlich-beglaubigter Abschrift (§ 39 Abs. 2 GmbHG).

3. Vertretungsbefugnis

419 Die Vertretung der Gesellschaft obliegt nach § 35 Abs. 1 GmbHG den Geschäftsführern. Für die **passive Vertretung** gilt zwingend **Einzelvertretung** (§ 35 Abs. 2, S. 3 GmbHG).[906] Für die **Aktivvertretung** gilt hingegen bei Bestellung mehrerer Geschäftsführer grundsätzlich **Gesamtvertretung** aller vorhandenen Geschäftsführer (sog. gesetzliche Gesamtvertretung), soweit die Satzung nicht etwas Anderes bestimmt (§ 35 Abs. 1 S. 1, 2 GmbHG).

420 a) **Satzungsregelungen zur Einzel-/Gesamtvertretung.** Die Satzung kann (auch für jeden Geschäftsführer unterschiedlich) folgende Regelungen treffen:[907]

(1) Der Geschäftsführer ist (stets) einzelvertretungsberechtigt (Einzelvertretung);
(2) Der Geschäftsführer ist gemeinsam mit einem (oder mehreren) weiteren Geschäftsführer(n) vertretungsberechtigt (sog. echte Gesamtvertretung);
(3) Der Geschäftsführer ist gemeinsam mit einem (oder mehreren) weiteren Geschäftsführer(n) oder einem (oder mehreren) Prokuristen vertretungsberechtigt (sog. unechte Gesamtvertretung);
(4) Der Geschäftsführer ist bei Vorhandensein zumindest eines weiteren Geschäftsführers in Form der echten oder unechten Gesamtvertretung vertretungsberechtigt, als einziger Geschäftsführer aber alleinvertretungsberechtigt.

421 Hierbei kann zum Schutz von Minderheitsgesellschaftern mit dem Geschäftsführeramt auch ein Sonderrecht auf Befugnis zur Einzelvertretung in der Satzung festgeschrieben werden.

422 Die Regelung der unechten Gesamtvertretung durch einen Geschäftsführer gemeinsam mit einem Prokuristen ist dann unzulässig, wenn nicht mindestens zwei Geschäftsführer bestellt (worden) sind, da andernfalls die Vertretungsmacht eines einzelnen Geschäftsführers zwingend an der Mitwirkung eines Nicht-Organs gebunden wäre. Gleiches gilt, wenn die Regelung vorsieht, dass ein Geschäftsführer zwar gemeinsam mit einem Prokuristen, aber nicht auch gemeinschaftlich mit einem anderen Geschäftsführer vertretungsberechtigt ist.[908]

423 Auch bei einer echten Gesamtvertretung ist die allgemein zu empfehlende Regelung, dass, sofern nur ein Geschäftsführer vorhanden ist, dieser stets alleinvertretungsberechtigt ist, nicht zwingend. Ohne eine solche Regelung ist bei Wegfall des Mitgeschäftsführers, so dass nur ein Geschäftsführer verbleibt, dieser mangels einer solchen Regelung nicht einzelvertretungsberechtigt.[909]

424 Außer entsprechenden Regelungen über eine echte oder unechte Gesamtvertretung kann die Satzung keine weitergehenden Beschränkungen der Vertretungsmacht von Geschäftsführern vorsehen (§ 37 Abs. 2 GmbHG). Z. B. sind Regelungen, die einzelne Geschäftsführer auch von der Gesamtvertretung ausschließen, unzulässig.[910] Weiter ist eine je nach Art der Geschäfte unterschiedliche Ausgestaltung der Art der Einzelvertretungsmacht (z. B. Einzelvertretungsbefugnis für Tagesgeschäfte, Gesamtvertretungsbefugnis für außerhalb des gewöhnlichen Geschäftsbetriebs fallende Maßnahmen) unzulässig.[911]

425 Die Satzung kann auch nicht vorsehen, dass z. B. einem Geschäftsführer dann Einzelvertretungsbefugnis zukommt, wenn die anderen Geschäftsführer verhindert sind.[912] Etwas

[906] Scholz/*U. H. Schneider* § 35 Rdnr. 64.
[907] Hierzu z. B. Scholz/*U. H. Schneider* § 35 Rdnr. 64 ff.
[908] Ulmer/*Paefgen* § 35 Rdnr. 86; Scholz/*U. H. Schneider* § 35 Rdnr. 72.
[909] Lutter/*Kleindiek* § 35 Rdnr. 38.
[910] Ulmer/*Paefgen* § 35 Rdnr. 81; Scholz/*U. H. Schneider* § 35 Rdnr. 13.
[911] Ulmer/*Paefgen* § 35 Rdnr. 82; Scholz/*U. H. Schneider* § 35 Rdnr. 69 f.; Baumbach/Hueck/*Zöllner/Noack* § 35 Rdnr. 107; *Roth/Altmeppen* § 35 Rdnr. 41.
[912] Ulmer/*Paefgen* § 35 Rdnr. 82; Scholz/*U. H. Schneider* § 35 Rdnr. 69.

Anderes soll nur für einen stellvertretenden Geschäftsführer gelten, dessen Vertretungsbefugnis auf den Fall der Verhinderung eines Geschäftsführers beschränkt werden kann.[913]

426 b) **Satzungsregelungen zu § 181 BGB.** Einem Geschäftsführer ist es grundsätzlich nicht erlaubt, als Vertreter einer GmbH mit sich selbst oder als Vertreter eines Dritten Geschäfte abzuschließen (Verbot der Selbstkontrahierung nach § 181 BGB). Die meisten GmbH-Satzungen sehen die Befugnisse der Gesellschafterversammlung vor, von diesen Beschränkungen ganz oder teilweise[914] zu befreien. Ohne eine solche satzungsmäßige Regelung kann durch bloßen Gesellschafterbeschluss keine generelle Befreiung erteilt werden.[915] Die Anforderungen an eine Befreiung von den Beschränkungen des § 181 BGB gelten auch bei Einmanngesellschafter-Geschäftsführern (vgl. § 35 Abs. 4 GmbHG).

427 Bekanntlich sind in § 181 BGB zwei Fälle des verbotenen Selbstkontrahierens vorgesehen: Die Vornahme eines Rechtsgeschäfts im Namen des Vertretenen mit sich im eigenen Namen oder als Vertreter eines Dritten.

Insbesondere bei Konzernverhältnissen, wo eine Geschäftsführeridentität bei Mutter- und Tochter- bzw. Enkelgesellschaft besteht, sollen zwar entsprechende Rechtsgeschäfte „als Vertreter eines Dritten" innerhalb des Konzerns erlaubt sein, nicht jedoch im eigenen Namen. Daher ist es häufig anzutreffen, dass eine Befreiung von den Beschränkungen des § 181 BGB nur für den einen Fall des Handelns als „Vertreter eines Dritten" erfolgt.

428 Ohne eine entsprechende Befreiung des Geschäftsführers der Konzernobergesellschaft könnte dieser sich nicht selbst zum Geschäftsführer der Tochtergesellschaft bestellen.[916] und in der Folge – bei seiner gleichzeitigen Befreiung vom Selbstkontrahierungsverbot als „Vertreter eines Dritten" bei der Tochtergesellschaft – Rechtsgeschäfte zwischen diesen beiden Gesellschaften schließen.

429 c) **Praxishinweis.** Bei erstmaliger Bestellung eines Geschäftsführers bei Gründung der Gesellschaft im Gründungsprotokoll und/oder in der Satzung ist in der notariellen Praxis darauf zu achten, dass sowohl die **allgemeinen** Vertretungsregelungen **wie auch** die **speziellen** für den bestellten einzelnen Geschäftsführer geltenden **Vertretungsregelungen** wiedergegeben werden.

D. h., dass der Gesellschaftsvertrag und korrespondierend die Anmeldung zum Handelsregister die allgemeinen Vertretungsregelungen und mögliche Befreiungen von den Beschränkungen des § 181 BGB enthalten muss, wie auch der Bestellungsbeschluss für den Geschäftsführer – in der Regel in der Gründungsurkunde – und der die Anmeldung des Geschäftsführers enthaltende Teil der Anmeldung zum Handelsregister die spezielle Angaben über die konkrete Vertretungsbefugnis des jeweils bestellten Geschäftsführers.

430 d) **Formulierungsvorschläge**

431 aa) Gesellschaftsvertragliche Regelung der allgemeinen Vertretungsberechtigung:
Die Gesellschaft hat einen oder mehrere Geschäftsführer. Ist nur ein Geschäftsführer bestellt, vertritt dieser die Gesellschaft einzeln. Sind mehrere Geschäftsführer bestellt, so wird die Gesellschaft durch zwei Geschäftsführer gemeinsam oder einen Geschäftsführer in Gemeinschaft mit einem Prokuristen vertreten.

---

913 Römermann/*Seibt* § 2 Rdnr. 119.

914 Eine solche Formulierung („ganz oder teilweise") empfiehlt sich vorsorglich, um bei späterer Geschäftsführerbestellung mit bloß teilweiser Befreiung von den Beschränkungen des § 181 BGB eine Diskussion mit dem zuständigen Handelsregister darüber zu vermeiden, dass die Satzung mangels entsprechender Differenzierung eine teilweise Befreiungsmöglichkeit nicht vorsehe.

915 *Römermann* § 2 Rdnr. 237: BayObLG DB 1984, 1517; BayObLG GmbHR 1985, 392 = EWiR § 66 GmbHG 2/85, 691 (*Meyer-Landrut*); OLG Köln GmbHR 1993, 37; Scholz/*U. H. Schneider* § 35 Rdnr. 99 a; *Tiedtke* GmbHR 1993, 385, 389; a. A. Baumbach/Hueck/*Zöllner/Noack* § 35 Rdnr. 132; Roth/*Altmeppen* § 35 Rdnr. 63 ff. – allerdings kann bei Fehlen einer satzungsmäßigen Gestattung im Einzelfall das Organ Befreiung vom Selbstkontrahierungsverbot erteilen, das für die Bestellung und Abberufung des Geschäftsführers zuständig ist; vgl. BGHZ 33, 189, 192; BGHZ 87, 59, 60; KG GmbHR 2002, 327; Scholz/*U. H. Schneider* § 35 Rdnr. 99.

916 *Römermann* § 2 Rdnr. 239: BayObLG NJW-RR 2001, 469; LG Berlin NJW-RR 1997, 1534 f. (zur AG); Scholz/*U. H. Schneider* § 35 Rdnr. 128.

Die Gesellschafterversammlung kann durch einen Gesellschafterbeschluss Einzelvertretungsbefugnis erteilen. Sie kann einen Geschäftsführer oder mehrere Geschäftsführer auch ganz oder teilweise von den Beschränkungen des § 181 BGB befreien.

bb) Geschäftsführerbestellung im Gründungsprotokoll oder gesonderten Gesellschafterbeschluss

- Bei Einzelvertretungsberechtigung und gänzlicher Befreiung von den Beschränkungen des § 181 BGB:
  Zum Geschäftsführer der Gesellschaft wird bestellt:
  Herr/Frau ......, geb. ......, geb. am ......, wohnhaft ....
  Herr/Frau ...... ist berechtigt, die Gesellschaft stets einzeln zu vertreten. Er/Sie ist befugt, die Gesellschaft bei der Vornahme von Rechtsgeschäften mit sich selbst oder als Vertreter eines Dritten uneingeschränkt zu vertreten
- Bei Gesamtvertretungsberechtigung und gänzlicher Befreiung von den Beschränkungen des § 181 BGB:
  Zum Geschäftsführer der Gesellschaft wird bestellt:
  Herr/Frau ......, geb. ......, geb. am ......, wohnhaft ....
  Herr/Frau ...... vertritt die Gesellschaft satzungsgemäß. Er/Sie ist befugt, die Gesellschaft bei der Vornahme von Rechtsgeschäften mit sich selbst oder als Vertreter eines Dritten uneingeschränkt zu vertreten.
- Alternative für eingeschränkte Befreiung von den Beschränkungen des § 181 BGB:
  „Er/Sie ist berechtigt, die Gesellschaft bei Vornahme von Rechtsgeschäften als Vertreter eines Dritten uneingeschränkt zu vertreten."

cc) Anmeldung zum Handelsregister mit den erforderlichen Belehrungen (alternativ einzelvertretungsberechtigt und gemeinsam vertretungsberechtigt und Befreiung von den Beschränkungen des § 181 BGB):

In der Handelsregistersache der Firma
...... mit Sitz in ......
– HRB » des Amtsgerichtes ...... –
überreichen wir (Alternative bei Einzelvertretungsberechtigung oder Bestellung als erster alleiniger Geschäftsführer „überreiche ich") anliegend den Gesellschafterbeschluss vom ...... 2011 und melden zur Eintragung in das Handelsregister Folgendes an:
Herr/Frau ......, geb. am ......, wohnhaft ......, ist zum weiteren Geschäftsführer der Gesellschaft bestellt.
...... vertritt die Gesellschaft satzungsgemäß. / ...... ist berechtigt, die Gesellschaft stets einzeln zu vertreten, auch wenn mehrere Geschäftsführer bestellt sind.
Er ist befugt, die Gesellschaft bei der Vornahme von Rechtsgeschäften mit sich selbst oder als Vertreter eines Dritten uneingeschränkt zu vertreten.
Ich, der Geschäftsführer der Gesellschaft, versichere nach Belehrung durch den Notar über die Strafbarkeit einer wissentlich falschen Versicherung, dass ich nicht

1. auf Grund eines gerichtlichen Urteils oder einer vollziehbaren Entscheidung einer Verwaltungsbehörde gehindert bin, einen Beruf, einen Berufzweig, ein Gewerbe oder einen Gewerbezweig auszuüben, sofern der Unternehmensgegenstand ganz oder teilweise mit dem Gegenstand des Verbots übereinstimmt;
2. wegen einer oder mehrerer vorsätzlich begangener Straftaten
   a. des Unterlassens der Stellung des Antrags auf Eröffnung des Insolvenzverfahrens (Insolvenzverschleppung),
   b. §§ 283–283 d StGB (Insolvenzstraftaten),
   c. der falschen Angaben nach § 82 GmbHG oder § 399 AktG,
   d. der unrichtigen Darstellung nach § 400 AktG, § 331 HGB, § 313 UmwG oder § 17 PublizitätsG,
   e. nach den §§ 263 bis 264 a oder den §§ 265 b bis 266 a StGB zu einer Freiheitsstrafe von mindestens einem Jahr

   verurteilt worden bin; dieser Ausschluss gilt für die Dauer von fünf Jahren seit der Rechtskraft des Urteils; wobei die Zeit nicht eingerechnet wird, in welcher der Täter auf behördliche Anordnung in einer Anstalt verwahrt worden ist.
   Nr. 2. gilt entsprechend bei der Verurteilung im Ausland wegen einer Tat, die mit den in Nr. 2. genannten Taten vergleichbar ist.

Ich versichere weiter, dass ich von dem Notar ...... mit dem Amtssitz in ...... über die unbeschränkte Auskunftspflicht gegenüber dem Registergericht belehrt worden bin.
Die inländischen Geschäftsräume der Gesellschaft befinden sich in ...... (inländische Geschäftsanschrift im Sinne des § 8 Abs. 4 GmbHG).
......, den ......

4. Geschäftsführungsbefugnis

a) **Verhältnis zur Gesellschafterversammlung.** Die den Geschäftsführern obliegende Geschäftsführung umfasst alle Maßnahmen im Rahmen des gewöhnlichen Geschäftsbetriebs. Diese Befugnis ist jedoch in mehrfacher Hinsicht begrenzt. Auch ohne besondere Regelungen bedürfen ungewöhnliche außerhalb des Unternehmensgegenstandes liegende Maßnahmen, insbesondere solche, die außerhalb des Unternehmensgegenstandes, der festgelegten Unternehmenspolitik stehen und Entscheidungen, bei denen mit Widerspruch der Gesellschafter zu rechnen wäre, der Zustimmung der Gesellschafter.[917] Hierzu zählt nach der Rechtsprechung in entsprechender Anwendung von § 179a AktG auch ein Rechtsgeschäft, das die Veräußerung des ganzen Gesellschaftsvermögens – und zwar auch eines einzelnen wesentlichen Vermögensgegenstandes, wenn die Gesellschaft bloß unbedeutsame Vermögensgegenstände dieses Vermögensgegenstandes behält[918] – ausmacht.[919] Daneben wird die Geschäftsführungsbefugnis durch Satzungsbestimmungen, Regelungen einer eventuellen Geschäftsordnung für die Geschäftsführung sowie Beschlüsse der Gesellschafterversammlung begrenzt. 432

Durch die Satzung können der Geschäftsführung oder einzelnen Geschäftsführern Befugnisse übertragen werden, die grundsätzlich der Gesellschafterversammlung vorbehalten sind. Hierzu gehören insbesondere Maßnahmen der Gesellschafterversammlung nach § 46 GmbHG wie die Einforderung von Einlagen, die Rückzahlung von Nachschüssen, die Zustimmung zur Teilung, Zusammenlegung sowie zur Einziehung von Geschäftsanteilen wie auch die Befugnisse zur Feststellung des Jahresabschlusses. Dabei darf die Stellung der Gesellschafterversammlung als oberstes Organ der Gesellschaft aber nicht angetastet werden. Aus diesem Grund dürfen einzelne Maßnahmen, insbesondere die Bestellung und Abberufung von Geschäftsführern und deren Entlastung, Maßnahmen zur Überwachung der Geschäftführung, Entscheidungen über die Geltendmachung von Ersatzansprüchen gegen Gesellschafter und Geschäftsführer wie auch Kompetenzen hinsichtlich Satzungs- und Strukturänderungen (einschließlich Kapitalerhöhungen und Herabsetzungen) nicht auf die Geschäftsführer übertragen werden.[920] 433

Regelmäßig werden jedoch die Rechte der Gesellschafterversammlung gegenüber der Geschäftsführung nicht eingeschränkt, sondern durch Einführung von Zustimmungsvorbehalten erweitert. Hierbei ist es sowohl üblich, sog. Zustimmungskataloge in der Satzung selbst vorzusehen oder aber außerhalb der Satzung in Geschäftsordnungen für die Geschäftsführung oder im Geschäftsführeranstellungsvertrag selbst. 434

Bei in der Satzung vorgesehenen Zustimmungskatalogen können diese als Satzungsbestandteile grundsätzlich nur mit den für eine Satzungsänderung gesetzlich oder satzungsmäßig vorgesehenen Mehrheiten geändert werden. Bei Zustimmungskatalogen außerhalb der Satzung gelten grundsätzlich die für Gesellschafterbeschlüsse in der Satzung festgelegten Mehrheitserfordernisse, so dass, insbesondere wenn ein solcher Zustimmungskatalog auch für Minderheitsgesellschafter schützende Wirkung haben soll, festgelegt werden sollte, dass entweder Änderungen des Zustimmungskatalogs oder aber auch Beschlussfassungen der Gesellschafterversammlung über die dem Zustimmungskatalog unterliegenden Tatbestände einer qualifizierten Mehrheit bedürfen, die eine Zustimmungspflicht des/der Minderheitsgesellschafter(s) begründen. 435

---

917 Baumbach/Hueck/*Zöllner* § 37 Rdnr. 7ff.; Lutter/*Kleindieck* § 37 Rdnr. 10f.
918 BGH NJW 1982, 1704; MünchKomm/*Stein* § 179a Rdnr. 18.
919 BGH NJW 1995, 596; gegen eine analoge Anwendung: *Bredhauer* NZG 2008, 816, 818f.
920 *Trölitsch* § 16 Rdnr. 18.

436 Sofern die Gesellschaft über Tochtergesellschaften oder Gesellschaftsbeteiligungen verfügt, sollte jeweils zugleich klargestellt werden, dass der für die Gesellschaft geltende Katalog entsprechend auch bei Geschäftsführungsentscheidungen in der Tochter- bzw. Beteiligungsgesellschaft gilt und – obwohl es sich um eine andere Gesellschaft handelt – der Zustimmungspflicht der Gesellschafterversammlung der Mutter- bzw. Obergesellschaft unterliegt.

Formulierungsvorschlag für allgemeine Regelung ohne Katalogmaßnahmen:

Die Geschäftsführer sind verpflichtet, die Geschäfte der Gesellschaft in Übereinstimmung mit dem Gesetz, mit der Satzung, einer eventuellen mit einer einfachen Mehrheit der abgegebenen Stimmen mit einer Mehrheit von __ % der abgegebenen Stimmen durch die Gesellschafterversammlung erlassenen Geschäftsordnung sowie den Beschlüssen der Gesellschafterversammlung zu führen.

Formulierungsvorschlag für eine Geschäftsordnung mit üblichen Katalogbeständen:

Geschäftsordnung für die Geschäftsführung der ...... GmbH

Die Geschäftsführung der ...... GmbH bedarf der vorherigen Zustimmung der Gesellschafterversammlung zur Vornahme folgender Geschäfte:

a) Aufnahme neuer Geschäftszweige oder Aufgabe vorhandener Tätigkeitsbetriebe,
b) Errichtung und Aufhebung von Zweigniederlassungen,
c) Errichtung, Verlegung und Aufhebung von Betriebsstätten,
d) Erwerb, Gründung und Veräußerung anderer Unternehmen; Erwerb und Veräußerung von Beteiligungen an anderen Unternehmen; Änderung der Beteiligungsquote und Teilnahme an einer Kapitalerhöhung,
e) die Anschaffung, Herstellung oder Veräußerung von einzelnen Anlagengegenständen sowie die Durchführung von Investitions-Vorhaben jeglicher Art mit einem Wert in Höhe von jeweils mehr als € ...... netto; die Gewährung von Sicherheiten jeder Art einschließlich der Verpfändung und Sicherungsübereignung von Anlagengegenständen,
f) Investitionen und deren Finanzierung über € ......
g) Aufnahme von Bankkrediten,
h) Übernahme von Bürgschaften, Garantien oder ähnliches außerhalb des üblichen Geschäftsbetriebs,
i) Gewährung von Krediten außerhalb des üblichen Geschäftsbetriebes,
j) Erwerb, Veräußerung und Belastung von Grundeigentum und grundstücksgleichen Rechten,
k) Mietverträge für eine längere Dauer als ein Jahr sowie Leasingverträge, sofern der jährliche Leasingbetrag das Budget übersteigt,
l) Bestellung von Prokuristen,
m) Einstellung, Festsetzung und Änderung der Bezüge der Angestellten, sofern dies zu einer Überschreitung des Budgets führen könnte,
n) Übernahme von Pensionsverpflichtungen,
o) Übernahme von Abfindungen bei Dienstbeendigung, sofern diese das in der Vergangenheit übliche Maß überschreiten,
p) Einführung bleibender sozialer Maßnahmen, insbesondere Bildung von Unterstützungsfonds für regelmäßig wiederkehrende Leistungen, Richtlinien für die Gewährung von Alters-, Invaliditäts- und Hinterbliebenenversorgung, auch in Form von Versicherungsabschlüssen, sowie Gratifikationen und andere außerordentliche Zuwendungen an die Belegschaft. Gesetzliche oder tarifliche Regelungen werden hierdurch nicht berührt,
q) Einleitung von Rechtsstreitigkeiten von besonderer Bedeutung; ferner der Abschluss von Vergleichen und Erlass von Forderungen, sofern der durch Vergleich gewährte Nachlass oder der Nennwert erlassener Forderungen € .....: übersteigt,
r) Abschluss von Verträgen, sofern sie über den Rahmen des laufenden Geschäftes hinausgehen,

s) sonstige Geschäfte in den von der Gesellschaft abhängigen Unternehmen, die bei Vornahme in der Gesellschaft nach dem Gesellschaftsvertrag der Zustimmung der Gesellschafterversammlung und/oder des Gesellschafterausschusses bedürfen.

......, den ......

......
als alleinige Gesellschafter sowie als Geschäftsführer der ...... GmbH

b) **Verhältnis mehrerer Geschäftsführer untereinander.** Das GmbH-Gesetz enthält keine Regelung für die Verteilung der Geschäftsführungsbefugnisse im Innenverhältnis bei der Bestellung mehrerer Geschäftsführer. Ohne besondere Satzungsregelung ist von einer Gesamtgeschäftsführungsbefugnis mehrerer Geschäftsführer auszugehen, wobei bei fehlender abweichender satzungsmäßiger Regelung ein Einstimmigkeitserfordernis besteht.[921] Grundsätzlich besteht **Gestaltungsfreiheit.** Ob für die Verteilung der Geschäftsführungsbefugnis im Innenverhältnis Gesamtgeschäftsführungsbefugnis mit Einstimmigkeits- oder Mehrheitserfordernis oder aber Einzelgeschäftsführungsbefugnis von allen oder einzelnen Geschäftsführern vorgesehen wird, ist grundsätzlich frei gestaltbar. 437

Die Grenze der Gestaltungsfreiheit wird durch öffentlich-rechtliche und strafrechtliche Pflichten (z. B. Insolvenzantragspflicht nach § 15 a InsO, Verpflichtung zur Abgabe von Steuererklärungen nach § 34 AO) begründet, wonach die Geschäftsführer nicht durch eine satzungsmäßige Regelung von ihren individuellen Pflichten entbunden werden können. Wird bei nach außen einzelvertretungsberechtigten Geschäftsführern eine Einzelvertretungsbefugnis bezogen auf festgelegte bestimmte Ressortbereiche vorgesehen, werden grundsätzlich die jeweils übrigen Geschäftsführer nicht vollständig aus ihrer Verantwortung entlassen, sondern vielmehr eine wechselseitige Informations- und Überwachungsverantwortung für den jeweiligen andere Ressortbereich geschaffen.[922] 438

Formulierungsvorschlag für Gesamtgeschäftsführungsbefugnis mit Mehrheitsklausel:

Sofern die Gesellschaft mehrere Geschäftsführer hat, sind diese – unbeschadet ihrer Vertretungsmacht nach außen – nur gemeinschaftlich zur Geschäftsführung befugt. Sofern die Gesellschafterversammlung nicht etwas Abweichendes festlegt, insbesondere durch einen Zustimmungskatalog im Rahmen einer Geschäftsordnung, beschließen sie über Geschäftsführungsmaßnahmen mit einfacher Mehrheit.

Formulierungsvorschlag für Einzelgeschäftsführungsbefugnis mit Widerspruchsrecht der anderen Geschäftsführer und anschließendem Zustimmungskatalog:

Die Gesellschafterversammlung der ...... GmbH beschließt hiermit für die Geschäftsführer der Gesellschaft diese Geschäftsordnung für die Geschäftsführung:

1. Allgemeines
Die Aufgaben und Befugnisse der Geschäftsführung ergeben sich aus dem Gesetz, dem Gesellschaftsvertrag und aus dieser Geschäftsordnung

2. Aufgaben der Geschäftsführer

2.1 Die Zuständigkeiten der einzelnen Geschäftsführer ergeben sich aus dem beigefügten Geschäftsverteilungsplan. Änderungen beschließt die Gesellschafterversammlung.

2.2 Innerhalb seines nach dem Geschäftsverteilungsplan festgelegten Geschäftsbereichs trifft jeder Geschäftsführer seine Entscheidungen selbstständig. Soweit die Geschäftsbereiche mehrerer Geschäftsführer berührt werden, entscheiden diese gemeinsam.
Unbeschadet einer Ressortzuständigkeit sind alle Geschäftsführer über für den Geschäftsverlauf der Gesellschaft erhebliche Geschäftsvorfälle und Daten zu informieren.

[921] Scholz/*U. H. Schneider* § 37 Rdnr. 21; *Rohwedder/Schmidt-Leithoff/Koppensteiner* § 37 Rdnr. 17.
[922] Römermann/*Seibt* § 2 Rdnr. 113.

3. Geschäftsführersitzungen
3.1 Sitzungen der Geschäftsführung sollen regelmäßig abgehalten werden. Jeder Geschäftsführer kann die Einberufung einer Sitzung verlangen.
3.2 Jedem Geschäftsführer steht das Recht zu, im Falle abweichender Meinungen, die auch das Ressort anderer Geschäftsführer betreffen, die Gesellschafterversammlung zur abschließenden Entscheidung anzurufen.
4. Zustimmungspflichtige Geschäfte
Die Geschäftsführer bedürfen der vorherigen Zustimmung durch Gesellschafterbeschluss für folgende Maßnahmen und Rechtsgeschäfte:
[Katalog wie Formulierungsvorschlag unter vorstehend Rdnr. 436] [s. § 13 IV. 4.a)]

5. Beendigung des Geschäftsführeramtes

439 Für die Beendigung des Geschäftsführeramtes ist zwischen **Abberufung, automatischem Erlöschen des Amtes** und **Amtsniederlegung** zu unterscheiden.

440 a) **Abberufung.** Die Gesellschafter können grundsätzlich jederzeit die Bestellung zum Geschäftsführer gem. § 38 Abs. 1 GmbHG frei widerrufen. Grundsätzlich zuständig ist die Gesellschafterversammlung. Es sind aber auch andere Zuständigkeitsregelungen – wie bei der Bestellung zum Geschäftsführer – möglich.[923]

441 Die Abberufung ist ein einseitiger Organisationsakt und bedarf grundsätzlich nicht der Zustimmung des Geschäftsführers. Der Gesellschaftergeschäftsführer hat jedoch – sofern kein wichtiger Grund zur Abberufung besteht – grundsätzlich ein eigenes Stimmrecht bei der Beschlussfassung, für die mangels satzungsmäßiger abweichender Regelungen grundsätzlich eine einfache Mehrheit ausreicht.

442 Für einen satzungsmäßig bestellten Geschäftsführer kann ein **Gesellschaftersonderrecht** bestehen, dass er nur aus wichtigem Grund abberufen werden kann.[924] Hierauf kann auch bei Fehlen einer entsprechenden expliziten Regelung gefolgert werden, wenn z. B. von einer Bestellung auf Lebenszeit oder einer Bestellung, solange eine Gesellschafterstellung begründet ist, die Rede ist.[925] Die Möglichkeit der Abberufung aus wichtigem Grund ist zwingend und kann nicht wirksam durch Satzungsregelungen, die z. B. wichtige Gründe abschließend aufzählen sollen, aber nicht objektiv vollständig erfassen, umgangen werden.[926]

443 Handelt es sich bei dem Gesellschaftersonderrecht um einen solchen **echten Satzungsbestandteil,** kann der Geschäftsführer frei und ohne Vorliegen eines wichtigen Grundes nur mit der für eine Satzungsänderung erforderlichen Mehrheit durch eine entsprechende Satzungsänderung abberufen werden, sofern sich nicht aus dem ausdrücklichen Inhalt der Satzungsregelung ein weitergehendes Erfordernis, wie z. B. die Zustimmung des betroffenen Gesellschafter-Geschäftsführers selbst, ergibt.[927] Allein der Umstand, dass ein Geschäftsführer im Gesellschaftsvertrag bei Gründung der Gesellschaft zum Geschäftsführer bestellt wird (und nicht bloß im Gründungsprotokoll ohne seine namentliche Benennung im Gesellschaftsvertrag), soll nach der Rechtsprechung bei Fehlen weiterer Ausführungen im Gesellschaftsvertrag noch nicht dazu führen, dass der Gesellschafter ein Sonderrecht zur Geschäftsführung erhalten soll und daher nicht mit der im Gesellschaftsvertrag vorgesehenen Mehrheit durch die Gesellschafterversammlung abberufen werden kann.[928]

444 Die Abberufung ist empfangsbedürftig. Die persönliche Anwesenheit des betroffenen Geschäftsführers bei der Beschlussfassung reicht hierfür aus.[929]

445 Denkbar ist eine Beschlussfassung des Wirksamwerdens der Abberufung zu einem bestimmten Zeitpunkt, wie etwa dem Zeitpunkt der Eintragung der Beendigung des Geschäfts-

[923] S. oben § 13 Rdnr. 412 ff. [§ 13 IV. 2 b] mit den dort dargestellten möglichen Regelungen und gesetzlichen Ausnahmen.
[924] Lutter/*Kleindiek* § 38 Rdnr. 7.
[925] Lutter/*Kleindiek* § 38 Rdnr. 9.
[926] Lutter/*Kleindiek* § 38 Rdnr. 7.
[927] Lutter/*Kleindiek* § 38 Rdnr. 9.
[928] Scholz/*U. H. Schneider* § 6 Rdnr. 25.
[929] Römermann/*Lenz* § 8 Rdnr. 29.

führeramtes im Handelsregister, damit der Geschäftsführer – wenn Entsprechendes vorgesehen ist – selbst die Anmeldung seiner Abberufung zum Handelsregister vornehmen kann.[930]

b) **Erlöschen des Amtes.** Das Amt des Geschäftsführers kann auch automatisch erlöschen, wenn einer der folgenden Gründe eintritt: 446

- Entfallen einer Voraussetzung des § 6 Abs. 2 GmbHG[931]
- Tod des Geschäftführers
- Verschmelzung der Gesellschaft auf eine andere Gesellschaft
- Fristablauf, wenn Bestellung nur auf einen bestimmten Zeitraum beschränkt war.

Der erstgenannte Punkt des Erlöschens des Geschäftführeramtes bei Wegfall einer Voraussetzung des § 6 Abs. 2 GmbHG hat nicht nur den automatischen Amtsverlust des Geschäftsführers zur Folge, sondern kann nach § 6 Abs. 5 GmbHG auch eine persönliche Haftung der Gesellschafter begründen, die vorsätzlich oder grob fahrlässig einer Person, die nicht Geschäftsführer sein kann, die Führung der Geschäfte überlassen. Sie haften dabei für Schäden, die dadurch entstehen, dass eine solche „unfähige Person" die gegenüber der Gesellschaft bestehenden Obliegenheiten verletzt.[932] 447

c) **Amtsniederlegung.** Der Geschäftsführer ist berechtigt, sein Amt **jederzeit** – soweit kein Rechtsmissbrauch vorliegt – niederzulegen. Die Amtsniederlegung ist gegenüber dem Organ zu erklären, das ihn bestellt hat.[933] 448

Überwiegend wird bei der Anmeldung der Amtsniederlegung zum Handelsregister der Nachweis eines Zugangs der Erklärung bei dem zuständigen Bestellorgan in „Urschrift oder öffentlich-beglaubigter Abschrift" (§ 39 Abs. 2 GmbHG) verlangt, so dass es sich in der notariellen Praxis bei „einvernehmlicher" Amtsbeendigung empfiehlt, dass das Niederlegungsschreiben, das der Anmeldung zum Handelsregister beigefügt werden soll, zugleich die Unterschriften der Vertreter des Bestellorgans, d.h. bei dem Bestellorgan „Gesellschafterversammlung" der übrigen Gesellschafter, zur Bestätigung des Zugangs vorsieht. 449

Der Geschäftsführer kann die Niederlegung des Amtes zum sofortigen Zeitpunkt oder z.B. zum Zeitpunkt der Eintragung in das Handelsregister wählen, um so noch eine eigene Anmeldung der Beendigung des Geschäftsführeramtes vornehmen zu können.[934] 450

d) **Anmeldung des Ausscheidens eines Geschäftsführers zum Handelsregister.** Die Anmeldung des Ausscheidens zum Handelsregister ist – wenn nicht die Beendigung durch Abberufungsbeschluss oder Niederlegungsschreiben von der Eintragung im Handelsregister abhängig gemacht wird – rein deklaratorisch. Die Anmeldung bedarf einer notariell beglaubigten Form (§ 12 Abs. 2 S. 1 HGB) unter Beifügung von die Beendigung nachweisenden Unterlagen (also in der Regel Abberufungsbeschluss oder Amtsniederlegungsschreiben) im Original oder öffentlich-beglaubigter Abschrift (§ 39 Abs. 2 GmbHG). 451

V. Finanzierung und Kapitalmaßnahmen

Schrifttum: *Böhringer*, Erfordernisse der Anmeldung einer Kapitalerhöhung bei einer GmbH, BWNotZ 1998, 129; *Bormann/Urlichs*, Kapitalerhöhungen im Cash Pooling – welche Erleichterungen bringt das MoMiG tatsächlich?, DStR 2009, 641; *Burg/Blasche*, „Eigenkapitalersetzende" Nutzungsüberlassung nach dem MoMiG, GmbHR 2008, 1250; *Cramer*, Das genehmigte Kapital der GmbH nach dem MoMiG, GmbHR 2009, 406; *Ekkenga*, Sachkapitalerhöhung gegen Schuldbefreiung, ZGR 2009, 581; *Fendel*, Zur Tilgungswirkung von Voreinzahlungen auf künftige Kapitalerhöhungen in Sanierungsfällen, NZI 2007, 381; *Fett/Spiering*, Typische Probleme bei der Kapitalerhöhung aus Gesellschaftsmitteln, NZG 2002, 358; *Gehrlein*, Die Behandlung von Gesellschafterdarlehen durch das MoMiG, BB 2008, 846; *Geißler*, Aktuelle und fortdauernde Probleme bei der GmbH & Still, GmbHR 2008, 515; *Gerber/Pilz*, Die Barkapitalerhöhung um einen Rahmenbetrag bei der GmbH, GmbHR 2005, 1324; *Götze*, Die Auswirkungen der Eröffnung eines Insolvenzverfahrens auf die Durchführung einer zuvor beschlossenen Kapitalerhöhung, ZIP 2002, 2204; *Grützediek/Schaefer*, Haftung der Gesellschaft für „mangelhafte" Gesellschaftsanteile bei Kapitalerhöhungen, NZG 2006, 204; *Gundlach/*

930 Römermann/*Lenz* § 8 Rdnr. 40; *Roth/Altmeppen* § 39 Rdnr. 6.
931 BGHZ 115, 78, 80; BayObLG WM 1981, 75 ff.; *Römermann/Wachter* GmbHR-Sonderheft 10/08, 69.
932 Römermann/*Lenz* § 8 Rdnr. 37.
933 BGHZ 121, 257, 260.
934 *Derwald* GmbHR 2001, 290, 291.

Frenzel/Schmidt, Die Kapitalerhöhung in der Insolvenz, NZI 2007, 692; *Habersack*, Gesellschafterdarlehen nach MoMiG: Anwendungsbereich, Tatbestand und Rechtsfolgen der Neuregelung, ZIP 2007, 2145; *Halm*, Formelle und materielle Erfordernisse der ordentlichen Kapitalherabsetzung im Recht der GmbH, DStR 1997, 1332; *Heckschen*, Agio und Bezugsrechtsausschluss bei der GmbH, DStR 2001, 1437; *Heidinger*, Neues zur Kapitalaufbringung bei der Kapitalerhöhung, GmbHR 2002, 1045; *Hermanns*, Grauzonen im Kapitalaufbringungsrecht der GmbH – die Abgrenzung der verdeckten Sacheinlage vom Hin- und Herzahlen – Zugleich Anmerkungen zum Urt. des OLG Köln v. 20. 5. 2010 – 18 U 122/09 –, DNotZ 2011, 325; *Herrler*, Aktuelles zur Kapitalerhöhung bei der GmbH, DNotZ 2008, 903; *Hiort*, Kapitalerhöhung in der GmbH durch (Teil-) Einlage obligatorischer Nutzungsrechte, BB 2004, 2760; *Kind*, Insolvenzrechtliche Änderungen durch das MoMiG, NZI 2008, 475; Klose, die Stammkapitalerhöhung bei der Unternehmergesellschaft (haftungsbeschränkt), GmbHR 2009, 294; *Kuntz*, Die Kapitalerhöhung in der Insolvenz, DStR 2006, 519; *Lieder*, Zum Einfluss des genehmigten Kapitals auf die Dogmatik des GmbH-Rechts, ZGR 2010, 868; ders., Grund- und Zweifelsfragen des genehmigten Kapitals bei der GmbH, DNotZ 2010, 655; *Maidl*, Die Wandelschuldverschreibung bei der GmbH, NZG 2006, 778; *Mock*, Stille im MoMiG zur stillen Gesellschaft?, DStR 2008, 1653; *Mülbert*, Sacheinlagepflicht, Sacheinlagevereinbarung und Sacheinlagefestsetzungen im Aktien- und GmbH-Recht, FS Priester, 2007, S. 485; *Müller*, Die Kapitalerhöhung in der Insolvenz, ZGR 2004, 842; *Priester*, Genehmigtes Kapital bei der GmbH: Das MoMiG beschert uns einen neuen § 55 a GmbHG, GmbHR 2008, 1177; ders., Vorausleistungen auf die Kapitalerhöhung nach MoMiG und ARUG, DStR 2010, 494; ders., Emissions-Tranchen bei ordentlicher Kapitalerhöhung?, NZG 2010, 81; *Renaud*, Genehmigtes Kapital und Befugnis zur Satzungsänderung bei der GmbH, ZNotP 2010, 203; *Schemmann*, Asymmetrische Kapitalerhöhungen aus Gesellschaftsmitteln bei der GmbH, NZG 2009, 241; *Schmidt*, Gesellschafterbesicherte Drittdarlehen nach neuem Recht, BB 2008, 1966; *Schnorbus*, Die Teilnahme des Scheingesellschafters an Strukturmaßnahmen in der GmbH, ZGR 2004, 126; *Schnorbus/Donner*, Das genehmigte Kapital bei der GmbH – der neue § 55 a GmbHG in der Praxis, NZG 2009, 1241; *Schüppen*, Die sukzessive Durchführung von ordentlichen Kapitalerhöhungen – eine Gestaltung an der Grenzlinie zum genehmigten Kapital, AG 2001, 125; *Sieger/Hasselbach*, Die Kapitalerhöhung im „Schütt-aus-hol-zurück"-Verfahren, GmbHR 1999, 205; *Sieger/Schulte*, Vereinbarungen über Satzungsänderungen, GmbHR 2002, 1050; *Stein*, Zweifelsfragen der nominellen Kapitalerhöhung durch den GmbH-Scheingesellschafter, FS Ulmer, 2003, S. 643; *Temme*, Rechtsfolgen fehlerhafter Kapitalerhöhungen bei der GmbH, RNotZ 2004, 1; *Temme/Küperkoch*, Heilung und Reparatur fehlerhafter Kapitalerhöhungsbeschlüsse, GmbHR 2004, 1556; *Ulmer*, Rechtsfragen der Barkapitalerhöhung bei der GmbH, GmbHR 1993, 189; *Wachter*, Leitlinien der Kapitalaufbringung in der neueren Rechtsprechung des Bundesgerichtshofs, DStR 2010, 1240; Wälzholz, Gesellschaftervereinbarungen (side-letters) neben der GmbH-Satzung, GmbHR 2009, 1020; *Wegmann*, Kapitalaufbringung bei der Barkapitalerhöhung der GmbH, MittBayNot 2003, 199; *Weitnauer*, Die „Wandlung" von Mezzanine- in Eigenkapital, ZIP 2007, 1932; *Wülfing*, Vorleistungen auf Kapitalerhöhungen bei der GmbH, GmbHR 2007, 1124; *Zöllner*, Folgen der Nichtigkeit einer Kapitalerhöhung für nachfolgende Kapitalerhöhungen, FS Hadding, 2004, S. 725; ders., Folgen der Nichtigerklärung durchgeführter Kapitalerhöhungsbeschlüsse, AG 1993, 68.

1. Überblick zu Finanzierungsformen

452 Für die Finanzierung, d. h. Ausstattung mit neuem Kapital, stehen den Gesellschaftern einer GmbH prinzipiell eine Vielzahl von Instrumenten zur Verfügung. Dabei ist zwischen der Finanzierung durch Eigenkapital, der Finanzierung durch Fremdkapital und Mischformen der Finanzierung zu unterscheiden:[935]

453 a) **Erhöhung des Eigenkapitals.** *aa) Kapitalerhöhung* (= Erhöhung des Stammkapitals). Diese kann, muss aber nicht mit einer effektiven Mittelzuführung einhergehen: Bei der Kapitalerhöhung aus Gesellschaftsmitteln werden lediglich freie Rücklagen in gebundenes Stammkapital verwandelt.

454 *bb) Zuführung von Kapital in nicht gebundene Kapitalrücklagen, Nebenleistungen etc.* Die Gesellschafter können nicht nur solche Beiträge (ggf. zzgl. Agio, § 272 Abs. 2 Nr. 1 HGB) leisten, die einer Erhöhung des Stammkapitals dienen und mit der Zuteilung neuer Mitgliedschaftsrechte einhergehen. Die Gesellschafter können auch z. B. Bar- oder Sacheinlagen (in steuerrechtlicher Terminologie: „verdeckte Einlagen", hierzu § 6 Abs. 6 S. 2 EStG) in freie Kapitalrücklagen leisten (§ 272 Abs. 2 Nr. 4 HGB) und so die Anwendung der strengen Regularien zu Kapitalaufbringung und -erhaltung vermeiden.[936] Hierbei handelt es sich nicht um Schenkungen, sondern um Leistungen causa societatis.[937] Wenn nicht gerade

[935] Ausf. zur Finanzierung durch Gesellschafter BeckGmbH-HdB/*Schwaiger*, § 7.

[936] Vgl. *Haberstock* NZG 2008, 220.

[937] A. A. *Strnad* NZG 2004, 28 m. w. N.; s. a. BFH MittBayNot 2010, 424 zur Frage der Schenkung an Mitgesellschafter.

GmbH-Geschäftsanteile oder Grundstücke eingebracht werden, sind die entsprechenden Vorgänge nicht beurkundungspflichtig. Der Zuführung von Kapital in die Rücklage vorausgehen kann das „Stehenlassen" von Gewinnen. Korporative Nachschusspflichten bedürfen der Festsetzung im Statut (§§ 26, 27), daneben kommen schließlich noch sonstige Nebenleistungen ohne Einlagecharakter in Betracht (§ 3 Abs. 2), etwa Darlehen, Dienstleistungen, Wettbewerbsverbote etc.

b) **Zuführung von Fremdkapital.** Die Zuführung von Fremdkapital erfolgt typischerweise 455
durch Aufnahme von Darlehen, ggf. auch Gesellschafterdarlehen. Mit Inkrafttreten des MoMiG sind die Figur des eigenkapitalersetzenden Darlehens und die §§ 32a, b GmbHG entfallen und das **Sonderrecht der Gesellschafterdarlehen und -sicherheiten** ist nunmehr in den **§§ 39 Abs. 1 Nr. 5, 44a, 135, 143 InsO** (sowie den Parallelvorschriften der §§ 6, 6a, 11 Abs. 3 AnfG) geregelt.

c) **Mischformen.** Mischformen der Finanzierung („Mezzanin-Kapital", „Mezzanin- 456
Finanzierung" oder „hybride Finanzierung") **verbinden Merkmale von Eigen- und Fremdkapital;**[938] in der Praxis der mittelständischen und großen GmbHs haben sie heute eine erhebliche Bedeutung, nicht zuletzt, weil sie den Zugang zu Fremdkapital durch Verbesserung des „Ratings" erleichtern:

aa) Stille Einlage.[939] Bei der GmbH & Still leistet der stille Gesellschafter eine Einlage in 457
das Gesellschaftsvermögen und erhält hierfür eine Gewinnbeteiligung, ggf. auch hierüber hinaus gehende Mitwirkungsrechte. Auch wenn die Gründung einer stillen Gesellschaft Elemente der Teilgewinnabführung enthält, steht die h. M. auf dem Standpunkt, dass die **§§ 292, 294 Abs. 2 AktG im Grundsatz nicht entsprechend anwendbar** sind,[940] insbesondere keine Handelsregistereintragung erforderlich ist,[941] macht hiervon aber dann eine **Ausnahme,** wenn der Gewinnanteil des Stillen die Gesellschafter dividendenlos stellt.[942] Nach dem Grundsatz des sichersten Weges sollte den Beteiligten bei der Vereinbarung einer stillen Gesellschaft jedenfalls in Zweifelsfällen die Abfassung eines beurkundeten Zustimmungsbeschlusses und die Einreichung einer entsprechenden Handelsregisteranmeldung empfohlen werden.[943]

bb) Wandelanleihe/-schuldverschreibung.[944] Bei der Wandelschuldverschreibung stellt der 458
Geldgeber der GmbH Kapital zur Verfügung, das jedoch nicht zwingend zurückgezahlt werden muss: Vielmehr wird das Recht der Gesellschaft oder des Kapitalgebers vereinbart, statt der Rückzahlung eine Beteiligung an der Gesellschaft anbieten oder beanspruchen zu können. Beinhaltet die Vereinbarung die Pflicht der Gesellschaft, unter Umständen neue Gesellschaftsanteile zu schaffen, bedarf diese Abrede zwar nicht der notariellen Beurkundung, wohl bedarf die Geschäftsführung aber einer entsprechenden **Ermächtigung durch die Gesellschafterversammlung,** die mit satzungsändernder Mehrheit gefasst und notariell protokolliert sein muss.[945] Nach Einführung von § 55a steht nun auch ein Instrument zur flexiblen Ausgabe von Anteilen an Inhaber von Wandelanleihen zur Verfügung.[946]

cc) Ausgabe von Genussrechten (vgl. für die AG § 221 AktG).[947] (Formlos zulässige) Ge- 459
nussrechtsvereinbarungen können unterschiedliche Inhalte haben. Allgemein werden unter Genussrechten Vereinbarungen verstanden, durch die Ansprüche vermögensrechtlicher Art

---

938 Etwa *Brokamp/Ernst/Hollasch/Lehmann/Weigel,* Mezzanine-Finanzierungen.

939 Ausf. *Schulze zur Wiesche,* Die GmbH & Still, 7. Aufl. 2009; Überblick bei *Geißler* GmbHR 2008, 515.

940 Näher Gutachten DNotI-Report 2004, 57.

941 OLG München GmbHR 2011, 487; BayObLG NJW-RR 2003, 908 = NZG 2003, 636; LG Darmstadt ZIP 2005, 402; AG Charlottenburg GmbHR 2006, 258; *Schmidt-Ott* GmbHR 2002, 784; Gutachten DNotI-Report 2004, 57; a. A. für atypische stille Beteiligung FG Hessen BeckRS 2006, 26 023 653; offen FG Berlin-Brandenburg DStRE 2008, 868.

942 *K. Schmidt* ZGR 1985, 295, 310.

943 So auch BeckNotarHdb/*Heckschen* D III Rdnr. 121.

944 Hierzu *Maidl* NZG 2006, 778.

945 *Maidl* NZG 2006, 778.

946 Lutter/Hommelhoff/*Lutter* § 55 Rdnr. 58.

947 BeckGmbH-HdB/*Schwaiger* § 7 Rdnr. 220 ff.

gegen die Gesellschaft begründet werden, die den Rechten der Gesellschafter zumindest angenähert sind.[948] Typischerweise ist das Genussrecht (= Gewinnbeteiligung) die Gegenleistung für eine langfristige Kapitalüberlassung oder für einen verlorenen Kapitalzuschuss. Nach h. M. bedarf die Geschäftsführung für die Ausgabe von Genussrechten jedenfalls dann eines den Erfordernissen des § 53 GmbHG genügenden **Gesellschafterbeschlusses,** wenn aufgrund der Genussrechtsbedingungen der Darlehenscharakter nicht mehr prägend ist und eine Konkurrenz zu den Vermögensrechten der Gesellschafter entsteht.[949] Da die Grenzen insoweit fließend sind, kann auch hier der Grundsatz des sichersten Weges die Beurkundung nahe legen. Ob es in diesen Fällen dann auch einer Satzungsänderung nebst Handelsregistereintragung bedarf, wird unterschiedlich beurteilt, von der h. M. aber abgelehnt.[950]

460 *dd) Nachrangdarlehen.* Hier wird der Rückzahlungsanspruch des Kapitalgebers auf Grund einer Rangrücktrittsvereinbarung gegenüber den Forderungen anderer Gläubiger bei Tilgung und Insolvenz nachrangig bedient (vgl. § 39 Abs. 2 InsO).[951]

461 **d) Finanzierung im Konzern.** Besondere Möglichkeiten der Unternehmensfinanzierung bestehen für faktisch oder vertraglich konzernierte Gesellschaften. Neben der Darlehensgewährung durch eine Mutter („Down-Stream-Darlehen"), oder eine andere Konzerngesellschaft – ggf. auch im Rahmen eines cash-flow-Systems – kann die Existenz der GmbH hier vor allem durch die Pflicht der Obergesellschaft zur Verlustübernahme im Vertragskonzern analog § 302 AktG, daneben auch durch Verlustdeckungszusagen oder Patronatserklärungen sichergestellt werden.[952] Ferner kann die Darlehensaufnahme seitens der Gesellschaft dadurch erleichtert werden, dass eine andere Gesellschaft im Konzern Sicherheiten bestellt.

462 **e) Bedeutung der verschiedenen Finanzierungsarten in der notariellen Praxis und Tätigkeiten des Notars.** Für die notarielle Praxis sind aufgrund ihrer Formbedürftigkeit und der Notwendigkeit des Registervollzugs fast ausschließlich die in den §§ 55 ff. GmbHG geregelten kapitaländernden Maßnahmen von Bedeutung. Die Mitwirkung des Notars besteht regelmäßig in:

- Entwurf und Beurkundung von Kapitaländerungsbeschlüssen und dazugehörigen Erklärungen (Übernahmeerklärungen),
- Entwurf, Beglaubigung und Einreichung der Handelsregisteranmeldung;
- Entwurf und Einreichung von Liste der Übernehmer und Gesellschafterliste, Satzungsbescheinigung.

Soweit es um die Fremdfinanzierung der Gesellschaft geht, sind in der notariellen Praxis die Entwurfsfertigung und Beurkundung von Immobiliarsicherheiten für Darlehen an die GmbH von Bedeutung.

2. Allgemeines zu Kapitalerhöhung und Kapitalherabsetzung

463 **a) Satzungsänderung.** Von einer Ausnahme (Kapitalschnitt mit unverändertem Stammkapital) abgesehen beinhaltet jede Kapitalmaßnahme (Kapitalerhöhung, Kapitalherabsetzung, Genehmigtes Kapital) (auch) eine Satzungsänderung, auf die zunächst die **allgemeinen Vorschriften der §§ 53, 54 GmbHG anwendbar** sind. Nach herrschender Auffassung beinhaltet jeder Beschluss über eine Kapitalmaßnahme implizit die Änderung der entsprechenden Bestimmung des Gesellschaftsvertrages in Gestalt des Austauschs der alten durch die neue Stammkapitalziffer.[953] Die Praxis sollte es hierauf aber nicht ankommen lassen und auch die Änderung des Gesellschaftsvertrages ausdrücklich beschließen und zum Handelsregister anmelden.

464 **b) Aufhebung und Änderung von Beschlüssen über Kapitalmaßnahmen.** Ein **Aufhebungsbeschluss** ist **vor Handelsregistereintragung** nach h. M. **formlos und mit einfacher Mehrheit**

[948] Baumbach/Hueck/*Hueck/Fastrich* § 29 Rdnr. 88.
[949] Baumbach/Hueck/*Hueck/Fastrich* § 29 Rdnr. 91.
[950] Baumbach/Hueck/*Hueck/Fastrich* § 29 Rdnr. 91.
[951] Formulierungsvorschlag für Rangrücktrittsvereinbarung bei BeckFormb GmbH Formular K II.
[952] S. hierzu auch Gutachten DNotI-Report 2008, 73.
[953] BGH NZG 2008, 73; OLG München NZG 2010, 998; *Krafka/Willer/Kühn* Rdnr. 1044.

möglich.[954] Nach Handelsregistereintragung sind Aufhebung oder Änderung nicht mehr möglich.[955] Sind bei einer Kapitalerhöhung noch nicht sämtliche Einlagen geleistet, ist eine Rückgängigmachung nur mittels Kapitalherabsetzung zwecks Erlass von Einlagen zulässig. Zum Ausnahmefall der Umwidmung einer Bareinlage in eine Sacheinlage s. unten Rdnr. 87.

Die **Änderung von Beschlüssen** bedarf, soweit sie den Inhalt der Eintragung beeinflussen 465 soll und über eine Teilaufhebung hinausgeht, der Einhaltung der Voraussetzungen des § 53 GmbHG.[956]

c) **UG (haftungsbeschränkt), GmbH/UG (haftungsbeschränkt) nach Musterprotokoll.** In 466 der UG (haftungsbeschränkt) sind Kapitalmaßnahmen grundsätzlich möglich, Kapitalerhöhungen jedoch nur als Barkapitalerhöhung mit Volleinzahlung oder als Kapitalerhöhung aus Gesellschaftsmitteln (§ 5 a Abs. 2 S. 2, Abs. 3 Nr. 1 GmbHG). Ob auf eine Kapitalerhöhung, die das **„Hineinwachsen" der UG in die normale GmbH** zur Folge haben soll, bereits das GmbH-Recht uneingeschränkt anwendbar ist, insbesondere eine Sachkapitalerhöhung zulässig ist und bei einer Barkapitalerhöhung nicht der gesamte Erhöhungsbetrag eingezahlt werden muss, dürfte nunmehr geklärt sein.[957] In der UG (haftungsbeschränkt) ist auch eine Kapitalherabsetzung möglich; eine Kapitalherabsetzung einer normalen GmbH „in die UG hinein" ist nicht zulässig.

Bei durch Musterprotokoll gegründeten GmbHs (auch: UGs) sind Kapitalerhöhungen 467 und -herabsetzungen nach Eintragung ohne weiteres möglich, und zwar auch unter **Beibehaltung des Musterprotokolls**, d. h. ohne Aufstellung einer ordentlichen Satzung.[958]

d) **Kapitalmaßnahmen in der Vorgesellschaft, Liquidationsgesellschaft und in der Insolvenz.** Kapitalmaßnahmen können nicht nur in der werbenden GmbH durchgeführt werden:

aa) GmbH i. G. Bei der GmbH i. G. kommt eine Kapitalmaßnahme nur dergestalt in Be- 468 tracht, dass der Erhöhungs- bzw. Herabsetzungsbeschluss erst nach Eintragung der Gesellschaft vollzogen wird (Fall der sog. Stufengründung), nicht aber in der Weise, dass die Ersteintragung bereits mit dem geänderten Betrag stattfindet.[959] Hierzu ist vielmehr eine **Änderung der Gründungsurkunde nach Maßgabe der §§ 1 ff. GmbHG** erforderlich, wobei insoweit aber § 54 Abs. 1 S. 2 GmbHG entsprechend gilt.[960] Ist bereits bei Gründung eine Stufengründung verbindlich vereinbart, muss die entsprechende Einbringungsabrede in die Gründungsurkunde aufgenommen werden.

bb) GmbH i. L. Nach heute h. M. kann auch in der GmbH i. L. das Kapital erhöht wer- 469 den.[961] Entsprechendes gilt sowohl für die Schaffung eines genehmigten Kapitals als auch für die Ausnutzung desselben.[962] Umstritten sind die **Auswirkungen eines Liquidationsbeschlusses auf noch nicht vollzogene Kapitalerhöhungen**: Die h. L. liest insoweit in den Liquidationsbeschluss die stillschweigende Aufhebung der Kapitalerhöhung hinein.[963] In der GmbH i. L. kann das Kapital auch herabgesetzt werden. Für Rückzahlungen hat aber die Vorschrift des § 73 GmbHG Vorrang,[964] so dass nach der Liquidationsbekanntmachung von Rückzahlungen aufgrund einer vorher bekanntgemachten Kapitalherabsetzung abzuraten ist. Nach Ablauf des Sperrjahres könnte das Kapital aber herabgesetzt werden.[965]

---

954 Gutachten DNotI-Report 2004, 157; Lutter/Hommelhoff/*Bayer* § 55 Rdnr. 5; Scholz/*K. Schmidt*, § 45 Rdnr. 33.

955 Allg. M., Lutter/Hommelhoff/*Bayer* § 53 Rdnr. 45.

956 Allg. M., Lutter/Hommelhoff/*Bayer* § 53 Rdnr. 45.

957 Dafür (bei Sachkapitalerhöhung) BGH BeckRS 2011, 13142; Scholz/*Westermann* § 5 a Rdnr. 18; dagegen noch OLG München NZG 2010, 1303; Baumbach/Hueck/*Fastrich* § 5 Rdnr. 13, 32.

958 OLG München DNotZ 2010, 155; *Krafka* NotBZ 2010, 110; *Krafka/Willer/Kühn* Rdnr. 1012 a; näher Gutachten DNotI-Report 2010, 217; *Herrler/König* DStR 2010, 2138

959 Vgl. BeckNotarHdb/*Mayer/Weiler* D IV Rdnr. 24.

960 Lutter/Hommelhoff/*Bayer* § 2 Rdnr. 33; Ulmer/*Ulmer* § 55 Rdnr. 31, ganz h. M.

961 *Gundlach/Frenzel/Schmidt* NZI 2007, 692; Scholz/*Priester* § 55 Rdnr. 31; dies gilt jedoch nicht für die Kapitalerhöhung aus Gesellschaftsmitteln: Scholz/*Priester* Vor § 57 c Rdnr. 18.

962 Scholz/*Priester* § 55 a Rdnr. 47.

963 Baumbach/Hueck/*Zöllner* § 55 Rdnr. 5; Scholz/*Priester* § 55 Rdnr. 31; gegen eine solche Automatik *Heckschen/Heidinger* § 10 Rdnr. 136.

964 OLG Frankfurt NJW 1974, 463.

965 Scholz/*Priester* § 58 Rdnr. 45.

470 *cc) GmbH in Insolvenz.* In der GmbH in Insolvenz ist eine Kapitalerhöhung möglich,[966] nicht dagegen eine Kapitalherabsetzung. Zumindest nach der Rechtsprechung macht die Verfahrenseröffnung einen zuvor gefassten Erhöhungsbeschluss auch nicht ipso iure unwirksam.[967] Soll eine vor Eröffnung beschlossene Kapitalerhöhung nach Verfahrenseröffnung angemeldet werden, sind hierfür die Geschäftsführer zuständig.[968]

471 e) **Kapitaländerungsbeschluss.** *aa) Zuständigkeit der Gesellschafter.* Wie andere Satzungsänderungen fallen auch Kapitalmaßnahmen in die ausschließliche Zuständigkeit der Gesellschafter (**Prinzip der Satzungsautonomie**). Die Einflussnahme von Nicht-Gesellschaftern (z. B. in Gestalt eines Stichentscheids, Vetorechts) oder auch nur anderen Gesellschaftsorganen auf das Ob und Wie von Kapitalmaßnahmen ist unzulässig.[969]

472 Probleme können beim Auftreten einer durch die Gesellschafterliste legitimierten Person ergeben, die tatsächlich nicht Gesellschafter ist (Scheingesellschafter). Da unter § 16 Abs. 1 GmbHG nicht nur das Stimm-, sondern auch das Bezugsrecht fällt, ist ein solcher Scheingesellschafter zur Teilnahme an einer Kapitalerhöhung berechtigt und erwirbt neue Gesellschaftsanteile in eigener Person.[970] Auch in dem problematischeren Fall der Aufstockung wird man davon ausgehen müssen, dass die entsprechenden Erklärungen volle Wirksamkeit entfalten und der fremde Geschäftsanteil dementsprechend aufgestockt wird,[971] Gesellschafter insoweit aber der wahre Gesellschafter ist bzw. bleibt.

473 Umstritten ist, ob **satzungsändernde Beschlüsse auch außerhalb von Gesellschafterversammlungen** nach § 48 Abs. 2 GmbHG gefasst werden können. Auch wenn die inzwischen herrschende Auffassung dies zulässt,[972] sollte der Notar auf eine Beurkundung der Erklärungen möglichst aller Gesellschafter hinwirken und von Umlaufverfahren abraten. In jedem Fall erforderlich bleibt die Beurkundung der Beschlussfeststellung durch die Geschäftsführung und die Beglaubigung der Unterschriften der Übernehmer (§ 55 Abs. 1 GmbHG).

474 *bb) Notarielle Beurkundung.* Nach § 53 Abs. 2 S. 1 GmbHG ist jeder Beschluss über eine Kapitalmaßnahme notariell zu protokollieren, sei es nach den Vorschriften über die Beurkundung von Willenserklärungen (§§ 8 ff. BeurkG),[973] sei es als Tatsachenprotokoll (§ 36 BeurkG).[974] Dabei ist der Anwendungsbereich der Beurkundung nach §§ 8 ff. BeurkG nicht auf Vollversammlungen mit einstimmiger Beschlussfassung beschränkt.[975] Nach weithin vertretener Ansicht kann auch eine **Beurkundung im Ausland** den Erfordernissen des § 53 GmbHG entsprechen.[976] Wegen Einzelheiten kann auf die Ausführungen unten § 9 verwiesen werden.

475 Der aus § 15 Abs. 4 GmbHG bekannte Vollständigkeitsgrundsatz gilt für die Beurkundung des Gesellschafterbeschlusses nicht. Steht der Beschluss also in einem Einheitlichkeitszusammenhang mit anderen Erklärungen, brauchen diese nicht mitbeurkundet zu werden. Wird über die Gesellschafterversammlung ein Tatsachenprotokoll errichtet, handelt es sich um ein sog. Ergebnisprotokoll, so dass neben den Versammlungsteilnehmern und einer etwaigen (im GmbH-Recht nicht zwingenden) Beschlussfeststellung durch den Versammlungsleiter[977] nur derjenige Teil der Versammlung (mit Beschlussinhalt und Abstimmungser-

---

[966] Heute ganz h. M., *Kuntz* DStR 2006, 519, 522; Scholz/*Priester* § 55 Rdnr. 32, 34.

[967] BGH DNotZ 1995, 478 und KG NZG 2000, 103, 104; a. A. etwa Baumbach/Hueck/*Zöllner* § 55 Rdnr. 4.

[968] BayObLG DNotZ 2004, 881; zur Zuständigkeit des Insolvenzverwalters für die Einforderung eines Agios BGH DNotZ 2008, 481.

[969] Allgemein zu Satzungsänderung BGHZ 43, 261; Baumbach/Hueck/*Zöllner* § 53 Rdnr. 55; Lutter/Hommelhoff/*Bayer* § 53 Rdnr. 7.

[970] Baumbach/Hueck/Hueck/Fastrich § 16 Rdnr. 17; Scholz/*Seibt* § 16 Rdnr. 36.

[971] Vgl. zur Kapitalerhöhung aus Gesellschaftsmitteln Scholz/*Priester* § 57 j Rdnr. 5.

[972] Baumbach/Hueck/*Zöllner* § 53 Rdnr. 55, 74; Scholz/*Priester*/Veil § 53 Rdnr. 66.

[973] Ganz h. M., etwa Röll DNotZ 1979, 644, 646; Lutter/Hommelhoff/*Bayer* § 53 Rdnr. 16, § 55 Rdnr. 4.

[974] Allg. M., etwa OLG Köln MittBayNot 1993, 170; Scholz/*Priester/Veil* § 53 Rdnr. 69.

[975] So aber Armbrüster/Preuß/Renner/*Preuß* § 37 BeurkG Rdnr. 36.

[976] BGHZ 80, 76; Baumbach/Hueck/*Zöllner* § 53 Rdnr. 75; für Beurkundung einer Kapitalerhöhung in den Niederlanden OLG Düsseldorf NJW 1989, 2200; a. A. etwa *Goette* DStR 1996, 709; LG Mannheim IPRspr. 1999 Nr. 23 zu Kapitalerhöhung in Basel; LG Augsburg GmbHR 1996, 941 (Verschmelzung in Zürich).

[977] Armbrüster/Preuß/Renner/*Preuß* § 37 BeurkG Rdnr. 37.

gebnis mit Ja- und Nein-Stimmen) protokolliert werden muss, der die Kapitalmaßnahme betrifft;[978] in jedem Fall empfehlenswert bleibt aber die Anwesenheit des Notars während der gesamten Zeit der Versammlung (einschließlich Bestimmung des Versammlungsleiters und Feststellung der Beschlussfähigkeit).

cc) Beschlussfassung mit satzungsändernder Mehrheit. Der Beschluss über Kapitalerhöhung und Satzungsänderung bedarf nach Maßgabe von § 53 Abs. 2 S. 1 GmbHG einer Mehrheit von mind. 3/4 der abgegebenen Stimmen. Die Mehrheit kann ein höheres, aber kein geringeres Quorum bestimmen und **weitere Erfordernisse** aufstellen (§ 53 Abs. 2 S. 2 GmbHG), z. B. die Zustimmung eines bestimmten Gesellschafters. Vollmachtlose Vertretung ist, auch in der Ein-Personen-GmbH,[979] zulässig.[980] Stimmrechtsvollmachten bedürfen auch für Satzungsänderungen keiner über § 47 Abs. 3 GmbHG hinausgehenden Form,[981] und die Genehmigung vollmachtlosen Handelns ist gänzlich formlos möglich.[982] § 47 Abs. 3 GmbHG wird von der h. M. als Wirksamkeitsvoraussetzung und nicht nur als Legitimationserfordernis interpretiert.[983] Aus **eigenen Anteilen** steht der GmbH **kein Stimm- und Bezugsrecht** zu,[984] und die GmbH kann (abgesehen vom Fall der nominellen Kapitalerhöhung, § 57j GmbHG) weder neue eigene Anteile zeichnen noch bestehende Anteile aufstocken.[985] Entsprechendes gilt nicht zulasten der Einheits-KG als GmbH-Gesellschafterin.[986] Auch aus einem nicht voll eingezahlten Anteil steht dem entsprechenden Gesellschafter das volle Stimm- und Bezugsrecht zu, es sei denn, die Satzung sähe insoweit abweichendes vor. 476

dd) Ordnungsgemäße Einberufung. Liegt keine Vollversammlung vor, setzt die Rechtmäßigkeit des Beschlusses die ordnungsgemäße Ladung der nicht anwesenden Gesellschafter voraus, wozu insbesondere die **Ankündigung des entsprechenden Beschlussgegenstandes** mit dessen wesentlichem Inhalt gehört. Einer Wiedergabe des beabsichtigten Beschlusswortlauts in der Einladung bedarf es jedoch nicht.[987] Nach verbreiteter Auffassung soll bei Kapitalmaßnahmen die Ankündigung des ungefähren Ausmaßes genügen.[988] Erforderlich ist auch die Ankündigung eines Bezugsrechtsausschlusses.[989] 477

ee) Bedingung/Befristung. Der Beschluss kann jedenfalls aufschiebend befristet sein, darüber hinaus auch aufschiebend bedingt, wenn es sich um eine innerregisterliche Bedingung oder andere Rechtsbedingung handelt, z. B. die Eintragung der Gesellschaft oder einer anderen Satzungsänderung.[990] Z. T. lässt die Rechtsprechung hierüber hinaus auch andere Bedingungen zu.[991] In diesen Fällen zeitigt der Beschluss vor Eintritt der Bedingung bzw. Befristung keine Wirkungen, insbesondere ist ein Registervollzug ausgeschlossen. Unzulässig ist hingegen die Bedingtheit der eigentlichen Satzungsregelung, d. h. die Eintragung der Bedingung im Register.[992] 478

Formulierungsvorschlag:

Mit Wirkung zum 1. 1. 2012 wird beschlossen:

Das Stammkapital der Gesellschaft wird von € .... um € .... auf € .... erhöht.

[978] Armbrüster/Preuß/Renner/*Preuß* § 37 BeurkG Rdnr. 38.
[979] Zur vollmachtlosen Vertretung OLG München DStR 2010, 2205.
[980] Lutter/Hommelhoff/*Bayer* § 53 Rdnr. 8.
[981] Lutter/Hommelhoff/*Bayer* § 47 Rdnr. 25, ganz h. M.
[982] Baumbach/Hueck/*Zöllner* § 47 Rdnr. 55; Lutter/Hommelhoff/*Bayer* § 47 Rdnr. 26.
[983] Lutter/Hommelhoff/*Bayer* § 47 Rdnr. 25; a. A. Scholz/*K. Schmidt* § 47 Rdnr. 89.
[984] Baumbach/Hueck/*Hueck/Fastrich* § 33 Rdnr. 24.
[985] Baumbach/Hueck/*Hueck/Fastrich* § 33 Rdnr. 26.
[986] Scholz/*Priester* § 55 Rdnr. 113; a. A. LG Berlin DNotZ 1987, 374; *Krafka/Willer/Kühn* Rdnr. 1042.
[987] Lutter/Hommelhoff/*Bayer* § 51 Rdnr. 26; obiter dictum OLG Düsseldorf NZG 2000, 1180, 1182.
[988] Baumbach/Hueck/*Zöllner* § 51 Rdnr. 26; Scholz/*K. Schmidt/Seibt* § 51 Rdnr. 20; RGZ 87, 156.
[989] Scholz/*K. Schmidt/Seibt* § 51 Rdnr. 20.
[990] Lutter/Hommelhoff/*Bayer* § 53 Rdnr. 42.
[991] S. LG Duisburg BB 1989, 257 zur Feststellung einer Bilanz als Bedingung eines Kapitalerhöhungsbeschlusses.
[992] Lutter/Hommelhoff/*Bayer* § 53 Rdnr. 42.

Oder:

Aufschiebend bedingt auf die Eintragung der am 1. 1. 2011 beschlossenen Sitzverlegung wird beschlossen:

Das Stammkapital der Gesellschaft wird von € .... um € .... auf € .... erhöht.

479 *ff) Vorherige Euro-Umstellung.* Lautet das Stammkapital der Gesellschaft noch auf DM, sorgt die **Registersperre des § 1 Abs. 1 EGGmbHG** dafür, dass jegliche Kapitalmaßnahme die vorherige oder gleichzeitige Umstellung des Stammkapitals auf Euro voraussetzt. Wird die Registersperre vom Gericht nicht beachtet, führt dies aber nicht zur Unwirksamkeit der Eintragung.[993] Eine weitere Registersperre regelt Art. 12 § 7 Abs. 2 GmbHGÄndG für 1985 eingetragene Altgesellschaften.

Formulierungsvorschlag:

Das Stammkapital wird von DM .... auf (gerundet) € .... umgestellt und gegen Bareinlagen um (gerundet) € .... auf € .... erhöht. Die Kapitalerhöhung erfolgt durch Aufstockung des bestehenden Geschäftsanteils.

§ 2 (1) der Satzung wird geändert und erhält folgenden neuen Wortlaut: „Das Stammkapital der Gesellschaft beträgt € .... (in Worten: € ....)."

480 *gg) Kombination von Beschlüssen und Mischformen.* Prinzipiell bestehen keine Bedenken dagegen, in einer Gesellschafterversammlung mehrere Beschlüsse zu Kapitaländerungen zu fassen (Beispiel: Kapitalerhöhung aus Gesellschaftsmitteln und effektive Kapitalerhöhung).[994] Hierüber hinaus kann der Beschluss über eine Kapitalerhöhung auch eine Kombination von Bar- und Sacheinlage für einen Geschäftsanteil vorsehen (sog. **Mischeinlage**).[995] Ferner hat die Rechtsprechung mit dem sog. Schütt-Aus-Hol-Zurück-Verfahren eine Mischform der Kapitalerhöhung zugelassen (hierzu Rdnr. 508).

481 *hh) Anmeldung der Kapitalmaßnahme.* Der Eintragung (§ 54 Abs. 3 GmbHG) muss eine entsprechende Handelsregisteranmeldung vorausgehen (§§ 54 Abs. 1, 78 GmbHG). Dabei ist umstritten, ob über den Wortlaut des § 78 hinaus auch die vereinfachte Kapitalherabsetzung von allen Geschäftsführern angemeldet werden muss. Die Frage, ob sich Geschäftsführer bei der Anmeldeerklärung vertreten lassen können,[996] ist aus Sicht der Praxis untergeordneter Natur, weil wegen der zu beglaubigenden höchstpersönlichen Versicherung ohnehin eine persönliche Mitwirkung der Geschäftsführer notwendig ist.

482 *ii) Prüfungsrecht des Registergerichts.* Das Registergericht darf und muss den (mit der Anmeldung in elektronisch beglaubigter Abschrift einzureichenden) Beschluss zunächst daraufhin überprüfen, ob dieser wirksam ist. An der Wirksamkeit fehlt es in den in § 241 AktG genannten Fällen, ferner dann, wenn **außerhalb des Beschlusstatbestands stehende Genehmigungen, Zustimmungen** (etwa solche nach § 53 Abs. 3) o. ä. (vorläufig oder endgültig) fehlen. Ist der Beschluss lediglich anfechtbar, darf der Registerrichter die sofortige Eintragung nur dann ablehnen, wenn der Fehler nicht (nur) mitgliedschaftliche Interessen berührt, sondern (auch) solche der Gläubiger und/ oder der Öffentlichkeit.[997] Im Interesse einer zügigen Eintragung sollten bei der Stimmabgabe für ausländische Gesellschaften möglichst Vertretungsnachweise in öffentlicher Form beigefügt werden, mag das Registergericht auch nach (zutreffender) Ansicht mancher Gerichte nicht routinemäßig Vertretungsnachweise in

[993] *Schmidt* BWNotZ 1987, 153.

[994] Lutter/Hommelhoff/*Lutter* § 57c Rdnr. 13f.

[995] Baumbach/Hueck/*Hueck/Fastrich* § 5 Rdnr. 20; Scholz/*Priester* § 56 Rdnr. 7, 28.

[996] Für Differenzierung etwa *Krafka/Willer/Kühn* Rdnr. 115; Scholz/*Priester* § 58 Rdnr. 64.

[997] Baumbach/Hueck/*Zöllner* § 54 Rdnr. 22ff.; Lutter/Hommelhoff/*Bayer* § 54 Rdnr. 12; s. a. *Krafka/Willer/Kühn* Rdnr. 1027.

öffentlicher Form für an der Gesellschafterversammlung teilnehmende ausländische Gesellschaften verlangen können.[998] Die Praxis der Registergerichte ist hier oftmals streng.

f) Handelsregistereintragung (§ 54 Abs. 3 GmbHG) und Gesellschafterliste. Die Satzungsänderung betrifft eine der in § 10 GmbHG genannten Angaben, so dass für Wirksamkeit der Satzungsänderung (§ 54 Abs. 3 GmbHG) die Handelsregistereintragung eine **Änderung in Spalte 3** von HRB notwendig ist und eine bezugnehmende Eintragung in Spalte 6 nicht genügt.[999] Eine rückwirkende Kapitaländerung ist hier wie auch sonst unzulässig (s. aber zur bilanziellen Rückwirkung §§ 58e, f GmbHG). Besondere Bekanntmachungsvorschriften (§ 57b a.F.) bestehen nicht mehr. 483

Mit Wirksamwerden der Kapitaländerungsmaßnahme hat der Notar eine aktualisierte Liste der Gesellschafter einzureichen (§ 40 Abs. 2 GmbHG). Da die Wirksamkeit der Veränderung an die Registereintragung geknüpft ist, ist umstritten, ob die Liste auch schon vor Registervollzug eingereicht werden kann (näher etwa Rdnr. 514). 484

g) Verpflichtung zu Kapitalmaßnahmen. Nach h.M. können sich sowohl die Gesellschaft als auch die Gesellschafter zur Durchführung von Kapitalmaßnahmen bzw. zur entsprechenden Stimmabgabe, zur Abgabe von Übernahmeerklärungen etc. verpflichten.[1000] Die Eingehung von Verpflichtungen zu Satzungsänderungen und entsprechenden Stimmabgaben bedarf – wie auch Stimmbindungsvereinbarungen im übrigen – nach h.M. grundsätzlich keiner Form.[1001] Da die Formfreiheit aber nicht unbestritten ist, kann rein vorsorglich die Beurkundung zu empfehlen sein. Jedenfalls formbedürftig sind aber entsprechend § 55 Abs. 1 Vorverträge über die Übernahme von Geschäftsanteilen und gem. § 311b Abs. 1 BGB bzw. § 15 Abs. 4 die Verpflichtung zur Einbringung oder Übernahme von Grundbesitz oder GmbH-Geschäftsanteilen, hierüber hinaus auch solche Gesellschaftervereinbarungen, die in Einheitlichkeitszusammenhang mit einer für sich genommen formbedürftigen Vereinbarung stehen. Verpflichtet sich die **Gesellschaft** – was formlos möglich ist[1002] –, muss eine entsprechende **Ermächtigung durch die Gesellschafterversammlung** vorliegen, die nach h. M. den Vorgaben des § 53 GmbHG entsprechen muss, jedoch keiner Eintragung im Handelsregister bedarf.[1003] 485

h) Staatliche Genehmigungen. Hinsichtlich der Genehmigungsbedürftigkeit von Kapitaländerungsmaßnahmen ist zu unterscheiden:

aa) Gerichtliche Genehmigungen. Etwaige Genehmigungserfordernisse betreffen in aller Regel nicht die Gesellschaft als solche (und damit nicht unmittelbar die Wirksamkeit des Beschlusses), sondern den einzelnen Gesellschafter und damit dessen Stimmabgabe oder Übernahmeerklärung. Dabei kann die Unwirksamkeit der Stimmabgabe die Unwirksamkeit des Beschlusses nach sich ziehen, muss dies aber nicht. Selbst wenn man davon ausgeht, dass bei Satzungsänderungen in Kapitalgesellschaften **§ 1822 Nr. 3 BGB** nicht (entsprechend) gilt,[1004] wird sich eine Genehmigungsbedürftigkeit bei Kapitalerhöhungen unter Beteiligung von Minderjährigen bzw. unter Betreuung stehenden Gesellschaftern regelmäßig aus § 1822 Nr. 10 BGB ergeben.[1005] 486

bb) Behördliche Genehmigungen. Abgesehen davon, dass mit der auch für Satzungsänderungen bedeutsamen Streichung von § 8 Abs. 1 Nr. 6 die verfahrensrechtliche Relevanz staatlicher Genehmigungen abgenommen hat, wird die Kapitalerhöhung als solche nur in ganz sel- 487

[998] LG Hamburg RNotZ 2010, 69; OLG München NZG 2010, 515; s.a. *Krafka/Willer/Kühn* Rdnr. 159, 162, 1030.

[999] Baumbach/Hueck/*Zöllner* § 54 Rdnr. 34a.

[1000] Heute ganz h.M., etwa Baumbach/Hueck/*Zöllner* § 53 Rdnr. 86; gegen Zulässigkeit von Stimmbindungsvereinbarungen im Bezug auf Satzungsänderungen aber etwa noch Ulmer/*Hüffer* § 47 Rdnr. 75.

[1001] OLG Köln GmbHR 2003, 416; Baumbach/Hueck/*Zöllner* § 47 Rdnr. 113; Scholz/*Priester* § 55 Rdnr. 116; nun auch Lutter/Hommelhoff/*Bayer* § 53 Rdnr. 40; a.A. Michalski/*Hermanns* § 55 Rdnr. 7, 64a.

[1002] Scholz/*Priester* § 55 Rdnr. 118.

[1003] *Fleck* ZGR 1988, 114; *Maidl* NZG 2006, 778, sehr str.; für Satzungsänderung Scholz/*Priester/Veil* § 53 Rdnr. 35.

[1004] Wohl h.M., *Bürger* RNotZ 2006, 156, 177; Scholz/*Priester*/Veil § 53 Rdnr. 104; a.A. *Krafka/Willer/Kühn* Rdnr. 1041.

[1005] Lutter/Hommelhoff/*Lutter* § 55 Rdnr. 35; BeckOK/*Trölitzsch* § 52 Rdnr. 15.

tenen Ausnahmefällen genehmigungsbedürftig sein. Zu nennen ist hier neben **kommunalaufsichtsbehördliche Genehmigungen** für den Erwerb und die Aufstockung von Beteiligungen[1006] vor allem die **kartellbehördliche Genehmigung nach § 37 GWB**: Der Anteilserwerb durch Kapitalerhöhung kann einen Kontrollerwerb nach § 37 Abs. 1 Nr. 2 GWB oder einen Beteiligungserwerb nach § 37 Abs. 1 Nr. 3 GWB darstellen.[1007] Voraussetzung der Genehmigungsbedürftigkeit ist das Erreichen der Schwellenwerte des § 35 GWB, d. h. ein Gesamtumsatz der beteiligten Unternehmen von mind. 500 Mio. € und ein Inlandsumsatz eines beteiligten Unternehmens von mind. 25 Mio. € (zu den Fehlerfolgen s. § 41 Abs. 1 S. 2 GWB).

488 **i) Notarielle Mitteilungspflichten.** Gemäß **§ 54 EStDV** ist der Notar nach Beurkundung zur Anzeige des entsprechenden Vorgangs bei der Körperschaftsteuerstelle verpflichtet. Gibt es Anhaltspunkte für eine Wertverschiebung im Gesellschafterkreis (aufgrund zu geringen oder zu hohen Aufgelds) ist die Schenkungsteuerstelle und bei Grundbesitz im Gesellschaftsvermögen (wie bei Einbringung von Grundbesitz oder Anteilen an grundbesitzhaltenden Gesellschaften) die Grunderwerbstelle des zuständigen Finanzamtes zu informieren (§§ 18, 21 GrEStG, § 34 ErbStG).[1008]

489 **j) Andere notarielle Dienstpflichten im Zusammenhang mit Kapitaländerungen.** Bereits ausgeführt wurde, dass dem Registergericht zum Vollzug des Beschlusses der Kapitaländerungsbeschluss vorzulegen ist. Sind in der notariellen Urkunde neben den für den Vollzug der Kapitalerhöhung erforderlichen Erklärungen weitere Erklärungen enthalten, folgt aus § 18 BNotO die Verpflichtung, dem Gericht nur eine auszugsweise elektronisch beglaubigte Abschrift des Dokuments zur Verfügung zu stellen.

3. Die Kapitalerhöhung gegen Bareinlagen

Checkliste

zum Ablauf einer Barkapitalerhöhung

I. Beschluss über Kapitalerhöhung (§§ 53 f., §§ 55 ff.) mit Bestimmung des Erhöhungsbetrages sowie Änderung des Satzungswortlauts

II. Bestimmung der Art der Durchführung (Zahl und Nennbetrag der ausgegebenen Geschäftsanteile, ggf. Aufstockung) und Zulassung der Übernehmer zur Zeichnung des Erhöhungsbetrages durch Beschluss

III. Abschluss eines Übernahmevertrages zwischen Übernehmer und GmbH (mit Zeichnungserklärung des Gesellschafters in der Form des § 55)

IV. Zumindest teilweise (25%) Erfüllung der Übernahmeverpflichtung der Leistung der versprochenen Einlage (§ 56 a i. V. m. § 7 Abs. 2 S. 1, Abs. 3)

V. Registervollzug der Kapitalerhöhung durch Handelsregistereintragung nach Anmeldung durch die Geschäftsführung nebst Versicherung über die Kapitalaufbringung (§ 57 Abs. 2) sowie Vorlage
- einer Abschrift des Gesellschafterbeschlusses,
- der Übernahmeerklärungen (§ 57 Abs. 3 Nr. 1),
- der Liste der Übernehmer (§ 57 Abs. 3 Nr. 2),
- der notariellen Satzungsbescheinigung (§ 54 Abs. 1 S. 2),
- der aktualisierten Gesellschafterliste (§ 40 Abs. 2).[1009]

Die Schritte zu I. bis III. werden in der Praxis häufig in einer Urkunde zusammengefasst.

[1006] Z. B. § 100 GemO Brandenburg.

[1007] *Bechtold* § 37 Rdnr. 24; näher zu §§ 35 ff. GWB *Kordel* RNotZ 2008, 78 ff.

[1008] *Nachreiner* MittBayNot 2002, 362, 364; Merkblatt BayLfSt, MittBayNot 2006, 366, Teil C Ziff. 2.3.8.

[1009] Nach tlw. vertretener Ansicht Einreichung erst nach Wirksamwerden der Kapitalerhöhung zulässig, s. Rdnr. 506.

490 a) **Kapitalerhöhungsbeschluss.** *aa) Angabe des Erhöhungsbetrags.* Der Beschluss muss nach h. M. nur den beabsichtigten Erhöhungsbetrag (d. h. die Differenz zwischen alter und neuer Stammkapitalziffer) zweifelsfrei festlegen, nicht dagegen ausdrücklich die neue Stammkapitalziffer benennen.[1010] Zulässig ist auch die sog. **Bis-zu-Kapitalerhöhung**, bei der lediglich ein Höchstbetrag angegeben wird und der genaue Durchführungsbetrag erst später festgelegt wird.[1011] Ein Mindestbetrag kann, muss aber nicht vorgesehen sein. Jedenfalls ist nach h. M. die Erhöhung um einen Bis-zu-Betrag nur zulässig, wenn eine Frist für die Übernahme von nicht mehr als sechs Monaten bestimmt ist.[1012] Da sich die Stammkapitalziffer unzweideutig aus der Satzung ergeben muss, bedarf es insoweit entweder einer (in ihrer Zulässigkeit umstrittenen) Ermächtigung der Geschäftsführung zur Fassungsänderung oder einer Nachtragsurkunde unter Beteiligung (ggf. auch Vertretung) der Gesellschafter.[1013]

Muster eines Beschlusses über Bis-zu-Barkapitalerhöhung

Formulierungsvorschlag:

I. Das Stammkapital wird von € .... um mindestens € .... und höchstens € .... gegen Bareinlagen erhöht. Der endgültige Erhöhungsbetrag ergibt sich aus der Summe der bis zum .... übernommenen Geschäftsanteile, die Erreichung des Mindestbetrags vorausgesetzt.

II. Die Kapitalerhöhung erfolgt durch Ausgabe neuer Geschäftsanteile im Nennbetrag von jeweils nominal € .... Die Ausgabe erfolgt zum Nennwert, die neuen Geschäftsanteile nehmen am Gewinn der Gesellschaft im Geschäftsjahr ihrer Entstehung in vollem Umfang teil. Die Einlagen sind sofort in voller Höhe zur Zahlung fällig.

III. Zur Übernahme der Geschäftsanteile werden zugelassen: ....

IV. Die Geschäftsführer werden mit der Durchführung der Kapitalerhöhung beauftragt und unter Befreiung von den Beschränkungen des § 181 BGB vorsorglich bevollmächtigt, nach Feststehen des endgültigen Erhöhungsbetrages namens aller Gesellschafter die entsprechende Anpassung von § 2 (1) der Satzung zu beschließen.

491 *bb) Angaben zur Durchführung.* Nicht zwingender Bestandteil des Erhöhungsbeschlusses sind Zahl und Nennbeträge der neuen Geschäftsanteile und die Personen der Übernehmer.[1014] Diese Elemente können auch separat und später (z. B. auch als Teil des Zulassungsbeschlusses) durch Beschluss festgelegt werden. Für die Bestimmung von Zahl und Höhe der neuen Geschäftsanteile genügt nach h. M. die einfache Mehrheit.[1015] Nach heute einhelliger Auffassung ist die Ausgabe neuer Geschäftsanteile nicht zwingend, vielmehr auch die **Aufstockung bestehender Anteile** möglich, vorausgesetzt, dies wird im Kapitalerhöhungsbeschluss bestimmt und der entsprechende Anteil ist entweder voll eingezahlt oder steht noch dem ersten Inhaber (meist: Gründer) oder dessen Gesamtrechtsnachfolger zu.[1016] Liegen diese Voraussetzungen vor, genügt für den Aufstockungsbetrag auch dann die Einzahlung von 25% (§ 56 a GmbHG).[1017] Wird ein Geschäftsanteil wirksam aufgestockt, bleibt seine Identität unverändert. Dies hat im Grundsatz zur Folge, dass sich dingliche Rechte automatisch auch auf den Aufstockungsbetrag erstrecken.[1018] Die Art der Durchführung muss nicht für alle Übernehmer einheitlich gewählt werden und kann auch für einzelne Übernehmer gesplittet werden.[1019] Nach h. M. kann der Kapitalerhöhungsbeschluss auch Bestimmungen über die **Nummerierung der neuen Geschäftsanteile** enthalten, muss dies aber nicht.[1020]

[1010] Baumbach/Hueck/*Zöllner* § 55 Rdnr. 10; Scholz/*Priester* § 55 Rdnr. 18.

[1011] Baumbach/Hueck/*Zöllner* § 55 Rdnr. 11.

[1012] Lutter/Hommelhoff/*Bayer* § 55 Rdnr. 9; *Krafka*/*Willer*/*Kühn* Rdnr. 1041; a. A. Baumbach/Hueck/*Zöllner* § 55 Rdnr. 11.

[1013] BeckNotarHdb/*Mayer*/*Weiler* D I Rdnr. 135 b.

[1014] Scholz/*Priester* § 55 Rdnr. 29.

[1015] Baumbach/Hueck/*Zöllner* § 55 Rdnr. 28.

[1016] BGHZ 63, 116, 118; BayObLG MittBayNot 2002, 199; Baumbach/Hueck/*Zöllner* § 55 Rdnr. 14, 46.

[1017] Scholz/*Priester* § 55 Rdnr. 25.

[1018] Ganz h. M., Baumbach/Hueck/*Zöllner* § 57m Rdnr. 14; einschr. *Kerbusch* GmbHR 1990, 156.

[1019] Vgl. Baumbach/Hueck/*Zöllner* § 57 j Rdnr. 2.

[1020] Scholz/*Priester* § 55 Rdnr. 29.

492 Entsprechendes gilt für die **Gewinnberechtigung neuer Geschäftsanteile.** Enthält der Beschluss hierzu keine Angaben, sind die neuen Anteile für dasjenige Geschäftsjahr in vollem Umfang gewinnberechtigt, in dem die Eintragung der Kapitalerhöhung erfolgt.[1021] Mit Zustimmung der betroffenen Gesellschafter kann auch eine Gewinnberechtigung für frühere Geschäftsjahre bestimmt werden.[1022]

493 *cc) Agio (Aufgeld).* Sollen die Übernehmer für die Geschäftsanteile mehr als den Nennwert leisten müssen, muss die Höhe des Aufgelds aus dem Beschluss zumindest bestimmbar sein.[1023] Ist ein Aufgeld im Beschluss nicht genannt, werden die Anteile zum Nennwert ausgegeben. In diesem Fall ist eine Klarstellung zu empfehlen. Für das Registerverfahren ist die Aufbringung des Agios irrelevant.

494 *dd) Durchführung in Tranchen?* Nach ganz h.M. nicht zulässig ist, auch bei einer Bis-zu-Kapitalerhöhung, der Registervollzug in mehreren Teilschritten (Teilbeträgen).[1024]

495 **b) Zulassungsbeschluss.** Ein ausdrücklicher Zulassungsbeschluss ist jedenfalls dann erforderlich, wenn das Bezugsrecht der Gesellschafter eingeschränkt werden soll, d.h. keine proportionale Zuteilung erfolgt.[1025] In den übrigen Fällen ist er zwar nach heute h.M. nicht zwingend erforderlich,[1026] wenn die nach h.M. bestehenden gesetzlichen Bezugsrechte der Gesellschafter vollständig gewahrt werden, sollte gleichwohl aber stets vorsorglich ausdrücklich gefasst werden.

496 **c) Ausschluss oder Einschränkung des Bezugsrechts der Gesellschafter.** Soll das Bezugsrecht der Altgesellschafter eingeschränkt werden, ist in formaler Hinsicht jedenfalls ein entsprechender Zulassungsbeschluss erforderlich, aus dem sich die Bezugsberechtigten ausdrücklich ergeben (zur Ankündigung in der Einberufung s. oben Rdnr. 477). Sind dies nicht die Gesellschafter entsprechend ihrer Beteiligung, liegt hierin ein konkludenter Bezugsrechtsausschluss. Nach h.M. muss ein Bezugsrechtsausschluss **analog § 186 Abs. 3 S. 1 AktG Bestandteil des Kapitalerhöhungsbeschlusses** sein und teilt die Voraussetzungen des § 53 GmbHG (qualifizierte Mehrheit, notarielle Beurkundung).[1027] Eine höhere Mehrheit/Kapitalmehrheit oder gar eine Zustimmung aller Gesellschafter ist in formaler Hinsicht nicht erforderlich. Teilweise wird in Anlehnung an die aktienrechtliche Rechtslage auch ein schriftlicher Bericht zur Begründung eines Bezugsrechtsausschluss gefordert.[1028] Das Fehlen eines solchen Berichts hat aber jedenfalls nicht die Nichtigkeit des Beschlusses zur Folge.[1029] Zur materiellen Beschlusskontrolle bei Beschränkungen des Bezugsrechts unten Rdnr. 525.

497 Sind, wie häufig, Geschäftsanteile vinkuliert (§ 15 Abs. 5 GmbHG), bedarf jede Aufnahme Dritter in die Gesellschaft und je nach Inhalt der **Vinkulierungsklausel** auch jede Verschiebung der Beteiligungsquoten der entsprechenden Zustimmung bzw. Mehrheit.[1030] Denn mit der Vinkulierung ist das durch § 53 Abs. 3 GmbHG geschützte Recht jedes Gesellschafters verbunden, dass jede Veränderung der Beteiligungsquote nur nach Einhaltung der Vinkulierungsklausel erfolgt.

498 **d) Satzungsänderung.** Der neue Satzungswortlaut muss nur die neue Stammkapitalziffer angeben, nicht dagegen die vorgenannten weiteren Beschlussinhalte; dies gilt auch für die Sachkapitalerhöhung.

1021 H.M., Scholz/*Priester* § 55 Rdnr. 29; abw. Baumbach/Hueck/*Zöllner* § 55 Rdnr. 49: pro rata temporis.

1022 Baumbach/Hueck/*Zöllner* § 55 Rdnr. 49; s.a. *Hüffer* § 60 Rdnr. 10.

1023 BGH DNotZ 2008, 471; Lutter/Hommelhoff/*Lutter* § 55 Rdnr. 10; s. auch OLG Stuttgart NZG 2000, 156 zur Notwendigkeit der Festlegung eines dem inneren Wert entsprechenden Ausgabebetrags bei nicht einstimmiger Beschlussfassung.

1024 Scholz/*Priester* § 55 Rdnr. 19; zur AG OLG München DNotZ 2010, 153; *Priester* NZG 2010, 81.

1025 *Heckschen/Heidinger* § 10 Rdnr. 34 ff.

1026 Scholz/*Priester* § 55 Rdnr. 41 ff.

1027 *Heckschen* DStR 2001, 1440; Lutter/Hommelhoff/*Lutter* § 55 Rdnr. 21; Scholz/*Priester* § 55 Rdnr. 61; nach a.A. bedarf der Beschluss analog den aktienrechtlichen Regelungen auch einer ¾-Kapitalmehrheit. So Baumbach/Hueck/*Zöllner* § 55 Rdnr. 26.

1028 Baumbach/Hueck/*Zöllner* § 55 Rdnr. 20.

1029 Zur AG: *Krafka/Willer/Kühn* Rdnr. 1399; Spindler/Stilz/*Servatius* § 186 Rdnr. 34.

1030 Scholz/*Priester* § 57c Rdnr. 15; Scholz/*Priester* § 55 Rdnr. 64.

Muster eines Beschlusses über Barkapitalerhöhung

Formulierungsvorschlag:

I. Das Stammkapital wird von € .... um € .... auf € .... gegen Bareinlagen erhöht.

II. Die Kapitalerhöhung erfolgt durch Ausgabe von .... neuen Geschäftsanteilen im Nennbetrag von jeweils nominal € .... Die Ausgabe erfolgt zum Nennwert, die neuen Geschäftsanteile nehmen am Gewinn der Gesellschaft im Geschäftsjahr ihrer Entstehung in vollem Umfang teil. Die Einlagen sind sofort in voller Höhe zur Zahlung fällig.

III. Die neuen Geschäftsanteile erhalten die Nrn. ....

IV. Zur Übernahme der Geschäftsanteile mit den Nrn. .... bis .... wird .... zugelassen, zur Übernahme der Geschäftsanteile mit den Nrn. .... bis .... wird .... zugelassen.

V. § 2 (1) der Satzung wird geändert und erhält folgenden neuen Wortlaut: „Das Stammkapital der Gesellschaft beträgt € .... (in Worten: € ....)."

e) **Übernahmeerklärung.** Da auch bei wirksamem Kapitalerhöhungsbeschluss kein Gesellschafter zur Übernahme neuer Anteile und Einlageverpflichtungen gezwungen werden kann (vgl. § 26 GmbHG), bedarf es zur Durchführung der Kapitalerhöhung einer **Vereinbarung zwischen der Gesellschaft und dem Übernehmer.** Dies gilt auch bei allseitigem Gesellschafterbeschluss.[1031] Erst mit Zustandekommen des Übernahmevertrags ist der Übernehmer zur Einlageleistung verpflichtet. § 55 Abs. 1 GmbHG bestimmt hierzu, dass die Verpflichtungserklärung des Übernehmers zumindest notariell beglaubigt sein muss. Die **Erklärung der Gesellschaft** ist hingegen **formfrei** möglich. Die Gesellschaft wird durch die (übrigen) Gesellschafter vertreten, durch die Geschäftsführung nur kraft Bevollmächtigung durch die Gesellschafter.[1032] Das Formerfordernis gilt entsprechend für Zeichnungsvollmachten[1033] und Vorverträge.[1034] Anders als das AktG (§ 185) enthält das GmbHG außer für die Fälle des § 55 Abs. 2 S. 2 GmbHG keine weiteren Vorgaben hinsichtlich des Inhalts der Erklärung. Nach überwiegender Auffassung müssen sich aus der Erklärung die Zahl der übernommenen Geschäftsanteile, deren Nennbeträge und Ausgabepreise sowie der zugrunde liegende Beschluss ergeben.[1035] 499

Die Übernahmeerklärung kann dem Beschluss auch vorausgehen, wenn sie den zu übernehmenden Anteil und den Beschluss hinreichend genau bezeichnet.[1036] Für die Unterschriftsbeglaubigung gelten §§ 39, 40 BeurkG. Die Protokollierung der Erklärung im Rahmen der Beurkundung der Gesellschafterversammlung nach § 36 BeurkG genügt nicht.[1037] Eine Unterschriftsbeglaubigung im Ausland ist bei Gleichwertigkeit des Verfahrens – die in aller Regel gegeben sein wird – möglich.[1038] In diesem Fall bedarf es zusätzlich einer Apostille bzw. Überbeglaubigung nebst Legalisation.[1039] Gibt eine juristische Person des öffentlichen Rechts eine Übernahmeerklärung ab, bedürfen die Unterschriften keiner Beglaubigung, wenn stattdessen eine formgerechte, insbesondere gesiegelte öffentliche Urkunde vorliegt.[1040] 500

Ist ein Geschäftsanteil Gegenstand einer Dauertestamentsvollstreckung, ist die Übernahme durch den **Testamentsvollstrecker** mit Wirkung für und gegen den Nachlass unabhängig von der Zustimmung der Erben möglich.[1041] **Minderjährige** Gesellschafter bedürfen 501

[1031] Baumbach/Hueck/*Zöllner* § 55 Rdnr. 32.

[1032] S. auch zur (abzulehnenden) Anwendung von § 181 BGB *Krafka/Willer/Kühn* Rdnr. 1041.

[1033] *Krafka/Willer/Kühn* Rdnr. 1047; Baumbach/Hueck/*Zöllner* § 55 Rdnr. 32.

[1034] Scholz/*Priester* § 55 Rdnr. 117, h. M.

[1035] Lutter/Hommelhoff/*Lutter* § 55 Rdnr. 37.

[1036] Lutter/Hommelhoff/*Lutter* § 55 Rdnr. 33.

[1037] Scholz/*Priester* § 55 Rdnr. 81.

[1038] DNotI-Gutachten 13 350 v. März 2000.

[1039] DNotI-Gutachten 13 350 v. März 2000.

[1040] LG Dortmund DNotZ 1962, 146; Baumbach/Hueck/*Zöllner* § 55 Rdnr. 32; Ulmer/*Ulmer* § 55 Rdnr. 67.

[1041] *Mayer* ZEV 2002, 209, 211; s. a. BayObLG NJW-RR 1991, 1252; BayObLG NJW 1976, 1692, 1693; Scholz/*Priester* § 55 Rdnr. 109.

für die Übernahme der Genehmigung durch das Familiengericht nach § 1822 Nr. 10 BGB.[1042]

Muster Übernahmeerklärung

Formulierungsvorschlag:

Wir, ... und ...., erklären, dass wir die neuen Geschäftsanteile Nr. .... (Herr ....) und .... (Frau ....) zu den Bedingungen des Kapitalerhöhungsbeschlusses vom .... übernehmen.

502 f) **Einlageleistung.** *aa) Allgemeines.* Nach § 56a GmbHG gelten für die Leistungen auf das neue Stammkapital die Regelungen über die Kapitalaufbringung bei der Gründung entsprechend. Für Barkapitalerhöhungen folgt hieraus, dass die Anmeldung die Leistung von einem Viertel des Nennbetrages jedes neuen Geschäftsanteils voraussetzt (§ 7 Abs. 2 S. 1 GmbHG). Bei Mischeinlagen ist auch hier hinreichend und notwendig die Zahlung von einem Viertel des auf die Bareinlage entfallenden Nominalbetrags sowie die vollständige Leistung der Sacheinlage.[1043] Ferner gilt die ihrem Wortlaut nach nur für Sacheinlagen, nach allgemeiner Auffassung aber auf Bareinlagen entsprechend anwendbare Vorschrift des § 7 Abs. 3 GmbHG, wonach die Einlagen so zu bewirken sind, dass sie endgültig zur freien Verfügung der Geschäftsführer stehen. Im übrigen gilt § 54 Abs. 3 AktG entsprechend,[1044] so dass beispielsweise auch die Zahlung auf ein in Euro geführtes Konto im Ausland ausreichend ist.[1045] Die Leistung eines Agios ist für den Registervollzug einer Kapitalerhöhung auch dann nicht erforderlich, wenn es sich um ein statutarisches Aufgeld handelt.[1046]

503 Hinsichtlich der **Kapitalaufbringung** kann grundsätzlich auf die Ausführungen zur GmbH-Gründung Bezug genommen werden. Dies gilt auch für die verdeckte Sacheinlage und das Hin- und Herzahlen (§§ 56 Abs. 2, 56a Hs. 2 GmbHG).[1047] Beide Themen sind für das Kapitalerhöhungsrecht mindestens so praxisrelevant wie für das Recht der Gründung, insbesondere im Zusammenhang mit Austauschgeschäften mit einer bestehenden GmbH (Unternehmenskauf, Darlehen etc.). Anders als bei der Gründung steht der Verbrauch der Einlage der Anmeldung nicht entgegen, da das Gebot wertgleicher Deckung hier nicht gilt.[1048] Entsprechendes wie bei der Gründung gilt für die Kapitalaufbringung in Cash-Pool-Systemen. Nachfolgend soll auf praxisrelevante Spezialprobleme der Kapitalaufbringung bei Kapitalerhöhungen eingegangen werden. In diesem Zusammenhang ist auf das Urteil des OLG Naumburg besonders hinzuweisen, wonach der Notar bei der Beurkundung einer Barkapitalerhöhung verpflichtet sei, jeden Urkundsbeteiigten über die Bedeutung des Begriffs der „Bareinlage" eindringlich aufzuklären, weil insoweit häufig Fehlvorstellungen über die Erfüllungsmöglichkeiten existierten.[1049]

504 *bb) Zahlung auf debitorisches Bankkonto.* Ob die Zahlung auf ein debitorisches Bankkonto schuldbefreiend ist, d. h. zur freien Verfügbarkeit zugunsten der Geschäftsführung führt, lässt sich nicht allgemein beantworten, sondern ist von den **Umständen des Einzelfalls** abhängig. Die Rechtsprechung hat die Erfüllungswirkung angenommen, wenn die Bank aufgrund der Kapitalerhöhung auf einem anderen Konto einen Kredit zur Verfügung stellt, der den Einlagebetrag erreicht oder übersteigt[1050] oder die Geschäftsführung auf andere Weise

[1042] Scholz/*Priester* § 55 Rdnr. 108.
[1043] Scholz/*Priester* § 56a Rdnr. 3.
[1044] Michalski/*Tebben* § 7 Rdnr. 29.
[1045] Wie hier Michalski/*Tebben* § 7 Rdnr. 29; zum Aktienrecht MünchKommAktG/*Bungeroth* § 54 Rdnr. 63; *Hüffer* § 54 Rdnr. 15; a. A. Scholz/*Winter*/*Veil* § 7 Rdnr. 29.
[1046] *Roth*/*Altmeppen* § 56a Rdnr. 2.
[1047] *Herrler* DNotZ 2008, 903; aus der Rspr. OLG Köln GmbHR 2010, 1213.
[1048] BGHZ 150, 197; *Rezori* RNotZ 2011, 125, 128.
[1049] OLG Naumburg NZG 2010, 585.
[1050] BGH DNotZ 2002, 808.

über einen Betrag in Höhe der Einlageleistung frei verfügen kann, sei es auch nur aufgrund einer stillschweigenden Gestattung der Bank.[1051]

cc) Vorauszahlung auf künftige Kapitalerhöhung. Vor Abfassung eines gültigen Kapital- 505
erhöhungsbeschlusses und Abgabe einer gültigen Übernahmeerklärung kann eine Leistung an die Gesellschaft naturgemäß keine Erfüllungswirkung im Hinblick auf eine Einlageschuld haben.[1052] Liegen dem Notar Anhaltspunkte für eine solche Konstellation vor, hat er die Beteiligten über die Problematik zu belehren.[1053] Unter engen Voraussetzungen erkennt die Rechtsprechung jedoch auch Vorauszahlungen auf noch nicht beschlossene Kapitalerhöhungen mit Erfüllungswirkung für **zwei Fallgruppen** an.[1054] Für beide Fallgruppen gilt, dass die Vorausleistung als solche **im Kapitalerhöhungsbeschluss und in der Versicherung der Anmelder offenzulegen ist.**[1055] Entspricht eine Voreinzahlung nicht den Vorgaben, kann der Bereicherungsanspruch des Gesellschafters nach den Regeln über die Sacheinlage eingelegt werden, ggf. auch als verdeckte Sacheinlage.[1056]

In der ersten Fallgruppe stehen die **eingezahlten Gelder im Zeitpunkt des Entstehens der** 506
Einlageverpflichtung (Kapitalerhöhungsbeschluss mit Übernahmeerklärung) **noch unverbraucht** zur Verfügung, befinden sich also noch ungeschmälert in dem der Verfügung der Geschäftsführung offen stehenden Gesellschaftsvermögen.[1057] Auch bei unbaren Leistungen kann diese Voraussetzungen zu bejahen sein, die Anforderungen im einzelnen sind jedoch noch nicht abschließend geklärt.[1058] Nach überwiegender Auffassung ist die Erfüllung jedenfalls dann zu bejahen, wenn das Gesellschaftskonto nach der Einzahlung und fortdauernd bis zur Entstehung der Einlageverpflichtung ein Guthaben in entsprechender Höhe aufweist.[1059] Hierüber hinaus ist eine Tilgungswirkung auch dann anzunehmen, wenn der Saldenstand des Kontos bei Entstehung der Verpflichtung (und bei Anmeldung) noch mindestens genau so hoch ist wie unmittelbar nach der Einzahlung, mag er auch in der Zwischenzeit unter diesen Stand gesunken sein: M. a. W. schaden zwischenzeitliche Belastungen solange nicht, wie diese im Ergebnis buchungsmäßig nicht zulasten des eingezahlten Betrages gegangen sind, sondern auch aus dem vorher vorhandenen Bestand hätten geleistet werden können.[1060] Auch ein längerer Zeitraum zwischen Einzahlung und Kapitalerhöhungsbeschluss ist dann unschädlich. Als untauglich wird die Voreinzahlung auf ein debitorisches Konto angesehen.[1061]

Fehlt es an der gegenständlichen Unversehrtheit, kann in den Fällen der sog. **Kapitalerhö-** 507
hung zu Sanierungszwecken eine erfüllungstaugliche Leistung gleichwohl noch zu bejahen sein. Dies setzt voraus, dass ein akuter Sanierungsfall vorliegt, die Beschlussfassung im Anschluss an die Zahlung mit aller gebotenen Beschleunigung nachgeholt wird, andere Maßnahmen nicht in Betracht kommen und die Rettung der sanierungsfähigen Gesellschaft scheitern würde, falls die übliche Reihenfolge der Durchführung der Kapitalerhöhungsmaßnahme beachtet werden müsste.[1062] Die frühere voreinzahlungsfreundliche instanzgerichtliche Rechtsprechung[1063] hat sich durch die Rechtsprechung des BGH wohl erledigt.

dd) Schütt-Aus-Hol-Zurück-Verfahren. Hierbei handelt es sich um eine ursprünglich 508
steuerrechtlich motiviertes und von der ganz herrschenden Meinung im Gesellschaftsrecht

---

[1051] BGH DNotZ 2005, 312; LG Duisburg GWR 2010, 15; Scholz/*Priester* § 56 a Rdnr. 7.

[1052] BGHZ 158, 283 = DNotZ 2004, 867.

[1053] DNotZ 2008, 841.

[1054] Überblick bei Baumbach/Hueck/*Zöllner* § 56 a Rdnr. 9–15.

[1055] Baumbach/Hueck/*Zöllner* § 56 a Rdnr. 12; Muster für Beschluss und Anmeldung bei Lutter/Hommelhoff/*Lutter* § 56 Rdnr. 25.

[1056] OLG Nürnberg BeckRS 2010, 25 668.

[1057] BGHZ 158, 283; BGHZ 168, 201.

[1058] Näher *Ehlke* ZIP 2007, 749; *Goette* FS *Priester*, S. 95 ff., v. a. 99 Fn. 19; *Wülfing* GmbHR 2007, 1124; aus der Rspr. OLG Celle GmbHR 2006, 433; OLG Thüringen NZG 2006, 752.

[1059] OLG Nürnberg BeckRS 2010, 25 668.

[1060] S. DNotI-Gutachten Nr. 94 308 (Internet) v. Juli 2009.

[1061] OLG Celle ZIP 2010, 2298 = DB 2010, 2215.

[1062] BGHZ 168, 201 = DNotZ 2007, 138.

[1063] OLG München NZG 1999, 84; OLG Schleswig NZG 1999, 318; OLG Düsseldorf NZG 2000, 690; OLG Köln NZG 2001, 1042.

anerkannte Gestaltungsform, bei der fällig gewordene Gewinnansprüche mit der Einlageverpflichtung verrechnet werden.[1064] Die Gesellschafter haben hier die Wahl, ob sie den Weg der Sacheinlage (durch Einlage des Gewinnauszahlungsanspruchs gegen die Gesellschaft) oder das vom Bundesgerichtshof[1065] skizzierte Verfahren analog §§ 57c ff. GmbHG wählen:[1066] Nach letzterem muss der Kapitalerhöhung insbesondere eine testierte und nicht mehr als acht Monate alte Bilanz zugrundegelegt werden, und in Beschluss und Anmeldung muss eine Offenlegung des Vorgangs erfolgen. Der Bilanzausweis tritt dann i. E. an die Stelle der Sacheinlagenprüfung. Nach einer verbreiteten Ansicht setzt die Zulässigkeit des Ausschüttungs-Rückhol-Verfahrens voraus, dass die Mittel nicht tatsächlich ausgezahlt (und dann wieder eingezahlt) werden.[1067]

509 g) **Handelsregisteranmeldung und -eintragung.** *aa) Allgemeines.* Als Parallelnorm zu den §§ 7, 8 GmbHG bestimmt § 57 GmbHG Einzelheiten zur Anmeldung. Gegenstand der Anmeldung ist jedenfalls die beschlossene Kapitalmaßnahme; dass hierüber hinaus auch die entsprechende Satzungsänderung ausdrücklich angemeldet werden muss, mag zwar bezweifelt werden können,[1068] sollte aus Sicht des Notars aber selbstverständlich sein. Nicht nur die Versicherung über die Einlageleistung, sondern auch die **Anmeldung muss von allen Geschäftsführern erklärt werden** (§ 78 GmbHG). Veränderungen in der Geschäftsführung nach Wirksamwerden (Einreichung) der Anmeldung sind unerheblich. Da die Anmeldung einen Inhalt nach § 10 betrifft, ist die Änderung schlagwortartig hervorzuheben.[1069]

510 *bb) Versicherung über Einlageleistung.* Auch hier gelten die aus dem Gründungsrecht bekannten Grundsätze. Zu beachten ist aber, dass § 7 Abs. 2 S. 2 GmbHG bei Kapitalerhöhungen keine Bedeutung hat, so dass bei Bareinlagen in jedem Fall die Leistung von 25% genügt. Für jeden Geschäftsanteil ist die Einlageleistung gesondert zu beziffern,[1070] wenn nicht auf alle Einlagen vollständig eingezahlt worden ist.[1071]

Praxistipp:

Ist mehr als ein Geschäftsanteil ausgegeben worden und wird nicht das gesamte neue Stammkapital eingezahlt, ist auf eine genaue Spezifizierung schon bei der Formulierung der Übernahmeerklärungen und bei der Einzahlung (Tilgungsbestimmung) zu achten. Besonders praxisrelevant ist dies bei der Ausgabe von 1-Euro-Anteilen, bei denen im übrigen materiell-rechtlich die Leistung krummer Cent-Beträge vermieden werden sollte (also z. B. nicht: € 300 auf 1100 Geschäftsanteile).[1072] Entsprechendes gilt bei Vereinbarung eines Agios: Hier muss die Tilgungsbestimmung erkennen lassen, ob auf die Pflichteinlage oder das Agio gezahlt wird.

511 Die Versicherungen sind in der Anmeldung abzugeben. Insoweit kann auf die Ausführungen zum Gründungsrecht Bezug genommen werden, abgesehen davon, dass bei der Kapitalerhöhung das Gebot der wertgleichen Deckung bei Anmeldung nicht gilt (oben Rdnr. 503). Nach zutreffender Ansicht braucht die Versicherung nicht die Angabe zu enthalten, dass die Einlage nicht an den Inferenten zurückgewährt worden ist.[1073]

[1064] FG Hamburg DStRE 2007, 758; Gutachten DNotI-Report 2000, 3 ff.

[1065] BGHZ 135,381; s. a. BGH DStR 2002, 2088.

[1066] Scholz/*Priester* § 56 Rdnr. 16; *Lutter/Hommelhoff* § 56 Rdnr. 14 ff.; Baumbach/Hueck/*Zöllner* § 55 Rdnr. 53, § 29 Rdnr. 65 ff.

[1067] *Lutter/Zöllner* ZGR 1996, 164, 180 ff.; GroßkommAktG/*Hirte* § 207 Rdnr. 1; a. A. wohl MünchKommAktG/*Peifer* § 183 Rdnr. 22; MünchHdb-AG/*Krieger* § 56 Rdnr. 54.

[1068] S. Lutter/Hommelhoff/*Lutter* § 57 Rdnr. 3: Anmeldung der Satzungsänderung in Anmeldung der Kapitalerhöhung enthalten.

[1069] *Krafka/Willer/Kühn* Rdnr. 1045.

[1070] Baumbach/Hueck/*Hueck/Fastrich* § 8 Rdnr. 12; *Roth/Altmeppen* § 8 Rdnr. 12.

[1071] OLG Düsseldorf DNotZ 1986, 180; LG Hannover MittRhNotK 2000, 259.

[1072] DNotI-Gutachten Nr. 102 033 (Internet).

[1073] *Krafka/Willer/Kühn* Rdnr. 1050; Lutter/Hommelhoff/*Lutter* § 57 Rdnr. 7; Scholz/*Priester* § 57 Rdnr. 11; s. schon Gutachten DNotI-Report 2004, 23; a. A. *Gustavus*, A 108, vgl. BGHZ 150, 197.

cc) Nachweis der Einlageleistung. Eines Nachweises über die Bewirkung der Einlage bedarf es gegenüber dem Registergericht im Grundsatz ebenso wenig wie bei der Gründung. § 8 Abs. 2 S. 2 GmbHG gilt aber entsprechend.[1074] 512

ee) Liste der Übernehmer. Eine von allen Geschäftsführern unterschriebene (aber nicht unterschriftsbeglaubigte) Liste der Übernehmer ist auch dann einzureichen, wenn die Übernehmer bereits Gesellschafter sind. Die Liste muss die **Nennbeträge der neuen Geschäftsanteile bzw. Aufstockungsbeträge** angeben und bei natürlichen Personen **Vor- und Nachname, Geburtsdatum und Wohnort** (i. S. v. politischer Gemeinde) angeben, bei Gesellschaften Firma und Sitz, bei Gesamthandsgemeinschaften (einschließlich Außen-GbR) alle Mitglieder.[1075] Einer Nummerierung bedarf es nicht. 513

ff) Gesellschafterliste. Da an der Kapitalerhöhung zwingend ein Notar mitwirken muss, gilt § 40 Abs. 2 GmbHG. Eine Pflicht zur Einreichung einer aktualisierten Liste entsteht erst mit Wirksamwerden der Kapitalmaßnahme, d. h. mit deren Eintragung,[1076] gleichwohl besteht nach vorzugswürdiger Auffassung ein Recht zur Einreichung bereits mit Anmeldung.[1077] 514

gg) Satzungsbescheinigung. Nach § 54 Abs. 1 S. 2 GmbHG ist mit der Anmeldung der Satzungsänderung (hier: Kapitalerhöhung) eine vollständige aktualisierte Satzungsfassung mit entsprechender notarieller Bescheinigung einzureichen. 515

hh) Elektronische Einreichung. Gemäß § 12 HGB ist die Anmeldung elektronisch einzureichen. Im einzelnen gilt: Der Beschluss, die Anmeldung, die Übernahmeerklärungen, die Gesellschafterliste und die Satzungsbescheinigung sind signiert in elektronisch beglaubigter Abschrift einzureichen (§ 12 Abs. 2 S. 2 Hs. 1 HGB), für die Liste der Übernehmer genügt hingegen die einfache elektronische Übermittlung (§ 12 Abs. 2 S. 2 Hs. 2 HGB). 516

Muster einer Handelsregisteranmeldung einer Barkapitalerhöhung

Formulierungsvorschlag:

I. Zur Eintragung in das Handelsregister wird angemeldet:
- Das Stammkapital ist von € .... um € .... auf € .... erhöht worden.
- § 2 (1) des Gesellschaftsvertrages (Stammkapital) ist entsprechend geändert worden.

II. Sämtliche Geschäftsführer versichern, dass auf die neuen Geschäftsanteile Nrn. .... bis .... jeweils ein Viertel, d. h. .... geleistet worden ist und die einbezahlten Beträge sich endgültig zur freien Verfügung der Geschäftsführung befinden.

III. Beiliegend werden überreicht:
- elektronisch beglaubigte Abschrift der Urkunde vom .... (UR Nr. ....) enthaltend den Kapitalerhöhungsbeschluss,
- elektronisch beglaubigte Abschriften der beglaubigten Übernahmeerklärungen,
- einfache elektronische Abschrift der von den Geschäftsführern unterzeichneten Liste der Übernehmer der neuen Geschäftsanteile,
- vollständiger Wortlaut des Gesellschaftsvertrages mit notarieller Bescheinigung in elektronisch beglaubigter Abschrift,
- elektronisch beglaubigte Gesellschafterliste mit notarieller Bescheinigung mit der Maßgabe, diese erst nach Registervollzug der Kapitalerhöhung in den elektronischen Registerordner aufzunehmen.

h) Fehlerhafte Kapitalerhöhung. Im Hinblick auf mögliche Mängel des Kapitalerhöhungsverfahrens ist zu unterscheiden:[1078]

1074 *Krafka/Willer/Kühn* Rdnr. 1051; Fleischhauer/Preuß/*Fleischhauer* I. III Anm. 6.

1075 Lutter/Hommelhoff/*Lutter* § 57 Rdnr. 11; Gutachten DNotI-Report 2011, 73.

1076 OLG Thüringen MittBayNot 2010, 490.

1077 *Herrler* DNotZ 2008, 903, 910; *Hasselmann* NZG 2009, 486, 491; *Krafka/Willer/Kühn* Rdnr. 1051 a; a. A. etwa Fleischhauer/Preuß/*Fleischhauer* I. III Anm. 6.

1078 Ausf. Scholz/*Priester* § 57 Rdnr. 44 ff.

517 *aa) Beschlussmängel.* Mängel des Kapitalerhöhungsbeschlusses sind solange grundsätzlich unbeachtlich, wie sie die Wirksamkeit des Beschlusses unberührt lassen. Ist der Beschluss nichtig oder unwirksam, hat die Eintragung der Kapitalerhöhung erst mit Ablauf der Drei-Jahres-Frist des § 242 Abs. 2 S. 1 AktG heilende Wirkung.[1079] Infiziert der Mangel nicht auch die Übernahmeerklärungen, steht nach Ablauf der drei Jahre auch fest, das Stammkapital wirksam erhöht worden ist.[1080] Komplizierter ist die Rechtslage hinsichtlich der Geschäftsanteile/Mitgliedschaftsrechte: Nach heute h. M. sorgt insoweit die **Lehre von der fehlerhaften Gesellschaft** dafür, dass das Gesellschafterverhältnis ab Eintragung als existent anzuerkennen ist.[1081]

518 *bb) Übernahmeerklärung.* Aber auch dann, wenn auch (oder nur) die Übernahmeerklärung mangelbehaftet ist, ist die Handelsregistereintragung von Bedeutung: Nach h. M. können materiell-rechtliche Mängel der Übernahmeerklärung (einschließlich der Formunwirksamkeit) nach der Eintragung nicht mehr geltend gemacht werden,[1082] mit Ausnahme der Fälle fehlender Geschäftsfähigkeit und vollmachtloser Vertretung.[1083]

519 *cc) Eintragungsmängel.* Schwere Eintragungsmängel stehen der Wirksamkeit einer Kapitaländerungsmaßnahme dauerhaft entgegen. Hierzu zählt insbesondere das Unterlassen der Eintragung der neuen Stammkapitalziffer in Spalte 3. Nach h. M. soll eine fehlerhafte Ziffer nach § 17 HRV zu korrigieren sein.[1084] Bis dahin liegt keine wirksame Eintragung vor.

520 *dd) Verfahrensmängel.* Materiell-rechtliche Mängel (z. B. Eintragung trotz Verstoßes gegen § 7 Abs. 2 GmbHG) und formell-rechtliche Mängel des Eintragungsverfahrens sind im Grundsatz unbeachtlich. Dies gilt nach h. M. jedoch dann nicht, wenn ein schwerer Verfahrensmangel vorliegt, etwa dann, wenn es an einer Anmeldung gänzlich fehlt.[1085]

521 *ee) Reparatur fehlerhafter Beschlüsse.* In der Literatur wird es z. T. für ausreichend gehalten, nach einer zu Unrecht erfolgten Eintragung einen sog. Reparaturbeschluss zu fassen.[1086] Sicherer ist es u. E., den späteren Beschluss auch zum Handelsregister einzureichen und auf eine Korrektur bzw. Ergänzung der entsprechenden Registereintragung hinzuwirken.

4. Die Sachkapitalerhöhung

522 Größere Bedeutung als die Sachgründung hat in der notariellen Praxis die Sachkapitalerhöhung.

Checkliste

zum Ablauf einer Sachkapitalerhöhung

I. Beschluss über Kapitalerhöhung (§§ 53 f., §§ 55 ff.)
- mit Bestimmung der Art der Erhöhung,
- mit Angaben zu Person des Inferenten und Einlagegegenstand sowie Art der Durchführung (Zahl und Nennbetrag der ausgegebenen Geschäftsanteile, ggf. Aufstockung),
- mit Änderung des Satzungswortlauts nach Maßgabe des § 53.

II. Zulassung der Übernehmer zur Zeichnung des Erhöhungsbetrages durch Beschluss

III. Abschluss eines Übernahmevertrages zwischen Übernehmer und GmbH (mit Zeichnungserklärung des Gesellschafters in der Form des § 55 Abs. 1) einschließlich Angaben zum Gegenstand der Sacheinlage

[1079] OLG Stuttgart NZG 2001, 40; Baumbach/Hueck/*Zöllner* § 54 Rdnr. 40.
[1080] *Temme* RNotZ 2004, 1, 2.
[1081] Scholz/*Priester* § 57 Rdnr. 47, h. M.
[1082] *Lutter/Hommelhoff*/Lutter § 57 Rdnr. 26; Michalski/*Hermanns* § 57 Rdnr. 61; Scholz/*Priester* § 57 Rdnr. 53; vgl. auch BGH DStR 2008, 60.
[1083] Scholz/*Priester* § 57 Rdnr. 53.
[1084] *Temme* RNotZ 2004, 1, 15.
[1085] *Krafka/Willer/Kühn* Rdnr. 444 mit Hinweis auf § 395 FamFG; Baumbach/Hueck/*Zöllner* § 54 Rdnr. 42; für Anwendung von § 395 FamFG auch bei unwirksamer Anmeldung Scholz/*Priester* § 57 Rdnr. 58.
[1086] *Zöllner* AG 1993, 68, 77; *Kort* ZGR 1994, 291, 319 ff.; *Zöllner/Winter* ZHR 1994, 59, 79 ff.

IV. Vollständige Erfüllung der Übernahmeverpflichtung durch Leistung des versprochenen Gegenstandes (§ 56 a i. V. m. § 7 Abs. 2 S. 1, Abs. 3)

V. Registervollzug der Kapitalerhöhung durch Handelsregistereintragung nach Anmeldung durch die Geschäftsführung nebst Versicherung über die Kapitalaufbringung (§ 57 Abs. 2) sowie Vorlage
- einer Abschrift des Gesellschafterbeschlusses
- von Unterlagen zum Wertnachweis (§ 8 Abs. 1 Nr. 5),
- der Übernahmeerklärungen (§ 57 Abs. 3 Nr. 1),
- der Liste der Übernehmer (§ 57 Abs. 3 Nr. 2),
- der notariellen Satzungsbescheinigung (§ 54 Abs. 1 S. 2),
- der aktualisierten Gesellschafterliste (§ 40 Abs. 2).

a) **Kapitalerhöhungsbeschluss.** *aa) Bezeichnung als Sachkapitalerhöhung.* Der Beschluss muss zunächst den Erhöhungsbetrag angeben erkennen lassen, dass es sich um eine Sachkapitalerhöhung handelt. Auch wenn der BGH insoweit einen stillschweigenden Beschlussinhalt aufgrund der Übernahmeerklärung zugelassen hat,[1087] sollte die Praxis hier auf Eindeutigkeit achten. 523

bb) Besonderer Beschlussinhalt. Anders als ein Barkapitalerhöhungsbeschluss muss ein Sachkapitalerhöhungsbeschluss **zwingend Angaben zur Person des Einlageschuldners** enthalten und vor allem den **Sacheinlagegegenstand** so bezeichnen, dass dieser **im sachenrechtlichen Sinne hinreichend bestimmt** ist.[1088] Bei Sachgesamtheiten genügt indes eine Sammelbezeichnung.[1089] Weiter erforderlich sind Angaben zu dem durch die Sacheinlage abzudeckenden Einlagebetrag. Übernimmt ein Inferent mehrere Einlagen, muss bestimmt werden können, welcher Gegenstand auf welche Einlageverpflichtung (Geschäftsanteil) entfällt. Der Wert des Gegenstandes muss weder im Beschluss noch in der entsprechenden Satzungsregelung angegeben werden.[1090] Werden seitens der Gesellschaft nicht nur Gesellschaftsrechte, sondern weitere Leistungen gewährt (**gemischte Sacheinlage**), muss der Beschluss jedenfalls die Art der Leistung (z. B. Darlehensgewährung) benennen,[1091] nach Ansicht mancher auch die Höhe der Vergütung,[1092] während andere genügen lassen, dass sich die Höhe der Vergütung anhand der zur Anmeldung eingereichten Unterlagen unschwer ermitteln lässt.[1093] Anders als bei der Gründung ist hier aber jedenfalls **nicht erforderlich, dass auch die neue Satzungsfassung diese Bestandteile ausweist.** Denn der besondere zwingende Beschlussinhalt bei der Sachkapitalerhöhung ist, anders als im Gründungsrecht (§ 5 Abs. 4 GmbHG), nicht auch zwingender Satzungsbestandteil.[1094] 524

cc) Bezugsrechtsausschluss. S. zunächst oben Rdnr. 496. Die kaum noch zu überblickende Rechtsprechung und Literatur zu Beschränkung und Ausschluss des Bezugsrechts ist für die GmbH aufgrund ihrer personalistischen Struktur typischerweise **nur von geringer Bedeutung.** Geklärt ist heute, dass ein Bezugsrechtsausschluss gegen den Willen eines Gesellschafters nur beschlossen werden darf, wenn es ausnahmsweise zur Wahrung überwiegender Belange der Gesellschaft notwendig und verhältnismäßig ist.[1095] 525

1087 BGH NJW-RR 2008, 486.
1088 Scholz/*Priester* § 56 Rdnr. 25.
1089 Scholz/*Priester* § 56 Rdnr. 25.
1090 Vgl. zur Gründung Baumbach/Hueck/*Hueck/Fastrich* § 5 Rdnr. 46.
1091 Scholz/*Priester* § 56 Rdnr. 27.
1092 OLG Stuttgart GmbHR 1982, 109; *Roth/Altmeppen* § 5 Rdnr. 53; MünchKommAktG/*Pentz* § 27 Rdnr. 68.
1093 Michalski/*Zeidler* § 5 Rdnr. 58; MünchKomm/*Märtens* § 5 Rdnr. 211 ff.
1094 LG Memmingen NZG 2005, 322; *Mülbert* FS Priester, S. 485, 502; Scholz/*Priester* § 56 Rdnr. 31.
1095 Zur AG BGHZ 71, 40 (Kali & Salz), BGHZ 83, 319 (Philipp Holzmann).

Muster eines Beschlusses über Sachkapitalerhöhung

Formulierungsvorschlag:

I. Das Stammkapital wird von € .... um € .... auf € .... gegen Sacheinlage erhöht. Die Sacheinlage wird erbracht durch Herrn ...., der in die Gesellschaft sein unter der Firma .... (HRA) betriebenes Einzelhandelsgeschäft mit allen Aktiven und Passiven zum .... einbringt.

II. Die Kapitalerhöhung erfolgt durch Ausgabe eines neuen Geschäftsanteils im Nennbetrag von nominal € .... Die Ausgabe erfolgt zum Nennwert, der den Nennwert übersteigende Wert wird dem Gesellschafter als Darlehen gutgeschrieben; der neue Geschäftsanteil nimmt am Gewinn der Gesellschaft im Geschäftsjahr seiner Entstehung in vollem Umfang teil.

III. Der neue Geschäftsanteil erhält die Nr. € ....

IV. § 2 (1) der Satzung wird geändert und erhält folgenden neuen Wortlaut: „Das Stammkapital der Gesellschaft beträgt € .... (in Worten: € ....)."

526 b) **Sacheinlagefähigkeit.** Hinsichtlich der Sacheinlagefähigkeit kann auf die Ausführungen zum Gründungsrecht Bezug genommen werden.[1096] Danach sind auch hier einlagefähig grundsätzlich alle verkehrsfähigen Vermögensgegenstände,[1097] nicht dagegen etwa Dienstleistungen.[1098] Kapitalerhöhungsspezifische Probleme sind vor allem folgende:

527 *aa) Forderungen gegen die Gesellschaft.*[1099] Forderungen gegen die Gesellschaft sind sacheinlagefähig, wenn sie auf die Leistung eines einlagefähigen Gegenstandes gerichtet sind: So sind Geldforderungen ohne weiteres sacheinlagefähig, während dies bei Ansprüchen gegen die GmbH auf Erbringung von Dienstleistungen oder auf Gebrauchsüberlassung nicht der Fall ist. Forderungen aus Genussrechten sind nach diesen Grundsätzen einlagefähig,[1100] nicht aber das Genussrecht als solches.[1101] Die Erfüllung des Einlageversprechens erfolgt regelmäßig dadurch, dass die Forderung an die Gesellschaft abgetreten wird, wodurch die Forderung infolge Konfusion erlischt, seltener durch Erlass oder durch Aufrechnung (vgl. § 19 Abs. 2 S. 2 GmbHG). Als Gesellschafterforderung einlagefähig ist auch der Anspruch auf Zahlung eines Auseinandersetzungsguthabens aus der Beendigung einer stillen Beteiligung („Umwandlung einer stillen Beteiligung").[1102]

528 *bb) Tilgung von Gesellschaftsverbindlichkeiten.* Eine Sacheinlage liegt auch dann vor, wenn der Übernehmer unmittelbar die Forderung eines Gesellschaftsgläubigers tilgt (§ 267 BGB). Erforderlich sind danach in formeller Hinsicht die Offenlegung des Vorgangs und in materieller Hinsicht die Vollwertigkeit und Fälligkeit der Drittforderung.[1103]

529 *cc) Gesellschaftsanteile.* Anteile an der Gesellschaft sind nicht sacheinlagefähig.[1104] Anteile an Tochtergesellschaften der Gesellschaft sind hingegen einlagefähig, während dasselbe für Anteile an der Muttergesellschaft nicht gilt.

530 c) **Bewertung der Sacheinlage.** Auch im Hinblick auf die Bewertung von Sacheinlagen kann ganz weitgehend auf das Gründungsrecht Bezug genommen werden. Entsprechendes gilt für den Nachweis des Wertes: § 8 Abs. 1 Nr. 5 GmbHG gilt insoweit entsprechend,[1105] d. h. die Gesellschaft muss mit der Anmeldung Unterlagen vorlegen, aus denen sich die Werthaltigkeit des eingebrachten Gegenstandes ergibt.[1106] Dies kann, muss aber nicht ein

[1096] S. oben Rdnr. 53 ff.
[1097] Scholz/*Priester* § 56 Rdnr. 8.
[1098] Scholz/*Priester* § 56 Rdnr. 12; BGHZ 180, 38 (Qivive).
[1099] Ausf. etwa Lutter/Hommelhoff/*Lutter* § 56 Rdnr. 9 ff.
[1100] Scholz/*Priester* § 55 Rdnr. 20.
[1101] Baumbach/Hueck/*Zöllner* § 56 Rdnr. 7.
[1102] *Heckschen/Heidinger* § 11 Rdnr. 126; *Schulze zur Wiesche* GmbHR 1984, 320.
[1103] Scholz/*Priester* § 56 Rdnr. 11, § 56 a Rdnr. 14.
[1104] Lutter/Hommelhoff/*Lutter* § 56 Rdnr. 5.
[1105] Scholz/*Priester* § 57 Rdnr. 22.
[1106] *Krafka*/*Willer*/*Kühn* Rdnr. 1056.

Sachverständigengutachten sein.[1107] Über die Differenzhaftung bei unzureichender Wertaufbringung hat der Notar zu belehren.[1108]

Ein sachkapitalerhöhungsrechtliches Spezialproblem ist die **Bewertung von Forderungen gegen die Gesellschaft** („debt-equity-swap"): Solche Forderungen werden, auch wenn sie (bislang) gesellschaftsfremden Dritten zustehen, nach h. M. nicht automatisch zum Nennwert eingebracht, sondern zu dem Wert, der ihnen objektiv zukommt.[1109] Dies kann, muss aber nicht der Nennwert sein. 531

In verfahrensrechtlicher Hinsicht ist allerdings zu beachten, dass ein dem **Sachgründungsbericht** nach § 5 Abs. 4 S. 2 GmbHG entsprechender Bericht nach der in Rechtsprechung und Literatur herrschenden Ansicht **nicht verlangt werden kann.**[1110] 532

d) Mischeinlage und gemischte Sacheinlage. Wie bei der Gründung sind nicht nur für verschiedene neue Geschäftsanteile verschiedene Arten von Einlagen (Bareinlage/Sacheinlage) zulässig, sondern auch Mischeinlagen auf ein und denselben Geschäftsanteil.[1111] Hiervon zu unterscheiden ist die (ebenfalls zulässige) **gemischte Sacheinlage**, bei der dem Inferenten nicht nur Gesellschaftsrechte, sondern auch andere Leistungen der Gesellschaft gewährt werden. 533

e) Übernahmeerklärung. Für die Übernahmeerklärung gilt im Grundsatz dasselbe wie bei der Barkapitalerhöhung. Zu beachten ist aber, dass sich bei der Verpflichtung zur Einlage von Gegenständen Verschärfungen gegenüber der Form des § 55 Abs. 1 GmbHG ergeben können, wenn nämlich ein GmbH-Geschäftsanteil oder ein Grundstück (oder grundstücksgleiches Recht) Einlagegegenstand ist: In diesem Fall bedarf es der Beurkundung nach § 15 Abs. 4 S. 1 GmbHG bzw. § 311 b Abs. 1 S. 1 BGB.[1112] 534

f) Erbringung der Sacheinlage. Zur Erbringung der Sacheinlage sind die entsprechenden Gegenstände an die Gesellschaft zu übertragen. Soweit das Sachenrecht dies zulässt, ist nach einer vordringenden Ansicht auch eine Übertragung unter der aufschiebenden Bedingung des Registervollzugs zulässig.[1113] Für **Vorausleistungen** gelten die Grundsätze der Voreinzahlung bei der Barkapitalerhöhung entsprechend.[1114] Anders als bei der Gründung haftet der Inferent nicht für Wertverluste des Einlagegegenstandes zwischen Anmeldung und Eintragung, sondern nur dafür, dass der Gegenstand bei Anmeldung den erforderlichen Wert hat (§ 56 Abs. 2 i. V. m. § 9 GmbHG).[1115] 535

g) Handelsregisteranmeldung. Für die Handelsregisteranmeldung ist zunächst zu beachten, dass Sacheinlagen vollständig zu bewirken sind (§ 7 Abs. 2, 3 GmbHG) und § 57 Abs. 3 Nr. 3 GmbHG die Vorlage der Sachübernahme- und Einbringungsverträge verlangt. Aus dieser Vorschrift ergibt sich jedoch **kein mittelbarer Formzwang für formfreie Geschäfte:** Wenn und soweit keine schriftlichen Vereinbarungen vorliegen, müssen die Geschäftsführer entsprechende Angaben in der Anmeldung machen.[1116] 536

h) Heilung einer verdeckten Sacheinlage. Auch wenn das MoMiG mit § 19 Abs. 4 GmbHG die Erfüllung der Einlageverpflichtung auch bei verdeckter Sacheinlage ermöglicht hat, sind Fälle denkbar, in denen die Voraussetzungen dieser Vorschrift nicht erfüllt sind, so dass sich die Frage der Heilung stellt. Vor Inkrafttreten des MoMiG hatte der Bundesgerichtshof hierzu einen zulässigen Weg aufgezeigt, nämlich die Umwidmung einer Bareinlage in eine Sacheinlage und nachträgliche Durchführung des Sachkapitalerhöhungsverfahrens.[1117] An der Zulässigkeit dieses Vorgehens hat sich durch das Inkrafttreten des MoMiG 537

[1107] OLG Thüringen GmbHR 1994, 710; *Krafka/Willer/Kühn* Rdnr. 1056.
[1108] BGH DNotZ 2008, 376.
[1109] Lutter/Hommelhoff/*Lutter* § 56 Rdnr. 9; zur Diskussion *Cahn/Simon/Theiselmann* DB 2010, 1629; *Priester* DB 2010, 1445; *Ekkenga* ZGR 2009, 581 ff.; *Ehlers* GWR 2009, 3.
[1110] OLG Köln GmbHR 1996, 684; Lutter/Hommelhoff/*Lutter* § 56 Rdnr. 7.
[1111] Scholz/*Priester* § 56 Rdnr. 7, 28.
[1112] Ganz h. M., zweifelnd aber BeckOK/*Ziemons* § 55 Rdnr. 115 a.
[1113] Scholz/*Priester* § 56 a Rdnr. 43; a. A. etwa noch Ulmer/*Ulmer* § 7 Rdnr. 61.
[1114] BGH DNotZ 2001, 154.
[1115] *Heidinger* GmbHR 2002, 1045; Scholz/*Priester* § 56 Rdnr. 42 f.
[1116] Baumbach/Hueck/*Zöllner* § 57 Rdnr. 20.
[1117] BGHZ 155, 329.

nach h. M. nichts geändert.[1118] Die Durchführung der Heilung erfordert neben einem entsprechenden **Gesellschafterbeschluss mit satzungsändernder Mehrheit** die Einhaltung der anderen Voraussetzungen einer Sachkapitalerhöhung, insbesondere eine entsprechende **Offenlegung gegenüber dem Registergericht nebst Versicherung und Werthaltigkeitsnachweis,** und zwar nach verbreiteter Auffassung bezogen auf den Zeitpunkt der Anmeldung der Barkapitalerhöhung.[1119] Einer Satzungsänderung bedarf es nicht, da die Sacheinlagefestsetzung bei Sachkapitalerhöhungen nicht zwingender Inhalt des Statuts ist.[1120] Einer Nachholung der Erfüllungshandlung bedarf es dann nicht, wenn die Maßnahme nach Inkrafttreten des MoMiG vorgenommen wurde.

5. Die Kapitalerhöhung aus Gesellschaftsmitteln

538 **a) Überblick.** Bei der Kapitalerhöhung aus Gesellschaftsmitteln (§§ 57c bis o GmbHG, auch: „nominelle Kapitalerhöhung“) wird der Gesellschaft effektiv kein neues Kapital zugeführt, sondern nur eine „Umbuchung“ innerhalb des Eigenkapitals vorgenommen (Passiventausch). Erhöhte Bedeutung haben die §§ 57c ff. GmbHG durch den neuen § 5a Abs. 3 GmbHG bekommen.

Checkliste

Kapitalerhöhung aus Gesellschaftsmitteln

I. Evtl. Beschluss über Feststellung des Jahresabschlusses mit Beschluss über Gewinnverwendung (§ 57c Abs. 2, sofern nicht schon früher beschlossen), Ausnahme: § 57n Abs. 2

II. Beschluss über Kapitalerhöhung (§§ 53 f., §§ 57c ff.)
- mit Bestimmung der Art der Erhöhung (§ 57h Abs. 2),
- mit Angaben zu Art der Durchführung (Zahl und Nennbetrag der ausgegebenen Geschäftsanteile, ggf. Aufstockung, § 57h Abs. 1),
- mit Änderung des Satzungswortlauts nach Maßgabe des § 53,
- Bezugnahme auf geprüfte Jahres- oder Zwischenbilanz als Basisbilanz (§ 57c Abs. 3) mit Inhalt gem. § 57d Abs. 1 und Stichtag gem. § 57e Abs. 1 und nebst Bestimmung des umzuwandelnden Bilanzpostens

III. Registervollzug der Kapitalerhöhung durch Handelsregistereintragung
- Anmeldung durch alle Geschäftsführer nebst Vorlage des Kapitalerhöhungsbeschlusses (und ggf. des Feststellungs- und Gewinnverwendungsbeschlusses), der zugrunde gelegten Bilanz und der Erklärung nach § 57i Abs. 1 S. 2,
- notarielle Satzungsbescheinigung (§ 54 Abs. 1 S. 2),
- aktualisierte Gesellschafterliste (§ 40 Abs. 2).

539 **b) Kapitalerhöhungsbeschluss.** Der Kapitalerhöhungsbeschluss muss die Kapitalerhöhung als solche aus Gesellschaftsmitteln bezeichnen und den Betrag angeben. Die Angabe eines Bis-zu-Betrages ist bei einer Kapitalerhöhung aus Gesellschaftsmitteln nicht zulässig.[1121]

Formulierungsvorschlag:

I. Der von der Geschäftsführung vorgelegte, geprüfte und testierte Jahresabschluss vom .... zum Geschäftsjahr .... wird hiermit festgestellt.

[1118] BT-Drucks. 16/6140, S. 95; *Krafka/Willer/Kühn* Rdnr. 1051; Baumbach/Hueck/*Zöllner* § 56 Rdnr. 15; Scholz/*Priester* § 55 Rdnr. 83 f.; näher *Benz*, Verdeckte Sacheinlage und Einlagenrückzahlung im reformierten GmbH-Recht, 2010, S. 217 ff.

[1119] *Winter*, FS *Priester*, S. 877; Scholz/*Priester* § 55 Rdnr. 84; *Wicke* § 19 Rdnr. 29.

[1120] Anders Scholz/*Priester* § 55 Rdnr. 84.

[1121] Scholz/*Priester* § 57c Rdnr. 5.

II. Der im vorgenannten Jahresabschluss ausgewiesene Jahresüberschuss in Höhe von .... wird in Höhe von .... an die Gesellschafter zu gleichen Teilen ausgeschüttet und im übrigen, d. h. in Höhe von .... der Kapitalrücklage zugeführt.

III. Das Stammkapital wird gem. §§ 57c ff. GmbHG von € .... um € .... auf € .... aus Gesellschaftsmitteln erhöht, und zwar dadurch, dass die im vorgenannten Jahresabschluss bereits ausgewiesene Kapitalrücklage in Höhe von € .... und die vorstehend der Kapitalrücklage zugeführte Betrag von € .... in Stammkapital umgewandelt werden.

IV. Die Kapitalerhöhung wird durchgeführt durch Aufstockung der Geschäftsanteile Nrn. .... von jeweils .... auf jeweils ....

V. § 2 (1) der Satzung wird geändert und erhält folgenden neuen Wortlaut: „Das Stammkapital der Gesellschaft beträgt € .... (in Worten: € ....)."

Bei der dem Beschluss zugrunde liegenden Bilanz ist zu unterscheiden:

aa) Jahresabschluss. Zwingend erforderlich ist zunächst die (vorherige) **Feststellung des Jahresabschlusses für das letzte abgeschlossene Geschäftsjahr einschließlich Beschluss über die Gewinnverteilung** (§ 57c Abs. 2 GmbHG). Einer Abschlussprüfung bedarf es bei den sog. kleinen Kapitalgesellschaften nicht (§§ 267 Abs. 1, 316 Abs. 1 S. 2 HGB). Ist die letzte Jahresbilanz (s. § 57i Abs. 2 GmbHG) noch nicht festgestellt, müssen dies und der Beschluss über die Gewinnverwendung dem Kapitalerhöhungsbeschluss gem. § 57c Abs. 2 GmbHG vorausgehen, wobei es genügt, wenn alle Beschlüsse in derselben Gesellschafterversammlung gefasst werden.[1122] Es wird aber als zulässig angesehen, dass die Kapitalerhöhung aufschiebend bedingt auf die Feststellung des Jahresabschlusses und den Beschluss über die Gewinnverwendung beschlossen wird.[1123] 540

bb) Basisbilanz (§ 57c Abs. 3 GmbHG). Die Kapitalerhöhungsbilanz kann die letzte Jahresbilanz sein (§ 57e GmbHG), muss dies aber nicht. **Zulässig ist auch eine Zwischenbilanz** als Erhöhungssonderbilanz (§ 57f GmbHG). 541

Checkliste

Basisbilanz für Kapitalerhöhung aus Gesellschaftsmitteln (§§ 57 e, f)

I. Bilanzstichtag: nicht mehr als 8 Monate vor Handelsregisteranmeldung (§§ 57e Abs.1, 57f Abs. 1 S. 2)

II. Inhalt (§ 57d Abs. 1): Ausweis des Kapitalerhöhungsbetrages in Kapitalrücklage oder Gewinnrücklage (bei Zwischenbilanz[1124] oder Jahresbilanz) oder Zuführung zu einem dieser Posten (bei Jahresbilanz)

III. Prüfung der Bilanz
- bei kleiner Kapitalgesellschaft auch Prüfung durch vereidigten Buchprüfer oder Buchprüfungsgesellschaft zulässig (§§ 57e Abs. 3 S. 3, 57f.)
- Bestellung des Prüfers: Gesellschafterversammlung (§ 57e Abs. 2 S. 2) oder Kraft statutarischer Bestimmung auch anderes Organ[1125]

IV. Feststellung der Bilanz (auch bei Zwischenbilanz erforderlich (h. M.), analog § 46 Nr. 1 durch Gesellschafterversammlung[1126])

[1122] Lutter/Hommelhoff/*Lutter* § 57c Rdnr. 8.

[1123] LG Duisburg GmbHR 1990, 86; a. A. Baumbach/Hueck/*Zöllner* § 57c Rdnr. 4.

[1124] D. h. bei Zwischenbilanz muss die Rücklagenzuführung vollzigen sein, Baumbach/Hueck/*Zöllner* § 57d Rdnr. 5.

[1125] Umstritten ist insoweit, ob eine allgemeine statutarische Kompetenzverlagerung für den Jahresabschluss genügt; dafür Scholz/*Priester* §§ 57e–g Rdnr. 8; dagegen die wohl h. M., Baumbach/Hueck/*Zöllner* § 57e Rdnr. 3.

[1126] Baumbach/Hueck/*Zöllner* § 57f Rdnr. 12.

542 c) **Anforderungen an Bilanz.** Bei der Basisbilanz nach § 57c Abs. 3 GmbHG kann es sich um eine Jahres- oder Zwischenbilanz handeln. Die Anforderungen an den Bilanzausweis regeln §§ 57d, e, f GmbHG. Umwandlungsfähig sind nur Beträge, die entweder in der zugrundgelegten Bilanz als Kapitalrücklage i.S.v. § 266 Abs. 3 A 2 HGB oder ungebundene Gewinnrücklage (§ 266 Abs. 3 A 3 und 4 HGB) bereits ausgewiesen sind oder deren Zuführung zu einer der genannten Posten Inhalt des Gewinnverwendungsbeschlusses ist. Der Ausweis eines Gewinnvortrags in der Bilanz genügt nicht, sondern kommt nur als Grundlage einer Zuführung zu den umwandlungsfähigen Rücklagen in Betracht.[1127] Ein bestehender Verlustvortrag schließt die Kapitalerhöhung nicht aus, mindert aber den zur Verfügung stehenden Erhöhungsbetrag (§ 57d Abs. 2 GmbHG). Der Stichtag der Basisbilanz darf, bezogen auf das Datum der Anmeldung, nicht länger als acht Monate zurückliegen, § 57e GmbHG.

543 d) **Durchführung der Kapitalerhöhung.** Auch hier kommen sowohl die **Ausgabe neuer Geschäftsanteile** als auch die **Aufstockung bestehender Geschäftsanteile** in Betracht (§ 57h Abs. 1 GmbHG). Anders als bei der effektiven Kapitalerhöhung nehmen auch eigene Anteile an der Kapitalerhöhung teil (§ 57l Abs. 1 GmbHG). Die Zuteilung der neuen Anteile erfolgt nach immer noch weitaus überwiegender Auffassung zwingend proportional (§ 57j GmbHG).[1128] Übernahmeerklärungen erübrigen sich danach.

544 e) **Registervollzug.** Vorzulegen sind neben dem Beschluss die zugrundegelegte Erhöhungsbilanz mit uneingeschränktem Bestätigungsvermerk des Prüfers, gem. § 57i Abs. 1 S. 1 GmbHG bei Verwendung einer Zwischenbilanz wegen § 57c Abs. 2 GmbHG auch die letzte Jahresbilanz nebst Feststellungs- und Gewinnverwendungsbeschluss. Die Erklärungen der Geschäftsführer nach § 57i Abs. 1 S. 2 GmbHG müssen notariell beglaubigt sein.[1129] Nicht erforderlich sind die Vorlage von Übernahmeerklärungen und einer Liste der Übernehmer.[1130]

6. Genehmigtes Kapital

545 a) **Überblick.** In Anlehnung an die §§ 202ff. AktG sieht seit dem MoMiG nun auch das GmbH-Recht die Einrichtung des Genehmigten Kapitals vor. Die praktische Bedeutung des neuen Rechtsinstituts ist aber gering,[1131] was vor allem darin begründet sein dürfte, dass in der weitaus überwiegenden Mehrheit der GmbHs Gesellschafterversammlungen zum Zwecke der Kapitalerhöhung als Vollversammlung abgehalten werden können, so dass für eine Ermächtigung auf Vorrat kein Bedürfnis besteht. Anders kann dies bei Gesellschaften mit großem Gesellschafterkreis sein oder im Zusammenhang mit atypischen Finanzierungsinstrumenten, etwa bei der Ausgabe von Wandelschuldverschreibungen. Das Verfahren ist, anders als bei der regulären Kapitalerhöhung, mehrstufig ausgestaltet: Zunächst wird die Ermächtigung nach § 55a Abs. 1 GmbHG beschlossen und im Register eingetragen, sodann wird nach Ausnutzung der Ermächtigung und (vollständiger oder teilweiser) Leistung der versprochenen Einlagen die Kapitalerhöhung im Register vollzogen.

[1127] Lutter/Hommelhoff/*Lutter* § 57d Rdnr. 13.
[1128] Lutter/Hommelhoff/*Lutter* § 57j Rdnr. 6.
[1129] Scholz/*Priester* § 57i Rdnr. 6.
[1130] H.M., Scholz/*Priester* § 57i Rdnr. 5; a.A. zur Liste der Übernehmer *Krafka/Willer/Kühn* Rdnr. 1059.
[1131] *Bayer/Hoffmann* GmbHR 2009, R 161.

Checkliste

zum genehmigten Kapital

I. Beschluss über Ermächtigung (§§ 53 f., 55 a)
- Adressat: Geschäftsführung
- Höhe der Ermächtigung
- einfache oder mehrmalige Ausnutzung
- Fristbestimmung
- Satzungsänderung: Einfügung der Ermächtigung
- Ermächtigung der Geschäftsführung zur Fassungsänderung
- ggf. Ermächtigung zu Sachkapitalerhöhung und zum Ausschluss des Bezugsrechts

II. Handelsregisteranmeldung hinsichtlich Einführung der Ermächtigung

III. Ausnutzung der Ermächtigung durch Beschluss der Geschäftsführung
- Höhe der Ausnutzung
- Zahl und Nennbetrag der Anteile, Bezugsberechtigte
- Fälligkeit der Einlageleistung
- Fassungsänderung

IV. Abschluss eines Übernahmevertrages zwischen Übernehmer und GmbH (mit Zeichnungserklärung des Gesellschafters in der Form des § 55 Abs. 1) Übernahmeerklärungen (§ 55 Abs. 1)

V. Erfüllung der Übernahmeverpflichtung

VI. Handelsregisteranmeldung der Kapitalerhöhung (und ggf. Wegfall der Satzungsermächtigung)
- Anmeldung durch sämtliche Geschäftsführer mit Angaben zu Erhöhungsbetrag, Art der Einlage
- Versicherungen über Einlageleistung,
- Vorlage des Beschlusses der Geschäftsführung
- notarielle Satzungsbescheinigung (§ 54 Abs. 1 S. 2),
- aktualisierte Gesellschafterliste (§ 40 Abs. 1 oder 2)

c) Inhalt der Ermächtigung. *aa) Allgemeines.* Die Ermächtigung kann entweder bereits in der Ursprungssatzung enthalten sein oder durch Satzungsänderung zum Bestandteil des Gesellschaftsvertrages gemacht werden (vgl. § 55 a Abs. 1, 2 GmbHG). Für die **Einführung der Ermächtigung durch Satzungsänderung** gelten zunächst die allgemeinen Vorschriften der §§ 53, 54 GmbHG uneingeschränkt. Die Satzung kann, wie im Aktienrecht, parallel mehrere genehmigte Kapitalia enthalten. 546

bb) Zwingender Mindestinhalt. Der zwingende spezielle Mindestbeschlussinhalt ergibt sich unmittelbar aus dem Wortlaut § 55 a Abs. 1 und 2 GmbHG: 547

- Aus § 55 a Abs. 1 S. 1 GmbHG folgt, dass zwingend die Geschäftsführung ermächtigt werden muss, so dass die Ermächtigung eines anderen Organs oder anderer Personen ausgeschlossen ist;
- Aus § 55 a Abs. 1 S. 1 GmbHG ergibt sich ferner, dass diese Ermächtigung die Erhöhung des Stammkapitals gegen Einlagen bis zu einem bestimmten Nennbetrag vorsehen muss, und Abs. 1 S. 2 zieht für die Höhe dieses Nennbetrags die Grenze bei 50% des im Zeitpunkt der Ermächtigung vorhandenen Stammkapitals. Insoweit ist für die Berechnung auf den Zeitpunkt der Handelsregistereintragung der Ermächtigung abzustellen, nicht auf das Datum des Beschlusses.[1132] Wie sich aus Absatz 3 ergibt, muss die Ermächtigung nicht zwingend Angaben zur Art der Kapitalerhöhung enthalten, jedoch sind beim Fehlen von Angaben nur Barkapitalerhöhungen gestattet;

[1132] Scholz/*Priester* § 55 a Rdnr. 13.

- Aus § 55a Abs. 1 S. 1 und Abs. 2 GmbHG ergibt sich schließlich, dass die Ermächtigung einen Endtermin (Befristung) enthalten muss, der nicht später als fünf Jahre nach Eintragung der Gesellschaft bzw. der Ermächtigung liegen darf.

548 Neben der Ermächtigung muss der Beschluss eindeutig erkennen lassen, welchen Wortlaut der Gesellschaftsvertrag nach Eintragung der Satzungsänderung haben soll. **Bestandteil des Gesellschaftsvertrages wird der gesamte Ermächtigungsinhalt** einschließlich etwaiger fakultativer Bestandteile.

549 *cc) Fakultativer Inhalt.* Auch ohne spezielle Erlaubnis kann das genehmigte Kapital mehrfach, d.h. in Tranchen, ausgenutzt werden. Der Beschluss sollte diesbezüglich aber eine Klarstellung enthalten, wobei auch vorgesehen werden kann, dass die Ermächtigung nur einmalig ausnutzbar ist. Hiervon zu unterscheiden ist die Frage ob (wie im Aktienrecht) auch die **parallele Schaffung mehrerer genehmigter Kapitalia** zulässig ist. Diese Frage ist zu bejahen, solange der Gesamtbetrag der jeweils eingetragenen genehmigten Kapitalia die Grenze des § 55a Abs. 1 S. 2 GmbHG nicht übersteigt.[1133]

550 Noch nicht höchst- oder obergerichtlich entschieden ist die Frage, ob der Beschluss eine Ermächtigung der Geschäftsführung oder des Aufsichtsrats enthalten darf (oder gar nicht zu enthalten braucht), die Fassung des Gesellschaftsvertrages nach Gebrauch der Ermächtigung anzupassen.[1134] Die in der Literatur herrschende Auffassung steht insoweit trotz des Fehlens einer dem § 179 Abs. 1 S. 2 AktG entsprechenden Regelung auf dem Standpunkt, dass jedenfalls bei entsprechender ausdrücklicher Ermächtigung der Geschäftsführung eine solche Fassungsänderung nicht zwingend einen erneuten Gesellschafterbeschluss erfordert. Hinreichend (aber auch notwendig) ist danach ein Beschluss des entsprechenden Organs über die Fassungsänderung.[1135] Bis zur gerichtlichen Klärung der Frage kann eine erneute Beschlussfassung unter Mitwirkung der Gesellschafter nur dadurch vermieden werden, dass der Geschäftsführer persönlich unter Befreiung von den Beschränkungen des § 181 BGB bevollmächtigt wird, die entsprechende Satzungsneufassung gem. § 53 GmbHG zu beschließen.[1136]

551 Fakultativ kann der Ermächtigungsbeschluss auch weitere Erfordernisse für die Ausnutzung des genehmigten Kapitals enthalten (vgl. § 53 Abs. 2 S. 2 GmbHG), etwa die Zustimmung eines bestimmten Gesellschafters oder die Einhaltung eines bestimmten Mindestausgabebetrags. Die Ermächtigung kann auch den Zweck des genehmigten Kapitals näher eingrenzen[1137] und/oder auch (unmittelbar) einen Bezugsrechtsausschluss vorsehen oder die Ermächtigung der Geschäftsführung, einen Bezugsrechtausschluss mit dem Gebrauch der Ermächtigung zu erklären.[1138] Ein direkter Bezugsrechtsausschluss ist nur zulässig, wenn die Maßnahme, zu der die Geschäftsführung ermächtigt werden soll, im wohlverstandenen Interesse der Gesellschaft liegt und der Gesellschafterversammlung allgemein und in abstrakter Form bekannt gegeben wird.[1139] Der Gebrauch von einer Ermächtigung zum Bezugsrechtsausschluss ist nur zulässig, wenn das konkrete Vorhaben den abstrakten Vorgaben entspricht und auch im Zeitpunkt seiner Umsetzung im wohlverstandenen Interesse der Gesellschaft liegt.[1140] Nicht Bestandteil des Beschlusses ist die Zulassung zu der späteren Kapitalerhöhung.[1141]

552 *dd) Handelsregisteranmeldung und -eintragung.* Die Ergänzung der Satzung um die Ermächtigung nach § 55a Abs. 2 ist wie jede andere Satzungsänderung nach §§ 54, 78 von den Geschäftsführern in vertretungsberechtigter Anzahl anzumelden.[1142] Der Anmeldung sind also in elektronisch beglaubigter Abschrift der Gesellschafterbeschluss und die Sat-

[1133] Baumbach/Hueck/*Zöllner* § 55a Rdnr. 9.
[1134] Ausf. *Renaud* ZNotP 2010, 203 ff.; Lutter/Hommelhoff/*Bayer* § 55a Rdnr. 33 ff.
[1135] Lutter/Hommelhoff/*Bayer* § 55a Rdnr. 36.
[1136] So *Krafka/Willer/Kühn* Rdnr. 1070.
[1137] Baumbach/Hueck/*Zöllner* § 55a Rdnr. 7.
[1138] *Schnorbus/Donner* NZG 2009, 1241, 1244.
[1139] S. zum Aktienrecht BGHZ 136, 133; Spindler/Stilz/*Wamser* § 202 Rdnr. 75.
[1140] Zur AG BGHZ 136, 133.
[1141] *Cramer* GmbHR 2009, 406, 409.
[1142] *Priester* GmbHR 2008, 1177, 1179; *Gustavus* A 108a.

zungsbescheinigung nach § 54 Abs. 1 S. 2 GmbHG beizufügen. Die Eintragung erfolgt nach § 10 Abs. 2 GmbHG in der durch das ARUG ergänzten Fassung ausdrücklich, und zwar in Unterspalte b) der Spalte 6 (§ 43 HRV).[1143]

Formulierungsvorschlag:

I. Die Geschäftsführung ist ermächtigt, das Stammkapital einmalig oder mehrmals um bis zu insgesamt € .... (in Worten: € ....) durch Ausgabe neuer Geschäftsanteile gegen Bareinlagen oder gegen Sacheinlagen zu erhöhen. Die Ermächtigung ist auf einen Zeitraum von fünf Jahren ab Eintragung der Ermächtigung in das Handelsregister begrenzt. Die Ermächtigung umfasst das Recht, das Bezugsrecht der Gesellschafter auszuschließen zum Ausgleich von Spitzenbeträgen oder bei Kapitalerhöhung gegen Sacheinlagen zum Zwecke des Unternehmen oder Unternehmensbeteiligungen.

II. § 2 der Satzung wird am Ende um einen neuen Absatz .... ergänzt, dessen Wortlaut demjenigen der unter Ziff. I. eingeräumten Ermächtigung wörtlich entspricht.

III. Die Geschäftsführung wird ermächtigt, nach – ggf. auch mehrmaliger – Ausnutzung des genehmigten Kapitals durch einstimmigen Beschluss die Fassung der Satzung in der Stammkapitalziffer jeweils entsprechend anzupassen und nach Ablauf der vorgenannten Frist die Ermächtigung aus der Satzung zu streichen.

Alternativ zu Ziff. III: Sämtliche Gesellschafter bevollmächtigen die derzeit amtierenden Geschäftsführer .... und ...., einen jeden von ihnen jeweils einzeln zu handeln berechtigt und unter Befreiung von den Beschränkungen des § 181 BGB, in einer Vollversammlung unter Verzicht auf alle Einberufungsfristen und -formalitäten nach – ggf. auch mehrmaliger – Ausnutzung des genehmigten Kapitals die Fassung der Satzung in der Stammkapitalziffer jeweils entsprechend anzupassen und nach Ablauf der vorgenannten Frist die Ermächtigung aus der Satzung zu streichen.

c) **Ausnutzung der Ermächtigung.** *aa) Methodik der Ausnutzung.* Die Ausnutzung obliegt der Geschäftsführung. Nach h. M. erfolgt sie durch (formlosen, aus Beweisgründen aber mindestens schriftlichen) Beschluss der Geschäftsführung, der **analog § 77 AktG einstimmig** sein muss.[1144] Eine Mitwirkung eines Aufsichtrats (analog § 202 Abs. 3 S. 2 AktG) ist weder bei fakultativem noch bei obligatorischem Aufsichtsrat notwendig, kann aber im Ermächtigungsbeschluss angeordnet werden.[1145] 553

bb) Einzelheiten der Ausnutzung. Mit dem Beschluss füllt die Geschäftsführung den durch die Satzung vorgegebenen Rahmen aus und legt diejenigen Einzelheiten fest, die nicht schon durch die Satzung festgelegt sind und die für die Durchführung der Kapitalerhöhung bestimmt sein müssen (Anzahl, Nennbeträge und Gewinnberechtigung der auszugebenden Geschäftsanteile, Bezugsrechte). Dabei kommt wie bei der normalen Kapitalerhöhung auch eine Aufstockung bestehender Geschäftsanteile in Betracht.[1146] Nach h. M. kann die Geschäftsführung – jedenfalls bei entsprechender Ermächtigung – die Neufassung der Satzung (Anpassung der Stammkapitalziffer und ggf. auch Wegfall der Ermächtigung) beschließen. 554

Formulierungsvorschlag:

I. Aufgrund von § .... beschließen wir hiermit:
- Das Stammkapital der Gesellschaft wird von € .... um € .... auf € .... gegen Bareinlagen erhöht, durch Ausgabe von .... neuen Geschäftsanteilen im Nennbetrag von jeweils € ....
- Der Ausgabebetrag beträgt pro Geschäftsanteil € .... und ist sofort nach Zeichnung fällig.
- Zur Übernahme der neuen Geschäftsanteile werden zugelassen: ....
- Die neuen Geschäftsanteile erhalten die laufenden Nummern .... bis ....

[1143] *Krafka/Willer/Kühn* Rdnr. 1068 a.
[1144] *Krafka/Willer/Kühn* Rdnr. 1069.
[1145] *Priester* GmbHR 2008, 1177, 1180; Lutter/Hommelhoff/*Lutter* § 55 a Rdnr. 18.
[1146] *Priester* GmbHR 2008, 1177, 1179 f.

II. Aufgrund der Ermächtigung durch Beschluss der Gesellschafterversammlung vom .... beschließen wir hiermit: § 2 (1) der Satzung wird geändert und erhält folgenden neuen Wortlaut: „Das Stammkapital der Gesellschaft beträgt € .... (in Worten: € ....)."

555 *cc) Handelsregisteranmeldung.* Die Anmeldung muss durch sämtliche Geschäftsführer erklärt werden.[1147] Für die Wahrung der in der Ermächtigung enthaltenen Frist ist die Eintragung im Handelsregister maßgeblich, nicht die Anmeldung.[1148] Der Anmeldung beizufügen sind eine einfache elektronische Abschriften des Ausnutzungsbeschlusses[1149] und der Liste der Übernehmer, elektronisch beglaubigte Abschriften der Übernahmeerklärungen (§ 55 Abs. 1 GmbHG), die Satzungsbescheinigung (§ 54 Abs. 1 S. 2 GmbHG) und eine aktualisierte Gesellschafterliste. Dabei ist umstritten, ob bei Nicht-Beurkundung des Ausnutzungsbeschlusses § 40 Abs. 2 GmbHG anwendbar ist. Die überwiegende Auffassung verneint dies.[1150]

7. Reguläre Kapitalherabsetzung

556 **a) Überblick.** Die reguläre Kapitalherabsetzung nach § 58 Abs. 1 GmbHG erfolgt regelmäßig zum Zwecke der Rückleistung und/oder dem Erlass von Einlagen (auch: Sacheinlagen) bzw. Einlageverpflichtungen (zu weiteren Zwecken unten Rdnr. 112). Da die Verringerung des Haftkapitals der Gesellschaft der Sache nach einer Teilliquidation der Gesellschaft gleichkommt, sind entsprechende Vorkehrungen zum Schutz der Gesellschaftsgläubiger einzuhalten.

Checkliste

zum Ablauf einer regulären Kapitalherabsetzung

I. Beschluss über Kapitalherabsetzung (§§ 53 f., § 58)
- mit Minderungsbetrag und Angabe des Zwecks der Kapitalherabsetzung,
- mit Angaben zu Art der Durchführung (Verteilung des Herabsetzungsbetrags auf die Geschäftsanteile, ggf. Einziehung),
- mit Änderung des Satzungswortlauts nach Maßgabe des § 53.

II. Bekanntmachung des Herabsetzungsbeschlusses in den Gesellschaftsblättern und Benachrichtigung bekannter Gläubiger (§ 58 Abs. 1 Nrn. 1, 2)

III. Registervollzug der Kapitalherabsetzung durch Handelsregistereintragung aufgrund entsprechender Anmeldung durch alle Geschäftsführer nach Ablauf des Sperrjahres (§ 58 Abs. 1 Nr. 3) unter Vorlage von
- Herabsetzungsbeschluss,
- Versicherung nach § 58 Abs. 1 Nr. 4 a. E.,
- Nachweis über die Bekanntmachung (§ 58 Abs. 1 Nr. 4 Hs. 1),
- notarieller Satzungsbescheinigung,
- aktualisierter Gesellschafterliste.

IV. Vornahme von Ausführungshandlungen (Rückzahlung/Erlass von Einlagen etc.)

557 **b) Der Kapitalherabsetzungsbeschluss.** *aa) Herabsetzungsbetrag.* Der Beschluss über die Kapitalherabsetzung muss Herabsetzungsbetrag und neue Stammkapitalziffer enthalten und

[1147] *Priester* GmbHR 2008, 1177, 1181; BeckNotarHdb/*Mayer/Weiler* Rdnr. D 135 c.

[1148] *Priester* GmbHR 2008, 1177, 1180.

[1149] H. M., etwa *Gustavus* A 108 a; nach a. A. genügt es, dass die Registeranmeldung durch alle Geschäftsführer unterzeichnet worden ist, s. *Priester* GmbHR 2008, 1177, 1181.

[1150] Gegen Notarzuständigkeit etwa *Heckschen* Rdnr. 655; Michalski/*Terlau* § 40 Rdnr. 13; Lutter/Hommelhoff/*Lutter* § 55 a Rdnr. 27; a. A. *Wicke* § 55 a Rdnr. 15 und wohl auch *Schnorbus/Donner* NZG 2009, 1241, 1245.

muss den Erfordernissen des § 53 GmbHG genügen. Gemäß § 58 Abs. 2 GmbHG darf die neue Kapitalziffer – nach teilweise vertretener Ansicht auch bei gleichzeitig beschlossener Kapitalerhöhung[1151] – nicht unter € 25.000,– liegen und müssen die Geschäftsanteile nach der Herabsetzung nach wie vor auf volle Euro lauten. Die ausdrückliche Änderung des Satzungswortlauts ist hier genauso wenig wie bei der Kapitalerhöhung erforderlich,[1152] gleichwohl aber zu empfehlen. Eine Kapitalherabsetzung ohne vorherige Euro-Umstellung ist nicht möglich, § 1 EGGmbHG.

bb) Bis-zu-Kapitalherabsetzung. Entsprechend den zur Kapitalerhöhung anerkannten Grundsätzen kann auch die Herabsetzung um einen Höchstbetrag beschlossen werden, wobei jedoch die endgültige Festsetzung des Herabsetzungsbetrages nicht dem Ermessen der Geschäftsführung überlassen werden darf.[1153] Sinnvoll kann eine Herabsetzung um einen Höchstbetrag etwa im Zusammenhang mit der Einziehung eines Geschäftsanteils sein, wenn die Höhe der Abfindung erst noch ermittelt werden muss. 558

cc) Zweckangabe. Über die Änderung der entsprechenden Satzungsregelung hinaus **muss** der Beschluss nach h. M. im Interesse des Gläubigerschutzes analog § 222 AktG auch **den Zweck der Herabsetzung angeben.**[1154] Zwar handelt es sich hierbei nicht um ein Wirksamkeitserfordernis (d. h. ein Beschluss ohne entsprechende Angabe ist nur anfechtbar, nicht nichtig),[1155] jedoch dürfte das Registergericht aufgrund der gläubigerschützenden Funktion dieses Erfordernisses gleichwohl den Registervollzug ablehnen dürfen, wenn der Beschluss insoweit an einem Mangel leidet. 559

Als Zweck der Kapitalherabsetzung kommen in Betracht: 560

- die Rückzahlung von Einlagen,
- der Erlass noch nicht erfüllter Einlageforderungen (Grenze: § 19 Abs. 3 GmbHG),
- die Abfindung eines ausscheidenden Gesellschafters (z. B. im Zusammenhang mit der Einziehung), wenn anderenfalls die Auszahlung auf Kosten des Stammkapitals ginge,
- Herabsetzung der Kapitalziffer im Zusammenhang mit der Einziehung eigener Anteile
- die Beseitigung einer Unterbilanz.

Mehrere Zwecke sind zulässig, vorausgesetzt, derselbe Herabsetzungsbetrag dient nicht mehreren Zwecken und eine eindeutige Rangfolge ist bestimmt.[1156] Nach h. M. kann während des Sperrjahres der Zweck auch noch geändert werden.

dd) Durchführung der Kapitalherabsetzung. Abgesehen vom Ausnahmefall einer Gesellschaft mit einem Gesellschafter und einem Geschäftsanteil sollte der Beschluss auch Angaben dazu enthalten, wie sich der Herabsetzungsbetrag auf mehrere Geschäftsanteile verteilt, mag auch ohne ausdrückliche Bestimmung eine proportionale Herabsetzung eintreten (sofern die Voraussetzungen des § 5 auch im Hinblick auf die einzelnen Geschäftsanteile gewahrt bleiben). Eine **disquotale Herabsetzung ist möglich**, muss aber im Herabsetzungsbeschluss bestimmt werden[1157] und bedarf der Zustimmung der von der überproportionalen Herabsetzung nachteilig betroffenen Gesellschafter. Dies sind nach verbreitet vertretener Ansicht alle Gesellschafter.[1158] Die Erfordernisse des § 5 müssen gewahrt bleiben, insbesondere müssen alle Geschäftsanteile auf volle Euro-Beträge lauten. 561

[1151] Lutter/Hommelhoff/*Lutter* § 58 Rdnr. 6; a. A. Baumbach/Hueck/*Zöllner* § 58 Rdnr. 20.

[1152] OLG Düsseldorf GmbHR 1968, 223; Scholz/*Priester* § 58 Rdnr. 23.

[1153] LG Saarbrücken GmbHR 1992, 380; Lutter/Hommelhoff/*Lutter* § 58 Rdnr. 7.

[1154] OLG Hamm GmbHR 2011, 256; BayObLG DNotZ 1979, 357; *Krafka/Willer/Kühn* Rdnr. 1073; Lutter/Hommelhoff/*Lutter* § 58 Rdnr. 8; a. A. Baumbach/Hueck/*Zöllner* § 58 Rdnr. 20.

[1155] Lutter/Hommelhoff/*Lutter* § 58 Rdnr. 13.

[1156] Lutter/Hommelhoff/*Lutter* § 58 Rdnr. 8.

[1157] Baumbach/Hueck/*Zöllner* § 58 Rdnr. 19.

[1158] Scholz/*Priester* § 58 Rdnr. 41; anders wohl Baumbach/Hueck/*Zöllner* § 58 Rdnr. 8.

Praxistipp:

Bei Kapitalherabsetzungen ist besonders sorgfältig zu prüfen, ob sämtliche Geschäftsanteile nach Wirksamwerden der Herabsetzung noch einen auf volle Euro lautenden Nennbetrag haben. Probleme können hier nicht nur solche Herabsetzungsbeträge bereiten, die nicht gleichmäßig ohne Cent-Beträge auf alle Geschäftsanteile verteilt werden können, sondern auch 1-Euro-Geschäftsanteile, die nicht noch weiter herabgesetzt werden können, sondern entweder ganz verschont bleiben oder in demselben Beschluss mit anderen Geschäftsanteilen zusammengelegt werden müssen.

562 Soll ein Geschäftsanteil ganz untergehen, muss mit der Kapitalherabsetzung die Einziehung beschlossen werden.

Muster eines Beschlusses über reguläre Kapitalherabsetzung

Formulierungsvorschlag:

I. Das Stammkapital der Gesellschaft wird von € .... um € ...... auf € .... herabgesetzt.

II. Die Herabsetzung dient der teilweisen Rückzahlung von Einlagen.

Oder:

Die Herabsetzung dient dem teilweisen Erlass der Verpflichtung zur Leistung einer Einlage.

III. Die Kapitalherabsetzung wird wie folgt durchgeführt: Nach Wirksamwerden der Kapitalherabsetzung werden jeweils € .... an die Gesellschafter .... und .... zurückgezahlt.

Oder:

Mit Wirksamwerden der Kapitalherabsetzung werden dem Gesellschafter .... die auf den Geschäftsanteil Nr. .... noch ausstehende Einzahlung von € .... und dem Gesellschafter .... die auf den Geschäftsanteil Nr. .... noch ausstehende Einzahlung von € .... erlassen.

IV. Nach Wirksamwerden der Kapitalherabsetzung betragen der Nennbetrag des Geschäftsanteils Nr. .... € .... und der Nennbetrag des Geschäftsanteils Nr. .... € ....

V. § ...... des Gesellschaftsvertrages wird geändert und erhält folgenden neuen Wortlaut: „Das Stammkapital der Gesellschaft beträgt € .... (in Worten: € ....)."

563 c) **Bekanntmachung der Kapitalherabsetzung.** Gemäß § 58 Abs. 1 Nr. 1 GmbHG muss der Beschluss von den Geschäftsführern einmalig (früher: dreimal) in den Gesellschaftsblättern bekanntgemacht werden. Der Begriff der Gesellschaftsblätter bestimmt sich nach der Satzung i. V. m. § 12 GmbHG. Jedenfalls erforderlich – aber je nach Inhalt der Satzung nicht immer ausreichend[1159] – ist die Veröffentlichung im elektronischen Bundesanzeiger.

Praxistipp:

Zwar wird die Bekanntmachung im elektronischen Bundesanzeiger in den allermeisten Fällen genügen, jedoch sollte der Notar vorsichtshalber die Satzung der Gesellschaft daraufhin überprüfen, ob diese ein weiteres Veröffentlichungsmedium für Bekanntmachungen vorsieht. Falls dies der Fall ist, ist die Kapitalherabsetzung auch darin bekanntzumachen.

564 Die Bekanntmachung muss den Beschlussinhalt eindeutig kundtun, so dass die bekanntgemachte Fassung aus sich heraus verständlich ist,[1160] braucht den Zweck der Kapitalherabsetzung aber nicht anzugeben.[1161] Einen vorgeschriebenen Bekanntmachungstext gibt es nicht. Die Anfertigung eines Entwurfs durch den Notar ist insoweit möglich, aber nicht zwingend. Ausreichend wäre z. B. folgende Formulierung:

1159 OLG Stuttgart NZG 2011, 29.

1160 OLG München BeckRS 2011, 07415.

1161 LG Augsburg MittBayNot 1979, 123; *Krafka/Willer/Kühn* Rdnr. 1073; Lutter/Hommelhoff/*Lutter* § 58 Rdnr. 15.

Formulierungsvorschlag:

Die Gesellschafter der X-GmbH mit Sitz in X-Stadt, eingetragen im Handelsregister des Amtsgerichts in X-Stadt unter HRB ……, haben eine Herabsetzung des Stammkapitals der X-GmbH von € ……. um € ……. auf € ……. beschlossen. Hiermit werden die Gesellschaftsgläubiger aufgefordert, sich bei der Gesellschaft zu melden.

Sind der Geschäftsführung einzelne Gläubiger bekannt (z. B. Banken, Leasinggeber), müssen diese zusätzlich im Wege einer Einzelmitteilung zur Anmeldung aufgefordert werden. Eine besondere Form ist hierfür nicht vorgeschrieben. Unterbleibt die Einzelaufforderung trotz Kenntnis, darf die Kapitalherabsetzung zwar nicht zum Register angemeldet werden, jedoch bleibt ein Verstoß im Regelfall folgenlos, da dem Registergericht die besondere Mitteilung nicht nachzuweisen ist,[1162] und die Geschäftsführer insoweit auch keine Angaben bei der Handelsregisteranmeldung zu machen haben. 565

d) **Sperrjahr.** Das Sperrjahr beginnt mit dem Tag der elektronischen Veröffentlichung, sofern (wie im Regelfall) nur im elektronischen Bundesanzeiger bekanntgemacht werden muss, anderenfalls mit der letzten von mehreren notwendigen Publikationen.[1163] Es muss auch dann eingehalten werden, wenn gleichzeitig mit der Kapitalherabsetzung eine Kapitalerhöhung beschlossen worden ist.[1164] 566

e) **Registervollzug.** Angemeldet (frühestens ein Jahr nach Bekanntmachung) wird die Kapitalherabsetzung, d. h. die Änderung der entsprechenden Satzungsbestimmung. Die Anmeldung muss von allen Geschäftsführern erklärt werden, ebenso die Versicherung nach § 58 Abs. 1 Nr. 4 GmbHG. Eine Vertretung bei der Versicherung ist nicht möglich.[1165] Ob aufgrund des Wortlauts von § 58 GmbHG eine Beglaubigung der Unterschrift bei der Versicherung entbehrlich ist, wird unterschiedlich beurteilt, ganz überwiegend aber verneint.[1166] Nach überwiegender Auffassung ist es zulässig, dass die Geschäftsführer die Anmeldung und Versicherung bereits vor Ablauf des Sperrjahres unterzeichnen und der Notar angewiesen wird, die Anmeldung erst nach Ablauf des Sperrjahres bei Gericht einzureichen.[1167] 567

Formulierungsvorschlag:

Die Gesellschafterversammlung vom ……. hat die Herabsetzung des Stammkapitals von € ……. auf € ……. sowie die entsprechende Änderung von § 2 des Gesellschaftsvertrages (Stammkapital) beschlossen.

Sämtliche Geschäftsführer versichern, dass sich keine Gläubiger gemeldet haben, die der Herabsetzung nicht zugestimmt haben.

Der Anmeldung beizufügen sind: 568

- Gesellschafterbeschluss über die Kapitalherabsetzung,
- Nachweis über die (einmalige) Bekanntmachung des Beschlusses (d. h. Ausdruck der elektronischen Bekanntmachung oder Hinweis auf Fundstelle),
- Versicherung aller Geschäftsführer, dass die Gläubiger, welche sich bei der Gesellschaft gemeldet und der Herabsetzung nicht zugestimmt haben, befriedigt oder sichergestellt sind oder sich keine Gläubiger gemeldet haben, welche der Herabsetzung nicht zugestimmt haben,
- Gesellschaftsvertrag in aktueller Fassung nebst Bescheinigung nach § 54 Abs. 1 S. 2 GmbHG,

[1162] BayObLG DB 1974, 1362.
[1163] Lutter/Hommelhoff/*Lutter* § 12 Rdnr. 6 f.
[1164] OLG Frankfurt DNotZ 1993, 256.
[1165] Lutter/Hommelhoff/*Lutter* § 58 Rdnr. 23.
[1166] A. A. Lutter/Hommelhoff/*Bayer* § 58 Rdnr. 23.
[1167] *Heckschen/Heidinger* § 10 Rdnr. 216; Lutter/Hommelhoff/*Bayer* § 58 Rdnr. 23.

- Gesellschafterliste in aktueller Fassung nebst Bescheinigung nach § 40 Abs. 2 S. 2 GmbHG.

569 **f) Ausführungsmaßnahmen.** Die Kapitalherabsetzung wird wie jede Satzungsänderung erst mit Handelsregistereintragung wirksam (§ 54 Abs. 3 GmbHG). Die Handlungen zum Vollzug der Kapitalherabsetzung (z. B. Rückzahlung von Einlagen) darf die Geschäftsführung erst nach deren Wirksamwerden vornehmen.[1168]

8. Vereinfachte Kapitalherabsetzung

570 **a) Überblick.** Die vereinfachte Kapitalherabsetzung nach § 58 a Abs. 1 S. 1 GmbHG hat das Ziel, das Stammkapital der Gesellschaft an ihr Reinvermögen anzupassen und hierdurch Verlustvorträge aus der Bilanz zu tilgen bzw. Verluste gar nicht erst ausweisen zu müssen („Buchsanierung"). Welche Ursache die Verluste haben, ist unerheblich. Da bei der vereinfachten Kapitalherabsetzung kein Vermögen an die Gesellschafter ausgekehrt wird, ist das von der regulären Kapitalherabsetzung bekannte **Sperrjahr nicht einzuhalten**. Auch bedarf es **keiner Bekanntmachung der Maßnahme in den Gesellschaftsblättern**. Ein weiterer Unterschied zur regulären Kapitalherabsetzung liegt in der Möglichkeit zur bilanziellen Rückwirkung auf den Jahresabschluss des letzten vor der Beschlussfassung abgelaufenen Geschäftsjahres. Hierdurch kann die Offenlegung einer Verlustbilanz vermieden werden. Wurde der Jahresabschluss bereits in der Vergangenheit festgestellt, kann der korrigierte Abschluss erneut festgestellt werden.[1169]

571 **b) Tatbestandsvoraussetzungen.** Voraussetzung der vereinfachten Kapitalherabsetzung ist vor allem, dass tatsächlich bereits eingetretene oder auch nur drohende[1170] Verluste bestehen, die nicht innerhalb kürzester Zeit wieder ausgeglichen werden und die nicht durch die Auflösung von Gewinn- oder Kapitalrücklagen (bis auf den in § 58 a Abs. 2 GmbHG genannten Teil) ausgeglichen werden können. Auch darf kein Gewinnvortrag (§ 266 HGB) zur Verfügung stehen (§ 58 a Abs. 1 S. 2 GmbHG). Drohende Verluste müssen sich nicht aus einer Zwischenbilanz ergeben, sondern können durch die Geschäftsführung auch ohne weitere Formalitäten „festgestellt" werden. Eine festgestellte Unterbilanz ist nicht Voraussetzung der vereinfachten Kapitalherabsetzung.

572 Der durch die Kapitalherabsetzung bilanziell freiwerdende Betrag muss nicht vollständig zum Verlustausgleich verwendet werden, sondern kann auch (teilweise, d. h. anders als im Aktienrecht nicht vollständig)[1171]der Einstellung in die Kapitalrücklage (§ 272 HGB) dienen (§ 58 b Abs. 2 S. 1, 2 GmbHG), jedoch nur bis zum Erreichen der 10%-Grenze des § 58 b Abs. 2 S. 1 i. V. m. S. 2 GmbHG.

573 **c) Beschlussinhalt.** Der Beschluss muss die Kapitalherabsetzung eindeutig als vereinfachte kennzeichnen[1172] und hierüber hinaus analog § 229 Abs. 1 S. 2 AktG den Zweck angeben.[1173] Soll durch die Kapitalherabsetzung auch die Kapitalrücklage aufgefüllt werden, muss der Beschluss dies angeben. Denn nur kann auf die Erfordernisse des § 58 GmbHG verzichtet werden. Wird mit der vereinfachten Kapitalherabsetzung nicht eine effektive Kapitalerhöhung verbunden, muss der Zielbetrag der Kapitalherabsetzung mindestens € 25.000,– betragen. Die Herabsetzung erfolgt durch Anpassung der Nennbeträge der Geschäftsanteile, die (auch) nach der Anpassung auf volle Euro lauten müssen (§ 58 a Abs. 3 S. 1, 2). Hierzu kann es notwendig sein, Geschäftsanteile vor oder im Zusammenhang mit der Kapitalherabsetzung zusammenzulegen.

574 **d) Berücksichtigung der Kapitalherabsetzung im Jahresabschluss** (§ 58 e). § 58 e GmbHG ermöglicht es, dass der Jahresabschluss den der Kapitalherabsetzung zugrunde liegenden Verlust nicht ausweist und die Kapitalherabsetzung insoweit Rückwirkung erhält. Dies setzt allerdings die Eintragung der Kapitalherabsetzung binnen drei Monaten nach der Beschluss-

1168 Scholz/*Priester* § 58 Rdnr. 76.
1169 Lutter/Hommelhoff/*Kleindiek* § 42 Rdnr. 60.
1170 BGH DB 1992, 2383.
1171 OLG Frankfurt WM 1989, 1688.
1172 Lutter/Hommelhoff/*Lutter* § 58 a Rdnr. 16.
1173 OLG Hamm GmbHR 2011, 256; Lutter/Hommelhoff/*Lutter* § 58 a Rdnr. 18.

fassung voraus (§ 58e Abs. 3 S. 1 GmbHG). Die Feststellung des entsprechenden Jahresabschlusses soll zwar zugleich mit dem Beschluss über die Kapitalherabsetzung beschlossen werden, jedoch steht ein Verstoß hiergegen der Wirksamkeit (und dem Registervollzug) des Beschlusses nicht entgegen.[1174]

e) **Registervollzug.** Anders als die reguläre Kapitalherabsetzung kann die vereinfachte Kapitalherabsetzung sofort zum Handelsregistervollzug angemeldet werden. Auch hier muss die **Anmeldung nach überwiegender Auffassung durch alle Geschäftsführer** erklärt werden, auch wenn der Wortlaut des § 78 GmbHG dies nicht ausdrücklich vorsieht.[1175] Der Anmeldung sind neben dem Beschlussprotokoll und einer Satzungsbescheinigung (§ 54 Abs. 1 S. 2 GmbHG) insbesondere Unterlagen beizufügen, die die Tatbestandsvoraussetzungen des § 58a dokumentieren.[1176] Dies muss keine Zwischenbilanz sein, jedoch sind **plausible Nachweise** erforderlich.[1177] 575

f) **Rechtsfolgen.** Die erfolgreiche Durchführung der vereinfachten Kapitalherabsetzung beschränkt die Gesellschaft in der Verwendung hierdurch bilanziell freiwerdender Beträge (§ 58b GmbHG) und in der Verwendung zukünftiger Gewinne (§ 58d GmbHG). Hierüber hinaus enthält § 58c GmbHG Vorschriften für den Fall des Nichteintritts solcher Verluste, die angenommen und der Kapitalherabsetzung zugrundegelegt worden sind. Für die notarielle Praxis sind diese Vorschriften von geringerer Bedeutung. Sie sollen deshalb an dieser Stelle nicht vertieft werden. 576

g) **Kapitalschnitt**

Checkliste

zum Ablauf einer vereinfachten Kapitalherabsetzung mit Kapitalschnitt

I. Evtl. Auflösung bestehender Rücklagen (§ 58a Abs. 2)

II. Beschluss über vereinfachte Kapitalherabsetzung (§§ 53f., §§ 58aff.) und Barkapitalerhöhung,
- mit Minderungsbetrag, Bezeichnung als vereinfachte Kapitalherabsetzung und Zweckangabe,
- mit Angaben zu Art der Durchführung (Verteilung des Herabsetzungsbetrags auf die Geschäftsanteile, § 58a Abs. 3),
- mit Erhöhungsbetrag und Angaben zu Art der Durchführung (Zahl und Nennbetrag der neuen Geschäftsanteile),
- falls im Ergebnis die Stammkapitalziffer verändert wird: Änderung des Satzungswortlauts nach Maßgabe des § 53,
- evtl. auch Feststellung des Jahresabschlusses unter Berücksichtigung von Kapitalherabsetzung (§ 58e) und Kapitalerhöhung (§ 58f), im letztgenannten Fall: Beschlussfassung erst nach Voreinzahlung auf die Einlagen und Übernahme der neuen Geschäftsanteile

III. Übernahmeerklärungen (§ 55 Abs. 1), soweit nicht schon Bestandteil des Beschlusses

IV. Erbringung der Einlageleistungen

V. Registervollzug von Kapitalherabsetzung und Kapitalerhöhung durch Handelsregistereintragung (**in den Fällen des § 58f innerhalb von drei Monaten**) aufgrund entsprechender Anmeldung durch alle Geschäftsführer (str.) unter Vorlage von
- Kapitalherabsetzungs- und Erhöhungsbeschluss,
- Unterlagen zu Voraussetzungen des § 58a,
- bei Änderung des Satzungswortlauts: notarielle Satzungsbescheinigung,
- bei Änderung von Zahl oder Nennbetrag der Geschäftsanteile: aktualisierte Gesellschafterliste.

[1174] Baumbach/Hueck/*Zöllner* § 58e Rdnr. 6.

[1175] *Krafka/Willer/Kühn* Rdnr. 1078; Baumbach/Hueck/*Zöllner* § 58a Rdnr. 30; Lutter/Hommelhoff/*Lutter* § 58a Rdnr. 23; a. A. Scholz/*Priester* § 58a Rdnr. 32.

[1176] *Krafka/Willer/Kühn* Rdnr. 1078; Scholz/*Priester* § 58a Rdnr. 36.

[1177] OLG Frankfurt WM 1989, 1690.

577 *aa) Überblick.* Ausgangssituation für einen sog. Kapitalschnitt ist, dass das Stammkapital der Gesellschaft aufgrund von Verlusten nicht mehr vollständig – häufig: nur noch zu einem geringen Bruchteil – durch reale Vermögenswerte abgedeckt ist (Unterbilanz). In diesem Stadium ist zwar auch eine reguläre Kapitalerhöhung zulässig, jedoch wird allein hierdurch die Unterbilanz nicht beseitigt, und neue Gesellschafter werden zu einer Kapitalzufuhr häufig nur dann bereit sein, wenn mit der realen Kapitalzufuhr auch eine Beteiligung am Stammkapital verbunden ist, die den Verhältnissen der realen Vermögenswerte entspricht. Zur Beseitigung der Unterbilanz kommt zwar auch eine isolierte Kapitalherabsetzung in Betracht, jedoch wird hiervon schon deshalb nur selten Gebrauch gemacht, weil häufig die Mindeststammkapitalziffer des § 5 Abs. 1 GmbHG nicht mehr durch reale Werte abgedeckt ist, im übrigen aber auch deshalb weil der Fortbestand der GmbH häufig die Zuführung neuen Kapitals erfordert.

578 *bb) Herabsetzung unter € 25.000.* Häufig wird das Stammkapital **unter den Betrag von € 25.000 (ggf. bis auf Null)**[1178] **herabgesetzt werden**, um es gleichzeitig damit auf diesen Betrag oder einen höheren heraufzusetzen. In diesem Fall gelten die zusätzlichen Voraussetzungen des § 58 Abs. 4 GmbHG (**Gleichzeitigkeit, Bareinlagen, Eintragung innerhalb von drei Monaten**). In den übrigen Fällen besteht keine zwingende Verknüpfung von vereinfachter Herabsetzung und Erhöhung, d.h. die Beschlüsse können separat gefasst und vollzogen werden.

579 *cc) Berücksichtigung der Kapitalmaßnahmen im Jahresabschluss.* Auch beim Kapitalschnitt gilt zunächst fakultativ § 58e GmbHG mit den Voraussetzungen nach Absatz 2, 3 und 4. Zusätzlich kann nach Maßgabe von § 58f GmbHG auch der Kapitalerhöhung bilanzielle Rückwirkung beigemessen werden. Die Voraussetzungen hierfür sind jedoch streng: Insbesondere muss der Erhöhungsbetrag bereits vor Beschlussfassung (zumindest teilweise) geleistet sein, und die erforderlichen Übernahmeerklärungen müssen spätestens bei der Beschlussfassung über die Kapitalmaßnahmen abgegeben werden (§ 58f Abs. 1 S. 2 GmbHG). Beides ist dem Notar bei Beurkundung des Beschlusses nachzuweisen (§ 58f Abs. 1 S. 3 GmbHG).

580 *dd) Verknüpfung von Kapitalherabsetzung und -erhöhung.* Aus § 58a Abs. 4 GmbHG folgt, dass bei herabsetzungsbedingter Unterschreitung des Mindeststammkapitalbetrages von € 25.000 gleichzeitig eine Erhöhung mitbeschlossen werden muss, um diesen Betrag wieder mindestens zu erreichen und beide Maßnahmen innerhalb von drei Monaten im Register vollzogen sein müssen. Die **bloße Anmeldung genügt** hier – anders als etwa bei § 17 UmwG – **zur Fristwahrung nicht!** Für die Barkapitalerhöhung gelten im übrigen die allgemeinen Regeln, wobei in den Fällen des § 58f GmbHG bei bilanzieller Rückwirkung zusätzliche Voraussetzungen erfüllt sein müssen. Ändert sich im Ergebnis die Stammkapitalziffer nicht, bedarf es keiner Satzungsänderungsbeschlüsse (und auch keiner Handelsregisteranmeldungen) über die jeweilige Anpassung der Stammkapitalziffer.[1179]

581 *ee) Satzungsanpassung und Satzungsbescheinigung.* Der Zwischenschritt der Kapitalherabsetzung ist nicht Gegenstand einer ausdrücklich anzumeldenden Satzungsänderung (mit der Folge des § 54 Abs. 1 S. 2 GmbHG).[1180] Vielmehr weist der geänderte Satzungswortlaut nur das Ergebnis beider Schritte aus, mit der Folge, dass bei unverändertem Stammkapital keine Satzungsänderung anzumelden und keine Satzungsbescheinigung einzureichen sind.[1181]

Formulierungsvorschlag:

I. Das Stammkapital der Gesellschaft wird gem. §§ 58a ff. GmbHG von € .... um € .... auf € .... herabgesetzt. Die Herabsetzung dient der Deckung der Verluste, die im Geschäftsjahr 2010 eingetreten sind.

1178 BGH DNotZ 2005, 882.

1179 Kersten/Bühling/*Kanzleiter* § 144 Rdnr. 142 M; Lutter/Hommelhoff/*Lutter* § 58a Rdnr. 25.

1180 DNotI-Gutachten 42434.

1181 Scholz/*Priester* § 58a Rdnr. 33; Kersten/Bühling/*Kanzleiter* § 144 Rdnr. 142 M.

II. Die Kapitalherabsetzung erfolgt dadurch, dass der Nennbetrag des Geschäftsanteils Nr. .... auf € .... und der Nennbetrag des Geschäftsanteils Nr. .... auf € .... herabgesetzt werden.

III. Das Stammkapital wird von € .... um € .... auf € .... gegen Bareinlagen erhöht.

IV. Die Kapitalerhöhung erfolgt durch Ausgabe von .... neuen Geschäftsanteilen im Nennbetrag von jeweils nominal € .... Die Ausgabe erfolgt zum Nennwert, die neuen Geschäftsanteile nehmen am Gewinn der Gesellschaft im Geschäftsjahr ihrer Entstehung in vollem Umfang teil. Die Einlagen sind sofort in voller Höhe zur Zahlung fällig. Die neuen Geschäftsanteile erhalten die Nrn. ....

V. Zur Übernahme der Geschäftsanteile mit den Nrn. .... bis .... wird .... zugelassen, zur Übernahme der Geschäftsanteile mit den Nrn. .... bis .... wird .... zugelassen.

VI. § 2 (1) der Satzung wird geändert und erhält folgenden neuen Wortlaut: „Das Stammkapital der Gesellschaft beträgt € .... (in Worten: € ....)."

Evtl.:

VII. Der dieser Urkunde als Anlage beigefügte Jahresabschluss für das zum 31. 12. 2010 abgelaufene Geschäftsjahr wird hiermit festgestellt. In ihm ist die Kapitalherabsetzung bereits berücksichtigt.

VI. Verfügungen über Geschäftsanteile

Schrifttum: *Barth,* Keine Erfüllung der Formerfordernisse des § 15 III und IV GmbhG durch antizipierende Satzungsklauseln, GmbHR 2004, 383; *Begemann/Grunow,* Erwerberschutz bei aufschiebend bedingter Abtretung von GmbH-Geschäftsanteilen, DNotZ 2011, 403; *Binz/Mayer,* Beurkundungspflichten bei der GmbH & Co. KG, NJW 2002, 3056; *Bruhns,* Verpfändung von GmbH-Anteilen in der Finanzierungspraxis, GmbHR 2006, 587; *Eusani/Schaudinn,* Die Bindungswirkung formfreier Anteilsveräußerungen nach zwischenzeitlicher Umwandlung in eine GmbH, GmbHR 2009, 1125; *Förl,* Die neue Teilbarkeit von Geschäftsanteilen – einfach (und) gut?, RNotZ 2008, 409; *ders.,* Die Absicherung von Neukonsorten in Share Pledge Agreements, RNotZ 2007, 433; *Gondert/Behrens,* Vereinbarungen über den Gewinn des laufenden Geschäftsjahres bei der Veräußerung von GmbH-Anteilen, GmbHR 1997, 682; *Grage,* Ausgewählte Aspekte der Verwaltungstreuhand an Geschäftsanteilen, RNotZ 2005, 251; *Grunewald,* Rechts- und Sachmängelhaftung beim Kauf von Unternehmensanteilen, NZG 2003, 372; *Hasselmann,* Die Zuordnung des Widerspruchs zur Gesellschafterliste, NZG 2010, 207; *Heckschen,* Die GmbH-Reform – Wege und Irrwege, DStR 2007, 1442; *Heidenhain,* Umfang der Beurkundungspflicht bei der Verpfändung von Geschäftsanteilen, GmbHR 1996, 275; *Herrler,* Anmerkung zum Beschluss des OLG München vom 11. 3. 2011 – 3 Wx 162/10, ZIP 2011, 315; *Jocher,* Treuhandvereinbarungen über GmbH-Geschäftsanteile, Änderungsbedarf bei der bisherigen Gestaltung durch das MoMiG?, BWNotZ 2009, 190; *König/Bormann,* Anmerkung zum Beschluss des OLG München vom 8. 9. 2009 – Wx 82/09, ZIP 2009, 1913; *König/Götte/Bormann,* Das Formstatut für die dingliche Abtretung von GmbH-Gesellschaftsanteilen nach geltendem und künftigem Recht, NZG 2009, 881; *Leitzen,* Teilnichtigkeit von Poolvereinbarungen bei Beschränkung der Testierfreiheit; ZEV 2010, 401; *Limmer,* Die Anteilsveräußerung bei der GmbH & Co. KG, ZNotP 2000, 297; *Mayer,* Der Erwerb einer GmbH nach den Änderungen durch das MoMiG, DNotZ 2008, 403; *ders.,* Aufwertung der Gesellschafterliste durch das MoMiG – Fluch oder Segen?, ZIP 2009, 1037; *Mankowski,* Änderungen bei der Auslandsbeurkundung von Anteilsübertragungen durch das MoMiG oder durch die Rom I-VO?, NZG 2010, 201; *Mertens,* Typische Probleme bei der Verpfändung von GmbH-Anteilen, ZIP 1998, 1787; *Oppermann,* Praktische Gestaltung der bedingten Abtretung von GmbH-Anteilen – Risiken durch gutgläubigen bedingungsfreien Erwerb Dritter, ZIP 2009, 651; *Preuß,* Gesellschafterliste, Legitimation gegenüber der Gesellschaft und gutgläubiger Erwerb von GmbH-Anteilen, ZGR 2008, 676; *Pohlmann,* GmbH-Anteilskauf: Formzwang für Nebenabreden und Vertragsübernahme, GmbHR 2002, 41; *Reichert/Weller,* Der GmbH-Geschäftsanteil – Übertragung und Vinkulierung; *Reymann,* Gutgläubiger Erwerb und Rechte an GmbH-Geschäftsanteilen, WM 2008, 2095; *ders.,* Aufschiebend bedingte Geschäftsanteilsabtretungen und Zwischenverfügungen bei der GmbH, GmbHR 2009, 343; *ders.,* Die Verpfändung von GmbH-Geschäftsanteilen, DNotZ 2005, 425; *von Rom,* Zum Umfang der Beurkundungspflicht bei der Verpfändung von GmbH-Geschäftsanteilen, WM 2007, 2223; *Römermann/Wachter,* GmbH-Beratung nach dem MoMiG. GmbHR Sonderheft 2008; *Specks,* Anmerkung zum Beschluss des OLG Hamburg vom 26. 1. 2007, RNotZ 2007, 418; *Tebben,* Gesellschaftsvertraglicher Schutz gegen Treuhand- und Unterbeteiligungen an Geschäftsanteilen, GmbHR 2007, 63; *Vossius,* Gutgläubiger Erwerb von GmbH-Anteilen nach MoMiG, DB 2007, 2299; *Weigl,* Die Sicherung des Erwerbers oder Treugebers eines Geschäftsanteils durch eine aufschiebend bedingte Abtretung nach Inkrafttreten des MoMiG, MittBayNot 2009, 116; *Wachter,* GmbH Reform: Auswirkungen auf die Übertragung von GmbH-Geschäftsanteilen, ZNotP 2008, 378; *Wälzholz,* Die Reform des GmbH-Rechts, MittBayNot 2008, 425; *ders.,* Auswirkungen der Schuldrechtsreform auf

Gesellschaften und Geschäftsanteilsabtretungen, DStR 2002, 500; *Werner,* Zur Formbedürftigkeit der Verpfändung von Kommanditanteilen an einer GmbH & Co. KG, GmbHR 2008, 755; *Wolfsteiner,* Wird ein formnichtiger Gesellschaftsvertrag durch Auflassung und Eintragung geheilt? DNotZ 2003, 626; *Weber,* Zurechnung von Dividendeneinkünften bei Veräußerung von GmbH-Anteilen, GmbHR 1995, 494.

1. Übertragung von Geschäftsanteilen

582 **a) Vorbereitung der Beurkundung.** Vor der Beurkundung der Geschäftsanteilsabtretung ist die zuletzt im Handelsregister aufgenommene **Gesellschafterliste einzusehen.** Ist die Liste nicht auf dem aktuellen Stand, sollte der Notar auf eine Korrektur hinwirken, auch um dadurch eine Grundlage für die von dem Notar nach der beabsichtigten Geschäftsanteilsübertragung zu erstellende neue Gesellschafterliste zu schaffen. Die Wirksamkeit der Abtretung hängt allerdings nicht davon ab, dass der Veräußerer als Gesellschafter in der Gesellschafterliste eingetragen ist.[1182] Die „falsche" Liste kann aber Auswirkungen auf die Wirksamkeit der Abtretung selbst haben, wenn die Abtretung von einem Zustimmungsbeschluss der Gesellschafterversammlung oder der Zustimmung aller Mitgesellschafter abhängig ist. Nach § 16 Abs. 1 GmbHG kann nur der in der Liste aufgeführte Gesellschafter bei der Zustimmung mitwirken.[1183]

583 Um in der **Satzung** festgelegte Wirksamkeitsvoraussetzungen der Abtretung **prüfen** zu können, aber auch um festzustellen, ob aufgrund der Satzung Ankaufs- oder Vorkaufsrechte bestehen oder durch die Abtretung sonstige Folgen ausgelöst werden, die mit den Beteiligten zu erörtern wären, ist vor der Beurkundung einer Geschäftsanteilsabtretung in jedem Fall auch die aktuelle Satzung der Gesellschaft einzusehen. So kann der Notar auch prüfen, ob Anpassungsbedarf besteht, ob etwa Sonderrechte einzelner Gesellschafter aufgehoben oder geschaffen werden sollten, ob die für Gesellschafterbeschlüsse vorgesehenen Mehrheitserfordernisse weiterhin passen oder ob Regelungen hinsichtlich der Geschäftsführung oder Vertretung geändert werden sollten.

584 **b) Gegenstand der Übertragung.** Aufgrund des für Verfügungen geltenden **Bestimmtheitsgrundsatzes**[1184] ist der Geschäftsanteil im Abtretungsvertrag so eindeutig zu bezeichnen, dass zweifelsfrei feststellbar ist, welcher Anteil übertragen werden soll. Die Anwendung des Bestimmtheitsgrundsatzes kann damit gerechtfertigt werden, dass die Anteile unterschiedlich belastet sein können, mit den Anteilen unterschiedliche Rechte verbunden oder unterschiedliche Pflichten daran geknüpft sein können, letzteres etwa weil die Einlage auf einzelne Anteile noch nicht vollständig geleistet ist. Er gilt aber für alle Verfügungen über Geschäftsanteile, unabhängig davon, ob einer der genannten Fälle vorliegt.

585 Eindeutig bezeichnet wird der Geschäftsanteil mit der in der Gesellschafterliste enthaltenen **Nummer** und seinem **Nennbetrag.** Es ist aber nicht selten, dass die Beteiligten von einer falschen Stückelung der Anteile ausgehen. Auch enthalten ältere Gesellschafterlisten, die nicht unter Beteiligung eines Notars erstellt werden mussten, oft fehlerhafte Angaben zu der Stückelung der Beteiligung – so etwa, wenn ein Gesellschafter im Laufe der Zeit durch Abtretungen oder bei Kapitalerhöhungen mehrere Anteile erworben hat, in der Liste aber irrtümlich ein Geschäftsanteil mit dem gesamten Nennbetrag der Beteiligung aufgeführt wird. Wird in einem solchen Fall die gesamte Beteiligung des Gesellschafters übertragen, dürfte die falsche Angabe über Stückelung und Nennbeträge der Anteile der Wirksamkeit der Abtretung nicht entgegenstehen. Durch Auslegung der Vereinbarung ist eindeutig erkennbar, dass die gesamte Beteiligung abgetreten werden soll.[1185] Problematisch ist der Fall, dass der Veräußerer nicht seine gesamte Beteiligung abtreten will, sondern nur einen Teil davon. Fehler bei der Bezeichnung des Geschäftsanteils führen hier aufgrund des Bestimmtheitsgrundsatzes leicht zur Unwirksamkeit der Verfügung.[1186] Bestehen Zweifel an der Verlässlichkeit der Informationen zur Stückelung der Geschäftsanteile, kann eine Lösung darin bestehen,

[1182] Hommelhoff/*Bayer* § 16 Rdnr. 23.
[1183] Vgl. dazu Rdnr. 675.
[1184] BGH NZG 2010, 908, 909; Michalski/*Ebbing* § 15 Rdnr. 116; Scholz/*Winter/Seibt* § 15 Rdnr. 89 m. w. N.
[1185] Scholz/*Winter/Seibt* § 15 Rdnr. 89, a. A. Michalski/*Ebbing* § 15 Rdnr. 116.
[1186] Vgl. BGH NZG 2010, 908; KG NJW-RR 1997, 1259.

zunächst alle **Anteile eines Gesellschafters zusammenzulegen** und dann durch Teilung den zu veräußernden Geschäftsanteil zu bilden.

Das Problem der Bestimmtheit stellt sich auch in dem Fall, dass ein Gesellschafter **mehrere Anteile mit gleichem Nennbetrag** hält und nur einzelne davon übertragen werden sollen. Der Geschäftsanteil kann in diesem Fall eindeutig durch die in der Gesellschafterliste enthaltene Nummer bezeichnet werden, wenn er seit seiner Entstehung mit dieser Nummer bezeichnet ist. Ob der Anteil durch die Nummer auch dann ausreichend bezeichnet ist, wenn die Nummerierung erst zu einem späteren Zeitpunkt, also nach der Entstehung des zu veräußernden Geschäftsanteils vergeben wird, ist zweifelhaft. Hat ein Gesellschafter vor dem Inkrafttreten des MoMiG mehrere Anteile mit gleichem Nennbetrag erworben und werden diese später, nach Inkrafttreten des MoMiG, in der Gesellschafterliste nummeriert, so lässt diese Nummerierung keinen Rückschluss auf die Herkunft (Übernahme bei der Gründung; Übernahme bei der späteren Kapitalerhöhung) der einzelnen Anteile zu. Am besten wird der Anteil in einem solchen Fall in dem Abtretungsvertrag dadurch identifiziert, dass angegeben wird, wann der Gesellschafter ihn übernommen hat oder wann der Anteil entstanden ist. In Zweifelsfällen bleibt die Möglichkeit der Zusammenlegung und Neuaufteilung vor Veräußerung. Das gleiche gilt, wenn ein Gesellschafter mehrere Anteile mit gleichem Nennbetrag hält und diese nicht in der Gesellschafterliste mit einer Nummer bezeichnet sind. 586

Die gesetzlichen Anforderungen hinsichtlich der Übertragung von **Teilen von Geschäftsanteilen** sind durch das MoMiG reduziert. Der die **Teilung von Geschäftsanteilen** beschränkende § 17 GmbHG a. F. wurde aufgehoben. Die für die Übertragung des Teilgeschäftsanteils erforderliche Aufteilung vollzieht sich nach der gesetzlichen Regelung des § 46 Nr. 4 GmbHG durch Gesellschafterbeschluss. Dieser Gesellschafterbeschluss hat im Unterschied zum bisherigen Recht nicht nur Wirkung im Innenverhältnis der Gesellschafter, sondern führt im Außenverhältnis unmittelbar die Teilung herbei.[1187] Die Zustimmung des betroffenen Gesellschafters soll nicht erforderlich sein,[1188] was aber bei der Teilung zum Zweck der Übertragung keine praktische Bedeutung hat. Die **Satzung** kann **zusätzliche Anforderungen** für die Teilung von Geschäftsanteilen aufstellen, insbesondere in Anlehnung an die frühere Rechtslage die Genehmigung der Gesellschaft vorsehen, die durch den Geschäftsführer erklärt werden muss. Eine solche Regelung ist auch nach neuer Rechtslage nicht zu beanstanden.[1189] Sie ist zu beachten, auch wenn die Satzungsregelung vor Aufhebung des § 17 GmbHG a. F. erlassen wurde und nur eine Wiederholung der jetzt nicht mehr geltenden gesetzlichen Regelung beinhaltet. Die Satzung kann auch die Teilung noch weiter erleichtern, insbesondere also die Teilung durch den Inhaber des Geschäftsanteils unabhängig von einem Gesellschafterbeschluss ermöglichen.[1190] 587

Sollen im Zusammenhang mit der Veräußerung Geschäftsanteile **zusammengelegt** werden, ist auch dafür ein Gesellschafterbeschluss erforderlich (§ 46 Nr. 4 GmbHG). Weitere Voraussetzung ist, dass die Einlage auf den Anteil vollständig erbracht ist und keine Nachschüsse rückständig sind oder die Haftung für rückständige Einlagen oder Nachschüsse nach § 22 Abs. 3 GmbHG wegen Zeitablaufs entfallen ist. Die zusammenzulegenden Anteile müssen mit den gleichen Rechten und Pflichten ausgestattet sein. Verpfändete können nicht mit nichtverpfändeten Anteilen zusammengelegt werden. Darüberhinaus ist die Zustimmung des betroffenen Gesellschafters erforderlich,[1191] was aber bei der Zusammenlegung im Zusammenhang mit der Veräußerung unproblematisch ist. Abweichende Satzungsregelungen sind auch insoweit zu beachten. 588

Der **Anteil an der Vor-GmbH** kann nach herrschender Meinung nicht nach Maßgabe des § 15 GmbHG abgetreten werden. Für die Übertragung der Beteiligung an der Vor GmbH ist 589

[1187] Lutter/Hommelhoff/*Bayer* § 46 Rdnr. 18; Scholz/*K. Schmidt* Nachtrag MoMiG § 46 Rdnr. 6; *Mayer* DNotZ 2008, 403, 425; *Förl* RNotZ 2008, 409, 412; a. A. KölnHdbGesR/*Hermanns* Kap. 2 Rdnr. 901.

[1188] Vgl. Lutter/Hommelhoff/*Bayer* § 46 Rdnr. 18.

[1189] *Förl* RNotZ 2008, 409, 416; MünchHdbGesR III/*Jasper* § 24 Rdnr. 184.

[1190] Lutter/Hommelhoff/*Bayer* § 46 Rdnr. 22.

[1191] Vgl. zu den Anforderungen an die Zusammenlegung von Geschäftsanteilen Baumbach/*Hueck/Fastrich* § 15 Rdnr. 19 m. w. N.

vielmehr eine Änderung der Gründungsurkunde unter Beteiligung aller Gründungsgesellschafter nach Maßgabe des § 2 GmbHG erforderlich.[1192] Auch der bei einer Kapitalerhöhung entstehende Geschäftsanteil kann nicht mit Wirkung vor der Eintragung der Kapitalerhöhung nach § 15 GmbHG abgetreten werden. Die Lösung für solche Fälle ist, dass der durch die Eintragung der GmbH bzw. das Wirksamwerden der Kapitalerhöhung entstehende künftige Geschäftsanteil abgetreten wird. Die Abtretung erfolgt in diesem Fall unter der aufschiebenden Bedingung der Entstehung des Geschäftsanteils und richtet sich nach § 15 GmbHG.[1193]

590 c) **Die Abtretung des Geschäftsanteils.** *aa) Vinkulierung.* Die Satzung kann die Wirksamkeit der Abtretung von bestimmten Voraussetzungen abhängig machen (**Vinkulierung i. S. d. § 15 Abs. 5 GmbHG**). Dabei kann es sich um die in § 15 Abs. 5 GmbHG erwähnte Genehmigung der Gesellschaft selbst, die Zustimmung durch die Gesellschafterversammlung, durch die Gesellschafter oder den Geschäftsführer handeln. Die Abtretung kann aber auch an die Mitwirkung anderer Gesellschaftsorgane, also eines Beirats oder Aufsichtsrats geknüpft werden.[1194] Umstritten ist, ob die Abtretung auch von der Zustimmung eines gesellschaftsfremden Dritten abhängig gemacht werden kann.[1195] Wie an anderer Stelle begründet,[1196] ist eine solche Satzungsregelung nicht zu beanstanden.

591 Bis zur Erteilung oder Verweigerung der Genehmigung ist die Abtretung **schwebend unwirksam.** Die Erteilung der Genehmigung wirkt auf den Zeitpunkt der Abtretung zurück (§ 184 Abs. 1 BGB). Gegenüber der Gesellschaft allerdings gilt § 16 Abs. 1 GmbHG, das heißt es kommt auf den Zeitpunkt an, zu dem die neue Gesellschafterliste in das Handelsregister aufgenommen wird.[1197]

592 Die erforderliche **Zustimmung der Gesellschaft** wird durch die Geschäftsführer in vertretungsberechtigter Zahl erteilt. Die Satzung entscheidet, ob die Geschäftsführer hierfür einen Gesellschafterbeschluss einholen müssen. Schweigt die Satzung, wird im Zweifel ein solcher Gesellschafterbeschluss erforderlich sein.[1198] Dieses Erfordernis gilt aber nur für das Innenverhältnis. Das Fehlen des zustimmenden Gesellschafterbeschlusses führt grundsätzlich nicht dazu, dass die von den Geschäftsführern ausgesprochene Genehmigung im Außenverhältnis unwirksam ist.[1199] Die Unwirksamkeit kann sich aber nach den allgemeinen Regeln über den Missbrauch der Vertretungsmacht ergeben,[1200] wenn für den Erwerber des Geschäftsanteils offensichtlich ist, dass die Zustimmung der Gesellschafterversammlung erforderlich ist und diese fehlt. Der mit der Beurkundung einer Geschäftsanteilsabtretung betraute Notar wird hier kein Risiko eingehen und dafür Sorge tragen, dass ein Gesellschafterbeschluss gefasst wird.

593 Verlangt die Satzung die **Zustimmung der Gesellschafterversammlung**, genügt vorbehaltlich abweichender Satzungsregelungen ein mit einfacher Mehrheit zu fassender Gesellschafterbeschluss.[1201] Für die Beteiligten des Abtretungsvertrags besteht kein Stimmverbot. Die Wirksamkeit der Zustimmung hängt in diesem Fall nach zutreffender Ansicht nicht davon ab, dass diese den Vertragsbeteiligten vom Geschäftsführer übermittelt wird.[1202] Eine Bekanntgabe des Gesellschafterbeschlusses ist in jedem Fall entbehrlich, wenn einer der Vertragsbeteiligten bei dem Gesellschafterbeschluss anwesend war. Andernfalls können

[1192] BGHZ 21, 242, 246; BGH NZG 2005, 263; *Michalski/Funke* § 11 Rdnr. 51; Baumbach/*Hueck/Fastrich* § 2 Rdnr. 13; a. A. Scholz/*K. Schmidt* § 11 Rdnr. 41.

[1193] Baumbach/*Hueck/Fastrich* § 15 Rdnr. 2; Lutter/Hommelhoff/*Bayer* § 15 Rdnr. 4; vgl. zur Frage, ob ein Durchgangs- oder Direkterwerb stattfindet KölnHdbGesR/*Hermanns* Kap. 2 Rdnr. 900.

[1194] Baumbach/*Hueck/Fastrich* § 15 Rdnr. 38.

[1195] Dafür Lutter/Hommelhoff/*Bayer* § 15 Rdrn. 48; Michalski/*Ebbing* § 15 Rdnr. 152; Baumbach/*Hueck/Fastrich* § 15 Rdnr. 38; a. A. Scholz/*Winter/Seibt* § 15 Rdnr. 122.

[1196] Vgl. Rdnr. 394.

[1197] Baumbach/*Hueck/Fastrich* § 15 Rdnr. 47.

[1198] Lutter/Hommelhoff/*Bayer* § 15 Rdnr. 66.

[1199] Lutter/Hommelhoff/*Bayer* § 15 Rdnr. 66; Michalski/*Ebbing* § 15 Rdnr. 143.

[1200] Vgl. etwa Baumbach/*Hueck/Fastrich* § 15 Rdnr. 42.

[1201] Baumbach/*Hueck/Fastrich* § 15 Rdnr. 43.

[1202] So Baumbach/*Hueck/Fastrich* § 15 Rdnr. 43; Michalski/*Ebbing* § 15 Rdnr. 148; Scholz/*Winter/Seibt* § 15 Rdnr. 121, 125; a. A. RGZ 104, 414 f., 160, 231; *Roth/Altmeppen* GmbHG, § 15 Rdnr. 103.

ein Mitgesellschafter, ein Dritter oder auch der Geschäftsführer ermächtigt werden, die Zustimmung den Vertragsbeteiligten mitzuteilen, z. B. durch Übermittlung des Beschlussprotokolls,[1203] so dass keine praktischen Probleme entstehen können.

Spricht die Satzung von der **Zustimmung der Gesellschafter**, so ist dies auslegungsbedürftig. Gemeint sein kann die Zustimmung aller Mitgesellschafter oder auch ein Mehrheitsbeschluss.[1204] Im Regelfall wird man davon ausgehen können, dass die Zustimmung aller Gesellschafter verlangt ist. Es muss deshalb entweder ein einstimmiger Gesellschafterbeschluss vorliegen oder die außerhalb eines Gesellschafterbeschlusses erteilte Zustimmung aller einzelnen Gesellschafter.[1205] 594

Vinkulierungsklauseln können auch bei Rechtsgeschäften eingreifen, die unmittelbar keine Übertragung eines Geschäftsanteils beinhalten, aber im wirtschaftlichen Ergebnis der Übertragung ähnlich sind. Neben **Stimmbindungsverträgen**, durch die ein Gesellschafter dauerhaft verpflichtet wird, nach den Weisungen eines anderen abzustimmen, sind damit insbesondere **Treuhandverträge** gemeint. Auch wenn bei der Begründung des Treuhandverhältnisses kein Geschäftsanteil übertragen werden muss, wie im Fall der Vereinbarungstreuhand, ist die Anwendung einer in der Satzung enthaltenen Vinkulierungsklausel in Betracht zu ziehen.[1206] Bei der **Vereinbarungstreuhand** verpflichtet sich der Gesellschafter gegenüber einem Dritten, den Anteil zukünftig als Treuhänder für diesen zu halten. Regelt die Vinkulierungsklausel diesen Fall nicht ausdrücklich, ist die Frage durch Auslegung zu klären. Im Zweifel wird davon ausgegangen, dass die Klausel auch diesen Fall erfasst, weil im wirtschaftlichen Ergebnis eine der Übertragung des Geschäftsanteils vergleichbare Maßnahme vorliegt. 595

bb) Aufschiebend bedingte Abtretung. Die Abtretung eines Geschäftsanteils kann unter eine aufschiebende Bedingung gestellt werden. Wichtiger Anwendungsfall ist die Abtretung des Geschäftsanteils unter der **aufschiebenden Bedingung der Kaufpreiszahlung** beim Geschäftsanteilskaufvertrag. Diese Verfahren wird im Normalfall gewählt, um das Interesse des Verkäufers zu wahren, den Geschäftsanteil erst dann zu verlieren, wenn die Gegenleistung erbracht ist. Ein anderer Weg zum Schutz dieses Interesses besteht darin, die Abtretung erst nach Abschluss des Kaufvertrags in gesonderter Urkunde zeitgleich mit der Kaufpreiszahlung zu vereinbaren. Dieses Verfahren wird regelmäßig bei Unternehmenskaufverträgen mit größerem Volumen gewählt. 596

Der beurkundende Notar, der aufgrund der aufschiebend bedingten Abtretung eine neue Gesellschafterliste einzureichen hat, hat darauf zu achten, dass der Bedingungseintritt entweder für ihn sicher und eindeutig feststellbar ist oder aber die Beteiligten ihn vom Bedingungseintritt in Kenntnis setzen. Eine eindeutige Feststellung des Bedingungseintritts ist auch für den Erwerber im Hinblick auf den Nachweis des Übergangs des Geschäftsanteils wichtig. 597

Formulierungsvorschlag:

Die Abtretung des Geschäftsanteils steht unter der aufschiebenden Bedingung der Zahlung des Kaufpreises. Die Bedingung gilt als eingetreten, wenn der beurkundende Notar eine die Abtretung berücksichtigende neue Gesellschafterliste zur Aufnahme in das Handelsregister einreicht. Der Notar wird angewiesen, die Liste zum Handelsregister einzureichen, wenn der Verkäufer die Kaufpreiszahlung bestätigt oder der Käufer die Kaufpreiszahlung durch die Vorlage einer Bankbestätigung nachgewiesen hat.

In Treuhandverträgen wird häufig eine aufschiebend bedingte Übertragung des Anteils an den Treugeber für den Fall der Beendigung des Treuhandverhältnisses verein- 598

[1203] So auch Scholz/*Winter/Seibt* § 15 Rdnr. 125; vgl. auch KölnHdbGesR/*Hermanns* Kap. 2 Rdnr. 988: auch konkludente Erteilung der Zustimmung.

[1204] Vgl. Scholz/*Winter/Seibt* § 15 Rdnr. 126; Baumbach/*Hueck/Fastrich* § 15 Rdnr. 44.

[1205] So auch KölnHdbGesR/*Hermanns* Kap. 2 Rdnr. 987.

[1206] OLG Hamburg GmbHR 1993, 507; Scholz/*Winter/Seibt* § 15 Rdnr. 111; Lutter/Hommelhoff/*Bayer* § 15 Rdnr. 80; Michalski/*Ebbing* § 15 Rdnr. 215; a. M. OLG Hamm GmbHR 1993, 656; *Tebben* GmbHR 2007, 67.

bart.[1207] Hier ist ebenfalls dafür Sorge zu tragen, dass der beurkundende Notar von dem u. U. erst viel später erfolgenden Bedingungseintritt Kenntnis erhält, um eine korrigierte Gesellschafterliste einreichen zu können.

599 *cc) Gutgläubiger Erwerb von Geschäftsanteilen – Schutz des Erwerbers bei aufschiebend bedingter Übertragung.* Der durch das MoMiG eingeführte § 16 Abs. 3 GmbHG lässt den gutgläubigen Erwerb von Geschäftsanteilen zu. Nach der **bisherigen Rechtslage**, die keinen gutgläubigen Erwerb kannte, war der Erwerber eines Geschäftsanteils darauf angewiesen, sich über die Rechtstellung des Veräußerers durch eine sorgfältige Prüfung der Gründung der Gesellschaft und sämtliche nachfolgenden Abtretungen und sonstigen Veränderungen der Beteiligung zu vergewissern. Ein – unentdeckt gebliebener – Fehler in der unter Umständen langen Kette von Übertragungen, Kapitalerhöhungen, Vererbungen oder sonstigen Veränderungen der Beteiligung, der den Verkäufer zum Nichtberechtigten machte, wirkte sich automatisch auf die Wirksamkeit der Übertragung aus. In dem Geschäftsanteilsübertragungsvertrag konnte dieser Unsicherheit nur durch Aufnahme entsprechender Garantien Rechnung getragen werden, die aber nur Schadenersatzansprüche begründen, nicht aber das von den Beteiligten gewünschte Ergebnis sicherstellen können. Hier schafft § 16 Abs. 3 GmbHG für den Erwerber eine deutliche Erleichterung, wenn auch Nachforschungen aufgrund der noch darzustellenden Grenzen des gutgläubigen Erwerbs nicht gänzlich entbehrlich werden.

600 **Anknüpfungspunkt für die Gutglaubensregelung** des § 16 Abs. 3 GmbHG ist die im Handelsregister aufgenommene Gesellschafterliste. Der gutgläubige Erwerb setzt eine zumindest **äußerlich ordnungsgemäße**, also den Anforderungen des § 40 GmbHG entsprechende **Gesellschafterliste** voraus.[1208] Sie muss also entweder von den Geschäftsführern in vertretungsberechtigter Zahl oder von einem Notar unterschrieben sein. Das Fehlen der Notarbescheinigung gemäß § 40 Abs. 2 S. 2 GmbHG soll nicht schädlich sein.[1209] Ob der die Gesellschafterliste unterzeichnende Geschäftsführer vertretungsberechtigt war, sollte, da aus dem Handelsregister selbst ersichtlich, bei der Beurkundung einer Anteilsabtretung geprüft werden. Die (nur) von einem ausländischen Notar unterzeichnete Gesellschafterliste dürfte in diesem Zusammenhang nicht als formell ordnungsgemäß gelten.[1210] Das Fehlen einzelner Angaben, wie Wohnort oder Geburtsdatum oder eine falsche Nummerierung sind unschädlich, wenn jedenfalls der Gesellschafter und der Geschäftsanteil eindeutig identifiziert werden können.[1211] Der mit der Beurkundung einer Anteilsabtretung betraute Notar sollte in jedem Fall darauf hinwirken, dass formelle Mängel der Gesellschafterliste vor der Beurkundung einer Anteilsabtretung behoben werden.

601 Die Anwendung des § 16 Abs. 3 GmbHG setzt einen **rechtsgeschäftlichen Erwerb** voraus. Gutgläubiger Erwerb scheidet also beim Erwerb im Wege der Gesamtrechtsnachfolge aus, ebenso bei anderen Übertragungen, die nicht als **Verkehrsgeschäft** anzusehen sind (also bei wirtschaftlicher Identität von Erwerber und Veräußerer).[1212] Der gute Glaube hilft nicht, wenn ein nicht existierender Geschäftsanteil veräußert wird oder wenn Vinkulierungsbestimmungen des Gesellschaftsvertrages nicht beachtet werden. Auch gibt es keinen gutgläubigen lastenfreien Erwerb von Geschäftsanteilen, da solche nach ganz überwiegender Auffassung nicht in der Gesellschafterliste aufzuführen sind.[1213] Von dem in der Liste aufgeführten Gesellschafter können auch **Rechte an dem Geschäftsanteil** gutgläubig erworben werden, also ein Nießbrauchsrecht oder ein Pfandrecht. Eine schuldrechtliche Rechtstellung, wie eine Unterbeteiligung oder ein Treugeberstellung (im Rahmen der Vereinbarungstreuhand) können nicht gutgläubig erworben werden.[1214]

[1207] Römermann/*Leistikow* § 11 Rdnr. 49.

[1208] Vgl. Rdnr. 681 ff.; Lutter/Hommelhoff/*Bayer* § 16 Rdnr. 53; *Mayer* DNotZ 2008, 403, 418; *Preuß* ZGR 2008, 676, 688.

[1209] Lutter/Hommelhoff/*Bayer* § 16 Rdnr. 53; *Mayer* DNotZ 2008, 403, 418; a. A. Wicke § 16 Rdnr. 14.

[1210] Vgl. KölnHdbGesR/*Hermanns* Kap. 2 Rdnr. 993; a. A. jetzt OLG Düsseldorf, DNotZ 2011, 447; krit. dazu *Süß* DNotZ 2011, 414, 422.

[1211] Lutter/Hommelhoff/*Bayer* § 16 Rdnr. 55.

[1212] Baumbach/*Hueck/Fastrich* § 16 Rdnr. 31.

[1213] Vgl. Baumbach/*Hueck/Fastrich* § 16 Rdnr. 26; Lutter/Hommelhoff/*Bayer* § 16 Rdnr. 60; Scholz/*Seibt* § 16 Nachtrag MoMiG Rdnr. 73 jeweils m. w. N.; a. A. *Reymann* WM 2008, 2095, 2098 ff.

[1214] Lutter/Hommelhoff/*Bayer* § 16 Rdnr. 57.

Der **Gutglaubenserwerb ist ausgeschlossen**, wenn dem Erwerber im Zeitpunkt des Erwerbs die mangelnde Berechtigung des Veräußerers bekannt war oder in Folge grober Fahrlässigkeit unbekannt gewesen ist (§ 16 Abs. 3 S. 3 GmbHG). Gleiches gilt, wenn ein Widerspruch gegen die Berechtigung des Veräußernden der im Handelsregister aufgenommenen Gesellschafterliste zugeordnet ist. 602

Liegt der Grund für die Unrichtigkeit der Liste **weniger als drei Jahre** zurück, ist der gutgläubige Erwerb von einer zusätzlichen Voraussetzung abhängig: Die Unrichtigkeit der Liste muss dem Berechtigten zuzurechnen sein. Eine **Zurechenbarkeit** im Sinne dieser Norm wird etwa angenommen, wenn ein Gesellschafter, der einen Geschäftsanteil durch Erbfolge oder in anderer Form durch Gesamtrechtsnachfolge erworben hat, es unterlässt für eine Berichtigung der Gesellschafterliste zu sorgen.[1215] Gleiches gilt, wenn der Berechtigte selbst an der unwirksamen Anteilsübertragung mitgewirkt hat, die zur Eintragung des Nichtberechtigten führte.[1216] Der falsche Rechtsschein ist dem Berechtigten auch dann zuzurechnen, wenn der Erwerber eines Geschäftsanteils bei einer aufschiebend bedingten Anteilsübertragung versäumt, den beurkundenden Notar von dem Bedingungseintritt in Kenntnis zu setzen.[1217] Es besteht aber keine Obliegenheit der Gesellschafter regelmäßig die beim Gericht eingereichte Gesellschafterliste zu prüfen. Hat also der Berechtigte keine Kenntnis davon, dass eine falsche Liste zum Gericht eingereicht wurde, kann ihm die Unrichtigkeit nicht zugerechnet werden, wenn nicht andere Zurechnungstatbestände vorliegen. Dagegen besteht eine Obliegenheit für eine Korrektur zu sorgen, wenn dem Berechtigten die unrichtige Liste zur Kenntnis gebracht wird.[1218] 603

Umstritten ist die Anwendbarkeit des § 16 Abs. 3 GmbHG **bei der aufschiebend bedingten Übertragung von Geschäftsanteilen.** Praktische Bedeutung hat dies zum einen bei Kaufverträgen, bei denen der Übergang des verkauften Anteils durch Bedingung von der Kaufpreiszahlung abhängig gemacht wird, und zum anderen bei Treuhandverträgen, in denen häufig für den Fall der Beendigung des Treuhandverhältnisses eine aufschiebend bedingte (Rück-)Übertragung des Anteils an den Treugeber vorgesehen ist.[1219] Erfolgt die Abtretung eines Geschäftsanteils unter einer aufschiebenden Bedingung, wirkt der Eintritt der Bedingung nach § 161 Abs. 1 BGB auf den Zeitpunkt der Abtretung zurück. Hat der Veräußerer zwischen der Abtretung und dem Bedingungseintritt eine weitere Verfügung über den Geschäftsanteil vorgenommen, so ist diese nach § 161 Abs. 1 BGB unwirksam. Nach § 161 Abs. 3 BGB sind jedoch die Vorschriften über den Gutglaubenserwerb entsprechend anwendbar. 604

In der Literatur wird überwiegend die **entsprechende Anwendung des § 16 Abs. 3 GmbHG aufgrund der Verweisung des § 161 Abs. 3 BGB** und damit die Möglichkeit eines Gutglaubenserwerbs in dieser Situation bejaht,[1220] von der Rechtsprechung der Oberlandesgerichte wird sie jedoch bisher abgelehnt.[1221] Die Literattur argumentiert, dass der Zweiterwerber, der ja von einem Berechtigten erworben hat, der erst nachträglich zum Nichtberechtigten geworden ist, nicht schlechter stehen soll, als wenn er von vornherein von einem Nichtberechtigten erworben hätte. 605

Gegen die entsprechende Anwendung des § 16 Abs. 3 GmbHG wird eingewandt, dass die Gesellschafterliste im Hinblick auf die Verfügungsbeschränkung des § 161 Abs. 1 BGB keine Grundlage für einen falschen Rechtsschein sein könne, da sie keine Aussage über Verfügungsbeschränkungen enthalte. Anders als bei sonstigen Gutglaubenstatbeständen bestehe auch keine Möglichkeit für den durch die aufschiebend bedingte Verfügung Begünstigten 606

[1215] Baumbach/*Hueck/Fastrich* § 16 Rdnr. 34.
[1216] Lutter/Hommelhoff/*Bayer* § 16 Rdnr. 80.
[1217] Lutter/Hommelhoff/*Bayer* § 16 Rdnr. 80.
[1218] Baumbach/*Hueck/Fastrich* § 16 Rdnr. 35.
[1219] Vgl. *Jocher* BWNotZ 2009, 190; *Weigl* MittBayNot 2009, 116.
[1220] Lutter/Hommelhoff/*Bayer* § 16 Rdnr. 63; Scholz/*Seibt* § 16 Nachtrag MoMiG Rdnr. 79; *Wachter* in: Römermann/Wachter GmbH-Beratung nach dem MoMiG GmbHR-Sonderheft 2008 S. 51, 61; *Wachter* ZNotP 2008, 378, 396 f.; *Vossius*, DB 2007, 2299, 2301; a. A. *Begemann/Grunow* DNotZ 2011, 403, 412; BeckNotarHdb/*Mayer/Weiler* Abschn. D I Rdnr. 141 g; Baumbach/*Hueck/Fastrich* § 16 Rdnr. 29; KölnHdb-GesR/*Hermanns* Kap. 2 Rdnr. 1017.
[1221] OLG Hamburg NZG 2010, 1157, 1158; OLG München DNotZ 2011, 453.

diese Verfügung zu verlautbaren, um damit einen etwaigen durch die Liste vermittelten falschen Anschein zu zerstören (fehlende Zurechenbarkeit).[1222]

607 **Zur Entscheidung dieser Streitfrage** sollten die konkreten Anforderungen des § 16 Abs. 3 GmbHG im Fall einer zweiten Verfügung während der Schwebephase nach einer aufschiebend bedingten (Erst-)Verfügung in den Blick genommen werden. Wendet man die Tatbestandsvoraussetzungen des § 16 Abs. 3 GmbHG entsprechend an, vermeidet aber eine über den Wortlaut hinausgehende, extensive Auslegung der die Gesellschafterliste und den Gutglaubenserwerb betreffenden Normen kann man zu einem differenzierten Ergebnis kommen:

608 Wenn der die „Unrichtigkeit" der Gesellschafterliste begründende Umstand – bei entsprechender Anwendung des § 16 Abs. 3 GmbHG ist dies die aufschiebend bedingte Übertragung – im Zeitpunkt des Zweiterwerbs **weniger als drei Jahre** zurückliegt, hängt die Möglichkeit des Gutglaubenserwerbs durch den Zweiterwerber nach § 16 Abs. 3 S. 2 GmbHG davon ab, ob dem Ersterwerber die **Unrichtigkeit zuzurechnen** ist. Die Mehrzahl der aufschiebend bedingten Abtretungen von Geschäftsanteilen – nämlich nahezu alle Fälle, bei denen die Abtretung im Rahmen eines Kaufvertrages durch Bedingung von der Zahlung des Kaufpreises abhängig gemacht wird – fällt in diese Kategorie. Insoweit kommt es darauf an, ob von dem Ersterwerber eine Verlautbarung der aufschiebend bedingten Übertragung verlangt werden kann, so dass ihm der entstandene unrichtige Anschein zuzurechnen ist. Hier werden in der Literatur verschiedene Lösungen vorgeschlagen.

609 Zum einen wird angeregt, nach einer aufschiebend bedingten Übertragung eine neue Gesellschafterliste einzureichen, in der zwar der Veräußerer noch als Inhaber des Geschäftsanteils geführt, die aufschiebend bedingte Übertragung aber erwähnt wird (**sog. Zwei-Listen-Modell**).[1223] Diese Lösung wird aber von der Rechtsprechung bisher zu Recht abgelehnt.[1224] Das Gesetz sieht eine solche Angabe nicht vor. Es steht nicht im Belieben der Beteiligten, den Inhalt der Gesellschafterliste abweichend von den gesetzlichen Vorgaben um weitere, den Beteiligten sinnvoll erscheinende Bestandteile zu ergänzen.[1225]

610 Eine andere vorgeschlagene Möglichkeit ist, dass nach § 16 Abs. 3 S. 4 GmbHG der Gesellschafterliste ein **Widerspruch** gegen die Berechtigung des Veräußerers zugeordnet wird. Die Zuordnung des Widerspruchs erfolgt aufgrund der Bewilligung des berechtigten Gesellschafters. Wird der Widerspruch aufgenommen, schließt dies einen gutgläubigen Erwerb, und damit auch den gutgläubigen anwartschaftsfreien Erwerb gemäß § 16 Abs. 3 S. 3 GmbHG aus. Wird die Zuordnung eines Widerspruchs bewilligt, muss dieser vom Handelsregister berücksichtigt und der Gesellschafterliste zugeordnet werden, und zwar unabhängig davon, ob überhaupt die Möglichkeit des gutgläubigen Erwerbs konkret in Betracht kommt.[1226] Das Handelsregister hat nur formell zu prüfen und deshalb den Widerspruch aufzunehmen, wenn eine Bewilligung des Berechtigten vorliegt. Teilweise wird von der Rechtsprechung dennoch die Aufnahme eines Widerspruchs in den Registerordner bei einer aufschiebend bedingten Verfügung abgelehnt.[1227] Selbst wenn man aber zutreffenderweise zugrundelegt, dass der Erwerber bei einer aufschiebend bedingten Übertragung eines Geschäftsanteils die Eintragung eines Widerspruchs gegen die Berechtigung des Veräußerers veranlassen könnte, kann dies nicht als Rechtfertigung eines Gutglaubenserwerbs durch den Zweiterwerber dienen. Der Widerspruch ist vom Gesetzgeber für diesen Fall nicht vorgesehen. Auch wenn er ins Handelsregister aufgenommen wird, ist er inhaltlich unrichtig.[1228] Eine Obliegenheit des Erwerbers einen solchen Widerspruch herbeizuführen, besteht deshalb nicht. Innerhalb der ersten drei Jahre nach einer aufschiebend bedingten Verfügung scheitert der gutgläubige Erwerb im Sinne des § 161 Abs. 3 BGB i.V.m. § 16 Abs. 3 GmbHG also an der fehlenden Zurechenbarkeit.

[1222] *Mayer* ZIP 2009, 1037, 1050; KölnHdbGesR/*Hermanns* Kap. 2 Rdnr. 1017.
[1223] So *König/Bormann* ZIP 2009, 1913.
[1224] OLG München NJW 2010, 305; OLG Hamburg NZG 2010, 1158.
[1225] OLG München NJW 2010, 305.
[1226] Mit dieser Begründung: LG Köln NZG 2009, 1195.
[1227] OLG München DNotZ 2011, 453.
[1228] So auch *Weigl* MittBayNot 2009, 116, 117; Baumbach/*Hueck/Fastrich* § 16 Rdnr. 29.

Anders sieht es **nach Ablauf der drei Jahre** aus. Dann entfällt nach dem Wortlaut des § 16 Abs. 3 GmbHG das Kriterium der Zurechenbarkeit. Dies wirkt sich insbesondere bei den oben beschriebenen Treuhandfällen aus, wenn diese eine Laufzeit von mehr als drei Jahren erreichen. Die Möglichkeit des gutgläubigen Erwerbs in einem solchen Fall lässt sich auch mit allgemeinen Grundsätzen der Rechtsscheinshaftung rechtfertigen. Der wirtschaftlich Berechtigte (Treuhänder) lässt hier über einen längeren Zeitraum zu, dass ein anderer nach außen die Gesellschafterstellung innehat und in der Gesellschafterliste geführt wird. Hier besteht kein Wertungswiderspruch zu dem vom Gesetz ausdrücklich geregelten Fall, dass in der Gesellschafterliste über einen Zeitraum von mehr als drei Jahren nicht der wahre Gesellschafter, sondern ein Nichtberechtigter geführt wird und der wahre Gesellschafter deshalb von einem Gutglaubenserwerb bedroht ist.[1229] Bei einer am Wortlaut orientierten Auslegung der §§ 161 Abs. 3 BGB, § 16 Abs. 3 GmbHG kommt man mithin zum Ergebnis, dass der Gutglaubenserwerb innerhalb der ersten drei Jahre nach der aufschiebend bedingten Verfügung am Tatbestand des § 16 Abs. 3 GmbHG scheitert, danach aber möglich ist. 611

Bis zur höchstrichterlichen Entscheidung der Frage, wird der Notar **in der Praxis** aber bei jeder aufschiebend bedingten Abtretung mit dem Problem des Schutzes des Ersterwerbers gegen den gutgläubigen Erwerb durch den Zwischenerwerber konfrontiert sein. **Gebräuchliches Sicherungsmittel** ist der schon erwähnte **Widerspruch**, der allerdings teilweise von der Rechtsprechung in dieser Konstellation nicht zugelassen wird.[1230] 612

Die verfahrensrechtlichen Einzelheiten hinsichtlich der Zuordnung und späteren Löschung des Widerspruchs sind kaum geregelt. Nach § 16 Abs. 3 S. 4 GmbHG wird der Gesellschafterliste ein Widerspruch zugeordnet, sofern dies durch eine entsprechende einstweilige Verfügung angeordnet oder durch die Bewilligung desjenigen gedeckt ist, gegen dessen Berechtigung sich der Widerspruch richtet. Die Verfahrensregelung des § 9 Abs. 1 S. 3 HRV besagt, dass der Widerspruch der Gesellschafterliste zuzuordnen und zudem besonders hervorzuheben ist. Gibt es mehrere Geschäftsanteile, so muss in Bewilligung des Widerspruchs klargestellt werden, auf welchen Geschäftsanteil der Widerspruch sich bezieht. Um die spätere Löschung des Widerspruchs zu ermöglichen, muss in der Bewilligung des Widerspruchs dargestellt werden, zu wessen Gunsten der Widerspruch bewilligt wird.[1231] Die Formulierung einer solchen Widerspruchsbewilligung kann wie folgt aussehen: 613

Formulierungsvorschlag:

Der Gesellschafter ...... bewilligt und beantragt zugunsten des ...... die Zuordnung eines Widerspruchs zu der Gesellschafterliste der im Handelsregister des Amtsgerichts ...... unter Nr. ...... eingetragenen ...... GmbH mit dem Sitz in ...... vom ....:. (Datum) betreffend den Geschäftsanteil mit der laufenden Nummer ......

Wird bei einer aufschiebend bedingten Übertragung ein Widerspruch bewilligt, so ist auch Vorsorge für den Fall zu treffen, dass die Bedingung nicht eintritt und der Widerspruch deshalb wieder gelöscht werden muss. Die **Löschung des Widerspruchs** ist gesetzlich nicht geregelt. Sie erfolgt zum einen, wenn die einstweilige Verfügung aufgehoben wird oder zum anderen, wenn die Aufhebung von demjenigen bewilligt wird, zu dessen Gunsten der Widerspruch eingetragen wurde.[1232] Der betroffene Gesellschafter, der den Widerspruch bewilligt hat, kann nicht einseitig die Löschung herbeiführen.[1233] Um die Löschung eines Widerspruchs nach Bedingungsausfall zu ermöglichen, kann der durch den Widerspruch Berechtigte schon bei Vertragsabschluss eine Löschungsbewilligung erteilen, die bei dem Notar mit 614

[1229] A. A. *Weigl* MittBayNot 2009, 116, 117.

[1230] OLG München DNotZ 2011, 453; vgl. dazu Rdnr. 610.

[1231] *Hasselmann* NZG 2010, 207, 209.

[1232] Scholz/*Seibt* § 16 Nachtrag MoMiG Rdnr. 97; Lutter/Hommelhoff/*Bayer* § 16 Rdnr. 75; *Oppermann* ZIP 2009, 651, 654; *Hasselmann* NZG 2010, 207, 210.

[1233] Lutter/Hommelhoff/*Bayer* § 16 Rdnr. 75; *Hasselmann* NZG 2010, 207, 209; a. A. KölnHdbGesR/*Hermanns* Kap. 2 Rdnr. 1011.

der Auflage hinterlegt wird, davon nur nach Nachweis des Bedingungsausfalls Gebrauch zu machen.[1234]

615 Neben der Widerspruchslösung und dem oben schon behandelten Zwei-Listen-Modell werden folgende weitere Modelle zur Sicherung des Erwerbers bei einer aufschiebend bedingten Übertragung eines Geschäftsanteils vorgeschlagen. Die **Vinkulierungslösung:** In den Gesellschaftsvertrag wird eine Vinkulierungsklausel aufgenommen, die die Verfügung über Geschäftsanteile verbietet, wenn über den Geschäftsanteil zum Zeitpunkt der Verfügung bereits aufschiebend oder befristet verfügt worden ist und die Bedingung oder Befristung noch nicht eingetreten ist. Die Zwischenverfügung wäre wegen der gesellschaftsrechtlichen Vinkulierungsklausel nach § 15 Abs. 5 GmbHG unwirksam.[1235]

616 Die von Mayer entwickelte **Lösung des vorverlagerten Bedingungseintritts** sieht vor, dass in dem Geschäftsanteilskaufvertrag die Regelung aufgenommen wird, dass die Abtretung schon vor dem vorgesehenen Bedingungseintritt wirksam wird, wenn der Veräußerer „eine Niederschrift eines Notars unterschreibt (§ 13 Abs. 1 S. 1 BeurkG), inhaltlich derer er eine weitere Verfügung im Sinne des § 161 Abs. 1 S. 1 BGB während der Schwebezeit über die in vorstehender Bestimmung abgetretenen Geschäftsanteile oder Teile hiervon trifft."[1236]

617 Schließlich gibt es die sogenannte **Rückverpfändungslösung,**[1237] bei der auf die aufschiebend bedingte Übertragung verzichtet wird, stattdessen der Anteil sofort übertragen wird, aber zur Sicherung des Kaufpreisanspruchs an den Veräußerer rückverpfändet wird. Da in diesem Fall sofort eine neue Gesellschafterliste zum Handelsregister eingereicht wird, ist der Erwerber gegen weitere Verfügungen durch den Veräußerer geschützt. Auch diese Lösung dürfte sich in der Praxis aber nicht durchsetzen lassen, da der Veräußerer im Regelfall nicht bereit sein wird, den Anteil aus der Hand zu geben und im Fall der Nichtzahlung des Kaufpreises auf die Verwertung von Sicherungsrechten angewiesen zu sein.

618 **d) Schuldrechtliche Vereinbarungen.** *aa) Überblick.* Die Anteilsabtretung kann ihre Grundlage in einer Vielzahl von Vertragstypen haben. Am häufigsten in der notariellen Praxis ist der **Kaufvertrag.** Einen Sonderfall des Geschäftsanteilskaufvertrags stellt der **Unternehmenskauf** in Form des Share Deals dar. Gegenstand eines solchen Unternehmenskaufvertrages sind alle Geschäftsanteile einer Gesellschaft oder zumindest eine unternehmerische Beteiligung an dieser Gesellschaft. Wirtschaftlich bezieht sich das Geschäfts auf das von der Gesellschaft betriebene Unternehmen. Gekennzeichnet ist der Unternehmenskaufvertrag durch umfangreiche Gewährleistungsregelungen, Regelungen zur Kaufpreisfindung und Kaufpreisanpassung sowie Regelungen zum wirtschaftlichen Übergang und Stichtagsregelungen (vgl. dazu 10. Teil). Tägliches Geschäft in der notariellen Praxis sind aber Geschäftsanteilskaufverträge zwischen Beteiligten, die mit dem Unternehmen gut vertraut sind, etwa weil der Erwerber schon zum Gesellschafterkreis gehört oder einem Gesellschafter nahesteht, ebenso wie Verträge, die nur eine geringe Beteiligungsquote zum Gegenstand haben oder wie schon der (niedrige) Kaufpreis andeutet, von geringerer wirtschaftlicher Bedeutung sind. In solchen Konstellationen kann auf eine intensive Regelung etwa der Gewährleistung (dazu unten cc), wie sie den Unternehmenskaufvertrag prägt, verzichtet werden.

619 Ebenfalls häufig in der notariellen Praxis sind **Schenkungsverträge.** Hier wird von dem Schenker mitunter der Wunsch geäußert, dass Rückforderungsrechte zu seinen Gunsten für bestimmte Konstellationen in den Vertrag aufgenommen werden. Eine gleichgelagerte Problematik stellt sich bei Kaufverträgen, die zum Zweck der Beteiligung von Mitarbeitern abgeschlossen werden, wenn vorgesehen werden soll, dass die Anteile unter bestimmten Voraussetzungen wieder zurückfallen, oder wenn beim Erwerb einer Beteiligung zur Begründung einer partnerschaftlichen beruflichen Zusammenarbeit ein Rückforderungsrecht für den Fall des Scheiterns der Zusammenarbeit vorgesehen werden soll (dazu unten dd). Ein weiterer in der Praxis relevanter Vertragstyp ist der **Einbringungsvertrag.** Er regelt die Übertragung eines Geschäftsanteils auf eine Gesellschaft entweder als Sacheinlage bei einer Sachgründung oder

[1234] So auch Scholz/*Seibt* § 16 Nachtrag MoMiG Rdnr. 97.
[1235] *Reymann* GmbHR 2009, 343, 348; Scholz/*Seibt* § 16 Nachtrag MoMiG Rdnr. 80.
[1236] *Mayer* ZIP 2009, 1037, 1051.
[1237] *Wälzholz* MittBayNot 2008, 425, 436.

Sachkapitalerhöhung oder zur Erfüllung einer sonstigen Einlageverpflichtung.[1238] Schließlich kann die Übertragung des Geschäftsanteils Gegenstand eines **Treuhandvertrages** sein (vgl. dazu § 17).

620 *bb) Gewinnabgrenzung und die Behandlung von Gesellschafterdarlehen. (1)* Der schuldrechtliche Vertrag über die Geschäftsanteilsabtretung enthält regelmäßig Regelungen über die **Gewinnabgrenzung**, also darüber wem die erzielten, aber noch nicht ausgeschütteten Gewinne der Gesellschaft zustehen sollen. Der Gewinnanspruch gegenüber der Gesellschaft entsteht erst mit dem Gewinnverwendungsbeschluss, der auf Grundlage des festgestellten Jahresabschlusses gefasst wird (§ 29 GmbHG).[1239] Wird der Geschäftsanteil während eines Geschäftsjahres veräußert, steht der Gewinnanspruch **im Verhältnis zur Gesellschaft** in voller Höhe dem Erwerber zu. Gleiches gilt für die Gewinne bereits abgeschlossener Geschäftsjahre, deren Ausschüttung noch nicht beschlossen wurde. **Im Verhältnis zwischen Veräußerer und Erwerber** wird bei Fehlen einer ausdrücklichen vertraglichen Regelung die gesetzliche Abgrenzungsregelung des § 101 Nr. 2 BGB herangezogen. Danach sind die Gewinne, die in dem Geschäftsjahr angefallen sind, in dem der Geschäftsanteil veräußert wurde, zeitanteilig zwischen dem Erwerber und dem Veräußerer zu teilen. Gewinne bereits abgeschlossener Geschäftsjahre stehen dem Veräußerer zu, es sei denn sie sind durch Gesellschafterbeschluss auf neue Rechnung vorgetragen und fließen deshalb in das Ergebnis des laufenden Geschäftsjahres ein oder die Gesellschafter haben beschlossen, diese Gewinne in die Rücklagen einzustellen, so dass sie nicht an die Gesellschafter ausgeschüttet werden.[1240]

621 Eine Aufteilung des im laufenden Geschäftsjahr erwirtschafteten Gewinns entsprechend der Regelung des § 101 Nr. 2 BGB zwischen Veräußerer und Erwerber hat Nachteile. Der Veräußerer, dem ein Teil des Gewinns zusteht, hat keinen Einfluss auf die Ermittlung des Gewinns für das laufende Geschäftsjahr und auf die Feststellung des Jahresabschlusses. Nur der Erwerber wirkt bei der Feststellung des Jahresabschlusses und dem Beschluss über die Verwendung des Gewinns mit, was zu streitigen Auseinandersetzungen zwischen Veräußerer und Erwerber über die Gewinnermittlung führen kann. Eine eindeutige und damit auch streitvermeidende Lösung ist, den Gewinn des laufenden Geschäftsjahres in voller Höhe dem Erwerber zuzuweisen und einen Ausgleich für den Veräußerer etwa durch Erhöhung des Kaufpreises oder durch andere Gegenleistungen zu schaffen.

Formulierungsvorschlag:

Gewinne des laufenden Geschäftsjahres, die auf den übertragenden Geschäftsanteil entfallen, stehen dem Erwerber zu. Entsprechendes gilt für die Gewinne der vorangegangenen Geschäftsjahre, die nicht an die Gesellschafter ausgeschüttet wurden.

622 Um eine **Beteiligung des Veräußerers am Gewinn des laufenden Geschäftsjahres** zu erreichen, wird folgende Regelung vorgeschlagen:[1241] Die Gesellschaft schüttet vor dem Wirksamwerden der Abtretung einen Betrag als **Vorabausschüttung** an den Veräußerer aus, der nach einer pauschalierten Berechnung dem bis dahin erzielten, auf den veräußerten Geschäftsanteil entfallenden Gewinn entspricht. Vorabausschüttungen sind zulässig, wenn zu erwarten ist, dass die Gesellschaft zum Geschäftsjahresende mindestens ein Ergebnis in Höhe der gezahlten Vorschüsse erzielen wird.[1242] Stellt sich am Ende des Geschäftsjahres heraus, dass die vorab ausgeschütteten Beträge den tatsächlichen Gewinn der Gesellschaft übersteigen, sind die zuviel entnommenen Beträge der Gesellschaft wieder zu erstatten. Im Rahmen der vertraglichen Vereinbarung zwischen Veräußerer und Erwerber kann für diesen Fall ein Freistellungsanspruch des Veräußerers gegenüber dem Erwerber vorgesehen werden.

[1238] Vgl. KölnerHdbGesR/*Hermanns* Kap. 2 Rdnr. 928.
[1239] Lutter/Hommelhoff/*Hommelhoff* § 29 Rdnr. 5.
[1240] MünchVertragsHdb I/*Heidenhain/Hasselmann* Formular IV. 65 Anm. 11.
[1241] MünchVertragsHdb I/*Heidenhain/Hasselmann* Formular IV. 66.
[1242] Vgl. Rdnr. 276.

Sind **Gewinne eines abgeschlossenen Geschäftsjahres** noch nicht verteilt und sollen diese noch **an den Veräußerer fließen**, sollte, wenn möglich, der Gewinnverwendungsbeschluss noch vor dem Wirksamwerden der Anteilsabtretung gefasst werden. Ggf. kann auch hier mit einer Vorabausschüttung gearbeitet werden. Andernfalls ist der Gewinnanspruch an den Veräußerer abzutreten, schuldrechtlich ist der Erwerber dann verpflichtet, das Entstehen dieses Anspruchs nicht zu vereiteln.[1243]

623 In diesem Zusammenhang ist auch zu berücksichtigen, wem die **Gewinne steuerlich zugerechnet** werden, wenn während eines laufenden Geschäftsjahres der Inhaber eines Geschäftsanteils wechselt. Nach § 20 Abs. 5 S. 2 EStG werden die Einkünfte aus Kapitalvermögen demjenigen Gesellschafter zugerechnet, der die Anteile im Zeitpunkt des Gewinnverteilungsbeschlusses innehatte. Steuerlich werden die Gewinne des Geschäftsjahres, in dem die Veräußerung erfolgte, also voll dem Erwerber zugerechnet. Muss der Erwerber die Gewinne aufgrund der Anwendung der Regelung des § 101 Nr. 2 BGB teilweise an den Veräußerer abführen, mindert dies seine Steuerlast nicht. Beim Veräußerer werden die an ihn abgeführten Gewinne ggf. steuerlich als Veräußerungserlös erfasst, so dass das Risiko einer steuerlichen Doppelbelastung besteht.[1244] Bei der Vertragsgestaltung ist weiterhin zu berücksichtigen, dass seit der Einführung der **Kapitalertragsteuer** gemäß §§ 43 ff. EStG die Einkommensteuer bei Kapitalerträgen aus GmbH-Anteilen durch Abzug vom Kapitalertrag erhoben wird (§ 43 EStG). Die Gesellschaft führt für den Steuerpflichtigen auf den als Gewinn ausgeschütteten Betrag eine pauschale Kapitalertragsteuer in Höhe von 25% ab, so dass nur der schon um die Einkommensteuer geminderte Betrag ausgezahlt wird.

624 *(2)* Hat der Veräußerer des Geschäftsanteils der Gesellschaft ein **Gesellschafterdarlehen** gewährt, ist im Zusammenhang mit der Veräußerung des Geschäftsanteils auch das weitere Schicksal der Darlehensforderung zu regeln. Der Veräußerer wird im Regelfall nicht gewillt sein, die Darlehensmittel der Gesellschaft weiterhin zur Verfügung zu stellen. Eine Rückzahlung der Darlehensmittel im Zusammenhang mit der Veräußerung der Geschäftsanteile kann jedoch für den Veräußerer Nachteile zur Folge haben. **Vor In-Kraft-Treten des MoMiG** waren insoweit die gesetzlichen Regelungen und Rechtsprechungsgrundsätze über **eigenkapitalersetzende Gesellschafterdarlehen** einschlägig. Bestehen in einer Situation, in der die Gesellschaft ihren Finanzbedarf durch Fremdkapital Dritter zu marktüblichen Bedingungen nicht decken kann, Gesellschafterdarlehen, so wurden diese als eigenkapitalersetzend eingeordnet. Eigenkapitalersetzende Darlehen durften dem Gesellschafter nicht zurückgewährt werden. Eine gleichwohl erfolgte Rückzahlung hatte Erstattungsansprüche der Gesellschaft zur Folge.[1245] Bei der Veräußerung von Geschäftsanteilen wurde deshalb empfohlen, (eigenkapitalersetzende) Darlehen des Veräußerers nicht vor der Veräußerung zurückzuführen, sondern an den Erwerber gegen entsprechende Kaufpreiserhöhung mit zu übertragen. Die Sonderregelungen für eigenkapitalersetzende Darlehen wurden **durch das MoMiG aufgehoben**. Gleichwohl ist eine Rückführung von Gesellschafterdarlehen vor der Veräußerung für den veräußernden Gesellschafter nicht ohne Risiko. Dies ergibt sich aus der insolvenzrechtlichen Regelung des § 135 Abs. 1 InsO. Fällt die Gesellschaft innerhalb eines Jahres nach der **Rückzahlung des Darlehens** in die Insolvenz, kann der Insolvenzverwalter diese Rechtshandlung **anfechten**. Dies gilt unabhängig davon, ob das Darlehen nach den früheren Grundsätzen als eigenkapitalersetzend einzuordnen gewesen wäre. Außerhalb eines Insolvenzverfahrens besteht eine Anfechtungsmöglichkeit für Gläubiger, sofern die Rückzahlung der Darlehensforderung innerhalb eines Jahres vor Erlangung eines vollstreckbaren Schuldtitels gegen die Gesellschaft erfolgte (§ 6 Abs. 1 Nr. 2 AnfG). Diese Haftungsrisiken für den **Veräußerer** eines GmbH-Anteils werden vermieden, wenn er das Darlehen zusammen mit seinem Anteil verkauft.[1246]

[1243] BeckFormb GmbH/*Frank*, D II. 1 Anm. 7; *Heckschen*/Heidinger, Die GmbH in der Gestaltungs- und Beratungspraxis, S. 283; vgl auch BGH NZG 2004, 912.

[1244] *Weber* GmbHR 1995, 494; *Gondert/Behrens* GmbHR 1997, 682; BeckNotarhdb/*Mayer/Weiler*, D 1 Rdnr. 157.

[1245] Vgl. Scholz/*K. Schmidt* §§ 32 a, 32 b Rdnr. 38 ff.

[1246] *Heckschen* DStR 2007, 1442, 1448; KölnHdbGesR/*Hermanns* Kap. 2 Rdnr. 903.

cc) Gewährleistung. Der Unternehmenskaufvertrag ist geprägt durch einen umfangreichen Katalog von Gewährleistungsregelungen, die sich überwiegend auf das von der Gesellschaft betriebene Unternehmen beziehen. In den hier zu behandelnden Konstellationen des **Geschäftsanteilskaufvertrages** ist es regelmäßig anders.[1247] Die Gewährleistungsregelungen beschränken sich auf Aussagen zu den übertragenen Anteilen. Hinsichtlich des betriebenen Unternehmens werden nur ausnahmsweise Regelungen getroffen. 625

Ausgangspunkt ist die gesetzliche Regelung. Nach §§ 453 Abs. 1, 433 Abs. 1 S. 1 BGB hat der **Verkäufer** eines Geschäftsanteils dem **Käufer** diesen Anteil zu verschaffen, er haftet also, wenn er gar nicht Inhaber des verkauften Anteils ist oder die Gesellschaft gar nicht besteht. Weiterhin hat der Verkäufer dafür einzustehen, dass der Geschäftsanteil nicht mit **Rechtsmängeln**, also mit Rechten Dritter belastet ist (§§ 453 Abs. 1, 433 Abs. 1, 435 BGB). Ein Rechtsmangel soll auch dann vorliegen, wenn fällige Einlagen nicht geleistet wurden und deshalb die Kaduzierung des Anteils droht.[1248] Allein der Umstand, dass die auf die verkauften Geschäftsanteile zu leistenden Einlagen noch nicht vollständig geleistet wurden, z.B. weil sie noch gar nicht angefordert wurden, wird ohne eine entsprechende Vereinbarung, keinen Mangel darstellen. Gleiches gilt für noch offene Einlageverpflichtungen von Mitgesellschaftern, für die auch der Erwerber nach § 24 GmbHG haftet. **Rechtsfolge eines Sach- oder Rechtsmangels** ist nach § 437 BGB, dass der Käufer Nacherfüllung verlangen kann, unter den gesetzlichen Voraussetzungen vom Vertrag zurücktreten oder den Kaufpreis mindern kann und schließlich in dem Fall, dass der Verkäufer den Mangel verschuldet hat, auch Schadenersatz verlangen kann. Besteht der Geschäftsanteil gar nicht oder ist der Verkäufer nicht Inhaber des Geschäftsanteils, so liegt kein Fall eines Rechtsmangels vor. Der Verkäufer haftet nach §§ 311 a, 281 BGB auf Schadenersatz.[1249] 626

Hier besteht Raum für eine abweichende **Vertragsgestaltung:** Zum einen wird in der Praxis regelmäßig eine verschuldensunabhängige Schadenersatzhaftung des Verkäufers für Bestand, Lastenfreiheit und wirksame Erfüllung der Einlageverpflichtung vorgesehen. Mittel ist die **unselbständige Garantie** i.S.d. § 276 Abs. 1 BGB.[1250] Es dürfte im Regelfall sachgerecht sein, die Garantie der wirksamen Erbringung der geschuldeten Einlagen auf die von den Mitgesellschaftern des Veräußerers zu leistenden Einlagen zu erstrecken.[1251] 627

Formulierungsvorschlag:

Der Verkäufer garantiert, dass ihm der verkaufte Geschäftsanteil zusteht, er über den Geschäftsanteil frei verfügen kann, der Geschäftsanteil nicht mit Rechten Dritter belastet ist und die Stammeinlagen der Gesellschafter in vollem Umfang eingezahlt sind.

Für die **Beschaffenheit des von der Gesellschaft betriebenen Unternehmens** haftet der Verkäufer beim reinen Anteilskauf grundsätzlich nicht. Nur wenn der Anteilskauf wirtschaftlich einem Unternehmenskauf gleichkommt, weil alle Anteile der Gesellschaft übertragen werden oder eine wesentliche (unternehmerische) Beteiligung veräußert wird, kommt eine Haftung für die Beschaffenheit des Unternehmens in Betracht.[1252] Hier kann eine klarstellende Regelung im Kaufvertrag sinnvoll sein. 628

Formulierungsvorschlag:

Der Verkäufer übernimmt keine Haftung für Vermögen und Ertragskraft der Gesellschaft und das von der Gesellschaft betriebene Unternehmen.

1247 Vgl. Rdnr. 618.
1248 Lutter/Hommelhoff/*Bayer* § 15 Rdnr. 9; Scholz/*Winter/Seibt* § 15 Rdnr. 145; *Wälzholz* DStR 2002, 500, 501; a. A. *Grunewald* NZG 2003, 372, 373.
1249 Scholz/*Winter/Seibt* § 15 Rdnr. 147.
1250 Vgl. *Wälzholz* DStR 2002, 500, 102; MünchVertragsHdb I/*Heidenhain* Formular IV. 60 Ziff. 5.
1251 Differenzierend insoweit *Wälzholz* a. a. O.
1252 Scholz/*Winter/Seibt* § 15 Rdnr. 151; Baumbach/*Hueck/Fastrich* § 15 Rdnr. 7 m. w. N.

629 *dd) Rückforderungsrechte.* Sowohl bei Kauf- als auch bei Schenkungsverträgen kann aus Sicht des Veräußerers die Vereinbarung eines Rückforderungsrechts bezüglich des veräußerten Geschäftsanteils (gegen Erstattung der Gegenleistung) sinnvoll sein. Hierbei sind jedoch **gesellschaftsrechtliche Schranken** zu beachten, wenn der Veräußerer an der Gesellschaft beteiligt bleibt und das **Rückforderungsrecht deshalb einem Mitgesellschafter zusteht.** Diese Grenze der vertraglichen Gestaltung ergibt sich aus der Rechtsprechung zu sog. **Hinauskündigungsklauseln.**[1253] Danach kann in der Satzung der GmbH grundsätzlich keine Regelung vorgesehen werden, die den Ausschluss eines Gesellschafters durch den Mitgesellschafter nach freiem Belieben ermöglicht. Begründet wird diese Rechtsprechung damit, dass der Gesellschafter, der unter der Drohung eines jederzeitigen Ausschlusses steht („Damoklesschwert"), seine Rechte und Pflichten in der Gesellschaft nicht frei wahrnehmen kann. Dadurch werde die Zusammenarbeit der Gesellschafter in nicht hinnehmbarer Weise beeinträchtigt. Diese Rechtsprechungsgrundsätze gelten auch für **schuldrechtliche Vereinbarungen**, die zum gleichen Ergebnis führen. Deshalb sind auch Rückforderungsklauseln in Geschäftsanteilsübertragungsverträgen, die die Rückforderung in das **Belieben eines Mitgesellschafters** stellen, grundsätzlich unwirksam.[1254] Ausnahmsweise sind solche Ausschlussklauseln wie auch Rückforderungsrechte zulässig, wenn diese Gestaltung durch außergewöhnliche Umstände sachlich gerechtfertigt ist. In Rechtsprechung und Literatur sind folgende Fallgruppen anerkannt:

- Bei Aufnahme eines neuen Gesellschafters in eine Gesellschaft von Freiberuflern (**Laborarzt-Entscheidung**) können sich die Alt-Gesellschafter das Recht vorbehalten, die Beteiligung des Neuen innerhalb einer angemessenen „Probezeit" ohne Angabe von Gründen zu beenden.[1255]
- Wird dem Geschäftsführer einer GmbH eine geringe Beteiligung an der Gesellschaft eingeräumt, kann vorgesehen werden, dass diese wieder zurückzuübertragen ist, wenn die Geschäftsführerstellung endet (**„Manager-Modell"**). [1256]
- Gleiches gilt für die **Beteiligung von Mitarbeitern** der Gesellschaft.[1257]
- Der Alt-Gesellschafter, der einen Anteil zur Vorbereitung der **Unternehmensnachfolge** auf den ausersehenen Nachfolger überträgt, kann eine angemessene Zeit der Prüfung vereinbaren, um zu entscheiden, ob der Nachfolger geeignet ist.[1258]
- Bei einer durch die Mitarbeit aller Gesellschafter geprägten Gesellschaft dürfte die Vereinbarung einer Übertragungsverpflichtung für den Fall der Beendigung der Tätigkeit für die Gesellschaft nicht zu beanstanden sein.[1259]
- Ist die Gesellschafterstellung im Verhältnis zu einem gleichzeitig zwischen den Gesellschaftern abgeschlossenen Kooperationsvertrag wirtschaftlich von untergeordneter Bedeutung, kann eine Übertragungspflicht für den Fall des Ausscheidens aus dem Kooperationsvertrag vereinbart werden.[1260]

630 Allein der Umstand, dass der Anteil vom Mitgesellschafter geschenkt wurde, rechtfertigt nach überwiegender Auffassung die Vereinbarung eines jederzeitigen Rückforderungsrechts jedoch nicht.[1261] Liegt hingegen ein sachlicher Grund vor, ist es nach der Rechtsprechung nicht zu bestanden, wenn die an den Ausscheidenden zu leistende Gegenleistung für den Geschäftsanteil auf den Betrag beschränkt wird, den der Ausscheidende selbst aufgewandt hat.[1262]

[1253] BGHZ 68, 212, 215; BGHZ 112, 103, 108; BGHZ 164, 98, 101; BGHZ 164, 107, 110; Baumbach/Hueck/*Fastrich* § 34 Rdnr. 9 a; Lutter/Hommelhoff/*Lutter* § 34 Rdnr. 27; Michalski/*Sosnitza* § 34 Rdnr. 42.

[1254] BGHZ 164, 98, 101; BGHZ 112, 103, 107; Michalski/*Sosnitza* § 34 Rdnr. 41.

[1255] BGH NJW 2004, 2013.

[1256] BGHZ 164, 98.

[1257] BGHZ 164, 107.

[1258] Scholz/*Westermann* § 34 Rdnr. 18 a; Michalski/*Sosnitza* § 34 Rdnr. 42.

[1259] Michalski/*Sosnitza* § 34 Rdnr. 42.

[1260] BGH DNotZ 2005, 792.

[1261] Lutter/Hommelhoff/*Lutter* § 34 Rdnr. 33; Michalski/*Sosnitza* § 34 Rdnr. 42; Scholz/*Westermann* § 34 Rdnr. 16; offengelassen in BGHZ 112, 103.

[1262] BGH DNotZ 2006, 140, 143.

Die vorstehend beschriebenen Beschränkungen für Rückforderungsrechte gelten nicht, wenn der Übertragende vollständig aus der Gesellschaft ausscheidet, da diese Beschränkungen ihre Rechtfertigung in dem innergesellschaftlichen Prinzip des Schutzes der freien Willensbildung unter den Gesellschaftern finden,[1263] mithin die aufgestellten Grenzen keine Anwendung finden, wenn die **Rückforderungsrechte einem Nicht-Gesellschafter** zustehen. 631

ee) Mitwirkung des Veräußerers bei Gesellschafterbeschlüssen. Nach § 16 Abs. 1 GmbH gilt bei einer Veräußerung eines Geschäftsanteils im Verhältnis zur Gesellschaft der Erwerber als Inhaber des Geschäftsanteils nur dann, wenn er in der im Handelsregister aufgenommenen **Gesellschafterliste** eingetragen ist. Obwohl der Geschäftsanteil übergegangen ist, gilt, soweit es um die Ausübung von Gesellschafterrechten gegenüber der Gesellschaft geht, noch der Veräußerer als Gesellschafter.[1264] Häufig wird der Erwerber aber schon unmittelbar nach dem Erwerb seine Gesellschafterrechte ausüben wollen, insbesondere bei Gesellschafterbeschlüssen mitwirken wollen. Hier hilft § 16 Abs. 1 S. 2 GmbHG: Danach gilt eine vom Erwerber vorgenommene Rechtshandlung als von Anfang an wirksam, wenn die Liste **unverzüglich in das Handelsregister aufgenommen** wird. Das Risiko, dass eine verzögerte Einreichung der Gesellschafterliste zur Unwirksamkeit nachfolgender Gesellschafterbeschlüsse führt, kann vermieden werden, indem entweder der **Veräußerer bei den Beschlüssen mitwirkt** oder aber der Veräußerer dem Erwerber eine **Vollmacht** erteilt, alle Gesellschafterrechte ab dem Zeitpunkt der Wirksamkeit der Abtretung auszuüben. 632

e) **Erwerb eigener Anteile.** Das GmbH-Gesetz lässt den Erwerb eigener Anteile durch die Gesellschaft zu, macht diesen aber von verschiedenen Voraussetzungen abhängig. Die Gesellschaft darf eigene Anteile nur erwerben, wenn die **Einlage vollständig geleistet** ist (§ 33 Abs. 1 GmbHG). Der Erwerb voll eingezahlter Anteile ist zulässig, wenn die Gesellschaft im Zeitpunkt des Erwerbs in Höhe der Aufwendungen für die Anteile eine **Rücklage bilden könnte**, ohne das Stammkapital oder eine nach dem Gesellschaftsvertrag zu bildende Rücklage, die nicht an die Gesellschafter ausgeschüttet werden darf, anzugreifen (§ 33 Abs. 2 S. 1 GmbHG). Ein Verstoß gegen diese Regel macht nach dem insoweit eindeutigen Gesetzeswortlaut das schuldrechtliche Geschäft **nichtig,**[1265] die Übertragung des Anteils hingegen ist nicht unwirksam (§ 33 Abs. 2 S. 3 GmbHG). Hier liegen erhebliche **Risiken für den Veräußerer:** Stellt sich im Nachhinein heraus, dass die vereinbarte Vergütung gegen § 33 Abs. 2 GmbHG verstößt, ist er im Rahmen der bereicherungsrechtlichen Rückabwicklung verpflichtet, die Vergütung wieder an die Gesellschaft zurückzugewähren (gegen Rückgewähr des Anteils bzw. Wertersatz nach § 818 Abs. 2 BGB). Maßgebliche Kontrollfrage ist insoweit, ob die Gesellschaft eine für den erworbenen Anteil zu zahlende Vergütung aus ausschüttungsfähigen Rücklagen oder aus noch nicht verteiltem Gewinn leisten kann.[1266] Dabei kommt es nach dem Gesetz auf den **„Zeitpunkt des Erwerbs“** an. Nach überwiegender Auffassung soll das aber nicht der Zeitpunkt des Vertragsabschlusses sein, sondern (zumindest auch) der Zeitpunkt, zu dem die Gesellschaft die Leistung erbringt.[1267] Dies ist bei der Vertragsgestaltung zu berücksichtigen: Eine Vereinbarung, wonach die Gegenleistung im Wege der Ratenzahlung gestreckt über einen längeren Zeitraum erbracht werden soll, birgt für den Veräußerer das latente Risiko, dass bei einer Verschlechterung der wirtschaftlichen Lage der Gesellschaft im Nachhinein dem schuldrechtlichen Geschäft die Grundlage entzogen wird. Aus Sicht des Veräußerers ist es vorzuziehen, wenn die Gegenleistung in einem überschaubaren Zeitraum erbracht werden kann. 633

[1263] Vgl. nur BGH DNotZ 1991, 917, 918.

[1264] *Wachter* ZNotP 2008, 378, 382; Heckschen/*Heidinger,* Die GmbH in der Gestaltungs- und Beratungspraxis, S. 559; KölnHdbGesR/*Hermanns* Kap. 2 Rdnr. 1047.

[1265] Vgl. Baumbach/Hueck/*Hueck/Fastrich* § 33 Rdnr. 14 m. w. N.; differenzierend Lutter/Hommelhoff/*Lutter* § 33Rdnr. 24: schwebend unwirksam.

[1266] Baumbach/Hueck/*Hueck/Fastrich* § 33 Rdnr. 9 f.; Lutter/Hommelhoff/*Lutter* § 33 Rdnr. 15.

[1267] BGHZ 139, 132, 136; Baumbach/Hueck/*Hueck*/Fastrich § 33 Rdnr. 11; Michalski/*Sosnitza* § 33 Rdnr. 27; MünchHdbGesR III/*Kort* § 27 Rdnr. 17.

634 Nach bestrittener Auffassung bedürfen die Geschäftsführer für den Erwerb der eigenen Anteile im Innenverhältnis – auch ohne entsprechende Satzungsregelung – der **Zustimmung durch Gesellschafterbeschluss.**[1268]

635 Rechtsfolge des Erwerbs eigener Anteile ist, dass die mit den Anteilen verbundenen vermögensrechtlichen und nicht-vermögensrechtlichen Mitgliedschaftsrechte **ruhen.**[1269] Die **erneute Veräußerung der Anteile** bedarf eines Gesellschafterbeschlusses. Streitig ist, ob die Gesellschafter ein Bezugsrecht haben, zumindest haben die Geschäftsführer bei der Veräußerung an einen Gesellschafter den Gleichbehandlungsgrundsatz zu beachten.[1270]

636 f) **Formerfordernis des § 15 GmbHG.** Nach § 15 Abs. 4 GmbHG bedarf eine Vereinbarung, die eine Verpflichtung zur Abtretung eines Geschäftsanteils begründet, der notariellen Beurkundung, nach Abs. 3 gilt dieses Formerfordernis auch für die Abtretung des Geschäftsanteils. Neben den ursprünglichen gesetzlichen Zweck dieses Formerfordernisses, den Handel mit Geschäftsanteilen zu erschweren, ist in ein weiterer Aspekt getreten. Verstärkt durch die durch das MoMiG geänderten Regelungen über die Gesellschafterliste steht heute die Beweissicherungsfunktion als Rechtfertigung für die Einschaltung des Notars im Vordergrund:[1271] Der Notar soll mitwirken, eine zuverlässige Grundlage für die Richtigkeit der einzureichenden Gesellschafterliste zu schaffen.[1272]

637 *aa) Verpflichtungsgeschäft.* Die Vorschrift des § 15 Abs. 4 GmbHG gilt unabhängig vom Rechtsgrund für jegliche vertraglich (auch: gesellschaftsvertraglich) begründete **Veräußerungspflicht** im Hinblick auf einen Geschäftsanteil oder einen Teil eines solchen. Hierunter fallen nicht nur Kauf-, Tausch- und Übertragungsverträge, sondern auch entsprechende Andienungsrechte bzw. -pflichten, Vor- und Ankaufsrechte und -pflichten, Mitverkaufspflichten etc., des weiteren Verpflichtungen zur Einbringung von Geschäftsanteilen in in- oder ausländische Gesellschaften. Über den Wortlaut hinaus wird die Vorschrift auch auf die **Verpflichtung zum Erwerb** von Geschäftsanteilen erstreckt.[1273]

Praxistipp:

Häufig übersehen wird das Formproblem bei sog. Gleichlaufklauseln in Gesellschaftsverträgen von GmbH & Co. KG, die die Beteiligungsidentität hinsichtlich KG und GmbH sicherstellen sollen. Beurkundungsbedürftig ist der KG-Vertrag hier aber nur dann, wenn eine (aufschiebend bedingte) Verpflichtung zur Abtretung des Geschäftsanteils geschaffen werden soll und nicht lediglich an die unterlassene Abtretung Sanktionen geknüpft werden.[1274] Die Eintragung der Gesellschaft führt hier nicht zu einer Heilung.[1275]

638 Soll durch Satzungsänderung eine in den Anwendungsbereich von § 15 Abs. 4 GmbHG fallende Regelung eingeführt werden, muss für die Beurkundung die Form nach §§ 8 ff. BeurkG gewählt werden, da nur diese die Voraussetzungen des § 15 Abs. 4 GmbHG wahrt.[1276]

639 Für **Treuhandverträge** gilt: Formbedürftig ist nicht nur der Abschluss einer **Übertragungstreuhand,**[1277] sondern nach inzwischen h. M. auch der einer **Vereinbarungstreuhand.**[1278] Be-

[1268] Michalski/*Sosnitza* § 33 Rdnr. 24 m. w. N. zum Streitstand; a. A. Lutter/Hommelhoff/*Lutter* § 33 Rdnr. 34: nur Informationspflicht.
[1269] Baumbach/Hueck/*Hueck/Fastrich* § 33 Rdnr. 23.
[1270] Lutter/Hommelhoff/*Lutter* § 33 Rdnr. 34; *Wicke* § 33 Rdnr. 10.
[1271] Vgl. BGH NZG 2008, 377.
[1272] KölnHdbGesR/*Hermanns* Kap. 2 Rdnr. 866.
[1273] Zur erweiternden Auslegung von § 15 Abs. 4 auf Erwerbsverpflichtungen ohne korrespondierende Veräußerungspflicht Scholz/*Winter/Seibt* § 15 Rdnr. 52.
[1274] *Binz/Mayer* NJW 2002, 3056.
[1275] Vgl. zu § 311 b BGB *Wolfsteiner* DNotZ 2003, 626.
[1276] Scholz/*Winter/Seibt* § 15 Rdnr. 51; vgl. zur Aufnahme entsprechender Regelungen bei Gründung Baumbach/Hueck/*Hueck/Fastrich* § 15 Rdnr. 33 und BGH NJW 1986, 2642; s. a. zur antizipierten Abtretung durch Satzung und § 15 Abs. 3 GmbHG: DNotI-Gutachten 65 225 und *Barth* GmbHR 2004, 383.
[1277] BayObLG NJW-RR 1991, 1252, 1254; Scholz/*Winter/Seibt* § 15 Rdnr. 230; zum Ganzen DNotI-Report 2005, 73 ff.
[1278] OLG Bamberg NZG 2001, 509; *Grage* RNotZ 2005, 251, 254.

gründet wird dies mit dem Zweck des Gesetzes, den Handel mit Geschäftsanteilen zu erschweren, dieser sei in gleicher Weise durch die Vereinbarung betroffen, den Anteil zukünftig für einen Dritten zu halten.[1279] Formbedürftig ist auch der **Treugeberwechsel**, was mit der gleichen Argumentation gerechtfertigt wird.[1280] Für die **Erwerbstreuhand** ist die Rechtslage noch nicht abschließend geklärt: In der Literatur wird im Anschluss an die Grundsatzentscheidung des BGH vom 19. 4. 1999[1281] verbreitet eine Beurkundungsbedürftigkeit angenommen, wenn sich der Vertrag auf einen Geschäftsanteil bezieht, der aufgrund eines bereits beurkundeten Gesellschaftsvertrages oder einer beurkundeten Kapitalerhöhung im Entstehen begriffen ist, und zwar unabhängig davon, ob der Treuhänder diesen Anteil von dem Gründer bzw. Zeichner erwerben muss oder ob der Treuhänder selbst Gründer bzw. Zeichner ist.[1282] Ist der Anteil hingegen noch nicht in diesem Sinne im Entstehen begriffen, soll die Treuhandvereinbarung nicht formbedürftig sein.[1283] Nicht formbedürftig ist die Vereinbarung einer Unterbeteiligung.[1284] Entsprechendes gilt für Übernahmevereinbarungen bei Kapitalerhöhungen, die lediglich nach Maßgabe von § 55 Abs. 2 GmbHG formbedürftig sind.

Stets muss sich die Vereinbarung auf einen Rechtsträgerwechsel an einem Geschäftsanteil 640
beziehen (derivativer Erwerb). Die Verpflichtung zur Bestellung eines Nießbrauchs oder eines Pfandrechts unterfällt danach nicht § 15 Abs. 4 S. 1 GmbHG.[1285] Dasselbe gilt für Erwerbs- oder Veräußerungsunterlassungspflichten, so dass **Poolverträge** nur dann der notariellen Beurkundung bedürfen, wenn sie – was häufig nicht der Fall sein wird – Erwerbs- oder Mitveräußerungspflichten begründen.[1286]

Auch die Verpflichtung zur Übertragung **künftiger Geschäftsanteile** bedarf der Form des 641
§ 15 Abs. 4 GmbHG.[1287] Ob aus § 15 Abs. 4 GmbHG die Formbedürftigkeit der Übertragung von Anteilen an einer Gesellschaft folgt, die in eine GmbH umgewandelt werden soll, ist noch nicht abschließend geklärt, aber wohl zu verneinen.[1288] Grundsätzlich nicht beurkundungsbedürftig sind auch Vereinbarungen über Anteile an geschäftsanteilshaltenden Personengesellschaften, selbst wenn das gesamte Vermögen aus GmbH-Geschäftsanteilen besteht.[1289] In erweiternder Anwendung von § 15 Abs. 4 GmbHG formbedürftig ist nach zutreffender Ansicht aber eine Verpflichtung zur Abtretung eines Anspruchs auf Abtretung eines Geschäftsanteils.[1290]

Vollmachten und Genehmigungserklärungen bedürfen nicht der notariellen Form (§§ 167 642
Abs. 2, 182 Abs. 2 BGB). Dies gilt auch für eine **unwiderrufliche** Vollmacht. Die insoweit zu § 311 b Abs. 1 BGB entwickelten Grundsätzen können wegen des unterschiedlichen Regelungszwecks beider Verschriften nicht auf § 15 Abs. 4 GmbHG übertragen werden.[1291] Nach Ansicht mancher beurkundungsbedürftig,[1292] nach Ansicht anderer[1293] gänzlich unzulässig soll eine **Blankovollmacht** zur Veräußerung an unbestimmte Dritte sein.

Formbedürftig sind auch **Änderungen oder Ergänzungen** des Verpflichtungsgeschäfts, es 643
sei denn, sie werden nach Wirksamwerden der formgerechten Abtretung vereinbart.[1294] Die

---

1279 BGHZ 141, 207.

1280 Scholz/*Winter/Seibt* § 15 Rdnr. 230.

1281 BGHZ 141, 207; bestätigt durch BGH NJW-RR 2006, 1415.

1282 OLG Köln NZG 2001, 810; *Grage* RNotZ 2005, 251, 253 f.; Baumbach/Hueck/*Hueck/Fastrich* § 15 Rdnr. 56; Michalski/*Ebbing* § 15 Rdnr. 210; für Beschränkung auf die Fälle der Verpflichtung zum derivativen Erwerb durch den Treuhänder hingegen Scholz/*Winter/Seibt* § 15 Rdnr. 230.

1283 BGHZ 141, 207; BGH NJW-RR 2006, 1415 (obiter dictum); Lutter/Hommelhoff/*Bayer* § 15 Rdnr. 90.

1284 BGHZ 50, 316.

1285 *Werner* GmbHR 2008, 755; *v. Rom* WM 2007, 2223; Baumbach/Hueck/*Hueck/Fastrich* § 15 Rdnr. 52.

1286 *Leitzen* ZEV 2010, 401; Scholz/*Winter/Seibt* § 15 Rdnr. 50.

1287 Vgl. Scholz/*Winter/Seibt* § 15 Rdnr. 12.

1288 Näher *Eusani/Schaudinn* GmbHR 2009, 1125.

1289 BGH NZG 2008, 377.

1290 Baumbach/Hueck/*Hueck/Fastrich* § 15 Rdnr. 32; *Roth/Altmeppen* § 15 Rdnr. 79; a. A. Scholz/*Winter/Seibt* § 15 Rdnr. 58.

1291 Baumbach/Hueck/*Hueck/Fastrich* § 15 Rdnr. 23.

1292 BeckNotarHdb/*Mayer/Weiler* Rdnr. D I 151.

1293 Scholz/*Winter/Seibt* § 15 Rdnr. 95; Lutter/Hommelhoff/*Bayer* § 15 Rdnr. 32.

1294 Lutter/Hommelhoff/*Bayer* § 15 Rdnr. 49; Baumbach/Hueck/*Hueck/Fastrich* § 15 Rdnr. 30; für Einschränkung auf wesentliche Änderungen Scholz/*Winter/Seibt* § 15 Rdnr. 66 c; vgl. BGH NJW-RR 1989, 291.

Aufhebung des Verpflichtungsgeschäfts bedarf nach dinglichem Vollzug der Abtretung wiederum der Form, da hierdurch die Verpflichtung zur Rückabtretung geschaffen wird.[1295]

644 Hinsichtlich des **Umfangs der Beurkundungspflicht** gelten grundsätzlich die aus dem Grundstücksrecht (§ 311 b Abs. 1 BGB) bekannten Grundsätze entsprechend: Dies gilt insbesondere für den sog. Vollständigkeitsgrundsatz: Zu beurkunden sind alle Abreden, die nach dem Willen der Parteien Bestandteil der Vereinbarungen über die Verpflichtung zur Abtretung sein sollen, einschließlich Nebenabreden.[1296] Aus dem Vollständigkeitsgrundsatz folgt für die **beteiligungsidentische GmbH & Co. KG**, dass im Regelfall auch die den Kommanditanteil betreffenden Vereinbarungen zu beurkunden sind, wenn eine Verpflichtung zur Abtretung des GmbH-Anteils begründet wird.[1297]

645 Entsprechendes gilt für Verträge, die **mit der Abtretungsverpflichtung derart im Zusammenhang stehen**, dass das beurkundungsbedürftige Geschäft von ihnen abhängt, mögen sie für sich genommen auch nicht der Beurkundung bedürfen.[1298] Dies gilt auch für die Einbeziehung von Vereinbarungen mit Dritten.[1299] Aus der Einheitlichkeit folgt aber nicht zwingend die Notwendigkeit zur Zusammenfassung aller Vereinbarungen in einer Urkunde.[1300] Bei **getrennter Beurkundung** muss die gegenseitige Abhängigkeit der Urkunden aber durch eine **Verweisung** zum Ausdruck gebracht werden. Dabei ist fraglich, ob es ausreichend ist, wenn der Verknüpfungswille in der zweiten Urkunde zum Ausdruck gebracht wird oder ob in beiden Urkunden jeweils darauf verwiesen werden muss, dass Vereinbarungen, die mit dem Gegenstand der einen Urkunde im Zusammenhang stehen, in einer weiteren Urkunde enthalten sind.[1301] Die Verknüpfungsabrede kann so ausgestaltet sein, dass die Wirksamkeit beider Verträge durch eine Bedingung aneinander geknüpft wird oder dass der Vollzug der Verträge durch Rücktrittsrechte voneinander abhängig gemacht wird.[1302] Ausreichend für die Einhaltung der Form ist aber der in der Urkunde enthaltene Hinweis, dass ein weiteres, in einer gesonderten Urkunde niedergelegtes Vertragsverhältnis besteht, das mit dem Gegenstand der Urkunde in einem Zusammenhang steht.

Wie im Grundstücksrecht wird auch nach § 15 Abs. 4 GmbHG der Mangel der Form durch den dinglichen Vollzug geheilt.[1303] Die **Heilung** tritt jedoch erst mit wirksamem Rechtserwerb ein[1304] und nicht schon mit Abschluss eines bedingten oder befristeten oder unter dem Vorbehalt einer nach § 15 Abs. 5 GmbHG erforderlichen Erklärung stehenden Vertrags.

Praxistipp:

Vorzugswürdig ist unter diesem Gesichtspunkt die auflösend bedingte Abtretung.

646 Die Wirksamkeit tritt mit Wirkung **ex nunc** ein[1305] und erfasst grundsätzlich die gesamte am Formmangel nach § 15 Abs. 4 S. 1 GmbHG leidende Vereinbarung einschließlich aller Nebenabreden.[1306] Beinhaltet die Nebenabrede ihrerseits eine Erwerbs- oder Veräußerungsverpflichtung (Rückkaufsrecht, Wiederkaufsrecht, Vorkaufsrecht etc.), wird auch diese durch die Abtretung geheilt, jedoch nur, soweit es um den Geschäftsanteil geht, dessen Übertragung die Heilung herbeigeführt hat.[1307]

1295 Vgl. Lutter/Hommelhoff/*Bayer* § 15 Rdnr. 29 (zu § 15 Abs. 3).

1296 BGH NJW 2002, 142, 143; OLG Hamburg RNotZ 2007, 415; Scholz/*Winter/Seibt* § 15 Rdnr. 66.

1297 DNotI-Report 1996, 150; *Limmer* ZNotP 2000, 297.

1298 *Wedemann* WM 2010, 395; zu § 311 b BGB BGH NJW 2002, 2559; BGH MittBayNot 2010, 306; BGH NJW-RR 2009, 653.

1299 S. zu § 311b BGB BGHZ 101, 393, 396 und BGH DNotI-Report 2010, 194.

1300 Hierzu zuletzt BGH DNotZ 2010, 549.

1301 BGH NJW 1988, 1781, 1782; KölnHdbGesR/*Hermanns* Kapitel 2 Rdnr. 878.

1302 Vgl. KölnHdbGesR/*Hermanns* Kapitel 2 Rdnr. 878.

1303 Überblick bei *Pohlmann* GmbHR 2002, 41.

1304 Scholz/*Winter/Seibt* § 15 Rdnr. 70.

1305 BGH NJW 1998, 2360.

1306 BGHZ 127, 129; Scholz/*Winter/Seibt* § 15 Rdnr. 76.

1307 Scholz/*Winter/Seibt* § 15 Rdnr. 62, 74.

647 Die Heilung setzt voraus, dass die Willensübereinstimmung der Parteien auch (noch) in dem Zeitpunkt (fort-)besteht, in dem das Verfügungsgeschäft wirksam wird.[1308] Bei **befristeter oder bedingter Abtretung** tritt vor Frist- bzw. Bedingungseintritt keine Heilung ein. Die isolierte Beurkundung einer aufschiebend bedingten Abtretung zum Zwecke der Heilung ist deshalb nicht empfehlenswert. Die Beurkundung einer isolierten Abtretung zum Zwecke der Heilung ist hingegen unbedenklich, wenn sie sogleich zur Wirksamkeit des schuldrechtlichen Geschäfts führt (Beispiel: unbedingte Abtretung eines Geschäftsanteils nach Abschluss eines privatschriftlichen Verpflichtungsvertrages über die Beteiligungen an einer GmbH & Co. KG). Auch bei unbedingter Abtretung ist die isolierte Beurkundung der Abtretung jedoch in aller Regel allenfalls die zweitbeste Lösung: Abgesehen davon, dass sie mangels Anwendbarkeit von § 38 Abs. 2 Nr. 6 KostO häufig keine Beurkundungsgebühren spart, führt die Versagung der ex tunc-Wirkung häufig zu einem wenig gewünschten rechtlichen Vakuum für den Zeitraum bis zur Beurkundung.

648 Eine Heilung scheidet aus, wenn formnichtige und formgültige Vereinbarung inhaltlich nicht miteinander zu vereinbaren sind, wenn also die Abtretungsvereinbarung schuldrechtliche Bedingungen enthält, die nicht mit dem Verpflichtungsgeschäft in Einklang stehen.[1309] Zu beachten ist auch, dass § 15 Abs. 3 GmbHG nur denjenigen Verpflichtungsvertrag heilt, in dessen Erfüllung sie erfolgt. Dies setzt voraus, dass Beteiligte des Abtretungsvertrages diejenigen Personen sind, die auch Gläubiger und Schuldner des Übertragungsanspruchs sind. Bei einer Kette formunwirksamer Verpflichtungsgeschäft erfasst die Heilung aber alle Verträge, wenn der Anteil mit Zustimmung des Ersterwerbers an den Zweiterwerber abgetreten wird.[1310]

649 *bb) Abtretung.* § 15 Abs. 3 GmbHG verlangt die Form der notariellen Beurkundung für die Abtretung. Hält der Veräußerer mehrere Anteile an der Gesellschaft und veräußert er nur einzelne davon oder einen Teil eines Anteils, muss das Verfügungsobjekt in der Urkunde hinreichend bestimmt bezeichnet sein.[1311] In erweiternder Anwendung von § 15 Abs. 3 GmbHG wird auch die Abtretung eines Anspruchs auf Abtretung für formbedürftig gehalten.[1312]

Für die Abtretung ist, vor allem auch seit Inkrafttreten des MoMiG, umstritten, ob die Beurkundung i. S. d. § 15 Abs. 3 GmbHG auch durch einen ausländischen Notar vorgenommen werden kann. Ebenso umstritten ist die hiermit zusammenhängende Frage, ob bei Vertragschluss im Ausland § 15 Abs. 3 GmbHG überhaupt gilt oder ob dann, wenn das Recht am Vornahmeort die Abtretung der Anteile an der der deutschen GmbH entsprechenden Gesellschaftsform in mündlicher oder schriftlicher Form zulässt, dies in Deutschland beachtet werden muss.[1313]

650 Nach überwiegender Auffassung gilt auch im Rahmen von § 15 Abs. 3 GmbHG der **Vollständigkeitsgrundsatz**, so dass alle Vereinbarungen zu beurkunden sind, die Bestandteil des Abtretungsvertrages sind.[1314] Insbesondere müssen sich aus der notariellen Urkunde Veräußerer, Erwerber, Verfügungsgegenstand und etwaige Modalitäten der Verfügung (Bedingung, Bedingung etc.) mit hinreichender Bestimmtheit ergeben.

651 g) **Abwicklung der Geschäftsanteilsübertragung.** Nach Wirksamwerden der Abtretung hat der beurkundende Notar eine die Abtretung berücksichtigende **neue Gesellschafterliste** beim Handelsregister einzureichen und der Gesellschaft eine Abschrift derselben zu übersenden (§ 40 Abs. 2 S. 1 GmbHG). Wirken bei der Geschäftsanteilsabtretung **mehrere Notare** mit, weil der Vertrag durch getrennte Beurkundung von Angebot und Annahme zustande kommt oder weil ein Vertragsbeteiligter bei der Beurkundung vollmachtlos vertreten wird und seine Genehmigungserklärung von einem anderen Notar beglaubigt wird, so sollte Ziel der An-

1308 BGHZ 127, 129; *Specks* RNotZ 2009, 419.
1309 OLG Hamburg RNotZ 2007, 415.
1310 Vgl. BGH NJW 2002, 142, 143; Lutter/Hommelhoff/*Bayer* § 15 Rdnr. 55.
1311 BGH NZG 2010, 908; vgl. auch Rdnr. 584.
1312 BGHZ 75, 352; Baumbach/Hueck/*Hueck/Fastrich* § 15 Rdnr. 26.
1313 Vgl. dazu § 9 Rdnr. 10 ff.
1314 Scholz/*Winter/Seibt* § 15 Rdnr. 89; Lutter/Hommelhoff/*Bayer* § 15 Rdnr. 31.

wendung und Auslegung des § 40 Abs. 2 GmbHG sein, eine möglichst eindeutige Zuordnung der Verantwortlichkeit für die Einreichung der Liste zu erreichen. Das spricht dafür, in erster Linie auf die Regelung dieser Frage durch die Beteiligten abzustellen.[1315] Fehlt eine solche Regelung, ist bei der Beurkundung von Angebot und Annahme durch verschiedene Notare der Notar, durch dessen Akt die Abtretung wirksam wird, also der die Annahme beurkundende Notar für die Einreichung der Liste zuständig.[1316] Bei der Beglaubigung einer Genehmigungserklärung (die bei einer Geschäftsanteilsabtretung gesetzlich ohnehin nicht gefordert ist) wird man aufgrund der größeren Sachnähe die alleinige Zuständigkeit bei dem Notar belassen, der die Abtretungsurkunde beurkundet hat.

652 Die Liste ist einzureichen, sobald die Geschäftsanteilsabtretung wirksam geworden ist. In Fällen, in denen der Zeitpunkt der Wirksamkeit für den Notar nicht ohne weiteres ersichtlich ist, sollte der Abtretungsvertrag die Verpflichtung der Beteiligten enthalten, den Notar vom Eintritt der Wirksamkeit in Kenntnis zu setzen.[1317]

653 Den beurkundenden Notar treffen **steuerliche Anzeigepflichten**. Nach **§ 54 EStDV** hat der Notar dem nach § 20 AO für die Gesellschaft zuständigen Finanzamt (das Finanzamt, in dessen Bezirk sich die Geschäftsleitung der Gesellschaft befindet) nach der Beurkundung einer **Verfügung über Geschäftsanteile** einer GmbH eine beglaubigte Abschrift der Urkunde zu übersenden. Vor der Übersendung, die binnen 20 Tagen nach der Beurkundung zu erfolgen hat, darf den Beteiligten keine beglaubigte Abschrift oder Ausfertigung der Urkunde übersandt werden. Die Steuernummer der Gesellschaft soll auf der Anzeige vermerkt werden. Auch Verpflichtungsgeschäfte sind anzuzeigen, wenn sie eine Verpflichtung zur Übertragung zum Inhalt haben.[1318] Bei der getrennten Beurkundung von Angebot und Annnahme löst erst die Beurkundung der Annahme die Anzeigepflicht aus. Bei aufschiebender Bedingung entsteht die Anzeigepflicht sofort.[1319] Auch **Treuhandverträge** unterliegen der Meldepflicht, wenn sie eine Übertragung des Geschäftsanteils beinhalten. Bei der sogenannten Vereinbarungstreuhand, bei der der bisherige Gesellschafter sich verpflichtet, den Anteil zukünftig für einen anderen treuhänderisch zu halten, soll nach Auffassung der Finanzverwaltung eine Anzeigepflicht bestehen, wenn – was regelmäßig der Fall sein wird – die getroffene Abrede es dem Treugeber erlaubt, bei Beendigung des Treuhandverhältnisses die Übertragung der Anteile auf sich zu verlangen.[1320]

654 Gehört zum Vermögen der Gesellschaft **inländischer Grundbesitz** im Sinne des § 18 GrEStG besteht nach dieser Vorschrift eine Anzeigepflicht gegenüber der Grunderwerbsteuerstelle für den Notar, der die Geschäftsanteilsübertragung beurkundet hat. Nach § 18 Abs. 5, 17 Abs. 3 Nr 2 GrEStG ist die Anzeige an das Finanzamt zu richten, in dem sich die Geschäftsleitung der Gesellschaft befindet. Der Notar hat nachzufragen, ob die Gesellschaft Grundbesitz hat. Es ist üblich die entsprechende Feststellung in die Urkunde aufzunehmen. Der Inhalt der erforderlichen Anzeige ist identisch mit der beim Grundstücksgeschäft, zusätzlich sind die in § 20 Abs. 2 GrEStG genannten Angaben zu machen.

2. Die Belastung von Geschäftsanteilen mit Pfandrecht oder Nießbrauch

655 **a) Verpfändung von Geschäftsanteilen.** Geschäftsanteile können mit einem Pfandrecht belastet werden. Es gelten nach § 1273 Abs. 2 BGB die Vorschriften über die Verpfändung von Sachen, soweit nicht in den §§ 1273 ff. BGB etwas Abweichendes geregelt ist. Die Verpfändung dient in der Praxis regelmäßig der Absicherung von Krediten, häufig dabei solcher Kredite, die zur Finanzierung des Erwerbs der Anteile bei einem Unternehmenskauf aufgenommen werden. Ein anderer denkbarer, in der Praxis aber seltener Anwendungsfall ist die Verpfändung an den Veräußerer von Geschäftsanteilen zur Absicherung des Kaufpreisan-

[1315] So auch Lutter/Hommelhoff/*Bayer* § 40 Rdnr. 26; *Mayer* DNotZ 2008, 403, 408; a. A. *Leitzen* Rdnr. 698; Heckschen/*Heidinger*, Die GmbH in der Gestaltungs- und Beratungspraxis, S. 543 f.; Michalski/*Terlau* § 40 Rdnr. 26.

[1316] Lutter/Hommelhoff/*Bayer* § 40 Rdnr. 26; *Mayer* DNotZ 2008, 403, 408; vgl. auch Rdnr. 698.

[1317] KölnHdbGesR/*Hermanns* Kap. 2 Rdnr. 1036.

[1318] BMF Schreiben vom 14. 3. 1997 IV B 2.-S 2244-3/97 (DStR 1997, 822).

[1319] BMF Schreiben vom 14. 3. 1997 IV B 2.-S 2244-3/97 (DStR 1997, 822).

[1320] BMF Schreiben vom 14. 3. 1997 IV B 2.-S 2244-3/97 (DStR 1997, 822).

spruchs in den Fällen, in denen eine sofort wirksame Abtretung der Anteile vereinbart wird, die nicht durch aufschiebende Bedingung von der Kaufpreiszahlung abhängig gemacht wird.[1321] Die Verpfändung gibt dem Gläubiger das Recht, sich durch Verwertung des Geschäftsanteils zu befriedigen (§§ 1273 Abs. 2, 1204 BGB).

aa) Bestellung des Pfandrechts. Die Pfandrechtsbestellung erfolgt nach den für die Übertragung geltenden Vorschriften (§ 1274 Abs. 1 BGB). Die erforderliche Einigung zwischen Verpfänder und Gläubiger (§§ 398, 413 BGB) bedarf deshalb nach der § 15 Abs. 3 GmbHG der **notariellen Beurkundung.** Schließt der Gesellschaftsvertrag die Abtretung von Geschäftsanteilen aus, gilt dies auch für die Verpfändung, ebenso sind **Vinkulierungsklauseln** auch bei der Verpfändung zu beachten.[1322] Die Satzung kann aber die Anforderungen für die Übertragung und die Verpfändung auch unterschiedlich regeln.[1323] 656

Problematisch und in den Einzelheiten umstritten ist die **Reichweite des Beurkundungserfordernisses.** Hierbei ist mit der ganz überwiegenden Meinung zugrundezulegen, dass **nur das dingliche Geschäft** der Begründung des Pfandrechts nach § 15 Abs. 3 GmbHG in Verbindung mit § 1274 Abs. 1 BGB der Beurkundung bedarf. Die schuldrechtliche Verpflichtung zur Begründung des Pfandrechts bedarf hingegen nicht der notariellen Form, da § 1274 BGB nur auf die für die Übertragung geltenden Vorschriften verweist.[1324] 657

Zum beurkundungspflichtigen Inhalt des Geschäfts gehören die eindeutige Bezeichnung des belasteten Geschäftsanteils und, da es sich um ein akzessorisches Sicherungsrecht handelt, die **Bezeichnung der gesicherten Forderung.**[1325] Ein Pfandrecht kann auch zur Absicherung zukünftiger oder bedingter Forderungen bestellt werden (§§ 1273 Abs. 2, 1204 BGB). Die Bezeichnung der Forderung muss **hinreichend bestimmt** sein.[1326] Der **der Forderung zugrundeliegende Vertrag** ist nicht Gegenstand der Verpfändungsvereinbarung, also auch nicht mitzubeurkunden. Wenn die gesicherte Forderung in der Verpfändungsurkunde eindeutig bezeichnet ist, besteht also kein Erfordernis, den der Forderung zugrundeliegenden Vertrag als Anlage dem Verpfändungsvertrag beizufügen. Wird dies dennoch gewünscht, handelt es sich nicht um eine echte Verweisung mit der Folge der Beurkundungspflicht. Etwas anderes gilt nur, wenn – was ohne weiteres vermieden werden kann – die Forderung in der Verpfändungsurkunde nicht hinreichend identifiziert ist.[1327] 658

Nicht eindeutig in der Literatur beantwortet und von der Rechtsprechung bisher nicht entschieden ist, wie weit die Beurkundungspflicht bei das Pfandrecht selbst betreffenden **Nebenabreden** reicht, die z. B. die Verwertung der verpfändeten Anteile regeln oder Informationsrechte des Gläubigers oder Garantien des Verpfänders beinhalten können. Teilweise wird eine Beurkundungspflicht für alle das Pfandrecht betreffenden Nebenabreden bejaht.[1328] Teilweise wird hingegen darauf abgestellt, ob das Pfandrecht durch die Abrede in seinem (dinglichen) Inhalt geändert wird oder ob bloße schuldrechtlich wirkende Vereinbarungen vorliegen. Letztere gehören nach dieser Ansicht nicht zum beurkundungspflichtigen Teil der Vereinbarung.[1329] Zu einem Problem für den in der Praxis tätigen Notar wird diese Frage, wenn die Verpfändungsurkunde auf Begrifflichkeiten oder Regelungen des gesicherten Darlehensvertrages Bezug nimmt, etwa für die Frage unter welchen Voraussetzungen das Pfand verwertet werden darf (Pfandreife). Sofern diese Klauseln dem beurkundungsbedürftigen Inhalt der Verpfändungsurkunde zugerechnet werden, folgt daraus u. U. doch ein Beurkundungserfordernis für den Darlehensvertrag oder für Teile davon. 659

[1321] Vgl. Rdnr. 617.

[1322] *Reymann* DNotZ 2005, 425, 427; MünchHdbGesR III/*Kraus* § 26 Rdnr. 168.

[1323] Baumbach/Hueck/*Hueck/Fastrich* § 15 Rdnr. 49.

[1324] Baumbach/Hueck/*Hueck/Fastrich* § 15 Rdnr. 49; Michalski/*Ebbing* § 15 Rdnr. 222 m. w. N.; a. A. MünchKommBGB/*Damrau* § 1274 Rdnr. 58.

[1325] *Bruhns* GmbHR 2006, 587, 588; *Heidenhain* GmbHR 1996, 275, 276; *von Rom* WM 2007, 2223, 2226; BeckFormb GmbH/*Gerber* D. V. 1. Anm. 3.

[1326] Scholz/*Winter/Seibt* § 15 Rdnr. 174.

[1327] Vgl. BeckFormb GmbH/*Gerber* D V. 1. Anm. 3.

[1328] Scholz/*Winter/Seibt* § 15 Rdnr. 174; *Reichert/Weller*, Der GmbH-Geschäftsanteil, § 15 Rdnr. 282; vgl. auch *Mertens* ZIP 1998, 1787, 1788.

[1329] *Von Rom* WM 2007, 2223, 2226; vgl. auch *Heidenhain* GmbHR 1996, 275; *Reymann* DNotZ 2005, 425, 428; Lutter/Hommelhoff/*Bayer* § 15 Rdnr. 97.

660 Ausgangspunkt der Entscheidung ist, dass für den hier anwendbaren § 15 Abs. 3 GmbHG genauso wie bei § 15 Abs. 4 GmbHG der Grundsatz gilt, dass alle Abreden, die Teil der Vereinbarung sind, zu beurkunden sind.[1330] Da § 15 Abs. 3 GmbHG aber lediglich den dinglichen Rechtsakt an die Einhaltung einer bestimmten Form bindet, kann dieser **Vollständigkeitsgrundsatz** richtigerweise nur hinsichtlich der **für die dinglichen Wirkungen relevanten Erklärungen** Geltung beanspruchen. Es bedürfen deshalb nur diejenigen Vereinbarungen der notariellen Form, die Gegenstand und Inhalt des dinglichen Rechts betreffen. Nur schuldrechtlich wirkende Vereinbarungen unterliegen nicht der Beurkundungspflicht.[1331] Der in der Praxis häufige Fall, dass die Voraussetzungen der Verwertung der verpfändeten Anteile unter Bezugnahme auf Regelungen in dem Kreditvertrag geregelt werden, ist deshalb unproblematisch: **Vereinbarungen über die Pfandreife**, die von § 1228 Abs. 2 BGB (Fälligkeit der Forderung als alleinige Verwertungsvoraussetzung) abweichen und insoweit zusätzliche Voraussetzungen (z. B. Verzug, sonstiger Verstoß gegen den Kreditvertrag, „Event of Default") aufstellen, können nur schuldrechtliche Wirkung haben. Sie unterliegen deshalb nicht dem Beurkundungserfordernis.[1332] Beispiel für eine beurkundungsbedürftige, weil den Inhalt des Pfandrechts betreffende Vereinbarung ist der Verzicht auf den vollstreckbaren Titel als Voraussetzung für die Pfandverwertung gemäß § 1277 BGB.[1333]

661 *bb) Mehrheit von Pfandgläubigern bei Konsortialkrediten.* Bei Konsortialkrediten, bei denen mehrere Banken als Kreditgeber auftreten, wird die Absicherung der Kredite durch Pfandrechte an Geschäftsanteilen zum Gegenstand teilweise komplizierter Gestaltungen.[1334] Der Notar wird in solchen Fällen regelmäßig nicht mit der Konzeption der Absicherung betraut, diese wird vielmehr seitens der Kreditinstitute und ihrer rechtlichen Berater vorbereitet.[1335] Werden für alle Gläubiger eigene Pfandrechte bestellt, sollen diese im Regelfall gleichrangig sein. Maßgeblich ist insoweit der Zeitpunkt der Bestellung des Pfandrechts, so dass zu empfehlen ist, die Pfandrechte in derselben Urkunde zu bestellen.[1336] Häufig steht in diesen Fällen der Kreis der Konsorten noch nicht endgültig fest. In der Verpfändungsurkunde wird dann Vorsorge dafür getroffen, dass weitere Kreditgeber hinzukommen. Der Eintritt weiterer Kreditkonsorten vollzieht sich nicht durch Abtretung von Darlehensforderungen (mit der Folge, dass bestehende Pfandrechte mitübergehen würden), sondern durch den Eintritt des Neu-Gläubigers in das Konsortium im Wege der Schuldumschaffung (Novation). In der Praxis wird die Absicherung der Neukonsorten durch sog. **Future-Pledgee-Klauseln** geregelt. Sie beinhalten entweder ein Angebot an die noch unbekannten zukünftigen Konsorten zur Begründung weiterer Pfandrechte oder die vorhandenen Konsorten treten als Vertreter (ohne Vertretungsmacht) für die noch unbekannten, hinzukommenden Neukonsorten auf.[1337] Ergänzend kommen sog. **Parallel-Dept-Klauseln** zur Anwendung, die in den Kreditvereinbarungen enthalten sind. Durch diese Klauseln werden im Wege eines abstrakten Schuldversprechens „Parallelverbindlichkeiten" in Höhe des Gesamtkreditvolumens begründet, die dann durch Pfandrechte eines Treuhänders der Kreditkonsorten (Security Agent) abgesichert werden.[1338]

662 *cc) Gegenstand, Inhalt und Umfang des Pfandrechts.* Ein Pfandrecht kann auch an einem **Teil eines Geschäftsanteils** begründet werden.[1339] Aufgrund der durch das MoMiG erleichterten Teilung von Geschäftsanteilen ist es aber vorzuziehen, den Anteil vor der Verpfändung zu teilen.[1340] Auch **zukünftige Geschäftsanteile** können verpfändet werden, also vor

[1330] Lutter/Hommelhoff/*Bayer* § 15 Rdnr. 31.
[1331] So ausdrücklich Lutter/Hommelhoff/*Bayer* § 15 Rdnr. 31.
[1332] *Von Rom* WM 2007, 2223, 2227 mit weiteren Beispielen.
[1333] *Von Rom* WM 2007, 2223, 2227.
[1334] Vgl. dazu *Reymann* DNotZ 2005, 425, 446 ff.; *Förl* RNotZ 2007, 433 ff.
[1335] *Förl* RNotZ 2007, 433, 455; KölnHdbGesR/*Hermanns* Kap. 2 Rdnr. 1069.
[1336] *Reymann* DNotZ 2005, 425, 446.
[1337] Eingehend zu den mit dieser Gestaltung verbundenen zivilrechtlichen Problemen *Förl* RNotZ 2007, 433ff.; vgl. auch *Reymann* DNotZ 2005, 425.
[1338] *Förl* RNotZ 2007, 433, 449 ff.
[1339] Scholz/*Winter/Seibt* § 15 Rdnr. 177.
[1340] KölnHdbGesR/*Hermanns* Kap. 2 Rdnr. 1069.

Eintragung der neu gegründeten Gesellschaft oder vor Eintragung einer beschlossenen Kapitalerhöhung.[1341] Es gelten die gleichen Grundsätze wie bei der Abtretung eines zukünftigen Anteils:[1342] Mit Entstehen des Anteils entsteht auch das Pfandrecht.

Bei einer **Kapitalerhöhung aus Gesellschaftsmitteln** erstreckt sich das Pfandrecht auch ohne entsprechende Regelung in der Verpfändungsvereinbarung auf den erhöhten oder neu gebildeten Geschäftsanteil.[1343] Dies gilt aber nicht für die **Kapitalerhöhung gegen Einlagen**, die auch mit einer Verwässerung des Stellung des Pfandgläubigers verbunden sein kann. Hier kommt – bei Fehlen einer ausdrücklichen vertraglichen Regelung – bei Ausgabe neuer Anteile unter Wert allenfalls eine schuldrechtliche Verpflichtung zur Erstreckung des Pfandrechts auf die neuen Anteile in Betracht.[1344] Häufig wird das Pfandrecht in der Verpfändungsvereinbarung aber allgemein auf alle Anteile erstreckt, die der Gesellschafter in der Folge erwirbt. 663

Formulierungsvorschlag:

Der Verpfänder verpfändet hiermit seinen Geschäftsanteil Nr. 1 im Nennbetrag von € 25.000,– sowie alle zukünftigen Geschäftsanteile, die er nach Abschluss des Verpfändungsvertrages erwirbt, an den Pfandgläubiger.

Bei **Umwandlungsmaßnahmen** erfasst das Pfandrecht automatisch die anstelle des Geschäftsanteils tretenden neuen Anteile (§§ 20 Abs. 1 Nr. 3, 131 Abs. 1 Nr. 3 UmwG). Fallen die Geschäftsanteile ersatzlos weg, erlischt das Pfandrecht. Hier bleiben nur Ansprüche aus dem zugrundeliegenden schuldrechtlichen Verhältnis. [1345] 664

Die Verpfändung erstreckt sich – auch ohne entsprechende Regelung – auf die **Surrogate** des verpfändeten Geschäftsanteils, wie Abfindungsansprüche oder den Anteil am Liquidationserlös.[1346] Eine dahingehende klarstellende Regelung in der Verpfändungsvereinbarung ist sinnvoll und gebräuchlich. Nicht automatisch erfasst sind hingegen die mit dem Geschäftsanteil verbundenen **Gewinnansprüche**. Das Pfandrecht kann aber vertraglich so ausgestaltet werden, dass der Pfandgläubiger berechtigt ist, die Nutzungen zu ziehen (**Nutzungspfand**, §§ 1213, 1273 Abs. 3 BGB). In diesem Fall fließen die Gewinnausschüttungen dem Pfandgläubiger nach der dispositiven Regelung des § 1214 BGB direkt zu und sind mit der gesicherten Forderung zu verrechnen. Häufiger wird vereinbart, dass die Gewinnansprüche an den Pfandgläubiger (mit-)verpfändet werden. Dabei handelt es sich um eine **gesonderte Verpfändung der Gewinnansprüche**, die auch unabhängig von einer Geschäftsanteilsverpfändung vorgenommen werden könnte. Sie unterliegt nicht dem Formerfordernis des § 15 Abs. 3 GmbHG. [1347] 665

Formulierungsvorschlag:

Mitverpfändet sind alle gegenwärtigen und zukünftigen Ansprüche auf Ausschüttungen von Gewinnen, die auf die verpfändeten Geschäftsanteile entfallen.

Stimm- und Verwaltungsrechte stehen dem Pfandgläubiger nicht zu. Dem Pfandgläubiger können entsprechende Vollmachten erteilt werden.[1348] Die Praxis begnügt sich jedoch regelmäßig mit Informationsrechten des Pfandgläubigers und der Verpflichtung des Schuldners, bei Ausübung der Stimmrechte die Interessen des Pfandgläubigers zu beachten. 666

[1341] Scholz/*Winter/Seibt* § 15 Rdnr. 172; *Mertens* ZIP 1998, 1787, 1789.

[1342] Vgl. Rdnr. 589.

[1343] *Reymann* DNotZ 2005, 425, 458; BeckFormb GmbH/*Gerber* D V. 1. Anm. 4.

[1344] KölnHdbGesR/*Hermanns* Kap. 2 Rdnr. 1071.

[1345] Scholz/*Winter/Seibt* § 15 Rdnr. 187.

[1346] Scholz/*Winter/Seibt* § 15 Rdnr. 184; Lutter/Hommelhoff/*Bayer* § 15 Rdnr. 99, 84.

[1347] Vgl. BeckFormb GmbH/*Gerber* D V. 1 Anm. 8; *Reymann* DNotZ 2005, 425, 431.

[1348] BeckFormb GmbH/*Gerber* D V. 1 Anm. 9; vgl. auch KölnHdbGesR/*Hermanns* Kap. 2 Rdnr. 1066 zu der Möglichkeit, das Stimmrecht unmittelbar dem Pfandgläubiger zuzuorden.

667 *dd) Verpfändungsanzeige, Abwicklung durch den Notar.* Für die Wirksamkeit der Verpfändung des Geschäftsanteils bedarf es keiner **Anzeige der Verpfändung** bei der Gesellschaft nach § 1280 BGB. Die Vorschrift ist nicht anwendbar, da es nicht um die Verpfändung einer „Forderung", sondern um ein Mitgliedschaftsrecht geht.[1349] Vor Inkrafttreten des MoMiG wurde die Wirksamkeit der Verpfändung im Verhältnis zur Gesellschaft von der in § 16 Abs. 1 a. F. GmbHG vorgesehenen Anmeldung abhängig gemacht.[1350] Diese Vorschrift ist entfallen. In der Literatur wird aber teilweise weiterhin, nunmehr gestützt auf eine Analogie zu § 407 Abs. 1 BGB, eine Anzeige der Verpfändung gegenüber der Gesellschaft verlangt.[1351] Zur Wirksamkeit einer in der Verpfändungsvereinbarung mitenthaltenen Verpfändung der Gewinnansprüche des Gesellschafters ist die Anzeige nach § 1280 BGB erforderlich.[1352]

668 Die Möglichkeit, die Verpfändung als Belastung in die **Gesellschafterliste** aufzunehmen, ist mit der überwiegenden Auffassung abzulehnen.[1353]

669 **Steuerliche Anzeigepflichten** für den Notar bestehen bei der Verpfändung nicht.[1354]

670 b) **Nießbrauch.** Der Geschäftsanteil kann mit einem Nießbrauch belastet werden. Die **Bestellung des Nießbrauchs** erfolgt nach den für die Abtretung des Geschäftsanteils geltenden Vorschriften (§ 1069 BGB). Daraus folgt zunächst die Anwendbarkeit des Beurkundungserfordernisses des § 15 Abs. 3 GmbHG, welches aber, wie bei der Verpfändung, nur für die Begründung des Nießbrauchs, nicht aber für eine schuldrechtliche Verpflichtung zur Einräumung eines Nießbrauchs oder für im Zusammenhang mit dem Nießbrauch getroffene schuldrechtliche Abreden gilt.[1355] Regelungen der Satzung, die die Abtretung von Geschäftsanteilen beschränken, sind zu beachten, ebenso Satzungsregelungen, die unmittelbar die Belastung mit einem Nießbrauch regeln.

Häufiger Anwendungsfall ist der Nießbrauch zugunsten des Veräußerers oder zugunsten diesem nahestehender Personen bei Schenkungsverträgen (Vorweggenommene Erbfolge). In der Praxis taucht der Nießbrauch außerdem häufig in erbrechtlichen Regelungen auf, d. h. als Gegenstand von Vermächtnissen in Verfügungen von Todes wegen.

671 Dem Nießbrauchsberechtigten gebühren nach der gesetzlichen Regelung die **Nutzungen** des Geschäftsanteils (§§ 1030, 1068 BGB). Dies sind die während des Bestehens des Nießbrauchs **ausgeschütteten Gewinne**. Gewinne, die zwar während der Dauer des Nießbrauchs erwirtschaftet wurden, aber in die Rücklagen eingestellt oder auf neue Rechnung vorgetragen wurden, ebenso wie in dieser Zeit gebildete stille Reserven stehen hingegen nicht dem Nießbraucher zu.[1356] Das Bezugsrecht bei **Kapitalerhöhungen** ist keine Nutzung, steht also dem Gesellschafter zu. Hinsichtlich der Auswirkungen einer Kapitalerhöhung ist zu differenzieren: Bei der Kapitalerhöhung aus Gesellschaftsmitteln erstreckt sich der Nießbrauch auf die hinzuerworbenen Anteile des Bestellers.[1357] Bei Kapitalerhöhungen gegen Einlagen gilt dies nicht. Werden Anteile unter Wert ausgegeben, besteht aber ein schuldrechtlicher Anspruch auf Bestellung eines Nießbrauchs an einem entsprechenden Bruchteil des neuen Anteils zum Ausgleich der Verwässerung.[1358] Die Nießbrauchsvereinbarung sollte die Ansprüche des Nießbrauchsberechtigten bei einer Kapitalerhöhung regeln. Dabei kann dem Nießbrauchsberechtigten über die vorstehenden Fälle hinaus ein allgemeiner Anspruch auf Einräumung des Nießbrauchs an neuen Anteilen aus einer Kapitalerhöhung eingeräumt werden.

1349 *Reymann* DNotZ 2005, 425, 429.
1350 Scholz/*Winter/Seibt* § 15 Rdnr. 175.
1351 *Wicke* § 15 Rdnr. 28; Lutter/Hommelhoff/*Bayer* § 15 Rdnr. 97.
1352 *Reymann* DNotZ 2005, 425, 433f. mit Hinweis darauf, dass beim Nutzungspfand die Anzeigepflicht nicht besteht.
1353 Vgl. Rdnr. 688.
1354 *Reymann* DNotZ 2005, 425, 437.
1355 Vgl. Rdnr. 657.
1356 Scholz/*Winter/Seibt* § 15 Rdnr. 214; MünchHdbGesR III/*Kraus* § 26 Rdnr. 2.
1357 Lutter/Hommelhoff/*Bayer* § 15 Rdnr. 101; Scholz/*Winter/Seibt* § 15 Rdnr. 216; Michalski/*Ebbing* § 15 Rdnr. 197; a. A. MünchHdbGesR III/*Kraus* § 26 Rdnr. 74.
1358 Scholz/*Winter/Seibt* § 15 Rdnr. 216; Michalski/*Ebbing* § 15 Rdnr. 197.

Formulierungsvorschlag:

Erwirbt der Nießbraucher bei einer Kapitalerhöhung weitere Geschäftsanteile, ist er verpflichtet, dem Nießbrauchsberechtigten auch an diesen Geschäftsanteilen ein Nießbrauchsrecht nach Maßgabe der Regelungen dieser Vereinbarung einzuräumen.

Auch die **Surrogate des Geschäftsanteils**, wie der Anteil am Liquidationserlös oder der Abfindungsanspruch bei Ausscheiden aus der Gesellschaft, unterliegen dem Nießbrauch. Es handelt sich dabei nicht um Nutzungen, die dem Nießbraucher allein zustehen, sondern sie treten nach Maßgabe der Regelungen der §§ 1077, 1079 BGB an die Stelle des untergegangenen Anteils.[1359] 672

Die mit dem Geschäftsanteil verbundenen **Verwaltungsrechte**, insbesondere das **Stimmrecht**, stehen nach überwiegender Auffassung allein dem Gesellschafter zu.[1360] In der Literatur wird aber auch vertreten, das Stimmrecht gehe ganz oder partiell, nämlich soweit die Interessen des Nießbrauchers betroffen sind, auf diesen über oder stehe dem Gesellschafter und dem Nießbraucher gemeinsam zu.[1361] Angesichts dieser Unsicherheit ist eine vertragliche Regelung ratsam,[1362] die aber berücksichtigen sollte, dass nach h. M. eine vertragliche Übertragung des Stimmrechts auf den Nießbraucher ausscheidet.[1363] Unbedenklich möglich sind schuldrechtliche Vereinbarungen, die eine Mitwirkung des Nießbrauchers im Verhältnis zum Gesellschafter sicherstellen sollen und – wenn die Satzung die Stimmrechtsausübung durch (den Nießbraucher als) Vertreter zulässt – entsprechende Stimmrechtsvollmachten, die für die Dauer des Nießbrauchs unwiderruflich (außer bei Vorliegen eines wichtigen Grundes), aber nicht verdrängend sein können.[1364] 673

Formulierungsvorschlag:

Die mit den Geschäftsanteilen verbundenen Verwaltungsrechte, insbesondere das Stimmrecht, stehen dem Gesellschafter zu. Der Gesellschafter verpflichtet sich jedoch, den Nießbrauchsberechtigten über alle für die Rechte des Nießbrauchers bedeutsamen Vorgänge innerhalb der Gesellschaft zu unterrichten und bei Ausübung der Verwaltungsrechte alles zu unterlassen, was den Nießbrauch beeinträchtigen könnte. Der Gesellschafter verpflichtet sich weiterhin, das Stimmrecht ausschließlich nach Weisung des Nießbrauchers auszuüben und auf Verlangen dem Nießbraucher eine Stimmrechtsvollmacht zu erteilen.

VII. Die Liste der Gesellschafter

Schrifttum: *Apfelbaum*, Das Merkmal der Zurechenbarkeit beim gutgläubigen Erwerb von GmbH-Anteilen, BB 2008, 2470; *Barthel*, § 16 Abs. 1 S. 2 GmbHG n. F. – Ein neuer Anwendungsbereich für eine wirksame Verpflichtung einer GmbH im Außenverhältnis nach den Grundsätzen der fehlerhaften Organstellung, GmbHR 2009, 569; *Bednarz*, Die Gesellschafterliste als Rechtsscheinträger für einen gutgläubigen Erwerb von GmbH-Geschäftsanteilen, BB 2008, 1854; *Begemann/Galla*, Praxisfragen zur Gesellschafterliste der GmbH nach dem MoMiG, GmbHR 2009, 1065; *Berninger*, Zuständigkeit des Notars zur Einreichung einer aktualisierten Gesellschafterliste bei sog. „mittelbarer Mitwirkung", DStR 2010, 1292; *ders.*, Gesellschafterliste und Übergangsproblematik der Einreichungsverantwortlichkeit bei nachträglicher Berichtigung, GmbHR 2009, 679; *Berresheim/Schreinert*, Bedingte Abtretung von GmbH-Geschäftsanteilen und gutgläubiger Erwerb nach dem MoMiG – Gestalterischer Handlungsbedarf bei Kauf-, Treuhand- und Überlassungsverträgen, DStR 2009, 1265; *Bohrer*, Geschäftsanteilsverkehr, Beschlussfassungskompetenz und Gesellschafterliste – Überle-

[1359] Baumbach/Hueck/*Hueck/Fastrich* § 15 Rdnr. 54; Scholz/*Winter/Seibt* § 15 Rdnr. 215; Michalski/*Ebbing* § 15 Rdnr. 196.

[1360] Baumbach/Hueck//*Hueck/Fastrich* § 15 Rdnr. 53; Lutter/Hommelhoff/*Bayer* § 15 Rdnr. 102 m. w. N.; Scholz/*Winter/Seibt* § 15 Rdnr. 217 m. w. N.

[1361] Vgl. die Nachweise zum Streitstand bei Scholz/*Winter/Seibt* § 15 Rdnr. 217.

[1362] Lutter/Hommelhoff/*Bayer* § 15 Rdnr. 102.

[1363] Scholz/*Winter/Seibt* § 15 Rdnr. 217 m. w. N.

[1364] Lutter/Hommehoff/*Bayer* § 15 Rdnr. 102.

gungen im Anschluss an OLG München, Beschluss vom 27. 5. 2009, 31 Wx 38/09, MittBayNot 2010, 17; *ders.*, Inhalt und Funktion der Gesellschafterliste – weitere Bemerkungen zum Vertrauensschutzkonzept des GmbH-Gesetzes, DStR 2010, 1892; *Bussian/Achenbach*, Haftung des GmbH-Geschäftsführers für die Gesellschafterliste trotz Mitwirkung des Notars?, BB 2010, 778; *Flick*, Die Gesellschafterliste bei einer Verschmelzung mit Kapitalerhöhung, NZG 2010, 170; *Goette/Liebscher*, Korrektur einer von einem Notar eingereichten Gesellschafterliste, DStR 2010, 2038; *Gottschalk*, Neue Regelungen für die Gesellschafterliste und die Geschäftsanteile sowie der gutgläubige Erwerb von Geschäftsanteilen nach dem MoMiG, DZWiR 2009, 45; *ders.*, Geteilte Einreichungszuständigkeit für die Gesellschafterliste und Anforderungen an die Notarbescheinigung, NZG 2009, 896; *Frenzel*, Aufschiebend bedingter Erwerb von GmbH-Geschäftsanteilen – Bedarf es zum Schutz vor einem gutgläubigen Zweiterwerb eines Widerspruchs zur Gesellschafterliste, NotBZ 2010, 129; *Hasselmann*, Die Gesellschafterliste nach dem MoMiG, NZG 2009, 409, 449, 486; *ders.*, Die Zuordnung des Widerspruchs zur Gesellschafterliste, NZG 2010, 207; *Herrler*, Gutgläubiger Erwerb bei aufschiebend bedingter GmbH-Geschäftsanteilsabtretung – Sicherung durch Vermerk in der Gesellschafterliste, BB 2009, 2272; *ders.*, Neues aus Karlsruhe zur Gesellschafterliste, NZG 2011, 536; *Ising*, Gesellschafterliste nach Umwandlung: Probleme in der Praxis, NZG 2010, 812; *Jocher*, Treuhandvereinbarungen über GmbH-Geschäftsanteile – Änderungsbedarf bei der bisherigen Gestaltung durch das MoMiG?, BWNotZ 2009, 190; *Kamlah*, Optionen, Gesellschafterliste und Guter Glaube, GmbHR 2009, 841; *Klöckner*, Praxisprobleme beim gutgläubigen Erwerb von GmbH-Geschäftsanteilen, NZG 2008, 841; *Kort*, Offene Fragen zu Gesellschafterliste, Gesellschafterstellung und gutgläubigem Anteilserwerb (§§ 40 und 16 GmbHG n. F.), GmbHR 2009, 169; *Link*, Gesellschafterliste und gutgläubiger Erwerb von GmbH-Anteilen aus Sicht der Notarpraxis, RNotZ 2009, 193; *Mayer*, Aufwertung der Gesellschafterliste durch das MoMiG – Fluch oder Segen?, ZIP 2009, 1037; *Melchior*, Kummer mit der Nummer? – Hinweise zur Nummerierung der GmbH-Geschäftsanteile in der Gesellschafterliste, NotBZ 2010, 213; *ders.*, Die GmbH-Gesellschafterliste – ein Zwischenstand, GmbHR 2010, 418; *Nolting*, Mitwirkung des Anteilserwerbers bei Gesellschafterbeschlüssen der GmbH vor Aufnahme in die Gesellschafterliste, GmbHR 2010, 584; *Noack*, Die Gesellschafterliste nach dem MoMiG, FS Hüffer, 723; *Oppermann*, Praktische Gestaltung der bedingten Abtretung von GmbH-Anteilen – Risiken durch gutgläubigen bedingungsfreien Erwerb Dritter, ZIP 2009, 651; *ders.*, Schutz des bedingten Erwerbers von GmbH-Anteilen, DB 2009, 2306; *Preuß*, Gesellschafterliste, Legitimation gegenüber der Gesellschaft und gutgläubiger Erwerb von GmbH-Anteilen von GmbH-Anteilen, ZGR 2008, 676; dies., Die Mitwirkung des Notars bei Veränderungen des Gesellschafterbestandes nach dem MoMiG, FS Spiegelberger, 2009, S. 876; *Reymann*, Gutgläubiger Erwerb und Rechte an GmbH-Geschäftsanteilen, WM 2008, 2095; *ders.*, Aufschiebend bedingte Geschäftsanteilsabtretungen und Zwischenverfügungen bei der GmbH, GmbHR 2009, 343; *ders.*, Zurechnungssystem und Regelungsebenen der GmbH-Gesellschafterliste, BB 2009, 506; *Ries*, Never ending story, die Gesellschafterliste, NZG 2010, 135; *Ries*, Aktuelle Fragen der Praxis zur Gesellschafterliste, GWR 2011, 54; *Rodewald*, Gutgläubiger Erwerb von Geschäftsanteilen nach MoMiG – drei Fragen zum Umfang der Legal Due Diligence, GmbHR 2009, 196; *Rousseau*, Anforderungen an den Erwerber von Geschäftsanteilen nach dem MoMiG, GmbHR 2009, R 49; *Schickerling/Blunk*, Auswirkungen des MoMiG auf die gesellschaftsrechtliche Due Diligence im Vorfeld eines Geschäftsanteilskaufs, GmbHR 2009, 337; *Schneider*, Der Widerspruch gegen die Gesellschafterliste zur Sicherung der bedingten Übertragung von GmbH-Geschäftsanteilen, NZG 2009, 1167; *Uwe H. Schneider*, Neue Haftungsrisiken für GmbH-Geschäftsführer bei Erstellung und Einreichung der Gesellschafterliste, GmbHR 2009, 393; *Schulte*, Zwei Jahre MoMiG – Aktuelle Problemfelder im Handelsregisterverfahren, GmbHR 2010, 1128; *Sikora/Tiedke*, Kostenfragen im Zusammenhang mit der Gesellschafterliste nach § 40 Abs. 2 Satz 2 GmbHG, ZNotP 2009, 432; *Sikora*, Die Gesellschafterliste bei der GmbH, NWB 2010, 992; *Theiselmann*, Die Haftung des Scheingesellschafters für rückständige Einlagen, GmbHR 2009, 1260; *Vossius*, Gutgläubiger Erwerb von GmbH-Anteilen nach dem MoMiG, DB 2007, 2299; *Wachter*, Aktuelle Praxisprobleme mit der neuen Gesellschafterliste, NZG 2009, 1001; *ders.*, Die neue GmbH-Gesellschafterliste – ein Erfolgsmodell!, GmbHR 2010, R 113; *Weigl*, Gesellschaferliste und Gutglaubenserwerb bei aufschiebend bedingten Geschäftsanteilsabtretungen, NZG 2009, 1173; *ders.*, Die Sicherung des Erwerbers oder Treugebers eines Geschäftsanteils durch eine aufschiebend bedingte Abtretung nach Inkrafttreten des MoMiG, MittBayNot 2009, 116; *Wicke*, „Best Practice" bei der Nummerierung in der Gesellschafterliste – zugleich Anmerkung zum Beschluss des OLG Bamberg v. 2. 2. 2010 – 6 W 40/09, MittBayNot 2010, 283; *ders.*, Die GmbH-Gesellschafterliste im Fokus der Rechtsprechung, DB 2011, 1037; *Zessel*, Gutgläubiger Erwerb von GmbH-Geschäftsanteilen nach dem MoMiG, GmbHR 2009, 303; *Zinger/Urich-Erber*, Der Testamentsvollstreckervermerk in der Gesellschafterliste, NZG 2011, 286.

1. Materiell-rechtliche Bedeutung der Liste

674 a) **Liste nur Inhalt des Handelsregisters i. w. S.** Anders als im Personengesellschaftsrecht ist der **Gesellschafterbestand nicht Inhalt des Handelsregisters i. e. S.**, was u. a. zur Folge hat, dass im GmbH-Recht § 15 HGB im Hinblick auf die Gesellschafter keine Anwendung findet.[1365] Ein Wechsel der Gesellschafter ist deshalb auch nicht zum Handelsregister förmlich anzumelden. Die Liste ist lediglich zum Handelsregister einzureichen und wird dort (elektronisch) in den sog. Registerordner (§ 9 HRV) aufgenommen (gespeichert), wo sie Gegen-

[1365] *Heckschen/Heidinger* § 13 Rdnr. 80; Baumbach/Hueck/*Zöllner/Noack* § 40 Rdnr. 77.

stand der Einsicht nach § 9 HGB ist, ihre Aufnahme aber nicht durch Eintragungsnachricht mitgeteilt wird. Das **Gericht ist lediglich „Verwahrstelle"** der Liste.[1366] Gleichwohl kann nach h. M. die Einreichung der Liste durch die Geschäftsführung nach § 14 HGB, § 388 FamFG erzwungen werden.[1367]

b) **Rechtsfolgen der Listenaufnahme und -eintragung.** *aa) Legitimation im Verhältnis zur Gesellschaft.* Die materiell-rechtliche **Bedeutung der Liste** ist ausschließlich in § 16 GmbHG geregelt und **beschränkt sich im Grundsatz auf das Verhältnis zwischen Gesellschaft und Gesellschafter.** § 8 Abs. 1 Nr. 3 und § 40 GmbHG regeln lediglich die Frage regeln, wann eine (aktualisierte) Liste der Gesellschafter einzureichen ist. Die Legitimationswirkung der Gesellschafterliste umfasst alle mit dem betreffenden Geschäftsanteil verbundenen Mitgliedschaftsrechte, also insbesondere das Teilnahmerecht für Gesellschafterversammlungen – verbunden mit Pflicht der Gesellschaft zur Ladung (nur) des eingetragenen Gesellschafters[1368] –, das Stimmrecht – und zwar auch bei Strukturänderungen[1369] –, das Bezugsrecht bei Kapitalerhöhungen und das Gewinnbezugsrecht, daneben aber auch die Gesellschafterpflichten. § 16 Abs. 1 GmbHG gilt dabei nach h. M. auch bereits für die Gründer der Gesellschaft.[1370] 675

Praxistipp:

Zwecks Vermeidung von Zweifeln an der Wirksamkeit des Beschlusses sollte der Notar vor Beurkundung eines Beschlusses vorsorglich sicherstellen, dass hieran (außer in den Fällen des § 16 Abs. 1 S. 2 GmbHG) keine Personen mitwirken, die nicht in der Liste eingetragen sind. Die Stimmabgabe durch einen nicht eingetragenen Gesellschafter ist aber nicht per se Nichtigkeitsgrund.[1371] Jedoch kann die fehlende Ladung eines Listengesellschafters zur Nichtigkeit des Beschlusses führen (analog § 241 Nr. 1 AktG).[1372]

bb) Entsprechende Anwendung von § 16 Abs. 1 GmbHG? Wenig diskutiert wird die Frage, ob auch solche Erklärungen von einem Scheingesellschafter wirksam abgegeben werden können, die nicht i. e. S. das Verhältnis zur Gesellschaft betreffen, etwa Verzichtserklärungen nach § 8 UmwG. Die Frage ist nach dem Sinn und Zweck von § 16 Abs. 1 GmbHG im Grundsatz zu bejahen, ähnlich wie bei § 67 Abs. 2 AktG.[1373] 676

cc) Durch unzuständige Person eingereichte Liste. Die Rechtsfolgen des § 16 GmbHG sind nach herrschender Ansicht im Grundsatz unabhängig davon, ob die Liste von der zuständigen Person unterzeichnet wurde und ob diese rechtmäßig erstellt wurde oder nicht.[1374] 677

dd) Aufnahme in Registerordner. Voraussetzung der Rechtsfolgen des § 16 GmbHG und der Wirkung einer Liste als Grundlage für eine darauf aufbauende Notarbescheinigung ist deren **Aufnahme in den elektronischen Registerordner** (d. h. deren elektronische Abrufbarkeit). Aus Sicht der Praxis unerfreulich ist, dass das auch im Rahmen von § 40 Abs. 2 S. 2 GmbHG relevante Datum der Aufnahme noch nicht durchgängig online beauskunftet wird, sondern teilweise nur durch Anforderung der Liste nach § 30 a Abs. 2 HRV ermittelt werden kann.[1375] 678

[1366] Scholz/*Schneider* § 40 Rdnr. 36; *Noack* FS Hüffer, S. 723, 726.

[1367] MünchKommZPO/*Krafka* § 388 Rdnr. 9; Baumbach/Hueck/*Zöllner/Noack* § 40 Rdnr. 78; Lutter/Hommelhoff/*Bayer* § 40 Rdnr. 18; zu § 40 a. F. BayObLG DB 1979, 1981; anders zu § 40 Abs. 2 OLG München NJW-RR 2009, 972; BeckOK-FamFG/*Munzig* § 388 Rdnr. 16.

[1368] Baumbach/Hueck/*Zöllner* § 51 Rdnr. 3.

[1369] Scholz/*Seibt* § 16 Rdnr. 36; ausf. zum alten Recht *Schnorbus* ZGR 2004, 126.

[1370] Henssler/Strohn/*Verse* § 16 Rdnr. 6.

[1371] Zutr. *Bohrer* MittBayNot 2010, 17, 20 f.; *Leitzen* Rpfleger 2010, 245; s. aber OLG Hamm NZG 2001, 1038; ausf. *Wolff* BB 2010, 454 ff.

[1372] Lutter/Hommelhoff/*Bayer* Anh. § 47 Rdnr. 12.

[1373] Zum Meinungsstand Spindler/Stilz/*Cahn* § 67 Rdnr. 35 ff.

[1374] *Hasselmann* NZG 2009, 486, 487; *Tebben* RNotZ 2008, 441, 453 f.; *Heckschen/Heidinger* § 13 Rdnr. 88, 93.

[1375] *Melchior* GmbHR 2010, 418, 419.

679 Soll der neue Gesellschafter bereits vor Aufnahme der neuen Liste in den Registerordner an Gesellschafterbeschlüssen mitwirken oder andere Gesellschafterrechte ausüben, ist die Vorschrift des § 16 Abs. 1 S. 2 GmbHG zu beachten.

Praxistipp:

Soweit möglich, sollten Fragen der Anwendung von § 16 Abs. 1 S. 2 GmbHG dadurch umgangen werden, dass Alt- wie Neugesellschafter an der Beschlussfassung mitwirken oder der Veräußerer dem Erwerber vorsorglich eine Stimmrechtsvollmacht erteilt.[1376]

680 c) **Übergangsrecht.** Problematisch und umstritten ist das Übergangsrecht zu § 16 GmbHG n. F.: Die Legitimationswirkung des § 16 Abs. 1 GmbHG gilt nach herrschender Auffassung (unabhängig von einer nach früherem Recht ordnungsgemäßen Anmeldung) auch für sog. Altlisten,[1377] auch für die Absätze 2 und 3 ist die Anwendbarkeit auf Altlisten, trotz der Übergangsregelung in § 3 Abs. 3 EGGmbHG, im einzelnen umstritten.[1378] Für die notarielle Praxis sind diese Fragen aber von eher untergeordneter Bedeutung, so dass sie an dieser Stelle nicht vertieft werden sollen.

2. Erste Liste und Inhalt der Gesellschafterliste

681 a) **Gründung.** Die erste Liste ist nach § 8 Abs. 1 Nr. 3 GmbHG mit Gründung der GmbH einzureichen und durch alle Geschäftsführer zu unterzeichnen. Demgegenüber genügt bei § 40 Abs. 1 GmbHG die Unterzeichnung durch Geschäftsführer in vertretungsberechtigter Anzahl,[1379] wobei insoweit umstritten ist, ob hierbei auch eine Ermächtigung/Vertretung in Betracht kommt.[1380]

682 b) **Allgemeines.** Zum Inhalt der Liste enthält das Gesetz nur in §§ 8 Abs. 1 Nr. 3, 40 Abs. 1 GmbHG nähere Angaben. Danach dient die Liste nur der Eintragung der mit Namen, Vornamen, Geburtsdatum und Wohnort spezifizierten Inhaber der mit laufender Nummer und Nennbetrag spezifizierten Geschäftsanteile. Hält ein Gesellschafter mehrere Geschäftsanteile, ist die Angabe der Gesamthöhe der Beteiligung nicht ausreichend.

683 c) **Wohnort und Sitz.** „Wohnort" ist hier wie bei § 106 HGB im Sinne von politischer Gemeinde zu verstehen, nicht im Sinne von Wohnanschrift.[1381] Bei der Zugehörigkeit zum Unternehmensvermögen eines Einzelkaufmanns soll auch die Angabe des Orts der geschäftlichen Niederlassung zulässig sein. In jedem Fall sollte, auch im Hinblick auf § 18 BNotO, von der Aufnahme der Wohnanschrift in die Liste abgesehen werden, zumal eine andere Sachbehandlung die Frage aufwerfen würde, ob Umzüge innerhalb derselben Gemeinde als Änderung zu vermerken sind. Bei Handelsgesellschaften und juristischen Personen treten Firma bzw. Name und statutarischer Sitz an die Stelle der Angaben für natürliche Personen, wobei bei der Vor-Gesellschaft der Zusatz „i. G." in die Liste gehört, bei der Liquidationsgesellschaft der Zusatz „i. L." (vgl. etwa § 68 Abs. 2 GmbHG). Der Angabe einer Geschäftsanschrift bedarf es nicht, so dass die Angabe eines c/o-Zusatzes keinen Bedenken begegnet. Die Angabe des zuständigen Registergerichts und der Register-Nr. ist zweckmäßig, aber nicht zwingend.[1382]

1376 *Hasselmann* NZG 2009, 409, 411; *Krafka/Willer/Kühn* Rdnr. 1102.

1377 *Melchior* GWR 2011, 54; *Reymann* BB 2009, 506, 511; *Heckschen/Heidinger* § 13 Rdnr. 380 ff.; Lutter/Hommelhoff/*Bayer* § 16 Rdnr. 82; Scholz/*Seibt* § 16 Rdnr. 108; DNotI-Report 2008, 185; a. A. etwa *Wicke* § 16 Rdnr. 2; vgl. auch OLG München MittBayNot 2010, 64 zur Anwendung von § 40 Abs. 2 auf Altlisten und MittBayNot 2010, 147 zur Ausübung von Gesellschafterrechten trotz fehlerhafter Altliste.

1378 Lutter/Hommelhoff/*Bayer* § 16 Rdnr. 83; Scholz/*Seibt* § 16 Rdnr. 109.

1379 Ganz h. M., etwa Lutter/Hommelhoff/*Bayer* § 40 Rdnr. 17; a. A. Henssler/Strohn/*Oetker* § 40 Rdnr. 8.

1380 Näher *Hasselmann* NZG 2009, 486.

1381 Baumbach/Hueck/*Zöllner/Noack* § 40 Rdnr. 12.

1382 *Hasselmann* NZG 2009, 409, 412; Baumbach/Hueck/*Zöllner/Noack* § 40 Rdnr. 10; a. A. Michalski/*Terlau* § 40 Rdnr. 6.

d) **Identifizierung der Gesellschafter.** Bei **Gesamthandsgemeinschaften** (einschließlich Außengesellschaften bürgerlichen Rechts) sind **nach überwiegender Auffassung neben Angaben zur Art der Gesamtberechtigung auch sämtliche Mitglieder** (mit allen erforderlichen Angaben) **in der Liste zu vermerken** (analog § 162 Abs. 1 S. 2 HGB),[1383] und zwar bei mehrstufiger Beteiligung auf jeder Stufe, so dass dann, wenn Gesellschafterin einer geschäftsanteilshaltenden BGB-Gesellschaft wiederum eine BGB-Gesellschaft ist, auch diese mit sämtlichen Mitgliedern zu vermerken ist usw. Entsprechendes gilt für verschachtelte Erbengemeinschaften. 684

e) **Nummerierung.** Für die Nummerierung enthält das Gesetz keine näheren Vorgaben, so dass **die für die Einreichung der Liste zuständige Person** (Geschäftsführer/Notar) bei der Nummerierung neuer Anteile bzw. Erstnummerierung bestehender Anteile über ein gewisses **Ermessen** verfügt und die Nummernvergabe nicht von einem entsprechenden Gesellschafterbeschluss getragen sein muss, sondern aus eigener Kompetenz vorgenommen werden kann, wenn es an einer Vorgabe durch Satzung oder Beschluss fehlt.[1384] Der Notar sollte gleichwohl darauf hinwirken, dass – etwa bei Kapitalerhöhungen – die entsprechenden Beschlüsse Angaben zur Nummerierung neuer Geschäftsanteile enthalten. 685

Dass auch sog. **Abschnittsziffern** („1.1" etc.) mit dem Gesetz vereinbar sind, ist geklärt,[1385] für Nummern mit Buchstabenzusatz „1a" usw. gilt dies nicht.[1386] Nicht geklärt ist auch, ob die Nummern durchgehend vergeben sein müssen oder ob – etwa bei der Beteiligung mehrerer Stämme – Nummern ausgelassen werden können.[1387] Bei **Teilung** und **Zusammenlegung** müssen neue Nummern vergeben werden,[1388] wobei bei der Teilung auch die Bildung von Abschnittsziffern zulässig (aber nicht zwingend) ist. Dass – vor allem nach der Teilung – einmal verbrauchte Nummern per se nicht „reaktiviert" werden könnten,[1389] kann u. E. nicht angenommen werden. 686

Praxistipp:

Bei der Teilung von Geschäftsanteilen mit anschließender Umnummerierung sollte schon aus dem Beschluss hinreichend deutlich werden, welche neuen Anteile aus welchen alten Anteilen jeweils hervorgegangen sind. Ist dies gewährleistet, können auch früher verwendete Nummern reaktiviert werden.

Zwecks Herstellung von Transparenz über die historische Entwicklung ist eine **Veränderungsspalte zulässig** (aber nicht zwingend).[1390] Entsprechendes gilt für eine Vermerkspalte.[1391] Ob solche Spalten zweckmäßig sind, wird unterschiedlich beurteilt.[1392] Rechtliche Relevanz kommt ihnen jedenfalls nicht zu,[1393] genauso wenig wie anderen Angaben jenseits des Kreises der „Pflichtangaben". Dass die Liste zwingend erkennen lassen müsste, „woher die Anteile stammen", kann dem Gesetz nicht entnommen werden.[1394] Geschäftsführer bzw. 687

[1383] Für Erbengemeinschaft OLG Hamm BB 1975, 292; für GbR OLG Hamm NJW-RR 1996, 345; Lutter/Hommelhoff/*Bayer* § 8 Rdnr. 4; Scholz/*Winter/Veil* § 8 Rdnr. 7; a. A. *Roth/Altmeppen* § 8 Rdnr. 4; Baumbach/*Hueck/Zöllner* § 40 Rdnr. 10; ausf. Gutachten DNotI-Report 2011, 73.

[1384] BGH NZG 2011, 516; *Krafka/Willer/Kühn* Rdnr. 1103; Näher *Hasselmann* NZG 2009, 409, 413; *Herrler* NZG 2011, 536; *Melchior* NotBZ 2010, 213; *Wachter* NZG 2009, 1001, 1004; Gutachten DNotI-Report 2010, 147.

[1385] OLG Jena DNotZ 2010, 873; *Melchior* GWR 2011, 54.

[1386] Gegen Zulässigkeit etwa Michalski/*Terlau* § 40 Rdnr. 9.

[1387] So wohl auch BeckOK/*Terlau* § 40 Rdnr. 9; *Herrler* NZG 2011, 536, 537; das Attribut „laufend" spricht nicht zwingend für ersteres, s. zu § 14 Abs. 4 UStG OFD Koblenz v. 2. 7. 2008, S 7280A – St 445.

[1388] BeckNotarHdb/*Mayer/Weiler* D I Rdnr. 149 a, b.

[1389] So etwa *Hasselmann* NZG 2009, 449, 450; zum Problem auch *Herrler* NZG 2011, 536, 537.

[1390] Baumbach/Hueck/*Zöllner/Noack* § 40 Rdnr. 13; *Melchior* GWR 2011, 54; *Herrler* NZG 2011, 536; inzident BGH NZG 2011, 516.

[1391] *Herrler* NZG 2011, 536, 539.

[1392] Dafür viele, skeptisch aber etwa *Hasselmann* NZG 2009, 446, 451.

[1393] *Weigl* NZG 2009, 1173, 1175.

[1394] A. A. LG Stendal NZG 2010, 393.

Notar sind nicht berechtigt, bei Geschäftsanteilen, deren Identität und Nennbetrag unverändert geblieben sind – unabhängig davon, ob sie Gegenstand der Beurkundung/Veränderung waren oder nicht – die Nummerierung zu ändern.[1395]

688 f) **Verfügungsbeschränkungen.** Zu den noch nicht höchstrichterlich geklärten grundlegenden Fragen der Gesellschafterliste zählt diejenige, ob in der Liste auch **Verfügungsbeschränkungen** und Belastungen vermerkt werden können, d. h. **Vor-/Nacherbschaft, Testamentsvollstreckung,**[1396] **(Ver-)Pfändung, Nießbrauch, Insolvenz** etc.[1397] Der Kategorie der Verfügungsbeschränkung kann wegen § 161 BGB auch die aufschiebend bedingte Verfügung über den Anteil zugeordnet werden. Die Frage ist vor allem bei der Anwendung von § 16 Abs. 3 GmbHG von Bedeutung, weniger bei § 16 Abs. 1 GmbHG. Dem Sinn und Zweck von § 16 Abs. 3 GmbHG mag es entsprechen, in größtmöglichem Umfang nicht nur einen gutgläubigen Erwerb, sondern auch einen gutgläubig lastenfreien Erwerb zuzulassen,[1398] jedoch gibt die gesetzliche Regelung eine Erweiterung des Gutglaubensschutzes auch auf die Lastenfreiheit nicht her und das Listensystem in seiner derzeitigen Ausgestaltung wäre mit einer solchen Funktion auch überfordert. Dementsprechend fallen solche Vorgänge auch nicht unter § 40 GmbHG.[1399] Dass aus der **Unmöglichkeit gutgläubig lastenfreien Erwerbs** die Unzulässigkeit fakultativer (zusätzlicher) Eintragungen folgt, ist damit aber nicht zwingend gesagt und auch abzulehnen. Unabhängig von der Beantwortung dieser Frage kann von der Aufnahme fakultativer Angaben in die Liste (z. B. das Datum des Wirksamwerdens der Veränderung, Inhalt früherer Liste, Hinweise zum Erwerbsgrund etc.) nur abgeraten werden: Abgesehen von der gänzlich zweifelhaften materiell-rechtlichen Relevanz solcher Angaben und zusätzlichen Prüfungspflichten und Haftungsgefahren sollten solche Angaben auch schon deshalb vermieden werden, weil ihre Rückgängigmachung oder Korrektur viele ungeklärte Fragen aufwirft und die Einheitlichkeit des Listensystems hierdurch erheblichen Schaden erleidet.

3. Einreichungspflichtige Veränderungen

689 a) **Nachträgliche Veränderungen.** Meldepflichtig nach Maßgabe von Absatz 1 und 2 von § 40 GmbHG ist jede „Veränderung in den Personen des Gesellschafters oder des Umfangs ihrer Beteiligung". Der Begriff der „Veränderung in der Person eines Gesellschafters" erfasst nicht nur die Fälle des Rechtsträgerwechsels aufgrund Einzel- oder Gesamtrechtsnachfolge (Abtretung, Erbgang, Umwandlung, je nach den Umständen auch die Vereinbarung der Gütergemeinschaft), sondern **auch Veränderungen in einem in der Liste aufzuführenden Merkmal, d. h. bei Name/Firma oder Wohnort/Sitz** (z. B. Namensänderung nach Heirat, Firmenänderung, Formwechsel, Umzug, Sitzverlegung in eine andere Gemeinde)[1400] **oder in der personellen Zusammensetzung einer Gesamthandsgemeinschaft** (insbes. Ein-/Austritt von Gesellschaftern einer BGB-Gesellschaft, Anwachsung, Erbteilsübertragung).[1401] Bei mehrstufigen Gesamthandsgemeinschaften führt jede Änderung auf irgendeiner Stufe zur Notwendigkeit der Korrektur. Unter den Begriff des „Umfangs der Beteiligung" fallen nicht nur echte Kapitalveränderungen, sondern **auch die Teilung und Zusammenlegung von Geschäftsanteilen,** die **Umnummerierung** und wohl auch die **bloße Euro-Umstellung.** Keine Veränderung stellen dingliche Belastungen oder Beeinträchtigungen der Verfügungsbefugnis dar.

[1395] LG Augsburg NZG 2009, 1032; OLG Bamberg DNotZ 2010, 871.

[1396] Hierzu ausführlich *Zinger/Urich-Erber* NZG 2011, 286 ff.

[1397] Dagegen die ganz h. M., etwa BeckNotarHdb/*Mayer/Weiler* D I Rdnr. 153; *Krafka/Willer/Kühn* Rdnr. 1102; Michalski/*Terlau* § 40 Rdnr. 12; Lutter/Hommelhoff/*Bayer* § 40 Rdnr. 7; Scholz/*Schneider* § 40 Rdnr. 13.

[1398] LG Aachen RNotZ 2009, 409 zum Nießbrauch; allgemein *Reymann* WM 2008, 2095, 2101; Heckschen/*Heidinger* § 13 Rdnr. 286 ff.

[1399] Baumbach/Hueck/*Zöllner* § 40 Rdnr. 7.

[1400] *Krafka/Willer/Kühn* Rdnr. 1102; Scholz/*Schneider* § 40 Rdnr. 6; Henssler/Strohn/*Oetker* § 40 Rdnr. 4.

[1401] Ausf. Gutachten DNotI-Report 2011, 73.

Praxistipp:

Bei der Beurkundung von Umwandlungsverträgen ist es zweckmäßig, hinsichtlich des übertragenden (formwechselnden) Rechtsträgers nicht nur etwaiges Eigentum an Grundbesitz, sondern auch etwaiges Halten von GmbH-Geschäftsanteilen routinemäßig abzufragen und einen entsprechenden Vermerk in die Urkunde aufzunehmen. Auf diese Wiese wird sichergestellt, dass eine zeitnahe Aktualisierung der Gesellschafterliste bei der betreffenden GmbH erfolgt. Ob entsprechendes für beurkundete Übertragungen von Anteilen an BGB-Gesellschaften und Erbteilsübertragungen sowie Firmenänderungen/Sitzverlegung bei Handelsgesellschaften gilt, dürfte eher Geschmacksfrage sein.

Keine Veränderung ist die Sitzverlegung oder Firmenänderung bei der betroffenen GmbH selbst.

b) **Mehrzahl von Veränderungen.** Da die Gesellschafterliste den richtigen Gesellschafterbestand lückenlos abbilden soll, ist eine **korrigierte Gesellschafterliste auch dann einzureichen, wenn der darin dokumentierte Stand inzwischen überholt ist** („Zwischenliste") und ggf. nur für eine juristische Sekunde bestanden haben mag.[1402] Dies betrifft etwa Kettenabtretungen in einer Urkunde.[1403] In solchen Fällen kann es zweckmäßig sein, mehrere Listen mit Uhrzeit oder römischen Ziffern zu versehen.[1404] Für zulässig hält es die h. M. jedoch, dass bei Teilung eines Geschäftsanteils und Abtretung eines auf diese Weise gebildeten Teilgeschäftsanteils in einer Urkunde nur eine Liste eingereicht wird (vorausgesetzt die Abtretung wird zeitgleich wirksam).[1405] Erfolgt die Teilung aber durch privatschriftlichen Beschluss, sind aber stets zwei Listen einzureichen, da nur eine Änderung durch Mitwirkung eines Notars zustandegekommen ist. Im übrigen ist die Einreichung nur einer Liste mit mehreren Veränderungen aufgrund derselben notariellen Urkunde nur dann ausreichend, wenn die Veränderungen verschiedene Anteile betreffen und die Veränderungen gleichzeitig wirksam werden.[1406] Entsprechendes gilt im übrigen auch im Rahmen von § 40 Abs. 1 GmbHG: Auch hier darf bei mehreren unerledigten Veränderungen grundsätzlich nicht nur eine Liste mit den gesammelten Veränderungen eingereicht werden.[1407] 690

c) **Wechselwirkung § 40–§ 16 GmbHG.** Wenig diskutiert wird die Frage, ob jede Veränderung, die unter § 40 fällt, bis zu ihrem Listenvollzug auch den Wegfall der Legitimationswirkung nach § 16 Abs. 1 GmbHG zur Folge hat. Die ganz überwiegende Literatur geht im Anschluss an die Regierungsbegründung zu § 16 Abs. 1 GmbHG[1408] davon aus, dass diese Vorschrift nicht nur für die Einzelrechtsnachfolge, sondern auch für alle Fälle der Gesamtrechtsnachfolge gelte.[1409] In Anbetracht der Tatsache, dass Sinn und Zweck von § 16 Abs. 1 in erster Linie die Regelung des Verhältnisses zwischen Geschäftsanteilsveräußerer und -erwerber ist,[1410] erscheint es aber jedenfalls überzogen, das Unterlassen der Listenkorrektur bei Änderungen ohne Rechtsträgerwechsel mit einem de-facto-Entzug der Gesellschafterrechte zu sanktionieren (die dann übergangsweise niemandem zustünden).[1411] Bleibt die Identität des Gesellschafters unverändert, steht das Fehlen der Aktualisierung von Name/Firma, Sitz, Zusammensetzung (GbR) etc. der formalen Listenlegitimation nicht entgegen.[1412] Entsprechendes gilt auch bei der Teilung und Zusammenlegung von Anteilen.[1413] 691

1402 *Krafka/Willer/Kühn* Rdnr. 1102; Scholz/*Schneider* § 40 Rdnr. 9; DNotI-Report 2011, 25.

1403 LG München I, GmbHR 2010, 151; DNotI-Report 2010, 25, 26.

1404 *Hasselmann* NZG 2009, 449, 450.

1405 DNotI-Report 2011, 25.

1406 DNotI-Report 2011, 25, 26; Lutter/Hommelhoff/*Bayer* § 40 Rdnr. 9.

1407 Henssler/Strohn/*Oetker* § 40 Rdnr. 5.

1408 BT-Drucks. 16/6140, S. 38.

1409 *Hasselmann* NZG 2009, 409, 411; Baumbach/Hueck/*Hueck/Fastrich* § 16 Rdnr. 3; MünchKomm-*Heidinger* § 16 Rdnr. 142.

1410 MünchKomm-*Heidinger* § 16 Rdnr. 10.

1411 Zutr. Henssler/Strohn/*Verse* § 16 Rdnr. 7.

1412 I. E. auch MünchKomm-*Heidinger* § 16 Rdnr. 84 ff. (auch zu Veränderungen im Personenbestand einer BGB-Gesellschaft); s. a. Gutachten DNotI-Report 2011, 73.

1413 Henssler/Strohn/*Verse* § 16 Rdnr. 8.

692 d) **Korrektur von Listen.** Bei der Korrektur von Listen ist zu unterscheiden:[1414] Für die Korrektur einer **von Anfang an (objektiv) fehlerhaften Liste** ist im Grundsatz derjenige zuständig, der auch für die Einreichung zuständig war. Bei Fehlern innerhalb der Liste (z.B. falsche Firmenbezeichnung) ist die richtige Fassung – bei Anwendbarkeit von § 40 Abs. 2 GmbHG nur durch den Notar – nachzureichen (ggf. einschließlich Klarstellung in der Listenbescheinigung), bei einer zu Unrecht eingereichten Liste ist eine weitere Liste, die den status quo ante „wiederherstellt", möglichst mit entsprechendem Richtigstellungsvermerk.[1415] Eine Herausnahme/Löschung der Liste ist nach Aufnahme in den Registerordner nicht mehr möglich. Anders ist mit **Listen** umzugehen, die z.B. **wegen Eintritts einer auflösenden Bedingung oder wegen Anfechtung unrichtig geworden** sind: Hier ist stets der **Geschäftsführer** für die Einreichung der neuen richtigen Liste zuständig.[1416]

4. Mitwirkung des Notars: Abgrenzung zu Absatz 1

693 a) **Handhabung in der Praxis.** Praxisrelevant und im Einzelfall ggf. schwierig ist die **Abgrenzung der Zuständigkeiten für die Listeneinreichung zwischen Geschäftsführung einerseits und Notar andererseits**, manchmal auch die Bestimmung des zuständigen Notars bei der Beteiligung mehrerer Notare.

Praxistipp:

Bei Unsicherheiten über die Abgrenzung von § 40 Abs. 1 GmbHG zu Abs. 2 kann als Faustregel empfohlen werden, dass sowohl die Geschäftsführung als auch der Notar die Liste unterschreiben und die Liste mit einer Bescheinigung nach § 40 Abs. 2 S. 2 GmbHG eingereicht wird.[1417] Dieses Vorgehen verstößt nicht gegen § 40 GmbHG und führt auch nicht dazu, dass die Liste keine taugliche Liste im Sinne von § 16 GmbHG wäre.

694 Im Übrigen sind die Schwierigkeiten bei der Abgrenzung der Tatbestände und bei der Abgrenzung der Zuständigkeit mehrerer Notare zwar einerseits unerfreulich, lassen andererseits aber auch Spielraum für eine angemessene und flexible Lösung im konkreten Einzelfall, zumal eine durch einen Notar eingereichte Liste nicht deshalb wirkungslos ist, weil die Liste richtigerweise vom Geschäftsführer hätte eingereicht werden müssen (und umgekehrt). Im Zweifelsfall wird die Unterzeichnung durch Notar und Geschäftsführung das Mittel der Wahl sein.

695 b) **Unmittelbare und mittelbare Mitwirkung.** Klare Fälle der Zuständigkeit nach § 40 Abs. 2 sind neben der Abtretung von Geschäftsanteilen und notariell beurkundeten Kapitalmaßnahmen[1418] als Fälle „unmittelbarer Mitwirkung" auch nach inzwischen ganz h.M. – und zwar nach Streichung von § 52 Abs. 2 UmwG uneingeschränkt – Umwandlungsmaßnahmen nach dem UmwG.[1419] Die **Kenntnis des Notars** von der Zugehörigkeit von GmbH-Geschäftsanteilen zu einem nach dem UmwG übergehenden Vermögen ist nach vordringender Auffassung **ohne Bedeutung für die Abgrenzung zwischen Absatz 1 und Absatz 2**,[1420] sondern nur relevant für die Frage, ob ein Unterlassen seitens des Notars pflichtwidrig ist oder nicht.[1421] Die in der Literatur[1422] z.T. vertretene Beschränkung der Anwendung von § 40 Abs. 2 GmbHG auf Spaltungen führt insoweit nicht weiter, da § 126 UmwG für Spal-

[1414] S. auch *Tebben* RNotZ 2008, 441, 453; *Herrler* NZG 2011, 536, 538.
[1415] Vgl. Lutter/Hommelhoff/*Bayer* § 40 Rdnr. 32.
[1416] *Berninger* GmbHR 2009, 679, 684; *Hasselmann* NZG 2009, 486, 491; Michalski/*Terlau* § 40 Rdnr. 29.
[1417] OLG Hamm DNotZ 2010, 792; *Leitzen* BB 2010, 986.
[1418] Zur Kapitalerhöhung OLG München DStR 2010, 1537
[1419] OLG Hamm DNotZ 2010, 214; *Ising* NZG 2010, 812; *Berninger* DStR 2010, 1292; a.A. Baumbach/Hueck/*Zöllner/Noack* § 40 Rdnr. 56; Michalski/*Terlau* § 40 Rdnr. 26.
[1420] So aber etwa *Krafka/Willer/Kühn* Rdnr. 1103.
[1421] *Herrler/Blath* ZIP 2010, 129 ff.; *Berninger* DStR 2010, 1292, 1296.
[1422] *Melchior* GWR 2011, 54.

tungen nicht verlangt, dass zum übergehenden Vermögen gehörende Geschäftsanteile ausdrücklich genannt werden.

Umstritten ist die Behandlung von Veränderungen aufgrund Ausnutzung eines genehmigten Kapitals, wenn der Ausnutzungsbeschluss nicht notariell beurkundet worden ist.[1423] **Kein Anwendungsfall von Absatz 2** sind unmittelbar durch Gesetz (im materiellen Sinne) oder durch Verwaltungsakt angeordnete Gesamtrechtsnachfolgen sowie nach weitaus überwiegender Auffassung auch der **Übergang aufgrund Erbfolge**, und zwar auch dann, wenn die Erbfolge auf notarieller Verfügung von Todes wegen beruht oder der Notar einen Erbscheinsantrag nebst eidesstattlicher Versicherung beurkundet hat.[1424] Ist Gesellschafterin eine juristische Person oder rechtsfähige Außengesellschaft und hat sich Firma oder Sitz verändert, ist § 40 Abs. 2 immer dann anwendbar, wenn der entsprechende Beschluss notariell beurkundet worden ist (str.), sei es auch nur in Gestalt eines Protokolls nach § 36 BeurkG. Die **bloße Unterschriftsbeglaubigung genügt nicht.**[1425] Entsprechendes gilt bei der Veränderung des Gesellschafterkreises durch notariell beurkundeten Einziehungs-, Teilungs- oder Zusammenlegungsbeschluss in der GmbH sowie bei der Veränderung des Gesellschafterkreises einer anteilshaltenden Gesamthand (z. B. durch Erbteilsübertragung).[1426] 696

c) **Auslandsbeurkundung.** Stets setzt die Anwendung von § 40 Abs. 2 GmbHG aber voraus, dass ein deutscher Notar an der Veränderung mitgewirkt hat. Bei Beurkundung im Ausland gilt § 40 Abs. 1 GmbHG, und der ausländische Notar ist nach zutreffender Ansicht zur Listeneinreichung weder verpflichtet (allg. M.) noch berechtigt (sehr str.).[1427] 697

d) **Kompetenzkonflikte innerhalb von Absatz 2.** Problematisch sind auch die Fälle der „Mitwirkung“ (im untechnischen Sinne) mehrerer Notare. In diesem Bereich sind die Unklarheiten noch größer als bei der Abgrenzung von Absatz 2 zu Absatz 1. Eine „parallele“ Einreichung durch mehrere Notare kommt jedenfalls nicht in Betracht, und da notarielle Amtspflichten nicht zur Disposition der Beteiligten stehen, richtigerweise auch keine Rogation durch die Parteien.[1428] In jedem Fall kann vielmehr nur ein Notar berechtigt und verpflichtet sein. Die Abgrenzung danach vorzunehmen, wer die letzte relevante notarielle Amtshandlung vorgenommen hat,[1429] muss ebenso ausscheiden wie eine Abgrenzung danach, welcher Notar zur „Miterledigung“ der Liste am ehesten „in der Lage“ ist.[1430] Entscheidend ist vielmehr, welche notarielle Betrachtung bei wertender Betrachtung den Schwerpunkt bildet, was der Schlusspunkt sein kann, aber nicht muss: Bei Angebot und Annahme ist der die Annahme beurkundende Notar zuständig,[1431] bei Genehmigung vollmachtlosen Handelns der den Vertrag beurkundende Notar,[1432] bei Umwandlungsmaßnahmen derjenige Notar, der den entsprechenden Vertrag bzw. Plan beurkundet hat, unabhängig von der Beurkundung der Zustimmungsbeschlüsse.[1433] 698

[1423] Gegen Notarzuständigkeit etwa *Heckschen* Rdnr. 655; Michalski/*Terlau* § 40 Rdnr. 13; Lutter/Hommelhoff/*Lutter* § 55 a Rdnr. 27; a. A. (für Notarzuständigkeit) *Wicke* § 55 a Rdnr. 15 und wohl auch *Schnorbus/Donner* NZG 2009, 1241, 1245.

[1424] Wie hier *Heckschen* Rdnr. 511 ff.; *Melchior* GmbHR 2010, 418, 419; Baumbach/Hueck/*Zöllner/Noack* § 40 Rdnr. 56; für Differenzierung auch beim Erwerb von Todes wegen Lutter/Hommelhoff/*Bayer* § 40 Rdnr. 25.

[1425] A. A. bei Entwurfsfertigung durch Notar OLG Hamm DNotZ 2010, 214 (obiter); Lutter/Hommelhoff/*Bayer* § 40 Rdnr. 24; *Mayer* DNotZ 2008, 403, 408; für Mitwirkung bei jeder Unterschriftsbeglaubigung sogar *Hasselmann* NZG 2009, 449, 453.

[1426] Vgl. auch zur Anwachsung (obiter dictum) OLG Düsseldorf NZG 2011, 388.

[1427] Wie hier etwa *Mayer* ZIP 2009, 1037, 1046; Heckschen/*Heidinger* § 13 Rdnr. 364; Baumbach/Hueck/*Zöllner/Noack* § 40 Rdnr. 69; Lutter/Hommelhoff/*Bayer* § 40 Rdnr. 27; Michalski/*Terlau* § 40 Rdnr. 27; a. A. OLG Düsseldorf NZG 2011, 388; *Hermanns* RNotZ 2010, 38; *Vossius* DB 2007, 2299, 2304; Scholz/*Schneider* § 40 Rdnr. 42.

[1428] Anders etwa *Wicke* NotBZ 2009, 1, 13; Lutter/Hommelhoff/*Bayer* § 40 Rdnr. 26; ähnlich wie hier *Noack* FS Hüffer, S. 723, 732.

[1429] So *Krafka/Willer/Kühn* Rdnr. 1103; Michalski/*Terlau* § 40 Rdnr. 25.

[1430] So *Hasselmann* NZG 2009, 449, 454 f.

[1431] H. M., etwa *Melchior* GWR 2011, 54; Heckschen/*Heidinger* § 13 Rdnr. 321; Michalski/*Terlau* § 40 Rdnr. 25.

[1432] *Hasselmann* NZG 2009, 449, 455.

[1433] Zutr. Michalski/*Terlau* § 40 Rdnr. 25.

699 e) **Führungslosigkeit der GmbH.** Schwierigkeiten bereiten in der Praxis die Fälle, in denen es nicht nur an einem amtierenden Geschäftsführer fehlt, der eine neue Liste einreichen könnte, sondern auch an listenmäßig legitimierten Gesellschaftern. Abgesehen davon, dass auch nicht nach § 16 Abs. 1 GmbHG legitimierte Gesellschafter an wirksamen Gesellschafterbeschlüssen mitwirken können, kommt nach zutreffender Auffassung auch eine Listeneinreichung durch den neu berufenen Geschäftsführer in Betracht, so dass es der Bestellung eines Notgeschäftsführers nicht bedarf.[1434] Nach zutreffender Ansicht tritt der Gesamtrechtsnachfolger (z. B. Erbe) in die Listenposition seines Rechtsvorgängers ein.[1435] Der Erbe kann danach zumindest dann an Beschlüssen mitwirken, wenn sein Erbrecht durch Erbschein[1436] oder Eröffnungsprotokoll einer notariellen Verfügung von Todes wegen nachgewiesen ist.

5. Mitwirkung des Notars: Voraussetzungen der Einreichung

700 a) **Wirksamwerden der Veränderung.** Notwendig, aber auch hinreichend für die Entstehung von Einreichungsrecht = Einreichungspflicht nach § 40 Abs. 2 GmbHG ist die persönliche **Überzeugung des Notars von der Wirksamkeit der Veränderung.**[1437] Welche Voraussetzungen für diese Überzeugungsbildung gegeben sein müssen, ist **vom Notar im jeweiligen Einzelfall nach pflichtgemäßem Ermessen zu entscheiden.** Probleme können insoweit nicht nur im Hinblick auf den Eintritt nicht vom Notar zu kontrollierender aufschiebender Bedingungen auftreten, sondern insbesondere auch hinsichtlich Existenz und Zusammensetzung einer Partei (BGB-Gesellschaft!) oder deren wirksame Vertretung (z. B. bei ausländischen Gesellschaften und BGB-Gesellschaften). Dabei gilt z. B. § 29 GBO nicht analog, so dass die notwendige Überzeugungsbildung ggf. auch ganz ohne förmliche Nachweise stattfinden kann (z. B. bei mündlicher Bevollmächtigung). Soweit möglich, sollte sich der Notar im Einzelfall aber um (möglichst) förmliche Nachweise bemühen. Zulässig erscheint es auch, bei Beurkundung einer Abtretung ohne Vorlage der Originalvollmachtsurkunde ausdrücklich zu bestimmen, dass der Notar die Liste erst nach Erhalt der Originalvollmacht einreicht.[1438]

701 b) **Registerbedingungen.** Umstritten ist, ob der Notar auch dann schon die entsprechende Liste einreichen darf, wenn das Wirksamwerden der Veränderung von einer Registereintragung bei dieser GmbH abhängig ist, etwa bei Kapitalmaßnahmen. Weitgehend geklärt ist, dass **jedenfalls die Erstellung der Listenbescheinigung bereits vor Wirksamwerden zulässig** ist,[1439] hierüber hinaus sollte die **Einreichung der Liste bereits mit Einreichung der Anmeldung der Kapitalmaßnahme** aber jedenfalls dann zugelassen werden, wenn sie mit der Maßgabe erfolgt, die Liste erst nach Registervollzug der Satzungsänderung in den Registerordner aufzunehmen oder wenn die Liste ausdrücklich einen Hinweis auf die Kapitalmaßnahme enthält („nach Wirksamwerden der Kapitalerhöhung vom …… auf ……“).[1440]

702 c) **Der Umgang mit fehlerhaften Listen.** Anders als z. B. das Grundstücksrecht (vgl. § 891 BGB) stellt das GmbHG für den Notar keine materiell-rechtliche Grundlage für den Umgang mit fehlerhaften Eintragungen bereit. Weitgehend unstreitig ist jedenfalls, dass der Notar (vermeintliche) Unrichtigkeiten bei solchen Gesellschaftern, um deren Geschäftsanteile in dem von ihm beurkundeten Vorgang nicht geht, weder zu prüfen noch zu korrigieren hat,[1441] so dass die „neue“ Liste auf der (vermeintlich) unrichtigen Altliste aufbauen muss

1434 *Link* RNotZ 2009, 193, 213.

1435 *Ising* NZG 2010, 812, 815 f.; *Roth/Altmeppen* § 16 Rdnr. 18; a. A. MünchKomm-*Heidinger* § 16 Rdnr. 131; Henssler/Strohn/*Verse* § 16 Rdnr. 19.

1436 Vgl. die h. M. zu § 67 AktG, etwa Spindler/Stilz/*Cahn* § 67 Rdnr. 45.

1437 OLG München NZG 2009, 1192; Scholz/*Schneider* § 40 Rdnr. 48.

1438 BeckNotarHdb/*Mayer/Weiler* D I Rdnr. 154 b.

1439 OLG Jena DNotZ 2010, 793.

1440 *Herrler* DNotZ 2008, 903; 910; *Krafka/Willer/Kühn* Rdnr. 1051 a; a. A. etwa *Mayer* ZIP 2009, 1037, 1048.

1441 OLG Düsseldorf NZG 2011, 388; *Bohrer* MittBayNot 2010, 17, 18; Baumbach/Hueck/*Zöllner/Noack* § 40 Rdnr. 65.

(etwa dann, wenn ein Gesellschafter nachweislich verstorben ist, aber noch in der Liste eingetragen ist).

Praxistipp:

Um eine möglichst vollständig richtige Liste einzureichen, sollte der Notar auch vor der Beurkundung hinsichtlich einer von der Unrichtigkeit nicht betroffenen Listenposition bei den Beteiligten anregen, bei der Geschäftsführung zunächst die Einreichung einer richtigen Liste beim Handelsregister zu veranlassen.[1442]

Problematischer sind die Fälle, in denen dem Notar konkrete Anhaltspunkte für die Unrichtigkeit der Listeneintragung des Veräußerers bekannt sind. Z. T. wird auch hier davon ausgegangen, dass der Notar von der Richtigkeit der Eintragung ausgehen müsse.[1443] Bei zweifelsfrei fehlender materiell-rechtlicher Legitimation des Veräußerers erscheint aber schon die Beurkundung des entsprechenden Geschäfts problematisch (vgl. § 4 BeurkG). Im übrigen muss der Notar vor Einreichung der Liste von der Wirksamkeit des Rechtserwerbs überzeugt sein, so dass **die Einreichung einer Liste bei ernstlichen Zweifeln an der Aktivlegitimation des Veräußerers ausscheiden muss.** Eine Pflicht zur Amtsermittlung besteht insoweit aber nicht.[1444] 703

Das „umgekehrte" Problem tritt auf, wenn der Notar zwar von der Aktivlegitimation des Veräußerers überzeugt ist, dieser jedoch nicht in der Liste eingetragen ist. Hier bestehen zwar keine Zweifel an der Zulässigkeit der Beurkundung und der Wirksamkeit des Rechtserwerbs des Erwerbers, wohl aber an der Zulässigkeit der Einreichung einer Liste durch den Notar. Nach teilweise vertretener Auffassung kann der Notar gleichwohl eine Liste einreichen, die den Erwerber ausweist.[1445] 704

6. Einreichung von Liste und Notarbescheinigung

a) **Allgemeines.** § 40 Abs. 2 GmbHG regelt eine **originäre Amtspflicht des Notars**, die nicht zur Disposition der Beteiligten steht.[1446] Weisungen der Gesellschafter oder der Geschäftsführung kommen im Bereich des § 40 Abs. 2 GmbHG deshalb nicht in Betracht. Eine Umnummerierung abgetretener Anteile ist zulässig, sofern jeder Anteil durch die Angabe der bisherigen Nummerierung zu identifizieren bleibt;[1447] entsprechendes gilt für die Teilung. 705

b) **Form der Einreichung.** In den Fällen des § 40 Abs. 1 GmbHG genügt die Übermittlung einer einfachen (d. h. nicht signierten) elektronischen Kopie des Originals der Geschäftsführerliste.[1448] Dagegen bedarf es in den Fällen des Absatzes 2 entweder der Einreichung einer elektronisch beglaubigten Abschrift der Papierliste nebst Bescheinigung oder der Einreichung eines originären elektronischen Dokuments.[1449] 706

c) **Die Bescheinigung nach § 40 Abs. 2 S. 2 GmbHG.** *aa) Allgemeines.* Die Formulierung der Notarbescheinigung bereitet in der Regel keine besonderen Schwierigkeiten und erfolgt in Anlehnung an den Gesetzeswortlaut und zumindest sinngemäßer Entsprechung zum Text von § 40 Abs. 2 S. 2 GmbHG.[1450] Nach einer Gründung durch Musterprotokoll kann jedoch nicht an eine separate Liste angeknüpft werden, sondern nur an die im Musterprotokoll enthaltene. In diesen Fällen sollte im zweiten Halbsatz der Notarbescheinigung ein ent- 707

1442 DNotI-Report 2010, 53.

1443 So wohl *Hasselmann* NZG 2009, 486, 492; Michalski/*Terlau* § 40 Rdnr. 30; unklar Lutter/Hommelhoff/*Bayer* § 40 Rdnr. 28: Voreintragung ist zu prüfen.

1444 DNotI-Report 2010, 53.

1445 DNotI-Report 2010, 53.

1446 Baumbach/Hueck/*Zöllner/Noack* § 40 Rdnr. 57.

1447 BGH NZG 2011, 516.

1448 OLG Jena DNotZ 2010, 793; Lutter/Hommelhoff/*Bayer* § 40 Rdnr. 10 f.

1449 OLG Jena DNotZ 2010, 793; a. A. LG Trier NZG 2010, 233.

1450 OLG Stuttgart BeckRS 2011, 07790.

sprechender Hinweis enthalten sein („stimmt mit dem Inhalt der zuletzt im Handelsregister im Wege des Musterprotokolls aufgenommenen Liste der Gesellschafter überein"):[1451]

708 Die Liste muss **zwingend datiert** sein. Weder Liste noch Bescheinigung müssen aber den Zeitpunkt des Wirksamwerdens der Veränderung angeben.[1452]

709 *bb) Anknüpfung an letzte aufgenommene Liste.* In den Fällen der Einreichung von „Zwischenlisten" ist zu beachten, dass das Gesetz eine Listenbescheinigung vorsieht, die an die letzte im Register aufgenommene anknüpft. Dies kann auch eine „Altliste" nach § 40 GmbHG a. F. sein, die beim Gericht nur in Papierform vorliegt.[1453] Möchte man von dieser Vorgabe auch in den Fällen der „Zwischenliste" nicht abweichen (indem man an die zuletzt eingereichte Liste anknüpft), bleibt als Ausweg nur, mit der Einreichung der zweiten Liste abzuwarten, bis die erste Liste in den Registerordner aufgenommen worden ist. Nicht zwingend, aber doch zweckmäßig ist es, in der Liste diejenige letzte Liste, auf der „aufgebaut" wurde, ausdrücklich zu spezifizieren.[1454]

Praxistipp:

Insbesondere bei Gesellschaften mit größerem Gesellschafterkreis sollte vor Einreichung der aktualisierten Liste noch einmal überprüft werden, ob die in Bezug genommene Liste tatsächlich die zuletzt in den Registerordner aufgenommene ist oder ob in der Zwischenzeit eine andere Liste eingereicht worden ist. Auf diese Weise kann das Risiko von „kreuzenden Listen" reduziert werden.

710 *cc) Form der Bescheinigung.* Die Notarbescheinigung kann entweder auf ein separates Blatt oder unmittelbar unter die Liste auf dasselbe Blatt gesetzt werden.[1455] Sie kann auch als originäres elektronisches Dokument erstellt werden. Macht der Notar von dieser Möglichkeit keinen Gebrauch, ist vom Original der Liste samt Bescheinigung eine elektronisch beglaubigte Abschrift zu fertigen.[1456] Es genügt, wenn Liste und Bescheinigung vom zuständigen Notar insgesamt nur einmal mit Unterschrift und Siegel versehen werden.[1457]

711 **d) Prüfung beim Registergericht.** *aa) Umfang des Prüfungsrechts.* Bei Prüfungsrecht und -pflicht des Registergerichts **wird verbreitet zwischen formeller und materieller Ordnungsmäßigkeit unterschieden** (ohne dass hieraus für jeden Einzelfall klare Kriterien über die Zuordnung zu der einen oder anderen Rubrik gewonnen wären).[1458] Während erstere geprüft und beanstandet bzw. zurückgewiesen werden kann, ist letztere der Prüfung des Gerichts entzogen (wobei z. T. eine Ausnahme für offenkundige Mängel gemacht wird).[1459] „Formelle" Mängel in diesem Sinne sind beispielsweise die Unterzeichnung durch Nicht-Geschäftsführer oder in nicht vertretungsberechtigter Anzahl, daneben auch die fehlende Nummerierung oder andere ohne materielle Prüfung feststellbare Fehler, etwa die fehlende Nennung der Gesamthänder bei Gesamthandsgemeinschaften. Nicht der Prüfung des Gerichts unterliegt die Frage, ob ein Fall von § 40 Abs. 1 oder Abs. 2 GmbHG vorliegt.[1460]

[1451] *Heckschen*, MoMiG in der notariellen Praxis, Rdnr. 318.

[1452] *Hasselmann* NZG 2009, 449, 450.

[1453] *Krafka/Willer/Kühn* Rdnr. 1103.

[1454] *Bohrer* MittBayNot 2010, 17, 18.

[1455] LG Dresden BeckRS 2009, 24667.

[1456] OLG Jena DNotZ 2010, 793.

[1457] *Begemann/Galla* GmbHR 2009, 1065, 1070.

[1458] OLG Bamberg DNotZ 2010, 871; *van de Loo* GWR 2010, 189; *Wachter* NZG 2009, 1001, 1002 f.; *Wicke* MittBayNot 2010, 283; *Herrler* NZG 2011, 536, 539; Gutachten DNotI-Report 2009, 190 ff.; *Krafka/Willer/Kühn* Rdnr. 1105; Scholz/*Schneider* § 40 Rdnr. 36.

[1459] OLG München DNotZ 2009, 637; *Krafka/Willer/Kühn* Rdnr. 1105; noch weiter Michalski/*Terlau* § 40 Rdnr. 41.

[1460] OLG Frankfurt GmbHR 2010, 198.

bb) Rechtsbehelfe. Bei einer zurückweisenden Entscheidung (Beschluss) ist die (unbefristete) Beschwerde nach § 58 FamFG statthaft,[1461] dabei ist der Notar aus eigenem Recht beschwerdebefugt, wenn es sich um eine Liste nach § 40 Abs. 2 handelt.[1462] 712

cc) Kosten und Gebühren. Die Entgegennahme der Liste ist gebührenpflichtig nach § 1 HRegGebV i. V. m. Nr. 5002 des Gebührenverzeichnisses.[1463] Hinsichtlich der Notarkosten fällt die notarielle Bescheinigung unter § 50 KostO, ist also kein kostenfreies Nebengeschäft.[1464] Daneben fällt auch für die Erstellung einer Liste durch den Notar eine Gebühr an, und zwar (auch in den Fällen des § 40 Abs. 2) nach § 147 Abs. 2 KostO.[1465] 713

Muster einer Gesellschafterliste mit Notarbescheinigung

Lfd. Nr. des Geschäftsanteils	Gesellschafter	Nennbetrag des Geschäftsanteils in EUR	Summe
1–5, 12	Max Meier, 1. 1. 1940, Köln; Max Müller, 1. 1. 1950, Düsseldorf; Max Meister, 1. 1. 1960, in Erbengemeinschaft	Je 5.000,–	30.000,–
6	Dombrau GmbH, Köln (AG Köln, HRB 123.456)	10.000,–	10.000,–
7–11	1-2-3-Brau GbR Köln, bestehend aus Max Müller Ltd., London und Max Meister LLC, Delaware	Je 1.000,–	5.000,–
	Stammkapital		**45.000,–**

Hiermit bescheinige ich, dass die geänderten Eintragungen den Veränderungen entsprechen, an denen ich gemäß meiner Urkunde vom .... – UR Nr. .... – mitgewirkt habe und dass die übrigen Eintragungen mit dem Inhalt der zuletzt im Handelsregister aufgenommenen Liste vom .... übereinstimmen.

......., den ....

(Siegel und Unterschrift des Notars)

7. Zuordnung eines Widerspruchs (§ 16 Abs. 3 S. 3, 4)

a) **Eintragung.** Für denjenigen, der den Widerspruch nicht als Mittel der Wahl bei der aufschiebend bedingten Geschäftsanteilsabtretung befürwortet, hat das Rechtsinstitut in der notariellen Praxis wenig Bedeutung. Nach dem Vorbild des § 899 Abs. 2 BGB erfolgt die Zuordnung des Widerspruchs zur Liste aufgrund Gerichtsentscheidung oder Bewilligung des Betroffenen. Dass eine dem § 29 GBO entsprechende Vorschrift insoweit fehlt, § 12 Abs. 1 HGB nicht anwendbar ist und auch bei Einreichung der Liste durch den Geschäftsführer keine Unterschriftsbeglaubigung verlangt wird, spricht dafür, für die Bewilligung keine Beglaubigung der Unterschriften zu fordern.[1466] 714

[1461] OLG München DNotZ 2009, 637.

[1462] BGH NZG 2011, 516; a. A. noch OLG Köln FGPrax 2010, 202.

[1463] Näher OLG München NZG 2010, 1231.

[1464] Korintenberg/Lappe/Bengel/Reimann/*Reimann* § 50 Rdnr. 21 a, 23 a; OLG Celle NZG 2010, 959; OLG Stuttgart NZG 2009, 999; OLG Brandenburg BeckRS 2010, 29834.

[1465] *Sikora/Regler/Tiedtke* MittBayNot 2008, 437, 443; a. A. etwa *Link* RNotZ 2009, 193, 214.

[1466] *Link* RNotZ 2009, 193, 218; *Heckschen* Rdnr. 574; *Heckschen/Heidinger* § 13 Rdnr. 121; a. A. *Wälzholz* MittBayNot 2008, 425, 436; *Krafka/Willer/Kühn* Rdnr. 1105; Scholz/*Seibt* § 16 Rdnr. 95; Ulmer/*Löbbe* § 16 Rdnr. 177.

715 **b) Löschung.** Die Löschung des Widerspruchs erfolgt wiederum aufgrund einstweiliger Verfügung oder durch Bewilligung des Widersprechenden oder Begünstigten.[1467] Probleme in der Praxis bereitet die Aktualisierung der Zuordnung bei Einreichung einer neuen Liste.[1468]

VIII. Liquidation, §§ 66ff. GmbHG

Schrifttum: *Ahmann*, Der Finanzgerichtsprozess einer im Handelsregister gelöschten GmbH, GmbHR 1987, 439; *Blasche*, Umwandlungsmöglichkeiten bei Auflösung, Überschuldung oder Insolvenz eines der beteiligten Rechtsträger, GWR 2010, 441; *Däubler*, Die Löschung der GmbH wegen Vermögenslosigkeit, GmbHR 1964, 246; *Erle*, Die Funktion des Sperrjahres in der Liquidation der GmbH, GmbHR 1998, 216; *ders.*, Anforderungen an die Kapitalausstattung einer aufgelösten GmbH bei ihrer Fortsetzung, GmbHR 1997, 973; *Fietz/Fingerhuth*, Die vorzeitige Löschung der GmbH – ein schwarzes Loch für Liquidatoren?, GmbHR 2006, 960; *Galla*, Fortsetzung einer GmbH in Nachtragsliquidation, GmbHR 2006, 635; *Gehrlein*, Möglichkeiten und Grenzen der Fortsetzung einer aufgelösten GmbH, DStR 1997, 31; *Hasselmann*, Die Zuordnung des Widerspruchs zur Gesellschafterliste, NZG 2010, 207; *Kindler*, GmbH-Reform und internationales Gesellschaftsrecht, AG 2007, 721; *ders.*, Ender der Diskussion über die so genannte Wegzugsfreiheit, NZG 2009, 130; *Kleindiek*, Ordnungswidrige Liquidation durch organisierte „Firmenbestattung“, ZGR 2007, 276; *Munzig*, Erforderlichkeit der Einhaltung des Sperrjahres vor Löschung einer GmbH, FGPrax 2005, 81; *Saenger*, Die im Handelsregister gelöschte GmbH im Prozess, GmbHR 1994, 300; *Schmelz*, Das Liquidationsrecht der GmbH, terra incognita?, NZG 2007, 135; *K. Schmidt*, Zur Ablösung des Löschungsgesetzes – Was ändert die Insolvenzrechtsform für GmbH bzw. GmbH & Co. KG?, GmbHR 1994, 829; *ders.*, Vorfinanzierung der Liquidationsquote im Einklang mit dem Ausschüttungsjahr? – Die §§ 272 AktG, 73 GmbHG: Kapitalerhaltungsregelung oder Thesaurierungsgebote –, DB 1994, 2013; *ders.*, Löschung und Beendigung der GmbH – Grundfragen der Vermögenslosigkeit, Vollbeendigung und Nachtragsliquidation, GmbHR 1988, 209; *ders.*, Vermeidung des Sperrjahres bei der Auskehrung von Gesellschaftsvermögen aus der Kapitalgesellschaft & Co., BB 2011, 707; *Kleindiek*, Ordnungswidrige Liquidation durch organisierte „Firmenbestattung“, ZGR 2007, 276; *Stuppi*, Versicherung des Liquidators bei Anmeldung der Auflösung einer GmbH, MittBayNot 2009, 172; *Terbrack*, Neuregelung der Bekanntmachungen bei der GmbH, DStR 2005, 2045; *Vallender*, Auflösung und Löschung der GmbH – Veränderungen aufgrund des neuen Insolvenzrechts, NZG 1998, 249; *Wälzholz*, Die Vertretung der GmbH im Liquidationsstadium – Insbesondere zur Befreiung vom Verbot des Selbstkontrahierens gemäß § 181 BGB, GmbHR 2002, 305.

Überblick: Ablauf einer Beendigung aufgrund Gesellschafterbeschlusses

1. Gesellschafterbeschluss über die Auflösung gemäß § 60 Abs. 1 Nr. 1 GmbHG mit folgenden Inhalten:
   a) Auflösung zu einem eindeutig bestimmten Zeitpunkt (Auflösungsstichtag),
   b) Bestellung der Liquidatoren und Festlegung ihrer Vertretungsmacht,
   c) Abberufung vorhandener Geschäftsführer,
   d) Bestellung des Wirtschaftsprüfers für die Prüfung der Liquidations-Eröffnungsbilanz bei prüfungspflichtigen Gesellschaften,
   e) Benennung des Verwahrers der Bücher und Schriften der Gesellschaft.
2. Anmeldung der Auflösung sowie der Liquidatoren und ihrer Vertretungsmacht zum Handelsregister gemäß §§ 65 Abs. 1, 67 GmbHG.
3. Bekanntmachung der Auflösung in den Gesellschaftsblättern und Aufforderung an die Gläubiger gemäß § 65 Abs. 2 GmbHG.
4. Erstellung einer Eröffnungsbilanz und eines erläuternden Berichts auf den Auflösungsstichtag; ggf. Prüfung und anschließende Feststellung durch die Gesellschafterversammlung und Publikation.
5. Abwicklung des operativen Geschäftsbetriebs; dies umfasst insbesondere folgende Aktivitäten:
   a) Beendigung der laufenden Geschäfte,
   b) Erfüllung der Verpflichtungen der Gesellschaft, insbesondere Befriedigung oder Sicherung der bereits bekannten Gläubiger und solcher, die sich auf die Aufforderung gemäß § 65 Abs. 2 GmbHG gemeldet haben,
   c) Einziehung der Forderungen,
   d) Umsetzung des Vermögens der Gesellschaft in Geld („Versilberung“),
   e) Gerichtliche und außergerichtliche Vertretung der Gesellschaft,

[1467] Lutter/Hommelhoff/*Bayer* § 16 Rdnr. 75; *Hasselmann* NZG 2010, 207, 209.
[1468] Näher *Hasselmann* NZG 2010, 207ff.

6. Während der Dauer der Abwicklung jährliche Erstellung und Feststellung eines Liquidations-Jahresabschlusses (Bilanz, Gewinn- und Verlustrechnung, Lagebericht); ggf. Prüfung und Publikation; Beschlussfassung der Gesellschafter über die Entlastung der Liquidatoren (§ 71 Abs. 2 S. 1 GmbHG).
7. Verteilung des nach Tilgung oder Sicherstellung der Schulden und nach Ablauf des Sperrjahres gemäß § 73 GmbHG verbleibenden Vermögens, § 72 GmbHG.
8. Erstellung und ggf. Prüfung der Liquidations-Schlussbilanz nebst Gewinn- und Verlustrechnung und Anhang; Feststellung durch die Gesellschafter und Publikation.
9. Übergabe der Bücher und Schriften an die im Liquidationsbeschluss bestimmte Person; Aufbewahrung für die Dauer von zehn Jahren, § 74 Abs. 2 GmbHG.
10. Anmeldung des Abschlusses der Liquidation zum Handelsregister gemäß § 74 Abs. 1 S. 1 GmbHG.
11. Eintragung des Abschlusses der Liquidation im Handelsregister und Löschung der Gesellschaft.

1. Die Übernahme des Mandats

a) **Ausgangslage und Gestaltungsziele.** Mandate im Zusammenhang mit der Beendigung von Gesellschaften mit beschränkter Haftung werden oft recht unspezifisch an den Notar herangetragen. Die Beteiligten (Gesellschafter, Geschäftsführer) wenden sich an den Notar mit dem allgemein formulierten Wunsch, ihre Gesellschaft zu „liquidieren". In den meisten Fällen muss zunächst geklärt werden, in welcher Situation bzw. in welchem Stadium sich die Gesellschaft befindet. Dies ist aus mehreren Gründen notwendig: Zum Einen ist die Liquidation Teil eines mehraktigen Verfahrens zur Beendigung der GmbH.[1469] Es besteht regelmäßig[1470] aus 716

- der **Auflösung** durch Eintritt eines Auflösungsgrundes, die aus der werbenden Gesellschaft bei gleichzeitigem Fortbestand als juristische Person durch Änderung des Gesellschaftszwecks eine Abwicklungsgesellschaft werden lässt,[1471]
- der **Liquidation** gemäß §§ 60 ff. GmbHG durch Beendigung der Geschäfte, Versilberung des Vermögens und Tilgung der Schulden der Gesellschaft[1472] und
- der sog. **Vollbeendigung** durch Verteilung des verbliebenen Vermögens nach Ablauf eines Sperrjahres und der **Löschung** der Gesellschaft aus dem Handelsregister.[1473]

Zum Anderen ist im Gespräch mit den Mandanten aufzuklären, ob die Liquidation gemäß §§ 60 ff. GmbHG das Verfahren ist, das der Situation der Gesellschaft und den Gestaltungszielen der Beteiligten am besten Rechnung trägt. Die Auflösung überführt die Gesellschaft aus dem Stadium eines werbenden Unternehmens in die Phase der Abwicklung. Sie macht es erforderlich, Vertragsbeziehungen mit möglicherweise langjährigen Geschäftspartnern zu beenden. Sie entfaltet wegen der gesetzlichen Veröffentlichungspflichten[1474] Publizität und hat möglicherweise auf die Geschäftspartner der Gesellschaft eine alarmierende Wirkung.[1475] Sie ist mit zwingenden zeitlichen Vorgaben verbunden.[1476] Das in der Gesellschaft geschaffene Vermögen wird oft in der Liquidation nicht optimal verwertet. Die Liquidationswerte sind nahezu zwangsläufig niedriger als die bei einer Verwertung des fortgeführten Unternehmens zu erzielenden Beträge. In manchen Konstellationen scheidet eine Liquidation auch aus, weil die Vermögens- und Finanzlage der Gesellschaft ein solches Verfahren nicht mehr zulässt.[1477] Es sollten deshalb im Vorgespräch die Gründe für den Wunsch zur Auflösung der Gesellschaft, die Gesellschafterkonstellation und die wirtschaft- 717

1469 *Gehrlein* DStR 1997, 31.
1470 § 66 Abs. 5 GmbHG; zu weiteren Fällen einer liquidationslosen Beendigung vgl. Rdnr. 720 und 722.
1471 *Schmelz* NZG 2007, 135; *Galla* GmbHR 2006, 685.
1472 Vgl. die übersichtliche Darstellung bei *Erle* GmbHR 1998, 216.
1473 *Erle* GmbHR 1997, 973, 974; *K. Schmidt* GmbHR 1988, 209.
1474 §§ 65, 67, 74 GmbH.
1475 *Fietz/Fingerhuth* GmbHR 2006, 960, 963.
1476 *Blasche* GWR 2010, 441; *Erle* GmbHR 1998, 216.
1477 *Blasche* GWR 2010, 441.

liche Lage der Gesellschaft aufgeklärt und mit den Beteiligten erörtert werden, ob nachstehende Alternativen der Auflösung und Beendigung der Gesellschaft durch Liquidation vorzuziehen sind:

718 *aa) Veräußerung der Geschäftsanteile.* Oft liegt der Grund für die geplante Liquidation der Gesellschaft darin, dass es den Gesellschaftern nicht gelungen ist, den Unternehmenszweck zu verwirklichen, das Unternehmen dauerhaft profitabel zu betreiben oder andere Wachstums- oder Entwicklungsziele zu erreichen. Die negative Prognose für die Zukunftschancen der Gesellschaft beruht jedoch häufig auch auf Ursachen aus dem Gesellschafterkreis und es erscheint bei einer anderen Konstellation durchaus möglich, das Unternehmen profitabel und erfolgreich weiterzuführen: Möglicherweise verfügt ein potentieller Erwerber über mehr Know-how, hat besseren Zugang zu Finanzierungsquellen und kann Synergien freisetzen. In solchen Fällen bietet sich die Veräußerung der Geschäftsanteile als Möglichkeit an, den Gesellschaftern ohne Abwicklungsverfahren den in der Gesellschaft verkörperten Unternehmenswert möglichst ungeschmälert zufließen zu lassen. Soll die Gesellschaft aufgelöst werden, weil die Gesellschafter aus persönlichen Gründen nicht mehr zusammenarbeiten können oder wollen, kann auch die Übernahme der Anteile eines oder mehrerer Gesellschafter durch andere Anteilsinhaber oder durch Dritte in Betracht kommen. Motiv für eine Anteilsveräußerung kann ferner die Fokussierung einer Unternehmensgruppe auf Kerngeschäftsfelder sein, in denen die zu liquidierende Gesellschaft nicht tätig ist. Es findet sich möglicherweise ein Unternehmen, zu dessen vorhandenem Beteiligungsportfolio die Gesellschaft passt.

719 Ob eine Anteilsveräußerung eine vorzugswürdige Alternative zur Liquidation ist, hängt in erheblichem Maße auch von Opportunitätserwägungen ab. Eine Veräußerung zu einem symbolischen Kaufpreis oder sogar gegen Leistung einer Anschubfinanzierung kann wirtschaftlich sinnvoller sein, als eine zeit- und arbeitsaufwendige Liquidation, bei der eine Vielzahl von Gläubigern zu befriedigen ist und die außerdem negative Auswirkungen auf das Image der Gesellschafter haben kann. Entscheiden sich die Gesellschafter für eine Anteilsveräußerung, besteht die Aufgabe des Notars in der Beurkundung des Übertragungsvertrages.[1478] Wird der Anteilskaufvertrag nicht von anwaltlichen Beratern der Vertragsparteien vorbereitet,[1479] obliegt ihm auch die Gestaltung des Kaufvertrages.

720 *bb) Umwandlung.* Häufiger als gemeinhin angenommen sind Maßnahmen nach dem UmwG der einfachere und zweckmäßigere Weg, eine nicht mehr benötigte Gesellschaft zu beseitigen.[1480] Die **Verschmelzung** führt gemäß § 20 Abs. 1 Nr. 2 UmwG zum Erlöschen des übertragenden Rechtsträgers ohne Liquidation. Das gleiche gilt bei der **Aufspaltung** gemäß §§ 123 Abs. 1, 131 Abs. 1 Nr. 2 UmwG.[1481] Mit den Mandanten sollte deshalb erörtert werden, ob anstelle einer Liquidation in Betracht kommt, die Gesellschaft „wegzuverschmelzen" oder sie durch Aufspaltung erlöschen zu lassen. An den Umwandlungsvorgängen ist der Notar zwingend beteiligt. Sowohl der Verschmelzungsvertrag[1482] als auch der Verschmelzungsbeschluss und die ggf. erforderlichen Zustimmungserklärungen einzelner Anteilsinhaber[1483] müssen notariell beurkundet werden. Das Gleiche gilt für den Spaltungsvertrag und die erforderlichen Zustimmungsbeschlüsse.[1484] Der Vollständigkeit halber sei darauf hingewiesen, dass seit dem Jahr 2007 in der Europäischen Union die Bereinigung von Auslandsbeteiligungen ohne Liquidation im Wege der grenzüberschreitenden Verschmelzung gemäß §§ 122a ff. UmwG möglich ist.[1485] Konzerne nutzen diese Möglichkeit zunehmend dazu, das eigene Beteiligungsportfolio um nicht mehr benötigte Auslandsgesellschaften zu bereinigen.

[1478] § 15 Abs. 3 und 4 GmbHG.

[1479] Vgl. zur Rolle des Notars beim Unternehmenskauf § 19.

[1480] Vgl. hierzu *Blasche* GWR 2010, 441 ff.; *Fietz/Fingerhuth* GmbHR 2006, 960, 963; *Erle* GmbHR 1998, 216, 220.

[1481] Hinsichtlich der Einzelheiten der Durchführung und der Rechtsfolgen der vorgenannten Umwandlungsmaßnahmen kann auf die Ausführungen in § 22 I verwiesen werden.

[1482] § 6 UmwG.

[1483] § 13 Abs. 3 S. 1 UmwG.

[1484] § 125 S. 1 i. V. m. §§ 6, 13 UmwG.

[1485] Einen Überblick über grenzüberschreitende Umstrukturierungen gibt § 23.

cc) Stille Liquidation. Anstelle des Liquidationsverfahrens gemäß §§ 60 ff. GmbHG kommt in bestimmten Konstellationen auch eine sog. stille Liquidation in Betracht.[1486] Dies ist etwa anzunehmen, wenn die Gesellschaft eine überschaubare Anzahl von Gläubigern hat und nach der Liquidation als Mantelgesellschaft fortbestehen soll, z. B. um sie später zu einem anderen Zweck wieder zu verwenden.[1487] Bei der stillen Liquidation werden außerhalb eines förmlichen Liquidationsverfahrens die Vermögenswerte der Gesellschaft im laufenden Geschäftsbetrieb verwertet. Gleichzeitig werden die bekannten Gläubiger befriedigt, ohne dass der Übergang vom werbenden Unternehmen zu einer Abwicklungsgesellschaft publik wird und möglicherweise für Unruhe sorgt. Die Form- und Fristbestimmungen der §§ 60 ff. GmbHG gelten nicht; insbesondere ist das Sperrjahr gemäß § 73 GmbHG nicht einzuhalten.[1488] Sonderbilanzen[1489] sind nicht erforderlich. Liquidationsgewinne können im Rahmen der jährlichen Gewinnverwendung verteilt werden, soweit das jeweils vorhandene Vermögen die bestehenden Verbindlichkeiten abdeckt.[1490] Am Ende können die Gesellschafter immer noch die förmliche Liquidation beschließen, wenn nur noch ein Aktivvermögen in Höhe des Stammkapitals vorhanden ist. Bei der stillen Liquidation ist Raum für notarielle Tätigkeit insbesondere bei der Gestaltung des Liquidationsbeschlusses sowie ggf. bei der formbedürftigen Übertragung von Vermögensgegenständen auf die Gesellschafter oder Dritte. 721

dd) Insolvenzverfahren. Wird das Insolvenzverfahren eröffnet,[1491] tritt dieses an die Stelle der allgemeinen gesellschaftsrechtlichen Liquidation.[1492] Eine Auflösung durch Gesellschafterbeschluss mit anschließender Liquidation im Verfahren nach §§ 60 ff. GmbHG scheidet bei Erkennbarkeit eines Insolvenzgrundes aus.[1493] Mit den Mandanten muss also geklärt werden, ob eine freiwillige Auflösung ihrer GmbH mit anschließender Liquidation überhaupt möglich ist. Ergeben sich im Vorgespräch Anhaltspunkte dafür, dass die Gesellschaft schon jetzt oder in absehbarer Zukunft überschuldet oder zahlungsunfähig ist, sollte den Mandanten die fachkundige und detaillierte Untersuchung der Insolvenzgründe gemäß §§ 16 ff. InsO empfohlen werden. Dabei sollte auf die Eilbedürftigkeit dieser Prüfung[1494] und die erheblichen rechtlichen Konsequenzen einer verspäteten Insolvenzantragstellung[1495] hingewiesen werden. Ein Insolvenzverfahren kann aber auch gezielt eingeleitet werden, wenn z. B. die Gesellschaft zwar derzeit weder überschuldet noch zahlungsunfähig ist, sich aber abzeichnet, dass die Verbindlichkeiten das Gesellschaftsvermögen bei weitem übersteigen. Dies ist regelmäßig möglich, wenn die Gesellschaft überwiegend durch Gesellschafterdarlehen finanziert wurde, für die eine Rangrücktrittsvereinbarung[1496] getroffen wurde und die deshalb im Überschuldungsstatut nicht zu berücksichtigen waren. Durch Aufhebung der Rangrücktrittsvereinbarung tritt die Überschuldung ein und der Insolvenzantrag kann gestellt werden.[1497] Wenn die Gesellschafter die negative Außenwirkung nicht scheuen und auch keine sonstigen Gründe, wie z. B. die Übernahme einer persönlichen Haftung oder von Sicherheiten seitens der Gesellschafter, entgegenstehen, kann ein geregeltes Insolvenzverfahren eine Alternative zur Liquidation darstellen.[1498] 722

b) Notarielles Aufgabenspektrum im Rahmen der Liquidation. Die Beendigung der GmbH im Wege der Liquidation erfordert als mehrgliedriger und auf einen längeren Zeitraum an- 723

[1486] *Fietz/Fingerhuth* GmbHR 2006, 960, 963; *Erle* GmbHR 1998, 216, 219 f.

[1487] Vgl. zu den praktischen Rechtsfragen einer Mantelverwendung § 14 II.

[1488] *Erle* GmbHR 1998, 216, 219.

[1489] §§ 71, 74 Abs. 1 S. 1 GmbHG.

[1490] *Erle* GmbHR 1998, 216, 219.

[1491] § 60 Abs. 1 Nr. 4 GmbHG.

[1492] § 66 Abs. 1 GmbHG; *Vallender* NZG 1998, 249; *K. Schmidt* GmbHR 1994, 829.

[1493] *Blasche* GWR 2010, 441 f.

[1494] § 15 a InsO: Der Insolvenzantrag ist ohne schuldhaftes Zögern, aber spätestens drei Wochen nach Eintritt der Zahlungsunfähigkeit oder Überschuldung zu stellen. Die Frist beginnt aber erst mit Erkennbarkeit des Insolvenzgrundes zu laufen.

[1495] Vgl. insbes. § 64 GmbHG; einen konzisen Überblick über die Insolvenzverschleppungshaftung gemäß § 823 Abs. 2 i. V. m. § 15 a InsO gibt *Terlau* im MünchAnwHdb GmbHR § 10 Rdnr. 181 ff.

[1496] § 39 Abs. 2 InsO.

[1497] §§ 13, 16, 19 InsO.

[1498] *Erle* GmbHR 1998, 216, 220.

gelegter rechtlicher Vorgang[1499] nur teilweise die Urkundstätigkeit des Notars. Als mögliche Beurkundungen und Beglaubigungen im Zusammenhang mit einer Liquidation sind insbesondere zu nennen:

- Entwurf oder – je nach Sachverhalt[1500] – Beurkundung des Auflösungsbeschlusses gemäß § 60 Abs. 1 Nr. 2 GmbHG,
- Evtl. Beurkundung und Handelsregisteranmeldung von Satzungsänderungen, die durch die Auflösung der Gesellschaft veranlasst sein können,
- Beurkundung und Vollzug von formbedürftigen Übertragungsvorgängen im Zusammenhang mit der Verteilung des Gesellschaftsvermögens, insbesondere bei einer sog. Realteilung,
- Anmeldung der Auflösung der Gesellschaft zum Handelsregister gemäß § 65 GmbHG,
- Anmeldung der Liquidatoren und jeder Änderung in der Person oder der Vertretungsbefugnis der Liquidatoren zum Handelsregister gemäß § 67 GmbHG,
- Anmeldung des Schlusses der Liquidation zum Handelsregister gemäß § 74 Abs. 1 GmbHG.

724 Die Beteiligten wünschen nicht selten, dass der Notar nicht nur die zu beurkundenden Aspekte der „letzten Lebensphase" der Gesellschaft betreut. Oft hat er die Gesellschafter schon bei der Gründung des Unternehmens unterstützt und seitdem alle anfallenden gesellschaftsrechtlichen Maßnahmen begleitet. Die Gesellschafter erwarten deshalb mit einer gewissen Berechtigung, dass der Notar ihnen insgesamt bei der Beendigung der Gesellschaft rechtlich zur Seite steht.

725 Mandanten und Notar müssen sich von Anfang an darüber im Klaren sein, dass die Liquidation – von nicht besonders umfangreichen und komplexen Konstellationen abgesehen – ein zeit- und arbeitsaufwendiger Vorgang ist und dass im Verlauf des Verfahrens eine Vielzahl rechtlicher Fragen auftreten kann. Der Notar sollte die Beteiligten darüber aufklären, dass es deshalb sinnvoll und ratsam ist, sich von anwaltlichen und steuerlichen Beratern unterstützen zu lassen. Die rechtliche Rundumbetreuung der Beendigung einer Gesellschaft dürfte regelmäßig die Grenzen dessen überschreiten, was ein Notar im Rahmen der vorsorgenden Rechtspflege leisten kann. Bei der Annahme des Mandats und bei der weiteren notariellen Tätigkeit bedarf es daher einer nicht immer einfachen Synthese: Einerseits würde es den Interessen und berechtigten Erwartungen der Mandanten nicht entsprechen, wenn sich der Notar streng auf die an ihn herangetragenen Beurkundungsaufgaben beschränken würde. Auf der anderen Seite kann (und teilweise darf)[1501] er nicht das gesamte Beendigungsverfahren rechtlich begleiten. Der Anwaltsnotar[1502] muss sich im Hinblick auf die verschiedenen rechtlichen Fragen, die im Verlauf einer Liquidation auftreten können, schon bei Übernahme des Mandats mit den Beteiligten darauf verständigen, ob er als anwaltlicher Berater oder als Notar tätig werden soll. Beide Funktionen schließen sich in der gleichen Angelegenheit bekanntlich aus,[1503] was gerade bei einem vielgestaltigen Vorgang wie der Liquidation zu Schwierigkeiten führen kann. Relevant wird diese Thematik zum Beispiel, wenn die Liquidation eine einseitige Interessenvertretung erfordert, etwa im Zusammenhang mit der Bewertung und ggf. Abwehr von Ansprüchen, die von Gläubigern der Gesellschaft geltend gemacht werden. Die Rolle des Anwalts als Interessenvertreter und nicht die unabhängige und unparteiische Betreuung der Beteiligten durch den Notar[1504] kann ferner gefragt sein, wenn es um die Beratung eines Gesellschafters zu seiner persönlichen Stellung im Liquidationsverfahren, insbesondere in der Auseinandersetzung um die Verteilung des Gesellschaftsvermögens geht. Die Beispiele zeigen, dass es unabhängig von der Funktion als hauptamtlicher Notar oder als Anwaltsnotar dringend zu empfehlen ist, mit den Beteiligten

[1499] *Gehrlein* DStR 1997, 31.
[1500] Vgl. zu den Fällen, in denen der Auflösungsbeschluss beurkundungsbedürftig sein kann, Rdnr. 742.
[1501] Dazu sogleich im Zusammenhang mit der besonderen Funktion des Anwaltsnotars.
[1502] § 3 Abs. 2 BNotO.
[1503] § 3 Abs. 1 Nr. 7 BeurkG, 45 Abs. 1 Nr. 1 BRAO; dieses Verbot gilt auch für Personen, mit denen sich der Notar zur gemeinsamen Berufsausübung verbunden oder mit denen er gemeinsame Geschäftsräume hat.
[1504] § 14 Abs. 1 S. 2 BNotO.

den Auftrag und die rechtlichen Grenzen der Tätigkeit im Rahmen einer Liquidation eingehend zu erörtern. Damit und durch eine enge Kooperation mit den anwaltlichen und steuerlichen Beratern der Gesellschaft und ggf. ihrer Gesellschafter wird auch eine Balance zwischen einer Beschränkung des Notars auf den individuellen Beurkundungsauftrag und einer realistisch nicht zu leistenden Rundumbetreuung sichergestellt.

2. Die Auflösung der GmbH

Mit der Auflösung wird das Beendigungsverfahren eingeleitet. Die Gesellschaft tritt in die 726
Liquidation ein.[1505] Auch während der Zeit der Abwicklung gelten für die Gesellschaft grundsätzlich die Vorschriften für werbende Unternehmen weiter. Nur soweit in den §§ 70 ff. GmbHG etwas anderes bestimmt ist, werden die allgemeinen Regelungen durch die speziellen – und im Gläubigerinteresse **zwingenden** Vorschriften – über die Abwicklung verdrängt.[1506] Insbesondere bleibt die Rechtsfähigkeit der Gesellschaft unberührt.[1507] Sie ist nach wie vor Handelsgesellschaft im Sinne des § 6 HGB; es gelten die besonderen Bestimmungen der §§ 343 ff. HGB für Kaufleute. Auch die Partei- und Grundbuchfähigkeit wird durch den Eintritt in die Liquidation nicht beeinträchtigt.[1508] Der Gerichtsstand, welchen die Gesellschaft zur Zeit ihrer Auflösung hatte, bleibt bis zum Abschluss der Liquidation bestehen.[1509] Für das Verhältnis der Gesellschafter untereinander gelten die Vereinbarungen im Gesellschaftsvertrag und die auf die werbende GmbH anwendbaren Normen des GmbHG.[1510] Die Gesellschafterversammlung behält ihre Befugnisse, insbesondere gegenüber den Liquidatoren als Vertretungsorgan der Gesellschaft sowie in Bezug auf die Feststellung der Jahresabschlüsse und die Gewinnverwendung (letztere aber beschränkt durch § 73 GmbHG). Auch die Firma bleibt grundsätzlich unverändert; ihr ist aber ein auf die Abwicklung hinweisender Zusatz hinzuzufügen, etwa das Kürzel „i. L."[1511] Auf den Geschäftsbriefen ist anzugeben, dass sich die Gesellschaft in Liquidation befindet.[1512]

Verträge, an denen die Gesellschaft beteiligt ist, erlöschen nicht automatisch und ändern 727
auch ihren Inhalt nicht.[1513] Es ist jedoch – vor allem bei Dauerschuldverhältnissen – im Einzelfall zu prüfen, ob der Vertrag ein Sonderkündigungsrecht des anderen Teils für den Fall der Auflösung vorsieht oder ob sich evtl. wegen des Wesens des Vertrages im Wege der Auslegung oder unter dem Gesichtspunkt des Wegfalls der Geschäftsgrundlage ein außerordentliches Recht zur Auflösung ergibt.

Ist die GmbH an anderen Gesellschaften beteiligt, ändert die Auflösung daran grundsätz- 728
lich nichts.[1514] Insbesondere wird die Beteiligungsgesellschaft nicht ihrerseits aufgelöst. Anhand des Gesellschaftsvertrages der Beteiligungsgesellschaft sollte aber kontrolliert werden, ob die Auflösung dort als Ausschließungs- oder Einziehungsgrund vorgesehen ist.

a) **Auflösungsgründe**. Die Auflösung setzt stets einen Auflösungsgrund voraus. Es gibt 729
Auflösungsgründe, die zur Liquidation führen und solche, die eine abwicklungslose Löschung oder die Gesamtvollstreckung nach der InsO nach sich ziehen. Die wesentlichen Auflösungsgründe sind in §§ 60 und 75, 77 GmbHG normiert.

b) **Fälle der Zwangsauflösung**. Es existieren zahlreiche Auflösungstatbestände, die unab- 730
hängig von der Entscheidung der Gesellschafter eintreten. Bei ihnen ist nur begrenzt Raum für eine notarielle Tätigkeit. Diese Tatbestände, die vereinfacht als **Zwangsauflösung** bezeichnet werden können, sollen in Form eines Überblicks nachfolgend kurz dargestellt werden:

1505 *Erle* GmbHR 1998, 216; *Saenger* GmbHR 1994, 300.
1506 § 69 Abs. 1 GmbHG; *Gehrlein* DStR 1997, 31.
1507 *Schmelz* NZG 2007, 135.
1508 *Galla* GmbHR 2006, 685; *Schmelz* NZG 2007, 185; *Vallender* NZG 1998, 249, 250.
1509 § 69 Abs. 2 GmbHG.
1510 *Gehrlein* DStR 1997, 31; *Vallender* NZG 1988, 249, 250.
1511 § 68 Abs. 2 GmbHG; *Erle* GmbHR 1998, 216, 217; *Gehrlein* DStR 1997, 31.
1512 § 71 Abs. 5 GmbHG.
1513 *Gehrlein* DStR 1997, 31.
1514 *K. Schmidt* GmbHR 1994, 829, 833 f.

- Gerichtliches Urteil oder Entscheidung einer Verwaltungsbehörde, § 60 Abs. 1 Nr. 3 i. V. m. §§ 61, 62 GmbHG,
- Eröffnung des Insolvenzverfahrens, § 60 Abs. 1 Nr. 4 GmbHG,
- Ablehnung der Eröffnung des Insolvenzverfahrens mangels Masse, § 60 Abs. 1 Nr. 5 GmbHG,
- Feststellung eines Mangels des Gesellschaftsvertrages gemäß § 399 Abs. 4 FamFG durch das Registergericht, § 60 Abs. 1 Nr. 6 GmbHG,
- Löschung der Gesellschaft wegen Vermögenslosigkeit,[1515] § 60 Abs. 1 Nr. 7 GmbHG. Ein Liquidationsverfahren erübrigt sich dann, da sein Zweck – Befriedigung der Gläubiger und Verteilung des Gesellschaftsvermögens – denklogisch nicht erreicht werden kann.[1516] Wenn entgegen den zur Löschung führenden Annahmen verteilungsfähiges Vermögen vorhanden ist, findet eine Liquidation statt.[1517]
- Nichtigkeitsurteil gemäß § 75 GmbHG wegen grundlegender Mängel des Gesellschaftsvertrages,
- Löschung der Gesellschaft im registergerichtlichen Verfahren gemäß § 395 oder § 397 FamFG,
- Abwicklungsverfügung der Bundesanstalt für Finanzdienstleistungsaufsicht gemäß § 38 Abs. 1 KWG,
- Verbot der GmbH gemäß § 17 i. V. m. § 3 VereinsG,
- Altrechtliche, heute nahezu bedeutungslose Auflösungstatbestände (Art. 12 § 1 GmbH-Novelle 1980, § 57 DMBilG).

731 c) **Freiwillige Auflösung.** Den Regelfall bildet in der Notariatspraxis die – meist auf einem Gesellschafterbeschluss gemäß § 60 Abs. 1 Nr. 2 GmbHG beruhende – freiwillige Auflösung der GmbH. Aufgrund ihrer dominierenden Bedeutung für die notarielle Tätigkeit liegt auf dieser Fallgruppe der Schwerpunkt der Darstellung. Nachfolgend werden die verschiedenen Fälle der freiwilligen Auflösung zunächst im Überblickt dargestellt, bevor anschließend einzelne Konstellationen und die Folgen der Auflösung behandelt werden.

732 *aa) Auflösung durch Zeitablauf.* Nach § 60 Abs. 1 Nr. 1 GmbHG wird die Gesellschaft durch Ablauf der im Gesellschaftsvertrag bestimmten Zeit aufgelöst. Der Termin muss gemäß § 3 Abs. 2 GmbHG im Gesellschaftsvertrag bestimmt sein, jedoch nicht notwendig kalendermäßig. Es genügt, wenn die Auflösung an ein objektiv bestimmbares, künftiges, gewisses Ereignis geknüpft wird, etwa Alter oder Tod eines Gesellschafters, Ablauf eines gewerblichen Schutzrechts oder Ähnliches. Die satzungsmäßige Zeitbestimmung wird gemäß § 10 Abs. 2 S. 1 GmbHG gesondert im Handelsregister eingetragen, wobei die Eintragung kein Wirksamkeitserfordernis ist. Eine Zeitbestimmung kann auch durch nachträgliche Satzungsänderung eingeführt werden. In diesem Fall ist die Eintragung gemäß § 54 Abs. 3 GmbHG konstitutiv.

733 Wenden sich die Beteiligten an den Notar mit dem Hinweis, ihre Gesellschaft sei durch Zeitablauf aufgelöst, wird der Notar in einem ersten Schritt anhand des Gesellschaftsvertrags prüfen, ob die Zeitbestimmung dort wirksam getroffen worden ist und ob das Enddatum eingetreten ist. Erst wenn diese Prüfung positiv ausfällt, wird er mit den Beteiligten die weiteren Schritte der Liquidation angehen, insbesondere die Auflösung der Gesellschaft gemäß § 65 GmbHG zum Handelsregister anmelden. Die Handelsregisteranmeldung ist im Fall der Auflösung durch Zeitablauf nur deklaratorisch, da sich die Auflösung mit Eintritt des satzungsmäßigen Enddatums für den Rechtsverkehr bereits aus der Handelsregistereintragung gemäß § 10 Abs. 2 GmbHG ergibt.

734 In der Praxis spielt der Auflösungsgrund des Zeitablaufs gemäß § 60 Abs. 1 Nr. 1 GmbHG zu Recht keine große Rolle.[1518] Die Vereinbarung eines Enddatums im Gesellschaftsvertrag ist von seltenen Ausnahmefällen abgesehen nicht zweckmäßig und sollte daher vom Notar nicht empfohlen werden. Zum einen sind die Gesellschafter meist nicht in

[1515] § 394 FamFG.
[1516] *Fietz/Fingerhuth* GmbHR 2006, 960, 961.
[1517] § 66 Abs. 5 GmbHG; *K. Schmidt* GmbHR 1988, 209 ff.
[1518] Scholz/K. Schmidt/*Bitter* § 60 Rdnr. 9.

der Lage, bereits bei der Gründung der Gesellschaft ein Datum oder Ereignis taggenau zu benennen, bei dessen Eintritt die Gesellschaft in die Liquidation übergehen soll. Außerdem ist ein solches satzungsmäßiges „Haltbarkeitsdatum" der Gesellschaft unflexibel. Wollen die Gesellschafter aufgrund später eintretender Umstände das Datum ändern, ist hierfür eine Satzungsänderung nebst Eintragung im Handelsregister nach §§ 53 ff. GmbHG erforderlich. Soll die Gesellschaft nach Eintritt des Enddatums fortgesetzt werden, ist auch dies als Satzungsänderung zu behandeln.[1519] Wollen die Gesellschafter den Eintritt des Enddatums nicht abwarten, sondern die Gesellschaft vorher liquidieren, müssen sie ebenfalls die Satzung ändern, da eine Auflösung vor Eintritt des Enddatums eine Abweichung vom Gesellschaftsvertrag darstellt. Gegen einen nur bestimmbaren Auflösungszeitpunkt gemäß § 60 Abs. 1 Nr. 1 GmbHG spricht überdies, dass Unklarheiten und Meinungsverschiedenheiten darüber entstehen können, ob tatsächlich ein bestimmtes Ereignis mit dem satzungsmäßig festgelegten Auflösungszeitpunkt gleichzusetzen ist. Für die Gestaltungspraxis empfiehlt es sich daher, anstelle einer Regelung gemäß § 60 Abs. 1 Nr. 1 GmbHG in einer Gesellschaftervereinbarung[1520] festzulegen, dass die Gesellschafter bei Eintritt dieses Ereignisses zur Fassung eines Auflösungsbeschlusses verpflichtet sind.

Formulierungsvorschlag:

Die Gesellschafter sind darüber einig, dass die Gesellschaft aufgelöst und liquidiert werden soll, wenn das für die Gesellschaft beim Deutschen Patent- und Markenamt unter der Nr. ...... registrierte Patent gelöscht wird. Sie verpflichten sich hiermit, innerhalb einer Frist von zwei Monaten nach Löschung des Patents einen Beschluss über die Auflösung der Gesellschaft gemäß § 60 Abs. 1 Nr. 2 GmbHG zu fassen.

bb) Auflösungsbeschluss. Am häufigsten wenden sich die Gesellschafter an den Notar, 735 weil sie die Auflösung ihrer GmbH durch einen **Auflösungsbeschluss** gemäß § 60 Abs. 1 Nr. 2 GmbHG initiieren wollen. Der Auflösungsbeschluss ist im Detail nebst Formulierungsvorschlag nachfolgend unter Rdnr. 738 ff. dargestellt.

cc) Sitzverlegung ins Ausland. Eine Verlegung des Satzungssitzes ins Ausland unter Auf- 736 rechterhaltung der Identität der Gesellschaft ist nicht möglich.[1521] § 4 a GmbHG setzt einen inländischen Satzungssitz einer „deutschen" GmbH zwingend voraus. Auch die Verlegung des tatsächlichen Verwaltungssitzes der Gesellschaft ins Ausland unter Beibehaltung des inländischen Satzungssitzes führt zumindest nach der derzeit h. M. zum Untergang der bestehenden Gesellschaft nach deutschem Recht.[1522] In Deutschland gilt noch immer die gewohnheitsrechtlich anerkannte Sitztheorie, nach der der tatsächliche Sitz (Verwaltungssitz) und nicht der Satzungssitz im Sinne des § 4 a GmbHG für die auf die Gesellschaft anzuwendende Rechtsordnung maßgeblich ist. Die Fortgeltung der Sitztheorie hat der BGH zuletzt in seiner Entscheidung vom 27. 10. 2008[1523] bekräftigt. Die Verlegung des Verwaltungssitzes der Gesellschaft ins Ausland verhindert nach der h. M. folglich die Anerkennung der Rechtsfähigkeit der Gesellschaft nach deutschem Recht. Der Beschluss über die Verwaltungssitzverlegung wird daher einem Auflösungsbeschluss gleichgesetzt und führt zur Liquidation der Gesellschaft.[1524] Nichts Abweichendes gilt nach der h. M. im deutschen Recht

[1519] *Gehrlein* DStR 1997, 31.

[1520] Vgl. dazu Rdnr. 379 ff.

[1521] *Kindler* AG 2007, 721, 723; *Wicke* § 4 a Rdnr. 10; Scholz/*Westermann* Einleitung Rdnr. 152; Scholz/*K. Schmidt* § 4 a Rdnr. 8; Michalski/*Leible* Syst. Darst. 2 Rdnr. 133; Baumbach/Hueck/*Fastrich* § 4 a Rdnr. 9.

[1522] A. A. geht davon aus, dass mit der ersatzlosen Streichung des § 4 a Abs. 2 GmbHG die Mobilität deutscher Gesellschaften ermöglicht werden sollte, vgl. hierzu nur *Richter* IStR 2008, 719, 722; *Kindler* NZG 2009, 130; Roth/Altmeppen/*Roth* Rdnr. 4.

[1523] NJW 2009, 289 – Trabrennbahn.

[1524] BayObLG DStR 1992, 1248, auch bei Verlegung in EU-Staat; OLG Hamm NJW 2001, 2183; ausführlich Staudinger/*Großfeld* Int. GesR Rdnr. 605 ff., 650 ff., insbesondere auch 617 ff., 630 ff., jeweils m. w. N.; *Ulmer* § 4 a Rdnr. 8; Scholz/*Westermann* Einleitung Rdnr. 152 f.; teilweise a. A. mit rechtspolitischen Erwägungen Lutter/Hommelhoff/*Bayer* § 4 a Rdnr. 15 m. w. N.

bei der grenzüberschreitenden Verlegung des Verwaltungssitzes innerhalb der EU.[1525] Werden jedoch der Verwaltungssitz und der Satzungssitz in ein anderes Land der EU verlegt, fordert die Niederlassungsfreiheit[1526] nach der jüngsten Rechtsprechung des EuGH[1527] die Anerkennung des Formwechsels in die Gesellschaftsform des Zielmitgliedsstaates, ohne dass es einer Auflösung und Neugründung der Gesellschaft bedarf. Die in diesem Zusammenhang weiter bestehenden zahlreichen ungelösten Rechtsfragen können im Rahmen der vorliegenden Darstellung nicht abschließend behandelt werden. Für die notarielle Praxis genügt die Erkenntnis, dass die Verlegung des Satzungssitzes und nach der noch h. M. auch die Verlegung des Verwaltungssitzes in ein anderes Land als Auflösungsbeschluss zu werten sind, der zur Liquidation der Gesellschaft führt.[1528]

737 *dd) Erwerb sämtlicher Geschäftsanteile durch die Gesellschaft.* Erwirbt die Gesellschaft sämtliche Geschäftsanteile, insbesondere durch Kaduzierung nach § 21 GmbHG oder durch Aufgabe nach § 27 Abs. 3 S. 1 GmbHG, aber auch nach § 33 GmbHG, liegt darin ein Auflösungsgrund.[1529] Analog § 45 GmbHG steht der Liquidationserlös im Falle der „Kein-Mann-GmbH" den im Gesellschaftsvertrag genannten Personen, hilfsweise dem Fiskus zu. Eine Gesamtrechtsnachfolge des Fiskus nach § 46 GmbHG tritt aber nicht ein. Der Vollständigkeit halber sei darauf hingewiesen, dass der Wegfall sämtlicher Geschäftsanteile durch Einziehung gemäß § 34 GmbHG nicht möglich ist; die Einziehung des letzten Geschäftsanteils ist nichtig.[1530]

738 **d) Die Auflösung der GmbH durch Gesellschafterbeschluss, § 60 Abs. 1 Nr. 2 GmbHG.** Wird der Notar mit der Gestaltung des Auflösungsbeschlusses beauftragt, hat er dafür zu sorgen, dass die formellen und inhaltlichen Anforderungen beachtet werden, um die rechtlichen Grundlagen für eine reibungslose und zügige Abwicklung zu legen.

739 *aa) Mehrheitserfordernisse und Zuständigkeit.* Soweit der Gesellschaftsvertrag keine größere oder geringere[1531] Mehrheit vorschreibt, bedarf der Beschluss einer Mehrheit von 75% der abgegebenen – nicht notwendig der vorhandenen – Stimmen.[1532] Ein einstimmiger Gesellschafterbeschluss ist erforderlich, wenn die Satzung die Gesellschaft als „unauflöslich" bezeichnet.[1533] Die Kompetenz der Gesellschafterversammlung ist zwingend. Die Entscheidung über die Auflösung kann weder einem anderen Gesellschaftsorgan zugewiesen[1534] noch kann der Beschluss der Gesellschafter von der Zustimmung anderer Organe oder Personen abhängig gemacht werden.[1535] Ein mit der erforderlichen Mehrheit gefasster Auflösungsbeschluss bedarf keiner sachlichen Rechtfertigung.[1536] Er kann jedoch wegen Treuwidrigkeit anfechtbar sein, z. B. wenn durch die Liquidation die Minderheit bewusst geschädigt, aus dem Unternehmen herausgedrängt oder das Vermögen der Gesellschaft auf den Mehrheitsgesellschafter übertragen werden soll.[1537] Der Vertreter eines minderjährigen Gesellschafters benötigt für die Fassung des Auflösungsbeschlusses keine familienrechtliche Genehmigung.[1538]

[1525] Art. 43, 48 EGV.

[1526] Art. 43, 48 EGV.

[1527] EuGH Urt. v. 16. 12. 2008, Az: Rs. C-210/06 – Cartesio Rdnr. 113.

[1528] BayObLG DStR 2004, 1224.

[1529] Ulmer/*Casper* § 60 Rdnr. 107; Lutter/Hommelhoff/*Kleindiek* Rdnr. 24; Rowedder/Schmidt-Leithoff/*Rasner* Rdnr. 9; Scholz/K. Schmidt/*Bitter* Rdnr. 65; Roth/*Altmeppen* Rdnr. 29; Baumbach/Hueck/*Haas*, auch mit Nachweisen zur Gegenansicht, Rdnr. 81; Rowedder/Schmidt-Leithoff/*Pentz* § 33 Rdnr. 27; Baumbach/Hueck/*Fastrich* Rdnr. 19; Scholz/*Westermann* Rdnr. 44.

[1530] Baumbach/Hueck/*Fastrich* § 34 Rdnr. 2 m. w. N.

[1531] Eine Absenkung des Mehrheitserfordernisses durch Satzungsregelung ist möglich, vgl. Roth/*Altmeppen* § 60 Rdnr. 13 m. w. N.

[1532] § 60 Abs. 1 Nr. 2 GmbHG.

[1533] Ulmer/*Casper* § 60 Rdnr. 38; Lutter/Hommelhoff/*Kleindiek* Rdnr. 6; Rowedder/Schmidt-Leithoff/*Rasner* Rdnr. 17; Scholz/K. Schmidt/*Bitter* Rdnr. 19.

[1534] Scholz/K. Schmidt/*Bitter* § 60 Rdnr. 12.

[1535] Ulmer/*Casper* § 60 Rdnr. 29.

[1536] BGHZ 76, 352, 353; Lutter/Hommelhoff/*Kleindiek* § 60 Rdnr. 6.

[1537] Vgl. die Nachweise bei Lutter/Hommelhoff/*Kleindiek* § 60 Rdnr. 6 mit Fußnote 8 und 9; MünchHdb-GesR III/*Weitbrecht* § 62 Rdnr. 6; Ulmer/*Casper* § 60 Rdnr. 40.

[1538] BGHZ 52, 316, 319; *Goette* § 10 Rdnr. 24.

bb) Inhalte des Auflösungsbeschlusses. Der Auflösungsbeschluss hat typischerweise folgende Inhalte: 740

- Auflösung der Gesellschaft zu einem möglichst präzise bezeichneten Zeitpunkt (Auflösungsstichtag),
- Bestimmung der Liquidatoren und Festlegung ihrer Vertretungsbefugnis,
- Abberufung der bisherigen Geschäftsführer,
- Bildung eines Rumpfgeschäftsjahres, soweit der Auflösungsstichtag nicht mit dem Ende des laufenden Geschäftsjahres zusammenfällt. Ein unterjähriger Auflösungszeitpunkt führt automatisch zur Bildung eines Rumpfgeschäftsjahres. Gleichwohl erscheint es sinnvoll, im Auflösungsbeschluss das Rumpfgeschäftsjahr klarstellend zu benennen. Eine Änderung des Gesellschaftsvertrages ist hierfür nicht erforderlich.[1539]
- Bestellung des Abschlussprüfers für die Eröffnungsbilanz. Gemäß § 71 Abs. 2 S. 2 GmbHG sind auf die Eröffnungsbilanz und den erläuternden Bericht die Vorschriften über den Jahresabschluss entsprechend anzuwenden. Sie ist daher zu prüfen, soweit es sich nicht um eine kleine Kapitalgesellschaft nach § 267 Abs. 1 i. V. m. mit § 316 Abs. 1 HGB handelt.
- Beschluss über die Verwahrung der Bücher und Schriften der Gesellschaft bei einem der Gesellschafter oder einem Dritten gemäß § 74 Abs. 2 S. 1 GmbHG. Fehlt eine Regelung in der Satzung und wird auch kein Gesellschafterbeschluss zu diesem Thema gefasst, trifft das Gericht die Entscheidung über die Person des Verwahrers.[1540] Ist der als Verwahrer benannte Gesellschafter an dem Gesellschafterbeschluss beteiligt, sollte er sein Einverständnis mit der Übernahme dieser Aufgabe erklären.

Der Auflösungsbeschluss muss den Begriff „Auflösung" nicht enthalten. Er muss jedoch deutlich den Willen zur Auflösung erkennen lassen. Der Notar, der mit der Erstellung des Auflösungsbeschlusses beauftragt ist, wird aber – wie im unten wiedergegebenen Formulierungsvorschlag – den Begriff „Auflösung" verwenden, um Zweifel am Beschlussinhalt von Anfang an auszuschließen. Wird der Notar in einem späteren Stadium beauftragt, wird er den Auflösungsbeschluss auf seine formelle und materielle Wirksamkeit überprüfen und bei Zweifeln auf eine mangelfreie Wiederholung des Beschlusses hinwirken. Grundsätzlich entfaltet der Auflösungsbeschluss sofortige Wirkung. Einem Auflösungsbeschluss wird regelmäßig insbesondere dann sofortige Wirkung zukommen, wenn die Gesellschafter die Abwicklung als eilbedürftig ansehen. Im Hinblick auf die Notwendigkeit einer Eröffnungsbilanz gemäß § 71 GmbHG wird es jedoch in vielen Fällen zweckmäßig sein, die Auflösung zum Ende eines Geschäftsjahres zu beschließen. Auf diese Weise kann die Erstellung des regulären Jahresabschlusses mit der Liquidations-Eröffnungsbilanz zusammengefasst werden. Ein in der Zukunft liegendes Auflösungsdatum ist zulässig und üblich. Eine „rückwirkende" Auflösung ist nicht möglich.[1541] 741

cc) Form. Der Auflösungsbeschluss ist, soweit nicht der Gesellschaftsvertrag eine bestimmte Form vorschreibt, **formlos**. Er bedarf im Regelfall nicht der notariellen Beurkundung. Etwas anderes gilt, wenn der Auflösungsbeschluss ausnahmsweise inhaltlich eine Satzungsänderung darstellt. Davon ist etwa auszugehen, wenn die Satzung eine feste Zeitdauer[1542] vorsieht. Gestaltet die Satzung die Gesellschaft als „unauflöslich" aus, sieht eine teilweise vertretene Auffassung in dem Auflösungsbeschluss eine Satzungsänderung.[1543] Die Notwendigkeit einer notariellen Beurkundung kann sich ferner ergeben, wenn der Auflösungsbeschluss mit weiteren, formbedürftigen Vereinbarungen der Gesellschafter verbunden werden soll. Diese Konstellation ist in der Praxis nicht selten anzutreffen. Zu denken ist an den Fall, dass die Gesellschafter im Zusammenhang mit dem Auflösungsbeschluss vereinbaren, dass einem Gesellschafter ein Grundstück der Gesellschaft zugewiesen werden oder ein 742

[1539] Baumbach/Hueck/*Haas* § 71 Rdnr. 2, auch mit Nachweisen zur Gegenansicht; Lutter/Hommelhoff/*Kleindiek* Rdnr. 8; Scholz/K. Schmidt/*Bitter* Rdnr. 8.

[1540] § 74 Abs. 2 S. 2 GmbHG.

[1541] BeckGmbH-Hdb/*Erle*/*Eberhardt* § 16 Rdnr. 7; Rowedder/*Rasner* § 60 Anm. 22.

[1542] Siehe oben Rdnr. 732 ff.

[1543] Ulmer/*Casper* § 60 Rdnr. 38, 46; MünchHdbGesR III/*Weitbrecht* § 62 Rdnr. 5.

Gesellschafter GmbH-Anteile übernehmen soll, die von der Gesellschaft gehalten werden. Derartige Vereinbarungen, die in der Praxis als **„Realteilung"** bezeichnet werden, kommen in Betracht, wenn bei Fassung des Auflösungsbeschlusses bereits mit hoher Wahrscheinlichkeit feststeht, dass nach Befriedigung der Gesellschaftsgläubiger die genannten Gegenstände als verteilungsfähiges Vermögen zur Verfügung stehen werden. Die Verteilung von Vermögensgegenständen auf Gesellschafter kann aber auch im Rahmen der Abwicklung stattfinden. Soweit dabei Grundstücke oder GmbH-Geschäftsanteile übertragen werden, ist wiederum die Beurkundungsfunktion des Notars betroffen.

743 *dd) Sonderproblem: Liquidationsbeschluss und Unternehmensverträge.* Spätestens im Zusammenhang mit der Anmeldung der Auflösung der GmbH sollte mit den Geschäftsführern/Liquidatoren und den Gesellschaftern geklärt werden, ob die Gesellschaft an Unternehmensverträgen im Sinne der §§ 291 ff. AktG beteiligt ist. Es ist sehr streitig, ob die Auflösung der Gesellschaft zum Erlöschen von Unternehmensverträgen, insbesondere von Beherrschungs- und Gewinnabführungsverträgen gemäß § 291 AktG, führt. Jedenfalls für Beherrschungs- und Gewinnabführungsverträge, an denen die aufgelöste Gesellschaft als Untergesellschaft beteiligt ist, wird verbreitet die Auffassung vertreten, dass die Auflösung die Beendigung des Unternehmensvertrages zur Folge hat.[1544] Schließt man sich dieser Auffassung an, sollte mit der Anmeldung der Auflösung der Gesellschaft zugleich angemeldet werden, dass der Beherrschungs- und Gewinnabführungsvertrag mit der Obergesellschaft beendet ist. Wegen der unsicheren Rechtslage empfiehlt es sich, zeitgleich mit dem Auflösungsbeschluss einen Beherrschungs- und Gewinnabführungsvertrag mit Wirkung zum Auflösungsstichtag einvernehmlich aufzuheben. Ist der Auflösungsstichtag identisch mit dem Geschäftsjahresende, entsteht im Hinblick auf § 296 AktG, der die Aufhebung eines Unternehmensvertrages nur zum Ende eines Geschäftsjahrs bzw. eines sonst vertraglich bestimmten Abrechnungszeitraumes zulässt, kein Problem. Aber auch wenn die Auflösung im laufenden Geschäftsjahr wirksam wird, dürfte § 296 AktG nicht entgegenstehen, denn die Wahl eines unterjährigen Auflösungszeitpunkts führt automatisch zur Bildung eines Rumpfgeschäftsjahres, ohne dass hierfür die Satzung geändert werden muss. Insoweit ist „Geschäftsjahr" im Sinne des § 296 AktG bei einer unterjährigen Auflösung das Ende des Rumpfgeschäftsjahres, dessen Entstehung zwangsläufige Folge der Auflösung ist. Bei einer vorzeitigen Beendigung des Beherrschungs- und Gewinnabführungsvertrages ist darauf zu achten, dass die Mindestdauer gemäß § 14 Abs. 1 Ziff. 3 KStG nicht unterschritten wird, da steuerliche Nachteile drohen.

744 e) **Bestellung der Liquidatoren, Vertretungsmacht.** Die Berufung der Liquidatoren und die Festlegung der Vertretungsmacht bilden eine relativ häufige Fehlerquelle in der Liquidationspraxis. Der Grund liegt darin, dass den Beteiligten die Liquidation deutlich weniger geläufig ist, als die Gründung der GmbH. Außerdem ergeben sich für die Liquidatoren teilweise Abweichungen von den für die werbende GmbH geltenden Grundsätzen. Um zeitraubende Zwischenverfügungen des Registergerichts im Rahmen der Anmeldungen gemäß §§ 65, 67 GmbHG zu vermeiden, sollte der Notar sorgfältig auf eine richtige Formulierung der Gesellschafterbeschlüsse und der Handelsregisteranmeldungen achten.

745 *aa) Gesellschaftsvertrag, Gesellschafterbeschluss.* Die Gesellschaft kann einen oder mehrere Liquidatoren haben. Treffen die Satzung und die Gesellschafter im Auflösungsbeschluss keine Bestimmung, sind alle zur Zeit der Auflösung im Amt befindlichen Geschäftsführer ohne weiteren Bestellungsakt „geborene Liquidatoren" (**Amtskontinuität**).[1545] Vor der Benennung von Liquidatoren im Auflösungsbeschluss sollte vorsorglich geprüft werden, ob der Gesellschaftsvertrag[1546] bestimmte oder bestimmbare Personen als sog. „gekorene" Liquidatoren vorgibt. Auch in den Fällen, in denen die bisherigen Geschäftsführer oder die in der Satzung genannten Personen als Liquidatoren fungieren sollen, empfiehlt es sich, die Liquidatoren im Auflösungsbeschluss (deklaratorisch) zu benennen sowie ihre Vertretungs-

[1544] Vgl. zum Meinungsstand MünchKommAktG/*Altmeppen* § 297 AktG Rdnr. 116 ff.; Emmerich/Habersack/*Emmerich* § 297 Rdnr. 50 f.

[1545] § 66 Abs. 1 GmbHG; *Schmelz* NZG 2007, 135; *Saenger* GmbHR 1994, 300, 301.

[1546] Dies ist zulässig, vgl. § 66 Abs. 1 GmbHG; *Saenger* GmbHR 1994, 300, 301.

macht auszuweisen.[1547] Dies erleichtert die Nachweisführung bei der Anmeldung der Liquidatoren zum Handelsregister gemäß § 67 GmbH. In jedem Fall geht die Bestellung der Liquidatoren durch Beschluss der Festsetzung durch den Gesellschaftsvertrag vor. Dieser Beschluss bedarf – im Unterschied zum Auflösungsbeschluss[1548] – keiner besonderen Mehrheit. Werden die Liquidatoren durch Gesellschafterbeschluss mandatiert, muss die Bezeichnung der bestellten Personen eindeutig sein. Fehlt es daran oder an der erforderlichen Mehrheit, gilt § 66 Abs. 1 GmbHG: Die bisherigen Geschäftsführer müssen die Liquidation durchführen.

Die durch Gesellschafterbeschluss bestellten Liquidatoren sind – im Unterschied zu den in 746
der Satzung benannten – nicht verpflichtet, das Amt anzunehmen. Sie können die Übernahme der Funktion davon abhängig machen, dass ein Dienstvertrag abgeschlossen und insbesondere die Vergütung geregelt wird. Für den Abschluss des Dienstvertrages ist grundsätzlich das für die Bestellung der Liquidatoren vorgesehene Organ zuständig, also regelmäßig die Gesellschafterversammlung.[1549] Mit gekorenen sowie vom Registergericht bestellten Liquidatoren kommt ein Anstellungsverhältnis im Zweifel durch Annahme des Liquidatorenamtes zustande.[1550] Haben sich gekorener Liquidator und Gesellschaft nicht über die Höhe des Honorars geeinigt, gilt insoweit gemäß § 612 BGB die übliche Vergütung als vereinbart.[1551] Wegen der Ähnlichkeit zur Tätigkeit eines Insolvenzverwalters kann auf die im Insolvenzrecht entwickelten Grundsätze zur Vergütung zurückgegriffen werden. Bei gerichtlicher Bestellung setzt das Registergericht analog § 265 Abs. 4 S. 2 AktG auf Antrag, der zugleich mit dem Bestellungsantrag gestellt werden kann, die Vergütung fest. Geborene Liquidatoren setzen ihr Dienstverhältnis zur GmbH fort, so dass für ihr Gehalt etc. die bisherigen vertraglichen Regelungen weiter gelten.[1552]

Die von der Gesellschafterversammlung berufenen Liquidatoren können von derselbigen 747
jederzeit wieder abberufen werden. Es genügt ein einfacher Gesellschafterbeschluss, wenn die Satzung keine anderen Anforderungen aufstellt.[1553] Die Abberufung ist an keine Frist gebunden und setzt keinen wichtigen Grund voraus. Andererseits können die Liquidatoren ihr Amt jederzeit ohne Angabe von Gründen niederlegen. Die Niederlegung ist sofort wirksam, wenn nicht in der Niederlegungserklärung ein anderer Zeitpunkt genannt wurde („...... lege ich mein Amt als Liquidator der Phantasia GmbH mit Wirkung zum Ablauf des 30. 9. des Jahres nieder ......“). Empfänger der Amtsniederlegung ist die **Gesellschaft**, vertreten durch jeden der weiteren **Liquidatoren.** Hierin liegt eine gegenüber der Rechtslage bei dem Geschäftsführer einer werbenden GmbH dogmatisch kaum zu rechtfertigende Abweichung.[1554] Für die Praxis ist diese Auffassung aber bis auf Weiteres zugrunde zu legen, um Zweifel an der Wirksamkeit der Amtsbeendigung auszuschließen. Legt der einzige Liquidator sein Amt nieder, muss die Erklärung den Gesellschaftern zugehen. Ist der Liquidator einziger Gesellschafter, muss er sein Amt gegenüber dem Registergericht niederlegen.[1555] Änderungen in der Person der Liquidatoren sind gemäß § 67 GmbHG zur Eintragung in das Handelsregister anzumelden.

bb) Gerichtliche Bestellung. Auf Antrag von Gesellschaftern, deren Geschäftsanteile min- 748
destens 10% des Stammkapitals entsprechen müssen, kann das Registergericht[1556] aus wichtigen Gründen Liquidatoren bestellen.[1557] Ein wichtiger Grund liegt nicht schon vor, wenn die erforderliche Anzahl von Liquidatoren nicht zur Verfügung steht. In einem solchen Fall

[1547] MünchHdbGesR III/*Weitbrecht* § 63 Rdnr. 7.
[1548] § 60 Abs. 1 Nr. 2 GmbHG: 75% der abgegebenen Stimmen.
[1549] §§ 69 Abs. 1, 46 Nr. 5 GmbHG.
[1550] Michalski/*Nerlich* § 66 Rdnr. 74.
[1551] BGH ZIP 2005, 1738, 1740; Baumbach/Hueck/*Haas* § 66 Rdnr. 17; Ulmer/*Paura* Rdnr. 74.
[1552] Baumbach/Hueck/*Haas* § 66 Rdnr. 17.
[1553] § 66 Abs. 3 S. 2 GmbHG.
[1554] Zu recht kritisch Baumbach/Hueck/*Haas* § 66 Rdnr. 30.
[1555] BayObLG GmbHR 1994, 259, 260; LG Memmingen NZG 2004, 828; Michalski/*Nerlich* § 66 Rdnr. 79; Rowedder/Schmidt-Leithoff/*Rasner* Rdnr. 30; Scholz/*K. Schmidt* Rdnr. 52.
[1556] § 7 Abs. 1 GmbHG.
[1557] § 66 Abs. 2 GmbHG.

ist ein Notbestellung analog §§ 29, 48 Abs. 1 BGB zu beantragen. Scheitert aber die Bestellung daran, dass sich die zerstrittenen Gesellschafter nicht mit der erforderlichen Mehrheit auf den oder die Liquidatoren festlegen können, kommt ein Antrag nach § 66 Abs. 2 GmbH in Betracht. Möglich ist auch, dass die Geschäftsführung der amtierenden Liquidatoren pflichtwidrig ist oder aus sonstigen Gründen dem Liquidationsauftrag zuwiderläuft, so dass eine Abberufung gerechtfertigt ist. In dieser Konstellation können die Gesellschafter gemäß § 66 Abs. 3 GmbHG mit dem in Abs. 2 verlangten Quorum die Abberufung der Liquidatoren durch das Registergericht beantragen. Sie müssen diesen Antrag mit einem Antrag auf Bestellung neuer Liquidatoren verbinden, damit die gerichtliche Abberufung nicht die Führungslosigkeit der GmbH i. L. zur Folge hat. Die vom Gericht bestellten Liquidatoren sind – im Unterschied zu den Geschäftsführern als geborene Liquidatoren – nicht verpflichtet, das Amt anzunehmen. Sie können vom Registergericht aus wichtigem Grund auch wieder abberufen werden; eine Abberufung durch Gesellschafterbeschluss ist hingegen nicht möglich.[1558] Wichtige Gründe i. S. d. § 66 Abs. 3 GmbHG können etwa die Unfähigkeit zur Amtsführung, begründete Zweifel an der Unparteilichkeit oder erhebliche Streitigkeiten der Liquidatoren untereinander oder mit Gesellschaftern sein. Gegen die gerichtliche Abberufung steht dem betroffenen Liquidator, der Gesellschaft und nach überwiegender Auffassung auch den einzelnen Gesellschaftern das Rechtsmittel der **Beschwerde** gemäß §§ 375 Nr. 6, 402 Abs. 1 FamFG zu.[1559] Auch die gerichtlich bestellten Liquidatoren können ihr Amt mit sofortiger Wirkung und ohne dass es eines wichtigen Grundes bedarf, niederlegen. Die Erklärung wird wirksam mit Zugang beim Registergericht.

749 *cc) Persönliche Voraussetzungen.* Für die Liquidatoren gelten die persönlichen Voraussetzungen gemäß § 6 Abs. 2 und 3 GmbHG entsprechend.[1560] Mit den Liquidatoren ist daher zu klären, ob Umstände vorliegen, die ihrer Bestellung entgegenstehen. Vereinfacht gilt die Formel: Wer nicht Geschäftsführer sein dürfte, kann auch nicht Liquidator sein. Dies gilt ebenso, wenn die bisherigen Geschäftsführer die Abwicklung als geborene Liquidatoren durchführen, da auch sie versichern müssen, dass seit ihrer Bestellung zu Geschäftsführern keine Umstände eingetreten sind, die gemäß §§ 66 Abs. 4, 6 Abs. 2 S. 2 und 3 GmbHG zu ihrer Ungeeignetheit führen. Um einer vorschnell abgegebenen Erklärung vorzubeugen, Hinderungsgründe gemäß § 6 GmbHG würden nicht bestehen, sollten die länger im Amt befindlichen Geschäftsführer darauf hingewiesen werden, dass durch das MoMiG[1561] der Katalog der Hinderungsgründe ausgedehnt worden ist.

750 *dd) Vertretungsmacht.* Die Liquidatoren vertreten die Gesellschaft gerichtlich und außergerichtlich, § 70 S. 1, 2. HS GmbHG. Die Liquidatoren vertreten die Gesellschaft bei Rechtsgeschäften jeder Art sowie in Prozessen, auch gegenüber den Gesellschaftern.[1562] Die Vertretungsmacht ist – wie die der Geschäftsführer gemäß §§ 35, 37 GmbHG – grundsätzlich **unbeschränkt und unbeschränkbar**. Sie wird auch nicht durch den Abwicklungszweck eingeschränkt. Jedoch sind Beschränkungen im Falle des Missbrauchs der Vertretungsmacht nach den für die Geschäftsführer entwickelten Grundsätzen zu beachten. Im Innenverhältnis gelten Limitierungen durch den Gesellschaftsvertrag, den Liquidationszweck und eventuelle Weisungen durch die Gesellschafterversammlung.[1563] Eine für die Geschäftsführer erlassene Geschäftsordnung dürfte für geborene Liquidatoren trotz der vom BGH hervorgehobenen Unterschiede zwischen werbender und in Abwicklung befindlicher Gesellschaft sinngemäß weiter gelten. Insbesondere der in der Geschäftsordnung häufig enthaltene Katalog zustimmungsbedürftiger Rechtsgeschäfte wird als Schutzmechanismus weiter seine Berechtigung haben. Denn es ist gerade vor dem Hintergrund der Umstellung auf den Abwicklungszweck nicht einzusehen, warum die Liquidatoren weitergehende Befugnisse haben sollen als die

---

1558 Gegenschluss aus § 66 Abs. 3 S. 2 GmbHG.

1559 MünchHdbGesR III/*Weitbrecht* § 63 Rdnr. 19 m. w. N.

1560 § 66 Abs. 4 GmbHG; *Stuppi* MittBayNot 2009, 172.

1561 Gesetz zur Modernisierung des GmbH-Rechts und zur Bekämpfung von Missbräuchen vom 23. 10. 2008 (BGBl. I S. 2026); *Stuppi* MittBayNot 2009, 172.

1562 *Saenger* GmbHR 1994, 300; *Wälzholz* GmbHR 2002, 305.

1563 § 37 Abs. 1 i. V. m. § 71 Abs. 4 GmbHG.

Geschäftsführer der werbenden GmbH. Ungeachtet dieser Überlegungen empfiehlt es sich im Interesse der Rechtsklarheit, in den Liquidationsbeschluss mit aufzunehmen, dass die Geschäftsordnung für die Geschäftsführer auch für die Liquidatoren gilt. Erscheint dies nicht sachgemäß, muss gegebenenfalls eine neue, auf die besondere Situation der Abwicklungstätigkeit zugeschnittene Geschäftsordnung erlassen werden. Bei gekorenen Liquidatoren empfiehlt sich in jedem Fall eine ausdrückliche Regelung eventueller Beschränkungen der Vertretungsbefugnis durch Erlass einer Geschäftsordnung.

Sind mehrere Liquidatoren vorhanden, vertreten diese nach der gesetzlichen Regelung des 751 § 68 Abs. 1 S. 2 GmbHG die Gesellschaft gemeinschaftlich (**Gesamtvertretung**). Lange Zeit war streitig, ob die Gesamtvertretung angesichts der unterschiedlichen Funktionen von Liquidatoren und Geschäftsführern auch dann gilt, wenn die bisherigen Geschäftsführer jetzt (geborene) Liquidatoren sind und sie vom Gesellschaftsvertrag als Geschäftsführer mit Einzelvertretungsmacht ausgestattet waren.[1564] Nach einer neuen Entscheidung des BGH setzt sich die für die Geschäftsführer im Gesellschaftsvertrag geregelte Alleinvertretungsbefugnis nicht als Alleinvertretungsbefugnis der Liquidatoren fort. Dies gelte auch dann, wenn es sich um „geborene Liquidatoren" handelt.[1565] Der BGH argumentiert damit, dass § 68 Abs. 1 S. 2 GmbHG nicht nach der Art der Liquidatoren („geboren" oder „gekoren") differenziert, sondern die Aktivvertretungsbefugnis bei Vorhandensein mehrerer Liquidatoren schlechthin regelt. Die Gegenauffassung[1566] kritisiert, dass § 66 Abs. 1 GmbH in der Auslegung des BGH zwar zu einer Amtskontinuität, jedoch nicht zu einer Kompetenzkontinuität führt und verweist auf die dadurch entstehenden Abgrenzungsschwierigkeiten und die Gefahr der Rechtsunsicherheit. Eine Übertragung der Vertretungsbefugnis der Geschäftsführer auf die Liquidatoren kommt aber auch nach dieser Auffassung nicht in Betracht, wenn Personen Liquidatoren werden, die vorher nicht Geschäftsführer waren.[1567] Nach h. M. „vererbt" sich ebenso eine Befreiung der Geschäftsführer von den Beschränkungen des § 181 BGB nicht auf die Liquidatoren weiter, sondern muss gesondert durch den Gesellschaftsvertrag oder einen entsprechenden Beschluss erteilt werden.[1568]

Grundsätzlich gelten für die Vertretungsmacht der Liquidatoren gemäß § 69 Abs. 1 752 GmbHG die auch für die Geschäftsführer der werbenden Gesellschaft anwendbaren Regelungen der §§ 35 ff. GmbHG. §§ 66 ff. GmbHG enthalten jedoch teilweise Spezialnormen. Ein gesamtvertretungsberechtigter Liquidator kann allein handeln, wenn er dazu von den übrigen Liquidatoren ermächtigt wird. Eine vorherige Ermächtigung zum alleinigen Handeln durch die übrigen Liquidatoren ist im Einzelfall, nicht aber generell möglich. Das Handeln eines gesamtvertretungsberechtigten Liquidators kann von den anderen Liquidatoren auch nachträglich genehmigt werden. Diese Genehmigung bedarf nicht der für das Rechtsgeschäft bestimmten Form.[1569] Handelt ein gesamtvertretungsberechtigter Liquidator allein, kann ferner die Gesellschafterversammlung durch Genehmigung die schwebend unwirksame Erklärung wirksam werden lassen.[1570] Fällt einer von zwei gesamtvertretungsberechtigten Liquidatoren weg, erstarkt die Vertretungsmacht des verbliebenen Liquidators aber nicht zur Einzelvertretungsbefugnis.[1571] In diesem Fall muss entweder die Vertretungsmacht geändert oder die Zahl der Liquidatoren wieder aufgestockt werden.

[1564] BGHZ InsO 2009, 105 = ZIP 2009, 34 mit Anm. *Reymann* GmbHR 2009, 176; BayObLG GmbHR 1985, 392, BB 1997, 8 und ZIP 1996, 2110; OLG Düsseldorf ZIP 1989, 917; OLG Karlsruhe ZIP 2008, 505 m. w. N.; *Meyding/Schnorbus/Hennig* ZNotP 2006, 122, 133.

[1565] BGH ZInsO 2009, 105, 106 = ZIP 2009, 34.

[1566] *Wälzholz* GmbHR 2002, 305; Ulmer/*Paura* § 68 Rdnr. 4; Michalski/*Nerlich* Rdnr. 10; Roth/*Altmeppen* Rdnr. 4; Rowedder/Schmidt-Leithoff/*Rasner* Rdnr. 3; Scholz/*K. Schmidt* Rdnr. 5; OLG Saarbrücken OLGRep 2001, 227.

[1567] *Wälzholz* GmbHR 2002, 305, 306; Baumbach/Hueck/*Haas* § 68 Rdnr. 4; Michalski/*Nerlich* Rdnr. 10; Rowedder/Schmidt-Leithoff/*Rasner* Rdnr. 3; Scholz/*K. Schmidt* Rdnr. 5.

[1568] Vgl. hierzu *Wälzholz* GmbHR 2002, 305 ff.

[1569] § 182 Abs. 2 BGB.

[1570] Baumbach/Hueck/*Haas* § 68 Rdnr. 2; Scholz/*K. Schmidt* Rdnr. 4.

[1571] BGHZ 121, 263, 264 f.; OLG Hamburg GmbHR 1988, 67, 68; Lutter/Hommelhoff/*Kleindiek* § 68 Rdnr. 3; Michalski/*Nerlich* Rdnr. 5; Rowedder/Schmidt-Leithoff/*Rasner* Rdnr. 3; Scholz/*K. Schmidt* Rdnr. 4; Baumbach/Hueck/*Haas* Rdnr. 2; einschränkend Hachenburg/*Hohner* Rdnr. 10; Roth/*Altmeppen* Rdnr. 7.

753 Willenserklärungen, die gegenüber der Gesellschaft abzugeben sind, können dagegen generell – auch bei Gesamtvertretungsbefugnis – gegenüber nur einem Liquidator abgegeben werden. Dies ergibt sich aus dem über § 69 Abs. 1 GmbHG anwendbaren § 35 Abs. 2 S. 2 bis 4 GmbHG.

754 *ee) Rechtsgeschäftliche Gestaltung der Vertretungsmacht.* Das gesetzliche Leitbild der Gesamtvertretung gemäß § 68 Abs. 1 S. 2 GmbHG erweist sich in der Praxis – ebenso wie bei der werbenden GmbH[1572] – oft als nicht sachgerecht. Es werden deshalb oftmals abweichende Regelungen getroffen. Dies kann zum einen durch Gesellschaftsvertrag geschehen. In ausführlichen Satzungstexten finden sich zuweilen detaillierte Regelungen über die Vertretungsmacht der Liquidatoren. Teilweise wird eine ins Einzelne gehende Regelung über die Vertretungsmacht der Liquidatoren dadurch ersetzt, dass die Satzungsbestimmungen über die Vertretungsmacht der Geschäftsführer für entsprechend anwendbar erklärt werden. Erforderlich sind solche Regelungen der Vertretungsbefugnis der Liquidatoren im Gesellschaftsvertrag hingegen nicht, um die Gesamtvertretung abzubedingen oder zu modifizieren. Dies ergibt sich daraus, dass der Wortlaut des § 68 Abs. 1 S. 2 („ist nichts anderes bestimmt") deutlich weiter ist als der des § 35 Abs. 2 S. 1 GmbHG („es sei denn, dass der Gesellschaftsvertrag etwas anderes bestimmt"). Demgemäß kann eine vom Grundprinzip der Gesamtvertretung abweichende Vertretungsregelung von der Gesellschafterversammlung getroffen werden, auch wenn der Gesellschaftsvertrag hierzu keine Aussage trifft.[1573] Für einen solchen Gesellschafterbeschluss genügt, vorbehaltlich einer abweichenden Regelung im Gesellschaftsvertrag, die einfache Mehrheit. Die Voraussetzungen für eine Änderung des Gesellschaftsvertrags[1574] müssen nicht erfüllt sein.[1575] Die einfache Mehrheit in der Gesellschafterversammlung hat die Kompetenz zu einer abweichenden Regelung selbst dann, wenn die Satzung Bestimmungen zur Vertretungsmacht in der Liquidation enthält.[1576] Das gilt nur dann nicht, wenn die Satzung zusätzlich bestimmt, dass eine Abweichung von ihrer Regelung nur mit höherer Mehrheit in der Gesellschafterversammlung beschlossen werden kann.

755 Von der gesetzlichen Regelung kann in beliebiger Weise abgewichen werden. Die Gesellschafter können allen Liquidatoren Einzelvertretungsmacht zuweisen, einzelnen Liquidatoren Einzelvertretungsmacht geben oder Gesamtvertretungsmacht von je zwei Liquidatoren anordnen. Sind mehrere Liquidatoren vorhanden, ist außerdem die unechte Gesamtvertretung, gemeinsam mit einem Prokuristen, möglich, da der Belassung oder Bestellung von Prokuristen in der Liquidation keine durchgreifenden Bedenken entgegenstehen.[1577] Durch Gesellschafterbeschluss kann mit einfacher Mehrheit eine einmal erteilte Vertretungsmacht jederzeit geändert werden. Denn die Worte „bei ihrer Bestellung" bedeuten keine Beschränkung der Ausgestaltungsbefugnis der Gesellschafter auf diesen Zeitpunkt, da die Gesellschafterversammlung die Liquidatoren jederzeit auch abberufen könnte, § 66 Abs. 3 S. 2 GmbHG.[1578] Entsprechend kann die vollständige oder teilweise Befreiung aller oder einzelner Liquidatoren von den Beschränkungen des § 181 BGB durch Gesellschafterbeschluss erteilt werden, auch wenn die Satzung dies nicht vorsieht.[1579]

[1572] § 35 Abs. 2 S. 1 GmbHG.

[1573] BGH ZInsO 2009, 105, 106 = ZIP 2009, 34; Lutter/Hommelhoff/*Kleindiek* § 68 Rdnr. 2; Rowedder/Schmidt-Leithoff/*Rasner* Rdnr. 4; Scholz/*K. Schmidt* Rdnr. 5; a. A. *Wälzholz* GmbHR 2002, 305, 309; Hachenburg/*Hohner* § 68 Rdnr. 5.

[1574] §§ 53, 54 GmbHG.

[1575] Lutter/Hommelhoff/*Kleindiek* § 68 Rdnr. 2; Ulmer/*Paura* Rdnr. 6; Michalski/*Nerlich* Rdnr. 8; Rowedder/Schmidt-Leithoff/*Rasner* Rdnr. 4; Scholz/*K. Schmidt* Rdnr. 5; a. A. (qualifizierte Mehrheit) Hachenburg/*Hohner* Rdnr. 5.

[1576] Lutter/Hommelhoff/*Kleindiek* § 68 Rdnr. 2; Baumbach/Hueck/*Haas* Rdnr. 5; Rowedder/Schmidt-Leithoff/*Rasner* Rdnr. 4; a. A. Roth/*Altmeppen* § 68 Rdnr. 12: Bestimmte Vertretungsregelung in der Satzung kann nur durch Satzungsänderung beseitigt werden.

[1577] Lutter/Hommelhoff/*Kleindiek* § 68 Rdnr. 2; Baumbach/Hueck/*Haas* Rdnr. 8; Ulmer/*Paura* Rdnr. 12; Hachenburg/*Hohner* Rdnr. 13; Michalski/*Nerlich* Rdnr. 12; Scholz/*K. Schmidt* Rdnr. 6; Rowedder/Schmidt-Leithoff/*Rasner* Rdnr. 5.

[1578] Lutter/Hommelhoff/*Kleindiek* § 68 Rdnr. 2.

[1579] Baumbach/Hueck/*Haas* § 68 Rdnr. 5 auch zur Gegenansicht; a. A. etwa *Wälzholz* GmbHR 2002, 305, 306 m. w. N.

Formulierungsvorschlag: Auflösungsbeschluss

1. Die Gesellschaft wird mit Wirkung zum Ablauf des Geschäftsjahres 2011 (Auflösungsstichtag) aufgelöst.
2. Die Herren A und B werden mit Wirkung zum Auflösungsstichtag als Geschäftsführer der Gesellschaft abberufen.
3. Herr C wird mit Wirkung zum Auflösungsstichtag zum Liquidator der Gesellschaft bestellt. Er vertritt die Gesellschaft allein, solange er alleiniger Liquidator ist. Sind mehrere Liquidatoren bestellt, vertritt er die Gesellschaft gemeinschaftlich mit einem anderen Liquidator. [*Fakultativ:* Herr C ist von den Beschränkungen des § 181 BGB befreit.]
4. Für die Tätigkeit des Liquidators gilt die als Anlage beigefügte Geschäftsordnung.
5. [*Bei unterjährigem Auflösungsbeschluss*: Das laufende Geschäftsjahr ist ein Rumpfgeschäftsjahr, das am Auflösungsstichtag endet.]
6. [*Bei prüfungspflichtigen Gesellschaften*: Zum Abschlussprüfer für die Eröffnungsbilanz gemäß § 71 Abs. 1 GmbHG wird die XY Wirtschaftsprüfungsgesellschaft, [*Ort*] bestellt.]
7. Die Bücher und Schriften der Gesellschaft werden nach Beendigung der Liquidation von Gesellschafter A verwahrt, der sich hiermit zu dieser Verwahrung bereit erklärt.
8. [*Fakultativ im Falle einer so genannten Realteilung*: Die Gesellschafter sind sich bereits jetzt darüber einig, dass das Betriebsgrundstück der Gesellschaft in der Hafenstraße 12 in [*Ort*] unter Anrechnung auf seinen Anteil am Liquidationserlös nach Ablauf des Sperrjahres an den Gesellschafter A zu übertragen ist. Der Wert des Betriebsgrundstücks wird von den Gesellschaftern einvernehmlich mit € [*Betrag*] festgelegt. Die Gesellschafter sind sich ferner darüber einig, dass die von der Gesellschaft gehaltenen Geschäftsanteile an der ABC GmbH im Rahmen der Auseinandersetzung nach Eintritt der gesetzlichen Voraussetzungen unter Anrechnung auf seine Beteiligung am Liquidationserlös auf den Gesellschafter B zu übertragen sind. Der Verkehrswert der Geschäftsanteile ist auf den Zeitpunkt der Übertragung nach den anerkannten Grundsätzen für die Unternehmensbewertung (derzeit IDW S. 1) zu ermitteln. Können sich die Beteiligten auf den Verkehrswert nicht einigen, ist dieser auf Antrag einer Partei von einem Wirtschaftsprüfer als Schiedsgutachter gemäß § 317 BGB verbindlich und abschließend festzustellen.] [*Es folgen Detailregelungen für das schiedsgutachterliche Verfahren*].

f) Anmeldung der Auflösung und der Liquidatoren zum Handelsregister. Die Auflösung der Gesellschaft ist gemäß § 65 Abs. 1 S. 1 GmbHG zur Eintragung in das Handelsregister anzumelden.[1580] § 67 Abs. 1 GmbHG begründet daneben die Verpflichtung, die ersten Liquidatoren sowie ihre Vertretungsbefugnis anzumelden. Trotz der getrennten Regelung in zwei Vorschriften empfiehlt es sich und ist in der Praxis üblich, die Anmeldung der Auflösung der Gesellschaft und der vertretungsberechtigten Liquidatoren in einem einheitlichen Dokument zu verbinden.[1581] Mit hoher Wahrscheinlichkeit würde eine isolierte Anmeldung nur der Auflösung oder nur der Liquidatoren vom Registergericht zurückgewiesen. 756

aa) Anmeldung der Auflösung, § 65 Abs. 1 GmbHG. Diese Anmeldung hat nur **deklaratorische** Bedeutung; sie ist nicht Wirksamkeitsvoraussetzung für die Auflösung der Gesellschaft.[1582] Ist jedoch der Auflösungsbeschluss ausnahmsweise als Satzungsänderung einzuordnen,[1583] tritt die Auflösung erst mit der Eintragung in das Handelsregister ein.[1584] 757

§ 65 GmbHG lässt offen, wer die Auflösung der Gesellschaft zur Eintragung in das Handelsregister anzumelden hat. Nach herrschender Meinung trifft die Anmeldepflicht die Gesellschaft, die durch ihre jeweiligen gesetzlichen Vertreter handelt. Dies sind grundsätzlich 758

1580 *Fietz/Fingerhuth* GmbHR 2006, 960, 963; *Saenger* GmbHR 1994, 300, 301.

1581 *Gustavus* Handelsregisteranmeldung A 115.

1582 Römermann/*Meister* § 22 Rdnr. 355.

1583 Siehe oben Rdnr. 742.

1584 Ulmer/*Paura* § 65 Rdnr. 4; Michalski/*Nerlich* Rdnr. 2; Rowedder/Schmidt-Leithoff/*Rasner* Rdnr. 2; Lutter/Hommelhoff/*Kleindiek* Rdnr. 5

nach § 78 GmbHG die Liquidatoren in zur Vertretung berechtigter Zahl.[1585] Die Geschäftsführer haben mit Auflösung der Gesellschaft ihre Vertretungsbefugnis verloren.[1586] Bedarf die Auflösung hingegen ausnahmsweise einer Satzungsänderung,[1587] sind die Geschäftsführer in vertretungsberechtigter Anzahl anmeldungsbefugt.[1588]

759 § 65 GmbHG bestimmt keine Anmeldefrist. Die Anmeldung muss daher **unverzüglich** (ohne schuldhaftes Zögern) unterzeichnet und eingereicht werden.[1589] Eine moderate Verzögerung der Anmeldung ist zulässig, wenn sie den Belangen der Gesellschaft oder ihrer Gesellschafter dient. Eine solche Gestaltung kann z.B. vorliegen, wenn eine kurzfristige Übernahme des Unternehmens durch einen Gesellschafter möglich ist oder wenn bei zweifelhafter Rechtslage rechtlicher Rat eingeholt werden muss.[1590]

760 Die Anmeldung ist gemäß § 12 Abs. 1 HGB in notariell beglaubigter Form elektronisch zum Handelsregister einzureichen; der Auflösunggrund wird im Falle eines Auflösungsbeschlusses nicht in das Handelsregister eingetragen. Der Anmeldung ist der Gesellschafterbeschluss über die Auflösung in Urschrift oder notariell beglaubigter Ablichtung beizufügen. Wird dies versäumt, wird das Registergericht aufgrund seiner Ermittlungspflicht gemäß § 26 FamFG die entsprechenden Urkunden per Zwischenverfügung anfordern. Die Anmeldung ist bei dem Registergericht des Sitzes der Gesellschaft einzureichen. Auch bei einer Gesellschaft mit Zweigniederlassungen wird die Eintragung nur noch bei dem Registergericht der Hauptniederlassung vorgenommen.

761 *bb) Anmeldung der Liquidatoren, § 67 GmbHG.* Mit der Auflösung werden gleichzeitig die ersten Liquidatoren und deren **Vertretungsbefugnis** zur Eintragung in das Handelsregister angemeldet. Anzumelden sind die Liquidatoren mit Vornamen, Familiennamen, Geburtsdatum und Wohnort.[1591]

762 Die Anmeldepflicht gemäß § 67 Abs. 1 GmbHG besteht unabhängig davon, ob es sich um „geborene" oder „gekorene" Liquidatoren handelt.[1592] Zuständig für die Anmeldung der ersten Liquidatoren sind – abweichend von dem insofern irreführenden Wortlaut des § 67 Abs. 1 GmbHG – die ersten Liquidatoren und nicht die Geschäftsführer.[1593] Die Anmeldepflicht obliegt der Gesellschaft; die Vertretungsmacht der Geschäftsführer endet mit Auflösung der Gesellschaft. Es können deshalb nur die zur Vertretung der Gesellschaft berufenen ersten Liquidatoren selbst die Anmeldung vornehmen.[1594] Sind allerdings gemäß dem gesetzlichen Regelfall des § 66 Abs. 1 GmbHG die Geschäftsführer zugleich die ersten Liquidatoren, erübrigt sich dieses Problem. In dem seltenen Fall, dass die Auflösung eine Satzungsänderung voraussetzt,[1595] tritt die Auflösung erst mit der Eintragung der Satzungsänderung ein, so dass die Geschäftsführer bis zu diesem Zeitpunkt noch anmeldungsbefugt und -verpflichtet sind.[1596] Anzumelden sind sowohl die **konkrete** Vertretungsbefugnis der ersten Liquidatoren als auch die **abstrakte** Vertretungsregelung.[1597] Auf die Angabe der abstrakten Vertretungsregelung kann auch dann nicht verzichtet werden, wenn nur eine Person zum Liquidator bestellt ist, die zwangsläufig Einzelvertretungsmacht hat.[1598] Die Rechtslage entspricht hier derjenigen in § 8 Abs. 4 Nr. 2 GmbHG.

763 Soweit die Gesellschafter von der abstrakten Vertretungsregelung abweichende konkrete Bestimmungen getroffen haben, sind auch diese anzumelden und einzutragen. Ferner ist eine

---

[1585] *Saenger* GmbHR 1994, 300, 301; Baumbach/Hueck/*Haas* § 65 Rdnr. 7 m. w. N.
[1586] Baumbach/Hueck/*Haas* § 65 Rdnr. 7 m. w. N.
[1587] Vgl. dazu Rdnr. 742.
[1588] Baumbach/Hueck/*Haas* § 65 Rdnr. 7 m. w. N.
[1589] *Fietz/Fingerhuth* GmbHR 2006, 960, 963; Ulmer/*Paura* § 65 Rdnr. 7.
[1590] Baumbach/Hueck/*Haas* § 65 Rdnr. m. w. N.
[1591] § 43 Nr. 4 b HRV.
[1592] Baumbach/Hueck/*Haas* § 67 Rdnr. 2.
[1593] OLG Oldenburg ZNotP 2005, 159 m. Anm. *Tiedtke.*
[1594] Baumbach/Hueck/*Haas* § 67 Rdnr. 4 m. w. N.
[1595] Vgl. dazu Rdnr. 742.
[1596] Baumbach/Hueck/*Haas* § 67 Rdnr. 4 m. w. N.; Lutter/Hommelhoff/*Kleindiek* Rdnr. 2.
[1597] *Wicke* § 67 Rdnr. 2.
[1598] BGH DStR 2007, 1452; *Reymann* GmbHR 2009, 176, 177; Ulmer/*Paura* § 67 Rdnr. 5; Baumbach/Hueck/*Haas* Rdnr. 3; Lutter/Hommelhoff/*Kleindieck* Rdnr. 9 m. w. N. auch zur Gegenansicht.

eventuell erteilte Befreiung vom Verbot des Selbstkontrahierens gemäß § 181 BGB anzumelden und einzutragen.[1599]

764 Die Liquidatoren müssen in der Anmeldung gemäß § 67 Abs. 3 GmbHG versichern, dass keine Umstände vorliegen, die ihrer Bestellung nach § 66 Abs. 4 i. V. m. § 6 Abs. 2 S. 2 Nr. 2 und 3 sowie S. 3 GmbHG entgegenstehen und dass sie über ihre unbeschränkte Auskunftspflicht gegenüber dem Gericht belehrt worden sind.[1600] Bei dieser Versicherung gelten die gleichen Grundsätze wie bei der Bestellung von Geschäftsführern gemäß §§ 8 Abs. 3, 39 Abs. 3 GmbHG. Gemäß § 67 Abs. 3 S. 2 i. V. m. § 8 Abs. 3 S. 2 GmbHG kann die Belehrung auch durch einen Notar, der nicht notwendigerweise die Anmeldung oder Versicherung beglaubigt, erteilt werden, durch einen im Ausland bestellten Notar, einen Vertreter eines vergleichbaren rechtsberatenden Berufs oder einen Konsularbeamten. Die schriftliche Belehrung durch eine der genannten Personen ist ausreichend. Nach der Regierungsbegründung zum MoMiG soll generell auch die Belehrung durch einen Rechtsanwalt zulässig sein. Die vorgenannte Regelung ist eine wertvolle Hilfestellung bei im Ausland befindlichen Liquidatoren. Die Belehrung kann dabei in der Fremdsprache, deren der Liquidator mächtig ist, vorgenommen werden. In der Praxis empfiehlt sich für diese Fälle ein zweispaltiger Text mit deutscher und fremdsprachiger Fassung, der am Ende die ausdrückliche Erklärung des Liquidators enthält, dass er über den Inhalt des Dokuments belehrt worden ist. Dieses Dokument kann sodann vom Liquidator unterzeichnet und an den die Handelsregisteranmeldung gemäß § 67 GmbHG betreuenden Notar in Deutschland zurückgereicht werden. Dieser kann die entsprechende Erklärung des Liquidators der Handelsregisteranmeldung als Anlage beifügen.

765 g) **Bekanntmachung der Auflösung**. Gemäß § 65 Abs. 2 S. 1 muss die Auflösung von den Liquidatoren **in den Gesellschaftsblättern** bekannt gemacht werden. In der Bekanntmachung sind die Gläubiger der Gesellschaft aufzufordern, sich bei dieser zu melden. Diese öffentliche Bekanntmachung kann unabhängig von der Anmeldung der Auflösung der Gesellschaft zum Handelsregister vorgenommen werden. Die Veröffentlichung ist dem Registergericht erst nachzuweisen, wenn die Löschung der Gesellschaft gemäß § 74 Abs. 1 GmbHG nach Abschluss der Liquidation zur Eintragung in das Handelsregister angemeldet wird.

766 In den meisten Fällen genügt gemäß § 12 S. 1 GmbHG die Bekanntmachung im elektronischen Bundesanzeiger.[1601] Dies gilt auch, wenn ein veralteter Gesellschaftsvertrag vorsieht, dass die Bekanntmachungen der Gesellschaft im Bundesanzeiger zu erfolgen haben.[1602] Die nach früherem Recht erforderliche dreimalige Bekanntmachung ist durch das Gesetz zur Umsetzung der Aktionärsrichtlinie (ARUG)[1603] abgeschafft worden. Es genügt, wenn die Auflösung **einmal** in den Gesellschaftsblättern publiziert ist.[1604] Bei einem elektronischen Medium wie dem elektronischen Bundesanzeiger ist eine dreimalige Bekanntmachung, die nach bisherigem Recht meist an drei aufeinanderfolgenden Tagen erfolgte, weder erforderlich noch sinnvoll. Ist bei der konkreten Gesellschaft eine Publikation in mehreren Gesellschaftsblättern vorgesehen, wie dies z. B. bei kommunalen Unternehmen häufig vorkommt, muss die Bekanntmachung aber in jedem Gesellschaftsblatt veröffentlicht werden.[1605]

767 Die Bekanntmachung nach § 65 Abs. 2 GmbHG ist zu unterscheiden von der Bekanntmachung des Registergerichts über die Auflösung der Gesellschaft gemäß §§ 10, 11 HGB.[1606] Eine teilweise vertretene Auffassung[1607] hält eine Bekanntmachung gemäß § 65 Abs. 2 GmbHG für entbehrlich, wenn kein Vermögen zur Befriedigung der Gläubiger vorhanden ist.

1599 *Wälzholz* GmbHR 2002, 305.
1600 *Stuppi* MittBayNot 2009, 172.
1601 *Terbrack* DStR 2005, 2045 ff.
1602 § 12 S. 3 GmbHG.
1603 Gesetz vom 30. 7. 2009 (BGBl. I S. 2479).
1604 *Terbrack* DStR 2005, 2045 ff.
1605 Baumbach/Hueck/*Haas* § 65 Rdnr. 17.
1606 *Munzig* FGPrax 2005, 81.
1607 *Fietz/Fingerhuth* GmbH 2006, 960, 961, 964; Roth/*Altmeppen* § 65 Rdnr. 40; Lutter/Hommelhoff/*Kleindieck* Rdnr. 9 a. E.

Diese Auffassung erscheint als zu weitgehend. Jedenfalls in der notariellen Praxis ist sie nicht zu berücksichtigen, da sie zu Nachteilen führt, wenn sich zu einem späteren Zeitpunkt herausstellt, dass die Gesellschaft doch über verteilungsfähiges Vermögen verfügt. In diesem Fall resultiert aus dem Zusammenwirken zwischen dem Sperrjahr gemäß § 73 GmbHG und der Bekanntmachung gemäß § 65 Abs. 2 GmbHG faktisch eine Verteilungssperre.

768 Die Bekanntmachung enthält die Bezeichnung (Firma und Sitz, Anschrift) der Gesellschaft sowie die Tatsache der Auflösung. Der Auflösungsgrund muss nicht angegeben werden. In der Bekanntmachung müssen die Gläubiger aufgefordert werden, sich bei der Gesellschaft zu melden (so genannter **Gläubigeraufruf**). Eine individuelle Aufforderung an die der GmbH bekannten Gläubiger ist nicht vorgeschrieben.[1608] Es genügt die allgemeine Publikation gemäß § 65 Abs. 2 S. 2 GmbHG. Die Liquidatoren werden aber regelmäßig im Rahmen ihrer Aufgaben gemäß § 71 GmbHG an die bekannten Gläubiger herantreten und mit ihnen über deren Forderungen, soweit sie nicht unstreitig sind, Verhandlungen aufnehmen. Das Gesetz sieht keine Frist für die Bekanntmachung vor. Auch das Registergericht kann die Bekanntmachung nicht erzwingen. Allerdings beginnt nach § 73 Abs. 1 GmbHG erst mit der Bekanntmachung das Sperrjahr, vor dessen Ablauf das Vermögen der Gesellschaft unter den Gesellschaftern nicht verteilt werden darf.[1609] Verzögern die Liquidatoren die Bekanntmachung, können sie sich gegenüber der Gesellschaft gemäß §§ 71 Abs. 4, 43 Abs. 1, 2 GmbHG schadensersatzpflichtig machen. Es sind aber nur wenige Konstellationen denkbar, in denen die verzögerte Bekanntmachung einen Vermögensschaden der Gesellschaft adäquat kausal verursacht.[1610] Schütten die Liquidatoren, z. B. wegen einer verspäteten Bekanntmachung, Gesellschaftsvermögen zu früh, also vor Ablauf des Sperrjahres an die Gesellschafter aus, entsteht insoweit ein Ersatzanspruch der Gesellschaft.[1611]

Formulierungsvorschlag: Handelsregisteranmeldung der Auflösung

Amtsgericht ......
– Registergericht –

In der Handelsregistersache
Phantasia GmbH
– HRB 1010 –
überreiche ich als Liquidator der Gesellschaft

den Gesellschafterbeschluss vom ......

und melde zur Eintragung an:

1. Die Gesellschaft ist mit Ablauf des 31. 12. 2011 aufgelöst.
2. Die Herren A, geb. am ......, [*Wohnort*], und B, geb. am .....:, [*Wohnort*], sind nicht mehr Geschäftsführer.
3. Die Gesellschaft wird in der Liquidation von einem oder mehreren Liquidatoren vertreten. Ist nur ein Liquidator bestellt, vertritt dieser die Gesellschaft allein. Sind mehrere Liquidatoren bestellt, wird die Gesellschaft durch zwei gemeinschaftlich handelnde Liquidatoren vertreten. Die Gesellschafterversammlung kann durch Beschluss einem oder mehreren Liquidatoren die Befugnis zur Einzelvertretung einräumen. Sie kann durch Gesellschafterbeschluss einen oder mehrere Liquidator(en) ganz oder teilweise von den Beschränkungen des § 181 BGB befreien.
4. Herr C, geb. am ......, [*Wohnort*], ist zum Liquidator bestellt worden. Er vertritt die Gesellschaft allein, solange er einziger Liquidator ist. Sind mehrere Liquidatoren bestellt, vertritt er die Gesellschaft gemeinschaftlich mit einem anderen Liquidator. [*Fakultativ:* Herr C ist von den Beschränkungen des § 181 BGB befreit.]
5. Herr C gibt als Liquidator folgende Versicherung gemäß §§ 67 Abs. 3, 66 Abs. 4 GmbHG ab:

[1608] *Fietz/Fingerhuth* GmbHR 2006, 960; *Wicke* § 65 Rdnr. 4.
[1609] *Erle* GmbHR 1998, 216; *K. Schmidt* DB 1994, 2013.
[1610] *Fietz/Fingerhuth* GmbHR 2006, 960, 961.
[1611] *K. Schmidt* DB 1994, 2013, 2014.

Ich, der Unterzeichnende, versichere, dass keine Umstände vorliegen, die meiner Bestellung nach § 6 Abs. 2 Satz 2 Nr. 2 und 3 sowie Satz 3 GmbHG entgegenstehen und dass ich über die unbeschränkte Auskunftspflicht gegenüber dem Gericht und die Strafbarkeit einer falschen Versicherung durch den beglaubigenden Notar belehrt worden bin. Insbesondere versichere ich:

- Mir ist nicht aufgrund gerichtlichen Urteils oder vollziehbarer Entscheidung einer Verwaltungsbehörde untersagt, einen Beruf, einen Berufszweig, ein Gewerbe oder einen Gewerbezweig auszuüben, wobei der Gegenstand des Verbots ganz oder teilweise mit dem Unternehmensgegenstand übereinstimmt.
- Ich bin nicht wegen einer oder mehrerer vorsätzlich begangener Straftaten
  a) des Unterlassens der Stellung des Antrags auf Eröffnung des Insolvenzverfahrens (Insolvenzverschleppung),
  b) nach den §§ 283 bis 283 d des Strafgesetzbuches (Insolvenzstraftaten),
  c) der falschen Angaben nach § 82 GmbHG oder § 399 des Aktiengesetzes,
  d) der unrichtigen Darstellung nach § 400 des Aktiengesetzes, § 331 des Handelsgesetzbuches, § 313 des Umwandlungsgesetzes oder § 17 des Publizitätsgesetzes oder
  e) nach den §§ 263 bis 264 a (Betrug, Computerbetrug, Subventionsbetrug, Kapitalanlagebetrug) oder den §§ 265 b bis 266 a (Kreditbetrug, Untreue, Vorenthalten und Veruntreuen von Arbeitsentgelt) des Strafgesetzbuches zu einer Freiheitsstrafe von mindestens einem Jahr verurteilt worden, auch nicht im Ausland wegen einer vergleichbaren Tat.

6. Der Beherrschungs- und Gewinnabführungsvertrag mit der Imperator AG, Oberhausen (AG Duisburg HRA 1313), ist mit Wirkung zum Ablauf des [*Enddatum*] durch Aufhebungsvertrag beendet.
7. Die Geschäftsräume [*inländische Geschäftsanschrift im Sinne von § 10 Abs. 1 S. 1 GmbHG*] befinden sich in [*Postleitzahl, Ort, Straße und Hausnummer*].

[Ort], den ......

....
C (Liquidator)

Notarieller Beglaubigungsvermerk

Formulierungsvorschlag: Gläubigeraufforderung gemäß § 65 Abs. 2 GmbHG

Phantasia GmbH i. L.
[*Adresse*]

Die Gesellschaft ist mit Wirkung zum Ablauf des 31. 12. 2011 aufgelöst worden. Die Gläubiger der Gesellschaft werden aufgefordert, sich bei ihr zu melden.

[*Ort*], den [*Datum*]
C (Liquidator)

h) Fortsetzung der Gesellschaft. Die Gesellschafter können während des Liquidationsverfahrens die Auflösungsentscheidung rückgängig machen und die Fortsetzung der Gesellschaft beschließen.[1612] Ein gesetzlicher Anwendungsfall einer solchen Fortsetzung ist § 60 Abs. 1 Nr. 4 GmbHG (Einstellung oder Aufhebung des Insolvenzverfahrens). Dabei handelt es sich aber nach heute allgemeiner Meinung nicht um eine abschließende Regelung. Durch die Fortsetzung wird die in Liquidation befindliche GmbH in eine werbende Gesellschaft zurückverwandelt.[1613] Erforderlich ist in allen Fällen ein Beschluss der Gesellschafter, der analog § 274 Abs. 1 S. 2 AktG mit einer Mehrheit von ¾ der abgegebenen Stimmen gefasst werden muss.[1614] Ein Fortsetzungsbeschluss ist nur möglich, wenn mit der Vermögensverteilung unter den Gesellschaftern noch nicht begonnen wurde.[1615] Haben die Gesellschafter 769

1612 *Galla* GmbHR 2006 635, 636; *Erle* GmbHR 1997, 973, 974; *Gehrlein* DStR 1997, 31.
1613 *Galla* GmbHR 2006, 635, 637; *Gehrlein* DStR 1997, 37, 31.
1614 *Galla* GmbHR 2006, 635, 636; Lutter/Hommelhoff/*Kleindiek* § 60 Rdnr. 29 m. w. N.
1615 § 274 Abs. 1 S. 1 AktG analog; vgl. hierzu *Erle* GmbHR 1997, 973 ff.

bereits mit der Vermögensverteilung begonnen, ist eine Fortsetzung nicht mehr möglich. Die Wiederaufnahme der Tätigkeit als werbende Gesellschaft bedarf einer Neugründung.[1616] Beruhte die Auflösung auf einer Satzungsregelung gemäß § 60 Abs. 1 Nr. 1 oder Abs. 2 GmbHG, muss zur Fortsetzung zusätzlich zu dem Gesellschafterbeschluss auch die Satzung durch notariell beurkundeten und konstitutiv eintragungspflichtigen Gesellschafterbeschluss geändert werden. Wurde die Gesellschaft durch Kündigung eines Gesellschafters aufgelöst, können die übrigen Gesellschafter die Fortsetzung beschließen. Der Kündigende ist dann aber zu den vollen Liquidationswerten abzufinden. Bei den anderen Auflösungsgründen (§ 60 Abs. 1 Nr. 3, 4 und 6 GmbHG) müssen diese beseitigt werden, damit ein Fortsetzungsbeschluss zu der gewünschten Weiterführung der Gesellschaft führen kann.[1617] Weitere Voraussetzung für die Fortsetzung einer aufgelösten GmbH ist, dass im Zeitpunkt der Fassung des Fortsetzungsbeschlusses keine Pflicht zur Stellung eines Insolvenzantrags besteht.[1618] Beschließen die Gesellschafter mit ¾-Mehrheit die Fortsetzung der Gesellschaft, haben die überstimmten Gesellschafter nach herrschender Meinung kein Austrittsrecht, wenn sonst kein wichtiger Grund vorliegt.[1619] Wird durch Fortsetzungsbeschluss ein zuvor gefasster Auflösungsbeschluss rückgängig gemacht, ist dies zur Eintragung in das Handelsregister anzumelden. Zuständig für die Anmeldung sind die Geschäftsführer, die im Fortsetzungsbeschluss zu benennen sind. Ist die Auflösung zwar zur Eintragung in das Handelsregister angemeldet, aber noch nicht eingetragen worden, genügt die Rücknahme des entsprechenden Antrags; der Fortsetzungsbeschluss sollte der Antragsrücknahme beigefügt werden. Die Eintragung der Fortsetzung ist im Regelfall deklaratorisch; der Fortsetzungsbeschluss entfaltet sofortige Wirkung. Etwas anderes gilt, wenn die Fortsetzung (in den Fällen des § 60 Abs. 1 Nr. 1, Abs. 2 GmbHG) eine Satzungsänderung voraussetzt. In diesem Fall wird der Antrag auf Eintragung der Fortsetzung der Gesellschafter nicht von den neu bestimmten Geschäftsführern, sondern von den noch amtierenden Liquidatoren gestellt.

770 Die Geschäftsführer haben in der Handelsregisteranmeldung die gesetzlichen Voraussetzungen für die Fortsetzung der Gesellschaft zu versichern. Dies bedeutet insbesondere, dass die Gesellschaft weder überschuldet noch zahlungsunfähig ist, da im Falle einer Insolvenzantragspflicht eine Fortsetzung der Gesellschaft nicht zulässig ist.[1620] Liegen die Voraussetzungen einer so genannten wirtschaftlichen Neugründung vor, muss in die Versicherung auch einbezogen werden, dass die (ursprünglichen) Gesellschafter ihre Stammeinlagen auf die Geschäftsanteile vollständig bewirkt haben und dass die Gesellschaft im Zeitpunkt der Anmeldung mindestens ein Gesellschaftsvermögen in Höhe der Stammkapitalziffer besitzt, das sich in der freien Verfügung des Geschäftsführers befindet, dass das Gesellschaftsvermögen nicht mit Verbindlichkeiten vorbelastet ist, die den Wert des Gesellschaftsvermögens unter das Stammkapital herabsetzen und dass dieses nicht an die Gesellschafter zurückgezahlt worden ist.[1621]

[1616] *Galla* GmbHR 2006, 635, 637; Lutter/Hommelhoff/*Kleindiek* § 60 Rdnr. 29 m. w. N.; vgl. dazu näher aaO Rdnr. 32 f.

[1617] *Gehrlein* DStR 1997, 31, 32 f.

[1618] BayObLG GmbHR 1998, 540, 541; Baumbach/Hueck/*Haas* § 60 Rdnr. 90, 95; Roth/*Altmeppen* Rdnr. 46 ff.

[1619] Baumbach/Hueck/*Haas* § 60 Rdnr. 92 m. w. N.; a. A.: Scholz/*K. Schmidt* Rdnr. 10, 17; Roth/*Altmeppen* Rdnr. 12.

[1620] *Galla* GmbHR 2006, 638, 638; *Erle* GmbHR 1997, 973, 979 m. w. N.

[1621] *Erle* GmbHR 1997, 973, 981.

Formulierungsvorschlag: Handelsregisteranmeldung der Fortsetzung

Amtsgericht ......
– Registergericht –

In der Handelsregistersache
Phantasia GmbH i. L.
– HRB 1010 –

überreiche ich als Geschäftsführer der Gesellschaft

die Niederschrift über die Gesellschafterversammlung vom ......, enthaltend den Fortsetzungsbeschluss und meine Bestellung zum Geschäftsführer, und melde zur Eintragung in das Handelsregister an:

1. Die durch Gesellschafterbeschluss vom ...... aufgelöste Gesellschaft wird als werbende Gesellschaft fortgesetzt.
2. Herr C. ist nicht mehr Liquidator.
3. Herr A, geb. am ......, [Wohnort], ist zum Geschäftsführer der Gesellschaft bestellt worden. Er vertritt die Gesellschaft allein, solange er einziger Geschäftsführer ist. Sind mehrere Geschäftsführer bestellt, vertritt er die Gesellschaft gemeinschaftlich mit einem anderen Geschäftsführer oder in Gemeinschaft mit einem Prokuristen. [*Fakultativ:* Der Geschäftsführer A ist von den Beschränkungen des § 181 BGB befreit.]
4. Die allgemeine Regelung der Vertretungsbefugnis lautet: Ist nur ein Geschäftsführer bestellt, so vertritt dieser die Gesellschaft alleine. Sind mehrere Geschäftsführer bestellt, so wird die Gesellschaft durch zwei Geschäftsführer gemeinschaftlich oder durch einen Geschäftsführer in Gemeinschaft mit einem Prokuristen vertreten.
5. Die inländische Geschäftsanschrift der Gesellschaft im Sinne von § 10 Abs. 1 S. 1 GmbHG lautet [*Postleitzahl, Ort, Straße, Hausnummer*].

Ich, der Unterzeichnende, versichere,

- dass mit Verteilung des Vermögens der Gesellschaft an die Gesellschafter noch nicht begonnen worden ist,
- dass die Gesellschaft weder überschuldet noch zahlungsunfähig ist,
- dass keine Umstände vorliegen, die meiner Bestellung nach § 6 Abs. 2 S. 2 Nr. 2 und 3 sowie S. 3 GmbHG entgegenstehen und dass ich über die unbeschränkte Auskunftspflicht gegenüber dem Gericht und die Strafbarkeit einer falschen Versicherung durch den beglaubigenden Notar belehrt worden bin.

Insbesondere versichere ich:
[*Text der üblichen Versicherung des Geschäftsführers gemäß § 8 Abs. 3 GmbHG*].

[*Ort*], den [*Datum*]

......
A (Geschäftsführer)

Notarieller Beglaubigungsvermerk

3. Die einzelnen Schritte des Liquidationsverfahrens

Die Aufgaben der Liquidatoren sind in § 70 GmbHG konzise zusammengefasst: Sie haben die laufenden Geschäfte zu beendigen, die Verpflichtungen der aufgelösten Gesellschaft zu erfüllen, die Forderungen einzuziehen und das Vermögen der Gesellschaft in Geld umzusetzen.[1622] Sie vertreten die Gesellschaft gerichtlich und außergerichtlich. Zur Beendigung schwebender Geschäfte können die Liquidatoren auch neue Geschäfte eingehen. 771

a) **Beendigung der laufenden Geschäfte.** *aa) Leitlinien für die Abwicklungstätigkeit der Liquidatoren.* Unter der Beendigung der laufenden Geschäfte ist nicht die Beendigung ein- 772

[1622] *Munzig* FGPrax 2005, 81; *Saenger* GmbHR 1994, 300, 301.

zelner Geschäfte, sondern das Herunterfahren der Geschäftstätigkeit der Gesellschaft im Allgemeinen zu verstehen.[1623] Ingesamt soll die Tätigkeit der Liquidatoren auf eine möglichst **verlustarme, wirtschaftlich sinnvolle** Art der Abwicklung der unternehmerischen Tätigkeit der Gesellschaft gerichtet sein.[1624] Ziel ist es, die in der Gesellschaft vorhandenen Werte möglichst umfassend zu realisieren. Eine abrupte, möglichst schnelle und rechtlich risikofreie Einstellung der Aktivitäten ist damit oft nicht vereinbar. Andererseits dürfen durch eine an Werterhaltung orientierte Abwicklung die Risiken, die möglicherweise Ursache für die Liquidationsentscheidung der Gesellschafter waren, nicht vertieft werden. Die Liquidatoren müssen deshalb gründlich abwägen, welche Art der Unternehmensverwertung am erfolgversprechendsten erscheint. Dabei ist auch zu prüfen, ob im Wege der sog. Realteilung nach dem Willen der Gesellschafter statt einer Barverteilung Sachwerte aus dem Gesellschaftsvermögen in Anrechnung auf den Liquidationsanteil verteilt werden sollen.

773 *bb) Ermessen der Liquidatoren; Zusammenarbeit mit den Gesellschaftern.* Bei der Entscheidung über die zweckmäßigste Verwertung des Unternehmens haben die Liquidatoren einen gewissen **Ermessensspielraum**, den sie mit der Sorgfalt eines ordentlichen Kaufmanns ausfüllen müssen.[1625] Die Kompetenz der Liquidatoren soll sogar die Veräußerung des Unternehmens im Ganzen ohne Zustimmung der Gesellschafter einschließen. Allerdings: Handeln die Liquidatoren pflichtwidrig, überschreiten sie namentlich den Liquidationszweck oder lassen sie vorwerfbar wirtschaftlich sachgerechte Verwertungschancen außer Acht oder begründen sie im Rahmen der Abwicklung unangemessene Risiken, haften sie gemäß §§ 71 Abs. 4, 43 GmbHG für die dadurch entstehenden Schäden.

774 Bei ihrer Abwicklungstätigkeit sind die Liquidatoren ebenso wie die Geschäftsführer einer werbenden GmbH den Weisungen der Gesellschafter unterworfen.[1626] Machen diese von ihrem Weisungsrecht Gebrauch, entbindet dies die Liquidatoren von ihren Verpflichtungen. Ist unklar, ob eine Maßnahme der Liquidatoren mit dem Willen der Gesellschafter übereinstimmt, empfiehlt sich deshalb die Einholung eines Weisungsbeschlusses, der in Ermangelung abweichender Regelungen im Gesellschaftsvertrag der einfachen Mehrheit bedarf.

775 Maßnahmen von großer Tragweite wie z. B. die Veräußerung des Unternehmens oder wesentlicher Teile werden die Liquidatoren bei vernünftiger und risikobewusster Vorgehensweise nicht ohne die ausdrückliche Billigung der Gesellschafter durchführen.[1627] Die notwendige Gesellschafterversammlung können die Liquidatoren gemäß §§ 71 Abs. 4, 49 Abs. 1 und 2 GmbHG einberufen. Eine Pflicht zur Einholung eines Gesellschafterbeschlusses kann bestehen, wenn die Liquidatoren die Veräußerung des Unternehmens einschließlich Firma beabsichtigen, da dies eine Änderung der Firma der veräußernden GmbH i. L. bedingt. Hierbei handelt es sich um einen beurkundungs- und konstitutiv eintragungspflichtigen Gesellschafterbeschluss, der einer Mehrheit von 75% der abgegebenen Stimmen bedarf.[1628]

776 Von der Entscheidung der Gesellschafter über das Für und Wider einzelner Abwicklungsmaßnahmen ist der Entschluss zu einer liquidationswidrigen Fortsetzung der Geschäfte zu unterscheiden. Sie bedarf nach zutreffender Ansicht der Zustimmung **aller** Gesellschafter, weil die Erfüllung des Anspruchs auf den etwaigen Liquidationserlös entgegen dem Leitbild des Gesetzes (§§ 70, 72 GmbHG) durch den Gesellschafterbeschluss hinausgezögert wird.[1629]

777 *cc) Einzelne Abwicklungsmaßnahmen; Eingehung neuer Geschäfte.* Richtschnur für die Abwicklungsmaßnahmen der Liquidatoren ist stets der Liquidationszweck.[1630] Er gibt vor,

[1623] Hachenburg/*Hohner* § 70 Rdnr. 5; Ulmer/*Paura* Rdnr. 7; Rowedder/Schmidt-Leithoff/*Rasner* Rdnr. 7; Scholz/*K. Schmidt* Rdnr. 7; Michalski/*Nerlich* Rdnr. 15.
[1624] *Erle* GmbHR 1998, 216, 217; *Vallender* NZG 1998, 249.
[1625] *Erle* GmbHR 1998, 216, 220.
[1626] § 71 Abs. 4 i. V. m. § 37 Abs. 1 GmbHG; Römermann/*Meister* § 22 Rdnr. 362.
[1627] Römermann/*Meister* § 22 Rdnr. 362.
[1628] §§ 53, 54 GmbHG.
[1629] Scholz/*K. Schmidt* § 70 Rdnr. 16.
[1630] *Erle* GmbHR 1998, 216, 220.

welche Rechtshandlungen über die bloße Beendigung eines Einzelgeschäfts hinaus zulässig sind. So dürfen Leistungen aus von der Gesellschaft eingegangenen, aber noch nicht oder nicht vollständig erfüllten Verträgen erbracht werden.[1631] Die Liquidatoren sind nicht verpflichtet, die geschlossenen Verträge aufzulösen oder zu kündigen. Wenn häufig formuliert wird, dass Dauerschuldverhältnisse allerdings zum voraussichtlichen Ende der Abwicklung – notfalls durch Kündigung – aufgelöst werden müssen, ist dies zwar im Grundsatz richtig. Die Liquidatoren müssen aber stets nach Wegen suchen, die Gesellschaft möglichst ohne vermeidbare Verluste abzuwickeln.[1632] Es kann daher auch sachgerecht sein, langfristig fest abgeschlossene Verträge nicht vorzeitig zu beenden, sondern z.B. durch eine Untervermietung vergleichbare Ergebnisse zu erreichen, auch wenn dadurch die Abwicklung länger dauert.

Die Liquidation kann sich über einen langen Zeitraum hinziehen. Selbst bei kleineren und 778
mittleren Gesellschaften wird sie nicht selten mehrere Jahre in Anspruch nehmen.[1633] Eine Dauer des Abwicklungsverfahrens von wenigen Monaten ist nur möglich, wenn die Gesellschaft (noch) keine nennenswerte unternehmerische Tätigkeit entfaltet oder diese vor dem Auflösungsbeschluss bereits deutlich reduziert hatte. Es kann daher für die Gesellschaft notwendig werden, **neue Verträge** abzuschließen. Zu denken ist z.B. an die Verlängerung eines befristeten Mietvertrages über Büro- und Lagerräume oder den Abschluss eines neuen Leasingvertrages über ein Bürogerät oder einen PKW für den Liquidator. Auch die zur Umwandlung von Vorräten oder Teilfertigerzeugnissen in absatzfähige Produkte notwendigen Geschäfte gehören hierher sowie der Abschluss neuer Anstellungsverträge mit Mitarbeitern. Dies alles ist – über den allgemein als zu eng empfundenen Wortlaut des § 70 S. 2 GmbHG hinaus – erlaubt, soweit es im Rahmen des Abwicklungszwecks sinnvoll ist. Insgesamt ist eine zeitlich begrenzte Betriebsfortführung, die zur Vermeidung von Abwicklungsverlusten beiträgt, zulässig. Nicht mehr von § 70 S. 2 GmbHG gedeckt sind Geschäfte, die eine Rückumwandlung in eine werbende Gesellschaft bedeuten würden, z.B. der Erwerb eines der Gesellschaft von einem Gesellschafter verpachteten Grundstücks unter Einsatz hoher Kredite[1634] oder die Eingehung einer neuen Beteiligung an einer anderen Gesellschaft.[1635]

dd) Prozessführung. Die Liquidatoren vertreten die Gesellschaft gerichtlich, § 70 S. 1, 779
2. Halbs. GmbHG. Im Rahmen der Beendigungstätigkeit sind schwebende Prozesse, an denen die Gesellschaft aktiv oder passiv beteiligt ist, fortzuführen.[1636] Wird die Gesellschaft nicht durch die bisherigen Geschäftsführer als geborene Liquidatoren gemäß § 66 Abs. 1 GmbHG vertreten,[1637] wird der Rechtsstreit bis zur Bestellung der Liquidatoren nach § 241 ZPO unterbrochen. Handelt ein Rechtsanwalt aufgrund einer Prozessvollmacht, die ihm vor der Auflösung erteilt wurde, kommt nach § 246 Abs. 1 ZPO eine Unterbrechung nicht in Betracht. Verliert die Gesellschaft während eines laufenden Rechtsstreits die Prozessfähigkeit dadurch, dass die Liquidatoren nachträglich wegfallen, besteht eine wirksam erteilte Prozessvollmacht fort (§ 86 ZPO). Das Verfahren ist dann vom Prozessbevollmächtigten weiterzuführen.

b) Erfüllung der Verpflichtungen der Gesellschaft. Voraussetzung für die Schlussvertei- 780
lung ist gemäß § 73 Abs. 1 GmbHG die Tilgung oder Sicherstellung der Schulden der Gesellschaft.[1638]

aa) Bedeutung und Gewährleistung der Schuldentilgung. Die Befriedigung der Gläubiger 781
ist ein Kernziel der Liquidation.[1639] Die Liquidatoren müssen daher der Schuldentilgung **be-**

[1631] *K. Schmidt* DB 1994, 2013, 2015.
[1632] *Erle* GmbHR 1998, 216, 220.
[1633] MünchHdbGesR III/*Weitbrecht* § 63 Rdnr. 2.
[1634] OLG Karlsruhe GmbHR 1960, 24, 25; Hachenburg/*Hohner* Rdnr. 22; Scholz/*K. Schmidt* § 70 Rdnr. 16.
[1635] Scholz/*K. Schmidt* § 70 Rdnr. 16 m.w.N.
[1636] *Saenger* GmbHR 1994, 300 ff.; *Ahmann* GmbHR 1987, 439 ff.
[1637] Siehe dazu oben Rdnr. 745.
[1638] *Erle* GmbHR 1998, 216 ff.; *ders.* GmbHR 1997, 973, 974.
[1639] *Erle* GmbHR 1998, 216.

sondere **Aufmerksamkeit** widmen. Sie werden sich zu Beginn der Liquidation anhand der Eröffnungsbilanz und danach regelmäßig auf der Basis der laufenden Rechnungslegung einen Überblick über die Verbindlichkeiten der Gesellschaft verschaffen und einen **Tilgungsplan** erstellen. Sie müssen die notwendige **Liquidität** sicherstellen und zu diesem Zweck die Schuldentilgung mit den Verwertungshandlungen synchronisieren.[1640] Dabei müssen sie ständig im Blick behalten, ob die Gesellschaft im Zuge der Abwicklung in die **Insolvenz** abrutscht.[1641] In diesem Fall sind sie zur unverzüglichen Einleitung eines Insolvenzverfahrens gemäß § 15 a InsO verpflichtet,[1642] in dem zuvor erbrachte Leistungen der Insolvenzanfechtung[1643] unterliegen können.[1644]

782 *bb) Erfüllung, Sicherheitsleistung, Prozessführung.* Zu erfüllen sind die **fälligen** Verbindlichkeiten der Gesellschaft. Für noch nicht fällige und streitige Verbindlichkeiten sowie Verbindlichkeiten, für welche die Voraussetzungen des § 372 BGB vorliegen, ist **Sicherheit** zu leisten. Die Liquidatoren werden regelmäßig mit den bekannten Gläubigern in Kontakt treten und gegebenenfalls vorfällige Tilgungen, Stundungen oder Zahlungspläne vereinbaren. In der Liquidation gilt der insolvenzrechtliche Grundsatz der gleichmäßigen Befriedigung der Gläubiger[1645] nicht.[1646] Bei strittigen Verpflichtungen müssen die Liquidatoren den Rechtsweg beschreiten. Im Rahmen der außergerichtlichen Auseinandersetzung und der Prozessführung haben die Liquidatoren nach pflichtgemäßem Ermessen zu entscheiden, ob der Abschluss von Vergleichen im Interesse einer zügigen Abwicklung vorzugswürdig ist. Bei Aktivprozessen kann hierdurch Liquidität schneller freigesetzt werden. Bei Passivprozessen wird so eine beschleunigte Begleichung der Schulden der Gesellschaft ermöglicht. Ebenso dem Ermessen und den kaufmännischen Gepflogenheiten unterliegt die Frage, ob die Einrede der Verjährung erhoben werden soll. Grundsätzlich wird man hiervon ausgehen müssen, da die Gesellschaft auf einen Goodwill im Geschäftsverkehr nach ihrer Abwicklung nicht mehr angewiesen ist. Zu erfüllen sind ferner die Vergütungs- und Aufwendungsersatzansprüche der Liquidatoren. Dem entsprechenden Auszahlungsvorgang steht das Verbot des Selbstkontrahierens nicht entgegen, da es sich hier ausschließlich um die Erfüllung einer Verbindlichkeit handelt, die gemäß § 181, 3. Alt. BGB zugelassen ist.[1647]

783 *cc) Verbindlichkeiten gegenüber den Gesellschaftern.* §§ 66 ff. GmbHG geben eine Rangfolge der Interessen der Beteiligten zwingend vor: Die Liquidation muss **vor** der Auskehrung des in Geld umgesetzten Gesellschaftsvermögens an die Gesellschafter eine Befriedigung der Gläubiger der Gesellschaft gewährleisten. Rechtsbeziehungen zwischen der Gesellschaft und ihren Gesellschaftern müssen die Liquidatoren daher besondere Aufmerksamkeit widmen. Dabei ist zwischen Ansprüchen aus dem **Gesellschaftsverhältnis** und solchen Forderungen zu differenzieren, bei denen sich Gesellschaft und Gesellschafter wie fremde Dritte gegenüberstehen.[1648]

784 **Verbindlichkeiten aus Verkehrsgeschäften**, die ihren Grund nicht im Gesellschaftsverhältnis haben, können wie Ansprüche „normaler" Gläubiger behandelt werden. Sie sind unabhängig von der Schlussverteilung und können vor Ablauf des Sperrjahres befriedigt werden. Auch Rückzahlungsansprüche aus **Gesellschafterdarlehen** und aus ihnen gleichgestellten Rechtsgeschäften können nach der Aufgabe des Konzepts der kapitalersetzenden Gesellschafterdarlehen durch das MoMiG grundsätzlich befriedigt werden, ohne dass darin ein Verstoß gegen gesellschaftsrechtliche Pflichten liegt. Insbesondere besteht kein Nachrang gegenüber Forderungen Dritter. Mit dem Inkrafttreten des MoMiG sind die Beschränkun-

[1640] *K. Schmidt* DB 1994, 2013, 2015.
[1641] *Fietz/Fingerhuth* GmbHR 2006, 960, 962.
[1642] *Erle* GmbHR 1998, 216.
[1643] §§ 129 ff. InsO.
[1644] *Vallender* NZG 1998, 249; *K. Schmidt* GmbHR 1994, 829, 831; zu Besonderheiten bei einer anschließenden Ablehnung der Eröffnung des Insolvenzverfahrens mangels Masse Baumbach/Hueck/*Haas* § 70 Rdnr. 5.
[1645] Par conditio creditorum.
[1646] *Gehrlein* DStR 1997, 31, 33; *K. Schmidt* GmbHR 1994, 829, 831, 833.
[1647] Lutter/Hommelhoff/*Kleindiek* § 70 Rdnr. 9.
[1648] *Erle* GmbHR 1998, 216, 218; *ders.* GmbHR 1997, 973, 974.

gen weggefallen, die bis dahin unter dem Aspekt des Kapitelersatzes zu beachten waren. Eine eigenständige Kategorie eigenkapitalersetzender Gesellschafterdarlehen gibt es seither nicht mehr. Erst im Insolvenzfall treten alle Darlehensansprüche der Gesellschafter – ob kapitalersetzend oder nicht – gemäß § 39 Abs. 1 Nr. 5 InsO im Rang zurück. Für die Rückzahlung von Gesellschafterdarlehen in der Liquidation gelten allerdings erweiterte Anfechtungsmöglichkeiten.[1649] Zudem haften die Geschäftsführer gemäß § 71 Abs. 4 i. V. m. § 64 GmbHG n. F., wenn die Zahlungen nach Zahlungsunfähigkeit oder Überschuldung geleistet wurden oder zur Zahlungsunfähigkeit der Gesellschaft führen mussten. Generell ist für die Liquidatoren auch nach dem grundlegenden Umbau des Systems der Kapitalerhaltung durch das MoMiG bei der Befriedigung von Ansprüchen der Gesellschafter vor Eintritt der Verteilungsreife **besondere Vorsicht** geboten.[1650]

Andere Grundsätze gelten für Forderungen aus dem Gesellschaftsverhältnis. Zu nennen 785
sind hier vor allem Ansprüche der Gesellschafter auf Leistung ausstehender Einlagen sowie Gewinnansprüche der Gesellschafter. Die Befriedigung von Ansprüchen aus dem Gesellschaftsverhältnis gehört zur Verteilung des Restvermögens und ist gemäß § 73 GmbHG erst nach Befriedigung aller Drittgläubiger und nach Ablauf des Sperrjahres zulässig.

Die Einforderung von ausstehenden Stammeinlagen ist mit Blick auf den Liquidations- 786
zweck nur gerechtfertigt, wenn das Kapital zur Befriedigung der Gläubiger benötigt wird. Ansprüchen der Gesellschaft können die Gesellschafter grundsätzlich nicht einredeweise entgegenhalten, ihnen stünde ein Anspruch auf Erlös im Rahmen der Schlussverteilung zu. Steht hingegen bereits fest, dass ein Liquidationsüberschuss verbleiben wird, kann der betroffene Gesellschafter die Einlageleistung verweigern. Eine Aufrechnung mit der Forderung aus der Schlussverteilung ist im Übrigen nicht zulässig. Sie scheitert an § 19 Abs. 2 GmbHG; schon die Aufrechnungslage gemäß § 387 BGB wird wegen fehlender Fälligkeit nicht bestehen.

c) **Versilberung des Gesellschaftsvermögens.** Das Vermögen der Gesellschaft ist in Geld 787
umzusetzen, um damit die Gläubiger befriedigen und das verbleibende Vermögen an die Gesellschafter auskehren zu können. Die Liquidatoren müssen einen **möglichst hohen Gegenwert** anstreben. Wie dies am besten erreicht wird, liegt in ihrem pflichtgemäßen **Ermessen.** Die Gesellschafter können ihnen Weisungen hinsichtlich der Durchführung der Verwertung erteilen. Möglich sind der freihändige Verkauf, eine freiwillige Versteigerung und bei börsengängigen Gegenständen auch ein Verkauf über die Börse. Es gibt Unternehmen, die auf den Abverkauf von Ware aus Liquidationen und Insolvenzen spezialisiert sind. Durch deren Beauftragung mit dem Verkauf von Vorräten lässt sich möglicherweise die mangelnde Marktkenntnis der Liquidatoren in diesem speziellen Segment kompensieren. Außerdem kann so relativ schnell Liquidität freigesetzt und der Aufwand einer eigenen Verwertungsmaßnahme vermieden werden. Richtig ist, dass die **Veräußerung des Unternehmens als Ganzes** häufig die höchsten Verwertungserlöse erbringt. Sie kommt im Rahmen der Liquidation aber seltener vor als wünschenswert wäre. Denn die Gesellschafter werden im Vorfeld der Auflösung der Gesellschaft im Wege der Liquidation die Veräußerung des Unternehmens als vorzugswürdige Alternative in Betracht gezogen[1651] und keinen Käufer gefunden haben. In den seltensten Fällen verbessern sich die Verkaufschancen im Verlauf der Abwicklung, so dass die Veräußerung des Gesamtunternehmens oft eine Wunschvorstellung bleibt. Gelingt die Veräußerung dennoch, bedarf sie zwar nach überwiegender Ansicht keiner Unterlegung durch einen Gesellschafterbeschluss.[1652] Die Liquidatoren werden die Unternehmensveräußerung zur eigenen Absicherung aber ebenso zum Gegenstand einer Gesellschafterversammlung machen wie den Verkauf elementarer Einzelgegenstände des Gesellschaftsvermögens.

Der Vertrag über die Veräußerung des Unternehmens im Ganzen (sog. **Asset Deal**) muss 788
regelmäßig nicht notariell beurkundet werden.[1653] Insbesondere folgt eine Beurkundungs-

[1649] § 135 InsO, § 6 AnfG.
[1650] *Kleindiek* ZGR 2007, 276, 288 ff.
[1651] Siehe dazu Rdnr. 718.
[1652] Hachenburg/*Hohner* § 70 Rdnr. 16; Scholz/*K. Schmidt* Rdnr. 14; Rowedder/Schmidt-Leithoff/*Rasner* Rdnr. 16; a. A. Ulmer/*Paura* Rdnr. 19.
[1653] M. E. zu Unrecht anders BeckGmbH-Hdb/*Erle/Eberhard* § 16 Rdnr. 40.

pflicht nicht aus § 311 b Abs. 3 BGB, da diese Schutznorm nicht gilt, wenn die Vermögensstücke in dem Vertrag selbst bestimmt sind. Dazu ist nicht erforderlich, dass die einzelnen Vermögensgegenstände benannt werden, sondern es genügt, wenn ihre konkrete Bestimmung sich aus dem Inhalt des Vertrages einwandfrei ergibt. In diesem Fall greift die Formvorschrift auch nicht ein, wenn die einzelnen Vermögensgegenstände praktisch das gesamte Vermögen erfassen. Der Vertrag muss allerdings beurkundet werden, wenn zu dem Gesellschaftsvermögen Grundstücke oder Geschäftsanteile einer GmbH gehören. Soll mit dem Unternehmen zugleich die Firma veräußert werden, muss die veräußernde GmbH i. L. sich durch satzungsändernden Gesellschafterbeschluss eine neue Firma geben, da es sonst zu einer gemäß § 30 Abs. 1 HGB nicht zulässigen Doppelverwendung der Firma kommt.

789 Der Erwerber, der das Unternehmen unter Beibehaltung der Firma fortführt, **haftet** gemäß § 25 Abs. 1 HGB für sämtliche in dem Geschäftsbetrieb begründeten Verbindlichkeiten mit seinem gesamten Vermögen. Daneben haftet die veräußernde GmbH weiter. Die Haftung des Erwerbers kann jedoch gemäß § 25 Abs. 2 HGB durch eine **abweichende Vereinbarung** ausgeschlossen werden. Sie wirkt gegenüber Gläubigern, wenn sie **unverzüglich** in das Handelsregister **eingetragen** wurde oder dem Gläubiger von dem Erwerber oder dem Veräußerer mitgeteilt worden ist. Der Notar, der an einer Unternehmensveräußerung mitwirkt, z. B. durch Beurkundung des Kaufvertrages,[1654] sollte den Erwerber unbedingt auf die Möglichkeit eines Haftungsausschlusses **hinweisen** und die Vorbereitung einer Handelsregisteranmeldung gemäß § 25 Abs. 2 HGB anbieten. Erfahrungsgemäß macht diese Handelsregisteranmeldung in der Praxis erhebliche Probleme, weil § 25 HGB auf die Übertragung einzelkaufmännischer Unternehmen zugeschnitten ist. Vor allem, wenn als Käuferin eine zu diesem Zweck neu gegründete Gesellschaft auftritt, ist oft nicht klar, in welches Register der Haftungsausschluss einzutragen ist. Nicht selten lehnen beide Handelsregister eine Eintragung unter Hinweis auf die Zuständigkeit des jeweils anderen Registergerichts ab. Nach zutreffender Ansicht ist der Vermerk gemäß § 25 Abs. 2 HGB in das Register am Sitz des die Firma fortführenden Rechtsträgers, nicht hingegen im Register am Sitz des übertragenden Rechtsträger, einzutragen, selbst wenn dieser fortbesteht.[1655] Denn die Haftung gemäß § 25 Abs. 1 S. 1 HGB, der die Eintragung gemäß § 25 Abs. 2 HGB entgegenwirken soll, kann allein beim fortführenden Rechtsträger eintreten.[1656]

790 Möglich ist aber auch die Übertragung einzelner Vermögensgegenstände auf Gesellschafter im Wege der bereits angesprochenen **Realteilung.** Dies kann durch einen **Verkauf** an den Gesellschafter geschehen. Die Liquidatoren werden in diesem Fall für eine ausreichende Dokumentation sorgen, aus der sich die Angemessenheit des Kaufpreises herleiten lässt, z. B. Wertgutachten objektiver Personen oder Institutionen. Es kann sich aber auch um eine Form der **Verteilung** des Gesellschaftsvermögens handeln. Sie ist nur zulässig, wenn die Gläubiger der Gesellschaft befriedigt oder ihnen Sicherheit geleistet wurde und das Sperrjahr abgelaufen ist. In dieser Gestaltung werden die übernommenen Gegenstände auf den Anteil am Liquidationserlös angerechnet. Dabei muss das Verfahren zur Wertermittlung festgelegt werden, um Auseinandersetzungen zu vermeiden. Möglicherweise ist ein Barausgleich zu leisten, wenn ein Gesellschafter Werte erhält, die über seinen Anteil am Liquidationserlös hinausgehen. Ein Beispiel aus der Praxis: Mehrere Unternehmen haben vor etlichen Jahren ihre Logistik in eine gemeinsame Transport- und Lagergesellschaft in der Rechtsform einer GmbH eingebracht. Nunmehr kommen die Gesellschafter zu der Übereinkunft, ihre Logistik künftig wieder individuell zu organisieren. Sie einigen sich darauf, dass Gesellschafter A den vorhandenen Fuhrpark zum Zeitwert übernimmt, der von einer anerkannten Kfz-Sachverständigenorganisation zu ermitteln ist. Gesellschafter B erhält das Lagergrundstück nebst Zubehör. Auf Gesellschafter C wird die Personalservice-GmbH, eine 100%-ige Tochtergesellschaft der zu liquidierenden GmbH, übertragen. Die beiden letztgenannten Transaktionen bedürfen zwingend der Mitwirkung eines Notars.[1657] Weitere Ge-

[1654] Zu den Fällen einer Beurkundungsbedürftigkeit s. o. Rdnr. 788.

[1655] OLG Düsseldorf NJW-RR 2008, 1211; MünchKommHGB/*Thiessen* § 25 Rdnr. 99.

[1656] MünchKommHGB/*Thiessen* § 25 Rdnr. 99; Heymann/*Emmerich* Rdnr. 48; Staub/*Hüffer* Rdnr. 98; Staub/*Burgard* Rdnr. 131.

[1657] §§ 311 b Abs. 1 BGB, 15 Abs. 3, 4 GmbHG.

genstände, bei denen eine Übertragung auf Gesellschafter in Betracht kommt, sind gewerbliche Schutzrechte (Patente, Marken, Gebrauchs- und Geschmacksmuster), verkörpertes Know-how und Internetdomains. Regelmäßig werden die Vermögensgegenstände an die Gesellschafter „rückübertragen", die von ihnen zuvor als Sacheinlage eingebracht wurden.

d) **Vermögensverteilung.** Nach der Abwicklung, insbesondere nach der Befriedigung oder Sicherstellung der Gläubiger, haben die Gesellschafter gemäß § 72 S. 1 GmbHG einen gesetzlichen Anspruch auf Auskehrung des verbliebenen Gesellschaftsvermögens.[1658] Der Anspruch steht denjenigen Gesellschaftern zu, die im Zeitpunkt der Vermögensverteilung an der Gesellschaft beteiligt sind. Der Verteilungsmaßstab richtet sich gemäß § 72 S. 1 GmbHG im Zweifel nach dem Verhältnis der Geschäftsanteile. Es kommt auf den Nennbetrag der Geschäftsanteile ohne Rücksicht auf deren Einzahlung an. Rückständige Einlagen können mit dem Ausschüttungsanspruch verrechnet werden, soweit nicht ausnahmsweise noch eine Einforderung geboten ist, um einen Ausgleich zwischen den Gesellschaftern herzustellen.[1659] Eigene Anteile der Gesellschaft bleiben außer Betracht. Der Anspruch kann im Voraus abgetreten werden. Veräußert aber der Gesellschafter seinen Geschäftsanteil, bevor der Anspruch fällig wird, geht die Abtretung ins Leere. Der Gesellschafter ist möglicherweise gegenüber dem Zessionar schadensersatzpflichtig. 791

Maßgebend ist sowohl für die Gesellschaftereigenschaft als auch für die Beteiligungsquote gemäß § 16 Abs. 1 S. 1 GmbHG die **Gesellschafterliste.** Im Hinblick auf die teilweise immer noch unbefriedigende Pflege der Gesellschafterlisten sollten sowohl die Gesellschafter als auch die Liquidatoren schon zu Beginn der Abwicklung die Aktualität und Richtigkeit der Gesellschafterliste prüfen und nötigenfalls eine berichtigte Version zum Handelsregister einreichen. Dabei kann der Notar behilflich sein. Die Zuständigkeit für die Einreichung einer berichtigten Liste liegt gemäß §§ 69 Abs. 1, 40 Abs. 1 GmbHG bei den Liquidatoren.[1660] 792

Ein von der Beteiligungsquote abweichender Verteilungsschlüssel setzt eine entsprechende Satzungsregelung voraus.[1661] Ebenso kann die Satzung Dritte als Inhaber des Ausschüttungsanspruchs benennen. Dies ist z. B. bei gemeinnützigen Gesellschaften regelmäßig der Fall.[1662] Soll die Satzung bezüglich des Verteilungsschlüssels geändert werden, muss der betroffene Gesellschafter zustimmen.[1663] 793

Schuldner des Ausschüttungsanspruchs ist die Gesellschaft, vertreten durch die Liquidatoren.[1664] Ist der Liquidator selbst Gesellschafter, kann er an sich leisten, da das Verbot des Selbstkontrahierens bei der Erfüllung einer Verbindlichkeit gemäß § 181, 3. Alt. BGB nicht gilt. 794

Der Anspruch ist nach dem Leitbild des § 70 GmbHG grundsätzlich auf **Geldleistung** gerichtet. Die Satzung kann jedoch abweichende Formen der Vermögensverteilung vorsehen, etwa Gesellschaftern das Recht einräumen, Gegenstände „zurückzuerwerben". Denkbar ist auch eine Rückgewähr geleisteter Einlagen in natura, verbunden mit einem Spitzenausgleich in Geld. Die Liquidatoren können aus eigener Kompetenz analog § 752 BGB eine Realteilung durchführen, wenn hierdurch die Gesellschafter nicht nennenswert belastet werden. Dies wird etwa anzunehmen sein, wenn gattungsgleiche börsengängige Wertpapiere oder (selten) Edelmetall quotengerecht verteilt werden. Ansonsten aber wird der Anspruch des Gesellschafters auf Geldleistung Vorrang haben. Die Gesellschafter können stets eine bestimmte Verteilung des Liquidationserlöses vereinbaren. Dafür ist aber ein Vertrag aller Gesellschafter erforderlich; ein Mehrheitsbeschluss – auch mit satzungsändernder Mehrheit – 795

[1658] *Erle* GmbHR 1997, 973, 974; *ders.* GmbHR 1998, 216, 221 f.

[1659] Zur Methode Lutter/Hommelhoff/*Kleindiek* § 72 Rdnr. 11.

[1660] Baumbach/Hueck/*Haas* § 69 Rdnr. 15; Ulmer/*Paura* Rdnr. 45; Hachenburg/*Hohner* Rdnr. 37; Scholz/*Schmidt* Rdnr. 84; Lutter/Hommelhoff/*Kleindiek* Rdnr. 10; Michalski/*Nerlich* Rdnr. 44; Rowedder/Schmidt-Leithoff/*Rasner* Rdnr. 12.

[1661] § 72 S. 2 GmbHG.

[1662] Vgl. § 55 Abs. 1 Nr. 4 AO.

[1663] Lutter/Hommelhoff/*Kleindiek* § 72 Rdnr. 11.

[1664] Lutter/Hommelhoff/*Kleindiek* § 72 Rdnr. 1.

genügt regelmäßig nicht.[1665] Die Zustimmung der übrigen Gesellschafter zu einer Übertragung einzelner Vermögensgegenstände mit Einverständnis des jeweils betroffenen Gesellschafters ist ausnahmsweise nicht erforderlich, wenn Zweifel über die Höhe des Liquidationserlöses und über das Verhältnis der Ausschüttungen zueinander nicht entstehen können. Diese Voraussetzung dürfte nur bei börsennotierten Wertpapieren, Waren mit einem unstreitigen Marktpreis und bei werthaltigen Forderungen erfüllt sein.

796 e) **Sperrjahr und Fälligkeit des Ausschüttungsanspruchs.** Das Gesellschaftsvermögen darf gemäß § 73 GmbHG erst an die Gesellschafter ausgekehrt werden, wenn das Sperrjahr abgelaufen ist und bekannte Schulden getilgt sind oder ihre Befriedigung sichergestellt ist (durch Hinterlegung oder Sicherheitsleistung).[1666] Die den Interessen der Gesellschaftsgläubiger dienende Ausschüttungssperre des § 73 GmbHG ist zwingend; sie müsste logisch und systematisch eigentlich vor § 72 GmbHG rangieren.

797 *aa) Sperrjahr.* Die Jahresfrist des § 73 Abs. 1 GmbHG beginnt mit der Bekanntmachung der Auflösung in den Gesellschaftsblättern gemäß § 65 Abs. 2 GmbHG. Ist die Auflösung in mehreren Blättern zu publizieren, kommt es auf das Erscheinungsdatum der letzten Bekanntmachung an.[1667] Vor Ablauf des Sperrjahres darf kein Vermögen der Gesellschaft an die Gesellschafter fließen.[1668] Gewinne, über deren Verwendung nicht schon vor der Auflösung beschlossen wurde, dürfen nicht ausgeschüttet werden. Auch dürfen nach zutreffender Ansicht keine neuen Darlehen von der Gesellschaft an die Gesellschafter vergeben werden.[1669]

798 Das Sperrjahr setzt keine Ausschlussfrist. Der Ablauf des Sperrjahres befreit lediglich die Liquidatoren von dem Verbot, Gesellschaftsvermögen an die Gesellschafter auszukehren. Die Ansprüche der Gläubiger bestehen nach Ablauf des Sperrjahres weiter. Sie können allenfalls nach allgemeinen Grundsätzen verjährt oder (selten!) wegen Verwirkung präkludiert sein. Meldet sich nach Beginn der Vermögensverteilung ein bisher unbekannter Gläubiger, muss diese unterbrochen werden. Die Vermögensverteilung darf erst fortgesetzt werden, wenn der Gläubiger befriedigt oder ihm Sicherheit geleistet wurde.[1670]

799 *bb) Tilgung oder Sicherstellung der Verbindlichkeiten.* Bekannte Forderungen sind zu begleichen, soweit sie unstreitig und fällig sind und der Gläubiger nicht zweifelhaft ist. Wie die Liquidatoren von dem Gläubiger und seiner Forderung Kenntnis erlangt haben, ist unerheblich. Die Kenntnis muss nicht zwingend darauf beruhen, dass der Gläubiger sich auf die Aufforderung gemäß § 65 Abs. 2 GmbHG gemeldet hat. Andererseits ist eine solche Meldung für den Gläubiger ein Nachweis darüber, dass er die Liquidatoren auf seinen Anspruch aufmerksam gemacht hat. Ist die Forderung den Liquidatoren bekannt, berechtigt die Tatsache, dass der Gläubiger sich nicht gemeldet hat, nicht zur Hinterlegung oder Sicherheitsleistung anstelle der Erfüllung. Stets bekannt sind solche Forderungen, die die Liquidatoren im Rahmen der Abwicklung selbst begründet haben.

800 Sind Forderungen streitig, unklar (z. B. wegen Unsicherheit über die Person des Gläubigers), betagt oder befindet sich der Gläubiger in Annahmeverzug („zur Zeit nicht ausführbar“ im Sinne des § 73 Abs. 2 GmbHG), können die entsprechenden Forderungen durch **Hinterlegung**[1671] oder **Sicherheitsleistung**[1672] berücksichtigt werden. Eine Hinterlegung ist unter den Voraussetzungen des § 372 BGB zulässig, namentlich bei Annahmeverzug oder unverschuldeter Unkenntnis über die Person des Gläubigers. Zuständig ist das Amtsgericht des Leistungsortes im Sinne der §§ 269, 270 BGB. Eine Sicherheitsleistung ist in den übrigen Fällen möglich, insbesondere bei streitigen oder nicht fälligen Forderungen. Der Streit, ob

---

[1665] Lutter/Hommelhoff/*Kleindiek* § 72 Rdnr. 10; Ulmer/*Paura* § 72 Rdnr. 16 f; Scholz/*K. Schmidt* § 72 Rdnr. 8; a. A. (Zustimmung des Betroffenen genügt) Rowedder/Schmidt-Leithoff/*Rasner* § 72 Rdnr. 8.

[1666] *Erle* GmbHR 1998, 216 ff.; zur Bedeutung des Sperrjahres bei der GmbH & Co. KG *K. Schmidt* BB 2011, 707.

[1667] Lutter/Hommelhoff/*Kleindiek* § 73 Rdnr. 4.

[1668] *Erle* GmbHR 1998, 216, 218 ff.; *K. Schmidt* DB 1994, 2013 ff.

[1669] *Erle* GmbHR 1998, 216, 219 ff.; *K. Schmidt* DB 1994, 2013 ff.

[1670] *Erle* GmbHR 1997, 973 ff.; *ders.* GmbHR 1998, 216 ff.

[1671] §§ 372–386 BGB.

[1672] §§ 232–240 BGB.

eine Sicherheitsleistung auch in Form einer Bürgschaft möglich ist,[1673] kann für die Praxis dahin entschieden werden, dass jedenfalls eine selbstschuldnerische Bürgschaft einer als Zoll- und Steuerbürgin zugelassenen inländischen Bank oder Sparkasse als ausreichend zu betrachten ist. Aufwendig und vor allem steuerrechtlich komplex kann die Berücksichtigung von Renten- und Pensionsverpflichtungen sein. Hier sollten die Liquidatoren gemeinsam mit den Anspruchsberechtigten nach einer optimierten Lösung unter Hinzuziehung von Steuerfachleuten suchen. Gelingt dies nicht, bleibt nur die Sicherheitsleistung eines versicherungsmathematisch nach aktuellen Erkenntnissen zu ermittelnden Betrages.[1674]

f) Haftung bei Verstoß gegen die Leistungssperre. Wird Gesellschaftsvermögen entgegen § 73 GmbHG ausgezahlt, kommen Ersatzansprüche der Gesellschaft und ihrer Gläubiger gegen die Gesellschafter und gegen die Liquidatoren in Betracht. 801

aa) Ansprüche der Gesellschaft gegen die begünstigten Gesellschafter. Ausschüttungen an die Gesellschafter unter Verstoß gegen 73 GmbHG sind dinglich und schuldrechtlich wirksam, wenn nicht ausnahmsweise ein Fall der §§ 138, 826 BGB anzunehmen ist.[1675] Gegen § 73 GmbHG verstoßende Zahlungen führen nach heute herrschender Meinung[1676] zu einem Rückgewähranspruch der Gesellschaft analog § 31 GmbHG, da § 73 GmbHG einen noch strengeren Schutz der Gläubiger bewirkt als § 30 GmbHG.[1677] Daneben besteht kein Bereicherungsanspruch.[1678] Es kommt auch nicht darauf an, ob und in welcher Höhe die verbotswidrige Ausschüttung das zur Erhaltung des Stammkapitals erforderliche Vermögen angreift, da § 31 GmbHG ohnehin in vollem Umfang anwendbar ist.[1679] Die analoge Anwendung der Kapitalerhaltungsvorschriften hat den praktischen Vorteil, dass sich Gesellschafter nicht auf Entreicherung gemäß § 818 Abs. 3 BGB berufen können und dass die übrigen Gesellschafter nach § 31 Abs. 3 GmbHG mithaften. Die Rückgewährverpflichtung kann nach § 31 Abs. 4 GmbHG nicht erlassen werden. Die Verjährungsfrist beträgt nach § 31 Abs. 5 S. 1 GmbHG zehn Jahre. Werden die Gesellschafter analog § 31 Abs. 3 GmbHG in Anspruch genommen, kommt ein Regressanspruch gegen den Liquidator analog § 31 Abs. 6 GmbHG in Betracht. 802

bb) Ansprüche der Gesellschaft gegen die Liquidatoren. Neben dem Anspruch gegen die begünstigten Gesellschafter hat die Gesellschaft einen Ersatzanspruch gegen die Liquidatoren als Gesamtschuldner gemäß § 73 Abs. 3 GmbHG.[1680] Es handelt sich dabei um einen verschuldensabhängigen Schadensersatzanspruch. Das Verschulden wird jedoch bei Vorliegen der objektiven Voraussetzungen des § 73 Abs. 3 GmbHG vermutet. Die Liquidatoren müssen sich exkulpieren.[1681] Die Gesellschaft ist Inhaberin des Anspruchs, liquidiert aber letztlich den Schaden der durch die verbotene Auszahlung benachteiligten Gläubiger. Deshalb ist die Höhe des Schadens durch den Anspruch der benachteiligten Gläubiger und die Höhe des zu Unrecht ausgeschütteten Betrages begrenzt.[1682] Zu berücksichtigen sind aber nur Ansprüche solcher Gläubiger, die durch § 73 GmbHG geschützt sind. Dies sind nicht solche, deren Ansprüche erst nach Ablauf der Sperrfrist bekannt geworden sind.[1683] Nach heute herrschender Ansicht haben die Gläubiger in Entsprechung zu der Rechtslage bei der Aktiengesellschaft[1684] ferner ein eigenes Recht, den Schadensersatzanspruch aus § 73 Abs. 3 GmbHG gegen die Liquidatoren zu verfolgen.[1685] Dieses Recht ist aber subsidiär und greift nur ein, wenn die Gesellschaft den Anspruch nicht selbst durchsetzt. 803

1673 § 232 Abs. 2 BGB.

1674 Lutter/Hommelhoff/*Kleindiek* § 73 Rdnr. 7.

1675 *Erle* GmbHR 1998, 216, 219 m. w. N.

1676 Lutter/Hommelhoff/*Kleindiek* § 73 Rdnr. 15 m. w. N.

1677 *Erle* GmbHR 1998, 216, 221; *K. Schmidt* DB 1994, 2013.

1678 A. A. OLG Rostock GmbHR 1996, 621; Rowedder/Schmidt-Leithoff/*Rasner* § 73 Rdnr. 11.

1679 *Erle* GmbHR 1997, 973 ff.; Baumbach/Hueck/*Haas* § 73 Rdnr. 17.

1680 *Erle* GmbHR 1998, 216, 221.

1681 Lutter/Hommelhoff/*Kleindiek* § 73 Rdnr. 12; *Erle* GmbHR 1998, 216, 218.

1682 *Erle* GmbHR 1998, 216, 219.

1683 *Erle* GmbHR 1998, 216, 218.

1684 §§ 93 Abs. 5, 268 Abs. 2 AktG.

1685 Lutter/Hommelhoff/*Kleindiek* § 73 Rdnr. 13; Baumbach/Hueck/*Haas* § 73 Rdnr. 13; noch a. A.: *K. Schmidt* DB 1994, 2013.

804 *cc) Ansprüche der Gläubiger gegen die Gesellschafter.* Solche Ansprüche bestehen bei verbotswidrigen Ausschüttungen regelmäßig nicht. Ausnahmen können sich aus den Anfechtungstatbeständen der §§ 129 ff. InsO und des AnfG sowie bei einer deliktischen Haftung ergeben.[1686]

805 *dd) Ansprüche der Gläubiger gegen die Liquidatoren.* Nach heute überwiegender Ansicht können die geschädigten Gläubiger die Liquidatoren auch nach § 823 Abs. 2 BGB unmittelbar in Anspruch nehmen, da § 73 Abs. 3 GmbHG als Schutzgesetz im Sinne des § 823 Abs. 2 BGB gewertet wird.[1687] Dieser direkte Anspruch ist jedoch ebenfalls subsidiär zum Anspruch der Gesellschaft.

4. Beendigung der Liquidation, Erlöschen der Gesellschaft

806 a) **Beendigung.** Wenn das Vermögen verteilt ist und keine Abwicklungsmaßnahmen mehr vorzunehmen sind, ist die Liquidation beendet.[1688] Letzter Schritt des Verfahrens ist häufig, aber nicht zwingend der Abschluss der Vermögensverteilung. Lassen sich Unsicherheiten bzgl. der Gläubigerforderungen, die zu einer Hinterlegung oder Sicherheitsleistung geführt haben, noch klären, können die entsprechenden Schritte (Freigabe hinterlegter Beträge, Zahlungen, Auskehrung zusätzlicher Erlöse) vorgenommen werden. Müssen noch Aufwendungen für Gericht, Notar, Aufbewahrung von Büchern und Schriften getätigt werden, hindert die Zurückbehaltung entsprechender Geldmittel die Vollbeendigung.[1689] Dieses Dilemma lässt sich teilweise durch Vorschussleistung, teilweise durch treuhänderische Verwaltung lösen.

807 b) **Schlussrechnung.** Gemäß § 74 Abs. 1 S. 1 GmbHG muss die Vermögensverteilung mit einer Schlussrechnung abgeschlossen werden. Es handelt sich um eine eigenständige Rechenschaft der Liquidatoren über die Verwendung fremden Vermögens im Sinne des § 259 BGB. Sie ist nicht gleichzusetzen mit den in der Liquidation fortlaufend zu erstellenden Jahresabschlüssen[1690] und einer evtl. vor der Vermögensverteilung erstellten Vermögensaufstellung (Liquidationsschlussbilanz). Es empfiehlt sich, zusammen mit der Schlussrechnung im Sinne des § 74 GmbHG auch eine Schlussbilanz zu erstellen.[1691] Die Schlussrechnung ist für die Gesellschafter eine wesentliche Entscheidungsgrundlage bei der Entlastung der Liquidatoren.

808 c) **Anmeldung des Erlöschens der Gesellschaft.** Ist die Liquidation beendet und die Schlussrechnung gelegt, so haben die Liquidatoren in vertretungsberechtigter Zahl den Schluss der Liquidation zur Eintragung in das Handelsregister anzumelden, § 74 Abs. 1 S. 1 GmbHG. Angemeldet werden in der Praxis über den Wortlaut der Norm hinaus nicht nur der Schluss der Liquidation, sondern auch das damit zusammenhängende Erlöschen der Gesellschaft und ihrer Firma. Das Registergericht muss von Amts wegen[1692] prüfen, ob die Liquidation tatsächlich abgeschlossen ist.[1693] Es kann sich dazu insbesondere die Rechnungslegung der Liquidatoren ansehen. Entsprechende Prüfungshandlungen wird es aber in der Praxis nur einleiten, wenn ihm Anhaltspunkte für eine nicht vollständig erledigte Abwicklung vorliegen.

[1686] Zu weiteren Ausnahmen Baumbach/Hueck/*Haas* § 73 Rdnr. 22.

[1687] Lutter/Hommelhoff/*Kleindiek* § 73 Rdnr. 14 m. w. N.; Baumbach/Hueck/*Haas* § 73 Rdnr. 22.

[1688] *Galla* GmbHR 2006, 635, 637; *Vallender* NZG 1998, 249, 250.

[1689] *Galla* GmbHR 2006, 635, 637; *Vallender* NZG 1998, 249, 250; *Saenger* GmbHR 1994, 300, 303; *Ahmann* GmbHR 1987, 439, 440; a. A. *K. Schmidt* GmbHR 1988, 209, 212.

[1690] Vgl. dazu Rdnr. 257 ff.

[1691] *Scherrer/Heni*, Liquidationsrechnungslegung, S. 38 ff.; Scholz/*K. Schmidt* § 71 Rdnr. 30.

[1692] § 26 FamFG.

[1693] *Saenger* GmbHR 1994, 300, 301.

Formulierungsvorschlag:
Handelsregisteranmeldung der Beendigung der Liquidation

Amtsgericht ......
– Registergericht –

In der Handelsregistersache
Phantasia GmbH i. L.
– HRB 1010 –

Melde ich als Liquidator der Gesellschaft zur Eintragung an:

1. Die Liquidation ist beendet.
2. Die Gesellschaft und ihre Firma sind erloschen.
3. Die Bücher und Schriften der Gesellschaft werden verwahrt von [*Name und Anschrift*].

[Ort], den ......

......
C (Liquidator)

Notarieller Beglaubigungsvermerk

Nach der heute herrschenden Lehre vom **Doppeltatbestand**[1694] ist die nachfolgende Eintragung im Handelsregister nicht nur deklaratorisch, sondern konstitutiv für das Erlöschen der Gesellschaft.

d) **Aufbewahrung der Bücher und Schriften.** Die Bücher und Schriften der Gesellschaft sind gemäß § 74 Abs. 2 GmbHG für die Dauer von zehn Jahren aufzubewahren. Für die Erfüllung dieser Pflicht haben die Liquidatoren Sorge zu tragen. Die Frist beginnt mit der Übergabe an die zur Verwahrung bestimmte Person. Unberührt bleiben hiervon Aufbewahrungspflichten nach anderen Vorschriften, insbesondere nach § 147 AO. Die Gesellschafter und die durch das zuständige Gericht ermächtigten Gläubiger haben gemäß § 74 Abs. 3 S. 2 GmbHG das Recht, die verwahrten Dokumente einzusehen. 809

e) **Nachtragsliquidation.** Stellt sich nach der Löschung der Gesellschaft heraus, dass noch verteilungsfähiges Vermögen existiert oder sonstige Abwicklungsmaßnahmen (wie z. B. die Abgabe von Erklärungen durch die Gesellschaft) erforderlich sind,[1695] muss eine Nachtragsliquidation stattfinden.[1696] Beispiele: Ein als zahlungsunfähig eingestufter Schuldner der GmbH i. L. ist wieder leistungsfähig geworden; Schadensersatzansprüche gegen frühere Gesellschafter, Geschäftsführer oder Liquidatoren sollen geltend gemacht werden. 810

In diesen Fällen besteht die Gesellschaft trotz ihrer Löschung im Handelsregister fort.[1697] 811
Sie wird wieder im Handelsregister eingetragen. Dabei handelt es sich nicht um eine Neueintragung, sondern um eine Rückgängigmachung der materiell zu Unrecht erfolgten Löschung gemäß § 74 Abs. 1 S. 2 GmbHG. Es müssen Nachtragsliquidatoren bestellt werden.[1698] Das Amt der bisherigen Liquidatoren, das durch das Erlöschen der Gesellschaft ebenfalls beendet wurde, setzt sich nicht automatisch in der Nachtragsliquidation fort.[1699] Zuständig für die Bestellung der Nachtragsliquidatoren ist analog § 273 Abs. 4 AktG das Registergericht.[1700] Den hierfür erforderlichen Antrag an das Registergericht kann analog § 273 Abs. 4 S. 2 AktG jeder Beteiligte stellen. Dies sind nach herrschender Meinung frü-

[1694] *K. Schmidt* GmbHR 1988, 209 ff.; *Vallender* 1998, 245, 250; *Gehrlein* DStR 1997, 31, 32; ausführlich Ulmer/*Paura* § 74 Rdnr. 28, 31 ff.; Scholz/*K. Schmidt* Rdnr. 13 f.
[1695] § 273 Abs. 4 S. 1 AktG analog.
[1696] *K. Schmidt* 1988, 209, 212; *ders.* 1994, 829, 832.
[1697] *Saenger* GmbHR 1994, 300 ff.; *Ahmann* GmbHR 1987, 439 ff.
[1698] *Saenger* GmbHR 1994, 300, 305.
[1699] *Saenger* GmbHR 1994, 300, 305; *Ahmann* GmbHR 1987, 439, 440.
[1700] §§ 375 Nr. 3, 376, 377 FamFG.

here Gesellschafter, Gläubiger, frühere Organmitglieder, insbesondere die Liquidatoren, sowie an der Abgabe von Erklärungen Interessierte. Ein vollständiger Nachweis der Notwendigkeit weiterer Abwicklungsmaßnahmen ist nicht zu fordern, wohl aber die Glaubhaftmachung der entsprechenden Tatsachen. Die Gesellschafter sind nicht berechtigt, Nachtragsliquidatoren zu bestellen.[1701] Die Gesellschafterversammlung kann nach richtiger Auffassung auch Nachtragsliquidatoren nicht abberufen.[1702] Die Nachtragsliquidatoren und ihre Vertretungsbefugnis werden von Amts wegen in das Handelsregister eingetragen.[1703] Die vom Gericht bestellten Liquidatoren brauchen eine Versicherung nach § 67 Abs. 3 GmbHG nach zutreffender Ansicht nicht abzugeben.[1704] Vielmehr ist es Sache des Gerichts, gemäß § 26 FamFG von Amts wegen zu prüfen, ob die Bestellungsvoraussetzungen in der Person des Nachtragsliquidators erfüllt sind. Eine Handelsregisteranmeldung ist demgemäß im Zusammenhang mit der Nachtragsliquidation nicht erforderlich. Die Nachtragsliquidation ist eine Fortsetzung der vermeintlich abgeschlossenen Liquidation und folgt deren Regeln.[1705] Es ist daher weder eine Eröffnungsbilanz gemäß § 71 GmbHG noch ein Gläubigeraufruf gemäß § 65 Abs. 2 GmbHG erforderlich. Es gilt auch kein Sperrjahr für die Verteilung evtl. noch aufgefundener Vermögenswerte. Nach Abschluss der Nachtragsliquidation sind die vorstehend dargestellten Schritte abzuarbeiten: Rechnungslegung, Entlastung der Nachtragsliquidatoren, Verwahrung zusätzlich angefallener Schriften, erneute Anmeldung der Beendigung und Eintragung des Erlöschens im Handelsregister.

5. Notarkosten im Zusammenhang mit der Liquidation

812 Die Tätigkeit des Notars im Zusammenhang mit dem Auflösungsbeschluss und seiner registerlichen Vollziehung ist in vielen Fällen als solche nicht sonderlich lukrativ. Dies hängt zum einen an der vom tatsächlichen Arbeitsaufwand losgelösten Systematik der KostO. Zum anderen ist die Auflösung einer GmbH als nicht alltäglicher Vorgang häufig sowohl für die Gesellschafter und die Geschäftsführer bzw. Liquidatoren als auch für den Notar und seine Mitarbeiter mit deutlich erhöhtem Arbeitsaufwand verbunden.[1706] Wirtschaftlich interessante Tätigkeiten des Notars entstehen bei einer Liquidation häufig erst durch die damit verbundenen beurkundungsbedürftigen Abwicklungsmaßnahmen, wie z. B. die Übertragung von Grundstücken oder GmbH-Geschäftsanteilen.

813 a) **Auflösungsbeschluss.** Der Beschluss über die Auflösung der Gesellschaft und die meisten mit ihm typischerweise einhergehenden Beschlüsse sind solche **ohne bestimmten Geldwert** im Sinne des § 41 c Abs. 1 KostO. Werden in der gleichen Urkunde auch Beschlüsse mit einem bestimmten Geldwert gefasst (z. B. Beschluss über die Gewinnverwendung des vorangegangenen Geschäftsjahres; betragsmäßige Festlegung der Aufsichtsratsvergütung), wird die Summe der Beschlüsse ohne bestimmten Geldwert mit dem Wert der Beschlüsse mit bestimmtem Geldwert addiert. Die Beschlüsse ohne bestimmten Geldwert sind in der Summe auf einen Geschäftswert von maximal € 500.000,– begrenzt, § 41 c Abs. 4 KostO.

814 Auf den Auflösungsbeschluss sind die allgemein für Gesellschafterbeschlüsse geltenden Kostenregelungen anzuwenden. Als Geschäftswert der Beschlüsse ist gemäß § 41 c Abs. 1 i. V. m. § 41 a Abs. 4 KostO ein Betrag in Höhe von 1% des Stammkapitals, mindestens € 25.000,– anzusetzen. Der Geschäftswert der Beschlüsse darf gemäß § 41 c Abs. 4 KostO € 500.000,– nicht übersteigen, auch wenn in einer Verhandlung mehrere Beschlüsse beurkundet werden. Werden mehrere Beschlüsse in einer Niederschrift gefasst (was praktisch der Regelfall ist), gilt § 44 KostO über die Verweisungsnorm des § 41 c Abs. 3 S. 1 KostO entsprechend. Gegenstandsverschiedene Beschlüsse sind gemäß § 44 Abs. 2 a KostO zusam-

[1701] OLG Koblenz ZIP 2007, 2166; KG NZG 2004, 1004; Baumbach/Hueck/*Haas* § 60 Rdnr. 106; Roth/*Altmeppen* § 74 Rdnr. 29.

[1702] Roth/*Altmeppen* § 74 Rdnr. 29; Lutter/Hommelhoff/*Kleindiek* Rdnr. 21 m. w. N.

[1703] Baumbach/Hueck/*Haas* § 67 Rdnr. 13.

[1704] Lutter/Hommelhoff/*Kleindiek* § 67 Rdnr. 8; Baumbach/Hueck/*Haas* Rdnr. 14 m. w. N., auch zur Gegenansicht.

[1705] *Galla* GmbHR 2006, 635 ff.; *K. Schmidt* GmbHR 1994, 829, 832.

[1706] Zur Ausgangssituation bei der Übernahme des Mandats und zu dem erhöhten Beratungsbedarf der Beteiligten siehe oben Rdnr. 716 ff.

menzurechnen. Werden die bisherigen Geschäftsführer abberufen und gleichzeitig entlastet und werden Liquidatoren bestellt, so sind diese Vorgänge gemäß § 41 c Abs. 3 S. 3 KostO als ein Beschluss zu behandeln. Dies gilt auch für Abberufungsbeschlüsse, weil nach § 41 c KostO, ebenso wie nach § 47 KostO, nicht maßgeblich ist, was beschlossen worden ist, sondern über welchen Beschlussgegenstand.[1707] Die kostenrechtliche Zusammenfassung der Abberufungs-, Entlastungs- und Bestellungsbeschlüsse zu einem Beschluss gilt nicht für die entsprechende Handelsregisteranmeldung.

Anzusetzen ist für die Beschlüsse eine $^{20}/_{10}$-**Gebühr** gemäß § 47 KostO. Dies gilt auch bei der Beschlussfassung einer Ein-Mann-GmbH.[1708] Die Gebühr für die Gesellschafterbeschlüsse darf gemäß § 47 S. 2 KostO den Betrag von € 5.000,– nicht übersteigen. Diese Höchstgebühr kann insgesamt nur einmal berechnet werden, da sie sich auf die Beschlussniederschrift als Ganzes bezieht.[1709] 815

Werden in derselben Urkunde neben den Beschlüssen auch Vereinbarungen der Gesellschafter protokolliert, gelten dafür die kostenrechtlichen Vorschriften über Gesellschafterbeschlüsse nicht. Für solche Vereinbarungen ist der Geschäftswert nach § 39 KostO zu bestimmen. Maßgebend ist regelmäßig der Wert des Rechtsverhältnisses, auf das sich die beurkundete Erklärung bezieht (§ 39 Abs. 1 S. 1 KostO). Ist nicht ausnahmsweise das Stammkapital der Gesellschaft außergewöhnlich hoch,[1710] kann sich aus einem Auflösungsbeschluss ein großes Kostenvolumen nur ergeben, wenn im unmittelbaren Zusammenhang mit dem Auflösungsbeschluss beurkundungspflichtige Vereinbarungen über die Übertragung von Gesellschaftsvermögen an einzelne Gesellschafter getroffen werden.[1711] 816

Berechnungsbeispiel: Auflösungsbeschluss und weitere Beschlüsse

Bei der Phantasia GmbH, die über ein Stammkapital von € 100.000,– verfügt, werden in notarieller Urkunde folgende Beschlüsse gefasst:

1. Feststellung des Jahresabschlusses des abgelaufenen Geschäftsjahres;
2. Verwendung des Gewinns aus dem abgelaufenen Geschäftsjahr in Höhe von € 100.000,–;
3. Auflösung der Gesellschaft zum Ablauf des laufenden Geschäftsjahres;
4. Abberufung der Geschäftsführer A und B;
5. Entlastung der Geschäftsführer A und B für die Zeit bis zu ihrer Abberufung;
6. Bestellung von C zum Liquidator;
7. Verwahrung der Bücher und Schriften der Gesellschaft durch den Gesellschafter A. Hierfür wird ein Pauschalentgelt in Höhe von € 10.000,– vereinbart.

Bewertung

Geschäftswert der Beschlüsse	
• Beschluss Nr. 2: Bestimmter Geldbetrag	€ 100.000,–
• Beschlüsse Nr. 4, 5 und 6 gelten gemäß § 41 c Abs. 3 S. 3 KostO als ein Beschluss mit unbestimmtem Geldwert, 1% des eingetragenen Stammkapitals = € 1.000,–, aber Mindestwert gemäß §§ 41 c Abs. 1, 41 a Abs. 4 Nr. 1 KostO	€ 25.000,–
• Beschluss Nr. 1: Unbestimmter Geldwert, 1% des eingetragenen Stammkapitals = € 1.000,–, aber Mindestwert gemäß §§ 41 c Abs. 1, 41 a Abs. 4 Nr. 1 KostO	€ 25.000,–
• Beschluss Nr. 3: Unbestimmter Geldwert, 1% des eingetragenen Stammkapitals = € 1.000,–, aber Mindestwert gemäß §§ 41 c Abs. 1, 41 a Abs. 4 Nr. 1 KostO	€ 25.000,–
• Beschluss Nr. 7: Unbestimmter Geldwert, 1% des eingetragenen Stammkapitals = € 1.000,–, aber Mindestwert gemäß §§ 41 c Abs. 1, 41 a Abs. 4 Nr. 1 KostO	€ 25.000,–
Gesamtwert: §§ 41 c Abs. 3, 44 Abs. 2 a	**€ 200.000,–**
$^{20}/_{10}$ Gebühr gemäß § 47 KostO	€ 714,–

[1707] Korinthenberg/*Bengel/Tiedtke* KostO 18. Aufl. 2010 § 41 c Rdnr. 102.

[1708] Streifzug Rdnr. 915; Korinthenberg/*Bengel/Tiedkte* § 41 c Rdnr. 13 m. w. N.

[1709] *Tiedtke* ZNotP 2001, 228; Streifzug Rdnr. 916.

[1710] Dieses führt über § 41 c Abs. 1 i. V. m. § 41 a Abs. 4 KostO zu einem entsprechend hohen Geschäftswert des Auflösungsbeschlusses.

[1711] Vgl. zu diesem Fall der so genannten „Realteilung" bereits oben Rdnr. 790.

Vereinbarung über das Entgelt gemäß Ziffer 7	
Geschäftswert	**€ 10.000,–**
20/10 Gebühr gemäß § 47 KostO	€ 108,–

817 b) **Handelsregisteranmeldung der Auflösung.** In der Praxis werden die Auflösung gemäß § 65 Abs. 1 S. 1 und die Liquidatoren gemäß § 67 Abs. 1 GmbHG zusammen zum Handelsregister angemeldet.[1712] Beide Anmeldungen haben den denselben Gegenstand im Sinne von § 44 Abs. 1 KostO.[1713] Der Geschäftswert beträgt gemäß § 41 c Abs. 1 i. V. m. § 41 a Abs. 4 KostO 1% vom Stammkapital, mindestens € 25.000,–, höchstens € 500.000,–. Es fällt eine 5/10 Gebühr gemäß § 38 Abs. 2 Nr. 7 i. V. m. § 145 Abs. 1 S. 1 KostO an, wenn der Notar die Handelsregisteranmeldung entwirft und die Unterschrift beglaubigt. Beschränkt sich seine Tätigkeit auf die Beglaubigung einer Unterschrift unter einem fremden Entwurf, fällt eine 1/4 Gebühr gemäß § 45 Abs. 1 KostO an, die einen Höchstbetrag von € 130,– nicht überschreiten darf.

818 c) **Handelsregisteranmeldung der Beendigung der Liquidation.** Der Geschäftswert bestimmt sich auch hier nach dem eingetragenen Stammkapital der Gesellschaft. Anzusetzen ist 1% hiervon, mindestens aber € 25.000,– (§ 41 a Abs. 4 KostO). Es fällt eine 5/10 Gebühr gemäß § 38 Abs. 2 Nr. 7 KostO an, wenn der Notar auch den Entwurf der Handelsregisteranmeldung gefertigt hat. Bei der Beglaubigung der Unterschrift unter einem fremden Text kann der Notar eine ¼ Gebühr bis zu einem Höchstbetrag von € 130,– verlangen (§ 45 Abs. 1 KostO).

IX. Unternehmergesellschaft (haftungsbeschränkt)

1. Einführung

819 Mit dem „Gesetz zur Modernisierung des GmbH-Rechts zur Bekämpfung von Missbräuchen" (MoMiG) wurde durch den neuen § 5 a GmbHG die Unternehmergesellschaft eingeführt. Die Unternehmergesellschaft ist keine eigene Rechtsform, sondern eine Unterform der GmbH.[1714] Es gelten grundsätzlich die für eine „normale" GmbH anwendbaren Vorschriften und Grundsätze.[1715] Dies gilt auch für die „Vor-UG", auf die dieselben rechtlichen Regelungen wie für die „Vor-GmbH" Anwendung finden.[1716] Daher wird zur Vermeidung von Wiederholungen auf die jeweiligen Ausführungen in diesem § 13 zur GmbH verwiesen.

Aus den Bestimmungen von § 5 a GmbHG ergeben sich **folgende Besonderheiten:**

2. Gründung

820 a) **Firma.** Für die Unternehmergesellschaft gilt grundsätzlich das allgemeine Firmenrecht der GmbH (§ 4 GmbHG und §§ 17 ff. HGB). Anstelle der Bezeichnung „Gesellschaft mit beschränkter Haftung" oder einer allgemein verständlichen Abkürzung dieser Bezeichnung („GmbH") nach § 4 GmbHG muss die Firma der Gesellschaft jedoch die Bezeichnung „Unternehmergesellschaft (haftungsbeschränkt)" oder „UG (haftungsbeschränkt)" enthalten. Um eine unnötige Rechtsscheinhaftung gem. § 179 BGB zu vermeiden, sollte man sich auch strikt an diese Vorgaben halten.,[1717] z. B. ist eine Abkürzung des Zusatzes „haftungsbeschränkt" nicht zulässig. Wegen der Striktheit des Gesetzeswortlauts wird auch jede Variation der Abkürzung UG haftungsbeschränkt in „gUG (haftungsbeschränkt)" für eine gemeinnützige UG in der Literatur für unzulässig erachtet.[1718]

1712 Siehe dazu und zu den Gründen oben Rdnr. 756 ff.

1713 OLG Oldenburg MittBayNot 2006, 71; Korinthenberg/*Bengel/Tiedtke* Rdnr. 113; *Gustavus* Handelsregisteranmeldungen, A115.

1714 BT-Drucks. 16/9737, 95.

1715 BT-Drucks. 16/6140, 31.

1716 *Michalski/Miras* § 5 a Rdnr. 6; MünchKomm/*Rieder* § 5 a Rdnr. 13.

1717 *Michalski/Miras* § 5 a Rdnr. 60–65.

1718 *Michalski/Miras* § 5 a Rdnr. 53.

b) **Stammkapital.** Das Mindeststammkapital beträgt € 1,– und das Höchststammkapital beträgt € 24.999,–. Zu beachten ist natürlich, dass bei mehreren Gesellschaftern jeder Gesellschafter mindestens einen auf volle Euro lautenden Geschäftsanteil (vgl. § 5 Abs. 2 Satz 1 GmbHG) hält.[1719] Die Gesellschafter können daher ein höheres Stammkapital als das Mindeststammkapital, z. B. € 1.000,– oder € 10.000,– festlegen. 821

Ein Stammkapital von € 12.500,– oder mehr dürfte allerdings in der Praxis nicht vorkommen, da bei Gründung einer GmbH – auch durch einen Gesellschafter – mit dem Mindeststammkapital der GmbH von € 25.000,– eine bloß hälftige Einzahlung (d. h. in Höhe von € 12.500,–) für die Gründung ausreicht (vgl. §§ 7 Abs. 2, Satz 2, 5 Abs. 1 GmbHG).[1720] 822

Demgegenüber muss bei der Unternehmergesellschaft deren **Stammkapital** als Voraussetzung für eine Anmeldung nach § 5 a Abs. 2 GmbHG **zwingend in voller Höhe eingezahlt** sein (Volleinzahlungsgebot).

Ein weiterer Unterschied zur „normalen" GmbH besteht darin, dass bei der Unternehmergesellschaft allein eine Bargründung möglich ist. Sacheinlagen sind nach § 5 a Abs. 2 Satz 2 GmbHG zwingend **unzulässig.**

Die Gründer einer Unternehmergesellschaft können aber beispielsweise im Rahmen einer Bargründung mit einem geringen Mindestkapital (z. B. € 1,–) Sachen oder Rechte auf die UG übertragen, indem sie diese entweder als Nebenleistungen (§ 3 Abs. 2, zweite Alternative GmbHG) oder als Zuzahlungen in die Kapitalrücklage erbringen (§ 272 Abs. 2 Nr. 4 HGB) und diese Rücklage später gemäß § 57 c GmbHG in Stammkapital umwandeln.[1721] 823

c) **Gründungsaufwand.** Die bei einer „normalen" GmbH-Gründung übliche Regelung, dass die Gesellschaft die Kosten der Gründung bis zu einem festgelegten Höchstbetrag übernimmt, bereitet bei der Unternehmergesellschaft mit niedrigen Stammkapital (z. B. € 1,– UG) im Hinblick auf eine mögliche sofortige Insolvenzantragspflicht des Geschäftsführers, da die Gesellschaft im Prinzip von Beginn an überschuldet wäre, Schwierigkeiten.[1722] Daher empfiehlt es sich, bei Gesellschaften mit entsprechend geringem Stammkapital entsprechend der Formulierung in Ziff. 5. der Musterprotokolle (Anhang zu § 2 GmbHG) auch bei individueller Gründung vorzusehen, dass der Gründungsaufwand maximal in Höhe des Stammkapitals von der Gesellschaft übernommen wird oder aber gänzlich von den Gesellschaftern. 824

Formulierungsvorschlag:

Text bei Verwendung der Musterprotokolle nach Ziff. 5.:

„5. Die Gesellschaft trägt die mit der Gründung verbundenen Kosten bis zu einem Gesamtbetrag von € 300,–, höchstens jedoch bis zum Betrag ihres Stammkapitals. Darüber hinausgehende Kosten trägt der Gesellschafter/tragen die Gesellschafter im Verhältnis der Nennbeträge ihrer Geschäftsanteile."

Text bei individueller Gründung:

„Die Gesellschaft trägt die mit der Gründung verbundenen Kosten der notariellen Beurkundung und der Eintragung im Handelsregister sowie die sonstigen Steuern und Gebühren der Gründung einschließlich der Veröffentlichungskosten bis zu einem Gesamtbetrag von insgesamt € ...... Darüber hinausgehende Kosten trägt der Gesellschafter/tragen die Gesellschafter im Verhältnis der Nennbeträge ihrer Geschäftsanteile."

Alternative

„Der Gesellschafter trägt die Kosten der Gründung/Die Gesellschafter tragen die Kosten der Gründung im Verhältnis des Nennbetrags ihrer Geschäftsanteile."

1719 MünchKomm/*Rieder* § 5 a Rdnr. 8 m. w. N.

1720 *Weber* BB 2009, 842, 844; *Römermann/Passarge* ZIP 2009, 1497, 1501; *Wachter* GmbHR, Sonderheft Okt. 2008, 25, 30; *Goette/Habersack/Wachter* Rdnr. 1.92; MünchKomm/*Rieder* § 5 a Rdnr. 18.

1721 Stellungnahme HRA des DAV NZG 2007, 735 (737); MünchKomm/*Rieder* § 5 a Rdnr. 19.

1722 *Michalski/Miras* § 5 a Rdnr. 26; MünchKomm/*Rieder* § 5 a Rdnr. 11; *Wachter* GmbHR 2008 Sonderheft Okt. 2008, 25, 30; *Veil* ZGR 2009, 623, 628.

825 Die in dem vorstehenden Formulierungsvorschlag bei individueller Gründung geschätzten Kosten der Gründung, die die Gesellschaft trägt, dürfen natürlich das vorgesehene Stammkapital nicht übersteigen. Die im Formulierungsvorschlag für eine individuelle Gründung vorgesehene weitergehende Spezifizierung des Gründungsaufwands erklärt sich daraus, dass vor dem MoMiG mit der Einführung der Musterprotokolle zu § 2 GmbHG, die keine detaillierte Spezifizierung des Gründungsaufwands vorsehen, eine weitergehende Spezifizierung wie in dem Formulierungsvorschlag für eine individuelle Gründung enthalten von den Handelsregistern für eine Eintragungsfähigkeit erwartet wurde. Aus der Formulierung des Musterprotokolls in Ziff. 5., wonach eine Spezifizierung nicht vorgesehen ist, könnte auf eine abweichende gesetzgeberische Festlegung gefolgert werden. Das Risiko, dass ein Handelsregister aber bei einer individuellen Gründung weiterhin eine Spezifizierung erwartet und deswegen eine Zwischenverfügung erlässt, braucht man aber nicht einzugehen.

826 d) **Belehrungen.** Zusätzlich zu den sich bei Gründung einer GmbH empfehlenden Belehrungen bieten sich wegen der Besonderheiten von § 5 a GmbHG für die Unternehmergesellschaft im Gründungsprotokoll **zusätzliche Belehrungen** an.

Nach § 5 a Abs. 3 GmbHG ist in der Bilanz der Unternehmergesellschaft zwingend eine gesetzliche Rücklage zu bilden,[1723] worauf in einer speziellen Belehrung hingewiesen werden sollte.

Formulierungsvorschlag:

„In der Bilanz der Unternehmergesellschaft (haftungsbeschränkt) ist jedes Jahr zwingend eine gesetzliche Rücklage zu bilden, in die ein Viertel des um einen Verlustvortrag geminderten Jahresüberschusses einzustellen ist. Die Rücklage ist zweckgebunden und darf nur für eine Kapitalerhöhung aus Gesellschaftsmitteln, zum Ausgleich eines Jahresfehlbetrags, soweit er nicht durch einen Gewinnvortrag aus dem Vorjahr gedeckt ist, oder zum Ausgleich eines Verlustvortrags aus dem Vorjahr, soweit er nicht durch einen Jahresüberschuss gedeckt ist, verwendet werden. Die Verpflichtung zur Bildung der Rücklage ist weder zeitlich noch der Höhe nach beschränkt. Ein Verstoß gegen die Verpflichtung zur Bildung der gesetzlichen Rücklage führt dazu, dass die Feststellung des Jahresabschlusses und der Beschluss über die Gewinnverwendung nichtig sind. Dennoch ausgeschüttete Gewinne sind von den Gesellschaftern an die Gesellschaft zurückzuzahlen. Die Geschäftsführer haften für einen etwaigen Schaden unter Umständen persönlich."

827 Nach § 5 a Abs. 4 GmbHG muss abweichend von § 49 Abs. 3 GmbHG die Versammlung der Gesellschafter bei drohender Zahlungsunfähigkeit unverzüglich einberufen werden.[1724] Hierin liegt eine Verschärfung, da nach § 49 Abs. 3 GmbHG eine solche Verpflichtung nur besteht, wenn

„aus der Jahresbilanz oder einer im Laufe des Geschäftsjahres aufgestellten Bilanz sich ergibt, dass die Hälfte des Stammkapitals verloren ist."

828 Andererseits ist die Verletzung der Einberufungspflicht nach § 5 a Abs. 4 GmbHG nicht strafbar.[1725] Sie kann aufgrund ihres gläubigerschützenden Charakters durch den Gesellschaftsvertrag der Unternehmergesellschaft weder aufgeweicht noch gar abbedungen werden. Möglich ist aber, diese Einberufungspflicht im Gesellschaftsvertrag weiter nach vorn zu verlagern.[1726]

Formulierungsvorschlag:

„Der Geschäftsführer muss bei drohender Zahlungsunfähigkeit die Versammlung der Gesellschafter unverzüglich einberufen. Ein Verstoß kann zu einer persönlichen Schadensersatzpflicht des/der Geschäftsführer führen.

[1723] § 13 Rdnr. 833 f. [§ 13 IX. 3.a)].

[1724] Rechtstechnisch ist diese Vorschrift lex specialis zu § 49 Abs. 3 GmbHG, der für die Unternehmergesellschaft damit vollständig ausgeschlossen ist; vgl. nur *Michalski/Miras* § 5 a Rdnr. 104 am Ende.

[1725] § 84 Abs. 1 GmbHG.

[1726] *Michalski/Miras* § 5 a Rdnr. 102 m. w. N.

Vor dem Hintergrund des niedrigen Stammkapitals der Unternehmergesellschaft und einer damit verbundenen größeren Insolvenznähe sollten – neben den sonstigen bei Gründung der GmbH gebotenen Belehrungen – insbesondere auch hierauf bezogene Belehrungen nicht fehlen.[1727] 829

Formulierungsvorschlag:

„Der Wert des Gesellschaftsvermögens (zuzüglich der in der Satzung festgelegten von der Gesellschaft übernommenen Gründungskosten) darf im Zeitpunkt der Eintragung der Gesellschaft in das Handelsregister nicht niedriger sein als das Stammkapital. Jeder Gesellschafter haftet für eine etwaige Differenz persönlich und unbeschränkt mit seinem Privatvermögen. Die Haftung besteht auch dann, wenn die Gesellschaft nicht in das Handelsregister eingetragen wird.

Bei Zahlungsunfähigkeit oder Überschuldung der Gesellschaft haben die Geschäftsführer unverzüglich, spätestens aber innerhalb von drei Wochen, Insolvenzantrag zu stellen. Im Falle der Führungslosigkeit der Gesellschaft ist auch jeder Gesellschafter zur Stellung des Insolvenzantrags verpflichtet, es sei denn, er hat von der Zahlungsunfähigkeit oder der Überschuldung oder der Führungslosigkeit keine Kenntnis. Wer vorsätzlich oder fahrlässig einen Insolvenzantrag nicht, nicht richtig oder nicht rechtzeitig stellt, macht sich strafbar."

e) **Kosten.** Da nach § 41 b KostO der Mindestgeschäftswert von € 25.000,– nur bei Gründung einer Gesellschaft im vereinfachten Verfahren aufgrund Musterprotokoll sowohl für die Gründung als auch die Handelsregisteranmeldung nicht zum Tragen kommt, bietet die Gründung einer Unternehmergesellschaft mit individueller Satzung keinen kostenmäßigen Vorteil.[1728] 830

Bei Gründung nach Musterprotokoll ist als Geschäftswert der Nominalbetrag des Stammkapitals zugrunde zu legen, gegebenenfalls also das Mindeststammkapital von € 1,–.

Weitere kostenrechtliche Vorzüge ergeben sich bei der Gründung im vereinfachten Verfahren daraus, dass bei Verwendung des gesetzlichen Musterprotokolls keine Notargebühren für die Geschäftsführerbestellung und die Gesellschafterliste anfallen. Da diese im gesetzlichen Musterprotokoll mit enthalten sind, gelten sie als gegenstandsgleich gem. § 44 Abs. 1 KostO und lösen damit keine gesonderten Gebühren aus.[1729] 831

Die Verwendung des Musterprotokolls ist aber nicht in jedem Fall empfehlenswert: 832

Da das Gesetz keine vom Musterprotokoll abweichende Bestimmungen zulässt (§ 2 Abs. 1 a Satz 3 GmbHG), birgt die Verwendung des Musterprotokolls gerade bei Mehrpersonengründungen Risiken wegen Fehlens einer Vielzahl sinnvoller und notwendiger Regelungen für das Verhältnis der Gesellschafter untereinander, wie z. B. betreffend Vinkulierung, Zustimmung zu Verfügungen, Vorkaufsrechte, Güterstandsklauseln, Erbfolge, Beschlussfassungen, Zustimmungsvorbehalte, Einziehung, Kündigung, Abfindung, Wettbewerbsverbote.[1730]

3. Kapitalaufholung

a) **Gesetzliche Rücklage.** § 5 a Abs. 3 GmbHG schreibt zwingend vor, dass ein Viertel des um einen Verlustvortrag aus dem Vorjahr geminderten Jahresüberschusses in eine gesetzliche Rücklage einzustellen ist, die zur Stärkung der Kapitaldecke in der Gesellschaft verbleiben muss. Auf diese Weise soll die UG nach der Vorstellung des Gesetzgebers das zunächst fehlende Haftungssubstrat ansammeln.[1731] 833

[1727] Zum Risiko einer persönlichen Haftung der Geschäftsführer wegen einer materiellen Unterkapitalisierung (zu geringe Ausstattung mit Stammkapital) vgl. nur *Michalski/Miras* § 5 a Rdnr. 24 m. w. N.

[1728] MünchKomm/*Rieder* § 5 a Rdnr. 10.

[1729] Ausführlich hierzu: *Sikora/Regler/Tiedtke* MittBayNot 2008, 437/438/400.

[1730] Vgl. hierzu auch § 13 Rdnr. 177–391 [§ 13 III. 8.]; MünchKomm/*Rieder* § 5 a GmbHG Rdnr. 10; *Michalski/Miras* § 5 a Rdnr. 9.

[1731] BT-Drucks. 16/6140, 32.

Eine betragsmäßige Obergrenze für die Rücklage ist dabei nicht vorgesehen. Die Rücklage muss daher auch dann noch gebildet werden, wenn das Stammkapital und die Rücklage den Betrag von € 25.000,– erreicht haben oder ihn sogar übersteigen.[1732]

834 Die Verpflichtung zur Bildung der Rücklage entfällt erst, wenn das Stammkapital der Gesellschaft mindestens auf € 25.000,– erhöht worden ist (§ 5 a Abs. 5 GmbHG). Die Unternehmergesellschaft wird also ohne Kapitalerhöhung bei einem Ansteigen von Stammkapital und Rücklage über den Betrag von € 25.000,– nicht automatisch zur GmbH. Hierfür sind die nachfolgenden Maßnahmen erforderlich.[1733]

835 b) **Kapitalerhöhung zur GmbH.** Zum Weg von der Unternehmergesellschaft in die „normale" GmbH bestehen zwei Möglichkeiten:

aa) Kapitalerhöhung aus Gesellschaftsmitteln. Ist eine ausreichende Rücklage nach § 5a Abs. 3 GmbHG gebildet worden, kann eine **Kapitalerhöhung aus Gesellschaftsmitteln** nach § 5a Abs. 3 Satz 2 Nr. 1 i.V.m. § 57c GmbHG erfolgen. Dem Beschluss ist eine Bilanz zugrunde zu legen, in der die Rücklage ausgewiesen ist (§ 57d GmbHG). Der Stichtag der Bilanz darf höchstens acht Monate vor der Anmeldung der Kapitalerhöhung zum Handelsregister liegen (§§ 57e, 57f und 57i GmbHG). Eine Umwandlung der Kapitalrücklage in Stammkapital ist nicht möglich, wenn in der Bilanz ein Verlust oder Verlustvortrag ausgewiesen ist (§ 57d Abs. 2 GmbHG). Der Beschluss über die Kapitalerhöhung bedarf der notariellen Beurkundung und muss mit einer Mehrheit von drei Viertel der abgegebenen Stimmen gefasst werden (§§ 57c Abs. 3 i.V.m. 53 Abs. 2 GmbHG).

836 Mit der Eintragung im Handelsregister wird die Kapitalerhöhung aus Gesellschaftsmitteln wirksam. Damit entfällt die Verpflichtung zur Bildung einer neuen Rücklage.

In der Literatur wird hier die Frage aufgeworfen, ob § 5a Abs. 3 Satz 2 GmbHG die Gesellschafter dazu zwingt, die gesamte (zwangs-)angesparte Rücklage in Kapital umzuwandeln.[1734] Der Wortlaut von § 5a Abs. 3 Satz 2 Nr. 1 GmbHG kann dahingehend interpretiert werden, dass die gesamte Rücklage für Zwecke des § 57c GmbHG zu verwenden ist. Gesetzeszweck und Gesetzessystematik sprechen hier aber dafür, § 5a Abs. 3 Satz 2 GmbHG teleologisch dahin zu reduzieren, dass im Falle einer Kapitalerhöhung zum Übergang in eine „normale" GmbH es ausreicht, wenn lediglich ein Teil der Pflichtrücklage gem. § 5a Abs. 3 Satz 1 GmbHG in der Höhe umgewandelt wird, die zum Erreichen des Mindeststammkapitals einer „normalen" GmbH erforderlich ist. Eine darüber hinausgehende Rücklage kann dann bei der „normalen" GmbH grundsätzlich aufgelöst und an die Gesellschafter ausgeschüttet werden.[1735]

837 *bb) Barkapitalerhöhung.* Die Gesellschafter brauchen aber die Bildung einer ausreichenden Rücklage nicht abzuwarten, um von der Unternehmergesellschaft in die normale GmbH zu wechseln.

Eine ordentliche **Barkapitalerhöhung** nach §§ 55ff. GmbHG ist **jederzeit möglich.**[1736]

838 Streitig ist, ob bei einer Kapitalerhöhung auf mindestens € 25.000,– durch Barmittel statt des Volleinzahlungsgebots nach § 5a Abs. 2 Satz 1 GmbHG die bloße Mindesteinzahlungsregel nach §§ 56a, 7 Abs. 2 GmbHG Anwendung finden kann.[1737]

[1732] *Veil* GmbHR 2007 1080, 1082; *ders.* ZGR 2009, 623, 633; *Seibert* GmbHR 2007, 673, 676; *Ullrich* GmbHR 2009, 750, 753; MünchKomm/*Rieder* § 5a Rdnr. 28; a. A. *Bormann* GmbHR 2007, 897, 899.

[1733] Übersteigt die Rücklage das Mindestkapital deutlich, soll eine Treuepflicht zur Mitwirkung für die Gesellschafter bestehen – vgl. MünchKomm/*Rieder* § 5a Rdnr. 29 m.w.N.; a. A. *Michalski/Miras* § 5a Rdnr. 110 a. E.

[1734] Vgl. nur *Michalski/Miras* § 5a Rdnr. 75.

[1735] *Michalski/Miras* § 5a Rdnr. 76.

[1736] Vgl. hierzu § 13 Rdnr. 490–521 [§ 13 V. 3.].

[1737] Für die Geltung des Volleinzahlungsgebots: OLG München Beschl. v. 23. 9. 2010 – 31 wx 149/10 – NJW 2011, 464; Heckschen/Heidinger/*Heckschen* § 5 Rdnr. 72; Goette/Habersack/*Wachter* Rdnr. 1.111; für die Geltung des Halbeinzahlungsgebots: *Miras* Rdnr. 163; Roth/Altmeppen/*Roth* Rdnr. 26; MünchKomm/*Rieder* § 5a Rdnr. 40, ähnlich *Michalski/Miras* § 5 Rdnr. 113, der in analoger Anwendung von § 7 Abs. 2 S. 2 GmbHG jedenfalls eine Mindesteinzahlung in Höhe der Summe aus dem ursprünglichen Stammkapital der Unternehmergesellschaft, das wegen § 5a Abs. 2 S. 1 GmbHG vollständig einbezahlt wurde, und dem gesetzlichen Mindestkapital einer „normalen" GmbH, das bei Gründung eingezahlt werden muss (€ 12.500,–) eingezahlt werden muss, fordert.

Weiter streitig ist, ob eine Kapitalerhöhung durch Sacheinlagen zulässig ist. Der Bundesgerichtshof hat hierzu aktuell entschieden, dass das Sacheinlageverbot nach § 5a Abs. 2 Satz 2 GmbHG nicht mehr eingreift, wenn die Unternehmergesellschaft (haftungsbeschränkt) ihr Stammkapital so erhöht, dass es den Betrag des Mindeststammkapitals nach § 5 Abs. 1 GmbHG erreicht oder übersteigt.[1738] 839

cc) Keine automatische Änderung der Firma. Nach Eintragung der Kapitalerhöhung im Handelsregister ist die Gesellschaft nicht mehr verpflichtet, die Bezeichnung „Unternehmergesellschaft (haftungsbeschränkt)" oder „UG (haftungsbeschränkt)" in ihrer Firma zu führen (§ 5a Abs. 1 und 5 GmbHG). Die Gesellschaft darf sich dann vielmehr als (normale) Gesellschaft mit beschränkter Haftung bezeichnen (§ 4 GmbHG), ohne hierzu verpflichtet zu sein (§ 5a Abs. 5 Halbsatz 2 GmbHG). Um die regelmäßig gewollte Änderung der Firma von der Bezeichnung „Unternehmergesellschaft (haftungsbeschränkt)" oder „UG (haftungsbeschränkt)" in „Gesellschaft mit beschränkter Haftung" oder „GmbH" zu erreichen, ist zugleich mit dem Beschluss über die Kapitalerhöhung auch eine entsprechende Änderung des Gesellschaftsvertrages an der Stelle, wo die Firma genannt ist, zu beurkunden und neben der Kapitalerhöhung dem Handelsregister anzumelden. 840

c) Keine Kapitalherabsetzung zur Unternehmergesellschaft. Ein Wechsel von der normalen GmbH in eine Unternehmergesellschaft (haftungsbeschränkt) ist nicht möglich. § 58 Abs. 2 GmbHG legt fest, dass die Bestimmung von § 5 Abs. 1 GmbHG für den Mindestbetrag des Stammkapitals (€ 25.000,–) unberührt bleibt.[1739] 841

d) Komplementärfähigkeit der Unternehmergesellschaft? In der notariellen Praxis stellt sich die Frage, ob bei Gründung einer „GmbH & Co. KG" die Komplementärstellung anstelle der „normalen" GmbH von einer Unternehmergesellschaft als „kleiner" GmbH übernommen werden kann, um auf diese Weise Ausgaben für die Einzahlung eines höheren Stammkapitals einzusparen und damit zugleich das aus der Vollhaftung des Komplementärs erwachsende Risiko eines entsprechenden Kapitalverlustes zu minimieren. 842

Die Frage der Zulässigkeit der Verwendung einer UG als Komplementärin ist streitig.

Sofern die Unternehmergesellschaft am Kapital der Kommanditgesellschaft nicht beteiligt sein soll, wird von einer Ansicht wegen fehlender realistischer Erwartung eines Jahresüberschusses und damit der Unmöglichkeit einer Rücklagenbildung nach § 5a Abs. 3 GmbHG ein Verstoß gegen ein gesetzliches Verbot nach § 134 BGB angenommen.[1740] 843

Nach anderer Ansicht werden diese Bedenken nicht geteilt, da das Gesetz zwar eine Verpflichtung zur Rücklagenbildung, aber nicht ein Gebot zur Erwirtschaftung von Gewinnen enthalte[1741] und die regelmäßige Vergütung (pauschale Haftungsvergütung) es im Übrigen ermögliche, die nach § 5a Abs. 3 GmbHG vorgesehene gesetzliche Rücklage zu dotieren.[1742] 844

e) Gewinnabführungsvertrag mit Unternehmergesellschaft. In der Literatur wird kontrovers diskutiert, wie sich bei Abschluss eines Gewinnabführungsvertrages mit der Unternehmergesellschaft als Organgesellschaft das Verhältnis zwischen der vertraglichen Verpflichtung zur Gewinnabführung und der gesetzlichen Verpflichtung zur Bildung der gesetzlichen Rücklage nach § 5a Abs. 3 GmbHG darstellt. Nach einer Ansicht soll aus Gründen des Gläubigerschutzes die Verpflichtung zur Bildung der Rücklage vorrangig sein,[1743] während 845

1738 BGH Beschl. v. 19. 4. 2011 – II ZB 25/10; DNotI-Report 11/2011, 86; *Lutter/Hommelhoff* GmbHG § 5a GmbHG Rdnr. 12 und 24 m. w. N.; OLG München Beschl. v. 23. 9. 2010 – 31 Ex 149/10 –; NJW 2011, 464; a. A.: *Freitag/Riemenschneider* ZIP 2007, 1485, 1491; *Waldenberger/Sieber* GmbHR 2009, 114, 119; *Klose* GmbHR 2009, 294, 296; MünchKomm/*Rieder* § 5a Rdnr. 42; *Michalski/Miras* § 5a Rdnr. 37/111; OLG Hamburg Beschl. v. 12. 11. 2010 (Vorinstanz zu BGH Beschl. v. 19. 4. 2011 – II ZB 25/10); BeckRS 2011, 13174.

1739 *Freitag/Riemenschneider* ZIP 2007, 1485; *Michalski/Miras* § 5a Rdnr. 11.

1740 *Wachter* GmbHR Sonderheft Okt. 2008, 87, 88 f.; *Veil* GmbHR 2007, 1080, 1084; *Römermann/Wachter* § 4 Rdnr. 126 f.

1741 MünchKomm/*Rieder* § 5a Rdnr. 54; *Michalski/Miras* § 5a Rdnr. 96/99.

1742 *Kock/Vater/Mraz* BB 2009, 848, 850; *Hennrichs* NZG 2009, 921, 924; *Römermann*/Passarge ZIP 2009, 1497, 1499; BeckGmbH-Hdb/*Vogt* § 18 Rdnr. 7.

1743 *Wachter* GmbHR Sonderheft Okt. 2008, 25, 33; *Waldenburger/Sieber* GmbHR 2009, 114, 119 f.; *Stenzel* NZG 2009, 168, 172; *Römermann/Passarge* ZIP 2009, 1497, 1503; *Veil* ZGR 2009, 623, 642; *Michalski/Miras* § 5a Rdnr. 72; Römermann/*Wachter* § 4 Rdnr. 119.

nach anderer Ansicht aufgrund des Verlustausgleichsanspruchs der Organgesellschaft gegen den Organträger entsprechend § 302 AktG ein solcher Gläubigerschutz nicht erforderlich sei.[1744] Letztendlich ist diese bilanzrechtliche Fragestellung aber für die notarielle Praxis von keiner Bedeutung.

4. Umwandlung

846 Das Umwandlungsgesetz sieht unter dem Oberbegriff Umwandlung vier verschiedene Verfahren vor:

- Verschmelzung
- Spaltung
- Vermögensübertragung
- Formwechsel.

Auf die Vermögensübertragung als Sondertypus für Übertragungen auf öffentlich-rechtliche Körperschaften sowie zwischen Versicherungsunternehmen soll wegen der geringen Bedeutung insbesondere bei einer Unternehmergesellschaft nicht näher eingegangen werden.

847 Besondere Regelungen für die Umwandlung der Unternehmergesellschaft hat der Gesetzgeber in das Umwandlungsgesetz nicht aufgenommen. Hierfür bestand auch kein Bedarf, da die Unternehmergesellschaft rechtlich eine Gesellschaft mit beschränkter Haftung ist und daher wie diese auch grundsätzlich an einer Umwandlung sowohl als Ausgangs- als auch als Zielrechtsträger beteiligt sein kann.[1745] Besonderheiten können sich jedoch daraus ergeben, dass die Unternehmergesellschaft bei Gründung ein Stammkapital von höchstens € 24.999,– hat und Sacheinlagen bei deren Gründung ausgeschlossen sind[1746] und auch bei einer Kapitalerhöhung ausgeschlossen sein sollen.[1747]

848 Hinsichtlich der Anwendbarkeit dieses Sacheinlageverbots nach § 5 a Abs. 2 S. 2 GmbHG gibt es zwei divergierende Ansichten:

Nach einer Ansicht dient das Sacheinlageverbot nach § 5 a Abs. 2 S. 2 GmbHG allein der Erleichterung und Beschleunigung der Gründung einer Unternehmergesellschaft oder einer Kapitalerhöhung bei der Unternehmergesellschaft; im Übrigen sollten für die Unternehmergesellschaft aber aufgrund des Sacheinlageverbots keinerlei Beschränkungen gelten, so dass die nach Umwandlungsgesetz vorgesehenen Umwandlungen auch dann ohne Weiteres möglich sein sollen, wenn diese sachlich eine Sachgründung oder Sachkapitalerhöhung bedingen würden.[1748]

Eine andere Ansicht sieht im Sacheinlageverbot von § 5 a Abs. 2 S. 2 GmbHG eine spezielle Vorschrift, die Sachgründungen oder Sachkapitalerhöhungen ausmachende Umwandlungen ausschließt.[1749]

Dieser Ansicht folgend gilt danach Folgendes:

849 a) **Verschmelzung.** *aa) Verschmelzung der Unternehmergesellschaft als Ausgangsrechtsträger.* Für eine Verschmelzung der Unternehmergesellschaft als Ausgangsrechtsträger auf einen anderen Rechtsträger gelten die allgemeinen Vorschriften für die Verschmelzung von Gesellschaften mit beschränkter Haftung (§§ 46 ff. UmwG) ohne jede Besonderheit.[1750]

bb) Verschmelzung der Unternehmergesellschaft als Zielrechtsträger. Besonderheiten gelten für die Unternehmergesellschaft als Zielrechtsträger, auf den ein anderer Ausgangsrechtsträger verschmolzen werden soll:

[1744] *Lutter/Lutter* § 5 a GmbHG Rdnr. 36.

[1745] MünchKomm/*Rieder* § 5 a Rdnr. 49; *Michalski/Miras* § 5 a Rdnr. 12; *Meister* NZG 2008, 767; *Weber* BB 2009, 842, 846; a. A. *Freitag/Riemenschneider* ZIP 2007, 1485.

[1746] § 5 a Abs. 2 S. 2 GmbHG.

[1747] § 13 Rdnr. 839 [§ 13 IX. Ziff. 3 b) bb)].

[1748] *Lutter/Lutter* § 5 a GmbHG Rdnr. 33.

[1749] *Meister* NZG 2008, 767 f.; *Römermann/Passarge* ZIP 2009, 1497, 1500; MünchKomm/*Rieder* § 5 a Rdnr. 51 ; *Michalski/Miras* § 5 a Rdnr. 13; Römermann/*Wachter* § 4 Rdnr. 210 m. w. N.

[1750] *Römermann/Passarge* ZIP 2009, 1497, 1500; MünchKomm/*Rieder* § 5 a Rdnr. 50.

(1) Verschmelzung zur Neugründung. Eine **Verschmelzung zur Neugründung** würde eine Sachgründung darstellen (s. § 36 Abs. 2 und §§ 56ff. UmwG). Dem **steht das Sacheinlageverbot** nach § 5a Abs. 2 S. 2 GmbHG **entgegen.** 850

(2) Verschmelzung zur Aufnahme. Bei einer **Verschmelzung zur Aufnahme** ist grundsätzlich eine **Kapitalerhöhung** erforderlich (§ 55 UmwG), die durch Übertragung sämtlicher Aktiva und Passiva des übertragenden Rechtsträgers eine Sachkapitalerhöhung darstellt. Dem **steht** wiederum das **Sacheinlageverbot** von § 5a Abs. 2 S. 2 GmbHG entgegen. Soweit jedoch nach § 54 UmwG vorgesehen ist, dass das Kapital nicht erhöht werden darf[1751] oder braucht,[1752] steht das Sacheinlageverbot von § 5a Abs. 2 S. 2 GmbHG einer solchen Verschmelzung auch nicht entgegen.[1753] 851

Bedenken werden hingegen mit dem Argument geltend gemacht, dass bei der Verschmelzung z.B. einer Mutter-GmbH als Ausgangsrechtsträger auf eine Tochter-UG als Zielrechtsträger (sog. Downstream Merger) das Kapitalherabsetzungsgebot von § 58 Abs. 2 GmbHG bezogen auf die verschmolzene Mutter-GmbH, wonach eine Kapitalherabsetzung unter das Mindeststammkapital der GmbH von € 25.000,– nicht zulässig ist, letztlich umgangen würde.[1754] 852

Hierzu ist anzumerken, dass dies nicht nur beim sog. Downstream Merger, sondern bei einer Verschmelzung auf eine Mutter-UG im Falle eines Upstream Mergers (sog. Upstream Merger) genauso der Fall wäre und damit letztlich zu Ende gedacht argumentiert wird, dass die Verschmelzung einer Kapitalgesellschaft (wegen Kapitalherabsetzungsverbot unter Mindeststammkapital bei GmbH nach § 58 Abs. 2 GmbHG bzw. Mindestnennbetrag nach § 228 Abs. 1 AktG) auf eine Unternehmergesellschaft wegen deren Höchststammkapitals von € 24.999,– in keinem Fall zulässig ist.[1755] 853

Mit diesen Gedanken dürfte aber auch eine Verschmelzung einer Aktiengesellschaft auf eine GmbH mit einem Stammkapital unterhalb des Mindestnennbetrags des Grundkapitals einer Aktiengesellschaft nach § 7 AktG in Höhe von € 50.000,– nicht zulässig sein. Dies ist jedoch allgemein anerkannt. Daher dürfte es richtig sein, wegen der speziellen Vorschriften des Umwandlungsrechts keine Einschränkungen aus den genannten Vorschriften über die Zulässigkeit einer Kapitalherabsetzung zu folgern. Schließlich liegt im Ergebnis der Verschmelzung eine Unternehmergesellschaft vor und ist der Ausgangsrechtsträger nicht mehr existent, so dass es auch gar nicht um eine bei diesem unzulässige Kapitalherabsetzung geht. 854

b) Spaltung. Bei der Spaltung als eine Abwandlung der Verschmelzung wird auf den oder die anderen beteiligten Rechtsträger nicht jeweils das gesamte Vermögen des Ausgangsrechtsträgers, sondern nur ein Vermögensteil in partieller Gesamtrechtsnachfolge übertragen. 855

Ist die Unternehmergesellschaft als Ausgangsrechtsträger beteiligt, gelten wie bei der Verschmelzung grundsätzlich keine Besonderheiten. Zu beachten ist jedoch § 139 UmwG, wonach die zur Durchführung der Abspaltung oder der Ausgliederung erforderliche Herabset-

[1751] § 54 Abs. 1 S. 1 UmwG lautet:
„Die übernehmende Gesellschaft darf zur Durchführung der Verschmelzung ihr Stammkapital nicht erhöhen, soweit
1. sie Anteile eines übertragenden Rechtsträgers innehat;
2. ein übertragender Rechtsträger eigene Anteile innehat oder
3. ein übertragender Rechtsträger Geschäftsanteile dieser Gesellschaft innehat, auf welche die Einlagen nicht in voller Höhe bewirkt sind.“.

[1752] § 54 Abs. 1 S. 2f. lauten:
„Die übernehmende Gesellschaft braucht ihr Stammkapital nicht zu erhöhen, soweit
1. sie eigene Geschäftsanteile innehat oder
2. ein übertragender Rechtsträger Geschäftsanteile dieser Gesellschaft innehat, auf welche die Einlagen bereits in voller Höhe bewirkt sind. Die übernehmende Gesellschaft darf von der Gewährung von Geschäftsanteilen absehen, wenn alle Anteilsinhaber eines übertragenden Rechtsträgers darauf verzichten; die Verzichtserklärungen sind notariell zu beurkunden.“.

[1753] *Römermann/Passarge* ZIP 2009, 1497, 1500; MünchKomm/*Rieder* § 5a Rdnr. 51; *Michalski/Miras* § 5a Rdnr. 16; BeckGmbH-Hdb/*Vogt* § 18 Rdnr. 47 m.w.N.

[1754] *Römermann/Wachter* § 4 Rdnr. 215.

[1755] So wohl BeckGmbH-Hdb/*Vogt* § 18 Rdnr. 47 m.w.N.

zung des Stammkapitals der übertragenden Gesellschaft mit beschränkter Haftung auch in vereinfachter Form vorgenommen werden kann. Dies bezieht sich auf § 58a GmbHG, wonach nach dessen Abs. 4 eine Herabsetzung des Stammkapitals unter den Mindestnennbetrag von § 5 Abs. 1 GmbHG (€ 25.000,–) möglich ist, wenn dies durch eine zugleich beschlossene Kapitalerhöhung wieder erreicht wird. Auf die Unternehmergesellschaft bezogene Vorschriften, wonach eine vereinfachte Kapitalherabsetzung möglich ist, wenn zugleich das ursprüngliche Stammkapital der Unternehmergesellschaft erreicht wird, fehlen aber, so dass hieraus gefolgert werden kann, dass eine vereinfachte Kapitalherabsetzung nach § 139 UmwG i. V. m. § 58a Abs. 4 GmbHG nur zulässig ist, wenn die bei der Spaltung als Ausgangsrechtsträger beteiligte Unternehmergesellschaft durch gleichzeitige Barkapitalerhöhung in eine „normale" GmbH umgewandelt wird.[1756]

856 Soweit bei einer Spaltung eine Unternehmergesellschaft als Zielrechtsträger (egal, ob zur Neugründung oder zur Aufnahme) beteiligt werden soll, gelten die Ausführungen wie zur Verschmelzung.[1757] D. h., dass wegen der hierin liegenden Sachgründung bzw. Sachkapitalerhöhung aufgrund des Sacheinlageverbots von § 5a Abs. 2 S. 2 GmbHG die Unternehmergesellschaft als Zielrechtsträger nicht möglich ist.

857 c) **Formwechsel.** Der **Formwechsel** von einer Unternehmergesellschaft **in eine andere Kapitalgesellschaft** oder umgekehrt von einer anderen Kapitalgesellschaft in eine Unternehmergesellschaft **ist ausgeschlossen:**[1758]

Dies gilt neben verschiedenen anderen Gründen[1759] allein deshalb, da sich nach § 247 UmwG aufgrund des Formwechsels das Stamm- bzw. Grundkapital nicht verändern darf:

Das Höchststammkapital der Unternehmergesellschaft von € 24.999,– entspricht aber nicht dem Mindeststammkapital der GmbH in Höhe von € 25.000,– bzw. dem Mindestgrundkapital der Aktiengesellschaft in Höhe von € 50.000,– wie auch umgekehrt das Mindeststammkapital der GmbH bzw. Mindestgrundkapital der Aktiengesellschaft nicht dem Höchststammkapital der Unternehmergesellschaft entsprechen können.

858 Der **Formwechsel** einer Unternehmergesellschaft **in eine Personengesellschaft,** die kein Mindestgrundkapital vorsieht, **ist möglich.**

Demgegenüber ist umgekehrt der **Formwechsel von** einer **Personengesellschaft in** eine **Unternehmergesellschaft ausgeschlossen.** Hierin würde wiederum eine gegen das Sacheinlageverbot von § 5a Abs. 2 S. 2 GmbHG verstoßende Sachgründung[1760] liegen.

859 d) **„Umwandlung" durch Austrittsmodell.** Sofern nach dem Vorstehenden die Verschmelzung einer Personengesellschaft auf eine Unternehmergesellschaft[1761] wie auch ein Formwechsel der Personengesellschaft in die Unternehmergesellschaft[1762] nicht möglich ist – oder im erstgenannten Fall möglich ist, aber zu kompliziert erscheint –, kann aber das „klassische Austrittsmodell" aus der Personengesellschaft weiterhelfen:

860 Treten aus einer Personengesellschaft die übrigen Gesellschafter (bzw. bei einer zweigliedrigen Personengesellschaft der andere Gesellschafter) aus, wachsen dem verbleibenden Gesellschafter im Wege der Gesamtrechtsnachfolge alle Aktiva und Passiva der bisherigen Personengesellschaft automatisch an.[1763] Ist folglich die Unternehmergesellschaft Gesellschafter in einer Personengesellschaft und treten die anderen Gesellschafter (bzw. tritt bei einer zweigliedrigen Personengesellschaft der andere Gesellschafter) aus, wächst das Vermögen der bisherigen Personengesellschaft automatisch der Unternehmergesellschaft zu, ohne dass Bestimmungen des Umwandlungsgesetzes Anwendung finden. Hierbei handelt es sich auch um keine Kapitalerhöhung, so dass auch das Sacheinlageverbot von § 5a Abs. 2 S. 2 GmbHG nicht eingreift.

[1756] Vgl. hierzu § 13 Rdnr. 837 ff. [§ 13 IX. 3 b) bb)].
[1757] Vgl. hierzu § 13 Rdnr. 849 ff. [§ 13 IX. 4 a)].
[1758] A. A. aber z. B. MünchKomm/*Rieder* § 5a Rdnr. 50.
[1759] Römermann/*Wachter* § 4 Rdnr. 219 bis 224; BeckGmbH-Hdb/*Vogt* § 18 Rdnr. 48.
[1760] Vgl. § 197 UmwG; BeckGmbH-Hdb/*Vogt* § 18 Rdnr. 48; Ausweichlösungen bei *Meister* NZG 2008, 767 (768).
[1761] Vgl. hierzu § 13 Rdnr. 851 ff. [§ 13 IX. 4.a) bb) (2)].
[1762] Vgl. hierzu § 13 Rdnr. 858 [§ 13 IX. 4.c) letzter Abs.].
[1763] *Baumbach/Hopt* § 131 Rdnr. 35 m. w. N.

Hinweis:

Bei einem solchen Austrittsmodell wie auch den sonstigen Gestaltungen nach Umwandlungsgesetz sind natürlich die steuerlichen Folgen durch den steuerlichen Berater der Beteiligten im Einzelnen zu prüfen. Der grundsätzliche Hinweis, dass der Notar keine steuerliche Prüfung übernommen hat und die Beteiligten nach ihrer Erklärung steuerlich gesondert beraten sind, ist zu beachten.

§ 14 Aktiengesellschaft

Übersicht

	Rdnr.
I. Gründung der Aktiengesellschaft	1–273
1. Allgemeines	1/2
2. Bargründung	3–146
a) Gründungsprotokoll	3–42
b) Feststellung der Satzung	43–46
c) Bestellung des ersten Aufsichtsrats	64–78
d) Bestellung des ersten Abschlussprüfers	79–81
e) Bestellung des ersten Vorstands	82–85
f) Berichte und Prüfungen	86–106
g) Leistung der Bareinlage	107–122
h) Handelsregisteranmeldung	123–140
i) Eintragung in das Handelsregister	141
j) Nachfolgende Mitteilungspflichten	142
k) Ausgabe der Aktienurkunden	143
l) Kosten	144–146
3. Sachgründung	147–210
a) Begriff und Abgrenzung	147–149
b) Gegenstand der Sacheinlage	150–153
c) Bewertung, Bewertungsstichtag	154–176
d) Einbringungsvertrag	177–189
e) Erster Aufsichtsrat	190–191
f) Gründungsbericht	192
g) Gründungsprüfung durch Verwaltung	193–196
h) Externe Gründungsprüfung	197–200
i) Registeranmeldung	201–206
j) Prüfung durch das Gericht, Eintragung	207–209
k) Kosten	210
4. Umgehungstatbestände	211–231
a) Verdeckte Sachgründung	211–225
b) Hin- und Herzahlen	226–231
5. Wirtschaftliche Neugründung	232–236
6. Nachgründung	237–273
a) Regelungszweck	237/238
b) Tatbestand	239–263
c) Verstöße	264–266
d) Ausnahmen von der Nachgründung	267/268
e) Sonderfälle	269–273
II. Der Notar in der Hauptversammlung	274–464
1. Die Rolle des Notars	274/275
a) Dokumentationsfunktion	274
b) Betreuungsfunktion	275
2. Auftragserteilung	276–288
a) Person des Notars	276–278
b) Beurkundungshindernisse	279–281
c) Auftragsverhältnis	282
d) Notwendigkeit der Beurkundung bei nicht börsennotierten Gesellschaften	283–288
3. Vorbereitende Tätigkeit	289–306
a) Einführung	289
b) Informationsbeschaffung	290–294
c) Vorabstimmung mit der Gesellschaft und Dritten	295/296
d) Prüfung der Ordnungsgemäßheit der Einberufung	297–304
e) Fertigung eines Protokollentwurfs	305/306
4. Betreuungspflichten während der Hauptversammlung	307–331
a) Einführung	307
b) Zugangskontrolle, Teilnehmerverzeichnis, Präsenzerfassung	308–310
c) Prüfung der Identität der Beteiligten und ihrer Vertretungsmacht	311
d) Versammlungsleitung	312–321

	Rdnr.
e) Überprüfung des Abstimmungsverfahrens	322–329
f) Ablehnung der Beurkundung	330/331
5. Die Niederschrift über die Hauptversammlung	332
a) Übersicht	332–339
b) Inhalt nach § 130 AktG	340–377
c) Inhalt nach sonstigen Rechtsvorschriften	378–400
d) Inhalt aufgrund von Amtspflichten	401–407
e) Fakultative Angaben	408–411
f) Anlagen	412–418
g) Änderungen der Niederschrift	419–424
h) Form der Beurkundung	425–431
i) Beurkundung durch mehrere Notare	432–444
6. Verfahren nach Abschluss der Niederschrift	445–450
a) Einreichung beim Handelsregister	445–447
b) Anmeldung eintragungsbedürftiger Beschlüsse	448
c) Anmeldung eintragungsbedürftiger Beschlüsse	449
d) Einsichtsrechte	450
7. Kosten	451–464
III. Kapitalmaßnahmen	466–671
1. Kapitalerhöhung gegen Einlagen	466–563
a) Allgemeines	466
b) Keine ausstehenden Einlagen	467–469
c) Verfahren	470–473
d) Barkapitalerhöhung	474–531
e) Sachkapitalerhöhung	532–563
2. Bedingte Kapitalerhöhung	564–602
a) Allgemeines	564–567
b) Zulässige Zwecke	568–571
c) Zulässiger Umfang	572
d) Beschluss und Durchführung der bedingten Kapitalerhöhung	573–602
3. Genehmigtes Kapital	603–630
a) Allgemeines	603–606
b) Schaffung des genehmigten Kapitals	607–617
c) Ausnutzung des genehmigten Kapitals	618–630
4. Kapitalerhöhung aus Gesellschaftsmitteln	631–648
a) Allgemeines	631/632
b) Umwandlung von Rücklagen	633–635
c) Bilanz	636/637
d) Ablauf der Kapitalerhöhung aus Gesellschaftsmitteln	638
e) Kapitalerhöhungsbeschluss	639–645
f) Handelsregisteranmeldung	646–648
5. Kapitalherabsetzung	649–672
a) Allgemeines	649/650
b) Ordentliche Kapitalherabsetzung	651–667
c) Vereinfachte Kapitalherabsetzung	668–671
d) Kapitalherabsetzung durch Einziehung	672
IV. Sonstige Satzungsänderungen	673–685
1. Allgemeines	673–675
2. Änderung der Satzung durch Beschluss der Hauptversammlung	676–679
3. Änderung der Satzungsfassung durch Beschluss des Aufsichtsrats	680–682
4. Handelsregisteranmeldung und Eintragung	683–685
V. Der Notar beim Börsengang	686–708
1. Einführung	686
2. Börsengang	687–708
a) Die Börse	687–692
b) Gründe für einen Börsengang	693
c) Börsenfähigkeit	694–704
d) Dual Technik	705
e) Öffentliches Übernahmeangebot	706
f) Squeeze Out	707
g) Delisting („Going Private“)	708

I. Gründung der Aktiengesellschaft

1. Allgemeines

1 Die Gründung einer AG ist ein **mehraktiger Vorgang:** Zunächst erfolgt in einem notariell beurkundeten Gründungsprotokoll die rechtsgeschäftliche Errichtung der Gesellschaft durch eine oder mehrere Personen, die Bestellung des ersten Aufsichtsrats und ggfs. des Abschlußprüfers, der sich die Konstituierung des Aufsichtsrates mit der Wahl eines Vorsitzenden und eines stellvertretenden Vorsitzenden des Aufsichtsrats sowie die Wahl eines oder mehrerer Vorstandsmitglieder anschließen. Weiterhin sind ein Gründungsbericht und ein Gründungsprüfungsbericht zu erstellen; in gewissen Konstellationen ist eine externe Gründungsprüfung durchzuführen. Nach der Leistung der versprochenen Einlage auf das Grundkapital ist die errichtete AG zum Handelsregister anzumelden. Die Aktiengesellschaft entsteht als solche mit der vom Gericht vorgenommenen Eintragung in das Handelsregister.

2 Die gesetzliche Normalform der Gründung ist die **Bargründung,** bei der die Gründer die von ihnen übenommenen Aktien durch Bareinlage i. S. v. § 54 Abs. 3 AktG zu belegen haben.[1]

Falls die Gründer die Aktien gegen Sacheinlagen übernehmen oder im Zuge der Gründung eine Sachübernahme durch die Gesellschaft erfolgen soll, gelten zusätzlich besondere Sicherungsvorschriften für die **Sachgründung.**[2]

Möglich ist auch eine **gemischte Bar- und Sachgründung,** bei der ein Teil der Aktien gegen Bareinlage und der andere Teil gegen Sacheinlagen übernommen werden. Hier sind die Sonderregelungen für die Sachgründung ebenfalls zu beachten. Von der gemischten Bar- und Sachgründung ist die **gemischte Einlage** zu unterscheiden, bei der auf eine Aktie sowohl eine Sach- als auch eine Bareinlage zu leisten ist.[3]

Zur Entstehung der AG durch **umwandlungsrechtliche Maßnahmen** s. §§ 20, 21.

Zeitliche Abfolge der Gründung:

	(1)	(2)	(3)	(4)	(5)	(6)	(7)	(8)
Vorstand	Notarielle Gründung	Aufsichtsratssitzung mit – Wahl Vorsitzender/stellvertretender Vorsitzender des AR – Bestellung	Leistung der Einlage	Gründungsbericht	Gründungsprüfungsbericht durch Verwaltung	(ggfs.:) Gründungsprüfungsbericht Durch externen Gründungsprüfer	Handelsregisteranmeldung	Handelsregistereintragung
Vorgründungsgesellschaft §§ 705 ff BGB bzw. § 105 HGB			Vor–AG					AG mit zweijähriger Nachgründungsphase

[1] Schüppen/Schaub/*Voß* § 12 Rdnr. 6.
[2] MünchHdbGesR IV/*Hoffman-Becking* § 3 Rdnr. 2.
[3] MünchHdbGesR IV/*Hoffman-Becking* § 3 Rdnr. 2; *Hüffer* § 36 AktG Rdnr. 12.

2. Bargründung

a) **Gründungsprotokoll.** *aa) Form.* Das Gründungsprotokoll bedarf der notariellen Beurkundung, § 23 Abs. 1 S. 1 AktG. Für die Niederschrift gelten **§§ 8 ff BeurkG** (Beurkundung von Willenserklärungen), die Errichtung in Protokollform (§§ 36 f BeurkG) ist nicht zulässig. 3

Der Notar hat über die Errichtung ein **einheitliches Protokoll** zu fertigen; hierbei wird i. d. R. dem Gründungsprotokoll als Anlage, auf die verwiesen wird und die mit zu verlesen ist, der Satzungstext beigefügt (§ 9 Abs. 1 S. 2 BeurkG). In der Gründungsurkunde sind sämtliche Gründer anzugeben und ist die Übernahme der auf sie entfallenden Aktien zu erklären (§ 23 Abs. 2 AktG). Deshalb ist der sukzessive Beitritt zu der bereits errichteten Gesellschaft als sog. Stufengründung nicht möglich.[4] 4

Grundsätzlich sind für die Beurkundung ausschließlich **deutsche Notare** zuständig (§ 20 BNotO), die örtliche Zuständigkeit richtet sich nach §§ 10, 11 BNotO. Beurkundet der Notar die Gründung der AG außerhalb seines Amtsbezirks, führt dies nicht zur Unwirksamkeit der Beurkundung (§ 2 BeurkG), da § 11 Abs. 2 BNotO lediglich eine Soll-Vorschrift ist. 5

bb) Vollmachten. Die Gründung durch Bevollmächtigte ist möglich. Für die rechtsgeschäftliche Vertretung gelten grundsätzlich §§ 164 ff BGB; allerdings bedarf abweichend von § 167 Abs. 2 BGB die Vollmacht zumindest der **notariellen Beglaubigung** (§ 23 Abs. 1 S. 2 AktG). Das Formerfordernis ist nicht nur Ordnungsvorschrift mit dem Zweck, dem Registergericht die Prüfung der Legitimation des Bevollmächtigten im Rahmen der Gründungsprüfung nach § 38 Abs. 1 AktG zu erleichtern,[5] sondern Wirksamkeitsvoraussetzung.[6] Ist dem Bevollmächtigten zum Zeitpunkt der Errichtung des Gründungsprotokolls die Gründungsvollmacht zwar wirksam, d. h. also auch formgerecht, erteilt worden, hält er sie als Stellvertreter aber noch nicht in Händen – etwa weil ein anderer Notar die Beglaubigung vorgenommen hat und die Übersendung der Vollmachtsurkunde noch nicht erfolgt ist – kann die Vollmacht nachgereicht werden .[7] 6

Eine nicht formgerecht erteilte Vollmacht ist nichtig (§ 125 BGB); die im Namen des Vertretenen abgegebenen Erklärungen sind schwebend unwirksam und können durch den Vertretenen genehmigt werden. Die **Genehmigung** bedarf abweichend von § 182 Abs. 2 BGB ebenfalls der notariellen Beglaubigung (§ 23 Abs. 1 S. 2 AktG analog).[8] Bei Ein-Personen Gründungen scheitert eine Heilung allerdings an § 180 BGB, sodass in diesen Fällen die Gründung durch einen Bevollmächtigten nur mit einer notariell beglaubigten Vollmacht möglich ist; eine nachträgliche Genehmigung scheidet hier aus. 7

Keiner Vollmacht bedarf nach h. M. der **Prokurist**, obwohl er nur rechtsgeschäftlicher Vertreter ist. Für ihn genügt die Vorlage eines Registerauszugs über die Prokura.[9] Für **organschaftliche Vertreter juristischer Personen** – z. B. für den Geschäftsführer einer GmbH als Gründerin – gilt die Formvorschrift des § 23 Abs. 1 S. 2 AktG nicht.[10] 8

Der **Inhalt** der Vollmacht muss die Berechtigung zur Vornahme der Gründung erkennen lassen. Nicht erforderlich ist, dass die Vollmachtsurkunde Vorgaben zum Satzungsinhalt enthält oder die Höhe der Einlage festlegt.[11] Eine notariell beglaubigte oder beurkundete **Generalvollmacht** wird i. d. R. genügen. Eine in notarieller Form erteilte **Handlungsvollmacht** nach § 54 HGB ist nur dann ausreichend, wenn Gesellschaftsgründungen – wie etwa beim Handel mit Vorratsgesellschaften – zum gewöhnlichen Handelsbetrieb gehören oder wenn 9

---

[4] Schüppen/Schaub/*Voß* § 12 Rdnr. 9 – der Hinweis, dass Erklärungen auch in getrennten, inhaltlich auf einander verweisenden Urkunden enthalten sein können, vgl. *Hüffer* § 23 AktG Rdnr. 9, ist aber wohl nur theoretischer Natur.

[5] So aber KölnKommAktG/*Kraft* (2. Aufl.) § 23 Rdnr. 21.

[6] *Hüffer* § 23 Rdnr. 12; MünchKommAktG/*Penz* § 23 Rdnr. 15.

[7] MünchKommAktG/*Pentz* § 23 Rdnr. 17; Happ/*Mulat* 2.01 Rdnr. 18.

[8] Allg. M.: OLG Köln Beschl. v. 28. 3. 1995 – 2 Wx 13/95 – MDR 1995, 888, 889; GroßkommAktG/*Röhricht* § 23 Rdnr. 60.

[9] *Hüffer* § 23 AktG Rdnr. 12; GroßkommAktG/*Röhricht* § 23 Rdnr. 62; a. A. KölnKommAktG/*Kraft* § 23 Rdnr. 27; MünchKommAktG/*Pentz* § 23 Rdnr. 18; notariell beglaubigte Spezialvollmacht für Prokuristen empfehlenswert: Schmidt/Lutter/*Seibt* § 23 AktG Rdnr. 20.

[10] Happ/*Mulat* 2.01 Rdnr. 2.

[11] KGJ 19, 17, 19; *Hüffer* § 23 AktG Rdnr. 12.

der Bevollmächtigte ausdrücklich zur Gesellschaftsgründung bevollmächtigt ist; ansonsten genügt eine gewöhnliche Handlungsvollmacht i. d. R. nicht.[12]

10 Tritt ein **Mitgründer als Bevollmächtigter** auf, ist er von den Beschränkungen des § 181 BGB zu befreien: Die entsprechende Befreiung sollte ausdrücklich zum Inhalt der Vollmacht gemacht werden; aber auch sonst wird in der Erteilung der Gründungsvollmacht an einen Mitgründer im Regelfall eine konkludente Befreiung von den Beschränkungen des § 181 BGB gesehen werden können.[13]

11 *cc) Auslandsbezug.*[14] Fraglich ist, ob eine im deutschen Handelsregister einzutragende AG auch im Ausland errichtet werden kann.

Aufgrund der territorialen Beschränkung der Urkundsgewalt und des völkerrechtlichen Verbots von Amtshandlungen auf fremdem Territorium ist die **Beurkundung durch** einen **deutschen Notar im Ausland** in jedem Fall gem. § 125 BGB **formnichtig.**[15]

12 Soll ansonsten die **Gründung** der AG **im Ausland** vorgenommen werden, ist zum einen fraglich, ob der nach § 23 Abs. 1 AktG bestehende notarielle Formzwang durch die Wahl einer ausländischen **Ortsform** abbedungen werden kann und zum anderen, ob im Fall des Beurkundungszwanges die deutsche Form auch durch Auslandsbeurkundung gewahrt werden kann.

13 Ein inländischer Verwaltungssitz der Aktiengesellschaft führt nach dem maßgebenden Gesellschaftsstatut stets zur notariellen Geschäftsform. Die ausländische Ortsform wird zwar durch den Wortlaut des **Art. 11 Abs. 1 EGBGB** als Alternative nahe gelegt, allerdings ist mit guten Gründen zu bezweifeln, dass Art. 11 EGBGB für gesellschaftsrechtliche Vorgänge überhaupt Geltung erlangen soll.[16] In der Praxis ist davon auszugehen, dass der notarielle Formzwang nicht durch eine weniger weitgehende Ortsform umgangen werden kann.[17]

14 Ist sonach mit der h. M. notarielle Form maßgebend, kann diese nach h. M. auch durch eine **Auslandsbeurkundung** gewahrt werden, jedenfalls wenn die ausländische Beurkundung einer entsprechenden deutschen Beurkundung gleichwertig ist.[18]

Diese **Gleichwertigkeit** ist gegeben, wenn die ausländische Urkundsperson nach ihrer Vorbildung und Stellung im Rechtsleben eine der Tätigkeit des deutschen Notars entsprechende Funktion ausübt und für die Errichtung der Urkunde ein Verfahrensrecht beachtet ist, das den tragenden Grundsätzen des deutschen Beurkundungsrechts entspricht.[19] Hierbei ist der Zweck entscheidend, der mit der vom deutschen Recht vorgeschriebenen verfahrensrechtlichen Form jeweils verfolgt wird.[20]

15 An **Beglaubigungen durch ausländische Notare** werden relativ geringe Anforderungen gestellt,[21] während im Übrigen bei **Beurkundungen** im Einzelnen vieles umstritten ist. Zudem ist bei Beurkundungen im Ausland teilweise nach den dort geltenden regionalen Besonderheiten weiter zu differenzieren, insbesondere nach den in manchen Ländern bestehenden unterschiedlichen Notariatsverfassungen in den einzelnen Teilregionen[22]. In der Praxis ist

---

[12] Happ/*Mulat* 2.01 Rdnr. 18; *Hüffer* § 23 AktG Rdnr. 12.

[13] GroßkommAktG/*Pentz* § 23 AktG Rdnr. 14.

[14] Vgl. hierzu auch Schüppen/*Schaub* § 5 Rdnr. 124 bis 127.

[15] BGH Urt. v. 30. 4. 1998 – IX ZR 150/97 – ZIP 1998, 1316 f.

[16] Siehe Art. 37 Nr. 2 EGBGB; *Goette,* FS Boujong 1996, S. 131, 133 ff., 136 ff.; *Lichtenberger* DNotZ 1986, 644, 653 f.; *Schervier* NJW 1992, 593, 594.

[17] Vgl. OLG Hamm NJW 1974, 1057; OLG Karlsruhe RIW 1979, 567; LG Augsburg ZIP 1996, 1872; AG Köln GmbHR 1990, 171; AG Köln WM 1989, 1810; *Heckschen* DB 1990, 161; *Schervier* NJW 1992, 595; a. A. OLG Düsseldorf NJW 1989, 2200; OLG Stuttgart NJW 1981, 1176; offen lassend BGHZ 80, 76, 78.

[18] BGH Beschl. v. 16. 2. 1981 – II ZB 8/80 – BGHZ 80, 76, 78; bestätigend BGH NJW-RR 1989, 1259; OLG Düsseldorf Beschl. v. 2. 3. 2011 – I – 3 Wx 236/10 – ZIP 2011 564; OLG Frankfurt GmbHR 2005, 764; *Roth* IPrax 1995, 86; *Bausback* DNotZ 1996, 254; *Goette,* FS Boujong 1996, 131, 144 ff. (keine Gleichwertigkeit bei Satzungsfeststellung, weil notarielle Belehrung bei potenzieller Drittbetroffenheit unverzichtbar, womit BGHZ 80, 76, 78, der Sache nach aufgegeben wäre); vgl. auch *Randenborgh/Kallmeyer* GmbHR 1996, 908; MünchKommAktG/*Pentz* § 23 AktG Rdnr. 33 f.

[19] BGHZ 80, 76, 78.

[20] Vgl. *Bausback* DNotZ 1996, 254, 255.

[21] Siehe Schüppen/*Schaub* § 5 Rdnr. 104 m. w. H.

[22] Vgl. z. B. die unterschiedlichen Notariatsverfassungen in den einzelnen Kantonen der Schweiz, hierzu im Einzelnen Bauer/von Oefele/*Schaub,* Kommentar zur GBO, 2. Aufl. 2006, Tl. F Rdnr. 535.

die Rechtsunsicherheit erheblich[23] und misslich; in jedem Falle sicher ist die inländische Beurkundung.[24]

16 In der **Praxis** erfolgt wegen der dargestellten Bedenken die Gründung einer AG durch einen ausländischen Notar nicht, lediglich Beglaubigungen durch ausländische Notare im Zusammenhang mit Gründungsvollmachten bzw. späteren Genehmigungen kommen oftmals vor.

Werden ausländische Urkunden (Vollmachten) bei der Gründung der AG und im Registerverfahren verwendet, bedarf es ggfs. zusätzlicher **Förmlichkeiten**. Dabei empfiehlt sich folgendes

Prüfungsschema
für die Verwendung ausländischer Urkunden im Inland

1. Regeln bilaterale Abkommen die Verwendung der ausländischen Urkunde im Inland ohne weitere Förmlichkeiten?
2. Wenn nein:
   Ist der Staat, in dem die ausländische Urkunde errichtet wird, im Verhältnis zur BRD Vertragsstaat des Haager Übereinkommens zur Befreiung ausländischer öffentlicher Urkunden von der Legalisation vom 5. 10. 1961?
   • Wenn ja: Apostille
3. Wenn nein: Legalisation

17 Im Einzelnen gilt Folgendes:[25]

(1) Bilaterale Verträge. Bestimmte öffentliche Urkunden verschiedener Länder bedürfen auf Grund bilateraler Abkommen keiner Legalisation. Je nach bilateralem Abkommen sind diese Urkunden gänzlich von weiteren Formerfordernissen befreit oder es ist für sie die sog. Apostille als standardisierte vereinfachte Form der Echtheitsbestätigung anstelle der Legalisation getreten. Die zurzeit mit den nachstehend aufgeführten Staaten bestehenden Verträge sehen folgende Befreiungsmöglichkeiten vor:

- **Belgien.** Nach dem deutsch-belgischen Abkommen vom 13. 5. 1975 über die Befreiung öffentlicher Urkunden von der Legalisation,[26] in Kraft seit 1. 5. 1981, sind sämtliche öffentlichen Urkunden – also auch Notarurkunden – von der Legalisation, Apostille oder ähnlichen Förmlichkeiten befreit. Von deutscher Seite wird dieses Abkommen als verbindlich angesehen; Belgien hält sich für nicht daran gebunden, weil das belgische Ratifikationsverfahren fehlerhaft gewesen sei. Vorsichtshalber sollte die Apostille eingeholt werden.[27]
- **Dänemark.** Nach dem deutsch-dänischen Beglaubigungsabkommen vom 17. 6. 1936[28] – insoweit wieder anwendbar seit 1. 9. 1952[29] – bedürfen Urkunden zum Gebrauch im Gebiet des jeweils anderen Staates keiner weiteren Beglaubigung oder Legalisation.

[23] Vgl. z. B. LG Augsburg ZIP 1996, 1872, das entgegen den Vorgaben in BGHZ 80, 76, die Auslandsbeurkundungen in der Schweiz – Verschmelzung – nicht anerkennt; vgl. auch LG Frankfurt/M. Urt. v. 7. 10. 2009 – 3-13 O 46/09 – ZIP 2010, 88 im Zusammenhang mit Auslandsbeurkundung der Abtretung eines GmbH-Anteils durch einen Notar in Basel sowie OLG Düsseldorf Beschl. v. 2. 3. 2011 – I – 3 Wx 236/10 – ZIP 2011, 564.

[24] Vgl. auch Sick/*Schwarz* NZG 1998, 540.

[25] Vgl. Schüppen/*Schaub* § 5 Rdnr. 132 bis 148; zu Apostille- und Legalisationszuständigkeiten der Botschaften und Konsulate s. d. Informationen des Auswärtigen Amtes Berlin zu konsularischen Fragen: www.konsularinfo.diplo.de; vgl. auch Kurzübersicht Apostillen und Legalisation unter www.dnoti.de (unter Arbeitshilfen/IPR) auch als Faxabfrage, Dokumentennummer 2000; Die Beitrittsstaaten zum Haager Übereinkommen zur Befreiung ausländischer öffentlicher Urkunden von der Legalisation und die zuständigen Stellen können im Internet unmittelbar bei der Haager Konferenz aktuell nachgefragt bzw. angesehen werden unter http://www.hcch.net/.

[26] BGBl. 1980 II S. 815; 1981 II S. 124.

[27] BeckNotarHdb/*Zimmermann* Abschn. G Rdnr. 241.

[28] RGBl. II S. 213.

[29] BGBl. 1953 II S. 186.

- **Frankreich.** Das deutsch-französische Abkommen vom 13. 9. 1971 über die Befreiung öffentlicher Urkunden von der Legalisation,[30] in Kraft seit 1. 4. 1975, sieht vor, dass die in einem der beiden Vertragsstaaten aufgenommenen öffentlichen Urkunden auch in dem anderen ohne Legalisation, Apostille oder sonstige Echtheitsbescheinigung als öffentliche Urkunden verwendet werden können.[31] Das Abkommen geht dem Haager Übereinkommen vom 5. 10. 1961,[32] das beide Staaten ratifiziert haben, vor.[33]
- **Griechenland.** Maßgebend ist das deutsch-griechische Abkommen über die gegenseitige Rechtshilfe in Angelegenheiten des bürgerlichen Rechts und Handelsrechts vom 11. 5. 1938,[34] wieder anwendbar gemäß Bekanntmachung vom 26. 6. 1952.[35] Hiernach sind notarielle ebenso wie amtsgerichtliche Urkunden vom Legalisationszwang befreit; sie bedürfen lediglich der Beglaubigung durch den Landgerichtspräsidenten. Urkunden, die von einem Landgericht oder einem Gericht höherer Ordnung ausgestellt oder beglaubigt sind, bedürfen weder der Zwischenbeglaubigung noch der Legalisation.
- **Italien.** Der deutsch-italienische Vertrag über den Verzicht auf die Legalisation von Urkunden vom 7. 6. 1969[36] sieht vor, dass die in einem Vertragsstaat aufgenommenen öffentlichen Urkunden zur Verwendung in dem anderen Vertragsstaat keiner Legalisation, Beglaubigung oder anderer der Legalisation oder Beglaubigung entsprechenden Förmlichkeiten bedürfen.
- **Österreich.** Nach dem deutsch-österreichischen Beglaubigungsvertrag vom 21. 6. 1923,[37] wieder anwendbar seit 1. 1. 1952,[38] bedürfen Urkunden zum Gebrauch im Gebiet des jeweils anderen Staates keiner weiteren Beglaubigung, u. a. die von einer Gerichts- oder Verwaltungsbehörde des einen Staates ausgestellte, mit deren Siegel der Stempel versehene Urkunde, ebenso wie die von Notaren mit amtlichem Siegel versehenen Urkunden.
- **Schweiz.** Nach dem deutsch-schweizerischen Vertrag über die Beglaubigung öffentlicher Urkunden vom 14. 2. 1907[39] bedürfen gemäß Art. 1 die von Gerichten des einen Staates einschließlich der Konsulargerichte aufgenommenen, ausgestellten und beglaubigten Urkunden, wenn sie mit dem Siegel oder Stempel des Gerichts versehen sind, zum Gebrauch in dem Gebiet des anderen Staates keiner Legalisation. Auf Urkunden des Notars erstreckt sich die Befreiung dagegen nicht.[40] Hier ist allerdings auf Grund des Haager Übereinkommens vom 5. 11. 1961[41] eine Erleichterung in Form der Apostille vorgesehen.
- **Spanien.** Nach dem deutsch-spanischen Vertrag über die Anerkennung und Vollstreckung von gerichtlichen Entscheidungen und Vergleichen sowie vollstreckbaren öffentlichen Urkunden in Zivil- und Handelssachen vom 14. 11. 1983[42] sind jedenfalls im Registerverfahren von Notaren oder Gerichten ausgestellte Urkunden nicht von der Legalisation oder weiterer Förmlichkeiten befreit. Allerdings ergibt sich hier die Erleichterung in Form der Apostille durch das Haager Übereinkommen vom 5. 10. 1961.[43]
- **Vereinigtes Königreich Großbritannien und Nordirland.** Das deutsch-britische Abkommen über die gegenseitige Anerkennung und Vollstreckung von gerichtlichen Entscheidungen in Zivil- und Handelssachen vom 14. 7. 1960[44] sieht keine Befreiung der von Gerichten oder Notaren erstellten öffentlichen Urkunden von weiteren Förmlichkeiten vor.

---

[30] BGBl. 1974 II S. 1074, 1100; 1975 II S. 353.
[31] Vgl. *Arnold* DNotZ 1975, 581 f.
[32] Vgl. Rdnr. 18.
[33] Huhn/von Schuckmann/*Armbüster* § 1 BeurkG Rdnr. 62.
[34] RGBl. 1939 II S. 48.
[35] BGBl. 1952 II S. 634.
[36] BGBl. 1974 II S. 1069, 1975 II S. 660; hierzu *Arnold* DNotZ 1975, 581 ff.
[37] RGBl. 1924 II S. 61.
[38] BGBl. 1952 II S. 436.
[39] RGBl. 1907, 413; 1911, 907; 1912, 35; 1928 II, 608; 1943 II, 361; Bek. v. 20. 1. 1956 (BGBl. II S. 30); vgl. *Bülow* DNotZ 1955, 9, 32.
[40] OLG München HRR 1937 Nr. 244.
[41] Vgl. unten Rdnr. 18.
[42] BGBl. 1987 II S. 34.
[43] Vgl. unten Rdnr. 18.
[44] BGBl. 1961 II S. 301, 1025; 1973 II S. 306, 1667.

Allerdings gilt auch hier im Hinblick auf das Haager Übereinkommen vom 5. 10. 1961 die Erleichterung in Form der Apostille.[45]

18 *(2) Apostille.* Außer in den vorgenannten bilateralen Abkommen ist die Befreiung ausländischer Urkunden von dem Erfordernis der Legalisation auch in dem am 5. 10. 1961 zur Zeichnung aufgelegten **Haager Übereinkommen zur Befreiung ausländischer öffentlicher Urkunden von der Legalisation** vereinbart worden. Anwendbar ist das Übereinkommen nach seinem Art. 1 Abs. 1 auf öffentliche Urkunden, die in dem Hoheitsgebiet eines Vertragsstaates (Errichtungsstaat) errichtet worden sind und die in dem Hoheitsgebiet eines anderen Vertragsstaates (Vorlegungsstaat) vorgelegt werden sollen. Zu den öffentlichen Urkunden im Sinne des Übereinkommens zählen u. a. die Urkunden eines staatlichen Gerichts, notarielle Urkunden und amtliche Bescheinigungen auf privaten Urkunden, wie Beglaubigungen von Unterschriften. Diese Urkunden werden von jedem Vertragsstaat, in dessen Hoheitsgebiet sie vorgelegt werden sollen, von der Legalisation befreit. Zur Bestätigung dafür, dass die vorgelegte Urkunde echt ist, darf der Vorlegungsstaat nach Art. 3 Abs. 1 des Übereinkommens statt der Legalisation nur die Apostille verlangen.

19 Die Apostille ist ein **Echtheitsvermerk,** mit dem die Urkunde, anders als die Legalisation, nicht von der diplomatischen oder konsularischen Vertretung des Vorlegungsstaates, sondern **von der zuständigen Behörde des Errichtungsstaates** versehen wird. Hierdurch wird eine wesentliche Vereinfachung der Echtheitsprüfung und eine Erleichterung im gegenseitigen Rechtsverkehr erreicht.[46]

20 Die für die Ausstellung der Apostille **zuständigen Behörden** werden nach Art. 6 des Übereinkommens von jedem Vertragsstaat bestimmt. Die **Form der Apostille** ist in Art. 4 des Übereinkommens festgelegt. Sie wird auf der Urkunde selbst oder auf einem mit ihr verbundenen Blatt angebracht und muss dem dem Übereinkommen als Anlage beigefügten amtlichen Muster entsprechen. Die Unterschrift auf das Siegel oder der Stempel auf der Apostille bedürfen nach Art. 5 Abs. 3 des Übereinkommens keiner Überbeglaubigung. Die Apostille weist gemäß Art. 5 Abs. 2 des Übereinkommens bei ordnungsgemäßer Ausfüllung des Musters die Echtheit der Unterschrift, die Eigenschaft, in der der Unterzeichner der Urkunde gehandelt hat, und ggf. die Echtheit des Siegels oder Stempels mit dem die Urkunde versehen ist, nach.

Formulierungsbeispiel

Apostille
(Convention de La Haye du 5 octobre 1961)

1. Land: Bundesrepublik Deutschland
   Diese öffentliche Urkunde
2. ist unterschrieben von (Name)
3. in seiner Eigenschaft als Notar.
4. Sie ist versehen mit dem Siegel des Notars (Name) in (Ort)

Bestätigt

5. in (Ort) 6. am (Datum)
7. durch den Präsidenten des Landgerichts (Ort)
8. unter Nr. (laufende Nr. des Landgerichts)
9. Siegel (des Landgerichtspräsidenten) 10. Unterschrift (des Landgerichtspräsidenten)

21 In der Bundesrepublik Deutschland hat eine mit der Apostille der Behörde eines dem Übereinkommen beigetretenen Errichtungsstaates versehene Urkunde die **Wirkung** einer legalisierten Urkunde nach § 438, Abs. 2 ZPO.[47] Für die Bundesrepublik Deutschland ist das Haager Übereinkommen am 13. 2. 1966 in Kraft getreten.[48] Die wichtigsten Staaten, im

[45] Vgl. unten Rdnr. 18.
[46] *Schaub* NZG 2000, 953.
[47] Meikel/*Brambring* § 29 GBO Rdnr. 250 für das Grundbuchverfahren.
[48] BGBl. 1966 II S. 106.

Verhältnis zu denen das Übereinkommen gilt – wobei die Klammer zusätzlich jeweils den Tag des Inkrafttretens bezeichnen – sind:[49] Argentinien (18. 2. 1988), Australien (16. 3. 1995), Belarus – Weißrussland (31. 5. 1992), Belgien (9. 2. 1976),[50] Bosnien-Herzegowina (6. 3. 1992), Finnland (26. 8. 1985), Frankreich (13. 2. 1966),[51] Griechenland (18. 5. 1985),[52] Irland (9. 3. 1999), Israel (14. 8. 1978), Italien (11. 2. 1978),[53] Japan (27. 7. 1970), Kroatien (8. 10. 1991), Lettland (30. 1. 1996), Liechtenstein (7. 9. 1972), Litauen (19. 7. 1997), Luxemburg (3. 6. 1979), Mazedonien (17. 9. 1991), Mexiko (14. 8. 1995), Niederlande (8. 10. 1965), Norwegen (29. 7. 1983), Österreich (13. 1. 1968),[54] Portugal (4. 2. 1969), Russische Föderation (31. 5. 1992), Schweden (1. 5. 1999), Schweiz (11. 3. 1973), Slowenien (25. 6. 1991), Spanien (25. 9. 1978), Tschechische Republik (16. 3. 1999), Türkei (29. 9. 1985), Ungarn (18. 1. 1973), Vereinigtes Königreich Großbritannien und Nordirland (13. 2. 1966), Vereinigte Staaten von Amerika (15. 10. 1981).

22 *(3) Legalisation.* Unter Legalisation versteht man die **Bestätigung der Echtheit** der Urkunde durch das Konsulat des Staates, in dem die Urkunde verwendet werden soll. Bei der Verwendung ausländischer öffentlicher Urkunden im Inland ist also grundsätzlich die Legalisation durch das deutsche Konsulat im Errichtungsstaat erforderlich. Den Begriff der Legalisation im engeren Sinn bestimmen § 13 Abs. 2 KonsularG und Art. 2 des Haager Übereinkommens vom 5. 10. 1961 zur Befreiung ausländischer öffentlicher Urkunden von der Legalisation[55] als die Bestätigung der Echtheit der Unterschrift auf der Urkunde, der Eigenschaft, in welcher der Unterzeichner der Urkunde gehandelt hat, und ggf. der Echtheit des Siegels oder Stempels, mit dem die Urkunde versehen ist, durch die diplomatischen oder konsularischen Vertreter des Landes, in dessen Hoheitsgebiet die Urkunde vorgelegt werden soll.[56]

23 Bestehen Zweifel, ob es sich um eine öffentliche Urkunde handelt, bestätigt der deutsche Konsul auf Antrag auch, dass der Aussteller zur Aufnahme der Urkunde zuständig war und die Urkunde in der den Gesetzen des Ausstellungsstaates entsprechenden Form aufgenommen worden ist.[57]

Die Legalisation erfolgt gemäß § 13 Abs. 3 KonsularG durch Anbringung eines entsprechenden Vermerks auf der ausländischen Urkunde. Der **Legalisationsvermerk** selbst stellt eine deutsche öffentliche Urkunde im Sinne des § 415 Abs. 1 ZPO dar.[58]

Hinweis

Formwirksam i. S. d. § 23 Abs. 1 S. 2 AktG erteilt ist eine Gründungsurkunde bereits mit ordnungsgemäß erfolgter Beglaubigung durch einen ausländischen Notar.

Apostille oder Legalisation sind keine Wirksamkeitsvoraussetzungen für die Vollmacht und können daher nachträglich angebracht werden.

24 *(4) Sprache.* Grundsätzlich müssen das Gründungsprotokoll und die Satzung in deutscher Sprache errichtet und beim Handelsregister eingereicht werden, weil zum einen **Gerichtssprache deutsch** ist (§ 184 GVG) und zum anderen die Einsichtnahme für jedermann (vgl. § 9 HGB) auch ohne spezielle Fremdsprachenkenntnisse möglich sein muss.

[49] Übersicht über sämtliche Staaten im Internet unter www.dnoti.de (unter Arbeitshilfen/IPR); Beitrittsstaaten zum Haager Übereinkommen zur Befreiung ausländischer öffentlicher Urkunden von der Legalisation vom 5. 10. 1961 (vgl. BGBl. 1965 II, S. 876) und die zuständigen Stellen können im Internet unmittelbar bei der Haager Konferenz aktuell nachgefragt bzw. angesehen werden unter http://www.hcch.net/.

[50] Siehe aber oben Rdnr. 17.

[51] Wobei das bilaterale Abkommen v. 13. 9. 1971 vorgeht, s. oben Rdnr. 17.

[52] Siehe aber oben Rdnr. 17.

[53] Wobei der bilaterale Vertrag v. 7. 6. 1969 vorgeht, siehe oben Rdnr. 17.

[54] Wobei der bilaterale Vertrag v. 21. 6. 1923 vorgeht, siehe oben Rdnr. 17.

[55] BGBl. 1965 II S. 875.

[56] BayObLG JFG 4, 272, 274; KGJ 27 A 250, 251; zur Legalisation vgl. allg. *Féaux de la Croix* DJ 1938, 1346 ff.

[57] Legalisation im weiteren Sinne; vgl. § 13 Abs. 4 KonsularG.

[58] Bauer/von Oefele/*Knothe* GBO Teil F Rdnr. 625.

Sind Urkunden in ausländischer Sprache verfasst, ist eine deutsche Übersetzung zu fertigen. Die Richtigkeit der **Übersetzung** hat das Registergericht nach pflichtgemäßem Ermessen zu beurteilen.[59] Bei verbleibendem Zweifel ist eine Bescheinigung der Richtigkeit und Vollständigkeit von dem hierzu ermächtigten Dolmetscher zu verlangen. Aufgrund dieser Bescheinigung gilt die Übersetzung gem. § 2 Abs. 1 der Verordnung des Reichsministers der Justiz zur Vereinfachung des Verfahrens auf dem Gebiet des Beurkundungsrechts vom 21. 10. 1942[60] als richtig und vollständig.[61]

25 Auch sog. **zweisprachige Gründungen** kommen in der Gestaltungspraxis häufig vor. In der Regel ist dabei die Textgestaltung zweispaltig unterteilt in den deutschen Textteil und den fremdsprachigen Textteil. Wird eine derartige Gestaltung gewählt, ist zu klären, ob

- der fremdsprachige Text lediglich eine unverbindliche Übersetzung darstellt,

Formulierungsvorschlag:[62]

Der maßgebliche Text dieser Urkunde ist der deutsche Text. Der englische Text ist nicht Teil dieser Urkunde und stellt lediglich eine unverbindliche, zu Informationszwecken erstellte Übersetzung des deutschen Textes dar. Im Falle von Abweichungen zwischen der deutschen und der englischen Fassung gilt daher nur die deutsche Fassung.	Only the German text of this deed prevails. The English text is not part of this deed and only a non binding convenience translation of the German text for information purposes. Therefore, in the event of any inconsistency between the German and the English version, only the German version shall apply.

oder

- die Beurkundung durch den Notar in beiden Sprachen vorgenommen wird. Dann ist aber zwingend festzulegen, welche Fassung des Textes bei Widersprüchen die maßgebliche ist.

Formulierungsvorschlag:[63]

Dieser Text unterliegt deutschem Recht und soll nach deutschem Rechtsverständnis ausgelegt werden. Sowohl die deutsche als auch die englische Fassung wurden verlesen. Im Falle von Abweichungen zwischen der deutschen und der englischen Fassung hat die deutsche Fassung Vorrang.	This text shall be governed by and construed in accordance with the laws of Germany. Both the German and the English version have been read out loud. In the event of any inconsistency between the German and the English version, the German version shall prevail.

26 *dd) Exkurs: Vorgründungsvertrag (Vorvertrag).* Durch den sog. Vorgründungsvertrag (Vorvertrag) verpflichten sich mehrere Personen, an der Gründung der AG als künftige Gründer mitzuwirken. **Inhaltlich** muss der zur Teilnahme an der Gründung verpflichtende Vertrag derart bestimmt sein, dass der wesentliche Inhalt der Satzung nach § 23 Abs. 2–4 AktG festgelegt oder zumindest durch Auslegung feststellbar ist.[64]

27 Wegen der Warnfunktion des § 23 Abs. 1 S. 1 AktG bedarf ein derartiger Vertrag der notariellen **Form.**[65] Die Vollmacht zum Abschluss eines Vorgründungsvertrages bzw. die Ge-

[59] KG JFG 14, 5, 7 f.
[60] RGBl. 1942 I S. 609.
[61] *Schaub* NZG 2000, 953; Schüppen/*Schaub* § 5 Rdnr. 149 f.
[62] Vgl. auch BeckFormb/*Walz* Deutsch – Englisch A. I. 3, S. 6 (2. Variante).
[63] BeckFormb/*Walz* Deutsch – Englisch A. I. 3, S. 6 (3. Variante).
[64] RGZ 150, 129, 138; *Hüffer* § 23 AktG Rdnr. 14.
[65] RG v. 22. 10. 1937 – II 58/37 – RGZ 156, 129, 138; BGH v. 21. 9. 1987 – II ZR 16/87 – WM 1988, 163, 164; KG Urt. v. 22. 1. 2004 – 8 U 170/03 – AG 2004, 321; *Hüffer* § 23 AktG Rdnr. 14; a. A. *Flume,* FS Geßler 1971, S. 3, 18.

nehmigung eines solchen Vertrages bedarf abweichend von § 167 Abs. 2 BGB (bzw. § 182 Abs. 2 BGB) zumindest der öffentlichen Beglaubigung (§ 23 Abs. 1 S. 2 AktG); es gelten dieselben Grundsätze wie für die Gründungsvollmacht (bzw. Genehmigung) selbst.[66] Enthält dagegen die Vereinbarung der Vertragsschließenden keine bindende Verpflichtung zur Gründung einer AG, liegt kein echter Vorgründungsvertrag (Vorvertrag) vor. Derartige Abreden sind formfrei möglich. Gleiches gilt für lose Nebenabreden, die nicht Inhalt der Satzung werden sollen,[67] sowie Verpflichtungen, als Treuhänder für künftige Gründer an Satzungsfeststellungen mitzuwirken.[68]

28 Durch den Abschluss des Vorgründungsvertrages entsteht eine sog. **Vorgründungsgesellschaft** (nicht Vor-AG), auf die das Aktiengesetz keine Anwendung findet.[69] Die vertraglich begründete Vorgründungsgesellschaft ist als GbR (§§ 705 ff BGB) zu qualifizieren, deren Zweck auf die gemeinsame Gründung der AG gerichtet ist. Betreibt die Vorgründungsgesellschaft ein Handelsgeschäft, ist sie oHG.[70] Die Vorgründungsgesellschaft endet durch Zweckerreichung (§ 726 BGB), sobald die AG errichtet ist. Wurde ein Gesamthandsvermögen gebildet, geht dieses nicht automatisch auf die mit Satzungsfeststellung entstehende Vor-AG über.[71]

29 *ee) Inhalt des Gründungsprotokolls.* Inhaltlich umfasst das Gründungsprotokoll

(1) die Angaben nach § 23 Abs. 2 AktG – das sind

- die Gründer;
- bei Nennbetragsaktien der Nennbetrag, bei Stückaktien die Zahl, der Ausgabebetrag und, wenn mehrere Gattungen bestehen, die Gattung der Aktien, die jeder Gründer übernimmt, und
- der eingezahlte Betrag des Grundkapitals

(2) die Feststellungen der Satzung.

30 *(1) Gründer.* In der Gründungsurkunde sind die Gründer anzugeben, das sind kraft **Legaldefinition** (nur) diejenigen Aktionäre, die rechtswirksam an der Feststellung der Satzung mitwirken und mindestens eine Aktie übernehmen, **§ 28 AktG.**[72] Als Gründer kommen ausschließlich natürliche und juristische Personen oder Personengesamtheiten mit Gründerfähigkeit in Betracht. Der[73] oder die Gründer sind im Gründungsprotokoll namentlich aufzuführen und zwar in der Art, dass sie identifiziert werden können, d. h. sie sind mit Vor- und Nachnamen sowie mit ihrer Anschrift zu bezeichnen. Bei juristischen Personen sind die Firma und der Sitz zu nennen, nach Möglichkeit mit Handelsregisternummer.[74]

31 Ist eine **natürliche Person als Gründer verheiratet**, empfiehlt sich im Urkundeneingang auch den Güterstand aufzunehmen, da sich daraus sowohl Schranken in Hinblick auf die Einlageverpflichtungen als auch Folgen für die Rechtsinhaberschaft an der Aktie ergeben könnten. Schranken im Hinblick auf die Einlageverpflichtungen können sich bei der Zugewinngemeinschaft aus § 1365 BGB ergeben, wenn der Ehegatte sich bei der Gründung verpflichtet, sein (nahezu) gesamtes Vermögen in die Gesellschaft einzubringen und dies für Mitgründer erkennbar ist. Bei dem seltenen Güterstand der Gütergemeinschaft können sich Folgen für die Rechtsinhaberschaft an der Aktie ergeben, wenn – soweit nicht ehevertraglich Vorbehaltsgut gem. § 1418 Ziff. 3 BGB vereinbart wird – die im Rahmen der Gründung übernommenen Aktien Gesamtgut der Ehegatten werden.[75]

---

[66] Siehe Rdnr. 6 ff.

[67] BGH Urt. v. 14. 12. 1968 – II ZR 138/67 – WM 1969, 291, 292.

[68] BGH Urt. v. 14. 12. 1970 – II ZR 161/69 – MittBayNot 1971, 189 = WM 1971, 306, 307.

[69] *Hüffer* § 23 AktG Rdnr. 15; Schmidt/Lutter/*Seibt* § 23 AktG Rdnr. 22.

[70] BGH v. 7. 5. 1984 – II ZR 276/83 – BGHZ 91, 148, 151; BGH v. 20. 6. 1983 – II ZR 200/82 – NJW 1983, 2822; BGH v. 29. 11. 1956 – II ZR 282, 55 – BGHZ 92, 240, 244; Schmidt/Lutter/*Seibt* § 23 AktG Rdnr. 22.

[71] BGH v. 7. 5. 1984 – II ZR 276/83 – BGHZ 91, 148, 151; *Hüffer* § 23 AktG Rdnr. 15.

[72] *Hüffer* § 23 AktG Rdnr. 17; § 28 AktG Rdnr. 2; MünchKommAktG/*Pentz* § 23 AktG Rdnr. 58.

[73] Zur 1-Mann-AG: *Bachmann* NZG 2001, 961.

[74] Spindler/Stilz/*Limmer* § 23 AktG Rdnr. 25; Schmidt/Lutter/*Seibt* § 23 AktG Rdnr. 25; vgl. auch BT-Drucks. 8/1678 S. 11.

[75] Für die GmbH: Baumbach/Hueck/*Fastrich* § 21 Rdnr. 27, 37.

Minderjährige und andere nicht unbeschränkt Geschäftsfähige sowie geschäftsunfähige Personen können Gründer der Aktiengesellschaft sein, bedürfen dazu aber der Mitwirkung ihres gesetzlichen Vertreters (§ 1629 Abs. 1, § 1626 Abs. 1 BGB). Ist der Elternteil selbst als Gründer beteiligt und damit von der Vertretung des Kindes nach §§ 1629 Abs. 2, 1795 Abs. 2, 181 BGB ausgeschlossen, ist nach § 1909 Abs. 1 BGB ein Ergänzungspfleger zu bestellen. Zu beachten ist auch die Genehmigungsbedürftigkeit des Rechtsgeschäfts durch das Familien- bzw. Betreuungsgericht (§§ 1822 Ziff. 3, 1643, bzw. 1915 BGB). 32

Der **Einzelkaufmann** kann sich sowohl unter seinem bürgerlichen Namen als auch unter seiner kaufmännischen Firma (§ 17 HGB) als Gründer beteiligen.

Auch eine **Gesellschaft bürgerlichen Rechts** kann Gründer einer Aktiengesellschaft sein.[76] Gleiches gilt für die Erbengemeinschaft und den nicht rechtsfähigen Verein.[77]

Gründer kann auch **jede juristische Person** sein, z. B. eine oHG oder KG, (Vor-)GmbH oder (Vor-)AG.[78]

Ausländer können grundsätzlich an der Gründung einer deutschen AG mitwirken.[79] Allerdings hat der Notar nach § 4 BeurkG die Beurkundung abzulehnen, wenn im Pass des ausländischen Gründers ein Verbot der Erwerbstätigkeit (sog. **Sperrvermerk**) eingetragen ist, da in diesem Falle die Eintragung einer AG im Handelsregister gegen § 134 BGB verstößt.[80]

Bei **unmittelbarer Stellvertretung** ist der Vertretene Gründer, bei **mittelbarer Stellvertretung** (Treuhänder, Strohmann) der im eigenen Namen, aber für fremde Rechnung Handelnde.[81] Ob eine Person als Treuhänder oder Strohmann für fremde Rechnung mitwirkt, ist für die Wirksamkeit des Gründungsaktes ohne Belang. Bedeutsam ist die „Strohmann"-Eigenschaft eines Gründers allerdings für die Angabe im Gründungsbericht (§ 32 Abs. 3 AktG) und die Voraussetzungen der Gründungsprüfung (§ 33 Abs. 2 Nr. 2 AktG), wenn der Gründer die Aktien für Rechnung eines Vorstands- oder Aufsichtsratsmitglied übernimmt.[82] 33

Gründer ist auch, wer vor Eintragung der AG in das Handelsregister nachträglich beitritt. Der **Beitritt** bedarf aber der Mitwirkung sämtlicher Gründer. Die Vorschrift über Satzungsänderungen nach §§ 179 ff. AktG sind nicht anwendbar, es gilt vielmehr § 23 Abs. 1 AktG.[83] 34

Der **Tod** eines Gründers berührt grundsätzlich die in der Entstehung befindliche AG nicht. In seine Rechtsstellung treten nach § 1922 BGB die Erben ein.[84] 35

(2) Übernahme der Aktien. Weiterer wesentlicher Bestandteil des Gründungsprotokolls ist nach § 23 Abs. 2 Nr. 2 AktG die **Erklärung der Übernahme des Grundkapitals.** Dabei hat jeder Gründer Aktien zu übernehmen; alle existierenden Aktien müssen auch tatsächlich übernommen werden.[85] 36

Mit der Aktienübernahmeerklärung verpflichten sich die Gründer zur **Leistung der Einlage.**[86] Eine gesonderte Zeichnung der Aktien außerhalb des Gründungsprotokolls, wie sie § 185 AktG für die Übernahme neuer Aktien aus einer Kapitalerhöhung vorschreibt, entfällt bei der Gründung.[87]

---

[76] Vgl. BGH Beschl. v. 3. 11. 1980 – II ZB 1/79 – BGHZ 78, 311 = NJW 1981, 682 = DNotZ 1981, 299; BGH Urt. v. 13. 4. 1992 – II ZR 277/90 – BGHZ 118, 83 = NJW 1992, 2222; BGH Urt. v. 13. 6. 1994 – II ZR 38/93 – BGHZ 126, 226 = ZIP 1994, 1173; BGH Urt. v. 29. 1. 2001 – II ZR 331/00 – BGHZ 146, 341 = NZG 2001, 311; MünchHdbGesR IV/*Hoffmann-Becking* § 3 Rdnr. 4; MünchKommAktG/*Heider* § 2 AktG Rdnr. 17.

[77] MünchHdbGesR IV/*Hoffmann-Becking* § 3 Rdnr. 4; *Hüffer* § 2 AktG Rdnr. 10 f.

[78] *Hüffer* § 2 AktG Rdnr. 10; MünchKommAktG/*Heider* § 2 Rdnr. 18.

[79] Eingehend: *Bohlscheid* RNotZ 2005, 5005.

[80] Für die GmbH: OLG Stuttgart Beschl. v. 20. 1. 1984 – 8 W 243/83 – MittBayNot 1984, 138; BeckNotar-Hdb/*Mayer/Weiler* Teil D I. GmbH Rdnr. 6.

[81] Schmidt/Lutter/*Seibt* § 23 AktG Rdnr. 25; *Hüffer* § 28 AktG Rdnr. 2.

[82] MünchHdbGesR IV/*Hoffmann-Becking* § 3 Rdnr. 4.

[83] Schmidt/Lutter/*Bayer* § 28 AktG Rdnr. 3; Schüppen/Schaub/*Voß* § 12 Rdnr. 19; für die GmbH: OLG Köln Beschl. v. 28. 3. 1995 – 2 Wx 13/95 – WM 1996, 207 f. = DStR 1996, 113 = GmbHR 1995, 725.

[84] MünchKommAktG/*Pentz* § 28 AktG Rdnr. 15; *Hüffer* § 28 AktG Rdnr. 4.

[85] Schüppen/Schaub/*Voß* § 12 Rdnr. 20.

[86] *Hüffer* § 23 AktG Rdnr. 16; Schmidt/Lutter/*Seibt* § 23 AktG Rdnr. 23.

[87] MünchHdbGesR IV/*Hoffmann-Becking* § 3 Rdnr. 10.

Die Übernahmeerklärung muss **ohne Vorbehalt, Bedingung oder Beschränkungen** abgegeben werden.[88]

Bei **Nennbetragsaktien** sind in der Aktienübernahmeerklärung anzugeben:

- der Nennbetrag (§ 8 Abs. 2 AktG),
- der Ausgabebetrag (§ 9 AktG) und
- ggfs. die Aktiengattung (§ 11 AktG), die jeder einzelne Gründer übernimmt.[89]

37 Nach dem Wortlaut des § 23 Abs. 2 Nr. 2 AktG ist die **Summe der Nennwerte** der von dem einzelnen Gründer übernommenen Aktien anzugeben. Umstritten ist, ob diese Angabe auch dann genügt, wenn Aktien mit **unterschiedlichen Nenn- und/oder Ausgabebeträgen** ausgegeben werden oder verschiedene Aktiengattungen bestehen. Der Wortlaut des § 23 Abs. 2 Nr. 2 AktG gebietet dies nicht.[90] Weil aber durch die Aktienübernahmeerklärung die Verpflichtung des Gründers zur Leistung der Einlage begründet wird,[91] sind entgegen dem Gesetzeswortlaut hier **weitere Angaben** erforderlich, d. h. anzugeben sind in diesem Fällen Anzahl und Art der vom jeweiligen Gründer zu übernehmenden Aktien und bei Ausgabe verschiedener Aktiengattungen die von jedem einzelnen Gründer übernommenen Aktien nach Gattungsart ggfs. mit jeweils wieder der Angabe der verschiedenen Nenn- und/oder Ausgabebeträge.[92] In der Praxis sind derartige Angaben schon deshalb in der vom Satzungsinhalt zu trennenden Übernahmeerklärung[93] ratsam und auch leicht möglich, weil ohnehin die Satzung selbst nach § 23 Abs. 3 Nr. 4 AktG zugleich die Angabe der Zahl der Aktien jedes Nennbetrages verlangt (gleiches gilt bei Kapitalerhöhungen für den Zeichnungsschein nach § 185 Abs. 1 AktG).

38 Werden die Aktien der Gesellschaft als **Stückaktien** (§ 8 Abs. 3 AktG) ausgegeben, lässt § 23 Abs. 2 Nr. 2 AktG die Angabe ihrer Zahl sowie ihres Ausgabebetrages und ggfs. der Aktiengattung genügen. Die besondere Angabe des auf die einzelne Stückaktie entfallenden anteiligen Betrag des Grundkapitals (§ 8 Abs. 3 S. 3 AktG) ist nicht erforderlich.[94] Werden – was zulässig ist,[95] aber praktisch selten vorkommt – Stückaktien mit unterschiedlichen Ausgabebeträgen ausgegeben oder bestehen bei Zeichnung verschiedene Gattungen,[96] gelten die Ausführungen zu den Angaben bei Nennbetragsaktien entsprechend. Aus der Aktienübernahmeerklärung muss sich auch hier eindeutig ergeben, wie viele Aktien der jeweiligen Art jeder Gründer übernimmt.[97]

39 Die **Angabe des Ausgabebetrags** ist – sowohl bei Nennbetrags- als auch bei Stückaktien – auch dann erforderlich, wenn kein Aufgeld (Agio) vereinbart ist. Angaben zur Fälligkeit der Zahlung sind dagegen nicht nötig, ebenso wenig zu Sacheinlagen oder Sachübernahmen.[98]

40 *(3) Eingezahlter Betrag.* Nach § 23 Abs. 2 Nr. 3 AktG ist der eingezahlte Betrag des Grundkapitals anzugeben. Dies ist nach h. M. der auf das Grundkapital **wirklich eingezahlte Betrag** und bei Ausgabe der Aktien gegen Agio auch **das volle Aufgeld.**[99] Da zur Zeit der

---

[88] RG v. 7. 11. 1913 – II 316/13 – RGZ 83, 256, 258; MünchKommAktG/*Pentz* § 23 AktG Rdnr. 56; GroßkommAktG/*Röhricht* § 23 Rdnr. 68.

[89] *Hüffer* § 23 AktG Rdnr. 18; MünchKommAktG/*Pentz* § 23 AktG Rdnr. 116.

[90] GroßkommAktG/*Röhricht* § 23 Rdnr. 73.

[91] Zum Normzweck Schmidt/Lutter/*Seibt* § 23 AktG Rdnr. 23; *Hüffer* § 23 AktG Rdnr. 16.

[92] *Hüffer* § 23 AktG Rdnr. 18; Schmidt/Lutter/*Seibt* § 23 AktG Rdnr. 26; MünchKommAktG/*Pentz* § 23 AktG Rdnr. 61; a. A. GroßkommAktG/*Röhricht* § 23 Rdnr. 75.

[93] Die formale Trennung der Aktienübernahmeerklärung nach § 23 Abs. 2 AktG vom notwendigen Satzungsinhalt nach § 23 Abs. 3 AktG beruht auf der Erwägung, dass die in § 23 Abs. 3 AktG geregelte Satzung im engeren Sinne nicht mit solchen Angaben zu belasten ist, die lediglich im Gründungsstadium von öffentlichem Interesse sind; *Hüffer* § 23 AktG Rdnr. 16; *Hüffer* NJW 1979, 1065, 1066.

[94] *Hüffer* § 23 AktG Rdnr. 18; MünchKommAktG/*Pentz* § 23 AktG Rdnr. 22; Begr. RegE BT-Drucks. 13/9573 S. 15.

[95] MünchKommAktG/*Pentz* § 23 AktG Rdnr. 60.

[96] Inhaber- oder Namensaktien stellen keine verschiedenen Gattungen, sondern nur verschiedenen Arten von Aktien dar, GroßkommAktG/*Röhricht* § 23 Rdnr. 75.

[97] Schmidt/Lutter/*Seibt* § 23 AktG Rdnr. 27.

[98] GroßkommAktG/*Röhricht* § 23 Rdnr. 74; *Hüffer* § 23 AktG Rdnr. 18.

[99] *Hüffer* § 23 AktG Rdnr. 19; MünchHdbGesR IV/*Hoffmann-Becking* § 3 Rdnr. 9; MünchKommAktG/*Pentz* § 23 AktG Rdnr. 62; a. A. Spindler/Stilz/*Limmer* § 23 AktG Rdnr. 27: Der Gesamtbetrag der Geldleistungen der Gründer ist anzugeben, eine Aufgliederung auf die einzelnen Gründer oder ob ein Aufgeld geleistet wird, ist nicht erforderlich.

Errichtung des Gründungsprotokolls in der Regel noch kein Betrag eingezahlt ist, sollte im Gründungsprotokoll festgelegt werden, wann und mit welchem Umfang die übernommenen Einlagen zu zahlen sind. Dann bedarf es auch keiner gesonderten Einforderung der Einlagen mehr. Bei der nachfolgenden Anmeldung muss nach § 37 Abs. 1 S. 2 AktG erklärt und nachgewiesen werden, dass inzwischen mindestens ein Viertel des Nennbetrags der Bareinlagen und ein etwaiges Agio in voller Höhe eingezahlt ist und endgültig zur freien Verfügung des Vorstands steht (§ 36 Abs. 1 AktG).[100]

ff) Änderungsvollmacht. Die **Änderung der Gründungssatzung** zwischen der Errichtung der AG und deren Eintragung im Handelsregister ist keine Satzungsänderung i. S. d. §§ 179 ff AktG, sondern eine von allen Gründern einvernehmlich herbeigeführte Änderung des Gründungsstatuts. Derartige Änderungen kommen in der Praxis zum einen vor, um Beanstandungen des Registergerichts im Wege der Zwischenverfügung zu beheben, zum anderen weil derartige Änderungen den Wünschen der Beteiligten entsprechen, z. B. weil die Firma, der Sitz oder Unternehmensgegenstand geändert werden sollen. 41

Um derartige Änderungen möglichst flexibel, kostengünstig und wenig zeitintensiv durchführen zu können, empfiehlt sich, in der Gründungsurkunde eine sog. Änderungsvollmacht vorzusehen, die z. B. anwaltlichen Beratern, Steuerberatern und ähnlichen Personen erteilt werden kann.

Formulierungsbeispiel:

Vollmacht in Gründungsurkunde

Die Gesellschafter erteilen sich hiermit gegenseitig sowie Herrn/Frau Rechtsanwalt/in ...... und Herrn/Frau Rechtsanwalt/in ...... unter Befreiung von den Beschränkungen des § 181 BGB Vollmacht, und zwar jeder für sich allein, alle mit dieser Urkunde und ihrer Durchführung in Zusammenhang stehenden Erklärungen abzugeben, abzuändern oder zu ersetzen, Anmeldungen vorzunehmen und Anträge zu stellen, entgegenzunehmen und zurückzunehmen sowie insbesondere weitere Beschlüsse zu fassen.

Die Bevollmächtigten werden ferner ermächtigt, evtl. fehlende oder unrichtige Erklärungen im Namen der Gesellschafter zu ergänzen oder abzuändern, und zwar dergestalt, dass der von den Parteien gewünschte rechtliche und wirtschaftliche Zweck erreicht wird.

Von der Vollmacht kann nur vor dem amtierenden Notar, seinem amtlich bestellten Vertreter oder dem Amtsnachfolger dieses Notars Gebrauch gemacht werden.

Die Vollmacht berechtigt auch zur Erteilung von Untervollmachten.

Formulierungsbeispiel:

Notar- bzw. Mitarbeitervollmacht in Handelsregisteranmeldung

Für den Fall, dass eine Änderung, Ergänzung oder Rücknahme von Handelsregisteranmeldungen, die die Gesellschaft betreffen, erforderlich oder zweckmäßig sein sollte, insbesondere zum Zwecke der Behebung registergerichtlicher Beanstandungen, bevollmächtigen wir hiermit unter Befreiung von den Beschränkungen des § 181 BGB und mit dem Recht zur Erteilung von Untervollmachten Herrn/Frau Notar/in ......, geschäftsansässig ......, seinen/ihren Vertreter oder Amtsnachfolger sowie die jeweiligen Angestellten des Notars ...... Herr/Frau ...... und Herr/Frau ......, – jeweils einzeln –, derartige Änderungen, Ergänzungen oder Rücknahmen zum Handelsregister anzumelden.

Der beglaubigende Notar, sein Vertreter oder Amtsnachfolger wird zur Stellung, Änderung und Zurücknahme jeglicher Anträge ermächtigt, insbesondere auch zum Teilvollzug.

Wird die Satzung in Ausübung der Vollmacht geändert, bedarf es grundsätzlich keiner erneuten **Anmeldung** zum Handelsregister mehr, jedoch ist der geänderte Satzungstext mit der 42

[100] MünchHdbGesR IV/*Hoffmann-Becking* § 3 Rdnr. 11 f.

notariellen Bescheinigung nach § 181 AktG vorzulegen. Die ursprüngliche, von allen Gründern, allen Mitgliedern des Aufsichtsrats und des Vorstandes unterzeichnete Anmeldung genügt.[101] Hiervon bestehen allerdings dann Ausnahmen, wenn sich die Änderungen auf die Höhe des Grundkapitals oder den Kreis der Gründer beziehen oder wenn die Gesellschaft ihren Sitz in den Bezirk eines anderen Handelsregisters verlegt. In derartigen Fällen ist eine erneute formgerechte Anmeldung vorzunehmen.[102]

43 b) **Feststellung der Satzung.** Die Feststellung der Satzung erfolgt regelmäßig, indem der Satzungstext dem **Gründungsprotokoll** als **Anlage** beigefügt und im Gründungsprotokoll auf die Anlage verwiesen wird, § 9 Abs. 1 S. 2 BeurkG. Die Satzung als Anlage ist vom Notar zwingend zu verlesen.

44 *aa) Mindestinhalt der Satzung.* **§ 23 Abs. 3 und 4 AktG** legen den notwendigen Mindestinhalt der Satzung fest. Anzugeben sind:

- Firma und Sitz (§ 23 Abs. 3 Nr. 1 AktG)
- Gegenstand des Unternehmens (§ 23 Abs. 3 Nr. 2 AktG)
- Höhe des Grundkapitals (§ 23 Abs. 3 Nr. 3 AktG)
- Angaben zur Zerlegung des Grundkapitals (§ 23 Abs. 3 Nr. 4 AktG)
- ob Inhaber- oder Namensaktien oder beide Aktiengattungen ausgegeben werden (§ 23 Abs. 3 Nr. 5 AktG)
- Zahl der Vorstandsmitglieder (§ 23 Abs. 3 Nr. 6 AktG)
- Form der Bekanntmachungen der Gesellschaft (§ 23 Abs. 4 AktG).

45 *(1) Firma, Sitz, Unternehmensgegenstand.* Die Angaben zu Firma, Sitz und Unternehmensgegenstand entsprechen denen zur GmbH. Auf die dortigen Ausführungen wird verwiesen, vgl. § 13 Rdnr. 142 ff.

46 *(2) Höhe des Grundkapitals.* Die Höhe des Grundkapitals ist in der Satzung konkret in Euro zu beziffern und muss **mindestens € 50.000,–** betragen (§ 7 AktG). Die Schaffung eines beweglichen Grundkapitals durch Angabe eines Mindest- und Höchstbetrages ist nicht zulässig.[103] Die Gründungssatzung kann ein genehmigtes Kapital festsetzen (§ 202 AktG); die Schaffung eines bedingten Kapitals in der Gründungssatzung ist nicht möglich.[104]

47 Für Gesellschaften mit bestimmten Unternehmensgegenständen verlangen **Sondervorschriften** außerhalb des Aktiengesetzes ein höheres Mindestgrundkapital, z. B. für Investmentaktiengesellschaften (€ 300.000,–, § 97 Abs. 1 S. 3 Nr. 1 InvG), Kapitalanlagegesellschaften (€ 300.000,–, § 11 Abs. 1 S. 1 Nr. 1 InvG), Unternehmensbeteiligungsgesellschaften (€ 1.000.000,–, § 2 Abs. 4 S. 1 UBGG) und REIT-Aktiengesellschaften (€ 15.000.000,–, § 4 REITG).

48 *(3) Zerlegung des Grundkapitals.* Die Satzung hat anzugeben, ob das Grundkapital in **Nennbetrags- oder Stückaktien** zerlegt ist. Beide Aktienformen können nebeneinander bestehen,[105] dies ist aber praktisch die Ausnahme. Bei Nennbetragsaktien sind weiter die Nennbeträge der Aktien und die Zahl der Aktien anzugeben; der Mindestnennbetrag einer Aktie beträgt € 1,– (§ 8 Abs. 2 S. 1 AktG). Höhere Aktiennennbeträge müssen auf volle Euro lauten, § 8 Abs. 2 S. 4 AktG. Bei Ausgabe von Nennbetragsaktien mit unterschiedlichen Nennbeträgen – praktisch selten – ist auch die Angabe der jeweiligen Zahl der Aktien pro Nennbetrag erforderlich.[106] Bei Stückaktien genügt die Angabe der Aktienzahl. Stückaktien sind nach § 8 Abs. 3 S. 2 AktG im gleichen Umfang am Grundkapital beteiligt. Ihr Anteil am Grundkapital bestimmt sich nach ihrer Zahl, wobei der auf die einzelne Aktie entfallende – rechnerische – anteilige Betrag des Grundkapitals € 1,– nicht unterschreiten darf, § 8 Abs. 3 S. 3 AktG.

---

[101] *Krafka/Willer/Kühn* Rdnr. 927.
[102] Für die GmbH: MünchKommGmbHG/*Schaub* § 7 Rdnr. 26.
[103] *Hüffer* § 23 AktG Rdnr. 28; MünchKommAktG/*Pentz* § 23 AktG Rdnr. 28.
[104] MünchKommAktG/*Fuchs* § 192 AktG Rdnr. 22; MünchHdbGesR IV/*Krieger* § 57 Rdnr. 11; Schmidt/Lutter/*Veil* § 192 AktG Rdnr. 6; a. A. Happ/*Pühler* Kap. 1.01 Rdnr. 27.
[105] Begr. RegE BT-Drucks. 13/9573 S. 16.
[106] GroßkommAktG/*Röhricht* § 23 Rdnr. 148; MünchKommAktG/*Pentz* § 23 AktG Rdnr. 117.

Bei Bestehen **verschiedener Aktiengattungen** muss die Satzung die Gattungen und daneben die Zahl jeder Gattung bestimmen. Um unterschiedliche Aktiengattungen handelt es sich, wenn die Aktien unterschiedliche Rechte gewähren oder unterschiedliche Pflichten (insbesondere Nebenleistungs- oder Einzahlungspflichten) auferlegen.[107] Nicht um verschiedene Aktiengattungen handelt es sich bei unterschiedlichen Nennbeträgen, unterschiedlichen Ausgabebeträgen oder Einlagearten (Bar- oder Sacheinlagen), Inhaber- und Namensaktien oder Aktien mit Höchststimmrecht, die jedoch nur bei nichtbörsennotierten Gesellschaften zulässig sind (§ 134 Abs. 1 S. 2 AktG).[108] 49

(4) Aktienart. Die Satzung muss regeln, ob die Aktien der Gesellschaft auf den **Inhaber** oder auf den **Namen** lauten oder – praktisch selten – ob beide Aktienarten ausgestellt werden, § 10 Abs. 1 AktG. Die Gründer haben **grundsätzlich** ein **Wahlrecht.**[109] 50

In **Ausnahmefällen** müssen die **Aktien auf den Namen** lauten. Dies u. a. dann der Fall, wenn die Aktien vor der vollen Leistung des Nennbetrags oder des höheren Ausgabebetrags ausgegeben werden sollen (§ 10 Abs. 2 S. 1 AktG). Außerdem sind zwingend Namensaktien auszugeben, wenn sie mit Nebenpflichten verbunden sind, d. h. wenn die Aktionäre neben den Einlagen auf das Grundkapital wiederkehrende, nicht in Geld bestehende Leistungen erbringen müssen (§ 55 Abs. 1 S. 1 AktG). Auch berufsrechtliche Vorschriften können die Verpflichtung zur Ausgabe vinkulierter Namensaktien begründen (Wirtschaftsprüfungs- und Buchführungsgesellschaften, §§ 28 Abs. 5 S. 2, 130 Abs. 2 WPO; Steuerberatungsgesellschaften, § 50 Abs. 5 S. 3 StBerG, Kapitalanlagegesellschaften § 1 Abs. 3 KAGG).[110] 51

Für **nichtbörsennotierte Aktiengesellschaften**, die den Großteil der ca. 17.000 Aktiengesellschaften in Deutschland[111] darstellen, sollen nach dem Referentenentwurf eines Gesetzes zur Änderung des Aktiengesetzes (Aktienrechtsnovelle 2011)[112] die Inhaberaktie abgeschafft werden. Künftig sollen nichtbörsennotierte AGs nur noch Namensaktien ausgeben dürfen (§ 10 Abs. 1 AktG – RefE). 52

Im Übrigen ist die Frage, ob Inhaber- oder Namensaktien ausgegeben werden sollen, nach **Zweckmäßigkeitsgesichtspunkten** zu entscheiden. Inhaberaktien sind leichter zu übertragen und erhöhen die Umlauffähigkeit der Gesellschaftsanteile. Namensaktien ermöglichen der Gesellschaft den Überblick über den Aktionärsbestand und erleichtern die Kommunikation mit den Aktionären. Die mit der Namensaktie verbundene Möglichkeit der Vinkulierung (§ 68 Abs. 2 AktG) kann ihren Einsatz insbesondere bei personalistisch geprägten Gesellschaften, z. B. Familiengesellschaften, als geeignet erscheinen lassen.[113] 53

(5) Zahl der Vorstandsmitglieder. Die Satzung muss Angaben über die Zahl der Vorstandsmitglieder bzw. die Regeln, nach denen diese Zahl festgelegt wird, enthalten. Dabei kann sowohl eine feste Zahl bestimmt, als auch eine **Mindest- oder Höchstzahl** oder die **Regeln über** die beabsichtigte **Festlegung** der Mitgliederzahl angegeben werden.[114] Als eine solche Regel im letztgenannten Sinn genügt z. B. eine Satzungsbestimmung, derzufolge die konkrete Zahl der Vorstandsmitglieder durch Beschluss der Hauptversammlung[115] oder vom Aufsichtsrat festgelegt wird.[116] 54

(6) Form der Bekanntmachung. Nach § 23 Abs. 4 AktG muss die Satzung Bestimmungen über die Form der Bekanntmachungen der Gesellschaft enthalten. Die Vorschrift bezieht sich auf durch Gesetz oder Satzung vorgeschriebene Bekanntmachungen der Gesellschaft, 55

[107] GroßkommAktG/*Röhricht* § 23 Rdnr. 150; MünchKommAktG/*Pentz* § 23 AktG Rdnr. 123.

[108] Schmidt/Lutter/*Seibt* § 23 AktG Rdnr. 48.

[109] *Hüffer* § 23 AktG Rdnr. 30; KölnKommAktG/*Arnold* § 23 AktG Rdnr. 119.

[110] Nach BGH Beschl. v 10. 1. 2005 – AnwZ (B) 27, 28/03 – BB 2005, 1131, 1134 gilt dies ähnlich auch für die Rechtsanwalts-AG.

[111] Statistiken zur AG von *Bayer/Hoffmann*, AG-Report 13–14/2010, R 283 ff; Stand 1. 6. 2010.

[112] Der RefE vom 2. 11. 2010 abrufbar unter www.bmj.de/Files/-/4749/Aktienrechtsnovelle.pdf; hierzu *Bungert/Wettich* ZIP 2011, 160; *Diekmann/Nolting* NZG 2011, 6.

[113] *Schaub* ZEV 1995, 82 ff; Schüppen/Schaub/*Voß* § 7 Rdnr. 28 ff.

[114] MünchKommAktG/*Pentz* § 23 AktG Rdnr. 136; Schmidt/Lutter/*Seibt* § 23 AktG Rdnr. 50.

[115] MünchKommAktG/*Pentz* § 23 AktG Rdnr. 138.

[116] BGH Urt. v. 17. 12. 2001 – II ZR 288/99 – NZG 2002, 817; *Hüffer* § 23 AktG Rdnr. 31.

für die keine bestimmte Publikationsform vorgeschrieben ist, z.B. die Aufforderung nach § 63 Abs. 1 S. 2 AktG. Die in der Praxis sinnvollerweise fast ausnahmslos gewählte Form ist die Bekanntmachung im **elektronischen Bundesanzeiger**, d.h. die Angleichung an die für die Pflichtbekanntmachungen geltende Regelung des § 25 S. 1 AktG.[117]

56 *bb) Bedingt notwendige Satzungsbestandteile.* Vom notwendigen Inhalt der Satzung nach § 23 Abs. 3 und 4 AktG zu unterscheiden sind solche Regelungen, deren Aufnahme in die Satzung nur dann Gültigkeitsvoraussetzung ist, wenn sie einschlägig sind. So ist nach **§ 26 Abs. 1 AktG** in der Satzung anzugeben, wenn einzelnen Aktionären oder Dritten besondere Vorteile eingeräumt werden, das sind alle Vorteile, die einzelnen oder auch allen Aktionären oder Dritten aus Anlass der Gründung eingeräumt werden.[118]

Anzugeben ist nach § 26 Abs. 2 AktG zudem der von der Gesellschaft zu tragende **Gründungsaufwand** (hierzu Rdnr. 119).

57 *cc) Grundsatz der Satzungsstrenge (§ 23 Abs. 5 AktG). (1) Allgemeines.* Durch den in § 23 Abs. 5 AktG verankerten Grundsatz der Satzungsstrenge werden die Gestaltungsmöglichkeiten des Satzungsgebers bei der Aktiengesellschaft – insbesondere im Vergleich zur GmbHG – stark eingeschränkt. Die Beschränkung der Gestaltungsfreiheit der Satzung im Aktienrecht erfolgt primär zur **Sicherstellung der Verkehrsfähigkeit der Aktie**, d.h. durch Standardisierung der Gesellschaftsstruktur soll die Handelbarkeit der Aktie verbessert werden.[119] Daneben schützt die Vorschrift gegenwärtige und künftige Aktionäre und Gläubiger der Gesellschaft vor Überraschungen und erfüllt damit auch eine **sozialschützende Funktion.**[120] Auch wenn der verbleibende Spielraum insbesondere durch das NaStraG[121] und das ARUG[122] in letzter Zeit verschiedentlich erweitert worden ist, unterliegt die Satzungsautonomie im Aktienrecht immer noch engen Grenzen. Obwohl nichtbörsennotierten Aktiengesellschaften ein etwas größerer Gestaltungsspielraum eingeräumt wird (vgl. §§ 121 Abs. 7 S. 4, 134 Abs. 1 S. 2 und Abs. 3 S. 3 AktG), ist der Grundsatz der Satzungsstrenge dennoch bei der **Vertragsgestaltung** von entscheidender Bedeutung.[123]

58 **Zwingender Natur** sind insbesondere die Normen, die den Zuständigkeitsbereich der Organe, ihre Zusammensetzung und ihre innere Organisation regeln, ferner Bestimmungen über Minderheitenrechte, die nicht abgeschwächt werden dürfen (Ausnahme § 122 Abs. 1 S. 2 AktG). Auch die Regelungen der Verschwiegenheitspflicht der Verwaltungsmitglieder (§§ 93 Abs. 1 S. 2, 116 AktG) können weder verschärft noch gemindert werden.[124] Gleiches gilt für den Umfang ihrer Sorgfaltspflicht nach §§ 93, 116 AktG.[125] Zwingend erforderlich ist schließlich die Zustimmung der Vorzugsaktionäre nach § 141 Abs. 1 AktG.[126]

59 *(2) Abweichende Satzungsregelungen.* Nach § 23 Abs. 5 S. 1 AktG kann die Satzung von den gesetzlichen Bestimmungen des AktG inhaltlich nur abweichen, wenn dies **ausdrücklich** zugelassen ist. Daraus folgt, dass sich die Abweichungsbefugnis aus dem Wortlaut des Gesetzes, ggfs. durch Auslegung, eindeutig ergeben muss.[127]

Eine abweichende Bestimmung i.S.d. § 23 Abs. 5 S. 1 AktG liegt vor, wenn die gesetzliche Regelung durch eine **andere Regelung** ersetzt wird, die Satzung also etwas anderes be-

---

[117] Schüppen/Schaub/*Voß* § 7 Rdnr. 36.

[118] *Hüffer* § 26 AktG Rdnr. 2; MünchKommAktG/*Pentz* § 26 AktG Rdnr. 8; Schmidt/Lutter/*Seibt* § 26 AktG Rdnr. 4.

[119] MünchKommAktG/*Pentz* § 23 AktG Rdnr. 150; GroßkommAktG/*Röhricht* § 23 Rdnr. 167.

[120] Schmidt/Lutter/*Seibt* § 23 AktG Rdnr. 53; *Hüffer* § 23 AktG Rdnr. 34.

[121] Gesetz zur Namensaktie und zur Erleichterung der Stimmrechtsausübung v. 18. 1. 2001, BGBl. I S. 123 ff; hierzu *Wohlwend* NJW 2001, 3170.

[122] Gesetz zur Umsetzung der Aktionärsrechterichtlinie vom 30. 7. 2009, BGBl. I S. 2479.

[123] Zur Kritik am Grundsatz der Satzungsstrenge siehe Bayer, Verhandlungen des 67. Juristentages (2008) Band E, S. 27 ff; *Schäfer* NJW 2008, 2536; *Grunewald* NZG 2009, 967; *Habersack* AG 2009, 1; *Spindler* AG 2008, 598.

[124] BGH Urt. v. 5. 6. 1975 – II ZR 156/73 – BGHZ 64, 325; MünchKommAktG/*Pentz* § 23 AktG Rdnr. 156; *Hüffer* § 23 AktG Rdnr. 36.

[125] *Geßler*, FS Luther 1976, S. 67, 83 f.

[126] MünchKommAktG/*Pentz* § 23 AktG Rdnr. 156; *Hüffer* § 23 AktG Rdnr. 36.

[127] GroßkommAktG/*Röhricht* § 23 Rdnr. 168; *Hüffer* § 23 AktG Rdnr. 35.

stimmt, als das Gesetz vorschreibt.[128] Das bloße Schweigen des Gesetzes vermag eine Abweichungsbefugnis nicht zu begründen.[129]

Zulässig sind abweichende Satzungsbestimmungen insbesondere im Zusammenhang mit der Bestimmung „andere(r) Mehrheiten" und „weitere(r) Erfordernisse" für Hauptversammlungsbeschlüsse. (AktG: §§ 52 Abs. 5 S. 3, 103 Abs. 1 S. 3, 133 Abs. 1 u. 2, 179 Abs. 2 S. 2 u. 3, 179 a Abs. 1 S. 2, 182 Abs. 1 S. 2 u. 3, 186 Abs. 3 S. 3, 193 Abs. 1 S. 2, 202 Abs. 2 S. 3, 221 Abs. 1 S. 3, 222 Abs. 1 S. 2, 229 Abs. 3, 237 Abs. 4 S. 3, 262 Abs. 1 Nr. 2, 274 S. 3, 289 Abs. 4 S. 4, 293 Abs. 1 S. 3, 319 Abs. 2 S. 3, 320 Abs. 1 S. 3; UmwG: z. B. §§ 65 Abs. 1 S. 2, 73) aber auch in anderem Zusammenhang (AktG §§ 24, 31 Abs. 2, 58 Abs. 2 S. 2 und Abs. 3 S. 2, 59 Abs. 1, 60 Abs. 3 S. 2, 77 Abs. 1 S. 2 und Abs. 2 S. 1, 78 Abs. 2 S. 1 und Abs. 3 S. 1, 95 S. 2, 109 Abs. 3, 111 Abs. 4 S. 2, 123 Abs. 2 S. 1 und Abs. 3 S. 1, 134 Abs. 1 S. 2, 3 und 4 und Abs. 2 S. 3, 139 Abs. 1, 140 Abs. 3, 150 Abs. 2, 182 Abs. 4 S. 2, 202 Abs. 2 S. 3 und Abs. 4, 203 Abs. 3 S. 2, 265 Abs. 2 S. 1, 269 Abs. 2 S. 1 und Abs. 3 S. 1, 287 Abs. 1, 300 Nr. 1).[130] 60

(3) Ergänzende Satzungsregelungen. Ergänzende Bestimmungen i. S. d. § 23 Abs. 5 S. 2 AktG können in der Satzung auch dann getroffen werden, wenn das Gesetz sie nicht ausdrücklich zulässt. Voraussetzung dafür aber ist, dass das Gesetz keine abschließende Regelung enthält; dies ist im Einzelfall im Wege der **Auslegung** unter Berücksichtigung von Sinn und Zweck der betroffenen Vorschrift zu ermitteln.[131] Zum Teil sind ergänzende Satzungsbestimmungen auch **ausdrücklich zugelassen**, z. B. §§ 8 Abs. 2, 11, 25 S. 2, 39 Abs. 2 i. V. m. 262 Abs. 1 Nr. 1, 55 Abs. 1, 63 Abs. 3, 68 Abs. 2 S. 1, 100 Abs. 4, 107 Abs. 1 S. 1, 113 Abs. 1 S. 2, 119 Abs. 1, 121 Abs. 1 und Abs. 2 S. 3, 134 Abs. 4, 237 Abs. 1 S. 2 AktG.[132] 61

Als ergänzende Satzungsregelungen **zulässig** sind **u. a.**

- Aufstellung persönlicher Voraussetzungen für Vorstandsmitglieder (z. B. Mindestalter, Höchstalter, Staatsangehörigkeit), wenn nur das Auswahlermessen des Aufsichtsrats gewahrt wird;
- Höchstalter bzw. Familienzugehörigkeit von Aufsichtsratsmitgliedern;
- Erweiterung des Auskunftsrechts der Aktionäre;
- Bildung fakultativer Gremien (z. B. Beiräte, Verwaltungsräte);
- Schaffung des Amts eines Vorstandssprechers;
- Gerichtsstandsvereinbarungen, soweit anderweitige gesetzliche Zuständigkeiten nicht ausschließlich sind.[133]

(4) Hinweise für die Satzungsgestaltung. Die Gestaltung der Satzung einer Aktiengesellschaft stellt insbesondere den nicht täglich mit aktienrechtlichen Fragen befassten Berater vor nicht unerhebliche Herausforderungen. Insbesondere wegen des Grundsatzes der Satzungsstrenge unterscheidet sich die Gestaltung der Satzung der Aktiengesellschaft grundlegend von derjenigen der Satzung der GmbH. Während bei der **GmbH** weitgehende **Gestaltungsfreiheit** herrscht und nur solche Satzungsbestandteile unzulässig sind, die gegen gesetzliche Normen verstoßen, kann der Gestalter der aktienrechtlichen Satzung nur – neben den zwingenden Bestandteilen – auf das gesetzlich ausdrücklich zugelassene Repertoire zurückgreifen. Im GmbH-Recht ist bei der Gestaltung der Satzung damit alles erlaubt, was nicht ausdrücklich verboten ist, während bei der Gestaltung der **Satzung einer AG alles verboten ist, was nicht (ausdrücklich) gesetzlich erlaubt ist.** 62

Aus diesem Grunde verbietet es sich, Satzungsmuster für die GmbH in aktienrechtliche Statuten zu transkribieren, da sich die Gestaltungsfreiheit des GmbH-Rechts nicht in das Aktienrecht übersetzen lässt. So sind z. B. bei personalistischen Gesellschaften die im GmbH-Recht häufig anzutreffenden Ankaufs- bzw. Vorkaufsrechte statutarisch im Aktienrecht nicht zulässig. Sie können allenfalls Gegenstand einer gesonderten Aktionärsverein- 63

---

[128] *Hüffer* § 23 AktG Rdnr. 35; Spindler/Stilz/*Limmer* § 23 AktG Rdnr. 29.

[129] *Hüffer* § 23 AktG Rdnr. 35; Schmidt/Lutter/*Seibt* § 23 AktG Rdnr. 54.

[130] Schmidt/Lutter/*Seibt* § 23 AktG Rdnr. 56; GroßkommAktG/*Röhricht* § 23 Rdnr. 177 ff.

[131] *Hüffer* § 23 AktG Rdnr. 37; Spindler/Stilz/*Limmer* § 23 AktG Rdnr. 30; MünchKommAktG/*Pentz* § 23 AktG Rdnr. 157.

[132] Vgl. die Übersicht bei *Hüffer* § 23 AktG Rdnr. 37; KölnKommAktG/*Arnold* § 23 AktG Rdnr. 151.

[133] Zum Ganzen Schmidt/Lutter/*Seibt* § 23 AktG Rdnr. 57; *Hüffer* § 23 AktG Rdnr. 38.

barung[134] sein, die – allerdings dann getrennt vom Satzungsinhalt – auch zum Bestandteil der Gründungsurkunde gemacht werden kann. Zweckmäßigerweise werden diese Aktionärsvereinbarungen in einer weiteren gesonderten Anlage zum Gründungsprotokoll (vgl. § 9 Abs. 1 BeurkG) mit beurkundet. Derartige **Aktionärsvereinbarungen** unterliegen – insbesondere nach Eintragung der AG im Handelsregister – eigenständigen Regelungen, insbesondere in Bezug auf die Form (Satzung bzw. ihre Änderungen sind grundsätzlich notariell zu beurkunden, §§ 23 bzw. 130 AktG, Aktionärsvereinbarungen nur unter bestimmten Voraussetzungen, z. B. wenn eine Unterwerfung unter die sofortige Zwangsvollstreckung erklärt wird, § 794 Abs. 1 Nr. 5 ZPO, oder sonstige Formvorschriften, z. B. § 311 b BGB oder § 15 GmbHG, berührt sind), Abänderbarkeit (Änderung der Satzung durch Beschluss nach §§ 179 ff AktG, Änderung der Aktionärsvereinbarung durch allseitigen Vertrag), Geltung von Willensmängeln (nach Eintragung der AG sind Willensmängel in Bezug auf statutarische Bestimmungen grundsätzlich unbeachtlich,[135] insbesondere gilt § 139 BGB im Gesellschaftsrecht nicht,[136] während §§ 104 ff BGB uneingeschränkt für die Aktionärsvereinbarung gelten) und Wirkungen auf Einzelrechtsnachfolger (Satzungsbestimmung gilt für den jeweiligen Aktionär als Organisationsrecht, Aktionärsvereinbarung gilt nur für die Partei bzw. den Einzelrechtsnachfolger, der ihr beitritt).

Aus den genannten Gründen sollte insbesondere der nicht hinreichend versierte Berater bei der Satzungsgestaltung durchaus auf die zugänglichen **Musterformulare** für Satzungen zurückgreifen.[137]

64 c) **Bestellung des ersten Aufsichtsrats.** *aa) Bestellungskompetenz.* Die **Gründer** haben den ersten Aufsichtsrat der Gesellschaft zu bestellen (§ 30 Abs. 1 AktG). Die Bestellung – nicht aber die Erklärung der Annahme – ist notariell zu beurkunden, § 30 Abs. 1 S. 2 AktG. Obwohl nicht zwingend notwendig, empfiehlt es sich – und ist in der Praxis die Regel – die Bestellung des ersten Aufsichtsrates zusammen mit der Satzungsfeststellung und der Übernahme der Aktien im notariellen Gründungsprotokoll vorzunehmen.[138]

65 Die grundsätzliche Zuständigkeit der Gründer zur Bestellung des ersten Aufsichtsrats nach § 30 Abs. 1 AktG wird verdrängt durch ein statutarisches **Entsenderecht** nach § 101 Abs. 2 AktG. Das Recht zur Bestellung von Aufsichtsratsmitgliedern steht den Entsendeberechtigten bereits für den ersten Aufsichtsrat zu. Übt der Entsendeberechtigte sein Recht aus, so ist seine Bestellungserklärung entsprechend § 30 Abs. 1 S. 2 AktG notariell zu beurkunden.[139]

66 Zwar ist die **Annahme des Amtes** durch das bestellte Aufsichtsratsmitglied nicht zu beurkunden, gleichwohl ist die Annahme dem Handelsregister gegenüber nachzuweisen. Ist das bestellte Aufsichtsratsmitglied bei der Beurkundung anwesend, kann die Annahme im Gründungsprotokoll erklärt werden. Ansonsten sollte zumindest im Protokoll der ersten Aufsichtsratssitzung die Annahme der Bestellung ausdrücklich erfolgen (s. Formulierungsbeispiel Rdnr. 83). Jedenfalls in der Mitwirkung des Bestellten an der Anmeldung zum Handelsregister in seiner Funktion als Aufsichtsrat liegt die konkludente Annahmeerklärung; ein weiterer Nachweis der Annahme ist dann entbehrlich.[140]

67 *bb) Zahl.* Die Zahl der Mitglieder des ersten Aufsichtsrats bestimmt sich nach der entsprechenden Festsetzung in der Satzung, auf die § 95 AktG anzuwenden ist. Danach muss der Aufsichtsrat **mindestens** aus **drei** Mitgliedern bestehen, jede **höhere Mitgliederzahl** muss **durch drei teilbar** sein. Die **Höchstzahl** der Aufsichtsratsmitglieder beträgt bei Gesell-

---

134 Eingehend zu Aktionärsvereinbarungen: Schüppen/Schaub/*Sickinger* § 11 Rdnr. 1 ff.

135 Schmidt/Lutter/*Seibt* § 23 AktG Rdnr. 59 f.

136 MünchKommAktG/*Pentz* § 23 AktG Rdnr. 167; *Hüffer* § 23 AktG Rdnr. 41.

137 Z. B. Beck'sches Formularbuch Zivil-, Wirtschafts- und Unternehmensrecht: Deutsch-Englisch (Buch mit CD/DVD), 2. Aufl. 2010; Beck'sches Formularbuch Aktienrecht (Buch mit CD/DVD), 2005; *Happ*, Aktienrecht, Handbuch/Mustertexte/Kommentar, 3. Aufl. 2007; *Henn*, Handbuch des Aktienrechts, 8. Aufl. 2009; *Kersten/Bühling*, Formularbuch und Praxis der Freiwilligen Gerichtsbarkeit, 23. Aufl. 2010.

138 MünchHdbGesR IV/*Hoffmann-Becking* § 3 Rdnr. 13; Schüppen/Schaub/*Voß* § 12 Rdnr. 23.

139 *Hüffer* § 30 AktG Rdnr. 2 f; GroßkommAktG/*Röhricht* § 30 Rdnr. 4; Schmidt/Lutter/*Bayer* § 30 AktG Rdnr. 7.

140 MünchKommAktG/*Pentz* § 30 AktG Rdnr. 14; GroßkommAktG/*Röhricht* § 30 Rdnr. 5.

schaften mit einem Grundkapital bis zu € 1.500.000,– neun, von mehr als € 1.500.000,– fünfzehn, von mehr als € 10.000.000,– einundzwanzig Mitglieder (§ 95 Abs. 4 AktG).

cc) Zusammensetzung. (1) Nur Anteilseignervertreter. Die Vorschriften über die Bestellung von Aufsichtsratsmitgliedern der Arbeitnehmer sind auf die Zusammensetzung und Bestellung des ersten Aufsichtsrats nicht anzuwenden, § 30 Abs. 2 AktG. Damit gehören dem ersten Aufsichtsrat **ausschließlich Mitglieder der Anteilseigner** an. Bestimmt die Satzung eine größere Zahl von Aufsichtsratsmitgliedern als gesetzlich geboten – z. B. einen sechsköpfigen Aufsichtsrats bei einer AG mit einem Grundkapital von € 50.000,– – müssen die Gründer (zu Besonderheiten bei der Sachgründung nach § 31 AktG siehe unten 190 f.) alle Mitglieder bestellen, und zwar auch dann, wenn – z. B. weil die Gesellschaft nach ihrer Errichtung Arbeitnehmer in größerer Zahl anstellt – künftig ein Teil der Sitze durch Aufsichtsratsmitglieder der Arbeitnehmer besetzt sein soll. Andernfalls ist der erste Aufsichtsrat unvollständig besetzt und die Gründung nicht ordnungsgemäß.[141] In derartigen Konstellationen kann es sich auch empfehlen, eine Satzungsgestaltung zu wählen, wonach der erste Aufsichtsrat aus einer geringeren Anzahl von Mitgliedern als der zweite Aufsichtsrat bestehen soll, z. B. aus drei an Stelle von sechs Mitgliedern.[142] 68

(2) Persönliche Voraussetzungen. Mitglied des Aufsichtsrats kann nur eine **natürliche, unbeschränkt geschäftsfähige Person** sein (§ 100 Abs. 1 S. 1 AktG). Nationalität und Wohnsitz spielen keine Rolle. Die Aufsichtsratsmitglieder haben grundsätzlich **unabhängig** zu sein, vgl. Ziff. 5.4.2 DCGK. § 100 Abs. 5 AktG fordert für kapitalmarktorientierte Aktiengesellschaften, dass mindestens ein unabhängiges Mitglied des Aufsichtsrats über **Sachverstand** auf dem Gebiet der Rechnungslegung oder Abschlussprüfung verfügt. Die Satzung kann darüber hinaus persönliche Voraussetzungen nur für Aufsichtsratmitglieder fordern, die auf der Hauptversammlung ohne Bindung an Wahlvorschläge gewählt oder auf Grund der Satzung in den Aufsichtsrat entsandt werden (§ 100 Abs. 4 AktG).[143] 69

Hinderungsgründe für die Bestellung in den Aufsichtsrat legt § 100 Abs. 2 AktG fest. Außerdem regelt § 105 Abs. 1 AktG die **Inkompatibilität** einer Mitgliedschaft im Aufsichtsrat mit der Mitgliedschaft im Vorstand oder anderer leitender Funktion (Prokura, Handlungsbevollmächtigter mit Generalhandlungsvollmacht i. S. d. § 54 Abs. 1 1. Fall HGB). 70

dd) Dauer. Zur Amtszeit der Mitglieder des ersten Aufsichtsrats bestimmt § 30 Abs. 1 S. 1 AktG keine Mindestdauer,[144] aber eine **Höchstdauer.** Die Mitglieder des ersten Aufsichtsrats können längstens für die Zeit bis zur Beendigung der Hauptversammlung bestellt werden, die über die Entlastung für das erste Voll- oder Rumpfgeschäftsjahr beschließt, § 30 Abs. 3 S. 1 AktG. Durch diese kurze Amtszeit sollen die Auswirkungen des § 30 Abs. 2 AktG, der die Vorschriften über die Bestellung von Aufsichtsratsmitgliedern der Arbeitnehmer im Hinblick auf den ersten Aufsichtsrat für unanwendbar erklärt, zeitlich begrenzt werden. 71

Auch wenn innerhalb der in § 120 Abs. 1 AktG (i. V. m. § 30 Abs. 3 AktG) genannten Frist kein Beschluss der Hauptversammlung über die Frage der Entlastung des Aufsichtsrats herbeigeführt wird, endet die Amtszeit des ersten Aufsichtsrats spätestens mit Ablauf der 8-Monats-Frist nach Ende des ersten Rumpf- oder Vollgeschäftsjahres. Das erste Geschäftsjahr beginnt dabei mit der Errichtung der Gesellschaft nach § 29 AktG und nicht etwa mit der Eintragung der Gesellschaft in das Handelsregister.[145] Die **maximale Amtszeit** des ersten Aufsichtsrats beträgt daher zwanzig Monate.[146] Dies entspricht der längsten Dauer eines Geschäftsjahres sowie zzgl. maximal 8 Monate bis zur Beschlussfassung über die Entlastung. Regelmäßig wird die Amtszeit des ersten Aufsichtrats jedoch kürzer sein, da das erste Geschäftsjahr meist ein Rumpfgeschäftsjahr ist.[147] 72

[141] MünchHdbGesR IV/*Hoffmann-Becking* § 3 Rdnr. 15.

[142] MünchKommAktG/*Pentz* § 30 AktG Rdnr. 20; *Hüffer* § 30 AktG Rdnr. 5.

[143] Vgl. *Schaub* ZEV 1995, 82.

[144] Aus Sinn und Zweck der Gründungsvorschriften wird jedoch geschlossen, dass die Amtszeit so bemessen werden muss, dass sie über die Eintragung der Gesellschaft reicht: *Hüffer* § 30 AktG Rdnr. 7.

[145] *Macht* MittBayNot 2004, 81, 83.

[146] *Hüffer* § 30 AktG Rdnr. 7; *Kropf* Aktiengesetz S. 49.

[147] Schmidt/Lutter/*Bayer* § 30 AktG Rdnr. 10.

Praxistipp:

Auf die kurze Amtszeit des ersten Aufsichtsrats ist besonders zu achten. Findet nach Eintragung der AG im Handelregister die erste ordentliche Hauptversammlung statt, wird dort u. a. über die Entlastung des Aufsichtsrats beschlossen mit der Folge, dass die Amtszeit des ersten Aufsichtrats endet. Häufig wird dabei aber übersehen, dass bei dieser Hauptversammlung auch Beschluss zu fassen ist über die Bestellung eines neuen Aufsichtsrats. Ursache dieses Versäumnisses ist regelmäßig die fehlende rechtliche Beratung der Gesellschaft, insbesondere auch weil bei einer nichtbörsennotierten AG im Rahmen der ordentlichen Hauptversammlung die Tagesordnung die Feststellung des Jahresabschlusses, die Entlastung von Vorstand und Aufsichtsrat und ggfs. die Wahl des Abschlussprüfers vorsieht, sodass eine notarielle Protokollierung der Hauptversammlungsbeschlüsse nicht erforderlich ist, sondern der Aufsichtsratsvorsitzende das entsprechende Protokoll fertigen kann (vgl. § 130 AktG).

Bemerken die Beteiligten das Versehen noch vor der entsprechenden Beschlussfassung, kann eine rechtssichere Korrektur während der Hauptversammlung nur im Fall einer sog. Vollversammlung erfolgen, d. h. einer Hauptversammlung, bei der alle Aktionäre anwesend oder vertreten sind und auf die Einhaltung von Form- und Fristvorschriften für die Einberufung und Abhaltung einer Hauptversammlung verzichten. In diesem Fall kann über einen zusätzlichen Tagesordnungspunkt „Wahl von Aufsichtsratsmitgliedern" beschlossen werden. Handelt es sich nicht um eine Vollversammlung, kann über nicht auf der Tagesordnung stehende Punkte nicht abgestimmt werden. Mit Beschluss über den Tagesordnungspunkt „Entlastung des Aufsichtsrats" endet die Amtsdauer des ersten Aufsichtsrates, und zwar unabhängig davon, ob die Entlastung erteilt oder verweigert wurde.

Entgegen der bislang h. M. dauert das Amt des ersten Aufsichtsrats auch bei einer Vertagung der Entlastungsentscheidung nicht fort, da das Amt der Aufsichtsratsmitglieder spätestens zu dem Zeitpunkt endet, in dem die Hauptversammlung über die Entlastung hätte beschließen müssen.[148]

Die Folgen eines fehlenden Aufsichtsrates sind gravierend.

73 Für die **Amtszeit des zweiten Aufsichtsrats** gelten dann die allgemeinen Vorschriften der Satzung und des § 102 Abs. 1 AktG. Um die gesetzlich vorgesehene Arbeitnehmerbeteiligung zu ermöglichen, hat der Vorstand nach § 30 Abs. 3 S. 2 AktG rechtzeitig vor Ablauf der Amtszeit des ersten Aufsichtsrats bekanntzumachen, nach welchen gesetzlichen Vorschriften der nächste Aufsichtsrat nach seiner Auffassung zusammenzusetzen ist; hierdurch wird das Statusverfahren §§ 96–99 AktG eingeleitet.[149]

74 *ee) Ausnahmen.* Die Begrenzung der Amtszeit durch § 30 Abs. 3 S. 1 AktG gilt nicht für den ersten Aufsichtrat der AG nach ihrer Entstehung durch einen **Formwechsel**, da die Vorschriften des § 30 AktG über die Bildung und Zusammensetzung des ersten Aufsichtsrats bei einem Formwechsel in die AG nicht anzuwenden sind, **§ 197 S. 2 UmwG.**

Falls der Aufsichtsrat der AG nach den gleichen gesetzlichen Vorschriften zusammengesetzt wird wie bei der alten Rechtsform und sich auch die zahlenmäßige Zusammensetzung nicht ändert, können die Mitglieder des Aufsichtrats für den Rest ihrer bei der alten Rechtsform bestimmten Amtszeit im Amt bleiben, **§ 203 UmwG.**

75 *ff) Vorzeitiges Ausscheiden.* Ein Mitglied des ersten Aufsichtsrats kann ausscheiden aus folgenden **Gründen:**

- Tod
- Amtsniederlegung, die an die Gründer zu richten ist, wenn der Aufsichtsrat den ersten Vorstand noch nicht bestellt hat, ansonsten an den Vorstand,[150]
  oder

[148] BGH Urt. v. 24. 6. 2002 – II ZR 296/01 – AG 2002, 676 = NZG 2002, 916 zu § 102 Abs. 1 S. 1 AktG; KölnKommAktG/*Mertens* § 102 AktG Rdnr. 5; MünchKommAktG/*Pentz* § 30 AktG Rdnr. 24; Schmidt/Lutter/*Bayer* § 30 AktG Rdnr. 10; kritisch *Hüffer* § 102 AktG Rdnr. 3.

[149] Im Einzelnen dazu: Schüppen/Schaub/*Nehls/Unsöld* § 23 Rdnr. 48 ff.

[150] *Hüffer* § 30 AktG Rdnr. 4.

- Abberufung (§ 103 AktG), über die vor Eintragung der Gesellschaft die Gründer durch Beschluss entscheiden, ansonsten die Hauptversammlung. Der Beschluss bedarf grundsätzlich einer Dreiviertelmehrheit, § 103 Abs. 1 S. 2 AktG.[151]

Bei vorzeitigem Ausscheiden des Aufsichtsratsmitglieds bedarf es einer **Neubesetzung**, um die gesetzliche oder satzungsmäßige Vollzähligkeit des Aufsichtsrats wieder herzustellen. Über die Neubesetzung entscheiden vor Eintragung der AG in das Handelsregister wiederum die Gründer durch Beschluss, der analog § 30 Abs. 1 S. 2 AktG der notariellen Beurkundung bedarf. Eine (Ersatz-)Bestellung durch das Gericht gem. § 104 AktG kommt in diesem Stadium nicht in Betracht. Nach Eintragung der AG entscheidet die Hauptversammlung über die Neubestellung der Aufsichtsratsmitglieder durch Beschluss, § 101 AktG. Die neu bestellten Mitglieder werden unabhängig davon, ob ihre Bestellung vor oder nach der Eintragung der Gesellschaft erfolgt, Mitglieder des ersten Aufsichtsrats,[152] weshalb ihre Amtszeit spätestens zu dem in § 30 Abs. 3 S. 1 AktG genannten Zeitpunkt endet. 76

gg) Aufgaben des ersten Aufsichtsrats. Nach § 30 Abs. 4 AktG **bestellt** der erste Aufsichtsrat den ersten **Vorstand, prüft** nach § 33 Abs. 1 AktG die **Gründung** und wirkt nach § 36 Abs. 1 AktG bei der **Anmeldung** der AG zur Eintragung in das Handelsregister mit. Daneben ist er wie jeder Aufsichtsrat zur **Überwachung** des Vorstands und zur **Vertretung** der Gesellschaft gegenüber dem Vorstand berechtigt und verpflichtet §§ 111, 112 AktG.[153] 77

hh) Vergütung. Ein gesetzlicher Vergütungsanspruch der Mitglieder des ersten Aufsichtsrats besteht nicht. Die Vergütung kann in Form eines Gründerlohns oder eines Sondervorteils ausbedungen werden (vgl. §§ 32 Abs. 3, 33 Abs. 2 Nr. 3 AktG). Die Gesellschaft selbst wird aber nur bei Festsetzung in der **Satzung** verpflichtet, § 26 Abs. 1, 3 S. 1 AktG, im Übrigen entscheidet nach § 113 Abs. 2 S. 2 AktG nur die **Hauptversammlung** im Nachhinein über die Vergütung. Zusagen der Gründer sind nichtig (§ 134 BGB).[154] 78

d) Bestellung des ersten Abschlussprüfers. Nach § 30 Abs. 1 AktG wird auch der erste Abschlussprüfer abweichend von § 119 Abs. 1 Nr. 4 AktG nicht durch die Hauptversammlung, sondern durch die **Gründer** bestellt. Dies ist allerdings keine zwingende Gründungsvoraussetzung, sondern nur eine Erleichterungsvorschrift, die die Einberufung der Hauptversammlung lediglich zum Zweck der Wahl des Abschlussprüfers vermeiden soll. Die unterbliebene Bestellung des ersten Abschlussprüfers ist kein Eintragungshindernis.[155] 79

Ebenso wie bei der Bestellung des ersten Aufsichtsrats empfiehlt es sich, die Bestellung des ersten Abschlussprüfers in die **notarielle Gründungsurkunde** aufzunehmen (siehe oben Rdnr. 64).

Die Bestellung kann unterbleiben, wenn die Gründer nach den gegebenen Verhältnissen davon ausgehen, dass Gesellschaft im ersten Voll- oder Rumpfgesellschaft als **kleine Kapitalgesellschaft** i. S. d. § 267 Abs. 1 HGB **nicht prüfungspflichtig** sein wird.[156] In diesem Falle sollte allerdings ein entsprechender Hinweis in die Gründungsurkunde aufgenommen werden. 80

Formulierungsbeispiel:

Die Bestellung eines Abschlussprüfers unterbleibt, da die Gesellschaft als sog. kleine Kapitalgesellschaft im Sinne des § 267 Abs. 1 HGB nicht prüfungspflichtig ist bzw. sein wird.

Nach § 267 Abs. 4 S. 2 HGB ist bei der Neugründung auf die **Verhältnisse am ersten Abschlußstichtag** abzustellen. Die Gründer werden in der Regel einen Abschlussprüfer nur dann bestellen, wenn sie davon ausgehen, dass die Voraussetzungen nach § 267 Abs. 1 HGB 81

[151] Schmidt/Lutter/*Bayer* § 30 AktG Rdnr. 13.
[152] *Hüffer* § 30 AktG Rdnr. 4; Schmidt/Lutter/*Bayer* § 30 AktG Rdnr. 14.
[153] RG v. 29. 5. 1934 – II 9/34 – RGZ 144, 348, 351; *Hüffer* § 30 AktG Rdnr. 6; Schmidt/Lutter/*Bayer* § 30 AktG Rdnr. 14.
[154] *Hüffer* § 30 AktG Rdnr. 8.
[155] *Hüffer* § 30 AktG Rdnr. 10; Schüppen/Schaub/*Voß* § 12 Rdnr. 27.
[156] Happ/*Mulat* 2.01 Rdnr. 14; KölnerHdbGesR/*Temme* Kap. 3 Rdnr. 168; a. A. MünchHdbGesR IV/*Hoffmann-Becking* § 3 Rdnr. 18.

am ersten Abschlußstichtag erfüllt sein werden. Bestellen die Gründer bei der Errichtung der AG keinen Abschlussprüfer und stellt sich später heraus, dass die Gesellschaft wider Erwarten doch prüfungspflichtig ist, greift § 318 Abs. 4 HGB.[157]

82 e) **Bestellung des ersten Vorstands.** Der erste Aufsichtsrat bestellt nach § 30 Abs. 4 AktG den ersten Vorstand. Die **Bestellungskompetenz** kommt zwingend dem ersten Aufsichtsrat zu. Eine Ersatzbestellung durch das Gericht ist nicht möglich.[158]

Die Bestellung erfolgt durch **Beschluss** des Aufsichtsrats mit einfacher Mehrheit, § 108 AktG.

83 Der Beschluss nach § 107 Abs. 2 AktG sollte in die **Niederschrift** über die Aufsichtsratssitzung aufgenommen werden, die wiederum der Anmeldung der AG nach § 37 Abs. 4 Nr. 3 AktG beizufügen ist. Der Beschluss bedarf keiner notariellen Beurkundung oder Beglaubigung.[159]

Formulierungsbeispiel:

N i e d e r s c h r i f t
über die Sitzung des Aufsichtsrats der
...... AG mit Sitz in ......

Laut Gründungsprotokoll vom ......, Urkunde des Notars ...... in ...... vom ......, URNr. ......, sind

1. Herr/Frau ...... (Name, Vorname, ausgeübter Beruf, Wohnort),
2. Herr/Frau...... (Name, Vorname, ausgeübter Beruf, Wohnort),
3. Herr/Frau ...... (Name, Vorname, ausgeübter Beruf, Wohnort)

zu Mitgliedern des ersten Aufsichtsrats der ...... AG mit Sitz in ...... bestellt worden.

Die in der Gründungsurkunde bestellten Aufsichtsratsmitglieder nehmen ihre Bestellung an, treten unter Verzicht auf alle Form- und Fristvorschriften zu einer Sitzung zusammen und fassen einstimmig folgende Beschlüsse:

1. Zum/Zur Vorsitzenden des Aufsichtsrates wird gewählt:
   Herr/Frau ......
   Der/Die Gewählte nimmt die Wahl an.
2. Zum/Zur stellvertretenden Vorsitzenden des Aufsichtsrats wird gewählt:
   Herr/Frau ......
   Der/Die Gewählte nimmt die Wahl an
3. Auf die Dauer von fünf Jahren wird zum Vorstand der Gesellschaft bestellt:
   Herr/Frau ...... (Name, Vorname, Geburtsdatum, Wohnort)
   Der bestellte Vorstand vertritt die Gesellschaft stets einzeln und ist vom Verbot der Mehrfachvertretung befreit.
   Der Vorsitzende des Aufsichtsrats wird ermächtigt, den Anstellungsvertrag im Namen des Aufsichtsrats mit dem Vorstandsmitglied abzuschließen.

Ort/Datum

________ ________ ________

(Unterschriften sämtlicher Aufsichtsratsmitglieder)

Die Bestellung zum Vorstand annehmend:
Ort/Datum

____

(Unterschrift des bestellten Vorstands)

[157] Schüppen/Schaub/*Voß* § 12 Rdnr. 28.
[158] MünchKommAktG/*Pentz* § 30 AktG Rdnr. 38; GroßkommAktG/*Röhricht* § 30 Rdnr. 32.
[159] MünchKommAktG/*Pentz* § 30 AktG Rdnr. 38; GroßkommAktG/*Röhricht* § 30 Rdnr. 29.

Die **Zahl der Vorstandsmitglieder** richtet sich nach § 76 Abs. 2 AktG oder der einschlägigen Satzungsregelung. Die **Amtsdauer** darf höchstens 5 Jahre betragen, § 84 Abs. 1 AktG, wobei die Frist mit Beginn der Amtszeit, nicht mit der Eintragung der AG in das Handelsregister beginnt.[160] 84

Ein **Arbeitsdirektor** ist nicht zu bestellen; dies folgt aus § 30 Abs. 2 AktG.[161]

Dem ersten Vorstand werden in den §§ 30 Abs. 3 S. 2, 31 Abs. 3, 33, 36 spezielle gründungsspezifische **Aufgaben** zugewiesen, die zur Entstehung der AG erforderlich sind. So hat der Vorstand die Gründung zu prüfen, die Gesellschaft zur Eintragung in das Handelsregister anzumelden und die Bekanntmachungen nach §§ 30 Abs. 3, 31 Abs. 3 AktG zu veröffentlichen. Bereits im Stadium der Vor-AG ist der Vorstand Leitungsorgan nach § 76 AktG; seine Sorgfaltspflichten richten sich nach § 93 Abs. 1 S. 1 AktG, die Haftung im Zeitpunkt der Gründung nach § 48 Abs. 1 S. 1 AktG.[162] 85

f) **Berichte und Prüfungen.** *aa) Gründungsbericht.* **§ 32 AktG verpflichtet die Gründer** zur Erstattung eines Gründungsberichts. Der Gründungsbericht ist Grundlage für die Gründungsprüfung durch Vorstand und Aufsichtsrat – und ggfs. durch den gesonderten Gründungsprüfer – nach § 33 AktG und erleichtert außerdem dem Registergericht die Prüfung der Ordnungsgemäßheit des Errichtungsvorgangs nach § 38 AktG. Er dient darüber hinaus der Information der Öffentlichkeit, die ihn, weil er als Anlage der Anmeldung zum Handelsregister einzureichen ist (§ 37 Abs. 4 Nr. 4 AktG), jederzeit einsehen kann, vgl. § 9 Abs. 1 HGB. Insbesondere die mit einem fehlerhaften Gründungsprüfungsbericht verbundenen Sanktionen (siehe unten Rdnr. 92) sollen den Geschäftsverkehr vor unsoliden, speziell betrügerischen Gründungen schützen.[163] 86

Der Gründungsbericht ist ein **schriftlicher Bericht** der Gründer über den Hergang der Gründung. Die Gründer haben ihn **höchstpersönlich** aufzustellen und eigenhändig zu unterschreiben. Eine rechtsgeschäftliche Vertretung ist unzulässig; allein die Zuziehung von Hilfspersonal ist gestattet.[164] Für juristische Personen als Gründer handeln ihre Organe. Ist eine BGB-Gesellschaft Gründerin, müssen alle Gesellschafter der BGB-Gesellschaft den Gründungsbericht unterzeichnen, da die Vertretungsmacht eines etwaigen geschäftsführenden Gesellschafters nur rechtsgeschäftlicher und nicht organschaftlicher Natur ist.[165] 87

Zeitlich ist der Gründungsbericht, wie sich aus § 32 Abs. 3 AktG ergibt, nach der Bestellung des ersten Vorstandes zu erstellen.[166] 88

Inhaltlich soll der Gründungsbericht nach § 32 Abs. 1 AktG den Hergang der Gründung darlegen. Er wiederholt die wesentlichen Angaben des Gründungsprotokolls, vor allem die Namen der Gründer und die von ihnen übernommenen Anteile, die Mitglieder des ersten Aufsichtsrats und des ersten Vorstands sowie ggfs. die Angabe des ersten Abschlussprüfers. Außerdem soll er Ausführungen zu den weiteren wesentlichen Entwicklungen, insbesondere zur Erfüllung der Einlageverpflichtungen der Aktionäre, enthalten (für Sachgründungen siehe § 32 Abs. 2 AktG und Rdnr. 192). Anzugeben sind damit alle wesentlichen Vorgänge, die für die Aktionäre und Gläubiger der Gesellschaft von Bedeutung sind.[167] 89

Zwingend erforderlich sind schließlich die **Angaben nach § 32 Abs. 3 AktG.** Im Gründungsbericht ist daher anzugeben, ob und in welchem Umfang bei der Gründung für Rechnung eines Mitglieds des Vorstands oder des Aufsichtsrats Aktien übernommen worden sind (sog. „Strohmann"- bzw. Treuhand-Konstruktionen) und ob und in welcher Weise ein Mit- 90

[160] Schmidt/Lutter/*Bayer* § 30 AktG Rdnr. 23.
[161] AG Bremen v. 5. 12. 1978 – 38 HRB 3079 – AG 1979, 207; *Hüffer* § 30 AktG Rdnr. 12.
[162] Schmidt/Lutter/*Bayer* § 30 AktG Rdnr. 25.
[163] Schmidt/Lutter/*Bayer* § 32 AktG Rdnr. 1.
[164] *Hüffer* § 32 AktG Rdnr. 2; MünchKommAktG/*Pentz* § 32 AktG Rdnr. 6; GroßkommAktG/*Röhricht* § 32 Rdnr. 3.
[165] Ebenroth/Boujong/Joost/Strohn/*Schaub* § 12 HGB Rdnr. 144 ff. für den vergleichbaren Fall der Handelsregisteranmeldung.
[166] *Hüffer* § 32 AktG Rdnr. 2.
[167] MünchKommAktG/*Pentz* § 32 AktG Rdnr. 12; GroßkommAktG/*Röhricht* § 32 Rdnr. 7; Schüppen/Schaub/*Voß* § 12 Rdnr. 33.

glied des Vorstands oder des Aufsichtsrats sich einen besonderen Vorteil oder für die Gründung oder ihre Vorbereitung eine Entschädigung oder Belohnung ausbedungen hat. Sollte dies nicht der Fall sein, ist auch dies anzugeben.[168]

91 Ändern sich nach Erstattung des Gründungsberichts wesentliche Umstände, so ist ein **Nachtragsbericht** zu erstatten,[169] für den die Regeln über den Gründungsbericht gelten.

92 Das **Fehlen des Gründungsberichts** stellt ein Eintragungshindernis nach § 38 Abs. 1 AktG dar. Ist der Gründungsbericht offensichtlich **unrichtig, unvollständig** oder entspricht er nicht den gesetzlichen Vorschriften, besteht ein Eintragungshindernis nach § 38 Abs. 2 AktG. Den Gründern kann durch Zwischenverfügung aufgegeben werden, den Gründungsbericht nachzubessern.

Für die Richtigkeit und Vollständigkeit des Berichts **haften** die Gründer strafrechtlich nach § 399 Abs. 1 Nr. 2 AktG, zivilrechtlich gegenüber der Gesellschaft nach § 46 AktG, gegenüber den Aktionären und Drittgläubigern nach § 832 Abs. 2 BGB i. V. m. § 399 Abs. 1 Nr. 2 AktG (als Schutzgesetz).

Muster:

Gründungsbericht

Der unterzeichneten Gründer erstattet über den Hergang der Gründung der ...... AG mit Sitz in ...... folgenden Bericht:

1.

Die Satzung der Gesellschaft wurde gemäß notariellem Gründungsprotokoll vom ...... (URNr. ...... des Notars ...... in ......) festgestellt.

2.

Als Gründer hat sich

...... (Name, Geburtsdatum, Anschrift; bzw. Firma, Sitz, ggfs. zuständiges Registergericht und HR-Nummer, Geschäftsanschrift)

beteiligt.

3.

Das Grundkapital der Gesellschaft beträgt Euro .... Der Gründer ...... hat die ausgegebenen Aktien übernommen. Hierauf hat er ausschließlich bare Einlagen, und zwar in voller Höhe des Grundkapitals, auf das Konto der Gesellschaft geleistet. Diese Einlagen stehen endgültig zur freien Verfügung des Vorstands, soweit sie nicht zur Bezahlung von bei der Gründung angefallenen Gebühren verwendet wurden.

4.

Als Mitglieder des 1. Aufsichtsrats wurden von dem Gründer bestellt:

- Herr/Frau ...... (Name, Vorname, Beruf, Wohnort)
- Herr/Frau ...... (Name, Vorname, Beruf, Wohnort
- Herr/Frau ...... (Name, Vorname, Beruf, Wohnort)

5.

Der Aufsichtsrat hat durch Beschluss vom ...... Herrn/Frau ...... (Name, Geburtsdatum, Anschrift), zum Vorstand bestellt.

Herr/Frau ......, vertritt die Gesellschaft stets einzeln, sie ist für den Fall der Mehrfachvertretung von den Beschränkungen des § 181 BGB befreit.

6.

Die Mitglieder des Aufsichtsrates haben bei Gründung keine Aktien übernommen. Weder ein Mitglied des Vorstands noch ein Mitglied des Aufsichtsrats hat sich einen besonderen Vorteil oder für die Gründung oder ihre Vorbereitung eine Entschädigung oder Belohnung ausbedungen.

[168] Spindler/Stilz/*Gerber* § 32 AktG Rdnr. 8; *Hüffer* § 32 AktG Rdnr. 6.

[169] KG v. 24. 4. 1924 – OLGR 43, 299, 301; *Hüffer* § 32 AktG Rdnr. 7.

7.

Die Gesellschaft hat ihre Gründungskosten in geschätzter Höhe von € ...... gemäß den Bestimmungen der Satzung übernommen.

Ort/Datum

____

(Unterschrift des Gründers)

bb) Gründungsprüfung durch die Mitglieder der Verwaltung. Nach § 33 Abs. 1 AktG haben die Mitglieder des Vorstands und des Aufsichtsrats den Hergang der Gründung zu prüfen. Diese obligatorische Prüfung soll die Seriosität der Gründung sicherstellen, dem Registergericht die Prüfung erleichtern und die Öffentlichkeit informieren (vgl. § 34 Abs. 3 S. 2 AktG). Die Zwecksetzung der besonderen Prüfung des Gründungshergangs entspricht daher derjenigen des Gründungsberichts (siehe oben Rdnr. 86). Die Gründungsprüfung durch die Mitglieder der Verwaltung ist **ausnahmslos für alle Gründungsvorgänge** einer Aktiengesellschaft vorgeschrieben und – anders als die externe Gründungsprüfung – von keinen besonderen Voraussetzungen abhängig. 93

Der Gründungsprüfungsbericht ist **von allen Mitgliedern des Vorstands und des Aufsichtsrats höchstpersönlich** zu erstellen; eine Stellvertretung ist unzulässig, allerdings können Hilfspersonen hinzugezogen werden. Es gelten die gleichen Grundsätze wie für den Gründungsbericht (siehe oben Rdnr. 87). Jedes einzelne Organmitglied ist berechtigt, von den Gründern die Informationen zu verlangen, die es nach seinem pflichtgemäßen Ermessen für die ordnungsgemäße Prüfung benötigt.[170] 94

Zeitlich ist der Gründungsprüfungsbericht der Verwaltung nach dem Gründungsbericht zu erstellen, aber vor einer ggfs. externen Prüfung. 95

Gegenstand der Prüfung ist nach § 34 Abs. 1 Nr. 1 AktG insbesondere die Vollständigkeit und Richtigkeit der Angaben der Gründer über die Übernahme der Aktien, über die Einlagen auf das Grundkapital und über die Festsetzung nach §§ 26 und 27 AktG. Da die Verwaltungsmitglieder den gesamten Hergang der Gründung zu prüfen haben, erstreckt sich die Prüfung auch auf die Feststellung und den Inhalt der Satzung, ihre Vollständigkeit und Vereinbarkeit mit gesetzlichen Bestimmungen, die Erbringung der Einlagen, die Einhaltung der Formvorschriften und Genehmigungserfordernisse, Anzahl und Personen der Gründer, Ordnungsmäßigkeit der Bestellung von Vorstands- und Aufsichtsratsmitgliedern sowie der Abschlussprüfer sowie Vollständigkeit und Richtigkeit des Gründungsberichts nach § 32 Abs. 1 AktG.[171] Zu Besonderheiten bei der Sachgründung siehe Rdnr. 147 ff. 96

Fehlt der Gründungsprüfungsbericht der Verwaltung besteht ein **Eintragungshindernis** nach § 38 Abs. 1 AktG, ist er offensichtlich unrichtig, unvollständig oder nicht den gesetzlichen Vorschriften entsprechend, besteht ein Eintragungshindernis nach § 38 Abs. 2 AktG. Hierfür und für die straf- und zivilrechtliche **Haftung** für die Richtigkeit und Vollständigkeit des Gründungsprüfungsberichts gelten dieselben Grundsätze wie beim Gründungsbericht, siehe Rdnr. 193 ff. 97

cc) Externe Gründungsprüfung. Anders als bei Sachgründungen ist **bei Bargründungen grundsätzlich** eine externe Gründungsprüfung nicht erforderlich. Bei Bargründungen ist eine externe Gründungsprüfung **nur erforderlich, wenn** 98

- ein Mitglied des Vorstands oder des Aufsichtsrats zu den Gründern gehört (§ 33 Abs. 2 Nr. 1 AktG) oder
- bei der Gründung für Rechnung eines Mitglieds des Vorstands oder des Aufsichtsrats Aktien übernommen worden sind (§ 33 Abs. 2 Nr. 2 AktG; „Strohmann"-Gründung) oder

[170] GroßkommAktG/*Röhricht* § 33 Rdnr. 3.

[171] Schmidt/Lutter/*Bayer* § 34 AktG Rdnr. 2.

- ein Mitglied des Vorstands oder des Aufsichtsrats sich einen besonderen Vorteil oder für die Gründung oder ihre Vorbereitung eine Entschädigung oder Belohnung ausbedungen hat (§ 33 Abs. 2 Nr. 3 AktG).

99 **Maßgebender Zeitpunkt** für die Frage, ob eine externe Gründungsprüfung notwendig ist, ist der Zeitpunkt der Registereintragung.[172] Veränderungen, die sich im Zeitraum der Gründung der AG und ihrer Eintragung ergeben, können daher eine externe Gründungsprüfung veranlassen, z. B. die nachträgliche Bestellung eines Gründers zum Vorstandsmitglied.[173]

100 Ist eine **juristische Person Gründer**, gelangt § 33 Abs. 2 Nr. 1 AktG zur Anwendung, wenn ein Mitglied des gesetzlichen Vertretungsorgans des Gründers Vorstand oder Aufsichtsratsmitglied der Aktiengesellschaft wird. Beteiligt sich eine Personengesellschaft an der Gründung einer AG, kommt § 33 Abs. 2 Nr. 1 AktG zur Anwendung, wenn ein vertretungsberechtigter Gesellschafter in den Vorstand oder Aufsichtsrat der AG eintritt.[174]

101 Die Prüfung erfolgt grundsätzlich durch einen **besonderen Gründungsprüfer**, der auf Antrag des Gründers oder des Vorstands[175] **vom** für den Sitz der Gesellschaft zuständigen **Amtsgericht** (vgl. § 14 AktG, § 375 Nr. 3 FamFG) **bestellt** wird. Das Gericht entscheidet über die Person des Gründungsprüfers nach Ermessen, folgt aber in der Praxis regelmäßig dem Vorschlag des Antragstellers, sofern dieser die in § 33 Abs. 4, 5 AktG für den Gründungsprüfer niedergelegten Bestellungsvoraussetzungen und -hindernisse berücksichtigt. **Oftmals** wird der **erste Abschlussprüfer** zum Gründungsprüfer vorgeschlagen. Dies ist rechtlich zulässig, insbesondere besteht keine Befangenheit i. S. v. § 33 Abs. 5 AktG.[176]

102 In den Fällen des § 33 Abs. 2 Nrn. 1 und 2 AktG kann die Gründungsprüfung auch durch den **beurkundenden Notar** vorgenommen werden. Dadurch soll die Gründungsprüfung erleichtert und beschleunigt werden. In der Praxis hat die durch das TransPuG[177] eingeführte Regelung vor allem bei der Gründung von kleinen und mittleren Aktiengesellschaften große Bedeutung, da hier regelmäßig Gründer auch zu Mitgliedern der Verwaltung bestellt werden.[178] Soll die Prüfung durch den beurkundenden Notar erfolgen, wird dieser nicht durch das Gericht bestellt, sondern vielmehr **durch** die **Gründer beauftragt.**[179] Diese Beauftragung ist als sonstige Betreuung auf dem Gebiet der vorsorgenden Rechtspflege nach § 24 BNotO zu qualifizieren, sodass der Auftrag auch abgelehnt werden kann. Ebenso ist, anders als beim gerichtsbestellten Gründungsprüfer, eine Kündigung zulässig.[180]

103 Der **Prüfungsumfang** und die **Berichterstattung** durch den externen Gründungsprüfer/ Notar ist mit demjenigen von Vorstand und Aufsichtsrat nach § 33 Abs. 1 AktG identisch. Insoweit gelten hier dieselben Ausführungen wie unter Rdnr. 93 ff.

104 Der **gerichtlich bestellte Gründungsprüfer** hat Anspruch auf Ersatz angemessener barer Auslagen und auf Vergütung für seine Tätigkeit. Auslagen und Vergütung werden durch das Gericht festgesetzt. Eine vertragliche Vereinbarung mit der Gesellschaft oder mit Dritten ist unwirksam. Durch diese Regelung soll die Unabhängigkeit der Gründungsprüfer gewährleistet werden.[181]

105 Ungeklärt ist die Frage der **Vergütung des Notars** als Gründungsprüfer. Einerseits sollen die Vorschriften über die Gründungsprüfung nach § 33 Abs. 3 S. 1 HS 2 AktG sinngemäße Anwendung finden, andererseits spricht gegen eine entsprechende Anwendung von § 35 Abs. 3 AktG, dass § 140 KostO die Gebührenansprüche des Notars abschließend regelt. Die Gründungsprüfung ist ein Amtsgeschäft des Notars; er wird nicht als Gründungsprüfer, sondern an Stelle des Gründungsprüfers tätig. Daher soll nach h. M. mangels eigenständigen Gebührentatbestands die allgemeine Regelung § 147 Abs. 2 KostO (halbe Gebühr) gel-

[172] *Hermanns* ZIP 2002, 1785, 1787; *Hüffer* § 33 AktG Rdnr. 4.
[173] Schmidt/Lutter/*Bayer* § 33 AktG Rdnr. 4.
[174] Zu den z. T. strittigen Einzelheiten Schmidt/Lutter/*Bayer* § 33 AktG Rdnr. 5; MünchKommAktG/*Pentz* § 33 AktG Rdnr. 17; GroßkommAktG/*Röhricht* § 33 Rdnr. 11.
[175] *Hüffer* § 33 AktG Rdnr. 7.
[176] MünchHdbGesR IV/*Hoffmann-Becking* § 3 Rdnr. 21; Schüppen/Schaub/*Voß* § 12 Rdnr. 42.
[177] Transparenz- und Publizitätsgesetz, BGBl I 2002 S. 2681.
[178] *Heckschen* NotBZ 2002, 429; *Pappmehl* MittBayNot 2002, 187.
[179] Vgl. Begr. RegE BT-Drucks. 14/8769, S. 12 = NZG 2002, 213, 218.
[180] *Hüffer* § 33 AktG Rdnr. 5, 5 a.
[181] *Hüffer* § 33 AktG Rdnr. 7; Schmidt/Lutter/*Bayer* § 35 AktG Rdnr. 9.

ten.[182] Nach der Gegenansicht gilt § 35 Abs. 3 AktG analog (Festsetzung durch das Gericht).[183] Der Geschäftswert ergibt sich nicht aus § 39 KostO, sondern bestimmt sich nach pflichtgemäßen Ermessen (§§ 30 Abs. 1, 14 Abs. 1 KostO) und sollte sich am Grundkapital (einschließlich Aufgeld und Genehmigten Kapital) orientieren.[184]

Der gerichtlich bestellte Gründungsprüfer haftet zivilrechtlich nach § 49 AktG i. V. m. § 323 Abs. 1–4 HGB. Die zivilrechtliche **Haftung des Notars** richtet sich nach § 19 BNotO, nicht nach § 49 AktG i. V. m. § 323 HGB; das Privileg der subsidiären Haftung nach § 19 Abs. 1 S. 2 BNotO gilt nicht.[185] Die strafrechtliche **Haftung des Gründungsprüfers** folgt aus §§ 403, 404 Abs. 1 Nr. 2 AktG. 106

Muster:

Antrag auf gerichtliche Bestellung eines Gründungsprüfers

An das
Amtsgericht ......
– Registergericht –

Sehr geehrte Damen und Herren,

Herr/Frau ...... (Name, Geburtsdatum, Anschrift), ist alleiniger Gründer der ...... AG mit Sitz in ......

Der Gründer, Herr/Frau ......, ist auch zum Vorstand der Gesellschaft bestellt worden. Nach § 33 Abs. 2 Nr. 1 AktG ist daher eine Prüfung durch einen Gründungsprüfer erforderlich.

Es wird vorgeschlagen, ... zum Gründungsprüfer zu bestellen.

Eine beglaubigte Abschrift der notariellen Gründungsurkunde vom ...... sowie der Niederschrift über die Aufsichtsratssitzung vom ......, bei der die Bestellung von Herrn/Frau ...... zum Vorstandsmitglied erfolgt ist, wird als Anlage beigefügt.

Eine Bestätigung des hier genannten Gründungsprüfers, wonach Hinderungsgründe gegen seine Bestellung im Sinne des § 33 Abs. 5 AktG nicht vorliegen, ist ebenso beigefügt.

Ort/Datum

____
(Unterschrift des Antragstellers)

g) Leistung der Bareinlage. *aa) Mindesteinlage vor Anmeldung.* § 36 a Abs. 1 i. V. m. § 36 Abs. 2 AktG bestimmt die Höhe des Mindestbetrages, der vor Anmeldung auf die Bareinlage einzuzahlen ist. Demnach muss vor Anmeldung der einzuzahlende Betrag mindestens **ein Viertel des geringsten Ausgabebetrages** – dies ist nach § 9 AktG bei Nennbetragsaktien der Nennbetrag, bei Stückaktien der auf eine Aktie entfallende anteilige Betrag des Grundkapitals – umfassen. Legt die Satzung eine höhere Quote für die Einzahlung fest, ist der Vorstand zur Einforderung des höheren Betrags verpflichtet und setzt die Anmeldung dann auch voraus, dass der höhere eingeforderte Betrag eingezahlt ist. Fordert der Vorstand bei einem statutarisch festgelegten höheren Einzahlungsbetrag pflichtwidrig allerdings weniger ein, genügt, weil die Satzungsbestimmung nur im Innenverhältnis wirkt, dem Handelsregister gegenüber zur Anmeldung eine der Quote des § 36 a Abs. 1 AktG entsprechende Zahlung, d. h. ein Viertel des geringsten Ausgabebetrages.[186] 107

[182] *Hermanns* ZIP 2002, 1785, 1788; *Lappe* NotBZ 2002, 446; *Pappmehl* MittBayNot 2002, 187, 191; *Hüffer* § 33 AktG Rdnr. 6; MünchKommAktG/*Pentz* § 33 AktG Rdnr. 27 c.
[183] *Grage* RNotZ 2002, 326, 331; *Heckschen* NotBZ 2002, 429, 431.
[184] *Hüffer* § 33 AktG Rdnr. 6; Schmidt/Lutter/*Kleindiek* § 36 AktG Rdnr. 12.
[185] Spindler/Stilz/*Gerber* § 33 AktG Rdnr. 13; *Heckschen* NotBZ 2002, 429, 431.
[186] *Hüffer* § 36 a AktG Rdnr. 2.

108 Bei einer **Über-Pari-Emission**, d.h. Überschreitung des geringsten Ausgabebetrages (§ 9 Abs. 2 AktG), ist zudem das **Agio in voller Höhe** einzuzahlen (§ 36a Abs. 1 AktG). Soll ein etwaiges Agio nicht vollständig vor der Anmeldung geleistet werden, kann ein kooperatives Aufgeld nicht vereinbart werden. Alternativ möglich ist die Vereinbarung eines sog. **schuldrechtlichen Agios** als freiwillige Zuzahlung in die Kapitalrücklage nach § 272 Abs. 2 Nr. 4 HGB. Das Registergericht darf die Vorlage der die Zahlungspflicht betreffenden Unterlagen verlangen, um die Gesetzmäßigkeit der Gründung zu prüfen, insbesondere um zu prüfen, ob die Beteiligten nicht doch ein echtes Agio vereinbart haben, das vor der Anmeldung in voller Höhe zu erbringen und in die Kapitalrücklage nach § 272 Abs. 2 Nr. 1 HGB einzustellen ist. Weil die Kapitalrücklage im Sinne des § 272 Abs. 2 Nr. 4 HGB (freiwillige Zuzahlung) im Vergleich zu der nach § 272 Abs. 1 Nr. 1 HGB (Agio) leichter aufzulösen ist (vgl. § 150 Abs. 3, 4 AktG), ist im Hinblick auf die Aspekte des Gläubigerschutzes das Verlangen des Registergerichts gerechtfertigt.[187]

109 Wird die Fälligkeit der Einlage bereits in der Gründungsurkunde festgelegt, erübrigt sich eine gesonderte Einforderung.[188] Ansonsten liegt die **Zuständigkeit für die Einforderung** der Bareinlage beim Vorstand, vgl. § 63 Abs. 1 S. 1 AktG.[189]

110 Ordnungsgemäße **Zahlungen** auf den gesetzlichen Mindestbetrag haben ohne Weiteres schuldbefreiende Wirkung; dasselbe gilt, soweit die Zahlungen zwar den gesetzlichen Mindestbetrag überschreiten, die Aktionäre damit aber einer Satzungspflicht nachkommen.[190] Auch freiwillige Mehrleistungen, die weder durch Gesetz noch durch Satzung geboten sind, entfalten schuldbefreiende Wirkung, wenn sie entweder noch im Eintragungszeitpunkt der Gesellschaft gegenständlich oder wertmäßig im Gesellschaftsvermögen vorhanden sind oder aber – sofern die Einlage bereits verbraucht ist – die Gründer etwaige Fehlbeträge im Rahmen der Vorbelastungshaftung ausgleichen müssen.[191]

111 Das früher bei der **Ein-Personen-Gründung** unter bestimmten Umständen bestehende Erfordernis einer Sicherheitsleistung ist durch das MoMiG[192] entfallen. Die Ein-Personen-Gesellschaft und die Mehr-Personen-AG sind gleichgestellt.

112 *bb) Besonderheiten der Einlagenerbringung vor Eintragung.* Die Erbringung der Bareinlage kann vor der Eintragung der Gesellschaft in das Handelsregister nur nach der besonderen Regelung des § 54 Abs. 3 AktG erfolgen, die die allgemeinen Regelungen der §§ 362ff BGB verdrängt.[193] Damit kann z.B. der eingeforderte Betrag nicht – auch nicht mit Einverständnis des Vorstands – an einen Gesellschaftsgläubiger (Dritten) geleistet werden, weil § 362 Abs. 2 BGB von § 54 Abs. 3 AktG verdrängt wird.[194] Dagegen ist die Leistung durch einen Dritten nach § 267 BGB grundsätzlich zulässig, wenn es sich bei dem Leistenden nicht um die Gesellschaft selbst handelt, keine von ihr mittelbar erbrachte Leistung vorliegt und die Gesellschaft auch keinen Rückforderungsansprüche des Dritten im Hinblick auf sein Verhältnis zum Gründer ausgesetzt ist.[195]

113 Nach § 54 Abs. 3 AktG kann der eingeforderte Betrag nur in gesetzlichen Zahlungsmitteln – das sind **Euro-Banknoten und -münzen** (§ 14 Abs. 1 BBankG)[196] oder durch **Gutschrift auf** ein **Konto** der Gesellschaft oder des Vorstands eingezahlt werden. Kontoführende

---

[187] BayObLG v. 27. 2. 2002 – 3 Z BR 35/02 – DB 2002, 940; *Hergeth/Eberl* DStR 2002, 1818; *Schorling/Vogel* AG 2003, 86; Spindler/Stilz/*Salvatius* § 188 AktG Rdnr. 23; *Gerber* MittBayNot 2002, 305; *Hüffer* § 36a AktG Rdnr. 2.

[188] MünchHdbGesR IV/*Hoffmann-Becking* § 3 Rdnr. 12.

[189] RGZ 144, 348, 53; *Hüffer* § 36a AktG Rdnr. 2.

[190] RGZ 149, 293, 303f; BGH Urt. v. 13. 10. 1954 – II ZR 295/53 – BGHZ 15, 66, 68 = NJW 1954, 1844.

[191] MünchKommAktG/*Pentz* § 36 AktG Rdnr. 73; *Hüffer* § 36a AktG Rdnr. 3 m.H. auf frühere Rechtsprechung.

[192] MoMiG – Gesetz zur Modernisierung des GmbH-Rechts und zur Bekämpfung von Missbräuchen vom 23. 10. 2008, BGBl I S. 2026.

[193] Allg. M., vgl. nur *Hüffer* § 54 AktG Rdnr. 12; KölnKommAktG/*Lutter* § 54 AktG Rdnr. 34; nach Eintragung der AG sind die §§ 362ff BGB wieder anwendbar.

[194] BGHZ 119, 177, 188f; *Hüffer* ZGR 1993, 474, 476ff.

[195] GroßkommAktG/*Röhricht* § 36 Rdnr. 53; Schüppen/Schaub/*Voß* § 12 Rdnr. 55.

[196] Ausländische Noten oder Münzen genügen nicht: *Hüffer* § 54 AktG Rdnr. 13.

Stellen sind inländische Kreditinstitute (§§ 1 Abs. 1, 2 Abs. 1 KWG),[197] wie (Genossenschafts-)Banken, öffentlich-rechtliche Institute (Sparkassen), Giro-Zentrale oder Postbank.[198] Auf ein Konto der Bundesbank kann nicht schuldbefreiend geleistet werden, da sie in § 54 Abs. 3 S. 1 AktG nicht mehr genannt ist.[199] Einem inländischen Kreditinstitut gleichgestellt sind inländische Zweigstellen betreibende ausländische Unternehmen, § 53 Abs. 1 S. 1 KWG. Bei ausländischen Kreditinstituten, die keine inländische Zweigstelle unterhalten, aber die Anforderungen des § 53b Abs. 1 S. 1 oder Abs. 7 KWG erfüllen, ist zu unterscheiden, ob sie ihren Sitz in einem Mitgliedstaat des EWR haben oder in einem Drittstaat (§ 1 Abs. 5a S. 2 KWG) domizilieren. Im ersten Fall kann die Einlage schuldbefreiend auf das Auslandskonto gezahlt werden, weil § 53b Abs. 1 S. 1, Abs. 7 KWG Bankgeschäfte im Wege grenzüberschreitenden Dienstleistungsverkehrs zulässt; im zweiten Fall scheidet eine Einzahlungsmöglichkeit in schuldbefreiender Weise aus.[200]

Die Hingabe von **Schecks** oder **Wechseln** ist **nicht** als Einzahlung anzusehen.[201] Die in 114
§ 54 Abs. 3 AktG a.F. zugelassene Ausnahme für von der Bundesbank bestätigte Schecks (§ 23 Abs. 1, 3 BBankG) ist gestrichen worden.[202]

cc) Endgültig freie Verfügbarkeit. Die Bareinlage muss endgültig zur freien Verfügbarkeit 115
des Vorstands stehen, wie sich aus § 36 Abs. 2, § 37 Abs. 1 S. 2 und § 54 Abs. 3 AktG ergibt. Eine **endgültig freie Verfügung** liegt grundsätzlich vor, wenn die Einlage aus dem Herrschaftsbereich des Einlegers ausgesondert und dem Vorstand so übergeben wurde, dass er nach eigenem Ermessen unter Berücksichtigung seiner Verantwortung für die Gesellschaft über die Einlage verfügen,[203] d.h. ohne Einschränkung darüber disponieren kann.[204]

Freie Verfügbarkeit ist **nicht** gegeben, wenn die Einzahlung nur zum Schein erfolgt[205] oder 116
die Rückzahlung (auch indirekt, z.B. als Kredit) vereinbart wird,[206] wenn der Einlagebetrag in ein Cash-Pool-System einbezogen wird[207] oder wenn die Vor-AG dem einzahlenden Gründer für die Einlage ein Darlehen gewährt oder sich für ein solches Darlehen verbürgt.[208]

Inwieweit andere Arten von **Verwendungsbindungen**, also solche, die nicht auf eine (mit- 117
telbare oder unmittelbare) Rückführung der Einlage gerichtet sind, die freie Verfügbarkeit ausschließen, ist im Einzelnen strittig. Wegen der rechtlichen Unsicherheiten sollten von Verwendungsbindungen jeder Art grundsätzlich Abstand genommen werden.[209]

dd) Zeitpunkt der Einzahlung. Bareinlagen haben die Gründer **vor Anmeldung** der Ge- 118
sellschaft in das Handelsregister, jedoch zeitlich **nach** der **Gründung** der Gesellschaft **und** der **Übernahme** der Aktien nach § 29 AktG zu leisten. Eine Zahlung vor diesem Zeitpunkt, etwa an die Vorgründungsgesellschaft anstelle der Vor-Gesellschaft, befreit den Gründer nicht von seiner Einlageschuld, da er nicht an den richtigen Einlagegläubiger geleistet hat.

[197] Vgl. auch Fleischer/Goette/*Schaub* MünchKommGmbHG § 7 Rdnr. 65.

[198] Ulmer/*Ulmer* Rdnr. 34; *Hüffer* AktG § 54 Rdnr. 15.

[199] Vgl. Art. 4 Nr. 1 BegleitG zum Gesetz zur Umsetzung von EG-Richtlinien zur Harmonisierung bank- und wertpapierrechtlicher Vorschriften v. 22. 10. 1997, BGBl. I S. 2567.

[200] *Hüffer* AktG § 54 Rdnr. 15; MünchKommAktG/*Bungeroth* § 54 Rdnr. 59; zT anders – keine Bedenken gegen die Bonität des Kreditinstituts – Ulmer/*Ulmer* Rdnr. 34; Michalski/*Heyder* Rdnr. 26.

[201] Vgl. auch Fleischer/Goette/*Schaub* MünchKommGmbHG § 7 Rdnr. 70.

[202] Durch Art. 4 Nr. 1 BegleitG zum Gesetz zur Umsetzung von EG-Richtlinien zur Harmonisierung bank- und wertpapierrechtlicher Vorschriften v. 22. 10. 1997, BGBl. I S. 2567.

[203] OLG Frankfurt AG 1991, 402; OLG München WM 2007, 123; OLG Koblenz AG 1987, 88; *Hüffer* § 36 AktG Rdnr. 7.

[204] Vgl. illustrativ OLG Oldenburg, Urt. v. 26. 7. 2007 – 1 U 8/07 – GmbHR 2007, 1043; OLG Dresden Urt. v. 20. 9. 1999 – 7 U 3654/98 – GmbHR 2000, 34.

[205] RGZ 157, 213, 225; BGH Urt. v. 22. 3. 2004 – II ZR 7/02 – NZG 2004, 618; OLG Frankfurt AG 1991, 402.

[206] BGH Urt. v. 5. 4. 1993 – II ZR 195/91 – BGHZ 122, 180 = ZIP 1993, 667; OLG Oldenburg, Urt. v. 31. 1. 2002 – 1 U 115/01, GmbHR 2003, 233.

[207] BGH Urt. v. 16. 1. 2006 – II ZR 76/04 – BGHZ 166, 8 – Cash-Pool I; *Altmeppen* ZIP 2006, 1025; BGH Urt. v. 20. 7. 2009 – II ZR 273/07 – BGHZ 182, 103 – Cash-Pool II.

[208] RGZ 47, 180; BGH Urt. v. 30. 6. 1958 – II ZR 213/56 – BGHZ 28, 77; OLG Frankfurt AG 1991, 402, 404; *Hüffer* § 36 AktG Rdnr. 8.

[209] Hommelhoff/*Kleindiek* ZIP 1987, 477 ff; Schüppen/Schaub/*Voß* § 12 Rdnr. 58.

Gleiches gilt für Zahlung an einen künftigen, aber noch nicht bestellten Vorstand.[210] In Fällen **verfrühter Einzahlung** ist es für die Annahme einer Bareinlage allerdings ausreichend, wenn die Einlage mit einer klaren Zweckbestimmung im engen zeitlichen Zusammenhang mit der Gründung geleistet wurde und der Betrag isolierbar von dem übrigen Vermögen der Vorgründungsgesellschaft oder der künftigen Vorstandsmitglieder auf die Vorgesellschaft in die Verfügungsgewalt des dort bestellten Vorstands übergeht.[211]

119 *ee) Steuern und Gebühren.* Vom Erfordernis freier Verfügbarkeit ausgenommen ist der Betrag, der zur Bezahlung der bei der Gründung angefallenen Steuern und Gebühren verwandt wurde. Erfasst werden solche Steuern und Gebühren einschließlich Auslagen, die sie **für die Gründung erforderlich** und von der AG kraft Gesetzes oder als Gründungsaufwand entsprechend der Satzung (§ 26 Abs. 2 AktG) zu tragen sind, z. B. Bekanntmachungskosten, Notargebühren, Vergütung der Gründungsprüfer, Kosten der Rechtsberatung. Stehen die Beträge noch nicht endgültig fest, sind sie für Zwecke der Anmeldung ggfs. zu schätzen.[212]

120 *ff) Dispositionsbefugnisse des Vorstands vor der Anmeldung.* Fraglich ist, ob der Vorstand über Bareinlagen vor der Anmeldung verfügen und gleichwohl zu Recht die Erklärung nach § 37 Abs. 1 S. 1 AktG abgeben kann. Seit **Aufgabe des sog. Vorbelastungsverbots**[213] ist die Dispositionsbefugnis des Vorstands unter dem Vorbehalt wertgleicher Deckung zu bejahen. Damit müssen grundsätzlich im Anmeldezeitpunkt die Bareinlagen nicht mehr gegenständlich vorhanden sein, sondern können an ihre Stelle **wertgleiche aktivierungsfähige Vermögensgegenstände** getreten sein, indem für das zunächst eingezahlte Geld Gegenstände des Anlage- bzw. Umlaufvermögens mit entsprechendem Wert angeschafft oder hergestellt worden sind.[214] Gleiches gilt für die Verwendung der eingezahlten Bareinlagen zur Tilgung bestehender Verbindlichkeiten.

121 Maßgebend für das **Erfordernis der wertgleichen Deckung** ist, dass die eingeforderten Einlagen zum Zeitpunkt der Anmeldung der Gründung wertmäßig noch in anderer Form vorhanden sind.[215]

122 **Maßgeblicher Zeitpunkt** für die wertgleiche Deckung ist die Anmeldung,[216] nicht die Eintragung.[217] Eine völlig freie Verfügungsmöglichkeit – ohne das Gebot wertgleicher Deckung – ist dagegen im Gründungsstadium abzulehnen (anders allerdings bei der Kapitalerhöhung, bei der der Grundsatz der wertgleichen Deckung nicht mehr gilt[218]).

123 **h) Handelsregisteranmeldung.** *aa) Allgemeines.* Die **Anmeldung** der Aktiengesellschaft zur Eintragung in das Handelsregister ist **Voraussetzung** dafür, dass – nach Prüfung durch das Registergericht (§ 38 Abs. 1 AktG) – die **Eintragung** erfolgt und damit die AG als juristische Person entsteht (§ 41 Abs. 1 AktG). § 36 Abs. 1 AktG begründet keine öffentlich-rechtliche Pflicht zur Anmeldung, sodass auch keine Festsetzung von Zwangsgeld nach § 14 HGB stattfindet. Da andererseits aber auch eine Eintragung von Amts wegen nicht erfolgt, liegt es im eigenen Interesse der Anmeldepflichtigen, die Anmeldung vorzunehmen, um die AG als juristische Person zur Entstehung zu bringen.

124 **Zuständiges Gericht** nach § 14 AktG, § 376 Abs. 1 FamFG ist das Amtsgericht des Gesellschaftssitzes. Die Anmeldung hat elektronisch in öffentlich-beglaubigter **Form** zu erfol-

---

[210] OLG Düsseldorf GmbHR 1994, 398 zur GmbH; MünchKommAktG/*Pentz* § 36 AktG Rdnr. 71; OLG Köln Urt. v. 10. 11. 1988 – 1 U 55/88 – ZIP 1989, 238; OLG Hamm GmbHR 1992, 57; OLG Stuttgart 31. 5. 1994 – 10 U 253/93 – DNotZ 1994, 695, 698 f.

[211] GroßkommAktG/*Röhricht* § 36 Rdnr. 43; MünchKommAktG/*Pentz* § 36 AktG Rdnr. 71; vgl. auch BGH Urt. v. 22. 6. 1992 – II ZR 30/91 – NJW 1992, 2698; OLG Düsseldorf GmbHR 1994, 398; OLG Stuttgart Urt. v. 31. 5. 1994 – 10 U 253/93 – GmbHR 1995, 115, 118; *Ehlke* ZGR 1995, 426, 454 ff.

[212] *Hüffer* § 36 AktG Rdnr. 10; MünchHdbGesR IV/*Hoffmann-Becking* § 3 Rdnr. 7.

[213] BGH Urt. v. 13. 7. 1992 – II ZR 263/91 – BGHZ 119, 177 = NJW 1992, 3300.

[214] GroßkommAktG/*Röhricht* § 36 Rdnr. 38; *Hüffer* § 36 AktG Rdnr. 11 a, m. w. H.

[215] MünchKommAktG/*Pentz* § 36 AktG Rdnr. 81.

[216] BGHZ 119, 177, 187 f.

[217] *Hüffer* § 36 AktG Rdnr. 11 a.

[218] BGH Urt. v. 18. 3. 2002 – II ZR 363/00 – NZG 2002, 522; BGH Urt. v. 18. 3. 2002 – II ZR 369/00 – NZG 2002, 636; *Hüffer* § 36 AktG Rdnr. 11 a.

gen, § 12 Abs. 1 HGB. Gleiches gilt für die Anlagen zur Anmeldung (§ 37 Abs. 5 AktG i. V. m. § 12 Abs. 2 HGB.

bb) Anmeldepflichtige Personen. Die Anmeldung ist von **sämtlichen Gründern, Aufsichtsrats- und Vorstandsmitgliedern** vorzunehmen, § 36 Abs. 1 AktG. Die Anmeldung muss **höchstpersönlich** vorgenommen werden. Eine rechtsgeschäftliche Vertretung ist unzulässig.[219] Nur dadurch kann auch die straf- und zivilrechtliche Verantwortlichkeit der anmeldepflichtigen Personen sichergestellt werden.[220] 125

Gehört zum Kreis der **Gründer** eine **juristische Person**, handelt diese durch ihre Organe in vertretungsberechtigter Zahl; die Vertretungsbefugnisse dieser Organe wiederum ergeben sich aus den Vertretungsregelungen des Gesellschaftsvertrages der juristischen Person oder des Gesetzes. Handelt es sich bei der Gründerin um eine **BGB-Gesellschaft**, hat die Anmeldung durch alle Gesellschafter zu erfolgen; eine Anmeldung nur durch den oder die vertretungsberechtigten Gesellschafter reicht nicht aus, da deren Vertretungsbefugnis nicht organschaftlicher, sondern rechtgeschäftlicher Natur ist.[221] 126

cc) Erklärung über die Leistung der Einlagen. Nach § 37 Abs. 1 S. 1 AktG ist in der Anmeldung zu erklären, dass die Voraussetzungen der §§ 36 Abs. 2, 36 a AktG erfüllt sind. Dabei sind der Betrag, zu dem die Aktien ausgegeben werden und der darauf jeweils eingezahlte Betrag anzugeben, und zwar bei mehreren Gründern für jeden Gründer getrennt.[222] Die Erklärung muss sich nach h. M. auf den Zeitpunkt des Eingangs der Anmeldung beim Handelsregister beziehen, d. h. die geleistete Einlage muss zu diesem Zeitpunkt zumindest ihrem Werte nach noch vorhanden sein (siehe oben Rdnr. 120 ff.). Da maßgebender **Zeitpunkt für die Richtigkeit der Anmeldeversicherung** in Bezug auf die geleisteten Einlagen das Datum des Eingangs der Anmeldung beim Handelsregister ist, kann die Erklärung schon vorher – regelmäßig in unmittelbaren Anschluss an die Gründung der AG – in öffentlich-beglaubigter Form abgegeben werden, wenn nur sichergestellt ist, dass der Zugang beim Handelsregister erst nach der Einlageleistung erfolgt.[223] 127

Zudem ist der **Nachweis** zu führen, dass der eingezahlte Betrag endgültig zur freien Verfügung des Vorstands steht, § 37 Abs. 1 S. 2 AktG. Regelmäßig wird, da die Bareinlage auf ein Konto der Vor-AG eingezahlt wird, eine Bankbestätigung nach § 37 Abs. 1 S. 3 AktG vorgelegt. Die Bankbestätigung muss nicht mehr in schriftlicher Form erfolgen, es genügt auch elektronische Übermittlung.[224] Soweit der Nachweis nicht durch Bankbestätigung erbracht werden kann, muss das Gericht durch andere Weise überzeugt werden.[225] 128

Welchen **Inhalt** die **Bankbestätigung** nach § 37 Abs. 1 S. 3 AktG haben muss, ist nicht abschließend geklärt. Die Auffassung, dass die Bankbestätigung denselben Inhalt wie die Bestätigung der Anmelder haben muss, also die endgültig freie Verfügbarkeit durch den Vorstand zu bescheinigen hat, dürfte zu weit gehen. Richtig ist – insbesondere auch wegen der hieran anknüpfenden Bankenhaftung nach § 37 Abs. 1 S. 4 AktG – dass die Bankbestätigung nur dahingeht, der Vorstand könne gegenüber der Bank frei verfügen, insbesondere dürfen keine Gegenrechte der Bank bestehen und auch keine ihr aus der Kontoführung bekannten Rechte Dritter, z. B. aus Pfändung, vorhanden sein.[226] 129

dd) Angaben zum Vorstand. (1) Keine Bestellungshindernisse. Die Vorstandsmitglieder einschließlich ihrer Stellvertreter (§ 94 AktG) müssen nach § 37 Abs. 2 AktG versichern, dass keine Umstände vorliegen, die ihrer Bestellung nach § 76 Abs. 3 S. 2 Nrn. 2 und 3 und S. 3 AktG entgegenstehen. Jeder Vorstand hat diese Erklärung höchstpersönlich für 130

219 *Hüffer* § 36 AktG Rdnr. 3 f; *Schaub* MittBayNot 1999, 539.

220 Vgl. BGH Urt. v. 16. 3. 1992 – II ZB 17/91 – BGHZ 117, 323, 327.

221 Ebenroth/Boujong/Joost/Strohn/*Schaub* § 12 HGB Rdnr. 144 ff.

222 *Hüffer* § 37 AktG Rdnr. 3.

223 Zu dieser Gestaltung s. MünchKommGmbHG/*Schaub* § 8 Rdnr. 35.

224 *Hüffer* § 37 AktG Rdnr. 3.

225 BayObLG Urt. v. 9. 4. 2002 – 3 Z BR 39/02 – AG 2002, 397; dies dürfte allerdings in der Praxis selten sein.

226 Im Einzelnen *Röhricht,* FS Boujong, S. 457, 462 ff; *Hüffer* § 37 AktG Rdnr. 3 a; Schüppen/Schaub/*Voß* § 12 Rdnr. 64; zur Haftung der Bank BGH v. 7. 1. 2008 – II ZR 283/06 – BGHZ 175, 86; BGH v. 26. 9. 2005 – II ZR 380/03 – DStR 2005, 1950; *Goette* DStR 2008, 2483, 2485.

seine Person abzugeben. Liegen **Bestellungshindernisse** vor, ist die **Organbestellung nichtig.**[227]

131 Eine bloße Wiederholung des Wortlauts des § 37 Abs. 2 AktG wird von den Registergerichten nicht akzeptiert. Daher sollte eine **Formulierung** gewählt werden, die die einzelnen Fallgruppen des § 76 Abs. 3 S. 3 und 4 AktG konkret benennt.[228]

132 Auch die **generelle Verneinung der Strafbarkeit** seitens des Vorstandes – statt der Verneinung der einzelnen Inhabilitätsvorschriften – genügt (siehe Muster nach Rdnr. 140).[229]

133 Weiter haben die Vorstandsmitglieder zu erklären, dass sie über ihre **unbeschränkte Auskunftspflicht** gegenüber dem Gericht **belehrt** worden sind. Die Belehrung nach § 53 Abs. 2 BZRG kann schriftlich vorgenommen werden, sie wird regelmäßig durch einen inländischen Notar vorgenommen. Seit Neufassung des § 37 Abs. 2 S. 2 AktG durch das MoMiG[230] kann die Belehrung auch durch einen im Ausland bestellten Notar, durch einen Vertreter eines vergleichbaren rechtsberatenden Berufs oder einen Konsularbeamten erfolgen.[231]

134 *(2) Vertretungsbefugnis der Vorstandsmitglieder.* Nach § 37 Abs. 3 Nr. 2 AktG ist anzugeben, welche Vertretungsbefugnis die Vorstandsmitglieder haben. Anzugeben ist die **abstrakte Vertretungsbefugnis** und – falls davon abweichend – die **konkrete Vertretungsbefugnis** für bestimmte Vorstandsmitglieder. Anzumelden ist auch die **Befreiung vom Verbot der Mehrfachvertretung** (§ 181 2. Alt. BGB, § 112 AktG). Wird Befreiung von den Beschränkungen des § 181 2. Alt BGB erteilt, genügt in der Registeranmeldung der Hinweis auf die entsprechende Gesetzesnorm Die Befeiung vom Verbot der Mehrfachvertretung ist nicht wörtlich zu formulieren. Anderes gilt für die Handelsregistereintragung. Hier ist die entsprechende Befreiung wörtlich einzutragen.[232]

135 **Nicht anzugeben** ist die passive Vertretungsmacht des einzelnen Vorstandsmitglieds nach § 78 Abs. 2 AktG oder die Ermächtigung nach § 78 Abs. 4 AktG.[233] Dies entspricht auch durchgängiger Registerpraxis. Ebenso wenig anzugeben – und einzutragen – sind sog. Öffnungsklauseln, d. h. die Befugnis des Aufsichtsrats, einzelnen Vorstandsmitgliedern Einzelvertretungsbefugnis oder Befreiung vom Verbot der Mehrfachvertretung zu erteilen. Erst wenn der Aufsichtsrat von seiner satzungsmäßigen Befugnis Gebrauch macht und bestimmte Mitglieder des Vorstands entsprechend ermächtigt, ist dies als Teil der konkreten Vertretungsbefugnis im Handelsregister einzutragen.[234]

136 *ee) Sonstige Angaben. (1) Inländische Geschäftsanschrift.* In der Anmeldung ist stets eine inländische Geschäftsanschrift anzugeben. Die Angabe mehrerer inländischer Geschäftsanschriften ist angesichts des Gesetzeswortlautes unzulässig. Die Angabe muss **Straße** und **Hausnummer** sowie **Ort** und **Postleitzahl** enthalten, [235] die Angabe einer c/o-Adresse genügt grundsätzlich.[236]

---

[227] *Hüffer* § 37 AktG Rdnr. 6.

[228] Vgl. Muster nach Rdnr. 140; die von *Henn* Anh. Anlage I und von *Höhfeld* in Münchener Vertragshandbuch Bd. 1, IV. 9 empfohlenen Muster sollten in der Praxis daher nicht verwendet werden; siehe Schüppen/Schaub/*Voß* § 12 Rdnr. 66.

[229] Vgl. BGH Beschl. v. 17. 5. 2010 – II ZB 5/10 – DNotZ 2010, 930 = DStR 2010, 1582 = MittBayNot 2010, 404 = NZG 2010, 829 zum GmbH-Geschäftsführer.

[230] MoMiG – Gesetz zur Modernisierung des GmbH-Rechts und zur Bekämpfung von Missbräuchen vom 23. 10. 2008, BGBl I S. 2026.

[231] Deutsch-Englisches Muster für die Belehrung eines im Ausland befindlichen Vorstandes durch einen deutschen Notar bei: Schüppen/Schaub/*Schaub* § 5 Rdnr. 121.

[232] Für die GmbH: MünchKommGmbHG/*Schaub* § 8 Rdnr. 64 m. w. H.

[233] *Hüffer* § 37 AktG Rdnr. 8; a. A. MünchKommAktG/*Pentz* § 37 AktG Rdnr. 55.

[234] Für die GmbH: BayObLG WM 1982, 1033; OLG Frankfurt Beschl. v. 30. 9. 1983 – 20 W 465/83 – BB 1984, 238; OLG Frankfurt Beschl. v. 9. 7. 1987 – 20 W 107/87 – GmbHR 1988, 65; OLG Hamm Beschl. v. 22. 1. 1993 – 15 W 224/91 – GmbHR 1993, 500; OLG Karlsruhe Beschl. v. 5. 7. 1982 – 11 W 40/82 – BB 1984, 238; LG Bonn Beschl. v. 5. 11. 1991 – 11 T 10/91 – GmbHR 1993, 100; Scholz/*Winter* Rdnr. 12; Michalski/*Heyder* Rdnr. 42; Ulmer/*Ulmer* Rdnr. 38; a. A. (eintragungsfähig) LG Köln Entsch. v. 14. 5. 1993 – 87 T 19/93 – GmbHR 1993, 501; unzutreffend *Hüffer* § 37 AktG Rdnr. 8.

[235] *Gehrlein* Der Konzern 2007, 777.

[236] OLG Naumburg Beschl. v. 8. 5. 2009 – 5 Wx 4/09 – DB 2009, 1698; einschränkend OLG Rostock Beschl. v. 31. 5. 2010 – 1 W 6/10 – DStR 2010, 1999 = NotBZ 2010, 316; OLG Hamm, Beschl. v. 20. 1. 2011 – 15 W 485/10 NJW-RR 2011, 685; *Stenzel* NZG 2011, 851.

In der Regel wird die angegebene Geschäftsanschrift mit der Anschrift des Geschäftslokals, dem Sitz der Hauptverwaltung oder des maßgeblichen Betriebs übereinstimmen. Hat die Gesellschaft solche Einrichtungen nicht (mehr), muss eine andere inländische Anschrift angegeben werden, z. B. wenn die Gesellschaft ihren Verwaltungssitz im Ausland hat. Der Gesellschaft ist **freigestellt**, den **Ort der inländischen Anschrift zu wählen**, sie hat aber die gesetzliche Pflicht, eine solche Anschrift zur Eintragung anzumelden.[237] Die Pflicht, auch Änderungen der inländischen Geschäftsanschrift anzumelden, ergibt sich aus § 31 HGB. 137

(2) Genehmigtes Kapital. Enthält die Satzung ein **genehmigtes Kapital,** ist auch dies anzumelden, da der Antrag den Eintragungsinhalt im Handelsregister spiegelbildlich wiedergeben soll.[238] Ein bedingtes Kapital kann – anders als ein genehmigtes Kapital – in der Gründungssatzung nicht vorgesehen werden.[239] 138

ff) Anlagen. **§ 37 Abs. 4 AktG** bestimmt, dass folgende Anlagen der Anmeldung beizufügen sind: 139

- die Satzung und die Urkunden, in denen die Satzung festgestellt worden ist und die Aktien von den Gründern übernommen worden sind;
- im Fall der §§ 26 und 27 AktG die Verträge, die den Festsetzungen zugrunde liegen oder zu ihrer Ausführung geschlossen worden sind;
- eine Berechnung des der Gesellschaft zur Last fallenden Gründungsaufwands; in der Berechnung sind die Vergütungen nach Art und Höhe und die Empfänger einzeln anzuführen; hierzu gehören die Notar- und Gerichtskosten, Honorare weiterer Berater (z. B. Steuerberater, Rechtsanwalt), Honorar des Gründungsprüfers, Kosten der Herstellung der Aktienurkunden. Ggfs. sind die Kosten zu schätzen. Die Liste ist vom Vorstand zu unterzeichnen;
- die Urkunden über die Bestellung des Vorstands und des Aufsichtsrats;
- eine Liste der Mitglieder des Aufsichtsrats, aus welcher Name, Vorname, ausgeübter Beruf und Wohnort (das ist die politische Gemeinde, nicht die konkrete Adresse; die Angabe einer Geschäftsanschrift genügt nicht) der Mitglieder ersichtlich ist.
- der Gründungsbericht;
- die Prüfungsberichte der Mitglieder des Vorstands und des Aufsichtsrats;
- ggfs. der Bericht des externen Gründungsprüfers/Notars.

Durch das MoMiG[240] wurde § 37 Abs. 4 Nr. 5 AktG a. F. aufgehoben. Dies bedeutet, dass auch bei einem genehmigungspflichtigen Unternehmensgegenstand die **Genehmigungsurkunde** dem Handelsregister **nicht** mehr vorzulegen ist. Gleiches gilt für den Nachweis der Eintragung in die Handwerksrolle bzw. das entsprechende Negativattest.[241] Kapitalgesellschaften sind damit Personalhandelsgesellschaften gleichgestellt worden. 140

Soweit gesetzliche Vorschriften außerhalb des Aktienrechts **weitere Anlagen** fordern, sind auch diese der Anmeldung beizufügen, z. B. § 43 KWG.

---

237 Begr. RegE BT-Drucks. 16/6140 S. 36.

238 *Krafka/Willer/Kühn* Rdnr. 1315.

239 Vgl. Wortlaut des § 192 Abs. 3 AktG.

240 Gesetz zur Modernisierung des GmbH-Rechts und zur Bekämpfung von Missbräuchen (MoMiG) v. 23. 10. 2008, BGBl. I S. 2026.

241 *Hüffer* § 37 AktG Rdnr. 14 f.

gg) Muster

Muster: **Handelsregisteranmeldung (Erstanmeldung AG, mehrere Gründer)**

URNr. /2011

An das
Amtsgericht ......
– Registergericht –

HRB: neu
Firma: ......**Aktiengesellschaft**
Sitz: ......
Inländische Geschäftsanschrift: ......

Als Anlagen werden vorgelegt:
1. Beglaubigte Abschrift der Urkunde des Notars ...... in ...... vom ......,
2. Niederschrift über die Sitzung des Aufsichtsrates,
3. Gründungsbericht der Gründer,
4. Gründungsprüfungsbericht der Mitglieder des Vorstandes und des Aufsichtsrates
5. Gründungsbericht des Gründungsprüfers,
6. Berechnung der Kosten,
7. Liste der Mitglieder des Aufsichtsrats.
8. Bankbestätigung

Zur Eintragung in das Handelsregister wird angemeldet:

1. Die Gesellschaft;
   Gründer der Gesellschaft und Aktionär sind:
   - ...... mit Sitz in ......, eingetragen im Handelsregister des Amtsgerichts ...... unter HRB ......, Geschäftsanschrift: ......; sie hat ...... auf den Inhaber lautende Stückaktien zum rechnerischen Anteil von je € ...... am Grundkapital gegen Bareinlage übernommen,
   - Herr/Frau ......, geb. am ......, wohnhaft ......; er/sie hat ...... auf den Inhaber lautende Stückaktien zum rechnerischen Anteil von je € ...... am Grundkapital gegen Bareinlage übernommen,

   Mitglieder des 1. Aufsichtsrates sind:
   - Herr/Frau ......, Beruf, wohnhaft ......,
   - Herr/Frau ......, Beruf, wohnhaft ......,
   - Herr/Frau ......, Beruf, wohnhaft ....

   Vorstand ist Herr/Frau ......, geb. am ......, wohnhaft ....

2. Die Vertretung der Gesellschaft ist wie folgt geregelt:

   Ist nur ein Vorstandsmitglied bestellt, so vertritt es einzeln. Besteht der Vorstand aus mehreren Personen, so wird die Gesellschaft durch zwei Vorstandsmitglieder oder durch ein Vorstandsmitglied in Gemeinschaft mit einem Prokuristen vertreten.

   Herr/Frau ...... vertritt die Gesellschaft satzungsgemäß, er/sie ist für den Fall der Mehrfachvertretung von den Beschränkungen des § 181 BGB befreit.

   Der neu bestellte Vorstand erklärt sodann:

   Ich versichere folgendes:

   Es liegen keine Umstände vor, aufgrund derer ich nach § 76 Abs. 3 vom Amt als Vorstand ausgeschlossen wäre:

   1. Ich unterliege nicht als Betreuter bei der Besorgung meiner Vermögensangelegenheiten ganz oder teilweise einem Einwilligungsvorbehalt (§ 1903 BGB). Ferner bin ich nicht aufgrund einer behördlichen Anordnung in einer Anstalt verwahrt worden.
   2. Mir wurde weder durch gerichtliches Urteil noch durch vollziehbare Entscheidung einer Verwaltungsbehörde die Ausübung eines Berufes, Berufszweiges, Gewerbes oder Gewerbezweiges untersagt.

3. Ich bin während der letzten fünf Jahre seit der Rechtskraft des Urteils, wobei die Zeit nicht eingerechnet wird, in welcher der Täter auf behördliche Anordnung in einer Anstalt verwahrt worden ist, nicht wegen einer oder mehrerer vorsätzlich begangener Straftaten:
   a) wegen Unterlassens der Stellung eines Insolvenzantrages (Insolvenzverschleppung),
   b) nach §§ 283 bis 283 d Strafgesetzbuch (z. B. Bankrott, schwerer Bankrott, Verletzung der Buchführungspflicht, Schuldner- oder Gläubigerbegünstigung),
   c) wegen falscher Angaben nach § 82 GmbHG oder § 399 AktG,
   d) wegen der unrichtigen Darstellung nach § 400 AktG, § 331 HGB, § 313 UmwG oder § 17 PublG oder
   e) nach §§ 263 bis 264 a oder nach §§ 265 b bis 266 a Strafgesetzbuch (wegen Betrug, Computer-, Subventions- oder Kapitalanlagebetrug, Kreditbetrug, Untreue oder wegen Vorenthalten und Veruntreuen von Arbeitsentgelt),

   verurteilt worden.

   Ich wurde außerdem während der letzten fünf Jahre seit der Rechtskraft des Urteils, wobei die Zeit nicht eingerechnet wird, in welcher der Täter auf behördliche Anordnung in einer Anstalt verwart worden ist, nicht wegen einer Tat, die mit den in vorstehenden lit. a. bis e. genannten Taten vergleichbar ist, im Ausland verurteilt.
   Der beglaubigende Notar hat mich darüber belehrt, dass ich dem Registergericht gegenüber unbeschränkt auskunftspflichtig bin.

3. Das Grundkapital der Gesellschaft beträgt € ...... und ist eingeteilt in ...... auf den Inhaber lautende Stückaktien. Der auf die einzelne Aktie entfallende anteilige Betrag am Grundkapital beträgt € 1,–.

   Es wird allseits versichert, dass die von
   – ...... mit Sitz in ...... übernommenen ...... mit einem rechnerischen Anteil am Grundkapital von € 1,– je Aktie gegen Bareinlage zum geringsten Ausgabebetrag von € 1,– je Stückaktie ausgegeben wurden und ein Betrag von insgesamt € ...... in bar an die Gesellschaft geleistet worden ist,
   – Herrn/Frau ...... übernommenen ...... mit einem rechnerischen Anteil am Grundkapital von € 1,– je Aktie gegen Bareinlage zum geringsten Ausgabebetrag von € 1,– je Stückaktie ausgegeben wurden und ein Betrag von insgesamt € ...... in bar an die Gesellschaft geleistet worden ist,

   Versichert wird weiter, dass sich die einbezahlten Beträge endgültig zur freien Verfügung des Vorstands befinden, soweit sie nicht zur Bezahlung von bei der Gründung angefallenen Gebühren in Höhe von ca. € ...... verwendet wurden.

4. Die inländische Geschäftsanschrift der Gesellschaft lautet: ....

Ort/Datum

________________ ________________

sämtliche Gründer

________________ ________________ ________________

sämtliche Mitglieder des 1. Aufsichtsrates

____

der Vorstand

Muster:

Versicherung des Vorstands in Kurzform

Der Vorstand versichert,

a) Ich bin noch nie, weder im Inland noch im Ausland, wegen einer Straftat verurteilt worden.
b) Über meine uneingeschränkte Auskunftspflicht gegenüber dem Gericht wurde ich vom beglaubigenden Notar belehrt.

141 i) **Eintragung in das Handelsregister.** Die **AG** als juristische Person **entsteht mit Eintragung** in das Handelsregister (vgl. § 41 Abs. 1 S. 1 AktG). Die Eintragung erfolgt, nachdem das Gericht formell geprüft hat, ob die Anmeldung vollständig ist und sämtliche gesetzlich erforderlichen Erklärungen und Anlagen enthält und ob der Errichtungsvorgang im Übrigen materiell gesetzmäßig erfolgt ist (§ 38 AktG).[242] Liegen demnach die Eintragungsvoraussetzungen vor, besteht ein Anspruch auf Eintragung. Der Inhalt der Eintragung ergibt sich aus § 39 AktG, wobei unrichtige oder unvollständige Eintragungen der Entstehung der Gesellschaft grundsätzlich nicht entgegenstehen.[243]

142 j) **Nachfolgende Mitteilungspflichten.** Die Mitteilungspflichten nach **§ 20 AktG** (Erwerb von mehr als 25% der Aktien oder einer Mehrheitsbeteiligung i.S.v. § 16 Abs. 1 AktG) bzw. nach **§ 42 AktG** (Erwerb sämtlicher Aktien an der Gesellschaft) gelten nach überwiegender Auffassung schon für den Erwerb im Rahmen der Gründung bzw. bei der Ein-Personen AG.[244] Die Beteiligten sollten auf die Erfüllung der Mitteilungspflichten der Gründung hingewiesen werden.

143 k) **Ausgabe der Aktienurkunden.** Die Herstellung und Ausgabe von Aktienurkunden ist kein notwendiger Bestandteil des Gründungsvorganges. Ein gesetzlicher Zwang zur Verbriefung besteht nicht. Zwar haben die Aktionäre nach h.M. einen mitgliedschaftlichen **Anspruch auf Verbriefung,**[245] der allerdings **in der Praxis** durch entsprechende Satzungsbestimmung ausgeschlossen wird (§ 10 Abs. 5 AktG). Unentziehbar ist nur der Anspruch auf Ausstellung einer Globalurkunde und auf deren Hinterlegung nach Maßgabe der §§ 2ff, 5, 9 DepG.[246]

144 l) **Kosten.** Für die **Errichtung** einer Mehr-Personen-AG inklusive der Feststellung der Satzung fällt nach § 36 Abs. 2 KostO eine 20/10 Gebühr an, für die Errichtung einer Ein-Personen-AG eine 10/10 Gebühr nach § 36 Abs. 1 KostO. Der Geschäftswert (§§ 39 Abs. 1 S. 1, 141 KostO) richtet sich i.d.R. nach der Höhe des Grundkapitals zuzüglich eines etwa festgelegten genehmigten Kapitals. Ein Aufgeld (Agio) ist bei der Festlegung des Geschäftswerts zu berücksichtigen. Der Höchstwert beträgt € 5.000.000,– § 39 Abs. 5 KostO.

145 Die **Bestellung des 1. Aufsichtsrats** und des **Abschlussprüfers** ist nicht inhaltsgleich und löst eine 20/10 Gebühr nach § 47 KostO aus.[247] Der Geschäftswert richtet sich nach §§ 41c Abs. 1 i.V.m. 41a Abs. 4 Nr. 1 KostO, d.h. 1% aus dem Grundkapital, mindestens jedoch € 25.000,–. Zu den Kosten des **Notars als Gründungsprüfer** s. Rdnr. 105.

146 Für die vom Notar gefertigte **Handelsregisteranmeldung** fällt eine 5/10 Gebühr nach §§ 145 Abs. 1 S. 1, 38 Abs. 2 S. 7 KostO an. Der Geschäftswert errechnet sich aus dem Grundkapital zuzüglich eines etwaigen genehmigten Kapitals; der Geschäftswert beträgt höchsten € 500.000,– (§ 39 Abs. 4 KostO).

Die **Kosten der Eintragung** bei **Gericht** bestimmen sich nach § 79 KostO i.V.m. der Handelsregistergebührenverordnung (HRegGebVO), die auf der Ermächtigung des § 79a KostO beruht.

[242] Zum formellen und materiellen Prüfungsrecht des Registergerichts eingehend: Ebenroth/Boujong/Joost/Strohn/*Schaub* § 8 HGB Rdnr. 127ff.

[243] *Hüffer* § 39 AktG Rdnr. 5.

[244] MünchHdbGesR IV/*Hoffmann-Becking* § 3 Rdnr. 24f; Schüppen/Schaub/*Voß* § 12 Rdnr. 75.

[245] Vgl. *Hüffer* § 10 AktG Rdnr. 3; auch § 10 Abs. 5 AktG geht offenbar vom Anspruch des Aktionärs auf Verbriefung aus.

[246] *Hüffer* § 10 AktG Rdnr. 3.

[247] OLG Zweibrücken Beschl. v. 17. 5. 2002 – 3 W 83/02 – NJW-RR 2002, 1260; OLG München Beschl. v. 8. 11. 2005 – 32 Wx 113/05 – MittBayNot 2006, 444; *Hüffer* § 30 AktG Rdnr. 2, 10; BeckNotarHdb/*Zimmermann* Abschn. D. III Rdnr. 17.

Beispiel:

Kosten der Errichtung und Anmeldung einer Mehr-Personen-AG mit einem Grundkapital in Höhe von € 50.000,– (ohne Aufgeld).

1. Notargebühren:

Wert	Gebührenziffer	Gegenstand	Gebühr
€ 50.000	36 II, 39 II, 20	Gründungsvertrag	€ 264,–
€ 25.000	47, 39 I / 41c	Konstituierender Aufsichtsratsbeschluss	€ 168,–
10% aus € 50.000	147 II, 145 I, 1	Entwurf AR-Liste	€ 21,–
20% aus € 50.000	147 II, 145 I, 1	Entwurf Bericht Gründer	€ 27,–
20% aus € 50.000	147 II, 145 I, 1	Entwurf Bericht Vorstand und Aufsichtsrat	€ 27,–
10% aus den Kosten	147 II, 145 I, 1	Kostenaufstellung	€ 10,–
	147 II, 145 I, 1	Gründungsprüfung durch Notar	€ 350,–
€ 50.000	38 II 7	Registeranmeldung	€ 66,–
30% aus € 50.000	147 II	Erstellen XML-Datei	€ 33,–
zzgl. Porto, Auslagen, Mwst.			

2. Gerichtskosten

Die Gerichtskosten für die Ersteintragung einer AG (Bargründung) betragen € 300,–.[248]

3. Sachgründung

a) **Begriff und Abgrenzung.** Das Gesetz unterscheidet **zwei Formen** der Sachgründung: 147
Durch Sacheinlagen und durch Sachübernahmen. Sacheinlage ist nach § 27 Abs. 1 1. Fall AktG jede Einlage, die nicht durch Einzahlung des Ausgabebetrages zu erbringen ist. Sachübernahme ist § 27 Abs. 1 2. Fall AktG jedwede Übernahme von Vermögensgegenständen, besonders von vorhandenen oder herzustellenden Anlagen, vorausgesetzt, dass die Übernahme gegen Vergütung erfolgt, die nicht in der Begründung von Mitgliedsrechten (Aktien) besteht.

Der Unterschied zwischen Sacheinlage und Sachübernahme betrifft nicht den einzubrin- 148
genden Gegenstand; jeder Vermögensgegenstand, der einen feststellbaren Vermögenswert besitzt (§ 27 Abs. 2 AktG), kann Gegenstand einer Sacheinlage oder Sachübernahme sein. Der Unterschied ist folgender: Bei einer **Sacheinlage** hat ein Gründer einen Vermögensgegenstand als Gegenleistung für die von ihm übernommenen Aktien einzubringen. Bei einer **Sachübernahme** erhält der Einbringende von der Gesellschaft eine andere Gegenleistung als Aktien; er muss daher nicht notwendig zu den Gründern gehören, sondern kann auch ein Dritter sein.[249] Im Gegensatz zur Sacheinlage ist die Sachübernahme damit ein reines Verkehrsgeschäft (Kauf, Tausch etc.).[250] Sie unterliegt nur deshalb den Sachgründungsvorschriften, um sicherzustellen, dass die Gesellschaft bei der Eintragung mit dem satzungsmäßigen Grundkapital entsteht.[251]

Eine **gemischte Sacheinlage** liegt vor, wenn die Vergütung des Aktionärs für die von der 149
AG zu erwerbenden Vermögensgegenstände teilweise durch Gewährung von Aktien auf die

[248] GVHR (Gebührenverzeichnis der Anlage 1 zu § 1 der Handelsregistergebührenverordnung, HRegGebV, zuletzt geändert durch die Zweite Verordnung zur Änderung der HRegGebV v. 29. 11. 2010, BGBl. I 2010 S. 1731) Ziff. 2102; vgl. auch Übersicht von *Melchior* NotBZ 2011, 27 ff.

[249] MünchHdbGesR IV/*Hoffmann-Becking* § 4 Rdnr. 1.

[250] *Hüffer* § 327 AktG Rdnr. 6; GroßkommAktG/*Röhricht* § 27 Rdnr. 113, 118; MünchKommAktG/*Pentz* § 27 AktG Rdnr. 65.

[251] MünchKommAktG/*Pentz* § 27 AktG Rdnr. 62; Schüppen/Schaub/*Peres* § 13 Rdnr. 3.

Einlage angerechnet, teilweise bar bezahlt oder sonst wie gut geschrieben wird.[252] Davon zu unterscheiden ist die sog. **gemischte Einlage,** bei der Geld- und Sachleistung nebeneinander stehen; es handelt sich um eine Kombination aus Bar- und Sacheinlage.[253] Sowohl die gemischte Sacheinlage als auch die gemischte Einlage sind zulässig. Da es sich bei der gemischten Sacheinlage um eine Kombination aus Sacheinlage und Sachübernahme handelt, sind die Sacheinlagevorschriften für das gesamte Einlage- und Übernahmegeschäft zu beachten.[254] Es erfolgt also keine Aufspaltung, selbst wenn die Sachleistung selbst teilbar ist. Es liegt ein einheitliches Rechtsgeschäft vor. Dagegen sind bei der gemischten Einlage als Kombination aus Bar- und Sacheinlage die Bar- und Sacheinlageverpflichtungen des Gründers voneinander zu unterscheiden; für jede Einlageverpflichtung sind die für die je geltenden Vorschriften zu beachten.[255]

Zur verdeckten Sacheinlage siehe Rdnr. 211/7.

150 b) **Gegenstand der Sacheinlage.** *aa) Einlagefähigkeit.* Gegenstand einer Sacheinlage können nur solche Vermögensgegenstände sein, deren **wirtschaftlicher Wert** feststellbar ist (§ 27 Abs. 2 AktG). Zudem müssen die Einlagegegenstände übertragbar sein in dem Sinne, dass sie spätestens bei Übertragung auf die Gesellschaft vollständig aus dem Vermögen des Einlegers ausgesondert sind (§§ 36 Abs. 2, 37 Abs. 1 S. 2 AktG).[256] Eine Überlassung der Substanz ist dazu allerdings nicht unter allen Umständen erforderlich, denkbar ist auch eine Überlassung zur Nutzung (Nutzungs- oder Gebrauchsüberlassung).

151 Ein wirtschaftlicher Wert ist bei allen Vermögensgegenständen feststellbar, die **bilanziell aktivierbar** sind.[257] Bloße Rechnungsabgrenzungsposten sind dagegen nicht einlagefähig, da ihnen ein wirtschaftlicher Wert nicht zukommt.[258] Auch **nichtbilanzierungsfähige Vermögenswerte** können Gegenstand einer Sacheinlage sein, soweit sie wirtschaftlich verwertet werden können.[259] Die Bilanzierbarkeit ist damit kein zwingendes Merkmal der Einlagefähigkeit.[260]

152 *bb) Einzelheiten.* Sacheinlagefähig sind demnach:

- bewegliche und unbewegliche Sachen
- Grundstücke und grundstücksgleiche Rechte (z. B. Erbbaurechte)
- Beschränkt dingliche Rechte (Dienstbarkeiten, Grundschuld)
- Gesellschaftsanteile
- Mitgliedschaftsrechte, soweit sie satzungsmäßig übertragbar sind oder die Gesellschafter zustimmen
- Immaterialgüterrechte (Patent- und Urheberrechte,[261] Lizenzen,[262] Gebrauchs- und Geschmacksmuster)
- Kennzeichenrechte (Firma, § 22 HGB; Markenrechte, § 27 MarkenG)
- Warenzeichen
- Sach- und/oder Rechtsgesamtheiten, insbesondere Unternehmen einschl. Kundenstamm, Firma und Good-Will[263]

---

[252] BGH Urt. v. 20. 11. 2006 – II ZR 176/05 – BGHZ 170, 47 = DNotZ 2007, 230 = DStR 2007, 263; BGH Urt. v. 9. 7. 2007 – II ZR 62/06 – BGHZ 173, 145 = DStR 2007, 2030 = NZG 2007, 754; BGH Urt. v. 18. 2. 2008 – II ZR 132/06 – BGHZ 175, 265 = DNotZ 2008, 628 = AG 2008, 383; BGH Urt. v. 11. 5. 2009 – II ZR 137/08 – AG 2009, 493 = ZIP 2009, 1155; vgl. auch *Koch* ZHR 175 (2011), 55 ff.

[253] *Hüffer* § 27 AktG Rdnr. 8; § 36 Rdnr. 12; MünchKommAktG/*Pentz* § 36 AktG Rdnr. 98 f.

[254] RGZ 159, 321, 326 für die GmbH; *Hüffer* § 27 AktG Rdnr. 8.

[255] GroßkommAktG/*Röhricht* § 36 Rdnr. 127 m. w. H.; *Hüffer* § 36 AktG Rdnr. 12; KölnKommAktG/*Kraft* § 36 AktG Rdnr. 36; MünchKommAktG/*Pentz* § 36 AktG Rdnr. 98 f.

[256] Schmidt/Lutter/*Bayer* § 27 AktG Rdnr. 12; GroßkommAktG/*Röhricht* § 27 Rdnr. 28 ff.

[257] *Hüffer* § 27 AktG Rdnr. 14; MünchKommAktG/*Pentz* § 27 AktG Rdnr. 20.

[258] GroßkommAktG/*Röhricht* § 27 Rdnr. 27; *Hüffer* § 27 AktG Rdnr. 14.

[259] *Hüffer* § 27 AktG Rdnr. 15; MünchKommAktG/*Pentz* § 27 AktG Rdnr. 18 f.

[260] Vgl. BGH Urt. v. 15. 5. 2000 – II ZR 359/98 – NZG 2000, 836 = ZIP 2000, 1162, 1164; *Hüffer* § 27 AktG Rdnr. 15 m. Hinweisen zur früheren Gegenansicht.

[261] BGH 16. 2. 1959 – II ZR 170/57 – BGHZ 29, 300, 304 = NJW 1959, 934.

[262] *Götting* AG 1999, 1; *Pentz* ZGR 2001, 901, 908 ff.

[263] Zum Ganzen: Schmidt/Lutter/*Bayer* § 27 AktG Rdnr. 13; *Hüffer* § 27 AktG Rdnr. 17; Schüppen/Schaub/*Peres* § 13 Rdnr. 26 ff. (ABC zulässiger Sacheinlagegegenstände).

- Obligatorische Nutzungsrechte, für die eine feste Laufzeit oder Mindestlaufzeit vereinbart ist[264]
- Forderungen des Inferenten gegen Dritte sind ebenfalls einlagefähig, soweit sie einen Vermögenswert verkörpern und auf die AG übertragen werden können. Bei bestrittenen oder sonst zweifelhaften Forderungen ist ein Bewertungsabschlag vorzunehmen.[265]

Nicht einlagefähig sind kraft Gesetzes (§ 27 Abs. 2 HS 2 AktG) Ansprüche auf Dienstleistungen, und zwar sowohl im Hinblick auf Dienstleistungen des Inferenten oder eines anderen Gründers,[266] als auch für Dienstleistungen eines Dritten.[267] Auch ein schuldrechtlicher Anspruch gegen den Einleger selbst ist nicht einlagefähig.[268] 153

c) **Bewertung, Bewertungsstichtag.** *aa) Bewertungsgrundsätze.* Aus §§ 9 Abs. 1, 34 Abs. 1 Nr. 2, 36 a Abs. 3, 38 Abs. 2 S. 2 AktG folgt, dass die Überbewertung von Sacheinlagen unzulässig ist (**Verbot der Unter-Pari-Emission**). Dies bedeutet, dass die Sacheinlage den geringsten Ausgabebetrag und ggfs. ein zusätzliches Agio umfassen muss.[269] 154

Streitig ist dagegen, ob die Sacheinlage unter ihrem tatsächlichen Wert eingebracht werden kann (sog. **Über-Pari-Emission**). Zwar wird durch die Unterbewertung der Sacheinlage nicht die reale Kapitalaufbringung gefährdet, da die AG mehr an Wert erhält als sie fordern kann und ausweist. Für das Verbot der Über-Pari-Emission – Ausnahmen können sich allerdings im Bereich des Umwandlungssteuergesetzes ergeben[270] – spricht zum einen das Verbot der willkürlichen Bildung stiller Reserven bei Kapitalgesellschaften (§ 279 Abs. 1 S. 1 HGB i. V. m. § 253 Abs. 4 HGB) und zum anderen das Gebot der zutreffenden Dotierung der Kapitalrücklage nach § 150 AktG i. V. m. § 272 Abs. 2 Nr. 1 HGB. 155

Daher ist der **Mehrwert** der Sacheinlage über den Betrag der Aktien und ein eventuelles Aufgeld hinaus entweder 156

- in die Kapitalrücklage § 272 Abs. 2 Nr. 4 HGB zu stellen;[271]
- als Darlehen der Gesellschaft gegenüber dem Inferenten auszuweisen, wobei Rückzahlung und Verzinsung geregelt werden sollten,

oder

- ein entsprechender Barausgleich zugunsten des Inferenten festzulegen. Hierbei handelt es sich um eine sog. gemischte Sacheinlage als Kombination einer Sacheinlage mit einer Sachübernahme, die insgesamt in die Satzung aufzunehmen ist.[272]

Der **Satzung** muss also entnommen werden können, in welcher Form und in welchem Umfang der Mehrwert zu ersetzen ist. Die Höhe der Vergütung muss dabei nicht ausdrücklich genannt werden. Ausreichend ist vielmehr, wenn sich die Höhe der Vergütung durch Auslegung der zum Handelsregister eingereichten Unterlagen ergibt und einer Nachprufung durch das Registergericht zugänglich ist.[273] 157

Die Bewertung hat danach aufgrund **objektiver Kriterien** zu erfolgen. Maßgebende Bemessungsgrundlage für die Bewertung der Sacheinlage ist der **Zeitwert** des eingebrachten 158

---

264 BGH Urt. v. 15. 5. 2000 – II ZR 359/98 – BGHZ 144, 290, 294 = NZG 2000, 836; BGH Urt. v. 14. 6. 2004 – II ZR 121/02 – AG 2004, 548 = DNotZ 2005, 62; steht eine Nutzungsdauer nicht fest, haben obligatorische Nutzungsrechte dagegen keinen feststellbaren wirtschaftlichen Wert.

265 Schmidt/Lutter/*Bayer* § 27 AktG Rdnr. 14.

266 *Hüffer* § 27 AktG Rdnr. 22; GroßkommAktG/*Röhricht* § 27 Rdnr. 17.

267 So nunmehr BGH Urt. v. 16. 2. 2009 – II ZR 120/07 – Qivive – BGHZ 180, 38; BGH Urt. v. 1. 2. 2010 – II ZR 173/08 – Eurobike – GmbHR 2010, 421; *Habersack,* FS Priester 2007, S. 157, 162; Schmidt/Lutter/*Bayer* § 27 AktG Rdnr. 18; a. A. Spindler/Stilz/*Heidinger* § 27 AktG Rdnr. 29; Schüppen/Schaub/*Peres* § 13 Rdnr. 30.

268 Zur GmbH: BGH Urt. v. 16. 2. 2009 – II ZR 120/07 – Qivive – BGHZ 180, 38 = DNotZ 2009, 766 = NZG 2009, 463; zur AG: BGH Urt. v. 1. 2. 2010 – II ZR 173/08 – Eurobike – GmbHR 2010, 421; vgl. auch *Bayer/Lieder* NZG 2010, 86.

269 Spindler/Stilz/*Heidinger* § 27 AktG Rdnr. 40 m. w. H.

270 MünchKommAktG/*Pentz* § 27 AktG Rdnr. 39 m. H. auf § 20 UmwStG aF.

271 GroßkommAktG/*Röhricht* § 27 Rdnr. 88; *Hüffer* § 27 AktG Rdnr. 27; MünchKommAktG/*Pentz* § 27 AktG Rdnr. 39; Spindler/Stilz/*Heidinger* § 27 AktG Rdnr. 41.

272 *Koch* ZHR 175 (2011), 55, 57.

273 OLG Stuttgart Beschl. v. 19. 1. 1981 – 8 W 295/81 – GmbHR 1982, 110; MünchKommAktG/*Pentz* § 27 AktG Rdnr. 68; KölnerHdbGesR/*Temme* Kap. 3 Rdnr. 260–262.

Gegenstandes,[274] der nicht den Anschaffungs- oder Herstellungskosten nach § 255 HGB entsprechen muss.[275] Für Anlagevermögen wird auf den (Wieder-)Beschaffungs- oder Herstellungswert bei der Gesellschaft, für Umlaufvermögen auf den regelmäßig niedrigeren Einzelveräußerungspreis abgestellt.[276] Forderungen auf Geldzahlung sind grundsätzlich mit ihrem Nennwert anzusetzen, wobei besondere Umstände (z. B. fehlende Bonität des Schuldners, bestrittene oder einredebehaftete Forderungen) Bewertungsabschläge rechtfertigen.[277] Fehlt ein Markt zur Bestimmung des Zeitwerts, z. B. bei immateriellen Wirtschaftsgütern wie Firma, Good-Will oder Know-How, kann an Hand des voraussichtlichen Ertrags, den die Gesellschaft damit nach objektiven Maßstäben erwirtschaften wird, bewertet werden.[278]

159 Wird ein **Unternehmen** als Sacheinlage in die AG eingebracht, ist es in der Regel nach dem sog. Ertragswert zu bewerten.[279] Häufig versuchen die Beteiligten allerdings in der Praxis, eine gesonderte Unternehmensbewertung aus Anlass der Einbringung zu vermeiden, um eine steuerliche Gewinnrealisierung zu vermeiden. In diesen Fällen kann das Unternehmen zum Buchwert eingebracht werden, obwohl dieser grundsätzlich kein taugliches Bewertungskriterium für den tatsächlichen Wert des Unternehmens ist, da etwa vorhandene stille Reserven und der Firmenwert außer Acht gelassen werden. Zum Nachweis der Buchwerte, die regelmäßig den Mindestwert der eingebrachten Gegenstände darstellen, kann die Bilanz des eingebrachten Unternehmens herangezogen werden, wenn der letzte Bilanzstichtag noch zeitnah ist, d. h. – orientiert an den Fristen des § 57e GmbHG und § 17 Abs. 2 S. 4 UmwG – nicht länger als acht Monate vor dem Zeitpunkt der Anmeldung zurückliegt.[280]

160 Soll in diesen Fällen eine Unterbewertung (Über-Pari-Emission) des Unternehmens vermieden werden, sollte eine **gemischte Einlage** vereinbart werden, d. h. neben dem Wert der Aktien erhält der Inferent noch eine Vergütung von der AG.[281]

Hinweis:

Die Registergerichte erkennen die Buchwerte in der Regel ohne weitere Wertnachweise als Mindestwerte der eingebrachten Gegenstände an.

161 *bb) Bewertungsstichtag.* Als Stichtag für die Wertbemessung (Bewertungszeitpunkt) ist auf den **Tag der Anmeldung** der Gesellschaft beim Handelsregister abzustellen.[282] Hiervon kann die Satzung keinen abweichenden Stichtag festlegen. Bleibt der Zeitwert des Sacheinlagegegenstandes zum Zeitpunkt der Anmeldung hinter dem evtl. auf einen anderen Zeitpunkt errechneten Anrechnungswert zurück, muss der Inferent die Differenz ausgleichen.[283]

162 *cc) Rechtsfolgen der Überbewertung.* Wird der Gegenstand der Sacheinlage überbewertet (**Unter-Pari-Emission**) gilt folgendes:

[274] GroßkommAktG/*Röhricht* § 27 Rdnr. 89.
[275] MünchKommAktG/*Pentz* § 27 AktG Rdnr. 37.
[276] GroßkommAktG/*Röhricht* § 27 Rdnr. 89.
[277] Spindler/Stilz/*Heidinger* § 27 AktG; GroßkommAktG/*Röhricht* § 27 Rdnr. 92.
[278] GroßkommAktG/*Röhricht* § 27 Rdnr. 90; Spindler/Stilz/*Heidinger* § 27 AktG Rdnr. 34.
[279] GroßkommAktG/*Röhricht* § 27 Rdnr. 92 ff; Spindler/Stilz/*Heidinger* § 27 AktG Rdnr. 38; insgesamt zu Fragen der Ermittlung des Unternehmenswerts *Großfeld*, Unternehmens- und Anteilsbewertung im Gesellschaftsrecht, 4. Aufl. 2002. Zum Börsenwert von Unternehmen vgl. BVerfG, Beschl. v. 26. 4. 2011 – 1 BvR 2658/10 – NZG Zoll 2011, 869 m. w. H.
[280] KölnHdbGesR/*Eckhardt* Kap. 2 Rdnr. 503.
[281] Spindler/Stilz/*Heidinger* § 27 AktG Rdnr. 38.
[282] MünchKommAktG/*Pentz* § 27 AktG Rdnr. 38; GroßkommAktG/*Röhricht* § 27 Rdnr. 91; *Hüffer* § 27 AktG Rdnr. 20; für die GmbH ausdrücklich in § 9 GmbHG geregelt; a. A. Happ/*Mulat* Rdnr. 27 (Zeitpunkt der Prüfung durch das Gericht) bzw. Hachenburg/*Ulmer* § 9c Rdnr. 18 – für die GmbH (Zeitpunkt der Eintragung der Gesellschaft im Handelsregister).
[283] Spindler/Stilz/*Heidinger* § 27 AktG Rdnr. 32.

Vor Eintragung der Gesellschaft führt die Unter-Pari-Emission (§ 9 Abs. 1 AktG) zur Nichtigkeit der Satzung und der Übernahmeerklärung.[284] Folge hiervon ist jedenfalls, dass das Registergericht die Eintragung der Gesellschaft wegen der überbewerteten Sacheinlage ablehnen muss.[285] Die Eintragung kann nur erfolgen, wenn durch den Inferenten eine bare Zuzahlung in Höhe der Wertdifferenz mit entsprechender Versicherung und Nachweis gegenüber dem Registergericht erfolgt.[286]

Wird die **Gesellschaft** trotz der Überbewertung der Sacheinlage **eingetragen**, ist die Gesellschaft wirksam entstanden. Es besteht keine Möglichkeit der Nichtigkeitsklage (§ 275 AktG) oder der Löschung (§ 397 FamFG) oder der Auflösung (§ 399 FamFG).[287] Die Gesellschaft hat aber gegen den Inferenten einen unverzichtbaren Anspruch auf Ausgleich der Wertdifferenz durch Geldleistung (sog. Differenzhaftung). Die Wertdeckungspflicht des Inferenten erstreckt sich auch auf evtl. vereinbarte Aufgelder (Agio).[288] Die Verjährung des Anspruchs beträgt analog § 9 Abs. 2 GmbHG 10 Jahre.[289] 163

dd) Festsetzungen in der Satzung. (1) Bestimmtheit. § 27 Abs. 1 S. 1 AktG verlangt Angaben über 164

- den Gegenstand der Sacheinlage (oder Sachübernahme);
- die Person des Einlegers (oder Veräußerers);
- bei Nennbetragsaktien (§ 8 AktG) den Nennbetrag bzw.
- bei Stückaktien (§ 8 Abs. 3 AktG) die Zahl der im Gegenzug zu gewährenden Aktien (Höhe der der Übernahmevergütung)

Die vorstehenden Angaben müssen **Inhalt der Satzung** sein, eine Aufnahme an einer anderen Stelle des Gründungsprotokolls genügt nicht.[290] Alle Angaben müssen so vollständig und so genau sein, dass der Schutzzweck der Satzungspublizität, nämlich Information der Beteiligten, insbesondere der Gläubiger und der Aktionäre erreicht wird.[291]

Die **Person des Inferenten** (oder Veräußerers) wird durch Name und Anschrift bzw. Firma und Sitz bezeichnet.[292]

Ist das Grundkapital in **Nennbetragsaktien** zerlegt, muss der Nennbetrag der zu gewährenden Aktien in der Satzung enthalten sein. Es genügt aber die Angabe, dass der Einleger z. B. 50.000 Aktien im Nennbetrag von je € 1,– erhalten soll. Der gesamte Nennbetrag der vom jeweiligen Inferenten übernommenen Aktien ist nach § 27 Abs. 1 S. 1 AktG nicht zu nennen und kann im übrigen leicht berechnet werden.[293] Bei **Stückaktien** lässt § 27 Abs. 1 S. 1 AktG die zahlenmäßige Angabe der zu gewährenden Aktien genügen. Überschreitet der anteilige Betrag der Stückaktie am Grundkapital den Mindestbetrag, empfiehlt es sich, dies in der Satzung anzugeben, um eine Irreführung zu vermeiden (z. B. dass der Inferent 5.000 Stückaktien erhalten soll, deren anteiliger Betrag am Grundkapital € 10,– pro Stück beträgt). 165

Nebenabsprachen sind insoweit in die Satzung aufzunehmen, als sie für den Wert der einzubringenden Gegenstände oder ihre Identität oder ihren Umfang Bedeutung haben.[294] So gehört z. B. bei der Einbringung eines Grundstücks ein vorbehaltenes Wohn- und Nutzungsrecht des Inferenten in die Satzung.[295] 166

Der **Gegenstand der Sacheinlage** (oder Sachübernahme) muss so eindeutig und klar in der Satzung bezeichnet werden, dass er **bestimmbar** ist und etwaige Belastungen erkennbar sind. 167

---

[284] Z. T. differenzierend MünchKommAktG/*Pentz* § 27 AktG Rdnr. 41; Schmidt/Lutter/*Bayer* § 27 AktG Rdnr. 23; *Hüffer* § 27 AktG Rdnr. 21.

[285] GroßkommAktG/*Röhricht* § 27 Rdnr. 99; MünchKommAktG/*Pentz* § 27 AktG Rdnr. 43.

[286] Schmidt/Lutter/*Bayer* § 27 AktG Rdnr. 25 m. w. H.

[287] MünchKommAktG/*Pentz* § 27 AktG Rdnr. 44; GroßkommAktG/*Röhricht* § 27 Rdnr. 101.

[288] Vgl. OLG Jena Beschl. v. 12. 10. 2006 – 6 W 452/06 – ZIP 2006, 1989.

[289] Spindler/Stilz/*Heidinger* § 27 AktG Rdnr. 45.

[290] MünchHdbGesR IV/*Hoffmann-Becking* § 4 Rdnr. 2; MünchKommAktG/*Pentz* § 27 AktG Rdnr. 136.

[291] *Hüffer* § 27 AktG Rdnr. 9, 2.

[292] *Hüffer* § 27 AktG Rdnr. 9.

[293] *Hüffer* § 27 AktG Rdnr. 9.

[294] RGZ 114, 77, 81; RGZ 118, 113, 117; GroßkommAktG/*Röhricht* § 27 Rdnr. 135; MünchKommAktG/*Pentz* § 27 AktG Rdnr. 69.

[295] So RGZ 114, 77.

Unvertretbare Sachen, Forderungen und Rechte müssen dergestalt gekennzeichnet sein, dass sie sich **individualisieren** lassen.[296] **Forderungen** sind durch Angabe des Schuldners, des Gegenstandes der Forderung und des Schuldgrundes zu individualisieren.[297] Bei **vertretbaren Sachen** sind Art und Menge genau anzugeben. Ungenaue Angaben wie „Schiffe und Inventar", „Material, Werkzeug, Maschinen und Einrichtungsgegenstände" genügen nicht.[298] Bei **Grundstücken** kann auf die Grundbucheintragung verwiesen werden, wobei es z.B. ausreichend ist, sämtliche Grundstücke, die auf den Namen eines Gründers in einem bestimmten Grundbuch eingetragen sind, in Bezug zu nehmen.[299] In jedem Fall genügt die grundbuchmäßige Bezeichnung nach § 28 GBO.

168 Bei der Einbringung von **Sachgesamtheiten**, insbesondere Unternehmen, können keine strengeren Anforderungen an die Festsetzung in der Satzung gestellt werden als an den sachenrechtlichen Bestimmtheitsgrundsatz beim Einbringungsvertrag. Es genügt eine verkehrsübliche Umschreibung, wenn sie eine ausreichende Identifizierung zulässt, z.B. „eingebracht wird das unter der Firma X betriebene Handelsgeschäft mit allen Aktiven und Passiven". Die Übernahme von Verbindlichkeiten ist ausdrücklich zu erwähnen, da sie sonst nicht mit übergehen.[300] Im Zusammenhang mit einer Unternehmenseinbringung wird auch die Bezugnahme auf eine Einbringungsbilanz, die erst im Rahmen der Anmeldung der Gesellschaft mit vorgelegt wird, für ausreichend gehalten.[301]

169 Sollen **bestimmte Gegenstände** der Sachgesamtheit nicht eingebracht werden, müssen sie durch genaue Nennung in der Satzung **ausgenommen** werden.[302] Dies gilt bei Einbringung von Unternehmen auch für Teilbetriebe, die nicht mit übertragen werden sollen.

170 Zur **Festsetzung der Gegenleistung** genügt bei der Sacheinlage die Angabe des Ausgabebetrags (einschließlich eventuelles Agio) der zu gewährenden Aktien und bei der Sachübernahme der Betrag der zu gewährenden Vergütung.[303]

171 *(2) Rechtsfolgen fehlender Satzungspublizität.* Fehlen die nach § 27 Abs. 1 AktG erforderlichen Festsetzungen in der Satzung, liegt ein Errichtungsmangel i.S.v. § 38 Abs. 1 AktG vor. Dies führt zur **Ablehnung der Eintragung** durch das Registergericht.[304]

Fehlende oder fehlerhafte Festsetzungen können aber bis zur Eintragung der AG durch **Satzungsänderung** geheilt werden. Der betroffene Gründer kann auch von den übrigen Gründern die Mitwirkung an der erforderlichen Richtigstellung durch Satzungsänderung verlangen.[305]

172 Wird die AG trotz fehlerhafter Festsetzung in das **Handelsregister eingetragen**, genießt sie ab diesem Zeitpunkt **Bestandsschutz**. Die Gültigkeit der Satzung wird hiervon nicht mehr berührt, § 27 Abs. 3 S. 2 AktG. Die Beitrittserklärung des Gründers, der die Sacheinlage erbringen sollte, wird wirksam; an Stelle der nicht wirksam festgestellten Sacheinlage tritt – unabhängig vom Willen der Gründer – die Verpflichtung, den Nennbetrag oder den höheren Ausgabebetrag der von ihnen übernommenen Aktien in Geld einzuzahlen, § 27 Abs. 3 S. 3 AktG. Der Anspruch verjährt in 10 Jahren analog §§ 62 Abs. 3, 9 Abs. 2 GmbHG.[306]

173 *(3) Änderung und Beseitigung von Satzungsfeststellungen.* **Vor der Eintragung** im Handelsregister sind Änderungen der Satzungsbestimmungen über Sacheinlagen oder Sachübernahmen im Wege der Satzungsänderung mit Zustimmung aller Gründer möglich.[307]

---

[296] MünchKommAktG/*Pentz* § 27 AktG Rdnr. 70.

[297] Spindler/Stilz/*Heidinger* § 27 AktG Rdnr. 69.

[298] OLG Kiel JR 1948, 325; *Hüffer* § 27 AktG Rdnr. 10; MünchKommAktG/*Pentz* § 27 AktG Rdnr. 70. Zur Bezeichnung von Grundstücken i.Ü. BGH Urt. v. 25. 1. 2008 – V ZR 79/07 – BGHZ 175, 123 = NZG 2008, 436.

[299] *Hüffer* § 27 AktG Rdnr. 10; MünchKommAktG/*Pentz* § 27 AktG Rdnr. 70.

[300] Vgl. RG JW 1905, 214; RG Recht 1909, 25, 28; *Priester* BB 1980, 19; OLG Düsseldorf NJW 1993, 21, 23 (zum Kapitalerhöhungsbeschluss).

[301] Spindler/Stilz/*Heidinger* § 27 AktG Rdnr. 70 m. w. H.; str.

[302] RGZ LZ 1918, 918; OLG München OLGR 32, 135; OLG Düsseldorf Beschl. v. 10. 1. 1996 – 3 Wx 274/95 – GmbHR 1996, 214; Spindler/Stilz/*Heidinger* § 27 AktG Rdnr. 70.

[303] Spindler/Stilz/*Heidinger* § 27 AktG Rdnr. 71.

[304] GroßkommAktG/*Röhricht* § 27 Rdnr. 137, 142.

[305] Spindler/Stilz/*Heidinger* § 27 AktG Rdnr. 75.

[306] Spindler/Stilz/*Heidinger* § 27 AktG Rdnr. 76; *Hüffer* § 27 AktG Rdnr. 12.

[307] Spindler/Stilz/*Heidinger* § 27 AktG Rdnr. 172.

Nach Eintragung im Handelsregister verweist § 27 Abs. 5 AktG für die Änderung auf § 26 Abs. 4 AktG und für die Aufhebung von Satzungsbestimmungen auf § 26 Abs. 5 AktG. Derartige Modifikationen erfolgen durch Satzungsänderung nach §§ 179 ff AktG, wobei die Änderung der Einlageverpflichtung wegen des damit verbundenen Eingriffs in die Rechtsstellung des Inferenten zu ihrer Wirksamkeit seiner Zustimmung bedarf.[308] 174

Eine **Änderung** darf nur zu Gunsten der Gesellschaft erfolgen und erst, wenn diese fünf Jahre im Handelsregister eingetragen ist. Eine Änderung zu Gunsten der Gesellschaft ist beispielsweise die Erhöhung der dem Inferenten obliegenden Leistungspflicht. Ein Wechsel von der Sacheinlage zur Bareinlage wird nach Ablauf der Sperrfrist für zulässig gehalten, der umgekehrte Weg des Wechsels von der Bareinlage in die Sacheinlage dagegen nicht.[309] 175

Satzungsfeststellungen über Sacheinlagen oder Sachübernahmen dürfen entsprechend § 26 Abs. 5 AktG erst **aufgehoben** werden, wenn die Gesellschaft dreißig Jahre im Handelsregister eingetragen ist und die Rechtsverhältnisse, die den Satzungsfeststellungen zugrunde liegen, seit mindestens fünf Jahren abgewickelt sind. Die Beseitigung fehlerhafter, d.h. unvollständiger oder unrichtiger Satzungsbestimmungen, unterliegt aber nicht diesen Einschränkungen, ist also jederzeit möglich, da fehlerhaften Festsetzungen ohnehin keine Bedeutung für die Gesellschaft zukommen, § 27 Abs. 3 AktG. 176

d) Einbringungsvertrag. *aa) Einbringungsvertrag als selbständiges Rechtsgeschäft.* Durch die nach § 27 Abs. 1 AktG erforderliche Festsetzung in der Satzung und die Übernahmeerklärung im Errichtungsprotokoll entsteht die Einlageverpflichtung des Gründers (Sacheinlagenvereinbarung).[310] Hiervon zu unterscheiden ist der Einbringungsvertrag im Sinne des dinglichen Erfüllungsgeschäfts. Mit Vollzug des Einbringungsvertrages ist der **Gegenstand der Sacheinlage in das Vermögen der AG übertragen.** 177

Gegenstand, Art und Umfang und Leistungszeit ergeben sich aus der Sacheinlagevereinbarung und den Festsetzungen der Satzung, den dispositiven Regelungen des Schuldrechts und ggfs. ergänzender Auslegung. Die **Erfüllung** setzt bei beweglichen Gegenständen Einigung und Übergabe, bei Grundstücken Auflassung und Eintragung im Grundbuch sowie bei der Forderungen und Rechten eine Zession voraus.[311] 178

Der Einbringungsvertrag ist **selbständiges Rechtsgeschäft** neben den Festsetzungen in der Satzung.[312] Der Abschluss des Einbringungsvertrages im Sinne des Vollzugsgeschäfts erfolgt zwischen dem Inferenten und der Vor-AG, vertreten durch ihren Vorstand. 179

Praxistipp:

Ist – wie häufig bei kleineren oder mittleren Aktiengesellschaften – der Sacheinleger als Gründer gleichzeitig Vorstand der AG, ist zu beachten, dass die Aktiengesellschaft bei Abschluss des Einbringungsvertrags zwingend (§ 112 AktG) durch den Aufsichtsrat vertreten wird. Grundsätzlich handelt der Gesamtaufsichtsrat, er kann sich aber für die Abgabe der Willenserklärung nach außen eines Vertreters, z. B. des Vorsitzenden, bedienen.[313]

Besonderheiten ergeben sich, wenn der Gründer als Vorstand ein Grundstück in die AG einbringt. Wegen des im Grundbuchverfahren geltenden § 29 GBO ist dem Grundbuch zum einen das notarielle Gründungsprotokoll mit Bestellung des ersten Aufsichtsrats und zum anderen das unterschriftsbeglaubigte Aufsichtsratprotokoll mit Vorstandsbestellung vorzulegen. Ist der Aufsichtsratsvorsitzende zum Abschluss des Einbringungsvertrages ermächtigt, sind entsprechende Ermächtigungen (Vollmachten) durch die anderen Aufsichtsratmitglieder in öffentlich-beglaubigter Form vorzulegen, soweit nicht bereits im Aufsichtsratprotokoll selbst die entsprechenden – öffentlichbeglaubigten – Vollmachten enthalten sind.

---

308 MünchKommAktG/*Pentz* § 27 AktG Rdnr. 28; GroßkommAktG/*Röhricht* § 27 Rdnr. 184.

309 Spindler/Stilz/*Heidinger* § 27 AktG Rdnr. 174 m. w. H.

310 MünchHdbGesR IV/*Hoffmann-Becking* § 4 Rdnr. 5; *Hüffer* § 27 AktG Rdnr. 4.

311 MünchKommAktG/*Pentz* § 36 a AktG Rdnr. 22; Schüppen/Schaub/*Peres* § 13 Rdnr. 127.

312 So zutreffend GroßkommAktG/*Wiedemann* § 183 Rdnr. 73; *Kleyn* RnotZ 2003, 1720; unklar *Hüffer* § 27 AktG Rdnr. 4; a. A. Einbringungsvertrag mit den Festsetzungen des § 27 Abs. 1 AktG in der Satzung identisch; vgl. die Nachweise bei *Hüffer* § 27 AktG Rdnr. 4.

313 Vgl. *Hüffer* § 112 AktG Rdnr. 4.

180 *bb) Form.* Für den Einbringungsvertrag sind gesetzlich keine besonderen Formen vorgeschrieben. Weil der Einbringungsvertrag zum Handelsregister eingereicht werden muss, ist zumindest **einfache Schriftform** erforderlich.[314] Je nach Gegenstand der Sacheinlage können aber **besondere Formvorschriften** beachtlich sein; so bedarf z. B. bei Einbringung von GmbH-Geschäftsanteilen (§ 15 GmbHG) bzw. von Grundstücken (§ 311 b BGB) der Einbringungsvertrag notarieller Beurkundung.

181 *cc) Zeitpunkt des Abschlusses des Einbringungsvertrags.* Das Gesetz legt keinen Zeitpunkt für den Abschluss des Einbringungsvertrags fest. Als Vollzugsgeschäft allerdings wird er erst **nach Abschluss des Gründungsprotokolls** mit Satzungsfeststellung unterzeichnet.

Die z. T. vertretene Auffassung, der Einbringungsvertrag könne zusammen mit der Satzungsfeststellung oder bereits vorher unter der aufschiebenden Bedingung der Feststellung der Satzung abgeschlossen werden,[315] mag für die Fälle der Kapitalerhöhung gegen Sacheinlagen zutreffen, ist aber für Gründungsvorgänge nicht richtig. Denn der Einbringungsvertrag wird von Seiten des Inferenten mit der **Vor-AG, vertreten durch** ihren **Vorstand**, geschlossen. Dieser ist aber im Gründungsprotokoll mit Satzungsfeststellung noch nicht bestellt, sondern wird erst in der nachfolgenden Aufsichtsratssitzung bestellt werden. Demnach besteht eine **zeitliche Zäsur** zwischen dem Gründungsprotokoll und dem Abschluss des Einbringungsvertrages. In jedem Fall muss die konstituierende Aufsichtsratssitzung mit Bestellung des Vorstands dazwischen liegen.

182 *dd) Inhalt.* Der genaue Inhalt des Einbringungsvertrages bestimmt sich im wesentlichen nach dem Gegenstand der Einbringung und den Vereinbarungen der Parteien. In jedem Falle müssen die entsprechenden Erfüllungshandlungen in ihm enthalten sein.

Folgende Punkte sollten geregelt werden:[316]

- Genaue Beschreibung des Einlagegegenstandes. Bei Einbringung von Sachgesamtheiten sind Inventarlisten bzw. Verzeichnisse zu verwenden, für die beurkundungsrechtlich oftmals die Erleichterungen des § 14 BeurkG gelten. Wird auf eine Bilanz Bezug genommen, sollten Angaben dazu enthalten sein, wie mit nichtbilanzierungsfähigen Vermögensgegenständen verfahren wird;
- dingliche Erfüllungshandlungen (vgl. Rdnr. 178), wenn die Leistung – wie regelmäßig – sofort erfolgt;
- Gewährleistungsregelungen;
- Fälligkeit der Einbringungsverpflichtung;
- Festlegung des Werts der Einbringung. Dabei ist anzugeben, wie mit dem Wert eines über den geringsten Ausgabebetrages (zzgl. eventuelles Agio) hinausgehenden Wert der Sacheinlage verfahren wird, ob der überschießende Wert in die Kapitalrücklage nach § 272 Abs. 2 Nr. 1 HGB gebucht wird, dem Inferenten als Darlehen gutgeschrieben oder ihm in Geld vergütet wird;
- Wirtschaftlicher Stichtag zur Abgrenzung der Erträge/Verluste aus einzubringenden Gegenständen bzw. Besitzübergang;
- Kostentragung.

183 Wird ein **Unternehmen als Sachgesamtheit** eingebracht, sollten noch folgende Bestimmungen aufgenommen werden:[317]

- Regelung zur Einbringung der immateriellen Wirtschaftsgüter, wie Know-How, Geschäfts- und Betriebsgeheimnisse, Software, gewerbliche Schutzrechte etc.;
- Regelung zur Übernahme der Arbeitsverhältnisse, insbesondere § 613 a BGB;
- Regelung zur Übertragung von Verbindlichkeiten;
- Regelung zur Übernahme laufender Verträge;
- Bestimmung des Einbringungsstichtags.

[314] MünchHdbGesR IV/*Hoffmann-Becking* § 4 Rdnr. 8; *Hüffer* § 183 AktG Rdnr. 6.
[315] MünchHdbGesR IV/*Hoffmann-Becking* § 4 Rdnr. 10; KölnerHdbGesR/*Temme* Kap. 3 Rdnr. 270.
[316] Happ/*Mulat* 2.04 Rdnr. 21; KölnerHdbGesR/*Temme* Kap. 3 Rdnr. 271.
[317] Happ/*Mulat* 2.04 Rdnr. 21 ff; KölnerHdbGesR/*Temme* Kap. 3 Rdnr. 272.

Hinweis:

Im Einbringungsvertrag dürfen keine „Vorbehalte" vereinbart werden, wie Bedingungen, Widerrufsrechte, Kündigungsrechte, Rücktrittsvorbehalte etc. Denn die Sacheinlage muss, damit Erfüllungswirkung eintritt, zur freien Verfügung des Vorstandes stehen. Dem Vorstand als Organ der Vor-AG muss die umfassende Verfügungsbefugnis unter in der Regel dinglicher Vollmachtsübertragung auf die Gesellschaft – bzw. Gebrauchs- oder Nutzungsüberlassung zustehen.

ee) Leistungszeitpunkt. Während **§ 36a Abs. 2 S. 1 AktG** die vollständige Leistung der Sacheinlage verlangt, ermöglicht **§ 36a Abs. 2 S. 2 AktG** die Leistung innerhalb von fünf Jahren nach Eintragung der Gesellschaft, wenn die Sacheinlage in der Verpflichtung besteht, einen Vermögensgegenstand auf die Gesellschaft zu übertragen. Das Verhältnis der beiden Vorschriften zu einander ist nicht eindeutig. 184

Die **strengere Auffassung** versteht § 36a Abs. 2 S. 1 AktG dahingehend, dass auch Sacheinlagevereinbarungen, die den Einleger zur Übertragung eines Vermögensgegenstandes an die Gesellschaft verpflichten, bereits vor der Anmeldung der Gesellschaft zur Eintragung in das Handelsregister durch dinglichen Vollzug erfüllt sein müssen. § 36a Abs. 2 S. 2 AktG hat nach dieser Auffassung nur dort Bedeutung, wo Gegenstand der Sacheinlage ein Übertragungsanspruch des Einlegers gegen einen Dritten ist; hier genügt es, dass der Dritte seine Verpflichtung innerhalb der Fünf-Jahresfrist zu erfüllen hat.[318] Nach dieser Meinung ist **im praktischen Regelfall**, wenn der Inferent Inhaber des Sacheinlagegegenstandes ist, der dingliche **Vollzug immer vor Anmeldung** der Gesellschaft zu bewirken. Nur wenn ein Grundstück Gegenstand der Sacheinlageverpflichtung ist, soll es ausreichen für den Vollzug, wenn nach der Erklärung der Auflassung der Umschreibungsantrag bei Grundbuch gestellt oder eine Auflassungsvormerkung zu Gunsten der Gesellschaft eingetragen ist.[319] 185

Die heute **überwiegende Ansicht** wendet § 36a Abs. 2 S. 2 AktG hingegen auch auf die Fälle an, in denen sich der Sacheinleger zur Übertragung eines Vermögensgegenstandes verpflichtet; für die dingliche Erfüllung dieser Verpflichtung kann in der Sacheinlagevereinbarung eine Frist von bis zu fünf Jahren vorgesehen werden, sofern nicht die Satzung einen früheren Zeitpunkt bestimmt. Deshalb reicht es aus, wenn die Gesellschaft im Zeitpunkt der Anmeldung einen verbindlichen Anspruch auf Übertragung eines Vermögensgegenstandes gegen den Einleger hat und dieser Anspruch bezogen auf diesen Zeitpunkt einen feststellbaren Wert i. S. d. § 27 Abs. 2 AktG besitzt; damit wird die Sacheinlageverpflichtung im Sinne der Anmeldeerfordernisse erfüllt.[320] 186

Ist die Sacheinlagepflicht dagegen nicht auf die Übertragung eines Vermögensgegenstandes gerichtet, ist § 36a Abs. 2 S. 2 AktG nicht einschlägig. Dies gilt etwa für Fälle der **Nutzungsüberlassung**. Der Gesellschaft muss hier die tatsächliche Nutzungsmöglichkeit vor Ablauf der Anmeldung eingeräumt werden.[321] 187

ff) Art und Weise der Leistung. Sacheinlagen sind gem. § 36a Abs. 2 S. 1 AktG **vollständig zu leisten**. Anders als bei Bareinlagen sieht das Gesetz insoweit nicht die Möglichkeit von **Teilleistungen** vor. Aufgrund entsprechender Satzungsregelungen können Teilleistungen aber – soweit der Gegenstand der Sacheinlage teilbar ist – vereinbart werden; die Sacheinlage ist dann innerhalb der Fünf-Jahresfrist des § 36a Abs. 2 S. 1 AktG vollständig zu leisten.[322] 188

Die Sacheinlage muss zur **freien Verfügung des Vorstands** stehen, damit der Einlageleistung Erfüllungswirkung zukommt. Der Vorstand muss im Rahmen seiner Organstellung über den Einlagegegenstand ohne Einschränkungen verfügen können. Dies setzt i. d. R. die dingliche Vollrechtsübertragung auf die Gesellschaft voraus, außer es ist eine Gebrauchs- oder Nutzungsüberlassung vereinbart.[323] 189

[318] Spindler/Stilz/*Döbereiner* § 36 AktG Rdnr. 11; *D. Mayer* ZHR 154, 1990, 535, 538 ff.
[319] Hölters/*Solveen* § 36a AktG Rdnr. 5.
[320] GroßkommAktG/*Röhricht* § 36a Rdnr. 8, 13; Schmidt/Lutter/*Kleindiek* § 36a AktG Rdnr. 5.
[321] Schmidt/Lutter/*Kleindiek* § 36a AktG Rdnr. 6.
[322] MünchKommAktG/*Pentz* § 36a AktG Rdnr. 20; *Hüffer* § 36a AktG Rdnr. 5.
[323] MünchKommAktG/*Pentz* § 36a AktG Rdnr. 22; *Hüffer* § 36a AktG Rdnr. 5.

190 e) **Erster Aufsichtsrat.** Grundsätzlich gilt für die Besetzung des ersten Aufsichtsrates bei Sachgründung das zur Bargründung Ausgeführte, siehe Rdnr. 64 ff. Es gilt **§ 30 AktG** – auch mit dem Privileg des § 30 Abs. 2 AktG, wonach auf die Zusammensetzung und Bestellung des ersten Aufsichtsrats nicht die Vorschriften über die Bestellung von Aufsichtsratsmitgliedern der Arbeitnehmer anzuwenden sind.

191 Ausnahmsweise bestimmt aber **§ 31 AktG** für den Fall der Einbringung eines Unternehmens oder Unternehmensteils ein besonderes Verfahren, das einerseits sicherstellt, dass von Anfang an ein entscheidungsfähiger Aufsichtsrat besteht, und anderseits eine möglichst baldige Mitwirkung der Arbeitnehmervertreter auf einer sicheren Rechtsgrundlage ermöglichen soll.[324]

§ 31 AktG gilt weder direkt noch analog für Fälle des **Formwechsels** in eine AG (§ 197 S. 2 UmwG).

192 f) **Gründungsbericht.** Auch bei der Sachgründung haben – **wie** bei der **Bargründung** – die Gründer einen Gründungsbericht zu erstellen. Der Gründungsbericht bei einer Sachgründung entspricht dem bei einer Bargründung, sodass auf die obigen Ausführungen (Rdnr. 86 ff.) verwiesen werden kann.

Zusätzlich sind aber nach **§ 32 Abs. 2 AktG** bei der Gründung gegen Sacheinlagen oder Sachübernahmen im Gründungsbericht die wesentlichen Umstände darzulegen, von denen die Angemessenheit der Leistungen für Sacheinlagen oder Sachübernahmen abhängt. Dabei sind anzugeben:

(1) Die vorausgegangenen Rechtsgeschäfte, die auf den Erwerb durch die Gesellschaft hingezielt haben (§ 32 Abs. 2 S. 2 Nr. 1 AktG). Dies sind diejenigen Rechtsgeschäfte, mit denen der Gründer den Sacheinlagegegenstand erworben hat, um ihn in die Gesellschaft einzubringen, unabhängig davon, wie lange der Erwerb zurückliegt.[325]

(2) Die Anschaffungs- und Herstellungskosten aus den letzten beiden Jahren. Damit soll die Differenz zwischen den Aufwendungen des Einlegers bzw. Einbringers und der Gegenleistung der AG feststellbar sein. Maßgebender Zeitpunkt für die Fristberechnung ist nach h. M. der Tag der Satzungsfeststellung, nicht der Tag des Gründungsberichts.[326] Im Unterschied zu § 32 Abs. 2 S. 2 Nr. 1 AktG kommt es nicht darauf an, ob das Anschaffungsgeschäft schon im Hinblick auf die spätere Einbringung in die Gesellschaft erfolgt ist.[327]

(3) Beim Übergang eines Unternehmens auf die Gesellschaft die Betriebserträge aus den letzten beiden Geschäftsjahren. Dies gilt auch für den Übergang von Unternehmensteilen. Die Angaben sind für jedes Geschäft gesondert zu machen.[328] Besteht das Unternehmen noch keine zwei Jahre, ist der bisherige Ertrag anzugeben.[329] Der Begriff des Betriebsertrages ist nicht eindeutig, z. T. wird darunter der um außerordentliche Aufwendungen/Erträge bereinigte Jahresüberschuss/Jahresfehlbetrag (i.S. v. §§ 266 Abs. 3 V, 275 Abs. 2 Nr. 20 bzw. Abs. 3 Nr. 19 HGB), z. T. das Jahresergebnis, das ist der Jahresüberschuss/Jahresfehlbetrag i. S. v. §§ 266 Abs. 3, 275 HGB, verstanden.[330]

193 g) **Gründungsprüfung durch Verwaltung.** Der Prüfungsbericht von Vorstand und Aufsichtsrat hat neben dem für die Bargründung vorgeschriebenen Inhalt (vgl. Rdnr. 93 ff.) nach **§ 34 Abs. 1 Nr. 2 AktG** anzugeben, ob der Wert der Sacheinlagen oder Sachübernahmen den geringsten Ausgabebetrag der dafür gewährten Aktien oder den Wert der dafür zu gewährenden Leistungen erreicht. In dem schriftlichen Bericht ist der Gegenstand jeder Sacheinlage oder Sachübernahme zu beschreiben und anzugeben, welche Bewertungsmethoden bei der Ermittlung des Werts angewandt worden sind (§ 34 Abs. 2 S. 1, 2 AktG). Zu Bewertungsmethoden siehe oben Rdnr. 154 ff.

---

[324] Zum Verfahren nach § 31 AktG im Einzelnen: MünchHdbGesR IV/*Hoffmann-Becking* § 4 Rdnr. 21 ff; Schüppen/Schaub/*Peres* § 13 Rdnr. 162 ff. sowie die Kommentierung zu § 31 AktG.

[325] MünchKommAktG/*Pentz* § 32 AktG Rdnr. 18; Happ/*Mulat* 2.04 Rdnr. 38.

[326] *Hüffer* § 33 AktG Rdnr. 5.

[327] MünchKommAktG/*Pentz* § 32 AktG Rdnr. 20; Schmidt/Lutter/*Bayer* § 32 AktG Rdnr. 9.

[328] MünchKommAktG/*Pentz* § 32 AktG Rdnr. 18.

[329] *Hüffer* § 32 AktG Rdnr. 5.

[330] MünchKommAktG/*Pentz* § 32 AktG Rdnr. 25; Schmidt/Lutter/*Bayer* § 32 AktG Rdnr. 12; *Hüffer* § 32 AktG Rdnr. 5; GroßkommAktG/*Röhricht* § 32 Rdnr. 16.

Umstritten ist, ob sich die **Prüfung** nur darauf erstreckt, ob der Wert der Sacheinlagen den geringsten Ausgabebetrag der Aktien erreicht oder auch ein etwaiges Aufgeld (Agio) abdeckt. Der Wortlaut des § 34 Abs. 1 Nr. 2 AktG spricht dafür, dass sich die Prüfung nicht auf das **Aufgeld**, sondern nur auf den geringsten Ausgabebetrag erstreckt, sodass eine abschließende Festlegung des Werts durch den Prüfer offen gelassen werden kann, wenn nur der geringste Ausgabebetrag erreicht wird.[331] Für eine Erstreckung der Prüfungspflicht auch auf das Aufgeld (Agio) spricht dagegen Art. 10 Abs. 2 der 2. EG-Richtlinie für Sachgründungen und Sachkapitalerhöhungen. Danach ist eine Prüfung erforderlich, wenn der Wert der Sacheinlage dem Nennbetrag und „gegebenenfalls dem Mehrbetrag" der dafür ausgegebenen Aktien entspricht. Die richtlinienkonforme Auslegung der Norm führt damit zu einer Prüfungspflicht auch bezüglich des Agios.[332] Dies bedeutet, dass sich bei satzungsmäßiger Festsetzung eines Agios die Gründungsprüfung nicht darauf beschränken darf, lediglich die Einhaltung der Untergrenze des § 9 Abs. 1 AktG festzustellen, sondern auch dazu eine Aussage treffen muss, ob der Wert der Sacheinlage den Mehrbetrag umfasst. In der Praxis empfiehlt sich in jedem Fall, die Prüfung der Werthaltigkeit auch auf das Aufgeld (Agio) zu erstrecken.[333] 194

Maßgebender **Zeitpunkt** für die Prüfung der Sacheinlage ist der Tag der Prüfung, nicht der Tag der Eintragung der AG.[334] 195

Eine **Sonderregelung** trifft **§ 34 Abs. 2 S. 3 AktG** für den Fall, dass nach § 33a AktG von einer externen Gründungsprüfung abgesehen wird (hierzu unten Rdnr. 198 ff.). Dann bleiben die Verwaltungsmitglieder zwar prüfungs- und berichtspflichtig, und ihr Bericht entspricht dem der Bargründung; ihr Bericht braucht die Angaben nach § 34 Abs. 2 S. 2 AktG nicht zu enthalten und muss sich auch nicht dazu äußern, ob der Wert der Sacheinlagen den geringsten Ausgabebetrag nach § 9 Abs. 1 AktG der dafür zu gewährenden Aktien erreicht bzw. der Wert der Übernahmegegenstände der festgesetzten Vergütung entspricht. Der für die Sachgründung an sich notwendige Berichtsinhalt findet sich allerdings als Inhalt der Anmeldung wieder, § 37 a AktG. § 34 Abs. 2 S. 3 AktG will nur vermeiden, dass sich die Verwaltungsmitglieder doppelt zu erklären haben.[335] 196

h) Externe Gründungsprüfung. *aa) Prüfungspflicht.* Liegt eine Gründung mit Sacheinlagen oder Sachübernahmen vor, hat – neben den auch für die Bargründung geltenden Konstellationen des § 33 Abs. 2 Nr. 1–3 AktG (hierzu oben Rdnr. 98 ff.) – grundsätzlich eine **externe Gründungsprüfung** stattzufinden. Bei der Gründung mit Sacheinlagen oder Sachübernahmen kann allerdings der beurkundende Notar nicht zum Gründungsprüfer bestellt werden, da insoweit § 33 Abs. 3 S. 1 AktG nicht einschlägig ist. Für die Bestellung des externen Gründungsprüfers, seine Eignung und seine Tätigkeitsvergütung gelten die in Rdnr. 101, 103, 104 dargestellten Grundsätze. 197

Der **Umfang der Prüfung** durch den Gründungsprüfer entspricht dem Umfang der Prüfungen durch die Verwaltung, § 34 Abs. 1, 2 AktG (siehe oben Rdnr. 193 ff.).

bb) Ausnahme: § 33 a AktG. § 33 a AktG sieht Ausnahmen von der obligatorischen Werthaltigkeitsprüfung vor und soll die **Deregulierung** des Handelsregisterverfahrens bezwecken. Sachgründungen können vereinfacht werden, wenn sich die Bewertung der Einlagegegenstände auf klare Anhaltspunkte stützen kann.[336] 198

Der Dispens von der externen Wertprüfung geht allerdings einher mit einer Reihe spezifischer **verfahrensrechtlicher Besonderheiten**, durch die ein hinreichender Schutz der Gläu- 199

[331] MünchHdbGesR IV/*Hoffmann-Becking* § 4 Rdnr. 25; Spindler/Stilz/*Gerber* § 34 AktG Rdnr. 8; *Hüffer* § 34 AktG Rdnr. 3.

[332] Schmidt/Lutter/*Bayer* § 34 AktG Rdnr. 7; *Bayer,* FS Ulmer 2003, S. 21, 31 ff; *Priester,* FS Lutter 2000, S. 617, 623.

[333] Es ist bedauerlich, dass der Gesetzgeber die Änderungen durch das ARUG nicht zum Anlass genommen hat, hier Rechtsklarheit zu schaffen; vgl. die Anregungen Handelsrechtsausschuss des DAV, NZG 2008, 534 f; NZG 2009, 96, 98; *Bayer/J. Schmidt* ZGR 2009, 805, 843 f.

[334] *Hüffer* § 34 AktG Rdnr. 3; str.

[335] *Hüffer* § 34 AktG Rdnr. 6.

[336] *Hüffer* § 33 a AktG Rdnr. 1.

biger und Minderheitsaktionäre gewährleistet werden soll,[337] z. B. die Sonderregelungen des § 37a AktG zur Anmeldung (hierzu siehe Rdnr. 205). Besonderheiten gelten auch für die interne Gründungsprüfung, die zwar zwingend bleibt, aber auf Angaben zur Werthaltigkeit der Sacheinlage verzichten kann (siehe oben Rdnr. 196).

200 Eine **externe Gründungsprüfung** ist unter den in § 33a Abs. 1 AktG genannten Voraussetzungen **entbehrlich**, d. h. soweit eingebracht werden

- übertragbare Wertpapiere oder Geldmarktinstrumente im Sinne des § 2 Abs. 1 S. 1 und Abs. 1a des WpHG, wenn sie mit dem gewichteten Durchschnittspreis bewertet werden, zu dem sie während der letzten drei Monate vor dem Tag ihrer tatsächlichen Einbringung auf einem oder mehreren organisierten Märkten im Sinne von § 2 Abs. 5 des Wertpapierhandelsgesetzes gehandelt worden sind,
- andere als die in § 33a Abs. 1 Nr. 1 AktG genannten Vermögensgegenstände, wenn eine Bewertung zu Grunde gelegt wird, die ein unabhängiger, ausreichend vorgebildeter und erfahrener Sachverständiger nach den allgemein anerkannten Bewertungsgrundsätzen mit dem beizulegenden Zeitwert ermittelt hat und wenn der Bewertungsstichtag nicht mehr als sechs Monate vor dem Tag der tatsächlichen Einbringung liegt.

Wenn aufgrund der **besonderen Umstände** eine sichere Bewertung der Einlagegegenstände im Einzelfall aber nicht möglich ist, ist eine Sachgründung ohne externe Gründungsprüfung jedoch wiederum ausgeschlossen, vgl. § 33a Abs. 2 AktG.

201 **i) Registeranmeldung.** Die im Wege der Sachgründung oder Sachübernahme gegründete Aktiengesellschaft ist nach **§ 36 Abs. 1 AktG** von allen Gründern, allen Mitgliedern des Vorstands und des Aufsichtsrats zur Eintragung in das Handelsregister anzumelden. Für die Anmeldung gelten grundsätzlich die für die Bargründung geltenden Grundsätze (siehe oben Rdnr. 123 ff.).

202 Die Eintragung darf nur erfolgen, wenn die **Sacheinlage erbracht** ist und zur **freien Verfügung des Vorstands** steht (vgl. § 36 Abs. 2 S. 1, § 36a Abs. 2 S. 1 AktG). § 36a Abs. 2 S. 2 AktG regelt nur die Ausnahme für den Fall, dass die Sacheinlage in der Verpflichtung besteht, einen Vermögensgegenstand dinglich auf die Gesellschaft zu übertragen. In diesem Fall muss zum Zeitpunkt der Anmeldung nur die Übertragungspflicht des Gründers begründet sein, das dingliche Erfüllungsgeschäft kann innerhalb des 5-Jahreszeitpunkts nachfolgen (siehe oben Rdnr. 184 ff.): In allen übrigen Fällen, in denen die Sacheinlageverpflichtung nicht durch dingliche Übertragung von Vermögensgegenständen zu bewirken ist, z. B. bei Gebrauchs- oder Nutzungsüberlassungen, ist § 36a Abs. 2 S. 1 AktG einschlägig.

203 Der **Inhalt der Anmeldung** ergibt sich aus §§ 37, 37a AktG. Bei Sacheinlagen ist anzugeben, ob die Leistung vor oder nach der Anmeldung vereinbart ist.[338]Ist die Sacheinlage vor der Anmeldung zu leisten, ist zu erklären, dass die Sacheinlage zur endgültig freien Verfügung des Vorstands steht.[339] Bei der Sacheinlage in Form einer Gebrauchs- oder Nutzungsüberlassung ist zudem zu erklären, dass der Gegenstand von der Gesellschaft genutzt werden kann.[340]

204 Ist der **Sacheinlagegegenstand nach der Anmeldung** zu leisten, ist der vereinbarte Leistungszeitpunkt zu nennen; in Ermangelung eines solchen ist zu erklären, dass die Sacheinlage innerhalb des 5-Jahreszeitraums nach Eintragung der Gesellschaft erbracht wird.[341]

205 Ist bei der Sachgründung eine **externe Gründungsprüfung nicht geboten** (§ 33a AktG) sind die Besonderheiten des § 37a AktG für die Anmeldung zu beachten. Die Anmeldung muss in diesen Fällen die ausdrückliche Erklärung enthalten, dass von den Erleichterungen des § 33a AktG Gebrauch gemacht wird, und ferner diejenigen Angaben enthalten, die ansonsten Gegenstand des Prüfungsberichts nach § 34 Abs. 2 S. 1 AktG wären. Außerdem ist die Versicherung nach § 37a AktG mit dem dort vorgegebenen Inhalt abzugeben.

---

337 *Bayer/J. Schmidt* ZGR 2009, 805, 815.
338 *Hüffer* § 36a AktG Rdnr. 4; § 37 Rdnr. 4.
339 *Hüffer* § 37 AktG Rdnr. 4; § 36a Rdnr. 5; MünchKommAktG/*Pentz* § 37 AktG Rdnr. 41.
340 *Hüffer* § 37 AktG Rdnr. 4; MünchKommAktG/*Pentz* § 37 AktG Rdnr. 41.
341 MünchKommAktG/*Pentz* § 37 AktG Rdnr. 41.

Die **Liste der** mit der Anmeldung vorzulegenden **Unterlagen** wird durch § 37 a Abs. 3 AktG ergänzt. 206

j) **Prüfung durch das Gericht, Eintragung.** Der Prüfungsumfang des Gerichts ergibt sich aus **§ 38 AktG.** 207

Für die formelle und materielle Prüfung gelten grundsätzlich die zur Bargründung dargestellten Grundsätze, vgl. oben Rdnr. 141.

Das Gericht kann die Eintragung ablehnen, wenn der Gründungsprüfer erklärt oder das Gericht der Auffassung ist, dass der Wert der Sacheinlagen oder Sachübernahmen nicht unwesentlich hinter dem geringsten Ausgabebetrag der dafür zu gewährenden Aktien oder dem Wert der dafür zu gewährenden Leistungen zurückbleibt (**§ 38 Abs. 2 S. 2 AktG**). Folgt man der Auffassung, dass sich die Prüfung auch auf das Aufgeld (Agio) erstreckt, so ist das Gericht auch berechtigt – über den Wortlaut des § 38 Abs. 2 AktG hinaus – die Erbringung des Aufgelds zu prüfen und bei dessen Nichtdeckung die Eintragung abzulehnen (siehe oben Rdnr. 194). 208

Wann die Abweichung zwischen dem Wert der Sacheinlage oder Sachübernahme und dem Ausgabebetrag unwesentlich ist, ist nicht definiert und liegt im pflichtgemäßen Ermessen des Gerichts. Im Interesse des Gläubigerschutzes ist aber ein strenger Maßstab anzulegen.[342] Das **Gericht bewertet die Sachleistungen zum Zeitpunkt der eigenen Prüfung,**[343] sodass die auf den Berichtszeitpunkt abhebenden Berichte der Gründer, Gründungsprüfer und Verwaltungsmitglieder nur Anhaltspunkte für das Gericht sind. 209

Praxistipp:

Sachgründungen sollten möglichst unverzüglich zum Handelsregister angemeldet werden, um dem Registergericht die Prüfung der Werthaltigkeit der Sacheinlage rasch zu ermöglichen. Treten nämlich zwischen dem Datum der Gründung sowie der Erstellung der Gründungs(prüf)berichte und dem Datum der gerichtlichen Prüfung negative Wertdifferenzen ein, z. B. durch Zeitablauf, äußere Marktentwicklungen, Börsenkursentwicklungen etc., kann die negative Wertentwicklung zum Eintragungshindernis werden bzw. die Differenzhaftung des Einlegers in bar begründen.

§ 38 Abs. 3 AktG enthält eine **Ausnahme** von der dem Registergericht nach § 38 Abs. 2 S. 2 AktG grundsätzlich obliegendem materiellen Wertprüfung. Ist eine **externe Gründungsprüfung nach § 33 a AktG nicht erforderlich** und enthält demzufolge die Anmeldung die Erklärung nach § 37 a Abs. 1 S. 1 AktG, hat das Registergericht hinsichtlich der Werthaltigkeit der Sacheinlagen oder der Sachübernahmen ausschließlich zu prüfen, ob die Voraussetzungen des § 37 AktG erfüllt sind. Lediglich bei einer offenkundigen und erheblichen Überbewertung kann das Gericht die Eintragung ablehnen (§ 38 Abs. 3 AktG). Das Gericht hat in diesem Falle **nur ein formelles Prüfungsrecht** dahin, ob die Voraussetzungen des § 37a AktG erfüllt sind. Es prüft also – materiell – nicht, ob die Werthaltigkeit der Einlage- oder Übernahmegegenstände tatsächlich gegeben ist, ob die von den Anmeldenden abgegebenen Erklärungen zutreffen und ob die Voraussetzungen der Entbehrlichkeit der externen Gründungsprüfung des § 33 a AktG vorliegen.[344] Der Grundsatz der formellen Prüfung tritt nur dann zurück, wenn die Überbewertung offenkundig und erheblich ist.

k) **Kosten.** Für die Notar- und Registergebühren gelten die zur Bargründung dargestellten Grundsätze (s. Rdnr. 144 ff.) mit der Besonderheit, dass als **Geschäftswert der Sacheinlage** der Aktivwert (ohne Schuldenabzug)[345] anzusetzen ist, auch soweit der Wert den Nennwert oder Ausgabebetrag der Aktien übersteigt.[346] Der Höchstwert beträgt € 5.000.000, § 38 210

[342] *Krafka/Willer/Kühn* Rdnr. 1320; Spindler/Stilz/*Übereiner* § 38 AktG Rdnr. 9.

[343] BGH Urt. v. 9. 3. 1981 – II ZR 54/80 – BGHZ 80, 129, 136 f.

[344] RegBegr BT-Drucks. 16/11 642 S. 24; *Hüffer* § 38 AktG Rdnr. 10 a.

[345] Vgl. § 18 Abs. 3 KostO – aber kein Schuldenabzugsverbot bei der Bestimmung des Geschäftswerts einer Übertragung von Kommanditanteilen, BGH Beschl. v. 22. 10. 2009 – VIII ZB 13/08 – BGHZ 183, 28.

[346] Kritisch zum Schuldenabzugsverbot allerdings BGH Beschl. v. 20. 10. 2009 – VIII ZB 13/08 – DNotZ 2010, 230 = NJW 2010, 2218.

Abs. 5 KostO. Hinzu kommen ggfs. noch Notargebühren für den **Einbringungsvertrag** (20/10 Gebühr nach § 36 Abs. 2 KostO). Eine Mitbeurkundung des Einbringungsvertrages in der Gründungsurkunde selbst dürfte aus den in Rdnr. 181 dargelegten Grundsätzen kaum in Frage kommen; im Falle einer derartigen Gestaltung ist § 44 Abs. 1 S. 1 KostO zu beachten. Der Höchstwert von € 5.000.000,– nach § 39 Abs. 1 KostO gilt auch hier für die einheitliche Urkunde.

4. Umgehungstatbestände

211 a) **Verdeckte Sachgründung.** *aa) Tatbestandliche Voraussetzungen.* **§ 27 Abs. 3 AktG** enthält eine **Legaldefinition** der verdeckten Sacheinlage und enthält Sonderregelungen zu Tatbestand und Rechtsfolgen der verdeckten Sacheinlage. Die Vorschrift wurde durch das Gesetz zur Umsetzung der Aktionärsrechterichtlinie (ARUG) vom 30. 7. 2009[347] mit Wirkung zum 1. 9. 2009 nach dem Vorbild des durch das MoMiG[348] neu geregelten § 19 Abs. 4 GmbHG reformiert. Nach bisherigem Recht waren Umgehungen der Sacheinlagevorschriften durch die Rechtsfigur der verdeckten Sacheinlage scharf sanktioniert. Verstöße führten zum Fortbestehen der Bareinlagepflicht sowie zur Nichtigkeit der Sacheinlagevereinbarung und der dinglichen Vollzugsgeschäfte (§ 27 Abs. 3 AktG a. F.).[349] Diese Grundsätze galten ebenso für die verdeckte gemischte Sacheinlage.[350] Die einschneidenden Rechtsfolgen der verdeckten Sacheinlage wurden durch die Novellierung des § 27 Abs. 3 AktG radikal entschärft.

§ 27 Abs. 3 S. 1 AktG enthält eine Legaldefinition der verdeckten Sacheinlage, die vorliegt, wenn

(1) die Bareinlage des Inferenten bei wirtschaftlicher Betrachtungsweise einer Sacheinlage entspricht (**wirtschaftliche Entsprechung**);

(2) die Einbringung des Vermögenswerts aufgrund einer im Zusammenhang mit der ursprünglichen Einlageleistung getroffenen Abrede erfolgte (**vorherige Abrede**);[351]

212 Kern des objektiven Tatbestandes ist die **Aufspaltung des wirtschaftlich einheitlichen Sacheinlagevorgangs** in nur scheinbare Leistung der geschuldeten Bareinlage und den Rückfluss der dadurch von der AG eingenommenen Geldmittel an den Inferenten, zu dem es infolge eines den Zufluss der Barmittel kompensierenden Gegengeschäfts kommt. Ohne Mittelrückfluss gibt es keine verdeckte Sacheinlage. Dabei kommt es auf die sog. Nämlichkeit der Mittel nicht an.[352] Entscheidend ist vielmehr, dass die besonderen Anforderungen nicht eingehalten werden, die für die Einbringung von Sacheinlagen gelten.

213 Der **Tatbestand** der verdeckten Sacheinlage bei der Gründung der AG **erfordert** demnach grundsätzlich:

- die Begründung einer Bareinlagepflicht;
- ein **Verkehrsgeschäft** zwischen der Gesellschaft und dem Inferenten oder einen ihm zuzurechnenden Dritten. Unter Verkehrsgeschäft ist dabei regelmäßig das schuldrechtliche Verpflichtungsgeschäft und das dingliche Erfüllungsgeschäft zu verstehen; sowie
- eine **vorherige Abrede** zwischen den übrigen Gesellschaftern und dem Inferenten bzw. zwischen diesem und der Gesellschaft.[353]

214 Unter **Verkehrsgeschäft** ist jedes Rechtsgeschäft zwischen der Gesellschaft und dem Inferenten zu verstehen, bei dem es wirtschaftlich zum Austausch der baren Einlageleistung mit einem sonstigen sacheinlagefähigen Vermögensgegenstand kommt, z. B. Kauf oder Lieferung

---

347 BGBl. I 2009 S. 2479.

348 Gesetz zur Modernisierung des GmbH-Rechts und zur Bekämpfung von Missbräuchen (MoMiG) v. 23. 10. 2008, BGBl. I S. 2026.

349 *Pentz,* FS Schmidt 2009, 1265 S. 1269 ff; *Schäfer,* FS Hüffer 2010, S. 863, 867 f.

350 BGH Urt. v. 20. 11. 2006 – II ZR 176/05 – BGHZ 170, 47, 54; *Rotheimer* NZG 2007, 256; zur Entstehungsgeschichte Schmidt/Lutter/*Bayer* § 27 AktG Rdnr. 51 ff.

351 Vgl. BGH Urt. 16. 2. 2009 – II ZR 120/07 – BGHZ 180, 38 – Qivive –; BGH Urt. v. 1. 2. 2010 – II ZR 173/08 – GmbHR 2010, 421 – Eurobike –; BGH Urt. v. 22. 3. 2010 – II ZR 12/08 – ZIP 2010, 978 – AdCoCom.

352 GroßkommAktG/*Röhricht* § 27 Rdnr. 190; *Hüffer* § 27 AktG Rdnr. 25.

353 Hölters/*Solveen* § 27 AktG Rdnr. 30.

von Waren oder anderen Vermögensgegenständen.[354] Der Austausch der baren Einlageleistung kann dabei z. B. durch Einzahlung des Barbetrages in das Vermögen der Gesellschaft und anschließende Rückzahlung als Gegenleistung für die Lieferung der Sache geschehen oder durch bloße Verrechnung der wechselseitige Forderungen (Einlageforderung gegen z. B. Kaufpreisforderung).

Besonderheiten ergeben sich, wenn es an einem **sacheinlagefähigen Gegenstand** fehlt (z. B. Dienstleistungen des Inferenten). In dieser Konstellation kommen die Grundsätze über die verdeckte Sacheinlage nicht zur Anwendung; es gibt kein Sachgründungsverfahren, das umgangen werden könnte.[355] 215

Für das Hin- und Herzahlen im Zusammenhang mit einer **Darlehensverbindlichkeit**, das in der Praxis bei Gründungen selten sein dürfte, gilt: Soll durch das Hin- und Herzahlen eine Darlehensverbindlichkeit der Gesellschaft beglichen werden, liegt eine verdeckte Sacheinlage vor. Soll dagegen ein Darlehensanspruch der Gesellschaft gegen den Inferenten begründet werden, fehlt es an einem Sacheinlagegegenstand, der verdeckt eingelegt wird. Bei dieser Konstellation mangelt es grundsätzlich an der schuldtilgenden Einlageleistung zur freien Verfügung des Vorstands,[356] wenn nicht ausnahmsweise die Voraussetzungen des § 27 Abs. 4 AktG (dazu Rdnr. 226 ff.) vorliegen. 216

Werden die als Vergütung abfließenden Geldmittel nicht unmittelbar an den Inferenten zurückgeführt, sondern an einen Drittbeteiligten, gilt: Ist die **Zahlung an den Dritten** Teil der Umgehungsstrategie, gelten die für den Inferenten dargelegten Grundsätze entsprechend. Dies ist vor allem anzunehmen, wenn an einen vom Inferenten beherrschtes Unternehmen gezahlt wird.[357] Auch persönliche Nähebeziehungen, wie z. B. Treuhand u. ä. Rechtsverhältnisse können die Annahme rechtfertigen, dass die Leistung der AG dem Aktionär zumindest mittelbar zufließt.[358] 217

Als **subjektiver Tatbestand** für die verdeckte Sacheinlage ist zu fordern, das zwischen den Beteiligten eine **Abrede** besteht, die im Zusammenhang mit der Übernahme der Geldeinlage getroffen worden ist. Eine Umgehungsabsicht der Beteiligten ist nicht erforderlich. Es reicht aus, dass der Zweck der umgangenen Normen objektiv verletzt wird. Ob dies bewusst oder unbewusst geschieht, ist ohne Belang.[359] Verlangt wird eine Abrede, aus der sich ergibt, dass die Bareinlage des Gesellschafters im wirtschaftlichen Ergebnis durch eine andere Leistung als in Geld erbracht werden soll oder kann.[360] Die Abrede muss im Zusammenhang mit der Übernahme der Aktien entweder zwischen den Gründern oder zwischen dem Inferenten und der Gesellschaft getroffen worden sein. Bei Ein-Personen-Gründungen genügt ein entsprechendes „Vorhaben" des Alleinaktionärs.[361] Eine entsprechende Abrede wird vermutet, wenn zwischen der Bareinlage und dem Rückfluss an den Inferenten ein **sachlicher und zeitlicher Zusammenhang** besteht, wobei ein Zeitraum von bis zu sechs Monaten schädlich sein dürfte.[362] Besteht der erforderliche zeitliche Zusammenhang, führt die Vermutung zu einer Beweislastumkehr zu Lasten des Inferenten. 218

bb) Rechtsfolgen. Liegt eine verdeckte Sacheinlage tatbestandlich vor, **besteht** die **Einlageverpflichtung** des Aktionärs **fort**, § 27 Abs. 3 S. 1 AktG. Es kommt also zu keiner Erfüllungswirkung. Abweichend von der bisherigen Rechtslage ist in § 27 Abs. 3 S. 2 AktG nunmehr geregelt, dass die schuldrechtlichen Verträge über die verdeckten Sacheinlagen 219

[354] Spindler/Stilz/*Heidinger* § 27 AktG Rdnr. 122; Hölters/*Solveen* § 27 AktG Rdnr. 32.

[355] BGH Urt. v. 16. 2. 2009 – II ZR 120/07 – BGHZ 180, 38 – Qivive für die GmbH; BGH Urt. v. 1. 2. 2010 – II ZR 173/08 – GmbHR 2010, 421 – Eurobike – für die AG –.

[356] BGH Urt. v. 21. 11. 2005 – II ZR 140/04 – BGHZ 165, 113; BGH Urt. v. 9. 1. 2006 – II ZR 72/05 – BGHZ 165, 352; MünchKommAktG/*Pentz* § 27 AktG Rdnr. 113.

[357] BGH Urt. v. 2. 12. 2002 – II ZR 101/02 – BGHZ 153, 107; BGH Urt. v. 16. 1. 2006 – II ZR 76/04 – BGHZ 166, 8; BGH Urt. v. 12. 2. 2007 – II ZR 272/05 – BGHZ 171, 113.

[358] Im einzelnen MünchKommAktG/*Pentz* § 27 AktG Rdnr. 119 ff; *Hüffer* § 27 AktG Rdnr. 27.

[359] Schmidt/Lutter/*Bayer* § 27 AktG Rdnr. 60.

[360] Vgl. BGH Urt. v. 4. 3. 1996 – II ZR 89/95 – BGHZ 132, 133, 139; BGH Urt. v. 16. 9. 2002 – II ZR 1/00 – BGHZ 152, 37, 43 f; *Priester* DNotZ 2003, 2010 ff.

[361] BGH Urt. v. 22. 3. 2010 – II ZR 12/08 – ZIP 2010, 978, 979 – Adcocom.

[362] Für die GmbH: OLG Köln Urt. v. 2. 2. 1999 – 22 U 116/98 – ZIP 1999, 399, 400; Acht Monate sind zu lang: vgl. BGH Urt. v. 16. 9. 2002 – II ZR 1/00 – BGHZ 152, 37, 45.

und die Geschäfte zu ihrer Durchführung nicht unwirksam sind, d.h. das Gesetz bestimmt die **Wirksamkeit des schuldrechtlichen Verpflichtungs- und des dinglichen Erfüllungsgeschäfts.**

220 Auf die fortbestehende Einlageverpflichtung des Inferenten wird nach § 27 Abs. 3 S. 3 AktG der Wert des eingebrachten Vermögensgegenstandes **angerechnet.** Die in bar zu leistende Einlageschuld des Aktionärs beschränkt sich auf die Differenz, die nach Abzug des eingebrachten Werts von der zunächst geschuldeten Geldeinlage verbleibt. **Stichtag** für den anzurechnenden Wert des Vermögensgegenstandes ist grundsätzlich der Zeitpunkt der Anmeldung; wird der Gegenstand der AG später überlassen, ist dieser spätere Zeitpunkt maßgebend (§ 27 Abs. 3 S. 3 AktG). Da die Anrechnung nach § 27 Abs. 3 S. 4 AktG nicht vor der Eintragung erfolgt, bleibt es bei der Gründung der AG trotz der Anmeldung bei einem Errichtungsmangel, sofern das Registergericht die verdeckte Sacheinlage vor Eintragung der AG im Handelsregister erkennt. Die **Beweislast** für die Existenz und Höhe des Werts der Sacheinlage, die angerechnet werden soll, trägt der Inferent (§ 27 Abs. 3 S. 5 AktG).[363]

221 Ohne besondere Regelung im Gesetz sind die Fälle einer **verdeckten gemischten Sacheinlage** geblieben.[364] Für die verdeckte gemischte Sacheinlage (siehe Rdnr. 149) beziehen sich die Rechtsfolgen auf das gesamte Rechtsgeschäft. Die Anrechnung des Werts der verdeckt eingelegte Sache auf die fortbestehende Bareinlageverpflichtung nach § 27 Abs. 3 S. 1 AktG darf im Fall der verdeckten gemischten Sacheinlage nicht zulasten des übrigen Gesellschaftsvermögens gehen. Daher ist vor einer Anrechnung von dem tatsächlichen Wert der eingelegten Sache der Betrag abzuziehen, der von der Gesellschaft aus dem Gesellschaftsvermögen über den Nominalbetrag der Bareinlage hinaus als Gegenleistung aufgewendet worden ist.[365] Ergibt sich, weil die tatsächlich von der Gesellschaft gezahlte Vergütung den tatsächlichen Wert der Sacheinlage übersteigt (Überbewertung) zwischen dem Mittelabfluss und dem objektiven Sachwert eine Differenz zu Lasten der Gesellschaft, greift in teleologischer Reduktion von § 27 Abs. 3 S. 3 AktG eine Anrechnungssperre in dieser Höhe. Ist die Differenz größer als der Einlagebetrag, haftet der Inferent daneben auf den Fehlbetrag.[366]

222 Liegt eine verdeckte Sacheinlage vor, gewährleistet § 27 Abs. 3 S. 4 AktG, dass bei der Anmeldung auch nicht die vollständige Erfüllung nach § 37 Abs. 1 S. 2 AktG versichert werden darf, wenn die Bareinlage geleistet wurde und der später zu erwerbende Vermögensgegenstand vollwertig ist; denn die Einlageleistung erfolgte nicht ordnungsgemäß mit Erfüllungswirkung zur freien Verfügung des Vorstands.[367] Bei falscher Anmeldeversicherung durch die Beteiligten droht Strafbarkeit nach § 399 Abs. 1 Nr. 1 AktG;[368] im Falle der Verurteilung wird jedes Vorstandsmitglied für fünf Jahre vom Vorstandsamt ausgeschlossen. Für falsche Angaben haften die an der Gründung Beteiligten nach §§ 46ff AktG.[369]

223 *cc) Heilung.* **Bis zur Eintragung der AG** im Handelsregister kann der Errichtungsmangel durch **Satzungsänderung** geheilt werden, insbesondere durch nachträgliche Aufnahme der nach § 27 Abs. 1 AktG erforderlichen Festsetzungen im Satzungstext. Im Übrigen sind sämtliche für die Sachgründung geltenden Vorschriften zu beachten. Mit der Heilung wird die verdeckte zur offenen Sacheinlage.[370]

224 **Nach der Eintragung** hatte § 27 Abs. 4 AktG a.F. den Weg über die Heilung durch Satzungsänderung versperrt. Die Neufassung des § 27 Abs. 3 AktG (siehe oben Rdnr. 211)

---

[363] Im Einzelnen Schmidt/Lutter/*Bayer* § 27 AktG Rdnr. 69ff; *Hüffer* § 27 AktG Rdnr. 31ff.

[364] Hierzu BGH Urt. v. 9. 7. 2007 – II ZR 62/06 – BGHZ 173, 145 – Lurgi; BGH Urt. v. 18. 2. 2008 – II ZR 132/06 – BGHZ 175, 265 – Rheinmöve.

[365] BGH Urt. v. 22. 3. 2010 – II ZR 12/08 – DNotZ 2010, 922.

[366] Schmidt/Lutter/*Bayer* § 27 AktG Rdnr. 81; *Stiller/Redeker* ZIP 2010, 865; *Koch* ZHR 175 (2011) 55–82.

[367] *Hüffer* § 27 AktG Rdnr. 36; KölnKommAktG/*Arnold* § 27 AktG Rdnr. 103; Schmidt/Lutter/*Bayer* § 27 AktG Rdnr. 77.

[368] Bericht Rechtsauschuss ARUG, BT-Drucks. 16/13098 S. 36; KölnKommAktG/*Arnold* § 27 AktG Rdnr. 103.

[369] KölnKommAktG/*Arnold* § 27 AktG Rdnr. 103; Schmidt/Lutter/*Bayer* § 27 AktG Rdnr. 77.

[370] *Hüffer* § 27 AktG Rdnr. 37.

macht den Weg frei für die Heilung nach den für die **GmbH entwickelten Grundsätzen.**[371] Erforderlich ist also

- mit satzungsändernder Mehrheit gefasster Beschluss der Hauptversammlung (u. U. kann die Mitwirkung an der Heilung aus der Treupflicht geboten sein[372]) mit Festsetzung der Sacheinlage in der Satzung;
- Einbringung der Sacheinlage;
- Nachholung der Werthaltigkeitskontrolle;[373]
- Erstellung Gründungsbericht;
- Erstellung Gründungsprüfungsbericht durch die Verwaltung;
- externe Gründungsprüfung;
- Anmeldung zum Handelsregister;
- Prüfung und Eintragung durch das Handelsregister.

Die Erleichterungen der vereinfachten Gründung (**§§ 33 a, 34 Abs. 2 S. 3, 38 Abs. 3** 225 **AktG**) einschließlich der erweiterten Publizitätserfordernisse des **§ 37 a AktG** gelten auch hier.[374]

b) Hin- und Herzahlen. *aa) Tatbestandliche Voraussetzungen.* Für die früher als Unterfall 226 der verdeckten Sacheinlage gedeuteten Fälle des Hin- und Herzahlens enthält der gegenüber § 27 Abs. 3 AktG subsidiäre **§ 27 Abs. 4 AktG** besondere Vorschriften; die Vorschrift entspricht § 19 Abs. 5 GmbHG für die GmbH. Fließt der Einlagebetrag des Inferenten sogleich als Darlehen an diesen oder einen ihm zuzurechnenden Dritten (vgl. oben Rdnr. 217) zurück, ist der Grundsatz der realen Kapitalaufbringung verletzt; insbesondere fehlt es an der freien Verfügung des Vorstands über den eingezahlten Betrag.[375]

Der ebenfalls durch das ARUG[376] novellierte § 27 Abs. 4 AktG **bestimmt Folgendes:** 227

Ist die wirtschaftlich als Rückgewähr der Einlage zu betrachtende Zahlung an den Gesellschafter nicht als verdeckte Sacheinlage i. S. d. § 27 Abs. 3 AktG zu beurteilen, so ist der Gesellschafter bei Bestehen eines fälligen und vollwertigen Rückgewähranspruchs von seiner Einlageschuld befreit.

Die **Privilegierung** des § 27 Abs. 4 AktG erfordert daher folgende **Voraussetzungen:**[377] 228

- die **Bareinlage** muss zunächst ordnungsgemäß an die Gesellschaft **geleistet** worden sein;
- zwischen dem Gründern bzw. der Vor-AG einerseits und dem Inferenten andererseits muss eine **vorherige Absprache** vorliegen, und zwar im Zeitpunkt der Einlageleistung vor der Anmeldung;
- darüber, dass der Aktionär die **Bareinlage zurückerhält**, ohne einen sacheinlagefähigen Vermögenswert einzubringen (der Darlehensanspruch gegen den Inferenten ist nicht einlagefähig, vgl. oben Rdnr. 216);
- die AG muss aus dem Rückzahlungsvorgang einen **vollwertigen** und liquiden, d. h. jederzeit **fälligen, Rückgewähranspruch** gegen den Inferenten erlangt haben. Das Registergericht kann regelmäßig Nachweise für die Angaben zur Liquidität und Vollwertigkeit des Rückgewähranspruchs verlangen; als Bonitätsnachweis kommt die positive Bewertung des Rückgewährschuldners durch eine anerkannte Rating-Agentur in Betracht.[378]
- die Vereinbarung des Hin- und Herzahlens ist bei der Anmeldung gegenüber dem Registergericht **offenzulegen.** Die Erfüllung der Offenlegungspflicht gegenüber dem Registergericht (§ 27 Abs. 4 S. 2 AktG) ist Voraussetzung der Privilegierung des § 27 Abs. 4 AktG. Dies ist dem Wortlaut des § 27 Abs. 4 S. 2 AktG nicht zwingend zu entnehmen, aber zum

---

[371] Grundlegend: BGH Beschl. v. 4. 3. 1996 – II ZB 8/95 – BGHZ 132, 141.
[372] So für die GmbH: BGH Urt. v. 7. 7. 2003 – II ZR 235/01 – ZIP 2003, 1540.
[373] *Lieder* ZIP 2010, 964, 971.
[374] *Bayer/J. Schmidt* ZGR 2009, 805, 830; *Lieder* ZIP 2010, 964, 971.
[375] Schmidt/Lutter/*Bayer* § 27 AktG Rdnr. 90; BGH Urt. v. 21. 11. 2005 – II ZR 140/04 – BGHZ 164, 113; BGH Urt. v. 9. 1. 2006 – II ZR 72/05 – BGHZ 165, 352.
[376] Gesetz zur Umsetzung der Aktionärsrechterichtlinie (ARUG) v. 30. 7. 2009, BGBl. I S. 2479.
[377] Hierzu *Hüffer* § 27 AktG Rdnr. 40 ff; Schmidt/Lutter/*Bayer* § 27 AktG Rdnr. 98.
[378] OLG München Beschl. v. 17. 2. 2011 – 31 Wx 246/10 – DB 2011, 581.

notwendigen Schutz der Kapitalaufbringung durch die registerrichterliche Prüfung ohne Weiteres anzunehmen.[379]

229 **Besonderheiten** sind – insbesondere im Hinblick auf die Abgrenzung der verdeckten Sacheinlage von den Fällen des Hin- und Herzahlens – im **sog. Cash-Pool** zu beachten. Cash-Pooling ist in der Finanzierungspraxis insbesondere größerer Konzerne üblich; hierzu gehört i. d. R. ein zentrales Cash-Managementsystem mit einem Liquiditätsausgleich, der unter Beteiligung einer Bank über ein zentrales Konto (sog. Ziel-Konto) bei einer Zentralgesellschaft organisiert wird und an dem die Mutter- und sämtliche zugehörigen Konzerngesellschaften teilnehmen.[380] Hierbei ist zu **differenzieren:** Ergab sich vor der Einlageleistung auf das Konto der zu gründenden Gesellschaft auf dem Ziel-Konto für die AG ein **negativer Saldo**, sodass eine Schuld der AG gegenüber dem Inferenten (oder der ihr zuzurechnenden Zentralgesellschaft) bestand, liegt in der Mittelzuführung, die anschließend mit der Schuld verrechnet wird, eine **verdeckte Sacheinlage** vor. War hingegen der **Saldo** für die AG **positiv**, so fließt die Einlage zugunsten des Inferenten zurück, sodass ein Fall des **Hin- und Herzahlens** vorliegt. Je nachdem, ob eine verdeckte Sacheinlage oder ein Hin- und Herzahlen vorliegt, sind die unterschiedlichen tatbestandlichen Voraussetzungen des § 27 Abs. 3 AktG bzw. § 27 Abs. 4 AktG zu beachten und gelten im Übrigen die unterschiedlichen Rechtsfolgen (Anrechnungslösung bei § 27 Abs. 3 AktG bzw. Erfüllungswirkung bei § 27 Abs. 4 AktG).[381]

230 *bb) Rechtsfolgen.* Liegen die tatbestandlichen Voraussetzungen des Hin- und Herzahlens vor, privilegiert § 27 Abs. 4 S. 1 AktG diesen Sachverhalt, da **unmittelbar Erfüllungswirkung** eintritt, d. h. die Einlageschuld des Inferenten ist vollständig getilgt, und zwar – anders als bei der verdeckten Sacheinlage – auch schon vor Eintragung der AG.[382] **Mittelbar** bewirkt die Privilegierung einen **Forderungsaustausch**, indem der Rückgewähranspruch an die Stelle des Einlageanspruchs tritt. Gerade darin liegt aber die Problematik, weil für den Rückgewähranspruch nicht die für den Einlageanspruch geltenden Sicherungen (vgl. §§ 63–66 AktG) bestehen. Die Vollwertigkeit, Liquidität und Offenlegung sind dafür kein adäquater Ersatz,[383] wurden aber vom Gesetzgeber ausdrücklich in Kauf genommen.[384]

231 Ist der Rückgewähranspruch dagegen nicht vollwertig, fällig und liquide oder fehlt es an der Offenlegung in der Anmeldung, tritt die Rechtsfolge des § 27 Abs. 4 S. 1 AktG nicht ein. Es findet insbesondere – wie bei der Anrechnungslösung in Fällen der verdeckten Sacheinlage – keine anteilige Tilgung der Einlageforderung statt (**Alles-oder-Nichts-Prinzip**).[385]

5. Wirtschaftliche Neugründung.

232 Im Falle des Erwerbs einer sog. Vorrats-AG[386] bzw. einer sog. Mantelgesellschaft liegt nach Auffassung des BGH[387] eine sog. wirtschaftliche Neugründung vor. Folge dieser **sog. wirtschaftlichen Neugründung**[388] ist zum einen die – nochmalige – registergerichtliche Kapitalaufbringungskontrolle, zum anderen u. a. die sog. Verlustdeckungs- bzw. Unterbilanzhaftung (Vorbelastungshaftung) der Gründer bis zum Zeitpunkt der Offenlegung der wirt-

[379] Wohl auch BGH Urt. v. 16. 2. 2009 – II ZR 120/07 – ZIP 2009, 713; OLG München Beschl. v. 17. 2. 2011 – 31 Wx 246/10 – DB 2011, 581; *Markwardt* BB 2008, 2414, 2419; *Heckschen* DStR 2009, 166, 173; *Hüffer* § 27 AktG Rdnr. 42.

[380] Schmidt/Lutter/*Bayer* § 27 AktG Rdnr. 111.

[381] BGH Urt. v. 20. 7. 2009 – II ZR 273/07 ZIP 2009, 1561 – Cash-Pool II; *Lieder* GmbHR 2009, 1177; *Maier-Reimer/Wenzel* ZIP 2008, 1449.

[382] Schmidt/Lutter/*Bayer* § 27 AktG Rdnr. 106.

[383] Zu Recht *Hüffer* § 27 AktG Rdnr. 44.

[384] Begr. RegE MoMiG, BR-Drucks. 354/07 S. 79.

[385] KölnKommAktG/*Arnold* § 27 AktG Rdnr. 150; Schmidt/Lutter/*Bayer* § 27 AktG Rdnr. 108.

[386] Hierzu erstmals BGH Urt. v. 16. 3. 1992 – II ZB 17/91 – BGHZ 117, 323.

[387] BGH Beschl. v. 9. 12. 2002 – II ZB 12/02 – DNotZ 2003, 443; BGH Beschl. v. 7.7.2003 – II ZB 4/02 – DNotZ 2003, 951.

[388] Zur Kritik *Altmeppen* DB 2003, 2050; *Werner* NZG 2001, 397.

schaftlichen Neugründung dem Handelsregister gegenüber. Ferner besteht eine Handelnden-Haftung nach § 41 AktG.[389]

Im Einzelnen ist allerdings bei der Aktiengesellschaft **vieles umstritten.**

In jedem Fall sind bei der wirtschaftlichen Neugründung die **§§ 7 und 36 a AktG zu beachten.** Da sog. Vorrats-AGs ausnahmslos im Wege der Bargründung errichtet werden, ist dies sog. wirtschaftliche Neugründung der AG durch die Erwerber der Aktien dem Handelsregister offenzulegen und ist die Anmeldeversicherung abzugeben, dass entsprechend § 36 a AktG mindestens 25% des geringsten Ausgabebetrages – bei einem höheren Ausgabebetrag dieser – wertmäßig im Vermögen der Gesellschaft vorhanden sind – abzüglich etwaiger Gründungskosten. Ein etwa vereinbartes Aufgeld – das in der Praxis aber bei Gründung der Vorrats-AG nie vereinbart wird – soll nicht zu berücksichtigen sein.[390] Ob die Kosten der wirtschaftlichen Neugründung und der ursprünglichen Gründung kumulativ angesetzt werden können oder nicht ist streitig.[391] Ist das erforderliche Vermögen nicht vorhanden, muss entsprechendes Vermögen zugeführt werden. 233

Zum **Nachweis der Kapitalaufbringung** ist eine Bankbestätigung i. S. v. § 37 Abs. 1 S. 3 AktG vorzulegen.[392] 234

Umstritten ist, ob auch die **Gründungsberichte** der Gründer, des Vorstands und des Aufsichtsrats im Zuge der wirtschaftlichen Neugründung nochmals erneut vorgelegt werden müssen, ggfs. mit dem die Tatsache der wirtschaftlichen Neugründung berücksichtigenden geänderten Inhalt. 235

Gleiches gilt für die Frage, ob eine **externe Gründungsprüfung** erforderlich ist, wenn die Voraussetzungen des § 33 Abs. 2 AktG vorliegen, etwa wenn ein Erwerber der Aktien der Vorrats-AG zum Vorstand oder Aufsichtsrat bestellt wird. Derartige Fallgestaltungen kommen in der Praxis häufig vor.[393]

Die **Praxis der Registergerichte** ist hier **uneinheitlich**, sodass sich eine Abstimmung mit den örtlich zuständigen Registern empfiehlt. Häufig allerdings genügt bereits eine nur vom Vorstand unterzeichnete Handelsregisteranmeldung, die die Tatsache der Offenlegung der wirtschaftlichen Neugründung und die Versicherung der Kapitalaufbringung mit entsprechenden Nachweisen enthält. Folgt man dieser Praxis, sind weder die öffentlich-beglaubigten Unterschriften der Gründer oder der Mitglieder des Aufsichtsrats auf der Handelsregisteranmeldung erforderlich, noch sind (Prüf-)Berichte der Gründer, der Verwaltung bzw. ggfs. eines externen Prüfers zu erstellen. 236

6. Nachgründung

a) **Regelungszweck. § 52 AktG** bindet die Wirksamkeit sog. Nachgründungsgeschäfte an die Zustimmung der Hauptversammlung, unterwirft sie der Prüfung und Publizität durch das Registergericht und schränkt die Vertretungsmacht des Vorstands nach außen ein.[394] Damit stellt das Gesetz ähnliche Anforderungen wie bei der Sachgründung (vgl. §§ 27, 32 ff AktG). Jedoch stehen die (verdeckte) Sacheinlage und das Nachgründungsrecht eigenständig und unabhängig nebeneinander.[395] 237

Regelungszweck ist vor allem der Umgehungsschutz – die Sachgründungsvorschriften sollen nicht unterlaufen werden – und damit letztlich die Sicherung der realen Kapitalaufbringung durch Umgehung. Denn gründungsnahe Erwerbspflichten begründen für die AG ein ähnliches Risikopotential wie die Sachgründung, z. B. mangelnde Substanz oder Be- 238

[389] Zu den Haftungsgrundsätzen auch OLG München, Urt. v. 11. 3. 2010 – 23 U 2814/09 – MittBayNot 2010, 326; *Gerber* RPfleger 2004, 469; Limmer/Hertel/Frenz/Mayer/*Reul* Teil V, Kap. 4, Rdnr. 93.

[390] MünchKommAktG/*Pentz* § 23 AktG Rdnr. 101; Schmidt/Lutter/*Seibt* § 23 AktG Rdnr. 43.

[391] Dagegen: Thür. OLG Urt. v. 1. 4. 2004 – 4 U 37/04 – DZWIR 2005, 165, 167; Happ/*Mulat* 2.07 Rdnr. 5; dafür: *Schaub* NJW 2003, 2125.

[392] Happ/*Mulat* 2.07 Rdnr. 4; zweifelnd KölnerHdbGesR/*Temme* Kap. 3 Rdnr. 321.

[393] Zum Problem: *Hüffer* § 23 AktG Rdnr. 27; Happ/*Mulat* 2.07 Rdnr. 7; Limmer/Hertel/Frenz/Mayer/*Reul* Teil V Kap. 4, Rdnr. 93.

[394] Spindler/Stilz/*Heidinger* § 52 AktG Rdnr. 4.

[395] Vgl. BGH Urt. v. 9. 7. 2007 – II ZR 62/06 – BGHZ 173, 145 – Lurgi; BGH Urt. v. 18. 2. 2008 – II ZR 132/06 – BGHZ 175, 265 – Rheinmöve.

wertungsfehler. Daneben soll die AG vor übermäßiger Einflussnahme der Gründer auf den Vorstand geschützt werden.[396] Durch das NaStraG[397] wurde der gegenständliche Anwendungsbereich des § 52 Abs. 1 AktG eingeschränkt.[398]

239 **b) Tatbestand.** *aa) Nachgründungsvertrag.* Tatbestandlich setzt die Nachgründung nach **§ 52 Abs. 1 AktG** Verträge der Gesellschaft mit Gründern oder mit mehr als 10% des Grundkapitals an der Gesellschaft beteiligten Aktionären, mit denen sie vorhandene oder herzustellende Anlagen oder andere Vermögensgegenstände für eine den zehnten Teil des Grundkapitals übersteigende Vergütung erwerben soll, und die in den ersten zwei Jahren seit der Eintragung der Gesellschaft in das Handelsregister geschlossen werden, voraus.

240 Bei Nachgründungsverträgen handelt es sich nicht um korporative Gründungsgeschäfte, sondern um **schuldrechtliche Verträge.**[399] Die Nachgründungsverträge müssen keinem bestimmten Geschäftstypus zugeordnet sein. Meist handelt es sich um Kaufverträge, auch Gebrauchsüberlassungsverträge, Miet- oder Leasingverträge, Werkverträge o. ä. sind denkbar.[400]

241 *(1) Vertragsparteien.* Der Tabestand des § 52 Abs. 1 AktG umfasst **Verträge mit Gründern** oder mit **mehr als 10% des Grundkapitals an der Gesellschaft beteiligten Aktionären.**

Zu den Gründern zählen die Aktionäre, die die Satzung festgestellt haben (§ 28 AktG); zu ihnen zählen auch solche Aktionäre, die der AG vor deren Eintragung in das Handelsregister **beigetreten** sind. Zum Zeitpunkt des Vertragsschlusses bereits **ausgeschiedene Gründer** unterfallen auch § 52 Abs. 1 AktG.[401]

Wendet man § 52 AktG auch auf Fälle der sog. **Vorrats- oder Mantelgesellschaften** an, ist konsequent auch der Erwerber der Vorrats- bzw. Mantelgesellschaft als Gründer i. S. v. § 52 Abs. 1 AktG anzusehen.[402]

In den Anwendungsbereich des § 52 Abs. 1 AktG fallen weiterhin **Aktionäre,** die **mit mehr als 10% am Grundkapital** beteiligt sind. Entscheidend ist allein die kapitalmäßige Beteiligung, sodass auch stimmrechtslose Vorzugsaktien in entsprechender Höhe erfasst werden. Anders als beim Gründer ist für die maßgebliche Beteiligung auf den Zeitpunkt des Abschlusses des Nachgründungsvertrages abzustellen. Eine vorher oder nachher höhere Beteiligung des betreffenden Aktionärs eröffnet den Anwendungsbereich des § 52 Abs. 1 AktG nicht, während eine vorher oder nachher niedrigere die Anwendbarkeit des § 52 Abs. 1 AktG nicht ausschließt.[403]

242 Schwierigkeiten bereitet die Frage der **Zurechnung,** d. h. wenn der Vertrag nicht mit einem Gründer oder mehrheitlich beteiligten Aktionär, sondern einer diesen nahestehenden Person abgeschlossen wird.[404] Das Gesetz trifft hierzu keine Aussage. Nicht zuletzt im Hinblick auf den Regelungszweck der Nachgründungsvorschriften sollte eine Zurechnung anhand der Wertungen des § 89 Abs. 3 AktG bzw. § 32 a Abs. 3 GmbHG a. F.[405] und den hierzu von Rechtsprechung und Lehre entwickelten Grundsätzen vorgenommen werden. Im Zweifel empfiehlt sich eine vorsorgliche Beachtung der Nachgründungsvorschriften.[406]

---

[396] BGH Urt. v. 15. 1. 1990 – II ZR 164/88 – BGHZ 110, 47, 55 = NJW 1990, 982; *Hüffer* § 52 AktG Rdnr. 1.

[397] BGBl I 2001 S. 123.

[398] Für die Jahre 2007 und 2008 wurden insgesamt 61 bzw. 66 Gesellschaften ermittelt, bei denen nachgründungsrelevante Verträge in das Handelsregister eingetragen worden sind, vgl. *Bayer/Hoffmann* AG 2009, R435 f. Von besonderer Bedeutung waren in diesem Zusammenhang Sachkapitalerhöhungen sowie Umwandlungsvorgänge; *Lieder* ZIP 2010, 964.

[399] MünchKommAktG/*Pentz* § 52 AktG Rdnr. 12; *Hüffer* § 52 AktG Rdnr. 2.

[400] Spindler/Stilz/*Heidinger* § 52 AktG Rdnr. 11.

[401] GroßkommAktG/*Priester* § 52 Rdnr. 30 f; *Hüffer* § 52 AktG Rdnr. 3; *Werner* ZIP 2001, 1403.

[402] So zutreffend *Heidinger* ZGR 2005, 101; GroßkommAktG/*Priester* § 52 Rdnr. 33.

[403] GroßkommAktG/*Priester* § 52 Rdnr. 35; *Dormann/Fromholzer* AG 2001, 242, 245; *Werner* ZIP 2001, 1403, 1404.

[404] *Hüffer* § 52 AktG Rdnr. 3; *Dormann/Fromholzer* AG 2001, 242.

[405] § 32 a GmbHG a. F. aufgehoben gem. MoMiG – Gesetz zur Modernisierung des GmbH-Rechts und zur Bekämpfung von Missbräuchen – v. 23. 10. 2008, BGBl. I S. 2026.

[406] *Hüffer* § 52 AktG Rdnr. 3, Happ/*Mulat* 2.06 Rdnr. 1; Schüppen/Schaub/*Peres* § 14 Rdnr. 162.

Anders als nach bis zum 1. 1. 2000 geltender Rechtslage[407] werden **Drittgeschäfte** von § 52 AktG **nicht** mehr erfasst. Drittgeschäfte sind solche mit Personen, die nicht zum Kreis der Gründer, mehrheitlicher beteiligter Aktionäre oder ggfs. zuzurechnender Personen zählen. 243

(2) Geschäftsgegenstand. Für § 52 Abs. 1 S. 1 AktG genügen **Vermögensgegenstände jeder Art**; vorhandene oder herzustellende Anlagen sind nur beispielhaft genannt.[408] Demnach wird von § 52 Abs. 1 AktG alles erfasst, was auch unter § 27 AktG fällt, also Gegenstand der Sacheinlage oder Sachübernahme sein kann (siehe oben Rdnr. 150f.). 244

Umstritten ist, ob **Dienstleistungen** und darauf gerichtete Ansprüche Gegenstand eines Nachgründungsvertrages sein können. Dies wird z. T. unter Hinweis darauf, dass Dienstleistungen nicht einlagefähig sind (vgl. oben Rdnr. 153) verneint.[409] Die überwiegende Meinung aber unterstellt Dienstleistungsverträge den Nachgründungsvorschriften, weil bei solchen Leistungen der Schutz der Gläubiger und Aktionäre erst recht erforderlich ist.[410] Im Gegensatz zur verdeckten Sacheinlage kommt es im Rahmen des § 52 AktG auf die Einlagefähigkeit des Sachgegenstandes nicht an.[411] 245

(3) Höhe der Vergütung. Die Vergütung – unentgeltliche Verträge sind nachgründungsfrei – muss **10%** des Grundkapitals übersteigen. Maßgebend ist das **satzungsmäßige Grundkapital** zum Zeitpunkt des Vertragsschlusses. Unerheblich ist, ob und in welcher Höhe Einzahlungen geleistet oder zu welchem Betrag die Aktien der Gesellschaft ausgegeben wurden.[412] 246

Eine **Erhöhung des Grundkapitals** ist nur zu berücksichtigen, wenn die Durchführung der Kapitalerhöhung vor dem Erwerbsgeschäft eingetragen wurde.[413] Maßgebend ist die Gesamtvergütung des einheitlichen Vertragsgegenstandes, und zwar auch bei einer Aufspaltung in Teilbeträge.[414] 247

Streitig ist, ob § 52 Abs. 1 AktG auch dann eingreift, wenn die **Vergütung aus künftigen Gewinnen oder freien Rücklagen** geleistet werden soll, da dann keine gebundenen Mittel verwendet werden.[415] Nach richtiger Auffassung handelt es sich bei der Bezugsgröße „Grundkapital“ aber nur um eine reine Rechengröße, sodass es insbesondere der Schutz der übrigen Aktionäre gebietet, die Höhe der Vergütung allein daran zu messen, ob sie wertmäßig einen Betrag in Höhe von 10% des Grundkapitals übersteigt. Unerheblich ist, ob die Vergütung aus gebundenem oder ungebundenem Vermögen erfolgt.[416] 248

(4) Zeitliche Grenze. Nach dem Wortlaut des § 52 Abs. 1 S. 1 AktG sind nur solche Verträge erfasst, die in den ersten **zwei Jahren nach Eintragung** der Gesellschaft in das Handelsregister abgeschlossen werden. Bei der Entstehung einer AG durch Formwechsel ist der Zeitpunkt der Eintragung des Formwechsels entscheidend.[417] Nach h.M. gelten für das Gründungsstadium vor der Eintragung nicht § 52 AktG, sondern andere Schutzmechanismen, wie z.B. die Bardeckungspflicht des Sacheinlegers oder die Unterbilanzhaftung.[418] 249

Für die **Fristberechnung** nach § 188 Abs. 2 BGB ist entscheidend der Abschluss des schuldrechtlichen Vertrages. Unbeachtlich ist der Eintritt einer Befristung oder aufschiebenden Bedingung oder der Zeitpunkt der Leistungserbringung. Selbst wenn derartige Umstän- 250

[407] Vgl. Gesetz zur Namensaktie und zur Erleichterung der Stimmrechtsausübung v. 18. 1. 2001 (NaStraG), BGBl. I S. 123.
[408] *Hüffer* § 52 AktG Rdnr. 4.
[409] KölnKommAktG/*Kraft* § 52 AktG Rdnr. 7; *Diekmann* ZIP 1996, 2149; *Kohl* BB 1995, 139, 140.
[410] GroßkommAktG/*Priester* § 52 Rdnr. 44; *Hüffer* § 52 AktG Rdnr. 4; MünchKommAktG/*Pentz* § 52 AktG Rdnr. 17; Spindler/Stilz/*Heidinger* § 52 AktG Rdnr. 32; *Zimmer* DB 2000, 1265, 1266;
[411] *Lieder* ZIP 2010, 964, 968 m. w. H.
[412] *Hüffer* § 52 AktG Rdnr. 3; KölnKommAktG/*Kraft* § 52 AktG Rdnr. 14; MünchKommAktG/*Pentz* § 52 AktG Rdnr. 21.
[413] *Hüffer* § 52 AktG Rdnr. 3; MünchKommAktG/*Pentz* § 52 AktG Rdnr. 21.
[414] *Hüffer* § 52 AktG Rdnr. 5; *Schmidt/Seipp* ZIP 2000, 2089 zu Dauerschuldverhältnissen.
[415] Zum Streitstand: *Hüffer* § 52 AktG Rdnr. 5 a; Schüppen/Schaub/*Peres* § 14 Rdnr. 159 jeweils m. w. H.
[416] Zu Recht: Schüppen/Schaub/*Peres* § 14 Rdnr. 159; Spindler/Stilz/*Heidinger* § 52 AktG Rdnr. 44.
[417] *Martens* ZGR 1999, 548.
[418] *Hüffer* § 52 AktG Rdnr. 2; MünchKommAktG/*Pentz* § 52 AktG Rdnr. 6; Spindler/Stilz/*Heidinger* § 52 AktG Rdnr. 35.

de nach Ablauf der 2-Jahresfrist eintreten, liegt ein Nachgründungsvorgang vor, wenn der schuldrechtliche Vertrag innerhalb der 2-Jahresfrist geschlossen wurde.[419]

251 Bei der Verwendung von **Vorrats- bzw. Mantelgesellschaften** beginnt die 2-Jahresfrist nicht schon mit der Eintragung der historischen Gründung, sondern erst im Zeitpunkt der „wirtschaftlichen Neugründung".[420]

252 *bb) Nachgründungsverfahren.* Verträge im Sinne von § 52 Abs. 1 AktG werden in den ersten zwei Jahren seit Eintragung der Gesellschaft wirksam, wenn sie in schriftlicher Form abgeschlossen wurden (§§ 52 Abs. 2 S. 1 AktG, 125 BGB), die Hauptversammlung zugestimmt hat und sie in das Handelsregister eingetragen wurden (§ 52 Abs. 1 S. 1 AktG).

253 *(1) Schriftform.* Grundsätzlich ist der Nachgründungsvertrag in **schriftlicher Form** i. S. v. § 125 Abs. 1 BGB abzuschließen. **Strengere Formvorschriften** können sich ergeben, wenn der Vertragsgegenstand z. B. ein Grundstück (§ 311 b BGB) oder ein GmbH-Anteil (§ 15 GmbHG) ist.[421]

254 *(2) Publizität.* § 52 Abs. 2–6 AktG enthalten Vorschriften zur Publizität. Vorgeschrieben ist

- Die **Auslegung des Vertrages** in den Geschäftsräumen der Gesellschaft von der Einberufung der Hauptversammlung, die über die Zustimmung beschließen soll (§ 52 Abs. 2 S. 2 AktG). Die Verpflichtung entfällt, wenn der Vertrag für denselben Zeitraum über die **Internetseite** der Gesellschaft zugänglich ist (§ 52 Abs. 2 S. 4 AktG). Für börsennotierte Gesellschaften besteht wegen § 124 a S. 1 Nr. 3 AktG in jedem Fall eine Pflicht zur Internetveröffentlichung, während nichtbörsennotierten Gesellschaften insofern ein Wahlrecht zusteht.
- Die **Erteilung von Abschriften** auf Verlangen des Aktionärs (§ 52 Abs. 2 S. 3 AktG). Die Verpflichtung entfällt wiederum, wenn der Vertrag über die **Internetseite** der Gesellschaft zugänglich ist (§ 52 Abs. 2 S. 4 AktG).
- Die **Zugänglichmachung des Vertrages in der Hauptversammlung** (§ 52 Abs. 2 S. 5 AktG). § 52 Abs. 2 S. 5 AktG ermöglicht, dass der Nachgründungsvertrag während der Hauptversammlung nicht länger in Papierform vorliegen muss, sondern dass auch insofern eine elektronische Veröffentlichung, z. B. auf Bildschirmen, genügt.[422] Die Gesellschaft muss in technischer Hinsicht die Funktionsfähigkeit der elektronischen Informationsmedien sicherstellen und durch eine genügende Anzahl von Monitoren gewährleisten, dass sich alle interessierten Aktionäre innerhalb eines angemessenen Zeitraums über den Nachgründungsvertrag informieren können. Um im Fall etwaiger technischer Störungen Anfechtungsrisiken zu vermeiden, sollten vorsichtshalber einige Kopien vorgehalten werden.[423]
- Die **Erläuterung** des Vertrages durch den Vorstand zu Beginn der Hauptversammlung (§ 52 Abs. 2 S. 6 AktG).

255 *(3) Vertragsentwurf.* § 52 Abs. 1 S. 1 AktG bestimmt als Wirksamkeitsvoraussetzung für den Nachgründungsvertrag den ausdrücklich auf den Vertrag bezogenen Zustimmungsbeschluss der Hauptversammlung. Auch im Übrigen ist im Rahmen der Publizität und der Prüfungspflichten in § 52 AktG von „Vertrag" die Rede. Dies bedeutet allerdings nicht notwendig, dass zu Beginn des Nachgründungsverfahrens ein formgerechter Vertrag zu unterzeichnen ist. Vielmehr **genügt** auch ein **Vertragsentwurf**, dem ggfs. die Hauptversammlung zustimmt. Dies ist im Umwandlungsrecht (§ 13 UmwG) ausdrücklich so vorgesehen; für § 52 AktG kann nichts anderes gelten.[424] Der später formwirksam abgeschlossene Vertrag muss allerdings inhaltlich dem Vertragsentwurf entsprechen.

---

[419] MünchKommAktG/*Pentz* § 52 AktG Rdnr. 20; GroßkommAktG/*Priester* § 52 Rdnr. 49; Spindler/Stilz/*Heidinger* § 52 AktG Rdnr. 36.

[420] So *Grooterhorst* NZG 2001, 145, 148; zur Beurkundungsbedürftigkeit eines sog. Asset Deals OLG Hamm Urt: v. 26. 3. 2010 – I-19 U 145/09, MDR 2010, 1064).

[421] *Hüffer* § 52 AktG Rdnr. 12; MünchKommAktG/*Pentz* § 52 AktG Rdnr. 26.

[422] Begr. RegE, BT-Drucks. 16/11642 S. 25; *Seibert* ZIP 2008, 906, 907; *Horn* ZIP 2008, 1565.

[423] *Horn* ZIP 2008, 1558, 1566; *Lieder* ZIP 2010, 964, 972.

[424] Streitig: Befürwortend Spindler/Stilz/*Heidinger* § 52 AktG Rdnr. 70; GroßkommAktG/*Priester* § 52 Rdnr. 69; MünchHdbGesR IV/*Hoffmann-Becking* § 4 Rdnr. 38; ablehnend KölnKommAktG/*Kraft* § 52 AktG Rdnr. 18, 30; MünchKommAktG/*Pentz* § 52 AktG Rdnr. 33.

(4) Prüfung. (a) *Durch den Aufsichtsrat.* Vor dem Beschluss der Hauptversammlung muss der Aufsichtsrat den Vertrag prüfen und einen schriftlichen Bericht (**sog. Nachgründungsbericht**) erstatten, § 52 Abs. 3 S. 1 AktG. Für den Nachgründungsbericht gelten die für die Gründungsprüfung maßgebenden Vorschriften des § 32 Abs. 2 u. 3 AktG sinngemäß.[425] 256

(b) *Externe Prüfung.* Zusätzlich zur Prüfung des Vertrags durch den Aufsichtsrat hat nach § 52 Abs. 4 AktG eine Prüfung durch einen oder mehrere **Gründungsprüfer** stattzufinden, §§ 33 Abs. 3–5, 34, 35 AktG gelten sinngemäß (§ 52 Abs. 4 S. 2 AktG). 257

Einer externen Nachgründungsprüfung bedarf es nicht unter den Voraussetzungen, unter denen nach **§ 33a AktG** von einer Gründungsprüfung abgesehen werden kann (§ 52 Abs. 4 S. 3 AktG). Folgerichtig ordnet § 52 Abs. 6 S. 3 AktG in diesem Falle im Hinblick auf die Anmeldung und die ihr beizufügenden Unterlagen die entsprechende Anwendung des § 37 AktG an. Entsprechend eingeschränkt ist demnach auch die registerliche Prüfungskompetenz, die sich grundsätzlich nur auf eine formale Prüfung dahingehend erstreckt, ob die nach § 37a AktG erforderlichen Unterlagen und Versicherungen vorhanden sind (im Einzelnen siehe oben Rdnr. 198 ff.). Das **vereinfachte Nachgründungsverfahren** ist allerdings nur eine **Gestaltungsoption**; die AG kann diese Möglichkeit in Anspruch nehmen, ist aber dazu nicht verpflichtet.[426]

(c) *Verzichtbarkeit.* Grundsätzlich haben Prüfung und Berichterstattung durch den Aufsichtsrat und ggfs. die externe Gründungsprüfung vor der Einberufung der Hauptversammlung zu erfolgen. Dies ergibt sich aus dem Wortlaut des § 52 AktG. Außerdem bildet der Aufsichtsratbericht die Grundlage für die Beschlussempfehlung des Aufsichtsrats nach § 124 Abs. 3 AktG. Auf die zeitliche Reihenfolge der Prüfungsberichte und der Hauptversammlung können die Aktionäre allerdings verzichten, da diese nur ihrem eigenen Schutz dient. Ein Verzicht auf die Prüfung durch Aufsichtsrat, ggfs. Gründungsprüfer und die Vorlage der hierzu erstellten Berichte an sich kommt aber nicht in Frage, da diese auch dem Gläubigerschutz dienen.[427] 258

(5) Zustimmung der Hauptversammlung. Der Beschluss der Hauptversammlung bedarf nach § 52 Abs. 5 S. 1 AktG mindestens einer **Mehrheit** von drei Viertel des bei der Beschlussfassung vertretenen Grundkapitals (§ 52 Abs. 5 S. 1 AktG). Wird der Vertrag im ersten Jahr nach Eintragung der Gesellschaft in das Handelsregister geschlossen, müssen außerdem die Anteile der zustimmenden Mehrheit mindestens ein Viertel des gesamten Grundkapitals erreichen (§ 52 Abs. 5 S. 2 AktG). Die Satzung kann an Stelle dieser Mehrheiten größere Kapitalmehrheiten und weitere Erfordernisse bestimmen (§ 52 Abs. 5 S. 3 AktG). Eine Abminderung der Mehrheitserfordernisse durch die Satzung ist dagegen nicht zulässig.[428] 259

Der **Nachgründungsvertrag** oder sein Entwurf ist in der Hauptversammlung **auszulegen** und zu Beginn durch den Vorstand **zu erläutern**. Die Erläuterung dient der Information der Aktionäre und der Vorbereitung einer sachgerechten Entscheidung durch sie. Zumindest in einer Vollversammlung können alle Aktionäre auf die Berichterstattung verzichten.[429] Die Verlesung des Vertrages ist jedenfalls nicht generell erforderlich. Eine entsprechende Pflicht ist nicht Gesetz geworden.[430] 260

Der Vertragspartner des Nachgründungsvertrages ist, sofern er zugleich Aktionär(-svertreter) ist, **nicht** durch **§ 136 AktG** daran gehindert, mit abzustimmen.[431]

Dem notariell zu beurkundenden (vgl. § 130 Abs. 1 S. 1 u. 3 AktG) **Protokoll** ist der Nachgründungsvertrag oder sein Entwurf als **Anlage** beizufügen (§ 52 Abs. 2 S. 6 AktG).

---

[425] MünchKommAktG/*Pentz* § 52 AktG Rdnr. 28 f; *Hüffer* § 52 AktG Rdnr. 14.
[426] *Lieder* ZIP 2010, 964, 965.
[427] Spindler/Stilz/*Heidinger* § 52 AktG Rdnr. 64 f.
[428] *Hüffer* § 52 AktG Rdnr. 15.
[429] *Hüffer* § 186 AktG Rdnr. 23 zum Bericht des Vorstands zum Bezugsrechtsausschluss; unklar Spindler/Stilz/*Heidinger* § 52 AktG Rdnr. 69: „zwingend zu erläutern".
[430] GroßkommAktG/*Priester* § 52 Rdnr. 67; ohne Einschränkung gegen eine Verlesung MünchKommAktG/*Pentz* § 52 AktG Rdnr. 32.
[431] GroßkommAktG/*Priester* § 52 Rdnr. 71.

261 *(6) Registerverfahren.* Nach Zustimmung der Hauptversammlung hat der Vorstand – in vertretungsberechtigter Zahl – den Vertrag in Form des § 12 HGB beim zuständigen Handelsregister anzumelden. Folgende **Anlagen** sind der Anmeldung beizufügen:

- Nachgründungsvertrag
- Nachgründungsbericht des Aufsichtsrat
- Ggfs. Bericht des Gründungsprüfers.

Sind diese Unterlagen bereits dem notariellen Protokoll über die Hauptversammlung als Anlagen beigefügt, müssen sie nicht nochmals gesondert eingereicht werden.

262 Bestehen keine Bedenken gegen die Richtigkeit der Anmeldung in formeller und materieller Hinsicht, trägt das Registergericht die Tatsache des Vertragsschlusses – nicht den Vertragstext selbst – in das **Handelsregister** ein. **Einzutragen** sind der Tag des Vertragsschlusses und der Zustimmung der Hauptversammlung sowie der oder die Vertragspartner der Gesellschaft (§ 52 Abs. 8 AktG).

263 Mit der Eintragung im Handelsregister werden sowohl der schuldrechtliche Vertrag als auch das dingliche Ausführungsgeschäft **wirksam.**[432]

(7) Gestaltungshinweis.

Praxistipp:

Bei der Gestaltung von Grundstückskaufverträgen, die dem Anwendungsbereich des § 52 AktG unterfallen, ist insbesondere bei der Kaufpreisfälligkeit für den Grundstückskaufvertrag das Nachgründungsverfahren zu beachten.

Verkauft etwa der Gründer der AG ein in seinem Eigentum stehendes Grundstück innerhalb der 2-Jahresfrist zu einem 10% des Grundkapitals der AG übersteigenden Kaufpreis an die AG, bestimmt der Kaufvertrag über das Grundstück als allgemeine Fälligkeitsvoraussetzung für den Kaufpreis üblicherweise neben der Auflassungsvormerkung, der Lastenfreistellung und dem Nichtbestehen von Vorkaufsrechten auch die Rechtswirksamkeit des Grundstückskaufvertrages. Zu beachten ist, dass wegen § 52 AktG der Grundstückskaufvertrag zunächst schwebend unwirksam ist.

Für die Wirksamkeit des Grundstückskaufvertrages ist nach der Beurkundung daher erforderlich, dass dieser Vertrag durch den Aufsichtsrat der AG geprüft und hierüber ein Prüfbericht zu erstellen ist (Nachgründungsbericht). Außerdem hat, weil § 33 a AktG nicht einschlägig ist, eine Prüfung durch einen externen Gründungsprüfer stattzufinden. Anschließend ist die Hauptversammlung der AG einzuberufen, die dem Grundstückskaufvertrag als Nachgründungsvertrag zustimmen muss. Nach der Zustimmung der Hauptversammlung ist der Grundstückskaufvertrag als Nachgründungsvertrag zum Handelsregister anzumelden und dort einzutragen. Erst mit dem Handelsregistereintrag ist die Rechtswirksamkeit des Grundstückskaufvertrages gegeben und kann unter der Voraussetzung, dass die übrige Fälligkeitsvoraussetzungen eintreten, der Kaufpreis aus dem Grundstückskaufvertrag fällig gestellt werden.

264 c) **Verstöße.** Nachgründungsverträge, die dem **Schriftformerfordernis** des § 52 Abs. 2 S. 1 AktG nicht genügen, sind nach § 125 Abs. 1 BGB **nichtig.** Eine Heilung durch Eintragung kommt nicht in Betracht.[433]

265 Die **Verletzung von Publizitätsvorschriften** (siehe oben Rdnr. 254) führt zur **Anfechtbarkeit** des jeweiligen Vertrages i. S. v. § 243 Abs. 1 AktG.[434] Das Unterbleiben einer internen und ggfs. externen Prüfung macht den Beschluss der Hauptversammlung wegen Verfahrensmangels anfechtbar.[435]

266 Stimmt die Hauptversammlung dem Nachgründungsvertrag nicht zu, ist er schwebend unwirksam, ggfs. können die Beteiligten nach Ablauf der 2-Jahresfrist den Schwebezu-

[432] MünchKommAktG/*Pentz* § 52 AktG Rdnr. 50.
[433] KölnKommAktG/*Kraft* § 52 AktG Rdnr. 17; MünchKommAktG/*Pentz* § 52 AktG Rdnr. 63.
[434] *Hüffer* § 52 AktG Rdnr. 13.
[435] *Hüffer* § 52 AktG Rdnr. 14; MünchKommAktG/*Pentz* § 52 AktG Rdnr. 65 f; Schüppen/Schaub/*Peres* § 14 Rdnr. 171; GroßkommAktG/*Priester* § 52 Rdnr. 64; differenzierend RGZ 121, 99, 104.

stand durch **Bestätigung** (§ 141 BGB) oder **Neuvornahme** des Rechtsgeschäfts beseitigen.[436]

d) **Ausnahmen von der Nachgründung.** Nach **§ 52 Abs. 9 AktG** gelten die Vorschriften des § 52 Abs. 1–8 AktG nicht, wenn der Erwerb der Vermögensgegenstände im Rahmen der laufenden Geschäfte der Gesellschaft, in der Zwangsvollstreckung oder an der Börse erfolgt. 267

Der Begriff **„laufende Geschäfte"** umfasst alle Geschäfte, die sich im satzungsmäßig bestimmten Unternehmensgegenstand bewegen, z. B. Erwerb eines Grundstücks durch eine Immobiliengesellschaft. Befreit bleiben auch sog. Hilfsgeschäfte, d. h. solche, ohne die der Unternehmensgegenstand nicht verfolgt werden kann.[437] 268

e) **Sonderfälle.** *aa) Formwechsel.* § 52 AktG ist auf Fälle des Formwechsels anwendbar, und zwar sowohl für die formwechselnde Umwandlung einer GmbH in eine AG als auch für die formwechselnde Umwandlung einer Personengesellschaft in eine AG. Die 2-Jahresfrist des § 52 Abs. 1 AktG beginnt mit Eintragung des Formwechsels im Handelsregister.[438] 269

bb) Verschmelzung durch Aufnahme. Nach § 67 UmwG ist bei Verschmelzung durch Aufnahme § 52 Abs. 3, 4, 7–9 AktG sinngemäß anzuwenden. 270

cc) Vorratsgesellschaft. Bejaht man die Anwendung der BGH-Rechtsprechung[439] zur wirtschaftlichen Neugründung auch für die Aktiengesellschaft, ist konsequenterweise auch die Nachgründungsvorschrift des § 52 AktG zu beachten. Dies empfiehlt sich jedenfalls für die Praxis.[440] Die 2-Jahresfrist beginnt mit Erwerb der Vorratsgesellschaft, Gründer i. S. v. § 52 Abs. 1 AktG ist auch der Verwender der Vorrats-AG. 271

dd) Sachkapitalerhöhung. Findet innerhalb von zwei Jahren nach Eintragung der Gesellschaft in das Handelsregister eine Kapitalerhöhung gegen Sacheinlagen statt, ist nach h. M. **§ 52 AktG analog** anwendbar.[441] Zwar spricht insbesondere die in § 183 Abs. 3 AktG angeordnet Prüfung durch unabhängige Sachverständige scheinbar gegen eine planwidrige Regelungslücke als Voraussetzung der Analogie. Jedoch geht die Vorschrift des § 52 AktG über § 183 AktG hinaus: dem Aufsichtsrat obliegt eine Prüfungs- und Berichtspflicht, die Informationsrechte der Aktionäre sind umfänglicher und es wird eine zwingende Kapitalmehrheit von drei Viertel verlangt.[442] Für ein zweigleisiges Verfahren spricht auch § 67 UmwG, der die Nachgründungsregeln bei Vermögenserwerb durch Verschmelzung ausdrücklich für anwendbar erklärt. Darin zeigt sich, dass der Gesetzgeber die Schutzmechanismen des § 52 AktG in den ersten zwei Jahren in jedem Fall zur Anwendung kommen lassen will.[443] 272

Die Nachgründungsregeln des § 52 AktG greifen auch dann ein, wenn ein **genehmigtes Kapital ausgenutzt** wird, bei dem durch Hauptversammlungsbeschluss Sacheinlagen zugelassen worden sind.[444] 273

In der Praxis können die Nachgründungsprüfung i. S. v. § 52 Abs. 4 AktG und die Sacheinlageprüfung nach § 183 Abs. 3 AktG zusammen gefasst werden. Die Prüfung kann durch einen **gemeinsamen Prüfer** erfolgen.[445]

---

[436] Schüppen/Schaub/*Peres* § 14 Rdnr. 165. Ob außerdem dem Vorstand die Möglichkeit eröffnet ist, das Nachgründungsgeschäft analog § 108 Abs. 3 BGB einseitig zu genehmigen, ist streitig; vgl. *Lieder* ZIP 2010, 964, 970 m. w. H.

[437] *Hüffer* § 52 AktG Rdnr. 18.

[438] Schüppen/Schaub/*Peres* § 14 Rdnr. 186 ff.

[439] BGH Urt. v. 16. 3. 1992 – II ZB 17/91 – BGHZ 117, 323, 332 = NJW 1992, 1824; BGH Beschl. v. 9. 12. 2002 – II ZB 12/02 – BGHZ 153, 158 = ZNotP 2003, 105; BGH Beschl. v. 7. 7. 2003 – II ZB 4/02 – BGHZ 155, 318 = DNotZ 2003, 951.

[440] In diesem Sinne auch Spindler/Stilz/*Heidinger* § 52 AktG Rdnr. 44; *Hüffer* § 23 AktG Rdnr. 27 a; *Grooterhorst* NZG 2001, 145, 148; a. A. *Werner* ZIP 2001, 1403, 1404.

[441] OLG Oldenburg AG 2001, 620; *Hüffer* § 52 AktG Rdnr. 8; MünchKommAktG/*Pentz* § 52 AktG Rdnr. 74.

[442] Im Einzelnen: GroßkommAktG/*Priester* § 52 Rdnr. 23; Schüppen/Schaub/*Peres* § 14 Rdnr. 191.

[443] GroßkommAktG/*Priester* § 52 Rdnr. 23.

[444] GroßkommAktG/*Priester* § 52 Rdnr. 24.

[445] Kritisch Schüppen/Schaub/*Peres* § 14 Rdnr. 193.

Die **Anmeldung** der Nachgründung sowie der Sachkapitalerhöhung und ihrer Durchführung kann **in einem Vorgang** erfolgen.[446]

II. Der Notar in der Hauptversammlung

Schrifttum: *Arnold/Born,* Bei großen Hauptversammlungen zwei Notare?, AG-Report 2005, 41; *Bachmann,* Die Einmann-AG, NZG 2001, 961; *Bezzenberger,* Die Niederschrift über eine beurkundungsfreie Hauptversammlung, Festschrift für Helmut Schippel, 1996, S. 361; *Blanke,* Praktische Erleichterungen für die Tätigkeit von Vorständen nicht börsennotierter Aktiengesellschaften, BB 1985, 681; *Deilmann/Otte,* Auswirkungen des ARUG auf die Feststellungen des Beschlussergebnisses in der Hauptversammlung, BB 2010, 722; *Drinhausen/Keinath,* BB-Rechtsprechungs- und Gesetzgebungsreport zum Hauptversammlungsrecht 2009, BB 2010, 3; *Ek,* Praxisleitfaden für die Hauptversammlung, 2. Aufl. 2010; *Faßbender,* Die Hauptversammlung der Aktiengesellschaft aus notarieller Sicht, RNotZ 2009, 425; *Flick,* Die Niederschrift einer Hauptversammlung einer nicht börsennotierten AG, NJOZ 2009, 4485; *Götze,* Erteilung von Stimmrechtsvollmacht nach dem ARUG, NZG 2010, 93; *Grobecker,* Beachtenswertes zur Hauptversammlungssaison, NZG 2010, 165; *Grumann/Gillmann,* Aktienrechtliche Hauptversammlungsniederschriften und Auswirkungen von formalen Mängeln, NZG 2004, 839; *Heckschen,* Die „kleine AG" und Deregulierung des Aktienrechts. Eine kritische Bestandsaufnahme, DNotZ 1995, 275; *Heller,* Wirksamkeit von Hauptversammlungsbeschlüssen – Richtige Feststellung und Verkündung durch den falschen Versammlungsleiter, AG 2008, 493; *ders.,* Zur Wirksamkeit von Hauptversammlungsbeschlüssen bei unterschiedlicher Feststellung und Verkündung durch zwei Versammlungsleiter, AG 2009, 278; *Herrler,* Generelle Beschränkung der Frage der Frage- und Redezeit durch den Versammlungsleiter – erweiterte Befugnisse durch eine Regelung i. S. von § 131 Abs. 2 Satz 2 AktG, DNotZ 2010, 331; *Hoffmann,* Einzelentlastung, Gesamtentlastung und Stimmverbote im Aktienrecht, NZG 2010, 290; *Hoffmann-Becking,* Gesetz zur „kleinen AG" – unwesentliche Randkorrekturen oder grundlegende Reform?, ZIP 1995, 1; *Kanzleiter,* Die Berichtigung der notariellen Niederschrift über die Hauptversammlung einer Aktiengesellschaft und die Zulässigkeit mehrerer Niederschriften, DNotZ 2007, 804; *Kersting,* Das Auskunftsrecht des Aktionärs bei elektronischer Teilnahme an der Hauptversammlung (§§ 118, 131 AktG), NZG 2010, 130; *Krieger,* Muss der Hauptversammlungsnotar die Stimmauszählung überwachen?, ZIP 2002, 1597; *ders.,* Berichtigung von Hauptversammlungsprotokollen, NZG 2003, 366; *ders.,* Unbeantwortete Aktionärsfragen im notariellen Hauptversammlungsprotokoll, Festschrift Hans-Joachim Priester, 2007, S. 402; *Lamers,* Die Beurkundung der Hauptversammlung einer Aktiengesellschaft, DNotZ 1962, 287; *Lappe,* Zum Geschäftswert der „Überwachung der Umschreibungsreife" durch den Notar – Eine Erwiderung, DNotZ 1981, 411; *Lutter,* Das neue „Gesetz für kleine Aktiengesellschaften und zur Deregulierung des Aktienrechts", AG 1994, 429; *Maaß,* Zur Beurteilung formaler „Mängel" von Hauptversammlungsprotokollen, ZNotP 2005, 50; *Max,* Die Leitung der Hauptversammlung, AG 1991, 77; *Merkner/Sustmann,* Worauf bezieht sich § 130 II 2 Nr. 2 AktG; auf das Grundkapital oder das vertretene Grundkapital?, NZG 2010, 568; *Meyer-Landrut,* Der Notar in der Hauptversammlung, aktuelle Entwicklungen im Gesellschaftsrecht, Symposium des Instituts für Notarrecht an der Universität Würzburg 2009, 76; *Nagel/Ziegenhahn,* Die Dauer von Hauptversammlungen als Rechtsproblem, WM 2010, 1005; *Noack,* Die privatschriftliche Niederschrift über die Hauptversammlung einer nicht börsennotierten Aktiengesellschaft – Inhalt und Fehlersanktionen, Festschrift Wilhelm Happ, 2006, S. 201; *Paschos/Goslar,* Der Referentenentwurf des Gesetzes zur Umsetzung der Aktionärsrechterichtlinie (ARUG) aus Sicht der Praxis, AG 2008, 605; *Priester,* Aufgaben und Funktionen des Notars in der Hauptversammlung, DNotZ 2001, 661; *Reul,* Die notarielle Beurkundung einer Hauptversammlung, AG 2002, 543; *ders.,* Die Beurkundung von GmbH-Gesellschafterbeschlüssen, DNotZ 1979, 644; *ders./Zetzsche,* Zwei Notare – eine Hauptversammlung, AG 2007, 561; *Rousseau/Wasse,* Der Beschluss der Hauptversammlung über die Verwendung eines Bilanzverlustes, NZG 2010, 535; *Sauter,* Offene Fragen zum Referentenentwurf eines Gesetzes zur Umsetzung der Aktionärsrechterichtlinien (ARUG), ZIP 2008, 1706; *Schulte,* Die Niederschrift über die Verhandlung der Hauptversammlung einer Aktiengesellschaft, AG 1985, 33; *Sigel/Schäfer,* Die Hauptversammlung der Aktiengesellschaft aus notarieller Sicht, BB 2005, 2137; *Than,* Die Vollversammlung einer Aktiengesellschaft – ein angemessener Ersatz für schriftliche Aktionärsbeschlüsse, Festschrift Hadding, 2004, S. 698; *Weber/Findeisen,* die HV-Einberufung 2010 bei Divergenz von Satzung und Aktiengesetz in der Fassung des ARUG, BB 2010, 711; *Wicke,* Die Leitung der Hauptversammlung einer Aktiengesellschaft, NZG 2007, 771; *ders.,* Einführung in das Recht der Hauptversammlung, das Recht der Sacheinlaqgen und das Freigabeverfahren nach dem ARUG, 2009; *Wielgoss,* Beurkundung von Beschlüssen der Hauptversammlung, JurBüro 2003, 296; *Wilhelmi,* Der Notar in der Hauptversammlung der Aktiengesellschaft, BB 1987, 1331; *Wilm,* Beobachtungen der Hauptversammlungssaison 2010, DB 2010, 1686; *Wilsing/von der Linden,* Debatte und Abstimmung über Geschäftsordnungsanträge in der Hauptversammlung der Aktiengesellschaft, ZIP 2010, 2321.

1. Die Rolle des Notars

274 a) **Dokumentationsfunktion.** Zentrale Vorschrift für das Protokoll einer Hauptversammlung ist § 130 AktG. Diese Vorschrift ist lex specialis zu § 37 BeurkG.[447] Das Hauptver-

[446] Schüppen/Schaub/*Peres* § 14 Rdnr. 194 mit Checkliste in Rdnr. 199.

[447] *Armbrüster/Preuß* § 37 Rdnr. 8; *Hüffer* § 130 Rdnr. 11; Staudinger/*Hertel* Vorbem. zu §§ 127a, 128 Rdnr. 605.

sammlungsprotokoll ist ein Tatsachenbericht des Notars über den Ablauf der Hauptversammlung, insbesondere über die gefassten Beschlüsse, und hält die vom Notar wahrgenommenen Tatsachen fest.[448] Der Notar dokumentiert die Ergebnisse der Hauptversammlung und deren Zustandekommen. Die Dokumentationspflicht endet indessen nicht mit der Aufnahme zwingender gesetzlicher Inhalte, die in § 130 AktG und weiteren Vorschriften zu finden sind. Der Notar hat als Organ der vorsorgenden Rechtspflege darüber hinaus auch zu beurkunden, was für die spätere Beurteilung der Wirksamkeit der Beschlüsse unmittelbar von Bedeutung sein könnte. Die notarielle Dokumentation schafft so eine mit der Beweiskraft einer öffentlichen Urkunde im Sinne von § 415 ZPO ausgestattete Unterlage, die die rechtserheblichen Vorgänge über das Zustandekommen von Hauptversammlungsbeschlüssen belegt.[449] Ein Beweis für die materielle Richtigkeit der Beschlüsse wird indessen nicht geführt.[450]

b) Betreuungsfunktion. Die für die Beurkundung von Willenserklärungen zu beachtenden allgemeinen Prüfungs- und Belehrungspflichten des § 17 BeurkG gelten für die Protokollierung des Hauptversammlungsprotokolls nicht, da der Notar nicht die Erklärungen der Beteiligten ermittelt, sondern die Vorgänge während der Hauptversammlung festhält.[451] Der Notar kann sich dabei allerdings nicht auf die Position des nur Protokollierenden zurückziehen. Er ist nach § 1 BNotO Träger eines öffentlichen Amtes und unterliegt als Organ der vorsorgenden Rechtspflege auch näher bestimmten Betreuungspflichten.[452] Fragen der Rechtmäßigkeit der Beschlüsse und des zugehörigen Verfahrens müssen in einer Art Evidenzkontrolle[453] geprüft werden. Daraus können sich Prüfungs-, Hinweis- und Einwirkungspflichten zur Vermeidung fehlerhafter Beschlüsse[454] und Beurkundungspflichten aus § 14 BNotO[455] ergeben. Andererseits ist der Notar nicht zu einer besonderen Betreuungstätigkeit verpflichtet.[456] 275

2. Auftragserteilung

a) Person des Notars. Die Aufnahme der Niederschrift nach § 130 Abs. 1 Satz 1 AktG hat durch einen Notar bzw. seinen Vertreter oder einen Notarassessor zu erfolgen. Bei Hauptversammlungen in Deutschland können nur deutsche Notare die notarielle Niederschrift aufnehmen.[457] Die Abhaltung einer Hauptversammlung im Ausland ist nicht ausgeschlossen.[458] 276

In der Regel bestimmt der Ort der Versammlung die Auswahl des Notars, da Notare nur innerhalb ihres Amtsbezirks ihr Amt nach § 11 Abs. 2 BNotO ausüben dürfen und sich dabei nach § 10a Abs. 2 BNotO auf ihren Amtsbereich beschränken sollen. Ein Verstoß gegen diese standesrechtlichen Vorschriften führt nach § 2 BeurkG nicht zur Unwirksamkeit der Beurkundung.

Außerhalb seines Amtsbereichs soll der Notar nicht beurkunden, sofern nicht besondere berechtigte Interessen dies gebieten. Ein besonderes Interesse liegt unter anderem dann vor, wenn im Einzelfall eine besondere Vertrauensbeziehung zwischen dem Notar und den Beteiligten, deren Bedeutung durch die Art der vorzunehmenden Amtstätigkeit unterstrichen werden muss, dieses Interesse rechtfertigt und es den Beteiligten unzumutbar ist, den Notar 277

---

448 *Armbrüster/Preuß* § 37 Rdnr. 7.
449 GroßkommAktG/*Werner* § 130 Rdnr. 3.
450 *Meyer-Landrut* S. 82.
451 MünchKommAktG/*Kubis* § 130 Rdnr. 31.
452 *Armbrüster/Preuß* § 37 Rdnr. 32.
453 MünchKommAktG/*Kubis* § 130 Rdnr. 31 („Summarische Rechtmäßigkeitskontrolle"); *Sigel/Schäfer* BB 2005, 2137, 2138.
454 OLG Düsseldorf DNotZ 2003, 775, 778; MünchHdbGesR IV/*Semler* § 40 Rdnr. 6.
455 Staudinger/*Hertel* Vorbem. zu §§ 127a, 128 Rdnr. 621; *Bezzenberger,* FS Schippel, S. 361, 377f.
456 *Armbrüster/Preuß* § 37 Rdnr. 32; *Bezzenberger,* FS Schippel, S. 361, 378; *Priester* DNotZ 2001, 661, 669.
457 MünchKommAktG/*Kubis* § 130 Rdnr. 9.
458 Hierzu MünchHdbGesR IV/*Semler* § 40 Rdnr. 5.

in seiner Geschäftsstelle aufzusuchen.[459] Eine solche Vertrauensbeziehung, die die Beurkundung außerhalb des Amtsbereichs rechtfertigt, kann aus der Protokollierung vorausgegangener Hauptversammlungen im Einzelfall zu begründen sein.[460]

278 **Außerhalb des Amtsbezirks** darf der Notar nach § 11 Abs. 2 BNotO nur bei Gefahr im Verzuge oder nach Genehmigung der Aufsichtsbehörde tätig werden. Die Genehmigungsfähigkeit wird von der Aufsichtsbehörde unterschiedlich großzügig gehandhabt.[461] Es steht jedenfalls nicht im Belieben großer Gesellschaften, „ihren" Notar für die Beurkundung an wechselnden Orten immer beauftragen zu können.[462]

279 b) **Beurkundungshindernisse.** Der Notar unterliegt den Mitwirkungsverboten nach § 3 BeurkG.

Zu beachten ist insbesondere das Mitwirkungsverbot nach § 3 Abs. 1 Nr. 6 BeurkG, da es wegen der möglichen Interessenkonflikte nicht nur auf Vorstandsmandate, sondern auch auf eine Aufsichtsratstätigkeit Anwendung findet.[463]

Auch das Mitwirkungsverbot nach § 3 Abs. 1 Nr. 9 BeurkG hat gewisse Relevanz, da der Notar an der Beurkundung gehindert ist, wenn ihm mehr als fünf Prozent der Stimmrechte an einer Gesellschaft zuzuordnen sind oder er mit einem Betrag des Haftkapitals von mehr als € 2.500,– an der Gesellschaft beteiligt ist. Da allein die Beteiligung an der Gesellschaft das Mitwirkungsverbot begründet, kommt es auf die Teilnahme an der Hauptversammlung und die Ausübung von Stimmrechten nicht an.[464]

280 Für das Anwaltsnotariat ist § 3 Abs. 1 Nr. 7 BeurkG von besonderer Bedeutung. Eine anwaltliche Vorbefassung kann durch die Beratung eines Aktionärs bei der Vorbereitung der Hauptversammlung, aber auch durch die Übernahme eines Auftrages der Gesellschaft im Vorfeld der Hauptversammlung eingetreten sein. Besonders bei kleineren Gesellschaften ist es nicht unüblich, den Notar bei der Vorbereitung der Hauptversammlung zur Formulierung der Beschlussvorschläge oder Erstellung eines Entwurfs für die Einladung einzuschalten. Der Anwaltsnotar muss von Anfang an darauf hinwirken und achten, dass er den Auftrag als Notar erhält bzw. übernimmt. Er darf dann bei der Formulierung der Einberufung, der Beschlussvorschläge oder der Handelsregisteranmeldung mitwirken, muss dabei allerdings eine interessenneutrale Position einnehmen.[465]

281 Ein Verstoß gegen die Mitwirkungsverbote hat keine Auswirkung auf die Wirksamkeit der Beurkundung.[466]

282 c) **Auftragsverhältnis.** Der Notar wird nur tätig, wenn er zur Aufnahme der Niederschrift beauftragt wird. Der Notar erhält den Auftrag zur Beurkundung durch den Vorstand der Gesellschaft, der zur Auftragserteilung im Rahmen seines Aufgabenkreises verpflichtet ist. Ist eine Aktionärsminderheit nach § 122 Abs. 3 AktG ermächtigt, die Hauptversammlung einzuberufen, so ist diese Aktionärsminderheit, bei mehreren Aktionären in Gestalt einer Gesellschaft bürgerlichen Rechts, berechtigt, den Notar zu beauftragen.[467] Das Auftragsverhältnis besteht dann zwischen dem Notar und der Aktionärsminderheit, die einen Kostenerstattungsanspruch gegen die Gesellschaft hat.[468] Durch die Ermächtigung der Aktionärsminderheit geht das Recht der Gesellschaft, die Hauptversammlung selbst zu organisieren, nicht verloren. Man wird daher der Gesellschaft weiterhin das Recht zubilligen müssen, auch selbst einen Notar zu beauftragen.[469] In solchen Fällen empfiehlt sich eine Abstim-

[459] Abschnitt IX. Nr. 1 d der Richtlinienempfehlungen der Bundesnotarkammer für die Amtspflichten und sonstigen Pflichten der Mitglieder der Notarkammer.

[460] *Faßbender* RNotZ 2009, 425, 431.

[461] Vgl. *Faßbender* RNotZ 2009, 425, 432.

[462] Von einer großzügigen Handhabung ausgehend: MünchKommAktG/*Kubis* § 130 Rdnr. 10.

[463] *Faßbender* RNotZ 2009, 425, 433 m. w. N.

[464] MünchKommAktG/*Kubis* § 130 Rdnr. 11; *Obermüller/Werner/Winden/Butzke* N Rdnr 6; a. A. *Semler/Volhardt* § 15 Rdnr. 22.

[465] *Spindler/Stilz/Wicke* § 130 Rdnr. 20; *Semler/Volhard* § 15 Rdnr. 24.

[466] MünchKommAktG/*Kubis* § 130 Rdnr. 11; *Spindler/Stilz/Wicke* § 130 Rdnr. 21.

[467] MünchHdbGesR IV/*Semler* § 40 Rdnr. 5.

[468] MünchKommAktG/*Kubis* § 130 Rdnr. 13.

[469] MünchKommAktG/*Kubis* § 130 Rdnr. 13; *Kanzleiter* DNotZ 2007, 804, 808.

mung zwischen der Gesellschaft und der Aktionärsminderheit.[470] Werden dennoch zwei Protokolle erstellt, sind auch beide nach § 130 Abs. 5 AktG zum Handelsregister einzureichen.

d) Notwendigkeit der Beurkundung bei nicht börsennotierten Gesellschaften. Nach § 130 283
Abs. 1 Satz 3 AktG bedarf es bei nicht börsennotierten Gesellschaften keiner notariellen Beurkundung, soweit keine Beschlüsse gefasst werden, für die das Gesetz eine Dreiviertel- oder größere Mehrheit bestimmt. Vielmehr genügt eine vom Vorsitzenden des Aufsichtsrats zu unterzeichnende Niederschrift.

Die Frage, ob eine Gesellschaft **börsennotiert** ist, beantwortet sich nach § 3 Abs. 2 AktG. Börsennotiert sind danach nur Gesellschaften, die im regulierten Markt nach §§ 32ff. BörsG zugelassen sind. Unter den Begriff der börsennotierten Gesellschaft fallen auch solche Gesellschaften, die an einer ausländischen Börse notiert sind, sofern die Auslandsnotierung im Hinblick auf die staatliche Regulierung und Überwachung mit einer inländischen Notierung vergleichbar ist.[471] Aktiengesellschaften, deren Aktien nur im Freiverkehr nach § 48 BörsG gehandelt werden, gelten nicht als börsennotierte Aktiengesellschaften.

Bei Beschlüssen, für die das Gesetz eine **Dreiviertel- oder größere Mehrheit** bestimmt, ist 284
bisher nicht abschließend geklärt, ob es auf die sog. qualifizierte Kapitalmehrheit oder die sog. qualifizierte Stimmenmehrheit ankommt. Daher ist es ratsam, in allen Fällen, in denen das Gesetz eine qualifizierte Mehrheit verlangt, die Beschlüsse zu beurkunden.[472]

Lässt die Satzung – zulässigerweise – anstelle der gesetzlich bestimmten qualifizierten Mehrheit die einfache Mehrheit genügen, bedarf es dennoch der notariellen Beurkundung, da das Gesetz auf die gesetzliche Regelung abstellt.[473] Schreibt die Satzung statt der gesetzlichen einfachen Mehrheit eine qualifizierte Mehrheit vor, genügt vice versa ein privatschriftliches Protokoll.[474] Verlangt die Satzung indessen die notarielle Beurkundung der Niederschrift oder einzelner Beschlüsse, so ist diese auch erforderlich, wenn nach dem Gesetz ein privatschriftliches Protokoll ausreichen würde.[475]

Sogenannte **Grundlagenbeschlüsse** müssen beurkundet werden.[476] Die höchstrichterliche 285
Rechtsprechung leitet die für Grundlagenbeschlüsse erforderliche qualifizierte Mehrheit aus dem Gesetz ab, so dass man diese Mehrheit als gesetzliche Mehrheit i. S. d. § 130 Abs. 1 Satz 3 AktG zu verstehen hat.[477]

§ 130 Abs. 1 Satz 3 AktG lässt offen, ob die Hauptversammlung einer nicht börsennotier- 286
ten Gesellschaft auch dann vollständig beurkundet werden muss, wenn nicht alle Beschlüsse einer qualifizierten Mehrheit bedürfen, sog. **gemischte Hauptversammlung.** Der Wortlaut ist zwar nicht eindeutig.[478] Zu Recht geht die überwiegende Meinung jedoch von der Unteilbarkeit der Niederschrift aus.[479] Denn neben der Gefahr eines sich widersprechenden Inhalts bei einer Protokollierung, die teilweise durch den Notar, teilweise durch den Aufsichtsratsvorsitzenden erfolgt, wäre völlig unklar, wer zu allen Tagesordnungspunkten erhobene Widersprüche zu protokollieren hätte. Auch wäre die Protokollierung von Verfahrensbeschlüssen, die nicht zwingend zu einem bestimmten Sachbeschluss gehören, nicht eindeutig zuzuordnen.

Der Notar muss daher zwingend darauf hinwirken, dass ihm ein uneingeschränkter Be- 287
urkundungsauftrag erteilt wird. Der Vorschlag, beurkundungspflichtige und beurkun-

470 MünchKommAktG/*Kubis* § 122 Rdnr. 64.

471 *Hüffer* § 3 Rdnr. 6 m. w. N.

472 Limmer/Hertel/Frenz/Mayer/*Reul* Teil 5 Kap. 4 Rdnr. 309; *Faßbender* RNotZ 2009, 425, 428; *Wicke* DNotZ 2008, 791 f. m. w. N.

473 *Semler/Volhard* § 15 Rdnr. 4; *Hoffmann-Becking* ZIP 1995, 1, 8; *Flick* NJOZ 2009, 4485, 4486.

474 HK-AktG/*Reger* § 130 Rdnr. 32.

475 *Heckschen* DNotZ 1995, 275, 283.

476 LG Frankfurt AG 2010, 416 ff.

477 *Heckschen* DNotZ 1995, 275, 283.

478 MünchKommAktG/*Kubis* § 130 Rdnr. 27; *Semler/Volhard* § 15 Rdnr. 5; *Lutter* AG 1994, 429, 440.

479 *Hüffer* § 130 Rdnr. 14 c; Happ/*Zimmermann* 10.17 Rdnr. 2; Schüppen/Schaub/*Bohnet* § 27 Rdnr. 114; *Semler/Volhard* § 15 Rdnr. 5; *Hoffmann-Becking* ZIP 1995, 1, 7; *Heckschen* DNotZ 1995, 275, 283; *Faßbender* RNotZ 2009, 425, 429; *Flick* NJOZ 2009, 4485, 4489 f.; a. A. KölnKommAktG/*Noack/Zetzsche* § 130 Rdnr. 153; *Lutter* AG 1994, 429, 440; *Blanke* BB 1995, 681, 682.

dungsfreie Beschlüsse in zwei selbstständigen Hauptversammlungen am gleichen Tag nacheinander fassen zu lassen,[480] ist nur begrenzt praktikabel.[481] Er macht zwei Einberufungen nötig, wenn die Abhaltung einer Vollversammlung, die auf die Einberufungsförmlichkeiten verzichtet, nicht sichergestellt ist; er ist fehleranfällig, wenn eine gesetzlich vorgegebene Reihenfolge der Beschlussfassung eingehalten werden muss, und er führt angesichts der Kostengrenze für die Beurkundung in Höhe von € 5.000,– gemäß § 47 Satz 2 KostO selten zu der gewünschten Kostenreduzierung,[482] erst recht dann nicht, wenn die Aufteilung in zwei Hauptversammlungen zu einem erhöhten anwaltlichen Beratungsaufwand führt.

288 Der Notar sollte wegen der Gefahr, dass eine unterbliebene Beurkundung zur Nichtigkeit gefasster Beschlüsse führen kann, im Zweifel immer darauf hinwirken, dass ein Beurkundungsauftrag erteilt wird. Darüber hinaus zeigt die Praxis, dass nicht notariell beurkundete Protokolle häufig fehlerhaft sind. Da die Kostenvorteile für die Gesellschaften relativ gering sind und der Beweiswert der notariellen Urkunde höher ist als der eines privatschriftlichen Protokolls, wird im Schrifttum verbreitet empfohlen, auch freiwillig die notarielle Beurkundung zu wählen.[483] Teilweise wird sogar vertreten, die freiwillige Wahl der Beurkundung sei im Rahmen einer ordnungsgemäßen Geschäftsführung erforderlich.[484] Vor diesem Hintergrund ist die Ansicht abzulehnen, der Notar müsse auf die Vorschrift des § 130 Abs. 1 Satz 3 AktG und eine daraus folgende möglicherweise fehlende Beurkundungspflicht hinweisen, um seinen Vergütungsanspruch zu erhalten.[485]

3. Vorbereitende Tätigkeit

289 a) **Einführung.** Die Bedeutung der notariellen Niederschrift für die Wirksamkeit von Hauptversammlungsbeschlüssen ist von sogenannten kritischen Aktionären in den letzten Jahren zunehmend als Angriffspunkt für Anfechtungs- und Nichtigkeitsklagen erkannt worden. Der Notar, der die Hauptversammlung einer börsennotierten Aktiengesellschaft beurkundet, handelt fahrlässig, wenn er sich nicht umfassend vorbereitet. Aber auch bei kleineren Aktiengesellschaften, deren Verwaltung mit der Komplexität des Aktienrechts oft nicht ausreichend vertraut ist, bedarf es der spezifischen Vorbereitung, die nicht nur den Ablauf der Hauptversammlung, sondern mehr noch die Ordnungsgemäßheit der Einberufung und die materielle Richtigkeit der Beschlüsse betrifft.

290 b) **Informationsbeschaffung.** Der Notar muss sich zunächst mit den **Verhältnissen der Gesellschaft** vertraut machen. Rechtzeitig vor der Hauptversammlung sollte er die aktuelle Satzung der Gesellschaft, einen Handelsregisterauszug, ggf. die aktuelle Liste der Aufsichtsratsmitglieder, die letzten zwei bis drei Hauptversammlungsprotokolle sowie ggf. den letzten Jahresabschluss/Geschäftsbericht bei der Gesellschaft anfordern, soweit die Unterlagen nicht beim Handelsregister bzw. der Internetseite der Gesellschaft einsehbar sind. Diese Unterlagen und Informationen geben ein erstes aktuelles Bild der Gesellschaft, erleichtern die Erstellung des ersten Protokollentwurfs und vermitteln einen Eindruck, ob mit einem turbulenten oder eher ruhigen Ablauf der Hauptversammlung zu rechnen ist.[486]

291 Zwingend notwendig ist die Beschaffung der **Einberufungsunterlagen**, aus denen sich die Tagesordnungspunkte und die Beschlussvorschläge der Verwaltung ergeben. Zweckmäßig sind aber auch etwaige Anträge auf Ergänzung der Tagesordnung oder Gegenanträge von Aktionären. Soweit bei Namensaktien die Bekanntmachung der Einberufung nicht im elektronischen Bundesanzeiger erfolgt ist, müssen die Einladungsschreiben an die Aktionäre nach

[480] KölnKommAktG/*Noack/Zetzsche* § 130 Rdnr. 155; *Noack,* FS Wilhelm Happ, S. 201, 204.
[481] MünchHdbGesR IV/*Semler* § 40 Rdnr. 35.
[482] *Obermüller/Werner/Winden/Butzke* N Rdnr. 20; *Faßbender* RNotZ 2009, 425, 429.
[483] *Heidel/Terbrack/Lohr* § 130 Rdnr. 3 f.; *Obermüller/Werner/Winden/Butzke* N Rdnr. 2; MünchHdbGesR IV/*Semler* § 40 Rdnr. 35; *Faßbender* RNotZ 2009, 425, 427 f.
[484] *Heidel/Terbrack/Lohr* § 130 Rdnr. 5.
[485] So aber wohl OLG Düsseldorf RNotZ 2002, 60, 61.
[486] *Sigel/Schäfer* BB 2005, 2137.

§ 121 Abs. 4 Satz 2 AktG zur Verfügung gestellt werden. Nur so kann der Notar rechtzeitig die Ordnungsgemäßheit der Einberufung prüfen.[487]

Zweckmäßigerweise sieht der Notar die **Internetseite der Gesellschaft** ein. Seit der Einführung der Veröffentlichung der Einberufung im elektronischen Bundesanzeiger im Jahre 2002 und der zeitgleichen Empfehlung des Deutschen Corporate Governance Kodex, hauptversammlungsrelevante Unterlagen auf der Internetseite zu präsentieren, jetzt zwingend aufgrund des Gesetzes zur Umsetzung der Aktionärsrichtline (ARUG), ist die Internetseite der Gesellschaft die wichtigste Informationsquelle für den Aktionär geworden.[488] Nach § 124a AktG sind dort u.a. der Inhalt der Einberufung, die Pflichtangaben, Angaben zur Anzahl der Aktien- und Stimmrechte sowie im Falle einer Vertretung oder einer Briefwahl zu verwendende Formulare, aber auch Aktionärsanträge auf Ergänzung der Tagesordnung nach § 122 Abs. 2 AktG, Gegenanträge nach § 126 Abs. 1 AktG und Wahlvorschläge nach § 127 AktG zugänglich zu machen. Mit diesen Informationen kann der Notar rechtzeitig die Notwendigkeit einer besonderen Vorbereitung der Hauptversammlung abschätzen. 292

Bei größeren Hauptversammlungen bereitet die Verwaltung meist unter Hinzuziehung von Hauptversammlungsdienstleistern oder Rechtsanwälten einen **Leitfaden** für den Versammlungsleiter vor, der mehr oder weniger ausformuliert den geplanten Ablauf der Hauptversammlung widerspiegelt. Für nicht unübliche oder gar erwartete Verfahrensanträge, Gegenanträge oder möglicherweise erforderliche Ordnungsmaßnahmen gibt es häufig Sonderleitfäden, die dem Versammlungsleiter größtmögliche Formulierungssicherheit in ungewohnten Situationen geben sollen. Derartige Leitfäden sollte der Notar unbedingt auch selbst in Kopie erbitten, da sie es ihm erleichtern, das Protokoll vorzubereiten, aber auch den Ablauf der Hauptversammlung zu verfolgen. Hat der Notar bei kleineren Aktiengesellschaften das Gefühl, dass der Versammlungsleiter nicht über die nötige Sicherheit im Umgang mit Formalien verfügt oder gar die erforderliche Einsicht in die Notwendigkeit, formalen Anforderungen zu genügen, vermissen lässt, sollte er bei der Verwaltung die Erstellung eines derartigen Leitfadens anregen. Ist ein solches Papier erst einmal erstellt, lässt es sich für spätere Hauptversammlungen in der Regel leicht anpassen und wiederverwenden. 293

Unterlagen, die der Notar als **Anlagen** dem Protokoll beifügen will oder muss, sollte er vorab zumindest in Kopie oder als Entwurf anfordern. Hilfreich ist auch – soweit vorhanden – das Muster, das der Verkündung der Abstimmungsergebnisse zu Grunde gelegt werden soll, da der Notar anhand des Musters erkennen kann, ob sämtliche im Protokoll erforderlichen Angaben verlesen werden oder ob er sich um ergänzende Informationen bemühen muss.[489] 294

Checkliste zur Informationserteilung

- ☐ aktuelle Satzung
- ☐ aktueller Handelsregisterauszug
- ☐ frühere Hauptversammlungsprotokolle
- ☐ Einberufungsunterlagen
- ☐ Leitfaden (soweit vorhanden)
- ☐ dem Protokoll beizufügende Anlagen
- ☐ Internetseite der Gesellschaft

c) **Vorabstimmung mit der Gesellschaft und Dritten.** Der Notar hat die sich aus §§ 14, 28 BNotO ergebenden Verpflichtungen zur unabhängigen und neutralen Amtsführung zu beachten. Dies setzt der Abstimmung mit der Gesellschaft im Vorfeld Grenzen. Jedoch ist er dadurch nicht an der ordnungsgemäßen Vorbereitung der Beurkundung gehindert. Vielmehr sollte der Notar gerade bei komplexeren Beschlussgegenständen oder in Fällen, in denen ein 295

[487] Hierzu unten Ziffer 4.

[488] *Wicke* S. 14.

[489] Vgl. zur Protokollierung der Abstimmungsergebnisse unten V. 2 d).

streitiger Verlauf der Hauptversammlung zu erwarten ist, den **Kontakt mit der Gesellschaft** und den von der Gesellschaft eingeschalteten Dienstleistern suchen.[490] Zweckmäßig ist es zumindest, sich bei der Verwaltung bzw. bei den betreuenden Dienstleistern zu erkundigen, ob mit Besonderheiten im Ablauf zu rechnen sei.

296 Findet eine **Generalprobe** statt, kann der Notar, insbesondere bei einem neuen Mandat, die örtlichen Verhältnisse und die handelnden Personen vorab kennen lernen. Am Tage der Hauptversammlung stehen alle Beteiligten bei größeren Versammlungen unter erheblicher Anspannung. Dann ist es meist zu spät, sich die Funktionsweise der EDV erläutern zu lassen und die Abläufe von der Zugangskontrolle über die Stimmenaufnahme bis zur Stimmenauszählung im einzelnen nachzuvollziehen. Soweit Hilfspersonen, beispielsweise zur Aufnahme unbeantworteter Fragen eingesetzt werden sollen, können die technischen Hilfsmittel bereits bei der Generalprobe in Augenschein genommen werden. Der Notar kann vor Ort klären, wo er Platz nehmen soll. In kleineren Hauptversammlungen, in denen der Versammlungsleiter nicht durch Rechtsberater unterstützt wird, sollte der Notar neben dem Versammlungsleiter sitzen, um einen ordnungsgemäßen Verfahrensablauf sicher stellen und den Versammlungsleiter auf etwaige gestellte Geschäftsordnungsanträge oder die vergessene Feststellung eines gefassten Beschlusses aufmerksam machen zu können. Im Übrigen muss der Notar so platziert sein, dass er die Hauptversammlung gut im Blick hat. Selbstverständlich trifft der Notar am Tage der Hauptversammlung frühzeitig ein, einerseits um sich mit den örtlichen Verhältnissen – soweit noch nicht geschehen – ausreichend vertraut machen zu können, andererseits um der Gesellschaft die Sicherheit zu vermitteln, dass der notwendigen Beurkundung nun nichts mehr im Wege steht.

297 d) **Prüfung der Ordnungsgemäßheit der Einberufung.** Es besteht weitgehend Einigkeit, dass der Notar prüfen muss, ob die Einberufung ordnungsgemäß erfolgt ist.[491] Diese Verpflichtung ist nicht aktienrechtlicher Natur, da sie in § 130 AktG nicht niedergelegt ist. Sie ergibt sich auch nicht aus § 17 BeurkG, der dem Notar nur bei Beurkundung von Willenserklärungen, nicht für das Tatsachenprotokoll der Hauptversammlung, umfassende Prüfungs-, Belehrungs- und Einwirkungspflichten auferlegt.[492] Die Prüfungspflicht folgt vielmehr aus der in § 1 BNotO verankerten Stellung des Notars, als Träger eines öffentlichen Amtes Fragen der Rechtmäßigkeit der Beschlüsse und des zugehörigen Verfahrens nicht einfach unbeachtet zu lassen. Daraus wird die Pflicht zu einer Evidenzkontrolle[493] oder summarischen Rechtmäßigkeitskontrolle[494] abgeleitet. Für die Prüfung der Ordnungsgemäßheit der Einberufung bedeutet dies, dass der Notar die **Einhaltung der Einberufungsfrist** und die in § 121 Abs. 3 Satz 2 AktG **vorgeschriebenen Mindestangaben** überprüfen muss.[495]

298 Umstritten ist, ob und inwieweit der Notar auch die **rechtliche Zulässigkeit der Beschlussvorschläge**, also den Beschlussinhalt einer Evidenzkontrolle unterziehen muss.[496] Auch hier mag es für manchen Beteiligten wünschenswert sein, wenn der Notar auf eine klare und eindeutige Formulierung der Beschlussanträge achtet und darauf hinwirkt, dass diese mit dem Willen der Beteiligten übereinstimmt. Eine solche Prüfung geht aber sicherlich nicht über eine reine Evidenzkontrolle hinaus. Richtigerweise kann der Notar ohne besonderen Auftrag nur verpflichtet sein, auf evident unzulässige Beschlussanträge hinzuweisen.

299 Vom Notar kann nicht verlangt werden, über den Text der Einberufung hinaus Nachforschungen anzustellen, ob es Sachverhalte gibt, die die Ordnungsgemäßheit der Einberufung in Frage stellen. Keine Prüfungspflichten bestehen auch im Hinblick auf die Rechtzeitigkeit

---

[490] *Sigel/Schäfer* BB 2005, 2137, 2138; *Faßbender* RNotZ 2009, 425, 434.

[491] GroßkommAktG/*Werner* § 130 Rdnr. 98; *Obermüller/Werner/Winden/Butzke* N Rdnr. 7 f.; *Semler/Volhard* § 15 Rdnr. 28; *Reul* AG 2002, 543, 549.

[492] MünchKommAktG/*Kubis* § 130 Rdnr. 31.

[493] *Sigel/Schäfer* BB 2005, 2137, 2138.

[494] MünchKommAktG/*Kubis* § 130 Rdnr. 31.

[495] MünchKommAktG/*Kubis* § 130 Rdnr. 32; *Faßbender* RNotZ 2009, 425, 434.

[496] Dafür: *Hüffer* § 130 Rdnr. 12; *Bezzenberger*, FS Schippel, S. 361, 380; *Wilhelmi* BB 1987, 1331, 1335; zurückhaltend: *Obermüller/Werner/Winden/Butzke* N Rdnr. 9; *Spindler/Stilz/Wicke* § 130 Rdnr. 30; *Faßbender* RNotZ 2009, 425, 435.

und Vollständigkeit der Mitteilungen nach § 125 AktG[497] oder die ausreichende Information der Aktionäre auf der Internetseite der Gesellschaft. Insbesondere hat der Notar nicht zu überprüfen, ob Erweiterungen der Tagesordnung oder Gegenanträge ordnungsgemäß bekannt gemacht wurden.

Die Evidenzkontrolle muss der Notar ohne besonderen Auftrag schon dann durchführen, 300
wenn ihm die Einladungsbekanntmachung vorgelegt wird. Wird dem Notar indessen bereits vor Veröffentlichung der Einladung der Entwurf der Einladung zur Prüfung vorgelegt oder wird er ausdrücklich gebeten, Form und Inhalt der Beschlussvorschläge zu überprüfen oder gar zu gestalten, so liegt hierin der Auftrag für ein **besonderes Notariatsgeschäft** im Aufgabenkreis des § 24 BNotO mit umfassenden Prüfungs- und Beratungspflichten, das auch zu einem gesonderten Vergütungsanspruch führt.[498]

Die Erfüllung der Pflicht, die Einberufung der Hauptversammlung auf evidente Mängel 301
zu untersuchen, setzt die **Kenntnis der Einberufungsvorschriften** voraus.

Dafür ist zunächst anhand der Satzung zu klären, ob die Gesellschaft Inhaberaktien oder Namensaktien ausgegeben hat, ob Satzungsbestimmungen mit den gesetzlichen Einberufungsvorschriften kollidieren oder ob sie sie zulässigerweise modifizieren.

Mit Inkrafttreten des ARUG[499] Ende 2009 gelten vereinfachte Einberufungsvorschriften. Die Übergangsvorschrift des § 20 Abs. 3 EGAktG[500] hat inzwischen ihre Bedeutung verloren, so dass für die Fristenberechnung im Wesentlichen nunmehr allein auf die Neuregelungen abgestellt werden kann.

Für die **Fristenberechnung** schreibt § 121 Abs. 7 AktG vor, dass bei der Berechnung von 302
Fristen und Terminen, die von der Hauptversammlung zurück berechnet werden, der Tag der Hauptversammlung nicht mitzuzählen ist und dass Sonnabende, Sonntage oder Feiertage nicht zu einer Verlängerung der Fristen oder Termine führen. §§ 187 ff. BGB werden ausdrücklich für nicht anwendbar erklärt. Allerdings kann die Satzung bei nicht börsennotierten Unternehmen eine andere Berechnung der Frist bestimmen.

Die Länge der Einberufungsfrist ergibt sich aus § 123 Abs. 1 AktG. Zwischen dem Tag der Einberufung und dem Tag der Versammlung müssen danach mindestens 30 Kalendertage liegen, wenn es kein Anmeldeerfordernis gibt.

Sieht die Satzung vor, dass sich Aktionäre vor der Versammlung anmelden müssen, muss 303
die Anmeldung nach § 123 Abs. 2 Satz 2 AktG der Gesellschaft mindestens sechs Tage vor der Versammlung zugehen. Um diese Frist verlängert sich die Einberufungsfrist, so dass die Einberufung bei einem Anmeldeerfordernis spätestens am 37. Kalendertag vor der Hauptversammlung erfolgen muss. Die Satzung kann eine kürzere Anmeldefrist vorsehen, die aber in Kalendertagen, nicht mehr in Werktagen, bestimmt sein muss.[501] Bei börsennotierten Gesellschaften mit Inhaberaktien genügt zur Legitimation des Aktionärs die Bescheinigung des depotführenden Instituts, die der Gesellschaft nach § 123 Abs. 3 Satz 3 AktG sechs Tage vor der Versammlung zugehen muss. Allerdings kann die Satzung auch diese Frist verkürzen. Es genügt sogar die Ermächtigung in der Satzung, dass erst in der Einberufung die kürzere Frist bestimmt wird, wobei noch nicht abschließend geklärt ist, ob die Verkürzung der Anmeldefrist auch zu einer Verkürzung der Einberufungsfrist führt.[502] Ansonsten bestimmt bei Inhaberaktien allein die Satzung, auf welche Art die Berechtigung zur Teilnahme auszuüben ist. Bei Namensaktien ergibt sich die Berechtigung aus dem Aktienregister. Die ausreichende Vorbereitung der Gesellschaft auf die Hauptversammlung wird dadurch sichergestellt, dass ein Eintragungsstopp von mindestens drei, richtigerweise aber wohl auch von bis zu sechs Tagen für die Umschreibung im Aktienregister vor einer Hauptversammlung akzeptiert wird.[503]

[497] MünchKommAktG/*Kubis* § 130 Rdnr. 32; *Faßbender* RNotZ 2009, 425, 434.
[498] *Semler/Volhard* § 15 Rdnr. 27; *Priester* DNotZ 2001, 661, 670.
[499] Gesetz zur Umsetzung der Aktionärsrichtlinie BGBl I vom 4. 8. 2009 S. 2479.
[500] Hierzu *Weber/Findeisen* BB 2010, 711 ff.
[501] *Drinhausen/Keinath* BB 2010, 3, 4.
[502] Vgl. hierzu *Wilm* DB 2010, 1686, 1687 f.; *Grobecker* NZG 2010, 165, 166.
[503] BGH NZG 2009, 1270, 1271; *Hüffer* § 67 Rdnr. 20.

304 Für den Notar ist die Prüfung der Einberufung auch deshalb leichter geworden, da seit Inkrafttreten des ARUG bei nicht börsennotierten Gesellschaften nicht mehr zwingend **Angaben zum Teilnahmerecht und zur Stimmrechtsausübung**[504] in der Einladung zu machen sind. Werden aber Angaben gemacht, die über die Firma, den Sitz der Gesellschaft, die Zeit und den Ort der Hauptversammlung sowie die Tagesordnung hinausgehen, müssen sie richtig sein.

305 e) **Fertigung eines Protokollentwurfs.** Der Notar kann sich, auch bei kleineren Aktiengesellschaften, nicht darauf verlassen, dass er die Niederschrift erst während der Hauptversammlung entwerfen kann. Es fehlt regelmäßig die Zeit, alle zu protokollierenden Umstände handschriftlich aufzunehmen.[505] Gerade bei schwierigen Hauptversammlungen kann es sich sogar empfehlen, mögliche alternative Abläufe – ähnlich wie dies für den Versammlungsleiter in Form von Sonderleitfäden vorbereitet wird – vorzubereiten, um dann den tatsächlichen Hauptversammlungsverlauf sofort festhalten zu können. Das Erfordernis einer Niederschrift in § 130 Abs. 1 Satz 1 AktG bedeutet, dass bereits in der Hauptversammlung Schreibarbeiten erfolgen.[506] Diesem Erfordernis wird der Notar verständlicherweise viel leichter gerecht, wenn ein Entwurf existiert, den er während der Hauptversammlung nur noch mit wenigen Korrekturen oder Ergänzungen versehen muss. Es entspricht daher allgemeiner Meinung, dass ein **Protokollentwurf** auch vor Beginn der Hauptversammlung gefertigt werden darf und sollte.[507]

306 Spätestens bei Fertigung eines Entwurfsprotokolls sollte, wenn Anlass dazu besteht, geklärt werden, ob die Versammlung in **ausländischer Sprache** abgehalten werden soll, was man durchweg für zulässig hält, wenn alle Beteiligten, auch sämtliche Aktionäre und der Notar, damit einverstanden sind.[508] Ist die Versammlungssprache nicht deutsch, ist zu klären, ob diese ausländische Sprache auch die Urkundssprache sein soll. Dies wird überwiegend für zulässig erachtet, wenn wiederum sämtliche Beteiligten es wünschen,[509] entbindet den Vorstand aber nicht von der Verpflichtung, nach Fertigstellung des Protokolls beim Handelsregister eine deutsche Übersetzung einzureichen.[510]

4. Betreuungspflichten während der Hauptversammlung

307 a) **Einführung.** Die Betreuungsfunktion des Notars, die im Vorfeld der Hauptversammlung im Wesentlichen nur bei der Überprüfung der Einberufung eine Rolle spielt, kommt bei der Durchführung der Hauptversammlung in besonderer Weise zum Tragen. Prüfungs-, Hinweis- und Einwirkungspflichten lassen sich dabei an typischen Fallgestaltungen aufzeigen.

308 b) **Zugangskontrolle, Teilnehmerverzeichnis, Präsenzerfassung.** Zu einer **Zugangskontrolle** ist der Notar nur im Sinne einer Evidenzprüfung verpflichtet.[511] Bei größeren Versammlungen kann er sich vom Dienstleister die Formalitäten der Zugangskontrolle, die Eingabe der Daten der Teilnehmer in das EDV-System, die Organisation der Zu- und Abgangskontrollen, die Bevollmächtigung anderer Teilnehmer, insbesondere der Stimmrechtsvertreter der Gesellschaft, sowie die Inhalte der aus dem Teilnehmerverzeichnis abgeleiteten Präsenzliste und die Erstellung von Nachtragsverzeichnissen erläutern lassen. Bei kleineren Gesellschaften können sich intensivere Prüfungs- und Hinweispflichten ergeben, wenn der Notar erkennt, dass der Gesellschaft keine professionellen Dienstleister zur Seite stehen. Bemerkt er fehlende Inhalte des Teilnehmerverzeichnisses oder mangelhafte Abläufe bei Zugangs-

[504] Vgl. zur Erteilung von Stimmrechtsvollmachten *Götze* NZG 2010, 93 ff.
[505] *Hüffer* § 130 Rdnr. 11.
[506] MünchKommAktG/*Kubis* § 130 Rdnr. 16.
[507] *Wilhelmi* BB 1987, 1131, 1135.
[508] MünchKommAktG/*Kubis* § 118 Rdnr. 56 m. w. N.
[509] *Obermüller/Werner/Winden/Butzke* N Rdnr. 21; *Semler/Volhard* § 15 Rdnr. 8; a. A. KölnKommAktG/*Noack/Zetzsche* § 130 Rdnr. 298.
[510] GroßkommAktG/*Werner* § 130 Rdnr. 47; MünchHdbGesR IV/*Semler* § 40 Rdnr. 27; a. A. *Winkler* § 5 Rdnr. 12, der aber das Registergericht für berechtigt hält, die Vorlage einer Übersetzung zu verlangen.
[511] MünchKommAktG/*Kubis* § 130 Rdnr. 33; *Reul* AG 2002, 543, 549; *Sigel/Schäfer* BB 2005, 2137, 2139.

und Abgangskontrollen, darf er helfend, aber nicht gestaltend eingreifen. Mängel oder Bedenken sind dem Versammlungsleiter mitzuteilen.

Nach § 129 Abs. 1 Satz 2 AktG ist in der Hauptversammlung ein **Verzeichnis** der erschienenen oder vertretenen Aktionäre und der Vertreter von Aktionären mit Angabe ihres Namens und Wohnortes sowie bei Nennbetragsaktien des Betrages, bei Stückaktien der Zahl der von jedem vertretenen Aktien unter Angabe ihrer Gattung aufzustellen. Ist von der Möglichkeit zur Briefwahl Gebrauch gemacht worden, werden Aktionäre, die ihre Stimme schriftlich abgeben, nicht im Teilnehmerverzeichnis aufgenommen. Bei der Online-Teilnahme, die die Satzung ebenfalls nach § 118 Abs. 2 AktG vorsehen kann, ist der Teilnehmer ins Teilnehmerverzeichnis aufzunehmen.[512] Die Aufstellungspflicht besteht auch bei Vollversammlungen.[513] Bei Ein-Personen-Aktiengesellschaften soll das Teilnehmerverzeichnis nach überwiegender Meinung entbehrlich sein, wenn die Willenserklärungen des Alleinaktionärs beurkundet werden.[514] Solange diese Frage nicht höchstrichterlich geklärt ist, sollte der Notar vorsorglich auch in diesem Fall auf die Verwendung eines Teilnehmerverzeichnisses dringen. 309

Das Teilnehmerverzeichnis wird von der Gesellschaft vorbereitet, die Fertigstellung während der Hauptversammlung hat der Versammlungsleiter zu überwachen und zu verantworten.[515] Der Notar ist weder für die Aufstellung noch für die Fortführung des Teilnehmerverzeichnisses verantwortlich,[516] was insbesondere bei kleineren Gesellschaften mit übersichtlichem Aktionärskreis nicht ausschließt, dass er aufgrund eines gesonderten Auftrages bei der Aufstellung oder Fortführung des Verzeichnisses berät.

Der Notar hat nur zu prüfen, ob ein Teilnehmerverzeichnis existiert und entsprechend den gesetzlichen Bestimmungen aufgestellt ist.[517] Für die inhaltliche Richtigkeit steht er nicht ein.[518] Fallen dem Notar aber Unregelmäßigkeiten oder Lücken bei der Fortführung der Präsenz auf, muss er den Versammlungsleiter oder dessen Mitarbeiter zumindest darauf aufmerksam machen.

Von besonderer Bedeutung ist das aktualisierte Teilnehmerverzeichnis für Abstimmungsergebnisse, die im Subtraktionsverfahren ermittelt werden. Damit nach Abzug der Nein-Stimmen und Enthaltungen die richtige Ja-Stimmenzahl ermittelt werden kann, muss bei jeder Abstimmung die aktuelle **Präsenz** vom Versammlungsleiter festgestellt, allerdings nicht verkündet werden; gegebenenfalls muss sie vor jedem Abstimmungsvorgang ermittelt und ausgewiesen werden, wenn eine Veränderung der Präsenz zwischen einzelnen Abstimmungsgängen nicht verhindert wird.[519] Der Notar muss lediglich prüfen, ob die Gesellschaft für die Berücksichtigung der Zu- und Abgänge Vorsorge getroffen hat.[520] Er muss indessen nicht überwachen, ob dies auch geschieht.[521] 310

c) **Prüfung der Identität der Beteiligten und ihrer Vertretungsmacht.** Der Notar ist nicht verpflichtet, die **Identität** der Beteiligten festzustellen, da § 10 Abs. 2 BeurkG nicht für die Protokollierung von Hauptversammlungsbeschlüssen gilt.[522] Er muss ebenso wenig die **Vertretungsmacht** der Versammlungsteilnehmer oder erteilte Vollmachten[523] prüfen. Entsteht jedoch Streit über die Berechtigung zur Teilnahme einzelner Aktionäre oder deren Vertreter, wird der Notar diesen Vorfällen nicht aus dem Weg gehen dürfen, sondern mit vorsichtigem Rat offensichtlich unrichtigen Rechtsmeinungen begegnen und die Geschehnisse, wenn sie unklar und streitig bleiben, aufnehmen müssen. 311

---

512 *Wilm* DB 2010, 1686, 1688.
513 MünchKommAktG/*Kubis* § 129 Rdnr. 15.
514 MünchKommAktG/*Kubis* § 129 Rdnr. 15; Happ/*Zimmermann* 10.18 Rdnr. 7, jeweils m. w. N.; a. A. *Schmidt/Lutter/Ziemons* § 129 Rdnr. 17.
515 MünchKommAktG/*Kubis* § 129 Rdnr. 16.
516 *Sigel/Schäfer* BB 2005, 2137, 2139; *Faßbender* RNotZ 2009, 425, 436 m. w. N.
517 *Bezzenberger*, FS Schippel S. 361, 380; *Wilhelmi* BB 1987, 1331, 1335.
518 *Bezzenberger*, FS Schippel S. 361, 380; *Faßbender* RNotZ 2009, 425, 436.
519 MünchKommAktG/*Kubis* § 129 Rdnr. 20.
520 *Faßbender* RNotZ 2009, 425, 436.
521 So aber GroßkommAktG/*Werner* § 129 Rdnr. 10.
522 *Sigel/Schäfer* BB 2005, 2137, 2139.
523 Hierzu *Götze* NZG 2010, 93 ff.

Es hat sich eingebürgert, im Protokoll die Anwesenheit der Vorstands- und Aufsichtsratsmitglieder festzuhalten. Auch dies kann geschehen, ohne dass der Notar verpflichtet ist, die **Identität** einzelner Organmitglieder belegbar anhand von Ausweispapieren zu ermitteln. Es genügt, wenn die Anwesenheit durch den Versammlungsleiter festgestellt wird oder der Notar die Anwesenheit zum Beispiel durch Namensschilder auf dem Podium selbst erkennen kann.

312 d) **Versammlungsleitung.** *aa) Versammlungsleiter.* Es entspricht allgemeiner Auffassung, dass der Notar zunächst die **Legitimation des Versammlungsleiters** überprüfen muss.[524] Hierzu genügt meist ein Blick in die Satzung, die in der Regel den Aufsichtsratsvorsitzenden zum Leiter der Hauptversammlung bestimmt.[525] Leitet ein Vertreter die Versammlung, muss sich der Notar von der Verwaltung zumindest kurz erläutern lassen, wie der Vertreter bestimmt oder gewählt wurde, falls sich die Person des Vertreters nicht bereits aus der Satzung ergibt. Auch hier trifft ihn nur eine Plausibilitätskontrolle. Er ist nicht verpflichtet, sich beispielsweise Aufsichtsratsprotokolle, die den Vertreter bestimmen, vorlegen zu lassen. Ist der Versammlungsleiter von der Hauptversammlung zu wählen, muss der Notar auf einen ordnungsgemäßen Wahlvorgang und eine zutreffende Ermittlung des Abstimmungsergebnisses achten.[526] Die Beurkundung der vom Versammlungsleiter festgestellten Beschlüsse führt allerdings keinen Beweis über dessen Berechtigung.[527]

313 Ein Antrag zur **Abwahl des Versammlungsleiters** ist nur aus wichtigem Grund möglich, wenn der Versammlungsleiter aufgrund einer Satzungsregelung berufen ist; hat die Hauptversammlung den Versammlungsleiter gewählt, kann sie ihn jederzeit abwählen.[528] Solange hierzu keine höchstrichterliche Rechtsprechung vorliegt, sollte der Notar raten, den Antrag auf Abwahl des Versammlungsleiters vorsorglich immer zur Abstimmung zu stellen. Der Versammlungsleiter kann die Aussprache und die Abstimmung über den Antrag selbst leiten. Die Abstimmung ist allen anderen Abstimmungen voran zu stellen und sollte unverzüglich erfolgen.[529] Auch bei dieser Abstimmung muss indessen zunächst das Teilnehmerverzeichnis fertiggestellt sein.

314 Bei der **Ein-Personen-Aktiengesellschaft** hält die überwiegende Meinung die Person des Versammlungsleiters für entbehrlich.[530] Existiert kein Versammlungsleiter, soll sich der Notar allerdings von der Stellung als Alleinaktionär überzeugen müssen,[531] durch Vorlage aller Inhaberaktien oder durch Einsichtnahme in das Aktienregister.

315 *bb) Beratung und Überwachung des Versammlungsleiters.* Nicht abschließend geklärt ist, in welchem Umfang der Notar zur **Überwachung der Versammlungsleitung** verpflichtet ist.[532] Unzweifelhaft kann der Notar nicht selbst Versammlungsleiter sein, da dies seiner Neutralitätspflicht widerspräche.[533] Auf der anderen Seite darf er Einfluss nehmen, soweit er dadurch seine eigenen Beurkundungsaufgaben wahrnimmt. Handelt der Notar nicht zur Sicherstellung eigener Protokollierungspflichten, trifft ihn wiederum nur die allgemeine Pflicht einer summarischen Rechtmäßigkeitskontrolle. Unstreitig betrifft dies die Überwachung der Abläufe, die für das Zustandekommen wirksamer Beschlüsse von Bedeutung sind.[534] Offen ist indessen, ob sich die Überwachung der Versammlungsleitung hierin erschöpft[535] oder ob der Notar den Versammlungsleiter auch auf evidente Verstöße außerhalb

[524] *Obermüller/Werner/Winden/Butzke* N Rdnr. 8.
[525] *Hüffer* § 129 Rdnr. 18.
[526] MünchKommAktG/*Kubis* § 130 Rdnr. 34.
[527] *Meyer-Landrut* S. 86 f.
[528] Happ/*Zimmermann* 10.17 Rdnr. 26 m. w. N.; vgl. auch OLG Bremen AG 2010, 256 ff.
[529] Semler/Volhard/*Fischer* § 11 Rdnr. 208; *Max* AG 1991, 77, 85 f.
[530] Happ/*Zimmermann* 10.18 Rdnr. 7; *Semler/Volhardt* § 15 Rdnr. 10; a. A. mit guten Gründen: *Schmidt/Lutter/Ziemons* § 129 Rdnr. 36.
[531] *Obermüller/Werner/Winden/Butzke* D Rdnr. 12; *Faßbender* RNotZ 2009, 425, 450.
[532] MünchKommAktG/*Kubis* § 130 Rdnr. 36.
[533] *Sigel/Schäfer* BB 2005, 2137, 2139.
[534] MünchKommAktG/*Kubis* § 130 Rdnr. 36.
[535] *Wilhelmi* BB 1987, 1331, 1335.

von Sachverhalten, bei denen die Gültigkeit von Beschlüssen beeinträchtigt werden kann, aufmerksam machen muss.[536]

Der Notar wird darauf abstellen müssen, ob der Versammlungsleiter über ausreichende juristische Kenntnisse oder Unterstützung verfügt oder nicht. Ist der Versammlungsleiter juristisch unerfahren und stehen ihm keine juristischen Berater zur Seite, wird der Notar die Versammlungsleitung intensiver überwachen müssen. Macht der Notar auf Verstöße außerhalb seiner Überwachungspflichten aufmerksam, gilt auch dem Versammlungsleiter gegenüber das Neutralitätsgebot. Zu viel Einflussnahme oder gar Besserwisserei würde der Autorität des Versammlungsleiters schaden, so dass schon aus diesem Grund Zurückhaltung geboten ist. Daher ist der Notar auch nicht verpflichtet, die Hauptversammlung darauf hinzuweisen, wenn der Versammlungsleiter die Bedenken des Notars ignoriert.[537] Sucht der Versammlungsleiter die Beratung des Notars, sollte dieser sie möglichst auf die Rechtmäßigkeit des Verhaltens beschränken und sich wegen des Neutralitätsgebots nicht über die Zweckmäßigkeit der Versammlungsleitung austauschen. Der Notar ist Protokollant der Hauptversammlung und nicht Berater des Versammlungsleiters. 316

Für die meisten Verfahrensgegenstände besteht eine **Alleinzuständigkeit des Versammlungsleiters.** Eine Beschlussfassung durch die Hauptversammlung ist insoweit unzulässig, worauf der Notar den Versammlungsleiter hinweisen sollte. 317

Zur alleinigen Kompetenz des Versammlungsleiters zählt die **Verhängung von Ordnungsmaßnahmen** (z. B. Ordnungsruf, Abmahnung, Einschränkung der Redezeit und deren Ankündigung, Wortentzug, vorübergehender oder endgültiger Saalverweis). Teilweise wird vertreten, der Notar müsse darauf hinwirken, dass der Versammlungsleiter keine Ordnungsmaßnahmen trifft, die nicht in seine Zuständigkeit fallen oder über das rechtlich zulässige Maß hinausgehen.[538] Eine derart umfassende Betreuung kann der Notar indessen nicht leisten. Er ist daher allenfalls aufgerufen, zu verhindern, dass der Versammlungsleiter Ordnungsmaßnahmen trifft, die offensichtlich nicht in seine Zuständigkeit fallen, beispielsweise die Verhängung eines Ordnungsgeldes. Auch die Abwägung, ob eine Ordnungsmaßnahme im Einzelfall rechtlich zulässig ist, kann von ihm nur in evidenten Fällen verlangt werden.[539]

Allein zuständig ist der Versammlungsleiter auch für die **Anordnung von Unterbrechungen** der Hauptversammlung, z. B. um die Beantwortung von Fragen vorbereiten zu lassen oder um sich über die Behandlung gestellter Anträge und deren Abfolge abzustimmen. Der Notar hat die Zweckmäßigkeit derartiger Entscheidungen nicht zu überprüfen. Hat er angesichts einer noch langen Rednerliste und einer angekündigten langen Unterbrechung zur Vorbereitung der Beantwortung erster Fragen den Eindruck, dass der Zeitplan für die Durchführung der Versammlung in Gefahr gerät, ist er natürlich berechtigt, aber nicht verpflichtet, dem Versammlungsleiter seine Einschätzung mitzuteilen.

Auch bei **sonstigen Maßnahmen,** die in die Alleinzuständigkeit des Versammlungsleiters fallen, etwa bei der Ablehnung eines unzulässigen Antrags, der Behandlung von Einwendungen gegen die Reihenfolge der Redner oder eines Antrages auf Verlesung oder Aushändigung von Unterlagen ist der Notar grundsätzlich nicht zur Beratung oder Prüfung der Maßnahmen verpflichtet.[540] 318

Besteht die **Zuständigkeit der Hauptversammlung** für Verfahrens- und Sachanträge, muss der Notar einschreiten, wenn der Versammlungsleiter seine Alleinzuständigkeit zu Unrecht annimmt und die Hauptversammlung nicht beschließen lassen will. Zuständig ist die Hauptversammlung, wenn Anträge auf Vertagung der Hauptversammlung oder eines Tagesordnungspunktes, auf Absetzung eines Tagesordnungspunktes oder des Versammlungsleiters gestellt werden.[541] Zu den Verfahrensanträgen zählt auch der Antrag auf Einzelentlastung des Versammlungsleiters von Mitgliedern des Vorstandes oder Aufsichtsrats, die der 319

[536] MünchKommAktG/*Kubis* § 130 Rdnr. 36.

[537] *Obermüller/Werner/Winden/Butzke* N Rdnr. 10; a. A. *Bezzenberger,* FS Schippel, S. 361, 379.

[538] GroßkommAktG/*Werner* § 130 Rdnr. 99; Spindler/Stilz/*Wicke* § 130 Rdnr. 34; KölnKommAktG/*Zöllner* § 130 Rdnr. 68; *Sigel/Schäfer* BB 2005, 2137, 2140.

[539] *Faßbender* RNotZ 2009, 425, 436.

[540] Zur Reihenfolge der Behandlung von Anträgen siehe unten Ziffer 5.

[541] *Wilsing/von der Linden,* ZIP 2010, 2321.

Versammlungsleiter allerdings auch selbst anordnen darf. Ein nicht mit der Tagesordnung bekanntgemachter Sachantrag ist beispielsweise ein Antrag auf Sonderprüfung. Verfahrensanträge, für die die Hauptversammlung zuständig ist, müssen nicht zwangsläufig zur Entscheidung gestellt werden. Vielmehr hat der Versammlungsleiter zu prüfen, ob sie möglicherweise rechtsmissbräuchlich sind, gegebenenfalls einer Begründung bedurften, Gelegenheit zu einer Aussprache der Beschlussfassung zu geben ist und ob sie unverzüglich oder in anderem zeitlichen Sachzusammenhang zur Entscheidung zu stellen sind.[542]

320 Sollen **Anträge zu Protokoll des Notars** gestellt werden, muss der Notar darauf achten, dass der Versammlungsleiter zulässige Anträge nicht unterbindet. Dabei nimmt er eigene Beurkundungsaufgaben wahr. So muss der Notar Aktionären Gelegenheit geben, Minderheitsverlangen, Widersprüche oder unbeantwortete Fragen von ihm protokollieren zu lassen.[543] Er sollte den Versammlungsleiter ggf. rechtzeitig darauf aufmerksam machen, wenn mehrere Aktionäre die Protokollierung von Widersprüchen oder unbeantworteten Fragen erbitten und die baldige Schließung der Versammlung droht.

321 Der Notar kann den Versammlungsleiter darüber aufklären, dass **Fragen, Redebeiträge** oder bestimmte **Antworten** nicht zu Protokoll zu nehmen sind, sondern nach § 131 Abs. 5 AktG nur unbeantwortete Fragen und der Grund für die Auskunftsverweigerung. Er darf ihn aber nicht dahingehend beraten, ob und ggf. wie eine gestellte Frage zu beantworten ist.

322 e) **Überprüfung des Abstimmungsverfahrens.** Zu den Betreuungspflichten des Notars gehört die Pflicht zur Überprüfung des Abstimmungsverfahrens. Bereits vor der Hauptversammlung hat er die Einberufungsunterlagen auf evidente Fehler zu überprüfen. Diese Betreuungspflicht gilt während der Hauptversammlung fort und erstreckt sich auch auf Änderungen der Beschlussanträge, Gegenanträge oder neue Anträge, beispielsweise Anträge zur Geschäftsordnung.

323 Bei mehreren Anträgen hat er auf eine gesetzlich zwingende **Reihenfolge bei der Behandlung der Anträge** zu achten.[544] So ist bei der Wahl von Aufsichtsratsmitgliedern unter bestimmten Voraussetzungen nach § 137 AktG über den Antrag aus dem Aktionärskreis zeitlich vor dem Antrag der Verwaltung abzustimmen. Auch die Behandlung von Verfahrensanträgen hat nach überwiegender Meinung vor den Sachanträgen zu erfolgen, wenn der Verfahrensantrag sonst jegliche Bedeutung verlieren würde.[545] Unter den Voraussetzungen des § 120 Abs. 1 Satz 2 AktG muss über die Entlastung der Mitglieder des Vorstandes und des Aufsichtsrates einzeln abgestimmt werden, auch wenn die Verwaltung den Entlastungsbeschluss z. B. für den gesamten Vorstand gemeinsam fassen lassen wollte.[546] Liegen diese Voraussetzungen nicht vor, entscheidet der Versammlungsleiter nach freiem Ermessen.[547] Über Anträge auf Abwahl des Versammlungsleiters ist vorsorglich sofort abzustimmen.

324 Stellen Aktionäre bei Aufsichtsratswahlen den Antrag auf Durchführung einer Einzelwahl, ist hierüber abzustimmen. Dies gilt nicht, wenn Satzungsregelungen die Durchführung der Wahl von Aufsichtsratsmitgliedern in das Ermessen des Versammlungsleiters stellen.[548]

325 Die Überprüfung von **Stimmverboten** gehört zum Aufgabenbereich des Notars.[549] Wegen möglicher Stimmverbote nach § 136 Abs. 1 AktG sollte der Notar daher möglichst bereits vor Beginn der Hauptversammlung mit dem Dienstleister oder der Verwaltung klären, ob Stimmen von Vorstands- oder Aufsichtsratsmitgliedern vertreten sind und ob sie bei der Berechnung der Präsenz zu den Entlastungsbeschlüssen herausgerechnet werden. Bei Gesellschaften, in denen mehrere Vorstands- oder Aufsichtsratsmitglieder über einen hohen Anteilsbesitz verfügen, können sich die Mehrheitsverhältnisse durch Stimmverbote so sehr

[542] Hierzu ausführlich *Wilsing/von der Linden* ZIP 2010, 2321 ff.; zur Abwahl des Versammlungsleiters zuletzt auch OLG Bremen AG 2010, 256 ff.

[543] MünchKommAktG/*Kubis* § 130 Rdnr. 36.

[544] Spindler/Stilz/*Wicke* § 130 Rdnr. 34; *Bezzenberger,* FS Schippel, S. 361, 381 f.; MünchHdbGesR IV/*Semler* § 39 Rdnr. 10.

[545] *Faßbender* RNotZ 2009, 425, 436 m. w. N.

[546] Zum Prozedere: *Max* AG 1991, 77, 86.

[547] BGH NZG 2009, 1270, 1271; *Hoffmann* NZG 2010, 290, 290 f.

[548] BGHZ 180, 9, 25 f.; *Drinhausen/Keinath* BB 2010, 3, 9.

[549] *Obermüller/Werner/Winden/Butzke* N Rdnr. 8; *Wilhelmi* BB 1987, 1331, 1335.

verschieben, dass hier die Verwaltung oft schon von sich aus die Einzelentlastung vorgibt.[550] Nicht selten spielt auch bei Anträgen zur Bestellung eines Sonderprüfers das Stimmverbot nach § 142 Abs. 1 Sätze 2 und 3 AktG eine nicht unerhebliche Rolle. Der Notar ist zu einer detaillierten Überprüfung von Stimmverboten jedoch nicht in der Lage, so dass er nur auf offensichtlich erkennbare Verletzungen hinweisen muss, jedoch keine darüber hinausgehende Prüfungspflicht hat.[551]

Betreuungs- und Prüfungspflichten obliegen dem Notar auch bei der Durchführung des **Abstimmungsverfahrens**. Der Notar hat zunächst zu überprüfen, ob die **Abstimmungsmodalitäten** in Ordnung sind. Die Aktionäre müssen über die Abstimmungsmodalitäten ausreichend informiert worden sein. Dies gilt in besonderem Maße für das Abstimmungsverhalten bei gebündelten Abstimmungen, bei denen gegen alle Vorschläge gestimmt werden muss, wenn man nur einem Vorschlag nicht zustimmen will.[552] Der Wunsch eines Aktionärs, seine Stimme abzugeben, darf nicht übersehen werden. Wenn Stimmkarten eingesammelt werden, müssen diese vollständig abgeliefert werden. Werden Stimmen in Abstimmungsgeräten aufgenommen, muss hierzu Gelegenheit bestehen. Die Abgabe der Stimmen muss an der angekündigten Stelle – meist ausschließlich im Versammlungssaal, nicht in Nebenräumen – durchgeführt werden. Stimmen die Stimmvertreter der Gesellschaft in einem besonderen Verfahren ab,[553] sollte der Notar darauf achten, dass sie z. B. durch Freigabe ihrer Stimme auch an der Abstimmung teilnehmen. 326

Wird die Abstimmung EDV-gestützt durchgeführt, soll sich der Notar im Rahmen seiner Evidenzprüfung die von der EDV übernommene Verarbeitung der Stimmen erläutern lassen. Die Überprüfung der Funktionsfähigkeit der Anlage – etwa in Form eines Probelaufs – gehört indessen nicht zu seinen Aufgaben,[554] da am Tag der Hauptversammlung für derartige Überprüfungsmaßnahmen auch keine Zeit besteht. Der Notar ist auch nicht verpflichtet, an einer Generalprobe teilzunehmen. 327

Soweit das Subtraktionsverfahren Anwendung findet, ist die punktgenaue Erfassung der Präsenz für die ordnungsgemäße Durchführung der Abstimmung zwingend. Der Notar ist hierbei nur zur Überprüfung der organisatorischen Absicherung der Präsenzkontrolle verpflichtet.[555] 328

Die **Mitwirkung bei oder Überwachung der Stimmenauszählung** gehört nicht als Amtspflicht zum Pflichtenkreis des Notars. Diesbezügliche Wahrnehmungen müssen nicht in das Protokoll aufgenommen werden und ein Verstoß gegen die Überwachungspflicht führt nicht zur Nichtigkeit der gefassten Beschlüsse.[556] Der Versammlungsleiter ist daher auch nicht verpflichtet, die Hauptversammlung zu unterbrechen, um dem Notar die Überwachung zu ermöglichen.[557] Soweit der Notar jedoch von sich aus die Stimmenauszählung überwacht, muss er sich mit einer den Umständen nach angemessenen Sorgfalt von der Richtigkeit der Stimmenauszählung überzeugen.[558] Bei kleineren und übersichtlichen Hauptversammlungen kann dies bedeuten, dass er die Stimmenauszählung selbst vollständig nachvollzieht, was nicht heißt, dass er selbst auszählen sollte oder gar muss. Bei großen Hauptversammlungen kann die Überwachung über eine stichprobenartige Prüfung, z. B. die Kontrolle, ob eingesammelte Stimmkarten auch in die EDV eingelesen werden, ob die Stimmen der Stimmvertreter der Gesellschaft freigeschaltet wurden oder ob Stimmverbote tatsächlich berücksichtigt und von der Präsenz abgesetzt wurden, nicht hinausgehen. 329

f) Ablehnung der Beurkundung. Bei im Ergebnis nichtigen oder anfechtbaren Beschlüssen stellt sich die Frage, ob der Notar an dem Zustandekommen solcher Beschlüsse durch seine 330

---

[550] Zur Reichweite von Stimmverboten bei der Einzelentlastung: *Hoffmann* NZG 2010, 290, 291.
[551] *Priester* DNotZ 2001, 661, 668; *Sigel/Schäfer* BB 2005, 2137, 2140; *Faßbender* RNotZ 2009, 425, 443.
[552] BeckNotarHdb/*Heckschen* D III 5 Rdnr. 62.
[553] Vgl. hierzu Rdnr. 350.
[554] *Reul* AG 2002, 543, 549.
[555] S. o. IV. 2.
[556] BGHZ 180, 9, 18; OLG Hamburg ZIP 2003, 2076 ff.; OLG Düsseldorf ZIP 2003, 1147, 1149 f.; *Hüffer* § 130 Rdnr. 19; KölnKommAktG/*Noack/Zetzsche* § 130 Rdnr. 166; *Ek* § 17 Rdnr. 575.
[557] *Hüffer* § 130 Rdnr. 19.
[558] *Sigel/Schäfer* BB 2005, 2137, 2141.

Beurkundungstätigkeit mitwirken darf und muss. Werden mit der Beschlussfassung erkennbar unerlaubte oder unredliche Zwecke verfolgt, muss der Notar nach § 4 BeurkG seine Mitwirkung verweigern.[559] Hierzu zählen strafrechtlich relevante oder nach § 241 Nr. 4 AktG gegen die guten Sitten verstoßende Beschlussfassungen sowie ggf. einzelne Fälle der Beeinträchtigung von Gläubigerinteressen nach § 241 Abs. 3 AktG.[560] Auf der anderen Seite besteht weitgehend Einigkeit, dass der Notar bei nur anfechtbaren Beschlüssen mitwirken muss.[561] Uneinheitlich wird die Pflicht zur Beurkundung nichtiger Beschlüsse außerhalb der in § 4 BeurkG geregelten Fällen beurteilt.[562]

Nach § 15 BnotO darf der Notar seine Urkundstätigkeit nicht ohne ausreichenden Grund verweigern. Nicht jede Nichtigkeit liegt dabei so offensichtlich auf der Hand, dass der Notar seine Entscheidung zum alleinigen Maßstab machen sollte. Die Weigerung des Notars zur Beurkundung hätte aber unzweifelhaft zur Folge, dass der Beschluss mangels Beurkundung nicht wirksam würde, selbst wenn die Entscheidung des Notars falsch wäre. Nicht ohne Bedeutung ist dabei der Umstand, dass das Aktiengesetz eine Reihe von Vorschriften enthält, die zur Heilung nichtiger Beschlüsse führen. So werden bestimmte Beschlüsse nach § 242 Abs. 1 AktG mit ihrer Eintragung, andere nach § 242 Abs. 2 Satz 1 AktG drei Jahre nach ihrer Eintragung wirksam. Der nichtige Beschluss ist also nicht per se untragbar. Würde man dem Notar zubilligen, die Beurkundung zu verweigern, könnte der Notar einen Nichtigkeitsgrund setzen und damit die gesetzlich vorgesehenen Rechtsfolgen unterlaufen.[563]

331 Der Notar ist daher nicht berechtigt, die Mitwirkung an einem nichtigen oder anfechtbaren Beschluss, der über die Fälle des § 4 BeurkG hinausgeht, zu verweigern. Der Notar bleibt indessen berechtigt, die Bedenken gegen die Wirksamkeit des Beschlusses ins Protokoll aufzunehmen.[564] Aufgrund des Neutralitätsgebotes sollte er hiervon zurückhaltend Gebrauch machen.

5. Die Niederschrift über die Hauptversammlung

332 a) **Übersicht.** *aa) Verpflichtender und fakultativer Inhalt.* Der Inhalt, den das Protokoll der Hauptversammlung aufweisen muss, wird durch verschiedene **gesetzliche Vorschriften** bestimmt. Als zentrale Norm benennt § 130 AktG eine Anzahl von Pflichtangaben, die insbesondere Verfahren und Ergebnis der Beschlussfassungen betreffen. Darüber hinaus stellen sowohl das AktG als auch das UmwG weitere Protokollierungspflichten auf, insbesondere im Interesse von Aktionärsminderheiten. Über die Art und Weise der Niederschrift dieser vorgeschriebenen Protokollinhalte treffen die jeweiligen Bestimmungen keine Regelungen; für sie gelten die beurkundungsrechtlichen Grundsätze.

Nach der überwiegenden Meinung im Schrifttum hat der Notar neben den gesetzlichen Beurkundungspflichten auch darüber hinausgehende **Amtspflichten** zur Protokollierung weiterer Vorgänge in der Hauptversammlung zu beachten. Wie weit diese Pflichten im Einzelnen gehen, ist indessen höchst umstritten.[565]

Dem Notar ist es darüber hinaus freigestellt, weitere **fakultative Inhalte** in das Protokoll aufzunehmen. Bei der Entscheidung darüber hat er sich von seinem pflichtgemäßen Ermessen leiten zu lassen.[566]

---

[559] KölnKommAktG/*Noack/Zetzsche* § 130 Rdnr. 121 ff.; *Hüffer* § 130 Rdnr. 13; a. A. MünchKommAktG/*Kubis* § 130 Rdnr. 37: Notar „darf" verweigern.

[560] *Obermüller/Werner/Winden/Butzke* N Rdnr. 11; MünchHdbGesR IV/*Semler* § 40 Rdnr. 17.

[561] MünchKommAktG/*Kubis* § 130 Rdnr. 37; *Hüffer* § 130 Rdnr. 13; MünchHdbGesR IV/*Semler* § 40 Rdnr. 18; a. A. *Wilhelmi* BB 1987, 1331, 1333.

[562] Für ein Verweigerungsrecht MünchKommAktG/*Kubis* § 130 Rdnr. 37; *Hüffer* § 130 Rdnr. 13; *Wilhelmi* BB 1987, 1331, 1333; gegen ein Verweigerungsrecht: GroßkommAktG/*Werner* § 130 Rdnr. 93 f.; *Obermüller/Werner/Wieden/Butzke* N Rdnr. 12.

[563] *Faßbender* RNotZ 2009, 425, 431.

[564] MünchKommAktG/*Kubis* § 130 Rdnr. 37.

[565] Im Einzelnen vgl. unten Rdnr. 401ff.

[566] HK-AktG/*Reger* § 130 Rdnr. 20; *Hüffer* § 130 Rdnr. 6; vgl. unten Rdnr. 408 ff.

Checkliste zum Inhalt des Protokolls 333

1. Formalien
- ☐ Ort, Tag und Zeit der Hauptversammlung
- ☐ Name des Notars
- ☐ betroffene Gesellschaft
- ☐ Person des Versammlungsleiters
- ☐ Unterschrift des Notars

2. Beschlüsse der Hauptversammlung
- ☐ Abstimmungsverfahren
- ☐ Zählverfahren
- ☐ Beachtung von Stimmverboten
- ☐ Ergebnis der Abstimmung
- ☐ Feststellung durch den Versammlungsleiter

3. Sonstige Inhalte
- ☐ Minderheitsverlangen
- ☐ unbeantwortete Aktionärsfragen
- ☐ Widersprüche von Aktionären
- ☐ Verfahrensanträge
- ☐ Gegenanträge
- ☐ Feststellungen des Notars

4. Anlagen
- ☐ Einberufungsbelege
- ☐ weitere Unterlagen (z. B. Unternehmensverträge und Verträge nach Umwandlungsgesetz)

bb) Unterschiedliche Folgen fehlerhafter Beurkundungen. Die Wirkungen eines Verstoßes gegen Protokollierungspflichten hängen von der jeweils verletzten Pflicht ab. Sie können entweder die Unwirksamkeit der beurkundeten Vorgänge begründen oder sich in einer Erschwerung der Beweisführung für die Beteiligten erschöpfen. 334

Ein Verstoß des Notars gegen die zwingenden Vorgaben des § 130 Abs. 1, Abs. 2 Satz 1 und 4 AktG, nicht jedoch gegen andere gesetzliche Bestimmungen, hat gemäß § 241 Nr. 2 AktG die **Nichtigkeit** des Beschlusses zur Folge. Dabei kann der Verstoß sowohl in einer unvollständigen wie in einer unrichtigen Beurkundung liegen (arg. § 242 Abs. 1 AktG).[567] Der Fehler wird gemäß § 242 Abs. 1 AktG geheilt, indem der Beschluss in das Handelsregister eingetragen wird. Allerdings hat das Registergericht vor der Eintragung den Beschluss von Amts wegen auf Nichtigkeitsgründe zu überprüfen,[568] so dass es insbesondere dann nicht zur Heilung durch Eintragung kommen wird, wenn verpflichtende Angaben offensichtlich fehlen. Ob und ggf. innerhalb welchen Zeitraums sie durch Berichtigung gemäß § 44 a Abs. 1 BeurkG nachgeholt werden können, ist umstritten.[569] 335

Kommt es wegen einer fehlerhaften Beurkundung zur Nichtigkeit eines Beschlusses, haftet der Notar für die Folgen gemäß § 19 BNotO. Als Schaden drohen erhebliche Summen, die aus einer Wiederholung der Hauptversammlung und einer verzögerten Beschlussumsetzung erwachsen können. Bei der Beachtung der Vorgaben des § 130 AktG ist deshalb auch aus diesem Grund besondere Sorgfalt geboten. 336

Der Verstoß gegen andere als die in § 130 Abs. 1, Abs. 2 Sätze 1 und 4 AktG genannten Pflichten führt nicht zur Unwirksamkeit der jeweiligen Vorgänge. Er hat nur zur Folge, dass die Beteiligten in dieser Hinsicht nicht von der **Beweiskraft** des Protokolls profitieren. Dies gilt unabhängig davon, ob verpflichtende oder fakultative Feststellungen betroffen sind. 337

[567] MünchKommAktG/*Kubis* § 130 Rdnr. 72; *Hüffer* § 130 Rdnr. 30; Heidel/*Terback*/*Lohr* § 130 Rdnr. 40.
[568] *Hüffer* § 241 Rdnr. 35.
[569] Vgl. unten V Ziffer 7.

Denn die Beweiskraft des Protokolls erstreckt sich auf alle beurkundeten Feststellungen.[570] In den meisten Fällen wird es bei derartigen Fehlern darum gehen, dass Verstöße gegen Aktionärsrechte nicht oder fehlerhaft aufgenommen wurden und dadurch die Erfolgsaussichten einer Beschlussanfechtung (§ 246 AktG) beeinträchtigt werden. Wird beispielsweise eine Auskunftsverweigerung entgegen § 131 Abs. V AktG nicht beurkundet oder nimmt der Notar entgegen seinen Amtspflichten eine offensichtlich unzulässige Beschränkung des Rederechts nicht in das Protokoll auf, müssen die Beteiligten die Mängel in einem Anfechtungsprozess gegen den Beschluss mit anderen Mitteln beweisen. Für den Notar droht hier ebenfalls eine Haftung gemäß § 19 BNotO. Praktisch dürfte diese indessen weniger wahrscheinlich und im Umfang geringer sein als die Haftung für eine Nichtigkeit der Beschlüsse. Denn bei der fehlenden Beurkundung von Beschlussmängeln haftet der Notar zwar für die Rechtsverfolgungskosten, die aus den Beweisschwierigkeiten erwachsen. Da die Beschlussmängel selbst nicht von ihm zu vertreten sind, haftet er hingegen nicht für deren Folgen. Hinzu kommt, dass im Haftungsprozess die Betroffenen die Beweislast für einen Fehler tragen. In Fällen, in den ihnen der Beweis gelingt, dürften sie häufig auch in der Lage sein, dies bereits in einem Anfechtungsprozess geltend zu machen, so dass dort schon die Entstehung eines Schadens verhindert werden könnte. Dennoch ist die Möglichkeit der Haftung auch bei diesen Verstößen ernst zu nehmen. Zum einen drohen neben den Rechtsverfolgungskosten auch Ansprüche der Beteiligten, die sich auf das Protokoll und die Wirksamkeit der Beschlüsse verlassen haben. Zum anderen würde der Notar wie im Falle der Nichtigkeit für eine Wiederholung der Hauptversammlung und entsprechende Verzögerungsschaden haften, wenn ein ordnungsgemäß ergangener Beschluss erfolgreich angefochten wird, weil im Protokoll fälschlich die Verletzung von Aktionärsrechten beurkundet wurde.

338 *cc) Interessen der Beteiligten.* Den Beteiligten selbst wird regelmäßig an einer möglichst weitgehenden Protokollierung gelegen sein. Sie ermöglicht ihnen, anhand des Protokolls unmittelbar die Erfolgsaussichten etwaiger Beschlussanfechtungen zu überprüfen bzw. deren Risiko frühzeitig abzuschätzen. Darüber hinaus liegt es im Interesse des Versammlungsleiters, und damit regelmäßig auch des Vorstandes, wenn der Notar bei seiner Beurkundung möglichst alle eventuellen Fehlerquellen in den Blick nimmt, auch wenn er zu entsprechenden Ermittlungen nicht verpflichtet ist. Denn wird der Notar noch während der Beurkundung auf potentielle Beschlussmängel aufmerksam und erteilt er dem Versammlungsleiter infolgedessen entsprechende Hinweise, können sie möglicherweise noch in der Hauptversammlung geheilt werden.

339 Bei konfliktträchtigen Hauptversammlungen kann es jedoch ebenso vorkommen, dass Aktionäre, die bei einer Beschlussfassung in der Minderheit sind, ein Interesse daran haben, dass der Beschluss wegen formeller Mängel nicht wirksam wird. Dies muss nicht bedeuten, dass der Notar gezielt Fallstricken ausgesetzt wird. Dass in diesen Fällen, die nicht immer von vornherein erkennbar sind, Beurkundungsfehler ein Anliegen einiger Beteiligter sein können, belegt die Notwendigkeit, das Augenmerk mit Vorrang auf die notwendigen Inhalte des Protokolls zu richten.

340 **b) Inhalt nach § 130 AktG.** Die Beurkundungspflichten des § 130 Abs. 1, Abs. 2 Sätze 1 und 4 AktG sind für den Notar wie auch für die Beteiligten von besonderer Bedeutung, da ein Verstoß gegen sie gemäß § 241 Nr. 2 AktG zur Nichtigkeit eines Beschlusses führt.

Leider wird nicht ausreichend differenziert, welche Angaben i. S. v. § 130 AktG zwingend sind und welche Angaben als Auswirkung der notariellen Prüfungs- und Hinweispflichten der Aufnahme ins Protokoll bedürfen.[571] Angesichts der Nichtigkeitsandrohung bei „nur“ formalen Verstößen ist einer extensiven Auslegung des § 130 AktG Einhalt zu gebieten. Auf der anderen Seite wird ein vorsichtiger Notar eher zu viel als zu wenig protokollieren, solange die Fragen nicht höchstrichterlich geklärt sind.

341 *aa) Ort und Tag der Verhandlung.* Nach § 130 Abs. 2 Satz 1 AktG sind in der Niederschrift der Ort und der Tag der Hauptversammlung anzugeben. Hinsichtlich des Ortes ge-

[570] MünchKommAktG/*Kubis* § 130 Rdnr. 62.
[571] Staudinger/*Hertel* Vorbem. zu §§ 127 a, 128 Rdnr. 607.

nügt die Angabe der Stadt oder der Gemeinde. Die Angabe der Adresse und eines bestimmten Saals in einem Veranstaltungsgebäude ist nicht zwingend.[572] Die Angaben sind allerdings zweckmäßig und üblich, um zu belegen, dass die Hauptversammlung entsprechend der Einladung stattgefunden hat. Findet die Versammlung an anderer Stelle als in der Einladung angegeben statt, so ist dies unter Angabe der hierfür angegebenen Gründe im Protokoll zu vermerken,[573] da ein zur Nichtigkeit führender Einberufungsmangel vorliegen kann.

Der Tag der Hauptversammlung ist datumsmäßig als Kalendertag, nicht etwa als Wochentag anzugeben.[574] Nicht erforderlich, sondern zweckmäßig und üblich ist die Zeitangabe des Beginns der Hauptversammlung.[575] 342

Dauert die Hauptversammlung mehrere Tage,[576] sind sämtliche Tage anzugeben, wobei erkennbar sein muss, welcher Beschluss an welchem Tag gefasst wurde.[577]

Der Tag der Fertigstellung des Protokolls ist nach § 37 Abs. 2 BeurkG ebenfalls aufzunehmen, da zweifelhaft ist, ob § 130 AktG insoweit eine abschließende Sonderregelung enthält.[578] Fehlt die Angabe, führt dies indessen nicht zur Nichtigkeit.[579]

bb) Name des Notars. Auch der Name des Notars ist nach § 130 Abs. 2 Satz 1 AktG anzugeben. Es genügt der Nachname, bei Doppelnamen der vollständige Doppelnachname, da der Notar nur als Person in Abgrenzung zur Funktion als Notar erkennbar werden soll. Dies ist durch den Nachnamen insbesondere in Verbindung mit der notwendigen Unterschrift, die die Angabe des Namens des Notars allerdings nicht ersetzt,[580] gewährleistet und entspricht auch den Vorgaben des Beurkundungsgesetzes.[581] Da die Angabe des Vornamens zum Teil jedenfalls dann für erforderlich gehalten wird, wenn ansonsten Verwechslungsgefahr bestünde,[582] sollte vorsichtshalber immer der Vorname mit angegeben werden.[583] 343

cc) Beschlüsse der Hauptversammlung. Nach § 130 Abs. 1 AktG ist jeder Beschluss der Hauptversammlung zu protokollieren. Beschluss ist jede Willensbildung der Aktionäre durch Abstimmung.[584] Für die Notwendigkeit der Beurkundung ist dabei ohne Bedeutung, ob dem Beschlussantrag stattgegeben wird oder nicht.[585] Zu protokollieren sind nicht nur Sachbeschlüsse einschließlich der Wahlbeschlüsse, sondern auch Verfahrensbeschlüsse oder Geschäftsordnungsbeschlüsse.[586] Zu letzteren gehören die Wahl oder Abwahl des Versammlungsleiters,[587] die Vertagung der Hauptversammlung oder eines Tagesordnungspunktes, die Absetzung eines Tagesordnungspunktes oder die Beschlussfassung über einen Antrag auf Einzelentlastung.[588] Lässt der Versammlungsleiter über Maßnahmen abstimmen, die in seinen Kompetenzbereich fallen, so dass er über sie auch ohne Hauptversammlungsbeschluss 344

[572] *Geßler/Hefermehl/Eckardt* § 130 Rdnr. 13; *Hüffer* § 130 Rdnr. 15; HK-AktG/*Reger* § 130 Rdnr. 13; *Henn* 9. Kap. Rdnr. 277; Spindler/Stilz/*Wicke* § 130 Rdnr. 43; KölnKommAktG/*Noack/Zetzsche* § 130 Rdnr. 93; a. A. MünchKommAktG/*Kubis* § 130 Rdnr. 41; *Nirk/Ziemons* Rz. I 10.1021; MünchHdbGesR IV/*Semler* § 40 Rdnr. 12; *Sigel/Schäfer* BB 2005, 2137, 2141.

[573] MünchKommAktG/*Kubis* § 130 Rdnr. 41; *Faßbender* RNotZ 2009, 425, 440.

[574] Spindler/Stilz/*Wicke* § 130 Rdnr. 43; MünchKommAktG/*Kubis* § 130 Rdnr. 42; KölnKommAktG/*Noack/Zetzsche* § 130 Rdnr. 98; *Henn* 9. Kap. Rdnr. 277.

[575] *Hüffer* § 130 Rdnr. 15; *Obermüller/Werner/Winden/Butzke* N Rdnr. 24; a. A. MünchKommAktG/*Kubis* § 130 Rdnr. 42.

[576] Zur mehrtägigen Hauptversammlung allg. auch *Nagel/Ziegenhahn* WM 2010, 1005 ff.

[577] MünchKommAktG/*Kubis* § 130 Rdnr. 42; *Hüffer* § 130 Rdnr. 15; *Schulte* AG 1985, 33, 37; *Wilhelmi* BB 1987, 1331, 1333; differenzierend KölnKommAktG/*Noack/Zetzsche* § 130 Rdnr. 100.

[578] Staudinger/*Hertel* Vorbem. zu §§ 127 a, 128 Rdnr. 611.

[579] BGHZ 180, 9, 17.

[580] *Hüffer* § 130 Rdnr. 16; a. A. Staudinger/*Hertel* Vorbem. zu §§ 127 a, 128 Rdnr. 612.

[581] *Armbrüster/Preuß* § 37 Rdnr. 5 i. V. m. § 9 Rdnr. 6.

[582] *Hüffer* § 130 Rdnr. 16; MünchKommAktG/*Kubis* § 130 Rdnr. 43.

[583] *Hüffer* § 130 Rdnr. 16; *Faßbender* RNotZ 2009, 425, 440.

[584] *Hüffer* § 130 Rdnr. 2.

[585] MünchKommAktG/*Kubis* § 130 Rdnr. 4; *Priester* DNotZ 2001, 661, 665.

[586] *Hüffer* § 130 Rdnr. 2; MünchHdbGesR IV/*Semler* § 40 Rdnr. 13; *Bezzenberger,* FS Schippel, S. 361, 367, der zu Recht darauf hinweist, dass die Protokollierung nicht Wirksamkeitsvoraussetzung des Beschlusses ist.

[587] Vgl. OLG Bremen AG 2010, 256 ff.

[588] Zu den Geschäftsordnungsanträgen *Wilsing/von der Linden* ZIP 2010, 2321 ff.

bestimmen könnte, besteht ebenfalls eine Protokollierungspflicht,[589] da der Wortlaut des Gesetzes keine Ausnahme zulässt.

345 Versammlungsleitende Maßnahmen, die der Versammlungsleiter im Rahmen seiner Leitungskompetenz ohne Beschlussfassung der Hauptversammlung anordnet, oder Meinungsbilder, die der Versammlungsleiter durch Befragen der Hauptversammlung einholt, sind nicht zu beurkunden;[590] ihre Beurkundung ist indessen zu empfehlen, wenn nicht sicher ist, ob der Versammlungsleiter der Hauptversammlung die Beschlusskompetenz überlassen will.[591]

346 *dd) Abstimmungsverfahren.* Das Aktienrecht schreibt keine bestimmte Form der Abstimmung vor. Nach § 134 Abs. 4 AktG richtet sich die Ausübung des Stimmrechts nach der Satzung. Soweit die Satzung ausnahmsweise Angaben hierzu enthält, hat der Notar diese Bestimmungen, ansonsten die Regelungen, die die Hauptversammlung mit einfacher Mehrheit trifft, oder die Anordnungen des Versammlungsleiters zum Abstimmungsverfahren als Rechtsgrundlage für die Abstimmung in seinem Protokoll anzugeben,[592] aus dem sich dann aber auch ergeben muss, dass entsprechend verfahren wurde.[593] Ein aktienrechtliches Wirksamkeitserfordernis ist dies allerdings nicht.

347 Obwohl die Nichtbeachtung des § 130 Abs. 2 Satz 1 AktG zur Nichtigkeit des gefassten Beschlusses nach § 241 Ziffer 2 AktG führt, ist im Einzelnen nicht geklärt, was zur Art und zum Ergebnis der Abstimmung als aktienrechtliches Wirksamkeitserfordernis zu protokollieren ist. Die Liste der angeblich zum Teil zwingenden Protokollierungsaufgaben ist lang und offensichtlich auch von Zweckmäßigkeitsüberlegungen sowie den Interessen Beteiligter, nicht nur von gesetzgeberischen Interessen getragen. Soweit man zum Abstimmungsverfahren Angaben des Notars im Protokoll für erforderlich hält, sollte man daher auch klären, ob diese Angaben aktienrechtliche Wirksamkeitsvoraussetzung, Ausfluss der notariellen Betreuungs-, Prüfungs- und Hinweispflichten oder gar nur freiwillige Angaben sind.

348 *(1) Art der Abstimmung.* Zur **Art der Abstimmung** i. S. d. § 130 Abs. 2 Satz 1 AktG gehört unstreitig das **Verfahren der Stimmabgabe.**[594] Hierzu zählt die Angabe, ob die Stimmen schriftlich, durch Handaufheben, Aufstehen von den Plätzen, Zuruf, durch Stimmzettel, EDV-Stimmkarten, Stimmabschnitte oder mittels elektronischer Abstimmungsgeräte abgegeben werden.[595] Anzugeben ist ebenfalls, ob die Stimmabgabe offen oder geheim erfolgt,[596] wobei sich dies konkludent in der Regel aus den übrigen Angaben ergeben wird.[597]

349 Soweit von der Ermächtigung des § 118 Abs. 2 AktG Gebrauch gemacht wurde und Aktionäre schriftlich oder im Wege elektronischer Kommunikation abstimmen können, wird der Notar zukünftig[598] im Protokoll zumindest vermerken, dass Stimmen auch per Briefwahl oder online abgegeben wurden, und darauf achten müssen, dass eine Gesamtpräsenz aus per Briefwahl abgegebenen Stimmen und in der Hauptversammlung abgegebenen Stimmen ermittelt wird.[599]

350 Stimmen die von der Gesellschaft benannten Stimmrechtsvertreter anders als die übrigen Aktionäre ab, ist auch dies zwingend im Protokoll zu vermerken.[600] Dies geschieht bei

[589] *Hüffer* § 130 Rdnr. 2; KölnKommAktG/*Noack/Zetzsche* § 130 Rdnr. 112 f; a. A. MünchKommAktG/*Kubis* § 130 Rdnr. 4; *Bezzenberger,* FS Schippel, S. 361, 371; *Faßbender* RNotZ 2009, 425, 441.

[590] *Hüffer* § 130 Rdnr. 2; *Sigel/Schäfer* BB 2005, 2137, 2141.

[591] GroßkommAktG/*Werner* § 130 Rdnr. 7.

[592] MünchKommAktG/*Kubis* § 130 Rdnr. 47; *Schulte* AG 1985, 33, 37 f.

[593] Heidel/*Terbrack/Lohr* § 130 Rdnr. 29.

[594] Spindler/Stilz/*Wicke* § 130 Rdnr. 45; Heidel/*Terbrack/Lohr* § 130 Rdnr. 27; *Hüffer* § 130 Rdnr. 17; GroßkommAktG/*Werner* § 130 Rdnr. 18; KölnKommAktG/*Noack/Zetzsche* § 130 Rdnr. 157.

[595] MünchHdbGesR IV/*Semler* § 39 Rdnr. 17.

[596] MünchKommAktG/*Kubis* § 130 Rdnr. 48.

[597] *Faßbender* RNotZ 2009, 425, 442 Fn. 190.

[598] Zu ersten Erfahrungen siehe *Wilm* DB 2010, 1688 f.

[599] *Sauter* ZIP 2008, 1706, 1709.

[600] *Faßbender* RNotZ 2009, 425, 442; DNotI-Report 2004, 135 ff.; WürzbNotHdb/*Reul* Teil 5 Kap. 4 Rdnr. 317; a. A. Spindler/Stilz/*Wicke* § 130 Rdnr. 46: „Kein aktienrechtliches Wirksamkeitserfordernis".

Versammlungen börsennotierter Gesellschaften häufig. Denn da die Stimmen von den Stimmrechtsvertretern der Gesellschaft nur weisungsgebunden ausgeübt werden[601] und sie schon zum überwiegenden Teil zu Beginn der Versammlung feststehen, werden die Stimmen von den Dienstleistern häufig vorab in das EDV-System eingegeben und dann im Verlauf der Abstimmung in Anwesenheit des Stimmrechtsvertreters freigeschaltet. Nicht erforderlich, aber zweckmäßig und üblich ist die Protokollierung der Ausführungen des Versammlungsleiters über die Handhabung der Abstimmungsunterlagen oder die Beifügung von ausliegenden Hinweisblättern zum Abstimmungsverfahren als Anlage zum Protokoll, um zu dokumentieren, dass das Verfahren der Stimmabgabe wie angekündigt durchgeführt wurde.

Während das Verfahren der Stimmabgabe unzweifelhaft zur Art der Abstimmung i. S. d. 351
§ 130 Abs. 2 Satz 1 AktG zählt, ist umstritten, ob dies auch für das Verfahren der **Stimmauszählung**, also die organisatorische Abwicklung der Stimmauszählung z. B. durch elektronisch lesbare Stimmkarten, durch Stimmzähler oder durch den Versammlungsleiter selbst, und für die **Art der Stimmermittlung**, z. B. im Wege des Additionsverfahrens oder des Subtraktionsverfahrens, gilt.[602] Richtigerweise ist die Protokollierung dieser Angaben kein aktienrechtliches Wirksamkeitserfordernis. Eine weite Auslegung des Begriffs „Art der Abstimmung" ist schon wegen der Nichtigkeitsfolge im Falle der Nichtbeachtung abzulehnen.[603] Darüber hinaus spricht die Aufgabenteilung zwischen dem Versammlungsleiter und dem Notar dagegen, das Verfahren der Stimmauszählung zur Art der Abstimmung zu zählen. Nur der Versammlungsleiter hat die Pflicht, die Stimmen auszuzählen und das Ergebnis der Abstimmung festzustellen.[604] Der Notar hat die Amtspflicht, den Versammlungsleiter seinerseits zu überprüfen. Das Prüfungsverfahren selbst ist aber nicht aktienrechtlicher Protokollinhalt.[605] Auch höchstrichterlich ist inzwischen klargestellt, dass die Beaufsichtigung der Stimmenauszählung nicht Aufgabe des Notars ist.[606] Wird aber die eigene Wahrnehmung hierzu nicht gefordert, kann auch die Darlegung der Abläufe bei der Stimmenauszählung nicht Wirksamkeitsvoraussetzung des Protokolls sein.

Dies bedeutet allerdings nicht, dass der Notar zur Art der Abstimmung nur Angaben zum 352
Verfahren der Stimmabgabe protokollieren sollte. Vielmehr hat er auch alle Vorgänge, von denen die Beständigkeit und Wirksamkeit eines Beschlusses abhängig sind, aufgrund seiner Betreuungs-, Prüfungs- und Hinweispflichten zu protokollieren. Hierzu gehören insbesondere auch Angaben zum Abstimmungsverfahren, da sie eine wichtige Beweissicherungsfunktion für etwaige spätere Anfechtungs- und Nichtigkeitsklagen erfüllen.[607]

Beweissicherungsfunktion haben zunächst Angaben zum **gewählten Zählverfahren.**[608] Bei 353
Wahl des Subtraktionsverfahrens anstelle des Additionsverfahrens ist zusätzlich aufzunehmen, wie dies Verfahren gehandhabt wird. Nur wenn bei jeder Abstimmung die jeweilige Präsenz ermittelt wird, können die nicht ausgezählten Ja- bzw. Nein-Stimmen zutreffend errechnet werden.[609]

Um den ordnungsgemäßen Ablauf des Abstimmungsverfahrens zu dokumentieren, sind in 354
der Niederschrift auch **Angaben über die Stimmauszählung** aufzunehmen. Hierzu gehört die Angabe, ob die Auszählung durch den Versammlungsleiter selbst, durch Stimmzähler, durch Einsammeln der Stimmkarte und deren EDV-gestützte Auswertung oder durch den Einsatz

[601] *Hüffer* § 134 Rdnr. 26 b.

[602] Dafür: OLG Düsseldorf ZIP 2003, 1147, 1149; *Hüffer* § 130 Rdnr. 17; GroßkommAktG/*Werner* § 130 Rdnr. 18 ff.; *Henn* 9. Kap. Rdnr. 278; MünchKommAktG/*Kubis* § 130 Rdnr. 49; *Obermüller/Werner/Winden/Butzke* N Rdnr. 24; *Sigel/Schäfer* BB 2005, 2137, 2142; dagegen: Spindler/Stilz/*Wicke* § 130 Rdnr. 45 f.; Heidel/*Terbrack/Lohr* § 130 Rdnr. 28 m. w. N.; differenzierend: Staudinger/*Hertel* Vorbem. zu §§ 127 a, 128 Rdnr. 615.

[603] *Krieger* ZIP 2002, 1597, 1601.

[604] *Krieger* ZIP 2002, 1597, 1599.

[605] Heidel/*Terbrack/Lohr* § 130 Rdnr. 28.

[606] BGHZ 180, 9, 18.

[607] *Faßbender* RNotZ 2009, 425, 442.

[608] MünchKommAktG/*Kubis* § 130 Rdnr. 49; *Hüffer* § 130 Rdnr. 17; Spindler/Stilz/*Wicke* § 130 Rdnr. 46; *Obermüller/Werner/Winden/Butzke* N Rdnr. 24.

[609] MünchKommAktG/*Kubis* § 130 Rdnr. 49; *Faßbender* RNotZ 2009, 425, 442.

von mobilen elektronischen Abstimmungsgeräten und deren Auswertung erfolgte.[610] Die Überprüfung der Stimmenauszählung gehört nicht zum Aufgabenkreis des Notars, so dass weitergehende Angaben auch nicht erforderlich sind.

355 Häufig wird verlangt, auch den **Ort der Stimmabgabe** anzugeben.[611] Dies dürfte wegen des geringen Beweiswerts der Angabe aber nur ausnahmsweise erforderlich sein. Zweckmäßig ist es dann, wenn der Ort der Abstimmung nicht mit der Präsenzzone übereinstimmt, wenn also die Aktionäre zur Stimmabgabe einen bestimmten Raum aufsuchen müssen.[612]

356 Nicht abschließend geklärt ist, ob die Niederschrift **Angaben zur Stimmkraft** enthalten muss, also zur Ermittlung der Anzahl der Stimmen, die auf den einzelnen Aktionär entfallen. Die Stimmkraft kann insbesondere bei Mehrstimmrechten, Höchststimmrechten oder nicht vollständiger Leistung der Einlage schwierig zu ermitteln sein. Bei unübersichtlichen Stimmverhältnissen wird daher überwiegend die Angabe zur Stimmkraft für erforderlich gehalten.[613] Im Protokoll ist z. B. bei Stimmabgabe durch Handzeichen, Aufstehen oder Zuruf zu vermerken, ob nur die Zahl der Stimmen oder ob auch die Stimmkartennummer zur Kontrolle anzugeben war.[614] Wurden Stimmkarten verwendet, kann das Protokoll den Hinweis enthalten, dass die Anzahl der in einer Stimmkarte verkörperten Aktien codiert und EDV-lesbar enthalten war.[615] Auch Hinweise des Versammlungsleiters zur Handhabung unterschiedlicher Stimmkraft sind ins Protokoll aufzunehmen.

357 Entsprechendes gilt, wenn Abstimmungen getrennt nach **Aktiengattungen** erfolgen und wenn wegen unterschiedlicher Stimmkraft getrennt ausgezählt wird.[616]

358 Schließlich ist – als Amtspflicht[617] – auch zu protokollieren, ob und auf welche Weise **Stimmverbote** beachtet wurden.[618] In der Regel wird es genügen, ins Protokoll aufzunehmen, dass der Versammlungsleiter auf die Beachtung der Stimmverbote hingewiesen hat bzw. erklärt hat, dass die betreffenden Stimmen von der Präsenz abgesetzt wurden.[619] Die Art, wie der Versammlungsleiter die Einhaltung von Stimmverboten im Einzelfall überwacht, gehört nicht zum zwingenden Protokollinhalt.[620] Der Notar ist insofern nicht verpflichtet, eigene Nachforschungen anzustellen. Ihn trifft keine Prüfungspflicht, da er hierzu nicht in der Lage ist.[621] Erkennt der Notar aber, dass gegen ein Stimmverbot verstoßen wird, hat er dies in seiner Niederschrift zu dokumentieren.[622] Hat er nur Anhaltspunkte für Verstöße, die nicht weiter aufgeklärt werden, muss er diese nicht aufnehmen. Zu weit geht daher die Forderung, der Notar müsse vermerken, wenn er aus unbeantworteten Fragen von Aktionären, z. B. nach der Existenz von Mitteilung nach §§ 20 AktG, 21 WpHG, deren Unterlassung zum Ruhen des Stimmrechts führen würde, Anhaltspunkte für die Missachtung von Stimmverboten hätte.[623]

---

[610] Spindler/Stilz/*Wicke* § 130 Rdnr. 46; MünchKommAktG/*Kubis* § 130 Rdnr. 49; *Henn* 9. Kap. Rdnr. 278; MünchHdbGesR IV/*Semler* § 40 Rdnr. 14.

[611] OLG Düsseldorf ZIP 2003, 1147, 1149; *Obermüller/Werner/Winden/Butzke* N Rdnr. 24; *Semler/Volhard* § 15 Rdnr. 42; *Sigel/Schäfer* BB 2005, 2137, 2142.

[612] Spindler/Stilz/*Wicke* § 130 Rdnr. 46.

[613] *Hüffer* § 130 Rdnr. 18; MünchKommAktG/*Kubis* § 130 Rdnr. 51; KölnKommAktG/*Noack/Zetzsche* § 130 Rdnr. 165; *Semler/Volhard* § 15 Rdnr. 47; a. A. Staudinger/*Hertel* Vorbem. zu §§ 127 a, 128 Rdnr. 615.

[614] *Semler/Volhard* § 15 Rdnr. 47.

[615] MünchKommAktG/*Kubis* § 130 Rdnr. 51.

[616] *Hüffer* § 130 Rdnr. 20.

[617] Staudinger/*Hertel* Vorbem. zu §§ 127 a, 128 Rdnr. 615.

[618] *Hüffer* § 130 Rdnr. 18; MünchKommAktG/*Kubis* § 130 Rdnr. 50; *Heidel/Terbrack/Lohr* § 130 Rdnr. 27; Spindler/Stilz/*Wicke* § 130 Rdnr. 13; HK-AktG/*Reger* § 130 Rdnr. 19; *Schmidt/Lutter/Ziemons* § 130 Rdnr. 27; KölnKommAktG/*Noack/Zetzsche* § 130 Rdnr. 259; *Henn* 9. Kap. Rdnr. 282; *Obermüller/Werner/Winden/Butzke* N Rdnr. 33; *Priester* DNotZ 2001, 661, 668.

[619] *Hüffer* § 130 Rdnr. 18; *Semler/Volhard* § 15 Rdnr. 47 Fn. 118; *Sigel/Schäfer* BB 2005, 2137, 2142; *Grumann/Gillmann* NZG 2004, 839, 840.

[620] MünchKommAktG/*Kubis* § 130 Rdnr. 50.

[621] *Priester* DNotZ 2001, 661, 668; *Faßbender* RNotZ 2009, 425, 443.

[622] *Faßbender* RNotZ 2009, 425, 443.

[623] So aber: MünchKommAktG/*Kubis* § 130 Rdnr. 50.

Keiner Feststellungen zu Stimmverboten bedarf es im Protokoll einer Ein-Personen-Aktiengesellschaft. Richtigerweise unterliegt der Alleinaktionär keinem Stimmverbot.[624]

(2) Ergebnis der Abstimmung. In der Niederschrift muss gemäß § 130 Abs. 2 Satz 1 AktG das **Ergebnis der Abstimmung** festgehalten werden. 359

Zum Ergebnis der Abstimmung gehören die Feststellungen des Versammlungsleiters zum zahlenmäßigen Ergebnis, zum wörtlichen Inhalt des Beschlusses und zum rechtlichen Ergebnis,[625] wobei das rechtliche Ergebnis regelmäßig mit der aufzunehmenden Feststellung des Vorsitzenden über die Beschlussfassung zusammenfällt.

Das **zahlenmäßige Ergebnis** ist die Angabe der abgegebenen Ja- und Nein-Stimmen.[626] 360
Die Stimmenthaltungen müssen bei Anwendung des Additionsverfahrens nicht angegeben werden, da Stimmenthaltungen nach § 133 Abs. 1 AktG ohne Bedeutung sind.[627] Bei Wahl des Subtraktionsverfahrens ist auch die Zahl der Enthaltungen als Berechnungsfaktor anzugeben, da ohne Kenntnis der Enthaltungen die Zahl der nicht abgegebenen Ja- oder Nein-Stimmen nicht ermittelt werden könnte.[628] Diese Angabe ist indessen nur aufgrund der notariellen Betreuungspflicht, nicht aufgrund aktienrechtlicher Protokollierungspflichten geboten, da das Stimmrecht durch Stimmenthaltung gerade nicht ausgeübt wird.[629] Entsprechendes gilt für die Angabe ungültiger oder gesperrter Stimmen.[630]

Die Gesamtzahl der Ja- oder Nein-Stimmen muss ausnahmsweise nicht angegeben wer- 361
den, wenn es nur Ja- oder nur Nein-Stimmen gibt. Hier genügt die Feststellung, dass der Beschluss einstimmig gefasst wurde.[631] Dies soll konsequenterweise auch gelten, wenn es bei Einstimmigkeit Stimmenthaltungen gegeben hat, da diese bei der Ermittlung des Abstimmungsergebnisses nicht mitzählen.[632]

Nicht ausreichend ist die Angabe der Kapitalbeträge anstelle der Stimmenzahl, auch wenn 362
sich daraus die Stimmenzahl errechnen lässt.[633] Allerdings ist das bei der Abstimmung vertretene Kapital in die Niederschrift aufzunehmen, wenn das Gesetz eine Kapitalmehrheit verlangt, es sei denn, das Stimmgewicht aller Aktien verhält sich proportional zum Kapitalanteil der Aktien.[634] Erforderlich ist die Angabe des vertretenen Kapitals z. B. bei Mehrstimmrechtsaktien (§ 12 Abs. 2 AktG), Stimmrechtsbeschränkungen (§ 134 Abs. 1 AktG) und teileingezahlten Aktien(§ 134 Abs. 2 AktG). Schreibt die Satzung die Einhaltung eines höheren Quorums z. B. nach § 179 Abs. 2 Satz 2 oder § 182 Abs. 1 Satz 3 AktG vor, ist auch das Erreichen dieser Mehrheiten zu protokollieren.[635]

Sonderbeschlüsse, die z. B. wegen verschiedener Aktiengattungen nach §§ 141, 179 363
Abs. 3, 182 Abs. 2, 222 Abs. 2 oder 295 Abs. 2 AktG zu fassen sind, werden schon von der Hauptversammlung gesondert gefasst und naturgemäß gesondert beurkundet. Bei den übrigen Abstimmungen, die getrennt nach Aktiengattungen erfolgen, ist eine getrennte Feststellung des Abstimmungsergebnisses nur erforderlich, wenn die nach Aktiengattungen erfolgte getrennte Auszählung zu gesonderter Verkündung führt und nicht nur Abzählmodus bleibt.[636]

---

[624] BGHZ 105, 324, 333; *Hüffer* § 136 Rdnr. 5; Bachmann NZG 2001, 961, 968.

[625] *Heidel/Terbrack/Lohr* § 130 Rdnr. 30 f.

[626] Staudinger/*Hertel* Vorbem. zu §§ 127 a, 128 Rdnr. 616.

[627] MünchKommAktG/*Kubis* § 130 Rdnr. 54; KölnKommAktG/*Noack/Zetzsche* § 130 Rdnr. 198.

[628] *Hüffer* § 130 Rdnr. 19; *Meyer-Landrut* S. 94; *Grumann/Gillmann* NZG 2004, 839, 841.

[629] *Hüffer* § 130 Rdnr. 19; Happ/*Zimmermann* 10.17 Rdnr. 4; im Ergebnis wohl auch: GroßkommAktG/*Werner* § 130 Rdnr. 22; *Faßbender* RNotZ 2009, 425, 443; insoweit ohne Differenzierung: MünchKommAktG/*Kubis* § 130 Rdnr. 54; *Schmidt/Lutter/Ziemons* § 130 Rdnr. 12.

[630] *Schmidt/Lutter/Ziemons* § 130 Rdnr. 12.

[631] GroßkommAktG/*Werner* § 130 Rdnr. 22: Staudinger/*Hertel* Vorbem. zu §§ 127 a, 128 Rdnr. 616.

[632] Spindler/Stilz/*Wicke* § 130 Rdnr. 49.

[633] BGH DNotZ 1995, 549, 550; *Heidel/Terbrack/Lohr* § 130 Rdnr. 30; Spindler/Stilz/*Wicke* § 130 Rdnr. 50.

[634] *Schmidt/Lutter/Ziemons* § 130 Rdnr. 12; Spindler/Stilz/*Wicke* § 130 Rdnr. 50; *Heidel/Terbrack/Lohr* § 130 Rdnr. 30; Staudinger/*Hertel* Vorbem. zu §§ 127 a, 128 Rdnr. 616.

[635] GroßkommAktG/*Werner* § 130 Rdnr. 25; *Faßbender* RNotZ 2009, 425, 443.

[636] *Schmidt/Lutter/Ziemons* § 130 Rdnr. 12; *Hüffer* § 130 Rdnr. 20; a. A. *Faßbender* RNotZ 2009, 425, 443.

364 Der **Inhalt des Beschlusses** muss nicht erneut wörtlich protokolliert werden, wenn der Wortlaut des Beschlussvorschlags oder Antrags bereits im Protokoll festgehalten wurde.[637] Dies ist regelmäßig mit der Protokollierung der Einladung, insbesondere auch mit deren Beifügung als Anlage erfolgt. Hier genügt die Inbezugnahme.[638] Werden jedoch Anträge während der Hauptversammlung neu gestellt oder in geänderter Form gestellt, muss dieser Antrag wörtlich protokolliert werden, damit sich der Inhalt des später gefassten Beschlusses zweifelsfrei aus dem Protokoll ableiten lässt.[639]

365 Schlussfolgerung des zahlenmäßigen Ergebnisses ist das **rechtliche Ergebnis**. Die Protokollierung des Ergebnisses beschränkt sich dabei auf die Wiedergabe der Bekanntgabe des Ergebnisses durch den Versammlungsleiter. Eigene Wahrnehmungen zur Richtigkeit dieses Ergebnisses muss der Notar darüber hinaus nach § 130 AktG nicht dokumentieren.[640] Wer nach § 130 AktG nicht verpflichtet ist, die Auszählung des Abstimmungsergebnisses zu überwachen,[641] kann nach § 130 AktG auch nicht verpflichtet sein, das rechtliche Ergebnis abweichend vom Versammlungsleiter zu ermitteln. Die Auszählung der Stimmen und die Feststellung des Abstimmungsergebnisses sind Aufgabe des Versammlungsleiters, nicht des Notars.[642]

366 Auch wenn der Notar keine eigenen Feststellungen zum rechtlichen Ergebnis aktienrechtlich zwingend dokumentieren muss, bleibt dem vorsichtigen Notar natürlich unbenommen, seine **eigenen Wahrnehmungen** derart zu formulieren, dass auch nach seiner Wahrnehmung das Ergebnis der Abstimmung zutreffend vom Versammlungsleiter ermittelt wurde. Es bleibt allerdings eine Formalie, diese ausdrückliche Feststellung zu verlangen, da aus der Protokollierung des Abstimmungsergebnisses, das der Versammlungsleiter ermittelt und festgestellt hat, regelmäßig geschlossen werden kann, dass dies auch den Wahrnehmungen des Notars entspricht.[643]

367 Weitergehende Anforderungen an die Protokollierung des Ergebnisses der Abstimmung ergeben sich nur aus den allgemeinen notariellen Dokumentationspflichten.[644] Kann sich der Notar ausnahmsweise[645] trotz Hinweis an den Versammlungsleiter mit seiner abweichenden Wahrnehmung oder Beurteilung nicht durchsetzen, muss er die Sachverhalte (Stimmverbote, Nichtberücksichtigung von Stimmen, Fehler bei der Stimmauszählung) dokumentieren, die bei der Ermittlung des Ergebnisses vom Versammlungsleiter möglicherweise nicht berücksichtigt wurden, sowie das Ergebnis festhalten, das sich dann nach seiner Wahrnehmung ergeben würde.[646]

368 *(3) Feststellung des Vorsitzenden.* Neben der Angabe der Feststellung des Versammlungsleiters über die Art und das Ergebnis der Abstimmung hat der Notar auch die **Feststellung des Vorsitzenden** über die Beschlussfassung nach § 130 Abs. 2 Satz 1 AktG zu dokumentieren. Darunter ist die Verkündung des Vorsitzenden zu verstehen, dass ein Beschluss eines bestimmten Inhalts mit der dafür notwendigen Mehrheit gefasst worden ist oder nicht.[647] Der Vorsitzende verkündet damit das rechtliche Ergebnis, das daher im Zusammenhang mit der Feststellung beurkundet wird.

Vorsitzender i.S.d. § 130 Abs. 2 Satz 1 AktG ist, wer als solcher, nämlich als Versammlungsleiter tätig wird. Wer beispielsweise als Aufsichtsratsvorsitzender die Hauptversammlung leitet, obwohl die Wahl zum Aufsichtsratsvorsitzenden unwirksam ist, bleibt Vorsitzender im Sinne des § 130 Abs. 2 AktG, so dass § 241 Nr. 2 AktG nicht anwendbar ist.[648]

---

637 *Semler/Volhard* § 15 Rdnr. 52.
638 OLG Düsseldorf ZIP 2009, 518, 523.
639 Spindler/Stilz/*Wicke* § 130 Rdnr. 48; Happ/*Zimmermann* 10.17 Rdnr. 4.
640 *Hüffer* § 130 Rdnr. 19 m.w.N.; Spindler/Stilz/*Wicke* § 130 Rdnr. 51; Staudinger/*Hertel* Vorbem. zu §§ 127a, 128 Rdnr. 616; a.A. LG Wuppertal AG 2002, 567f.
641 BGHZ 180, 9, 18.
642 OLG Düsseldorf ZIP 2003, 1147, 1150; *Hüffer* § 130 Rdnr. 22f.
643 *Hüffer* § 130 Rdnr. 21.
644 *Armbrüster/Preuß* § 37 Rdnr. 24.
645 Vgl. zur Praxisrelevanz: *Semler/Volhard* § 15 Rdnr. 51 Fn. 127.
646 *Hüffer* § 130 Rdnr. 21; Staudinger/*Hertel* Vorbem. zu §§ 127a, 128 Rdnr. 617; MünchHdbGesR IV/*Semler* § 40 Rdnr. 14; *Wilhelmi* BB 1987, 1331, 1334.
647 Happ/*Zimmermann* 10.17 Rdnr. 37.
648 *Heller,* AG, 2009, 278, 279f.; *ders.* AG 2008, 493, 494.

Die Feststellung des Versammlungsleiters, ob ein Antrag angenommen oder abgelehnt bzw. ein Beschluss zustande oder nicht zustande gekommen ist, ist **konstitutives Merkmal** des Beschlusses und zwingend zu protokollieren, auch wenn das Stimmergebnis eindeutig ist.[649] Der Beschluss kommt nämlich so zustande, wie er vom Versammlungsleiter festgestellt wurde, auch wenn dies vom Auszählergebnis abweicht[650] oder wenn der Beschluss überhaupt nicht oder mit abweichendem Inhalt gefasst wurde.[651] Das bedeutet, dass der Beschluss, so wie er verkündet wurde, protokolliert werden muss, auch wenn er nicht richtig verkündet wurde.[652] Der Notar darf den Beschluss nicht nach seiner Wahrnehmung protokollieren, muss aber, wenn seine Wahrnehmung von der Feststellung des Versammlungsleiters abweicht, dies bei der Protokollierung des Ergebnisses vermerken.[653] Verfährt er anders, riskiert er bei falscher Einschätzung die Nichtigkeit des Beschlusses. Denn wenn der Versammlungsleiter ein zutreffendes Ergebnis verkündet, das der Notar irrig korrigiert, ist der Beschluss mangels Beurkundung nichtig. Verkündet der Versammlungsleiter ein unzutreffendes Ergebnis, das der Notar wie verkündet protokolliert, ist der Beschluss nur anfechtbar.[654] Anfechtbar bleibt der Beschluss auch, wenn er unrichtig verkündet, aber mit richtigem Ergebnis protokolliert wird.[655] 369

Nach verbreiteter Meinung ist die Feststellung des Beschlusses entbehrlich, wenn sie zu einer reinen Formalität wird. Dies soll bei der Ein-Personen-Aktiengesellschaft gelten, bei der auch die Bestellung eines Versammlungsleiters nicht für notwendig erachtet wird.[656] Ob eine derartige Ausnahme auch bei einstimmigen Beschlüssen in einer Globalversammlung i. S. d. § 121 Abs. 6 AktG zu rechtfertigen ist, ist höchst umstritten.[657] Wegen des eindeutigen Wortlauts und der Nichtigkeitsdrohung bei nicht ordnungsgemäß beurkundeten Beschlüssen sollte der Notar jedoch in allen Fällen, also auch bei der Ein-Personen-Aktiengesellschaft, auf eine Feststellung durch den Vorsitzenden hinwirken und sie protokollieren.[658] Dies setzt voraus, dass auch in der Ein-Personen-Aktiengesellschaft ein Versammlungsleiter einzusetzen ist,[659] erst recht wenn die Satzung die Leitung der Hauptversammlung durch einen Versammlungsleiter voraussetzt.[660] Kommt es zur Beurkundung, ohne dass ein Vorsitzender den Beschluss feststellen kann, ist es Aufgabe des Notars, die Alleininhaberschaft des einzigen Aktionärs festzustellen.[661] 370

(4) Besondere Feststellungen. Nach § 130 Abs. 2 Satz 2 AktG, der in § 241 Nr. 2 nicht in Bezug genommen ist, dessen Verletzung also nicht zur Nichtigkeit eines Beschlusses führt, ist in Versammlungen börsennotierter Gesellschaften bei der Feststellung über die Beschlussfassung für jeden Beschluss auch die Zahl der Aktien, für die gültige Stimmen abgegeben wurden, der Anteil des durch die gültigen Stimmen vertretenen Grundkapitals und die Zahl der für einen Beschluss abgegebenen Stimmen, Gegenstimmen und ggf. die Zahl der Enthal- 371

[649] *Hüffer* § 130 Rdnr. 22; Spindler/Stilz/*Wicke* § 130 Rdnr. 52; GroßkommAktG/*Werner* § 130 Rdnr. 27; KölnKommAktG/*Noack/Zetzsche* § 130 Rdnr. 191.

[650] *Hüffer* § 130 Rdnr. 22; Happ/*Zimmermann* 10.17 Rdnr. 37.

[651] Staudinger/*Hertel* Vorbem. zu §§ 127 a, 128 Rdnr. 617.

[652] *Sigel/Schäfer* BB 2005, 2137, 2142.

[653] *Sigel/Schäfer* BB 2005, 2137, 2142.

[654] GroßkommAktG/*Werner* § 130 Rdnr. 115 f.

[655] GroßkommAktG/*Werner* § 130 Rdnr. 117.

[656] GroßkommAktG/*Werner* § 130 Rdnr. 28; MünchKommAktG/*Kubis* § 130 Rdnr. 58; KölnKommAktG/*Noack/Zetzsche* § 130 Rdnr. 22; Spindler/Stilz/*Wicke* § 130 Rdnr. 5; MünchHdbGesR IV/*Semler* § 36 Rdnr. 37; *Ek* § 17 Rdnr. 576; Happ/*Zimmermann* 10.19 Rdnr. 7; *Bachmann* NZG 2001, 961, 967; a. A. Schmidt/Lutter/*Ziemons* § 130 Rdnr. 12.

[657] Dafür: BayObLG AG 1973, 65, 66; *Hüffer* § 130 Rdnr. 23; *Heidel/Terbrack/Lohr* § 130 Rdnr. 33; *Schulte* AG 1985, 33, 38; dagegen: MünchKommAktG/*Kubis* § 130 Rdnr. 58; KölnKommAktG/*Noack/Zetzsche* § 130 Rdnr. 22 für den Fall, dass alle Treilnehmer die Niederschrift unterzeichnen; *Grumann/Gillmann* NZG 2004, 839, 841.

[658] BayObLG AG 1973, 65, 66; *Schmidt/Lutter/Ziemons* § 129 Rdnr. 36 und § 130 Rdnr. 15; *Grumann/Gillmann* NZG 2004, 839, 841.

[659] *Schmidt/Lutter/Ziemons* § 129 Rdnr. 36; a. A. Happ/*Zimmermann* 10.18 Rdnr. 7 m. w. N.

[660] OLG Köln DNotZ 2008, 789, 790 f.

[661] BeckNotarHdb/*Heckschen* D III 6 Rdnr. 70 b.

tungen anzugeben. Diese Angaben sind als Bestandteil der Feststellung über die Beschlussfassung im Protokoll aufzunehmen.

372 Die **Zahl der Aktien, für die gültige Stimmen abgegeben wurden**, ist die Zahl der Aktien, für die Ja-Stimmen oder Nein-Stimmen abgegeben wurden. Die Enthaltungen sind nicht mitzuzählen, da es sich nicht um abgegebene Stimmen handelt. Beim Subtraktionsverfahren werden die Enthaltungen zwar „abgegeben“, aber nur um die nicht „abgegebenen Ja- oder Nein-Stimmen“ zu ermitteln. Gültige Stimmen sind wie beim Additionsverfahren auch beim Subtraktionsverfahren nur die Ja- und Nein-Stimmen.[662]

373 Der **Anteil des durch die gültigen Stimmen vertretenen Grundkapitals** ist der Anteil des gesamten Grundkapitals, der durch die gültigen Stimmen vertreten wird,[663] nicht aber der Anteil des vertretenen Grundkapitals, der durch die gültigen Stimmen vertreten wird,[664] da ansonsten der Prozentsatz in der Regel 100% lauten würde,[665] es sei denn, man würde das vertretene Grundkapital als Präsenz definieren. Richtigerweise ist also der Prozentsatz der Ja- und Nein-Stimmen vom gesamten Grundkapital anzugeben.[666] Möglich ist selbstverständlich die Angabe auch des Prozentsatzes der Ja- oder Nein-Stimmen bezogen auf die jeweils zugrunde liegende Präsenz. Diese Angabe ist aber nicht erforderlich, zumal die Präsenz nur beim Subtraktionsverfahren, nicht aber beim Additionsverfahren festgestellt werden muss.

374 Die Angabe der **Zahl der für einen Beschluss abgegebenen Stimmen, Gegenstimmen und ggf. Enthaltungen** ist selbsterklärend. Enthaltungen müssen nur angegeben werden, wenn sie ermittelt wurden, also im Rahmen des Subtraktionsverfahrens. Stimmverbote oder die auf eigene Aktien entfallenden Stimmen sind nicht anzugeben.

375 Nach § 130 Abs. 3 AktG kann der Versammlungsleiter bei börsennotierten Gesellschaften auch eine **vereinfachte Beschlussfeststellung** vornehmen und die Feststellung über die Beschlussfassung darauf beschränken, dass die erforderliche Mehrheit erreicht wurde, falls kein Aktionär eine umfassende Darstellung des Abstimmungsergebnisses verlangt. Dies gilt nur für börsennotierte Gesellschaften, da Abs. 3 auf Abs. 2 Satz 2 Bezug nimmt, und führt im Ergebnis dazu, dass die Beschlussfeststellung bei nicht börsennotierten Gesellschaften umfassender sein kann als bei börsennotierten. Dies führt indessen nicht zu einer geringeren Information der Aktionäre, da die börsennotierten Gesellschaften die ausführlichen Ergebnisse nach § 130 Abs. 6 AktG im Internet veröffentlichen müssen und die Angaben der vereinfachten Beschlussfeststellung hierfür nicht genügen.[667] Macht der Vorsitzende hiervon Gebrauch, muss der Notar dennoch die Grundlage dieser verkündeten rechtlichen Schlussfolgerung ermitteln und sich vom Versammlungsleiter das **gesamte zahlenmäßige Ergebnis**, das in der Regel die vom Versammlungsleiter eingesetzten Dienstleister oder Mitarbeiter der Gesellschaft ermittelt haben, bekanntgeben lassen.[668] Wichtig ist, dass das ausführliche Ergebnis vom Versammlungsleiter festgestellt wird. Hierfür genügt es, wenn der Versammlungsleiter dem Notar eine Langfassung der Beschlussergebnisse überreicht. Die Projizierung des detaillierten Ergebnisses auf eine Leinwand dürfte nur ausreichen, wenn der Versammlungsleiter ausdrücklich darauf hinweist. Das zu protokollierende Ergebnis kann also ausführlicher sein, als das Ergebnis, das der Vorsitzende mündlich verkündet.

376 Der Notar sollte daher rechtzeitig darauf hinwirken, dass auch die ausführliche Fassung vorbereitet wird.[669] Zum einen erleichtert ihm dies die Darstellung des Abstimmungsergebnisses, zum anderen kann ein Aktionär auch unmittelbar vor Verlesung der Ergebnisse noch den Antrag auf umfassende Darstellung verlangen. Darauf muss eine Gesellschaft vorbereitet sein, wenn sie keine unnötige Verzögerung des Ablaufs hinnehmen will.

---

[662] *Hüffer* § 130 Rdnr. 23 a; *Deilmann/Otte* BB 2010, 722.
[663] *Merkner/Sustmann* NZG 2010, 568.
[664] So aber *Deilmann/Otte* BB 2010, 722, 723.
[665] *Merkner/Sustmann* NZG 2010, 568, 569.
[666] *Wilm* DB 2010, 1686, 1691; so auch der Referentenentwurf des Bundesministeriums der Justiz für ein Gesetz zur Änderung des Aktiengesetzes (Aktienrechtsnovelle 2011), Stand November 2010.
[667] *Hüffer* § 130 Rdnr. 23 b.
[668] *Deilmann/Otte* BB 2010, 722, 724; DNotI-Report 2010, 61 f..
[669] *Wilm* DB 2010, 1690; DNotI-Report 2010, S. 61.

ee) Unterschrift des Notars. Nach § 130 Abs. 4 AktG ist die Niederschrift vom Notar zu unterschreiben, wobei die Hinzuziehung von Zeugen nach § 130 Abs. 4 Satz 2 AktG nicht nötig ist. 377

Die Unterschrift muss eigenhändig erfolgen. Die Amtsbezeichnung soll nach § 13 Abs. 3 BeurkG beigefügt werden, wobei dies nicht Wirksamkeitserfordernis ist. Die Unterschrift muss nicht in der Hauptversammlung erfolgen, sondern kann nach allgemeiner Meinung nach deren Ende noch geleistet werden.[670] Zeitliche Schranken ergeben sich aus § 130 Abs. 4 AktG nicht, jedoch ist das Hauptversammlungsprotokoll nach § 130 Abs. 5 AktG unverzüglich vom Vorstand beim Handelsregister einzureichen. Aufgrund seiner Amtspflichten ist der Notar daher verpflichtet, für eine zeitnahe Fertigstellung des Protokolls zu sorgen.[671] Allein mit der Unterschrift ist das Protokoll noch nicht abschließend fertig gestellt, solange es noch nicht in Verkehr gebracht wird.[672] Es bleibt aber empfehlenswert, auch ein noch nicht endgültig fertig gestelltes Protokoll zu unterschreiben, um ein etwaiges Risiko, die Unterschrift nicht mehr leisten zu können, zu vermeiden.[673] Im notariellen Protokoll muss zwar der Tag der Fertigstellung nicht angegeben werden,[674] es empfiehlt sich aber die Angabe in einer Schlussformel.

Formulierungsvorschlag:

Diese Niederschrift wurde von dem Notar aufgenommen und am (Datum) eigenhändig fertiggestellt und unterzeichnet:

N. N., Notar

c) **Inhalt nach sonstigen Rechtsvorschriften.** *aa) Minderheitsverlangen.* Nach § 130 Abs. 1 Satz 2 AktG sind näher bestimmte Verlangen einer Minderheit in die Niederschrift aufzunehmen, auch wenn sie nicht zum Beschlussantrag erhoben worden sind.[675] Es handelt sich um das Verlangen nach § 120 Abs. 1 Satz 2 AktG, über die Entlastung eines einzelnen Mitglieds des Vorstands oder des Aufsichtsrats gesondert abzustimmen, und das Verlangen nach § 137 AktG, über einen Vorschlag zur Wahl von Aufsichtsratsmitgliedern in einer bestimmten Reihenfolge abzustimmen. Die Aufzählung, welche Minderheitsverlangen zu protokollieren sind, ist abschließend.[676] 378

§ 120 Abs. 1 Satz 2 AktG spricht von einer Minderheit, wenn die Anteile der Aktionäre zusammen den zehnten Teil des Grundkapitals oder den anteiligen Betrag von einer Million Euro erreichen. Nach § 137 AktG ist eine ausreichende Minderheit erreicht, wenn die Anteile der Aktionäre den zehnten Teil des vertretenen Grundkapitals erreichen. 379

Die Protokollierungspflicht besteht erst, wenn das Verlangen in der Hauptversammlung gestellt wird. Die bloße Ankündigung genügt nicht.[677] Der Notar ist mangels ausreichender Befugnisse nicht verpflichtet, auf den Versammlungsleiter einzuwirken, damit ein Minderheitsverlangen angebracht werden kann.[678] Zu protokollieren sind die Art des Minderheitsverlangens, die Höhe des Aktienbesitzes der einzelnen zur Minderheit gehörenden Aktionäre und wie der Aktienbesitz nachgewiesen wurde, die Namen der die Minderheit bildenden Aktionäre bzw. die Nummern ihrer Stimmkarten und die Feststellung des Versammlungsleiters, ob das notwendige Quorum erreicht oder nicht erreicht wurde.[679] Er muss aber auch 380

670 *Hüffer* § 130 Rdnr. 26.
671 Vgl. auch Happ/*Zimmermann* 10.17 Rdnr. 48.
672 BGHZ 180, 9, 15.
673 *Hüffer* § 130 Rdnr. 26.
674 BGHZ 180, 9, 17.
675 *Hüffer* § 130 Rdnr. 3; HK-AktG/*Reger* § 130 Rdnr. 5.
676 GroßkommAktG/*Werner* § 130 Rdnr. 9.
677 MünchKommAktG/*Kubis* § 130 Rdnr. 5.
678 *Faßbender* RNotZ 2009, 425, 437; a. A. MünchKommAktG/*Kubis* § 130 Rdnr. 36.
679 MünchKommAktG/*Kubis* § 130 Rdnr. 5; GroßkommAktG/*Werner* § 130 Rdnr. 38, der die Angabe des Namens nicht für erforderlich hält.

selbst prüfen, ob das notwendige Quorum erreicht ist.[680] Auch wenn über das Verlangen z. B. wegen Nichterreichens des Quorums nicht abgestimmt wird, ist es zu protokollieren, da die Beurkundung nicht nur das Erreichen, sondern auch das Nichterreichen des Quorums belegen soll.[681] Die unterbliebene oder fehlerhafte Aufnahme eines Minderheitsverlangens ist kein Nichtigkeitsgrund i. S. d. § 141 Nr. 2 AktG.[682]

Formulierungsvorschlag:

Der Aktionär Meier mit der Stimmkartennummer 1 verlangte, über die Entlastung des Aufsichtsratsvorsitzenden Schulz gesondert abzustimmen. Dem schlossen sich die Aktionäre Müller mit der Stimmkartennummer 2 und Schmidt mit der Stimmkartennummer 3 an. Den Stimmkarten war zu entnehmen, dass der Aktionär Meier 300 Aktien, der Aktionär Müller 500.000 Aktien und der Aktionär Schmidt 700.000 Aktien mit einem rechnerischen Anteil am Grundkapital von jeweils € 1,– je Aktie vertraten. Der Versammlungsleiter stellte fest, dass die Aktionäre zusammen den anteiligen Betrag von € 1 Mio. überschritten, so dass das erforderliche Quorum erreicht sei. Es werde daher über die Entlastung des Aufsichtsratsvorsitzenden Schulz gesondert abgestimmt werden.

381 *bb) Auskunftsverweigerung.* Nach § 131 Abs. 5 AktG kann ein Aktionär, dem eine Auskunft verweigert wurde, verlangen, dass seine Frage und der Grund, aus dem die Auskunft verweigert wurde, in die Niederschrift über die Verhandlung aufgenommen werden.

Zweck der Regelung ist die Beweissicherung, um spätere Auseinandersetzungen darüber zu vermeiden, ob und aus welchem Grund der Vorstand eine Auskunft verweigert hat.[683] Die unterbliebene oder fehlerhafte Aufnahme von Fragen führt nicht zur Nichtigkeit der gefassten Gesellschafterbeschlüsse.[684] Der Notar kann sich schadensersatzpflichtig machen, wenn er unzureichend protokolliert.

Eröffnet die Satzung die elektronische Teilnahme an der Hauptversammlung, ist auch ein Online-Teilnehmer auskunftsberechtigt. Um die Problematik der ordnungsgemäßen Aufnahme unbeantworteter Fragen einzugrenzen, kann und sollte die Satzung auch vorsehen, dass das Recht zur Aufnahme der unbeantworteten Fragen in die Niederschrift ausgeschlossen wird.[685] Im Ergebnis erreicht man dieses Ziel, wenn das Fragerecht ohne korrespondierendes Antwortrecht eingeführt wird, was zulässig ist.[686]

382 Der Anspruch auf Protokollierung unbeantworteter Fragen entsteht erst in dem **Zeitpunkt**, in dem feststeht, dass die Verwaltung die Frage nicht beantworten wird.[687] Das ist der Fall, wenn die Antwort ausdrücklich verweigert wird, spätestens jedoch nach Beendigung der Aussprache. Ggf. kann sich der Notar vor Protokollierung der Frage beim Vorstand vergewissern, ob noch eine (ergänzende) Antwort erteilt werden soll. Der Notar ist also nicht verpflichtet, gleichermaßen ins Blaue hinein Fragen als unbeantwortet aufzunehmen. Auf der anderen Seite kann der Aktionär seinen Anspruch auf Protokollierung einer unbeantworteten Frage bis zum Schluss der Hauptversammlung geltend machen.[688]

383 Grundsätzlich ist der Aktionär berechtigt, sein Protokollierungsgesuch **mündlich** vorzubringen.[689] Dies muss nicht öffentlich, z. B. vom Rednerpult aus, geschehen.[690] § 131 Abs. 5 AktG unterstellt dabei, dass der Notar nur einzelne wenige Fragen aufzunehmen hat, da der Notar vorrangig den Ablauf der Hauptversammlung zu beobachten hat.[691] Es wird daher

680 MünchHdbGesR IV/*Semler* § 40 Rdnr. 6; *Lamers* DNotZ 1962, 287, 292.
681 MünchKommAktG/*Kubis* § 130 Rdnr. 5.
682 *Meyer-Landrut* S. 92.
683 *Hüffer* § 131 Rdnr. 43; MünchKommAktG/*Kubis* § 131 Rdnr. 146.
684 LG Frankfurt ZIP 2008, 1183; Großkomm/*Decher* § 131 Rdnr. 376.
685 *Grobecker* NZG 2010, 165, 168.
686 *Kersting* NZG 2010, 130, 133.
687 Großkomm/*Decher* § 131 Rdnr. 371; MünchKommAktG/*Kubis* § 131 Rdnr. 147; Happ/*Zimmermann* 10.17 Rdnr. 33.
688 MünchKommAktG/*Kubis* § 131 Rdnr. 147.
689 MünchKommAktG/*Kubis* § 131 Rdnr. 148.
690 *Krieger*, FS Hans-Joachim Priester, S. 387, 401 f.; *Faßbender* RNotZ 2009, 425, 438.
691 *Hüffer* § 131 Rdnr. 43.

überwiegend für zulässig gehalten, dass der Notar vom Aktionär verlangen kann, bei einer Vielzahl von Fragen diese schriftlich vorzulegen.[692] Da die Hauptversammlung dem Mündlichkeitsprinzip unterliegt, sollte die Gesellschaft Schreibhilfen zur Verfügung halten, um dem Aktionär die schriftliche Aufnahme der Fragen zu ermöglichen.[693]

Für das **Verfahren der Protokollierung** durch den Notar gibt es keine Vorgaben. Trägt der Aktionär die unbeantworteten Fragen vor, kann der Notar nach eigenem Ermessen entscheiden, ob er diese wörtlich niederschreibt oder durch eine Hilfsperson in seinem Beisein aufnehmen lässt oder ob er stichwortartig mitschreibt und dann das Begehren des Aktionärs mit bereits vorher gefertigten eigenen oder fremden stenographischen oder Ton-Aufzeichnungen abgleicht.[694] 384

Ist im Vorfeld der Hauptversammlung damit zu rechnen, dass Aktionäre es möglicherweise geradezu darauf anlegen werden, Fragen zu stellen, die nicht oder nicht vollständig beantwortet werden können oder sollen, sollte sich der Notar rechtzeitig mit der Gesellschaft darüber abstimmen, wie mit einer solchen Situation umzugehen ist. Bei größeren Gesellschaften werden die Fragen zur Vorbereitung der Beantwortung meist von Stenographen mitgeschrieben und dann in normale Textform übernommen. Wenn diese Texte dem Notar zur Verfügung gestellt werden, kann er mit dem Aktionär abgleichen, welche dieser Fragen aus dessen Sicht unbeantwortet geblieben sind. 385

Bei der **inhaltlichen Aufnahme der Frage** ist der Notar in besonderer Weise zur Neutralität verpflichtet, da die Frage- und Antwortrunden zwischen Aktionären und Verwaltung häufig Emotionen wecken und ein demonstrativ neutral agierender Notar viel zur Beruhigung der Gemüter beitragen kann. Der Notar darf daher weder mit dem Aktionär über die Berechtigung der gestellten Fragen noch mit der Verwaltung über die Möglichkeit der Auskunftsverweigerung diskutieren oder sie gar beraten.[695] Die Frage des Aktionärs muss möglichst wörtlich ohne Korrekturen, Wertung oder Auslegung aufgenommen werden.[696] 386

Der Notar hat bei der Aufnahme der unbeantworteten Frage **kein eigenes Prüfungsrecht.** Besteht keine Auskunftspflicht nach § 131 Abs. 1 AktG, so hat der Notar eine diesbezügliche Frage dennoch zu protokollieren, da die Protokollierung allein dem Beweissicherungsinteresse dient.[697] Gleiches gilt für Fragen, die absichtlich oder versehentlich nicht beantwortet wurden, bei denen also keine Auskunft verweigert wurde, oder für Fragen, zu denen ein Grund für die Auskunftsverweigerung nicht gegeben wurde.[698] 387

Beanstandet der Aktionär, seine Frage sei unrichtig oder unzureichend beantwortet worden, muss der Notar auch diese Frage protokollieren, da er in der Regel die Richtigkeit der Beanstandung nicht überprüfen kann und die Aufnahme in die Niederschrift wenigstens beweist, dass die Frage gestellt wurde.[699] 388

Der Vorschlag, in derartigen Fällen zur Vermeidung einer blinden Protokollierung zunächst eine Plausibilisierung des Aktionärsbegehrens zu verlangen[700] ist abzulehnen, da der Notar regelmäßig weder die Zeit noch die Kompetenz hat, sich auf inhaltliche Diskussionen mit Aktionären einzulassen. Sprengt die Vielzahl angeblich unbeantworteter Fragen den üblichen Rahmen, muss der Notar letztlich die schriftliche Auflistung der Fragen verlangen, um diese dem Protokoll beizufügen.

---

[692] Großkomm/*Decher* § 131 Rdnr. 372; Staudinger/*Hertel* Vorbem. zu §§ 127a, 128 Rdnr. 619; Happ/*Zimmermann* 10.17 Rdnr. 33; *Schmidt/Lutter/Spindler* § 131 Rdnr. 107; *Hüffer* § 131 Rdnr. 43; *Priester* DNotZ 2001, 661, 666; a. A. MünchKommAktG/*Kubis* § 131 Rdnr. 148.

[693] Happ/*Zimmermann* 10.17 Rdnr. 33; *Faßbender* RNotZ 2009, 425, 438.

[694] LG Hannover AG 2009, 914, 916; *Schmidt/Lutter/Spindler* § 131 Rdnr. 107; *Faßbender* RNotZ 2009, 425, 437; *Krieger,* FS Hans-Joachim Priester, S. 387, 402 f.

[695] *Sigel/Schäfer* BB 2005, 2137, 2139.

[696] KölnKommAktG/*Kersting* § 131 Rdnr. 517; Großkomm/Decher § 131 Rdnr. 372; MünchKommAktG/*Kubis* § 131 Rdnr. 146; *Faßbender* RNotZ 2009, 425, 437.

[697] Großkomm/*Decher* § 131 Rdnr. 371; *Faßbender* RNotZ 2009, 425, 438.

[698] *Faßbender* RNotZ 2009, 425, 438.

[699] Großkomm/*Decher* § 131 Rdnr. 371; *Obermüller/Werner/Winden/Butzke* G Rdnr. 83; *Faßbender* RNotZ 2009, 425, 439.

[700] *Faßbender* RNotZ 2009, 425, 439.

389 Für den Notar ergibt sich insbesondere bei nicht gut vorbereiteten Hauptversammlungen häufig die unglückliche Situation, dass er aus eigener Wahrnehmung nicht mehr nachvollziehen kann, ob eine als unbeantwortet bezeichnete **Frage** überhaupt **gestellt** wurde. Bei längeren Aussprachen werden Fragen manchmal erst Stunden später im Zusammenhang mit anderen ähnlichen Fragen beantwortet, so dass die Frage in Vergessenheit geraten sein kann. Wenn der Aktionär keine Gelegenheit mehr erhält oder erhalten kann, die Frage nochmals zu stellen, muss der Notar zu dieser Frage vermerken, dass für ihn nicht nachprüfbar sei, ob die Frage tatsächlich gestellt wurde und ggf. unbeantwortet geblieben ist.[701] Da der Notar nur nach eigener Wahrnehmung protokollieren muss, dürfte er die Aufnahme einer solchen Frage sogar ablehnen.[702]

390 Will der Aktionär eine **Frage** mit der Begründung, dass er sie nicht mehr **rechtzeitig** habe stellen können, protokollieren lassen, so kann der Notar dies ablehnen.[703] Um derartige Begehren gar nicht erst entstehen zu lassen, empfiehlt sich die abschließende Frage des Versammlungsleiters, ob alle Fragen von Aktionären gestellt und mit Ausnahme der als unbeantwortet zu protokollierenden beantwortet wurden, sowie die Aufnahme dieser Frage und der Reaktion hierauf ins Protokoll.[704]

391 Nach § 131 Abs. 5 AktG kann der Aktionär zusätzlich zur Aufnahme der unbeantworteten Frage auch die Protokollierung des Grundes, aus dem die Auskunft verweigert wurde, verlangen. Ein Anspruch auf **Protokollierung der Antwort** steht ihm nicht zu.[705] Verweigert die Verwaltung eine Begründung, hat der Notar diesen Umstand zu protokollieren.[706]

392 Umstritten ist, ob die Gesellschaft ihrerseits einen Anspruch auf Protokollierung der Gründe für die Auskunftsverweigerung oder gar der aus ihrer Sicht ausreichenden Antworten hat. Zum Teil wird dies angenommen, damit auch die Gesellschaft von den Beweiswirkungen des § 415 ZPO profitieren kann.[707] Richtigerweise besteht ein solcher Anspruch nicht, da der Wortlaut des Gesetzes eindeutig ist.[708] Der Notar ist aber unter Eingehung möglicher Haftungsrisiken berechtigt, die von der Verwaltung gegebenen Antworten in die Niederschrift aufzunehmen.[709] Zweckmäßigerweise stimmt der Notar ein solches Vorgehen rechtzeitig mit der Verwaltung ab, damit ihm bei schriftlich vorbereiteten Antworten ein Abdruck frühzeitig zur Verfügung gestellt wird, um die Antwort auch im Einzelnen aus eigener Wahrnehmung nachvollziehen zu können.[710] Bestehen Zweifel, ob die von ihm von der Gesellschaft überreichte Antwort tatsächlich so erteilt war, hat der Notar auch dies im Protokoll zu vermerken.

393 *cc) Widersprüche. (1) Anwendungsfälle.* Das Gesetz sieht in verschiedenen Fällen vor, dass ein Aktionär zur Wahrung seiner Rechte Widerspruch zur Niederschrift erklären muss. Daraus folgt, dass der Notar verpflichtet ist, einen solchen Widerspruch auch zu protokollieren.

Der wichtigste Anwendungsfall ist § 245 Ziffer 1 AktG. Danach setzt die Anfechtung eines Beschlusses voraus, dass der Aktionär Widerspruch zu Protokoll erklärt hat.

394 Eine ähnliche Funktion hat die Regelung des § 318 Abs. 3 Satz 2 HGB. Danach setzt ein Antrag einer Aktionärsminderheit zur gerichtlichen Bestellung eines anderen Abschlussprüfers als des von der Hauptversammlung gewählten voraus, dass die Aktionäre gegen die Wahl des Abschlussprüfers Widerspruch eingelegt haben.

---

701 *Faßbender* RNotZ 2009, 425, 439 unter Hinweis auf LG Frankfurt NZG 2005, 937, 938 f.
702 *Krieger,* FS Hans-Joachim Priester, S. 387, 395 f.
703 *Krieger,* FS Hans-Joachim Priester, S. 387, 396.
704 Happ/*Zimmermann* 10.17 Rdnr. 35.
705 Großkomm/*Decher* § 131 Rdnr. 375; *Semler/Volhard* § 13 Rdnr. 59; a.A. MünchKommAktG/*Kubis* § 131 Rdnr. 146.
706 *Faßbender* RNotZ 2009, 425, 438.
707 *Krieger,* FS Hans-Joachim Priester, S. 387, 398 ff.
708 Großkomm/*Decher* § 131 Rdnr. 375; Happ/*Zimmermann* 10.17 Rdnr. 33; *Semler/Volhard* § 13 Rdnr. 59.
709 *Faßbender* RNotZ 2009, 425, 438.
710 *Krieger,* FS Hans-Joachim Priester, S. 387, 399.

Die Einlegung eines Widerspruchs ist auch Anspruchsvoraussetzung für die Geltendmachung von Abfindungsansprüchen nach §§ 29 Abs. 1 Satz 1, 125 Abs. 1 Satz 1, 207, Abs. 1 Satz 1 UmwG bei Verschmelzungen, Spaltungen oder beim Formwechsel.

Schließlich sind Widersprüche zu beurkunden, mit denen die Zustimmung zu einem Verzicht der Gesellschaft auf Ersatzansprüche oder zu einem Vergleich durch eine Minderheit von Aktionären verhindert werden soll. Derartige Fälle sind Ansprüche gegen Gründungsbeteiligte, Organmitglieder und weitere Personen nach §§ 50, 93 Abs. 4 Satz 3, 116 und 117 Abs. 4 AktG, wobei die Anteile der Minderheitsaktionäre zusammen den zehnten Teil des Grundkapitals erreichen müssen. Einer Minderheit, deren Anteile zusammen den zehnten Teil des bei der Beschlussfassung vertretenen Grundkapitals erreichen, bedarf es bei Ersatz- und Ausgleichsansprüchen gegen das herrschende Unternehmen oder gegen Organmitglieder im Vertragskonzern nach §§ 302 Abs. 3 Satz 3, 309 Abs. 3 Satz 1 und 310 Abs. 4 AktG, im faktischen Konzern nach §§ 309 Abs. 3 Satz 1, 317 Abs. 4 und 318 Abs. 4 AktG und in Fällen der Eingliederung nach §§ 309 Abs. 3 Satz 1 und 323 Abs. 1 Satz 2 AktG. 395

(2) Protokollierung des Widerspruchs. Der Widerspruch kann jederzeit während der Hauptversammlung also auch schon **vor Beschlussfassung** erklärt werden.[711] Bei den meisten Hauptversammlungen steht bereits früh fest, dass entsprechend dem Vorschlag der Verwaltung beschlossen werden wird. Es wäre eine reine Förmlichkeit, den Widerspruch erst zuzulassen, wenn der Beschluss festgestellt worden ist, was meist erst am Ende der Versammlung geschieht. Der Notar sollte den Widerspruch aufnehmen, sobald er zu Protokoll erklärt wurde. Es ist dringend davon abzuraten, den Aktionär auf einen späteren Zeitpunkt zu vertrösten. Verlässt sich der Aktionär darauf und unterbleibt die Aufnahme des Widerspruchs, drohen dem Notar Haftungsansprüche, da ein Widerspruch nicht dadurch entbehrlich wird, dass der Notar die Nichterklärung mit zu verantworten hat.[712] Da der Widerspruch zur Niederschrift zu erklären ist, kann er **nicht** schon **vor Beginn der Hauptversammlung** erhoben werden.[713] 396

Der Widerspruch ist weder ausdrücklich **als Widerspruch zu bezeichnen** noch zu begründen.[714] Der Notar hat jede Erklärung eines Aktionärs, dass er mit den Beschlüssen nicht einverstanden sei und etwas dagegen unternehmen wolle, als möglichen Widerspruch aufzunehmen.[715] Im Zweifel muss er nachfragen.[716] Dabei ist zu klären, gegen welchen Beschluss Widerspruch eingelegt wird. Will ein Aktionär gegen alle Beschlüsse Widerspruch einlegen, genügt es, wenn der Widerspruch global gegen sämtliche Beschlüsse erklärt wird.[717] 397

Der Aktionär muss durch Vorlage seiner Stimmkarte oder in anderer geeigneter Weise klarstellen, für wen bzw. welche Aktien der Widerspruch erklärt wird.[718] Die wirksame Vertretung eines Aktionärs ist auch ohne gültige Stimmrechtsvollmacht möglich.[719] Die genaue **Zuordnung des Widerspruchs** zu einem bestimmten Aktionär bzw. von diesem vertretenen Aktionär ist insbesondere von Bedeutung, wenn eine Minderheit Widerspruch einlegt. In diesen Fällen ist auch die Stimmenzahl des einzelnen Widersprechenden zu vermerken, damit das Erreichen der nötigen Anzahl der Stimmen überprüft werden kann.[720] 398

Problematisch ist die durch § 118 Abs. 1 AktG eröffnete Möglichkeit der Teilnahme im Wege elektronischer Kommunikation. Wenn Aktionäre online teilnehmen können, steht ihnen grundsätzlich auch das Recht zu, Fragen zu stellen und Widerspruch einzulegen. Um 399

---

[711] BGH NZG 2007, 907, 908; *Hüffer* § 245 Rdnr. 14; zu vorsichtig: *Faßbender* RNotZ 2009, 425, 437, der auch nach dem obiter dictum des BGH empfiehlt, vorsorglich auf die Einlegung des Widerspruchs nach Beschlussfassung hinzuwirken.

[712] OLG München NZG 2010, 397, 398 f.

[713] *Hüffer* § 245 Rdnr. 13; a. A. KölnKommAktG/*Noack/Zetzsche* § 130 Rdnr. 239

[714] RGZ 53, 291, 293; *Siegel/Schäfer* BB 2005, 2137, 2140.

[715] Spindler/Stilz/*Wicke* § 130 Rdnr. 10.

[716] OLG Brandenburg NZG 2002, 476, 477; *Hüffer* § 245 Rdnr. 15; Staudinger/*Hertel* Vorbem. zu §§ 127 a, 128 Rdnr. 620.

[717] *Hüffer* § 245 Rdnr. 14.

[718] OLG München NJW RR 2002, 105 f.; *Heidel/Terbrack/Lohr* § 130 Rdnr. 11.

[719] OLG Stuttgart NZG 2004, 966, 967.

[720] MünchKommAktG/*Kubis* § 130 Rdnr. 7.

das Anfechtungsrisiko zu verringern und die Probleme der fehlerhaften Aufnahme von Widersprüchen zu vermeiden, sollte die Satzung, die die online-Teilnahme zulässt, zumindest das Recht, auf elektronischem Wege Widerspruch zu Protokoll zu erklären, ausschließen.[721]

Formulierungsvorschlag:

„Herr Müller hat als Vertreter des Aktionärs Meier unter Vorlage der Stimmkarte mit der Nr. 34 Widerspruch gegen den zu Tagesordnungspunkt 5 gefassten Beschluss (alt.: gegen sämtliche Beschlüsse der Hauptversammlung zu allen Tagesordnungspunkten) erhoben."

400 *dd) Zustimmungserklärung bei der KGaA.* Einen Sonderfall einer zu protokollierenden Zustimmungserklärung regelt § 285 Abs. 3 Satz 2 AktG. Danach ist bei Beschlüssen der KGaA, die der Zustimmung der persönlich haftenden Gesellschafter bedürfen und in das Handelsregister einzutragen sind, die Zustimmungserklärung bereits in der Verhandlungsniederschrift oder in einem Anhang zur Niederschrift zwingend zu beurkunden. Eine Beglaubigung genügt nicht. Da offen ist, ob die Zustimmungserklärung nach den Regeln über die Beurkundung von Willenserklärungen zu beurkunden ist[722] sollte die Erklärung nach §§ 8 ff. BeurkG in einem Anhang zur Niederschrift beurkundet werden.[723] In Betracht kommt auch die Aufnahme der Verhandlungsniederschrift in Form einer sogenannten gemischten Beurkundung.[724]

401 d) **Inhalt aufgrund von Amtspflichten.** *aa) Dogmatische Herleitung.* Aus den Betreuungspflichten des Notars als Organ der vorsorgenden Rechtspflege werden nicht nur Hinweis- und Beratungspflichten, sondern auch Pflichten zur Protokollierung von über die gesetzlich normierten Inhalte hinausgehenden Inhalten abgeleitet.

Die Ansicht, der Notar habe über die gesetzlichen Protokollierungspflichten hinaus überhaupt keine **weitergehenden Protokollierungspflichten**, wird selten vertreten.[725] Zu weit geht allerdings die Forderung, der Notar müsse alle Umstände niederschreiben, die für die Beurteilung der Ordnungsmäßigkeit und Wirksamkeit der Beschlüsse erheblich sein könnten.[726] Zutreffend ist die Ansicht, die Beurkundungspflicht beschränke sich auf die unmittelbar beschlussrelevanten Vorgänge.[727] Andernfalls wäre gleichsam die gesamte Hauptversammlung zu protokollieren, da sämtliche Begründungen eines Aktionärs für seinen Antrag oder der Inhalt einer vom Vorstand erteilten Auskunft rechtlich erheblich sein könnten. Mit Blick auf die durch die Niederschrift verfolgte Schaffung einer Beweiswirkung nach § 415 ZPO ist es allerdings empfehlenswert, auch hier im Zweifel eher mehr als weniger zu protokollieren.[728]

402 *bb) Einzelne Pflichtangaben.* Für die Praxis lässt sich aus dem vorbezeichneten Ansatz ein Katalog von konkreten Anforderungen an die Protokollierungspflicht entwickeln,[729] auch wenn der Notar im Einzelfall im Rahmen seines pflichtgemäßen Ermessens[730] handelt.

---

721 *Paschos/Goslar* AG 2008, 605, 610 f.

722 Dafür: *Kersten/Bühling/Kanzleiter* § 154 Rdnr. 10; a. A. Staudinger/*Hertel* Vorbem. zu §§ 127 a, 128, Rdnr. 606; offen gelassen in: OLG Stuttgart NZG 2003, 293, 294.

723 BeckNotarHdb/*Heckschen* D III 5 Rdnr. 70 a.

724 Vgl. das Beispiel in *Kersten/Bühling/Kanzleiter* § 154 Rdnr. 11 M; zur gemischten Beurkundung s. u. V 8. b.

725 *Geßler/Hefermehl/Eckardt* § 130 Rdnr. 38.

726 *Hüffer* § 130 Rdnr. 5; GroßkommAktG/*Werner* § 130 Rdnr. 40; MünchKommAktG/*Kubis* § 130 Rdnr. 61.

727 KölnKommAktG/*Zöllner* § 130 Rdnr. 45 ff; *Hüffer* § 130 Rdnr. 5; OLG Düsseldorf ZIP 2003, 1147, 1151; *Priester* DNotZ 2001, 661, 667; *Siegel/Schäfer* BB 2005, 2137, 2142.

728 GroßkommAktG/*Werner* § 130 Rdnr. 42; Spindler/Stilz/*Wicke* § 130 Rdnr. 14.

729 Spindler/Stilz/*Wicke* § 130 Rdnr. 13; *Obermüller/Werner/Winden/Butzke* N Rdnr. 33; *Priester* DNotZ 2001, 661, 668.

730 HK-AktG/*Reger* § 130 Rdnr. 19; *Schmidt/Lutter/Ziemons* § 130 Rdnr. 28.

Zunächst einmal sind alle Angaben, die das **Abstimmungsverfahren** betreffen, in der Regel beschlussrelevant und, soweit sie nicht bereits nach § 130 AktG aufzunehmen sind, zu protokollieren.

Unmittelbar beschlussrelevante Vorgänge sind nach allgemeiner Ansicht **Ordnungsmaßnahmen** des Vorsitzenden, die die Rechte des Aktionärs einschränken, also eine Begrenzung der Redezeit, der Wortentzug, die Nichtzulassung von Fragen, ein Saalverweis und die Nichtzulassung zur Teilnahme oder zur Abstimmung.[731] 403

Zweckmäßigerweise hält der Notar zunächst fest, wenn sich der Versammlungsleiter dabei auf Satzungsregelungen auf der Grundlage des § 131 Abs. 2 Satz 2 AktG bezieht.[732] Zulässigerweise kann die Satzung einen angemessenen konkreten Zeitrahmen für die Gesamtdauer der Hauptversammlung und für die auf den einzelnen Aktionär entfallende Frage- und Redezeit bestimmen und die Möglichkeit einräumen, den Debattenschluss um 22.30 Uhr anzuordnen.[733]

Macht die Satzung von der Ermächtigung einer Beschränkung des Frage- und Rederechts keinen Gebrauch, sind Beschränkungen des Rederechts, in engeren Grenzen auch des Fragerechts, durch den Versammlungsleiter weiterhin möglich.[734] Dieser hat sein Ermessen dabei nach allgemeinen Grundsätzen, die sich an den Geboten der Sachdienlichkeit, der Verhältnismäßigkeit und der Gleichbehandlung orientieren, auszuüben.[735]

Da unzulässige Ordnungsmaßnahmen zur Anfechtbarkeit von Beschlüssen führen können, 404
sollte der Notar die Ordnungsmaßnahmen nicht nur auflisten, sondern auch in ihrer zeitlichen und inhaltlichen Entwicklung darstellen. Dies kann z. B. bedeuten, dass auf mehreren Seiten des Hauptversammlungsprotokolls die Dauer der wiederholten Frage- und Antwortrunden mit Ankündigung und späterer Anordnung von Redezeitbeschränkungen und bezogen auf einzelnen Aktionäre deren Teilnahme an der Aussprache, deren Verstoß gegen Redezeitbeschränkungen, die Androhung dessen Entziehung des Rederechts und schließlich deren Entziehung geschildert werden. Ist ein Saalverweis ausgesprochen worden, ist nicht nur diese letzte Ordnungsmaßnahme im Protokoll aufzunehmen, vielmehr sind sämtliche vorangegangenen Androhungen und Durchführungen von weniger einschneidenden Ordnungsmaßnahmen darzustellen, um die Rechtmäßigkeit des Vorgehens zu dokumentieren.

Zu protokollieren sind **Anträge von Aktionären**, die als unzulässig zurückgewiesen wer- 405
den, ohne dass sie zur Abstimmung gestellt werden,[736] aber auch nicht zur Abstimmung gestellte Gegenanträge, die sich nach Ansicht des Vorsitzenden erledigt haben.[737]

Nach sehr weitgehender Auffassung gilt die Protokollierungspflicht schließlich für Fest- 406
stellungen in der Hauptversammlung zur ordnungsgemäßen Einberufung, zur Tagesordnung, zur Vorlage der Jahresabschlüsse und anderer Unterlagen,[738] wie auch zur Erstattung von Berichten und Anzeigen, z. B. dem Vorliegen des Vorstandsberichts nach § 293 a AktG,[739] für Feststellungen zur Vollversammlung einschließlich des Verzichts auf Einwendungen gegen Beschlussfassungen[740] und für Abweichungen von der Tagesordnung[741] oder Angaben zur Person des Vorsitzenden.[742] Diese Angaben dürften aber in jedem Fall zweckmäßig sein.

---

731 Spindler/Stilz/*Wicke* § 130 Rdnr. 12 f.; HK-AktG/*Reger* § 130 Rdnr. 19; MünchKommAktG/*Kubis* § 130 Rdnr. 61; *Schmidt/Lutter/Ziemons* § 130 Rdnr. 27; KölnKommAktG/*Noack/Zetzsche* § 130 Rdnr. 257; *Henn* 8. Kap. Rdnr. 282; *Obermüller/Werner/Winden/Butzke* N Rdnr. 33.

732 Vgl. hierzu *Wilm* DB 2010, 1692 f.; *Herrler* DNotZ 2010, 331 ff.

733 BGH WM 2010, 559, 562 f.

734 *Hüffer* § 131 Rdnr. 22 b.

735 BGH WM 2010, 559, 561.

736 Spindler/Stilz/*Wicke* § 130 Rdnr. 13; MünchKommAktG/*Kubis* § 130 Rdnr. 61; *Obermüller/Werner/Winden/Butzke* N Rdnr. 33.

737 *Schmidt/Lutter/Ziemons* § 130 Rdnr. 27.

738 *Schulte* AG 1985, 33, 39.

739 Spindler/Stilz/*Wicke* § 130 Rdnr. 13; MünchKommAktG/*Kubis* § 130 Rdnr. 61; *Schmidt/Lutter/Ziemons* § 130 Rdnr. 27.

740 *Schmidt/Lutter/Ziemons* § 130 Rdnr. 27.

741 HK-AktG/*Reger* § 130 Rdnr. 19; *Schulte* AG 1985, 33, 39.

742 *Schmidt/Lutter/Ziemons* § 130 Rdnr. 27.

407 *cc) Vorbefassungsklausel.* Für den Anwaltsnotar ist auch die Dokumentationspflicht nach § 3 Abs. 2 BeurkG zu beachten. Die Fragen nach einer Vorbefassung i. S. d. § 3 Abs. 1 Nr. 7 BeurkG richtet sich allerdings nur an anwesende Beteiligte, die den Notar um die Beurkundung ersucht haben. Da der Auftrag in der Regel von der Gesellschaft erteilt wird, genügt es, die vom Vorstand gegebene Antwort zu vermerken.

408 e) **Fakultative Angaben.** *aa) Einführung.* Die Aufnahme weiterer Inhalte ist dem Notar freigestellt. Der Notar entscheidet allein nach **pflichtgemäßem Ermessen.**[743] Auch Satzungsbestimmungen können den Pflichtinhalt des Protokolls nicht erweitern und das Ermessen des Notars binden.[744] Entscheidet sich der Notar jedoch für die Aufnahme weiterer Angaben, sind auch sie von der Beweiskraft der Niederschrift erfasst.[745] Beurkundungsfehler wirken sich hier deshalb ebenso aus wie beim Verstoß gegen notarielle Amtspflichten. Sie haben keine Auswirkung auf die Wirksamkeit der protokollierten Vorgänge, könnten aber eine Haftung des Notars begründen. Das pflichtgemäße Ermessen wird vom Zweck des Protokolls bestimmt, den Beweis über die beurkundeten Vorgänge zu führen.

Aufnahme in das Protokoll können deshalb alle Umstände finden, deren Beurkundung späterem Streit über die Wirksamkeit von Beschlüssen vorbeugen oder die Konfliktlösung vereinfachen kann.[746] So kann es beispielsweise der Streitvorbeugung dienen, wenn aus dem Protokoll hervorgeht, dass der zweideutige Wortlaut eines Beschlusses in der Hauptversammlung bei der Erläuterung der Vorlage in einer bestimmten Weise verstanden wurde, und es kann die Prüfung von Beschlussmängeln vereinfachen, wenn das Protokoll nähere Angaben zum gesamten Ablauf bei Fassung des Beschlusses enthält. Schranken werden dem Ermessen zum einen von der Forderung nach Übersichtlichkeit des Protokolls gesetzt, da die Beweisfunktion nicht dadurch beeinträchtigt werden darf, dass unmittelbar beschlussrelevante Angaben zwischen übermäßig vielen Nebensächlichkeiten für die Beteiligten nicht mehr erkennbar sind. Zum anderen begrenzt die Aufnahmefähigkeit des Notars den Umfang des zulässigen fakultativen Inhalts. Sie muss vorrangig den Umständen gewidmet werden, deren Aufnahme verpflichtend ist, und kann nur dann auf weitere Vorgänge erstreckt werden, wenn weiterhin alle zwingend zu beurkundenden Tatsachen zuverlässig festgestellt werden können.

409 *bb) Einzelbeispiele.* In der Praxis werden üblicherweise die Versammlungsleiter namentlich benannt und die anwesenden Mitglieder von Vorstand und Aufsichtsrat sowie die anwesenden Abschlussprüfer aufgeführt.[747] Üblich ist auch die Aufnahme der Begrüßung und der nicht zwingend zu protokollierenden Erläuterungen zum Ablauf der Versammlung.[748] Empfehlenswert ist es, im Protokoll festzuhalten, dass das Teilnehmerverzeichnis erstellt und zugänglich gemacht wurde,[749] dass der Versammlungsleiter auf erforderliche Unterlagen verwiesen hat und dass diese ebenfalls ausliegen bzw. zugänglich gemacht wurden.[750] Dies gilt nicht nur für den Jahresabschluss und die damit zusammen hängenden Berichte, sondern z. B. auch für Unternehmensverträge nach §§ 293 f. AktG, Verschmelzungsunterlagen nach § 64 i. V. m. 63 UmwG, Unterlagen beim „squeeze out" nach § 327 d AktG i. V. m. § 327 c AktG oder die Berichte zu den Gründen für einen Bezugsrechtsausschluss nach § 186 Abs. 4 Satz 2 AktG. Die Aufnahme von Erläuterungen oder Klarstellungen des Vor-

[743] *Hüffer* § 130 Rdrn. 6.

[744] *Obermüller/Werner/Winden/Butzke* N Rdnr. 34.

[745] MünchKommAktG/*Kubis* § 130 Rdnr. 62; *Meyer-Landrut* S. 95.

[746] Aufzählungen finden sich bei: MünchHdbGesR IV/*Semler* § 40 Rdnr. 23; MünchKommAktG/*Kubis* § 130 Rdnr. 62; *Sigel/Schäfer* BB 2005, 2137, 2143; *Obermüller/Werner/Winden/Butzke* N Rdnr. 34; *Semler/Volhard* § 15 Rdnr. 62 ff. und *Faßbender* RNotZ 2009, 425, 446.

[747] MünchKommAktG/*Kubis* § 130 Rdnr. 62; *Schmidt/Lutter/Ziemons* § 130 Rdnr. 30; *Obermüller/Werner/Winden/Butzke* N Rdnr. 34; *Sigel/Schäfer* BB 2005, 2137, 2143.

[748] MünchHdbGesR IV/*Semler* § 40 Rdnr. 23; *Faßbender* RNotZ 2009, 425, 446.

[749] MünchKommAktG/*Kubis* § 130 Rdnr. 62; *Obermüller/Werner/Winden/Butzke* N Rdnr. 34; *Faßbender* RNotZ 2009, 425, 446.

[750] *Obermüller/Werner/Winden/Butzke* N Rdnr. 34; zur Frage, wie Unterlagen zugänglich gemacht werden, vgl. *Wicke* S. 15.

stands zu Beschlussvorlagen dürfte regelmäßig ebenfalls sinnvoll sein.[751] Zweckmäßig und üblich ist schließlich, die Uhrzeit von Beginn und Ende der Hauptversammlung, ggf. auch die Länge von Unterbrechungen festzuhalten.[752] Steht der Vorwurf im Raum, Aktionären sei nicht ausreichend Gelegenheit zur Aussprache gegeben worden, kann es sich sogar empfehlen, die Dauer der Aussprache in Frage- und Antwortblöcken, ggf. auch die Dauer einzelner Redebeiträge, den Namen und die Reihenfolge von Rednern im Protokoll aufzunehmen.[753] Auch äußere Störungen der Verhandlungen (z.B. ein vorübergehender Tonausfall) können protokolliert werden, um einen möglichen oder fehlenden Einfluss auf die Beschlussfassung zu dokumentieren.

Nicht zwingend erforderlich sind die häufig anzutreffenden Schlussfeststellungen.[754] 410
Hierunter versteht man die zusammengefassten eigenen Feststellungen des Notars, die natürlich auch im Protokoll verstreut im jeweiligen Sachzusammenhang stehen können.

Der Notar sollte bei allem den Blick für das Wesentliche nicht verlieren. Fragen und Ant- 411
worten über die Anforderungen des § 131 Abs. 5 AktG hinaus müssen und sollten nicht protokolliert werden, auch wenn es die Aktionäre oder der Vorstand im Einzelfall wünschen. Es ist in der Regel auch nicht erforderlich, die gesamte Aussprache ausführlich abzuhandeln, wenn sie ohne Streit und in angemessener Zeit erledigt wurde. Überflüssig ist die Protokollierung von Grußworten und sonstigen für die Beschlussfassung unerheblichen Vorgängen und Beiträgen.

f) **Anlagen.** *aa) Folge unvollständiger Anlagen.* Das Fehlen von Anlagen des Protokolls 412
hat keine Auswirkungen auf die Wirksamkeit der Beschlüsse der Hauptversammlung. § 241 AktG nimmt § 130 Abs. 3 AktG, der die Beifügung von Anlagen regelt, von der Nichtigkeitsfolge aus. Auch eine Anfechtung der Beschlüsse wegen einer fehlenden Anlage kommt nach herrschender Meinung nicht in Betracht, weil der Beschluss bereits gefasst ist, wenn die Niederschrift abgeschlossen wird und deshalb nicht auf dem Verstoß beruhen kann.[755] Nicht ausgeschlossen ist demgegenüber, dass das Fehlen einer Anlage zu wenigstens vorübergehenden Unklarheiten über die Beschlussfassung führt. Für daraus entstehende Schäden, etwa den Aufwand für besondere Rechtsberatung, hätte der Notar einzustehen.[756]

bb) zwingend erforderliche Anlagen. Nach § 130 Abs. 3 AktG sind die **Belege über die** 413
Einberufung der Versammlung der Niederschrift als Anlage beizufügen, wenn sie nicht unter Angabe ihres Inhalts in der Niederschrift aufgeführt sind. Beleg über die Einberufung ist in der Regel der Ausdruck aus dem elektronischen Bundesanzeiger. Bezeichnet die Satzung nach § 25 Satz 2 AktG auch andere Blätter oder elektronische Informationsmedien als Gesellschaftsblätter, sind auch Belegexemplare oder Ausdrucke dieser Medien beizufügen.[757] Wird die Hauptversammlung nach § 121 Abs. 4 Satz 2 durch eingeschriebenen Brief[758] an die namentlich bekannten Aktionäre einberufen, ist ein Originalmuster des Einberufungsschreibens mit einer Auflistung aller Adressaten nebst sämtlichen Einlieferungsbelegen beizufügen.[759]

Nach herrschender Ansicht sind die **Einberufungsbelege im Original** beizufügen.[760] Dies 414
ist nach der erfolgten Umstellung der Pflichtbekanntmachungen auf den elektronischen Bundesanzeiger nicht mehr möglich, da aus dem elektronischen Bundesanzeiger nur noch

[751] *Obermüller/Werner/Winden/Butzke* N Rdnr. 34; *Bezzenberger,* FS Schippel, S. 361, 384.

[752] *Obermüller/Werner/Winden/Butzke* N Rdnr. 34; *Schmidt/Lutter/Ziemons* § 130 Rdnr. 30; Spindler/Stilz/*Wicke* § 130 Rdnr. 14.

[753] *Obermüller/Werner/Winden/Butzke* N Rdnr. 34; *Sigel/Schäfer* BB 2005, 2137, 2143.

[754] Ein Beispiel hierfür bei BeckNotarHdb/*Heckschen* D III 5 Rdnr. 60.

[755] *Hüffer* § 130 Rdnr. 32; a.A. *Lamers* DNotZ 1962, 287, 301, der die Wahrscheinlichkeit einer Anfechtung allerdings für gering erachtet.

[756] Vgl. KölnKommAktG/*Zöllner* 2. Aufl. § 130 Rdnr. 82.

[757] *Faßbender* RNotZ 2009, 425, 446.

[758] Die Versendung eines Einschreibens mit Rückschein ist nicht erforderlich, MünchKommAktG/*Kubis* § 121 R. 50.

[759] *Schmidt/Lutter/Ziemons* § 130 Rdnr. 57; Spindler/Stilz/*Wicke* § 130 Rdnr. 53; *Faßbender* RNotZ 2009, 425, 447 unter Verweis auf DNotI-Report 2003, 130, 131.

[760] *Hüffer* § 130 Rdnr. 24 m.w.N.

ein einfacher Ausdruck erstellt werden kann. Richtigerweise genügt die Beifügung eines solchen Ausdruckes,[761] da man von der Gesellschaft nicht verlangen kann, allein für die Fertigung des Hauptversammlungsprotokolls parallel die Einberufung auch im herkömmlichen Bundesanzeiger zu veröffentlichen, um ein Originalbelegexemplar zu schaffen.[762] Der Ausdruck aus dem elektronischen Bundesanzeiger, den der Notar selbst herstellt, genügt ebenso wie die Beifügung des Ausdrucks, der der Gesellschaft mit der Bestätigung über die Veröffentlichung unmittelbar, aber eben auch meist nur elektronisch, vom Bundesanzeigerverlag zugeschickt wird.

Angesichts der bestehenden Unsicherheit, ob ein Original auch beigefügt werden muss, obwohl es ein solches nicht gibt, kann man von der Möglichkeit Gebrauch machen, den Inhalt der Einberufung in die Niederschrift aufzunehmen.[763] Die wörtliche Wiedergabe ist zwar nicht erforderlich, da nur die Ordnungsmäßigkeit der Einberufung anhand der Niederschrift nachprüfbar sein muss.[764] Zur Vermeidung von Übertragungsfehlern sollte man dennoch am besten den Ausdruck der Einberufungsbekanntmachung einscannen und in das Protokoll übernehmen.

415 Wird die Hauptversammlung als **Vollversammlung** abgehalten, bedarf es der Beifügung von Einberufungsbelegen – falls vorhanden – nicht, wenn sich nach Belehrung kein Widerspruch erhebt.[765] Im Protokoll ist jedoch der Verzicht auf die Einhaltung der Einberufungsvorschrift im Sinne von § 121 Abs. 6 AktG festzuhalten.[766] Für den Sonderfall der Ein-Personen-Aktiengesellschaft kann ohne Weiteres auf die Einberufungsbelege verzichtet werden.[767]

416 In Fällen, in denen die **Zustimmung** der Hauptversammlung **zum Abschluss bestimmter Verträge** erteilt werden muss, ist häufig gesetzlich angeordnet, das Original oder einen Entwurf dieses Vertrages dem Protokoll beizufügen. Häufige Fälle sind Ergebnisabführungsverträge, zu denen auch Verträge über den Abschluss einer stillen Gesellschaft gehören können, oder Verträge nach dem Umwandlungsgesetz. Im Einzelnen handelt es sich um folgende Anlagen:

- Nachgründungsverträge nach § 52 Abs. 2 Satz 6 AktG;
- Verträge zur Übertragung des gesamten Vermögens nach § 179 a Abs. 2 Satz 5 AktG;
- Unternehmensverträge nach § 293 g Abs. 2 Satz 2 AktG;
- Verschmelzungsverträge nach § 17 Abs. 1 UmwG;
- Spaltungsverträge nach § 124 UmwG;
- Vermögensübertragungsverträge nach §§ 17 Abs. 1, 176 Abs. 1 UmwG.

417 Zulässig ist es, auch Anlagen beizufügen, die die Niederschrift teilweise ersetzen. Dies bietet sich für die vom Aktionär erstellte Liste unbeantworteter Fragen, die Aufnahme von schriftlich erklärten Widersprüchen oder die Verkündung der Abstimmungsergebnisse durch Beifügung der vorgelesenen Sprechzettel an.[768]

Auf sämtliche Anlagen ist in der Niederschrift analog §§ 9 Abs. 1 Satz 2, 37 Abs. 1 Satz 2 und 3 BeurkG zu verweisen.

Formulierungsvorschlag:

Der Vorsitzende verkündete die Abstimmungsergebnisse wie aus der Anlage 4, auf die verwiesen wird, ersichtlich und stellte die derart gefassten Beschlüsse fest:

Oder:

Der Aktionär Meier rügte die in der Anlage 5 wiedergegebenen Fragen als unbeantwortet. Die von der Gesellschaft angeführten Gründe für die Auskunftsverweigerung sind der jeweiligen Frage in der Anlage 5 zugeordnet.

---

[761] *Schmidt/Lutter/Ziemons* § 130 Rdnr. 57; MünchHdbGesR IV/*Semler* § 40 Rdnr. 25; *Faßbender* RNotZ 2009, 425, 447.
[762] So aber MünchKommAktG/*Kubis* § 130 Rdnr. 63.
[763] Staudinger/*Hertel* Vorbem. zu §§ 127 a, 128 Rdnr. 623; *Faßbender* RNotZ 2009, 425, 447.
[764] *Hüffer* § 130 Rdnr. 24; KölnKommAktG/*Zöllner* § 130 Rdnr. 83.
[765] *Hüffer* § 130 Rdnr. 24, MünchKommAktG/*Kubis* § 130 Rdnr. 63.
[766] *Schmidt/Lutter/Ziemons* § 130 Rdnr. 58.
[767] MünchHdbGesR IV/*Semler* § 40 Rdnr. 10.
[768] *Schmidt/Lutter/Ziemons* § 130 Rdnr. 61.

cc) Fakultative Anlagen. Dem Notar ist unbenommen, der Niederschrift weitere Anlagen, z. B. Berichte des Vorstands zum Bezugsrechtsausschluss, zu Unternehmensverträgen oder zu Vorgängen nach dem Umwandlungsgesetz, beizufügen. Zwingend ist die Beifügung solcher Unterlagen nicht. Das Teilnehmerverzeichnis muss nicht mehr beigefügt werden,[769] obwohl manche Gesellschaften dies noch wünschen. Es ist sogar offen, ob die Beifügung aus Datenschutzgründen noch zulässig ist[770]. Auch der Jahresabschluss muss dem Protokoll nicht beigefügt werden,[771] es sei denn, der Jahresabschluss wird ausnahmsweise durch Beschluss der Hauptversammlung festgestellt.[772] Da der Jahresabschluss bereits nach § 325 f. HGB beim Handelsregister einzureichen ist, erscheint die Beifügung des Jahresabschlusses nicht mehr zweckmäßig, sie ist aber zulässig.[773] Werden anlässlich der Hauptversammlung Unterlagen an die Aktionäre verteilt, die über den Ablauf der Versammlung informieren, z. B. Hinweisblätter zum Abstimmungsverfahren, können auch derartige Unterlagen zur Abrundung der mündlich erteilten und im Protokoll aufgeführten Hinweise zum Abstimmungsverfahren zusätzlich als Anlage beigefügt werden. 418

g) **Änderungen der Niederschrift.** Auch nachdem der Notar ein Protokoll der Hauptversammlung angefertigt und unterzeichnet hat, kann es notwendig werden, Änderungen oder Ergänzungen vornehmen, um nachträglich erkannte Fehler zu berichtigen und so ggf. weitreichende Folgen für die Wirksamkeit der Beschlüsse, aber auch die eigene Haftung des Notars zu vermeiden.[774] Die Voraussetzungen und die erforderliche Form der Änderungen hängen dabei davon ab, ob die Niederschrift beurkundungsrechtlich bereits abgeschlossen ist oder nicht. Durch Rechtsprechung und Literatur sind hierzu in jüngerer Zeit einige grundlegende Fragen geklärt worden.[775] 419

Vor Abschluss der Niederschrift sind Änderungen ohne Weiteres zulässig. Die Fertigstellung des Protokolls muss nicht in der Hauptversammlung selbst erfolgen, da § 130 Abs. 1 AktG nur eine Beurkundung „über die Verhandlung“, nicht aber „in der Hauptversammlung“ verlangt.[776] Der Notar kann also in der Hauptversammlung zunächst mit vorbereiteten Arbeitshilfen wie Musterprotokollen und einzelnen Formularen arbeiten, in ihnen das Geschehen notieren und die Aufzeichnungen später, ggf. ergänzt durch weitere Erinnerungen, zu einer Niederschrift zusammenfügen. 420

Die **freie Änderbarkeit** der Niederschrift soll nach herrschender Meinung zumindest **bis zur Erteilung von Ausfertigungen** oder Abschriften der vom Notar autorisierten Fassung gelten.[777] Die Unterschrift des Notars unter dem Protokoll allein führt nicht zum Abschluss der Urkunde. 421

Die Frage, ob bei Versterben des Notars nach Beendigung der Hauptversammlung oder bei sonstiger eintretender Handlungsunfähigkeit die **vorsorgliche Unterzeichnung** zu einer gültigen Niederschrift i. S. d. § 130 AktG führen kann, wenn die sonstigen zwingenden Protokollinhalte vorliegen, ist offen, aber zu bejahen. Denn die vorsorglich geleistete Unterschrift beinhaltet die Entscheidung des Notars zur Bekanntgabe des Protokolls mit dem zulässigen Vorbehalt, dass der Notar die Anweisung zur Bekanntgabe durch eine Überarbeitung rückgängig macht.[778] Einer weitergehenden Willensbeurkundung, etwa durch Aufnahme der Urkunde in die Urkundenrolle bedarf es nicht. Auf der anderen Seite steht die „vorzeitige“ Vergabe einer Urkundenrollennummer der freien Abänderung der Urkunde nicht entgegen, da die Abänderbarkeit nicht von einer traditionell fehlerhaften[779] Vergabe der Urkundenrollennummer abhängig gemacht werden kann. 422

[769] Diese Verpflichtung ist durch das Gesetz zur Namensaktie und zur Erleichterung der Stimmrechtsausübung vom 18. 1. 2001, BGBl I S. 123 entfallen.
[770] BeckNotarHdb/*Heckschen* D III 5 Rdnr. 63.
[771] *Hüffer* § 130 Rdnr. 25.
[772] *Geßler/Hefermehl/Eckart* § 130 Rdnr. 47.
[773] *Schmidt/Lutter/Ziemons* § 130 Rdnr. 60.
[774] Vgl. *Maaß* ZNotP 2005, 50 ff.
[775] Vgl. BGHZ 180, 9 ff.; *Faßbender* RNotZ 2009, 425, 447 f.; *Schmidt/Lutter/Ziemons* § 130 Rdnr. 53 ff.
[776] BGHZ 180, 9, 13 f.
[777] BGHZ 180, 9, 14 f.
[778] *Kanzleiter* DNotZ, 804, 811.
[779] *Armbrüster/Renner* § 8 DNotO Rdnr. 11.

423 Besondere Vorschriften über die **Änderung** des Hauptversammlungsprotokolls **nach Abschluss der Urkunde** enthalten weder die aktienrechtlichen noch die beurkundungsrechtlichen Bestimmungen. Maßgeblich ist deshalb § 44a BeurkG. Die Änderung erfolgt danach unstreitig bei der Berichtigung von offensichtlichen Unrichtigkeiten in Form eines Nachtragsvermerks. Andere Änderungen werden teilweise für nicht zulässig gehalten, da dies den besonderen Erfordernissen an die Rechtssicherheit von Hauptversammlungsprotokollen nicht gerecht werde.[780] Dennoch ordnet § 44a BeurkG generell für alle Arten von Beurkundungen die Zulässigkeit der Änderung der Niederschrift an. Das Interesse an Rechtssicherheit ist dabei in den Fällen anderer Beurkundungen nicht geringer als bei Hauptversammlungsprotokollen. Für eine Einschränkung des Anwendungsbereiches der Norm ist deshalb kein Raum. Änderungen sind daher durch eine besondere Niederschrift jederzeit und bei Tatsachenbeurkundungen auch ohne Mitwirkung der Beteiligten zulässig.[781]

424 Da § 44a BeurkG jede nachträgliche Änderung der Niederschrift erlaubt, ist es lediglich noch eine Frage der **vorgeschriebenen Form**, ob es um die Berichtigung offensichtlicher Unrichtigkeiten geht oder nicht. Für offensichtliche Unrichtigkeiten ist gemäß § 44a Abs. 2 BeurkG keine Nachtragsniederschrift erforderlich, sondern es genügt ein Nachtragsvermerk auf der Urkunde oder einem besonderen mit ihr zu verbindendem Blatt. Die Definition der offensichtlichen Unrichtigkeit ist nicht unumstritten, mittlerweile hat sich aber zunehmend die Auffassung durchgesetzt, dass in Anlehnung an § 319 ZPO solche Fehler gemeint sind, die aufgrund des Inhalts der Urkunde selbst oder allgemein zugänglicher Informationsquellen ohne weiteres als Fehler erkennbar sind.[782] Eine trennscharfe Abgrenzung ist damit allerdings nicht gefunden, so dass die genaue Beurteilung nur im Einzelfall erfolgen kann und der Notar im Zweifel mit einer Nachtragsbeurkundung den in jedem Fall zulässigen Weg wählen sollte.[783]

425 **h) Form der Beurkundung.** *aa) Tatsachenprotokoll.* Der Regelfall der Beurkundung ist die **Niederschrift eines Tatsachenberichts über die Wahrnehmungen des Notars** nach § 36ff. BeurkG. Der Notar beurkundet keine Willenserklärungen, so dass die §§ 6 bis 35 BeurkG keine Anwendung finden.[784] Die aktienrechtlichen Beurkundungserfordernisse sind in § 130 AktG abschließend und zwingend geregelt. Sie stehen nicht zur Disposition der Hauptversammlung. § 130 AktG ist lex specialis gegenüber allen anderen gesetzlichen Bestimmungen, insbesondere den Landesgesetzen und dem Beurkundungsgesetz. Beschlüsse werden nicht durch die Aufnahme der Stimmabgabe, also der Willenserklärungen der Teilnehmer protokolliert, sondern in erster Linie durch die Angabe des Ergebnisses der Abstimmung und dessen Feststellung durch den Vorsitzenden, dem das Gesetz so die Leitung der Versammlung zuweist. Bei der Beurkundung der Beschlüsse geht es also nicht um die Beurkundung der Stimmabgaben der einzelnen Aktionäre, sondern um das rechnerische Ergebnis an der Auszählung der Stimmen und damit um die Darstellung eines tatsächlichen Vorgangs.[785] Es bedarf deshalb weder der Personenfeststellung noch der Verlesung, noch der Unterzeichnung des Protokolls durch andere Personen als den Notar. Da der Notar mehr wie ein Beobachter agiert, obliegen ihm naturgemäß auch nicht die gleichen Betreuungs-, Beratungs- und Hinweispflichten, die er bei der Beurkundung von Willenserklärungen zu beachten hat.

426 *bb) Gemischte Beurkundung.* Die Beschreibung von Abläufen und Ergebnissen gelangt an ihre Grenzen, wenn im Zusammenhang mit den zu fassenden Beschlüssen rechtsgeschäftliche Erklärungen abgegeben werden sollen. Derartige Erklärungen sind z. B. Verzichtserklärungen im Umwandlungsrecht nach §§ 8 Abs. 3 UmwG (Umwandlungsbericht), 9 Abs. 3

[780] *Hüffer* § 130 Rdnr. 11a; MünchKommAktG/*Kubis* § 130 Rdnr. 20.

[781] Spindler/Stilz/*Wicke* § 130 Rdnr. 26; *Schmidt/Lutter/Ziemons* § 130 Rdnr. 55; HK-AktG/*Reger* § 130 Rdrn. 24; *Armbrüster/Preuß* § 37 Rdnr. 29; *Krieger* NZG 2003, 366, 371; *Maaß* ZNotP 2005, 50, 56f.; a. A. *Grumann/Gillmann* NZG 2004, 839, 842 m. w. N.

[782] *Armbrüster/Preuß* § 44a Rdnr. 14.

[783] *Lerch* § 44a Rdnr. 8.

[784] DNotBeurkGI-Report 1997, 228.

[785] GroßkommAktG/*Werner* § 130 Rdnr. 76.

UmwG (Umwandlungsprüfung) und 16 Abs. 2 Satz 2 UmwG (Klagverzichtserklärung) UmwG oder § 285 Abs. 2 AktG (Zustimmungsbeschluss des persönlich haftenden Gesellschafters) bzw. § 293 a Abs. 3 AktG (Verzicht auf den Bericht über einen Unternehmensvertrag) oder § 293 b Abs. 2 AktG (Verzicht auf den Prüfungsbericht zu einem Unternehmensvertrag). Es ist allgemein anerkannt, dass derartige nach §§ 8 ff. BeurkG zu beurkundende Willenserklärungen in derselben Urkunde protokolliert werden können, in der das Hauptversammlungsprotokoll niedergelegt ist. Diese Erklärungen müssen nach § 13 Abs. 1 Satz 1 BeurkG den Betroffenen vorgelesen, von ihnen genehmigt und von ihnen unterschrieben werden. In der sogenannten **gemischten Beurkundung** sind diejenigen, die die Willenserklärungen abgeben, vom Notar zu identifizieren einschließlich ihrer Vertretungsmacht. Auch die weitergehenden Belehrungshinweise und Beratungspflichten gelten für die Abgabe der Willenserklärungen.

Zweckmäßigerweise werden die zu beurkundenden Willenserklärungen nicht in einer Ur- 427
kunde in gemischter Beurkundungsform aufgenommen, sondern in einer gesonderten Urkunde niedergelegt.[786] Diese Urkunde kann sodann als Anlage zum Tatsachenprotokoll genommen werden.

In der Regel sind in einer Hauptversammlung abgegebene Willenserklärungen nicht beur- 428
kundungsbedürftig, insbesondere nicht der Verzicht auf Form- und Fristerfordernisse der Einberufung, der Verzicht auf Anfechtungsrechte oder die Einlegung eines Widerspruchs. Zum Beweis derartiger Erklärungen genügt die Tatsachenbeurkundung.[787]

cc) Beurkundung von Willenserklärungen. Nicht nur bei Ein-Personen-Aktiengesellschaf- 429
ten, sondern auch bei kleineren Aktiengesellschaften, bei denen sämtliche Aktionäre erschienen bzw. vertreten sind und in einer Vollversammlung **einstimmige Entscheidungen** treffen wollen, erschöpft sich der Ablauf der Hauptversammlung meist in der Beschlussfassung. Weder bedarf es der Organisation und Information über Abläufe und Abstimmungsverfahren noch wird zu einzelnen Tagesordnungspunkten debattiert. Die Beurkundung der Hauptversammlung wird schlichtweg als notwendige Form und der strenge Ablauf als Förmelei empfunden. Dies kann auch dem Notar mehr Probleme bereiten als ihm lieb ist, da sich mancher Versammlungsleiter mit dem Hinweis, der Notar möge das Protokoll nur richtig schreiben, über die Formalitäten, hinwegzusetzen versucht. In solchen Konstellationen bietet es sich an, die Beurkundung insgesamt ausschließlich nach den §§ 8 ff. BeurkG vorzunehmen. Dies gilt erst recht, wenn im Zusammenhang mit Strukturbeschlüssen notariell zu beurkundende Willenserklärungen abgegeben werden, die zumindest eine gemischte Beurkundung erfordern.

Ganz überwiegend wird die Beurkundung von Willenserklärungen für zulässig erachtet, 430
wenn die Formerfordernisse des § 130 AktG beachtet werden, da diese Form der Beurkundung mehr Garantien für die Beteiligten mit sich bringt, als dies in den §§ 37 BeurkG und 130 AktG vorgesehen ist.[788]

Bei Vollversammlungen, insbesondere Versammlungen der Ein-Personen-Aktiengesell- 431
schaft, werden z. T. Erleichterungen von den Formvorschriften des § 130 AktG für zulässig gehalten, insbesondere der Verzicht auf den Versammlungsleiter und auf Angaben zur Art der Abstimmung und zur Feststellung des Ergebnisses.[789] Wegen des eindeutigen Wortlauts des § 130 AktG und der Nichtigkeitsdrohung bei nicht ordnungsgemäß beurkundeten Beschlüssen sollte von diesen Erleichterungen kein Gebrauch gemacht werden.

[786] Schüppen/Schaub/*Bohnet* § 27 Rdnr. 115.
[787] Staudinger/*Hertel* Vorbem. zu §§ 127 a, 128 Rdnr. 606.
[788] *Winkler* vor § 36 Rdnr. 15 ff.; *Röll* DNotZ 1979, 644, 650; DNotI-Report 1997, 228, 229; a. A. *Nirk/Ziemons* RZ I 10.1030; *Schmidt/Lutter/Ziemons* 1. Aufl. § 130 Rdnr. 16, die diese Ansicht in der 2. Auflage nicht mehr vertritt.
[789] Vgl. hierzu Rdnr. 370.

Formulierungsvorschlag für ein Protokoll nach §§ 8 ff. BeurkG bei einer Globalversammlung:

Urkundskopf mit Angabe des Notars
Aufnahme der Beteiligten ggf. mit Vertretungsnachweisen
eventuell Vorbefassungsklausel
Die Beteiligten baten um Beurkundung einer außerordentlichen Hauptversammlung der ...... AG und erklärten:
Wir sind die alleinigen Aktionäre der ...... AG sowie deren Aufsichtsratsvorsitzender und halten hiermit unter Verzicht auf alle Frist- und Formvorschriften der Einberufung, Ankündigung und Durchführung am heutigen (Datum) in den Räumen (Ort) eine außerordentliche Hauptversammlung ab. Das Teilnehmerverzeichnis ist aufgestellt. Daraus ergibt sich, dass sämtliche ...... Aktien und damit ...... Stimmen der Gesellschaft ordnungsgemäß vertreten sind. Das Teilnehmerverzeichnis wird zur Aufbewahrung zu den Unterlagen der Gesellschaft genommen.

Herr/Frau hat satzungsgemäß die Versammlungsleitung übernommen. (Alternativ: Wir wählen hiermit einstimmig zum Leiter der Versammlung Herrn/Frau ......, der/die die Versammlungsleitung übernimmt).
Der Versammlungsleiter legt mit Zustimmung aller Beteiligten die Tagesordnung wie folgt fest:
Tagesordnungspunkt 1: ......
Der Beschlussvorschlag von Vorstand und Aufsichtsrat hierzu lautet: ......

Der Versammlungsleiter legt fest, dass über den Beschlussvorschlag durch Erklärung gegenüber dem Notar abgestimmt wird. Sämtliche Beteiligten erklären sodann, dass sie für den Beschlussvorschlag stimmen. Der Versammlungsleiter stellt daraufhin fest, dass der Beschluss, ... (Wortlaut) mit ...... Ja-Stimmen und ohne Gegenstimmen, mithin einstimmig entsprechend dem Beschlussvorschlag der Verwaltung gefasst wurde.

Da weitere Beschlüsse nicht zu fassen sind, erklärt der Versammlungsleiter die Hauptversammlung für beendet.

Diese Niederschrift wurde den Beteiligten von dem Notar vorgelesen, von ihnen genehmigt und von ihnen und dem Notar eigenhändig wie folgt unterzeichnet:

432 i) **Beurkundung durch mehrere Notare.** Hauptversammlungen größerer Aktiengesellschaften finden häufig in mehreren Räumen unter Beteiligung von bis zu mehreren tausend Aktionären statt. Sind dann auch sog. kritische Aktionäre anwesend, die es darauf anlegen, dass der Notar fehlerhaft oder unvollständig agiert, stellt sich die Frage, ob auch mehrere Notare zur Beurkundung der Hauptversammlung eingesetzt werden können.

433 Unkritisch ist die Unterstützung des Notars durch **Hilfspersonen**, z. B. durch den Einsatz einer Schreibkraft bei der Aufnahme von unbeantworteten Fragen, sofern diese Hilfspersonen nicht ihre eigenen Wahrnehmungen anstelle der Wahrnehmungen des Notars treffen, was voraussetzt, dass der Notar die Hilfspersonen umfassend überwacht.[790]

Der Notar kann einen zweiten Notar auch selbst als Hilfsperson hinzuziehen.[791]

434 Der Einsatz eines **zweiten Notars mit gleichem Aufgabenkreis** ist grundsätzlich abzulehnen, da die Gefahr widersprüchlicher Angaben in den Niederschriften besteht.[792] Dies gilt auch für die Durchführung einer Hauptversammlung in mehreren Räumen, da die Gesellschaft durch organisatorische Maßnahmen sicherstellen kann, dass jedenfalls die Protokollinhalte, deren fehlerhafte Aufnahme zur Nichtigkeit führen könnte, von einem Notar in dem Versammlungsraum aufgenommen werden, in dem auch der Versammlungsleiter sitzt und in dem allein die Stimmen abgegeben, Fragen gestellt und Widersprüche erhoben werden dürfen.[793]

Hinzunehmen sind zwei gleichwertige Niederschriften wohl nur in dem Fall, dass eine Aktionärsminderheit, die zulässigerweise die Hauptversammlung einberufen hat, einen No-

[790] *Faßbender* RNotZ 2009, 425, 451; *Krieger*, FS Hans-Joachim Priester S. 387, 403 f.; *Meyer-Landrut* S. 99 f.
[791] *Meyer-Landrut* S. 100 f., der auch auf die kostenrechtlichen Konsequenzen hinweist.
[792] Happ/*Zimmermann* 10.17 Rdnr. 1; *Meyer-Landrut* S. 101; a. A. KölnKommAktG/*Noack/Zetzsche* § 130 Rdnr. 69 f.; *Reul/Zetzsche* AG 2007, 561, 568.
[793] *Faßbender* RNotZ 2009, 425, 452.

tar beauftragt und die Gesellschaft auch ihrerseits einen Notar mit der Beurkundung der Niederschrift betraut hat.

Möglich dürfte die Aufteilung der Beurkundung auf **zwei Notare in zeitlicher Hinsicht** sein, wenn bei langen oder mehrtägigen Hauptversammlungen ein Notar z. B. die erste Hälfte und ein weiterer Notar die zweite Hälfte der Versammlung protokolliert,[794] Von dieser Möglichkeit sollte jedoch nur sehr zurückhaltend Gebrauch gemacht werden, da bisher nicht geklärt ist, ob die aktienrechtliche Niederschrift zwingend in einer einzigen notariellen Urkunde enthalten sein muss.[795] 435

Keinen Bedenken begegnet die Beauftragung eines sog. **Ersatznotars**, der aus Vorsorge, dass der beurkundende Notar z. B. krankheitsbedingt ausfällt und sein Protokoll nicht fertigstellen kann, tätig wird.[796] Um zu verhindern, dass zwei Niederschriften mit möglicherweise widersprüchlichen Protokollinhalten entstehen, ist der Beurkundungsauftrag an den Ersatznotar von vornherein auflösend bedingt für den Fall, dass der erste Notar die Hauptversammlung bis zum Schluss protokolliert, zu erteilen.[797] Hat die Gesellschaft keinen Ersatznotar beauftragt und kann der erste Notar die Beurkundung nicht fortsetzen, bleibt nur die Unterbrechung der Hauptversammlung mit dem Ziel, einen zweiten Notar mit dem restlichen Teil der Protokollierung zu beauftragen, was allerdings voraussetzt, dass der erste Notar den ersten Teil mit seiner Unterschrift noch bis zur Unterbrechung fertigstellen kann, damit keine Unterbrechung der Beurkundung eintritt.[798] 436

Wegen der Nichtigkeit nicht beurkundeter Beschlüsse und angesichts der erheblichen Kosten bei großen Hauptversammlungen, erst recht wenn eine mehrtägige Hauptversammlung ansteht, erscheint die Beauftragung eines Ersatznotars zweckmäßig,[799] wenn auch die erforderliche Doppelprotokollierung den Versammlungsverlauf verzögern kann.[800]

Die praktisch bedeutsamste Frage betrifft die **Aufgabenteilung.** Um bei turbulenten Hauptversammlungen den ersten Notar zu entlasten, damit dieser sich auf die Protokollierung der Beschlüsse und ihres Zustandekommens konzentrieren kann, wird in der Praxis häufig ein zweiter Notar eingesetzt, der z. B. die Aufnahme unbeantworteter Fragen und die Protokollierung von Widersprüchen übernimmt. Bei einer Aufgabenteilung, die überwiegend für zulässig gehalten wird,[801] sind mehrere Probleme zu lösen. 437

Zunächst müssen die **Tätigkeitsbereiche klar abgegrenzt** sein, damit die Gefahr widersprüchlicher Protokollinhalte vermieden wird. Dies ist gewährleistet, wenn der zweite Notar lediglich unbeantwortete Aktionärsfragen und den Grund ihrer Nichtbeantwortung sowie Widersprüche aufnimmt.[802] In gleicher Weise könnte man fakultative Inhalte des Protokolls, z. B. den zeitlichen Ablauf der Aussprache dem zweiten Notar überlassen. 438

Protokollinhalte müssen des Weiteren auf der eigenen Wahrnehmung des jeweiligen Notars beruhen. Der zweite Notar hat daher ein **eigenes Protokoll** zu erstellen.[803] Es genügt nicht, wenn der erste Notar in seinem Protokoll darauf verweist, dass der zweite Notar ihm glaubhaft versichert habe, dass näher bezeichnete Aktionäre Widersprüche eingelegt haben.[804] Die Wiedergabe von Wahrnehmungen Dritter erfüllt nicht die von der Niederschrift bezweckte Beweiskraft. Führt der zweite Notar kein eigenes Protokoll, ist er nur Hilfsperson des ersten Notars, der die Tätigkeit des zweiten wiederum ausführlich überwachen müsste, damit sie noch aufgrund eigener Wahrnehmung wirksam protokolliert werden 439

---

794 *Reul/Zetzsche* AG 2007, 561, 569; *Faßbender* RNotZ 2009, 425, 452; *Meyer-Landrut* S. 101 f.

795 Hierzu *Reul/Zetzsche* AG 2007, 561, 565 ff.; *Faßbender* RNotZ 2009, 425, 451 f.

796 Staudinger/*Hertel* Vorbem. zu §§ 127 a, 128 Rdnr. 609; Happ/*Zimmermann* 10.17 Rdnr. 1; *Reul/Zetzsche* AG 2007, 561, 569; *Faßbender* RNotZ 2009, 425, 452 f.; *Meyer-Landrut* S. 101 f.

797 *Meyer-Landrut* S. 102; *Faßbender* RNotZ 2009, 425, 453.

798 Vgl. auch *Meyer-Landrut* S. 102.

799 *Meyer-Landrut* S. 101 f.

800 *Faßbender* RNotZ 2009, 425, 453.

801 *Faßbender* RNotZ 2009, 425, 451 f.; *Reul/Zetzsche* AG 2007, 561, 568; *Arnold/Born* AG-Report 2005, 41, 42 f.; *Meyer-Landrut* S. 100; a. A. Happ/*Zimmermann* 10.17 Rdnr. 1.

802 *Faßbender* RNotZ 2009, 425, 452.

803 KölnKommAktG/*Noack/Zetzsche* § 130 Rdnr. 80; *Reul/Zetzsche* AG 2007, 561, 571; *Krieger*, FS Priester S. 403; *Meyer-Landrut* S. 100; *Faßbender* RNotZ 2009, 425, 451.

804 *Reul/Zetzsche* AG 2007, 561, 570 Fn. 92.

kann. Für die Protokollierung von Wahrnehmungen des zweiten Notars ist im Protokoll des ersten Notars kein Raum.[805]

440 Praktisch kann sich die Protokollierung des ersten Notars aber auch darauf beschränken, dass der zweite Notar ihm als **Bote** des Aktionärs die zwischenzeitlich mit diesem abgestimmten Fragen oder Widersprüche während der Hauptversammlung übermittelt und ihm zum Nachweis hierzu kurz die entsprechenden Stimmkarten oder sonstigen Nachweise vorlegt. Als Empfangsbote des Notars kann er nicht agieren, da es auf die eigenen Wahrnehmungen des Notars ankommt.

441 Auch bei der Aufgabenteilung stellt sich die Frage, ob das Protokoll zwingend durch **höchstens einen Notar** zu erstellen ist. Die überwiegende Meinung betrachtet die beiden notariellen Urkunden als ein Kompositum gleichwertiger notarieller Urkunden, die zusammen die Hauptversammlungsniederschrift darstellen.[806] Noch überzeugender ist es, das Protokoll des zweiten Notars zur Anlage des Protokolls des ersten Notars zu nehmen, um dadurch die gesamte Niederschrift auch in einer Urkunde abzubilden.[807]

442 Da eine höchstrichterliche Klärung zur Zulässigkeit der Beteiligung eines zweiten Notars an der Niederschrift noch nicht erfolgt ist, sollte man von der Hinzuziehung eines zweiten Notars, auch wenn sie zur Verbesserung der Beweisfunktion führt, im Ergebnis nur zurückhaltend Gebrauch machen. In Betracht kommt auch hier, den Auftrag an den zweiten Notar zur Aufnahme unbeantworteter Fragen und Widersprüche auflösend bedingt zu erteilen. Stellt sich im Laufe der Hauptversammlung heraus, dass diese Aufgabe problemlos auch von dem ersten Notar mit erledigt werden kann, soll dieser auch insoweit die Protokollierung vornehmen. Dieses Vorgehen setzt natürlich voraus, dass beide Notare sich während der Hauptversammlung problemlos abstimmen können und nah beieinander sitzen.

443 In allen Fällen der Hinzuziehung eines zweiten Notars ist es erforderlich, die Aktionäre **über das gewählte Verfahren** zu **unterrichten**, damit sie wissen, an welchen Notar sie sich während der Hauptversammlung wenden können.

444 Empfehlenswert ist **zusammenfassend** die auflösend bedingte Beauftragung eines zweiten Notars als Ersatznotar, der gleichzeitig als Hilfsperson des ersten Notars agieren soll. Nur wenn im Vorhinein erkennbar die zeitkritische Protokollierung einer Vielzahl unbeantworteter Fragen und Widersprüche zu erwarten ist, sollte der Ersatznotar auch ohne Bedingung mit der Fertigung eines eigenen Protokolls in einem abgegrenzten Tätigkeitsbereich beauftragt werden. Meist lässt sich aber auch in einem solchen Fall durch die vorausschauende Planung des Ablaufs der Versammlung ein notwendiges Zeitfenster für den ersten Notar zur Aufnahme unbeantworteter Fragen und Widersprüche schaffen.

6. Verfahren nach Abschluss der Niederschrift

445 a) **Einreichung beim Handelsregister.** Eine beglaubigte Abschrift der Niederschrift ist gemäß § 130 Abs. 5 AktG unverzüglich nach der Versammlung zum Handelsregister einzureichen.[808] Gesetzlich verpflichtet hierzu ist der Vorstand. Ihm drohen bei einer verspäteten Einreichung deshalb auch Zwangsgelder gemäß § 14 HGB.[809] Allerdings wird man es dem Vorstand regelmäßig nicht zurechnen können, wenn der Notar als selbständiger Amtsträger für den Abschluss der Niederschrift außergewöhnlich lange braucht. Da „unverzüglich" gemäß der Legaldefinition des § 121 BGB aber nur eine Einreichung „ohne schuldhaftes Zögern" verlangt, wäre eine Einreichung auch nach verspätetem Abschluss der Niederschrift noch rechtzeitig.[810]

446 Für den Notar gibt es keine gesetzliche Zeitvorgabe für die Fertigstellung des Protokolls. Vereinzelt wird aus der Einreichungspflicht des Vorstands auch eine Amtspflicht des Notars

[805] Unklar: *Arnold/Born* AG-Report 2005, 41, 42.

[806] *Faßbender* RNotZ 2009, 425, 452; *Reul/Zetzsche* AG 2007, 561, 571.

[807] *Meyer-Landrut* S. 100.

[808] Die häufig noch zitierte Pflicht zur Einreichung eines Exemplars für jede inländische Niederlassung besteht seit dem Wegfall des § 13c HGB nicht mehr, vgl. Spindler/Stilz/*Wicke* § 130 Rdnr. 57.

[809] HK-AktG/*Reger* § 130 Rdnr. 50.

[810] Vgl. MünchKommAktG/*Kubis* § 130 Rdnr. 66.

abgeleitet, das Protokoll ausreichend kurzfristig zu erstellen, um die unverzügliche Einreichung zu ermöglichen.[811] Da die Verpflichtung zur unverzüglichen Einreichung nicht nur Informationszwecken, sondern auch der Vorbereitung des Aktionärs vor Einleitung eines Auskunftserzwingungs- oder Anfechtungsverfahrens dienen soll,[812] würde man den Notar wegen der Fristen des § 132 Abs. 2 Satz 2 AktG bzw. des § 146 AktG zur Fertigstellung des Protokolls noch vor Ablauf von zwei bzw. vier Wochen verpflichtet sehen. Unabhängig davon, dass der Notar diese Fristen in einfach gelagerten Fällen in der Regel einhält, überzeugen die Überlegungen zur Einhaltung einer solchen Fertigstellungsfrist nicht. Die dem Aktionär vom Gesetz zur Verfügung gestellten Rechtsmittel zur Erzwingung nicht erteilter Auskünfte oder zur Anfechtung von Hauptversammlungsbeschlüssen gehen vom Leitbild des in der Hauptversammlung anwesenden Aktionärs aus. Deshalb bedarf es keiner Unterstützung zur Vorbereitung einer Klage durch das Protokoll des Notars. Denn auch der Notar hat keine weitergehenden Erkenntnismöglichkeiten als jeder einzelne anwesende Aktionär. Das Protokoll ist Beweismittel, nicht Substantiierungshilfe. Rechtsmittelfristen der Aktionäre sind daher kein geeigneter Maßstab zur Begrenzung der Fertigstellungsfrist des Protokolls. Die Fertigstellung hat sich vielmehr unter Berücksichtigung des allgemeinen Notariatsbetriebs in erster Linie an der Richtigkeit und Vollständigkeit des Protokolls zu orientieren.[813] Daraus können in besonderen Fällen Bearbeitungszeiten von deutlich über einem Monat resultieren.

Meist wird der Notar wegen des Erfordernisses, die Dokumente zum Handelsregister in elektronischer Form einzureichen, beauftragt, die Niederschrift für den Vorstand einzureichen.[814] In diesem Fall würde der Notar dem Vorstand für Ordnungsgelder haften, die gegen diesen aufgrund von Verzögerungen nach Abschluss der Niederschrift verhängt werden. Er hat deshalb selbst darauf zu achten, dass er die Niederschrift zeitnah einreicht. Die verspätete Einreichung berührt indessen keinen der in § 241 Nr. 2 AktG aufgeführten Nichtigkeitsgründe.[815] 447

b) Anmeldung eintragungsbedürftiger Beschlüsse. Die Pflicht, eintragungsbedürftige Beschlüsse beim Handelsregister anzumelden, besteht unabhängig von der Pflicht zur Einreichung der Niederschrift und wird durch die Einreichung nicht erfüllt.[816] Da § 130 Abs. 5 AktG keine Doppeleinreichung verlangt, genügt es, bei einem dem Handelsregister bereits vorliegenden Protokoll auf diese zu verweisen. 448

c) Anmeldung eintragungsbedürftiger Beschlüsse. Gemäß § 54 EStDV hat der Notar außerdem eine beglaubigte Abschrift der Niederschrift innerhalb von zwei Wochen nach ihrer Aufnahme beim zuständigen Finanzamt einzureichen, wenn die Hauptversammlung eine Gründung, Kapitalerhöhung oder -herabsetzung, Umwandlung oder Auflösung zum Gegenstand hatte. Erst nach der Absendung an das Finanzamt darf auch der Gesellschaft eine Ausfertigung ausgehändigt werden. 449

d) Einsichtsrechte. Der Notar selbst ist nicht verpflichtet, den Aktionären, einzelnen Organmitgliedern oder gar außenstehenden Dritten Einsicht in das Protokoll zu gewähren oder Abschriften zu erteilen.[817] Denn Beteiligter im Sinne des § 51 BeurkG ist allein derjenige, der die Hauptversammlung einberufen hat, in aller Regel also die durch den Vorstand vertretene Gesellschaft.[818] Ob diese ihrerseits verpflichtet ist, ihren Aktionären auf deren Kosten Einsicht zu gewähren und Kopien zu erstellen, ist im Schrifttum umstritten, da letztere die Auskünfte auch über das Handelsregister erlangen können.[819] 450

---

[811] Staudinger/*Hertel* Vorbem. zu §§ 127a, 128 Rdnr. 611.
[812] *Schmidt/Lutter/Ziemons* § 130 Rdnr. 63; *Reul/Zetzsche* AG 2007, 561, 567.
[813] KölnKommAktG/*Noack/Zetzsche* § 130 Rdnr. 368; *Reul/Zetzsche* AG 2007, 561, 567.
[814] *Heidel/Terback/Lohr* § 130 Rdnr. 38; HK-AktG/*Reger* § 130 Rdnr. 49.
[815] BGHZ 180, 9, 17; *Schmidt/Lutter/Ziemons* § 130 Rdnr. 64.
[816] *Hüffer* § 130 Rdnr. 27; *Heidel/Terbrack/Lohr* § 130 Rdnr. 38; *Sigel/Schäfer* BB 2005, 2137, 2144.
[817] *Faßbender* RNotZ 2009, 425, 449; *Wilhelmi* BB 1987, 1331, 1336.
[818] Spindler/Stilz/*Wicke* § 130 Rdnr. 58; HK-AktG/*Reger* § 130 Rdnr. 50, jeweils mit zutreffendem Hinweis auf die Ausnahmefälle der Einberufung durch eine Minderheit (§ 122 AktG) oder den Aufsichtsrat (§ 111 Abs. 3 AktG).
[819] Spindler/Stilz/*Wicke* § 130 Rdnr. 27, 58; *Schmidt/Lutter/Ziemons* § 130 Rdnr. 65.

7. Kosten

451 **Kostenschuldner** ist der Auftraggeber, also die Gesellschaft. Ist die Hauptversammlung von einer Minderheit nach § 122 Abs. 1 AktG einberufen worden und hat diese den Notar beauftragt, ist die aus den Minderheitsaktionären gebildete Gesellschaft bürgerlichen Rechts Kostenschuldner.[820] Allerdings hat die Minderheit einen Erstattungsanspruch gegen die Gesellschaft nach § 122 Abs. 4 AktG.[821]

452 Für die Abrechnung ist zunächst der **Geschäftswert** zu ermitteln. Dieser bestimmt sich nach den Vorschriften der §§ 39, 40, 41 a, 41 c KostO. Beschlüsse mit bestimmten Geldwert nach §§ 39, 40 oder 41 c Abs. 2 KostO sind z. B. Beschlüsse über eine Kapitalerhöhung oder -herabsetzung, über die Ergebnisverwendung, über die Zustimmung zu wertmäßig bestimmten Rechtsgeschäften, etwa die Zustimmung zu einer stillen Gesellschaft, oder Beschlüsse nach dem Umwandlungsgesetz. Wird über die Verwendung eines Verlustes ein Beschluss gefasst, so bestimmt die Höhe des Verlustes den Geschäftswert. Der Notar ist, da er die Hintergründe für den Beschlussvorschlag nicht kennt, in der Regel nicht verpflichtet, die Gesellschaft auf die regelmäßige Entbehrlichkeit eines solchen Beschlusses hinzuweisen.[822] Wird der Jahresabschluss nur vorgelegt und nicht festgestellt, kann zu diesem Tagesordnungspunkt mangels Beschlusses kein Wert angesetzt werden.[823]

453 Beschlüsse ohne einen bestimmten Geldwert nach §§ 41 a Abs. 4, 41 c Abs. 1 und 3 KostO sind z. B. Beschlüsse zur Entlastung der Verwaltung, zur Wahl oder Abwahl von Aufsichtsratsmitgliedern und zur Wahl des Abschlussprüfers, Beschlüsse zu Satzungsänderungen, soweit nicht Kapitalmaßnahmen beschlossen werden, sowie Beschlüsse über die Abwahl des Versammlungsleiters, die Vertagung oder Absetzung von Tagesordnungspunkten.

454 Beschlüsse mit bestimmten Geldwert sind mit diesem Wert, Beschlüsse ohne bestimmten Geldwert sind mit 1% des eingetragenen Grund-kapitals, mindestens mit € 25.000,– nach §§ 41 a Abs. 4 Nr. 1, 41 c Abs. 1 KostO und in der Gesamtsumme höchstens mit € 500.000,– nach § 41 c Abs. 4 KostO anzusetzen. Nach § 41 c Abs. 3 Satz 3 KostO gelten mehrere Wahlen oder Wahlen zusammen mit Entlastungsbeschlüssen als ein Beschluss. Abwahlen werden bewertet wie Wahlen.[824] Die Werte mehrerer gegenstandsverschiedener Beschlüsse sind nach §§ 44 Abs. 2 lit. a, 41 c Abs. 3 Satz 1 KostO zusammen zu rechnen.

Aus dem so ermittelten Geschäftswert werden zwei volle **Gebühren** nach § 47 Satz 1 KostO, höchstens jedoch ein Betrag von € 5.000,– nach § 47 Satz 2 KostO erhoben.

455 Bleibt die Hauptversammlung beschlusslos, gilt § 57 KostO, es sei denn, die Hauptversammlung wurde durch Beschluss vertagt.[825] Wurde in einer beschlusslosen Hauptversammlung die Anzeige des Vorstands nach § 92 AktG zum Bestehen eines Verlustes in Höhe der Hälfte des Grundkapitals beurkundet, ist nach § 50 KostO abzurechnen.[826]

456 Zusätzlich fällt je eine halbe Gebühr an, die höchstens € 30,– betragen darf nach § 58 Abs. 1 KostO bei Beurkundung außerhalb der Geschäftsstelle des Notars und nach § 58 Abs. 3 KostO bei Beurkundung an Sonn- und allgemeinen Feiertagen sowie an Werktagen außerhalb der Zeit von acht bis achtzehn Uhr bzw. an Sonnabenden nach dreizehn Uhr an.

457 Wird die Niederschrift in fremder Sprache aufgenommen, ist umstritten, ob § 59 KostO auch auf das Tatsachenprotokoll Anwendung findet und entsprechend abgerechnet werden kann.[827]

458 Schließlich ist die Dokumentenpauschale nach § 136 KostO, Auslagenersatz nach § 137 KostO und ggf. Reisekostenerstattung nach § 153 KostO geltend zu machen.

459 Bei der Beurkundung der Hauptversammlung beschränkt sich die Amtstätigkeit des Notars auf die Wiedergabe der tatsächlichen Vorgänge. Übernimmt der Notar **Beratungsleis-**

[820] MünchKommAktG/*Kubis* § 122 Rdnr. 65; a. A. *Heidel/Terbrack/Lohr* § 130 Rdnr. 13 m. w. N.
[821] *Hüffer* § 122 Rdnr. 13.
[822] Vgl. hierzu *Rousseau/Wasse* NZG 2010, 535 f.
[823] MünchHdbGesR IV/*Semler* § 40 Rdnr. 30; *Faßbender* RNotZ 2009, 425, 449.
[824] *Wielgoss* JurBüro 2003, 296.
[825] *Lamers* DNotZ 1962, 287, 303.
[826] *Korintenberg/Bengel/Tiedtke* § 41 c Rdnr. 24.
[827] *Faßbender* RNotZ 2009, 425, 449 m. w. N.

tungen über die Protokollierung und die damit verbundenen Betreuungspflichten hinaus, steht ihm hierfür jeweils eine halbe Gebühr aus einem nach freiem Ermessen zu bestimmenden (Teil-)Wert nach §§ 147 Abs. 2, 30 Abs. 1 KostO zu;[828] für die Berechnung der Gebühr aus dem Teilwert gilt § 47 Satz 2 KostO nicht.[829]

Zu derartigen Leistungen, die nicht als Nebengeschäft im Sinne des § 35 KostO durch die Beurkundungsgebühr abgegolten sind, zählen die Mitwirkung bei der Vorbereitung der Hauptversammlung, etwa die Überprüfung der Einberufung der Hauptversammlung, der Entwurf der Tagesordnung, das Entwerfen von Anträgen und Beschlüssen und die Ferti-gung des Teilnehmerverzeichnisses,[830] aber auch Tätigkeiten während der Hauptversammlung, etwa die Beratung des Versammlungsleiters, z. B. zu Verfahrensfragen oder zur Auslegung von Anträgen, oder die Überprüfung der Stimmzähler bei Großversammlungen.[831] 460

Im Gegensatz zur Vollzugsgebühr gemäß § 146 KostO kann die Gebühr aus § 147 Abs. 2 KostO nicht nur einmal entstehen, sondern so oft, wie entsprechende Tätigkeiten ausgeübt werden.[832] 461

Wird ein **zweiter Notar** von der Gesellschaft beauftragt, rechnet er selbst ab. Ist er auflösend bedingt beauftragt, fertigt er während der Hauptversammlung nur den Entwurf seines (zweiten) Protokolls, das er mit Eintritt der auflösenden Bedingung nicht mehr fertig stellt. § 145 Abs. 1 KostO ist nach überwiegender Meinung nicht anwendbar, da Tatsachenprotokolle bei notarieller Beurkundung keiner Gebührenvorschrift der §§ 36, 37, 38, 41, 42, 43 oder 46 KostO unterfallen würden.[833] 462

Auch § 151 Abs. 1 KostO ist nicht einschlägig, da er nur die in §§ 22, 25 und 29 BeurkG geregelten Fälle der Zuziehung eines zweiten Notars betrifft.[834]

Die Gebühr des zweiten Notars richtet sich daher nach § 147 Abs. 2 KostO.[835] Da § 47 Satz 2 KostO auf die Gebühr nach § 147 KostO nicht anwendbar ist, ist bei der Bemessung des Wertes die Heranziehung des § 30 KostO geboten, um zu vermeiden, dass der zweite Notar im Ergebnis höhere Gebühren erhält als der Urkundsnotar.[836] 463

Ist der zweite Notar nur mit der Aufnahme von Widersprüchen und unbeantworteten Fragen beauftragt, ist auch insoweit der Geschäftswert nach § 30 KostO nach freiem Ermessen zu bestimmen und ggf. weiter herabzusetzen. Wird der zweite Notar ohne besonderen Auftrag der Gesellschaft vom Urkundsnotar vorsorglich hinzugezogen, besteht für den zweiten Notar kein Gebührenanspruch gegenüber der Gesellschaft. 464

Beispiel einer Kostenrechnung 465

Sachverhalt: Hauptversammlung einer Aktiengesellschaft mit einem Grundkapital von € 8 Mio., Abhaltung einer Hauptversammlung mit folgenden Tagesordnungspunkten:

TOP 1	Vorlage des Jahresabschlusses
TOP 2	Gewinnverwendungsbeschluss: Gewinn € 1 Mio.
TOP 3	Entlastung des Vorstands
TOP 4	Entlastung des Aufsichtsrats
TOP 5	Wahl des Abschlussprüfers
TOP 6	Wahl eines Aufsichtsratsmitglieds
TOP 7	Zustimmung zu einem Ergebnisabführungsvertrag
TOP 8	Erwerb eigener Aktien bis zu 10% des Grundkapitals (aktueller Kurs € 2,–)

[828] HK-AktG/*Reger* § 130 Rdnr. 29; MünchHdbGesR IV/*Semler* § 40 Rdnr. 31; Beispiele für die Wertbemessung bei *Korintenberg/Bengel/Tiedtke* § 147 Rdnr. 114 ff.
[829] *Priester* DNotZ 2001, 661, 670.
[830] MünchHdbGesR IV/*Semler* § 40 Rdnr. 31.
[831] *Korintenberg/Bengel/Tiedtke* § 147 Rdnr. 66; *Lamers* DNotZ 1962, 287, 303.
[832] *Korintenberg/Bengel/Tiedtke* § 147 Rdnr. 176.
[833] *Korintenberg/Bengel/Tiedtke* § 145 Rdnr. 7 f.
[834] *Korintenberg/Reimann* § 151 Rdnr. 1; a. A.: *Meyer-Landrut* S. 100 f.
[835] *Korintenberg/Reimann* § 151 Rdnr. 8.
[836] Vgl. zur Korrektur der Gebühr nach § 147 KostO durch Heranziehung des § 30 KostO bei der Bemessung des Wertes: *Lappe* DNotZ 1981, 411, 412.

Kostenrechnung (§§ 32, 141, 154 KostO)
Grundkapital: € 8 Mio.
Wert:

a) TOP 1: kein eigenständiger Wert	
b) TOP 2: (Beschluss mit best. Geldwert)	€ 1.000.000,–
c) TOP 3–6: (gelten als ein Beschluss/ohne best. Geldwert gem. §§ 41 c Abs. 1, 41 a Abs. 4 Nr. 1, 41 c Abs. 3 S. 3 KostO)	€ 80.000,–
d) TOP 7:7: (ein Beschluss nach h. M. wohl ohne best. Geldwert gem. §§ 41 c Abs. 1, 41 a Abs. 4 Nr. 1 KostO)	€ 80.000,–
e) TOP 8:8: (Beschluss mit best. Geldwert: 800.000 x 2) §§ 41 c Abs. 1, 41 a Abs. 4 Nr. 1 KostO)	€ 1.600.000,–
Summe der Beschlüsse ohne best. Geldwert	€ 160.000,–
Summe der Beschlüsse mit best. Geldwert:	€ 2.600.000,–
Geschäftswert: (§§ 41 c Abs. 1, 41 a Abs. 4 Nr. 1, 41 c Abs. 3, 44 II a KostO)	€ 2.760.000,–
20/10 Gebühr gem. §§ 32, 141, 47 S. 1 Hs 1, S. 2 KostO	€ 5.000,00
Wert: (15% von € 2.760.000,– = € 414.000,– der Beschlüsse gem. § 30 I KostO)	
5/10 Gebühr gem. §§ 32, 141, 147 II KostO für die Überprüfung der Präsenzerfassung und der technischen Eingabe	€ 343,50
5/10 Gebühr gem. §§ 32, 141, 147 II KostO für die Beratung des Versammlungsleiters	€ 343,50
Auswärtsgebühr gem. § 58 I 1 KostO	€ 30,00
Schreibauslagen gem. §§ 136, 152 I KostO	
4 x 37 Seiten = 148 Seiten, davon 50 Seiten à € 0,50	€ 25,00
und 98 Seiten à € 0,15	€ 14,70
Post- und Telekommunikationsentgelt gem. §§ 137, 152 II KostO	€ 2,90
Wert: € 414.000,– (15% des Wertes der Beschlüsse gem. § 30 I KostO)	
5/10 Gebühr gem. §§ 32, 141, 147 II KostO für die Beratung bei der Vorbesprechung der Hauptversammlung am Tag der Generalprobe	€ 343,50
Zwischensumme	€ 6.103,10
19% USt. gem. § 151 a KostO	€ 1.159,59
Summe	€ 7.262,69

III. Kapitalmaßnahmen

1. Kapitalerhöhung gegen Einlagen

Schrifttum: *Bayer*, Neue und neueste Entwicklungen zur verdeckten GmbH-Sacheinlage, ZIP 1998, 1985; *Böttcher*, Die kapitalschutzrechtlichen Aspekte der Aktionärsrechterichtlinie, (ARUG), NZG 2008, 481; *Ekkenga*, Kapitalmarktrechtliche Aspekte des Bezugsrechts und Bezugsrechtsausschlusses, AG 1994, 59; *Götze*, Keine Angabe des Ausgabebetrags im Zeichnungsschein bei Sachkapitalerhöhungen in der AG?, AG 2002, 76; *Groß*, Bookbuilding, ZHR 162 (1998) 318; *Groß-Langenhoff*, Rechtsprobleme bei der Kapitalerhöhung in der Aktiengesellschaft, StudZR 2007, 43; *Grub/Fabian*, Die Anwendung von Nachgründungsvorschriften auf Sachkapitalerhöhungen – Zugleich Besprechung von OLG Oldenburg, Beschluß vom 20. 6. 2002 – 5 W 95/02, AG 2002, 614; *Henze*, Erfordernis der wertgleichen Deckung bei Kapitalerhöhung mit Bareinlagen? – Anmerkung zu BGH, Urteil vom 18. 3. 2002 – II ZR 363/00, BB2002, 957 ff., und BGH, Urteil vom 18. 3. 2002 – II ZR 369/00, BB 2002, 959 f., in: BB 2002, 955; *Kersting*, Verdeckte Sacheinlage in der Aktiengesellschaft – Erleichterungen durch das MoMiG, AG 2008, 883; *Klasen*, Recht der Sacheinlage: Rechtliche Rahmenbedingungen – Neuerungen durch MoMiG und ARUG, BB 2008, 2684; *Kort*, Voreinzahlungen auf künftige Kapitalerhöhungen bei AG und GmbH, DStR 2002, 1223; *Mülbert*, Anwendung der Nachgründungsvorschriften auf die Sachkapitalerhöhung?, AG 2003, 136; *Pfeiffer/Buchinger*, Rücknahme von Handelsregisteranmeldungen bei gescheiterter Kapitalerhöhung einer Aktiengesellschaft, BB 2006, 2317; *Schüppen*, Die sukzessive Durchführung von ordentlichen Kapitalerhöhungen – Eine Gestaltung auf der Grenzlinie zum genehmigten Kapital, AG 2001, 125; *Seibt/Voigt*, Kapitalerhöhungen zu Sanierungszwecken, AG 2009, 133; *Singler*, Voreinzahlungen auf aktienrechtliche Barkapitalerhöhungen in der Beratungspraxis nach dem 18. 3. 2002, NZG 2003, 1143; *Wieneke*, Der Einsatz von Aktien als Akquisitionswährung, NZG 2004, 61; *Zöllner*, Gerechtigkeit bei der Kapitalerhöhung, AG 2002, 585.

a) **Allgemeines.** *aa) Kapitalerhöhung und Satzungsänderung.* Die Kapitalerhöhung gegen Einlagen (auch **ordentliche Kapitalerhöhung** genannt[837]) findet ihre gesetzliche Regelung in den §§ 182–191 AktG. Es handelt sich hierbei um eine durch Beschluss der Hauptversammlung bewirkte Erhöhung des Grundkapitals mittels Ausgabe neuer Aktien gegen Bareinlagen[838] und/oder gegen Sacheinlagen.[839] Da die ordentliche Kapitalerhöhung zu einer Änderung des Grundkapitalbetrags und der Zahl der Aktien der Gesellschaft führt, welche beide zu den notwendigen Satzungsbestandteilen gehören (§ 23 Abs. 3 Nrn. 3 und 4 AktG), stellt sie sich stets auch als eine **Änderung der Satzung** der AG dar.[840] Der insoweit erforderliche Beschluss über die Änderung der Satzung erfolgt in der Praxis zweckmäßigerweise meist durch eine gemeinsam mit der Kapitalerhöhung durchgeführte Beschlussfassung der Hauptversammlung.[841] 466

b) **Keine ausstehenden Einlagen.** Eine im Vorfeld einer beabsichtigten Kapitalerhöhung auch vom betreuenden Notar zu beachtende Vorschrift findet sich in § 182 Abs. 4 S. 1 AktG: Hiernach soll das Grundkapital einer AG nicht erhöht werden, solange auf das bisherige Grundkapital der Gesellschaft **ausstehende Einlagen** noch erlangt werden können,[842] es sei denn die ausstehenden Einlagen weisen nur einen verhältnismäßig unerheblichen Umfang aus (§ 182 Abs. 4 S. 3 AktG).[843] Begründen lässt sich diese gesetzgeberische Vorgabe damit, dass ein Bedürfnis für eine Kapitalerhöhung insoweit nicht besteht, als der Gesellschaft durch die Einforderung ausstehender Einlagen eine einfachere Form der Mittelerlangung zur Verfügung steht.[844] Die Bedeutung der Regelung ist auch in der notariellen Praxis nicht zu unterschätzen. So trifft man durchaus immer mal wieder auf Aktiengesellschaften, bei denen im Rahmen ihrer Gründung – in Ausnutzung der durch § 36a Abs. 1 AktG gebotenen Möglichkeit – zunächst nur ein Teil der auf die übernommenen Aktien zu erbringenden Einlagen geleistet wurde und nunmehr weitere Investoren an der Gesellschaft mittels Gewährung neuer Aktien aus einer Kapitalerhöhung beteiligt werden sollen. Hier kann der Weg der Kapitalerhöhung erst dann beschritten werden, wenn die noch ausstehenden Einlagen eingefordert und tatsächlich auch erbracht wurden. 467

Die Regelung in § 182 Abs. Abs. 4 S. 1 AktG ist als Sollvorschrift ausgestaltet. Dies bedeutet, dass ein Verstoß hiergegen einen dennoch gefassten Kapitalerhöhungsbeschluss zwar nicht nichtig[845] und nach h. M. auch nicht anfechtbar[846] macht, das Registergericht allerdings seine Handelsregistereintragung abzulehnen hat. Da bei der Handelsregisteranmeldung eines Kapitalerhöhungsbeschlusses gemäß § 184 Abs. 1 S. 2 AktG anzugeben ist, welche Einlagen auf das Grundkapital noch nicht geleistet sind und gegebenenfalls warum diese nicht mehr erlangt werden können,[847] ist die diesbezügliche registergerichtliche Kontrolle gewährleistet. 468

Unter den Begriff der noch ausstehenden Einlagen im Sinne des § 182 Abs. 4 S. 1 AktG fallen sowohl Bar- als auch Sacheinlagen. Ohne Belang für die Anwendung der Vorschrift ist also, welche Einlagenart aussteht und welche Einlagenart die beabsichtigte Kapitalerhöhung 469

[837] Hölters/*v. Dryander/Niggemann* Vor § 182 Rdnr. 13; Schüppen/Schaub/*Sickinger/Kuthe* § 33 Rdnr. 1; Henn/*Frodermann/Becker* 5. Kap. Rdnr. 2.

[838] **Barkapitalerhöhung** – siehe unten Rdnr. 474 ff.

[839] **Sachkapitalerhöhung** – siehe unten Rdnr. 532 ff.

[840] *Hüffer* § 182 Rdnr. 3; MünchKommAktG/*Peifer* § 182 Rdnr. 1.

[841] Siehe unten Rdnr. 494.

[842] Gem. § 182 Abs. 4 S. 2 AktG können Versicherungsgesellschaften in ihrer Satzung etwas anderes bestimmen.

[843] Zum verhältnismäßig unerheblichen Umfang MünchHdbGesR IV/*Krieger* § 56 Rdnr. 5; *Hüffer* § 182 Rdnr. 28.

[844] Vgl. Schüppen/Schaub/*Sickinger/Kuthe* § 33 Rdnr. 2; *Hüffer* § 182 Rdnr. 26; BeckAG-HB/*Gotthard* § 9 Rdnr. 11.

[845] Allg. Meinung, vgl. nur Spindler/Stilz/*Servatius* § 182 Rdnr. 65; *Hüffer* § 182 Rdnr. 29.

[846] So KölnKommAktG/*Lutter* § 182 Rdnr. 40; Schmidt/Lutter/*Veil* § 182 Rdnr. 42; MünchHdbGesR IV/*Krieger* § 56 Rdnr. 6; a. A. *Hüffer* § 182 Rdnr. 29; Spindler/Stilz/*Servatius* § 182 Rdnr. 65.

[847] Siehe unten Rdnr. 526.

vorsieht.[848] Auch ein entgegen § 36a Abs. 1 AktG noch nicht erbrachtes Agio wird von der Bestimmung erfasst.[849]

Sperrwirkung für eine Kapitalerhöhung entfalten die ausstehenden Einlagen jedoch nur dann, wenn sie noch zu erlangen sind. Die Gesellschaft hat hierbei alle Möglichkeiten auszuschöpfen, um an die nicht geleistete Einlage zu gelangen, gegebenenfalls im Wege der Zwangsvollstreckung;[850] allerdings ist der Versuch einer Zwangsvollstreckung entbehrlich, wenn feststeht, dass sie zwecklos wäre.[851] Nach h. M. ist eine Einlage auch dann zu erlangen, wenn ein nur vorübergehendes Leistungshindernis besteht oder die Einlagenforderung noch nicht fällig ist.[852]

470 c) **Verfahren.** Nach der gesetzlichen Systematik der Kapitalerhöhung gegen Einlagen sind zwei grundsätzlich nacheinander zu durchlaufende Verfahrensabschnitte zu unterscheiden: Der **Beschluss** über die Kapitalerhöhung und seine Handelsregistereintragung (§§ 182 ff. AktG) und sodann die **Durchführung** der Kapitalerhöhung und ihre Handelsregistereintragung (§§ 185 ff. AktG). Das sich aus den aktienrechtlichen Vorschriften ergebende Leitbild des Erhöhungsverfahrens ist demgemäß im Ablauf eigentlich wie folgt:[853] (1) Die Hauptversammlung fasst den Kapitalerhöhungsbeschluss – § 182 AktG; (2) dieser Beschluss ist zur Eintragung in das Handelsregister anzumelden – § 184 AktG; daraufhin beginnt die Durchführung der Kapitalerhöhung (3) mit der Zeichnung der Aktien – § 185 AktG; (4) auf die gezeichneten Aktien haben die Zeichner die eingeforderten Einzahlungen zu leisten – §§ 188 Abs. 2, 36 Abs. 2, 36a AktG; (5) nach der Leistung der Einzahlungen ist die erfolgte Durchführung der Kapitalerhöhung zur Eintragung in das Handelsregister anzumelden – § 188 AktG; (6) erst die Handelsregistereintragung der Durchführung der Kapitalerhöhung (also nicht etwa bereits die Eintragung des Erhöhungsbeschlusses) lässt die Kapitalerhöhung wirksam werden – § 189 AktG – und ist somit notwendige Voraussetzung für (7) die Ausgabe der neuen Aktien – § 191 AktG.

471 Für das vorstehend beschriebene gesetzliche Konzept der Zweistufigkeit des handelsregisterlichen Verfahrens enthält allerdings § 188 Abs. 4 AktG eine auch für die notarielle Praxis bedeutsame **Öffnungsklausel**: Hiernach können die Anmeldung und Eintragung der Durchführung der Kapitalerhöhung mit der Anmeldung und Eintragung des Kapitalerhöhungsbeschlusses verbunden werden. Gerade in einfach gelagerten und klaren Fällen, etwa wenn ein Widerspruch zur Niederschrift des beurkundenden Notars gegen den Kapitalerhöhungsbeschluss nicht erklärt wurde und demgemäß Anfechtungsklagen nicht zu befürchten sind oder der Kapitalerhöhungsbeschluss gar einstimmig in einer Vollversammlung gefasst wurde,[854] stellt die gemäß § 188 Abs. 4 AktG verbundene Anmeldung (und Eintragung) sowohl des Kapitalerhöhungsbeschlusses als auch seiner Durchführung den praktischen Regelfall dar.

472 Bei einer börsennotierten AG läuft die Kapitalerhöhung üblicherweise in einem eigenen Verfahren als sog. „**Fremdemission**" ab.[855] Um die Kapitalerhöhung angesichts des nicht überschaubaren Aktionärskreises und der Gefährdung ihrer Durchführung bei einer auch nur geringfügig fehlenden Einlageneinzahlung geordneter und sicherer zum Abschluss zu bringen, wird eine Emissionsbank oder ein Emissionskonsortium aus mehreren Banken zwischengeschaltet.[856] Die Emissionsbank verpflichtet sich hierbei bereits vor Fassung des Kapitalerhöhungsbeschlusses gegenüber der AG zur Zeichnung aller neuen Aktien aus der

---

[848] *Hüffer* § 182 Rdnr. 26; MünchKommAktG/*Peifer* § 182 Rdnr. 59.

[849] Schmidt/Lutter/*Veil* § 182 Rdnr. 36; Spindler/Stilz/*Servatius* § 182 Rdnr. 60.

[850] Schmidt/Lutter/*Veil* § 182 Rdnr. 37.

[851] *Hüffer* § 182 Rdnr. 27.

[852] MünchKommAktG/*Peifer* § 182 Rdnr. 60; KölnKommAktG/*Lutter* § 182 Rdnr. 37; *Hüffer* § 182 Rdnr. 27; a. A. Spindler/Stilz/*Servatius* § 182 Rdnr. 61; Schmidt/Lutter/*Veil* § 182 Rdnr. 37; MünchHdbGesR IV/*Krieger* § 56 Rdnr. 4.

[853] Vgl. auch *Hüffer* § 182 Rdnr. 4; Hölters/*v. Dryander/Niggemann* § 182 Rdnr. 4.

[854] Vgl. Schüppen/Schaub/*Sickinger/Kuthe* § 33 Rdnr. 8.

[855] Hölters/*v. Dryander/Niggemann* § 182 Rdnr. 6; Mustersatz für eine Fremdemission findet sich bei Lorz/Pfisterer/Gerber AktR/*Baumeister* Form K. III. 1. ff.

[856] Vgl. *Hüffer* § 182 Rdnr. 5; Hölters/*v. Dryander/Niggemann* § 182 Rdnr. 6 f.; MünchKommAktG/*Peifer* § 182 Rdnr. 10; MünchHdbGesR IV/*Kraft/Krieger* § 56 Rdnr. 104 ff.

noch zu beschließenden Kapitalerhöhung und zu deren Unterbringung bei den Aktionären (§ 186 Abs. 5 AktG) bzw. am Markt. Sodann wird der Kapitalerhöhungsbeschluss gefasst, die Emissionsbank zeichnet alle neuen Aktien und leistet die eingeforderten Einzahlungen. Der Kapitalerhöhungsbeschluss und seine Durchführung werden zur Eintragung in das Handelsregister angemeldet. Nach erfolgter Handelsregistereintragung und damit Wirksamwerden der Kapitalerhöhung (§ 189 AktG), platziert die Emissionsbank die jungen Aktien gem. § 186 Abs. 5 AktG bei den Aktionären bzw. am Kapitalmarkt.

Aus der Sicht des betreuenden Notars stellt sich der Gesamtvorgang in der rein fachlichen 473 Begleitung aufgrund der Zeichnung der neuen Aktien durch nur eine Person meist eher schlicht dar, zumal sich die Praxis für eine solche Fremdemission überwiegend eines genehmigten Kapitals[857] bedient. Da die Kapitalerhöhung aber aufgrund ihrer Platzierung über die Börse zu einem ganz bestimmten Datum und hinsichtlich der Uhrzeit auch in einer nur eng begrenzten Zeitspanne an dem festgelegten Tag Eintragung in das Handelsregister finden muss, ist der bei dem betreuenden Notar anfallende Organisations- und Abstimmungsaufwand – gerade auch gegenüber dem Handelsregister – erheblich.

d) Barkapitalerhöhung. *aa) Kapitalerhöhungsbeschluss.* Die ordentliche Kapitalerhöhung 474 bedarf eines Beschlusses der Hauptversammlung der Gesellschaft.[858] Für den diese Hauptversammlung beurkundenden Notar ist demgemäß eine genaue Kenntnis der gesetzlichen Erfordernisse aber auch der Zweckmäßigkeiten im Zusammenhang mit einem Kapitalerhöhungsbeschluss von Nöten, umso mehr, wenn sich seine betreuende Tätigkeit auch auf die Vorbereitung der Hauptversammlung und den Beschlussentwurf erstreckt.

Die **Einberufung**[859] der über die Kapitalerhöhung beschließenden Hauptversammlung 475 richtet sich nach den allgemeinen Vorschriften (siehe oben Rdnr. 302 ff.). Zu beachten ist, dass gemäß § 124 Abs. 2 S. 2 AktG der **genaue Wortlaut** des Kapitalerhöhungsbeschlusses in der Tagesordnung zur Hauptversammlung bekannt zu machen ist.[860]

Gem. § 182 Abs. 1 S. 1 AktG ist für den Kapitalerhöhungsbeschluss eine **Mehrheit** von 476 Nöten, die neben der Stimmenmehrheit aus § 133 Abs. 1 AktG mindestens drei Viertel des bei der Beschlussfassung vertretenen Grundkapitals umfasst.[861] Nach § 182 Abs. 1 S. 3 AktG kann die Satzung dieses gesetzliche Mehrheitserfordernis erhöhen oder bis zur einfachen Mehrheit des vertretenen Grundkapitals herabsetzen.[862]

Bereits an dieser Stelle ist ein Hinweis auf die sog. **verdeckte Sacheinlage** angebracht. Es 477 handelt sich hierbei um einen kapitalgesellschaftsrechtlich unzulässigen Vorgang, bei welchem eine scheinbare Barkapitalerhöhung beschlossen, jedoch daneben mit der Barkapitalerhöhung zeitlich zusammenhängend ein Rechtsgeschäft zwischen der AG und dem die neuen Aktien zeichnenden Einleger vereinbart wird, mit welchem der Erwerb eines Sachgegenstandes von dem Einleger durch die AG und der Rückfluss der bar eingelegten Geldmittel an den Einleger bewirkt wird, so dass im Ergebnis die Gesellschaft von dem Einleger nicht die Barmittel, sondern den Sachgegenstand erhält.[863] Der eine Barkapitalerhöhung beurkundende Notar sollte sich der Dogmatik der verdeckten Sacheinlage stets gegenwärtig sein und natürlich – sofern ihm die entsprechenden Hintergründe zur Kenntnis gelangen – unter allen Umständen vermeiden, dass Wege beschritten werden, die einen solchen Vorgang der verdeckten Sacheinlage darstellen. Ihn trifft im Übrigen in dieser Hinsicht eine gerade in letzter Zeit durch die Rechtsprechung besonders akzentuierte **Belehrungspflicht,**[864] die am

[857] Siehe unten Rdnr. 603 ff.

[858] Muster für diverse Barkapitalerhöhungsbeschlüsse finden sich bei Lorz/Pfisterer/Gerber AktR/*Baumeister* Form K. I. 1., K. II. 2., K. III. 2.

[859] Muster für die Einberufung einer Hauptversammlung zur Beschlussfassung über eine Barkapitalerhöhung finden sich bei Lorz/Pfisterer/Gerber AktR/*Baumeister* Form K. II. 1., K. III. 1.

[860] Schüppen/Schaub/*Sickinger/Kuthe* § 33 Rdnr. 8.

[861] Schmidt/Lutter/*Veil* § 182 Rdnr. 27; MünchKommAktG/*Peifer* § 182 Rdnr. 15; KölnKommAktG/*Lutter* § 182 Rdnr. 4 ff.

[862] Vgl. *Hüffer* § 182 Rdnr. 8.

[863] Eingehendere Ausführungen zur verdeckten Sacheinlage finden sich unten Rdnr. 534 ff. und oben Rdnr. 211 ff.

[864] Vgl. OLG Schleswig RNotZ 2007, 115; OLG Naumburg NZG 2010, 585.

sinnvollsten durch Aufnahme entsprechender Hinweise in die Beschlussurkunde über die Kapitalerhöhung und/oder in die Handelsregisteranmeldung erfüllt wird.

478 *(1) Zwingender Inhalt.* § 182 AktG selbst macht für den Inhalt des Kapitalerhöhungsbeschlusses in seinem Abs. 3 eigentlich nur eine Vorgabe: Bei einer Überpariemission von Aktien ist der Mindestbetrag festzusetzen, unter dem neue Aktien nicht ausgegeben werden dürfen.[865] Allerdings ergibt sich aus dem Zusammenspiel weiterer Vorschriften des Aktiengesetzes ein Katalog obligatorischer Mindestangaben, die ein Kapitalerhöhungsbeschluss aufweisen muss. Im übrigen steht es der Hauptversammlung frei, weitere Einzelheiten zur regeln[866] oder deren nähere Bestimmung dem Vorstand und/oder Aufsichtsrat zu überlassen.[867, 868] Zum **zwingenden Mindestinhalt** eines Kapitalerhöhungsbeschlusses **gehören** die nachstehenden Angaben:

479 **Betrag der Kapitalerhöhung:** Aus § 23 Abs. 3 Nr. 3 AktG ergibt sich, dass der Beschluss der Hauptversammlung den Betrag der Kapitalerhöhung festzusetzen hat.[869] Vielfach geschieht dies durch Angabe eines festen Betrags in Euro, etwa wie folgt:

„Das Grundkapital der Gesellschaft wird von EUR ...... um EUR ...... auf EUR ...... erhöht."

Die Festsetzung eines solch exakten Erhöhungsbetrages ist in Fällen, in denen der Umfang der Zeichnung der neuen Aktien aus der Kapitalerhöhung sicher feststeht, eine sachgerechte Gestaltung für eine zügige Durchführung des Verfahrens.

480 Ist der Umfang der Zeichnungen zum Zeitpunkt der Fassung des Kapitalerhöhungsbeschlusses nicht gewiss, so ist die Festsetzung eines fixen Erhöhungsbetrages nicht sinnvoll, da für den Fall, dass der festgesetzte Betrag durch die Zeichnungen nicht erreicht wird, der Beschluss nach allgemeiner Meinung nicht durchführbar ist.[870] In diesen Fällen sollte ein sog. **„Bis-zu-Beschluss"** gefasst werden.[871] Die Anforderungen an den Erhöhungsbetrag werden nämlich nach ganz einhelliger Meinung auch durch die Angabe eines Mindest- und Höchstbetrags[872] und sogar alleine durch die Angabe eines Höchstbetrags[873] erfüllt. Hingegen ist die Angabe eines bloßen Mindestbetrags nicht zulässig, da ansonsten der Umfang der Kapitalerhöhung vollständig im Ermessen des Vorstandes liegen würde.[874]

Die Betragsangabe eines derartigen „Bis-zu-Beschlusses" könnte etwa wie folgt lauten:

Formulierungsvorschlag:

Das Grundkapital der Gesellschaft wird von EUR ...... um bis zu EUR ......, mindestens aber um EUR ...... erhöht.

oder nur

Das Grundkapital der Gesellschaft wird von EUR ...... um bis zu EUR ...... erhöht.

481 Bei der Gestaltung eines „Bis-zu-Beschlusses" gilt es ferner, Folgendes zu beachten: Der Hauptversammlungsbeschluss muss zwingend einen Zeitraum festlegen, in welchem die neuen Aktien zulässigerweise gezeichnet werden können.[875] Diese Frist ist genau zu bestimmen und eng zu begrenzen, damit der Verwaltung nicht die Entscheidung über den tatsächlichen Umfang der Kapitalerhöhung überlassen und die Grenze zum genehmigten Kapital

[865] Siehe unten Rdnr. 485.
[866] Siehe unten Rdnr. 487 ff.
[867] Siehe unten Rdnr. 493 ff.
[868] Schüppen/Schaub/*Sickinger/Kuthe* § 33 Rdnr. 12.
[869] Schmidt/Lutter/*Veil* § 182 Rdnr. 16; *Hüffer* § 182 Rdnr. 12; Hölters/*v. Dryander/Niggemann* § 182 Rdnr. 34.
[870] MünchKommAktG/*Peifer* § 182 Rdnr. 36; Schüppen/Schaub/*Sickinger/Kuthe* § 33 Rdnr. 43; *Hüffer* § 182 Rdnr. 12.
[871] Muster für einen Bis-zu-Beschluss findet sich bei Lorz/Pfisterer/Gerber AktR/*Baumeister* Form K. II. 2.
[872] Hölters/*v. Dryander/Niggemann* § 182 Rdnr. 34; *Hüffer* § 182 Rdnr. 12.
[873] LG Hamburg AG 1999, 239 f.; MünchHdbGesR IV/*Krieger* § 56 Rdnr. 23.
[874] Schüppen/Schaub/*Sickinger/Kuthe* § 33 Rdnr. 15; Spindler/Stilz/*Servatius* § 182 Rdnr. 41.
[875] OLG München NZG 2009, 1274, 1275.

überschritten wird.[876] Allgemein wird ein Zeitraum von sechs Monaten für zulässig erachtet.[877]

Da der genaue Umfang der Zeichnungen zum Zeitpunkt des Hauptversammlungsbeschlusses noch nicht bekannt ist, kann die notwendige Satzungsänderung betreffend den Betrag des Grundkapitals und die Anzahl der Aktien nach Durchführung der Kapitalerhöhung noch nicht im Beschluss der Hauptversammlung über die Bis-zu-Erhöhung vorgenommen werden. Daher sollte die Hauptversammlung im Kapitalerhöhungsbeschluss dem Aufsichtsrat gem. § 179 Abs. 1 S. 2 AktG die Befugnis zur entsprechenden Satzungsänderung übertragen, sofern diese Übertragung nicht bereits generell in der Satzung der Gesellschaft enthalten ist. Ansonsten wäre nach der Durchführung der Kapitalerhöhung eine Satzungsänderung mittels eines erneuten Hauptversammlungsbeschlusses notwendig.[878] 482

Art und Gattung der Aktien: Aus § 23 Abs. 3 Nr. 4 AktG ist abzuleiten, dass im Kapitalerhöhungsbeschluss auch die Art der neuen Aktien, also Nennbetrags- oder Stückaktien, anzugeben ist, es sei denn, die Satzung der Gesellschaft regelt dies bereits allgemein für aus Kapitalerhöhungen resultierende neue Aktien. Bei Nennbetragsaktien sind darüber hinaus auch deren Nennbeträge anzugeben.[879] Ferner muss der Beschluss festlegen, ob die neuen Aktien auf den Inhaber oder auf den Namen lauten (§ 23 Abs. 3 Nr. 5 AktG), wobei auch diese Festlegung dann entbehrlich ist, wenn die Satzung bereits generell die Art neuer Aktien aus Kapitalerhöhungen mitregelt.[880] Sind verschiedene Gattungen von Aktien vorhanden, so hat der Beschluss die Gattung der neuen Aktien zu bestimmen, und zwar unter Angabe von Zahl und Nennbetrag.[881] 483

Zahl der Aktien: Bei der AG kann eine ordentliche Kapitalerhöhung gem. § 182 Abs. 1 S. 4 AktG **nur durch Ausgabe neuer Aktien** ausgeführt werden. Eine Aufstockung der Nennbeträge der vorhandenen Aktien ist – insofern anders als bei der GmbH – nicht zulässig.[882] Daher hat der Kapitalerhöhungsbeschluss auch die Zahl der neuen Aktien anzugeben (bei „Bis-zu-Beschlüssen" deren Höchst- und ggf. Mindestzahl), wobei für Stückaktien § 182 Abs. 1 S. 5 AktG zu beachten ist: Die Zahl der Aktien muss sich im selben Verhältnis wie das Grundkapital erhöhen, d.h. der rechnerische Anteil jeder neuen Stückaktie am Grundkapital muss mit dem rechnerischen Anteil der alten Aktien übereinstimmen.[883] 484

Ausgabebetrag: Nach § 182 Abs. 3 AktG muss der Kapitalerhöhungsbeschluss eine Angabe zum Ausgabebetrag der neuen Aktien nur im Falle einer Überpariemission dergestalt enthalten, dass er hier den Mindestausgabebetrag der neuen Aktien festzusetzen hat. Darüber hinaus sind nach h. M. Angaben zum Ausgabebetrag der neuen Aktien nicht zwingend erforderlich. Natürlich kann der Beschluss aber auch jenseits des Anwendungsbereichs von § 182 Abs. 3 AktG (fakultative) Bestimmungen über den Ausgabebetrag beinhalten. So kann er ihn genau festlegen oder aber neben einem Mindestbetrag auch einen Höchstbetrag angeben und seine genaue Festsetzung innerhalb dieses Rahmens dem Vorstand überlassen[884, 885]. Eine **Unterpariemission**, also eine Ausgabe der neuen Aktien für einen geringeren Betrag als ihren Nennbetrag oder den auf die einzelne Stückaktie entfallenden anteiligen Betrag des Grundkapitals, ist jedoch gem. § 9 Abs. 1 AktG **nicht zulässig.** 485

Unterschiedliche Beantwortung erfährt die Frage, was gilt, wenn der Hauptversammlungsbeschluss keine Angaben zum Ausgabebetrag enthält: Nach schon etwas älterer Rechtsprechung sind in diesem Fall die neuen Aktien stets zu ihrem geringsten Ausgabebetrag 486

[876] Schmidt/Lutter/*Veil* § 182 Rdnr. 17; *Hüffer* § 182 Rdnr. 12; Hölters/*v. Dryander/Niggemann* § 182 Rdnr. 40.

[877] OLG München NZG 2009, 1274, 1275; *Holzmann/Eichstädt* DStR 2010, 277, 280; Schüppen/Schaub/*Sickinger/Kuthe* § 33 Rdnr. 45; Schmidt/Lutter/*Veil* § 182 Rdnr. 17.

[878] Lorz/Pfisterer/Gerber AktR/*Baumeister* Form. K. II.2. Anm. 9.

[879] Schüppen/Schaub/*Sickinger/Kuthe* § 33 Rdnr. 18.

[880] *Hüffer* § 182 Rdnr. 13.

[881] *Hüffer* § 182 Rdnr. 13; MünchHdbGesR IV/*Krieger* § 56 Rdnr. 24.

[882] Hölters/*v. Dryander/Niggemann* § 182 Rdnr. 41; Spindler/Stilz/*Servatius* § 182 Rdnr. 46.

[883] Lorz/Pfisterer/Gerber AktR/*Baumeister* Form. K. I.1. Anm. 4.

[884] Siehe hierzu auch unten Rdnr. 499.

[885] Schmidt/Lutter/*Veil* § 182 Rdnr. 22; Spindler/Stilz/*Servatius* § 182 Rdnr. 52; Schüppen/Schaub/*Sickinger/Kuthe* § 33 Rdnr. 22.

gem. § 9 Abs. 1 AktG, also pari auszugeben.[886] Eine andere, in der Literatur vertretene Auffassung ist der Ansicht, die Verwaltung sei hier immer berechtigt und verpflichtet, die neuen Aktien über pari auszugeben.[887] Differenzierter kommt eine dritte Meinung zu dem Schluss, dass in Fällen, in denen den Aktionären ein Bezugsrecht zustehe, die Aktien pari ausgegeben werden müssten; sei hingegen das Bezugsrecht ausgeschlossen, habe die Ausgabe über pari zu erfolgen, wenn dies möglich sei.[888] Der Streit in dieser Frage zeigt, dass eine ausdrückliche Regelung des Ausgabebetrages auch außerhalb des Regelungsgehaltes von § 182 Abs. 3 AktG in jedem Fall als geboten erscheint.

487 *(2) Fakultativer Inhalt.* **Zeichnungsberechtigte:** Steht der Kreis derjenigen Personen fest, welche die aus der Kapitalerhöhung resultierenden neuen Aktien zeichnen sollen und hierzu auch bereit sind, so kann der Hauptversammlungsbeschluss diese zur Zeichnung Zugelassen gegebenenfalls samt Anzahl der ihnen zugedachten Aktien namentlich benennen. Möglich ist auch, dass der zeichnungsberechtigte Personenkreis negativ abgegrenzt wird, also in dem Beschluss diejenigen Personen aufgeführt werden, die nicht zeichnungsberechtigt sein sollen. Führt die Bestimmung der zur Zeichnung Zugelassenen dazu, dass hierdurch das gesetzliche Bezugsrecht der Altaktionäre eingeschränkt oder ausgeschlossen wird, so sind die formellen und materiellen Voraussetzungen des Bezugsrechtsausschluss zu beachten.[889]

488 **Betrag der eingeforderten Einzahlungen:** Der Kapitalerhöhungsbeschluss kann auch den Betrag festsetzen, der als vor Handelsregisteranmeldung fällige Einzahlung auf die neuen Aktien zu leisten ist, was insbesondere dann sinnvoll erscheint, wenn die zu leistenden Einzahlungen über dem durch §§ 188 Abs. 2 S. 1, 36 Abs. 2, 36a Abs. 1 AktG vorgegebenen Mindestbetrag (mindestens ein Viertel des geringsten Ausgabebetrags nach § 9 Abs. 1 AktG sowie ein etwaiges Agio in vollem Umfang) liegen sollen.[890] Allerdings ist es ebenso möglich, die Festsetzung des Betrags der eingeforderten Einzahlungen unter Beachtung vorgenannten Mindestbetrags dem Vorstand zu überlassen.[891]

489 **Gewinnberechtigung:** Der Beschluss der Hauptversammlung über die Kapitalerhöhung kann gleichfalls bestimmen, ab welchem Zeitpunkt die neuen Aktien am Gewinn der Gesellschaft beteiligt sein sollen. Nach allgemeiner Meinung ist es hierbei ohne weiteres zulässig, den Beginn der Gewinnberechtigung auf den Anfang des zum Zeitpunkt der Handelsregistereintragung der Durchführung der Kapitalerhöhung laufenden Geschäftsjahres festzulegen.[892] Umstritten ist, ob auch eine Gewinnberechtigung für bereits abgelaufene Geschäftsjahre eingeräumt werden kann, wenn die Hauptversammlung noch nicht über die Gewinnverwendung für das betreffende abgelaufene Geschäftsjahr beschlossen hat.[893] Trifft der Hauptversammlungsbeschluss keine Regelung zur Gewinnberechtigung, so werden die neuen Aktien gem. § 60 Abs. 2 S. 3 AktG zeitanteilig am Gewinn beteiligt.[894]

490 **Durchführungs-/Zeichnungsfrist:** Die Hauptversammlung kann in ihrem Beschluss eine Frist festlegen, innerhalb der die Kapitalerhöhung in dem Sinne durchgeführt sein muss, dass der Vorstand der Gesellschaft nur bis zu dem von der Hauptversammlung bestimmten Fristende Zeichnungen entgegennehmen darf.[895] Bei einem „Bis-zu-Beschluss" ist die Festsetzung einer solchen Durchführungs-/Zeichnungsfrist zwingend.[896] Enthält der Kapitalerhöhungsbeschluss in den anderen Fällen keine Durchführungsfrist, ist er unverzüglich i. S. v. § 121 Abs. 1 S. 1 BGB durchzuführen.[897]

---

886 BGHZ 33, 175, 178.
887 MünchKommAktG/*Peifer* § 182 Rdnr. 54; Schmidt/Lutter/*Veil* § 182 Rdnr. 23.
888 *Hüffer* § 182 Rdnr. 25; MünchHdbGesR IV/*Krieger* § 56 Rdnr. 27.
889 Siehe unten Rdnr. 495 ff.
890 Vgl. Spindler/Stilz/*Servatius* § 182 Rdnr. 10.
891 Siehe unten Rdnr. 493.
892 KölnKommAktG/*Lutter* § 182 Rdnr. 31; MünchHdbGesR IV/*Krieger* § 56 Rdnr. 30; MünchKommAktG/*Peifer* § 182 Rdnr. 57; *Hüffer* § 182 Rdnr. 15.
893 Bejahend: *Hüffer* § 182 Rdnr. 15 m. w. N.; verneinend: Schmidt/Lutter/*Veil* § 182 Rdnr. 25 m. w. N.
894 Schüppen/Schaub/*Sickinger*/*Kuthe* § 33 Rdnr. 32.
895 MünchKommAktG/*Peifer* § 182 Rdnr. 14; Schüppen/Schaub/*Sickinger*/*Kuthe* § 33 Rdnr. 32.
896 Siehe oben Rdnr. 481.
897 Hölters/*v. Dryander*/*Niggemann* § 182 Rdnr. 39; *Hüffer* § 182 Rdnr. 14.

Bezugsfrist: Der Beschluss der Hauptversammlung über die Kapitalerhöhung kann auch die Frist zur Ausübung des Bezugsrechts gem. § 186 Abs. 1 S. 2 AktG bestimmen, die nach dieser Vorschrift aber mindestens zwei Wochen betragen muss.[898] 491

Verfallfrist: Ferner steht es der Hauptversammlung frei, in ihrem Beschluss die Verfallfrist nach § 185 Abs. 1 Nr. 4 vorzuschreiben,[899] also diejenige Frist, innerhalb der die Durchführung der Kapitalerhöhung im Handelsregister eingetragen sein muss, anderenfalls die Zeichnung der Aktien unverbindlich wird.[900] 492

Ermächtigung des Vorstands zur Bestimmung von Einzelheiten: Gerade in den Fällen, in denen der Hauptversammlungsbeschluss nicht alle für ihn fakultativen Regelungsgegenstände der Kapitalerhöhung selbst bestimmt, sondern die konkrete Umsetzung wenigstens einzelner Punkte dem Vorstand überlassen möchte, empfiehlt es sich, in den Beschluss auch eine ausdrückliche Ermächtigung des Vorstands, zur Festlegung der weiteren Einzelheiten der Kapitalerhöhung und ihrer Durchführung, aufzunehmen.[901] 493

(3) Satzungsänderung. Da die Kapitalerhöhung zu einer Änderung des Grundkapitalbetrags und der Zahl der Aktien der Gesellschaft führt, welche beide zu den notwendigen Satzungsbestandteilen gehören (§ 23 Abs. 3 Nrn. 3 und 4 AktG), stellt sie sich stets auch als eine Änderung der Satzung der AG dar.[902] Stehen der Erhöhungsbetrag und damit der neue Grundkapitalbetrag wie auch die neue Aktienanzahl zum Zeitpunkt des Kapitalerhöhungsbeschlusses bereits fest, so erfolgt die Änderung der Satzung zweckmäßigerweise mittels einer gemeinsam mit der Kapitalerhöhung durchgeführten Beschlussfassung der Hauptversammlung.[903] Ist jedoch – wie insbesondere beim „Bis-zu-Beschluss“[904] – noch nicht absehbar, in welchem Umfang neue Aktien gezeichnet werden und sich dementsprechend das Grundkapital erhöhen wird, so sollte die Hauptversammlung im Kapitalerhöhungsbeschluss dem Aufsichtsrat gem. § 179 Abs. 1 S. 2 AktG die Befugnis zur entsprechenden Satzungsänderung übertragen, sofern diese Übertragung nicht bereits generell in der Satzung der Gesellschaft enthalten ist. Ansonsten wäre nach der Durchführung der Kapitalerhöhung eine Satzungsänderung mittels eines erneuten Hauptversammlungsbeschlusses erforderlich. 494

(4) Bezugsrechtsausschluss. § 186 Abs. 1 S. 1 AktG stellt den normativen Programmsatz des **gesetzlichen Bezugsrechts** dar: Hiernach muss jedem Aktionär auf sein Verlangen ein seinem Anteil an dem bisherigen Grundkapital entsprechender Teil der neuen Aktien zugeteilt werden. Soll die Verteilung der neuen Aktien unter den Altaktionären in Abweichung von deren bisherigem Anteilsverhältnis erfolgen oder soll ein bislang nicht an der Gesellschaft Beteiligter zur Zeichnung neuer Aktien zugelassen werden, so muss das gesetzliche Bezugsrecht teilweise bzw. gänzlich ausgeschlossen werden oder die Altaktionäre haben entsprechend auf ihr Bezugsrecht zu verzichten.[905] Der Ausschluss des gesetzlichen Bezugsrechts hat sowohl formelle als auch materielle Voraussetzungen zu erfüllen. 495

Formelle Voraussetzungen: Gem. § 186 Abs. 3 S. 1 AktG kann das Bezugsrecht nur im Beschluss über die Erhöhung des Grundkapitals ausgeschlossen werden. Der Bezugsrechtsausschluss ist damit dem Kompetenzbereich der Hauptversammlung zugewiesen, und zwar als **untrennbarer Bestandteil des Kapitalerhöhungsbeschlusses.**[906] Das Bezugsrecht kann also nicht durch gesonderten Hauptversammlungsbeschluss, in der Satzung oder durch Entscheidung des Vorstands und/oder des Aufsichtsrats ausgeschlossen werden.[907] Der Ausschluss des Bezugsrechts im Kapitalerhöhungsbeschluss ist in ausdrücklicher aber 496

---

898 Schüppen/Schaub/*Sickinger/Kuthe* § 33 Rdnr. 32.

899 MünchHdbGesR IV/*Krieger* § 56 Rdnr. 32; Schmidt/Lutter/*Veil* § 182 Rdnr. 25; *Hüffer* § 182 Rdnr. 14.

900 Siehe unten Rdnr. 512.

901 Vgl. OLG Hamburg AG 2000, 326; Hölters/*v. Dryander/Niggemann* § 182 Rdnr. 42.

902 Siehe oben Rdnr. 466.

903 Vgl. Schüppen/Schaub/*Sickinger/Kuthe* § 33 Rdnr. 42.

904 Siehe oben Rdnr. 480.

905 Vgl. zum Verfahren der Bezugsrechtsausübung und zum Bezugsrechtsverzicht ausführlich Schüppen/Schaub/*Sickinger/Kuthe* § 33 Rdnr. 74 ff.

906 Vgl. *Hüffer* § 186 Rdnr. 20.

907 *Hüffer* § 186 Rdnr. 20.

auch konkludenter Weise möglich,[908] etwa indem der Beschluss alleine einen bisherigen Nicht-Aktionär zur Zeichnung der neuen Aktien zulässt. In der Praxis empfiehlt es sich aber, den Bezugsrechtsausschluss stets ausdrücklich zu formulieren, schon deshalb, um nicht die sich hieraus ergebenden weiteren formellen und materiellen Voraussetzungen zu übersehen.

497 Der Beschluss über den Ausschluss des Bezugsrechts bedarf einer **Mehrheit,** die mindestens drei Viertel des bei der Beschlussfassung vertretenen Grundkapitals umfasst (§ 186 Abs. 3 S. 2 AktG), wobei die Satzung auch eine größere Kapitalmehrheit und weitere Erfordernisse bestimmen kann (§ 186 Abs. 3 S. 3 AktG). Sind gemäß § 182 Abs. 2 AktG Sonderbeschlüsse zu fassen,[909] gelten auch für sie die Mehrheitserfordernisse des § 186 Abs. 3 S. 2 u. 3 AktG.[910]

498 Bei der **Vorbereitung des** den Bezugsrechtsausschluss enthaltenden **Hauptversammlungsbeschlusses** ist Folgendes zu beachten: Nach § 186 Abs. 4 S. 1 AktG darf das Bezugsrecht nur ausgeschlossen werden, wenn die Ausschließung ausdrücklich und ordnungsgemäß **bekannt gemacht** worden ist. Aus Sinn und Zweck der Vorschrift folgt, dass die Ausschließung eindeutig zu formulieren ist.[911] Für die Bekanntmachung gelten die allgemeinen Vorschriften der §§ 121 Abs. 3, 124 Abs. 1 AktG. Wird der Beschluss einstimmig in einer Vollversammlung ohne Widerspruch eines Aktionärs gefasst, entfällt mit dem allgemeinen Bekanntmachungserfordernis (§ 121 Abs. 6 AktG) auch die Notwendigkeit der Bekanntmachung gem. § 186 Abs. 4 AktG.[912]

499 Der **Vorstand** hat der Hauptversammlung gem. § 186 Abs. 4 S. 2 AktG einen **schriftlichen Bericht** über den Grund für den Ausschluss des Bezugsrechts zugänglich zu machen und hierbei den für die neuen Aktien vorgeschlagenen Ausgabebetrag zu begründen.[913] Nach h. M. ist der Vorstandsbericht in analoger Anwendung von § 124 Abs. 2 S. 2 AktG zusammen mit der Einberufung der über die Kapitalerhöhung beschließenden Hauptversammlung seinem wesentlichen Inhalt nach bekannt zu machen[914] und entsprechend § 293f Abs. 1 Nr. 3 und Abs. 2 AktG in den Geschäftsräumen der Gesellschaft zur Einsicht auszulegen und auf Verlangen jedem Aktionär zuzusenden, was auch elektronisch geschehen kann.[915] Analog § 293f Abs. 3 AktG entfallen sowohl die Auslegungs- als auch die Übersendungspflicht, wenn der Bericht für denselben Zeitraum über die Internetseite der Gesellschaft zugänglich ist.[916] Inhaltlich hat der Bericht umfassend und konkret die Tatsachen zu enthalten, die für die materielle Rechtfertigung des Bezugsrechtsausschlusses[917] erforderlich sind, so dass die Hauptversammlung in die Lage versetzt wird, sachgerecht über die Erforderlichkeit und Angemessenheit des Bezugsrechtsausschlusses zu befinden.[918] Wegen des von § 186 Abs. 4 S. 2 AktG verlangten Schriftformerfordernisses kann nach h. M. ein unzureichender Bericht nicht durch mündliche Erklärung in der Hauptversammlung nachgebessert werden.[919] Strittig ist, ob der Vorstandsbericht durch alle Vorstandsmitglieder unterzeichnet werden muss[920] oder nur durch solche in vertretungsberechtigter Zahl.[921] Nach h. M. ist der Vorstandsbericht zum Bezugsrechtsausschluss dann nicht erforderlich, wenn der Ausschluss

[908] Spindler/Stilz/*Servatius* § 186 Rdnr. 36; MünchKommAktG/*Peifer* § 186 Rdnr. 61.
[909] Siehe unten Rdnr. 504.
[910] *Hüffer* § 186 Rdnr. 21.
[911] Schmidt/Lutter/*Veil* § 186 Rdnr. 15.
[912] *Hüffer* § 121 Rdnr. 23 u. § 186 Rdnr. 22.
[913] Muster eines solchen Vorstandsberichts findet sich bei *Pfisterer* in Beck'sches Formularb AktienR, Form. L.I.2.
[914] BGHZ 120, 141, 155 f.; Spindler/Stilz/*Servatius* § 186 Rdnr. 32.
[915] Schmidt/Lutter/*Veil* § 186 Rdnr. 20; MünchKommAktG/*Peifer* § 186 Rdnr. 69.
[916] Schmidt/Lutter/*Veil* § 186 Rdnr. 20.
[917] Siehe unten Rdnr. 505.
[918] Vgl. *Hüffer* § 186 Rdnr. 24 m. w. N.
[919] OLG München AG 1991, 210, 211; MünchKommAktG/*Peifer* § 186 Rdnr. 68; *Hüffer* § 186 Rdnr. 24.
[920] So Spindler/Stilz/*Servatius* § 186 Rdnr. 30; *Pfisterer* in Beck'sches Formularb AktienR, Form. L.I.2. Anm. 6.
[921] So Schmidt/Lutter/*Veil* § 186 Rdnr. 19.

des Bezugsrechts in einer Vollversammlung beschlossen wird, in der kein Aktionär der Beschlussfassung widerspricht.[922]

Materielle Voraussetzungen: § 186 AktG stellt materielle Voraussetzungen für einen Bezugsrechtsausschluss nicht ausdrücklich auf. Dennoch ist es einhellige Auffassung in Literatur und Rechtsprechung, dass der Ausschluss des gesetzlichen Bezugsrechts – sofern es sich nicht um einen Fall des vereinfachten Bezugsrechtsausschlusses gem. § 186 Abs. 3 S. 4 AktG handelt[923] – einer **besonderen sachlichen Rechtfertigung** bedarf, also nicht im bloßen Ermessen der Hauptversammlung steht. Dies ergibt sich zum einen aus der Schwere des Eingriffs in die Mitgliedschaft der Aktionäre[924] und findet zum anderen auch seinen gesetzlichen Anhaltspunkt in der Berichtspflicht aus § 186 Abs. 4 S. 2 AktG: Wenn der Vorstand verpflichtet ist, die Gründe für den Bezugsrechtsausschluss darzulegen, so beinhaltet dies implizit, dass besondere Gründe hierfür auch wirklich vorliegen müssen.[925] 500

Die sachliche Rechtfertigung ist gegeben, wenn der Bezugsrechtsausschluss (1) einem **Zweck** dient, der **im Interesse der Gesellschaft** liegt, (2) zur Erreichung des beabsichtigten Zwecks **geeignet** und überdies (3) **erforderlich** sowie (4) **verhältnismäßig** ist.[926] Im **Interesse der Gesellschaft** liegt der Bezugsrechtsausschluss dann, wenn er dazu dient, im Rahmen des Unternehmensgegenstands den Gesellschaftszweck zu fördern.[927] Hierfür reicht grundsätzlich jedes Interesse der Gesellschaft aus. Die Verfolgung besonderer oder gar überragender Interessen ist nicht notwendig.[928] Ein Konzerninteresse genügt allerdings ebenso wenig wie ein persönliches Interesse einzelner Aktionäre oder Verwaltungsmitglieder.[929] 501

Der Bezugsrechtsausschluss ist **geeignet,** wenn der angestrebte Zweck mit ihm erreicht werden kann. Er ist **erforderlich,** wenn keine alternative Entscheidungsmöglichkeit vorhanden ist oder er unter mehreren Möglichkeiten den angestrebten Zweck am besten zu fördern vermag.[930] Besonderes Augenmerk ist hierbei auf die Prüfung zu legen, ob der angestrebte Zweck nicht auch durch eine Kapitalerhöhung unter Aufrechterhaltung des gesetzlichen Bezugsrechts realisiert werden kann.[931] 502

Verhältnismäßig ist der Bezugsrechtsausschluss schließlich, wenn er das angemessene Mittel zur Verfolgung überwiegender Gesellschaftsinteressen ist,[932] letztlich also das verfolgte Gesellschaftsinteresse höher zu bewerten ist als das Interesse der Aktionäre am Erhalt ihrer Rechtsposition.[933] 503

(5) Sonderbeschluss. In der Vorbereitungsphase des Kapitalerhöhungsbeschlusses sollte der betreuende bzw. zur Beurkundung vorgesehen Notar auch die aktuelle Satzung der Gesellschaft dahingehend überprüfen, ob **mehrere stimmberechtigte Aktiengattungen** vorhanden sind. Ist dies der Fall, so muss gem. § 182 Abs. 2 AktG von den Aktionären jeder Aktiengattung ein gesonderter Zustimmungsbeschluss i. S. v. § 138 AktG gefasst werden, für den § 182 Abs. 1 AktG gilt. Mithin bedarf auch der zustimmende Sonderbeschluss einer **Mehrheit,** die neben der Stimmenmehrheit aus § 133 Abs. 1 AktG mindestens drei Viertel des bei der Beschlussfassung vertretenen Grundkapitals umfasst, sofern die Satzung keine abwei- 504

[922] *Hüffer* § 186 Rdnr. 22; Spindler/Stilz/*Servatius* § 186 Rdnr. 33; *Pfisterer* in Beck'sches Formularb AktienR, Form. L. II.5. Anm. 7.

[923] Hierzu ausführlich Hölters/*v. Dryander/Niggemann* § 186 Rdnr. 75 ff.; Schüppen/Schaub/*Sickinger/Kuthe* § 33 Rdnr. 103 ff.

[924] Vgl. MünchHdbGesR IV/*Krieger* § 56 Rdnr. 68.

[925] Vgl. BGHZ 83, 319, 325 f.; *Hüffer* § 186 Rdnr. 25.

[926] BGHZ 71, 40, 46; BGHZ 83, 319, 321; BGHZ 125, 239, 241; KölnKommAktG/*Lutter* § 186 Rdnr. 61 ff., MünchHdbGesR IV/*Krieger* § 56 Rdnr. 69 ff.; Schmidt/Lutter/*Veil* § 186 Rdnr. 26 ff.; *Hüffer* § 186 Rdnr. 25 ff.

[927] *Hüffer* § 186 Rdnr. 26.

[928] KölnKommAktG/*Lutter* § 186 Rdnr. 61; MünchHdbGesR IV/*Krieger* § 56 Rdnr. 70.

[929] *Hüffer* § 186 Rdnr. 26; MünchHdbGesR IV/*Krieger* § 56 Rdnr. 70.

[930] Vgl. BGHZ 83, 319, 321; BGHZ 125, 239, 244.

[931] *Hüffer* § 186 Rdnr. 27.

[932] Hölters/*v. Dryander/Niggemann* § 186 Rdnr. 64.

[933] *Hüffer* § 186 Rdnr. 28; zu Einzelfällen eines zulässigen bzw. unzulässigen Bezugsrechtsausschlusses vgl. MünchHdbGesR IV/*Krieger* § 56 Rdnr. 72 ff.; Schüppen/Schaub/*Sickinger/Kuthe* § 33 Rdnr. 102.

chenden Mehrheiten vorsieht.[934] Der Sonderbeschluss kann gem. § 138 S. 1 AktG entweder in einer **gesonderten Versammlung** der betroffenen Aktionäre oder durch **gesonderte Abstimmung** dieser Aktionäre in der Hauptversammlung unter einem eigenen Tagesordnungspunkt gefasst werden.[935]

505 **Stimmrechtslose Vorzugsaktien** machen ausweislich des Wortlauts von § 182 Abs. 2 S. 1 AktG keinen Sonderbeschluss erforderlich.[936]

506 Ein nach § 182 Abs. 2 AktG notwendiger Sonderbeschluss ist Voraussetzung für die Wirksamkeit des Kapitalerhöhungsbeschlusses. Fehlt er, so ist der Kapitalerhöhungsbeschluss nach allgemeiner Meinung **schwebend unwirksam** und darf nicht in das Handelsregister eingetragen werden.[937] Erfolgt dennoch eine Handelsregistereintragung, so kann der Sonderbeschluss nachgeholt werden.[938] Allerdings wird in der Literatur zum Teil die Auffassung vertreten, dass ein zunächst fehlender Sonderbeschluss innerhalb von drei Monaten ab dem Kapitalerhöhungsbeschluss gefasst bzw. nachgeholt werden müsse, anderenfalls der Kapitalerhöhungsbeschluss endgültig unwirksam werde.[939] Auch in solchen Fällen kann jedoch eine Heilung gem. § 242 Abs. 2 AktG in Betracht kommen.[940]

507 *bb) Zeichnung.* § 185 AktG regelt die Zeichnung der neuen Aktien aus der beschlossenen Kapitalerhöhung durch den sich zur Übernahme dieser Aktien verpflichtenden Zeichner.[941] In zutreffender dogmatischer Einordnung stellt die Zeichnung der Aktien durch den Zeichner nur einen Teil des notwendigen **Zeichnungsvertrages** zwischen dem Zeichner und der Gesellschaft im Sinne korrespondierender Willenserklärungen dar. Die Zeichnung ist also das Angebot des Zeichners gegenüber der Gesellschaft auf Übernahme der Aktien und Leistung der hierauf zu erbringenden Einlagen. Mit der Entgegennahme der Zeichnung nimmt die Gesellschaft dieses Angebot an und kommt mithin der Zeichnungsvertrag zustande, wobei diese Annahmeerklärung der Gesellschaft, welche an keine Form gebunden ist, dem Zeichner gem. § 151 S. 1 BGB nicht zuzugehen braucht.[942]

508 Wenngleich § 185 AktG für den Zeichnungsschein die Schriftform verlangt und somit zur Erfüllung dieses allgemeinen Formerfordernisses die Mitwirkung eines Notars nicht zwingend notwendig ist, wird an den die Kapitalerhöhung betreuenden Notar vielfach doch das Ersuchen herangetragen auch den bzw. die erforderlichen Zeichnungsscheine zu entwerfen. Man wird sich einem solchen Ersuchen vernünftigerweise nicht entziehen wollen, zumal die Kenntnisse über die Anforderungen an den Zeichnungsschein und seine Behandlung auch von Nöten sind, wenn der Notar zu beurteilen hat, ob alle für die Handelsregisteranmeldung des Kapitalerhöhungsvorganges erforderlichen Unterlagen in der gehörigen Ausgestaltung und Form vorliegen.

509 *(1) Form des Zeichnungsscheins.* Gem. § 185 Abs. 1 S. 1 AktG bedarf der Zeichnungsschein der **Schriftform.** Somit ist nach § 126 Abs. 1 BGB die eigenhändige Namensunterschrift oder ein notariell beglaubigtes Handzeichen des den Zeichnungsschein Ausstellenden von Nöten. Ein Verstoß gegen das Schriftformerfordernis führt zur Nichtigkeit der Zeichnung (§ 125 S. 1 BGB).[943] Ob diese aus dem Formmangel resultierende Nichtigkeit unter den Voraussetzungen des § 185 Abs. 3 AktG Heilung erfahren kann, wird unterschiedlich beurteilt.[944] Eine **Vollmacht** zur Vornahme der Zeichnung unterliegt trotz des Schriftformer-

[934] Siehe oben Rdnr. 497.

[935] Vgl. *Hüffer* § 138 Rdnr. 4f.

[936] Hölters/*v. Dryander/Niggemann* § 182 Rdnr. 51.

[937] Schmidt/Lutter/*Veil* § 182 Rdnr. 35; *Hüffer* § 182 Rdnr. 21.

[938] MünchKommAktG/*Peifer* § 182 Rdnr. 27; *Hüffer* § 182 Rdnr. 21.

[939] Spindler/Stilz/*Servatius* § 182 Rdnr. 31; Hölters/*v. Dryander/Niggemann* § 182 Rdnr. 50.

[940] *Hüffer* § 182 Rdnr. 21.

[941] Muster für Zeichnungsscheine im Rahmen einer Barkapitalerhöhung finden sich bei Lorz/Pfisterer/Gerber AktR/*Baumeister* Form K. I. 2., K. II. 6., K. III. 3.

[942] Vgl. zur Zeichnungserklärung und ihrer dogmatischen Einbettung in den Zeichnungsvertrag auch Schmidt/Lutter/*Veil* § 185 Rdnr. 1; *Hüffer* § 185 Rdnr. 3f.; Spindler/Stilz/*Servatius* § 185 Rdnr. 2; Hölters/*v. Dryander/Niggemann* § 185 Rdnr. 3ff.

[943] *Hüffer* § 185 Rdnr. 7.

[944] Bejahend: Hölters/*v. Dryander/Niggemann* § 185 Rdnr. 32; MünchHdbGesR IV/*Krieger* § 56 Rdnr. 123; verneinend: *Hüffer* § 185 Rdnr. 21.

fordernisses aus § 185 Abs. 1 S. 1 AktG keinen Formvorschriften (§ 167 Abs. 2 BGB); gleiches gilt für eine **Genehmigung** (§§ 184, 182 Abs. 2 BGB).[945] Insofern stellt sich die aktienrechtliche Handhabung also anders dar als bei den für die Vollmacht zur Übernahme von GmbH-Geschäftsanteilen geltenden Grundsätzen. Der Zeichnungsschein ist gem. § 185 Abs. 1 S. 2 AktG **doppelt auszustellen.**

(2) Person des Zeichners. **Zeichnungsfähig** ist, wer **gründerfähig** ist[946] (zur Gründerfähig- 510
keit oben Rdnr. 30 ff.). Die AG selbst darf gem. § 56 Abs. 1 AktG eigene Aktien nicht zeichnen. Ebenso wenig dürfen nach § 56 Abs. 2 AktG Aktien durch ein Unternehmen gezeichnet werden, welches in Abhängigkeit zur AG (§ 17 AktG) oder im Mehrheitsbesitz der AG (§ 16 AktG) steht.

(3) Inhalt des Zeichnungsscheins. Der Zeichnungsschein muss zunächst einmal die **Person** 511
des Zeichners und die **AG** als Adressat der Zeichnungserklärung benennen.[947] Des weiteren hat er als eigentlich zentrale Aussage die Erklärung des Zeichners zu enthalten, **Aktien** aus der Kapitalerhöhung **zeichnen** und **übernehmen** zu wollen.[948] Im Übrigen werden die inhaltlichen Anforderungen an den Zeichnungsschein durch § 185 Abs. 1 AktG vorgegeben. Hiernach muss der Zeichnungsschein folgende Angaben aufweisen:

Zahl der gezeichneten Aktien, im Falle von Nennbetragsaktien auch deren **Nennbetrag** 512
und – wenn durch die Kapitalerhöhung mehrere Gattungen von Aktien ausgegeben werden – die **Gattung** der gezeichneten Aktien; **Datum des Hauptversammlungsbeschlusses; Ausgabebetrag** der Aktien, **Betrag der festgesetzten Einzahlungen** sowie – soweit vorhanden – **Umfang von Nebenverpflichtungen** (im Sinne des § 55 AktG). Schließlich muss auch der Zeitpunkt angegeben werden, an dem die Zeichnung unverbindlich wird, wenn nicht bis dahin die Durchführung der Kapitalerhöhung in das Handelsregister eingetragen wird (sog. **Verfallfrist**).

(4) Zeitpunkt der Zeichnung. Unstrittig ist, dass die Zeichnung der Aktien zeitlich **nach** 513
dem **Kapitalerhöhungsbeschluss** erfolgen kann und dieser hierbei wegen § 188 Abs. 4 AktG nicht im Handelsregister eingetragen sein muss.[949] Unterschiedliche Beantwortung erfährt jedoch die Frage, ob eine Zeichnung auch schon **vor** Vorliegen des **Kapitalerhöhungsbeschlusses** möglich ist. Die wohl h. M. bejaht dies, verlangt aber, dass zum Zeitpunkt der Zeichnung zumindest der Tag der ins Auge gefassten Beschlussfassung feststeht.[950] Wird die Zeichnung vor dem Kapitalerhöhungsbeschluss vorgenommen, muss im Zeichnungsschein klargestellt werden, dass die Hauptversammlung über die Erhöhung des Grundkapitals erst noch beschließen muss.[951]

(5) Fehlerhafte Zeichnung. Gem. § 185 Abs. 2 AktG sind Zeichnungsscheine, die die ge- 514
setzlich vorgeschriebenen Angaben nicht vollständig enthalten oder die außer der Verfallfrist des § 185 Abs. 1 S. 3 Nr. 4 AktG (siehe oben Rdnr. 512) Beschränkungen der Verpflichtungen des Zeichners aufweisen, **nichtig.** Wird die Durchführung der Kapitalerhöhung in das Handelsregister eingetragen, so kann sich der Zeichner nach § 185 Abs. 3 AktG nicht mehr auf die Nichtigkeit gem. § 185 Abs. 2 AktG oder die Unverbindlichkeit wegen Ablaufs der Verfallfrist nach § 185 Abs. 1 S. 3 Nr. 4 AktG berufen, wenn er als Aktionär Rechte ausgeübt oder Verpflichtungen erfüllt hat. Die Rechteausübung bzw. die Erfüllung von Verpflichtungen darf für den Eintritt der Heilungswirkung erst nach Handelsregistereintragung der Durchführung der Kapitalerhöhung erfolgen.[952] Nach herrschender Auffassung liegt

[945] *Hüffer* § 185 Rdnr. 5.
[946] Hölters/*v. Dryander/Niggemann* § 185 Rdnr. 14.
[947] Geßler/Hefermehl/*Hefermehl/Bungeroth* § 185 Rdnr. 15.
[948] Schüppen/Schaub/*Sickinger/Kuthe* § 33 Rdnr. 117; *Pfisterer* in Beck'sches Formularb AktienR, Form. L. I.5. Anm. 7.
[949] Schmidt/Lutter/*Veil* § 185 Rdnr. 8; *Hüffer* § 185 Rdnr. 6.
[950] *Kley* RNotZ 2003, 17, 30; KölnKommAktG/*Lutter* § 185 Rdnr. 25; MünchKommAktG/*Peifer* § 185 Rdnr. 29; *Hüffer* § 185 Rdnr. 6; a. A. Spindler/Stilz/*Servatius* § 185 Rdnr. 2, der dies nur im Sanierungsfall für zulässig erachtet.
[951] Schmidt/Lutter/*Veil* § 185 Rdnr. 8.
[952] MünchHdbGesR IV/*Krieger* § 56 Rdnr. 105; *Hüffer* § 185 Rdnr. 18.

eine Rechteausübung schon dann vor, wenn der Zeichner eine Aktienurkunde entgegen oder nach Eintragung der Kapitalerhöhung an einer Hauptversammlung teil nimmt.[953]

515 *cc) Leistung der Einlagen. (1) Leistung zur endgültig freien Verfügung des Vorstands.* Gem. §§ 188 Abs. 2 S. 1, 36 a Abs. 1 AktG muss bei einer Barkapitalerhöhung vor der Handelsregisteranmeldung ihrer Durchführung auf jede Aktie mindestens ein Viertel des geringsten Ausgabebetrags i. S. v. § 9 Abs. 1 AktG geleistet werden. Der geringste Ausgabebetrag ist bei Nennbetragsaktien der jeweilige Nennbetrag und bei Stückaktien der auf die einzelne Aktie entfallende anteilige Betrag des Grundkapitals. Ein eventuelles Agio ist vollständig zu leisten. Die frühere gesetzliche Regelung, nach welcher bei einer Ein-Mann-AG gem. §§ 188 Abs. 2 S. 1, 36 a Abs. 2 S. 2 AktG a. F. eine Sicherheit für noch ausstehende Einlagebeträge zu erbringen war, wurde durch das MoMiG[954] mit Wirkung zum 1. 11. 2008 aufgehoben. Die Leistung der Einlage muss durch Barzahlung oder Überweisung des Geldbetrages auf ein Konto der AG erfolgen.[955] Sie ist nach §§ 188 Abs. 2 S. 1, 36 Abs. 2 AktG so vorzunehmen, dass der eingezahlte Betrag zur endgültig freien Verfügung des Vorstands steht. Bei Bareinlagen bedeutet dies, dass der Vorstand über den Betrag ohne Einschränkung disponieren können muss.[956] Der Vorstand darf also weder rechtlich noch tatsächlich daran gehindert sein, über den Einlagebetrag zu verfügen.[957] Die freie Verfügbarkeit ist demgemäß nicht gegeben,

- wenn bezüglich des Guthabens auf dem Konto Gegenforderungen bestehen;[958]
- wenn auf ein gesperrtes oder bereits gepfändetes Konto einbezahlt wird;[959]
- wenn die Einzahlung nur zum Schein erfolgt;[960]
- wenn die Rückzahlung des zunächst eingezahlten Betrags vereinbart wird – auch als Kredit;[961]
- wenn die AG dem Einzahlenden ein Darlehen gewährt oder sich für ein entsprechendes Darlehen verbürgt.[962]

Zu dem einen durch §§ 183 Abs. 2, 27 Abs. 4 AktG n. F. nunmehr ausnahmsweise gesetzlich zugelassenen Fall eines Hin- und Herzahlens siehe unten Rdnr. 517.

516 Die Leistung der Einlage auf ein **debitorisches Konto** verstößt nur dann gegen das Gebot der freien Verfügbarkeit, wenn die Kreditlinie überschritten und der Kontokorrentkredit fällig ist, so dass die Bank die erfolgte Einzahlung mit dem Schuldsaldo verrechnen kann.[963] Das Gebot der freien Verfügbarkeit ist hingegen nicht verletzt, wenn der Vorstand im Rahmen einer gewährten Kreditlinie über den eingezahlten Betrag verfügen kann.[964] Um von vornherein lästigen Fragestellungen und Problemen im Falle der Einzahlung auf debitorische Konten aus dem Weg zu gehen, ist der Praxis allerdings dringend zu empfehlen, für die Kapitalerhöhung ein eigenes, dem Verrechnungszugriff der kontoführenden Bank entzogenes Konto als Kapitalerhöhungssonderkonto einzurichten und hierauf die Einzahlungen vornehmen zu lassen.

517 Ein Sonderfall der nicht ordnungsgemäßen Erbringung der Einlagen zur endgültig freien Verfügung des Vorstands, nämlich das sog. **Hin- und Herzahlen**, wird nunmehr in dem durch das ARUG[965] neu gefassten § 183 Abs. 2 AktG i. V. m. § 27 Abs. 4 AktG ausdrücklich geregelt. Ein Hin- und Herzahlen liegt vor, wenn die Gesellschaft im Zusammenhang mit einem Kapi-

[953] Schüppen/Schaub/*Sickinger/Kuthe* § 33 Rdnr. 123; MünchHdbGesR IV/*Krieger* § 56 Rdnr. 105; *Hüffer* § 185 Rdnr. 18.
[954] Gesetz zur Modernisierung des GmbH-Rechts und zur Bekämpfung von Missbräuchen (MoMiG) vom 23. 10. 2008, BGBl. I S. 2026.
[955] Schüppen/Schaub/*Sickinger/Kuthe* § 33 Rdnr. 130.
[956] *K. Schmidt* AG 1986, 106, 109.
[957] RGZ 144, 348, 355.
[958] BGH NJW 1991, 226 f.; OLG Stuttgart AG 1995, 516, 517.
[959] BGH WM 1962, 644; OLG Hamburg AG 1980, 275, 277.
[960] OLG Frankfurt AG 1991, 402, 403 f.
[961] BGHZ 122, 180, 184 f.
[962] BGHZ 28, 77, 78.
[963] BGHZ 119, 177.
[964] BGH NJW 1991, 226 f.; BGH DStR 1996, 1416, 1417; BGH DStR 2002, 1538, 1539.
[965] Gesetz zur Umsetzung der Aktionärsrichtlinie (ARUG) vom 30. 7. 2009, BGBl. I S. 2479.

talerhöhungsvorgang dem Einleger die geleistete Einlage wieder (teilweise) zurückgewährt (z. B. als ein dem Einleger gewährtes Darlehen) oder sonst eine Leistung der Gesellschaft an den Einleger vereinbart wird, die einer Rückzahlung der Einlage gleichkommt. Der BGH hat hierzu gerade in den letzten Jahren mehrfach eindeutig entschieden, dass solche Vorgänge keine Erbringung der Einlagenleistung zur endgültig freien Verfügung des Vorstands darstellen und daher wegen Verstoßes gegen das Kapitalaufbringungsgebot unzulässig sind.[966]

Vor allem für Gesellschaften, die innerhalb eines Konzernverbunds in ein sog. **Cash-Pool-System** eingebunden waren, war es vor diesem Hintergrund nahezu unmöglich, Kapitalerhöhungen unter fortgesetzter Teilnahme an dem Cash-Pool ohne Verletzung der Kapitalaufbringungsvorschriften durchzuführen.[967] Insbesondere um auch für diese Cash-Pool-Fälle eine zulässige Möglichkeit der Kapitalaufbringung zu schaffen, wurden durch das ARUG in § 27 Abs. 4 AktG n. F.,[968] auf den § 183 Abs. 2 AktG n. F. für die Kapitalerhöhung vollumfänglich verweist, Vorgaben normiert, bei deren Einhaltung ausnahmsweise ein Hin- und Herzahlen ohne Verstoß gegen das Gebot der realen Kapitalaufbringung zulässig ist. So hat der Einleger in einem solchen Fall die von ihm eingezahlte Einlage trotz Rückgewähr bzw. Vereinbarung der Rückgewähr dann ordnungsgemäß mit der Folge seiner Befreiung von der Einlagepflicht erbracht, wenn aufgrund einer vor der Einlagenleistung getroffenen Abrede die Gesellschaft im Zuge der Rückzahlung ihrerseits einen vollwertigen und liquiden Rückgewähranspruch gegen den Einleger erlangt hat und das Ganze in der Handelsregisteranmeldung gem. § 27 Abs. 4 S. 2 AktG offengelegt wurde. Für weitere Einzelheiten darf an dieser Stelle auf die Ausführungen zur Gründung verwiesen werden (siehe oben Rdnr. 226 ff.). 518

(2) Zeitpunkt der Dispositionsbefugnis über die geleistete Einlage. Während bei **Gründung** einer AG Verfügungen über die geleisteten Einlagen vor Einreichung der Anmeldung der neu gegründeten Gesellschaft zum Handelsregister nur möglich sind, wenn der Gesellschaft dafür ein entsprechender Wert zufließt und dieser Wert – für sich genommen – im Zeitpunkt der Anmeldung noch vorliegt (sog. **Prinzip der wertgleichen Deckung**),[969] reicht es bei der **Barkapitalerhöhung** aus, dass die Geldeinlage einmal zur endgültig freien Verfügung des Vorstands **geleistet** und in der Folge **nicht** an den Einleger **zurückgezahlt** wurde.[970] Die geleistete Einlage muss also zum Zeitpunkt der Anmeldung der Durchführung der Kapitalerhöhung nicht mehr vorhanden sein, und zwar auch nicht im Sinne einer wertgleichen Deckung.[971] Vielmehr ist der Vorstand ab dem Zeitpunkt der ordnungsgemäßen Erbringung der Einlage berechtigt (und verpflichtet), über das eingebrachte Vermögen im Rahmen seiner unternehmerischen Entscheidungsfreiheit im Interesse der Gesellschaft zu verfügen.[972] Dementsprechend hat er im Rahmen der Handelsregisteranmeldung auch nur noch zu versichern, dass der zu leistende Einlagebetrag zu seiner freien Verfügung eingezahlt und nicht an den Einleger zurückgeflossen ist[973, 974] 519

(3) Voreinzahlungen. Eine ordnungsgemäße Einzahlung der Einlage setzt im übrigen voraus, dass die Leistung auf eine Einlagenforderung vorgenommen wird, die bereits entstanden ist.[975] Dies wiederum verlangt, dass der Kapitalerhöhungsbeschluss bereits gefasst sein muss. **Voreinzahlungen** auf eine künftige, noch nicht beschlossene Kapitalerhöhung sind demgemäß **grundsätzlich unzulässig.**[976] Eine **Ausnahme** von diesem Grundsatz erkennt 520

[966] BGH 165, 113, 116 f.; BGHZ 165, 352, 355 f.
[967] Ausführlich hierzu Schüppen/Schaub/*Stamm* § 33 Rdnr. 31 ff. m. w. N.
[968] Die Vorschrift entspricht inhaltlich exakt der zuvor durch das MoMiG (Gesetz zur Modernisierung des GmbH-Rechts und zur Bekämpfung von Missbräuchen vom 23. 10. 2008, BGBl. I S. 2026) für die GmbH neu geschaffenen Regelung in § 19 Abs. 5 GmbHG.
[969] BGHZ 119, 177, 187 f.; BGH DStR 1996, 1416, 1417 liSp; BGHZ 155, 318, 325; MünchKommAktG/*Pentz* § 36 Rdnr. 79 ff.; *Hüffer* § 36 Rdnr. 11 f.
[970] BGHZ 150, 197, 199 f.; BGH NZG 2005, 976 ff.
[971] *Hüffer* § 188 Rdnr. 6.
[972] BGHZ 150, 197, 199 f.; Schmidt/Lutter/*Veil* § 188 Rdnr. 9.
[973] BGHZ 150, 197, 201; *Hüffer* § 188 Rdnr. 6.
[974] Siehe auch unten Rdnr. 527.
[975] BGHZ 145, 150, 154 f.
[976] BGH, ZIP 1995, 28; BGHZ 145, 150, 154; Schmidt/Lutter/*Veil* § 188 Rdnr. 14.

der BGH nur für den besonderen Fall der **Sanierungssituation** einer AG unter engen Voraussetzungen an.[977] So lässt er die Einlagenleistung vor dem Vorliegen eines Kapitalerhöhungsbeschlusses nur zu, wenn (1) ein **akuter Sanierungsfall** dergestalt vorliegt, dass die Kapitalmaßnahme eine unmittelbar bevorstehende Überschuldung oder Zahlungsunfähigkeit abwenden soll. Ferner muss (2) der die Voreinzahlung vornehmende Gesellschafter mit **Sanierungswillen** handeln, die Gesellschaft **objektiv sanierungsfähig** und die Voreinzahlung **objektiv geeignet** sein, die Gesellschaft durchgreifend zu sanieren. Des weiteren hat (3) die Vorleistung eindeutig und für Dritte erkennbar mit dem **Tilgungszweck** der künftigen, noch zu beschließenden Kapitalerhöhung verbunden zu sein. Darüber hinaus muss (4) zwischen der Voreinzahlung und der künftigen Kapitalerhöhung ein **enger zeitlicher Zusammenhang** bestehen und die Kapitalerhöhung im Zahlungszeitpunkt bereits konkret in die Wege geleitet sein. Schließlich ist (5) die erfolgte Voreinzahlung sowohl im Kapitalerhöhungsbeschluss als auch in der Handelsregisteranmeldung unter Angabe des tatsächlichen Zahlungszeitpunktes **offen zu legen**.

521 *dd) Handelsregisteranmeldung.* Der den Kapitalerhöhungsvorgang betreuende Notar wird vielfach nicht nur die Unterschriften unter die Handelsregisteranmeldung zu beglaubigen haben, sondern ebenso mit dem Entwurf dieser Anmeldung befasst sein.[978] Aber selbst bei der bloßen Beglaubigung eines Fremdentwurfs sollte sich der Notar den Anmeldungstext durchaus genauer betrachten und eventuell vorhandene Unstimmigkeiten beseitigen. Dies vermeidet zum einen Zwischenverfügungen des Registergerichts und damit Verzögerungen im Eintragungsverfahren. Zum anderen ist auch dies eine gute Gelegenheit den Beteiligten zu verdeutlichen, dass das vom Gesetz geforderte Tätigwerden des Notars seine Rechtfertigung auch in dessen fachlicher Kompetenz findet.

522 *(1) Allgemeines.* Sowohl der **Kapitalerhöhungsbeschluss** als auch die **Durchführung der Kapitalerhöhung** sind gem. § 184 AktG bzw. § 188 AktG zur Eintragung in das Handelsregister anzumelden. § 188 Abs. 4 AktG lässt es hierbei ausdrücklich zu, dass die Anmeldung des Beschlusses und die Anmeldung der Durchführung **verbunden** werden. Dies ist eine Möglichkeit, von der die überwiegende Anzahl der Praxisfälle auch tatsächlich Gebrauch macht und demgemäß beide Anmeldepunkte in nur einem Dokument zusammenfasst (siehe hierzu auch oben Rdnr. 471).

523 **Zuständig** für die Handelsregistereintragung des Kapitalerhöhungsbeschlusses und damit Adressat der entsprechenden Anmeldung ist das **Registergericht** (Amtsgericht) des **Gesellschaftssitzes** (§ 14 AktG).

524 Gem. § 12 Abs. 1 HGB ist die Anmeldung in **öffentlich beglaubigter Form** einzureichen. Die Anmeldepflichtigen (siehe hierzu unten Rdnr. 525) müssen die Anmeldung nicht gleichzeitig unterzeichnen. Ferner müssen nicht alle Anmeldepflichtigen dasselbe Anmeldeexemplar unterzeichnen, vielmehr ist es ohne weiteres zulässig, dass körperlich getrennte, wenngleich inhaltlich identische Exemplare unterzeichnet werden.

525 *(2) Anmeldepflichtiger Personenkreis.* Die Handelsregisteranmeldung sowohl des Kapitalerhöhungsbeschlusses als auch seiner Durchführung muss gem. § 184 Abs. 1 S. 1 AktG bzw. § 188 Abs. 1 AktG von dem **Vorstand** und dem **Vorsitzenden des Aufsichtsrats** vorgenommen werden. Für den Vorstand genügt die Mitwirkung einer vertretungsberechtigten Mitgliederzahl.[979] Eine rechtsgeschäftliche Stellvertretung bei der Anmeldung ist nach h. M. wegen der strafrechtlichen Verantwortlichkeit für die Anmeldungserklärungen (§ 399 Abs. 1 Nr. 4 AktG) ausgeschlossen.[980] Ist der Vorsitzende des Aufsichtsrats verhindert, so kann an

---

[977] Vgl. BGHZ 168, 201; MünchHdbGesR IV/*Krieger* § 56 Rdnr. 129; *Hüffer* § 188 Rdnr. 7 f.; Schmidt/Lutter/*Veil* § 188 Rdnr. 14 ff.; Schüppen/Schaub/*Sickinger/Kuthe* § 33 Rdnr. 132 ff.; Spindler/Stilz/*Servatius* § 185 Rdnr. 60.

[978] Muster der Anmeldung einer Barkapitalerhöhung findet sich bei Lorz/Pfisterer/Gerber AktR/*Baumeister* Form. K.I.7.

[979] *Hüffer* § 184 Rdnr. 3.

[980] KölnKommAktG/*Lutter* § 184 Rdnr. 5; MünchKommAktG/*Peifer* § 184 Rdnr. 7; MünchHdbGesR IV/*Krieger* § 56 Rdnr. 56.

dessen Stelle gem. § 107 Abs. 1 S. 3 AktG sein Stellvertreter bei der Handelsregisteranmeldung mitwirken.

(3) Inhalt. Gem. § 184 Abs. 1 S. 1 AktG ist zunächst der **Beschluss der Hauptversammlung über die Kapitalerhöhung** anzumelden, was üblicherweise unter Angabe seines Datums erfolgt. Nach § 184 Abs. 2 AktG haben die Anmelder in diesem Zusammenhang anzugeben, **welche Einlagen auf das bisherige Grundkapital noch nicht geleistet sind** und warum sie nicht erlangt werden können. Stehen keine Einlagen aus, ist dies dem Gericht ausdrücklich mitzuteilen.[981] Diese Angaben dienen der registergerichtlichen Prüfung, ob die Kapitalerhöhung nach § 182 Abs. 4 AktG überhaupt zulässig ist (siehe hierzu auch oben Rdnr. 467 ff.). 526

Gem. § 188 Abs. 1 S. 1 AktG ist sodann die **Durchführung der Kapitalerhöhung** anzumelden. Die Anmeldung hat hierbei auf den Kapitalerhöhungsbeschluss Bezug zu nehmen und eine Aussage vorzunehmen, dass und in welcher Höhe er durchgeführt ist. Die einzelnen Zeichner müssen nach h. M. nicht konkret mit dem auf sie entfallenden Ausgabebetrag und den durch sie geleisteten Einzahlungen aufgeführt werden (wenngleich dies bei einem überschaubaren Zeichnerkreis in der Praxis dennoch häufig so gemacht wird), da diese Angaben bereits in dem der Anmeldung beizufügenden Verzeichnis der Zeichner nach § 188 Abs. 3 Nr. 1 AktG (siehe unten Rdnr. 528) enthalten sind.[982] Insofern ist der gem. § 188 Abs. 2 AktG sinngemäß geltende § 37 Abs. 1 S. 1 HS 2 AktG nur eingeschränkt anzuwenden, um unnötige Verdopplungen umfangreicher Angaben im Verzeichnis der Zeichner und in der Anmeldung zu vermeiden.[983] 527

Nach §§ 188 Abs. 2 S. 1, 37 Abs. 1 S. 1 HS 1 AktG ist in der Anmeldung ferner zu erklären, dass die Voraussetzungen der §§ 36 Abs. 2, 36 a AktG erfüllt sind. Es ist also zunächst anzugeben, dass die **Mindesteinlagen auf jede Aktie ordnungsgemäß eingezahlt** wurden; weiter ist darzulegen, **inwieweit** die eingezahlten Beträge zur **Bezahlung** der bei der Kapitalerhöhung angefallenen **Steuern und Gebühren** verwendet wurden. Des weiteren ist ausdrücklich zu versichern, dass die geleisteten Beträge **zur endgültig freien Verfügung des Vorstands** erbracht wurden und **nicht** an die Einleger **zurückgeflossen** sind (siehe oben Rdnr. 519).

Zur notwendigen **Offenlegung** einer den Vorgaben der §§ 183 Abs. 2, 27 Abs. 4 AktG entsprechenden und damit zulässigen **Hin- und Herzahlung** siehe Rdnr. 226 ff. und Rdnr. 517 f.

Schließlich ist auch die mit der Durchführung der Kapitalerhöhung notwendigerweise verbundene **Satzungsänderung** (siehe oben Rdnr. 466 u. 494) explizit anzumelden.

(4) Beizufügende Unterlagen. In § 188 Abs. 3 Nrn. 1 bis 3 AktG sind die der Anmeldung beizufügenden Unterlagen normiert. Danach müssen neben der Anmeldungserklärung an sich auch folgende Dokumente dem Handelsregister mit eingereicht werden: 528

(1) Beglaubigte Abschrift der **notariellen Niederschrift über die Hauptversammlung**, welche die Kapitalerhöhung beschlossen hat;
(2) **Zweitschrift der Zeichnungsscheine;**
(3) vom Vorstand unterschriebenes **Verzeichnis der Zeichner** mit Angaben der auf jeden Zeichner entfallenden Aktien und der auf selbige geleisteten Einzahlungen;[984]
(4) **Berechnung der** durch die Kapitalerhöhung entstehenden **Kosten,**[985] welche in der Praxis üblicherweise vom Vorstand in vertretungsberechtigter Zahl unterzeichnet wird.[986]

Gem. §§ 188 Abs. 2 S. 1, 37 Abs. 1 S. 2 AktG ist nachzuweisen, dass der eingezahlte Betrag endgültig zur freien Verfügung des Vorstands geleistet wurde, was bei einer Einzahlung mittels Kontogutschrift durch eine der Anmeldung ebenfalls beigelegte **Bestätigung** des kontoführenden **Kreditinstituts**[987] geschieht. 529

[981] *Hüffer* § 184 Rdnr. 5.
[982] MünchKommAktG/*Peifer* § 188 Rdnr. 27; *Hüffer* § 188 Rdnr. 3.
[983] Lorz/Pfisterer/Gerber AktR/*Baumeister* Form. K. I. 7. Anm. 5.
[984] Muster eines Verzeichnis der Zeichner im Rahmen einer Barkapitalerhöhung findet sich bei Lorz/Pfisterer/Gerber AktR/*Baumeister* Form K. I. 3.
[985] Muster für eine Kostenberechnung findet sich bei Lorz/Pfisterer/Gerber AktR/*Baumeister* Form K. I. 4.
[986] Vgl. Lorz/Pfisterer/Gerber AktR/*Baumeister* Form. K. I. 4. Anm. 3.
[987] Muster für eine solche Bankbestätigung findet sich bei Lorz/Pfisterer/Gerber AktR/*Baumeister* Form K. I. 5.

530 Da mit der Durchführung der Kapitalerhöhung zwingend eine Satzungsänderung verbunden ist,[988] muss der Anmeldung schließlich auch der vollständige **Wortlaut** der geänderten **Satzung** mit der **Notarbescheinigung** nach § 181 Abs. 1 S. 2 AktG beigefügt werden.

531 *ee) Ablaufplan Barkapitalerhöhung.* Da – wie so vieles im Aktienrecht – auch die Barkapitalerhöhung einer Vielzahl formaler Anforderungen unterworfen ist, empfiehlt sich bei der Projektierung des Erhöhungsvorgangs die Aufstellung eines genauen Zeit- und Ablaufplans. Nachstehende Liste gibt einen chronologischen Überblick über die im Rahmen eines Barkapitalerhöhungsverfahrens erforderlichen Schritte sowie über die hierbei zu treffenden Maßnahmen bzw. vorzubereitenden Unterlagen:

(1) Bei beabsichtigtem Bezugsrechtsausschluss Erstellung des schriftlichen Berichts des Vorstands gem. § 186 Abs. 4 S. 2 AktG über den Grund für den Ausschluss des Bezugsrechts.
(2) Einberufung der Hauptversammlung, die über die Kapitalerhöhung beschließen soll, unter Beachtung der Frist des § 123 AktG und der besonderen Bekanntmachungsregeln der §§ 124 Abs. 2 S. 2 und 186 Abs. 4 AktG;
ab Einberufung: Auslegung des Vorstandsberichts über den Bezugsrechtsausschluss in den Geschäftsräumen der Gesellschaft und Zusendung an Aktionäre auf Verlangen oder Einstellen des Vorstandsberichts auf die Internetseite der Gesellschaft.
(3) Durchführung der Hauptversammlung mit den Beschlussfassungen über die Kapitalerhöhung und die Satzungsänderung.
(4) Zeichnung der neuen Aktien durch den bzw. die Übernehmer.
(5) Leistung der festgesetzten Einzahlungen auf die gezeichneten Aktien.
(6) Handelsregisteranmeldung des Kapitalerhöhungsbeschlusses (sofern diese Anmeldung nicht schon unmittelbar nach Beschlussfassung erfolgt ist) und der Durchführung der Kapitalerhöhung.
(7) Kontrolle der Handelsregistereintragung.

532 e) **Sachkapitalerhöhung.** *aa) Allgemeines.* Bei der ordentlichen Kapitalerhöhung können die auf die neuen Aktien zu erbringenden Einlagen nicht nur in Geld,[989] sondern auch durch Leistung anderer Vermögensgegenstände, also durch Sacheinlagen erbracht werden. Gemäß der **Legaldefinition** des § 27 Abs. 1 S. 1 AktG liegt eine Sacheinlage immer dann vor, wenn die Einlage nicht durch Einzahlung des Ausgabebetrags der Aktien zu erbringen ist.

533 Die Sachkapitalerhöhung hat gegenüber der Barkapitalerhöhung lediglich eine Art **Einlagenersetzungsfunktion.** § 182 AktG spricht zunächst einmal allgemein von einer Kapitalerhöhung gegen Einlagen. Für die Bareinlage enthält das Gesetz in den §§ 182 bis 191 AktG keine besonderen Vorschriften. Lediglich die Sacheinlage erfährt in § 183 AktG sowie in einigen anderen Normen spezielle Regelungen, die zu den allgemeinen Vorschriften über die Kapitalerhöhung gegen Einlagen hinzutreten. Hieraus ist zu folgern, dass eine Kapitalerhöhung gegen Einlagen stets eine Pflicht zur Bareinlage begründet. § 183 AktG erlaubt nur, die Bareinlage durch eine Sacheinlage zu ersetzen. Dadurch wird die Bareinlagepflicht nicht beseitigt, sondern lediglich verdrängt.[990] Dieses Verhältnis zwischen Bar- und Sacheinlage war nach altem Recht, vor Inkrafttreten der durch das ARUG[991] bewirkten Änderungen des AktG eindeutig, da § 183 Abs. 2 S. 1 AktG a.F. für den Fall, dass die Festsetzungsvorgaben für den Kapitalerhöhungsbeschluss aus § 183 Abs. 1 AktG nicht beachtet wurden, ausdrücklich eine Unwirksamkeit aller Sacheinlagevereinbarungen normierte und den Zeichner der neuen Aktien in § 183 Abs. 2 S. 3 AktG a.F. verpflichtete, die Einlage auf die von ihm übernommenen Aktien in bar zu leisten. Mit dem ARUG wurde dieser Regelungsinhalt des § 183 Abs. 2 AktG a.F. aufgehoben. § 183 Abs. 2 AktG n.F. beschränkt sich nunmehr auf eine Regelung der Fälle der verdeckten Sacheinlage[992] und des Hin- und Herzahlens von

[988] Siehe oben Rdnr. 466.
[989] Barkapitalerhöhung – hierzu oben Rdnr. 474 ff.
[990] *Hüffer* § 183 Rdnr. 4 m.w.N.
[991] Gesetz zur Umsetzung der Aktionärsrichtlinie (ARUG) vom 30. 7. 2009, BGBl. I S. 2479.
[992] Siehe unten Rdnr. 534.

Bareinlagen[993] im Rahmen eines Kapitalerhöhungsvorgangs, indem er die entsprechende Anwendung der diesbezüglichen Gründungsvorschriften (§ 27 Abs. 3 und 4 AktG) auch für die Kapitalerhöhung anordnet. Wenngleich also mittlerweile die ausdrückliche gesetzliche Vorgabe einer Bareinlagepflicht in allen Fällen fehlerhafter oder unvollständiger Sacheinlagefestsetzungen weggefallen ist, so bleibt es dennoch auch unter Geltung des neuen Rechts bei dem allgemeinen Grundsatz, dass Kapitalerhöhungsbeschlüsse, welche Sacheinlagen unter Verstoß gegen § 183 Abs. 1 AktG fehlerhaft oder unvollständig festsetzen, aber dennoch in das Handelsregister eingetragen wurden, eine Bareinlagepflicht des Inferenten begründen, sofern die Fehlerhaftigkeit nicht nach allgemeinen Bestimmungen (insbesondere § 241 AktG) zur Nichtigkeit des Beschlusses geführt hat.[994] Dies leitet sich aus dem das Aktienrecht insgesamt durchdringenden Prinzip ab, wonach die „primäre Einlagepflicht aus der Mitgliedschaft in einer AG auf Geld lautet".[995] Allerdings wird man in einem solchen Fall eine geleistete Sacheinlage in analoger Anwendung der §§ 183 Abs. 2, 27 Abs. 3 AktG auf die Bareinlagepflicht anzurechnen haben.[996]

bb) Verdeckte Sacheinlage. Die strengen gesetzlichen Anforderungen des § 183 AktG an den Vorgang einer Sachkapitalerhöhung[997] mögen den einen oder anderen dazu verleiten, diese Vorschrift umgehen zu wollen, indem der wirtschaftlich einheitliche Vorgang der Sacheinlage nach außen hin in getrennte Sachverhalte aufgespalten wird, nämlich in eine scheinbare Barkapitalerhöhung und in ein mit dieser zeitlich zusammenhängendes Rechtsgeschäft zwischen der AG und dem Einleger, mit welchem der Erwerb eines Sachgegenstandes von dem Einleger durch die AG und der Rückfluss der bar eingelegten Geldmittel an den Einleger bewirkt wird. Im Ergebnis erhält die Gesellschaft damit von dem Einleger nicht die Barmittel, sondern den Sachgegenstand. Derartige Umgehungsgestaltungen werden schon seit langem als sog. **verdeckte Sacheinlagen** bezeichnet.[998] Typische Fälle einer solchen verdeckten Sacheinlage sind: **Verrechnungsabreden** (Verrechnung der Bareinlageschuld aus der Kapitalerhöhung mit Forderungen des Zeichners gegen die Gesellschaft) sowie **entgeltliche Veräußerungsgeschäfte** zwischen dem Zeichner als Veräußerer und der AG als Erwerber oder sonstige **Leistungen auf Verbindlichkeiten** der AG gegenüber dem Zeichner jeweils im zeitlichen Zusammenhang mit der vorangegangenen oder nachfolgenden Bareinzahlung des Zeichners auf seine Einlageschuld. 534

Die Fälle der verdeckten Sacheinlage wurden vor den durch das ARUG[999] bewirkten gesetzlichen Änderungen scharf sanktioniert: Nach § 183 Abs. 2 AktG a. F. hatte der Zeichner seine Bareinlagepflicht gegenüber der AG nicht erfüllt, sondern musste nochmals zahlen. Ferner waren die Verträge zwischen der AG und dem Zeichner über den Erwerb des Sachgegenstandes sowohl in schuldrechtlicher als auch in dinglicher Hinsicht unwirksam. Diese strengen Rechtsfolgen wurden durch das ARUG in § 27 Abs. 3 AktG n. F.,[1000] auf den § 183 Abs. 2 AktG n. F. für die Kapitalerhöhung vollumfänglich verweist, etwas gemildert. Auch nach neuem Recht bleiben derartige Gestaltungen zwar unzulässig, die Einlageverpflichtung des Zeichners gilt als nicht erfüllt. Jedoch sind die schuldrechtlichen und dinglichen Verträge zwischen der AG und dem Zeichner über den Erwerb des Sachgegenstandes nicht mehr unwirksam und der Wert des vom Zeichner eingebrachten Sachgegenstandes wird auf dessen fortbestehende Bareinlagepflicht angerechnet. Für weitere Einzelheiten darf an dieser Stelle auf die Ausführungen zur Gründung verwiesen werden (siehe oben Rdnr. 211 ff). 535

[993] Siehe oben Rdnr. 517.

[994] Siehe hierzu auch unten Rdnr. 535.

[995] So Hölters/*v. Dryander/Niggemann* § 183 Rdnr. 27; in diesem Sinne auch *Hüffer* § 183 Rdnr. 15; a. A. Schmidt/Lutter/*Veil* § 183 Rdnr. 14 u. Spindler/Stilz/*Servatius* § 183 Rdnr. 33, welche die Einlagepflicht des Inferenten als durch seine geleistet Sacheinlage erfüllt erachten.

[996] Ebenso Hölters/*v. Dryander/Niggemann* § 183 Rdnr. 27; a. A. wohl *Hüffer* § 183 Rdnr. 15.

[997] Siehe unten Rdnr. 544 ff.

[998] Vgl. BGHZ 110, 47; BGH NJW 2000, 725, 726; GroßkommAktG/*Wiedemann* § 183 Rdnr. 95; MünchHdbGesR IV/*Krieger* § 56 Rdnr. 49.

[999] Gesetz zur Umsetzung der Aktionärsrichtlinie (ARUG) vom 30. 7. 2009, BGBl. I S. 2479.

[1000] Die Vorschrift entspricht inhaltlich exakt der zuvor durch das MoMiG (Gesetz zur Modernisierung des GmbH-Rechts und zur Bekämpfung von Missbräuchen vom 23. 10. 2008, BGBl. I S. 2026) für die GmbH neu geschaffenen Regelung in § 19 Abs. 4 GmbHG.

536 Zu den **Belehrungspflichten** des Notars im Zusammenhang mit verdeckten Sacheinlagen siehe oben Rdnr. 477.

537 *cc) Sachkapitalerhöhung und Nachgründung.* Gerne übersehen wird, dass nach h. M. bei Durchführung einer Sachkapitalerhöhung in den ersten zwei Jahren seit der Eintragung der AG in das Handelsregister auch die **Nachgründungsvorschriften des § 52 AktG** entsprechende Anwendung finden, sofern bei dieser Sachkapitalerhöhung neue Aktien im Nennbetrag bzw. anteiligen Betrag von mehr als 10% des Grundkapitals der Gesellschaft an Gründer oder an mit mehr als 10% am Grundkapital beteiligte Aktionäre ausgegeben werden.[1001] Für einen demgemäß als Nachgründungsfall zu qualifizierenden Sachkapitalerhöhungsvorgang bedeutet dies:[1002]

538 (1) Der **Sacheinbringungsvertrag** ist gem. § 52 Abs. 2 S. 1 AktG zwingend in **schriftlicher Form** abzuschließen, wenn nicht gar weitergehende gesetzliche Formerfordernisse bestehen.

539 (2) Die Hauptversammlung der Gesellschaft hat neben dem Kapitalerhöhungsbeschluss auch die **Zustimmung gem. § 52 AktG** zu dem Sacheinbringungsvertrag als **Nachgründungsvertrag** zu beschließen, und zwar nach Durchlauf des in § 52 AktG vorgeschriebenen Verfahrens und mit der durch § 52 Abs. 5 AktG vorgeschriebenen Mehrheit.

540 (3) Neben der Sachkapitalerhöhungsprüfung gem. § 183 Abs. 3 S. 1 AktG[1003] hat auch eine **Nachgründungsprüfung** nach § 52 Abs. 4 AktG zu erfolgen, es sei denn sowohl eine Sachkapitalerhöhungsprüfung als auch eine Nachgründungsprüfung sind gem. §§ 183a Abs. 1 S. 1, 52 Abs. 4 S. 3, 33a AktG bei Vorliegen der dort genannten Voraussetzungen nicht von Nöten.[1004] In der Praxis wird hier üblicherweise vom zuständigen Gericht nur ein Prüfer sowohl als Sachkapitalerhöhungs- wie auch als Nachgründungsprüfer mit entsprechend zweifachem Prüfungsauftrag bestellt, der dann einen einheitlichen Prüfbericht beinhaltend die Sachkapitalerhöhungsprüfung sowie die Nachgründungsprüfung erstellt.

541 (4) Gem. § 52 Abs. 3 AktG hat der **Aufsichtsrat** vor der Beschlussfassung über die Zustimmung zu dem Nachgründungsvertrag einen schriftlichen **Nachgründungsbericht** zu erstatten.

542 (5) Zur Eintragung in das Handelsregister ist sowohl der Sacheinbringungsvertrag als **Nachgründungsvertrag** anzumelden als auch der **Sachkapitalerhöhungsbeschluss** und dessen **Durchführung**. Hierbei ist folgendes zu beachten: Nach h. M. muss zum Zeitpunkt der Anmeldung der Durchführung der Kapitalerhöhung zumindest die Übertragungsverpflichtung bezüglich der einzubringenden Sacheinlagen wirksam begründet sein.[1005] Da bei einem Einbringungsvertrag, der zugleich Nachgründungsvertrag i. S. d. § 52 AktG ist, die Wirksamkeit dieses Vertrages von seiner Handelsregistereintragung abhängig ist, könnte hieraus gefolgert werden, dass zunächst der Einbringungsvertrag als Nachgründungsvertrag anzumelden ist und erst nach dessen Handelsregistereintragung die Durchführung der Kapitalerhöhung angemeldet werden kann.[1006] Dies erscheint jedoch als übertriebene Förmelei. Da die Wirksamkeit der Einbringungsverpflichtung allein von der Handelsregistereintragung des Nachgründungsvertrages abhängig ist und das Registergericht dies selbst herbeiführen kann, muss es ausreichen, wenn in der gleichzeitigen Anmeldung der Durchführung der Kapitalerhöhung zum Ausdruck kommt, dass die Wirksamkeit des Einbringungsvertrages noch von seiner Handelsregistereintragung als Nachgründungsvertrag abhängt (z. B. wie folgt: „Mit der Handelsregistereintragung des in vorstehender Ziffer 1 angemeldeten Nachgründungsvertrages sind die Sacheinlagen vollständig erbracht und stehen diese endgültig zur freien Verfügung des Vorstands"). Nach bisheriger Kenntnis hat auch die registergerichtliche Pra-

---

[1001] OLG Oldenburg AG 2002, 620; KölnKommAktG/*Lutter* § 183 Rdnr. 6; MünchKommAktG/*Pentz* § 52 Rdnr. 73 f.; MünchHdbGesR IV/*Krieger* § 56 Rdnr. 51; *Hüffer* § 183 Rdnr. 5; Hölters/*v. Dryander*/*Niggemann* § 183 Rdnr. 22; a. A. *Kley* RNotZ 2003, 17, 21 ff.; Spindler/Stilz/*Servatius* § 183 Rdnr. 68; Schmidt/Lutter/*Veil* § 183 Rdnr. 6.

[1002] Ausführliche Muster für eine Sachkapitalerhöhung als Nachgründungsvorgang finden sich bei *Pfisterer* in Beck'sches Formularb AktienR, Form. L. II. 1.-10.

[1003] Siehe hierzu unten Rdnr. 555.

[1004] Hierzu oben Rdnr. 200 und unten Rdnr. 556.

[1005] Siehe unten Rdnr. 553.

[1006] So in der Tat DNotI-Report 2001, 45, 47.

xis hinsichtlich einer solchermaßen gleichzeitig erfolgenden Anmeldung keine Beanstandungen.

(6) In das Handelsregister ist neben der Kapitalerhöhung und deren Durchführung auch der Einbringungsvertrag als Nachgründungsvertrag und die Zustimmung der Hauptversammlung zu demselben einzutragen. 543

dd) Kapitalerhöhungsbeschluss. Auch für die über eine Sachkapitalerhöhung beschließende Hauptversammlung gelten bezüglich ihrer **Einberufung** zunächst einmal die allgemeinen Vorschriften.[1007, 1008] Darüber hinaus statuiert § 183 Abs. 1 S. 2 AktG speziell für die Sachkapitalerhöhung besondere Bekanntmachungserfordernisse bei der Einberufung der Hauptversammlung. Hiernach darf eine Sachkapitalerhöhung nur beschlossen werden, wenn die geplante Einbringung von Sacheinlagen und die Festsetzungen nach § 183 Abs. 1 S. 1 AktG[1009] ausdrücklich und ordnungsgemäß bekannt gemacht worden sind. Hinsichtlich des **Mehrheitserfordernisses** für den Sachkapitalerhöhungsbeschluss darf auf die gleichermaßen hier geltenden Ausführungen zur Barkapitalerhöhung verwiesen werden.[1010] 544

Was den **Inhalt** des Sachkapitalerhöhungsbeschlusses[1011] anbelangt, so sind auch an diesen zunächst einmal die insbesondere aus § 182 AktG ableitbaren, jede Kapitalerhöhung gegen Einlagen betreffenden Anforderungen an den Beschlussinhalt zu stellen, wie sie vorstehend bei den Ausführungen zur Barkapitalerhöhung dargelegt wurden.[1012] Darüber hinaus verlangt § 183 Abs. 1 S. 1 AktG, dass im Kapitalerhöhungsbeschluss der **Gegenstand der Sacheinlage**, die **Person** des Zeichners der neuen Aktien und zugleich Einbringenden, sowie der **Nennbetrag** – bei Stückaktien die **Zahl** – der zu gewährenden Aktien festgesetzt werden. Die Angaben müssen so vollständig und genau sein, dass der Schutzzweck der Publizität erreicht wird.[1013] Im einzelnen decken sich die hiernach geforderten Angaben mit denen, die § 27 Abs. 1 S. 1 AktG bei der Sachgründung für die entsprechenden Festsetzungen in der Gründungssatzung vorschreibt, so dass hier auf die diesbezüglichen Ausführungen zur Sachgründung verwiesen werden darf (siehe oben Rdnr. 167 ff.). 545

Ob bei der Sachkapitalerhöhung – insoweit in Abweichung zu den für die Barkapitalerhöhung geltenden Grundsätzen[1014] – zwingend immer ein **Ausgabebetrag** festzusetzen ist, wird unterschiedlich und strittig beurteilt.[1015] Unabhängig von diesem Meinungsstreit ist der Praxis in jedem Falle anzuraten, den Ausgabebetrag im Kapitalerhöhungsbeschluss stets ausdrücklich festzusetzen, um dem bestehenden Streit über die Rechtsfolgen seiner unterbliebenen Festlegung[1016] aus dem Weg zu gehen. 546

Fehlen die nach § 183 Abs. 1 S. 1 AktG für eine Sachkapitalerhöhung erforderlichen **Festsetzungen** oder sind diese **unvollständig**, so hat das Registergericht die Eintragung der Kapitalerhöhung abzulehnen.[1017] Darüber hinaus ist der Hauptversammlungsbeschluss in diesen Fällen gem. §§ 255 Abs. 1, 243 Abs. 1 anfechtbar.[1018] Trägt das Registergericht trotz eines solchen Mangels den Kapitalerhöhungsbeschluss und dessen Durchführung ein, ist die Kapitalerhöhung wirksam (wenn nicht die Fehlerhaftigkeit so beschaffen war, dass sie nach allgemeinen Bestimmungen zur Nichtigkeit des Beschlusses geführt hat).[1019] Strittig ist, ob 547

[1007] Muster für die Einberufung einer Hauptversammlung zur Beschlussfassung über eine Sachkapitalerhöhung findet sich bei *Pfisterer* in Beck'sches Formularb AktienR, Form L. I. 3.

[1008] Siehe oben Rdnr. 475.

[1009] Siehe unten Rdnr. 545.

[1010] Oben Rdnr. 476.

[1011] Muster für einen Sachkapitalerhöhungsbeschluss findet sich bei *Pfisterer* in Beck'sches Formularb AktienR, Form L. I. 4.

[1012] Siehe oben Rdnr. 478 ff.

[1013] *Hüffer* § 183 Rdnr. 9; Schüppen/Schaub/*Sickinger/Kuthe* § 33 Rdnr. 51.

[1014] Siehe oben Rdnr. 485.

[1015] Verneinend: BGHZ 71, 40, 50 f.; *Hüffer* § 183 Rdnr. 9; MünchKommAktG/*Peifer* § 183 Rdnr. 35; bejahend: Spindler/Stilz/*Servatius* § 183 Rdnr. 16; GroßkommAktG/*Wiedemann* § 183 Rdnr. 51.

[1016] Siehe oben Rdnr. 486.

[1017] Schmidt/Lutter/*Veil* § 183 Rdnr. 16.

[1018] Spindler/Stilz/*Servatius* § 183 Rdnr. 21; *Hüffer* § 183 Rdnr. 12; Schmidt/Lutter/*Veil* § 183 Rdnr. 16; MünchKommAktG/*Peifer* § 183 Rdnr. 51.

[1019] *Hüffer* § 183 Rdnr. 12.

in einem solchen Fall der Zeichner der Aktien wegen der Nichteinhaltung der durch § 183 Abs. 1 S. 1 AktG gemachten Vorgaben zur Bareinlage verpflichtet ist oder aber ungeachtet dessen seine geleistete Sacheinlage eine wirksame Erfüllung seiner Einlagepflicht darstellt.[1020]

548 Soll – wie bei einer Sachkapitalerhöhung häufig vorkommend – das gesetzliche **Bezugsrecht** der Aktionäre **ausgeschlossen** werden, so sind auch im Rahmen der Sachkapitalerhöhung die hierfür geltenden formellen und materiellen Anforderungen zu beachten und zu erfüllen.[1021]

549 Auch für die eventuelle Notwendigkeit von **Sonderbeschlüssen** nach § 182 Abs. 2 AktG gilt genau das Gleiche, was schon zur Barkapitalerhöhung ausgeführt wurde.[1022]

550 *ee) Zeichnung.* **§ 185 AktG** ist die gesetzliche Vorschrift für die Zeichnung neuer Aktien sowohl aus einer **Bar-** als auch aus einer **Sachkapitalerhöhung.** Dementsprechend gelten bei der Sachkapitalerhöhung für die Zeichnung der neuen Aktien dieselben Regeln und Anforderungen, die auch bei der Aktienzeichnung im Rahmen einer Barkapitalerhöhung zu beachten sind, so dass zunächst einmal auf die hierzu gemachten Ausführungen verwiesen werden darf.[1023] Darüber hinaus sind in Bezug auf die Zeichnung neuer Aktien aus einer Sachkapitalerhöhung die folgenden Besonderheiten zu beachten:[1024]

Die in § 185 Abs. 1 S. 3 Nr. 2 AktG geforderte Angabe des **Betrags der festgesetzten Einzahlungen entfällt** bei der reinen Sachkapitalerhöhung.

551 § 185 Abs. 1 S. 3 Nr. 3 AktG verlangt als Sondervorschrift für die Sachkapitalerhöhung, dass im Zeichnungsschein alle **Festsetzungen,** die gem. § 183 Abs. 1 S. 1 AktG in den **Beschluss** über die Sachkapitalerhöhung aufgenommen werden müssen,[1025] auch im Zeichnungsschein enthalten sind. Dementsprechend sind aufzuführen: Der Gegenstand der Sacheinlage, die Person des Übernehmers und der Nennbetrag, bei Stückaktien die Zahl der zugewährenden Aktien.

552 Gem. § 185 Abs. 1 S. 1 AktG bedarf der Zeichnungsschein der Schriftform.[1026] Bei der Sachkapitalerhöhung kann sich die zusätzliche Frage stellen, ob in den Fällen, in denen die Verpflichtung zur Übertragung des Einlagegegenstandes aufgrund allgemeiner Vorschriften nur zu notarieller Urkunde erfolgen kann, auch die Zeichnungserklärung bzw. der Zeichnungsvertrag der **notariellen Beurkundung** bedarf. Die Rspr. hat sich bislang zu dieser Frage – soweit ersichtlich – noch nicht geäußert. Auch in der Literatur finden sich zu diesem Problem nur vereinzelte Stellungnahmen, die allerdings überzeugend zu dem Ergebnis gelangen, dass die allgemeinen Formvorschriften gleichfalls auf den Zeichnungsvertrag anzuwenden sind, mithin bei Einlagegegenständen, für deren Veräußerungsverpflichtung die notarielle Beurkundung vorgeschrieben ist, auch der Zeichnungsvertrag zu notarieller Urkunde geschlossen werden muss.[1027] Leider wird dies in der Praxis überwiegend nicht so gehandhabt, wobei sich der Eindruck aufdrängt, dass selbiges eher aus mangelndem Problembewusstsein, denn aus bewusster und begründbarer Entscheidung resultiert. In den meisten Fällen werden zwar nach erfolgtem dinglichem Vollzug der Einbringung die Heilungsvorschriften der §§ 311 b Abs. 1 S. 2 BGB bzw. 15 Abs. 4 S. 2 GmbHG greifen, doch entspricht es nicht dem Grundsatz einer sicheren Gestaltung auf den Eintritt einer solchen Heilungswirkung zu vertrauen. Gerade von Seiten des die Kapitalerhöhung betreuenden Notars sollte daher auf die Einhaltung dieser Formerfordernisse Wert gelegt werden, zumal dies in den meisten Fällen so gestaltet werden kann, dass es für die Beteiligten nicht zu einer Mehrbelastung mit notariellen Kosten führt, da bei einer Beurkundung der Zeichnungserklärung/des Zeich-

[1020] Siehe hierzu oben Rdnr. 533.
[1021] Siehe hierzu oben Rdnr. 495 ff.
[1022] Siehe oben Rdnr. 504.
[1023] Siehe oben Rdnr. 507 ff.
[1024] Muster für einen Zeichnungsschein im Rahmen einer Sachkapitalerhöhung findet sich bei *Pfisterer* in Beck'sches Formularb AktienR, Form. L. I. 5.
[1025] Siehe oben Rdnr. 545.
[1026] Siehe oben Rdnr. 509.
[1027] So *Kley* RNotZ 2003, 17, 29 ff.; *Mülbert* AG 2003, 281 ff.; Schüppen/Schaub/*Sickinger/Kuthe* § 33 Rdnr. 117.

nungsvertrages mit dem Einbringungsvertrag in einer Urkunde diese als gegenstandsgleich gem. § 44 Abs. 1 KostO zu betrachten sind.[1028]

553 *ff) Leistung der Einlagen – Einbringungsvertrag.* Gem. §§ 188 Abs. 1, 36 a Abs. 2 AktG sind Sacheinlagen **vor Anmeldung** der Durchführung der Kapitalerhöhung grundsätzlich **vollständig zu leisten**, wobei §§ 188 Abs. 1 S. 1, 36 a Abs. 2 S. 2 AktG etwas mehrdeutig eine Ausnahme für den Fall zulässt, dass die Sacheinlage in der Verpflichtung besteht, einen Vermögensgegenstand auf die Gesellschaft zu übertragen; in diesem Fall muss die Leistung innerhalb von fünf Jahren nach Handelsregistereintragung der Kapitalerhöhung zu bewirken sein. Die Auslegung dieser Vorschrift ist höchst strittig. Die wohl h. M. leitet hieraus ab, dass immer dann, wenn – wie überwiegend – die Sacheinlageverpflichtung durch ein dingliches Rechtsgeschäft zu erfüllen ist, die dingliche Übertragung nicht notwendigerweise vor der Anmeldung durchgeführt werden muss, sondern auf der Grundlage einer entsprechenden Vereinbarung auch noch innerhalb von fünf Jahren nach Eintragung der Kapitalerhöhung erfolgen kann.[1029] Nach zutreffender Gegenansicht betrifft § 36 a Abs. 2 S. 2 AktG lediglich die Einbringung eines schuldrechtlichen Anspruchs gegenüber Dritten auf Übertragung eines Vermögensgegenstandes. § 36 a Abs. 2 S. 2 AktG regelt speziell für diese Fälle nur, dass der von dem eingebrachten Übertragungsanspruch erfasste Vermögensgegenstand innerhalb von fünf Jahren auf die AG auch tatsächlich übertragen werden muss, ändert aber nichts an dem Grundsatz, dass alle Sacheinlagen stets vor Anmeldung der Durchführung der Kapitalerhöhung auch dinglich vollständig geleistet sein müssen.[1030]

554 Die Einbringung des Einlagegegenstandes in die AG bedarf entsprechender Vereinbarungen zwischen dem Einleger und der Gesellschaft. Dies geschieht üblicherweise durch einen **Einbringungsvertrag,**[1031] welcher – neben der Zeichnungsvereinbarung[1032] – die schuldrechtliche Verpflichtung des Zeichners/Einlegers gegenüber der AG begründet, auf die gezeichneten Aktien einen bestimmten Gegenstand einzubringen, und die näheren Modalitäten dieser Einbringung regelt.[1033] Die Frage, ob der Abschluss eines Einbringungsvertrages in jedem Fall einer Sachkapitalerhöhung rechtlich zwingend ist, wird ebenso uneinheitlich beantwortet wie die Frage, zu welchem Zeitpunkt ein solcher Einbringungsvertrag geschlossen werden kann. Eine wenig überzeugende Meinung im Schrifttum verlangt aufgrund gesetzessystematischer Erwägungen für jede Sachkapitalerhöhung obligatorisch einen dem Kapitalerhöhungsbeschluss zeitlich vorausgehenden Einbringungsvertrag, mit welchem sich der künftige Einleger zur Beteiligung an der Kapitalerhöhung und zur Erbringung der Sacheinlage zu verpflichten hat.[1034] Nach richtiger und wohl auch überwiegender Auffassung in der Literatur ist ein gesonderter Einbringungsvertrag allerdings nicht immer notwendig.[1035] Der Abschluss eines solchen Vertrages mag zwar in den meisten Fällen durchaus zweckmäßig sein, um die Einzelheiten der Einbringung zu konkretisieren und die Abwicklungsmodalitäten festzulegen; gerade bei einfach gelagerten Sachverhalten ist aber die Zeichnungsvereinbarung und der dingliche Vollzug der Einlagenleistung ohne weiteres ausreichend. Ebenso ist es nicht erforderlich, dass der Einbringungsvertrag – wenn ein solcher denn geschlossen wird – stets vor dem Kapitalerhöhungsbeschluss zustande kommt. Auch hier kann es zwar in der Tat oftmals sinnvoll sein, den Abschluss des Einbringungsvertrages vor die Durchführung der Hauptversammlung zu legen, um den Einleger zu binden und die Hauptversammlung am Ende nicht umsonst durchzuführen. Rechtlich zwingend ist diese zeitliche

1028 Vgl. *Kley* RNotZ 2003, 17, 30 f.

1029 So *Hüffer* § 36 a Rdnr. 4 m. w. N.; Hölters/*Solveen* § 36 a Rdnr. 5; MünchHdbGesR IV/*Hoffmann-Becking* § 4 Rdnr. 28.

1030 KölnKommAktG/*Kraft* § 36 a Rdnr. 10 ff.; *D. Mayer* ZHR 154 (1990), 535, 542 ff.; Spindler/Stilz/*Döbereiner* § 36 a Rdnr. 10.

1031 Muster eines Einbringungsvertrages findet sich bei *Pfisterer* in Beck'sches Formularb AktienR, Form. L. I. 1.

1032 Siehe oben Rdnr. 507.

1033 Vgl. *Kley* RNotZ 2003, 17, 18.

1034 Geßler/Hefermehl/*Hefermehl/Bungeroth* § 183 Rdnr. 55 ff.

1035 MünchHdbGesR IV/*Krieger* § 56 Rdnr. 42; *Hüffer* § 183 Rdnr. 6; *Kley* RNotZ 2003, 17, 20 ff. m. w. N.

Abfolge jedoch nicht, vielmehr kann der Einbringungsvertrag auch erst nach dem Kapitalerhöhungsbeschluss vereinbart werden.[1036]

555 *gg) Sachkapitalerhöhungsprüfung.* Gem. § 183 Abs. 3 S. 1 AktG hat bei einer Kapitalerhöhung gegen Sacheinlagen grundsätzlich (außer in den Fällen des § 183 a AktG – siehe unten Rdnr. 556) eine **Prüfung durch** einen oder mehrere gerichtlich bestellte **externe Prüfer** stattzufinden. Die Bestellung eines solchen Sachkapitalerhöhungsprüfers ist bei dem für die Gesellschaft zuständigen Registergericht zu beantragen.[1037] Der Antrag ist durch Vorstandsmitglieder in vertretungsberechtigter Zahl zu stellen.[1038] Zum Zwecke der Prüfung der persönlichen Bestellungshindernisse aus §§ 183 Abs. 3 S. 2, 33 Abs. 5 AktG verlangt das Gericht in aller Regel eine Erklärung des vorgesehenen Sachkapitalerhöhungsprüfers, dass gegen seine Bestellung keine Hinderungsgründe nach §§ 183 Abs. 3 S. 2, 33 Abs. 5, 143 Abs. 2 AktG i. V. m. § 319 HGB bestehen. Um das Bestellungsverfahren zu beschleunigen, kann diese Erklärung von dem vorgesehenen Sachkapitalerhöhungsprüfer bereits vorab eingeholt und dem Bestellungsantrag beigefügt werden.[1039] Gem. §§ 183 Abs. 3 S. 2, 34 Abs. 2 S. 1 AktG ist über die erfolgte Prüfung schriftlich zu berichten.[1040] Die Durchführung der Prüfung und das Vorliegen des Prüfungsberichts sind Voraussetzungen für die Eintragung der Durchführung der Sachkapitalerhöhung in das Handelsregister. Der eigentliche Gegenstand der Sachkapitalerhöhungsprüfung ist in § 183 Abs. 3 AktG nicht ausdrücklich genannt. Da jedoch auf die §§ 34 und 35 AktG vollumfänglich verwiesen wird, ist der Prüfungsgegenstand und -umfang bei der Sachkapitalerhöhung genau der gleiche wie bei der Sachgründung (siehe hierzu oben Rdnr. 197). Nach herrschender, wenngleich umstrittener Meinung, hat sich die Prüfung nur auf die Frage zu erstrecken, ob der Wert der Sacheinlagen den geringsten Ausgabebetrag – d.h. bei Nennbetragsaktien den Nennbetrag und bei Stückaktien den auf sie entfallenden anteiligen Betrag des Grundkapitals (§ 9 Abs. 1 AktG) – der zu gewährenden Aktien erreicht, also nicht auch die Wertdeckung eines etwaigen höheren Ausgabebetrages zu untersuchen.[1041]

556 Der durch das ARUG[1042] neu eingefügte § 183 a AktG schafft nunmehr die Möglichkeit, unter bestimmten Voraussetzungen eine Sachkapitalerhöhung **ohne externe Prüfung** durchzuführen. § 183 a Abs. 1 AktG verweist hierbei auf die für die Sachgründung geltende Vorschrift des § 33 a AktG. Hiernach kann von einer externen Prüfung abgesehen werden, wenn entweder Wertpapiere oder andere Geldmarktinstrumente im Sinne des WpHG eingebracht und dabei mit dem gewichteten Durchschnittspreis bewertet werden, zu dem sie während der letzten drei Monate an einem organisierten Markt i. S. v. § 2 Abs. 5 WpHG gehandelt wurden (§§ 183 a Abs. 1, 33 a Abs. 1 Nr. 1 AktG), oder andere Vermögensgegenstände eingebracht werden und dabei eine Bewertung zugrunde gelegt wird, die ein unabhängiger, ausreichend vorgebildeter und erfahrener Sachverständiger nach den allgemein anerkannten Bewertungsgrundsätzen mit dem beizulegenden Zeitwert ermittelt hat und deren Bewertungsstichtag höchstens sechs Monate vor dem Tag der tatsächlichen Einbringung liegt (§§ 183 a Abs. 1, 33 a Abs. 1 Nr. 1 AktG). Zu den Voraussetzungen des § 33 a AktG im einzelnen darf an dieser Stelle auf die Ausführungen zur Sachgründung verwiesen werden (siehe oben Rdnr. 198). Allerdings muss auf Antrag von Aktionären, die am Tag des Beschlussfassung über die Kapitalerhöhung gemeinsam mindestens 5% des Grundkapitals der Gesellschaft hielten und am Tag der Antragstellung auch noch halten, doch eine externe

[1036] So auch die h. M. Schmidt/Lutter/*Veil* § 183 Rdnr. 20; MünchKommAktG/*Peifer* § 183 Rdnr. 45; MünchHdbGesR IV/*Krieger* § 56 Rdnr. 42; *Hüffer* § 183 Rdnr. 6; *Kley* RNotZ 2003, 17, 27.

[1037] Muster eines Antrags auf Bestellung eines Sachkapitalerhöhungsprüfers findet sich bei *Pfisterer* in Beck'sches Formularb AktienR, Form. L. I.6.

[1038] *Hüffer* § 183 Rdnr. 17.

[1039] Muster einer solchen Erklärung findet sich bei *Pfisterer* in Beck'sches Formularb AktienR, Form. L. I.6.

[1040] Muster eines Prüfungsberichts des Sachkapitalerhöhungsprüfers findet sich bei *Pfisterer* in Beck'sches Formularb AktienR, Form. L. I.7.

[1041] KölnKommAktG/*Lutter* § 183 Rdnr. 52; *Hüffer* § 183 Rdnr. 16; MünchHdbGesR IV/*Krieger* § 56 Rdnr. 41; a. A. Schmidt/Lutter/*Veil* § 183 Rdnr. 26; *Priester* in FS Lutter, S. 617, 619 f.

[1042] Gesetz zur Umsetzung der Aktionärsrichtlinie (ARUG) vom 30. 7. 2009, BGBl. I S. 2479.

Sachkapitalerhöhungsprüfung stattfinden (§ 183 a Abs. 3 AktG). Um überhaupt Gelegenheit für eine solche Antragstellung zu schaffen verlangt § 183 a Abs. 2 S. 1 AktG, dass der Vorstand das Datum des Kapitalerhöhungsbeschlusses sowie die Angaben nach § 37 a Abs. 1 und 2 AktG, welche u. a. die Erklärung enthalten müssen, dass von einer externen Sachkapitalerhöhung abgesehen wird, in den Gesellschaftsblättern bekannt zu machen hat. Die Durchführung der Kapitalerhöhung darf frühestens nach Ablauf von vier Wochen seit dieser Bekanntmachung in das Handelsregister eingetragen werden (§ 183 a Abs. 2 S. 2 AktG).

hh) Handelsregisteranmeldung. An die Anmeldung der Sachkapitalerhöhung sind im Grundsatz dieselben Anforderungen zu stellen, die auch bei der Anmeldung einer Barkapitalerhöhung zu beachten sind, so dass zunächst einmal auf die hierzu gemachten Ausführungen verwiesen werden darf (siehe oben Rdnr. 521 ff.). Darüber hinaus müssen jedoch in Bezug auf die Handelsregisteranmeldung der Sachkapitalerhöhung die folgenden Besonderheiten beachtet werden:[1043] 557

Bei Anmeldung der Durchführung einer Sachkapitalerhöhung ist gem. §§ 188 Abs. 2 S. 1, 37 Abs. 1, 36 a Abs. 2 S. 3 AktG zu erklären, dass der Wert der Sacheinlagen dem Ausgabebetrag der dafür gewährten Aktien (also zumindest dem geringsten Ausgabebetrag, bei Überpariemission auch dem Mehrbetrag) entspricht. Eine besondere Begründung der Wertentsprechung ist nicht erforderlich.[1044] 558

Wurde die Sacheinlage bereits vollständig erbracht, so ist dies in der Anmeldung anzugeben und zugleich zu erklären, dass die Einlage endgültig zur freien Verfügung des Vorstands steht. Wurde hingegen entsprechend der vorstehend dargestellten h. M. die Einlage dinglich noch nicht auf die Gesellschaft übertragen,[1045] so ist der vereinbarte Leistungszeitpunkt anzugeben.[1046] 559

Wurde gem. § 183 a AktG von einer externen Sachkapitalerhöhungsprüfung abgesehen und das Datum des Beschlusses der Hauptversammlung nach § 183 a Abs. 2 AktG vorab bekannt gemacht, so hat die Anmeldung gem. § 184 Abs. 1 S. 3 AktG eine Versicherung zu enthalten, dass den Anmeldenden seit der Bekanntmachung keine Umstände im Sinne von § 37 a Abs. 2 AktG bekannt geworden sind. 560

Neben den Anlagen, die auch der Anmeldung einer Barkapitalerhöhung beizufügen sind,[1047] müssen der Anmeldung der Sachkapitalerhöhung auch noch die folgenden Unterlagen beigelegt werden: 561

- Bericht über die Sachkapitalerhöhungsprüfung gem. §§ 184 Abs. 2, 183 Abs. 3 AktG oder – falls gem. § 183 a AktG von einer externen Sachkapitalerhöhungsprüfung abgesehen wurde – nach § 184 Abs. 2 AktG die in § 37 a Abs. 3 AktG bezeichneten Anlagen (Unterlagen über die Ermittlung des gewichteten Durchschnittspreises nach § 33 a Abs. 1 Nr. 1 AktG bzw. jedes Sachverständigengutachten, auf das sich die Bewertung in den Fällen des § 33 a Abs. 1 Nr. 2 AktG stützt).
- Die Verträge, welchen den Festsetzungen nach § 183 AktG zugrunde liegen oder zu ihrer Ausführung geschlossen worden sind – also die Einbringungsverträge[1048] (§ 188 Abs. 3 Nr. 2 AktG).

ii) Ablaufplan Sachkapitalerhöhung. Der Vorgang einer Sachkapitalerhöhung ist von einer ganzen Reihe formaler Anforderungen geprägt, so dass sich bei seiner Projektierung die Aufstellung eines genauen Zeit- und Ablaufplans dringend empfiehlt. Nachstehende Liste gibt einen chronologischen Überblick über die im Rahmen eines Sachkapitalerhöhungsverfahrens erforderlichen Schritte sowie über die hierbei zu treffenden Maßnahmen bzw. vorzubereitenden Unterlagen: 562

[1043] Muster der Handelsregisteranmeldung einer Sachkapitalerhöhung findet sich bei *Pfisterer* in Beck'sches Formularb AktienR, Form. L. I.11.
[1044] KölnKommAktG/*Kraft* § 37 Rdnr. 8; MünchKommAktG/*Pentz* § 37 Rdnr. 44.
[1045] Siehe oben Rdnr. 553.
[1046] *Hüffer* § 188 Rdnr. 3.
[1047] Siehe oben Rdnr. 528.
[1048] Schüppen/Schaub/*Sickinger*/*Kuthe* § 33 Rdnr. 154.

(1) Evtl. bereits Abschluss des Einbringungsvertrages[1049] – im dinglichen Vollzug aufschiebend bedingt auf den Beschluss der Kapitalerhöhung und ggf. auf die Zeichnung der Aktien.
(2) Bei beabsichtigtem Bezugsrechtsausschluss Erstellung des schriftlichen Berichts des Vorstands gem. § 186 Abs. 4 S. 2 AktG über den Grund für den Ausschluss des Bezugsrechts.
(3) Einberufung der Hauptversammlung, die über die Sachkapitalerhöhung beschließen soll, unter Beachtung der Frist des § 123 AktG und der besonderen Bekanntmachungsregeln der §§ 124 Abs. 2 S. 2, 183 Abs. 1 S. 2 und 186 Abs. 4 AktG;
ab Einberufung: Auslegung des Vorstandsberichts über den Bezugsrechtsausschluss in den Geschäftsräumen der Gesellschaft und Zusendung an Aktionäre auf Verlangen oder Einstellen des Vorstandsberichts auf die Internetseite der Gesellschaft.
(4) Durchführung der Hauptversammlung mit den Beschlussfassungen über die Sachkapitalerhöhung und die Satzungsänderung.
(5) Kontaktaufnahme mit dem in Aussicht genommenen, gerichtlich zu bestellenden Sachkapitalerhöhungsprüfer und Einholung dessen Erklärung nach §§ 183 Abs. 3 S. 2, 33 Abs. 5, 143 AktG, 319 HGB. Wird von einer Sachkapitalerhöhungsprüfung gem. § 183 a AktG abgesehen, Vornahme der Bekanntmachungen gem. § 183 a Abs. 2 S. 1 AktG.
(6) Antrag des Vorstands beim Registergericht auf Bestellung des Sachkapitalerhöhungsprüfers, wenn nicht von einer Sachkapitalerhöhungsprüfung gem. § 183 a AktG abgesehen wird.
(7) Zeichnung der neuen Aktien durch den bzw. die Übernehmer.
(8) Leistung der Einlage durch Abschluss des Einbringungsvertrages (sofern nicht bereits ganz zu Anfang geschehen – siehe Ziff. 1).
(9) Erstattung des Prüfungsberichts durch den gerichtlich bestellten Sachkapitalerhöhungsprüfer (nach dessen Bestellung), wenn nicht von einer Sachkapitalerhöhungsprüfung gem. § 183 a AktG abgesehen wird.
(10) Handelsregisteranmeldung des Sachkapitalerhöhungsbeschlusses (sofern diese Anmeldung nicht schon unmittelbar nach Beschlussfassung erfolgt ist) und der Durchführung der Sachkapitalerhöhung.
(11) Kontrolle der Handelsregistereintragung.
(12) Hat AG durch Sacheinlagevertrag mehr als 25% der Anteile an einer anderen Kapitalgesellschaft übernommen: Mitteilung gem. §§ 20, 21 AktG.

563 In dringlichen Fällen können die Maßnahmen zur Bestellung des Sachkapitalerhöhungsprüfers (vorstehende Ziff. 5 und 6) auch bereits im Vorfeld der über die Sachkapitalerhöhung beschließenden Hauptversammlung vorgenommen werden, um Verzögerungen im Verfahrensablauf zu vermeiden.

2. Bedingte Kapitalerhöhung

Schrifttum: *Adams*, Aktienoptionspläne und Vorstansvergütungen, ZIP 2002, 1325; *Habersack*, Die erfolgsabhängige Vergütung des Aufsichtsrats und ihre Grenzen, ZGR 2004, 721; *Ihrig/Wagner*, Volumengrenzen für Kapitalmaßnahmen der AG, NZG 2002, 657; *Kowalski*, Eingliederung: Abfindung durch Ausnutzung genehmigten Kapitals, AG 2000, 355; *Kuntz*, Die Zulässigkeit selbständiger Aktienoptionen („naked warrants"), AG 2004, 480; *Martens*, Die mit Optionsrechten gekoppelte Aktienemission, AG 1989, 69; *Maul*, Zur Unzulässigkeit der Festsetzung lediglich eines Mindestausgabebetrages im Rahmen des § 193 II Nr. 3 AktG, NZG 2000, 679; *Vogel*, Aktienoptionsprogramme für nicht börsennotierte AG – Anforderungen an Hauptversammlungsbeschlüsse, BB 2000, 937; *Zitzewitz*, Stock Options. 2003.

564 a) **Allgemeines.** Die bedingte Kapitalerhöhung ist in den §§ 192–201 AktG geregelt. Nach ihrer in § 192 Abs. 1 AktG enthaltenen Legaldefinition handelt es sich hierbei um eine von der Hauptversammlung beschlossene Kapitalerhöhung, die nur insoweit durchgeführt wird, wie von einem Umtausch- oder Bezugsrecht auf die neuen Aktien (Bezugsaktien) Gebrauch gemacht wird. Sie ermöglicht somit eine **bedarfsabhängige Kapitalbeschaffung,**[1050] die je-

[1049] Siehe Rdnr. 554.
[1050] *Hüffer* § 192 Rdnr. 1.

doch gem. § 192 Abs. 2 AktG nur für ganz bestimmte Zwecke und unter quantitativen Beschränkungen (§ 192 Abs. 3 AktG) zugelassen ist. Man darf sich durch den Begriff „bedingt" nicht in die Irre führen lassen: Der von der Hauptversammlung zu fassende Beschluss selbst ist unbedingt. Die **Bedingung** des sich auf diesen Beschluss gründenden Vorgangs liegt in der noch ungewissen Ausübung der Umtausch- oder Bezugsrechte, da im Zeitpunkt der Beschlussfassung noch nicht feststeht, ob und in welchem Umfang die Bezugsberechtigten von ihren Umtausch- oder Bezugsrechten Gebrauch machen.[1051]

Anders als die ordentliche Kapitalerhöhung durch § 182 Abs. 4 AktG[1052] und die Kapi- 565
talerhöhung aus genehmigtem Kapital durch § 203 Abs. 3 AktG[1053] setzt die bedingte Kapitalerhöhung **nicht** voraus, dass **Einlagen** auf das bisherige Grundkapital **nicht mehr ausstehen** oder **nicht mehr erlangt werden können.**[1054] Der insoweit anderes nahelegende Verweis in § 195 Abs. 1 S. 2 AktG auf § 184 Abs. 1 S. 2 AktG ist offensichtlich ein gesetzgeberisches Redaktionsversehen; eigentlich sollte auf § 184 Abs. 1 S. 3 AktG verwiesen werden.[1055]

Für die Aktionäre der Gesellschaft besteht bei einer bedingten Kapitalerhöhung **kein ge-** 566
setzliches Bezugsrecht, weil dies dem eigentlichen Zweck dieser Kapitalmaßnahme – der Gewährung von Aktien an die durch ein spezielles Umtausch- oder Bezugsrecht Berechtigten – zuwider laufen würde.[1056]

Da mit einem Beschluss über die bedingte Erhöhung des Grundkapitals aufgrund der ge- 567
setzlichen Vorgaben aus § 193 Abs. 2 AktG inhaltlich immer Bestimmungen über die Modalitäten der Bezugsberechtigungen verknüpft sein müssen, die im Regelfall eine nicht unerhebliche Komplexität aufweisen und daher in der Vorbereitung der Beschlussfassung oftmals von anderen Beratern konzipiert werden, ist der beurkundende Notar häufig mit dem Entwurf des Beschlusses über die bedingte Kapitalerhöhung nur punktuell befasst, muss aber natürlich für die Beurkundung in der Lage sein, für den zu fassenden Beschluss insgesamt beurteilen zu können, ob er den gesetzlichen Anforderungen entspricht.

b) **Zulässige Zwecke.** Eine bedingte Kapitalerhöhung kann **nur zu den in § 192 Abs. 2** 568
AktG aufgeführten Zwecken beschlossen werden, nämlich (1) zur Gewährung von Umtausch- und Bezugsrechten an Gläubiger von Wandelschuldverschreibungen (§ 192 Abs. 2 Nr. 1 AktG) oder (2) zur Vorbereitung des Zusammenschlusses von Unternehmen (§ 192 Abs. 2 Nr. 2 AktG) oder (3) zur Gewährung von Bezugsrechten an Arbeitnehmer und Mitglieder der Geschäftsführung der Gesellschaft oder eines verbundenen Unternehmens im Wege des Zustimmungs- und Ermächtigungsbeschlusses (§ 192 Abs. 2 Nr. 3 AktG). Dieser in § 192 Abs. 2 AktG enthaltene Katalog zulässiger Zwecke ist grundsätzlich als **abschließend** zu betrachten. Allenfalls in wohl begründeten **Einzelfällen** kann an eine **analoge Anwendung** seines Regelungsgehalts gedacht werden, wenn eine Gestaltung vorliegt, die den in § 192 Abs. 2 AktG genannten Zwecken sehr nahe kommt und ihnen in ihren Auswirkungen auf die Gesellschaft und die Aktionäre entspricht,[1057] so etwa bei sog. Wandelgenussrechten bzw. Genussrechten mit nachgelagertem Optionsrecht.[1058] Dieses grundsätzliche Verbot einer analogen Anwendung der Vorschrift über eng umgrenzte Einzelfälle hinaus findet seine Begründung in dem Umstand, dass bei der bedingten Kapitalerhöhung ein gesetzliches Bezugsrecht der Altaktionäre nicht besteht,[1059] eine derartige Versagung des Bezugsrechts aber nur in den durch das Gesetz ausdrücklich geregelten Fällen anzuerkennen ist.[1060]

[1051] Vgl. *Wiedemann* in Beck'sches Formularb AktienR, N. Vorbem.
[1052] Siehe oben Rdnr. 466.
[1053] Siehe unten Rdnr. 603.
[1054] Schüppen/Schaub/*Dissars* § 35 Rdnr. 2; Geßler/Hefermehl/*Bungeroth* § 192 Rdnr. 1.
[1055] Vgl. Hölters/*v. Dryander/Niggemann* § 195 Rdnr. 5.
[1056] BGH AG 2006, 246, 247 liSp; *Hüffer* § 192 Rdnr. 3.
[1057] Vgl. OLG Stuttgart ZIP 2002, 1807, 1808; *Fuchs* AG 1995, 433; Hölters/*v. Dryander/Niggemann* § 192 Rdnr. 22; MünchHdbGesR IV/*Krieger* § 57 Rdnr. 8; *Hüffer* § 192 Rdnr. 8; Schüppen/Schaub/*Dissars* § 35 Rdnr. 3.
[1058] Vgl. hierzu *Wiedemann* in Beck'sches Formularb AktienR, N. Vorbem.
[1059] Siehe oben Rdnr. 566.
[1060] Schüppen/Schaub/*Dissars* § 35 Rdnr. 3.

569 Große Bedeutung in der Praxis hat insbesondere die bedingte Kapitalerhöhung zur **Gewährung von Umtausch- oder Bezugsrechten** an Gläubiger von Wandelschuldverschreibungen nach § 192 Abs. 2 Nr. 1 AktG. Gem. § 221 AktG räumen Wandelschuldverschreibungen den Gläubigern das Recht ein, die Schuldverschreibungen in Aktien umzutauschen (Umtauschrecht) oder zusätzlich zur Schuldverschreibung Aktien zu beziehen (Bezugsrecht). Die im Falle der Ausübung dieser Umtausch- oder Bezugsrechte den Gläubigern zu gewährenden Aktien können mittels einer bedingten Kapitalerhöhung geschaffen werden.

570 Eher selten wird die bedingte Kapitalerhöhung zu dem durch § 192 Abs. 2 Nr. 2 AktG zugelassenen Zweck der **Vorbereitung des Zusammenschlusses von Unternehmen** verwendet. Dies hat seinen Grund darin, dass über den Weg der bedingten Kapitalerhöhung der geplante Unternehmenszusammenschluss frühzeitig bekannt würde, da der Erhöhungsbeschluss die betroffenen Unternehmen mit Firma, Sitz und Rechtsform zu nennen hat[1061] und gem. § 193 Abs. 2 Nr. 2 AktG auch der Kreis der Bezugsberechtigten angegeben werden muss und hierdurch die Beteiligten vor der sicheren Vereinbarung des Zusammenschlusses öffentlich würden.[1062] Dies ist üblicherweise nicht gewünscht, so dass sich die Praxis für Zwecke der Durchführung von Unternehmenszusammenschlüssen lieber des genehmigten Kapitals (siehe unten Rdnr. 603 ff.) bedient. Der Anwendungsbereich des § 192 Abs. 2 Nr. 2 AktG ist allerdings durchaus weit. So fallen unter den Begriff des Unternehmenszusammenschlusses auch der Abschluss eines Beherrschungs- und Ergebnisabführungsvertrages, so dass die hierbei gem. § 305 Abs. 2 Nr. 1, Nr. 2, § 320 b AktG als Abfindung zu gewährenden Aktien durch eine bedingte Kapitalerhöhung bereitgestellt werden können.[1063] Um einen Zusammenschluss handelt es sich auch beim Erwerb von Anteilen an einem anderen Unternehmen gegen Gewährung von Aktien an der AG[1064] sowie bei den umwandlungsrechtlichen Vorgängen Verschmelzung, Spaltung und Ausgliederung.[1065] In diesen Fällen können die den Veräußerern bzw. Gesellschaftern der übertragenden Gesellschaft zu gewährenden oder die für die Abfindung der Inhaber von Options- und Wandlungsrechten benötigten Aktien durch eine bedingte Kapitalerhöhung geschaffen werden.[1066]

571 § 192 Abs. 2 Nr. 3 AktG lässt schließlich eine bedingte Kapitalerhöhung auch zu zur **Gewährung von Bezugsrechten an Arbeitnehmer sowie Mitglieder der Geschäftsführung der Gesellschaft oder eines verbundenen Unternehmens**. Damit legitimiert die Vorschrift sog. Aktienoptionspläne (stock-options) und schafft für diese das passende Instrument, um die zur Bedienung der Aktienoptionen für die Arbeitnehmer oder Geschäftsführungsmitglieder benötigten Aktien bereit zu stellen. Zu beachten ist in diesem Zusammenhang, dass eine bedingte Kapitalerhöhung nicht erfolgen darf, um Bezugsrechte von **Aufsichtsratsmitgliedern** der Gesellschaft oder mit ihr verbundener Unternehmen zu gewähren, da Aufsichtsräte nicht zur Geschäftsführung gehören.[1067]

572 c) **Zulässiger Umfang.** Das bedingte Kapital unterliegt **quantitativen Grenzen**: Allgemein darf sein Nennbetrag gem. § 192 Abs. 3 S. 1 AktG die Hälfte des Grundkapitals nicht übersteigen. Daneben tritt noch eine spezielle Grenze aus § 192 Abs. 3 S. 1 AktG: Dient das bedingte Kapital der Gewährung von Bezugsrechten nach § 192 Abs. 2 Nr. 3 AktG, so ist sein Nennbetrag auf höchstens 10% des Grundkapitals begrenzt. Ein etwa noch aufgrund früherer Beschlüsse vorhandenes, noch nicht ausgenutztes bedingtes Kapital ist bei der Ermittlung des zulässigen Umfangs mitzurechnen.[1068] Maßgeblich für die Höhe der Grundkapitalziffer als Bezugsgröße ist der Zeitpunkt der Beschlussfassung über die bedingte Kapitalerhöhung. Anders als beim genehmigten Kapital (siehe unten Rdnr. 608) zählt mithin eine vor oder mit der bedingten Kapitalerhöhung beschlossene ordentliche Kapitalerhöhung, die

---

1061 *Hüffer* § 193 Rdnr. 5.
1062 Hölters/*v. Dryander/Niggemann* § 192 Rdnr. 40.
1063 Hölters/*v. Dryander/Niggemann* § 192 Rdnr. 41; Spindler/Stilz/*Rieckers* § 192 Rdnr. 38.
1064 MünchKommAktG/*Fuchs* § 192 Rdnr. 60.
1065 Spindler/Stilz/*Rieckers* § 192 Rdnr. 38; *Hüffer* § 192 Rdnr. 14.
1066 Schüppen/Schaub/*Dissars* § 35 Rdnr. 7.
1067 BGH NZG 2004, 376; *Hüffer* § 192 Rdnr. 21.
1068 KölnKommAktG/*Lutter* § 192 Rdnr. 30; MünchHdbGesR IV/*Krieger* § 57 Rdnr. 10; *Hüffer* § 192 Rdnr. 23.

aufgrund ausstehender Handelsregistereintragung ihrer Durchführung zum Zeitpunkt der Beschlussfassung über das bedingte Kapital noch nicht wirksam wurde, nicht mit.[1069] Die beiden an 50% bzw. 10% des Grundkapitals knüpfenden Begrenzungsvorschriften aus § 192 Abs. 3 S. 1 AktG gelten im übrigen kumulativ,[1070] d. h. z. B. würde zwar für eine bedingte Kapitalerhöhung nach § 192 Abs. 2 Nr. 3 AktG die 10%-Grenze eingehalten, mit ihr allerdings unter Berücksichtigung bereits früher beschlossener, noch nicht ausgenutzter bedingter Kapitalerhöhungen zu anderen Zwecken die 50%-Grenze überschritten, so ist die bedingte Kapitalerhöhung unzulässig.[1071]

d) **Beschluss und Durchführung der bedingten Kapitalerhöhung.** Der Vorgang der bedingten Kapitalerhöhung geschieht in folgenden chronologischen Ablaufschritten: 573

(1) Kapitalerhöhungsbeschluss durch die Hauptversammlung;
(2) Anmeldung und Eintragung des Kapitalerhöhungsbeschlusses in das Handelsregister;
(3) Einräumung der Bezugs-/Umtauschrechte durch die Gesellschaft an die Bezugsberechtigten;
(4) Abgabe einer Bezugs-/Umtauscherklärung durch die Berechtigten und Leistung des vollen Gegenwertes für die Bezugsaktien;
(5) Ausgabe der Bezugsaktien durch die Gesellschaft;
(6) Anmeldung der erfolgten Ausgabe von Bezugsaktien und der entsprechenden Satzungsanpassung zum Handelsregister und Eintragung der Ausgabe und der Satzungsanpassung in das Handelsregister.

aa) Kapitalerhöhungsbeschluss. Die bedingte Kapitalerhöhung bedarf gem. § 192 Abs. 1 AktG eines Beschlusses der Hauptversammlung der Gesellschaft.[1072] Wenngleich die Vorbereitung des Beschlusswortlauts gerade beim bedingten Kapital oftmals von anderen rechtlichen Beratern der Gesellschaft erfolgt,[1073] muss der diesen Hauptversammlungsbeschluss beurkundende Notar natürlich dennoch über eine genaue Kenntnis der für den Beschluss geltenden gesetzlichen Anforderungen und auch über die hierbei sinnvollerweise einzuhaltenden Zweckmäßigkeiten verfügen. 574

In **formeller Hinsicht** bedarf der Hauptversammlungsbeschluss gem. § 193 Abs. 1 S. 1 AktG einer **Mehrheit**, die neben der Stimmenmehrheit aus § 133 Abs. 1 AktG mindestens drei Viertel des bei der Beschlussfassung vertretenen Grundkapitals umfasst.[1074] Nach § 193 Abs. 1 S. 3 AktG kann die Satzung der Gesellschaft eine größere Kapitalmehrheit und weitere Erfordernisse bestimmen. Im übrigen sollte der zur Beurkundung vorgesehene Notar in der Vorbereitungsphase des Kapitalerhöhungsbeschlusses die aktuelle Satzung der Gesellschaft dahingehend überprüfen, ob **mehrere stimmberechtigte Aktiengattungen** vorhanden sind. Ist dies der Fall, so muss von den Aktionären jeder Aktiengattung gem. §§ 193 Abs. 1 S. 3, 182 Abs. 2 AktG ein gesonderter **Zustimmungsbeschluss** i. S. v. § 138 AktG gefasst werden (siehe hierzu oben Rdnr. 504). 575

(1) Zwingender Inhalt. Der Hauptversammlungsbeschluss muss zunächst einmal **erkennen lassen**, dass es sich um eine **bedingte Kapitalerhöhung** handelt. Daher hat er unter Beachtung der Grenzen aus § 192 Abs. 3[1075] einen **Höchstbetrag** zu nennen, bis zu dem das Grundkapital durch die Ausgabe neuer Aktien erhöht werden kann.[1076] Ob daneben auch die Angabe eines **Mindestbetrages** zulässig ist, ist **strittig.**[1077] Unabhängig von diesem Meinungsstreit kommt in der Praxis die Angabe eines Mindestbetrages eigentlich nicht vor. Fer- 576

[1069] *Ihrig/Wagner* NZG 2002, 657, 658; MünchHdbGesR IV/*Krieger* § 57 Rdnr. 10; *Hüffer* § 192 Rdnr. 23; Hölters/*v. Dryander/Niggemann* § 192 Rdnr. 57; Schüppen/Schaub/*Dissars* § 35 Rdnr. 12.

[1070] Hölters/*v. Dryander/Niggemann* § 192 Rdnr. 57.

[1071] Vgl. *Hüffer* § 192 Rdnr. 24.

[1072] Muster für einen Beschluss der Hauptversammlung über eine bedingte Kapitalerhöhung findet sich bei *Wiedemann* in Beck'sches Formularb AktienR, Form. N. I.3.

[1073] Siehe oben Rdnr. 567.

[1074] Schmidt/Lutter/*Veil* § 193 Rdnr. 2; *Hüffer* § 193 Rdnr. 2.

[1075] Siehe oben Rdnr. 572.

[1076] MünchKommAktG/*Fuchs* § 193 Rdnr. 2; KölnKommAktG/*Lutter* § 192 Rdnr. 6.

[1077] Zulässigkeit verneinend: *Hüffer* § 193 Rdnr. 4; Zulässigkeit bejahend: MünchHdbGesR IV/*Krieger* § 57 Rdnr. 14.

ner sind entsprechend den Grundsätzen bei der ordentlichen Kapitalerhöhung (siehe oben Rdnr. 483ff.) bezüglich der neuen Aktien deren **Art** und gegebenenfalls **Gattung**, bei Nennbetragsaktien deren **Nennbetrag**, bei Stückaktien deren **Zahl** festzulegen.[1078] Bei **Sacheinlagen** ist die inhaltliche Vorgabe des § 194 Abs. 1 S. 1 AktG zu beachten.

577 Gem. § 193 Abs. 2 Nr. 1 AktG muss der Erhöhungsbeschluss ferner konkret den **Zweck der bedingten Kapitalerhöhung** angeben. Die insoweit zulässigen Zwecke ergeben sich aus § 192 Abs. 2 AktG.[1079] Nach § 193 Abs. 2 Nr. 2 AktG ist im Beschluss auch der **Kreis der Bezugsberechtigten** festzusetzen. Die Bezugsberechtigten müssen hierbei nicht notwendig namentlich benannt, aber eindeutig bestimmbar sein.[1080] Die Einräumung des konkreten Bezugs- bzw. Umtauschrechts im Rahmen der Durchführung der bedingten Kapitalerhöhung ist dann Aufgabe der Verwaltung.

578 Gem. § 193 Abs. 2 Nr. 3 AktG müssen des weiteren der **Ausgabebetrag** oder die Grundlagen, nach denen er ermittelt wird, festgesetzt werden. Bei einer bedingten Kapitalerhöhung nach § 192 Abs. 2 Nr. 1 AktG zur Gewährung von Umtausch- oder Bezugsrechten an Gläubiger von Wandelschuldverschreibungen genügt es, wenn der Mindestausgabebetrag oder die Grundlagen für die Festlegung des Mindestausgabebetrags festgesetzt werden (§ 193 Abs. 2 Nr. 3 2. HS AktG). Bei **Umtauschrechten** ist zusätzlich anzugeben, in welchem **Verhältnis** Schuldverschreibungen in Aktien getauscht werden; sofern Zuzahlungen zu erfolgen haben, sind diese ebenfalls festzulegen.[1081]

579 Bei einer bedingten Kapitalerhöhung zur Gewährung von **Bezugsrechten** an **Arbeitnehmer** oder **Geschäftsführungsmitglieder** nach § 192 Abs. 2 Nr. 3 AktG hat der Beschluss auch die durch **§ 193 Abs. 3 Nr. 4 geforderten Festsetzungen** zu enthalten: Die Aufteilung der Bezugsrechte auf Geschäftsführungsmitglieder und Arbeitnehmer, Erfolgsziele, Erwerbs- und Ausübungszeiträume und Wartezeit für die erstmalige Ausübung (mindestens 4 Jahre). Über diese zwingenden Angaben hinaus, kann der Hauptversammlungsbeschluss auch weitere Einzelheiten des Optionsprogramms bestimmen.[1082]

580 Fehlt dem Beschluss über die bedingte Kapitalerhöhung eine der durch § 193 Abs. 2 Nrn. 1 bis 3 AktG zwingend vorgeschriebenen Angaben, so ist er gem. § 241 Nr. 3 AktG nichtig. Eine Heilung nach § 242 Abs. 2 AktG ist möglich. Die Verletzung der Vorgaben aus § 193 Abs. 2 Nr. 4 AktG macht den Beschluss hingegen bloß anfechtbar.[1083]

581 *(2) Zweckmäßiger fakultativer Inhalt.* Es ist durchaus üblich, in den Hauptversammlungsbeschluss auch eine ausdrückliche **Ermächtigung des Vorstands** aufzunehmen, ggf. mit Zustimmung des Aufsichtsrats die weiteren Einzelheiten des Verfahrens der bedingten Kapitalerhöhung und ihrer Durchführung festzulegen. Dies macht insbesondere dann Sinn, wenn der Beschluss über die bedingte Kapitalerhöhung jenseits seines obligatorischen Inhalts nicht alle Einzelheiten der Bezugsrechtsbedingungen und der Bezugsrechtsausübung vorgibt.

582 In der Praxis wird überwiegend die Tatsache, dass ein **bedingtes Kapital** beschlossen wurde, als eigene Bestimmung **in die Satzung** der Gesellschaft **mit aufgenommen.** Der insoweit erforderliche satzungsändernde Beschluss der Hauptversammlung sollte sinnvollerweise gemeinsam mit dem Beschluss über die bedingte Kapitalerhöhung gefasst werden. Wenngleich eine solche, das bedingte Kapital ausweisende Satzungsbestimmung nach ganz überwiegender Meinung nicht notwendig ist,[1084] erweist sie sich doch als zweckmäßig, da auf diese Weise das beschlossene bedingte Kapital nochmals eine Aufmerksamkeit erzeugende und der schnellen Einsicht zugängliche Dokumentation erfährt.

583 Der Hauptversammlungsbeschluss über die bedingte Kapitalerhöhung selbst wie auch dessen Handelsregistereintragung bewirken noch keine Erhöhung des Grundkapitals und damit auch noch keine Satzungsänderung. Erst mit der Ausgabe der Bezugsaktien wird gem.

[1078] Schüppen/Schaub/*Dissars* § 35 Rdnr. 17.
[1079] Siehe oben Rdnr. 568ff.
[1080] Vgl. *Hüffer* § 193 Rdnr. 5.
[1081] MünchKommAktG/*Fuchs* § 193 Rdnr. 12; MünchHdbGesR IV/*Krieger* § 57 Rdnr. 18.
[1082] *Hüffer* § 193 Rdnr. 8.
[1083] *Vogel* BB 2000, 937, 939; *Hüffer* § 193 Rdnr. 10.
[1084] MünchHdbGesR IV/*Krieger* § 57 Rdnr. 33; Hölters/*v. Dryander/Niggemann* § 192 Rdnr. 19; *Hüffer* § 192 Rdnr. 5; a.A. wohl MünchKommAktG/*Fuchs* § 192 Rdnr. 21.

§ 200 AktG die Satzung in Bezug auf die Höhe des Grundkapitals und dessen Zerlegung in Aktien (§ 23 Abs. 2 Nrn. 3 u.4 AktG) unrichtig.[1085] Deshalb ist es erforderlich, die Satzung nach Maßgabe der §§ 179ff. AktG zu ändern. Aus Zweckmäßigkeitsgründen sollte daher die Hauptversammlung im Kapitalerhöhungsbeschluss dem **Aufsichtsrat** gem. § 179 Abs. 1 S. 2 AktG die **Befugnis zur** entsprechenden **Satzungsänderung** übertragen, sofern diese Übertragung nicht bereits generell in der Satzung der Gesellschaft enthalten ist. Ansonsten wäre nach der Ausgabe der Bezugsaktien eine Satzungsänderung mittels eines erneuten Hauptversammlungsbeschlusses erforderlich.

bb) Handelsregisteranmeldung des Kapitalerhöhungsbeschlusses. Gem. § 195 AktG ist der Beschluss über die bedingte Kapitalerhöhung zur Eintragung in das Handelsregister anzumelden.[1086] Zuständig ist das **Registergericht** (Amtsgericht) des **Gesellschaftssitzes** (§ 14 AktG). Die Anmeldung ist in **öffentlich beglaubigter Form** einzureichen (§ 12 HGB). Anmeldepflichtig ist gem. § 195 Abs. 1 S. 1 AktG der **Vorstand** in vertretungsberechtigter Mitgliederzahl zusammen mit dem **Vorsitzenden des Aufsichtrats.** Ist der Aufsichtsratsvorsitzende verhindert, so kann statt diesem sein Stellvertreter die Anmeldung vornehmen (§ 107 Abs. 1 S. 3 AktG). Eine rechtsgeschäftliche Stellvertretung bei der Anmeldung ist nach h. M. wegen der strafrechtlichen Verantwortlichkeit für die Anmeldungserklärungen (§ 399 Abs. 1 Nr. 4 AktG) ausgeschlossen.[1087] 584

Inhaltlich ist zunächst einmal der **Beschluss der Hauptversammlung über die bedingte Kapitalerhöhung** anzumelden. Sofern durch Beschluss der Hauptversammlung das beschlossene bedingte Kapital auch als eigene Bestimmung in die Satzung der Gesellschaft mit aufgenommen wurde, ist auch diese **Satzungsänderung** anzumelden. 585

Wurde bei einer **bedingten Kapitalerhöhung gegen Sacheinlagen** gem. §§ 194 Abs. 5, 183a AktG von einer externen Sachkapitalerhöhungsprüfung abgesehen und das Datum des Beschlusses der Hauptversammlung nach §§ 194 Abs. 5, 183a Abs. 2 AktG vorab bekannt gemacht, so hat die Anmeldung gem. §§ 195 Abs. 1 S. 2, 184 Abs. 1 S. 3 AktG eine Versicherung zu enthalten, dass den Anmeldenden seit der Bekanntmachung keine Umstände im Sinne von § 37a Abs. 2 AktG bekannt geworden sind. Der Verweis in § 195 Abs. 1 S. 2 AktG auf § 184 Abs. 1 S. 2 AktG ist offensichtlich ein gesetzgeberisches Redaktionsversehen; eigentlich sollte auf § 184 Abs. 1 S. 3 AktG verwiesen werden[1088] (siehe hierzu auch oben Rdnr. 565).

Als **Anlagen** sind der Anmeldung die folgenden Unterlagen beizufügen: 586

(1) Beglaubigte Abschrift der notariellen Niederschrift über die Hauptversammlung, welche die bedingte Kapitalerhöhung beschlossen hat.
(2) Eine Berechnung der Kosten, die für die Gesellschaft durch die Ausgabe der Bezugsaktien entstehen werden.[1089]
(3) Falls eine Satzungsänderung beschlossen wurde (siehe oben Rdnr. 583) der vollständige Wortlaut der Satzung mit der notariellen Bescheinigung nach § 181 Abs. 1 S. 2 AktG.

Bei einer bedingten Kapitalerhöhung mit Sacheinlagen sind der Anmeldung gem. § 195 Abs. 2 Nr. 1 AktG ferner die folgenden zusätzlichen Unterlagen beizufügen: 587

- Die Verträge, welche den Festsetzungen nach § 194 AktG zugrunde liegen oder zu ihrer Ausführung geschlossen worden sind.
- Der Bericht über die Prüfung der Sacheinlagen nach § 194 Abs. 4 AktG oder – falls gem. §§ 194 Abs. 5, 183a AktG von einer externen Sachkapitalerhöhungsprüfung abgesehen wurde – nach § 195 Abs. 2 Nr. 1 AktG die in § 37a Abs. 3 AktG bezeichneten Anlagen (Unterlagen über die Ermittlung des gewichteten Durchschnittspreises nach § 33a Abs. 1 Nr. 1 AktG bzw. jedes Sachverständigengutachten, auf das sich die Bewertung in den Fällen des § 33a Abs. 1 Nr. 2 AktG stützt).

[1085] Vgl. Schmidt/Lutter/*Veil* § 193 Rdnr. 2; *Hüffer* § 193 Rdnr. 9.

[1086] Muster für eine solche Handelsregisteranmeldung findet sich bei *Wiedemann* in Beck'sches Formularb AktienR, Form. N. I. 7.

[1087] *Hüffer* § 195 Rdnr. 3.

[1088] Vgl. Hölters/*v. Dryander/Niggemann* § 195 Rdnr. 5.

[1089] Muster für eine solche Kostenberechnung findet sich bei *Wiedemann* in Beck'sches Formularb AktienR, Form. N. I. 6.

588 Die **Eintragung** des Hauptversammlungsbeschlusses über die bedingte Kapitalerhöhung ist **unverzichtbare Voraussetzung für die Ausgabe von Bezugsaktien**, da gem. § 197 S. 1 AktG vor dieser Handelsregistereintragung keine Bezugsaktien ausgegeben werden können. Mit der Handelsregistereintragung wird der Kapitalerhöhungsbeschluss bindend.[1090]

589 *cc) Einräumung der Bezugsrechte.* Das sich auf dem Beschluss über die bedingte Kapitalerhöhung gründende Bezugsrecht wird nach herrschender und zutreffender Ansicht durch Rechtsgeschäft, nämlich **vertragliche Vereinbarung**, zwischen der AG und dem Bezugsberechtigten begründet.[1091] Dieser Einräumungsvertrag ist im Innenverhältnis an die Vorgaben des Kapitalerhöhungsbeschlusses gebunden, insbesondere darf er nur mit dem dort benannten Personenkreis abgeschlossen werden.[1092] Üblicherweise ist der Notar mit dem Entwurf und dem Abschluss des Einräumungsvertrages nicht befasst, da dies nahezu ausnahmslos von der AG selbst ggf. in fachlicher Begleitung ihrer rechtlichen Berater vorgenommen wird.

590 *dd) Bezugserklärung und volle Leistung des Gegenwerts.* Das auf der Grundlage des Beschlusses über die bedingte Kapitalerhöhung durch vertragliche Vereinbarung zwischen der Gesellschaft und dem Bezugsberechtigten entstandene Bezugsrecht[1093] begründet einen Anspruch des Bezugsberechtigten auf Abschluss eines Zeichnungsvertrages mit der Gesellschaft, wonach diese verpflichtet ist, die Mitgliedschaftsrechte in Gestalt der Aktien in dem vereinbarten Umfang zuzuteilen.[1094] Aufgrund der **Bezugserklärung,**[1095] die im einzelnen in § 198 AktG geregelt ist, und der Annahme dieser Erklärung durch die AG, welche dem Bezugsberechtigten gem. § 151 S. 1 BGB nicht zuzugehen braucht, kommt zwischen der Gesellschaft und dem Bezugsberechtigten der **Zeichnungsvertrag**[1096] zustande. Die Bezugserklärung entspricht somit dem Zeichnungsschein bei einer ordentlichen Kapitalerhöhung[1097] (§ 198 Abs. 2 S. 1 AktG – zum Zeichnungsschein oben Rdnr. 511 ff.).

591 Gem. § 198 Abs. 1 S. 1 AktG bedarf die Bezugserklärung der Schriftform (§ 126 BGB). Nach § 198 Abs. 1 S. 2 AktG soll die Erklärung doppelt ausgestellt werden. Die Bezugserklärung hat gem. § 198 Abs. 1 S. 3 AktG die **folgenden Angaben** zu enthalten:

- Der Tag, an dem der Beschluss über die bedingte Kapitalerhöhung gefasst worden ist;
- Die Beteiligungen nach der Zahl und bei Nennbetragsaktien den Nennbetrag und, wenn mehrere Gattungen ausgegeben werden, die Gattung der Aktien;
- die in § 193 Abs. 2 Nrn. 1 bis 3 AktG für den Hauptversammlungsbeschluss über die bedingte Kapitalerhöhung notwendigen Bestandteile, nämlich der Zweck der bedingten Kapitalerhöhung, der Kreis der Bezugsberechtigten und der Ausgabebetrag oder die Grundlagen, nach denen dieser Betrag errechnet wird;
- bei Sacheinlagen, die nach § 194 AktG vorgesehenen Festsetzungen.

592 Eigentlich sind vom Wortlaut des § 198 Abs. 1 S. 3 AktG, der allgemein auf § 193 Abs. 2 AktG verweist, auch die Festsetzungen nach § 193 Abs. 2 Nr. 4 AktG erfasst, doch ist nahezu einhellige Auffassung, dass diese Festsetzungen aufgrund einer vorzunehmenden teleologischen Reduktion in der Bezugserklärung nicht mit angegeben werden müssen.[1098]

593 **Fehlen** die in § 198 Abs. 1 S. 3 AktG genannten Angaben oder entsprechen sie inhaltlich nicht den aktienrechtlichen Anforderungen, so führt dies zur **Nichtigkeit** der Bezugserklärung (§ 198 Abs. 2 S. 2 AktG). Die Nichtigkeit wird allerdings **geheilt**, wenn dem betroffenen Aktionär Bezugsaktien ausgegeben werden und er aufgrund der Bezugserklärung als Aktionär Rechte ausgeübt oder Verpflichtungen erfüllt hat (siehe zu den insoweit gleichen Heilungsvoraussetzungen beim Zeichnungsschein oben Rdnr. 514).

[1090] Schüppen/Schaub/*Dissars* § 35 Rdnr. 30.

[1091] MünchKommAktG/*Fuchs* § 197 Rdnr. 18; KölnKommAktG/*Lutter* § 197 Rdnr. 3 f.; MünchHdbGesR IV/*Krieger* § 57 Rdnr. 34.

[1092] *Hüffer* § 198 Rdnr. 5.

[1093] Siehe oben Rdnr. 566.

[1094] KölnKommAktG/*Lutter* § 197 Rdnr. 5.

[1095] Muster für eine solche Bezugserklärung findet sich bei *Wiedemann* in Beck'sches Formularb AktienR, Form. N. I. 10.

[1096] Siehe oben Rdnr. 507.

[1097] *Wiedemann* in Beck'sches Formularb AktienR, Form. N. I. 10. Anm. 2.

[1098] *Vogel* BB 2000, 937, 940; Schmidt/Lutter/*Veil* § 198 Rdnr. 7; Spindler/Stilz/*Rieckers* § 198 Rdnr. 13.

Nach Zustandekommen des Zeichnungsvertrages hat der Bezugsberechtigte einen klagbaren Anspruch gegen die Gesellschaft auf Ausgabe der Bezugsaktien.[1099] Allerdings hat er zuvor die **volle Leistung des Gegenwerts**, der sich aus dem Kapitalerhöhungsbeschluss ergibt, an die Gesellschaft zu erbringen (§ 199 Abs. 1 AktG).

ee) Ausgabe der Bezugsaktien. Die Ausgabe der Bezugsaktien hat eine rechtsbegründende Wirkung, da mit ihr gem. § 200 AktG das Grundkapital entsprechend erhöht ist.[1100] Die Ausgabe der Aktien ist damit ein körperschaftlicher Akt.[1101] Das Gesetz versteht hierunter also nicht nur die gegenständliche Übergabe der Aktienurkunden, sondern vielmehr den rechtlichen Tatbestand, der das in der Aktienurkunde verbriefte Mitgliedschaftsrecht entstehen lässt.[1102] Nach ganz h. M. ist in Abweichung von dem sonst geltenden allgemeinen Grundsatz, wonach Mitgliedschaftsrechte auch unverbrieft entstehen können, bei der bedingten Kapitalerhöhung eine Verbriefung der Mitgliedschaftsrechte, also eine Ausgabe körperlicher Aktienurkunden, zwingend erforderlich.[1103] Die Begebung einer Globalurkunde genügt jedoch. Begründet wird diese h. M. überwiegend damit, dass die bedingte Kapitalerhöhung gem. § 200 AktG alleine mit der Ausgabe der Bezugsaktien wirksam wird und es somit eines nach außen sichtbaren Zeichens für den Eintritt der Wirksamkeit bedarf.[1104] 594

Die Ausgabe der Bezugsaktien ist für die bedingte Kapitalerhöhung insofern die entscheidende Zäsur, als mit ihr gem. § 200 AktG die Kapitalerhöhung wirksam wird. Dies geschieht ohne Änderung der Satzung und auch ohne Handelsregistereintragung.[1105] Die Handelsregistereintragung der erfolgten Ausgabe aufgrund Anmeldung nach § 201 AktG wie auch die in diesem Zuge üblicherweise vorgenommene Satzungsanpassung und deren Handelsregistereintragung haben alleine deklaratorischen Charakter.[1106] 595

Auch wenn der Notar in die Ausgabe der Bezugsaktien normalerweise nicht eingebunden ist, so ist die Bedeutung des § 199 AktG i. V. m. § 200 AktG auch für die notarielle Praxis nicht zu unterschätzen. Zum einen sollte sich der die Handelsregisteranmeldung der erfolgten Ausgabe der Bezugsaktien beglaubigende Notar – zumindest, wenn er auch den Entwurf der Anmeldung fertigt – vergewissern, dass die Ausgabe auch wirklich in entsprechend verbriefter Form erfolgt ist. Zum anderen ist es der Verwaltung von Aktiengesellschaften, die aufgrund ihrer überschaubaren Größe nicht immer ausreichend in aktienrechtlicher Beratung begleitet werden, nicht ohne weiteres geläufig, dass eine verbriefte Ausgabe stattzufinden hat. Geht diese Gesellschaft – etwa bei der Einberufung und Abhaltung einer Hauptversammlung – davon aus, dass die neuen Mitgliedschaftsrechte durch eine nicht verbriefte Ausgabe der Bezugsaktien entstanden seien, so kann dies die auf der Grundlage einer solchen Annahme gefassten Beschlüsse unter Umständen anfechtbar oder gar nichtig machen. Dies gilt im übrigen auch umgekehrt: Wurden die Bezugsaktien ordnungsgemäß verbrieft ausgegeben und sind damit die neuen Mitgliedschaftsrechte wirksam entstanden, nimmt aber die Gesellschaft irrtümlich an, für diese Wirksamkeit bedürfe es noch der entsprechenden Handelsregistereintragung, dann sehen sich auch die auf der Grundlage einer derartigen Annahme gefassten Beschlüsse unter Umständen dem Vorwurf der Anfechtbarkeit oder gar Nichtigkeit ausgesetzt. Da derartige Vorgänge aufgrund der konstitutiven Wirkung des § 200 AktG nicht dem Handelsregister zu entnehmen sind, kann dies für den involvierten Notar nur eines bedeuten: Nachfragen lohnt sich! 596

ff) Handelsregisteranmeldung der Aktienausgabe und der Satzungsanpassung. Gem. § 201 Abs. 1 AktG ist innerhalb eines Monats nach Ablauf des Geschäftsjahres zur Eintragung in das Handelsregister anzumelden, in welchem Umfang im abgelaufenen Geschäfts- 597

[1099] Siehe unten Rdnr. 594.

[1100] Siehe unten Rdnr. 595.

[1101] Schüppen/Schaub/*Dissars* § 35 Rdnr. 43.

[1102] Vgl. *Hüffer* § 199 Rdnr. 2.

[1103] KölnKommAktG/*Lutter* § 199 Rdnr. 3; MünchKommAktG/*Fuchs* § 199 Rdnr. 5; Schmidt/Lutter/*Veil* § 199 Rdnr. 2; Spindler/Stilz/*Rieckers* § 199 Rdnr. 5; *Hüffer* § 199 Rdnr. 2.

[1104] Spindler/Stilz/*Rieckers* § 199 Rdnr. 5; *Hüffer* § 199 Rdnr. 2.

[1105] Hölters/*v. Dryander/Niggemann* § 192 Rdnr. 19.

[1106] MünchKommAktG/*Fuchs* § 200 Rdnr. 1; *Hüffer* § 201 Rdnr. 2.

jahr Bezugsaktien ausgegeben worden sind.[1107] Zuständig ist das **Registergericht** (Amtsgericht) des **Gesellschaftssitzes** (§ 14 AktG). Die Anmeldung ist in **öffentlich beglaubigter Form** einzureichen (§ 12 HGB). Anmeldepflichtig ist gem. § 201 Abs. 1 AktG alleine der **Vorstand** in vertretungsberechtigter Mitgliederzahl. Unechte Gesamtvertretung nach § 78 Abs. 3 AktG ist zulässig.[1108] Im Gegensatz zur Anmeldung der Durchführung einer ordentlichen Kapitalerhöhung (siehe oben Rdnr. 525) muss der Vorsitzende des Aufsichtsrats an der Anmeldung nicht mitwirken. Eine rechtsgeschäftliche Stellvertretung bei der Anmeldung ist nach h. M. wegen der strafrechtlichen Verantwortlichkeit für die Anmeldungserklärungen (§ 399 Abs. 1 Nr. 4 AktG) ausgeschlossen.[1109]

598 Die Anmeldung hat **zwingend** innerhalb eines Monats nach Ablauf des Geschäftsjahres für das gerade abgelaufene Geschäftsjahr zu erfolgen. Eine laufende, mit der jeweiligen Ausgabe neuer Aktien während des Geschäftsjahres schritthaltende Anmeldung ist unzulässig.[1110]

599 **Inhaltlich** ist anzumelden, in welchem Umfang im abgelaufenen Geschäftsjahr Bezugsaktien ausgegeben worden sind. Hierbei sind bei Nennbetragsaktien Zahl und Nennbetrag der ausgegebenen Aktien, bei Stückaktien nur deren Zahl anzugeben.[1111]

600 Da aufgrund der erfolgten Ausgabe der Bezugsaktien mit der Wirkung des § 200 AktG[1112] der **formelle Satzungstext** unrichtig geworden ist, muss dieser **angepasst** werden. Dies erfolgt am sinnvollsten durch Beschluss des gem. § 179 Abs. 1 S. 2 AktG entsprechend ermächtigten Aufsichtsrats[1113] und sollte dann zweckmäßigerweise gemeinsam mit der Anmeldung nach § 201 AktG **mit angemeldet** werden. Zwingend ist dies allerdings nicht (wenngleich in der Praxis üblich), da die Satzungsänderungen eigentlich erst mit Ablauf der Bezugsfrist oder mit Ausübung aller Bezugsrechte vorzunehmen und anzumelden sind.[1114]

601 Gemäß **§ 201 Abs. 3 AktG** hat der Vorstand in der Anmeldung ausdrücklich **zu erklären,** dass die Bezugsaktien nur in Erfüllung des im Beschluss über die bedingte Kapitalerhöhung festgesetzten Zwecks und nicht vor der vollen Leistung des Gegenwerts ausgegeben worden sind, der sich aus dem Beschluss ergibt.

602 Als **Anlagen** sind der Anmeldung die folgenden Unterlagen beizufügen:
(1) Zweitschriften der Bezugserklärungen.
(2) Vom Vorstand unterschriebenes Verzeichnis der Personen, die das Bezugsrecht ausgeübt haben; das Verzeichnis hat die auf jeden Aktionär entfallenden Aktien und die auf sie gemachten Einlagen anzugeben.[1115]
(3) Wird auch die Anpassung des formellen Satzungstextes mit angemeldet,[1116] ist zusätzlich der Aufsichtsratsbeschluss über die entsprechende Satzungsänderung und der vollständige Wortlaut der neuen Satzung mit der notariellen Bescheinigung nach § 181 Abs. 1 S. 2 AktG vorzulegen.

3. Genehmigtes Kapital

Schrifttum: *Bosse*, Informationspflichten des Vorstands beim Bezugsrechtsausschluss im Rahmen des Beschlusses und der Ausnutzung eines genehmigten Kapitals, ZIP 2001, 104; *Bungert*, Vorstandsbericht bei Bezugsrechtsausschluss bei Genehmigtem Kapital – Siemens/Nolde in der Praxis, BB 2001, 742; *Cahn*, Ansprüche und Klagemöglichkeiten der Aktionäre wegen Pflichtverletzung der Verwaltung beim genehmigten Kapital, ZHR 164 (2000), 113; *Ekkenga*, Das Organisationsrecht des genehmigten Kapitals, AG 2001, 567, 615; *Maier*, Der Einsatz des genehmigten Kapitals, 2003; *Rottnauer*, Geltungsdauer der Ermächtigungsbefugnis bei

[1107] Muster einer solchen Handelsregisteranmeldung findet sich bei *Wiedemann* in Beck'sches Formularb AktienR, Form. N. I.14.
[1108] *Hüffer* § 78 Rdnr. 17.
[1109] Spindler/Stilz/*Rieckers* § 201 Rdnr. 7.
[1110] Hölters/*v. Dryander/Niggemann* § 201 Rdnr. 4; MünchKommAktG/*Fuchs* § 201 Rdnr. 3.
[1111] *Hüffer* § 201 Rdnr. 3.
[1112] Siehe oben Rdnr. 595.
[1113] Siehe oben Rdnr. 583.
[1114] Vgl. KölnKommAktG/*Lutter* § 201 Rdnr. 5; MünchHdbGesR IV/*Krieger* § 57 Rdnr. 49.
[1115] Muster eines solchen Verzeichnisses findet sich bei *Wiedemann* in Beck'sches Formularb AktienR, Form. N. I.12.
[1116] Siehe oben Rdnr. 600.

genehmigtem Kapital: Dispositionsspielraum des Vorstands?, BB 1999, 330; *Seibt*, Sanierungskapitalerhöhungen: Dogmatische Überlegungen und Praxisgestaltungen, Der Konzern 2009, 261; *Tollkühn*, Die Schaffung von Mitarbeiteraktien durch kombinierte Nutzung von genehmigtem Kapital und Erwerb eigener Aktien unter Einschaltung eines Kreditinstituts, NZG 2004, 594.

a) **Allgemeines.** Gem. den Regelungen in §§ 202–206 AktG kann die Satzung den Vorstand auf die Dauer von höchstens fünf Jahren ermächtigen, das Grundkapital der Gesellschaft bis zu einem bestimmten Nennbetrag durch Ausgabe neuer Aktien gegen Einlagen zu erhöhen. Dieser in der Satzungsermächtigung bestimmte Nennbetrag wird in **§ 202 Abs. 1 AktG** als **„genehmigtes Kapital“ legal definiert.** Bei dem genehmigten Kapital wird also die Zuständigkeit zur konkreten Kapitalerhöhung von der Hauptversammlung an die Verwaltung delegiert. 603

Das genehmigte Kapital spielt in der Praxis eine bedeutende Rolle. Eine ordentliche Kapitalerhöhung erfordert – abgesehen von Aktiengesellschaften mit sehr kleinem Aktionärskreis – ein aufwändiges und in der Regel – schon allein wegen der einzuhaltenden Fristen für die Einberufung der Hauptversammlung – ein zeitraubendes Verfahren. Die ordentliche Kapitalerhöhung ist daher zur Deckung eines kurzfristigen Kapitalbedarfs oder zur Ausnutzung temporär günstiger Bedingungen auf den Kapitalmärkten oder zur raschen Beschaffung von Aktien des eigenen Unternehmens als Akquisitionswährung für den Erwerb eines anderen Unternehmens ungeeignet. Das genehmigte Kapital hingegen erlaubt in jeder Hinsicht ein **schnelles und flexibles Vorgehen.**[1117] 604

In der Literatur wird zum Teil die These vertreten, das genehmigte Kapital sei gegenüber der ordentlichen Kapitalerhöhung subsidiär, da es die Treuepflicht der AG gegenüber ihren Aktionären gebiete, die Hauptversammlung selbst mit der konkreten Kapitalerhöhung zu befassen, wenn die Maßnahme ebenso gut auf diesem Weg erfolgen könne.[1118] Allerdings ist die herrschende Meinung der Ansicht, dass das genehmigte Kapital ein eigenständiges Rechtsinstitut darstellt, welchem **gleicher Rang** mit den anderen gesetzlich geregelten Formen der Kapitalerhöhung zukommt,[1119] so dass die Schaffung eines genehmigten Kapitals auch dann zulässig ist – selbst unter Ermächtigung zum Bezugsrechtsausschluss –, wenn eine ordentliche Kapitalerhöhung ohne weiteres möglich wäre und es der besonderen Flexibilität und Schnelligkeit nicht bedarf, die kennzeichnendes Merkmal der Ausnutzung eines genehmigten Kapitals sind.[1120] 605

Der **Ablauf** einer Kapitalerhöhung mittels genehmigten Kapitals geschieht in folgenden chronologischen Schritten: 606

(1) Schaffung des genehmigten Kapitals entweder in der Gründungssatzung oder durch Satzungsänderung;[1121]
(2) Anmeldung (ggf. im Rahmen der Gründungsanmeldung) und Eintragung des genehmigten Kapitals in das Handelsregister;
(3) Beschluss des Vorstands zur Ausnutzung des genehmigten Kapitals;
(4) Beschluss des Aufsichtsrats über die Zustimmung zur Ausnutzung und über die erforderliche Satzungsänderung;
(5) Zeichnung der neuen Aktien;
(6) Erbringung der Einlagen;
(7) bei einer Ausnutzung des genehmigten Kapitals gegen Sacheinlagen Bestellung eines Sachkapitalerhöhungsprüfers und Erstattung des Prüfungsberichts, wenn nicht von einer Sachkapitalerhöhungsprüfung gem. §§ 205 Abs. 5 S. 2, 183a AktG abgesehen wird;
(8) Anmeldung der Durchführung der Kapitalerhöhung aus genehmigtem Kapital und der entsprechenden Satzungsänderungen;

[1117] *Döbereiner* in Beck'sches Formularb AktienR, O. Vorbem.

[1118] Vgl. *Pentz* ZGR 2001, 901, 907; *Bayer* ZHR 168 (2004), 132, 169 f.

[1119] OLG Karlsruhe NZG 2002, 959; MünchKommAktG/*Bayer* § 202 Rdnr. 82; Hölters/*v. Dryander/Niggemann* § 202 Rdnr. 5; Schüppen/Schaub/*Sickinger/Kuthe* § 34 Rdnr. 27.

[1120] Hölters/*v. Dryander/Niggemann* § 202 Rdnr. 5.

[1121] Diverse Muster für eine solche Ermächtigung des genehmigten Kapitals finden sich bei *Döbereiner* in Beck'sches Formularb AktienR, Form. O. I.1 ff.

(9) Handelsregistereintragung der Durchführung der Kapitalerhöhung und der Satzungsänderungen.

607 b) **Schaffung des genehmigten Kapitals.** *aa) Inhalt der Ermächtigung.* Gem. § 202 Abs. 1 bzw. Abs. 2 AktG kann die Ermächtigung des genehmigten Kapitals längstens auf die Dauer von **fünf Jahren** nach Eintragung der Gesellschaft bzw. der Satzungsänderung im Handelsregister erteilt werden. Die ermächtigende Satzungsbestimmung **muss** deshalb ausdrücklich die **Dauer der Ermächtigung angeben**, und zwar entweder durch Benennung eines konkreten Datums („bis 30. 9. 2016“) oder durch Bezeichnung der Berechnungsgrundlage („für die Dauer von fünf Jahren ab Eintragung der Gesellschaft/dieses genehmigten Kapitals in das Handelsregister“).[1122] Bis zum Fristablauf muss die Kapitalerhöhung unter Ausnutzung des genehmigten Kapitals vom Vorstand beschlossen und die Durchführung der Kapitalerhöhung in das Handelsregister eingetragen sein.[1123]

608 Des Weiteren **muss** in der ermächtigenden Satzungsbestimmung das **Volumen** des genehmigten Kapitals – der „bestimmte Nennbetrag“ der Erhöhungsermächtigung nach § 202 Abs. 1 AktG – **konkret beziffert werden.** Gem. § 203 Abs. 3 AktG darf dieses Volumen einschließlich gegebenenfalls bereits bestehender oder früher beschlossener genehmigter Kapitalia – soweit sie noch nicht abgelaufen und nicht ausgenutzt sind – die Hälfte des bei der Eintragung des genehmigten Kapitals in das Handelsregister vorhandenen Grundkapitals der Gesellschaft nicht überschreiten. Da es auf den Zeitpunkt der Handelsregistereintragung des genehmigten Kapitals ankommt, kann eine zeitgleich mit dem genehmigten Kapital eingetragene ordentliche Kapitalerhöhung bei der Ermittlung des maßgeblichen Grundkapitals berücksichtigt werden.[1124]

609 Gem. § 202 Abs. 3 S. 2 AktG sollen neue Aktien nur mit **Zustimmung des Aufsichtsrats** ausgegeben werden. Eine Verletzung dieser als „Soll-Vorschrift“ gestalteten Bestimmung lässt die Wirksamkeit der Kapitalerhöhung unberührt. Sieht jedoch die Ermächtigungsbestimmung – wie in der Praxis häufig – ausdrücklich vor, dass eine Ausnutzung des genehmigten Kapitals an die Zustimmung des Aufsichtsrats gebunden ist, ist diese Zustimmung echtes Wirksamkeitserfordernis der Kapitalerhöhung.[1125]

610 Soll das genehmigte Kapital für **Sachkapitalerhöhungen** verwendbar sein, so ist dies nach § 205 Abs. 1 AktG in der Ermächtigung ausdrücklich zu regeln. Hierbei kann die Ermächtigung ganz allgemein (auch) zu Sachkapitalerhöhungen erteilt werden, sie kann sich aber auch auf ganz bestimmte Maßnahmen der Sachkapitalerhöhung beschränken.[1126]

611 Die Ermächtigung des genehmigten Kapitals kann durch entsprechende Regelung selbst das **Bezugsrecht** der Altaktionäre **ausschließen.** Gem. § 203 Abs. 2 S. 1 AktG kann die Ermächtigung aber auch vorsehen, dass der **Vorstand** über den Ausschluss des Bezugsrechts entscheidet. Sofern das genehmigte Kapital mit Bezugsrechtsausschluss bzw. Ermächtigung hierzu durch **Satzungsänderung** geschaffen wird, müssen bei der Einberufung und Abhaltung der hierüber beschließenden Hauptversammlung die auch für eine ordentliche Kapitalerhöhung geltenden **formalen Voraussetzungen** des § 186 Abs. 3 und 4 AktG, auf die in § 203 Abs. 1 S. 1 bzw. Abs. 2 S. 2 AktG verwiesen wird, eingehalten werden.[1127] Als **materielle Voraussetzung** bedarf darüber hinaus ein solcher Hauptversammlungsbeschluss der **sachlichen Rechtfertigung.** Diese ist gegeben, wenn der Bezugsrechtsausschluss bzw. die Ermächtigung hierzu im **wohlverstandenen Gesellschaftsinteresse** liegt.[1128] Erfolgt der Bezugsrechtsausschluss bzw. die Ermächtigung hierzu durch ein bereits in der **Gründungssatzung** enthaltenes genehmigtes Kapital, so gelten weder die besonderen formellen Erfordernisse aus § 186 Abs. 3 und 4 AktG noch die sonst für einen Bezugsrechtsausschluss oder eine Ermächtigung hierzu zu verlangende sachliche Rechtfertigung. Da ein solcher Bezugsrechts-

[1122] Schmidt/Lutter/*Veil* § 202 Rdnr. 17; MünchKommAktG/*Bayer* § 202 Rdnr. 62.
[1123] *Hüffer* § 202 Rdnr. 11.
[1124] KölnKommAktG/*Lutter* § 202 Rdnr. 12; *Hüffer* § 202 Rdnr. 14.
[1125] *Döbereiner* in Beck'sches Formularb AktienR, Form O.I. 1. Anm. 4.
[1126] Vgl. Spindler/Stilz/*Wamser* § 205 Rdnr. 13.
[1127] Siehe hierzu oben Rdnr. 498 f.
[1128] Vgl. BGHZ 133, 139; ausführlich hierzu *Hüffer* § 203 Rdnr. 27 ff.

ausschluss bzw. die Ermächtigung hierzu nur durch übereinstimmende Willenserklärung aller Gründer vorgenommen werden kann, bedarf es diesbezüglich keiner zusätzlichen Schutzvorkehrungen für die Altaktionäre.[1129]

Der Vorstand ist aufgrund des genehmigten Kapitals nicht berechtigt, nach (teilweiser) Durchführung der Kapitalerhöhung die Fassung der Satzung im Betrag des Grundkapitals und seiner Zerlegung (§ 23 Abs. 3 Nrn. 3 u. 4 AktG) anzupassen oder nach Ablauf der Ermächtigungsfrist bzw. vollständiger Ausnutzung des genehmigten Kapitals dieses aus der Satzung zu streichen. Daher sollte zweckmäßigerweise in der Ermächtigung des genehmigten Kapitals dem **Aufsichtsrat** gem. § 179 Abs. 1 S. 2 AktG auch die **Befugnis zur** entsprechenden **Satzungsänderung** übertragen werden, sofern diese Übertragung nicht bereits generell in der Satzung der Gesellschaft enthalten ist. 612

Bei Beachtung der Höchstgrenzen des § 202 Abs. 3 AktG zulässig und in der Praxis auch durchaus gebräuchlich ist die Schaffung **mehrerer** voneinander unabhängiger **genehmigter Kapitalia,** die unter unterschiedlichen Voraussetzungen ausgenutzt werden können. Dies macht insbesondere dann Sinn, wenn die verschiedenen genehmigten Kapitalia in ihrer inhaltlichen Ausgestaltung voneinander abweichen und daher auch bewusst getrennt gehalten werden sollen. So kann z.B. neben einem nur im Wege der Barkapitalerhöhung und unter Beachtung des gesetzlichen Bezugsrechts ausnutzbaren genehmigten Kapital ein solches geschaffen werden, welches nur für eine Sachkapitalerhöhung unter Bezugsrechtsausschluss verwendet werden kann.[1130] 613

bb) Ermächtigung durch Gründungssatzung. Gem. § 202 Abs. 1 AktG kann das genehmigte Kapital bereits in der durch Vereinbarung der Gründer festzustellenden **Gründungssatzung** enthalten sein. In diesem Fall sollte in der Handelsregisteranmeldung der neu gegründeten AG auf das in der Gründungssatzung enthaltene genehmigte Kapital hingewiesen werden, damit dessen Handelsregistereintragung nach § 39 Abs. 2 AktG durch das Registergericht nicht übersehen wird. 614

cc) Ermächtigung durch Satzungsänderung. Gem. § 202 Abs. 2 AktG kann das genehmigte Kapital auch durch nachträgliche **Satzungsänderung** geschaffen werden. Nach der allgemeinen Regel des § 179 Abs. 1 S. 1 AktG bedarf eine solche Satzungsänderung eines **Beschlusses der Hauptversammlung**. Bei Einberufung dieser Hauptversammlung ist die besondere Regelung des § 124 Abs. 2 S. 2 AktG zu beachten, wonach der **genaue Wortlaut** des Beschlusses über die Schaffung des genehmigten Kapitals in der Tagesordnung zur Hauptversammlung **bekannt zu machen** ist. Soll bereits in der Ermächtigung des genehmigten Kapitals selbst das Bezugsrecht der Aktionäre ausgeschlossen werden, ist auch diese Absicht des Bezugsrechtsausschlusses gem. 186 Abs. 4 S. 1 AktG ausdrücklich bekannt zu machen. Siehe zu den weiteren formalen Voraussetzungen bei einem beabsichtigten Beschluss über den Ausschluss des gesetzlichen Bezugsrechts oder über eine Ermächtigung des Vorstands hierzu oben Rdnr. 611. 615

Nach § 202 Abs. 2 S. 2 AktG ist für den Beschluss zur Schaffung des genehmigten Kapitals eine **Mehrheit** von Nöten, die neben der Stimmenmehrheit aus § 133 Abs. 1 AktG mindestens drei Viertel des bei der Beschlussfassung vertretenen Grundkapitals umfasst.[1131] Nach § 202 Abs. 2 S. 3 AktG kann die Satzung der Gesellschaft eine größere Kapitalmehrheit und weitere Erfordernisse bestimmen. Im übrigen sollte der zur Beurkundung vorgesehene Notar in der Vorbereitungsphase des Beschlusses über das genehmigte Kapital die aktuelle Satzung der Gesellschaft dahingehend überprüfen, ob **mehrere stimmberechtigte Aktiengattungen** vorhanden sind. Ist dies der Fall, so muss von den Aktionären jeder Aktiengattung gem. §§ 202 Abs. 2 S. 4, 182 Abs. 2 AktG ein gesonderter **Zustimmungsbeschluss** i.S.v. § 138 AktG gefasst werden (siehe hierzu oben Rdnr. 504). 616

Der Beschluss der Hauptversammlung über die Schaffung des genehmigten Kapitals ist als Satzungsänderung gem. §§ 202 Abs. 2, 181 AktG zur Eintragung in das Handelsregister 617

[1129] *Hüffer* § 203 Rdnr. 9; Hölters/*v. Dryander/Niggemann* § 203 Rdnr. 15.
[1130] Vgl. *Döbereiner* in Beck'sches Formularb AktienR, Form O. I. 1. Anm. 9.
[1131] Schmidt/Lutter/*Veil* § 202 Rdnr. 15.

anzumelden.[1132] Eine Verbindung der Anmeldung der Ermächtigung mit der Ausnutzung des genehmigten Kapitals ist nach h.M. nicht zulässig, da die Ausübung des genehmigten Kapitals eine wirksame Ermächtigung voraussetzt, die erst mit der Eintragung im Handelsregister entsteht.[1133] Zuständig ist das **Registergericht** (Amtsgericht) des **Gesellschaftssitzes** (§ 14 AktG). Die Anmeldung ist in **öffentlich beglaubigter Form** einzureichen (§ 12 HGB). Anmeldepflichtig ist gem. § 181 Abs. 1 S. 1 AktG alleine der **Vorstand** in vertretungsberechtigter Mitgliederzahl. Unechte Gesamtvertretung nach § 78 Abs. 3 AktG ist zulässig.[1134] Der Aufsichtsrat muss nicht mitwirken. Eine **rechtsgeschäftliche Stellvertretung** bei der Anmeldung ist **möglich**, da keine strafrechtliche Verantwortlichkeit nach § 399 AktG in Frage kommt.[1135] Inhaltlich muss die Anmeldung die Schaffung des genehmigten Kapitals und die damit verbundene Satzungsänderung enthalten. Da es sich bei dem genehmigten Kapital um eine gem. § 39 Abs. 2 AktG ausdrücklich in das Handelsregister einzutragende Tatsache handelt, ist nach h.M. der **Inhalt** des genehmigten Kapitals in der Anmeldung **deutlich zu bezeichnen** und zu diesem Zweck schlagwortartig zu umschreiben; eine bloße Bezugnahme auf die eingereichten Unterlagen reicht hiernach nicht.[1136] Als **Anlagen** sind der Anmeldung die folgenden Unterlagen beizufügen: (1) Beglaubigte Abschrift der notariellen Niederschrift über die Hauptversammlung, welche das genehmigte Kapital beschlossen hat. (2) Vollständiger Wortlaut der neuen Satzung mit der notariellen Bescheinigung nach § 181 Abs. 1 S. 2 AktG.

618 c) **Ausnutzung des genehmigten Kapitals.** *aa) Beschluss des Vorstands.* Das vorhandene genehmigte Kapital wird vom **Vorstand** ausgenutzt, und zwar durch **Beschlussfassung** nach den allgemeinen Regeln des § 77 AktG.[1137] Es handelt sich um eine Geschäftsführungsmaßnahme, die der Gesamtvorstand nach eigenem pflichtgemäßem Ermessen trifft.[1138] Eine Ausnutzung der Ermächtigung in **mehreren Tranchen** ist zulässig, und zwar auch dann, wenn ein solches Vorgehen im Ermächtigungsbeschluss nicht ausdrücklich vorgesehen ist.[1139]

619 Vom Vorstand vor seiner Beschlussfassung über die Ausnutzung des genehmigten Kapitals zu beachten ist die Vorschrift des § 203 Abs. 3 AktG, wonach neue Aktien nicht ausgegeben werden sollen, solange ausstehende Einlagen auf das bisherige Grundkapital in nicht nur verhältnismäßig unerheblichem Umfang noch erlangt werden können. Diese Regelung entspricht der Bestimmung in § 182 Abs. 4 AktG, so dass auf die diesbezüglichen Ausführungen zur ordentlichen Kapitalerhöhung[1140] verwiesen werden kann.

Der Inhalt des Vorstandsbeschlusses richtet sich zuvorderst nach dem durch die Ermächtigung gesetzten Rahmen. Im übrigen – soweit die Ermächtigung keine Bestimmungen enthält – entscheidet der Vorstand nach **pflichtgemäßem Ermessen.** Dies gilt gem. § 204 Abs. 1 S. 1 AktG auch für den Inhalt der Aktienrechte und die Bedingungen der Aktienausgabe (zu der hierfür nach § 204 Abs. 1 S. 2 AktG erforderlichen Zustimmung des Aufsichtsrats siehe unten Rdnr. 621). In dem Vorstandsbeschluss zwingend anzugeben sind jedenfalls der **Betrag der Kapitalerhöhung** und die **Zahl der neuen Aktien.**[1141] Für die weiteren Festlegungen – insbesondere was die zweckmäßigen Regelungen anbelangt – kann an dieser Stelle auf die Ausführungen zum Beschluss der Hauptversammlung über eine ordentliche Kapitalerhöhung verwiesen werden.[1142]

[1132] Muster einer solchen Handelsregisteranmeldung findet sich bei *Döbereiner* in Beck'sches Formularb AktienR, Form. O.I.9.

[1133] *Hüffer* § 202 Rdnr. 8; MünchHdbGesR IV/*Krieger* § 58 Rdnr. 28.

[1134] *Hüffer* § 78 Rdnr. 17.

[1135] *Döbereiner* in Beck'sches Formularb AktienR, Form O.I. 9. Anm. 2.

[1136] *Hüffer* § 181 Rdnr. 6; a.A. KölnKommAktG/*Zöllner* § 181 Rdnr. 9.

[1137] Muster eines solchen Vorstandsbeschlusses findet sich bei *Döbereiner* in Beck'sches Formularb AktienR, Form. O.II.1.

[1138] Schmidt/Lutter/*Veil* § 202 Rdnr. 21; *Hüffer* § 202 Rdnr. 20.

[1139] Hölters/*v. Dryander/Niggemann* § 202 Rdnr. 54; KölnKommAktG/*Lutter* § 203 Rdnr. 5; MünchKommAktG/*Bayer* § 202 Rdnr. 86.

[1140] Siehe oben Rdnr. 467 ff.

[1141] *Döbereiner* in Beck'sches Formularb AktienR, Form O.II. 1. Anm. 2.

[1142] Siehe oben Rdnr. 487 ff.

Soll das genehmigte Kapital aufgrund einer entsprechenden ausdrücklichen Bestimmung in der Ermächtigung (siehe oben Rdnr. 610) für eine **Sachkapitalerhöhung** ausgenutzt werden, so sind in dem Vorstandsbeschluss gem. **§ 205 Abs. 2 AktG** der Gegenstand der Sacheinlage, die Person, von der die Gesellschaft den Gegenstand erwirbt und der Nennbetrag, bei Stückaktien die Zahl der zu gewährenden Aktien festzusetzen, wenn diese Festsetzungen nicht bereits in der Ermächtigung enthalten sind. Zu diesen Festsetzungen soll die Zustimmung des Aufsichtsrats eingeholt werden (§ 205 Abs. 2. S. 2 AktG – siehe unten Rdnr. 621). 620

bb) Beschluss des Aufsichtsrats. Das Gesetz selbst schreibt die **Zustimmung des Aufsichtsrats** an drei Stellen vor: Zum ersten in **§ 202 Abs. 3 S. 2 AktG,** wonach neue Aktien nur mit Zustimmung des Aufsichtsrats ausgegeben werden sollen; eine Verletzung dieser „Soll-Vorschrift" lässt allerdings die Wirksamkeit der Kapitalerhöhung unberührt (siehe oben Rdnr. 609). Zum zweiten bedarf gem. **§ 204 Abs. 1 S. 2** die Entscheidung des Vorstands über den Inhalt der Aktienrechte, die Ausgabebedingungen und über den Ausschluss des gesetzlichen Bezugsrechts der Zustimmung des Aufsichtsrats; diese Vorschrift ist als zwingend zu erachten, so dass bei ihrer Verletzung der entsprechende Vorstandsbeschluss unwirksam ist.[1143] Zum dritten soll bei einer Ausnutzung des genehmigten Kapitals gegen Sacheinlagen zu den Festsetzungen des Vorstands i. S. v. § 205 Abs. 2 S. 1 AktG die Zustimmung des Aufsichtsrats eingeholt werden (**§ 205 Abs. 2 S. 2 AktG**); auch hier handelt es sich um eine Soll-Vorschrift, deren Verletzung keine Auswirkungen auf die Wirksamkeit der Kapitalerhöhung hat.[1144] Über diese gesetzlichen Vorgaben hinaus sieht in der Praxis häufig die **Ermächtigungsbestimmung** des genehmigten Kapitals selbst ausdrücklich vor, dass allgemein eine Ausnutzung des genehmigten Kapitals an die Zustimmung des Aufsichtsrats gebunden ist; eine solche durch die Ermächtigung verlangte Aufsichtsratszustimmung stellt ein echtes Wirksamkeitserfordernis für die Kapitalerhöhung dar.[1145] 621

Der Aufsichtsrat entscheidet über seine Zustimmung durch **Beschluss.**[1146] Inhaltlich muss sich die Zustimmung des Aufsichtsrats auf die konkreten Festsetzungen des Vorstands beziehen und mit diesen genau übereinstimmen, so dass zu empfehlen ist, den Aufsichtsratsbeschluss erst nach dem Vorstandsbeschluss zu fassen und dem Protokoll des Aufsichtsratsbeschlusses den Vorstandsbeschluss beizufügen.[1147] Allerdings kann die Zustimmung des Aufsichtsrats auch bereits vor dem Beschluss des Vorstands als Einwilligung erteilt werden, jedoch immer nur für eine konkrete Maßnahme, nicht von vornherein allgemein oder für eine Vielzahl künftiger Beschlüsse des Vorstands.[1148] 622

Sofern der Aufsichtsrat gem. § 179 Abs. 1 S. 2 AktG ermächtigt wurde, die Fassung der Satzung zu ändern,[1149] so sollte er im Zuge seines Zustimmungsbeschlusses auch den Beschluss über die **notwendige Satzungsänderung** fassen. Zu ändern sind zum einen der Betrag des Grundkapitals sowie die Zahl der Aktien, zum anderen aber auch – bei nur teilweiser Ausnutzung des genehmigten Kapitals – der Betrag des noch offenen, nicht ausgenutzten genehmigten Kapitals in der Ermächtigung; bei vollständiger Ausnutzung des genehmigten Kapitals ist dessen Satzungsbestimmung insgesamt zu streichen. 623

cc) Zeichnung – Erbringung der Einlagen. Auch bei der Kapitalerhöhung aus genehmigtem Kapital hat gem. §§ 203 Abs. 1 S. 1, 185 AktG die Übernahme der neuen Aktien durch schriftliche Erklärung in Gestalt eines Zeichnungsscheins zu geschehen.[1150] Da § 203 Abs. 1 S. 1 AktG vollumfänglich auf § 185 AktG verweist, kann hier auf die entsprechenden Aus- 624

[1143] Spindler/Stilz/*Wamser* § 204 Rdnr. 39; *Hüffer* § 204 Rdnr. 6; MünchHdbGesR IV/*Krieger* § 58 Rdnr. 31.
[1144] *Hüffer* § 205 Rdnr. 5.
[1145] Siehe oben Rdnr. 609.
[1146] *Hüffer* § 202 Rdnr. 21; Muster eines solchen Aufsichtsratsbeschlusses findet sich bei *Döbereiner* in Beck'sches Formularb AktienR, Form. O. II.2.
[1147] *Döbereiner* in Beck'sches Formularb AktienR, Form O. II. 2. Anm. 4.
[1148] Vgl. MünchKommAktG/*Bayer* § 202 Rdnr. 92; *Hüffer* § 202 Rdnr. 21.
[1149] Siehe oben Rdnr. 612.
[1150] Muster eines solchen Zeichnungsscheins findet sich bei *Döbereiner* in Beck'sches Formularb AktienR, Form. O. II.4.

führungen zum Zeichnungsschein bei der ordentlichen Kapitalerhöhung Bezug genommen werden (siehe oben Rdnr. 507 ff.). Allerdings gilt eine **Besonderheit:** Nach § 203 Abs. 1 S. 2 AktG tritt bei Anwendung des § 185 Abs. 1 S. 3 Nr. 1 AktG an die Stelle des Kapitalerhöhungsbeschlusses die Ermächtigung der Satzung zur Ausgabe neuer Aktien. Daher ist bei der Kapitalerhöhung aus genehmigtem Kapital im Zeichnungsschein zwingend das Datum dieser Ermächtigung, also der **Tag der Handelsregistereintragung der entsprechenden Satzungsbestimmung anzugeben.**[1151] Bei einem in der Gründungssatzung enthaltenen genehmigten Kapital ist dies der Tag der Eintragung der Gesellschaft in das Handelsregister; bei einem durch Satzungsänderung geschaffenen genehmigten Kapital ist dies der Tag der Handelsregistereintragung der Satzungsänderung.

Für die **Erbringung der Einlagen** gelten die Ausführungen zur ordentlichen Kapitalerhöhung oben Rdnr. 515 ff.

625 *dd) Handelsregisteranmeldung.* Gem. §§ 203 Abs. 1 S. 1, 188 Abs. 1 AktG ist die **Durchführung** der Kapitalerhöhung aus genehmigtem Kapital zur Eintragung in das Handelsregister **anzumelden.**[1152] Eine Verbindung der Anmeldung der Ausnutzung des genehmigten Kapitals mit der Anmeldung der Schaffung des genehmigten Kapitals ist nach h. M. nicht zulässig.[1153] **Zuständig** ist das **Registergericht** (Amtsgericht) des **Gesellschaftssitzes** (§ 14 AktG). Gem. § 12 Abs. 1 HGB ist die Anmeldung in **öffentlich beglaubigter Form** einzureichen.

626 Die Handelsregisteranmeldung muss gem. §§ 203 Abs. 1 S. 1, 188 Abs. 1 AktG von dem **Vorstand** und dem **Vorsitzenden des Aufsichtsrats** vorgenommen werden. Für den Vorstand genügt die Mitwirkung einer vertretungsberechtigten Mitgliederzahl.[1154] Eine **rechtsgeschäftliche Stellvertretung** bei der Anmeldung ist nach h. M. wegen der strafrechtlichen Verantwortlichkeit für die Anmeldungserklärungen (§ 399 Abs. 1 Nr. 4 AktG) **ausgeschlossen.**[1155] Ist der Vorsitzende des Aufsichtsrats verhindert, so kann an dessen Stelle gem. § 107 Abs. 1 S. 3 AktG sein Stellvertreter bei der Handelsregisteranmeldung mitwirken.

627 Hinsichtlich des **Inhalts** der Anmeldung gilt über § 203 Abs. 1 S. 1 AktG die allgemeine Vorschrift des § 188 AktG für ordentliche Kapitalerhöhungen.[1156] Bei der ersten Anmeldung der Durchführung der Kapitalerhöhung aus genehmigtem Kapital ist ferner gem. **§ 203 Abs. 3 S. 4 AktG** anzugeben, welche Einlagen auf das Grundkapital noch nicht geleistet sind und warum sie nicht erlangt werden können.

628 Wurde bei einer Ausnutzung des genehmigten Kapitals gegen **Sacheinlagen** gem. §§ 205 Abs. 5 S. 2, 183 a AktG von einer externen **Sachkapitalerhöhungsprüfung abgesehen** und die Entscheidung des Vorstands über die Ausgabe neuer Aktien gegen Sacheinlagen nach §§ 205 Abs. 5 S. 2, 183 a Abs. 2 AktG vorab bekannt gemacht, so hat die Anmeldung gem. §§ 205 Abs. 6, 184 Abs. 1 S. 3 AktG eine **Versicherung** zu enthalten, dass den Anmeldenden seit der Bekanntmachung keine Umstände im Sinne von § 37 a Abs. 2 AktG bekannt geworden sind.

629 Gem. §§ 203 Abs. 1 S. 1, 188 Abs. 2 u. 3 AktG sind der Anmeldung folgende **Anlagen** beizufügen:

(1) Beglaubigte Abschrift des Vorstandsbeschlusses über die Ausnutzung des genehmigten Kapitals.
(2) Beglaubigte Abschrift des Aufsichtsratsbeschlusse über die Zustimmung und über die Satzungsänderung.
(3) Zweitschrift der Zeichnungsscheine.

[1151] BayObLG AG 2002, 397, 398 re. Sp.; MünchHdbGesR IV/*Krieger* § 58 Rdnr. 50; MünchKomm-AktG/*Bayer* § 203 Rdnr. 13; *Hüffer* § 203 Rdnr. 4.

[1152] Muster einer solchen Handelsregisteranmeldung findet sich bei *Döbereiner* in Beck'sches Formularb AktienR, Form. O. II.8.

[1153] Siehe oben Rdnr. 617.

[1154] *Hüffer* § 184 Rdnr. 3.

[1155] KölnKommAktG/*Lutter* § 184 Rdnr. 5; MünchKommAktG/*Peifer* § 184 Rdnr. 7; MünchHdbGesR IV/*Krieger* § 56 Rdnr. 56.

[1156] Siehe hierzu oben Rdnr. 522 ff.

(4) Vom Vorstand unterschriebenes Verzeichnis der Zeichner.[1157]
(5) Berechnung der durch die Kapitalerhöhung entstehenden Kosten, welche in der Praxis üblicherweise vom Vorstand in vertretungsberechtigter Zahl unterzeichnet wird.[1158]
(6) Bestätigung des Kreditinstituts, dass der eingezahlte Betrag endgültig zur freien Verfügung des Vorstands geleistet wurde.[1159]
(7) Vollständiger Wortlaut der geänderten Satzung mit der notariellen Bescheinigung gem. § 181 Abs. 1 S. 2 AktG.

Bei einer Ausnutzung des genehmigten Kapitals gegen **Sacheinlagen** müssen der Anmeldung auch noch die folgenden Unterlagen beigefügt werden: 630

- Gem. §§ 203 Abs. 1 S. 1, 188 Abs. 3 Nr. 2 AktG die Verträge, welche den Festsetzungen nach § 205 Abs. 2 AktG zugrunde liegen oder zu ihrer Ausführung geschlossen worden sind.
- Der Bericht über die Sachkapitalerhöhungsprüfung gem. §§ 205 Abs. 6, 184 Abs. 2, 183 Abs. 3 AktG oder – falls gem. §§ 205 Abs. 5 S. 2, 183 a AktG von einer externen Sachkapitalerhöhungsprüfung abgesehen wurde – nach §§ 205 Abs. 6, 184 Abs. 2 AktG die in § 37 a Abs. 3 AktG bezeichneten Anlagen (Unterlagen über die Ermittlung des gewichteten Durchschnittspreises nach § 33 a Abs. 1 Nr. 1 AktG bzw. jedes Sachverständigengutachten, auf das sich die Bewertung in den Fällen des § 33 a Abs. 1 Nr. 2 AktG stützt).

4. Kapitalerhöhung aus Gesellschaftsmitteln

Schrifttum: *Börner*, Verbindung von Kapitalerhöhung aus Gesellschaftsmitteln und Kapitalerhöhung gegen Bareinlagen bei Aktiengesellschaften, DB 1988, 1254; *Fett/Spiering*, Typische Probleme bei der Kapitalerhöhung aus Gesellschaftsmitteln, NZG 2002, 358; *Gebhardt/Entrup/Heiden*, Kursreaktionen auf Kapitalerhöhungen aus Gesellschaftsmitteln, ZBB 1994, 308; *Korsten*, Kapitalerhöhung aus Gesellschaftsmitteln bei unrichtigem Jahresabschluss, AG 2006, 321; *Than*, Rechtliche und praktische Fragen der Kapitalerhöhung aus Gesellschaftsmitteln bei einer Aktiengesellschaft, in FG Heinsius, WM-Sonderheft 1991, S. 54.

a) **Allgemeines.** Die Kapitalerhöhung aus Gesellschaftsmittel ist in den §§ 207–220 AktG geregelt. Es handelt sich hierbei um eine **eigenständige Form der Kapitalerhöhung durch Umwandlung von Rücklagen in Grundkapital.** Sie stellt keine Maßnahme der Kapitalbeschaffung dar, da der Gesellschaft kein neues Kapital zugeführt wird, sondern bereits vorhandene Mittel der stärkeren Grundkapitalbindung unterworfen werden.[1160] Dennoch ist die Kapitalerhöhung aus Gesellschaftsmitteln eine **echte Kapitalerhöhung,** da auch bei ihr – wie bei den anderen Kapitalerhöhungsmaßnahmen – Vermögen den für das Grundkapital geltenden Bindungen unterstellt wird.[1161] 631

Die **Gründe** für die Durchführung einer Kapitalerhöhung aus Gesellschaftsmitteln können unterschiedlicher Natur sein.[1162] So kann mit ihr z. B. der Zweck verfolgt werden, die wirtschaftliche Stärke der Gesellschaft durch eine erhöhte Grundkapitalziffer zu dokumentieren, was vor allem bei der Aufnahme von Fremdkapital zu Erleichterungen führt.[1163] Sie kann aber auch zur Marktpflege eingesetzt werden, da sie die Zahl der Aktien vermehrt, was zu einer Kurssenkung führt und die Marktgängigkeit der Aktie erhöht.[1164] 632

b) **Umwandlung von Rücklagen.** Gem. §§ 207 Abs. 1, 208 Abs. 1 S. 1 AktG erfolgt die Kapitalerhöhung aus Gesellschaftsmitteln durch Umwandlung der Kapitalrücklage und/oder von Gewinnrücklagen in Grundkapital. **Umwandlungsfähig** sind hierbei nach § 208 633

[1157] Muster eines solchen Verzeichnisses findet sich bei *Döbereiner* in Beck'sches Formularb AktienR, Form. O. II.5.
[1158] Muster einer solchen Kostenberechnung findet sich bei *Döbereiner* in Beck'sches Formularb AktienR, Form. O. II.7.
[1159] Muster einer solchen Bankbestätigung findet sich bei *Döbereiner* in Beck'sches Formularb AktienR, Form. O. II.6.
[1160] Vgl. Schmidt/Lutter/*Veil* § 207 Rdnr. 2; *Hüffer* § 207 Rdnr. 3; Hölters/*Simons* § 207 Rdnr. 2.
[1161] *Hüffer* § 207 Rdnr. 9; KölnKommAktG/*Lutter* § 207 Rdnr. 9.
[1162] Vgl. hierzu auch Hölters/*Simons* § 207 Rdnr. 3 ff.
[1163] Schmidt/Lutter/*Veil* § 207 Rdnr. 3.
[1164] So *Hüffer* § 207 Rdnr. 4.

Abs. 1 S. 1 AktG allein die **Kapitalrücklage** und **Gewinnrücklagen,** die in der **letzten Jahresbilanz** und – wenn dem Beschluss eine besondere Erhöhungsbilanz gem. § 209 Abs. 2 AktG zugrunde gelegt wird[1165] – **zusätzlich** auch in dieser **besonderen Erhöhungsbilanz** unter „Kapitalrücklage" oder „Gewinnrücklage" **ausgewiesen** sind. Gleichsam als „künftige Rücklage"[1166] umwandlungsfähig gem. § 208 Abs. 1 S. 1 AktG sind ferner ein **Jahresüberschuss** und ein **Bilanzgewinn,** sofern sie im letzten **Beschluss** über die Verwendung des Jahresüberschusses oder des Bilanzgewinns als Zuführung zu diesen Rücklagen **ausgewiesen** sind.

634 § 208 Abs. 1 S. 2 AktG setzt dem möglichen **Umfang** der Rücklagenumwandlung **Grenzen.** Während andere Gewinnrücklagen (§ 266 III A III Nr. 4 HGB) und deren Zuführungen in voller Höhe in Grundkapital umgewandelt werden können, ist dies für die Kapitalrücklage (§ 266 III A II HGB) und die gesetzliche Rücklage (§ 266 III A III Nr. 1 HGB) sowie deren Zuführungen nur möglich, soweit sie zusammen den zehnten oder den in der Satzung bestimmten höheren Teil des bisherigen Grundkapitals übersteigen. Die Kapitalrücklage und die gesetzliche Rücklage müssen also zusammen in einer Höhe bestehen bleiben, die mindestens 10% des Grundkapitals oder des höheren in der Satzung bestimmten Betrags ausmacht.[1167]

635 Weitere Beschränkungen der Umwandlungsfähigkeit ergeben sich aus § 208 Abs. 2 AktG: Soweit in der zugrunde gelegten Bilanz ein Verlust einschließlich eines Verlustvortrags ausgewiesen ist, können Kapitalrücklage und Gewinnrücklage sowie deren Zuführungen nicht in Grundkapital umgewandelt werden (§ 208 Abs. 2 S. 1 AktG). Ferner dürfen Gewinnrücklagen und deren Zuführungen, die für einen bestimmten Zweck bestimmt sind, nur umgewandelt werden, soweit dies mit ihrer Zweckbestimmung vereinbar ist.

636 c) **Bilanz.** Gem. § 207 Abs. 3 AktG ist der Kapitalerhöhung aus Gesellschaftsmitteln eine **Bilanz** zugrunde zu legen. Es kann sich hierbei gem. § 209 Abs. 1 AktG um die **letzte Jahresbilanz** oder gem. § 209 Abs. 2 AktG um eine **besondere Erhöhungsbilanz** handeln. Für beide Bilanzen gilt, dass ihr Stichtag höchstens 8 Monate vor der Handelsregisteranmeldung der Kapitalerhöhung (maßgeblich ist der Eingang beim Registergericht)[1168] liegen darf (§ 209 Abs. 1 AktG bzw. § 209 Abs. 2 S. 2 AktG). Ist also absehbar, dass zum Zeitpunkt der Vornahme der Handelsregisteranmeldung der Stichtag der letzten Jahresbilanz länger als 8 Monate zurück liegen wird (was natürlich schon sicher feststeht, wenn diese 8-Monats-Frist bereits zum beabsichtigten Zeitpunkt der Beschlussfassung abgelaufen ist) so kann nur noch eine besondere Erhöhungsbilanz mit passendem Stichtag verwendet oder auf die nächste Jahresbilanz gewartet werden. Sofern nur irgend möglich, sollte versucht werden, auf die letzte Jahresbilanz zurückzugreifen, da bei der Aufstellung einer besonderen Erhöhungsbilanz ein beträchtlicher Aufwand betrieben werden muss, der erhebliche Kosten verursacht.

637 Wird die letzte Jahresbilanz zugrunde gelegt, so muss diese – auch bei Aktiengesellschaften, die ansonsten als kleine Kapitalgesellschaft gem. §§ 316 Abs. 1, 267 Abs. 1 HGB nicht prüfungspflichtig sind – geprüft, festgestellt und mit dem uneingeschränkten Bestätigungsvermerk des Abschlussprüfers versehen sein (§ 209 Abs. 1 AktG). Wird eine besondere Erhöhungsbilanz zugrunde gelegt, so hat diese den in § 209 Abs. 2 bis 6 AktG für sie enthaltenen Vorgaben zu entsprechen. Im Ergebnis muss die besondere Erhöhungsbilanz die gleichen Anforderungen erfüllen wie die Jahresbilanz.[1169] Allerdings wird eine Feststellung der Erhöhungsbilanz i. S. d. §§ 172, 173 AktG überwiegend nicht für erforderlich gehalten,[1170] von manchen jedoch eine Billigung verlangt, die aber als im Erhöhungsbeschluss konkludent enthalten erachtet wird.[1171]

[1165] Siehe unten Rdnr. 636.

[1166] KölnKommAktG/*Lutter* § 208 Rdnr. 3.

[1167] *Hüffer* § 208 Rdnr. 6.

[1168] *Hüffer* § 209 Rdnr. 5.

[1169] *Hüffer* § 209 Rdnr. 7.

[1170] Vgl. MünchHdbGesR IV/*Krieger* § 59 Rdnr. 2; Spindler/Stilz/*Fock/Wüsthoff* § 209 Rdnr. 21; Schmidt/Lutter/*Veil* § 209 Rdnr. 12; Hölters/*Simons* § 209 Rdnr. 20.

[1171] *Hüffer* § 209 Rdnr. 11.

d) **Ablauf der Kapitalerhöhung aus Gesellschaftsmitteln.** Eine Kapitalerhöhung aus Gesellschaftsmitteln vollzieht sich in den **folgenden Schritten:** 638

(1) Kapitalerhöhungsbeschluss durch die Hauptversammlung gem. §§ 207, 182 Abs. 1 AktG;

(2) Anmeldung des Kapitalerhöhungsbeschlusses durch den Vorstand und den Vorsitzenden des Aufsichtsrats gem. §§ 207 Abs. 2, 184 Abs. 1 AktG;

(3) Eintragung des Kapitalerhöhungsbeschlusses in das Handelsregister und damit Eintritt der Wirksamkeit der Kapitalerhöhung (§ 211 AktG);

(4) Ausgabe bzw. Zuteilung der neuen Aktien nach § 214 AktG, sofern nicht bei Gesellschaften mit Stückaktien gem. § 207 Abs. 2 S. 2 AktG eine Kapitalerhöhung ohne Ausgabe neuer Aktien durchgeführt wird.

e) **Kapitalerhöhungsbeschluss.** Die **Einberufung** der über die Kapitalerhöhung aus Gesellschaftsmitteln beschließenden Hauptversammlung richtet sich nach den allgemeinen Vorschriften (siehe oben Rdnr. 302 ff.). Zu beachten ist, dass gemäß § 124 Abs. 2 S. 2 AktG der **genaue Wortlaut** des Kapitalerhöhungsbeschlusses in der Tagesordnung zur Hauptversammlung bekannt zu machen ist. Ab der Einberufung der Hauptversammlung ist nach §§ 209 Abs. 6, 175 Abs. 2 AktG die **Bilanz**, welche der Kapitalerhöhung zugrunde gelegt werden soll,[1172] in den Geschäftsräumen der Gesellschaft **auszulegen** und auf Verlangen jedem Aktionär eine Abschrift hiervon zu erteilen, wobei diese Verpflichtungen entfallen, wenn die Bilanz für denselben Zeitraum auf die **Internetseite** der Gesellschaft eingestellt wird. 639

Gem. §§ 207 Abs. 2 S. 1, 182 Abs. 1 S. 1 AktG ist für den Beschluss über die Kapitalerhöhung aus Gesellschaftsmitteln eine **Mehrheit** von Nöten, die neben der Stimmenmehrheit aus § 133 Abs. 1 AktG mindestens drei Viertel des bei der Beschlussfassung vertretenen Grundkapitals umfasst.[1173] Nach §§ 207 Abs. 2 S. 1, 182 Abs. 1 S. 3 AktG kann die Satzung dieses gesetzliche Mehrheitserfordernis erhöhen oder bis zur einfachen Mehrheit des vertretenen Grundkapitals herabsetzen.[1174] 640

In **inhaltlicher Hinsicht** gilt für den Beschluss über die Kapitalerhöhung aus Gesellschaftsmitteln Folgendes:[1175] 641

Der Beschluss muss **ausdrücklich angeben**, dass das Grundkapital **durch Umwandlung der Kapitalrücklage und/oder der Gewinnrücklagen** erhöht werden soll, wobei die Rücklage[1176] konkret zu bestimmen ist.[1177]

Ferner hat der Beschluss zwingend den **genauen Erhöhungsbetrag** anzugeben; „Bis-Zu-Beschlüsse"[1178] sind bei der Kapitalerhöhung aus Gesellschaftsmitteln nicht zulässig.[1179] 642

Hat die Gesellschaft **Nennbetragsaktien**, muss der Beschluss festlegen, dass neue Aktien ausgegeben werden, und auch deren Nennbetrag bestimmen, es sei denn es liegen die Voraussetzungen aus § 215 Abs. 2 S. 2 AktG (teileingezahlte Nennbetragsaktien) vor. In diesem Fall darf keine Ausgabe neuer Aktien erfolgen, vielmehr hat der Beschluss anzugeben, dass die Kapitalerhöhung durch Erhöhung des Nennbetrags der alten Aktien erfolgt.[1180] Hat die Gesellschaft Stückaktien, so kann gem. § 207 Abs. 2 S. 2 1. HS AktG gewählt werden, ob die Kapitalerhöhung mit oder ohne Ausgabe neuer Aktien durchgeführt werden soll; im Beschluss ist diesbezüglich ausdrücklich die Art der Erhöhung festzulegen (§ 207 Abs. 2 S. 2 2. HS AktG). 643

[1172] Siehe oben Rdnr. 636.

[1173] Schmidt/Lutter/*Veil* § 182 Rdnr. 27; MünchKommAktG/*Peifer* § 182 Rdnr. 15; KölnKommAktG/*Lutter* § 182 Rdnr. 4 ff.

[1174] Vgl. *Hüffer* § 182 Rdnr. 8.

[1175] Diverse Muster von Hauptversammlungsbeschlüssen über eine Kapitalerhöhung aus Gesellschaftsmitteln finden sich bei *Döbereiner* in Beck'sches Formularb AktienR, Form. M. I. ff.

[1176] Siehe hierzu oben Rdnr. 633.

[1177] Schmidt/Lutter/*Veil* § 207 Rdnr. 12; MünchKommAktG/*Volhard* § 207 Rdnr. 19; KölnKommAktG/*Lutter* § 207 Rdnr. 19.

[1178] Siehe oben Rdnr. 480 ff.

[1179] *Hüffer* § 207 Rdnr. 12; Spindler/Stilz/*Fock/Wüsthoff* § 207 Rdnr. 13.

[1180] Schmidt/Lutter/*Veil* § 207 Rdnr. 12; Hölters/*Simons* § 207 Rdnr. 17.

644 Des weiteren muss gem. § 207 Abs. 3 AktG angegeben werden, welche **Bilanz** der Kapitalerhöhung aus Gesellschaftsmitteln zugrunde liegt.[1181]

645 Da auch die Kapitalerhöhung aus Gesellschaftsmitteln zu einer Änderung des Grundkapitalbetrags und gegebenenfalls der Zahl der Aktien der Gesellschaft führt, welche beide zu den notwendigen Satzungsbestandteilen gehören (§ 23 Abs. 3 Nrn. 3 und 4 AktG), ist durch den Beschluss der Hauptversammlung auch die **Satzung** der Gesellschaft entsprechend **zu ändern.**

646 f) **Handelsregisteranmeldung.** Gem. §§ 207 Abs. 2 S. 1, 210 Abs. 1 AktG ist der Beschluss über die Kapitalerhöhung aus Gesellschaftsmitteln zur Eintragung in das Handelsregister anzumelden.[1182] **Zuständig** ist das **Registergericht** (Amtsgericht) des **Gesellschaftssitzes** (§ 14 AktG). Gem. § 12 Abs. 1 HGB ist die Anmeldung in **öffentlich beglaubigter Form** einzureichen. Die Handelsregisteranmeldung muss gem. §§ 207 Abs. 2 S. 1, 184 Abs. 1 S. 1 AktG von dem **Vorstand** und dem **Vorsitzenden des Aufsichtsrats** vorgenommen werden. Für den Vorstand genügt die Mitwirkung einer vertretungsberechtigten Mitgliederzahl.[1183] Eine **rechtsgeschäftliche Stellvertretung** bei der Anmeldung ist nach h. M. wegen der strafrechtlichen Verantwortlichkeit für die Anmeldungserklärungen (§ 399 Abs. 1 Nr. 4 AktG) **ausgeschlossen.**[1184] Ist der Vorsitzende des Aufsichtsrats verhindert, so kann an dessen Stelle gem. § 107 Abs. 1 S. 3 AktG sein Stellvertreter bei der Handelsregisteranmeldung mitwirken.

647 In **inhaltlicher Hinsicht** ist anzumelden, dass und in welcher Höhe das Grundkapital der Gesellschaft aus Gesellschaftsmitteln erhöht worden ist. Anzumelden ist ferner die damit zusammenhängende Satzungsänderung. Die Anmeldenden haben des weiteren nach § 210 Abs. 1 S. 2 AktG zu erklären, dass nach ihrer Kenntnis seit dem Stichtag der zugrunde gelegten Bilanz bis zum Tag der Anmeldung keine Vermögensminderung eingetreten ist, die der Kapitalerhöhung entgegenstünde, wenn sie am Tag der Anmeldung beschlossen worden wäre.

648 Der Anmeldung sind folgende **Anlagen** beizufügen:

(1) Beglaubigte Abschrift der notariellen Niederschrift über die Hauptversammlung, welche die Kapitalerhöhung aus Gesellschaftsmitteln und die entsprechende Satzungsänderung beschlossen hat.

(2) Die dem Beschluss zugrunde gelegte Bilanz mit Bestätigungsvermerk und – falls es sich hierbei um eine besondere Erhöhungsbilanz handelt – auch die letzte Jahresbilanz (§ 210 Abs. 1 S. 1 AktG).

(3) Vollständiger Wortlaut der geänderten Satzung mit der notariellen Bescheinigung gem. § 181 Abs. 1 S. 2 AktG.

5. Kapitalherabsetzung

Schrifttum: *Ekkenga*, Die Kapitalherabsetzung nach der neuen EG-Kapitalrichtlinie: Änderungen, Ergänzungen und Umsetzungsbedarf, Der Konzern 2007, 413; *Geißler*, Rechtliche und unternehmenspolitische Aspekte der vereinfachten Kapitalherabsetzung bei der AG, NZG 2000, 719; *Heine/Lechner*, Die unentgeltliche Auskehrung von Sachwerten bei börsennotierten Aktiengesellschaften, AG 2005, 269; *Natterer*, Materielle Kontrolle von Kapitalherabsetzungsbeschlüssen? Die Sachsenmilch-Rechtsprechung, AG 2001, 629; *Terbrack*, Kapitalherabsetzende Maßnahmen bei Akteingesellschaften, RNotZ 2003, 89; *Wirth*, Vereinfachte Kapitalherabsetzung zur Unternehmenssanierung, DB 1996, 867.

649 a) **Allgemeines.** Die verschiedenen Maßnahmen der Kapitalherabsetzung sind in den §§ 222–239 AktG geregelt. Hierbei sind **drei Arten** der Kapitalherabsetzung zu unterscheiden: (1) Die **ordentliche Kapitalherabsetzung** (§§ 222–228 AktG), (2) die **vereinfachte Kapitalherabsetzung** (§§ 229–236 AktG) sowie (3) die **Kapitalherabsetzung durch Einziehung** (§§ 237–239 AktG). Diese unterschiedlichen Arten der Kapitalherabsetzung grenzen sich

---

1181 Siehe hierzu oben Rdnr. 636.

1182 Muster einer solchen Handelsregisteranmeldung findet sich bei *Döbereiner* in Beck'sches Formularb AktienR, Form. M. VI.

1183 *Hüffer* § 207 Rdnr. 19; KölnKommAktG/*Lutter* § 210 Rdnr. 4.

1184 *Hüffer* § 207 Rdnr. 19; KölnKommAktG/*Lutter* § 210 Rdnr. 4.

wie folgt ab: Die ordentliche Kapitalherabsetzung kann zu jedem Zweck beschlossen und durchgeführt werden. Hingegen ist die vereinfachte Kapitalherabsetzung alleine zum Zwecke der Sanierung der Gesellschaft zulässig, da § 229 Abs. 1 S. 1 AktG eine Herabsetzung verlangt, die dazu dienen soll, Wertminderungen auszugleichen, sonstige Verluste zu decken oder Beträge in die Kapitalrücklage einzustellen.[1185] Die Kapitalherabsetzung durch Einziehung wiederum ist dadurch gekennzeichnet, dass durch sie nicht alle Aktien gleichmäßig betroffen sind, sondern dass sie die Vernichtung nur einzelner Mitgliedschaftsrechte bezweckt; die Kapitalherabsetzung ist hierbei nicht das eigentliche Ziel der Maßnahme, sondern nur deren Gestaltungsmittel.[1186]

Für den eine Kapitalherabsetzung beurkundenden Notar ist eine genaue Kenntnis der ge- 650
setzlichen Erfordernisse aber auch der Zweckmäßigkeiten im Zusammenhang mit einer Kapitalherabsetzung von Nöten, umso mehr, wenn sich seine betreuende Tätigkeit auch auf die Vorbereitung der über die Herabsetzung beschließenden Hauptversammlung und den Beschlussentwurf erstreckt.

b) Ordentliche Kapitalherabsetzung. *aa) Ablauf.* Die ordentliche Kapitalherabsetzung 651
vollzieht sich in den **folgenden Schritten:**

(1) Beschluss der Hauptversammlung über die Kapitalherabsetzung gem. § 222 AktG;
(2) Handelsregisteranmeldung des Kapitalherabsetzungsbeschlusses durch den Vorstand und den Vorsitzenden des Aufsichtsrats gem. § 223 AktG;
(3) Eintragung des Kapitalherabsetzungsbeschlusses in das Handelsregister und damit Eintritt der Wirksamkeit der Kapitalherabsetzung (§ 224 AktG);
(4) Ggf. Durchführung der Kapitalherabsetzung durch den Vorstand;
(5) Handelsregisteranmeldung der Durchführung der Kapitalherabsetzung durch den Vorstand nach § 227 AktG;
(6) Eintragung der Durchführung der Kapitalherabsetzung in das Handelsregister.

bb) Kapitalherabsetzungsbeschluss. Die ordentliche Kapitalherabsetzung bedarf gem. 652
§ 222 AktG eines Beschlusses der Hauptversammlung der Gesellschaft.[1187] In **formeller Hinsicht** ist für den Hauptversammlungsbeschluss gem. § 222 Abs. 1 S. 1 eine **Mehrheit** von Nöten, die neben der Stimmenmehrheit aus § 133 Abs. 1 AktG mindestens drei Viertel des bei der Beschlussfassung vertretenen Grundkapitals umfasst.[1188] Nach § 222 Abs. 1 S. 2 AktG kann die Satzung der Gesellschaft eine größere Kapitalmehrheit und weitere Erfordernisse bestimmen. Im übrigen sollte der zur Beurkundung vorgesehene Notar in der Vorbereitungsphase des Kapitalerhöhungsbeschlusses die aktuelle Satzung der Gesellschaft dahingehend überprüfen, ob **mehrere stimmberechtigte Aktiengattungen** vorhanden sind. Ist dies der Fall, so muss von den Aktionären jeder Aktiengattung gem. § 222 Abs. 2 AktG ein gesonderter **Zustimmungsbeschluss** i. S. v. § 138 AktG gefasst werden (siehe hierzu 504 ff).

In **inhaltlicher Hinsicht** gilt für den Beschluss über die ordentliche Kapitalherabsetzung 653
Folgendes:

Der Beschluss muss zunächst einmal klar angeben, dass das **Grundkapital herabgesetzt** wird und um welchen **Betrag** dies geschehen soll.[1189] Neben der Angabe eines konkreten Herabsetzungsbetrages ist es hierbei auch möglich, nur einen Höchstbetrag der Kapitalherabsetzung und im übrigen Vorgaben festzulegen, anhand derer der Herabsetzungsbetrag bestimmbar ist.[1190] Eine solche Gestaltung macht z. B. Sinn, wenn mit der Kapitalherabsetzung eine absehbare, aber noch nicht endgültig feststehende Unterbilanz ausgeglichen werden soll.[1191] Wichtig hierbei ist aber, dass die genaue Festlegung des Herabsetzungsbetrages

[1185] Siehe unten Rdnr. 688 ff.

[1186] Vgl. *Hüffer* § 222 Rdnr. 2.

[1187] Diverse Muster für Beschlüsse der Hauptversammlung über eine ordentliche Kapitalherabsetzung finden sich bei *Döbereiner* in Beck'sches Formularb AktienR, Form. P. I.1. ff.

[1188] Schmidt/Lutter/*Veil* § 222 Rdnr. 14; *Hüffer* § 222 Rdnr. 9.

[1189] *Terbrack* RNotZ 2003, 89, 92; Schmidt/Lutter/*Veil* § 222 Rdnr. 9; KölnKommAktG/*Lutter* § 222 Rdnr. 12.

[1190] Spindler/Stilz/*Marsch-Barner* § 222 Rdnr. 22; *Hüffer* § 222 Rdnr. 12; Schmidt/Lutter/*Veil* § 222 Rdnr. 10; KölnKommAktG/*Lutter* § 222 Rdnr. 14.

[1191] Vgl. Spindler/Stilz/*Marsch-Barner* § 222 Rdnr. 22.

nicht der Verwaltung überlassen werden darf, sondern aus den durch die Beschlussfassung der Hauptversammlung gemachten Vorgaben exakt ableitbar ist.[1192]

654 Ferner hat der Kapitalherabsetzungsbeschluss gem. § 222 Abs. 3 AktG den **Zweck der Kapitalherabsetzung** konkret anzugeben. Hierbei ist jeder gesetzlich nicht verbotene Zweck möglich.[1193] In Betracht kommen vor allem: Beseitigung einer Unterbilanz, bare Rückzahlung eines Teils des Grundkapitals, Rückgabe von Sacheinlagen etc.

655 Schließlich muss der Beschluss bei **Nennbetragsaktien** die **Art der Herabsetzung** angeben (§ 222 Abs. 4 S. 3 AktG), also ob diese durch Herabsetzung des Nennbetrags der Aktien, durch Zusammenlegung von Aktien oder durch eine Kombination von beidem erfolgt. Hierbei ist zu beachten: Grundsätzlich kann die Kapitalherabsetzung bei Nennbetragsaktien gem. § 222 Abs. 4 S. 1 AktG nur durch Herabsetzung des Nennbetrags der Aktien erfolgen. Nur soweit der Nennbetrag der Aktien unter den Mindestnennbetrag von einem Euro fallen würde, ist eine Zusammenlegung von Aktien gem. § 222 Abs. 4 S. 2 AktG zulässig und erforderlich.[1194]

656 Hat die Gesellschaft **Stückaktien**, so kommt eine Herabsetzung eines Nennbetrages naturgemäß nicht in Betracht. Sie ist auch nicht erforderlich, da Stückaktien am Grundkapital immer in gleichem Umfang beteiligt sind (§ 8 Abs. 3 S. 2 AktG) und sich der Anteil am Grundkapital nach der Zahl der Aktien bestimmt (§ 8 Abs. 4 AktG).[1195] Allerdings ist auch bei Stückaktien eine Zusammenlegung von Aktien gem. § 222 Abs. 4 S. 2 AktG dann (und nur dann) vorzunehmen, soweit der auf die einzelne Aktie entfallende anteilige Betrag des herabgesetzten Grundkapitals den Mindestbetrag nach § 8 Abs. 3 S. 3 AktG von einem Euro unterschreiten würde. Erfolgt auf dieser Grundlage eine Zusammenlegung von Stückaktien, so ist dies im Kapitalherabsetzungsbeschluss anzugeben.

657 Über die vorstehend aufgeführten notwendigen Angaben hinaus kann der Beschluss (**fakultativ**) auch weitere Einzelheiten der eher technischen Umsetzung der Kapitalherabsetzung festlegen, z.B. Vorgaben zum Umtausch und zur Vernichtung von Aktienurkunden oder Fristen.[1196]

658 Da die Kapitalherabsetzung zu einer Änderung des Grundkapitalbetrags und gegebenenfalls der Zahl der Aktien der Gesellschaft führt, welche beide zu den notwendigen Satzungsbestandteilen gehören (§ 23 Abs. 3 Nrn. 3 und 4 AktG), ist auch die **Satzung** der Gesellschaft entsprechend **zu ändern**, was sogleich durch den Beschluss der Hauptversammlung erfolgen, aber auch – unter den Voraussetzungen des § 179 Abs. 1 S. 2 AktG – durch den Aufsichtsrat vorgenommen werden kann.

659 *cc) Anmeldung des Kapitalherabsetzungsbeschlusses und dessen Handelsregistereintragung.* Gem. § 223 AktG ist der Kapitalherabsetzungsbeschluss zur Eintragung in das Handelsregister anzumelden.[1197] **Zuständig** ist das **Registergericht** (Amtsgericht) des **Gesellschaftssitzes** (§ 14 AktG). Gem. § 12 Abs. 1 HGB ist die Anmeldung in **öffentlich beglaubigter Form** einzureichen.

660 Die Handelsregisteranmeldung muss gem. § 223 AktG von dem **Vorstand** und dem **Vorsitzenden des Aufsichtsrats** vorgenommen werden. Für den Vorstand genügt die Mitwirkung einer vertretungsberechtigten Mitgliederzahl.[1198] Eine Anmeldung durch einen Bevollmächtigten ist zulässig, da keine strafrechtlich erheblichen Erklärungen zu machen sind.[1199] Die Vollmacht muss jedoch nach § 12 Abs. 2 S. 1 HGB öffentlich beglaubigt sein.

661 In **inhaltlicher Hinsicht** ist anzumelden, dass und in welcher Höhe das Grundkapital der Gesellschaft herabgesetzt worden ist. Anzumelden ist ferner die damit zusammenhängende Satzungsänderung.

[1192] OLG Karlsruhe AG 2007, 284, 286; Schmidt/Lutter/*Veil* § 222 Rdnr. 10; *Hüffer* § 222 Rdnr. 12.
[1193] *Hüffer* § 222 Rdnr. 20.
[1194] *Döbereiner* in Beck'sches Formularb AktienR, Form P. I. 1. Anm. 1.
[1195] Schmidt/Lutter/*Veil* § 222 Rdnr. 33.
[1196] KölnKommAktG/*Lutter* § 222 Rdnr. 21; Schmidt/Lutter/*Veil* § 222 Rdnr. 13; *Hüffer* § 222 Rdnr. 13.
[1197] Muster für eine solche Handelsregisteranmeldung findet sich bei *Döbereiner* in Beck'sches Formularb AktienR, Form. P. I. 8.
[1198] *Hüffer* § 223 Rdnr. 3.
[1199] *Terbrack* RNotZ 2003, 89, 96; KölnKommAktG/*Lutter* § 223 Rdnr. 2.

Der Anmeldung sind folgende **Anlagen** beizufügen: (1) Beglaubigte Abschrift der notariellen Niederschrift über die Hauptversammlung, welche die Kapitalherabsetzung und die entsprechende Satzungsänderung beschlossen hat. (2) Vollständiger Wortlaut der geänderten Satzung mit der notariellen Bescheinigung gem. § 181 Abs. 1 S. 2 AktG. 662

Mit der **Eintragung** des Kapitalherabsetzungsbeschlusses in das Handelsregister wird die Kapitalherabsetzung gem. § 224 AktG **wirksam**. Bei Nennbetragsaktien ist damit der Nennbetrag der bisherigen Aktien automatisch herabgesetzt, die Mitgliedschaftsrechte der Aktien sind mit der Handelsregistereintragung der Kapitalherabsetzung automatisch vermindert.[1200] 663

Nach § 225 Abs. 1 AktG ist den **Gläubigern** der Gesellschaft, deren Forderungen begründet worden sind, bevor die Eintragung des Kapitalherabsetzungsbeschlusses bekannt gemacht worden ist, – grundsätzlich unabhängig von einem konkreten Sicherheitsbedürfnis (vgl. § 225 Abs. 3 AktG) – **Sicherheit zu leisten**, wenn sie sich innerhalb von sechs Monaten nach der Bekanntmachung der Kapitalherabsetzung melden, soweit sie nicht Befriedigung verlangen können. In der Bekanntmachung der Kapitalherabsetzung ist auf dieses Recht hinzuweisen. Für die weiteren Einzelheiten dieses Anspruchs auf Sicherheitsleistung sei auf § 225 AktG verwiesen. 664

dd) Durchführung der Kapitalherabsetzung, deren Anmeldung und Handelsregistereintragung. Eine **Durchführung** der Kapitalherabsetzung ist **nur bei** einer notwendigen **Zusammenlegung von Aktien** erforderlich. Hat die Hauptversammlung beschlossen, die Nennbeträge der Aktien herabzusetzen, so tritt diese Wirkung bereits mit der Eintragung des Herabsetzungsbeschlusses in das Handelsregister ein.[1201] Irgendwelche Durchführungshandlungen sind hier – ebenso wie bei einer Herabsetzung eines in Stückaktien eingeteilten Grundkapitals, welches ohne Zusammenlegung von Aktien beschlossen werden konnte[1202] – nicht erforderlich.[1203] Muss jedoch eine Zusammenlegung von Aktien erfolgen, so bedarf es Durchführungshandlungen insoweit, als der Vorstand diese Zusammenlegung zu beschließen hat und unter Umständen alte Aktien für kraftlos erklärt werden müssen.[1204] 665

Ist die Durchführung der Kapitalherabsetzung abgeschlossen, so hat der **Vorstand** dies gem. § 227 AktG zur Eintragung in das Handelsregister in öffentlich beglaubigter Form **anzumelden**.[1205] Eine Anmeldung durch Bevollmächtigte aufgrund öffentlich beglaubigter Vollmacht ist möglich.[1206] 666

Die **Eintragung der Durchführung** der Kapitalherabsetzung in das Handelsregister hat alleine **deklaratorischen Charakter**, da die Kapitalherabsetzung bereits mit der Eintragung des Herabsetzungsbeschlusses wirksam geworden ist (§ 224 AktG).[1207] 667

c) Vereinfachte Kapitalherabsetzung. Die vereinfachte Kapitalherabsetzung ist **allein zum Zwecke der Sanierung zulässig**, denn § 229 Abs. 1 S. 1 AktG verlangt eine Herabsetzung, die dazu dienen soll, Wertminderungen auszugleichen, sonstige Verluste zu decken oder Beträge in die Kapitalrücklage einzustellen. Darüber hinaus ist eine auch diesen Zielsetzungen dienende vereinfachte Kapitalherabsetzung nur dann zulässig, wenn zuvor die gesetzliche Rücklage und die Kapitalrücklage der Gesellschaft insoweit aufgelöst werden, als diese zusammen 10% des nach der Herabsetzung verbleibenden Grundkapitals übersteigen würden, sowie etwa vorhandene Gewinnrücklagen und Gewinnvorträge vollständig aufgelöst werden (§ 229 Abs. 2 AktG).[1208] Die vereinfachte Kapitalherabsetzung bezweckt und bewirkt letztlich eine **Buchsanierung**, nämlich die **Beseitigung einer Unterbilanz**.[1209] 668

1200 Holters/*Haberstock/Greitemann* § 224 Rdnr. 17; *Hüffer* § 224 Rdnr. 4.
1201 Siehe oben Rdnr. 663.
1202 Siehe oben Rdnr. 656
1203 Vgl. Schmidt/Lutter/*Veil* § 227 Rdnr. 2.
1204 Ausführlich zum Durchführungsverfahren Schüppen/Schaub/*Dissars* § 36 Rdnr. 26 ff.
1205 Muster für eine solche Handelsregisteranmeldung findet sich bei *Döbereiner* in Beck'sches Formularb AktienR, Form. P.I.13.
1206 *Hüffer* § 227 Rdnr. 5.
1207 Spindler/Stilz/*Marsch-Barner* § 227 Rdnr. 1; *Hüffer* § 227 Rdnr. 1; Schmidt/Lutter/*Veil* § 227 Rdnr. 1.
1208 Vgl. hierzu *Terbrack* RNotZ 2003, 89, 102.
1209 *K. Schmidt* ZGR 1982, 519, 520; *Hüffer* § 229 Rdnr. 2.

669 Grundsätzlich verweist § 229 Abs. 3 AktG für den Vorgang der vereinfachten Kapitalherabsetzung auf die meisten Vorschriften der ordentlichen Kapitalherabsetzung, so dass auch an dieser Stelle auf die hierzu gemachten Ausführungen Bezug genommen werden kann (siehe oben Rdnr. 651 ff.).[1210] Die „Vereinfachung" der Kapitalherabsetzung nach den §§ 229 ff. AktG ergibt sich daraus, dass der Verweis in § 229 Abs. 3 AktG die **Gläubigerschutzbestimmung des § 225 AktG** ausspart, so dass diese **bei der vereinfachten Kapitalherabsetzung keine Anwendung** findet. Der Schutz der Gläubiger der Gesellschaft wird stattdessen dadurch realisiert, dass die Erträge aus der vereinfachten Kapitalherabsetzung ausschließlich der Sanierung zugute kommen und nicht an Aktionäre ausgeschüttet bzw. offene Einlagepflichten nicht erlassen werden können (§§ 230–233 AktG). Dieser abgeschwächte Gläubigerschutz ist vor dem Hintergrund gerechtfertigt, dass die Interessen der Gläubiger nicht durch die Kapitalherabsetzung als solche, sondern durch die bereits eingetretenen Vermögensverluste gefährdet sind.[1211]

670 Besonders hinzuweisen ist auf die Bestimmung des **§ 234 AktG.** Hiernach kann die Kapitalherabsetzung auch mit **bilanzieller Rückwirkung** auf den letzten Jahresabschluss beschlossen werden. Dies ermöglicht der Gesellschaft unter Durchbrechung des Stichtagsprinzips die Eigenkapitalposten (gezeichnetes Kapital sowie Kapital- und Gewinnrücklagen) bereits im Jahresabschluss für das dem Herabsetzungsbeschluss vorhergehende Geschäftsjahr so auszuweisen, wie sie sich nach der vereinfachten Kapitalherabsetzung ergeben sollen, so dass der durch die Kapitalherabsetzung zu beseitigende Verlust unter Umständen gar nicht in Erscheinung treten muss.[1212] Soll die Kapitalherabsetzung solchermaßen bilanziell rückwirkend erfolgen, so muss abweichend vom gesetzlichen Regelfall des § 172 AktG die Hauptversammlung den Jahresabschluss feststellen (§ 234 Abs. 2 S. 1 AktG). Dies wiederum setzt voraus, dass der Jahresabschluss nicht bereits zuvor gem. § 172 AktG durch den Aufsichtsrat festgestellt worden ist. Ein bereits festgestellter Jahresabschluss kann nicht mehr aufgehoben oder geändert werden.[1213] Nach § 234 Abs. 2 S. 2 AktG soll die Feststellung des Jahresabschlusses zugleich mit der Beschlussfassung über die vereinfachte Kapitalherabsetzung, also in einer Hauptversammlung erfolgen.[1214] Die Rechtsfolgen eines Verstoßes gegen diese Soll-Vorschrift sind strittig.[1215] Besondere Acht – insbesondere durch den diesen Vorgang beurkundenden und betreuenden Notar – ist bei der Kapitalherabsetzung mit bilanzieller Rückwirkung auf die **Drei-Monats-Frist des § 234 Abs. 3 AktG** zu geben: Gem. § 234 Abs. 3 S. 1 AktG sind die Beschlüsse über die vereinfachte Kapitalherabsetzung sowie über die Feststellung des Jahresabschlusses nichtig, wenn der Herabsetzungsbeschluss nicht binnen drei Monaten nach der Beschlussfassung in das Handelsregister eingetragen worden ist. Der Lauf der Drei-Monats-Frist ist gehemmt, solange eine Anfechtungs- oder Nichtigkeitsklage rechtshängig ist (§ 234 Abs. 3 S. 2 AktG).

671 Eine in der Praxis häufig anzutreffende Kapitalherabsetzungsmaßnahme ist die **vereinfachte Kapitalherabsetzung in Verbindung mit einer gleichzeitigen Kapitalerhöhung, sog. Kapitalschnitt.**[1216] Besondere Wirkung erhält diese Maßnahme durch die Möglichkeit der kombinierten bilanziellen Rückwirkung sowohl der Kapitalherabsetzung (§ 234 AktG) als auch der gleichzeitigen Kapitalerhöhung (§ 235 AktG). Dies bewirkt unter Durchbrechung des Stichtagsprinzips eine erleichterte Durchführbarkeit notwendig gewordener Sanierungsbemühungen.[1217] Die Kombination von Kapitalherabsetzung und Kapitalerhöhung hat hierbei den Vorteil, dass die Gesellschaft zunächst im Wege einer vereinfachten Kapitalherabsetzung ihr Grundkapital dem geschrumpften Vermögen anpassen kann. Dies schafft für die

[1210] Mustersatz für eine vereinfachte Kapitalherabsetzung findet sich bei *Pfisterer* in Beck'sches Formularb AktienR, Form. P. III. 1. ff.

[1211] *Terbrack* RNotZ 2003, 89, 100; *Hüffer* § 229 Rdnr. 2.

[1212] Vgl. MünchHdbGesR IV/*Krieger* § 61 Rdnr. 1; *Hüffer* § 234 Rdnr. 1.

[1213] KölnKommAktG/*Lutter* § 234 Rdnr. 6; *Hüffer* § 234 Rdnr. 4.

[1214] KölnKommAktG/*Lutter* § 234 Rdnr. 14; *Hüffer* § 234 Rdnr. 6.

[1215] Vgl. zum Meinungsstand *Hüffer* § 234 Rdnr. 6.

[1216] Mustersatz für einen Kapitalschnitt findet sich bei *Pfisterer* in Beck'sches Formularb AktienR, Form P. IV. 1. ff.

[1217] *Hüffer* § 235 Rdnr. 1.

gleichzeitig stattfindende Kapitalerhöhung, welche der Gesellschaft die für die Sanierung notwendigen Barmittel zufließen lassen soll, die Voraussetzung, eine Unterpariemission der neuen Aktien (§ 9 Abs. 1 AktG) zu vermeiden.[1218]

d) **Kapitalherabsetzung durch Einziehung.** Die Kapitalherabsetzung durch Einziehung[1219] unterscheidet sich von den anderen Arten der Kapitalherabsetzung darin, dass durch sie nicht alle Aktien gleichmäßig betroffen sind, sondern dass sie die **Vernichtung nur einzelner Mitgliedschaftsrechte** bezweckt, diese betroffenen Mitgliedschaftsrechte allerdings vollständig zum Erlöschen bringt.[1220] Die Kapitalherabsetzung durch Einziehung folgt gem. § 237 Abs. 2 S. 1 AktG grundsätzlich den Regeln der ordentlichen Kapitalherabsetzung.[1221] Sonderregelungen gelten jedoch für die Fälle, bei denen die Aktien voll einbezahlt sind und der Gesellschaft unentgeltlich zur Verfügung gestellt oder zu Lasten des Bilanzgewinns oder einer anderen Gewinnrücklage eingezogen werden oder bei Stückaktien eine Einziehung ohne Kapitalherabsetzung beschlossen wird. Hier kann der Weg der **vereinfachten Einziehung** nach § 237 Abs. 3 bis 5 AktG beschritten werden.[1222] Im Rahmen der Kapitalherabsetzung durch Einziehung ist zu unterscheiden zwischen einerseits der **zwangsweisen Einziehung** und andererseits der **Einziehung nach Erwerb durch die Gesellschaft.** Die zwangsweise Einziehung ist gem. § 237 Abs. 1 S. 2 AktG nur möglich, wenn sie in der ursprünglichen Satzung oder durch eine Satzungsänderung vor Übernahme oder Zeichnung der Aktien angeordnet oder gestattet war. Allerdings wird die zwangsweise Einziehung nach ganz h. M. über den Wortlaut des § 237 Abs. 1 S. 2 AktG auch dann für zulässig gehalten, wenn die hierzu ermächtigende Satzungsbestimmung zwar erst nach Übernahme bzw. Zeichnung der Aktien eingeführt wurde, hierzu jedoch alle betroffenen Aktionäre ihre Zustimmung erteilt hatten.[1223] Bei der zwangsweisen Einziehung wiederum gibt es die gestattete Zwangseinziehung und die angeordnete Zwangseinziehung (§ 237 Abs. 6 AktG). Bei Letzterer bedarf es nach § 237 Abs. 6 AktG keines Beschlusses der Hauptversammlung, vielmehr ist ein Vorstandsbeschluss ausreichend.[1224] 672

IV. Sonstige Satzungsänderungen

Schrifttum: *Asmus,* Die vinkulierte Mitgliedschaft, 2001; *Dempewolf,* Die Rückwirkung von Satzungsänderungen aktienrechtlicher Gesellschaften, NJW 1958, 1212; *Fleischer,* Zur Leitungsaufgabe des Vorstands im Aktienrecht, ZIP 2003, 1; *Grunewald,* Rückverlagerung von Entscheidungskompetenzen der Hauptversammlung auf den Vorstand, AG 1990, 133; *Huep,* Die Renaissance der Namensaktie, WM 2000, 1623; *Lutter,* Zur inhaltlichen Begründung von Mehrheitsentscheidungen, ZGR 1981, 171; *ders.,* Die Treuepflicht des Aktionärs, ZHR 153 (1989), 446; *Martens,* Stimmrechtsbeschränkung und Stimmbindungsvertrag, AG 1993, 495; *Mertens,* Unternehmensgegenstand und Mitgliedschaftsrecht, AG 1978, 309; *Priester,* Satzungsänderung und Satzungsdurchbrechung, ZHR 151 (1987), 40; *ders.,* Nichtkorporative Satzungsbestimmungen bei Kapitalgesellschaften, DB 1979, 681; *Senger/Vogelmann,* Die Umwandlung von Vorzugsaktien in Stammaktien, AG 2002, 193; *Tieves,* Satzungsverletzende und satzungsdurchbrechende Gesellschafterbeschlüsse, ZIP 1994, 1341; *Witt,* Mehrheitsregelnde Satzungsklauseln und Kapitalveränderungsbeschlüsse, AG 2000, 345; *Wolff,* Der Anwendungsbereich der Satzungsänderungsvorschriften im Aktien- und GmbH-Recht WiB 1997, 1009; *ders.,* die Zulässigkeit einer rückwirkenden Änderung des Geschäftsjahres bei Kapitalgesellschaften, DB 1999, 2149.

1. Allgemeines

Die grundlegenden Normen für das **Verfahren** einer Satzungsänderung bei der AG finden 673
sich in den §§ 179–181 AktG. Diese Vorschriften sind jedoch erst **ab Eintragung der Gesell-**

[1218] Vgl. *Terbrack* RNotZ 2003, 89, 100.
[1219] Diverse Mustersätze für eine Kapitherabsetzung durch Einziehung finden sich bei *Döbereiner* in Beck'sches Formularb AktienR, Form P. II. 1. ff.
[1220] Siehe oben Rdnr. 663.
[1221] Siehe oben Rdnr. 651 ff.
[1222] Vgl. hierzu ausführlich Hölters/*Haberstock/Greitemann* § 237 Rdnr. 67 ff.
[1223] Spindler/Stilz/*Marsch-Barner* § 237 Rdnr. 10; KölnKommAktG/*Lutter* § 237 Rdnr. 30; MünchHdb-GesR IV/*Krieger* § 62 Rdnr. 6; *Hüffer* § 237 Rdnr. 8.
[1224] Vgl. hierzu ausführlich Schmidt/Lutter/*Veil* § 237 Rdnr. 51 f.

schaft im Handelsregister anwendbar. Bei einer sich im Gründungsstadium befindenden, noch nicht in das Handelsregister eingetragenen Gesellschaft[1225] gelten diese Bestimmungen nicht. **Satzungsänderungen der Vor-AG** bedürfen einer übereinstimmenden Mitwirkung aller Gründer der Gesellschaft im **Verfahren des § 23 AktG,** also im Wege der notariell zu beurkundenden Vereinbarung, da sie einen Nachtrag zum Gründungsakt darstellen und damit dessen Verfahrens- und Formvorschriften unterworfen sind.[1226]

674 **Begrifflich** ist unter einer **Satzungsänderung** jedwedes Einwirken auf den Text der Satzungsurkunde durch Einfügen oder Aufheben von Bestimmungen sowie deren inhaltliche oder formale Veränderung zu verstehen.[1227] Üblicherweise wird in diesem Zusammenhang zwischen sog. echten und unechten Satzungsbestandteilen differenziert. **Echte (materielle) Satzungsbestandteile** sind nach gängiger Definition alle in der Satzung enthaltenen korporativen Regelungen, welche die Gesellschaft und ihre Beziehungen zu den Gründern oder künftigen Aktionären zum Gegenstand haben.[1228] Unter **unechte (rein formelle) Satzungsbestandteile** fasst man gemeinhin die in der Satzung enthaltenen Bestimmungen, die nicht die Identität der Gesellschaft und auch nicht das Rechtsverhältnis der Aktionäre zur Gesellschaft betreffen, somit keinen korporationsrechtlichen Charakter haben und dementsprechend gar nicht in der Satzung enthalten sein müssten, um wirksam zu sein.[1229] Eine Änderung der echten Satzungsbestandteile kann nur in dem Verfahren der §§ 179 ff. AktG erfolgen. Für die **inhaltliche Änderung unechter Satzungsbestandteile** sollen nach überwiegender Auffassung die §§ 179 ff. AktG hingegen keine Anwendung finden.[1230] Deren materielle Änderung hat sich nach den Vorschriften zu richten, die das unechte Satzungsbestandteil rechtlich ausfüllen.[1231] Strittig ist, was zu gelten hat, wenn über die inhaltliche Änderung eines unechten Satzungsbestandteils hinaus auch dessen Niederschlag im Satzungstext selbst entsprechend geändert werden soll. Während von manchen hierfür eine uneingeschränkte Anwendbarkeit der §§ 179 ff. AktG vertreten wird,[1232] wollen andere deren Anwendung mit deutlich erleichterten Regularien (nur einfache Mehrheit,[1233] keine Handelsregistereintragung und Bekanntmachung[1234]) zulassen. Wiederum andere unterstellen einen solchen Fall dem Verfahren der Fassungsänderung nach § 179 Abs. 2 S. 2 AktG analog.[1235] Für den mit einer beabsichtigten Änderung des Satzungstextes konfrontierten Notar sind die vorstehend beschriebenen Differenzierungen zwischen echten und unechten Satzungsbestandteilen wenig hilfreich. Zum einen ist deren Abgrenzung in vielen Fällen alles andere als eindeutig und trennscharf vorzunehmen. Zum anderen erweist sich der Weg, den Satzungstext eines unechten Bestandteils in einem erleichterten Verfahren abzuändern, angesichts des dargestellten Meinungsstreites als nicht sicher. Somit kann in einer streng formalen Betrachtungsweise eigentlich nur eines gelten: **Jedwede textliche Änderung** in der Satzung einer AG hat nach dem Verfahren der **§§ 179 ff. AktG** zu erfolgen. Dies schließt bei Vorliegen seiner Voraussetzungen natürlich auch das Verfahren der Fassungsänderung nach § 179 Abs. 1 S. 2 AktG ein.

675 In inhaltlicher Hinsicht gilt es im übrigen auch bei einer Satzungsänderung folgenden wichtigen Grundsatz zu beachten: Änderungen der Satzung sind nur insoweit zulässig, als sie nicht gegen gesetzliche Vorschriften verstoßen, was insbesondere bedeutet, dass das aus § 23 Abs. 5 AktG ableitbare **Prinzip der Satzungsstrenge**[1236] auch auf eine **Satzungsände-**

[1225] Sog. Vor-AG.

[1226] Schmidt/Lutter/*Seibt* § 179 Rdnr. 2; KölnKommAktG/*Zöllner* § 179 Rdnr. 201; *Hüffer* § 179 Rdnr. 2; Spindler/Stilz/*Holzborn* § 179 Rdnr. 23; MünchKommAktG/*Stein* § 179 Rdnr. 68.

[1227] MünchKommAktG/*Stein* § 179 Rdnr. 22; *Hüffer* § 179 Rdnr. 4; Schmidt/Lutter/*Seibt* § 179 Rdnr. 6.

[1228] Vgl. *Hüffer* § 23 Rdnr. 3; MünchKommAktG/*Pentz* § 23 Rdnr. 40; KölnKommAktG/*Zöllner* § 179 Rdnr. 23.

[1229] Vgl. MünchHdbGesR IV/*Semmler* § 39 Rdnr. 55; *Hüffer* § 23 Rdnr. 4.

[1230] *Hüffer* § 179 Rdnr. 5; MünchKommAktG/*Stein* § 179 Rdnr. 31; KölnKommAktG/*Zöllner* § 179 Rdnr. 86 f.; Spindler/Stilz/*Holzborn* § 179 Rdnr. 40.

[1231] Hölters/*Haberstock/Greitemann* § 179 Rdnr. 31; Spindler/Stilz/*Holzborn* § 179 Rdnr. 40.

[1232] MünchKommAktG/*Stein* § 179 Rdnr. 33; *Priester* ZHR 151 (1987), 40, 41 f.

[1233] KölnKommAktG/*Zöllner* § 179 Rdnr. 84; Schmidt/Lutter/*Seibt* § 179 Rdnr. 9.

[1234] *Lutter/Hommelhoff* GmbHG § 53 Rdnr. 29.

[1235] Schüppen/Schaub/*Sickinger* § 29 Rdnr. 8.

[1236] Siehe oben Rdnr. 203.

rung Anwendung findet.[1237] Ferner kann § 179 AktG selbst entnommen werden, dass die Satzung einer AG immer **abänderbar** sein muss. Regelungen in der Satzung, welche Satzungsänderungen allgemein oder für einzelne Bestimmungen vollständig ausschließen wollen, sind demgemäß **nichtig.**[1238]

2. Änderung der Satzung durch Beschluss der Hauptversammlung

Gem. § 179 Abs. 1 S. 1 AktG bedarf jede Satzungsänderung eines (notariell zu beurkun- 676
denden) Beschlusses der Hauptversammlung. Ausgenommen hiervon sind alleine die folgenden Fälle: (1) Übertragung der Befugnis zu Fassungsänderungen auf den Aufsichtrat gem. § 179 Abs. 1 S. 2 AktG;[1239] (2) Entscheidung des Vorstands über eine Kapitalherabsetzung durch Einziehung von Aktien gem. § 237 Abs. 6 AktG; (3) Entscheidung des Vorstands über eine Kapitalerhöhung auf der Grundlage eines genehmigten Kapitals gem. § 202 Abs. 1 AktG). Von diesen wenigen gesetzlichen Ausnahmen abgesehen ist die Zuständigkeit der Hauptversammlung zur Satzungsänderung zwingend und kann auch nicht auf andere Organe oder Personen delegiert werden.[1240]

Die **Einberufung**[1241] der über die Satzungsänderung beschließenden Hauptversammlung 677
richtet sich nach den allgemeinen Vorschriften (siehe oben Rdnr. 297 ff.). Zu beachten ist, dass gemäß § 124 Abs. 2 S. 2 AktG der **genaue Wortlaut** des Beschlussvorschlags der Verwaltung in der Tagesordnung zur Hauptversammlung bekannt zu machen ist.[1242]

Gem. § 179 Abs. 2 S. 1 AktG ist für den Kapitalerhöhungsbeschluss eine **Mehrheit** von 678
Nöten, die neben der Stimmenmehrheit aus § 133 Abs. 1 AktG mindestens drei Viertel des bei der Beschlussfassung vertretenen Grundkapitals umfasst.[1243] Nach § 179 Abs. 2 S. 2 AktG kann die Satzung dieses gesetzliche Mehrheitserfordernis erhöhen oder bis zur einfachen Mehrheit des vertretenen Grundkapitals herabsetzen, wobei für einen Beschluss über die Änderung des Unternehmensgegenstandes nur eine größere Kapitalmehrheit vorgesehen werden darf.[1244]

In der Vorbereitungsphase des Beschlusses über eine Satzungsänderung sollte der betreu- 679
ende bzw. zur Beurkundung vorgesehen Notar auch die aktuelle Satzung der Gesellschaft dahingehend überprüfen, ob **mehrere Aktiengattungen** vorhanden sind. Ist dies der Fall und wird mit dem Beschluss über die Änderung der Satzung das bisherige Verhältnis der Gattungen zum Nachteil einer Gattung geändert, so muss gem. § 179 Abs. 3 AktG von den Aktionären dieser benachteiligten Aktiengattung ein gesonderter Zustimmungsbeschluss i. S. v. § 138 AktG gefasst werden, für den § 179 Abs. 2 AktG gilt. Mithin bedarf auch der zustimmende Sonderbeschluss einer **Mehrheit**, die neben der Stimmenmehrheit aus § 133 Abs. 1 AktG mindestens drei Viertel des bei der Beschlussfassung vertretenen Grundkapitals umfasst, sofern die Satzung keine abweichenden Mehrheiten vorsieht.[1245] Ein Nachteil zulasten einer Gattung i. S. v. § 179 Abs. 3 S. 1 AktG liegt vor, wenn gattungsspezifische Rechte beseitigt oder beschränkt werden oder entsprechende Rechte der anderen Gattung verstärkt oder erweitert werden.[1246] Der Sonderbeschluss kann gem. § 138 S. 1 AktG entweder in einer **gesonderten Versammlung** der betroffenen Aktionäre oder durch **gesonderte Abstimmung** dieser Aktionäre in der Hauptversammlung unter einem eigenen Tagesordnungspunkt gefasst werden.

1237 *Hüffer* § 179 Rdnr. 24; Schüppen/Schaub/*Sickinger* § 29 Rdnr. 34.

1238 KölnKommAktG/*Zöllner* § 179 Rdnr. 2; *Hüffer* § 179 Rdnr. 3.

1239 Siehe hierzu unten Rdnr. 680 ff.

1240 *Hüffer* § 179 Rdnr. 10; Schüppen/Schaub/*Sickinger* § 29 Rdnr. 40.

1241 Ein Muster für die Einberufung einer Hauptversammlung zur Beschlussfassung über eine Satzungsänderung findet sich bei *Gerber* in Beck'sches Formularb AktienR, Form. J. I. 1.

1242 Schüppen/Schaub/*Sickinger* § 39 Rdnr. 41.

1243 Schmidt/Lutter/*Seibt* § 179 Rdnr. 26; MünchKommAktG/*Stein* § 179 Rdnr. 85; KölnKommAktG/*Zöllner* § 179 Rdnr. 152.

1244 Vgl. *Hüffer* § 179 Rdnr. 16 ff.

1245 Siehe oben Rdnr. 678.

1246 *Hüffer* § 179 Rdnr. 44; KölnKommAktG/*Zöllner* § 179 Rdnr. 185.

3. Änderung der Satzungsfassung durch Beschluss des Aufsichtsrats

680 Gem. § 179 Abs. 1 S. 2 AktG kann die Hauptversammlung dem **Aufsichtsrat** die Befugnis übertragen, Änderungen der Satzung vorzunehmen, welche nur deren **Fassung** betreffen. Diese Befugnis kann dem Aufsichtsrat nur als Organ im Ganzen übertragen werden, nicht aber einzelnen Organmitgliedern.[1247] Der Aufsichtsrat selbst kann die ihm übertragene Befugnis jedoch an einen Ausschuss aus seinem Kreise nach § 107 Abs. 3 AktG weiter delegieren.[1248]

681 Die Übertragung der Befugnis zur Vornahme von Fassungsänderungen an den Aufsichtsrat erfolgt durch **Beschluss der Hauptversammlung**, für welchen die Mehrheitserfordernisse aus § 179 Abs. 2 AktG gelten.[1249] Die Befugnis kann für konkrete Einzelfälle erteilt oder auch ganz allgemein gewährt werden. Im letzteren Falle einer generellen Ermächtigung ist jedoch eine entsprechende Satzungsänderung von Nöten, es sei denn diese Generalermächtigung ist bereits in der Gründungssatzung enthalten.[1250] Der Aufsichtsrat seinerseits entscheidet über die Fassungsänderung durch **Beschluss**.[1251]

682 Fassungsänderungen sind solche Änderungen der Satzung, **die lediglich den Wortlaut oder die Gliederung der Satzung betreffen**, jedoch keinerlei Auswirkungen auf ihren Regelungsinhalt haben.[1252] Hierunter fallen etwa rein sprachliche Anpassungen (z.B. Angleichung an neue Rechtschreibregeln, Behebung von Schreibfehlern) oder die Streichung von Satzungsbestimmungen, die aufgrund zwischenzeitlicher Gesetzesänderungen unrichtig, überflüssig oder gegenstandslos geworden sind.[1253] Wichtiger praktischer Anwendungsfall einer Fassungsänderung ist die Anpassung der Satzung in ihren Bestimmungen zum Grundkapital und zur Zahl der Aktien nach Durchführung einer Kapitalerhöhung, bei welcher der Umfang des tatsächlichen Erhöhungsbetrages zum Zeitpunkt der Beschlussfassung durch die Hauptversammlung noch nicht sicher feststand.[1254] Die Abgrenzung zwischen einer echten Fassungsänderung ohne inhaltliche Auswirkungen und einer der Hauptversammlung vorbehaltenen Änderung mit inhaltlicher Auswirkung kann im Einzelfall schwierig sein. Da die Folge einer Überschreitung der auf der Grundlage von § 179 Abs. 1 S. 2 AktG gewährten Befugnis schwerwiegend ist, dies nämlich die **Nichtigkeit** der durch den Aufsichtsrat versuchten Satzungsänderung herbeiführt,[1255] sollte im Zweifel immer das Verfahren der Satzungsänderung durch Hauptversammlungsbeschluss nach § 179 Abs. 1 S. 1 AktG gewählt und von dem betreuenden Notar auch nachdrücklich empfohlen werden.

4. Handelsregisteranmeldung und Eintragung

683 Gem. § 181 Abs. 1 S. 1 AktG hat der **Vorstand** der Gesellschaft die Satzungsänderung zur Eintragung in das Handelsregister anzumelden.[1256] Dies gilt gleichermaßen für eine Satzungsänderung durch Beschluss der Hauptversammlung wie auch für eine Fassungsänderung durch den Aufsichtsrat. **Zuständig** ist das **Registergericht** (Amtsgericht) des **Gesellschaftssitzes** (§ 14 AktG). Gem. §§ 12 Abs. 1 HGB, 129 BGB, 39a BeurkG ist die Anmeldung elektronisch in **öffentlich beglaubigter Form** einzureichen.

1247 Schmidt/Lutter/*Seibt* § 179 Rdnr. 23; Spindler/Stilz/*Holzborn* § 179 Rdnr. 110; MünchKommAktG/*Stein* § 179 Rdnr. 167; KölnKommAktG/*Zöllner* § 179 Rdnr. 148 f.

1248 *Hüffer* § 179 Rdnr. 11.

1249 Hölters/*Haberstock/Greitemann* § 179 Rdnr. 41.

1250 Spindler/Stilz/*Holzborn* § 179 Rdnr. 107; Schmidt/Lutter/*Seibt* § 179 Rdnr. 23; MünchKommAktG/*Stein* § 179 Rdnr. 168;

1251 *Hüffer* § 179 Rdnr. 12.

1252 Vgl. Hölters/*Haberstock/Greitemann* § 179 Rdnr. 39; Spindler/Stilz/*Holzborn* § 179 Rdnr. 108; MünchKommAktG/*Stein* § 179 Rdnr. 159.

1253 Vgl. Schmidt/Lutter/*Seibt* § 179 Rdnr. 24.

1254 Siehe oben Rdnr. 480 ff.

1255 MünchKommAktG/*Stein* § 179 Rdnr. 177; KölnKommAktG/*Zöllner* § 179 Rdnr. 150.

1256 Muster für solche Handelsregisteranmeldungen finden sich bei *Gerber* in Beck'sches Formularb AktienR, Form. J. I. 4. u. J. VII. 4.

Für den Vorstand genügt die Mitwirkung einer vertretungsberechtigten Mitgliederzahl.[1257] Eine Anmeldung in unechter Gesamtvertretung durch ein Vorstandsmitglied in Gemeinschaft mit einem Prokuristen ist nach h. M. ebenfalls zulässig.[1258] Mit Ausnahme der Anmeldung von Kapitalmaßnahmen[1259] ist eine Anmeldung von Satzungsänderungen durch einen Bevollmächtigten grundsätzlich zulässig, da keine strafrechtlich erheblichen Erklärungen zu machen sind.[1260] Die Vollmacht muss jedoch nach § 12 Abs. 2 S. 1 HGB öffentlich beglaubigt sein.

Der **Inhalt** der Anmeldung ist abhängig vom Gegenstand der Änderung. Grundsätzlich 684
genügt es anzumelden, dass die Satzung der Gesellschaft geändert wurde und im übrigen auf die beigefügten Unterlagen, insbesondere auf die Niederschrift über den Beschluss der Satzungsänderung Bezug zu nehmen. Betrifft die Satzungsänderung jedoch die in § 39 AktG genannten Gegenstände (Firma, Sitz, Gegenstand des Unternehmens, Höhe des Grundkapitals, abstrakte Vertretungsbefugnis, Dauer der Gesellschaft, genehmigtes Kapital) so muss die Anmeldung den Inhalt der Änderung konkret bezeichnen und zumindest schlagwortartig wiedergeben.[1261] Eine bloße Angabe wie z. B. „Die Firma wurde geändert" reicht nicht; erforderlich ist eine Formulierung wie z. B. „Die Firma wurde geändert in ......". Dies gilt auch bei der Anmeldung einer vollständigen Satzungsneufassung. Wurden durch eine solche Satzungsneufassung auch in § 39 AktG genannte Satzungsbestandteile geändert, so müssen diese ebenfalls in der vorstehend bezeichneten konkreten Form angemeldet werden. Dies kann etwa wie folgt geschehen: „Die Satzung der Gesellschaft wurde insgesamt neu gefasst. Hierbei wurden insbesondere geändert: ......".

Der Anmeldung sind folgende **Anlagen** beizufügen (jeweils in elektronischer Form): 685
(1) Beglaubigte Abschrift der Niederschrift über den Beschluss der Satzungsänderung. (2) Vollständiger Wortlaut der geänderten Satzung mit der notariellen Bescheinigung gem. § 181 Abs. 1 S. 2 AktG.

Gem. § 181 Abs. 3 AktG hat die **Handelsregistereintragung konstitutive Wirkung**, d. h. eine Änderung der Satzung wird erst mit ihrer Eintragung in das Handelsregister wirksam.

V. Der Notar beim Börsengang

Schrifttum: *Hauptmann*, Wachstums- und Exitstrategien, in: Seibert/Kiem/Schüppen (Hrsg.), Handbuch der kleinen AG, 5. Aufl., 2007; *Harrer*, Vorbereitung des eigentlichen Börsengangs, in Beck'sches Handbuch der AG, 2. Aufl., 2009, S. 1643; *Marsch-Barner/Schäfer* (Hrsg.) Handbuch Börsennotierte AG, 2. Aufl., 2009; *Kay-Michael Schanz*, Börseneinführung, 3. Aufl., 2007.

1. Einführung

Notar und Börsengang, das klingt irgendwie aufregend. Die notarielle Praxis bestätigt 686
dies allerdings nicht. Denn die notarielle Tätigkeit im Zusammenhang mit dem Börsengang stellt für den gesellschaftsrechtlich ausgerichteten Notar nicht wirklich etwas Neues dar, handelt es sich dabei doch um Tätigkeiten verschiedenster Art, die ohnehin zu seinem Aufgabenkreis gehören.[1262] Aufregend ist allenfalls der mit einem Börsengang verbundene Zeitdruck, den auch ein Notariat verspürt.

2. Börsengang

a) Die Börse. Der Börsengang steht nur einer **AG** (und ihren Varianten **KGaA** und **SE**) 687
offen. Zwar kann die GmbH auch ihre Geschäftsanteile verbriefen, indem sie darüber An-

[1257] *Hüffer* § 179 Rdnr. 4.
[1258] Schmidt/Lutter/*Seibt* § 181 Rdnr. 6; MünchKommAktG/*Stein* § 181 Rdnr. 11; *Hüffer* § 181 Rdnr. 4.
[1259] Siehe hierzu Rdnr. 466 ff.
[1260] Spindler/Stilz/*Holzborn* § 181 Rdnr. 10; Hölters/*Haberstock/Greitemann* § 181 Rdnr. 3; *Hüffer* § 181 Rdnr. 4.
[1261] *Hüffer* § 181 Rdnr. 6.
[1262] S. u. z. B. Rdnr. 695, 697 ff.

teilsscheine ausgibt; diese sind aber nicht frei in einem organisierten Kapitalmarkt handelbar.

688 Die Börse kennt **zwei** verschiedene **Marktsegmente: Den regulierten Markt** (§ 32 BörsG) und den **Freiverkehr**[1263] (§ 48 BörsG). Der öffentlich-rechtlich-**regulierte Markt** hat die strengsten Zulassungsvoraussetzungen. Er besteht aus zwei (bei der Frankfurter Wertpapierbörse[1264]) Teilbereichen, den **General Standard,** vornehmlich für die Kapitalaufnahme kleinerer und mittlerer Unternehmen (KMU) vorgesehen, und den **Prime Standard.** Der Prime Standard unterscheidet sich vom General Standard dadurch, dass er über eine höhere regulatorische Dichte verfügt. Im – privatrechtlich organisierten – **Freiverkehr** wird unterschieden zwischen dem **Open Market** und dem **Entry Standard.**

689 Diese beiden Segmente (regulierter Markt, Freiverkehr) dürfen nicht verwechselt werden mit den **Börsenindizes** des regulierten Marktes **DAX, MDAX, SDAX, TecDAX.** Sie sind eher unter „Marketinggesichtspunkt" zu betrachten. Denn sie erhöhen in der Regel die Aufmerksamkeit von Investoren.[1265]

690 Unter einem Börsengang versteht man die Erstnotiz der Aktien einer AG an einer Börse,[1266] mit dem Ziel, sich durch die anschließende Platzierung von Aktien Eigenmittel über den Kapitalmarkt zu beschaffen.[1267] Der Börsengang im eigentlichen Sinne ist nur die Zulassung zum Börsenhandel (§ 48 BörsZulV).

691 Neben dieser **Zulassung** zur Börse muss also noch die Platzierung der Aktien hinzukommen, denn ohne diese **Platzierung** lässt sich ein Handel über die Börse nicht durchführen. Platzierung ist der erfolgreiche Verkauf und die Übertragung von Aktien des Unternehmens an Investoren.[1268] Bei der Platzierung wird unterschieden zwischen der öffentlichen Platzierung, mit der die Aktien einem möglichst großen Kreis, also im Ergebnis jedermann, angeboten werden, und die Privatplatzierung, mit Hilfe derer die Aktien bei institutionellen Investoren (außerbörslich) platziert werden.[1269] Diese beiden Vorgänge (Börsenzulassung und Aktienplatzierung) werden in der anglisierten Börsensprache auch „Going Public" oder „Initial Public Offering" („IPO") genannt.

692 Ein Börsengang muss gut vorbereitet sein. Denn er ist nicht nur teuer, sondern auch sehr komplex. Das beginnt bereits bei der Auswahl der Berater: Es braucht einen Emissionsberater, der für die Börsenfähigkeit der AG Sorge trägt, die den Börsengang begleitenden Banken, den Wirtschaftsprüfer des Unternehmens, auf „Going Public" spezialisierte Rechtsanwälte und nicht zuletzt den Notar. Er steht zwar am Rande des Geschehens, hat aber in erster Linie dafür zu sorgen, dass die börsenrelevanten Vorgänge (in erster Linie die Mithilfe bei der Schaffung der zu platzierenden Aktien) zügig im Handelsregister eingetragen werden, z. B. dadurch, dass bereits im Vorfeld die entsprechenden Dokumente mit dem Registergericht abgestimmt werden. Hier entsteht häufig großer Zeitdruck.

693 **b) Gründe für einen Börsengang.** Der Entscheidung der Altgesellschafter des Unternehmens, den Gang an die Börse zu wagen, geht die Abwägung der **Vor-** und **Nachteile** voraus: Als Vorteil kommen etwa in Betracht: Verbesserung der **Eigenkapital- und Liquiditätssituation** durch Verschaffung von Liquidität über die Börse und eine höhere Kreditwürdigkeit, um eine künftige Unternehmensexpansion zu finanzieren und/oder um Fremdverbindlichkeiten (idR Bankschulden) mit dem Ziel einer Verringerung der Zinslast zurückzuführen.

Einen Börsengang streben häufig auch **Venture-Capital-Gesellschaften** als Alternative zum Beteiligungsverkauf an.

Der Gang an die Börse kann auch ein Muster für eine **Nachfolgeregelung** sein, z. B. wenn sich die Unternehmerfamilie schrittweise aus dem Unternehmen zurückziehen will.[1270] Als

[1263] Marsch-Barner/Schäfer/*Meyer* § 7 Rdnr. 44.
[1264] S. BörsO FWB.
[1265] Marsch-Barner/Schäfer/*Meyer* § 7 Rdnr. 4; *Schanz,* Börseneinführung § 11 Rdnr. 69.
[1266] Zu unterscheiden sind (die wichtigste aller deutschen Börsen) die Frankfurter Wertpapierbörse (FWB) einerseits und die Reginalbörsen.
[1267] Marsch-Barner/Schäfer/*Meyer* § 7 Rdnr. 1.
[1268] Marsch-Barner/Schäfer/*Meyer* § 7 Rdnr. 1.
[1269] Marsch-Barner/Schäfer/*Meyer* § 7 Rdnr. 2.
[1270] Beck AG-Hdb/*Harrer* § 20 Rdnr. 20.

Nachteile eines Gangs an die Börse werden idR die im WpHG und HGB geregelten erhöhten **Publizitätsanforderungen** empfunden und die Gefahr für die Altgesellschafter, **„überfremdet“** zu werden.

c) **Börsenfähigkeit.** Haben sich die Altgesellschafter für einen Börsengang entschieden, gilt es, für das Unternehmen die Voraussetzungen für einen erfolgreichen Börsengang zu schaffen. Auf den unterschiedlichen Ebenen dieser Vorbereitungen ist auch der Notar gefragt. 694

aa) Rechtsform. Für die Vorbereitung auf einen Börsengang ist zunächst die Wahl der **richtigen Rechtsform** (AG oder ihre Unterformen KGaA oder SE) wichtig. Ein Börsengang gleich mit der Neugründung einer AG (KGaA, SE) ist praktisch nicht möglich. Die Gesellschaft muss nämlich, um an der Börse zugelassen zu werden, mindestens drei Jahre existieren (vgl. § 3 Abs. 1 BörsZulV), nicht zwingend als AG. Ist sie etwa GmbH, OHG oder KG, muss sie zunächst in eine AG **formwechselnd** nach dem UmwG **umgewandelt** werden (s. §§ 192 ff., 238 ff. UmwG). Auch die **Verschmelzung** mehrerer Unternehmen mit einer AG als aufnehmender Gesellschaft kann zur Vorbereitung des Börsenganges dienen. An all diesen Vorbereitungshandlungen ist der Notar beteiligt, weil diese Vorgänge beurkundungspflichtig sind.[1271] Von einem **(indirekten) Börsengang** wird gesprochen bei einem Zusammenschluss eines nicht börsennotierten mit einem börsennotierten Unternehmen. Dieser Weg wird dann gewählt, wenn die zusammengeschlossenen Unternehmen möglichst schnell Zugang zum öffentlichen Kapitalmarkt haben will. Hinzu kommt, dass dieser Weg kostengünstiger ist als der klassische Börsengang. 695

Möglicherweise muss dem Unternehmen vorbörslich noch Kapital zugeführt werden (durch Eigenmittel oder Aufnahme von Investoren), um die Zulassung für ein bestimmtes Segment an der Börse zu erhalten. 696

bb) (Be-)Schaffung der Platzierungsaktien. Wie erwähnt, reicht die reine Börsenzulassung nicht aus, um die Aktien der AG zu handeln. Vielmehr bedarf es zusätzlich einer für den Handel ausreichenden „Aktienliquidität“, die durch die Platzierung der Aktien der AG geschaffen wird. Um diese Platzierung der Aktien (durch Verkauf und Übertragung über die Börse) zu ermöglichen, sind diese Aktien entweder durch eine entsprechende **Kapitalmaßnahme** im Wege der ordentlichen (Bar oder Sach-)Kapitalerhöhung (§§ 182 f. AktG) zu schaffen oder durch ein genehmigtes Kapital (§§ 202 f. AktG) oder im Wege einer Kapitalerhöhung aus Gesellschaftsmitteln (§§ 207 ff. AktG) zu schaffen und/oder durch die (Alt-)Aktionäre der AG zur Verfügung zu stellen. 697

Aus der Sicht des Unternehmens ist es sinnvoller, die Platzierung der Aktien durch Kapitalerhöhung durchzuführen und nicht durch einen **Verkauf** der Aktien durch ihre **Altaktionäre.** Denn der Erlös aus dem Verkauf der Aktien über die Börse fließt im ersten Fall ausschließlich dem Unternehmen zu, im zweiten Fall allein den Altgesellschaften. Um beiden Interessen gerecht zu werden, kann man gelegentlich auch eine Kombination beider Verkaufsmodelle beobachten. 698

Sollen die Aktien aus einer Kapitalerhöhung stammen, ist das Bezugsrecht der Altaktionäre auszuschließen.[1272] Bei der regulären Kapitalerhöhung (Sach oder Bar) ist das Risiko zu berücksichtigen, dass der Erhöhungsbeschluss angefochten und die Durchführung der Kapitalmaßnahme auf längere Zeit blockiert werden kann. Deshalb favorisiert die Praxis eine Kapitalerhöhung aus genehmigtem Kapital (§§ 202 ff. AktG), bei der dieses Risiko nicht besteht. Denn sie kann von Vorstand und Aufsichtsrat allein auch noch bis kurz vor der Aktienplatzierung beschlossen werden (§§ 202 Abs. 1, Abs. 3 S. 2 AktG). 699

cc) Satzung. Der Notar ist ferner gefordert, wenn die Satzung „börsenfähig“ gemacht werden muss. Die Satzung bekommt dann die gesetzlich für börsennotierte AGen vorgeschriebenen Bestimmungen und solche Bestimmungen, die die Praxis zusätzlich für eine zeitgemäße und taugliche Satzung entwickelt hat, was mit den vorerwähnten Kapitalmaß- 700

[1271] Vgl. §§ 6, 13 UmwG (Verschmelzung), §§ 125, 6, UmwG 13 (Spaltung) § 193 Abs. 3 UmwG (Formwechsel).

[1272] Zur Zulässigkeit des Ausschlusses des Bezugsrecht bei einer Börseneinführung s. *Marsch-Bamer/Schäfer/Busch* § 42 Rdnr. 80 m. w. N.

nahmen regelmäßig einhergeht. Zum Satzungsinhalt gehören beispielsweise Bestimmungen über die Aktienstückelung (§ 8 AktG), Aktienarten und -gattungen (§ 8 Abs. 1, 11 AktG), Ausschluss der Verbriefung (§ 10 Abs. 5 AktG), Regelung der Beziehungen zwischen Vorstand und Aufsichtsrat (§§ 77 Abs. 2, 90 AktG), Einräumung der Briefwahl (§ 121 Abs. 3 Nr. 2a AktG), die Schaffung eines genehmigten Kapitals (§ 202 Abs. 1 u. 2 AktG) für künftige Kapitalbeschaffung, die Schaffung eines oder mehrerer bedingter Kapitalia (§ 192ff. AktG) z.B. für die Ausgabe von Wandelschuldverschreibungen oder für Mitarbeiterbeteiligung, Regelungen zum Erwerb eigener Aktien (§§ 71ff. AktG).

701 Parallel bereiten sich die Altaktionäre auf den Börsengang vor, etwa durch Abschluss von Poolverträgen, um ihre Stimmkraft zu sichern oder sonstige Vereinbarungen, um die Fungibilität im Kreise der Altgesellschafter durch den Abschluss entsprechender Gesellschaftervereinbarungen zu unterlaufen.

702 *dd) Zeichnung der neuen Aktien.* Größere Aktienplatzierungen werden in der Regel von einer Gruppe von Banken durchgeführt, um das Risiko für die einzelne Bank zu streuen. Um das Platzierungsverfahren angesichts der Vielfalt der Banken überschaubar zu halten, gibt es einen Konsortialführer, der die neuen aus einer Kapitalerhöhung stammenden Aktien zeichnet und intern unter den (Banken-)Konsorten verteilt.

703 Dieser Konsortialführer wird die neuen Aktien aber erst zeichnen, wenn feststeht, dass eine ausreichende Nachfrage nach den Aktien zu erwarten ist. Anschließend werden die Aktien an die bei der Zuteilung berücksichtigten Anleger zum Emissionspreis übertragen und die Differenz zwischen Nennbetrag und Emissionspreis nach Abzug der Spesen an die AG abgeführt.[1273]

704 Das heißt, dass die Zeichnung der Aktien möglichst spät vorgenommen wird. Die Zeichnung erfolgt dann zum Nennbetrag. Auf jede Aktie wird regelmäßig nur ein Viertel des Barbetrages eingezahlt, alsdann der Zeichnungsschein (§ 185 AktG) und die Bankbestätigung über die Einzahlung der Einlage zur Vorlage beim Registergericht (§§ 188 Abs. 2, 36 Abs. 2, 37 Abs. 1 S. 3 AktG) beschafft. Auch insofern steht der Notar unter – nicht unerheblichem – Zeitdruck. Der Konsortialführer hat ein großes Interesse daran, dass die Kapitalerhöhung schnell eingetragen wird. Denn sie will das Übernahmerisiko (sie will nicht auf den Aktien sitzen bleiben) so gering wie möglich halten. Danach legt sie die Eintragung der Börse vor.

705 **d) Dual Track.** Mit dem Dual Track Verfahren soll der **Erlös** aus dem Verkauf eines Unternehmens optimiert werden. Diesen Weg gehen in der Regel Venture-Capital-Gesellschaften. Dual Track heißt, dass neben der Vorbereitung des Börsenganges als weitere (dual) Erlösoption der Verkauf des Unternehmens betrieben wird. In beide Richtungen wird ausgelotet, welcher Weg für die Eigentümer der erfolgversprechendere sein wird. Diese Entscheidung kann erst getroffen werden, wenn sowohl der aus dem Verkauf erzielbare Kaufpreis als auch der Erlös aus dem Börsengang recht konkret sind. Erst wenn der Börsengang die Lösung ist, werden die gesellschaftsrechtlichen Maßnahmen (Umwandlung der Gesellschaft in die AG, Schaffung seiner börsenfähigen Satzung) unter **hohem Zeitdruck** (auch für den Notar) umgesetzt. Vor allem ist ein Rückgängigmachen dieser Maßnahmen nicht gewollt. Die Entscheidungen werden „in letzter Minute“ getroffen.

706 **e) Öffentliches Übernahmeangebot.** Mit einem öffentlichen Übernahmeangebot für den Erwerb von Aktien soll ein bereits an der Börse gelistetes Unternehmen nach dem Verfahren des WpÜG mehrheitlich übernommen werden. Häufig wird der Übernehmer als Kapitalgesellschaft neu gegründet. Auch insofern ist der Notar im Vorfeld beteiligt.

707 **f) Squeeze Out.** Gehören einem Aktionär 95% des Grundkapitals einer AG, kann er die verbleibenden Aktionäre durch Hauptversammlungsbeschluss aus der AG ausschließen (§§ 327a ff. AktG). Solche Hauptversammlungen stellen auch für den Notar eine Herausforderung dar. Denn in der Regel verlaufen sie nicht friedlich, weil die Kleinaktionäre befürchten, dass sie zu einem Wert abgefunden werden sollen, der unter dem wirklichen Wert des Unternehmens liegt. Obwohl diese Frage dem sich anschließenden Spruchverfahren anvertraut ist, wird häufig versucht, Fehler beim Ablauf der „Squeeze-Out Hauptversamm-

[1273] Beck AG-Hdb/*Harrer* § 25 Rdnr. 70.

lung" zu provozieren (insbesondere beim „Frage- und Antwortspiel" zwischen Vorstand und Aktionär), um so den Ausschluss als Aktionär aus der Gesellschaft durch Anfechtungsklage zu blockieren, was das Spruchverfahren nicht ermöglicht.[1274] Widersprüche zur Niederschrift und teilweise ein Katalog vieler als nicht beantworteter Fragen müssen dann zur Niederschrift des Notars genommen werden. Durch das „Freigabeverfahren" ist der Blockade der Eintragung durch Anfechtungsklage die Schärfe genommen.

h) **Delisting („Going Private").** Das Delisting ist das Gegenteil von einem Börsengang. Es 708
stellt den totalen Rückzug der AG von der Börse durch Aufgabe der Börsenzulassung dar. Die Aktien werden als Folge nicht mehr an der Börse gehandelt. Für den Notar stellt sich beim Delisting u. a. die Frage, wer darüber zu befinden hat, ob die Börsenzulassung zurückgegeben wird, Vorstand (mit Geschäftsführungsmaßnahme) oder die Hauptversammlung. Der BGH[1275] geht von einer Zuständigkeit der Hauptversammlung aus, weil die Verkehrsfähigkeit der Aktie für den Aktionär von besonderer Bedeutung sei und verfassungsrechtlichen Schutz genieße. Nicht klar ist, mit welchen Mehrheiten (einfache oder qualifizierte) ein solcher Beschluss zu fassen ist und welche Berichtspflichten die Gesellschaft treffen. Für ein (sog. **kaltes) Delisting** stehen auch der Squeeze-out, die Verschmelzung, der Formwechsel und die Aufspaltung zur Verfügung.[1276]

[1274] S. BeckAG-Hdb/*Oppenhoff* § 27 Rdnr. 181.
[1275] Str. BGHZ 153, 47, 53 ff.; s. hierzu auch *Marsch-Bamer/Schäfer/Eckhold* § 62 Rdnr. 32.
[1276] Näheres bei *Marsch-Bamer/Schäfer/Eckhold* § 63 Rdnr. 14 ff., 18 ff.; Beck-AG Hdb/*Glöckeler* § 28 Rdnr. 51 ff.

§ 15 Kommanditgesellschaft auf Aktien (KGaA)

Übersicht

	Rdnr.
I. Rechtsnatur	1/2
II. Gestaltungsfreiheit	3/4
III. Erscheinungsformen	5/6
IV. Gründung/Kapital/Einlagen	7–18
1. Gründung	7–11
2. Aktien und Einlagen	12–18
V. Satzung	19–21
VI. Rechtsverhältnisse der Komplementäre und Kommanditaktionäre	22–56
1. Komplementäre	22–39
a) Begründung	22
b) Voraussetzungen	23
c) Rechtsstellung, anwendbares Recht	24
d) Geschäftsführung, Vertretung	25/26
e) Haftung	27
f) Wettbewerbsverbot, Treuepflicht	28
g) Tätigkeitsvereinbarung und -vergütung	29
h) Ausscheiden, Ausschluss	30–39
2. Kommanditaktionäre	40–51
a) Begründung	40
b) Rechtsstellung	41
c) Rechte in der Hauptversammlung	42
d) Rechte bei Geschäftsführungsmaßnahmen, Kernbereichslehre	43–49
e) Ausscheiden	50/51
3. Übertragung der Beteiligung	52–56
a) Komplementärstellung	52
b) Beteiligung als Kommanditaktionär	53–56
VII. Aufsichtsrat	57–59
VIII. Hauptversammlung	60–77
1. Anwendung der aktienrechtlichen Vorschriften	60–63
2. Zuständigkeiten	64/65
3. Zustimmung der persönlich haftenden Gesellschafter	66/67
4. Form der Zustimmungserklärung	68/69
5. Beurkundung der Zustimmungserklärung	70–77
IX. Satzungsänderung	78–82
1. Dispositive Satzungsbestimmungen	78/79
2. Verfahren	80–82
X. Kapitalmaßnahmen	83–90
1. Vermögenseinlage der Komplementäre	84/85
2. Grundkapital	86/87
3. Umwandlung von Komplementäranteilen in Aktien	88/89
4. Umwandlung von Aktien in Komplementäranteile	90
XI. Handelsregisteranmeldungen	91–93
XII. Auflösung	94–97

Schrifttum: *Armbrüster/Preuß/Renner,* BeurkG/DONot, 5. Aufl. 2009; *Arnold,* Die GmbH & Co. KGaA, 2001; *Bürgers/Körber,* AktG, 2008; Festschrift für Walter Sigle, 2000; *Gadow/Heinichen,* GroßKomm-AktG, 4. Aufl. 1992 ff.; *Geßler,* Aktiengesetz, 52. EL, Stand: November 2006; *Graf,* Die Kapitalgesellschaft & Co. KG auf Aktien, 1993; *Haegele,* Beurkundungsgesetz, 1969; *Heidel,* AnwaltKommentar Aktienrecht, 2003; *Jansen,* Beurkundungsgesetz, 1971; Kölner Kommentar zum Aktiengesetz, 3. Aufl. 2004 ff.; Münchener Handbuch des Gesellschaftsrechts 3. Aufl. 2007; *Obermüller/Werner/Winden/Butzke,* Die Hauptversammlung der Aktiengesellschaft, 4. Aufl. 2001; *Schaumburg/Schulte,* Die KGaA, 2000; *Schlitt,* Die Satzung der Kommanditgesellschaft auf Aktien, 1999; *Schütz/Bürger/Riotte,* Die KG auf Aktien, 2004.

I. Rechtsnatur

Die **KGaA** ist in den **§§ 278 ff. AktG** geregelt. Sie ist wie die AG eine **juristische Person.** Das Gesetz enthält für sie nur wenige Sondervorschriften. Im Übrigen gelten nach § 278 Abs. 2 und Abs. 3 AktG sowohl die Vorschriften des HGB über die KG als auch die Vorschriften des AktG über die AG. Insofern ist die KGaA eine **Mischform aus KG und AG.** Mit der AG hat die KGaA die Zerlegung eines Teils des Kapitals in Aktien und die Börsenfähigkeit gemeinsam. Eine Parallele zur KG besteht bei der KGaA dadurch, dass **mindestens ein persönlich haftender Gesellschafter** vorhanden sein muss. Wie bei der KG gibt es zwei Gesellschaftergruppen: **die persönlich haftenden Gesellschafter** und die **Kommanditaktionäre.** 1

Dies führt zu insgesamt fünf verschiedenen Rechtsbeziehungen, für die entweder die Vorschriften des HGB über die KG oder des AktG für die AG gelten: 2

- für das **Verhältnis der Komplementäre** untereinander gelten die **Vorschriften über die KG** (§ 278 Abs. 2 AktG),
- für das **Verhältnis der Kommanditaktionäre untereinander** gilt **Aktienrecht** (§ 278 Abs. 3 AktG),
- für das **Verhältnis** zwischen den **persönlich haftenden Gesellschaftern** und der **Gesamtheit der Kommanditaktionäre** gelten die **Vorschriften über die KG** (§ 278 Abs. 2 AktG),
- für das Verhältnis zwischen den **persönlich haftenden Gesellschaftern und Dritten** gelten die **Vorschriften über die KG** (§ 278 Abs. 2 AktG),
- für das Verhältnis der **KGaA als solcher zu Dritten** gelten aufgrund ihrer Eigenschaft als juristische Person die Vorschriften des **Aktienrechts.**

Hierbei besteht eine gewisse **Normenhierarchie.** Soweit nicht durch ausdrückliche Verweisung die Vorschriften des HGB Anwendung finden, gelten die Vorschriften des AktG. Innerhalb des AktG gilt wiederum das Spezialitätsprinzip, d. h. die Sonderbestimmungen über die KGaA gehen den allgemeinen aktienrechtlichen Bestimmungen vor (§ 278 Abs. 3 AktG).[1]

II. Gestaltungsfreiheit

Soweit für die KGaA nach § 278 Abs. 2 AktG die Vorschriften des HGB über die KG Anwendung finden, gilt nicht der **Grundsatz der Satzungsstrenge** des AktG nach § 23 Abs. 5 AktG. Im Gegensatz zur AG besteht damit eine **wesentlich größere Gestaltungsfreiheit** für die Rechtsbeziehungen der Komplementäre zu den Kommanditaktionären und der Komplementäre untereinander, so namentlich für die **Ausgestaltung der Geschäftsführung** und für die **Mitwirkungsrechte** der Kommanditaktionäre bei Geschäftsführungsmaßnahmen.[2] Begrenzt wird hier die Gestaltungsfreiheit nach den allgemeinen Grundsätzen im Personengesellschaftsrecht, namentlich durch den Grundsatz der Selbstorganschaft, das Abspaltungsverbot, den Bestimmheitsgrundsatz und die Kernbereichslehre. Schließlich wird die Gestaltungsfreiheit dort begrenzt, wo in der KGaA Aktienrecht gilt. Dies ist im Rahmen des § 278 Abs. 3 AktG der Fall.[3] 3

Hiernach kann die Satzung z. B. einzelne Komplementäre von der Geschäftsführung ausschließen oder der Gesamtheit der Kommanditaktionäre Geschäftsführungsbefugnisse, etwa durch Zustimmungsvorbehalte für die Hauptversammlung, einräumen. Unzulässig ist es dagegen, Dritte mit der Geschäftsführung zu betrauen (Verstoß gegen das Prinzip der Selbstorganschaft). Statthaft wiederum ist eine Satzungsklausel, die die Aufnahme oder das Ausscheiden eines Komplementärs außerhalb der Satzung regelt. Bei Geschäftsführungs- und vertretungsregeln ist § 283 AktG zu beachten. § 283 AktG enthält zwingendes Recht. Außerhalb davon geht im Bereich Geschäftsführung und Vertretung die Satzung vor.[4] 4

[1] MünchHdbGesR IV/*Herfs* § 74 Rdnr. 9; Geßler/Hefermehl/*Semler* Vor § 278 Rdnr. 278.
[2] *Hüffer* § 178 Rdnr. 18 f.
[3] MünchHdbGesR IV/*Herfs* § 75 Rdnr. 10; Bürgers/Körber/*Förl/Fett* § 278 Rdnr. 11.
[4] *Hüffer* § 278 Rdnr. 19.

III. Erscheinungsformen

5 Die KGaA ist nach dem gesetzlichen Leitbild gekennzeichnet durch das Vorhandensein einer natürlichen Person als Komplementär, die den Gläubigern der Gesellschaft gegenüber unbeschränkt haftet. Daneben gibt es die am Grundkapital der Gesellschaft beteiligten Kommanditaktionäre. In der Praxis haben sich von diesem gesetzlichen Leitbild ausgehend zwei Varianten durchgesetzt, nämlich die sog. **„personalistische Gesellschaft"** bzw. die **„Unternehmer-Komplementär-KGaA"**.

6 Hierbei liegt der Schwerpunkt der Geschäftsführungsbefugnisse bei den Komplementären. Die Komplementärbeteiligung wird als **echte unternehmerische Beteiligung** gehalten. Der persönlich haftende Gesellschafter fungiert als Unternehmer, bringt sein Vermögen als **Komplementäreinlage** ein und übernimmt die persönliche Haftung. Möglich ist in dieser Variante aber auch, dass die Stellung des persönlich haftenden Gesellschafters ähnlich der eines Vorstandsmitglieds einer AG ausgestaltet ist. Die regelmäßig nur auf eine bestimmte Zeit berufenen persönlich haftenden Gesellschafter sind am Kapital der Gesellschaft nicht beteiligt und nehmen mit Ausnahme der **tantiemenabhängigen Vergütung** nicht am Gewinn der Gesellschaft teil. Ihre Stellung als Gesellschaft wird im Übrigen kündbar ausgestaltet, sie erhalten eine **gewinnunabhängige Tätigkeitsvergütung** sowie eine **Altersversorgung,** so dass im Ergebnis ihre Stellung der eines Vorstands einer AG weitgehend angenähert ist.

Daneben gibt es bei der KGaA die Variante der **„hauptversammlungsorientierten" bzw. der kapitalistischen KGaA.** Dies ist dadurch gekennzeichnet, dass die Kommanditaktionäre entscheidende Mitspracherechte bei der Geschäftsführung haben.

IV. Gründung/Kapital/Einlagen[5]

1. Gründung

7 Nach § 280 Abs. 1 AktG muss die **Feststellung der Satzung** bei der Gründung erfolgen. Zulässig ist auch eine **Ein-Mann-Gründung** wie bei der AG.[6] Der Komplementär kann schon bei der Gründung alle Aktien übernehmen. An der Gründung müssen sich alle Komplementäre beteiligen, sowie diejenigen, die als Kommanditaktionäre Aktien übernehmen. **Personenverschiedenheit** ist **nicht erforderlich.**

8 Die Gründung der KGaA kann als **Bar- oder Sachgründung** erfolgen. Die an der Gründung beteiligten Personen müssen sämtliche Aktien übernehmen (§ 280 Abs. 2 Satz 2 AktG). Die Kommanditaktionäre bestellen den ersten Aufsichtsrat als auch den Abschlussprüfer. Komplementäre dürfen bei dieser Bestellung wegen des Stimmverbots des § 285 Abs. 1 S. 2 AktG auch dann nicht mitwirken, wenn sie Aktien gezeichnet haben. Im Übrigen gelten für die Gründung der KGaA die **allgemeinen Vorschriften der §§ 23–53 AktG.**

9 Sämtliche Gründer – einschließlich der persönlich haftenden Gesellschafter – haben einen Gründungsbericht nach § 32 AktG abzugeben. Nach § 33 Abs. 1 AktG ist eine **Gründungsprüfung** vorzunehmen. Die Gründungsprüfung erfasst nicht die Einlagen der persönlich haftenden Gesellschafter.[7] Beteiligt an der Gründungsprüfung sind nicht nur die Mitglieder des Aufsichtrats, sondern gem. § 283 Nr. 2 AktG auch die persönlich haftenden Gesellschafter. Da die persönlich haftenden Gesellschafter zwingend auch Mitgründer sind, hat stets eine **Gründungsprüfung durch unabhängige Prüfer** nach § 33 Abs. 2 AktG stattzufinden.[8] Eine Gründungsprüfung ist in den Fällen des § 33 Abs. 2 Nr. 1 und 2 AktG auch durch den Notar möglich (§ 33 Abs. 3 AktG).

---

[5] Ein vollständiges Satzungsmuster findet sich z. B. bei *Schlitt* Münchener Vertragshandbuch, Bd. 1 V. 148; *Schütz/Bürgers/Riotte* § 13; *Lorz/Pfisterer/Gerber* Beck'sches Formularbuch Aktienrecht, W. II. und W. VII.

[6] *Hüffer* §§ 280 Rdnr. 2; MünchHdbGesR IV/*Herfs* § 76 Rdnr. 1 f.; § 280 Abs. 1 AktG wurde durch das UMAG (BGBl. 2005 I, S. 2802) geändert. Früher waren für die Gründung mindestens fünf Personen erforderlich.

[7] MünchHdbGesR IV/*Herfs* § 76 Rdnr. 3.

[8] *Hüffer* § 283 Rdnr. 2; GroßKommAktG/*Assmann/Sethe* § 280 Rdnr. 20.

Die Satzung muss von den Gründern festgestellt und **notariell beurkundet** werden (§ 280 Abs. 1 AktG). Die Satzung hat die Angabe nach § 23 Abs. 2 und 3 AktG zu enthalten. Weiter müssen nach § 281 Abs. 1 AktG Namen, Vornamen und Wohnort jedes persönlich haftenden Gesellschafters aufgeführt sowie nach § 281 Abs. 2 AktG die Einlagen der persönlich haftenden Gesellschafter, sofern sie solche erbringen, nach Art und Höhe in der Satzung festgesetzt werden. Dies gilt jedoch nicht für die Einlagen auf das Grundkapital gegen Übernahme von Aktien durch einen persönlich haftenden Gesellschafter. 10

Die **Firma** der KGaA muss gemäß § 279 Abs. 1 AktG die Bezeichnung „Kommanditgesellschaft auf Aktien" oder „KGaA" enthalten. Soweit eine **juristische Person als persönlich haftende Gesellschafterin** auftritt, was zulässig ist,[9] muss die Firma nach § 279 Abs. 2 AktG eine Bezeichnung enthalten, die die beschränkte Haftung des persönlich haftenden Gesellschafter kennzeichnet, wie etwa „Firma GmbH & Co. KGaA".[10] 11

2. Aktien und Einlagen

Für das in Aktien zerlegte Grundkapital gelten die §§ 6 ff. AktG. Das Grundkapital beträgt mindestens € 50.000,00. Es können alle Arten von Aktien ausgegeben werden. Insbes. können die Aktien auch von den persönlichen haftenden Gesellschaftern übernommen werden. Zur Vermeidung von Interessenkollisionen ist ihr **Stimmrecht** in den von § 285 Abs. 1 Satz 2 AktG aufgeführten Fällen **ausgeschlossen**. Zur Eintragung angemeldet werden kann die KGaA erst nach Erbringung der Mindesteinlagen gem. § 36 a AktG. 12

Neben einer Beteiligung durch die Übernahme von Aktien können sich die persönlich haftenden Gesellschafter auch mittels **Vermögenseinlagen** am Kapital der Gesellschaft beteiligen. Diese Vermögenseinlagen werden nicht auf das Grundkapital geleistet (§ 281 Abs. 2 AktG). Die Leistung der Vermögenseinlage ist dabei Teil des Rechtsverhältnisses der persönlich haftenden Gesellschafter untereinander sowie ihres Verhältnisses gegenüber der Gesamtheit der Kommanditaktionäre. Die Leistung der Vermögenseinlage bestimmt sich deshalb nach dem Recht der KG. Es gelten die §§ 161 Abs. 2, 105 Abs. 2 HGB i. V. m. §§ 705 f. BGB. Eine Eintragung im Handelsregister erfolgt jedoch nicht. 13

Die Verpflichtung zur Leistung wird durch die **Satzung** begründet. Die Satzung muss gem. § 281 Abs. 2 AktG festsetzen, welche persönlich haftenden Gesellschafter eine Vermögenseinlage zu erbringen haben, woraus diese besteht und wie hoch sie sein soll. Ohne satzungsmäßige Festsetzung ist eine Vermögenseinlage unzulässig und ohne Rechtsgrund geleistet. Kein persönlich haftender Gesellschafter ist berechtigt, durch einseitige Erhöhung seiner Einlage eine Stärkung seiner Rechte in der Gesellschaft herbeizuführen oder die Vermögenseinlage zurückzunehmen.[11] 14

Die Satzung kann es aber dem Komplementär gestatten, **ohne Satzungsänderung** seine **Vermögenseinlage einseitig zu erhöhen oder zu reduzieren**. Dabei gelten die Grundsätze der **Kernbereichslehre:** Eine einseitige Erhöhung der Vermögenseinlage in der Satzung darf jedenfalls in einer Publikums-KGaA nur gestattet werden, wenn dafür ein bestimmter Rahmen vorgegeben wird, der Umfang und Ausübungszeitraum begrenzt. Andernfalls droht eine Verwässerung der Beteiligung der Kommanditaktionäre durch dieses „genehmigte Komplementärkapital." Wo allerdings die Grenzen sind, ist unklar. Teilweise wird eine Grenze bei 100% der Vermögenseinlage gesehen,[12] teilweise bei 50% des Grundkapitals.[13] Vertreten wird hierzu, den Kommanditaktionären entweder ein Anfechtungsrecht analog § 255 AktG[14] oder das Recht, eine verhältniswahrende Kapitalerhöhung ohne Zustimmung 15

---

[9] BGHZ 134, 392 = NJW 1997, 1923 = DNotZ 1997, 979.

[10] BGH ZIP 1997, 1027, 1030; *Priester* ZHR 160 (1996), 251, 259; KölnerKommAktG/*Mertens/Cahn* § 279 Rdnr. 6 ff.; MünchHdbGesR IV/*Herfs* § 75 Rdnr. 9; *Hüffer* § 279 Rdnr. 2 f.; siehe dazu auch *Arnold* und Graf.

[11] KölnKommAktG/*Mertens/Cahn* § 281 Rdnr. 12.

[12] KölnKommAktG/*Mertens/Cahn* § 281 Rdnr. 17.

[13] *Hoffmann-Becking/Herfs*, FS Sigle, 273, 294.

[14] *Hoffmann-Becking/Herfs*, FS Sigle, 273, 295; MünchHdbGesR IV/*Herfs* § 79 Rdnr. 6.

des Komplementärs durchzuführen, zuzubilligen.[15] Andere lassen einen Schadensersatzanspruch wegen Treuepflichtverletzung genügen.[16]

16 Die **Fälligkeit** der Vermögenseinlage richtet sich nach den Festsetzungen in der Satzung. § 36 Abs. 2 AktG findet keine Anwendung. Auch sonst gelten für diese Vermögenseinlagen nicht die Grundsätze der Kapitalaufbringung und Kapitalerhaltung. Es erfolgt keine Einlagenprüfung.[17] Eine Erhöhung der Einlagen kann nur im Weg der Satzungsänderung vereinbart werden. Auch die Rückgewähr einer Vermögenseinlage richtet sich nach den Festsetzungen der Satzung. Sieht die Satzung keine Rückzahlung oder Rückübertragung vor, ist der Komplementär nicht zu einer entsprechenden Entnahme während der Dauer seines Gesellschaftsverhältnisses berechtigt. Die Entnahme ist i. Ü. nur zulässig, wenn sie zwischen ihm und den übrigen Gesellschaftern durch Satzungsänderung vereinbart wird. Die Vermögenseinlagen der persönlich haftenden Gesellschafter werden nicht im Handelsregister eingetragen.[18]

17 Von praktischer Bedeutung ist die Möglichkeit der **Umwandlung der Vermögenseinlagen** der Komplementäre **in Aktien.** Dies stellt eine **Herabsetzung oder Auflösung des Kapitalanteils** dar. Gleichzeitig wird damit das **Grundkapital gegen Sacheinlage** unter Ausschluss des Bezugsrechts der übrigen Kommanditaktionäre **erhöht.** Die **Satzung** kann ein solches **Umtauschrecht für die Komplementäre** vorsehen. Dann können die Komplementäre von den Kommanditaktionären verlangen, dass sie eine entsprechende **Sachkapitalerhöhung** mit Bezugsrechtsausschluss beschließen. Um die Durchsetzbarkeit dieser Verpflichtung sicherzustellen, kann die Satzung weitere Sanktionen vorsehen, etwa ein **Kündigungsrecht mit Barabfindung** für den Fall, dass die Kommanditaktionäre dem Verlangen nicht nachkommen.[19] Um ein solches Umtauschrecht auch tatsächlich bei Geltendmachung erfüllen zu können, eignet sich am besten die Schaffung eines **bedingten Kapitals** nach § 192 AktG. Dort gibt es kein Bezugsrecht der Aktionäre.[20]

18 Dem Komplementär kann schließlich in der Satzung auch das Recht eingeräumt werden, seine Vermögenseinlage in dem gleichen Umfang und zu den gleichen Bedingungen zu erhöhen, in dem das Grundkapital erhöht wird. Auch dieses Recht dient dazu, dass die Beteiligungsquote der Komplementäre nicht verwässert wird. Dieses Recht ist zeitlich zu befristen (sechs Monate), da andernfalls der Komplementär nicht die gleichen Risiken trägt wie ein Kommanditaktionär, ob er sich an der Kapitalmaßnahme beteiligt oder nicht.

V. Satzung

19 Der notwendige Inhalt der Satzung einer KGaA ergibt sich zunächst aus § 23 Abs. 3 und Abs. 4 AktG i. V. m. § 278 Abs. 3 AktG. Die Satzung muss danach wie jede AG Angaben zu Firma, Sitz, Unternehmensgegenstand, Höhe des Grundkapitals, Zerlegung des Grundkapitals, Art der Aktien und Bekanntmachung der Gesellschaft enthalten.

20 Ergänzt wird dieser Mindestinhalt durch § 281 AktG. Danach sind **zusätzliche Angaben** zur **Identität des persönlich haftenden Gesellschafters** zu machen. Leistet der persönlich haftende Gesellschafter eine Vermögenseinlage, muss die Satzung Angaben über **Art und Höhe der Vermögenseinlage** enthalten.

21 Ändert sich die Person des Komplementärs, ist prinzipiell eine Satzungsänderung erforderlich. Das Ausscheiden eines Komplementärs vollzieht sich jedoch außerhalb der Satzung. Ebenso kann durch entsprechende Satzungsgestaltung die Aufnahme eines neuen Komplementärs außerhalb der Satzung erfolgen. Ebenso stellen Änderungen der Vermögenseinlage eine Satzungsänderung dar. Es gilt § 179 AktG. Auch hier kann durch Satzungsgestaltung aber der entsprechende Hauptversammlungsbeschluss bereits vorweggenommen werden.

[15] *Hoffmann-Becking/Herfs*, FS Sigle, 273, 295.
[16] GroßKommAktG/*Assmann/Sethe* § 281 Rdnr. 28.
[17] MünchHdbGesR IV/*Herfs* § 76 Rdnr. 24.
[18] KölnKommAktG/*Mertens/Cahn* § 281 Rdnr. 17.
[19] MünchHdbGesR IV/*Herfs* § 78 Rdnr. 12.
[20] MünchHdbGesR IV/*Herfs* § 79 Rdnr. 11 ff., insbes. 13 a.

VI. Rechtsverhältnisse der Komplementäre und Kommanditaktionäre

1. Komplementäre

a) **Begründung.** Die Komplementärstellung wird entweder im Stadium der Gründung oder später im Wege einer Satzungsänderung übernommen. Nach § 281 Abs. 1 AktG sind die Angaben über die Identität der persönlich haftenden Gesellschafter zwingender Satzungsbestandteil. Sämtliche Komplementäre, auch die nicht vertretungsberechtigten und nicht geschäftsführungsbefugten Komplementäre, müssen dieser Satzungsänderung zustimmen.[21] Die Aufnahme neuer Komplementäre kann in der Satzung abweichend geregelt werden. Insbes. kann die Aufnahme erschwert, aber auch erleichtert werden. Möglich ist es auch, die Entscheidung über die Aufnahme neuer persönlich haftender Gesellschafter anderen Organen zu übertragen.[22] 22

b) **Voraussetzungen.** Komplementär einer KGaA kann sowohl jede natürliche Person als auch eine Personengesellschaft sein. Seit der **Grundsatzentscheidung des BGH**[23] kann auch eine **juristische Person** Komplementär sein.[24] 23

c) **Rechtsstellung, anwendbares Recht.** Die Rechtsstellung der Komplementäre richtet sich gem. § 278 Abs. 2 AktG vornehmlich nach den für persönlich haftende Gesellschafter in der KG geltenden Vorschriften des **HGB.** Darüber hinaus gelten in der KGaA gem. **§ 283 AktG** in vielen Bereichen für ihn dieselben Vorschriften wie für einen Vorstand in einer AG. In der **Hauptversammlung** der Kommanditaktionäre hat er imGRunde auch ein eigenes Teilnahmerecht, das ihm die Kommanditaktionäre aber per Beschluss auch entziehen können. Dies ist jedoch nicht möglich, wenn er selbst Aktien besitzt.. Dann steht ihm in der Hauptversammlung auch ein Stimmrecht zu (§ 285 Abs. 1 S. 1 AktG). 24

d) **Geschäftsführung, Vertretung.** Die persönlich haftenden Gesellschafter sind aufgrund ihrer Gesellschafterstellung „geborene Leitungsorgane". Nach § 278 Abs. 2 AktG i. V. m. §§ 161 Abs. 2, 114 HGB besteht jedoch die Möglichkeit, sie von der Geschäftsführung auszuschließen. Ein von der **Geschäftsführung ausgeschlossener Komplementär** hat dann die Kontrollrechte des § 118 HGB. Ein Ausschluss aller persönlich haftender Gesellschafter ist unzulässig und verstößt gegen den Grundsatz der Selbstorganschaft. 25

Nach § 278 Abs. 2 AktG i. V. m. §§ 161 Abs. 2, 125 Abs. 1 HGB ist jeder persönlich haftende Gesellschafter berechtigt, die Gesellschaft allein zu vertreten. Auch die Vertretungsberechtigung kann durch Satzung ausgeschlossen werden. Die Geschäftsführungsbefugnis als auch die Vertretungsbefugnis steht dabei grds. jedem Komplementär allein zu. Dies gilt auch, wenn die Gesellschaft mehrere Komplementäre hat. Es gilt also anders als im Aktienrecht nicht der Grundsatz der Gesamtgeschäftsführungs- bzw. Gesamtvertretungsbefugnis.[25] Geht es um eine Vertretung der KGaA ggb. ihren Komplementären, gilt § 112 AktG. Die Gesellschaft wird stets durch ihren Aufsichtsrat vertreten. Die gilt auch bei einer Vertretung gegenüber bereits aus der Gesellschaft ausgeschiedenen Komplementären.[26] 26

e) **Haftung.** Im Hinblick auf die **Haftung** der Komplementäre gelten die §§ 161 Abs. 2, 125 ff. HGB.[27] Die Komplementäre haften neben der Gesellschaft als Gesamtschuldner. Im Innenverhältnis zur KGaA hat der Komplementär einen Ausgleichsanspruch nach § 110 HGB. Nur gegenüber den anderen Komplementären gilt § 426 BGB. Die Haftung endet gem. § 160 HGB erst fünf Jahre nach dem Ausscheiden aus der Gesellschaft. Ein Komplementär kann sich nach §§ 278 Abs. 2 AktG, 161 Abs. 2, 128 S. 2, 130 Abs. 2 HGB qua Vertrag im Innenverhaltnis von der Gesellschaft von der Haftung freistellen lassen. Auch ge- 27

---

[21] KölnKommAktG/*Mertens/Cahn* § 278 Rdnr. 20; MünchKommAktG/*Semler/Perlitt* § 278 Rdnr. 66.
[22] KölnKommAktG/*Mertens/Cahn* § 278 Rdnr. 22 ff.
[23] BGHZ 134, 392 = DNotZ 1997, 979; s. dazu *Hennerkes/Lorz* DB 1997, 1388 f.; *Habel* BB 1997, 1375 f.; *Haase* GmbHR 1997, 917; *Mayer* MittBayNot 1997, 329; *Goette* DStR 1997, 1014.
[24] *Hüffer* § 278 Rdnr. 8 ff.
[25] MünchHdbGesR IV/*Herfs* § 77 Rdnr. 15 ff.
[26] BGH BeckRS 2005, 01899.
[27] MünchHdbGesR IV/*Herfs* § 77 Rdnr. 19 ff.

genüber anderen Komplementären kann eine solche Freistellung wirksam vereinbart bzw. in der Satzung angeordnet werden. Satzungsmäßig ist eine solche Freistellung aber gegenüber den Kommanditaktionären unzulässig, da dies zu einer zusätzlichen über die Einlage hinausgehenden Verpflichtung der Aktionäre führen würde. Schuldrechtliche Abreden sind freilich zulässig. Auch Dritten gegenüber ist diese Haftungsfreistellung unwirksam.[28]

28 f) **Wettbewerbsverbot, Treuepflicht.** Komplementäre unterliegen nach § 284 AktG einem Wettbewerbsverbot. Ist eine GmbH persönlich haftender Gesellschafter, gilt das Wettbewerbsverbot für den Geschäftsführer der GmbH sowie deren Gesellschafter, wenn diese einen maßgeblichen Einfluss auf die GmbH haben. Für Komplementäre, die von der Geschäftsführung und Vertretung ausgeschlossen sind, gibt es kein Wettbwerbsverbot. Für sie gilt lediglich die allgemeine gesellschaftliche Treuepflicht. Vom Wettbewerbsverbot kann nach § 284 Abs. 1 AktG grundsätzlich nur im Einzelfall bzw. nur für bestimmte Arten von Geschäften Befreiung erteilt werden. Nach überwiegender Ansicht ist wegen § 278 Abs. 2 AktG i. V. m. § 112 HGB qua Satzung eine darüber hinaus gehende Befreiung möglich.[29] Andere verneinen dies mit dem Argument, § 284 AktG enthalte hierzu eine abschließende Regelung.[30]

29 g) **Tätigkeitsvereinbarung und -vergütung.** Häufig werden die Details der Geschäftsführung, Vergütung und Haftung in einer Tätigkeitsvereinbarung geregelt. Da es sich namentlich bei der Vergütung um einen Sondervorteil i. S. d. § 26 AktG handelt, ist für die Zulässigkeit einer Vergütung eine Grundlage in der Satzung erforderlich. Die KGaA wird bei dieser Vereinbarung mit den Komplementären durch ihren Aufsichtsrat vertreten.

30 h) **Ausscheiden, Ausschluss.** *aa) Ausscheiden.* Das Ausscheiden eines Komplementärs richtet sich grundsätzlich nach § 289 Abs. 1 AktG i. V. m. § 131 Abs. 3 HGB. § 289 Abs. 5 AktG modifiziert diese Regelungen. Danach können Komplementäre mangels einschlägiger Satzungsregelung nur mittels **Ausschließung** ausscheiden. Erforderlich ist nach § 140 HGB eine Klage der übrigen Komplementäre und der durch den Aufsichtsrat vertretenen Kommanditaktionäre (§ 287 Abs. 1 AktG), die ihren Willen durch Beschluss der Hauptversammlung gebildet haben müssen. § 289 Abs. 5 AktG beruht jedoch noch auf § 131 HGB a. F. in der Fassung vor dem Handelsrechtsreformgesetz. Entgegen dem missverständlichen Wortlaut ist § 289 Abs. 5 AktG nunmehr so zu verstehen, dass ein Komplementär außer aus den gesetzlichen Gründen nur aufgrund einer Satzungsregelung ausscheiden kann. Der Komplementär scheidet im Übrigen nach § 131 Abs. 3 HGB stets dann aus, wenn einer der dort genannten Gründe gegeben ist.

31 Nach § 131 Abs. 3 HGB scheidet ein Komplementär aus im Falle seines Todes, mit Eröffnung des **Insolvenzverfahrens** über sein Vermögen, im Falle der **Kündigung** durch den Komplementär (§ 132 HGB) oder durch einen Privatgläubiger (§ 135 HGB), sowie im Fall des Ausschlusses durch Gesellschafterbeschluss. Nach dem Ausscheiden wird die Gesellschaft von den anderen Komplementären und Kommanditaktionären fortgeführt. Scheidet der einzige Komplementär aus, wird die Gesellschaft grundsätzlich aufgelöst, da sie ohne Komplementär handlungsunfähig ist. Hatte der verstorbene Komplementär eine Vermögenseinlage erbracht, wächst sie den anderen Komplementären an. Der ausgeschiedene Komplementär bzw. seine Erben haben Anspruch auf Abfindung (§ 738 Abs. 1 S. 2 BGB).

32 Die **Satzung** kann die Folgen des Ausscheidens, aber auch weitere Gründe für ein Ausscheiden abweichend vom Gesetz festlegen. Insbesondere im Falle des Todes kann die Satzung eine **einfache oder qualifizierte Nachfolgeklausel** enthalten.[31] Analog zum Personengesellschaftsrecht kann eine ungeteilte Erbengemeinschaft nicht Nachfolger werden. Es erfolgt eine Sondererbfolge. Wird die Gesellschaft mit den Erben fortgesetzt, wird jeder einzelne von ihnen persönlich haftender Gesellschafter. Die Erben haben jedoch innerhalb einer Dreimonatsfrist (§ 139 Abs. 3 HGB) grundsätzlich die **Wahlmöglichkeit des § 139 HGB.**

[28] MünchHdbGesR IV/*Herfs* § 77 Rdnr. 23.
[29] GroßKommAktG/*Assmann/Sethe* § 284 Rdnr. 25; MünchKommAktG/*Semler/Perlitt* § 284 Rdnr. 26 ff.; KölnerKommAktG/*Mertens/Cahn* § 284 Rdnr. 20.
[30] MünchHdbGesR IV/*Herfs* § 77 Rdnr. 25.
[31] BGHZ 68, 225, 237 ff. = NJW 1977, 1339, zur qualifizierten Nachfolgeklausel.

Die Stellung eines Kommanditisten kann den Erben jedoch nicht eingeräumt werden.[32] Einen Kommanditisten gibt es bei der KGaA nicht. Im Übrigen kommt es darauf an, ob der verstorbene Komplementär mit einem Kapitalanteil beteiligt war oder nicht. Besteht ein solcher Kapitalanteil, hat der Erbe die Wahl, entweder persönlich haftender Gesellschafter zu werden oder die Umwandlung der Kapitalbeteiligung in Kommanditaktien zu verlangen. Daneben hat der Erbe immer auch das Recht, nach § 139 Abs. 2 HGB aus der Gesellschaft auszuscheiden und Abfindung zu verlangen. Die Umwandlung der Kapitalbeteiligung in Kommanditaktien stellt eine Sachkapitalerhöhung dar und setzt die Mitwirkung der Kommanditaktionäre (Hauptversammlungsbeschluss mit ¾-Kapitalmehrheit, § 182 AktG) und die Zustimmung der übrigen Komplementäre (§ 278 Abs. 3 AktG) voraus. Darauf besteht kein Anspruch,[33] es sei denn, die Satzung sieht ein solches Umtauschrecht des Kapitalanteils in Kommanditaktien vor.[34] Besteht keine solche Kapitalbeteiligung, hat der Erbe nur das Recht, entweder als Komplementär in der Gesellschaft zu verbleiben oder gem. § 139 Abs. 2 HGB auszuscheiden. Stattdessen kann die Satzung auch das bloße Ausscheiden des verstorbenen Komplementärs anordnen. Die KGaA wird dann mit den übrigen Gesellschaftern fortgesetzt. Es besteht lediglich ein Abfindungsanspruch.

Regelmäßiger Satzungsbestandteil sind ebenso Vorschriften zur **Kündigung.** Enthält die 33
Satzung hierzu nichts, besteht ein Recht zur **ordentlichen Kündigung** nach §§ 131 Abs. 3 Nr. 3, 132, 134 HGB, wenn die Gesellschaft auf unbestimmte Zeit geschlossen wurde. Es gelten die Fristen des § 132 HGB. Die Kündigung ist gegenüber dem Aufsichtsrat und den übrigen Komplementären zu erklären.[35] Ein Recht zur **außerordentlichen Kündigung** ist nur zulässig qua Satzungsregelung.[36] Fehlt eine solche Bestimmung, besteht nur die Möglichkeite der ordentlichen Kündigung oder der Auflösungsklage (§ 133 HGB). Das Recht zur Kündigung kann nach § 723 Abs. 3 AktG nicht ausgeschlossen oder erschwert werden. Statthaft sind aber Regelungen zu den formalen Voraussetzungen (Form, Frist) und zu den Folgen der Kündigung (Höhe und Modalitäten der Auszahlung der Abfindung). Entsprechendes gilt, wenn ein Privatgläubiger des Komplementärs nach § 135 HGB kündigt. Eine Satzungsbestimmung, die in diesem Fall eine Abfindung ausschließt, wäre nach § 138 BGB nichtig.[37]

Die **Satzung** kann weitere Gründe aufführen, die zu einem Ausscheiden führen (§§ 289 34
Abs. 5 AktG, 131 Abs. 3 Nr. 5 HGB). In Betracht kommt z. B. ein Ausscheiden aufgrund einer Vereinbarung, aufgrund des Erreichens einer Altersgrenze oder aufgrund Zeitablaufs bzw. im Falle der Übertragung der Beteiligung. Eine Befristung kommt z. B. in Betracht, wenn es darum geht, z. B. ähnlich zum Aktienrecht einen fremden Dritten in die Geschäftsleitung mit aufzunehmen. Flankierend sollte in diesem Fall zum einen vereinbart werden, dass der Komplementär keine Vermögenseinlage erbringen muss. Zum andern sollte eine Tätigkeitsvereinbarung getroffen werden, in der Einzelheiten zur Geschäftsführung, Vergütung und Haftungsfreistellung getroffen werden. Notwendig ist für eine solche Vereinbarung eine Grundlage in der Satzung.[38] Damit kann die Stellung eines Komplementärs weitgehend der eines Vorstands in der AG angeglichen werden.

Schließlich kann ein Komplementär nach § 131 Abs. 3 Nr. 6 HGB auch aufgrund eines 35
Beschlusses der Gesellschafter (Komplementäre und Hauptversammlung) ausscheiden. Eine statutarische Grundlage ist dafür nicht erforderlich. Liegt kein wichtiger Grund vor, ist stets die Zustimmung des Betroffenen notwendig. Eine bloße Hinauskündigungsklausel ist unwirksam.

bb) Ausschluss. Ein Komplementär kann nach § 140 HGB auch durch **Ausschließungs-** 36
klage ausgeschlossen werden. § 289 Abs. 5 AktG stellt dies klar. Erforderlich ist das Vorliegen eines wichtigen Grundes i. S. d. § 133 HGB. Der Klage müssen sämtliche Komplementä-

[32] *Hüffer* § 289 Rdnr. 8; a. A. Baumbach/*Hueck* § 289 Rdnr. 6.
[33] *Hüffer* § 289 Rdnr. 8; MünchKommAktG/*Semler/Perlitt* § 289 Rdnr. 64.
[34] Spindler/Stilz/*Bachmann* § 281 Rdnr. 13.
[35] Spindler/Stilz/Bachmann § 289 Rdnr. 23; MünchKommAktG/*Semler/Perlitt* § 289 Rdnr. 85 f.
[36] MünchHdbGesR IV/*Herfs* § 77 Rdnr. 36.
[37] Spindler/Stilz/*Bachmann* § 281 Rdnr. 23; GroßKommAktG/*Assmann/Sethe* § 289 Rdnr. 131 und 136.
[38] GroßKommAktG/*Assmann/Sethe* § 278 Rdnr. 75; MünchHdbGesR IV/*Herfs* § 77 Rdnr. 43 und § 78 Rdnr. 21.

re und die durch den Aufsichtsrat vertretene Gesamtheit der Kommanditaktionäre zustimmen. Hierfür wiederum ist wegen des satzungsändernden Charakters der Maßnahme nach § 179 Abs. 2 AktG ein Hauptversammlungsbeschluss mit qualifizierter Mehrheit erforderlich.[39] Die Satzung kann die anforderungen an die Auschließung verschärfen oder erleichtern oder statt der Klage auch einen Ausschließungsbeschluss der Komplementäre und/oder Kommanditaktionäre vorsehen.[40]

37 *cc) Ausscheiden des einzigen Komplementärs.* Scheidet der einzige Komplementär aus, führt dies unmittelbar zur Auflösung der KGaA, weil eine KGaA ebenso wie eine KG nicht ohne persönlich haftenden Gesellschafter bestehen bleiben kann. Ein automatischer Übergang des Geschäfts auf die Kommanditaktionäre oder eine automatische Umwandlung in eine AG findet nicht statt. Eine entsprechende Satzungsklausel wäre unzulässig. Notwendig ist ein Formwechsel nach §§ 238 ff. UmwG oder der Beitritt eines neuen Komplementärs.[41]

38 *dd) Folgen.* Der ausgeschiedene Komplementär hat Anspruch auf Abfindung nach §§ 278 Abs. 2 AktG, 161 Abs. 2, 105 Abs. 2 HGB, 738 BGB. Die Abfindung richtet sich grundsätzlich nach dem vollen Wert der Beteiligung. Die allgemeinen Grundsätze zur Beschränkung der Abfindung gelten auch hier. Allerdings nimmt der ausgeschiedene Komplementär in Ermangelung einer besonderen Satzungsregel nicht an den offenen Rücklagen der KGaA teil.[42] Ein persönlich haftender Gesellschafter ohne Kapitalanteil hat keinen Anspruch auf Abfindung. Hält der Komplementär neben seinem Kapitalanteil noch Kommanditaktien, erstreckt sich die Auseinandersetzung nur auf seinen Kapitalanteil. Liquiditätsprobleme können vermieden werden, wenn die Satzung eine Abfindung in Form von Kommanditaktien vorsieht und hierzu der Kapitalanteil im Wege der Sachkapitalerhöhung mit Bezugsrechtsausschluss in Kommanditaktien umgewandelt wird.

39 Weitere Folge ist die Forthaftung des Ausgeschiedenen für die Dauer von fünf Jahren mit seinem gesamten Privatvermögen (§§ 159, 160 HGB). Diese Haftung kann durch die Satzung nicht ausgeschlossen werden. Im Innenverhältnis verbleiben dem Ausgeschiedenen aber die Regressansprüche gegen die Gesellschaft und die übrigen Komplementäre.

ee) Registerverfahren. Das Ausscheiden eines Komplementärs ist nach § 289 Abs. 6 S. 1 AktG zur **Eintragung in das Handelsregister** anzumelden. Anmeldepflichtig sind **alle Komplementäre.** Auch der Ausgeschiedene muss mitwirken, nicht aber der Aufsichtsratsvorsitzende. Eine Mitwirkung der Erben kann unter den Voraussetzungen des § 143 Abs. 3 HGB unterbleiben.

2. Kommanditaktionäre

40 a) **Begründung.** Die Stellung als **Kommanditaktionär** wird entweder bei der Gründung durch Übernahme von Aktien bzw. durch Übertragung von Aktien von einem anderen oder durch die Übernahme von Aktien bei einer Kapitalerhöhung begründet. Auch die persönlich haftenden Gesellschafter können Aktionäre der KGaA sein.

41 b) **Rechtsstellung.** Die **Rechtsstellung der Kommanditaktionäre** bestimmt sich gemäß § 278 Abs. 3 AktG nach den Vorschriften des AktG. Die **Kommanditaktionäre haften nicht** für die Verbindlichkeiten der Gesellschaft. Daneben gibt es für die KGaA verschiedene Sondervorschriften. Anders als bei der AG beschließen demnach z. B. die Kommanditaktionäre in der **Hauptversammlung** über den Jahresabschluss (§ 286 Abs. 1 Satz 1 AktG). Im Übrigen gilt für die Rechte der Kommanditaktionäre das Recht der KG nur im Rahmen des § 278 Abs. 2 AktG, d. h. im Verhältnis zwischen den persönlich haftenden Gesellschaftern und der Gesamtheit der Kommanditaktionäre. Zu beachten ist, dass es sich bei der **„Gesamtheit der Kommanditaktionäre"** i. S. d. § 278 Abs. 2 AktG nicht um ein besonderes Verbandsverhältnis handelt, so dass die Gesamtheit der Kommanditaktionäre auch **keinen aktiv**

[39] Spindler/Stilz/*Bachmann* § 289 Rdnr. 19.
[40] MünchHdbGesR IV/*Herfs* § 77 Rdnr. 39; Spindler/Stilz/*Bachmann* § 289 Rdnr. 19.
[41] MünchHdbGesR IV/*Herfs* § 77 Rdnr. 46 f.; Spindler/Stilz/*Bachmann* § 289 Rdnr. 26; *Hüffer* § 289 Rdnr. 9.
[42] MünchHdbGesR IV/*Herfs* § 77 Rdnr. 52; Spindler/Stilz/*Bachmann* § 289 Rdnr. 29.

und passiv parteifähigen Verband darstellt.[43] Vielmehr werden die Rechte der Gesamtheit der Kommanditaktionäre durch die **„Hauptversammlung"** wahrgenommen. Dies sind sowohl die ihr durch das Aktienrecht zugewiesenen Rechte als auch die den Kommanditisten der KG zustehenden Rechte.[44] Vertreten wird die Gesamtheit der Kommanditaktionäre durch den Aufsichtsrat (§ 287 AktG).

c) **Rechte in der Hauptversammlung.** In der **Hauptversammlung** haben die Kommanditaktionäre zunächst alle Rechte, die das Gesetz einem einzelnen Aktionär zubilligt, so insbesondere das Teilnahmerecht, das Stimmrecht und das Rede- und Auskunftsrecht. Das **Auskunftsrecht** reicht allerdings **weiter** als in der AG. Da die Kommanditaktionäre in der KGaA auch über den Jahresabschluss beschließen (§ 286 AktG), gelten hier die Auskunftsverweigerungsrechte bzgl. stiller Reserven (§ 131 Abs. 3 Nr. 4 AktG) und bzgl. Der Bewertungs- und Bilanzierungsmethoden (§ 131 Abs. 3 Nr. 4 AktG) nicht. Das Auskunftsrecht erstreckt sich ebenso auf die Höhe des auf die Kapitalanteile der Komplementäre entfallenden Ergebnisses sowie auf die Gewinnanteile der persönlich haftenden Gesellschafter und deren Berechnungen.[45] In der atypischen KGaA umfasst der Auskunfstanspruch auch Angelegenheiten der Komplementärgesellschaft.[46] 42

Für **Beschlussmängel** gelten in der KGaA die §§ 241 AktG entsprechend. Ausgenommen ist wegen § 286 Abs. 1 AktG § 256 Abs. 2 AktG. An die Stelle des Vorstandes treten die geschäftsführungsbefugten Komplementäre. Klagegener ist die KGaA.

d) **Rechte bei Geschäftsführungsmaßnahmen, Kernbereichslehre.** Der **Umfang der Rechte der Kommanditaktionäre in Geschäftsführungsfragen** richtet sich danach, inwieweit die Gesellschaft von der **Gestaltungsfreiheit nach § 278 Abs. 2 AktG** Gebrauch macht. Von entscheidender Bedeutung ist hierbei **§ 164 HGB.** Danach können die von der Geschäftsführung grds. ausgeschlossenen Kommanditisten einer Handlung der persönlich haftenden Gesellschafter widersprechen, soweit diese über den gewöhnlichen Betrieb des Handelsgewerbes der Gesellschaft hinausgeht. § 164 HGB ist wegen § 163 HGB jedoch dispositiv. Dieses **Widerspruchsrecht der Kommanditisten** kann von daher im Gesellschaftsvertrag weiter eingeschränkt bzw. ganz ausgeschlossen werden.[47] Gleiches gilt deshalb auch in der KGaA, denn § 164 HGB betrifft letztlich das Verhältnis zwischen den geschäftsführenden Komplementären und der Gesamtheit der Kommanditisten (§ 278 Abs. 2 AktG).[48] 43

Schließt die Satzung der KGaA dieses Recht des § 164 HGB nicht aus, haben die Kommanditaktionäre ein Mitwirkungsrecht auch bei Geschäftsführungsmaßnahmen. Dieses Widerspruchsrecht steht aber nicht dem einzelnen Kommanditaktionär zu. Vielmehr wir dieses Recht durch die Gesamtheit der Kommanditaktionäre in der Hauptversammlung ausgeübt.[49] **Außergewöhnliche Geschäfte** können hiernach nur dann vorgenommen werden, wenn die Hauptversammlung nicht widerspricht bzw. eine **Zustimmung der Hauptversammlung** vorliegt.[50] Zu diesen **außergewöhnlichen Geschäften** zählen solche, die nach Inhalt und Umfang über den **Rahmen des laufenden Geschäftsbetriebes** hinausgehen oder durch ihre Bedeutung und die mit ihr verbundenen Risiken **Ausnahmecharakter** haben. Dazu zählen vor allem **Grundlagengeschäfte** bzw. **strukturändernde Maßnahmen** (ähnlich den Grundsätzen der **„Holzmüller-Entscheidung"** und der **„Gelatine-Entscheidung"**).[51] 44

[43] GroßKommAktG/*Assmann/Sethe* § 278 Rdnr. 93; Kessler NZG 2005, 145.

[44] GroßKommAktG/*Assmann/Sethe* § 278 Rdnr. 93; MünchKommAktG/*Semler/Perlitt* § 278 Rdnr. 83 ff.; KölnerKommAktG/*Mertens/Cahn*, § 278 Rdnr. 41 ff.

[45] Spindler/Stilz/*Bachmann* § 285 Rdnr. 10; GroßKommAktG/*Assmann/Sethe* § 286 Rdnr. 23.

[46] Spindler/Stilz/*Bachmann* § 285 Rdnr. 10; GroßKommAktG/*Assmann/Sethe* § 278 Rdnr. 83.

[47] BGHZ 20, 368; BGHZ 119, 357; *Baumbach/Hopt* § 164 Rdnr. 6; MünchKommHGB/*Grunewald* § 164 Rdnr. 21 ff., insb. Rdnr. 27, m. w. N.

[48] Ähnlich GroßKommAktG/*Assmann/Sethe* § 278 Rdnr. 6; MünchKommAktG/*Semler/Perlitt* § 278 Rdnr. 167.

[49] OLG Stuttgart NZG 2003, 778, 782; *Kessler*, NZG 2005, 145, 147 f.

[50] Geßler/Hefermehl/*Semler* § 278 Rdnr. 108; *Hüffer* § 278 Rdnr. 13; MünchHdbGesR IV/*Herfs* § 78 Rdnr. 14 ff.; *Kessler* NZG 2005, 145, 147 f.

[51] MünchHdbGesR IV/*Herfs* § 78 Rdnr. 14 ff.

45 Nach Ansicht des **OLG München** soll auch die Bestellung und Abberufung des Geschäftsführers der Komplementär-GmbH auf der Ebene der KGaA ein außergewöhnliches Geschäft darstellen, so dass ein Zustimmungsvorbehalt nach § 164 Abs. 1, 2. Halbs. HGB besteht.[52] Diese Auffassung ist jedoch abzulehnen, verkennt sie doch, dass es sich dabei ausschließlich um eine innergesellschaftliche Maßnahme in der Komplementärgesellschaft handelt, auf die die KGaA als außenstehende Dritte schon nach allgemeinen gesellschaftsrechtlichen Gründen keinen Einfluss nehmen kann.[53]

46 Soweit eine Kapitalgesellschaft oder eine GmbH & Co. KG persönlich haftender Gesellschafter bei einer KGaA ist, ist **umstritten,** ob dieses aus § 164 HGB resultierende Recht auf Zustimmung der Hauptversammlung zu außergewöhnlichen Maßnahmen im Rahmen der nach § 278 Abs. 2 AktG bestehenden **Gestaltungsfreiheit** ebenso wie bei der gesetzestypischen KGaA abbedungen werden kann oder ob insoweit Satzungsgestaltungen nur in engeren Grenzen zulässig sind, es also einen Kernbereich von Aktionärsrechten gibt, in den die Satzung der KGaA nicht eingreifen dürfe.[54] Der gänzliche Ausschluss des Widerspruchsrechts nach § 164 HGB bei einer KGaA, bei der der persönlich haftende Gesellschafter wiederum eine Kapitalgesellschaft ist, ist bedenklich. Über die starke Stellung des Komplementärs und die nach dem AktG in der KGaA gegenüber der AG eingeschränkten Befugnisse des Aufsichtsrats besteht die Gefahr einer rechtlich **unzulässigen Minderheitenherrschaft.** Der BGH hat dies in seiner Entscheidung vom 24. 2. 1997 erwogen, ohne diese Frage aber zu entscheiden.[55]

47 Nach Ansicht des **OLG Stuttgart** ist der **Ausschluss des Widerspruchsrechts der Kommanditisten bei einer Publikums-KGaA** jedenfalls dann wirksam möglich, wenn dieses Recht auf den Aufsichtsrat übertragen ist.[56] Damit werden die vom BGH erhobenen Bedenken gegen eine unzulässige Minderheitenherrschaft ausgeräumt. Auch bei der KG kann das Widerspruchsrecht nach § 164 HGB für außergewöhnliche Geschäfte ganz ausgeschlossen oder auf ein anderes Gremium übertragen werden.[57]

48 Geht es dagegen um **Grundlagenbeschlüsse,** ist nach Auffassung des **OLG Stuttgart** die Zustimmung der Hauptversammlung auch dann erforderlich, wenn das bloße Zustimmungsrecht des § 164 HGB qua Satzung auf den Aufsichtsrat übertragen ist. Eine Ausnahme besteht nach Auffassung des Gerichts jedoch im Rahmen der **Satzungsautonomie** im Bereich des § 278 Abs. 2 AktG. Dort kann die Zustimmung zu Grundlagenbeschlüssen grundsätzlich bereits durch die Satzung antizipiert werden und damit die Mitwirkung der Hauptversammlung vermieden. Eine solche antizipierte Zustimmung setzt aber eine Satzungsbestimmung voraus, die die im Falle der Vermögensübertragung auch deren Voraussetzungen eindeutig regelt.[58] Incidenter verweist das Gericht somit auf die Kernbereichslehre und den Bestimmtheitsgrundsatz. Im Ergebnis gelten damit auch hier dieselben Grundsätze wie allgemein bei der Frage der Zulässigkeit von Mehrheitsentscheidungen im Personengesellschaftsrecht. Grundlegend ist hier die **Otto-Entscheidung** des BGH.[59]

49 Der **Kernbereich der Mitgliedschaft** ist auch bei der KGaA unantastbar und unverzichtbar. Wie bei der KG ist zwischen **außergewöhnlichen Geschäften** und **Grundlagengeschäften,** die den Kernbereich der Mitgliedschaft und damit wesentliche gesellschaftsvertragliche Rechte berühren, zu unterscheiden.[60] Zu den Grundlagengeschäften zählen strukturändern-

[52] OLG München NZG 2004, 374, 375.
[53] So auch *Kessler* NZG 2005, 145, 147.
[54] Ablehnend MünchHdbGesR IV/*Herfs* § 77 Rdnr. 62.
[55] BGHZ 134, 393, 399 f.; BGHZ 153, 47 = DNotZ 2003, 364.
[56] OLG Stuttgart NZG 2003, 778, 783; zustimmend OLG München NZG 2008, 755, 756; GroßKommAktG/*Assmann/Sethe* § 285 Rdnr. 78 und § 278 Rdnr. 115; MünchKommAktG/*Semler/Perlitt* § 278 Rdnr. 368.
[57] BGHZ 132, 263 = NJW 1996, 1678.
[58] OLG Stuttgart NZG 2003, 778, 783; vgl. zur Satzungsautonomie bei Grundlagenbeschlüssen auch GroßKommAktG/*Assmann/Sethe* § 285 Rdnr. 79, Vor § 278 Rdnr. 102, § 278 Rdnr. 124; MünchKommAktG/*Semler/Perlitt* Vor § 278 Rdnr. 34; *Kessler* NZG 2005, 145, 147 f.
[59] BGHZ 170, 283 = ZIP 2007, 475 = DNotZ 2007, 629; KölnKommAktG/*Mertens/Cahn* vor § 278 Rdnr. 16; MünchKommAktG/*Semler/Perlitt* § 278 Rdnr. 355.
[60] GroßKommAktG/*Assmann/Sethe* § 285 Rdnr. 54 und 78; MünchKommAktG/*Semler/Perlitt* § 285 Rdnr. 43.

de Maßnahmen, die eine Änderung des Gesellschaftsvertrags erfordern oder aber, ohne die Notwendigkeit einer formellen Änderung, wesentliche gesellschaftsvertragliche Rechte berühren, also strukturverändernde Maßnahmen, wie sie der **Holzmüller-Entscheidung** des BGH[61] zu Grunde lagen.[62] Auch wenn das Widerspruchsrecht des § 164 HGB ausgeschlossen ist, ist hier eine Zustimmung der Hauptversammlung nach den Grundsätzen der Holzmüller-Entscheidung und der Gelatine-Entscheidung des BGH erforderlich.[63]

e) **Ausscheiden.** Für das **Ausscheiden von Kommanditaktionären** aus der Gesellschaft und Übertragung deren Beteiligung gilt Aktienrecht (§ 278 Abs. 3 AktG). Ein Aktionär scheidet im Allgemeinen durch Veräußerung seiner Aktien aus der Gesellschaft aus. In Ausnahmefällen kommt auch ein Ausscheiden durch Kaduzierung (§ 64 AktG) oder Einziehung von Aktien (§§ 237 ff. AktG) in Betracht. Dagegen scheidet ein Kommanditaktionär nicht aus Gründen aus, die bei persönlich haftenden Gesellschaftern zum Ausscheiden führen. Durch die Eröffnung des Insolvenzverfahrens über das Vermögen eines Kommanditaktionärs wird die Gesellschaft nicht aufgelöst; die Gläubiger eines Kommanditaktionärs sind nicht berechtigt, die Gesellschaft zu kündigen (§ 289 Abs. 3 AktG). Weder Tod noch Insolvenz oder Vollstreckungsmaßnahmen eines Privatgläubigers führen zu einem Erlöschen des Aktienrechts. Eigentum bzw. die Verwaltungs- und Verfügungsbefungnis über die in der Aktie verkörperten Rechte und Pflichte ändern sich. 50

Ein Recht zur **Kündigung** hat der einzelne Kommanditaktionär nicht. Str. ist, ob die Gesamtheit der Kommanditaktionäre als Gruppe kündigen kann mit der Folge, dass die gesamte Gruppe der Kommanditaktionäre aus der Gesellschaft ausscheidet.[64] Für eine Kündigung spricht der Wortlaut des § 289 Abs. 1 und Abs. 4 AktG. 51

3. Übertragung der Beteiligung

a) **Komplementärstellung.** Die Satzung kann einem persönlich haftenden Gesellschafter mit Kapitalanteil gestatten, seinen Kapitalanteil gem. §§ 398, 413 BGB an einen neu eintretenden Gesellschafter zu veräußern und aus der Gesellschaft auszuscheiden.[65] Ohne entsprechende Satzungsregel erfordert ein Gesellschafterwechsel eine Satzungsänderung. Auch mit einer solchen Satzungsregel ist noch eine Zustimmung der übrigen Komplementäre sowie die Zustimmung der Gesamtheit der Kommanditaktionäre (Hauptversammlung) erforderlich.[66] Auch dieses Erfordernis kann aber in der Satzung abbedungen oder einem anderen Organ (Aufsichtsrat) übertragen werden.[67] Auch die Vereinbarung eines enumerativ ausgestalteten Widerspruchsrechts ist zulässig. Die Geschäftsführungs- und Vertretungsbefugnis geht damit hierbei nicht automatisch auf den neuen Gesellschafter. Auch insoweit kann die Satzung anderes bestimmen.[68] Ganz allgemein ist es hier wichtig, dass die Satzung eindeutige Regelungen enthält.[69] Unablässig ist weiter eine Änderung des Wortlauts der Satzung in Form einer Fassungsänderung nach § 179 Abs. 1 S. 2 AktG. 52

b) **Beteiligung als Kommanditaktionär.** Die Kommanditaktionäre sind mit ihren Aktien an der KGaA beteiligt. Für die Übertragung von Aktien gilt Aktienrecht (§ 278 Abs. 3 AktG). Besonderheiten bestehen insoweit nicht. Die **Übertragbarkeit der Aktie** und damit auch ihre Verpfändung[70] gehört zum Wesen der AG. Soweit die Mitgliedschaft nicht in Ak- 53

---

[61] BGHZ 83, 122.
[62] GroßKommAktG/*Assmann/Sethe* § 285 Rdnr. 17, Vor § 278 Rdnr. 102, § 278 Rdnr. 123; vgl. auch MünchKommAktG/*Semler/Perlitt* § 278 Rdnr. 180.
[63] *Hüffer* § 278 Rdnr. 17a; *Spindler/Stilz/Bachmann* § 278 Rdnr. 71; MünchKommAktG/*Semler/Perlitt* § 278 Rdnr. 180; offen lassend OLG München NZG 2008, 755, 756.
[64] Bejahend: MünchHdbGesR IV/*Herfs* § 76 Rdnr. 37 ff.; verneinend *Hüffer* § 289 Rdnr. 6; Spindler/Stilz/*Bachmann* § 289 Rdnr. 14.
[65] GroßKommAktG/*Assmann/Sethe* § 289 Rdnr. 144.
[66] GroßKommAktG/*Assmann/Sethe* § 289 Rdnr. 114.
[67] GroßKommAktG/*Assmann/Sethe* § 289 Rdnr. 114; MünchKommAktG/*Semler/Perlitt* § 289 Rdnr. 241; *Schlitt* S. 142.
[68] GroßKommAktG/*Assmann/Sethe* § 289 Rdnr. 117; MünchKommAktG/*Semler/Perlitt* § 289 Rdnr. 241.
[69] MünchKommAktG/*Semler/Perlitt* § 289 Rdnr. 241.
[70] S. dazu *Stupp* DB 2006, 655, 656 ff.

tienurkunden verbrieft ist, erfolgt die Übertragung gemäß der §§ 413, 398 BGB durch **Abtretung.**[71] Formvorschriften bestehen nicht. Auch ist – anders als im GmbH-Recht[72] – keine Anmeldung ggb. der Gesellschaft erforderlich. Bei Namensaktien gilt der Erwerber ggb. der Gesellschaft aber erst dann als Aktionär, wenn er als solcher gem. § 67 Abs. 2 AktG im Aktienregister eingetragen ist. Die **Eintragung im Aktienregister** ist allerdings für die Übertragung der Mitgliedschaft **nicht konstitutiv.**[73]

54 Konstitutiv ist jedoch die Zustimmung der Gesellschaft bei **vinkulierten Namensaktien** nach § 68 Abs. 2 AktG. Nach ganz herrschender Meinung ist eine solche Zustimmung aber nicht erforderlich, wenn an der Übertragung sämtliche Aktionäre der Gesellschaft als Erwerber oder Veräußerer beteiligt sind.[74]

55 Hat die Gesellschaft **Aktienurkunden** ausgegeben, erfolgt die Übertragung grds. nach den allgemeinen Vorschriften durch Einigung und Übergabe bzw. Übergabesurrogat nach §§ 929 bis 936 BGB.[75] Das Recht aus dem Papier (Mitgliedschaft) folgt dem Recht am Papier (Eigentum). Bei Namensaktien kann die Übereignung **auch durch Indossament** erfolgen (§ 68 Abs. 1 AktG).[76] Hinzukommen muss dabei aber noch die Übereignung der Aktienurkunde nach den §§ 929 ff. BGB.[77] I. Ü. kann sowohl bei Namensaktien[78] also auch bei Inhaberaktien[79] die Mitgliedschaft ebenso im Wege der Abtretung nach den §§ 413, 398 BGB übertragen werden.[80] In diesem Fall folgt das Recht am Papier dem Recht aus dem Papier (§ 952 Abs. 2 BGB).[81] Umstritten ist i. Ü., ob bei Namensaktien die Übertragung durch Abtretung die Übergabe der Aktienurkunde voraussetzt.[82]

56 Diese Grundsätze gelten prinzipiell auch, wenn sich die **Aktien in Sonderverwahrung** oder **Girosammelverwahrung** befinden.[83] Besonderheiten bestehen hierbei allerdings bei den Besitzverhältnissen sowie dann, wenn an den sammelverwahrten Aktien nicht Alleineigentum, sondern Miteigentum besteht.[84] Wie im Aktienrecht kann die Übertragung bei Namensaktien auch vinkuliert werden. Denkbar ist z. B., die Übertragbarkeit von der Zustimmung des Komplementärs abhängig zu machen.[85]

VII. Aufsichtsrat

57 Die KGaA hat wie die AG auch einen **Aufsichtrat.** Es gelten grds. die Vorschriften des Aktienrechts; zulässig ist insb. auch, Kommanditaktionären nach §§ 278 Abs. 3, 101 Abs. 2 AktG das Recht auf **Entsendung von Aufsichtsratsmitgliedern** einzuräumen.[86] Der Auf-

---

[71] *Eder* NZG 2004, 107; *Mirow* NZG 2008, 52; *Modlich* DB 2002, 671; MünchHdbGesR IV/*Wiesner* § 14 Rdnr. 1.

[72] Vgl. § 16 GmbHG.

[73] *Mentz/Fröhling* NZG 2002, 201, 203; *Hüffer* § 67 Rdnr. 11.

[74] OLG München AG 2005, 756, 757 f. = ZIP 2005, 1070 = AG 2005, 584; *Boesebeck* NJW 1952, 1116; MünchKommAktG/*Bayer* § 68 Rdnr. 115; MünchHdbGesR IV/*Wiesner* § 14 Rdnr. 22; KölnKommAktG/*Lutter* § 68 Rdnr. 44; a. A. nur *Wilhelmi* NJW 1952, 324; *Heller/Timm* AG 2006, 257.

[75] *Eder* NZG 2004, 107, 108.

[76] *Eder* NZG 2004, 107, 108.

[77] MünchHdbGesR IV/*Wiesner* § 14 Rdnr. 7; *Modlich* DB 2002, 671, 672; *Mentz/Fröhling* NZG 2002, 201, 202; *Hüffer* § 68 Rdnr. 4.

[78] MünchHdbGesR IV/*Wiesner* § 14 Rdnr. 14; *Modlich* DB 2002, 671, 672 f.; *Mentz/Fröhling* NZG 2002, 201, 202 f.; *Hüffer* AktG, § 68 Rdnr. 3.

[79] Str.; für eine Abtretbarkeit die h. M.: MünchHdbGesR IV/*Wiesner* § 14 Rdnr. 4; *Modlich* DB 2002, 671, 672 f.; *Mentz/Fröhling* NZG 2002, 201, 202; wohl auch *Eder* NZG 2004, 107, 108; a. A. KölnerKommAktG/*Lutter* § 68 Rdnr. 15.

[80] Vgl. zur Legitimationswirkung nach § 793 AktG, DNotI-Gutachten, Fax-Pool Nr. 13 107 vom 5. 12. 2002.

[81] *Modlich* DB 2002, 671, 673; *Mentz/Fröhling* NZG 2002, 201, 202.

[82] So die Rspr.: KG AG 2003, 568; RGZ 88, 290, 292; BGH NJW 1958, 302, 303; a. A. die Lit.: *Hüffer* § 68 Rdnr. 3; *Modlich* DB 2002, 671, 672 f.; MünchHdbGesR IV/*Wiesner* § 14 Rdnr. 14.

[83] Zur Zwangsvollstreckung in sammelverwahrte Aktien: BGH WM 2004, 1747.

[84] S. zu den Besonderheiten ausführlich *Eder* NZG 2004, 107, 110 ff.; *Mentz/Fröhling* NZG 2002, 201, 204 ff.; Picot/Mentz/Seydel/*Mentz* S. 119, 142 ff.; *Modlich* DB 2002, 671, 673 ff.

[85] OLG München NZG 2009, 25.

[86] BGH ZIP 2006, 177 = DStR 2006, 241, 243.

sichtsrat ist ein **Organ der Gesellschaft,** nicht allein der Kommanditaktionäre. Von seinen Aufgaben her hat er wie in der AG die Geschäftsführung zu überwachen. Darüber hinaus hat er nach § 287 Abs. 1 AktG die **Beschlüsse der Kommanditaktionäre auszuführen** und diese in einem Rechtsstreit gegenüber den Komplementären zu vertreten. Auch sonst vertritt der Aufsichtsrat die KGaA ggb. ihren Komplementären (§ 112 AktG) und zwar auch dann, wenn diese bereits aus der Gesellschaft ausgeschieden sind.[87] Anders als bei der AG hat aber der Aufsichtsrat **keine Personalkompetenz** (§ 84 AktG), er kann **keinen Zustimmungsvorbehalt** anordnen (§ 111 AktG) und eine **Geschäfstordnung** erlassen (§ 77 Abs. 2 S. 1 AktG).[88] Ebensowenig wirkt der Aufsichtsrat an der Feststellung des Jahresabschlusses mit.[89] § 287 Abs. 1 AktG ist jedoch **dispositiv,** so dass die Satzung andere Regelungen vorsehen und dem Aufsichtsrat weitergehenden Kompetenzen zuweisen kann. In Betracht kommen z. B. Zustimmungsvorbehalte zu Geschäftsführungsmaßnahmen oder die Entscheidung über neu persönlich haftende Gesellschafter.

Was die **Ausführungskompetenz des Aufsichtsrats** anlangt, sind damit Beschlüsse der 58
Hauptversammlung gemeint, mit denen von der Gesamtheit der Kommanditaktionäre Rechte geltend gemacht werden, die nach Personengesellschaftsrecht den Kommanditisten im Verhältnis zu den Komplementären zustehen. Nicht erfasst davon sind dagegen solche Beschlüsse, die von der Hauptversammlung **aufgrund ihrer aktienrechtlichen Kompetenz** gefasst werden (z. B. der Vollzug satzungsändernder Beschlüsse). Dies ist Teil der Geschäftsführung und obliegt den Komplementären.[90]

Die **Zusammensetzung, die Wahl und die Amtsdauer des Aufsichtrats** richtet sich eben- 59
falls nach dem AktG. Gleiches gilt für die **Haftung.** Nach § 287 Abs. 3 AktG können persönlich haftende Gesellschafter nicht Aufsichtsratsmitglieder sein. Ist eine juristische Person Komplementärin in der KGaA, gilt die **Inhabilitätvorschrift** grds. auch für die Funktionsträger (Geschäftsführer) der Komplementärin. Ihre Gesellschafter sind davon jedoch prinzipiell nicht erfasst.[91] Etwas anderes gilt allenfalls für solche Gesellschafter, die **„mehr als nur unmaßgeblich"** an der Komplementärgesellschaft beteiligt sind, die dort eine organähnliche Leitungsfunktion tatsächlich ausüben oder aufgrund ihrer maßgeblichen Beteiligung bestimmenden Einfluss auf die Komplementärgesellschaft ausüben können.[92]

VIII. Hauptversammlung

1. Anwendung der aktienrechtlichen Vorschriften

Die Hauptversammlung der KG ist nicht eine Versammlung aller Gesellschafter, sondern 60
eine **Versammlung der Kommanditaktionäre.** Es gelten die Vorschriften über die Hauptversammlung der AG grds. entsprechend. **Einberufen** wird die Hauptversammlung von den (geschäftsführungs- und vertretungsbefugten) Komplementären (§ 283 Nr. 6 AktG). Die andere Einberufungszuständigkeiten nach AktG gelten ebenso.

Teilnahmeberechtigt sind neben den **Kommanditaktionären** auch die **Komplementäre,** 61
weil die Hauptversammlung nicht nur über Angelegenheiten der Kommanditaktionäre, sondern i. d. R. auch über Angelegenheiten der Gesellschaft beschließt, die der Zustimmung der Komplementäre unterliegen. Durch Beschluss können die Kommanditaktionäre aber die Komplementäre von der Teilnahme ausschließen, soweit diese nicht von Gesetz wegen zur Teilnahme verpflichtet sind. Eine solche Teilnahmepflicht ergibt sich aus §§ 283 Nr. 9, 120 Abs. 3, 176 Abs. 1 S. 1, 175 Abs. 2 AktG. Die Komplementäre haben danach den Jahresabschluss aufzustellen und der Hauptversammlung vorzulegen und auch zu erläutern.

[87] BGH BeckRS 2005, 01899.
[88] *Hüffer* § 278 Rdnr. 15.
[89] MünchKommAktG/*Semler/Perlitt* § 287 Rdnr. 43.
[90] MünchKommAktG/*Semler/Perlitt* § 287 Rdnr. 58 f.
[91] BGH, ZIP 2006, 177 = DStR 2006, 241, 243; KölnerKommAktG/*Mertens/Cahn* § 287 Rdnr. 8; GroßKommAktG/*Assmann/Sethe* § 287 Rdnr. 10.
[92] BGH ZIP 2006, 177 = DNotZ 2006, 371.

62 Für die **Ausübung des Stimmrechts** durch die Kommanditaktionäre gelten die §§ 134ff. AktG. **Stimmrechtsbeschränkungen** greifen für diejenigen Kommanditaktionäre, die gleichzeitig persönlich haftende Gesellschafter sind (§ 285 Abs. 2 AktG).

63 Für die **Form** der Beschlussfassung und die **Mehrheitserfordernisse** gelten grds. die allgemeinen **aktienrechtlichen Bestimmungen.** In den Fällen des § 285 Abs. 1 s. 2 AktG ist neben der Beschlussfassung der Hauptversammlung zusätzlich noch die Zustimmung der Komplementäre erforderlich.

2. Zuständigkeiten

64 Bei der Frage der Zuständigkeiten der Hauptversammlung der KGaA gilt sowohl Aktienrecht (§ 278 Abs. 3) als auch HGB (§ 278 Abs. 2AktG). Die Zuständigkeit der Hauptversammlung ergibt sich zunächst aus **§ 119 AktG** sowie indirekt auch aus § 285 Abs. 1 AktG. Zuständig ist die Hauptversammlung hiernach insbesondere für die Aufsichtsratswahl, die Bestellung des Abschlussprüfers und für Satzungsänderungen. Die sonstigen Zuständigkeiten nach AktG gelten bei der KGaA grundsätzlich entsprechend. Zuständig ist die Hauptversammlung darüber hinaus bei Strukturentscheidungen entsprechend der Grundsätze der **Holzmüller- und derGelatine-Entscheidung** des BGH.[93]

65 Bei **Geschäftsführungsmaßnahmen** ergibt sich die Zuständigkeit darüber hinaus aus der abdingbaren Regelung des § 164 HGB. Personengesellschaftsrecht ist ferner maßgebend für solche Zuständigkeiten in Satzungsfragen, die sich nach HGB bestimmen (§ 278 Abs. 2 AktG), so etwa die Aufnahme neuer Komplementäre, die Erbringung von Vermögenseinlagen, oder die Regelung der Geschäftsführung und Vertretung einschließlich ihres Entzugs. In den Grenzen der **Kernbereichslehre und des Bestimmtheitsgrundsatzes**[94] können weitere statutarische Zuständigkeiten begründet werden.

3. Zustimmung der persönlich haftenden Gesellschafter

66 Nach § 285 Abs. 2 Satz 1 AktG bedürfen Beschlüsse der Hauptversammlung der Zustimmung der persönlich haftenden Gesellschafter, soweit diese Angelegenheiten betreffen, für die bei der KG das Einverständnis des persönlich haftenden Gesellschafters und der Kommanditisten erforderlich ist. Zustimmungsbedürftig sind danach Beschlüsse über **Satzungsänderungen** sowie **Grundlagenbeschlüsse** wie z.B. die Zustimmung zu Unternehmensverträgen oder zu Umwandlungsvorgängen als auch außergewöhnihce Geschäftsführungsmaßnahmen (§§ 116 Abs. 2, 164 HGB). Auch der **Wechsel des Komplementärs,** den die Hauptversammlung im Wege der Satzungsänderung beschlossen hat, ist zustimmungspflichtig.[95] Da das Zustimmungsrecht personengesellschaftlicher Natur ist, kann die Satzung den Kreis zustimmungsbedürftiger Rechtsgeschäfte erweitern oder einschränken, so z.B. für die Zustimmung auch das Mehrheitserfordernis einführen oder das Zustimmungsrecht einzelnen, etwa den nicht geschäftsführenden Komplementären, nehmen.[96] Handelt es sich bei der Satzungsänderung um eine bloße **Fassungsänderung** und ist hierzu nach § 179 Abs. 1 S. 2 AktG der Aufsichtsrat in der Satzung ermächtigt, ist eine Zustimmung der Komplementäre nicht erforderlich.[97]

67 Bedarf der Beschluss der Hauptversammlung einer KGaA der Zustimmung des persönlich haftenden Gesellschafters nach § 285 Abs. 2 AktG, handelt es sich bei dieser Zustimmungserklärung nach allgemeiner Ansicht um eine **empfangsbedürftige Willenserklärung** i.S.d. § 130 BGB.[98] Die Zustimmungserklärung ist dabei grds. **gegenüber der Hauptversammlung** oder gegenüber dem **Aufsichtsrat** abzugeben. Die Satzung kann darüber hinaus einen ande-

[93] BGHZ 83, 122 = NJW 1982, 1703; BGHZ 159, 30 = DNotZ 2004, 872.

[94] BGHZ 170, 283 = ZIP 2007, 475 = DNotZ 2007, 629; KölnKommAktG/*Mertens/Cahn* Vor § 278 Rn 16; MünchKommAktG/*Semler/Perlitt* § 278 Rdnr. 355.

[95] OLG Stuttgart DB 2003, 1106.

[96] *Hüffer* § 285 Rdnr. 2.

[97] MünchKommAktG/*Semler/Perlitt* § 285 Rdnr. 67; Spindler/Stiilz/*Bachmann* § 285 Rdnr. 41.

[98] *Hüffer* § 285 Rdnr. 3; MünchHdbGesR IV/*Herfs* § 77 Rdnr. 35; MünchKommAktG/*Semler/Perlitt* § 285 Rdnr. 51.

ren Erklärungsempfänger vorsehen, insb. ein **besonderes Vertretungsorgan der Kommanditaktionäre.**[99] Für die Zustimmungserklärung selbst gelten die Vorschriften der §§ 182ff. BGB. Mithin kann die Zustimmung also bereits vor der Beschlussfassung der Hauptversammlung (**Einwilligung**) oder nachträglich (**Genehmigung**) erteilt werden. Bis zur Entscheidung der persönlich haftenden Gesellschafter ist ein zustimmungsbedürftiger Beschluss der Hauptversammlung **schwebend unwirksam,** nicht aber nichtig.[100]

4. Form der Zustimmungserklärung

Die Zustimmungserklärung des persönlich haftenden Gesellschafters in der KGaA ist gemäß § 285 Abs. 3 AktG grds. **formfrei.** Lediglich bei Beschlüssen, die in das Handelsregister einzutragen sind, ist die Zustimmung zu **beurkunden.**[101] Die Beurkundung kann **in der Niederschrift über die Hauptversammlung** selbst, aber auch in einer besonderen, der Niederschrift **als Anlage beizufügenden Urkunde** erfolgen (§ 285 Abs. 3 Satz 2 AktG). Es genügt nicht, dass die Zustimmung in einer besonderen notariellen Urkunde enthalten ist. Diese andere notarielle Urkunde muss als Anlage zur Verhandlungsniederschrift genommen werden.[102] 68

Streitig ist, ob **konkludentes Handeln** genügt. Stimmen z.B. Komplementäre, die gleichzeitig Kommanditaktionäre sind, in der Hauptversammlung für einen bestimmten Beschluss, ist **nach h.M.** in ihrer Stimmabgabe gleichzeitig auch die Zustimmung in ihrer Eigenschaft als Komplementäre zu sehen.[103] Dies gilt jedenfalls dann, wenn das Protokoll der Hauptversammlung ordnungsgemäß geführt wurde, es alle Komplementäre als erschienen aufführt und feststellt, dass der Beschluss einstimmig erfolgt ist.[104] **A.A. ist jedoch Hüffer.**[105] Soweit das Beurkundungserfordernis reicht, scheidet seiner Ansicht nach eine konkludente Zustimmung aus. **Nicht ausreichend** ist stets die Mitwirkung bei der Anmeldung eines Beschlusses zum Handelsregister, weil die Form nach § 285 Abs. 3 Satz 2 AktG nicht eingehalten ist und der Zugang fehlt.[106] 69

5. Beurkundung der Zustimmungserklärung

In der Rspr. wird – soweit ersichtlich – nirgends die Frage erörtert, welche **Anforderungen an die Niederschrift einer Hauptversammlung** zu stellen sind, wenn der persönlich haftende Gesellschafter seine (ausdrückliche oder konkludente) **Zustimmungserklärung unmittelbar in der Hauptversammlung** selbst abgeben will und dies gemäß § 285 Abs. 3 AktG in der Niederschrift vermerkt werden soll. 70

In der Lit. hat sich lediglich Volhard[107] dazu geäußert und ausgeführt, dass eine Beurkundung insgesamt nach den Vorschriften über die **Beurkundung von Willenserklärungen** §§ 8ff. BeurkG durchzuführen ist, wenn in der Hauptversammlung einer KGaA der persönlich haftende Gesellschafter sein Zustimmungserklärung nach § 285 Abs. 2 AktG abgibt. 71

Dieser Ansicht ist zuzustimmen.[108] Bei der Zustimmungserklärung handelt es sich um eine **Willenserklärung.** Für die Beurkundung von Willenserklärungen gelten jedoch allein 72

---

[99] MünchKommAktG/*Semler/Perlitt* § 285 Rdnr. 51.

[100] MünchKommAktG/*Semler/Perlitt* § 285 Rdnr. 52; KölnerKommAktG/*Mertens/Cahn* § 285 Rdnr. 48; MünchHdbGesR IV/*Herfs* § 77 Rdnr. 35; Geßler/Hefermehl/*Semler* § 285 Rdnr. 35.

[101] MünchKommAktG/*Semler/Perlitt* § 285 Rdnr. 53.

[102] KG JW 1927, 720; KölnerKommAktG/*Mertens/Cahn* § 285 Rdnr. 47; GroßKommAktG/*Assmann/Sethe* § 285 Rdnr. 94; MünchKommAktG/*Semler/Perlitt* § 285 Rdnr. 53.

[103] MünchHdbGesR IV/*Herfs* § 77 Rdnr. 37; MünchKommAktG/*Semler/Perlitt* § 285 Rdnr. 53; KölnerKommAktG/*Mertens/Cahn* § 285 Rdnr. 47; GroßKommAktG/*Assmann/Sethe* § 285 Rdnr. 96.

[104] OLG Stuttgart NZG 2003, 293f.; KG Recht 1926, Nr. 1374; MünchKommAktG/*Semler/Perlitt* § 285 Rdnr. 54; KölnerKommAktG/*Mertens/Cahn* § 285 Rdnr. 47; GroßKommAktG/*Assmann/Sethe* § 285 Rdnr. 96.

[105] *Hüffer* § 285 Rn 4.

[106] *OLG Stuttgart* NZG 2003, 293; MünchKommAktG/*Semler/Perlitt* § 285 Rdnr. 56; *Hüffer* § 285 Rdnr. 4.

[107] *Semler/Volhard* § 15 Rdnr. 14, Fn. 45.

[108] So ausdrücklich *Jansen* § 37 Rdnr. 10; ähnlich *Winkler* vor § 36 Rdnr. 16ff.

die Vorschriften der **§§ 8 ff. BeurkG.** Die Verweisung des § 278 Abs. 3 AktG gilt zwar auch für die aktienrechtliche Beurkundungsvorschrift des § 130 AktG, die nach § 59 BeurkG als speziellere Norm den §§ 36 ff. BeurkG vorgeht.[109] Jedoch schließt § 59 BeurkG seinem Wortlaut nach die **Anwendbarkeit des BeurkG** nicht vollständig aus. Nach Wortlaut und Gesetzesbegründung zu § 59 BeurkG[110] bestimmt dieser lediglich die subsidiäre Geltung des BeurkG gegenüber sonstigem Bundesrecht. Demnach geht § 130 AktG als speziellere Norm den §§ 36 ff. BeurkG nur insoweit vor, als dort Vorschriften zum Verfahren der Erstellung von Niederschriften normiert sind; im Übrigen gilt subsidiär das BeurkG.[111] Aufgrund dieser **subsidiären Geltung** ist anerkannt, dass die Vorschriften des zweiten Abschnittes des BeurkG über die Beurkundung von Willenserklärungen anzuwenden sind, soweit in der Versammlung auch formbedürftige Erklärungen abgegeben werden. Nicht umfasst sind daher Widersprüche nach § 245 Nr. 1 AktG oder die Erklärung aller Aktionäre bei einer Vollversammlung, auf die Einhaltung von Formen und Fristen bei der Hauptversammlung zu verzichten (§ 121 Abs. 6 AktG) oder der Verzicht auf das Bezugsrecht. Hierfür sieht das Gesetz keinerlei Form vor.[112]

73 Will man deshalb nicht die ganze Hauptversammlung in der Form der §§ 8 ff. BeurkG beurkunden, empfiehlt es sich, den Zustimmungsbeschluss gemäß § 285 Abs. 3 Satz 2 2. Alt. AktG in einer **gesonderten notariellen Niederschrift** zu beurkunden. Nur diese Niederschrift ist dann nach den Vorschriften der §§ 8 ff. BeurkG zu beurkunden, während die Hauptversammlungsniederschrift in einem gesonderten Verfahren nach § 36 BeurkG, § 130 AktG beurkundet wird.[113]

74 **Entscheidend** ist nach § 285 Abs. 3 Satz 2 AktG dabei nur, dass diese **gesonderte Niederschrift** über den Zustimmungsbeschluss des persönlich haftenden Gesellschafters **der Hauptversammlungsniederschrift als Anlage beigefügt wird.**[114] Es genügt nicht, dass die Zustimmung in einer besonderen notariellen Urkunde enthalten ist, sofern es sich dabei nicht um einen Anhang zur Verhandlungsniederschrift handelt.[115] Soweit die Zustimmung des persönlich haftenden Gesellschafters bereits vor dem Beschluss der Hauptversammlung erklärt wurde, genügt deshalb die Feststellung der erteilten Zustimmung im Hauptversammlungsprotokoll allein nicht. Entscheidend ist vielmehr, dass nach § 285 Abs. 3 Satz 2 AktG die beurkundete Zustimmungserklärung als Anlage beigefügt wird.

75 Wird die Zustimmungserklärung des persönlich haftenden Gesellschafters in einer besonderen Niederschrift beurkundet, stellt sich die weitere Frage, ob der **Wortlaut der geänderten Satzungsbestimmung** zusammen mit der Zustimmungserklärung nach § 9 Abs. 1 Satz 2 BeurkG mitbeurkundet, insb. mitverlesen werden muss oder ob eine „erläuternde Bezugnahme" ausreicht. **Rspr. oder Lit.** liegt zu dieser Frage nicht vor. Hier dürfte jedoch eine **„erläuternde Bezugnahme"** auf das nach § 130 AktG, § 36 BeurkG beurkundete Protokoll der Hauptversammlung genügen.

76 Die Rechtslage ist vergleichbar mit dem **Fall einer „Schuldübernahme"** in einem Grundstückskaufvertrag. Entscheidend ist bei der „Schuldübernahme", dass die Übernahme als solche zum Inhalt des Rechtsgeschäfts gehört und deshalb mitbeurkundet werden muss. Die übernommene Schuld und deren einzelne Bedingungen sind demgegenüber nur die Grundlage der Übernahme. Bzgl. dieses feststehenden Rechtsverhältnisses wird bis auf die Schuldübernahme nichts verändert. Als solche ist die übernommene Schuld daher selbst nicht beurkundungsbedürftig. Eine erläuternde Verweisung genügt.[116]

---

[109] *Hüffer* § 130 Rdnr. 11; *Winkler* § 37 Rdnr. 18; Eylmann/Vaasen/*Limmer* § 37 BeurkG Rdnr. 14 f.

[110] Abgedruckt bei *Haegele* S. 171.

[111] *Jansen* § 37 Rdnr. 9; Eylmann/Vaasen/*Limmer* § 37 BeurkG Rdnr. 14–17; ebenso wohl *Winkler* § 37 Rdnr. 18.

[112] *Winkler* § 37 Rdnr. 18; *Jansen* § 37 Rdnr. 10.

[113] So wohl auch i. E. Semler/*Volhard* § 15 Rdnr. 14, Fn. 45.

[114] MünchHdbGesR IV/*Herfs* § 77 Rdnr. 37; *Hüffer* § 285 Rdnr. 4.

[115] KG, JW 1927, 720; KölnerKommAktG/*Mertens/Cahn* § 285 Rdnr. 47; GroßKommAktG/*Assmann/Sethe* § 285 Rdnr. 94; MünchKommAktG/*Semler/Perlitt* § 285 Rdnr. 53.

[116] Eylmann/Vaasen/*Limmer* § 9 BeurkG Rdnr. 13, m. w. N. Eine Parallele besteht auch zur Beurkundung mit einem vollmachtlosen Vertreter, dessen Erklärungen nachträglich durch den Vertretenen genehmigt werden. Hier ist anerkannt, dass es unabhängig von der Formfreiheit der Zustimmungserklärung nach § 182

Anders ist dagegen die Rechtslage, wenn die **Zustimmungserklärung** des persönlich haftenden Gesellschafters nicht nach dem in Rede stehenden Hauptversammlungsbeschluss, sondern **vorher in Form einer Einwilligung** nach § 183 BGB erklärt wird. Eine solche Einwilligung ist grds. zulässig.[117] Da es im Falle einer solchen vorherigen Zustimmung aber an einem feststehenden Rechtsverhältnis fehlt – der zustimmungsbedürftige Hauptversammlungsbeschluss ist noch nicht gefasst –, ist der in Aussicht gestellte Hauptversammlungsbeschluss mit zu beurkunden und insb. mit zu verlesen. Eine bloße erläuternde oder unechte Verweisung genügt nicht. 77

IX. Satzungsänderung

1. Dispositive Satzungsbestimmungen

Ausdrückliche Vorschriften über die Satzungsänderung in der KGaA fehlen. Entsprechend der auf die KGaA unterschiedlich anwendbaren Noramen nach **§ 278 Abs. 2 und Abs. 3 AktG** findet deshalb teilweise Kommanditgesellschaftsrecht, teilweise Aktienrecht Anwendung. Geht es um die **Änderung aktienrechtlicher Bestandteile** der Satzung (§§ 281 Abs. 1, 23 Abs. 3 und Abs. 4 AktG), gelten uneingeschränkt die §§ 179 ff. AktG. Die Satzung kann davon nicht abweichen (§ 23 Abs. 5 AktG). Betroffen sind davon etwa die **Firma** oder das **Grundkapital. Zusätzlich** erforderlich ist hier die **Zustimmung des persönlich haftenden Gesellschafters** nach § 285 Abs. 2 AktG. Dieser Zustimmungsvorbehalt stammt jedoch aus dem Personengesellschaftsrecht und ist daher ebenso wie dort auch bei der KGaA im Rahmen der Kernbereichslehre und des Bestimmtheitsgrundsatzes dispositiv.[118] 78

Steht dagegen eine **Änderung der personengesellschaftsrechtichen Bestandteile** des § 278 Abs. 2 AktG inmitten, gelten im Grunde zwar ebenso die §§ 179 ff. AktG. Hiervon **kann die Satzung aber abweichen** bzw. es genügt eine antizipierte Zustimmung der Kommanditaktionäre bzw. Komplementäre in der Satzung. Betroffen sind davon folgende Regelungen: 79

- Aufnahme neuer Komplementäre,[119]
- Änderungen der Vermögenseinlage der Komplementäre,[120]
- Änderungen der Geschäftsführungs- und Vertretungsbefugnis,
- Ausschluss und Ausscheiden von Komplementären,
- außergewöhnliche Geschäftsführungsmaßnahmen und Grundlagengeschäfte.

Die Kompetenz der Hauptversammlung ist hier dispositiv.[121] Unter Beachtung der allgemeinen Grundsätze (Kernbereichslehre, Bestimmtheitsgrundsatz) können diese Entscheidungen in der Satzung anderen Organen zugewiesen werden. Umgekehrt kann aber die Zuständigkeit der Hauptversammlung über diesen Bereich hinaus auch erweitert werden. Zulässig ist es danach, z.B. Zustimmungsvorbehalte für Geschäftsführungsmaßnahmen oder gar ein Weisungsrecht zugunsten der Hauptversammlung einzuräumen.

2. Verfahren

Aktienrechtlich ist für eine Satzungsänderung ein Hauptversammlungsbeschluss nach § 179 AktG mit 3/4-Kapitalmehrheit sowie mit einfacher Stimmenmehrheit (§ 133 AktG) erforderlich. **Wirksam** wird die Satzungsänderung erst mit **Eintragung im Handelsregister** (§ 181 Abs. 3 AktG). Einzureichen ist der **Antrag** auf Satzungsänderung durch **Komplementär** (§ 181 Abs. 1 AktG). Beizufügen ist eine **notarielle Satzungsbescheinigung** (§ 181 Abs. 1 S. 2 AktG). Da in der KGaA nach § 278 Abs. 3 AktG für das Verhältnis der Kommanditak- 80

Abs. 2 BGB allein auf die Abgabe der Genehmigungserklärung selbst ankommt. Es genügt, wenn klargestellt wird, auf welches Rechtsgeschäft sich die Genehmigungserklärung bezieht. Weiteres ist nicht erforderlich.

[117] MünchKommAktG/*Semler/Perlitt* § 285 Rdnr. 52; KölnerKommAktG/*Mertens/Cahn* § 285 Rdnr. 24; MünchHdbGesR IV/*Herfs* § 77 Rdnr. 35; Geßler/Hefermehl/*Semler* § 285 Rdnr. 35.

[118] MünchKommAktG/*Semler/Perlitt* § 278 Rdnr. 129 f. und § 285 Rdnr. 39.

[119] Siehe dazu oben F. III. 1.

[120] Vgl. insgesamt dazu *Wichert* AG 1999, 362, 365 ff.

[121] MünchHdbGesR IV/*Herfs* § 78 Rdnr. 40 f.; *Hüffer* § 281 Rdnr. 1.

tionäre Aktienrecht gilt, ist auch für die Satzungsänderung in der KGaA ein derartiger **Beschluss der Hauptversammlung mit qualifizierter Kapitalmehrheit und einfacher Stimmenmehrheit** erforderlich.[122]

81 Nach dem gesetzlichen Grundmodell im **Recht der KG** ist eine Änderung des Gesellschaftsvertrags **nur einstimmig,** also unter Mitwirkung aller Gesellschafter, der Komplementäre wie der Kommanditisten, wirksam (§§ 161, 119 HGB). § 285 Abs. 2 S. 1 AktG bestimmt für die KGaA, dass eine **Zustimmung des Komplementärs zu Beschlüssen** der Hauptversammlung **erforderlich ist,** für die es bei der KG des Einverständnisses des persönlich haftenden Gesellschafters bedarf. Von daher folgt für eine Satzungsänderung in der KGaA, dass hierzu die **Zustimmung des persönlich haftenden Gesellschafters** erforderlich ist.[123] Die Satzung kann davon abweichen. Weil an die Stelle des einzelnen Kommanditisten in der KGaA die **Gesamtheit der Kommanditaktionäre** tritt, muss der Satzungsänderung die **Hauptversammlung** zustimmen, wofür im Grunde genommen die einfache Stimmenmehrheit ausreicht (§ 133 Abs. 1 AktG). Eine **Eintragung im Handelsregister** ist nach Personengesellschaftsrecht **nicht Wirksamkeitserfordernis** für die Satzungsänderung. Auch für die **KGaA** gehen Teile der Literatur deshalb davon aus, dass in diesen Bereichen eine Handelsregistereintragung nicht konstitutiv ist.[124] Diese Auffassung erscheint konsequent.

82 Trotz dieser Unterscheidung in der KGaA bei den Satzungsbestandteilen zwischen Personengesellschaftsrecht und Aktienrecht handelt es sich bei der Satzung der KGaA um eine einheitliche Verfassung. Auch soweit Personengesellschaftsrecht gilt, muss die Änderung der Satzung in den Satzungstext aufgenommen werden. Weiter ist zum Schutze des Rechtsverkehrs sicherzustellen, dass die Satzung in ihrer aktuellen und vollständigen Fassung einsehbar ist. § 181 Abs. 1 und Abs. 2 AktG stellen dies sicher. Geht es um eine Änderung der personengesellschaftsrechtlichen Teile der Satzung, liegt aktienrechtlich eine **Fassungsänderung** vor, die bei entsprechender Ermächtigung in der Satzung nach § 179 Abs. 1 S. 2 AktG vom Aufsichtsrat vorgenommen werden kann.[125]

X. Kapitalmaßnahmen

83 Bei der KGaA ist zwischen dem in den Kommanditaktien verkörperten Grundkapital und den Vermögenseinlagen der Komplementäre zu unterscheiden. Die Aufbringung und Änderung der Vermögenseinlage richtet sich nach Personengesellschaftsrecht. Für das Grundkapital gilt Aktienrecht. Da die Vermögenseinlage nach § 281 Abs. 2 AktG in der Satzung verlautbart werden muss, ist bei Änderungen eine Satzungsänderung erforderlich. Notwendig ist ein Beschluss der Kommanditaktionäre in der Hauptversammlung (§§ 278 Abs. 3, 179 ff. AktG). werden. Soll das Grundkapital verändert werden, ist neben dem Beschluss der Kommanditaktionäre in der Hauptversammlung nach § 285 Abs. 2 AktG eine Zustimmung der persönlich haftenden Gesellschafter erforderlich.

1. Vermögenseinlage der Komplementäre

84 Das Personengesellschaftsrecht enthält keine besonderen Vorschriften für die Aufbringung und Änderung der Vermögenseinlage. Eine besondere Werthaltigkeitsprüfung findet nicht statt. § 183 Abs. 3 AktG gilt nicht. Für den Satzungsänderungsbeschluss ist die Hauptversammlung oder das in der Satzung hierfür vorgesehene Organ zuständig und entscheidet mit der nach Gesetz oder Satzung erforderlichen Mehrheit. Diesem Beschluss müssen die Komplementäre zustimmen. Dieses Verfahren ist nicht erforderlich, wenn die Satzung diese Beschlüsse antizipiert, es also den Komplementären gestattet, einseitig über die Erhöhung

[122] MünchKommAktG/*Semler/Perlitt* § 281 Rdnr. 61; *Wichert* AG 1999, 362, 365; MünchHdbGesR IV/*Herfs* § 78 Rdnr. 3.

[123] MünchKommAktG/*Semler/Perlitt* § 281 Rdnr. 61; *Wichert* AG 1999, 362, 364 f.; *Hüffer* § 285 Rdnr. 2.

[124] Spindler/Stilz/*Bachmann* AktG § 281 Rdnr. 23; K. Schmidt/Lutter/*K. Schmidt* AktG § 281 Rdnr. 18; a. A. MünchKommAktG/*Semler/Perlitt* § 281 Rdnr. 61.

[125] MünchHdbGesR IV/*Herfs* § 78 Rdnr. 39; MünchKommAktG/*Semler/Perlitt* § 281 Rdnr. 64; Spindler/Stilz/*Bachmann* AktG § 281 Rdnr. 23.

oder Verringerung ihrer Vermögenseinlage zu entscheiden. Die Erhöhung der Einlage durch Stehenlassen von Gewinnen bedarf keiner Satzungsänderung.

Eine solche Erhöhung der Vermögenseinlage der Komplementäre kann aber zu einer Verwässerung der Beteiligung der Kommanditaktionäre führen. Ein Bezugsrecht besteht für die Kommanditaktionäre nicht. Geschützt sind die Aktionäre zwar grundsätzlich aufgrund der Notwendigkeit, dass es für die damit einhergehende Satzungsänderung eines Hauptversammlungsbeschlusses mit einer grundsätzlich erforderlichen ¾-Mehrheit bedarf. Dieser Schutz versagt aber, wenn die Komplementäre selbst die Kommanditaktien in entsprechendem Umfang halten oder wenn die Satzung die Zustimmung der Hauptversammlung vorwegnimmt bzw. die gesetzlichen Voraussetzungen für den Zustimmungsbeschluss herabsetzt. Diskutiert wird hier die analoge Anwendung des § 255 AktG mit der Möglichkeit der Anfechtung des Beschlusses der Hauptversammlung, wenn der Ausgabekurs der neuen Komplementäranteile unangemessen ist. Ist für die Erhöhung der Vermögenseinlage nach der Satzung dagegen gar kein Hauptversammlungsbeschluss mehr erforderlich (**„genehmigtes Komplementärkapital“**), muss die Satzung selbst den Ausgabebetrag der Komplementäranteile festlegen oder die entsprechenden Kriterien bestimmen, nach denen der Ausgabekurs zu bestimmen ist. Ein alternativer Schutz kann darin gesehen werden, wenn den Kommanditaktionären das Recht eingeräumt wird, eine verhältniswahrende Erhöhung des Grundkapitals ohne Zustimmung des Komplementärs zu beschließen.[126] 85

2. Grundkapital

Die Erhöhung des Grundkapitals erfolgt nach den aktienrechtlichen Vorschriften. Besonderheiten bestehen insoweit nicht. Zulässig sind ebenso schuldrechtliche Nebenabreden, insbesondere ein schuldrechtliches Agio, für das die allgemeinen Kapitalaufbringungsvorschriften nicht gelten.[127] Auch hier ist aber wiederum eine Zustimmung der persönlich haftenden Gesellschafter nach § 285 Abs. 2 AktG erforderlich. 86

Bei einer Erhöhung des Grundkapitals besteht aus Sicht der Komplementäre gleichermaßen die Gefahr der Verwässerung ihrer Beteiligung. Ein Bezugsrecht an den neuen Aktien steht ihnen nicht zu. Vorgeschlagen wird hierzu, den Komplementären in der Satzung das Recht zuzubilligen, im gleichen Verhältnis und zu den gleichen Bedingungen wie die Aktionäre ihre Vermögenseinlage zu erhöhen. Dabei sollte dieses Recht befristet sein, weil sonst der Komplementär nicht das gleiche wirtschaftliche Risiko trägt wie der Aktionär, der sich ebenso die Frage stellt, „ob es sich rechnet,“ zu dem gegebenen Zeitpunkt neue Aktien zu zeichnen oder nicht.[128] 87

3. Umwandlung von Komplementäranteilen in Aktien

Die Satzung kann vorsehen, dass Komplementäre ihr Vermögenseinlage in Aktien umwandeln können. Dahinter steht die Überlegung, den Komplementären (mehr) Einfluss in der Hauptversammlung zu geben oder ihnen die Veräußerung ihrer Beteiligung zu ermöglichen. Auch für Abfindungszwecke kann ein solches Umtauschrecht vereinbart werden.[129] 88

Die Umwandlung erfolgt in zwei Schritten. Es wird die Vermögenseinlage herabgesetzt und gleichzeitig das Grundkapital der KGaA mittels Sacheinlage erhöht. Am besten eignet sich hierzu ein genehmigtes Kapital mit Bezugsrechtsausschluss oder ein bedingtes Kapital. Im übrigen sind die Kommanditaktionäre aufgrund des in der Satzung verankerten Umtauschrechts dazu verpflichtet, eine solche Kapitalerhöhung zu beschließen. Kommen sie dieser Verpflichtung nicht nach, sollte dem Komplementär das Recht zur Kündigung (mit Barabfindung) eingeräumt werden. 89

---

[126] MünchHdbGesR IV/*Herfs* § 79 Rdnr. 4 ff.; Spindler/Stilz/*Bachmann* AktG § 281 Rdnr. 10 ff.
[127] OLG München, NJOZ 2007, 332.
[128] MünchHdbGesR IV/*Herfs* § 79 Rdnr. 10; Spindler/Stilz/*Bachmann* AktG § 281 Rdnr. 14.
[129] MünchHdbGesR IV/*Herfs* § 79 Rdnr. 11.

4. Umwandlung von Aktien in Komplementäranteile

90 Sollen umgekehrt Aktien in Komplementäranteile umgewandelt werden, ist eine Kapitalherabsetzung notwendig. Praktikabel ist hier eine Kapitalherabsetzung mittels Einziehung nach § 237 AktG.

XI. Handelsregisteranmeldungen

91 Für die Handelsregisteranmeldungen gelten allein die aktienrechtlichen Vorschriften; das Kommanditgesellschaftsrecht enthält hierzu keine Vorgaben. **Zuständig** für die Anmeldung sind nach § 283 Nr. 1 AktG ausschließlich die **persönlich haftenden Gesellschafter.**[130]

Die Vorschrift erfasst sämtliche Handelsregisteranmeldungen und zwar sowohl die **erstmalige Anmeldung der KGaA** zur Eintragung im Handelsregister, **sämtliche späteren Anmeldungen** als auch der **Eintritt neuer Komplementäre** in die Gesellschaft, das **Ausscheiden von Komplementären** und die **Auflösung** der Gesellschaft.

92 Grundsätzlich genügt eine Anmeldung durch die **Komplementäre in vertretungsberechtigter Zahl.** Eine Mitwirkung des Aufsichtsratsvorsitzenden bei der Anmeldung der Eintragung von Kapitalmaßnahmen ist – anders als bei der AG – im Recht der KGaA nicht erforderlich. Im Falle der **erstmaligen Eintragung** der Gesellschaft ist die Anmeldung analog § 36 AktG von **sämtlichen einschließlich den von der Geschäftsführung ausgeschlossenen Komplementären** einzureichen. Gleiches gilt nach § 289 Abs. 6 AktG beim **Ausscheiden** eines Komplementärs oder bei der **Auflösung** der Gesellschaft.

93 **Geschäftsführende Komplementäre** haben bei ihrer Anmeldung zum Handelsregister (§ 282 AktG) ebenso wie der Vorstand einer AG entsprechende **Versicherungen** nach §§ 37 Abs. 2, 81 Abs. 3 AktG abzugeben.[131] Bei nicht geschäftsführenden Komplementären entfällt dies. Auch eine Belehrung ist dann nicht erforderlich.[132]

Im übrigen gibt es bei der KGaA keine Besonderheiten. Es gelten die aus dem Aktienrecht bekannten allgemeinen Grundsätze (§§ 37, 81, 181, 282 AktG).

XII. Auflösung

94 Die Auflösung der KGaA ist in § 289 AktG geregelt. Es gelten zunächst die Vorschriften über die Auflösung einer KG (§ 289 Abs. 1 AktG). § 289 Abs. 2 AktG enthält spezielle Auflösungsgründe für die KGaA. § 289 Abs. 3 bis Abs. 6 AktG modifizieren wiederum die Auflösungsbestimmungen des HGB und des AktG. Die Abwicklung selbst der KGaA erfolgt dann nach §§ 264 ff. AktG.

95 Aufgelöst wird die KGaA durch Zeitablauf, wenn sie nur für eine bestimmte Zeit eingegangen ist. Weiterer Auflösungsgrund ist ein entsprechender Gesellschafterbeschluss, Notwendig ist mangels abweichender Satzungsbestimmung ein einstimmiger ein einstimmiger Beschluss der Komplementäre sowie ein Beschluss der Hauptversammlung mit mind. ¾-Mehrheit (§ 289 Abs. 4 S. 3 AktG). Aufgelöst wird die KGaA schließlich mit Eröffnung des Insolvenzverfahrens sowie aufgrund gerichtlicher Entscheidung bei Vorliegen eines wichtigen Grundes.

96 Die Kündigung führt nach § 131 Abs. 3 Nr. 3 HGB grundsätzlich nicht mehr zur Auflösung der Gesellschaft. Anders ist es bei der Kündigung eines Gesellschafters einer zweigliedrigen Gesellschaft. Bejaht man ein Kündigungsrecht der Gesamtheit der Kommanditaktionäre nach § 289 Abs. 4 AktG,[133] scheiden sämtliche Kommanditaktionäre aus. Verbleibt dann nur noch ein einziger Komplementär, erlischt die KGaA ohne Liquidation durch Ge-

---

[130] MünchKommAktG/*Semler/Perlitt* § 285 Rdnr. 63.
[131] MünchKommAktG/*Semler/Perlitt* § 283 Rdnr. 15.
[132] Spindler/Stilz/*Bachmann* AktG § 279 Rdnr. 39.
[133] S. oben § 15 Rdnr. 50, 51.

samtrechtsnachfolge des einzigen verbleibenden Gesellschafters. Sind noch weitere Komplementäre vorhanden, entsteht eine OHG.

Weitere Auflösungsgründe über die in § 289 AktG genannten Gründe gibt es nicht. Auch 97
die Satzung kann keine weiteren Auflösungsgründe bestimmen. Zulässig ist allein, die gesetzlichen Auflösungsgründe zu modifizieren und zu ergänzen. Nicht zur Auflösung führt es insbesondere, wenn sich alle Aktien in der Hand des einzigen Komplementärs oder Kommanditaktionärs vereinigen.

§ 16 Europäische Aktiengesellschaft (SE)

Übersicht

	Rdnr.
I. Überblick	1–8
1. Einführung	1–3
2. Rechtsgrundlagen, Normenhierarchie	4–7
3. Mitwirkung des Notars	8
II. Grundlagen	9–34
1. Verfassung des SE	9–26
a) Verwaltung im dualistischen Leitungssystem	12–16
b) Verwaltung im monistischen Leitungssystem	17–22
c) Hauptversammlung	23–26
2. Mitbestimmung	27–34
III. Gründung	35–150
1. Überblick	35–38
2. Gründung durch Verschmelzung	39–79
a) Grundlagen	40–43
b) Verschmelzungsplan	44–57
c) Bericht und Prüfung	58–61
d) Offenlegung	62
e) Verfahren zur Beteiligung der Arbeitnehmer	63
f) Zuleitung zum Betriebsrat	64
g) Zustimmungsbeschlüsse	65–69
h) Anmeldungen und Registerverfahren	70–76
i) Registereintragung und Bekanntmachung	77–79
3. Gründung einer Holding-SE	80–108
a) Grundlagen	81–84
b) Gründungsplan	85–91
c) Prüfung	92/93
d) Offenlegung	94
e) Verfahren zur Beteiligung der Arbeitnehmer	95
f) Zustimmungsbeschlüsse	96–98
g) Einbringung der Anteile an den Gründungsgesellschaften	99–102
h) Anmeldung und Registerverfahren	103–106
i) Registereintragung und Bekanntmachung	107/108
4. Gründung einer gemeinsamen Tochter-SE	109–120
a) Grundlagen	110–115
b) Feststellung der Satzung, Bestellung der Organe	116
c) Verfahren zur Beteiligung der Arbeitnehmer	117
d) Leistung der Einlagen, Gründungsbericht und -prüfung	118
e) Anmeldung	119
f) Registerverfahren, Eintragung und Bekanntmachung	120
5. Gründung durch Formwechsel	121–144
a) Grundlagen	122–125
b) Umwandlungsplan	126–130
c) Bericht und Prüfung	131–133
d) Offenlegung	134
e) Verfahren zur Beteiligung der Arbeitnehmer	135
f) Mitteilung an den Betriebsrat	136
g) Umwandlungsbeschluss und Bestellung der Organe	137–139
h) Anmeldung	140–142
i) Registereintragung und Bekanntmachung	143/144
6. Gründung einer Tochter-SE der SE	145–150
a) Grundlagen	146–148
b) Gründungsverfahren	149/150
IV. Strukturmaßnahmen	151–185
1. Sitzverlegung ins EU-Ausland	151–169
a) Grundlagen	152–157
b) Verlegungsplan	158–160
c) Bericht	161

Rdnr.
d) Minderheitenschutz ... 162
e) Offenlegung ... 163
f) Beschluss ... 164
g) Anmeldung im Wegzugstaat ... 165–167
h) Eintragung und Bekanntmachung ... 168/169
2. Rückumwandlung der SE in eine Aktiengesellschaft ... 170–180
a) Grundlagen ... 172/173
b) Verfahren ... 174–180
3. Beteiligung der SE an Umwandlungsmaßnahmen nach dem UmwG ... 181–185

Schrifttum: *AAK* (Arbeitskreis Aktien- und Kapitalmarktrecht), Die 8 wichtigsten Änderungsvorschläge zur SE-VO, ZIP 2009, 698; *ders.*, Vorschläge zur Reform der Mitbestimmung in der Societas Europaea (SE), ZIP 2010, 2221; *Bachmann*, Der Verwaltungsrat der monistischen SE, ZGR 2008, 779; Bericht der Kommission an das europäische Parlament und den Rat über die Anwendung der Verordnung (EG) Nr. 2157/2001 des Rates vom 8. Oktober 2001 über das Statut der Europäischen Gesellschaft (SE) vom 17. November 2010 (zitiert: Bericht der Kommission), EUR-Lex 52010DC0676; *Brandes*, CrossBorder Mergers mittels der SE, AG 2005, 177; *Baums/Cahn*, Die europäische Aktiengesellschaft, 2004; *Blanquet*, Das Statut der Europäischen Aktiengesellschaft (Societas Europaea „SE"), ZGR 31, 20; *Casper/Weller*, Mobilität und grenzüberschreitende Umstrukturierung der SE, NZG 2009, 681; *Eder*, Die monistisch verfasste Societas Europaea – Überlegungen zur Umsetzung eines CEO-Models, NZG 2004, 544; *Empt*, Zur Anwendbarkeit von § 17 Abs. 2 UmwG bei einer SE-Gründung durch Verschmelzung auf eine deutsche AG, NZG 2010, 1013; *Endres*, Europa-AG und Steuern: das Flaggschiff ist da, es fehlt nur das Segel, RIW 2004, 735; *Forst*, Die Beteiligung der Arbeitnehmer in der Vorrats-SE, NZG 2009, 687; *Heckschen*, Die Europäische AG aus notarieller Sicht, DNotZ 2003, 251; *Hirte*, Die Europäische Aktiengesellschaft, NZG 2002, 1; *Hoffmann-Becking*, Organe: Strukturen und Verantwortlichkeiten insbesondere im monistischen System, ZGR 2004, 355; *Hopt*, Europäisches Gesellschaftsrecht und deutsche Unternehmensverfassung, ZIP 2005, 461; *Horn*, Die Europa-AG im Kontext des deutschen und europäischen Gesellschaftsrechts, DB 2005, 147; *Jannott/Frodermann*, Handbuch der Europäischen Aktiengesellschaft, 2005; *Kallmeyer*, Die Beteiligung der Arbeitnehmer in der Europäischen Gesellschaft, ZIP 2004, 1442; *Kalss/Hügel*, Europäische Aktiengesellschaft SE-Kommentar, 2004; *Kalss/Zollner*, Der Weg aus der SE, RdW 2004, 587; *Kiefner/Friebel*, Zulässigkeit eines Aufsichtsrats mit einer nicht durch drei teilbaren Mitgliederzahl bei einer SE mit Sitz in Deutschland, NZG 2010, 537; *Lutter/Hommelhoff*, SE-Kommentar, 2008; *Manz/Mayer/Schröder*, Europäische Aktiengesellschaft SE, 2. Aufl., 2010; *Nikoleyczik/Führ*, Mitbestimmungsgestaltung im grenzüberschreitenden Konzern unter besonderer Berücksichtigung der SE und grenzüberschreitender Verschmelzungen, DStR 2010, 1743; *Schumacher*, Vertretung in Organsitzungen der Societas Eurpaea (SE), NZG 2009, 697; *Seibt*, Größe und Zusammensetzung des Aufsichtsrats in der SE, NZG 2010, 1057; *J. Schmidt*, „Deutsche" vs. „britische" Societas Europaea (SE), 2006; *Schulz/Geismar*, Die Europäische Aktiengesellschaft, DStR 2001, 1078; *Teichmann*, Gestaltungsfreiheit im monistischen Leitungssystem der Europäischen Aktiengesellschaft, BB 2004, 53; *ders.*, Austrittsrecht und Pflichtangebot bei Gründung einer Europäischen Aktiengesellschaft, AG 2004, 67; *Theisen/Wenz*, Die Europäische Aktiengesellschaft, 2002, *Van Hulle/Maul/Drinhausen*, Handbuch zur Europäischen Gesellschaft (SE), 2007.

I. Überblick

1. Einführung

1 Die Europäische Aktiengesellschaft (Societas Europaea, SE) ist eine **supranationale Rechtsform**, die in allen Mitgliedsstaaten der EU und des EWR[1] errichtet werden kann und in allen Mitgliedsstaaten als **juristische Person** rechtsfähig ist (Art. 1 Abs. 3, Art. 16 Abs. 1 SE-VO). In den Mitgliedsstaaten ist die SE wie eine Aktiengesellschaft ihres Sitzstaates zu behandeln, soweit die SE-VO nichts anderes bestimmt (Art. 10 SE-VO).

2 Der **Anwendungsbereich** der SE liegt in erster Linie bei den mittelgroßen bis großen Unternehmen, die grenzüberschreitend tätig sind. Denn die SE erfordert ein verhältnismäßig hohes Grundkapital von mindestens € 120.000,00 (Art. 4 Abs. 2 SE-VO). Ihre Gründung ist einem beschränkten Kreis von Gesellschaften vorbehalten,[2] die zudem einem Mehrstaatlichkeitsgebot unterliegen, also einen Bezug zu mindestens zwei Mitgliedsstaaten.[3] In Deutschland sind es vor allem die großen internationalen Konzernmütter, die die Möglich-

[1] Beschluss des gemeinsamen EWR-Ausschusses Nr. 93/2002 zur Änderung des Anhangs XXII (Gesellschaftsrechts) des EWR-Abkommens (ABl. EG Nr. L 266, 69); Hommelhoff/*Lutter* Art. 1 SE-VO Rdnr. 3.
[2] Vgl. Rdnr. 37.
[3] Vgl. Rdnr. 38.

keit genutzt haben, die Rechtsform einer SE anzunehmen, wie die Allianz SE oder die BASF SE. Über diesen Anwendungsbereich hinaus ist die SE bislang wenig verbreitet, in vielen Mitgliedsstaaten sogar kaum bis gar nicht oder vor allem im Form von Vorratsgesellschaften.[4] Gründe für die zurückhaltende Aufnahme liegen in den typischerweise hohen Gründungskosten der SE, die von der EU-Kommission mit ca. € 100.000,00 bis zu € 4.000.000,00 beziffert werden, und dem hohen Beratungsaufwand, den die komplizierte Regelungsstruktur der SE nach sich zieht. Wesentliche Vorteile der SE sind ihr internationales Image, die Möglichkeit einer identitätswahrenden Sitzverlegung[5] und die Internationalisierung und Flexibilität ihrer Unternehmensmitbestimmung, für die es sonst nur im Rahmen grenzüberschreitender Verschmelzungen[6] oder der Europäischen Genossenschaft (SCE)[7] Vergleichbares gibt.[8]

3 Die EU-Kommission, der Rat und das Europäische Parlament führen derzeit die in Art. 69 SE-VO vorgesehene **Überprüfung der SE-VO** durch und verhandeln insgesamt 2012 Änderungsvorschläge aus den Mitgliedsstaaten.[9] Der Ausgang dieses Verfahrens ist offen. Er muss in Anbetracht des schwierigen politischen Prozesses, der der Einführung der SE vorausging,[10] zugleich als wichtiger Indikator dafür gelten, wie künftige EU-Rechtsformen reformierbar sein werden.

2. Rechtsgrundlagen, Normenhierarchie

4 Die SE beruht nur zu einem Teil auf Rechtsgrundlagen, die für alle Mitgliedsstaaten gleichermaßen gelten. Wesentliche Teile ihrer rechtlichen Struktur sind europarechtlich nicht vereinheitlicht, sondern ergeben sich erst aus einem recht komplexen Ineinandergreifen europarechtlicher und nationaler Vorschriften des jeweiligen Sitzstaates der SE. Daraus folgt, dass die SE in ihrer heutigen Form keine einheitlich europäische Rechtsform ist, sondern dass es so viele **SE-Arten** gibt, wie die EU und der EWR Mitgliedsstaaten zählen.

5 Eine SE mit Sitz in Deutschland beruht auf folgenden **Rechtsgrundlagen:**[11]

- der SE-VO[12] als unmittelbar in allen Mitgliedsstaaten geltendes Recht (Art. 249 Abs. 2 EG-Vertrag),
- der SE-RL[13] über Beteiligung der Arbeitnehmer in der SE (Art. 1 Abs. 4 SEVO) als Richtline, die der Umsetzung in nationales Recht bedarf (Art. 249 Abs. 3 EG-Vertrag),
- dem deutschen Gesetz zur Einführung der Europäischen Gesellschaft (SEEG),[14] das aus zwei Teilen besteht:
  - dem SEAG[15] als Ausführungsgesetz zur SE-VO (Art. 9 Abs. 1 lit. c i SE-VO) und
  - dem SEBG[16] zur Umsetzung der SE-RL in nationales Recht,
- dem AktG,
- der Satzung der SE.

6 Soweit die SE-VO eine Rechtsfrage nicht durch eine eigene Vorschrift regelt, bestimmt sie das maßgebliche Recht nach einer **Verweisungstechnik**, die zum Teil aus Sachnormverweisungen und zum Teil aus kollisionsrechtlichen Gesamtverweisungen besteht.[17] Nur subsidiär gilt jeweils das nationale Aktienrecht am Sitzstaat der SE. Für eine bereits bestehende SE re-

[4] Bericht der Kommission EUR-Lex 52010DC0676.
[5] Vgl. Rdnr. 151 und 171.
[6] Vgl. Rdnr. 34.
[7] Lutter/Hommelhoff/*Oetker* Vor § 1 SEBG Rdnr. 24 f.
[8] Zur Rechtsformwahl § 1 Rdnr. 46; Manz/Meyer/*Schröder* Teil A Vorb. Rdnr. 77 ff.
[9] Bericht der Kommission EUR-Lex 52010DC0676.
[10] Hommelhoff/*Lutter* Einl. SE-VO Rdnr. 7.
[11] Hommelhoff/*Lutter* Einl. SE-VO Rdnr. 1 f.
[12] Verordnung 2157/2001/EG v. 8. 10. 2001, ABl. EG Nr. L 294, 1.
[13] Richtlinie 2001/86/EG, ABl. EG Nr. L 294, 22.
[14] BGBl. I 2004, 3675.
[15] Gesetz zur Ausführung der Verordnung (EG) Nr. 2157/2001 des Rates vom 8. Oktober 2001 über das Statut der Europäischen Gesellschaft (SE) (SE-Ausführungsgesetz – SEAG).
[16] Gesetz über die Beteiligung der Arbeitnehmer in einer Europäischen Gesellschaft (SE-Beteiligungsgesetz – SEBG).
[17] MünchHdbGesR IV/*Austmann* § 83 Rdnr. 13 ff.; Manz/Mayer/*Schröder* Teil A Vorb. SE-VO Rdnr. 49 ff.

gelt Art. 9 Abs. 1 SE-VO die maßgebliche **Normenhierarchie**,[18] die sich im Fall einer deutschen SE wie folgt auswirkt:

- Die erste Stufe des anwendbaren Rechts bilden die Regelungen der SE-VO einschließlich ihrer speziellen Verweisungsnormen.
- Die zweite Stufe besteht aus den Bestimmungen der Satzung der SE, die in Ausführung ausdrücklicher Regelungsermächtigungen der SE-VO erlassen wurden.
- Auf der dritten Stufe finden die Vorschriften des SEAG und des SEBG Anwendung.
- Die vierte Stufe bilden die Vorschriften des AktG, soweit sie nicht durch die vorrangigen Stufen überlagert wurden.
- Die fünfte Stufe besteht aus all solchen Satzungsbestimmungen der SE, die nach dem AktG zulässig und nach der SE-VO nicht verboten sind.

In der Praxis löst diese Verweisungstechnik eine große Zahl von Unsicherheiten und Streitfragen über das anwendbare Recht aus, die sich überwiegend nicht national lösen lassen, sondern in letzter Instanz vom **EuGH** zu entscheiden sind.[19] 7

3. Mitwirkung des Notars

Der Notar nimmt bei der Betreuung einer SE, die ihren Sitz in Deutschland hat, im Wesentlichen dieselben Aufgaben wahr wie bei einer deutschen **Aktiengesellschaft**. Die Gründung der SE erfordert – mit Unterschieden je nach Gründungsform – eine notarielle Beurkundung des Gründungsaktes oder der Satzung, notarielle Niederschriften für Versammlungsbeschlüsse der deutschen Gründungsgesellschaften und notariell beglaubigte Handelsregisteranmeldungen. Im weiteren Bestand der deutschen SE weichen die Aufgaben für den Notar quasi nicht von denjenigen bei der deutschen AG ab. Strukturmaßnahmen, Hauptversammlungen, Handelsregisteranmeldungen bedürfen notarieller Mitwirkungen. Die vom Notar zu beachtenden Rechtsgrundlagen für alle diese Maßnahmen, insbesondere für die speziellen Gründungsverfahren und Strukturmaßnahmen der SE, unterscheiden sich allerdings erheblich von denen des nationalen Aktienrechts. 8

II. Grundlagen

1. Verfassung der SE

Der **organisatorische Aufbau** der SE ist Gegenstand der Art. 38 bis 60 SE-VO. Jede SE hat eine Hauptversammlung, in der die Willensbildung der Aktionäre stattfindet, und eine Leitungsstruktur, die von den Gründern einer SE in der Satzung entweder nach einem dualistischen System oder einem monistisches System organisiert werden kann (Art. 38 SE-VO). Die Entscheidung für eines dieser beiden Leitungssysteme sowie deren Ausgestaltung ist zwingender Satzungsbestandteile der SE.[20] Die Satzung kann weitere Organe zulassen, soweit dadurch die gesetzliche Kompetenzordnung nicht verändert wird.[21] 9

Das dualistische **Leitungssystem** entspricht im Wesentlichen demjenigen des deutschen Aktienrechts mit der Aufgabenverteilung zwischen Vorstand und Aufsichtsrat. Das monistische Leitungssystem war dem deutschen Gesellschaftsrecht vor Inkrafttreten der SE-VO unbekannt. Verbreitet ist es insbesondere im angloamerikanischen Rechtskreis als Board System und etwa in Frankreich, das beide Leitungssysteme kennt.[22] Die Umsetzung des Board Systems in das nationale Recht durch das SEAG hat das monistische Leitungssystem für die SE, die ihren Sitz in Deutschland nimmt, soweit als möglich dem dualistischen System angenähert, insbesondere damit sich die deutsche Unternehmensmitbestimmung praktisch umsetzen lässt.[23] 10

---

[18] Lutter/*Hommelhoff/Teichmann* Art. 9 SE-VO (§ 1 SEAG) Rdnr. 34 ff.
[19] MünchHdbGesR IV/*Austmann* § 83 Rdnr. 17; Manz/Mayer/*Schröder* Teil A Vorb. SE-VO Rdnr. 71 ff.
[20] Lutter/Hommelhoff/*Seibt* Art. 6 SE-VO Rdnr. 17; Lutter/Hommelhoff/*Teichmann* Art. 38 Rdnr. 35.
[21] Lutter/Hommelhoff/*Teichmann* Art. 38 Rdnr. 41.
[22] Lutter/Hommelhoff/*Teichmann* Art. 38 Rdnr. 16 ff.
[23] MünchHdbGesR IV/*Austmann* § 85 Rdnr. 8.

11 Die Leitungsstruktur der SE ist in weitem Umfang **spezifisches SE-Recht.**[24]Der Verordnungsgeber hat sie recht umfassend durch eigene Vorschriften und Regelungsaufträge an den Satzungsgeber sowie die Mitgliedsstaaten ausgestaltet. Für die Leitungsstruktur der deutschen SE gelten ergänzend §§ 15 bis 49 SEAG.

12 **a) Verwaltung im dualistischen Leitungssystem.** Das dualistische Leitungssystem verwendet nicht die aktienrechtlichen Begriffe von Aufsichtsrat und Vorstand, sondern unterscheidet zwischen dem **Leitungsorgan** (Art. 39 SE-VO) und dem **Kontrollorgan** (Art. 40 SE-VO) der SE. Zwischen beiden Organen darf es keine personellen Überschneidungen geben (Art. 39 Abs. 3 SE-VO). Für die deutsche SE haben §§ 15 bis 19 SEAG das Leitungs- und das Kontrollorgan weitgehend an das Leitungssystem des AktG angeglichen,[25] so dass die im AktG zu Vorstand und Aufsichtsrat geltenden Grundsätze in weitem Umfang zur Anwendung gelangen, entweder über das SEAG oder über die Verweisungen des Art. 9 Abs. 1 lit. c ii SE-VO.[26]

13 Die **Aufgaben** des Aufsichtsorgans der SE (kurz auch: Aufsichtsrat)[27] bestehen in erster Linie in der Überwachung der Geschäftsführung durch das Leitungsorgan (Art. 40 Abs. 1 SE-VO). Die Aufgaben des Leitungsorgans (kurz auch: Vorstand) bestehen in der Geschäftsführung und der Vertretung der SE (Art. 39 Abs. 1 SE-VO), so dass für die deutsche SE überwiegend die Grundsätze der §§ 77 und 78 AktG gelten.[28] Das Aufsichtsorgan hat wie in der AG kein Weisungsrecht gegenüber dem Leitungsorgan,[29] sondern lediglich Informationsrechte (Art. 41 SE-VO) und Zustimmungsvorbehalte, sofern solche durch Satzung oder Beschluss des Aufsichtsorgans erlassen werden (Art. 48 SE-VO).

14 Die **Bestellung der Mitglieder** des Leitungsorgans ist Sache des Aufsichtsorgans (Art. 39 Abs. 2 SE-VO). Die Mitglieder des Aufsichtsorgans werden von der Hauptversammlung gewählt, außer die des ersten Aufsichtsorgans, die üblicherweise in der Satzung bestellt werden (Art. 40 Abs. 2 SE-VO). Satzungsmäßige Entsenderechte sind zulässig (Art. 47 Abs. 4 SE-VO).[30]

15 Die Satzung der SE muss die **Anzahl der Mitglieder des Leitungs- und des Aufsichtsorgans** bestimmen oder festlegen, wie ihre Zahl bestimmt wird (Art. 39 Abs. 4 SE-VO).[31] Eine Vereinbarung über die Mitbestimmung der Arbeitnehmer im Verwaltungsrat hat dabei Vorrang vor gesetzlichen Vorgaben durch das SEAG und das SEBG (Art. 40 Abs. 2 SE-VO), insbesondere hinsichtlich der Größe und Zusammensetzung des Aufsichtsrates.[32] Das Leitungsorgan einer deutschen SE, deren Grundkapital € 3 Millionen übersteigt, hat mindestens zwei Mitglieder, sofern die Satzung nichts anderes bestimmt (§ 16 Abs. 1 SEAG). Das Aufsichtsorgan der deutschen SE muss mindestens drei Mitglieder haben und ihre Zahl muss durch drei teilbar sein (§ 17 Abs. 1 SEAG), sofern nicht eine Vereinbarung über die Mitbestimmung der Arbeitnehmer etwas Anderes festlegt.

16 Ferner muss die Satzung die **Amtszeit der Organe** festlegen, die sechs Jahre nicht überschreiten darf (Art. 46 Abs. 1 SE-VO).[33] Damit unterscheidet sich die Amtsdauer des SE-Vorstands und des SE-Aufsichtsrates in zwei wichtigen Punkten von der Rechtslage bei der AG: die Amtsdauer kann nicht vom Bestellungsorgan festgelegt werden, sondern ist Sache der Satzung, und sie kann etwas länger laufen als im nationalen Recht.

17 **b) Verwaltung im monistischen Leitungssystem.** Die SE mit monistischem Leitungssystem hat im Grundsatz nur ein einziges **Verwaltungsorgan** (Art. 38 SE-VO). Die SE-VO gibt dem

[24] Lutter/Hommelhoff/*Teichmann* Art. 38 SE-VO Rdnr. 3.

[25] Widmann/Mayer/*Heckschen* UmwR Anhang 14 Rdnr. 467; Lutter/Hommelhoff/*Teichmann* Art. 39 SE-VO Rdnr. 2.

[26] Widmann/Mayer/*Heckschen* UmwR Anhang 14 Rdnr. 462; Lutter/Hommelhoff/*Teichmann* Art. 38 SE-VO Rdnr. 3.

[27] MünchHdbGesR IV/*Austmann* § 85 Rdnr. 3; Hirte NZG 2002, 1, 6.

[28] Lutter/Hommelhoff/*Teichmann* Art. 39 SE-VO Rdnr. 3 und 9.

[29] Lutter/Hommelhoff/*Teichmann* Art. 39 SE-VO Rdnr. 5.

[30] Lutter/Hommelhoff/*Teichmann* Art. 40 SE-VO Rdnr. 6.

[31] Lutter/Hommelhoff/*Teichmann* Art. 39 SE-VO Rdnr. 38.

[32] LG Nürnberg/Fürth NZG 2010, 372; *Kiefner/Friebel* NZG 2010, 537; *Seibt* NZG 2010, 1057; Lutter/Hommelhoff/*Teichmann* Art. 40 SE-VO Rdnr. 17 ff.

[33] Lutter/Hommelhoff/*Teichmann* Art. 46 SE-VO Rdnr. 4.

nationalen Gesetzgeber für dessen Ausgestaltung allerdings weitgehende Freiheiten (Art. 43 Abs. 4 SE-VO), von denen der deutsche Gesetzgeber durch detaillierte Regelungen in §§ 20 bis 49 SEAG Gebrauch gemacht hat. Faktisch hat er ein zweites Organ gebildet.

Das formell einzige Verwaltungsorgan der deutschen SE ist der **Verwaltungsrat** (§ 20 SEAG). Ihm obliegt allerdings nicht die eigentliche Geschäftsführung der SE, sondern er bestimmt lediglich die Grundlinien ihrer Tätigkeit und überwacht deren Umsetzung (§ 22 Abs. 1 SEAG). 18

Die Geschäftsführung der deutschen SE ist Sache der **geschäftsführenden Direktoren**, die zugleich für die gerichtliche und außergerichtliche Vertretung der SE zuständig sind (§ 40 Abs. 2 S. 1 und § 41 SEAG). Trotz dieser Stellung lassen sich die geschäftsführenden Direktoren nicht mit einem Vorstand im dualistischen Leitungssystem vergleichen. Zum einen unterliegen sie den Weisungen des Verwaltungsrats (§ 44 Abs. 2 SEAG)[34] und zum anderen kann der Verwaltungsrat sie jederzeit ohne wichtigen Grund abberufen, sofern die Satzung nichts anderes bestimmt (§ 40 Abs. 5 SEAG).[35] Die geschäftsführenden Direktoren dürfen zugleich dem Verwaltungsrat angehören, sofern die Mehrheit seiner Mitglieder nicht geschäftsführend ist (§ 40 Abs. 1 S. 2 SEAG). Falls der Vorsitzende des Verwaltungsrats (Art. 45 S. 1 SE-VO i. V. m. § 34 SEAG) zugleich geschäftsführender Direktor ist, kann er in der SE eine dem amerikanischen Chief Executive Officer (CEO) vergleichbare Rolle einnehmen, die dem dualistischen Leitungssystem in Deutschland sonst unbekannt ist und die unter den Gesichtspunkten der Corporate Governance auch als wenig empfehlenswert gilt.[36] 19

Die **Bestellung der Mitglieder des Verwaltungsrats** erfolgt durch die Hauptversammlung, sofern die Bestellung nicht in der Satzung geregelt ist (Art. 43 Abs. 1 und 2 SE-VO). Satzungsmäßige Entsenderechte für Aktionäre sind auch im monistischen System zulässig (§ 28 Abs. 2 SEAG).[37] Eine Vereinbarung über die Mitbestimmung der Arbeitnehmer im Verwaltungsrat hat Vorrang vor der gesetzlichen Lösung des SEAG und SEBG (Art. 43 Abs. 3 S. 3 SE-VO, § 23 Abs. 2 SEAG), und zwar auch hinsichtlich der Größe und Zusammensetzung.[38] Der Verwaltungsrat der deutschen SE besteht im Übrigen aus drei Personen, sofern die Satzung nichts anderes bestimmt; im Fall einer SE mit einem Grundkapital von mehr als € 3 Millionen kann die Satzung nicht weniger drei Personen vorsehen (§ 23 Abs. 1 SEAG). Die Amtsdauer der Mitglieder des Verwaltungsrats ist, wie bei den Organen im dualistischen Leitungssystem, in der Satzung zu regeln und darf sechs Jahre nicht überschreiten (Art. 46 Abs. 1 SE-VO). 20

Die **Bestellung der geschäftsführenden Direktoren** der deutschen SE erfolgt durch den Verwaltungsrat (§ 40 Abs. 1 SEAG). Ihre Bestellung ist zur Eintragung in das Handelsregister anzumelden (§ 40 Abs. 1 S. 2 und § 46 Abs. 1 S. 2 SEAG). 21

In der **notariellen Praxis** von Bedeutung ist die Zuständigkeit der geschäftsführenden Direktoren für alle Handelsregisteranmeldungen, die in der AG dem Vorstand obliegen (§ 40 Abs. 2 S. 4 SEAG), soweit nicht eine speziellere Kompetenznorm greift.[39] Keiner Anmeldung zur Eintragung in das Handelsregister, sondern wie bei der AG lediglich Mitteilungen bedarf es, wenn es zu Änderungen im Kreis oder der inneren Ordnung des Verwaltungsrates kommt (§ 46 Abs. 1 S. 1 und 3 SEAG). 22

c) **Hauptversammlung.** Die Hauptversammlung der SE ist Gegenstand der Art. 52 bis 60 SE-VO. Die **Zuständigkeit** der Hauptversammlung umfasst die Angelegenheiten, die ihr die SE-VO selbst zuweist, die ihr durch die SE-RL bzw. das SEBG zugewiesen sind und die ihr nach dem Recht des Sitzstaates oder der Satzung obliegen (Art. 52 SE-VO). Die SE-VO ordnet die Zuständigkeit der Hauptversammlung insbesondere an für:[40] 23

[34] Lutter/Hommelhoff/*Teichmann* Anh. Art. 43 SE-VO (§ 44 SEAG) Rdnr. 8.
[35] Lutter/Hommelhoff/*Teichmann* Anh. Art. 43 SE-VO (§ 40 SEAG) Rdnr. 48.
[36] Lutter/Hommelhoff/*Teichmann* Anh. Art. 43 SE-VO (§ 34 SEAG) Rdnr. 8 und Art. 45 SE-VO Rdnr. 7.
[37] Lutter/Hommelhoff/*Teichmann* Anh. Art. 43 SE-VO (§ 28 SEAG) Rdnr. 7 f.
[38] Lutter/Hommelhoff/*Teichmann* Art. 43 SE-VO Rdnr. 36 ff.
[39] Lutter/Hommelhoff/*Teichmann* Anh. Art. 43 SE-VO (§ 40 SEAG) Rdnr. 35.
[40] Lutter/Hommelhoff/*Spindler* Art. 52 SE-VO Rdnr. 12 ff.

- Bestellung der Mitglieder des Aufsichtsrats bzw. des Verwaltungsrats (Art. 40 Abs. 2 SE-VO),
- Satzungsänderungen (Art. 59 Abs. 1 SE-VO),
- Zustimmung zur Teilnahme der SE an SE-Gründungen (Art. 23 Abs. 1 SE-VO u. a.),
- Rückumwandlung der SE in eine AG (Art. 66 Abs. 6 SE-AG),
- Auflösung der SE (arg. Art. 63 SE-VO).

Für die deutsche SE kommen nach SEBG hinzu:

- Bestellung der Arbeitnehmervertreter im SE-Organ nach § 36 Abs. 4 SEBG,
- Abberufung der Arbeitnehmervertreter im monistischen Leitungssystem (§ 37 Abs. 1 S. 4).

Im Übrigen gelten die üblichen Beschlussgegenstände einer deutschen AG, insbesondere nach § 119 AktG i. V. m. Art. 52 UAbs. 2 SE-VO.[41]

24 **Organisation und Ablauf** der Hauptversammlung sowie das **Abstimmungsverfahren** unterliegen dem Recht des Sitzstaats der SE, soweit Art. 54 bis 56 SE-VO nichts anderes bestimmen (Art. 53 SE-VO). Für die deutsche SE kommen in weitem Umfang die Vorschriften des AktG zur Anwendung.[42] Vorrangig sind Mindestvorgaben zum Zeitpunkt und der Häufigkeit der Einberufung (Art. 54 SE-VO), zur Einberufung durch eine Minderheit von Aktionären (Art. 55 SE-VO i. V. m. § 50 Abs. 1 SEAG) und zur Ergänzung der Tagesordnung (Art. 56 SE-VO i. V. m. § 50 Abs. 2 SEAG).

25 Die **Beschlussfassung** der Hauptversammlung erfolgt mit der einfachen Mehrheit der abgegebenen gültigen Stimmen, sofern die SE-VO oder das im Sitzstaat maßgebliche Aktienrecht nicht eine größere Mehrheit bestimmt (Art. 57 SE-VO). Satzungsänderungen bedürfen einer Stimmenmehrheit von zwei Dritteln, falls im Sitzstaat keine größere Mehrheit vorgeschrieben ist (Art. 59 Abs. 1 SE-VO). Für die deutsche SE sind dabei auch solche Mehrheitserfordernisse des AktG zu berücksichtigen, die auf eine Kapitalmehrheit abstellen. Sie gelten für die SE in verordnungskonformer Auslegung des AktG als Stimmmehrheitserfordernisse i. S. d. Art. 57 und 59 SE-VO.[43] Satzungsänderungen der deutschen SE bedürfen damit einer Mehrheit von drei Vierteln der abgegebenen Stimmen.[44] Die Satzung kann in den Grenzen von § 51 SEAG eine geringere Mehrheit zulassen.

26 Die **Niederschrift der Hauptversammlung** richtet sich nach nationalem Recht (§ 130 AktG i. V. m. Art. 53 SE-VO). Für die deutsche SE ist sie notariell zu beurkunden, falls die SE börsennotiert ist oder in der Hauptversammlung mindestens ein Beschluss gefasst wird, für den das AktG eine Dreiviertel- oder größere Mehrheit bestimmt.[45]

2. Mitbestimmung

27 Im Rahmen jeder Gründung einer SE ist ein **Verfahren zur Beteiligung der Arbeitnehmer** durchzuführen. Der Nachweis seiner ordnungsgemäßen Durchführung ist Eintragungsvoraussetzung der SE (Art. 12 Abs. 2 SE-VO).[46] Die SE-VO regelt die Beteiligung der Arbeitnehmer nicht selbst, sondern verweist auf die **SE-RL** und die Vorschriften, welche die Mitgliedsstaaten zu ihrer Umsetzung in nationales Recht erlassen haben (Art. 1 Abs. 3 SE-VO). Für die SE, die ihren Sitz in Deutschland nimmt, richtet sie sich nach dem **SEBG**. Der Zweck der SE-RL und des SEBG besteht zum einen darin, den mitbestimmungsrechtlichen Besitzstand der Arbeitnehmer auch im grenzüberschreitenden Unternehmen zu wahren (§ 1 Abs. 1 S. 2 SEBG).[47] Zum anderen sollen sämtliche Arbeitnehmer der Gründungsgesell-

---

[41] Lutter/Hommelhoff/*Spindler* Art. 52 SE-VO Rdnr. 24 ff.

[42] Widmann/Mayer/*Heckschen* UmwR Anhang 14 Rdnr. 494 ff.; Lutter/Hommelhoff/*Spindler* Art. 53 SE-VO Rdnr. 4 ff.

[43] Lutter/Hommelhoff/*Spindler* Art. 57 SE-VO Rdnr. 13.

[44] Lutter/Hommelhoff/*Spindler* Art. 59 SE-VO Rdnr. 8.

[45] Lutter/Hommelhoff/*Spindler* Art. 53 SE-VO Rdnr. 29 f.; für eine generelle Beurkundungspflicht Widmann/Mayer/*Heckschen* UmwR Anhang 14 Rdnr. 509; *Heckschen* DNotZ 2003, 251, 268; *Wicke* MittBayNot 2006, 196, 204.

[46] Einschränkend zur Gründung der Tochter-SE der SE (sekundäre SE-Gründung) nach Art. 3 Abs. 2 SE-VO MünchKommAktG/*Jacobs* Vor § 1 SEBG Rdnr. 11.

[47] Widmann/Mayer/*Heckschen* UmwR Anhang 14 Rdnr. 556 ff.

schaften aus allen betroffenen Mitgliedsstaaten angemessen in die Beteiligungsrechte einbezogen werden.[48]

Die SE unterliegt nicht der **deutschen Unternehmensmitbestimmung**, wie sie für inländische Rechtsformen gilt (§ 1 Abs. 1 MitbestG, § 1 Abs. 1 DrittelbG, § 1 Abs. 2 MontanMitbestG), sondern wird durch das SEBG abschließend geregelt.[49] 28

Ziel des Verfahrens zur Beteiligung der Arbeitnehmer ist es, eine **Verhandlungslösung** zwischen den Arbeitnehmervertretern und den zuständigen Organen der Gründungsgesellschaften über die betriebliche Mitbestimmung und die Unternehmensmitbestimmung in der SE zu erzielen (§ 1 Abs. 2 und § 21 SEBG). Zu diesem Zweck ist in einem ersten Schritt ein kompliziertes Verfahren zur Bildung des sog. besonderen Verhandlungsgremiums aus Vertretern der Arbeitnehmerseite einzuleiten (§§ 4 ff. SEBG). Das besondere Verhandlungsgremium führt die Verhandlungen mit den Gründungsgesellschaften, die bis zu sechs Monate in Anspruch nehmen und einvernehmlich noch verlängert werden können (§ 20 SEBG). Ein vorzeitiger Abbruch der Verhandlungen ist nur dem besonderen Verhandlungsgremium gestattet, nicht aber den Gründungsgesellschaften (§ 16 SEBG). 29

Eine Vereinbarung mit den Arbeitnehmern hat **Vorrang** vor dem Mitbestimmungsregime, das die nationalen Vorschriften über die Umsetzung des SE-RL und das nationale Aktienrecht festlegen (Art. 40 Abs. 2 und Art. 43 Abs. 3 S. 3 SE-VO) und auch die Satzung der SE darf nicht in Widerspruch zu der Vereinbarung stehen (Art. 12 Abs. 4 SE-VO).[50] Dieser Vorrang soll ermöglichen, im Rahmen der SE-Gründung individuelle Vereinbarungen über das Mitbestimmungsregime zu treffen, die auf das konkrete Unternehmen und seine Bedürfnisse zugeschnitten sind.[51] 30

Falls im Verhandlungswege keine Einigung zustande kommt, greift eine **gesetzliche Auffanglösung**, die aus Regelungen über einen SE-Betriebsrat besteht (§§ 22 ff. SEBG) und aus einer Unternehmensmitbestimmung, die eine Herabsetzung des aktuell bestehenden Mitbestimmungsstandards in den Gründungsgesellschaften verhindern soll (§§ 34 ff. SEBG).[52] 31

Das Verfahren zur Beteiligung der Arbeitnehmer muss selbst dann eingeleitet werden, wenn die SE anfangs **keine Arbeitnehmer** hat, wohl aber ihre Gründungsgesellschaften.[53] Haben allerdings auch diese keine Arbeitnehmer, ist das Verfahren entbehrlich und es genügt für die Eintragung der SE eine Negativerklärung der Anmeldungsbeteiligten gegenüber dem Registergericht.[54] 32

Ein Vorteil[55] des Verfahrens zur Beteiligung der Arbeitnehmer ist die **Festschreibung des Mitbestimmungsmodells** aus dem Gründungsverfahren auch für die Zukunft. Eine Wiederaufnahme von Verhandlungen mit dem Ziel, das im Gründungsverfahren festgeschriebene Ergebnis zu ändern, ist nur für den Fall **struktureller Änderungen** vorgesehen, die geeignet sind, die Beteiligungsrechte der Arbeitnehmer zu mindern (§ 1 Abs. 4 und 18 Abs. 3 SEAG). Eine bloße Vergrößerung der Arbeitnehmerzahl der SE allein gilt nicht als strukturelle Änderung und lässt das Mitbestimmungsregime grundsätzlich unverändert.[56] Falls es bereits innerhalb eines Jahres nach Gründung der SE zu einer strukturellen Änderung kommt, kann die Fortführung des laufenden Mitbestimmungsregimes von sich aus als missbräuchlich gelten (§ 43 SEBG), was insbesondere im Registerverfahren anlässlich einer Satzungsänderung geprüft werden kann. Für die notarielle Praxis relevant ist dies etwa im Fall der Aktivierung einer SE-Vorratsgesellschaft, für die eine Prüfungskompetenz des Handelsregisters möglicherweise sogar über die Jahresfrist hinaus besteht.[57] 33

---

[48] Bericht der Kommission EUR-Lex 52010DC0676; vgl. (auch unter Einbeziehung der grenzüberschreitenden Verschmelzung nach MgVG) *Nikoleyczik/Führ* DStR 2010, 1743.

[49] *Führ* DStR 2010, 1743, 1744; MünchKommAkt/*Reichert/Brandes* Art. 38 SE-VO Rdnr. 16.

[50] Lutter/*Hommelhoff/Teichmann* Art. 9 SE-VO Rdnr. 58.

[51] Bericht der Kommission EUR-Lex 52010DC0676.

[52] Widmann/Mayer/*Heckschen* UmwR Anhang 14 Rdnr. 556 ff.

[53] AG Hamburg ZIP 2005, 2017; LG Hamburg ZIP 2005, 2018; Lutter/Hommelhoff/*Bayer* Art. 2 SE-VO Rdnr. 30.

[54] OLG Düsseldorf DNotZ 2009, 699; Manz/Mayer/*Schröder* Art. 12 SE-VO Rdnr. 17.

[55] Zu weiteren Vorteilen *Seibt* ZIP 2010, 1057.

[56] Lutter/Hommelhoff/*Oetker* § 18 SEAG Rdnr. 17.

[57] *Forst* NZG 2009, 687.

34 Das Mitbestimmungsmodell der SE-VO war anfangs ein ganz wesentlicher Rechtsformvorteil der SE gegenüber nationalen Rechtsformen. Zwischenzeitlich stellt das MgVG[58] im Rahmen **grenzüberschreitender Verschmelzungen** auch nationalen Rechtsformen Möglichkeiten zur Verfügung, vergleichbare Vereinbarungen mit den Arbeitnehmern zu schließen, die dem nationalen Mitbestimmungsrecht vorgehen und auch später fortgelten.[59]

III. Gründung

1. Überblick

35 Die Gründung der SE unterliegt im Vergleich zur Gründung einer deutschen AG einer Reihe von **Einschränkungen.**

36 Für die SE gilt ein **numerus clausus der Gründungsformen.**[60] Sie ist ausschließlich in einem der folgenden **fünf Verfahren** möglich:

- Gründung durch Verschmelzung (Art. 2 Abs. 1 SE-VO),
- Gründung einer Holding-SE (Art. 2 Abs. 2 SE-VO),
- Gründung einer gemeinsamen Tochter-SE (Art. 2 Abs. 3 SE-VO),
- Gründung durch Formwechsel in eine SE (Art. 2 Abs. 4 SE-VO),
- Gründung einer SE-Tochter der SE (Art. 3 Abs. 2 SE-VO).

37 An der SE-Gründung können sich **keine natürlichen Personen** beteiligen. Welche Gesellschaften als sog. Gründungsgesellschaften einer SE in Betracht kommen, variiert je nach Gründungsverfahren. Eine SE kann sich an jedem dieser Verfahren als Gründungsgesellschaft einer anderen SE beteiligen, eine Aktiengesellschaft an allen Verfahren mit Ausnahme des letztgenannten und eine Personengesellschaft ausschließlich an der Gründung einer gemeinsamen Tochter-SE.

38 Die Gründungsverfahren der SE unterscheiden sich ferner nach dem Umfang, in dem ein **Mehrstaatlichkeitsgebot** einen Bezug der Gründungsgesellschaften zu mehr als einem Mitgliedsstaat verlangt.

2. Gründung durch Verschmelzung

39 Die Gründung einer SE durch Verschmelzung gibt es in **zwei Varianten,** zum einen als Verschmelzung von zwei oder mehreren Gründungsgesellschaften zur Gründung einer neuen SE (Art. 17 Abs. 2 lit. b SE-VO) und zum anderen als Verschmelzung durch Aufnahme unter gleichzeitiger Umwandlung des aufnehmenden Rechtsträgers in die Rechtsform der SE (Art. 17 Abs. 2 lit. a SE-VO). Das Verfahren der SE-Gründung durch Verschmelzung ist weitgehend an das (harmonisierte)[61] Recht der Verschmelzung inländischer Aktiengesellschaften angelehnt.

40 a) **Grundlagen.** Eine SE-Gründung durch Verschmelzung steht **ausschließlich Aktiengesellschaften** offen, die nach dem Recht eines Mitgliedsstaats gegründet worden sind und ihren Sitz sowie ihre Hauptverwaltung in der Gemeinschaft haben (Art. 2 Abs. 1 i. V. m. Anhang I SE-VO). Als Aktiengesellschaft gilt für diese Zwecke auch die SE selbst (Art. 3 Abs. 1 SE-VO).[62] Eine deutsche AG, die am Tag der Beschlussfassung über die Zustimmung zum Verschmelzungsplan noch keine zwei Jahre im Handelsregister eingetragen ist, kann nicht als übertragender Rechtsträger an der SE-Gründung durch Verschmelzung beteiligt sein (§ 76 Abs. 1 UmwG i. V. m. Art. 18 SE-VO), sondern muss ein anderes Gründungsverfahren wählen.[63]

---

[58] Gesetz über die Mitbestimmung der Arbeitnehmer bei einer grenzüberschreitenden Verschmelzung vom 21. 12. 2006 (BGBl. I, 3332), zuletzt geändert am 30. 7. 2009 (BGBl. I, 2479).

[59] *Nikoleyczik/Führ* DStR 2010, 1743.

[60] Lutter/Hommelhoff/*Bayer* Art. 2 SE-VO Rdnr. 1.

[61] Dritte Richtlinie des Rates vom 9. 10. 1978 betreffend die Verschmelzung von Aktiengesellschaften (78/855/EWG).

[62] MünchHdbGesR IV/*Austmann* § 83 Rdnr. 1; Lutter/Hommelhoff/*Bayer* Art. 17 SE-VO Rdnr. 8.

[63] Lutter/Hommelhoff/*Bayer* Art. 23 SE-VO Rdnr. 12; MünchKommAktG/*Schäfer* Art. 23 SE-VO Rdnr. 7; a. A. Manz/Mayer/*Schröder* Art. 23 SE-VO Rdnr. 33 f.

Die SE-Gründung durch Verschmelzung unterliegt einem strengen **Mehrstaatlichkeitsgebot.** Mindestens zwei der beteiligten Rechtsträger müssen dem Recht verschiedener Mitgliedsstaaten unterliegen (Art. 2 Abs. 1 SE-VO).[64] 41

Das **Verschmelzungsverfahren** ist in Art. 2 Abs. 1 und Art. 17 bis 31 SE-VO vergleichsweise ausführlich geregelt. Ergänzend verweist die SE-VO – nicht immer zweifelsfrei -[65] auf die nationalen Rechte der beteiligten Gesellschaften, und zwar hinsichtlich verschmelzungsrechtlicher Aspekte auf die nationalen Vorschriften für die Verschmelzung von Aktiengesellschaften des Staates, dem die jeweilige Gründungsgesellschaft unterliegt, (Art. 18 Abs. 1 SE-VO) und hinsichtlich der Gründung auf das Recht des künftigen Sitzstaates der SE (Art. 15 Abs. 1 SE-VO).[66] Für die SE, die ihren Sitz in Deutschland nimmt, und für die an der Verschmelzung beteiligten deutschen Gründungsgesellschaften enthalten §§ 5 bis 8 SEAG besondere Vorschriften, die insbesondere dem Schutz von Gläubigern der Gründungsgesellschaften und dem Schutz ihrer Minderheitsaktionäre dienen. Für die Beteiligung der Arbeitnehmer gilt ergänzend das SEBG (Art. 1 Abs. 4 SE-VO). 42

Praxistipp:

Wesentliche Bestandteile des Gründungsverfahrens durch Verschmelzung sind:[67] 43

- Verschmelzungsplan
- Bericht und Prüfung
- Offenlegung
- Verfahren zur Vereinbarung über die Beteiligung der Arbeitnehmer
- Zuleitung zum Betriebsrat
- Zustimmungsbeschlüsse
- Anmeldung und Registerverfahren
- Registereintragung und Bekanntmachung

b) **Verschmelzungsplan.** Der Verschmelzungsplan ist das Gründungsdokument einer SE-Gründung durch Verschmelzung. Er wird von den Leitungs- oder Verwaltungsorganen der beteiligten Rechtsträger **gleichlautend** aufgestellt (Art. 20 Abs. 1 S. 1 und Art. 26 Abs. 3 SE-VO). Ein zusätzlicher Verschmelzungsvertrag zwischen den Gründungsgesellschaften ist nicht erforderlich, aber zum Zweck der besseren Abstimmung zulässig.[68] 44

Die SE-VO enthält keine Regelungen zur **Form** des Verschmelzungsplans und ebenso wenig das SEAG. Nach h. M. im deutschen Schrifttum richtet sich seine Form nach dem Recht der Gründungsgesellschaft (Art. 18 SE-VO), so dass der Verschmelzungsplan der deutschen Gründungsgesellschaft nach § 6 UmwG notariell zu beurkunden ist.[69] Wird eine deutsche SE errichtet und schreibt das Recht keiner der Gründungsgesellschaften die notarielle Beurkundung des Verschmelzungsplans vor, so ist jedenfalls die Satzung der SE als Bestandteil des Verschmelzungsplans notariell zu beurkunden (i. V. m. § 23 Abs. 1 S. 1 AktG i. V. m. Art. 15 Abs. 1 SE-VO).[70] 45

Keine Regelungen enthalten SE-VO und SEAG zur **Sprache** des Verschmelzungsplans. Auch insofern gilt das Recht, dem die Gründungsgesellschaft unterliegt (Art. 18 SE-VO).[71] Im deutschen Registerverfahren sind sämtliche Unterlagen in deutscher Sprache oder in be- 46

[64] Zur Diskussion über den Wegfall des Mehrstaatlichkeitsgebots vgl. AAK ZIP 2009, 698.

[65] Bericht der Kommission EUR-Lex 52010DC0676.

[66] Lutter/Hommelhoff/*Bayer* Art. 15 SE-VO Rdnr. 7.

[67] Widmann/Mayer/*Heckschen* Anhang 14 Rdnr. 145 ff.

[68] Lutter/Hommelhoff/*Bayer* Art. 20 SE-VO Rdnr. 3 f.; Widmann/Mayer/*Heckschen* Anhang 14 Rdnr. 146; MünchKommAktG/*Schäfer* Art. 20 SE-VO Rdnr. 8 f.

[69] Widmann/Mayer/*Heckschen* Anhang 14 Rdnr. 198 ff.; MünchHdbGesR IV/*Austmann* § 83 Rdnr. 8; Lutter/Hommelhoff/*Bayer* Art. 20 SE-VO Rdnr. 6 f.; MünchKommAktG/*Schäfer* Art. 20 SE-VO Rdnr. 6; a. A. *Schulz/Geismar* DStR 2001, 1078; *Brandes* AG 2005, 177.

[70] *Brandes* AG 2005, 177, 182; Widmann/Mayer/*Heckschen* Anhang 14 Rdnr. 170; Kallmeyer/*Marsch-Barner* UmwG Anhang zu SE-VO, Rdnr. 31 f.

[71] Lutter/Hommelhoff/*Bayer* Art. 20 SE-VO Rdnr. 10; MünchKommAktG/*Schäfer* Art. 20 SE-VO Rdnr. 5.

glaubigter deutscher Übersetzung vorzulegen.[72] In der Praxis sollten mehrsprachige Fassungen erstellt werden, und zwar für sämtliche Sprachen der beteiligten Rechtsträger.

47 Der **Mindestinhalt des Verschmelzungsplans** ergibt sich aus Art. 20 Abs. 1 SE-VO:

48 *aa) Firma und Sitz (lit. a):* Der **Firma** muss als Rechtsformzusatz die Abkürzung ‚SE' voran- oder nachgestellt werden (Art. 11 Abs. 1 SE-VO). Im Übrigen gelten die firmenrechtlichen Grundsätze des Staates, in dem die SE ihren Sitz haben soll (Art. 15 Abs. 1 SE in der Gründungsphase, danach Art. 9 Abs. 1 **lit.** c ii SE-VO).[73]

49 Zur Wahl des **Sitzes** unterliegt die SE der Einschränkung, dass sich Satzungssitz und Hauptverwaltung zwingend im selben Mitgliedsstaat befinden müssen (Art. 7 S. 1 SE-VO).[74] Die SE kann ihren Verwaltungssitz also nicht frei wählen und das auf die SE anwendbare nationale Recht nicht durch die bloße Wahl ihres Satzungssitzes beeinflussen. Allerdings muss die SE ihren Sitz nicht in einem derjenigen Mitgliedsstaaten nehmen, aus denen die Gründungsgesellschaften stammen.

50 *bb) Umtauschverhältnis der Aktien und Höhe der Ausgleichsleistung (lit. b):* Soweit die Vorschrift das **Umtauschverhältnis** behandelt, entspricht sie inhaltlich § 5 Abs. 1 Nr. 3 UmwG. Hinsichtlich der **Ausgleichsleistungen,** also dem Ersatz für ein verringertes Umtauschverhältnis, lässt der Verschmelzungsplan neben baren Zuzahlungen i. S. d. § 5 Abs. 1 Nr. 3 UmwG auch andere Leistungen zu, sofern das auf die SE anwendbare Recht solche kennt. Bei der Gründung einer ‚deutschen' SE unter Beteiligung einer deutschen AG sind Ausgleichsleistungen allerdings durch § 68 Abs. 3 UmwG auf bare Zuzahlungen begrenzt, die 10% des Anteils am Grundkapital der SE nicht übersteigen dürfen. Für eine SE, die ihren Sitz in einem anderen Gründungsstaat nimmt, sind ihre Grenzen umstritten und ebenso die Frage, nach welchem Recht sie sich richten.[75] Im Verschmelzungsplan einer Mutter/Tochter-Verschmelzung entfallen die Angaben zum Umtauschverhältnis und zur Ausgleichsleistung (Art. 31 Abs. 1 SE-VO).[76]

51 *cc) Einzelheiten hinsichtlich der Übertragung der Aktien der SE (lit. c):* Die Vorschrift entspricht § 5 Abs. 1 Nr. 4 UmwG. Für die Aktionäre einer deutschen Gründungsgesellschaft ist wie bei der Verschmelzung einer inländischen Aktiengesellschaft ein Treuhänder für den Empfang der Aktien und Zuzahlungen vorzusehen (§ 71 UmwG i. V. m. Art. 18 SE-VO).[77] Im Verschmelzungsplan einer Mutter/Tochter-Verschmelzung entfallen die Angaben zur Übertragung der Anteile (Art. 31 Abs. 1 SE-VO).[78]

52 *dd) Zeitpunkt der Gewinnberechtigung, Verschmelzungsstichtag (lit. d und e):* Die beiden Vorschriften entsprechen § 5 Abs. 1 Nr. 5 und 6 UmwG. Aufgrund der typischerweise langen Dauer grenzüberschreitender Verschmelzungen empfiehlt es sich, für beide Zeitpunkte variable Stichtage zu bestimmen, die sich jeweils auf den Beginn des Geschäftsjahres beziehen, in dem die Verschmelzung wirksam wird.[79] Im Verschmelzungsplan einer Mutter/Tochter-Verschmelzung entfällt die Angabe nach **lit.** d (Art. 31 Abs. 1 SE-VO).[80]

53 *ee) Sonderrechte, Vorteile für sonstige Beteiligte (lit. f und g):* Die beiden Vorschriften entsprechen § 5 Abs. 1 Nr. 7 und 8 UmwG.

54 *ff) Satzung der SE (lit. h):* Die Satzung der SE ist notwendiger Bestandteil des Verschmelzungsplans und kann ihm als Anlage beigefügt werden. Da die SE-VO keinen Mindestinhalt

---

[72] Koller/*Roth*/Morck HGB § 11 Rdnr. 2; Ebenroth/Boujong/Lorz/*Schaub* HGB § 11 Rdnr. 4.

[73] Lutter/Hommelhoff/*Langhein* Art. 11 SE-VO Rdnr. 3.

[74] Zur Diskussion über die Aufhebung der Koppelung von Satzung- und Verwaltungssitz de lege ferrenda (Art. 69 S. 2 lit. a SE-VO) vgl. *Casper/Weller* NZG 2009, 681 ff.

[75] Für die Anwendung von Art. 18 SE-AG und jedenfalls § 6 Abs. 2 SEAG: MünchKommAktG/*Schäfer* Art. 20 SE-VO Rdnr. 14 und Art. 24 Rdnr. 14; für Art. 15 SE-VO: Lutter/Hommelhoff/*Bayer* Art. 20 SE-VO Rdnr. 19.

[76] Widmann/Mayer/*Heckschen* Anhang 14 Rdnr. 161; MünchHdbGesR IV/*Austmann* § 83 Rdnr. 25 f.

[77] Lutter/Hommelhoff/*Bayer* Art. 20 SE-VO Rdnr. 20; MünchKommAktG/*Schäfer* Art. 20 SE-VO Rdnr. 16.

[78] Widmann/Mayer/*Heckschen* Anhang 14 Rdnr. 161; MünchHdbGesR IV/*Austmann* § 83 Rdnr. 25 f.

[79] Lutter/Hommelhoff/*Bayer* Art. 20 SE-VO Rdnr. 21 f.; MünchKommAktG/*Schäfer* Art. 20 SE-VO Rdnr. 17.

[80] Widmann/Mayer/*Heckschen* Anhang 14 Rdnr. 161; MünchHdbGesR IV/*Austmann* § 83 Rdnr. 25 f.

für die Satzung vorgibt, richtet er sich nach dem Recht des Staates, in dem die SE ihren Sitz nimmt, bei einer SE mit Sitz in Deutschland nach § 23 Abs. 3 und Abs. 4 sowie §§ 26, 27 AktG (Art. 15 Abs. 1 SE-VO bzw. Art. 9 Abs. 1 **lit.** c ii SE-VO).[81] In wesentlichen Aspekten weicht die SE-Satzung vom nationalen Recht ab, teils zwingend, teils unter Gewährung eines Gestaltungsspielraums oder eines Regelungsauftrags an den Satzungsgeber.[82] Zwingende Unterschiede zur Satzung der deutschen AG bestehen insbesondere zu folgenden Aspekten:

- Firma und Sitz,[83]
- Grundkapital,[84]
- Wahl und Ausgestaltung des Leitungssystems (monistisch oder dualistisch),[85]
- Gleichlauf der Satzung mit dem Mitbestimmungssystem.[86]

Die Satzung enthält im Rahmen der Gründung üblicherweise die **Bestellung der Organe** der SE,[87] und zwar im monistischen Leitungssystem des ersten Verwaltungsrats (Art. 43 Abs. 3 SE-VO) sowie im Fall der Verschmelzung zur Neugründung einer SE mit dualistischem Leitungssystem den ersten Aufsichtsrat, der sodann den ersten Vorstand bestellt (Art. 40 Abs. 3 SE-VO).[88] Im Fall der Verschmelzung durch Aufnahme auf eine deutsche Gründungsgesellschaft, sind, sofern die SE im dualistischen Leitungssystem bleibt, Aufsichtsrat und Vorstand bereits besetzt. Dennoch ist umstritten, ob der bisherige Aufsichtsrat zunächst im Amt bleibt oder entsprechend § 203 UmwG neu zu besetzen ist.[89] Für die Praxis empfiehlt es sich, den bisherigen Aufsichtsrat jedenfalls zu bestätigen, soweit er personell unverändert bleibt. Eine Vereinbarung über die Beteiligung der Arbeitnehmer geht der Satzung stets vor (Art. 40 Abs. 2 SE-VO).[90] Für den ersten Aufsichtsrat der SE, die ihren Sitz in Deutschland nimmt, sind Arbeitnehmervertreter wegen §§ 30 Abs. 2 AktG, § 31 AktG nicht zu bestellen.[91] Sie werden entweder nach Maßgabe der Vereinbarung über die Mitbestimmung der Arbeitnehmer bestellt oder aber von der nächsten Hauptversammlung gewählt, in der die Aktionäre dann an die Wahlvorschläge der Arbeitnehmer gebunden sind (§ 36 Abs. 4 SEBG).[92] 55

gg) Angaben zum Verfahren der Arbeitnehmerbeteiligung (lit. i): Der Verschmelzungsplan muss eine Darstellung über das Verfahren der Arbeitnehmerbeteiligung enthalten (Art. 3 Abs. 1 SE-RL und § 4 Abs. 2 SEBG).[93] Weitere Angaben zu den Auswirkungen der Verschmelzung auf die Arbeitnehmer sind für den Verschmelzungsplan nicht vorgesehen, da Art. 20 Abs. 1 UmwG keine dem § 5 Abs. 1 Nr. 5 UmwG vergleichbare Regelung enthält.[94] 56

hh) Barabfindungsgebot: Falls die künftige SE ihren Sitz im Ausland haben soll, muss der Verschmelzungsplan unter Beteiligung einer deutschen Gründungsgesellschaft ein Barabfindungsangebot enthalten, das den Aktionären die Möglichkeit gibt, gegen Abfindung aus der Gesellschaft auszuscheiden, sofern sie Widerspruch zur Niederschrift gegen den Zustim- 57

[81] Lutter/Hommelhoff/*Bayer* Art. 6 SE-VO Rdnr. 6 ff.; MünchKommAktG/*Schäfer* Art. 20 SE-VO Rdnr. 20.
[82] Lutter/Hommelhoff/*Seibt* Art. 5 SE-VO Rdnr. 11 ff.; Kallmeyer/*Marsch-Barner* UmwG, Anhang zu SE-VO Rdnr. 31 f.
[83] Vgl. Rdnr. 48 f.
[84] Vgl. Rdnr. 2.
[85] Vgl. Rdnr. 9 ff.
[86] Vgl. Rdnr. 30.
[87] Lutter/Hommelhoff/*Teichmann* Art. 44 SE-VO Rdnr. 48.
[88] Lutter/Hommelhoff/*Drygala* Art. 40 SE-VO Rdnr. 13.
[89] Für den Fortbestand: Lutter/Hommelhoff/*Drygala* Art. 40 SE-VO Rdnr. 14; dagegen: MünchKommAktG/*Reichert/Brandes* Art. 40 SE-VO Rdnr. 45 ff.
[90] Widmann/Mayer/*Heckschen* Anhang 14 Rdnr. 245; a. A. MünchKommAktG/*Reichert/Brandes* Art. 40 SE-VO Rdnr. 54: die Gründungsgesellschaften unter Zustimmung der Hauptversammlungen (analog § 76 Abs. 2 UmwG).
[91] Lutter/Hommelhoff/*Drygala* Art. 40 SE-VO Rdnr. 16.
[92] Lutter/Hommelhoff/*Teichmann* Art. 43 SE-VO Rdnr. 52.
[93] Lutter/Hommelhoff/*Bayer* Art. 20 SE-VO Rdnr. 26; MünchKommAktG/*Schäfer* Art. 20 SE-VO Rdnr. 21.
[94] Kallmeyer/*Marsch-Barner* UmwG Anhang zu SE-VO, Rdnr. 41.

mungsbeschluss erklären (§ 7 Abs. 1 SEAG). Das Barabfindungsangebot gehört nicht zu den in Art. 20 Abs. 1 SE-VO genannten Mindestangaben eines Verschmelzungsplans, sondern ist für Deutschland zum **Schutz der Minderheitsaktionäre** eingeführt worden (Art. 24 Abs. 2 SE-VO). Hinsichtlich der weiteren Rechte der Minderheitsaktionäre der deutschen Gründungsgesellschaft wird empfohlen, jedenfalls die beiden Spruchverfahren für den Barausgleich (§ 6 Abs. 4 SEAG) und die Verbesserung des Umtauschverhältnisses (§ 7 Abs. 7 SEAG) im Verschmelzungsplan näher zu erläutern, damit die Beschlussfassung der Hauptversammlung zur Zustimmung sachgemäß vorbereitet ist.[95]

58 c) **Bericht und Prüfung.** Die Gründungsgesellschaften haben einen **Verschmelzungsbericht** zu erstellen. Für eine deutsche Gründungsgesellschaft richtet er sich nach § 8 UmwG i. V. m. Art. 18 SE-VO, und zwar auch hinsichtlich der Ausnahmen und Verzichtsmöglichkeiten.[96] Bei Konzernverschmelzungen kann der Verschmelzungsbericht entbehrlich sein (Art. 31 Abs. 1 S. 2 und Abs. 2 SE-VO).[97]

59 Art. 22 SE-VO beschränkt sich zur **Verschmelzungsprüfung** darauf, eine gemeinsame Prüferbestellung zu ermöglichen und Auskunftspflichten gegenüber dem Prüfer festzulegen. Im Übrigen richtet sich die Verschmelzungsprüfung samt ihrer Ausnahmen und Verzichtsmöglichkeiten nach dem Verschmelzungsrecht der Gründungsgesellschaften, bei der deutschen Gründungsgesellschaft nach §§ 9 bis 12 UmwG i. V. m. Art. 18 SE-VO.[98] Eine Verschmelzungsprüfung kann bei Konzernverschmelzungen entbehrlich sein (Art. 31 Abs. 1 SE-VO).[99]

60 Neben der Verschmelzungsprüfung, die der Vorbereitung der Hauptversammlungen dient, findet im Eintragungsverfahren der SE jedenfalls im Fall der Verschmelzung zur Neugründung einer deutschen SE **keine Sachgründungsprüfung** nach § 33 Abs. 2 AktG statt (§ 75 Abs. 2 UmwG i. V. m. Art. 15 Abs. 1 SE-VO).[100] Umstritten ist, ob dies auch für den Fall der Verschmelzung zur Aufnahme gilt oder ob dort in Analogie zu §§ 197, 220 UmwG oder zu Art. 37 Abs. 6 SE-VO eine Prüfung stattzufinden hat, weil mit der Verschmelzung zugleich ein Formwechsel in die SE verbunden ist.[101] Diese Frage sollte im Einzelfall mit dem zuständigen Richter abgestimmt werden.

61 Für die deutsche SE sind im Eintragungsverfahren zudem die Vorschriften zur Nachgründung zu beachten, falls die Gründungsgesellschaft, die als übernehmender Rechtsträger die Rechtsform der SE annehmen soll, noch keine zwei Jahre im Handelsregister eingetragen ist.[102] In diesem Fall ist u. a. eine **Nachgründungsprüfung** vorgeschrieben (§ 52 Abs. 4 AktG, § 67 UmwG i. V. m. Art. 15 Abs. 1 SE-VO).

62 d) **Offenlegung.** Die Gründungsgesellschaften haben die für sie zuständigen Register über den Inhalt des Verschmelzungsplans und die weiteren in Art. 21 SE-VO genannten Angaben zu benachrichtigen, damit diese im **Amtsblatt des Mitgliedsstaates** eine Offenlegung veranlassen (Art. 21 SE-VO). Dem deutschen Handelsregister sind diese Angaben zusammen mit dem Verschmelzungsplan einzureichen (§ 5 S. 1 SEAG). Das Handelsregister macht sie mit dem Hinweis nach § 61 S. 2 UmwG bekannt (§ 5 S. 2 SEAG).[103]

63 e) **Verfahren zur Beteiligung der Arbeitnehmer.** Unmittelbar nach der Offenlegung des Verschmelzungsplans haben die Leitungsorgane der beteiligten Rechtsträger das Verfahren über die Beteiligung der Arbeitnehmer nach Maßgabe der **SE-RL und dem SEBG** in die

[95] Lutter/Hommelhoff/*Bayer* Art. 25 SE-VO Rdnr. 20 ff.; Widmann/Mayer/*Heckschen* Anhang 14 Rdnr. 240.

[96] MünchHdbGesR IV/*Austmann* § 83 Rdnr. 14 ff.; Widmann/Mayer/*Heckschen* Anhang 14 Rdnr. 210 ff.

[97] Lutter/Hommelhoff/*Bayer* Art. 31 SE-VO Rdnr. 13 und 15 ff.

[98] MünchHdbGesR IV/*Austmann* § 83 Rdnr. 14 ff.; Widmann/Mayer/*Heckschen* Anhang 14 Rdnr. 210 ff.

[99] Lutter/Hommelhoff/*Bayer* Art. 31 SE-VO Rdnr. 10.

[100] Lutter/Hommelhoff/*Bayer* Art. 26 SE-VO Rdnr. 20; MünchKommAktG/*Schäfer* Art. 26 SE-VO Rdnr. 9.

[101] Dagegen: Lutter/Hommelhoff/*Bayer* Art. 26 SE-VO Rdnr. 20; *Vossius* ZIP 2005, 741, 748; dafür: Kallmeyer/*Marsch-Barner* UmwG Anhang zu SE-VO Rdnr. 62; MünchKommAktG/*Schäfer* Art. 20 SE-VO Rdnr. 39 und Art. 26 SE-VO Rdnr. 9.

[102] Kallmeyer/*Marsch-Barner* UmwG Anhang zu SE-VO Rdnr. 59; MünchKommAktG/*Schäfer* Art. 23 SE-VO Rdnr. 8.

[103] Lutter/Hommelhoff/*Bayer* Art. 21 SE-VO Rdnr. 9 f.; *Krafka*/*Willer*/*Kühn* Registerrecht Rdnr. 1752.

Wege zu leiten (Art. 3 Abs. 1 SE-RL, § 4 Abs. 2 SEBG).[104] Die SE darf nicht in das Register eingetragen werden, bevor das Verfahren zur Beteiligung der Arbeitnehmer ordnungsgemäß abgeschlossen wurde (Art. 12 Abs. 2 und 3 SE-VO).[105]

f) **Zuleitung zum Betriebsrat.** Für deutsche Gründungsgesellschaften gilt zudem die umwandlungsrechtliche Pflicht, den Verschmelzungsplan spätestens **einen Monat vor der Beschlussfassung** der Anteilseigner dem Betriebsrat zuzuleiten (§ 5 Abs. 3 und § 17 Abs. 1 UmwG i. V. m. Art. 18 SE-VO).[106] 64

g) **Zustimmungsbeschlüsse.** Die Hauptversammlungen der Gründungsgesellschaften beschließen sodann über die **Zustimmung zum Verschmelzungsplan** (Art. 23 SE-VO). Die Vorschrift ist zwingend und gilt auch für Konzernverschmelzungen, so dass umwandlungsrechtliche Ausnahmen vom Erfordernis der Beschlussfassung – etwa nach § 62 UmwG oder vergleichbaren Vorschriften des Rechts anderer Gründungsgesellschaften – nicht zur Anwendung kommen.[107] 65

Die Vorbereitung und Einberufung der Hauptversammlung unterliegen nach Art. 18 SE-VO dem Recht der jeweiligen Gründungsgesellschaften.[108] Die Einberufungsfrist beträgt in gemeinschaftskonformer Auslegung des § 123 AktG einen Monat.[109] Ebenfalls dem Recht der Gründungsgesellschaft unterliegen die Einzelheiten der Beschlussfassung, so dass bei einer deutschen Gründungsgesellschaft eine Beschlussfassung mit einfacher Stimmmehrheit sowie einer **Mehrheit von drei Vierteln** des vertretenen Grundkapitals erforderlich ist, soweit die Satzung keine größere Mehrheit bestimmt.[110] Über die Hauptversammlung der deutschen Gründungsgesellschaft ist eine notarielle Niederschrift anzufertigen (§ 13 Abs. 3 UmwG, § 130 AktG i. V. m. Art. 18 SE-VO).[111] 66

Die Hauptversammlung kann zudem einen **Zustimmungsvorbehalt zur Regelung der Arbeitnehmermitbestimmung** beschließen (Art. 23 Abs. 2 S. 2 SE-VO). Der Vorbehalt ermöglicht es der Gründungsgesellschaft, die Zustimmung der Hauptversammlung zum Verschmelzungsplan einzuholen, bevor das mindestens sechs Monate dauernde Verfahren zur Beteiligung der Arbeitnehmer abgeschlossen ist. Erfolg hat dieses Vorgehen nur, sofern mitbestimmungsrelevante Vorschriften möglichst aus der Satzung herausgehalten werden und sich das Ergebnis der Verhandlungen mit den Arbeitnehmern in den Grenzen der Satzung hält.[112] Weicht das Mitbestimmungsmodell, das am Ende der Verhandlungen mit den Arbeitnehmern feststeht, von der Satzung ab, so besteht nach h. M. für die SE ein Eintragungshindernis (Art. 12 Abs. 4 SE-VO), mit der Folge, dass der Verschmelzungsplan mit einer geänderten Satzung für alle Gründungsgesellschaften erneut zur Abstimmung gestellt werden muss.[113] Der Beschluss des Zustimmungsvorbehalts erfordert im Fall einer deutschen Gründungsgesellschaft nach h. M. bloß einfache Stimmenmehrheit[114] und ebenso der spätere Beschluss über die Erteilung der Zustimmung.[115] Eine Delegation des Zustimmungs- 67

[104] Vgl. Rdnr. 27 ff.

[105] Lutter/Hommelhoff/*Bayer* Art. 12 SE-VO Rdnr. 24 ff.

[106] Widmann/Mayer/*Heckschen* Anhang 14 Rdnr. 226 ff.

[107] Lutter/Hommelhoff/*Bayer* Art. 23 SE-VO Rdnr. 1 und Art. 31 SE-VO Rdnr. 14.

[108] MünchHdbGesR IV/*Austmann* § 83 Rdnr. 21; Lutter/Hommelhoff/*Bayer* Art. 23 SE-VO Rdnr. 5 ff.; Widmann/Mayer/*Heckschen* Anhang 14 Rdnr. 231; Kallmeyer/*Marsch-Barner* UmwG Anhang zu SE-VO Rdnr. 50 ff.; MünchKommAktG/*Schäfer* Art. 23 SE-VO Rdnr. 5 ff.; einschließlich der Anforderungen des Nachgründungsrecht Lutter/Hommelhoff/*Bayer* Art. 23 Rdnr. 8.

[109] *J. Schmidt* DB 2006, 375; Lutter/Hommelhoff/*Bayer* Art. 23 Rdnr. 5; *Hüffer* AktG § 123 Rdnr. 2.

[110] *Brandes* AG 2005, 177, 184; MünchHdbGesR IV/*Austmann* § 83 Rdnr. 22; Lutter/Hommelhoff/*Bayer* Art. 23 SE-VO Rdnr. 10; Widmann/Mayer/*Heckschen* Anhang 14 Rdnr. 238; Kallmeyer/*Marsch-Barner* UmwG Anhang zu SE-VO Rdnr. 53; MünchKommAktG/*Schäfer* Art. 23 SE-VO Rdnr. 6.

[111] Lutter/Hommelhoff/*Bayer* Art. 23 SE-VO Rdnr. 13; Widmann/Mayer/*Heckschen* Anhang 14 Rdnr. 238 f.

[112] MünchHdbGesR IV/*Austmann* § 83 Rdnr. 24.

[113] Lutter/Hommelhoff/*Bayer* Art. 23 SE-VO Rdnr. 16; Widmann/Mayer/*Heckschen* Anhang 14 Rdnr. 238 f.; Manz/Mayer/*Schröder* Art. 23 SE-VO Rdnr. 22.

[114] Lutter/Hommelhoff/*Bayer* Art. 23 SE-VO Rdnr. 17; MünchKommAktG/*Schäfer* Art. 23 SE-VO Rdnr. 11.

[115] Lutter/Hommelhoff/*Bayer* Art. 23 SE-VO Rdnr. 20; MünchKommAktG/*Schäfer* Art. 23 SE-VO Rdnr. 12; zu Bestrebungen, die Mehrheit für deutsche Gründungsgesellschaften zu erhöhen, vgl. *AAK* ZIP 2010, 2221, 2223 f.

rechts der Hauptversammlung auf andere Gremien, etwa den Aufsichtsrat, ist nicht vorgesehen.[116]

68 Ein weiterer Beschlusspunkt der Hauptversammlung muss die **Zustimmung zur Anwendung des Spruchverfahrens** sein, falls die Rechtsordnung einer Gründungsgesellschaft kein Spruchverfahren kennt, wohl aber die Rechtsordnung einer anderen Gründungsgesellschaft (Art. 25 Abs. 3 S. 1 SE-VO). Bei Beteiligung einer deutschen Gründungsgesellschaft sind die Spruchverfahren der § 6 Abs. 4 und § 7 Abs. 7 SEAG einschlägig. Wird diese Zustimmung erteilt, sind die SE und alle ihre Aktionäre an die Entscheidung im Spruchverfahren gebunden (Art. 25 Abs. 3 S. 5 SE-VO).[117]

69 Weiterer Gegenstand der Beschlussfassung der Hauptversammlung der übernehmenden Gründungsgesellschaft ist die **Kapitalerhöhung** zur Gewährung neuer Aktien, sofern sie nach dem Recht, dem die übernehmende Gründungsgesellschaft unterliegt, stattzufinden hat, für die deutsche Gründungsgesellschaft nach §§ 68, 69 UmwG.[118]

70 h) **Anmeldungen und Registerverfahren.** Welchem Verfahren und welchen inhaltlichen Anforderungen die Anmeldungen einer SE-Gründung durch Verschmelzung zur Eintragung in das Register unterliegen, ist in der SE-VO Gegenstand **spezieller Verweisungsnormen**. Das formelle Registerverfahren richtet sich nach Art. 25 Abs. 1 und 26 Abs. 1 SE-VO und daneben enthält Art. 25 Abs. 1 SE-VO eine Spezialverweisung auf das materielle Recht, welches das für die Gründungsgesellschaft zuständige Register im Bereich seiner formellen Prüfungskompetenz anzuwenden hat.[119] Je nach Sitzstaat der beteiligten Gesellschaften und der künftigen SE können sich daher Verfahren und Inhalt der Anmeldungen erheblich unterscheiden.

71 *aa) Ablauf des Registerverfahrens:* Das Registerverfahren der SE-Gründung durch Verschmelzung teilt sich in eine **zweistufige Rechtmäßigkeitsprüfung** (Art. 27 Abs. 2 SEVO), die zu einer Arbeitsteilung der zuständigen Gerichte führt.[120] Auf der ersten Stufe steht die Prüfung der Rechtshandlungen und Formalitäten, die das auf die Gründungsgesellschaft anwendbare Recht für die Verschmelzung vorschreibt (Art. 25 Abs. 1 SE-VO). Auf der zweiten Stufe folgt die Prüfung der Durchführung der Verschmelzung und der SE-Gründung auf der Ebene der künftigen SE (Art. 26 Abs. 1 SE-VO).

72 Zuständig für die **Prüfung der ersten Stufe** ist das für die Gründungsgesellschaft zuständige Gericht, die Behörde oder ein Notar (Art. 25 Abs. 2 SE-VO). Für eine deutsche Gründungsgesellschaft bleibt es bei der Zuständigkeit des Handelsregisters am Sitz der Aktiengesellschaft (§ 4 SEAG i.V.m. §§ 376 und 377 FamFG und § 25 Abs. 1 SE-VO i.V.m. § 14 AktG),[121] da der deutsche Gesetzgeber von der Möglichkeit, die Rechtmäßigkeitsprüfung der ersten Stufe auf die Notare zu übertragen, (zu Recht) keinen Gebrauch gemacht hat.[122] Der Prüfungsumfang des deutschen Handelsregisters umfasst neben den umwandlungsrechtlichen Anforderungen der §§ 16, 17 UmwG etwa die Feststellungen, ob eine Sicherheitsleistung im Rahmen des Gläubigerschutzes (§ 8 SEAG) gewährt wurde und die Anzeige eines Treuhänders nach § 71 Abs. 1 S. 2 UmwG vorliegt.[123] Ergibt diese Prüfung keine Einwände, erteilt das Handelsregister bzw. die für die ausländische Gründungsgesellschaft sonst zuständige Stelle eine **Rechtmäßigkeitsbescheinigung** (Art. 25 Abs. 2 SE-VO), die in der zweiten Stufe vorzulegen ist und für die dort zuständige Stelle hinsichtlich der Einhaltung des Verschmelzungsrecht auf der Ebene der Gründungsgesellschaft im Grundsatz maßgeb-

[116] Lutter/Hommelhoff/*Bayer* Art. 23 SE-VO Rdnr. 21; Widmann/Mayer/*Heckschen* Anhang 14 Rdnr. 242; a. A. MünchKommAktG/*Schäfer* Art. 23 SE-VO Rdnr. 3.

[117] MünchKommAktG/*Schäfer* Art. 24 SE-VO Rdnr. 15; insbesondere zur internationalen Zuständigkeit im Spruchverfahren.

[118] Kallmeyer/*Marsch-Barner* UmwG Anhang zu SE-VO Rdnr. 62.

[119] Lutter/Hommelhoff/*Bayer* Art. 25 SE-VO Rdnr. 8 f.; Manz/Meyer/*Schröder* Art. 25 SE-VO Rdnr. 33.

[120] Lutter/Hommelhoff/*Bayer* Art. 25 SE-VO Rdnr. 1.

[121] Lutter/Hommelhoff/*Bayer* Art. 25 SE-VO Rdnr. 10; MünchKommAktG/*Schäfer* Art. 25 SE-VO Rdnr. 10.

[122] *Heckschen* DNotZ 2003, 251, 268.

[123] MünchHdbGesR IV/*Austmann* § 83 Rdnr. 29; Lutter/Hommelhoff/*Bayer* Art. 25 SE-VO Rdnr. 10.

lich ist.[124] Für die deutsche Gründungsgesellschaft besteht die Rechtmäßigkeitsbescheinigung in der Eintragungsmitteilung des Handelsregisters über die Verschmelzung bei der übertragenden Gründungsgesellschaft.[125] Ein laufendes Spruchverfahren, das die Anforderungen nach Art. 25 Abs. 3 S. 1 SE-VO erfüllt, hindert die Eintragung nicht, ist aber in dieser zu vermerken (Art. 25 Abs. 3 S. 2 SE-VO).

Zuständig für die **Prüfung der zweiten Stufe** ist die für den übernehmenden Rechtsträger bzw. die neue SE am künftigen Satzungssitz zuständige Stelle (Art. 12 Abs. 1 SE-VO), für eine SE, die ihren Sitz in Deutschland nimmt, das Handelsregister (§§ 3 und 4 SEAG i. V. m. §§ 376, 377 FamFG und § 14 AktG).[126] Der Prüfungsumfang in der zweiten Stufe besteht insbesondere darin, ob die Voraussetzung der Mehrstaatlichkeit eingehalten wurde, ob die Rechtmäßigkeitsbescheinigungen der Gründungsgesellschaften vorliegen und diese nicht älter als sechs Monate sind (Art. 26 Abs. 2 SE-VO), ob die beteiligten Rechtsträger gleichlautende Verschmelzungspläne aufgestellt haben (Art. 26 Abs. 3 SE-VO), ob das Verfahren der Arbeitnehmerbeteiligung ordnungsgemäß zu Ende gebracht wurde und sein Ergebnis mit den Bestimmungen der Satzung übereinstimmt (Art. 12 Abs. 2 und 26 Abs. 3 SE-VO) sowie ob die für die SE anwendbaren Gründungsvorschriften des Sitzstaates beachtet wurden (Art. 15 i. V. m. Art. 26 Abs. 4 SE-VO). Umstände, die bereits in der ersten Stufe Gegenstand der Prüfung waren, sollten in der zweiten Stufe nicht erneut zu berücksichtigen sein, sofern die Rechtmäßigkeitsbescheinigung der zuständigen Stelle nicht evident unrichtig ist.[127] Für die Gründung der SE, die ihren Sitz in Deutschland nimmt, verweist Art. 15 SE-VO auf den gerichtlichen Prüfungsmaßstab des Gerichts nach § 38 AktG, der für eine SE mit monistischem Leitungssystem durch § 21 Abs. 3 SEAG modifiziert ist. Sofern die Prüfung insgesamt keine Einwände ergibt, veranlasst die zuständige Stelle die Eintragung der Verschmelzung und der Gründung der SE in das Register (Art. 27 SE-VO). 73

bb) Anmeldung zur Eintragung in das Register der Gründungsgesellschaften: Für die **Handelsregisteranmeldung bei einer deutschen Gründungsgesellschaft** finden §§ 16 und 17 UmwG i. V. m. Art. 25 Abs. 1 SE-VO Anwendung und regeln die Organzuständigkeit für die Anmeldung, deren Inhalt, die beizufügenden Anlagen sowie das Erfordernis notarieller Beglaubigung (§ 12 Abs. 1 HGB).[128] Strittig ist, ob die Acht-Monats-Frist für die Schlussbilanz des übertragenden Rechtsträger (§ 17 Abs. 2 S. 2 UmwG) zu beachten ist.[129] 74

cc) Anmeldung zur Eintragung in das Register der künftigen SE: Die Anmeldung zur Eintragung in das Register der künftigen SE ist Sache aller **Gründungsgesellschaften** (Art. 26 Abs. 2 SE-VO). Für die deutsche SE mit monistischem Leitungssystem haben daneben die Mitglieder des ersten Verwaltungsrats sowie die geschäftsführenden Direktoren an der Anmeldung mitzuwirken (§ 21 Abs. 1 SEAG).[130] Für den Fall der Neugründung einer deutschen SE mit dualistischem Leitungssystem ist umstritten, ob die Anmeldung auch von Vorstand (§§ 16 Abs. 1 S. 1, 38 UmwG i. V. m. Art. 15 SE-VO) und Aufsichtsrat (§ 36 Abs. 1 AktG i. V. m. Art. 15 SE-VO) zu erfolgen hat.[131] Unstreitig haben jedenfalls die Vorstands- 75

[124] Zu § 117 Abs. 2 UmwG vgl. Rdnr. 74.

[125] So § 122 k Abs. 2 S. 2 UmwG zur grenzüberschreitenden Verschmelzung; MünchHdbGesR IV/*Austmann* § 83 Rdnr. 30; Widmann/Mayer/*Heckschen* Anhang 14 Rdnr. 249; Kallmeyer/*Marsch-Barner* UmwG Anhang zu SE-VO, Rdnr. 19; a. A. Lutter/Hommelhoff/*Bayer* Art. 25 SE-VO Rdnr. 5; Schmitt/*Hörtnagl*/Stratz UmwG UmwStG, EWG (VO) 2157/2001 Art. 25 Rdnr. 15; MünchKommAktG/*Schäfer* Art. 25 SE-VO Rdnr. 10; offen: Manz/Meyer/*Schröder* Art. 25 SE-VO Rdnr. 42.

[126] Lutter/Hommelhoff/*Bayer* Art. 26 SE-VO Rdnr. 5; MünchKommAktG/*Schäfer* Art. 26 SE-VO Rdnr. 4.

[127] MünchHdbGesR IV/*Austmann* § 83 Rdnr. 31; Widmann/Mayer/*Heckschen* Anhang 14 Rdnr. 264 ff.; Lutter/Hommelhoff/*Bayer* Art. 25 SE-VO Rdnr. 5; differenzierend Manz/Meyer/*Schröder* Art. 25 SE-VO Rdnr. 21 und Art. 26 SE-VO Rdnr. 3 ff.

[128] Widmann/Mayer/*Heckschen* Anhang 14 Rdnr. 251 ff.; Manz/Meyer/*Schröder* Art. 25 SE-VO Rdnr. 34 ff.

[129] Dafür *Empt* NZG 2010, 1013; dagegen *Brandes* AG 2005, 177, 128; Kallmeyer/*Marsch-Barner* UmwG Anhang zu SE-VO Rdnr. 80.

[130] Kritisch zur Vereinbarkeit mit Art. 26 Abs. 2 SE-VO: Lutter/Hommelhoff/*Bayer* Art. 26 SE-VO Rdnr. 8; MünchKommAktG/*Schäfer* Art. 26 SE-VO Rdnr. 7.

[131] Dagegen Lutter/Hommelhoff/*Bayer* Art. 26 SE-VO Rdnr. 7; MünchKommAktG/*Schäfer* Art. 26 SE-VO Rdnr. 6; a. A. Widmann/Mayer/*Heckschen* Anhang 14 Rdnr. 256; MünchHdbGesR IV/*Austmann* § 83 Rdnr. 31.

mitglieder die Versicherung nach § 37 AktG abzugeben (Art. 15 Abs. 1 SE-VO i. V. m. § 36 Abs. 2 S. 1 UmwG) und entsprechend die geschäftsführenden Direktoren im monistischem Leitungssystem (§ 21 Abs. 2 SEAG).[132]

76 Art. 26 SE-VO erwähnt **Anlagen der Handelsregisteranmeldung,** enthält aber keine abschließende Aufzählung. Vorzulegen sind insbesondere:

- Rechtmäßigkeitsbescheinigungen nach Art. 25 Abs. 2 SE-VO, die zum Zeitpunkt der Anmeldung nicht älter als sechs Monate sein dürfen (Art. 26 Abs. 2 SE-VO),
- Ausfertigung des Verschmelzungsplans (Art. 26 Abs. 2 SE-VO),
- Niederschriften über die Zustimmungsbeschlüsse zum Verschmelzungsplan für die Prüfung nach Art. 26 Abs. 2 SE-VO,
- Vereinbarung über die Arbeitnehmerbeteiligung bzw. Nachweise über das Verfahren zur Arbeitnehmerbeteiligung für die Prüfung nach Art. 26 Abs. 3 SE-VO,
- Unterlagen, die zur Prüfung der SE-Gründung nach dem Recht des SE-Sitzes erforderlich sind (Art. 26 Abs. 4 SE-VO), typischerweise alle Unterlagen, die zur Anmeldung zu den Registern der Gründungsgesellschaften eingereicht wurden,[133]
- Unterlagen über die Bestellung der Organe, die nicht in der Satzung bestellt wurden.

77 i) **Registereintragung und Bekanntmachung.** Nach Durchführung der in Art. 25 und 26 SE-VO vorgesehenen Verfahren wird die SE in das zuständige Register im Sitzstaat der künftigen SE eingetragen (Art. 27 Abs. 2 SE-VO).[134] Mit der **Eintragung** sind die Verschmelzung und die Gründung der SE vollzogen (Art. 27 Abs. 1 i. V. m. Art. 12 Abs. 1 SE-VO). Im Fall der Verschmelzung zur Neugründung entsteht die SE mit der Eintragung als juristische Person (Art. 16 Abs. 1 SE-VO), im Fall der Verschmelzung zur Aufnahme nimmt die bisherige Aktiengesellschaft die Rechtsform der SE an (Art. 17 Abs. 2 S. 2 SE-VO).

78 Nach der Eintragung veranlassen die für die Gründungsgesellschaften und die SE zuständigen Stellen deren **Offenlegung** (Art. 13 und Art. 28 SE-VO), das deutsche Handelsregister gemäß § 10 HGB i. V. m. § 40 AktG bzw. § 19 Abs. 3 UmwG. Daneben erfolgt eine informatorische Bekanntmachung im Amtsblatt der EU (Art. 14 Abs. 1 SE-VO).

79 Die **Wirkungen der Verschmelzung** richten sich im Einzelnen nach Art. 29 SE-VO, hinsichtlich der Gesamtrechtsnachfolge für die Aktiva und Passiva der übertragenden Gründungsgesellschaften, dem Erwerb der Aktien durch die Aktionäre der übertragenden Gründungsgesellschaften und dem Übergang der Arbeitsverhältnisse.[135]

3. Gründung einer Holding-SE

80 Die zweite Gründungsform der SE ist die der Holding-SE (Art. 2 Abs. 2 SE-VO). Sie ermöglicht es zwei oder mehreren Gründungsgesellschaften, ihren Gesellschaftern Anteile an einer neu zu errichtenden Holding im Gegenzug für die Einbringung der Mehrheit der (stimmberechtigten) Anteile an jeder Gründungsgesellschaft anzubieten (Art. 33 Abs. 2 und 4 SE-VO). Sie ist als **umwandlungsrechtliche Strukturmaßnahme** ausgestaltet, die das deutsche Umwandlungsrecht bislang so nicht kennt.[136] Anders als eine Sachgründung gegen Einlage von Gesellschaftsanteilen geht sie von den Gründungsgesellschaften selbst aus und nicht von deren Gesellschaftern. Gründer der Holding-SE sind damit die Gründungsgesellschaften.[137]

81 a) **Grundlagen.** Die Gründung der Holding-SE steht **Aktiengesellschaften und Gesellschaften mit beschränkter Haftung** offen, die nach dem Recht eines Mitgliedsstaats gegründet

[132] MünchHdbGesR IV/*Austmann* § 83 Rdnr. 31; Widmann/Mayer/*Heckschen* Anhang 14 Rdnr. 257; MünchKommAktG/*Schäfer* Art. 26 SE-VO Rdnr. 8; Manz/Mayer/*Schröder* Art. 26 SEVO Rdnr. 19.

[133] Einschränkend Lutter/Hommelhoff/*Bayer* Art. 26 SE-VO Rdnr. 9; MünchKommAktG/*Schäfer* Art. 26 SE-VO Rdnr. 9.

[134] Vgl. Rdnr. 73.

[135] Lutter/Hommelhoff/*Bayer* Art. 29 SE-VO Rdnr. 1 ff.

[136] Lutter/Hommelhoff/*Bayer* Art. 32 SE-VO Rdnr. 1; Manz/Meyer/*Schröder* Vorb. zu Art. 32 SE-VO Rdnr. 7.

[137] Lutter/Hommelhoff/*Bayer* Art. 32 SE-VO Rdnr. 11; Widmann/Mayer/*Heckschen* Anhang 14 Rdnr. 271 f.; MünchKommAktG/*Schäfer* Art. 32 SE-VO Rdnr. 1; für einen ‚gespaltenen Gründerbegriff' Manz/Meyer/*Schröder* Art. 32 SE-VO Rdnr. 101.

worden sind und ihren Sitz sowie ihre Hauptverwaltung in der Gemeinschaft haben (Art. 2 Abs. 2 i. V. m. Anhang II SE-VO). Auch eine SE kommt als Gründungsgesellschaft in Betracht (Art. 3 Abs. 1 SE-VO).

Das **Mehrstaatlichkeitsgebot** der Gründung einer Holding-SE ist weniger streng als das der SE-Gründung durch Verschmelzung.[138] Es genügt, wenn mindestens zwei der Gründungsgesellschaften dem Recht verschiedener Mitgliedsstaaten unterliegen oder wenn mindestens eine Gründungsgesellschaft seit mindestens zwei Jahren eine dem Recht eines anderen Mitgliedsstaats unterliegende Tochtergesellschaft oder eine Zweigniederlassung in einem anderen Mitgliedsstaat hat (Art. 2 Abs. 2 SE-VO). Somit können zwei deutsche GmbH eine SE-Holding gründen, sofern nur eine von ihnen über eine entsprechende Tochtergesellschaft oder Zweigniederlassung im Ausland verfügt.[139] 82

Die **Gründungsvorschriften** für die Holding-SE sind in der SE-VO ausgesprochen knapp geregelt (Art. 2 Abs. 2 und Art. 32 bis 34 SE-VO), so dass eine Vielzahl von Regelungslücken zu schließen sind, teils durch Analogien und teils über Verweisungen in das nationale Recht. Entsprechend der SE-Gründung durch Verschmelzung wird zu Aspekten, welche die Sphäre der künftigen SE betreffen, auf das an ihrem Sitzstaat für Aktiengesellschaften anwendbare Gründungsrecht verwiesen (Art. 15 Abs. 1 SE-VO)[140] und hinsichtlich der umwandlungsrechtlichen Aspekte aus der Sphäre der Gründungsgesellschaften auf die Vorschriften für die Verschmelzung von Aktiengesellschaften des Staates, dem sie unterliegen (analog Art. 18 Abs. 1 SE-VO).[141] Diese Verweisungssystematik macht im Fall der Gründung einer deutschen Holding-SE allerdings Schwierigkeiten, da das deutsche Umwandlungs- und Gründungsrecht keine vergleichbare Gründungsform kennt. Die Ausführungsvorschriften der §§ 9 bis 11 SEAG nehmen sich dieses Themas nur hinsichtlich einzelner Aspekte an und regeln im Übrigen den Schutz der Minderheitsgesellschafter. Für die deutsche Holding-SE ist neben dem Gründungsrecht stets auch die Anwendbarkeit des WPüG zu beachten, da mit der Gründung ein Kontrollerwerb verbunden ist.[142] 83

Praxistipp:

Wesentliche Bestandteile des Gründungsverfahrens der Holding-SE sind:[143] 84

- Gründungsplan
- Prüfung
- Offenlegung
- Verfahren zur Vereinbarung über die Beteiligung der Arbeitnehmer
- Zustimmungsbeschlüsse
- Einbringung der Anteile an den Gründungsgesellschaften
- Anmeldung und Registerverfahren
- Registereintragung und Bekanntmachung

b) Gründungsplan. Das Gründungsverfahren der Holding-SE beginnt mit der Aufstellung eines **gleichlautenden** Gründungsplans durch die Leitungs- oder Verwaltungsorgane der Gründungsgesellschaften (Art. 32 Abs. 2 S. 1 SE-VO).[144] 85

Der **Mindestinhalt** des Gründungsplans umfasst Folgendes: 86

- den Inhalt, der für einen Verschmelzungsplan nach **Art. 20 Abs. 1 lit. a, b, c, f, g, h und i SE-VO** (Art. 32 Abs. 2 S. 3 1. HS SE-VO) vorgeschrieben ist.[145] Es fehlen lediglich die An-

[138] Vgl. Rdnr. 41.

[139] Zur Definition Widmann/Mayer/*Heckschen* Anhang 14 Rdnr. 89 f.

[140] Lutter/Hommelhoff/*Bayer* Art. 32 SE-VO Rdnr. 5 f.; MünchKommAktG/*Schäfer* Art. 32 SE-VO Rdnr. 2.

[141] Lutter/Hommelhoff/*Bayer* Art. 32 SE-VO Rdnr. 7; MünchKommAktG/*Schäfer* Art. 32 SE-VO Rdnr. 3; a. A. Widmann/Mayer/*Heckschen* Anhang 14 Rdnr. 275.

[142] MünchHdbGesR IV/*Austmann* § 83 Rdnr. 54 f.; MünchKommAktG/*Oechsler* Art. 2 SE-VO Rdnr. 20 ff.

[143] Detaillierter Ablaufplan bei Widmann/Mayer/*Heckschen* Anhang 14 Rdnr. 282 ff.; auch MünchKommAktG/*Schäfer* Art. 32 SE-VO Rdnr. 4.

[144] Lutter/Hommelhoff/*Bayer* Art. 20 SE-VO Rdnr. 3 f.; Widmann/Mayer/*Heckschen* Anhang 14 Rdnr. 146; MünchKommAktG/*Schäfer* Art. 20 SE-VO Rdnr. 8 f.

[145] Vgl. dazu Rdnr. 48 ff.

gaben über den Zeitpunkt der Gewinnberechtigung und zum Verschmelzungsstichtag (Art. 20 Abs. 1 **lit.** d und e SE-VO), da die Gründungsgesellschaften nach der Durchführung der Holding-Gründung unverändert fortbestehen (Art. 32 Abs. 1 S. 2 SE-VO) und kein Vermögen einbüßen.[146]

- einen **Bericht**, der die Gründung rechtlich und wirtschaftlich erläutert und begründet sowie darlegt, welche Auswirkungen der Übergang zur Rechtsform einer SE für die Gesellschafter und für die Arbeitnehmer hat (Art. 32 Abs. 2 S. 1 SE-VO).
- für jede Gründungsgesellschaft die Angabe des **Mindestprozentsatzes der Aktien** oder sonstigen Anteile, der von den Gesellschaftern eingebracht werden muss, damit die Holding-SE gegründet werden kann; dieser Prozentsatz muss mehr als 50% der durch Aktien verliehenen ständigen Stimmrechte betragen (Art. 32 Abs. 2 S. 3 Halbs. 2 SE-VO).

87 Bei Beteiligung einer deutschen Gründungsgesellschaft hat der Gründungsplan zudem ein **Barabfindungsangebot** zu enthalten (§ 9 SEAG)[147] und ergänzend solche Bestimmungen, die das auf die anderen Gründungsgesellschaften anwendbare Recht zum Schutz von Minderheitsgesellschaftern, Gläubigern oder Arbeitnehmern vorsieht (Art. 34 SE-VO). Wie im Verschmelzungsplan, so sollte auch in einem Gründungsplan ein Hinweis auf die Spruchverfahren für das Abfindungsangebot (§ 9 Abs. 2 i.V.m. § 6 Abs. 4 SEAG) und den Barausgleich zur Verbesserung des Umtauschverhältnisses (§ 11 i.V.m. § 7 Abs. 7 SEAG und Art. 34 SE-VO) enthalten sein, um die Zustimmungsbeschlüsse der Versammlung hierauf vorzubereiten.

88 Eine Reihe offener Fragen gibt es zur Gestaltung der **Satzung**, die über Art. 20 Abs. 1 **lit.** h SE-VO Teil des Gründungsplans ist. Der Mindestinhalt der Satzung richtet sich wie bei der SE-Gründung durch Verschmelzung nach dem Recht des Sitzstaats der Holding-SE. Daraus folgt für die deutsche SE die Schwierigkeit, wie in der Satzung die von § 23 Abs. 3 Nr. 3 AktG geforderte Angabe des Grundkapitals eingehalten werden kann. Die Holding-SE hat ein mehrstufiges Gründungsverfahren, bei dem die Anzahl der auszugebenden Aktien und somit auch die Höhe des Grundkapitals erst dann feststeht, wenn die Frist zur Einbringung der Anteile nach Art. 33 Abs. 1 und Abs. 3 UnterAbs. 2 SE-VO abgelaufen ist. Für dieses Problem wurden verschiedene Lösungen vorgeschlagen, die überwiegend vorsehen, dass in der Satzung des Gründungsplans ein geringes Grundkapital anzugeben ist und der für den Vollzug der SE-Gründung fehlende Betrag später im Wege einer sog. Stufengründung[148] oder im Wege einer Kapitalerhöhung durch Beschluss,[149] bedingtes Kapital[150] oder genehmigtes Kapital[151] gebildet wird. Keine dieser Lösungen harmonisiert vollends mit dem deutschen Aktienrecht, so dass sich geringfügige Modifikationen des § 23 AktG im Hinblick auf Art. 32 SE-VO nicht vermeiden lassen. Aus den gleichen Gründen muss in Modifikation zu § 27 AktG in der Satzung eine allgemein gehaltene Festlegung der Sacheinlage genügen, da die einzubringenden Aktien erst nach Beendigung der Einbringungsphase feststehen.[152]

89 Bestandteil der Satzung der Holding-SE kann die **Bestellung der Organe** sein, im dualistischen Leitungssystem der Mitglieder des ersten Aufsichtsrates (Art. 40 Abs. 2 SE-VO), die dann den ersten Vorstand bestellen, und im monistischen Leitungssystem der Mitglieder des ersten Verwaltungsrates (Art. 43 Abs. 3 SE-VO).[153]

90 Die **Form** des Gründungsplans richtet sich nach dem Recht der Gründungsgesellschaft, so dass für eine deutsche Gründungsgesellschaft die Pflicht zur notariellen Beurkundung be-

---

[146] MünchKommAktG/*Schäfer* Art. 20 SE-VO Rdnr. 11.

[147] Lutter/Hommelhoff/*Bayer* Art. 34 SE-VO Rdnr. 7ff.

[148] Widmann/Mayer/*Heckschen* Anhang 14 Rdnr. 288; Manz/Meyer/*Schröder* Art. 32 SE-VO Rdnr. 104ff.; a.A. MünchHdbGesR IV/*Austmann* § 83 Rdnr. 51f.

[149] Lutter/Hommelhoff/*Bayer* Art. 32 SE-VO Rdnr. 31ff.

[150] MünchKommAktG/*Schäfer* Art. 32 SE-VO Rdnr. 14.

[151] *Jannott/Frodermann* 3. Kap. Rdnr. 140.

[152] Lutter/Hommelhoff/*Bayer* Art. 32 SE-VO Rdnr. 35; auch MünchHdbGesR IV/*Austmann* § 83 Rdnr. 53.

[153] Lutter/Hommelhoff/*Bayer* Art. 40 SE-VO Rdnr. 13; Widmann/Mayer/*Heckschen* Anhang 14 Rdnr. 38; zum mitbestimmten Aufsichtsrat vgl. Rdnr. 20.

steht (analog § 6 UmwG i. V. m. Art. 18 SE-VO).[154] Falls die SE ihren Sitz in Deutschland nimmt, an ihr aber keine deutschen Gründungsgesellschaften beteiligt sind, ist jedenfalls die Satzung als Teil des Gründungsplans beurkundungspflichtig (§ 23 Abs. 1 S. 1 AktG i. V. m. Art. 15 Abs. 1 SE-VO).

Zur **Sprache** des Gründungsplans empfiehlt es sich, wie beim Verschmelzungsplan, mehrsprachige Fassungen in den Sprachen aller beteiligten Gesellschaften herzustellen.[155] 91

c) **Prüfung.** Der Gründungsplan ist durch **unabhängige Sachverständige** zu prüfen (Art. 32 Abs. 4 und 5 SE-VO), die für die deutsche Gründungsgesellschaft vom Handelsregister bestellt werden (analog § 11 UmwG i. V. m. Art. 18 SE-VO).[156] 92

Neben dieser Prüfung, die der Vorbereitung der Hauptversammlungen dient, treten im Eintragungsverfahren der Holding-SE, die ihren Sitz in Deutschland nimmt, eine **Gründungsprüfung** und die Pflicht, einen Gründungsbericht zu erstellen (§ 33 Abs. 2 Nr. 4 AktG i. V. m. Art. 15 Abs. 1 SE-VO).[157] 93

d) **Offenlegung.** Der Gründungsplan muss mindestens einen Monat vor der Hauptversammlung, die über die Gründung zu beschließen hat, für jede Gründungsgesellschaft offengelegt werden (Art. 32 Abs. 3 SE-VO). Deutsche Gründungsgesellschaften reichen den Gründungsplan (auszugsweise ohne den Gründungsbericht) entsprechend § 61 UmwG in öffentlicher Form beim Handelsregister ein. Das Handelsregister veranlasst anschließend die Bekanntmachung mit einem Hinweis nach § 61 S. 2 UmwG.[158] 94

e) **Verfahren zur Beteiligung der Arbeitnehmer.** Unmittelbar nach der Offenlegung des Gründungsplans beginnt das Verfahren zur Beteiligung der Arbeitnehmer (Art. 3 Abs. 1 SE-RL, § 4 Abs. 2 SEBG).[159] Eine Mitteilung des Gründungsplans an den Betriebsrat einer deutschen Gründungsgesellschaft ist nicht vorgesehen.[160] 95

f) **Zustimmungsbeschlüsse.** Die Haupt- oder Gesellschafterversammlungen der Gründungsgesellschaften müssen über die **Zustimmung zum Gründungsplan** beschließen (Art. 32 Abs. 6 und 7 SE-VO). Vorbereitung und Einberufung der Haupt- oder Gesellschafterversammlungen richten sich nach dem Recht der Gründungsgesellschaften, so dass für die deutsche Gründungsgesellschaft §§ 63, 64 UmwG zu beachten sind (analog Art. 18 SE-VO).[161] Da Art. 32 SE-VO keine eigenständige Regelung zu den Mehrheitserfordernissen der Beschlussfassung vorsieht, hat der deutsche Gesetzgeber für die Aktiengesellschaft eine **Mehrheit von mindestens drei Viertel** des bei der Beschlussfassung vertretenen Grundkapitals und für eine Gesellschaft mit beschränkter Haftung eine Mehrheit von mindestens drei Viertel der abgegebenen Stimmen vorgeschrieben (§ 10 Abs. 1 SEAG).[162] Über die Haupt- oder Gesellschafterversammlung ist eine notarielle Niederschrift anzufertigen (analog § 13 Abs. 3 UmwG, § 130 AktG i. V. m. Art. 18 SE-VO).[163] 96

Wie im Fall der SE-Gründung durch Verschmelzung kann die Haupt- oder Gesellschafterversammlung auch bei der Gründung der Holding-SE einen **Zustimmungsvorbehalt zur Regelung der Arbeitnehmermitbestimmung** beschließen (Art. 32 Abs. 6 S. 3 SE-VO).[164] 97

---

[154] MünchHdbGesR IV/*Austmann* § 83 Rdnr. 45; Lutter/Hommelhoff/*Bayer* Art. 32 SE-VO Rdnr. 22; Widmann/Mayer/*Heckschen* Anhang 14 Rdnr. 294 ff.; MünchKommAktG/*Schäfer* Art. 32 SE-VO Rdnr. 23; a. A. Manz/Meyer/*Schröder* Art. 32 SE-VO Rdnr. 15.

[155] Vgl. Rdnr. 46.

[156] Widmann/Mayer/*Heckschen* Anhang 14 Rdnr. 302.

[157] Lutter/Hommelhoff/*Bayer* Art. 33 SE-VO Rdnr. 41.

[158] Lutter/Hommelhoff/*Bayer* Art. 32 SE-VO Rdnr. 47; MünchKommAktG/*Schäfer* Art. 32 SE-VO Rdnr. 24.

[159] Vgl. Rdnr. 27 ff.

[160] MünchHdbGesR IV/*Austmann* § 83 Rdnr. 21.

[161] MünchHdbGesR IV/*Austmann* § 83 Rdnr. 46; Lutter/Hommelhoff/*Bayer* Art. 23 SE-VO Rdnr. 60; MünchKommAktG/*Schäfer* Art. 33 SE-VO Rdnr. 5 ff.; im Ergebnis auch Manz/Meyer/*Schröder* Art. 32 SE-VO Rdnr. 82.

[162] Kritisch zur Regelungskompetenz Lutter/Hommelhoff/*Bayer* Art. 32 Rdnr. 65 ff.

[163] Lutter/Hommelhoff/*Bayer* Art. 32 SE-VO Rdnr. 70; Widmann/Mayer/*Heckschen* Anhang 14 Rdnr. 317; MünchKommAktG/*Schäfer* Art. 32 SE-VO Rdnr. 34.

[164] Vgl. Rdnr. 67.

98 Falls die Rechtsordnung der Gründungsgesellschaft kein Spruchverfahren kennt, wohl aber die Rechtsordnung einer anderen Gründungsgesellschaft, muss die Versammlung zudem über die **Zustimmung zur Anwendung eines Spruchverfahrens** beschließen (analog Art. 25 Abs. 3 S. 1 SE-VO).[165] Für die deutsche Gründungsgesellschaft kommen die Spruchverfahren für das Abfindungsangebot (§ 9 Abs. 2 i.V.m. § 6 Abs. 4 SEAG) und für den Barausgleich zur Verbesserung des Umtauschverhältnisses (§ 11 i.V.m. § 7 Abs. 7 SEAG und Art. 34 SE-VO) zur Anwendung.

99 g) **Einbringung der Anteile an den Gründungsgesellschaften.** Nach der Zustimmung durch alle Haupt- oder Gesellschafterversammlungen steht der Gründungsplan fest und es beginnt die sog. **Einbringungsphase**, die sich in zwei Phasen unterteilt. Sofern eine Versammlung noch einen Zustimmungsvorbehalt hinsichtlich der Beteiligung der Arbeitnehmer beschlossen hat, beginnt die Einbringungsphase erst, wenn das Verfahren zur Beteiligung der Arbeitnehmer abgeschlossen ist und die Versammlung ihre Zustimmung erteilt hat.[166]

100 In der ersten Phase, der sog, ‚**Mindestquotenphase**', haben die Anteilsinhaber drei Monate Zeit, ihrer Gründungsgesellschaft mitzuteilen, ob sie ihre Anteile in die Vor-SE einbringen wollen (Art. 33 Abs. 1 SE-VO). Gegründet ist die SE nur dann, wenn innerhalb dieser Dreimonatsfrist hinsichtlich jeder Gründungsgesellschaft Anteile in Höhe der im Gründungsplan festgelegten Mindesteinbringungsquote eingebracht wurden (Art. 31 Abs. 2 SE-VO).[167] Sofern die Quote erreicht wird, ist dies offenzulegen (Art. 33 Abs. 3 UnterAbs. 1 SE-VO), für die deutsche Gründungsgesellschaft nach § 10 HGB.[168] Sodann beginnt die zweite Phase, die sog. ‚**Zaunkönigphase**', in der die Anteilsinhaber, die zuvor keine Mitteilung gemacht haben, innerhalb einer Nachfrist von einem Monat ihre Anteile noch einbringen können (Art. 33 Abs. 3 UnterAbs. 2 SE-VO).

101 Die ‚**Mitteilung**' des Anteilsinhabers nach Art. 33 Abs. 1 SE-VO besteht in einem verbindlichen Angebot an die Gründungsgesellschaft, das jedenfalls konkludent aufschiebend bedingt auf das Erreichen der Mindesteinbringungsquote ist.[169] Im Fall von Geschäftsanteilen an einer deutschen GmbH sind das Angebot sowie seine Annahme **notariell zu beurkunden** (§ 15 Abs. 4 GmbHG).[170]

102 Zum Begriff der ‚**Einbringung**' i.S.d. Art. 33 Abs. 1 SE-VO ist umstritten, ob für ihre Zwecke zugleich auch die Anteilsabtretung innerhalb der Dreimonatsfrist dinglich vollzogen sein muss[171] oder ob die schuldrechtliche Verpflichtung gegenüber der Gründungsgesellschaft jedenfalls dann genügt,[172] wenn das Recht, dem die Gründung der Holding-SE unterliegt, eine spätere Abtretung erlaubt. Falls die Holding-SE ihren Sitz in Deutschland nimmt, müssen die Anteile innerhalb der Frist dinglich wirksam übertragen sein (§ 36 Abs. 2 S. 1 AktG i.V.m. Art. 15 Abs. 1 bzw. 5 SE-VO).[173] Die Abtretung von Geschäftsanteilen an einer deutschen GmbH ist **notariell zu beurkunden** (§ 15 Abs. 3 GmbHG).

103 **h) Anmeldung und Registerverfahren.** *aa) Anmeldung:* Nach Abschluss der Einbringungsphase ist die Holding-SE nach dem Recht ihres Sitzstaates zur Eintragung anzumelden (Art. 15 Abs. 1 SE-VO), in Deutschland zum Handelsregister am Satzungssitz der SE.[174]

104 **Zuständig** für die Anmeldung sind im Fall einer deutschen Holding-SE die Gründungsgesellschaften als deren Gründer[175] sowie daneben im dualistischen Leitungssystem die Mitglieder von Vorstand und Aufsichtsrat (§ 36 Abs. 1 i.V.m. Art. 15 Abs. 1 SE-VO) und im

[165] Lutter/Hommelhoff/*Bayer* Art. 34 SE-VO Rdnr. 12; Widmann/Mayer/*Heckschen* Anhang 14 Rdnr. 316; MünchKommAktG/*Schäfer* Art. 34 SE-VO Rdnr. 4.

[166] Lutter/Hommelhoff/*Bayer* Art. 33 SE-VO Rdnr. 13.

[167] Lutter/Hommelhoff/*Bayer* Art. 33 SE-VO Rdnr. 8.

[168] Lutter/Hommelhoff/*Bayer* Art. 33 SE-VO Rdnr. 29.

[169] Lutter/Hommelhoff/*Bayer* Art. 33 SE-VO Rdnr. 11.

[170] Lutter/Hommelhoff/*Bayer* Art. 33 SE-VO Rdnr. 12.

[171] MünchHdbGesR IV/*Austmann* § 83 Rdnr. 47.

[172] Lutter/Hommelhoff/*Bayer* Art. 33 SE-VO Rdnr. 16f.; MünchKommAktG/*Schäfer* Art. 33 SE-VO Rdnr. 6.

[173] Lutter/Hommelhoff/*Bayer* Art. 33 SE-VO Rdnr. 18.

[174] Lutter/Hommelhoff/*Bayer* Art. 33 SE-VO Rdnr. 50; Widmann/Mayer/*Heckschen* Anhang 14 Rdnr. 327.

[175] Vgl. Rdnr. 80.

monistischen Leitungssystem die Mitglieder des Verwaltungsrats und die geschäftsführenden Direktoren (§ 21 Abs. 1 SEAG).[176] Der **Inhalt** der Anmeldung richtet sich nach § 37 AktG i.V.m. Art. 15 Abs. 1 SE-VO. Die Anmeldung bedarf der notariellen Beglaubigung (§ 12 Abs. 1 HGB).

Zum Schutz der Minderheitsaktionäre verpflichtet § 10 SEAG alle Vertretungsorgane der Gründungsgesellschaften zur Abgabe einer **Negativerklärung**, dass eine Klage gegen die Wirksamkeit der Zustimmungsbeschlüsse gemäß Art. 32 Abs. 6 SE-VO nicht oder nicht fristgemäß erhoben oder eine solche Klage rechtskräftig abgewiesen oder zurückgenommen worden ist. Allerdings fehlt für die Gründung einer Holding-SE die Möglichkeit, in Deutschland ein § 16 Abs. 3 UmwG vergleichbares Freigabeverfahren einzuleiten, was die Holding-Gründung im Vergleich zur SE-Gründung im Wege der Verschmelzung erheblich verzögern kann.[177] 105

bb) Registerverfahren: Anders als bei der SE-Gründung durch Verschmelzung ist das Registerverfahren im Fall der Holding-SE **nicht zweistufig ausgestaltet.**[178] Die Prüfung der Eintragungsvoraussetzungen ist ausschließlich Sache der für die Holding-SE zuständigen Stelle. Der Prüfungsumfang umfasst die Voraussetzungen der Art. 32 und Art. 33 Abs. 2 SE-VO (Art. 33 Abs. 5 SE-VO) sowie der nationalen Sachgründungsvorschriften (Art. 15 Abs. 1 SE-VO) und derjenigen Vorschriften des Rechts jeder ausländischen Gründungsgesellschaft, die analog Art. 18 SE-VO auf das Gründungsverfahren anwendbar sind.[179] Die Prüfung ausländischen Rechts durch das zuständige Gericht ist ein Nachteil dieser Gründungsform, da sie zu nicht unerheblichen Verzögerungen im Registerverfahren führen kann. 106

i) **Registereintragung und Bekanntmachung.** Mit der Eintragung der Holding-SE ist die Gründung vollzogen (Art. 12 Abs. 1 SE-VO), so dass die SE als **juristische Person** entsteht (Art. 16 Abs. 1 SE-VO). Die Gründungsgesellschaften bleiben unverändert bestehen (Art. 32 Abs. 1 S. 2 SE-VO). 107

Sodann veranlasst die für die Holding-SE zuständige Stelle die **Offenlegung** der Gründung (Art. 13, 15 Abs. 2 SE-VO), in Deutschland das Handelsregister gemäß § 10 HGB. Daneben erfolgt eine informatorische Bekanntmachung im Amtsblatt der EU (Art. 14 Abs. 1 SE-VO).[180] 108

4. Gründung einer gemeinsamen Tochter-SE

Die dritte Gründungsform ist die einer **SE als gemeinsame Tochtergesellschaft** von zwei oder mehr Gesellschaften (Art. 2 Abs. 3, Art. 35 SE-VO). Sie zielt insbesondere auf grenzüberschreitende Joint Ventures. 109

a) **Grundlagen.** Die Gründung der Tochter-SE hat gegenüber allen anderen Gründungsformen den Vorteil, dass sie den **weitesten Kreis von Gründungsgesellschaften** zulässt. Sämtliche Gesellschaften im Sinne von Art. 48 Abs. 2 EG-Vertrag (‚Gesellschaften des bürgerlichen Rechts und des Handelsrechts einschließlich der Genossenschaften und die sonstigen juristischen Personen des öffentlichen und privaten Rechts mit Ausnahme derjenigen, die keinen Erwerbszweck verfolgen'), die nach dem Recht eines Mitgliedsstaats gegründet worden sind und ihren Sitz sowie ihre Hauptverwaltung in der Gemeinschaft haben (Art. 2 Abs. 3 SE-VO), können als Gründungsgesellschaften teilnehmen. In Deutschland gehören dazu insbesondere AG, KGaA, GmbH, eG, oHG, KG, PartG oder GbR.[181] 110

Das **Mehrstaatlichkeitsgebot** der Gründung einer Tochter-SE entspricht dem der Holding-SE (Art. 2 Abs. 3 SE-VO).[182] 111

---

[176] Lutter/Hommelhoff/*Bayer* Art. 33 SE-VO Rdnr. 51; Widmann/Mayer/*Heckschen* Anhang 14 Rdnr. 327.
[177] Lutter/Hommelhoff/*Bayer* Art. 33 SE-VO Rdnr. 54; Widmann/Mayer/*Heckschen* Anhang 14 Rdnr. 328.
[178] Widmann/Mayer/*Heckschen* Anhang 14 Rdnr. 332.
[179] Lutter/Hommelhoff/*Bayer* Art. 33 SE-VO Rdnr. 25 ff. und 45; Widmann/Mayer/*Heckschen* Anhang 14 Rdnr. 332 ff.
[180] Lutter/Hommelhoff/*Bayer* Art. 33 SE-VO Rdnr. 57.
[181] Lutter/Hommelhoff/*Bayer* Art. 2 SE-VO Rdnr. 19.
[182] Vgl. Rdnr. 82.

112 **Gründungsvorschriften** für die Tochter-SE enthält die SE-VO kaum. Festgelegt ist ausschließlich der Kreis der Gründungsgesellschaften (Art. 2 Abs. 3 und Art. 35 SE-VO) und hinsichtlich der Gründungsvoraussetzungen und des Gründungsverfahrens eine vollumfängliche Verweisung auf das nationale Recht (Art. 36 SE-VO und Art. 15 Abs. 1 SE-VO). Eine Lückenfüllung durch Analogien anhand der Vorschriften über die Verschmelzungs- oder Holdinggründung wird von der h. M. abgelehnt, da die Verweisungsnormen eindeutig sind und es zweifelsfrei keine planwidrige Regelungslücke enthalten.[183]

113 Die Verweisung des Art. 36 Art. SE-VO betrifft alle Verfahrensschritte der Gründung, die in die **Sphäre der Gründungsgesellschaften** fallen. Entsprechend der Parallelvorschrift des Art. 18 SE-VO ist insoweit auf die Vorschriften zurückzugreifen, denen eine Gründungsgesellschaft bei der Gründung einer Tochter in Form einer Aktiengesellschaft nationalen Rechts unterliegt.[184] Diese Verweisung hat für deutsche Kapitalgesellschaften keine großen Auswirkungen. Die Gründung einer Tochter-AG ist grundsätzlich von der Geschäftsführungskompetenz eines Vorstands oder Geschäftsführers umfasst, die Fallgruppen von § 179a AktG und der Gelatine-Rechtsprechung[185] ausgenommen.[186] Für deutsche Personengesellschaften erfordert die Gründung der Tochter-SE in der Regel einen Gesellschafterbeschluss.

114 Verfahrensschritte der Gründung, die in die **Sphäre der künftigen SE** fallen, unterliegen dem Recht ihres künftigen Sitzstaates (Art. 15 Abs. 1 SE-VO).[187] Das Verfahren zur Gründung einer deutschen Tochter-SE entspricht daher bis auf die Anforderungen an die Satzung der SE und die Beteiligung der Arbeitnehmer weitgehend dem der Gründung einer deutschen AG.

Praxistipp:

115 Wesentliche Bestandteile des Gründungsverfahrens einer deutschen Tochter-SE sind:

- Feststellung der Satzung und Bestellung der Organe
- Verfahren zur Vereinbarung über die Beteiligung der Arbeitnehmer
- Leistung der Einlagen, Gründungsbericht und -prüfung
- Anmeldung
- Registerverfahren, Registereintragung und Bekanntmachung

116 **b) Feststellung der Satzung, Bestellung der Organe.** Die deutsche Tochter-SE wird durch **notarielle Beurkundung** der Satzungsfeststellung und Übernahme der Aktien errichtet (§ 23 Abs. 1 und 2 i. V. m. Art. 15 Abs. 1 SE-VO).[188] Der Satzungsinhalt entspricht dem im Rahmen einer SE-Gründung zur Verschmelzung festzulegenden.[189] Zugleich werden die künftigen Organe der SE durch notariell beurkundete Erklärung bestellt (§ 30 Abs. 1 AktG i. V. m. Art. 15 Abs. 1 SE-VO).

117 **c) Verfahren zur Vereinbarung über die Beteiligung der Arbeitnehmer.** Das Verfahren zur Beteiligung der Arbeitnehmer ist auch im Rahmen der Gründung einer Tochter-SE zwingend (Art. 12 Abs. 3 SE-VO).[190]

118 **d) Leistung der Einlagen, Gründungsbericht und -prüfung.** Für die Leistung der in der Satzung festgelegten **Bar- oder Sacheinlagen** gelten für die Gründung der Tochter-SE keine Besonderheiten (§§ 36, 36a AktG i. V. m. Art. 15 Abs. 1 SE-VO). Entsprechendes gilt für den

[183] Lutter/Hommelhoff/*Bayer* Art. 36 SE-VO Rdnr. 6 f.; Manz/Meyer/*Schröder* Vorb. zu Art. 35 SE-VO Rdnr. 7; a. A. MünchKommAktG/*Schäfer* Art. 35, 36 SE-VO Rdnr. 4.

[184] Lutter/Hommelhoff/*Bayer* Art. 36 SE-VO Rdnr. 15 ff.

[185] BGH NZG 2004, 575 – Gelatine I; BGHZ 159, 30 – Gelatine II.

[186] Lutter/Hommelhoff/*Bayer* Art. 36 SE-VO Rdnr. 6 f.; Manz/Meyer/*Schröder* Vorb. zu Art. 35 SE-VO Rdnr. 7.

[187] Lutter/Hommelhoff/*Bayer* Art. 36 SE-VO Rdnr. 9 ff.

[188] Lutter/Hommelhoff/*Bayer* Art. 36 SE-VO Rdnr. 19.

[189] Vgl. Rdnr. 54; Lutter/Hommelhoff/*Bayer* Art. 36 SE-VO Rdnr. 19.

[190] Lutter/Hommelhoff/*Bayer* Art. 36 SE-VO Rdnr. 19; vgl. Rdnr. 27 ff.

Gründungsbericht und die Gründungsprüfung (§§ 32 und 33ff. AktG i.V.m. Art. 15 Abs. 1 SE-VO).[191]

e) **Anmeldung.** Die Tochter-SE ist von allen Gründungsgesellschaften als Gründern sowie im dualistischen Leitungssystem von den Mitgliedern des ersten Aufsichtsrates und Vorstandes zur Eintragung in das Handelsregister anzumelden (§ 36 Abs. 1 AktG i.V.m. Art. 15 Abs. 1 SE-VO), im monistischen Leitungssystem von allen Mitgliedern des Verwaltungsrats und den geschäftsführenden Direktoren (§ 21 Abs. 1 SEAG). Die Anmeldung bedarf der **notariellen Beglaubigung** (§ 12 Abs. 1 HGB). 119

f) **Registerverfahren, Eintragung und Bekanntmachung.** Das Handelsregister am Sitz der Tochter-SE (§ 4 SEAG, § 14 AktG) prüft die Gründung (§ 38 i.V.m. Art. 15 Abs. 1 SE-VO und § 21 Abs. 3 SAEG) und trägt sie sodann in das Handelsregister ein (Art. 12 Abs. 1 SEVO, § 3 SEAG).[192] Mit der Eintragung entsteht die Tochter-SE als **juristische Person** (Art. 16 Abs. 1 SE-VO). Die Bekanntmachung entspricht derjenigen der Gründung einer Holding-SE.[193] 120

5. Gründung durch Formwechsel

Die vierte Möglichkeit der SE-Gründung ist die **‚Umwandlung' in eine SE** (Art. 2 Abs. 4 SE-VO). Sie entspricht einem Formwechsel nach deutschem Umwandlungsrecht, da sie gemäß Art. 37 Abs. 2 SE-VO ausdrücklich weder die Auflösung der Gesellschaft zur Folge hat noch die Gründung einer neuen juristischen Person. Es besteht Personenidentität zwischen der Gründungsgesellschaft und der SE.[194] 121

a) **Grundlagen.** Der Formwechsel in die SE steht ausschließlich **Aktiengesellschaften** offen, die nach dem Recht eines Mitgliedsstaats gegründet worden sind und ihren Sitz und ihre Hauptverwaltung in der Gemeinschaft haben (Art. 2 Abs. 4 i.V.m. Anhang II SE-VO). 122

Das **Mehrstaatlichkeitsgebot** des Formwechsels in die SE verlangt, dass die umzuwandelnde Gründungsgesellschaft seit mindestens zwei Jahren eine dem Recht eines anderen Mitgliedsstaats unterliegende Tochtergesellschaft hat (Art. 2 Abs. 4 SE-VO).[195] 123

Die **Gründungsvorschriften** für den Formwechsel in die SE ergeben sich aus Art. 2 Abs. 4 und Art. 37 SE-VO. Ergänzend gelten die nationalen Vorschriften über die Gründung von Aktiengesellschaften (Art. 15 Abs. 1 SE-VO), für die deutsche SE die Vorschriften zum Formwechsel von Aktiengesellschaften sowie die Gründungsvorschriften der AG (§§ 23ff. AktG i.V.m. § 197 UmwG). Hinsichtlich des anwendbaren Rechts wirft der Formwechsel nicht dieselben Abgrenzungsfragen zwischen verschiedenen Rechtsordnungen auf wie die übrigen Gründungsverfahren, weil Art. 27 Abs. 3 SE-VO es untersagt, den Sitz der Gründungsgesellschaft im Rahmen des Formwechsels in einen anderen Mitgliedsstaat zu verlegen.[196] Somit gilt für die Sphäre der Gründungsgesellschaft und die Sphäre der künftigen SE zwingend dasselbe Recht. 124

[191] Lutter/Hommelhoff/*Bayer* Art. 36 SE-VO Rdnr. 21f.

[192] Lutter/Hommelhoff/*Bayer* Art. 36 SE-VO Rdnr. 24f.

[193] Vgl. Rdnr. 108; Lutter/Hommelhoff/*Bayer* Art. 36 SE-VO Rdnr. 26.

[194] Kallmeyer/*Marsch-Barner* UmwG Anhang zu SE-VO Rdnr. 93; Lutter/Hommelhoff/*Seibt* Art. 37 SE-VO Rdnr. 3.

[195] Zur Definition Kallmeyer/*Marsch-Barner* UmwG Anhang zu SE-VO Rdnr. 95; Widmann/Mayer/*Heckschen* Anhang 14 Rdnr. 89f.; Lutter/Hommelhoff/*Seibt* Art. 37 SE-VO Rdnr. 14f.

[196] Dafür Lutter/Hommelhoff/*Seibt* Art. 37 SE-VO Rdnr. 4.

Praxistipp:

125 Wesentliche Bestandteile des Verfahrens eines Formwechsels in die deutsche SE sind:[197]

- Umwandlungsplan
- Bericht
- Prüfung
- Offenlegung
- Verfahren zur Vereinbarung über die Beteiligung der Arbeitnehmer
- Mitteilung an den Betriebsrat
- Umwandlungsbeschluss und Bestellung der Organe
- Anmeldung
- Registereintragung und Bekanntmachung

126 b) **Umwandlungsplan.** Der **Vorstand** der deutschen AG beginnt das Verfahren zum Formwechsel in die SE mit der Aufstellung eines Umwandlungsplans (Art. 37 Abs. 4 SE-VO).

127 Nicht abschließend geklärt ist, nach welchen Vorschriften sich der **Inhalt** des Umwandlungsplans richtet, da Art. 37 SE-VO dazu keine Regelung und keine Verweisung enthält. Die analoge Anwendung von Art. 20 SE-VO[198] zum Inhalt des Verschmelzungsplans ist nicht unumstritten, teils wird stattdessen ein Rückgriff auf §§ 194 Abs. 1, 243, 218 UmwG befürwortet.[199] Für die Praxis empfiehlt es sich, beide Vorschriften möglichst zu kombinieren.[200] Zwingend ist die Aufnahme der in Art. 20 Abs. 1 **lit.** a, b, c, f, g und h SE-VO genannten Angaben.[201] Umstritten ist, ob das Verfahren zur Beteiligung der Arbeitnehmer im Umwandlungsplan zu erläutern ist (analog Art. 20 Abs. 1 **lit.** i SE-VO), obwohl es ohnehin Teil des Umwandlungsberichts ist (Art. 37 Abs. 4 SE-VO).[202]

128 Nicht erforderlich ist ein Abfindungsangebot an die dem Formwechselbeschluss widersprechenden Aktionäre entsprechend § 207 UmwG;[203] umstritten ist hinsichtlich der Minderheitsrechte allerdings, ob Aktionäre analog § 196 UmwG einen Anspruch auf einen Barausgleich zur Verbesserung des Beteiligungsverhältnisses haben können.[204]

129 Bei der Gestaltung der **Satzung**, die Teil des Umwandlungsplans ist (analog Art. 20 Abs. 1 **lit.** h SE-VO), ist zusätzlich zum Gebot, dass Verwaltungssitz und Satzungssitz in demselben Mitgliedsstaat liegen müssen, das Verbot der Sitzverlegung in einen anderen Mitgliedsstaat zu beachten (Art. 37 Abs. 3 SE-VO). Vorsichtshalber sollte die Satzung die Anforderung von § 27 AktG einhalten und eine Beschreibung des Formwechsels als Sacheinlage vorsehen.[205] Falls das Grundkapital der AG vor dem Formwechsel das Mindestkapital der SE von € 120.000,00 nicht erreicht (Art. 4 Abs. 2 SE-VO), ist es vorab zu erhöhen.[206]

130 Zur **Form** des Umwandlungsplans enthält die SE-VO keine Regelung und auch die Verweisung über Art. 15 Abs. 1 SE-VO führt nicht zu einem eindeutigen Ergebnis.[207] Für die Praxis wird die notarielle Beurkundung bzw. Abstimmung mit dem Gericht jedenfalls empfohlen.[208]

---

[197] Widmann/Mayer/*Heckschen* Anhang 14 Rdnr. 375.

[198] Lutter/Hommelhoff/*Seibt* Art. 37 SE-VO Rdnr. 3; MünchKommAktG/*Schäfer* Art. 37 SE-VO Rdnr. 10.

[199] MünchHdbGesR IV/*Austmann* § 83 Rdnr. 63; Manz/Mayer/*Schröder* Art. 37 SE-VO Rdnr. 75.

[200] Kallmeyer/*Marsch-Barner* UmwG Anhang zu SE-VO Rdnr. 100.

[201] Vgl. Rdnr. 48 ff.

[202] Dafür: Kallmeyer/*Marsch-Barner* UmwG Anhang zu SE-VO Rdnr. 100; dagegen: Lutter/Hommelhoff/*Seibt* SE-VO Art. 37 Rdnr. 34.

[203] Kallmeyer/*Marsch-Barner* UmwG Anhang zu SE-VO Rdnr. 100; Lutter/Hommelhoff/*Seibt* Art. 37 SE-VO Rdnr. 66 f.; Manz/Mayer/*Schröder* Art. 37 SE-VO Rdnr. 76 und 99.

[204] Dagegen: Kallmeyer/*Marsch-Barner* UmwG Anhang zu SE-VO Rdnr. 101; Lutter/Hommelhoff/*Seibt* Art. 37 SE-VO Rdnr. 68; dafür: MünchKommAktG/*Schäfer* Art. 37 SE-VO Rdnr. 38.

[205] Str. Lutter/Hommelhoff/*Seibt* Art. 37 SE-VO Rdnr. 33.

[206] Kallmeyer/*Marsch-Barner* UmwG Anhang zu SE-VO Rdnr. 96.

[207] Widmann/Mayer/*Heckschen* Anhang 14 Rdnr. 379 ff.; auch Heckschen DNotZ 2003, 251, 264.

[208] Kallmeyer/*Marsch-Barner* UmwG Anhang zu SE-VO Rdnr. 102; Lutter/Hommelhoff/*Seibt* Art. 37 SE-VO Rdnr. 36; MünchKommAktG/*Schäfer* Art. 37 SE-VO Rdnr. 38.

c) **Bericht und Prüfung.** Der Vorstand der AG hat einen **Umwandlungsbericht** zu erstellen, in dem die rechtlichen und wirtschaftlichen Aspekte der Umwandlung erläutert und begründet sowie die Auswirkungen, die der Übergang zur Rechtsform einer SE für die Aktionäre und für die Arbeitnehmer hat, dargelegt werden (Art. 32 Abs. 4 SE-VO). Die Aktionäre können auf diesen Bericht analog § 192 Abs. 3 UmwG verzichten.[209] 131

Anders als bei der Verschmelzung und der Gründung der Holding-SE findet beim Formwechsel nicht eine **Prüfung** des Umwandlungsplans und des Umwandlungsberichts durch einen Sachverständigen statt. Vielmehr hat ein unabhängiger Sachverständiger vor der Hauptversammlung, die über die Zustimmung zum Umwandlungsplan beschließt, das Reinvermögen der formwechselnden Gesellschaft zu prüfen.[210] Für die deutsche Gründungsgesellschaft hat ihr Nettovermögen mindestens das Grundkapital zuzüglich die kraft AktG oder Satzung nicht ausschüttungsfähigen Rücklagen zu erreichen (Art. 37 Abs. 6 SE-VO). Geprüft wird also nicht, ob lediglich das Grundkapital der SE wertmäßig aufgebracht werden kann, sondern, ob das Vermögen der AG darüber hinaus gemessen an seinen Verkehrswerten das gesamte Kapital samt der aufgrund Satzung oder Gesetz nicht ausschüttungsfähigen Rücklagen deckt.[211] Die Bestellung des Prüfers ist entsprechend § 11 HGB Sache des Handelsregisters. Seine Bescheinigung ist Eintragungsvoraussetzung für die SE.[212] 132

Neben Umwandlungsbericht und Umwandlungsprüfung ist nach h. M im Eintragungsverfahren **kein Gründungsbericht**[213] erforderlich und es findet **keine Gründungsprüfung**[214] statt, da die SE im Rahmen des Formwechsels keinen Gründer hat. In der Praxis ist hierzu eine Abstimmung mit dem Handelsregister zu empfehlen. 133

d) **Offenlegung.** Der Umwandlungsplan ist mindestens einen Monat vor der Hauptversammlung, die über den Formwechsel zu beschließen hat, offenzulegen (Art. 37 Abs. 5 SE-VO). Die deutsche AG reicht den Umwandlungsplan (nicht aber den Bericht) entsprechend § 61 UmwG in öffentlicher Form beim Handelsregister ein. Das Handelsregister macht anschließend einen Hinweis nach **§ 61 S. 2 UmwG** bekannt (analog § 5 SEAG).[215] 134

e) **Verfahren zur Beteiligung der Arbeitnehmer.** Unmittelbar nach der Offenlegung des Umwandlungsplans beginnt das Verfahren zur Beteiligung der Arbeitnehmer (Art. 3 Abs. 1 SE-RL, § 4 Abs. 2 SEBG).[216] 135

f) **Mitteilung an den Betriebsrat.** Umstritten ist, ob der Umwandlungsplan analog § 194 Abs. 2 UmwG dem Betriebsrat der AG zuzuleiten ist.[217] Für die Praxis ist hierzu eine Abstimmung mit dem Handelsregister zu empfehlen. 136

g) **Umwandlungsbeschluss und Bestellung der Organe.** Die Hauptversammlung der AG beschließt über die **Zustimmung zum Umwandlungsplan** und die Genehmigung der Satzung (Art. 37 Abs. 7 S. 1 SE-VO). Vorbereitung und Einberufung der Hauptversammlung richten sich nach den allgemeinen aktienrechtlichen Vorschriften (§§ 123 ff. AktG) und den besonderen Anforderungen an eine Hauptversammlung, die über einen Formwechsel der AG nach 137

[209] Kallmeyer/*Marsch-Barner* UmwG Anhang zu SE-VO Rdnr. 109; Manz/Mayer/*Schröder* Art. 37 SE-VO Rdnr. 85; a. A. Lutter/Hommelhoff/*Seibt* Art. 37 Rdnr. 48.

[210] Kallmeyer/*Marsch-Barner* UmwG Anhang zu SE-VO Rdnr. 103; Lutter/Hommelhoff/*Seibt* Art. 37 SE-VO Rdnr. 53 f.

[211] Kallmeyer/*Marsch-Barner* UmwG Anhang zu SE-VO Rdnr. 97; Lutter/Hommelhoff/*Seibt* Art. 37 SE-VO Rdnr. 24 ff.

[212] Kallmeyer/*Marsch-Barner* UmwG Anhang zu SE-VO Rdnr. 99; MünchKommAktG/*Schäfer* Art. 32 SE-VO Rdnr. 24.

[213] Kallmeyer/*Marsch-Barner* UmwG Anhang zu SE-VO Rdnr. 120; Lutter/Hommelhoff/*Seibt* Art. 37 SE-VO Rdnr. 77; a. A. Theisen/Wenz/*Neun* S. 182 ff.

[214] Kallmeyer/*Marsch-Barner* UmwG Anhang zu SE-VO Rdnr. 119; Lutter/Hommelhoff/*Seibt* Art. 37 SE-VO Rdnr. 78.

[215] Lutter/Hommelhoff/*Seibt* Art. 37 SE-VO Rdnr. 39; MünchKommAktG/*Schäfer* Art. 37 SE-VO Rdnr. 19.

[216] Vgl. Rdnr. 27 ff.

[217] Dagegen: Lutter/Hommelhoff/*Seibt* Art. 37 SE-VO Rdnr. 40; dafür: MünchHdbGesR IV/*Austmann* § 83 Rdnr. 65; Manz/Meyer/*Schröder* Art. 32 SE-VO Rdnr. 81.

dem UmwG beschließt (§§ 238, 230 Abs. 2 UmwG).[218] Für die Unterrichtung der Hauptversammlung gilt § 239 UmwG. Der Beschluss bedarf neben der Stimmenmehrheit einer Mehrheit von drei Vierteln des vertretenen Grundkapitals (Art. 37 Abs. 7 S. 2 SE-VO i. V. m. Art. 7 der Verschmelzungs-RL und § 65 UmwG). Über die Hauptversammlung ist eine notarielle Niederschrift anzufertigen (§ 13 Abs. 3 UmwG; § 130 AktG).[219]

138 Das Gesetz regelt zum Formwechsel in die SE **keinen Zustimmungsvorbehalt zur Regelung der Arbeitnehmermitbestimmung**. Es gilt als zulässig, aber als nicht praktikabel.[220]

139 Weiterer Beschlusspunkt der Hauptversammlung ist die Bestellung der **Organe der SE**, und zwar auch im Fall des Formwechsels der AG in eine SE mit dualistischem Leitungssystem. Eine Amtskontinuität des bisherigen Aufsichtsrates und Vorstands gibt es nach h. M. nicht, da § 203 UmwG keine (analoge) Anwendung finden soll.[221] Im dualistischen Leitungssystem wählt die Hauptversammlung die Arbeitgebervertreter des künftigen Aufsichtsrats der SE (§ 31 AktG i. V. m. § 197 S. 3 UmwG),[222] der sodann die Mitglieder des SE-Vorstands bestellt. Im monistischen Leitungssystem bestellt die Hauptversammlung die Mitglieder des künftigen Verwaltungsrates. Die Bestellung der Vertreter der Arbeitnehmer geschieht nach Maßgabe der Vereinbarung zur Mitbestimmung oder durch die erste Hauptversammlung der SE, in der die Aktionäre sodann an die Vorschläge der Arbeitnehmer gebunden sind (§ 36 Abs. 4 SEBG).[223]

140 h) **Anmeldung.** Für die Anmeldung des Formwechsels in die SE wird auf die **Vorschriften des UmwG** über den Formwechsel der AG zurückgegriffen (Art. 15 Abs. 1 SE-VO).[224] Der Vorstand der AG meldet den Formwechsel in notariell beglaubigter Form (§ 198 UmwG, § 12 Abs. 1 HGB) bei dem für die AG zuständigen Handelsregister an.[225] Anzumelden sind zugleich die Vertretungsorgane der SE (§ 264 Abs. 2 UmwG), so dass im dualistischen Leitungssystem sämtliche Vorstandsmitglieder und im monistischem Leitungssystem sämtliche geschäftsführenden Direktoren (§ 41 Abs. 1 SEAG) mitzuwirken haben (§ 37 AktG, § 21 Abs. 2 SEAG).

141 Teil der Anmeldung ist die **Negativerklärung** des Vorstands analog § 16 Abs. 2 S. 1 UmwG i. V. m. Art. 15 SE-VO, dass eine Klage gegen die Wirksamkeit eines Umwandlungsbeschlusses nicht oder nicht fristgemäß erhoben oder eine solche Klage rechtskräftig abgewiesen oder zurückgenommen worden ist.[226] Das Freigabeverfahren nach § 16 Abs. 3 UmwG ist entsprechend anwendbar.[227]

142 Als **Anlagen** sind der Anmeldung im Wesentlichen beizufügen:[228]

- Niederschrift über den Umwandlungsbeschluss und die Bestellung der Organe samt Umwandlungsplan und Satzung (§ 199 UmwG)
- Umwandlungsbericht oder Verzichtserklärungen (Art. 37 Abs. 4 SE-VO)
- Bescheinigung über die Umwandlungsprüfung (Art. 37 Abs. 6 SE-VO)

---

218 Kallmeyer/*Marsch-Barner* UmwG Anhang zu SE-VO Rdnr. 115; Lutter/Hommelhoff/*Seibt* Art. 37 SE-VO Rdnr. 60 ff.

219 Kallmeyer/*Marsch-Barner* UmwG Anhang zu SE-VO Rdnr. 116; Lutter/Hommelhoff/*Seibt* Art. 37 SE-VO Rdnr. 64.

220 Kallmeyer/*Marsch-Barner* UmwG Anhang zu SE-VO Rdnr. 117; Lutter/Hommelhoff/*Seibt* Art. 37 SE-VO Rdnr. 65.

221 Kallmeyer/*Marsch-Barner* UmwG Anhang zu SE-VO Rdnr. 121; Lutter/Hommelhoff/*Seibt* Art. 37 SE-VO Rdnr. 71; Manz/Meyer/*Schröder* Art. 37 SE-VO Rdnr. 109; a. A. MünchKommAktG/*Schäfer* Art. 37 SE-VO Rdnr. 31.

222 Lutter/Hommelhoff/*Drygala* Art. 40 SE-VO Rdnr. 16.

223 Lutter/Hommelhoff/*Seibt* Art. 37 SE-VO Rdnr. 72.

224 Zur Anwendbarkeit von Art. 15 Abs. 1 SE-VO Widmann/Mayer/*Heckschen* UmwR Anhang 14 Rdnr. 397.

225 Kallmeyer/*Marsch-Barner* UmwG Anhang zu SE-VO Rdnr. 121; Lutter/Hommelhoff/*Seibt* Art. 37 SE-VO Rdnr. 80.

226 Kallmeyer/*Marsch-Barner* UmwG Anhang zu SE-VO Rdnr. 124; Lutter/Hommelhoff/*Seibt* Art. 37 SE-VO Rdnr. 80.

227 Widmann/Mayer/*Heckschen* UmwR Anhang 14 Rdnr. 397; Kallmeyer/*Marsch-Barner* UmwG Anhang zu SE-VO Rdnr. 124; Manz/Meyer/*Schröder* Art. 37 SE-VO Rdnr. 104.

228 Widmann/Mayer/*Heckschen* UmwR Anhang 14 Rdnr. 397; Lutter/Hommelhoff/*Seibt* Art. 37 SE-VO Rdnr. 81.

- Nachweis über die rechtzeitige Zuleitung zum Betriebsrat
- Nachweise über den Ausgang des Verfahrens über die Beteiligung der Arbeitnehmer (Art. 12 Abs. 3 SE-VO)
- Nachweis über das Bestehen der ausländischen Tochtergesellschaft (Art. 2 Abs. 4 SE-VO)

i) **Registereintragung und Bekanntmachung.** Mit der Eintragung der SE ist der Formwechsel in die SE vollzogen (Art. 12 Abs. 1 SE-VO), so dass fortan die SE als **juristische Person** besteht (Art. 16 Abs. 1 SE-VO), und zwar identitätswahrend zur früheren AG (Art. 37 Abs. 2 SE-VO).[229] Lediglich deklaratorisch ordnet Art. 37 Abs. 9 SE-VO einen ‚Übergang' von arbeitsrechtlichen Rechten und Pflichten an.[230] Eine Änderung bewirkt die Eintragung allerdings hinsichtlich der Organisation und die Ämter der Leitungsebene. Mit ihr beginnen das neue in der SE-Satzung festgelegte Leitungssystem sowie die Amtszeiten der neu gewählten Organe. 143

Das Handelsregister veranlasst nach der Eintragung die **Offenlegung** der Umwandlung (Art. 13, 15 Abs. 2 SE-VO, § 10 HGB). Daneben erfolgt eine informatorische Bekanntmachung im Amtsblatt der EU (Art. 14 Abs. 1 SE-VO).[231] 144

6. Gründung einer Tochter-SE der SE

Die fünfte Gründungsform ist die der SE als Tochtergesellschaft einer SE (Art. 3 Abs. 2 S. 1 SE-VO). Sie wird auch als **‚sekundäre' SE-Gründung** bezeichnet, da sie das Bestehen einer SE als Gründerin voraussetzt.[232] 145

a) **Grundlagen.** Anders als jede ‚primäre' SE-Gründung kann die Gründung der Tochter-SE als **Einpersonengründung** ohne die Beteiligung eines weiteren Rechtsträgers durchgeführt werden. Gemäß Art. 3 Abs. 2 S. 2 SE-VO ist sie selbst in solchen Mitgliedsstaaten zulässig, deren Aktienrecht eigentlich nur die Mehrpersonengründung von Aktiengesellschaften gestattet. Nicht Gegenstand des Art. 3 Abs. 2 SE-VO ist die Gründung einer gemeinsamen Tochter-SE durch zwei SE; sie richtet sich ausschließlich nach den Art. 35, 36 SE-VO.[233] 146

Das wesentliche Privileg der Gründung der Tochter-SE durch die SE besteht darin, dass für sie **kein Mehrstaatlichkeitsgebot** gilt.[234] Es genügt, dass die Mehrstaatlichkeit eine Voraussetzung der Entstehung der Gründerin war, und zwar selbst dann, wenn sie zum Zeitpunkt der Gründung ihrer Tochter-SE keinen Bezug mehr zu anderen Ländern als ihrem Sitzstaat aufweist. 147

Welche **Gründungsvorschriften** auf die Tochter-SE der SE anzuwenden sind, ergibt sich nicht aus Art. 3 Abs. 2 SE-VO. Über die Verweisung des Art. 15 Abs. 1 SE-VO kommen auf das Gründungsverfahren die Vorschriften des künftigen Sitzstaates der Tochter-SE zur Anwendung.[235] Soweit es im Rahmen der Gründung um Angelegenheiten geht, die in die Sphäre der gründenden SE fallen, gilt deren nationales Recht.[236] 148

b) **Gründungsverfahren.** Das Verfahren zur Gründung der Tochter-SE der SE kann zum einen als **Bar- oder Sachgründung** ausgestaltet werden (§§ 23 ff. AktG i. V. m. Art. 15 Abs. 1 SE-VO).[237] Das Gründungsverfahren entspricht dann demjenigen der primären Gründung einer gemeinsamen Tochter-SE mit der Besonderheit, dass es nur einen und nicht mehrere Gründer gibt. Umstritten ist, ob ein Verfahren zur Beteiligung der Arbeitnehmer durchgeführt werden muss.[238] 149

---

229 Vgl. Rdnr. 121.

230 Lutter/Hommelhoff/*Seibt* Art. 37 SE-VO Rdnr. 82.

231 Lutter/Hommelhoff/*Seibt* Art. 37 SE-VO Rdnr. 90.

232 Lutter/Hommelhoff/*Bayer* Art. 2 SE-VO Rdnr. 3.

233 Widmann/Mayer/*Heckschen* UmwR Anhang 14 Rdnr. 522; a. A. hinsichtlich einer Erleichterung zur Mehrstaatlichkeit Lutter/Hommelhoff/*Bayer* Art. 3 SE-VO Rdnr. 5.

234 Lutter/Hommelhoff/*Bayer* Art. 3 SE-VO Rdnr. 10.

235 Lutter/Hommelhoff/*Bayer* Art. 3 SE-VO Rdnr. 11; Manz/Meyer/*Schröder* Art. 3 SE-VO Rdnr. 20.

236 Lutter/Hommelhoff/*Bayer* Art. 3 SE-VO Rdnr. 12 unter Anwendung von Art. 36 SE-VO; im Ergebnis auch Manz/Meyer/*Schröder* Art. 3 SE-VO Rdnr. 21.

237 Lutter/Hommelhoff/*Bayer* Art. 3 SE-VO Rdnr. 15.

238 Dagegen MünchKommAktG/*Jacobs* Vor § 1 SEBG Rdnr. 11.

150 Für die deutsche Tochter-SE der SE kommt zum anderen das Gründungsverfahren einer **Ausgliederung zur Neugründung** in Betracht (§ 123 Abs. 3 Nr. 2 UmwG).[239] Deren Verfahren richtet sich im selben Umfang nach dem nationalen Umwandlungsrecht, wie die Bar- oder Sachgründung der Tochter-SE der SE dem nationalen Gründungsrecht unterliegt.[240]

IV. Strukturmaßnahmen

1. Sitzverlegung ins EU-Ausland

151 Anders als die nationalen Kapitalgesellschaften insbesondere in Deutschland kann eine SE ihren Sitz identitätswahrend in ein anderes Mitgliedsland verlegen, ohne sich aufzulösen und ohne im Zielstaat neu gegründet werden zu müssen (Art. 8 Abs. 1 SE-VO).[241]

Mit Sitz ist dabei der **Satzungssitz** gemeint, nicht der effektive Verwaltungssitz.[242] Ihren effektiven Verwaltungssitz muss die SE nach Art. 7 Abs. 1 SE-VO stets in demjenigen Staat haben, in dem sie ihren Satzungssitz nimmt, so dass die Verlegung des Satzungssitzes mit der Verlegung des effektiven Verwaltungssitzes der SE einhergehen muss. Verweigert die SE, den Zusammenhang von Verwaltungs- und Satzungssitz zu beachten, wird sie zwangsliquidiert (Art. 64 SE-VO). Insoweit ist die SE gegenüber nationalen Gesellschaftsformen im Nachteil, da diese ihren Verwaltungssitz nach der Rechtsprechung des EUGH zur Niederlassungsfreiheit[243] innerhalb der EU grundsätzlich frei wählen dürfen.[244]

152 a) **Grundlagen.** Die Sitzverlegung der SE in einen anderen Mitgliedsstaat unterscheidet sich von einer innerstaatlichen Sitzverlegung, da mit ihr zugleich ein **Rechtsformwechsel** einhergeht. In jedem Mitgliedsstaat ist die SE in weitem Umfang den nationalen aktienrechtlichen Vorschriften unterworfen (Art. 9 Abs. 1 **lit.** c ii SE-VO), die mit ihrer Sitzverlegung wechseln.[245]

153 Die Sitzverlegung der deutschen SE fällt in den Anwendungsbereich der **Wegzugsbesteuerung** nach § 12 KStG,[246] was ihre Bedeutung für die Praxis nicht unerheblich schmälert. Allerdings bietet sie auch steuerliche Gestaltungsmöglichkeiten, etwa indem eine ausländische Aktiengesellschaft, die inländischen Grundbesitz hält, über den Anwendungsbereich des § 6a GrESG hinaus,[247] grunderwerbsteuerfrei in einen inländischen Rechtsträger überführt werden kann, und zwar anhand eines Formwechsels in die SE (Art. 37 SE-VO) und anschließende Sitzverlegung ins Inland (Art. 8 SE-VO).

154 Die **Vorschriften** über das Verfahren zur Sitzverlegung finden sich in Art. 8 Abs. 2 bis Abs. 16 SE-VO und für die deutsche SE zudem in §§ 12 bis 14 SEAG.

---

[239] Kallmeyer/*Marsch-Barner* UmwG Anhang zu SE-VO Rdnr. 139; Lutter/Hommelhoff/*Bayer* Art. 3 SE-VO Rdnr. 16; a. A. *Hirte* NZG 2002, 1, 4, 10.

[240] Widmann/Mayer/*Heckschen* UmwR Anhang 14 Rdnr. 404.

[241] Lutter/Hommelhoff/*Zimmer/Ringe* Art. 8 SE-VO (§§ 12–14 SEAG) Rdnr. 1.

[242] Lutter/Hommelhoff/*Zimmer/Ringe* Art. 8 SE-VO (§§ 12–14 SEAG) Rdnr. 4.

[243] EuGH ZIP 1986, 643 – Centros; EuGH NJW 2002, 3614 – Inspire Art; EuGH NJW 2003, 1461 – Überseering.

[244] Lutter/Hommelhoff/*Zimmer/Ringe* Art. 7 SE-VO (§ 2 SEAG) Rdnr. 26 ff.; zur Kritik vgl. Bericht der Kommission EUR-Lex 52010DC0676.

[245] Lutter/Hommelhoff/*Zimmer/Ringe* Art. 8 SE-VO (§ 12–14 SEAG) Rdnr. 8.

[246] Manz/Meyer/Schröder/*Lammel/Meier* Teil D Kapitel 6 Rdnr. 27 ff.

[247] Zur Anwendung auf die SE, vgl. *Ihle*, Neue Entwicklungen im Bereich der Grunderwerbsteuer, DNotZ 2010, 725, 728; *Pahlke*, Grunderwerbsteuervergünstigung für Rechtsvorgänge im Konzern – Der neue § 6a GrEStG, MittBayNot 2010, 169, 171.

Praxistipp:

Wesentliche Bestandteile des Verfahrens der Sitzverlegung sind:[248] 155

- Verlegungsplan
- Bericht
- Minderheitenschutz
- Offenlegung
- Beschluss
- Anmeldung der Sitzverlegung im Wegzugsstaat
- Anmeldung und Eintragung im Zuzugsstaat, Bekanntmachung

Anders als für die Gründungsverfahren der SE ordnet die SE-VO für das Verfahren zur 156
Sitzverlegung nicht zwingend eine **Beteiligung der Arbeitnehmer** an.[249] Umstritten ist, ob die Sitzverlegung der deutschen SE eine strukturelle Änderung i. S. d. § 18 Abs. 3 SEBG ist, die zur Wiederaufnahme der Verhandlungen über die Beteiligung der Arbeitnehmer berechtigt.[250] Jedenfalls sind Neuverhandlungen nötig, falls die Vereinbarung mit den Arbeitnehmern dies für den Fall der Sitzverlegung vorsieht.[251]

Ferner entfällt bei der Sitzverlegung in einen anderen Mitgliedsstaat eine **Prüfung** durch 157
Sachverständige, wie sie im Rahmen jedes Gründungsvorgangs stattzufinden hat.[252]

b) **Verlegungsplan.** Das Verfahren der Sitzverlegung beginnt mit dem vom Leitungs- oder 158
Verwaltungsorgan aufzustellenden **Verlegungsplan** (Art. 8 Abs. 2 SE-VO).

Zum **Inhalt** des Verlegungsplans gehören neben Firma, Sitz und Registernummer der SE 159
die in Art. 8 Abs. 2 S. 2 **lit.** a bis e SE-VO genannten Punkte, nämlich der neue Sitz, die neue Satzung, gegebenenfalls die neue Firma, Angaben zu den Folgen der Verlegung für die Beteiligung der Arbeitnehmer, der vorgesehene Zeitplan und etwaige zum Schutz der Aktionäre und/oder Gläubiger vorgesehene Rechte.

Zur **Form** des Verlegungsplans enthält die SE-VO keine Regelung. Eine Pflicht zur no- 160
tariellen Beurkundung wird diskutiert und besteht jedenfalls für die Satzung der SE beim Zuzug nach Deutschland (§ 23 Abs. 1 S. 1 AktG i. V. m. Art. 9 Abs. 1 **lit.** c ii SE-VO).[253]

c) **Bericht.** Das Leitungs- oder das Verwaltungsorgan der SE hat einen **schriftlichen Be-** 161
richt zu erstellen, in dem die rechtlichen und wirtschaftlichen Aspekte der Verlegung erläutert und begründet und die Auswirkungen der Verlegung für die Aktionäre, die Gläubiger sowie die Arbeitnehmer im Einzelnen dargelegt werden (Art. 8 Abs. 3 SE-VO). Ein Verzicht auf den Bericht ist nicht vorgesehen.[254]

d) **Minderheitenschutz.** Die deutsche SE, die ihren Sitz in einen anderen Mitgliedsstaat 162
verlegt, hat jedem Aktionär, der gegen den Verlegungsbeschluss Widerspruch zur Niederschrift erklärt, den Erwerb seiner Aktien gegen eine angemessene Barabfindung anzubieten und dies bekannt zu machen (§ 12 SEAG i. V. m. Art. 8 Abs. 5 SEAG).

e) **Offenlegung.** Der Verlegungsplan muss mindestens zwei Monate vor der Hauptver- 163
sammlung, die über die Sitzverlegung beschließt, offengelegt werden (Art. 8 Abs. 2 S. 1 und Abs. 6 SE-VO). Die Offenlegung regelt Art. 13 SE-VO und erfolgt für die deutsche SE durch das Handelsregister nach § 10 HGB.[255]

f) **Beschluss.** Die Hauptversammlung der SE beschließt über die **Zustimmung zum** 164
Verlegungsplan mit satzungsändernder Mehrheit (Art. 8 Abs. 6 S. 2 i. V. m. Art. 59 SE-

[248] Widmann/Mayer/*Heckschen* Anhang 14 Rdnr. 375.
[249] Lutter/Hommelhoff/*Zimmer/Ringe* Art. 8 SE-VO Rdnr. 10 ff.
[250] Lutter/Hommelhoff/*Oetker* § 18 SEBG Rdnr. 16; a. A. MünchKommAktG/*Jakobs* § 18 SEBG Rdnr. 17.
[251] Widmann/Mayer/*Heckschen* Anhang 14 Rdnr. 435 f.; Lutter/Hommelhoff/*Zimmer/Ringe* Art. 8 SE-VO Rdnr. 13.
[252] Lutter/Hommelhoff/*Zimmer/Ringe* Art. 8 SE-VO Rdnr. 19.
[253] Widmann/Mayer/*Heckschen* Anhang 14 Rdnr. 417.
[254] Lutter/Hommelhoff/*Zimmer/Ringe* Art. 8 SE-VO Rdnr. 30.
[255] Lutter/Hommelhoff/*Zimmer/Ringe* Art. 8 SE-VO Rdnr. 21.

VO).[256] Die Hauptversammlung darf erst zwei Monate nach Offenlegung des Verlegungsplans stattfinden (Art. 8 Abs. 6 S. 1 SE-VO). Mindestens einen Monat vor der Hauptversammlung haben Aktionäre und Gläubiger der SE das Recht, den Verlegungsplan und den Bericht einzusehen (Art. 8 Abs. 4 SE-VO). Für die Hauptversammlung gelten im Übrigen die allgemeinen Grundsätze für Hauptversammlungen der SE.[257] Für die deutsche SE bedarf der Beschluss einer ¾-Mehrheit der vertretenen Stimmen und einer notariellen Versammlungsniederschrift (§ 130 AktG i. V. m. Art. 9 Abs. 1 **lit.** c ii SE-VO).[258]

165 **g) Anmeldung im Wegzugsstaat.** Das **Registerverfahren** der SE-Sitzverlegung ist zweistufig ausgestaltet, ähnlich demjenigen einer SE-Gründung durch Verschmelzung. Zuerst prüft die am Sitzstaat zuständige Stelle, ob die Voraussetzungen der Verlegung vorliegen und stellt sodann eine Bescheinigung aus (Art. 8 Abs. 8 SE-VO).

166 *aa) Anmeldung der Sitzverlegung im Wegzugsstaat:* Vorstand bzw. die geschäftsführende Direktoren der deutschen SE haben den Wegzug in notariell beglaubigter Form beim Handelsregister anzumelden (§ 181 Abs. 1 AktG, § 12 HGB i. V. m. Art. 9 Abs. 1 **lit.** c ii SE-VO).[259] Der Prüfungsumfang des Handelsregisters ist größer als im Fall der SE-Gründung durch Verschmelzung. Die SE hat neben der Erfüllung der Wegzugsvoraussetzungen nachzuweisen, dass die Interessen ihrer Gläubiger und sonstigen Forderungsberechtigten (einschließlich der öffentlich-rechtlichen Körperschaften) in Bezug auf alle vor der Offenlegung des Verlegungsplans entstandenen Verbindlichkeiten im Einklang mit den Anforderungen des Mitgliedsstaats, in dem die SE vor der Verlegung ihren Sitz hat, angemessen geschützt sind (Art. 8 Abs. 7 SE-VO). Deshalb hat die Anmeldung der deutschen SE die **Erklärung** zu enthalten, dass allen Gläubigern, die einen Anspruch auf Sicherheitsleistung haben, eine angemessene Sicherheit geleistet wurde (§ 13 Abs. 3 SEAG), und daneben die **Negativerklärung,** dass eine Klage gegen die Wirksamkeit des Verlegungsbeschlusses nicht oder nicht fristgemäß erhoben oder eine solche Klage rechtskräftig abgewiesen oder zurückgenommen worden ist (§ 14 SEAG). Ein Freigabeverfahren gibt es für die deutsche SE nicht.[260] Nach Prüfung ist der Wegzug der SE mit einem Vorläufigkeitsvermerk in das Handelsregister einzutragen.[261]

167 *bb) Anmeldung im Zuzugsstaat:* Danach meldet das Vertretungsorgan der SE die Sitzverlegung bei der zuständigen Stelle im Zuzugsstaat an und legt dabei die Bescheinigung des Registers aus dem Wegzugsstaat (Art. 8 Abs. 8 SE-VO) vor. Das Registergericht prüft neben der Ordnungsmäßigkeit der Anmeldung, ob die für die Eintragung der SE in dem neuen Sitzstaat erforderlichen **Formalitäten** erfüllt sind (Art. 8 Abs. 9 SE-VO). Dazu gehören alle auf die SE anwendbaren Vorschriften des na+tionalen Aktienrechts im Zuzugsstaat, einschließlich der Vorschriften über die Kapitalaufbringung, deren Einhaltung auf den Zeitpunkt des Zuzugs nachzuweisen ist.[262]

168 **h) Eintragung und Bekanntmachung.** Mit der **Eintragung der SE im Zuzugsstaat** werden die Sitzverlegung der SE sowie die sich daraus ergebenden Satzungsänderungen wirksam (Art. 8 Abs. 10 SE-VO). Das Register des neuen Sitzes unterrichtet das Register des früheren Sitzes über die Eintragung, so dass die Löschung der früheren Eintragung erfolgen kann (Art. 8 Abs. 11 SE-VO).

169 Sodann folgt die **Offenlegung** der neuen Eintragung und der Löschung in den betreffenden Mitgliedsstaaten (Art. 8 Abs. 12 i. V. m. Art. 13 SE-VO), durch das deutsche Handelsregister nach § 10 HGB, und daneben die informatorische Bekanntmachung im Amtsblatt der EU (Art. 14 Abs. 1 SE-VO).[263]

---

[256] Lutter/Hommelhoff/*Zimmer/Ringe* Art. 8 SE-VO Rdnr. 41.

[257] Vgl. Rdnr. 24 f.

[258] Lutter/Hommelhoff/*Zimmer/Ringe* Art. 8 SE-VO Rdnr. 39 und 43.

[259] Widmann/Mayer/*Heckschen* UmwR Anhang 14 Rdnr. 439; Lutter/Hommelhoff/*Zimmer/Ringe* Art. 8 SE-VO Rdnr. 57.

[260] Widmann/Mayer/*Heckschen* UmwR Anhang 14 Rdnr. 440.

[261] Widmann/Mayer/*Heckschen* UmwR Anhang 14 Rdnr. 441; Lutter/Hommelhoff/*Zimmer/Ringe* Art. 8 SE-VO Rdnr. 60.

[262] Lutter/Hommelhoff/*Zimmer/Ringe* Art. 8 SE-VO Rdnr. 69 ff.

[263] Widmann/Mayer/*Heckschen* UmwR Anhang 14 Rdnr. 449 ff.

2. Rückumwandlung der SE in eine Aktiengesellschaft

Art. 66 SE-VO regelt die sog. ‚**Rückumwandlung**'[264] der SE in eine Aktiengesellschaft nach dem Recht ihres Sitzstaates. Die Rückumwandlung ist ein Formwechsel, der weder zur Auflösung der SE noch zur Gründung einer neuen juristischen Person führt, sondern der identitätswahrend erfolgt (Art. 66 Abs. 2 SE-VO).[265] 170

Die Rückumwandlung ist in erster Linie eine Ausstiegsmöglichkeit aus der Rechtsform der SE. In Grenzen eröffnet sie Gestaltungsmöglichkeiten, insbesondere indem sie nationalen Rechtsträgern einen Zugang zur identitätswahrenden Sitzverlegung über die Grenze eröffnet, ohne sie dauerhaft an die Rechtsform der SE zu binden. Noch offen ist die Frage, ob Art. 66 SE-VO über diesen **Anwendungsbereich** hinaus Einschränkungen für sonstige Umwandlungsformen der SE auf Grundlage der (harmonisierten) nationalen Umwandlungsrechte begründet.[266] 171

a) **Grundlagen.** Zielrechtsform einer Rückumwandlung der SE kann ausschließlich eine **Aktiengesellschaft im Sitzstaat der SE** sein (Art. 66 Abs. 1 S. 1 SE-VO). Ob eine SE auf Grundlage des nationalen Umwandlungsrechts daneben in andere Rechtsformen als die der Aktiengesellschaft formgewechselt werden kann, ist Teil des Meinungsstreits über die Bedeutung von Art. 66 SE-VO.[267] 172

Um rechtsmissbräuchliche Gestaltungen zu verhindern, wurde die Rückumwandlung mit einer **Sperrfrist** versehen, dass der Umwandlungsbeschluss nicht gefasst werden darf, bevor die SE entweder seit mindestens zwei Jahren im Register eingetragen oder der Beschluss über die Genehmigung der ersten beiden Jahresabschlüsse gefasst worden ist (Art. 66 Abs. 1 S. 2 SE-VO).[268] 173

b) **Verfahren.** Das Verfahren der Rückumwandlung entspricht weitgehend dem eines Formwechsels in die SE. 174

Praxistipp:

Wesentliche Bestandteile des Verfahrens des Formwechsel der deutschen SE in die AG sind:[269]

- Umwandlungsplan
- Bericht
- Prüfung
- Offenlegung
- Umwandlungsbeschluss
- Anmeldung
- Registereintragung und Bekanntmachung

Das Leitungs- bzw. Verwaltungsorgan der SE beginnt das Verfahren zur Rückumwandlung mit der Aufstellung eines **Umwandlungsplans** (Art. 66 Abs. 3 SE-VO). Sein Inhalt entspricht demjenigen, den Art. 37 SE-VO für den Umwandlungsplan zum Formwechsel in die SE vorschreibt.[270] Der Inhalt der Satzung hat sich nach den Vorschriften des nationalen Aktienrechts zu richten. 175

Die Anforderungen zum **Bericht** (Art. 66 Abs. 3 SE-VO) gleichen denen beim Formwechsel in die SE,[271] ebenso die Vorschriften zur **Offenlegung** (Art. 66 Abs. 4 SE-VO).[272] 176

---

[264] Widmann/Mayer/*Heckschen* UmwR Anhang 14 Rdnr. 516.
[265] Lutter/Hommelhoff/*Seibt* Art. 66 SE-VO Rdnr. 5 f.
[266] Vgl. Rdnr. 182.
[267] Vgl. Rdnr. 182.
[268] MünchKommAktG/*Schäfer* Art. 66 SE-VO Rdnr. 1; Lutter/Hommelhoff/*Seibt* Art. 66 SE-VO Rdnr. 2.
[269] Widmann/Mayer/*Heckschen* Anhang 14 Rdnr. 518.
[270] Vgl. Rdnr. 127 ff.; Lutter/Hommelhoff/*Seibt* Art. 66 SE-VO Rdnr. 22.
[271] Vgl. Rdnr. 131; Lutter/Hommelhoff/*Seibt* Art. 66 SE-VO Rdnr. 23.
[272] Vgl. Rdnr. 132; Lutter/Hommelhoff/*Seibt* Art. 66 SE-VO Rdnr. 24.

177 Die **Prüfung** der Rückumwandlung bezieht sich anders als im Rahmen des Formwechsels nicht auf das Grundkapital samt der Rücklagen, sondern nur auf die Deckung des Grundkapitals der SE (Art. 66 Abs. 5 SE-VO).[273] Nach h. M. findet neben dieser Umwandlungsprüfung im Eintragungsverfahren der deutschen AG **keine Gründungsprüfung** nach § 33 AktG statt.[274] In der Praxis ist hierzu eine Abstimmung mit dem Handelsregister zu empfehlen, ebenso wie zur Frage, ob der Umwandlungsplan analog § 194 Abs. 2 UmwG dem Betriebsrat der SE zuzuleiten ist.[275]

178 Die Hauptversammlung der SE beschließt über die **Zustimmung zum Umwandlungsplan** und die Genehmigung der Satzung (Art. 66 Abs. 6 S. 1 SE-VO). Der Beschluss bedarf für die deutsche SE einer Mehrheit von mindestens drei Vierteln des vertretenen Grundkapitals (Art. 66 Abs. 6 S. 2 SE-VO i. V. m. Art. 7 Verschmelzungs-RL und § 65 UmwG). [276] Über ihre Hauptversammlung ist eine notarielle Niederschrift anzufertigen (§ 130 AktG i. V. m. Art. 9 Abs. 1 **lit.** c ii SE-VO).

179 Im Fall einer SE mit dualistischem Leitungssystem gilt für den bisherigen **Aufsichtsrat und Vorstand** der SE Amtskontinuität, so dass die Hauptversammlung nicht über Neuwahlen zu beschließen hat.[277] Sofern die SE im monistischen Leitungssystem organisiert ist, muss die Hauptversammlung den Aufsichtsrat wählen, der sodann den Vorstand bestellt.[278] Die Mitbestimmung der Arbeitnehmer richtet sich fortan ausschließlich nach nationalem Recht.[279]

180 Für die **Anmeldung** der Rückumwandlung zur Eintragung in das Handelsregister gelten die Grundsätze zum Formwechsel in die SE entsprechend.[280] Mit der Eintragung der SE ist die Rückumwandlung in die AG vollzogen, und zwar identitätswahrend zur früheren SE (Art. 66 Abs. 1 S. 2 SE-VO).[281] Das Handelsregister veranlasst nach der Eintragung die **Offenlegung** der Rückumwandlung (analog § 202 UmwG).[282] Daneben erfolgt eine informatorische Bekanntmachung der Löschung der SE im Amtsblatt der EU (Art. 14 Abs. 1 SE-VO).

3. Beteiligung der SE an Umwandlungsmaßnahmen nach dem UmwG

181 Soweit sich aus der SE-VO nichts Abweichendes ergibt, kann sich eine SE **wie eine Aktiengesellschaft** ihres Sitzstaates an Umwandlungsmaßnahmen nach dem nationalem Umwandlungsrecht beteiligen (Art. 9 Abs. 1 lit. c ii und Art. 10 SE-VO).[283] Dazu gehören grenzüberschreitende Verschmelzungen in der EU[284] unter Beteiligung deutscher Rechtsträger (§§ 122 a ff. UmwG).[285]

182 Welche Auswirkungen die Regelung der Rückumwandlung in **Art. 66 SE-VO** auf die Anwendung des nationalen Umwandlungsrechts hat, kann noch nicht als abschließend geklärt gelten. Die h. M. im deutschen Schrifttum erachtet diese Regelung weder als Festlegung der SE-VO auf eine einzige Umwandlungsform noch als Festlegung dahingehend, dass die SE mit keiner anderen Rechtsform als einer Aktiengesellschaft an Umwandlungsmaßnahmen teilnehmen kann.[286] Weitgehend anerkannt ist, dass die Sperrfrist von zwei Jahren (Art. 66

[273] Kallmeyer/*Marsch-Barner* Anhang Rdnr. 103; Lutter/Hommelhoff/*Seibt* Art. 37 SE-VO Rdnr. 53 f.

[274] MünchKommAktG/*Schäfer* Art. 66 SE-VO Rdnr. 9; Lutter/Hommelhoff/*Seibt* Art. 66 SE-VO Rdnr. 28; offen Kallmeyer/*Marsch-Barner* Anhang Rdnr. 135.

[275] Lutter/Hommelhoff/*Seibt* Art. 66 SE-VO Rdnr. 25.

[276] Lutter/Hommelhoff/*Seibt* Art. 66 Rdnr. 30.

[277] MünchKommAktG/*Schäfer* Art. 66 SE-VO Rdnr. 11; Lutter/Hommelhoff/*Seibt* Art. 66 SE-VO Rdnr. 29.

[278] Lutter/Hommelhoff/*Seibt* Art. 66 SE-VO Rdnr. 31.

[279] Lutter/Hommelhoff/*Seibt* Art. 66 SE-VO Rdnr. 29.

[280] MünchKommAktG/*Schäfer* Art. 66 SE-VO Rdnr. 12; Lutter/Hommelhoff/*Seibt* Art. 66 SE-VO Rdnr. 32.

[281] Vgl. Rdnr. 170.

[282] Lutter/Hommelhoff/*Seibt* Art. 66 SE-VO Rdnr. 34.

[283] Widmann/Mayer/*Heckschen* UmwR Anh. 14 Rdnr. 520 ff.; Schmitt/*Hörtnagl*/Stratz § 122 b UmwG Rdnr. 7; Kallmeyer/*Marsch/Barner* § 3 Rdnr. 11 und Anhang Rdnr. 128.

[284] Richtlinie 2005/56/EG vom 26. 10. 2005.

[285] Kallmeyer/*Marsch/Barner* Anhang Rdnr. 128.

[286] Lutter/Hommelhoff/*Seibt* Art. 66 SE-VO Rdnr. 3 f; a. A. MünchKommAktG/*Schäfer* Art. 66 SE-VO Rdnr. 1 und 14; *Vossius* ZIP 2005, 741, 748.

Abs. 1 S. 2 SE-VO), vor deren Ablauf keine Rückumwandlung einer SE in eine nationale Aktiengesellschaft möglich ist, auf andere Umwandlungsformen auszudehnen ist.[287]

Folgt man der engeren Auslegung des Art. 66 SE-VO, sind **Verschmelzungen** zur Aufnahme durch die SE nach dem UmwG ebenso zulässig wie Verschmelzungen zur Neugründung anderer Rechtsformen, die keine SE sind.[288] Eine Verschmelzung zur Neugründung einer SE lässt sich nicht auf Grundlage des nationalen Umwandlungsrechts gestalten, da die SE-Gründungsformen in Art. 2, 3 und 17 ff. SE-VO abschließend geregelt sind.[289] 183

Auch der **Formwechsel** der SE unter dem UmwG ist bei enger Auslegung des Art. 66 SE-VO zulässig, sofern die Zielrechtsform keine Aktiengesellschaft ist. Die Rückumwandlung der SE in eine Aktiengesellschaft richtet sich ausschließlich nach Art. 66 SE-VO. 184

Die **Spaltung** der SE nach dem UmwG ist bei enger Auslegung des Art. 66 SE-VO ebenfalls möglich, sofern im Rahmen einer Spaltung zur Neugründung keine neue SE errichtet wird.[290] 185

---

[287] Lutter/Hommelhoff/*Seibt* Art. 66 SE-VO Rdnr. 4; einschränkend Kallmeyer/*Marsch/Barner* Anhang Rdnr. 130.

[288] Semler/Stengel/*Drinhausen* § 122 a UmwG Rdnr. 14; Widmann/Mayer/*Heckschen* UmwR Anh. 14 Rdnr. 525 ff.; Schmitt/*Hörtnagl*/Stratz § 122 b UmwG Rdnr. 7; Kallmeyer/*Marsch/Barner* Anhang Rdnr. 131.

[289] Widmann/Mayer/*Heckschen* UmwR Anh. 14 Rdnr. 525; Kallmeyer/*Marsch/Barner* Anhang Rdnr. 132.

[290] Widmann/Mayer/*Heckschen* UmwR Anh. 14 Rdnr. 529; Kallmeyer/*Marsch/Barner* Anhang Rdnr. 138; Lutter/Hommelhoff/*Seibt* Art. 66 SE-VO Rdnr. 4.

§ 17 Gesellschaftervereinbarungen

Übersicht

Rdnr.

I. Erscheinungsformen; Abgrenzung ... 1–6
1. Arten von Gesellschaftervereinbarungen ... 1/2
2. Terminologie ... 3–6
a) Konsortien ... 4/5
b) Pools ... 6

II. Notarielles Aufgabenfeld ... 7/8

III. Motive zum Abschluss von Gesellschaftervereinbarungen ... 9–18
1. Keine Registerpublizität ... 10/11
2. Formfreiheit, Flexibilität ... 12/13
3. Beschränkung auf den Kreis der Vertragspartner ... 14/15
4. Einzelfallcharakter der Regelung ... 16
5. Eingeschränkte Gestaltungsfreiheit ... 17
6. Erbschaftsteuer ... 18

IV. Dogmatische Einordnung und Verhältnis zur Satzung; Zulässigkeit ... 19–51
1. Rechtsnatur ... 19–34
a) Gesellschaftsvertrag ... 20/21
b) Gesellschaftervereinbarung ... 22/23
c) Trennungsprinzip und Durchbrechungen ... 24–34
2. Zulässigkeit ... 35–40
3. Änderung und Beendigung von Gesellschaftervereinbarungen ... 41–43
a) Änderung ... 41
b) Beendigung ... 42/43
4. Übergang auf Rechtsnachfolger ... 44–47
5. Rechte und Pflichten der Gesellschaft ... 48
6. Gerichtliche Durchsetzung ... 49
7. Konzernrechtliche Auswirkungen ... 50
8. Anwendbares Recht ... 51

V. Formbedürftigkeit ... 52–63
1. Grundsatz: Formfreiheit ... 52–55
2. Fälle der Formbedürftigkeit ... 56–63
a) Vor-Gründungsvertrag ... 57–59
b) Pflicht zur Geschäftsanteilsübertragung ... 60
c) Verpflichtung zur Durchführung von Umwandlungsmaßnahmen ... 61
d) Beurkundung wegen § 311 b BGB ... 62
e) Beurkundung aus übergeordneten Erwägungen ... 63

VI. Einzeldarstellung typischer Gesellschaftervereinbarungen ... 64–148
1. Stimmbindungs- und Stimmpoolverträge ... 64
a) Bedeutung und Regelungsziele ... 65
b) Zulässigkeit und Grenzen ... 66–75
c) Rechtsnatur ... 76–79
d) Form ... 80
e) Durchsetzung ... 81/82
f) Typische Regelungsinhalte ... 83–87
2. Beteiligungsverträge ... 88–112
a) Rechtsnatur und Zulässigkeit ... 90/91
b) Form ... 92/93
c) Typische Inhalte ... 94–113
3. Vor-Gründungsverträge ... 114–120
4. Joint-Venture-Verträge ... 121–148
a) Motive für die Gründung eines Joint Ventures ... 123
b) Erscheinungsformen ... 124/125
c) Rechtsnatur ... 126–129
d) Spezifische Rechtsprobleme von Joint-Venture-Verträgen ... 130
e) Typische Regelungen des Joint-Venture-Vertrages ... 131–140
f) Durchführungsverträge ... 141–148
g) Form ... 149

Rdnr.
VII. Kosten ... 150–158
1. Konsortialverträge ... 151–154
2. Poolvertrag ... 155
3. Kooperationsvereinbarungen ... 156
4. Vor-Gründungsverträge ... 157
5. Zusammenfassende Beurteilung ... 158

Schrifttum: *Baumann/Reiß,* Satzungsergänzende Vereinbarungen – Nebenverträge im Gesellschafterrecht, ZGR 1989, 157; *Becker/Müller,* Chancen im Mittelstand durch strategische Partnerschaften – Praktische Anwendungsbeispiele für erfolgreiche Kooperationen, DStR 2007, 733; *Hergeth/Mingau,* Beteiligungsverträge bei der GmbH, DStR 2001, 1217; *Hermanns,* Beurkundungspflichten im Zusammenhang mit Unternehmenskaufverträgen, ZIP 2006, 2296; *Hoffmann-Becking,* Der Einfluss schuldrechtlicher Gesellschaftsvereinbarungen auf die Rechtsbeziehungen in der Kapitalgesellschaft, ZGR 1994, 442; *Jäger,* Schuldrechtliche Nebenabreden zum Gesellschaftsvertrag der GmbH, DStR 1996, 1935; *Joussen,* Gesellschafterabsprachen neben Satzung und Gesellschaftsvertrag, 1995; *Kästle/Heuterkes,* Leaver-Klauseln in Verträgen über Management-Beteiligungen im Lichte der neuesten OLG-Rechtsprechung, NZG 2005, 289; *Kramer,* Erb- und gesellschaftsrechtliche Aspekte bei der Gestaltung von Poolverträgen, GmbHR 2010, 1023; *Langenfeld,* Der Pool – Ein Vertragstyp der Vergemeinschaftung, ZEV 2010, 17; *Langenfeld,* Gestaltungen und Vermeidung des Entfallens einer Poolvereinbarung nach § 13 b Abs. 1 ErbStG, ZEV 2009, 596; *Leitzen,* Teilnichtigkeit von Poolvereinbarungen bei Beschränkung der Testierfreiheit, ZEV 2010, 401; *Linsmeier/Lichtenegger,* Wettbewerbsverbote zu Lasten von Minderheitsgesellschaften und ihre kartellrechtliche Beurteilung, BB 2011, 328; *Maidl/Kreifels,* Beteiligungsverträge und ergänzende Vereinbarungen, NZG 2003, 1091; *Martinus/Stubert,* Venture-Capital-Verträge und das Verbot der Hinauskündigung, BB 2006, 1977; *Mayer,* Grenzen von Aktionärsvereinbarungen, MittBayNot 2006, 281; *Müller,* Stimmbindungen von Gesellschaftern, GmbHR 2007, 113; *Noack,* Gesellschaftervereinbarungen bei Kapitalgesellschaften, 1994; *Noack,* Der allseitige Gesellschafterbeschluss als „nebenrechtliche Abrede" und dessen korporationsrechtliche Folgen, NZG 2010, 1910; *Piehler,* Die Stimmbindungsabrede bei der GmbH, DStR 1992, 1654; *Pohlmann,* GmbH-Anteilskauf: Formzwang für Nebenabreden und Vertragsübernahme; Heilung bei Veräußerungskette, GmbHR 2002, 41; *Priester,* Grundsatzfragen des Rechts der Personenhandelsgesellschaften im Spiegel der Otto-Entscheidung des BGH, DStR 2008, 1386; *Schäfer,* Mehrheitserfordernisse bei Stimmrechtskonsortien, ZGR 2009, 758; *K. Schmidt,* Mehrheitsbeschlüsse in Personengesellschaften, ZGR 2008, 1; *K. Schmidt,* Schutzgemeinschaftsvertrag II: Ein gesellschaftsrechtliches Lehrstück über Stimmrechtskonsortien, ZIP 2009, 737; *Sieger/Hasselbach,* Notarielle Beurkundung von Joint-Venture-Verträgen, NZG 1999, 485; *dies.,* Break-Free-Vereinbarung bei Unternehmenskäufen, BB 2000, 625; *Sieger/Schulte,* Vereinbarungen über Satzungsänderungen, GmbHR 2002, 1050; *Simon/Ruber,* Stimmrechtspools, NJW Spezial 2005, 27; *Wälzholz,* Gesellschaftervereinbarungen (Side Letters) neben der GmbH-Satzung, GmbHR 2009, 1020; *Weitnauer,* Der Beteiligungsvertrag, NZG 2001, 165; *Wicke,* Echte und unechte Bestandteile im Gesellschaftsvertrag der GmbH, DNotZ 2006, 419; *Wicke,* Schuldrechtliche Nebenvereinbarungen bei der GmbH – Motive, rechtliche Behandlung, Verhältnis zum Gesellschaftsvertrag, DStR 2006, 1137; *Winter,* Organisationsrechtliche Sanktionen bei Verletzung schuldrechtlicher Gesellschaftervereinbarungen?, ZHR 154 (1990), 259.

I. Erscheinungsformen; Abgrenzung

1. Arten von Gesellschaftervereinbarungen

Einen vollständigen Überblick über sämtliche Erscheinungsformen von Gesellschaftervereinbarungen in der Praxis zu geben ist schwierig.[1] Zu beobachten ist allerdings, dass Gesellschaftervereinbarungen eine erhebliche Verbreitung gefunden haben.[2] Sie sind vor allen Dingen bei der GmbH gebräuchlich, kommen aber auch bei der AG vor. Bei Personengesellschaften spielen sie wegen der anderen rechtlichen Rahmenbedingungen[3] eine deutlich geringere Rolle und sind am ehesten noch bei Familiengesellschaften aufzufinden. Aufgrund dieses Befundes behandelt die nachfolgende Darstellung lediglich Gesellschaftervereinbarungen bei Gesellschaften mit beschränkter Haftung und Aktiengesellschaften. Der Schwer- 1

[1] Vgl. die Darstellung bei *Noack* S. 13 ff.; *Joussen* S. 5 ff.; *Baumann/Reiß* ZGR 1989, 157; *Hoffmann-Becking* ZGR 1994, 442, 444; Scholz/*Emmerich* § 3 Rdnr. 72 a; *Michalski* § 3 Rdnr. 87, 93; *Wicke* DStR 2006, 1137.

[2] Vgl. die Beispiele in der Praxis auch *Winter* ZHR 154 (1990), 261, 262 f.

[3] Vgl. zu den Motiven der Gesellschafter für den Abschluss einer Gesellschaftervereinbarung nachfolgend Rdnr. 9 ff.

punkt liegt auf der GmbH. Sofern nachfolgend nicht ausdrücklich differenziert wird, gelten die Ausführungen sowohl für die GmbH als auch für die AG.

2 **Checkliste: Erscheinungsformen von Gesellschaftervereinbarungen**

- ☐ **Vor-Gründungsverträge:** Verbindliche Abrede der künftigen Gesellschafter, sich in der Rechtsform einer Kapitalgesellschaft zusammenzuschließen, meist verbunden mit weiteren Vereinbarungen der Gründer, z. B. über die Grundzüge des Gesellschaftsvertrages, die Bestellung von Organen, die Finanzierung und die Einbringung von Know-how;
- ☐ **Joint-Venture-Verträge:**[4] Ausgangspunkt für die Kooperation der Joint Venture-Partner, häufig eine Kombination aus einem Vor-Gründungsvertrag und weitergehenden Abreden;
- ☐ **Konsortialverträge:**[5] Zusammenschluss mehrerer Gesellschafter mit meist unterschiedlicher Beteiligung; Inhalt: Gemeinsame Einflussmöglichkeiten auf die Gesellschaft, Ausgestaltung der wirtschaftlichen Zusammenarbeit, Kapitalzufuhr, Investitionen, Finanzpläne, Produktion, Vertrieb, Verfügungsbeschränkungen und Vorkaufsrechte;
- ☐ **Stimm- und Poolvereinbarungen:**[6] Abreden von Gesellschaftern über die Ausübung von Mitgliedschaftsrechten und über die abgestimmte Wahrnehmung ihrer Interessen und Rechte in der Gesellschaft, häufig Bestandteil von Joint-Venture-Verträgen und Investoren- und Beteiligungsvereinbarungen;
- ☐ **Vereinbarungen über die Gesellschaftsanteile:**[7] Ankaufs- und Vorkaufsrechte, Andienungspflichten sowie Mitverkaufsrechte und -pflichten;
- ☐ **Vereinbarungen der Gesellschafter über ihre Rechtsverhältnisse zur Gesellschaft:**[8] Finanzierungsvereinbarungen, Abreden über Nebenleistungen, Wettbewerbsverbote, Finanzierungspflichten;
- ☐ **Investoren- und Beteiligungsvereinbarungen:**[9] Sie sind vor allen Dingen im Bereich der Gründungsfinanzierung und im Umfeld von Private Equity und Venture Capital-Beteiligungen zu finden. Sie enthalten häufig Abreden über die weitere Entwicklung der Gesellschaft, z. B. die Vereinbarung eines Zeitplans für den Börsengang, darüber hinaus Finanzierungspflichten, Nebenleistungen und Vereinbarungen über die Gesellschaftsanteile sowie umfassende Informationsrechte der Investoren und Berichtspflichten der Gesellschaft;
- ☐ **Kombinationen und Mischformen:** In der Praxis ist häufig eine Kombination der vorgenannten Inhalte anzutreffen.[10] Es gibt weder eine einheitliche Terminologie noch klar voneinander abgrenzbare Typen von Gesellschaftervereinbarungen. Die nachfolgende Darstellung behandelt im Interesse einer Typisierung die besonders häufig vorkommenden Arten von Gesellschaftervereinbarungen einzeln. Hingegen wird es in der Gestaltungspraxis häufig sachgerecht sein, Elemente der einzelnen Typen miteinander zu kombinieren.

2. Terminologie

3 Häufig werden im Zusammenhang mit Gesellschaftervereinbarungen Begriffe verwendet, die zu dem hier behandelten Thema nur entfernte Bezüge aufweisen. Terminologische Überschneidungen gibt es insbesondere bei **Konsortialverträgen** und **Pool-Vereinbarungen**.

4 **a) Konsortien.** Häufig wird der Terminus Konsortialvertrag gleichbedeutend mit dem Begriff Gesellschaftervereinbarung verwendet. Die Beteiligten sprechen von einem Konsortial-

[4] Formulierungsbsp. in: Lorz/Pfisterer/Gerber/*Englisch/von Schnurbein* GmbHR C III. 2.; Vertrags- und Formularhdb. Hopt/*Volhard* II. G. 1.

[5] Formulierungsbsp. in: Beck'sches Formularbuch Bürgerliches, Handels- und Wirtschaftsrecht/*Stephan* IX. 28.

[6] Formulierungsbsp. BeckFormb AktR/*Lorz* C. II.; Lorz/Pfisterer/Gerber/*Lorz* GmbHR C III. 1.; MünchVertragsHdb I/*Hölters* V. 117.; zu Stimm- und Familienpoolvereinbarungen *Langenfeld* ZEV 2010, 17 f., 18 f.

[7] Formulierungsbsp. in: Lorz/Pfisterer/Gerber/*von Schorlemer* GmbHR C III 3. (Beteiligungsvertrag und Vereinbarung über Geschäftsanteile).

[8] Formulierungsbsp. in: MünchVertragsHdb I/*Meister/Klöckner* IV. 26., 27., 28.

[9] Formulierungsbsp. in: Vertrags- und Formularhdb. Hopt/*Volhard* II. F. 6.; Lorz/Pfisterer/Gerber/*von Schorlemer* GmbHR C III 3. (Beteiligungsvertrag und Vereinbarung über Geschäftsanteile).

[10] *Jäger* DStR 1996, 1935, 1936 f.; *Maidl/Kreifels* NZG 2003, 1091 für den Beteiligungsvertrag.

vertrag insbesondere dann, wenn sie in einer Gesellschaftervereinbarung ihre Rechtsverhältnisse untereinander und zu der Gesellschaft umfassend regeln. Konsortialverträge sind aber auch im **Bank- und Finanzwesen** ein weit verbreitetes Phänomen. Dort werden Konsortien meist als Risikogemeinschaften von Banken gebildet, die ein bestimmtes Risiko bei der Eigen- bzw. Fremdkapitalbeschaffung eines Unternehmens teilen wollen.[11] Zu nennen sind als praktische Erscheinungsformen insbesondere **Kredit- und Emissionskonsortien**. Dabei handelt es sich regelmäßig um Gesellschaften (meist bürgerlichen Rechts), die von den beteiligten Banken zum Zwecke der Durchführung einer Projektfinanzierung oder einer Emission einzelfallbezogen gegründet werden. In Abgrenzung zu den hier behandelten Gesellschaftervereinbarungen geht es nicht um die Ausgestaltung der Verhältnisse der Gesellschafter einer bestehenden oder noch zu gründenden Kapitalgesellschaft in Ergänzung der Satzung, sondern um eine eigenständige Korporation, deren Zweck die Finanzierung oder Emission unter Beteiligung der Konsortialpartner ist.

Ein weiterer typischer Anwendungsfall von Konsortialverträgen sind Konsortien für den Bau von Industrieanlagen oder für die Realisierung sonstiger Bau- und Technologieprojekte. Die Konsorten verfolgen dabei den gemeinsamen Zweck, für ein bestimmtes Bau- oder Technologieprojekt aufgrund eines gemeinsamen Angebots den Zuschlag zu erhalten und dieses Projekt zu realisieren, indem sie die im Konsortialvertrag festgelegten Leistungen erbringen und die hierfür zugesagte Vergütung erhalten.[12] 5

b) **Pools.** Pool-Verträge treten neben den als Gesellschaftervereinbarungen zu behandelnden Stimmrechtspools bei so genannten **Sicherheitenpools** auf. Dabei bringen Banken und/oder Warenlieferanten die von ihrem Schuldner bestellten Sicherheiten in einen Pool ein, um deren effektive Verwaltung und Verwertung zu gewährleisten. Im Unterschied zum Stimmrechtspool beschränkt sich der Sicherheitenpool nicht darauf, bei einer bestehenden Gesellschaft die Stimmrechte in einer bestimmten Weise auszuüben. Beim Sicherheitenpool werden die den einzelnen (Geld- oder Waren-) Kreditgebern zustehenden Sicherheiten einem gemeinsamen Treuhänder oder dem Pool zur gesamten Hand übertragen. Ist der Pool auf die Geltendmachung und Verwertung der einzelnen Sicherungsrechte gerichtet, entsteht eine Außengesellschaft bürgerlichen Rechts. Krisenunabhängige Sicherheitenpools werden häufig in Verbindung mit einem Kreditkonsortium[13] gebildet. Bei ihm geht es nicht primär um die Verwertung, sondern um die gemeinsame Verwaltung von Sicherheiten als Pendant zur gemeinsamen Übernahme eines bestimmten Kredit- oder Emissionsrisikos. 6

II. Notarielles Aufgabenfeld

In den zahlreichen Fällen, in denen Gesellschaftervereinbarungen wegen ihres Regelungsgehalts der Beurkundung[14] bedürfen, ist die Mitwirkung des Notars unabdingbar. Nicht selten entscheiden sich die Beteiligten aber auch außerhalb unabweisbarer Formerfordernisse dazu, die getroffene Vereinbarung durch eine notarielle Beurkundung zu dokumentieren und abzusichern.[15] Es können ferner gute Gründe jenseits der Formbedürftigkeit für die Einschaltung eines Notars sprechen: Nicht selten hat der Notar Aufgaben im Vorfeld der Gesellschaftervereinbarung übernommen. Er hat vielleicht die Gründung der Gesellschaft, auf die sich die Gesellschaftervereinbarung bezieht, beurkundet und die Beteiligten dabei rechtlich betreut. Bei Familiengesellschaften besteht zuweilen eine jahre- und jahrzehntelange **Vertrauensbeziehung** zwischen den Familiengesellschaftern und dem Notar. Das Regelungsbedürfnis für eine Gesellschaftervereinbarung kann auch in der Folge eines Erbfalls entstehen, bei dem sich die gesellschaftsrechtliche Betreuung der Erben als Fortsetzung der 7

[11] BeckPersG-Hdb/*Bärwaldt* § 20 Rdnr. 70.

[12] MünchKommBGB/*Ulmer* Vorb zu §§ 705 ff. Rdnr. 61; zum Konsortium im Baurecht: *Nicklisch/Weick* VOB/B Einl §§ 4–13 Rdnr. 105 ff.

[13] Siehe oben Rdnr. 4.

[14] Siehe dazu im Einzelnen Rdnr. 56 ff.

[15] Vgl. dazu Rdnr. 63.

erbrechtlichen Beratungs- und Gestaltungstätigkeit des Notars darstellt. Die Kosten[16] sind kein durchgreifendes Argument gegen die Einbeziehung eines Notars, zumal in den meisten Fällen ohnehin eine rechtliche Beratung unerlässlich ist.

8 Eine Mitwirkung des Notars ist auch erforderlich, wenn die **Maßnahmen zur Umsetzung** von Gesellschaftervereinbarungen beurkundungsbedürftig sind. Dies ist insbesondere bei Investment- und Beteiligungsverträgen anzutreffen, wenn dort Satzungsänderungen, Kapitalerhöhungen und Umwandlungsmaßnahmen vereinbart werden. Im Einzelfall kann es zur Umsetzung von Gesellschaftervereinbarungen auch erforderlich sein, Testamente, Erbverträge oder Eheverträge abzuschließen, die ebenfalls zwingend zu beurkunden sind.

III. Motive zum Abschluss von Gesellschaftervereinbarungen

9 Es gibt zahlreiche Gründe, die – häufig kumulativ – Anlass für Gesellschaftervereinbarungen sein können. Zu nennen sind hier insbesondere folgende Aspekte:

1. Keine Registerpublizität

10 Gesellschaftervereinbarungen sind **nicht Bestandteil des Gesellschaftsvertrages**, sondern stehen als **selbständige schuldrechtliche Vereinbarungen** neben diesem.[17] Wird die Gesellschaftervereinbarung anlässlich der Gründung der Gesellschaft geschlossen, ist sie der Handelsregisteranmeldung der Gesellschaft – anders als der Gesellschaftsvertrag – nicht gemäß §§ 8 Abs. 1 Nr. 1 GmbHG, 37 Abs. 4 Nr. 1 AktG beizufügen. Folgerichtig wird sie auch nicht in das elektronische Handelsregister aufgenommen und dort der Allgemeinheit zur Einsichtnahme gemäß § 9 HGB zugänglich gemacht.[18] Der spätere Abschluss einer Gesellschaftervereinbarung ist auch nicht als Satzungsänderung zu werten, die gemäß §§ 54 GmbHG, 181 AktG zur Eintragung in das Handelsregister anzumelden wäre. Das gleiche gilt naturgemäß für Änderungen von Gesellschaftervereinbarungen.

11 Die fehlende Registerpublizität der Gesellschaftervereinbarung nutzen die Gesellschafter, wenn die Vereinbarungen nicht der Allgemeinheit zugänglich sein sollen. Dieses Interesse an einer Geheimhaltung kann insbesondere bei Finanzierungsvereinbarungen bestehen, aber auch bei Gemeinschaftsunternehmen, namentlich bei Grundlagenvereinbarungen über Ziele und Umfang der Zusammenarbeit, Abgrenzung von Aktivitäten, Liefer- und Bezugspflichten und die Einbringung von Know-how. Auch die gemeinsame Kontrolle über eine Gesellschaft auf der Basis eines Stimmpools soll häufig ebenso wenig nach außen dringen wie die in der Vereinbarung getroffenen Abreden über die mittel- und langfristigen geschäftlichen Ziele des Unternehmens und seiner Gesellschafter.

2. Formfreiheit, Flexibilität

12 Von den unter Rdnr. 56 ff. angesprochenen Ausnahmen abgesehen, müssen Gesellschaftervereinbarungen im Regelfall nicht notariell beurkundet werden. Die Entbehrlichkeit einer notariellen Beurkundung kann bei der Vereinbarung erheblicher Leistungspflichten der Gesellschafter – insbesondere von Finanzierungspflichten – ein wesentliches Argument dafür sein, die Regelung nicht im Gesellschaftsvertrag, sondern außerhalb in einer Gesellschaftervereinbarung zu treffen.

13 Trotz der rigiden gesetzlichen Geheimhaltungspflichten, die den Notar und seine Mitarbeiter treffen, mag auch der Aspekt des Geheimnisschutzes und der Vertraulichkeit im Einzelfall ein Argument für eine nicht der notariellen Beurkundung unterliegende Abrede sein. Die Formfreiheit bringt außerdem eine größere Flexibilität mit sich. Regelungen, die nach Einschätzung der Gesellschafter aufgrund sich verändernder Umstände häufiger geändert

[16] Vgl. dazu im Einzelnen Rdnr. 149.
[17] Näher zu der dogmatischen Trennung zwischen Satzung und Gesellschaftervereinbarung Rdnr. 19 ff.
[18] *Wicke* DStR 2006, 1137.

werden müssen, werden sie daher eher in einer formfreien Gesellschaftervereinbarung treffen als sie zum Bestandteil der Satzung zu machen, die nur durch eine notarielle Urkunde geändert werden kann.[19]

3. Beschränkung auf den Kreis der Vertragspartner

Gesellschaftervereinbarungen binden nur die an ihnen beteiligten Vertragsparteien.[20] In ihnen **können** Ansprüche der Gesellschaft oder Dritter gemäß § 328 BGB begründet werden. Ohne eine entsprechende Ausgestaltung generieren sie jedoch keine über den Kreis der Vertragsbeteiligten hinausgehenden Ansprüche. Demgegenüber begründet eine über den Anspruch auf Leistung der Kapitaleinlagen hinausgehende Verpflichtung der Gesellschafter in der Satzung als so genannte **Nebenleistungspflicht** gemäß §§ 3 Abs. 2 GmbHG, 55 Abs. 1 AktG einen Anspruch der Gesellschaft. Diesen Anspruch können Gläubiger der Gesellschaft pfänden und sich zur Einziehung überweisen lassen. Die Gesellschaftervereinbarung ist daher ein probates Mittel, eine Verpflichtung, die auch gegenüber der Gesellschaft und mittelbar gegenüber Dritten wirkt, zu vermeiden und gleichwohl eine rechtliche Bindung herbeizuführen. 14

Im Hinblick darauf, dass die Gesellschaftervereinbarung nur die Vertragsparteien bindet, gelangen die in ihr getroffenen Vereinbarungen nicht zur Kenntnis der übrigen Gesellschafter. Diese haben gegenüber der Gesellschaft und ihren Mitgesellschaftern keinen Anspruch auf Auskunft darüber, ob Gesellschaftervereinbarungen bestehen. Unabhängig von der nicht bestehenden Registerpublizität sprechen demgemäß auch Erwägungen des Geheimnisschutzes und der Vertraulichkeit für eine Gesellschaftervereinbarung. 15

4. Einzelfallcharakter der Regelung

Im Gesellschaftsvertrag sind die auf Dauer und für alle Gesellschafter sowie ihre Rechtsnachfolger geltenden Vereinbarungen zu regeln. Es gibt allerdings nicht selten Vereinbarungen, die allein deshalb nicht in den Gesellschaftsvertrag aufgenommen werden, weil sie sich innerhalb kurzer Zeit erledigen und den Gesellschaftsvertrag nach Wegfall ihres Regelungsgegenstandes unnötig belasten würden. In solchen Fällen spielt die „Verdinglichung" der Regelung keine Rolle, so dass eine schuldrechtliche Vereinbarung der Gesellschafter außerhalb des Gesellschaftsvertrags völlig ausreichend ist. 16

5. Eingeschränkte Gestaltungsfreiheit

Teilweise bleibt den Gesellschaftern nur die Möglichkeit einer schuldrechtlichen Vereinbarung außerhalb der Satzung, weil nur so ihr Regelungsanliegen umgesetzt werden kann. Ein Beispiel hierfür sind Veräußerungsbeschränkungen im Aktienrecht. Nach § 68 Abs. 2 AktG kann der Grundsatz der freien Verfügbarkeit nur bei Namensaktien und dort auch nur durch die Satzung eingeschränkt werden. Eine Vinkulierung bei Inhaberaktien ist unzulässig.[21] Wollen die Aktionäre die Verkehrsfähigkeit von Inhaberaktien einschränken, sind sie daher darauf verwiesen, durch schuldrechtliche Abreden sicherzustellen, dass eine Übertragung nur mit Zustimmung der übrigen Aktionäre zulässig ist. Eine solche Vereinbarung bindet allerdings nur die Aktionäre, die an ihr beteiligt sind, und hindert die wirksame Verfügung über die betroffenen Aktien im Unterschied zur dinglich wirkenden Vinkulierung bei Namensaktien gemäß § 68 Abs. 2 AktG nicht. Überträgt ein Aktionär Inhaberaktien entgegen der schuldrechtlich vereinbarten Veräußerungsbeschränkung, haben die übrigen Aktionäre lediglich Schadensersatzansprüche. Möglicherweise ist der Verstoß aber zudem mit einer Vertragsstrafe sanktioniert. 17

---

[19] §§ 53 Abs. 2 S. 1 GmbHG, 130 Abs. 1 S. 1 AktG. Dies gilt gemäß § 130 Abs. 1 S. 3 i. V. m. § 179 Abs. 2 S. 1 AktG auch für die nicht börsennotierte AG.

[20] Vgl. zur Rechtsnachfolge Rdnr. 44 ff.

[21] *Hüffer* § 68 Rdnr. 10.

6. Erbschaftsteuer

18 Die Gründe für den Abschluss einer Poolvereinbarung können auch erbschaftsteuerlicher Art sein.[22] Die seit dem 1. 1. 2009 geltende Fassung des § 13b Abs. 1 Nr. 3 S. 2 ErbStG rechnet Anteile an Kapitalgesellschaften, die eine unmittelbare Beteiligung von 25% oder weniger vermitteln, zu dem begünstigten Vermögen, wenn sich der Schenker bzw. Erblasser mit anderen Anteilseignern einer einheitlichen Verfügungsbeschränkung und Stimmbindung unterworfen hat und die auf diese Weise gebundenen Anteilseigner insgesamt mehr als die erforderlichen 25% der Anteile an der Gesellschaft halten. Zwischen den Gesellschaftern muss aber die Verpflichtung bestehen, über die Anteile nur einheitlich zu verfügen oder diese ausschließlich auf andere, derselben Verpflichtung unterliegende Anteilseigner zu übertragen und das Stimmrecht gegenüber nicht gebundenen Gesellschaftern einheitlich auszuüben.[23] Durch diese steuerliche Privilegierung wird die Attraktivität von Gesellschaftervereinbarungen steigen. Derzeit ungeklärt ist allerdings, was unter dem Tatbestandsmerkmal der „einheitlichen Verfügung" zu verstehen ist.[24] Kritisch ist im Hinblick auf § 2302 BGB insbesondere, ob hierunter auch Verfügungen von Todes wegen fallen können. § 2302 BGB erklärt Verabredungen, die die Verpflichtung beinhalten, in einer bestimmten Weise zu testieren, für nichtig. Eine Auseinandersetzung mit den verschiedenen Auffassungen kann dieses Praxishandbuch nicht leisten. Von Relevanz für die Gestaltungs- und Beratungstätigkeit des Notars ist jedoch, darauf zu achten, dass die entsprechende Vereinbarung Verfügungen von Todes wegen nicht mit umfasst. Enthält eine Poolvereinbarung eine entsprechende Klausel, kann diese nichtig sein. Darüber hinaus besteht aber außerdem – jedenfalls bei Fehlen einer salvatorischen Klausel – die Gefahr, dass sich der Rest der Vereinbarung nicht als wirksam aufrecht erhalten lässt.[25]

IV. Dogmatische Einordnung und Verhältnis zur Satzung; Zulässigkeit

1. Rechtsnatur

19 Gesellschaftervereinbarungen sind **schuldrechtliche Abreden** zwischen den Beteiligten und binden als solche **ausschließlich die Vertragsparteien**. Sie bewirken **keine mitgliedschaftliche Bindung**. Mit dieser rechtlichen Ausgestaltung unterscheiden sich Gesellschaftervereinbarungen grundsätzlich von den Regelungen im Gesellschaftsvertrag. Zwischen dem Gesellschaftsvertrag und den Gesellschaftervereinbarungen wird von der herrschenden Meinung – von noch zu behandelnden Ausnahmen abgesehen – strikt getrennt.[26] Beide Regelungen stehen selbständig nebeneinander und unterscheiden sich dogmatisch wie praktisch erheblich:

20 a) **Gesellschaftsvertrag.** Wesensmerkmal der Bestimmungen des Gesellschaftsvertrags ist ihr **körperschaftlicher (korporativer) Charakter**. Er erfasst sowohl den notwendigen Inhalt gemäß §§ 3 Abs. 1 GmbHG, 23 Abs. 3, 4 AktG als auch fakultative, aber formbedürftige Regelungen im Sinne von §§ 3 Abs. 2 GmbHG, 23 Abs. 5 AktG. Korporationsrechtlichen Charakter haben insbesondere die gesetzlich unabdingbaren Inhalte der Satzung gemäß §§ 3 Abs. 1 GmbHG, 23 Abs. 3 AktG sowie Regelungen über Sacheinlagen, Sonderrechte, Vinkulierungsbestimmungen, Kompetenzen der Gesellschaftsorgane, Stimmrecht und Gewinnverteilung. In einer Reihe von Fällen ordnen GmbHG und AktG auch selbst an, dass Abweichungen von den gesetzlichen Regelungen nur durch entsprechende Satzungsnormen möglich sind. Die Ausnutzung dieser vom Gesetz vorgesehenen Gestaltungsbefugnis verleiht den entsprechenden Regelungen im Gesellschaftsvertrag ebenso korporativen Charakter.

[22] Zu den erbschaftsteuerlichen Motiven für den Abschluss von Poolverträgen ausführlich *Kramer* GmbHR 2010, 1023; *Langenfeld* ZEV 2009, 596, 598; *ders.* ZEV 2010, 17; *Leitzen* ZEV 2010, 401.

[23] § 13b Abs. 1 Nr. 3 S. 2 ErbStG.

[24] Vgl. zu den einzelnen Ansichten die Nachweise bei *Leitzen* ZEV 2010, 401.

[25] Vgl. hierzu ausführlich *Leitzen* ZEV 2010, 401 ff.

[26] Die Unterschiede zwischen echten und unechten Bestandteilen des Gesellschaftsvertrags stellt *Wicke* DNotZ 2006, 419 ff. anschaulich dar, vgl. auch *Noack* NZG 2010, 1017.

Die korporativen Satzungsregelungen gestalten die **Verfassung der Gesellschaft**, ihre Beziehungen zu den Gesellschaftern sowie die Rechtstellung ihrer Organe.[27] Im Unterschied zu einfachen Gesellschafterbeschlüssen handelt es sich regelmäßig um Regelungen, die einen Dauerzustand mit wesentlicher Bedeutung für das Verhältnis der Gesellschafter untereinander und zur Gesellschaft zum Gegenstand haben. Sie betreffen künftige Gesellschafter und auch Dritte, insbesondere Gläubiger, und wenden sich an einen unbestimmten Personenkreis.

Körperschaftliche Regelungen sind nur einer **eingeschränkten objektivierten Auslegung** 21 zugänglich.[28] Sie kann sich lediglich auf allgemein zugängliche Unterlagen stützen, in erster Linie auf den Wortlaut und Sinnzusammenhang des Gesellschaftsvertrages. Nebenabreden und sonstige für die Gestaltung wesentliche Umstände werden nur berücksichtigt, wenn diese allgemein ersichtlich, insbesondere aus den zum Handelsregister eingereichten Unterlagen zu entnehmen sind. Dritten nicht erkennbare Absichten und Erwägungen der Gründer bleiben bei der Auslegung außer Betracht. Auch eine Inhaltskontrolle vorformulierter korporativer Klauseln des Gesellschaftsvertrages ist gemäß § 310 Abs. 4 S. 1 BGB ausgeschlossen. Ferner finden die zivilrechtlichen Grundsätze über die Nichtigkeit oder Anfechtung von Willenserklärungen auf die Bestimmungen des Gesellschaftsvertrages bei Gründung und ihrer späteren Einführung im Wege der Satzungsänderung nur in eingeschränktem Umfang Anwendung.[29] Korporative Regelungen können lediglich durch Satzungsänderung nach Maßgabe der §§ 53 ff. GmbHG, 179 ff. AktG durch einen mit qualifizierter Mehrheit gefassten, formbedürftigen und konstitutiv eintragungspflichten Gesellschafterbeschluss geändert werden.[30]

b) Gesellschaftervereinbarung. Gesellschaftervereinbarungen begründen als **individualrechtliche Regelung** Rechte und Pflichten regelmäßig **nur zwischen den Vertragsparteien.**[31] 22 Entsprechend können Gesellschaftervereinbarungen auch durch eine als Gesellschafterbeschluss überschriebene Maßnahme zustande kommen, sofern deren Gegenstand in Wirklichkeit nicht in einer Willensentscheidung der Gesellschafter gegenüber der Gesellschaft, sondern in einer schuldrechtlichen Bindung der Gesellschafter besteht.[32] Sie gehen im Falle einer Veräußerung des Gesellschaftsanteils daher auch nicht automatisch, sondern nur aufgrund eines besonderen Rechtsgrundes[33] auf dessen Erwerber über. Als schuldrechtliche Vereinbarung sind sie uneingeschränkt der individuellen Vertragsauslegung nach den allgemeinen Regeln der §§ 133, 157 BGB zugänglich.[34] Dabei können alle verfügbaren Quellen herangezogen werden. Da es sich um individuelle Nebenvereinbarungen außerhalb des Gesellschaftsvertrags handelt, ist ebenso eine Inhaltskontrolle vorformulierter Bestimmungen möglich; der Ausschluss gemäß § 310 Abs. 4 S. 1 BGB gilt nicht.[35] Auch die zivilrechtlichen Vorschriften über Willensmängel und Leistungsstörungen finden regelmäßig uneingeschränkt Anwendung und die Gesellschaftervereinbarungen können unter Berücksichtigung der allgemeinen zivilrechtlichen Bestimmungen (regelmäßig) formlos modifiziert oder abbedungen werden.[36]

Häufig sind aber Gesellschaftervereinbarungen auf die gemeinsame dauerhafte Verfolgung eines Zwecks gerichtet, so dass sie eine **Gesellschaft des bürgerlichen Rechts** (meist als 23 nicht rechtsfähige[37] **Innengesellschaft**) gemäß §§ 705 ff. BGB begründen. Namentlich bei Vor-Gründungsverträgen entsteht eine GbR, die die Eintragung der GmbH überdauert und

[27] *Wicke* DNotZ 2006, 419; eingehend zur Auslegung von Satzungsbestimmungen und Gesellschaftervereinbarungen *Jäger* DStR 1996, 1935.

[28] *Wicke* DStR 2006, 1137, 1140 m. z. w. N.; *ders.* DNotZ 2006, 419, 420 f.

[29] *Wicke* DNotZ 2006, 419, 421.

[30] *Jäger* DStR 1996, 1935, 1936.

[31] BGH NJW 2010, 3718; Scholz/*Emmerich* § 3 Rdnr. 119; Hachenburg/*Ulmer* Rdnr. 124; Baumbach/Hueck/*Fastrich* Rdnr. 56; Scholz/*K. Schmidt* § 45 Rdnr. 116; *Jäger* DStR 1996, 1935, 1936.

[32] Vgl. den Fall BGH NJW 2010, 3718 m. Anm. *Noack* NZG 2010, 1017.

[33] Zu Fällen einer Überleitung auf den Rechtsnachfolger Rdnr. 44 ff.

[34] *Wicke* DNotZ 2006, 419, 420 f.

[35] Baumbach/Hueck/*Fastrich* § 3 Rdnr. 56.

[36] *Jäger* DStR 1996, 1935, 1936.

[37] Grundlegend BGH NJW 2001, 1056.

neben dieser fortbesteht, wenn über den reinen Errichtungsvorgang hinausweisende Vereinbarungen getroffen werden. In diesem Fall können die Bestimmungen des BGB-Gesellschaftsvertrags einer Inhaltskontrolle gemäß §§ 305 ff. BGB nicht unterzogen werden. Für die Nichtigkeit und Anfechtung von Willenserklärungen gelten die besonderen Grundsätze über die fehlerhafte Gesellschaft und das ordentliche Kündigungsrecht wird regelmäßig abbedungen.[38]

Praxistipp:

Der Notar sollte durch eindeutige Formulierungen klarstellen, ob die Parteien einer Gesellschaftervereinbarung neben der Kapitalgesellschaft eine Personengesellschaft begründen wollen. Ist dies nicht gewünscht, sollten die Entstehung einer Personengesellschaft und die Anwendung der §§ 705 ff. BGB, 105 ff. HGB **ausdrücklich ausgeschlossen** werden.

24 c) **Trennungsprinzip und Durchbrechungen.** Die praktische Bedeutung des Trennungsprinzips und möglicher Durchbrechungen wird an folgendem **Beispiel** deutlich: Sämtliche Gesellschafter A, B und C einer GmbH haben in einer Gesellschaftervereinbarung verabredet, einer bestimmten Ausweitung des Unternehmensgegenstandes nicht zuzustimmen. In einer Gesellschafterversammlung stimmen A und B mit ihrer ¾-Mehrheit gleichwohl für eine entsprechende Satzungsänderung. Kann C den Gesellschafterbeschluss über die Satzungsänderung anfechten? Wie verhält es sich, wenn die Gesellschaft noch weitere Gesellschafter hatte, die an der Vereinbarung nicht beteiligt waren?

25 *aa) Grundsatz.* Zwischen dem Gesellschaftsvertrag der Kapitalgesellschaft als korporativer Grundordnung und der Gesellschaftervereinbarung als schuldrechtlichem Vertrag verläuft eine dogmatische Trennlinie, die durch die Verselbständigung der juristischen Person gemäß §§ 13 Abs. 1 GmbHG, 1 Abs. 1 S. 1 AktG vorgegeben ist. Kapitalgesellschaften besitzen eine eigene Rechtspersönlichkeit und haben als solche eigene Rechte und Pflichten. Der so formulierte Trennungsgrundsatz ist Grundlage der personen- und vermögensrechtlichen Selbständigkeit der Kapitalgesellschaft und separiert sie von den individuellen Rechtsbeziehungen ihrer Mitglieder. Dem entspricht es, dass schuldrechtliche Nebenvereinbarungen, die außerhalb des Gesellschaftsvertrags – im Rahmen seiner Feststellung bei der Errichtung der Gesellschaft oder in einem späteren Satzungsänderungsverfahren – getroffen werden, nur interne Wirkung zwischen den Beteiligten entfalten können.[39] Dies hat zur Konsequenz, dass Verstöße gegen Nebenvereinbarungen der Gesellschafter nicht auf die Ebene der Gesellschaft durchschlagen. Insbesondere kann ein Gesellschafterbeschluss nicht deshalb angefochten werden, weil er unter Verstoß gegen schuldrechtliche Nebenabreden getroffen wurde. Es fehlt an dem gemäß § 243 Abs. 1 AktG notwendigen Anfechtungsgrund einer Verletzung des Gesetzes oder der Satzung.[40]

26 *bb) Durchbrechungen.* In Rechtsprechung und Literatur wird jedoch diskutiert, ob von dem Trennungsprinzip unter bestimmten Umständen **Ausnahmen** anzuerkennen sind.[41] Dabei geht es neben der Anfechtung abredewidriger Beschlüsse auch um die Frage, ob bei der Auslegung der Satzung Nebenvereinbarungen zu berücksichtigen sind und ob Nebenvereinbarungen der Gesellschafter Einfluss auf gesellschaftsrechtliche Treuepflichten haben.

27 Der BGH hat im **„Kerbnägel"-Urteil,**[42] dem der Grundfall des Beispiels in Rdnr. 24 nachgebildet ist, die Anfechtung des satzungsändernden Gesellschafterbeschlusses ohne nähere dogmatische Auseinandersetzung mit dem allgemein anerkannten Trennungsprinzip für zulässig gehalten. Zwar könne die Nebenvereinbarung nicht bei der Auslegung des Gesellschaftsvertrags berücksichtigt werden. Auch führe die Verletzung der Gesellschafter-

[38] Vgl. hierzu näher unten Rdnr. 42 f.
[39] Siehe oben Rdnr. 21.
[40] Bei der GmbH findet § 243 Abs. 1 AktG entsprechende Anwendung.
[41] Vgl. hierzu *Winter* ZHR 154 (1990), 261, 265 ff. m. z. w. N.
[42] BGH NJW 1983, 1910.

vereinbarung nicht zu einem Verstoß gegen die Treuepflicht oder zu einem Stimmrechtsmissbrauch, da hierfür allein das Gesellschaftsverhältnis und nicht sonstige Absprachen der Beteiligten maßgebend seien. Der BGH hat zudem grundsätzlich anerkannt, dass die Verletzung schuldrechtlicher Absprachen zwischen einzelnen Gesellschaftern nicht zur Anfechtung eines abredewidrig zustande gekommenen Beschlusses führen könne, sondern vielmehr der Streit darum unter den Beteiligten auszutragen sei. Hiervon hat der BGH jedoch im zu entscheidenden Fall eine Ausnahme gemacht mit dem Argument, dass Parteien der Gesellschaftervereinbarung **alle Gesellschafter** gewesen seien. Eine solche Vereinbarung sei „– auch ohne Bestandteil der Satzung zu sein – zumindest so lange zugleich als eine solche der Gesellschaft zu behandeln, als dieser nur die aus der Abrede Verpflichteten angehören".

Im Grundfall des Beispiels in Rdnr. 24 kam der BGH also zur Anfechtbarkeit des Beschlusses. In der Abwandlung, in der nur ein Teil der Gesellschafter Partei der Vereinbarung ist, würde es dagegen bei dem allgemeinen Grundsatz bleiben, dass Verstöße gegen die Gesellschaftervereinbarungen keine Auswirkungen auf das Gesellschaftsverhältnis haben und demgemäß eine Anfechtung nicht begründen können. 28

Ohne weitergehende Auseinandersetzung mit der Thematik hat der BGH[43] in einer weiteren Entscheidung seine Auffassung bestätigt und die Anfechtung der Abberufung eines Gesellschafter-Geschäftsführers mit der Begründung für zulässig erklärt, alle Gesellschafter hätten außerhalb der Satzung vereinbart, eine Abberufung solle nur mit Zustimmung des betroffenen Geschäftsführers möglich sein. 29

In einer anderen Entscheidung des BGH zur Satzungsdurchbrechung[44] rückte der BGH von den oben zitierten Entscheidungen insofern ab, als er eine vom Satzungsinhalt abweichende Vereinbarung für unwirksam erklärte, weil die für die Satzungsänderung geltenden Formvorschriften nicht beachtet wurden. Zur Begründung führt der BGH aus, dass entsprechende Regelungen (hier: Verlängerung der Amtszeit der Aufsichtsratsmitglieder) auch den Rechtsverkehr einschließlich künftiger Mitglieder berühren und bei der weitgehenden Anerkennung eines satzungsähnlichen Gehalts schuldrechtlicher Nebenvereinbarungen die im elektronischen Handelsregister abrufbare Satzung die Verhältnisse der Gesellschaft unzutreffend wiedergeben würde.[45] 30

Das OLG Stuttgart hält entgegen der Auffassung des BGH eine Nebenvereinbarung grundsätzlich nicht für anfechtungsbegründend und widerspricht diesem ausdrücklich mit eigehender Begründung.[46] Das OLG führt im Wesentlichen an, dass „die Satzung nicht durch die „Schattenordnung" einer [nur schuldrechtlichen] Gesellschaftervereinbarung konterkariert werden könne". Im Schrifttum stoßen die Entscheidungen des BGH teilweise auf Ablehnung.[47] Andere Autoren erkennen eine Durchbrechung des Trennungsprinzips mit unterschiedlichen dogmatischen Ansätzen und differenziert nach einzelnen Fallgruppen an. 31

cc) Notarielle Gestaltungspraxis. Die Darstellung der verschiedenen Auffassungen würde den Rahmen eines Praxishandbuchs sprengen. Wichtig für die Gestaltungs- und Beratungstätigkeit des Notars sind jedoch in Bezug auf die hier angerissene Streitfrage folgende Erkenntnisse: Sind nicht alle Gesellschafter Partei der Nebenvereinbarung, scheidet eine Anfechtung von Gesellschafterbeschlüssen, die unter Verstoß gegen die Nebenabrede gefasst worden sind, nach allen Auffassungen aus. Aber auch, sofern sich alle Gesellschafter an der Vereinbarung beteiligen, kann angesichts der gewichtigen Argumente gegen eine Durchbrechung des Trennungsprinzips nicht mit der erforderlichen Sicherheit davon ausgegangen werden, dass Verstöße gegen die Vereinbarung zu einer Anfechtbarkeit führen. Ebenso wenig kann unterstellt werden, dass die Regelungen in der Gesellschaftervereinbarung bei der 32

[43] BGH NJW 1987, 1890.

[44] DStR 1993, 1302.

[45] So schon *Winter* ZHR 154 (1990), 261, 267; vgl. aber den Fall BGH NJW 2010, 988, in dem der BGH eine schuldrechtliche Nebenabrede der Gesellschafter über eine geringere Abfindungshöhe abweichend von einer Satzungsbestimmung anerkannt hat, da diese Abweichung zur Satzungsbestimmung nur die Vertragsparteien binde und gerade keine organisationsrechtliche Regelung aufweise.

[46] OLG Stuttgart BB 2001, 794, 797.

[47] Vgl. hierzu *Winter* ZHR 154 (1990), 261, 267 ff. m. z. w. N.

Auslegung des Gesellschaftsvertrags zu berücksichtigen sind oder Treuepflichten der Gesellschafter begründen oder ausformen. Vorsicht ist jedoch geboten bei Vereinbarungen mit satzungsähnlichem Gehalt, insbesondere, wenn Drittinteresen betroffen sind. Diese könnten wegen Verstoßes gegen zwingende Form- und Publizitätsvorschriften im Einzelfall unwirksam sein.

33 Diese eingeschränkte Wirkungsweise von Gesellschaftervereinbarungen muss der Notar den Beteiligten im Rahmen seiner Beratungstätigkeit deutlich machen. Wenn es den Interessen der Gesellschafter entspricht, kann er aber bei der Vertragsgestaltung klarstellend eine Regelung aufnehmen, dass die Anfechtung von Gesellschafterbeschlüssen nicht mit einem Verstoß gegen die Gesellschaftervereinbarung begründet werden kann. Ferner kann ausdrücklich geregelt werden, dass die Gesellschaftervereinbarung weder bei der Auslegung der Satzung zu berücksichtigen ist noch Treuepflichten begründet oder ausgestaltet.

34 Sind die Parteien demgegenüber an einer möglichst weitgehenden Wirkung der Gesellschaftervereinbarung interessiert, kann der Notar eine Klausel aufnehmen, die im Falle des Verstoßes die Anfechtung abredewidrig gefasster Gesellschafterbeschlüsse zulässt. Er kann ferner die Maßgeblichkeit der Gesellschaftervereinbarungen für die Auslegung des Gesellschaftsvertrages und die gesellschaftsrechtlichen Treuepflichten anordnen. Dies ist aber nur unter zwei Voraussetzungen möglich: An der Gesellschaftervereinbarung sind alle Gesellschafter beteiligt und der Notar hat darüber aufgeklärt, dass gegen die Wirksamkeit entsprechender Bestimmungen erhebliche Bedenken bestehen. Im Hinblick auf die Bedenken sollte der Notar in jedem Fall darauf achten, die sonstigen Rechtsfolgen bei einem Verstoß gegen die Gesellschaftervereinbarung (Schadensersatzansprüche, Vertragsstrafen, eventuell Verpflichtung zur Übertragung des Anteils) möglichst effektiv auszugestalten. Im Rahmen seiner Hinweispflichten muss der Notar die Beteiligten überdies darüber aufklären, dass im Falle der Aufnahme weiterer Gesellschafter die vom BGH postulierte Durchbrechung des Trennungsprinzips nur gilt, wenn auch jeder neue Gesellschafter der Gesellschaftervereinbarung beitritt.

2. Zulässigkeit

35 Die Zulässigkeit von Gesellschaftervereinbarungen steht seit langem außer Frage.[48] Sie folgt – mit den unter Rdnr. 36 ff. noch zu behandelnden Ausnahmen – aus der **Vertragsfreiheit** der Gesellschafter.[49] Gesellschaftervereinbarungen sind nicht nur im GmbH-Recht anerkannt, sondern auch – wie ein Umkehrschluss aus § 136 Abs. 2 AktG zeigt – im Aktienrecht.

36 Die Gestaltungsmöglichkeiten der Gesellschafter enden jedoch dort, wo es sich um Regelungen mit körperschaftlichem Charakter[50] handelt. Sie können nicht zum Gegenstand von Gesellschaftervereinbarungen gemacht werden, sondern bilden einen Bestandteil der Grundordnung (der „Verfassung“) der Gesellschaft und müssen in den Gesellschaftsvertrag aufgenommen werden.[51]

37 So können z. B. die Gesellschafter weder zwingende Satzungsbestimmungen gemäß §§ 3 Abs. 2 GmbHG, 23 Abs. 2 AktG anstelle der Satzung in einer Gesellschaftervereinbarung regeln noch haben sie die Möglichkeit, entsprechende Satzungsregelungen in einer Gesellschaftervereinbarung zu modifizieren oder abzubedingen. Unzulässig wäre etwa eine Gesellschaftervereinbarung, die ihre Parteien abweichend von den gesetzlichen Bareinlageverpflichtungen zu Sacheinlagen berechtigt. Erweiterungen des satzungsmäßigen Unternehmensgegenstandes oder Abreden über die unzulässige Rückzahlung des statutarischen Kapitals wären ebenfalls nicht möglich. Ebenso wenig können zwingende Regelungen über

[48] BGH NJW 2010, 3718; NJW-RR 1993, 607; NZG 2008, 73; *Noack* NZG 2010, 1017; Lutter/*Hommelhoff* § 3 Rdnr. 69; Baumbach/Hueck/*Fastrich* Rdnr. 56 f.; Roth/Altmeppen/*Roth* Rdnr. 49 ff.

[49] Wicke DStR 2006, 1137, 1138 m. w. N.

[50] Vgl. zur Abgrenzung zwischen Regelungen mit korporativem Gehalt und schuldrechtlichen Nebenabreden oben Rdnr. 20 ff.

[51] Vgl. die detaillierte Darstellung mit Beispielen „echter Satzungsbestandteile“ bei *Wicke* DNotZ 2006, 419. Eine ausführliche Darstellung zur Abgrenzung zwischen Gesellschaftsvertrag und Gesellschaftervereinbarung und zum Gestaltungsbereich letzterer gibt *Jäger* DStR 1996, 1935 ff.

den Schutz der Gesellschafter, wie z. B. das Informationsrecht gemäß §§ 51a GmbHG, 131 AktG oder das Minderheitsrecht auf Einberufung einer Gesellschafterversammlung gemäß §§ 50 Abs. 1 GmbHG, 122 AktG durch Nebenvereinbarungen außer Kraft gesetzt werden.[52] Auch wenn die Gesellschaftervereinbarung lediglich auf eine schuldrechtliche Bindung der Vertragsparteien abzielt, würde die in ihr enthaltene Umgehung gesetzlicher Vorschriften zur Nichtigkeit führen.

Privatautonome Gestaltungen der Gesellschafter in einer Nebenvereinbarung sind auch dort nicht zulässig, wo Abweichungen von gesetzlichen Bestimmungen ausdrücklich nur durch eine Regelung in der Satzung zugelassen sind. Als Beispiel hierfür können bei der GmbH §§ 34 Abs. 1 (Einziehung), 35 Abs. 2 S. 1 (Abweichung von der gesetzlichen Regel der Gesamtvertretung), 55a (genehmigtes Kapital) und 60 Abs. 2 (Erweiterung der Auflösungsgründe) GmbHG genannt werden. Beispiele für zwingend durch Satzungsregelung auszuübende Gestaltungsbefugnisse sind bei der AG §§ 10 Abs. 5, 27 Abs. 1 S. 1, 52 Abs. 5 S. 3, 58 Abs. 5, 60 Abs. 3, 68 Abs. 2, 76 Abs. 2 S. 2, 78 Abs. 3, 95 Abs. 1 S. 2, 101 Abs. 2, 118 Abs. 2, 123 Abs. 2 S. 3 und Abs. 3 S. 4, 133 Abs. 1, 179 Abs. 2 S. 2 und 3, 182 Abs. 1 S. 2, 193 Abs. 1 S. 2 und 202 Abs. 2 S. 3 AktG. 38

Außerhalb dieser Bereiche, die einer Regelung im Gesellschaftsvertrag vorbehalten sind, haben die Gesellschafter aufgrund ihrer Privatautonomie ein **Wahlrecht**, ob sie Abreden außerhalb der Satzung mit lediglich schuldrechtlicher Wirkung für ausreichend erachten oder ob sie durch eine Aufnahme in den Gesellschaftsvertrag als fakultativer Bestandteil eine mitgliedschaftliche Bindung herbeiführen wollen.[53] 39

Praxistipp:

Es ist stets darauf zu achten, dass nicht offen bleibt, ob eine Regelung als uneigentlicher Satzungsbestandteil mit korporativem Gehalt oder als schuldrechtliche Nebenvereinbarung gewollt ist. Bestehen Unklarheiten, muss die grundsätzliche Trennung zwischen Gesellschaftsvertrag und Gesellschaftervereinbarung berücksichtigt werden. Eine nicht formgerechte Regelung außerhalb der Satzung kann nicht ohne weiteres als Gesellschaftervereinbarung gedeutet werden. Ein erkennbarer Gesellschafterwille, sich lediglich schuldrechtlich in einer Gesellschaftervereinbarung zu binden, bleibt auch dann maßgebend, wenn eine Regelung in der Satzung objektiv sachgerechter gewesen wäre. Dies gilt auch, wenn sich eine schuldrechtliche Abrede auf Regelungsgegenstände bezieht, die für die Erreichung des Gesellschaftszwecks zwingend oder besonders wichtig sind. Namentlich die Gesellschafter einer GmbH können die Regelungsbefugnis, die ihnen § 45 Abs. 1 GmbHG in weitem Umfang einräumt, ungenutzt lassen. Sie können ihre Gesellschaft mit einer farblosen Standardsatzung ausstatten und alle Regelungen, die den individuellen Charakter ihres Unternehmens ausmachen, in konsortialen Absprachen festhalten.[54] 40

3. Änderung und Beendigung von Gesellschaftervereinbarungen

a) **Änderung.** Die getroffenen Abreden können **nur mit Zustimmung aller Vertragsparteien** geändert werden.[55] Die für Satzungsänderungen gemäß §§ 53 Abs. 2 S. 1 GmbHG, 179 Abs. 2 S. 1 AktG ausreichende ¾-Mehrheit genügt nicht. Die Gesellschaftervereinbarung kann vorsehen, dass eine Änderung durch (qualifizierten) **Mehrheitsbeschluss** möglich ist und damit den Anpassungsmechanismus an den für den Gesellschaftsvertrag geltenden angleichen.[56] Allerdings kann die Vereinbarung von Mehrheitsbeschlüssen gegen Treuepflichten verstoßen.[57] Außerdem dürfen individuelle Leistungspflichten nur mit Zustimmung des betreffenden Gesellschafters begründet werden. 41

[52] *Jäger* DStR 1996, 1935 f.

[53] *Wicke* DStR 2006, 1137, 1138 f.; *ders.* DNotZ 2006, 419, 434 f.

[54] So die griffige Formulierung von *Hoffmann-Becking* ZGR 1994, 442, 446; vgl. auch *Hommelhoff* ZGR Sonderheft 13, 1998, 36, 58.

[55] So schon *Winter* ZHR 154 (1990), 261, 264.

[56] *Wicke* DStR 2006, 1137; *Winter* ZHR 154 (1990), 261, 264.

[57] Vgl. dazu Rdnr. 70.

42 b) **Beendigung.** Trifft die Gesellschaftervereinbarung keine ausdrückliche Regelung, gelten für ihre Beendigung die allgemeinen Grundsätze. Ist die Gesellschaftervereinbarung als BGB-Gesellschaft zu qualifizieren, kann jeder Beteiligte sie nach § 723 Abs. 1 BGB jederzeit kündigen. Dies entspricht jedoch regelmäßig nicht den Interessen der Parteien, da die GbR auf die dauerhafte Verfolgung eines Zwecks gerichtet ist. Aus diesem Grund empfiehlt es sich in der Gestaltungspraxis, das ordentliche Kündigungsrecht bis zu einem bestimmten Zeitpunkt, zu einem bestimmten Ereignis oder für eine bestimmte Zeitdauer auszuschließen. Die Zulässigkeit solcher Gestaltungen ergibt sich aus § 723 Abs. 3 BGB.

43 Das Recht zur außerordentlichen Kündigung aus wichtigem Grund kann nicht eingeschränkt werden. Auch eine unangemessen lange Bindung durch Ausschluss des Rechts zur ordentlichen Kündigung ist nicht zulässig. Auf keinen Fall darf eine Höchstgrenze von 30 Jahren überschritten werden, jedoch können schon deutlich unter dieser Höchstgrenze liegende Bindungen riskant sein.[58] Die zeitlichen Grenzen für eine ordentliche Unkündbarkeit der Gesellschaftervereinbarung hängen letztlich von den Umständen des Einzelfalls ab.[59] Insbesondere in streitigen Fällen kann dies dazu führen, dass sich die lösungswillige Partei auf eine Unwirksamkeit des Ausschlusses der ordentlichen Kündigung beruft. Dieses Problem könnte vermieden werden, indem die Regelungen, für die eine dauerhafte Geltung angestrebt wird, als materieller Bestandteil in die Satzung aufgenommen werden. Dies kollidiert jedoch meistens mit dem Wunsch der Parteien, die Registerpublizität zu vermeiden. Entsprechend ist die Einbringung der Kapitalgesellschaftsanteile in die GbR, die dann die Stimmrechte im Außenverhältnis wahrnehmen würde, – allerdings aus anderen Gründen – oft nicht gewollt. In Betracht käme aber auch, eine Partei im Falle der ordentlichen Kündigung zu verpflichten, ihre Gesellschaftsanteile auf die verbleibenden Partner zu übertragen, unter denen die Gesellschaftervereinbarung fortgesetzt wird.[60]

4. Übergang auf Rechtsnachfolger

44 Rechte und Pflichten aus Gesellschaftervereinbarungen gehen aufgrund der rein schuldrechtlichen Ausgestaltung **nicht automatisch** mit der Übertragung des Gesellschaftsanteils auf den Erwerber über.[61] Eine Ausnahme von diesem Grundsatz gilt bei folgenden Sachverhalten:

- Universalsukzession im Wege der Erbfolge gemäß §§ 1922 Abs. 1, 1967 BGB;
- partielle Gesamtrechtsnachfolge nach dem Umwandlungsgesetz gemäß §§ 20 Abs. 1 Nr. 1, 131 Abs. 1 Nr. 1, 176 Abs. 3 S. 1, 177 Abs. 1 UmwG;
- Vereinigung sämtlicher Anteile an einer Personengesellschaft in der Hand eines Gesellschafters.[62]

45 Außerhalb der vorgenannten Fälle ist zur Überleitung der Rechte und Pflichten aus einer Gesellschaftervereinbarung auf den Erwerber des Gesellschaftsanteils eine Vertragsübernahme, ein Vertragsbeitritt oder eine Abtretung in Kombination mit einer Schuldübernahme oder einem Schuldbeitritt notwendig. Die Übertragung kann nach allgemeinen Regeln auch konkludent erfolgen. Die Kenntnis des Erwerbers allein genügt jedoch nicht, um aus dem Erwerb des Gesellschaftsanteils auf den einvernehmlichen Eintritt in die Rechte und Pflichten aus der Gesellschaftervereinbarung zu schließen.[63] Nach zutreffender Auffassung müssen weitergehende Umstände erkennbar sein, die einen entsprechenden Übernahmewillen erkennen lassen. Von einem entsprechenden Übernahmewillen des Erwerbers ist regelmäßig auszugehen, wenn dieser von einer (ggf. strafbewehrten) Verpflichtung des ausscheidenden Gesellschafters wusste, einem Erwerber des Anteils die Pflichten aus der Gesellschaftervereinbarung aufzuerlegen. Das Gleiche dürfte gelten, wenn der Veräußerer des Gesellschaftsanteils die Verpflichtung aus der Gesellschaftervereinbarung wegen ihres Inhalts nicht mehr

[58] *Wälzholz* GmbHR 2009, 1020, 1026.
[59] BGHZ 2007, 65 f.
[60] BGHZ 126, 226, 231 ff.
[61] *Wicke* DNotZ 2006, 419, 424 f.
[62] E/B/J/S/*Lorz* § 131 Rdnr. 10 m. w. N.
[63] *Wicke* DNotZ 2006, 419, 424 f.; *Wälzholz* GmbHR 2009, 1025.

erfüllen kann, der Erwerber hierzu aber in der Lage ist. **Beispiel:** Eine Gesellschafterin scheidet aus einem Gemeinschaftsunternehmen aus, weil sie ihren Geschäftsbetrieb einstellt, Gegenstand der Gesellschaftervereinbarung sind hingegen Pflichten, die die jeweilige Gesellschafterin nur im Rahmen ihres Geschäftsbetriebs erfüllen kann. Ein Übergang kann ferner anzunehmen sein, wenn die Gesellschaftervereinbarung in der Satzung erwähnt ist und sie dem Erwerber des Gesellschaftsanteils vorgelegt wurde.

In allen Fällen, in denen es sich nicht um eine Gesamtrechtsnachfolge handelt, bedarf die 46
Übertragung der Rechte und Pflichten aus der Gesellschaftervereinbarung auf einen Dritten der Zustimmung der übrigen Vertragspartner. Diese kann bereits im Vorfeld erteilt werden oder sich aus den Gesamtumständen ergeben, etwa, wenn im Rahmen einer Vinkulierungsklausel die Zustimmung zur Anteilsübertragung von sämtlichen Vertragsparteien erteilt wird und der ausscheidende Gesellschafter gemäß der Gesellschaftervereinbarung verpflichtet ist, dem Erwerber die Rechte und Pflichten aus der Gesellschaftervereinbarung schuldrechtlich aufzuerlegen.

Praxistipp:

In der Gesellschaftervereinbarung ist durch **qualifizierte schuldrechtliche Nachfolgeklauseln** dafür zu sorgen, dass die Parteien ihre Verpflichtungen aus der Gesellschaftervereinbarung einem Erwerber des Gesellschaftsanteils auferlegen. Diese Verpflichtung kann sanktioniert werden, z. B. durch eine **Vertragsstrafe** bei Zuwiderhandlung oder dadurch, dass im Zusammenhang mit einer Vinkulierung ein Anspruch auf Erteilung der Zustimmung zur Anteilsveräußerung nur besteht, wenn der Eintritt des potentiellen Erwerbers in die Gesellschaftervereinbarung nachgewiesen ist. Wirksam, aber rechtlich nicht unproblematisch, sind Klauseln im Gesellschaftsvertrag, die das Stimmrecht des Gesellschafters so lange ruhen lassen, bis er die Gesellschaftervereinbarung akzeptiert hat. Noch weiter gehen Klauseln, die ein Übernahmerecht der anderen Gesellschafter für den Fall vorsehen, dass der neue Gesellschafter der Gesellschaftervereinbarung nicht innerhalb einer bestimmten Frist beitritt.

Soweit auch nach dem Ausscheiden eines Gesellschafters schuldrechtliche Bindungen des 47
Ausscheidenden Bestand haben sollen, ist dies in der Regelung zur Überleitung auf den Rechtsnachfolger durch eine entsprechende Gestaltung zu berücksichtigen. Da ein solches Interesse an der fortbestehenden Bindung des bisherigen Gesellschafters relevant sein kann, geht die allgemeine Aussage zu weit, der Gesellschafter werde stets mit der Übertragung seines Gesellschaftsanteils von den Verpflichtungen aus der Gesellschaftervereinbarung frei. Richtig ist es, nach dem Inhalt der jeweiligen Pflicht und den Interessen der Beteiligten zu differenzieren.

5. Rechte und Pflichten der Gesellschaft

Die Gesellschaftervereinbarung **kann** eigene Rechte zugunsten der Gesellschaft gemäß 48
§ 328 BGB begründen.[64] Die Gesellschafter können demgegenüber die Gesellschaft in der Gesellschaftervereinbarung nicht verpflichten, da dies auf einen unzulässigen Vertrag zu Lasten Dritter hinauslaufen würde. Soll die Gesellschaft an der Vereinbarung im Sinne einer Verpflichtung beteiligt werden (z. B.: Bezugsverpflichtung der Gesellschaft als Pendant zur Lieferverpflichtung der Gesellschafter), müssen sich Geschäftsführer bzw. Vorstände und ggf. Prokuristen in vertretungsberechtigter Zusammensetzung am Vertragsschluss beteiligen.[65] Für Leistungen der Gesellschaft an ihre Gesellschafter sind §§ 30, 31 GmbHG, 57 AktG zu berücksichtigen.

6. Gerichtliche Durchsetzung

Aus der Gesellschaftervereinbarung als schuldrechtlichem Verpflichtungsgrund entsteht 49
ein **Anspruch** der Vertragsparteien **auf Erfüllung.** Die Durchsetzung eines Erfüllungsan-

[64] BGH NJW 2010, 3718; *Wicke* DNotZ 2006, 419.
[65] *Wicke* DNotZ 2006, 419, 424.

spruchs kommt insbesondere bei Liefer- oder Bezugsverpflichtungen, der Verpflichtung zur Einbringung von Vermögensgegenständen wie z.B. Grundstücken, Gesellschaftsanteilen oder Immaterialgüterrechten sowie bei Finanzierungspflichten in Betracht. Die Durchsetzung von Ansprüchen aus Stimmbindungsvereinbarungen wird nachfolgend unter Rdnr. 81f. gesondert dargestellt. Verstößt eine Partei gegen die Gesellschaftervereinbarung, kommen **Schadensersatzansprüche** in Betracht.[66] Darüber hinaus ist es regelmäßig zweckmäßig, die Nichterfüllung von Pflichten aus der Gesellschaftervereinbarung durch **Vertragsstrafen** zu sanktionieren. Auch kann es sinnvoll sein, ein Recht zu einer außerordentlichen Kündigung als Konsequenz der Nichterfüllung zu vereinbaren oder die nicht leistende Partei mit der Verpflichtung zur Übertragung ihres Gesellschaftsanteils zu belegen.

7. Konzernrechtliche Auswirkungen

50 Sind mehrere Unternehmen zum gemeinsamen Nutzen an einer Tochtergesellschaft (Gemeinschaftsunternehmen) beteiligt und üben sie gemeinsam einen beherrschenden Einfluss aus, sind die Gesellschafter herrschende Unternehmen und das Gemeinschaftsunternehmen abhängig im Sinne des § 17 Abs. 1 AktG.[67] Es genügt, wenn gleichgerichtete Interessen der Gesellschafter eine abgestimmte Unternehmenspolitik gewährleisten.[68] Eine solche abgestimmte Unternehmenspolitik ist bei vielen Gemeinschaftsunternehmen primärer Gegenstand der Grundlagenvereinbarung. Bei Abreden einzelner Gesellschafter kommt es auf den Inhalt der Absprache sowie darauf an, ob ihre zusammengerechnete Quote einen beherrschenden Einfluss begründet.[69] Herrschend sind in dem hier beschriebenen Fall die beteiligten Unternehmen selbst, nicht die zwischen ihnen häufig bestehende GbR.[70]

8. Anwendbares Recht

51 Auf die Rechtsbeziehungen einer Gesellschaft findet nach der (noch) herrschenden, gewohnheitsrechtlichen Sitztheorie das Recht am tatsächlichen Verwaltungssitz der Gesellschaft Anwendung. Weist aber eine Gesellschaftervereinbarung, die nur mittelbar in die Struktur der Gesellschaft eingreift, Bezug zu mehr als einer Rechtsordnung auf, stellt sich die Frage, ob das Gesellschaftsstatut auch für diese schuldrechtliche Abrede gilt.[71] Nach herrschender Meinung können die Beteiligten Gesellschaftervereinbarungen grundsätzlich im Wege der Rechtswahl gemäß Art. 27 Abs. 1 S. 1 EGBGB einer anderen Rechtsordnung unterstellen als dem Gesellschaftsstatut.[72] Fehlt es an einer ausdrücklichen Rechtswahl, so ist nach Art. 27 Abs. 1 S. 2 EGBGB auf den stillschweigenden Parteiwillen oder das Recht des Staates abzustellen, zu dem die engste Bindung besteht (Art. 28 Abs. 1 bzw. 5 EGBGB). In der Regel wird jedoch diejenige Rechtsordnung gewollt sein, die mit dem Gesellschaftsstatut übereinstimmt, da eine Rechtsspaltung nicht im Interesse der Gesellschafter sein wird.[73] In allen Fällen, in denen die Gesellschaftervereinbarung internationale Bezüge aufweist, empfiehlt sich gleichwohl, eine **Rechtswahlklausel** aufzunehmen und das Gesellschaftsstatut zum maßgebenden Recht für die Gesellschaftervereinbarung zu erklären, um einer Rechtsspaltung sowie auch Unsicherheiten hinsichtlich des anwendbaren Rechts zu begegnen, ob die Vereinbarungen, unmittelbar oder nur mittelbar in die Struktur der Gesellschaft eingreift.

---

[66] *Wicke* DNotZ 2006, 419, 422f.; *Winter* ZHR 154 (1990), 261, 264f.

[67] BGH NJW 1994, 446, NJW 1979, 2401; KK/*Koppensteiner* § 17 Rdnr. 70; *Hüffer* § 17 Rdnr. 13 jeweils m. w. N.; *Jäger* DStR 1996, 1935.

[68] *Baumann/Reiß* ZGR 1989, 142, 202; MünchHdbGesR III/*Priester* § 21 Rdnr. 30.

[69] BGH NJW 1974, 855, 856; NJW 1979, 2401, 2402f.

[70] OLG Köln AG 2002, 89, 90; MünchHdbGesR VI/*Krieger* § 68 Rdnr. 42, 51, 53; *Hüffer* § 17 Rdnr. 14 m. w. N.

[71] Streitig, vgl. MünchKommBGB/*Kindler* Int. GesR Rdnr. 589, 614; Spahlinger/*Wegen*, Int. GesR in der Praxis, 2005, Rdnr. 318f., jeweils m. w. N.

[72] BGH NJW 1996, 54, 55; Ziemons/Jaeger/*Trölitzsch* Gesellschaftervereinbarungen Rdnr. 10; MünchKommBGB/*Kindler* Int. GesR Rdnr. 614f.; Michalski/*Leible* Int. GesR Rdnr. 62.

[73] MünchKommBGB/*Kindler* Int. GesR Rdnr. 589.

V. Formbedürftigkeit

1. Grundsatz: Formfreiheit

Gesellschaftervereinbarungen sind **regelmäßig formlos** gültig.[74] Sie bedürfen im Grund- 52
satz insbesondere nicht der notariellen Beurkundung. Aufgrund des jeweiligen Regelungsinhalts sind jedoch Ausnahmen von diesem Grundsatz (und damit die notarielle Beurkundung) in der Praxis fast häufiger als formlose Gesellschaftervereinbarungen. Außerdem werden Gesellschaftervereinbarungen, die bei enger Auslegung der gesetzlichen Formvorschriften nicht der Beurkundung bedürften, nicht selten im Interesse der Rechtssicherheit und der zweifelsfreien Dokumentation der getroffenen Vereinbarungen gleichwohl freiwillig beurkundet.

Die Vorschriften über die Gründungsform[75] und über Satzungsänderungen[76] finden keine 53
Anwendung. Auch wenn die in der Gesellschafterversammlung getroffenen Vereinbarungen Bestandteil der Satzung sein könnten, weil sie eine Bindung unter sämtlichen Gesellschaftern bewirken, haben sie nur satzungsähnliche Wirkung und setzen keine Aufnahme in die Satzung voraus.[77] Dementsprechend bedürfen auch **Vollmachten** zum Abschluss von Gesellschaftervereinbarungen nicht der notariellen Form. Selbst wenn sich die Parteien in der Gesellschaftervereinbarung verpflichten, die Satzung zu ändern oder das Kapital der Gesellschaft zu erhöhen, folgt nach h. M. daraus kein Beurkundungserfordernis.[78] Etwas anderes gilt aber, wenn die zu verabschiedende neue Satzung einer GmbH die Verpflichtung zur Übertragung von Anteilen enthält. Da diese Anteilsübertragungspflicht gemäß § 15 Abs. 4 GmbHG der notariellen Beurkundung bedarf, ist eine auf Verabschiedung dieser Satzung gerichtete schuldrechtliche Vereinbarung als Vorvertrag ebenfalls formbedürftig.[79]

Verpflichtet sich eine Partei in einem Investment- oder Beteiligungsvertrag zur Übernah- 54
me eines durch Kapitalerhöhung entstehenden neuen GmbH-Geschäftsanteils und damit zum Abschluss eines Übernahmevertrages, soll das Formerfordernis der notariellen Beglaubigung gemäß § 55 Abs. 1 GmbHG entsprechend anzuwenden sein.[80] Die Gegenauffassung[81] wendet zwar berechtigterweise ein, dass in diesem Fall nicht die Warn- und Belehrungsfunktion des § 15 Abs. 3, 4 GmbHG zum Schutz der Vertragsparteien, sondern die Publikationsfunktion zum Schutz des Rechtsverkehrs betroffen und diese mit Abschluss der Übernahmeerklärung erfüllt sei. Im Hinblick auf die notarielle Pflicht zur möglichst rechtssicheren Vertragsgestaltung kann jedoch zu einem Verzicht auf die notarielle Beglaubigung – auch angesichts des geringen Kostenaufwandes – nicht geraten werden.

Soweit nicht aus den nachfolgend dargestellten Gründen die Beurkundungsbedürftigkeit 55
der Gesellschaftervereinbarung anzunehmen ist, empfiehlt sich aber in jedem Fall eine **schriftliche** Fixierung der getroffenen Abreden. Unter dem Gesichtspunkt der Rechtssicherheit und der Beweissicherung sowie im Hinblick auf die meist erhebliche Bedeutung von

---

[74] BGH NJW 2010, 3718; *Wicke* DStR 2006, 1137, 1139; MünchHdbGesR III/*Priester* § 21 Rdnr. 14; Baumbach/Hueck/*Fastrich* § 3 Rdrn. 56; GroßKommGmbHG/*Ulmer* Rdnr. 36, 115; ausführlich *Müller* GmbHR 2007, 114; *Hergeth/Mingau* DStR 2001, 1217, 1219 f.

[75] §§ 2 GmbHG, 23 Abs. 1 AktG.

[76] §§ 53 Abs. 2 GmbHG, 130 Abs. 1 S. 1 AktG.

[77] Scholz/*K. Schmidt* § 47 Rdnr. 38.

[78] H. M., vgl. OLG München NZG 2005, 756; Hachenburg/*Ulmer* § 53 Rdnr. 39; Scholz/*K. Schmidt* § 47 Rdnr. 38; Roth/Altmeppen/*Roth* § 53 Rdnr. 21 a; *Müller* GmbHR 2007, 114 m. z. w. N.; *Hergeth/Mingau* DStR 2001, 1217 1219 f. m. w. N.; Lutter/*Hommelhoff* Rdnr. 40 in Abkehr von der Gegenauffassung in der 16. Auflage Rdnr. 34; a. A. *Wicke* Rdnr. 23 mit beachtlichen Erwägungen zum Schutzzweck des Beurkundungserfordernisses.

[79] *Müller* GmbHR 2007, 113; *Hergeth/Mingau* DStR 2001, 1217, 1219 f.; Baumbach/Hueck/*Fastrich* § 15 Rdnr. 32; Lutter/*Hommelhoff* Rdnr. 15; Hachenburg/*Zutt* Rdnr. 47.

[80] Baumbach/Hueck/*Zöllner* § 55 Rdnr. 40; Lutter/*Hommelhoff* Rdnr.. 31; Scholz/*Priester* Rdnr. 114; diese Auffassung stützt sich auf die Entscheidung des Reichsgerichts RGZ 149, 385, 394 f.

[81] *Hergeth/Mingau* DStR 2001, 1217, 1220; *Sieger/Schulte* GmbHR 2002, 1050, 1053; OLG München NZG 2005, 756, 757.

Gesellschaftervereinbarungen wäre es unangemessen, sich auf mündliche Absprachen zurückzuziehen.

2. Fälle der Formbedürftigkeit

56 Es gibt eine Reihe praktisch bedeutsamer Gestaltungen, bei denen die Gesellschaftervereinbarung **zwingend** der notariellen Beurkundung bedarf oder eine solche aus übergeordneten Gründen sachgerecht ist.

57 **a) Vor-Gründungsvertrag.** Verabreden mehrere juristische oder natürliche Personen rechtlich verbindlich die Gründung einer GmbH oder einer AG, ist nach allgemeiner Auffassung gemäß §§ 2 Abs. 1 S. 1 GmbH, 23 Abs. 1 AktG die notarielle Form zu beachten.[82] Werden die Formerfordernisse der §§ 2 Abs. 1 S. 1 GmbH, 23 Abs. 1 S. 1 AktG – wie in der Praxis nicht selten – missachtet, ist der Vor-Gründungsvertrag gemäß § 125 BGB nichtig.[83] Der Formmangel wird allerdings geheilt, wenn später die Gründung der GmbH oder AG formgerecht durchgeführt wird.[84] Ist der Vor-Gründungsvertrag formnichtig, schließt dies nicht aus, dass zwischen den Beteiligten, z. B. durch Aufnahme der Geschäftstätigkeit, eine Personenhandelsgesellschaft entsteht. Auf deren Entstehung hat der Formmangel keinen Einfluss. § 139 BGB gilt insoweit nicht.

58 Die Formbedürftigkeit gilt nur für diejenigen Vertragsbestimmungen, die sich auf die Gründungsverpflichtung beziehen. Sonstige Nebenabreden, die die Gründer vor der Beurkundung der Gründung unter sich treffen und die weder mit dem Gesellschaftsanteil verbunden noch für die Gesellschaft verpflichtend sein sollen, fallen nach dem Schutzzweck der §§ 2 Abs. 1 S. 1 GmbHG, 23 Abs. 1 S. 1 AktG nicht unter das Beurkundungserfordernis.[85] Formfrei kann demgemäß die Verpflichtung übernommen werden, als Treuhänder für den künftigen Gründer an der Feststellung der Satzung mitzuwirken.[86] Werden in einem Vertragsdokument sowohl die Verpflichtung der Parteien zur Gründung einer Kapitalgesellschaft als auch sonstige Abreden der Gründer untereinander geregelt, empfiehlt sich nicht zuletzt aus notarieller Vorsicht, sämtliche Vereinbarungen zu beurkunden. Bei einer solchen Gesamtvereinbarung ist regelmäßig davon auszugehen, dass die beurkundungsbedürftige Verpflichtung zur Gründung der Gesellschaft sowie die weiteren Vereinbarungen wechselseitig untrennbar miteinander verbunden sind.

59 Die **Vollmacht** zum Abschluss eines Vor-Gründungsvertrages muss nicht notariell beurkundet werden. Die Gegenansicht wäre weder mit dem Schutzzweck der Beurkundungspflicht zu erklären noch wäre sie mit §§ 2 Abs. 2 GmbHG, 23 Abs. 1 S. 2 AktG vereinbar. Erforderlich ist nach herrschender Meinung jedoch analog §§ 2 Abs. 2 GmbHG, 23 Abs. 1 S. 2 AktG die **notarielle Beglaubigung** der Vollmacht.[87]

60 **b) Pflicht zur Geschäftsanteilsübertragung.** Vor allem Investment- und Beteiligungsverträge enthalten die Pflicht zur Übertragung von GmbH-Geschäftsanteilen. Es finden sich in der Praxis häufig Andienungsrechte und -pflichten oder Mitverkaufsrechte und -pflichten. Auch Kauf- oder Verkaufsoptionen sind fast immer anzutreffen. Teilweise geben die Parteien in dem Vertrag bereits rechtlich verbindliche Angebote ab. In allen diesen Fällen greift bei der GmbH das Formerfordernis des § 15 Abs. 3, 4 GmbHG. Die Vereinbarung bedarf demgemäß der notariellen Beurkundung. Wegen des regelmäßig anzunehmenden engen Sachzu-

[82] Vgl. statt aller MünchKommAktG/*Pentz* § 41 Rdnr. 14 m. w. N. zur AG; Lutter/Hommelhoff/*Beier* § 11 Rdnr. 4 m. w. N. zur GmbH.

[83] Lutter/Hommelhoff/*Bayer* § 11 Rdnr. 4; *Priester* GmbHR 1995, 481, 483 f.; Scholz/*K. Schmidt* § 11 Rdnr. 12; MünchKommAktG/*Pentz* § 41 Rdnr. 14.

[84] Lutter/Hommelhoff/*Bayer* § 11 Rdnr. 4.

[85] *Hüffer* § 23 Rdnr. 14; MünchKommAktG/*Pentz* § 41 Rdnr. 15; BGH WM 1969, 291, 292; GroßKommGmbH/*Ulmer* § 2 Rdnr. 45.

[86] BGH WM 1971, 306, 307; *Hüffer* § 23 Rdnr. 14; MünchKommAktG/*Pentz* § 41 Rdnr. 15.

[87] Baumbach/Hueck/*Fastrich* § 2 Rdnr.. 33; GroßKommGmbHG/*Ulmer* Rdnr. 46; Scholz/*Emmerich* Rdnr. 79; *Hüffer* § 23 Rdnr. 14; GroßKommAktG/*Röhricht* Rdnr. 282; MünchKommAktG/*Pentz* Rdnr. 15 zur AG.

sammenhangs zwischen den Regelungen über die Übertragung der Geschäftsanteile und den sonstigen, isoliert nicht beurkundungsbedürftigen Vereinbarungen ist die gesamte vertragliche Regelung zu beurkunden.[88] Eine Beschränkung des Formerfordernisses auf die Abtretungsverpflichtung oder wesentliche Vereinbarungen, aus denen sich die Abtretungspflicht ergibt, lässt sich zwar aus dem Zweck der Regelung herleiten. Eine solche Betrachtungsweise ist aber aus notarieller Sicht mit Blick auf die zu gewährleistende Rechtssicherheit und wegen der Einheit des Verpflichtungsgeschäfts abzulehnen.[89] Auch ein Vorvertrag, in dem sich die Beteiligten verpflichten, sich im späteren Gesellschaftsvertrag Andienungs-, Erwerbs- oder Mitverkaufsrechte und -pflichten einzuräumen, bedarf mit Blick auf den Schutzzweck der Norm der notariellen Beurkundung gemäß § 15 Abs. 4 S. 1 GmbH.

c) **Verpflichtung zur Durchführung von Umwandlungsmaßnahmen.** Treffen die Parteien eine verbindliche vertragliche Vereinbarung, die sie zur Durchführung einer Umwandlungsmaßnahme nach dem UmwG verpflichtet, ist in analoger Anwendung der §§ 6, 13 Abs. 3, 125 Abs. 1, 176 Abs. 1, 177 Abs. 1, 193 Abs. 3 S. 1 UmwG eine notarielle Beurkundung erforderlich. In der Rechtsprechung wurde dies – soweit ersichtlich – allein vom LG Paderborn[90] bejaht. Auch die vorherrschende Auffassung im Schrifttum hält jedoch eine notarielle Beurkundung der vertraglichen Verpflichtung zur Durchführung von Umwandlungsmaßnahmen unter Berufung auf den Schutzzweck der umwandlungsrechtlichen Formvorschriften für notwendig.[91] Die Gegenauffassung[92] vermag mit ihrer Berufung auf den von einem anderen Regelungszweck getragenen § 15 Abs. 4 GmbHG dogmatisch nicht zu überzeugen. Sie ist aber jedenfalls für die notarielle Praxis im Hinblick auf die mit ihr verbundene Rechtsunsicherheit nicht zugrundezulegen. 61

d) **Beurkundung wegen § 311 b BGB.** Eine Gesellschaftervereinbarung ist gemäß § 311 b Abs. 1 BGB notariell zu beurkunden, wenn sich eine Partei verpflichtet, das Eigentum an einem Grundstück zu übertragen oder zu erwerben. Dieser Fall kann insbesondere bei Vor-Gründungsverträgen sowie bei Investment- und Beteiligungsverträgen auftreten. Ebenso wie in der sonstigen Rechtspraxis dürfte demgegenüber das Formerfordernis gemäß § 311 b Abs. 2 und 3 BGB in Gesellschaftervereinbarungen keine nennenswerte Rolle spielen. Denkbar ist ein Beurkundungserfordernis gemäß § 311 b Abs. 5 BGB, wenn die Beteiligten als Bestandteil der Gesellschaftervereinbarung zugleich Abreden über den gesetzlichen Erbteil oder den Pflichtteil einer Partei oder über ihre Ausgleichungspflichten als gesetzliche Erben[93] treffen. Eher ungewöhnlich dürfte hingegen der Fall sein, dass sich die Beurkundungsbedürftigkeit gemäß § 2371 BGB daraus ergibt, dass die Gesellschaftervereinbarung einen Erbschaftskauf enthält. 62

e) **Beurkundung aus übergeordneten Erwägungen.** Außerhalb der unter Rdnr. 57 ff. genannten Fälle entscheiden sich die Parteien häufig freiwillig für eine Beurkundung der Gesellschaftervereinbarung, um Unsicherheiten bezüglich der Formbedürftigkeit durch eine vorsorgliche Beurkundung auszuräumen, z. B. bei einer übergreifenden Regelung beurkundungsbedürftiger und formfreier Gegenstände. Dementsprechend empfiehlt sich im Falle der Verpflichtung zu einer Satzungsänderung oder Kapitalerhöhung regelmäßig eine notarielle Beurkundung, da die von der Formfreiheit ausgehende Gegenansicht mit berechtigten Gründen in Zweifel gezogen wird. Auch die Überlegungen, die von der herrschenden Meinung für eine Formbedürftigkeit von Verträgen im Vorfeld von Umwandlungsmaßnahmen angeführt werden, sprechen letztlich für eine Beurkundung von Verpflichtungsverträgen über Satzungsänderungen und Kapitalerhöhungen. Nicht selten wird die notarielle Form 63

---

[88] Baumbach/Hueck/*Fastrich* § 15 Rdnr. 30 m. z. w. N.; Lutter/Hommelhoff/*Bayer* Rdnr. 31; kritisch *Pohlmann* GmbHR 2002, 41, 42 ff.
[89] Baumbach/Hueck/*Fastrich* § 15 Rdnr. 30 m. w. N.
[90] NZG 2000, 889 m. Anm. *Gehling*.
[91] *Hermanns* ZIP 2006, 2296, 2298; Lutter/*Drygala*, Umwandlungsgesetz, § 6 Rdnr. 3 m. w. N.
[92] *Sieger/Hasselbach* NZG 1999, 485; *dies.* BB 2000, 625, 627.
[93] Vgl. dazu MünchKommBGB/*Kanzleiter/Krüger* § 311 b Rdnr. 120.

aber schon unter dem Aspekt der höheren Bestandskraft und wegen des erhöhten Werts der notariellen Urkunde bei der Beweisführung gewählt. Die Parteien sind sich darüber bewusst, dass sie angesichts der Bedeutung und Komplexität der Angelegenheit ohnehin rechtliche Beratung benötigen. Ein gesellschaftsrechtlich kundiger und mit den Verhältnissen der Beteiligten vertrauter Notar kann diese Beratung leisten. Angesichts des moderaten Kostenrahmens ist zudem der finanzielle Aufwand einer notariellen Beurkundung gemessen an den damit zu erreichenden Vorteilen ein gewichtiges Argument für die freiwillige Beurkundung.

VI. Einzeldarstellung typischer Gesellschaftervereinbarungen

1. Stimmbindungs- und Stimmpoolverträge

64 **Checkliste: Typische Regelungsinhalte von Stimmbindungs- und Poolverträgen**

- ☐ Benennung der Kapitalgesellschaft und der Gesellschaftsanteile der Parteien,
- ☐ Zweck des Vertrages: Sicherung der einheitlichen Willensbildung und des Einflusses auf die Geschäftsführung; Ausrichtung der Unternehmensführung an bestimmten Zielen,
- ☐ Erstreckung auf künftige Gesellschaftsanteile, unabhängig von der Rechtsform der Gesellschaft,
- ☐ Ausschluss der Entstehung von Gesamthands- oder Bruchteilseigentum an den vertragsgegenständlichen Gesellschaftsanteilen,
- ☐ Beschlussgegenstände, bei denen vorab eine Willensbildung des Stimmpools erforderlich ist,
- ☐ Bestimmungen über Einberufung und Durchführung der Poolversammlungen,
- ☐ Stimmrechte in der Poolversammlung,
- ☐ Beschlussfähigkeit und Mehrheitserfordernisse für Beschlüsse des Stimmrechtspools,
- ☐ Form der Beschlussfassung (Zulassung der Beschlussfassung außerhalb von Gesellschafterversammlungen),
- ☐ Benennung eines Vertreters des Pools in der Gesellschafterversammlung,
- ☐ Weisungsrechte gegenüber dem Poolvertreter,
- ☐ Vertragsstrafeversprechen zur Sanktionierung abredewidrigen Verhaltens,
- ☐ Dauer des Poolvertrags, Kündigungsmöglichkeiten, Fortsetzung bei Kündigung einzelner Mitglieder,
- ☐ Regelungen für Änderungen des Poolvertrages (Einstimmigkeits- oder Mehrheitserfordernis) und für die Aufnahme neuer Mitglieder,
- ☐ Gerichtsstands- und ggf. Schiedsgerichtsvereinbarung,
- ☐ Geheimhaltungs- und Vertraulichkeitsregelungen.

Beispiel: Die F-GmbH ist eine Familiengesellschaft, an der drei Familienstämme beteiligt sind. Die Gesellschafter A1, A2 und A3 des Gesellschafterstamms A sind mit jeweils € 10.000,00 am insgesamt € 100.000,00 betragenden Stammkapital der F GmbH beteiligt. Die Gesellschafter B1 bis B3 halten jeweils Geschäftsanteile von € 20.000,00. Jeweils weitere € 5.000,00 entfallen auf den Gesellschafterstamm C, bestehend aus den Gesellschaftern C1 und C2. Die Gesellschafter des Familienstamms B treffen eine Gesellschaftervereinbarung, in der sie einen Stimmenpool bilden. Dadurch wird sichergestellt, dass der Familienstamm B stets über die einfache Mehrheit verfügt. Würde einer der Gesellschafter aus dem Familienstamm B zu den anderen Gesellschaftern „überlaufen", wären die Stämme A und C im Besitz der einfachen Mehrheit. Würden in der gleichen Situation wiederum die Gesellschafter des Stammes C so abstimmen, wie zwei Gesellschafter aus dem Stamm B, wäre eine Patt-Situation erreicht. Ferner wird über die Gesellschaftervereinbarung sichergestellt, dass der Stamm B gemeinsam mit jeweils einem Gesellschafter der beiden anderen Stämme über eine satzungsändernde Mehrheit verfügt.

65 a) **Bedeutung und Regelungsziele.** Stimmbindungsvereinbarungen sind aus den Gesellschaftervereinbarungen sowohl in ihrer praktischen Bedeutung[94] als auch in ihrer rechts-

[94] Römermann/*Römermann* § 15 Rdnr. 131; Gummert/*Plückelmann* § 4 Rdnr. 54.

dogmatischen Aufarbeitung besonders hervorzuheben. Sie dienen der Sicherung des Einflusses der Parteien auf eine Kapitalgesellschaft und ermöglichen einer Gruppe von Gesellschaftern, sehr häufig Angehörige einer Familie oder eines Familienstamms, den in ihren Gesellschaftsanteilen verkörperten Stimmrechten und Einflussmöglichkeiten durch eine einheitliche Willensbildung zur Geltung zu verhelfen. In vielen Fällen geht es dabei auch um übergeordnete Ziele wie etwa die Sicherstellung einer bestimmten Ausrichtung des Unternehmens, z. B. in Bezug auf die Führung des Unternehmens oder die Dividendenpolitik. Ziel kann ferner sein, den Einfluss auf die Besetzung der Organfunktionen (Geschäftsführung/Vorstand, Aufsichts- bzw. Beirat) zu gewährleisten. Isolierte Stimmbindungsvereinbarungen, bei denen es nur um die Ausübung des Stimmrechts geht, sind ebenso anzutreffen wie übergeordnete Vereinbarungen, bei denen die Stimmbindung Teilelement einer umfassenden Regelung ist. Die Stimmbindungsvereinbarung kann auf Dauer angelegt sein oder sich punktuell auf die Abstimmung zu einem einzelnen Beschlussgegenstand beziehen.[95]

b) Zulässigkeit und Grenzen. Abreden zur Stimmrechtsausübung werden sowohl bei der GmbH als auch bei der AG allgemein für zulässig gehalten.[96] Bei der AG kann ihre Zulässigkeit auf einen Umkehrschluss aus § 136 Abs. 2 AktG gestützt werden. § 136 Abs. 2 AktG verbietet lediglich Verträge, durch die sich ein Aktionär verpflichtet, sein Stimmrecht nach Weisung der Gesellschaft bzw. ihrer Organe auszuüben. Aus dem engen Anwendungsbereich des § 136 Abs. 2 AktG ist daher herzuleiten, dass die Einschränkung der Freiheit des Stimmrechts durch entsprechende Bindungen gegenüber anderen – auch geringfügig beteiligten – Gesellschaftern grundsätzlich nicht zu beanstanden ist.[97] Es gibt aber eine Reihe von Fällen, in denen die in Stimmrechtsvereinbarungen getroffenen Abreden unzulässig sind oder zumindest praktisch nicht umgesetzt werden können. 66

aa) Einzelfälle (un)zulässiger Stimmbindungsvereinbarungen. Bereits angesprochen wurde § 136 Abs. 2 S. 1 AktG: Eine Stimmbindung zugunsten der Gesellschaft, ihres Vorstandes oder Aufsichtsrates oder eines von ihr abhängigen Dritten ist nichtig. Dies gilt sowohl für die AG als auch – über eine Analogie – für die GmbH.[98] Anderenfalls wäre eine Umgehung des Grundsatzes möglich, dass das Stimmrecht aus eigenen Anteilen ruht.[99] Unzulässig ist auch eine Stimmbindung gegenüber dem Vorstand oder der Geschäftsführung als Organ. Dies ergibt sich aus dem Rechtsgedanken des § 136 Abs. 2 S. 2 AktG. Hingegen ist eine Stimmbindung gegenuber dem Geschäftsführer als Privatperson zulässig. So kann sich z. B. ein Gesellschafter verpflichten, den Vertragspartner als Geschaftsführer zu bestellen und nicht ohne wichtigen Grund abzuberufen.[100] 67

Ein Gesellschafter, der gemäß §§ 47 Abs. 4 GmbHG, 136 AktG vom Stimmrecht ausgeschlossen ist, kann mit dem Mittel der Stimmbindung andere nicht dazu verpflichten, in seinem Sinne abzustimmen.[101] Eine Stimmbindung kann gemäß § 134 BGB auch unwirksam sein, wenn sie zur **Umgehung einer Vinkulierung** im Sinne der §§ 15 Abs. 5 GmbHG, 68 Abs. 2 AktG führt, weil sie dem Dritten eine Rechtsposition einräumt, die einer Beteiligung als Gesellschafter gleichkommt.[102] Die Unwirksamkeit kann sich ferner aus **§ 1 GWB** erge- 68

---

[95] Gummert/*Plückelmann* § 4 Rdnr. 56.

[96] BGHZ 48, 163, 167; BGH ZIP 1983, 432, 433; Ulmer/Habersack/Winter/*Hüffer* § 47 Rdnr. 74; Scholz/*K. Schmidt* Rdnr. 40; Michalski/*Römermann* Rdnr. 62; *Wicke* Rdnr. 12; *Müller* GmbHR 2007, 113; *Piehler* DStR 1992, 1654 f.

[97] BGH NJW 1951, 268; BGHZ 153, 282, 292; BGH ZIP 2009, 216, 218; Scholz/*K. Schmidt* § 47 Rdnr. 42; Baumbach/Hueck/*Zöllner* § 47 Rdnr. 113; ausführlich zum Meinungsstand Michalski/*Römermann* § 47 Rdnr. 500 ff.

[98] Baumbach/Hueck/*Zöllner* § 47 Rdnr. 115 m. w. N.; MünchHdbGesR III/*Wolff* § 38 Rdnr. 87.

[99] § 71 b AktG; MünchHdbGesR III/*Wolff* § 38 Rdnr. 87, ausführlich Piehler DStR 1992, 1654, 1657 m. w. N.

[100] MünchHdbGesR III/*Wolff* § 38 Rdnr. 87 m. w. N. auch zur Rspr.

[101] BGHZ 48, 163, 166; Baumbach/Hueck/*Zöllner* § 47 Rdnr. 114; Rowedder/Schmidt-Leithoff/*Koppensteiner* Rdnr.. 31; Scholz/*K. Schmidt* Rdnr. 47; Ulmer/Habersack/Winter/*Hüffer* Rdnr. 77; *Piehler* DStR 1992, 1654, 1656.

[102] *Müller* GmbHR 2007, 113, 116; *Piehler* DStR 1992, 1654, 1656; BeckGmbH-Hdb/*Fischer* § 4 Rdnr. 122 m. w. N.

ben, wenn die Stimmbindungsvereinbarung auf eine **unzulässige Wettbewerbsbeschränkung** abzielt.[103]

69 Nichtig gemäß § 134 BGB sind bei der AG Vereinbarungen, die den gesetzlichen Verboten gemäß § 405 Abs. 3 Nr. 4 bis 7 AktG zuwiderlaufen, insbesondere solche Abreden, die einen **Stimmenkauf** zum Gegenstand haben. Bei der GmbH ergibt sich die Unwirksamkeit von Verstößen gegen den in § 405 Abs. 3 enthaltenen Rechtsgedanken aus § 138 BGB.[104]

70 Die Schranke des § 138 BGB ist generell zu beachten.[105] Sie greift aber in der Praxis selten ein. Nichtigkeit gemäß § 138 BGB kann z. B. anzunehmen sein, wenn die Stimmbindungsvereinbarung auf eine sittenwidrige Schädigung der Gesellschaft (etwa durch Begünstigung eines Konkurrenten oder Ausplünderung des Unternehmens) oder von Mitgesellschaftern abzielt.[106] Stimmbindungsvereinbarungen sind ferner nicht zulässig, wenn sie auf einen **Eingriff in den Kernbereich** der Rechte eines Gesellschafters hinauslaufen. Dies ist der Fall, wenn der Stimmbindungsvertrag Beschlüsse zu Lasten von Gesellschaftern zulässt, die ohne deren Zustimmung nicht zulässig sind, wie etwa die Entziehung oder Beschränkung von Gesellschafterrechten (Gewinnansprüchen) oder die Begründung zusätzlicher Leistungspflichten. Nur ausnahmsweise ist eine solche Stimmbindungsvereinbarung zulässig, sofern sie sich im Einzelfall auf einen abgrenzbaren Gegenstand bezieht. In der Stimmbindungsvereinbarung kann dann das vorweggenommene Einverständnis des betroffenen Gesellschafters gesehen werden.

71 Auch der Gesellschaftsvertrag kann Stimmbindungen weitergehend zulassen oder einschränken bis hin zum Ausschluss solcher Abreden.[107] Da z. B. die Stimmbindung zu einer konzernrechtlichen Abhängigkeit führen kann,[108] kann der Ausschluss von Stimmbindungen sinnvoll sein, um eine Konsolidierung gemäß § 290 Abs. 2 bis 4 HGB zu verhindern.[109] Der gleichwohl abgeschlossene Stimmbindungsvertrag ist unter den Parteien aber grundsätzlich wirksam. Liegt jedoch ausnahmsweise ein Verstoß gegen die Treuepflicht vor, da sich die Gesellschafter entgegen der ausdrücklichen Aussage im Gesellschaftsvertrag vertraglichen Stimmbindungen unterwerfen, kann eine entsprechende Vereinbarung gemäß § 134 BGB im Einzelfall nichtig sein.

72 Stimmbindungsverträge können grundsätzlich zwischen einzelnen oder allen Gesellschaftern und nach h. M. grundsätzlich **auch mit Dritten** abgeschlossen werden, z. B. in Treuhandkonstruktionen.[110] Eine teilweise vertretene Auffassung lässt jedoch Stimmbindungen gegenüber Dritten nicht zu, sofern sie auf Strukturänderungen (Satzungsänderungen, Umwandlung) abzielen. Dem ist in dieser Allgemeinheit nicht zuzustimmen. Es ist z. B. im Zusammenhang mit einer Unternehmensakquisition ein legitimes Interesse aller Beteiligten an einer Vereinbarung denkbar, in der sich die bisherigen Gesellschafter (Veräußerer) gegenüber dem Erwerber verpflichten, noch vor dem Übergang der Anteile an der Gesellschaft eine den Vorstellungen des Erwerbers entsprechende Neufassung der Satzung zu beschließen. Dies kann der Fall sein, wenn der potentielle Anteilserwerber seine Beteiligung an der Gesellschaft davon abhängig macht, dass in seinem Interesse bestimmte Regelungen zum Minderheitenschutz in den Gesellschaftsvertrag aufgenommen werden. In der Praxis gibt es ferner den Fall, dass ein Nichtgesellschafter (Investor) ein Interesse daran hat, sich eine Umwandlung der Gesellschaft von einer GmbH in eine AG vertraglich zusichern zu lassen, etwa im Zusammenhang mit der verbindlichen Vereinbarung eines späteren Börsengangs der Gesellschaft. In Fällen der hier beschriebenen Art geht es um eine vorübergehende, punktuelle Verpflichtung gegenüber einem Dritten, strukturändernde Maßnahmen vorzunehmen. Eine unzulässige Aufgabe des Selbstbestimmungsrechts der Gesellschafter oder ei-

---

[103] *Piehler* DStR 1992, 1654, 1655.
[104] Hierzu eingehend *Piehler* DStR 1992, 1654, 1655 m. w. N.
[105] Ausführlich *Piehler* DStR 1992, 1654, 1655 f.
[106] *Piehler* DStR 1992, 1654, 1655.
[107] Ulmer/Habersack/Winter/*Hüffer* § 47 Rdnr. 86; *Piehler* DStR 1992, 1654, 1655 jew. m. w. N.
[108] Vgl. dazu Rdnr. 50 ff.
[109] *Hüffer* § 133 Rdnr. 25.
[110] *Wicke* DStR 2006, 1137, 1139; *Hergeht/Mingau* DStR 2001, 1217, 1218; Scholz/*K. Schmidt* § 47 Rdnr. 35 m. w. N.

ner Aushöhlung des Kernbereichs ihrer Befugnisse ist bei sachgerechter Ausgestaltung nicht anzunehmen.[111]

bb) Stimmabgabe aufgrund unzulässiger Stimmbindungsvereinbarungen. Ist die Stimmbindungsvereinbarung aus einem der dargestellten Gründe unwirksam, ist die in Einklang mit ihr abgegebene Stimme grundsätzlich trotzdem **gültig und nicht anfechtbar.**[112] Die gegenteilige Auffassung würde die Abstimmungsfreiheit des Gesellschafters unzulässig beschränken, nur weil er sich hinsichtlich seines Abstimmungsverhaltens unwirksam gebunden hat. Allerdings kann bei einem Verstoß der Stimmbindungsvereinbarung gegen die Stimmverbote die Nichtigkeit aus §§ 47 Abs. 4 GmbHG, 136 Abs. 1 AktG folgen.[113] 73

Die Stimmabgabe kann im Einzelfall aber ausnahmsweise unzulässig sein, wenn sie mit dem gesellschaftsvertraglichen **Treuegebot** nicht vereinbar ist. Ist dies anzunehmen, bleibt davon die generelle Wirksamkeit des Stimmbindungsvertrages unberührt. Der Gesellschafter kann die Verpflichtung zur Abgabe einer wirksamen Stimme mit dem vereinbarten Inhalt jedoch nicht erfüllen, weil eine Stimmabgabe unter Verstoß gegen die Treuepflichten nichtig ist. Die versprochene Leistung ist in diesem Fall unmöglich. Der Gesellschafter kann, sofern ihm ein Verschulden vorzuwerfen ist, gemäß § 280 Abs. 1 BGB schadensersatzpflichtig sein. 74

Ähnliches gilt, wenn der Gesellschaftsvertrag Stimmbindungen ausschließt.[114] Der gleichwohl abgeschlossene Stimmbindungsvertrag ist unter den Parteien grundsätzlich wirksam. Es kann aber ausnahmsweise schon gegen die Treuepflicht verstoßen, sich entgegen der ausdrücklichen Aussage im Gesellschaftsvertrag vertraglichen Stimmbindungen zu unterwerfen. Die gemäß dem Stimmbindungsvertrag abgegebene Stimme kann dann nichtig sein. 75

c) **Rechtsnatur.** Nach herrschender Meinung kommt durch den Abschluss eines Stimmbindungsvertrages regelmäßig eine **Gesellschaft des bürgerlichen Rechts** (§§ 705 ff. BGB) zustande, die in der Regel nicht über eigenes Gesellschaftsvermögen verfügt.[115] Die Gesellschaftsanteile verbleiben grundsätzlich bei den im Stimmpool verbundenen Gesellschaftern und werden nicht in die GbR eingebracht, da hieran kein Interesse besteht. Eine Übertragung der Anteile auf die GbR würde im Todesfall eines Gesellschafters die Steuerbegünstigung nach §§ 13a, 13b und 19a ErbStG ausschließen. Voraussetzung hierfür ist bei Kapitalgesellschaften eine unmittelbare Beteiligung. Bei Einbringung der Geschäftsanteile in eine vermögensverwaltende GbR wäre jedoch nur noch eine mittelbare Beteiligung über die GbR gegeben, was im Hinblick auf die Erbschaftssteuer nachteilig wäre.[116] 76

Ausnahmsweise kann sich aber eine Übertragung der Gesellschaftsanteile auf die GbR als zweckmäßig erweisen. Dies ist dann der Fall, wenn die Bindung durch den Gesellschafterpool möglichst eng ausgestaltet werden soll. Durch eine solche Gestaltung wird ausgeschlossen, dass die bisherigen Gesellschafter ihre Gesellschafterrechte weiterhin selbst ausüben.[117] Dies kann ausschließlich ein Vertreter der GbR tun.[118] Dadurch relativiert sich das Problem der Sanktionierung abredewidrigen Stimmverhaltens. Außerdem führt die Übertragung der Gesellschaftsanteile auf die Pool-GbR zu einer verstärkten Vinkulierung, da der einzelne Gesellschafter dann über seinen Gesellschaftsanteil an der Kapitalgesellschaft nicht 77

[111] Wie hier mit ausführlicher Begründung *Hergeth/Mingau* DStR 2001, 1217 f.

[112] Baumbach/Hueck/*Zöllner* § 47 Rdnr. 117; Scholz/*K. Schmidt* Rdnr. 54; *Piehler* DStR 1992, 1654, 1659 f. auch zur Ausnahme, dass alle Gesellschafter die Stimmbindung vereinbart haben und daher eine Anfechtung des Beschlusses in Betracht kommt.

[113] Vgl. hierzu *Piehler* DStR 1992, 1654, 1655 m. w. N.

[114] *Piehler* DStR 1992, 1654, 1660 m. w. N.

[115] BGHZ 179, 13 = NJW 2009, 669; *Mayer* MittBayNot 2006, 281, 282; *Wälzholz* GmbHR 2009, 1020, 1023; *Langenfeld* ZEV 2010, 17, 18.

[116] *Wälzholz* GmbHR 2009, 1020, 1023.

[117] *Piehler* DStR 1992, 1654, 1658 m. z. w. N. zum Problem der Umgehung des Stimmrechtsausschlusses einzelner Konsorten; der BGH in BGHZ 49, 183, 194; 51, 209, 219; WM 1976, 204, 205 nimmt einen Stimmrechtausschluss der Gemeinschaft an, wenn zu besorgen ist, dass die Mitberechtigten das Stimmrecht unsachlich ausüben, sich also die Befangenheit des vom Stimmrecht ausgeschlossenen Mitglieds auf die Gemeinschaft durchschlägt. Die Einzelheiten sind jedoch umstritten. Es sollte daher darauf geachtet werden, dass im Konsortialvertrag ein Stimmrechtsausschluss der auch bei der Beschlussfassung in der Kapitalgesellschaft ausgeschlossenen Mitglieder vereinbart wird.

[118] *Simon/Rubner* NJW Spezial 2005, 27.

mehr verfügen kann. Eine Verfügung über die Beteiligung an der GbR scheitert an § 719 BGB. Wenn die Gesellschaftsanteile in die GbR eingebracht werden, entsteht eine **Außengesellschaft** und es müssen Regelungen zur Vertretung dieser GbR in der GmbH bzw. AG getroffen werden.[119]

78 Die Gesellschafter sollten im Vertrag in jedem Fall ausdrücklich klarstellen, ob eine GbR begründet werden soll oder ob sie sich ausschließlich schuldrechtlich binden wollen. Diese Klarstellung ist im Hinblick auf die Fragen, ob die §§ 705 ff. BGB anwendbar sind, der Stimmbindungsvertrag einer Inhaltskontrolle gemäß § 310 Abs. 4 S. 1 BGB entzogen ist und ob eine objektive Auslegung nach gesellschaftsrechtlichen Grundsätzen maßgebend ist, von Bedeutung.

79 Der Stimmbindungsabrede ist gleichwohl eine rein schuldrechtlich wirkende Vereinbarung, die von den Bestimmungen des Gesellschaftsvertrages der Gesellschaft abstrakt ist.[120] Eine Bindungswirkung entsteht nur für die an der Stimmbindungsvereinbarung beteiligten Parteien. Eine Übertragung auf Dritte ist nur mit deren Mitwirkung möglich.[121] Zur Änderung von Stimmbindungsvereinbarungen ist nach allgemeinen Grundsätzen die Mitwirkung aller Parteien erforderlich. Im Vertrag kann davon jedoch abgewichen und eine Vertragsänderung durch Mehrheitsbeschluss der Poolversammlung vorgesehen werden.

80 d) **Form.** Der Abschluss des Stimmbindungsvertrages bedarf keiner Form.[122] Dies gilt auch, wenn der Stimmbindungsvertrag auf eine Änderung des Gesellschaftsvertrags gerichtet ist.[123] § 2 GmbHG und § 23 Abs. 1 S. 1 AktG gelten nicht.[124] Die Gesellschafter sind gegenüber der Gesellschaft nicht verpflichtet, Stimmbindungsvereinbarungen offenzulegen. Eine Auskunftspflicht besteht nicht. Auch die Gesellschafter können aus § 51 a GmbHG bzw. § 131 Abs. 1 AktG keinen entsprechenden Auskunftsanspruch herleiten.

81 e) **Durchsetzung.** Stimmen, die unter Verstoß gegen die Stimmbindungsvereinbarung abgegeben werden, sind in der Regel wirksam. Auch sind die unter Verstoß gegen die Stimmbindungsvereinbarung gefassten Beschlüsse weder nichtig noch anfechtbar.[125] Der Verstoß gegen die Stimmbindungsvereinbarung stellt zwar eine **Vertragspflichtverletzung** dar, die zu den allgemeinen Rechtsfolgen der §§ 280 ff. BGB führt. Allerdings ist in den meisten Fällen kein substantiierbarer Vermögensschaden feststellbar.[126] Zur Vermeidung einer abredewidrigen Stimmabgabe kommt deshalb eine **Bevollmächtigung** eines Poolvertreters durch alle Poolmitglieder in Betracht. Diese ist aber widerruflich und schließt zudem nicht aus, dass der Gesellschafter seine Rechte (auch insofern der Gesellschaftervereinbarung zuwider handelnd) trotz erteilter Vollmacht selbst ausübt.[127] Als wirksame Sanktion verbleibt daher meist nur die Vereinbarung von **Vertragsstrafen.**[128] Als ultima ratio ist jedoch auch denkbar, eine Verpflichtung des opponierenden Poolmitglieds zu vereinbaren, seinen Gesellschaftsanteil auf die anderen Poolmitglieder zu übertragen. Bezieht sich die Stimmbindungsvereinbarung auf eine GmbH, führt eine solche Abrede zur Beurkundungsbedürftigkeit gemäß § 15 Abs. 4 GmbHG.

82 Aus der Stimmbindungsvereinbarung ergibt sich ein **klagbarer Erfüllungsanspruch.**[129] Dieser Anspruch hat bei einer drohenden abredewidrigen Stimmabgabe eines Poolmitglieds aber nur sehr eingeschränkten Wert für die übrigen Poolbeteiligten, da sich ein entsprechen-

---

[119] Vgl. BGHZ 126, 226, 234 „Schutzgemeinschaftsvertrag I" und BGH ZIP 2009, 216, 218 „Schutzgemeinschaftsvertrag II"; *Langenfeld* ZEV 2010, 17, 18.

[120] Zur Grenzziehung zwischen Satzungsregelungen und schuldrechtlichen Nebenvereinbarungen Rdnr. 19 ff.

[121] Zum Übergang von Rechten und Pflichten aus Gesellschaftervereinbarungen Rdnr. 50 ff.

[122] BGH NJW 1987, 1890, 1892; Gummert/*Plückelmann* § 4 Rdnr. 56; *Müller* GmbHR 2007, 113; *Hergeth/Mingau* DStR 2001, 1217, 1218 f.

[123] *Müller* GmbHR 2007, 113 f.; *Piehler* DStR 1992, 1654; zu diesem Problem vgl. Rdnr. 53.

[124] Baumbach/Hueck/*Fastrich* § 3 Rdnr. 56 und § 2 Rdnr. 12.

[125] Dazu und zu den streitigen Ausnahmen Rdnr. 29 ff.

[126] *Piehler* DStR 1992, 1654, 1661.

[127] *Piehler* DStR 1992, 1654, 1661.

[128] *Müller* GmbHR 2007, 113, 116.

[129] Zur Durchsetzung des Anspruchs *Piehler* DStR 1992, 1654, 1660.

des Urteil, dessen Vollstreckung sich nach § 894 ZPO richten würde, nicht mehr rechtzeitig erwirken lässt.[130] Eine **einstweilige Verfügung** kommt wegen des Verbots der Vorwegnahme der Hauptsache nur in Betracht, wenn ein vertragliches Verbot, in einer bestimmten Weise abzustimmen, durchgesetzt werden soll.[131]

f) **Typische Regelungsinhalte.** Im Stimmbindungs- oder Poolvertrag werden zweckmäßigerweise Regelungen über die **Willensbildung** im Stimmpool getroffen. Die Gestaltung kann dabei an die bei Gesellschaftsverträgen von Personengesellschaften üblichen Formulierungen angelehnt werden[132] Der Stimmbindungs- oder Poolvertrag sieht regelmäßig Bestimmungen über Zeit (ausreichender Vorlauf zur Gesellschafterversammlung der Kapitalgesellschaft), Ort und Form der Einberufung der Poolversammlung vor. Gerade bei einer größeren Anzahl von Beteiligten empfiehlt es sich, flexible Regelungen für die Fassung von Poolbeschlüssen außerhalb von formellen Poolversammlungen vorzusehen. Geregelt werden sollten auch die Beschlussfähigkeit und die Möglichkeit der wechselseitigen Bevollmächtigung der Poolmitglieder. 83

Von besonderer Bedeutung ist die Regelung der **Mehrheitserfordernisse** für Poolbeschlüsse, da meist das gesetzliche Einstimmigkeitserfordernis nicht sachgerecht ist. Das Einstimmigkeitserfordernis kann insbesondere bei großem Gesellschafterkreis zu erheblichen Problemen führen. Nach herrschender Meinung kann ein einfaches Mehrheitserfordernis für Beschlüsse der Poolversammlung gemäß § 709 Abs. 2 BGB auch vereinbart werden, wenn der Beschlussgegenstand in der Kapitalgesellschaft nach der dortigen Satzung oder den gesetzlichen Bestimmungen einer qualifizierten Mehrheit bedarf.[133] In zahlreichen Sachverhalten dürfte eine solche Regelung jedoch nicht den Interessen der Beteiligten entsprechen. Vielmehr wird es sich empfehlen, die Mehrheitserfordernisse in der Kapitalgesellschaft und im Stimmpool zu synchronisieren. 84

Die Beschlussgegenstände, die abweichend vom Einstimmigkeitserfordernis einer Mehrheitsentscheidung zugänglich sind, müssen nicht im Einzelnen detailliert aufgeführt werden, wie dies die frühere Rechtsprechung zum Personengesellschaftsrecht unter dem Stichwort „Bestimmtheitsgrundsatz" postulierte.[134] Allerdings ist zu prüfen, ob eine Mehrheitsentscheidung unter den Partnern der Gesellschaftervereinbarung im Einzelfall gegen die gesellschaftsrechtliche Treuepflicht verstößt und deshalb unwirksam ist.[135] Dabei sind die aus dem Personengesellschaftsrecht bekannten Grundsätze[136] anzuwenden. **Beispiel:** Im Hinblick auf § 707 BGB ist die Begründung von Nachschusspflichten auf der Grundlage einer einfachen Mehrheitsklausel im Gesellschaftsvertrag der Personengesellschaft nicht zulässig.[137] § 53 Abs. 3 GmbHG kann somit durch eine Mehrheitsklausel in einer Gesellschaftervereinbarung nicht umgegangen werden. 85

Gegenstand einer Gesellschaftervereinbarung kann auch die Bestellung bestimmter Personen zu Organmitgliedern sein, z. B. die Bestellung von Geschäftsführern oder die Wahl von Mitgliedern des Beirats oder Aufsichtsrats.[138] Insbesondere Wahlabsprachen unter Aktionären sind zulässig. Die Gesellschafter können ferner Vereinbarungen über die grundsätzliche Unternehmenspolitik oder über ihr Verhalten bei bestimmten Geschäftsvorfällen abschließen. Die Vereinbarung kann sich etwa auf die Zustimmung zu Satzungsänderungen, Kapitalerhöhungen, Umwandlungsmaßnahmen oder besonders „bedeutsame Geschäfte"[139] beziehen. In diesem Zusammenhang können die Gesellschafter verabreden, dass bei allen 86

[130] *Gummert/Plückelmann* § 4 Rdnr. 62; *Müller* GmbHR 2007, 113, 116.

[131] *Hüffer* § 133 Rdnr. 31; OLG Koblenz NJW 1986, 1692; OLG Stuttgart NJW 1987, 2449; OLG Frankfurt GmbHR 1993, 161; Scholz/*K. Schmidt* § 47 Rdnr. 59; *Müller* GmbHR 2007, 113, 116 f.

[132] Vgl. Musterformulierung *Langenfeld* ZEV 2010, 10, 17.

[133] BGH ZIP 2009, 216, 218; *Schäfer* ZGR 2009, 768, 771; *K. Schmidt* ZIP 2009, 737, 740; *Hüffer* § 133 Rdnr. 28 m. w. N.

[134] BGHZ 170, 283; BGH ZIP 2009, 216, 218; *Schäfer* ZGR 2009, 768, 772 f.

[135] BGHZ 170, 283; BGH ZIP 2009, 216, 218 f.; *Schäfer* ZGR 2009, 768, 773 f.; *Wertenbruch* MZG 2009, 645, 649.

[136] Vgl. BGHZ 170, 283 „Otto", dazu *K. Schmidt* ZGR 2008, 1 ff.; *Priester* DStR 2008, 1386 ff.

[137] BGH ZIP 2007, 1458; NZG 2009, 501.

[138] *Gummert/Plückelmann* § 4 Rdnr. 56.

[139] Z. B. sog. „Holzmüller-Entscheidungen".

Geschäftsführungsmaßnahmen, die nach der Satzung der Zustimmung der Gesellschafterversammlung bedürfen, eine vorherige Willensbildung im Stimmpool erforderlich ist.

87 Der Stimmbindungsvertrag sollte Vereinbarungen über seine **Zeitdauer** treffen.[140] Dabei sind die unter Rdnr. 43 aufgeführten Begrenzungen zu beachten. Für den Fall des Todes und auch der Kündigung eines Gesellschafters sollten **Fortsetzungs- und Nachfolgeklauseln** im Sinne des § 727 BGB vorgesehen werden, um eine automatische Auflösung des Stimmpools zu verhindern.[141] Das ordentliche Kündigungsrecht gemäß § 723 Abs. 1 S. 1 BGB wird zweckmäßigerweise ausgeschlossen. Das Recht zur Kündigung aus wichtigem Grund gemäß § 723 Abs. 1 S. 2 BGB kann jedoch nicht abbedungen werden.

2. Beteiligungsverträge

88 **Checkliste: Typische Regelungsinhalte von Beteiligungsverträgen**

- ☐ Benennung der Kapitalgesellschaft und der Gesellschaftsanteile der Parteien,
- ☐ Zweck des Vertrages: Förderung des Geschäftsbetriebs und des Wertes der Gesellschaft mit dem Ziel einer Vervielfachung des eingesetzten Kapitals,
- ☐ Erstreckung auf künftige Gesellschaftsanteile, unabhängig von der Rechtsform der Gesellschaft,
- ☐ Vereinbarungen zur Finanzierung der Gesellschaft (Kapitalerhöhungen einschließlich Verwässerungsschutz, Gewährung von Gesellschafterdarlehen, Leistungen in die Rücklagen),
- ☐ Formwechsel und Börseneinführung,
- ☐ Motivation und Sicherung des Verbleibs von Schlüsselpersonen (Know-how-Trägern),
- ☐ Vorgaben für die künftige Gestaltung der Satzung (nach Möglichkeit Beifügung des Satzungswortlauts),
- ☐ Festlegung der Dividendenpolitik, ggf. Einräumung von Dividendenvorzügen,
- ☐ Garantieerklärungen der bisherigen Gesellschafter,
- ☐ Beschränkungen der Übertragbarkeit der Gesellschaftsanteile; Mitverkaufsrechte und -pflichten,
- ☐ Stimmbindungsabreden (dazu im Einzelnen Rdnr. 64 ff.),
- ☐ Informationsrechte und Berichtspflichten,
- ☐ Laufzeit, Kündigungsrechte, Rechtsfolgen bei Ausscheiden eines Partners,
- ☐ Geheimhaltungspflichten,
- ☐ Verhältnis des Beteiligungsvertrages zur Satzung der Kapitalgesellschaft,
- ☐ Rechtswahl, Schiedsgerichtsvereinbarung,
- ☐ Kosten der Beurkundung und der Rechtsberatung der Beteiligten.

89 Beteiligungsverträge sind Vereinbarungen zwischen den Alt-Gesellschaftern (Gründern) und dem Investor. Sie sind darauf gerichtet, die für den Aufbau eines Unternehmens (Zielgesellschaft) erforderliche Finanzierung zu sichern. Dies geschieht regelmäßig dadurch, dass sich die Alt-Gesellschafter gegenüber dem Investor verpflichten, das Stammkapital um einen bestimmten Betrag zu erhöhen und ihn zur Übernahme der neuen Stammeinlage zuzulassen. Der Investor verpflichtet sich üblicherweise zur Übernahme der neuen Stammeinlage, zur Zahlung eines Aufgeldes (Agio) auf den neu erworbenen Gesellschaftsanteil oder zur Leistung einer weiteren Einlage in die Rücklagen der Gesellschaft, häufig abhängig von bestimmten im Beteiligungsvertrag geregelten Erfolgszielen.[142] Alt-Gesellschafter und Investor verfolgen das Ziel, von dem Wachstum der Gesellschaft und der positiven Entwicklung ihres Wertes zu profitieren. Mittel- und langfristig ist die Strategie auf eine Veräußerung oder eine Gewinnrealisierung durch einen Börsengang ausgelegt.

90 **a) Rechtsnatur und Zulässigkeit.** Der Beteiligungsvertrag ist ein **schuldrechtlicher Vertrag,** dessen rechtliche Beurteilung sich nach den für Schuldverhältnisse geltenden Bestimmungen

[140] *Piehler* DStR 1992, 1654 m. w. N.
[141] Insbesondere bei KG-Familienpools, hierzu ausführlich *Langenfeld* ZEV 2010, 17, 18 ff.
[142] Ausführlich *Hergeth/Mingau* DStR 2001, 1217.

des BGB richtet. Im Bereich von Venture Capital- und Private Equity-Transaktionen haben sich Beteiligungsverträge als unverzichtbares Instrument zur Absicherung der Interessen der Beteiligten etabliert. Sie sind als zulässige Gestaltungsform allgemein anerkannt; es gelten jedoch im Einzelfall Schranken aufgrund gesellschaftsrechtlicher Prinzipien. Sind – wie in der Praxis üblich – auch Stimmbindungsklauseln Teil des Beteiligungsvertrages, gelten die bereits unter Rdnr. 66 ff. dargestellten Gestaltungsgrenzen.

Nach herrschender Meinung können sich die Alt-Gesellschafter gegenüber dem Investor 91 als (noch) Nichtgesellschafter zur Durchführung einer Kapitalerhöhung und Satzungsänderung wirksam schuldrechtlich verpflichten.[143] Weitergehende Schranken sind zu beachten, wenn – was grundsätzlich zulässig ist – auch die Gesellschaft Partei des Beteiligungsvertrages wird. So können zugunsten der Gesellschaft keine Stimmbindungen vereinbart werden.[144] Auch Vereinbarungen über eine unzulässige Einlagenrückgewähr[145] können nicht getroffen werden. Außerdem ist bei einer Beteiligung der Gesellschaft die Kompetenzordnung innerhalb der Gesellschaft zu berücksichtigen. Eine Satzungsänderung kann nicht die Geschäftsführung oder der Vorstand, sondern nur die Gesellschafterversammlung vornehmen, so dass Vorstand/Geschäftsführung keine entsprechenden Zusicherungen abgegeben können. Ebenso ist es nicht möglich, einem Investor vor Fassung des Kapitalerhöhungsbeschlusses die Gewährung neuer Aktien zuzusagen.[146] Entsprechend sollte der Vorstand einer AG bei einem bereits zur Verfügung stehenden genehmigten Kapital eine verbindliche Zusicherung gegenüber dem Investor nicht aussprechen, da die Ermächtigung jederzeit von der Hauptversammlung aufgehoben werden kann. Außerdem gilt gemäß § 203 Abs. 1 AktG auch insofern das Verbot des § 187 Abs. 2 AktG.

b) Form. Ist der Beteiligungsvertrag lediglich ein Vorvertrag zur Zeichnung von neuen 92 Aktien aus einer Kapitalerhöhung, genügt die **Schriftform.**[147] Nach herrschender Meinung unterliegt die vertragliche Verpflichtung der Aktionäre zur Durchführung einer Kapitalerhöhung nicht demselben Formzwang wie der Beschluss über die Kapitalerhöhung/Satzungsänderung selbst.[148] In aller Regel enthält der Beteiligungsvertrag aber auch Bestimmungen über die Gesellschaftsanteile, nämlich Vorerwerbsrechte, Andienungspflichten sowie Mitverkaufsrechte und -pflichten. Handelt es sich bei der Beteiligungsgesellschaft um eine GmbH, führt dies gemäß § 15 Abs. 3, 4 GmbHG dazu, dass der gesamte Beteiligungsvertrag **notariell zu beurkunden** ist. Anderenfalls ist der Vertrag gemäß § 125 BGB nichtig. Wegen der formfreien Übertragbarkeit von Aktien besteht kein entsprechendes Formerfordernis, wenn die Beteiligungsgesellschaft eine AG ist; es empfiehlt sich aus Gründen der Rechtssicherheit gleichwohl die Schriftform.

Ein Beurkundungsbedürfnis besteht sowohl bei der GmbH als auch bei der AG, wenn der 93 Beteiligungsvertrag eine Verpflichtung zur Durchführung von **Umwandlungsmaßnahmen** enthält. So sieht der Beteiligungsvertrag häufig eine Umwandlung von der Rechtsform der GmbH in die Rechtsform der AG zur Vorbereitung von Börsengängen vor. Oftmals werden auch Ausgliederungen oder Abspaltungen im Vertrag angeordnet, um eine Konzentration der Beteiligungsgesellschaft auf das Kerngeschäft umzusetzen.

c) Typische Inhalte. *aa) Kerninhalt.* Der Beteiligungsvertrag definiert im Kern die **In-** 94 **vestition**, zu der sich der Kapitalgeber verpflichtet und die **Beteiligung** an der Gesellschaft, die er erhält.[149] Insofern hat der Beteiligungsvertrag den Charakter eines Unternehmenskaufvertrags und enthält in weiten Teilen die bei Unternehmenskaufverträgen typischen Re-

[143] Zum Meinungsstand und mit ausführlicher Begründung die Zulässigkeit bejahend: *Hergeth/Mingau* DStR 2001, 1217; *Weitnauer* NZG 2001, 1065 ff.; *Maidl/Kreifels* NZG 2003, 1091; *Piehler* DStR 1992, 1654, 1657 f. m. w. N.; mit Einschränkungen *Müller* GmbHR 2007, 114 ff.
[144] Siehe oben Rdnr. 75.
[145] §§ 57 Abs. 1 AktG, 19 GmbHG.
[146] § 187 Abs. 2 AktG.
[147] *Hüffer* § 185 Rdnr. 31; KK/*Lutter* Rdnr. 45; *Maidl/Kreifels* NZG 2003, 1091.
[148] *Maidl/Kreifels* NZG 2003, 1091 f.; siehe auch oben Rdnr. 53.
[149] *Maidl/Kreifels* NZG 2003, 1091, 1092.

gelungen, insbesondere **standardisierte Gewährleistungen** zugunsten des Investors.[150] Neben der Beschreibung des Kaufgegenstandes (Beteiligung an der Zielgesellschaft) wird beschrieben, wie die Beteiligung durch **Kapitalerhöhung** und **Ausgabe neuer Anteile** geschaffen wird. In der Regel übernimmt der Investor eine Minderheitsbeteiligung am Kapital der Zielgesellschaft in Höhe von 20% bis 35%. Eine über 35% hinausgehende Beteiligung akzeptieren die Alt-Gesellschafter in der ersten Finanzierungsrunde oftmals nicht. Eine Mehrheitsbeteiligung streben die Investoren in den seltensten Fällen an, da sie anderenfalls gemäß §§ 290, 301 HGB zur Kapitalkonsolidierung verpflichtet sind und mit den in der Startphase üblichen Verlusten des Zielunternehmens den eigenen Konzernabschluss belasten würden.

95 Als **Gegenleistung** zu den vom Investor übernommenen neuen Gesellschaftsanteilen werden die von ihm zu erbringenden **Einlagen** definiert. Dies geschieht in der Regel nicht im Sinne einer Einmalzahlung, sondern stufenweise in Abhängigkeit von der Unternehmensentwicklung der Zielgesellschaft (Erreichung so genannter **Milestones**). Verpflichtet sich der Investor im Rahmen der Kapitalerhöhung zur Zahlung des Nennbetrags der neuen Gesellschaftsanteile und eines Agios im Sinne des § 272 Abs. 2 Nr. 1 HGB, gilt bei der AG das **Volleinzahlungsgebot** der §§ 188 Abs. 2, 36 Abs. 2, 36a Abs. 1 AktG. Dem Registergericht ist die Aufbringung sowohl des Nennbetrages als auch des vereinbarten Aufgeldes nachzuweisen. Damit kollidieren häufig die Bedürfnisse der Praxis, die eine gestaffelte Zahlung – in Abhängigkeit vom Erreichen von Milestones – bevorzugt. Deshalb werden statt der Vereinbarung eines Aufgeldes die Aktien zum Nennwert ausgegeben und die darüber hinausgehende Investition als **schuldrechtliche Zuzahlung in die Rücklage** gemäß § 272 Abs. 2 Nr. 4 HGB vereinbart. Im Unterschied zum Agio sind andere Zuzahlungen in die Kapitalrücklage bei der AG nicht in die Dotierung der gesetzlichen Rücklage gemäß § 150 Abs. 2 AktG einbezogen und unterliegen auch nicht den Beschränkungen für die Auflösung dieser Kapitalrücklagen, die sich aus § 150 Abs. 3 und 4 AktG ergeben. Die Zulässigkeit dieser Gestaltung ist umstritten, dürfte im Ergebnis aber zu bejahen sein.[151] Wählt der Investor die Gestaltung der schuldrechtlichen Vereinbarung einer Zuzahlung in die Rücklage, muss dies im Beteiligungsvertrag klar zum Ausdruck kommen. Dabei muss ausdrücklich ausgeschlossen werden, dass ein eigenes Forderungsrecht der Gesellschaft gemäß § 328 BGB entsteht.

96 Die Gegenleistung des Investors kann aber auch (zusätzlich) in der **Übertragung von Sachwerten** liegen. Zu nennen ist hier etwa der Fall, dass ein Technologiekonzern sich in einem interessanten neuen Technologie- und Geschäftsbereich an einem Start-Up-Unternehmen beteiligt und die bei ihm selbst bereits vorhandenen Aktivitäten auf diesem Gebiet in das Start-Unternehmen einbringt. In einem solchen Fall wird häufig nicht der Weg einer Sachkapitalerhöhung gewählt. Stattdessen wird um das komplexe Verfahren der §§ 56 GmbHG, 183, 183a und 184 AktG sowie die mit §§ 57 Abs. 3 Nr. 3 GmbHG, 184 Abs. 2 AktG verbundene Publizität zu vermeiden, eine Barkapitalerhöhung vorgenommen und die Sacheinlage gemäß § 272 Abs. 2 Nr. 4 HGB in die Rücklage geleistet.

97 Wird die Finanzierung über stufenweise Einzahlungen in die Kapitalrücklage von der Erreichung bestimmter Unternehmensziele abhängig gemacht, muss bei der Vertragsgestaltung große Sorgfalt darauf verwendet werden, die Meilensteine präzise und unmissverständlich zu formulieren. Die Vorlagen, die von den Beteiligten als Beschreibung der Meilensteine zur Verfügung gestellt werden, entsprechen erfahrungsgemäß diesen Anforderungen häufig nicht. Es handelt sich um wesentliche Eckpunkte für die weitere Finanzierung, so dass Konflikte durch eine präzise und detaillierte Vertragsgestaltung möglichst ausgeschlossen werden müssen. Sollte es dennoch zu Auseinandersetzungen kommen, empfehlen sich Schiedsgutachterklauseln, bei denen z.B. Wirtschaftsprüfer als unabhängige Instanz mit der Beurteilung der Erreichung oder Verfehlung von Meilensteinen beauftragt werden.

---

150 *Hergeth/Mingau* DStR 2001, 1217; *Weitnauer* NZG 2001, 1065.

151 Vgl. zum Streitstand *Maidl/Kreifels* NZG 2003, 1091, 1092f. m.w.N.; *Weitnauer* NZG 2001, 1065, 1067.

Da der Investor bei der Kapitalerhöhung typischerweise als Einziger neue Gesellschaftsanteile übernimmt, ist das gesetzliche **Bezugsrecht** der übrigen Gesellschafter auszuschließen. Ein Bezugsrechtsausschluss ist im Aktienrecht nur unter den Voraussetzungen des § 186 Abs. 3 ff. AktG zulässig. Bei der GmbH sind die Einzelheiten zum Bezugsrecht und seinem Ausschluss streitig.[152] In der Praxis werden die Probleme mit dem Bezugsrecht bei AG und GmbH dadurch gelöst, dass die Altgesellschafter im Beteiligungsvertrag auf ihr Bezugsrecht verzichten. Ein solcher Verzicht ist, da das Bezugsrecht ein dispositionsfähiges Vermögensrecht darstellt, zulässig. In einem solchen Fall bedarf es weder eines Beschlusses über den Ausschluss des Bezugsrechts noch eines Berichts des Vorstandes gemäß § 186 Abs. 4 S. 2 AktG. 98

Ist der Kapitalbedarf durch die erste Finanzierungsrunde nicht abgedeckt, können weitere Kapitalerhöhungen erforderlich sein. Dabei kann es zu einer Ausgabe unter dem ursprünglichen Einstiegspreis kommen. Um in solchen Fällen den Investor vor einer Verwässerung seiner Anteile zu schützen, werden **Verwässerungsschutzklauseln** (so genannte **Anti-Dilution-Clauses**) in den Beteiligungsvertrag aufgenommen.[153] Es handelt sich um Bezugsrechtsvereinbarungen, die den Investor so stellen, als wäre er bei der ersten Finanzierungsrunde auf der Grundlage der niedrigeren Bewertung eingestiegen. Solche Klauseln sollten jedoch auf einen bestimmten Zeitraum und auf die zweite Finanzierungsrunde begrenzt werden, da anderenfalls die Gefahr besteht, dass sie nicht das Risiko einer falschen Bewertung der Start-Up-Phase, sondern allgemeine Marktentwicklungen absichern. 99

Der Beteiligungsvertrag regelt die weitere **Finanzierung** der Gesellschaft durch Gesellschafterdarlehen und durch zusätzliche Einzahlungen in die Rücklagen der Gesellschaft. Nicht selten finden sich im Beteiligungsvertrag auch Regelungen über das Rechtsverhältnis der Gesellschaft sowie der Gesellschafter zu den maßgebenden Banken. 100

bb) Weitere wesentliche Bestandteile. Ein weiteres wichtiges Element von Beteiligungsverträgen ist die **Sicherung des Verbleibs von Schlüsselpersonen** im Unternehmen. Meist sind es die Gründer/Alt-Gesellschafter, die über wertvolles Know-how verfügen und deshalb an das Unternehmen gebunden werden sollen. Ferner werden Führungskräfte, die bisher nicht an der Gesellschaft beteiligt waren, zu einem eigenen Investment veranlasst, um die Kontinuität der Unternehmensführung zu gewährleisten. Flankiert werden solche Bemühungen von Regelungen, die den Fall des vorzeitigen Ausscheidens aus der Gesellschaft sanktionieren (so genannte **Leaver-Klauseln**).[154] Sie regeln die Folgen des Ausscheidens von Managern und Gesellschaftern in verschiedenen Konstellationen. Die entsprechenden Regelungen differenzieren danach, wann und aus welchem Grund eine Schlüsselperson aus seiner Managementfunktion ausscheidet. In der Praxis werden – anglo-amerikanischem Sprachgebrauch folgend – die entsprechenden Gestaltungen danach unterschieden und bezeichnet, ob die Schlüsselperson als „Good Leaver", also wegen Tod, Alter oder Krankheit, oder als „Bad Leaver", also aus einem in seinem Verhalten liegenden Grund, ausscheidet. Danach wird dann die Höhe des ihm verbleibenden Anteilsbesitzes oder die Höhe seiner Abfindung beurteilt. 101

Als Grundlage für die Gewinnung und dauerhafte Bindung hochqualifizierter Mitarbeiter sieht der Beteiligungsvertrag namentlich bei Aktiengesellschaften regelmäßig die Umsetzung eines **Mitarbeitermodells** vor. Soweit dieses aus (bedingten) Kapitalerhöhungen gespeist werden soll, muss bereits im Beteiligungsvertrag der damit einhergehenden Verwässerung der Anteile der Vertragsparteien Rechnung getragen werden. Die Parteien müssen auf ihr eigenes Bezugsrecht im Zusammenhang mit dem Mitarbeitermodell verzichten. Ist es nicht möglich oder von den Parteien nicht gewünscht, das Mitarbeitermodell aus neuen Gesellschaftsanteilen zu speisen, müssen alternative Gestaltungen wie z. B. so genannte Phantom-Stocks oder Stock Appreciation Rights vereinbart werden. 102

[152] Vgl. Lutter/*Hommelhoff* § 55 Rdnr. 19 ff.
[153] Vgl. dazu *Weitnauer* NZG 2001, 1065, 1066; *Martinius* BB 2006, 1977.
[154] Vgl. dazu ausführlich *Kästle/Heuterkes* NZG 2005, 289 ff.

103 Parallel zu der gesellschaftsrechtlichen Einbeziehung des Managements werden im Beteiligungsvertrag in der Regel auch die **Anstellungsverträge** des Vorstands bzw. der Geschäftsführung neu gestaltet. Der Kapitalgeber sorgt zugleich dafür, dass eine **Geschäftsordnung** in Kraft gesetzt wird, die seinen Vorstellungen (insbesondere in Bezug auf Zustimmungsvorbehalte) entspricht. Zur Absicherung der für die Gesellschaft tätigen Schlüsselpersonen wird üblicherweise der Abschluss von Risikolebensversicherungen vereinbart, die in ihrer Mindestlaufzeit der vertraglichen abgesicherten Mindestarbeitsverpflichtung der Schlüsselpersonen in der Gesellschaft entsprechen. Das Management verlangt heute fast durchgehend die vertragliche Fixierung des Abschlusses einer **D&O-Versicherung**.

104 Im Beteiligungsvertrag wird die **Anpassung der Satzung** an die neue Situation festgeschrieben. Sofern die Satzung nicht sofort geändert wird, wird deren künftiger Wortlaut meist als Anlage beigefügt. In der Neufassung der Satzung werden **Schutzvorkehrungen** zugunsten des Investors eingearbeitet. Insbesondere werden sämtliche Maßnahmen, die oberhalb einer im Gesellschaftsvertrag definierten Erheblichkeitsschwelle angesiedelt sind, von der Zustimmung des Investors abhängig gemacht. Dies ist insbesondere wichtig, wenn der Investor nicht über eine Sperrminorität von mehr als 25 % der Gesellschaftsanteile verfügt.

105 **Zustimmungsbedürftige Geschäftsführungsmaßnahmen** werden zweckmäßigerweise in der Geschäftsordnung für die Geschäftsführung bzw. den Vorstand definiert. Der Gesellschaftsvertrag selbst enthält nur eine entsprechende Verweisungsnorm. Auf diese Weise wird die erforderliche Flexibilität gewährleistet. Nicht für jede Anpassung der Schwellenwerte ist dann eine Satzungsänderung erforderlich. Auch die Anpassung anderer Verträge z. B. Geschäftsführer- oder Vorstands-Anstellungsverträge der Alt-Gesellschafter sowie sonstige Vertragsbeziehungen zu den bisherigen Gesellschaftern werden verbindlich vereinbart.

106 Der Investor hat ein erhebliches Interesse daran, einerseits den Gesellschafterbestand konstant zu halten und die Alt-Gesellschafter sowie das Management an das Unternehmen zu binden. Gleichzeitig muss er aber auch die Voraussetzungen dafür schaffen, den gesteigerten Unternehmenswert durch eine Veräußerung oder einen Börsengang für sich nutzbar zu machen. Der Beteiligungsvertrag beinhaltet deshalb weiter umfassende Regelungen, die sich auf die Gesellschaftsanteile beziehen. Dies sind zum einen **Verfügungsbeschränkungen, Andienungspflichten und Vorerwerbsrechte** und Übernahmeregelungen für den Fall der vorzeitigen Beendigung der aktiven Tätigkeit der Alt-Gesellschafter oder des Managements im Unternehmen. Daneben sind aber auch **Mitverkaufsrechte und -pflichten** regelmäßig anzutreffen. Diese sorgen dafür, dass die Alt-Gesellschafter im Falle eines Ausstiegs des Investors die Möglichkeit haben, sich der Veräußerung anzuschließen (Mitverkaufsrechte – „**tag-along-Klauseln**"). Ebenso erhält der Investor die Möglichkeit, neben seiner eigenen Beteiligung auch die übrigen Gesellschaftsanteile, also insgesamt 100%, anzubieten und durch den entsprechenden Paketaufschlag den Kaufpreis erheblich günstiger zu gestalten (Mitverkaufspflichten – „**drag-along-Klauseln**").[155]

107 Regelungen in Bezug auf Verfügungen über die Gesellschaftsanteile sind vor allen Dingen bei der AG von Bedeutung. Eine dingliche, gegenüber jedermann wirkende Vinkulierung ist dort gemäß § 68 Abs. 2 S. 1 AktG nur für Namensaktien zugelassen. Bei Inhaberaktien sind die Beteiligten daher zwingend darauf verwiesen, schuldrechtliche Beschränkungen im Beteiligungsvertrag zu vereinbaren. Bei der GmbH ist die Vinkulierung von Geschäftsanteilen demgegenüber generell zulässig. Daher kann die Satzung als Inhalt der Mitgliedschaft jede Form der Beschränkung bis hin zum Ausschluss der dinglichen Übertragbarkeit vorsehen. Zustimmungsvorbehalte, Vorkaufs-, Ankaufs- und Erwerbsrechte sind dort häufig Satzungsinhalt; sie können aber auch in Nebenabreden vereinbart werden.[156]

---

[155] Vgl. dazu *Martinius* BB 2006, 1977, 1978.
[156] *Weitnauer* NZG 2001, 1065, 1071.

Daneben sind **Stimmbindungsvereinbarungen** ein häufiges Element von Beteiligungsverträgen.[157] Darin wird u. a. auch der Einfluss des Investors auf die Besetzung des Aufsichtsrats oder Beirates der Gesellschaft abgesichert. 108

Ferner lässt sich der Investor regelmäßig umfassende **Informationsrechte** einräumen, um die Entwicklung des Unternehmens fortlaufend überwachen zu können. Die gesetzlichen Informationsrechte (§§ 51 a GmbHG, 131 AktG) genügen dem Informationsbedürfnis des Investors nicht. Als Korrelat hierzu sind entsprechende **Berichtspflichten**, die an § 90 AktG angelehnt sind, vorgesehen. Teilweise gehen die Berichtspflichten aber auch deutlich darüber hinaus und es wird ein sehr feinmaschiges Berichtswesen etabliert, um die Gesellschaft eng in das Controlling des Investors einzubinden. Der Beteiligungsvertrag kann überdies eine Verpflichtung des Managements begründen, ein Risikofrüherkennungssystem und eine detaillierte Wirtschafts-, Finanz-, Liquiditäts-, Investitions- und Personalplanung zu etablieren. 109

Zum Schutz des in der Gesellschaft verkörperten Know-hows sind **Wettbewerbsklauseln** einschließlich flankierender Vertragsstrafenregelungen erforderlich. Bei der Gestaltung des Wettbewerbsverbots sind die allgemeinen Beschränkungen zu beachten. Bei Gesellschaftern sind allerdings §§ 74 ff. HGB nicht anwendbar; es muss insbesondere keine Karenzentschädigung vereinbart werden. Dies gilt auch für die Organe der Gesellschaft (Vorstand, Geschäftsführer). Stets sind aber die Grenzen des § 138 BGB zu berücksichtigen und es ist zu prüfen, ob das Wettbewerbsverbot in zeitlicher, sachlicher und räumlicher Hinsicht angemessen ist. Neben Wettbewerbsklauseln im Beteiligungsvertrag oder der Satzung treten Konkurrenzverbote im Geschäftsführer- oder Vorstands-Anstellungsvertrag. Es ist in der Praxis weit verbreitet, dort Karenzentschädigungen – teilweise mit von §§ 74 ff. HGB abweichendem Inhalt – zu vereinbaren. 110

Viele Beteiligungsverträge enthalten ferner Bestimmungen über den **Ausstieg** aus der Gesellschaft (so genannte **Exit-Klauseln**), um die Übertragung von Geschäftsanteilen an Dritte möglichst zu vermeiden.[158] Dabei geht es um die Regelung von Ausstiegsszenarien außerhalb der bereits angesprochenen Veräußerung oder Börseneinführung. Zu nennen sind hier zunächst für bestimmte Fallkonstellationen (Streitigkeiten über die Geschäftsführung, Zielvorgabeverfehlung) vereinbarte Put- und Call-Optionen.[159] Anzusprechen ist auch die in der Praxis bedeutende Vereinbarung einer **Liquidationspräferenz** zugunsten des Investors.[160] Diese gibt dem Investor bei Auflösung und Liquidation der Gesellschaft ein Vorzugsrecht, dass er seine Einlage einschließlich aller geleisteten Zuzahlungen vor den übrigen Gesellschaftern zurückerhält. Eine Ausdehnung dieser Klauseln auf Verkaufsfälle kann allerdings zu einer unangemessenen Bevorzugung des Investors führen. 111

Begründen die dargestellten Vertragsklauseln zugleich das Recht zur Zwangseinziehung der Gesellschaftsanteile, muss aber in der Gründungssatzung oder durch eine Satzungsänderung eine rechtliche Grundlage vor Übernahme der Gesellschaftsanteile geschaffen worden sein (§§ 237 Abs. 1 AktG, 34 Abs. 2 GmbHG). Fehlt es daran, ist die Einziehung oder nachträgliche Satzungsänderung nur mit Zustimmung der betroffenen Gesellschafter zulässig.[161] 112

Bei Verträgen mit internationalen Bezügen sollte außerdem eine **Rechtswahlklausel** nicht fehlen. Im Hinblick auf die meist vertraulichen Inhalte von Beteiligungsverträgen ist auch eine **Schiedsgerichtsvereinbarung** dringend zu empfehlen. 113

3. Vor-Gründungsverträge

Vor-Gründungsverträge erlangen Bedeutung, wenn sich Personen oder Unternehmen bereits grundsätzlich darüber einig sind, eine Gesellschaft gründen zu wollen, die tatsächliche 114

[157] *Müller* GmbHR 2007, 113.
[158] Vgl. dazu *Weitnauer* NZG 2001, 1065, 1071.
[159] Vgl. dazu *Weitnauer* NZG 2001, 1065, 1072
[160] Vgl. dazu *Martinius* BB 2006, 1977, 1978.
[161] *Hüffer* § 237 Rdnr. 7 f.; Baumbach/Hueck/*Zöllner* § 34 Rdnr. 7; Lutter/*Hommelhoff* Rdnr. 23 m. w. N.

Errichtung der Gesellschaft aber noch nicht vollziehen können, weil noch Voraussetzungen zu schaffen sind. Z. B. kann für die geplante Aktivität der gemeinsamen Gesellschaft noch eine Erlaubnis erforderlich sein oder es fehlt noch ein Investor oder die Beteiligten warten darauf, dass ein Patent erteilt oder ein neues Geschäftsfeld durch Schaffung der gesetzlichen Grundlagen eröffnet wird.

115 **Checkliste: Typische Regelungsinhalte von Vor-Gründungsverträgen**

- ☐ Nennung der künftigen Gesellschafter und ihrer Anteile an der Gesellschaft,
- ☐ Festlegung der Rechtsform, des Sitzes und des Stamm- bzw. Grundkapitals,
- ☐ Eckpunkte des Gesellschaftsvertrags oder (wenn möglich) voraussichtlicher Wortlaut des Gesellschaftsvertrag als Anlage,
- ☐ Festlegung der ersten Geschäftsführer und (soweit einschlägig) der ersten Mitglieder des Aufsichtsrates oder fakultativen Beirats, Fixierung von Benennungs- und Entsendungsrechten,
- ☐ Definition der Voraussetzungen, von denen die Verpflichtung zur Gründung der Gesellschaft eventuell abhängt (Erteilung von Genehmigungen, Kapitalbeschaffung etc.),
- ☐ Vereinbarungen über grundlegende Unternehmensziele der künftigen Gesellschaft,
- ☐ Finanzierungs- und Einlagepflichten,
- ☐ Aussage darüber, ob eine über die Gründung der Kapitalgesellschaft hinaus existierende BGB-Gesellschaft entstehen soll,
- ☐ Regelungen zur Kostentragung und ggf. Rückabwicklung für den Fall, dass das Vorhaben nicht umgesetzt werden kann,
- ☐ Schiedsgerichtsabrede,
- ☐ Geheimhaltungsbestimmungen.

116 Von einem Vor-Gründungsvertrag kann gesprochen werden, wenn mehrere natürliche oder juristische Personen **verbindlich** die Gründung einer Kapitalgesellschaft vereinbaren. Vor-Gründungsverträge sind in isolierter Form (mit der Vereinbarung der künftigen Gründung als einzigem wesentlichem Regelungsgegenstand) anzutreffen. Häufiger ist der Vor-Gründungvertrag aber Bestandteil einer übergeordneten Vereinbarung, insbesondere eines Konsortialvertrages oder einer Joint Venture-Vereinbarung, und als solcher kombiniert mit einer Reihe weiterer Regelungen, die sich auf die künftige gemeinsame Gesellschaft beziehen.

117 Vor-Gründungsverträge sind unstreitig zulässig. Sie bedürfen jedoch der **Gründungsform** der §§ 2 Abs. 1 S. 1 GmbHG, 23 Abs. 1 S. 1 AktG, da anderenfalls der Warn- und Belehrungsfunktion der Beurkundungsvorschriften nicht ausreichend Rechnung getragen würde.[162] Wird die notarielle Form beim Abschluss des Vor-Gründungsvertrages nicht eingehalten, ist er gemäß § 125 BGB formnichtig. Das Formerfordernis gilt trotz § 167 Abs. 2 BGB in analoger Anwendung der §§ 2 Abs. 2 GmbHG, 23 Abs. 1 S. 2 AktG auch für die **Vollmacht** zum Abschluss eines Vorvertrages.[163] Der Mangel der notariellen Beglaubigung der Vollmacht kann aber durch Genehmigung gemäß § 177 BGB in der Form des § 2 Abs. 2 GmbHG, 23 Abs. 1 S. 2 AktG geheilt werden.[164] **Formfrei** ist nur die Vereinbarung, die ohne Verbindlichkeit lediglich die **Absicht** der Beteiligten beschreibt, eine Gesellschaft zu gründen, da in einer solchen Abrede kein echter Vorvertrag zu sehen ist. Formfrei ist auch die Begründung einer Verpflichtung, als Treuhänder für einen anderen an einer GmbH-Gründung teilzunehmen.[165]

[162] *Hüffer* § 23 Rdnr. 14 m. w. N. für die AG, Roth/Altmeppen/*Roth* § 2 Rdnr. 63 und Baumbach/Hueck/*Fastrich* Rdnr. 33 für die GmbH.

[163] *Hüffer* § 23 Rdnr. 14 m. w. N. für die AG; Baumbach/Hueck/*Fastrich* Rdnr. 33 für die GmbH.

[164] *Hüffer* § 23 Rdnr. 14 m. w. N. für die AG; Baumbach/Hueck/*Fastrich* Rdnr. 33 für die GmbH.

[165] BGH WM 1971, 306, 307; *Hüffer* § 23 Rdnr. 14 für die AG; einschränkend Baumbach/Hueck/*Fastrich* § 2 Rdnr. 35 für den Fall der Ein-Mann-Gründung durch einen Treuhänder.

Der Vorvertrag muss inhaltlich derart bestimmt sein, dass der Satzungsinhalt gemäß §§ 23 Abs. 2 bis 4 AktG, 3 GmbHG feststeht oder durch Auslegung gemäß §§ 133, 157 BGB ermittelt werden kann.[166] Die Praxis geht über diese Mindestanforderung, die zu erheblichen Meinungsverschiedenheiten über die Ausgestaltung des Gesellschaftsvertrages im Einzelnen führen kann, deutlich hinaus, indem sie dem Vor-Gründungsvertrag nach Möglichkeit den weitgehend abgestimmten Wortlaut der künftigen Satzung als Anlage beifügt. Geschieht dies nicht und beschränkt sich die Vereinbarung auf Eckpunkte, kann die Regelung offener Fragen und Einzelheiten einem Mehrheitsbeschluss oder der Bestimmung durch einen Dritten überlassen werden.[167] Eine entsprechende Gestaltungsempfehlung für die Praxis ist aber sicher nicht zu geben. 118

Hängt die Gründung der Gesellschaft noch von Voraussetzungen ab, kann der Vor-Gründungsvertrag unter einer aufschiebenden Bedingung abgeschlossen werden.[168] Es dürfte jedoch über das notwendige Maß hinausgehen, den gesamten Vor-Gründungsvertrag unter eine aufschiebende Bedingung zu stellen. In diesem Fall wären auch alle sonstigen Abreden, z.B. Regelungen für den Fall, dass die Voraussetzungen nicht eintreten, schwebend unwirksam. Es genügt, die Verpflichtung zur Gründung der neuen Gesellschaft (und nur diese) im Sinne einer Anspruchsvoraussetzung von dem entsprechenden Ereignis abhängig zu machen. 119

Wenn die Vertragsparteien dies nicht ausdrücklich ausschließen, begründet der Vor-Gründungsvertrag eine meist **vermögenslose (Innen-)GbR**. Handelt es sich um eine isolierte Vor-Gründungsvereinbarung, erlischt die GbR mit der Entstehung der Kapitalgesellschaft durch Eintragung im Handelsregister. Im praktisch häufigeren Fall einer umfassenden, auch die Zusammenarbeit in der Kapitalgesellschaft umfassenden Vereinbarung überdauert die GbR den Errichtungsvorgang. In der Gestaltungspraxis empfiehlt es sich in jedem Fall, eine Aussage darüber zu treffen, ob die Parteien des Vor-Gründungsvertrages eine Personengesellschaft gründen wollen und welche Dauer diese haben soll. 120

4. Joint-Venture-Verträge

Sie bilden den Ausgangspunkt einer Kooperation mehrerer Unternehmen. Der Joint-Venture-Vertrag kann auch als **Grundlagenvereinbarung** bezeichnet werden. Teilweise wird auch der Begriff **Kooperationsvereinbarung** verwendet. Der Begriff des Joint Ventures umfasst verschiedene Formen der projektbezogenen Unternehmenskooperation. Anders als bei der reinen Kapitalanlage geht es um die **aktive unternehmerische Zusammenarbeit** der Partner. Der Joint-Venture-Vertrag ist oftmals eine Kombination aus Vor-Gründungsvertrag und weitergehenden Vereinbarungen. Im Unterschied zu anderen Gesellschaftervereinbarungen geht es beim Joint-Venture-Vertrag nicht nur darum, die Rechte mehrerer Gesellschafter vertraglich zu koordinieren und zu bündeln. Vielmehr ist der weitergehende Zweck die Erreichung eines unternehmerischen Ziels, das in dem Joint Venture verkörpert wird. Im Joint Venture geht es regelmäßig darum, wirtschaftliche Kräfte, technologisches Potential und Marktkontakte im Interesse aller Partner zusammenzuführen. Es hat oftmals zugleich eine **Finanzierungsfunktion**, wenn z.B. Know-how-Träger sich mit großen Konzernen zusammenschließen, um deren Finanzkraft und Präsenz auf wichtigen Märkten zu nutzen, während diese sich den Zugang zu neuen Technologien erschließen wollen. Insofern kann der Joint-Venture-Vertrag auch Elemente eines Beteiligungs- oder Investorenvertrages enthalten. 121

[166] *Hüffer* § 23 Rdnr. 14; Baumbach/Hueck/*Fastrich* § 2 Rdnr. 34.
[167] Baumbach/Hueck/*Fastrich* § 2 Rdnr. 34 m.w.N.; Roth/Altmeppen/*Roth* Rdnr. 63; *Hüffer* § 23 Rdnr. 14 m.w.N.
[168] Roth/Altmeppen/*Roth* § 2 Rdnr. 63.

122 **Checkliste: Typische Regelungsinhalte von Joint-Venture-Verträgen**

- ☐ Nennung der kooperierenden Unternehmen, die Gesellschafter des Joint Ventures werden,
- ☐ Definition der Ziele der Kooperation und der Geschäftspolitik des Joint Ventures,
- ☐ Festlegung von Rechtsform, Sitz und Stamm-/Grundkapital des Joint Ventures,
- ☐ Eckpunkte des Gesellschaftsvertrags oder (wenn möglich) voraussichtlicher Wortlaut des Gesellschaftsvertrags als Anlage,
- ☐ Festlegung der ersten Geschäftsführer und (soweit einschlägig) der ersten Mitglieder des Aufsichtsrates oder fakultativen Beirats, Fixierung von Benennungs- und Entsendungsrechten,
- ☐ Definition der Voraussetzungen, von denen die Verwirklichung der Kooperation eventuell abhängt (Erteilung von Genehmigungen, Kapitalbeschaffung etc.),
- ☐ Liefer- und Bezugsverpflichtungen,
- ☐ Finanzierungsvereinbarungen,
- ☐ Wirtschafts-, Finanz- und Personalplanung,
- ☐ Vereinbarungen über die Einbringung oder Überlassung von Know-how,
- ☐ Vereinbarungen über den Schutz im Joint Venture entstehender immaterieller Rechte,
- ☐ Wettbewerbsabreden (soweit zulässig),
- ☐ Verfügungsbeschränkungen, Vorerwerbsrechte,
- ☐ Regelungen über die Aufnahme und den Ausstieg von Partnern,
- ☐ Regelungen zur Kostentragung und ggf. Rückabwicklung für den Fall, dass das Joint Venture nicht realisiert werden kann,
- ☐ Klauseln zur Rechtwahl, Konfliktbeilegung und Schiedsgerichtsabrede,
- ☐ Geheimhaltungsbestimmungen.

123 a) **Motive für die Gründung eines Joint Ventures.** Die Gründe für die Eingehung einer Kooperation sind vielfältig. Hervorzuheben sind insbesondere folgende Motive:

- Zusammenführung von Ressourcen (Know-how, gewerbliche Schutzrechte, Finanzierungsmittel, Vertriebskontakte)
- Aufteilung des wirtschaftlichen Risikos, gemeinsame Aufbringung der notwendigen Mittel,
- Absicherung von Rohstoff- oder Vorproduktelieferungen,
- Erschließung oder Erweiterung neuer Märkte,
- Beachtung nationaler Ansiedlungsbeschränkungen,
- Überwindung von Handelshemmnissen (z. B. Local Content-Bestimmungen),
- Beschränkung des Wettbewerbs.

124 b) **Erscheinungsformen.** Die Parteien können ihre Kooperation durch eine rein schuldrechtlich („eindimensional“) wirkende Zusammenarbeitsvereinbarung regeln (so genanntes **Contracual Joint Venture**).[169] Diese Gestaltung wählen die Partner in der Regel, wenn die Zusammenarbeit nicht besonders verfestigt, insbesondere zeitlich auf einzelne Projekte begrenzt sein soll (z. B. ARGE bei Bau- und Technologieprojekten, Bietergemeinschaften) oder im Fall der rein strategischen Zusammenarbeit. Beim Contracual Joint Venture ist der Regelungsspielraum der Partner und damit die Flexibilität besonders groß. Es entsteht zwar eine (Innen-)GbR. Die Kooperation wird jedoch nicht in eine eigenständig nach außen auftretende Kapital- oder Personengesellschaft („**Gemeinschaftsunternehmen**“) gekleidet. Es entsteht demgemäß nicht die für die Kooperation in einem Gemeinschaftsunternehmen typische zweistufige Gestaltung („**Doppelgesellschaft**“), bei der die Joint Venture-Partner gleichzeitig Gesellschafter einer BGB-Innengesellschaft wie auch Anteilsinhaber des Gemeinschaftsunternehmens sind. Da es im vorliegenden Kapitel um Gesellschaftervereinbarungen geht, wird nachfolgend nur die Kooperation in einem Gemeinschaftsunternehmen, die teilweise auch als **Equity Joint Venture** bezeichnet wird, untersucht.[170]

[169] MünchHdbGesR I/*Baumanns/Wirbel* § 28 Rdnr. 2.
[170] MünchHdbGesR I/*Baumanns/Wirbel* § 28 Rdnr. 2.

Das Gemeinschaftsunternehmen kann durch **Neugründung** unter Beteiligung aller Joint Venture-Partner entstehen. Denkbar ist aber auch, dass die Joint Venture-Partner eine bestehende Gesellschaft erwerben oder dass sie sich durch **Anteilserwerb** oder im Wege der **Kapitalerhöhung** in die Gesellschaft eines Joint Venture-Partners einsteigen. 125

c) **Rechtsnatur.** Soweit die Joint Venture-Partner dies nicht ausdrücklich ausschließen, entsteht eine **Gesellschaft des bürgerlichen Rechts** im Sinne der §§ 705 ff. BGB. Es handelt sich um eine **nicht rechtsfähige Innengesellschaft.** Im Joint-Venture-Vertrag sollte klargestellt werden, dass keine Außengesellschaft entsteht und dass demgemäß keiner der Partner berechtigt ist, für die anderen Partner (als deren Vertreter) rechtsverbindliche Erklärungen abzugeben oder sie in sonstiger Weise zu verpflichten.[171] Eine OHG (§§ 105 ff. HGB) wird nicht begründet, weil im Zusammenschluss der Partner als Gesellschafter des Gemeinschaftsunternehmens kein Handelsgewerbe liegt. 126

Die Personengesellschaft „oberhalb" des Gemeinschaftsunternehmens bleibt regelmäßig **vermögenslos.** Insbesondere werden die Gesellschaftsanteile an dem Gemeinschaftsunternehmen nicht Gesellschaftseigentum der GbR oder Gesamthands- oder Bruchteilseigentum der Partner, sondern verbleiben im Eigentum des Gesellschafters. Das Gemeinschaftsunternehmen ist bei deutschen Joint Ventures in der Regel eine **GmbH.** Diese bietet sich wegen der Haftungsbeschränkung an. Gleichzeitig ist die Satzungsautonomie (vgl. § 45 Abs. 1 GmbHG) größer als bei der AG (§ 23 Abs. 5 AktG). Die Steuerung der Gesellschaft wird für die Joint Venture-Partner durch das Weisungsrecht (§ 37 Abs. 1 GmbHG), das es bei der AG nicht gibt, erleichtert. 127

Auch eine Ausgestaltung als **Personengesellschaft,** insbesondere GmbH & Co. KG, ist möglich und kann im Einzelfall aus steuerlichen Erwägungen in Erwägung gezogen werden.[172] Es entfallen dann aber zwei wesentliche Gründe für die Existenz eines gesonderten Joint-Venture-Vertrages. Zum einen unterliegt der Gesellschaftsvertrag bei der Personengesellschaft nicht der Registerpublizität, so dass sämtliche geheimhaltungsbedürftigen Vereinbarungen schon im Gesellschaftsvertrag selbst geregelt werden können. Einer Nebenvereinbarung bedarf es zumindest aus Geheimhaltungsinteressen nicht. Im Übrigen sind bei der Gestaltung des Gesellschaftsvertrags der Personengesellschaft kaum zwingende Vorgaben zu berücksichtigen, die bei der GmbH und speziell bei der AG Grund für die Auslagerung von Vereinbarungen in Nebenabreden sein können.[173] 128

Bei dem Verhältnis zwischen dem Joint Venture-Vertrag und der Satzung des Gemeinschaftsunternehmens ist das oben bereits ausführlich dargestellte **Trennungsprinzip** zu beachten. Für den Joint-Venture-Vertrag gelten §§ 133, 157 BGB, während die Satzung objektiv auszulegen ist. Bei der Auslegung der Satzung ist ein Rückgriff auf den Konsortialvertrag typischerweise nicht zulässig, da dieser kein allgemein zugängliches Dokument ist. Eine Ausnahme soll gelten, wenn – wie häufig – sämtliche Gesellschafter des Gemeinschaftsunternehmens zugleich an der Joint Venture-Vereinbarung beteiligt sind und sich der Gesellschafterkreis später nicht verändert hat.[174] Die Joint Venture-Partner sehen in der Praxis in aller Regel auch den Joint-Venture-Vertrag als das für ihr Verhältnis maßgebende Dokument an. Die Satzung des Gemeinschaftsunternehmens ist demgegenüber regelmäßig bewusst kurz gehalten. Um diesem Willen der Joint Venture-Partner zur Geltung zu verhelfen, sollte daher in der Joint Venture-Vereinbarung ihr **Vorrang** gegenüber dem Gesellschaftsvertrag des Gemeinschaftsunternehmens geregelt werden. Um dieser Vereinbarung aber wiederum Geltung gegenüber der Satzung zu verschaffen, müssen sich die Joint Venture-Partner verpflichten, im Falle von Konflikten zwischen Joint-Venture-Vertrag und Satzung letztere nach Maßgabe der §§ 53 ff. GmbHG, 179 ff. AktG anzugleichen. 129

---

[171] BeckHdbPersonengesellschaften/*Stengel* § 21 Rdnr. 85.
[172] Ausführlich zur Ausgestaltung eines KG-Familienpools *Langenfeld* ZEV 2010, 17, 18 ff.
[173] Siehe dazu Rdnr. 9 ff.
[174] Scholz/*Emmerich* § 2 Rdnr. 38.

130 **d) Spezifische Rechtsprobleme von Joint-Venture-Verträgen.** An Joint-Venture-Verträge können sich vielfältige kartell-, konzern- und steuerrechtliche Problemfelder anknüpfen.[175] Deren Aufbereitung würde den Rahmen eines Handbuchs für die gesellschaftsrechtliche Notariatspraxis sprengen. In der Praxis werden diese Themen von Wirtschaftskanzleien und/oder den spezialisierten Rechts- und Fachabteilungen der Joint Venture-Partner bearbeitet. Dem Notar ist dringend zu empfehlen, wegen der vielfältigen Auswirkungen, die der Abschluss eines Joint-Venture-Vertrages vor allem in steuerlicher und wettbewerbsrechtlicher Hinsicht haben kann, sich davon zu überzeugen, dass die Beteiligten und ihre rechtlichen Berater diese Aspekte eingehend überprüft haben. Dies sollte er in der Urkunde vermerken. Verbleiben Bedenken, sollte er den Joint Venture-Partnern dringend raten, die intrikaten Probleme der Kooperation durch spezialisierte Rechts- und Steuerberater prüfen zu lassen.

131 **e) Typische Regelungen des Joint-Venture-Vertrages.** Der Joint-Venture-Vertrag enthält meistens Regelungen sowohl für das Verhältnis der Joint Venture-Partner als BGB-Gesellschafter untereinander als auch über die Führung des Gemeinschaftsunternehmens in der Rechtsform der GmbH. Auch wenn beide Bereiche im gleichen Vertrag behandelt werden, dürfen die Regelungsebenen nicht miteinander vermischt werden.

- **Definition der Kooperationsziele und der Geschäftspolitik**

132 Der Joint-Venture-Vertrag legt fest, auf welchem unternehmerischen Gebiet (sachlich und räumlich) das Gemeinschaftsunternehmen tätig sein soll. Die präzise Umschreibung des Tätigkeitfeldes hat insbesondere Bedeutung für die Anwendung eventueller wettbewerbsbeschränkender Vereinbarungen. Der Unternehmensgegenstand in der Satzung kann im Detaillierungsgrad hinter der Beschreibung der Geschäftstätigkeit im Joint-Venture-Vertrag zurückbleiben, sollte aber auf keinen Fall dem Joint-Venture-Vertrag widersprechende Regelungen enthalten. Gleichzeitig werden die Unternehmensziele (die Strategie) des Gemeinschaftsunternehmens definiert. Eine solche – naturgemäß mit beschränkter Verbindlichkeit ausgestattete – Regelung kann für die Auslegung der gesamten Vereinbarung bei späteren Meinungsverschiedenheiten Bedeutung erlangen.

- **Grundzüge der Satzung**

133 Soweit die Gründung bzw. der Erwerb des Gemeinschaftsunternehmens nicht zeitgleich zum Abschluss des Joint-Venture-Vertrages möglich ist, werden typischerweise die Eckpunkte der Satzung fixiert. Häufig wird auch eine fast vollständig ausformulierte Satzung als Anlage beigefügt. Dadurch wird der Spielraum für spätere Auseinandersetzungen über die Ausgestaltung des Gesellschaftsvertrags eingeschränkt.

- **Einfluss auf die Besetzung der Organfunktionen**

134 Die Joint Venture-Partner wollen meist sicherstellen, dass die Geschäftsführung – und soweit vorhanden – das Aufsichtsgremium mit Personen ihres Vertrauens besetzt sind. Zu diesem Zweck können Regelungen im Joint-Venture-Vertrag getroffen werden. Diese sind aber nur schuldrechtlicher Natur. Alternativ kommt die Regelung echter Benennungs- und Entsendungsrechte im Gesellschaftsvertrag in Betracht.

- **Stimmbindungsvereinbarungen**

135 Vereinbarungen über die Ausübung des Stimmrechts, auch in Bezug auf die soeben angesprochene Bestellung von Geschäftsführern oder Aufsichtsratsmitgliedern, sind regelmäßiger Bestandteil von Joint-Venture-Verträgen.[176] Im vorliegenden Zusammenhang kann auf die ausführliche Darstellung unter Rdnr. 64 ff. verwiesen werden.

- **Verfügungsbeschränkungen, Vorerwerbsrechte**

136 Bei diesen Regelungen geht es um die Sicherung der Kontinuität des Gesellschafterbestandes. Da Joint-Venture-Verträge auf die strategische unternehmerische Zusammenarbeit ausgerichtet sind, zu der sich bestimmte Partner zusammengefunden haben, ist es

[175] Vgl. z. B. die Darstellungen von *Stengel*, Beck Hdb Personengesellschaften § 21 Rdnr. 85 ff. und von MünchHdbGesR I/*Baumanns*/*Wirbel* § 28 Rdnr. 11 ff.

[176] *Müller* GmbHR 2007, 113.

nicht gleichgültig, wer Gesellschafter des Gemeinschaftsunternehmens ist. Aus diesem Grund spielen die Regelungen über Vinkulierungen im Gesellschaftsvertrag, aber auch die Andienungspflichten und Vorkaufsrechte im Joint-Venture-Vertrag eine erhebliche Rolle. Ihrer rechtssicheren und durchsetzbaren Gestaltung sollte der Notar besondere Aufmerksamkeit widmen. Teilweise werden auch in Joint-Venture-Verträgen Call- und Put-Optionen sowie Mitverkaufsrechte und -pflichten (tag-along- und drag-along Klauseln) vereinbart. Sie spielen dort aber eine geringere Rolle als bei Investoren- und Beteiligungsverträgen.

- **Verfahren zur Konfliktlösung**

137 Solange sich die Partner einig sind und das Gemeinschaftsunternehmen sich planmäßig entwickelt, sind Einstimmigkeitserfordernisse und Vetorechte kein Problem. Kommt es jedoch zu Meinungsverschiedenheiten, ist ein Verfahren zur Konfliktbeilegung sinnvoll. Dieses kann in einem ersten Schritt darin bestehen, dass der streitige Punkt „eskaliert", also an eine übergeordnete Instanz (z.B. die Vorstände der Obergesellschaften) in der Erwartung weitergleitet wird, dass dort eine Einigung erzielt werden kann. Denkbar ist ferner die vertragliche Einrichtung einer institutionalisierten **Stichentscheidung**, z.B. durch einen unparteiisch besetzten Beirat oder durch sonstige objektive Dritte. Ist die Zusammenarbeit insgesamt durch häufige Divergenzen der Partner gestört, kann es sinnvoll sein, einem der Partner das Recht zur Fortführung des Gemeinschaftsunternehmens durch die Einräumung von Call- und Put-Optionen einzuräumen. In diesem Fall konzentriert sich der Streit der Beteiligten im Kern auf die Bemessung des Abfindungsanspruchs für den zu übertragenden Anteil an dem Gemeinschaftsunternehmen. Denkbar, aber praktisch noch nicht ausreichend erprobt und mit zahlreichen Rechtsproblemen behaftet sind so genannte Shotgun- oder Texas-Shoot-Out-Klauseln.[177]

138 Allein wegen der Geheimhaltungsbedürftigkeit fast aller Joint Ventures sollte eine **Schiedsgerichtsvereinbarung** nicht fehlen. Die Austragung von Meinungsverschiedenheiten vor einem Landgericht in öffentlicher Sitzung dürfte nicht im Interesse der Beteiligten liegen. In Deutschland verfestigt sich immer mehr die Tendenz zur Vereinbarung der Schiedsregeln der Deutschen Institution für Schiedsgerichtsbarkeit DIS, die unter der Webadresse www.dis-arb.de abgerufen werden können.

- **Kündigungsmöglichkeiten**

139 Die jederzeitige Kündbarkeit gemäß § 723 Abs. 1 BGB passt nicht zum Charakter einer Kooperationsvereinbarung. Aus diesem Grund sind Regelungen im Joint-Venture-Vertrag erforderlich, die auch die BGB-Gesellschaft verstetigen. Hier gelten die bereits dargestellten Überlegungen, insbesondere zur Zulässigkeit des Ausschlusses der ordentlichen Kündigung.[178]

- **Wettbewerbsabreden**

140 Regelungen, die das Wettbewerbsverhältnis zwischen den Joint Venture-Partnern untereinander sowie zwischen ihnen und dem Gemeinschaftsunternehmen ausgestalten, bilden ein Kernstück vieler Joint-Venture-Verträge.[179] Zwar können Wettbewerbsverbote – mit dem Vorteil der dinglichen Wirkung – auch im Gesellschaftsvertrag vereinbart werden. Dies ist aber aus Gründen der Vertraulichkeit häufig nicht gewünscht. Es bleibt dann lediglich die schuldrechtliche Ausgestaltung. Auf die trennscharfe Formulierung der Wettbewerbsvereinbarungen muss bei der Vertragsgestaltung besonderer Wert gelegt werden. Gleichzeitig müssen denkbare Umgehungsfälle antizipiert und durch entsprechende Vertragsklauseln abgefangen werden. Bei der Gestaltung sind einerseits die allgemeinen Zulässigkeitsgrenzen für Wettbewerbsverbote sowohl in sachlicher wie in geographischer und zeitlicher Hinsicht zu beachten. Ferner sind die nationalen und internationalen kartellrechtlichen Grenzen zu berücksichtigen. Zur Beurteilung der kartellrechtlichen Zulässigkeit bedarf es sehr häufig

[177] Vgl. dazu MünchHdbGesR I/*Baumanns/Wirbel* § 28 Rdnr. 62; *Schulte/Sieger* NZG 2005, 24 ff.
[178] Vgl. oben Rdnr. 46 ff.
[179] Vgl. z.B. die Darstellungen von MünchHdbGesR I/*Baumanns/Wirbel* § 28 Rdnr. 72 ff. und ausführlich zu Wettbewerbsverboten vgl. *Linsmeier/Lichtenegger* BB 2011, 328 ff.; *Becker/Müller* DStR 2007, 733 ff.

spezieller Expertise. Der Notar sollte darauf hinwirken, dass die Beteiligten hierzu spezialisierten Rechtsrat einholen.

141 f) **Durchführungsverträge.** Mit diesem Begriff werden die Vereinbarungen bezeichnet, die von den Joint Venture-Partnern zur Umsetzung der Kooperation abgeschlossen werden. Soweit möglich, werden diese Verträge im vollständigen Wortlaut als Anlage zum Joint-Venture-Vertrag genommen und bilden Bestandteile desselben. Können die Parteien die Inhalte der Durchführungsverträge noch nicht vollständig bestimmen, werden in den Joint-Venture-Vertrag die wesentlichen Kernelemente der Durchführungsverträge aufgenommen und es wird eine Verpflichtung begründet, die entsprechenden endgültigen und vollständigen Vereinbarungen zu verhandeln und abzuschließen. Wenn dieser unter dem Aspekt der Rechtssicherheit und Streitvermeidung nicht optimale Weg gewählt werden muss, besteht die kautelarjuristische Aufgabe vor allen Dingen darin, den Inhalt der zukünftigen Durchführungsverträge soweit wie möglich bereits im Joint-Venture-Vertrag zu konturieren. Es sollten auch Fristen vorgesehen werden, innerhalb derer die Durchführungsverträge abgeschlossen sein müssen. Für den Fall, dass diese Fristen nicht eingehalten werden, ist an Kündigungsklauseln zu denken.

142 Oft werden die Durchführungsverträge von den Joint Venture-Partnern „zugeliefert". In die Erstellung der Verträge sind in der Regel Rechtsabteilungen und Wirtschaftskanzleien eingebunden. In der Praxis beschränkt sich aus diesem Grund die Mitwirkung des Notars bezüglich der Durchführungsverträge darauf, diese auf offenkundige Mängel durchzusehen und für ein geordnetes Beurkundungsverfahren zu sorgen. Eine darüber hinausgehende Inhaltskontrolle der Durchführungsverträge ist in der ganz überwiegenden Anzahl der Mandate weder möglich noch erforderlich und wird von den Beteiligten nicht erwartet.

143 Gegenstand der Durchführungsverträge, die teilweise auch als Leistungsverträge bezeichnet werden, sind ganz unterschiedliche Regelungen. Eine große Gruppe bilden **Überlassungsverträge**, mit denen die Joint Venture-Partner dem Gemeinschaftsunternehmen Vermögensgegenstände und Know-how zur Verfügung stellen. Es handelt sich vorwiegend um die Überlassung **zur Nutzung** und nur in einer Minderzahl der Gestaltungen um eine echte Vermögensübertragung. Gegenstand dieser Gruppe von Leistungsverträgen sind vor allen Dingen **gewerbliche Schutzrechte** (Patente, Marken, Gebrauchs- und Geschmacksmuster) sowie sonstiges, nicht schutzfähiges **Know-how**. An diesen Immaterialgüterrechten räumen die Joint Venture-Partner dem Gemeinschaftsunternehmen Nutzungsrechte ein. Dies kann je nach dem kommerziellen Gesamtkonzept des Joint Venture entgeltlich oder unentgeltlich geschehen. In der Gestaltung ist darauf zu achten, dass die Nutzungsrechte **sachlich und zeitlich begrenzt auf die Dauer und den Zweck der Kooperation** eingeräumt werden. Inhalt der Regelung muss ferner sein, welche Rechtsfolgen im Falle der Weiterentwicklung des überlassenen Know-how im Verhältnis zwischen Lizenzgeber und Gemeinschaftsunternehmen gelten sollen und wie Lizenzgeber und Lizenznehmer zur Abwehr von Angriffen Dritter auf das geschützte Know-how zusammenwirken.

144 Nutzungsüberlassungsverträge können sich auch auf **Software** beziehen, an denen der jeweilige Joint Venture-Partner seinerseits nur ein abgeleitetes Nutzungsrecht inne hat. In einem solchen Fall ist zu prüfen, ob die Einräumung einer **Unterlizenz** vom Joint Venture-Partner an das Gemeinschaftsunternehmen nach den Lizenzbedingungen zulässig ist.

145 Eine weitere große Gruppe der Durchführungsverträge sind **Liefer- und Abnahmepflichten.** Diese bilden oft die wirtschaftliche Grundlage des Joint Venture. Bei der Gestaltung dieser Verträge sind die steuer- und gesellschaftsrechtlichen Beschränkungen zum Schutz vor verdeckten Gewinnausschüttungen zu beachten. Auch können sich kartellrechtliche Schranken ergeben. Im Joint-Venture-Vertrag und nach Möglichkeit in der Satzung des Gemeinschaftsunternehmens sind Vorkehrungen zu treffen, die eine einseitige Abänderung oder Aufhebung der Liefer- und Abnahmevereinbarungen zwischen dem Gemeinschaftsunter-

nehmen und dem jeweils betroffenen JointVenture-Partner vermeiden, z. B. Zustimmungsvorbehalte mit qualifizierten Mehrheitsklauseln.

Als drittes sind **Dienstleistungsverträge** zu nennen. Die Notwendigkeit zu solchen Verträgen ergibt sich meist daraus, dass das Gemeinschaftsunternehmen nach dem Willen der Joint Venture-Partner nicht mit sämtlichen Verwaltungsfunktionen und allen zur deren Wahrnehmung erforderlichen sachlichen und personellen Ressourcen ausgestattet werden soll. Deshalb übernehmen die Joint Venture-Partner häufig **Overheadfunktionen** wie z. B. Buchhaltung, Finanz- und Rechnungswesen, Personalverwaltung, Controlling, Rechtsangelegenheiten etc. Teilweise übernimmt auch ein Joint Venture-Partner Marketing- und Vertriebsaktivitäten. Solche Dienstleistungsverträge bedürfen einer genauen steuerlichen Überprüfung unter dem Aspekt, ob die geschuldete Vergütung in einem angemessenen Verhältnis zur Leistung steht. 146

Bei Dienstleistungen ist stets zu prüfen, ob es sich nach dem Gesamtbild der tatsächlichen Verhältnisse nicht um eine Arbeitnehmerüberlassung handelt. Zu untersuchen ist, ob eine Erlaubnis nach dem AÜG[180] erforderlich ist. Besteht zwischen dem Gemeinschaftsunternehmen und dem Joint Venture-Partner, der Arbeitnehmer überlässt, ein Konzernverhältnis im Sinne des § 18 AktG, ist keine Erlaubnis erforderlich (§ 1 Abs. 3 Ziff. 1 AÜG). 147

Bei der Vertragsgestaltung ist darauf zu achten, dass die Abhängigkeit zwischen dem Joint-Venture-Vertrag, der Satzung des Gemeinschaftsunternehmens und den Durchführungsverträgen hinreichend berücksichtigt ist. Insbesondere muss geregelt werden, welches gesellschaftsrechtliche Verfahren zwischen den Joint Venture-Partnern gilt, wenn Leistungsverträge geändert oder beendet werden sollen. Hier bietet es sich z. B. an, in der Satzung für diese Fälle vorzusehen, dass die entsprechende Geschäftsführungsmaßnahme zu ihrer Wirksamkeit der Zustimmung der Gesellschafterversammlung oder des Aufsichtsrates bedarf. Zusätzlich kann eine Absicherung durch qualifizierte Mehrheitserfordernisse erreicht werden. Eine Rückkopplung muss auch hergestellt werden zwischen der Laufzeit der Leistungsverträge einerseits und der Beteiligung am Joint Venture andererseits. 148

g) Form. Auszugehen ist von dem allgemeinen **Grundsatz**, dass der Abschluss von Joint-Venture-Verträgen **formfrei** möglich ist, sich aber aus Gründen der Rechtssicherheit mindestens Schriftform empfiehlt. Enthält der Joint-Venture-Vertrag allerdings die Elemente eines Vor-Gründungsvertrages für eine GmbH oder AG, ist die notarielle Beurkundung erforderlich.[181] Das Beurkundungsbedürfnis ließe sich zwar dadurch beseitigen, dass der Joint-Venture-Vertrag unter die aufschiebende Bedingung gestellt wird, dass das Gemeinschaftsunternehmen tatsächlich gegründet wird.[182] Eine solche Gestaltung ist jedoch nicht empfehlenswert, da sie zu einer schwebenden Unwirksamkeit aller getroffenen Vereinbarungen führt und damit die zwischen den Partnern angestrebte rechtliche Verbindlichkeit nicht erreicht wird. Der notariellen Beglaubigung bedarf dann die auf den Abschluss des Vertrages gerichtete Vollmacht.[183] Die notarielle Beurkundung ist ferner erforderlich, wenn der Vertrag die Verpflichtung zur Anteilsübertragung von GmbH-Geschäftsanteilen enthält, was häufig der Fall sein wird. 149

VII. Kosten

Bei der kostenrechtlichen Behandlung ist zwischen den verschiedenen Arten von Gesellschaftervereinbarungen zu differenzieren. Ausgangspunkt ist § 39 Abs. 1 S. 1 KostO. Der Geschäftswert bestimmt sich nach dem Wert des Rechtsverhältnisses, auf das sich die beur- 150

[180] Gesetz zur Regelung der gewerbsmäßigen Arbeitnehmerüberlassung vom 3. 2. 1995 (BGBl. I S. 158), zuletzt geändert durch Art. 2 Beschäftigungschancengesetz vom 24. 10. 2010 (BGBl. I S. 1417, ber. S. 2329).
[181] Siehe im Einzelnen oben Rdnr. 66.
[182] BGH WM 1969, 291.
[183] Siehe oben Rdnr. 57.

kundete Erklärung bezieht. Lässt sich der konkrete Wert nicht gemäß §§ 19 ff. KostO ermitteln, ist er gemäß § 30 Abs. 1 KostO nach freiem Ermessen zu bestimmen.

1. Konsortialverträge

151 Schließen sich die Gesellschafter in einem umfassenden Konsortialvertrag zusammen und gestalten dort die Wahrnehmung ihrer gemeinsamen wirtschaftlichen Interessen in der Gesellschaft aus, ist der Geschäftswert nach §§ 39 Abs. 1, 30 Abs. 1 KostO im Wege der Schätzung zu bestimmen. Grundlage der Schätzung soll nach h. M. das Aktivvermögen der Gesellschaft sein. Eine unmittelbare Verfügung über das Vermögen der Gesellschaft enthält der Konsortialvertrag nicht. Daher wird auf das Aktivvermögen zurückgegriffen. Dieses spiegelt aber das Interesse der Beteiligten oft unzureichend wieder, insbesondere dann nicht, wenn die Gesellschaft zu Beginn kein eigenes Vermögen hat. Es wird sich daher regelmäßig als sachgerechter erweisen, auf den Verkehrswert des Unternehmens abzustellen, der wiederum vom Ertragswert abhängt. Im Falle einer umfassenden Regelung wird ein Teilwert von ca. 50% des Aktivvermögens bzw. nach hier vertretener Auffassung des Unternehmenswerts angemessen sein.[184]

152 In dem Konsortialvertrag kann eine (Innen-)GbR zu sehen sein. Daraus folgert die wohl herrschende Meinung, dass die Höchstwertbegrenzung des § 39 Abs. 5 KostO gilt.[185] Dies führt zu unangemessenen und zufälligen Ergebnissen, wenn die Beteiligten in der Konsortialvereinbarung umfassende Leistungspflichten übernehmen. Nicht selten enthalten Konsortialverträge Finanzierungs- und sonstige Leistungspflichten in zwei- oder dreistelliger Millionenhöhe. In diesen Fällen geht es den Beteiligten nicht in erster Linie darum, sich im Sinne der §§ 705 ff. BGB zu einer Gesellschaft zusammenzuschließen. In vielen Fällen ist die Entstehung einer Personengesellschaft nur ein Nebeneffekt des Abschlusses einer Gesellschaftervereinbarung. Die Gründung einer GbR wird aber teilweise, da unzweckmäßig, auch ausdrücklich ausgeschlossen. In diesen Fällen ist zweifelsfrei kein Raum für eine Anwendung des § 39 Abs. 5 KostO.

153 Aber auch dann, wenn die Gesellschaftervereinbarung zur Entstehung einer GbR führt, erscheint es nicht sachgerecht, den Wert der von den Gesellschaftern übernommenen Leistungspflichten der Geschäftswertbegrenzung gemäß § 39 Abs. 5 KostO zu unterwerfen. Zwar werden im Rahmen des § 39 Abs. 5 KostO sämtliche Leistungspflichten berücksichtigt, die die Gesellschafter im Zusammenhang mit der Gründung der jeweiligen Gesellschaft übernehmen. Darum geht es jedoch vorliegend nicht. Die Finanzierungs- und sonstigen Leistungspflichten, die im Konsortialvertrag geregelt werden, werden nicht anlässlich der Gründung der GbR übernommen, sondern sind Verpflichtungen der Parteien des Konsortialvertrags gegenüber **einer anderen Gesellschaft.** Es geht also nicht um Pflichten der Gesellschafter der GbR im Zusammenhang mit der Errichtung der GbR, sondern um Pflichten, die die Parteien des Konsortialvertrages gegenüber der Kapitalgesellschaft übernehmen, an der sie beteiligt sind. Die Formulierung, sämtliche in Konsortial-, Beteiligungs- und Kooperationsverträgen übernommenen Leistungspflichten der Parteien würden als Bestandteile einer Gesellschaftsgründung der Geschäftswertbegrenzung gemäß § 39 Abs. 5 KostO unterfallen, verkennt die Trennung zwischen der schuldrechtlichen Vereinbarung der Parteien mit entsprechenden Verpflichtungen untereinander und gegenüber der Kapitalgesellschaft und ihrer Beteiligung an einer als Nebenfolge entstehenden GbR.

154 Durch die hier vertretene Auffassung werden ferner zufällige kostenrechtliche Ergebnisse vermieden. Würden die Parteien des Konsortialvertrages ausdrücklich ausschließen, dass gleichzeitig eine GbR im Sinne der §§ 705 ff. BGB entsteht, wäre § 39 Abs. 5 KostO unstreitig nicht anzuwenden. Ebenso würde die Geschäftswertbegrenzung nicht gelten, wenn die Parteien des Konsortialvertrages erst nach Abschluss des Vertrages die Finanzierungs- und sonstigen Leistungspflichten vertraglich konkretisieren oder wenn jeder Gesellschafter Finanzierungs- und Leistungspflichten unabhängig von einer Gesellschaftervereinbarung gegenüber der Gesellschaft übernimmt.

[184] Korinthenberg/*Reymann* § 30 Rdnr. 53; *Streifzug* Rdnr. 1063.

[185] Korinthenberg/*Reymann* § 30 Rdnr. 53 und § 39 Rdnr. 87; *Streifzug* Rdnr. 63; *Filzek* § 39 Rdnr. 27.

2. Poolvertrag

155 Auch beim Poolvertrag richtet sich der Geschäftswert nach § 30 Abs. 1 KostO. Die Schwierigkeit besteht darin, den wirtschaftlichen Vorteil, der den Teilnehmern aus der Bündelung ihrer Interessen und Rechte erwächst, zutreffend zu bewerten. Ihm ist der Nachteil entgegenzuhalten, der sich aus der freiwilligen Einschränkung der Gesellschafterrechte durch die Bindung an die Willensbildung im Pool mit sich bringt. Die Literatur hält einen Schätzwert von 20% bis 30% des Aktivvermögens der betroffenen Kapitalgesellschaft für angemessen.[186] Haben sich die Poolbeteiligten in Bezug auf ihre Beteiligungen Verfügungs- und Verwaltungsbeschränkungen unterworfen, kann der Teilwert auch mit 50% angemessen sein.[187] Auch auf Poolverträge soll die Höchstgrenze des § 39 Abs. 5 KostO anwendbar sein.[188] Hier zeigt sich die Fragwürdigkeit der Anwendung des § 39 Abs. 5 KostO auf Gesellschaftervereinbarungen.[189] Die durch den Poolvertrag häufig (aber nicht immer) entstehende GbR hat regelmäßig kein Gesellschaftsvermögen. Es müsste dann der Mindestwert von € 25.000,00[190] angesetzt werden, was zu einer Gebühr von € 168,00 führt. Hierfür soll der Notar umfassende und komplexe vertragliche Vereinbarungen zwischen den Gesellschaftern, die oft im Vorfeld höchst streitig sind, gestalten und die Beteiligten dazu umfassend beraten. Vorzugswürdig erscheint es, auf den Wert der Stimmbindung und der übrigen Vereinbarungen als solche abzustellen. Dieser wiederum wird maßgeblich vom Unternehmenswert der Kapitalgesellschaft beeinflusst sein, an der die Pool-Mitglieder als Gesellschafter beteiligt sind. Der Wert der Gesellschaft ist – auch wenn häufig das Gegenteil zu lesen ist – nicht mit der Summe des Aktivvermögens identisch. Im Rahmen der gemäß § 30 Abs. 1 KostO vorzunehmenden Schätzung wird man darauf abstellen können, wie hoch das Maß des Einflusses ist, der durch die Poolvereinbarung vermittelt wird, und welcher Betrag aufgewendet werden müsste, um die Wirkungen der Poolvereinbarung zu beseitigen. Es dürften in den meisten Fällen 10% bis 30% des Unternehmenswerts der Kapitalgesellschaft angemessen sein.

3. Kooperationsvereinbarungen

156 Bei Kooperationsvereinbarungen ist der Geschäftswert gemäß §§ 39 Abs. 1, 30 Abs. 1 KostO danach zu bestimmen, welches Auftragsvolumen die Gesellschafter über die Laufzeit der Kooperation abwickeln möchten und welche weitergehenden Leistungen sie ggf. übernehmen.[191] Ein Teilwert von 20 % bis 30% dürfte im Regelfall sachgerecht sein. Auch hier wäre eine Anwendung des Höchstwertes gemäß § 39 Abs. 5 KostO entgegen anderslautenden Stimmen[192] nicht zutreffend, da z. B. das Auftragsvolumen, das über die Kooperation abgewickelt wird, keine Einlageleistung ist, die die Beteiligten im Rahmen der ggf. vorliegenden Gründung einer GbR übernehmen.

4. Vor-Gründungsverträge

157 Vorverträge haben den gleichen Geschäftswert wie der in Aussicht genommene endgültige Vertrag.[193] Demgemäß sind auf einen Vertrag, der auf die Gründung einer Gesellschaft gerichtet ist, die gleichen kostenrechtlichen Überlegungen anzuwenden wie bei der späteren tatsächlichen Gründung. Abzustellen ist demgemäß auf die Summe der von den Beteiligten später zu übernehmenden Einlagen. Da im Fall der Vorgründungsgesellschaft eine GbR gemäß §§ 705 ff. BGB entsteht, erscheint die Anwendung des § 39 Abs. 5 KostO auf die

186 Korinthenberg/*Reymann* § 39 Rdnr. 89; *Streifzug* Rdnr. 1066.
187 Korinthenberg/*Reymann* § 30 Rdnr. 62 und § 39 Rdnr. 89; *Streifzug* Rdnr. 1067.
188 Korinthenberg/*Reymann* § 30 Rdnr. 62 und § 39 Rdnr. 89; *Streifzug* Rdnr. 1067.
189 Siehe dazu schon Rdnr. 152 ff.
190 § 39 Abs. 5 KostO.
191 Korinthenberg/*Reymann* § 39 Rdnr. 88; *Streifzug* Rdnr. 1064.
192 Korinthenberg/*Reymann* § 39 Rdnr. 88; *Streifzug* Rdnr. 1064.
193 Rohs/*Wedewer* § 39 Rdnr. 24 und 54; § 36 Rdnr. 22.

Gründungsvereinbarung mit dem Argument vertretbar, dass der Vorvertrag auch kostenrechtlich nicht anders behandelt werden kann, als der eigentliche Gründungsvorgang. Werden allerdings im Vor-Gründungsvertrag weitergehende Vereinbarungen getroffen, ist deren Wert gesondert zu berücksichtigen.[194] Nach der hier vertretenen Auffassung ist auf diese weitergehende Vereinbarung in § 39 Abs. 5 KostO nicht anzuwenden.

5. Zusammenfassende Beurteilung

158 Das geltende Kostenrecht nimmt im Interesse einer pauschalierenden Betrachtungsweise auf den tatsächlichen Arbeitsaufwand keine Rücksicht. Dies führt gerade bei Gesellschaftervereinbarungen häufig zu unangemessenen Ergebnissen. Gesellschaftervereinbarungen sind in der Praxis fast immer „rechtliche Prototypen", die einen hohen Arbeitsaufwand erfordern. Dies stellt den Notar vor die schwierige Aufgabe, die Interessen der Beteiligten in komplexen Strukturen zu ermitteln und auszubalancieren. Gleichzeitig enthalten Gesellschaftervereinbarungen oft Leistungsverpflichtungen in zwei- bis dreistelliger Millionenhöhe. Das Haftungsrisiko ist erheblich. Das Abstellen auf Teilwerte des Aktivvermögens der Kapitalgesellschaft, die Gegenstand der Vereinbarung ist, trägt ebenso zu niedrigen Kostenansätzen bei wie die von der überwiegenden Auffassung postulierte Anwendung des § 39 Abs. 5 KostO auch auf großvolumige und auf lange Dauer angelegte Konsortial- und Kooperationsverträge. Da es die Gesellschaftervereinbarung von „der Stange" nicht gibt, muss sich der beteiligte Notar darüber im Klaren sein, dass er in vielen Fällen komplexe, risikoträchtige und konfliktbehaftete Arbeit leisten muss, ohne hierfür angemessen honoriert zu werden.

---

[194] Rohs/*Wedewer* § 39 Rdnr. 24 und § 36 Rdnr. 22.

8. Teil. Stille Beteiligungen

§ 18 Stille Gesellschaft, Unterbeteiligung und Treuhand

Übersicht

	Rdnr.
I. Die stille Gesellschaft	1–99
1. Tatbestand, Anwendungsbereiche, Erscheinungsformen	1–22
a) Einführung	1
b) Tatbestandsmerkmale und Abgrenzung zu anderen Rechtsinstituten	2–9
c) Gründe für die Wahl einer stillen Gesellschaft (Anwendungsbereiche)	10/11
d) Erscheinungsformen: Die atypische stille (Mitunternehmer-) Gesellschaft	12/13
e) Weitere atypische Gestaltungen stiller Gesellschaften	14–22
2. Abschluss des Gesellschaftsvertrages	23–46
a) Allgemeines, Vertretung	23
b) Vertretung des stillen Gesellschafters	24–27
c) Vertretung des Geschäftsinhabers	28–35
d) Form	36–38
e) Beteiligungshindernisse	39–43
f) Haustürwiderrufsrecht	44
g) Rechtsfolgen der Unwirksamkeit	45
h) Trennung von Causa und Gesellschaftsvertrag	46
3. Inhalt des Vertrages	47–99
a) Übersicht	47
b) Beteiligte der stillen Gesellschaft, Firma, Sitz, Gegenstand	48
c) Gesellschafterbeiträge und Einlagen	49–53
d) Gewinn- und ggf. Verlustbeteiligung; Entnahmerecht; Gesellschafterkonten	54–61
e) Ergebnisermittlung und Geschäftsjahr	62–68
f) Geschäftsführung, Vertretung	69–74
g) Informations- und Kontrollrechte	75/76
h) Übertragbarkeit der stillen Beteiligung und der Vermögensrechte	77/78
i) Auflösung der Gesellschaft, insbes. Kündigung, Tod, Insolvenz	79–90
j) Rechtsfolgen der Auflösung, insbesondere Abfindung	91–95
k) Insolvenz	96/97
l) Ausformungen der Treuepflicht z. B. Wettbewerbsverbot, Verschwiegenheit	98/99
II. Die Unterbeteiligung	100–149
1. Allgemeines	100–108
a) Definition, Abgrenzung zu anderen Rechtsinstituten	100/101
b) Anwendungsbereiche	102
c) Erscheinungsformen der Unterbeteiligungsgesellschaft	103–108
2. Vertragsschluss	109–119
a) Allgemeines, Vertretung	109
b) Minderjährige	110
c) Genehmigungserfordernisse und/oder andere Beteiligungshindernisse	111–114
d) Form des Unterbeteiligungsvertrages	115/116
e) Fehlerhafte Unterbeteiligung	117
f) Trennung von Causa und Gesellschaftsvertrag	118/119
3. Inhalt des Vertrages	120–149
a) Allgemeines, Beitrag und Einlage	120–122
b) Gewinnbeteiligung und Gewinnermittlung	123–127
c) Das Informationsrecht	128/129
d) Geschäftsführung	130–134
e) Übertragbarkeit der Unterbeteiligung	135
f) Beendigung der Unterbeteiligungsgesellschaft	136–146
g) Schutz des Unterbeteiligten gegen Insolvenz des Hauptbeteiligten	147/148
h) Ausformung der Treuepflicht, insbesondere das Wettbewerbsverbot	149

Rdnr.
III. Die Treuhand ... 150–230
1. Arten der Treuhand ... 150–156
a) Allgemeines ... 150
b) Unterscheidung nach der Rechtsposition von Treuhand und Treugeber 151
c) Unterscheidung nach dem Zweck der Treuhand ... 152
d) Unterscheidung nach dem Erwerbstatbestand ... 153/154
e) Einfache (verdeckte) und qualifizierte (offene) Treuhand ... 155/156
2. Begründung der Treuhand ... 157–178
a) Generelle Zulässigkeit einer Treuhand an Gesellschaftsbeteiligungen ... 158
b) Beurkundungspflicht ... 159–164
c) Zustimmung der Mitgesellschafter bei vinkulierten Gesellschaftsbeteiligungen? ... 165–168
d) Weitere Voraussetzungen (mögl. Hinderungsgründe) für die Begründung einer Treuhand ... 169–173
e) Treuhandvertrag und gesondertes Causalverhältnis ... 174
f) Steuerfragen ... 175–178
3. Inhalt des Treuhandvertrages ... 179–219
a) Allgemeines ... 179–182
b) Ansprüche des Treuhänders gem. § 670 BGB ... 183/184
c) Verpflichtungen des Treuhänders gem. §§ 667, 666 BGB, insbes. Herausgabe der Erträge und Auskunft ... 185–187
d) Ausübung der Mitgliedschaftsrechte in der Gesellschaft, namentlich der Stimmrechte, Beachtung von Weisungen § 665 BGB ... 188–198
e) Beendigung der Treuhand, insbesondere Kündigung oder Tod einer der Parteien ... 199–201
f) Die Abwicklung des Treuhandverhältnisses bei dessen Beendigung ... 202–214
g) Allgemeine Regelungen: Geheimhaltung, Übertragbarkeit der Treuhand, Wettbewerbsverbot, Haftungsbeschränkung, Kosten ... 215
h) Treuhandverhältnisse mit mehreren Treugebern ... 216–219
4. Veränderung des Treuhandverhältnisses ... 220–228
a) Auswechslung des Treuhänders ... 220–222
b) Übertragung der Treugeberstellung ... 223–225
c) Veränderung der Beteiligung ... 226/227
d) Auflösung der Gesellschaft ... 228
5. Haftungsfragen ... 229/230

Schrifttum: *Bachmann/Veil,* Grenzen atypischer stiller Beteiligung an einer Aktiengesellschaft, ZIP 1999, 348; *Beck/Schlitt*, Spezielle Probleme bei stillen Beteiligungen im Vorfeld eines Börsengangs, NZG 2001, 688; *Beyer-Petz*, Der stille Gesellschafter in der Steuerberatungsgesellschaft – Berufsrechtliche Zulässigkeit, arbeits- und sozialversicherungsrechtliche Konsequenzen, DStR 2008, 73; *Bitz*, Aktuelle Entwicklung bei der GmbH & Still, GmbHR 1997, 769; *Blaurock*, Handbuch der stillen Gesellschaft, 7. Aufl. 2010; *Brandner/Bergmann*, Die Schenkung von Gesellschaftsanteilen, FS Sigle, 2000, S. 327; *Geck*, Die Auflösung der stillen Gesellschaft unter besonderer Berücksichtigung der Auseinandersetzung, DStR 1994, 657; *Hey*, Eigenkapitalersetzender Charakter der stillen Einlage des GmbH-Gesellschafters, GmbHR 2001, 1100; *Hörstel*, Der Auseinandersetzungsanspruch bei Ausscheiden einzelner Gesellschafter sowie der Liquidation von Gesellschaften und gesellschaftsähnlichen Rechtsverhältnissen, NJW 1994, 2268; *Horn/Maertins*, Die steuerliche atypische stille Beteiligung an der GmbH, GmbHR 1994, 147; *Jebens*, Die stille Beteiligung an einer Kapitalgesellschaft, BB 1996, 701; *Kessler/Reitsam*, Die typische stille Beteiligung als Alternative zur Organschaft, DStR 2003, 269, 315; *Menzel/Wolf*, Der minderjährige Kommanditist – bei Gründung, unentgeltlicher Anteilsübertragung und Erwerb von Todes wegen MittBayNot 2010, 186; *Mock*, Stille im MoMiG zur stillen Gesellschaft? – Das neue (Eigen-)Kapitalersatzrecht und seine Auswirkungen auf das Recht der stillen Gesellschaft, DStR 2008, 1645; *Priester*, Gewinnabführungsvertrag und stille Gesellschaft, FS Raupach, 2006, S. 391; *Pyszka*, Atypische stille Beteiligung an einzelnen Unternehmenssegmenten, DStR 2003, 857; *Gummert/Weipert* (Hrsg.), Münchener Handbuch des Gesellschaftsrechts, Bd. II, KG und stille Gesellschaft, 3. Aufl. 2009; *Karsten Schmidt*, Die Vertragsparteien bei der stillen Beteiligung, DB 1976, 1705; *ders.*, Konzernrechtliche Wirksamkeitsvoraussetzungen für typische stille Beteiligungen an Kapitalgesellschaften?, ZGR 1984, 295; *ders.*, Formfreie Schenkung stiller Beteiligungen?, DB 2002, 829; *Schmidt-Ott*, Publizitätserfordernisse bei atypisch stillen Beteiligungen an dem Unternehmen einer GmbH?, GmbHR 2001, 182; *ders.*, Nochmals: Publizität und stille Beteiligung am Unternehmen einer GmbH GmbHR 2002, 784; *Schulze-Osterloh*, Der atypische stille Gesellschafter ist der typische stille Gesellschafter, FS Kruse, 2001, S. 377; *Schulze zur Wiesche*, Die Einmann-GmbH & Still und Mitunternehmerschaft, GmbHR 1983, 202; *ders.*, Die atypische GmbH & Still, GmbHR 1985, 160; *Schulte/Waechter*, Atypische stille Beteiligungen nach § 294 AktG, GmbHR 2002, 189; *Sedlmayer*, Stiller Gesellschafter in der Umwandlung des Geschäftsinhabers, DNotZ 2003, 611; *Wachter*, Die Gewinnermittlung und -verteilung in der stillen Gesellschaft, 1996; *Weigl*, Stille Gesellschaft und Unterbeteiligung, 2. Aufl. 2004; *ders.*,

Anwendungs- und Problemfelder der stillen Gesellschaft, DStR 1999, 1568; *ders.*, Zur Eintragungspflicht einer GmbH & Still im Handelsregister GmbHR 2002, 778; *Weimar*, Die KG & Still – eine stille Gesellschaft?, DB 1987, 1077; *ders.*, Die GmbH & Still im Fortschritt des Gesellschaftsrechts, ZIP 1993, 1509.

I. Die Stille Gesellschaft

1. Tatbestand, Anwendungsbereiche, Erscheinungsformen

1 a) **Einführung.** In der notariellen Praxis hat die stille Gesellschaft vor allem durch die Frage Bedeutung erlangt, ob sie als Teilgewinnabführungsvertrag nicht nur gem. § 292 Abs. 1 S. 2 AktG bei der AG, sondern auch bei der GmbH nur mit Zustimmung ihrer Gesellschafterversammlung und Eintragung in das Handelsregister wirksam wird. Im Übrigen fristet sie ein Schattendasein.[1] Ein Blick auf die zur stillen Gesellschaft erstellten Gutachten des DNotI zeigt, dass Gegenstand der Anfragen selten Fälle zum Inhalt eines Vertrages über eine stille Gesellschaft war. Andererseits gibt es umfangreiche Darstellungen des Rechts der stillen Gesellschaft, wie diejenige von Blaurock;[2] Bezzenberger u. a.[3] und Karsten Schmidt.[4] Dem eine weitere Darstellung hinzuzufügen, kann nicht Aufgabe dieses Handbuches sein. Jedoch darf nicht verkannt werden, dass die stille Gesellschaft auch in der notariellen Praxis mehr Aufmerksamkeit verdient. Die nachstehenden Ausführungen beschränken sich deshalb auf einen Überblick über die Fragen, die sich in der notariellen Praxis bei der Gründung einer stillen Gesellschaft und Gestaltung ihres Gesellschaftsvertrages stellen.

2 b) **Tatbestandsmerkmale und Abgrenzung zu anderen Rechtsinstituten.** *aa) Überblick.* Gemäß § 230 HGB setzt die stille Gesellschaft voraus, dass sich eine Person als Gesellschafter am Handelsgewerbe einer anderen (Inhaber des Handelsgeschäfts) mit einer Vermögenseinlage beteiligt. Die Einlage ist so zu leisten, dass sie in das Vermögen des Geschäftsinhabers übergeht. Aus den im Betrieb des Handelsgeschäfts geschlossenen Geschäften wird nur der Inhaber berechtigt und verpflichtet. Notwendige Tatbestandsmerkmale der stillen Gesellschaft sind somit die Beteiligung

- einer Person an dem Handelsgewerbe eines anderen
- als Gesellschafter
- mit einer Vermögenseinlage
- ohne Bildung von Gesellschaftsvermögen, also im Wege einer Innengesellschaft
- mit Gewinnbeteiligung.

Im Einzelnen:

3 *bb) Beteiligung an einem Handelsgewerbe eines anderen.* Erstes Merkmal ist eine Beteiligung an einem Handelsgeschäft.[5] Der Inhaber muss also Kaufmann sein. Das Gesetz sagt nicht, ob sich nur eine Person beteiligen kann oder ob es auch mehrere Personen sein können. Grundvorstellung des Gesetzgebers ist die zweigliedrige stille Gesellschaft, möglich aber auch eine Gesellschaft zwischen einem Inhaber und mehreren stillen Gesellschaftern.[6] Das Handelsgeschäft muss nicht von einem Einzelkaufmann betrieben werden. Ebenfalls zulässig und weithin verbreitet sind stille Beteiligungen am Handelsgeschäft einer Gesellschaft, sei es einer Personenhandelsgesellschaft oder Kapitalgesellschaft.[7] Nicht möglich ist dagegen eine stille Gesellschaft an einer anderen stillen Gesellschaft, weil diese als Innengesellschaft kein eigenes Handelsgeschäft betreibt.[8] Eine stille Beteiligung ist auch an einer freiberufli-

[1] Das Becksche Notarhandbuch widmet ihr gerade einen Absatz unter E Rdnr. 151.

[2] Handbuch Stille Gesellschaft.

[3] MünchHdbGesR II §§ 72 bis 90.

[4] MünchKomm HGB §§ 230 bis 236.

[5] *Gehrlein* § 230 Rdnr. 5.

[6] BGH NJW 1995, 192; *Blaurock* Rdnr. 5.49: *Baumbach/Hopt* § 230 Rdnr. 7; E/B/J/S/*Gehrlein* § 230 Rdnr. 74; *Heymann/Horn* § 230 Rdnr. 61; MünchHdbGesR II/*Bezzenberger/Keul* § 73 Rdnr. 40; MünchKommHGB/*K. Schmidt* § 230 Rdnr. 83; Röhricht/Graf v. Westphalen/*v. Gerkan* § 230 Rdnr. 70; Staub/*Zutt* § 230 Rdnr. 44 ff.

[7] E/B/J/S/*Gehrlein* § 230 Rdnr. 6 ff.

[8] E/B/J/S/*Gehrlein* § 230 Rdnr. 11.

chen Praxis oder einem Handwerksbetrieb möglich, soweit dies nicht durch spezifische berufsrechtliche Bestimmungen ausgeschlossen ist. Dann handelt es sich allerdings nicht um eine stille Gesellschaft – diese setzt ein Handelsgewerbe voraus –, sondern um eine Innengesellschaft bürgerlichen Rechts, auf die aber die Bestimmungen über die stille Gesellschaft entsprechende Anwendung finden.[9] Zweifelhaft ist die Beteiligung als stiller Gesellschafter an einer nicht auf Gewinnerzielung ausgerichteten Gesellschaft, an einem Idealverein,[10] an einer Liquidationsgesellschaft[11] und wegen einer möglichen Gefährdung der Unabhängigkeit des freien Berufes auch diejenige an einer PartG.[12]

4 *cc) Beteiligung als Gesellschafter.* Die Beteiligung muss als Gesellschafter erfolgen, also insbesondere nicht als Darlehensgeber. Es muss ein gemeinsamer Zweck verfolgt werden vgl. § 705 BGB. Da die Gewinnerzielung als gemeinsamer Zweck genügt, ist die Abgrenzung zu einem **partiarischen Darlehen**, also einem Darlehen, das nicht (ausschließlich) mit einem festen Zinssatz, sondern (zumindest auch) mit einer Ertragsbeteiligung ausgestattet ist, im Einzelfall schwierig.[13] Entscheidendes Kriterium ist, ob der Schwerpunkt des Geschäfts bei der Vergabe eines Kredits oder in der gemeinsamen Zweckverfolgung liegt. Eine Verlustbeteiligung oder die Beteiligung am Unternehmenswert bei Beendigung der Gesellschaft schließt die Annahme eines Darlehens aus, während eine Festverzinsung mit Ausschluss der Verlustbeteiligung für ein Darlehen spricht.[14] Weiter ist zu klären, ob nach dem von den Beteiligten gewollten Inhalt des Geschäfts die Anwendung der Bestimmungen über Darlehensrecht oder über Gesellschaftsrecht gewünscht ist. Unterschiede gibt es bei den gesetzlichen Kündigungsregelungen (§ 489 BGB gegenüber § 234 HGB), der Kündigung durch Privatgläubiger bei der Gesellschaft gemäß § 135 HGB und der Auflösung der stillen Gesellschaft bei Insolvenz eines Partners gemäß § 728 BGB. Außerdem ist der Anspruch aus dem Darlehen grundsätzlich abtretbar, die Position als stiller Gesellschafter dagegen grundsätzlich nicht. Weitergehende Unterschiede gibt es gegenüber der atypischen stillen Gesellschaft.[15]

5 *dd) Beteiligung mit einer Vermögenseinlage.* Im Schrifttum wird teilweise angenommen, die Leistung einer Vermögenseinlage sei unverzichtbare Grundbedingung einer stillen Beteiligung.[16] Die Vertreter dieser Auffassung stützen sich auf § 230 Abs. 1 HGB, wonach wer sich mit einer Vermögenseinlage beteiligt, die Einlage in das Vermögen des Inhabers zu leisten hat. Die (wohl überwiegende) Gegenmeinung hält dagegen zwar die Beteiligung mit einer buchungsfähigen Einlage für erforderlich, nicht aber deren Leistung.[17] Sie sieht in § 230 Abs. 1 HGB nur die Anordnung, dass eine Vermögenseinlage, falls eine solche vereinbart wird, in das Vermögen des Inhabers zu leisten ist, nicht dagegen die Verpflichtung, stets tatsächlich eine Vermögenseinlage zu leisten. Die Unterschiede zwischen beiden Auffassungen nivellieren sich dadurch, dass der Begriff der Einlage unterschiedlich verstanden wird.[18] Während die erstgenannte Auffassung von einem weiten Begriff der Vermögenseinlage ausgeht – Einlage soll jeder mit einem Geldbetrag schätzbare Vorteil sein können[19] – trennt die zweite Auffassung deutlich zwischen der Einlage als Guthaben (z. B. gemäß § 232 Abs. 3

[9] MünchKommHGB/*K. Schmidt* § 230 Rdnr. 25; a. A. E/B/J/S/*Gehrlein* § 230 Rdnr. 5.

[10] Dagegen MünchHdbGesR II/*Bezzenberger/Keul* § 75 Rdnr. 10; Staub/*Zutt* § 230 Rdnr. 37; a. A. *Blaurock* Rdnr. 5.20: MünchKommHGB/*K. Schmidt* § 230 Rdnr. 20.

[11] Dagegen E/B/J/S/*Gehrlein* § 230 Rdnr. 9; MünchHdbGesR II/*Bezzenberger/Keul* § 75 Rdnr. 16; einschränkend *Baumbach/Hopt* § 230 Rdnr. 5; Staub/*Zutt* § 230 Rdnr. 38; für Zulässigkeit: *Blaurock* Rdnr. 5.28: MünchKommHGB/*K. Schmidt* § 230 Rdnr. 20.

[12] Dagegen MünchHdbGesR II/*Bezzenberger/Keul* § 75 Rdnr. 8; DNotI Gutachten Nr. 78739 v. 25. 10. 2007; a. A. MünchKommHGB/*K. Schmidt* § 230 Rdnr. 28.

[13] *Blaurock* Rdnr. 8.20 ff.: MünchHdbGesR II/*Bezzenberger/Keul* § 73 Rdnr. 13; MünchKommHGB/*K. Schmidt* § 230 Rdnr. 54 ff.

[14] E/B/J/S/*Gehrlein* § 230 Rdnr. 77; MünchKommHGB/*K. Schmidt* § 230 Rdnr. 60, 63; Röhricht/Graf v. Westphalen/*v. Gerkan/Mock* § 230 Rdnr. 61, 63; Staub/*Zutt* § 230 Rdnr. 23.

[15] Zu weiteren Einzelheiten *Blaurock* Rdnr. 8.21 ff.; MünchKommHGB/*K. Schmidt* § 230 Rdnr. 59.

[16] *Baumbach/Hopt* § 230 Rdnr. 20; E/B/J/S/*Gehrlein* § 230 Rdnr. 14.

[17] MünchKommHGB/*K. Schmidt* § 230 Rdnr. 37; *Blaurock* Rdnr. 6.2; Staub/*Zutt* § 230 Rdnr. 13 f. mwN.

[18] Darauf weisen auch MünchHdbGesR II/*Kühn* § 83 Rdnr. 2 und E/B/J/S/*Gehrlein* § 230 Rdnr. 15 hin.

[19] *Baumbach/Hopt* § 230 Rdnr. 20.

HGB) als einem auf dem Einlagekonto des stillen Gesellschafters beim Geschäftsinhaber darstellbaren Betrag,[20] den der Stille bei dem Geschäftsinhaber hält, und dem Beitrag des (stillen) Gesellschafters, den gemäß § 705 BGB jeder Gesellschafter erbringen muss und der in einer Vermögenseinlage bestehen kann, aber nicht muss. Als Beitrag genügt jede Förderung eines gemeinsamen Zwecks.[21] Einlage als Leistungsgegenstand kann nach dieser Auffassung nur eine Geld- oder eine Sacheinlage sein. Als Sacheinlagen kommen nur übertragbare und bewertbare Vermögensgegenstände in Betracht, die auch von einem Kommanditisten haftungsbefreiend in eine KG eingelegt werden könnten.[22] Während nach ersterer Auffassung auch Gebrauchsüberlassungen und Dienstleistungen als Vermögenseinlage tauglich sind (wobei sich die Frage nach ihrer Bewertung stellt, in der die Beteiligten aber frei sein sollen),[23] sieht die zweite Auffassung darin lediglich Gesellschafterbeiträge des Stillen.[24] Da die Bewertung der Sacheinlage anders als bei der KG nur für das Innenverhältnis der Gesellschafter von Bedeutung ist und da die Einbuchung auch schenkweise vorgenommen werden könnte, kann der Inhaber dem Stillen für einen solchen Beitrag auch eine Einlage einbuchen; deren Festsetzung liegt im freien Ermessen der Gesellschafter.[25] So kann der Einbringung geschäftlicher Kontakte oder fachlichen Knowhows nach dieser Auffassung ohne weiteren Wertnachweis ein Wert beigelegt werden, für den eine von den Gesellschaftern beliebig vereinbarte Einlage eingebucht wird. Probleme können sich allerdings daraus ergeben, dass bei einer Überbewertung des Beitrages des Stillen eine unentgeltliche Zuwendung und damit eine gemäß § 518 BGB formbedürftige Schenkung vorliegt, deren Heilung durch Abschluss des Gesellschaftsvertrages von der Rechtsprechung nicht anerkannt wird.[26] Auch kann daraus bei Insolvenz des Geschäftsinhabers ein Anfechtungsrecht nach §§ 129 ff. InsO resultieren. Im Übrigen haben Gläubiger aber keine Möglichkeit, die von den Beteiligten vorgenommene Bewertung anzufechten.[27]

ee) Beteiligung ohne Bildung von Gesellschaftsvermögen. Gem. § 230 Abs. 1 HGB muss die bzw. eine etwaige Vermögenseinlage in das Vermögen des Geschäftsinhabers übergehen. Die Gesellschaft bildet kein eigenes Vermögen. Sie ist reine **Innengesellschaft**. Vermögensträger ist allein der Geschäftsinhaber. Gem. § 230 Abs. 2 HGB wird aus den im Betrieb geschlossenen Geschäften allein der Geschäftsinhaber verpflichtet. 6

ff) Gewinnbeteiligung. Weiteres Tatbestandsmerkmal einer stillen Gesellschaft ist die Beteiligung des Stillen am Gewinn der Gesellschaft. Während die **Verlustbeteiligung** gemäß § 231 Abs. 2 HS. 1 HGB ausgeschlossen werden kann, ist die Beteiligung am Gewinn gemäß § 231 Abs. 2 HS. 2 HGB zwingend.[28] Grundsätzlich nicht ausreichend ist eine Beteiligung am Umsatz.[29] Auch wenn ausschließlich eine Festverzinsung vereinbart ist, liegt keine stille Gesellschaft vor; dagegen schließt eine Mindestverzinsung die Annahme einer stillen Gesellschaft nicht aus.[30] 7

Die Gewinnbeteiligung muss nicht notwendig am ganzen Unternehmen bestehen; Eine stille Gesellschaft kann auch hinsichtlich eines Unternehmensteils begründet werden.[31] Dagegen ist die Gewinnbeteiligung an einzelnen Geschäften (sog. Metaverbindung oder Metageschäft) keine stille Gesellschaft.[32] Zulässig soll auch die Abführung des gesamten Gewinns 8

---

[20] MünchKommHGB/*K. Schmidt* § 230 Rdnr. 143.
[21] MünchKommHGB/*K. Schmidt* § 230 Rdnr. 144.
[22] MünchKommHGB/*K. Schmidt* § 230 Rdnr. 149.
[23] *Baumbach/Hopt* § 230 Rdnr. 22; E/B/J/S/*Gehrlein* § 230 Rdnr. 16.
[24] MünchKommHGB/*K. Schmidt* § 230 Rdnr. 151.
[25] *Blaurock* Rdnr. 6.65.
[26] BGH NJW 1952, 1412; *Baumbach/Hopt* § 230 Rdnr. 22; E/B/J/S/*Gehrlein* § 230 Rdnr. 17; MünchKommHGB/*K. Schmidt* § 230 Rdnr. 150; dazu näher unten Rdnr. 36 f.
[27] *Blaurock* Rdnr. 6.71.
[28] MünchKommHGB/*K. Schmidt* § 230 Rdnr. 38.
[29] OLG Stuttgart NZG 2011, 750; zu einer Ausnahme BFH DStR 2000, 1594, 1597; *Blaurock* Rdnr. 7.5; MünchKommHGB/*K. Schmidt* § 230 Rdnr. 38 mwN.
[30] BGH NJW 1995, 192 = DStR 1995, 106, 107.
[31] *Blaurock* Rdnr. 7.3; MünchKommHGB/*K. Schmidt* § 230 Rdnr. 39 mwN.
[32] *Blaurock* Rdnr. 8.2: *Baumbach/Hopt* § 230 Rdnr. 4; E/B/J/S/*Gehrlein* § 230 Rdnr. 80; *Heymann/Horn* § 230 Rdnr. 18; MünchKommHGB/*K. Schmidt* § 231 Rdnr. 39 mwN.

eines Unternehmens sein.[33] Der Geschäftsinhaber ist dann ähnlich wie die GmbH bei der GmbH & Co. KG vom Gewinn der Gesellschaft ausgeschlossen. Allerdings soll ein solcher Gewinnausschluss des Geschäftsinhabers gegen § 138 BGB verstoßen, wenn er nicht auch von den Verlusten befreit wird.[34] Dem wird man zustimmen können, wenn der Inhaber eine natürliche Person ist. Ob dasselbe gilt, wenn es eine Kapitalgesellschaft ist, ist aber zweifelhaft. Zu unterscheiden ist allerdings zwischen Verlustbefreiung und Verlustbeteiligung. Letztere bedeutet nur, dass der Verlust dem Stillen zugerechnet werden muss und dieser keinen Anspruch auf Auszahlung von Gewinnen hat, solange seine Einlage durch Verluste gemindert ist. Dagegen hat er, soweit eine ausbedungene Vermögenseinlage erbracht ist, keine Verpflichtung, Verluste durch Leistungen an den Geschäftsinhaber auszugleichen. Das ist insbesondere bei der GmbH & Still von Bedeutung. Auch insoweit muss es möglich sein, das Modell der GmbH & Co. KG im Innenverhältnis nachzugestalten, ohne das Sittenwidrigkeitsverdikt heraufzubeschwören. Die Formulierung könnte etwa lauten:

Formulierungsvorschlag:

Am Gewinn des Geschäftsinhabers ist nur der stille Gesellschafter beteiligt. Er allein trägt auch den Verlust des Geschäftsinhabers, jedoch nur im Rahmen des § 232 Abs. 2 HGB. Eine darüberhinausgehende Verpflichtung oder Haftung gegenüber Dritten übernimmt er nicht.

9 *gg) Rechtfolge bei Fehlen der Tatbestandsmerkmale.* Fehlt eines der vorgenannten Tatbestandsmerkmale für das Vorliegen einer stillen Gesellschaft, so ist der Vertrag deshalb nicht unwirksam. Er ist nur anders zu qualifizieren; es liegt keine stille Gesellschaft vor, sondern z. B. eine Innengesellschaft nach BGB, ein (partiarisches) Darlehen oder ein anderes partiarisches Rechtsgeschäft.

10 c) **Gründe für die Wahl einer stillen Gesellschaft (Anwendungsbereiche).** Die stille Gesellschaft wird zu ganz verschiedenen Zwecken eingesetzt. Häufig finden sich folgende Beweggründe:

- Der Wunsch, eine Beteiligung des Stillen geheim zu halten, z. B. weil er mit Wettbewerben des Inhabers in geschäftlichen Verbindungen steht, die durch eine offene Beteiligung gefährdet werden könnten.[35]
- Der Wunsch, Personen nur vorübergehend am Unternehmen zu beteiligen und sich ihrer zu gegebener Zeit unkompliziert wieder entledigen zu können, z. B. im Erbfall bei Miterben oder Pflichtteilsberechtigten, zu deren Abfindung das nicht im Unternehmen gebundene Vermögen des Erblassers nicht ausreicht. Erzielung einkommensteuerlicher Vorteile, z. B. durch Übertragung von Einkunftsquellen oder zur Erschließung von Verlustverrechnungsmöglichkeiten,[36] die bei einer Kapitalgesellschaft nicht gegeben sind, so insbes. bei der GmbH & Still, ohne die Gesellschaft in eine Personengesellschaft umzuwandeln.
- Vermeidung einkommensteuerlicher Nachteile, z. B. um bei Einbringung eines Unternehmens in eine GmbH unter Rückbehalt einer wesentlichen Betriebsgrundlage, beispielsweise eines Grundstücks, eine Aufdeckung von stillen Reserven zu vermeiden, indem man dieses durch eine stille Beteiligung zu Sonderbetriebsvermögen macht.[37]
- Beteiligung von Unternehmensnachfolgern, deren Einfluss noch gering gehalten werden soll, zur Ausnutzung der erbschaftsteuerlichen Begünstigungen für Betriebsvermögen gem. §§ 13 a, 13 b ErbStG.[38]

[33] *Blaurock* Rdnr. 7.15; MünchKommHGB/*K. Schmidt* § 230 Rdnr. 40; Röhricht/Graf v. Westphalen/*v. Gerkan/Mock* § 230 Rdnr. 49; Staub/*Zutt* § 231 Rdnr. 10 mwN.

[34] *Blaurock* Rdnr. 7.15; MünchKommHGB/*K. Schmidt* § 231 Rdnr. 40.

[35] Z. B. *Blaurock* Rdnr. 2.2., Rdnr. 2.7.

[36] Z. B. *Blaurock* Rdnr. 2.14.

[37] Prinz DStR 1999, 98, 101; *Kersten/Bühling/Wachter*, Formularbuch, § 141 Rdnr. 48; *Weigl* DStR 1999, 1568, 1575 f.

[38] *Blaurock* Rdnr. 27.68; *Weigl* DStR 1999, 1568, 1573 (gilt mutatis mutandis auch heute noch).

- Die zivilrechtlich unkomplizierte und steuerlich begünstigte Beteiligung von Mitarbeitern am Unternehmen.[39]
- Die Gewährung von Risikokapital.[40]

Gegenüber einer offenen Beteiligung als Gesellschafter ist die stille Beteiligung oft unkomplizierter in der Realisierung (ein Einzelunternehmen muss nicht erst in eine Gesellschaft eingebracht werden) und lässt sich vor allem unkompliziert wieder auflösen. Die Kündigung führt automatisch zum Ausscheiden des stillen Gesellschafters, während eine Hinauskündigung aus einer Gesellschaft wegen der Rechtsprechung zur Unzulässigkeit eines Ausschlusses ohne sachlichen Grund einer besonderen Rechtfertigung bedarf.[41] Diese Rechtsprechung ist zwar in jüngerer Zeit deutlich aufgeweicht worden, aber eines Grundes, dessen Vorliegen zu gegebener Zeit bestritten werden kann, bedarf es nach wie vor. Außerdem ist die Abfindungsbeschränkung bei der stillen Beteiligung die Regel, bei Beteiligungen an Außengesellschaften dagegen die Ausnahme. 11

d) **Erscheinungsformen: Die atypische stille (Mitunternehmer-) Gesellschaft.** Jedes Formularbuch enthält für die stille Gesellschaft mindestens zwei Muster, das eine für eine typische stille Gesellschaft und das andere für eine sog. atypische stille Gesellschaft.[42] Die atypische stille Gesellschaft ist keine Rechtsform, die sich dem Gesetz entnehmen ließe. Bei der Gestaltung des Gesellschaftsvertrages der stillen Gesellschaft besteht weitgehende Vertragsfreiheit. Damit ist eigentlich jede individuell gestaltete stille Gesellschaft eine atypische stille Gesellschaft. Jedoch hat sich eine bestimmte Form der stillen Gesellschaft herausgebildet, die üblicherweise unter einer atypischen stillen Gesellschaft verstanden wird.[43] Entscheidend ist danach, dass der stille Gesellschafter die Anforderungen erfüllt, die Finanzverwaltung und Rechtsprechung an eine Beteiligung stellen, die einen Gesellschafter als **Mitunternehmer** i. S. d. § 15 Abs. 1 Nr. 2 EStG qualifiziert. Dazu ist erforderlich, dass der stille Gesellschafter aufgrund seiner gesellschaftsvertraglichen Stellung **Mitunternehmerinitiative** ausüben kann und **Mitunternehmerrisiko** trägt.[44] Dabei orientiert sich die Rechtsprechung an der Stellung, die ein Kommanditist nach dem gesetzlichen Leitbild innehat.[45] Mitunternehmerinitiative bedeutet danach Teilhabe an unternehmerischen Entscheidungen. Sie wird in der Regel angenommen, wenn der Stille mindestens die Gesellschafterrechte hat, die den Stimm-, Kontroll- und Widerspruchsrechten angenähert sind, die einem Kommanditisten nach dem Handelsgesetzbuch zustehen oder die den Kontrollrechten nach § 716 BGB entsprechen.[46] Mitunternehmerrisiko wird regelmäßig durch Beteiligung am Gewinn und Verlust sowie an den stillen Reserven des Anlagevermögens einschließlich des Geschäftswerts vermittelt.[47] Diese Kriterien können im Einzelfall mehr oder weniger ausgeprägt sein, müssen jedoch grundsätzlich nebeneinander vorliegen. Jedoch kann eine starke Ausprägung des einen Kriteriums Mängel der Ausprägung des anderen Kriteriums ausgleichen. In Ausnahmefällen genügt nur das Vorliegen von Mitunternehmerinitiative.[48] So ist z. B. ein persönlich haftender Gesellschafter selbst dann Mitunternehmer, wenn er weder am Gewinn, noch am Verlust, noch am Vermögen der Gesellschaft beteiligt ist.[49] Wegen weiterer Einzelheiten muss auf die einschlägige steuerrechtliche Literatur verwiesen werden.[50] 12

---

[39] *Blaurock* Rdnr. 2.27 ff.; *Weigl* DStR 1999, 1568, 1574 f.

[40] *Blaurock* Rdnr. 2.46 f.; MünchHdbGesR II/*Bezzenberger/Keul* § 72 Rdnr. 25.

[41] Dazu MünchHdbGesR II/*Piehler/Schulte* § 36 Rdnr. 60 ff. m. N. zur neueren Rspr.

[42] Z. B. *Hopt/Volhard/Tischbirek* Vertrags- und Formularbuch II F 3, 4; Münch. Vertr. Hdb. Band 1/*von der Heydt* VIII 1, 2.

[43] Staub/*Zutt* § 230 Rdnr. 33 wollen den Begriff der „atypischen" stillen Gesellschaft nur für die steuerrechtlich als Mitunternehmerschaft einzuordnenden Fälle verwenden.

[44] BFH DStR 2007, 2002, 2004.

[45] *Blaurock* Rdnr. 20.59.

[46] BFH NJW 1985, 93, 96; NJW 1997, 2702, 2703; *Blaurock* Rdnr. 20.60; MünchHdbGesR II/*Bezzenberger/Keul* § 73 Rdnr. 45 ff.; MünchKommHGB/*K. Schmidt* § 230 Rdnr. 75; *Schmidt/Wacker* § 15 Rdnr. 341; *Schulze-Osterloh* FS Kruse S. 377, 392.

[47] BFH NJW 1992, 134.

[48] BFH DStR 2007, 2002, 2004; *Schmidt/Wacker* § 15 Rdnr. 343 ff.

[49] BFH NJW-RR 2006, 1337; DStR 2007, 2002, 2004.

[50] Z. B. *Schmidt/Wacker* § 15 Rdnr. 340 ff.

13 Vorsicht ist bei atypisch stillen Gesellschaften geboten, bei denen entweder der Inhaber oder der Stille nicht gewerblich, der andere Gesellschafter aber gewerblich tätig ist. Es besteht dann die Gefahr, dass auch die nicht gewerblichen Einkünfte des einen Gesellschafters durch die Verbindung in der atypisch stillen Gesellschaft insgesamt gewerblich werden. Beteiligt sich eine Kapitalgesellschaft mitunternehmerisch als atypisch stille Gesellschaft an einer freiberuflichen Personengesellschaft, so erzielt diese insgesamt gewerbliche Einkünfte (**Abfärbewirkung**).[51] Auch wenn sich umgekehrt eine nicht gewerblich tätige Personengesellschaft atypisch still an einer gewerblich tätigen Personengesellschaft beteiligt, soll das nach der Finanzverwaltung dazu führen, dass sämtliche Einkünfte der ursprünglich nicht gewerblich tätigen Gesellschafter-Personengesellschaft zu gewerblichen Einkünften werden.[52]

14 e) **Weitere atypische Gestaltungen stiller Gesellschaften.** Neben dem unter 4. angesprochenen, rein nach der steuerlichen Einordnung geprägten Typus der "atypischen stillen Gesellschaft" gibt es zahlreiche Typen handelsrechtlicher stiller Gesellschaften, die eine atypische, vom Gesetz abweichende Gestaltung aufweisen, die aber steuerlich nicht notwendig als atypisch in dem zu 4. skizzierten Sinne zu qualifizieren sind.[53] Als solche werden erwähnt:[54]

15 *aa) Stille Gesellschaften, bei denen dem Stillen Geschäftsführungs- und/oder Vertretungsbefugnisse an dem Handelsgeschäft des Inhabers eingeräumt werden.* Darunter versteht man die Einräumung mehr oder weniger weitgehender Einflussnahme des Stillen auf die Geschäftsführung des Unternehmens des Geschäftsinhabers nebst u.U. der Erteilung von Vollmachten zur Vertretung des Inhabers (nicht der stillen Gesellschaft!). Die Geschäftsführung kann bis zur Vereinbarung einer Alleingeschäftsführung des Stillen gehen. Der Inhaber handelt dann gemäß den Weisungen des Stillen.[55] Bei der Einräumung von Geschäftsführungs- oder Vertretungsbefugnissen kann es, falls es sich bei dem Inhaber um eine Gesellschaft handelt, zu Konflikten mit dem Recht der jeweiligen Gesellschaft kommen (z.B. Selbstorganschaft bei Personenhandelsgesellschaften;[56] zwingende Organzuständigkeiten bei der AG[57] – dazu nachstehend Rdnr. 73 f.).

16 *bb) Stille Gesellschaft mit Vermögensbeteiligung des Stillen.* Eine häufige Abweichung von der Typik des Gesetzes ist die Beteiligung des stillen Gesellschafters am Vermögen des Geschäftsinhabers, so wie das in Rdnr. 12 zum Mitunternehmerrisiko angesprochen worden ist.[58] Gemeint ist nur eine schuldrechtliche Teilnahme an Wertentwicklungen des Vermögens, die Dritten gegenüber ohne unmittelbare Wirkung ist. Nicht ausgeschlossen ist aber eine dingliche Absicherung des Abfindungsanspruchs des Stillen bei Auflösung der Gesellschaft durch Pfandrechte an Vermögensgegenständen des Inhabers oder Dritter. Vereinbart werden kann sogar, dass der Geschäftsinhaber das Handelsgeschäft bei Beendigung der stillen Gesellschaft auf den Stillen insgesamt übertragen muss.[59]

17 *cc) Stille Gesellschaft als Innen-KG; GmbH & Still.* Bei dieser Form der stillen Gesellschaft wird vereinbart, dass schuldrechtlich eine Kommanditgesellschaft, bei der GmbH & Still eine GmbH & Co. KG, nachgebildet wird; durch den Gesellschaftsvertrag wird der Geschäftsinhaber verpflichtet, den oder die stillen Gesellschafter so zu stellen, als seien sie gemeinsam Gesellschafter einer Kommanditgesellschaft und diese Inhaberin des Handelsgeschäfts. Das betrifft nicht nur die Abfindungsansprüche bei Ausscheiden, sondern sämtliche

[51] Vgl. BFH NJW 2008, 3165; *Blaurock* Rdnr. 22.18.

[52] BMF BStBl 2005, 698; differenzierend BFH DStR 2004, 247; dazu *Blaurock* Rdnr. 22.19.

[53] MünchHdbGesR II/*Bezzenberger/Keul* § 73 Rdnr. 48; MünchKommHGB/*K. Schmidt* § 230 Rdnr. 77 ff.

[54] MünchKommHGB/*K. Schmidt* § 230 Rdnr. 77 ff.

[55] MünchKommHGB/*K. Schmidt* § 230 Rdnr. 77; Staub/*Zutt* § 230 Rdnr. 94; zweifelnd *Blaurock* Rdnr. 12.90; generelle Bedenken gegen uneingeschränkte Weisungsrechte bei Handelsgesellschaften als Inhaber äußert *Weigl* DStR 1999, 1558.

[56] MünchKommHGB/*K. Schmidt* § 230 Rdnr. 78; MünchHdbGesR II/*Kühn* § 81 Rdnr. 21 mwN.

[57] *Bachmann/Veil* ZIP 1999, 348, 349 f.; *Schlitt/Beck* NZG 2001, 688, 692; MünchHdbGesR II/*Kühn* § 81 Rdnr. 22 mwN.

[58] MünchKommHGB/*K. Schmidt* § 230 Rdnr. 79 f.

[59] MünchKommHGB/*K. Schmidt* § 235 Rdnr. 67.

Gesellschafterrechte. Im Schrifttum wird auch von einer **virtuellen** KG gesprochen.[60] Steuerlich werden die Stillen dabei Mitunternehmer. Im Außenverhältnis bleibt es aber dabei, dass die stille Gesellschaft kein Vermögen bildet. Eigentümer bzw. Inhaber der Aktiven des Handelsgeschäfts ist allein der Geschäftsinhaber. Den Stillen stehen ausschließlich schuldrechtliche Ansprüche zu.

dd) Stille Gesellschaft als Verwaltungstreuhand an Unternehmen. Darunter versteht man eine Gestaltung, bei der der stille Gesellschafter im Innenverhältnis so gestellt wird, als sei er Alleininhaber des Unternehmens.[61] 18

ee) Die mehrgliedrige stille Gesellschaft. Darunter versteht man eine stille Gesellschaft mit mehreren stillen Gesellschaftern, deren Zulässigkeit heute fraglos ist.[62] Die Mehrgliedrigkeit kann auf verschiedenerlei Weise gestaltet werden: 19

- die Gesellschaft wird mit mehreren stillen Gesellschafter geschlossen;
- von dem Geschäftsinhaber werden mehrere stille Gesellschaften mit jeweils einem stillen Gesellschafter geschlossen; sodann schließen sich die Stillen zu einer BGB-Innengesellschaft zusammen;
- die stille Gesellschaft wird mit einer BGB-Außengesellschaft (Beteiligungsgesellschaft) oder einem von dieser beauftragten Treuhänder geschlossen, in der sich die Stillen zuvor zusammengeschlossen haben.

Die Rechtsfolgen sind bei den drei Gestaltungen unterschiedlich; im ersten Fall liegt ein mehrgliedriger Innenverband vor, der, wie es insbesondere bei Publikumsgesellschaften üblich ist, Kontrollorgane haben kann und dessen Kündigung in der Regel nicht die Auflösung der stillen Gesellschaft, sondern das Ausscheiden des Kündigenden zur Folge hat. Entsprechendes gilt für andere Auflösungsgründe in der Person eines stillen Gesellschafters.[63] Bei der zweiten Gestaltungsvariante existieren so viele stille Gesellschaften, wie es stille Gesellschafter gibt. Nur koordinieren die Stillen ihre Interessenwahrnehmung im Innenverhältnis durch eine (Innen-)Gesellschaft.[64] Bei der dritten Gestaltungsvariante schließlich gibt es wie im ersten Fall nur einen stillen Gesellschaftsvertrag, aber auch nur einen stillen Gesellschafter, nämlich den Treuhänder oder die BGB-Außengesellschaft.[65] Daraus ergeben sich erhebliche Unterschiede. Beispielsweise führt das Ausscheiden aus der Beteiligungsgesellschaft nicht zu einer Reduzierung der stillen Beteiligung. Die Abfindung muss also von der Beteiligungsgesellschaft aufgebracht werden, was schwierig sein kann, wenn sie nicht ihrerseits das Recht hat, die stille Gesellschaft teilweise zu kündigen. 20

ff) Die stille Publikumsgesellschaft. Darunter versteht man mehrgliedrige stille Gesellschaften, auf die die Grundsätze über Publikumspersonengesellschaften Anwendung finden.[66] Ihre Verträge fallen damit zwar möglicherweise unter die Bereichsausnahme des § 310 Abs. 4 S. 1 BGB (früher: § 23 Abs. 1 AGBG),[67] unterliegen jedoch gem. § 242 BGB einer ähnlichen Auslegung und Inhaltskontrolle wie Allgemeine Geschäftsbedingungen.[68] 21

gg) Die Gesellschaft mit Eigenkapitalcharakter. Darunter versteht man eine Ausgestaltung der stillen Beteiligung dahin, dass der Stille abweichend von § 236 Abs. 1 HGB in der Insolvenz nicht Insolvenzgläubiger, sondern Eigenkapitalgeber ist. Das ist im Zweifel bei der 22

---

[60] MünchKommHGB/*K. Schmidt* § 230 Rdnr. 81, 87.
[61] MünchKommHGB/*K. Schmidt* § 230 Rdnr. 82.
[62] BGH NJW 1995, 192; *Blaurock* Rdnr. 5.49: *Baumbach/Hopt* § 230 Rdnr. 7; E/B/J/S/*Gehrlein* § 230 Rdnr. 74; *Heymann/Horn* § 230 Rdnr. 61; MünchHdbGesR II/*Bezzenberger/Keul* § 73 Rdnr. 40; MünchKomm-HGB/*K. Schmidt* § 230 Rdnr. 83; Röhricht/Graf v. Westphalen/*v. Gerkan* § 230 Rdnr. 70; Staub/*Zutt* § 230 Rdnr. 44 ff.
[63] Weitere Einzelheiten z. B. MünchHdbGesR II/*Bezzenberger/Keul* § 73 Rdnr. 40; MünchKommHGB/*K. Schmidt* § 230 Rdnr. 84.
[64] MünchHdbGesR II/*Bezzenberger/Keul* § 73 Rdnr. 41; MünchKommHGB/*K. Schmidt* § 230 Rdnr. 85.
[65] MünchKommHGB/*K. Schmidt* § 230 Rdnr. 86.
[66] MünchKommHGB/*K. Schmidt* § 230 Rdnr. 88.
[67] BGH NJW 1995, 192.
[68] BGH NJW 2001, 1270.

Innen-KG und der GmbH & Still so, kann aber auch durch gesonderte schuldrechtliche Abrede so gestaltet werden.[69]

2. Abschluss des Gesellschaftsvertrages

23 a) **Allgemeines, Vertretung.** Auf den Abschluss des Gesellschaftsvertrages finden die Bestimmungen des allgemeinen Teils des BGB über Rechtsgeschäfte Anwendung. Der Vertrag kann auch aufschiebend bedingt oder befristet abgeschlossen werden. Eine Rückbeziehung auf einen vor Vertragsschluss liegenden Zeitpunkt ist dagegen nur schuldrechtlich möglich[70] und wird steuerlich nur in engen Grenzen anerkannt[71] (s. u. Rdnr. 58).

24 b) **Vertretung des stillen Gesellschafters.** *aa) Allgemeines.* Für die Vertretung des stillen Gesellschafters gelten keine Besonderheiten. Vertretung ist zulässig. Ist stiller Gesellschafter eine Handelsgesellschaft, wird diese beim Vertragsabschluss durch ihr Geschäftsführungsorgan vertreten. Eine Vertretung durch Prokuristen ist ebenfalls zulässig. Die Begründung einer stillen Beteiligung ist für den Stillen in aller Regel kein Grundlagengeschäft, auf das sich die Prokura nicht erstrecken würde. Meist wird sie (auch für den Stillen) allerdings ein außergewöhnliches Geschäft i. S. d § 116 Abs. 2. HGB sein und deshalb – auch bei der GmbH[72] – der internen Zustimmung der Gesellschafter bedürfen. Wird sie nicht eingeholt, ist der Vertrag gleichwohl wirksam, es sei denn, der Tatbestand des Vollmachtsmissbrauchs liege vor.[73] Im Übrigen sind die Gesellschafter auf Schadenersatzansprüche gegen die handelnden Personen beschränkt.

25 *bb) Minderjährige Gesellschafter.* Ein Anwendungsbereich der stillen Gesellschaft ist die Verlagerung von Einkunftsquellen auf Kinder, auch auf minderjährige Kinder. Geschäftsunfähige Minderjährige werden durch ihre gesetzlichen Vertreter vertreten. § 181 BGB ist zu beachten.[74] Ggf. ist gem. §§ 1629 Abs. 2, 1795 Abs. 1 Nr. 1 BGB ein Ergänzungspfleger zu bestellen. Beschränkt Geschäftsfähige können den Vertrag gemäß § 107 BGB selbst abschließen, wenn der Abschluss lediglich rechtlich vorteilhaft ist. Unter denselben Voraussetzungen ist als Ausnahme von § 181 BGB die Vertretung durch den gesetzlichen Vertreter im Wege des Selbstkontrahierens zulässig.[75] Es stellt sich deshalb die Frage, wann der Abschluss eines stillen Gesellschaftsvertrages für den Minderjährigen lediglich rechtlich vorteilhaft ist. Muss der Minderjährige eine Einlage erbringen, ist der Vertragsschluss schon deshalb nicht ausschließlich rechtlich vorteilhaft.[76] Das gilt auch bei Zuwendung des dazu erforderlichen Geldbetrages mit der Auflage, daraus die Einlage zu erbringen. Die mit der Verwendungsauflage verbundene Handlungspflicht ist stets ein rechtlicher Nachteil.[77] Die stille Beteiligung kann aber auch so geschenkt werden, dass die Einlage durch Abbuchung vom Kapitalkonto des gesetzlichen Vertreters und Einbuchung auf das Kapitalkonto des Minderjährigen erbracht wird. Ob die **Einbuchung einer stillen Einlage** lediglich rechtlich vorteilhaft ist, ist umstritten. Der BFH hat – obiter -erklärt, wenn der Minderjährige nicht am Verlust des Unternehmens beteiligt sei, sei die Auffassung vertretbar, dass die Einbuchung der stillen Einlage ausschließlich rechtlich vorteilhaft sei.[78] Nach anderer Auffassung soll die Einbuchung dagegen selbst bei einer Verlustbeteiligung ausschließlich rechtlich vorteilhaft sein, weil der Minderjährige nur mit der geschenkten Einlage hafte, aber keine dar-

[69] MünchKommHGB/*K. Schmidt* § 230 Rdnr. 92.

[70] *Blaurock* Rdnr. 9.20: MünchKommHGB/*K. Schmidt* § 230 Rdnr. 119.

[71] *Blaurock* Rdnr. 20.14 dort auch zum möglichen Nachweis einer früheren mündlichen Abrede; MünchKommHGB/*K. Schmidt* § 230 Rdnr. 119; instruktiv BFH DStRE 2002, 1339, 1344 f.

[72] H. M. Scholz/*Schneider* § 37 Rdnr. 11 mwN.

[73] *Baumbach/Hueck/Zöllner/Noack* § 37 Rdnr. 37 ff. mwN.

[74] Z. B. MünchKommHGB/*K. Schmidt* § 230 Rdnr. 105 mwN.

[75] H. M. BGH DNotZ 1973, 86; 1986, 80, 81; BayObLG ZEV 2004, 340; OLG Köln RNotZ 2003, 515, 517.

[76] BFH BStBl. II 1974, 289; *Blaurock* Rdnr. 9.34; MünchKommHGB/*K. Schmidt* § 230 Rdnr. 105 mwN.

[77] BFH NJW 1977, 446; NJW 1988, 1343; MünchKommHGB/*K. Schmidt* § 230 Rdnr. 105; Palandt/*Ellenberger* § 107 Rdnr. 6.

[78] BFH NJW 1988, 1343, 1344.

über hinausgehende Ausgleichspflicht habe.[79] Wieder andere sehen im Hinblick auf die in § 1822 Nr. 3 BGB zum Ausdruck gekommene Wertung des Gesetzgebers die atypische stille Gesellschaft nie und die typische stille Gesellschaft nur bei Ausschluss der Verlustbeteiligung als ausschließlich vorteilhaft an.[80] Indem der Gesetzgeber den Abschluss des Gesellschaftsvertrages zum Betrieb eines Erwerbsgeschäfts der Genehmigungspflicht durch das Familiengericht unterworfen habe, habe er zum Ausdruck gebracht, dass er ihn nicht für ausschließlich rechtlich vorteilhaft halte.

26 Übereinstimmung[81] besteht somit nur darüber, dass bei schenkweiser Einbuchung einer typischen stillen Beteiligung, bei der eine Beteiligung am Verlust ausgeschlossen ist, ein ausschließlich rechtlich vorteilhaftes Geschäft vorliegt, das der beschränkt Geschäftsfähige selbst abschließen kann und bei dem der gesetzliche Vertreter nicht durch § 181 BGB von der Vertretung des Minderjährigen ausgeschlossen ist. In allen anderen Fällen ist somit die Bestellung eines Ergänzungspflegers anzuraten.

27 *cc) Familiengerichtliche Genehmigung.* Daran schließt sich die Frage an, ob der Abschluss eines stillen Gesellschaftsvertrages mit dem Minderjährigen als stillem Gesellschafter der vormundschaftsgerichtlichen Genehmigung bedarf. Es werden beide Extreme vertreten: nie genehmigungspflichtig[82] und stets genehmigungspflichtig.[83] Die Vertreter der erstgenannten Auffassung berufen sich auf den Wortlaut „zum Betrieb eines Erwerbsgeschäfts; bei der stillen Gesellschaft werde ein Erwerbsgeschäft nur von einem Geschäftsinhaber, nicht aber von dem stillen Gesellschafter betrieben. Nach der Gegenmeinung fordert der Sinn der Bestimmung jedenfalls dann eine Genehmigungspflicht, wenn der Minderjährige an der Geschäftsführung mitwirken soll oder am Verlust beteiligt ist, insbesondere also bei der atypischen stillen Gesellschaft.[84] Angesichts der Vielfalt möglicher Gestaltungen und der dadurch verursachten Rechtsunsicherheit, bedarf eine stille Beteiligung nach dieser Meinung vorsorglich stets der Prüfung des Familiengerichts. Wieder andere halten die familiengerichtliche Genehmigung bei der atypisch stillen Gesellschaft und bei der stillen Gesellschaft mit Verlustbeteiligung für erforderlich, nicht dagegen bei der typisch stillen Gesellschaft, bei der die Verlustbeteiligung ausgeschlossen ist.[85] Die Risiken einer solchen Beteiligung glichen derjenigen eines partiarischen Darlehens und könnten nicht mehr als unternehmerisches Geschäft i. S. d. § 1822 Nr. 3 BGB angesehen werden. In Anbetracht der umstrittenen Rechtslage empfiehlt es sich, die familiengerichtliche Genehmigung in jedem Fall nachzusuchen.

28 **c) Vertretung des Geschäftsinhabers.** *aa) Allgemeines.* Selten betreibt ein Minderjähriger ein kaufmännisches Unternehmen und beteiligt hieran einen Dritten als stillen Gesellschafter.[86] Häufig soll dagegen eine stille Beteiligung an einem von einer Personengesellschaft oder einer Kapitalgesellschaft betriebenen Unternehmen begründet werden, wobei zeitweise besondere Bedeutung die GmbH & Still erlangt hatte, bei der die GmbH nach außen Unternehmensträger ist, schuldrechtlich dagegen das Vermögen – nach dem Muster der GmbH & Co. KG, aber nur im Innenverhältnis – den stillen Gesellschaftern zugeordnet ist.[87] Bei Abschluss des Gesellschaftsvertrages wird die Handelsgesellschaft durch ihre Vertretungsorgane vertreten. Auch eine Vertretung durch Bevollmächtigte ist zulässig; nach h. M. umfasst zwar die Prokura, nicht aber eine Handlungsvollmacht die Befugnis zur Vertretung des Ge-

[79] *Klamroth* BB 1975, 526; *Stürner* AcP 173 (1973), 436; vgl. auch *Mayer-Reimer/Marx* NJW 2005, 3025 zur schenkweisen Zuwendung einer volleingezahlten Kommanditbeteiligung.

[80] MünchKommHGB/*K. Schmidt* § 230 Rdnr. 105; Staub/*Zutt* § 320 Rdnr. 63; noch weitergehend unter Berufung auf den BFH, aber ohne Berücksichtigung der vorstehend zitierten Entscheidung in NJW 1988, 1343, 1344, MünchHdbGesR II/*Bezzenberger/Keul* § 76 Rdnr. 52.

[81] A. A. allerdings MünchHdbGesR II/*Bezzenberger/Keul* § 76 Rdnr. 52.

[82] Insbesondere *Gernhuber/Coester-Waltjen* § 60 Rdnr. 110.

[83] Insbesondere MünchKomm BGB/*Wagenitz* § 1822 Rdnr. 26; *Soergel/Zimmermann* § 1822 Rdnr. 25; sympathiesierend LG München II NJW-RR 1999, 1018.

[84] Vgl. BGH NJW 1957, 672 = JZ 1957, 382; LG München II NJW-RR 1999, 1018.

[85] MünchKommHGB/*K. Schmidt* § 230 Rdnr. 106; *Blaurock* Rdnr. 9.46; MünchHdbGesR II/*Bezzenberger/Keul* § 76 Rdnr. 55; auch BFH E 111, 85.

[86] Hierzu MünchKommHGB/*K. Schmidt* § 230 Rdnr. 108.

[87] MünchKommHGB/*K. Schmidt* § 230.

schäftsinhabers beim Abschluss des Gesellschaftsvertrages über eine typische stille Gesellschaft. Beim Abschluss eines Vertrages über eine atypische stille Gesellschaft soll der Prokurist hingegen im Hinblick darauf, dass es sich um einen Organisationsakt handele, nicht vertreten können.[88]

29 *bb) Mitwirkungserfordernis der Gesellschafter?* Intensiv erörtert wird, ob die organschaftliche Vertretungsmacht des jeweiligen Vertretungsorgans zum Abschluss des stillen Gesellschaftsvertrages berechtigt oder ob die Gesellschafter mitwirken müssen. Vielfach wird insoweit zwischen der typischen und der atypischen stillen Gesellschaft unterschieden.

30 *(1) Personenhandelsgesellschaften.* Nach ganz h. M. umfasst die Vertretungsbefugnis eines vertretungsberechtigten Gesellschafters einer Personenhandelsgesellschaft (z. B. oHG, KG) auch den Abschluss eines Gesellschaftsvertrages, mit dem ein Dritter als Stiller am Handelsgeschäft der Personengesellschaft beteiligt wird. Im Innenverhältnis soll es sich zwar um ein Geschäft handeln, das über den gewöhnlichen Betrieb des Handelsgewerbes hinausgeht und zu dem deshalb gemäß § 116 Abs. 2 HGB ein Beschluss sämtlicher persönlich haftender Gesellschafter erforderlich ist und dem die Kommanditisten gemäß § 164 S. 1 HGB widersprechen können. Im Außenverhältnis ist der Vertrag aber auch ohne Beachtung dieser Bestimmungen wirksam. Das soll jedoch nur für die Beteiligung im Wege einer typischen stillen Gesellschaft gelten. Werden dem Dritten dagegen im Wege einer **atypischen stillen Gesellschaft** eine Teilhabe am Vermögen der Gesellschaft (z. B. eine Abfindung gem. § 738 BGB) oder/und Geschäftsführungsbefugnisse eingeräumt,[89] ist der Abschluss des Gesellschaftsvertrages nach h. M. im Schrifttum **auch im Außenverhältnis** nicht von der Vertretungsmacht des geschäftsführenden Organs gedeckt und damit unwirksam, wenn nicht alle anderen Gesellschafter[90] bzw. die Gesellschafter mit der für eine Änderung des Gesellschaftsvertrages erforderlichen Mehrheit[91] zustimmen. Begründet wird dies damit, dass derartige vertragliche Regelungen wegen des mit ihnen verbundenen Eingriffs in die Rechte der Gesellschafter der Personengesellschaft um ein Grundlagengeschäft handele, das einer Änderung des Gesellschaftsvertrages gleichkomme.[92] Der BGH hat die Frage bislang offen gelassen.[93]

31 Der Auffassung, dass ein solcher atypischer stiller Gesellschaftsvertrag nur mit Zustimmung der Gesellschafetrversammlung mit der für eine Änderung des Gesellschaftsvertrages erforderlichen Mehrheit wirksam wird, ist zu folgen: Systematisch sind der Abschluss des stillen Gesellschaftsvertrages und die Zustimmung der Gesellschafter dazu auseinanderzuhalten. Nach § 125 Abs. 1 HGB ist jeder persönlich haftende Gesellschafter einzeln zur Vertretung der Personenhandelsgesellschaft berechtigt. Diese **Vertretungsbefugnis** ist nicht sachlich auf bestimmte Geschäfte beschränkbar. Die **Geschäftsführung** ist dagegen kraft Gesetzes sachlich eingeschränkt. Gem. § 116 Abs. 1 HGB erstreckt sie sich nur auf Geschäfte, die der gewöhnliche Betrieb des Handelsgewerbes der Gesellschaft mit sich bringt. Darüber hinausgehende Handlungen bedürfen eines Beschlusses sämtlicher Gesellschafter. Diese Beschränkung der Geschäftsführungsbefugnis auf gewöhnliche Betriebsgeschäfte wirkt allerdings nur im Innenverhältnis.[94] Wegen der Schwere des Eingriffs in die Gesellschafterrechte die Wirksamkeit des Geschäfts im Außenverhältnis von der Mitwirkung sämtlicher Gesell-

[88] MünchKommHGB/*K. Schmidt* § 230 Rdnr. 118; *Heymann/Horn* § 230 Rdnr. 24; vorsichtiger *Blaurock* Rdnr. 9.14.

[89] *Blaurock* Rdnr. 9.52; E/B/J/S/*Gehrlein* § 230 Rdnr. 28; *Heymann/Horn* § 230 Rdnr. 24; MünchHdb-GesR II/*Bezzenberger/Keul* § 76 Rdnr. 60; MünchKommHGB/*K. Schmidt* § 230 Rdnr. 112; Staub/*Zutt* § 320 Rdnr. 62.

[90] MünchKommHGB/*K. Schmidt* § 126 Rdnr. 11; E/B/J/S/*Hillmann* § 126 Rdnr. 11; E/B/J/S/*Gehrlein* § 230 Rdnr. 28; *Heymann/Emmerich* § 126 Rdnr. 3 a; *Heymann/Horn* § 230 Rdnr. 24; *Blaurock* Rdnr. 9.52 f., a. A. *Baumbach/Hopt* § 230 Rdnr. 5; nur bei Einräumung von Geschäftsführungsbefugnissen oder Einfluss auf die Geschäftsführung MünchHdbGesR II/*Bezzenberger/Keul* § 76 Rdnr. 58; Staub/*Zutt* § 230 Rdnr. 62.

[91] MünchHdbGesR II/*Bezzenberger/Keul* § 76 Rdnr. 60.

[92] *Blaurock* Rdnr. 9.52; E/B/J/S/*Gehrlein* § 230 Rdnr. 28; *Heymann/Horn* § 230 Rdnr. 24; MünchHdb-GesR II/*Bezzenberger/Keul* § 76 Rdnr. 60; MünchKommHGB/*K. Schmidt* § 230 Rdnr. 112; Staub/*Zutt* § 320 Rdnr. 62.

[93] BGH NJW 1971, 375.

[94] MünchKommHGB/*K. Schmidt* § 230 Rdnr. 112, 113.

schafter abhängig zu machen, widerspricht der Systematik der §§ 116, 125 HGB bzw. § 164 HGB. Jedoch versteht es sich von selbst, dass sich die Vertretungsbefugnis des Geschäftsführungsorgans nicht auf eine Änderung des Gesellschaftsvertrages erstreckt.[95] Die Gesellschaft kann durch ihre Geschäftsführungsorgane nicht ohne Zustimmung ihrer Gesellschafter zu Geschäften verpflichtet werden, die zwingend eine Änderung des Gesellschaftsvertrages in sich tragen oder eine solche voraussetzen.[96] Die Wirksamkeit eines solchen Vertrages steht damit ohne weiteres unter dem Vorbehalt der Zustimmung sämtlicher Gesellschafter bzw. sofern der Gesellschaftsvertrag der Personenhandelsgesellschaft einen Mehrheitsbeschluss für Änderungen des Gesellschaftsvertrages genügen lässt, eines solchen Beschlusses. Es ist eine andere Frage, ob das Vertretungsorgan einer Personengesellschaft in deren Gesellschaftsvertrag bereits zu derartigen Änderungen bevollmächtigt oder ermächtigt werden kann. Für die Aufnahme neuer Gesellschafter ist das anerkannt.[97]

(2) Kapitalgesellschaften. Auch bei einer stillen Beteiligung an einer **GmbH** wird überwiegend zwischen dem Abschluss eines Vertrages über eine typische und eines solchen über eine atypische stille Gesellschaft unterschieden. Die **Begründung einer typisch stillen Beteiligung** soll nach heute wohl h. M. Sache der Geschäftsführung sein und von der organschaftlichen Vertretungsmacht gedeckt sein.[98] Im Innenverhältnis soll im Zweifel die Zustimmung der Gesellschafterversammlung erforderlich sein, weil es sich um ein ungewöhnliches Betriebsgeschäft handelt. Hiervon kann der Gesellschaftsvertrag allerdings freistellen. Nach h. M. ist § 292 Abs. 1 Ziff. 2. AktG auf die GmbH nicht entsprechend anzuwenden (Teilgewinnabführungsvertrag).[99] Nur, wenn nahezu der gesamte Gewinn an den oder die stillen Gesellschafter abzuführen ist, soll in dem Vertrag über die stille Gesellschaft zugleich ein Gewinnabführungsvertrag liegen, der der Zustimmung der Gesellschafterversammlung gemäß § 53 GmbHG und Eintragung in das Handelsregister bedarf.[100] Im Übrigen soll der Vertrag allenfalls bei Missbrauch der Vertretungsmacht unwirksam sein.[101] Anders wird die Rechtslage dagegen bei der **Begründung einer atypischen stillen Beteiligung** gesehen, bei der der Stille am Vermögen der GmbH beteiligt ist und/oder ihm Einfluss auf die Geschäftsführung zugestanden wird.[102] Falls die Zustimmung dazu nicht schon im Gesellschaftsvertrag vorgesehen sei, müsse sie eingeholt werden, weil die Grundlagen des Gesellschaftsverhältnisses betroffen seien.[103] Umstritten ist aber, ob die Zustimmung der Gesellschafter der Beurkundung und Eintragung in das Handelsregister bedarf. Von einem Teil des Schrifttums wird das abgelehnt.[104] Mit der Begründung, die Vereinbarung einer solchen stillen Gesellschaft wirke faktisch wie eine Kapitalerhöhung unter Ausschluss des Bezugsrechts der Gesellschafter, wird vertreten, dass **alle** Gesellschafter zustimmen müssten, allerdings nur 32

[95] *Baumbach/Hopt* § 126 Rdnr. 3.

[96] *Heymann/Emmerich* § 126 Rdnr. 12.

[97] MünchHdbGesR II/*Piehler/Schulte* § 34 Rdnr. 17 m. w. N.

[98] MünchKommHGB/*K. Schmidt* § 230 Rdnr. 114; E/B/J/S/*Gehrlein* § 230 Rdnr. 30; *Heymann/Horn* § 230 Rdnr. 26; MünchHdbGesR II/*Bezzenberger/Keul* § 76 Rdnr. 75; Scholz/*Schneider* § 35 Rdnr. 48; *Baumbach/Hueck/Zöllner/Noack* § 35 Rdnr. 87.

[99] BayObLG NJW-RR 2003, 908; OLG München DNotZ 2011, 363; LG Darmstadt AG 2005, 488; *Blaurock* Rdnr. 7.33; *Jebens* BB 1996, 701, 702 ff.; *Rust* AG 2006, 563, 564; *Schmidt/Ott* GmbHR 2001, 182; *K. Schmidt* ZGR 1984, 295, 307 ff.; *Schneider/Reusch* DB 1989, 713; MünchKomm/AktG/*Altmeppen* § 292 Rdnr. 8; MünchKommHGB/*K. Schmidt* § 230 Rdnr. 114; Scholz/*Priester* § 53 Rdnr. 164 f.; Staub/*Zutt* § 230 HGB Rdnr. 59; *Ulmer* § 53 Rdnr. 161; a. A. *Weigl* DStR 1999, 1568, 1572; *ders.* GmbHR 2002, 778; *Schulte/Waechter* GmbHR 2002, 189, 190; *Mertens* AG 2000, 32; *Emmerich/Habersack* § 292 AktG Rdnr. 37.

[100] MünchHdbGesR II/*Bezzenberger/Keul* § 76 Rdnr. 80; MünchKommHGB/*K. Schmidt* § 230 Rdnr. 114; Staub/*Zutt* § 230 Rdnr. 59.

[101] MünchKommHGB/*K. Schmidt* § 230 Rdnr. 114. (Das kann bei Beteiligung von Gesellschaftern des Geschäftsinhabers als stille Gesellschafter von Bedeutung sein, weil diesen eine Überschreitung der Geschäftsführungsbefugnis bekannt ist).

[102] Nur auf den Einfluss auf die Geschäftsführung stellen MünchHdbGesR II/*Bezzenberger/Keul* § 76 Rdnr. 82 ab.

[103] MünchKommHGB/*K. Schmidt* § 230 Rdnr. 115.

[104] *Blaurock* Rdnr. 9.61: E/B/J/S/*Gehrlein* § 230 *Rdnr.* 30; *Heymann/Horn* § 230 Rdnr. 26; MünchHdbGesR II/*Bezzenberger/Keul* § 76 Rdnr. 81; MünchKommHGB/*K. Schmidt* § 233 Rdnr. 115; Staub/*Zutt* § 230 Rdnr. 59.

privatschriftlich, weil es nur darum gehe, eine von der Satzung nicht gedeckte Rechtsbeeinträchtigung zu legitimieren.[105] Die Vorschriften über Satzungsänderungen sollen nur anzuwenden sein, wenn die Satzung tatsächlich geändert wird.[106] Die konzernrechtlichen Bestimmungen des AktG sollen auch auf die atypisch stille Gesellschaft mit einer GmbH nicht anzuwenden sein. Von anderen wird dagegen eine Zustimmungs- und Registereintragungspflicht analog § 292 Abs. 1 Nr. 2 AktG befürwortet.[107] Sie berufen sich auf die Supermarktentscheidung des BGH zur GmbH, wonach auch ein Vertrag mit Dritten satzungsgleich den rechtlichen Status einer Gesellschaft ändern kann und sein Abschluss deshalb von der Vertretungsmacht des Geschäftsführungsorgans nicht gedeckt ist, sondern wie eine Änderung des Gesellschaftsvertrages zu seiner Wirksamkeit der Zustimmung der Gesellschafter bedarf.[108]

33 Auch hier gelten die oben bei der Personengesellschaft angestellten Überlegungen. Die Vertretungsmacht des Geschäftsführers ist sachlich unbeschränkbar. Andererseits spricht viel dafür, dass der Vertrag über die atypisch stille Gesellschaft zugleich eine Änderung des Gesellschaftsvertrages der GmbH beinhaltet, weil er in die Geschäftsführung und die Teilhabe der Gesellschafter am Gesellschaftsvermögen eingreift, deren Regelung den Gesellschaftern vorbehalten ist und auf die sich die Vertretungsbefugnis des Geschäftsführers nicht erstreckt. Der Vertrag kann deshalb nur wirksam werden, wenn die Gesellschafter ihm gemäß den Bestimmungen über die Satzungsänderung zustimmen und er in das Handelsregister eingetragen wird. Sich mit der formlosen Zustimmung aller Gesellschafter zu begnügen, würde der Struktur des Eingriffs nicht gerecht. Die Bestimmungen über Satzungsänderungen müssen eingehalten werden, damit Gläubiger und Rechtsnachfolger von Gesellschaftern von der veränderten Struktur – wie von jeder anderen Satzungsänderung auch – Kenntnis erhalten. Im übrigen lässt sich nur so die sachliche Einschränkung der Vertretungsbefugnis der Geschäftsführung zwangslos systematisch begründen. Die notarielle Praxis sollte deshalb auch bei der GmbH die Anmeldung der Eintragung des Bestehens einer atypisch stillen Gesellschaft zum Handelsregister empfehlen.

34 Ob eine entsprechende Handhabung bei einer typisch stillen Gesellschaft in analoger Anwendung von § 292 Abs. 2 Ziff. 2 AktG erforderlich ist, hängt davon ab, ob man die entsprechende Anwendung von § 292 Abs. 1 Nr. 2 AktG befürwortet. Bis zu einer höchstrichterlichen Entscheidung dieser Frage empfiehlt es sich, den sicheren Weg zu gehen und auch bei der typischen stillen Gesellschaft den Zustimmungsbeschluss zu beurkunden und seine Eintragung in das Handelsregister zu beantragen.

35 Die stille Gesellschaft an einer **Aktiengesellschaft** wird dagegen von der ganz h. M. als Teilgewinnabführungsvertrag gemäß § 292 Abs. 1 Ziff. 2 AktG qualifiziert, der nur mit Zustimmung der Hauptversammlung der Aktiengesellschaft wirksam wird.[109] Dies gilt unabhängig davon, ob es sich um eine typische oder atypische stille Gesellschaft handelt.[110] Der Beschluss bedarf einer ¾ Kapitalmehrheit. Außerdem bedarf der Vertrag der Eintragung in das Handelsregister der AG. Nicht anwendbar sind diese Bestimmungen allerdings gemäß § 292 Abs. 2 AktG auf Verträge mit Mitgliedern des Vorstandes der AG oder einzelnen Arbeitnehmern der AG. Ist der stille Gesellschafter ebenfalls eine Gesellschaft, ist die Zustimmung seiner Gesellschafterversammlung – anders als beim Beherrschungs- und Ergebnis-

[105] *Blaurock* Rdnr. 9.61; E/B/J/S/*Gehrlein* § 230 Rdnr. 30; *Heymann/Horn* § 230 Rdnr. 26; MünchKomm HGB/*K. Schmidt* § 230 Rdnr. 115; Staub/*Zutt* § 320 Rdnr. 59; vgl. auch MünchHdbGesR II/*Bezzenberger/Keul* § 76 Rdnr. 82 (wegen der Bedeutung des Beschlusses Zustimmung mit satzungsändernder Mehrheit, aber nicht beurkundungsbedürftig und nicht im Handelsregister einzutragen).

[106] MünchKommHGB/*K. Schmidt* § 230 Rdnr. 115.

[107] *Mertens* AG 2000, 32; *Weigl* DStR 1999, 1568, 1571 ff.; GmbHR 2002, *ders.* GmbHR 2002, 778; *Schulte/Waechter* GmbHR 2002, 189, 190; *Emmerich/Habersack* § 292 AktG Rdnr. 37; *Ulmer* § 53 Rdnr. 161; Ulmer/Casper Anh. § 77 Rdnr. 204.

[108] BGH NJW 1989, 295, 296 = DNotZ 1989, 102.

[109] BGHZ 156, 38 = NJW 2003, 2412; NJW-RR 2006, 1182; NJW-RR 2005, 627; OLG Celle AG 1996, 370; OLG Stuttgart NZG 2000, 93; *Hüffer* AktG § 292 Rdnr. 15; Münch. Hdb. AG/*Krieger* § 7217; *Semler/Volhard* Arbeitshandbuch HV § 36 Rdnr. 43; Schmidt/Lutter/*Langenbucher* § 292 Rdnr. 23; MünchKomm AG/*Altmeppen* Rdnr. 65.

[110] *Emmerich/Habersack* KonzernR § 292 Rdnr. 29.

abführungsvertrag – nicht erforderlich § 293 Abs. 2 AktG ist nur auf den Abschluss eines Beherrschungs- und/oder Gewinnabführungsvertrages anwendbar.[111]

d) **Form.** *aa) Überblick.* Der Abschluss des Gesellschaftsvertrages einer stillen Gesellschaft ist grundsätzlich formfrei. Formerfordernisse können sich in folgenden Fällen ergeben: 36

- Wenn der stille Gesellschafter sich verpflichtet, dem Inhaber als Einlage Grundbesitz zu übertragen, ist der gesamte Vertrag gemäß § 311 b Abs. 1 BGB notariell beurkundungspflichtig; das gilt nicht, wenn der Grundbesitz nur zur Nutzung oder dem Wert nach eingebracht wird.[112]
- Wenn der stille Gesellschafter sich verpflichtet, dem Inhaber als Einlage Geschäftsanteile an einer GmbH zu übertragen, ist der gesamte Vertrag gemäß § 15 Abs. 4 GmbHG notariell beurkundungspflichtig.[113]
- Wenn die stille Beteiligung von einer AG oder KGaA eingeräumt wird, bedarf der Vertrag der Schriftform gemäß §§ 292 Abs. 1. Ziff. 2, 293 Abs. 3 AktG.
- Der stille Gesellschaftsvertrag von Publikumsgesellschaften unterliegt dem Schriftformerfordernis.[114]
- Ein Beurkundungserfordernis kann sich weiter aus § 518 BGB ergeben. Voraussetzung dafür ist, dass die stille Beteiligung objektiv unentgeltlich eingeräumt wird und subjektiv als unentgeltliche Zuwendung gewollt ist.[115] Eine solche unentgeltliche Zuwendung kann auch in Betracht kommen, wenn die Einlage des Stillen überbewertet worden ist, also die stille Beteiligung objektiv mehr wert ist als die Leistung des Stillen.[116] Wegen der Freiheit der Gesellschafter zur Festsetzung der Einlage und zur Bewertung von Leistungen der Gesellschafter verlangt die Annahme einer gemischten Schenkung allerdings ein bewusstes Missverhältnis von Leistung und Einlage. Nicht beurkundungsbedürftig ist die unentgeltliche Begründung der stillen Beteiligung dagegen, wenn es sich um eine Ausstattung i. S. von § 1624 Abs. 1 BGB handelt.[117] Das sind Leistungen, die einem Kind mit Rücksicht auf seine Verheiratung, also als Aussteuer oder Mitgift, oder zur Begründung oder Erhaltung einer selbständigen Lebensstellung von Vater oder Mutter zugewandt werden, soweit sie die Vermögensverhältnisse des Übertragers nicht übersteigen.

bb) Schenkung, Heilung. Liegt eine Schenkung vor und ist der Vertrag nicht beurkundet, ist die entscheidende Frage, ob der Formmangel durch Abschluss des Gesellschaftsvertrages und Begründung der stillen Beteiligung gemäß § 518 Abs. 2 BGB geheilt ist. Eine solche Heilung tritt fraglos ein, wenn der Schenker dem Erwerber eine **bereits vorhandene stille Beteiligung** überträgt.[118] Zweifelhaft ist die Heilung dagegen, wenn die stille Beteiligung erst dadurch begründet wird, dass sie zu Gunsten des Beschenkten und zu Lasten des Schenkers ohne Gegenleistung eingebucht wird. Voraussetzung für eine Heilung ist gemäß § 518 Abs. 2 BGB die Bewirkung der versprochenen Leistung. Besteht die versprochene Leistung aber darin, dass der Beschenkte wiederum nur eine Forderung gegen den Schenker erhält, wird darin im Hinblick auf § 518 Abs. 1 S. 1 BGB keine Bewirkung der Leistung gemäß Abs. 2 gesehen. Vielmehr erstreckt sich das Formerfordernis dann auf den Vertrag über die stille Gesellschaft. Ist der Schenker der Geschäftsinhaber und wird die stille Beteiligung zu seinen Lasten eingebucht, stellt sich damit die Frage, ob die stille Beteiligung mehr als eine Forderung gegen den Schenker ist. Das ist umstritten. Nach zwei älteren Entschei- 37

[111] *Emmerich/Habersack* § 293 Rdnr. 36; DNotI-Gutachten Nr. 103 056 v. 21. 5. 2010. Dort auch zu den Berichtspflichten und dem Inhalt der Handelsregistereintragung.

[112] MünchHdbGesR II/*Piehler/Schulte* § 34 Rdnr. 8 mwN.

[113] Zum Gesamtbeurkundungsgebot vgl. z. B. BGH NJW 2002, 142, 143; BGH NJW 1996, 3338, 3339; dagegen *Heidenhain* NJW 1999, 3073.

[114] MünchHdbGesR II/*Bezzenberger/Keul* § 76 Rdnr. 20; MünchKommHGB/*K. Schmidt* § 230 Rdnr. 97.

[115] MünchKomm BGB/J. *Koch* § 516 Rdnr. 24.

[116] BGH NJW 1952, 1412; vgl. oben Rdnr. 5.

[117] BGH WM 1967, 685; *Blaurock* Rdnr. 30.33.

[118] E/B/J/S/*Gehrlein* § 230 Rdnr. 23; *Heymann/Horn* § 230 Rdnr. 22; MünchHdbGesR II/*Bezzenberger/Keul* § 76 Rdnr. 52; MünchKommHGB/*K. Schmidt* § 233 Rdnr. 237; MünchKommHGB/*K. Schmidt* § 230 Rdnr. 101; MünchHdbGesR II/*Bezzenberger/Keul* § 76 Rdnr. 22; Röhricht/Graf v. Westphalen/*v. Gerkan* § 230 Rdnr. 11.

dungen des BGH[119] stellt die bloße Einbuchung einer stillen Beteiligung keine Bewirkung der versprochenen Leistung dar, und zwar unabhängig davon, ob es sich um eine typische oder atypische stille Gesellschaft handelt. Da die stille Gesellschaft kein eigenes Vermögen bilde und reine Innengesellschaft sei, sei der Geschäftsinhaber dem stillen Gesellschafter lediglich schuldrechtlich verpflichtet. Deshalb bedürfe auch der Gesellschaftsvertrag der notariellen Beurkundung.[120] In seiner bekannten Entscheidung zum Widerruf der Schenkung durch Einbuchung entstandenen Gesellschaftsbeteiligungen hat der BGH sich mit dieser Frage bewusst nicht befasst,[121] hat aber deutlich gemacht, dass in der Einbuchung einer Beteiligung an einer Außengesellschaft eine Erfüllung eines vorausgegangenen Schenkungsversprechens liegen kann. Im Schrifttum wird vielfach vertreten, dass auch die stille Gesellschaft eine echte Gesellschaft sei und deshalb der Vertrag eine mitgliedschaftliche Rechtsstellung des Stillen begründe, die mehr als ein nur schuldrechtlicher Anspruch sei. Der Abschluss des Vertrages soll nach dieser Meinung das formunwirksame Schenkungsversprechen heilen.[122] Andere nehmen das nur für die atypische stille Beteiligung an.[123] Wieder andere lehnen eine Heilung sowohl bei Vereinbarung einer typischen als auch bei der atypischen stillen Gesellschaft ab.[124] Die Praxis ist deshalb gut beraten, bis zu einer höchstrichterlichen Klärung nicht auf die Heilungswirkung zu vertrauen.

38 Am Rande sei erwähnt, dass sich die Frage nicht stellt, wenn der Geschäftsinhaber dem Stillen zunächst einen Geldbetrag zuwendet, mit ihm sodann einen Vertrag über eine stille Gesellschaft abschließt und der Stille die darauf geschuldete Einlage mit dem geschenkten Geldbetrag bezahlt. Heilungswirkung dürfte die Einbuchung des stillen Gesellschafters ferner haben, wenn sie nicht beim einzelkaufmännischen Unternehmen erfolgt, sondern bei einer Gesellschaft, deren Mitgesellschafter der Schenker ist. Denn in diesem Fall wird keine Forderung gegen den Schenker, sondern allenfalls eine solche gegen einen Dritten begründet. Dafür gilt § 518 Abs. 1 S. 1 BGB nicht. Mit der Begründung einer Forderung gegenüber Dritten ist die versprochene Leistung bewirkt, auch wenn die Einlage aus einem Konto des Schenkers und Gesellschafters eingebucht wird.[125]

39 e) **Beteiligungshindernisse.** *aa) ApoG, andere freiberufliche Tätigkeiten und Partnerschaften.* Nicht an jedem Geschäft kann sich ein Dritter als stiller Gesellschafter beteiligen. So erklärt beispielsweise § 12 i. V. m. § 8 S. 2 ApoG eine stille Beteiligung an einer Apotheke ausdrücklich für unwirksam. Vor Erlass dieser Gesetzesbestimmungen hatte der BGH dagegen sogar eine stille Beteiligung eines Nichtapothekers an einer Apotheke für zulässig gehalten; nach der Regelung des ApoG müsse nur der **Betrieb** der Apotheke in der Hand von approbierten Apothekern liegen; ein typischer stiller Gesellschafter betreibe die Apotheke aber nicht.[126] Demgegenüber hielt er die stille Beteiligung eines Nichtapothekers für unzulässig, wenn sie den Apotheker derart in wirtschaftliche Abhängigkeit bringe, dass von einer persönlichen Leistung in eigener Verantwortung, wie sie das ApoG verlange, nicht mehr ausgegangen werden könne. Mit dem Gesetz sollte einer beobachteten Tendenz entgegengewirkt werden, wonach zunehmend Außenstehende in unangemessener Weise am Gewinn von Apotheken beteiligt wurden und ihnen direkt oder indirekt Einfluss auf die Betriebsführung eingeräumt wurde.[127] Manche halten die gesetzliche Regelung für zu weitgehend und das gänzliche Verbot von stillen Gesellschaften für verfassungsrechtlich bedenklich.[128]

---

[119] NJW 1952, 1412; NJW 1953, 138.

[120] So auch *Heymann/Horn* § 230 Rdnr. 22.

[121] BGH NJW 1990, 2616/18 – *Benteler.*

[122] So schon *Hueck* NJW 1953, 140 in Anm. zum BGH-Urteil NJW 1953, 138; *Blaurock* Rdnr. 6.24; *Baumbach/Hopt* § 230 Rdnr. 10; MünchKomm BGB/*J. Koch* § 518 Rdnr. 34 ff.; Staub/*Zutt* § 230 Rdnr. 82.

[123] MünchKomm BGB/*Ulmer* § 705 Rdnr. 46; MünchKommHGB/*K. Schmidt* § 230 Rdnr. 103.

[124] E/B/J/S/*Gehrlein* § 230 Rdnr. 23; *Heymann/Horn* § 230 Rdnr. 22; MünchHdbGesR II/*Bezzenberger/Keul* § 76 Rdnr. 22.

[125] OLG Düsseldorf NZG 1999, 652; MünchKommHGB/*K. Schmidt* § 230 Rdnr. 102.

[126] BGH NJW 1980, 638; NJW 1972, 338.

[127] BT-Drucks. 8/3554.

[128] MünchKommHGB/*K. Schmidt* § 230 Rdnr. 121.

Es stellt sich die Frage, ob dieselben oder ähnliche Überlegungen für (andere) freie Berufe gelten. § 59e Abs. 3 BRAO sieht vor, dass Dritte am Gewinn einer **Rechtsanwaltsgesellschaft** nicht beteiligt werden dürfen. Das Gesetz differenziert nicht nach der Berufszugehörigkeit des Dritten. Eine stille Beteiligung soll deshalb generell ausgeschlossen sein.[129] Nach einer Entscheidung des OLG Düsseldorf[130] sind stille Beteiligungen von Berufsangehörigen an einer **Steuerberatungsgesellschaft** dagegen zulässig. Allerdings handelte es sich um einen besonderen Fall; Niederlassungsleiter konnten sich an ihrer Niederlassung still beteiligen. Bei Steuerberatungs- und Wirtschaftsprüfungsgesellschaften wird im Hinblick auf die in den Berufsordnungen nach der BGH-Entscheidung zum ApoG zur Wahrung der Unabhängigkeit der Berufsausübung eingeführten Beschränkungen der Beteiligung berufsfremder Dritter heute aber weithin befürwortet, dass nur eine stille Beteiligung berufsfremder Dritter unzulässig ist, nicht dagegen diejenige von Angehörigen derselben Berufsgruppe.[131] Umstritten ist lediglich, ob das Verbot der Beteiligung berufsfremder Dritter nur für atypische stille Beteiligungen[132] oder auch für typische stille Gesellschaften gilt.[133] Für das Verbot nur atypisch stiller Beteiligungen spricht, dass mit dem Verbot ein Fremdeinfluss auf die Ausübung des freien Berufes verhindert werden sollte. Freiberufler sollen ihre Tätigkeit als persönliche Leistung in eigener Verantwortung ausüben. Andererseits ist zu bedenken, dass auch die mit einer überhöhten Gewinnzuweisung an den Stillen verbundenen Anforderungen dazu führen können, dass die persönliche Berufsausübung in Frage gestellt wird; dies ist ebenso bei einer typisch stillen Beteiligung möglich. Der Gesetzgeber jedenfalls hat seine Skepsis gegenüber jedweder stiller Beteiligung an freiberuflichen Gesellschaften nicht nur bei der Novelle des ApoG, sondern auch in der Begründung der Novelle des PartGG zum Ausdruck gebracht.[134] Nach h. M. soll niemand einer **Partnerschaft**, sei es als Partner, sei es als stiller Gesellschafter als bloßer Kapitalgeber beitreten können.[135] Partner sollen ihren Beruf in freier Verantwortung ausüben und dafür persönlich haften. Eine Konzernbildung soll vermieden werden. An einer Partnerschaft werden demgemäß vielfach auch stille Beteiligungen von Angehörigen desselben Berufs als unzulässig angesehen.[136] 40

bb) Weitere gesetzliche Beschränkungen. Beschränkungen für stille Gesellschaften können sich aus dem **Kartellrecht** ergeben. Als kreditähnlichem Schuldverhältnis wird der typischen stillen Gesellschaft allerdings die Eignung abgesprochen, wettbewerbsbeschränkende Ziele zu verfolgen oder wettbewerbsbeschränkende Wirkung zu entfalten. Zwischen Wettbewerbern ist gleichwohl Zurückhaltung zu empfehlen, weil leicht der Eindruck entsteht, die Beteiligung diene einer kartellrechtswidrigen Verhaltenskoordinierung.[137] Mit atypischen stillen Gesellschaften können dagegen alle wettbewerbswidrigen Zwecke verfolgt werden. Außerdem können stille Gesellschaften eine kartellbehördliche Zusammenschlusskontrolle auslösen. Zwar scheiden bei der stillen Gesellschaft Vermögenserwerb gemäß § 37 Abs. 1 Nr. 1 GWB und Anteilserwerb gemäß § 37 Abs. 1 Nr. 3 GWB in der Regel aus.[138] Jedenfalls für atypische stille Gesellschaften liegen aber die Tatbestände des Kontrollerwerbs gemäß § 37 Abs. 1 Nr. 2 GWB und des Einflusserwerbs gemäß § 37 Abs. 1 Nr. 4 GWB im Bereich der Gestaltungsmöglichkeiten.[139] 41

[129] BT Drucks. 13/9820, S. 14 a. E.; MünchHdbGesR II/*Bezzenberger/Keul* § 77 Rdnr. 9; einschränkend *Blaurock* Rdnr. 9.77.

[130] NJW-RR 1997, 313.

[131] *Blaurock* Rdnr. 9.78; *Kamps/Wollweber* DStR 2009, 1870; *Beyer-Petz* DStR 2008, 73, 75; *Henssler/Streck* Hdb. SozietätsR., Rdnr. 101 ff.; MünchHdbGesR II/*Bezzenberger/Keul* § 77 Rdnr. 12.

[132] So *Blaurock* Rdnr. 9.78; MünchHdbGesR II/*Bezzenberger/Keul* § 77 Rdnr. 12.

[133] So *Kamps/Wollweber* DStR 2009, 1870; *Beyer-Petz* DStR 2008, 73, 75; *Henssler/Streck* Hdb. SozietätsR., Rdnr. 101 ff.

[134] Vgl. Begründung zum PartGG BT-Drucks. 12/6152 S. 7, 9.

[135] MünchKomm BGB *Ulmer* § 1 PartGG Rdnr. 11; *Seibert* DB 1994, 2381/2; *Meilicke/Lenz* § 1 PartGG Rdnr. 93 ff.; jeweils mwN.

[136] Vgl. Nachweise im DNotI-Gutachten Nr. 78 739 v. 25. 10. 2007; kritisch *K. Schmidt* ZIP 1993, 633, 643, der das als Sache der Berufsordnungen ansieht.

[137] Einzelheiten: MünchHdbGesR II/*Hoffmann/Doehner* § 78 Rdnr. 3 ff.

[138] *Blaurock* Rdnr. 9.73.

[139] *Blaurock* Rdnr. 9.73; MünchHdbGesR II/*Hoffmann/Doehner* § 78 Rdnr. 11 ff.

42 Bei Publikumsgesellschaften kann auch ein erlaubnispflichtiges **Einlagengeschäft** gemäß § 1 Abs. 1. S. 2 Nr. 1 **KWG** vorliegen, das als Bankgeschäft gemäß § 32 KWG nicht ohne behördliche Erlaubnis der BaFin betrieben werden darf. Das hatte das BaFin in einem Fall angenommen, in dem bei einer Vielzahl stiller Beteiligungen mit den Stillen vereinbart war, das Auseinandersetzungsguthaben bei Ende des jeweiligen Gesellschaftsverhältnisses als monatliche Altersrente mit einer Laufzeit von – je nach Wunsch des Stillen – 10 bis 40 Jahren ratierlich auszuzahlen. Der BGH hat zwar offengelassen, ob tatsächlich ein Verstoß gegen das KWG vorlag, die Geschäftsinhaber aber angesichts der unklaren Rechtslage für verpflichtet gehalten, die Anleger über die Zweifel aufzuklären und die Anlagegesellschaften wegen Verletzung der Aufklärungspflicht für schadenersatzpflichtig gehalten.[140]

43 *cc) AGB.* Umstritten ist auch die Anwendbarkeit der AGB-rechtlichen Bestimmungen des BGB. Gemäß § 310 Abs. 4 S. 1 BGB finden die §§ 305 ff. nicht auf Verträge auf dem Gebiet des Gesellschaftsrechts Anwendung. Diese sog. Bereichsausnahme gilt nach der Rechtsprechung des BGH auch für Verträge über stille Gesellschaften.[141] Damit hat das Gericht zunächst der Auffassung einer Absage erteilt, die Bereichsausnahmeregelung gelte nur für Gesellschaftsverträge mit organisationsrechtlicher Struktur. Später[142] hat es dies allerdings für Publikumsgesellschaften relativiert und entschieden, dass deren Verträge gemäß § 242 BGB einer ähnlichen Auslegung und Inhaltskontrolle wie AGB unterliegen.

44 f) **Haustürwiderrufsrecht.** Nach der Rechtssprechung des BGH ist das Haustürwiderrufsrecht auch auf die Begründung von Gesellschaftsverhältnissen – wie einenVertrag über eine stille Gesellschaft – anwendbar, falls das Ziel des Vertragsschlusses die Anlage von Kapital ist und nicht darin besteht, Mitglied einer Gesellschaft zu werden.[143] Für die notarielle Praxis spielt das keine Rolle, weil der Klient in diesen Fällen den Notar in der Regel in seiner Kanzlei aufsucht.

45 g) **Rechtsfolgen der Unwirksamkeit.** Nach der Rechtsprechung des BGH sind auf die stille Gesellschaft die Grundsätze über die fehlerhafte Gesellschaft anzuwenden. Voraussetzung ist allerdings wie üblich der Abschluss des Gesellschaftsvertrages, dessen Unwirksamkeit und die Ingangsetzung der Gesellschaft.[144] Die Rechtsprechung ist höchst umstritten. Das Schrifttum will die Grundsätze teilweise nur bei atypischen stillen Gesellschaften mit Verbandscharakter, also insbesondere bei stillen Publikumsgesellschaft mit mehreren stillen Gesellschaftern und Innen-KGs, namentlich der GmbH & Still,[145] teilweise sogar nur auf Außengesellschaften[146] anwenden. Für die notarielle Praxis ist dieser Streit nur in Ausnahmefällen von Bedeutung. Ihm wird daher hier nicht weiter nachgegangen.

46 h) **Trennung von Causa und Gesellschaftsvertrag.** Spätestens seit der Entscheidung des BGH über die Schenkung von Gesellschaftsbeteiligungen und deren Widerruf ist deutlich geworden, dass dem Abschluss eines Gesellschaftsvertrages eine gesonderte Causa zugrundeliegen kann. Der BGH[147] hat das für die schenkweise Einbuchung eines Gesellschafters festgestellt; ebenso sind aber auch andere Kausalverhältnisse denkbar, dies wird näher bei der Unterbeteiligung (Rdnr. 118 f.) dargestellt, weil das der in der Praxis häufigere Fall ist.

3. Inhalt des Vertrages

47 a) **Übersicht.** Unter Berücksichtigung der in Rdnr. 2 dieses Paragraphen dargestellten Tatbestandsmerkmale einer stillen Gesellschaft wird der Gesellschaftsvertrag einer stillen Gesellschaft folgende Fragen regeln:

140 BGH NZG 2005, 471; NJW 2005, 1784; NZG 2005, 476; NZG 2005, 472; NJW-RR 2006, 178; NZG 2006, 185; NZG 2006, 341 (Göttinger Gruppe).
141 BGHZ 127, 181 = NJW 1995, 192.
142 NJW 2001, 1270.
143 BGH NZG 2005, 261.
144 BGH NJW-RR 2005, 627; NZG 2005, 471; NJW 2005, 1784; NZG 2005, 476; NZG 2005, 472; NJW-RR 2006, 178; NZG 2006, 185.
145 Z. B. MünchKommHGB/*K. Schmidt* § 230 Rdnr. 133.
146 Z. B. MünchKomm BGB *Ulmer* § 705 Rdnr. 359.
147 NJW 1990, 2616; dazu vgl. MünchHdB. GesRI/*Piehler/Schulte* § 72 Rdnr. 17 ff. mwN.

- Beteiligte der stillen Gesellschaft; Firma, Sitz, Gegenstand
- Gesellschafterbeiträge und Einlagen
- Gewinn- und ggf. Verlustbeteiligung
- Gesellschafterkonten und Entnahmerechte
- Ergebnisermittlung und Geschäftsjahr
- Geschäftsführung
- Informations- und Kontrollrechte
- Übertragbarkeit der stillen Beteiligung und der Vermögensrechte
- Auflösung der Gesellschaft, insbes. Kündigung, Tod, Insolvenz
- Rechtsfolgen der Auflösung, insbesondere Abfindung
- Ggf. Absicherung der Rechte des Stillen
- Ausformungen der Treuepflicht z. B. Wettbewerbsverbot, Verschwiegenheit

Im Einzelnen ist dazu auf folgendes hinzuweisen:

b) Beteiligte der stillen Gesellschaft; Firma, Sitz, Gegenstand. Nach Aufführung der Personalien der Beteiligten sollte in einer Vorbemerkung das Handelsgewerbe des Inhabers identifizierbar beschrieben werden, am besten durch Bezug auf die Handelsregistereintragung. Soll die stille Gesellschaft nur an einem Teil des Unternehmens eingeräumt werden, ist dieser möglichst abgrenzbar zu beschreiben (z. B.: Der Inhaber betreibt in Köln das im Handelsregister des AG Köln unter HRA ...... eingetragene einzelkaufmännische Unternehmen Gerd Schmitz eK, das die Bewachung öffentlicher Gebäude zum Gegenstand hat. In Essen betreibt er eine Niederlassung dieses Unternehmens, deren Gegenstand die Bewachung der Zeche ...... ist. Die Niederlassung ist im Handelsregister des AG Essen unter HRA ...... eingetragen. Daran will sich der Stille mit einer Einlage von ...... Euro als atypisch stiller Gesellschafter beteiligen.). 48

Die stille Gesellschaft ist Innengesellschaft. Sie nimmt als Gesellschaft nicht am Handelsverkehr teil, bildet kein Vermögen, hat keine Organe oder Bevollmächtigten und führt keine Firma.[148] Denn die Firma ist der Name, unter der der Kaufmann Geschäfte betreibt. Eben das tut die stille Gesellschaft nicht. Sie kann aber einen Namen führen.[149] Ebenso wenig hat sie einen Sitz und auch keinen eigenen Gerichtsstand.[150] Gleichwohl kann es sinnvoll sein, den Ort festzulegen, an dem die Gesellschafterleistungen zu erbringen sind.[151]

Gemäß § 230 ist die stille Gesellschaft Beteiligung an dem Handelsgewerbe, das ein anderer betreibt. Die stille Gesellschaft ist nicht Unternehmensträger.[152] Es gibt folglich auch keinen Unternehmensgegenstand der stillen Gesellschaft. Aber der Vertrag muss festlegen, an welchem Unternehmen die Beteiligung besteht und ob sie am gesamten Handelsgewerbe oder nur an einzelnen Bereichen, z. B. einer örtlichen Niederlassung bestehen soll.[153] Zu den Unternehmen, an denen eine stille Beteiligung begründet werden kann, s. o. unter Rdnr. 3.

c) Gesellschafterbeiträge und Einlagen. *aa) Gesetzliche Regelung gem. § 230 HGB.* Der Regelungsgehalt von § 230 Abs. 1 HGB ist umstritten (s. o. Rdnr. 5). Wird eine Vermögenseinlage erbracht, ist sie gem. § 230 Abs. 1 HGB so zu leisten, dass sie in das Vermögen des Inhabers das Handelsgeschäfts übergeht. Die Gesellschaft ist Innengesellschaft, was auch Abs. 2 noch einmal klarstellt. Nur der Inhaber wird aus den im Betrieb geschlossenen Geschäften berechtigt und verpflichtet. 49

bb) Einlagenerbringung, Innengesellschaft. Als zentrale Regelung des Gesellschaftsvertrages ist festzulegen, mit welcher Einlage der Stille am Handelsgeschäft des Inhabers beteiligt sein soll und wie und wann die Einlage erbracht wird. Schon der Rechtsklarheit wegen ist es sinnvoll, zunächst den Betrag der Einlage festzulegen[154] und dann zu regeln, wie die Einlage 50

[148] MünchKommHGB/*K. Schmidt* § 230 Rdnr. 10 ff.
[149] MünchHdbGesR II/*Bezzenberger/Keul* § 76 Rdnr. 30.
[150] *Blaurock* Rdnr. 10.15.
[151] MünchHdbGesR II/*Bezzenberger/Keul* § 76 Rdnr. 30.
[152] *Baumbach/Hopt* § 230 Rdnr. 2.
[153] *Blaurock* Rdnr. 7.3; *Baumbach/Hopt* § 230 Rdnr. 1; MünchKommHGB/*K. Schmidt* § 230 Rdnr. 39 mwN.
[154] MünchKommHGB/*K. Schmidt* § 230 Rdnr. 143.

erbracht wird. Bei der **Sacheinlage** sollte festgelegt werden, wie die Bewertung erfolgt – dies kann in dem Vertrag einvernehmlich durch die Beteiligten oder durch ein zu erstellendes Wertgutachten geschehen – und wie zu verfahren ist, wenn der Wert des eingebrachten Gegenstandes den Betrag der Einlage nicht erreicht oder übersteigt (Ausgleich der Differenz in bar sofort oder nach Anforderung des Inhabers oder auch aus künftigen Gewinnen[155] im ersteren Fall; Vergütung an den Einlegenden in bar oder Darlehen oder Behandlung als Agio im zweiten Fall). Das alles ist aus der Regelung von Sacheinlagen bei anderen Gesellschaftsformen bekannt. Sollen andere Leistungen, z.B. Know-How, Dienstleistungen, Unterlassungsverpflichtungen, Benutzungsrechte o.ä. auf die Einlage angerechnet werden, ist festzulegen, welcher Wert dafür anzusetzen ist. Die Beteiligten sind in der Bewertung nach allg. Auffassung frei.[156] Nicht zulässig soll es sein, in der Vergangenheit liegende Leistungen, z.B. erbrachte Dienste nachträglich in eine Einlageleistung umzuwandeln.[157] Jedoch kann dafür nachträglich ein Entgelt festgesetzt und daraus die Einlage belegt oder dem Stillen einfach eine Einlage eingebucht werden.[158] Denkbar ist es auch, die Einlage durch Übernahme von Schulden des Geschäftsinhabers zu erbringen.[159]

51 Bei der **atypisch stillen Gesellschaft** kann es sein, dass der Gesellschafter ihm zuzurechnende **Verluste** durch **Verrechnung** mit anderen gewerblichen Einkünften verrechnen will; hier ist zu beachten, dass das bei einer Innengesellschaft erst ab Einlagelleistung möglich ist.[160] Der erweiterte Verlustausgleich gem. § 15a Abs. 1 S. 2 u. 3 ErbStG setzt eine entpsrechende Außenhaftung voraus und gilt deshalb nicht bei einer Innengesellschaft. Soll die Einlage durch Übernahme von Verbindlichkeiten des Geschäftsinhabers erbracht werden, ist dazu auch die Genehmigung des Schuldübernehmers erforderlich. Wird diese verzögert, kann das zur Haftung desjenigen führen, der für die Einholung der Genehmigung verantwortlich ist.[161]

52 Die Einlage kann durch schenkweise Einbuchung geleistet werden. Die **Schenkung** löst die Beurkundungspflicht nach § 518 BGB aus.[162] Dasselbe gilt für eine gemischte Schenkung, wenn der Wert der von dem Stillen zu erbringenden Einlage wesentlich hinter dem Wert der stillen Beteiligung zurückbleibt.[163] Inwiefern der Formmangel durch Schenkungsvollzug geheilt wird, ist zweifelhaft (s.o. Rdnr. 37). In jedem Fall empfiehlt es sich, eine Schenkung deutlich anzusprechen und zu regeln, insbesondere im Hinblick auf eine Anrechnung auf Erbteil und Pflichtteilsansprüche sowie einen Schenkungswiderruf.[164]

53 Auch bei der stillen Gesellschaft gilt § 707 BGB: Zu Nachschüssen ist der stille Gesellschafter nur verpflichtet, wenn im Gesellschaftsvertrag eine Nachschusspflicht vorgesehen ist und mit hinreichender Klarheit geregelt ist, unter welchen Umständen ein Nachschuss zu leisten ist.[165]

54 **d) Gewinn- und ggf. Verlustbeteiligung; Entnahmerechte; Gesellschafterkonten.** *aa) Gewinnbeteiligung.* Im Zusammenhang mit der Festlegung der Einlage wird regelmäßig auch der Umfang der Gewinnbeteiligung vereinbart. Mangels Vereinbarung, gilt ein den Umständen nach angemessener Anteil am Gewinn[166] als bedungen (§ 231 HGB). § 722 Abs. 1 BGB,

[155] *Blaurock* Rdnr. 6.14; MünchKommHGB/*K. Schmidt* § 230 Rdnr. 152; MünchHdbGesR II/*Kühn* § 83 Rdnr. 8; a.A. Staub/*Zutt* § 230 Rdnr. 77.

[156] Z.B. *Blaurock* Rdnr. 6.61; *Baumbach/Hopt* § 230 Rdnr. 22; E/B/J/S/*Gehrlein* § 230 Rdnr. 17; MünchKommHGB/*K. Schmidt* § 233 Rdnr. 150; Röhricht/Graf v. Westphalen/*v. Gerkan* § 230 Rdnr. 35; Staub/*Zutt* § 230 Rdnr. 113.

[157] *Baumbach/Hopt* § 230 Rdnr. 20; MünchKommHGB/*K. Schmidt* § 230 Rdnr. 151; Staub/*Zutt* § 230 Rdnr. 75.

[158] MünchKommHGB/*K. Schmidt* § 230 Rdnr. 151 mwN.

[159] BFH MittBayNot 2009, 69.

[160] BFH MittBayNot 2009, 69.

[161] Dazu *Weigl* MittBayNot 2009, 23, 26.

[162] *Blaurock* Rdnr. 6.18.

[163] BGH NJW 1952, 1412.

[164] Dazu eingehend MünchHdbGesR II/*Piehler/Schulte* § 34 Rdnr. 26ff.

[165] BGH NZG 2007, 620 mit Anm. *Ziemons* FD-HGR 2007, 2381, 114; *Blaurock* Rdnr. 10.22.

[166] Dazu MünchHdbGesR II/*Bezzenberger/Keul* § 86 Rdnr. 37; Staub/*Zutt* § 281 Rdnr. 8; MünchKomm HGB/*K. Schmidt* § 231 Rdnr. 7.

wonach im Zweifel jeder Gesellschafter einen gleich großen Anteil am Gewinn und Verlust hat, ist nach h. M. nicht anzuwenden.[167]

Die Gewinnbeteiligung kann auch nur an einem **Teil des Unternehmens** des Geschäftsinhabers bestehen und kann so weit gehen, dass der **gesamte Gewinn** des Unternehmens an den Stillen abzuführen ist (Einzelheiten s. o. Rdnr. 8). 55

Grundsätzlich unterliegt die Gestaltung der Gewinnbeteiligung der **freien Vereinbarung** der Beteiligten.[168] Bei vollständigem Ausschluss der Gewinnbeteiligung liegt aber gem. § 231 Abs. 2 HS. 2 HGB keine stille Beteiligung vor. Die **Verlustbeteiligung** kann dagegen gemäß § 231 Abs. 2 HS. 1 HGB ausgeschlossen werden. Ein Ausschluss der Gewinnbeteiligung ist in der Regel auch bei reiner Umsatzbeteiligung gegeben.[169] Möglich ist dagegen die Vereinbarung einer Mindestverzinsung der Einlage, wie sie § 168 HGB für die Kommanditeinlage vorsieht, ebenso eine Höchstverzinsung. 56

Bei einer stillen Beteiligung zwischen **Angehörigen** ist eine Höchstverzinsung schon aus steuerlichen Gründen empfehlenswert; denn nach der Rechtsprechung des BFH[170] und den Einkommensteuerrichtlinien[171] wird eine Gewinnbeteiligung bei einer stillen Gesellschaft zwischen Angehörigen nur anerkannt, soweit sie angemessen ist. Maßgebend ist der sog. Fremdvergleich. Bei einer geschenkten stillen Beteiligung wird in der Regel eine Rendite von 15% der Einlage für angemessen gehalten, falls der Stille auch am Verlust beteiligt ist, sonst von 12%. Bei Aufbringung der Einlage aus Eigenmitteln des Stillen wird bei Verlustbeteiligung des Stillen in der Regel eine Rendite von 35% und sonst von 25% als angemessen angesehen. Übersteigt der auf den Stillen entfallende Gewinn diese Beträge, wird er steuerlich nicht dem Stillen, sondern dem Geschäftsinhaber zugerechnet.[172] Bemessungsgrundlage ist bei der geschenkten typisch stillen Beteiligung der Nominalbetrag der Einlage,[173] bei der geschenkten atypisch stillen Beteiligung der tatsächliche Wert der Beteiligung.[174] 57

Beteiligt sich der Gesellschafter einer **Kapitalgesellschaft** oder eine ihm nahestehende Person mit einer stillen Beteiligung an dieser Kapitalgesellschaft, insbesondere im Rahmen einer GmbH & Still, kann eine überhöhte Gewinnbeteiligung aus steuerlicher Sicht ebenfalls bedenklich sein. Es handelt sich dann um eine **verdeckte Gewinnausschüttung**.[175] Auch hier kommt es deshalb darauf an, ob die Gewinnbeteiligung des stillen Gesellschafters einem Fremdvergleich standhält.[176] Dabei soll maßgebend sein, ob die Gewinn- und Verlustbeteiligung des Stillen im Verhältnis zu dem jeweiligen Beitrag des Stillen und des Inhabers angemessen ist.[177] Ob in diesem Zusammenhang die für Familienbeteiligungen entwickelten Grundsätze, insbesondere Prozentsätze, entsprechend herangezogen werden können, ist unklar.[178] Das Schrifttum scheint davon auszugehen, dass die Grundsätze nicht anwendbar sind.[179] Es wird empfohlen, zur Vermeidung einer verdeckten Gewinnausschüttung der GmbH vorab die Kapitalverzinsung, die Haftungsrisiken und die Tätigkeit der GmbH als Geschäftsinhaberin zu vergüten, und zwar bei Neugründung mit 20 bis 30% des Stammkapitals und bei bestehenden Unternehmen mit 10 bis 20% des Gewinns.[180]

bb) Rückbeziehung der Gewinnbeteiligung zu Beginn der Gesellschaft. Für die Zurechnung von Gewinn und Verlust ist auch der Beginn der Gesellschaft von Bedeutung. Schuld- 58

[167] E/B/J/S/*Gehrlein* § 231 Rdnr. 8; MünchHdbGesR II/*Bezzenberger/Keul* § 86 Rdnr. 37; MünchKommHGB/*K. Schmidt* § 231 Rdnr. 7; Staub/*Zutt* § 231 Rdnr. 8; a. M. *Baumbach/Hopt* § 231 Rdnr. 1.

[168] MünchKommHGB/*K. Schmidt* § 231 Rdnr. 9.

[169] *Baumbach/Hopt* § 231 Rdnr. 2; *Heymann/Horn* § 231 Rdnr. 5.

[170] Z. B. BFH DStR 2009, 959; Beck RS 2001, 25 000 195; Beck RS 1973, 22 002 090.

[171] EStR H 15.9 (3) und 15.9 (5); vgl. zum Ganzen auch *Blaurock* Rdnr. 21.52 ff. m. w. N.

[172] *Blaurock* Rdnr. 21.59 f.

[173] BFH BStBl 1973 II, 650.

[174] BFH BStBl 1973 II, 5.

[175] *Blaurock* Rdnr. 21.93 ff.; MünchKommHGB/*K. Schmidt* § 231 Rdnr. 16.

[176] *Blaurock* Rdnr. 21.96 mwN.

[177] BFH BStBl 1980 II, 477.

[178] Vgl. BFH BStBl II 1980, 477 = Beck RS 1980 22005 194 einerseits und – ohne Auseinandersetzung damit – BFH vom Beck RS 2001 25000 195 andererseits.

[179] Vgl. *Blaurock* Rdnr. 21.98; MünchKommHGB/*K. Schmidt* § 231 Rdnr. 16 f., jeweils mwN.

[180] So *Blaurock* Rdnr. 21.101 mwN.

rechtlich kann er auf einen Zeitpunkt vor Unterzeichnung des Vertrages zurückbezogen werden (s.o. Rdnr. 23). Steuerlich wird dies aber nur anerkannt, wenn es sich um eine kurze Zeitspanne[181] handelt und die Anerkennung der Rückbeziehung nach den Umständen des Falles vertretbar erscheint, insbesondere mit der Gestaltung kein steuerlicher Vorteil erstrebt wird.[182] Das kommt z. B. bei einer Rückbeziehung eines kurz nach dem Bilanzstichtag abgeschlossenen Vertrages auf den Stichtag in Betracht.

59 *cc) Auszahlung des Gewinnanteils.* Der stille Gesellschafter hat gemäß § 232 Abs. 1 HGB Anspruch auf Auszahlung des Gewinnanteils. Zu Entnahmen ist er nicht berechtigt.

Der Auszahlungsanspruch ist fällig, sobald die Abrechnung erfolgt ist oder im ordnungsgemäßen Geschäftsgang erfolgt sein könnte. Ist der Stille Kaufmann, stehen ihm ab diesem Zeitpunkt gem. §§ 352, 353 HGB Fälligkeitszinsen zu, anderenfalls bedarf es gem. § 286 BGB einer Mahnung, um den Verzugszinsanspruch auszulösen.

Anspruch auf Auszahlung hat der Stille, auch wenn er seine Einlage noch nicht voll geleistet hat. Allerdings steht dem Geschäftsinhaber unter Umständen ein Zurückbehaltungsrecht zu, möglicherweise auch das Recht zur Aufrechnung.[183]

Nicht ausgezahlte, stehen gelassene Gewinne erhöhen gem. § 232 Abs. 3 HGB nicht die Einlage des Stillen. Sie sind seinem Privatkonto (vgl. nachstehend Rdnr. 61) gutzubringen.

60 *dd) Verluste.* Ein Verlust mindert gem. § 232 Abs. 2 HGB die Einlage des Stillen. Zu Nachschüssen ist dieser aber gem. § 707 BGB nicht verpflichtet, soweit nicht etwas anderes vereinbart ist. § 232 Abs. 2 HGB schreibt vor, dass der Gewinn zur Einlagendeckung zu verwenden ist, solange die Einlage durch Verluste gemindert ist. Das entspricht sinngemäß der Regelung in § 167 Abs. 3 HGB und § 169 Abs. 1 S. 2 HGB. Solange die Einlage gemindert ist, dürfen Gewinne nicht ausgezahlt werden. Übersteigen die Verluste die Einlage, gilt das auch für die übersteigenden Beträge. Gewinne, die ausgeschüttet worden sind, bevor die Einlage durch Verluste gemindert wurde, kann der Stille dagegen behalten. Sie sind nicht zurückzuzahlen. Das gilt auch, wenn sie bei der Gesellschaft verblieben und auf einem Privat- oder Darlehnskonto des Stillen gutgeschrieben worden sind. Sie sind ein Darlehen des Stillen an den Geschäftsinhaber.[184]

61 *ee) Konten.* Angesichts der Regelung in § 232 Abs. 2 HGB empfiehlt es sich, wie bei der Kommanditgesellschaft im Vertrag mindestens drei Konten des Stillen vorzusehen:[185] Das Einlage- oder Kapitalkonto I und das Kapitalkonto II zur Verbuchung der nicht entnahmefähigen Gewinne (Rücklagen) sowie der Verluste sowie ein Privat- oder Darlehnskonto. Geregelt wird dann weiter folgendes: Auf dem Einlagenkonto oder Kapitalkonto I wird die Einlage verbucht. Es ist grundsätzlich fest und kann nur durch Vereinbarung zwischen stillem Gesellschafter und Geschäftsinhaber verändert werden (vgl. auch § 232 Abs. 3 HGB). Nicht entnahmefähige Gewinne und Verluste werden auf dem Kapitalkonto II gebucht. Andere Gewinne werden, solange das Kapitalkonto II einen Verlust ausweist, diesem gutgebracht und darüber hinausgehende Beträge dem Privat- oder Darlehnskonto. Von diesem Konto sind auch Auszahlungen an den Stillen abzubuchen. Für das Privatkonto ist eine Verzinsung zu regeln, denn es handelt sich um ein Darlehenskonto. Ein Saldo zugunsten des Stillen ist ein von diesem dem Inhaber gewährtes Darlehen, ein Saldo zu seinen Lasten, falls das im Vertrag (beispielsweise zur Bedienung von Steuervorauszahlungen) zugelassen wird, ein Darlehen des Geschäftsinhabers an den Stillen.

62 **e) Ergebnisermittlung und Geschäftsjahr.** *aa) Überblick, Geschäftsjahr.* Eine der zentralen Fragen der Gestaltung eines jeden Vertrages einer stillen Gesellschaft ist es, wie das der Berechnung des Ergebnisanteils des stillen Gesellschafters zugrundeliegende Betriebsergebnis

---

181 Nach *Herrmann/Heuer/Raupach* § 16 Anm. 253 bis zu einem Monat.

182 Z. B. BFH BStBl II 1979, 581.

183 E/B/J/S/*Gehrlein* § 232 Rdnr. 19; MünchKommHGB/*K. Schmidt* § 232 Rdnr. 23; Staub/*Zutt* § 232 Rdnr. 22.

184 E/B/J/S/*Gehrlein* § 232 Rdnr. 24; *Heymann/Horn* § 232 Rdnr. 11; MünchKommHGB/*K. Schmidt* § 232 Rdnr. 29; *Röhricht/Graf v. Westpfahlen/v. Gerkan* § 232 Rdnr. 15.

185 MünchHdbGesR II *Bezzenberger/Keul* § 85 Rdnr. 28 ff.; zum Drei-Konten-Modell vgl. E/B/J/S/*Ehricke* § 120 Rdnr. 75 ff.; MünchKommHGB/*Priester* § 120 Rdnr. 105 ff.; Staub/*Ulmer* § 120 Rdnr. 66 ff.

zu ermitteln ist. Das Gesetz macht dazu in § 232 HGB nur wenige Vorgaben. Eine Vorgabe ist, dass die Bewertung am Schluss des Geschäftsjahres zu erfolgen hat; damit ist das **Geschäftsjahr** des Geschäftsinhabers gemeint.[186] Sollte die stille Gesellschaft im Verlauf eines Jahres begonnen haben, empfiehlt es sich zu regeln, ob auf den Zeitpunkt des Beginns ein Zwischenabschluss zu erstellen ist oder der Gewinn zeitanteilig zugerechnet werden soll.

bb) Ergebnisermittlung, Gewinn- und Verlustrechnung. Die stille Gesellschaft stellt keine eigene Erfolgsrechnung auf, da sie als Innengesellschaft keine eigenen Geschäfte tätigt vgl. § 230 Abs. 2 HGB. Ausgangspunkt ist die Erfolgsrechnung, die der Geschäftsinhaber für sein Unternehmen aufstellt, außer in Ausnahmefällen[187] also die von ihm aufgestellte Bilanz nebst Gewinn- und Verlustrechnung. Maßgeblich soll im Zweifel die Handelsbilanz sein.[188] Nach h. M. kann diese aber mangels anderweitiger Vereinbarung nicht ohne Änderungen der Abrechnung gegenüber dem Stillen zugrundegelegt werden.[189] Der typische stille Gesellschafter nimmt nicht am Bilanzergebnis als Unternehmensgewinn, sondern nur am **Betriebsergebnis** teil; darunter wird das Ergebnis aus den unternehmerischen Geschäften des Betriebsbereichs verstanden, an dem sich der stille Gesellschafter beteiligt hat.[190] Außer Betracht bleiben sollen demgemäß insbesondere Gewinn- und Verlustvorträge aus der Zeit vor Gründung der stillen Gesellschaft,[191] solche die aus der privaten Sphäre des Gläubigers stammen (z. B. Forderungsverzichte eines Angehörigen), vertragswidrige Geschäfte, die nicht unter den Gegenstand des Handelsgewerbes fallen, an dem die stille Beteiligung besteht[192] sowie Geschäfte, die der Zustimmung des Stillen bedurft hätten, aber ohne diese abgeschlossen worden sind und die der Stille deshalb nicht gegen sich gelten lassen muss.[193] Wertsteigerungen im nicht betriebsnotwendigen Anlagevermögen und – grundsätzlich – Erlöse aus der Auflösung bereits vor Begründung der stillen Gesellschaft begründeter stiller Reserven,[194] soweit diese nicht durch Aufwendungen aus Gesellschaftsmitteln zu Lasten der dem Stillen zustehenden Erlöse geschaffen worden sind.[195] 63

Die Einzelheiten der Abgrenzung sind umstritten.[196] Die Frage, welche Erträge aus der Abrechnung herauszurechnen sind, muss durch Auslegung der zwischen den Beteiligten getroffenen Vereinbarungen gefunden werden. Ausgangspunkt wird aber das Unternehmensergebnis sein, mit Ausnahmen des Teils, der einer Teilliquidation des Anlagevermögens gleichkommt,[197] soweit der Stille daran auch bei einer Liquidation der stillen Gesellschaft nicht beteiligt ist. 64

cc) Vertragliche Regelung. Die sich daraus ergebenden Unsicherheiten machen es für den Gestalter des Vertrages der **typischen stillen Gesellschaft** zu einer der wichtigsten Aufgaben, die Abgrenzung möglichst klar festzulegen.[198] Dies kann durch eine generelle Verweisung auf das Jahresergebnis oder den Bilanzgewinn des Geschäftsjahres, an dessen Gewinn der Stille teilhaben soll oder – dies ist die häufigste Regelung – durch Verweisung auf das Jahresergebnis aus der Bilanz des Geschäftsinhabers mit Korrekturen durch einen Negativkata- 65

[186] E/B/J/S/*Gehrlein* § 232 Rdnr. 7; Staub/*Zutt* § 232 Rdnr. 5; a. A. MünchKommHGB/*K. Schmidt* § 232 Rdnr. 19.

[187] Dazu E/B/J/S/*Gehrlein* § 232 Rdnr. 4.

[188] E/B/J/S/*Gehrlein* § 232 Rdnr. 5; MünchHdbGesR II/*Bezzenberger/Keul* § 85 Rdnr. 10.

[189] OLG Frankfurt a. M. NZG 2001, 696; *Baumbach/Hopt* § 232 Rdnr. 1; E/B/J/S/*Gehrlein* § 232 Rdnr. 9; MünchKommHGB/*K. Schmidt* § 232 Rdnr. 5; Staub/*Zutt* § 232 Rdnr. 3.

[190] OLG Frankfurt a. M. NZG 2001, 696; *Baumbach/Hopt* § 232 Rdnr. 1; E/B/J/S/*Gehrlein* § 232 Rdnr. 9; MünchKommHGB/*K. Schmidt* § 232 Rdnr. 5; Staub/*Zutt* § 232 Rdnr. 3.

[191] E/B/J/S/*Gehrlein* § 232 Rdnr. 10.

[192] Kritisch MünchKommHGB/*K. Schmidt* § 232 Rdnr. 10.

[193] BGH NJW 1988, 413, 414; auch NJW 1995, 1353, 1354; *Baumbach/Hopt* § 230 Rdnr. 13; *Heymann/Horn* § 230 Rdnr. 39; E/B/J/S/*Gehrlein* § 230 Rdnr. 227; Staub/*Zutt* § 230 Rdnr. 92.

[194] Einzelheiten E/B/J/S/*Gehrlein* § 232 Rdnr. 10 ff.

[195] OLG Frankfurt a. M. NZG 2001, 696; MünchKommHGB/*K. Schmidt* § 232 Rdnr. 8; generell für die Auflösung stiller Reserven, die vor Beginn der stillen Gesellschaft begründet worden sind MünchHdbGesR II/*Bezzenberger/Keul* § 86 Rdnr. 24; MünchKommHGB/*K. Schmidt* § 232 Rdnr. 10.

[196] Vgl. MünchHdbGesR II/*Bezzenberger/Keul* § 86 Rdnr. 8; MünchKommHGB/*K. Schmidt* § 232 Rdnr. 5, 6.

[197] MünchKommHGB/*K. Schmidt* § 232 Rdnr. 6.

[198] Vgl. z. B. Münch VertragsHdb./*von der Heydt* Muster IX Nr. 1 § 7.

log geschehen. In beiden Fällen ist zunächst festzulegen, ob von der Handelsbilanz oder der Steuerbilanz ausgegangen werden soll. Tendenziell wird der Stille die Steuerbilanz und der Geschäftsinhaber die Handelsbilanz bevorzugen. Die Frage hat sich zwar seit Erlass des BilRiG entspannt, der in der Steuerbilanz ausgewiesene Gewinn wird aber dennoch regelmäßig höher sein als der Gewinn der Handelsbilanz.[199] Alsdann ist zu regeln, welche Korrekturen gegenüber dem Jahresabschluss anzubringen sind: Dabei geht es namentlich um folgende Korrekturen, die auch davon abhängig sind, ob die Handels- oder die Steuerbilanz zurgrundegelegt wird:

- Hinzurechnung von Aufwand aus der Einstellung in steuerfreie oder steuerpflichtige **Rücklagen** und Abzug von Erträgen aus deren Auflösung (z. B. § 6 b EStG).[200]
- Abzug von Erträgen aus der **Auflösung stiller Reserven** (möglicherweise getrennt nach vorvertraglich begründeten stillen Reserven und solchen, die während der Vertragsdauer gebildet wurden);[201]
- Abzug von **Tätigkeitsvergütungen und Zinsen**, welche an die Gesellschafter des Geschäftsinhabers (falls es sich bei diesem um eine Personengesellschaft handelt) gezahlt oder ihnen gutgeschrieben wurden, und Hinzurechnung von Erträgen aus Zinsen, die ihnen belastet wurden (bei Zugrundelegung der Steuerbilanz); gegebenenfalls Vornahme eines Abzugs vom Ertrag als **Vergütung des Geschäftsinhabers**;[202]
- Hinzurechnung von Ertragsminderungen aus **außerordentlichen Aufwendungen** und Abzug **außerordentlicher Erträge** aufgrund von Geschäftsvorfällen vor Beginn der stillen Gesellschaft (z. B. Schadenersatzansprüche);[203]
- Hinzurechnung von Ertragsminderungen durch überplanmäßige Abschreibungen (**Sonderabschreibungen**);[204]
- Abzug **privat veranlasster** Erträge (z. B. Forderungsverzicht eines Angehörigen) und Hinzurechnung privat veranlaßter Aufwendungen;[205]
- Hinzurechnung von Ertragsminderungen durch **Geschäfte, die der Zustimmung des Stillen bedurft hätten**, aber ohne diese abgeschlossen worden sind und die der Stille deshalb nicht gegen sich gelten lassen muss;[206]
- Abzug von Erträgen aus der **Veräußerung** oder **Zerstörung** (z. B. Versicherungsleistung) von **vorvertraglich angeschafften Gegenständen** des Anlagevermögens.[207]

66 Die Ermittlung der Jahresrechnung des Geschäftsinhabers erfolgt stufenweise. Zunächst ist die für die Berechnung des Gewinnanteils des Stillen maßgebende Abrechnung zu erteilen und der auf den stillen Gesellschafter entfallende Gewinnanteil zu ermitteln. Dieser ist alsdann in den endgültige Jahresabschluss des Geschäftsinhabers einzustellen.[208]

67 Für den Gewinn- oder Verlustanteil des mitunternehmerischen **atypischen stillen Gesellschafters** ist in der Regel schlicht das Jahresergebnis des Jahresabschlusses des Inhabers maßgebend.[209] Das im vorangehenden Absatz angesprochene mehrstufige Verfahren der Gewinnermittlung des Inhabers gilt auch hier.

68 *dd) Innen-KG.* Bei der Innen-KG ist das Ergebnis nach Maßgabe der Regeln zu ermitteln, die bei der KG anzuwenden sind und für jeden Gesellschafter sein Anteil daran zu errechnen. Auf dieser Grundlage ist alsdann der Jahresabschluss des Geschäftsinhabers, bei der GmbH & Still also derjenige der GmbH aufzustellen. Die Feststellung des Jahresabschlusses

---

199 MünchHdbGesR II/*Bezzenberger/Keul* § 85 Rdnr. 10; E/B/J/S/*Gehrlein* § 232 Rdnr. 5.

200 MünchHdbGesR II/*Bezzenberger/Keul* § 85 Rdnr. 15.

201 E/B/J/S/*Gehrlein* § 232 Rdnr. 10, 13; MünchKommHGB/*K. Schmidt* § 232 Rdnr. 9, 15.

202 *Blaurock* Rdnr. 12.31.

203 MünchHdbGesR II/*Bezzenberger/Kaul* § 86 Rdnr. 23.

204 Vgl. dazu MünchKommHGB/*K. Schmidt* § 232 Rdnr. 9.

205 E/B/J/S/*Gehrlein* § 232 Rdnr. 11.

206 BGH NJW 1988, 413, 414; auch NJW 1995, 1353, 1354; *Baumbach/Hopt* § 230 Rdnr. 13; E/B/J/S/*Gehrlein* § 230 Rdnr. 52; MünchKommHGB/*K. Schmidt* § 230 Rdnr. 178; *Heymann/Horn* § 230 Rdnr. 39; Staub/*Zutt* § 230 Rdnr. 92.

207 Zu dieser Frage vgl. MünchKommHGB/*K. Schmidt* § 232 Rdnr. 9.

208 MünchKommHGB/*K. Schmidt* § 232 Rdnr. 21, 38.

209 MünchKommHGB/*K. Schmidt* § 232 Rdnr. 38.

der Innen-KG ist dann Sache der Gesellschafter der Innen-KG, also des Geschäftsinhabers und der „Kommanditisten", also der stillen Gesellschafter.[210]

69 f) **Geschäftsführung, Vertretung.** *aa) Grundsatz.* Die Geschäftsführung des Handelsgeschäfts ist allein Sache des Inhabers. Selbst bei Geschäften, die über den gewöhnlichen Betrieb des Handelsgewerbes hinausgehen, bedarf er nicht der Zustimmung des Stillen. Eine § 116 Abs. 2 HGB oder § 164 S. 1 HS. 2 HGB entsprechende Vorschrift gibt es bei der stillen Gesellschaft nicht.

70 Der Inhaber hat das Handelsgewerbe allerdings **im gemeinsamen Interesse** zu führen. Deshalb gibt es immanente Grenzen der Geschäftsführung, die der Inhaber beachten muss. Zum einen muss er die Einlage des Dritten bestimmungsgemäß verwenden und darf dem Unternehmen nicht bestimmungswidrig Mittel entziehen.[211] Zum anderen darf er die Grundlagen der Beteiligung nicht ohne Zustimmung des Stillen verändern. Er darf das Unternehmen nicht wesentlich verändern, insbesondere den Geschäftsbetrieb nicht veräußern, einstellen, grundlegend anders ausrichten, die Firma ändern oder den Sitz verlegen.[212] Außerdem muss er sich bei der Führung der Geschäfte in den Grenzen des Unternehmensgegenstandes halten. Bei Verletzung dieser Pflichten ist das Geschäft zwar im Außenverhältnis wirksam, der Stille kann vom Inhaber aber Erfüllung verlangen, die stille Gesellschaft aus wichtigem Grund kündigen oder ihn auf Schadenersatz in Anspruch nehmen.[213] Das Ergebnis aus Geschäften, die ohne seine Zustimmung außerhalb des Gegenstands des Unternehmens getätigt worden sind, braucht er nicht gegen sich gelten zu lassen.[214] Er muss aber unverzüglich widersprechen, wenn er von einem solchen Geschäft erfährt.[215] Dagegen kann der Stille dem Inhaber die Geschäftsführung nicht gem. § 712 BGB entziehen,[216] falls ihm dieses Recht nicht im Gesellschaftsvertrag vorbehalten worden ist.

71 Überhaupt können dem Stillen im Gesellschaftsvertrag umfangeiche Mitwirkungsrechte an der Geschäftsführung eingeräumt werden. Das geht von Widerspruchsrechten und Zustimmungsvorbehalten über Weisungsrechte und unmittelbare gleichberechtigte Mitgeschäftsführungsbefugnisse (einzeln oder gemeinsam) bis zur Vereinbarung der Alleingeschäftsführung des Stillen; der Inhaber hat sich dann selbst einer Geschäftsführungstätigkeit zu enthalten und darf im Bereich des Handelsunternehmen nur gemäß den Weisungen des Stillen handeln.[217]

72 *bb) Vollmacht.* Um die Einräumung unmittelbarer Geschäftsführungsbefugnisse umsetzen zu können, sollten dem Stillen auch Vertretungsbefugnisse eingeräumt werden. Dazu muss ihm der Geschäftsinhaber Vollmacht erteilen. Vertreten wird nicht die Gesellschaft, weil diese als Innengesellschaft keine eigenen Geschäfte tätigt, sondern der Inhaber.[218] Ist der Geschäftsinhaber eine Gesellschaft, ist zu beachten, dass Generalvollmachen durch Gesellschaften grundsätzlich unzulässig sind, weil die organschaftlichen Befugnisse nicht übertragbar sind. Sie können zwar häufig in zulässige Generalhandlungsvollmachten umgedeutet werden.[219] Es empfiehlt sich aber, sie von vornherein so zu erteilen.

73 *cc) Einschränkungen aus dem Organisationsrecht von Gesellschaften.* Bei der Einräumung von Geschäftsführungs- oder Vertretungsbefugnissen kann es, falls es sich bei dem

[210] Einzelheiten MünchKommHGB/*K. Schmidt* § 232 Rdnr. 39 ff.
[211] BGH NJW 1988, 413, 414; NJW 1995, 1353, 1354; E/B/J/S/*Gehrlein* § 230 Rdnr. 50.
[212] E/B/J/S/*Gehrlein* § 230 Rdnr. 51;
[213] *Blaurock* Rdnr. 12.29; MünchKommHGB/*K. Schmidt* § 230 Rdnr. 178.
[214] BGH NJW 1988, 413, 414; auch NJW 1995, 1353, 1354; *Baumbach/Hopt* § 230 Rdnr. 13; E/B/J/S/*Gehrlein* § 230 Rdnr. 52; MünchKommHGB/*K. Schmidt* § 230 Rdnr. 178; *Heymann/Horn* § 230 Rdnr. 39; Staub/*Zutt* § 230 Rdnr. 92.
[215] E/B/J/S/*Gehrlein* § 230 Rdnr. 52; Staub/*Zutt* § 230 Rdnr. 92.
[216] *Blaurock* Rdnr. 12.8; E/B/J/S/*Gehrlein* § 230 Rdnr. 48; *Heymann/Horn* § 230 Rdnr. 34; MünchHdb-GesR II/*Kühn* § 80 Rdnr. 3; MünchKommHGB/*K. Schmidt* § 230 Rdnr. 178; Staub/*Zutt* § 230 Rdnr. 93.
[217] MünchKommHGB/*K. Schmidt* § 230 Rdnr. 77; Staub/*Zutt* § 230 Rdnr. 94; zweifelnd *Blaurock* Rdnr. 12.90; generelle Bedenken gegen uneingeschränkte Weisungsrechte bei Handelsgesellschaften als Inhaber äußert *Weigl* DStR 1999, 1558 dazu sogleich im Text unter Rdnr. 73.
[218] Dazu MünchKommHGB/*K. Schmidt* § 230 Rdnr. 78.
[219] BGH NJW-RR 2002, 1325.

Inhaber um eine Gesellschaft handelt, zu Konflikten mit dem Recht der jeweiligen Gesellschaft kommen (z. B. Selbstorganschaft bei Personengesellschaften;[220] zwingende Organzuständigkeiten bei der AG[221]). Der Grundsatz der **Selbstorganschaft bei Personengesellschaften** besagt, dass die Geschäftsführerstellung bei Personengesellschaften zwingend den persönlich haftenden Gesellschaftern vorbehalten ist und Nichtgesellschaftern nicht übertragen werden kann.[222] Diese können zwar weitreichende Geschäftsführungsbefugnisse und Vollmachten erhalten, die organschaftlichen Geschäftsführungs- und Vertretungsbefugnisse müssen jedoch den persönlich haftenden Gesellschaftern verbleiben.[223] Insofern dürfte die Übertragung einer ausschließlichen Geschäftsführungs- und Vertretungsbefugnis bei der Personengesellschaft auf den Stillen bedenklich sein.[224]

74 Unbedenklich soll dies bei der **GmbH** sein.[225] Dagegen soll die Gestaltung stiller Gesellschaftsverträge mit einer **AG** umfangreichen Beschränkungen unterliegen, die sich aus der zwingenden Eigenverantwortlichkeit des Vorstandes gem. § 76 AktG, der zwingenden Zuständigkeit des Aufsichtsrats zur Bestellung des Vorstands gem. § 84 AktG und der ausschließlichen Kompetenz der Hauptversammlung für die ihr zugewiesenen Gegenstände gem. § 119 AktG ergeben.[226] Problematisch sind insbesondere weitgehende Zustimmungsvorbehalte, wenn die Rechtsfolgen eines Verstoßes nicht auf ein außerordentliches Kündigungsrecht beschränkt sind.[227]

75 g) **Informations- und Kontrollrechte.** § 233 HGB entspricht der Regelung über das Kontrollrecht des Kommanditisten gem. § 166 HGB und zwar in Abs. 1 und 3 wörtlich und in Abs. 2 sinngemäß. § 233 Abs. 1 HGB gewährt ein Recht auf Abschrift des Jahresabschlusses und auf Einsicht in die Bücher und Papiere zur Prüfung des Abschlusses; Abs. 3 sieht vor, dass das Gericht bei Vorliegen eines wichtigen Grundes die Mitteilung einer Bilanz und eines Jahresabschlusses „oder sonstiger Aufklärungen sowie die Vorlegung der Bücher und Papiere" jederzeit anordnen kann. Die h. M.[228] sieht in Abs. 3 ein über Abs. 1 hinausgehendes Recht auf Einsicht in alle Geschäftsunterlagen. Ein wichtiger Grund soll vorliegen, wenn die Belange des Stillen durch das Einsichtsrecht gemäß Abs. 1 nicht hinreichend gewahrt sind und die Gefahr einer Schädigung besteht, insbesondere, wenn der Verdacht unredlicher Handlungen des Geschäftsinhabers besteht.[229] Nach anderer Ansicht hat § 233 Abs. 3 HGB rein verfahrensrechtliche Bedeutung und beschreibt nur, unter welchen Voraussetzungen Rechtsschutz im Streitverfahren der freiwilligen Gerichtsbarkeit gemäß § 375 FamFG in Anspruch genommen werden kann. Nach dieser Auffassung bedarf es der Erweiterung des Informationsrechts durch Abs. 3, wie es die h. M. vertritt, nicht;[230] der stille Gesellschafter hat nach dieser Meinung schon aus allgemeinen Erwägungen nicht nur Anspruch auf Mitteilung des Jahresabschlusses und Einsicht in die zu seiner Prüfung erforderlichen Unterlagen, sondern auch Auskunftsrechte gegen den Geschäftsinhaber, soweit sein berechtigtes Interesse im Rahmen des gemeinsamen Zwecks der stillen Gesellschaft reicht. Er kann sich von den Angelegenheiten des Unternehmens persönlich unterrichten, die Geschäftsbücher und die Papiere der Gesellschaft einsehen und sich daraus eine Übersicht über den Stand des Vermögens anfertigen. Bei Grund zur Annahme unredlicher Geschäftsführung soll dieses Recht nicht ausgeschlossen werden können.[231] Abs. 2, wonach die in § 716 BGB regelten

[220] MünchKommHGB/*K. Schmidt* § 230 Rdnr. 78; MünchHdbGesR II/*Kühn* § 81 Rdnr. 21 mwN.

[221] *Bachmann/Veil* ZIP 1999, 348, 349 f.; *Schlitt/Beck* NZG 2001, 688, 692; MünchHdbGesR II/*Kühn* § 81 Rdnr. 22 mwN.

[222] Z. B. MünchKomm BGB/*Ulmer/Schäfer* § 709 Rdnr. 5.

[223] BGH NJW 2006, 2980, 2981.

[224] MünchHdbGesR II/*Kühn* § 81 Rdnr. 21.

[225] MünchHdbGesR II/*Kühn* § 81 Rdnr. 22; *Weigl* DStR 1999, 568, 570.

[226] Vgl. *Bachmann/Veil* ZIP 1999, 348, 350 ff.; *Schlitt/Beck* NZG 2001, 688, 692; MünchHdbGesR II/*Kühn* § 81 Rdnr. 22 mwN.

[227] MünchHdbGesR II/*Kühn* § 81 Rdnr. 22 mwN.

[228] *Blaurock* Rdnr. 12.73 ff.; MünchHdbGesR II/*Kühn* § 81 Rdnr. 5; *Heymann/Horn* § 233 Rdnr. 9; Staub/*Zutt* § 233 Rdnr. 14.

[229] BGH NJW 1984, 2470.

[230] MünchKommHGB/*K. Schmidt* § 233 Rdnr. 14; *Baumbach/Hopt* § 233 Rdnr. 6.

[231] So MünchKommHGB/*K. Schmidt* § 233 Rdnr. 18.

Rechte dem stillen Gesellschafter nicht zustehen, soll diese Auslegung nur scheinbar entgegenstehen. Diese Bestimmung sei durch einen Wandel der Normsituation obsolet geworden.[232]

Für den Notar empfiehlt es sich, vorerst nicht auf die erweiternde Auslegung der Bestimmung zu vertrauen, sondern – bei Vorliegen eines entsprechenden Wunsches der Beteiligten – das Informationsrecht in Abs. 1 unter ausdrücklicher Abbedingung von Abs. 2 entsprechend zu erweitern. Umgekehrt kann das Informationsrecht gem. Abs. 1 nach h. M. auch abbedungen werden,[233] soweit nicht der Verdacht unredlicher Geschäftsführung besteht.[234] Nicht abdingbar ist dagegen das Informationsrecht nach § 233 Abs. 3.[235] 76

h) Übertragbarkeit der stillen Beteiligung und der Vermögensrechte. Wie jede Beteiligung an einer Personengesellschaft ist die stille Beteiligung gemäß § 717 S. 1 BGB grundsätzlich nicht übertragbar.[236] Sie ist gewissermaßen kraft Gesetzes vinkuliert. Der Vertrag kann sie jedoch übertragbar stellen.[237] Außerdem ist die Beteiligung übertragbar, wenn der Geschäftsinhaber und bei echten mehrgliedrigen stillen Gesellschaft auch die anderen Gesellschafter der Übertragung zustimmen.[238] Teilweise[239] wird allerdings – von manchen jedoch[240] nur für die typische stille Beteiligung – angenommen, die stille Beteiligung sei keine selbständig abtretbare Mitgliedschaft und könne nur im Wege einer echten Vertragsübernahme unter Beteiligung des Geschäftsinhabers übertragen werden. 77

Selbst mit Zustimmung des Geschäftsinhabers bzw. aller Mitgesellschafter sind die aus der Beteiligung fließenden Mitgliedschaftsrechte gem. § 717 Abs. 1 BGB nicht selbständig übertragbar. Dagegen sind gemäß § 717 S. 2 BGB die Ansprüche auf Geschäftsführungsvergütung, was bei einer atypischen stillen Beteiligung praktisch werden kann, sowie die aus der Beteiligung fließenden Ansprüche auf Gewinn und Auseinandersetzungsguthaben ohne Zustimmung des Geschäftsinhabers und etwaiger anderer Gesellschafter frei abtretbar.[241] Die Abtretung dieser Ansprüche geht jedoch ins Leere, wenn die Beteiligung ihrerseits vor Fälligkeit der Ansprüche abgetreten oder gepfändet wird.[242] 78

i) Auflösung der Gesellschaft, insbes. Kündigung, Tod, Insolvenz. *aa) Auflösung der Gesellschaft, Überblick.* § 234 HGB spricht zwei Themen an, die Kündigung der Gesellschaft durch einen Gesellschafter oder einen Gläubiger des stillen Gesellschafters und den Tod des stillen Gesellschafters. Bei der BGB-Gesellschaft haben diese Ereignisse die Auflösung der Gesellschaft zur Folge, also die Einleitung eines Verfahrens, des Auflösungsverfahrens, das gem. den §§ 730 ff. BGB der Auseinandersetzung des Gesellschaftsvermögens dient, insbesondere gem. § 733 BGB der Berichtigung der Gesellschaftsschulden, der Rückerstattung der Einlagen, ferner soweit dazu erforderlich der Versilberung des Gesellschaftsvermögens und der Verteilung des Überschusses. Erst danach ist die Gesellschaft beendet. Da die stille Gesellschaft kein Gesellschaftsvermögen bildet, bedarf es eines Abwicklungsverfahrens bei ihr nicht. Sie erlischt mit Eintritt des Auflösungsgrundes. Der Inhaber rechnet alsdann gem. § 235 Abs. 1 HGB gegenüber dem Stillen ab. Das gilt grundsätzlich auch für die atypische 79

[232] A. M. *Blaurock* Rdnr. 6.68; E/B/J/S/*Gehrlein* Rdnr. 13.

[233] BayObLG DNotZ 1989, 519/520; *Blaurock* Rdnr. 12.89; *Baumbach/Hopt* Rdnr. 11; MünchHdbGesR II/*Kühn* § 81 Rdnr. 12; *Heymann/Horn* § 233 Rdnr. 14; MünchKommHGB/*K. Schmidt* § 233 Rdnr. 25.

[234] BayObLG DNotZ 1989, 519/520.

[235] BGH NJW 1984, 2470.

[236] *Blaurock* Rdnr. 10.29; MünchKommHGB/*K. Schmidt* § 230 Rdnr. 174; Staub/*Zutt* § 230 Rdnr. 97.

[237] *Blaurock* Rdnr. 10.34: E/B/J/S/*Gehrlein* § 230 Rdnr. 71; *Heymann/Horn* § 230 Rdnr. 49; MünchHdbGesR II/*Bezzenberger/Keul* § 88 Rdnr. 3; MünchKommHGB/*K. Schmidt* § 230 Rdnr. 175; Staub/*Zutt* § 230 Rdnr. 97.

[238] *Blaurock* Rdnr. 10.34: E/B/J/S/*Gehrlein* § 230 Rdnr. 71; *Heymann/Horn* § 230 Rdnr. 49; MünchHdbGesR II/*Bezzenberger/Keul* § 88 Rdnr. 3; MünchKommHGB/*K. Schmidt* § 233 Rdnr. 175; *Röhricht/Graf v. Westphalen/v. Gerkan* § 230 Rdnr. 46; Staub/*Zutt* § 230 Rdnr. 97.

[239] Röhricht/Graf v. Westphalen/*v. Gerkan* § 230 Rdnr. 46; eingehend dazu MünchHdbGesR II/*Bezzenberger/Keul* § 88 Rdnr. 1 ff.

[240] MünchKommHGB/*K. Schmidt* § 233 Rdnr. 175.

[241] E/B/J/S/*Gehrlein* § 230 Rdnr. 70; *Heymann/Horn* § 230 Rdnr. 49; MünchKommHGB/*K. Schmidt* § 230 Rdnr. 174; Staub/*Zutt* § 230 Rdnr. 97.

[242] BGH NJW 1997, 3370.

stille Gesellschaft.[243] Ausnahmen sind für bestimmte Arten atypischer stiller Gesellschaften denkbar – z. B. für die „Innen-KG", insbesondere in der Form der „GmbH & Still".[244] Nach den dieser Gestaltung zugrundeliegenden Überlegungen findet hier eine Innen-Liquidation entsprechend den Bestimmungen über die Liquidation einer KG statt.

80 Bei einer mehrgliedrigen stillen Gesellschaft ist auch die Vereinbarung einer Fortsetzungsklausel möglich.[245] Sie besagt gem. § 736 BGB, dass der Gesellschafter, in dessen Person ein Auflösungsgrund eingetreten ist, aus der Gesellschaft ausscheidet und diese unter den anderen Gesellschaftern fortbestehen soll. Bei der zweigliedrigen stillen Gesellschaft ist das nur beim Tod des Geschäftsinhabers denkbar, wenn die Gesellschaft mit den Erben des Geschäftsinhabers fortgesetzt werden soll.

81 *bb) Auflösungsgründe.* Das Gesetz bezeichnet in den §§ 230 ff. HGB keine Tatbestände direkt als Auflösungsgrund. Im Gegenteil sagt es nur in § 234 Abs. 2 HGB, dass die Gesellschaft durch den Tod des Stillen nicht aufgelöst wird. Im Gegenzug kann man dem allerdings entnehmen, dass der Tod des Geschäftsinhabers die Auflösung zur Folge hat. Außerdem gelten subsidiär die Bestimmungen der GbR und damit auch die dort geregelten Auflösungsgründe.

82 *cc) Kündigung der stillen Gesellschaft.* Wegen der Kündigung der stillen Gesellschaft durch einen Gesellschafter verweist § 234 Abs. 1 HGB auf die entsprechenden Bestimmungen für die Personenhandelsgesellschaften in § 132, 134 HGB. Anders als in § 723 Abs. 1 HGB ist die auf unbestimmte Zeit geschlossene stille Gesellschaft also nicht jederzeit, sondern nur mit einer Frist von 6 Monaten zum Schluss eines Geschäftsjahres möglich. Im Übrigen kann bezüglich der Kündigung auf die Erläuterungen in § 11 verwiesen werden. Hier sei nur folgendes angesprochen: Gem. § 723 Abs. 3 BGB kann auch das ordentliche Kündigungsrecht nicht ausgeschlossen oder unangemessen z. B. durch deutliche Abfindungsbeschränkungen für den Fall der Kündigung beschränkt werden. Eine Modifikation ist jedoch in weitem Umfang zulässig, Kündigungsfristen und -termine können abgewandelt und auch für den Inhaber und den stillen Gesellschafter unterschiedlich festgelegt werden.[246]

83 Auch **Abfindungsbeschränkungen** können eine unzulässige Einschränkung des Kündigungsrechts bewirken.[247] Das wird vielfach gerade auch für Buchwertklauseln angenommen. Bei einer typischen stillen Gesellschaft wird eine solche Abfindung aber regelmäßig nicht als kündigungsbeschränkend angesehen werden können, weil die gesetzliche Abfindung dem Buchwert hier meist entspricht oder sehr nahe kommt.[248] Ob das auch für die atypische stille Gesellschaft zutrifft, erscheint zweifelhaft.[249] Anders wird es jedenfalls für die „Innen-KG" gesehen.[250]

84 Bei der GbR und der Personenhandelsgesellschaft wird ein Recht zur **Herauskündigung** von Gesellschaftern durch andere Gesellschafter ohne sachlichen Grund für unzulässig erachtet.[251] Dieser Grundsatz soll aber auf die stille Gesellschaft nicht übertragen werden können.[252] Die Möglichkeit zur Herauskündigung ist der stillen Gesellschaft immanent. Die Kündigung des Inhabers hat nämlich genau diese Wirkung. Mit seiner ordentlichen Kündigung löst er die Beteiligung des stillen Gesellschafters am Unternehmen auf und kündigt ihn damit heraus. Anwendbar sollen die Grundsätze dagegen auf die stille Publikumsgesellschaft sein.[253]

---

[243] H. M. E/B/J/S/*Gehrlein* § 234 Rdnr. 3; Staub/*Zutt* § 234 Rdnr. 3.
[244] Vgl. dazu MünchKommHGB/*K. Schmidt* § 234 Rdnr. 12 u. § 235 Rdnr. 65.
[245] MünchHdbGesR II/*Polzer* § 91 Rdnr. 1.
[246] E/B/J/S/*Gehrlein* § 234 Rdnr. 25; MünchHdbGesR II/*Polzer* § 91 Rdnr. 3.
[247] Näher dazu MünchHdbGesR II/*Piehler/Schulte* § 38 Rdnr. 26.
[248] OLG München NJW-RR 1994, 161/162; MünchHdbGesR II/*Polzer* § 91 Rdnr. 7; MünchKommHGB/*K. Schmidt* § 235 Rdnr. 36.
[249] So aber OLG München NJW-RR 1994, 161/162; MünchHdbGesR II/*Polzer* § 91 Rdnr. 7.
[250] MünchKommHGB/*K. Schmidt* § 235 Rdnr. 64.
[251] Einzelheiten bei MünchHdbGesR II/*Piehler/Schulte* § 36 Rdnr. 59 ff.
[252] E/B/J/S/*Gehrlein* § 234 Rdnr. 26.
[253] BGH NJW 1994, 1156; E/B/J/S/*Gehrlein* § 234 Rdnr. 26.

Gemäß dem in § 234 HGB ebenfalls in Bezug genommenen § 723 Abs. 1 S. 2 BGB kann die stille Gesellschaft bei Vorliegen eines wichtigen Grundes **fristlos gekündigt** werden. Anders als bei § 133 HGB ist der stille Gesellschafter also nicht auf die Erhebung einer Auflösungsklage verwiesen.[254] Ein wichtiger Grund ist gegeben, wenn dem kündigenden Gesellschafter die Fortsetzung der Gesellschaft unzumutbar geworden ist. Persönliche Spannungen zwischen Gesellschaftern müssen bei einer stillen Gesellschaft eher hingenommen werden als bei einer auf intensive Zusammenarbeit angelegten Personenhandelsgesellschaft.[255] Die fristlose Kündigung muss immer ultima ratio sein.[256] Der wichtige Grund kann im Gesellschaftsvertrag konkretisiert werden.[257] Ausgeschlossen werden kann das Recht zur Kündigung aus wichtigem Grund gemäß § 723 Abs. 3 BGB nicht.[258] Die Ausgestaltung des Kündigungsrechts aus wichtigem Grund ist eine zentrale Regelungsaufgabe bei der Gestaltung von Verträgen über die stille Gesellschaft. Als wichtige Gründe werden beispielsweise vereinbart: 85

- Täuschung über Grundlagen des Unternehmens,
- Änderungen wesentlicher Grundlagen des Handelsgewerbes, z. B. Veräußerung des Unternehmens, Auflösung oder Umwandlung (Fromwechsel, Verschmelzung, Spaltung) des Geschäftsinhabers,
- Gravierende Verstöße gegen Geschäftsführungsbeschränkungen im Gesellschaftsvertrag,[259]
- Wesentliche Ertragsverschlechterungen des Handelsgewerbes, Ausscheiden von wesentlichen Mitarbeitern aus dem Unternehmen,
- Zwangsvollstreckungsmaßnahmen in das Vermögen des Geschäftsinhabers.[260]

dd) Tod des Geschäftsinhabers. Als weitere Auflösungsgründe kommen in Betracht, der Ablauf einer im Gesellschaftsvertrag bestimmten Zeit, der Eintritt einer auflösenden Bedingung, die vertragliche Aufhebung der Gesellschaft, vor allem aber Insolvenz eines Gesellschafters und der Tod des Geschäftsinhabers. Der Tod des Geschäftsinhabers löst die stille Gesellschaft gemäß § 727 Abs. 1 BGB auf.[261] Die Auflösung ist unabhängig davon, ob die Erben das Handelsgeschäft fortführen oder nicht. Ob die Erben verpflichtet sind, die Geschäfte vorerst fortzuführen, wie dies § 727 Abs. 2 S. 1 BGB vorsieht, ist umstritten.[262] Es ist möglich, eine Fortsetzungsklausel des Inhalts zu vereinbaren, dass die stille Gesellschaft auch mit den Erben des Geschäftsinhabers weitergeführt wird.[263] Enthält der Vertrag eine solche Fortsetzungsklausel, kann der stille Gesellschafter auch aus Anlass des Todes den Gesellschaftsvertrag nicht kündigen, falls der Gesellschaftsvertrag ihm dieses Recht nicht ausdrücklich vorbehält.[264] Eine Erbauseinandersetzung dahingehend, dass das Unternehmen nur von einem von mehreren Erben übernommen wird, oder in eine Gesellschaft eingebracht wird, soll nur mit Zustimmung des stillen Gesellschafters möglich sein;[265] er soll allerdings verpflichtet sein, die Zustimmung zu erteilen, wenn dies nicht mit Nachteilen für ihn verbunden ist.[266] 86

[254] *Baumbach/Hopt* § 234 Rdnr. 9; E/B/J/S/*Gehrlein* § 234 Rdnr. 26; MünchHdbGesR II/*Polzer* § 91 Rdnr. 8; MünchKommHGB/*K. Schmidt* Rdnr. 48; Staub/*Zutt* § 234 Rdnr. 24.

[255] OLG Dresden ZG 1999, 1220/1221; E/B/J/S/*Gehrlein* § 234 Rdnr. 28; MünchHdbGesR II/*Polzer* § 91 Rdnr. 3.

[256] E/B/J/S § 234 Rdnr. 28, 30; MünchHdbGesR II § 91 Rdnr. 9.

[257] E/B/J/S/*Gehrlein* § 234 Rdnr. 27; *Baumbach/Hopt* § 234 Rdnr. 9; Staub/*Zutt* § 234 Rdnr. 24; MünchKommHGB/*K. Schmidt* § 234 Rdnr. 48.

[258] E/B/J/S/*Gehrlein* § 234 Rdnr. 27; MünchKommHGB/*K. Schmidt* § 234 Rdnr. 48.

[259] Vgl. BGH NJW 1988, 413; 1995, 1353; E/B/J/S/*Gehrlein* § 230 Rdnr. 32.

[260] Zu gesetzlichen Gründen für eine fristlose Kündigung vgl. E/B/J/S/*Gehrlein* § 234 Rdnr. 29; MünchHdbGesR II § 91 Rdnr. 11, MünchKommHGB/*K. Schmidt* § 234 Rdnr. 49.

[261] H. M. *Baumbach/Hopt* § 234 Rdnr. 4; *Blaurock* Rdnr. 15.41; E/B/J/S/*Gehrlein* § 234 Rdnr. 10; *Heymann/Horn* § 234 Rdnr. 19; MünchKommHGB/*K. Schmidt* § 234 Rdnr. 7; Staub/*Zutt* § 234 Rdnr. 12.

[262] Gegen eine solche Verpflichtung: E/B/J/S/*Gehrlein* § 234 Rdnr. 11; MünchKommHGB/*K. Schmidt* § 234 Rdnr. 8; Staub/*Zutt* § 234 Rdnr. 13; a. A. *Blaurock* Rdnr. 15.42; *Heymann/Horn* § 234 Rdnr. 19.

[263] E/B/J/S/*Gehrlein* § 234 Rdnr. 12.

[264] E/B/J/S/*Gehrlein* § 234 Rdnr. 12; Staub/*Zutt* § 234 Rdnr. 33; *Heymann/Horn* § 234 Rdnr. 20.

[265] *Blaurock* Rdnr. 15.45; E/B/J/S/*Gehrlein* § 234 Rdnr. 12; MünchHdbGesR II/*Polzer* § 91 Rdnr. 28; MünchKommHGB/*K. Schmidt* § 234 Rdnr. 10.

[266] E/B/J/S/*Gehrlein* § 234 Rdnr. 12; Röhricht/Graf v. Westphalen/*v. Gerkan* § 234 Rdnr. 14; Staub/*Zutt* § 234 Rdnr. 33.

87 Ist der Geschäftsinhaber eine juristische Person, Personenhandelsgesellschaft oder GbR, so führt die Auflösung dieser Gesellschaft noch nicht zur Auflösung der mit ihr bestehenden stillen Gesellschaft. Das ist erst bei Vollbeendigung der Fall.[267] Die Auflösung kann aber als Kündigungsgrund vereinbart werden.[268]

88 *ee) Tod des stillen Gesellschafters – Kein Auflösungsgrund.* Nicht zur Auflösung führt gemäß der ausdrücklichen Regelung des § 234 HGB der Tod des stillen Gesellschafters. Auch diese Bestimmung ist abdingbar.[269] Anzumerken ist, dass die stille Beteiligung nach h. M. in den Nachlass fällt. Eine Sondererbfolge findet nicht statt.[270]

89 *ff) Weitere mögliche Auflösungsgründe.* Zweifelhaft ist auch das Schicksal der stillen Beteiligung bei einer **Veräußerung** oder **Einbringung des Unternehmens** in eine Gesellschaft. Nach h. M. geht die stille Beteiligung beim Übergang eines Unternehmens auf einen Rechtsnachfolger nicht gemäß §§ 25, 28 HGB mit über.[271]

90 Eine Verschmelzung der Gesellschaft, an deren Unternehmen eine stille Beteiligung besteht, lässt den Bestand der stillen Beteiligung nach h. M. unberührt. Es ist lediglich die Frage, ob dem Stillen im Verhältnis zum Inhaber bzw. dessen Rechtsnachfolger im Innenverhältnis Schadenersatzansprüche oder Kündigungsrechte zustehen,[272] wenn seine Zustimmung zur Verschmelzung nicht eingeholt worden ist. Die stille Gesellschaft geht aber gem. § 20 Abs. 1 Nr. 1 UmwG auf den übernehmenden Rechtsträger über. Das soll auch gelten, wenn übertragender Rechtsträger eine **GmbH** und übernehmender Rechtsträger eine **Aktiengesellschaft** ist und die Gesellschafterversammlung der GmbH dem Abschluss des Gesellschaftsvertrages über die stille Gesellschaft nicht gem. § 53 GmbHG zugestimmt hat und der Vertrag auch nicht ins Handelsregister eingetragen worden ist. Der Vorstand der Aktiengesellschaft wird jedoch für verpflichtet gehalten, das Bestehen des Vertrages zum Handelsregister anzumelden.[273] Entsprechendes gilt für die formwechselnde Umwandlung. Auch beim Formwechsel in die Aktiengesellschaft bleibt die mit einer GmbH begründete stille Gesellschaft ohne Zustimmungsbeschluss der Hauptversammlung bestehen. Der Vorstand ist jedoch zur Anmeldung verpflichtet.[274] Endgültig geklärt ist diese Rechtsfrage allerdings noch nicht. Voraussetzung ist insbesondere, dass die stille Gesellschaft mit der GmbH wirksam begründet worden ist, obwohl weder die Zustimmung in der Form des § 53 GmbHG beurkundet noch die Handelsregistereintragung erfolgt ist (s. o. Rdnr. 32 ff.). Solange dies nicht höchstrichterlich geklärt ist, empfiehlt es sich, nach der Umwandlung sowohl einen Hauptversammlungsbeschluss über die Zustimmung zu der stillen Gesellschaft herbeizuführen, als auch die Eintragung in das Handelsregister der AG nachzusuchen.

91 **j) Rechtsfolgen der Auflösung, insbesondere Abfindung.** *aa) Auseinandersetzung bei Auflösung.* Gemäß § 235 HGB hat sich der Inhaber des Handelsgeschäfts mit dem stillen Gesellschafter nach der Auflösung der Gesellschaft auseinanderzusetzen und dessen Guthaben in Geld zu berichtigen. Es findet keine Liquidation, sondern nur die Berechnung des Guthabens des Stillen statt. Die Auseinandersetzung vollzieht sich als Forderungsabrechnung.[275] Nähere Regelungen über die Bewertung enthält das Gesetz nicht. Absätze 2 und 3 enthalten

[267] BGH NJW 1982, 2821; *Blaurock* Rdnr. 15.58; MünchHdbGesR II/*Polzer* § 91 Rdnr. 44; MünchKommHGB/*K. Schmidt* § 234 Rdnr. 22; Staub/*Zutt* § 234 Rdnr. 14; zustimmend E/B/J/S/*Gehrlein* § 234 Rdnr. 13;

[268] MünchHdbGesR II/*Polzer* § 91 Rdnr. 45.

[269] E/B/J/S/*Gehrlein* § 234 Rdnr. 35; MünchHdbGesR II/*Polzer* § 91 Rdnr. 30.

[270] E/B/J/S/*Gehrlein* § 234 Rdnr. 36; *Blaurock* Rdnr. 15.52; *Heymann/Horn* § 234 Rdnr. 14; MünchKommHGB/*K. Schmidt* § 234 Rdnr. 56; Staub/*Zutt* § 234 Rdnr. 39; MünchHdbGesR II/*Polzer* § 91 Rdnr. 25 f., die allerdings für die atypisch stille Gesellschaft mit Geschäftsführungsbeteiligung oder Verbandscharakter eine Sondererbfolge annimmt.

[271] Z. B. *Blaurock* Rdnr. 12.18; *Baumbach/Hopt* § 25 Rdnr. 11; MünchHdbGesR II/*Bezzenberger/Keul* § 87 Rdnr. 4; zweifelnd für die typische stille Gesellschaft MünchKommHGB/*K. Schmidt* § 234 Rdnr. 39 f.

[272] E/B/J/S/*Gehrlein* § 234 Rdnr. 33; MünchHdbGesR II/*Bezzenberger/Keul* § 87 Rdnr. 10 ff., 14; MünchKommHGB/*K. Schmidt* § 234 Rdnr. 35 ff. dieser auch zu Besonderheiten bei der Verschmelzung der Inhabergesellschaft einer „Innen-KG".

[273] MünchHdbGesR II/*Bezzenberger/Keul* § 87 Rdnr. 15.

[274] MünchHdbGesR II/*Bezzenberger/Keul* § 87 Rdnr. 31; FA-KölnerHdbGesR/*Piehler* 4. Kap. Rdnr. 663.

[275] E/B/J/S/*Gehrlein* § 235 Rdnr. 2; Staub/*Zutt* § 235 Rdnr. 1.

Regelungen zu den schwebenden Geschäften. Auch diesbezüglich ist die gesetzliche Regelung nur rudimentär.

bb) Erfolgs- oder Vermögensbilanz. Wie die Abrechnung im Einzelnen vorzunehmen ist, 92
ist umstritten. Einigkeit besteht noch darüber, dass das Auseinandersetzungsguthaben des **typisch stillen Gesellschafters** auf der Basis der Erfolgsbilanz des Unternehmens zum letzten Bilanzstichtag erfolgen soll. Diese soll auf den Stichtag der Auflösung fortgeschrieben werden.[276] Sie soll alsdann um die Positionen korrigiert werden, die eigentlich bei den Erfolgsrechnungen zugunsten des Stillen hätten berücksichtigt werden und den an diesen auszuschüttenden Gewinn hätten erhöhen müssen, aber nicht berücksichtigt worden sind. So sollen offene Rücklagen aufzulösen sein.[277] Darüber herrscht noch Einigkeit. Umstritten ist dagegen die Berücksichtigung stiller Reserven. Die Rechtsprechung will sie offenbar nur berücksichtigen, soweit sie rechtlich unzulässig gebildet worden sind.[278] Das Schrifttum geht teilweise weiter und will stille Reserven berücksichtigen, die aus Betriebsgewinnen während der Dauer der stillen Gesellschaft herrühren.[279] Umstritten ist auch, inwieweit der stille Gesellschafter an einer Erhöhung des Geschäftswerts teilnimmt.[280] Wegen weiterer Einzelheiten ist auf die einschlägigen Ausführungen im Schrifttum zu verweisen. Angesichts der vielen offenen Fragen muss der Notar die Abfindung im Vertrag regeln und Zweifel beseitigen. Dabei ist besonderes Augenmerk darauf zu richten, wie Positionen zu behandeln sind, die in den Erfolgsrechnungen der Vergangenheit noch nicht berücksichtigt waren, aber während der Dauer der stillen Gesellschaft entstanden sind. Buchwertklauseln sind bei der typischen stillen Beteiligung zulässig und üblich.[281]

cc) Berechnung bei der atypisch stillen Gesellschaft. Der atypisch stille Gesellschafter hin- 93
gegen ist nicht nur am Ertrag des Unternehmens, sondern auch an dessen Vermögen beteiligt. Dies ist deshalb mit seinem vollen Wert einschließlich stiller Reserven und Geschäftswert zu bewerten. Dafür gelten dieselben Grundsätze, wie sie beim Ausscheiden eines Gesellschafters aus einer Außengesellschaft gelten.[282] Hierzu kann auf die einschlägigen Ausführungen zur Abfindung von Gesellschaftern in § 11 verwiesen werden. Wie bei diesen stellt sich auch hier die Aufgabe, ein griffiges und doch die Interessen der Beteiligten angemessen berücksichtigendes Berechnungsverfahren für den Unternehmenswert im Gesellschaftsvertrag zu verankern.[283] In allen Fällen stellen sich weiter folgende Themen:

dd) Gesamtabrechnung. Für den Abfindungsanspruch gilt das Prinzip der Gesamtabrech- 94
nung. Der Stille kann vor Vorliegen der Gesamtabrechnung nicht die Auszahlung einzelner Rechnungsposten verlangen.[284] Vorher kann er Zahlung von Beträgen nur verlangen, wenn feststeht, dass er nach Durchführung der Gesamtabrechnung auf diese mit Gewissheit Anspruch haben wird. Ist die Verlustbeteiligung ausgeschlossen, so wird man ihm demzufolge einen Anspruch auf Zahlung des Buchwerts seiner Einlage zubilligen müssen.[285] Denn diesen wird er in jedem Fall beanspruchen können. Rückständige Einlagen mindern den Betrag des Abfindungsguthabens. Bei rückständigen Sacheinlagen kann der Geschäftsinhaber auf

[276] E/B/J/S/*Gehrlein* § 235 Rdnr. 11; *Heymann/Horn* § 235 Rdnr. 7; *Blaurock* Rdnr. 9.89; MünchHdbGesR II/*Bezzenberger/Keul* § 92 Rdnr. 5, 19; MünchKommHGB/*K. Schmidt* § 235 Rdnr. 20 u. 22; Staub/*Zutt* Rdnr. 8.

[277] E/B/J/S/*Gehrlein* § 235 Rdnr. 12; *Heymann/Horn* § 235 Rdnr. 12; MünchKommHGB/*K. Schmidt* § 235 Rdnr. 23; Staub/*Zutt* § 235 Rdnr. 11.

[278] BGH NJW 1995, 192 f.

[279] E/B/J/S/*Gehrlein* § 235 Rdnr. 13; *Heymann/Horn* § 235 Rdnr. 12; MünchHdbGesR II/*Bezzenberger/Keul* § 92 Rdnr. 10, 11.

[280] Gegen eine Berücksichtigung BGH NJW 1995, 192, 193; *Schulze-Osterlo*, FS Kruse, S. 377, 388; E/B/J/S/*Gehrlein* § 235 Rdnr. 14; MünchKommHGB/*K. Schmidt* § 235 Rdnr. 26; a. A. MünchHdbGesR II/*Bezzenberger/Keul* § 92 Rdnr. 12.

[281] MünchKommHGB/*K. Schmidt* § 235 Rdnr. 36.

[282] BGH NJW 2001, 3777; E/B/J/S/*Gehrlein* § 235 Rdnr. 21 ff.; *Heymann/Horn* § 235 Rdnr. 21 ff.; MünchKommHGB/*K. Schmidt* § 235 Rdnr. 57; Röhricht/Graf v. Westphalen/*v. Gerkan* § 235 Rdnr. 21; Staub/*Zutt* § 235 Rdnr. 26.

[283] Zu den damit verbundenen Problemen vgl. MünchHdbGesR II/*Piehler/Schulte* § 38.

[284] BGH NJW 1992, 2696 f.

[285] E/B/J/S/*Gehrlein* § 235 Rdnr. 7; *Heymann/Horn* § 235 Rdnr. 9; MünchKommHGB/*K. Schmidt* § 235 Rdnr. 18; Staub/*Zutt* § 235 Rdnr. 22.

Ausgleich der Differenz in Geld bestehen, wenn die Leistung der Sache kein Interesse mehr für ihn hat.[286]

95 *ee) Schwebende Geschäfte.* Keine Besonderheiten gelten für die Auseinandersetzung über schwebende Geschäfte. Auch insoweit kann auf § 11 verwiesen werden. Wie bei Außengesellschaften wird es sich auch hier häufig anbieten, eine Teilnahme an den schwebenden Geschäften auszuschließen.

96 k) **Insolvenz.** Im Insolvenzverfahren über das Vermögen des Geschäftsinhabers ist der Stille gem. § 236 Abs. 1 HGB Insolvenzgläubiger, also nicht Eigenkapitalgeber. Das kann in Sonderfällen anders sein, insbesondere kann schuldrechtlich eine Behandlung wie Eigenkapital vereinbart werden (Finanzplanvereinbarung)[287] oder es kann durch Rangrücktritt dafür gesorgt werden, dass der Stille erst nach den anderen Gläubigern zu befriedigen ist. Bei einer stillen Beteiligung an einer KG kann sich der Eigenkapitalcharakter daraus ergeben, dass die stille Einlage Beitragspflicht des Kommanditisten der KG war (sog. gesplittete Einlage), bei der Innen-KG daraus, dass der Stille intern wie ein Kommanditist gestellt werden sollte. Daran soll sich durch das MoMiG nichts geändert haben.[288] Ferner gibt § 136 InsO ein besonderes Anfechtungsrecht, wenn die Einlage des stillen Gesellschafters im letzten Jahr vor Eröffnung des Insolvenzverfahrens zurückgezahlt oder ein Verlustanteil erlassen worden ist.

97 Ist der Stille zugleich Gesellschafter des Geschäftsinhabers, ist § 39 Abs. 1. Zi. 5 InsO zu beachten, wonach Gesellschafterdarlehen oder Forderungen aus Handlungen, die einem solchen Darlehen wirtschaftlich entsprechen, gegenüber den Forderungen der übrigen Insolvenzgläubiger nachrangig sind und für diese in den letzten zehn Jahren vor Insolvenzeröffnung gewährte Sicherheiten und im letzten Jahr vor der Eröffnung gewährte Befriedigung gem. § 135 Abs. 1 InsO angefochten werden können. Das ist für den Notar vor allem dann interessant, wenn er vor die Aufgabe gestellt wird, die stille Beteiligung durch Stellung von Sicherheiten des Geschäftsinhabers **insolvenzfest** zu machen. Das ist nur möglich, wenn die stille Beteiligung Fremdkapital darstellt und außerdem die Sicherheitsleistung nicht anfechtbar ist. Im Übrigen sind die üblichen Sicherungsmittel möglich, also Verpfändung, Sicherungsübereignung, Sicherungsabtretung von Gegenständen – bevorzugt – des Anlagevermögens z. B. Grundschuldbestellung.[289]

98 l) **Ausformungen der Treuepflicht z. B. Wettbewerbsverbot, Verschwiegenheit.** *aa) Wettbewerbsverbot.* Einem allgemeinen Wettbewerbsverbot unterliegt der stille Gesellschafter nicht.[290] Ein solches kann sich aber aufgrund besonderer Umstände ergeben; so darf er etwa besondere Informationen über das Handelsgeschäft nicht für ein Konkurrenzunternehmen verwerten.[291] Auch wird überlegt, einen atypisch stillen Gesellschafter, der geschäftsführend im Unternehmen tätig ist, analog § 112 HGB einem Wettbewerbsverbot zu unterwerfen.[292] Der Geschäftsinhaber soll ebenfalls keinem Wettbewerbsverbot unterliegen.[293] Ihn soll aber die Pflicht treffen, die Gewinnbeteiligung des Stillen nicht durch eine Konkurrenztätigkeit zu schmälern.[294] Ausdrückliche Regelungen empfehlen sich.

99 *bb) Verschwiegenheit.* Aus der allgemeinen Treuepflicht wird die Verpflichtung abgeleitet, Betriebsgeheimnisse zu wahren.[295] Will der Stille dagegen Verschwiegenheit über die Tatsache seiner Beteiligung, empfiehlt sich eine entsprechende Regelung im Vertrag.

---

[286] E/B/J/S/*Gehrlein* § 235 Rdnr. 16; Staub/*Zutt* § 235 Rdnr. 20; *Blaurock* Rdnr. 10.20, a. A.: stets Zahlungsanspruch MünchKommHGB/*K. Schmidt* § 235 Rdnr. 34.

[287] BGHZ 142, 116 = DStR 1999, 1198, m. Anm. *Goette.*

[288] *Mock* DStR 2008, 1645, 1649; *Baumbach/Hopt* § 236 Rdnr. 3; *Blaurock* Rdnr. 17.12 ff.

[289] MünchKommHGB/*K. Schmidt* § 230 Rdnr. 170.

[290] MünchKommHGB/*K. Schmidt* § 230 Rdnr. 155; *Heymann/Horn* § 230 Rdnr. 48.

[291] *Heymann/Horn* § 230 Rdnr. 48.

[292] *Baumbach/Hopt* § 230 Rdnr. 16; MünchKommHGB/*K. Schmidt* § 230 Rdnr. 155; Röhricht/Graf v. Westphalen/*v. Gerkan* § 230 Rdnr. 80; Staub/*Zutt* § 230 Rdnr. 71.

[293] *Baumbach/Hopt* § 230 Rdnr. 16; Röhricht/Graf v. Westphalen/*v. Gerkan* § 230 Rdnr. 80.

[294] Röhricht/Graf v. Westphalen/*v. Gerkan* § 230 Rdnr. 80.

[295] MünchKommHGB/*K. Schmidt* § 230 Rdnr. 154.

II. Die Unterbeteiligung

Schrifttum: *App*, Unternehmerische Kapitalanlage durch Unterbeteiligung, DStR 1994, 291; *Blaurock*, Handbuch Stille Gesellschaft, 7. Aufl. 2010; *ders./Berninger*, Unterbeteiligung an einem GmbH-Anteil in zivilrechtlicher und steuerrechtlicher Sicht, GmbHR 1990, 13, 87; *Gummert/Weipert* (Hrsg.), Münchener Handbuch des Gesellschaftsrechts, Bd. I, BGB-Gesellschaft, OHG, PartG EWIV, 3. Aufl. 2009; *Pupeter*, Der Unterbeteiligte als „virtueller" Gesellschafter einer GmbH, GmbHR 2006, 910; *Roth/Thöni*, Treuhand und Unterbeteiligung, FS 100 Jahre GmbH-Gesetz, 1992, S. 245; *Schüller*, Die Unterbeteiligung, MittRheinNotK 1977, 45; *Schulze zur Wiesche*, Die Unterbeteiligung als Mitunternehmerschaft, DB 1987, 551; *Tebben*, Unterbeteiligung und Treuhand an Gesellschaftsanteilen, 2000; *Weigl*, Stille Gesellschaft und Unterbeteiligung, 2. Aufl. 2004.

1. Allgemeines

a) **Definition, Abgrenzung zu anderen Rechtsinstituten.** Unterbeteiligung ist die Beteili- 100
gung einer oder mehrerer Personen an einer Gesellschaftsbeteiligung des Hauptbeteiligten an einer Kapital- oder Personengesellschaft aufgrund eines Gesellschaftsvertrages ohne Bildung von Gesellschaftsvermögen.[296] Die Unterbeteiligung setzt nach Auffassung mancher[297] die Vereinbarung einer bilanzmäßig darstellbaren Einlage (aber nicht unbedingt die Leistung der Einlage) und nach allgemeiner Ansicht die Vereinbarung einer Beteiligung am Gewinn, nicht notwendig dagegen auch eine solche am Verlust[298] voraus. Wie die stille Beteiligung, ist die Unterbeteiligung Innengesellschaft. Die Hauptbeteiligung wird allein vom Hauptbeteiligten gehalten. Die Unterbeteiligungsgesellschaft bildet kein Vermögen; sie ist weder rechtsfähig noch parteifähig noch insolvenzfähig[299] und tritt im Rechtsverkehr nicht auf. Sie ist im Gesetz nicht ausdrücklich geregelt. Teilweise wird in ihr eine stille Beteiligung an einem Gesellschaftsanteil gesehen;[300] subsidiär sollen die §§ 705 ff. BGB Anwendung finden. Andere halten dem entgegen, die stille Gesellschaft könne gemäß § 230 HGB nur an einem Handelsgewerbe und nicht lediglich an einer Beteiligung bestehen; sie sehen die Rechtsgrundlage in den §§ 705 ff. BGB, wenden allerdings die §§ 230 ff. HGB entsprechend an;[301] der Unterschied der beiden Auffassungen wird darin gesehen, dass nur bei unmittelbarer Anwendung der §§ 230 ff. HGB die zwingenden Normen dieser Bestimmungen auch für die Unterbeteiligung zwingend sind.[302] Gegenstand der Hauptbeteiligung kann jede Gesellschaftsbeteiligung sein, eine Aktie, ein Geschäftsanteil an einer GmbH, eine Mitgliedschaft an einer Personenaußengesellschaft und auch eine stille Beteiligung oder eine andere Unterbeteiligung (mehrfach gestufte Unterbeteiligung).[303]

Abgrenzungsfragen stellen sich gegenüber partiarischen Rechtsverhältnissen, insbeson- 101
dere partiarischen Darlehen,[304] vor allem aber gegenüber der **Verwaltungstreuhand**. Der grundlegende Unterschied zur Treuhand liegt darin, dass der Treuhänder die Beteiligung aufgrund Auftrags oder Geschäftsbesorgungsvertrages ausschließlich im fremden Interesse und für fremde Rechnung hält.[305] Demgegenüber wird die Unterbeteiligung dadurch charakterisiert, dass der Hauptbeteiligte und der Unterbeteiligte im Rahmen des zwischen ihnen bestehenden Gesellschaftsverhältnisses einen gemeinsamen Zweck verfolgen.[306] Die ausschließliche Wahrnehmung fremder Interessen und Handeln für fremde Rechnung setzt voraus, dass die Hauptbeteiligung ohne Einschränkung (also mit Gewinn und Verlust, mit

[296] *Blaurock* Rdnr. 30.1.
[297] *Blaurock* Rdnr. 30.40; MünchKommHGB/*K. Schmidt* § 230 Rdnr. 197; dazu nachstehend unter III.1.
[298] *Blaurock* Rdnr. 30.1; *Heymann/Horn* § 230 Rdnr. 66; MünchHdb. GesR I/*Gayk* § 30 Rdnr. 3; MünchKommHGB/*K. Schmidt* § 230 Rdnr. 198.
[299] MünchKommHGB/*K. Schmidt* § 230 Rdnr. 194.
[300] MünchKommHGB/*K. Schmidt* § 230 Rdnr. 192.
[301] *Blaurock* Rdnr. 30.23 ff.; MünchKomm BGB/*Ulmer* Vor § 705 Rdnr. 92.
[302] MünchKommHGB/*K. Schmidt* § 230 Rdnr. 204; MünchHdb. GesR I/*Gayk* § 30 Rdnr. 5.
[303] *Blaurock* Rdnr. 30.40; E/B/J/S/*Gehrlein* § 230 Rdnr. 91; MünchKommHGB/*K. Schmidt* § 230 Rdnr. 195; Staub/*Zutt* § 230 Rdnr. 107.
[304] Dazu *Blaurock* Rdnr. 30.14; MünchKomm BGB/*Ulmer* Vor § 705 Rdnr. 107; MünchKommHGB/*K. Schmidt* § 230 Rdnr. 201; auch vorstehend Rdnr. 4.
[305] *Blaurock* Rdnr. 30.9; E/B/J/S/*Gehrlein* § 230 Rdnr. 104.
[306] BGH NJW 1994, 2886/2887; *Blaurock* Rdnr. 30.11; *Heymann/Horn* § 230 Rdnr. 66; MünchKomm BGB/*Ulmer* Vor § 705 Rdnr. 92.

stillen Reserven und unter Freistellung von etwaigen Haftungsfolgen) für einen Dritten gehalten wird.[307] In einem solchen Fall, in dem der Hauptbeteiligte nur eine Art Strohmann für einen Treugeber ist und kein eigenes Interesse mit der Gesellschaft verfolgt, liegt nur Treuhand vor.[308] Jedoch ist es auch möglich, dass der Treuhänder nur einen Teil der Beteiligung treuhänderisch hält oder eine Beteiligung zwar vollständig für andere, aber für mehrere Unterbeteiligte hält.[309] Dann ist die Abgrenzung schwierig. Heute besteht in Rechtsprechung und Schrifttum weitgehend Übereinstimmung, dass sich Treuhand und Unterbeteiligung nicht ausschließen.[310] Auch ein Unterbeteiligungsverhältnis kann Treuhandelemente enthalten.[311] Die Einordnung des jeweiligen Vertrages hängt entscheidend von seiner inhaltlichen Ausgestaltung ab.[312]

102 b) **Anwendungsbereiche.** Die Unterbeteiligung kann zu vielen Zwecken eingesetzt werden.[313] In der notariellen Praxis stehen folgende vier Gestaltungsmotive im Vordergrund:

- Ersatz für die Übertragung (eines Teils) einer **vinkulierten Gesellschaftsbeteiligung** an einen Nichtgesellschafter, ohne das Beteiligungsverhältnis gegenüber den Mitgesellschaftern offenbaren zu müssen, wie es bei der Treuhand vielfach angenommen wird;[314]
- Beteiligung von Personen an einer Gesellschaftsbeteiligung, deren unmittelbare Beteiligung an der Hauptgesellschaft wegen gesellschaftsvertraglicher Bestimmungen, z. B. einer qualifizierten Nachfolgeklausel, der Begrenzung der Anzahl der Gesellschafter eines Familienstammes oder Nichterreichen einer Mindestbeteiligungsquote ausgeschlossen ist;
- (Eventuell nur **vorübergehende**) **Beteiligung** von Personen an der Hauptgesellschaft im Erbfall, die nicht Hauptbeteiligte werden können oder sollen, zu deren Abfindung das nicht in der Beteiligung gebundene Vermögen des Erblassers aber nicht ausreicht;
- Beteiligung von Personen (meist Kindern) im Rahmen der **vorweggenommenen Erbfolge** an der Hauptgesellschaft aus erbschaftsteuerlichen (Ausnutzung der Freibeträge im Zehnjahresabstand) oder einkommensteuerlichen Motiven (Verringerung der Steuerlast durch teilweise Verlagerung der Einkunftsquelle), ohne sie unmittelbar am Unternehmen zu beteiligen.

103 c) **Erscheinungsformen der Unterbeteiligungsgesellschaft.** Wie bei der stillen Gesellschaft wird auch bei der Unterbeteiligungsgesellschaft zwischen der **typischen** und der **atypischen Unterbeteiligung** unterschieden, wobei die Begriffe hier eigentlich nicht passen, weil es mangels gesetzlicher Regelung der Unterbeteiligung keinen normierten Grundtypus gibt und in der Praxis die atypische Unterbeteiligung überwiegen dürfte.[315] Die Begriffe typische und atypische Unterbeteiligung sind **steuerlich geprägt.** Das Steuerrecht knüpft dabei an die Gestaltung bei der stillen Gesellschaft an. Typisch ist eine Unterbeteiligung somit dann, wenn sie dem gesetzlichen Regelungstyp der §§ 230 ff. HGB entspricht. Bei der typischen Unterbeteiligung erhält der Unterbeteiligte gem. § 232 HGB nur einen Anteil am Gewinn, der auf die Hauptbeteiligung entfällt, und ist ggf. auch bis zur Höhe seiner Einlage anteilig an dem Verlust beteiligt, der auf die Hauptbeteiligung entfällt. Bei Auflösung der Gesellschaft partizipiert er dagegen nicht an Wertveränderungen der Hauptbeteiligung.[316] Demgegenüber ist die Beteiligung des Unterbeteiligten an Wertveränderungen der Hauptbeteiligung neben der Möglichkeit zur Einflussnahme auf die Geschäftsführung der Unterbeteiligungsgesellschaft entscheidendes Merkmal einer atypischen Unterbeteiligung.[317] Diese muss die Vorausset-

---

[307] MünchKommHGB/*K. Schmidt* § 230 Rdnr. 202.

[308] A. A. offenbar DNotI-Gutachten vom 9. 6. 2010 Nr. 103 292.

[309] MünchHdb. GesR I/*Gayk* § 30 Rdnr. 11; MünchKommHGB/*K. Schmidt* § 230 Rdnr. 202.

[310] BGH NJW 1994, 2886 ff.; OLG Bamberg NZG 2001, 510; aus dem Schrifttum z. B. *Blaurock* Rdnr. 30.11; MünchHdb. GesR I/*Gayk* § 30 Rdnr. 11; MünchKommHGB/*K. Schmidt* § 230 Rdnr. 198.

[311] Z. B. MünchKommHGB/*K. Schmidt* § 230 Rdnr. 210.

[312] MünchHdb. GesR I/*Gayk* § 30 Rdnr. 11.

[313] Dazu ausführlich MünchKommHGB/*K. Schmidt* § 230 Rdnr. 206.

[314] Von BGH NZG 2006, 627 unterstellt; dazu *Tebben* GmbHR 2007, 63.

[315] MünchHdb. GesR I/*Gayk* § 30 Rdnr. 8; *Blaurock* Rdnr. 30.15.

[316] *Blaurock* Rdnr. 30.16 ff.

[317] BFH z. B. NZG 2002, 444, 445; DStR 2007, 1520, 1522; DStR 2008, 768, 769; Beck RS 2008, 25 013 963; *Blaurock* Rdnr. 30.17 ff.; MünchKommHGB/*K. Schmidt* § 230 Rdnr. 208.

zungen erfüllen, die an eine **Mitunternehmerschaft** iSd § 15 Abs. 1 Nr. 2 EStG gestellt werden; dafür muss der Unterbeteiligte Mitunternehmerrisiko tragen und Mitunternehmerinitiative entfalten.[318] Mitunternehmerrisiko trägt er, wenn er an der Substanz der Hauptbeteiligung – wenn auch nur schuldrechtlich – beteiligt ist;[319] dies geschieht meist dadurch, dass der Unterbeteiligte ein Auseinandersetzung- und abfindungsguthaben anteilig in Höhe seiner Unterbeteiligung beanspruchen kann, wie es ihm zustünde, wenn er als Gesellschafter an der Hauptgesellschaft beteiligt wäre.[320] Mitunternehmerinitiative bedeutet Teilnahme des Unterbeteiligten an unternehmerischen Entscheidungen. Hierzu genügt die Möglichkeit zur Ausübung von Gesellschaftsrechten, die den Stimm-, Kontroll- und Widerspruchsrechten eines Kommanditisten angenähert sind.[321]

Ist die **Hauptbeteiligung selbst Mitunternehmerschaft,**[322] wird der atypisch Unterbeteiligte zwar nicht unmittelbar Mitunternehmer der Hauptgesellschaft, aber doch Mitunternehmer einer Mitunternehmerschaft mit dem Hauptbeteiligten mit allen sich daraus ergebenden steuerlichen Rechtsfolgen.[323] Er erzielt dann nicht wie ein typischer Unterbeteiligter, der die Beteiligung im Privatvermögen hält, Kapitaleinkünfte[324] sondern Einkünfte nach § 15 Abs. 1 S. 2 EStG, die er im gesetzlich zugelassenen Umfang mit anderen Einkünften verrechnen kann (§§ 15 Abs. 4 S. 6, 10d EStG). Im gleichen Umfang reduzieren sich bei der atypischen Unterbeteiligung die Einkünfte und auch die Verlustverrechnungsmöglichkeiten des mitunternehmerischen Hauptbeteiligten.[325] Bei der typischen Unterbeteiligung am Gesellschaftsanteil des mitunternehmerischen Hauptbeteiligten reduzieren sich dessen Einkünfte ebenfalls um die als Betriebsausgaben bzw. Werbungskosten abziehbaren Einkünfte des Unterbeteiligten[326], nicht dagegen seine Verlustverrechnungsmöglichkeiten.[327] Auch bei Veräußerung und unentgeltlicher Übertragung gelten unterschiedliche Regelungen.[328] 104

Besteht die **Hauptbeteiligung an einer Körperschaft,** z. B. einer GmbH, ist bei der typischen Unterbeteiligung sogar fraglich, ob nicht die gesamten Einkünfte vom Hauptbeteiligten zu versteuern sind und der Unterbeteiligung die steuerliche Anerkennung zu versagen ist.[329] Unabhängig davon ist eine typische Unterbeteiligung hier wegen des Verbots des Abzugs der tatsächlichen Werbungskosten gem. § 20 Abs. 9 EStG nicht mehr zu empfehlen.[330] Bei der atypischen Unterbeteiligung ist das anders, weil die Einkünfte des Unterbeteiligten originär bei diesem entstehen und deshalb unabhängig von der Abzugsfähigkeit als Werbungskosten vom Hauptbeteiligten nicht versteuert werden müssen.[331] Bei der schenkweisen Einräumung einer Unterbeteiligung kann der Vorbehalt von Widerrufsrechten dazu führen, dass die Unterbeteiligung steuerlich nicht anerkannt wird, wenn die Widerrufsrechte nicht klar eingegrenzt sind (siehe unten Rdnr. 119). 105

Weiter wird teilweise unterschieden zwischen der **verdeckten** oder **einfachen** und der **offenen** oder **qualifizierten** Unterbeteiligung.[332] Die verdeckte, einfache Unterbeteiligung bleibt den Mitgesellschaftern in der Hauptgesellschaft häufig verborgen. Rechtsbeziehungen zwischen ihnen und dem Unterbeteiligten werden nicht begründet. Bei der offenen, qualifizierten Unterbeteiligung können dem Unterbeteiligten dagegen sogar unmittelbare Rechte, beispielsweise Stimm- oder Auskunftsrechte, in der Hauptgesellschaft eingeräumt werden 106

[318] BFH DStR 2008, 768, 769.
[319] *Blaurock* Rdnr. 31.19.
[320] *Blaurock* Rdnr. 30.17.
[321] BFH DStR 2008, 768, 769 mwN. zur Rspr. des BFH.
[322] A. A. *Blaurock* Rdnr. 31.21.
[323] BFH DStR 2007, 1520, 1522.
[324] *Blaurock* Rdnr. 31.2.
[325] BFH DStR 2007, 1520, 1522.
[326] *Blaurock* Rdnr. 31.14.
[327] BFH DStR 2007, 1520, 1522.
[328] *Blaurock* Rdnr. 31.11 ff. einerseits und 31.30 ff. andererseits; *Kersten/Bühling/Wachter*, Formularbuch, § 141 Rdnr. 48 ff.
[329] Einzelheiten bei *Blaurock* Rdnr. 31.56 f., der selbst dieser Auffassung nicht folgt.
[330] Dazu näher *Blaurock* Rdnr. 31.61 f. mit Ausweichlösungen.
[331] *Blaurock* Rdnr. 31.68.
[332] Staub/*Ulmer* § 105 Rdnr. 111; MünchKommBGB/*Ulmer* vor § 705 Rdnr. 101.

und er insoweit in den Gesellschafterverband einbezogen werden.[333] Ihm können auch Pflichten, beispielsweise eine Verschwiegenheitspflicht oder ein Wettbewerbsverbot auferlegt werden. Zur Einräumung von Rechten des Unterbeteiligten in der Hauptgesellschaft bedarf es der Mitwirkung der übrigen Gesellschafter der Hauptgesellschaft.

107 Zu erwähnen sind weiter die **mehrgliedrigen Unterbeteiligungsgesellschaften**, die, wie bei der stillen Beteiligung, unterschiedlich ausgestaltet sein können.[334] Hier wie dort ist es möglich, an einer Hauptbeteiligung mehrere nebeneinander bestehende zweigliedrige Unterbeteiligungen zu bestellen oder eine Unterbeteiligung für mehrere Unterbeteiligten; bei ersterer Gestaltung können sich die Unterbeteiligten zur Koordinierung ihrer Rechte wiederum in einer BGB-Innengesellschaft verbinden, bei letzterer sind sie per se mitgliedschaftlich verbunden. Bei der Gestaltung des Gesellschaftsvertrages ist dem durch entsprechende Regelungen Rechnung zu tragen, beispielsweise sollte bei Eintritt von Auflösungsgründen wie Kündigung oder Insolvenz des Unterbeteiligten nicht die gesamte Unterbeteiligungsgesellschaft aufgelöst werden, sondern nur der betroffene Unterbeteiligte ausscheiden. Denkbar ist außerdem eine zweigliedrige Unterbeteiligungsgesellschaft mit einer BGB-Außengesellschaft, in der sich mehrere Personen zur Begründung der Unterbeteiligung zusammengeschlossen haben, als Unterbeteiligte.

108 Schließlich sind wie bei der stillen Gesellschaft auch hier Hybridkonstruktionen denkbar, also Mischformen aus verschiedenen gesellschaftsrechtlichen Typen wie die „Innen-KG" oder „virtuelle KG", auch in der Form einer GmbH & Co. KG, bei der Hauptbeteiligter eine GmbH ist, die sich verpflichtet, die Unterbeteiligten so zu stellen, wie sie als Kommanditisten einer GmbH & Co. KG stehen würden, wenn diese Hauptbeteiligte wären.[335]

2. Vertragsschluss

109 a) **Allgemeines, Vertretung.** Für den Abschluss des Gesellschaftsvertrages gelten die Bestimmungen des allgemeinen Teils des BGB. Vertretung ist zulässig. Ist Hauptbeteiligter eine Handelsgesellschaft, wird diese beim Vertragsabschluss durch ihr Geschäftsführungsorgan vertreten. Eine Vertretung durch Prokuristen ist ebenfalls zulässig. Die Einräumung einer Unterbeteiligung ist in aller Regel[336] kein Grundlagengeschäft, auf das sich die Prokura nicht erstrecken würde. Meist wird die Einräumung einer Unterbeteiligung allerdings ein außergewöhnliches Geschäft iSd § 116 Abs. 2 HGB sein und deshalb – auch bei der GmbH[337] – der internen Zustimmung der Gesellschafter bedürfen. Wird sie nicht eingeholt, ist der Vertrag gleichwohl wirksam, es sei denn, der Tatbestand des Vollmachtsmissbrauchs liege vor.[338] Im Übrigen sind die Gesellschafter auf Schadenersatzansprüche gegen die handelnden Personen beschränkt.

110 b) **Minderjährige.** Minderjährige Unterbeteiligte werden beim Abschluss des Gesellschaftsvertrages von ihren gesetzlichen Vertretern vertreten. Beschränkt Geschäftsfähige können selbst handeln, wenn ihnen die Einräumung der Unterbeteiligung lediglich einen rechtlichen Vorteil bringt. Ist der Hauptbeteiligte zugleich gesetzlicher Vertreter des Unterbeteiligten, ist er an der Vertretung durch § 181 BGB gehindert. Das gilt aber nicht, wenn das Geschäft dem Minderjährigen lediglich einen rechtlichen Vorteil bringt.[339] Muss der Minderjährige eine Einlage erbringen, ist die Beteiligung nicht ausschließlich rechtlich vorteilhaft. Meist wird die Einräumung der Unterbeteiligung an Minderjährige aber schenkweise im Wege der Einbuchung erfolgen. Im Schrifttum wird mit guten Gründen vertreten, dass die schenkweise Einräumung einer Unterbeteiligung stets oder jedenfalls dann ausschließlich rechtlich vorteilhaft ist, wenn der Unterbeteiligte nicht am Verlust der Hauptbeteiligung be-

[333] MünchKomm/*Ulmer* Vor § 705 Rdnr. 101; MünchKommHGB/*K. Schmidt* § 230 Rdnr. 233.
[334] MünchKommHGB/*K. Schmidt* § 230 Rdnr. 211 ff.; s. o. Rdnr. 19 ff.
[335] Eingehend MünchKommHGB/*K. Schmidt* § 230 Rdnr. 215 ff.
[336] Anders ist das, wenn die Hauptbeteiligten auf das Halten der Hauptbeteiligung beschränkt ist.
[337] H. M. Scholz/*Schneider* § 37 Rdnr. 11 mwN.
[338] *Baumbach/Hueck/Zöllner/Noack* § 37 Rdnr. 37 ff. mwN.
[339] H. M. BGH DNotZ 1973, 86; 1986, 80, 81; BayObLG ZEV 2004, 340; OLG Köln RNotZ 2003, 515, 517.

teiligt ist.[340] Nach einer älteren BFH-Entscheidung[341] ist die Unterbeteiligung dagegen niemals nur rechtlich vorteilhaft, weil die Mitgliedschaft in einer Personengesellschaft stets auch Pflichten mit sich bringt. Für die notarielle Praxis ist deshalb zu empfehlen, bei Einräumung einer Unterbeteiligung zugunsten eines Minderjährigen an einer Hauptbeteiligung seines gesetzlichen Vertreters einen Ergänzungspfleger mitwirken zu lassen.[342] Die Bestellung eines Dauerergänzungspflegers zur Wahrnehmung der Gesellschafterrechte des Minderjährigen wird dagegen nicht für erforderlich gehalten.[343]

c) Genehmigungserfordernisse und/oder andere Beteiligungshindernisse. *aa) Familiengerichtliche Genehmigung gemäß §§ 1643, 1822 Nr. 3 BGB.* Im Zusammenhang mit der Beteiligung von Minderjährigen als Unterbeteiligte stellt sich weiter die Frage, ob eine familiengerichtliche Genehmigung zum Abschluss des Vertrages erforderlich ist. Das könnte im Hinblick darauf zweifelhaft sein, dass § 1822 Nr. 3 BGB nur den Abschluss eines Gesellschaftsvertrages für genehmigungsbedürftig erklärt, der zum Betrieb eines „Erwerbsgeschäfts" eingegangen wird.[344] Der Unterbeteiligte wird aber nicht Mitinhaber der Hauptbeteiligung und damit nicht Mitgesellschafter der Gesellschaft, die das Erwerbsgeschäft betreibt.[345] Nach h. M.[346] fordert der Schutzzweck der Bestimmung jedoch die Genehmigung des Vertrages. Eine familiengerichtliche Genehmigung soll nur dann nicht erforderlich sein, wenn der Minderjährige nicht am Verlust der Gesellschaft beteiligt ist und ihn auch sonst keine Leistungspflicht trifft.[347] Bei der stillen Beteiligung wird eine Genehmigung im Schrifttum dagegen teilweise auch dann für erforderlich gehalten, wenn der stille Gesellschafter nicht am Verlust beteiligt ist.[348] Im Hinblick darauf empfiehlt es sich, vorsorglich stets die Genehmigung nachzusuchen. 111

bb) Sonstige Genehmigungserfordernisse. Bei Begründung der stillen Gesellschaft werden Genehmigungserfordernisse z. B. aus Wettbewerbsrecht erörtert. Diese sind auch bei der Unterbeteiligung denkbar. Im Hinblick darauf, dass ihnen in der Praxis – jedenfalls des Notars – in der Regel keine Bedeutung zukommt, soll dem hier aber nicht weiter nachgegangen werden. 112

cc) Genehmigungserfordernisse bei vinkulierter Hauptbeteiligung. Im Gesellschaftsvertrag der Hauptgesellschaft für die Abtretung der Beteiligung vorgesehene Zustimmungserfordernisse gelten nicht für die Begründung der Unterbeteiligung.[349] Die Begründung der Unterbeteiligung enthält keine Verfügung über die Hauptbeteiligung, sondern begründet eine ausschließlich obligatorische Mitberechtigung. Dies ist nicht anders, wenn der Vertrag eine Verpflichtung enthält, die Hauptbeteiligung unter bestimmten Voraussetzungen auf den oder einen Unterbeteiligten zu übertragen, wie es mitunter bei Gestaltungen in Familiengesellschaften geregelt wird, bei denen die Beteiligung (als Ersatz für einen Stimmenpool) immer nur von einem der Familienmitglieder gehalten werden soll. Erst die Verfügung selbst 113

[340] MünchKommHGB/*K. Schmidt* § 230 Rdnr. 225 mwN.; *Blaurock* Rdnr. 30.34; vgl. auch *Mayer-Reimer/Marx* NJW 2005, 3025 zur schenkweisen Zuwendung einer volleingezahlten Kommanditbeteiligung.

[341] BStBl 1974 II, 289 ff.; nach *Blaurock* Rdnr. 30.34 bestätigt durch unveröffentlichte Entscheidung vom 8. 10. 1981 – IV R 222/79.

[342] So auch *Blaurock* Rdnr. 30.35.

[343] BGH NJW 1976, 49, 50 f.; *Blaurock* Rdnr. 30.35.

[344] So BGH NJW 1957, 672 = BeckRS 1957, 31 205 599; E/B/J/S/*Gehrlein* § 230 Rdnr. 93; Röhricht/Graf v. Westphalen/*v. Gerkan* § 230 Rdnr. 109.

[345] BGH NJW 1957, 672 = BeckRS 1957, 31 205 599.

[346] OLG Hamm OLGZ 1974, 158, 161 f.; *Blaurock* Rdnr. 30.36; *Heymann/Horn* § 230 Rdnr. 69; MünchKommHGB/*K. Schmidt* § 230 Rdnr. 228; weitergehend *Tebben,* Unterbeteiligung und Treuhand an Gesellschaftsanteilen S. 242 (stets genehmigungspflichtig).

[347] So auch BFH BStBl II 1994, 635.

[348] *Tebben* Unterbeteiligung und Treuhand an Gesellschaftsanteilen S. 242; MünchKomm BGB/*Wagenitz* § 1822 Rdnr. 26 mwN.

[349] BGHZ 50, 346; OLG Frankfurt GmbHR 1987, 57; GmbHR 1992, 668 (einschränkend für den Fall, dass dem Unterbeteiligten Einfluss auf die Geschäftsführung eingräumt wird); *Blaurock* Rdnr. 30.27; E/B/J/S/*Gehrlein* § 230 Rdnr. 93; MünchKomm BGB/*Ulmer* Vor § 705 Rdnr. 97; *Tebben* Unterbeteiligung und Treuhand an Gesellschaftsanteilen S. 240; einschränkend MünchKommHGB/*K. Schmidt* § 230 Rdnr. 221 (kommt auf den Einzelfall an).

löst das Zustimmungserfordernis aus. Auch ein Unterbeteiligungsverbot im Gesellschaftsvertrag der Hauptgesellschaft hindert die Begründung der Unterbeteiligung nicht. Allerdings kann eine gegen ein solches Verbot verstoßende Unterbeteiligung eine Vertragsverletzung darstellen, die sogar den Ausschluss des Hauptgesellschafters rechtfertigen kann.[350] Dies wird man jedoch nur annehmen dürfen, wenn der Gesellschaftsvertrag ein solches Verbot ausdrücklich vorsieht.

114 *dd) Andere Beteiligungshindernisse.* Für die stille Beteiligung wurden andere Hindernisse erörtert, die zur Unwirksamkeit der Begründung einer stillen Gesellschaft führen, z. B. §§ 8 S. 2, 12 ApoG. In dieser Bestimmung ist allerdings nur die stille Gesellschaft erwähnt, nicht die Unterbeteiligung. Der Rechtsgedanke trifft aber auch für die Unterbeteiligung zu. Es soll niemand eine reine Kapitalbeteiligung an einer Apotheke erwerben können.[351] Zumindest wenn damit das Verbot der stillen Beteiligung unterlaufen wird, muss dasselbe für die Unterbeteiligung gelten. Ähnliche Einschränkungen bestehen auch für stille Beteiligungen und andere Freiberuflergesellschaften (s. o. Rdnr. 40) und damit auch an Unterbeteiligungen an Beteiligungen an solchen Gesellschaften.

115 **d) Form des Unterbeteiligungsvertrages.** Der Unterbeteiligungsvertrag ist grundsätzlich nicht formbedürftig. Insbesondere ergibt sich in der Regel kein Formerfordernis daraus, dass die Übertragung der Hauptbeteiligung insbesondere gemäß § 15 Abs. 3 und 4 GmbHG formgebunden ist, weil die Einräumung der Unterbeteiligung keine Verfügung über die Hauptbeteiligung darstellt.[352] Das kann anders sein, wenn der Unterbeteiligungsvertrag eine formbedürftige Verpflichtung zur Übertragung der Hauptbeteiligung enthält, beispielsweise die Hauptbeteiligung für den Fall des Eintritts eines Auflösungsgrundes an den Unterbeteiligten abgetreten werden soll und u. U. aufschiebend bedingt bereits abgetreten wird;[353] dies macht den gesamten Unterbeteiligungsvertrag beurkundungsbedürftig.[354] Eine Heilung tritt bei aufschiebender Bedingung erst mit Bedingungseintritt und nicht rückwirkend ein.[355]

116 Ein Formproblem stellt sich, wenn die Unterbeteiligung unentgeltlich eingeräumt wird. Liegt darin eine **Schenkung**, ist der Vertrag gemäß § 518 Abs. 1 BGB beurkundungsbedürftig. Die Frage ist dann, ob der Abschluss des Unterbeteiligungsvertrages eine Bewirkung der versprochenen Leistung darstellt und den Formmangel heilt.[356] Der BGH hat in einer älteren Entscheidung[357] die Heilung durch Abschluss des Gesellschaftsvertrages und Einbuchung des Unterbeteiligten abgelehnt.[358] Teilweise wird im Schrifttum differenziert. Eine Heilung ist ausgeschlossen, wenn es sich um eine typische Unterbeteiligung handelt. Wird die Beteiligung durch den Gesellschaftsvertrag dagegen zu einer mitgliedschaftlichen Position verfestigt, soll in ihrer Begründung eine Bewirkung der Leistung liegen.[359] Dieser letzteren Auffassung hat sich nun der BFH in einer Entscheidung aus dem Jahre 2008 in einem obiter dictum angeschlossen.[360] Voraussetzung der Bewirkung der Leistung und damit der Heilung des Formmangels der Schenkung soll sein, dass der Unterbeteiligte über die Ergebnisbeteiligung hinaus am Anteil des Hauptbeteiligten beteiligt ist und maßgeblichen Einfluss auf die Geschäftsführung der Innengesellschaft nehmen kann, also die Voraussetzungen ei-

---

[350] *Blaurock* Rdnr. 30.27; E/B/J/S/*Gehrlein* § 230 Rdnr. 93; MünchHdb. GesR I/*Gayk* § 30 Rdnr. 14; MünchKomm BGB/*Ulmer* Vor § 705 Rdnr. 97.

[351] S. o. Rdnr. 39.

[352] OLG Frankfurt GmbHR 1987, 57; OLG Schleswig GmbHR 2002, 652, 654; E/B/J/S/*Gehrlein* § 230 Rdnr. 93; *Heymann/Horn* § 230 Rdnr. 68; MünchKomm BGB/*Ulmer* Vor § 705 Rdnr. 96; MünchKomm GmbHG/*Reichert/Weller* § 15 Rdnr. 251 ff.; *Ulmer/Winter/Löbbe* § 15 Rdnr. 207.

[353] *Blaurock* Rdnr. 30.29.

[354] BGH NJW 1983, 1843; NJW 2002, 142, 143; OLG Hamburg MittBayNot 2007, 514; *Baumbach/Hueck/Hueck/Fastrich* § 15 Rdnr. 30 mN. auch zur Gegenmeinung.

[355] BGH NJW 1998, 2360, 2362; *Baumbach/Hueck/Hueck/Fastrich* § 15 Rdnr. 36 mwN.

[356] So z. B. MünchKomm BGB/*Kollhosser* § 518 Rdnr. 35; *Tebben* Unterbeteiligung und Treuhand an Gesellschaftsanteilen S. 224 ff.

[357] WM 1967, 685.

[358] Zustimmend *Blaurock* Rdnr. 30.32.

[359] *Baumbach/Hopt* § 230 Rdnr. 10; MünchKomm BGB/*Ulmer* § 705 Rdnr. 45 f.; MünchKommHGB/*K. Schmidt* § 230 Rdnr. 224.

[360] DStR 2008, 768, 769.

ner atypischen Unterbeteiligung erfüllt sind. Gleichwohl empfiehlt es sich zumindest bei Zweifeln, ob diese Voraussetzungen erfüllt sind, den Unterbeteiligungsvertrag in Schenkungsfällen vorsorglich zu beurkunden.[361] Nicht beurkundungsbedürftig ist die unentgeltliche Begründung der Unterbeteiligung dagegen, wenn es sich um eine Ausstattung i. S. von § 1624 Abs. 1 BGB handelt.[362] Das sind Leistungen, die einem Kind mit Rücksicht auf seine Verheiratung, also als Aussteuer oder Mitgift, oder zur Begründung oder Erhaltung einer selbständigen Lebensstellung von Vater oder Mutter zugewandt werden, soweit sie die Vermögensverhältnisse des Übertragers nicht übersteigen.

e) **Fehlerhafte Unterbeteiligung.** Ist der Gesellschaftsvertrag unwirksam, stellt sich auch hier – wie bei der stillen Gesellschaft – die Frage nach der Anwendbarkeit der Regeln über die fehlerhafte Gesellschaft. Die Frage ist auch hier umstritten,[363] für die notarielle Praxis jedoch ohne Bedeutung. 117

f) **Trennung von Causa und Gesellschaftsvertrag.** Spätestens seit der Entscheidung des BGH über die Schenkung von Gesellschaftsbeteiligungen und deren Widerruf ist deutlich geworden, dass dem Abschluss eines Gesellschaftsvertrages eine gesonderte Causa zugrundeliegen kann. Der BGH[364] hat das für die schenkweise Einbuchung eines Gesellschafters festgestellt; ebenso sind aber auch andere Kausalverhältnisse denkbar, beispielsweise eine wechselseitige Einräumung von Unterbeteiligungen im Wege eines Tausches.[365] Ferner kann die Unterbeteiligung kaufweise eingeräumt werden; dabei können Gewährleistungsansprüche zugunsten des Unterbeteiligten begründet werden.[366] Bisweilen mag es allerdings nicht einfach sein, festzustellen, ob der Begründung der Unterbeteiligung ein gesondertes Kausalverhältnis zugrundeliegt. Denn Grundmuster ist bei der Unterbeteiligung wie bei der stillen Beteiligung die Einräumung der Beteiligung gegen Einlage.[367] Ein Indiz dürfte sein, wie die Zahlung verwandt wird, ob mit ihr beispielsweise Verbindlichkeiten des Hauptbeteiligten gegenüber der Hauptgesellschaft zurückgeführt werden oder der Betrag in das Privatvermögen des Hauptbeteiligten fließt, ohne der Beteiligung gewidmet zu bleiben. Maßgebend ist der nach dem Unterbeteiligungsvertrag beabsichtigte Zweck. Der Notar wird die Möglichkeiten mit den Beteiligten erörtern, um zu einer treffenden Gestaltung zu gelangen. 118

Bei der Gestaltung von Widerrufsrechten bei Schenkung einer Unterbeteiligung auch im Wege der Einbuchung zwischen Angehörigen ist Vorsicht geboten: Zweifelsfrei dürfte sein, dass die Vereinbarung eines freien Widerrufsrechts der Anerkennung einer Mitunternehmerstellung des Unterbeteiligten und damit der einkommensteuerlichen Anerkennung des Übergangs der Einkunftsquelle entgegensteht;[368] anders ist das dagegen, wenn ein Widerrufsrecht unter umschriebenen Voraussetzungen vorbehalten wird, deren Eintritt vom Willen des Hauptbeteiligten unabhängig ist.[369] Schenkungssteuerlich ist bei der Übertragung von Grundstücken die Schenkung auch bei Vorbehalt eines freien Widerrufsrechts vollzogen.[370] Dagegen schließt bei der Schenkung einer Unterbeteiligung ein freies Widerrufsrecht die schenkungsteuerliche Anerkennung aus. Voraussetzung dafür ist nämlich ebenfalls die Begründung einer mitunternehmerischen Rechtsstellung.[371] In diesem Zusammenhang erwähnenswert ist, dass die Finanzverwaltung entgegen früheren Verfügungen nunmehr der Auf- 119

---

[361] So auch *Blaurock* Rdnr. 30.33.

[362] BGH WM 1967, 685; *Blaurock* Rdnr. 30.33.

[363] Dafür z. B. E/B/J/S/*Gehrlein* § 230 Rdnr. 93; *Blaurock* Rdnr. 30.38; *Heymann/Horn* § 230 Rdnr. 68; Staub/*Zutt* § 230 Rdnr. 11; a. A. z. B. MünchKomm BGB/*Ulmer* § 705 Rdnr. 354; differenzierend (anwendbar nur bei Innen-KG); MünchKommHGB/*K. Schmidt* § 230 Rdnr. 229.

[364] NJW 1990, 2616.

[365] Vgl. MünchHdb. GesR I/*Piehler/Schulte* § 72 Rdnr. 17 ff. mwN.

[366] Ähnlich *Blaurock* Rdnr. 30.40 mwN.

[367] MünchHdb. GesR I/*Gayk* § 30 Rdnr. 42.

[368] *Blaurock* Rdnr. 31.40; Becksches Notar-Handbuch/*Spiegelberger E.* Rdnr. 250.

[369] BFH MittRhNotK 1994, 299; *Blaurock* Rdnr. 31.43; Becksches Notar-Handbuch/*Spiegelberger E.* Rdnr. 250.

[370] BFH BStBl II 1989, 1034; OFD München MittBayNot 1994, 87.

[371] BFH DStR 2008, 768; Becksches Notar-Handbuch/*Spiegelberger E.* Rdnr. 251.

fassung zustimmt, dass eine atypische Unterbeteiligung begünstigtes Vermögen iSv § 13b Abs. 1 Nr. 2 ErbStG sein kann.[372]

3. Inhalt des Vertrages

120 a) **Allgemeines, Beitrag und Einlage.** Neben den Gesellschaftern muss der Unterbeteiligungsvertrag die Hauptbeteiligung und den Umfang der Beteiligung des Unterbeteiligten daran angeben. Der Unterbeteiligte muss gem. § 231 Abs. 2 HGB am Gewinn der Hauptbeteiligung beteiligt sein. Wie jedes Gesellschaftsverhältnis setzt der Unterbeteiligungsvertrag gemäß § 705 BGB voraus, dass jeder Gesellschafter einen **Beitrag** zur Förderung des Gesellschaftszwecks leistet. Als Beitrag des Hauptbeteiligten soll es genügen, dass er die Hauptbeteiligung hält und verwaltet, als Beitrag des Unterbeteiligten, dass er die Unterbeteiligung hält.[373] Demgegenüber spricht § 230 HGB von Einlageleistung. Das hat zu der Frage geführt, ob die stille Beteiligung und damit auch die Unterbeteiligung die Leistung einer Vermögenseinlage voraussetzt. Dies wird von manchen angenommen, der Begriff der **Einlage** dann aber weit ausgelegt.[374] Andere trennen scharf zwischen Beitrag und Einlage.[375] Einlage kann danach nur eine Geld- oder Sacheinlage sein. Als Sacheinlage kommt nur ein übertragbarer, bewertbarer Vermögensgegenstand in Betracht. Anders als die Leistung eines Beitrags soll die Erbringung einer solchen Vermögenseinlage nicht Voraussetzung für eine stille Gesellschaft oder eine Unterbeteiligung sein. § 230 HGB soll nach dieser Auffassung lediglich regeln, dass falls eine Vermögenseinlage ausbedungen ist, sie in das Vermögen des Hauptbeteiligten zu leisten ist. Die Begründung eines bilanzierungsfähigen Einlageverhältnisses wird allerdings auch von dieser Auffassung für unverzichtbar gehalten. Darunter wird aber nur der bilanzierungsfähige Ausdruck der Beteiligung, nicht eine Verpflichtung zur Leistung verstanden.[376] Praktische Unterschiede ergeben sich infolge der unterschiedlichen Auslegung des Begriffs „Einlage" kaum.[377] Die zweite Auffassung hat aber den Vorteil einer größeren Trennschärfe. Ferner ist – wie zu Rdnr. 118 dargestellt – zwischen der Einlageleistung und einer Gegenleistung für die Einräumung (Einbuchung) der Unterbeteiligung zu unterscheiden. Im Gegensatz zu dieser ist die Einlageleistung immer zugleich Beitrag zur Förderung des Gesellschaftszwecks, beispielsweise, wenn die Zahlung eines Geldbetrages dazu dient, die Hauptbeteiligung erst zu erwerben oder aufzustocken.[378]

121 Damit sind die Essentialia des Unterbeteiligungsvertrages schon beschrieben. Im Übrigen herrscht Vertragsfreiheit. Der Vertrag wird in der Regel folgende Fragen ansprechen:[379]

1. Beteiligte der Unterbeteiligungsgesellschaft
2. Gesellschafterbeiträge und ggf. Einlagen (dazu vorstehend unter Rdnr. 120
3. Anspruch auf Veränderung der Unterbeteiligung bei Veränderung der Hauptbeteiligung (dazu nachstehend unter 4.)
4. Gewinn- und ggf. Verlustbeteiligung (dazu nachstehend unter Rdnr. 123
5. Ergebnisermittlung und Geschäftsjahr (dazu nachstehend unter Rdnr. 124f.
6. Gesellschafterkonten und Entnahmerechte (dazu nachstehend unter Rdnr. 126f.
7. Geschäftsführung der Unterbeteiligungsgesellschaft, insbesondere Ausübung der Gesellschafterrechte in der Hauptgesellschaft (dazu nachstehend unter Rdnr. 130ff.
8. Informations- und Kontrollrechte (dazu nachstehend unter Rdnr. 128f.
9. Übertragbarkeit der Unterbeteiligung, ggf. Regelung von Pflichten des Hauptbeteiligten bei Übertragung der Hauptbeteiligung (dazu nachstehend unter Rdnr. 135

[372] Erlass vom 9. 4. 2009 – 3 S 3806/51 – DB 2009, 878 = BeckVerw 158088.
[373] *Blaurock* Rdnr. 30.39; MünchKommHGB/*K. Schmidt* § 230 Rdnr. 230.
[374] ZB E/B/J/S/*Gehrlein* § 230 Rdnr. 14ff.
[375] ZB MünchKommHGB/*K. Schmidt* § 230 Rdnr. 230f.
[376] *Blaurock* Rdnr. 30.40; MünchKommHGB/*K. Schmidt* § 230 Rdnr. 197.
[377] E/B/J/S/*Gehrlein* § 230 Rdnr. 14ff.
[378] MünchKommHGB/*K. Schmidt* § 230 Rdnr. 231.
[379] Dazu auch MünchHdb. GesR I/*Gayk* § 30 Rdnr. 26; Weigl, Muster 5 S. 175ff. sowie die einschlägigen Formularhandbücher z.B. *Kersten/Bühling/Wachter*, Formularbuch, § 130 Rdnr. 139 M; MünchVetrHdB Bd. I/*von der Heydt* Muster IX. 8ff.

10. Auflösung der Unterbeteiligungsgesellschaft, insbesondere Kündigung, Tod, Insolvenz etc. (dazu nachstehend unter Rdnr. 136 ff.
11. Rechtsfolgen der Auflösung, insbesondere Abfindung des Unterbeteiligten (dazu nachstehend unter Rdnr. 144 ff.
12. Absicherung der Rechte des Unterbeteiligten bei Insolvenz des Hauptbeteiligten (dazu nachstehend unter Rdnr. 147 f.
13. Ausformungen der Treuepflicht z. B. Wettbewerbsverbot, Verschwiegenheitsverpflichtung (dazu nachstehend unter Rdnr. 149.

Bei der Vertragsgestaltung ist darauf zu achten, dass die Regelungen den Hauptbeteiligten 122
nicht zu **Verstößen gegen den Gesellschaftsvertrag der Hauptgesellschaft** zwingen. Denn solche Verstöße führen nicht zur Unwirksamkeit der entsprechenden Regelungen des Unterbeteiligungsvertrages,[380] sondern setzen den Hauptbeteiligten nur dem Konflikt aus, entweder gegen den Unterbeteiligungsvertrag oder gegen den Hauptbeteiligungsvertrag zu verstoßen.

b) Gewinnbeteiligung und Gewinnermittlung. Nach ganz h. M. ist die Beteiligung des Un- 123
terbeteiligten am Gewinn der Hauptgesellschaft unabdingbares Merkmal einer Unterbeteiligung.[381] Dagegen kann die Beteiligung am Verlust ausgeschlossen werden.[382] Zulässig soll es sein, den Hauptbeteiligten von der Teilnahme an Gewinn und Verlust der Hauptgesellschaft auszuschließen. Der Vertrag soll dann Treuhand und Unterbeteiligung zugleich sein.[383] Zu unterscheiden ist zwischen der Ermittlung des Ergebnisses und dessen Verteilung.[384]

Zur Ergebnisermittlung ist gemäß § 232 HGB eine Gewinn- und Verlustrechnung anzu- 124
stellen. Diese bezieht sich aber nicht auf die Hauptgesellschaft, sondern auf die Hauptbeteiligung. Entscheidend ist bei Kapitalgesellschaften der Teil des Gewinns, der an den Hauptgesellschafter ausgeschüttet wird, bei Personengesellschaften, der Teil des Gewinns, der ihm gutgebracht wird.[385] So ist bei einer Unterbeteiligung an einer Aktie nicht das anteilig auf diese entfallende Jahresergebnis, auch nicht der anteilig auf sie entfallende Bilanzgewinn, sondern die ausgeschüttete Dividende maßgebend.[386] Bei einer Unterbeteiligung an einer Beteiligung an einer Personengesellschaft ist der dem Hauptbeteiligten auf seinen Konten bei der Hauptgesellschaft gutgebrachte Anteil am Jahresüberschuss maßgebend, selbst wenn dieser nach den Bestimmungen des Hauptgesellschaftsvertrages nicht entnommen werden darf. An einer dem Hauptbeteiligten gezahlten Tätigkeitsvergütung partizipiert der Unterbeteiligte nicht[387], in der Regel auch nicht an einer Haftungsvergütung.[388] Fraglich ist, ob der Unterbeteiligte auch am Erlös aus der Auflösung vorvertraglicher Rücklagen beteiligt ist.[389] Während das bei der stillen Gesellschaft sehr streitig ist, sollen bei der Unterbeteiligung grundsätzlich alle ausgeschütteten bzw. dem Hauptbeteiligten gutgebrachten Gewinne in die Berechnungsgrundlage einbezogen werden, also auch solche, die aus der Auflösung – ggf. auch vorvertraglicher und auch stiller – Rücklagen resultieren.[390] Dafür spricht, dass eine Auseinanderrechnung des Gewinns der Hauptgesellschaft vielfach kaum möglich sein wird, zumal der Unterbeteiligte in der Regel keinen Anspruch auf Einsicht in die Bücher der

[380] MünchHdb. GesR I/*Gayk* § 30 Rdnr. 26; MünchKommHGB/*K. Schmidt* § 230 Rdnr. 241; MünchKomm BGB/*Ulmer* Vor § 705 Rdnr. 95.

[381] *Heymann/Horn* § 230 Rdnr. 66; MünchHdb. GesR I/*Gayk* § 30 Rdnr. 50; MünchKommHGB/*K. Schmidt* § 230 Rdnr. 198; Staub/*Zutt* § 230 Rdnr. 110; a. A. *Blaurock* Rdnr. 30.55.

[382] *Blaurock* Rdnr. 30.55; MünchHdb. GesR I/*Gayk* § 30 Rdnr. 43; MünchKommHGB/*K. Schmidt* § 230 Rdnr. 198.

[383] MünchKommHGB/*K. Schmidt* § 230 Rdnr. 198.

[384] MünchHdb. GesR I/*Gayk* § 30 Rdnr. 43.

[385] MünchHdb. GesR I/*Gayk* § 30 Rdnr. 44; MünchKommHGB/*K. Schmidt* § 232 Rdnr. 46.

[386] MünchHdb. GesR I/*Gayk* § 30 Rdnr. 44.

[387] *Blaurock* Rdnr. 30.54.; E/B/J/S/*Gehrlein* § 232 Rdnr. 28; MünchKommHGB/*K. Schmidt* § 232 Rdnr. 46.

[388] *Blaurock* Rdnr. 30.54; MünchHdb. GesR I/*Gayk* § 30 Rdnr. 46.

[389] *Blaurock* Rdnr. 30.53; MünchHdb. GesR I/*Gayk* § 30 Rdnr. 45.

[390] *Blaurock* Rdnr. 30.53; MünchHdb. GesR I/*Gayk* § 30 Rdnr. 45; wohl auch MünchKommHGB/*K. Schmidt* § 232 Rdnr. 46.

Hauptgesellschaft hat.[391] Die vorstehend aufgezeigten Leitlinien zur Ermittlung des Gewinns, an dem der Unterbeteiligte zu beteiligen ist, sind nicht in allen Punkten unumstritten, aber doch sinnvoll und mögen in den meisten Fällen dem mutmaßlichen Parteiwillen entsprechen. Dem Gesetz lassen sie sich allerdings nicht ohne weiteres entnehmen, sondern sind von Rechtsprechung und Schrifttum entwickelt worden. Eindeutigkeit kann in allen Fällen nur eine klare vertragliche Regelung schaffen.

125 Mit welchem Anteil der Unterbeteiligte an dem sich daraus ergebenden Ergebnis beteiligt ist, ist dem Unterbeteiligungsvertrag festzulegen. Trifft der Vertrag keine ausdrückliche Regelung zur Gewinn- und Verlustbeteiligung, soll § 231 HGB und nicht § 722 Abs. 1 BGB gelten.[392] Der Unterbeteiligte ist in angemessenem Umfang an Gewinn und Verlust beteiligt. Häufig wird die Gewinn- und Verlustbeteiligung in einem Prozentsatz bezogen auf die Hauptbeteiligung ausgedrückt. Denkbar ist es auch hier, die Gewinnbeteiligung auf einen bestimmten Prozentsatz der Einlage des Unterbeteiligten zu begrenzen. Das empfiehlt sich insbesondere bei Unterbeteiligungen, bei denen eine Gewinnzuweisung nur bis zu einem bestimmten Prozentsatz der Einlage steuerlich anerkannt wird, wie dies die Rechtsprechung teilweise bei **Beteiligungen im Familienkreis** vorsieht (bei unentgeltlichem Erwerb der Unterbeteiligung 15% bzw. bei Ausschluss der Verlustbeteiligung 12% und bei entgeltlichem Erwerb 35% bei Ausschluss der Verlustbeteiligung 25%).[393] Allerdings hat der BFH später entschieden, dass bei einer mitunternehmerischen (atypischen) Unterbeteiligung an einem Personengesellschaftsanteil kein Raum für eine Korrektur einer vereinbarten quotalen Gewinnverteilung besteht, wenn die Hauptgesellschaft unter fremden Personen geschlossen wurde.[394] Die Höhe der Verlustbeteiligung entspricht gemäß § 722 Abs. 2 BGB mangels anderweitiger Regelung derjenigen der Gewinnbeteiligung.[395] Eine Verlustbeteiligung hat keine Nachschusspflicht zur Folge. Zu Nachschüssen ist der Gesellschafter gemäß § 707 BGB grundsätzlich nicht verpflichtet. Im Übrigen muss eine Nachschusspflicht in verständlicher, nicht nur versteckter Weise aus dem Gesellschaftsvertrag ersichtlich sein.[396]

126 Wie bereits ausgeführt, ist bei der Unterbeteiligung an einer Beteiligung an einer Personengesellschaft der dem Hauptbeteiligten auf seinen Konten bei der Hauptgesellschaft gutgebrachte Anteil am Jahresüberschuss auch dann maßgebend, wenn er nach den Bestimmungen des Hauptgesellschaftsvertrages nicht entnommen werden darf. Problematisch ist das insofern, als § 232 Abs. 1 HGB die Abrechnung und Auszahlung des Gewinns am Schluss eines jeden Geschäftsjahres vorsieht. Dies bringt den Hauptbeteiligten in die Situation, dass er einen Gewinn auszahlen müsste, den er nicht entnehmen darf. Im Zweifel muss sich deshalb die **Entnahmemöglichkeit** des Unterbeteiligten nach derjenigen des Hauptbeteiligten richten.[397] Eine entsprechende Regelung im Unterbeteiligungsvertrag empfiehlt sich. Geregelt werden sollte ferner, dass der Unterbeteiligte ggf. anteilig Anspruch auf Vorabentnahmen (z. B. zur Belegung von Steuervorauszahlungen) hat.

Besteht die Unterbeteiligung an einer Beteiligung an einer Personengesellschaft, empfiehlt es sich, im Rahmen eines Drei**konten**modells (s. o. Rdnr. 61 bei der stillen Gesellschaft) aufzuzeichnen, wem welche Gewinne gutzubringen oder Verluste abzubuchen sind. Es ist durchaus denkbar – dazu später – dass der Unterbeteiligte den Hauptbeteiligten anweisen kann und anweist, den auf ihn entfallenden Gewinnanteil bei der Gesellschaft stehenzulassen, der Hauptbeteiligte dagegen den auf ihn entfallenden Gewinnanteil entnimmt. Dann sollte aber nachvollziehbar sein, wessen Gewinn stehengelassen und wessen Gewinn entnommen wurde. Dies lässt sich über das Dreikontenmodell am besten rekonstruieren.[398]

---

[391] MünchHdb. GesR I/*Gayk* § 30 Rdnr. 45.
[392] MünchKomm BGB/*Ulmer* Vor § 705 Rdnr. 98.
[393] Nachw. bei *Blaurock* Rdnr. 31.51.
[394] BFH BStBl 2002 II, 460 = NZG 2002, 444; vgl. *Blaurock* Rdnr. 31.53 f.
[395] MünchKommHGB/*K. Schmidt* § 231 Rdnr. 26; MünchHdb. GesR I/*Gayk* § 30 Rdnr. 48.
[396] BGH NJW 1983, 164.
[397] MünchHdb. GesR I/*Gayk* § 30 Rdnr. 54.
[398] E/B/J/S/*Ehricke* § 120 Rdnr. 75 ff.; MünchHdb. GesR I/*v. Falkenhausen/H. C. Schneider* § 22 Rdnr. 37 ff.; MünchKommHGB/*Priester* § 120 Rdnr. 106; Staub/*Ulmer* § 120 Rdnr. 64 ff.

Dazu zählt auch die Behandlung einbehaltener Gewinne und eine Aufstockung der Kapitalkonten bei der Hauptgesellschaft. Im Zweifel stehen sie dem Unterbeteiligten anteilig zu. In einer BGH-Entscheidung wird in diesem Zusammenhang auch erörtert, ob sich die Gewinnverteilung ändert, wenn einbehaltene Gewinne zur Aufstockung des Kapitalkontos des Hauptbeteiligten führen.[399] Das Problem stellt sich nur, wenn der Unterbeteiligte nicht quotal am Gewinn des Hauptbeteiligten beteiligt ist. Auch insofern empfiehlt sich eine ausdrückliche Regelung. Entsprechendes gilt übrigens bei einer Unterbeteiligung an einem Geschäftsanteil einer GmbH, deren Kapital aus Gesellschaftsmitteln erhöht wird. Zur Kapitalerhöhung durch Einlagen vgl. nachstehend Rdnr. 134. 127

Im Zusammenhang mit dem Gewinnbezugsrecht sind zwei weitere Rechte von Bedeutung: Das Informationsrecht und die Geschäftsführung, insbesondere Regelungen zur Ausübung des Stimmrechts in der Hauptgesellschaft.

c) **Das Informationsrecht.** Das Informationsrecht des Unterbeteiligten ist nach h. M.[400] 128
§ 233 HGB, nach anderer Ansicht § 716 BGB[401] zu entnehmen. Der Unterschied liegt in folgendem: § 233 HGB beschränkt den Anspruch des Unterbeteiligten auf Rechnungslegung bezüglich der auf die Hauptbeteiligung entfallenden Gewinne und ihre Zusammensetzung (Gewinnanteile, Zinsen auf Kapital- und Darlehenskonten, Tätigkeitsvergütung) sowie die Entwicklung seiner Konten.[402] Dagegen hätte der Unterbeteiligte gemäß § 716 BGB ein umfassendes Informationsrecht gegen den Hauptbeteiligten. Die Befürworter der Anwendung dieser Bestimmung sehen darin einen angemessenen Ausgleich dafür, dass dem Unterbeteiligten gegen die Hauptgesellschaft kein Rechnungslegungsanspruch zusteht und er keinen Anspruch darauf hat, Einsicht in die Bilanzen und die Gewinn- und Verlustrechnungen der Hauptgesellschaft zu nehmen.[403] Die Gegenmeinung weist demgegenüber auf die Pflichtenbindung des Hauptbeteiligten in der Hauptgesellschaft hin.[404] Er sei nicht berechtigt, jemandem, der nicht an der Gesellschaft unmittelbar beteiligt ist und ihr gegenüber keiner Verschwiegenheitspflicht unterliegt, Einblick in die Bilanz und die Gewinn- und Verlustrechnung der Hauptgesellschaft zu gewähren. Diesen Pflichten soll der Vorrang vor denjenigen gegenüber dem Unterbeteiligten zukommen. Anders soll das nur sein, wenn die Hauptgesellschaft dem Hauptbeteiligten die Bekanntgabe gestattet habe und der Unterbeteiligungsvertrag dem Unterbeteiligten ein Recht auf Bekanntgabe einräume[405], so insbesondere wenn die Unterbeteiligung gegenüber den Mitgesellschaftern des Hauptbeteiligten offengelegt ist und diese ihr zugestimmt haben oder der Unterbeteiligte sogar in die Rechte und Pflichten aus dem Hauptgesellschaftsvertrag einbezogen ist.[406] Andere verallgemeinern dies dahin, dass der Hauptbeteiligte verpflichtet sei, den Unterbeteiligten auf Verlangen über die wirtschaftliche Lage der Hauptgesellschaft zu unterrichten, sofern er daran durch seine gesetzliche oder gesellschaftsvertragliche Schweigepflicht gegenüber der Hauptgesellschaft nicht gehindert sei.[407]

Für die **notarielle Praxis** lässt sich daraus folgendes ableiten: Angesichts der ungeklärten 129
Rechtslage empfiehlt sich eine ausdrückliche Regelung im Unterbeteiligungsvertrag, dass der Hauptbeteiligte zur umfassenden Information des Unterbeteiligten über die wirtschaftliche Lage der Hauptgesellschaft verpflichtet ist, soweit dies nach Gesetz und Gesellschaftsvertrag der Hauptgesellschaft zulässig ist. Hierbei ist zu berücksichtigen, dass die GmbH ebenso wie die GmbH & Co. KG der Publizitätspflicht unterliegt und ihren Jah-

[399] WM 1966, 188; zustimmend MünchHdb. GesR I/*Gayk* § 30 Rdnr. 53; MünchKomm BGB/*Ulmer* Vor § 705 Rdnr. 100.

[400] BGHZ 50, 316 = NJW 1968, 2003; NJW-RR 1995, 165, 166; *Baumbach/Hopt* § 233 Rdnr. 13; MünchKomm BGB/*Ulmer* Vor § 705 Rdnr. 99; MünchKommHGB/*K. Schmidt* § 233 Rdnr. 33.

[401] *Blaurock* Rdnr. 30.48; *Heymann/Horn* § 233 Rdnr. 12.

[402] BGH NJW 1998, 2003; OLG Frankfurt a. M. GmbHR 1987, 57/59; *Blaurock* Rdnr. 30.48; E/B/J/S/*Gehrlein* § 230 Rdnr. 100; MünchKomm BGB/*Ulmer* Vor § 705 Rdnr. 99.

[403] *Blaurock* Rdnr. 30.48.

[404] MünchKomm BGB/*Ulmer* Vor § 705 Rdnr. 99.

[405] BGH NJW 1968, 2033, 2055.

[406] *Blaurock* Rdnr. 30.48.

[407] MünchHdb. GesR I/*Gayk* § 30 Rdnr. 36; Staub/*Zutt* § 233 Rdnr. 18.

resabschluss veröffentlichen muss (vgl. §§ 325 ff., 264 a HGB). Soweit eine solche Verpflichtung besteht, kann auch eine entsprechende Informationspflicht gegenüber dem Unterbeteiligten nicht rechtswidrig sein.[408]

130 d) **Geschäftsführung.** Die Geschäftsführung besteht bei der Unterbeteiligungsgesellschaft in der Wahrnehmung der Rechte und Pflichten aus der Hauptbeteiligung in der Hauptgesellschaft sowie aller laufenden Angelegenheiten der Gesellschaft, wie Rechnungslegung und Information des Unterbeteiligten.[409] Sie liegt grundsätzlich beim Hauptbeteiligten[410]. Als Inhaber der Hauptbeteiligung stehen nur ihm die Mitgliedschaftsrechte in der Hauptgesellschaft zu.[411] Damit ist er **geborener Geschäftsführer**. Die Geschäftsführungsbefugnis soll ihm nicht einmal gemäß § 712 BGB entzogen werden können.[412] In der Ausübung der Gesellschaftsrechte in der Hauptgesellschaft ist er Weisungen des Unterbeteiligten nicht unterworfen und unterliegt grundsätzlich auch keiner Pflicht zur Abstimmung der Stimmausübung mit dem Unterbeteiligten.[413] Jedoch muss der Hauptbeteiligte nach h. M. aufgrund des Unterbeteiligungsvertrages bei der Wahrnehmung seiner Gesellschafterrechte in der Hauptgesellschaft auf die Interessen des Unterbeteiligten Rücksicht nehmen.[414] Da er Gesellschafter sowohl der Hauptgesellschaft als auch der Unterbeteiligungsgesellschaft ist, unterliegt er einer doppelten Treuepflicht.[415] Bei Geschäften, die die **Grundlagen der Unterbeteiligung** berühren, wie Kapitalerhöhung durch Einlagen, Änderung der Gewinnverteilung, Kündigung oder Umwandlung der Hauptgesellschaft, nicht dagegen bei Grundlagengeschäften generell[416] hat er die Zustimmung des Unterbeteiligten einzuholen.[417] Zahlreiche Einzelheiten sind umstritten. Der Gesellschaftsvertrag der Unterbeteiligungsgesellschaft kann dem Unterbeteiligten jedoch weitergehenden Einfluss auf die Geschäftsführung und die Ausübung der Mitgliedschaftsrechte in der Hauptgesellschaft einräumen.[418] Das sollte und wird regelmäßig so geregelt. Vereinbart werden können Mitspracherechte und sogar Weisungsrechte.[419] Werden sie für die Stimmabgabe vereinbart, liegt darin eine Stimmbindung. Dauernde Stimmbindungsvereinbarungen gegenüber Nichtgesellschaftern werden für Grundlagengeschäfte vielfach für problematisch gehalten.[420] Gegenüber eine Unterbeteiligten werden sie aber überwiegend als zulässig angesehen, weil er im materiellen Sinn Träger von Gesellschafterinteressen ist.[421]

[408] MünchKomm BGB/*Ulmer* Vor § 705 Rdnr. 99 in FN 310; LG Bremen GmbHR 1991, 269, 270.

[409] MünchHdb. GesR I/*Gayk* § 30 Rdnr. 29.

[410] H. M. z. B. *Blaurock* Rdnr. 30.43; E/B/J/S/*Gehrlein* § 230 Rdnr. 94; MünchKommHGB/*K. Schmidt* § 233 Rdnr. 237.

[411] E/B/J/S/*Gehrlein* § 230 Rdnr. 94; *Heymann/Horn* § 230 Rdnr. 70; MünchKommHGB/*K. Schmidt* § 233 Rdnr. 237.

[412] *Heymann/Horn* § 230 Rdnr. 70; MünchKommHGB/*K. Schmidt* § 230 Rdnr. 237; Staub/*Zutt* § 230 Rdnr. 113: einschränkend *Blaurock* Rdnr. 30.43; MünchHdb. GesR I/*Gayk* § 30 Rdnr. 32; *Tebben* Unterbeteiligung und Treuhand an Gesellschaftsanteilen S. 265 f.

[413] E/B/J/S/*Gehrlein* § 230 Rdnr. 94; *Heymann/Horn* § 230 Rdnr. 70; MünchKommHGB/*K. Schmidt* § 233 Rdnr. 232; MünchKomm BGB/*Ulmer* Vor § 705 Rdnr. 100.

[414] E/B/J/S/*Gehrlein* § 230 Rdnr. 94; MünchHdb. GesR I/*Gayk* § 30 Rdnr. 30; MünchKommHGB/*K. Schmidt* § 230 Rdnr. 241; Staub/*Zutt* § 230 Rdnr. 114; a. A. MünchKomm BGB/*Ulmer* Vor § 705 Rdnr. 100.

[415] MünchHdb. GesR I/*Gayk* § 30 Rdnr. 30; MünchKommHGB/*K. Schmidt* § 230 Rdnr. 241; a. A. MünchKomm BGB/*Ulmer* Vor § 705 Rdnr. 100 (Vorrang der Hauptgesellschaft).

[416] Vgl. MünchHdb. GesR I/*Gayk* § 30 Rdnr. 30.

[417] BGH WM 1966, 188, 191 = BeckRS 1965, 30815634; E/B/J/S/*Gehrlein* § 230 Rdnr. 94; MünchHdb. GesR I/*Gayk* § 30 Rdnr. 30; MünchKomm BGB/*Ulmer* Vor § 705 Rdnr. 100; enger *Blaurock* Rdnr. 30.46.

[418] *Blaurock* Rdnr. 30.43: E/B/J/S/*Gehrlein* § 230 Rdnr. 95; *Heymann/Horn* § 230 Rdnr. 70; MünchHdb. GesR I/*Gayk* § 30 Rdnr. 31; MünchKommHGB/*K. Schmidt* § 233 Rdnr. 237.

[419] E/B/J/S/*Gehrlein* § 230 Rdnr. 95; *Heymann/Horn* § 230 Rdnr. 70; MünchKommHGB/*K. Schmidt* § 230 Rdnr. 237.

[420] Z. B. *Blaurock* Rdnr. 30.45; MünchKomm BGB/*Ulmer/Schäfer* § 717 Rdnr. 25 f.; Scholz/*K. Schmidt* § 47 GmbHG Rdnr. 42; Ulmer/*Hüffer* § 47 GmbHG Rdnr. 78.

[421] So Scholz/*K. Schmidt* § 47 GmbHG Rdnr. 42; i. E. ebenso *Blaurock* Rdnr. 30.45; Ulmer/*Hüffer* § 47 GmbHG Rdnr. 78; a. A. MünchKomm BGB/*Ulmer/Schäfer* § 717 Rdnr. 26 f. (nur bei offener qualifizierter Unterbeteiligung).

Allerdings sind einer solchen Regelung **Grenzen** durch die **Treuepflicht** des Hauptbeteiligten in der Hauptgesellschaft gesetzt.[422] Der Hauptbeteiligte darf nicht zu einer Wahrnehmung seiner Mitgliedschaftsrechte in der Hauptgesellschaft gezwungen sein, die eine Verletzung seiner Pflichten in der Hauptgesellschaft darstellt. Denn die Rechtsstellung des Hauptbeteiligten in der Hauptgesellschaft ist der Unterbeteiligungsgesellschaft vorgegeben.[423] 131

Soll der Unterbeteiligungsvertrag regeln, dass Unterbeteiligter und Hauptbeteiligter sich hinsichtlich des Stimmverhaltens in der Hauptgesellschaft untereinander abstimmen, stellt sich die technische Frage nach einem sinnvollen Verfahren. Aus **einer** Beteiligung kann nach h. M. **nur einheitlich** abgestimmt werden.[424] Bei der GmbH hat sich das Problem durch das MoMiG und die Zulassung der Vorratsteilung entschärft. Bei Personengesellschaften besteht es nach wie vor jedenfalls dann, wenn die Unterbeteiligung verdeckt begründet wird und nicht durch Vereinbarung mit den Mitgesellschaftern eine gesonderte Stimmausübung aus den für den Unterbeteiligten gehaltenen Teilen der Beteiligung des Hauptbeteiligten vereinbart ist.[425] Eine Möglichkeit ist dabei, dass vor der Abstimmung in der Hauptgesellschaft in der Unterbeteiligungsgesellschaft abgestimmt wird und der Hauptbeteiligte verpflichtet ist, entsprechend in der Gesellschafterversammlung der Hauptgesellschaft abzustimmen. Wie in der 2-Personengesellschaft besonders deutlich wird, wirft das allerdings eigene Probleme auf: Wird in der Unterbeteiligungsgesellschaft eine Mehrheitsentscheidung vereinbart, diktiert der Gesellschafter mit dem größeren Anteil die Entscheidung, bei Einstimmigkeit erhält die Minderheitsbeteiligung zu viel Gewicht. Diese Folgen werden vermieden, wenn der Hauptbeteiligte verpflichtet wird, möglichst so abzustimmen, dass das Abstimmungsergebnis erzielt wird, das erzielt würde, wenn der Unterbeteiligte mit einem seiner Unterbeteiligung entsprechenden Anteil unmittelbar an der Hauptgesellschaft beteiligt wäre. 132

Beispiel: An der Hauptgesellschaft sind zwei Gesellschafter mit Anteilen von 30 und 70% beteiligt; der mit 70% Beteiligte hält davon 21% für den Unterbeteiligten, 49% für sich selbst. Vertritt der 30%-ige Gesellschafter dieselbe Auffassung wie der Unterbeteiligte, muss der Hauptbeteiligte seine gesamten Stimmen für diese Auffassung abgeben.

Wenn der Gesellschaftsvertrag der Hauptgesellschaft das erlaubt, ist es sogar möglich, im Unterbeteiligungsvertrag den Hauptgesellschafter zu verpflichten, dem Unterbeteiligten **Vollmacht zur Ausübung des Stimmrechts** zu erteilen.[426] **Vertreten** wird aber stets nur der Hauptbeteiligte. Die Unterbeteiligungsgesellschaft ist Innengesellschaft und kann daher nicht vertreten werden.[427] 133

Bei einer Regelung der Geschäftsführung sollte sollte auch bestimmt werden, wie bei Veränderungen der Hauptbeteiligung zu verfahren ist, insbesondere bei einer **Kapitalerhöhung durch Einlagen.** Dem Unterbeteiligten sollte Gelegenheit gegeben werden, die Verwässerung seiner Beteiligung zu verhindern, in dem er entsprechende Einlageleistungen dem Hauptbeteiligten zur Verfügung stellt und damit seine Beteiligung aufstockt.[428] Falls der Hauptbeteiligte selbst nicht an der Kapitalerhöhung teilnehmen will, kann dem Unterbeteiligten weitergehend die Befugnis eingeräumt werden, von dem Hauptbeteiligten zu verlangen, dass er den gesamten Erhöhungsbetrag für den Unterbeteiligten zeichnet, wenn ihm die Einlageleistung vom Unterbeteiligten zur Verfügung gestellt wird. Für eine solche Regelung spricht, dass es dem Hauptbeteiligten gleichgültig sein kann, ob er durch den Unterbeteiligten oder durch die Mitgesellschafter verwässert wird. 134

---

422 MünchHdb. GesR I/*Gayk* § 30 Rdnr. 31; MünchKommHGB/*K. Schmidt* § 230 Rdnr. 233; vgl. auch MünchKomm BGB/*Ulmer* Vor § 705 Rdnr. 95.

423 MünchKommHGB/*K. Schmidt* § 230 Rdnr. 233, der sogar drittschützende Treupflichten des Unterbeteiligten annimmt; einschränkend dagegen MünchHdb. GesR I/*Gayk* § 30 Rdnr. 31 (Grenze nur bei Verstoß gegen gesetzliche Verpflichtungen).

424 Vgl. BGH BB 1964, 1272; Scholz/*K. Schmidt* § 47 GmbHG Rdnr. 69; Ulmer/*Hüffer* § 47 GmbHG Rdnr. 58 f.

425 Dazu Scholz/*K. Schmidt* § 47 GmbHG Rdnr. 73.

426 MünchKommHGB/*K. Schmidt* § 230 Rdnr. 237.

427 Vgl. nur *Blaurock* Rdnr. 30.42.

428 So schon BGH BGH WM 1966, 188, 191 = BeckRS 1965, 30815634.

135 e) **Übertragbarkeit der Unterbeteiligung.** Die Unterbeteiligung ist ebenso wie die stille Beteiligung gemäß § 717 S. 1 BGB grundsätzlich nicht übertragbar.[429] Übertragbar sind gemäß § 717 S. 2 BGB nur die aus ihr fließenden Ansprüche auf Gewinn oder Auseinandersetzungsguthaben. Der Vertrag kann jedoch die Übertragbarkeit der Unterbeteiligung vorsehen.[430] Außerdem ist die Beteiligung übertragbar, wenn der Hauptbeteiligte der Übertragung zustimmt. Überträgt der Hauptbeteiligte die Hauptbeteiligung, geht die Unterbeteiligung nicht ohne weiteres auf den Erwerber über. Dazu bedarf es vielmehr einer Vertragsübernahme des Unterbeteiligungsvertrages durch den Erwerber unter Zustimmung des Unterbeteiligten.[431] Kommt es nicht zur Übernahme des Unterbeteiligungsvertrages, endet die Unterbeteiligungsgesellschaft gem. § 726 BGB durch Zweckvereitelung.[432]

136 f) **Beendigung der Unterbeteiligungsgesellschaft.** *aa) Auflösungsgründe.* Ein regelungsintensives Thema ist die Beendigung der Unterbeteiligungsgesellschaft. Häufig wird gewünscht, die Unterbeteiligung **auf die Dauer der Hauptbeteiligung unkündbar** zu stellen. Dem hat der BGH aber schon früh eine Absage erteilt, falls nicht ausnahmsweise die Hauptbeteiligung auf bestimmte Zeitdauer eingegangen ist.[433] Nur dann führt die Verweisung auf den Vertrag der Hauptgesellschaft dazu, dass auch die Unterbeteiligungsgesellschaft auf bestimmte Zeit geschlossen ist. Sonst handelt es sich bei der Unterbeteiligungsgesellschaft nur um eine auf unbestimmte Zeit eingegangene Gesellschaft, die je nachdem, ob § 723 Abs. 1 S. 1 BGB oder § 132 HGB anzuwenden ist, jederzeit oder mit sechsmonatiger Kündigungsfrist zum Ende eines Geschäftsjahres kündbar ist.[434]

137 Nach h. M. im Schrifttum ist § 234 HGB auf die Unterbeteiligung analog anwendbar.[435] Die **Kündigungs**frist richtet sich dann nach § 132 HGB. Demgegenüber wenden andere[436] § 723 Abs. 1 BGB an. Sie begründen das damit, dass die Lage bei der Unterbeteiligungsgesellschaft anders sei als bei der stillen Gesellschaft. Dem ist jedoch entgegenzuhalten, dass gerade bei der Unterbeteiligungsgesellschaft ein plötzlicher Kapitalentzug problematisch ist. Während bei der stillen Gesellschaft die Abfindung aus dem Unternehmen gezahlt wird, das immer wieder liquide Mittel zu betrieblichen Anschaffungen benötigt und deshalb gewohnt ist, solche vorzuhalten oder zu generieren, wird der Hauptbeteiligte in der Unterbeteiligungsgesellschaft regelmäßig nicht über ausreichende liquide Mittel verfügen, um den Unterbeteiligten auszuzahlen.[437] Auch wenn § 234 HGB § 723 Abs. 3 BGB nicht verdrängen soll, kann der Unterbeteiligungsvertrag die Kündigungsfristen verlängern.[438] Es ist empfehlenswert, die Kündigungsfrist im Unterbeteiligungsgesellschaftsvertrag so zu regeln, dass genügend Zeit verbleibt, die notwendigen Mittel aufzubringen. Dabei wird der Hauptbeteiligte häufig Wert darauf legen, dass die Kündigungsfrist für den Unterbeteiligten und die Frist zur Kündigung der Hauptbeteiligung aufeinander abgestimmt sind und er ausreichende Zeit vor Ablauf seiner Kündigungsfrist von der Kündigung der Unterbeteiligungsgesellschaft Kenntnis erhält, um erforderlichenfalls die Hauptbeteiligung kündigen zu können und dadurch die erforderliche Liquidität zur Abfindung des Unterbeteiligten zu beschaffen.

138 Gestaltungsbedürftig ist auch die Regelung bei **Tod** des Hauptbeteiligten. Bei **Tod des Unterbeteiligten** wird die Unterbeteiligungsgesellschaft gemäß § 234 Abs. 2 HGB analog

[429] *Blaurock* Rdnr. 30.51; MünchKommHGB/*K. Schmidt* § 230 Rdnr. 247; Staub/*Zutt* § 230 Rdnr. 107.

[430] *Blaurock* Rdnr. 30.51: E/B/J/S/*Gehrlein* § 230 Rdnr. 101; *Heymann/Horn* § 230 Rdnr. 73; MünchHdb. GesR I/*Gayk* § 30 Rdnr. 58; MünchKommHGB/*K. Schmidt* § 230 Rdnr. 247; Staub/*Zutt* § 230 Rdnr. 107.

[431] *Blaurock* Rdnr. 30.51; MünchHdb. GesR I/*Gayk* § 30 Rdnr. 58; MünchKommHGB/*K. Schmidt* § 234 Rdnr. 73; Staub/*Zutt* § 234 Rdnr. 41.

[432] *Blaurock* Rdnr. 30.51; MünchHdb. GesR I/*Gayk* § 30 Rdnr. 58; MünchKommHGB/*K. Schmidt* § 234 Rdnr. 73; Staub/*Zutt* § 234 Rdnr. 41.

[433] BGHZ 50, 316 = NJW 1968, 2003, 2004; NJW 1994, 2886, 2888.

[434] Zustimmend *Blaurock* Rdnr. 30.57; E/B/J/S/*Gehrlein* § 234 Rdnr. 38; MünchKomm BGB/*Ulmer* Vor § 705 Rdnr. 102.

[435] *Heymann/Horn* § 234 Rdnr. 30; MünchKomm BGB/*Ulmer* Vor § 705 Rdnr. 102; MünchKommHGB/*K. Schmidt* § 234 Rdnr. 70; Staub/*Zutt* § 234 Rdnr. 42; unklar BGHZ 50, 316.

[436] Z. B. *Blaurock* Rdnr. 30.58.

[437] In diese Richtung auch MünchKommHGB/*K. Schmidt* § 234 Rdnr. 70.

[438] MünchHdb. GesR I/*Gayk* § 30 Rdnr. 71; MünchKommHGB/*K. Schmidt* § 234 Rdnr. 70.

mit dem oder den Erben fortgesetzt,[439] soweit der Vertrag nichts Abweichendes regelt. Anders als bei der Personengesellschaft sonst soll die Vererbung an mehrere Erben nicht im Wege der Sonderrechtsnachfolge, sondern im Wege der Gesamtrechtsnachfolge erfolgen. Bei der Unterbeteiligung als Innengesellschaft bestehe keine Veranlassung von der Gesamtrechtsnachfolge abzuweichen.[440] Der **Tod des Hauptbeteiligten** soll nach überwiegender Auffassung dagegen gemäß § 727 BGB die Auflösung der Unterbeteiligungsgesellschaft zur Folge haben.[441] Nach a. A. soll das nur gelten, wenn der Tod des Hauptbeteiligten auch zur Auflösung der Hauptgesellschaft führt oder die Hauptbeteiligung nicht auf die Erben des Hauptbeteiligten übergeht oder es für den Unterbeteiligten auf die Person des Hauptbeteiligten ankommt, also die Unterbeteiligung lediglich mit einer bestimmten Person als Hauptbeteiligtem bestehen soll.[442] Diese Überlegungen sind im Ergebnis durchaus überzeugend. Dem Gesetz lässt sich die Lösung aber nicht entnehmen. Man muss dazu auf eine Auslegung des Unterbeteiligungsvertrages nach dem mutmaßlichen Parteiwillen zurückgreifen.[443] Wenn die Unterbeteiligungsgesellschaft beim Tod des Hauptbeteiligten fortgesetzt werden soll, für die Hauptbeteiligung Sondererbfolge gilt und sich die Hauptbeteiligung auf mehrere Nachfolger verteilt, soll sich die Unterbeteiligung mangels anderer Regelung anteilig an den Gesellschaftsbeteiligungen aller Nachfolger in der Hauptgesellschaft fortsetzen.[444] Es empfiehlt sich, alle diese Fragen im Vertrag ausdrücklich zu regeln.

Wird die Hauptbeteiligung von einer **Gesellschaft** gehalten, führt zwar deren Vollbeendi- 139
gung, aber nicht schon ihre Liquidation zur Auflösung der Unterbeteiligungsgesellschaft.[445] Aufgelöst wird die Unterbeteiligungsgesellschaft auch durch die Insolvenz eines ihrer Gesellschafter,[446] ebenso durch Gläubigerkündigung, für die nach wohl überwiegender Meinung § 135 HGB und nicht § 725 BGB gilt.[447]

Dagegen sollen weder die **Auflösung der Hauptgesellschaft** noch die Eröffnung des Insol- 140
venzverfahrens über ihr Vermögen die Unterbeteiligungsgesellschaft auflösen. Diese Rechtsfolge soll erst die Vollbeendigung der Hauptgesellschaft aus dem Gesichtspunkt der Zweckvereitelung haben.[448] Zweckvereitelung und Auflösung sollen auch die Rechtsfolge eines Ausscheidens des Hauptbeteiligten aus der Hauptgesellschaft sein, sei es dass der Hauptbeteiligte aus der Hauptgesellschaft ausgeschlossen wird, sei es dass er aus anderen Gründen ausscheidet oder – bei der GmbH – seine Geschäftsanteile eingezogen werden.[449] Die Veräußerung der Hauptbeteiligung ist Zweckvereitelung nur, wenn der Unterbeteiligungsvertrag nicht übernommen wird,[450] was die Mitwirkung des Erwerbers und des Unterbeteiligten voraussetzt.[451]

Ist die Hauptgesellschaft Personengesellschaft und scheiden alle anderen Gesellschafter 141
aus der Hauptgesellschaft aus, geht das Unternehmen dadurch auf den Hauptgesellschafter über; die Unterbeteiligung wird aber nicht aufgelöst, sondern wandelt sich in eine stille Be-

---

439 *Blaurock* Rdnr. 30.60; *Heymann/Horn* § 234 Rdnr. 31; E/B/J/S/*Gehrlein* 234 Rdnr. 37; MünchKommHGB/*K. Schmidt* § 234 Rdnr. 77; Staub/*Zutt* § 234 Rdnr. 40.

440 MünchHdb. GesR I/*Gayk* § 30 Rdnr. 67 mwN.

441 E/B/J/S/*Gehrlein* § 234 Rdnr. 37; *Heymann/Horn* § 234 Rdnr. 31; Staub/*Zutt* § 234 Rdnr. 40.

442 Vgl. *Blaurock* Rdnr. 30.60; *Heymann/Horn* § 234 Rdnr. 30; MünchKommHGB/*K. Schmidt* § 234 Rdnr. 65.

443 *Heymann/Horn* § 234 Rdnr. 31, MünchKomm BGB/*Ulmer* Vor § 705 Rdnr. 102; MünchKommHGB/*K. Schmidt* § 234 Rdnr. 65; MünchHdb. GesR I/*Gayk* § 30 Rdnr. 66.

444 *Weigl* Stille Gesellschaft und Unterbeteiligung S. 204.

445 *Blaurock* Rdnr. 30.61; E/B/J/S/*Gehrlein* § 234 Rdnr. 57; *Heymann/Horn* § 234 Rdnr. 31; MünchHdb. GesR I/*Gayk* § 30 Rdnr. 75.

446 *Blaurock* Rdnr. 30.58; *Heymann/Horn* § 234 Rdnr. 32; MünchKommHGB/*K. Schmidt* § 234 Rdnr. 68.

447 *Heymann/Horn* § 234 Rdnr. 30; MünchKommHGB/*K. Schmidt* § 234 Rdnr. 72; a. A. z. B. *Blaurock* Rdnr. 30.56.

448 *Blaurock* Rdnr. 30.61; E/B/J/S/*Gehrlein* § 234 Rdnr. 37; *Heymann/Horn* § 234 Rdnr. 32; MünchHdb. GesR I/*Gayk* § 30 Rdnr. 75; MünchKommHGB/*K. Schmidt* § 234 Rdnr. 67; Staub/*Zutt* § 234 Rdnr. 40.

449 MünchHdb. GesR I/*Gayk* § 30 Rdnr. 75; MünchKommHGB/*K. Schmidt* § 234 Rdnr. 67.

450 *Heymann/Horn* § 234 Rdnr. 32; MünchKommHGB/*K. Schmidt* § 234 Rdnr. 73; Staub/*Zutt* § 234 Rdnr. 41.

451 MünchKommHGB/*K. Schmidt* § 234 Rdnr. 73.

teiligung.[452] Auch dies könnte der Vertrag klarstellen, vor allem aber regeln, mit welchem Anteil der Unterbeteiligte alsdann als stiller Beteiligter am Unternehmen beteiligt ist.[453] Bei der typischen Unterbeteiligungsgesellschaft wird eine Änderung nicht gewollt sein. Die Beteiligung an Gewinn und Verlust muss allerdings so umgerechnet werden, das die Beteiligten sich nicht anders stehen, als wäre der Hauptbeteiligte nach wie vor nur mit seinem vorherigen Anteil an der Gesellschaft beteiligt. Bei der atypischen Unterbeteiligung wird eine Änderung nicht gewollt sein, wenn der Erwerb der anderen Beteiligungen durch Eigenmittel des Hauptbeteiligten finanziert wird. Auch hier müssen die Rechte des Unterbeteiligten so umgestaltet werden, dass er nicht anders dasteht, als er stünde, wenn die Hauptbeteiligung unverändert fortbestehen würde.[454] Das ist nicht anders, als wenn der Hauptbeteiligte eine Beteiligung an der Hauptgesellschaft hinzuerwirbt. Auch dies darf nicht zu einer Veränderung der Rechte des Unterbeteiligten führen. Wird die Abfindung der anderen Gesellschafter dagegen aus dem Unternehmen finanziert, wird der atypische Unterbeteiligte Anspruch darauf haben, auch an der vergrößerten Beteiligung zu partizipieren. Das ist nicht anders als bei einer Unterbeteiligung an einem Geschäftsanteil an einer GmbH bei Erhöhung des Kapitals aus Gesellschaftsmitteln. Eine andere Frage ist es, ob der Hauptbeteiligte bei Erwerb weiterer Beteiligungen an der Hauptgesellschaft durch Einsatz eigener Mittel verpflichtet ist, dem Unterbeteiligten Gelegenheit zu geben, sich an der Mittelaufbringung zu beteiligen. Anders als bei der Kapitalerhöhung durch Einlagen wird man das nicht ohne weiteres annehmen können, weil die Unterbeteiligung durch den Zuerwerb der Beteiligung anderer Gesellschafter nicht verwässert wird.

142 Bei einer **Umwandlung der Hauptgesellschaft** ist zu unterscheiden: Eine formwechselnde Umwandlung nach den §§ 190 ff. UmwG lässt die Unterbeteiligung unberührt. Bei erheblicher Beeinträchtigung seiner Rechtsposition durch den Formwechsel kann dem Unterbeteiligten jedoch ein Recht zur außerordentlichen Kündigung zustehen.[455] Entsprechendes gilt beim Formwechsel der Hauptgesellschaft von einer OHG in eine KG oder einer GbR in Personenhandelsgesellschaft oder umgekehrt. Eine Umwandlung der Hauptbeteiligung z. B. einer Kommanditbeteiligung in diejenige eines persönlich haftenden Gesellschafters oder umgekehrt bedarf der internen Zustimmung des Unterbeteiligten, wenn sich dessen Rechtposition dadurch verschlechtert. Verstöße können zur außerordentlichen Kündigung berechtigen.[456]

143 Bei einer **Verschmelzung** kommt es darauf an, ob die Hauptbeteiligung an einem Anteil am übertragenden oder am übernehmenden Rechtsträger besteht. Die Unterbeteiligung an dem Anteil des Hauptbeteiligten an einem übertragenden Rechtsträger erlischt mit der Verschmelzung. Da sie kein dingliches Recht am Gesellschaftsanteil ist, setzt sie sich nicht gem. § 20 Abs. 1 Ziff. 3 UmwG an dem Anteil fort, den der Hauptbeteiligten durch die Verschmelzung an dem übernehmenden Rechtsträger erhält.[457] Der Unterbeteiligte soll aber Anspruch auf Neubegründung haben.[458] Die Hauptbeteiligung an dem übernehmenden Rechtsträger und mit ihr auch die Unterbeteiligung ändert sich durch die Verschmelzung nicht. Allerdings kann die Verschmelzung ebenfalls zu einer Verwässerung der Beteiligung führen. Außerdem kann sie die Hauptgesellschaft wirtschaftlich erheblich verändern. Es empfiehlt sich, ein Kündigungsrecht des Unterbeteiligten für diesen Fall vorzusehen.

144 *bb) Folgen der Auflösung.* Gem. § 235 HGB hat sich der Inhaber des Handelsgeschäfts, hier also der Hauptbeteiligte, nach der Auflösung der Gesellschaft mit dem stillen Gesell-

[452] MünchKommHGB/*K. Schmidt* § 234 Rdnr. 74; Röhricht/Graf v. Westphalen/*v. Gerkan* § 234 Rdnr. 45; Staub/*Zutt* § 234 Rdnr. 41.

[453] MünchKommHGB/*K. Schmidt* § 234 Rdnr. 74.

[454] So MünchKommHGB/*K. Schmidt* § 234 Rdnr. 74.

[455] *Blaurock* Rdnr. 30.62: MünchHdb. GesR I/*Gayk* § 30 Rdnr. 77; MünchKommHGB/*K. Schmidt* § 234 Rdnr. 75; Staub/*Zutt* § 234 Rdnr. 41.

[456] MünchHdb. GesR I/*Gayk* § 30 Rdnr. 78; MünchKommHGB/*K. Schmidt* § 234 Rdnr. 76.

[457] *Widmann/Mayer/Vossius* § 20 Rdnr. 285; *Semler/Stengel/Kübler* § 20 Rdnr. 81; Lutter/Grunewald § 20 Rdnr. 66; *Schmitt/Hörtnagl/Stratz* § 20 Rdnr. 116 ff.

[458] MünchKommHGB/*K. Schmidt* § 234 Rdnr. 75; a. A. (automatische Fortsetzung) MünchHdb. GesR I/ *Gayk* § 30 Rdnr. 77 jew. mwN.

schafter, hier dem Unterbeteiligten, auseinanderzusetzen und dessen Guthaben in Geld zu berichtigen. Die h. M. wendet diese Bestimmung und nicht § 733 BGB auf die Auseinandersetzung der Unterbeteiligungsgesellschaft entsprechend an.[459] Insbesondere soll der Hauptbeteiligte nicht gem. § 733 Abs. 3 BGB zur **Versilberung der Hauptbeteiligung** verpflichtet sein und auch nicht zur Abtretung eines Teils der Hauptbeteiligung an den Unterbeteiligten.[460] Als Innengesellschaft bildet die Unterbeteiligungsgesellschaft kein Vermögen. Die Auseinandersetzung entspricht damit derjenigen der §§ 738 ff. BGB über die Abfindung eines ausgeschiedenen Gesellschafters.[461] Der Unterbeteiligte wird in Geld abgefunden. Die Aufbringung der Abfindung ist Sache des Hauptbeteiligten. Der Unterbeteiligungsvertrag kann das allerdings abweichend regeln.

Die **Bemessung der Ausgleichsforderung** ist umstritten und bedarf deshalb der Regelung im Gesellschaftsvertrag der Unterbeteiligungsgesellschaft.[462] Bei Fehlen einer gesellschaftsvertraglichen Bestimmung soll der **typisch Unterbeteiligte** nach h. M. nur Anspruch auf den Buchwert seiner Einlage zuzüglich noch nicht ausgezahlter Gewinnanteile und abzüglich noch nicht verrechneter Verluste haben, die während der Dauer der Unterbeteiligung entstanden sind.[463] Stille Reserven sowie ein Geschäftswert der Hauptgesellschaft bleiben außer Ansatz. Zweifelhaft soll dagegen die Berücksichtigung offener Rücklagen sein.[464] Auch bei der **atypischen Unterbeteiligung** soll der Unterbeteiligte im Zweifel nur in dem Umfang an den stillen Rücklagen sowie einem Geschäftswert der Hauptgesellschaft beteiligt sein, wie es auch der Hauptbeteiligte bei einem Ausscheiden aus der Hauptgesellschaft ist.[465] Denn der Hauptbeteiligte wird dem Unterbeteiligten keine höhere Abfindung zahlen wollen, als er sie selbst beanspruchen kann. Eine Abfindung zum anteiligen Verkehrswert der Hauptbeteiligung kann deshalb problematisch sein. Auch können sich praktische Probleme der Ermittlung des Wertes stellen, wenn der Hauptbeteiligte keinen Zugriff auf die zur Berechnung des Abfindungsguthabens erforderlichen Unterlagen und Zahlen hat.[466] Schließlich wird bei der Gestaltung zu berücksichtigen sein, wie die Abfindung finanziert werden kann. Ist weder eine Verpfändung der Hauptbeteiligung als Kreditunterlage noch eine Teilkündigung der Hauptgesellschaft zulässig, sollte eine Stundung der Auszahlung des Abfindungsbetrages vereinbart werden. Andernfalls bleibt dem Hauptbeteiligten häufig nur, seinerseits vollständig aus der Hauptgesellschaft auszuscheiden,[467] um sich die notwendige Liquidität zu beschaffen. Aus diesen Gründen kann die Abfindungsregelung anders aussehen, wenn die Beendigung der Unterbeteiligungsgesellschaft auf der Auflösung der Hauptgesellschaft beruht.[468] 145

Nach h. M. nimmt der Unterbeteiligte auch an den bei Auflösung bzw. Beendigung der Unterbeteiligungsgesellschaft **schwebenden Geschäften** teil.[469] Die Abrechnung kann jedoch schwierig sein, weil der Hauptbeteiligte nicht selbst Träger der schwebenden Geschäfte ist und bei Verbleib in der Hauptgesellschaft keinen Anspruch auf gesonderte Abrechnung dieser Geschäfte hat.[470] Der Unterbeteiligte sollte deshalb vertraglich von der Teilnahme an 146

[459] OLG Hamm NJW-RR 1994, 999, 1001; E/B/J/S/*Gehrlein* § 235 Rdnr. 35; *Heymann/Horn* § 235 Rdnr. 25; MünchHdb. GesR I/*Gayk* § 30 Rdnr. 79; MünchKommHGB/*K. Schmidt* § 235 Rdnr. 68; MünchKomm BGB/*Ulmer* Vor § 705 Rdnr. 103; Staub/*Zutt* § 235 Rdnr. 34; differenzierend nach dem wirtschaftl. Zweck der Unterbeteiligung und danach, ob die Hauptgesellschaft ebenfalls aufgelöst wird *Blaurock* Rdnr. 30.64.

[460] MünchHdb. GesR I/*Gayk* § 30 Rdnr. 79.

[461] MünchHdb. GesR I/*Gayk* § 30 Rdnr. 79; MünchKommHGB/*K. Schmidt* § 235 Rdnr. 68; Staub/*Zutt* § 235 Rdnr. 34.

[462] MünchHdb. GesR I/*Gayk* § 30 Rdnr. 80; MünchKommHGB/*K. Schmidt* § 235 Rdnr. 70.

[463] E/B/J/S/*Gehrlein* § 235 Rdnr. 35; *Heymann/Horn* § 235 Rdnr. 25; MünchHdb. GesR I/*Gayk* § 30 Rdnr. 80; MünchKommHGB/*K. Schmidt* § 235 Rdnr. 70.

[464] Vgl. MünchHdb. GesR I/*Gayk* § 30 Rdnr. 80.

[465] MünchKommHGB/*K. Schmidt* § 235 Rdnr. 70.

[466] MünchHdb. GesR I/*Gayk* § 30 Rdnr. 82.

[467] MünchHdb. GesR I/*Gayk* § 30 Rdnr. 82.

[468] Vgl. MünchHdb. GesR I/*Gayk* § 30 Rdnr. 80.

[469] E/B/J/S/*Gehrlein* § 235 Rdnr. 35; *Heymann/Horn* § 235 Rdnr. 25; MünchKommHGB/*K. Schmidt* § 235 Rdnr. 73; Staub/*Zutt* § 235 Rdnr. 34; a. A. MünchHdb. GesR I/*Gayk* § 30 Rdnr. 84.

[470] MünchHdb. GesR I/*Gayk* § 30 Rdnr. 84.

den schwebenden Geschäften ausgeschlossen werden.[471] Angesichts der Vielzahl der ungeklärten Fragen ist bei der Formulierung der Abfindungsbestimmung im Unterbeteiligungsvertrag größte Umsicht geboten.

Einen sich bei der Abrechnung ergebender **Passivsaldo** des Unterbeteiligten hat dieser nur auszugleichen, wenn er auf einer rückständigen Einlageleistung oder auf Entnahmen beruht, die nicht durch Gewinne gedeckt waren. Ist seine Einlage durch Verluste negativ geworden, trifft ihn dagegen keine Nachschusspflicht.[472]

147 **g) Schutz des Unterbeteiligten gegen Insolvenz des Hauptbeteiligten.** Durch Insolvenz des Hauptbeteiligten wird die Unterbeteiligungsgesellschaft aufgelöst. Nach h.M. ist § 236 HGB entsprechend anzuwenden.[473] Der Unterbeteiligte ist mit seiner Auseinandersetzungsforderung einfacher Insolvenzgläubiger. Das führt mitunter zu der Frage, ob und ggf. wie der Unterbeteiligte gegen eine Insolvenz der Hauptbeteiligten ebenso wie gegen den Zugriff von Gläubigern des Hauptbeteiligten im Wege der Einzelzwangsvollstreckung auf seine Beteiligung geschützt werden kann. Hierfür steht das übliche Instrumentarium zur Verfügung. In erster Linie ist daran zu denken, die Hauptbeteiligung zur Sicherheit der Ansprüche des Unterbeteiligten an diesen zu verpfänden. Dabei müssen allerdings im Gesellschaftsvertrag der Hauptgesellschaft vorgesehene Zustimmungserfordernisse beachtet werden. In zweiter Linie ist an die Abtretung oder Verpfändung der Ansprüche des Hauptbeteiligten gem. § 717 S. 2 BGB zu denken, insbesondere des Anspruchs auf sein Auseinandersetzungsguthaben bei einem Ausscheiden aus der Hauptgesellschaft. Vorbehaltlich einer Anfechtbarkeit solcher Regelungen steht dem Unterbeteiligten dann ein Absonderungsrecht in der Insolvenz des Hauptbeteiligten zu.[474]

148 Ist dem Unterbeteiligten bei Auflösung der Hauptgesellschaft ein Anspruch auf Übertragung eines Teils der Hauptbeteiligung eingeräumt, kann dieser durch eine aufschiebend bedingte Abtretung gegen den Zugriff Dritter und eine Verfügung des Hauptbeteiligten gesichert werden, sofern im Gesellschaftsvertrag der Hauptgesellschaft vorgesehene Zustimmungserfordernisse beachtet sind vgl. § 161 BGB. Ob der Schutz des § 161 BGB bei einer aufschiebend bedingten Verfügung über einen GmbH-Geschäftsanteil durch gutgläubigen Erwerb gem. § 16 Abs. 3 GmbHG überwunden werden kann und ob ein gutgläubiger Erwerb durch Zuordnung eines Widerspruchs zu der Gesellschafterliste verhindert werden kann, ist umstritten und wird in Rdnr. 207 bei der Treuhand erörtert.

149 **h) Ausformungen der Treuepflicht, insbesondere das Wettbewerbsverbot.** Der Hauptbeteiligte unterliegt einer **doppelten Treuepflicht**, einerseits gegenüber seinen Mitgesellschaftern in der Hauptgesellschaft und andererseits dem Unterbeteiligten gegenüber.[475] Das kann zu besonderen Konflikten für ihn führen, vor denen er durch die Gestaltung des Gesellschaftsvertrages der Unterbeteiligungsgesellschaft möglichst bewahrt werden sollte. Aber auch der Unterbeteiligte unterliegt Treuepflichten. So ist es umstritten, ob der Unterbeteiligte einem **Wettbewerbsverbot** unterliegt, mit dem der Hauptgesellschaftsvertrag den Hauptbeteiligten belegt.[476] Man wird das im Einzelfall davon abhängig machen müssen, in wieweit dem Unterbeteiligten über den Unterbeteiligungsvertrag Informationsrechte über die Tätigkeit der Hauptgesellschaft und Einfluss auf deren Geschicke eingeräumt ist.[477] Im Übrigen besteht ein Wettbewerbsverbot des Unterbeteiligten grundsätzlich weder im Verhältnis zur Hauptgesellschaft noch im Verhältnis zwischen Haupt- und Unterbetei-

---

[471] MünchHdb. GesR I/*Gayk* § 30 Rdnr. 83; MünchKommHGB/*K. Schmidt* § 235 Rdnr. 73.

[472] E/B/J/S/*Gehrlein* § 235 Rdnr. 35; MünchHdb. GesR I/*Gayk* § 30 Rdnr. 83; MünchKommHGB/*K. Schmidt* § 235 Rdnr. 72.

[473] E/B/J/S/*Gehrlein* § 236 Rdnr. 20; *Heymann/Horn* § 236 Rdnr. 25; MünchKommHGB/*K. Schmidt* § 236 Rdnr. 45; Staub/*Zutt* § 234 Rdnr. 25; a. A. *Blaurock* Rdnr. 30.65.

[474] MünchKommHGB/*K. Schmidt* § 236 Rdnr. 45, 20.

[475] E/B/J/S/*Gehrlein* § 230 Rdnr. 95; MünchHdb. GesR I/*Gayk* § 30 Rdnr. 30; MünchKomm BGB/*Ulmer* Vor § 705 Rdnr. 94 f.; MünchKommHGB/*K. Schmidt* § 230 Rdnr. 241; Staub/*Zutt* § 230 Rdnr. 115.

[476] Vgl. dazu *Blaurock* Rdnr. 30.49: E/B/J/S/*Gehrlein* § 230 Rdnr. 103; MünchHdb. GesR I/*Gayk* § 30 Rdnr. 39; MünchKommHGB/*K. Schmidt* § 230 Rdnr. 244; Staub/*Zutt* § 230 Rdnr. 115.

[477] *Blaurock* Rdnr. 30.49: E/B/J/S/*Gehrlein* § 230 Rdnr. 103; MünchHdb. GesR I/*Gayk* § 30 Rdnr. 39; MünchKommHGB/*K. Schmidt* § 230 Rdnr. 244; Staub/*Zutt* § 230 Rdnr. 115.

ligtem.[478] Unterliegt der Hauptbeteiligte seinerseits in der Hauptgesellschaft einem Wettbewerbsverbot, kann es sich im Einzelfall aus seiner Sicht aber empfehlen, dem Unterbeteiligten ein solches im Unterbeteiligungsvertrag ebenfalls aufzuerlegen, um dem Vorwurf zu begegnen, einem möglichen Wettbewerber Informationen über oder Einfluss auf die Hauptgesellschaft gegeben zu haben.

III. Die Treuhand

Schrifttum: *Armbrüster,* Die treuhänderische Beteiligung an Personengesellschaften, 2001 (zit.: *Armbrüster* Beteiligung); *ders.,* Treuhänderische GmbH-Beteiligungen, GmbHR 2001, 941, 1021; *ders.*, Zur Beurkundungsbedürftigkeit von Treuhandabreden über GmbH-Anteile – Zugleich ein Beitrag zu den Formzwecken des § 15 Abs. 4 S. 1 GmbHG –, DNotZ 1997, 762; *Begemann/Galla,* Praxisfragen zur Gesellschafterliste der GmbH nach dem MoMiG GmbHR 2009, 1065; *Beuthien,* Treuhand an Gesellschaftsanteilen, ZGR 1974, 26; Bohrer, Inhalt und Funktion der Gesellschafterliste – weitere Bemerkungen zum Vertrauensschutzkonzept des GmbH-Gesetzes, DStR 2010, 1892; *Breuer,* Treuhandverhältnisse im Gesellschaftsrecht, MittRhNotK 1988, 79; *Brömmelmeyer,* Fehlerhafte Treuhand? Die Haftung der Treugeber bei der mehrgliedrigen Treuhand an Beteiligungen, NZG 2006, 529; *Elsing,* Treuhandverträge über GmbH-Geschäftsanteile mit Blick auf das MoMiG, ZIP 2008, 151; *Gottwald,* Konkurs- und vollstreckungsfeste Vertragsgestaltung bei einem erwerbstreuhänderisch gehaltenen GmbH-Geschäftsanteil – zugleich eine Anmerkung zur Entscheidung des OLG Hamm vom 23. 5. 1997 und zur Kritik Eckhardts an diesem Urteil, MittRhNotK 1998, S. 64 ff. und S. 66 ff. –, MittRhNotK 1998, 276; Grage, Ausgewählte Aspekte der Verwaltungstreuhand an Geschäftsanteilen, RNotZ 2005, 251; *Greitemann,* Die Formbedürftigkeit der Erwerbstreuhand an GmbH-Anteilen, GmbHR 2005, 577; Grunewald, Umgehung schuldrechtlicher Vorkaufsrechte, FS Gernhuber, 1994, 137; *Hasselmann,* Die Zuordnung des Widerspruchs zur Gesellschafterliste, NZG 2010, 207; *Hegmanns,* Die Sicherung des Treugebers bei Treuhandverträgen für Geschäftsanteile, ZIP 1989, 900; *Jocher,* Treuhandvereinbarungen über GmbH-Geschäftsanteile Änderungsbedarf bei der bisherigen Gestaltung durch das MoMiG? BWNotZ 2009, 190; *Kallmeyer,* Abtretungsverpflichtung aus formloser Erwerbstreuhand?, GmbHR 2006, 66; *Link,* Gesellschafterliste und gutgläubiger Erwerb von GmbH-Anteilen aus Sicht der Notarpraxis, RNotZ 2009, 193; *D. Mayer,* Aufwertung der Gesellschafterliste durch das MoMiG – Fluch oder Segen? ZIP 2009, 1037; *G. Müller,* Vorausverfügung über gesellschaftsrechtliche Einzelansprüche und Übertragung der Mitgliedschaft, ZIP 94, 342; *Oppermann,* Praktische Gestaltung der bedingten Abtretung von GmbH-Anteilen – Risiken durch gutgläubigen bedingungsfreien Erwerb Dritter, ZIP 2009, 651; *Preuss,* Gesellschafterliste, Legitimation gegenüber der Gesellschaft und gutgläubiger Erwerb von GmbH-Anteilen, ZGR 2008, 676; *Priester,* Quotentreuhand am GmbH-Anteil, FS Der Fachanwalt im Steuerwesen, 2000, S. 153; *Reymann,* Aufschiebend bedingte Geschäftsanteilsabtretungen und Zwischenverfügungen bei der GmbH, GmbHR 2009, 343; *Roth-Thöni,* Treuhand und Unterbeteiligung, FS 100 Jahre GmbHG, 1992, S. 245; *Schaub,* Treuhand an GmbH-Anteilen, DStR 1995, 1634; *ders.,* Treuhand an GmbH-Anteilen – Treuhandgefahren für den Treugeber, DStR 1996, 65; *Schmitz,* Treuhand an GmbH-Anteilen: Sicherstellung des Treugebers im Konkurs des Treuhänders, Freundesgabe Weichler, 1997, S. 129; *ders.,* Vinkulierungs- und Ausschließungsklauseln Überschneidungen und Gestaltungsmöglichkeiten in der Satzung der GmbH, FS Wiedemann, 2002, S. 1223; *Schulz,* Zur Formbedürftigkeit von Vereinbarungs- und Erwerbstreuhand an GmbH-Geschäftsanteilen, GmbHR 2001, 282; *Sommer/Menzel,* Sind unwirksame Treuhandverhältnisse an GmbH-Anteilen steuerlich anzuerkennen?, GmbHR 2003, 917; *Schreinert/Berresheim,* Bedingte Abtretung von GmbH-Geschäftsanteilen und gutgläubiger Erwerb nach dem MoMiG – Gestalterischer Handlungsbedarf bei Kauf-, Treuhand- und Überlassungsverträgen? DStR 2009, 1265; *Seidl,* Die Haftung des fremdnützigen Treuhänders als Gründungsgesellschafter einer GmbH und Möglichkeiten der Risikobegrenzung, DStR 1998, 1220; *Tebben,* Unterbeteiligung und Treuhand an Gesellschaftsanteilen, 2000; *ders.,* Die qualifizierte Treuhand im Personengesellschaftsrecht, ZGR 2001, 586; *ders.,* Gesellschaftsvertraglicher Schutz gegen Treuhand- und Unterbeteiligungen an Geschäftsanteilen, GmbHR 2007, 63; *Ulmer,* Rechts- und Steuerfragen zur Treuhand an GmbH-Anteilen, WPg. 1963, 120; *ders.,* Zur Treuhand an GmbH-Anteilen: Haftung des Treugebers für Einlageansprüche der GmbH?, ZHR 156 (1992), 377; *ders.,* Zur Treuhand an GmbH-Anteilen, FS Odersky, 1996, S. 873; *Vossius,* Sicherungsgeschäfte bei der Übertragung von Gesellschaftsanteilen, BB 1988, Beilage 5; *Wachter,* GmbH-Reform: Auswirkung auf die Übertragung von GmbH-Geschäftsanteilen, ZIP 2008, 378; *ders.,* Übertragung von GmbH-Geschäftsanteilen nach MoMiG, GmbHR Sonderheft MoMiG, 2008, 51; *Weigl,* Die Sicherung des Erwerbers oder Treugebers eines Geschäftsanteils durch eine aufschiebend bedingte Abtretung nach Inkrafttreten des MoMiG, MittBayNot 2009, 116; *Werner,* Treuhandverhältnisse an GmbH-Anteilen, GmbHR 2006, 1248; *Wicke,* Gründung, Satzungsgestaltung und Anteilsabtretung nach der GmbH-Reform, NotBZ 2009, 1; *Wiesner,* Zur Haftung des Treugeber-Kommanditisten bei der qualifizierten Treuhand, FS Ulmer, 2003, S. 673; *Zessel,* Gutgläubiger Erwerb von GmbH-Geschäftsanteilen nach dem MoMiG, GmbHR 2009, 303.

---

[478] BGHZ 53, 316, 324 = NJW 1968, 2003, 2005; *Blaurock* Rdnr. 30.49: MünchKommHGB/*K. Schmidt* § 230 Rdnr. 244; Staub/*Zutt* § 230 Rdnr. 115.

1. Arten der Treuhand

150 a) **Allgemeines.** Der Begriff „Treuhand" ist im Gesetz nicht definiert. In der Praxis haben sich unterschiedliche Arten von Treuhandverhältnissen entwickelt.

151 b) **Unterscheidung nach der Rechtsposition von Treuhänder und Treugeber.** Unterschieden wird vielfach zwischen der Vollrechtstreuhand, der Ermächtigungstreuhand und der Vollmachtstreuhand. Bei der **Vollrechtstreuhand** wird der Treuhänder Inhaber (Eigentümer) des Treugutes, – hier der Gesellschaftsbeteiligung; die Bindung gegenüber dem Treugeber erfolgt nur im Innenverhältnis. Bei der **Ermächtigungs- und der Vollmachtstreuhand** bleibt der Treugeber dagegen Inhaber der Gesellschaftsbeteiligung. Bei der Ermächtigungstreuhand ermächtigt er den Treuhänder im eigenen Namen über die Beteiligung zu verfügen und die Rechte aus ihr wahrzunehmen. Bei der Vollmachtstreuhand erteilt er ihm eine entsprechende Vollmacht. Bedeutung haben die letzteren beiden Treuhandformen im Gesellschaftsrecht nur bei der Aktiengesellschaft erlangt. Das Gesetz stellt zwei Möglichkeiten bereit, die es dem Aktionär erlauben, anonym zu bleiben. § 129 Abs. 2 und 3 AktG lassen den Vollmachtsbesitz und den Fremdbesitz von Aktien zu. Beim Vollmachtsbesitz handelt der Vertreter zwar im fremden Namen, deckt aber die Person des Vertretenen nicht auf. § 129 Abs. 2 AktG erlaubt, dass der Vertreter und nicht der Vertretene ins Teilnehmerverzeichnis aufgenommen wird. Das gilt aber nur, wenn die Vollmacht einem Kreditinstitut oder einer der in § 135 Abs. 8 AktG genannten Personen erteilt worden ist. § 129 Abs. 3 AktG gestattet, dass ein Dritter (ohne Beschränkung auf bestimmte Personen) gemäß § 185 BGB ermächtigt wird, das Stimmrecht und andere Verwaltungsbefugnisse im eigenen Namen auszuüben. Er und nicht der Aktionär ist in das Teilnehmerverzeichnis und bei Namensaktien sowie entsprechender Regelung in der Satzung der Aktiengesellschaft auch im Aktienregister einzutragen.[479] Der Inhaber der Aktien kann damit anonym bleiben. Die Zulässigkeit einer Stimmrechtsermächtigung wird zwar auch bei der GmbH erörtert, in der Gesellschafterliste ist aber der Gesellschafter einzutragen, so dass eine Anonymität des Gesellschafters nicht möglich ist. Im Folgenden wird nur die Vollrechtstreuhand als die häufigste und grundlegende Art der Treuhand erörtert.[480]

152 c) **Unterscheidung nach dem Zweck der Treuhand.** Nach dem Zweck der Treuhand werden die **Sicherungstreuhand**, die **Nutzungstreuhand** und die **Verwaltungstreuhand** oder auch die **eigennützige** und die **fremdnützige Treuhand** unterschieden.

Bei der Sicherungstreuhand überträgt der Gesellschafter seine Beteiligung als Sicherheit meist für Ansprüche aus der Gewährung eines Darlehens dem Treuhänder, der sie alsdann bis zur Rückzahlung des Darlehens für den Treugeber hält und unter bestimmten Voraussetzungen zur Befriedigung seiner Ansprüche verwerten darf. Bei der Nutzungstreuhand überträgt der Gesellschafter die Beteiligung an den Treuhänder, der daraus auf bestimmte Zeit die Nutzungen ziehen darf. In beiden Fällen spricht man auch von eigennütziger Treuhand. In der Praxis ist sie selten geworden. Der Sicherungstreuhand mit Übertragung der Gesellschaftsbeteiligung wird die Verpfändung vorgezogen, weil der Gläubiger dazu nicht Gesellschafter werden muss.[481] Aus denselben Gründen wird der Nutzungstreuhand der Nießbrauch vorgezogen, nachdem die Möglichkeit zur Bestellung eines Vollnießbrauchs auch an einem Gesellschaftsanteil an einer Personengesellschaft anerkannt ist.[482] Dagegen ist die Verwaltungstreuhand fremdnützige Treuhand. Selbst wenn der Treuhänder ein Entgelt für die Übernahme der Treuhand erhält, dient das Treuhandverhältnis ganz überwiegend den Interessen des Treugebers.

153 d) **Unterscheidung nach dem Erwerbstatbestand.** Nach der Art des Erwerbs der Treuhänderstellung werden Übertragungstreuhand, Erwerbstreuhand und Vereinbarungstreuhand unterschieden. Bei der **Übertragungstreuhand** überträgt der Treugeber die Gesellschaftsbe-

[479] Zum Ganzen vgl. *Hüffer*, AktG § 129 Rdnr. 11 ff.
[480] MünchKomm HGB/*Karsten Schmidt* Vor § 230 Rdnr. 35.
[481] MünchKomm GmbHG/*Reichert/Weller* § 15 Rdnr. 196; *Ulmer* FS Odersky S. 873, 876 f.; *Ulmer/Winter/Löbbe* § 15 Rdnr. 193.
[482] Dazu BGH ZIP 1999, 68; *K. Schmidt* ZGR 1999, 601.

teiligung dem Treuhänder, der sie sodann treuhänderisch für diesen hält. Bei der **Erwerbstreuhand** erwirbt der Treuhänder die Gesellschaftsbeteiligung entweder orginär bei Gründung der Gesellschaft oder im Rahmen einer Kapitalerhöhung oder derivativ durch Erwerb von einem bisherigen Gesellschafter und hält sie alsdann treuhänderisch für den Treugeber, der die Mittel zum Erwerb zur Verfügung stellt. Bei der **Vereinbarungstreuhand** verpflichtet sich der Gesellschafter, die Beteiligung, die er bis dahin für eigene Rechnung hielt, künftig als Treuhänder für den Treugeber zu halten. Der Vereinbarungstreuhand liegt ein obligatorisches Erwerbsgeschäft, meist ein Kaufvertrag, zwischen Treuhänder und Treugeber zugrunde, mit dem der Treuhänder die Beteiligung an den Treugeber verkauft, ohne dass dieser nach außen als Gesellschafter in Erscheinung tritt.

Die Art des Erwerbs der Treuhänderstellung bestimmt bei Geschäftsanteilen an einer 154
GmbH, ob der Treuhandvertrag **beurkundungsbedürftig** ist. Außerdem kommt ihr nach h. M. bei der Frage der **Insolvenzfestigkeit** der Treuhand Bedeutung zu. Nach ganz h. M. ist die Begründung einer Übertragungstreuhand[483] und diejenige einer Vereinbarungstreuhand[484] in Bezug auf Geschäftsanteile an einer GmbH beurkundungsbedürftig, die Begründung einer Erwerbstreuhand ist es dagegen nur, wenn die GmbH bereits gegründet und der Geschäftsanteil gebildet ist. Vorher besteht dahingegen keine Beurkundungspflicht.[485] Ohne weitere Regelungen insolvenzfest soll nur die Übertragungstreuhand sein, weil bei ihr der Treuhänder das Treugut **unmittelbar** aus dem Vermögen des Treugebers erwirbt. Dagegen sollen die Vereinbarungstreuhand und auch die Erwerbstreuhand zwar durch besondere Vereinbarungen insolvenzfest gemacht werden können, es aber ohne eine solche Vereinbarung nicht sein (dazu nachstehend unter Rdnr. 211 f.).

e) **Einfache (verdeckte) und qualifizierte (offene) Treuhand.** Unterschieden wird vielfach 155
auch zwischen der einfachen (verdeckten) und der qualifizierten (offenen) Treuhand.[486] Von **einfacher Treuhand** wird gesprochen, wenn sich die Treuhand auf die Regelung der Rechtsbeziehungen zwischen Treuhänder und Treugeber beschränkt und dem Treugeber kein wesentlicher Einfluss auf die Ausübung der Verwaltungsrechte, insbes. das Stimmrecht, eingeräumt wird.[487] In diesen Fällen bleibt die Treuhand häufig gegenüber den Mitgesellschaftern verdeckt. Sie wird deshalb auch als verdeckte Treuhand bezeichnet. Eine **qualifizierte Treuhand** soll dagegen vorliegen, wenn der Treugeber in das Gesellschaftsverhältnis mit einbezogen wird, beispielsweise indem der Treuhänder sich hinsichtlich der Ausübung von Mitverwaltungsrechten an Weisungen des Treugebers bindet, diesem die Ausübung von Mitverwaltungsrechten überträgt oder ihm solche gar von den Mitgesellschaftern unmittelbar eingeräumt werden.[488] Dazu muss die Treuhand gegenüber den Mitgesellschaftern, nicht dagegen auch gegenüber Dritten, aufgedeckt werden.[489] Sie wird deshalb auch als offene Treuhand bezeichnet. Die Unterscheidung zwischen verdeckter und offener Treuhand ist somit nicht nur beschreibender Natur; Bedeutung kommt ihr insbesondere für die Begründung der Treuhand zu. Da die verdeckte oder auch einfache Treuhand vorwiegend die wirt-

[483] BayObLG GmbHR 1991, 572, 574; *Baumbach/Hueck/Hueck/Fastrich* § 15 Rdnr. 56; *Lutter/Hommelhoff/Bayer* § 15 Rdnr. 61; MünchKomm GmbHG/*Reichert/Weller* § 15 Rdnr. 211; Römermann/*Leistikow* MünchAnwHdB GmbH § 11 Rdnr. 34; Scholz/*H. Winter/Seibt* § 15 Rdnr. 230; *Ulmer/Winter/Löbbe* § 15 Rdnr. 197; a. A. *Armbrüster* DNotZ 1997, 762, 778; *ders.* GmbHR 2001, 941, 946.

[484] BGH DNotZ 1999, 756; NZG 2006, 590; *Baumbach/Hueck/Hueck/Fastrich* § 15 Rdnr. 56; *Lutter/Hommelhoff/Lutter/Bayer* § 15 Rdnr. 61; MünchKommGmbHG/*Reichert/Weller* § 15 Rdnr. 215; Römermann/*Leistikow* MünchAnwHdB GmbH § 11 Rdnr. 35; Scholz/*H. Winter/Seibt* § 15 Rdnr. 230; *Ulmer/Winter/Löbbe* § 15 Rdnr. 195.

[485] BGH DNotZ 1999, 756; NZG 2006, 590; *Baumbach/Hueck/Hueck/Fastrich* § 15 Rdnr. 56; MünchKomm GmbHG/*Reichert/Weller* § 15 Rdnr. 214; Römermann/*Leistikow* MünchAnwHdB GmbH § 11 Rdnr. 36 f.; Scholz/*H. Winter/Seibt* § 15 Rdnr. 230; *Ulmer/Winter/Löbbe* § 15 Rdnr. 196.

[486] Vgl. dazu *Ulmer* FS Odersky S. 873, 878; MünchKomm BGB/*Ulmer* Vor § 705 Rdnr. 88 ff.; Staub/*Ulmer* § 105 Rdnr. 103 ff.; *Beuthin* ZGR 1974, 26, 31; *Tebben* ZGR 2001, 586 ff.; krit. MünchKomm HGB/*Karsten Schmidt* Vor § 230 Rdnr. 42.

[487] Vgl. Staub/*Ulmer* § 105 Rdnr. 103 ff.

[488] Vgl. Staub/*Ulmer* § 105 Rdnr. 103 ff.; differenzierend *Tebben* ZGR 2001, 587, der es als Voraussetzung für eine qualifizierte Treuhand ansieht, dass für den Treugeber in der Satzung der Gesellschaft originäre Rechte begründet werden.

[489] *Beuthin* ZGR 74, 26, 31; *Ulmer* FS Odersky S. 873, 878.

schaftliche Seite der Beteiligung, also die nach § 717 S. 2 BGB selbständigen Vermögensrechte, betrifft, soll sie die Interessen der Mitgesellschafter nicht unmittelbar berühren und deshalb bei Personengesellschaften und bei vinkulierten GmbH-Beteiligungen nicht der sonst erforderlichen Zustimmung der Mitgesellschafter bedürfen.[490] Demgegenüber soll die offene Treuhand meist auch zu unmittelbaren Rechtsbeziehungen des Treugebers zur Gesellschaft führen; ihm sollen unmittelbare Kontroll- und Mitspracherechte eingeräumt werden können.[491] Eine solche qualifizierte Treuhand soll deshalb nur unter Beachtung der Verfügungsmöglichkeiten in der Gesellschaft zulässig sein, bei der Vinkulierung von Beteiligungen also nur bei Erfüllung der diesbezüglichen Erfordernisse.[492]

156 Aus **Sicht des Vertragsgestalters** ist an dieser Diskussion besonders hervorzuheben, dass die einfache Treuhand, bei der die Einflussmöglichkeiten des Treuhänders auf die Geschicke der Gesellschaft nur marginal ausgestaltet sein dürfen, auch verdeckt begründet werden können soll. Wird eine gegenüber den Mitgesellschaftern verdeckte Treuhand gewünscht, sollte der Treuhandvertrag deshalb Weisungsrechte des Treugebers und Abstimmungspflichten des Treuhänders weitestgehend auf die wirtschaftliche Seite der Beteiligung, also die nach § 717 S. 2 BGB selbständigen Vermögensrechte, beschränken.

2. Begründung der Treuhand

157 Aus notarieller Sicht stellen sich im Vorfeld der Begründung einer Treuhand verschiedene Fragen, die nachstehend gesondert behandelt werden: Dies sind:

- Kann an der Beteiligung eine Treuhand grundsätzlich begründet werden?
- Bedarf der Treuhandvertrag der Beurkundung?
- Bedarf die Treuhand bei vinkulierten Gesellschaftsbeteiligungen der Zustimmung der Mitgesellschafter der Gesellschaft?
- Bestehen mögliche andere Hinderungsgründe für die Begründung der Treuhand?
- Ist ein Kausalverhältnis gesondert zu regeln?
- Was ist steuerlich zu beachten?

158 **a) Generelle Zulässigkeit einer Treuhand an Gesellschaftsbeteiligungen.** Treuhandverhältnisse können ohne Zweifel an Aktien, Geschäftsanteilen an einer GmbH, Gesellschaftsbeteiligungen an einer Personenhandelsgesellschaft und einer BGB-Außengesellschaft begründet werden[493], erörtert wird dagegen die Frage, ob auch Beteiligungen an Innengesellschaften einem Treuhandverhältnis zugänglich sind. Das soll nur dann der Fall sein, wenn die Rechtsstellung übertragbar ist.[494] Auch das scheint aber zu eng. Es ist kein Grund ersichtlich, weshalb nicht auch eine nicht übertragbare stille Beteiligung – jedenfalls in einfacher Treuhand (s. o. Rdnr. 155) – für Rechnung eines Dritten gehalten werden kann. Hin und wieder stellt sich die Frage, ob eine Treugeberposition Gegenstand einer Treuhand sein kann (doppelt gestufte Treuhand). Definiert man[495] Treuhand als Innehaben einer vermögenswerten Position im Außenverhältnis als eigenes Recht, über das der Treuhänder die volle Rechtsmacht innehat, mit schuldrechtlicher Bindung gegenüber dem Treugeber im Innenverhältnis, so muss auch die Stellung des Treugebers unabhängig davon, ob sie eine dingliche oder eine schuldrechtliche Rechtsposition ist, Gegenstand eines Treuhandverhältnisses sein können. Eine andere Frage ist, wie sie in der Insolvenz des Treuhänders zu behandeln ist, ob die Begründung der Zustimmung des Treuhänders bedarf und ob bei ihrer Einräumung in der Satzung der Gesellschaft für eine Verfügung über die Gesellschaftsbeteiligung aufgestellte Zustimmungserfordernisse zu beachten sind.

159 **b) Beurkundungspflicht.** Während Aktien und Personengesellschaftsanteile grundsätzlich formfrei übertragen werden können, bedarf es nach § 15 Abs. 3 GmbHG zur Abtretung eines Geschäftsanteils an einer GmbH eines in notarieller Form geschlossenen Abtretungs-

[490] MünchKomm BGB/*Ulmer* § 705 Rdnr. 88; Staub/*Ulmer* § 105 Rdnr. 103 ff. jew. mwN.
[491] MünchKomm BGB/*Ulmer* § 705 Rdnr. 92; Staub/*Ulmer* § 105 Rdnr. 106 jew. mwN.
[492] *Ulmer* FS Odersky S. 873, 893; a. A. *Tebben* GmbHR 2007, 63.
[493] MünchKommHGB/*K. Schmidt* § 230 Rdnr. 37 mwN.
[494] MünchKommHGB/*K. Schmidt* § 230 Rdnr. 37 mwN.
[495] *Armbrüster*, Beteiligung S. 12, 13.

vertrages. Gemäß § 15 Abs. 4 GmbHG bedarf eine Vereinbarung, durch welche die Verpflichtung eines Gesellschafters zur Abtretung eines Geschäftsanteils begründet wird, der notariellen Form. Nach ganz h. M.[496] gilt dasselbe für die Begründung einer Verpflichtung zum Erwerb eines Geschäftsanteils. Bei der **Übertragungstreuhand** ergibt sich die Beurkundungspflicht bereits aus § 15 Abs. 3 GmbHG, aber wegen der damit verbundenen Verpflichtung des Treugebers zur Übertragung und derjenigen des Treuhänders zum Erwerb des Geschäftsanteils auch aus § 15 Abs. 4 GmbHG; denn die Treuhand wird gerade durch Übertragung des Geschäftsanteils vom Treugeber auf den Treuhänder begründet. Bei der **Erwerbstreuhand** ist das anders: Der Treuhänder soll den Geschäftsanteil im Auftrag und für Rechnung des Treugebers erwerben. Handelt es sich um einen existenten Geschäftsanteil wird mit dem Treuhandvertrag eine Verpflichtung des Treuhänders zum Erwerb des Geschäftsanteils begründet, die zur Beurkundungspflicht gemäß dem durch Auslegung erweiterten § 15 Abs. 4 GmbHG führt. Dasselbe soll gelten, wenn die Gesellschaft noch nicht eingetragen ist und der Geschäftsanteil noch nicht existiert, die Gesellschaft aber bereits gegründet ist.[497] Denn die Beurkundungspflicht gilt auch für künftige, mit der Eintragung entstehende Geschäftsanteile.[498] Dieselben Grundsätze sollen nach der Rechtsprechung auch für die **Vereinbarungstreuhand** gelten, bei der Inhaber der Anteile zum Treuhänder mutiert, ohne dass die Geschäftsanteile zwingend (bereits zu diesem Zeitpunkt) übertragen werden oder eine Verpflichtung begründet wird, die Anteile zu erwerben. Grund soll nicht die Begründung einer Übertragungsverpflichtung sein. Mit dem Abschluss eines Treuhandvertrages wird allerdings kraft Gesetzes gemäß § 667 BGB auch die Verpflichtung begründet, den Geschäftsanteil bei Beendigung des Treuhandverhältnisses an den Treugeber herauszugeben. Das allein soll aber für die Begründung der Beurkundungspflicht nicht maßgebend sein.[499] Der BGH leitet die Beurkundungspflicht aus dem Sinn und Zweck der Formvorschrift her, der neben dem Beweis der Anteilsinhaberschaft darin besteht zu verhindern, dass Geschäftsanteile an einer GmbH Gegenstand des freien Handelsverkehrs werden.[500] Dieser Zweck würde verfehlt, wenn formfrei ein Vertrag über einen Geschäftsanteil geschlossen werden könnte, der den Treugeber berechtigen würde, die Übertragung des Geschäftsanteils auf sich zu verlangen.

Zusammenfassend kann man feststellen, dass nach der Rechtsprechung, der die herrschende Lehre[501] folgt, ein Treuhandvertrag unabhängig davon, wie der Erwerb des Treuguts erfolgt, also sowohl, wenn der Treuhänder den Geschäftsanteil vom Treugeber übertragen bekommt als auch wenn er ihn selbst von einem Dritten erwirbt oder ihn bereits vor Begründung des Treuhandverhältnisses innehat, beurkundungsbedürftig ist. Änderes soll nur gelten, wenn die GmbH noch nicht einmal gegründet ist.[502] Einzuleuchten vermag diese Ausnahme allerdings nicht wirklich. Denn das Ziel der Vermeidung eines freien Handels mit Geschäftsanteilen stellt sich gleichermaßen, wenn der Treugeber den Treuhänder beauftragt, eine Gesellschaft zu gründen und einen Geschäftsanteil für ihn zu übernehmen. Auch in diesen Fällen empfiehlt es sich deshalb, den Treuhandvertrag zu beurkunden.[503] Es ist allerdings im Schrifttum in Frage gestellt worden, ob die Vermeidung des freien Handels mit Geschäftsanteilen die Beurkundungsbedürftigkeit bei der Übertragungstreuhand und der Erwerbstreuhand zu begründen vermag.[504] Denn anders als bei der Vereinbarungstreuhand 160

[496] RGZ 57, 60 f.; RGZ 127, 65, 71; OLG München BB 1995, 427, 428; GmbHR 1996, 607, 608; *Baumbach/Hueck/Hueck/Fastrich* § 15 Rdnr. 33; Scholz/*Winter/Seibt* § 15 Rdnr. 52; *Ulmer/Winter/Löbbe* § 15 Rdnr. 65.

[497] BGH NZG 2006, 530.

[498] BGH DNotZ 1999, 756, 758.

[499] BGH DNotZ 1999, 756, 757.

[500] BGHZ 19, 69, 70 = DNotZ 1956, 52; NJW 1997, 2946, 2947.

[501] *Grage* RNotZ 2005, 251, 253 ff.; *Baumbach/Hueck/Hueck/Fastrich* § 15 Rdnr. 56 f.; *Lutter/Hommelhoff/Lutter/Bayer* § 15 Rdnr. 90 ff.; MünchKomm GmbHG/*Reichert/Weller* § 15 Rdnr. 211 ff.; Römermann/*Leistikow* MünchAnwHdB GmbH § 11 Rdnr. 33 ff.; Scholz/*H. Winter/Seibt* § 15 Rdnr. 230; *Ulmer/Winter/Löbbe* § 15 Rdnr. 194 ff.; teilweise a. A. *Armbrüster* DNotZ 1997, 762; *ders.* GmbHR 2001, 941.

[502] BGH DNotZ 1999, 756, 758; BGH NZG 2006, 530.

[503] MünchKommHGB/*K. Schmidt* Vor § 230 Rdnr. 51 a. E.

[504] *Armbrüster* DNotZ 1997, 762; *ders.* GmbHR 2001, 941; *Tebben* Unterbeteiligung und Treuhand an Gesellschaftsanteilen S. 230 f.; MünchKommHGB/*K. Schmidt* Vor § 230 Rdnr. 51 a. E.

lässt sich sowohl bei der Übertragungstreuhand wie bei der Erwerbstreuhand argumentieren, dass ein Anteilshandel mit der Treuhand nicht gefördert wird. Bei der Übertragungstreuhand ist das offensichtlich, bei der Erwerbstreuhand findet zwar ein Anteilshandel statt, aber nicht im Verhältnis zwischen Treuhänder und Treugeber, sondern nur im Verhältnis des Treuhänders zu Dritten, wenn er den Anteil erwirbt. Gleichwohl kann der Abschluss eines solchen Treuhandvertrages den unkontrollierten Handel mit Geschäftsanteilen eröffnen, und zwar dadurch, dass der Anspruch auf Übertragung des Geschäftsanteils vom Treugeber weiter abgetreten wird. Aus diesem Grund hat die Rechtsprechung auch die Abtretung des Anspruchs in den Formzwang des § 15 Abs. 3 und 4 GmbHG einbezogen. Dieser Rechtsprechung wäre der Boden entzogen, wenn der Treuhandvertrag selbst formlos abgeschlossen werden könnte. Es ist daher dringend zu empfehlen, den Treuhandvertrag auf jeden Fall zu beurkunden.[505]

161 Im Übrigen ist der Treuhandvertrag meist schon deshalb beurkundungsbedürftig, weil der Treuhänder in ihm den treuhänderisch gehaltenen Geschäftsanteil zur Sicherung des Treugebers aufschiebend bedingt durch die Beendigung des Treuhandverhältnisses an den Treugeber abtreten wird, wie das auch nachstehend unter Rdnr. 206 ff. empfohlen wird.[506] Allerdings sind die Beurkundungspflicht gemäß § 15 Abs. 3 GmbHG und diejenige gemäß § 15 Abs. 4. GmbHG zu unterscheiden. Das Gesamtbeurkundungsgebot,[507] also das Gebot, alle Verpflichtungen zu beurkunden, ohne die das beurkundungspflichtige Geschäft nicht abgeschlossen worden wäre, gilt nicht für den Abtretungsvertrag, sondern nur für das obligatorische Geschäft.[508] Allein die Abtretung des Geschäftsanteils für den Fall der Beendigung des Treuhandverhältnisses würde daher nicht zur Beurkundungspflicht des gesamten Treuhandvertrages führen. Auch dieser Abtretung liegt jedoch eine entsprechende Verpflichtung zugrunde, deren Beurkundung auch nicht im Hinblick auf § 667 BGB entbehrlich ist.[509]

162 Die Verpflichtung zur Übertragung von **Aktien** und **Beteiligungen an einer Personengesellschaft** ist grundsätzlich nicht beurkundungspflichtig. Ausnahmen können sich ergeben, wenn sie gemeinsam und im Zusammenhang mit der Übertragung von Grundbesitz oder Geschäftsanteilen begründet wird.[510] Für Treuhandverträge kann sich daraus insbesondere eine Beurkundungspflicht für Anteile an einer **GmbH & Co. KG** ergeben. Ist die Begründung einer Treuhand an den GmbH-Anteilen beurkundungspflichtig, so gilt dasselbe für die Anteile an der KG.[511]

163 Als beurkundungspflichtig wird überwiegend auch die Verpflichtung zur Übertragung von Beteiligungen an einer **ausländischen Gesellschaft** angesehen, wenn deutsches Recht auf den Vertrag anwendbar ist und die Gesellschaft weitgehend dem Muster einer deutschen GmbH entspricht.[512] Demgemäß ist auch ein dem deutschen Recht unterliegender Treuhandvertrag über entsprechende ausländische Beteiligungen beurkundungspflichtig.

164 Schließlich kann sich die Beurkundungspflicht bezüglich einer Treuhand an jeglicher Gesellschaftsbeteiligung aus § 518 BGB ergeben, wenn die Treugeberstellung schenkweise zugewandt wird. In der Einräumung einer Treugeberstellung wird kein Bewirken der Leistung i. S. des § 518 Abs. 2 BGB gesehen; sie gleicht nicht einer Verfügung, sondern einem Verpflichtungsgeschäft, durch das entsprechend § 518 Abs. 1 S. 2 BGB der Formmangel nicht geheilt wird, sondern auf das sich das Formerfordernis im Gegenteil erstreckt.[513]

---

[505] Vgl. BGH DNotZ 1999, 756, 757 f.

[506] Vgl. dazu unten III.6.b).

[507] Z. B. BGH NJW 2002, 142, 143; BGH NJW 1996, 3338, 3339; dagegen *Heidenhain* NJW 1999, 3073.

[508] RGZ 112, 236, 239; DNotI-Gutachten vom 18. 6. 2003 Nr. 42 116.

[509] *Armbrüster* DNotZ 1997, 762, 765 f.; auch BGH DNotZ 1999, 756, 757 f.

[510] Gesamtbeurkundung s. vorangehender Absatz.

[511] Zur Beurkundungspflicht bei der Übertragung von Anteilen an einer GmbH & Co. KG Münch Hdb. KG/*Piehler/Schulte* § 35 Rdnr. 29.

[512] OLG Celle NJW-RR 1992, 1126; BGH NZG 2005, 41 zu einer polnischen Sp. z o. o.; entsprechend für eine türkische limited şirket DNotI-Gutachten vom 23. 10. 2008 Nr. 89 101; vgl. auch MünchKomm GmbHG/*Reichert/Weller* § 15 Rdnr. 169 ff.

[513] *Armbrüster* Beteiligung S. 123 f.; *ders.* GmbHR 2001, 941, 946; *Grage* RNotZ 2005, 251, 255; MünchKommHGB/*K. Schmidt* Vor § 230 Rdnr. 54; a. A. *Tebben* Unterbeteiligung und Treuhand an Geschäftsanteilen S. 225 ff.; MünchKomm BGB/*Kollhosser* § 518 Rdnr. 27.

c) **Zustimmung der Mitgesellschafter bei vinkulierten Gesellschaftsbeteiligungen?** *aa) Bei Begründung der Treuhand.* Gemäß § 15 Abs. 5 GmbHG kann die Abtretung der Geschäftsanteile an weitere Voraussetzungen geknüpft werden, insbesondere von der Genehmigung der Gesellschaft abhängig gemacht werden. Davon machen viele GmbH-Satzungen Gebrauch. Bis zur Erteilung einer vorgeschriebene Genehmigung ist die Abtretung des Geschäftsanteils schwebend unwirksam.[514] Auch Aktien können, falls es sich um Namensaktien handelt, gemäß § 68 Abs. 2 AktG von der Zustimmung der Gesellschaft abhängig gemacht werden. Personengesellschaftsanteile sind sogar ohne weitere Regelung nur mit Zustimmung aller anderen Gesellschafter übertragbar, also gewissermaßen kraft Gesetzes vinkuliert.[515] Es stellt sich die Frage, ob ein damit bestehendes Zustimmungserfordernis auch für die Begründung von Treuhandverhältnissen gilt oder ob es jedenfalls zulässig ist, es für Treuhandverhältnisse vorzusehen. Der **BGH** scheint davon auszugehen, dass eine Regelung im Gesellschaftsvertrag, nach deren Inhalt die Begründung eines Treuhandverhältnisses über Geschäftsanteile der Zustimmung der Gesellschafterversammlung bedarf, zur Unwirksamkeit eines Treuhandvertrages führt, wenn die Zustimmung verweigert wird.[516] Das Reichsgericht wandte § 15 Abs. 5 GmbHG auf die Einräumung von Treugeberrechten entsprechend an.[517] Für die GmbH entspricht das der h. M.[518] Für die Personengesellschaft muss dasselbe gelten.[519] Begründet wird die entsprechende Anwendung mit dem Schutzzweck der Vinkulierung, Fremdeinfluss abzuwehren.[520] Der Treugeber sei wirtschaftlich Gesellschafter und der eigentlich Berechtigte des Gesellschaftsanteils. Dem ist gerade neuerer Zeit entgegengehalten worden, dass die Position des Treugebers eine schuldrechtliche und keine dingliche sei, gemäß § 15 Abs. 5 GmbHG aber nur die Abtretung, also die dingliche Vereinbarung, an die Zustimmung geknüpft werden könne.[521] Auch wird darauf hingewiesen, dass die Gesellschaft nicht wehrlos ist; insbesondere ließen sich durch Einziehungs- und Ausschließungsregelungen entsprechende Vorstellungen der Gesellschafter verwirklichen. 165

Einen anderen Ansatz verfolgt *Ulmer.*[522] Er unterscheidet zwischen der **einfachen und der qualifizierten Treuhand.** Die einfache Treuhand, die nur vermögensbezogen wirkt und häufig gegenüber den Mitgesellschaftern verdeckt bleibt, soll als rein schuldrechtliche Vereinbarung zwischen Treuhänder und Treugeber zustimmungsfrei sein; die qualifizierte, offene Treuhand hingegen führt regelmäßig zu Rechtsbeziehungen des Treugebers zur Gesellschaft und den Mitgesellschaftern und zur Begründung von Rechten, die dem Treugeber Einfluss auf die Geschicke der Gesellschaft ermöglichen; ihre Begründung soll bei Vinkulierung der Beteiligung der Zustimmung der Mitgesellschafter bedürfen. In eine ähnliche Richtung geht der Ansatz von *Lutter/Grunewald,*[523] die die Begründung der Treuhand an einer vinkulierten Beteiligung als zustimmungspflichtig ansehen, wenn mit ihr eine Stimmbindung des Treuhänders verbunden ist. Überzeugend an diesen Ansätzen ist, dass ein Bedürfnis für die Zulassung an einer Treuhand auch in Fällen besteht, in denen die Beteiligung vinkuliert ist. Die Treuhand kann – wie eine Gesellschaftsbeteiligung allgemein – verschiedene Beweggründe haben. Der Treugeber kann vorrangig an einer Kapitalbeteiligung oder vorrangig an 166

---

[514] BGH NJW 1954, 1155; *Baumbach/Hueck/Hueck/Fastrich* § 15 Rdnr. 47; MünchKomm GmbHG/ *Reichert/Weller* § 15 Rdnr. 404; Scholz/*H. Winter/Seibt* § 15 Rdnr. 133; *Ulmer/Winter/Löbbe* § 15 Rdnr. 246.

[515] Münch Hdb. KG/*Piehler/Schulte* § 35 Rdnr. 5.

[516] BGH NZG 2006, 627.

[517] RG JW 1931, 2967; RGZ 159, 272, 282.

[518] OLG Hamburg MittRhNotK 1993, 165; OLG Frankfurt aM GmbHR 1992, 668; *Baumbach/Hueck/Hueck/Fastrich* § 15 Rdnr. 58; *Hachenburg/Zutt* § 15 Rdnr. 97; MünchKomm GmbHG/*Reichert/Weller* § 15 Rdnr. 217; Scholz/*H. Winter/Seibt* § 15 Rdnr. 232 (mit vorsichtiger Einschränkung bei der Vereinbarungstreuhand); *Ulmer/Winter/Löbbe* § 15 GmbHG Rdnr. 200 mwN.; a. A. OLG Hamm GmbHR 1993, 656; *Armbrüster* Beteiligung S. 117 f.; *ders.* GmbHR 2001, 941, 947; *Beuthin* ZGR 1974, 26, 78; *Schmitz* FS Wiedemann S. 1223, 1231 f.; *Tebben* GmbHR 2007, 63.

[519] MünchKommHGB/*K. Schmidt* Vor § 230 Rdnr. 54.

[520] Z. B MünchKommHGB/*K. Schmidt* Vor § 230 Rdnr. 54.

[521] *Armbrüster*, Beteiligung, 119 f.; *Schmitz* FS *Wiedemann*, 1223, 1230 f.; *Tebben* GmbHR 2007, 631 ff.; so schon *Lutter/Schneider* ZGR 1975, 182, 186 (für vinkulierte Namensaktien).

[522] FS Odersky 872, 890 f., 893 f.; MünchKomm BGB/*Ulmer* § 705 Rdnr. 88; Staub/*Ulmer* § 105 Rdnr. 107.

[523] AG 1989, 109, 114.

Einflussnahmen auf die Geschicke der Gesellschaft interessiert sein oder beide Ziele verfolgen. Von der Vinkulierung wird in Satzungen regelmäßig Gebrauch gemacht. Das bedeutet aber nicht, dass damit stets auch eine Zurechnung der wirtschaftlichen Folgen der Beteiligung und eine darauf bezogene Treuhand ausgeschlossen sein soll. Überdies führt auch nicht jede Einflussmaßnahme auf die Ausübung von Verwaltungsrechten dazu, dass der Treugeber wie ein Gesellschafter dasteht. Die Differenzierung zwischen der einfachen und einer qualifizierten Treuhand, bei der dem Treugeber über die Vermögensinteressen hinaus Einfluss in der Gesellschaft und gegenüber den Mitgesellschaftern eingeräumt wird, trägt somit praktischen Interessen Rechnung.

167 Anderseits ist den Gegnern dieser Auffassung[524] zuzugeben, dass im Einzelfall die Abgrenzung schwierig sein kann, und es dann unklar bleibt, ob die Vinkulierungsbestimmung eingreift und die Zustimmung erforderlich ist. Es spricht aber viel für eine klare Lösung.

Für den Notar ergeben sich aus dieser Problematik folgende Überlegungen:

- Er wird bei Vinkulierung der Beteiligung darüber belehren, dass der Treuhandvertrag im Zweifel bis zur Erteilung der entsprechenden Zustimmung unwirksam ist.
- Er wird empfehlen, im Gesellschaftsvertrag die Zustimmung zur Begründung eines Treuhandverhältnisses ausdrücklich zu regeln, und zwar nicht – jedenfalls nicht nur – als Tatbestand der Vinkulierung, sondern auch – wenn dies gewünscht wird – als Ausschlussgrund.

168 *bb) Übertragung auf den Treugeber bei Beendigung der Treuhand.* Wird insbesondere bei der Übertragungstreuhand der Übertragung auf den Treuhänder zugestimmt und wissen die Gesellschafter darum, dass es sich um eine Treuhand handelt, liegt daran regelmäßig auch die Zustimmung zur Rückübertragung auf den Treugeber.[525]

169 **d) Weitere Voraussetzungen (mögl. Hinderungsgründe) für die Begründung einer Treuhand.** *aa) Famliengerichtliche Genehmigung.* Ist der Treugeber minderjährig und bedürfte seine unmittelbare Beteiligung an der Gesellschaft der famliengerichtlichen Genehmigung gemäß § 1643 Abs. 1, § 1822 Nr. 3 BGB (Erwerb eines Erwerbsgeschäfts), was je nach Gesellschaftsform und – bei Kapitalgesellschaften – der Höhe der Beteiligung unterschiedlich beantwortet wird,[526] so gilt das auch für die Begründung einer Treuhand an der Gesellschaftsbeteiligung, weil den Treugeber im Innenverhältnis sämtliche Lasten und Pflichten der Beteiligung treffen.[527] Unabhängig davon soll sich die Erforderlichkeit der Genehmigung aber wegen der im Treuhandvertrag geregelten Verpflichtung zur Freistellung von Verbindlichkeiten auch aus § 1822 Nr. 10 BGB (Übernahme fremder Verbindlichkeiten) ergeben.[528] Da die Begründung von Treugeberstellungen für Minderjährige in der Praxis selten ist, sei hier auf die einschlägigen Kommentierungen zu § 1822 BGB verwiesen.

170 *bb) Satzungsmäßige Anforderungen an Qualifikationen von Gesellschaftern.* Umstritten ist, ob persönliche Anforderungen, die die Satzung der Gesellschaft für Gesellschafter aufstellt, beispielsweise Familienzugehörigkeit, Erfüllung beruflicher Qualifikationen etc. nicht nur vom Treuhänder, sondern auch vom Treugeber erfüllt werden müssen.[529] Man wird das nicht anders entscheiden können als die Frage, ob nicht erfüllte Vinkulierungsvoraussetzungen der Begründung der Treuhand entgegenstehen. In Anbetracht der h. M. zu dieser Frage muss man auch hier davon ausgehen, dass eine wirksame Treuhandvereinbarung nur unter Beachtung derartiger Anforderungen begründet werden kann. Ist das nicht möglich, bleibt nur die Möglichkeit auf eine Unterbeteiligung auszuweichen.

---

[524] MünchKommHGB/*K. Schmidt* Vor § 230 Rdnr. 54.

[525] BGH NJW 1980, 2708; MünchKomm BGB/*Ulmer* § 705 Rdnr. 87; Münch Hdb. KG/*Piehler/Schulte* § 35 Rdnr. 11.

[526] Z. B. MünchKomm BGB/*Wagenitz* § 1822 Rdnr. 16 ff. mwN.; vgl. auch BGH DNotZ 2004, 132 (für den Fall der Veräußerung).

[527] *Werner* GmbHR 2006, 1248, 1253; MünchKommHGB/*K. Schmidt* Vor § 230 Rdnr. 54.

[528] *Werner* GmbHR 2006, 1248, 1253 f.; Lutter/Hommelhoff/*Bayer* § 15 Rdnr. 8; vgl. auch BGH NJW 1989, 1926 = DNotZ 1990, 303.

[529] So BayObLG GmbHR 1991, 572, 575; Baumbach/Hueck/*Fastrich* § 15 Rdnr. 58; Scholz/*H. Winter/Seibt* § 15 Rdnr. 234; a. A. *Armbrüster* Beteiligung S. 99 f., 113 f., 121; MünchKomm GmbHG/*ReichertWeller* § 15 Rdnr. 222.

cc) Satzungsmäßige Vorkaufsrechte. Ebenfalls ist zu überlegen, ob in der Satzung für einen Verkauf begründete Vorkaufsrechte bei der kaufweisen Einräumung einer Treugeberstellung eingreifen. Die Frage stellt sich nur bei der Vereinbarungstreuhand, wenn ein Gesellschafter, statt seinen Gesellschaftsanteil kaufweise zu übertragen, ihn dadurch verkauft, dass er sich verpflichtet, ihn künftig treuhänderisch zugunsten eines Dritten zu halten. Das wird im Schrifttum für den Fall vertreten,[530] dass der Treuhandvertrag ein Übertagungsangebot oder eine sonstige feste Aussicht auf Erwerb des Gesellschaftsanteils durch den Dritten enthält, was allerdings bei Treuhandverträgen die Regel ist. 171

dd) Allgemeine Beschränkungen der Gesellschafterstellung. Auch das Gesetz bestimmt bisweilen, dass Gesellschafter einer bestimmten Gesellschaft nur sein kann, wer bestimmte persönliche Anforderungen erfüllt. Das tun beispielsweise Berufsgesetze für Berufsträgergesellschaften. Gesellschafter einer Rechtsanwaltsgesellschaft können beispielsweise nur Rechtsanwälte und die weiteren in § 59e Abs. 1 BRAO genannten Personen sein. Eine Gesellschaftsbeteiligung an einer Rechtsanwaltsgesellschaft kann dann aber auch nicht von einem Berufsträger treuhänderisch für eine Person gehalten werden, die die erforderliche Qualifikation nicht erfüllt. Für die Rechtsanwaltsgesellschaft schreibt § 59e Abs. 1 BRAO das sogar ausdrücklich vor. 172

ee) §§ 134, 138 BGB. Die Nichtigkeit einer Treuhandvereinbarung kann sich auch gem § 134 BGB aus einem Verstoß gegen allgemeine gesetzliche Verbote ergeben. So sind Treuhandabreden unwirksam, mit denen versucht wird, wettbewerbsrechtliche Zusammenschlussverbote oder steuerrechtliche Zurechnungstatbestände zu umgehen.[531] Die Unwirksamkeit kann sich auch aus § 138 BGB ergeben. Aus diesem Gesichtspunkt soll eine Treuhandvereinbarung unwirksam sein, mit der einem Konkurrenten eine Treugeberstellung in einer Gesellschaft verschafft wird.[532] Zu Recht wird demgegenüber darauf hingewiesen, dass § 138 BGB ein kollusives Zusammenwirken von Treuhänder und Treugeber in Schädigungsabsicht voraussetzt und deshalb das Nichtigkeitsverdikt nur in Ausnahmefällen bei besonderer Rücksichtslosigkeit eingreift.[533] Nicht selten werden Treuhandverträge beim Übergang in die Selbständigkeit abgeschlossen, um die Gesellschafterstellung im Hinblick auf noch bestehende Wettbewerbsverbote in Anstellungsverträgen zu verbergen. Den Treuhandvertrag macht das nicht unwirksam, aber der Treugeber muss sich bewusst sein, dass in einem Verfahren wegen Verletzung des Wettbewerbsverbots ein Verschweigen der Treuhand den Vorwurf des Prozessbetrugs begründen kann. 173

e) **Treuhandvertrag und gesondertes Causalverhältnis.** Bei Begründung des Treuhandverhältnisses tritt bei der Vereinbarungstreuhand neben den Treuhandvertrag ein weiteres Schuldverhältnis, nämlich die Causa für die Einräumung der Treugeberstellung. In der Regel wird sie Kauf oder Schenkung sein. Der Treuhandvertrag und die durch ihn begründete Treugeberstellung werden gekauft oder geschenkt. Beide Schuldverhältnisse sind voneinander zu unterscheiden und aufeinander abzustimmen. 174

f) **Steuerfragen.** *aa) Ertragssteuerliche Zurechnung.* Nach § 39 Abs. 1 AO sind Wirtschaftsgüter grundsätzlich dem (rechtlichen) Eigentümer zuzurechnen. Abweichend davon sind gem. § 39 Abs. 2 Nr. 1 S. 2 AO bei Treuhandverhältnissen die Wirtschaftsgüter dem Treugeber zuzurechnen. Voraussetzung ist ein steuerlich anzuerkennendes Treuhandverhältnis. Allein die Bezeichnung als Treuhandvertrag genügt dazu nicht.[534] Ein Treuhandverhältnisses in diesem Sinne wird nur anerkannt, wenn die mit der rechtlichen Inhaberstellung verbundene Verfügungsmacht des Treuhänders zugunsten des Treugebers so eingeschränkt ist, dass die rechtliche Inhaberschaft als „leere Hülle" erscheint.[535] Der Treugeber muss das Treuhandverhältnis nicht nur rechtlich, sondern auch tatsächlich beherrschen.[536] Dazu ge- 175

[530] *Grunewald* FS Gernhuber S. 137, 141.
[531] *Armbrüster* Beteiligung S. 71 f., 125 ff.; *Grage* RNotZ 2005, 251, 257 f.
[532] *Ulmer* WPg 1963, 345, 346.
[533] *Armbrüster* Beteiligung S. 125 ff.; *Grage* RNotZ 2005, 251, 258 f.
[534] BFH GmbHR 2010, 657, 659 f.; BFH BStBl. II 1999, 514.
[535] BFH GmbHR 2010, 657, 659 f.; BFH BStBl. II 1999, 514, 516.
[536] BFH GmbHR 2010, 657, 659 f.; BFH GmbHR 1997, 963.

hören die Weisungsbefugnis des Treugebers – und damit korrespondierend die Weisungsgebundenheit des Treuhänders – bezüglich des Treuguts[537] und die Berechtigung des Treugebers, jederzeit die Rückgabe des Treuguts zu verlangen,[538] wobei die Vereinbarung einer angemessenen Kündigungsfrist unschädlich ist.[539] Ob der Treuhand, um steuerlich anerkannt zu werden, auch zivilrechtlich wirksam sein muss, ist dagegen fraglich. Bei einem durchgeführten Treuhandverhältnis, das nicht zwischen Angehörigen abgeschlossen worden ist, dürfte unabhängig von der zivilrechtlichen Wirksamkeit des Treuhandvertrages steuerlich anerkannt werden.[540] Folge der steuerlichen Anerkennung ist, dass die Beteiligung ertragsteuerlich dem Treugeber zugerechnet wird.[541]

176 *bb) Grunderwerbsteuerliche Zurechnung.* Für die Grunderwerbsteuer gilt § 39 AO nicht. Hier richtet sich die Zurechnung nach § 1 GrEStG. Gem. § 1 Abs. 3 GrEStG fällt beim Erwerb von Gesellschaftsanteilen an einer Gesellschaft, zu deren Vermögen ein inländisches Grundstück gehört, Grunderwerbsteuer an, wenn sich durch den Erwerb mindestens 95% der Anteile an der Gesellschaft in einer Hand unmittelbar oder mittelbar vereinigen. Gem. § 3 Nr. 8 GrEStG ist der Rückerwerb eines Grundstückes durch den Treugeber bei Auflösung des Treuhandverhältnisses aber von der Besteuerung ausgenommen, falls für den Rechtsvorgang, durch den der Treuhänder den Anspruch auf Übereignung des Grundstücks oder das Eigentum an dem Grundstück erlangt hatte, die Steuer entrichtet worden ist. Bei der **Übertragungstreuhand**, bei der der bisherige Gesellschafter 95% der Gesellschaftsanteile auf einen Treuhänder überträgt, werden an sich zwei grunderwerbsteuerliche Tatbestände verwirklicht, einmal durch Übertragung auf den Treuhänder und sodann durch Begründung der Rückübertragungsverpflichtung. Jedoch wird durch die Treuhanderlasse[542] der Rückerwerb durch den Treugeber (analog § 3 Nr. 8 GrEStG) von der Grunderwerbsteuer freigestellt. Bei der **Erwerbstreuhand** fällt zwei Mal Grunderwerbsteuer an, einmal für den Erwerb der Gesellschaftsbeteiligungen durch den Treuhänder von dem bisherigen Anteilsinhaber und zum anderen für die Verpflichtung zur Übertragung der Anteile auf den Treugeber bei Beendigung des Treuhandverhältnisses. § 3 Nr. 8 GrEStG greift nicht ein, weil der Treugeber nicht „zurück" erwirbt. Vermeiden lässt sich der doppelte Anfall der Steuer durch Einschaltung von zwei Treuhändern, die jeweils Teile der Beteiligung erwerben. Bei der **Vereinbarungstreuhand** schließlich fällt nur einmal Grunderwerbsteuer für die Verpflichtung zur Übertragung der Anteile auf den Treugeber bei Beendigung des Treuhandverhältnisses an.[543]

177 *cc) steuerliche Mitteilungspflichten.* Die Beurkundung eines Treuhandvertrages löst steuerliche Mitteilungspflichten des Notars nach § 54 EStDV sowie ggf. nach § 34 ErbStG und § 18 GrEStG aus. Nach § 54 EStDV sind Vorgänge anzuzeigen, die eine Verfügung über Anteile an Kapitalgesellschaften zum Gegenstand haben. Reine Verpflichtungsgeschäfte lösen die Mitteilungsverpflichtung nicht.[544] Anzuzeigen sind somit zweifelsfrei die Übertragung von Geschäftsanteilen an einer GmbH an den Treuhänder bei der Übertragungstreuhand und der Erwerb von Geschäftsanteilen bei der Erwerbstreuhand; **zweifelhaft** ist das dagegen bei der **Vereinbarungstreuhand.** Die Finanzverwaltung bejaht auch in diesem Fall eine Anzeigepflicht unabhängig davon, ob der Vertrag schon eine Abtretung der Anteile bei Beendigung der Treuhand oder in anderen Fällen an den Treugeber enthält.[545] Lehnt man das ab,

[537] BFH GmbHR 2010, 657, 659 f.; BFH BStBl. II 1999, 514, 516.

[538] BFH GmbHR 2010, 657, 659 f.; BFH GmbHR 1997, 963.

[539] BFH GmbHR 2010, 657, 659 f.; BFH BStBl. II 1993, 538, 540; zum Ganzen *Sommer/Menzel* GmbHR 2003, 917, 920 ff.; Römermann/*Leistikow* MünchAnwHdB GmbH § 11 Rdnr. 90 ff.

[540] Vgl. BFH GmbHR 2004, 904 zum Erwerb des wirtschaftl. Eigentum trotz unwirksamen Vertrages; *Sommer/Menzel* GmbHR 2003, 917, 920 ff.

[541] Römermann/*Leistikow* MünchAnwHdB GmbH § 11 Rdnr. 96.

[542] FinMin Thüringen v. 7. 12. 1993 – S 4501 A – 7/93–202.1, DStR 1994, 505, unter Tz. 1.3.; so schon der Vorgängererlass v. 25. 5. 1984 – BStBl. I 1984, 380.

[543] Zum ganzen vgl. FinMin Thüringen DStR 1994, 505; *Heine* GmbHR 2005, 81, 84; Römermann/*Leistikow* MünchAnwHdB GmbH § 11 Rdnr. 98 ff.

[544] *Grage* RNotZ 2005, 251, 275; *Heidinger* DStR 1997, 822 ff.; *Küperkoch* RNotZ 2002, 297, 309.

[545] BMF-Schreiben vom 14. 3. 1997 DNotI-Report 997, 83; a. A. *Grage* RNotZ 2005, 251, 275; *Heidinger* DStR 1997, 822 f.; *Küperkoch* RNotZ 2002, 297, 309.

stellt sich die weitere Frage, ob eine Vollmacht des Treuhänders an den Treugeber oder ein Abtretungsangebot die Anzeigepflicht auslösen. Das wird auch von der Finanzverwaltung nicht angenommen.[546] Die aufschiebend bedingte Abtretung der treuhänderisch gehaltenen Geschäftsanteile löst dagegen nach allgemeiner Meinung die Mitteilungspflicht sofort und nicht erst bei Bedingungseintritt aus.[547] Zweifelhaft ist die Mitteilungspflicht bei **Übertragung der Treugeberstellung.** Da in der Regel mit der Übertragung der Treugeberstellung auch die Anwartschaft auf Übertragung des Geschäftsanteils auf den Treugeber übertragen wird, wird man die Anzeigepflicht bejahen müssen.[548]

Zur Anzeigepflicht nach **§ 34 ErbStG** ist nicht viel zu sagen. Es kommt darauf an, ob die Treuhand unentgeltlich begründet wird. Dabei ist regelmäßig der Erwerb der Rechtsstellung des Treugebers entscheidend. Gibt dieser seine Treugeberstellung allerdings ersatzlos unentgeltlich zugunsten des Treuhänders auf, kann darin eine Schenkung liegen.[549] Allein der Umstand, dass eine Vergütung des Treuhänders für die Treuhand nicht ausbedungen wird, wie es häufig ist, wenn Steuerberater, die den Treugeber laufend beraten, die Treuhänderstellung übernehmen, begründet aber keine Anzeigepflicht. Steuerliche Mitteilungspflichten ergeben sich ferner aus **§ 18 GrEStG**, wenn durch den Treuhandvertrag Anteile an Grundbesitz haltenden Gesellschaften übertragen werden oder entsprechende Übertragungsverpflichtungen begründet werden.[550] 178

3. Inhalt des Treuhandvertrages

a) **Allgemeines.** *aa) Auftragsrecht.* Dem Treuhandverhältnis liegt in der Regel ein Geschäftsbesorgungsvertrag, also ein entgeltlicher Auftrag zugrunde. Er ist eine zweiseitige Vereinbarung zwischen Treuhänder und Treugeber; es ist aber auch möglich, die übrigen Gesellschafter an der Vereinbarung zu beteiligen und dem Treugeber eigene unmittelbare Rechte in der Gesellschaft einzuräumen (sog. offene oder qualifizierte Treuhand).[551] Bei der Gestaltung des Vertrages bietet es sich an, sich an die gesetzlichen Regeln des Auftragsrechts anzulehnen. Dementsprechend könnte der Vertrag nach dem Rubrum, in dem die Beteiligten aufgeführt und als Treugeber und Treuhänder definiert werden, und einer Vorbemerkung, in der die Gesellschaft und die Beteiligungsverhältnisse aufgeführt sind, wie folgt aufgebaut werden und nachstehende Fragen ansprechen:[552] 179

§ 1 Bei der **Übertragungstreuhand** Übertragung der Beteiligung auf den Treuhänder, bei der **Erwerbstreuhand** Verpflichtung des Treuhänders, die Beteiligung zu erwerben und bei allen drei Arten der Begründung der Treuhand die Verpflichtung des Treuhänders, die Beteiligung treuhänderisch für den Treugeber zu halten; bei der **Vereinbarungstreuhand** muss zusätzlich im Anschluss an den Treuhandvertrag oder diesem vorausgehend das **Kausalverhältnis** vereinbart werden; Verpflichtung zur Einholung zur Begründung der Treuhand etwa erforderlicher Zustimmungen (Zu den entsprechenden Fragen vgl. die Ausführungen unter Rdnr. 165 ff.);

§ 2 Ansprüche des Treuhänders gem. § 670 BGB auf **Ersatz seiner Aufwendungen**, insbesondere im Zusammenhang mit dem Erwerb (bei der Erwerbstreuhand), auf Freistellung von den sich aus seiner Gesellschafterstellung ergebenden Verbindlichkeiten, auf **Vergütung** sowie ggf. Vorschuss gem. § 669 BGB (dazu nachstehend Rdnr. 183);

---

[546] BMF-Schreiben vom 14. 3. 1997 DNotI-Report 997, 83 Ziff. 6; vgl. auch *Grage* RNotZ 2005, 251, 275; *Heidinger* DStR 1996, 1353, 1355; *Küperkoch* RNotZ 2002, 297, 309.

[547] BMF-Schreiben vom 14. 3. 1997 DNotI-Report 997, 83 Ziff. 2; *Grage* RNotZ 2005, 251, 275 f.; *Heidinger* DStR 1996, 1353, 1355; *Küperkoch* RNotZ 2002, 297, 309.

[548] A. A. *Grage* RNotZ 2005, 251, 276, die eine Anzeigepflicht mangels Verfügung nur in Ausnahmefällen annimmt.

[549] *Grage* RNotZ 2005, 251, 275.

[550] *Boruttau/Viskorf* § 18 Rdnr. 19.

[551] Dazu insbesondere BGHZ 10, 44, 49 = NJW 1953, 1548; WM 1987, 811; NZG 2003, 915; MünchKomm BGB/*Ulmer* § 705 Rdnr. 92; *Ulmer* FS Odersky S. 873 ff.; *Tebben* ZGR 2001, 586 ff.

[552] Dazu *Grage* RNotZ 2005, 251, 259; *Schaub* DStR 1995, 1634; sowie die einschlägigen Formularhandbücher z. B. *Kersten/Bühling/Kanzleiter*, Formularbuch, § 145 Rdnr. 76; MünchVetrHdB Bd. I/*Meister/Klöcker* Muster IV.26; MünchVetrHdB Bd. I/*von der Heydt* Muster IX.14 ff.

§ 3 Verpflichtungen des Treuhänders gem. §§ 667, 666 zur **Herausgabe der Erträge** der Beteiligung und anderer aus der Treuhand erlangter Beträge, z. B. Abfindungszahlungen, sowie zur laufenden **Unterrichtung des Treugebers** über Vorgänge in der Gesellschaft, Erteilung von Auskünften und Ablegung von Rechenschaft (dazu nachstehend Rdnr. 185 f.);

§ 4 **Ausübung der Mitgliedschaftsrechte** in der Gesellschaft, namentlich der Stimmrechte und des Informationsrechts, Beachtung von Weisungen des Treugebers sowie ggf. Absicherung der Rechtsausübung zugunsten des Treugebers z. B. durch Vollmachten zur Stimmrechtsausübung (dazu nachstehend Rdnr. 188 ff.);

§ 5 **Beendigung der Treuhand**, insbesondere Kündigung oder Tod einer der Parteien (dazu nachstehend Rdnr. 199 ff.);

§ 6 **Rechtsfolgen der Beendigung**, insbesondere Absicherung der Rechte des Treugebers auf die Beteiligung (dazu nachstehend Rdnr. 203 ff.);

§ 7 **Allgemeine Regelungen** wie Übertragbarkeit der Treuhand, Geheimhaltung, Wettbewerbsverbot, Haftungsbeschränkung, Kosten (dazu nachstehend Rdnr. 215);

§ 8 Sonderregeln bei einer **Mehrheit von Treugebern** (dazu nachstehend Rdnr. 216 ff.).

180 *bb) Doppelte Pflichtenbindung des Treuhänders.* Der Treuhänder unterliegt Verpflichtungen aus zwei Rechtsverhältnissen; als Gesellschafter unterliegt er den Bindungen des Gesellschaftsvertrages, als Vertragspartner des Treugebers denjenigen, die sich aus dem Treuhandvertrag ergeben. Der Treuhänder kann dem Treugeber nicht mehr Rechte einräumen, als ihm nach dem Gesellschaftsvertrag zustehen. Ist beispielsweise die Erteilung einer Stimmrechtsvollmacht durch Satzung der Gesellschaft auf Angehörige eines Gesellschafterstammes beschränkt, kann der Treuhänder einem Treugeber, der diese Qualifikation nicht erfüllt, keine solche Vollmacht erteilen. Außerdem unterliegt der Treuhänder als Gesellschafter bestimmten Treuepflichten. So ist es ihm verwehrt, Wettbewerbern Einfluss in der Gesellschaft einzuräumen oder Informationen zu geben.[553]

181 Das Gesellschaftsverhältnis steckt also den Rahmen ab, in dem sich das Treuhandverhältnis bewegen kann. Die Ansprüche des Treugebers richten sich dabei gegen den Treuhänder, der seinerseits die Rechte in der Gesellschaft nach Maßgabe der von ihm gegenüber dem Treugeber übernommenen Verpflichtungen wahrnimmt. Allerdings ist es auch möglich, bei der offenen Treuhand durch Vereinbarungen der Gesellschafter untereinander oder auch der Gesellschafter mit dem Treugeber diesem eigene Rechte in der Gesellschaft einzuräumen (qualifizierte Treuhand),[554] wie Informationsrechte,[555] Ansprüche auf Gewinnauszahlung[556] oder die Geltendmachung der Unwirksamkeit von Beschlüssen[557]. Dasselbe muss aber auch für Verpflichtungen gelten. So muss es möglich sein zu regeln, dass ein Gesellschafter, der Treuhänder eines Dritten ist, aus der Gesellschaft ausgeschlossen werden kann, wenn der Treugeber einen wichtigen Grund zum Ausschluss gesetzt hat.[558] In einer Formulierung des BGH handelt es sich in diesen Fällen nicht um ein „isoliertes Treuhandverhältnis", sondern um eine von gesellschaftsrechtlichen Bindungen überlagerte Treuhandbeziehung.[559] Dabei darf allerdings nicht übersehen werden, dass, wie oben ausgeführt wurde, jedes Treuhandverhältnis von gesellschaftsrechtlichen Bindungen insofern überlagert ist, als der Treuhänder nur in dem Rahmen der ihm als Gesellschafter vorgegebenen Regelungen dem Treugeber gegenüber Verpflichtungen eingehen und Rechte begründen kann. Die Formulierung des BGH besagt aber darüber hinaus, dass Rechte und Pflichten des Treugebers unmittelbar gegenüber den Mitgesellschaftern begründet werden können.

182 Bei der Gestaltung des Treuhandvertrags ist darauf zu achten, dass die Regelungen den Treuhänder nicht zu Verstößen gegen den Gesellschaftsvertrag zwingen. Denn solche Verstöße führen nicht zur Unwirksamkeit der entsprechenden Regelungen des Treuhandvertra-

[553] BGH WM 1982, 234, 235; MünchKommHGB/*K. Schmidt* Vor § 230 Rdnr. 56.
[554] BGH NJW 1953, 1548; WM 1987, 811; NZG 2003, 915.
[555] BGH NJW 1953, 1548.
[556] BGH NZG 2003, 915.
[557] OLG Koblenz ZIP 1989, 100.
[558] MünchHdbGesR II/*Piehler/Schulte* § 36 Rdnr. 37 m. w. N.; MünchKommHGB/*K. Schmidt* § 140 Rdnr. 16; vgl. auch Staub/*Ulmer* § 105 Rdnr. 105.
[559] BGH NZG 2003, 915.

ges,[560] sondern setzen den Treuhänder nur dem Konflikt aus, entweder gegen den Treuhandvertrag oder gegen die Verpflichtungen aus dem Gesellschaftsvertrag zu verstoßen. Außer in Ausnahmefällen (Einräumung zugunsten eines Wettbewerbers) oder bei ausdrücklichem Verbot in der Satzung stellt allein die Begründung eines Treuhandverhältnisses keinen Verstoß des Treuhänders gegen seine Gesellschafterverpflichtungen dar.[561]

b) **Ansprüche des Treuhänders gem. § 670 BGB.** Die Ansprüche des Treuhänders gem. 183
§ 670 BGB, ihm seine **Aufwendungen**, z. B. Einzahlungen auf das Stammkapital, zu erstatten, bedürfen keiner besonderen Erläuterung. Dazu gehört auch der Anspruch auf **Befreiung von Schulden**, die der Treuhänder in Erfüllung des Treuhandvertrages eingegangen ist, insbesondere von Haftungen, die ihn als Gesellschafter treffen.[562] Ein vertraglicher Ausschluss des Schuldbefreiungsanspruchs des Treuhänders gegen den Treugeber im Treuhandvertrag soll sittenwidrig sein, wenn dem Treuhänder für das dadurch begründete Risiko nicht ein angemessener Anspruch z. B. durch Zahlung einer dieses Risiko berücksichtigenden Vergütung gewährt wird oder dafür andere schutzwürdige Zwecke anzuerkennen sind.[563]

Bezüglich der **Vergütungsansprüche** ist zu regeln, ob sie sich zuzüglich Umsatzsteuer ver- 184
steht. Verzugsschadenspauschalierungen sind üblich. Außerdem unterwirft sich der Treugeber dem Treuhänder gegenüber wegen der dadurch begründeten Zahlungsverpflichtungen nicht selten der sofortigen Zwangsvollstreckung aus der Urkunde und es werden Zurückbehaltungs- und Aufrechnungsrechte ausgeschlossen.

c) **Verpflichtungen des Treuhänders gem. §§ 667, 666 BGB, insbes. Herausgabe der Er- 185
träge und Auskunft.** *aa) Herausgabe der Erträge.* Ein Ziel jeder Treuhand ist die wirtschaftliche Zurechnung des Anteils zum Vermögen des Treugebers. Sie findet ihren Ausdruck in der Verpflichtung des Treuhänders, Zahlungen der Gesellschaft im Hinblick auf den Geschäftsanteil, insbesondere Gewinnausschüttungen an den Treugeber weiterzuleiten, was sich auch ohne besondere Regelung aus § 667 BGB ergibt. Die Ansprüche auf den Gewinn sind gem. § 717 S. 2 BGB selbständig abtretbar. Das gilt gleichermaßen für Entnahmeansprüche,[564] für Ansprüche auf ein Auseinandersetzungsguthaben und auf ein Abfindungsguthaben gem. § 738 BGB.[565] Der Treuhänder kann die entsprechenden Ansprüche auch im Voraus an den Treugeber abtreten, um sie vor dem Zugriff etwaiger Gläubiger des Treuhänders zu schützen.[566] Die Abtretung bedarf bei Personengesellschaften – anders als die Abtretung der Beteiligung selbst – gem. § 717 S. 2 BGB keiner besonderen Zustimmung.[567] Für Entnahmeansprüche ist das umstritten, entspricht aber der wohl h. M.[568] Der Gesellschaftsvertrag kann die Abtretbarkeit jedoch ausschließen.[569] Bei der GmbH sind die selbständigen Vermögensrechte ebenfalls abtretbar. Die Vinkulierung der Beteiligung erstreckt sich auf diese Ansprüche nicht; ihre Abtretung kann aber ebenfalls ausgeschlossen werden.[570] Die Vorausabtretung der Ansprüche geht allerdings ins Leere, wenn die Beteiligung selbst bereits vom Treuhänder abgetreten ist, weil dann der voraus abgetretene Anspruch auf Gewinnauszahlung nicht mehr in der Person des Treuhänders entsteht. Dasselbe gilt, wenn die Beteiligung vom Gläubiger des Treuhänders nach Abtretung gepfändet wird.[571] Die auf die Vor-

[560] MünchKommHGB/*K. Schmidt* Vor § 230 Rdnr. 57; MünchKomm BGB/*Ulmer* Vor § 705 Rdnr. 85; Staub/Ulmer § 105 Rdnr. 105.

[561] MünchKommHGB/*K. Schmidt* Vor § 230 Rdnr. 57.

[562] Dazu nachstehend Rdnr. 229 f.

[563] *Schaub* DStR 1996, 65, 67 f; *Beuthin* ZGR 1973, 27, 49.

[564] *Armbrüster* Beteiligung S. 225; *Baumbach/Hopt* § 122 Rdnr. 4; *Heymann/Emmerich* § 122 Rdnr. 13; a. A. nur mit Zustimmung der anderen Gesellschafter abtretbar MünchKomm BGB/*Ulmer/Schäfer* § 717 Rdnr. 33.

[565] MünchKomm BGB/*Ulmer/Schäfer* § 717 Rdnr. 37 mwN.

[566] MünchKomm BGB/*Ulmer/Schäfer* § 717 Rdnr. 31.

[567] MünchKomm BGB/*Ulmer/Schäfer* § 717 Rdnr. 3, 14, 30.

[568] *Armbrüster* Beteiligung S. 225; *Baumbach/Hopt* § 122 Rdnr. 4; *Heymann/Emmerich* § 122 Rdnr. 13; a. A. nur mit Zustimmung der anderen Gesellschafter abtretbar MünchKomm BGB/*Ulmer/Schäfer* § 717 Rdnr. 33.

[569] MünchKomm BGB/*Ulmer/Schäfer* § 717 Rdnr. 8 mwN.

[570] Vgl. *Baumbach/Hueck/Hueck/Fastrich* § 15 Rdnr. 39.

[571] BGH MittBayNot 1989, 31; DStR 2010, 816, 819 f.; MünchKomm BGB/*Ulmer/Schäfer* § 717 Rdnr. 31; MünchKomm HGB/*K. Schmidt* § 135 Rdnr. 16 mwN.

ausabtretung der künftigen Ansprüche auf Gewinnausschüttung, Entnahmen oder Abfindung folgende Abtretung oder Pfändung der Beteiligung (des Stammrechts) vor Entstehung des voraus abgetretenen Anspruchs gehen der Vorausabtretung vor.

Bei der offenen Treuhand können aber Gewinnauszahlungsansprüche durch Vereinbarung mit allen Gesellschaftern dem Treugeber auch unmittelbar gegen die Gesellschaft eingeräumt werden.[572] Da es sich um eigene Ansprüche des Treugebers gegen die Gesellschaft handelt, unterliegen sie nicht der Pfändung durch Gläubiger des Treuhänders.

186 *bb) Informationsrecht.* Inhaber gesellschaftsrechtlicher Informationsrechte, z. B. gemäß §§ 51 a GmbHG, 118, 166 HGB, ist der Gesellschafter, mithin der Treuhänder.[573] Dieser ist seinerseits gemäß § 666 BGB dem Treugeber zur Auskunft verpflichtet. Allerdings findet diese Verpflichtung ihre Grenzen in der Verpflichtung des Treuhänders, als Gesellschafter Verschwiegenheit bezüglich von der Gesellschaft erhaltener Informationen zu wahren. Diese Verschwiegenheitsverpflichtung ist nach Gesellschaftstyp und Inhalt des Informationsanspruchs unterschiedlich ausgeprägt. So wird das Auskunftsrecht bei oHG und KG als höchstpersönliches Recht angesehen, mit dessen Ausübung nur in Ausnahmefällen ein Dritter beauftragt werden kann,[574] es sei denn die Mitgesellschafter stimmten zu. Bei der Aktiengesellschaft dagegen ist das Recht nach allgemeiner Meinung nicht höchstpersönlich und kann ohne weiteres durch Dritte ausgeübt werden.[575] Bei der GmbH ist umstritten, ob das Auskunftsrecht höchstpersönlichen Charakter trägt.[576] Unstreitig unterliegen die Gesellschafter aber hinsichtlich erhaltener Informationen einer verstärkten Verschwiegenheitspflicht.[577] Umstritten ist dagegen, was das für den Auskunftsanspruch des Treugebers bedeutet. Nach einer Auffassung muss der Treuhänder vorrangig dem Interesse der Gesellschaft Rechnung tragen.[578] Nach anderer Auffassung soll die gesellschaftsrechtliche Beschränkung einer Weitergabe an den Treugeber nur entgegenstehen, wenn mit der Weitergabe der von der GmbH gegebenen Informationen eine konkrete Gefährdung von Gesellschaftsinteressen verbunden ist.[579] Außerdem soll der Treugeber Anspruch auf die Informationen haben, die er zur Beurteilung seines Haftungsrisikos benötigt.[580] Schließlich wird befürwortet, dem Treugeber bei offenen Treuhandverhältnissen ein unmittelbares Auskunftsrecht zuzubilligen.[581] Nach der Rechtsprechung des BGH können dem Treugeber durch die Satzung oder durch vertragliche Vereinbarungen mit allen Gesellschaftern im Innenverhältnis unmittelbare Rechte gegen die Gesellschaft eingeräumt werden; er kann dadurch so gestellt werden, als sei er Gesellschafter.[582] Das schließt auch Rechte ein, die gem. § 717 S. 1 BGB dem Abspaltungsverbot unterliegen, so dass dem Treugeber ein unmittelbares Auskunftsrecht gegen die Gesellschaft eingeräumt werden kann.[583] Bei der Aktiengesellschaft ist die Einräumung eines solchen Rechts in der Satzung wegen des Grundsatzes der Satzungsstrenge allerdings fraglich.[584] Unzweifelhaft anzuerkennen ist ein unmittelbares Informationsrecht bei Publikums-Treuhandgesellschaften.[585]

[572] BGH NZG 2003, 915.
[573] *Armbrüster* GmbHR 2001, 1021, 1026.
[574] BGH NJW 1957, 1555; *Baumbach/Hopt* § 118 Rdnr. 9; § 166 Rdnr. 5.
[575] *Hüffer* § 131 Rdnr. 4; MünchKomm AktG/*Kubis* § 131 Rdnr. 12; jew. mwN.
[576] Dafür z. B. *Lutter/Hommelhoff* § 51 a Rdnr. 4; dagegen z. B. *Baumbach/Hueck/Zöllner* § 51 a Rdnr. 5; jew. mwN.
[577] Scholz/*K. Schmidt* § 51 a Rdnr. 6; *Baumbach/Hueck/Zöllner* § 13 Rdnr. 34; *Schaub* DStR 1995, 1634, 1636; jew. mwN.
[578] *Roth/Thöni* FS GmbHG S. 245, 276; *Schaub* DStR 1995, 1634, 1637.
[579] *Armbrüster* GmbHR 2001, 1021, 1026.
[580] *Armbrüster* GmbHR 2001, 1021, 1026.
[581] LG Berlin NZG 2001, 375, 377; MünchKomm BGB/*Ulmer* § 705 Rdnr. 92; MünchKommHGB/*K. Schmidt* Vor § 230 Rdnr. 67.
[582] BGHZ 10, 44, 49 = NJW 1953, 1548, 1549; WM 1987, 811; NZG 2003, 915; MünchKomm BGB/*Ulmer* § 705 Rdnr. 92; MünchKommHGB/*K. Schmidt* Vor § 230 Rdnr. 67.
[583] MünchKomm BGB/*Ulmer* § 705 Rdnr. 92; MünchKommHGB/*K. Schmidt* Vor § 230 Rdnr. 67.
[584] MünchKommHGB/*K. Schmidt* Vor § 230 Rdnr. 67.
[585] MünchKommHGB/*K. Schmidt* Vor § 230 Rdnr. 67.

Im Übrigen ist ist in diesem Zusammenhang folgendes zu bedenken: Falls das Recht auch von einem Dritten ausgeübt werden kann, insbesondere der Treugeber von der Vertretung des Treuhänders in der Gesellschafterversammlung nicht ausgeschlossen ist, macht es wenig Sinn, ihm die Weitergabe der Information durch den Treuhänder zu untersagen.[586] Denn dann könnte der Treuhänder ihn auch als seinen Vertreter in die Gesellschafterversammlung schicken. Auch wird man bei der offenen Treuhand die Verpflichtung zur Verschwiegenheit auf den Treugeber ausdehnen müssen und diesen insofern als in die Gesellschafterpflicht mit eingebunden ansehen müssen. Bei der verdeckten Treuhand greift dieser Gedanke allerdings nicht, weil eine Überwachung durch die Gesellschaft nicht möglich ist. Anders ist das aber, wenn der Treugeber aufgrund einer Ermächtigung des Treuhänders die Information unmittelbar von der Gesellschaft verlangt. Dann soll es genügen, wenn er sich der Gesellschaft gegenüber in einer gesonderten Vereinbarung zur Geheimhaltung verpflichtet.[587] Eine solche Ermächtigung soll allerdings unzulässig sein, wenn eine Vertretung des Gesellschafters bei der Ausübung des Stimmrechts nach der Satzung unzulässig ist.[588] 187

Für die notarielle Praxis empfiehlt es sich, bei der offenen Treuhand in der Satzung der Gesellschaft oder einer Vereinbarung des Treugebers mit den anderen Gesellschaftern dem Treugeber ein eigenes Auskunftsrecht einzuräumen. Außerdem sollte der Treuhänder den Treugeber vorsorglich – und zwar zum Schutz des Treuhänders auch bei der verdeckten Treuhand – im Treuhandvertrag verpflichten, Informationen, die er vom Treuhänder erhalten hat, so vertraulich zu behandeln, wie er es müsste, wenn er unmittelbar Gesellschafter wäre.

d) Ausübung der Mitgliedschaftsrechte in der Gesellschaft, namentlich der Stimmrechte, Beachtung von Weisungen § 665 BGB. *aa) Weisungsrecht und ggf. -pflicht des Treugebers.* Der Treuhänder ist als Gesellschafter Inhaber des Stimmrechts.[589] Aufgrund des Treuhandverhältnisses ist er aber verpflichtet, Weisungen des Treugebers zu beachten.[590] Gemäß § 665 BGB darf der Auftragnehmer von Weisungen nur abweichen, wenn er den Umständen nach annehmen darf, dass der Auftraggeber bei Kenntnis der Sachlage die Abweichung billigen würde. Vor der Abweichung hat er dem Auftraggeber Anzeige zu machen und dessen Entscheidung abzuwarten, wenn nicht mit dem Aufschub Gefahr verbunden ist. Diese gesetzlichen Regelungen erscheinen wie für die Ausübung des Stimmrechts in Gesellschafterversammlungen geschaffen. Hier wird der Treuhänder häufig auf veränderte Umstände reagieren müssen. Nicht immer wird er eine Vertagung entsprechender Beschlusspunkte erreichen können, um neue Weisungen einzuholen. Der Vertrag sollte aber vorsehen, dass der Treuhänder verpflichtet ist, rechtzeitig Weisungen nachzusuchen und der Treugeber verpflichtet ist, solche auf Anforderung des Treuhänders zu erteilen. 188

Der Treuhänder muss die Bindungen beachten, denen er als Gesellschafter gegenüber der Gesellschaft und seinen Mitgesellschaftern unterliegt. Es ist deshalb zunächst zu fragen, ob eine Stimmbindung dem Treugeber gegenüber zulässig ist. Unproblematisch ist das, wenn der Treugeber selbst Gesellschafter ist. **Stimmbindungen gegenüber Mitgesellschaftern** werden allgemein als zulässig angesehen,[591] wenn sie nicht auf eine verbotene Stimmabgabe gerichtet sind. Man kann allerdings auch hier fragen, ob das richtig sein kann, wenn der Gesellschaftsvertrag eine Vinkulierungsbestimmung enthält, die zur Wahrung des Stimmverhältnisses in der Gesellschaft auch Übertragungen zwischen Gesellschaftern an die Zustimmung der anderen Gesellschafter bindet. Bei einer **Stimmbindung** 189

[586] Unter dieser Voraussetzung wird auch die Ermächtigung eines Dritten zur Ausübung des Informationsrechts für zulässig gehalten vgl. *Baumbach/Hueck/Zöllner* § 51 a Rdnr. 5; *Lutter/Hommelhoff* § 51 a Rdnr. 4; Römermann/*Leistikow* § 11 Rdnr. 71.

[587] *Baumbach/Hueck/Zöllner* § 51 a Rdnr. 5; Römermann/*Leistikow* § 11 Rdnr. 72.

[588] *Baumbach/Hueck/Zöllner* § 51 a Rdnr. 5; Römermann/*Leistikow* § 11 Rdnr. 73.

[589] BGHZ 48, 163 = NJW 1967, 1963; Baumbach/Hueck/*Zöllner* § 47 Rdnr. 113; Scholz/*K. Schmidt* § 47 Rdnr. 40 mwN.

[590] BGH NJW 1991, 1057, 1059; *Armbrüster* GmbHR 2001, 1021, 1022.

[591] BGHZ 48, 163 = NJW 1967, 1963; Baumbach/Hueck/*Zöllner* § 47 Rdnr. 113; Scholz/*K. Schmidt* § 47 Rdnr. 40; *Ulmer/Hüffer* § 47 Rdnr. 74, jew. mwN.

gegenüber Dritten wird vielfach angenommen, sie bedürfe einer besonderen Rechtfertigung,[592] wenn es um dauerhafte Bindungen gehe, die auch Strukturänderungen umfasse. Eine solche Rechtfertigung wird aber gerade im Treuhandverhältnis gesehen, weil der Treugeber materiell Träger von Gesellschaftsinteressen ist.[593] Ist die Beteiligung vinkuliert; wird allerdings die Wirksamkeit der Treuhand und damit auch diejenige der Stimmbindung teilweise davon abhängig gemacht, dass die für die Abtretung der Beteiligung erforderlichen Zustimmungen erteilt sind.[594] Bei vinkulierten Beteiligungen ist daher die Wirksamkeit einer Stimmbindung im Treuhandvertrag ohne Erfüllung der Vinkulierungsbestimmungen unsicher.

190 *bb) Stimmverbote.* Auch bei grundsätzlich wirksamer Stimmbindung sind die Grenzen zu beachten, die der Gesellschaftsvertrag bzw. das aus ihm sich ergebende Rechtsverhältnis den Gesellschaftern setzt. Anderenfalls ist die Stimmbindung im Einzelfall unwirksam. In erster Linie ist hier an einen Verstoß gegen gesetzliche Stimmverbote zu denken.[595] Der Treugeber kann den Treuhänder z. B. nicht anweisen, für seine (des Treuhänders) Entlastung als Geschäftsführer zu stimmen vgl. § 47 Abs. 4 GmbHG.[596] Fraglich ist, ob dasselbe auch gilt, wenn der Treugeber von dem Stimmverbot betroffen wäre, falls er selbst Gesellschafter wäre. Der BGH[597] hat dies im Anschluss an das Reichsgericht jedenfalls dann bejaht, wenn der Gesellschafter seinen Gesellschaftsanteil mit dem Ziel, das Stimmverbot zu unterlaufen, auf einen Treuhänder überträgt.[598] Überwiegend wird es für geboten gehalten, das Stimmverbot bei der fremdnützigen Treuhand anzuwenden, auch wenn es sich nur gegen den Treugeber richtet.[599] Denn es soll ja gerade die Stimmausübung in einem Fall der Betroffenheit (Richter in eigener Sache) ausschließen. Richter in eigener Sache ist aber auch der Treugeber, der eine entsprechende Weisung erteilt. Denn materiell steuert er über die Stimmbindung die Ausübung des Stimmrechtes.

191 Entsprechend scheitert die Zulässigkeit des Weisungsrechts auch in anderen Fällen gesetzlicher Stimmverbote, wie z. B. dem Stimmenkauf analog § 405 Abs. 3 Nr. 6. AktG. Er verstößt gegen § 138 BGB.[600] Es wäre aber falsch, daraus zu schließen, dass bei jeder Verwaltungstreuhand, insbesondere einer kaufweise begründeten Vereinbarungstreuhand, die Entgeltlichkeit des Geschäfts die Stimmbindung unwirksam machen würde. Ein Stimmenkauf liegt nur vor, wenn es sich bei der Gegenleistung um sachfremde Vorteile handelt. Das ist die Ratio der Bestimmung. Bei der kaufweise begründeten Vereinbarungstreuhand geht es aber um Beteiligungserwerb, nicht um Stimmenkauf. Zu Recht wird deshalb auch die Verpflichtung eines Verkäufers im Kaufvertrag, dem Erwerb der Beteiligung im Rahmen einer Vinkulierungsbestimmung zuzustimmen, für wirksam gehalten.[601] Absprachen über gegenseitige Wahl zum Geschäftsführer sind zulässig,[602] ebenso Absprachen, den Weisungsberechtigten nicht als Geschäftsführer abzuberufen.[603]

[592] Scholz/*K. Schmidt* § 47 Rdnr. 42; *Ulmer/Hüffer* § 47 Rdnr. 75; a. A. (zulässig) aber z. B. *Baumbach/Hueck/Zöllner* § 47 Rdnr. 113; *Lutter/Hommelhoff* § 47 Rdnr. 5; auf Einzelfälle bezogene Stimmbindungen werden dagegen auch Nichtgesellschaftern gegenüber für zulässig gehalten vgl. BGH ZIP 1983, 432 f. und Scholz/*K. Schmidt* § 47 Rdnr. 42 mwN.

[593] So Scholz/*K. Schmidt* § 47 Rdnr. 42; ähnlich *Ulmer/Hüffer* § 47 Rdnr. 78; differenzierend MünchKomm BGB/*Ulmer/Schäfer* § 717 Rdnr. 25 (zulässig bei offener, mit Zustimmung der anderen Gesellschafter eingeräumten Treuhand).

[594] So Scholz/*K. Schmidt* § 47 Rdnr. 48 (nur Dauerbindungen); a. A. *Armbrüster* GmbHR 2001, 1021, 1022; *Baumbach/Hueck/Zöllner* § 47 Rdnr. 113.

[595] Scholz/*K. Schmidt* § 47 Rdnr. 47; BGHZ 48, 163 = NJW 1967, 1963.

[596] Scholz/*K. Schmidt* § 47 Rdnr. 157.

[597] BGHZ 47, 114.

[598] BGH NJW 1976, 713/714; 1971, 1265, 1267.

[599] *Baumbach/Hueck/Zöllner* § 47 Rdnr. 114; *Armbrüster* GmbHR 2001, 1024; MünchKomm HGB/*K. Schmidt* Vor § 230 Rdnr. 65; Scholz/*K. Schmidt* § 47 Rdnr. 148; *Lohr* NZG 2002, 551, 553; a. A. *Rowedder/Koppensteiner* § 47 Rdnr. 50, 57.

[600] Scholz/*K. Schmidt* § 47 Rdnr. 45.

[601] BGHZ 48, 163; Scholz/*K. Schmidt* Vor § 230 Rdnr. 45; *Ulmer/Hüffer* § 35 Rdnr. 77; a. A. *Baumbach/Hueck/Zöllner* § 35 Rdnr. 114.

[602] *Baumbach/Hueck/Zöllner* § 47 Rdnr. 114; Scholz/*K. Schmidt* § 3545 mwN.

[603] BGH ZIP 1983, 432; OLG Frankfurt a. M. NZG 2000, 378; krit. *Ulmer/Hüffer* § 35 Rdnr. 78.

cc) Durchsetzung einer wirksamen Stimmbindung. Die Einhaltung der Stimmbindungsvereinbarung lässt sich durch Klage erzwingen und gemäß § 894 im Vollstreckungswege durchsetzen.[604] Auch der Erlass einer einstweiligen Verfügung ist möglich. Sie kann jedoch nach h. M.[605] nicht auf Stimmabgabe, sondern nur auf Unterlassung einer weisungswidrigen Stimmabgabe gerichtet werden. Im Bereich der Treuhand ist das in der Regel nicht von Interesse. Hat der Treugeber Sorge, dass der Treuhänder gegen die Stimmbindung verstößt, muss er versuchen zu erreichen, dass er das Stimmrecht selbst ausübt, oder den Treuhänder auszutauschen. 192

Eine andere Frage ist es, ob eine weisungswidrige Stimmabgabe Einfluss auf die Wirksamkeit der abgegebenen Stimme oder des Beschlusses haben. Das ist nach h. M. nicht der Fall.[606] Eine Ausnahme hat der BGH nur für den Fall gemacht, dass sich alle Gesellschafter zu einer bestimmten Stimmabgabe verpflichtet haben.[607] Für die Treuhand ist das aber in der Regel nicht von Bedeutung. Vertreten[608] wird bei einer Stimmabgabe, die für die anderen Gesellschafter offensichtlich weisungswidrig ist, die Grundsätze über den Missbrauch der Vollmacht entsprechend anzuwenden. Die Rechtsprechung[609] lehnt das aber ab, weil der Treuhänder als Inhaber eines eigenen Rechts handelt. 193

dd) Sicherung des Einflusses durch den Treugeber. Der Treuhandvertrag kann vorsehen, dass dem Treugeber Vollmacht zur Ausübung des Stimmrechts in der Gesellschafterversammlung erteilt wird. Bei der **Personengesellschaft** setzt das allerdings voraus, dass die Vertretung eines Gesellschafters durch einen Bevollmächtigtem im Gesellschaftsvertrag oder ad hoc durch die Mitgesellschafter zugelassen wird,[610] Dazu sollen diese u. U. verpflichtet sein, beispielsweise wenn der Gesellschafter durch Krankheit an der Ausübung des Stimmrechts gehindert ist.[611] Bei der **GmbH** kann dagegen jeder als Bevollmächtigter auftreten, sofern die Satzung die Vollmachtserteilung nicht in zulässiger Weise beschränkt.[612] Zulässig und üblich ist es, die Vollmacht an die Erfüllung persönlicher Qualifikationen des Bevollmächtigten zu knüpfen; häufig sind Klauseln, die nur solche Personen zulassen, die wie Rechtsanwälte, Steuerberater oder Wirtschaftsprüfer einer beruflichen Verschwiegenheitsverpflichtung unterliegen oder die sich zuvor gegenüber der Gesellschaft vertraglich zur Verschwiegenheit verpflichtet haben. Eine Bevollmächtigung des Treugebers ist dann nur zulässig, wenn er diese Qualifikation erfüllt. 194

Ist danach eine Bevollmächtigung des Treugebers zulässig, ist die Frage, ob die **Vollmacht unwiderruflich** und so ausgestellt werden kann, dass der Treuhänder während der Dauer der Vollmacht auf sein Stimmrecht verzichtet (sog. **verdrängende Vollmacht**). Nicht möglich ist die Erteilung einer das Stimmrecht des Treuhänders mit dinglicher Wirkung verdrängenden Vollmacht.[613] Zulässig ist dagegen eine widerrufliche Vollmacht auch, wenn sie mit der schuldrechtlichen Verpflichtung des Treuhänders verbunden ist, eine Stimmrechtsausübung gegen den Willen des Treugebers zu unterlassen. Im Rahmen und für die Dauer eines Treuhandverhältnisses soll es darüberhinaus zulässig sein, die Vollmacht und den Stimmrechtsverzicht des Treuhänders unwiderruflich auszugestalten.[614] Eine solche Vollmacht soll nur aus wichtigem Grund widerrufen werden können.[615] Ein ohne wichtigen Grund erklärter Widerruf soll unwirksam, nicht nur vertragswidrig sein.[616] 195

---

[604] H. M. BGH NJW 1967, 1969; Scholz/*K. Schmidt* § 47 Rdnr. 55 mwN.; dort auch zu weiteren Einzelheiten.

[605] Nachweise bei Scholz/*K. Schmidt* § 47 Rdnr. 59.

[606] Scholz/*K. Schmidt* § 47 Rdnr. 53; BGH NJW 1983, 1910, 1911; OLG Saarbrücken GmbHR 2005, 546, 548.

[607] BGH NJW 2003, 1910/1911.

[608] MünchKomm HGB/*K. Schmidt* Vor § 230 Rdnr. 69.

[609] BGH NJW 1968, 1471.

[610] BGH NJW 1976, 49, 50; MünchKomm/*Ulmer* § 709 Rdnr. 68; *Baumbach/Hopt* § 119 Rdnr. 21; MünchKomm HGB/*K. Schmidt* § 119 Rdnr. 19; E/B/J/S/*Goette* § 119 Rdnr. 17.

[611] MünchKomm HGB/*K. Schmidt* § 119 Rdnr. 19.

[612] *Baumbach/Hueck/Zöllner* § 47 Rdnr. 44; Scholz/*K. Schmidt* § 47 Rdnr. 96 f.

[613] BGH WM 1971, 956; WM 1976, 1247, 1250.

[614] BGH WM 1976, 1247, 1250 = GmbHR 1977, 244, 246; *Baumbach/Hueck/Zöllner* § 47 Rdnr. 50; Scholz/*K. Schmidt* § 47 Rdnr. 82 f.; *Ulmer/Hüffer* § 47 Rdnr. 95.

[615] Scholz/*K. Schmidt* § 47 Rdnr. 83.

[616] Scholz/*K. Schmidt* § 47 Rdnr. 83; a. A. *Roth* § 47 Rdnr. 31; jeweils m. w. N.

196 Streitig ist die Zulässigkeit einer **Legitimationszession** für die GmbH und für Personengesellschaften, also einer Ermächtigung zur Ausübung des Stimmrechts im eigenen Namen, wie sie § 129 Abs. 3 AktG gestattet.[617] In der notariellen Praxis kommt sie weder bei der GmbH noch bei der Personengesellschaft vor, so dass auf die Erörterung verzichtet wird, zumal sie dem Treugeber keine gesichertere Rechtsstellung einräumen würde, als es durch die Vollmacht möglich ist.

197 Eine gegenüber einer Vollmacht gesichertere Rechtsstellung hätte der Treugeber dagegen, wenn ihm das Stimmrecht vom Treuhänder übertragen werden könnte. Damit könnte der Treugeber einer ihm gegen seinen Willen auch aus wichtigem Grund nicht entziehbare Rechtsposition erwerben. Grundsätzlich ist eine isolierte **Übertragung des Stimmrechts** unzulässig. Das Abspaltungsverbot verbietet es sowohl bei der Personengesellschaft als auch bei den Körperschaften, Verwaltungsrechte isoliert von der Mitgliedschaft zu übertragen.[618] Dahinter steht die Vorstellung, dass es keine Verbandssouveränität ohne Bindung des Verbandswillens an die Mitgliedschaft gibt.[619] Allerdings wird für die Treuhand vertreten, dass eine Übertragung des Stimmrechts auf den Treugeber möglich sei, weil er wirtschaftlich Gesellschafter sei und deshalb der wesentliche Gedanke des Abspaltungsverbots nicht greife.[620] Der BGH hat die Frage in zwei Entscheidungen offen gelassen.[621] Die wohl h. A. im Schrifttum hält dagegen die Übertragung des Stimmrechts auch für unzulässig, wenn sie auf den Treugeber im Rahmen eines Treuhandverhältnisses erfolgt.[622] Gleichwohl könnte man überlegen, auf Wunsch der Beteiligte unter Hinweis auf die ungesicherte Rechtslage eine Stimmrechtsübertragung auf den Treugeber zu regeln. Das empfiehlt sich allerdings allenfalls bei der offenen Treuhand, damit die Mitgesellschafter den Treuhänder als gehindert ansehen, das Stimmrecht selbst auszuüben.

198 Es ist auch denkbar, dass dem Treugeber durch entsprechende Regelungen im Gesellschaftsvertrag oder Vereinbarung aller Gesellschafter ein **eigenes Stimmrecht** in der Gesellschaft eingeräumt wird. Die Rechtsprechung hat es verschiedentlich für zulässig erklärt, einem Dritten in der Satzung zusätzliche Verwaltungsrechte einzuräumen.[623] Ungeklärt ist aber, ob dem Treugeber die dadurch begründete Rechtsposition gegen seinen Willen wieder entzogen werden kann. Gesichert ist die dadurch begründete Rechtsstellung somit nur, solange die Satzung nicht geändert wird. Entsprechendes gilt für die im Schrifttum teilweise befürwortete Einräumung eines Zustimmungsvorbehalts zugunsten des Treugebers in der Satzung[624] oder in einer gesonderten schuldrechtlichen Vereinbarung zwischen Gesellschafter und Treugeber.[625]

199 **e) Beendigung der Treuhand, insbesondere Kündigung oder Tod einer der Parteien.** *aa) Widerruf, Kündigung.* Der Auftrag kann gemäß § 671 BGB von dem Auftraggeber je-

[617] BayObLG NJW-RR 1987, 713; OLG Celle NZG 2007, 391, 392; offen gelassen von BGH NZG 2008, 468, 469; *Grage* RNotZ 2005, 251, 261; *Schaub* DStR 1995, 1634, 1638; Scholz/*K. Schmidt* § 47 Rdnr. 21 mwN.

[618] BGH NJW 1952, 178; 1956, 1198; NJW 1965, 1378 f.

[619] Vgl. *K. Schmidt,* GesR § 19 III 4 a S. 560.

[620] So z. B. *Armbrüster* GmbHR 2001, 1021, 1025; *Fleck* FS R. Fischer S. 107 ff., 118 ff.; *Lutter/Hommelhoff* § 47 Rdnr. 22; *Rowedder/Koppensteiner* § 47 Rdnr. 24; anders *Ulmer* FS Odersky S. 873, 894 (gemeinsames Stimmrecht von Treuhänder und Treugeber bei der qualifizierten Treuhand).

[621] GmbHR 1977, 244, 255; NJW 1987, 780, 781; ob man aus der Entscheidung NZG 2003, 915 etwas anderes herauslesen kann, wie BeckNotarHdB/Hermanns D. II. 2. Rdnr. 26 meint, ist zweifelhaft. Die Entscheidung betraf die seit langem von der Rspr. gebilligte unmittelbare Einräumung von Rechten an Dritte (BGH NJW 1960, 963), nicht die Abspaltung; weitergehend dagegen wohl OLG Köln DStR 1996, 1864, 1865.

[622] Scholz/*K. Schmidt* § 47 Rdnr. 20; Baumbach/Hueck/*Zöllner* § 47 Rdnr. 35; MünchKommHGB/*K. Schmidt* Vor § 230 Rdnr. 61; Beck Online Hdb./Schindler § 47 Rdnr. 83; *Michalski/Römermann* § 47 Rdnr. 49; *Ulmer/Hüffer* § 47 Rdnr. 53.

[623] BGH NJW 1960, 963; 1965, 1378; 2003, 1582; BayObLG NJW–RR 1986, 713; befürwortend *Armbrüster* GmbHR 2001, 1021, 1025; *Schaub* DStR 1995, 1634, 1638; a. A. z. B. *Beuthin* ZGR 1974, 26, 56, 82; Scholz/*K. Schmidt* § 47 Rdnr. 20; zweifelnd auch *Grage* RNotZ 2005, 251, 261 f.

[624] Befürwortend *Armbrüster* GmbHR 2001, 1021, 1025; *Schaub* DStR 1995, 1634, 1638; ablehnend *Beuthin* ZGR 1974, 26, 56, 82.

[625] *Beuthin* ZGR 1974, 26, 56, 82; *Breuer* MittRhNotK 1988, 79, 83; *Grage* RNotZ 2005, 251, 261 f.

derzeit widerrufen und von dem Beauftragten jederzeit gekündigt werden, von letzterem aber nur so, dass der Auftraggeber für die Besorgung des Geschäfts anderweitig Fürsorge treffen kann. Bei Vorliegen eines wichtigen Grundes kann der Beauftragte auch kündigen, wenn er auf seine Kündigungsrechte verzichtet hat.

Allerdings ist § 671 BGB auf die entgeltliche Geschäftsbesorgung nicht anwendbar. Es gilt 200
Dienst- oder Werkvertragsrecht §§ 620ff., 643, 649 BGB, hier also im Zweifel das Recht des Dienstvertrags, dessen Kündigung gemäß § 621 BGB davon abhängt, nach welchen Zeitabschnitten die Vergütung bemessen ist. Es besteht deshalb Regelungsbedarf; häufig werden kurze Kündigungsfristen vereinbart, die für Treugeber und Treuhänder gleich bemessen sind.[626] Vorzugswürdig ist es demgegenüber, die Kündigungsfristen asymetrisch auszugestalten. Der Treuhänder muss eine Frist einhalten, damit der Treugeber ausreichend Zeit hat, zu überlegen, wie mit der Beteiligung weiter verfahren werden soll, der Treugeber soll das Treuhandverhältnis fristlos beenden können, weil er wirtschaftlich der Berechtigte ist und es für ihn von entscheidender Bedeutung sein kann, dass er bei wirtschaftlichen Problemen, vertragswidrigem Verhalten oder Tod des Treuhänders das Treuhandverhältnis unverzüglich auflösen kann. Denn in diesen Fällen ist schnelles Handeln geboten, um den drohenden Verlust der Beteiligung zu vermeiden. Das vorrangige Interesse des Treuhänders liegt bei der fremdnützigen Treuhand dagegen allein im Erhalt seiner Vergütung. Dem kann durch eine entsprechende Vergütungsregelung im Vertrag Rechnung getragen werden.

bb) Tod des Treuhänders oder Treugebers. Gem. § 672 BGB erlischt der Auftrag durch den 201
Tod des Auftraggebers im Zweifel nicht. Das wird regelmäßig auch bei der Treuhand sachgemäß sein. Anders ist das nach dem Gesetz beim Tod des Auftragnehmers. Durch ihn erlischt der Auftrag im Zweifel. Der Erbe hat jedoch, wenn mit dem Aufschub Gefahr verbunden ist, die Besorgung des Auftrags fortzusetzen, bis der Auftraggeber anderweit Fürsorge treffen kann. Auch das passt in der Regel für die Treuhand. Beide Bestimmungen enthalten allerdings nur Zweifelsregelungen, so dass sich eine ausdrückliche Bestätigung oder Abänderung empfiehlt. Gerade beim Tod des Treuhänders könnte man erwägen, statt der Bestätigung der gesetzlichen Regelung die Fortsetzung des Auftrags mit angemessener Kündigungsfrist für die Erben und sofortiger Kündigungsmöglichkeit für den Treugeber vorzusehen.

f) Die Abwicklung des Treuhandverhältnisses bei dessen Beendigung. *aa) Allgemeines.* 202
Zentrale Themen jedes Treuhandvertrages sind die Abwicklung des Treuhandvertrages bei dessen Beendigung sowie der **Schutz des Treugebers gegen treuwidrige Verfügungen** des Treuhänders und vor einem **Zugriff von Gläubigern des Treuhänders** auf die treuhänderisch gehaltene Beteiligung. Diese Themen hängen miteinander zusammen und sollen deshalb im Folgenden zusammen erörtert werden.

bb) Rechtsfolgen der Beendigung des Treuhandvertrages. Mit der Beendigung des Treu- 203
handverhältnisses ist der Treuhänder gemäß § 667 BGB verpflichtet, alles, was er aus der Geschäftsführung erlangt hat, also die Beteiligung und alle aus ihr resultierenden Vermögensrechte, insbesondere Rechte zum Bezug noch nicht ausgeschütteter oder entnommener Gewinne sowie Ansprüche auf ein Auseinandersetzungs- oder Abfindungsguthaben an den Treugeber herauszugeben. Die unkomplizierte Abwicklung dieser Verpflichtung bei optimaler Sicherung des Treugebers gegen abredewidrige Verfügungen und den Zugriff von Gläubigern des Treuhänders ist eines der herausragenden Ziele bei Gestaltung des Treuhandvertrages. Drei Wege dazu werden diskutiert:

- Die Erteilung einer unwiderruflichen **Vollmacht** durch den Treuhänder an den Treugeber, die treuhänderisch gehaltene Beteiligung und die aus ihr resultierenden Vermögensrechte an sich oder eine andere Person abzutreten,
- ein unwiderrufliches **Angebot** des Treuhänders, die treuhänderisch gehaltene Beteiligung und die aus ihr resultierenden Vermögensrechte an den Treugeber oder eine von diesem benannte andere Person abzutreten und
- die **aufschiebend bedingte Abtretung** der treuhänderisch gehaltenen Beteiligung und der aus ihr resultierenden Vermögensrechte an den Treugeber.

[626] Z. B. Münchvertr. Hdb./*Meister/Klöcker* IV Nr. 26: einen Monat zum Ende eines Kalendermonats.

204 Die Vollmacht ist die flexibelste Lösung. Der Treugeber kann noch bei Einsatz der Vollmacht entscheiden, wie (kaufweise oder zum Austausch des bisherigen durch einen neuen Treuhänder) und an wen die Beteiligung übertragen wird. Die Vollmacht lässt sich, da sie in einem Vertrag enthalten ist, unwiderruflich ausgestalten;[627] Sie sollte über den Tod des Treuhänders hinaus erteilt werden und von den Beschränkungen des § 181 BGB befreien. Nachteile der Vollmacht sind: Sie bietet weder Schutz gegen abredewidrige Verfügungen noch gegen den Zugriff von Gläubigern des Treuhänders. Der Treuhänder kann weisungswidrig über die Beteiligung verfügen. Der BGH lehnt die Anwendung der Grundsätze über den Missbrauch der Vertretungsmacht auf den Treuhänder ab.[628] Eine Vereinbarung nach § 137 BGB, nicht ohne Zustimmung des Treuhänders über die Beteiligung zu verfügen, hat nur schuldrechtliche Bedeutung. Im Außenverhältnis ist der Treugeber nur bei kollusivem Zusammenwirken von Treuhänder und Erwerber über §§ 138, 823 Abs. 2 und 826 BGB geschützt.[629] Gegen den Zugriff von Gläubigern des Treuhänders ist die Beteiligung gemäß dem von der Rechtsprechung vertretenen „Unmittelbarkeitsprinzip"[630] nur geschützt, wenn der Treuhänder sie unmittelbar aus dem Vermögen des Treugebers erworben hat. Auch wenn das „Unmittelbarkeitsprinzip" zwischenzeitlich in Richtung Offenkundigkeit weiterentwickelt worden ist, wird man es nur bei der Übertragungstreuhand,[631] nicht dagegen bei der Erwerbstreuhand und nicht bei der Vereinbarungstreuhand als sicher ansehen können, dass sich die Rechtsposition des Treugebers gegenüber Zwangsvollstreckungsmaßnahmen in und bei Eröffnung des Insolvenzverfahrens über das Vermögen des Treuhänders durchsetzt.

205 Auch ein unwiderrufliches **Angebot** des Treuhänders an den Treugeber oder an einen von ihm zu benennenden Dritten zur Übertragung der Gesellschaftsbeteiligung bietet keine größere Sicherheit als die Vollmacht. Weder schützt es gegen abredewidrige Verfügungen noch gegen den Zugriff von Gläubigern des Treuhänders. Vorteile gegenüber der Vollmachtserteilung bietet diese Lösung allenfalls im Hinblick darauf, dass eine denkbare Diskussion darüber vermieden wird, ob die Vollmacht aus wichtigem Grunde widerrufen wurde oder sich auf die Erben des Bevollmächtigten erstreckt, falls dieser zwischenzeitlich verstorben ist. Insofern festigt das Angebot die Position des Treugebers geringfügig. Außerdem bringt das Angebot Kostenvorteile. Die dafür anfallenden Kosten dürften als Abwicklungserklärung in den Kosten des Treuhandvertrages enthalten sein. Bei der Annahme fällt dann nur eine $^{5}/_{10}$-Gebühr im Gegensatz zur $^{20}/_{10}$-Gebühr bei Abschluss eines Übertragungsvertrages zur Rückübertragung der treuhänderisch gehaltenen Beteiligung an.

206 Die für den Treugeber **sicherste Lösung** besteht darin, im Treuhandvertrag bereits eine durch die Beendigung des Treuhandvertrages **aufschiebend bedingte Übertragung** der Beteiligung auf den Treugeber vorzusehen. Eine solche aufschiebend bedingte Verfügung setzt sich gemäß § 161 Abs. 1 S. 1 BGB gegenüber nachfolgenden Verfügungen des Treuhänders und gemäß § 161 Abs. 1 S. 2 BGB auch gegenüber Maßnahmen der Zwangsvollstreckung und der Insolvenz durch. Das gilt für Beteiligungen an Personengesellschaften und galt bis zum Erlass des MoMiG zweifelsfrei auch für Geschäftsanteile an einer GmbH. Heute ist bei Geschäftsanteilen an einer GmbH die Anwendung von § 161 Abs. 1 BGB im Hinblick auf § 16 Abs. 3 GmbHG dagegen zweifelhaft geworden. Gemäß § 161 Abs. 3 BGB finden nämlich die Vorschriften über den gutgläubigen Erwerb entsprechende Anwendung. Eine gem. § 161 Abs. 1 BGB bestehende Verfügungsbeschränkung kann also durch einen gutgläubigen Erwerb überwunden werden. Bislang kam dem bei einer bedingten Verfügung über Gesellschaftsbeteiligungen keine Bedeutung zu. Ein gutgläubiger Erwerb war allenfalls bei ver-

[627] BGH NJW 1988, 2603, 2604; BayObLG DNotZ 1997, 312; *Palandt/Ellenberger* § 168 Rdnr. 6; a. A. z. B. MünchKomm BGB/*Schramm* § 168 Rdnr. 20.

[628] BGH NJW 1968, 1471 mit abl. Anm. *Kötz*; abl. auch MünchKomm HGB/*K. Schmidt* Vor § 230 Rdnr. 69; Staub/*Ulmer* § 105 Rdnr. 107.

[629] *Schaub* DStR 1996, 65; MünchKomm HGB/*K. Schmidt* Vor § 230 Rdnr. 69.

[630] BGH WM 1964, 179; NJW 1993, 2622.; DNotZ 2004, 128, 129.

[631] *Grage* RNotZ 2005, 251, 264; Römermann/*Leistikow* MünchAnwHdB GmbH § 11 Rdnr. 78; *Schmitz* ZNotP 1998, 11, 12; kritisch zum Unmittelbarkeitsprinzip: *Armbrüster* Beteiligung S. 17 ff.; *Schaub* DStR 1996, 65, 68; MünchKomm HGB/*K. Schmidt* Vor § 230 Rdnr. 80, der jedenfalls die Erwerbstreuhand als von der Rechtsprechung gleichgestellt ansieht und Bedenken nur bei der verdeckten Vereinbarungstreuhand hat.

brieften Aktien möglich.[632] Mangels eines Rechtsscheinträgers gab es sonst keinen gutgläubigen Erwerb von Gesellschaftsbeteiligungen. Nunmehr wird er durch § 16 Abs. 3 GmbHG auch für GmbH-Geschäftsanteile ermöglicht. Nach dieser Bestimmung kann ein Geschäftsanteil gutgläubig vom Nichtberechtigten erworben werden, wenn der Veräußerer als Inhaber des Geschäftsanteils in der beim Handelsregister aufgenommenen Gesellschafterliste eingetragen ist, es sei denn die Liste sei zum Zeitpunkt des Erwerbs hinsichtlich des Geschäftsanteils weniger als drei Jahre unrichtig und die Unrichtigkeit sei dem Berechtigten nicht zuzurechnen.

Allerdings ist umstritten, ob § 16 Abs. 3 GmbHG auch gem. § 161 Abs. 3 BGB eine gut- 207
gläubige Überwindung der durch die bedingte Verfügung bewirkten Verfügungsbeschränkung ermöglicht und ggf. wie der Erwerber, also der Treugeber, dagegen geschützt werden kann. Gegen eine Anwendung von § 16 Abs. 3 GmbHG auf § 161 Abs. 3 BGB spricht, dass das Gesetz – anders etwa als beim Grundbuch – weder eine Eintragung von Belastungen noch von Verfügungsbeschränkungen in die Liste vorsieht. Deshalb begründet sie auch keinen Rechtschein für die Abwesenheit derartiger Belastungen und Beschränkungen.[633] Andererseits findet § 161 Abs. 3 BGB bei der aufschiebend bedingten Übertragung über eine bewegliche Sache Anwendung, obwohl auch hier die mangelnde Verfügungsbefugnis nicht kenntlich gemacht werden kann.[634] Während das OG Hamburg[635] und das OLG München[636] eine gutgläubige Überwindung der durch die bedingte Verfügung bewirkten Verfügungsbeschränkung nicht für möglich halten und dagegen schützende Vorkehrungen durch Zuordnung eines Widerspruchs zur Liste gemäß § 16 Abs. 3 S. 3 GmbHG oder das sog. 2-Listen-Modell[637] als unzulässig ablehnen, hat das LG Köln[638] die Zuordnung eines Widerspruchs zur Liste für zulässig erklärt. Die Rechtsbeschwerde gegen die Entscheidung des OLG Hamburg liegt dem BGH zur Entscheidung vor. Bis dahin sollte den Beteiligten weiterhin die Zuordnung eines Widerspruchs empfohlen werden; allerdings werden die Beteiligten genau das häufig nicht wollen, würde die Treuhand dadurch doch nicht nur für die Mitgesellschafter, sondern auch für Dritte erkennbar. Der Widerspruch muss nämlich denjenigen bezeichnen, zu dessen Gunsten er zugeordnet ist, schon um Klarheit zu schaffen, wer zu seiner Löschung berechtigt ist.[639] Die Alternative, das „Zweilistenmodell" stößt auf dieselben Bedenken. Denn auch dabei wird der Erwerber bezeichnet;[640] nur so ist der Rechtsverkehr in der Lage, zu prüfen, wessen Zustimmung eingeholt werden muss, um die Verfügungsbeschränkung zu überwinden.

Im Schrifttum werden **weitere Vorkehrungen** vorgeschlagen. Empfohlen wird zum einen 208
die **Aufnahme einer zusätzlichen Bedingung** des Inhalts, dass die Abtretung unabhängig vom Eintritt der eigentlichen Bedingung auch dann wirksam wird, wenn der Veräußerer (Gesellschafter, Treuhänder) eine Niederschrift unterschreibt, nach deren Inhalt er während der Schwebezeit eine weitere Verfügung über den bedingt abgetretenen Geschäftsanteil vornimmt. Dabei ist zu berücksichtigen, dass die Urkunde erst mit der Unterschrift des Notars wirksam wird und diese derjenigen der Beteiligten nachfolgt. Um diesen Augenblick würde daher die erste Abtretung die zweite schlagen. Ein gutgläubiger Erwerb gemäß § 16 Abs. 3 GmbHG wäre nicht möglich, weil in dem Augenblick des Übergangs der Anteile aus der ersten Veräußerung, also derjenigen auf den Treugeber, die dem Handelsregister vorliegende Liste unrichtig wird, diese Unrichtigkeit aber noch keine drei Jahre zurückliegt. Weiter

[632] Vgl. MünchKomm GmbHG/*Heidinger* § 16 Rdnr. 202 mwN.

[633] So auch OLG Hamburg GmbHR 2011, 32; OLG München GmbHR 2011, 425, 426f.= RNotZ 2011, 308; in der letzteren Entscheidung finden sich auch eingehende Hinweise zu den zahlreichen Äußerungen im Schrifttum; ergänzend sei hier auf hingewiesen auf *Bohrer* DStR 2010 1892 sowie MünchKomm GmbHG/*Heidinger* § 16 Rdnr. 270ff. mwN.

[634] MünchKomm GmbHG/*Heidinger* § 16 Rdnr. 285.

[635] GmbHR 2011, 32.

[636] GmbHR 2009, 1211; GmbHR 2011, 425.

[637] Dazu z.B. *Herrler* BB 2009, 2272, 2277; OLG München GmbHR 2009, 1211 m. Anm. *Riemenschneider.*

[638] RNotZ 2009, 494 = ZIP 2009, 1915 = GmbHR 2009, 1215, mit zust. Anm. *Wachter.*

[639] *Hasselmann* NZG 2010, 207, 210 mwN.

[640] Vgl. OLG München GmbHR 2009, 1211.

wird[641] vogeschlagen, den Schutz des bedingten Zwischenerwerbers über eine **Ergänzung der Vinkulierungsklausel** in der Satzung der Gesellschaft zu bewirken. Diese soll vorsehen, dass nach bedingter Übertragung eines Geschäftsanteils vor Eintritt (zu ergänzen: oder endgültigem Ausfall) der Bedingung eine weitere Verfügung über den Anteil ausgeschlossen ist. Bei einer verdeckten Treuhand ist eine Änderung des Gesellschaftsvertrages allerdings meist untunlich. Eine einfache Lösung könnte darin liegen, nicht eine Person, sondern mehrere (mindestens zwei) Personen zum Treuhänder zu bestellen, die sich dann gegenseitig kontrollieren. Eine vertragswidrige Verfügung würde dadurch zwar nicht verhindert, aber doch sehr viel unwahrscheinlicher gemacht.[642]

209 Die bedingte Abtretung der treuhänderisch gehaltenen Beteiligung schützt den Treugeber nur dann wirksam, wenn bestehende **Vinkulierungsbestimmungen** beachtet sind. Es empfiehlt sich, erforderliche Zustimmungen im Vorhinein, also bei Begründung der Treuhand einzuholen. Das setzt allerdings die Offenlegung der Treuhand gegenüber den Mitgesellschaftern voraus, die sich aber bei einer vinkulierten Gesellschaftsbeteiligung nach h. M. ohnedies nicht vermeiden lässt.[643] Zu beachten ist, dass die vorangehende Zustimmungserklärung nach h. M. gem. § 183 Abs. 1 BGB **widerruflich** ist.[644] Jedoch kann der Widerruf ausgeschlossen werden.[645] Es ist deshalb darauf zu achten, dass sie ausdrücklich **unwiderruflich** erteilt wird. Für die Sicherungstreuhand an einer Kommanditbeteiligung hat der BGH entschieden, dass bei offener Begründung einer Treuhand an einer Beteiligung im Wege der Übertragungstreuhand in der Zustimmung zur Übertragung auf den Treuhänder zugleich die **unwiderrufliche Einwilligung zur Rückübertragung** liegt.[646] Er hat das mit Vertrauensschutzgesichtspunkten begründet und selbst einen Widerruf der Zustimmung aus wichtigem Grund nicht zugelassen.[647] Im Anschluss an diese Rechtsprechung wird auch bei der Verwaltungstreuhand angenommen, dass in der Zustimmung zur Übertragung der Gesellschaftsbeteiligung auf den Treuhänder bei Begründung der Treuhand zugleich die Zustimmung zur Rückübertragung auf den Treugeber liegt und dass diese Zustimmung in der Regel unwiderruflich ist, wenn die Gesellschafter wissen, dass die Übertragung der Begründung einer Treuhand dient, wie es insbesondere bei der Übertragungstreuhand regelmäßig der Fall sein wird.[648] Ungeklärt ist, ob auch die **Rechtsnachfolger** der anderen Gesellschafter und neu in die Gesellschaft aufgenommene Gesellschafter an die von ihren Rechtsvorgängern im Voraus unwiderruflich erteilte Zustimmung gebunden sind. Der BGH hat erworgen, ohne dies entscheiden zu müssen, ob die Zustimmung zur Rückübertragung in einem solchen Fall Teil der gesellschaftsvertraglichen Vereinbarung zwischen den Beteiligen geworden ist[649] und diese Rechtsposition die Unwiderruflichkeit gebietet, was bei der GmbH wegen der Beurkundungs- und Eintragungspflicht der §§ 53, 54 GmbHG nur weiterhelfen würde, wenn die Zustimmungserklärung beurkundet und als Satzungsänderung ins Handelsregister eingetragen würde. Das DNotI geht in einem Gutachten von der Bindung an die im voraus erteilte Zustimmung aus.[650] Für den vorsichtigen Rechtsgestalter könnte sich eine Satzungsregelung empfehlen, wonach die in der Satzung geregelten Übertragungsbeschränkungen bei offener Begründung einer Treuhand unter Beachtung der Vinkulierungsbestimmung bei spä-

[641] *Reymann* GmbHR 2009, 343, 348; zu einem weiteren Vorschlag vgl. *Schreiner-Berresheim* NotBZ 2009, 1271.

[642] Vgl. aus anderem Zusammenhang OVG Münster AnwBL 2005, 72.

[643] S. o. unter Rdnr. 165.

[644] BGH NJW 1967, 1963; NJW 1980, 2708; *Lutter/Hommelhoff/Bayer* § 15 Rdnr. 75; *Michalski/Elsing* § 15 Rdnr. 142; MünchKomm/*Reichert/Weller* Rdnr. 399; a. A. *Lessmann* GmbHR 1985, 179, 182, MünchHDB GmbH/*Jasper* § 24 Rdnr. 198; Scholz/*Winter* § 15 Rdnr. 99; *Baumbach/Hueck/Hueck/Fastrich* § 15 Rdnr. 46.

[645] BGH NJW 1980, 2708.

[646] BGH NJW 1965, 1376; NJW 1980, 2708.

[647] BGH NJW 1980, 2708; a. A. (bei Vorliegen eines wichtigen Grundes widerruflich) MünchKommHGB/*K. Schmidt* Vor § 230 Rdnr. 93; Staub/*Ulmer* § 105 Rdnr. 107).

[648] BGH NJW 1980 2708; MünchKomm BGB/*Ulmer* § 705 Rdnr. 87; Münch Hdb. KG/*Piehler/Schulte* § 35 Rdnr. 11.

[649] NJW 1980, 2708, 2709.

[650] DNotI Gutachten vom 21. 1. 2011 Nr. 108 536.

terer Übertragung (im Hinblick auf Erwerbs- und Vereinbarungstreuhand nicht nur bei Rückübertragung!) auf den Treugeber nicht anwendbar sind.

Ist die treuhänderisch gehaltene Beteiligung eine **Kommanditbeteiligung**, ist § 176 Abs. 2 HGB zu beachten. Die Abtretung an den Treugeber sollte unter die aufschiebende Bedingung der Eintragung des Erwerbers als Kommanditist im Handelsregister im Wege der Sonderrechtsnachfolge gestellt werden.[651] 210

Besonderheiten gelten schließlich bei einer Treuhand an **Aktien.** Hier dürfte ein gutgläubiger Erwerb nur durch entsprechende Gestaltung der Depot-Vereinbarung mit der verwahrenden Bank zu verhindern seien.

cc) Schutz vor Insolvenz des Treuhänders und Zugriff von Gesellschaften des Treuhänders im Wege der Einzelzwangsvollstreckung. Von den drei in Rdnr. 203 aufgezeigten Möglichkeiten zur Abwickelung der Herausgabeverpflichtung des Treugebers stellt nur die bedingte Abtretung der Beteiligung auch einen wirksamen Schutz für den Fall dar, dass der Treuhänder in Insolvenz fällt oder seine Gläubiger auf die treuhänderisch gehaltene Beteiligung Zugriff nehmen. Allerdings ist hierzu die bedingte Abtretung möglicherweise nicht in allen Fällen nötig. Teilweise wird davon ausgegangen, dass das Treugut bei der Verwaltungstreuhand als Drittvermögen ohne weiteres gegen den Zugriff der Eigengläubiger des Treuhänders geschützt ist und der Treugeber in der Insolvenz des Treuhänders ein Aussonderungsrecht gemäß § 47 InsO und in der Einzelzwangsvollstreckung die Drittwiderspruchsklage gemäß § 771 ZPO hat.[652] Andere haben im Hinblick auf den **Unmittelbarkeitsgrundsatz** bei Treuhandverhältnissen dagegen Bedenken, sofern es sich nicht um eine Übertragungstreuhand handelt.[653] Nach diesem Grundsatz ist die Treuhand nur insolvenzfest und das Treugut gegen den Zugriff von Gläubigern geschützt, wenn der Treuhänder das Treugut unmittelbar vom Treugeber erworben hat.[654] Im Schrifttum ist dieser Grundsatz umstritten.[655] Die Rechtsprechung hat den Grundsatz aber bislang nicht aufgegeben, jedoch in Richtung Offenkundigkeit erweitert.[656] Für die Praxis der Vertragsgestaltung ist vorerst von seiner Weitergeltung auszugehen. Außerdem schützt er den Treugeber auch nur vor dem Zugriff von Eigengläubigern des Treuhänders, nicht dagegen vor solchen der Gesellschaft oder – soweit der Gesellschafter persönlich haftet – der Gesellschaftsgläubiger.[657] Zumindest soweit es sich nicht um eine Übertragungstreuhand handelt, ist deshalb den Beteiligten die bedingte Übertragung als sicherster Weg vorzuschlagen. 211

Ein weitere Frage in diesem Zusammenhang ist, ob es eine insolvenzfeste Gestaltung darstellt, wenn die Übertragung gerade für den Fall der Insolvenz des Treuhänders oder des Zugriffs von Gläubigern des Treuhänders im Wege der Einzelzwangsvollstreckung erfolgt,[658] also die Eröffnung des Insolvenzverfahrens oder die Pfändung der treuhänderisch gehaltenen Beteiligung als Bedingung für den Übergang der Beteiligung auf den Treugeber vereinbart wird. Dies wird im Hinblick auf §§ 138 Abs. 1 BGB, 134 BGB iVm dem das Insolvenzrecht beherrschenden Grundsatz der **per conditio creditorum**, also dem Verbot Vorzugsstellungen nur für den Fall der Insolvenz zu begründen, und aus dem Grundsatz der Anfechtbarkeit wegen Gläubigerbenachteiligung von manchen für fraglich gehalten.[659] Aus kautelarjuristischer Sicht kann diese Frage dahinstehen. Es empfiehlt sich schon zur Erhaltung der Flexibilität die Übertragung nicht – jedenfalls nicht nur – an den Eintritt eines dieser Ereignisse, sondern an die **Beendigung des Treuhandverhältnisses** anzuknüpfen; denn 212

[651] Einzelheiten Münch Hdb. KG/*Piehler/Schulte* § 35 Rdnr. 32.

[652] MünchKomm/*K. Schmidt* Vor § 230 Rdnr. 80, 81.

[653] *Grage* RNotZ 2005, 251, 264; Römermann/*Leistikow* MünchAnwHdB GmbH § 11 Rdnr. 78; *Schmitz* ZNotP 1998, 11, 12; *Heymann/Emmerich* § 105 Rdnr. 22.

[654] BGH NJW 2003, 3414, 3415.

[655] Dagegen z. B. *Armbrüster* Beteiligung S. 170 ff.; *Breuer* MittRhNotK 1988, 79, 89 f.; MünchKomm/*K. Schmidt* Vor § 230 Rdnr. 80 jew. mwN.

[656] Vgl. BGH NJW 1993, 2622; DNotZ 2004, 128; sowie zuletzt NZI 2005, 625, 626.

[657] MünchKomm HGB/*K. Schmidt* Vor § 230 Rdnr. 80.

[658] Dies bejaht OLG Hamm MittRhNotK 1998, 64 mit abl. Anm. *Eckardt*; zustimmend dagegen *Gottwald* mit RhNotK 1998, 276.

[659] *Eckardt* MittRhNotK 1998, 66 in Anm. zu OLG Hamm MittRhNotK 1998, 64; *Schmitz* Freundesgabe Weichner 129 ff.

zum einen will der Treugeber den Anteil nicht nur bei Gläubigerzugriff erwerben oder zurückerwerben, zum anderen will er durchweg den Zeitpunkt des Übergangs selbst bestimmen, z.B. die Übertragung vor Eröffnung des Insolvenzverfahrens bewirken, weil die Beteiligung andernfalls gem. § 131 Abs. 3 S. 2 HGB durch Ausscheiden des Treuhänders aus der Gesellschaft erlöschen würde.

213 *dd) Mehrfache Bedingung; Abtretung des Abfindungsanspruchs.* Damit die Beteiligung nicht auch dann auf den Treugeber übergeht, wenn dieser einen Übergang auf einen neuen Treuhänder bevorzugen würde, empfiehlt es sich, die Übertragung an eine **doppelte Bedingung** anzuknüpfen, nämlich neben der Beendigung des Treuhandverhältnisses daran, dass die Übertragung vom Treugeber verlangt wird. Damit kann dem möglichen Wunsch des Treugebers Rechnung getragen werden, die Beteiligung bei Beendigung des Treuhandverhältnisses nicht selbst zu erwerben, sondern durch einen Dritten erwerben zu lassen, den er als neuen Treuhänder einsetzt oder an den er die Beteiligung verkauft hat. Deshalb empfiehlt es sich ferner, zusätzlich zu der bedingten Abtretung eine **Vollmacht** für den Treugeber zur Abtretung des treuhänderisch gehaltenen Anteils im Treuhandvertrag vorzusehen.

214 Soll bei einer vinkulierten Gesellschaftsbeteiligung die Treuhand beendet werden und ist die nach der Satzung der Gesellschaft ggf. erforderliche Zustimmung zur Übertragung auf den Treugeber nicht erteilt, ist mit der Erteilung auch nicht zu rechnen und gilt das ebenfalls für die Übertragung der Beteiligung auf eine Dritten (neuen Treuhänder oder Erwerber) so bleibt nur die Anweisung an den Treuhänder, die Gesellschaft zu kündigen und den **Abfindungsanspruch** an den Treugeber abzutreten. Damit er bei zwischenzeitlichem Insolvenzeintritt oder Zugriff von Eigengläubigern des Treuhänders nicht verloren geht, empfiehlt es sich, auch diesen Anspruch und alle weiteren vermögensrechtlichen Ansprüche im Voraus an den Treugeber abzutreten.[660]

215 **g) Allgemeine Regelungen: Geheimhaltung, Übertragbarkeit der Treuhand, Wettbewerbsverbot, Haftungsbeschränkung, Kosten.** Weitere in Treuhandverträgen häufig getroffene Vereinbarungen betreffen die Geheimhaltung des Treuhandverhältnisses,[661] die nicht selten durch Vertragsstrafe versprechen bewehrt wird, sowie die vertrauliche Behandlung der über die Gesellschaft erhaltenen Informationen, Regelungen zur Übertragung der Treugeberstellung sowie dazu, dass sich die Treuhand bei Formwechsel der Gesellschaft an der Mitgliedschaft in der neuen Rechtsform fortsetzt, hin- und wieder auch Wettbewerbsverbote für den Treugeber, um den Treuhänder nicht dem Vorwurf auszusetzen, Informationen an einen Wettbewerber weitergegeben zu haben, oder Regelungen, die es dem Treuhänder untersagen, für andere Gesellschafter ebenfalls Anteile treuhänderisch zu halten, Regelungen zur Beschränkung der Haftung des Treuhänders z.B. auf die Höhe einer Berufshaftpflichtversicherung und zur Kostentragung.

216 **h) Treuhandverhältnisse mit mehreren Treugebern.** *aa) Weisungen zur Stimmrechtsausübung.* Besondere Fragen stellen sich, wenn der Treuhänder die Gesellschaftsbeteiligung für mehrere Treugeber hält. Das ist insbesondere bei der Treuhand an einem Geschäftsanteil für mehrere Treugeber von Bedeutung. Nach h.M. kann das Stimmrecht aus einem Gesellschaftsanteil nur einheitlich ausgeübt werden.[662] Das ist zwar nicht unumstritten.[663] Für die Gestaltung des Treuhandvertrages ist derzeit aber davon auszugehen. Deshalb muss der Treuhandvertrag regeln, wie zu verfahren ist, wenn die unterschiedlichen Treugeber unterschiedliche Weisungen zur Ausübung des Stimmrechts erteilen. Dazu sei auf die Darstellung bei der Unterbeteiligung verwiesen (s.o. Rdnr. 132) Nachdem das MoMiG die Vorratsteilung zugelassen hat, stellt sich diese Frage allerdings nicht mehr mit derselben Schärfe. Denn aus verschiedenen Geschäftsanteilen kann ein Gesellschafter auch nach h.M. zumindest

[660] *Schaub* DStR 1996, 65, 69.

[661] Vgl. MünchVetrHdB Bd. I/*Meister/Klöcker* Muster IV.26; MünchVetrHdB Bd. I/*von der Heydt* Muster IX.14.

[662] BGH GmbHR 1965, 32; 1988, 304; *Armbrüster* Beteiligung S. 252 ff.; *Baumbach/Hueck/Zöllner* § 47 Rdnr. 20; Scholz/*K. Schmidt* § 47 Rdnr. 69; *Ulmer/Hüffer* § 47 Rdnr. 58 f.

[663] A. A. z.B. *Michalski/Römermann* § 47 Rdnr. 463; *Armbrüster* GmbHR 2001, 1021, 1024 jew. mwN.

dann das Stimmrecht unterschiedlich ausüben, wenn er ein schutzwürdiges Interesse daran hat. Das soll gerade dann der Fall sein, wenn er bezüglich einzelner Gesellschaftsrechte einer Stimmbindung oder Bindung aus einem Treuhandverhältnis unterliegt.[664]

217 Bei der Personengesellschaft stellt sich die Frage ebenfalls. Allerdings geht das Personengesellschaftsrecht von der Einheitlichkeit der Beteiligung aus und kennt keine Stückelung des Gesellschaftsanteils. So wird man das grundsätzlich jedenfalls dann sehen müssen, wenn die Treuhand nicht offengelegt ist. Im Übrigen scheint zunehmend eine Auffassung Raum zu gewinnen, dass Beteiligungen, an denen dingliche Sonderzuordnungen bestehen (z. B. durch Testamentsvollstreckung) getrennt zu halten sind und aus ihnen auch unterschiedlich abgestimmt werden kann.[665] Das gilt jedenfalls bei Gesellschaften, die auf eine mehrgliedrige Treuhand am Anteil angelegt sind, nämlich Publikumsgesellschaften.[666] Zumindest soll der Gesellschaftsvertrag dies zulassen können.[667]

218 *bb) Stimmverbote.* Bei einheitlicher Beteiligung stellen sich weitere Fragen, so z. B., ob der Treuhänder mit dem gesamten Geschäftsanteil vom Stimmrecht ausgeschlossen ist, wenn er hinsichtlich des treuhänderisch gehaltenen Anteils einem Stimmverbot unterliegt. Man wird das so lösen müssen, wie es für das Stimmverbot bei anderen Rechtsgemeinschaften gelöst wird; danach gilt das Stimmverbot für die gesamte Beteiligung, wenn die befangene Person nach der vertraglichen Regelung der Weisungsbefugnis das Abstimmungsverhalten des Treuhänders maßgeblich beeinflussen kann, ihrer Stimme also bei der für das Abstimmungsverhalten des Treuhänders maßgebenden Willensbildung entscheidendes Gewicht zukommt.[668] Auch dazu kann der Treuhandvertrag eine Regelung treffen, etwa des Inhalts, dass ein Weisungsrecht eines Treugebers, der einem Stimmverbot unterliegt, für die entsprechende Beschlussfassung ausgeschlossen ist.

219 *cc) Anweisung zur Beendigung des Treuhandverhältnisses.* Außerdem muss geregelt werden, wie zu verfahren ist, wenn einer der Treugeber den Treuhänder anweist, die Gesellschaft zu kündigen. Man wird unterscheiden müssen, welche Rechtsfolge der Gesellschaftsvertrag an die Kündigung anknüpft. Wird die Gesellschaft durch die Kündigung aufgelöst, so wird die Weisung eines einzelnen Mitberechtigten den Treuhänder zur Kündigung verpflichten. Scheidet der Kündigende dagegen aus der Gesellschaft aus, kann der Treuhänder nicht verpflichtet sein, auf Weisung eines Treugebers, dem nur eine Berechtigung an einem Teil der Gesellschaftsbeteiligung zusteht, die gesamte Beteiligung zu kündigen. Voraussetzung für die Zulässigkeit einer Teilkündigung ist bei der Personengesellschaft ihre Zulassung im Gesellschaftsvertrag.[669] Ob sie bei der GmbH überhaupt möglich ist, erscheint zweifelhaft. Eine entsprechende Weisung darf deshalb nicht zulässig sein. Das ist möglicherweise anders, wenn es sich nicht um eine einheitliche Beteiligung handelt, der Treuhänder jedoch verschiedene Geschäftsanteile für unterschiedliche Treugeber als Treuhänder hält. Ohne entsprechende Regelung in der Satzung dürfte aber auch hier eine Teilkündigung ausgeschlossen sein.

4. Veränderungen des Treuhandverhältnisses

220 a) **Auswechselung des Treuhänders.** Die Auswechselung des Treuhänders kann auf dreierlei Weise erfolgen:[670]

- Zum einen ist es möglich, im Wege einer **dreiseitigen Vereinbarung** zwischen Treugeber sowie Alt- und Neutreuhänder eine Vertragsübernahme zu vereinbaren, in deren Rahmen

[664] *Baumbach/Hueck/Zöllner* § 47 Rdnr. 20; *Ulmer/Huffer* § 47 Rdnr. 61; weitergehend für Zulässigkeit *Armbrüster* Beteiligung S. 251 f.; *Grage* RNotZ 2005, 251, 269; Scholz/*K. Schmidt* § 47 Rdnr. 69.

[665] *K. Schmidt Gesellschaftsrecht* § 57 Rdnr. 62; MünchKommHGB/*K. Schmidt* § 105 Rdnr. 78; OLG Köln DStR 1996, 1864.

[666] BGH NJW 1987, 2677; MünchKommHGB/*K. Schmidt* Vor § 230 Rdnr. 62.

[667] OLG Köln DStR 1996, 1864; MünchKommHGB/*K. Schmidt* Vor § 230 Rdnr. 62; krit. *Armbrüster* Beteiligung S. 246 ff.

[668] BGH NJW 1968, 743; NJW 1992, 977, 978; Scholz/*K. Schmidt* § 47 Rdnr. 159 ff. mwN.

[669] Vgl. MünchKomm BGB/*Ulmer* § 705 Rdnr. 184.

[670] *Armbrüster* Beteiligung S. 135 f.; *Grage* RNotZ 2005, 251, 269; Scholz/*K. Schmidt* § 47 Rdnr. 69.

zugleich die Gesellschaftsbeteiligung vom Alttreuhänder auf den Neutreuhänder übertragen wird.[671]

- Zum anderen kann die Vertragsübernahme im Wege eines **zweiseitigen Vertrages** zwischen Alttreuhänder und Neutreuhänder **unter Zustimmung** des Treugebers erfolgen.[672] Das wird in der Regel aber nicht gewünscht sein, wenn – wie meistens – Initiator und Hauptbetroffener der Übernahme der Treugeber ist.
- Schließlich kann der Treugeber mit dem neuen Treuhänder einen **neuen Treuhandvertrag** schließen, in dem sich der neue Treuhänder verpflichtet, die Gesellschaftsbeteiligung vom Alttreuhänder zu erwerben. Alsdann kündigt der Treugeber das Treuhandverhältnis mit dem Alttreuhänder und weist diesen an, die Beteiligung auf den Neutreuhänder zu übertragen. In Erfüllung ihrer so begründeten Verpflichtungen überträgt der Alttreuhänder die Beteiligung alsdann auf den Neutreuhänder.

221 Dieser letztere Weg wird meist gewählt, wenn es zu persönlichen Zerwürfnissen mit dem Alttreuhänder gekommen ist und der Treuhandvertrag mit dem Neutreuhänder neu vereinbart werden muss und der Alttreuhänder von dem Inhalt dieses Vertrages keine Kenntnis erhalten soll. Auch ist in diesem Fall die Übertragung der Beteiligung auf einen reinen Abtretungsvertrag beschränkt, was bei der GmbH vor Erlass des MoMiG zwangslos dazu führte, dass der gemäß § 16 Abs. 1 GmbHG a. F. erforderliche Nachweis des Übergangs des Geschäftsanteils geführt werden konnte, ohne das Treuhandverhältnis der Gesellschaft gegenüber aufzudecken. Das ist heute kein Problem mehr, weil der Nachweis gemäß § 16 GmbHG durch die Gesellschafterliste geführt wird, der die Causa der Übertragung nicht zu entnehmen ist. Gleichwohl spricht auch heute noch einiges für diesen Weg. Denn in der Regel ist es ohnedies mit der reinen Vertragsübernahme nicht getan, sondern bedarf weiterer Erklärungen. Insbesondere ist es höchst zweifelhaft, ob eine im Treuhandvertrag enthaltene aufschiebend bedingte Abtretung der Beteiligung durch den Treuhänder an den Treugeber oder ein Angebot zu einer solchen Abtretung aufgrund der Vertragsübernahme auch zu Lasten des Neutreuhänders wirkt.[673] Ob eine Überleitung der Übertragung im Wege einer Genehmigung nach § 185 BGB möglich ist, ist ebenfalls zweifelhaft.[674] Es empfiehlt sich deshalb, die Abtretung vom neuen Treuhänder und dem Treugeber erneut vornehmen zu lassen.

222 In beiden Fällen kommt es zu einer Übertragung der Gesellschaftsbeteiligung vom Alt- auf den Neutreuhänder. Die dafür erforderlichen Voraussetzungen sind einzuhalten, insbesondere sind etwaige **Zustimmungserfordernisse für die Übertragung der Beteiligung** einzuholen. Die Abtretung eines Geschäftsanteils an einer GmbH bedarf der notariellen Beurkundung gemäß § 15 Abs. 3 GmbHG. Dagegen bedarf die Abtretung des Anspruchs auf Übertragung des Geschäftsanteils an den neuen Treuhänder nicht der Form des § 15 Abs. 3 GmbHG. Auch wenn die Abtretung des Anspruchs grundsätzlich der Form des § 15 Abs. 3 GmbHG unterliegt, gilt das nicht bei der Abtretung an den neuen Treuhänder, weil dies nur dem Wechsel in der Person des Treuhänders und nicht dazu dient, den formlosen Handel mit Geschäftsanteilen zu ermöglichen.[675]

223 **b) Übertragung der Treugeberstellung.** Auch die Übertragung der Treugeberstellung kann im Wege der Vertragsübernahme erfolgen. Hier scheint es sich anzubieten, die Übertragung nicht im Wege eines dreiseitigen Vertrages, sondern im Wege eines Vertrages zwischen Treugeber Alt und Treugeber Neu unter Zustimmung des Treuhänders vorzunehmen. Denn die Bedingungen der Übertragung der „mittelbaren Beteiligung" gehen den Treuhänder grundsätzlich nichts an. Hier stellt sich allerdings ebenfalls die Frage, ob eine im Treuhandvertrag

---

[671] So z. B. MünchKomm HGB/*K. Schmidt* Vor § 230 Rdnr. 84.

[672] BGH Z 95, 88 = NJW 1985, 2528; NJW 1986, 918; NJW 1996, 302; Palandt/*Grüneberg* § 398 Rdnr. 38.

[673] Vgl. zum Parallelfall der Auflassung im Rahmen der Schuldübernahme DNotI Gutachten vom 24. 9. 1999 Nr. 11483.

[674] BayObLG NJW 1956, 1279; NJW-RR 1999, 1392 (nicht Gesamtrechtsnachfolge; § 185 Abs. 2. BGB nicht, weil Verfügung nicht als Nichtberechtigter).

[675] BGH NJW 1956, 58; NJW 1980, 1100; *Baumbach/Hueck/Hueck/Fastrich* § 15 Rdnr. 257; MünchKomm GmbHG/*Reichert/Weller* § 15 Rdnr. 213; MünchKomm HGB/*K. Schmidt* Vor § 230 Rdnr. 86; *Ulmer/Winter/Löbbe* § 15 Rdnr. 197.

enthaltene, aufschiebend bedingte Abtretung wiederholt werden muss. Sie ist aber zu verneinen, weil der Treugeber aus der aufschiebend bedingten Abtretung ein Anwartschaftsrecht erworben hat, das er an den Treugeber Neu abtreten kann,[676] was allerdings ausdrücklich geschehen sollte. Enthält der Treuhandvertrag nur ein Angebot auf Abtretung des Anteils, dürfte auch die dadurch begründete Rechtsposition abtretbar sein. Tunlich wird jedoch bereits bei Abgabe des Angebots geregelt, dass dieses auch von einem vom Treugeber bestimmten Dritten angenommen werden kann; ebenso sollte bei einer im Treuhandvertrag vorgesehenen Vollmacht das Recht zur Erteilung von Untervollmacht geregelt werden. Allerdings würde das den Treugeber Alt nicht hindern, vertragswidrig von der ihm erteilten Vollmacht Gebrauch zu machen. Dem Treugebers Alt erteilte Vollmachten sollten daher vom Treuhänder widerrufen und dem Treugeber Neu neu erteilt werden. Im Zweifel ist der Treuhänder zur Abgabe der aller seinerseits zur Durchführung der Übertragung erforderlichen Erklärungen verpflichtet, selbst wenn dies im ursprünglichen Treuhandvertrag nicht ausdrücklich vorgesehen ist. Vorsorglich sollte dies aber mit dem Treuhänder abgesprochen werden, wenn die Übertragung der Treugeberposition und die zugehörigen Regelungen nicht ohnedies im Wege einer dreiseitigen Vereinbarung erfolgen.

Die **Übertragung der Treugeberstellung** in Ansehung eines GmbH-Geschäftsanteils ist gemäß § 15 Abs. 3 GmbHG formbedürftig. Dies gebietet der Formzweck, den formlosen Handel mit Geschäftsanteilen zu unterbinden. Er könnte sonst beliebig unterlaufen werden.[677] Unbestritten ist freilich auch dies nicht.[678] 224

Nach überwiegender Auffassung gelten etwa im Gesellschaftsvertrag für die Übertragung der Beteiligung vorgesehene Zustimmungserfordernisse auch für die Übertragung der Treugeberstellung.[679] 225

c) **Veränderung der Beteiligung.** Beim **Formwechsel** der Gesellschaft, an der die treuhänderisch gehaltene Beteiligung besteht, bleibt das Treuhandverhältnis bestehen, sofern sich aus dem Treuhandvertrag nichts anderes ergibt. § 202 Abs. 1 Nr. 2 S. 2 UmwG, wonach Rechte Dritter an den Anteilen fortbestehen, gilt zwar nach h. M. nur für dingliche Rechte, nicht dagegen für schuldrechtliche Ansprüche und greift deshalb unmittelbar nicht ein.[680] Man wird aber meist im Wege der Auslegung der der Begründung dieser Rechte zugrundeliegenden Vereinbarungen dazu kommen, dass sich die entsprechenden Ansprüche auch auf die Anteile am Rechtsträger neuer Rechtsform nach Formwechsel beziehen.[681] Je nach der sich daraus für Treuhänder und Treugeber ergebenden, veränderten Rechtslage, insbes. Haftungssituation, können die Vertragsparteien jedoch zur Kündigung des Treuhandvertrages berechtigt oder auf Verlangen des anderen Vertragspartners zur Anpassung verpflichtet sein.[682] Probleme können sich allerdings aus dem **Formzwang** ergeben. Bedarf die entsprechende schuldrechtliche Verpflichtung nach dem für die neue Rechtsform geltenden Recht notarieller Beurkundung, muss mangels unmittelbarer Anwendung von § 202 Nr. 2 S. 2 UmwG das Recht formgerecht neu begründet werden.[683] Das führt zu folgendem Problem: Wird eine Personengesellschaft oder eine Aktiengesellschaft formwechselnd in eine GmbH umgewandelt und enthält der Treuhandvertrag eine aufschiebend bedingte Abtretung der 226

[676] *Armbrüster,* Beteiligung, 139 f.; *Breuer* MittRhNotK 1988, 79, 85; *Grage* RNotZ 2005, 251, 268.

[677] RGZ 159, 272, 281 f.; BGH NJW 1965, 1376, 1377; NJW 1980, 1100; MünchKomm HGB/*K. Schmidt* Vor § 230 Rdnr. 85; MünchKomm GmbHG/*Reichert/Weller* § 15 Rdnr. 213; Scholz/*Winter* § 15 Rdnr. 16; *Baumbach/Hueck/Hueck/Fastrich* § 15 Rdnr. 57.

[678] Z. B. *Roth/Thöni* FS GmbHG S. 245, 274 f.; *Ulmer* FS Odersky S. 873, 891 (für die einfache Treuhand).

[679] RGZ 159, 272, 280 ff.; BGH NJW 1965, 1376, 1377; OLG Hamburg MittRhNotK 1993, 165; *Breuer* MittRhNotK 1988, 79, 85; Scholz/*Winter* § 15 Rdnr. 16; *Baumbach/Hueck/Hueck/Fastrich* § 15 Rdnr. 58; MünchKomm HGB/*K. Schmidt* Vor § 230 Rdnr. 85, der jedoch eine Ausnahme bei der Publikums-KG machen will; MünchKomm BGB/*Ulmer* § 705 Rdnr. 93 (aber nur für die qualifizierte Treuhand); Staub/*Ulmer* § 105 Rdnr. 107; *Ulmer/Winter/Löbbe* § 15 Rdnr. 201; a. A. *Armbrüster* Beteiligung S. 140 ff.

[680] *Lutter/Decher* § 202 Rdnr. 20; *Kallmeyer/Meister/Klöcker* in § 202 Rdnr. 46; a. A. *Semler/Stengel/Kübler* § 202 Rdnr. 31.

[681] FA-KölnerHdbGesR/*Piehler* Kap.4 Rdnr. 641.

[682] Einzelheiten bei *Grage* RNotZ 2005, 251, 273 ff.

[683] *Grage* RNotZ 2005, 251, 274; *Widman/Mayer/Vossius* § 202 Rdnr. 173; FA-KölnerHdbGesR/*Piehler* Kap.4 Rdnr. 641.

Beteiligung für den Fall der Beendigung des Treuhandverhältnisses, so setzt sich das dadurch begründete Anwartschaftsrecht als dingliches Recht an dem Geschäftsanteil trotz Nichteinhaltung des § 15 Abs. 3 GmbHG gemäß § 202 Abs. 1 S. 2 UmwG fort.[684] Im Übrigen ist der Treuhandvertrag hingegen wegen Verstoßes gegen § 15 Abs. 4 GmbHG unwirksam. Deshalb soll das Anwartschaftsrecht kondiziert werden können. Wenn die Auslegung des Treuhandverhältnisses (wie meistens) ergibt, dass dieses sich auch auf die Beteiligung am Rechtsträger neuer Rechtsformen bezieht, wird dem Treugeber aber mitunter ein Anspruch auf formgerechten Neuabschluss des Treuhandverhältnisses zugebilligt.[685]

227 Von der Auslegung des Treuhandvertrages soll es auch abhängen, ob sich das Treuhandverhältnis in Fällen, in denen wie bei der **Verschmelzung** und **Aufspaltung** des bisherigen Rechtsträgers die Beteiligungen an ihm erlöschen, an der Beteiligung an dem oder den neuen Rechtsträger(n) fortsetzt[686] und – wenn sie wie bei der Abspaltung nicht erlöschen – ob sich das Treuhandverhältnis zusätzlich auf die Beteiligung an dem übernehmenden Rechtsträger erstreckt.[687] Die Einzelheiten sind schwierig und noch nicht ausreichend geklärt.[688] Vorsorglich sollte im Treuhandvertrag geregelt werden, dass sich das Treuhandverhältnis auch auf sämtliche Beteiligungen bezieht, die der Treuhänder infolge von Umwandlungsvorgängen der Gesellschaft erlangt. Außerdem können Kündigungsrechte für den Fall einer Umwandlung der Beteiligung vorgesehen werden.[689] Das beim Formwechsel angesprochene Formproblem stellt sich in diesen Fällen ebenfalls.

228 d) **Auflösung der Gesellschaft.** Bei Auflösung der Gesellschaft bleibt das Treuhandverhältnis bis zur vollständigen Abwicklung der Gesellschaft bestehen. Der Treuhänder ist nunmehr Mitglied der Liquidationsgesellschaft. Einen etwaigen Liquidationserlös hat er an den Treugeber abzuführen, dieser hat ihn von einer etwaigen Nachschusspflicht freizustellen.[690]

5. Haftungsfragen

229 Ein Thema, mit dem sich auch der Notar – und sei es nur für die Belehrung – befassen muss, ist die Haftung des Treugebers. Grundsätzlich ist Gläubigern der Gesellschaft und der Gesellschaft selbst nur der Treuhänder haftbar, weil er Gesellschafter ist. Er kann sich gegenüber den entsprechenden Ansprüchen nicht darauf berufen, dass er nur Treuhänder ist.[691] Ihm steht jedoch gegenüber dem Treugeber gemäß §§ 670, 257 BGB ein Anspruch auf Ersatz seiner Aufwendungen und damit auf Freistellung von der Haftung für Verbindlichkeiten zu,[692] die ihm aus den für den Treugeber gehaltenen Gesellschaftsbeteiligungen entstehen. Dieser Anspruch kann von Dritten gepfändet werden. Zwar ist eine nicht übertragbare Forderung gemäß § 851 ZPO nicht pfändbar und der Befreiungsanspruch gemäß § 257 BGB grundsätzlich nicht an Dritte abtretbar. An den Gläubiger des Anspruchs ist er aber abtretbar[693] und dementsprechend von den Gläubigern auch pfändbar. Er wandelt sich dabei in einen Zahlungsanspruch um.[694]

230 Bei GmbH und Aktiengesellschaft sieht das Gesetz daneben in § 9a Abs. 4 GmbHG und § 46 Abs. 5 AktG eine unmittelbare Haftung des Treugebers vor, falls bei der Gründung der Gesellschaft falsche Angaben gemacht werden. Ein Verschulden wird nur gemäß § 9a Abs. 3 GmbHG, § 46 Abs. 3 AktG vermutet, und zwar gemäß § 9a, Abs. 4 GmbH, § 46 Abs. 5 AktG auch beim Treugeber. Dieser muss sich überdies das Verschulden des Treuhänders zu-

[684] *Widman/Mayer/Vossius* § 202 Rdnr. 173; grundsätzlich zustimmend *Armbrüster* Beteiligung S. 147.
[685] *Armbrüster* Beteiligung S. 151.
[686] *Armbrüster* Beteiligung S. 151; *Grage* RNotZ 2005, 251, 272 f.; *Lutter/Teichmann* § 131 Rdnr. 13.
[687] *Grage* RNotZ 2005, 251, 272 f. mwN.
[688] *Grage* RNotZ 2005, 251, 272 f. mwN.
[689] *Grage* RNotZ 2005, 275 mwN.
[690] MünchKomm HGB/*K. Schmidt* Vor § 230 Rdnr. 88.
[691] MünchKomm HGB/*K. Schmidt* vor § 230 Rdnr. 58.
[692] BGH NJW 2010, 2197 Rdnr. 11.
[693] BGH NJW 2010, 2197 Rdnr. 12; *Palandt/Grüneberg* § 257 Rdnr. 1.
[694] MünchKomm BGB/*Krüger* § 257 Rdnr. 8; *Schaub* DStR 1996, 65, 67.

rechnen lassen.[695] Diesen Gedanken hat der BGH in ständiger Rechtsprechung auf die Kapitalaufbringungs- und -erhaltungsbestimmungen gemäß §§ 9, 19, 24, 30, 31 GmbHG sowie §§ 32a, 32b GmbHG a.F. ausgedehnt und den Treugeber insoweit einem Gesellschafter gleichgestellt,[696] wenn er die Beteiligung mittelbar über einen für seine Rechnung handelnden Mittels- oder Strohmann hält. Trotz erheblicher dagegen im Schrifttum geäußerter Bedenken hat das Gericht an dieser Rechtsprechung im Interesse eines unkomplizierten Gläubigerschutzes im Hinblick auf die Aufbringung und Erhaltung des Haftungsfonds bei Kapitalgesellschaften festgehalten. Den mittelbaren Schutz über den Zugriff auf den Freistellungsanspruch des Treuhänders hält es nicht für ausreichend. Wegen der Einzelheiten sei auf die einschlägige Literatur[697] und die Entscheidung vom 13. 4. 1992[698] verwiesen. Im Bereich der Personengesellschaft lehnt die Rechtsprechung dagegen eine unmittelbare Außenhaftung des Treugebers sogar für den Fall ab, dass der Treugeber im Gesellschaftsvertrag im Wege der offenen Treuhand die Stellung eines „Quasi-Gesellschafters" erhält.[699]

[695] *Baumbach/Hueck/Hueck/Fastrich* § 9 Rdnr. 17; *Hüffer* § 46 Rdnr. 18.

[696] vgl. BGH NJW 1960, 285; MittBayNot 1992, 343, 344 mwN.; auch BGH DStR 2009, 1486, 1487.

[697] *Armbrüster* GmbHR 2001, 1021, 1026 ff.; *Baumbach/Hueck/Hueck/Fastrich* § 1 Rdnr. 44; *Schaub* DStR 1996, 65, 67; *Seidl* DStR 1998, 1220; MünchKomm HGB/*K. Schmidt* Vor § 230 Rdnr. 60; *Ulmer/Ulmer* § 2 Rdnr. 62 ff.

[698] MittBayNot 1992, 343.

[699] BGH DNotZ 2009, 302, 303; OLG Karlsruhe NZG 2009, 1107; MünchKomm HGB/*K. Schmidt* Vor § 230 Rdnr. 60; *Wiesner* FS *Ulmer* S. 673; a.A. Staub/*Ulmer* § 105 Rdnr. 102; *Kindler* FS *Karsten Schmidt* S. 871 ff.

9. Teil. Konzernrecht

§ 19 Konzernrecht

Übersicht

	Rdnr.
I. Bedeutung des Konzernrechts in der notariellen Praxis	1/2
II. GmbH-Konzernrecht	3–10
1. Beherrschungs- und Gewinnabführungsverträge mit einer GmbH als untergeordneter Gesellschaft	3–88
a) Die Organschaft und weitere Motive für den Vertragsschluss	3–9
b) Anforderungen an die untergeordnete GmbH	10–18
c) Anforderungen an das übergeordnete Unternehmen	19/20
d) Inhalt des Beherrschungs- und Gewinnabführungsvertrags und Vertragsdurchführung	21–35
e) Weitere formelle Wirksamkeitsvoraussetzungen eines Beherrschungs- und/oder Gewinnabführungsvertrags	36–58
f) Änderung des Beherrschungs- und Gewinnabführungsvertrags	59–63
g) Beendigung des Beherrschungs- und Gewinnabführungsvertrags	64–89
2. Sonstige Unternehmensverträge mit einer GmbH als untergeordneter Gesellschaft	90–96
3. Faktischer GmbH-Konzern	97–110
a) Überblick	97
b) Satzungsgestaltung	98–100
c) Schutz der GmbH und der Minderheitsgesellschafter außerhalb der Satzung	101–105
d) Mitteilungspflichten nach § 21 AktG	106/107
e) Existenzvernichtungshaftung	108–110
III. Aktienkonzernrecht	111–134
1. Errichtung von Unternehmensverträgen mit einer AG als untergeordneter Gesellschaft	112–120
a) Vertragsinhalt	112
b) Vertragsschluss	113
c) Zustimmungserfordernisse	114–116
d) Informationspflichten, Vorbereitung und Durchführung der Hauptversammlungen	117–119
e) Eintragung im Handelsregister	120
2. Änderung und Beendigung von Unternehmensverträgen mit einer AG als untergeordneter Gesellschaft	121–124
a) Vertragsänderung	121
b) Vertragsbeendigung	122–124
3. Faktischer AG-Konzern	125–134
a) Überblick	125
b) Mitteilungspflichten nach §§ 20 ff. AktG	126/127
c) „Holzmüller-Grundsätze"	128–131
d) Nachteilsausgleich gemäß §§ 311 ff. AktG	132/133
e) Existenzvernichtungshaftung	134

Schrifttum: *Altmeppen*, Zum richtigen Verständnis der neuen §§ 293 a-293 g AktG zu Bericht und Prüfung beim Unternehmensvertrag, ZIP 1998, 1853; *ders.*, Zur vorsätzlichen Gläubigerschädigung, Existenzvernichtung und materiellen Unterkapitalisierung in der GmbH, ZIP 2008, 1201; *Bayer*, Die Geltendmachung des Abfindungsanspruchs nach beendetem Beherrschungsvertrag, ZIP 2005, 1053; *Bicker*, Offene Fragen der Existenzvernichtungshaftung im Konzern, DZWIR 2007, 284; *Bungert/Bednarz*, Anspruchsinhaberschaft von Abfindungsansprüchen bei Beherrschungs- und Gewinnabführungsverträgen, BB 2006, 1865; *Grunewald*, Verlustausgleich nach § 302 AktG und reale Kapitalaufbringung, NZG 2005, 781; *Habersack*, Trihotel – Das Ende der Debatte?, ZGR 2008, 533; *Heurung/Engel*, Fortführung und rückwirkende Begründung von Organschaftsverhältnissen in Umwandlungsfällen, BB 2011, 151; *Holland/Burg*, Mitteilungspflicht nach § 21 AktG beim Erwerb sämtlicher Geschäftsanteile an einer GmbH?, NZG 2006, 601; *Kort*, Anwendung der Grundsätze der fehlerhaften Gesellschaft auf einen „verdeckten" Beherrschungsvertrag?, NZG 2009, 364; *Krieger/*

Jannott, Änderung und Beendigung von Beherrschungs- und Gewinnabführungsverträgen im Aktien- und GmbH-Recht, DStR 1995, 1473; *Leitzen*, Update zu Gewinnabführungsverträgen mit beherrschenden GmbHs, GmbH-StB 2009, 278; *Mertens*, Die stille Beteiligung an der GmbH und ihre Überleitung bei Umwandlungen in die AG, AG 2000, 32; *Mues*, Gewinnabführungs- und Beherrschungsverträge mit einer hauptverpflichteten GmbH aus handels- und steuerrechtlicher Sicht, RNotZ 2005, 1; *Neumayer/Imschweiler*, Aktuelle Rechtsfragen zur Gestaltung und Durchführung von Gewinnabführungsverträgen, GmbHR 2011, 57; *Paschos/Goslar*, Die Beendigung von Gewinnabführungsverträgen mit einer abhängigen GmbH während des (laufenden) Geschäftsjahres, Der Konzern 2006, 479; *Philippi/Fickert*, Verzinsung von Ansprüchen aus Ergebnisabführungsverträgen – Neues BMF-Schreiben, BB 2007, 2760; *Pluskat*, Auswirkungen der Teilveräußerung der Beteiligung an einer abhängigen GmbH auf den Unternehmensvertrag – zur analogen Anwendung des § 307 AktG, Der Konzern 2004, 525; *Priester*, Verlustausgleich nach § 302 AktG – zwingend in Geld?, BB 2005, 2483; *ders.*, Hinzutritt außenstehender Gesellschafter beim GmbH-Unternehmensvertrag, Festschrift Peltzer, 327; *Rubel*, Konzerneinbindung einer UG (haftungsbeschränkt) durch Gewinnabführungsverträge, GmbHR 2010, 470; *Schulte/Waechter*, Atypische stille Beteiligungen und § 294 AktG – neue Fassung, alte Probleme?, GmbHR 2002, 189; *Stadler/Bindl*, Gesellschafterliste und finanzielle Eingliederung bei der Organschaft, GmbHR 2010, 412; *Süß/Mayer*, BFH: Formal-zivilrechtliche Betrachtungsweise bei Organschaft gilt auch bei Änderung des Ergebnisabführungsvertrags, AG 2005, 825; *Ulrich*, Gewinnabführungsverträge im GmbH-Konzern, GmbHR 2004, 1000; *Wachter*, Zu den Voraussetzungen für die Anerkennung einer körperschaftsteuerlichen Organschaft, RNotZ 2010, 422; *Weber*, Die Unternehmergesellschaft (haftungsbeschränkt), BB 2009. 842; *Weigl*, Anwendungs- und Problemfelder der stillen Gesellschaft, DStR 1999, 1568;

I. Bedeutung des Konzernrechts in der notariellen Praxis

1 Das Konzernrecht spielt in der notariellen Praxis vor allem eine Rolle, soweit es die Errichtung und das Schicksal eines Vertragskonzerns betrifft. Insbesondere Abschluss, Änderung und Aufhebung von Beherrschungs- und Gewinnabführungsverträgen stellen für Notare Alltagsgeschäft dar. Dabei ist für den Vertragsschluss als solchen eine notarielle Mitwirkung gesetzlich zwar nicht vorgeschrieben, die Verträge können vielmehr ohne Einbindung eines Notars privatschriftlich geschlossen werden (§ 293 Abs. 3 AktG). Notare werden allerdings gleichwohl – in Abstimmung mit steuerlichen Beratern – nicht selten mit dem Entwurf oder der Prüfung der Verträge beauftragt. Die für das wirksame Zustandekommen dieser Verträge notwendigen Zustimmungsbeschlüsse auf Seiten der untergeordneten Gesellschaft und – soweit es sich um eine Aktiengesellschaft handelt – auf Seiten der übergeordneten Gesellschaft müssen zudem zwingend notariell beurkundet werden (§ 130 Abs. 1 S. 1 AktG, § 53 GmbHG analog). Ferner ist eine notarielle Mitwirkung im Rahmen der Anmeldung von Unternehmensverträgen zur Eintragung in das Handelsregister vorgeschrieben (§ 12 HGB).

2 Das Konzernrecht ist im Wesentlichen im AktG kodifiziert, das GmbHG (wie auch das Personengesellschaftsrecht) hält keine ausdrücklichen Regelungen bereit. Da die GmbH die mit Abstand am weitesten verbreitete Kapitalgesellschaftsrechtsform darstellt und somit auch in der notariellen Praxis eine herausgehobene Stellung besitzt, liegt der Schwerpunkt der nachfolgenden Darstellung gleichwohl auf dem GmbH-Konzernrecht. Das Aktienkonzernrecht wird anschließend nur insoweit im Überblick dargestellt als gegenüber dem GmbH-Konzernrecht Besonderheiten bestehen.

II. GmbH-Konzernrecht

1. Beherrschungs- und Gewinnabführungsverträge mit einer GmbH als untergeordneter Gesellschaft

3 **a) Die Organschaft und weitere Motive für den Vertragsschluss.** Der Gewinnabführungsvertrag wird in § 291 Abs. 1 AktG als ein Vertrag definiert, der zur Abführung des ganzen Gewinns an ein anderes Unternehmen verpflichtet. Das Motiv für den Abschluss eines Gewinnabführungsvertrags liegt regelmäßig im Steuerrecht, da ein solcher Vertrag notwendige Voraussetzung einer (körperschaft- und gewerbesteuerlichen) Organschaft ist (§§ 14 Abs. 1 S. 1, 17 S. 1 KStG). Der Gewinnabführungsvertrag wird in der Praxis daher gelegentlich auch als „Organschaftsvertrag" bezeichnet.

Während die zu einem Konzern gehörenden Unternehmen grundsätzlich selbständig steuerpflichtig sind, werden im Falle einer Organschaft die individuellen Steuerbemessungsgrundlagen durch eine einzige **konsolidierte Bemessungsgrundlage** ersetzt. Dabei bleiben die einzelnen Konzergesellschaften im Grundsatz zwar eigenständige Rechts- und Steuersubjekte. Jeder Rechtsträger ermittelt sein jeweiliges Einkommen weiterhin zunächst getrennt nach allgemeinen steuerlichen Vorschriften (§ 8 KStG, §§ 4, 5 EStG). Anschließend wird jedoch das Einkommen der zur Gewinnabführung verpflichten Gesellschaft (sogenannte Organgesellschaft) dem anderen Teil (sogenannter Organträger) wie eigenes Einkommen zugerechnet (§ 14 Abs. 1 KStG). Ein wesentlicher Vorteil der Organschaft besteht darin, dass z. B. Gewinne der Organgesellschaft und Verluste des Organträgers saldiert und so die in einem Konzern bestehenden tatsächlichen wirtschaftlichen Verflechtungen steuerlich nachvollzogen werden können. Die steuerlichen Vorteile der Organschaft werden allerdings dadurch erkauft, dass der Organträger für die Verluste der Organgesellschaft zivilrechtlich einzustehen hat (§ 302 AktG, § 17 S. 2 Nr. 2 KStG). 4

Organschaften können für **körperschaftsteuerliche, gewerbesteuerliche und umsatzsteuerliche Zwecke** begründet werden. Dabei sind die Erfordernisse einer gewerbesteuerlichen Organschaft zum Veranlagungszeitraum 2002 vollständig an die der körperschaftsteuerlichen Organschaft angepasst worden (vgl. § 2 Abs. 2 S. 2, § 36 Abs. 1 GewStG). Auch die gewerbesteuerliche Organschaft setzt seitdem einen Gewinnabführungsvertrag voraus. Die körperschaftsteuerliche und die gewerbesteuerliche Organschaft werden terminologisch auch unter dem Oberbegriff der „ertragsteuerlichen Organschaft" zusammengefasst. Die umsatzsteuerliche Organschaft erfordert im Gegensatz zu der ertragsteuerlichen Organschaft keinen Gewinnabführungsvertrag, so dass diese hier nicht weiter behandelt werden soll. 5

Die **zivilrechtliche Wirksamkeit** des Gewinnabführungsvertrags ist zwingende Voraussetzung für die Anerkennung der ertragsteuerlichen Organschaft. Dass die Beteiligten einen zivilrechtlich unwirksamen Gewinnanführungsvertrag als wirksam behandeln und tatsächlich durchführen, genügt nicht für die Begründung einer Organschaft (trotz § 41 Abs. 1 S. 1 AO).[1] Die Wirksamkeit von Gewinnabführungsverträgen wird in Betriebsprüfungen erfahrungsgemäß streng geprüft. Soweit Berater für Mängel verantwortlich sind, die die Wirksamkeit eines Gewinnabführungsvertrags in Frage stellen, entstehen unter Umständen erhebliche Ersatzansprüche. Dieses Haftungsrisiko kann auch für Notare bestehen, soweit sie Verantwortung für die Wirksamkeit des Vertragsschlusses übernommen haben. 6

Häufig wird in der Praxis gleichzeitig mit dem Gewinnabführungsvertrag ein **Beherrschungsvertrag** abgeschlossen. Durch einen Beherrschungsvertrag wird die Leitung einer Gesellschaft einem anderen Unternehmen unterstellt (§ 291 Abs. 1 S. 1 AktG), so dass das andere Unternehmen Weisungen hinsichtlich der Leitung der Gesellschaft erteilen darf (in den Grenzen der §§ 299, 308 AktG). Aus steuerlichen Gründen ist der Abschluss eines Beherrschungsvertrags heute zwar nicht mehr erforderlich (anders bis zu dem Veranlagungszeitraum 2002 im Falle einer untergeordneten Aktiengesellschaft), wird aber gleichwohl empfohlen. Dafür spricht, dass Weisungen an die Geschäftsführung einer untergeordneten GmbH, die für die Gesellschaft nachteilig sind, nicht durch das allgemeine Weisungsrecht der Gesellschafter (§ 37 Abs. 1 GmbHG) gedeckt sind und daher der durch einen Beherrschungsvertrag vermittelten Weisungsbefugnis bedürfen (im Falle einer untergeordneten AG besteht ohne Beherrschungsvertrag überhaupt kein Weisungsrecht der Gesellschafter, § 76 Abs. 1 AktG).[2] In der Regel ist es gewollt, dass der Organträger im Gegenzug für seine Verlustübernahmeverpflichtung (§ 302 AktG) ein unbeschränktes Weisungsrecht gegenüber der Organgesellschaft erhält. 7

Seit der Entscheidung des Bundesgerichtshofs im Jahr 2003 zur Zulässigkeit von sogenannten Upstream-Darlehn[3] sind gelegentlich Beherrschungsverträge ohne begleitende Gewinnabführungsverträge geschlossen worden, um **Cash-Pool-Systeme** durch die Lockerung 8

---

[1] BFH DStR 2009, 100.
[2] *Mues* RNotZ 2005, 1, 5.
[3] BGHZ 157, 72 = NJW 2004, 1111.

des Kapitalschutzes (analog § 291 Abs. 3 AktG) abzusichern. Seit Inkrafttreten des MoMiG und den Änderungen der §§ 19, 30 GmbHG dürfte dieses Motiv wieder seltener Anlass für den Abschluss von Beherrschungsverträgen bieten.

9 Die Bedeutung anderer Unternehmensverträge (Gewinngemeinschaft, Teilgewinnabführungs-, Betriebspacht-, Betriebsüberlassungsvertrag; vgl. § 292 AktG) ist in der notariellen Praxis geringer. Eine Organschaft kann durch sie nicht begründet werden.

10 b) **Anforderungen an die untergeordnete GmbH.** *aa) Beteiligung an GmbH, Stimmrechtsmehrheit.* Aus handelsrechtlicher Sicht muss bei einem Beherrschungs- und Gewinnabführungsvertrag das übergeordnete Unternehmen an der untergeordneten GmbH nicht beteiligt sein. Das Steuerrecht ist hier strenger: Eine ertragsteuerliche Organschaft setzt gemäß §§ 14 Abs. 1 Nr. 1 S. 1, 17 S. 1 KStG voraus, dass der Organträger an der Organgesellschaft in einem solchen Maße beteiligt ist, dass ihm die Mehrheit der Stimmrechte aus den Anteilen an der Organgesellschaft zusteht (sogenannte **finanzielle Eingliederung**). Es kommt für den Umfang der Beteiligung nicht entscheidend auf die kapitalmäßige Beteiligung an; ausreichend, aber auch erforderlich ist vielmehr, dass der Organträger über 50% der Stimmen (bzw. wenn der Gesellschaftsvertrag auch für Regelbeschlüsse eine qualifizierte Mehrheit vorsieht, ein entsprechend höheren Anteil der Stimmen) ausüben kann. Mittelbare Beteiligungen sind dabei zu berücksichtigen, wenn die Beteiligung an jeder vermittelnden Gesellschaft die Mehrheit der Stimmrechte gewährt (§§ 14 Abs. 1 Nr. 1 S. 2, 17 S. 1 KStG); eine bloße Stimmrechtsvollmacht für fremde Anteile bleibt hingegen außer Betracht. Stimmrechte eines Treuhänders (bzw. Sicherungsnehmers) sind grundsätzlich dem Treugeber (bzw. Sicherungsgeber) zuzurechnen, sofern dieser in der Ausübung des Stimmrechts nicht beschränkt ist (vgl. § 39 Abs. 2 Nr. 1 AO).[4] Ist bei einem Nießbrauch an Geschäftsanteilen ausdrücklich geregelt, dass der Nießbraucher die Stimmrechte ausüben kann, ist eine finanzielle Eingliederung zum Nießbraucher möglich.[5] Ob ein Stimmrechtsbindungsvertrag, durch den sich ein Gesellschafter zu einem gleich gerichteten Stimmverhalten mit einem anderen Gesellschafter verpflichtet, eine finanzielle Eingliederung begründen kann, ist offen.[6]

11 §§ 14 Abs. 1 Nr. 1 S. 1, 17 S. 1 KStG verlangen, dass die Organgesellschaft **vom Beginn ihres Wirtschaftsjahres ununterbrochen** in den Organträger finanziell eingegliedert ist. Die aus der Beteiligung folgenden Stimmrechte an der Organgesellschaft müssen daher bereits zu Beginn ihres Wirtschaftsjahres von der Organgesellschaft ausgeübt werden können und dieser bis zu dessen Ende ununterbrochen zustehen (R 59 Abs. 1 S. 2 KStR 2004). Dies gilt auch für Rumpfgeschäftsjahre. Inwieweit die zeitlichen Anforderungen der finanziellen Eingliederung rückwirkend durch umwandlungsrechtliche Maßnahmen erreicht werden kann, ist umstritten.[7] Der BFH hat jüngst entschieden, dass die Voraussetzungen einer Organschaft auch bei der unterjährigen Ausgliederung einer Mehrheitsbeteiligung mit nachfolgender rückwirkender Begründung einer Organschaft erfüllt sein können, wenn seit dem Beginn des Wirtschaftsjahres eine finanzielle Eingliederung zunächst zum übertragenden Rechtsträger und anschließend zum übernehmenden Rechtsträger besteht (siehe hierzu auch Rdnr. 86).[8] Dabei hat der BFH allerdings die Frage, ob die für eine Organschaft erforderliche finanzielle Eingliederung im Übrigen auf einen fiktiven Übertragungsstichtag rückbezogen werden kann, ausdrücklich offen gelassen.

12 Unklar ist die Bedeutung des § 16 Abs. 1 GmbHG für die zeitlichen Anforderungen an die finanzielle Eingliederung. Nach dieser Vorschrift können Stimmrechte im Fall einer Veränderung in den Personen der Gesellschafter oder des Umfangs ihrer Beteiligung grundsätzlich nur von demjenigen ausgeübt werden, der als Inhaber eines Geschäftsanteils in der im Handelsregister aufgenommenen **Gesellschafterliste** eingetragen ist. Nicht unproblematisch ist daher z. B. der Fall, dass eine Anteilsabtretung zum Ende des Wirtschaftsjahres einer

[4] Streck/*Olbing* § 14 Rdnr. 43.
[5] Streck/*Olbing* § 14 Rdnr. 43.
[6] Befürwortend zur Umsatzsteuer BFH BStBl. 2002 II 167; a. A. Nds. FG GmbHR 1991, 290.
[7] Überblick über Meinungsstand bei MünchAnwaltshdAktR/*Ruh/Schlösser* § 54 Rdnr. 56 ff.
[8] BFH GmbHR 2011, 44.

GmbH dinglich wirksam wird und – wie praktisch häufig nicht zu vermeiden – die entsprechende Gesellschafterliste erst in den ersten Tagen des neuen Wirtschaftsjahres in das Handelsregister aufgenommen wird. Wenn in dem neuen Geschäftsjahr eine Organschaft zwischen GmbH und Erwerber beabsichtigt ist, könnte bezweifelt werden, dass eine finanzielle Eingliederung bereits zu Beginn des neuen Geschäftsjahres bestand. Allerdings bestimmt § 16 Abs. 1 S. 2 GmbHG, dass eine vom Erwerber in Bezug auf das Gesellschaftsverhältnis vorgenommene Rechtshandlung als von Anfang an wirksam gilt, wenn die Liste unverzüglich nach Vornahme der Rechtshandlung in das Handelsregister aufgenommen wird. Aus diesem Rechtsgedanken dürfte auch die steuerrechtliche Konsequenz zu ziehen sein, dass es für die zeitlichen Anforderungen an die finanzielle Eingliederung auf den Zeitpunkt der dinglichen Wirksamkeit von Anteilsveränderungen ankommt, wenn die Gesellschafterliste unverzüglich zum Handelsregister eingereicht und dort aufgenommen wird.[9] Vorsichtshalber kann es sich empfehlen, dass der Veräußerer dem Erwerber für den Zeitraum zwischen dem dinglich wirksamen Anteilsübergang und der Aufnahme der Gesellschafterliste in das Handelsregister eine Vollmacht zur Stimmrechtsausübung erteilt.

Wenn die Stimmrechtsmehrheit während eines laufenden Wirtschaftsjahres erworben wird und eine sofortige Organschaft zum Erwerber gewünscht ist, kann der **Beginn des Wirtschaftsjahres** der Organgesellschaft durch Satzungsänderung **auf den Erwerbszeitpunkt geändert** werden. In Unternehmenskaufverträgen wird gelegentlich eine entsprechende Verpflichtung des Verkäufers aufgenommen. Ein vom Kalenderjahr abweichendes Wirtschaftsjahr bedarf zwar der Zustimmung des Finanzamts (§ 7 Abs. 4 KStG), dieses ist aber in Fällen der Begründung eines Organschaftsverhältnisses zur Erteilung der Zustimmung verpflichtet (R 59 Abs. 1 S. 3 KStR 2004). Zu beachten ist, dass eine rückwirkende Satzungsänderung mit Außenwirkung nicht möglich ist und daher nach herrschender Meinung die Änderung des Geschäftsjahres noch vor Ablauf des gebildeten Rumpfgeschäftsjahres in das Handelsregister eingetragen sein muss.[10] 13

bb) UG (haftungsbeschränkt), Vorgründungsgesellschaft, Vor-GmbH, aufgelöste GmbH. 14
Ob eine **Unternehmergesellschaft (haftungsbeschränkt)** sich, wie von §§ 14 Abs. 1, 17 S. 1 KStG gefordert, durch einen Gewinnabführungsvertrag verpflichten kann, ihren „ganzen" Gewinn an einen Organträger abzuführen, wird teilweise bezweifelt. Dies sei wegen der Thesaurierungsverpflichtung in § 5a Abs. 3 GmbHG nicht zulässig.[11] Überwiegend wird ein Gewinnabführungsvertrag mit einer abhängigen Unternehmergesellschaft (haftungsbeschränkt) trotz der Thesaurierungsverpflichtung zu Recht für möglich gehalten, wofür insbesondere auch eine entsprechende Anwendung der §§ 300, 301 AktG spricht.[12] Es dürfte sich empfehlen, in Gewinnabführungsverträge mit Unternehmergesellschaften (haftungsbeschränkt) einen Hinweis auf § 5a Abs. 3 GmbHG aufzunehmen; zwingend ist dies nicht.[13]

Eine vor Beurkundung eines GmbH-Gesellschaftsvertrags bestehende **Vorgründungsgesellschaft** kann nicht untergeordnetes Unternehmen eines Beherrschungs- und Gewinnabführungsvertrags sein.[14] Grund hierfür ist, dass die Vorgründungsgesellschaft Personengesellschaft ist und sich die Verpflichtung zur Befolgung von Weisungen sowie zur Abführung des Gewinns nicht mit der dort geltenden persönlichen unbeschränkten Haftung der Gesellschafter verträgt (§ 138 BGB). Allerdings wird den Gesellschaftern einer Personengesellschaft und so auch einer Vorgründungsgesellschaft deren steuerliches Ergebnis ohnehin zugerechnet. 15

[9] *Stadler/Bindl* GmbHR 2010, 412, 416.

[10] OLG Frankfurt a.M. GmbHR 1999, 484; OLG Schleswig NJW-RR 2000, 1425; Baumbach/Hueck/*Zöllner* § 53 Rdnr. 60; eine andere Ansicht hält es demgegenüber für ausreichend, wenn der Zeitpunkt der Anmeldung der Eintragung vor Ablauf des Rumpfgeschäftsjahres liegt und die Eintragung „alsbald" erfolgt, so etwa Krafka/Willer/Kühn Registerrecht Rdnr. 1014; LG Dresden NotBZ 2000, 384.

[11] *Weber* BB 2009, 842, 847.

[12] Heckschen/Heidinger/*Heckschen* § 5 Rdnr. 90; *Rubel* GmbHR 2010, 470 ff.; *Bayer/Hoffmann* GmbHR 2010, R 311.

[13] Ebenso *Leitzen* GmbH-StB 2009, 278, 281.

[14] Streck/*Olbing* § 14 Rdnr. 11.

16 Eine zwischen Beurkundung des GmbH-Gesellschaftsvertrags und Eintragung der Gesellschaft in das Handelsregister bestehende **Vor-GmbH** kann Organgesellschaft sein,[15] wenn ein Gewinnabführungsvertrag sich auch auf diesen Zeitraum bezieht und er mit oder nach der Eintragung der GmbH ebenfalls in das Handelsregister eingetragen wird. Scheitert die Eintragung der GmbH, ist eine Organschaft ausgeschlossen.

17 Der Abschluss eines Beherrschungs- oder Gewinnabführungsvertrags durch eine in Liquidation befindliche oder aus anderen Gründen **aufgelöste GmbH** erscheint unzulässig. Der Zweck einer Abwicklungsgesellschaft verträgt sich regelmäßig nicht mit einem Unternehmensvertrag.

18 *cc) Doppelter Inlandsbezug.* Die Organschaft erfordert, dass sich sowohl die Geschäftsleitung (§ 10 AO) als auch der Sitz (§ 11 AO) der Organgesellschaft im Inland befinden (sogenannter doppelter Inlandsbezug), §§ 14 Abs. 1 S. 1, 17 S. 1 KStG. Danach können **ausländische Gesellschaften** nicht Organgesellschaft sein, auch nicht deren inländischen Betriebsstätten bzw. Zweigniederlassungen (anders § 18 KStG hinsichtlich des Organträgers). Das gleiche gilt für eine GmbH mit Registersitz im Inland, wenn die Geschäftsleitung von einem Ort im Ausland ausgeübt wird (**ausländischer Verwaltungssitz**). Es ist allerdings streitig, ob das Erfordernis eines doppelten Inlandsbezugs europarechtswidrig ist.[16]

IPR-rechtlich ist bei der Anknüpfung eines grenzüberschreitenden Unterordnungskonzern vom Personalstatut der abhängigen Gesellschaft auszugehen.[17]

19 c) **Anforderungen an das übergeordnete Unternehmen.** Die Organschaft erfordert, dass es sich bei dem Organträger um ein **„gewerbliches Unternehmen"** handelt (§ 14 Abs. 1 KStG). Als Organträger kommen insbesondere andere Kapitalgesellschaften in Betracht. Organträger kann auch das Einzelunternehmen einer im Inland unbeschränkt steuerpflichtigen natürlichen Person sein, ebenso eine Personengesellschaft, die die Voraussetzungen einer Mitunternehmerschaft erfüllt und eine gewerbliche Tätigkeit (§ 15 Abs. 1 Nr. 1/2 EStG) ausübt (§ 14 Abs. 1 S. 1 Nr. 2 KStG). Gewerblich geprägte Personengesellschaften i. S. d. § 15 Abs. 2 Nr. 3 EStG mit ausschließlich vermögensverwaltender Tätigkeit können hingegen nicht Organträgerin sein. Im Einzelfall kann sich der Formwechsel in eine Kapitalgesellschaft anbieten, da diese kraft Rechtsform unabhängig von ihrer tatsächlichen Tätigkeit die Funktion der Organträgerin übernehmen kann.

20 Auch Körperschaften und Personengesellschaften **ausländischer Rechtsform** und mit **Registersitz im Ausland** können Organträger sein, wenn sich die Geschäftsführung im Inland befindet (§ 14 Abs. 1 S. 1 Nr. 2 KStG). Nach § 18 KStG kann darüber hinaus auch ein ausländisches gewerbliches Unternehmen – dessen Geschäftsführung vom Ausland ausgeübt wird – Organträgerin sein, wenn es eine im Inland im Handelsregister eingetragene **Zweigniederlassung** unterhält und der Gewinnabführungsvertrag unter der Firma der Zweigniederlassung abgeschlossen wird (wobei sich – da zivilrechtlich nicht die Zweigniederlassung, sondern der ausländische Rechtsträger Vertragspartei ist – die ausdrückliche Klarstellung in dem Vertrag empfiehlt, dass er sich auf den Geschäftsbetrieb der inländischen Zweigniederlassung bezieht).[18] Voraussetzung für die Anerkennung der Organschaft ist ferner, dass die Beteiligung an der Organgesellschaft steuerlich dem Betriebsvermögen der Zweigniederlassung zuzurechnen ist und deren Einkünfte beschränkt steuerpflichtig sind. Dies ist bei einer inländischen „Betriebsstätte" regelmäßig der Fall.

21 d) **Inhalt des Beherrschungs- und Gewinnabführungsvertrags und Vertragsdurchführung.** *aa) Gewinnabführungsverpflichtung der untergeordneten GmbH.* Handelsrechtlich ist es möglich, dass sich ein untergeordneter Rechtsträger im Wege eines Teilgewinnabführungsvertrages (§ 292 Abs. 1 Nr. 2 AktG) verpflichtet, lediglich einen Teil seines Gewinns oder den Gewinn einzelner seiner Betriebe an einen anderen abzuführen. Zur Begründung einer Organschaft ist allerdings eine Verpflichtung zur Abführung des ganzen Gewinns erforderlich (§§ 14 Abs. 1 S. 1, 17 S. 1 KStG). Der **„ganze Gewinn"** meint den in § 301 AktG defi-

[15] BFH BStBl. II 1978, 486.
[16] Überblick über Meinungsstand bei Schuppen/Schaub/*Ruh/Schlösser* § 54 Rdnr. 32 ff.
[17] MünchKomm/*Kindler* BGB/EGBGB, Internationales Gesellschaftsrecht, Rdnr. 756 ff.
[18] So auch *Mues* RNotZ 2005, 1, 10.

nierten Höchstbetrag der Gewinnabführung (vgl. auch § 17 Abs. 1 S. 2 Nr. 1 KStG). Danach mindert insbesondere ein Verlustvortrag aus dem Vorjahr den abzuführenden Gewinn (die in § 301 AktG genannte Rücklage existiert im Falle einer abhängigen GmbH nicht). Nach der Neufassung des § 301 AktG zum 1. 9. 2009 durch das **BilMoG** ist bei der Ermittlung des zulässigerweise abzuführenden Gewinns auch der nach § 268 Abs. 8 S. 1 HGB n. F. ausschüttungsgesperrte Betrag in Abzug zu bringen. Nach ganz h. M. setzt allerdings die steuerliche Anerkennung eine ausdrückliche Bezugnahme auf § 301 AktG nicht voraus – es genügt die tatsächliche Beachtung dieser Vorschrift –, so dass sich die Neufassung in dem Text eines Gewinnabführungsvertrags nicht widerspiegeln muss.[19] Wenn allerdings eine Vertragsklausel in Anlehnung an § 301 AktG formuliert wird, empfiehlt es sich, auch den nach § 268 Abs. 8 S. 1 HGB n. F. ausschüttungsgesperrten Betrag zu erwähnen. Die Anpassung von bestehenden Gewinnabführungsverträgen ist aus steuerlicher Sicht nicht zwingend erforderlich.[20]

Die Organgesellschaft darf Beträge aus dem Jahresüberschuss insoweit in die **Gewinnrücklagen** (§ 272 Abs. 3 HGB) einstellen, als dies bei vernünftiger kaufmännischer Beurteilung wirtschaftlich begründet ist (§§ 14 Abs. 1 S. 1 Nr. 4, 17 S. 1 KStG). Sind während der Dauer des Gewinnabführungsvertrags Beträge in Gewinnrücklagen eingestellt worden, so können diese Beträge den anderen Gewinnrücklagen entnommen und als Gewinn abgeführt werden (§ 301 S. 2 AktG). Dies gilt nicht für Gewinnrücklagen aus vorvertraglichen Zeiträumen; diese unterfallen der Höchstgrenze des § 301 S. 1 AktG und dürfen nicht aufgrund des Gewinnabführungsvertrags abgeführt, sondern nur – nach Auflösung dieser Rücklagen – nach allgemeinen Regeln an alle Gesellschafter der Organgesellschaft ausgeschüttet werden (wobei die Organträgerin in der Praxis häufig die alleinige Gesellschafterin ist). Auch Erlöse aus einer Auflösung der Organgesellschaft sowie aus der Veräußerung des Geschäftsbetriebs (anders bei Veräußerung eines Teilbetriebs) werden nicht als Gewinn abgeführt. 22

Die Gewinnabführung muss nicht durch Auszahlung des Gewinns, sie kann auch z. B. durch Umwandlung des Auszahlungsanspruchs in ein Darlehn oder durch Aufrechnung erfolgen.

bb) Leitungsmacht des herrschenden Unternehmens. Wenn (auch) ein Beherrschungsvertrag geschlossen werden soll, hat die untergeordnete GmbH dem übergeordneten Unternehmen ihre Leitung zu unterstellen. Das herrschende Unternehmen erhält so die Befugnis, der Geschäftsführung der GmbH hinsichtlich der Leitung der Gesellschaft **Weisungen** zu erteilen (§ 308 Abs. 1 S. 2 AktG analog). Weisungen können allgemein oder einzelbezogen erteilt werden. Bestimmt der Vertrag nichts anderes, so können auch Weisungen erteilt werden, die für die GmbH nachteilig sind, wenn sie den Belangen des herrschenden Unternehmens oder der mit ihm und der GmbH konzernverbundenen Unternehmens dienen (§ 308 Abs. 1 S. 2 AktG analog) unter der Voraussetzung, dass sie – so die herrschende Meinung – für die GmbH nicht existenzgefährdend sind. Auf Grund eines Unternehmensvertrags kann der Gesellschaft nicht die Weisung erteilt werden, den Vertrag zu ändern, aufrechtzuerhalten oder zu beendigen (§ 299 AktG analog). Im Zweifel sind die Grenzen der Weisungsbefugnis nicht von der Geschäftsführung der untergeordneten GmbH zu beurteilen, sondern von dem übergeordneten Rechtsträger (§ 308 Abs. 2 AktG analog). Weisungen des übergeordneten Rechtsträgers haben Vorrang vor Weisungen der Gesellschafterversammlung, da die Gesellschafterversammlung ihre Befugnisse durch die Zustimmung zu dem Beherrschungsvertrag bewusst zurückstellt; allerdings können der Gesellschafterversammlung für die in ihren Zuständigkeitsbereich fallenden Aufgaben keine Weisungen erteilt werden (z. B. keine Weisung, eine bestimmte Satzungsänderung zu beschließen). Die Weisungen sind an die Geschäftsführer, nicht an sonstige Mitarbeiter zu richten. Dies kann der Beherrschungsvertrag nicht abweichend regeln. Umstritten ist allerdings, ob die Geschäftsführer ihre Mitarbeiter anweisen können, unmittelbare Weisungen des übergeordneten Rechtsträgers zu befolgen.[21] 23

[19] *Leitzen* GmbH-StB 2009, 278, 280.
[20] *Neumayer/Imschweiler* GmbHR 2011, 57, 58.
[21] Überblick bei Hölters/*Leuering/Goertz* § 308 Rdnr. 46.

Der Beherrschungsvertrag darf Weisungsrechte nicht über die in § 308 AktG definierten Grenzen hinaus ausdehnen.[22]

24 Aus dem Weisungsrecht folgt keine Befugnis des übergeordneten Rechtsträgers, die untergeordnete GmbH zu vertreten. Die **Vertretungsbefugnis** ihrer Geschäftsführer bleibt von dem Beherrschungsvertrag unberührt. Auch die Erteilung einer umfassenden Vollmacht zugunsten des übergeordneten Rechtsträgers oder seiner Organe oder Mitarbeiter ist als Verstoß gegen die zwingenden Organzuständigkeiten unzulässig und gemäß § 134 BGB nichtig.[23]

25 *cc) Verlustübernahme durch herrschendes Unternehmen.* Soll eine GmbH als Organträgerin fungieren, verlangt § 17 S. 2 Nr. 2 KStG, dass eine Verlustübernahme entsprechend § 302 AktG vereinbart werden. Handelsrechtlich ist eine solche Vereinbarung an sich überflüssig, da § 302 AktG nach ständiger Rechtsprechung des BGH ohnehin analog für die GmbH gilt.[24] Der BFH verlangt gleichwohl für die Anerkennung der Organschaft, dass der Gewinnabführungsvertrag **ausdrücklich eine Verlustübernahme** entsprechend § 302 Abs. 1, 3 und 4 AktG enthält.[25] Sowohl der Wortlaut des § 17 KStG als auch der Regelungszweck rechtfertigen nach Auffassung des BFH das zusätzliche und spezifisch steuerliche Vereinbarungserfordernis. Der BFH führt ferner an, dass diese steuerlichen Anforderungen nicht zum zivilrechtlichen, sondern zum öffentlich-rechtlichen Regelungsbereich gehören. Dabei ist die pauschale Bezugnahme auf § 302 AktG in seiner jeweils geltenden Fassung ausreichend (R 66 Abs. 3 KStR 2004).[26] Nicht unproblematisch erscheint allerdings die Praxis, in dem Gewinnabführungsvertrag auf § 302 AktG insgesamt Bezug zu nehmen, sprachlich aber nur die Verlustübernahmeverpflichtung nach § 302 Abs. 1 AktG wiederzugeben.[27]

26 Die Verpflichtung zur Verlustübernahme entsprechend § 302 AktG umfasst **alle Jahresfehlbeträge** der untergeordneten GmbH, die während der Laufzeit des Gewinnabführungsvertrags entstehen. Soweit Verluste vor diesem Zeitraum entstanden sind, müssen sie nicht durch das übergeordnete Unternehmen ausgeglichen werden. Die zum Ausgleich vorvertraglicher Verlustvorträge erforderlichen Gewinne der untergeordneten GmbH unterliegen nicht der Gewinnabführung (vgl. den in § 301 AktG definierten Höchstbetrag der Gewinnabführung).

27 Die Verpflichtung des herrschenden Unternehmens zum Ausgleich des Verlusts wird bereits **am Bilanzstichtag fällig**, nicht etwa erst nach Bilanzaufstellung.[28] Eine Regelung der **Verzinsung** ist nicht zwingend. Die Verlustübernahmeverpflichtung kann durch Zahlung, aber auch z.B. durch Aufrechnung mit werthaltigen Forderungen der untergeordneten GmbH erfüllt werden.[29]

28 *dd) Ausgleichs- und Abfindungsregelungen zugunsten von Minderheitsgesellschaftern.* Ob der Gewinnabführungsvertrag in dem Fall, dass es sich bei der Organgesellschaft um eine GmbH handelt, Ausgleichs- und Abfindungsregelungen im Sinne der §§ 303, 304 AktG enthalten muss, ist umstritten. Die herrschende Meinung verlangt keine Ausgleichs- und Abfindungsregelungen.[30] Zum **Schutz von Minderheitsgesellschaftern** ist die von der herrschenden Meinung im Gegenzug geforderte Zustimmung aller Gesellschafter zu dem Gewinnabführungsvertrag (siehe Rdnr. 47) ausreichend. Minderheitsgesellschafter können ihre Zustimmung von frei verhandelbaren Gegenleistungen abhängig machen, und sind nicht auf zwingende Ausgleichs- und Abfindungsregelungen angewiesen. Teilweise wird angesichts der noch unsicheren Rechtslage empfohlen, je nach Fallgestaltung zu erwägen, in den Vertrag eine Regelung über eine feste Ausgleichszahlung und eine Barabfindung aufzunehmen.[31]

---

[22] Hölters/*Leuering/Goertz* § 308 Rdnr. 4.
[23] Hölters/*Leuering/Goertz* § 308 Rdnr. 20.
[24] BGH NJW 1992, 505.
[25] BFH RNotZ 2010, 420 m. kritischer Anm. *Wachter.*
[26] DNotI-Report 2009, 167; dort auch zu Möglichkeiten der Heilung bei unvollständigen Verweisungen auf § 302 AktG.
[27] *Wachter* RNotZ 2010, 422, 424.
[28] BGHZ 142, 382.
[29] BGH GmbHR 2006, 928.
[30] Baumbach/Hueck/*Zöllner* GmbH-Konzernrecht Rdnr. 62.
[31] *Mues* RNotZ 2005, 1, 12.

ee) Laufzeit des Gewinnabführungsvertrags. Aus handelsrechtlicher Sicht sind die Beteiligten frei, eine beliebige Laufzeit des Gewinnabführungs- und Beherrschungsvertrags zu vereinbaren. Für die Anerkennung einer Organschaft ist es hingegen erforderlich, dass der Gewinnabführungsvertrag auf **mindestens fünf Jahre** abgeschlossen wird (§§ 14 Nr. 3, 17 KStG). Die rückwirkende Heilung einer unzureichenden Mindestlaufzeit ist nicht möglich, die bloße tatsächliche Durchführung des Vertrags für über fünf Jahre genügt nicht.[32] Der Fünfjahreszeitraum bezieht sich nach herrschender Meinung auf Zeit-, nicht auf Wirtschaftsjahre. Dies führt dazu, dass bei Beginn eines Gewinnabführungsvertrags in einem Rumpfgeschäftsjahr sechs Wirtschaftsjahre von dem Vertrag umfasst sein müssen.[33] Der Vertrag darf keine Beendigungs- oder Kündigungstatbestände enthalten, die in diesem Zeitraum eine Vertragsbeendigung ohne wichtigen Grund ermöglichen. Der Vertrag muss für diesen Zeitraum eine ordentliche Kündigung ausschließen. 29

In der Praxis sind **feste Laufzeiten** von Gewinnabführungs- und Beherrschungsverträgen selten. Sehr viel häufiger wird die steuerlich motivierte Mindestlaufzeiten von 5 Jahren mit anschließender automatischer Verlängerung und dann bestehender ordentlicher Kündigungsmöglichkeit vereinbart. Zulässig und häufig empfehlenswert ist dabei eine Vereinbarung, wonach der Vertrag – und die Mindestlaufzeit – erst mit dem Wirtschaftsjahr beginnt, in dem der Vertrag in das Handelsregister eingetragen wird. 30

Ein Beherrschungsvertrag kann nicht **rückwirkend** vereinbart werden, da eine Gesellschaft sich nicht nachträglich fremden Weisungen unterwerfen kann. Die Vereinbarung eines Gewinnabführungsvertrags mit Rückwirkung ist hingegen möglich, jedenfalls mit Wirkung ab Beginn des laufenden Geschäftsjahres der untergeordneten Gesellschaft. Dabei ist das Datum der Eintragung in das Handelsregister für die Anerkennung einer ertragsteuerlichen Organschaft von entscheidender Bedeutung, da das Einkommen der Organgesellschaft dem Organträger erstmals für das Kalenderjahr zuzurechnen ist, in dem das Wirtschaftsjahr der Organgesellschaft endet, in dem der Gewinnabführungsvertrag wirksam wird (§ 14 Abs. 1 S. 2 KStG). Siehe dazu auch Rdnr. 57. 31

ff) Aufschiebende und auflösende Bedingungen. Die Eintragung eines aufschiebend bedingten Unternehmensvertrags in das Handelsregister erfordert den **Nachweis des Bedingungseintritts** (in beliebiger Form).[34] Da die Anmeldung zukünftiger Tatsachen von den Registergerichten grundsätzlich nicht akzeptiert wird, sollte die Handelsregisteranmeldung erst nach Bedingungseintritt gegenüber dem Registergericht abgegeben werden. Ob ein Beherrschungs- oder ein Gewinnabführungsvertrag auch unter einer auflösenden Bedingung vereinbart werden kann, ist umstritten (für andere Unternehmensverträge ist die Möglichkeit auflösender Bedingungen hingegen anerkannt).[35] 32

gg) Tatsächliche Vertragsdurchführung. §§ 14 Abs. 1 Nr. 3, 17 KStG verlangen für die Anerkennung der Organschaft, dass der Gewinnabführungsvertrag während seiner gesamten Geltungsdauer tatsächlich durchgeführt wird. Dies bedeutet insbesondere, dass der etwaige Gewinn der Organgesellschaft an die Organträgerin abgeführt und etwaige Verluste der Organgesellschaft durch die Organträgerin ausgeglichen werden, und zwar jeweils **innerhalb angemessener Zeit.** Der Organträger darf nicht auf die Gewinnabführung und die Organgesellschaft nicht auf den Verlustausgleich verzichten. Auch wenn z. B. vergessen wird, einen (vororganschaftlichen) Verlustvortrag der Organgesellschaft mit deren Jahresüberschuss vor der Gewinnabführung zu verrechnen, liegt nicht etwa ein steuerlich unbeachtlicher Verstoß gegen eine vertragliche Nebenpflicht vor, sondern der Vertrag ist tatsächlich nicht durchgeführt, so dass die Organschaft nicht anerkannt wird.[36] Der Umstand, dass die Organgesellschaft durchgängig keine Gewinne erwirtschaftet und daher auch keine Gewinne abführen kann, beeinträchtigt die Anerkennung der Organschaft hingegen nicht. Eine tatsächliche **Verzinsung** des Verlustübernahmeanspruchs ist nach inzwischen herrschender 33

[32] *Neumayer/Imschweiler* GmbHR 2011, 57, 64.
[33] *Neumayer/Imschweiler* GmbHR 2011, 57, 65.
[34] *Mues* RNotZ 2005, 1, 14.
[35] *Emmerich/Habersack* § 297 Rdnr. 29.
[36] BFH GmbHR 2011, 40 mit Anmerkung *Walter.*

Meinung für die Anerkennung der Organschaft nicht zwingend (und zwar selbst dann nicht, wenn eine Verzinsung ausdrücklich vereinbart ist); allerdings kann die fehlende Verzinsung eine verdeckte Gewinnausschüttung darstellen.[37]

34 Wird der Gewinnabführungsvertrag in einem in die steuerliche Fünfjahresmindestlaufzeit (§§ 14 Nr. 3, 17 KStG) fallenden Wirtschaftjahr tatsächlich nicht durchgeführt, wird die Organschaft von Anfang an, also **rückwirkend nicht anerkannt**. Wird der Gewinnabführungsvertrag nach Ablauf der fünfjährigen Mindestdauer in einem Jahr nicht durchgeführt, bleibt die Organschaft für sämtliche vorrangegangenen Wirtschaftsjahre anerkannt.

35 Wird die Anerkennung der Organschaft wegen tatsächlicher Nichtdurchführung der Gewinnabführungsvertrags versagt, muss der Gewinnabführungsvertrag – wenn für die Zukunft eine Organschaft gewünscht – erneut abgeschlossen und für den Mindestzeitraum durchgeführt werden.

36 **e) Weitere formelle Wirksamkeitsvoraussetzungen eines Beherrschungs- und/oder Gewinnabführungsvertrags.** *aa) Form, Sprache.* Ein Beherrschungs- und ein Gewinnanführungsvertrag bedürfen für ihre Wirksamkeit entsprechend § 293 Abs. 3 AktG der **schriftlichen Form.** Eine notarielle Beurkundung oder eine Unterschriftsbeglaubigung ist grundsätzlich nicht vorgeschrieben. Im Einzelfall kann aufgrund besonderer Umstände gleichwohl eine Beurkundungsbedürftigkeit bestehen, z. B. wenn ausstehende Gesellschafter durch Geschäftsanteile einer übergeordneten GmbH abgefunden werden (§ 15 Abs. 3/4 GmbHG)[38] oder sich die übergeordnete Gesellschaft verpflichtet, auf Verlangen der außenstehenden Gesellschafter deren Geschäftsanteile gegen Barabfindung zu erwerben.

37 Ein mündlicher Vertragsschluss – auch eine **mündliche Nebenabrede** – ist nichtig (§ 125 S. 1 BGB). Ob die bei mündlichen Nebenabreden bestehende Teilnichtigkeit des Gesamtvertrags regelmäßig dessen Gesamtnichtigkeit bewirkt oder hier in Umkehrung des § 139 BGB im Zweifel von einer Restgültigkeit ausgegangen werden muss, ist streitig.[39]

38 Aus dem Schriftformerfordernis folgt, dass eine **erkennbare Einheit der einzelnen Seiten der Vertragsurkunde** sowie ihrer Anlagen bestehen muss.[40] Eine feste Verbindung der Seiten ist hierzu zwar empfehlenswert, aber nicht zwingend.[41] Die Einheit kann sich z. B. auch aus einer durchlaufenden Nummerierung der Seiten oder der Vertragsbestimmungen, einem einheitlichen Schriftbild, einem inhaltlichen Zusammenhang sowie einer Paraphrasierung ergeben; im Zweifel ist eine Gesamtschau vorzunehmen. Ist eine einheitliche Vereinbarung, deren einzelnen Bestandteile nach dem Willen der Beteiligten miteinander stehen und fallen sollen, auf verschiedene Vertragsurkunden aufgeteilt (z. B. ein Beherrschungs- und ein in separater Urkunde enthaltener Gewinnabführungsvertrag), muss auch die **Verknüpfungsabrede** schriftlich niedergelegt sein. Enthält der Vertragstext nicht ausgefüllte Lücken wird die Auslegung in der Regel die Unwirksamkeit der entsprechenden Bestimmung ergeben, wobei die Auswirkungen auf den Gesamtvertrag nach dem Maßstab des § 139 BGB zu bestimmen sind.

39 Der Vertrag darf in einer beliebigen Sprache abgefasst sein. Allerdings dürfte das Registergericht die Eintragung in das Handelsregister regelmäßig davon abhängig machen, dass ihm der Vertrag in **deutscher Sprache** oder in deutscher Übersetzung vorgelegt wird (§ 184 GVG). Auch die Gesellschafter können im Rahmen der Beschlussfassung über die Zustimmung zu dem Vertrag die Vorlage einer deutschsprachigen Fassung verlangen, es sei denn es ist etwas anderes vereinbart.[42]

40 *bb) Für Vertragsschluss zuständige Personen.* Beim Abschluss eines Beherrschungs- und eines Gewinnanführungsvertrags wird die untergeordnete GmbH durch ihre **Geschäftsführer in vertretungsberechtigter Zahl** oder – soweit dies durch den Gesellschaftsvertrag zugelassen ist – im Wege der **unechten Gesamtvertretung** unter Mitwirkung eines Geschäftsfüh-

[37] Vgl. BMF Schreiben v. 15. 10. 2007 BStBl. I 2007, 765; *Philippi/Fickert* BB 2007, 2760.
[38] Baumbach/Hueck/*Zöllner* SchlAnhKonzernR Rdnr. 53.
[39] Nachweise bei Hölters/*Deilmann* § 293 Rdnr. 37.
[40] BGHZ 136, 357 zu Mietverträgen.
[41] *Hüffer* § 293 Rdnr. 26.
[42] LG München I BB 2001, 1648.

rers und eines Prokuristen vertreten. Der übergeordnete Rechtsträger wird entsprechend vertreten. Stellvertretung aufgrund schriftlicher **Vollmacht** ist zulässig. Prokuristen sind als solche (also ohne Mitwirkung eines Geschäftsführers und ohne besondere Vollmacht) nicht zum Vertragsschluss befugt, da die Prokura nicht zum Abschluss von Grundlagengeschäften ermächtigt.

Da ein Beherrschungs- und ein Gewinnanführungsvertrag in das Grundgefüge der untergeordneten GmbH eingreifen, ist der von den Vertretungsorgangen der beteiligten Rechtsträger abgeschlossen Vertrag **schwebend unwirksam**, bis die weiteren Wirksamkeitsvoraussetzungen (insbesondere Zustimmungen der Gesellschafterversammlungen, Handelsregistereintragung) eingetreten sind. 41

Die Vertretungsorgane der beteiligten Rechtsträger können grundsätzlich von den jeweiligen Gesellschafterversammlungen zur Vorbereitung und zum Abschluss eines Unternehmensvertrags **angewiesen** werden (vgl. auch § 83 Abs. 1 S. 2 AktG).[43] Im Zweifel stellt ein solcher Weisungsbeschluss allerdings noch nicht die für die Wirksamkeit des Vertrags erforderliche Zustimmung der jeweiligen Gesellschafterversammlung dar. 42

cc) Zustimmung der Gesellschafterversammlungen. Damit ein Beherrschungs- und Gewinnabführungsvertrag wirksam werden kann, müssen dem Vertrag sowohl die Gesellschafterversammlung der untergeordneten GmbH als grundsätzlich auch die Gesellschafterversammlung des übergeordneten Rechtsträgers zustimmen: 43

(1) Zustimmungsbeschluss bei der untergeordneten GmbH. Wegen der – im materiellen Sinne – satzungsändernden oder jedenfalls satzungsüberlagernden Wirkung eines Beherrschungs- und/oder Gewinnabführungsvertrags sind bei der untergeordneten GmbH die Vorgaben der **§ 53 GmbHG** zu berücksichtigen.[44] Ein Zustimmungsbeschluss der Gesellschafterversammlung ist daher selbst dann erforderlich, wenn der andere Vertragsteil Alleingesellschafter der GmbH ist. Für den Zustimmungsbeschluss ist ferner – anders als für den Unternehmensvertrag selbst und anders als für den Zustimmungsbeschluss der Gesellschafterversammlung des übergeordneten Rechtsträgers – eine **notarielle Beurkundung** notwendig (§ 53 Abs. 2 S. 1 GmbHG analog).[45] Eine formelle Änderung des Wortlauts des Gesellschaftsvertrags ist allerdings nicht geboten und auch nicht üblich. 44

Die **zeitliche Reihenfolge des Vertragsschlusses und der Zustimmungsbeschlüsse** ist den Beteiligten freigestellt (entsprechend dem Grundsatz der §§ 183, 184 BGB).[46] Es ist daher auch möglich, dass die Gesellschaftsversammlung dem Entwurf eines Vertrags zustimmt und der Vertrag erst anschließend zwischen den Vertretungsorgangen geschlossen wird. Inhaltlich müssen der abgeschlossene Vertrag und der Vertrag(sentwurf), dem die Gesellschafterversammlungen zustimmen, allerdings stets **übereinstimmen**. Selbst kleinere Differenzen aufgrund von Anpassungen, die über die Berichtigung von Schreibfehlern und offensichtlichen Unrichtigkeiten hinausgehen, sollen der erforderlichen Identität und somit der Eintragung des Vertrags in das Handelsregister entgegenstehen.[47] Wenn die Gesellschafterversammlungen einen bereits abgeschlossenen Vertrag nur unter inhaltlichen Änderungen zustimmt, ist der vorgelegte Vertrag abgelehnt; die Vertretungsorgane der beteiligten Rechtsträger müssen gegebenenfalls den Vertrag in der von der Gesellschafterversammlung abgeänderten Fassung neu schließen. Ob die Gesellschafterversammlung einer untergeordneten GmbH ihre Geschäftsführung ermächtigen kann, noch zu Einzelheiten des Unternehmensvertrags oder Vertragsänderungen ohne erneuten zustimmenden Beschluss der Gesellschafter zu vereinbaren, ist streitig und wohl zu verneinen.[48] 45

Der Beschluss der Gesellschafterversammlung kann in der Form der Beurkundung von Willenserklärungen (§§ 6 ff BeurkG) – einschließlich Verlesung des Beschlusses –, aber auch als Tatsachenprotokoll (§§ 36 ff. BeurkG) – **ohne Verlesung** des Beschlusses – beurkundet 46

[43] MünchKommAktG/*Altmeppen* § 293 Rdnr. 8; Hölters/*Deilmann* § 293 Rdnr. 33.
[44] Grundlegend der sogenannte „Supermarktbeschluss", vgl. BGHZ 105, 324 = NJW 1989, 295.
[45] BGHZ 105, 324; Baumbach/Hueck/*Zöllner* SchlAnhKonzernR Rdnr. 52.
[46] MünchKommAktG/*Altmeppen* § 293 Rdnr. 34.
[47] Hölters/*Deilmann* § 293 Rdnr. 14.
[48] *Mues* RNotZ 2005, 1, 15.

werden. Der Unternehmensvertrag selbst muss in keinem Fall mitbeurkundet werden (sonst liefe § 293 Abs. 3 AktG leer), ist aber grundsätzlich zum Nachweis, auf welchen Vertrag sich der Zustimmungsbeschluss bezieht, im Wege der unechte Bezugnahme – gegebenenfalls in beglaubigter Abschrift – als Anlage zur Niederschrift zu nehmen (vgl. auch § 293g Abs. 2 S. 2 AktG; zu der Anwendbarkeit der §§ 293a ff. AktG im GmbH-Konzernrecht Rdnr. 51 ff.).[49]

47 Welcher **Mehrheit** der Zustimmungsbeschluss bedarf, ist seit langem umstritten. Nach herrschender Meinung ist eine Zustimmung aller Gesellschafter erforderlich, es sei denn der Gesellschaftsvertrag bestimmt etwas anderes.[50] Dabei genügt es wohl, wenn ein Beschluss mit der satzungsändernden Mehrheit von ¾ der abgegebenen Stimmen gefasst wird und die gegen den Beschluss stimmenden Gesellschafter sowie die Gesellschafter, die an der Abstimmung nicht teilgenommen haben, nachträglich zustimmen; die nachträglichen Zustimmungserklärungen sollen weder der notariellen Beurkundung noch der Unterschriftsbeglaubigung bedürfen.[51]

48 Ist bei der untergeordneten GmbH ein **Aufsichtsrat** gebildet, kann sich aus dem Gesellschaftsvertrag oder aus einem Beschluss des Aufsichtsrats (§ 111 Abs. 4 S. 2 AktG i. V. m. § 52 Abs. 1 GmbHG) ergeben, dass auch der Aufsichtsrat dem Unternehmensvertrag zustimmen muss (allerdings grundsätzlich ohne dass dies Wirksamkeitsvoraussetzung für den Unternehmensvertrag wäre). Ist der Anwendungsbereich des Mitbestimmungsgesetzes eröffnet, darf unter den Voraussetzungen des § 32 MitbestG das Stimmrecht in der Gesellschafterversammlung der untergeordneten GmbH nur ausgeübt werden, wenn im Aufsichtsrat der Obergesellschaft ein entsprechender Beschluss gefasst worden ist.

49 *(2) Zustimmungsbeschluss bei dem übergeordneten Rechtsträger.* Eines Zustimmungsbeschlusses bei dem übergeordneten Rechtsträger bedarf es nach herrschender Meinung unabhängig davon, ob es hierbei um eine Aktiengesellschaft, eine GmbH oder eine Personengesellschaft (z. B. GmbH & Co. KG) handelt.[52] Grund für diese Zustimmungspflichtigkeit sind insbesondere die weitreichenden Folgen, die die Verlustausgleichspflicht gemäß § 302 AktG (analog) für den übergeordneten Rechtsträger haben kann (vgl. auch § 293 Abs. 2 AktG). Anders als bei der untergeordneten GmbH sind bei übergeordneten Kapitalgesellschaften allerdings unstreitig eine **Beschlussmehrheit** von ¾ der abgegebenen Stimmen ausreichend (bei Personengesellschaften Einstimmigkeit). Handelt es sich bei dem übergeordneten Rechtsträger um eine Aktiengesellschaft muss der Beschluss notariell beurkundet werden (§ 130 Abs. 1 AktG), bei einer GmbH oder einer Personengesellschaft ist eine **Beurkundung** hingegen **nicht erforderlich.** Dass im GmbH-Vertragskonzern der Zustimmungsbeschluss auf der untergeordneten Ebene beurkundungsbedürftig, der Zustimmungsbeschluss auf der übergeordneten Ebene hingegen nicht beurkundungsbedürftig ist, erklärt sich daraus, dass dem Unternehmensvertrag nur bei der untergeordneten GmbH eine satzungsüberlagernde Wirkung zuzuschreiben ist. In jedem Fall sollte der Niederschrift – unabhängig davon, ob sie privatschriftlich verfasst oder beurkundet worden ist – der Vertrag, dem zugestimmt wird, als **Anlage** beigefügt werden (§ 293g Abs. 2 S. 2 AktG). Ob die Zustimmung eines etwaigen Aufsichtsrats erforderlich ist, bestimmt sich nach der Satzung oder dem vom Aufsichtsrat beschlossenen Katalog zustimmungsbedürftiger Geschäfte.

50 *(3) Zustimmungsbeschluss bei Konzernmutter.* Wenn die übergeordnete Gesellschaft Tochterunternehmen einer dritten Gesellschaft (Konzernmutter) ist und zwischen diesen beiden Gesellschaften bereits ein Unternehmensvertrag besteht, stellt sich die Frage, ob dem zwischen Tochter- und Enkelgesellschaft abzuschließenden Unternehmensvertrag auch die Anteilseignerversammlung der Konzern(groß)mutter zustimmen muss. Seit der sogenannten **Holzmüller-Entscheidung** des Bundesgerichtshofs ist anerkennt, dass auch außerhalb des § 119 Abs. 1 und Abs. 2 AktG bestimmte Geschäftsführungsmaßnahmen der gesonderten Zustimmung der Haupt- bzw. Anteilseignerversammlung bedürfen, wenn diese mit einem

[49] BGH GmbHR 1992, 253; *Mues* RNotZ 2005, 1, 16.
[50] Baumbach/Hueck/*Zöllner* SchlAnhKonzernR Rdnr. 54.
[51] Scholz/*Emmerich*, Anhang Konzernrecht, Rdnr. 153, 155.
[52] BGHZ 105, 324; für eine herrschende Personengesellschaft LG Mannheim Rpfleger 1994, 256.

wesentlichen Eingriff in die Mitgliedsrechte und in die Vermögensinteressen der Aktionäre bzw. Gesellschafter verbunden sind (siehe auch Rdnr. 128 ff.).[53] Dabei wird auch der Fall, dass eine Tochtergesellschaft einen Unternehmensvertrag mit einer anderen (Enkel-)Gesellschaft schließt, als auf der Ebene der Konzern(groß)mutter nach der Holzmüller-Doktrin möglicherweiser zustimmungsbedürftig bewertet.[54] Der Abschluss eines Unternehmensvertrages auf der Ebene der Tochtergesellschaft dürfte für die (Groß-)Muttergesellschaft selbst und ihre Gesellschafter immer dann von grundlegender Bedeutung, wenn mit dem Abschluss des Unternehmensvertrages über die §§ 302 f., 322, 324 Abs. 3 AktG Haftungsrisiken für die (Groß-)Mutter selbst begründet werden. Dies ist bei einer durchgehenden Kette von Unternehmensverträgen mit der Haftungsregelung des jeweils herrschenden Unternehmens nach § 302 AktG wohl stets der Fall.[55] Siehe zu den formellen Anforderungen an den Zustimmungsbeschluss Rdnr. 131.

51 *dd) Unternehmensvertragsbericht und -prüfung gemäß §§ 293 a ff. AktG.* Handelt es sich bei dem übergeordneten Rechtsträger um eine **Aktiengesellschaft**, sind die in den §§ 293 a ff. AktG enthaltenen Regelungen betreffend einen Bericht des Vorstands über den Unternehmensvertrag und eine Prüfung des Vertrags durch einen sachverständigen Dritten aufgrund des Gesetzeswortlauts auch dann anzuwenden, wenn es sich bei dem untergeordneten Rechtsträger um eine GmbH handelt.[56] Ob und gegebenenfalls in welchem Umfang dies auch gilt, wenn sowohl auf der unter- als auf der übergeordneten Ebene jeweils eine **GmbH** beteiligt sind, ist umstritten. Diejenigen, die für den Unternehmensvertrag mit der herrschenden Meinung eine Zustimmung sämtlicher Gesellschafter der ungeordneten GmbH fordern, halten eine Beachtung der §§ 293 a ff. AktG regelmäßig zu Recht jedenfalls bei dieser Gesellschaft nicht für zwingend.[57] Jeder Gesellschafter kann seine Zustimmung von der Abgabe entsprechender Berichte, Prüfungen und sonstiger Informationen abhängig machen. Dieses Argument gilt allerdings nicht in Bezug auf eine übergeordnete GmbH, da deren Gesellschafterversammlung nur mit einer ¾-Mehrheit zustimmen muss.

52 Soweit man die §§ 293 a ff. AktG für anwendbar hält, hat die Nichtbeachtung dieser Vorschriften zwar nicht die Nichtigkeit, sondern lediglich die **Anfechtbarkeit** des entsprechenden Zustimmungsbeschlusses zur Folge; gleichwohl soll das Registergericht nach teilweise vertretener Auffassung bei einer Verletzung der §§ 293 a ff. AktG die Eintragung des Unternehmensvertrags in das **Handelsregister** unter Hinweis auf den Verfahrensmangel verweigern können oder gar müssen, wenn es hiervon erfährt.[58] Wenn das Registergericht den Vertrag trotz Nichtbeachtung der §§ 293 a ff. AktG in das Handelsregister einträgt, wird der Vertrag allerdings gleichwohl wirksam.

53 Vorsichtshalber kann es sich aufgrund der nicht abschließend geklärten Rechtslage empfehlen, dass die Gesellschafter jedes beteiligten Rechtsträgers in zumindest unterschriftsbeglaubigter (vgl. § 293 a Abs. 3 AktG) Urkunde ausdrücklich erklären, dass sie auf die Erstattung des Unternehmensvertragsberichts und die Durchführung der Unternehmensvertragsprüfung **verzichten.**[59] Das Schrifttum hält es auch für möglich, dass ein solcher Verzicht durch einen einstimmigen, notariell beurkundeten Beschluss aller Anteilsinhaber erfolgt.[60]

54 *ee) Eintragung in das Handelsregister.* Der Beherrschungs- und/oder Gewinnabführungsvertrag wird erst wirksam, wenn er in das Handelsregister des Sitzes der untergeordneten GmbH eingetragen wird (§ 294 Abs. 2 AktG analog). Hierzu müssen das **Bestehen und die Art des Unternehmensvertrages** sowie der Name (die **Firma**) des übergeordneten Rechtsträgers zur Eintragung angemeldet werden (§ 294 Abs. 1 AktG analog). Üblicherweise wird

[53] BGHZ 83, 122, 131 ff. = NJW 1982, 1703.
[54] LG Düsseldorf DB 2004, 428; MünchHdbGesR IV/*Krieger* § 69 Rdnr. 41.
[55] Eingehend DNotI-Report 2009, 81 ff.
[56] Zöllner/Baumbach/Hueck/*Zöllner* SchlAnhKonzernR Rdnr. 58; *Hüffer* § 293 a Rdnr. 5.
[57] Überblick über den Meinungsstand bei MünchKommAktG/*Altmeppen* § 293 a Rdnr. 12 ff.
[58] Vgl. Hölters/*Deilmann* § 293 b Rdnr. 11; a. A. KölnKomm/*Koppensteiner* § 293 a Rdnr. 50; K. Schmidt/Lutter/*Langenbucher* § 293 a Rdnr. 31 unter Verweis auf BGHZ 146, 149, 185.
[59] *Mues* RNotZ 2005, 1, 18.
[60] *Altmeppen* ZIP 1998, 1853, 1862; MünchKommAktG/*Altmeppen* § 293 a Rdnr. 57 f.

auch der Sitz angemeldet, da es an verschiedenen Orten Gesellschaften mit der gleichen Firma geben kann. Für die Bezeichnung der Art des Unternehmensvertrags soll die Formulierung „Vertrag gemäß § 291 AktG" nicht ausreichen;[61] der Vertrag sollte daher mit den gesetzlich vorgegebenen Begriffen benannt werden (z.B. „Gewinnabführungsvertrag"). Die
55 Handelsregisteranmeldung ist von den **Geschäftsführern in vertretungsberechtigter Zahl** oder – soweit der Gesellschaftsvertrag eine **unechte Gesamtvertretung** vorsieht – von einem Geschäftsführer und einem Prokuristen zu unterzeichnen. Die **Bevollmächtigung** eines Dritten ist zulässig, allerdings bedarf die Vollmacht (zumindest) der Unterschriftsbeglaubigung. Als **Anlage** der Anmeldung sind der Beherrschungs- und/oder Gewinnabführungsvertrag sowie die Zustimmungsbeschlüsse beider beteiligten Rechtsträger zum Registergericht einzureichen (§§ 294 Abs. 1 S. 2; 130 Abs. 5 AktG analog); möglich ist auch eine Nachreichung. Für die Form der Handelsregisteranmeldung und ihrer Anlagen gilt § 12 HGB. Wenn den Beschlussniederschriften nicht lediglich der Entwurf, sondern bereits der unterzeichnete Vertrag als Anlage beigefügt ist, kann in der Handelsregisteranmeldung auf die Anlage zu den Niederschriften Bezug genommen werden, der Vertrag muss der Handelsregisteranmeldung nicht noch zusätzlich separat beigefügt werden.[62] Gelegentlich wünscht das Registergericht zwar gleichwohl die Einreichung des Vertrags als gesonderte Datei, um sie gemäß § 9 HRV in den Registerordner aufzunehmen und so einen gesonderten Abruf gemäß § 9 HGB zu ermöglichen. Eine rechtliche Verpflichtung, diesem Wunsch nachzukommen besteht aber nicht.[63]

56 Wenn der **Registerrichter** sich von den formellen Eintragungsvoraussetzungen überzeugt und den materiellen Vertragsinhalt geprüft hat, trägt er das Bestehen und die Art des Unternehmensvertrags, die Firma des übergeordneten Rechtsträgers und seinen Sitz, das Datum des Vertragsschlusses sowie das Datum, an dem die untergeordnete GmbH ihren Zustimmungsbeschluss gefasst hat, in das Handelsregister ein. Das Datum, an dem die Gesellschafterversammlung des übergeordneten Rechtsträgers zugestimmt hat, wird hingegen nicht in das Handelsregister eingetragen.[64]

57 Das **Datum der Eintragung** in das Handelsregister ist für die Anerkennung einer ertragsteuerlichen Organschaft **von entscheidender Bedeutung**, da das Einkommen der Organgesellschaft dem Organträger erstmals für das Kalenderjahr zuzurechnen ist, in dem das Wirtschaftsjahr der Organgesellschaft endet, in dem der Gewinnabführungsvertrag wirksam wird (§ 14 Abs. 1 S. 2 KStG). Es soll selbst dann auf das Eintragungs- und nicht auf das Anmeldedatum ankommen, wenn die Verantwortung für eine Verzögerung beim Registergericht liegt.[65] In zeitkritischen Situationen übernehmen es die Notare gelegentlich im Auftrag der Beteiligten, das Registergericht für die steuerlichen Implikationen zu sensibilisieren und gegebenenfalls um eine zeitnahe Eintragung zu bitten. Vorsichtshalber empfiehlt es sich in aller Regel, die Laufzeit des Vertrags so zu formulieren, dass bei einer Verzögerung der Eintragung über das Jahresende hinaus gleichwohl die steuerliche Mindestlaufzeit von 5 Jahren (§ 14 Abs. 1 Nr. 3 S. 1 KStG) gewahrt bleibt.

58 Die Eintragung des Unternehmensvertrags in das **Handelsregister des übertragenden Rechtsträgers** ist keine notwendige Voraussetzung der Vertragswirksamkeit. Ob der Vertrag gleichwohl für deklaratorische Zwecke in das Handelsregister des übertragenden Rechtsträgers eingetragen werden kann oder gar muss, ist umstritten. Teilweise wird empfohlen, den Vertrag nebst Zustimmungsbeschluss sicherheitshalber auch zur dortigen Eintragung anzumelden und gegebenenfalls zuvor mit dem Registergericht in Kontakt zu treten.[66]

59 **f) Änderung des Beherrschungs- und Gewinnabführungsvertrags.** *aa) Überblick.* Das Aktienkonzernrecht ordnet in § 295 AktG an, dass für die Änderung eines Unternehmensvertrags die gesetzlichen Bestimmungen über dessen Errichtung sinngemäß gelten. Auch für das

[61] KölnKommAktG/*Koppensteiner* § 294 Rdnr. 9.
[62] Hölters/*Deilmann* § 294 Rdnr. 12f.
[63] So wohl auch KölnerHdbGesR/*Tebben* 5. Kap. Rdnr. 33.
[64] BGHZ 105, 324, 347.
[65] FG Niedersachsen DStRE 2008, 936.
[66] *Mues* RNotZ 2005, 1, 20.

GmbH-Konzernrecht ist anerkannt, dass die Änderung eines Unternehmensvertrags grundsätzlich allen für ihren Abschluss geltenden Regeln folgt.[67]

bb) Vertragsbeendigung und Neuabschluss versus Vertragsänderung. Wenn ein Beherrschungs- und Gewinnabführungsvertrag geändert werden soll, besteht zivilrechtlich auch die Möglichkeit, den bisherigen Unternehmensvertrag zu beenden und den Vertrag mit geändertem Inhalt neu abzuschließen. Dieses Vorgehen kann allerdings die **Anerkennung der ertragsteuerlichen Organschaft für bereits abgeschlossene Veranlagungszeiträume** gefährden, also zu einer rückwirkenden Nichtanerkennung führen. Denn wenn ein Gewinnabführungsvertrag, der noch nicht fünf aufeinander folgende Jahre durchgeführt worden ist, beendet wird, bleibt der Vertrag für die Jahre, für die er durchgeführt worden ist, steuerlich nur wirksam, wenn die Beendigung auf einem wichtigen Grund beruht (R 60 Abs. 6, 66 Abs. 4 KStR 2004). Anstelle der Vertragsbeendigung nebst Neuabschluss ist es daher häufig vorzugswürdig, eine Vertragsänderung – unter Fortführung des bisherigen Vertrags im Übrigen und unter Wahrung der Kontinuität im steuerlichen Sinne – zu vereinbaren. 60

cc) Wirksamkeitsvoraussetzungen einer Vertragsänderung. Die Vereinbarung einer Vertragsänderung bedarf der **Schriftform.** Wenn der Wortlaut des Unternehmensvertrags nicht ausdrücklich geändert, sondern lediglich die Vertragspraxis abweichend gehandhabt wird, kann sich hierin ein konkludent abgeschlossener Änderungsvertrag manifestieren. Ein solcher Änderungsvertrag ist formnichtig (§§ 293 Abs. 3, 295 Abs. 1 S. 2 AktG analog i. V. m. § 125 S. 1 BGB). Im Einzelfall können bei Formverstößen zwar zivilrechtlich nach herrschender Meinung die Grundsätze der fehlerhaften Gesellschaft entsprechend herangezogen werden.[68] Soweit die Vertragsänderung für eine ertragsteuerliche Organschaft relevant ist, gilt dies allerdings nicht; insoweit werden nur uneingeschränkt wirksame Vereinbarungen anerkannt. 61

Die Änderungsvereinbarung ist von den Vertretungsorgangen der beteiligten Rechtsträgern zu unterzeichnen und bedarf der **Zustimmung der Gesellschafterversammlungen** sowohl auf Seiten der untergeordneten als auch auf Seiten der übergeordneten Gesellschaft. Die schuldrechtliche **Rückwirkung** einer Vertragsänderung kann nach den gleichen Grundsätzen vereinbart werden wie die Rückwirkung eines ursprünglichen Vertragsschlusses.[69] Für die **Form- und Mehrheitserfordernisse** sowie die Anwendung der §§ 293a ff. AktG gilt ebenfalls das gleiche wie bei den auf einen Neuabschluss bezogenen Zustimmungsbeschlüssen (siehe oben Rdnr. 43 ff.). Da der bei der untergeordneten GmbH zu fassende Gesellschafterbeschluss danach der Einstimmigkeit bedarf, ist kein Sonderbeschluss etwaiger außenstehender Gesellschafter entsprechend § 295 Abs. 2 AktG erforderlich. Teilweise wird vertreten, bei rein redaktionellen Änderungen sei ein Zustimmungsbeschluss entbehrlich.[70] Ferner könne die Geschäftsführung ermächtigt werden, bestimmte Vertragsänderungen ohne erneute Zustimmung der Gesellschafter zu vereinbaren. Dies ist allerdings bedenklich, da an die Änderung eines Unternehmensvertrags grundsätzlich die gleichen Anforderungen zu stellen sind wie an eine Satzungsänderung.[71] 62

Die Vertragsänderung erfordert für ihre Wirksamkeit eine **Eintragung in das Handelsregister** des Sitzes der untergeordneten GmbH. Hierzu ist der Umstand der Vertragsänderung anzumelden. Für die Anmeldebefugnis, die Form und die Anlagen der Handelsregisteranmeldung gelten die für den Neuabschluss eines Unternehmensvertrags geltenden Regeln entsprechend (siehe auch Rdnr. 94 ff.). Wenn ein Vertragspartner ausgewechselt wird, ist auch der Übernehmer zur Eintragung in das Handelsregister anzumelden. 63

g) Beendigung des Beherrschungs- und Gewinnabführungsvertrags. *aa) Überblick.* Das Aktienkonzernrecht enthält in §§ 296 ff. AktG gesetzliche Vorschriften zur einvernehmlichen Aufhebung und zur Kündigung von Unternehmensverträgen sowie zu der Pflicht, eine Vertragsbeendigung zur Eintragung in das Handelsregister anzumelden. Damit sind die 64

[67] Baumbach/Hueck/*Zöllner* SchlAnhKonzernR Rdnr. 61.
[68] MünchKommAktG/*Altmeppen* § 295 Rdnr. 28.
[69] Hölters/*Deilmann* § 295 Rdnr. 13.
[70] *Krieger/Jannot* DStR 1995, 1473, 1474.
[71] Kritisch auch *Mues* RNotZ 2005, 1, 22.

möglichen Beendigungstatbestände und ihre Folgen allerdings auch im Aktienrecht nur rudimentär geregelt. Unabhängig von der Rechtsform der untergeordneten Gesellschaft können Unternehmensverträge nicht nur durch Vertragsaufhebung und Kündigung beendet werden, sondern z.B. auch durch Ablauf der vereinbarten Vertragslaufzeit, durch den Eintritt einer auflösenden Bedingung (Zulässigkeit streitig), durch das spätere Hinzutreten außenstehender Gesellschafter bei der untergeordneten Gesellschaft, durch Insolvenz oder Auflösung eines Vertragspartners (streitig),[72] durch eine Umwandlung nach dem Umwandlungsgesetz, Eingliederung der Unter- in die Obergesellschaft oder – nur bis zur Handelsregistereintragung zulässig – durch Rücktritt oder Anfechtung. Die in der notariellen Praxis häufigsten Beendigungstatbestände sollen nachfolgend exemplarisch dargestellt werden.

65 *bb) Vertragsaufhebung.* Auch wenn es sich bei der untergeordneten Gesellschaft um eine GmbH handelt, bedarf ein Aufhebungsvertrag gemäß § 296 Abs. 1 S. 3 AktG analog zu seiner Wirksamkeit der **Schriftform.** Nach überwiegender Meinung sind auch die in § 296 Abs. 1 S. 1 und 2 AktG enthaltenen Regelungen analog auf die untergeordnete GmbH anzuwenden.[73] Danach kann ein Unternehmensvertrag **nur zum Ende des Geschäftsjahres oder des sonst vertraglich vereinbarten Abrechnungszeitraums** aufgehoben werden, wobei eine rückwirkende Aufhebung unzulässig ist. Hiergegen verstoßende Vereinbarungen sind gemäß § 134 BGB nichtig und bewirken im Zweifel die Gesamtnichtigkeit des Aufhebungsvertrags (§ 139 BGB). Zur Vermeidung dieser Konsequenzen kann – wenn eine unterjährige
66 Vertragsaufhebung gewollt ist – die untergeordnete GmbH ihr **Wirtschaftsjahr durch eine Satzungsänderung umstellen** und der Unternehmensvertrag sodann mit Wirkung zum Ende des entstehenden Rumpfgeschäftsjahres aufgehoben werden.[74] Zu beachten ist, dass die Satzungsänderung nach herrschender Meinung vor Ablauf des entstehenden Rumpfgeschäftsjahrs in das Handelsregister eingetragen werden muss. Wird im Zusammenhang mit der Beendigung eines ertragsteuerlichen Organschaftsverhältnisses das Wirtschaftsjahr der Organgesellschaft auf einen vom Kalenderjahr abweichenden Zeitraum umgestellt, ist von der Finanzverwaltung dafür die nach § 7 Abs. 4 S. 3 KStG erforderliche Zustimmung zu erteilen (R 59 Abs. 3 S. 1 KStR 2004). Bei Veräußerungen einer Beteiligung kommt es nicht selten vor, dass nach Umstellung des Wirtschaftsjahres zur Aufhebung des mit dem Veräußerer geschlossenen Gewinnabführungsvertrags das Wirtschaftsjahr der Organgesellschaft erneut umgestellt werden soll, um den Abschlussstichtag der Organgesellschaft dem im Organkreis des Erwerbers üblichen Abschlussstichtag anzupassen. In diesem Fall hat die Finanzverwaltung der erneuten Umstellung des Wirtschaftsjahres auch dann zuzustimmen, wenn das Wirtschaftjahr damit im selben Veranlagungszeitraum zum zweiten Mal umgestellt wird (R 59 Abs. 3 S. 2 KStR 2004).

67 Im Aktienrecht bedarf ein Aufhebungsvertrag keines **Zustimmungsbeschlusses** der Anteilseigener eines beteiligten Rechtsträgers. Ob dies entsprechend im Falle einer untergeordneten GmbH gilt, ist äußerst umstritten. Nicht unerhebliche Stimmen lehnen eine Übertragung der aktienrechtliche Rechtslage ab und vertreten die Auffassung, die Vertragsaufhebung unterliege – als actus contrarius – den gleichen Maßstäben wie die Errichtung des Unternehmensvertrags.[75] Aus Vorsichtsgründen empfiehlt es sich, möglichst einen Zustimmungsbeschluss der Anteilseigner sowohl auf Seiten der untergeordneten GmbH als auch auf Seiten der übergeordneten Gesellschaft zu fassen. Dabei sollten die Form- und Mehrheitserfordernisse, die für die Zustimmungsbeschlüsse zu dem ursprünglichen Abschluss des Unternehmensvertrags gelten, entsprechend berücksichtigt werden. Da der bei der untergeordneten GmbH zu fassende Gesellschafterbeschluss danach der Einstimmigkeit bedarf, ist kein Sonderbeschluss etwaiger außenstehender Gesellschafter entsprechend § 296 Abs. 2 AktG erforderlich.

[72] Überblick bei *Mues* RNotZ 2005, 1, 30 f.

[73] BGH NJW 2002, 822; Lutter/Hommelhoff/*Lutter* Anh. § 13 Rdnr. 85; *Ulrich* GmbHR 2004, 1000, 1002; a. A. allerdings z. B. Baumbach/Hueck/*Zöllner* SchlAnhKonzernR Rdnr. 72.

[74] *Mues* RNotZ 2005, 1, 24.

[75] OLG Oldenburg NZG 2000, 1138; Überblick über den Meinungsstand bei *Mues* RNotZ 2005, 1, 25.

Besonderheiten bestehen nach herrschender Meinung bei der Aufhebung eines Unternehmensvertrages mit einer **100%igen Tochtergesellschaft.** Im Falle einer beherrschten Ein-Mann-GmbH wird das Erfordernis eines Gesellschafterbeschlusses zur Aufhebung eines Unternehmensvertrages abgelehnt, da er eine „reine Förmelei" darstellen würde.[76] 68

Die Geschäftsführer haben die Beendigung eines Unternehmensvertrags, den Grund und den Zeitpunkt der Beendigung unter Vorlage des Aufhebungsvertrags zur **Eintragung in das Handelsregister** der untergeordneten GmbH anzumelden (§ 298 AktG bzw. § 54 GmbHG analog). Die wohl überwiegende Auffassung geht davon aus, dass die Handelsregistereintragung im Falle eines Aufhebungsvertrags keine konstitutive, sondern lediglich deklaratorische Wirkung besitzt.[77] Die herrschende Meinung nimmt an, dass eine Anmeldung zukünftiger Ereignisse unzulässig ist[78] und die Anmeldung der Beendigung des Unternehmensvertrages daher erst nach Eintritt der Vertragsbeendigung erfolgen darf. 69

cc) Kündigung. § 297 Abs. 1 S. 1 AktG sieht vor, dass ein Unternehmensvertrag aus **wichtigem Grund** ohne Einhaltung einer Kündigungsfrist gekündigt werden kann. Nach § 297 Abs. 1 S. 2 AktG ist ein solcher Grund namentlich dann zu bejahen, wenn der andere Vertragsteil voraussichtlich nicht in der Lage sein wird, seine aufgrund des Vertrages bestehenden Verpflichtungen zu erfüllen. Die Möglichkeit der außerordentlichen Kündigung kann durch Vertrag weder ausgeschlossen noch erschwert werden. Dies gilt analog bei Unternehmensverträgen unter Beteiligung einer untergeordneten GmbH. Die außerordentliche Kündigung von Gewinnabführungsverträgen hat eine besondere praktische Bedeutung, da sie – anders als eine Vertragsbeendigung ohne wichtigen Grund – auch innerhalb des fünfjährigen Mindestzeitraum steuerlich für die vergangene Veranlagungszeiträume unschädlich ist (§ 14 Abs. 1 S. 1 Nr. 3 S. 2 KStG; allerdings wirkt die unterjährige Kündigung auf den Beginn des Wirtschaftjahres der Organgesellschaft zurück, § 14 Abs. 1 S. 1 Nr. 3 S. 3 KStG). 70

Problematisch ist, dass die Rechtsprechung den **Begriff des wichtigen Grundes zivilrechtlich enger** fasst **als steuerrechtlich.** Dies hat z. B. folgende Konsequenzen: Ein wichtiger Grund kann steuerrechtlich grundsätzlich z. B. in der Veräußerung oder Einbringung der Organbeteiligung durch den Organträger, der Verschmelzung, Spaltung oder Liquidation des Organträgers oder der Organgesellschaft gesehen werden (R 60 Abs. 6 S. 2 KStR). Zivilrechtlich soll die Veräußerung nach herrschender Meinung hingegen grundsätzlich keine außerordentliche Kündigung rechtfertigen.[79] Das übergeordnete Unternehmen sei nicht schutzbedürftig, da es den Anlass der Kündigung selbst herbeigeführt habe und die Möglichkeit besitze, den Vertrag einvernehmlich aufzuheben oder ordentlich zu kündigen. Auch dem untergeordneten Unternehmen sei eine Fortführung des Unternehmensvertrags bei einer Beteiligungsveränderung nicht ohne Weiteres unzumutbar. Um möglichst einen Gleichlauf zwischen Zivil- und Steuerrecht herzustellen, wird in Gewinnabführungsverträgen daher häufig der Verkauf einer Beteiligung ausdrücklich als ein wichtiger Grund, der eine außerordentliche Kündigung rechtfertigt, definiert. 71

Ob neben der stets bestehenden Möglichkeit einer (außerordentlichen) Kündigung aus wichtigem Grund zivilrechtlich auch eine **ordentliche Kündigungsmöglichkeit** ohne besonderen rechtfertigenden Anlass besteht, richtet sich nach den ausdrücklichen Vereinbarungen in dem Unternehmensvertrag. In der Praxis wird regelmäßig ausdrücklich ein ordentliches Kündigungsrecht vereinbart, wobei vorgesehen wir, dass dieses Recht erstmals nach Ablauf des 5-Jahreszeitraum i. S. d. § 14 Abs. 1 Nr. 3 KStG ausgeübt werden kann. Ohne eine explizite Regelung soll nach überwiegender Auffassung keine ordentliche Möglichkeit zur Kündigung von Beherrschungs- und Gewinnabführungsverträgen bestehen (anders bei Unternehmensverträgen im Sinne des § 292 AktG).[80] Der BGH hat entschieden, dass bei einer Kündigung – auch wenn sie ohne wichtigen Grund erfolgt – nicht die Grundsätze des § 296 72

[76] OLG Karlsruhe DNotZ 1994, 690; WürzNotarHdb/*Reul* Teil 5 Rdnr. 788.
[77] BGHZ 116, 37, 43 f.
[78] *Krafka/Willer/Kühn* Registerrecht Rdnr. 146 ff.
[79] OLG Düsseldorf ZIP 1994, 1602; OLG Oldenburg GmbHR 2000, 1267; Bestätigung durch BGH DStR 2002, 1101; siehe dazu *Ulrich* GmbHR 2004, 1000, 1001 f.; a. A. MünchHdbGesR IV/*Krieger* § 70 Rdnr. 196; *Krieger/Jannott* DStR 1995, 1473, 1476.
[80] Siehe etwa MünchHB-AG/*Krieger* § 70 Rdnr. 167.

Abs. 1 S. 1 AktG berücksichtigt werden müssen, so dass ein Kündigungsrecht nicht nur zum Ende eines Geschäftsjahres oder eines sonst bestimmten Abrechnungszeitraums vereinbart werden kann, sondern der mögliche Kündigungstermin der freien Vereinbarung der Parteien obliegt.[81] In der Regel dürfte aber die Kündigung zum Ablauf eines Wirtschaftsjahres der
73 Organgesellschaft zweckmäßig sein, da ein **unterjähriges Wirksamwerden der Kündigung** steuerlich auf den Beginn des Wirtschaftsjahres zurückwirkt (§ 14 Abs. 1 S. 1 Nr. 3 S. 3 KStG) – wenn aufgrund einer Kündigung ohne wichtigen Grund während des fünfjährigen Mindestzeitraums der Gewinnabführungsvertrag steuerrechtlich nicht ohnehin als von Anfang unwirksam angesehen wird (dazu R 60 Abs. 6 S. 5 KStR 2004). Für die zeitliche Abgrenzung der Verlustausgleichspflicht (§ 302 AktG) ist bei einer unterjährigen Kündigung gegebenenfalls eine Stichtagsbilanz aufzustellen.

74 Die Kündigung – sei sie nun ordentlich oder außerordentlich – bedarf zu ihrer Wirksamkeit der **Schriftform** (§ 297 Abs. 3 AktG analog). Ob eine Kündigung der untergeordneten GmbH eines **zustimmenden Gesellschafterbeschlusses** bedarf, ist umstritten. Teilweise wird darauf verwiesen, dass die Beendigung des Vertragskonzerns aus der Sicht der untergeordneten GmbH eine wesentliche Strukturänderung darstelle, die eine analoge Anwendung der Regeln über die Satzungsänderung (§§ 53, 54 GmbHG) rechtfertigte.[82] Daher wird vorsichtshalber empfohlen, bei der untergeordneten GmbH einen einstimmigen notariell beurkundeten Zustimmungsbeschluss der Gesellschafter zu fassen. Dies gelte jedenfalls, wenn durch die Beendigung des Vertrags Ausgleichs- oder Abfindungsansprüche außenstehender Gesellschaft berührt werden.[83] Einen Sonderbeschluss im Sinne des § 297 Abs. 2 AktG bedarf es dann nicht. Eine Zustimmung des anderen Vertragsteils oder seiner Anteilseigner verlangt die Kündigung als einseitiges Gestaltungsrecht naturgemäß nicht.

75 Erfolgt die Kündigung durch die übergeordnete Gesellschaft wird zur Einholung eines zustimmenden Anteilseignerbeschlusses bei dieser Gesellschaft geraten.[84] Teilweise wird vertreten, dass die ordentliche Kündigung durch die Obergesellschaft auch der Zustimmung der Gesellschafterversammlung der abhängigen GmbH bedürfe.[85]

76 Auch die Vertragsbeendigung aufgrund einer Kündigung ist zur **Eintragung in das Handelsregister** anzumelden, wobei umstritten ist, ob die Eintragung konstitutive oder deklaratorische Wirkung besitzt.[86] Der Kündigungserklärung ist vorzulegen und ihr Zugangsdatum ist nachzuweisen. Im Übrigen gelten die Grundsätze für die Anmeldung im Falle einer einvernehmlichen Vertragsaufhebung entsprechend. Nicht selten steht die Kündigung eines Unternehmensvertrags im Zusammenhang mit der **Insolvenz** der untergeordneten Gesellschaft (wobei teilweise vertreten wird, dass die Insolvenz auch ohne Kündigung unmittelbar zur Vertragsbeendigung führt).[87] Es stellt sich dann die Frage, ob die Vertragsbeendigung von den Geschäftsführern oder von dem Insolvenzverwalter zur Eintragung in das Handelsregister anzumelden ist. Nach herrschender Meinung ist allgemein bei der Frage, wer Anmeldungen zum Handelsregister vorzunehmen hat, danach zu differenzieren, ob die Insolvenzmasse berührt wird oder nicht.[88] Da die Unternehmensverträge regelmäßig zumindest auch erhebliche Bedeutung für das zur Insolvenzmasse gehörende Vermögen haben, dürfte von einer Anmeldebefugnis des Insolvenzverwalters auszugehen sein. Zur Vermeidung von Schwierigkeiten beim Handelsregistervollzug kann es sich im Einzelfall anbieten, dass die **Handelsregisteranmeldung von Geschäftsführer und Insolvenzverwalter gemeinsam** unterzeichnet wird.

77 *dd) Hinzutreten weiterer Gesellschafter.* Hat eine **Aktiengesellschaft** im Zeitpunkt der Beschlussfassung ihrer Hauptversammlung über einen Beherrschungs- oder Gewinnabfüh-

[81] BGHZ 122, 211, 229.
[82] MünchHB-GmbH/*Decher* § 70 Rdnr. 38.
[83] *Mues* RNotZ 2005, 1, 27.
[84] *Mues* RNotZ 2005, 1, 27.
[85] MünchHB-GmbH/*Decher* § 70 Rdnr. 38; a. A. *Mues* RNotZ 2005, 1, 27.
[86] Siehe die Nachweise bei der entsprechenden Thematik im Falle der einvernehmlichen Vertragsaufhebung, oben Rdnr. 69.
[87] Überblick über Meinungsstand bei *Mues* RNotZ 2005, 1, 30 f.
[88] *Krafka/Willer/Kühn* Registerrecht Rdnr. 1143.

rungsvertrag keinen außenstehenden Aktionär, so endet der Vertrag gemäß § 307 AktG spätestens zum Ende des Geschäftsjahres, in dem ein außenstehender Aktionär an der untergeordneten Aktiengesellschaft beteiligt wird. Dies gilt selbst dann, wenn der Vertrag für zukünftig hinzutretende Aktionäre Ausgleichs- und Abfindungsregelung entsprechend §§ 304, 305 AktG enthält, da deren Angemessenheit nicht im Spruchverfahren (vgl. § 4 SpruchG) überprüft werden konnte. Auch eine Vertragsbeendigung gemäß § 307 AktG ist gemäß § 298 AktG zur Eintragung in das Handelsregister anzumelden, wobei die Handelsregistereintragung lediglich deklaratorische Wirkung hat. Ein Neuabschluss des Unternehmensvertrags bleibt möglich (einschließlich eines angemessenen Ausgleich bzw. einer angemesseneren Abfindung für die außenstehenden Aktionäre und der Möglichkeit einer Überprüfung im Spruchverfahren).

Ob § 307 AktG im **GmbH-Konzernrecht** analog gilt, ist umstritten. Nach nicht selten ver- 78
tretener Auffassung ist dies der Fall.[89] Dagegen spricht aber, dass ein Unternehmensvertrag bei der abhängigen GmbH letztlich wie eine Satzungsregelung wirkt. Es erscheint nicht erforderlich, einen Anteilserwerber vor der Existenz eines Unternehmensvertrags stärker zu schützen als vor unliebsamen Satzungsregelungen. Gegen eine Analogie zu § 307 AktG ist anzuführen, dass der Erwerber eines GmbH-Anteils aufgrund der im GmbH-Recht anders als im Aktienrecht geltenden Satzungsfreiheit stets mit wesentlichen gesellschaftsvertraglichen Abweichungen vom Gesetz oder üblichen Gestaltungen rechnen muss.[90] Gegebenenfalls bestehen Gewährleistungsansprüche des Anteilserwerbers gegenüber dem Veräußerer.

ee) Maßnahmen nach dem UmwG. Welches Schicksals ein Unternehmensvertrag und eine 79
Organschaft haben, wenn einer der Vertragsteile an Maßnahmen nach dem UmwG beteiligt wird, ist im Einzelnen sehr umstritten. Nachfolgend werden die Grundzüge der Auswirkungen von Verschmelzungen und Spaltungen dargestellt, wie sie sich nach der herrschenden Meinung darstellen (ein Formwechsel hat grundsätzlich keinen Einfluss auf bestehende Unternehmensverträge und Organschaften):

(1) Verschmelzung. Wird die **untergeordnete GmbH als übertragender Rechtsträger** auf 80
einen anderen bestehenden oder einen neuen Rechtsträger verschmolzen, erlischt der Unternehmensvertrag in dem Zeitpunkt, in dem die Verschmelzung in das Handelsregister des übernehmenden Rechtsträgers eingetragen wird.[91] Dies gilt unabhängig davon, ob die GmbH auf den anderen Vertragsteil des Unternehmensvertrags oder auf einen dritten Rechtsträger verschmolzen wird. Es kommt nicht zu einer Rechtsnachfolge im Sinne des § 20 Abs. 1 Nr. 1 UmwG. Eine Anmeldung der Beendigung des Unternehmensvertrag zur Eintragung in das Handelsregister ist schon deshalb entbehrlich, weil die untergeordnete GmbH in dem Zeitpunkt, in dem der Unternehmensvertrag beendet worden ist (also bei Wirksamwerden der Verschmelzung), erloschen ist und bezüglich dieser GmbH daher nichts mehr in das Handelsregister eingetragen wird.[92] Die ertragsteuerliche Organschaft endet zum Übertragungsstichtag.[93]

Ist die **untergeordnete GmbH als aufnehmender Rechtsträger** an einer Verschmelzung be- 81
teiligt, hat dies grundsätzlich keine Auswirkungen auf den Bestand des Unternehmensvertrags (gegebenenfalls kann eine Kündigungsmöglichkeit aus wichtigem Grund entstehen).[94] Werden allerdings aufgrund der Verschmelzung erstmals außenstehende Gesellschafter an der GmbH beteiligt, führt dies nach herrschender Meinung gemäß § 307 AktG analog zur Beendigung des Unternehmensvertrags (siehe auch oben Rdnr. 78). Wenn die übergeordnete Gesellschaft auf die untergeordnete GmbH verschmolzen wird, werden zwischen diesen Gesellschaften bestehende Unternehmensverträge gegenstandslos und erlöschen (Konfusion). Die Vertragsbeendigung ist zur Eintragung im Handelsregister anzumelden (§ 298 AktG).

[89] Baumbach/Hueck/*Zöllner* SchlAnhKonzernR Rdnr. 71; *Pluskat* Der Konzern 2004, 525; a. A Scholz/*Priester* § 53 Rdnr. 172 a.
[90] Ähnlich *Priester*, FS Peltzer, 327, 333.
[91] *Marsch-Barner* UmwG § 20 Rdnr. 18; Lutter/*Grunewald* UmwG § 20 Rdnr. 36.
[92] Limmer/*Limmer* Rdnr. 831; a. A. offenbar *Marsch-Barner* UmwG § 20 Rdnr. 18.
[93] *Mues* RNotZ 2005, 1, 31.
[94] Lutter/*Grunewald* UmwG § 20 Rdnr. 35.

82 Ist der **andere – übergeordnete – Teil** des Unternehmensvertrags **als übertragender Rechtsträger** an einer Verschmelzung beteiligt, lässt dies im Übrigen den Bestand des Unternehmensvertrags grundsätzlich unberührt. Der übernehmende Rechtsträger tritt in diesem Fall im Wege der Gesamtrechtsnachfolge in alle Rechte und Pflichten aus dem Unternehmensvertrag ein, ohne dass es hierzu weiterer Voraussetzungen bedürfte (§ 20 Abs. 1 Nr. 1 UmwG). Auch ein der Verschmelzung zustimmenden Beschluss der Anteilseignerversammlung des abhängigen Rechtsträgers ist nicht erforderlich.[95] § 295 AktG gilt in diesem Zusammenhang nicht. Allerdings ist die Veränderung zur Eintragung in das Handelsregister anzumelden. Die bisherige Laufzeit eines Gewinnabführungsvertrags wird auf den fünfjährigen Mindestzeitraum (§ 14 Abs. 1 S. 1 Nr. 3 KStG) angerechnet, als ob keine Verschmelzung stattgefunden hätte.[96] Dem übernehmenden Rechtsträger wird die Zeit, in der die finanzielle Eingliederung zum übertragenden Rechtsträger bestand, zugerechnet. Dies gilt auch dann, wenn nach der Verschmelzung eine Organschaft zwischen der untergeordneten GmbH und dem übernehmenden Rechtsträger durch Abschluss eines Gewinnabführungsvertrags neu begründet werden soll.[97]

83 *(2) Spaltung.* Die aus einem Beherrschungs- und/oder Gewinnabführungsvertrag folgende Rechtsstellung einer **untergeordneten GmbH** kann nach herrschender Meinung nicht im Wege der Aufspaltung, Abspaltung oder Ausgliederung auf einen anderen bestehenden Rechtsträger übertragen werden.[98] Im Falle der Aufspaltung erlöschen der Unternehmensvertrag und das entsprechende Organschaftsverhältnis, im Falle der Abspaltung oder Ausgliederung bestehen Unternehmensvertrag und Organschaftsverhältnis im Verhältnis der bisherigen Vertragsparteien fort (wobei gegebenenfalls ein Kündigungsrecht aus wichtigem Grund ausgelöst werden kann). Wenn ein bereits bestehender übernehmende Rechtsträger an den Unternehmensvertrag gebunden werden soll, ist ein Neuabschluss oder ein im Wege
84 einer Vertragsänderung vereinbarter Parteiwechsel vorzunehmen. Bei einer **Spaltung zur Neugründung** wird es überwiegend aufgrund einer wirtschaftlichen Betrachtungsweise befürwortet, dass eine untergeordnete Gesellschaft ihre Rechte und Pflichten aus einem Beherrschungs- und Gewinnabführungsvertrag auf den neu gegründeten Rechtsträger übertragen kann.[99] Dies ist zur Eintragung in das Handelsregister anzumelden.

85 Der **übergeordnete Rechtsträger** kann einen Beherrschungs- und/oder Gewinnabführungsvertrag durch Spaltung auf einen anderen Rechtsträger überleiten.[100] Hierzu ist der Beherrschungs- und/oder Gewinnabführungsvertrag in dem Spaltungs- und Übernahmevertrag bzw. dem Spaltungsplan dem anderen Rechtsträger zuzuordnen. Einer besonderen Mitwirkung der Gesellschafter des abhängigen Unternehmens bedarf es nicht,[101] nach herrschender Meinung auch nicht der Gesellschafter der aufnehmenden Gesellschaft;[102] vorsichtshalber kann in dem Gesellschafterbeschluss betreffend den Spaltungsvertrag bzw. -plan explizit die Zustimmung der Gesellschafter der aufnehmenden Gesellschaft zu der Übernahme des Beherrschungs- und/oder Gewinnabführungsvertrags aufgenommen werden. Es muss mit einer noch 5-jährigen Verlustausgleichshaftung (§ 302 AktG) auch des
86 übertragenden Rechtsträgers nach § 133 Abs. 1, 3 UmwG gerechnet werden.[103] Auch kann aufgrund der Spaltung ein Kündigungsrecht aus wichtigem Grund der untergeordneten GmbH entstehen. Das Organschaftsverhältnis geht wegen des Erfordernisses der finanziellen Eingliederung (§ 14 Abs. 1 S. 1 Nr. 1 KStG) grundsätzlich nur dann auf den aufnehmenden Rechtsträger über, wenn auch die Mehrheitsbeteiligung an der Organgesellschaft im

[95] Lutter/*Grunewald* UmwG § 20 Rdnr. 37.
[96] *Mues* RNotZ 2005, 1, 32.
[97] *Heurung/Engel* BB 2011, 151, 153.
[98] Lutter/*Priester* UmwG § 126 Rdnr. 65; Kallmeyer/*Sickinger* UmwG § 126 Rdnr, 26; a.A. Widmann/Mayer/*Mayer* § 126 Rdnr. 233.
[99] Nachweise bei Kallmeyer/*Sickinger* UmwG § 126 Rdnr. 26; *Mues* RNotZ 2005, 1, 32; a.A. Lutter/*Priester* UmwG § 126 Rdnr. 65.
[100] Zum Ganzen Widmann/Mayer/*Mayer* § 126 Rdnr. 232.
[101] Widmann/Mayer/*Mayer* § 126 Rdnr. 232.
[102] A. A. Lutter/*Priester* UmwG § 126 Rdnr. 65.
[103] DNotI-Report 2009, 158.

Wege der Spaltung mitübertragen wird. Der BFH hat jüngst entschieden, dass die Voraussetzungen einer Organschaft auch bei der unterjährigen Ausgliederung einer Mehrheitsbeteiligung mit nachfolgender erstmaliger Begründung einer Organschaft erfüllt sein können, wenn seit dem Beginn des Wirtschaftsjahres eine finanzielle Eingliederung zunächst zum übertragenden Rechtsträger und anschließend zum übernehmenden Rechtsträger besteht.[104] Das Gleiche gilt in den Fällen der Abspaltung und Ausgliederung.[105]

Der Übergang des Vertrags ist zur Eintragung in das Handelsregister der untergeordneten GmbH anzumelden, wobei die Eintragung nur deklaratorische Wirkung besitzt. Der Übergang ist gegenüber dem Registergericht durch die Eintragung der Spaltung in das Handelsregister sowie durch den Spaltungs- und Übernahmevertrag bzw. den Spaltungsplan (gegebenenfalls auszugsweise) nachzuweisen.[106] 87

ff) Rechtsfolgen. Mit der Beendigung eines Unternehmensvertrags erlöschen die hieraus folgenden Rechte und Pflichten für die Zukunft. Zum Stichtag der Vertragsbeendigung **bestehende Verluste** müssen allerdings trotz der Vertragsbeendigung gemäß § 302 AktG (analog) ausgeglichen werden. Gegebenenfalls ist eine Zwischenbilanz zu erstellen, um den Umfang des Ausgleichsanspruchs zu bestimmen. 88

Endet ein Beherrschungs- oder ein Gewinnabführungsvertrag, so hat die übergeordnete Gesellschaft den Gläubigern der untergeordneten Gesellschaft, deren Forderungen begründet worden sind, bevor die Eintragung der Beendigung des Vertrags in das Handelsregister bekannt gemacht worden ist, **Sicherheit zu leisten**, wenn sie sich binnen 6 Monaten nach der Bekanntmachung melden (§ 303 Abs. 1 AktG analog).[107] Solange eine Eintragung der Vertragsbeendigung in das Handelsregister unterbleibt, kann wohl unbefristet jeder Gläubiger Sicherheit verlangen. 89

2. Sonstige Unternehmensverträge mit einer GmbH als untergeordneter Gesellschaft

Eine GmbH kann auch andere Unternehmensverträge (§ 292 Abs. 1 AktG analog) schließen. Von gewisser – wenn auch mit Gewinnabführungs- und Beherrschungsverträgen nicht vergleichbarer – praktische Bedeutung sind Teilgewinnabführungsverträge, Betriebspacht- und Betriebsüberlassungsverträge sowie die nicht ausdrücklich gesetzlich geregelten Betriebsführungsverträge. 90

Unter einem **Teilgewinnabführungsvertrag** versteht § 292 Abs. 1 Nr. 2 AktG einen Vertrag, durch den sich eine Gesellschaft verpflichtet, einen Teil ihres Gewinns oder den Gewinn einzelner ihrer Betriebe (wobei die Gesellschaft mindestens zwei Betriebe haben muss) ganz oder zum Teil an einen anderen abzuführen. **Stille Beteiligungen** an Aktiengesellschaften sowie **partiarische Darlehen**, die eine Beteiligung an dem periodisch ermittelten Gewinn einer Aktiengesellschaft gewähren, werden als Teilgewinnabführungsverträge eingeordnet.[108] Dies gilt auch bei einer atypischen stillen Beteiligung, also wenn dem stillen Gesellschafter Geschäftsführungsbefugnisse eingeräumt werden.[109] Ob auch die stille Beteiligung an einer GmbH als Teilgewinnabführungsvertrag zu qualifizieren ist, ist dagegen umstritten:[110] Überwiegend wird die Auffassung vertreten, dass auf die stille Beteiligung an einer GmbH die Vorschriften des Aktienrechts über den Teilgewinnabführungsvertrag nicht entsprechend anwendbar seien.[111] 91

Ein Vertrag über eine **Gewinnbeteiligung Mitgliedern der Geschäftsführung, eines Aufsichtsrats oder mit einzelnen Arbeitnehmern** sowie eine Abrede über eine Gewinnbeteiligung im Rahmen von **Verträgen des laufenden Geschäftsverkehrs oder Lizenzverträgen** ist kein 92

[104] BFH GmbHR 2011, 44.
[105] *Heurung/Engel* BB 2011, 151, 153.
[106] Vgl. auch Widmann/Mayer/*Mayer* § 126 Rdnr. 232.
[107] MünchHdbGesR (III)/*Decher* § 70 Rdnr. 41.
[108] Hölters/*Deilmann* § 292 Rdnr. 19 f.
[109] *Hüffer* § 292 Rdnr. 15.
[110] Überblick über den Meinungsstand: DNotI-Report 2004, 57.
[111] BayObLG GmbHR 2003, 534; LG Darmstadt ZIP 2005, 402; AG Charlottenburg GmbHR 2006, 258; a. A. *Weigl* DStR 1999, 1568; *Schulte/Waechter* GmbHR 2002, 189; *Mertens* AG 2000, 32; offengelassen durch FG Berlin-Brandenburg DStRE 2008, 868.

Teilgewinnabführungsvertrag (§ 292 Abs. 2 AktG). Auch Verträge, auf Grund derer ein Dritter einen Anteil am Gewinn aus einzelnen Geschäften erhalten soll, gelten nicht als Teilgewinnabführungsverträge.

93 Wenn die Gesellschaft ihren gesamten Unternehmensbetrieb einem Betriebsführer überlässt (die Überlassung einzelner von mehreren Betrieben stellt keinen Unternehmensvertrag dar), gilt für die Unterscheidung von Betriebspacht-, Betriebsüberlassungs- und Betriebsführungsverträge Folgendes: Der Betriebsführer handelt beim **Betriebspachtvertrag** für eigene Rechnung und im eigenen Namen, beim **Betriebsüberlassungsvertrag** für eigene Rechnung im fremden Namen und beim **(echten) Betriebsführungsvertrag** für fremde Rechnung in fremden Namen.[112] Betriebspacht-, Betriebsüberlassungs- und Betriebsführungsverträge können auch mit Beherrschungsverträgen kombiniert werden, um der Eigentümergesellschaft einen hinreichenden Einfluss auf den Betriebsführer zu sichern.

94 Wenn ein Gesellschafter oder ein Dritter sich gegenüber einer Gesellschaft verpflichtet, deren sämtliche Verluste zu tragen, ohne dass im Übrigen ein Beherrschungs- oder Gewinnabführungsvertrag geschlossen wird, kann diese Vereinbarung zwar als „**Verlustübernahmevertrag**“ bezeichnet werden, ein Unternehmensvertrag i. S. d. §§ 291 ff. AktG liegt hierin nach ganz herrschender Meinung aber nicht.[113] Im Einzelfall kann der Vertrag allerdings auf der Ebene der Gesellschaft, die sich zur Verlustübernahme verpflichtet, nach der sogenannten Holzmüller-Doktrin einer Zustimmung der Anteilseignerversammlung bedürfen (siehe dazu Rdnr. 128).

95 Für den **Abschluss**, die **Änderung** und die **Beendigung** von Unternehmensverträge im Sinne des § 292 AktG (einschließlich der nicht ausdrücklich gesetzlich geregelten Betriebsführungsverträge) gelten die obigen Ausführungen (Rdnr. 35 ff.) entsprechend, soweit sich einzelne Regelungen in den §§ 293 ff. AktG nicht ausdrücklich nur auf Gewinnabführungs- und Beherrschungsverträge beziehen (wobei Teilgewinnabführungsverträge nicht mit Ge-
96 winnabführungsverträgen gleichzusetzen sind). So gilt z. B. für **Teilgewinnabführungsvertrag** Folgendes: Der Vertrag bedarf auf Seiten der zur Gewinnabführung verpflichteten Gesellschaft einer Zustimmung der Gesellschafterversammlung, wobei eine satzungsändernde Mehrheit sowie eine notarielle Beurkundung erforderlich sind (§ 53 GmbHG analog). Mangels Anwendbarkeit von § 293 Abs. 2 AktG auf Teilgewinnabführungsverträge ist auf Seiten der anderen Gesellschaft kein Zustimmungsbeschluss der Gesellschafterversammlung erforderlich. Die Geschäftsführung der hauptverpflichtenden Gesellschaft hat das Bestehen und die Art des Unternehmensvertrages sowie den Namen des anderen Vertragsteils zur Eintragung in das Handelsregister anzumelden. Die Handelsregistereintragung besitzt konstitutive Wirkung. Die Bestimmung in § 294 AktG a. F., wonach auch die Vereinbarung über die Höhe des anzumeldenden Gewinns anzumelden war, wurde in 2001 abgeschafft. Beim Bestehen einer Vielzahl von Teilgewinnabführungsverträgen kann anstelle des Namens des anderen Vertragsteils auch eine andere Bezeichnung eingetragen werden, die den jeweiligen Teilgewinnabführungsvertrag konkret bestimmt (§ 294 AktG analog); möglich ist z. B. eine projektbezogene Sammelbezeichnung, etwa: „Errichtung, Betrieb und Vermietung der xy-Immobilie i. R. d. Beteiligungsfonds Nr. 2 im Gesamtvolumen von EUR 10 Mio mit einer Mindestzeichnungssumme von EUR 10.000“.[114] Nach herrschender Ansicht sind auch die Vorschriften über die Berichte und Prüfungen des Unternehmensvertrages nach §§ 293 a ff. AktG auf den Abschluss eines Teilgewinnabführungsvertrages anwendbar.[115] § 304 AktG gilt für Teilgewinnabführungsverträge nicht.[116]

3. Faktischer GmbH-Konzern

97 a) **Überblick.** Das Konzernrecht kennt neben den „Vertragskonzernen“, bei denen sich die Konzerneigenschaft aus geschlossenen Unternehmensverträgen ergibt, die vertragslosen

[112] MünchHdbGesR (III)/*Decher* § 70 Rdnr. 42.
[113] DNotI-Report 2008, 73.
[114] *Hüffer* § 294 Rdnr. 6.
[115] LG München I ZIP 2010, 522; *Hüffer* § 293 a Rdnr. 4; a. A. *Altmeppen* ZIP 1998, 1853 ff.
[116] OLG Düsseldorf AG 1997, 578.

„faktischen Konzerne". Ein faktischer GmbH-Konzern liegt vor, wenn eine GmbH von einem anderen Unternehmen aufgrund dessen Mehrheitsbeteiligung an der GmbH oder **aus einem gesellschaftsrechtlich vermittelten Grund tatsächlich abhängig** ist. In diesem Fall besteht für die GmbH und etwaige Minderheitsgesellschafter die Gefahr, dass das übergeordnete Unternehmen seine Herrschaft zum Nachteil der abhängigen GmbH ausübt. Ein Schulbeispiel hierfür ist etwa die Anweisung des herrschenden Unternehmens an die GmbH, bestimmte Geschäftschancen nicht wahrzunehmen, um sie selbst – gegebenenfalls durch andere Konzerngesellschaften – ausnutzen zu können.

b) **Satzungsgestaltung.** Die Gefahr der Entstehung eines faktischen Konzerns kann durch 98
die Gestaltung der Satzung reduziert oder gar ausgeschlossen werden. In der Praxis kommen zum Schutz vor einer Konzernbildung bzw. ihre Folgen für die GmbH und ihre Minderheitsgesellschafter insbesondere die Vinkulierung von Geschäftsanteilen, Stimmrechtsvereinbarungen (z. B. Stimmverbote, Höchst- oder Mehrfachstimmrechte), Gestaltung von Mehrheitserfordernissen, Vereinbarung von Wettbewerbsverboten sowie Sonderrechte zugunsten einzelner Gesellschafter vor. Minderheitsgesellschafter werden bei der Gründung einer GmbH bzw. beim späteren Erwerb von Geschäftsanteilen häufig jedenfalls auf eine
Vinkulierung bestehen, um die Veräußerung von Geschäftsanteilen durch Mitgesellschafter 99
an anderweitig unternehmerisch tätige Dritte notfalls verhindern zu können. Eine Ausnahme von der üblichen Vinkulierung bilden in der Praxis vor allem die durch das Musterprotokoll (§ 2 Abs. 1 a GmbHG) gegründeten Unternehmergesellschaften (haftungsbeschränkt), da das Musterprotokoll keine Vinkulierung vorsieht. Dabei wird regelmäßig nicht aus inhaltlichen Gründen auf die Vinkulierung verzichtet, sondern lediglich zur Ersparung von Gebühren (§ 41 d KostO).

Zum Schutz vor der Entstehung von faktischen Konzernen oder ihren Auswirkungen sind 100
auch **Gesellschaftervereinbarungen** möglich, die außerhalb der Satzung geschlossen werden (z. B. Stimmbindungsverträge). Nachteil solcher Gesellschaftervereinbarungen ist allerdings insbesondere, dass sie nur schuldrechtlich wirken und eine Kündigung auch ohne wichtigen Grund nicht dauerhaft ausgeschlossen werden kann (§ 723 Abs. 3 BGB analog).

c) **Schutz der GmbH und der Minderheitsgesellschafter außerhalb der Satzung.** Recht- 101
sprechung und Schrifttum haben Mechanismen zum Schutz der GmbH bzw. der Minderheitsgesellschafter entwickelt, die auch dann gelten, wenn keine Vereinbarungen zur Vorsorge vor der Konzernbildung und ihren Auswirkungen getroffen worden sind. So begrenzen insbesondere die allgemeinen gesellschaftsrechtlichen **Treuepflichten** die nachteilige Einflussnahme des herrschenden Gesellschafters auf die GmbH. Für den Notar sind diese Grundsätze vor allem bei der Beurkundung von Rechtsgeschäften zwischen einem herrschenden Gesellschafter und einer abhängigen Gesellschaft sowie bei der Beurkundung von Gesellschafterbeschlüssen relevant. Die §§ 311 ff. AktG, wonach ein herrschendes Unternehmen Maßnahmen zum Nachteil einer abhängigen Gesellschaft treffen darf, wenn die Nachteile ausgeglichen werden, gelten im Falle einer abhängigen GmbH nicht analog. Im GmbH-Recht hat jeder Minderheitsgesellschafter Anspruch auf Unterlassung von schädigenden Handlungen.[117] Bei einem Rechtsgeschäft zwischen der abhängigen GmbH und dem herrschenden Unternehmen müssen die Vertragsbedingungen denjenigen entsprechen, wie
sie im Markt zwischen unabhängigen Dritten abgewickelt werden (**„at arm's length"**).[118] 102
Wenn die Minderheitsgesellschafter einer Maßnahme des herrschenden Unternehmens zugestimmt haben oder es sich um eine Ein-Mann-GmbH handelt, werden die Treupflichten zwar nicht berührt, es sind dann aber noch im Interesse der Gläubiger die Kapitalerhaltungsvorschriften (insbesondere §§ 30 ff. GmbHG) und der Bestandsschutz der GmbH (siehe dazu Rdnr. 108) zu beachten.

Aus der Treupflicht kann für das herrschende Unternehmen auch das Verbot abgeleitet 103
werden, allein der abhängigen Gesellschaft zugewiesene Geschäftschancen durch eine Konkurrenztätigkeit zu gefährden.[119] Einzelheiten des insoweit bestehenden **Wettbewerbsver-**

[117] BGHZ 65, 15 = NJW 1976, 191; 83, 122, 127.
[118] MünchHdbGesR (III)/*Decher* § 68 Rdnr. 21.
[119] BGHZ 89, 162; MünchHdbGesR III/*Decher* § 68 Rdnr. 7.

bots sind allerdings weitgehend ungeklärt, so dass sich (auch) insoweit eine ausdrückliche Satzungsregelung häufig empfehlen dürfte.

104 Im Schrifttum wird vielfach unabhängig von den Regelungen im Gesellschaftsvertrag allgemein – jedenfalls bei einer personalistisch geprägten GmbH – die Notwendigkeit einer **Zustimmung der Gesellschafter zur Begründung einer Abhängigkeit** der GmbH gefordert (präventiver Konzernbildungsschutz).[120] Hierbei wird für die Beschlussfassung der Gesellschafterversammlung teilweise eine ¾-Mehrheit und teilweise Einstimmigkeit gefordert (bei Stimmverbot für den veräußerungswilligen Mehrheitsgesellschafter entsprechend § 47 Abs. 4 GmbHG). Rechtsprechung hierzu findet sich kaum,[121] Einzelheiten sind sehr umstritten. Praktische Bedeutung besitzt die Frage nach einer Gesellschafterzustimmung vor allem
105 für die Abhängigkeitsbegründung durch **Veräußerung der Mehrheitsbeteiligung eines privaten Gesellschafters an einen anderweitig unternehmerisch tätigen Dritten** (wenn die Satzung keine Vinkulierung vorsieht oder wenn für Veräußerungsfälle lediglich ein einfacher Mehrheitsbeschluss der Gesellschafterversammlung erforderlich ist). Im Zweifel kann es sich für die Beteiligten empfehlen, vorsorglich die Zustimmung sämtlicher Gesellschafter einzuholen.

106 d) **Mitteilungspflichten nach § 21 AktG.** Der Transparenz der Konzernbildung unter **Beteiligung von Aktiengesellschaften** dient § 21 AktG. Danach hat eine Aktiengesellschaft einer anderen Gesellschaft (einschließlich GmbH) unverzüglich schriftlich mitzuteilen, sobald der Aktiengesellschaft – unmittelbar oder mittelbar – mehr als 25% der Anteile an der anderen Gesellschaft gehören. Das Gleiche gilt, sobald der Aktiengesellschaft eine Mehrheitsbeteiligung (§ 16 Abs. 1 AktG) gehört. Ebenfalls mitteilungspflichtig ist es, wenn die Beteiligung in der mitteilungspflichtigen Höhe nicht mehr besteht. Solange die Mitteilungspflichten nicht erfüllt sind, können Gesellschafterrechte nicht geltend gemacht werden. Dies gilt für die Vermögens- und die Verwaltungsrechte, also insbesondere auch für die Stimmrechte in der Gesellschafterversammlung der Tochtergesellschaft. Wenn eine Aktiengesellschaft Geschäftsanteile einer GmbH erwirbt und anschließend einen Gesellschafterbeschluss bei der GmbH fassen möchte, ist es erforderlich dass der Anteilserwerb vor der Beschlussfassung schriftlich gemäß § 21 Abs. 1/2 AktG einem Geschäftsführer oder einem bevollmächtigten Vertreter der GmbH mitgeteilt wird.[122] Die Mitteilungspflichten gemäß § 21 AktG dürften auch bei der GmbH-Gründung gelten.[123] Ob die Mitteilungspflichten auch dann zu beachten sind, wenn eine Aktiengesellschaft sämtliche Anteile an einer GmbH (oder an einer Gesellschaft anderer Rechtsform) erwirbt und somit Alleingesellschafterin wird, ist allerdings umstritten.[124]

107 Siehe Rdnr. 127 zu § 20 AktG, der die Sachverhalte behandelt, in denen eine Beteiligung an einer Aktiengesellschaft besteht (während es bei § 21 AktG um die Beteiligung einer Aktiengesellschaft an anderen Unternehmen geht). Die §§ 20ff. AktG gelten nicht (auch nicht analog), wenn an einem Konzernsachverhalt keine Aktiengesellschaft oder KGaA beteiligt ist. Die §§ 20ff. AktG gelten nicht (auch nicht analog), wenn an einem Konzernsachverhalt keine Aktiengesellschaft oder KGaA beteiligt ist.

108 e) **Existenzvernichtungshaftung.** Ein Gesellschafter kann nur dann für sich in Anspruch nehmen, nicht für die Verbindlichkeiten der Gesellschaft zu haften, wenn er die Zweckbindung des Gesellschaftsvermögens zur vorrangigen Befriedigung der Gesellschaftsgläubiger im wesentlichen akzeptiert. Insbesondere wenn ein Gesellschafter der Gesellschaft planmäßig Vermögen entzieht und hierdurch die Interessen der Gesellschaftsgläubiger nachhaltig beeinträchtigt, stellt sich die Frage nach einer Haftung des Gesellschafters. Dass es in solchen Fällen zu einer Haftung des Gesellschafters kommen kann, ist im Grundsatz seit langem anerkannt. Die von Rechtsprechung und Schrifttum entwickelten einzelnen Haftungsvoraussetzungen haben sich allerdings im Laufe der Zeit häufig gewandelt und ständig

[120] Nachweise bei MünchHdbGesR (III)/*Decher* § 68 Rdnr. 8.
[121] Vgl. etwa OLG Stuttgart AG 2000, 229, 231.
[122] *Hermanns*, KölnHdbGesR Rdnr. 1056.
[123] Siehe BGH DNotZ 2006, 779 zu § 20 AktG.
[124] Zu Recht ablehnend *Holland/Burg* NZG 2006, 601.

weiterentwickelt. Eine praktische Bedeutung hat die insoweit bestehende Haftung eines Gesellschafters vor allem in **Konzernen mit 100%-Beteiligungen** (bei denen Treupflichten gegenüber Minderheitsgesellschaftern keine Rolle spielen), obwohl sich die entsprechenden Rechtsfragen auch bei Mehrheitsbeteiligungen und bei privaten Gesellschaftern stellen können. Nach gegenwärtiger Rechtsprechung des BGH lässt sich die Rechtslage wir folgt skizzieren:

Zur Insolvenz der abhängigen Gesellschaft führende oder diese vertiefende „kompensa- 109
tionslose" Eingriffe in das Gesellschaftsvermögen durch einen Gesellschafter stellen einen Missbrauch der Rechtsform der GmbH dar.[125] An eine solche **missbräuchliche, zumindest bedingt vorsätzliche Schädigung des Gesellschaftsvermögens** wird eine als „Existenzvernichtungshaftung" bezeichnete Haftung des Gesellschafters angeknüpft, die der BGH in § 826 BGB – in Gestalt einer schadensersatzrechtlichen Innenhaftung gegenüber der Gesellschaft – als eine besondere Fallgruppe der sittenwidrigen vorsätzlichen Schädigung einordnet.[126] Der Haftungsanspruch setzt einen Eingriff **zu betriebsfremden Zwecken** voraus.[127] Ein Eingriff in diesem Sinne liegt z. B. nicht vor, wenn der Gesellschafter zwar Forderungen der anhängigen GmbH gegen Dritte auf ein eigenes Konto einzieht, damit jedoch Verbindlichkeiten der abhängigen GmbH begleicht.[128] Managementfehler stellen ebenfalls keinen betriebsfremden Eingriff dar, auch wenn es sich um grobe Fehler oder die Veranlassung wirtschaftlich riskanter oder gar wirtschaftlich unvernünftiger Geschäfte handelt.[129] Einem existenzvernichtenden Eingriff steht grundsätzlich auch ein Unterlassen hinreichender Kapitalausstattung i. S.
einer „**Unterkapitalisierung**" der abhängigen GmbH nicht gleich. Ob und gegebenenfalls 110
unter welchen Voraussetzungen unter dem Aspekt der Unterkapitalisierung eine persönliche Haftung des Gesellschafters aufgrund einer anderen Fallgruppe des § 826 BGB in Betracht kommt, ist allerdings bislang offen geblieben.[130] Eine persönliche Haftung der Gesellschafter aufgrund Unterkapitalisierung könnte z. B. in Fällen, in denen eine UG (haftungsbeschränkt) mit einem Stammkapital in Höhe von wenigen Euro gegründet wird, in Betracht kommen. Schadensersatzansprüche aus Existenzvernichtungshaftung gemäß § 826 BGB sind **gegenüber Erstattungsansprüchen aus §§ 31, 30 GmbHG nicht subsidiär**; vielmehr besteht zwischen ihnen – soweit sie sich überschneiden – Anspruchsgrundlagenkonkurrenz.

III. Aktienkonzernrecht

Für das Aktienkonzernrecht enthalten die §§ 291 ff. AktG ausführliche gesetzliche Rege- 111
lungen. Da diese Vorschriften auch für das GmbH-Konzernrecht Pate steht, gelten die oben dargestellten Grundsätze in weitem Umfang – allerdings mit wichtigen Unterschieden im Detail – auch für das Aktienkonzernrecht. Da das Aktienkonzernrecht in der notariellen Praxis eine deutlich geringere Bedeutung als das GmbH-Konzernrecht hat, wird es nachfolgend nur im Überblick dargestellt. Im Übrigen gelten die Ausführungen zum GmbH-Konzernrecht entsprechend (siehe Rdnr. 3 ff.).

1. Errichtung von Unternehmensverträgen mit einer AG als untergeordneter Gesellschaft

a) **Vertragsinhalt.** Inhaltlich unterscheiden sich ein Gewinnabführungsvertrag mit einer 112
untergeordneten Aktiengesellschaft und einer untergeordneten GmbH vor allem dadurch, dass ein solcher Vertrag mit einer untergeordneten Aktiengesellschaft einen angemessenen Ausgleich für die außenstehenden Aktionäre durch eine auf die Anteile am Grundkapital bezogene wiederkehrende Geldleistung (**Ausgleichszahlung**) vorsehen muss (§ 304 Abs. 1 S. 1 AktG). Ein Beherrschungsvertrag muss, wenn die Gesellschaft nicht auch zur Abführung ihres ganzen Gewinns verpflichtet ist, den außenstehenden Aktionären als angemesse-

[125] BGHZ 176, 204.
[126] BGHZ 173, 246 = NJW 2007, 2689.
[127] BGHZ 173, 246, 259.
[128] BGH ZIP 2008, 1329.
[129] BGH ZIP 2005, 250; ZIP 2008, 364.
[130] Ausdrücklich offen gelassen in BHGZ 176, 204 = NJW 2008, 2437.

nen Ausgleich einen bestimmten jährlichen Gewinnanteil nach der für die Ausgleichszahlung bestimmten Höhe garantieren (§ 304 Abs. 1 S. 2 AktG). Von einem Ausgleich kann abgesehen werden, wenn die Gesellschaft keinen außenstehenden Aktionär hat. Ferner muss ein Beherrschungs- oder ein Gewinnabführungsvertrag mit einer untergeordneten Aktiengesellschaft die Verpflichtung des anderen Vertragsteils enthalten, auf Verlangen eines außenstehenden Aktionärs dessen Aktien **gegen eine im Vertrag bestimmte angemessene Abfindung zu erwerben** (§ 305 Abs. 1 AktG).

113 b) **Vertragsschluss.** Beim Abschluss eines Unternehmensvertrags wird die AG durch ihren Vorstand vertreten (§ 78 AktG). Die Zahl der für die Vertretung erforderlichen Mitglieder des Vorstands ergibt sich regelmäßig aus der in der Satzung enthaltenen allgemeinen Vertretungsregelung. Eine unechte Gesamtvertretung in Gemeinschaft mit ein Prokuristen ist zulässig, soweit eine solche Vertretung von der Satzung allgemein zugelassen wird.

114 c) **Zustimmungserfordernisse.** Ein Unternehmensvertrag wird nur wirksam, wenn die Hauptversammlung der untergeordneten Aktiengesellschaft mit einer Mehrheit, die mindestens drei Viertel des bei der Beschlussfassung vertretenen Grundkapitals umfasst, zustimmt (§ 293 Abs. 1 S. 1 AktG). Die Satzung kann eine größere Kapitalmehrheit und weitere Erfordernisse bestimmen (§ 293 Abs. 1 S. 2 AktG). Es ist unerheblich, ob die Zustimmung zu einem bereits abgeschlossenen Vertrag oder zu einem erst später unterzeichneten Vertragsentwurf erteilt wird.[131] Der Zustimmungsbeschluss ist **notariell zu beurkunden** (§ 130 Abs. 1 S. 1 AktG). Dies gilt uneingeschränkt auch für im Falle einer nicht börsennotierten Gesellschaft, da der Ausnahmetatbestand des § 130 Abs. 1 S. 3 AktG nicht erfüllt ist. Für die notarielle Niederschrift sind neben den Vorgaben des BeurkG auch diejenigen des § 130 Abs. 2–6 AktG zu berücksichtigen. Der Unternehmensvertrag ist der notariellen Niederschrift als Anlage beizufügen (§ 293g Abs. 2 S. 2 AktG).

115 Für Beherrschungs- oder einen Gewinnabführungsvertrag mit einer **Aktiengesellschaft als übergeordneten Gesellschaft** ordnet § 293 Abs. 2 AktG an, dass der Vertrag nur wirksam wird, wenn auch die Hauptversammlung der übergeordneten Gesellschaft zustimmt, wobei die gleichen Form- und Mehrheitserfordernisse wie bei der untergeordneten Aktiengesellschaft zu beachten sind. Nach herrschender Meinung gilt dies analog, wenn die übergeordnete Gesellschaft die Rechtsform einer **GmbH oder KG** besitzt.[132] Ist der andere Vertragspartner **eine ausländische Gesellschaft** gilt § 293 Abs. 2 AktG hingegen wohl nicht, ein Gesellschafterbeschluss wird aber im Hinblick auf die insoweit noch nicht abschließend geklärte Rechtlage in der Praxis gleichwohl häufig eingeholt.[133]

116 Ob der **Aufsichtsrat** dem Unternehmensvertrag zustimmen muss, richtet sich nach dem gemäß § 111 Abs. 4 S. 2 AktG zu beschließenden Zustimmungskatalog. Ist die Zustimmung des Aufsichtsrats danach erforderlich und verweigert er diese, so kann der Vorstand verlangen, dass die Hauptversammlung über die Zustimmung beschließt (§ 111 Abs. 4 S. 3 AktG).

117 d) **Informationspflichten, Vorbereitung und Durchführung der Hauptversammlungen.** Die § 293a ff. AktG verlangen die Erstattung eines Vorstandsberichts über den Unternehmensvertrag sowie die Prüfung des Vertrags durch einen sachverständigen Prüfer (sogenannter Vertragsprüfer). Eine Prüfung durch einen Vertragsprüfer ist entbehrlich, wenn sich alle Aktien der abhängigen Gesellschaft in der Hand des herrschenden Unternehmens befinden (§ 293b Abs. 1 a.E.). Der Vorstandsbericht und die Prüfung durch den Vertragsprüfer bzw. dessen Prüfungsbericht sind darüber hinaus nicht erforderlich, wenn alle Anteilsinhaber al-
118 ler beteiligten Unternehmen hierauf durch **unterschriftsbeglaubigte Erklärung verzichten** (§§§ 293a Abs. 3, 293b Abs. 2, 293e Abs. 2 AktG). Das gleiche soll gelten, wenn alle Aktionäre in der Hauptversammlung einstimmig den Verzicht beschließen. Dies erscheint problematisch. Zwar wird die Unterschriftsbeglaubigung durch die notarielle Beurkundung einer Erklärung ersetzt (§ 129 Abs. 2 BGB). Die Stimmabgabe eines Aktionärs stellt aber keine eigene Willenserklärung, sondern einen unselbstständigen Teil der Beschlussfassung dar. Die

[131] BGH NJW 1982, 933.
[132] *Hüffer* AktG § 293 Rdnr. 17.
[133] Hölters/*Deilmann* § 293 Rdnr. 5.

Hauptversammlung als solche hat wiederrum keine Kompetenz, Erklärungen für einzelne Anteilsinhaber abzugeben. Ferner wird die Niederschrift über die Hauptversammlung regelmäßig als Tatsachenprotokoll und nicht nach den Vorschriften über die Beurkundung von Willenserklärungen errichtet und ist bereits aus diesem Grund nicht geeignet, die Verzichtserklärungen der Anteilseigner nachzuweisen.[134] Wenn allerdings die Niederschriften nach Vorschriften über die Beurkundung von Willenserklärungen errichtet wird, ist es unproblematisch möglich, die Verzichtserklärungen in der gleichen Urkunden unter einem separaten Abschnitt aufzunehmen.

In §§ 293f, 293g AktG sind Vorgaben über die Vorbereitung und Durchführung der Hauptversammlungen, die über die Zustimmung zu dem Unternehmensvertrag beschließen sollen, enthalten. 119

e) **Eintragung im Handelsregister.** Der Unternehmensvertrag wird erst wirksam, wenn sein Bestehen in das Handelsregister des Sitzes der untergeordneten Gesellschaft eingetragen wird (§ 294 Abs. 2 AktG). Der Vorstand der untergeordneten Gesellschaft hat dazu das Bestehen und die Art des Unternehmensvertrags sowie den Namen (Firma) des anderen Vertragsteiles (üblicherweise auch dessen Sitz) zur Eintragung in das Handelsregister anzumelden (§ 294 Abs. 1 S. 1 AktG). Bei der Aufzählung der Anlagen zu der Handelsregisteranmeldung in § 294 Abs. 1 S. 2 AktG wird die Niederschrift über die Hauptversammlung, in der die Aktionäre der untergeordneten Aktiengesellschaft dem Unternehmensvertrag zugestimmt haben, zwar nicht ausdrücklich aufgeführt. Dies liegt aber lediglich daran, dass eine beglaubigte Abschrift dieser Niederschrift bereits nach § 130 Abs. 5 AktG zum Handelsregister einzureichen ist. Im Übrigen gelten für die Anmeldung und Eintragung eines Unternehmensvertrags in das Handelsregister die obigen Ausführungen zu der Rechtslage bei einer hauptverpflichteten GmbH entsprechend (Rdnr. 54ff.). 120

2. Änderung und Beendigung von Unternehmensverträgen mit einer AG als untergeordneter Gesellschaft

a) **Vertragsänderung.** Ein Unternehmensvertrag kann nur geändert werden, wenn die Hauptversammlung der untergeordneten Aktiengesellschaft zustimmt (§ 295 Abs. 1 S. 1 AktG). Es gelten die in §§ 293 bis 294 AktG enthaltenen Regelungen über den Abschluss von Unternehmensverträgen entsprechend (§ 295 Abs. 1 S. 2 AktG). Daher muss z.B. auch die Haupt- bzw. Gesellschafterversammlung des anderen Vertragsteils der Änderung eines Beherrschungs- oder Gewinnabführungsvertrags zustimmen (§ 293 Abs. 2 AktG), obwohl dieser Zustimmungsbeschluss in § 295 Abs. 1 S. 1 AktG nicht erwähnt ist. Die Zustimmung zu einer Änderungen der Vertragsbestimmungen, die zur Leistung eines Ausgleichs an die außenstehenden Aktionäre oder zum Erwerb ihrer Aktien verpflichten, bedarf, um wirksam zu werden, eines Sonderbeschlusses der außenstehenden Aktionäre (§ 295 Abs. 2 AktG). Im Übrigen gelten wiederrum die obigen Ausführungen zu der Rechtslage bei einer hauptverpflichteten GmbH entsprechend (Rdnr. 58ff.). 121

b) **Vertragsbeendigung.** Die §§ 296ff. AktG enthalten Vorschriften zur einvernehmlichen Aufhebung und zur Kündigung von Unternehmensverträgen sowie zu der Pflicht, eine Vertragsbeendigung zur Eintragung in das Handelsregister anzumelden. Auch wenn insoweit weitere gesetzliche Regelungen nicht existieren, können Unternehmensverträge mit einer untergeordneten Aktiengesellschaft wie im Falle einer untergeordneten GmbH **nicht nur durch Vertragsaufhebung und Kündigung** beendet werden, sondern z.B. auch durch Ablauf der vereinbarten Vertragslaufzeit, durch den Eintritt einer auflösenden Bedingung (Zulässigkeit streitig), durch das spätere Hinzutreten außenstehender Gesellschafter bei der untergeordneten Gesellschaft, durch Insolvenz eines Vertragspartners (streitig), durch eine Umwandlung nach dem Umwandlungsgesetz, Eingliederung der Unter- in die Obergesellschaft oder – nur bis zur Handelsregistereintragung zulässig – durch Rücktritt oder Anfechtung. 122

Es gelten die Ausführungen zum GmbH-Konzernrecht (oben Rdnr. 63ff.) mit folgenden Abweichungen entsprechend: 123

[134] Aus diesem Grunde kritisch KölnHdbGesR/*Tebben* 5. Kap. Rdnr. 28.

Es ist für die Wirksamkeit eines Aufhebungsvertrags nicht erforderlich, dass diesem die Hauptversammlung der untergeordneten Aktiengesellschaft oder die Anteilseignerversammlung der übergeordneten Gesellschaft zustimmt.[135] Allerdings kann ein Unternehmensvertrag, der zur Leistung eines Ausgleichs an außenstehende Aktionäre (vgl. § 304 AktG) oder zum Erwerb ihrer Aktien (vgl. § 305 AktG) verpflichtet, nur aufgehoben werden, wenn die außenstehenden Aktionäre durch Sonderbeschluss zustimmen (§ 296 Abs. 2 AktG).

124 Auch die **Kündigung** eines Unternehmensvertrags bedarf weder der Zustimmung durch die Hauptversammlung der untergeordneten Aktiengesellschaft noch der Zustimmung durch die Anteilseignerversammlung der übergeordneten Gesellschaft. Allerdings bedarf die ordentliche Kündigung eines Unternehmensvertrags, der zur Leistung eines Ausgleichs an außenstehende Aktionäre der untergeordneten Aktiengesellschaft (vgl. § 304 AktG) oder zum Erwerb ihrer Aktien (vgl. § 305 AktG) verpflichtet, für ihre Wirksamkeit eines Sonderbeschlusses dieser Aktionäre, wenn die Kündigung durch die untergeordnete Gesellschaft erfolgt (§ 297 Abs. 2 AktG). Es gilt also insoweit für die ordentliche Kündigung durch die untergeordnete Aktiengesellschaft das gleiche wie bei der Vertragsaufhebung. Die ordentliche Kündigung der übergeordneten Gesellschaft und die außerordentliche Kündigung eines der Vertragsteile bedarf hingegen keines Sonderbeschlusses.

3. Faktischer AG-Konzern

125 a) **Überblick.** Ein faktischer Konzern mit einer abhängigen GmbH (siehe dazu Rdnr. 96 ff.) und ein faktischer Konzern mit einer abhängigen AG werden rechtlich in wesentlichen Punkten unterschiedlich behandelt. Der im GmbH-Recht durch Satzungsgestaltung mögliche Schutz vor einer Konzernbildung ist im Aktienrecht aufgrund der dort geltenden Satzungsstrenge (§ 18 AktG) nicht zu realisieren. Im Gegenzug sind in den §§ 311 ff. AktG ausdrückliche gesetzliche Regelungen zum Schutz von Minderheitsaktionären und Gläubigern im faktischen AG-Konzern enthalten, die im GmbH-Recht nicht analog gelten.

Das Recht des faktischen AG-Konzerns soll nachfolgend nur in wenigen ausgewählten Punkten umrissen werden.

126 b) **Mitteilungspflichten nach §§ 20 ff. AktG.** Die §§ 20 ff. AktG dienen der Kontrolle von Konzernbildungen unter Beteiligung von Aktiengesellschaften. Durch die dort normierten Publizitätspflichten soll eine **Konzernbildung transparent** werden.

127 Nach **§ 20 Abs. 1 AktG** hat ein Unternehmen, sobald ihm – unmittelbar oder mittelbar – mehr als der vierte Teil der Aktien einer Aktiengesellschaft mit Sitz im Inland gehört, dies der Aktiengesellschaft unverzüglich schriftlich mitzuteilen. Gleiches gilt, wenn eine Mehrheitsbeteiligung an einer Aktiengesellschaft besteht (§ 20 Abs. 4 AktG). Besteht die Beteiligung in der mitteilungspflichtigen Höhe nicht mehr, so ist dies der Gesellschaft ebenfalls unverzüglich schriftlich mitzuteilen. Wird gegen diese Mitteilungspflichten verstoßen, können **Rechte aus den Aktien nicht ausgeübt** werden (§ 20 Abs. 7 AktG). Die Gesellschaft hat die Mitteilungen, die sie nach § 20 AktG erhält, unverzüglich in den Gesellschaftsblättern bekanntzumachen. § 20 AktG wird ergänzt durch die Bestimmungen des **§ 21 AktG** hinsichtlich der Beteiligung einer Aktiengesellschaft an anderen inländischen Kapitalgesellschaften (§ 21 Abs. 1 AktG), hinsichtlich der Mehrheitsbeteiligung an Unternehmen beliebiger Rechtsform (§ 21 Abs. 2 AktG) sowie für die Beendigung solcher Beteiligungen (§ 21 Abs. 3 AktG). Während § 20 AktG Sachverhalte behandelt, in denen eine Beteiligung an einer Aktiengesellschaft besteht, regelt § 21 AktG die Beteiligung an einer anderen Kapitalgesellschaft durch eine Aktiengesellschaft (oder eine KGaA). Siehe zu § 21 AktG auch Rdnr. 104/105.

128 c) **„Holzmüller-Grundsätze“.** In der sogenannten „Holzmüller-Entscheidung“ hatte der Bundesgerichtshof einen Sachverhalt zu beurteilen, in dem der Kernbereich der unternehmerischen Tätigkeit einer Aktiengesellschaft, der ca. 80% des Betriebsvermögens ausmachte, auf eine Tochtergesellschaft ausgegliedert wurde. Der Bundesgerichtshof geht in der Entscheidung davon aus, dass grundsätzlich bestehende Ermessen des Vorstands die Hauptver-

[135] Hölters/*Deilmann* § 296 Rdnr. 6.

sammlung anzurufen (§ 119 Abs. 2 AktG) wandele sich in eine **Pflicht zur Einbindung der Hauptversammlung**, wenn **grundlegende Entscheidungen** so tief in die Mitgliedschaftsrechte der Aktionäre und deren im Anteilseigentum verkörpertes Vermögensinteresse eingreifen, dass der Vorstand vernünftigerweise nicht annehmen kann, er dürfe sie in ausschließlich eigener Verantwortung treffen, ohne die Hauptversammlung zu beteiligen.[136] Diese Rechtsprechung hat der Bundesgerichtshof in der sogenannten „Gelatine I-Entscheidung" bestätigt und weiter konkretisiert.[137] Danach gilt die in der Holzmüller-Entscheidung statuierte Hauptversammlungszuständigkeit nur in engen Grenzen und zwar **vor allem bei strukturve-** 129
rändernden Maßnahmen, die an die Kernkompetenz der Hauptversammlung rühren, über die Verfassung der Gesellschaft zu bestimmen und den vom Gesetz ausdrücklich der Hauptversammlung zugewiesenen Fällen gleichkommen. Dies wird insbesondere angenommen für die Überführung von besonders bedeutsamen Unternehmensbereichen in Tochtergesellschaften, für die Umstrukturierung einer Tochter- in eine Enkelgesellschaft, für die Veräußerung von Beteiligungsgesellschaften, wenn diese den Kernbereich des Konzerns betreffen, sowie für dem vollständigen Rückzug der Gesellschaft aus dem amtlichen Handel oder dem geregelten Markt an allen Börsen („reguläres Delisting"). Diskutiert wird eine Hauptversammlungszuständigkeit auch bei dem Börsengang von Tochtergesellschaften. Voraussetzung ist stets, dass die wirtschaftliche Bedeutung der Maßnahme in etwa die Ausmaße wie in der Holzmüller-Entscheidung erreicht, also der **wertvollste Teil des Unternehmens betroffen** ist. 130
Eine Bedeutung von maximal 30% nach Finanzkennziffern liegt nach der Rechtsprechung des Bundesgerichtshofs weit unter dieser Grenze. Für andere als die genannten Geschäftsführungsmaßnahmen gilt die ungeschriebene Hauptversammlungszuständigkeit grundsätzlich nicht, auch wenn sie im Einzelfall schwerwiegende wirtschaftliche Auswirkungen haben mögen.[138]

Besteht nach den Holzmüller-Grundsätzen das Erfordernis einer Zustimmung der Haupt- 131
versammlung, bedarf der Zustimmungsbeschluss einer **Mehrheit von ¾** des vertretenen Grundkapitals. Fehlt der erforderliche Zustimmungsbeschluss berührt dies die Wirksamkeit der betroffenen Maßnahmen im Außenverhältnis nicht.

d) **Nachteilsausgleich gemäß §§ 311 ff. AktG.** Besteht kein Beherrschungsvertrag, so darf 132
ein herrschendes Unternehmen seinen Einfluss nicht dazu benutzen, eine abhängige Aktiengesellschaft zu veranlassen, ein für sie nachteiliges Rechtsgeschäft vorzunehmen oder Maßnahmen zu ihrem Nachteil zu treffen oder zu unterlassen, es sei denn, dass die Nachteile ausgeglichen werden (§ 311 Abs. 1 AktG).

Wenn kein Gewinnabführungsvertrag geschlossen worden ist, hat der Vorstand einer ab- 133
hängigen Aktiengesellschaft in den ersten drei Monaten des Geschäftsjahrs einen Bericht über die Beziehungen der Gesellschaft zu verbundenen Unternehmen aufzustellen (§ 312 Abs. 1 AktG). Darin hat der Vorstand auch zu erklären, ob die Gesellschaft bei jedem Rechtsgeschäft eine angemessene Gegenleistung erhalten hat und dass alle nachteiligen Maßnahmen ausgeglichen worden sind. Unter den Voraussetzungen der § 313, 314 AktG ist der Abhängigkeitsbericht von dem Abschlussprüfer und dem Aufsichtsrat zu prüfen.

e) **Existenzvernichtungshaftung.** Rechtsprechung zu der Frage, ob die im GmbH-Recht 134
entwickelten Grundsätze zur Existenzvernichtungshaftung (siehe Rdnr. 105 ff.) auf das Aktienrecht zu übertragen sind, ist noch nicht ergangen. Grund hierfür mag auch sein, dass Aktiengesellschaften aufgrund des höheren Mindestkapitals, den auch im Übrigen strengeren Kapitalaufbringungs- und -erhaltungsvorschriften, der Weisungsfreiheit des Vorstands sowie des obligatorischen Aufsichtsrats weniger insolvenzanfällig sind.[139] Da die Herleitung der Existenzvernichtungshaftung nicht auf Besonderheiten des GmbH-Rechts, sondern auf rechtsformübergreifenden Erwägungen des Kapitalgesellschaftsrechts gründet, dürfte sie auch im Aktienrecht anwendbar sein.[140]

---

[136] BGHZ 83, 122.
[137] BGHZ 159, 30.
[138] MünchHdbGesR III/*Semler* § 34 Rdnr. 39.
[139] Siehe hierzu *Habersack* ZGR 2008, 533, 549.
[140] *Bicker* DZWIR 2007, 284, 285.

10. Teil. Unternehmenskauf

§ 20 Die Rolle des Notars beim Unternehmenskauf

Übersicht

	Rdnr.
I. Einführung	1–9
II. Vorbereitung der Beurkundung	10–50
1. Feststellung der Beteiligten und der für sie auftretenden Personen	13–17
2. Ermittlung der Vertretungsbefugnis	18–22
3. Bevollmächtigte als Vertreter der Beteiligten	23–33
4. Prüfung des Vertragsentwurfs	34–39
5. Prüfung der Anlagen zum Vertrag	40–42
6. Bezugsurkunde	43–49
7. Entwurf der Mantelurkunde zum Unternehmenskaufvertrag	50/51
8. Sonderproblem: Schiedsklauseln	52–56
III. Beurkundung des Unternehmenskaufvertrages	57–76
1. Beurkundung beim Notar	58–62
2. Typische Situationen während des Beurkundungsvorgangs	63–67
3. Gleichzeitige Beurkundung von Unternehmenskaufvertrag und Anlagen	68
4. Änderungen und Ergänzungen der Urkunde während des Verlesens	69/70
5. Belehrungen und Abschluss des Beurkundungsvorgangs	71–76
IV. Notarielle Tätigkeiten nach Beurkundung des Unternehmenskaufvertrages	77–95
1. Erfüllung von Anzeigepflichten	78–84
2. Verwahrungsauftrag hinsichtlich der Dokumente des Datenraums	85–95
V. Schlussbemerkung	96

Schrifttum: *Beisel/Klumpp,* Der Unternehmenskauf, 6. Aufl. 2009; *Hölters,* Handbuch des Unternehmenskaufs, 7. Aufl. 2010; *Holzapfel/Pöllath,* Unternehmenskauf in Recht und Praxis, 14. Aufl. 2010; *Morshäuser/Falkner,* Unternehmenskauf aus der Insolvenz, NZG 2010, 881 ff.; *Olk,* Beurkundungserfordernisse nach deutschem Recht bei Verkauf und Abtretung von Anteilen an ausländischen Gesellschaften, NJW 2010, 1639 ff.; *Pahlke/Franz,* Grunderwerbsteuergesetz, 4. Aufl. 2010; *Pöllath,* Unternehmensübertragung – Nachfolge oder Verkauf als unternehmerische Organisationsaufgabe, Münster 2006; *Reithmann/Martiny,* Internationales Vertragsrecht, 7. Aufl. 2010; *Spahlinger/Wegen,* Internationales Gesellschaftsrecht in der Praxis, 2005; *Windhöfel/Ziegenhagen/Denkhaus,* Unternehmenskauf in Krise und Insolvenz, 2. Aufl. 2010.

I. Einführung

Unternehmenskaufverträge über den Erwerb einer inländischen Zielgesellschaft (sog. Target) bedürfen grundsätzlich keiner notariellen Form. Obwohl die rechtliche und wirtschaftliche Bedeutung solcher Verträge sowohl für den Veräußerer als auch für den Erwerber bereits als solche eine eigene Beurkundungspflicht rechtfertigen könnte, folgt diese lediglich aus speziellen Bestimmungen, etwa aus § 15 Abs. 4 GmbHG beim sogenannten **Share Deal**[1] oder aus § 311 b Abs. 1 BGB, wenn im Rahmen eines sogenannten **Asset Deals**[2] Grundstücke mit veräußert werden, bzw. aus § 311 b Abs. 3 BGB, wenn die Gesellschaft sich zur Übertragung ihres gesamten Vermögens verpflichtet.[3] Unternehmenskaufverträge, die 1

[1] Veräußerung des Unternehmens im Wege der Übertragung von Beteiligungsrechten am Rechtsträger des Unternehmens, vgl. *Holzapfel/Pöllath* Rdnr. 231; BeckNotarHdb/*Heckschen* D Rdnr. 6.

[2] Veräußerung des Unternehmens durch Übertragung seiner Wirtschaftsgüter/Vermögenswerte ohne Übertragung seines Rechtsträgers, vgl. *Holzapfel/Pöllath* Rdnr. 231; BeckNotarHdb/*Heckschen* D Rdnr. 6.

[3] So hat kürzlich das OLG Hamm in seinem Urteil vom 26. 3. 2010 § 311 b Abs. 3 BGB auf den Fall angewendet, dass eine GmbH laut Vertrag „ihre gesamten Aktiva und/inkl. den kompletten Laden in Q. (Inventar und Inventurgegenstände)" verkaufte, vgl. OLG Hamm BeckRS 2010, 14 348 und GWR 2010, 402 (Anm. *Soudry*). Vgl. zur Anwendbarkeit des § 311 b Abs. 3 BGB bei *Asset Deals* auch *Morshäuser* WM 2007, 337 ff.; *Kiem* NJW 2006, 2363 ff.; *Klöckner* DB 2008, 1083 ff.; *Heckschen* NZG 2006, 772 ff.; *Müller* NZG 2007, 201 ff.

den Erwerb einer Aktienmehrheit an einer Aktiengesellschaft oder eines Geschäftsbetriebes ohne Gewerbeimmobilien zum Gegenstand haben, sind hingegen nicht beurkundungspflichtig.

2 Das Erfordernis der notariellen Form bei Unternehmenskaufverträgen folgt also nicht aus der Natur der Sache. Der **Formzwang** ergibt sich vielmehr aus **Spezialvorschriften.**[4] Schon deshalb ist die Beurkundung von Unternehmenskaufverträgen für den damit befassten Notar prekär. Es handelt sich dabei nicht um ein typisches Notargeschäft. Anders als bei einem isolierten Vertrag über den Verkauf und die Abtretung von GmbH-Geschäftsanteilen oder einem Standard-Grundstückskaufvertrag ist der Notar bei Erfüllung der ihm originär zugewiesenen Aufgabe, den Sachverhalt vor der Beurkundung aufzuklären, den Willen der Beteiligten zu ermitteln und auf dieser Grundlage seine Urkunde zu entwerfen, bei Beurkundung eines Unternehmenskaufvertrages mit großen Schwierigkeiten konfrontiert.

3 Unternehmenskaufverträge sind komplex und regeln komplexe Sachverhalte. In der Regel sind sie von hochspezialisierten Rechtsanwälten im Bereich Mergers & Acquisitions entworfen und Zeile für Zeile über Monate mit ihren jeweiligen Mandanten verhandelt worden. Entsprechend dem angloamerikanischen Vorbild stellen sie ein in sich **geschlossenes Regelwerk** dar. Der Vertrag soll und muss alles regeln, was regelungsbedürftig ist.[5] Ein Rückgriff auf das Gesetz soll möglichst vermieden werden. Die Verträge sind oft mehr als einhundert Seiten lang mit ergänzenden Verträgen, Bilanzen und vielen Ordnern mit weiteren Anlagen. Der Beurkundungsvorgang kann sich ohne weiteres über mehrere Tage erstrecken.[6]

4 Der Notar wird bei Unternehmenskaufverträgen regelmäßig erst tätig, wenn sich die Parteien kurz vor dem Abschluss der Vertragsverhandlungen befinden oder sich schon endgültig geeinigt haben, d.h. der Vertragstext feststeht. Bei Transaktionen, die unter einem besonderen Zeitdruck stehen, kann es sogar vorkommen, dass parallel beurkundet und (noch) verhandelt wird. Oft gibt es ausländische Beteiligte auf Verkäufer- oder Käuferseite. Dann ist der Vertrag meistens in englischer Sprache verfasst und soll nach dem Willen der Beteiligten auch in englischer Sprache beurkundet werden. Selbst wenn der beurkundende Notar entsprechend der Vorgabe in § 5 Abs. 2 BeurkG der englischen Sprache hinreichend kundig ist, werden ihm in der Regel nicht alle Begriffe aus der englischen Rechts- oder Wirtschaftssprache geläufig sein. Hinzu kommt, dass bestimmte Klauseln in Unternehmenskaufverträgen inzwischen überwiegend von besonders spezialisierten Anwälten formuliert und verhandelt werden. Dies betrifft z.B. die Steuerklausel, durch die steuerliche Risiken und Potentiale zwischen Erwerber und Verkäufer aufgeteilt werden,[7] oder die Umweltklausel, welche die Haftung bei vorhandenen oder möglichen Altlasten regelt.[8] Gleiches gilt für komplizierte Kaufpreisklauseln, die oftmals von den beteiligten Investmentbankern vorgegeben werden und nur mit fundierten betriebswirtschaftlichen Vorkenntnissen verständlich sind.

5 Diese Praxis führt dazu, dass der Notar seinen **Prüfungspflichten** nach § 17 Abs. 1 BeurkG bei der Beurkundung von Unternehmenskaufverträgen anders als bei anderen Angelegenheiten nur in beschränktem Umfang nachkommen kann. In den meisten Fällen hat er gerade genug Zeit, den Vertrag vor dem Beurkundungsvorgang sorgfältig durchzulesen und auf seine Schlüssigkeit hin zu prüfen. Die Rolle des Notars bei der Beurkundung von Unternehmenskaufverträgen scheint sich somit bei oberflächlicher Betrachtung auf das reine Vorlesen eines von Spezialisten für die Beteiligten entworfenen und durchverhandelten Vertrages mit zahlreichen Anlagen zu beschränken.

---

[4] Neben den bereits genannten Vorschriften kommen weitere Spezialvorschriften (z.B. nach dem UmwG) in Betracht, wenn die „Closing-Bedingungen" an Rechtshandlungen anknüpfen, die nach UmwG beurkundungspflichtig sind.

[5] Zur inhaltlichen Gestaltung von Unternehmenskaufverträgen vgl. etwa BeckFormb/*Meyer-Sparenberg* III, 10. Auflage 2010).

[6] So dauerte z.B. die Beurkundung des Porsche/VW Deals im Sommer 2009 fast eine ganze Woche.

[7] Vgl. *Hülsmann* DStR 2008, 2402 ff.

[8] Vgl. *Holzapfel/Pöllath* Rdnr. 786 ff.; BeckFormb/*Meyer-Sparenberg* III. A. Form. 12 Anm. 27 sowie bereits *Turiaux/Knigge* BB 1999, 913 ff.

Jedoch, der Schein trügt.[9] Auch wenn der **Notar** mit der inhaltlichen Gestaltung des Unternehmenskaufvertrages vor dem eigentlichen Beurkundungsvorgang nicht befasst ist, kommt ihm im Rahmen des Beurkundungsvorgangs eine **wesentliche Rolle** zu. Der Notar muss sicherstellen, dass der Vertrag wirksam abgeschlossen und bei Vorliegen der Vollzugsvoraussetzungen[10] auch wirksam vollzogen werden kann. Dies ist bei einem komplizierten Vorgang wie dem Unternehmenskauf immer noch eine besonders anspruchsvolle Aufgabe. Für die Vertragsparteien steht nicht nur wirtschaftlich sehr viel auf dem Spiel. Ein **fehlgeschlagener Unternehmenskauf** ist auch für das betroffene Zielunternehmen insgesamt eine **Katastrophe.**[11] Der Notar muss somit sicherstellen, dass rechtlich und praktisch alles für einen wirksamen Vertragsschluss beachtet und richtig gemacht wird. 6

In der Praxis hat sich gezeigt, dass die Parteien dazu tendieren, die Bedeutung der Mitwirkung eines deutschen Notars zu unterschätzen. Die Hoffnung, durch eine Beurkundung im Ausland Kosten zu sparen, hat in der Vergangenheit dazu geführt, dass Parteien von Unternehmenskaufverträgen sich zunehmend an Notare aus dem europäischen Ausland gewandt haben. Dies galt insbesondere für Notare aus der **Schweiz,** nachdem der Bundesgerichtshof im Jahre 1981 die in Zürich durchgeführte Beurkundung der Satzungsänderung einer deutschen GmbH als „gleichwertig" anerkannt hatte.[12] Man konnte geradezu von einem **„Beurkundungstourismus"** sprechen.[13] 7

Unter dem Eindruck, sich kurzfristige Einsparungen zu sichern, wurde und wird gerne übersehen, dass den angeblichen Vorteilen das **Risiko der Unwirksamkeit** gegenübersteht. Große Schiedsverfahren mit fehlgeschlagenen Unternehmenskäufen als Gegenstand haben in der Vergangenheit eindrucksvoll gezeigt, dass die Berufung auf die formelle Unwirksamkeit ein typischer Hebel ist bei dem Versuch einer der Parteien, sich vom Vertrag zu lösen. 8

Auf das Risiko einer Unwirksamkeit der Beurkundung wurde bereits vor einigen Jahren im Schrifttum hingewiesen.[14] Die Diskussion hat aber durch die Reform des Schweizer Obligationenrechts im Jahre 2007[15] und insbesondere durch das Inkrafttreten des „MoMiG" neue Impulse erhalten. Seitdem enthält § 40 Abs. 2 GmbHG die Pflicht des Notars, der an einer Veränderung der Personen der Gesellschafter oder ihrer Beteiligungen mitgewirkt hat, eine neue Gesellschafterliste zum Handelsregister einzureichen. In einer noch zum alten Recht ergangenen Entscheidung aus dem Jahre 2009 hat das LG Frankfurt in einem orbiter dictum ausgeführt, dass ein ausländischer Notar dieser Pflicht mangels Amtsbefugnissen in Deutschland nicht nachkommen könne und damit eine wirksame Auslandsbeurkundung von Anteilsübertragungen unter Geltung des neuen Rechts wahrscheinlich ausscheide.[16] Die Entscheidung ist unterschiedlich kommentiert und wohl zu Recht kritisiert worden.[17] 9

---

[9] Allerdings wären die meisten Notare angesichts der geschilderten Umstände bei fast jedem Unternehmenskaufvertrag gemäß § 15 Abs. 1 BNotO berechtigt, ihre Urkundstätigkeit zu verweigern.

[10] Es ist üblich, den Vollzug des Vertrags vom Eintritt vereinbarter „Closing-Bedingungen" abhängig zu machen. Hierzu gehören z. B. kartellrechtliche Freigaben, der Verzicht oder die Nichtausübung von Vorkaufsrechten, die Erteilung erforderlicher Zustimmungen, Gremiumvorbehalte, Amtsniederlegungen, die Erteilung von Testaten sowie der Abschluss ergänzender Verträge, vgl. *Holzapfel/Pöllath* Rdnr. 59; *Beisel/Klumpp* Kap. 9 Rdnr. 105, 106.

[11] So kann die Unsicherheit hinsichtlich des eventuell bevorstehenden Eigentümerwechsels zu einer Abwanderung von Festkunden und des für das Unternehmen wichtigen Personals führen. In einer solchen Situation sind sowohl die Kunden als auch die Führungskräfte und große Teile der Belegschaft der Zielgesellschaft stark verunsichert.

[12] BGH NJW 1981, 1160.

[13] *Pilger* BB 2005, 1285.

[14] *Pilger* BB 2005, 1285 f.

[15] Nach Art. 785 des neuen Schweizer Obligationenrechts ist für die Abtretung von Anteilen an einer (Schweizer) GmbH die Einhaltung der notariellen Form (Art. 791 OR a. F.) nicht mehr erforderlich, die Abtretung kann vielmehr auch privatschriftlich erfolgen. Vgl. hierzu *Abrell* NZG 2007, 60 ff.; *Saenger/Scheuch* BB 2008, 65 ff.; *Böttcher/Blasche* NZG 2006, 766 ff.

[16] LG Frankfurt NZG 2009, 1353, 1354.

[17] *Bayer* DNotZ 2009, 887 ff.; *Kindler* BB 2010, 74 ff.; *Krauss* GWR 2010, 51. Für Wirksamkeit einer Auslandsbeurkundung mittlerweile auch OLG Düsseldorf NZG 2011, 388 ff.

Einigkeit scheint jedoch dahingehend zu bestehen, dass es sich – jetzt mehr denn je – empfiehlt, zur sicheren Durchführung einer Transaktion auf eine Beurkundung im Inland zurückzugreifen.[18]

II. Vorbereitung der Beurkundung

10 In den meisten Fällen wird der Notar in der Schlussphase der Vertragsverhandlungen von dem Rechtsberater des Käufers[19] „vorgewarnt" mit der Bitte, sich für die Beurkundung innerhalb der nächsten zwei bis drei Tage bereit zu halten. Er erhält den aktuellen Vertragsentwurf, der den Verhandlungsstand zu diesem Zeitpunkt wiedergibt. Jetzt gilt es schnell zu handeln und alles für die eigentliche **Beurkundung vorzubereiten** und mit den Beteiligten zu klären. Diese sind zumeist derart intensiv mit den Vertragsverhandlungen im Hinblick auf einen erfolgreichen Abschluss befasst, dass sie sich hierüber noch keine Gedanken gemacht haben.

11 Der Notar muss zunächst feststellen, wer auf Verkäufer- und auf Käuferseite die **formell und materiell Beteiligten** sind und wer für diese bei der Beurkundung auftreten soll. Weiterhin ist – wie immer – zu klären, ob ein **Mitwirkungsverbot** im Sinne von § 3 BeurkG oder ein sonstiger Ausschließungsgrund nach § 6 BeurkG vorliegen.[20] Sofern der Notar Partner einer Sozietät ist, kommt insbesondere ein Mitwirkungsverbot nach § 3 Nr. 7 BeurkG in Betracht. Je nach Vertragssprache – Deutsch oder Englisch – muss er klären, ob die designierten Vertreter der Parteien oder unmittelbar beteiligte natürliche Personen der **Vertragssprache** hinreichend kundig sind. Bei juristischen Personen oder Handelsgesellschaften hat der Notar zu ermitteln, woraus sich die **Vertretungsbefugnis** der aufzutretenden Beteiligten ergibt, wie sie sich feststellen und gem. § 12 BeurkG dokumentieren lässt. Bei Bevollmächtigten hat er die erforderliche Vollmacht entweder selbst zu entwerfen oder sich deren Entwurf zur Prüfung vorab übermitteln zu lassen. In diesem Zusammenhang muss er auch für die wirksame Erteilung der Vollmacht sorgen.

12 Den Vertragsentwurf des Unternehmenskaufvertrages hat der Notar auf Rechtsfehler, Widersprüche und/oder Unklarheiten hin prüfen. Solche sind dann noch vor der eigentlichen Beurkundung mit den Beteiligten bzw. ihren Anwälten zu besprechen und möglichst zu beheben. Auch muss er herausfinden, ob neben dem Unternehmenskaufvertrag weitere Vereinbarungen oder Nebenabreden zwischen den Beteiligten getroffen werden sollen, die auf jeden Fall mit beurkundet werden müssen. Schließlich muss er sich schon ein Bild über die dem Vertrag beizufügenden Anlagen verschaffen und gegebenenfalls die vorherige Beurkundung dieser Anlagen in einer Bezugsurkunde[21] erwägen und ebenfalls mit den Beteiligten besprechen.

1. Feststellung der Beteiligten und der für sie auftretenden Personen

13 Ausgangspunkt für die Feststellung der Beteiligten ist für den Notar zunächst der Entwurf des Unternehmenskaufvertrages. Daraus ergeben sich die materiellen Vertragsparteien. Soweit dies **natürliche Personen** sind – etwa auf Verkäuferseite bei einem mittelständischen Unternehmen als Vertragsobjekt – ergeben sich keine Besonderheiten. Der Notar sollte sich schon vor der Beurkundung von den die Transaktion auf beiden Seiten begleitenden Rechts-

[18] *Krauss* GWR 2010, 51; *Bayer* DNotZ 2009, 887, 894; *Kindler* BB 2010, 74, 77, vgl. auch *Braun* DNotZ 2009, 585, 594.

[19] Der Umstand, dass es in der Regel der Käufer ist, der den Notar aussucht, erklärt sich daraus, dass es häufig er ist, der nach den Kostenregelungen im Unternehmenskaufvertrag die Kosten der Beurkundung zu tragen hat.

[20] Keinesfalls kann als Notar der Sozius eines den Verkäufer oder Käufer bei der Transaktion beratenden Rechtsanwalts tätig werden. Aus diesem Grund sollte bei Unternehmenskaufverträgen eigentlich kein Mitwirkungsverbot bestehen, wenn richtigerweise ein „dritter" Notar beauftragt wird.

[21] Vgl. Rdnr. 40 ff. mit Formulierungsvorschlag.

anwälten eine Kopie der Personalausweise dieser Personen übermitteln lassen, um deren persönliche Daten für den Urkundseingang vollständig parat zu haben.[22]

14 Viel häufiger handelt es sich bei den Parteien eines Unternehmenskaufvertrages jedoch um **juristische Personen** oder **Personengesellschaften.** Das ist ebenso unproblematisch wie bei natürlichen Personen, wenn es sich um inländische Gesellschaften handelt. Deren Existenz kann der Notar ohne Weiteres über das elektronische Handelsregister ermitteln.[23] Schwieriger ist dies bei ausländischen Gesellschaften, je nachdem welcher Rechtsordnung sie unterliegen. Meist finden sich ausländische Gesellschaften auf Käuferseite. Es kann aber auch vorkommen, dass die inländische Tochtergesellschaft eines ausländischen Konzerns veräußert wird. Dann sind auch auf Verkäuferseite ausländische Gesellschaften beteiligt. Bei Rechtsordnungen mit einem dem Handelsregister ähnlichen Gesellschaftsregister, etwa Frankreich,[24] die Schweiz,[25] die Niederlande[26] oder auch England,[27] lässt sich der Existenznachweis wie in Deutschland durch einen Auszug aus dem entsprechenden Register nachweisen.[28] Mittlerweile besteht bei etlichen europäischen Ländern die Möglichkeit, online in entsprechende Register Einsicht zu nehmen. Bei Vergleichbarkeit des ausländischen Registers mit dem deutschen Handelsregister kann der deutsche Notar dann sogar selbst eine Registerbescheinigung erteilen. Bei US-amerikanischen Gesellschaften kann der Notar ein sogenanntes *Certificate of Good Standing* anfordern.[29] Auch damit ist das Bestehen der Gesellschaft nachgewiesen.

15 Je entlegener die Rechtsordnung der Vertragsparteien, umso schwieriger wird es. Hier muss der Notar oft improvisieren und mit örtlichen Rechtsanwälten klären, wie sich das Bestehen der jeweiligen Gesellschaft nachweisen lässt und wer für diese Gesellschaft handeln darf. Gegebenenfalls muss mit den Beteiligten besprochen werden, ob sie mit der Bestätigung durch einen örtlichen Notar – falls es ihn gibt – oder einen örtlichen Rechtsanwalt einverstanden sind.[30]

16 Der Notar hat ferner zu prüfen, ob neben den eigentlichen Vertragsparteien **weitere materiell Beteiligte** an der Beurkundung mitwirken müssen. Bei Private Equity-Transaktionen treten auf Käuferseite regelmäßig sogenannte Akquisitionsvehikel auf. Dies sind zumeist nach deutschem Recht neu gegründete Gesellschaften mit beschränkter Haftung mit einem Stammkapital von € 25.000. Mit einem noch geringeren Stammkapital ausgestattete haf-

---

[22] Sofern der Vertrag Rechtsgeschäfte beinhaltet, die unter den Katalog des Geldwäschegesetzes fallen, treffen den Notar über das BeurkG und die DONot hinausgehende Identifizierungspflichten.

[23] Auf der Internetseite des gemeinsamen Registerportals der Länder (www.handelsregister.de) kann gezielt nach Gesellschaften gesucht und online ein HR-Auszug abgerufen werden.

[24] *Registre du Commerce et des Sociétés* (RCS); eine Online-Suche und Bestellung von Handelsregisterauszügen (sog. K-bis) ist unter www.infogreffe.fr möglich; siehe zur Vergleichbarkeit auch BeckNotarHdb/*Zimmermann* H. Rdnr. 212.

[25] Über www.zefix.ch ist eine Firmensuche möglich, zudem finden sich dort die Kontaktdaten der Handelsregisterämter, bei denen HR-Auszüge bestellt werden können; siehe zur Vergleichbarkeit auch BeckNotarHdb/*Zimmermann* H. Rdnr. 226.

[26] Das Handelsregister wird bei den regionalen Handelskammern („Kamers van Koophandel en Fabrieken" (KvK)) geführt, vgl. Reithmann/Martiny/*Hausmann* Rdnr. 5284. Eine Online-Suche und Bestellung von HR-Auszügen ist unter www.kvk.nl/handelsregister/ möglich, siehe zur Vergleichbarkeit BeckNotarHdb/*Zimmermann* H. Rdnr. 220.

[27] Ein Handelsregister nach deutschem Verständnis wird in England nicht geführt. Allerdings müssen sich Kapitalgesellschaften mit Haftungsbeschränkung (z. B. limited partnerships) in ein Gesellschaftsregister eintragen lassen, das beim *Companies House* geführt wird (www.companieshouse.gov.uk); siehe auch *Langhein*, NZG 2001, 1123, 1125; BeckNotarHdb/*Zimmermann* H. Rdnr. 229.

[28] Links zu den Internetseiten von Handelsregistern weltweit finden sich auf der Seite des englischen Handelsregisters (www.companieshouse.gov.uk) unter dem Stichwort „Links" unter der Überschrift „Worldwide Registries".

[29] BeckNotarHdb/*Zimmermann* H. Rdnr. 228; *Fischer* ZNotP 1999, 352, 356 f.; *Spahlinger/Wegen* C Rdnr. 689. Auch für englische Gesellschaften kann ein entsprechendes Dokument angefordert werden, vgl. *Langhein* NZG 2001, 1123, 1125; BeckOK GBO/*Zeiser* Internationale Bezüge, N. Rdnr. 111.9.

[30] In diesem Fall ist eine Belehrung der Parteien zu empfehlen. Der Notar sollte sie darauf hinweisen, dass die Existenz der betreffenden Gesellschaft nicht auf andere Weise nachgewiesen konnte. Sofern der Notar die verfügbaren Nachweise nicht für zufriedenstellend hält, muss er die Beteiligten über die Rechtsfolgen einer möglicherweise vollmachtlosen Vertretung belehren.

tungsbeschränkte Unternehmergesellschaften gem. § 5a GmbHG sind hier ebenfalls möglich, wegen ihrer Besonderheiten aber weniger geeignet. Um wenigstens einigermaßen sicher zu stellen, dass beim Vollzug des Vertrages, dem sogenannten Closing,[31] die Mittel für die Bezahlung des Kaufpreises fließen, verlangen die Verkäufer üblicherweise einen sogenannten Equity Commitment Letter der hinter dem Akquisitionsvehikel stehenden mittelbar erwerbenden Fonds. Darin verpflichten sich diese, dem Akquisitionsvehikel das notwendige Kapital zur Verfügung zu stellen.[32] Die gegenüber dem Veräußerer übernommene Finanzierungsverpflichtung muss aufgrund des sogenannten Vollständigkeitsgrundsatzes[33] beurkundet werden. Mit ihr steht und fällt der Unternehmenskaufvertrag.

17 Die Fonds sind üblicherweise auf den Cayman Islands oder Bermudas domiziliert, weil sie dort keiner Einkommens-, Körperschafts- oder Quellensteuer unterliegen.[34] Auch hier muss der Notar darauf bestehen, dass ihm die Existenz des betreffenden Fonds durch die Vorlage eines *Incorporation Certificate*[35] oder in anderer geeigneter Form nachgewiesen wird. Letztere ist je nach Rechtsform des Fonds mit örtlichen Notaren oder Anwälten zu klären.

2. Ermittlung der Vertretungsbefugnis

18 Ebenso wie die Existenz lässt sich bei der Beteiligung **deutscher Gesellschaften** als Verkäufer oder Käufer die Vertretungsbefugnis der für sie handelnden Organe oder geschäftsführenden Gesellschafter und Prokuristen aus dem elektronischen Handelsregister entnehmen.

19 Bei ausländischen Gesellschaften ist dies jedoch wiederum schwieriger.[36] Im Handelsregisterauszug einer **französischen Kapitalgesellschaft** (sogenannter K-bis) beispielsweise finden sich zwar die Namen der Organe.[37] Die Vertretungsberechtigung selbst des *Président Directeur General* einer französischen *Société anonyme (S. A.)*[38] lässt sich jedoch nicht aus dem Handelsregisterauszug allein ableiten. Sie ergibt sich erst aus einer Zusammenschau mit den

[31] Als *Closing* wird der vereinbarte „Übergangsstichtag" bezeichnet, an dem die schuldrechtliche Vereinbarung über den Unternehmenskauf dinglich vollzogen wird und das Unternehmen auf den Erwerber übergeht, vgl. *Holzapfel/Pöllath* Rdnr. 57 ff.; *Beisel/Klumpp* Kap. 9 Rdnr. 103 ff.

[32] Vgl. *Jansen* GWR 2009, 361; *Gran* NJW 2008, 1409, 1414.

[33] Vgl. hierzu BGH NJW 1986, 2642; Münchener Kommentar GmbHG/*Reichert/Weller* § 15 Rdnr. 105–115 m. w. N.; *Heidenhain* NJW 1999, 3073 ff.; *Walz/Fembacher* NZG 2003, 1134 ff.

[34] Die Cayman Islands sowie Bermuda fallen in die Kategorie der „klassischen Steueroasen", sind als Holding-Standorte jedoch teils aus außersteuerlichen Gründen nicht geeignet, *Dorfmüller* IStR 2009, 826, 831, Fn. 39. Vgl. zur Eignung eines Landes als Holding-Standort auch *Jacobs* Erster Teil Kapitel 4 C. Nachdem mit Bermuda eine Vereinbarung über den Informationsaustausch in Steuersachen unterzeichnet wurde und die Cayman Islands im März 2009 Bereitschaft zur Auskunfterteilung in Steuersachen erklärten, sind beide Staaten im Hinblick auf die deutsche Gesetzgebung zur Steuerhinterziehung nicht mehr als „unkooperative Staaten" einzustufen, *Eilers/Dann* BB 2009, 2399, 2400.

[35] Hierbei handelt es sich um eine Gründungsbescheinigung, welche von der ausländischen Behörde ausgestellt wird, bei der die Gesellschaft registriert ist, vgl. BeckFormb/*Rawert* I. Form. 47, Anm. 1; siehe zur englischen Limited *Just* Rdnr. 35 und Anhang 5; *Heinz* § 8 Rdnr. 4; zur amerikanischen Corporation *Spahlinger/Wegen* Rdnr. 1305.

[36] Über die Frage, wer bzw. welche Organe bei juristischen Personen oder Personengesellschaften zur Vertretung berechtigt sind, entscheidet nach dem deutschen IPR das Gesellschaftsstatut, vgl. BGH NJW 1995, 1032; BGH NJW 2001, 305, 306; BGH NJW 2004, 1315, 1316; OLG Celle NJW-RR 2006, 324; *Mödl* RNotZ 2008, 1, 18; *Spalinger/Wegen* Rdnr. 288; *Dorsel* MittRhNotK 1997, 6, 13; *Schütze* DNotZ 1992, 66, 73. Nach den Entscheidungen des EuGH zur Niederlassungsfreiheit (*Centros*, *Überseering*, *Inspire Art*) ist das Gesellschaftsstatut gespalten: grundsätzlich ist weiterhin das Recht des Sitzstaates (effektiver Sitz der Hauptverwaltung) anwendbar. Nur bei Gesellschaften, die in einem EU- oder EWR-Mitgliedstaat gegründet worden, kommt es auf das Recht des Gründungsstaates an, vgl. BGH NJW 2009, 289, 290 – *Trabrennbahn*; Palandt/*Thorn* Anh. zu Art. 12 EGBGB, Rdnr. 2, 9, 20.

[37] Bei einer französischen Aktiengesellschaft mit traditionell monistischer Struktur sind das z. B. der *Président Directeur Général* (PDG) (vergleichbar einem deutschen Vorstandsvorsitzenden) sowie die Mitglieder des *Conseil d'administration* (Verwaltungsrat). Bei letzterem handelt es sich um eine Art Kombination aus Vorstand und Aufsichtsrat nach deutschem Verständnis.

[38] Die französische *Société anonyme* ist einer deutschen Aktiengesellschaft vergleichbar, hat aber traditionell eine monistische Struktur (s. o.). Die in Deutschland übliche klare Trennung des Geschäftsführungs- und des Kontrollorgans (Vorstand (*Directoire*) und Aufsichtsrat (*Conseil de surveillance*)) kann zwar ebenfalls gewählt werden; dies geschieht aber eher selten. Typischerweise werden die Funktionen des *Directeur Général* (s. o.) sowie die des *Président du Conseil d'Administration* (Präsident des Verwaltungsrates) zugleich ausgeübt.

einschlägigen Rechtsvorschriften, welche die organschaftliche Vertretung regeln. So stellt Art. L225-56 Abs. 1 des *Code de Commerce (C. com.)*[39] klar, dass der *Directeur Général* die Gesellschaft gegenüber Dritten vertritt und diese selbst dann verpflichtet wird, wenn seine Handlungen über den Gegenstand des Unternehmens hinausgehen.[40] Bestimmungen des Gesellschaftsvertrags oder Entscheidungen des *Conseil d'Administration,*[41] welche die Befugnisse des Directeur Général beschränken, kann die Gesellschaft Dritten nicht entgegenhalten. Vergleichbare Bestimmungen finden sich in Art. L223-18 *C. com.* für den *Gérant*[42] einer *Société à responsabilité limitée (S. A. R. L.),*[43] in Art. L227-6 *C. com.* für den *Président einer Société par actions simplifiée (S. A. S.)*[44] sowie in Art. L226-7 *C. com.* für *den Gérant*45 einer *Société en commandite par actions.*[46]

Für **englische Gesellschaften** gibt es inzwischen in London spezialisierte Notariate.[47] Diese stellen notarielle Bescheinigungen über die Vertretungsbefugnis der für diese Gesellschaften handelnden Personen in deutscher Sprache für den Gebrauch in Deutschland aus. 20

Bei **US-amerikanischen Gesellschaften** ist es üblich, die Vertretungsbefugnis der für sie auftretenden sogenannten *Executives*[48] durch eine Bescheinigung des *Company Secretary*[49] darzulegen. In einem solchen *Certificate of Incumbency*[50] bescheinigt dieser nicht nur die Position, sondern auch die Vertretungsbefugnis nach Gesetz, Satzung[51] sowie den sogenannten *By-Laws.*[52] 21

Im Zweifel sollte der Notar wie bei der Feststellung der Existenz ausländischer Gesellschaften mit Juristen im Herkunftsland der beteiligten Gesellschaft klären, wie die Vertretungsbefugnis der handelnden Personen dargelegt und nachgewiesen werden kann. 22

3. Bevollmächtigte als Vertreter der Beteiligten

Unabhängig davon, ob es sich bei den Beteiligten um natürliche oder juristische Personen bzw. Personengesellschaften handelt, treten in vielen Fällen **Bevollmächtigte** für die Beteilig- 23

[39] Französisches Handelsgesetzbuch.

[40] Eine Verpflichtung der Gesellschaft entfällt allein dann, wenn diese nachweist, dass der Dritte Kenntnis hatte bzw. nach den Umständen haben musste, dass die Handlungen des *Directeur Général* nicht mehr vom Unternehmensgegenstand gedeckt waren. Als Nachweis reicht allerdings die Veröffentlichung des Gesellschaftsvertrags/der Statuten allein nicht aus. Vgl. auch Reithmann/Martiny/*Hausmann* Rdnr. 5266.

[41] Der Verwaltungsrat entscheidet über Wahl und Abberufung des *Président* und kann seine Tätigkeit kontrollieren.

[42] Vergleichbar einem deutschen GmbH-Geschäftsführer; siehe auch Reithmann/Martiny/*Hausmann* Rdnr. 5268.

[43] Französische Gesellschaft mit beschränkter Haftung.

[44] Es handelt sich um eine spezielle Form der Aktiengesellschaft, welche keine Börsennotierung erhalten kann, vgl. L227-2 C. com. Im Hinblick auf den großen Freiraum, den der französische Gesetzgeber den Gesellschaftern bei der konkreten Ausgestaltung der Gesellschaft durch den Gesellschaftsvertrag einräumt, ähnelt sie eher einer deutschen GmbH als einer AG. Vgl. auch Reithmann/Martiny/*Hausmann* Rdnr. 5267.

[45] „Geschäftsführer" einer französischen Kommanditgesellschaft auf Aktien.

[46] Französische Kommanditgesellschaft auf Aktien.

[47] Vgl. etwa De Pinna Notaries www.depinna.co.uk; John Venn & Sons www.johnvenn.co.uk oder Saville & Co. www. Savillenotaries.com.

[48] *Corporations* werden üblicherweise durch ein Kollegialorgan, das *board of directors* geleitet, vgl. *Eidenmüller* § 11 Rdnr. 40 ff.; Reithmann/Martiny/*Hausmann* Rdnr. 5364. Die eigentliche Geschäftsführung und Vertretung nach außen übernehmen aber die *officers*, d. h. Geschäftsführer und leitende Angestellte, die durch das *board* ernannt werden und ihm meist auch angehören, vgl. *Spahlinger/Wegen* Rdnr. 1312 ff., 1318.; Reithmann/Martiny/*Hausmann* Rdnr. 5365; *Fischer* ZNotP 1999, 352, 355.

[49] Der *Company Secretary* ist eine Art Urkundsbeamter der Gesellschaft. Häufig handelt es sich um den beratenden Rechtsanwalt, der *Company Secretary* muss jedoch nicht zwingend ein Jurist sein, vgl. *Spahlinger/Wegen* Rdnr. 291, Fn. 609.

[50] Teils auch *Secretary's Certificate* genannt, *Spahlinger/Wegen* Rdnr. 291 ff.; *Fischer* ZNotP, 1999, 352. Vgl. das Musterformular bei BeckFormb/*Rawert* I. Form. 47. Für ein Beispiel aus der Rechtsprechung EuG 9. 12. 2009, BeckRS 2009 71391.

[51] Bei *Corporations* aus dem US-Bundesstaat Delaware ist das *certificate of incorporation* eine Art Satzung und kann z. B. Vorgaben für das Management enthalten, bzw. seine Tätigkeiten beschränken, vgl. Eidenmüller/*Rehm* § 11 Rdnr. 16.

[52] Die *By-laws* enthalten typischerweise eine Art Geschäftsordnung für das Leitungsgremium, vgl. Eidenmüller/*Rehm* § 11 Rdnr. 17; *Spahlinger/Wegen* Rdnr. 1305.

ten auf. Beim Verkauf von Familiengesellschaften mit zahlreichen Gesellschaftern ist es eher selten, dass alle Veräußerer zur Beurkundung erscheinen. Das gleiche gilt für die gesetzlichen Vertreter vor allem ausländischer, aber auch inländischer Kapital- oder Personengesellschaften, wenn diese sich das stundenlange Vorlesen des Unternehmenskaufvertrags ersparen wollen. Umgekehrt kann es bei großen und wichtigen Transaktionen auch vorkommen, dass die jeweiligen Vorstandsvorsitzenden oder Geschäftsführer persönlich ihre Unterschrift unter den Vertrag setzen wollen, auch wenn sie keine Organstellung bei den unmittelbar beteiligten Konzerngesellschaften inne haben. In all diesen Fällen handeln Bevollmächtigte üblicherweise aufgrund **privatschriftlicher Vollmacht.**

24 Nach § 12 BeurkG sollen vorgelegte Vollmachten der Niederschrift in **Urschrift** oder in **beglaubigter Abschrift** beigefügt werden. Der Notar hat – soweit er das kann – die wirksame Bevollmächtigung zu prüfen bzw. sicherzustellen.[53] Im Grundsatz gilt hier das bereits zur Feststellung der Beteiligten und der Vertretungsbefugnis der für sie handelnden Personen Gesagte.

25 Nach § 167 Abs. 2 BGB bedarf die Vollmacht grundsätzlich nicht der **Form,** welche für das Rechtsgeschäft bestimmt ist, auf das sich die Vollmacht bezieht.[54] Trotz dieser Bestimmung sollte der Notar gerade bei natürlichen Personen als Beteiligten auf eine notarielle Beglaubigung der Vollmacht hinwirken. Beim Unternehmenskaufvertrag ist das Bedürfnis aller Beteiligten an der Wirksamkeit des Vertrages besonders hoch. Es muss deshalb von vorneherein feststehen, dass der Vollmachtgeber auch tatsächlich die Vollmacht unterschrieben hat. Will eine Vertragspartei nach Abschluss des Vertrags nicht mehr am Vertrag festhalten, so darf das jedenfalls nicht mit der Begründung geschehen, sie habe die Vollmacht gar nicht unterzeichnet. Dies lässt sich nur sicherstellen, wenn die Vollmacht notariell beglaubigt wird. Zudem ist auch bereits aus verfahrensrechtlichen Gründen oft eine öffentliche Beglaubigung der Vollmacht erforderlich, so z. B. im Register- und Grundbuchverfahren (vgl. § 12 Abs. 1 S. 2 HGB, § 29 Abs. 1 S. 2 GBO). Hier kann zusätzlich zur notariellen Beglaubigung auch die Einholung einer Apostille[55] oder der Legalisation[56] erforderlich sein.

26 Für die Vollmacht von **juristischen Personen** und **Personengesellschaften** gilt insoweit nichts anderes. Hier muss der Notar wie auch beim direkten Auftreten von deren Organen und Geschäftsführer zusätzlich die Vertretungsbefugnis der die Vollmacht für den jeweiligen Prinzipal unterzeichnenden Person oder Personen in der bereits dargelegten Weise prüfen.[57]

27 Handeln Bevollmächtigte auf Seiten **ausländischer juristischer Personen oder Personengesellschaften,** ist zudem auf Grundlage des deutschen Internationalen Privatrechts (IPR)[58] zunächst auch die Frage zu klären, nach welchem nationalen Recht sich die Wirksamkeit der Vollmacht bestimmt. Allerdings fehlt es insoweit im deutschen IPR an einer ausdrücklichen Regelung,[59] so dass die Frage naturgemäß umstritten ist.[60]

[53] BGH NJW 1993, 2744, 2745; *Mödl* RNotZ 2008, 1, 18; *Dorsel* MittRhNotK 1997, 6, 7.

[54] Allerdings ist in ständiger Rechtsprechung als Ausnahme u. a. anerkannt, dass unwiderrufliche Vollmachten zum Abschluss von Geschäften, die nach § 311 b BGB formbedürftig sind, d. h. insbesondere Verträge über die Verpflichtung zum Erwerb oder der Übertragung des Eigentums an Grundstücken, selbst notariell beurkundet werden müssen, vgl. nur BGH NJW 2008, 845. Daneben ergibt sich der Formzwang z. T. aus Spezialvorschriften wie z. B. § 2 Abs. 2 GmbHG.

[55] Die Apostille nach dem Haager Übereinkommen vom 5. 10. 1961 ermöglicht einen vereinfachten Echtheitsnachweis für ausländische öffentliche Urkunden. Zuständig ist in diesem Fall eine dazu bestimmte Behörde des Staates, in dem die Urkunde errichtet wurde.

[56] Legalisation (im engeren Sinn) meint nach § 13 Abs. 2 KonsularG die Bestätigung der Unterschrift, der Eigenschaft, in welcher der Unterzeichner der Urkunde gehandelt hat, sowie ggfs. der Echtheit des Siegels, mit dem die Urkunde versehen ist. Zuständig für die Legalisation ist das deutsche Konsulat in dem Staat, in dem die ausländische Urkunde errichtet wurde.

[57] Vgl. oben Rdnr. 17 ff.

[58] Dem Haager Übereinkommen über das auf die Stellvertretung anwendbare Recht vom 14. 3. 1978 ist Deutschland, wie die meisten anderen Staaten, nicht beigetreten (anders aber z. B. Frankreich und die Niederlande). Auch die sogenannte „Rom I"-Verordnung ((EG) Nr. 593/2008) ist nach ihrem Artikel 1 II g) auf Fragen organschaftlicher und rechtsgeschäftlicher Vertretung nicht anwendbar. Vgl. MünchKommBGB/*Spellenberg* Art. 11 VO (EG) 593/2008, Rdnr. 27.

[59] Vgl. *Seibold/Gronder* NZG 2009, 126; *Dorsel* MittRhNotK 1997, 6, 7; BeckFormb/*Rawert* I Form. 45, Anm. 3.

28 Die Rechtsprechung bestimmt das auf die Vollmacht anwendbare Recht (**Vollmachtstatut**) im Interesse des Verkehrsschutzes grundsätzlich nach dem Recht des Landes, in dem von der Vollmacht Gebrauch gemacht wird bzw. werden soll (**Wirkungsland**).[61] Dies kommt dem deutschen Notar entgegen, denn hiernach hat er die Wirksamkeit der ihm vorgelegten ausländischen Vollmachten grundsätzlich nach deutschem Recht zu prüfen.

29 Teilweise lässt die Rechtsprechung allerdings **Sonderanknüpfungen** zu, so dass in diesen Fällen ausländisches Recht anwendbar sein kann.[62] So ist bei einem Handeln von Vertretern mit eigener Niederlassung auf die Vollmacht nicht das Recht des Gebrauchsortes, sondern das Recht der Niederlassung anzuwenden.[63] Bei Vertretern ohne feste Niederlassung ist hingegen wiederum das Recht des Staates maßgeblich, in dem die Vollmacht nach dem Willen des Vertretenen gebraucht werden sollte, falls dies für den Dritten erkennbar war.[64] Dies dürfte bei einer Beurkundung vor einem deutschen Notar im Regelfall Deutschland sein. Vollmachten für Verfügungen über Grundstücke unterliegen wiederum dem Recht des Staates, in dem das Grundstück belegen ist (lex rei sitae),[65] hinsichtlich Vollmachten zum Abschluss schuldrechtlicher Geschäfte mit Bezug zu Immobilien bleibt es hingegen beim Recht des Wirkungslandes.[66]

30 Ob hinsichtlich der Vollmacht eine **Rechtswahl** möglich ist, ist nicht abschließend geklärt. Die Rechtsprechung hatte, soweit ersichtlich, noch keine Gelegenheit, sich hierzu zu äußern. Von der herrschenden Lehre wird eine Rechtswahl bezüglich der Vollmacht jedenfalls dann zugelassen, wenn der Dritte hiervon vor Abschluss des Hauptgeschäfts Kenntnis erhält.[67] In der Praxis wird empfohlen, eine entsprechende Klausel vorsorglich aufzunehmen.[68]

31 Das anhand zulässiger Rechtswahl oder gemäß den oben skizzierten Grundsätzen bestimmte Recht entscheidet über die Fragen der Begründung, Gültigkeit und des Erlöschens[69] der Vollmacht sowie ihren Umfang und ihre Auslegung.[70] Weiterhin bestimmt sich nach dem **Vollmachtstatut**, ob der Vertreter ohne ausdrückliche Ermächtigung Untervollmachten ausstellen darf und zur Mehrfachvertretung sowie zum Selbstkontrahieren berechtigt ist.[71]

---

[60] Vgl. zu den verschiedenen Theorien, die hinsichtlich der Bestimmung des Vollmachtstatuts vertreten werden *Seibold/Gronder* NZG 2009, 126 ff.; *Schwarz* RabelsZ 71 (2007), 729 ff.; *Dorsel* MittRhNotK 1997, 6, 8 ff.

[61] Bezugnahme auf den Gebrauchsort: BGH NJW 1990, 3088; RG RGZ 134, 67, 69; Bezugnahme auf den intendierten Gebrauchsort: BGH NJW 1975, 1220, 1222; BGH NJW 1982, 2733; BGH NJW 2004, 1315, 1316; OLG Düsseldorf IPRspr 2003, Nr. 25. Vgl. auch *Seibold/Gronder* NZG 2009, 126, 128; *Schütze* DNotZ 1992, 66, 73. Nach *Schwarz* RabelsZ 71 (2007), 729, 756 ist der Gebrauchsort rechtsvergleichend das am stärksten verbreitete Anknüpfungsmerkmal.

[62] Dies ist nicht ohne Bedeutung, da z. T. deutliche Unterschiede bestehen. So folgt z. B. das französische Recht dem Konsensualprinzip und macht die Bevollmächtigung von einem wirksamen Vertrag im Innenverhältnis abhängig (Art. 1984, 1985 Code civil). Zudem werden Vollmachten im französischen Recht restriktiv ausgelegt (Art. 1989 Code civil), vgl. *Kleinschmidt* ZEuP 2001, 697, 714 ff. Siehe allgemein zu Differenzen im materiellen Recht auf internationaler Ebene *Schwarz* RabelsZ 71 (2007), 729, 736 f.

[63] BGH NJW 1990, 3088; BGH NJW 1975, 1220, 1222; BGH JZ 1963, 167; OLG Frankfurt a. M. IPRax 1986, 373, 375; LG Bielefeld IPRax 1990, 315, 316; *Seibold/Gronder* NZG 2009, 126, 127; *Schwarz* RabelsZ 71 (2007), 729, 755 und 765; *Dorsel* MittRhNotK 1997, 6, 8; Reithmann/Martiny/*Hausmann* Rdnr. 5456; krit. *Schäfer* RIW 1996, 189, 192.

[64] BGH NJW 1954, 1561; BGH NJW 1965, 487, 488; *Seibold/Gronder* NZG 2009, 126, 127; *Dorsel* MittRhNotK 1997, 6, 8; Reithmann/Martiny/*Hausmann* Rdnr. 5461.

[65] RG RGZ 149, 93, 94; BGH NJW 1963, 46, 47; OLG München NJW-RR 1989, 363, 364; *Seibold/Gronder* NZG 2009, 126, 127; *Dorsel* MittRhNotK 1997, 6, 8; *Schwarz* RabelsZ 71 (2007), 729, 772; Palandt/*Thorn* Anh. zu Art. 10 EGBGB, Rdnr. 2.

[66] BGH NJW 1963, 46; Reithmann/Martiny/*Hausmann* Rdnr. 5466.

[67] *Dorsel* MittRhNotK 1997, 6, 11; *Schäfer* RIW 1996, 189, 190 f.; *Seibold/Gronder* NZG 2009, 126, 129; Reithmann/Martiny/*Hausmann* Rdnr. 5445 ff.

[68] *Seibold/Gronder* NZG 2009, 126, 129; BeckFormb/*Rawert* I Form. 45, Anm. 3.

[69] BGH NJW 1982, 2733; BGH NJW 1990, 3088; *Dorsel* MittRhNotK 1997, 6, 11; Reithmann/Martiny/*Hausmann* Rdnr. 5492 ff.

[70] BGH NJW 1982, 2733; BGH NJW 1990, 3088; *Dorsel* MittRhNotK 1997, 6, 12; Reithmann/Martiny/*Hausmann* Rdnr. 5494, 5495 ff.

[71] BGH NJW 1992, 618; OLG Düsseldorf IPRax 1996, 423, 425; *Dorsel* MittRhNotK 1997, 6, 12; Reithmann/Martiny/*Hausmann* Rdnr. 5495.

Auch der Missbrauch bzw. die Überschreitung der Vollmacht[72] sowie Duldungs- und Anscheinsvollmacht[73] sind dem Vollmachtstatut unterstellt. Die Folgen des Vertreterhandelns für das Hauptgeschäft unterwirft die in Deutschland wohl herrschende Auffassung hingegen dem Geschäftsstatut.[74] Hinsichtlich der **Reichweite** des Vollmachtsstatuts ist im Einzelnen vieles umstritten.

32 Auf die Frage der **Formwirksamkeit der Vollmacht** findet das Vollmachtstatut keine alleinige Anwendung, diese wird vielmehr durch das gemäß Art. 11 EGBGB bestimmte Recht beantwortet.[75] Danach ist es in formeller Hinsicht ausreichend, wenn eine Vollmacht entweder nach dem Recht des Ortes, an dem sie erteilt wird oder aber nach dem Vollmachtstatut formwirksam ist. Besonderheiten gelten in Deutschland allerdings für Vollmachten zur Belastung und Veräußerung von in Deutschland belegenen Grundbesitz oder Vollmachten zur Anmeldung zum Handelsregister, da hier aufgrund der bereits erwähnten Vorschriften des § 29 GBO und des § 12 HGB stets eine öffentliche Beglaubigung erforderlich ist.[76]

33 Hinsichtlich des Inhaltes der Vollmacht sollte der Notar im Rahmen seiner ihm nach § 12 BeurkG obliegenden Prüfung darauf achten, dass diese möglichst weit gefasst ist und alle im Rahmen des Unternehmenskaufvertrages zu treffenden Vereinbarungen mit umfasst. Sollte der Notar dabei Zweifel hinsichtlich der Tragfähigkeit der Vollmacht haben, weil er mit den Einzelheiten der Transaktion und auch des Unternehmenskaufvertrages nicht vertraut ist, muss er diese Zweifel mit den Rechtsanwälten der Beteiligten klären. In diesem Zusammenhang kann es auch hilfreich sein, die dem Notar vorgelegten Vollmachten zur Sicherheit auch jeweils von der Vertragsgegenseite noch einmal überprüfen zu lassen. Jegliche Zweifel hinsichtlich der Reichweite der Vollmacht sind in jedem Fall vor der Beurkundung zu klären.

4. Prüfung des Vertragsentwurfs

34 Es wurde bereits darauf hingewiesen, dass der Notar beim Unternehmenskaufvertrag typischerweise im Vorfeld nicht mit dessen Gestaltung befasst ist. Der von ihm zu beurkundende Vertrag ist vielmehr das **Ergebnis eines meist monatelangen Transaktionsprozesses,** an dem der Notar nicht teilnimmt. Wie bereits ausgeführt, erhält er den Vertrag erst kurz vor Abschluss oder sogar erst nach Abschluss der Vertragsverhandlungen.

35 Diese Praxis entbindet den Notar dennoch nicht von einer **Prüfung des Vertrages** – jedenfalls im Rahmen seiner Möglichkeiten.[77] Hinsichtlich des **Willens der Beteiligten** im Sinne von § 17 Abs. 1 BeurkG kann der Notar davon ausgehen, dass dieser in dem ihm vorgelegten Vertrag richtig wiedergegeben wird. Die Beteiligten werden beim Unternehmenskauf von hochspezialisierten Rechtsanwälten beraten und juristisch begleitet. Der endgültige Vertrag wird aufgrund zahlreicher Entwürfe und Gegenentwürfe in etlichen Verhandlungsrunden entwickelt. Für eine Erforschung des Willens der Beteiligten durch den Notar besteht somit kein Anlass mehr, und zwar unabhängig davon, dass dies dem Notar in den meisten Fällen auch zeitlich gar nicht möglich wäre.

[72] *Schwarz* RabelsZ 71 (2007), 729, 798; *Dorsel* MittRhNotK 1997, 6, 12; Reithmann/Martiny/*Hausmann* Rdnr. 5495; MünchKommBGB/*Spellenberg* Vorb. Art. 11 EGBGB Rdnr. 270.

[73] BGH NJW 2007, 1529, 1530; BGH NJW 1965, 487, 489; OLG Düsseldorf IPRspr 2003, Nr. 25; *Dorsel* MittRhNotK 1997, 6, 12; *Spalinger/Wegen* Rdnr. 290; Reithmann/Martiny/*Hausmann* Rdnr. 5507.

[74] BGH NJW 1992, 618, BGH WM 1965, 868, 869; offen gelassen von BGH JZ 1963, 167, 168; siehe auch BGH NJW 1971, 323, 325; *Schwarz* RabelsZ 71 (2007), 729, 794; MünchKommBGB/*Spellenberg* Vorb. Art. 11 EGBGB, Rdnr. 269; a. A. wohl OLG Hamburg VersR 1987, 1216; LG Bielefeld IPRax 1990, 315, 316; *Dorsel* MittRhNotK 1997, 6, 12; Staudinger/*Magnus* Einl. zu Art. 27–37 EGBGB Rdnr. A50, A54 f. International ist es wohl üblich, *alle* Folgen der Handlungen des Vertreters hinsichtlich des anvisierten Hauptgeschäfts dem Vollmachtstatut zu unterstellen, vgl. *Schwarz* RabelsZ 71 (2007), 729, 794.

[75] BGH WM 1965, 868, 869; OLG München NJW-RR 1989, 363, 364; *Dorsel* MittRhNotK 1997, 6, 13; Reithmann/Martiny/*Hausmann* Rdnr. 5496; Schäfer RIW 1996, 189, 193.

[76] MünchKommBGB/*Spellenberg* Vorb. Art. 11 EGBGB Rdnr. 294; *Dorsel* MittRhNotK 1997, 6, 13.

[77] Vgl. BGH DNotZ 1995, 494, 495; OLG Celle 6. 11. 2000 (Not 27/00) Rdnr. 36; die Entscheidungen bestätigen, dass die Vorlage eines vorbereiteten Dokuments durch die Parteien den Notar nicht von seiner originären Pflicht entbindet, den Entwurf zu prüfen und ggfs. auf Bedenken hinzuweisen.

Zunächst muss sich der Notar mit dem ihm übermittelten Vertragsentwurf vertraut machen, um alle Regelungen zu verstehen. Oft sind bestimmte Regelungen eines Unternehmenskaufvertrages nur dann nachzuvollziehen, wenn man den dahinter stehenden Sachverhalt kennt.[78] Weiterhin regeln Vertragsklauseln häufig Einzelsachverhalte, ohne deren Kenntnis die betreffenden Vertragsbestimmungen nur schwer verständlich sind. In allen diesen Fällen obliegt es dem Notar, für sein eigenes Verständnis des Vertragstextes den **Sachverhalt** mit den beteiligten Rechtsanwälten **aufzuklären.** Zum einen muss er verstehen, worum es letztlich geht. Zum anderen muss er prüfen, ob die im Vertrag gewählte Formulierung bei Kenntnis des Hintergrundes auch für Dritte klar und verständlich ist. Gleiches gilt für sonstige **Unklarheiten oder Widersprüche.** Solche fallen dem Notar als unbefangenem Leser manchmal eher auf als den Beteiligten und ihren Beratern, die den Vertragstext unzählige Male bearbeitet und gelesen haben. Wegen der ständigen Überarbeitung des Vertragsentwurfes während der Verhandlungsphase in sogenannten Mark-Ups[79] kommt es z.B. immer wieder vor, dass entweder die Nummerierung der einzelnen Vertragsklauseln oder die Verweisungen innerhalb des Vertrags durcheinander geraten oder auch ganze Absätze des Vertragstextes unbemerkt verloren gehen. Auch darauf hat der Notar die Beteiligten hinzuweisen und die entsprechenden **Korrekturen** vorzunehmen. 36

Bei **Verträgen in englischer Sprache** kommt es häufig vor, dass Rechtsbegriffe aus dem BGB oder anderen Gesetzen ins Englische übersetzt und umschrieben werden. Dies führt naturgemäß zu einem Verlust an Präzision und Klarheit. Hier kann der Notar vorschlagen, dass die deutschen Rechtsbegriffe jeweils zur Klarstellung in Klammern hinzugefügt werden. Bei **sehr umfangreichen Verträgen** kann der Notar auch anregen, ein Inhaltsverzeichnis sowie eine alphabetisch geordnete Liste der im Vertrag verwandten Definitionen und der dem Vertrag beigefügten Anlagen zu erstellen, falls der ihm übermittelte Entwurf solche nicht bereits enthält. Üblicherweise ist dies aber der Fall. 37

Soweit **Spezialklauseln,** wie die Steuerklausel oder Umweltklausel, zu technisch gefasst sind, um sie nachzuvollziehen, sollte der Notar sie sich von deren Verfassern erläutern lassen – einmal um sie selbst zu verstehen, zum anderen um zu testen, ob die Regelungen mit entsprechenden Hinweisen letztlich auch für Dritte verständlich und klar genug sind. Der Notar sollte sich insoweit nicht davor scheuen, den Beteiligten „lästig" zu erscheinen. Letztlich profitieren auch sie davon. 38

Eher selten kommt es vor, dass der Vertrag **rechtliche Fehler** enthält oder die neueste Rechtsprechung zu bestimmten Themen nicht berücksichtigt.[80] Sollte es dennoch vorkommen, hat der Notar selbstverständlich vorab auch hierauf hinzuweisen und die entsprechenden Passagen im Vertrag zu korrigieren. All diese Punkte sollten im Vorfeld geklärt und bereinigt werden, um die ohnehin stundenlange Beurkundung so effizient wie möglich zu gestalten und sie nicht noch mit solchen Dingen zu verzögern und möglicherweise zu erschweren. 39

5. Prüfung der Anlagen zum Vertrag

Unternehmenskäufe haben oft zahlreiche Anlagen. Diese können ganze Ordner füllen. 40
Der Notar hat sich einen Überblick über die vorgesehenen Anlagen zu verschaffen. Dies ist aus mehreren Gründen notwendig: Zum einen muss der Notar abschätzen können, ob das Verlesen der Anlagen zusammen mit dem Vertragstext als solchem zeitlich machbar und den Beteiligten zumutbar ist. Sollte nach seiner Einschätzung das Verlesen der Anlagen sehr viel

[78] Bei einem Milliardendeal eines Dax-Unternehmens war beispielsweise das in Deutschland belegene Vermögen des zu veräußernden Teilkonzerns aus steuerlichen Gründen Gegenstand eines Treuhandverhältnisses, das im Rahmen der Veräußerung dieses Teilkonzerns aufgelöst werden musste. Die entsprechenden Vertragsbestimmungen waren ohne genaue Kenntnis der Struktur dieses Treuhandverhältnisses kaum verständlich.

[79] *Mark-up* meint die Kommentierung des (überarbeiteten) Vertragsentwurfs durch die jeweils andere Partei, vgl. *Hanke/Socher* NJW 2010, 829, 831.

[80] Das kam beispielsweise nach der Schuldrechtsreform 2002 gelegentlich vor, wenn die neuen Gewährleistungsregeln der §§ 434ff. BGB nicht beachtet wurden, oder auch bei sogenannten *Asset Deals*, wenn die vertraglichen Regelungen über die Arbeitnehmer des Zielunternehmens nicht in vollem Umfang den Vorgaben des § 613a BGB entsprachen.

Zeit in Anspruch nehmen, besteht die Möglichkeit die Beurkundung der Anlagen im Rahmen einer sogenannten **Bezugsurkunde** entsprechend der Regelung in § 13a BeurkG vorzunehmen.[81] Zum anderen sollte der Notar bereits im Vorfeld wissen, welche Anlagen unbedingt verlesen werden müssen und bei welchen Anlagen die **eingeschränkte Vorlesungspflicht** nach § 14 BeurkG Anwendung finden kann. Während des Beurkundungsvorgangs selbst besteht oft ein so immenser Druck, dass dies in Ruhe gar nicht mehr möglich ist und sich deshalb Fehler einschleichen können. Bei Verletzung der Vorlesungspflicht ist der betroffene Teil nicht wirksam beurkundet. Hieraus ergibt sich zugleich die **Gefahr der Gesamtnichtigkeit** des Vertrags. Die Unwirksamkeit erstreckt sich nach § 139 BGB grundsätzlich auf den gesamten Vertrag, wenn nicht anzunehmen ist, dass die Parteien ihn auch ohne den unwirksamen Teil geschlossen hätten.[82]

41 Gelegentlich kann es vorkommen, dass sich unter den Anlagen **Dokumente in einer Fremdsprache** befinden, die der Notar nicht beherrscht, z. B. in spanischer, portugiesischer, chinesischer oder japanischer Sprache. Handelt es sich dabei nicht um ein Bestandsverzeichnis über Sachen, Rechte und Rechtsverhältnisse im Sinne des § 14 Abs. 1 BeurkG, das nicht vorgelesen werden muss, so ist § 5 Abs. 2 S. 2 BeurkG zu beachten. Danach darf der Notar nur dann in einer anderen Sprache als der deutschen Sprache beurkunden, wenn er der fremden Sprache hinreichend kundig ist. Vor diesem Hintergrund gibt es nur zwei Möglichkeiten: entweder er wirkt darauf hin, dass das betreffende fremdsprachige Schriftstück nicht als Anlage zum Vertrag genommen und der Vertragstext insoweit entsprechend umformuliert wird. Bestehen die Parteien jedoch darauf, das betreffende Schriftstück als Anlage des Vertrages beizubehalten, so muss der Notar alternativ auf Vorlage einer **beglaubigten Übersetzung** in die Vertragssprache bestehen. Diese wird dann verlesen und damit anstelle des fremdsprachigen Originals Vertragsbestandteil. Die Stelle im Vertragstext, die auf die Anlage verweist, ist entsprechend anzupassen. Keine Lösung bietet hier das Verfahren nach § 13a BeurkG, d. h. die Beurkundung des fremdsprachigen Schriftstücks in einer Bezugsurkunde.[83] Auch hier bestehen die allgemeinen Belehrungs- und Beratungspflichten des Notars. Diese kann er nur erfüllen, wenn er die Bezugsurkunde kennt.[84] Dazu müsste er also den Inhalt der fremdsprachigen Anlage verstehen.

42 Zuweilen sind bestimmte **Karten, Zeichnungen, Abbildungen** oder **Ansichten** als Anlage zum Vertrag vorgesehen. Erhält der Notar diese in einer verkleinerten Schwarzweißkopie, in der die für die Vereinbarung der Parteien relevanten differenzierenden Farben nicht mehr ersichtlich sind, so soll sich der Notar ein Original der Karte oder Ansicht vorlegen lassen und dann die verschiedenen Farben in der verkleinerten Schwarzweißkopie ergänzen oder besser noch das Original zu seiner Urkunde nehmen.

6. Bezugsurkunde

43 In vielen Fällen sind die Anlagen des Unternehmenskaufvertrages so umfangreich, dass eine gleichzeitige Beurkundung des Vertrages und der Anlagen nicht mehr sinnvoll erscheint. In einem solchen Fall können die Anlagen vorab in einer Bezugsurkunde beurkundet werden. Für diese gilt dann die **eingeschränkte Beifügungs- und Vorlesungspflicht** des § 13a BeurkG bei der sich anschließenden Beurkundung des Unternehmenskaufvertrages. In der Urkunde des Unternehmenskaufvertrages müssen die Beteiligten erklären, dass ihnen der Inhalt der Bezugsurkunde bekannt ist und sie auf deren Vorlesen verzichten. Ohne diese Erklärung ist die Urkunde nichtig. Die Erklärung und der Verzicht sollen in der Urkunde festgestellt werden. Ferner soll die Urkunde mit dem Unternehmenskaufvertrag nur aufgenommen werden, wenn die Bezugsurkunde entweder im **Original** oder zumindest in **beglaubigter Abschrift** bei der Beurkundung vorliegt (§ 13a Abs. 1 BeurkG). Die Bezugsurkunde braucht der Urkunde mit dem Unternehmenskaufvertrag nicht beigefügt werden, wenn die Beteilig-

[81] Vgl. unten Rdnr. 40 ff.
[82] *Winkler* § 13 Rdnr. 25 a; Staudinger/*Hertel* Vorb. zu §§ 127 a, 128 Rdnr. 30.
[83] Vgl. hierzu Rdnr. 41 ff.
[84] Vgl. etwa *Melchers* BWNotZ 1991, 41, 45; *Lerch* § 13a Rndnr. 6; *Stauf* RNotZ 2001, 129, 142; *Schuckmann* § 13a Rdnr. 17.

ten auch hierauf verzichten. Dies soll wiederum in der Urkunde festgehalten werden (§ 13a Abs. 2 BeurkG). Durch die Verweisung gem. § 13a BeurkG wird der Inhalt der Bezugsurkunde zum rechtsgeschäftlichen Inhalt des später beurkundeten Unternehmenskaufvertrages. Über diese Bedeutung der Verweisung auf die Bezugsurkunde soll der Notar die Beteiligten eingehend belehren (§ 13a Abs. 3 S. 2 BeurkG). Der Notar darf von der Erleichterung des § 13a BeurkG nicht missbräuchlich Gebrauch machen. Wenn wesentliche rechtsgeschäftliche Erklärungen in eine Bezugsurkunde ausgelagert werden, sind diese zwar formwirksam beurkundet, der Notar hat aber möglicherweise gegen Amtspflichten verstoßen.[85]

In der Praxis des Unternehmenskaufs wird nur selten in vollem Umfang von den Erleich- 44
terungen des Verfahrens nach § 13a BeurkG Gebrauch gemacht. Danach ist es möglich, die Bezugsurkunde als eine sogenannte Ein-Mann-Urkunde zu erstellen. Das Tatbestandsmerkmal in § 13a BeurkG, *„nach den Vorschriften über die Beurkundung von Willenserklärungen errichteten notariellen Niederschrift"*, ist nach allgemeiner Ansicht lediglich formaler Natur. Die Bezugsurkunde muss daher keine materiell wirksame Willenserklärung enthalten. Die Verweisung ist auch wirksam, wenn die Bezugsurkunde und deren Inhalt – etwa wegen Verstoßes gegen ein gesetzliches Verbot – nichtig sind. Entscheidend ist lediglich die formwirksame Errichtung.[86] Die Beteiligten des Unternehmenskaufvertrages müssen somit nicht in der Bezugsurkunde abgebildet werden.[87]

Der Zulässigkeit der Bezugsurkunde als „Ein-Mann-Urkunde" steht es nicht entgegen, 45
dass die genaue Kenntnis der Beteiligten des Unternehmenskaufvertrages hinsichtlich der oft sehr umfangreichen Anlagen in der Bezugsurkunde kaum vorliegen wird. Auch hier gilt, dass § 13a BeurkG lediglich das formelle Verfahren regelt. Es kommt mithin nur auf die Erklärung der Beteiligten in der Hauptturkunde mit dem Unternehmenskaufvertrag an, dass ihnen der Inhalt der Bezugsurkunde bekannt ist. Unerheblich ist, ob die Beteiligten tatsächlich Kenntnis von dem Inhalt der Urkunde haben. Dies muss der Notar, der sich auf die Kenntniserklärung der Beteiligten grundsätzlich verlassen darf, auch nicht überprüfen.[88] Wie sollte er das auch in der hektischen Situation bei der Protokollierung des Unternehmenskaufvertrages? Insofern stellt sich jedenfalls aus praktischen Gründen auch nicht die Frage, ob der Notar eine Verweisung nach § 13a BeurkG aufnehmen darf, wenn er sicher weiß, dass die Kenntniserklärung der oder eines Beteiligten falsch oder zweifelhaft ist.[89]

Die Anlagen des Unternehmenskaufvertrages können somit durch eine beliebige Person 46
in eigenem Namen ohne jeglichen Bezug zum Unternehmenskaufvertrag und ohne Genehmigung der Erklärungen dieser Person in der Urkunde des Unternehmenskaufvertra-

[85] Vgl. hierzu BeckNotarHdb/*Bernhard* G Rdnr. 197.

[86] Vgl. Keidel/*Winkler* Beurkundungsgesetz, 16. Aufl. 2008, § 13a Rdnr. 31; Eylmann/Vaasen/*Limmer*, Bundesnotarodnung/Beurkundungsgesetz, 2. Aufl. 2004, § 13a Rdnr. 6; *Lerch* Beurkundungsgesetz, 3. Auflage 2006, § 13a Rdnr. 6; Staudinger/*Wufka* Kommentar zum Bürgerlichen Gesetzbuch mit Einführungsgesetz und Nebengesetzen, 13. Auflage 1995, § 313 BGB, Rdnr. 207; *Winkler* Rpfleger 1980, 169, 172; *Fischer* DNotZ 1982, 153, 158; *Stauf* RNotZ 2001, 129, 140; *Melchers* BWNotZ 1991, 41, 45.

[87] Vgl. etwa Stauf, RNotZ 2001, 129, 141. Genauso kann auf eine formwirksam errichtete Urkunde mit völlig anderen Beteiligten verwiesen werden, vgl. Keidel/*Winkler* § 13a Rdnr. 33; Eylmann/Vaasen/*Limmer* § 13a Rdnr. 6; *Huhn/von Schuckmann* § 13a Rdnr. 12; Staudinger/*Wufka* § 313 BGB, Rdnr. 207; *Arnold* DNotZ 1980, 262, 275; *Winkler* Rpfleger 1980, 169, 172; *Stauf* RNotZ 2001, 129, 141; *Tiedtke* DNotZ 1991, 348, 359f.

[88] *Huhn/von Schuckmann*^{3} § 13a Rdnr. 17; Keidel/*Winkler* § 13a Rdnr. 50; *ders.* Rpfleger 1980, 169, 173; *Arnold* DNotZ 1980, 262, 276; *Stauf* RNotZ 2001, 114, 142; *Melchers* BWNotZ 1991, 41, 45; *Brambring* DNotZ 1980, 281, 298.

[89] In der Literatur wird diese Frage praktisch nicht behandelt. Es findet sich lediglich eine ablehnende Stellungnahme. Diese scheint aber gleichzeitig davon auszugehen, dass die Wirksamkeit einer dennoch vorgenommenen Beurkundung hiervon nicht beeinträchtigt wird. Vgl. Bamberger/Roth/*Litzenberger*, Beck'scher Online-Kommentar, Stand: 1. 8. 2010, BeurkG § 13a Rdnr. 2. Ob eine Unkenntnis der Beteiligten trotz gegenteiliger Erklärung die Anfechtbarkeit und damit ein Risiko für die Transaktionssicherheit begründet wird unterschiedlich beurteilt. Gegen die Anfechtbarkeit vgl. Keidel/*Winkler* § 13a Rdnr. 50; *Stauf* RNotZ 2001, 114, 142; dafür (wenn auch ohne Begründung) *Brambring* DNotZ 1980, 281, 298. Einem solchen Risiko ließe sich aber durch entsprechende Vertragsklauseln im Unternehmenskaufvertrag begegnen.

ges als „Ein-Mann-Urkunde“ beurkundet werden. Es ist daher verwunderlich, dass solche „Ein-Mann-Urkunden“ als Bezugsurkunde in der Praxis des Unternehmenskaufs eher selten vorkommen.[90] Wahrscheinlich liegt es daran, dass die am Unternehmenskauf beteiligten Rechtsanwälte mit der Möglichkeit der Bezugsurkunde als „Ein-Mann-Urkunde“ nicht recht vertraut sind und sie sich deshalb auf einen entsprechenden Vorschlag des Notars nicht einlassen wollen. Es könnte ferner sein, dass die Beteiligten auch bei der Beurkundung der Anlagen des Unternehmenskaufvertrages eine gewisse Kontrolle über den Beurkundungsvorgang behalten wollen. Das gilt jedenfalls dann, wenn bei der Beurkundung der Anlagen Rechtsanwälte als Vertreter der Beteiligten auftreten. Das kommt recht häufig vor.

47 Bei diesem „Vertretungsmodell“ liegt eigentlich keine Verweisung im technischen Sinne vor. Hier wird im Grunde der Unternehmenskaufvertrag samt Anlagen als einheitliches Geschäft durch separate Beurkundungen der einzelnen Teile auf mehrere Urkunden „aufgespalten“.[91] Dennoch ist in der Praxis eine Kombination aus Vertretungsmodell und dem Verfahren nach § 13 a BeurkG die Regel. Das bedeutet, die Beteiligten des Hauptvertrages werden in der Bezugsurkunde durch bevollmächtigte oder vollmachtlose Vertreter vertreten.[92] In der Haupturkunde mit dem Unternehmenskaufvertrag wird dann entsprechend dem Verfahren nach § 13 a BeurkG auf diese Urkunde verwiesen und – bei vollmachtloser Vertretung – die Erklärung des Vertreters genehmigt.

Formulierungsvorschlag für eine Bezugsurkunde nach dem Kombinationsmodell:

Die Erschienene erklärte:

Im Folgenden handele ich nicht in eigenem Namen, sondern namens und für Rechnung von Herrn X, Frau Y und Herrn Z und der K GmbH als Vertreter ohne Vertretungsmacht mit dem Versprechen, eine Genehmigungserklärung nachzureichen, ohne jedoch hierfür eine persönliche Haftung zu übernehmen.

Herr X, Frau Y und Herr Z und die K GmbH werden auf ihren ausdrücklichen Wunsch bei der heutigen Beurkundung vollmachtlos vertreten. Sie haben vor der heutigen Beurkundung den wesentlichen Inhalt der nachfolgenden Urkunde erhalten. Sämtliche in dieser Urkunde für Herrn X, Frau Y und Herrn Z und die K GmbH abgegebenen Erklärungen werden erst nach ausdrücklicher schriftlicher Genehmigung durch sie wirksam.[93]

Der Notar wies darauf hin, dass diese Urkunde bis zur Erteilung der Genehmigungserklärung/en schwebend unwirksam ist.

Die Erschienene bat sodann um Beurkundung der nachfolgenden Bezugsurkunde und erklärte:

Frau Y und die Herren X und Z möchten einen Kaufvertrag über den Verkauf und die Abtretung sämtlicher Geschäftsanteile an der Z-GmbH abschließen. Der Vertrag bezieht sich auf und umfasst verschiedene Anlagen, insbesondere ......, die in Übereinstimmung mit den von mir Vertretenen vor Beurkundung des Vertrages beurkundet werden sollen.

Durch diese Bezugsurkunde werden die vorgenannten Anlagen ordnungsgemäß aufgenommen. Bei Beurkundung des Kaufvertrages sollen diese Anlagen Teil des zu beurkundenden Vertrages werden als ob sie in ein und derselben Urkunde beurkundet worden wären.

---

[90] In der Regel treten bei der Protokollierung der Bezugsurkunde eine oder mehrere Notariatsangestellte für die Beteiligten als **vollmachtlose Vertreter** unter Ausschluss der Eigenhaftung auf. Siehe unter Rdnr. 45.

[91] Vgl. hierzu *Keim* DNotZ 2001, 827. Wenn die Verknüpfung der jeweiligen Urkunden zu einem einheitlichen Geschäft in den jeweiligen Urkunden mit beurkundet wird, bedarf es hier somit gar nicht des Verfahrens nach § 13 a BeurkG.

[92] Selbst wenn nur eine Person für alle Beteiligten als Vertreter ohne Vertretungsmacht auftritt, liegt kein verbotenes Insichgeschäft vor, da § 181 BGB bei allseits vollmachtloser Vertretung mangels Interessenkonfliktes teleologisch zu reduzieren ist; vgl. Staudinger/*Schilken* § 181, Rdnr. 15; *Benecke/Ehringer* MDR 2005, 1265, 1266.

[93] In Betracht kommt auch die Abgabe einer entsprechenden Erklärung durch einen weiteren vollmachtlosen Vertreter für die andere Vertragspartei. Darüber hinaus besteht die Möglichkeit, die Bezugsurkunde nur vom Vertreter einer Vertragspartei oder eines Dritten errichten zu lassen, vgl. Eylmann/Vaasen/*Limmer* § 13 a Rdnr. 7.

Die Verweisung hat in jedem Fall zur Folge, dass der Inhalt der Bezugsurkunde als von den Beteiligten in der Haupturkunde des Unternehmenskaufvertrages erklärt gilt. Diese Rechtsfolge tritt auch bei der „Ein-Mann-Urkunde“ als Bezugsurkunde ein.[94] 48

Besteht großer **Zeitdruck** für die Beurkundung des Unternehmenskaufvertrages – etwa im Hinblick auf Fristen für die Einberufung einer Hauptversammlung, die über den Unternehmenskaufvertrag zu entscheiden hat[95] – und sind die Anlagen dieses Vertrages besonders umfangreich, so kann es sich empfehlen, diese Anlagen in **mehreren Bezugsurkunden** durch mehrere Notare gleichzeitig beurkunden zu lassen. Das geht dann natürlich erheblich schneller. Das Vorstehende gilt dann entsprechend für alle aufgenommenen Bezugsurkunden. 49

7. Entwurf der Mantelurkunde zum Unternehmenskaufvertrag

Zur letzten Vorbereitungshandlung des Notars vor der eigentlichen Beurkundung des Unternehmenskaufvertrages gehört der Entwurf der Mantelurkunde. Dieser wird dann der Unternehmenskaufvertrag (mit oder ohne Anlagen) als Anlage beigefügt.[96] Die Mantelurkunde sollte nach Möglichkeit bis zum eigentlichen Beurkundungstermin **vollständig vorbereitet** sein. Häufig wird der Notar gebeten, die Beurkundung in den Räumen einer der die Beteiligten beratenden Rechtsanwaltssozietäten vorzunehmen. Er kann dann während der Beurkundung nicht auf seinen eigenen Apparat zurückgreifen. Es ist deshalb von großem Vorteil, wenn gleich nach den unerlässlichen Präliminarien (u.a. Vorlage und ggf. Anfertigung von Kopien der Ausweispapiere) und dem Verlesen der bereits in seinem Büro vorbereiteten Mantelurkunde mit der Beurkundung des Unternehmenskaufvertrages als solchem begonnen werden kann, und keine unnötige Zeit mit den Formalien der Mantelurkunde verloren geht. Er erspart sich damit auch den Unmut ausländischer Beteiligter, die mit dem deutschen Beurkundungsrecht nicht vertraut sind und deshalb ohnehin wenig Verständnis für den damit verbundenen zeitlichen und sonstigen Aufwand haben. 50

Ist zuvor eine Bezugsurkunde mit Anlagen des Unternehmenskaufvertrages beurkundet worden, so muss dies in der Mantelurkunde des letzteren berücksichtigt werden. Wurde die Bezugsurkunde mit einem vollmachtlosen Vertreter protokolliert, so müssen die Beteiligten dessen Handeln in der Mantelurkunde genehmigen und zum Bestandteil des Unternehmenskaufvertrages machen. Sind die Beteiligten des Unternehmenskaufvertrages durch Bevollmächtigte auch bereits in der Bezugsurkunde aufgetreten, genügt der **Verweis auf die Bezugsurkunde** in der Mantelurkunde. Die entsprechenden Passagen könnten etwa wie folgt lauten: 51

Nach Urkundseingang mit den Angaben zu den Erschienenen und darüber, für wen sie handeln:

Die Erschienenen, handelnd wie angegeben, erklärten sodann das Folgende:

1. Herr X, Frau Y und Herr Z einerseits sowie die K GmbH andererseits schließen hiermit den in Anlage I beigefügten Kaufvertrag betreffend den Verkauf und die Abtretung sämtlicher Geschäftsanteile an der Z GmbH.

---

[94] So herrschende Meinung: Keidel/*Winkler* § 13a Rdnr. 33; Eylmann/Vaasen/*Limmer* § 13a Rdnr. 6; Staudinger/*Wufka* § 313 BGB, Rdnr. 207; *Arnold*, DNotZ 1980, 262, 275; *Winkler* Rpfleger 1980, 169, 172; *Stauf* RNotZ 2001, 129, 141; dagegen lediglich *Demharter* FGPrax 2003, 139, 140; mit der herrschenden Meinung auch *OLG Düsseldorf* FG Praxis 2003, 88, 89 entgegen der unteren Instanz (Landgericht Wuppertal).

[95] So ist z.B. nach § 179a AktG ein Beschluss der Hauptversammlung erforderlich, wenn die Gesellschaft durch den Vertrag zur Übertragung ihres gesamten Vermögens verpflichtet wird. Zudem kann die Zustimmung der Hauptversammlung auf Grundlage der berühmten „*Holzmüller*“ Entscheidung des BGH (NJW 1982, 1703) erforderlich sein, wenn der geplante Vertrag schwerwiegend in die Rechte und Interessen der Aktionäre eingreift. Im damals zu entscheidenden Fall, der die Ausgliederung des wertvollsten Teilbetriebs betraf, wurde das Zustimmungserfordernis bejaht.

[96] Möglich ist es auch, den Vertrag nach dem Urkundseingang als integralen Bestandteil der Urkunde vorzusehen. Gerade im Hinblick auf die Vorbereitung der Mantelurkunde ist dies jedoch weniger praktisch und wird daher auch kaum so gemacht.

2. Die Anlagen zu dem Kaufvertrag wurden bereits in der notariellen Niederschrift vom [Datum] (UR-Nr. 1111/2010 des beurkundenden Notars, nachfolgend die „Bezugsurkunde") separat beurkundet. Die Erschienenen genehmigen hiermit sämtliche in der Bezugsurkunde von [......] als vollmachtlosem Vertreter im Namen und für Rechnung des Herrn X, der Frau Y, des Herrn Z sowie der K GmbH abgegebenen Erklärungen.
Auf die Bezugsurkunde wird hiermit gem. § 13 a BeurkG verwiesen. Die Bezugsurkunde lag bei der Beurkundung im Original vor. Der Inhalt der Bezugsurkunde ist allen Erschienenen bekannt. Die Erschienenen verzichten hiermit auf das Verlesen der Bezugsurkunde in ihrer Gegenwart und auf das Beifügen der Bezugsurkunde zu dieser notariellen Niederschrift. Die Bezugsurkunde wird damit Bestandteil dieser notariellen Niederschrift und des vorgenannten Kaufvertrages.
3. ...

8. Sonderproblem: Schiedsklauseln

52 Unternehmenskaufverträge enthalten in den meisten Fällen eine Schiedsklausel, mittels derer anstelle der Zuständigkeit der ordentlichen Gerichte diejenige eines Schiedsgerichts vereinbart wird. Dabei wird die **Schiedsklausel** fast immer in den allgemeinen Schlussbestimmungen des Vertrages aufgenommen.[97] Üblicherweise enthält die Schiedsklausel lediglich Bestimmungen über die Anzahl der Schiedsrichter, die Lage des Schiedsortes und die Sprache des Schiedsverfahrens. Im Übrigen wird meist auf die **Verfahrensordnungen einer anerkannten Schiedsinstitution** verwiesen, etwa die Schiedsgerichtsordnungen der Deutschen Institution für Schiedsgerichtsbarkeit e. V. (DIS)[98] oder des Internationalen Schiedsgerichtshofs der Internationalen Handelskammer (ICC).[99]

Beispiele für übliche Schiedsklauseln:[100]

(1) „Sämtliche Streitigkeiten aus oder im Zusammenhang mit diesem Vertrag werden in Übereinstimmung mit den Schiedsregeln der DIS Deutschen Institution für Schiedsgerichtsbarkeit e. V. durch drei Schiedsrichter endgültig entschieden, die in Übereinstimmung mit den genannten Schiedsregeln bestellt werden und die Befähigung zum Richteramt in Deutschland haben sollen. Das Schiedsverfahren findet in Frankfurt statt und wird auf Deutsch geführt. Die Kosten von Simultandolmetschern, die ins Deutsche und vom Deutschen ins Englische übersetzen und während der mündlichen Verhandlung und für die Übersetzung von Unterlagen benötigt werden, tragen die Verkäufer. Für die Zwecke dieser Schiedsklausel und des Schiedsverfahrens gelten die Verkäufer als ein und dieselbe Partei, und sie sind verpflichtet, entsprechend zu handeln.

(2) In case of a dispute arising out of or in connection with this Agreement, the Parties shall try to settle such dispute during a period of four weeks.
If the dispute cannot be settled, it shall be presented to the chairmen of the boards of X and Y who shall try to settle such dispute during a period of four weeks.
In case they cannot settle the dispute, the dispute shall be finally settled under the rules of arbitration of the International Chamber of Commerce (the „ICC Rules").
The arbitral tribunal shall consist of three arbitrators.
The place of arbitration shall be Geneva, Switzerland, and the arbitration shall be conducted in English unless agreed otherwise. Documentation and/or witness statements shall be translated into English and/or German upon request of either Party and/or the Arbitral Tribunal.

[97] Die strenge Formvorschrift des § 1031 Abs. 5 ZPO, die ohnehin nur bei Beteiligungen von Verbrauchern Anwendung findet, gilt nach dessen S. 3 nicht bei notarieller Beurkundung.

[98] Der Text der DIS-Schiedsgerichtsordnung ist in sieben Sprachen auf folgender Internetseite zu finden: www.dis-arb.de/scho/.

[99] Der Text der ICC Rules of Arbitration ist in dreizehn Sprachen auf folgender Internetseite zu finden: www.iccwbo.org/court/arbitration/id4093/index.html.

[100] Auf den Internetseiten von bekannten Schiedsinstitutionen wie der DIS oder des Internationalen Schiedsgerichtshofes der ICC finden sich ebenfalls Muster für Standard-Schiedsklauseln, die auf die jeweilige Schiedsgerichtsordnung verweisen.

(3) All disputes arising out or in connection with this Agreement shall be finally settled under the rules of DIS. The Arbitral Tribunal shall consist of three arbitrators. The place of arbitration shall be Frankfurt, and the arbitration shall be conducted in English provided, however, that written evidence may be submitted in either the English or German language."

Die **Vereinbarung eines Schiedsgerichts** ist auch sinnvoll. Bei Streitigkeiten aus Unternehmenskaufverträgen ist es von großem Vorteil, wenn die zur Entscheidung über sie berufenen Personen neben ihrer juristischen Qualifikation auch M & A-Spezialisten sind, d. h. über eine weitreichende **Erfahrung mit** solchen **Transaktionen** verfügen. Um eine sachgerechte Entscheidung treffen zu können, sollte man nicht nur wissen, welche Vertragsgestaltung „state of the art" ist, sondern auch mit dem Ablauf eines Unternehmenskaufs vertraut sein. Das ist bei Richtern der ordentlichen Gerichte in aller Regel nicht der Fall, kann jedoch durch die Vereinbarung eines Schiedsgerichts gewährleistet werden. Dementsprechend benennen die Parteien bei Streitigkeiten aus Unternehmenskaufverträgen regelmäßig bekannte M & A-Anwälte als Schiedsrichter.[101] Als weiterer Vorteil kommt hinzu, dass die Parteien die oft komplexen und sensiblen Streitigkeiten bei Einschaltung eines Schiedsgerichts unter **Ausschluss der Öffentlichkeit** beilegen und das Verfahren zudem in einer Instanz beenden können. 53

Ist der Unternehmenskaufvertrag beurkundungspflichtig, erstreckt sich die Beurkundungspflicht nach zutreffender Ansicht zwar nicht auf die Schiedsklausel, weil § 1031 ZPO eine abschließende Sonderregelung ist.[101a] Zur Vermeidung von Wirksamkeitsrisiken entsprach es allerdings der bisherigen Praxis, die Schiedsklausel als Teil des Vertrages zu beurkunden, nicht jedoch die jeweilige Schiedsgerichtsordnung, auf die die Schiedsvereinbarung verwies. Dies wirft einige rechtliche Fragen auf, auf die in jüngster Zeit aufmerksam gemacht wurde.[102] 54

Wegen Nichtbeachtung des **Vollständigkeitsgrundsatzes**[103] könnten sowohl die Schiedsvereinbarung als auch der Unternehmenskaufvertrag insgesamt unwirksam sein. Bei der Schiedsvereinbarung für Streitigkeiten aus einem beurkundungsbedürftigen Hauptvertrag geht die herrschende Meinung davon aus, dass diese auch dann wirksam ist, wenn sie nicht mitbeurkundet wird.[104] Danach besteht hinsichtlich der **Schiedsvereinbarung** auch dann **kein Wirksamkeitsrisiko,** wenn die Schiedsgerichtsordnung, auf die sie verweist, selbst nicht mitbeurkundet wird.[105] Es bleibt somit bei der Zuständigkeit des Schiedsgerichts anstelle des ordentlichen Gerichts zur Entscheidung in der Sache. 55

Wie sieht es hingegen mit der Wirksamkeit des Unternehmenskaufvertrages aus? Der Vollständigkeitsgrundsatz gebietet an sich trotz der entgegenstehenden bisherigen Praxis auch hier die **(Mit-)Beurkundung der Schiedsgerichtsordnung,**[106] auf die in der Schiedsklausel verwiesen wird.[107] Bis zum Vollzug des Vertrages und der damit einhergehenden 56

[101] Der Verfasser ist beispielsweise regelmäßig Schiedsrichter in Streitigkeiten aus Unternehmenskaufverträgen.

[101a] Vgl. *Lüttmann/Bruger* ZZP 119 (2006), 475, 476 ff.; MünchKommZPO/*Münch* § 1031 Rdnr. 12, 58; *Broichmann/Matthäus* SchiedsVZ 2008, 274 f.

[102] Vgl. *Heidbrink* GmbHR 2010, 848 ff.; *Broichmann/Matthäus* SchiedsVZ 2008, 274 ff.

[103] Vgl. oben Rdnr. 15 m. w. N.

[104] Vgl. hierzu ausführlich *Heidbrink* GmbHR 2010, 848, 849 ff. Allerdings muss die Schiedsvereinbarung den Formerfordernissen des § 1031 ZPO entsprechen; bei Beteiligung von Verbrauchern sind die strengeren Bestimmungen des Abs. 5 zu beachten.

[105] So auch *Heidbrink* GmbHR 2010, 848, 850.

[106] Ein Problem kann darin bestehen, dass die beurkundete Schiedsgerichtsordnung später geändert wird. In diesem Fall sind die Parteien und wohl auch das Schiedsgericht an die beurkundete alte Fassung der Schiedsgerichtsordnung gebunden, es sei denn, sie einigen sich auf die bei Einleitung des Schiedsverfahrens geltende Fassung. Die Geltung der bei Abschluss des Unternehmenskaufvertrages gültigen sowie der jeweiligen zukünftigen Fassungen der Schiedsgerichtsordnung können die Parteien aber auch schon im Vertrag selbst wirksam vereinbaren. Der Vollständigkeitsgrundsatz ist hinsichtlich der zukünftigen Fassungen nicht tangiert. Diese können ja noch nicht beurkundet werden.

[107] *De lege lata* so auch *Heidbrink* GmbHR 2010, 848, 853, der *de lege ferenda* jedoch zu der Mindermeinung neigt, wonach weder der Wortlaut noch der Sinn und Zweck von § 15 Abs. 4 S. 1 GmbHG es geböten,

Heilungswirkung des § 15 Abs. 4 S. 2 GmbHG besteht somit ein Wirksamkeitsrisiko. § 139 BGB oder die auch in Unternehmenskaufverträgen übliche salvatorische Klausel helfen in der Praxis jedenfalls dann nicht über das Problem hinweg, wenn eine Partei trotz Vorliegens aller Vollzugsvoraussetzungen nach Gründen sucht, um sich vom Vertrag zu lösen. In diesem Fall ist mit einem langwierigen Streit über die Frage zu rechnen, ob die Parteien den Vertrag auch ohne Schiedsvereinbarung hätten abschließen wollen, wenn sie von deren Formnichtigkeit gewusst hätten. Gerade bei Auktionsverfahren kommt es (leider) vor, dass Käufer, die aufgrund ihres Höchstgebotes den Zuschlag bekommen haben, sich nachträglich wegen vermeintlicher Überzahlung oder falscher Wertermittlung des Zielunternehmens einseitig vom Vertrag lösen wollen.[108] Es sollte jedoch keiner Partei eines Unternehmenskaufvertrages die Möglichkeit eingeräumt werden, dieses Ziel durch die simple Berufung auf die formelle Unwirksamkeit des Vertrages zu erreichen. Dieses Wirksamkeitsrisiko sollte in jedem Fall vermieden werden. Der Notar hat daher den **sichersten Weg** zu gehen und auf der **Beurkundung der anwendbaren Schiedsgerichtsordnung** zu bestehen.[109] Zukünftig wird daher die Schiedsgerichtsordnung, auf die in der Schiedsklausel des Unternehmenskaufvertrages verwiesen wird, mitbeurkundet werden müssen. Da die Beteiligten sich das Verlesen der Schiedsgerichtsordnung regelmäßig nicht zumuten werden, wird es wohl bei jedem beurkundungspflichtigen Unternehmenskaufvertrag demnächst zumindest eine **Bezugsurkunde**[110] geben, auch wenn die Anlagen gleichzeitig mit dem Vertrag selbst beurkundet werden.

III. Beurkundung des Unternehmenskaufvertrages

57 Selbst bei optimaler Vorbereitung entsprechend den vorgenannten Empfehlungen beschränkt sich die Tätigkeit des Notars bei der Beurkundung des Unternehmenskaufvertrages in den meisten Fällen nicht auf das reine Verlesen der Urkunde. Der Notar sollte zum Beurkundungstermin **viel Geduld** mitbringen. Auch wenn die Anlagen bereits zuvor in einer Bezugsurkunde beurkundet wurden und nur noch der eigentliche Vertragstext zu verlesen ist, kann es zu **unvorhergesehenen Situationen** mit erheblichen damit verbundenen Verzögerungen kommen. Selbst wenn die Beurkundung bereits morgens beginnt, kann sie sich bisweilen über die ganze Nacht erstrecken und auch noch am nächsten Tag andauern. Der Notar sollte deshalb im wahrsten Sinne des Wortes gut ausgeschlafen und körperlich fit sein.

1. Beurkundung beim Notar

58 Für den Notar stellt es eine Erleichterung dar, wenn die Beurkundung in seinen Büroräumen stattfindet. Allerdings geht das nur, wenn er über die dafür erforderliche Infrastruktur verfügt. Damit sind zunächst **ausreichende Räumlichkeiten** gemeint. Das gilt in erster Linie für den Besprechungsraum, in dem die Beurkundung stattfinden soll. Zur Beurkundung von Unternehmenskaufverträgen erscheinen in der Regel nicht nur die Vertreter der Beteiligten selbst, sondern auch ihre jeweiligen Beraterteams. So kommen meistens zwischen zehn und

das Beurkundungserfordernis auf Nebenabreden zu der eigentlichen Abtretungsverpflichtung zu erstrecken. *Broichmann/Matthäus* SchiedsVZ 2008, 274, 278; *Lüttmann/Bruger* ZZP 119 (2006), 475, 483 ff. halten die Beurkundung der Schiedsgerichtsordnung hingegen grundsätzlich für nicht erforderlich.

[108] Bisher wurde die Formnichtigkeit in den meisten Fällen wegen der Beurkundung vor einem schweizer Notar gerügt, vgl. oben Rdnr. 8.

[109] So auch *Heidbrink* GmbHR 2010, 848, 854 f., der m. w. N. zu Recht darauf hinweist, dass auch die beteiligten Anwälte dazu verpflichtet sind, den sichersten Weg zu wählen. Er empfiehlt, die Schiedsgerichtsordnung im Rahmen einer Bezugsurkunde zu beurkunden und bei der Beurkundung des Unternehmenskaufvertrages nach § 13 a BeurkG hierauf zu verweisen. Gleichzeitig weist er darauf hin, er habe eine beglaubigte Abschrift einer notariellen Urkunde mit der DIS-Schiedsgerichtsordnung in der Schublade und sei gerne bereit, dieses Exemplar interessierten Kollegen bei Bedarf leihweise zur Verfügung zu stellen. Vgl. auch BGH NJW-RR 2005, 1148 ff., wonach der Notar in Zweifelsfällen gehalten ist, den sichersten Weg zu wählen. Im konkreten Fall ging es um die Mitbeurkundung von Bauplänen und Baubeschreibungen beim Grundstückskaufvertrag.

[110] Vgl. hierzu oben Rdnr. 40 ff.

zwanzig Personen zusammen. Der Besprechungsraum muss entsprechend viel Platz bieten. Beengtheit ist in jedem Fall zu vermeiden. Sie würde zu einer erhöhten Anstrengung während des Beurkundungsvorgangs führen und damit möglicherweise zur Gereiztheit bis hin zur Aggressivität einzelner Personen. Dies könnte in schwierigen Situationen den Vertragsschluss insgesamt gefährden. Der Verfasser hat es mehrfach erlebt, dass Beteiligte nach stundenlangem Vorlesen am Ende aus reiner Erschöpfung plötzlich nicht mehr bereit waren, weiter zu machen und den Vertrag letztlich zu unterschreiben. Genügend Platz für alle ist deshalb das erste Gebot, das es zu beachten gilt.

Fast bei jeder Beurkundung kommt es vor, dass bestimmte Punkte nachverhandelt werden 59 müssen. Ebenso kommt es vor, dass den Parteien beim Vorlesen ein weiterer Punkt einfällt, den es noch vertraglich zu regeln gilt. Tritt ein solcher Fall ein, müssen die Parteien sich zur Beratung in **separate Besprechungsräume** zurückziehen können. Neben dem Besprechungsraum, in dem die eigentliche Beurkundung stattfindet, müssen deshalb möglichst zwei weitere Besprechungsräume zur Verfügung stehen.

In solchen Fällen wird anschließend der Vertragstext geändert oder ergänzt. Der Notar 60 muss daher Vorsorge treffen und sicherstellen, dass zu jeder Zeit **Sekretariatsarbeiten** erledigt werden können und die dafür nötigen **Computer- und Textverarbeitungssysteme**, einschließlich Kopierer genutzt und professionell bedient werden können. Es könnte kaum etwas Schlimmeres passieren, als wenn um 3:00 Uhr morgens eine zwischen den Parteien verhandelte Änderung oder Ergänzung des Vertragstextes nicht sofort in Textform schriftlich festgehalten und zur nochmaligen Prüfung durch alle Erschienenen vervielfältigt werden könnte.

Es wurde schon erwähnt, dass das körperliche Wohlbefinden während des Beurkun- 61 dungsvorgangs auch im Hinblick auf dessen erfolgreichen Abschluss ein nicht zu unterschätzender Faktor ist. Es empfiehlt sich deshalb dringend, auch genügend **Vorkehrungen für das leibliche Wohl** aller bei der Beurkundung anwesenden Personen zu treffen. Dies gilt nicht nur für die Getränke – etwa Tee, Kaffee, Mineralwasser und Säfte, sondern auch für das Essen. Hier gilt der Grundsatz: je hochwertiger desto besser. Warme Mahlzeiten aus der Küche eines bekannten Feinkost- oder Cateringbetriebes oder eine großzügige, schön dekorierte Sushi-Platte nach stundenlangem Sitzen und Zuhören sorgen sofort für eine allgemeine Verbesserung der Stimmung und Atmosphäre im Raum. Auch wenn es in diesem Zusammenhang geradezu lächerlich erscheint, kann eine frische Obstplatte mit exotischen Früchten zu später Stunde insoweit wahre Wunder bewirken.

Der mit dem endlosen Sitzen und konzentriertem Zuhören für die Beteiligten verbundene 62 Stress darf nicht unterschätzt werden. Alles was der Notar durch organisatorische Maßnahmen hiergegen tun kann, sollte er im Interesse eines erfolgreichen Abschlusses des Beurkundungsvorgangs auch tun.[111] Der Notar sollte sich deshalb auch sehr genau erkundigen, wie viele Personen bei der Beurkundung anwesend sein werden. Dann kann er im Hinblick auf die Beurkundung auch eine genügende Anzahl von **Leseexemplaren** der Urkunde herstellen lassen. In den meisten Fällen wollen alle Erschienenen den vorgelesenen Vertragstext gleichzeitig mitlesen.

2. Typische Situationen während des Beurkundungsvorgangs

Im Idealfall ist die Beurkundung des Unternehmenskaufvertrages so gut vorbereitet, dass 63 der Notar tatsächlich nur noch den Vertragstext verliest und nach Unterschriftsleistung der Beteiligten mit seiner Unterschrift unter die Urkunde den Beurkundungsvorgang abschließt. Allerdings kommt dies in der Praxis nur äußerst selten vor. Der Notar muss vielmehr **auf**

[111] Die schon fast auf die Beurkundung deutscher Unternehmenskaufverträge spezialisierten schweizer Notare in Basel und Zug waren/sind in dieser Hinsicht vorbildlich und haben stets versucht, sich gegenseitig noch zu übertreffen. Offenbar haben sie erkannt, dass es für den erfolgreichen Abschluss einer Transaktion auch ganz entscheidend auf das Ambiente ankommt. Dies ist auch eines der Erfolgsrezepte der für *M&A* Transaktionen berühmtesten New Yorker Law Firm *Wachtell Lipton Rosen & Katz*. Die Atmosphäre und Bewirtung in ihren Büroräumen wird von den Mandanten so geschätzt, dass sie dort wichtige Besprechungen abhalten, auch wenn daran keine Anwälte der Sozietät mitwirken.

alles gefasst sein, bis hin zum endgültigen Abbruch der Beurkundung, selbst nach stundenlangem Verlesen des Vertragstextes.

64 Zunächst kommt es vor, dass **andere Vertreter der Beteiligten** als die zuvor Angekündigten erscheinen und deshalb der Eingang der Mantelurkunde entsprechend geändert werden muss. Oder die Vertreter der Beteiligten erscheinen ohne das Original der möglichst zuvor bereits mit dem Notar abgestimmten Vollmacht, weil diese beispielsweise aus den USA nicht rechtzeitig eintraf. Ist dem Notar eine Kopie der ordnungsgemäß ausgefertigten Vollmacht bereits per Telefax oder auf elektronischem Wege übermittelt worden, kann der betreffende Vertreter eines Beteiligten unter Verweis auf diese Vollmacht auftreten, wenn die übrigen Vertragsparteien damit einverstanden sind. Die Tatsache, dass die erteilte Vollmacht bei Beurkundung nicht im Original vorlag, der Bevollmächtigt verspricht, das Original der Vollmacht nachzureichen und dass die Parteien auf sofortiger Beurkundung bestehen, sollte in der Urkunde dargelegt werden. Der Vertrag ist in diesem Fall ordnungsgemäß zustande gekommen, sofern eine wirksame Bevollmächtigung vorlag. Die Urkunde kann in diesem Fall jedoch erst dann vollständig ausgefertigt werden, nachdem dem Notar später das Original dieser Vollmacht zugegangen ist. Entsprechendes gilt, wenn die notwendige Vollmacht zwar rechtzeitig aus dem Ausland angekommen ist, aber nicht wie vorgeschrieben legalisiert oder mit der Apostille versehen wurde.[112] Die **legalisierte oder mit Apostille versehene Vollmacht** muss dann nachträglich zur Urkunde genommen werden. Ebenso ist zu verfahren, wenn der Erschienene die ordnungsgemäße Bevollmächtigung nur versichern, aber nicht durch Vorlage einer Kopie der unterschriebenen Vollmacht nachweisen kann. In einem solchen Fall sollte der Notar in seinen Belehrungen auch auf die Haftung des Vertreters ohne Vertretungsmacht nach § 179 BGB hinweisen und die Gegenseite darauf aufmerksam machen, dass der Vertrag bei falscher Versicherung der Bevollmächtigung schwebend unwirksam ist und die Haftung des vollmachtlosen Vertreters in der Praxis einen völlig unzureichenden wirtschaftlichen Ausgleich darstellen dürfte. So ist natürlich nur zu verfahren, falls der Erschienene nicht ohnehin seine persönliche Haftung ausschließen will und die Beteiligten dennoch auf der Beurkundung bestehen.

65 Sehr oft wird das Verlesen der Urkunde unterbrochen, weil der Rechtsberater einer Vertragspartei bei bestimmten Regelungen des Vertrages plötzlich realisiert, worauf er sich mit dem vorher schon abgestimmten Vertragstext eingelassen hat. Es kommt dann zu einer **neuen Vertragsverhandlung** zu diesem Punkt. Diese Situationen können sehr unangenehm sein, je nach dem, wie dieses Ansinnen von der anderen Vertragspartei aufgenommen wird. Sie kann ja zu Recht darauf verweisen, dass hier die Verhandlung eines Punktes wieder aufgegriffen werden soll, über den man sich bereits geeinigt hatte. Solche Nachverhandlungen in letzter Minute sind immer ärgerlich. Auf der anderen Seite weiß auch die Gegenpartei, dass vor Abschluss der Beurkundung kein wirksamer Vertrag vorliegt und deshalb eine Einigung notwendig ist. In der Regel kommt es daher auch bei anfänglichem Unmut letztlich zu einem Kompromiss, ohne dass der Notar eingreifen muss. Es kommt aber auch vor, dass die Beteiligten sich immer mehr von einer Einigung entfernen und das Scheitern des Vertragsschlusses insgesamt droht. Hier sollte sich der Notar nach Möglichkeit aktiv einbringen und im Rahmen des § 17 BeurkG und § 14 BNotO gegebenenfalls einen eigenen **Kompromissvorschlag** unterbreiten. Dabei hat er jedoch äußerst behutsam vorzugehen, um jeden Anschein der Parteilichkeit zu vermeiden.[113] In jedem Fall ist es in einem solchen Fall von Vorteil, wenn der Notar selbst über entsprechende Erfahrung im Bereich Mergers & Acquisitions verfügt.

---

[112] Legalisation bzw. Anbringung der Apostille sind grundsätzlich für den Nachweis der Echtheit der Urkunde erforderlich, von dem die Beweiskraft der Urkunde abhängt. Ob diese Förmlichkeiten erforderlich sind, hängt zunächst davon ab, ob die Urkunde im Register- oder Grundbuchverfahren Bedeutung hat. Falls dies nicht der Fall ist, liegt es im Ermessen des Notars und der Parteien, auf einer Apostille bzw. Legalisation zu bestehen.

[113] Dem Verfasser, der nach über zwanzigstündiger Beurkundung auf diese Weise einen Milliardendeal vor dem Scheitern „rettete", wurde daraufhin von einem auf Verkäuferseite tätigen Anwalt „Kungelei" mit dem Anwalt auf Käuferseite und seiner Sozietät vorgeworfen, weil er den von seiner Mandantin bereits akzeptierten Kompromissvorschlag des Notars für unausgewogen hielt. Hier ist deshalb große Vorsicht geboten.

66 Meistens wird die abschließende Beurkundung des Unternehmenskaufvertrages von den hochspezialisierten Rechtsberatern und Investmentbankern auf Verkäufer- und Käuferseite als eine lästige Notwendigkeit angesehen, der letztlich keine große Bedeutung beizumessen ist. Entsprechend werden der Notar und seine Tätigkeit in diesem Zusammenhang von ihnen eingeschätzt. Das kann bei den von ihnen vertretenen Mandanten ganz anders sein, vor allem wenn es sich dabei um mittelständische Unternehmer oder deren Familienangehörige handelt. Von ihnen wird der Notar oftmals als eine übergeordnete, **neutrale Instanz und Autorität** angesehen. Auch wenn der gesamte Vertrag zuvor endgültig verhandelt und von beiden Seiten abgesegnet wurde, befragen sie den Notar häufig noch einmal nach seiner Meinung zu von ihnen als besonders kritisch befundenen Regelungen, etwa danach, ob er eine bestimmte Vertragsklausel auch für angemessen oder fair halte. Der Notar muss dann äußerste Zurückhaltung walten lassen. Einerseits kann eine solche Frage darauf hindeuten, dass die vorgesehene vertragliche Regelung doch nicht dem wahren Willen des meist als Veräußerer auftretenden Mittelständlers entspricht. § 17 Abs. 2 BeurkG gebietet dem Notar in einer solchen Situation, die **Bedenken** mit den Beteiligten zu **erörtern.** Auf der anderen Seite muss er auch berücksichtigen, dass der von ihm zu beurkundende Vertrag das Ergebnis von oft monatelangen Verhandlungen darstellt, bei dem beide Parteien von Spezialisten juristisch und wirtschaftlich begleitet wurden. In den Verhandlungen werden häufig an einer Stelle Zugeständnisse gemacht, um an anderer Stelle mehr zu erhalten, und das auf beiden Seiten. Dieses austarierte Gefüge kann durcheinandergeraten und damit der erfolgreiche Vertragsschluss gefährdet sein, wenn einzelne Regelungen nach Abschluss der Vertragsverhandlungen noch einmal zum Zwecke der Nachverhandlung herausgegriffen werden. Genau das kann passieren, wenn der Notar in dem vorgenannten Beispiel bei der Beantwortung der Frage des Mittelständlers dessen (nachträgliche) Bedenken hinsichtlich der getroffenen Regelung noch verstärkt und damit seinerseits derartige Nachverhandlungen verursacht.

67 Eine Möglichkeit für den Notar, hier auch unter Beachtung seiner Amtspflichten „richtig" zu reagieren, kann etwa darin bestehen, unter Darlegung einer möglichen Alternativgestaltungen zunächst die Rückfrage zu stellen, wie es denn zu der fraglichen Regelung gekommen sei. Meistens wird die Gegenseite dies ausführlich erläutern und gleichzeitig darauf hinweisen können, wo sie im Gegenzug bei anderen Punkten nachgegeben hat. In der Regel sollte das Thema damit erledigt sein. Einfacher ist es, was ebenfalls vorkommt, wenn ein Beteiligter den Notar noch einmal bittet, eine bestimmte Vertragsklausel und ihre Bedeutung zu erläutern. Dazu muss der Notar grundsätzlich in der Lage sein, außer bei hochkomplizierten Steuer- oder Umweltklauseln. Insoweit kann er aber auf die jeweiligen Rechtsberater der Beteiligten zurückgreifen und diese um entsprechende Erläuterungen bitten, bis alle Beteiligten zufrieden sind.

3. Gleichzeitige Beurkundung von Unternehmenskaufvertrag und Anlagen

68 Bei kleineren Transaktionen mit weniger umfangreichen Anlagen werden letztere zumeist nicht in einer gesonderten Bezugsurkunde, sondern gemeinsam mit dem Unternehmenskaufvertrag in einer notariellen Niederschrift beurkundet. Bei diesem Verfahren empfiehlt es sich, die jeweiligen **Anlagen direkt** nach der Stelle im Vertrag zu **verlesen,** an der auf sie verwiesen wird. Auf diese Weise bleibt der Bezug der einzelnen Anlage zu der auf sie verweisenden Vertragsbestimmung erhalten. Wird erst der gesamte Vertragstext und anschließend die Anlagen verlesen, so geht dieser Zusammenhang verloren. Das lässt sich mit der vorbeschriebenen Verfahrensweise vermeiden. Die Anlagen werden auf diese Weise von den Beteiligten noch einmal inhaltlich nachvollzogen. Dabei werden oft Unstimmigkeiten, Unrichtigkeiten oder Auslassungen noch entdeckt, die dann klargestellt, korrigiert und ausgefüllt werden können. Manchmal ergibt es sich dabei auch, dass bestimmte Anlagen gar nicht gebraucht werden und somit ganz entfallen können.

4. Änderungen und Ergänzungen der Urkunde während des Verlesens

69 Aufgrund der geschilderten Umstände kommt es während der Beurkundung immer wieder zu Änderungen des vorbereiteten Vertragstextes. Sei es, dass noch Schreibfehler, falsche

Gliederungsbezeichnungen oder Verweise entdeckt werden. Sei es, dass bestimmte Passagen umformuliert oder ergänzt werden. Der Notar muss alle diese **Änderungen handschriftlich** in die Urkunde – bei längeren Textteilen auf einem gesonderten Blatt – aufnehmen. Das ist zunächst unproblematisch. Die Urschrift kann derartige handschriftliche Änderungen mit den entsprechenden (nachträglichen) Änderungsvermerken ohne weiteres enthalten. Oft wollen die Beteiligten jedoch selbst die geänderten Passagen noch einmal lesen oder zumindest bei Abschluss der Beurkundung eine Reinschrift der Urkunde als Kopie mitnehmen. Der Notar muss daher dafür sorgen, dass der geänderte oder ergänzte Text – so wie von ihm handschriftlich festgehalten – maschinenschriftlich geschrieben und für die Beteiligten vervielfältigt wird. Sind alle einverstanden, muss er den **neuen Text verlesen** und gegebenenfalls noch einmal ändern bis insgesamt Einigkeit erzielt worden ist. Bei entsprechender Textverarbeitung können die geänderten Seiten dann anstelle der handschriftlich korrigierten zur Urschrift genommen werden. Selbstverständlich muss hier sorgfältig darauf geachtet werden, dass durch den Austausch einzelner Seiten keine bereits vorher verlesenen Textteile wegfallen oder verdoppelt werden. Am Schluss liegt bei dieser Vorgehensweise die Urkunde in Reinschrift bereits ohne handschriftliche Änderungen vor.

70 Werden die **handschriftlichen Passagen** erst **nach Abschluss des Verlesens** in einem Korrekturvorgang in das Dokument **eingearbeitet,** hat der Notar vor Austausch der betreffenden Seiten jede einzelne Stelle noch einmal sehr sorgfältig daraufhin zu überprüfen, ob die jeweilige handschriftliche Änderung korrekt in der korrigierten Version übernommen wurde. Erst dann kann auch er die Urkunde unterzeichnen. Diese Prüfung kann nach dem stundenlangen Vorlesen und der durch die vielen Anwesenden bedingten Unruhe schwierig sein und bildet eine **Fehlerquelle.** Wenn die Beteiligten wirklich auf die Mitnahme einer Kopie der Urkunde bestehen, sollte der Notar deshalb die Änderungen möglichst in einem ruhigen, separaten Raum prüfen, um ungestört sicherzustellen, dass alle Korrekturen seinen handschriftlichen Änderungen exakt entsprechen, und erst dann die entsprechenden Seiten vor seiner Unterschrift austauschen. Sicherer ist es in jedem Fall, es bei der Urschrift mit den handschriftlichen Änderungen des Notars zu belassen und auf deren Basis anschließend eine Reinschrift für die beglaubigten Abschriften und Abschriften zu erstellen, die auch erst dann den Beteiligten zugänglich gemacht werden.

5. Belehrungen und Abschluss des Beurkundungsvorgangs

71 Ist der Unternehmenskaufvertrag schließlich nach Überwindung aller vorbeschriebenen Imponderabilien vollständig verlesen worden, kann die Mantelurkunde gemäß § 13 Abs. 1 BeurkG durch Genehmigung aller Beteiligten und deren Unterschrift sowie der des Notars abgeschlossen werden. In vielen Fällen verzichten Notare in der **Mantelurkunde** von Unternehmenskaufverträgen auf die nach §§ 17ff. BeurkG üblichen Hinweise und Belehrungen. Der Grund liegt darin, dass die Beteiligten wie dargelegt mit einem fertig verhandelten Vertragswerk erscheinen, das mit einem Team von spezialisierten Rechts- und sonstigen Beratern zustande gekommen ist. Es handelt sich somit um ein hochprofessionelles Produkt. Notarielle Belehrungen könnten da etwas befremdlich und fehl am Platz erscheinen. Nach § 19 Abs. 1 BNotO haftet der Notar bei Fahrlässigkeit ohnehin nur subsidiär.[114] Das bedeutet, die Beteiligten müssen sich zunächst an ihre Berater halten.

72 Trotz dieser recht verbreiteten Praxis sollte sich der Notar nicht beirren lassen und bestimmte **Belehrungen** in jedem Fall aufnehmen. Steht die Wirksamkeit des Vertrages beispielsweise unter einer **aufschiebenden Bedingung** und wird das Rechtsgeschäft deshalb erst bei Eintritt der Bedingung wirksam, so sollte der Notar hierauf hinweisen und eine entsprechende Belehrung in die Niederschrift aufnehmen. Manchmal bedarf der Vertrag zu seiner Wirksamkeit der Zustimmung des Aufsichtsrats des Verkäufers oder des Käufers, und die Einwilligung dieser Gremien kann nicht vor Vertragsschluss eingeholt werden. Ein solcher Gremienvorbehalt ist sehr problematisch, da er der davon begünstigten Partei einen folgenlosen Ausstieg aus dem Vertrag auch noch nach der Beurkundung ermöglicht. Wenn der

[114] Vgl. Staudinger/*Hertel* Vorbem. zu §§ 127a, 128 Rdnr. 717.

Vertrag somit nicht für beide Parteien den Gremienvorbehalt enthält oder ganz außerordentliche Gründe für einen einseitigen **Gremienvorbehalt** sprechen, kann dieser deshalb fast als „Kunstfehler" angesehen werden. Der Notar sollte deshalb zumindest darüber belehren, dass der Vertrag ohne die Zustimmung des zuständigen Gremiums (schwebend) unwirksam ist. Je nach den Umständen sollte er auch auf die durch den Gremienvorbehalt bestehende „Ausstiegsmöglichkeit" hinweisen. Es besteht dann für die andere Vertragspartei keine Transaktionssicherheit.[115]

Üblicherweise führt der Unternehmenskaufvertrag zu einem Zusammenschluss von Unternehmen im Sinne des § 37 GWB und unterliegt damit der **Zusammenschlusskontrolle** des Bundeskartellamtes oder der europäischen Kommission und/oder anderer ausländischer Kartellbehörden. Soweit die Freigabe der zuständigen Kartellbehörden am Tage der Beurkundung noch nicht vorliegt, unterliegt der Vertrag dem sogenannten Vollzugsverbot nach § 41 Abs. 1 GWB und entsprechenden Vorschriften anderer Rechtsordnungen. In der Regel führt das **kartellrechtliche Vollzugsverbot** dazu, dass der Vertrag noch nicht die zur Rechtsübertragung des Kaufgegenstandes (Unternehmensanteile oder Assets) erforderlichen Willenserklärungen enthält, sondern ein **separates** *Closing*[116] vorsieht. Unter Closing wird der eigentliche Vollzug des Vertrages im Sinne einer Zug-um-Zug-Erfüllung sämtlicher Vertragspflichten verstanden. Der Vertrag regelt in diesem Fall detailliert, wann und wie der Vollzug zu einem späteren Zeitpunkt durchgeführt wird. Oft wird sogar ein sogenanntes *Closing Memorandum* als Anlage beigefügt, in dem sämtliche am Stichtag des *Closing* vorzunehmenden Rechtshandlungen oder sonstige Handlungen und Maßnahmen sowie alle bis dahin zu erstellenden und zu übergebenden Dokumente in Form eines genauen Verfahrensablaufs geregelt werden. Der eigentliche Unternehmenskaufvertrag ist bei einer solchen Gestaltung sofort voll wirksam und unbedingt abgeschlossen. Es bedarf somit keines Hinweises oder einer entsprechenden Belehrung durch den Notar. Es kommt aber auch vor, dass die zum Vollzug führenden Willenserklärungen bereits im Vertrag abgegeben werden, jedoch unter der Bedingung der Freigabe der Transaktion durch die zuständigen Kartellbehörden. Manchmal wird der gesamte Vertrag unter dieser Bedingung geschlossen. In beiden Fällen sollte der Notar darauf hinweisen, dass der Vertrag erst bei Eintritt der Bedingung wirksam wird und dies in der Niederschrift auch vermerken. 73

Bei der Übertragung von Anteilen an Personen- oder Kapitalgesellschaften im Rahmen eines Unternehmenskaufvertrages kann **Grunderwerbsteuer** anfallen, wenn inländische Grundstücke dabei mittelbar übertragen werden.[117] Bei der mittelbaren Übertragung von Grundbesitz denken die Beteiligten oft nicht an diesen Aspekt und verletzen daher ihre **Anzeigepflichten** nach § 19 GrEStG. Dies kann fatale Folgen haben.[118] Der Notar sollte deshalb in jedem Fall darauf hinweisen und darüber belehren, dass bereits die Begründung des Anspruchs auf Übertragung von Geschäftsanteilen Grunderwerbsteuer auslösen kann, wenn die zu übertragende Gesellschaft selbst oder ihre Konzerngesellschaften inländischen Grundbesitz halten. Darüber hinaus sollte er ausdrücklich fragen, ob das der Fall ist, schon um seiner eigenen Anzeigepflicht nach § 18 GrEStG gegebenenfalls nachkommen zu können.[119] Die Frage nach dem Grundbesitz und die Antwort hierauf sollte er in seiner Urkunde festhalten, um eventuellen Rückfragen des Finanzamts vorzubeugen. 74

---

[115] Im Zusammenhang mit ungesicherten Vorleistungen trifft den Notar nach der Rechtsprechung des Bundesgerichtshofs gemäß § 17 Abs. 1 BeurkG eine doppelte Belehrungspflicht: Der Notar hat nicht nur auf die hiermit verbundenen Risiken hinzuweisen, sondern darüber hinaus Wege zu ihrer Vermeidung aufzuzeigen, vgl. BGH NJW 2008, 1321 ff.; BGH NJW-RR 2004, 1071 ff.; BGH NJW 1999, 2188 ff.

[116] Vgl. auch oben Fn. 10 und 31.

[117] Vgl. § 1 Abs. 2 a und Abs. 3 GrEStG. Bei sogenannten *Asset Deals* muss das Grundstück direkt übertragen werden. Dann folgt die Grunderwerbsteuerpflicht aus § 1 Abs. 1 Nr. 1 GrEStG.

[118] Vgl. hierzu unten Rdnr. 67 ff.

[119] Zwar besteht nach den von den Finanzbehörden herausgegebenen Merkblättern für Notare bei *Share Deals* für die Urkundsperson keine Verpflichtung, im Einzelfall zu ermitteln, ob ein Steuertatbestand erfüllt ist (TZ 2.4). Allerdings soll eine Erkundigungspflicht des Notars bestehen, ob die Gesellschaften (und damit auch ihre Konzerngesellschaften) inländischen Grundbesitz halten, vgl. Pahlke/Franz/*Pahlke* § 18 Rdnr. 8; *Küperkoch* RNotZ 2002, 297, 302; siehe auch unten Rdnr. 67 ff.

75 Es kommt auch immer wieder vor, dass die Anlagen **Dokumente** oder Verträge enthalten, die **auf Grundlage ausländischen Rechts** erstellt wurden. Diese sind dann Vertragsbestandteil. In einem solchen Fall sollte der Notar entsprechend § 17 Abs. 3 BeurkG darauf hinweisen, dass Anlagen zum Vertrag möglicherweise ausländischem Recht unterstehen, er jedoch nicht verpflichtet ist, über den Inhalt ausländischer Rechtsordnungen zu belehren. Aus den Umständen des Einzelfalls kann sich die Notwendigkeit weiterer Hinweise und Belehrungen ergeben.

76 Hat der Notar schließlich mit seiner Unterschrift den Beurkundungsvorgang erfolgreich beendet, sollte er die Beteiligten noch fragen, wer wie viele **beglaubigte und einfache Abschriften** erhalten will. Das sollte auch in der notariellen Niederschrift vermerkt werden. Die Abschriften und beglaubigten Abschriften können in seinem Notariat dann gleich erstellt und an die betreffenden Personen verschickt werden, ohne dass zeitaufwendige Rückfragen erforderlich werden. Danach sollte der erfolgreiche Vertragsschluss mit einem Glas Champagner gefeiert werden. Normalerweise bitten die Beteiligten den Notar im Vorfeld meistens schon darum, dies zu organisieren. Aber auch wenn sie das nicht tun, freuen sich alle Beteiligten darüber und sind angenehm überrascht. Das Signing[120] eines Unternehmenskaufvertrages ist immer ein denkwürdiges Ereignis, auf das es sich anzustoßen lohnt.

IV. Notarielle Tätigkeiten nach Beurkundung des Unternehmenskaufvertrages

77 Die Rolle des Notars beim Unternehmenskauf beschränkt sich nicht nur auf die Beurkundung des Vertrags und seiner Anlagen. Auch danach können in diesem Zusammenhang weitere Aufgaben auf ihn zukommen. Dabei geht es zum einen um die Erfüllung bestimmter, auch ansonsten bestehender Anzeigepflichten. Ferner kommt es immer wieder vor, dass der Notar von den Beteiligten einen Verwahrungsauftrag hinsichtlich der Dokumente des Datenraums erhält. Schließlich sind – hier nicht behandelt – Fälle denkbar, in denen der Notar damit beauftragt wird, sofort, zu bestimmten Zeitpunkten oder erst nach Eintritt bestimmter Bedingungen oder Voraussetzungen Beteiligten, private Dritten oder Behörden bestimmte Informationen zu erteilen; möglich sind auch verschiedenste Registervorgänge, die im Vertrag bereits angelegt sein können. Hier kann der Notar noch sehr lange mit der Abwicklung des Vertrages beschäftigt sein.

1. Erfüllung von Anzeigepflichten

78 Soweit im Rahmen des Unternehmenskaufvertrages **GmbH-Anteile veräußert** werden, muss der Notar dem für die Zielgesellschaft zuständigen Finanzamt gemäß § 54 EStDV eine **beglaubigte Abschrift** seiner Urkunde übersenden. Erst wenn das geschehen ist, darf er den Beteiligten Ausfertigungen und beglaubigte Abschriften der Urkunde aushändigen. § 54 EStDV betrifft nicht nur Verfügungsgeschäfte, sondern auch Verpflichtungsgeschäfte, wenn die Verpflichtung eine Verfügung über GmbH-Anteile zum Gegenstand hat.[121] Insoweit ergeben sich für den Notar keine Besonderheiten gegenüber „normalen" Veräußerungen von GmbH-Anteilen. Das gleiche gilt für die Erstellung und Einreichung beim Handelsregister der von ihm unterschriebenen **Gesellschafterliste** nach § 40 GmbHG. Nach § 40 Abs. 2 S. 2 GmbHG muss die Liste mit seiner Bescheinigung versehen sein, dass die geänderten Eintragungen den Veränderungen entsprechen, an denen er mitgewirkt hat, und die übrigen Ein-

[120] Das *Signing* bezeichnet den förmlichen Vertragsschluss, dem das vorgenannte *Closing*, also der Vollzug, folgt.

[121] Vgl. BMF-Schreiben vom 14. 3. 1997 an die Bundesnotarkammer, DNotI-Report 1997, 83. Nicht anzeigepflichtig ist dagegen die Beurkundung nur des Angebots auf Übertragung eines GmbH-Anteils. Dieses stellt noch keine Verfügung über den Geschäftsanteil dar. Anzeigepflichtig ist aber wiederum die Annahme eines solchen Angebots. Mit ihr kommt das Verpflichtungsgeschäft und – falls das Angebot auch bereits die Willenserklärung zur Abtretung enthielt – auch das Verfügungsgeschäft zustande.

tragungen mit dem Inhalt der zuletzt im Handelsregister aufgenommenen Liste übereinstimmen.[122]

Hält die Zielgesellschaft Grundbesitz, hat der Notar die **Anzeigepflicht** nach § 18 Abs. 2 S. 2 GrEStG und muss dem zuständigen Finanzamt[123] die Veräußerungsanzeige mittels des amtlich vorgeschriebenen Vordrucks[124] erstatten. Die Anzeige hat innerhalb von zwei Wochen nach der Beurkundung zu erfolgen.[125] Sie ist eine Steuererklärung mit den damit einhergehenden Rechtsfolgen.[126] Die Beteiligten trifft zudem eine eigene Pflicht zur Anzeige nach § 19 Abs. 1 Nr. 4 oder Nr. 6 GrEStG.[127] Auch hier gilt eine Zweiwochenfrist, nachdem die Beteiligten von dem anzeigepflichtigen Vorgang Kenntnis erhalten haben.[128] Es wurde schon dargelegt, dass der Notar die Beteiligten auf diese Anzeigepflicht in jedem Fall hinweisen und entsprechend belehren sollte.[129] Eine unterlassene oder nicht ordnungsgemäße Veräußerungsanzeige kann sich nicht nur wirtschaftlich für alle Beteiligten einschließlich des Notars sehr nachteilig auswirken.[130] 79

In der Praxis kommt es immer wieder vor, dass die Notare die Zweiwochenfrist versäumen. Das mag daran liegen, dass bis zum Ablauf der Frist nicht alle Informationen vorliegen.[131] Die Einholung aller erforderlichen Informationen kann dabei zeitaufwendig und schwierig sein.[132] Es gibt aber auch Fälle, bei denen der Notar nicht anzeigt, weil er einfach nicht weiß, dass der von ihm beurkundete Unternehmenskaufvertrag bzw. die damit verbundene Geschäftsanteilsabtretung anzeigepflichtig ist. Die Grunderwerbssteuer fällt 80

---

122 Zu den Pflichten des Notars nach dem neuen § 40 Abs. 2 GmbHG siehe auch *Hasselmann* NZG 2009, 486 ff.; *Link* RNotZ 2009, 193 ff.; *Gottschalk* NZG 2009, 896 ff.; *Ries* NZG 2010, 135 f. Es ist streitig, ob zur Begründung der Pflichten nach § 40 GmbHG auch eine nur mittelbare Mitwirkung ausreicht (z. B. durch Beurkundung von Maßnahmen nach dem UmwG); dafür: OLG Hamm NZG 2010, 113 f.; *Klöckner* NZG 2008, 841, 842; dagegen: Baumbach/Hück/*Zöller/Noack* § 40 Rdnr. 56; Roth/Altmeppen § 40 Rdnr. 16; *Meister* NZG 2008, 767, 770.

123 Die Anzeigen müssen an das für die gesonderte Feststellung zuständige Finanzamt gerichtet werden, § 18 Abs. 5 GrEStG. Dies ist das Finanzamt, in dessen Bezirk sich die Geschäftsleitung der Gesellschaft befindet, deren Anteile übertragen werden, § 17 Abs. 3 GrEStG. In der Praxis herrscht teilweise Unklarheit hinsichtlich der örtlichen Zuständigkeit. So wurde dem Notariat des Verfassers in einem Fall vom Finanzamt im Bezirk der Geschäftleitung der übertragenden Gesellschaft mitgeteilt, zuständig sei das Finanzamt, in dessen Bezirk sich die Geschäftsleitung der Anteile erwerbenden Gesellschaft befinde.

124 Das amtliche Formular findet sich z. B. auf der Internetseite des nordrhein-westfälischen Finanzministeriums: www.fm.nrw.de/go/notare. Eine Anzeigepflicht entfällt allerdings, wenn zweifelsfrei feststeht, dass keine Steuerpflicht besteht, *Küperkoch* RNotZ 2002, 297, 300. Vgl. auch BFH BStBl. III 1958, 339 (= BB 1958, 831) zur Abgabe einer Erbschaftsteuererklärung. Nach dem Wortlaut von § 18 GrEStG hat die 95%-Regel für Notare keine Relevanz. Vgl. auch Boruttau/*Viskorf* § 18 Rdnr. 19 und *Küperkoch* RNotZ 2002, 297, 302, nach denen die Anzeigepflicht unabhängig davon besteht, ob die Voraussetzungen von § 1 Abs. 2 a bzw. Abs. 3 GrEStG erfüllt sind.

125 Vgl. § 18 Abs. 3 S. 1 GrEStG. Die Frist beginnt also regelmäßig mit dem Tag des *Signing*, also mit der Beurkundung des Unternehmenskaufvertrages.

126 § 19 Abs. 5 GrEStG i. V. m. §§ 149 ff. AO. Nach § 87 a AO kann die Anzeige auch in elektronischer Form übermittelt werden.

127 Zur Erschwerung von Umgehungen besteht die Anzeigepflicht nicht erst bei Übertragung sämtlicher Anteile der Zielgesellschaft. Vielmehr ist bereits Anzeige zu erstatten, wenn mindestens 95% der Gesellschaftsanteile in einer Hand vereinigt oder übertragen werden, vgl. § 19 Abs. 1 S. 1 Nr. 3 a bis 7 GrEStG. Bei einer Personengesellschaft ist auf unmittelbare oder mittelbare Änderungen im Gesellschafterbestand abzustellen, die innerhalb von 5 Jahren zum Übergang von mindestens 95% der Anteile am Gesellschaftsvermögen auf neue Gesellschafter geführt haben, § 1 Abs. 3 Nr. 1–3 GrEStG. Regelmäßig wird das auch der Tag des Signing sein.

128 Vgl. § 19 Abs. 3 GrEStG. Regelmäßig wird das auch der Tag des *Signing* sein.

129 Vgl. oben Rdnr. 62.

130 Vgl. unten Rdnr. 69.

131 Nach § 20 GrEStG muss die Anzeige neben den Angaben zum Veräußerer und des Erwerbers die Bezeichnung des Grundstücks nach Grundbuch, Kataster, Straße und Hausnummer, die Größe des Grundstücks und bebauten Grundstücken die Art der Bebauung sowie den Kaufpreis oder die sonstige Gegenleistung und außerdem die Firma und den Ort der Geschäftsleitung der Gesellschaft sowie die Bezeichnung des oder der Geschäftsanteile enthalten.

132 Dies gilt etwa für den Kaufpreis oder die sonstigen Gegenleistungen. Bei einem Share Deal wird in der Regel ein Gesamtkaufpreis für die Geschäftsanteile im Unternehmenskaufvertrag vereinbart, aus dem sich nicht entnehmen lässt, was hiervon auf den mittelbar veräußerten Grundbesitz entfällt.

nicht nur an, wenn das veräußerte Zielunternehmen selbst Eigentümerin des mittelbar übertragenen Grundbesitzes ist. Das lässt sich noch relativ einfach feststellen. Dasselbe gilt jedoch gleichermaßen, wenn inländische Grundstücke zum Vermögen von deren Tochter- oder Enkelgesellschaften gehören.[133] In beiden Fällen bestehen grunderwerbsteuerliche Anzeigepflichten, was den Beteiligten und dem Notar oft nicht bewusst ist. So war es in einem Fall, bei dem in größerem Umfang Grundbesitz erst auf der dritten oder vierten Konzernebene gehalten wurde. Weder die Erschienenen noch der Notar hatten gewusst, dass bei der Transaktion mittelbar auch Grundbesitz übertragen wurde.[134] Erkundigt sich der Notar nicht in jedem Fall ganz genau und veranlasst die Beteiligten am besten schon vor dem eigentlichen Beurkundungstermin zu entsprechenden Nachforschungen, kann es deshalb bei derartigen Gesellschaftsstrukturen leicht zum Übersehen der Anzeigepflicht(en) kommen.

81 Eine unterlassene oder nicht ordnungsgemäße Anzeige kann zunächst **steuerstrafrechtliche Folgen** haben.[135] So kann der Notar je nach den Umständen des Einzelfalls eine leichtfertige Steuerverkürzung (§ 378 AO) bzw. eine vorsätzliche Steuerhinterziehung (§ 370 AO) begehen.[136] In diesem Fall tritt Festsetzungsverjährung erst nach Ablauf einer von vier auf fünf bzw. zehn Jahre verlängerten Frist ein.[137] Auch unterliegt die infolge der Nichtanzeige oder verspäteten Anzeige festgesetzte Grunderwerbsteuer dem **Verspätungszuschlag nach § 152 AO.**

82 Noch schlimmer sind jedoch die **wirtschaftlichen Folgen,** wenn es nicht zur dinglichen Übertragung der veräußerten Geschäftsanteile kommt oder eine Partei wirksam vom Vertrag zurücktritt. Dies kann vorkommen, etwa wenn die zuständigen Kartellbehörden die Kartellfreigabe nicht erteilen, der Käufer die Finanzierung der Transaktion nicht zustande bringt oder eine sogenannte MAC-Klausel[138] zur Anwendung kommt. Gerade in jüngster Zeit waren solche Fälle infolge der Finanzkrise relativ häufig. Eher selten sind Fälle, in denen ein bereits dinglich vollzogener Anteilskaufvertrag rückabgewickelt wird.

83 In allen diesen Fällen besteht das Bedürfnis, die bereits entstandene **Grunderwerbsteuer** zu beseitigen oder – falls bereits bezahlt – **zurückerstattet** zu bekommen. Rechtsgrundlage hierfür ist § 16 GrEStG. Nach § 16 Abs. 1 und Abs. 2 GrEStG wird die (noch nicht gezahlte) Steuer nicht festgesetzt oder die Steuerfestsetzung mit der Folge aufgehoben, dass die bereits gezahlte Grunderwerbsteuer erstattet wird. Die Nichtfestsetzung oder Aufhebung der Steuerfestsetzung setzt nach § 16 Abs. 5 GrEStG allerdings voraus, dass die jeweiligen Erwerbsvorgänge **ordnungsgemäß angezeigt** waren.[139] Ist das nicht der Fall, bleibt es bei der Grunderwerbsteuer für die ursprüngliche Transaktion. Bei der Rückabwicklung des Vertrages wird dann erneut Grunderwerbsteuer ausgelöst. Das alles, obwohl der Unternehmenskauf letztlich nicht zustande gekommen ist. Eine böse Überraschung für die Beteiligten, möglicherweise auch für den Notar, der allerdings grundsätzlich den Beteiligten wegen Ver-

---

[133] Vgl. § 1 Abs. 3 Nr. 3 GrEStG (... „oder mittelbar"). Vgl. auch BFH vom 11. 6. 1975, BStBl. 1975 II, 843.

[134] Hinsichtlich der Beteiligten könnte man in einem solchen Fall argumentieren, dass die Zweiwochenfrist gemäß § 19 Abs. 3 GrEStG erst dann zu laufen beginnt, wenn sie später erfahren, dass der Unternehmenskaufvertrag grunderwerbpflichtig war und hätte angezeigt werden müssen.

[135] Vgl. §§ 369 ff. AO.

[136] Leichtfertigkeit i. S. v. § 378 AO meint einen erhöhten Grad von Fahrlässigkeit, wobei auf die persönlichen Fähigkeiten des Täters abgestellt wird und für den Notar erhöhte Sorgfaltsanforderungen gelten, vgl. FG Münster EFG 2010, 507 ff.; FG Baden-Württemberg EFG 2004, 867 ff. und FG Bremen EFG 1993, 540.

[137] § 169 Abs. 2 S. 2 AO.

[138] Eine solche Klausel macht den Nichteintritt einer wesentlichen negativen Veränderung (*material adverse change*) zur Bedingung des *Closings* und gewährt typischerweise (nur) dem Käufer, ein Recht, von der Transaktion Abstand zu nehmen, vgl. *Holzapfel/Pöllath* Rdnr. 63, 700, 733; *Hasselbach/Wirtz* BB 2005, 842 ff.; *Lange* NZG 2005, 454 ff.

[139] Für die Zwecke des § 16 Abs. 5 GrEStG reicht es nach neuerer Rechtsprechung aus, wenn dem zuständigen Finanzamt Veräußerer, Erwerber, Urkundsperson und Gesellschaft mitgeteilt und eine Abschrift der Urkunde übersandt wird, BFH BStBl. II 2005, S. 492 (= DStR 2005, 741, 742). In den Fällen des § 16 Abs. 1 Nr. 1, Abs. 2 S. 1 Nr. 1 und Abs. 3 Nr. 1 GrEStG ist eine Nichtfestsetzung der Steuer bzw. eine Rückerstattung der bereits festgesetzten und gezahlten Steuer nur dann möglich, wenn die Rückabwicklung innerhalb eines Zeitraums von zwei Jahren nach Entstehung der Steuer erfolgt.

letzung der Anzeigepflicht nach § 18 GrEStG nicht haftet.[140] Trotz notarieller Anzeigepflicht besteht die Anzeigepflicht des Steuerschuldners weiter.[141]

Die **Erkundigungspflicht**[142] im Hinblick auf inländischen Grundbesitz ist daher gerade bei Unternehmenskaufverträgen besonders zu beachten. Der Notar sollte es niemals auf das Verstreichen der Zweiwochenfrist ankommen lassen. Auch wenn nicht alle Informationen vorliegen, ist der Vorgang rechtzeitig anzuzeigen, gegebenenfalls verbunden mit einem **Antrag auf Fristverlängerung** im Sinne des § 109 AO, um Angaben nachreichen zu können. Eine generelle Anzeige, welche die Identifizierung von Veräußerer, Erwerber, Notar sowie der betroffenen Gesellschaft ermöglicht und der eine Abschrift der Urkunde beigefügt ist, ist in jedem Fall zur Fristwahrung ausreichend.[143] Das Finanzamt muss dann prüfen, ob ein grunderwerbsteuerlicher Tatbestand vorliegt.[144] 84

2. Verwahrungsauftrag hinsichtlich der Dokumente des Datenraums

Der Unternehmenskaufvertrag enthält regelmäßig einen **Katalog von Gewährleistungen,** in denen der Verkäufer im Wege eines **selbstständigen Garantieversprechens** im Sinne des § 311 Abs. 1 BGB gegenüber dem Käufer die Haftung für bestimmte vom Käufer als wesentlich angesehene Umstände übernimmt.[145] Im Falle der Verletzung einer solchen Garantie haftet der Verkäufer dann unbedingt, ohne dass es auf sein Verschulden ankäme. Umstände und **Tatsachen,** die er von der jeweiligen Garantie **ausnehmen** will, werden in Anlagen zum Vertrag oder in einem sogenannten Disclosure Letter[146] dem Käufer offen gelegt. Für diese offengelegten Umstände und Tatsachen haftet der Verkäufer nicht. 85

Der Verkäufer will jedoch regelmäßig seine **Haftung** auch für solche Umstände und Tatsachen **ausschließen,** die dem Käufer im Rahmen eines sogenannten Informationsmemorandums[147] oder vor allem **im Datenraum**[148] **offen gelegt** wurden. Der Käufer will sich regel- 86

[140] Die Anzeigepflicht nach § 18 GrEStG obliegt dem Notar ausschließlich im öffentlichen Interesse, nicht hingegen im Interesse des Fiskus oder des Steuerpflichtigen, vgl. LG Arnsberg 23. 8. 2005 (2 T 28/05), veröffentlicht in Juris; LG München ZNotP 1997, 73 ff.; Boruttau/*Viskorf* § 18 Rdnr. 29; *Küperkoch* RNotZ 2002, 297, 302. § 18 GrEStG hat deshalb nicht die Eigenschaft eines Schutzgesetzes, so dass eine Haftung nach § 823 Abs. 2 BGB ausscheidet.

[141] BFH BStBl. II 1997, S. 85 (= BB 1997, 615, 616).

[142] Diese ist keine Ermittlungspflicht dahingehend, ob Grundstücke vorhanden sind; der Notar kann sich vielmehr grundsätzlich auf die Angaben der Beteiligten beschränken; vgl. Boruttau/*Viskorf* § 18 Rdnr. 19; Pahlke/Franz/*Pahlke* § 18 Rdnr. 8; *Küperkoch* RNotZ 2002, 297, 302; siehe auch den Hinweis auf die Verfügungen der OFD München und OFD Nürnberg in MittBayNot 2001, 595.

[143] BFH BStBl. II 2005, S. 492 (= DStR 2005, 741, 742); Boruttau/*Viskorf* § 18, Rdnr. 27 a. Früher vertraten die Finanzämter die Auffassung, dass das Erfordernis einer ordnungsgemäßen Anzeige in § 16 Abs. 5 GrEStG nach dem Wortlaut sämtliche die §§ 18, 19 GrEStG i. V. m. § 20 GrEStG normierten Anforderungen an die Anzeige umfasse, vgl. *Bruschke* VVR 2005, 241 ff., m. w. N.

[144] Die Anzeigepflichten des Notars nach § 18 GrEStG und der Beteiligten nach § 19 GrEStG bestehen grundsätzlich unabhängig voneinander, vgl. BFH BB 1997, 615, 616; Boruttau/*Viskorf* § 18 Rdnr. 11. Erfolgt die Anzeige von einem der Anzeigepflichtigen, so hat dies jedoch im Hinblick auf § 16 Abs. 5 GrEStG Wirkung für alle, vgl. BFH BStBl. II 2005 S. 492 = DStR 2005, 741, 742. Auch zur Vermeidung einer Verschiebung des Beginns der Festsetzungsfrist nach § 170 Abs. 2 Nr. 1 AO reicht es aus, wenn einer der Anzeigepflichtigen Anzeige erstattet, BFH BStBl. II 2005 S. 780 = ZNotP 2005, 437 ff.

[145] Ein ausführlicher Katalog möglicher Verkäufergarantien findet sich z. B. bei *Holzapfel/Pöllath* Rdnr. 676 ff. Vgl. auch *Triebel/Hölzle* BB 2002, 521, 528.

[146] Im *Disclosure Letter* legt der Verkäufer gewährleistungsrelevante Umstände offen, ohne einen Bezug zu einer konkreten Garantie herzustellen, so dass diese Umstände für alle Gewährleistungen des Verkäufers zu berücksichtigen sind; vgl. *Hanke/Socher* NJW 2010, 1576.

[147] Ein Informationsmemorandum (z. T. auch *Offering Memorandum* genannt) wird häufig von Investmentbanken oder sonstigen M & A-Beratern im Auftrag des Verkäufers erstellt und potentiellen Käufern überreicht. Typischerweise enthält ein solches Dokument Verfahrensregeln zur Transaktion (*Process Letter*) und eine zusammenfassende Beschreibung der Zielgesellschaft (*Target*) in operativer, organisatorischer und finanzieller Hinsicht. Zudem werden das Marktumfeld sowie die Entwicklungsmöglichkeiten der Zielgesellschaft dargestellt. Vgl. hierzu *Holzapfel/Pöllath* Rdnr. 126, 938; *Gran* NJW 2008, 1409, 1410.

[148] Der Datenraum (*Data room*) soll alle für den Unternehmenskauf relevanten Informationen und Unterlagen enthalten, die in Datenordnern zusammenstellt werden, vgl. *Holzapfel/Pöllath* Rdnr. 33; *Hanke/Socher* NJW 2010, 829, 830. Während früher „physische Datenräume" eingerichtet wurden, in denen die Informationen in Papierform zur Verfügung gestellt wurden, sind mittlerweile „virtuelle Datenräume" vorherrschend, die

mäßig hierauf nicht einlassen, sondern den Ausschluss der Garantiehaftung des Verkäufers für unrichtige Garantien auf die im Vertrag selbst oder seinen Anlagen offen gelegten Umstände und Tatsachen beschränken. Um diesen Punkt entspinnt sich dann häufig eine stundenlange Verhandlung. Bedenkt man, dass bei großen Transaktionen allein der Index des Datenraumes weit über tausend Seiten umfassen kann und die Dokumente im Datenraum dann viele hunderte von Ordnern füllen,[149] ist die ablehnende Haltung des Käufers durchaus verständlich. Der Wert der vom Verkäufer im Vertrag abgegebenen selbständigen Garantien würde erheblich gemindert, wenn der Käufer sich im Hinblick auf diese Garantien den gesamten Inhalt des Datenraums entgegenhalten lassen müsste. Der Käufer müsste dann damit rechnen, dass ihm im Falle einer Garantieverletzung später Dokumente aus dem Datenraum vorgehalten werden, aus denen sich die Unrichtigkeit der abgegebenen Garantie ergeben soll. Er müsste somit bei jeder unrichtigen Garantie einen endlosen Streit darüber befürchten, inwieweit der die Garantie verletzende Umstand tatsächlich aus dem Dokument oder den Dokumenten im Datenraum hervorging.[150] Erst nach Klärung dieses Streits könnte er seinen aus der unrichtigen Garantie resultierenden Schaden nach den im Vertrag ansonsten geregelten Haftungsfolgen liquidieren. Diese enthalten allerdings oft weitere Einschränkungen wie *De-minimis*-Regeln[151] oder sogenannte *Caps*.[152]

87 Je nach Verhandlungsposition setzt sich schließlich die eine oder andere Seite durch.[153] In vielen Fällen kommt es aber auch zu einem **Kompromiss.** Dabei soll zum einen auch der Datenraum für die **Frage der Offenlegung** maßgeblich sein. Zum anderen wird jedoch im Vertrag präzisiert, wie konkret sich der kritische Umstand aus den Dokumenten des Datenraums ergeben muss.[154]

88 Das Ergebnis eines solchen Kompromisses könnte wie folgt lauten:

Formulierungsvorschlag

Anspruchsausschluss wegen Kenntnis des Käufers

Der Käufer ist nicht berechtigt, Ansprüche wegen der Verletzung von Garantien in diesem Vertrag geltend zu machen, soweit die Umstände oder Tatsachen, die eine Verletzung darstellen, dem Käufer offen gelegt worden sind, und zwar entweder (i) in diesem Vertrag oder dessen Anlagen, wobei jeder Punkt, der in einer Anlage offen gelegt worden ist und eine bestimmte Garantie betrifft, auch in Bezug auf jede andere Garantie als offen gelegt gilt, oder (ii) schriftlich vor Abschluss dieses Vertrages oder (iii) im Datenraum zum Zwecke der vom Käufer durchgeführten

von spezialisierten Providern erstellt werden und allein über das Internet zugänglich sind. Bei Einrichtung „virtueller Datenräume" liegen die Informationen in gescannter Form vor und es kann über die Vergabe von Sicherheitscodes selektiv Zugang zu bestimmten Ordnern gewährt werden.

[149] So in einer vom Verfasser als Anwalt der Verkäuferseite betreuten Transaktion. Der Datenraum umfasste mehr als 144.000 Seiten.

[150] Noch kritischer ist für den Käufer insoweit ein Abstellen auf das Informationsmemorandum, da die in diesem enthaltenen Informationen eher allgemein gehalten sind und sich ein kritischer, die Garantie verletzender Umstand somit kaum direkt daraus ableiten lassen wird.

[151] *De minimis*-Regelungen zielen darauf ab, dem Käufer die Geltendmachung von Ansprüchen zu versagen, deren Höhe unterhalb einer vereinbarten Bagatellgrenze liegt und im Verhältnis zum Gesamtvolumen als unbedeutend angesehen wird. Der Verkäufer haftet erst nach Überschreitung dieser Freigrenze, vgl. *Hanke/Socher* NJW 2010, 1576, 1577; *Seibt/Raschke/Reiche* NZG 2002, 256, 257.

[152] Unter *Cap* versteht man eine betragsmäßige Haftungsbegrenzung der Gewährleistungsansprüche des Verkäufers, d. h. die Vereinbarung eines Höchstbetrages, bis zu dem der Verkäufer dem Käufer haftet; vgl. *Hanke/Socher* NJW 2010, 1576, 1577; *Seibt/Raschke/Reiche* NZG 2002, 256, 257.

[153] Nach Auffassung von *Holzapfel/Pöllath* Rdnr. 43 ist eine Klausel, die auf eine Offenlegung nur im Vertrag und seinen Anlagen abstellt, grundsätzlich zu eng. Im Ergebnis kommt es letztlich darauf an, wer die stärkere Verhandlungsposition hat. Ist es der Verkäufer, kann der Datenraum auch ohne nähere Präzisierung maßgeblich sein. Ist es der Käufer, können nur die Offenlegungen im Vertrag zum Haftungsausschluss des Verkäufers führen.

[154] *Holzapfel/Pöllath* vertreten insoweit, dass es nur dann zum Gewährleistungs- und Haftungsausschluss des Verkäufers kommen kann, wenn der kritische Umstand wirklich im Datenraum offen gelegt wurde. Nach ihrer Meinung genügt ein bloßer Hinweis auf ein Dokument oder einen anderen Umstand, woraus der Käufer durch eigene weitere Prüfung und Schlussfolgerung auf den negativen Umstand hätte stoßen können oder sollen, nicht, vgl. Rdnr. 43 a. E.

Due Diligence, soweit die eine Garantieverletzung darstellenden Umstände und Tatsachen unmittelbar und konkret aus den im Datenraum eingestellten Dokumenten hervorgehen. Die Anwendung des § 442 BGB ist ausgeschlossen, soweit sich aus dieser Bestimmung nichts anderes ergibt.

Ein solcher Kompromiss bedeutet für die Verkäufer- und Käuferseite **erhebliche Mehrarbeit.** Zu dem Zeitpunkt, in dem diese Einigung bei den Vertragsverhandlungen zustande kommt, liegt die *Due Diligence* des Käufers[155] in der Regel schon mehrere Wochen zurück. Der *Due Diligence-Bericht*[156] ist längst abgeschlossen. Der Käufer muss somit in jedem Fall sicherstellen, dass nur solche Dokumente des Datenraums als offen gelegt gelten, die seine Vertreter und Berater auch tatsächlich gesehen und geprüft haben. Das kann nur dadurch erreicht werden, dass jedes einzelne Dokument des Datenraums noch einmal gemeinsam gesichtet und abgezeichnet wird. Die so **abgezeichneten Dokumente** müssen dann zumindest während der im Unternehmenskaufvertrag vereinbarten Gewährleistungsfrist und bei Geltendmachung von Gewährleistungsansprüchen gegebenenfalls darüber hinaus **sicher verwahrt** werden. Es bietet sich an, dem den Unternehmenskaufvertrag beurkundenden Notar einen entsprechenden Verwahrungsauftrag zu erteilen. 89

Der Notar ist berechtigt, jedoch nicht verpflichtet, einen solchen **Verwahrungsauftrag** anzunehmen. Im Gegensatz zur Urkundstätigkeit[157] steht die Übernahme einer Verwahrungstätigkeit stets **im Ermessen des Notars.**[158] Bei den zu verwahrenden Dokumenten dürfte es sich zwar kaum um „Kostbarkeiten" im Sinne des § 23 BNotO handeln.[159] Dies schließt jedoch die Verwahrung im Rahmen der „sonstigen Betreuung der Beteiligten auf dem Gebiet der vorsorgenden Rechtspflege" nach § 24 BNotO nicht aus.[160] So ist mittlerweile anerkannt, dass auch die notarielle Verwahrung elektronischer Datenträger zulässig ist.[161] Da es sich insoweit nicht um eine Verwahrung nach § 23 BNotO handelt, finden §§ 54a bis 54e BeurkG sowie §§ 11ff. DONot keine unmittelbare Anwendung. Der Notar hat somit lediglich seine allgemeinen Amtspflichten zu beachten.[162] Die vorbenannten Normen sind bezüglich des Verfahrens allerdings weitgehend entsprechend heranzuziehen.[163] 90

Die Übernahme eines solchen Verwahrungsauftrags steht auch im Einklang mit den gesetzgeberischen Zielen, die in § 54a BeurkG ihren Ausdruck gefunden haben. Nach dem 91

[155] *Due Diligence* meint die vorbereitende Prüfung, durch die sich der potentielle Käufer Informationen über die Zielgesellschaft beschafft, wobei spezielle Berater wie Wirtschaftsprüfer, Steuerberater und Rechtsanwälte hinzugezogen werden. Hierdurch sollen u.a. Risiken hinsichtlich des Unternehmens festgestellt werden, welche der Käufer anschließend bei den Verhandlungen als Argumente für eine Reduzierung des Kaufpreises bzw. eine Ausweitung der Gewährleistungen anführen kann. Vgl. zur Due Diligence u.a. *Holzapfel/Pöllath* Rdnr. 19ff.; Beisel/Klumpp/*Beisel* 2. Kap. Rdnr. 1ff.; *Hanke/Socher* NJW 2010, 829ff.

[156] Nach Abschluss der Due Diligence werden die Ergebnisse in einem Due Diligence Bericht (*Due Diligence Report*) übersichtlich zusammengefasst und es wird auf kritische bzw. für den Käufer allgemein wesentliche Aspekte besonders hingewiesen. Zudem wird der Gegenstand und Umfang der Prüfung dokumentiert, vgl. Beisel/Klumpp/*Beisel*, 2. Kapitel Rdnr. 48; *Holzapfel/Pöllath* Rdnr. 19; MAHPersGesR/*Mutter* § 6 Rdnr. 363.

[157] Vgl. § 15 Abs. 1 S. 1 BNotO.

[158] Schippel/Bracker/*Bracker* BNotO § 10 DONot Rdnr. 1; Schippel/Bracker/*Püls* Anhang zu § 24 Rdnr. 56; DNotI-Report 1996, 45, 48; *Leistner* MittBayNot 2003, 3, 7.

[159] „Kostbarkeiten" sind Gegenstände, deren Wert im Verhältnis zu ihrem Umfang besonders hoch ist und die nach allgemeiner Verkehrsanschauung als solche angesehen werden, wie z.B. Juwelen, Briefmarkensammlungen, Münzen, Autogramme etc.; vgl. Schippel/Bracker/*Reithmann* § 23 Rdnr. 19; *Winkler* § 54e Rdnr. 3. Lerch/Sandkühler/*Sandkühler* § 23 Rdnr. 38, 39 nimmt allerdings an, dass auch Datenträger „Kostbarkeiten" im Sinne dieser Definition darstellen können.

[160] Schippel/Bracker/*Bracker* § 10 DONot Rdnr. 2; Schippel/Bracker/*Püls* Anhang zu § 24 BNotO Rdnr. 56; *Winkler* § 54e Rdnr. 6; Lerch/Sandkühler/*Sandkühler* § 23 Rdnr. 30; DNotI-Report 1997, 55; DNotI-Report 1996, 45, 48; *Leistner* MittBayNot 2003, 3, 7.

[161] *Winkler* § 54e Rdnr. 6; DNotI-Report 1996, 45, 48; *Erber-Faller* MittBayNot 1995, 182, 188; *Leistner* MittBayNot 2003, 3, 8; *Heyn* DNotZ 1998, 177, 284.

[162] Schippel/Bracker/*Reithmann* § 23 BNotO Rdnr. 10; Schippel/Bracker/*Püls* Anhang zu § 24 BNotO Rdnr. 56; DNotI-Report 1997, 55; *Leistner* MittBayNot 2003, 3, 8.

[163] OLG Hamm RNotZ 2006, 72; Schippel/Bracker/*Reithmann* § 23 BNotO Rdnr. 6; DNotI-Report 1997, 55; *Leistner* MittBayNot 2003, 3, 8; siehe auch Lerch/Sandkühler/*Sandkühler* § 23 Rdnr. 37.

Willen des Gesetzgebers soll mit dem Erfordernis des „berechtigten Sicherungsinteresses" einer formularmäßig vorgesehenen Verwahrung entgegengewirkt werden.[164] Hinsichtlich der Auslegung dieses unbestimmten Rechtsbegriffes hat der Notar infolge seiner sachlichen Unabhängigkeit einen Beurteilungsspielraum.[165] Ein **„berechtigtes Sicherungsinteresse"** der Beteiligten liegt in der oben beschriebenen Konstellation regelmäßig vor. Es besteht in der Sicherung des Beweises darüber, welche Dokumente dem Käufer im Datenraum zum Zwecke der Due Diligence zugänglich gemacht wurden. Bei der Interessenlage von Verkäufer und Käufer im Rahmen der Gewährleistungshaftung nach den zwischen ihnen verhandelten Regelungen im Unternehmenskaufvertrag kommt dem vorgenannten gesetzgeberischen Zweck damit keine Bedeutung zu.

92 Bevor es virtuelle Datenräume und **elektronische Kopien der im Datenraum offengelegten Dokumente** gab, musste der Notar bei einem solchen Verwahrungsauftrag die Originalakten in Verwahrung nehmen. Das bedeutete einen erheblichen organisatorischen Aufwand. Der physische Datenraum ist tatsächlich ein mit Aktenordnern gefüllter Raum. Der Notar musste deshalb zur Unterbringung dieser Akten einen eigenen Raum zur Verfügung stellen, und das manchmal über mehrere Jahre. Heute ist das wesentlich einfacher. Der Inhalt des physischen Datenraums wird gescannt und auf CD-ROMs gebrannt. Diese können dann ohne Weiteres im Tresor des Notars verwahrt werden.

93 Die **Verwahrungsanweisung** sowie deren Änderungen, Ergänzung oder Widerruf bedürfen entsprechend § 54a Abs. 4 BeurkG der Schriftform. Nach § 54a Abs. 5 BeurkG hat der Notar die Annahme mit Datum und Unterschrift zu vermerken, sofern die Verwahrungsanweisung nicht Gegenstand einer Niederschrift ist, die er selbst oder sein amtlich bestellter Vertreter aufgenommen hat. Am zweckmäßigsten ist es deshalb, die Verwahrungsanweisung gleich mit in die Urkunde des Unternehmenskaufvertrages aufzunehmen.

94 Die **Verwahrungsanweisung in der Mantelurkunde** könnte etwa wie folgt lauten:

Formulierungsvorschlag:

3. Der Verkäufer und der Käufer übergaben dem amtierenden Notar zu Beweiszwecken gemeinsam fünf CD-ROMs, beschriftet als „Datenraum I", „Datenraum II", „Datenraum III", „Datenraum IV" und „Datenraum V". Der Notar wird angewiesen, die vorgenannten CD-ROMs bis zum [Kalenderdatum][166] in seine Verwahrung zu nehmen und anschließend an [......] herauszugeben. Verkäufer und Käufer können vor diesem Zeitpunkt jederzeit gemeinsam die Herausgabe an [......] oder einen von ihnen bestimmten Dritten verlangen. Sowohl der Verkäufer als auch der Käufer sind bis zur Herausgabe der CD-ROMs jederzeit berechtigt, den Inhalt der vorgenannten CD-ROMs in den Büroräumen des Notars einzusehen und sich Kopien hiervon vom Notar ausdrucken zu lassen.

95 Was die Umsetzung der Verwahrungsanweisung angeht, empfiehlt es sich, die Verwahrung der Datenträger in ein **Ein- und Ausgangsregister** aufzunehmen.[167] Abschließend sei noch darauf hingewiesen, dass der Notar im Bereich seiner Tätigkeit nach §§ 23, 24 BNotO im Verhältnis zu seinem Auftraggeber nicht subsidiär haftet.[168] Er kann demnach eine eventuelle Inanspruchnahme anders als im Rahmen der Urkundstätigkeit nicht durch den Hinweis auf anderweitige Ersatzmöglichkeiten abwenden.

[164] Vgl. BT-Drucks. 13/4184, 37/38; OLG Bremen MittBayNot 2005, 428, 429; Lerch/Sandkühler/*Sandkühler* § 23 Rdnr. 43; *Brambring* DNotZ 1999, 381, 382.

[165] Vgl. *Zimmermann* DNotZ 2000, 164, 167; Lerch/Sandkühler/*Sandkühler* § 23 Rdnr. 45.

[166] Unbefristete Verwahrungsaufträge sind zwar nicht unzulässig, aber praktisch undurchführbar und sollten daher vermieden werden.

[167] DNotI-Report 1997, 55; *Leistner* MittBayNot 2003, 3, 8.

[168] § 19 Abs. 1 S. 2 Halbs. 2 BNotO, vgl. auch BGH NJW-RR 1999, 1579, 1580; Geigel/*Kapsa* Kap. 20 Rdnr. 272. Allerdings sind unselbstständige Betreuungstätigkeiten, die im Zusammenhang mit einer Beurkundung anfallen, vom Haftungsprivileg erfasst, BGH NJW-RR 2003, 563.

V. Schlussbemerkung

Die Rolle des Notars beim Unternehmenskauf ist vielschichtig. Der Umstand, dass er einen von ihm selbst nicht entworfenen und in den meisten Fällen sehr komplexen Vertrag und dessen Anlagen – oftmals noch dazu in englischer Sprache – zu beurkunden hat, stellt dabei eine besondere Herausforderung dar. Der Notar sieht sich plötzlich in dem entscheidenden Abschnitt einer Transaktion als M&A-Dienstleister, zu denen er eigentlich nicht gehört. Anders als sonst ist er nicht der „Herr des Verfahrens". Ihm werden sowohl der Inhalt seiner Urkunde als auch der Zeitpunkt der Beurkundung vorgegeben. Er erlebt für einen kurzen Moment den Druck, dem M&A-Berater oft über Monate bis zum erfolgreichen Abschluss des Unternehmenskaufs üblicherweise ausgesetzt sind. Gleiches gilt für die physische Anstrengung, wenn sich der Beurkundungsvorgang nach einem ganzen Tag auch noch durch die ganze Nacht oder noch länger hinzieht. Die Beurkundung von Unternehmenskaufverträgen ist jedoch immer eine spannende und abwechslungsreiche Angelegenheit. Auch ohne Gestaltung des Unternehmenskaufvertrages bleiben bei der Vorbereitung der Beurkundung und gewissen Folgetätigkeiten noch genügend anspruchsvolle notarielle Aufgaben übrig. Schließlich handelt es sich im wahrsten Sinne des Wortes um eine „lohnende" Tätigkeit. Meistens liegen die Kaufpreise für Unternehmen im dreistelligen Millionenbereich. Die Notargebühren sind deshalb entsprechend hoch – bei vergleichsweise geringem Haftungsrisiko.[169] 96

[169] Nach § 19 Abs. 1 S. 2 BNotO haftet der Notar bei fahrlässigem Verhalten nur subsidiär, d. h. wenn der Betroffene nicht über anderweitige Ersatzmöglichkeiten verfügt. Da die Beteiligten eines Unternehmenskaufvertrages jedoch von hochspezialisierten Rechtsanwälten und sonstigen Beratern begleitet werden, dürfte es insbesondere kaum zur Haftung des Notars wegen fehlerhafter Vertragsgestaltung kommen.

§ 21 Veräußerung kleiner und mittlerer Unternehmen

Übersicht

Rdnr.

I. Die Rolle des Notars bei der Veräußerung kleinerer und mittlerer Unternehmen ... 1
1. Interessenlage der Beteiligten ... 2/3
a) Verkäufer ... 2
b) Käufer ... 3
2. Anforderungen an den Notar ... 4–7
a) Allgemeines ... 4
b) Besonderheiten bei der GmbH ... 5
c) Besonderheiten bei der GmbH & Co. KG ... 6
d) Besonderheiten beim Management-Buy-Out/Management-Buy-In ... 7
3. Erwerbswege und Durchführungsformen, Verfahren ... 8–14
a) Allgemeines ... 8/9
b) M&A-Praxis der Großkanzleien ... 10/11
c) Der Notar als Gestalter eines Unternehmenskaufvertrages ... 12–14

II. Vorbereitung und Informationsbeschaffung durch den Notar ... 15–21
1. Rechtliche Aspekte; Zweckmäßigkeitserwägungen ... 15–19
2. Wirtschaftliche und steuerliche Aspekte ... 20/21

III. Steuerstrukturierung ... 22–35
1. Grundsätzliche Erwägungen ... 22
2. Steuerliche Interessenlage der Beteiligten ... 23
3. Grundzüge der Besteuerung von Unternehmensveräußerungen ... 24–35
a) Rechtsformabhängigkeit der Besteuerung ... 24
b) Gewinnbesteuerung ... 25
c) Asset Deal ... 26–28
d) Share Deal ... 29/30
e) Maßnahmen zur steuerlichen Optimierung auf Verkäuferseite ... 31
f) Maßnahmen zur steuerlichen Optimierung auf Käuferseite ... 32/33
g) Grunderwerbsteuer ... 34
h) Umsatzsteuer ... 35

IV. Gestaltung des Unternehmenskaufvertrages ... 36–129
1. Kaufgegenstand ... 38–46
a) Share Deal (GmbH) ... 38–46
b) Personengesellschaften ... 47–59
aa) GbR ... 47–52
bb) OHG ... 53/54
cc) KG; GmbH & Co. KG ... 55–59
c) Unternehmenserwerb im Wege der Kapitalerhöhung ... 60–71
aa) Allgemeines; Barkapitalerhöhung ... 60/61
bb) Ablauf der Kapitalerhöhung ... 62–65
cc) Besonderheiten bei der Sachkapitalerhöhung ... 66–71
d) Asset Deal ... 72–76
2. Kaufpreis ... 77–84
a) Grundsätzliches ... 77
b) Festpreis ... 78/79
c) Locked-Box ... 80
d) Kaufpreisanpassungsklauseln ... 81
e) Bewertungsfragen ... 82–84
3. Gewährleistung / Garantien ... 85–100
a) Gesetzliche Gewährleistung ... 85–93
b) Vertragliche Modifikation des gesetzlichen Gewährleistungsregimes ... 94/95
c) Garantien ... 96–100
4. Haftung für Altverbindlichkeiten ... 101–104
a) Haftung aus Firmenfortführung ... 101/102
b) Steuerliche Haftungsrisiken ... 103
c) Öffentlich-rechtliche Haftungsrisiken ... 104
5. Arbeitsrechtliche Aspekte ... 105–107
6. Kartellrechtliche Aspekte ... 108–113

	Rdnr.
7. Steuerklausel	114
8. Wettbewerbsverbote	115–121
9. Sonstige Regelungen	122–124
a) Schiedsklausel	122
b) Besonderheiten bei der Veräußerung freiberuflicher Praxen	123/124
10. Management-Buy-Out / Management-Buy-In	125–128
a) Allgemeines	125
b) Besonderheiten beim Management-Buy-Out	126/127
c) Besonderheiten beim Management-Buy-In	128
11. Vertragsmuster	129

Schrifttum: Bauer, Aktuelle Probleme betriebsbedingter Kündigungen unter besonderer Berücksichtigung des Betriebsübergangs, 1986; *Bauer*, Sofortprogramm für mehr Sicherheit im Arbeitsrecht, NZA 2002, 1001; *Beinert/Burmeister/Tries*, Mergers & Acquisitions in Germany, 2009; *Blumers/Beinert*, Grundregeln für die Optimierung des Unternehmenskaufs nach neuem Umwandlungs(-steuer)recht, DB 1995, 1043; *dies.*, Unternehmenskauf und Mitunternehmermodelle, DB 1997, 1636; *dies./Witt*, Unternehmenskaufmodelle nach der Steuerreform, DStR 2001, 234; *Böge*, Reform der europäischen Fusionskontrolle, WuW 2004, 138; *Bogenschütz*, Behandlung steuerlich nicht passivierungsfähiger Verpflichtungen beim Asset Deal, Ubg 2008, 135; *Böttcher*, Zur Beurkundungspflicht von Änderungsvereinbarungen zu GmbH-Anteilskaufverträgen, NotBZ 2011,118; *Diller*, Der Arbeitnehmer der GbR!?, NZA 2003, 401; *M. Dreher*, Die zeitlichen Grenzen des arbeitnehmerseitigen Widerspruchs bei Betriebsübergang, BB 2000, 2358; *Eilers/Koffka/Mackensen*, Private Equity, Unternehmenskauf, Finanzierung, Restrukturierung, Exitstrategien, 2009; *Emmerich*, Kartellrecht, 11. Aufl. 2008; *Fischer*, Individualrechtliche Probleme des verdeckten bzw. (zunächst) unerkannten Betriebsübergangs, DB 2001, 331; *Fleck*, Das Dienstverhältnis der Vorstandsmitglieder und Geschäftsführer in der Rechtsprechung des BGH, WM Sonderbeilage 3/1981, 3; *Gaul*, Schuldrechtsmodernisierung und Unternehmenskauf, ZHR 166 (2003), 35; *Gran*, Abläufe bei Mergers & Acquisitions, NJW 2008, 1409; *D. Gaul*, Einzelvertragliche Bezugnahmeklausel beim Übergang des Arbeitsverhältnisses auf nicht tarifgebundenen Arbeitgeber, BB 2000, 1086; *Hanau*, Perversion und Prävention bei § 613 a BGB, ZIP 1998, 1817; *Henssler*, Das Anstellungsverhältnis der Organmitglieder, RdA 1992, 289; *Hohaus/Inhester*, Rahmenbedingungen von Management-Beteiligungen, DStR 2003, 1765; *Hölters* (Hrsg.), Handbuch Unternehmenskauf, 7. Aufl. 2010; *Holzapfel/Pöllath*, Unternehmenskauf in Recht und Praxis, 13. Aufl. 2008; *Huber*, Die Praxis des Unternehmenskaufs im System des Kaufrechts, AcP 202 (2002), 179; *Immenga/Mestmäcker*, Wettbewerbsrecht, GWB, Kommentar zum deutschen Kartellrecht, 4. Aufl. 2007; *Johansson*, Regelungen des Kaufpreises bei Anteilskaufverträgen, in: Moll (Hrsg.), Festschrift für Hans-Jochem Lüer zum 70. Geburtstag, 2008, S. 561; *Kindl*, Unternehmenskauf und Schuldrechtsmodernisierung, WM 2003, 409; *Klein-Blenkers*, Die Entwicklung des Unternehmenskaufrechts, NZG 2006, 245; *Kleinheisterkamp/Schell*, Der Übergang des wirtschaftlichen Eigentums an Kapitalgesellschaftsanteilen beim Unternehmenskauf, DStR 2010, 833; *Knott*, Unternehmenskauf nach der Schuldrechtsreform, NZG 2002, 249; *Knofel*, Die Präambel des Unternehmenskaufvertrages, JA 2002, 810; *Koblenzer*, Management Buy-Out (MBO) und Management Buy-In (MBI) als Instrument der Unternehmensnachfolgeplanung , ZEV 2002, 350; *Koch*, Auflösung einer im Zuge eines Asset Deal übernommenen Drohverlustrückstellung, BB 2008, 2736; *Kock*, Voraussetzungen eines Betriebsübergangs nach der aktuellen BAG-Rechtsprechung, BB 2007, 714; *Koenen/Gohr*, Asset-Deal, Share-Deal oder Kombinationsmodell – Anwendungsvoraussetzungen und ertragsteuerliche Effekte der Übernahme von Kapitalgesellschaften, DB 1993, 2541; *Körber*, Die Leitlinien der Kommission zur Bewertung nicht – horizontaler Zusammenschlüsse, WuW 2008, 522; *Kuntz*, Die Auslegung von Material Adverse Change (MAC) – Klauseln in Unternehmenskaufverträgen, DStR 2009, 377; *Mäger*, Abgrenzung des geographisch relevanten Marktes in der deutschen Fusionskontrolle – Abkehr von der „Backofenmarkt"-Entscheidung des BGH in der Verwaltungspraxis, BB 2001, 1105; *Merkt*, Angloamerikanisierung und Privatisierung der Vertragspraxis versus Europäisches Vertragsrecht, ZHR 171 (2007), 490; *Moll*, Bedeutung und Voraussetzungen des Betriebsübergangs im Wandel, RdA 1999, 233; *Moll*, Die Rechtsstellung des Arbeitnehmers nach einem Betriebsübergang, NJW 1993, 2016; *Müller-Bonanni*, Betriebsübergang – ja oder nein? – Die aktuelle Rechtsprechung zum Tatbestand des § 613 a BGB, NZA-Beilage 2009, 13; *Noack*, Gesellschaftervereinbarungen bei Kapitalgesellschaften, 1994; *Picot*, Unternehmenskauf und Sachmängelhaftung, DB 2009, 2587; *ders./Duggal*, Unternehmenskauf: Schutz vor wesentlich nachteiligen Veränderungen der Grundlage der Transaktion durch sog. MAC-Klauseln, DB 2003, 2635; *Pietzko*, Der Tatbestand des § 613 a BGB, 1998; *ders.*, Rechtsgeschäftliche Gestaltungsmöglichkeiten der Arbeitnehmer beim Betriebsübergang, ZIP 1990, 1104; *Pilger*, Präambel im Unternehmenskaufvertrag – ein unterschätztes Gestaltungsmittel, BB 2000, 368; *Rasner*, Die Bedeutung von Parteiwissen für die Gestaltung von Unternehmenskaufverträgen, WM 2006, 1425; *Rödder/Hötzel/Mueller-Thuns*, Unternehmenskauf – Unternehmensverkauf, 2003; *Rödl/Scheffler/Winter* (Hrsg.), Internationale Familienunternehmen, Festschrift für Bernd Rödl zum 65. Geburtstag, 2008; *Rösler*, Der Begriff der marktbeherrschenden Stellung in der europäischen Fusionskontrolle, NZG 2000, 857; *ders.*, Der relevante Markt in der europäischen Fusionskontrolle, NZG 2000, 761; *Seibt*, Beck'sches Formularbuch Mergers & Acquisitions, München 2008; *ders.*, Unternehmenskauf und -verkauf nach dem Steuersenkungsgesetz, DStR 2000, 2061; *ders./Reiche*, Unternehmens- und Beteiligungskauf nach der Schuldrechtsreform (Teil I), DStR 2002, 1135; *dies.*, Unternehmens- und Beteiligungskauf nach der Schuldrechtsreform (Teil II), DStR 2003, 1181; *Stümper/Walter*, Erfordernis von Steuerklauseln im Anteilskauf- und anderen Übertragungsverträgen, GmbHR 2008, 31; *Triebel/Hölzle*, Schuldrechtsreform und Unternehmenskaufverträge, BB 2002, 521; *v. Steinau-Steinrück*, Wieder Neuigkeiten beim Betriebsübergang, NJW-Spezial 2007, 514; *F. Wagner*, Zu den Aufklärungspflichten des Verkäufers beim Unternehmenskauf, EWiR 2002, 327; *Weigl*, Die Auswirkungen der Schuldrechtsreform auf den Unternehmenskauf, DNotZ 2005, 246; *Wiedemann*, Handbuch des Kartellrechts, 2. Aufl. 2008; *Willemsen*, Aktuelles zum Betriebsübergang – § 613 a BGB im Spannungsfeld von deutschem und europäischem Recht, NJW 2007, 2065; *Wißann/ Schneider*, Europa hat gesprochen: Betriebsübergang ohne Erhalt der organisatorischen Einheit, BB 2009, 1126;

I. Die Rolle des Notars bei der Veräußerung kleinerer und mittlerer Unternehmen

1 Die Beurkundung umfangreicher Unternehmensverträge dürfte für die überwiegende Zahl der Notare eher einen Ausnahmefall darstellen. Hingegen werden die meisten Notare im Laufe ihrer Amtstätigkeit gelegentlich mit dem Ersuchen konfrontiert, die Veräußerung eines **kleinen oder mittleren Unternehmens** zu betreuen. Dabei kann das Spektrum vom Friseurbetrieb bis zum mittelständischen Technologieunternehmen reichen. Die Beurkundung eines Vertrages über den Kauf und die Abtretung von Beteiligungen an Gesellschaften gehört ohne weiteres zum Kernbereich notarieller Tätigkeit. Dies ist natürlich primär den Formvorschriften des materiellen Rechts geschuldet, allen voran den Beurkundungserfordernissen des § 15 Abs. 3 und 4 GmbH-Gesetz. Letztere dienen nach inzwischen überwiegender, zutreffender Auffassung nicht nur der Erschwerung des Handels mit GmbH-Geschäftsanteilen und der Gewährleistung des Beweises über die Anteilsverhältnisse, sondern auch dem Schutz und der Beratung der Beteiligten.[1] Das Erfordernis notarieller Beurkundung kann sich aber auch aus anderen Formvorschriften des materiellen Rechts ergeben, etwa dann, wenn zum veräußerten Unternehmen ein Grundstück gehört (§ 311 b Abs. 1 BGB) oder wenn wesentliche Teile des Unternehmensvermögens veräußert werden (§ 311 b Abs. 3 BGB). Diese konkrete Verortung de notariellen Mitwirkung im materiellen Recht mag manchen Notar dazu verleiten, eine sich bei Lichte betrachtet als Ungernehmenskauf darstellende Transaktion als schlichte Anteils- oder Grundstücksveräußerung zu behandeln, ohne die insoweit bestehenden Besonderheiten zu beachten.[2] Dabei liegt das Unbehagen, das der Entwurf und die Beurkundung eines Unternehmenskaufvertrages mitunter verursacht, wohl einerseits an der unterstellten Komplexität der Thematik, die eine Vielzahl von Rechtsfragen aus ganz unterschiedlichen Gebieten – dazu gehören neben gesellschafts- und allgemein zivilrechtlichen Fragen beispielsweise auch arbeits- oder wettbewerbsrechtliche Aspekte – aufwerfen kann. Andererseits wird dem Notar der Zugang zu dieser Materie dadurch erschwert, dass sich in der – stark angelsächsich geprägten – Gestaltungspraxis eine Begrifflichkeit eingebürgert hat, die sich von der Warte des deutschen Zivilrechts aus nicht auf Anhieb entschließt. Hier seien etwa das **SPA**, der **MBO**, die **Due Diligence**, aber auch die **Garantien**, die bei näherem Hinsehen gar keine sind,[3] **Singing** und **Closing** oder die **Locked Box** genannt. Ziel des nachfolgenden Beitrags ist es, dem Notar den Einstieg in diese Materie zu erleichtern, sein Problembewusstsein zu schärfen und durch konkrete Formulierungshilfen etwa vorhandene Berührungsängste abzubauen.

1. Interessenlage der Beteiligten

2 a) **Verkäufer.** Auf Seiten des Verkäufers können verschiedene **Motive** für den Verkauf seines Unternehmens eine Rolle spielen. Da es gerade bei **kleinen und mittleren Unternehmen** oftmals keine Trennung von Unternehmensinhaberschaft und -leitung gibt (Gesellschafter-Geschäftsführer), geht es nicht selten um die Regelung der **Unternehmensnachfolge.** Die Veräußerung des Unternehmens bietet sich insbesondere dann an, wenn sich im Kreis der

[1] *Wicke* GmbHG, § 15 Rdnr. 12; Michalski/*Ebbing* GmbHG, § 15 Rdnr. 55; Saenger/*Inhester/Pfisterer* GmbHG § 15 Rdnr. 24; ausführlich Walz/*Fembacher* NZG 2003, 1134; *Böttcher*, NotBZ 2011, 118, 121.
[2] Vgl. unten I. 2. a. sowie I. 3. c.; Kersten/Bühling/*Wolfsteiner* § 31 Rdnr. 2–5.
[3] Kersten/Bühling/*Wolfsteiner* § 31 Rdnr. 12 ff.; s. u. IV. 3. c.

Familie des Verkäufer-Gesellschafters keine oder keine geeigneten Nachfolger finden. Denn häufig wird auch für die Fortführung des Unternehmens die Trennung von Unternehmensinhaberschaft und -führung abgelehnt. Nicht selten kommt es auch vor, dass der Unternehmergesellschafter verstorben ist und die Erben das Unternehmen nicht weiter führen können oder wollen. Teilweise spielen aber auch rein **wirtschaftliche Erwägungen** eine Rolle: Möglicherweise entspricht der vom Verkäufer erzielte Gewinn nicht seinen Erwartungen oder der Verkäufer sieht in der Veräußerung des Unternehmens einen Ausweg aus entstandenen wirtschaftlichen Schwierigkeiten (z. B. infolge der von der Finanzkrise verursachten „Kreditklemme").

b) **Käufer.** Für den Käufer verkörpert der Erwerb eines Unternehmens stets eine **Investition.** Diese soll sich möglichst rentieren. Auf welche Weise dies aber erfolgen soll, hängt von den eigentlichen Motiven des jeweiligen Käufers ab: Während reine Finanzinvestoren im Regelfall eine möglichst **hohe Verzinsung** des investierten Kapitals erhoffen, geht es einem Käufer, der beabsichtigt, zugleich als Geschäftsführer tätig zu werden, auch darum, seinen Lebensunterhalt durch eigene **Tätigkeit** bestmöglich bestreiten zu können. Teilweise steht bei einem Unternehmenskauf die Vergrößerung eines bereits bestehenden Unternehmens durch Erwerb eines anderen Unternehmens, gegebenenfalls sogar eines Wettbewerbers, im Vordergrund. 3

2. Anforderungen an den Notar

a) **Allgemeines.** Gemäß § 17 Abs. 1 S. 1 BeurkG soll der Notar den Willen der Beteiligten erforschen, den Sachverhalt klären, die Beteiligten über die rechtliche Tragweite des Geschäfts belehren und ihre Erklärungen klar und unzweideutig in der Niederschrift wiedergeben. Daher beginnt die notarielle Tätigkeit auch beim Unternehmenskauf mit der Aufnahme und **Ermittlung** der objektiven und subjektiven **Sachverhaltsgrundlagen.**[4] Dies ist gerade bei Kaufverträgen, die sich auf kleine oder mittlere Unternehmen beziehen, besonders wichtig. Denn diese werden nicht selten gar nicht als Unternehmenskaufverträge erkannt oder aber nicht als solche behandelt.[5] In Anlehnung an die ländliche Praxis, Übergaben landwirtschaftlicher Betriebe vor allem als **Grundstücksgeschäfte** zu behandeln, werden in diesem Bereich oftmals auch andere Veräußerungen von Unternehmen – dazu gehört die Veräußerung von Handwerksbetrieben ebenso wie die von Gaststätten oder Tankstellenunternehmen – hinter einem Grundstücksgeschäft verborgen.[6] So kann es vorkommen, dass der Notar lediglich um Beurkundung eines Kaufvertrags über das Betriebsgrundstück ersucht wird und alle anderen Vereinbarungen unter **Verstoß gegen § 311 b Abs. 1 S. 1 BGB** außerhalb der notariellen Urkunde, gegebenenfalls sogar mündlich getroffen werden.[7] Zwar kennt das Beurkundungsverfahren keine Amtsermittlungspflicht des Notars.[8] Bestehen jedoch Anhaltspunkte für die Veräußerung eines Unternehmens im Ganzen, muss der Notar diesen nachgehen. Insbesondere muss er, soweit es sich um Rechtstatsachen handelt, recherchieren und nachfragen, weil er erst so eine richtige Beurkundungsgrundlage schaffen und den Unternehmenskauf als solchen erkennen kann.[9] 4

b) **Besonderheiten bei der GmbH.** Probleme anderer Natur stellen sich dann, wenn das zu veräußernde Unternehmen in der Rechtform der GmbH betrieben wird. Gelegentlich wird in diesen Fällen dem Notar lediglich die **Abtretung der GmbH-Anteile** zur Beurkundung gem. **§ 15 Abs. 3 GmbHG** angetragen, während der Kaufvertrag, aus dem sich die Verpflichtung des Verkäufers zur Übertragung der GmbH-Geschäftsanteile gegen Entgelt ergibt, zuvor bereits unter **Verstoß gegen § 15 Abs. 4 S. 1 GmbHG** privatschriftlich abgeschlossen worden ist. Kommt der Notar diesem Beurkundungswunsch der Beteiligten nach, so ist 5

[4] BeckNotarHdb/*Bernhard* G Rdnr. 55.
[5] Kersten/Bühling/*Wolfsteiner* § 31 Rdnr. 1.
[6] Kersten/Bühling/*Wolfsteiner* § 31 Rdnr. 2.
[7] Vgl. Kersten/Bühling/*Wolfsteiner* § 33 Rdnr. 2.
[8] BeckNotarHdb/*Bernhard* G Rdnr. 58.
[9] BeckNotarHdb/*Bernhard* G Rdnr. 58.

zwar die Abtretung gem. § 15 Abs. 3 GmbHG wirksam. Problematisch ist jedoch, ob diese auch kondiktionsfest ist. Zwar bestimmt **§ 15 Abs. 4 S. 2 GmbHG**, dass ein Vertrag, durch den die Verpflichtung eines Gesellschafters zur Abtretung seines Geschäftsanteils begründet wird, auch ohne notarielle Beurkundung gültig wird, wenn der Abtretungsvertrag gem. § 15 Abs. 3 GmbHG beurkundet wird. Die **Heilung** wirkt aber erstens nur **ex nunc** und erfasst zweitens nur **Mängel der Form**, nicht dagegen materielle Mängel des obligatorischen Vertrages.[10] Auch heilt eine formwirksame Abtretung nur denjenigen formnichtigen Verpflichtungsvertrag, in dessen Erfüllung sie vorgenommen wird: Keine Erfüllung in diesem Sinne liegt vor, wenn der Geschäftsanteil im notariellen Vertrag an andere Personen oder zu anderen Bedingungen abgetreten wird, als an die in dem formnichtigen privatschriftlichen Verpflichtungsvertrag bezeichneten Personen bzw. den dort bezeichneten Bedingungen.[11] Scheitert die Heilung, so entstehen aufgrund der Nichtigkeit gem. § 125 S. 1 BGB aus dem obligatorischen Vertrag **keinerlei Ansprüche**, auch nicht solche aus § 311 Abs. 2, 3 BGB.[12] Der Notar ist schließlich nicht verpflichtet, einem entsprechenden Beurkundungsverlangen nachzukommen, da er nicht gehalten ist, an der Heilung formunwirksamer Verträge mitzuwirken.[13]

6 c) **Besonderheiten bei der GmbH & Co. KG.** In leicht abgewandelter Form stellt sich diese Problematik auch beim Verkauf eines Unternehmens, das in der Rechtsform der GmbH & Co. KG betrieben wird.[14] Hier treten die Beteiligten nicht selten mit dem Ersuchen an den Notar heran, lediglich den Verkauf oder gar nur die Abtretung der GmbH-Geschäftsanteile zu beurkunden, nicht aber den Verkauf der Kommanditanteile.[15] Bei einem Unternehmenskaufvertrag, der eine GmbH & Co. KG zum Gegenstand hat, sind aber der Verkauf der GmbH-Geschäftsanteile und der Kommanditanteile regelmäßig i. S. v. § 139 BGB miteinander verbunden, so dass der **gesamte Vertrag beurkundungsbedürftig** ist.[16] Das gilt nicht nur aus wirtschaftlichen Gründen, weil die Fragen von Leitungsgewalt und wirtschaftlichem Interesse bei der GmbH & Co. KG auf besonders enge Weise miteinander verbunden sind. Vielmehr wirken sich hier die Grenzen der Heilung gem. § 15 Abs. 4 S. 2 GmbHG besonders drastisch aus: Enthält der privatschriftliche Kaufvertrag über die Kommanditanteile Bedingungen oder Verpflichtungen zur Übertragung von GmbH-Anteilen – und seien es auch lediglich Rückübertragungsverpflichtungen –, so tritt überhaupt keine Heilung der Formnichtigkeit ein.[17]

7 d) **Besonderheiten beim Management-Buy-Out/Management-Buy-In.** Besonderheiten ergeben sich beim sogenannten Management-Buy-Out[18] und Management-Buy-In.[19] Ein Management-Buy-Out liegt bei der Übernahme des Unternehmens durch das bisherige Management vor, ein Management-Buy-In, wenn dem Unternehmen bisher fremde Manager das Unternehmen erwerben.[20] Dabei handelt es sich genau genommen allerdings nicht um Sonderformen eines Unternehmenskaufs. Vielmehr stellen sich lediglich die von anderen Unternehmenskäufen bekannten Probleme, wenn auch in einer anderen Gewichtung und Konzentration.[21]

---

[10] BeckNotarHdb/*Mayer/Weiler* D I Rdnr. 150 d; *Böttcher* NotBZ 2011, 118, 121.

[11] BGH, GmbHR 2001, 815, *Mayer/Weiler* D I Rdnr. 150 b; *Böttcher* NotBZ 2011, 118, 121.

[12] *Mayer/Weiler* D I Rdnr. 150 b; *Kapp* DB 1989, 1224; *Böttcher* NotBZ 2011, 118, 121.

[13] Vgl. BayObLG DNotZ 1998, 645, 646; Huhn/von Schuckmann/*Preuß* § 4 BeurkG Rdnr. 16.

[14] Dazu Kersten/Bühling/*Wolfsteiner* § 31 Rdnr. 4.

[15] Hintergrund dieser Gestaltung war in der Vergangenheit, dass die früher h. M. bei der Bestimmung des Geschäftswerts einer Übertragung von Kommanditanteilen gem. § 18 Abs. 3 KostO ein Schuldenabzugsverbot angenommen hatte (vgl. OLG München DNotZ 1941, 502; BayObLG ZEV 2004, 510, 512). Diese Rechtsprechung ist jedoch seit der Entscheidung BGH NJW 2010, 2218 überholt.

[16] BeckNotarHdb/*Wolfsteiner* § 31 Rdnr. 4.

[17] Vgl. BGH MittBayNot 1989, 165; BeckNotarHdb/*Mayer/Weiler* D I Rdnr. 150 b; Kersten/Bühling/*Wolfsteiner* § 31 Rdnr. 5; *Böttcher* NotBZ 2011, 118.

[18] Dazu Baumbach/Hueck/*Noack/Zöllner* § 35 Rdnr. 48; Beisel/*Klumpp* 13. Kapitel Rdnr. 1–22.

[19] Dazu *Hohaus* BB 2006, 2089. Allgemein zum Management-Buy-Out und Management-Buy-In: *Koblenzer* ZEV 2002, 350.

[20] Hölters/*Hölters* I Rdnr. 77.

[21] Hölters/*Hölters* I Rdnr. 77.

3. Erwerbswege und Durchführungsformen, Verfahren

a) **Allgemeines.** Aufgabe des Notars ist es, auf der Grundlage des von ihm ermittelten Sachverhaltes eine vertragliche Gestaltung zu erarbeiten, mit der das wirtschaftliche Ziel der Beteiligten auf dem **sichersten Wege** erreicht wird. Die Veräußerung des Unternehmens kann dabei im Grundsatz auf zwei unterschiedlichen Wegen erfolgen. Beim sogenannten **Asset Deal** werden die einzelnen Wirtschaftsgüter des Unternehmens vom Veräußerer auf den Erwerber übertragen. Dadurch wird das Unternehmen von seinem bisherigen Rechtsträger getrennt.[22] Beim **Share Deal** erfolgt die Unternehmensveräußerung durch die Übertragung des Rechtsträgers selbst, bei der GmbH also durch die Übertragung aller oder zumindest der überwiegenden Mehrheit der Gschäftsanteile.[23] Eine andere Möglichkeit besteht in der Verwendung von **umwandlungsrechtlichen Maßnahmen** (Verschmelzung, Spaltung, Anwachsung, Eingliederung). Auch bietet sich unter Umständen die Möglichkeit des Unternehmenserwerbs im Wege der **Kapitalerhöhung** an. So vielfältig wie die Motive und wirtschaftlichen Ziele der Beteiligten sind auch die Möglichkeiten des Verkaufs bzw. der Beteiligung und deren Durchführung. Dabei spielen häufig auch **steuerliche Erwägungen** eine Rolle. Nicht selten kommt es gerade bei kleinen und mittleren Unternehmen vor, dass die Beteiligten **nicht anwaltlich beraten** sind, sondern – wenn überhaupt – ausschließlich die Dienste eines Steuerberaters in Anspruch nehmen. Dieser hat bei seinen Überlegungen naturgemäß vor allem die steuerliche Gestaltung und Optimierung der Unternehmensveräußerung vor Augen und weniger die zivil- und gesellschaftsrechtlichen Grundlagen. Der Blickwinkel des Notars ist jedoch ein anderer. Steuerliche Erwägungen spielen für ihn erst in zweiter Linie eine Rolle. 8

Bei der Auswahl der richtigen Transaktionsstruktur sind zahlreiche Aspekte zu berücksichtigen: Dazu gehören neben internen Zustimmungserfordernissen, der Frage des Übergangs von Vertragsverhältnissen und Beteiligungen auch arbeits- und haftungsrechtliche Aspekte sowie der Übergang öffentlich-rechtlicher Positionen.[24] So berührt beim Share Deal der Wechsel auf der Anteilseignerseite die Rechtsverhältnisse des Zielunternehmens nur ausnahmsweise, z. B. bei Bestehen sogenannter **Change-of-Control**-Klauseln, bei denen eine bestimmte Rechtsfolge wie beispielsweise die Anpassung von Vertragskonditionen oder Begründung eines Kündigungsgrundes von der mehrheitlichen Änderung der Beteiligungs- oder Stimmenverhältnisse beim Unternehmen abhängig gemacht werden.[25] Beim Asset Deal ist beispielsweise zu berücksichtigen, dass das Zielunternehmen als Hülle bei den Veräußerern verbleibt. Auf der anderen Seite kann es sich anbieten, gesellschaftsrechtliche Strukturen sowohl auf der Veräußerer- als auch auf der Erwerberseite zu nutzen: So kann im Personengesellschaftsrecht beispielsweise das Anwachsungsprinzip[26] zum Übergang des Gesellschaftsvermögens des Zielunternehmens auf den Erwerber genutzt werden, wenn der Erwerber in die Personengesellschaft eintritt und sodann sämtliche weitere Gesellschafter aus der Personengesellschaft austreten.[27] 9

b) **M&A-Praxis der Wirtschaftskanzleien.** In der M&A-Praxis vor allem der Wirtschaftskanzleien hat sich ein einheitlicher Standard gebildet, wie ein **Transaktionsprozess** zu strukturieren ist. Nach der ersten Kontaktaufnahme und etwaigen Vertraulichkeitsvereinbarungen folgt oftmals ein sogenannter **Letter of Intent,** in dem der Erwerbsinteressent ein unverbindliches Angebot abgibt. Bei einer nachfolgenden **Due-Diligence-Prüfung** wird das Unternehmen rechtlich sowie betriebswirtschaftlich geprüft. In einem **Due-Diligence-Bericht** 10

[22] Vgl. MünchKommInsO/*Ganter,* § 1 Rdnr. 90 a.

[23] Eine feste Prozentangabe, ab deren Erreichung ein Anteilskaufvertrag als Unternehmenskaufvertrag anzusehen ist, gibt es nicht. Der Kauf einer Minderheitsbeteiligung wird jedenfalls nicht als Unternehmenskauf angesehen. Regelmäßig wird nur der Erwerb einer Beteiligung von mindestens 75–90% als Unternehmenskauf eingeordnet. Das OLG München hat den Erwerb von 75% der Geschäftsanteile an einer GmbH nicht für ausreichend erachtet, DB 1998, 1321; Hölters/*Semler* VII Rdnr. 196. Die Differenzierung wirkt sich vor allem im Bereich der Gewährleistung aus. Dazu ausführlich unter IV 3.

[24] Seibt/*Seibt* A. II.

[25] Seibt/*Seibt* A. II.

[26] Vgl. § 738 Abs. 1 S. 1 BGB.

[27] Seibt/*Seibt* A. II.

werden die Risiken des Unternehmenserwerbs für den Käufer zusammengefasst. Auf dieser Grundlage wird sodann der Vertragsentwurf vorbereitet, der sich oftmals unter amerikanischem Einfluss eng an die **angloamerikanische Vertragspraxis** anlehnt:[28] Dazu gehören nicht nur das Voranstellen einer Vielzahl von Definitionen, sondern auch eine Verwendung von angloamerikanischen Rechtsbegriffen und geringes Vertrauen auf dispositive Regelungen. Oftmals wird der Vertrag bewusst so strukturiert, dass er die gesamte Transaktion abschließend regelt.[29]

11 Regelmäßig schließen sich nun **Vertragsverhandlungen** an, die – soweit diese erfolgreich verlaufen – im **Vertragsschluss** münden. Teilweise folgt der eigentlichen Vertragsunterzeichnung noch ein sogenanntes **Closing** nach, in dem die vertraglichen Verpflichtungen Zug um Zug erfüllt werden. Inwieweit dieses Verfahren bei der Veräußerung kleinerer und mittlerer Unternehmen Anwendung findet, wird vom Einzelfall abhängen. Kommt ein derart aufwendiges Verfahren zur Anwendung, sind üblicherweise diverse externe Berater auf Verkäufer- und Käuferseite tätig. Oftmals wird der Notar in diesen Fällen lediglich ersucht, einen zwischen den Parteien bereits im Detail ausgehandelten Kaufvertrag zu beurkunden.

12 c) **Der Notar als Gestalter eines Unternehmenskaufvertrags.** Der Notar kann als einzelner Rechtsberater, der zudem noch aufgrund seiner Amtsstellung zur **Objektivität** verpflichtet ist, nicht Parteivertreter ersetzen. Er kann insbesondere **keine umfangreiche Due Diligence-Prüfung** durchführen. Zudem wird ihm oft die steuerrechtliche oder wirtschaftliche Sachkunde fehlen, um zu einer angemessenen Vertragsgestaltung zu kommen. Teilweise werden im Rahmen der Sachverhaltsaufklärung auch besondere Problemlagen wie beispielsweise spezielle umweltrechtliche Risiken auftauchen, denen der Notar im Wege einer objektivneutralen Vertragsgestaltung nicht angemessen Rechnung tragen kann. In allen diesen Fällen sollte der Notar den Beteiligten empfehlen, die **Unterstützung von Parteivertretern** in Anspruch zu nehmen. Das gilt umso mehr, wenn erhebliche wirtschaftliche Werte im Spiel sind.

13 Anders ist die Situation bei **kleinen und mittleren Unternehmen** oder im **ländlichen Raum**. Hier werden die Beteiligten im Regelfall nicht auf ein mit hohen Transaktionskosten verbundenes, aufwendiges Erwerbsverfahren zurückgreifen wollen. Vielmehr tragen sie oftmals dem Notar ihre Wünsche hinsichtlich der vertraglichen Gestaltung vor und bitten ihn, einen entsprechenden Vertrag zu entwerfen. Diese Konstellation stellt an den Notar besonders hohe Anforderungen. Denn nicht selten liegen auf Seiten der Beteiligten **unrichtige Rechtsauffassungen** vor, die der Notar im Beratungsgespräch ausräumen muss. Noch häufiger jedoch sehen die Beteiligten nur die wirtschaftlichen oder gar steuerlichen Aspekte des Unternehmenskaufs und verschließen ihre Augen vor Risiken, auf die der Notar sie erst hinweisen muss. Wie bereits erwähnt kommt es immer wieder vor, dass ein Unternehmenskaufvertrag im Wege des Asset Deals nicht erkannt wird, weil die Beteiligten das **Unternehmen mit der Betriebsstätte assoziieren** und davon ausgehen, es genüge, den Vertrag über das Betriebsgrundstück notariell beurkunden zu lassen.[30] Die weiteren Vereinbarungen werden dann unter Verstoß gegen § 311 b Abs. 1 S. 1 BGB außerhalb der notariellen Urkunde geschlossen, möglicherweise sogar mündlich oder per Handschlag.

14 Einen besonderen Unternehmenskaufvertrag im Sinne eines eigenen Vertragstyps kennt das BGB bekanntermaßen nicht. Je nach Fallgestaltung kann es sich vielmehr um einen **Kaufvertrag** über eine **Sachgesamtheit**, einen **Rechtskauf** oder eine **Mischung aus Sach- und Rechtskauf** handeln.[31] Darauf, dass sich große Unternehmenskaufverträge, die von Wirtschaftskanzleien entworfen werden, in Form, Stil und Duktus eng am angloamerikanischen Recht orientieren, war bereits hingewiesen worden. Es dürfte jedoch zu weit gehen und überdies auch keinerlei Mehrwert versprechen, von einem Notar, der einen Unternehmenskaufvertrag entwerfen soll, die Orientierung an diesen Gepflogenheiten zu verlangen.[32]

[28] Vgl. Kersten/Bühling/*Wolfsteiner* § 31 Rdnr. 9.

[29] Erreicht wird dies bspw. dadurch, dass in den Vertrag eine Klausel aufgenommen wird, nach der zwischen den Parteien keine Ansprüche bestehen, die nicht im Vertrag ausdrücklich geregelt sind.

[30] Kersten/Bühling/*Wolfsteiner* § 31 Rdnr. 2.

[31] Vgl. Kersten/Bühling/*Wolfsteiner* § 31 Rdnr. 9.

[32] So aber Kersten/Bühling/*Wolfsteiner* § 31 Rdnr. 9.

Denn in den Fällen, in denen der Notar tatsächlich selbst den Unternehmenskaufvertrag gestaltet, werden die Mandanten ihrerseits kaum je mit diesen Besonderheiten vertraut sein und regelmäßig auch wenig Verständnis für diese aufbringen. Es geht für den Notar als Gestalter eines Unternehmenskaufvertrags daher primär darum, einen schlanken Vertrag zu entwerfen, der die wichtigsten rechtlichen Aspekte nachvollziehbar abdeckt und mit dem die Beteiligten im besten Fall auch nach Vertragsschluss ohne die Inanspruchnahme von Parteivertretern umgehen können.

II. Vorbereitung und Informationsbeschaffung durch den Notar

1. Rechtliche Aspekte; Zweckmäßigkeitserwägungen

Checkliste Unternehmenskaufvertrag 15

- ☐ Soll ein Unternehmen übertragen werden oder nur ein einzelner Vermögensgegenstand (Grundstück)?
- ☐ Welche Art von Unternehmen wird betrieben?
  - – Unternehmensgegenstand?
  - – Firma?
- ☐ In welcher Rechtsform wird das Unternehmen betrieben? Handelsregistereintragung?
- ☐ Wer sind die Vertragsbeteiligten? Wie ist ihre Interessenlage?
- ☐ Welche Form der Unternehmensübertragung bietet sich bei vorläufiger Betrachtung an bzw. wird von den Beteiligten gewünscht?
  - – Übertragung sämtlicher Vermögensgegenstände (Asset Deal)?
  - – Übertragung von Beteiligungsrechten am Vermögensträger (Share Deal)?
  - – Kapitalerhöhung, ggf. mit Beteiligungsvertrag?
  - – Umwandlungsrechtliche Maßnahmen?
- ☐ Welche Wirtschaftsgüter sollen – unmittelbar oder mittelbar – übertragen werden?
- ☐ Unternehmensbilanz?
- ☐ Bestehen Arbeitsverhältnisse?
- ☐ Wie sind die steuerlichen Verhältnisse?
- ☐ Welche gewerblichen Schutz-, oder Nutzungsrechte bestehen?
- ☐ Bestehen Rechtstreitigkeiten mit Dritten?
- ☐ Gehören Grundstücke zum übertragenden Vermögen? Grundbuchauszüge?
- ☐ Welche wesentlichen Verträge bestehen mit Dritten, die für die Unternehmensfortführung notwendig sind?
- ☐ Bestehen besondere Haftungsrisiken (bspw. steuerlicher oder umweltrechtlicher Art)? Wenn ja, sollten die Beteiligten zur Inanspruchnahme der Beratung durch Parteivertreter angehalten werden.
- ☐ Sind behördliche Genehmigungen erforderlich?
- ☐ Welche Form der Unternehmensübertragung ist bei abschließender Beurteilung geboten, v. a. welcher Vertragsgegenstand wird übertragen?
- ☐ Ist der Vertrag formbedürftig?
  - – § 311 b Abs. 1 S. 1 BGB?
  - – § 311 b Abs. 3 BGB?
  - – § 15 Abs. 3, 4 GmbHG?

Informationsbeschaffung und **Vertragsgestaltung** durch den Notar **bedingen sich** gegenseitig: Welche Informationen der Notar zur Vorbereitung des Vertragsentwurfs benötigt, hängt einerseits ganz maßgeblich von der geplanten Vertragsgestaltung und der Rechtsform ab, in der das Unternehmen betrieben wird. Andererseits sind die angemessene Erstellung eines Vertragsentwurfs und damit die endgültige Wahl der Transaktionsstruktur erst dann möglich, wenn der Notar sich Kenntnis aller wesentlichen rechtlichen Umstände verschafft hat. Hier wird dem Notar infolgedessen besonderes Fingerspitzengefühl abgefordert. 16

17 Handelt es sich bei der zu veräußernden Gesellschaft um eine **GbR**, so muss sich der Notar den bestehenden Gesellschaftsvertrag vorlegen lassen. Bei einem **einzelkaufmännischen Unternehmen** ist in jedem Fall ein Handelsregisterauszug erforderlich. Das gilt auch für **Handelsgesellschaften.** Auch hier muss der Notar zumindest die **aktuellen Gesellschaftsverträge** prüfen. Denn diese beinhalten oftmals wichtige Regelungen, die bei der Vertragsgestaltung zu berücksichtigen sind. Das gilt insbesondere für Gesellschaftsverträge von Personengesellschaften und GmbH-Satzungen wegen der bei ihnen möglichen großen Gestaltungsfreiheit. So können sich in der Satzung Klauseln finden, wonach die Übertragung von Geschäftsanteilen von der Zustimmung der Gesellschafterversammlung unterliegt. Auch können vom Gesetz abweichende Mehrheitserfordernisse vereinbart worden sein. Haben die Gesellschafter neben der Satzung noch eine schuldrechtliche **Gesellschaftervereinbarung** abgeschlossen, so sollte der Notar auch diese heranziehen, denn auch aus ihr können sich für die Vertragsgestaltung wichtige Aspekte ergeben, wie etwa Stimmbindungen oder Mitveräußerungspflichten. Wird das Unternehmen in der Form der GmbH betrieben, ist zudem die Einsicht der im Handelsregister aufgenommenen **Gesellschafterliste** (§ 40 GmbHG) unerlässlich. Denn gemäß **§ 16 Abs. 1 GmbHG** gilt im Verhältnis zur Gesellschaft im Falle einer Veränderung in den Personen der Gesellschafter oder des Umfanges ihrer Beteiligung als Inhaber eines Geschäftsanteils nur, wer als solcher in der Gesellschafterliste eingetragen ist. Das frühere Recht kannte keine Möglichkeit eines gutgläubigen Erwerbs von GmbH-Geschäftsanteilen. Dies ist seit dem Inkrafttreten des Gesetzes zur Modernisierung des GmbH-Rechts und zur Bekämpfung von Missbräuchen (**MoMiG**)[33] vom 1. November 2008 anders. Gemäß **§ 16 Abs. 3 S. 1 GmbHG** kann der Erwerber einen Geschäftsanteil oder ein Recht daran durch Rechtsgeschäft wirksam vom Nichtberechtigten erwerben, wenn der Veräußerer als Inhaber des Geschäftsanteils in der im Handelsregister aufgenommenen Gesellschafterliste eingetragen ist. Diese Vorschrift bringt für die Praxis eine erhebliche Erleichterung, da nun nicht mehr wie früher in jedem Fall die ununterbrochene Kette der wirksamen GmbH-Geschäftsanteilsübertragungen nachvollzogen werden muss. Allerdings ist zu berücksichtigen, dass ein gutgläubiger Erwerb gemäß § 16 Abs. 3 S. 2 GmbHG nicht möglich ist, wenn die Liste zum Zeitpunkt des Erwerbs hinsichtlich des Geschäftsanteils **weniger als drei Jahre** unrichtig und die Unrichtigkeit den Berechtigten **nicht zuzurechnen** ist. Ein gutgläubiger Erwerb ist ferner nicht möglich, wenn dem Erwerber die mangelnde Berechtigung **bekannt oder in Folge grober Fahrlässigkeit unbekannt** ist oder der Liste ein Widerspruch zugeordnet ist (§ 16 Abs. 3 S. 3 GmbHG).

18 Sollen Maßnahmen nach dem **Umwandlungsgesetz** durchgeführt werden, an denen mehrere Rechtsträger beteiligt sind, so sind die gesellschaftsrechtlichen Unterlagen (Handelsregisterauszüge, Gesellschaftsverträge, Gesellschaftervereinbarungen sowie – im Fall der GmbH – Gesellschafterlisten) heranzuziehen. Besonderheiten ergeben sich auch bei der GmbH & Co. KG. Hier enthalten üblicherweise sowohl der KG-Gesellschaftsvertrag als auch die GmbH-Satzung Vorschriften, die sich auf die Übertragung von Anteilen an der jeweils anderen Gesellschaft auswirken.

19 Für die Vertragsgestaltung wichtige Informationen lassen sich typischerweise auch dem letzten Jahresabschluss des zu veräußernden Unternehmens entnehmen (z. B. Volleinzahlung des gezeichneten Kapitals, Existenz von Gesellschafterdarlehen etc.)[34] Bei Personengesellschaften können die Jahresabschlüsse möglicherweise sogar Hinweise auf eine formlose Änderung des Gesellschaftsvertrages liefern.[35] Es wird zu Recht darauf hingewiesen, dass sich aus den Jahresabschlüssen ein völlig anderes Bild von Unternehmen und Ertrag ergeben kann, als es der Gesellschaftsvertrag ausweist.[36]

2. Wirtschaftliche und steuerliche Aspekte

20 Anders hingegen sieht die Vorbereitung in wirtschaftlicher und steuerlicher Hinsicht aus: Auch beim Unternehmenskauf bezieht sich die **Belehrungspflicht** des Notars aus § 17 Abs. 1

[33] BGBl. I S. 2026.
[34] Kersten/Bühling/*Wolfsteiner* § 31 Rdnr. 20.
[35] Kersten/Bühling/*Wolfsteiner* § 31 Rdnr. 21.
[36] Kersten/Bühling/*Wolfsteiner* § 31 Rdnr. 21.

S. 1 BeurkG grundsätzlich nur auf die **rechtliche**, nicht aber auf die wirtschaftliche oder steuerliche Tragweite des zu beurkundenden Rechtsgeschäfts.[37] Insbesondere obliegt dem Notar insoweit keine entsprechende Ermittlungspflicht. Vielmehr kann er sich grundsätzlich auf die wirtschaftlichen Angaben der Beteiligten und deren Bewertung verlassen. Der Notar ist nicht Vormund der Beteiligten und nicht ihr Wirtschafts-, Steuer- oder gar Lebensberater.[38] Vor allem beim Unternehmenskaufvertrag ist bedeutsam, dass die Beurteilung der **wirtschaftlichen Auswirkungen** des Geschäfts ausschließlich Sache der Parteien ist und diesen auch die Beurteilung der Vertrauens- und Kreditwürdigkeit des Vertragspartners obliegt.[39] Etwas anderes gilt nach ständiger Rechtsprechung des BGH[40] nur dann, wenn es nach den besonderen Umständen des Einzelfalls nahe liegt, dass für die Beteiligten eine Schädigung eintreten kann und der Notar nicht mit Sicherheit annehmen kann, dass sich die Beteiligten ihrer Lage bewusst sind oder dass sie das Risiko auch bei einer Belehrung auf sich nehmen würden.[41] Unter diesen Voraussetzungen muss der Notar auch über die wirtschaftlichen Folgen des zu beurkundenden Rechtsgeschäfts belehren.[42] Nach der Rechtsprechung des BGH folgt aus § 17 Abs. 1, 2 BeurkG die **Pflicht zur gestaltenden Beratung.**[43] Diese ist im Gegensatz zur umfassenden Wirtschafts- und Steuerberatung so eng mit der Beurkundung verbunden, dass sie als deren Bestandteil anzusehen ist.[44]

Der Notar muss hingegen nach § 17 Abs. 1 S. 1 BeurkG aufgrund seiner Pflicht zur 21
Rechtsbelehrung oder seiner allgemeinen Betreuungspflicht aus § 14 Abs. 1 S. 2 BNotO nicht auf **steuerliche Folgen** des beurkundeten Geschäfts hinweisen.[45] Dies gilt sogar für den Anwaltsnotar, der zugleich Fachanwalt für Steuerrecht ist, bezüglich seiner Notarpflichten.[46] Bedeutsam ist in diesem Zusammenhang, dass das Steuerrecht ausnahmsweise dann zur rechtlichen Tragweite gehören kann, über die der Notar belehren muss, wenn es unmittelbar die rechtsgeschäftliche Erklärung tangiert: Wird beim Kauf eines Handelsgeschäfts die Haftung für bisher entstandene Verbindlichkeiten gem. **§ 25 HGB** ausgeschlossen, so muss ein Hinweis auf **§§ 75 ff. AO** erfolgen.[47] Daneben besteht lediglich eine Hinweispflicht auf eine mögliche Schenkungssteuer gem. **§ 8 Abs. 1 S. 5 und Abs. 4 ErbStDV** sowie das Erfordernis der **grunderwerbsteuerlichen Unbedenklichkeitsbescheinigung** bei Eintragungen im Grundbuch.[48] Dies kann sich durchaus auch beim Unternehmenskauf auswirken: So kann ein Hinweis auf eine etwa anfallende Schenkungssteuer dann angezeigt sein, wenn der Kaufpreis für die Anteile an einer bestehenden GmbH nicht wesentlich über dem Nennwert der Anteile liegt, was eine Frage des jeweiligen Einzelfalls ist.

III. Steuerstrukturierung

1. Grundsätzliche Erwägungen

Wie soeben ausgeführt gilt der Grundsatz, dass die steuerliche Beratung – ohne besondere 22
Übernahme diesbezüglicher Pflichten – nicht Sache des Notars ist, ohne weiteres auch für seine Tätigkeit im Rahmen von Unternehmenskaufverträgen. Eine entsprechende Beratungsleistung des Notars wird von den Vertragsbeteiligten auch nur selten erwünscht sein, da – vor dem Hintergrund, dass auch die rechtliche Struktur kleinerer und mittlerer Unterneh-

[37] Vgl. BGH DNotZ 1992, 813, 815 = WM 1992, 1533, 1535; *Winkler* § 17 Rdnr. 237; *Ganter*, Zweifelsfragen im Notarhaftungsrecht, DNotZ 1998, 851, 853.

[38] BGH NJW 1975, 2016; OLG Düsseldorf MittRhNotK 1996, 361; OLG Celle DNotZ 1973, 504, 505; KG DNotZ 1987, 55, 56; *Winkler* § 17 Rdnr. 238.

[39] BGH DNotZ 1967, 323; OLG Hamm FGPrax 2004, 49, 50; *Winkler* § 17 Rdnr. 238.

[40] DNotZ 1954, 319; 1987, 157; 1989, 45; BGHZ 58, 343, 348 = NJW 1972, 1422; BGH NJW-RR 1992, 1178, 1180.

[41] Vgl. auch *Reithmann*, Warnpflichten des Notars bei Beurkundung, NJW 1995, 3370.

[42] *Winkler* § 17 Rdnr. 245.

[43] *Winkler* § 17 Rdnr. 247.

[44] BGH DNotZ 1973, 240; Staudinger/*Hertel* Vorbem. zu §§ 127 a, 128 (BeurkG) Rdnr. 458 ff.

[45] BGH NotBZ 2007, 438; DNotZ 1979, 228, 231; *Winkler* § 17 Rdnr. 264.

[46] *Winkler* § 17 Rdnr. 264.

[47] BGH NotBZ 2007, 438; *Winkler* § 17 Rdnr. 264.

[48] *Winkler* § 17 Rdnr. 264.

menskäufe oftmals sehr stark von steuerlichen Erwägungen bestimmt wird – im Gegenteil davon auszugehen ist, dass anstelle des Notars die (sonstigen) steuerlichen Berater der Vertragsparteien schon sehr frühzeitig in eine beabsichtigte Transaktion eingebunden werden. Im Regelfall kann und sollte der Notar daher bei seiner Gestaltung das von steuerlicher Seite gefundene Ergebnis zugrunde legen. Er wird zu einer konsequenten und die Interessen beider Vertragsseiten angemessen berücksichtigenden Umsetzung dieser Vorgaben indessen nur in der Lage sein, wenn er die steuerlichen Rahmenbedingungen in ihren Grundzügen kennt und die gefundene Lösung in ihrer steuerlichen Dimension zumindest in groben Zügen einschätzen kann. Ein entsprechendes Grundverständnis ist auch Voraussetzung dafür, dass sich aus der Kommunikation des Notars mit Steuerberatern und Wirtschaftsprüfern keine Hindernisse oder gar Missverständnisse ergeben.

2. Steuerliche Interessenlage der Beteiligten

23 Für das steuerliche Verständnis eines Unternehmenskaufvertrages ist zunächst grundlegend, dass die **ertragssteuerlichen Interessen** von Verkäufer und Käufer zumindest in ihrem Ausgangspunkt **gegenläufig** sind: Der Verkäufer will naturgemäß in erster Linie seine aktuelle Steuerlast bei der Veräußerung minimieren, während der Käufer primär daran interessiert ist, seine künftige Besteuerung zu optimieren. Beide Ziele lassen sich auf der Grundlage des derzeit geltenden Steuerrechts – wie nachfolgend zu zeigen ist – vollständig nur durch sich inhaltlich weitgehend ausschließende Gestaltungen erreichen. Für beide Vertragsseiten und damit auch für den Vertragsgestalter wäre es jedoch zu kurz gegriffen, nur die Gegenläufigkeit der jeweiligen Interessen zu sehen. Vielmehr wird eine gut beratene Vertragspartei stets auch die steuerlichen Interessen der Gegenseite in den Blick nehmen. Richtigerweise ist die Steuerplanung des Unternehmenskaufs nämlich eine gemeinsame Aufgabe von Verkäufer und Käufer. Die Attraktivität der ins Auge gefassten Transaktion steigert sich nämlich für beide Seiten erheblich, wenn der Verkäufer dem Käufer eine möglichst **günstige Steuerposition** sozusagen **mitverkauft** und – umgekehrt – der Käufer dem Verkäufer Steuervorteile verschafft, die den Kaufpreis nach Steuern erhöhen. Maßgeblich für die Beurteilung ist der Saldo der Steuerbelastung beider Seiten (Steuer auf den Veräußerungsgewinn beim Verkäufer und Steuerentlastung durch Abschreibung usw. beim Erwerber).[49] Regulativ für entsprechende Nachteile oder Vorteile der jeweils anderen Vertragsseite ist im Zweifel der Kaufpreis, der sich – je nach Ausgangslage – entweder erhöht oder vermindert.

3. Grundzüge der Besteuerung von Unternehmensveräußerungen

24 a) **Rechtsformabhängigkeit der Besteuerung.** Die Besteuerung von Unternehmensveräußerungen ist gleich in doppelter Weise rechtsformabhängig. Maßgeblich ist sowohl die Rechtsform des Verkäufers als auch diejenige des Verkaufsgegenstandes. In der überwiegenden Zahl der Fälle, in denen der Notar selbst mit der Gestaltung eines Unternehmenskaufvertrages befasst ist, wird er – so zeigt die Erfahrung – auf der Veräußererseite natürliche Personen oder Personengesellschaften antreffen. Verkaufsgegenstand der Veräußerung sind regelmäßig entweder als Einzelunternehmen geführte Betriebe bzw. entsprechende Mitunternehmeranteile oder aber GmbH-Geschäftsanteile.

25 b) **Gewinnbesteuerung.** Die Gewinne, die bei der Veräußerung des ganzen Betriebs als lebendiger Organismus des Wirtschaftslebens, eines Teilbetriebs oder eines Mitunternehmeranteils anfallen, unterliegen grundsätzlich als **gewerbliche Einkünfte** der Einkommenssteuer (**§§ 15, 16 Abs. 1 EStG**). Als Veräußerung eines Teilbetriebs gilt dabei auch der Verkauf einer 100%-igen Beteiligung an einer Kapitalgesellschaft, wenn die gesamte Beteiligung zum Betriebsvermögen einer natürlichen Person oder einer Personengesellschaft gehört und die Beteiligung in ihrer Gesamtheit veräußert wird. Als Einkünfte aus Gewerbebetrieb werden darüber hinaus auch die Gewinne aus der Veräußerung von wesentlichen Beteiligungen an Kapitalgesellschaften behandelt, die nicht im Betriebsvermögen gehalten werden. Zu beachten ist, dass der Erwerb von Anteilen an Personengesellschaften steuerlich wie der Erwerb

[49] *Holzapfel/Pöllath* Rdnr. 237.

der einzelnen Assets behandelt wird (**Transparenzprinzip**), obwohl es sich zivilrechtlich um einen Share Deal handelt.

c) **Asset Deal.** Obgleich Asset Deal und Share Deal in den hier interessierenden Konstellationen demnach im Ansatz scheinbar gleichbehandelt werden, sind die Unterschiede in der Besteuerung wegen des Einflusses des körperschaftlichen **Teileinkünfteverfahrens** (früher: Halbeinkünfteverfahren), das die Gewinne aus der Veräußerung von Kapitalgesellschaftsanteilen der Einkommenssteuer teilweise entzieht, erheblich. Die Ertragsbesteuerung des bei der Veräußerung von Einzelunternehmen oder Mitunternehmeranteilen erzielten Gewinns wird entscheidend dadurch geprägt, dass der Veräußerungsgewinn auf der Ebene der Bemessungsgrundlage grundsätzlich zu 100% erfasst wird, soweit sich in dem veräußerten Anlagevermögen keine Beteiligung an einer Kapitalgesellschaft befindet. Der Veräußerungsgewinn geht in die Gesamtheit der zu versteuernden Einkünfte des Verkäufers ein und wird – je nach Höhe des individuell zu versteuernden Einkommens – mit einem Höchststeuersatz von derzeit bis zu 42% zuzüglich Solidaritätssteuer in Höhe von 5,5% der Einkommenssteuer besteuert. Gewerbesteuer fällt bei der Veräußerung oder Aufgabe des ganzen Betriebs hingegen nicht an, da es sich dabei um betriebsfremde Vorgänge handelt. 26

Für eine bestimmte, praktisch nicht selten vorkommende Sachverhaltsgruppe gelten auch bei der Veräußerung eines **einzelkaufmännischen Unternehmens** bzw. bei der Veräußerung von **Anteilen an Personengesellschaften Vergünstigungen.** Nach **§ 34 EStG** kommt auf Antrag ein ermäßigter Steuersatz zur Anwendung, wenn der Steuerpflichtige das 55. Lebensjahr vollendet oder im sozialversicherungsrechtlichen Sinne dauernd berufsunfähig ist. Zweck dieser Sonderregelung ist es zu verhindern, dass laufende Einkünfte durch die einmalig auftretenden außerordentlichen Einkünfte einer übermäßigen Progressionswirkung ausgesetzt werden, ohne dass es zu einer nachhaltigen Steigerung der wirtschaftlichen Leistungsfähigkeit gekommen ist. Der ermäßigte Steuersatz beträgt 56% des durchschnittlichen Steuersatzes, der sich bei der Zugrundelegung der gesamten Einkünfte (= reguläre Einkünfte zzgl. Veräußerungsgewinn) ergäbe, wobei der so ermittelte Durchschnittssteuersatz nach unten hin durch den Eingangssteuersatz (derzeit: 15%) begrenzt wird. Damit wird für diese Fallgruppe ein wirtschaftlich ähnliches Ergebnis erzielt wie bei dem nachfolgend noch zu erläuternden Teileinkünfteverfahren. Deshalb scheidet die ermäßigte Besteuerung dann aus, wenn die betreffenden Gewinne bereits durch das Teileinkünfteverfahren begünstigt worden sind. Der **ermäßigte Steuersatz** kann (gerechnet ab dem Veranlagungszeitraum 2001) nur einmal im Leben in Anspruch genommen werden und ist auf einen Höchstbetrag von € 5 Millionen beschränkt. Alternativ zum ermäßigten Steuersatz kann der Verkäufer die sog. **Fünftel-Regelung** gemäß § 34 Abs. 1 EStG in Anspruch nehmen. Auch diese Regelung soll die Progressionswirkung der außerordentlichen Einkünfte abmildern. Eine weitere Besonderheit ergibt sich dann, wenn der Kaufpreis in Form von wiederkehrenden Bezügen gewährt wird. In diesem Fall hat der Veräußerer die Wahl, ob er den gesamten Veräußerungsgewinn sofort – nach Maßgabe der vorstehend erläuterten Regelungen – oder aber die einzelnen Bezüge zum Zeitpunkt der jeweiligen Zahlung versteuern will, die dann als nachträgliche gewerbliche Einnahmen allerdings nicht steuerbegünstigt sind (sog. **Zuflussbesteuerung**). 27

Unter denselben Voraussetzungen wie nach § 34 EStG gewährt **§ 16 Abs. 4 EStG** zusätzlich einen Freibetrag in Höhe von € 45.000, der allerdings um den Betrag gekürzt wird, um den der Veräußerungsgewinn den Betrag von € 136.000 übersteigt. Zusätzlich sieht **§ 6b Abs. 10 EStG** die Möglichkeit vor, den Veräußerungsgewinn bis zur Höhe von € 500.000 ganz oder anteilig von Anschaffungs- und Herstellungskosten im gleichen oder in den darauf folgenden zwei Wirtschaftsjahren für eine Reinvestition abzuziehen (sog. **Reinvestitionsrücklage**). Sehr ähnlich wie bei Gewerbebetrieben verhält sich die Besteuerung bei der Veräußerung von freiberuflichen Praxen (vgl. § 18 EStG). Auch hier gilt die Tarifermäßigung nach § 34 Abs. 3 EStG. 28

d) **Share Deal.** Für den Verkäufer im Regelfall wesentlich günstiger ist dagegen die steuerliche Ausgangslage bei einem Share Deal. Hier wird bei der Veräußerung einer GmbH-Beteiligung durch eine natürliche Person der Veräußerungsgewinn auf der Ebene der Bemessungsgrundlage gemäß §§ 3 Nr. 40 lit. a, 3c Abs. 2 EStG nur zu 60% erfasst (sog. **Teilein-** 29

künfteverfahren), wenn der Verkäufer entweder innerhalb der letzten **5 Jahre** am Kapital der Gesellschaft **mit mindestens 1%** beteiligt war (wesentliche Beteiligung, § 17 EStG) oder wenn die Beteiligung im Betriebsvermögen gehalten wurde (§ 20 Abs. 8 EStG). Bei einer Veräußerung aus dem Privatvermögen gilt überdies ein Freibetrag in Höhe von € 9.060, der um den Betrag zu kürzen ist, um den der Veräußerungsgewinn den Betrag von € 36.000 übersteigt. Eine Tarifermäßigung, insbesondere die zuvor beschriebene Tarifermäßigung nach § 34 EStG, kommt nicht zur Anwendung. Der hiernach relevante Veräußerungsgewinn ist mit dem persönlichen Einkommenssteuersatz zu versteuern. Die Veräußerung von Beteiligungen von weniger als 1% aus dem Privatvermögen unterliegt der Abgeltungssteuer gemäß § 20 Abs. 2 EStG (Steuertarif in Höhe von 25%).

30 Noch deutlicher fällt der Besteuerungsunterschied in dem hier zunächst vernachlässigten Fall ins Gewicht, dass die GmbH-Beteiligung nicht durch natürliche Personen, sondern aus dem Betriebsvermögen einer Kapitalgesellschaft veräußert wird. Von einer Kapitalgesellschaft erzielte Gewinne aus der Veräußerung von Anteilen an anderen Kapitalgesellschaften sind **nach § 8b Abs. 2 KStG** grundsätzlich von der Körperschaftssteuer **befreit.** Von den freigestellten Veräußerungsgewinnen gelten indes 5% als nicht abziehbare Betriebsausgaben (§ 8 b Abs. 3 S. 1 KStG), so dass die Gewinne im Ergebnis zu 95% besteuert werden. In dem Maße, in dem der Veräußerungsgewinn nach § 8 b KStG von der Körperschaftssteuer befreit ist, fällt auch keine Gewerbesteuer an (§ 7 S. 4 GewStG).

31 e) **Maßnahmen zur steuerlichen Optimierung auf Verkäuferseite.** Die Unterschiede in der steuerlichen Erfassung der Veräußerungsgewinne beim Asset Deal einerseits und beim Share Deal andererseits sind somit gravierend. Der Verkäufer wird daher gegebenenfalls vorbereitende Maßnahmen zur steuerlichen Optimierung der Transaktion in Erwägung ziehen. Zu denken wäre etwa an eine der Unternehmensveräußerung vorgelagerte **Ausgliederung der Assets auf eine neu gegründete GmbH** bzw. an den **Formwechsel** einer Personengesellschaft in eine GmbH, um bei der Veräußerung der GmbH-Anteile in den Genuss des Teileinkünfteverfahrens zu kommen. Handelt es sich bei dem Veräußerer um eine Kapitalgesellschaft, die eine Tochtergesellschaft oder Betriebsteile zu veräußern beabsichtigt, so wird diese mit Blick auf die Steuerbefreiung nach § 8 b KStG erwägen, eine Tochter-Personengesellschaft vor deren Veräußerung in eine GmbH umzuwandeln oder zu veräußernde Assets in Vorbereitung der Transaktion in eine neu zu gründende Tochter-GmbH auszugliedern. Sämtliche dieser präakquisitorischen Gestaltungen stoßen jedoch – neben den Limitierungen, die sich aus **§ 42 AO (Gestaltungsmissbrauch)** ergeben – auf strenge **zeitliche Grenzen.** So unterliegt einer nicht privilegierten Ertragsbesteuerung etwa auch die Veräußerung von Anteilen an einer Kapitalgesellschaft durch eine natürliche Person, wenn es sich bei diesen Anteilen um sog. **einbringungsgeborene Anteile** handelt (§ 21 UmwStG): Einbringungsgeborene Anteile sind solche Anteile an einer Kapitalgesellschaft, die der Verkäufer – oder bei unentgeltlichem Erwerb der Rechtsvorgänger – im Rahmen einer Einbringung in eine Kapitalgesellschaft unter dem Teilwert erworben haben. Werden einbringungsgeborene Anteile veräußert, gilt das Teileinkünfteverfahren dann, wenn die Einbringung mindestens 7 Jahre zurückliegt (§§ 3 Nr. 40 S. 3 und 4 EStG). Eine gleichermaßen nachteilige Behandlung einbringungsgeborener Anteile sieht auch § 8b Abs. 2 KStG vor. Insgesamt stößt der Versuch, die Steuerlast zu minimieren, regelmäßig an zeitliche Behaltensgrenzen; bei einer zeitlichen Verschiebung wird die Transaktion oftmals unattraktiv. Steuerliche Optimierungsmaßnahmen müssen daher unbedingt rechtzeitig vor der Transaktion in die Wege geleitet werden.

32 f) **Maßnahmen zur steuerlichen Optimierung auf Käuferseite.** Auch für den Käufer, dem daran gelegen sein wird, seine Aufwendungen für den Unternehmenserwerb steuermindernd geltend zu machen, bestehen zwischen Asset Deal und Share Deal erhebliche Unterschiede, allerdings mit umgekehrtem Vorzeichen: Beim **Asset Deal** kann der Käufer den von ihm bezahlten **Kaufpreis** auf die einzelnen Wirtschaftsgüter **verteilen** und diese Bilanzposition bis zur Höhe ihrer Teilwerte aufstocken (sog. **Step-up**). Durch diese Maßnahme wird steuerminderndes Abschreibungspotential generiert. Dabei wird der Käufer – um den Kaufpreis möglichst schnell steuerlich geltend zu machen – darauf Wert legen, einen möglichst hohen

Anteil des Kaufpreises auf schnell abschreibbare Wirtschaftsgüter zu verteilen. Die durch die Vertragsparteien vorgenommene Verteilung sollte auch eine spätere Betriebsprüfung im Blick behalten. Einen über die Summe der Teilwerte sämtlicher Wirtschaftsgüter hinausgehenden Betrag muss der Käufer auf etwaige beim Verkäufer bisher nicht bilanzierte immaterielle Wirtschaftsgüter verteilen und einen weiteren Überschuss als Firmenwert aktivieren. Demgegenüber besteht beim **Share Deal** für den Käufer keine Möglichkeit zur planmäßigen Abschreibung. Anteile an Kapitalgesellschaften sind nämlich grundsätzlich keine abnutzbaren Anlagegüter. Aus Sicht des Käufers ist der Asset Deal gerade wegen der bestehenden Möglichkeiten zur steuermindernden Geltendmachung des Kaufpreises die vorzugswürdige Variante. Dies gilt umso mehr, als die früher bestehenden Möglichkeiten, für den Käufer beim Share Deal diesbezüglich bestehende Nachteile durch postakquisitorische Step-Up-Modelle gestalterisch auszugleichen, mit der Unternehmenssteuerreform 2001 entfallen sind. Hinzu kommt, dass beim Asset Deal ein steuerlicher Verlustvortrag vollständig beim veräußerten Unternehmen verbleibt, während beim Share Deal § 8c KStG insoweit restriktive Regeln aufstellt. Werden innerhalb von 5 Jahren mittelbar oder unmittelbar mehr als 25% des Stammkapitals oder der Stimmrechte an einen Erwerber oder eine Erwerbergruppe oder diesen nahestehende Personen übertragen, geht der Verlustvortrag der Zielgesellschaft quotal in Höhe des übertragenen Anteils unter (**schädlicher Beteiligungserwerb**). Werden mehr als 50% übertragen, geht der Verlustvortrag sogar vollständig unter.

33 Fremdfinanzierungskosten (z. B. Zinsen für Kaufpreisfinanzierungsdarlehen) sind bei einem Asset Deal grundsätzlich steuerlich abzugsfähig. Findet der Erwerb durch eine Kapitalgesellschaft statt, ist § 8a KStG zu beachten, der vor allem die steuerliche Abzugsfähigkeit von Gesellschafterdarlehen einschränkt. Auch beim Share Deal ist zu differenzieren: Wird das Unternehmen durch eine natürliche Person erworben, beschränkt **§ 3c Abs. 2 EStG** die steuerliche Abzugsfähigkeit von Aufwendungen, die nach § 3 Nr. 40 EStG mit dem Teileinkünfteverfahren im wirtschaftlichen Zusammenhang stehen, da lediglich 60% dieser Aufwendungen abzugsfähig sind. Bei einer Kapitalgesellschaft als Erwerber gilt insoweit § 8b Abs. 5 KStG.

34 g) **Grunderwerbsteuer.** Auch **Grunderwerbsteuer** kann im Rahmen von Unternehmenskäufen anfallen. Dies gilt nicht nur dann, wenn ein Grundstück im Rahmen eines Asset Deals übertragen wird. Vielmehr kann auch ein Share Deal der Grunderwerbsteuer unterliegen. Bei der Veräußerung einer **Personengesellschaft** setzt dies jedoch voraus, dass sich der Gesellschafterbestand unmittelbar oder mittelbar innerhalb von **5 Jahren** dergestalt ändert, dass mindestens **95% der Anteile am Gesellschaftsvermögen** auf neue Gesellschafter übergehen, wobei die Frist mit der ersten wirksamen Anteilsübertragung zu laufen beginnt (§ 1 Abs. 2a GrEStG). Wird hingegen eine **Kapitalgesellschaft** mit Grundbesitz im Wege des Share Deals veräußert, fällt Grunderwerbssteuer nur dann an, wenn sich **mindestens 95% der Anteile in der Hand eines Erwerbers** vereinigen (§ 1 Abs. 3 GrEStG). Aus diesen Besteuerungsvoraussetzungen ergeben sich freilich wiederum Gestaltungsmöglichkeiten zur Vermeidung von Grunderwerbssteuer.

35 h) **Umsatzsteuer.** Der Verkauf eines Unternehmens im Ganzen bzw. eines gesondert geführten Betriebs (Teilbetrieb) stellt umsatzsteuerlich eine nicht steuerbare Geschäftsveräußerung dar (§ 1 Abs. 1a UStG). Insoweit gilt ein sehr **weiter umsatzsteuerlicher Unternehmensbegriff**, der lediglich die Übertragung der wesentlichen Betriebsgrundlagen erfordert. Des Weiteren muss der Erwerber Unternehmer i. S. d. Umsatzsteuerrechts sein und das Unternehmen für den Betrieb seines Unternehmens erworben haben. Hierzu reicht es aus, dass erst mit dem Erwerb die unternehmerische Tätigkeit des Erwerbers beginnt. Handelt es sich beim Erwerber hingegen um keinen Unternehmer, so stellt die Veräußerung eine umsatzsteuerbare Leistung auf Seiten des Veräußerers dar. Ein Share Deal ist zwar wohl grundsätzlich umsatzsteuerbar, aber nach § 4 Nr. 8 UStG von der Umsatzsteuer befreit. Nach § 9 UStG kann zur Umsatzsteuer optiert werden. Da der Käufer in den meisten Fällen, in denen eine Umsatzsteuerpflicht besteht, selbst zum entsprechenden Vorsteuerabzug berechtigt sein wird, empfiehlt sich deshalb i. d. R. eine Vereinbarung dahingehend, dass eine etwa anfallende Umsatzsteuer vom Käufer zusätzlich zum Kaufpreis getragen werden muss. Gegebe-

nenfalls kann eine Abtretung und Verrechnung des Vorsteuererstattungsanspruchs mit einer etwa anfallenden Umsatzsteuer vereinbart werden.

IV. Gestaltung des Unternehmenskaufvertrages

36 Während dem Notar bei der Veräußerung größerer Unternehmen regelmäßig ein fertig formuliertes, allenfalls noch zu überprüfendes Vertragswerk mit dem Ersuchen um Beurkundung vorgelegt wird ist bei der Veräußerung kleinerer und mittlerer Unternehmen die eigentliche Vertragsgestaltung oftmals vollständig Sache des Notars. Diese Situation stellt regelmäßig besondere Anforderungen an den Notar, insbesondere dann wenn die Beteiligten nicht anwaltlich vertreten sind. Als **unabhängiger und unparteiischer Betreuer der Beteiligten** (**§ 14 Abs. 1 BNotO**) darf der Notar bei der Vertragsgestaltung keinesfalls auf die gängigen, regelmäßig entweder verkäufer- oder käuferfreundliche Vertragsmuster zurückgreifen, sondern muss auf der Grundlage der durchgeführten Sachverhaltsermittlung den Vertrag so entwerfen, dass weder Käufer noch Verkäufer bevorzugt oder benachteiligt werden. Bei der Gestaltung hat der Notar – sofern nicht die Initiative ohnehin von einem steuerlichen Berater ausgingen – zu berücksichtigen, dass in kaum einem anderen Gebiet notarieller Tätigkeit betriebswirtschaftliche oder steuerliche Aspekte eine größere Rolle spielen als beim Unternehmenskauf. Der Notar sollte über steuerliche Grundkenntnisse in diesem Bereich verfügen, jedoch auch bei Verträgen, die kleine oder mittlere Unternehmen betreffen, nicht versuchen den Wirtschaft- oder Steuerberater der Beteiligten zu ersetzen. Stellen sich kompliziertere betriebswirtschaftliche oder steuerliche Fragen, so sollte der Notar den Beteiligten stets empfehlen, die Dienste eines Steuerberaters in Anspruch zu nehmen.

37 Die Gestaltung des Unternehmenskaufvertrages richtet sich primär nach der **Rechtsform**, in der das Unternehmen betrieben wird (GmbH, Personengesellschaft oder Einzelunternehmen). Die einzelnen Regelungen hinsichtlich Kaufpreis, Gewährleistung, Garantien, Haftung für Altverbindlichkeiten, arbeitsrechtliche und kartellrechtliche Aspekte hängen weitgehend davon ab.

1. Kaufgegenstand

38 a) **Share Deal (GmbH).** Kaufgegenstand beim Share Deal sind die Anteile an Zielunternehmen.[50] Dies vereinfacht die gesamte Vertragsstruktur im Vergleich zum Asset Deal deutlich, da der sachenrechtliche Bestimmtheitsgrundsatz im Hinblick auf die einzelnen Wirtschaftsgüter des Unternehmens nicht zu beachten ist.[51] Auch ansonsten bietet der Share Deal eine Reihe von Vorteilen:[52] So berührt der Wechsel in der Inhaberschaft der Anteile auf den Erwerber die Rechtsverhältnisse des Unternehmens grundsätzlich nicht. Das ist dann anders, wenn in solchen Rechtsverhältnissen sogenannte **Change-of-Control-Klauseln** bestehen, die beispielsweise bei einer Änderung der mehrheitlichen Beteiligungsverhältnisse Sonderkündigungsgründe vorsehen. Anlagenbezogene **öffentlich-rechtliche Genehmigungen**[53] bestehen hingegen grundsätzlich fort. Gleiches gilt im Grundsatz für personenbezogene öffentlich-rechtliche Genehmigungen. Auch hat der Share Deal den Vorteil, dass sich die formale Rechtsinhaberschaft am Betriebsvermögen durch den Übergang des Unternehmens auf den Erwerber nicht ändert: Da z. B. somit der Eigentümer eines Grundstücks nicht wechselt, liegt im Rechtssinne auch **keine Grundstücksveräußerung** vor, was den Vorzug hat, dass der entsprechende Vertrag im Hinblick auf das zum Betriebsvermögen gehörende Grundstück weder genehmigungs- noch anzeigepflichtig ist. Mangels rechtsgeschäftlicher Übertragung des Grundstücks liegt auch kein Vorkaufsfall vor, so dass gesetzliche oder rechtsgeschäftliche Vorkaufsrechte an Grundstücken nicht eingreifen. Vorbehaltlich der bereits erwähnten Change-of-Control-Klauseln bleiben auch **Vertragsverhältnisse** und **Beteiligungen** des Unternehmens unberührt. Der Umstand, dass das veräußerte Unternehmen grundsätzlich in seiner rechtlichen Substanz erhalten bleibt, setzt sich – wenngleich mit umgekehrten Vor-

[50] Seibt/*Seibt* A. II.
[51] Seibt/*Seibt* A. II.
[52] Dazu ausführlich Seibt/*Seibt* A. II.
[53] Z. B. gem. § 4 BImSchG.

zeichen – auch im Bereich der Haftung fort. Denn die das Unternehmen belastenden Verbindlichkeiten und die Haftung bleiben schlicht zulasten des Unternehmens bestehen.

Veräußert wird beim Share Deal also das Rechtssubjekt, das Eigentümer der dem Unternehmen zuzuordnenden Sachen, Inhaber der Rechte und Geschäftswerte sowie Träger der Verpflichtung des Unternehmens ist.[54] Dies geschieht bei der GmbH durch den Verkauf und die **Abtretung sämtlicher oder nahezu sämtlicher**[55] **Geschäftsanteile.** Verträge über den Verkauf von GmbH-Geschäftsanteile bedürfen der **notariellen Beurkundung** (**§ 15 Abs. 4 GmbHG**). Nach dem Wortlaut dieser Vorschrift bedarf die Vereinbarung, durch welche eine Verpflichtung eines Gesellschafters zur Abtretung eines Geschäftsanteils begründet wird, der notariellen Form. Allerdings hat die Rechtsprechung das Beurkundungserfordernis stets auf den gesamten Anteilskaufvertrag ausgedehnt.[56] Darum erfasst das Formerfordernis des § 15 Abs. 4 GmbHG auch alle Nebenabreden, die nach dem Willen der Parteien Bestandteil der Vereinbarungen über eine Abtretungsverpflichtung seien, d. h. mit dem beurkundungspflichtigen Teil stehen und fallen sollen (sog. **Vollständigkeitsgrundsatz**).[57] Der notariellen Form bedürfen darüber hinaus auch solche Nebengeschäfte, die in engem Zusammenhang mit dem Geschäftsanteilskaufvertrag stehen. Das gilt beispielsweise für Lizenzverträge, Beratungsverträge, Vertriebsverträge oder Serviceverträge, die im Zusammenhang mit der Transaktion abgeschlossen werden.[58] Von § 15 Abs. 4 GmbHG ebenfalls umfasst ist die Einräumung eines Vorkaufs- oder sonstigen Vorerwerbsrechts sowie eines Rückkaufsrechts.[59] 39

Der notariellen Beurkundung bedarf daneben auch die **Abtretung** der GmbH-Geschäftsanteile durch den Veräußerer an den Erwerber (**§ 15 Abs. 3 GmbHG**). Üblicherweise werden dabei – ähnlich wie bei Grundstückskaufvertrag und Auflassung – der Geschäftsanteilskaufvertrag und die Abtretung der Geschäftsanteile in einer Urkunde zusammengefasst. Ein Vorteil für die Gestaltungspraxis ergibt sich daraus, dass im Gegensatz zur Auflassung die Abtretung der Geschäftsanteile unter eine oder mehrere aufschiebende Bedingungen (§ 158 BGB) gestellt werden kann. 40

Der Unternehmenskaufvertrag in der Form des Share Deal ist ein **Rechtskauf** i. S. v. § 453 Abs. 1 BGB. Auf ihn finden auch § 433 Abs. 1 S. 1 sowie Abs. 2 BGB Anwendung. Besonderes Gewicht ist daher auf die präzise Formulierung der Hauptleistungspflichten (Abtretung der GmbH-Geschäftsanteile und Zahlung des Kaufpreises) zu legen. Zunächst ist die **Verpflichtung des Verkäufers** aufzunehmen, sämtliche Geschäftsanteile an der GmbH an den Käufer **abzutreten,** sowie die diesbezügliche Annahmeerklärung des Käufers. Sodann ist die **Verpflichtung des Käufers zur Kaufpreiszahlung** zu regeln.[60] 41

Zu regeln ist ferner das **Gewinnbezugsrecht** von Veräußerer und Erwerber. Treffen die Parteien darüber keine Regelung, gebührt dem Veräußerer der (auf den Gesamtgewinn des betreffenden Geschäftsjahres bezogene) Gewinnanteil entsprechend der Dauer seiner Berechtigung (§ 101 Nr. 2 BGB), also bis zum Zeitpunkt des dinglichen Wirksamwerdens der Veräußerung.[61] Dem steht nicht entgegen, dass der Gewinnanspruch bei der GmbH erst mit dem Gewinnverteilungsbeschluss der Gesellschafter entsteht (§ 46 Nr. 1 GmbHG).[62] Diese **zeitanteilige Regelung** ist für den Veräußerer mit erheblichen Risiken verbunden, da er auf das Geschäftsergebnis von dem Tag der dinglichen Abtretung der Geschäftsanteile an keinen Einfluss mehr hat. Auch wirkt er nach seinem Ausscheiden an dem zu fassenden Gewinnver- 42

[54] Hölters/*Semler* VII Rdnr. 3.

[55] Jedenfalls mehr als 75% der Anteile. Dazu oben unter Rdnr. 9 Fn. 24 und unten unter IV 3.

[56] BGH GmbHR 2001, 815, 816; vgl. *Roth/Altmeppen* § 15 Rdnr. 70; *Reichert/Weller* § 15 Rdnr. 106 ff.; *Böttcher* NotBZ 2011, 118.

[57] BGH GmbHR 2001, 815; BeckNotarHdb/*Mayer/Weiler* D I Rdnr. 150 a, *Wiesbrock*, DB 2002, 2311, 2314 f.; *Böttcher*, NotBZ 2011, 118; vgl. auch *Hauschild/Zimmermann* FS für Spiegelberger, S. 1418 ff.

[58] Hölters/*Semler* VII Rdnr. 113.

[59] Vgl. BGHZ 164, 98; Baumbach/*Hueck/Fastrich* § 15 Rdnr. 65; Hölters/*Semler* VII Rdnr. 114.

[60] Dazu ausführlich unter IV 2 Rdnr. 2.

[61] Hölters/*Semler* VII Rdnr. 136.

[62] MünchKommBGB/*Hohloch* § 101 Rdnr. 11; Hölters/*Semler* VII Rdnr. 136: Zwar erwirbt der Käufer, dem im Zeitpunkt des Gewinnverteilungsbeschlusses Inhaber der Beteiligungsrechte ist, im Verhältnis zur Gesellschaft den Gewinnzahlungsanspruch, der Verkäufer hat in diesem Fall gegen den Käufer jedoch einen schuldrechtlichen Anspruch auf den anteiligen Jahresgewinn. Vgl. auch BGH DB 1995, 619.

teilungsbeschluss nicht mehr mit.[63] Vorzugswürdig ist daher zumeist eine **Stichtagsregelung**, nach der dem Veräußerer der bis zum Übergang der Beteiligung **tatsächlich anfallende Gewinn** verbleiben soll.[64] Allerdings sollte hier im Hinblick auf § 20 Abs. 2a EStG von einem Steuerberater geprüft werden, ob bei dieser Gestaltung eine **doppelte Besteuerung** – bei Veräußerer und Erwerber – droht.

43 Klargestellt werden sollte auch, wem die Gewinne der übertragenen GmbH für vorhergehende Geschäftsjahre gebühren. Im Regelfall wird es sachgerecht sein, dass diese dem Verkäufer zustehen. Unzutreffend ist in jedem Fall die zum Teil in GmbH-Geschäftsanteilskaufverträgen anzutreffende Formulierung, wonach die GmbH-Anteile bereits mit Wirkung für die Vergangenheit übergegangen sein sollen. Die Inhaberschaft an GmbH-Anteilen kann für die Vergangenheit nicht mit dinglicher Wirkung gestaltet werden. Allein richtig ist es daher, das gewünschte wirtschaftliche Ergebnis über eine entsprechende Klausel zum Gewinnbezugsrecht zu regeln.

44 Hinsichtlich der Regelung des **Vollzugs des Kaufvertrags** bieten sich – in Abhängigkeit von der Komplexität der Transaktion – zwei unterschiedliche Modelle an. Regelmäßig wird es in den für den Notar praktisch relevanten (einfacheren) Fällen zweckmäßig sein, die **Abtretung der Geschäftsanteile** zusammen mit dem Kaufvertrag zu beurkunden. Allerdings sollte die Abtretung der Anteile dann zumindest unter die **aufschiebende Bedingung (§ 158 Abs. 1 BGB) der vollständigen Kaufpreiszahlung** durch den Käufer gestellt werden. Geschieht dies nicht, verliert der Verkäufer bereits mit der Beurkundung sämtliche Geschäftsanteile, ohne den Kaufpreis erhalten zu haben; verfällt der Käufer später in Insolvenz, besteht für den Verkäufer die Gefahr, mit seinem Kaufpreisanspruch auszufallen. Müssen – beispielsweise im Fall einer erforderlichen Kartellfreigabe – eine Vielzahl von Vollzugsbedingungen eintreten, so kann es sich empfehlen, dem sogenannten **Two-Step-Modell** zu folgen, wonach die Parteien zunächst nur die schuldrechtliche Vereinbarung über den Kauf der Anteile und die Abwicklung der Transaktion treffen (**Signing**) und der dingliche Vollzug des Vertrages (**Closing**) zu einem späteren Zeitpunkt stattfindet.[65] Dieses Modell hat den Vorteil, dass keine Unsicherheit darüber herrscht, wann genau die Anteile an der Gesellschaft übergehen. In jedem Fall ist dabei aber auf eine genaue Abfassung der Vollzugsvoraussetzungen zu achten. Diese sollten objektiv von jedem unbeteiligten Dritten überprüfbar sein. So ist beispielsweise nicht zu formulieren, dass Vollzugsvoraussetzung sei, dass die fusionskontrollrechtliche Freigabe der Transaktion erfolgt ist. Vollzugsvoraussetzung muss vielmehr sein, dass eine entsprechende Bescheinigung über die Freigabe vorgelegt worden ist. Auch Gremienvorbehalte auf Seiten des Käufers können hier Berücksichtigung finden. Jegliche Zweifel können durch die gemeinsame Unterzeichnung eines Vollzugsprotokolls ausgeräumt werden.

45 In den Vertrag aufgenommen werden sollte zur Abgrenzung der rechtlichen und wirtschaftlichen Wirkungen in jedem Fall auch eine Regelung über den **Vollzugstag**. Da unklar ist, wann die letzte Vollzugsvoraussetzung eintritt, sollte im Regelfall kein festes Datum gewählt werden. Vielmehr empfiehlt es sich, den Vollzugstag in Bezug auf das Eintreten der letzten Vollzugsbedingung zu wählen (etwa: der erste Werktag der auf den Eintritt der letzten Vollzugsvoraussetzung folgenden Woche). Zu erwägen ist, ob dem Verkäufer **Rücktrittsrechte** in dem Vertrag eingeräumt werden sollten. Es ist freilich darauf zu achten, dass einer Partei kein Rücktrittsrecht für den Nichteintritt einer Vollzugsbedingung eingeräumt wird, auf deren Eintritt sie selbst maßgeblichen Einfluss hat. Jedenfalls sollte im Vertrag vorgesehen werden, dass der Notar schriftlich über den Rücktritt einer Partei zu unterrichten ist. Eher übertrieben erscheint es demgegenüber, bei der Veräußerung insbesondere von kleinen Unternehmen die am Vollzugstag vorzunehmenden Handlungen (sog. **Closing Actions**) in der exakten Reihenfolge darzustellen. Deutlich werden muss jedoch, dass am Vollzugstag die Anteilsübertragung Zug um Zug gegen Zahlung des Kaufpreises auf ein im Vertrag angegebenes Konto zu erfolgen hat. Es kann sich dabei empfehlen, den Entwurf der Abtretungsvereinbarung bereits als Anlage zum Geschäftsanteilskaufvertrag zu nehmen.

[63] Hölters/*Semler* VII Rdnr. 136.
[64] Hölters/*Semler* VII Rdnr. 137.
[65] Beck'sches Formularbuch Mergers & Acquisitions//*Schrader* C. II. 1 Anm. 10.

Bei der Veräußerung größerer Unternehmen ist es im Zusammenhang mit Kaufpreisanpassungsmechanismen (Rdnr. 77 ff.) üblich, dass der Käufer eine **Stichtagsbilanz** aufstellt. Da der Stichtag nach der Beurkundung des Unternehmenskaufvertrages liegt, hat der Verkäufer zu diesem Zeitpunkt im Regelfall aber keinen Einfluss mehr auf die Erstellung der Bilanz. Das kann komplizierte Regelungen zu Bilanzierungsgrundsätzen, Prüfung der Bilanz, etwaigen Einwänden sowie einem Schiedsverfahren für den Fall, dass die Parteien nicht zu einer Einigung über die Behandlung von Einwänden kommen, erforderlich machen. Das Abstellen auf eine Stichtagsbilanz stellt zwar den sichersten Weg dar. Gleichwohl ist dieses Verfahren mit erheblichem Aufwand und nicht unerheblichen Kosten verbunden, die insbesondere bei geringem Unternehmenswert außer Verhältnis stehen können. In solchen Fällen kann es sich empfehlen, zwar einen in der Zukunft liegenden Stichtag zu wählen, dabei jedoch die letzte vorliegende Bilanz – vor allem für die **Bilanzgarantie** – zugrunde zu legen.[66] Ein solches Vorgehen ist jedoch mit einer Verkäufergarantie im Hinblick auf den gewöhnlichen **Geschäftsverlauf** zu flankieren. 46

Zur Gewährleistung/Garantie vgl. ausführlich IV. 3.

Zur Haftung von Altverbindlichkeiten vgl. ausführlich IV. 4.

Zur Regelung hinsichtlich Steuern vgl. ausführlich IV. 7.

Zu Käufergarantien und weiteren Verpflichtungen des Käufers vgl. ausführlich IV. 9.

b) **Personengesellschaften.** *aa) GbR.* Auch Personengesellschaften können im Wege des **Share Deals** übertragen werden. Bei der **GbR** geschieht dies durch einen Vertrag über den Erwerb aller Gesellschaftsanteile. Da die GbR nicht im Handelsregister eingetragen ist, empfiehlt es sich, in dem Kaufvertrag mehr Angaben aufzunehmen, als dies bei einem GmbH-Geschäftsanteilskaufvertrag notwendig wäre. Insbesondere sollten Ausführungen zu den **gesellschaftsvertraglichen Kapitaleinlagen** der Verkäufer gemacht werden. 47

Die Zulässigkeit eines Share Deals ist auch bei der **GbR** inzwischen allgemein anerkannt. Zwar kann ein Gesellschafter gem. § 719 Abs. 1 BGB nicht über seinen Anteil an dem Gesellschaftsvermögen und an den einzelnen dazu gehörenden Gegenständen verfügen. Jedoch ist der Gesellschafter berechtigt, über den Gesellschaftsanteil, also über die Mitgliedschaft insgesamt, zu verfügen.[67] Erforderlich ist jedoch, dass diese Übertragbarkeit **im Gesellschaftsvertrag zugelassen** ist oder **alle übrigen Gesellschafter zustimmen.**[68] Die Übertragung selbst richtet sich nach §§ **413, 398 BGB.** Die Zustimmung der übrigen Gesellschafter kann im Vorhinein erklärt werden, möglich ist es jedoch auch, dass der Vertrag nachträglich genehmigt wird. Wirksam wird die Übertragung in jedem Fall erst mit der Zustimmung des letzten Gesellschafters.[69] Bis dahin ist die Übertragung schwebend unwirksam.[70] Im Gesellschaftsvertrag kann vorgesehen werden, dass statt der Zustimmung aller Gesellschafter lediglich ein Mehrheitsbeschluss ausreicht.[71] Möglich ist es ebenfalls, die Übertragung von bestimmten Voraussetzungen abhängig zu machen: So kann beispielsweise der Personenkreis, auf den übertragen werden kann, beschränkt werden.[72] 48

Der Vertrag bedarf **keiner besonderen Form**, auch nicht gem. § 311 b Abs. 1 S. 1 BGB, wenn das Gesellschaftsvermögen im Wesentlichen aus Grundstücken besteht.[73] Nach der Rechtsprechung des BGH ist ein Verpflichtungsgeschäft zur Übertragung eines GbR-Gesellschaftsanteils jedoch dann formbedürftig, wenn die Errichtung der GbR allein dazu diente, Formvorschriften zu umgehen.[74] Zulässig ist auch die Übertragung aller Anteile auf mehrere 49

---

[66] Holzapfel/*Pöllath* Rdnr. 751 a.

[67] Palandt/*Sprau* § 719 Rdnr. 6.

[68] BGHZ 44, 229; 81,82; Palandt/*Sprau* § 719 Rdnr. 6.

[69] Palandt/*Sprau* § 719 Rdnr. 6.

[70] BGHZ 13, 179; OLG München ZIP 2009, 810, 812.

[71] BGH WM 1961, 303; Palandt/*Sprau* § 719 Rdnr. 6.

[72] BGH NJW-RR 1989, 1259.

[73] BGHZ 86, 367; Palandt/*Grüneberg* § 311 b Rdnr. 9; Palandt/*Sprau* § 719 Rdnr. 6.

[74] So für § 15 Abs. 4 GmbHG, BGH NJW-RR 2008, 773; Palandt/*Sprau* § 719 Rdnr. 6; kritisch *Wertenbruch* Formfreie Veräußerung von GbR-Anteilen bei Halten von GmbH-Anteilen oder Grundstücken, NZG 2008, 454.

Erwerber unter Fortbestand der GbR.[75] Möglich ist zudem die Übertragung auf lediglich einen Erwerber. In diesem Fall erlischt die GbR liquidationslos.[76]

50 Im Verhältnis zu den übrigen Gesellschaftern wird der Erwerber durch die Übertragung Rechtsnachfolger des Veräußerers und tritt in dessen Rechtsstellung im Zeitpunkt des Wirksamwerdens der Übertragung des GbR-Geschäftsanteils ein.[77] Anders hingegen ist dies hinsichtlich, wenn es sich um **höchstpersönlicher Rechte** des Veräußerers handelt.

51 Hinsichtlich des Verkaufs und der Abtretung der Gesellschaftsanteile ist im Kaufvertrag vorzusehen, dass nicht nur der von dem jeweiligen Verkäufer gehaltene Gesellschaftsanteil, sondern auch die **Guthaben** auf den nach dem Gesellschaftsvertrag geführten **Kapitalkonten** sowie die Guthaben auf dem **Darlehenskonto** verkauft und an den Käufer abgetreten werden. Zwar gehen, wenn nichts anderes vereinbart ist, **alle Rechte und Pflichten des bisherigen Gesellschafters** aus seiner Stellung als Gesellschafter nach dem Gesellschaftsvertrag über, und zwar einschließlich aller aus der Vergangenheit herrührenden Geldansprüche sowie Schulden aus dem Verhältnis zwischen Gesellschaftern und Gesellschaft, wie sich diese aus der Buchführung der Gesellschaft ergeben.[78] Jedoch können sich komplizierte Abgrenzungsfragen stellen, wenn zwischen den Beteiligten streitig ist, ob bestimmte Vertragsbeziehungen gesellschaftsrechtlicher oder allgemein schuldrechtlicher Art sind.[79] Daher sollte auf die Buchführungssystematik der Gesellschaft zurückgegriffen werden. Regelmäßig werden für jeden Gesellschafter zwei Kapitalkonten geführt, nämlich ein festes **Kapitalkonto I**, auf dem die gesellschaftsvertraglich vereinbarte Kapitaleinlage gebucht ist, sowie ein **Kapitalkonto II** für die Verbuchung von Gewinnen und Verlusten sowie ein **Darlehenskonto**.[80]

52 Besonderheiten ergeben sich, wenn die **GbR** als **Eigentümerin von Grundstücken** im Grundbuch eingetragen ist. Seit der Anerkennung der **Teilrechtsfähigkeit**[81] und der **materiellen**[82] und **formellen**[83] **Grundbuchfähigkeit** der GbR sowie der Einführung des **§ 899 a BGB** sind zahlreiche Entscheidungen zu der Frage ergangen, wie bei einem Erwerb von Grundeigentum durch eine GbR deren Existenz, Identität und Vertretung in der Form des § 29 Abs. 1 GBO nachgewiesen werden können. Insbesondere stellt sich bei der **Übertragung der GbR-Gesellschaftsanteile** die Frage, ob das Grundbuchamt zur Grundbuchberichtigung im Anschluss an den Gesellschafterwechsel einen gesonderten Nachweis verlangen darf, dass die aktuell im Grundbuch eingetragenen Gesellschafter tatsächlich noch Gesellschafter sind. Teilweise ist dazu die Meinung vertreten worden, der Gesellschafterwechsel bei einer namenslosen GbR führe nicht mehr zur Unrichtigkeit des Grundbuchs i. S. v. § 894 BGB bzw. § 22 GBO, sondern ziehe lediglich eine Richtigstellung nach sich.[84] Diese Auffassung ist jedoch seit dem Gesetz zur Einführung des elektronischen Rechtsverkehrs und der elektronischen Akte im Grundbuchverfahren sowie zur Änderung weiterer grundbuch-, register- und kostenrechtlicher Vorschriften (**ERVGBG**) zum 18. 8. 2009 nicht mehr haltbar. Seitdem sind neben der GbR wieder die Gesellschafter namentlich im Grundbuch, und zwar nach Maßgabe des § 15 Abs. 1c GBV, einzutragen (§ 47 Abs. 2 S. 1 GBO).[85] Die Gesellschafterstellung der eingetragenen Gesellschafter wird durch § 899 a BGB **auch gegenüber dem Grundbuchamt vermutet.**[86] Denn nach S. 1 der Vorschrift ist davon auszugehen, dass diejenigen Personen Gesellschafter sind, die nach § 47 Abs. 2 S. 1 GBO im Grundbuch ein-

[75] BGHZ 44, 229; Palandt/*Sprau* § 719 Rdnr. 6.

[76] OLG Düsseldorf NJW-RR 1999, 619; Palandt/*Sprau* § 719 Rdnr. 6. Gleiches gilt bei der Übertragung der GbR-Anteile auf eine andere, im Wesentlichen personengleiche GbR, vergleiche BGH NJW-RR 1990, 798.

[77] BGH NJW 1999, 715; Palandt/*Sprau* § 719 Rdnr. 7.

[78] BGHZ 45, 221, 222; BGH BB 1973, 165, 166; BGH WM 1986, 1314, 1315; Seibt/*Seibt* C. V. 1 Anm. 4.

[79] Seibt/*Seibt* C. V. 1 Anm. 4.

[80] Seibt/*Seibt* C. V. 1 Anm. 4.

[81] BGHZ 146, 341.

[82] BGH DNotZ 2006, 777.

[83] BGH DNotZ 2009, 115 mit Anm. *Kesseler*.

[84] OLG Zweibrücken Rpfleger 2009, 17; Staudinger/*Wolfsteiner* § 1115 Rdnr. 29.

[85] Vgl. DNotI-Report 2010, 145, 146.

[86] Beck'scher Online-Kommentar, GBO, Stand: 1. 6. 2010 § 47 Rdnr. 115; DNotI-Report 2010, 145, 146.

getragen sind und dass darüber hinaus keine weiteren Gesellschafter existieren.[87] Welche Nachweise zur Grundbuchberichtigung erforderlich sind, hängt davon ab, ob der Gesellschaftsvertrag die Übertragung der Mitgliedschaft ohne Beschränkungen erlaubt oder nicht.[88] Ist ausnahmsweise die Übertragung der Gesellschaftsanteile ohne Mitwirkung der übrigen Gesellschafter möglich, ist gem. §§ 19, 22 Abs. 2 GBO die **Bewilligung des Altgesellschafters** und die **Zustimmung des Neugesellschafters** erforderlich.[89] Zum anderen muss der Inhalt des Gesellschaftsvertrages in der Form des **§ 29 GBO** vorgelegt werden.[90] Trifft der Vertrag keine Sonderregelung zur Mitgliedschaftsübertragung, so ist neben der Zustimmung des neuen Gesellschafters die Berichtigungsbewilligung aller Gesellschafter in öffentlich beglaubigter Form erforderlich.[91] Erforderlich ist, dass die Bewilligung schlüssig die materiellen Rechtsvorgänge darstellt, die einen Wechsel außerhalb des Grundbuchs bewirkt haben.[92] Konkret stellt sich die Frage, ob auch die Befugnis der im Grundbuch eingetragenen Gesellschafter zur Abgabe von **Berichtigungsbewilligungen** unter den Anwendungsbereich des § 899a BGB fällt. Dies ist der Fall, da es sich bei der Grundbuchberichtigung um eine Maßnahme in Ansehung des eingetragenen Rechts handelt.[93] Die gegenständliche Eintragung begründet für das Grundbuchamt deshalb die bindende, wenn auch widerlegbare Vermutung, dass die noch eingetragenen Altgesellschafter über den Grundbesitz verfügen können.[94]

bb) OHG. Ähnlich wie bei der GbR stellt sich die Situation bei der **OHG** dar, allerdings 53
mit dem Unterschied, dass diese im **Handelsregister** eingetragen ist (§ 106 Abs. 1 HGB). Der Notar hat daher zur Vorbereitung des Geschäftsanteilskauf- und -abtretungsvertrages das Handelsregister einzusehen. Im Vertrag anzugeben sind wie bei der GbR die gesellschaftsvertraglichen Kapitaleinlagen der Verkäufer. Auch hinsichtlich des Kaufgegenstandes gilt das Gleiche wie bei der GbR, so dass zu präzisieren ist, dass der jeweilige Gesellschaftsanteil einschließlich der Guthaben auf den geführten Kapitalkonten sowie das Guthaben auf dem Darlehenskonto verkauft und abgetreten werden. Anders als bei der GbR bietet es sich unter Rechtsscheinsgesichtspunkten jedoch an, die **Übertragung** unter die **Bedingung** der Eintragung des Ausscheidens der Verkäufer als Gesellschafter der Gesellschaft und des Eintritts der Käufer in die Gesellschaft im Wege der Sonderrechtsnachfolge in das Handelsregister zu stellen.[95] Denn solange der Verkäufer noch im Handelsregister als Gesellschafter eingetragen ist, wird sein Nichtausscheiden vermutet (§ 15 Abs. 1 HGB), so dass er z. B. die Gesellschaft noch wirksam verpflichten kann.

Gemäß §§ 107, 143 Abs. 2 HGB ist der Eintritt eines neuen Gesellschafters in die Gesell- 54
schaft sowie das Ausscheiden eines Gesellschafters aus der Gesellschaft zur Eintragung in das Handelsregister **anzumelden.** Zuständig sind sämtliche Gesellschafter einschließlich der veräußernden Gesellschafter (§ 108 Abs. 1 HGB).

cc) KG; GmbH & Co. KG. Der Unternehmenskauf einer KG im Wege des Share Deals 55
wird regelmäßig die **GmbH & Co. KG** betreffen. Hinsichtlich der Veräußerung der Kommanditbeteiligung bieten sich zwei Möglichkeiten an: Diese kann sowohl im Wege des Austritts des bisherigen Kommanditisten und des Eintritts des neuen Kommanditisten in die Gesellschaft als auch im Wege der Abtretung gem. **§§ 413, 398 BGB** erfolgen.[96] Der Vorteil der **Sonderrechtsfolge** liegt darin, dass auf diesem Wege weitgehend die **Haftung** der betei-

---

[87] DNotI-Report 2010, 145, 146.
[88] *Lautner* DNotZ 2009, 650, 665.
[89] DNotI Report 2010, 145, 146.
[90] *Schöner/Stöber*, Grundbuchrecht, 14. Aufl. 2008, Rdnr. 982.
[91] *Böhringer* Rechtspfleger 2009, 537, 541.
[92] BayObLG DNotZ 1991, 598; LG Mainz NZG 2008, 228; BayObLGZ 1994, 33, 38.
[93] Einhellige Rechtsprechung, zuletzt OLG München NZG 2011, 296; DNotI-Report 2010, 145 m. w. N.; a. A. *Bestelmeyer* Die klinisch tote BGH-GbR, Rpfleger 2010, 169, 185 f.
[94] OLG München NZG 2011, 296; vgl. ausführlich *Heinze*, Die Gesellschaft bürgerlichen Rechts im Grundbuchverkehr, RNotZ 2010, 289, 305; sowie *ders.*, § 899a BGB und die Vermutung der Existenz der eingetragenen Gesellschaft, ZfIR 2010, 713.
[95] Seibt/*Seibt* C. V. 1 Anm. 5.
[96] Vgl. Kölner Handbuch Gesellschaftsrecht/*Fleischhauer* 1. Kapitel Rdnr. 428, 433.

ligten Gesellschafter **vermieden** werden kann, die Folge der Auswechslung eines Kommanditisten im Wege des Ein- und Austritts wäre: Denn im Fall des Ein- und Austritts haftet der ausscheidende Gesellschafter, dem das Auseinandersetzungsguthaben ausgezahlt wird, wegen **Einlagenrückgewähr gem. § 172 Abs. 4 HGB.**[97] Bei der Abtretung des Kommanditanteils erfolgt lediglich eine Umbuchung des Kapitalanteils, ohne dass es zu einer Einlagenrückgewähr kommt. Um die Haftung wirksam auszuschließen ist es jedoch erforderlich, dass sich die Übertragung im Wege der Sonderrechtsnachfolge aus dem Handelsregister ergibt. Dies wird dadurch erreicht, dass ein entsprechender **Rechtsnachfolgevermerk** angemeldet und auch eingetragen wird.

56 Anders ist die Anmeldung jedoch zu formulieren, wenn im Wege des Unternehmenskaufs ein Kommanditist seinen gesamten Anteil auf einen **anderen Kommanditisten** überträgt, da dessen Einlage sich dadurch erhöht. Dies muss in der Anwendung zum Ausdruck kommen.

57 Der Verkauf und die Übertragung der Kommanditanteile bedürfen keiner besonderen Form, und die Eintragung ins Handelsregister (§ 107 HGB) hat **keine konstitutive Wirkung.**[98] Für den Verkauf der Geschäftsanteile an der Komplementär-GmbH ist jedoch die notarielle Beurkundung gem. § 15 Abs. 4 GmbHG erforderlich. Dies schlägt regelmäßig auch auf den Verkauf des Kommanditanteils durch, so dass dann sowohl der Verkauf des Kommanditanteils als auch der des Geschäftsanteils an der Komplementär-GmbH der notariellen Beurkundung bedürfen.[99] Voraussetzung für die umfassende Beurkundungsbedürftigkeit ist, dass die Vereinbarungen hinsichtlich der Übertragung der GmbH-Geschäftsanteile und der Kommanditanteile nach dem Willen der Parteien nur gemeinsam gelten sollen.[100]

58 Die Abtretung des Kommanditanteils sollte unter die **aufschiebende Bedingung** der Eintragung des Käufers als Kommanditist aufgrund Sonderrechtsnachfolge mit Rechtsnachfolgevermerk im Handelsregister gestellt werden, um eine persönliche Haftung des Käufers nach § 176 Abs. 2 HGB zu vermeiden.[101] Auch bietet es sich an zu vereinbaren, dass der Veräußerer mit Wirkung ab der Beurkundung und auflösend bedingt durch die Eintragung des Käufers als Kommanditist im Handelsregister den Kommanditanteil treuhänderisch für den Käufer hält, ihm seine Ansprüche auf den Gewinnanteil abtritt und die Gesellschafterrechte bis zum Bedingungseintritt im wirtschaftlichen Interesse des Käufers und insbesondere das Stimmrecht entsprechend den Weisungen des Käufers ausübt.[102]

59 Möglich ist, dass die persönliche Haftung des Verkäufers für Verbindlichkeiten der GmbH & Co. KG aufgrund von Maßnahmen i. S. v. § 172 Abs. 4 HGB nach der Übertragung des Kommanditanteils, die vom Käufer oder einem seiner Rechtsnachfolger vorgenommen werden, wieder auflebt. Im Vertrag ist für diesen Fall vorzusehen, dass der Käufer den Verkäufer von dieser persönlichen Haftung **freistellt,**[103] wobei zu erwägen ist, diesen **Freistellungsanspruch dinglich abzusichern.**

60 c) **Unternehmenserwerb im Wege der Kapitalerhöhung.** *aa) Allgemeines; Barkapitalerhöhung.* Im Wege der Kapitalerhöhung kann ein Unternehmen auf zweierlei Art erworben werden. Denkbar ist zunächst der – einfachere – Fall, dass einem Erwerbsinteressenten eine **Beteiligung an einer Gesellschaft** eingeräumt werden soll, wozu eine **Barkapitalerhöhung** durchgeführt und der Erwerber zur Übernahme der neuen Geschäftsanteile zugelassen wird. Dazu wird mit dem Erwerber zunächst ein **Beteiligungsvertrag** abgeschlossen, der die nähere Ausgestaltung der Beteiligung regelt.[104] Ähnlich wie beim Share Deal liegt ein Unternehmenskauf allerdings nur vor, wenn der Erwerber hierdurch **eine Mehrheitsbeteiligung von über 75%** erlangt.[105] Regelmäßig sieht der Beteiligungsvertrag dabei auch vor, dass die Altgesellschafter

[97] Kölner Handbuch Gesellschaftsrecht/*Fleischhauer* 1. Kapitel Rdnr. 433.
[98] Hölters/*Semler* VII Rdnr. 106.
[99] Hölter/*Semler* VII Rdnr. 106; *Binz/Mayer*, Beurkundungspflichten bei der GmbH & Co. KG, NJW 2002, 3054.
[100] Vgl. auch BGH NJW 1986, 2642 gleich DNotZ 1986, 689 mit Anm. *Tiedau*.
[101] Vgl. *Limmer*, Die Anteilsveräußerung bei der GmbH & Co. KG, ZNotP 2000, 297, 303.
[102] Vgl. *Limmer* ZNotP 2000, 297, 303, 304.
[103] *Limmer* ZNotP 2000, 297, 303.
[104] Dazu ausführlich unten Teil IX Absch. IV 2.
[105] Vgl. dazu Rdnr. 9 Fn. 24.

später vollständig aus der Gesellschaft ausscheiden. Denkbar ist auch ein Stufenmodell, wonach die Altgesellschafter ihre Beteiligung in mehreren Schritten auf den Erwerber übertragen. Insbesondere in diesem Fall können auch Kaufoptionen zugunsten der Erwerber im Hinblick auf die Geschäftsanteile der Altgesellschafter vereinbart werden. Die Interessenlage der Erwerber ist ähnlich wie beim Share Deal. Das gilt besonders, soweit Garantien und Wettbewerbsverbote betroffen sind. Dabei ist darauf zu achten, dass die Garantien von den Gesellschaftern abgegeben werden.[106] Die Altgesellschafter verpflichten sich im Beteiligungsvertrag gegenüber dem Gesellschafter, das Stammkapital um einen bestimmten Betrag zu erhöhen und ihn zur Übernahme der neuen Stammeinlage zuzulassen.[107] Der Erwerber verpflichtet sich zur Übernahme der neuen Stammeinlage, zur Zahlung eines Aufgeldes (Agio) auf den neu erworbenen Gesellschaftsanteil oder zur Leistung einer weiteren Einlage in die Rücklagen der Gesellschaft.[108] Vielfach wird der Beteiligungsvertrag gemäß **§ 15 Abs. 4 GmbHG** notariell zu beurkunden sein.[109] Möglich ist es auch, das Agio im Kapitalerhöhungsbeschluss selbst zu regeln.

Ein Unternehmenserwerb im Wege der **Sachkapitalerhöhung** bietet sich hingegen dann an, wenn sich der Gesellschafter der des eigentlich zu erwerbenden **Zielunternehmens** an dem eigentlichen Erwerberunternehmen beteiligen will (sog. **Share-for-share-exchange**).[110] 61

bb) Ablauf der Kapitalerhöhung. Bei einem Unternehmenserwerb im Wege der Kapitalerhöhung ist in jedem Fall eine **Gesellschafterversammlung** abzuhalten, in der die **Kapitalerhöhung** beschlossen wird. Da es sich bei der Kapitalerhöhung um eine **Satzungsänderung** handelt, bedarf der Beschluss einer **Mehrheit von mindestens** ³/₄ der abgegebenen Stimmen. Der Kapitalerhöhungsbeschluss ist **notariell** zu beurkunden. 62

Der übernehmende Erwerber muss eine **Übernahmeerklärung** abgeben und mit der Gesellschaft einen **Einbringungsvertrag** abschließen. Da es sich bei diesem Vertrag nicht um ein Außengeschäft der Gesellschaft handelt, wird er auf Seiten der Gesellschaft nicht von den Geschäftsführern, sondern von den **Gesellschaftern** abgeschlossen.[111] Risiken ergeben sich wegen der Haftung des Übernehmers des neuen Geschäftsanteils für die Ausfälle bei den alten und der Haftung des Altgesellschafters bei Nichterfüllung der neuen Einlageverpflichtungen.[112] Daher sollte geklärt werden, ob die alten Einlagen gezahlt und der neu übernommenen gesichert ist.[113] 63

Die Übernahmeerklärung bedarf gem. **§ 55 Abs. 1 GmbHG** lediglich der **notariellen Beglaubigung**. Umstritten ist allerdings, ob eine notarielle Beurkundung erforderlich ist, wenn die schuldrechtliche Verpflichtung zur Übertragung des Einlagegegenstandes nach allgemeinen Regeln[114] beurkundungspflichtig wäre. In der Literatur wird dazu teilweise die Auffassung vertreten, dass bereits die Übernahmeerklärung in diesen Fällen beurkundungspflichtig ist, dabei aber auch eingeräumt, dass dies in der Praxis nicht beachtet werde und die Formunwirksamkeit durch einen formgerechten Vollzug der Einbringung geheilt werden könne.[115] Die herrschende Meinung hält hingegen auch hier die notarielle Beglaubigung gem. § 55 Abs. 1 GmbHG für ausreichend.[116] 64

Bei der **Barkapitalerhöhung** wird der Erhöhungsbeschluss durch die Übernahme der neuen Geschäftsanteile durch den zur Übernahme zugelassen Erwerber durchgeführt.[117] Dieser hat die **Einlage in bar** zur endgültig freien Verfügung der Geschäftsführer einzuzahlen. 65

---

106 *Sieger/Hasselbach,* Die Übernahme von Gewährleistungen durch die Aktiengesellschaft bei Kapitalerhöhung mit Aktientausch BB 2004, 60.

107 Teil IX Abschn. VI 2 66 ff.

108 Teil IX VI 2 m. w. N.

109 Ausführlich zum Beteiligungsvertrag Teil IX Abschn VI 2.

110 Dazu sogleich unten Rdnr. 66 ff.

111 BGHZ 49, 117; Kersten/Bühling/*Kanzleiter* § 144 Rdnr. 55. Jedoch kann auch der Geschäftsführer zum Abschluss des Vertrags ermächtigt werden, vgl. BGHZ 49, 117, 120.

112 Kersten/Bühling/*Kanzleiter* § 144 Rdnr. 52.

113 Kersten/Bühling/*Kanzleiter* § 144 Rdnr. 52.

114 Beispielsweise gem. § 311 b Abs. 1 S. 1 BGB oder § 15 Abs. 4 GmbHG.

115 *Mülbert,* Die Anwendung der allgemeinen Formvorschriften bei Sachgründungen und Sachkapitalerhöhungen, AG 2003, 281, 284 und 289.

116 Seibt*Kleinstück* F. I. 1 Anm. 1.

117 Kersten/Bühling/*Kanzleiter* § 144 Rdnr. 54.

66 *cc) Besonderheiten bei der Sachkapitalerhöhung.* Der Unternehmenserwerb im Wege der **Sachkapitalerhöhung** stellt sich letztlich als beidseitiger Unternehmenskauf bzw. als Beteiligungstausch dar. Denn charakteristisch bei dieser Gestaltung ist, dass der **neue Gesellschafter**, der zur neuen Stammeinlage zugelassen wird, **Gesellschafter** des eigentlich zu erwerbenden **Zielunternehmens** ist. Dieses bringt er als Sacheinlage in die Gesellschaft ein. Die neue Stammeinlage ist daher nicht in bar, sondern als Sacheinlage dadurch zu leisten, dass der neue Gesellschafter die von ihm gehaltene Beteiligung in die Gesellschaft einbringt und an diese abtritt. Das kann sich insbesondere bei einer **GmbH & Co. KG** anbieten, wenn der Gesellschafter sowohl die Kommanditbeteiligung als auch die GmbH-Geschäftsanteile an der Komplementär-GmbH hält.[118] Im Ergebnis erwirbt daher einerseits die Gesellschaft, deren Kapital erhöht wird, die Zielgesellschaft. Gleichzeitig erwirbt jedoch der frühere Gesellschafter des Zielunternehmens Anteile an der Gesellschaft, deren Kapital erhöht wird. Daher empfiehlt es sich, in jede Richtung Regelungen zum Unternehmenskauf vorzusehen, vor allem im Hinblick auf Garantien.

67 Für diese Gestaltung ist kennzeichnend, dass der Wert des Zielunternehmens, das im Wege der Sachkapitalerhöhung in das Erwerberunternehmen einzulegen ist, den Anrechnungsbetrag der neuen Stammeinlage übersteigt, wobei der übersteigende Wert ganz oder teilweise vergütet wird.[119] Diese **gemischte Sacheinlage** ist einheitlich im Sinne des Sachkapitalerhöhungsrechts zu behandeln: Vor der Anmeldung zum Handelsregister ist sie vollständig zu erbringen (§§ 56 a, 7 Abs. 3 GmbHG), und die Vergütung ist gem. §§ 56 Abs. 2, 19 Abs. 5, 5 Abs. 4 GmbHG im Kapitalerhöhungsbeschluss hinreichend bestimmbar festzusetzen.[120]

68 Um die Haftung aus § 176 Abs. 2 HGB für den eintretenden Kommanditisten zu vermeiden, ist die Abtretung der einzulegenden Kommanditbeteiligung **aufschiebend bedingt** auf den Zeitpunkt der Eintragung der Sonderrechtsnachfolge im Handelsregister der Zielgesellschaft zu regeln. Umstritten ist, ob eine durch Einbringungsvertrag zwar bereits vereinbarte, aber mangels Registervollzug bei der KG noch nicht dinglich wirksam gewordene Abtretung der Kommanditbeteiligung für eine Anmeldung der Kapitalerhöhung ausreichend ist[121] oder ob mit der Anmeldung der Kapitalerhöhung bis zur Eintragung bei der KG gewartet werden muss.[122] Zulässig ist in jedem Fall eine auf den Zeitpunkt der Eintragung der Kapitalerhöhung im Register der kapitalerhöhenden GmbH aufschiebend bedingte Einlageleistung.[123] Es empfiehlt sich aber in diesem Fall, vorab mit dem Registergericht zu klären, ob die Versicherung der Geschäftsführer, die im Zeitpunkt der Einreichung der Registeranmeldung abzugeben ist, zu ändern ist, weil der bei Anmeldung zivilrechtlich noch nicht übergegangene Einlagegegenstand noch nicht endgültig zu ihrer freien Verfügbarkeit steht.[124] Ein **Sacheinlagebericht**, der bei der Sachgründung gem. § 5 Abs. 4 S. 2 GmbHG erforderlich ist, ist bei der Sachkapitalerhöhung **nicht gesetzlich vorgeschrieben**. Allerdings wird er teilweise von den Registergerichten verlangt.[125]

69 Gemäß **§ 55 Abs. 1 GmbHG** bedarf es im Fall der Kapitalerhöhung zur Übernahme jedes Geschäftsanteils an dem erhöhten Kapital einer notariell aufgenommenen oder beglaubigten Erklärung des Übernehmers. Im Fall der Sachkapitalerhöhung müssen der Gegenstand der Sacheinlagen und der Nennbetrag des Geschäftsanteils, auf den sich die Sacheinlage bezieht, im Beschluss über die Erhöhung des Stammkapitals festgesetzt werden, und die Festsetzung ist in die Übernahmeerklärung aufzunehmen.

70 Durch einen **Einbringungsvertrag** wird der Übernahmevertrag dinglich erfüllt. Die **Form** des Einbringungsvertrages richtet sich nach den für den jeweiligen Einlagegegenstand geltenden allgemeinen Regeln.[126]

---

118 Vgl. Seibt/*Kleinstück* F. I. 1 Anm. 1.

119 Seibt/*Kleinstück* F. I. 1 Anm. 1.

120 Baumbach/*Hueck/Fastrich* § 5 Rdnr. 46; Baumbach/Hueck/*Zöllner* § 56 Rdnr. 9; Seibt/*Kleinstück* F. I. 1 Anm. 1.

121 So grundsätzlich BGH GmbHR 1959, 94 (Anm. Pleyer).

122 So Ulmer/*Ulmer* § 7 Rdnr. 61; Scholz/*Winter* § 7 Rdnr. 39.

123 Lutter/Hommelhoff/*Lutter/Bayer* § 7 Rdnr. 21; Seibt/*Kleinstück* F. I. 1.

124 Seibt/*Kleinstück* F. I. 1; a. A. Lutter/Hommelhoff/*Bayer* § 7 Rdnr. 21.

125 Vgl. Baumbach/Hueck/*Zöllner*, § 56 Rdnr. 11, § 57 Rdnr. 10; Seibt/*Kleinstück* F. I. 1 Anm. 5.

126 Beispielsweise § 15 Abs. 3 GmbHG. Vgl. Seibt/*Kleinstück* F. I. 4 Anm. 1.

Gemäß **§ 57 Abs. 1 GmbHG** ist die Kapitalerhöhung zur Eintragung in das **Handelsregister** anzumelden, nachdem das erhöhte Kapital durch Übernahme von Geschäftsanteilen gedeckt ist. Dabei ist die **Versicherung** abzugeben, dass die Einlagen auf das neue Stammkapital nach § 7 Abs. 2 S. 1 und Abs. 3 GmbHG bewirkt sind und dass der Gegenstand der Leistungen sich endgültig zur freien Verfügung der Geschäftsführer befindet. Der Anmeldung sind neben der Ausfertigung des Sachkapitalerhöhungsbeschlusses auch die **beglaubigte Übernahmeerklärung** und eine **beglaubigte Ablichtung des Einbringungsvertrages** beizufügen. Gemäß § 57 Abs. 3 Nr. 2 GmbHG ist zudem eine von den Anmeldenden unterschriebene Liste der Personen, welche die neuen Geschäftsanteile übernommen haben (sogenannte **Übernehmerliste**) der Anmeldung beizufügen. Aus dieser Liste müssen die Nennbeträge der von jedem Gesellschafter übernommenen Geschäftsanteile ersichtlich sein. Daneben sind eine neue Gesellschafterliste sowie der vollständige Wortlaut des geänderten Gesellschaftsvertrages einzureichen. Letzterer ist mit der **Bescheinigung des Notars** zu versehen, dass die geänderten Bestimmungen des Gesellschaftsvertrages mit dem Beschluss über die Änderung des Gesellschaftsvertrages und die unveränderten Bestimmungen mit dem zuletzt zum Handelsregister eingereichten vollständigen Wortlaut des Gesellschaftsvertrages übereinstimmen (**§ 54 Abs. 1 S. 2 GmbHG**). Für die Handelsregisteranmeldung bei der erworbenen KG ergeben sich keine Besonderheiten. 71

d) **Asset Deal.** Im Gegensatz zum Share Deal werden beim Asset Deal die Vermögensgegenstände des Unternehmens **einzeln übertragen.** Für die notarielle Gestaltung bedeutet dies, dass der Vertrag im Regelfall umfangreicher ist.[127] **Veräußerer** ist nicht der Gesellschafter des veräußerten Unternehmens, sondern der **Rechtsträger** selbst. Ein Asset Deal kann sich vor allem dann anbieten, wenn das zu verkaufende Unternehmen, der Betrieb oder Betriebsteil nicht in einer eigenständigen Gesellschaft isoliert ist.[128] Besondere Sorgfalt ist in diesen Fällen auf die Erfassung und Abgrenzung des zu übertragenden Vermögens zu legen. Bei einem typischen Asset Deal werden neben den **bilanzierten Vermögensgegenständen** auch die **nicht bilanzierten** bzw. **nicht bilanzierungsfähigen Vermögensgegenstände** wie geringwertige Wirtschaftsgüter sowie selbst geschaffene immaterielle Wirtschaftsgüter[129] und vertragliche Rechtsverhältnisse[130] übertragen. Dabei ist darauf zu achten, dass die dingliche Übertragung dem sachenrechtlichen **Bestimmtheitsgrundsatz** genügt; bloße Bestimmbarkeit reicht nicht aus.[131] Bei der **Übertragung von Sachen** werden strenge Anforderungen gestellt: Dem Bestimmtheitsgrundsatz ist in diesem Fall nur dann genügt, wenn es aufgrund einfacher **äußerer Abgrenzungskriterien** für jeden, der die Parteiabreden kennt, ohne weiteres ersichtlich ist, welche individuell bestimmten Sachen übereignet werden sollen.[132] Dies schließt die Übereignung von Sachgesamtheiten wie etwa eines Warenlagers nicht aus. Es ist jedoch erforderlich, dass klar wird, auf welche einzelnen Gegenstände aus der Sachgesamtheit sich der Übereignungswillen der Parteien erstreckt.[133] Ist die Einigung im Zeitpunkt der Veräußerung bestimmt, können später auftretende Umstände, die zu Unklarheiten über den Verfügungsgegenstand führen, die Wirksamkeit der Veräußerung nicht mehr rückgängig machen.[134] Eine Lockerung erfährt das Bestimmtheitserfordernis jedoch bei der **Abtretung von Forderungen.** Hier genügt die bloße **Bestimmbarkeit.**[135] 72

Es bietet sich an, die Bestimmung des zu übertragenden Vermögens durch Bezugnahme auf die dem Unternehmenserwerb zugrunde liegende **Bilanz** zu gestalten und solche Gegenstände, die ausnahmsweise nicht übertragen werden, ausdrücklich von der Übertragung auszunehmen. Zu berücksichtigen ist jedoch, dass nicht alle zu übertragenden Gegenstände 73

---

[127] Vgl. *Stiller*, Unternehmenskauf im Wege des Asset Deal, BB 2002, 2619; *Kallmeyer*, Umwandlung nach UmwG und Unternehmensakquisition, DB 2002, 568.

[128] *Stiller*, BB 2002, 2619, 2622.

[129] Z. B. Markenrechte, Know-how oder wichtige Unterlagen.

[130] Bspw. Mietverträge.

[131] BGH NJW 1984, 804; Palandt/*Bassenge* § 930 Rdnr. 2 ff.; *Stiller* BB 2002, 2619, 2622.

[132] Ständige Rechtsprechung vgl. BGH NJW 1992, 1161; NJW 2000, 2898.

[133] MünchKommBGB/*Gaier*, Einleitung Sachenrecht Rdnr. 20.

[134] *Stiller* BB 2002, 2619, 2623.

[135] *Stiller* BB 2002, 2619, 2623.

notwendigerweise auch in der Bilanz auftauchen müssen. Zudem ist es möglich, dass die Angaben in der Bilanz den Bestimmtheitserfordernissen nicht genügen. Hier bietet das Beurkundungsrecht zur weiteren Konkretisierung: Gemäß **§ 14 Abs. 1 BeurkG** können neben **Bilanzen** auch **Inventare, Nachlassverzeichnisse** oder **sonstige Bestandsverzeichnisse über Sachen, Rechte und Rechtsverhältnisse** in ein von allen Beteiligten auf jeder Seite zu unterschreibendes Schriftstück aufgenommen werden, auf das dann in der Niederschrift verwiesen und dieser beigefügt wird. In diesem Fall entfällt auch die Verlesungspflicht.[136] In der Niederschrift ist festzustellen, dass die Beteiligten auf das Vorlesen verzichtet haben; es soll festgestellt werden, dass ihnen das beigefügte Schriftstück zur Kenntnisnahme vorgelegt worden ist (§ 14 Abs. 3 BeurkG). Neben den Verzeichnissen für den Bestand eines Warenlagers oder des Inventars kann so auf Aufstellungen und Verzeichnisse über bewegliche mitverkaufte Wirtschaftsgüter, über bestehende Verträge, in die der Käufer eintritt, über Forderungen, Verbindlichkeiten, Beteiligungen an anderen Gesellschaften, Versicherungen, Patente, gewerbliche Schutzrechte, Lizenzen, anhängige Prozesse, Arbeitnehmerlisten, Verzeichnisse über den Auftragsbestand oder ähnliches Bezug genommen werden.[137]

74 Besonderheiten ergeben sich, wenn der Unternehmenserwerb nicht sofort vollzogen werden soll, sondern auf einen **künftigen Stichtag** hin ausgelegt ist. Denn in diesen Fällen kann es in der Übergangszeit noch Veränderungen bei den Vermögensgegenständen des Unternehmens geben. Der sicherste Weg ist es hier, den dinglichen Vollzug des Kaufvertrages erst am Stichtag durchzuführen.

75 Schwierigkeiten kann die **Übertragung von Vertragsverhältnissen** des zu veräußernden Unternehmens mit Dritten bereiten. Denn im Gegensatz zum Share Deal, bei dem der Unternehmensträger gleich bleibt, so dass das bestehende Vertragsverhältnis dem Unternehmen grundsätzlich erhalten bleibt, müssen beim Asset Deal Veräußerer, Erwerber und dritter Vertragspartner eine **Vertragsübernahme** vereinbaren.[138] Das BGB regelt zwar lediglich die Abtretung einzelner Forderungen und die Übernahme einzelner Schulden und enthält keine Vorschriften über eine rechtsgeschäftliche Übertragung eines Schuldverhältnisses im Ganzen.[139] Es ist jedoch allgemein anerkannt, dass die rechtsgeschäftliche **Übertragung eines ganzen Schuldverhältnisses** zulässig ist.[140] Entgegen einer früher vertretenen Ansicht[141] stellt die Vertragsübernahme ein einheitliches Rechtsgeschäft und nicht nur eine Kombination von Abtretung und Schuldübernahme dar.[142] Beim Unternehmenskauf kann die Zustimmung aller Vertragspartner im Regelfall nicht vorab eingeholt werden, da dies praktisch nicht umsetzbar ist und gegebenenfalls zu Unruhe im operativen Geschäfte führen würde.[143] Daher muss die **Zustimmung des anderen Teils** in jedem einzelnen Fall nachträglich eingeholt werden. Zugleich ist jedoch im Vertrag eine Klausel für den Fall aufzunehmen, dass einer der Vertragspartner die Zustimmung zum Übergang verweigert. In diesem Fall empfiehlt sich eine Regelung, nach der sich die Vertragsparteien im Innenverhältnis so zu stellen haben als ob die Übernahme der Vertragsverhältnisse zum Vollzugsstichtag wirksam vollzogen worden wäre. Der Verkäufer sollte in diesem Fall mit Wirkung zum Vollzugsstichtag sämtliche Ansprüche und Rechte aus den übernommenen Vertragsverhältnissen an den Käufer abtreten.[144]

76 Ob ein Unternehmenskauf im Wege des Assets Deal **beurkundungsbedürftig** ist, richtet sich nach den für den **jeweiligen Kaufgegenstand** geltenden Vorschriften: So ergibt sich eine Beurkundungspflicht für Grundstücke aus **§ 311b Abs. 1 S. 1 BGB**, für GmbH-

[136] Allerdings ist es den Beteiligten zur Kenntnisnahme vorzulegen und von ihnen zu unterschreiben, und zwar auf jeder Seite einzeln.

[137] *Winkler* § 14 Rdnr. 17.

[138] *Stiller* BB 2002, 2619, 2624.

[139] Eine Vertragsübernahme sieht das Gesetz nur als Folge anderer Rechtsgeschäfte vor, so bspw. in §§ 566, 581 Abs. 2, 613a, 1251 BGB, § 95 VVG und §§ 20 Abs. 1 Nr. 1, 131 Abs. 1 Nr. 1 UmwG. Palandt/*Grüneberg* § 398 Rdnr. 41.

[140] BGH NJW 1985, 2528; Palandt/*Grüneberg* § 398 Rdnr. 41.

[141] BGH NJW 1961, 454.

[142] BGH NJW-RR 2005, 958; Palandt/*Grüneberg* § 398 Rdnr. 42.

[143] *Stiller* BB 2002, 2619, 2624.

[144] Vgl. *Stiller* BB 2002, 2619, 2624.

Geschäftsanteile aus **§ 15 Abs. 4 GmbHG**. Auch im Rahmen des § 311 b Abs. 1 S. 1 BGB wendet die Rechtsprechung den sog. **Vollständigkeitsgrundsatz** an: So wirkt sich die Formbedürftigkeit des Grundstücksvertrags auf andere Abreden aus, wenn die Geschäfte nach dem Willen der Parteien eine rechtliche Einheit bilden und mit einander stehen und fallen sollen.[145] Gleiches gilt, wenn nur das Grundstücksgeschäft von dem an sich formfreien Geschäft abhängt.[146] Dies führt beim Asset Deal regelmäßig dazu, dass der gesamte Vertrag beurkundungsbedürftig ist, wenn zu den zu übertragenden Vermögensgegenständen auch ein Betriebsgrundstück gehört. Eine Beurkundungsbedürftigkeit kann sich zudem aus **§ 311 b Abs. 3 BGB** ergeben: Danach bedarf ein Vertrag, durch den sich der eine Teil verpflichtet, sein **gegenwärtiges Vermögen** oder einen **Bruchteil seines gegenwärtigen Vermögens** zu übertragen der notariellen Beurkundung. Die Vorschrift findet allerdings keine Anwendung, wenn die Vermögensgegenstände in dem Vertrag selbst bestimmt sind.[147] Dazu ist nicht erforderlich, dass die einzelnen Vermögensgegenstände benannt werden, sondern es genügt, wenn ihre konkrete Bestimmung sich aus dem Inhalt des Vertrages einwandfrei ergibt.[148] In diesem Fall greift die Formvorschrift auch dann nicht ein, wenn die einzelnen Vermögensgegenstände praktisch das gesamte Vermögen erfassen.[149] Allerdings gilt die Vorschrift im gleichen Maße für natürliche wie für juristische Personen. Gesellschaftsrechtliche Vermögensübertragungen im Rahmen von Verschmelzungen und Umwandlungen unterliegen zudem vielfältigen Sondervorschriften, die den Abs. 2 und 3 vorgehen.[150]

2. Kaufpreis

a) **Grundsätzliches.** Die Frage des Kaufpreises ist beim Unternehmenskauf naturgemäß für Verkäufer und Käufer gleichermaßen von entscheidender Bedeutung.[151] Die entsprechenden Bestimmungen bilden infolgedessen – neben dem Gewährleistungssystem – regelmäßig das Herzstück eines jeden Unternehmenskaufvertrages. Sie zu gestalten ist zumindest bei größeren Transaktionen eine anspruchsvolle Aufgabe, da es eine **Standard-Kaufpreisformel** nicht gibt. Kaufpreisbestimmungen sind so vielgestaltig wie das Zielunternehmen selbst und die Motive für seinen Erwerb.[152] Dabei reicht das Spektrum vom schlichten **Festpreis** über Kaufpreisbestimmungen mit einem **aufwendigen Anpassungsmechanismus** bis hin zu noch komplexeren Modellen, bei denen der Kaufpreis zusätzlich von der künftigen wirtschaftlichen Entwicklung des Zielunternehmens abhängig gemacht wird (sog. **Earn Out**). In aller Regel wird man bei der hier interessierenden Gestaltung des Verkaufs kleiner und mittlerer Unternehmen – schon um den Aufwand für alle Beteiligten gering zu halten – auf einen Anpassungsmechanismus verzichten wollen und die Variante eines Festkaufpreises bevorzugen. Die Kosten für die im Rahmen der Kaufpreisanpassung erfolgende Ermittlung des richtigen Kaufpreises, insbesondere für die aufwändige Erstellung der Stichtagsbilanz, stehen nämlich zumindest bei kleinen Unternehmenskäufen zumeist nicht in einem angemessenen Verhältnis zur Kaufpreissumme.[153] 77

b) **Festpreis.** Ein **fester Kaufpreis** hat für die Parteien vor allem den Vorteil der **Planungssicherheit**, da der bei Vollzug der Transaktion zu leistende Kaufpreis bereits bei Abschluss des Kaufpreises feststeht.[154] Bei großvolumigeren Transaktionen wird ein Festpreis hingegen in der Regel nur dann vereinbart, wenn eine vergangenheitsbezogene Kaufpreisanpassung nicht erforderlich ist, etwa weil die der Kaufpreisberechnung zugrunde gelegte Unternehmensbewertung nicht auf der Bilanz des Unternehmens beruht oder weil der Stichtag der 78

---

[145] BGH NJW 2001, 226.
[146] BGH DNotZ 2000, 635; MünchKommBGB/*Kanzleiter/Krüger* § 311 b Rdnr. 54; vgl. auch *Hauschild/Zimmermann* FS Spiegelberger, S. 1418 ff.
[147] MünchKommBGB/*Kanzleiter/Krüger* § 311 b Rdnr. 103.
[148] BGHZ 25, 1, 4; MünchKomm/BGB/*Kanzleiter/Krüger* § 311 b Rdnr. 103.
[149] MünchKomm/BGB/*Kanzleiter/Krüger* § 311 b Rdnr. 103.
[150] MünchKomm/BGB/*Kanzleiter/Krüger* § 311 b Rdnr. 104 mit Beispielen.
[151] Dazu ausführlich *Johansson* 561.
[152] *Kästle/Oberbracht* Unnternehmenskauf – Share Purchase Agreement, 2. Aufl. 2010, S. 50.
[153] Vgl. *Bruski* Special Nr. 7, 19 zu BB 2005, 19.
[154] *Geyrhuber/Zirngibl* FS Spiegelberger S. 667 f.

zugrunde gelegten Bilanz so kurz zurückliegt, dass beide Seiten das Risiko zwischenzeitlicher Abweichungen in Kauf nehmen.[155]

79 Wird der Festkaufpreis in den hier interessierenden, kleiner dimensionierten Fällen wie üblich auf einen in der – jüngeren – Vergangenheit liegenden **Stichtag** (typischerweise ist dies der letzte Bilanzstichtag) ermittelt, gilt es allerdings den Erwerber vor ihm nachteiligen Veränderungen des Unternehmens bis zum Vollzugszeitpunkt zu schützen. In der überwiegenden Anzahl der einfachen Fälle wird dies mittels der Garantiebestimmungen[156] gelingen, deren Verletzung über den zu gewährenden Schadensersatz dann zu einer mittelbaren Veränderung des Kaufpreises führt. Je näher der wirtschaftliche Stichtag an den Vollzugszeitpunkt heranrückt, desto geringer sind außerdem das Gefährdungspotential und damit das Schutzbedürfnis. In Ausnahmefällen kann jedoch auch bei einer solchen Gestaltung ein Anpassungsmechanismus erforderlich werden, nämlich dann, wenn bei Vertragsabschluss der maßgebliche Stichtagsabschluss noch nicht vorliegt oder noch nicht hinreichend vom Erwerber geprüft werden konnte.[157]

80 c) **Locked-Box.** Ein wesentlich komplexeres Schutzsystem bietet für Share Deals der sog. **Locked-Box-Mechanismus.**[158] Dabei vereinbaren die Parteien, gestützt auf den letzten, regelmäßig nicht mehr als drei Monate alten Finanzabschluss, einen festen, nicht anpassbaren Kaufpreis und stellen vertraglich sicher, dass zwischen dem Bilanzstichtag (**Locked Box Date**) und dem Vollzugszeitpunkt keine Finanzmittel aus der Zielgesellschaft an den Verkäufer, verbundene Gesellschaften oder diesen nahe stehende Personen abfließen (z. B. offene oder verdeckte Gewinnausschüttungen). Ergänzt werden diese sog. **Anti-Leakage-Bestimmungen** durch Fortführungsklauseln (**Conduct-of-Business-Klauseln**), die dem Verkäufer verpflichten, die Geschäfte der Zielgesellschaft zwischen Unterzeichnung und Vollzug des Vertrages ordentlich und konsistent weiterzuführen und für bedeutsamere Geschäftsentscheide vorab den Käufer zu konsultieren.[159] Die aus der Zielgesellschaft bestehende „Schachtel“ wird also gewissermaßen zwischen dem Locked Box Date und dem Vollzugszeitpunkt geschlossen. Wirtschaftlich übernimmt der Käufer die Zielgesellschaft per letzten Bilanzstichtag. **Nachträgliche Kaufpreisanpassungen** können sich – wie ohne Locked Box – allenfalls noch aus **Garantie- und Vertragsverletzungen** ergeben, wobei typischerweise zusätzlich zur allgemeinen Bilanzgewährleistung spezifische Zusicherungen bezüglich einzelner, wichtiger Bilanzpositionen in den Vertrag aufgenommen werden. Üblich ist schließlich die Vereinbarung einer Rücktrittsklausel für den Fall tiefgreifender negativer Geschäfts- und Marktentwicklungen (**Material-Adverse-Change-Klausel**). Zusätzlich zum festen Kaufpreis wird, gewissermaßen als Entschädigung für die gemessen am wirtschaftlichen Stichtag zeitlich versetzte Kaufpreiszahlung, vielfach eine Verzinsung des Kaufpreises bis zum Vollzugszeitpunkt vereinbart. Entwickelt wurde der Locked-Box-Mechanismus im Rahmen von großvolumigeren Transaktionen unter Beteiligung von Private-Equity-Investoren. Sie ist aber auch für kleinere und mittlere Unternehmenskäufe geeignet. Letztlich handelt es sich beim Locked-Box-Mechanismus nicht um eine Festkaufpreisregelung im engeren Sinne. Vielmehr werden lediglich die Parameter der nachfolgend dargestellten Kaufpreisanpassung gewissermaßen auf einen in der Vergangenheit liegenden Zeitpunkt vorverlagert bzw. angewandt. Auf diese Weise wird jedoch das mit dem Prozess der Kaufpreisanpassung regelmäßig verbundene Streitpotential in der Zeit nach dem Vollzugszeitpunkt deutlich reduziert.

81 d) **Kaufpreisanpassungsklauseln.** Regelungen zur Kaufpreisanpassung[160] sollten aus den genannten Gründen bei kleineren Unternehmenskäufen eher **vermieden** werden. Derartige Klauseln werden in der M&A-Praxis dann verwendet, wenn die Einigung über den Kaufpreis auf bestimmten Annahmen beruht (z. B. Eigenkapital der Gesellschaft/Net Working

[155] *Geyrhuber/Zirngibl* FS Spiegelberger S. 667, 668.

[156] Siehe unter IV 3.

[157] *Meyer-Sparenberg* in: Beck'sches Formularbuch Bürgerliches, Handels- und Wirtschaftsrecht, III. 10 Anm. 4.

[158] Vgl. hierzu nur *Geyrhuber/Zirngibl* FS Spiegelberger S. 667, 670.

[159] Letzteres kann allerdings unter dem Gesichtspunkt der Wettbewerbsbeschränkung bedenklich sein, s. u. IV 8.

[160] Dazu ausführlich *Johansson* S. 561.

Capital), die zum Vollzugstag noch einmal mittels einer abschließend aufgestellte Stichtagsbilanz verifiziert werden sollen.[161] Nach der bei größeren Transaktionen gängigen Kaufpreisanpassungsformel entspricht der endgültige Kaufpreis vereinfacht dem **Basiskaufpreis abzüglich der Netto-Finanzverbindlichkeiten**, also des Saldos aus zinstragenden Finanzverbindlichkeiten (Net Debt) und Barmitteln (Cash), **zuzüglich des überschüssigen oder abzüglich des fehlenden Working Capital** (jeweils bezogen auf den Vollzugszeitpunkt). Die Notwendigkeit der Anpassung des Kaufpreises nach Maßgabe der Netto-Finanzverbindlichkeiten ergibt sich regelmäßig aus der Methode der **Unternehmensbewertung**, nämlich insbesondere dann, wenn eine Methode herangezogen worden ist, die das Unternehmen finanzierungsneutral betrachtet bzw. auf der Grundlage **Cash Free/Debt Free** erfolgt. Dies ist etwa der Fall bei der (derzeit im Rahmen von größeren internationalen Unternehmenstransaktionen dominierenden) Bewertung nach einer der Bruttomethoden des **Discounted-Cash-Flow-Verfahrens (DCF)** und/oder bei einer Bewertung auf Basis von Multiplikatoren, wenn die zugrunde gelegte Bezugsgröße die Zahlung von Fremdkapitalzinsen noch nicht berücksichtigt, also „vor Zinsen“ ermittelt wird (z.B. bei den Bezugsgrößen **EBIT** und **EBITDA**). Eine Bewertung auf der Grundlage eines dieser Verfahren führt zum sog. **Enterprise Value** (auch: Entity Value oder Unternehmenswert) der Zielgesellschaft. Im Gegensatz dazu steht der **Equity Value** (der Eigenkapitalwert), der dem eigentlichen Wert der Geschäftsanteile entspricht. Dieser ergibt sich durch Bereinigung des Enterprise Values um die Finanzverbindlichkeiten und die Barmittel sowie durch die Ermittlung des Working Capital des Zielunternehmens und dessen Vergleich mit einer Sollgröße, also durch eine auf den Vollzugszeitpunkt bezogene Kaufpreisanpassung.

e) **Bewertungsfragen.** Letztlich hat sich der Notar bei der Gestaltung der Kaufpreisklausel 82
und der Beurteilung der Notwendigkeit einer Kaufpreisanpassungsformel an den Vorgaben der Beteiligten zu orientieren. Üblicherweise wird er in den Prozess der Kaufpreisfindung nicht oder zumindest nicht von vornherein einbezogen. Regelmäßig bekommt er von den Vertragsparteien lediglich das Ergebnis der entsprechenden Verhandlungen präsentiert. Dabei ist es den Parteien selbstverständlich unbenommen, einen Kaufpreis zu vereinbaren, dessen Höhe völlig unabhängig von einer irgendwie gearteten Unternehmensbewertung ist. Gerade am Anfang der Verkaufsverhandlungen beruhen die Einschätzungen oftmals auf sehr subjektiven und willkürlichen Erwägungen, wobei insbesondere Verkäufer von kleineren Familienunternehmen dazu neigen, ihrem Lebenswerk einen hohen, manchmal zu hohen Wert beizumessen. Eine Einigung zwischen den Parteien wird deshalb häufig davon abhängen, dass am Ende anhand objektiver Kriterien – soweit als möglich – ein richtiger oder fairer Wert ermittelt und der Kaufpreisberechnung zugrunde gelegt wird. Der vertragsgestaltende Notar muss kein Bewertungsexperte sein. Er sollte aber zumindest in der Lage sein, die von den Parteien gefundene Bewertung soweit nachzuvollziehen, dass er sie in eine angemessene, dem gewählten Bewertungsverfahren Rechnung tragende Regelung umsetzen kann.[162]

Im Grundsatz unterscheiden sich die Methoden zur Bewertung kleinerer und mittlerer 83
Unternehmen nicht von denjenigen zur Bewertung größerer Einheiten.[163] Jedoch wird in der Praxis schon aus Kostengründen häufig entweder auf vereinfachte Formen der gängigen Methoden oder aber auf insgesamt einfachere Verfahren zurückgegriffen. Die in der Betriebswirtschaftslehre anerkannten Bewertungsmethoden betrachten das Unternehmen als Investitionsobjekt, dessen Wert durch die zukünftigen Erträge bestimmt wird. Es sind dies das **Ertragswertverfahren** und das – bereits erwähnte – **DCF-Verfahren.** Bei beiden Verfahren handelt es sich um sog. kapitalwertbasierte Gesamtbewertungsverfahren, die – jeweils mit unterschiedlicher Akzentsetzung – den Wert des Unternehmens von innen heraus, das heißt **aus der Wertentwicklung des in das Unternehmen investierten Eigenkapitals,** zu bestimmen suchen. Diese Verfahren sind in der Sache jedoch aufwändig und jeweils mit ho-

[161] *Meyer-Sparenberg* in: Beck'sches Formularbuch Bürgerliches, Handels- und Wirtschaftsrecht, III. 10 Anm. 4.
[162] Vgl. *Kästle/Oberbracht* S. 50.
[163] Vgl. hierzu ausführlich *Peemüller*, Special 7, 30 ff. zu BB 2005, Heft 30.

hen Kosten verbunden. Daher konkurrieren mit diesen Methoden bei der Bewertung kleinerer und mittlerer Unternehmen die sog. **vergleichsorientierten Bewertungsverfahren.**[164] Sie ermitteln den Wert des betrachteten Unternehmens im Vergleich mit Marktpreisen anderer, vergleichbarer Unternehmen. Praxisrelevant sind vor allem die sog. **Market Multiples.** Diese kommen in unterschiedlichen Varianten vor. Eine Variante der Multiplikatorenmethode stellt auf das operative Betriebsergebnis (Gewinn vor Zinsen und Steuern) ab, wobei kalkulatorische Kosten (insbesondere der kalkulatorische Unternehmerlohn) mit zu berücksichtigen sind. Ein anderer Multiplikator stellt hingegen auf den Umsatz. ab. Bei beiden Varianten wird der Durchschnitt des Gewinns (bzw. des Umsatzes) aus insgesamt sechs Geschäftsjahren gebildet, nämlich aus den letzten beiden Geschäftsjahren, dem prognostizierten Wert des aktuellen Geschäftsjahres sowie der folgenden drei Geschäftsjahre. Das Ergebnis, der sog. nachhaltige Gewinn (bzw. der nachhaltige Umsatz), wird dann mit dem entsprechenden Branchenfaktor multipliziert. Diese werden vom Finance-Magazin monatlich aktualisiert und können im Internet unter www.finance-magazin.de abgerufen werden. Der Vorteil dieser Methode liegt in ihrer einfachen Handhabbarkeit, die eine schnelle Einschätzung der Größenordnung des Unternehmenswerts ermöglicht. Die komplexen Verhältnisse des Einzelfalls vermögen die verwendeten Parameter indessen in der Regel nicht abzubilden.

84 Hingegen kommt das – ebenfalls einfach zu handhabende – **Substanzwertverfahren** in der M&A-Praxis nur noch in Ausnahmefällen zur Anwendung, etwa beim Kauf ertragsschwacher oder verlustbringender Unternehmen, insbesondere aus einer Insolvenzmasse. Dieses Verfahren betrachtet das Unternehmen als Summe seiner Bestandteile (sog. Einzelbewertungsverfahren). Der Wert der Bestandteile ist je nach Zielrichtung des Erwerbers der Wiederbeschaffungs- oder der Liquidationswert.

3. Gewährleistung / Garantien

85 **a) Gesetzliche Gewährleistung.** Mangels vertraglicher Vereinbarungen kommt im Falle einer Pflichtverletzung des Verkäufers das **gesetzliche Gewährleistungsregime** zum Tragen. Gemäß **§ 453 Abs. 1 BGB** finden die Vorschriften über den Kauf von Sachen auf den Kauf von Rechten und sonstigen Gegenständen entsprechende Anwendung. Daraus ergibt sich, dass sowohl für den Asset Deal als auch für den Share Deal das Gewährleistungsregime der **§§ 434 ff. BGB** gilt. Daraus folgt jedoch nicht, dass die Regelungen hinsichtlich Sach- und Rechtsmängel beim Asset Deal und Share Deal zwangsläufig gleich zu behandeln sind.[165] Dies ist dem Umstand geschuldet, dass beim Share Deal der Kaufgegenstand der Anteil bzw. die Anteile an einem Unternehmen sind, wohingegen dies beim Asset Deal das Unternehmen selbst ist.

86 Kaufgegenstand und damit Gegenstand der Mängelrechte des Käufers beim **Asset Deal** ist das Zielunternehmen als ein **Inbegriff von Sachen, Rechten und sonstigen Vermögenswerten.**[166] Gemäß §§ 453 Abs. 1, 433 Abs. 1 S. 2 BGB ist der Verkäufer verpflichtet, dem Käufer die Sache bzw. das Recht frei von Sach- und Rechtsmängeln zu verschaffen. Indes begründet ein einzelner Mangel an einer zum Unternehmen gehörenden Sache noch keinen Mangel des verkauften Unternehmens selbst. Der BGH sieht einen Mangel eines **einzelnen Wirtschaftsguts** nur dann als gewährleistungsrechtlich relevant an, wenn er so schwer wiegt, dass es das verkaufte Unternehmen im Ganzen beeinträchtigt.[167] Die Gewährleistungsansprüche des Käufers beschränken sich daher auf Mängel des verkauften Unternehmens und erfassen nicht Mängel einzelner Wirtschaftsgüter, die zum Unternehmen gehören.[168]

87 Anders ist die Situation beim **Share Deal**, bei dem der Käufer unmittelbar lediglich die Beteiligungsrechte erwirbt. Der Anteil kann mit Rechten Dritter belastet sein,[169] oder die Ge-

---

[164] Vgl. hierzu *Barthel* DB 1996, 149 ff., 154 ff.

[165] Vgl. *Gronstedt/Jorgens*, Die Gewährleistungshaftung bei Unternehmensverkäufen nach neuem Schuldrecht, ZIP 2002, 52, 55; *Knott*, Unternehmenskauf nach der Schuldrechtsreform NZG 2002, 249, 250.

[166] BGH NJW 2002, 1042; Hölters/*Semler* VII Rdnr. 192.

[167] NJW 1970, 556; OLG Köln DB 2009, 2259; Hölters/*Semler* VII Rdnr. 192.

[168] BGH NJW 1970, 556.

[169] Pfandrecht, Nießbrauch.

winnbeteiligung und das Stimmrecht können nicht in vollem Umfang bestehen.[170] Für diese Mängel haftet der Verkäufer gem. § 435 BGB. Hinsichtlich der **Mängel des Unternehmens,** das von der Gesellschaft betrieben wird, ist zu differenzieren: Erwirbt der Käufer sämtliche Beteiligungsrechte an der verkauften Gesellschaft oder zumindest beinahe sämtliche Beteiligungsrechte,[171] so kann der Erwerber auch Gewährleistungsansprüche wegen Mängeln des von der Gesellschaft betriebenen Unternehmens geltend machen.[172] Anderenfalls haftet der Verkäufer nur für Mängel der Beteiligungsrechte.[173]

Gemäß **§ 434 Abs. 1 S. 1 BGB** ist die Sache frei von Sachmängeln, wenn sie bei Gefahrübergang die **vereinbarte Beschaffenheit** hat. Soweit die Beschaffenheit nicht vereinbart ist, ist die Sache gem. S. 2 dieser Vorschrift frei von Sachmängeln, wenn sie sich entweder nicht für die nach dem Vertrag vorausgesetzte Verwendung eignet oder wenn sie sich nicht für die gewöhnliche Verwendung eignet und eine Beschaffenheit aufweist, die bei Sachen der gleichen Art üblich ist und die der Käufer nach der Art der Sache erwarten kann. Zur Beschaffenheit des veräußerten Unternehmens gehören die physischen Umstände, die dem Zielunternehmen für eine gewisse Dauer anhaften.[174] Da zudem auch bestimmte Beziehungen tatsächlicher, wirtschaftlicher oder rechtlicher Natur als Eigenschaften des verkauften Unternehmens aufgefasst werden und im Fall einer für den Käufer ungünstigen Abweichung von dem vertraglich geschuldeten Zustand des Unternehmens zu einem Gewährleistungsanspruch führen können,[175] ist es ratsam, die **Beschaffenheitsmerkmale ausdrücklich im Vertrag aufzunehmen.** Ist der Unternehmenskaufvertrag gem. § 311 b Abs. 1 BGB oder gem. § 15 Abs. 4 GmbHG formbedürftig, so erstreckt sich das Formerfordernis auch auf die Beschaffenheitsvereinbarung.[176] 88

Die Gewährleistungsansprüche des Käufers sind in § 437 BGB informatorisch aufgeführt, ohne dass sich daraus Rechtsfolgen ergeben würden. Bei Mängeln kann der Käufer **Nacherfüllung gem. § 439 BGB** verlangen, **vom Vertrag gem. §§ 440, 323, 326 Abs. 5 BGB zurücktreten** oder **nach § 441 BGB den Kaufpreis mindern** und **gem. §§ 440, 280, 281, 283 und 311a BGB Schadensersatz** oder nach **§ 284 BGB Aufwendungsersatz** verlangen. Als Nacherfüllung kann der Käufer die **Beseitigung des Mangels** verlangen (**§ 439 Abs. 1, 1. Variante BGB**). Ein Anspruch auf **Lieferung einer mangelfreien Sache** (**§ 439 Abs. 1, 2. Variante BGB**) ist hingegen beim Unternehmenskauf wegen Unmöglichkeit gem. § 275 Abs. 1 BGB aufgrund der starken Individualisierung des Unternehmens **ausgeschlossen.**[177] Von Gesetzes wegen hat der Käufer das Recht, nach Maßgabe des § 440 BGB vom Kaufvertrag zurückzutreten und den Kaufpreis zu mindern, wenn die Nacherfüllung unmöglich ist, vom Verkäufer verweigert wird oder diese fehlgeschlagen oder dem Käufer unzumutbar ist, es sei denn der Mangel wäre unerheblich (§§ 437 Abs. 1 Nr. 2, 323 Abs. 5 S. 2 BGB). Allerdings ist die **Rückgängigmachung** eines Unternehmenskaufes ein **problematischer** Rechtsbehelf, weil das Zielunternehmen fortlaufend Änderungen erfährt.[178] Der Interessenwiderstreit zwischen Verkäufer und Käufer ist durch einen Rücktritt – wie auch durch eine Minderung – kaum sachgerecht zu lösen. Das gilt vor allem dann, wenn der Käufer das erworbene Unternehmen bereits in sein eigenes integriert hat. Es empfiehlt sich daher, den Rücktritt beim Unternehmenskauf vertraglich auszuschließen. Gleiches gilt für die Minderung, da es insoweit zu Konflikten mit der Kaufpreisanpassung oder den Regelungen zu Garantien kommen kann. 89

Im Falle der Mangelhaftigkeit des verkauften Unternehmens stehen dem Käufer von Gesetzes wegen Ansprüche auf **Schadensersatz** zu. Ein solcher Anspruch ergibt sich aus **§ 280 Abs. 1 BGB:** Danach kann der Gläubiger, wenn der Schuldner eine Pflicht aus dem Schuld- 90

[170] Hölters/*Semler* VII Rdnr. 193.
[171] Unklar ist, ab welcher Mehrheit der Beteiligungskauf als Unternehmenskauf zu behandeln ist. Das OLG München hat den Erwerb von 75% der Geschäftsanteile an einer GmbH nicht für ausreichend erachtet, DB 1998, 1321; Hölters/*Semler* VII Rdnr. 196. S. oben Rdnr. 9 Fn. 24.
[172] Ständige Rechtsprechung, RGZ 86, 146; 120, 283; BGHZ 85, 367; 138, 204.
[173] Hölters/*Semler* VII Rdnr. 196.
[174] BGH NJW 1970, 653; Hölters/*Semler* VII Rdnr. 199.
[175] Hölters/*Semler* VII Rdnr. 199.
[176] Palandt/*Weidenkaff* § 434 Rdnr. 18; Hölters/*Semler* VII Rdnr. 203.
[177] Eine Ausnahme mag für Vorratsgesellschaften gelten, vgl. Hölters/*Semler* VII Rdnr. 206.
[178] Hölters/*Semler* VII Rdnr. 208.

verhältnis verletzt, Ersatz des hierdurch entstehenden Schadens verlangen (§ 280 Abs. 1 S. 1 BGB). Dies gilt jedoch nicht, wenn der Schuldner die Pflichtverletzung nicht zu vertreten hat. Der Begriff der Pflichtverletzung umfasst dabei grundsätzlich Leistungs-, Nebenleistungs- und Verhaltenspflichten i. S. v. § 241 Abs. 2 BGB.[179] **Schadensersatz statt der Leistung** kann der Gläubiger nur unter den zusätzlichen Voraussetzungen der **§§ 281, 282 oder 283 BGB** verlangen. Für die Abgrenzung, ob Schadensersatz gem. § 280 Abs. 1 BGB oder gem. §§ 280 Abs. 1, 3 i. V. m. 281 ff. BGB verlangt werden kann, ist daher entscheidend, ob Schadensersatz neben oder statt der Leistung verlangt wird.[180] Anders als der Schadensersatz statt der Leistung erfasst der **Schadensersatz neben der Leistung** i. S. v. § 280 Abs. 1 BGB lediglich solche Schäden, die durch die Pflichtverletzung endgültig entstanden sind und **durch Nacherfüllung nicht beseitigt** werden können.[181] Hingegen erfasst § 281 BGB nur Schäden, die durch Nachfüllung ausgeglichen werden können.[182] Ein Anspruch auf Schadensersatz besteht unabhängig davon, ob die Pflichtverletzung des Verkäufers erheblich oder unerheblich ist.[183] Das Gesetz stellt eine Vermutung dafür auf, dass der Schuldner die Pflichtverletzung **zu vertreten** hat.[184] Dabei handelt es sich aber um eine widerlegliche Vermutung. Das Vertretenmüssen richtet sich nach den §§ 276 ff. BGB. Daher muss der Verkäufer auch für das Verhalten seiner Erfüllungsgehilfen haften, § 278 BGB.

91 Hinsichtlich der **Verjährung** finden sich im Kaufrecht Sonderregeln. **§ 438 BGB** sieht hierfür unterschiedliche Fristen und relevante Zeitpunkte vor. Gemäß Abs. 1 der Vorschrift verjähren die Gewährleistungsansprüche in 30 Jahren, wenn der Mangel in einem dinglichen Recht eines Dritten, aufgrund dessen die Herausgabe der Sache verlangt werden kann oder einem sonstigen Recht, das im Grundbuch eingetragen ist, besteht (Nr. 1 a und b). Sie verjähren in fünf Jahren bei einem Bauwerk und bei einer Sache, die entsprechend ihrer üblichen Verwendungsweise für ein Bauwerk verwendet worden ist und dessen Mangelhaftigkeit verursacht hat (Nr. 2 a und b). Im Übrigen verjähren die Ansprüche in zwei Jahren. Die Verjährung beginnt bei Grundstücken mit der Übergabe, im Übrigen mit der Ablieferung der Sache (§ 438 Abs. 2 BGB). Hat der Verkäufer den Mangel arglistig verschwiegen, so findet die allgemeine Verjährungsfrist abweichend von § 438 Abs. 1 Nr. 2 und 3 und Abs. 2 BGB Anwendung (§ 438 Abs. 3 BGB). Dass die Verjährungsfrist mit der Ablieferung der Sache beginnt, kann bei einem Unternehmenskauf Schwierigkeiten machen, wenn das Unternehmen in mehreren Teilakten übergeben wird.[185] In diesen Fällen beginnt die Verjährungsfrist mit der Übergabe des letzten Teils der Sachgesamtheit.[186]

92 Handelt es sich bei dem Unternehmenskauf um einen **Share Deal**, so ist zu differenzieren. Betreffen die Gewährleistungsrechte **Mängel am Unternehmen**, muss auf die **Übergabe** des Unternehmens an den Käufer abgestellt werden.[187] Anders ist dies, wenn die **Beteiligungsrechte** selbst mangelhaft sind. Das ist beispielsweise der Fall, wenn diese mit Rechten Dritter belastet sind. § 453 Abs. 1 BGB ordnet auch für diesen Fall die entsprechende Anwendung der Regeln über den Sachkauf an. Der Ablieferung der verkauften Sache entspricht hier die Abtretung des verkauften Rechtes, so dass die Verjährung mit der **Abtretung** der Beteiligungsrechte beginnt.[188]

93 Das Recht kennt **keine vollständige Offenbarungspflicht**, so dass der Verkäufer bei einem Unternehmenskauf nicht verpflichtet ist, die andere Seite über alle für die Kaufentscheidung relevanten Gesichtspunkte zu unterrichten. Das gilt vor allem für solche Umstände, von denen der Verkäufer annehmen darf, dass der Käufer ihn danach fragen würde, wenn er auf diese Umstände **Wert legen** würde.[189] Jedoch nimmt die Rechtsprechung dann eine Offen-

---

[179] Palandt/*Grüneberg* § 280 Rdnr. 12.
[180] Palandt/*Grüneberg* § 280 Rdnr. 18.
[181] BGH NJW 2009, 2674; OLG Saarbrücken NJW 2007, 3503, 3504; Palandt/*Grüneberg* § 280 Rdnr. 18.
[182] Palandt/*Grüneberg* § 280 Rdnr. 18.
[183] Hölters/*Semler* VII Rdnr. 211.
[184] Arg. e § 280 Abs. 1 S. 2 BGB.
[185] Hölters/*Semler* VII Rdnr. 218.
[186] BGH NJW 1994, 1720; Hölters/*Semler* VII Rdnr. 218.
[187] BGH ZIP 1998, 908; Hölters/*Semler* VII Rdnr. 219.
[188] Palandt/*Weidenkaff* § 433 Rdnr. 16; Hölters/*Semler* VII Rdnr. 219.
[189] BGH DB 1988, 2401; Hölters/*Semler* VII Rdnr. 228.

barungspflicht an, wenn das Verschweigen im konkreten Fall gegen Treu und Glauben verstoßen würde.[190] Wann diese Voraussetzung vorliegt, ist eine Frage des Einzelfalls. Annehmen dürfen wird man diese jedenfalls bezüglich solcher Umstände, die den Vertragszweck gefährden und für die Kaufentscheidung des anderen Teils von wesentlicher Bedeutung sein könnten.[191] Eine Offenbarungspflicht ist auch dann zu bejahen, wenn einer der Beteiligten sich bezüglich eines erheblichen Punktes **ersichtlich im Irrtum** befindet[192] oder wenn sich die Verhältnisse in der Zielgesellschaft in der Zeit zwischen dem Stichtag des vom Verkäufer vorgelegten Status und dem Vertragsschluss wesentlich verschlechtert haben.[193] Höhere Anforderungen an die Offenbarungspflicht werden bei der Veräußerung von GmbH-Anteilen gestellt, weil es in diesen Fällen für den Käufer besonders schwierig ist, sich ein zutreffendes Bild vom Vertragsgegenstand zu machen.[194] Eine Offenbarungspflicht besteht auch, wenn gesetzliche Vertreter des Verkäufers oder rechtsgeschäftliche **Vertreter**, die den Verkäufer bei Abschluss der Transaktion vertreten, Kenntnis haben.[195] Gleiches gilt für die Kenntnis sogenannter **Wissensvertreter**, also solcher Personen, die nach der Arbeitsorganisation des Geschäftsherrn dazu berufen sind, im Rechtsverkehr als dessen Repräsentanten bestimmte Aufgaben in eigener Verantwortung wahrzunehmen und die dabei gewonnenen Informationen an den Geschäftsherren weiterzuleiten.[196]

b) **Vertragliche Modifikation des gesetzlichen Gewährleistungsregimes.** Das Kaufrecht 94
stellt in § 434 Abs. 1 S. 1 BGB sowie in § 435 S. 1 BGB für die Frage, ob ein Sach- oder Rechtsmangel vorliegt, primär auf die zwischen den Parteien vereinbarte Beschaffenheit ab. Daher ist grundlegend für jeden Unternehmenskauf die **Festlegung der Soll-Beschaffenheit** des Vertragsgegenstandes, unabhängig davon ob es sich um einen Share Deal oder um einen Asset Deal handelt.[197] Wie umfangreich diese Festlegung auszufallen hat, ist eine Frage des Einzelfalls. Wird ein weitestgehender Gewährleistungsausschluss gewünscht, kann es genügen, zu vereinbaren, dass die gegenwärtige tatsächlich rechtliche Beschaffenheit auch die vertraglich vereinbarte ist.[198]

Darauf, dass die Kaufpreisminderung oder der Rücktritt vom Kaufvertag generell nicht 95
im Interesse der Beteiligten liegt, ist bereits hingewiesen worden. Es empfiehlt sich, dies im Unternehmenskaufvertrag ausdrücklich zu regeln.

c) **Garantien.** Der Bereich der Gewährleistungen ist in der Praxis zumeist derjenige, bei 96
dem die Beteiligten am stärksten vom dispositiven Gesetzesrecht abweichen. Insbesondere werden Regelungen zu den Voraussetzungen, dem Umfang, den Rechtsfolgen und der Verjährung von Ansprüchen wegen Sachmängeln vom Gesetz abweichend geregelt. Eines der am häufigsten verwendeten Mittel dazu ist die Garantie, auch **selbständiges Garantieversprechen** genannt.[199] Gemeint ist damit regelmäßig nicht ein gesonderter Vertrag, sondern eine **Regelung außerhalb des positiven Regimes der Mängelhaftung.**[200] Es handelt sich um ein zunächst noch unbestimmtes Einstehenmüssen des Verkäufers, das **vom Verschulden unabhängig** ist, für den Fall, dass die Garantie nicht zutrifft.[201] Dies zeigt die Bedeutung der Garantie im Gegensatz zur bloßen Beschaffenheitsvereinbarung i. S. v. § 434 Abs. 1 S. 1 BGB.[202] Vor allem die von Wirtschaftskanzleien entworfenen Verträge enthalten oft eine Vielzahl spezieller Garantieversprechen zu allen möglichen haftungsrelevanten Aspekten.

---

190 BGHZ 96, 302.
191 Hölters/*Semler* VII Rdnr. 228.
192 BGH NJW 1980, 180.
193 BGHZ 69, 53; Hölters/*Semler* VII Rdnr. 228.
194 BGH NJW 2002, 1042; Hölters/*Semler* VII Rdnr. 228.
195 Hölters/*Semler* VII Rdnr. 232.
196 BGHZ 117, 104; Hölters/*Semler* VII Rdnr. 232.
197 Kersten/Bühling/*Wolfsteiner* § 31 Rdnr. 15.
198 Kersten/Bühling/*Wolfsteiner* § 31 Rdnr. 15, 16 M.
199 Zur Fragwürdigkeit des Begriffs selbständiges Garantieversprechen vgl. Kersten/Bühling/*Wolfsteiner* § 31 Rdnr. 12.
200 Kersten/Bühling/*Wolfsteiner* § 31 Rdnr. 12.
201 Hölters/*Semler* VII Rdnr. 240; Kersten/Bühling/*Wolfsteiner* § 31 Rdnr. 13 m. w. N.
202 So auch Begründung RegE Bt-Drucksache 14/6040; Hölters/*Semler* VII Rdnr. 240.

Das beruht darauf, dass einem solchen Vertrag im Regelfall eine extensive Due-Diligence-Prüfung zu allen nur denkbaren rechtlichen, wirtschaftlichen und steuerlichen Themen vorausgeht und die dort erkannten Haftungsrisiken – je nach Verhandlungsposition der Beteiligten – im Vertrag durch Garantien abgefangen werden.

97 Diese Vorgehensweise ist naturgemäß bei einem Unternehmenskaufvertrag, der von einem Notar entworfen wird, nicht möglich. Dem liegt zugrunde, dass der Notar einerseits **keine umfassende Due-Diligence-Prüfung** durchführen kann, ihn andererseits aber auch seine Verpflichtung zur Neutralität gegenüber allen Beteiligten an einer umfassenden Offenlegung aller Risiken hindern kann. Hier zeigt sich einmal mehr, dass nur rechtlich unproblematische Unternehmenskaufverträge durch den Notar wirklich angemessen gestaltet werden können. Der Notar wird dieser Situation am ehesten dadurch gerecht, dass er den Verkäufer über die wichtigsten Umstände des zu erwerbenden Unternehmens **befragt**. Erkennt der Notar im Rahmen der Befragung, dass sich **besondere Haftungsrisiken** stellen, denen nur durch die Einschaltung von Parteivertretern angemessen Rechnung getragen werden kann, so sollte er den Beteiligten dringend empfehlen, entsprechenden Rat einzuholen.

In jedem Fall sollte der Vertrag aber durch Garantien folgende Aspekte abdecken:

- **Rechtsmängel** der zu veräußernden Anteile: Die Einlagen sind voll einbezahlt und nicht durch Rückzahlungen gemindert, und der verkaufte Geschäftsanteil ist frei von Belastungen und Rechten oder Ansprüchen Dritter.
- **Bilanzgarantie**: Die Vorgaben des § 264 Abs. 2 HGB sind erfüllt, und der Grundsatz der Bilanzkontinuität ist eingehalten worden.
- **Garantie, dass die Geschäfte seit dem letzten Bilanzstichtag ordnungsgemäß durchgeführt worden sind** (ordinary course of business-Klausel) und keine wesentlich nachteilige Entwicklung des Geschäftsbetriebs des Unternehmens stattgefunden hat.

98 Besondere Bedeutung kommt der **Bilanzgarantie** zu: Dabei geht es um die Zusicherung, dass die dem Unternehmenskaufvertrag zugrunde liegenden Jahresabschlüsse richtig sind.[203] Das sind sie dann, wenn sie dem Gesetz und den anwendbaren Buchführungsvorschriften entsprechen. Jedoch sollte sich die Garantie auch darauf erstrecken, wie die Bilanzierungs- und Bewertungswahlrechte ausgeübt worden sind.[204] Wenn dem Unternehmenskaufvertrag mehrere Jahresabschlüsse zugrunde liegen, sollte dem Käufer auch die **Bilanzkontinuität** garantiert werden. Darüber kann dem Käufer gegenüber eine Eigenkapitalgarantie abgegeben werden, die sich auf das Vorhandensein eines Eigenkapitals in bestimmter Höhe zu einem bestimmten Zeitpunkt bezieht.[205] Dieses ist so präzise zu fassen, dass deutlich wird, ob sie sich auf das rechtliche oder wirtschaftliche Eigenkapital bezieht.[206]

99 Möglich ist es auch, eine Garantie für solche **Umstände** zu vereinbaren, die sich **nicht auf die Beschaffenheit des Zielunternehmens** i. S. v. § 434 BGB beziehen. Diese können sich sowohl die gesellschaftsrechtlichen Verhältnisse,[207] nicht bilanzierungsfähige Rechtsverhältnisse mit erheblichen wirtschaftlichen Auswirkungen[208] als auch auf künftige Umstände[209] beziehen. Wollen die Parteien den Garantienkatalog maßvoll erweitern, können folgende Gesichtspunkte durch Garantien abgedeckt werden, wobei zu berücksichtigen ist, dass sich die Notwendigkeit dieser oder weiterer Garantien stets aus den Besonderheiten des jeweiligen Unternehmens ergeben:

- **Anlagevermögen**: Das Unternehmen ist unbeschränkt und frei von Ansprüchen und Rechten Dritter Eigentümer der im Jahresabschluss enthaltenen und nicht im ordnungsgemäßen Geschäftsgang veräußerten Wirtschaftsgüter.
- **Rechtsstreitigkeiten** mit Dritten bestehen nicht (ggf. mit Ausnahmen für Rechtsstreitigkeiten, die Geldforderungen von weniger als einer bestimmten Summe betreffen).

---

[203] Hölters/*Semler* VII Rdnr. 245.

[204] Hölters/*Semler* VII Rdnr. 246.

[205] Hölters/*Semler* VII Rdnr. 247.

[206] Zum wirtschaftlichen Eigenkapital dürfte bspw. auch Sonderbetriebsvermögen eines Gesellschafters gehören. Hölters/*Semler* VII Rdnr. 247.

[207] Die Bindung der Anteile, Verträge mit dem Inhaber etc.

[208] Bspw. Arbeitsverträge, wichtige Lieferverträge etc.

[209] Bspw. die Erteilung einer bestimmten behördlichen Genehmigung.

- **Grundstücke** im Eigentum des Unternehmens.
- **Geistiges Eigentum** (IP): Garantie aller gewerblichen Schutzrechte, Lizenzen und Nutzungsrechte, die keinen Einwendungen Dritter ausgesetzt sein dürfen. Ggf. Garantie, dass Unternehmen keine weiteren Schutzrechte, Lizenzen oder Nutzungsrechte benötigt.
- Vollständige Liste aller **wesentlichen Verträge.** Ggf. Garantie, dass diese Verträge nicht gekündigt wurden bzw. auch keine Kündigung angedroht worden ist.

Hat der Verkäufer eine Garantie für einen bestimmten Umstand übernommen, so ist er 100
zur Erfüllung verpflichtet und, falls er nicht erfüllt, muss er dem Käufer **verschuldensunabhängig Schadensersatz** leisten.[210] Der Umfang der Schadloshaltung bestimmt sich nach den Grundsätzen des Schadensersatzrechts, so dass die §§ 249 ff. BGB auf die Garantieverpflichtung Anwendung finden.[211] Dieser Schadensersatzanspruch kann vertraglich näher konkretisiert werden: So kann der Schadensersatz statt der Leistung i. S. v. § 281 BGB ausgeschlossen oder der Schadensersatzanspruch generell der Höhe nach beschränkt werden. Dies gilt auch für Beschaffenheitsgarantien.[212] Interessengerecht kann auch eine Regelung sein, nach der der Käufer Schadensersatzansprüche nur dann geltend machen kann, wenn sie eine bestimmte Höhe erreichen. Dabei kann noch danach differenziert werden, ob jeder einzelne Schadensposten den Minimalbetrag überschreiten muss oder ob es ausreicht, dass alle Schadenspositionen zusammen diesen Betrag übersteigen. Diese Regelungen können auch miteinander kombiniert werden.

4. Haftung für Altverbindlichkeiten

a) **Haftung aus Firmenfortführung.** Gemäß **§ 25 Abs. 1 S. 1 HGB** haftet derjenige, der ein 101
unter Lebenden erworbenes Handelsgeschäft unter der bisherigen Firma mit oder ohne Beifügung das Nachfolgeverhältnisses andeutenden Zusatzes fortführt, für alle im Betriebe des Geschäfts begründeten **Verbindlichkeiten des früheren Inhabers.** Erforderlich ist, dass es sich um ein kaufmännisches Handelsgeschäft handelt, wobei es gleichgültig ist, ob dieses im Handelsregister eingetragen ist oder nicht.[213] Das Handelsgeschäft muss zum Zeitpunkt des Erwerbs **tatsächlich** noch **betrieben** werden. Jedenfalls müssen die wesentlichen Grundlagen des Handelsgeschäfts noch fortgeführt werden können.[214] Unter Erwerb i. S. v. § 25 HGB ist jede Unternehmensübertragung und -überlassung zu verstehen.[215] Die Haftung knüpft an die **tatsächliche Übernahme** des Unternehmens an, so dass die vertragliche Gestaltung zwischen Erwerber und Übernehmer irrelevant ist.[216] Es reicht auch aus, dass das Handelsgeschäft im wesentlichen Bestand oder in seinem Kern fortgeführt wird.[217] Hinsichtlich der Firma ist entscheidend, dass diese wenigstens in ihren prägenden Bestandteilen weitergeführt wird.[218] Liegen die Voraussetzungen des § 25 HGB vor, so haftet der Erwerber mit seinem gesamten Vermögen und nicht lediglich mit dem erworbenen Handelsgeschäft.[219] Im Grundsatz haftet der Erwerber damit rechtsgrundunabhängig für alle im Betriebe des Geschäfts begründeten Verbindlichkeiten.[220] Die Behandlung von **unternehmensbezogenen Dauerschuldverhältnissen** im Rahmen von § 25 HGB ist umstritten: Ohne weiteres haftet der Erwerber für bereits entstandene Teilansprüche aus solchen Dauerschuldverhältnissen.[221] Für solche Teilansprüche, die erst nach dem Übergang des Handelsgeschäfts entstehen, haftet er entweder aufgrund einer gesetzlich angeordneten oder vereinbarten Vertrags-

[210] BGH NJW 1999, 1542, 1544.
[211] BGH NJW 1999, 1542, 1544.
[212] Hölters/*Semler* VII Rdnr. 249.
[213] *Baumbach/Hopt* § 25 Rdnr. 2.
[214] BGH NJW 1992, 911; *Baumbach/Hopt* § 25 Rdnr. 3.
[215] *Baumbach/Hopt* § 25 Rdnr. 4.
[216] *Baumbach/Hopt* § 25 Rdnr. 5.
[217] BGHZ 18, 250; *Baumbach/Hopt* § 25 Rdnr. 26.
[218] BGH NJW 1992, 911; 2006, 1001.
[219] BGH BB 1955, 652; *Baumbach/Hopt* § 25 Rdnr. 10.
[220] *Baumbach/Hopt* § 25 Rdnr. 11.
[221] *Baumbach/Hopt* § 25 Rdnr. 11.

übernahme.[222] Hängt das Dauerschuldverhältnis mit dem Unternehmen zusammen, spricht viel für eine konkludente Vertragsübernahme; es kann auch eine konkludente Schuldübernahme vorliegen.[223] Der Veräußerer haftet weiterhin kraft Gesetzes als Gesamtschuldner neben dem Erwerber, allerdings nach **§ 26 HGB** höchstens fünf Jahre.

102 **§ 25 Abs. 2 HGB** eröffnet für die Vertragsgestaltung die Möglichkeit der Vereinbarung eines **Haftungsausschlusses** zugunsten des Erwerbers. Danach ist eine von § 25 Abs. 1 HGB abweichende Vereinbarung einem Dritten gegenüber wirksam, wenn sie in das Handelsregister eingetragen und bekannt gemacht oder von dem Erwerber oder dem Veräußerer dem Dritten mitgeteilt worden ist. Wichtig ist, dass die Eintragung bzw. Bekanntmachung zeitglich mit der Übernahme oder unverzüglich danach erfolgt.[224] Anderenfalls ist die Haftungsbeschränkung Dritten gegenüber nicht wirksam.[225] Die Eintragung erfolgt beim fortführenden, nicht beim übertragenden Rechtsträger.[226]

103 b) **Steuerliche Haftungsrisiken.** Auch in steuerlicher Hinsicht bestehen Haftungsrisiken: Wird ein Unternehmen oder ein in der Gliederung eines Unternehmens gesondert geführter Betrieb im Ganzen übereignet, haftet der Erwerber gem. **§ 75 Abs. 1 S. 1 AO** für Steuern, bei denen sich die Steuerpflicht auf den Betrieb des Unternehmens gründet, und für Steuerabzugsbeträge, vorausgesetzt, dass die Steuern seit dem Beginn des letzten, vor der Übereignung liegenden Kalenderjahres entstanden sind und bis zum Ablauf von einem Jahr nach Anmeldung des Betriebs durch den Erwerber festgesetzt oder angemeldet werden. Dabei beschränkt sich die Haftung auf den Bestand des übernommenen Vermögens (§ 75 Abs. 1 S. 2 AO). Erforderlich ist, dass diejenigen Gegenstände auf den Erwerber übertragen werden, die zuvor die wesentlichen Unternehmensgrundlagen gebildet haben oder zumindest geeignet sind, die wesentliche Grundlage für die Fortführung des Betriebs des Erwerbers zu bilden.[227] Der Begriff des Unternehmens i. S. v. § 75 AO wird im Gleichklang mit der betreffenden Steuer ausgelegt, so dass im Bereich der Umsatzsteuer beispielsweise bereits die Veräußerung eines vermieteten Gebäudes als Unternehmensveräußerung anzusehen sein kann.[228] Weitere abgabenrechtliche Haftungsvorschriften enthalten die **§§ 74, 76, 77 AO** für **rückständige Steuern.**

104 c) **Öffentlich-rechtliche Haftungsrisiken.** Daneben können weitere öffentlich-rechtliche Haftungsrisiken bestehen. Das gilt beispielsweise dann, wenn das Zielunternehmen durch staatliche Subventionen gefördert worden ist. Es ist nicht zwingend, dass diese Subventionierung nach der Unternehmensveräußerung weiter gewährt wird. Dieser Umstand kann eventuell durch Garantien aufgefangen werden. Möglich ist aber auch, dass früher gewährte staatliche Subventionen nach der Unternehmensveräußerung zurückgefordert werden, weil beispielsweise eine **unzulässige Beihilfegewährung** vorliegt oder die Mittel zweckendfremdet worden sind.[229] Gemäß **§ 4 Abs. 3 S. 1 BBodSchG** kann der Käufer als Zustandstörer oder Rechtsnachfolger gem. § 4 Abs. 3 S. 1 BBodSchG in Anspruch genommen werden.[230] Bei einem Share Deal muss der Käufer jedenfalls eine mögliche umweltrechtliche Haftung berücksichtigen.

5. Arbeitsrechtliche Aspekte

105 Geht ein Betrieb oder ein Betriebsteil durch Rechtsgeschäft auf einen anderen Inhaber über, so tritt dieser gem. **§ 613 a Abs. 1 BGB** in die Rechte und Pflichten aus denen im Zeitpunkt des Übergangs bestehenden Arbeitsverhältnissen ein. Diese Vorschrift enthält eine gesetzliche Regelung des **Betriebsübergangs** und seiner Auswirkungen auf das Arbeitsverhält-

[222] *Baumbach/Hopt* § 25 Rdnr. 11.
[223] *Baumbach/Hopt* § 25 Rdnr. 11. A. A. beispielsweise MünchKommHGB/*Lieb* § 25 Rdnr. 83 (für komplette, echte Vertragsüberleitung).
[224] Vgl. Reul/Heckschen/*Wienberg* S. 285
[225] OLG Stuttgart NZG 2010, 628; OLG München BB 2010, 1948.
[226] OLG Düsseldorf NJW-RR 2008, 1211.
[227] BFH/NV 1986, 381; 1988, 1; Reul/Heckschen/*Wienberg* S. 285.
[228] BFH StVl II 1993, 700; Tipke/*Kruse* § 75 Rdnr. 18 f.; Reul/Heckschen/*Wienberg* S. 285.
[229] Dazu ausführlich *Höfinghoff* RNotZ 2005, 387, 408.
[230] *Sorge* MittBayNot 1999, 232.

nis, von der zum Nachteil des Arbeitnehmers nicht abgewichen werden darf.[231] Ziel ist die möglichst umfassende Gewährleistung der Rechte der Arbeitnehmer bei einem Wechsel des Unternehmensinhabers.[232] Denn ohne § 613 a BGB würde die Übertragung der Arbeitsverhältnisse beim rechtsgeschäftlichen Betriebsübergang die Zustimmung des Erwerbes voraussetzen. Dieser könnte die Übernahme einzelner Arbeitnehmer verweigern.[233] Zugleich gewährleistet die Vorschrift, dass der Inhaber der wesentlichen Betriebsmittel auch Arbeitgeber wird.[234] Der Betriebserwerber tritt in die bestehenden Rechtsverhältnisse der Arbeitnehmer mit dem bisherigen Inhaber ein.[235] § 613 a Abs. 1 Sätze 2 bis 4 BGB regeln die Weitergeltung der bisherigen Kollektivvereinbarungen. § 613 a Abs. 4 BGB ist eine kündigungsrechtliche Vorschrift und verbietet die Kündigung wegen des Betriebsübergangs. § 613a Abs. 5 BGB sieht eine Unterrichtung der Arbeitnehmer über den Betriebsübergang vor, während § 613 a Abs. 6 BGB ein Widerspruchsrecht den Übergang des Arbeitsverhältnisses aufgrund eines Betriebsübergangs vorsieht.

Herkömmlich wurde für den Betriebsübergang i. S. v. § 613a BGB entscheidend auf die **sächlichen und immateriellen Betriebsmittel** abgestellt, die das wirtschaftliche Substrat bilden, mit dem der Unternehmer die Erlöse und insbesondere die Löhne erwirtschaftet.[236] Unter europarechtlichem Einfluss hat sich jedoch eine extensive Betrachtungsweise durchgesetzt: Danach setzt der Betriebsübergang den **Übergang einer identitätsbewahrenden wirtschaftlichen Einheit im Sinne einer organisierten Zusammenfassung von Ressourcen zur Verfolgung einer wirtschaftlichen Haupt- oder Nebentätigkeit** voraus.[237] Der Übergang eines Betriebsteils steht für dessen Arbeitnehmer dem Betriebsübergang gleich.[238] Dafür ist erforderlich, dass es sich um eine organisatorische Untergliederung handelt, mit der innerhalb des betriebstechnischen Gesamtzwecks ein Teilzweck verfolgt wird; es genügt, dass es sich um eine untergeordnete Hilfsfunktion handelt.[239] Besonderheiten ergeben sich bei der Veränderung der bisherigen Betriebsorganisation: Denn wird der Betrieb vom Erwerber nicht im Wesentlichen gleich fortgeführt, so dass die Identität der wirtschaftlichen Einheit nicht gewahrt ist, liegt nach der Rechtsprechung kein Betriebsübergang vor.[240] EuGH und BAG prüfen die Identitätswahrung der übergehenden Einheit aufgrund einer **Gesamtbewertung** verschiedener Einzelkriterien, so dass die gerichtliche Bewertung eines Übertragungsvorgangs kaum sicher prognostiziert werden kann, da insbesondere Kriterien für die Gewichtung der Einzelmerkmale fehlen.[241] Jedenfalls liegt ein Betriebsübergang nur vor, wenn der Erwerber die Einheit nach der Übernahme der betrieblichen Organisation- und Leitungsmacht auch tatsächlich fortführt.[242] Der Erwerber muss an die Stelle des Veräußerers treten, wobei die Betriebsidentität erhalten bleiben muss.[243] Voraussetzung ist ferner ein rechtsgeschäftlicher Betriebsübergang bzw. Teilbetriebsübergang. Dabei ist jedoch der Begriff des Rechtsgeschäfts umfassend zu verstehen. Ein Rechtsgeschäft liegt danach vor, wenn die zum Betrieb gehörenden materiellen oder immateriellen Betriebsmittel durch einen oder mehrere Übertragungsakte auf den neuen Inhaber übertragen werden, der dadurch neuer Inhaber des Betriebs und zur Nutzung der Betriebsmittel berechtigt wird.[244] Die Rechtsnatur des Vertrages, durch die die Betriebsmittel übertragen werden, ist ebenso ohne Bedeutung wie die Eigentumsverhältnisse an den Betriebsmitteln.[245] Als Rechtsgeschäfte kommen daher in 106

[231] Schaub/*Koch* § 117 Rdnr. 1.
[232] EuGH NZA 2000, 587.
[233] Schaub/*Koch* § 117 Rdnr. 3.
[234] BAG NZA 1996, 980.
[235] Schaub/*Koch* § 117 Rdnr. 4.
[236] MünchKommBGB/*Müller/Glöge* § 613 a Rdnr. 14.
[237] Artikel 1 Abs. 1 b RL 2001/23/EG (ABl 2001 L 82/16).
[238] Schaub/*Koch* § 117 Rdnr. 10.
[239] Schaub/*Koch* § 117 Rdnr. 10.
[240] BAG NZA 2007, 1431; Schaub/*Koch* § 117 Rdnr. 11.
[241] Vgl. dazu ausführlich Schaub/*Koch* § 117 Rdnr. 15 ff.
[242] BAG NZA 1985, 735; Schaub/*Koch* § 117 Rdnr. 26.
[243] Schaub/*Koch* § 117 Rdnr. 27.
[244] Schaub/*Koch* § 117 Rdnr. 30.
[245] BAG NZA 2006, 597.

Betracht: Kauf, Schenkung, Einbringung in eine Gesellschaft, Verpachtung, Nießbrauch, sowie eine Kombination mehrerer Geschäftstypen.[246] Ausreichend ist auch die Übernahme im Wege eines Management-Buy-Out-Vertrags bzw. durch einen Betriebsführungsvertrag.[247]

107 Liegen die Voraussetzungen des § 613a Abs. 1 S. 1 BGB vor, so tritt der Betriebserwerber in die Rechte und Pflichten aus den im Zeitpunkt des Übergangs bestehenden Arbeitsverhältnissen ein. Bei § 613a Abs. 1 bis 4 BGB handelt es sich im Grundsatz um **zwingendes Recht**. Insbesondere die nach den tatsächlichen Umständen des Einzelfalls zu beantwortende Frage, ob ein Betriebsübergang vorliegt, unterliegt nicht der Disposition der Beteiligten.[248] Jedoch eröffnet die Vorschrift einen Gestaltungsspielraum auf Tatbestandsebene durch Gestaltungsvarianten beim Übertragungsgeschäft. Weder die Betriebsübergangsrichtlinien noch das nationale Recht stehen der Gestaltung von wirtschaftlichen Abläufen entgegen, die auf die Vermeidung der tatbestandlichen Voraussetzungen eines Betriebsübergangs gerichtet sind.[249] Anders ist dies auf der Rechtsfolgenseite: Hier sind vertragliche Abreden zwischen Veräußerer und Erwerber zu den Rechtsfolgen des Betriebsübergangs zu Lasten der Arbeitnehmer nicht möglich.[250]

6. Kartellrechtliche Aspekte

108 Das Thema Fusionskontrolle wird bei den in der Notariatspraxis vorkommenden Gestaltungen wegen der betroffenen Größenordnungen **regelmäßig keine Rolle** spielen. Jedoch ist jedem Notar, der zumindest gelegentlich mit der Beurkundung von Unternehmenskäufen größeren Volumens befasst ist, zu empfehlen, sich zumindest Grundkenntnisse der insoweit möglicherweise anwendbaren Regelungen und der sich hieraus ergebenden Besonderheiten für die zivilrechtliche Gestaltung zu verschaffen. Unterliegt ein Unternehmenskauf nämlich der Fusionskontrolle, muss die Transaktion grundsätzlich **vor dem dinglichen Vollzug** bei den zuständigen Kartellbehörden **angemeldet** und von diesen **freigegeben** werden. Geschieht dies nicht, ist der dingliche Übertragungsakt regelmäßig zivilrechtlich unwirksam (§ 41 Abs. 1 S. 2 GWB).[251] Zusätzlich können die Kartellbehörden Bußgelder verhängen.[252] Der schuldrechtliche Unternehmenskaufvertrag kann hingegen bereits vor Freigabe abgeschlossen werden. Die dingliche Übertragung der Anteile bzw. Vermögensgegenstände sollte jedoch unter die aufschiebende Bedingung der erforderlichen fusionskontrollrechtlichen Freigaben gestellt werden.

109 Zunächst ist also zu prüfen, ob eine Transaktion der Fusionskontrolle unterliegt. Dazu muss die geplante Transaktion einerseits einen sog. **Zusammenschlusstatbestand** erfüllen. Zum anderen müssen die beteiligten Unternehmen bestimmte Aufgreifkriterien erfüllen. Dabei können verschiedene Fusionskontrollregime eingreifen.

110 Bei einem Unternehmenskauf in Deutschland ist zunächst zu prüfen, ob die (in der europäischen Fusionskontrollverordnung (**FKVO**) geregelte)[253] **europäische Fusionskontrolle** eingreift und damit eine Anmeldung bei der Europäischen Kommission in Brüssel erforderlich ist. Die europäische Fusionskontrolle kennt nur zwei Zusammenschlusstatbestände: die Fusion zwischen **zwei oder mehreren bisher voneinander unabhängigen Unternehmen,**

[246] Schaub/*Koch* § 117 Rdnr. 30 m. w. N.

[247] Schaub/*Koch* § 117 Rdnr. 30; Zu den Haftungsbeschränkungen im Insolvenzverfahren vgl. Teil XVI Kap. 29.

[248] Schaub/*Koch* § 118 Rdnr. 12.

[249] Schaub/*Koch* § 118 Rdnr. 12.

[250] Vgl. auch BAG NJW 1982, 1607. Zu mittbestimmungsrechtlichen Fragen, Unterrichtung und Widerspruchsrecht der Arbeitnehmer sowie prozessualen Problemen vgl. ausführlich Schaub/*Koch* § 118 Rdnr. 26 ff.

[251] Nach deutschem Recht ergibt sich dies aus § 41 Abs. 1 S. 2 des Gesetzes gegen Wettbewerbsbeschränkungen (GWB).

[252] Nach deutschem Recht kann gegen die beteiligten Unternehmen ein Bußgeld von bis zu EUR 1 Mio. und – darüber hinaus – bis zu 10% des weltweiten KonzernumS.es verhängt werden, § 81 Abs. 2 Nr. 1, Abs. 4 GWB. Wegen eines derartigen Verstoßes gegen das Vollzugsverbot hat das Bundeskartellamt bereits mehrfach Bußgelder verhängt; z. B. 2008 gegen Mars (EUR 4,5 Mio.), im Jahr 2009 gegen das Druck- und Verlagshaus Frankfurt am Main GmbH (EUR 4,13 Mio.), wegen eines fahrlässigen Verstoßes wurde ein Bußgeld in Höhe von EUR 2,5 Mio. gegen die Nordwest-Mediengruppe verhängt.

[253] VO (EG) Nr. 139/2004, ABl. 2004 L 24/1.

Art. 3 Abs. 1 lit. a) FKVO, sowie den **Erwerb unmittelbarer oder mittelbarer Kontrolle über ein oder mehrere Unternehmen oder Teile davon,** Art. 3 Abs. 1 lit. b) FKVO. Erfasst werden also sowohl Share Deals als auch Asset Deals. Als Aufgreifschwellen sieht die FKVO bestimmte **Umsatzschwellen** vor, welche die beteiligten Unternehmen überschreiten müssen.[254] Die FKVO greift dann ein, wenn die beteiligten Unternehmen (d.h. Erwerber und Zielgesellschaft) folgende Umsätze erreichen: (1) ein **weltweiter Gesamtumsatz aller** beteiligten Unternehmen zusammen von **mehr als € 5 Milliarden** und (2) ein **EU-weiter Gesamtumsatz** von **mindestens zwei** beteiligten Unternehmen von **jeweils mehr als € 250 Mio.** Ausgenommen sind Fälle, in denen die an einem Zusammenschluss beteiligten Unternehmen jeweils mehr als **zwei Drittel ihres EU-weiten Gesamtumsatzes** in ein und demselben Mitgliedstaat erzielen. Werden die vorgenannten Umsatzschwellen nicht erreicht, greift die FKVO gleichwohl ein, wenn folgende Schwellen erfüllt sind: (1) ein **weltweiter Gesamtumsatz aller** beteiligten Unternehmen zusammen von **mehr als € 2,5 Milliarden,** (2) ein **EU-weiter Gesamtumsatz** von **mindestens zwei** beteiligten Unternehmen von **jeweils mehr als € 100 Mio.** und (3) **in mindestens drei EU-Mitgliedstaaten** (a) ein **Gesamtumsatz aller** beteiligten Unternehmen zusammen **von mehr als € 100 Mio.** und (b) ein **Gesamtumsatz** von **mindestens zwei beteiligten Unternehmen** von **jeweils mehr als € 25 Mio.** Wiederum gilt die vorgenannte **zwei Drittel-Ausnahme.**

111 Ist die FKVO anwendbar, sind die Fusionskontrollregime **in den einzelnen EU-Mitgliedstaaten nicht anwendbar.** Werden die – hohen – Umsatzschwellen der FKVO demgegenüber nicht erreicht, muss die Anwendbarkeit der nationalen Fusionskontrollregime geprüft werden.

112 Im Gegensatz zur FKVO greift die **deutsche Fusionskontrolle** nicht nur bei einer Fusion sowie einem Kontrollerwerb ein. Vielmehr liegt ein Zusammenschlusstatbestand bereits dann vor, wenn im Rahmen eines **Share Deal mindestens 25% des Kapitals oder der Stimmrechte** eines anderen Unternehmens erworben werden, wobei die bereits vom Erwerber gehaltenen Anteile hinzuzurechnen sind. In bestimmten Fällen kann auch ein Erwerb unterhalb der 25%-Schwelle anmeldepflichtig sein.[255] Auch ein **Asset Deal** ist bei Erreichung der nachfolgenden Größenmerkmale regelmäßig anmeldepflichtig.[256] Eine Transaktion unterliegt der deutschen Fusionskontrolle und ist damit beim Bundeskartellamt in Bonn anzumelden, wenn die beteiligten Unternehmen folgende Umsatzschwellen erfüllen:[257] (1) die beteiligten Unternehmen erzielen insgesamt **weltweit Umsatzerlöse** von **mehr als € 500 Mio.** und (2) **im Inland** erzielt (a) **mindestens ein** beteiligtes Unternehmen Umsatzerlöse von **mehr als € 25 Mio.** und (b) **ein anderes** beteiligtes Unternehmen Umsatzerlöse von **mehr als € 5 Mio.**

113 Die Verfahrensvorschriften der Fusionskontrolle unterscheiden sich je nach anwendbarer Rechtsordnung. Regelmäßig prüft die Behörde im Rahmen der sog. Phase I, ob eine vertiefte Untersuchung erforderlich ist. Nach deutscher Fusionskontrolle läuft die Phase I einen Monat nach Einreichung der (vollständigen) Anmeldung beim Bundeskartellamt ab (§ 40 Abs. 1 GWB). Ist eine vertiefte Prüfung erforderlich, wird die sog. Phase II eingeleitet. Nach deutscher Fusionskontrolle läuft diese grundsätzlich vier Monate ab Einreichung der Anmeldung ab (§ 40 Abs. 2 GWB).

7. Steuerklausel

114 Der Notar hat gemäß **§ 17 BeurkG** über die **rechtliche Tragweite** des Rechtsgeschäfts zu belehren, zu der die steuerlichen Folgen nicht gehören.[258] Insbesondere bei der Unternehmensveräußerung sollte der Notar den Beteiligten dringend anraten, eine steuerliche Überprüfung durch einen **Steuerberater** vornehmen zu lassen, der auch den Vertragsentwurf in

[254] Art. 1 FKVO.
[255] § 37 Abs. 1 Nr. 4 GWB.
[256] Erwerb des Vermögens eines anderen Unternehmens ganz oder zu einem wesentlichen Teil, § 37 Abs. 1 Nr. 1 GWB.
[257] § 35 Abs. 1 GWB. Zu Ausnahmeregelungen siehe § 35 Abs. 2 GWB.
[258] *Winkler* § 19 Rdnr. 2.

steuerlicher Hinsicht prüft. Das dies geschehen ist, sollte auch in der Urkunde festgestellt werden. Da insbesondere bei der Veräußerung kleinerer und mittlerer Unternehmen keine Due-Diligence-Prüfung seitens des Käufers vorgenommen wird und somit etwa zu identifizierende Steuerrisiken nicht unmittelbar bei der Kaufpreisbestimmung durch Abzug eines Steuerrisikos vom Unternehmenswert berücksichtigt werden, ist der Käufer im Allgemeinen bestrebt, dass **Steuernachzahlungsrisiko** durch entsprechende Steuergarantien oder Steuerfreistellungsregelungen im Kaufvertrag auf den Veräußerer zu übertragen.[259] Der Unterschied zwischen Garantien und Freistellungen besteht darin, dass Freistellungen das Finanzierungsrisiko für Steuerrisiken, die streitbehaftet sind, dem Veräußerer auferlegen, wohingegen Garantien erst nach Eintritt eines Schadens zu einem steuerlichen Ausgleich durch Schadensersatzansprüche führen.[260] Die **Garantie** des Veräußerers geht daher dahin, dass das veräußerte Unternehmen bis zum Zeitpunkt des tatsächlichen Übergangs **alle steuerlichen Erklärungs- und Anmeldepflichten ordnungs- und fristgemäß erfüllt hat und es allen steuerlichen Zahlungspflichten vollständig nachgekommen** ist.[261] Hingegen beziehen sich die **Steuerfreistellungen** grundsätzlich auf alle **Nachzahlungen** für Steuern, die für den Zeitraum entstanden sind, in dem der Veräußerer die Kontrolle über das Unternehmen besaß. Deshalb muss die Abgrenzung hier auf den Tag der wirtschaftlichen Wirkung (sog. **Effective Date**) der Veräußerung stattfinden, da die Gewinne und Verluste aus Perioden nach diesem Tag bereits dem Erwerber zugutekommen.[262] Die Freistellungsverpflichtung entsteht dabei jedoch nur insoweit, als zukünftige Steuerzahlungen nicht durch eine entsprechende Rückstellung in der Bilanz zum Tag der wirtschaftlichen Wirkung ausgewiesen sind.[263] Auch können weitere Einschränkungen der Freistellungsverpflichtung vorgesehen werden, wenn Steuernachzahlungen Umkehrwirkungen nachfolgender Perioden verursachen, die entweder zu Steuererstattungen oder -minderungen führen mit der Folge, dass sich der Steuernachzahlungsschaden insoweit reduziert.[264]

8. Wettbewerbsverbote

115 Viele Unternehmenskäufe, denen der Notar in seiner Gestaltungspraxis begegnet, erfolgen auf Seiten des Verkäufers aus Altersgründen und dienen infolgedessen der Regelung der **Unternehmensnachfolge.** Wettbewerbliche Fragen stellen sich in bei dieser Ausgangslage naturgemäß nur **eingeschränkt.** Bei allen anderen Unternehmenskäufen wird den Käufer jedoch zu Recht die Sorge umtreiben, dass der Verkäufer sich nicht gänzlich von seinen bisherigen geschäftlichen Aktivitäten zurückzieht, sondern in der einen oder anderen Weise mit dem Käufer in Wettbewerb tritt und damit verhindert, dass der Wert des übertragenen Unternehmens bzw. der übertragenen Vermögensgegenstände vollständig auf den Käufer übergeht. Besonders gefährdet ist hierbei der Übergang der sogenannten **weichen Faktoren** wie Marktposition, Reputation, Kundenstamm, geschäftliche Beziehungen oder Know-How (**Goodwill**).[265] Die Erfahrung zeigt, dass gerade auch bei der Veräußerung kleinerer und mittlerer Unternehmen ein dringendes Bedürfnis besteht, den Verkäufer davon abzuhalten, dass dieser in der Nähe seines bisherigen Geschäfts das gleiche oder ein ähnliches Geschäft eröffnet und dann auf seinen bisherigen Kundenstamm zurückgreift. Es sollte daher stets durch die Vereinbarung eines Wettbewerbsverbots sichergestellt werden, dass sich der Verkäufer solange von dem betroffenen Markt fernhält, wie der Käufer dies zur Sicherung der Marktposition des erworbenen Unternehmens braucht.

116 In demjenigen Umfang, wie das Wettbewerbsverbot lediglich der Sicherung des Hauptvertragszwecks dient, wird sich regelmäßig auch ohne ausdrückliche vertragliche Regelung be-

[259] Hölters/*Gröger* IV Rdnr. 270.

[260] Hölters/*Gröger* IV Rdnr. 271.

[261] Der Veräußerer könnte zudem versichern, dass zwischen dem Vertragsschluss und dem wirtschaftlichen Übergang des Unternehmens keine Maßnahmen ohne Zustimmung des Erwerbers getroffen worden sind, die steuerliche Position des veräußerten Unternehmens beeinträchtigen Hölters/*Gröger* IV Rdnr. 272.

[262] Hölters/*Gröger* IV Rdnr. 273.

[263] Hölters/*Gröger* IV Rdnr. 273.

[264] Hölters/*Gröger* IV Rdnr. 273.

[265] Vgl. hierzu *Kästle/Oberbracht* S. 274.

reits eine (ungeschriebene) **vertragliche Nebenverpflichtung** zur Unterlassung künftigen Wettbewerbs aus Treu und Glauben (§ 242 BGB) ergeben.[266] Daher ist auch ein ausdrücklich geregeltes Wettbewerbsverbot, das sich – bei Lichte betrachtet – in diesen Grenzen hält, völlig unproblematisch. Überschreitet ein Wettbewerbsverbot hingegen das notwendige Maß, kann es wegen eines Verstoßes gegen das sich aus **§ 1 GWB** und – bei spürbarer Betroffenheit des grenzüberschreitenden Handels in der EU – aus **Art. 101 AEUV** (ex-Art. 81 Abs. 1 EGV) ergebende Kartellverbot unwirksam sein (§ 1 GWB i.V.m. § 134 BGB; Art. 101 Abs. 2 AEUV).[267] Die Unwirksamkeit des Wettbewerbsverbots kann sich daneben auch aus **§ 138 BGB** ergeben, weil der Verkäufer möglicherweise in seiner Berufsausübungsfreiheit übermäßig beschränkt wird.[268]

Obgleich die Schutzzwecke der kartellrechtlichen Vorschriften einerseits und des § 138 BGB andererseits in gänzlich unterschiedliche Richtungen zielen, unterscheiden sich die hieraus jeweils resultierenden inhaltlichen Vorgaben für die Zulässigkeit des Wettbewerbsverbots kaum.[269] Die jeweiligen tatbestandlichen Ausgestaltungen fließen ineinander und münden letztlich in einer **Angemessenheitsprüfung.**[270] Ein Wettbewerbsverbot ist danach – vor dem Hintergrund beider Maßstäbe – nur dann wirksam, wenn es durch ein schutzwürdiges Interesse des Käufers gerechtfertigt ist und sachlich, räumlich und zeitlich das notwendige Maß nicht überschreitet.[271] **117**

Das Wettbewerbsverbot ist **sachlich** auf diejenigen Waren und Dienstleistungen zu beschränken, die zum Zeitpunkt es Vertragsabschlusses den Gegenstand des übertragenen Unternehmens bilden. In **räumlicher** Hinsicht ist das Wettbewerbsverbot gerade bei Unternehmen mit nur lokaler oder regionaler Tätigkeit auch örtlich auf dieses Gebiet zu begrenzen. **Zeitlich** empfiehlt sich im Hinblick auf die Rechtsprechung des BGH im Regelfall eine Beschränkung auf einen Zeitraum von **zwei Jahren.** Eine längere Geltungsdauer bedarf stets der besonderen Rechtfertigung (z.B. im Falle starker Kundentreue oder bei langem wirtschaftlichem Lebenszyklus der Produkte).[272] Ein länger als **fünf Jahre** dauerndes Wettbewerbsverbot wird sich jedoch kaum begründen lassen.[273] Keinesfalls darf das Wettbewerbsverbot über denjenigen Zeitraum hinausgehen, den der Begünstigte benötigt, um den betroffenen Betrieb und die Kundenbeziehungen zu konsolidieren.[274] **118**

Ein Wettbewerbsverbot kann im Übrigen nicht nur dann notwendig und zulässig sein, wenn ein Unternehmen in seiner Gesamtheit übertragen wird. Auch bei der Übertragung **einzelner Assets** ist die wirksame Vereinbarung eines Wettbewerbsverbots dann möglich, wenn der Erwerber den zugrunde gelegten Wert des Wirtschaftsgutes nur nutzen kann, wenn der Verkäufer die Konkurrenztätigkeit unterlässt (z.B. bei Veräußerung eines Produktionsbereichs oder eines bestimmten Kundestammes). Zielt der Unternehmenskauf hingegen eindeutig nicht auf die Übertragung des Goodwills ab, etwa weil es dem Käufer nur um einzelne Vermögensgegenstände geht oder das Zielunternehmen alleine zum Zweck der Stilllegung erworben werden soll, kann das Wettbewerbsverbot wegen des bloßen **Abkaufs von Wettbewerb** unzulässig sein.[275] **119**

Vor dem Hintergrund dieser strengen Kriterien und im Hinblick auf die aus § 139 BGB folgenden Risiken für den Gesamtvertrag kann dem Notar nur empfohlen werden, Wettbewerbsverbote in Unternehmenskaufverträgen äußerst behutsam zu formulieren. Keinesfalls **120**

[266] Vgl. nur Picot/*Picot* Teil V Rdnr. 122.

[267] Rotthege/Wassermann/*Mäger*, Unternehmenskauf bei der GmbH, 2011, S. 234.

[268] Vgl. nur Palandt/*Ellenberger* § 138 Rdnr. 104 m.w.N.

[269] Rotthege/Wassermann/*Mäger* S. 233.

[270] So ausdrücklich *Kästle/Oberbracht* S. 275.

[271] BGH NJW 2004, 66f; vgl. auch die Bekanntmachung der Kommission über Einschränkungen des Wettbewerbs, die mit der Durchführung von Unternehmenszusammenschlüssen unmittelbar verbunden und für diese notwendig sind (Bekanntmachung zu Nebenabreden), ABlEG 2001 Nr. C 188/5.

[272] Rotthege/Wassermann/*Mäger* S. 233.

[273] Vgl. *De Crozals/Hartog*, Die neue Nebenabreden-Bekanntmachung der Europäischen Kommission, EWS 2004, 533, 534.

[274] Vgl. BGH WM 1994, 220, 223.

[275] So ausdrücklich *Kästle/Oberbracht* S. 276.

sollte es der Notar auf die bei einem „überschießenden" Wettbewerbsverbot möglicherweise in Betracht kommende **geltungserhaltende Reduktion** ankommen lassen.[276] In **personeller** Hinsicht ist bei der Gestaltung sicherzustellen , dass das Wettbewerbsverbot, etwa wenn der Verkäufer nur eine Vehikelgesellschaft ist, auch auf den dahinterstehenden „eigentlichen" Verkäufer erstreckt wird, z. B. durch ausdrückliche Mitverpflichtung oder durch die Vereinbarung von Einstandspflichten. Dabei ist selbstverständlich die Unwirksamkeit von Verträgen zulasten Dritter zu beachten. Auch der **Ehegatte** des Verkäufers wird von einem Wettbewerbsverbot nicht ohne weiteres erfasst. Der BGH hat in diesem Zusammenhang sogar eine Aufklärungspflicht des Verkäufers über die beabsichtigte Eröffnung eines Konkurrenzgeschäfts durch den Ehegatten abgelehnt.[277]

121 Die gesetzliche **Rechtsfolge** einer Verletzung des Wettbewerbsverbotes sind Unterlassungs- und Schadensersatzansprüche des Käufers. Je nach Bedeutung des Wettbewerbsverbotes für den Käufer kann es sich empfehlen, dieses mit einer **Vertragsstrafenregelung** abzusichern.[278]

9. Sonstige Regelungen

122 a) **Schiedsklausel.** Je nach Unternehmensgegenstand oder den Interessen der Beteiligten können noch weitere Regelungen angezeigt sein. So kann es sich gerade bei kleineren und mittleren Unternehmen anbieten, eine Schiedsvereinbarung zu treffen, um den Unternehmenswert nicht durch öffentliche Auseinandersetzungen zu beeinträchtigen.[279] Gemäß **§ 1030 Abs. 1 ZPO** kann jeder vermögensrechtliche Anspruch Gegenstand einer Schiedsvereinbarung sein. Eine Schiedsvereinbarung über nicht vermögensrechtliche Ansprüche hat gem. S. 2 insoweit rechtliche Wirkung, als die Parteien berechtigt sind, über den Gegenstand des Streites einen Vergleich zu schließen. Gemäß **§ 1055 ZPO** hat der Schiedsspruch unter den Parteien die Wirkungen **eines rechtskräftigen gerichtlichen Urteils.** § 1031 Abs. 1 ZPO bestimmt, dass die Schiedsvereinbarung entweder in einem von den Parteien unterzeichneten Dokument oder einen zwischen ihnen gewechselten Schreiben, Fernkopien, Telegramm oder anderen Formen der Nachrichtenübermittlung, die einen Nachweis der Vereinbarung sicherstellen, enthalten sein muss. Anderes gilt jedoch für Schiedsvereinbarungen, an denen ein Verbraucher beteiligt ist: diese müssen gemäß Abs. 5 in einer von den Parteien eigenhändig unterzeichneten Urkunde enthalten sein. Andere Vereinbarungen, als solche, die sich auf das schiedsrichterliche Verfahren beziehen, darf die Urkunde[280] nicht enthalten. Nach **§ 1031 Abs. 5 S. 1 2. HS ZPO** besteht jedoch das Erfordernis einer gesonderten Urkunde für **notariell beurkundete Verträge** generell nicht. Wird in der Schiedsklausel auf eine institutionelle Schiedsstelle verwiesen und deren Schiedsordnung für anwendbar erklärt, so wird vielfach vertreten, dass die **Schiedsordnung mitbeurkundet** werden muss.[281] Besteht noch keine Schiedsvereinbarung, an die bereits eine der Parteien gebunden ist, liegt keine Schuldübernahme vor.[282] In der Praxis hat es sich bewährt, eine die institutionelle Schiedsordnung enthaltende **Verweisungsurkunde** zu errichten, auf die dann gemäß § 13 a BeurkG verwiesen werden kann.[283]

123 b) **Besonderheiten bei der Veräußerung freiberuflicher Praxen.** Besonderheiten können sich auch beim Verkauf einer freiberuflichen Praxis ergeben.[284] Zwar unterscheidet sich der

[276] Zumindest wenn die Wirksamkeit des Verbotes lediglich an seiner vereinbarten Dauer scheitert, kann das Verbot im Regelfall beschränkt auf die zulässige Höchstdauer aufrechterhalten bleiben (BGH NJW-RR 1996, 741 – zu § 138 BGB; BGH NJW 1985, 2693, 2695 – zu § 1 GWB).

[277] BGH DB 1987, 783.

[278] Vgl. hiezu *Kästle/Oberbracht*, S. 278 (mit Formulierungsvorschlag unter Ziff. 13).

[279] Vgl. Kersten/Bühling/*Wolfsteiner* § 31 Rdnr. 51.

[280] Oder das elektronische Dokument (§ 126 a BGB).

[281] Kersten/Bühling/*Wolfsteiner* § 31 Rdnr. 51; *Winkler* § 9 Rdnr. 79.

[282] Vgl. *Winkler* § 9 Rdnr. 79.

[283] Ausführlich zur Frage der Beurkundungsbedürftigkeit *Heidbrink*, Beurkundung von Schiedsgerichtsordnungen in GmbH-Anteilskaufverträgen, GmbHR 2010, 848.

[284] Dazu *Römermann/Schröder*, Die Bewertung von Anwaltskanzleien, NJW 2003, 2709; *Römermann*, Auflösung und Abspaltung bei Anwaltssozietäten, NJW 2007, 2209.

Verkauf einer freiberuflichen Praxis nicht grundsätzlich von anderen Unternehmensveräußerungen. Der Unterschied liegt jedoch darin, dass die Praxis als Unternehmen aus einer Summe von Beziehungen, Exspektanzen und Möglichkeiten besteht, die im Wesentlichen auf dem **Vertrauen der Kundschaft** beruhen und besonders eng mit der Person des bisherigen Praxisinhabers verknüpft sind.[285] Für die Vertragsgestaltung bedeutet das, dass im Vordergrund weniger die Übertragung der einzelnen Bestandteile als vielmehr das Anliegen steht, den Käufer in die Lage zu versetzen, die Vertrauensposition des Verkäufers zu übernehmen. Dazu gehören die Übernahme der Räume des Veräußerers, die Möglichkeit der Fortsetzung der Kundenbeziehungen inklusive der Übertragung der Klienten-Karteien sowie die Empfehlung des Erwerbers als Nachfolger gegenüber den Klienten.[286] Bei der Vertragsgestaltung ist ebenfalls zu berücksichtigen, dass der Erwerber die Praxis nach den Vorschriften des jeweiligen Standesrechts fortführen muss. Eine besondere Rolle spielen in diesem Zusammenhang auch **Wettbewerbsverbote**.[287]

Unterliegt der Veräußerer der Praxis einem **Verschwiegenheitsverbot**, darf er sich ohne Einwilligung der betroffenen Klienten nicht zur Übergabe der Mandanten- oder Krankenakten verpflichten.[288] Dies kann nicht dadurch umgangen werden, dass der Erwerber die Akten nur treuhänderisch übernimmt und sich zur Rückgabe an den Klienten verpflichtet, falls dieser mit der Übernahme nicht einverstanden sein sollte.[289] Möglich ist allerdings, dass der Veräußerer und der Erwerber zunächst eine Außensozietät bilden und der Veräußerer sodann kurze Zeit später aus der Sozietät ausscheidet.[290] Möglich ist auch die Übergabe der Praxis an einen angestellten Berufsträger.[291] Handelt es sich um eine ärztliche Praxis mit **Kassenzulassung**, so lassen sich diese Verfahren im Bereich mit Zulassungsbeschränkungen in der Regel jedoch nicht anwenden.[292] 124

Bei der Veräußerung einer **Apotheke** sind die Beschränkungen zu beachten, die sich aus dem Berufsrecht der Apotheker, vor allem aus dem Apothekengesetz ergeben.[293]

10. Management-Buy-Out/Management-Buy-In

a) **Allgemeines.** Besonderheiten ergeben sich beim sogenannten Management-Buy-Out[294] und Management-Buy-In.[295] Ein **Management-Buy-Out** liegt bei der Übernahme des Unternehmens durch das bisherige Management vor, ein **Management-Buy-In**, wenn dem Unternehmen bisher fremde Manager das Unternehmen erwerben.[296] Dabei handelt es sich genau genommen allerdings nicht um Sonderformen eines Unternehmenskaufs, sondern um Übernahmen, die grundsätzlich keine anderen Probleme aufwerfen als andere Unternehmenskäufe, sondern nur zu einer anderen Gewichtung und Konzentration dieser Probleme führen.[297] 125

b) **Besonderheiten beim Management-Buy-Out.** Zwar wird es sich oftmals um ein Unternehmen in einer wirtschaftlichen **Krise** handeln, das vom eigenen Management übernommen wird, jedoch ist dies nicht zwangsläufig so: Vielmehr hat sich der Management-Buy-Out auch zu einem Instrument der **Unternehmensnachfolge** entwickelt.[298] Das gilt vor allem dann, wenn sich in der Familie der bisherigen Unternehmer keine oder keine geeigneten Nachfolger finden. In diesen Fällen ist es oftmals eine wirtschaftlich vernünftige Lösung, 126

---

[285] Kersten/Bühling/*Wolfsteiner* § 31 Rdnr. 55.
[286] Kersten/Bühling/*Wolfsteiner* § 31 Rdnr. 55.
[287] Kersten/Bühling/*Wolfsteiner* § 31 Rdnr. 56. Zu Wettbewerbsverboten ausführlich oben unter D. VIII.
[288] BGHZ 148, 97.
[289] OLG Naumburg NJW-RR 2002, 1285; Kersten/Bühling/*Wolfsteiner* § 31 Rdnr. 57.
[290] BGHZ 148, 97; Kersten/Bühling/*Wolfsteiner* § 31 Rdnr. 58.
[291] OLG Naumburg NJW-RR 2002, 1285; Kersten/Bühling/*Wolfsteiner* § 31 Rdnr. 58.
[292] Kersten/Bühling/*Wolfsteiner* § 31 Rdnr. 59.
[293] Dazu ausführlich Kersten/Bühling/*Wolfsteiner* § 31 Rdnr. 60.
[294] Dazu Baumbach/Hueck/*Noack/Zöllner* § 35 Rdnr. 48; *Beisel/Klumpp* 13. Kapitel Rdnr. 1–22.
[295] Dazu *Hohaus* BB 2006, 2089. Allgemein zum Management-Buy-Out und Management-Buy-In: *Koblenzer* ZEV 2002, 350.
[296] Hölters/*Hölters* I Rdnr. 77.
[297] Hölters/*Hölters* I Rdnr. 77.
[298] Vgl. auch *Koblenzer* ZEV 2002, 350.

auch die Inhaberschaft am Unternehmen in die Hände des bisherigen Managements zu legen, das als zuverlässig bekannt ist und über die notwendigen Kenntnisse und Fähigkeiten verfügt.[299] Dabei erwirbt das bisherige Management das Unternehmen teilweise mit Eigenmitteln; oftmals wird die Transaktion aber auch zu einem großen Teil **fremdfinanziert.** Der Vorteil für die notarielle Vertragsgestaltung liegt beim Management-Buy-Out darin, dass der Erwerber über **Insiderwissen** verfügt und das Unternehmen deutlich besser kennt als jeder Dritte Käufer. Im Regelfall werden die Parteien daher auf umfangreiche Gewährleistungskataloge verzichten. Der Erwerber ist bereit das Unternehmen so zu übernehmen, wie es ist. Deshalb ist das Risiko einer Inanspruchnahme des Veräußerers durch den Erwerber in diesen Fällen gering. Oftmals ist es ausreichend, dass der Veräußerer **nur die Garantie dafür übernimmt, dass die Geschäftsanteile voll einbezahlt und nicht mit Rechten Dritter belastet sind.** Bei der Definition der Sollbeschaffenheit kann es genügen zu vereinbaren, dass die gegenwärtige tatsächliche und rechtliche Beschaffenheit auch die vertraglich vereinbarte ist.[300]

127 Auf der anderen Seite ist zu berücksichtigen, dass sich das Management durch das Insiderwissen auch in einer **Interessenkollision** befindet: So bestehen einerseits Treue- und Verschwiegenheitspflichten gegenüber dem Unternehmen, andererseits will das Management auch seine eigenen Interessen bei der Verhandlung des Unternehmenskaufvertrags durchsetzen.

128 c) **Besonderheiten beim Management-Buy-In.** Der Management-Buy-In, bei dem das Unternehmen von fremden Managern erworben wird, kommt seltener vor als der Management-Buy-Out. Dieses wird bspw. dann gewollt sein, wenn die Erwerber der Auffassung sind, dass das Unternehmen nicht optimal geführt wird. In diesem Fall kann die Investitions- und Innovationsbereitschaft des Erwerbers besonders hoch sein. Aber auch im Rahmen der **Nachfolgeplanung** kann sich ein Management-Buy-In anbieten, wenn der bisherige Alleinunternehmer und -geschäftsführer keine geeigneten Nachfolger in seiner Familie hat und das Unternehmen in kompetente Hände geben will.[301] Denn dadurch kann das Unternehmen oft als solches erhalten bleiben und muss nicht in ein Großunternehmen eingegliedert werden. Im Gegensatz zum Management-Buy-Out kennen die fremden Manager das Zielunternehmen regelmäßig nicht, so dass sich im Hinblick auf Gewährleistungen und Garantien gegenüber dem gewöhnlichen Unternehmenskauf **keine Besonderheiten** ergeben.

11. Vertragsmuster

129 Ein kurzer Unternehmensvertrag (Share Deal) könnte etwa wie folgt aussehen:

Muster:

Notarielle Urkunde
URNr. …… für ……
Verhandelt zu …… am ……
Vor dem unterzeichnenden Notar
mit dem Amtssitz zu
erschienen:
1. ……,
persönlich bekannt/ausgewiesen durch
– nachstehend **„Veräußerer"** genannt –,
2. ……,
persönlich bekannt/ausgewiesen durch
– nachstehend **„Erwerber"** genannt –,
mit der Bitte um Beurkundung des folgenden **Kauf- und Übertragungsvertrages:**

[299] Vgl. *Koblenzer* ZEV 2002, 350, 351.
[300] Vgl. Kersten/Bühling/*Wolfsteiner* § 31 Rdnr. 15 und 16M.
[301] Vgl. *Koblenzer* ZEV 2002, 350.

I.

Der Veräußerer ist ausweislich der im Handelsregister aufgenommenen und als Anlage zur Urkunde genommenen widerspruchsfreien Gesellschafterliste vom ...... Gesellschafter der

Firma

mit dem Sitz in

Amtsgericht HRB

Anschrift:

Stammkapital

– nachstehend „**Gesellschaft**" genannt

mit folgendem Geschäftsanteil:

lfd. Nr. des Geschäftsanteils	Nennbetrag des Geschäftsanteils

Er hat diesen Geschäftsanteil erworben mit

Weiterer Gesellschafter (Minderheitsgesellschafter) ist Herr ...... mit folgendem Geschäftsanteil:

lfd. Nr. des Geschäftsanteils	Nennbetrag des Geschäftsanteils

Sämtliche Geschäftsanteile sind nach Angabe des Veräußerers sowie ausweislich des Jahresabschlusses zum ...... jeweils zur Hälfte eingezahlt.

II.

1. Der Veräußerer verkauft hiermit an den dies annehmenden Erwerber seinen Geschäftsanteil lfd. Nr. ...... im Nennbetrag von ...... Euro („Geschäftsanteil") mit allen damit verbundenen Rechten und Pflichten und mit wirtschaftlicher Wirkung zum 1. Januar dieses Jahres, 00:00 Uhr (zuvor und nachfolgend „Stichtag"), einschließlich des Gewinnbezugsrechts für alle zum Stichtag noch nicht ausgeschütteten Gewinne. Der Verkauf erfolgt zu den Bedingungen dieses Vertrages.
2. In Erfüllung seiner Verpflichtungen aus diesem Kaufvertrag überträgt der Veräußerer hiermit an den dies annehmenden Erwerber den Geschäftsanteil mit allen damit verbundenen Rechten und Pflichten, einschließlich des Gewinnbezugsrechts für alle zum Stichtag noch nicht ausgeschütteten Gewinne.
Die Übertragung des Geschäftsanteils erfolgt unter der aufschiebenden Bedingung der vollständigen Zahlung des Kaufpreises (Zahlungseingang) gemäß Ziffer 3. Der Veräußerer verpflichtet sich, dem Notar den Zahlungseingang unaufgefordert unverzüglich schriftlich mitzuteilen. Der Notar wird beauftragt, Ausfertigungen und beglaubigte Abschriften dieser Urkunde an die Beteiligten – mit Ausnahme einer vollstreckbaren Ausfertigung gemäß nachfolgender Ziffer 4 – erst nach Erhalt der Zahlungsmitteilung zu erteilen. Die aufschiebende Bedingung gilt spätestens mit Eingang der Zahlungsmitteilung beim Notar als eingetreten.
3. Der Kaufpreis beträgt EUR ......
zuzüglich etwaiger gesetzlicher Umsatzsteuer. Die Vertragsparteien sind sich einig, dass Umsatzsteuer auf den Kaufpreis nicht anfällt. Falls und soweit der Veräußerer wider erwarten rechtskräftig zur Umsatzsteuer veranlagt werden sollte, wird der Erwerber die Umsatzsteuer zusätzlich zum Kaufpreis zahlen. Voraussetzung ist, dass der Veräußerer dem Erwerber über die rechtskräftige Veranlagung Nachweis erbringt und dem Erwerber die Umsatzsteuer ausweisende Rechnungen aushändigt, die den Erwerber zum Vorsteuerabzug berechtigen.
Der Kaufpreis ist am ...... fällig und zahlbar auf das Konto der Veräußerers bei der ...... Bank
BLZ:
Konto-Nr.:
Im Falle des Verzugs ist der Kaufpreis ab dem Tage der Fälligkeit mit ......% p. a. zu verzinsen.
Der Erwerber stellt den Veräußerer ferner von der Verpflichtung zur Zahlung der restlichen Stammeinlage auf die übertragene Beteiligung und auf das übrige Stammkapital frei.
4. Der Erwerber unterwirft sich gegenüber dem Veräußerer wegen des vereinbarten Kaufpreises von EUR ...... der sofortigen Zwangsvollstreckung aus dieser Urkunde in sein gesamtes Vermögen. Der Notar darf an den Veräußerer jederzeit eine vollstreckbare Ausfertigung dieser Urkunde erteilen.
5. Der Veräußerer garantiert im Sinne einer verschuldensunabhängigen Garantiehaftung, dass

- der hier übertragene Geschäftsanteil ist rechtswirksam begründet, frei von Rechten Dritter, insbesondere frei von Nießbrauch- und Pfandrechten ist und dass der Veräußerer über den übertragenen Geschäftsanteil frei verfügen kann,
- die auf den übertragenen Geschäftsanteil geschuldete Stammeinlage zur Hälfte durch Einzahlung auf ein Bankkonto der Gesellschaft erbracht, Rückzahlungen nicht – auch nicht verdeckt – erfolgt sind und Nachschusspflichten nicht bestehen,
- derzeit keine Gesellschafterdarlehen oder Forderungen aus Rechtshandlungen, die einem solchen Darlehen wirtschaftlich entsprechen, bestehen,
- keine Unternehmensverträge gemäß den §§ 291 ff. AktG mit der Gesellschaft bestehen.
  er keine Forderungen – gleich welcher Art – gegen die Gesellschaft mehr hat,
- der Jahresabschluss der Gesellschaft zum ...... („Bilanzstichtag") mit der Sorgfalt eines ordentlichen Kaufmanns unter Beachtung der Grundsätze ordnungsmäßiger Buchführung nach den gesetzlichen Vorschriften unter Wahrung der Bilanzierungs- und Bewertungskontinuität erstellt wurde und zum Bilanzstichtag gemäß § 264 Abs. 2 HGB ein den tatsächlichen Verhältnissen entsprechendes Bild der Vermögens-, Finanz- und Ertragslage der Gesellschaft vermittelt,
- die Geschäfte seit dem Bilanzstichtag bis zum heutigen Tage in der bisherigen Art und mit der Sorgfalt eines ordentlichen Kaufmanns geführt worden sind, insbesondere keine nachhaltigen Verschlechterungen der finanziellen und wirtschaftlichen Lage der Gesellschaft eingetreten sind, außerhalb des gewöhnlichen Geschäftsverkehrs keine Verfügungen getroffen worden und keine wesentlichen Zusagen oder Verpflichtungen über den gewöhnlichen Geschäftsverkehr hinaus abgegeben bzw. begründet worden sind,
- Gewinnausschüttungen bei der Gesellschaft nach dem Stichtag nicht mehr erfolgt sind und nicht mehr erfolgen werden,
- die Gesellschaft nicht über Grundbesitz verfügt und – mit Ausnahme des Mietvertrags zwischen der Gesellschaft und ...... betreffend den betriebsnotwendigen Grundbesitz in ...... – keine Mietverträge bestehen,
- Anlage 1 sämtliche im Geschäftsbetrieb der Gesellschaft genutzten gewerblichen Schutzrechte, Lizenzen und Nutzungsrechte wiedergibt und dass im Geschäftsbetrieb außer den dort aufgeführten Rechten keine weiteren gewerblichen Schutzrechte, Lizenzen und Nutzungsrechte benötigt werden,
- die Gesellschaft Inhaberin oder Nutzungsberechtigte sämtlicher in Anlage 1 aufgeführten Rechte ist,
- die gewerblichen Schutzrechte, Lizenzen und Nutzungsrechte keinen Einwendungen Dritter ausgesetzt sind, und dass Rechtsstreitigkeiten zu möglichen Einwendungen weder anhängig noch angedroht noch aufgrund sonstiger Umstände zu erwarten sind,
- soweit nicht in Anlage 2 aufgeführt, die Gesellschaft am heutigen Tage nicht an Rechtsstreitigkeiten, gerichtlichen oder behördlichen Verfahren beteiligt ist, ausgenommen Forderungseinziehungen im Rahmen des gewöhnlichen Geschäftsbetriebes, und dass Rechtsstreitigkeiten, gerichtliche oder behördliche Verfahren auch nicht schriftlich angedroht sind,
- die Gesellschaft alle erforderlichen öffentlich-rechtlichen und privatrechtlichen Genehmigungen oder Erlaubnisse besitzt, um ihren Geschäftsbetrieb so zu führen, wie dies gegenwärtig geschieht,
- die Gesellschaft unbeschränkter rechtlicher oder wirtschaftlicher Eigentümer sämtlicher im Jahresabschluss zum ...... enthaltener und nicht bis zur Vertragsunterzeichnung im ordnungsgemäßen Geschäftsgang veräußerter Wirtschaftsgüter und der nach dem Bilanzstichtag erworbenen Wirtschaftsgüter ist,
- das gesamte bewegliche und körperliche Anlage- und Umlaufvermögen der Gesellschaft ordnungsgemäß instand gehalten worden ist und sich in gutem und gebrauchfähigem Zustand befindet, abgesehen von angemessener Abnutzung und Verschleiß,
- der Gebrauch des Firmennamens sowie etwaiger aus dem Firmennamen abgeleiteter Marken oder Handelsnamen der Gesellschaft Dritten weder gestattet noch zugesagt ist,
- die in Anlage 3 enthaltene Liste aller bestehenden Arbeitsverhältnisse einschließlich der dort aufgeführten Vertragskonditionen vollständig und zutreffend ist.
- soweit nicht in Anlage 4 aufgeführt, die Gesellschaft an keinerlei sonstige Verträge, insbesondere nicht an Miet-, Pacht-, Lizenz-, Liefer-, Bezugs-, Werk-, Dienst-, Handelsvertreter-, Leasing-, Darlehen- oder Versicherungsverträgen gebunden ist,

– der Veräußerer den Erwerber über alle Umstände aufgeklärt hat, die aus Sicht eines verständigen Dritten für die Kaufentscheidung wesentlich sind und das alle Aufklärungen der Wahrheit entsprechen und vollständig waren.

Sollte eine der vorstehenden Garantien unzutreffend sein, ist der Veräußerer gegenüber dem Erwerber verpflichtet, den Erwerber und/oder die Gesellschaft nach Wahl des Erwerbers so zu stellen, wie sie stünden, wenn die Garantie zutreffend gewesen wäre.

Ansprüche wegen Nichteinhaltung der vorstehenden Garantien bestehen nur soweit sie im Einzelfall Euro ...... und insgesamt Euro ...... übersteigen. Soweit die vorgenannten Beträge überschritten sind, kann der jeweilige Gesamtbetrag geltend gemacht werden. Die vorstehende Regelung gilt nur, soweit in diesem Vertrag nicht etwas anderes vereinbart worden ist.

Ansprüche des Erwerbers wegen Nichteinhaltung der Garantien verjähren mit Ablauf des [......].

Weitergehende Schadensersatz-, Freistellungs- und/oder Gewährleistungsansprüche als in diesem Vertrag ausdrücklich zugestanden, sind – soweit gesetzlich zulässig – ausgeschlossen. Gesetzliche Ansprüche und Rechte wegen Vorsatz oder Arglist bleiben unberührt.

6. Der Veräußerer garantiert, dass die Gesellschaft alle fälligen Steuererklärungen abgegeben hat. Alle bis zum heutigen Tage zu zahlenden Steuern und sonstigen öffentlichen Abgaben einschließlich Zinsen, Säumnis- und Verspätungszuschläge und Sozialbeiträge wie Krankenversicherung, Rentenversicherung und Unfallversicherung (nachstehend insgesamt „Steuern"/ „Steuern und sonstige öffentliche Abgaben" genannt) sind entweder bezahlt oder in dem Jahresabschluss zum ...... vollständig ausgewiesen.

Sollten nach Abschluss dieses Vertrages steuerliche Festsetzungen, insbesondere Betriebsprüfungen, bei der Gesellschaft für die Zeit bis zum Stichtag zu einer Erhöhung von Steuern der Gesellschaft führen, wird der Veräußerer dem Erwerber diese Mehrsteuern erstatten. Im Fall einer Verminderung von Steuern wird der Erwerber diese Minderung dem Veräußerer erstatten. Soweit die Feststellungen der Finanzverwaltung zu steuerlichen Vorteilen bei der Gesellschaft nach dem Stichtag, insbesondere zu später abschreibungsfähigen Zuaktivierungen führen, sind diese Vorteile gegen über der Erstattung der Mehrsteuern durch den Veräußerer anzurechnen.

Der Erwerber wird den Veräußerer unverzüglich unterrichten, wenn die Finanzverwaltung eine steuerliche Betriebsprüfung für die Zeit bis zum Stichtag bei der Gesellschaft ankündigt oder beginnt. Der Erwerber wird dem Veräußerer und seinen Beratern Gelegenheit geben, sich über den Verlauf der Betriebsprüfung zu informieren und mit den Beamten der Finanzverwaltung, die mit der Betriebsprüfung befasst sind, unmittelbar Kontakt aufzunehmen. Der Veräußerer und seine Berater sind berechtigt, an allen Besprechungen, insbesondere der formellen Schlussbesprechungen teilzunehmen.

Der Veräußerer wird seinerseits auf Wunsch des Erwerbers an steuerlichen Betriebsprüfungen, die den Zeitraum bis zum Stichtag betreffen, auf seine Kosten mitwirken und dazu seine Berater auf Verlangen des Erwerbers auf seine Kosten hinzuziehen.

Sollten die in dieser Ziffer 6 enthaltenen Garantien unzutreffend sein, wird der Veräußerer dem Erwerber und/oder der Gesellschaft alle Auslagen und Kosten ersetzen und auf erstes Anfordern freistellen und schadlos halten von allen etwaigen Ansprüchen und Verbindlichkeiten aus und im Zusammenhang mit Steuern und sonstigen öffentlichen Abgaben.

Garantie- und Freistellungsansprüche für Steuern und sonstige öffentliche Abgaben verjähren innerhalb von sechs (6) Monaten ab dem Zeitpunkt, zu dem die Veranlagung bzw. Berichtungsveranlagung der Steuer- oder sonstigen Behörde rechtskräftig wird, frühestens indes sechs (6) Monate nach Zustellung der rechtskräftigen Bescheide an den Erwerber und unabhängig davon in sieben (7) Jahren nach dem Stichtag.

Die de-minimis-Regelung gemaß Ziffer 5 gilt nicht für Ansprüche nach dieser Ziffer 6. Ansprüche nach dieser Ziffer 6 bestehen unabhängig von einer Kenntnis/Unkenntnis von Veräußerer und Erwerber.

Die vorstehenden Absätze bestimmen die Rechtsfolgen steuerlicher Festsetzungen und geänderter Steuerbescheide für die Zeit bis zum Stichtag sowie die Gewährleistung und Freistellung für Steuern und sonstige öffentliche Abgaben abschließend und gehen den übrigen Regelungen dieses Vertrages insoweit vor.

Soweit der Veräußerer aufgrund der in dieser Ziffer 6 getroffenen Regelungen Zahlungen erbringt, gelten diese als Anpassung des Kaufpreises gemäß Ziffer 3.

Nach § [......] des Gesellschaftsvertrages ist zu der hier vereinbarten Übertragung die Zustimmung der Gesellschafterversammlung erforderlich. Diese Zustimmung wurde bereits erteilt. Eine Kopie wird dieser Niederschrift zu Nachweiszwecken als Anlage 5 beigefügt.

III.

1. Alle Genehmigungen/Vollmachtsbestätigungen zu dieser Urkunde bedürfen der schriftlichen Form. Sie werden gegenüber allen Beteiligten wirksam, wenn sie beim Notar eingehen.
2. Die Gesellschaft hat keinen Grundbesitz.
3. Die Vertragsparteien verpflichten sich, den Inhalt dieses Vertrages gegenüber Dritten vertraulich zu behandeln, soweit sie nicht aufgrund Gesetzes zur Weitergabe oder Information verpflichtet sind.
4. Über etwaige Pressemitteilungen und Mitteilungen an Kunden über den Verkauf der Geschäftsanteile werden sich die Vertragsparteien abstimmen.
5. Die Rechte und Pflichten aus diesem Vertrag sind ohne Zustimmung der jeweils anderen Vertragspartei weder ganz noch teilweise übertragbar.
6. Eine Zustimmung von [......] als Ehegatte des Veräußerers gemäß § 1365 BGB ist nicht erforderlich, da die Ehegatten den Güterstand der Gütertrennung vereinbart haben.
7. Jede Vertragspartei trägt ihre eigenen Auslagen und Kosten im Zusammenhang mit der Vorbereitung, dem Abschluss und der Durchführung dieses Vertrages einschließlich der Kosten der jeweiligen Berater sowie der Kosten etwaiger Vollmachten und Stellvertretung.
8. Steuern auf einen etwaigen Veräußerungsgewinn aus und im Zusammenhang mit diesem Vertrag und seiner Durchführung trägt der Veräußerer.
9. Die Kosten der notariellen Beurkundung dieses Vertrages trägt der Erwerber.
10. Alle sonstigen Steuern, Kosten und Auslagen im Zusammenhang mit dem Erwerb der Geschäftsanteile tragen der Veräußerer einerseits, die Erwerber andererseits zu gleichen Teilen, soweit nicht nach Maßgabe dieses Vertrages ausdrücklich etwas anderes bestimmt ist.
11. Dieser Vertrag unterliegt dem Recht der Bundesrepublik Deutschland unter Ausschluss der Vorschriften des Internationalen Privatrechts.
12. Änderungen und Ergänzungen dieses Vertrages bedürfen der Schriftform und der ausdrücklichen Bezugnahme auf diesen Vertrag, soweit nicht weitergehende Formerfordernisse notwendig sind. Gleiches gilt für die Abbedingung des Schriftformerfordernisses.
13. Gerichtsstand für alle Streitigkeiten aus und im Zusammenhang mit diesem Vertrag und seiner Durchführung ist, soweit gesetzlich zulässig, ...
14. Sollten eine oder mehrere Bestimmungen dieses Vertrages ganz oder teilweise nichtig, unwirksam oder undurchführbar sein oder werden, wird die Wirksamkeit der übrigen Regelungen dadurch nicht berührt. An die Stelle der nichtigen, unwirksamen oder undurchführbaren Regelung tritt eine Bestimmung, die nach Ort, Zeit, Maß und Geltungsbereich dem am nächsten kommt, was die Vertragspartner mit der nichtigen, unwirksamen oder undurchführbaren Bestimmung wirtschaftlich gewollt haben. Gleiches gilt für etwaige Lücken in diesem Vertrag.

IV.

(Hinweise des Notars)

Diese Niederschrift wurde vom Notar vorgelesen, von den Erschienenen genehmigt und wie folgt unterschrieben:

11. Teil. Unternehmensumstrukturierungen

§ 22 Umwandlungsrecht

Übersicht

Rdnr.

I. Einführung ... 1–100
1. Begriff „Umwandlung“ ... 1
2. Das Umwandlungsgesetz 1994 ... 2/3
3. Umwandlungsarten nach dem Umwandlungsgesetz ... 4/5
4. Gesetzessystematik ... 6/7
5. Umstrukturierungsmaßnahmen außerhalb des UmwG ... 8–14
a) Allgemeines ... 8
b) Einbringung ... 9/10
c) Anwachsungsmodelle ... 11–14
6. Grundprinzipien der Umwandlung nach UmwG ... 15–26
a) Dogma der Anteilsgewährpflicht bei Verschmelzung und Spaltung ... 15–24
b) Grundsatz der Identität der Anteilseigner beim Formwechsel ... 25/26
7. Beteiligte Rechtsträger ... 27–37
a) Gesellschaft bürgerlichen Rechts ... 28
b) Überschuldete Rechtsträger ... 29–31
c) Aufgelöste Rechtsträger ... 32
d) (Noch)nicht existente Rechtsträger ... 33/34
e) Natürliche Personen ... 35
f) Gebietskörperschaften ... 36
g) Ausländische Rechtsträger ... 37
8. Rechtsfolgen der Umwandlung ... 38–46
a) Vermögensübergang ... 38–42
b) Anteilsgewährung ... 43
c) Folgen für die übertragenden Rechtsträger ... 44
d) Heilungswirkung der Eintragung ... 45/46
9. Risiken und Schutzmechanismen ... 47–57
a) Anteilsinhaber der übertragenden Rechtsträger ... 47
b) Anteilsinhaber des übernehmenden Rechtsträgers ... 48/49
c) Inhaber von Sonderrechten ... 50
d) Gläubiger ... 51–54
e) Arbeitnehmer ... 55–57
10. Ablauf einer Umwandlung nach Umwandlungsgesetz ... 58–85
a) Vorbereitende Maßnahmen ... 58–74
b) Abschluss Umwandlungsvertrag/Aufstellung Umwandlungsplan ... 75
c) Umwandlungsbeschluss ... 76–80
d) Registeranmeldung ... 81–83
e) Wirksamwerden der Umwandlung ... 84
f) Anzeigepflichten des Notars ... 85
11. Überblick Steuerrecht ... 86–91
a) Umwandlungssteuerrecht ... 86–89
b) Grunderwerbsteuer ... 90/91
12. Überblick Kartellrecht ... 92
13. Überblick Kostenrecht ... 93–100
a) Beurkundungskosten ... 93–98
b) Sonstige Kosten ... 99–100

II. Verschmelzung ... 101–230
1. Einführung ... 101
2. Beteiligte Rechtsträger ... 102
3. Verschmelzungsvertrag ... 103–129
a) Handelnde Personen ... 103–104
b) Gesetzlicher Mindestinhalt ... 105–125
c) Fakultativer Inhalt ... 126
d) Form und Beurkundungstechnik ... 127–129

Rdnr.
4. Verschmelzungsbericht ... 130–132
5. Verschmelzungsprüfung ... 133–135
6. Zuleitung an den Betriebsrat ... 136
7. Bekanntmachung des Verschmelzungsvertrages ... 137
8. Zustimmungsbeschlüsse ... 138–154
a) Allgemein ... 138
b) Ausnahmen vom Beschlusserfordernis ... 139/140
c) Einberufung der Versammlung der Anteilsinhaber ... 141–143
d) Mehrheitserfordernisse ... 144
e) Inhalt des Beschlusses ... 145
f) Zustimmungserklärungen einzelner Anteilsinhaber ... 146/147
g) Verzichtserklärungen ... 148/149
h) Form und Beurkundungstechnik ... 150–152
i) Rechtsschutz gegen Beschlüsse ... 153/154
9. Registeranmeldung ... 155–172
a) Anmeldeberechtigte ... 155–160
b) Inhalt der Anmeldung ... 161/162
c) Beizufügende Unterlagen ... 163–166
d) Sonderproblem Acht-Monats-Frist ... 167–172
10. Eintragung ... 173
11. Besonderheiten bei der Verschmelzung zur Neugründung ... 174–179
a) Allgemein ... 174/175
b) Verschmelzungsvertrag ... 176/177
c) Registeranmeldung ... 178
d) Rechtsträgerspezifische Besonderheiten ... 179
12. Besonderheiten einzelner Verschmelzungskonstellationen ... 180–230
a) Personenhandelsgesellschaft ... 180–186
b) Partnerschaftsgesellschaft ... 187–189
c) GmbH ... 190–200
d) Aktiengesellschaft ... 201–220
e) Kommanditgesellschaft auf Aktien ... 221
f) Eingetragene Genossenschaft ... 222
g) Rechtsfähiger Verein ... 223–225
h) Genossenschaftlicher Prüfungsverband ... 226
i) Versicherungsverein auf Gegenseitigkeit ... 227
j) Verschmelzung von Kapitalgesellschaften mit dem Vermögen eines Alleingesellschafters ... 228–230

III. Spaltung ... 231–311
1. Allgemeines ... 231–255
a) Spaltungen nach dem UmwG; alternative Strukturierungen ... 231–237
b) Spaltungsfähige Rechtsträger ... 238–240
c) Ablauf einer Spaltung; Zeitplanung ... 241–248
d) Kosten der Beurkundung ... 249–253
e) Auslandsbezug von Spaltungen ... 254/255
2. Spaltungs- und Übernahmevertrag, Spaltungsplan ... 256
a) Übertragung von Vermögen ... 260–270
b) Umtauschverhältnis, Aufteilung der Anteile ... 271–274
c) Abfindungsangebot ... 275
d) Fakultative Regelungen ... 276
e) Besonderheiten der Spaltung zur Neugründung. ... 277–280
3. Spaltungsbericht und Spaltungsprüfung ... 281–283
4. Spaltungsbeschlüsse ... 284–289
5. Registeranmeldung ... 290–302
a) Anmeldung zur Eintragung ... 290–298
b) Besonderheiten der Spaltung zur Neugründung ... 299–302
6. Eintragung der Spaltung und Wirkungen ... 303–310
a) Eintragung in das Handelsregister ... 303/304
b) Wirkung der Eintragung ... 305–308
c) Schutz der Gläubiger ... 309/310
7. Besonderheiten bei der Beteiligung von Gebietskörperschaften ... 311

IV. Formwechsel ... 312–359
1. Einführung ... 312/313
2. Beteiligte Rechtsträger ... 314
3. Umwandlungsbericht ... 315

	Rdnr.
4. Umwandlungsprüfung	316
5. Zuleitung an den Betriebsrat	317
6. Umwandlungsbeschluss	318–337
a) Allgemein	318
b) Einberufung der Versammlung der Anteilsinhaber	319/320
c) Handelnde Personen	321
d) Gesetzlicher Mindestinhalt des Beschlusses	322–330
e) Fakultativer Inhalt des Beschlusses	331
f) Mehrheitserfordernisse	332
g) Zustimmungserklärungen einzelner Anteilsinhaber	333/334
h) Verzichtserklärungen	335
i) Form und Beurkundungstechnik	336
j) Rechtsschutz gegen den Beschluss	337
7. Registeranmeldung	338–345
a) Anmeldeberechtigte	338/339
b) Inhalt der Anmeldung	340
c) Beizufügende Unterlagen	341–345
8. Eintragung	346
9. Besonderheiten einzelner Formwechselkonstellationen	347–359
a) Formwechsel unter Beteiligung einer Personengesellschaft	348–351
b) GmbH als Zielrechtsträger	352–356
c) Aktiengesellschaft als Zielrechtsträger	357
d) Sonstige Rechtsformen	358/359

Schrifttum: Bayerische Notarkasse, Streifzug durch die Kostenordnung, 8. Aufl. 2010; *Carlé/Korn/Stahl/Strahl,* Umwandlungen – Praxisleitfaden Umwandlung und Einbringung nach neuem Recht, 2007; *Dauner-Lieb/Simon,* Kölner Kommentar zum Umwandlungsgesetz, 2009; *Engl,* Formularbuch Umwandlungen, 2. Aufl. 2008; *Hausch,* Arbeitsrechtliche Pflichtangaben nach dem UmwG, RNotZ 2007, 308 und 396; *Herrler/Schneider,* Von der Limited zur GmbH, 2010; *Kallmeyer,* Umwandlungsgesetz 4. Aufl. 2010; *Korintenberg/Lappe/Bengel/Reimann,* Kostenordnung 18. Aufl. 2010; *Lutter* Umwandlungsgesetz 4. Aufl. 2009; *Maulbetsch/Klumpp/Rose,* Heidelberger Kommentar zum UmwG, 2008; *D. Mayer,* Unternehmensnachfolge und Umwandlung, ZEV 2005, 325; *D. Mayer/Weiler,* Neuregelungen durch das Zweite Gesetz zur Änderung des Umwandlungsgesetzes (Teil I und II), DB 2007, 1235 und 1291; *Nelißen,* Augen auf bei konzerninternen Verschmelzungen!, NZG 2010, 1291; *Priester,* Mitgliederwechsel im Umwandlungszeitpunkt, DB 1997, 560; *Ropohl/Freck,* Die Anwachsung als rechtliches und steuerliches Gestaltungsinstrument, GmbHR 2009, 1076; *Sagasser/Bula/Brünger,* Umwandlungen 4. Aufl. 2011; *Schmitt/Hörtnagl/Stratz,* Umwandlungsgesetz und Umwandlungssteuergesetz, 5. Aufl. 2009; *Semler/Stengel,* Umwandlungsgesetz 2. Aufl. 2007; *Sudhoff,* Unternehmensnachfolge 5. Aufl. 2005; *Tiedtke,* Kostenrechtliche Behandlung von Umwandlungsvorgängen nach dem Umwandlungsgesetz (Teil I und 2), ZNotP 2001, 226 und 260; *Weiler,* Fehlerkorrektur im Umwandlungsrecht nach Ablauf der Acht-Monats-Frist des § 17 Abs. 2 S. 4 UmwG, MittBayNot 2006, 377; *Wassermeyer/D. Mayer/Rieger,* Umwandlungen im Zivil- und Steuerrecht, Festschrift für Siegfried Widmann, 2000; *Widmann/D. Mayer,* Umwandlungsrecht, Loseblattkommentar.

I. Einführung

1. Begriff „Umwandlung"

Der Begriff Umwandlung erfasst grundsätzlich alle Möglichkeiten der Umstrukturierung eines Unternehmens, wobei man mit dem Begriff in der Regel eine Umstrukturierung nach den Vorschriften des **Umwandlungsgesetzes** (UmwG)[1] gleichsetzt. Aus steuerlicher Sicht fallen unter den Begriff Umwandlung alle Vorgänge, die vom **Umwandlungssteuergesetz** (UmwStG)[2] umfasst sind, d. h. zusätzlich zu den Umwandlungen nach UmwG insb. Einbringungsvorgänge.[3] 1

[1] BGBl. I 1994, 3210, berichtigt BGBl. I 1995, 428.
[2] Neu gefasst durch das SEStEG am 7. 12. 2006, BGBl. I 2006, 2782.
[3] Vgl. hierzu Rdnr. 9 f. sowie Widmann/Mayer/*D. Mayer* Band 8, Anhang 5.

2. Das Umwandlungsgesetz 1994

2 Ursprünglich war das Umwandlungsrecht auf eine Vielzahl von Einzelgesetzen verteilt.[4] Erst durch das am **1. 1. 1995** in Kraft getretene UmwG wurden die Umwandlungsmöglichkeiten in einem Gesetz gebündelt und erheblich erweitert. Neben den bereits bekannten Rechtsinstituten der Verschmelzung und des Formwechsels wurde auch die vorher nur bestimmten Rechtsträgern vorbehaltene Möglichkeit der Spaltung eröffnet.[5] Zudem wurde der Kreis der umwandlungsfähigen Rechtsträger erheblich erweitert. Wesentliche Änderungen hat das Umwandlungsrecht zwischenzeitlich im Jahr 2007 durch das Zweite Gesetz zur Änderung des Umwandlungsgesetzes erfahren, mit dem die Richtlinie zur transnationalen Verschmelzung[6] in deutsches Recht umgesetzt und außerdem zahlreiche sonstige Vorschriften des UmwG angepasst wurden.[7]

3 Die letzte wesentliche Veränderung hat das UmwG durch das am 15. Juli 2011 in Kraft getretene **Dritte Gesetz zur Änderung des UmwG** erfahren. Darin wurden vor allem die Berichtspflichten der Vertretungsorgane von Aktiengesellschaften und KGaAs erweitert, die Vorbereitung der Hauptversammlung von Aktiengesellschaften und KGaAs im Zusammenhang mit Umwandlungsvorgängen vereinfacht die Konzernverschmelzung unter Beteiligung von Aktiengesellschaften und KGaAs weiter erleichtert sowie ein umwandlungsspezifischer Squeeze-out eingeführt.[8]

3. Umwandlungsarten nach dem Umwandlungsgesetz

4 § 1 Abs. 1 UmwG sieht vier verschiedene Arten der Umwandlung vor, nämlich die **Verschmelzung** (Zweites Buch, §§ 2 bis 122), die **Spaltung** (Drittes Buch, §§ 123 bis 173) in den drei Varianten Aufspaltung (§ 123 Abs. 1 UmwG), Abspaltung (§ 123 Abs. 2 UmwG) und Ausgliederung (§ 123 Abs. 3 UmwG), die **Vermögensübertragung** (Viertes Buch, §§ 174 bis 189) und den **Formwechsel** (Fünftes Buch, §§ 190 bis 304). Die Vermögensübertragung hat im Gegensatz zu den drei anderen Umwandlungsarten aufgrund ihres eingeschränkten Anwendungsbereichs[9] so gut wie keine Praxisrelevanz und soll daher im Folgenden nicht näher behandelt werden. Bei Verschmelzung und Spaltung unterscheidet das UmwG weiter danach, ob die Umwandlung zur Aufnahme durch einen schon bestehenden Rechtsträger oder zur **Neugründung** des übernehmenden Rechtsträgers erfolgen soll. Im letzteren Fall sind regelmäßig die für die jeweilige Rechtsform geltenden Gründungsvorschriften einzuhalten.[10]

5 Die vorgenannten Umwandlungsarten nach dem UmwG sind abschließend geregelt und einer analogen Anwendung nicht zugänglich (**numerus clausus**, vgl. § 1 Abs. 2 UmwG). Daneben zulässig bleiben aber sonstige zivil- und handelsrechtliche Umstrukturierungsmöglichkeiten wie z. B. der Abschluss eines Anteilskaufvertrages ggf. i. V. m. einem Beherrschungs- und Gewinnabführungsvertrag, die Übertragung von Wirtschaftsgütern des Betriebsvermögens durch Einzelrechtsübertragung im Wege der sog. „Einbringung",[11] Anwachsungsmodelle auf Basis von § 738 BGB (ggf. i. V. m. §§ 105 Abs. 3, 161 Abs. 2 HGB)[12] oder die Eingliederung gem. §§ 319 ff. AktG.

---

[4] Näher zur Geschichte des Umwandlungsrechts Widmann/Mayer/*D. Mayer* Einf. UmwG Rdnr. 1 ff.

[5] Siehe Schmitt/Hörtnagl/Stratz/*Hörtnagl* Vor §§ 123 bis 173 UmwG Rdnr. 13 f.

[6] Richtlinie 2005/56/EG vom 26. 10. 2005; zu internationalen Umstrukturierungen ausf. unten, § 24.

[7] Hierzu ausf. *D. Mayer/Weiler* DB 2007, 1235 ff. und 1291 ff.

[8] BGBl. I 2011, 1338. Das Gesetz basiert auf der am 22. 10. 2009 in Kraft getretenen Richtlinie Nr. 2009/109/EG. Näher zum Ganzen *Leitzen* DNotZ 2011 526; *Neye/Kraft* NZG 2011, 681.

[9] Die Vermögensübertragung ist in ihrer Form der Vollübertragung eine Alternative zur Verschmelzung und in ihrer Form der Teilübertragung eine Alternative zur Spaltung für solche Rechtsträger, bei denen auf Grund ihrer besonderen Struktur ein Anteilstausch und damit eine Verschmelzung oder Spaltung ausscheidet. § 175 Nr. 1 UmwG erfasst dabei Übertragungsvorgänge von einer Kapitalgesellschaft auf die öffentliche Hand, § 175 Nr. 2 UmwG alle Vorgänge, an denen Versicherungsunternehmen beteiligt sind. Ein weitergehendes Bedürfnis für eine Vermögensübertragung besteht nicht.

[10] Vgl. für die Verschmelzung zur Neugründung einer GmbH z. B. §§ 36 Abs. 2 S. 1, 56 ff. UmwG.

[11] Hierzu sogleich Rdnr. 9 f. sowie Widmann/Mayer/*D. Mayer* Band 8, Anhang 5.

[12] Hierzu sogleich Rdnr. 11 ff. sowie Engl/*Fox* Teil D.4; *Ropohl/Freck* GmbHR 2009, 1076 ff.

4. Gesetzessystematik

6 Das UmwG ist so aufgebaut, dass für jede der vier Umwandlungsarten neben allgemeinen Bestimmungen Sonderregeln für den jeweiligen Umwandlungsfall bestehen. Der Allgemeine Teil behandelt die Zulässigkeit der Umwandlungsart sowie die konkreten Ausgestaltungsmöglichkeiten (z.B. Verschmelzung zur Aufnahme/Verschmelzung zur Neugründung). Der Besondere Teil befasst sich mit den rechtsformspezifischen Besonderheiten. Das Gesetz bedient sich zudem einer ausgeprägten **Verweisungstechnik,** indem so weit wie möglich auf vorhergehende Vorschriften, i.d.R. auf jene zur Verschmelzung Bezug genommen wird.

7 Die Herangehensweise an einen konkreten Umwandlungsfall wird maßgeblich durch diese Struktur bestimmt: Angesichts dessen, dass unter Berücksichtigung der vom UmwG erfassten Rechtsformen und Umwandlungsarten mehr als **300 verschiedene Konstellationen** denkbar sind, ist es zwingend erforderlich, sich bei jedem Umwandlungsvorgang die anzuwendenden allgemeinen Vorschriften ebenso wie die rechtsformspezifischen Sonderregelungen zu vergegenwärtigen, um keine der Eigenheiten des konkreten Falles zu übersehen.[13]

5. Umstrukturierungsmaßnahmen außerhalb des UmwG

8 a) **Allgemeines.** Der sog. numerus clausus der Umwandlungsarten[14] bedeutet nicht, dass Umwandlungen auf anderem Wege unzulässig sind. So können wirtschaftlich ähnliche Resultate anderweitig herbeigeführt werden, beispielsweise durch die Übertragung einzelner Vermögensgegenstände oder den Austausch von Anteilen. Bei jeder Umstrukturierungsmaßnahme ist daher vor Anwendung des Umwandlungsgesetzes zu überlegen, ob auf andere Weise ein wirtschaftlich gleiches Ergebnis eventuell unkomplizierter, schneller und kostensparender sowie aus steuerlicher Sicht gleichartig oder besser zu erzielen ist. Diese Gestaltungsüberlegungen werden vor allem durch gesellschafts-, steuer-, arbeits- und kostenrechtliche Aspekte bestimmt. Dabei sind insbesondere die beiden folgenden Umstrukturierungstechniken von hoher praktischer Relevanz:

9 b) **Einbringung.** Der Begriff „Einbringung" ist kein gesetzlicher Terminus des Gesellschaftsrechts, sondern vielmehr dem **Umwandlungssteuerrecht** entlehnt.[15] Unter Einbringung i.S.d. UmwStG versteht man die Verschaffung des zivilrechtlichen Eigentums, des wirtschaftlichen Eigentums oder des Nutzungsrechts an Unternehmen, Unternehmensteilen (Teilbetrieben) oder Mitunternehmeranteilen im Wege einer Einlage durch Einzelrechtsnachfolge.[16] Wesentlichster Gesichtspunkt dabei ist, dass ein Ansatz der eingebrachten Vermögensgegenstände mit einem niedrigeren als dem gemeinen Wert (d.h. insb. eine Buchwertfortführung) grds. nur möglich ist, wenn die Vermögensübertragung **gegen Gewährung von Anteilen** am übernehmenden Rechtsträger erfolgt.[17] Nicht von den Privilegien des UmwStG werden demgegenüber solche Einbringungsfälle erfasst, in denen ein Gesellschafter nur einzelne Wirtschaftsgüter an die Gesellschaft überträgt oder in denen die Einbringung nicht gegen Gewährung von Anteilen erfolgt („verdeckte Einlage").

[13] So sind z.B. für die Spaltung von einer GmbH auf eine GmbH zur Neugründung folgende Vorschriften des UmwG anwendbar: § 1 (allg. Vorschrift); §§ 123–134 mit Ausnahme von §§ 129, 130 Abs. 2 (allg. Vorschriften über die Spaltung); §§ 135–137 (Spaltung zur Neugründung); §§ 138–140 (Spaltung unter Beteiligung einer GmbH); über §§ 125, 135 zahlr. Vorschriften des 2. Buches; über § 135 Abs. 2 die (Sach-) Gründungsvorschriften der GmbH.

[14] Siehe soeben, Rdnr. 5.

[15] Vgl. z.B. §§ 20, 24 UmwStG. Zum Ganzen ausführlich Widmann/Mayer/*D. Mayer* Band 8, Anhang 5.

[16] Dabei ist zu beachten, dass strukturtypisch auch die Verschmelzungs- und Spaltungsfälle des Umwandlungsgesetzes Sonderfälle der Einbringung sind, weil auch hier Unternehmen oder Unternehmensteile als Sacheinlage übertragen werden, mag das Gesetz bei diesen Vorgängen auch eine Gesamtrechtsnachfolge bzw. „partielle" Gesamtrechtsnachfolge (siehe Rdnr. 38 ff.) als Rechtsfolge vorsehen.

[17] Vgl. §§ 20 Abs. 1, 24 Abs. 1 UmwStG (näher hierzu Rdnr. 86 ff.).

10 Ein wichtiges **Beispiel** für einen derartigen Einbringungsvorgang ist die „Überführung" eines **einzelkaufmännischen Unternehmens in eine Kapitalgesellschaft.**[18] Dabei überträgt der Unternehmer sein gesamtes Unternehmen mit allen Aktiva und Passiva im Wege der Einzelrechtsübertragung auf die schon bestehende (bzw. neu zu gründende) Gesellschaft, wobei diese Einbringung zur Vermeidung einer ungewollten Aufdeckung stiller Reserven wegen § 20 UmwStG im Wege einer Sachkapitalerhöhung (bzw. Sachgründung) zu erfolgen hat. Mit dieser Alternative lässt sich dasselbe Ergebnis erzielen wie bei einer Ausgliederung aus dem Vermögen des Einzelkaufmanns gemäß §§ 152 ff. UmwG.[19] Bei der Entscheidung darüber, welche der beiden Möglichkeiten gewählt wird, steht regelmäßig die Überlegung im Vordergrund, dass nur der Weg über §§ 152 ff. UmwG die umwandlungsrechtliche Gesamtrechtsnachfolge (d. h. vor allem den automatischen Übergang von Verbindlichkeiten und Verträgen) sowie die zivilrechtliche und steuerliche Rückwirkung innerhalb der Acht-Monats-Frist[20] ermöglicht.

11 c) **Anwachsungsmodelle.** Einer der wesentlichen Vorteile der Verschmelzung und der Spaltung nach dem Umwandlungsgesetz ist die umwandlungsrechtliche Gesamtrechtsnachfolge.[21] Der damit verbundene automatische Übergang aller Immobilien, beweglichen Gegenstände, Verträge, Verbindlichkeiten etc. kann aber auch außerhalb des UmwG realisiert werden. Ein typisches Beispiel hierfür bilden die sog. Anwachsungsmodelle,[22] die in vielen Fällen als Alternativgestaltung zu Verschmelzung, Formwechsel und Einbringung zur Verfügung stehen.[23] Basis aller Anwachsungsmodelle ist der Grundsatz, dass eine **Personengesellschaft mindestens zwei Gesellschafter** haben muss. Scheidet der vorletzte Gesellschafter aus und vereinigen sich damit sämtliche Anteile in einer Person,[24] wird die Personengesellschaft automatisch unter Ausschluss der Liquidation mit der Folge beendet, dass ihr Vermögen im Wege der Gesamtrechtsnachfolge auf den verbliebenen Gesellschafter übergeht.[25] Insbesondere die Umwandlung einer GmbH & Co. KG in eine GmbH kann so u. U. einfacher vollzogen werden als durch Verschmelzung oder Formwechsel.[26]

12 Als sog. **einfache Anwachsung** (oder auch „Austrittsmodell") bezeichnet man das (entschädigungslose) Ausscheiden aller bis auf einen Gesellschafter einer Personengesellschaft. Im Vordergrund der Überlegungen steht dabei die Variante, dass sämtliche Kommanditisten einer GmbH & Co. KG ausscheiden mit der Folge, dass das Vermögen der Kommanditgesellschaft auf die persönlich haftende GmbH übergeht. Kernproblem dieser Gestaltung ist, dass es sich beim Austritt der Gesellschafter aus ertragsteuerlicher Sicht um eine verdeckte Einlage handelt, was eine **Realisierung** der in den übertragenden Mitunternehmeranteilen enthaltenen **stillen Reserven** einschließlich eines Geschäfts- oder Firmenwertes zur Folge hat.[27]

13 Die sog. **erweiterte Anwachsung**[28] als Kombination von Anwachsung und Kapitalerhöhung durch Sacheinlage vermeidet diese in der Regel unerwünschte steuerliche Folge. Im

[18] Siehe Rdnr. 234 ff. Daneben ist die Ausgliederung aus dem Vermögen eines Einzelkaufmanns gemäß § 152 Abs. 1 Nr. 1 UmwG zur Aufnahme durch eine Personenhandelsgesellschaft oder Genossenschaft möglich. Zum Ganzen vgl. *Kadel* BWNotZ 2010, 46; *Perwein* GmbHR 2007, 1214.

[19] Hierzu unten, Rdnr. 240.

[20] Vgl. § 17 Abs. 2 S. 4 UmwG, § 20 Abs. 6 S. 1 UmwStG.

[21] Hierzu sogleich, Rdnr. 38 ff.

[22] Dieser Begriff ist genauso gebräuchlich wie unzutreffend. Unter Anwachsung versteht man im Gesellschaftsrecht nämlich den Fall, dass der Anteil eines ausgeschiedenen Gesellschafters am Gesellschaftsvermögen den übrigen Gesellschaftern zuwächst (§ 738 BGB). Bei den diskutierten Modellen geht es demgegenüber um eine Gesamtrechtsnachfolge bezüglich des Vermögens der Kommanditgesellschaft auf den einzigen verbleibenden Gesellschafter.

[23] Zur Anwachsung als rechtliches und steuerliches Gestaltungsinstrument ausf. *Ropohl/Freck* GmbHR 2009, 1076. Vgl. ferner Engl/*Fox* Teil D.4 sowie § 23.

[24] Vgl. § 738 Abs. 1 S. 1 BGB (ggf. i. V. m. §§ 105 Abs. 3, 161 Abs. 2 HGB).

[25] Siehe z. B. BGHZ 32, 307; OLG München NZG 2010, 1305. Zur Haftungsbeschränkung des einzig verbleibenden Kommanditisten vgl. DNotI-Report 2010, 45, 47.

[26] Zum Formwechsel einer GmbH & Co. KG als Ausgangsrechtsträger siehe unten, Rdnr. 351.

[27] Erhalten die Ausscheidenden eine angemessene Gegenleistung, handelt es sich um eine (gewinnrealisierende) Veräußerung.

[28] Hierzu mit Musterformulierungen Engl/*Fox* Teil D.4.

Unterschied zum einfachen Anwachsungsmodell scheiden hierbei die Personengesellschafter (bei GmbH & Co KG: die Kommanditisten) durch rechtsgeschäftliche Übertragung ihrer Personengesellschaftsanteile auf den verbleibenden Gesellschafter (bei GmbH & Co KG: die Komplementär-GmbH) aus der Personengesellschaft aus. Diese Übertragung erfolgt im Rahmen einer Sacheinlage (**Sachkapitalerhöhung**) und führt – durch die Anteilsvereinigung in einer Hand – zum Erlöschen der Personengesellschaft und zum Übergang des Gesamthandsvermögens auf den verbleibenden Gesellschafter (Komplementär-GmbH). Auch bei der erweiterten Anwachsung erfolgt der Vermögensübergang kraft Gesetzes ohne Liquidation im Wege der Gesamtrechtsnachfolge. Diese Gestaltung vermeidet die Aufdeckung stiller Reserven, da sie in den Anwendungsbereich des **§ 20 UmwStG** fällt und daher eine **Buchwertfortführung möglich** ist.

Wägt man **Vor- und Nachteile** der Anwachsung gegenüber Verschmelzung oder Form- 14
wechsel ab, zeigt sich, dass den Gestaltungsmöglichkeiten des UmwG generell der Nachteil anhaftet, höhere formelle Anforderungen aufzustellen, die selbst in Fällen einvernehmlichen Handelns aller Beteiligten zu beachten sind. So sind beispielsweise ein notariell zu beurkundender Umwandlungsvertrag und/oder -beschlüsse ebenso erforderlich wie (ggf.) eine Information des Betriebsrats oder ein Barabfindungsangebot. Umgekehrt können die Umwandlungen nach den Vorschriften des UmwG auch Vorteile gegenüber dem erweiterten Anwachsungsmodell aufweisen: So fällt beispielsweise bei Vorhandensein von Grundstücken und grundstücksgleichen Rechten beim Formwechsel auf Grund der Wahrung der rechtlichen Identität keine Grunderwerbsteuer an.[29] Auch lassen sich Verschmelzung und Formwechsel erforderlichenfalls gegen den Widerstand eines Gesellschafters beschließen, da regelmäßig eine Drei-Viertel-Mehrheit ausreicht, wohingegen sich bei den Anwachsungsmodellen alle Gesellschafter einig sein müssen.

6. Grundprinzipien der Umwandlung nach UmwG

a) **Dogma der Anteilsgewährpflicht bei Verschmelzung und Spaltung.** *aa) Allgemeines.* 15
Einer der bestimmenden Grundsätze des Umwandlungsrechts ist das Dogma der Anteilsgewährpflicht, wonach die **Anteilsinhaber des übertragenden Rechtsträgers** im Zuge der Umwandlung **Anteile am übernehmenden Rechtsträger** erhalten. Für die Verschmelzung niedergelegt ist dieser Grundsatz in § 2 UmwG[30] und in § 20 Abs. 1 Nr. 3 UmwG.[31] Korrespondierende Regelungen für alle Arten der Spaltung finden sich in § 123 Abs. 1 bis 3 UmwG und für die Auf- und Abspaltung in § 131 Abs. 1 Nr. 3 UmwG; für den Formwechsel gilt § 202 Abs. 1 Nr. 2 UmwG.[32]

Das Dogma der Anteilsgewährpflicht gibt nur Auskunft auf die Frage, ob Anteile gewährt 16
werden müssen, und nicht, in welcher Form diese Anteile zur Verfügung zu stellen sind. So können bei der Beteiligung von **Kapitalgesellschaften** an Verschmelzungsvorgängen die zu gewährenden Anteile am übernehmenden Rechtsträger nach Wahl der Vertragsparteien ganz oder teilweise aus vier verschiedenen Quellen stammen:[33]

- Die Anteile werden durch **Kapitalerhöhung** neu geschaffen (Regelfall).
- Der übernehmende Rechtsträger verfügt bereits über **eigene Anteile,** die gewährt werden können (= Kapitalerhöhungswahlrechte der §§ 54 Abs. 1 S. 2 Nr. 1, 68 Abs. 1 S. 2 Nr. 1, 78 UmwG).
- Der übertragende Rechtsträger verfügt über **voll eingezahlte Anteile** am übernehmenden Rechtsträger, die auf diesen übergehen und daher von ihm gewährt werden können

[29] Anders dagegen bei der erweiterten Anwachsung, siehe *Breiteneicher* DStR 2004, 1405, 1408.

[30] Danach erfolgt eine Verschmelzung „gegen Gewährung von Anteilen oder Mitgliedschaften".

[31] Dort heißt es: „Die Anteilsinhaber des übertragenden Rechtsträgers werden Anteilsinhaber des übernehmenden Rechtsträgers; dies gilt nicht …".

[32] Zum Ganzen vgl. nur Widmann/Mayer/*D. Mayer* § 5 UmwG Rdnr. 15 ff. Auch Art. 3 Abs. 1 der in Widmann/Mayer, Band 1, Abschnitt EG-Richtlinien abgedruckten Richtlinie des Rates vom 9. 10. 1978, 78/855/EWG (sog. „Verschmelzungsrichtlinie") erhebt die Anteilsgewährpflicht zu den Strukturmerkmalen einer Verschmelzung mit einer Aktiengesellschaft als übernehmendem Rechtsträger.

[33] Vgl. dazu MünchHdbGesR III/*D. Mayer* § 73 Rdnr. 114; *Ittner* MittRhNotK 1997, 105, 109.

(= Kapitalerhöhungswahlrechte der §§ 54 Abs. 1 S. 2 Nr. 2, 68 Abs. 1 S. 2 Nr. 2, 78 UmwG).[34]

- **Anteilsinhaber des übernehmenden Rechtsträgers** übertragen eigene Anteile am übernehmenden Rechtsträger, welche sie zum Zwecke der Gewährung von Anteilen an die Anteilsinhaber des übertragenden Rechtsträgers zur Verfügung stellen.

17 *bb) Upstream- und Downstream-Umwandlung.* Abgesehen von den Fällen, in denen der Anteilsgewährung zwingende gesetzliche Wertungsgesichtspunkte entgegen stehen,[35] kann davon grundsätzlich nur in den gesetzlich besonders geregelten Ausnahmefällen abgesehen werden. So entfällt z. B. gemäß § 20 Abs. 1 Nr. 3 HS 2 UmwG eine Anteilsgewährung, soweit der übertragende Rechtsträger eigene Anteil innehat oder soweit der übernehmende Rechtsträger Anteilsinhaber des übertragenden Rechtsträgers ist. Klassisches Beispiel in diesem Zusammenhang ist die Verschmelzung einer **Tochter- auf** deren **Muttergesellschaft. („upstream")**.

18 Im umgekehrten Fall der Verschmelzung oder Spaltung von einer **Mutter- auf die Tochtergesellschaft („downstream")** folgt aus § 54 Abs. 1 S. 2 Nr. 2 bzw. §§ 68 Abs. 1 S. 2 Nr. 2, 78 UmwG, dass eine übernehmende GmbH bzw. Aktiengesellschaft oder KGaA von einer Kapitalerhöhung absehen kann, soweit der übertragenden Gesellschaft Anteile an der übernehmenden Gesellschaft gehören, auf welche die Einlagen vollständig erbracht sind. Dementsprechend ist es möglich, die Gegenleistung an die Gesellschafter der untergehenden Mutter-Gesellschaft allein auf deren Anteile an der Tochter-Gesellschaft zu beschränken. Der Übergang der Anteile von der Mutter-Gesellschaft auf deren Gesellschafter erfolgt von Gesetzes wegen nach § 20 Abs. 1 Nr. 3 S. 1 UmwG, d. h. automatisch ohne Durchgangserwerb bei der Tochter-Gesellschaft.[36]

19 *cc) Verzicht auf die Anteilsgewährung.* § 54 Abs. 1 S. 3 UmwG (für die GmbH) bzw. §§ 68 Abs. 1 S. 3, 78 UmwG (für die Aktiengesellschaft und die KGaA) sehen weitergehend vor, dass eine Anteilsgewährung bei einer übernehmenden Kapitalgesellschaft zur Disposition aller Anteilsinhaber des übertragenden Rechtsträgers steht, welche zu notarieller Urkunde auf die Gewährung von Anteilen vollständig **verzichten** können.[37] Nach der Gesetzesbegründung dient diese Erleichterung insb. der **Verschmelzung von Schwestergesellschaften** innerhalb eines Konzerns, bei denen sämtliche Anteile von ihrer Muttergesellschaft gehalten werden.[38]

20 Die nunmehr geltende gesetzliche Regelung ist in mehrerlei Hinsicht kritisiert worden.[39] So steht sie schon aus **systematischer Sicht** an falscher Stelle, da sich die Vorschriften nur auf GmbH (§ 54 UmwG) bzw. Aktiengesellschaft und Kommanditgesellschaft auf Aktien (§§ 68, 78 UmwG) als übernehmende Rechtsträger beziehen. Der Verzicht auf eine Anteilsgewährung kann deshalb nicht zur Anwendung kommen, wenn übernehmender Rechtsträger etwa eine Personenhandelsgesellschaft oder eine Genossenschaft ist, obschon eine Verzichtsmöglichkeit auch in diesen Fällen von Bedeutung sein kann. Darüber hinaus hat der falsche Regelungsort zur Folge, dass bei konzernrechtlichen Ausgliederungsmaßnahmen – obwohl hier definitiv keine Drittinteressen betroffen sind – an der Anteilsge-

[34] Sogenannte „Downstream-Umwandlung"; hierzu sogleich, Rdnr. 18.

[35] So darf z. B. Gesellschaftern von Personenhandelsgesellschaften wegen des Verbots der Mehrfachbeteiligung an einer Personenhandelsgesellschaft kein weiterer Anteil gewährt werden, sondern man muss den schon vorhandenen Anteil am Festkapital erhöhen. Vgl. hierzu Widmann/Mayer/*D. Mayer* § 126 UmwG Rdnr. 124.

[36] Siehe Widmann/Mayer/*D. Mayer* § 5 UmwG Rdnr. 38 m. w. N.

[37] Vgl. hierzu ausf. *Heckschen/Gassen* GWR 2010, 101; *Weiler* NZG 2008, 527. Speziell zur Verschmelzung von Schwesterkapitalgesellschaften ohne Anteilsgewährung vgl. *Krumm* GmbHR 2010, 24. Zu den aus der Verzichtsmöglichkeit erwachsenden Risiken für Minderheitsgesellschafter des übernehmenden Rechtsträgers siehe unten, Rdnr. 48 f.

[38] Teile der Literatur und der Rspr. (z. B. LG München GmbHR 1999, 35) hatten entgegen der h. M. und der überwiegenden Rspr. (siehe nur OLG Hamm GmbHR 2004, 1533; OLG Frankfurt/Main DB 1998, 917 f.; KG DB 1998, 2511) bereits auf Grundlage der bisherigen gesetzlichen Regelung eine Verzichtsmöglichkeit als gegeben angesehen. Zum damaligen Streitstand vgl. Lutter/*Winter* § 54 UmwG Rdnr. 19 f. m. w. N.

[39] Ausf. *Weiler* NZG 2008, 527; *D. Mayer/Weiler* DB 2007, 1235, 1238 ff.

währpflicht festgehalten werden muss, da § 125 S. 1 UmwG gerade nicht auf §§ 54 und 68 UmwG verweist.[40] Richtiger Regelungsort für die Verzichtsmöglichkeit wären deshalb § 2 UmwG und § 20 Abs. 1 Nr. 3 S. 1 2. HS UmwG für die Verschmelzung sowie §§ 123 Abs. 1–3 und § 131 Abs. 1 Nr. 3 S. 1 u. S. 3 UmwG für die Spaltung gewesen, denn dort sind der Grundsatz der Anteilsgewährpflicht, die Ausnahmen hiervon und die Rechtsfolgen geregelt.

In vielen Konstellationen scheidet ein Verzicht im Übrigen schon aus **steuerlichen Gründen** aus. Zwar kann die Verschmelzung einer Kapitalgesellschaft auf eine andere Kapitalgesellschaft gemäß § 11 Abs. 2 S. 1 Nr. 3 UmwStG unter Buchwertfortführung erfolgen, wenn eine Gegenleistung nicht gewährt wird. Anders stellt sich die Rechtslage jedoch dar, wenn eine Personenhandelsgesellschaft auf eine Kapitalgesellschaft verschmolzen wird. Nach § 20 Abs. 1 UmwStG ist hier eine Buchwertfortführung nur möglich, wenn die Einbringenden, d. h. die Gesellschafter der übertragenden Personenhandelsgesellschaft, neue Anteile an der aufnehmenden Kapitalgesellschaft erhalten. Da der Gesetzgeber den Verzicht auf die Anteilsgewährpflicht nicht in den allgemeinen Vorschriften, sondern in §§ 54, 68 UmwG geregelt hat, welche nur für Kapitalgesellschaften als übernehmende Rechtsträger gelten,[41] hat die Vereinfachung somit in der Regel nur für die Verschmelzung von Kapitalgesellschaften untereinander Bedeutung.[42] 21

dd) Nicht-verhältniswahrende Verschmelzung und Spaltung. Weder legt das UmwG die Höhe der zu gewährenden Anteile fest noch muss das vorher bestehende Verhältnis der Anteile der Gesellschafter des übertragenden Rechtsträgers gewahrt werden. Für die Spaltung erlaubt § 128 UmwG ausdrücklich eine solche quotenabweichende, **nicht-verhältniswahrende Spaltung.**[43] Wichtigster Zweck der Vorschrift ist es, die Trennung von Gesellschaftergruppen und Familienstämmen zu ermöglichen.[44] Es ist aufgrund dieser Vorschrift sogar – in Abweichung vom Grundsatz der Anteilsgewährpflicht – zulässig, dass ein Gesellschafter der übertragenden Gesellschaft keine Anteile an der übernehmenden Gesellschaft erhält (sog. **„Spaltung zu Null"**) und auch die Anteile an der übertragenden Gesellschaft im Zuge der Spaltung neu zugeordnet werden.[45] Voraussetzung ist allerdings die Zustimmung des betroffenen Gesellschafters. 22

ee) Anteilsgewährpflicht bei Kettenumwandlungen. Besondere Schwierigkeiten können sich im Hinblick auf die Frage nach dem Bestehen einer Anteilsgewährpflicht bei **Kettenumwandlungen** ergeben.[46] 23

Beispielsfall:

Die A-AG ist die alleinige Gesellschafterin der B-GmbH und der C-GmbH. Die C-GmbH ist ihrerseits alleinige Gesellschafterin der D-GmbH. Es ist geplant, zunächst die C-GmbH auf die B-GmbH zu verschmelzen. Im Rahmen dieser „Schwesterverschmelzung" erhält die Gesellschafterin der B-GmbH, die A-AG, einen neu geschaffenen Geschäftsanteil an der B-GmbH. In einem zweiten Schritt soll die D-GmbH auf die B-GmbH verschmolzen werden. Beide Verschmelzungsverträge werden am selben Tag geschlossen, wobei der Vertrag zwischen der D-GmbH und der B-GmbH aufschiebend bedingt ist auf das Wirksamwerden der ersten Verschmelzung der C-GmbH auf die B-GmbH durch Eintragung im Handelsregister der übernehmenden B-GmbH.

---

[40] So die ganz h. M, vgl. nur *D. Mayer/Weiler* DB 2007, 1235, 1238 f.; Gutachten des *DNotI* vom 28. 4. 2009, Nr. 93 819; a. A. entgegen dem klaren Gesetzeswortlaut *Limmer*, Handbuch der Unternehmensumwandlungen, Rdnr. 1755.

[41] Vgl. Widmann/Mayer/*D. Mayer* § 5 UmwG Rdnr. 43.

[42] Siehe *Mayer/Weiler* DB 2007, 1235, 1238 ff.; *Haritz/von Wolff* GmbHR 2006, 340, 345.

[43] Siehe näher unten Rdnr. 273.

[44] Zum Thema Unternehmensnachfolge und Umwandlung sehr instruktiv *D. Mayer* ZEV 2005, 325.

[45] Vgl. LG Konstanz GmbHR 1998, 837; LG Essen ZIP 2002, 893; Widmann/Mayer/*D. Mayer* § 126 UmwG Rdnr. 274 ff.

[46] Ausf. MünchHdbGesR (III)/*D. Mayer* § 73 Rdnr. 186 ff.

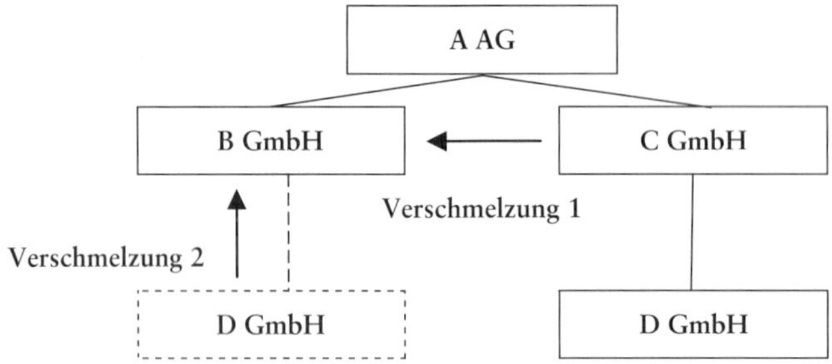

24 In dieser Konstellation muss und darf im Hinblick auf die zweite Verschmelzung der D-GmbH auf die B-GmbH das Kapital der B-GmbH nicht erhöht werden.[47] Ist die Verschmelzung C-GmbH auf B-GmbH durch Eintragung bei der übernehmenden B-GmbH wirksam geworden, so ist nämlich die 100%-ige Beteiligung der C-GmbH an der D-GmbH im Wege der Gesamtrechtsnachfolge nach § 20 Abs. 1 Nr. 1 UmwG auf die B-GmbH übergegangen. Wird der Verschmelzungsvertrag zwischen der D-GmbH als übertragendem Rechtsträger und der B-GmbH als übernehmendem Rechtsträger (zweiter Verschmelzungsvorgang) aufschiebend bedingt auf den Zeitpunkt des Wirksamwerdens der Verschmelzung der C-GmbH auf die B-GmbH (erster Verschmelzungsvorgang) geschlossen, so ist aufgrund des zum Zeitpunkt des Wirksamwerdens des ersten Verschmelzungsvorgangs zwischen der B-GmbH und der D-GmbH bestehenden 100%-igen Mutter-Tochter-Verhältnisses eine Kapitalerhöhung gemäß § 54 Abs. 1 S. 1 Nr. 1 UmwG verboten und überdies nach § 20 Abs. 1 Nr. 3, HS 2 UmwG eine **Anteilsgewährung ausgeschlossen.**

25 **b) Grundsatz der Identität der Anteilseigner beim Formwechsel.** Der Gesetzeswortlaut legt nahe, dass im Umwandlungsrecht stets eine Kontinuität der Mitgliedschaft bestehen muss.[48] Während sich dies bei Verschmelzung und Spaltung im Dogma der Anteilsgewährpflicht dergestalt manifestiert, dass die Anteilsinhaber des übertragenden Rechtsträgers in aller Regel Anteilsinhaber des aufnehmenden Rechtsträgers werden, gilt beim **Formwechsel** als identitätswahrender Umwandlung der Grundsatz der Identität der Anteilseigner.[49] Gemäß §§ 202 Abs. 1 Nr. 2, 194 Abs. 1 Nr. 3 UmwG sind die Anteilseigner des Zielrechtsträgers grundsätzlich automatisch dieselben wie beim Ausgangsrechtsträger, ihr Kreis wird durch den Formwechsel grundsätzlich nicht verändert.[50]

26 Neben einigen gesetzlichen Sonderregelungen[51] ist einzige bislang höchstrichterlich anerkannte **Ausnahme** das Hinzutreten eines Komplementärs in der logischen Sekunde des Formwechsels in eine Kapitalgesellschaft & Co. KG.[52] Sollen Anteilseigner eintreten oder ausscheiden, muss dies folglich in aller Regel (ggf. eine juristisch logische Sekunde) vor oder nach dem Formwechsel geschehen.[53] Davon zu trennen ist die Frage, ob die Anteilseigner ihre Beteiligungsquote im Rahmen des Formwechsels ändern dürfen. Nach ganz herrschender Meinung ist ein solcher quotenabweichender oder **nicht-verhältniswahrender Formwechsel** unter Zustimmung derjenigen Anteilseigner, deren Beteiligungsquote sich ändert, zulässig.[54]

[47] Vgl. dazu auch das Gutachten des DNotI vom 2. 12. 1997 zu § 4 UmwG, Nr. 4897.

[48] Vgl. § 20 Abs. 1 Nr. 3 S. 1 UmwG (Verschmelzung), § 131 Abs. 1 Nr. 3 S. 1 UmwG (Spaltung), § 202 Abs. 1 Nr. 2 S. 1 UmwG (Formwechsel).

[49] Hierzu ausf. *Heckschen* DB 2008, 2122.

[50] So auch die Gesetzesbegründung zu § 194 Abs. 1 Nr. 3 UmwG: „Mit der Vorschrift soll die Identität des am Umwandlungsvorgang beteiligten Personenkreises zum Ausdruck gebracht werden". Dazu ausf. Widmann/Mayer/*Vossius* § 202 UmwG Rdnr. 44 ff.

[51] Vgl. insb. die Sondervorschriften der §§ 221, 233 Abs. 3 S. 3, 236, 240 Abs. 1 S. 2, 262 Abs. 2, 275 Abs. 3 UmwG für den beitretenden bzw. ausscheidenden persönlich haftenden Gesellschafter einer durch Formwechsel entstehenden KGaA, die e contrario für eine strenge Beachtung des Identitätsgrundsatzes sprechen.

[52] Siehe ausf. unten, Rdnr. 350.

[53] Diese Vorgehensweise ist grds. als sicherster Weg zu empfehlen, vgl. Widmann/Mayer/*Vossius* § 202 UmwG Rdnr. 45; Lutter/*Decher* § 202 UmwG Rdnr. 12.

[54] Vgl. hierzu unten Rdnr. 325 sowie Widmann/Mayer/*Vollrath* § 194 UmwG Rdnr. 17.

7. Beteiligte Rechtsträger

Welche Rechtsträger an einer Umwandlung beteiligt sein können, ergibt sich aus den Vorschriften zu den einzelnen Umwandlungsarten, nämlich aus § 3 UmwG (Verschmelzung), § 124 UmwG (Spaltung), § 175 UmwG (Vermögensübertragung) und § 191 UmwG (Formwechsel). Besonders beachtenswert sind hierbei folgende Punkte: 27

a) **Gesellschaft bürgerlichen Rechts.** Die BGB-Gesellschaft gehört grundsätzlich nicht zum Kreis der umwandlungsfähigen Rechtsträger, soweit sie nicht lediglich als Zielrechtsträger eines Formwechsels beteiligt ist (§ 191 Abs. 2 Nr. 1 UmwG). Allerdings können BGB-Gesellschaften über den Umweg der oHG nach Eintragung im Handelsregister gemäß § 105 Abs. 2 HGB auch die Vorteile des UmwG nutzen. Nicht gewerblich tätige BGB-Gesellschaften müssen den Umweg über das PartGG einschlagen. 28

b) **Überschuldete Rechtsträger.** Sofern eine Anteilsgewährung an die Anteilsinhaber des übertragenden Rechtsträgers erforderlich ist,[55] können überschuldete Rechtsträger in der Regel nicht als übertragender Rechtsträger an einer Verschmelzung oder Spaltung auf eine Kapitalgesellschaft beteiligt sein, da die zu gewährenden Anteile am aufnehmenden Rechtsträger meist im Wege einer (Sach-)Kapitalerhöhung geschaffen werden.[56] Da es sich hierbei um eine Kapitalerhöhung gegen Sacheinlage handelt, ist dem Registergericht nachzuweisen, dass der tatsächliche Wert der Sacheinlage, d. h. des Vermögens des übertragenden Rechtsträgers einschließlich stiller Reserven und Firmenwert, mindestens dem Nennbetrag der gewährten Anteile entspricht, was bei einer überschuldeten Gesellschaft nicht gelingen wird (**Verbot der Unter-Pari-Emission**). Als Lösungsmöglichkeit bieten sich an 29

- eine Umwandlung ohne Kapitalerhöhung durch Verzicht auf die Anteilsgewähr nach §§ 54 Abs. 1 S. 3, 68 Abs. 1 S. 3 UmwG[57] oder
- die vorherige Schaffung einer Mutter-Tochter-Konstellation im Wege einer Anteilsabtretung oder
- eine Verschmelzung bzw. Spaltung der „gesunden“ auf die überschuldete Gesellschaft.

Gerade von letztgenannter Lösungsmöglichkeit wird in der Praxis im Rahmen von sog. **„Sanierungsfusionen“** immer wieder Gebrauch gemacht. Damit noch nicht geklärt ist allerdings die schwierige Frage, inwieweit bei insolvenzreifen Unternehmen das Insolvenzverfahren vorrangig durchzuführen ist.[58] 30

Sofern sich erst nach Eintragung einer Verschmelzung oder Spaltung auf eine Kapitalgesellschaft bezüglich der im Rahmen der Umwandlung durchgeführten Kapitalerhöhung herausstellt, dass die übertragende Gesellschaft nicht werthaltig war, haften die Anteilseigner des übertragenden Rechtsträgers im Übrigen nicht (verschuldensunabhängig) nach den Grundsätzen der **Differenzhaftung** bei Sacheinlagen,[59] da es an der hierfür erforderlichen gesetzlichen Grundlage fehlt.[60] 31

c) **Aufgelöste Rechtsträger.** Die Umwandlungsfähigkeit aufgelöster Rechtsträger regeln §§ 3 Abs. 3, 124 Abs. 2, 191 Abs. 3 UmwG. In Auflösung befindliche Rechtsträger gehören danach nur dann zum Kreis der umwandlungsfähigen Rechtsträger, wenn deren Fortsetzung beschlossen werden kann. Das Gesetz sagt jedoch nichts darüber aus, ob dies auch für die Beteiligung der aufgelösten Gesellschaft als Zielrechtsträger gilt. Daraus folgert die Rechtsprechung, dass eine in Liquidation befindliche Gesellschaft zunächst ihre Fortsetzung be- 32

[55] Hierzu oben, Rdnr. 15 ff.

[56] Davon gehen §§ 54, 55 UmwG (für die GmbH) bzw. §§ 68, 69, 78 UmwG (für die Aktiengesellschaft und die KGaA) aus. Vgl. i. Ü. zur Umwandlung überschuldeter Unternehmen auf haftungsbeschränkte Gesellschaften umfassend *Schwetlik* GmbHR 2011, 130.

[57] Hierzu ausf. *Keller/Klett* DB 2010, 1220.

[58] Nach ganz herrschender Meinung ist nach Eröffnung des Insolvenzverfahrens und bis zu dessen Beendigung die Beteiligung eines Rechtsträgers an einer Umwandlungsmaßnahme ausgeschlossen, vgl. Widmann/Mayer/*Fronhöfer* § 3 UmwG Rdnr. 55 ff.

[59] Siehe hierzu für die GmbH Baumbach/Hueck/*Hueck/Fastrich* § 9 GmbHG Rdnr. 1 ff. und für die Aktiengesellschaft *Hüffer* § 36 a AktG Rdnr. 6 sowie BGH NJW 1975, 974.

[60] BGH DB 2007, 1241.

schließen muss, wenn sie aufnehmender Rechtsträger sein soll.[61] Ist ein solcher Beschluss nicht möglich, weil beispielsweise die Fortsetzung gesetzlich ausgeschlossen ist, so steht die Umwandlung auf einen solchen Rechtsträger als Gestaltungsrecht nicht zur Wahl.[62] Allerdings bleibt nach der Rechtsprechung auch eine entgegen § 3 Abs. 3 UmwG eingetragene Verschmelzung einer GmbH i. L., die ihre Fortsetzung nicht beschlossen hat, wirksam.[63]

33 d) **(Noch) nicht existente Rechtsträger.** Auch am Stichtag der Schlussbilanz gemäß § 17 Abs. 2 S. 1 UmwG noch nicht existierende Rechtsträger können an einer Umwandlungsmaßnahme beteiligt sein.[64]

Beispiel:

Die A-GmbH gliedert mit Ausgliederungsstichtag 1. 1. 2011 ihren Teilbetrieb „Bleistiftproduktion" auf die hierdurch neu gegründete B-GmbH aus. Die Ausgliederung wird am 4. 7. 2011 im Handelsregister der übertragenden A-GmbH eingetragen und damit gemäß § 131 Abs. 1 UmwG wirksam. Mit Verschmelzungsvertrag vom 6. 7. 2011 wird die B-GmbH auf die C-GmbH verschmolzen. Als Verschmelzungsstichtag wird der 1. 5. 2011 vereinbart.

34 Nach § 17 Abs. 2 UmwG muss für den Verschmelzungsvorgang B-GmbH auf C-GmbH eine Schlussbilanz der übertragenden B-GmbH vorgelegt werden.[65] Hier besteht die Besonderheit, dass die B-GmbH zu dem Zeitpunkt, auf den ihre Schlussbilanz erstellt werden soll (30. 4. 2011) zivilrechtlich noch nicht als eigenständiger Rechtsträger existent war. Aus steuerlicher Sicht wird allerdings aufgrund der Regelung des § 2 Abs. 1 UmwStG der Vermögensübergang bereits zum steuerlichen Übertragungsstichtag,[66] d.h. dem Stichtag der zugrunde gelegten Schlussbilanz fingiert, obwohl die einzelnen Umwandlungen handelsrechtlich erst mit entsprechender Eintragung bei der übertragenden A-GmbH (Ausgliederung) und der übernehmenden C-GmbH (Verschmelzung) wirksam werden. Deshalb kann die B-GmbH auch eine Schlussbilanz auf den 30. 4. 2011 erstellen (sog. **„technische" Schlussbilanz**), in der der Übergang des Vermögens der A-GmbH auf die B-GmbH bereits berücksichtigt werden muss.[67]

35 e) **Natürliche Personen.** Auch eine natürliche Person kann an Umwandlungsmaßnahmen nach dem UmwG beteiligt sein. Nach den **§§ 120 ff. UmwG** kann das Vermögen einer Kapitalgesellschaft auf deren Alleingesellschafter verschmolzen werden, sofern eine andere Verschmelzungsart nicht möglich ist.[68] Daneben ist nach **§§ 152 ff. UmwG** die Ausgliederung des von einem Einzelkaufmann betriebenen Unternehmens zur Neugründung oder Aufnahme auf eine Kapitalgesellschaft sowie zur Aufnahme auf eine Personenhandelsgesellschaft oder Genossenschaft zulässig.[69]

36 f) **Gebietskörperschaften.** Gebietskörperschaften und Zusammenschlüsse von Gebietskörperschaften können als übertragende Rechtsträger einer **Ausgliederung** nach §§ 168 ff. UmwG an einer Umwandlung nach dem UmwG beteiligt sein. Sinn dieser Vorschriften ist es insbesondere, die Überführung kommunaler Eigengesellschaften, Regie- und Eigenbetriebe in gesellschaftsrechtliche Strukturen zu ermöglichen.[70]

37 g) **Ausländische Rechtsträger.** Bis zur Entscheidung des EuGH in der Rechtssache SEVIC[71] ging die überwiegende Meinung davon aus, dass Umwandlungsmaßnahmen nach

[61] Vgl. BayObLG ZIP 1998, 739; KG DB 1998, 2409; OLG Naumburg GmbHR 1997, 1152; AG Erfurt GmbHR 1996, 373.

[62] Kritisch hierzu *Heckschen*, FS Widmann, S. 31 ff.

[63] BGH ZIP 2001, 2006.

[64] Ausf. MünchHdbGesR (III)/*D. Mayer* § 73 Rdnr. 200 ff.

[65] Siehe hierzu unten, Rdnr. 62 ff.

[66] Näher zum steuerlichen Übertragungsstichtag vgl. Rdnr. 63. Zu den verschiedenen Stichtagen im Rahmen einer Verschmelzung vgl. ausf. unten, Rdnr. 113 ff.

[67] Vgl. Widmann/Mayer/*D. Mayer* § 5 UmwG Rdnr. 235.8.1; MünchHdbGesR (III)/*D. Mayer* § 73 Rdnr. 202.

[68] Näher unten, Rdnr. 228 ff.

[69] Vgl. unten, Rdnr. 240.

[70] Siehe zum Ganzen aus notarieller Sicht *Leitzen* MittBayNot 2009, 353; *Lepper* RNotZ 2006, 313. Vgl. i. Ü. unten, Rdnr. 311.

[71] EuGH DB 2005, 2804 – SEVIC.

den Vorschriften des Umwandlungsgesetzes entsprechend dem Wortlaut von § 1 Abs. 1 UmwG auf „Rechtsträger mit dem Sitz im Inland“, d. h. auf reine Inlandssachverhalte beschränkt sind.[72] Mit der am 15. 12. 2005 in Kraft getretenen Richtlinie des Europäischen Rats und des Parlaments betreffend grenzüberschreitende Verschmelzungen von Kapitalgesellschaften[73] und der Umsetzung durch den deutschen Gesetzgeber im Rahmen des am 25. 4. 2007 in Kraft getretenen Zweiten Gesetzes zur Änderung des Umwandlungsgesetzes[74] wurden zwischenzeitlich vor dem Hintergrund der Niederlassungsfreiheit gemäß Art. 49 AEUV (ex-Art. 43 EG) die Grundlagen für grenzüberschreitende Verschmelzungen gelegt. In den Grenzen der neu eingefügten **§§ 122 a ff. UmwG** können nunmehr auch ausländische Rechtsträger in Umwandlungsmaßnahmen einbezogen werden, sofern sie ihren Sitz in einem Mitgliedstaat oder einen Vertragsstaat des EWR haben. Nach dem Gesetzeswortlaut ist diese neue Möglichkeit jedoch (entgegen der umfassenden Wirkung der Niederlassungsfreiheit) beschränkt auf die Verschmelzung von Kapitalgesellschaften.[75] Praxisrelevant ist aus Sicht des deutschen Notars insb. die Verschmelzung der englischen **Limited** mit Zweigniederlassung in Deutschland **auf** die deutsche **GmbH.**[76]

8. Rechtsfolgen der Umwandlung

38 a) **Vermögensübergang.** *aa) Gesamtrechtsnachfolge.* Wichtigste Rechtsfolge der **Verschmelzung** ist, dass grundsätzlich das gesamte Vermögen des übertragenden Rechtsträgers einschließlich sämtlicher Verbindlichkeiten gemäß § 20 Abs. 1 Nr. 1 UmwG als Ganzes im Wege der **Universalsukzession** auf den übernehmenden Rechtsträger übergeht. Bei der **Spaltung** gehen hingegen nur die durch den Spaltungs- und Übernahmevertrag bzw. Spaltungsplan bestimmten Aktiva und Passiva entsprechend der dort vorgesehenen Aufteilung jeweils als Gesamtheit im Wege der sog. **„partiellen Gesamtrechtsnachfolge“** auf den bzw. die übernehmenden Rechtsträger über, § 131 Abs. 1 Nr. 1 UmwG.

39 Der große Vorteil dieser Rechtsfolge besteht darin, dass eine **Zustimmung von Gläubigern** oder Vertragspartnern zum Übergang von Verbindlichkeiten oder ganzen Vertragsverhältnissen gemäß § 415 BGB anders als bei einer Einzelrechtsübertragung **nicht erforderlich** ist. Somit können Verbindlichkeiten und Verträge gegen den Willen von Gläubigern bzw. Vertragspartner übertragen werden, was den besonderen Charme des UmwG ausmacht.

40 *bb) Einzelfälle.* Trotz der eindeutigen Grundentscheidung des Gesetzgebers für eine (partielle) Gesamtrechtsnachfolge bei Verschmelzung und Spaltung existieren bezüglich dieser Rechtsfolge zahlreiche Einzelfälle, in denen eine Gesamtrechtsnachfolge von Teilen der Literatur und der Rechtsprechung zumindest bezweifelt wird.[77] Einige in der Praxis immer wieder auftauchende Fragestellungen sollen im Folgenden kurz angerissen werden:

- Verschmelzungen oder Spaltungen eines **herrschenden übertragenden Rechtsträgers** lassen bestehende **Unternehmensverträge** unberührt; sie gehen im Wege der Gesamtrechtsnachfolge über.[78] Hingegen sollen **Beherrschungs- und Gewinnabführungsverträge** gemäß § 291 AktG nach wohl noch ganz h. M. erlöschen, wenn eine **beherrschte** Gesellschaft als

[72] Vgl. zum Meinungsstand Widmann/Mayer/*Heckschen* § 1 UmwG Rdnr. 89 ff.

[73] Richtlinie 2005/56/EG über die Verschmelzung von Kapitalgesellschaften aus verschiedenen Mitgliedstaaten, ABl. Nr. L 310 v. 25. 11. 2005, S. 1 ff. Sie gibt den Mitgliedstaaten wesentliche Teile des auf grenzüberschreitende Verschmelzungen anzuwendenden Verfahrens vor.

[74] Vgl. BGBl 2007 I Nr. 15.

[75] Zum Ganzen ausf. § 24 sowie die Kommentierung von Widmann/Mayer/*Heckschen* zu §§ 122 a ff. UmwG, die auch auf die Schwächen der Umsetzung der Richtlinie 2005/56/EG eingeht. Zur steuerlichen Rückwirkung bei grenzüberschreitenden Umstrukturierungsvorgängen siehe *Ettinger/Königer* GmbHR 2009, 590.

[76] Hierzu ausf. unten, § 24 Rdnr. 37 ff. sowie mit ausf. Mustern *Herrler/Schneider*, Von der Limited zur GmbH, 2009. Zur Verschmelzung von GmbHs zwischen Deutschland und Österreich vgl. *Herrler/Schneider* GmbHR 2011, 795.

[77] Vgl. insoweit die alphabetische Übersicht bei Widmann/Mayer/*Vossius* § 20 UmwG Rdnr. 68.1 ff.

[78] Vgl. nur LG Bonn GmbHR 1996, 774; FG Berlin-Brandenburg DStRE 2008, 1204; DNotI-Report 2009, 158; *Baldamus* Der Konzern 2003, 813, 816; *Dötsch* Der Konzern 2003, 21, 24; Lutter/*Grunewald* § 20 UmwG Rdnr. 37; Kallmeyer/*Marsch-Barner* § 20 UmwG Rdnr. 20; Semler/Stengel/*Kübler* § 20 UmwG Rdnr. 30; Widmann/Mayer/*Vossius* § 20 UmwG Rdnr. 293 ff.

übertragender Rechtsträger auf ein drittes Unternehmen verschmolzen oder gespalten wird.[79] Unternehmensverträge im weiteren Sinne (§ 292 AktG) sowie Unternehmensverträge nach allgemeinem Vertragsrecht gehen jedoch ohne weiteres auf die übernehmende Gesellschaft über. Allerdings stellt sich gerade bei Teilgewinnabführungsverträgen die Frage nach der erforderlichen Anpassung der Gewinnverteilungsabrede an die gewandelten Verhältnisse, die nach den Grundsätzen über die Änderung der Geschäftsgrundlage erfolgt, soweit im Vertrag selbst nicht eine Anpassungsregelung für den Fall der Umstrukturierung getroffen ist.[80]

- **Unternehmensverträge** unter Beteiligung eines **übernehmenden Rechtsträgers** bleiben unabhängig davon wirksam, ob der übernehmende Rechtsträger herrschendes oder beherrschtes Unternehmen ist.[81]
- Durch den übertragenden Rechtsträger als Mieter abgeschlossene **Mietverträge** gehen auf den übernehmenden Rechtsträger über, ohne dass der Vermieter dies verhindern könnte.[82]
- Hinsichtlich **Beteiligungen** an **ausländischen Tochtergesellschaften** sind die Vorgaben der jeweiligen Rechtsordnung zu beachten und die Anteilsübertragung ggf. vorsorglich vor Ort zu wiederholen.
- Bei **GmbH-Anteilen** im Vermögen des übertragenden Rechtsträgers ist die u.a. nach Ansicht des OLG Hamm bestehende Pflicht des die Umwandlung beurkundenden Notars zur Einreichung einer aktualisierten Gesellschafterliste nach § 40 Abs. 2 GmbHG aufgrund seiner **mittelbaren Mitwirkung** an dem Anteilsübergang zu beachten.[83]

Es ist ratsam, in die Muster von Umwandlungsverträgen einen Merkposten einzubauen, wie er hinsichtlich der Grunderwerbsteuerthematik schon üblich ist, etwa wie folgt:

Formulierungsvorschlag:

„Die Erschienenen erklären, dass zum Vermögen der übertragenden Gesellschaft weder Grundbesitz noch GmbH-Beteiligungen gehören."

Praxistipp:

Nachdem die Zuständigkeit für die Erstellung der Liste im Falle einer mittelbaren Mitwirkung noch nicht höchstrichterlich geklärt ist, sollte die Gesellschafterliste derzeit im Übrigen sicherheitshalber sowohl von den Geschäftsführern (in vertretungsberechtigter Zahl) als auch dem Notar unterzeichnet werden.[84]

- Soweit dem übertragenden Rechtsträger **öffentlich-rechtliche Genehmigungen,** Erlaubnisse, Konzessionen usw. erteilt sind, tritt der übernehmende Rechtsträger grds. in diese ein.[85] Dies gilt insbesondere für rein sachbezogene Genehmigungen wie z.B. eine Baugenehmigung oder eine Genehmigung zum Betrieb einer Anlage nach dem Bundesimmissi-

[79] So Kallmeyer/*Marsch-Barner* § 20 UmwG Rdnr. 21; Lutter/*Grunewald* § 20 UmwG Rdnr. 36; KölnerKommUmwG/*Simon* § 20 UmwG Rdnr. 27. Weitere Nachweise bei *Vossius*, FS Widmann, 133, 138f. Die h.M. argumentiert dabei mit der körperschaftlichen Natur dieser Verträge. Anderer Ansicht ist mit guten Argumenten Widmann/Mayer/*Vossius* § 20 UmwG Rdnr. 290ff.; damit sympathisierend Schmitt/Hörtnagl/Stratz/*Stratz* § 20 UmwG Rdnr. 55, 57. Ist die herrschende Gesellschaft – wie häufig – übernehmender Rechtsträger, erlischt der Vertrag in jedem Fall durch Konfusion.

[80] Siehe Widmann/Mayer/*Vossius* § 20 UmwG Rdnr. 291.

[81] Widmann/Mayer/*Vossius* § 20 UmwG Rdnr. 292; Lutter/*Grunewald* § 20 UmwG Rdnr. 35.

[82] Vgl. nur OLG Karlsruhe RNotZ 2008, 628; hierzu *Weiler* notar 2009, 172f.

[83] Siehe OLG Hamm ZIP 2010, 128 m. Anm. *Herrler/Blath* = DNotZ 2010, 214 m. Anm. *Ising*. Vgl. hierzu auch DNotI-Report 2010, 18; *Ries* NZG 2010, 135; *Weiler* notar 2010, 141, 144f.

[84] Dieses Vorgehen ist zulässig, vgl. OLG Hamm DNotZ 2010, 792 = GmbHR 2010, 430 m. Anm. *Herrler*.

[85] Hierzu u.a. Schmitt/Hörtnagl/Stratz/*Stratz* § 20 UmwG Rdnr. 88ff.; Semler/Stengel/*Kübler* § 20 UmwG Rdnr. 67ff.; Lutter/*Grunewald* § 20 UmwG Rdnr. 13; KölnerKommUmwG/*Simon* § 20 UmwG Rdnr. 30. Eine Ausnahme davon gilt für Erlaubnisse, die nur Unternehmen mit bestimmter Rechtsform erteilt werden können, z.B. § 7 Abs. 1 VAG (Versicherungsunternehmen: nur AG, VVaG, K.d.ö.R., A.d.ö.R.), § 1 Abs. 3 S. 1 KaGG (Kapitalanlagegesellschaften: nur AG oder GmbH) oder § 2b Abs. 1 KWG (Bankinstitute mit Erlaubnis nach § 32 KWG: Einzelkaufmann unzulässig). Gleiches gilt für eine Zulassung der Aktien zum Handel an einer Börse, die wegfällt, wenn die aufnehmende Gesellschaft nicht börsennotiert ist.

onsschutzgesetz. Anders ist nach h. M. die Rechtslage bei **personenbezogenen Erlaubnissen**, die an die Zuverlässigkeit oder sonstige nur von einer natürlichen Person erfüllbare Voraussetzungen anknüpfen.[86] Ebenso wie z. B. eine Eintragung in der Handwerksrolle (§ 7 HwO) oder die Erteilung einer Erlaubnis für Wirtschafts- und Steuerberatungsgesellschaften (§ 54 Abs. 1 Nr. 1 StBerG, § 33 Abs. 1 Nr. 1 WPO) erlöschen diese Erlaubnisse bei Auflösung des bisherigen Erlaubnisträgers und gehen nicht im Wege der Gesamtrechtsnachfolge auf den übernehmenden Rechtsträger über.[87]

- Nach Auffassung des BFH geht die Steuerschuld eines Rechtsträgers im Falle einer Ausgliederung oder Abspaltung unter Fortbestand des übertragenden Rechtsträgers nicht auf den übernehmenden Rechtsträger über.[88]
- Ist dem übertragenden Rechtsträger eine (Dauer-)**Testamentsvollstreckung** übertragen (§ 2210 BGB), so wird aus der Auslegung der Verfügung von Todes wegen (i. V. m. dem Rechtsgedanken des § 2199 Abs. 2 BGB) eine Ermächtigung des Erblassers abzuleiten sein, dass der übernehmende Rechtsträger das Amt weiter ausübt.[89]
- Urheberrechte können grundsätzlich nur dem Schöpfer des Werks, also einer natürlichen Person zustehen (§ 7 UrhG). Ein übertragender Rechtsträger nach § 3 Abs. 1 und Abs. 2 Nr. 1 UmwG kann nur im Wege des Erbfalls Inhaber des Urheberrechts werden (§§ 28 Abs. 1, 29 Abs. 1 UrhG). Die Verschmelzung dieses Inhabers führt daher zwar nicht zum Übergang des Urheberrechts selbst, aber zum Übergang des dem übertragenden Rechtsträger zustehenden Urheberverwertungsrechts (§ 30 UrhG), insbesondere also des Nutzungsrechts nach §§ 31 ff. UrhG.[90]
- Einem übertragendem Rechtsträger erteilte **Vollmachten** erlöschen grundsätzlich nicht (§§ 168, 672 BGB), es sei denn, es handelt sich um eine isolierte Vollmacht oder das Grundverhältnis wird durch die Verschmelzung geändert.[91] Von einem übertragenden Rechtsträger erteilte Prokuren erlöschen mit der Verschmelzung, ohne dass es einer besonderen Löschung bedarf (§ 20 Abs. 1 Nr. 2 UmwG).[92] Dies gilt auch für Handlungsvollmachten nach § 54 HGB.[93]
- Sofern ein übertragender Rechtsträger als **WEG-Verwalter** fungiert, soll nach Auffassung des BayObLG diese personengebundene Organstellung mit der Verschmelzung erlöschen, der Verwaltervertrag hingegen im Wege der Gesamtrechtsnachfolge auf den übernehmenden Rechtsträger übergehen.[94]

cc) Sachenrechtlicher Bestimmtheitsgrundsatz. Bei allen Vorteilen birgt die (partielle) Ge- 41
samtrechtsnachfolge auch gewisse Nachteile und Risiken. So ist bei einer Spaltung großes Augenmerk auf die Definition des zu übertragenden Vermögens zu legen. Dem sachenrechtlichen Bestimmtheitsprinzip folgend müssen wie bei einer Einzelrechtsübertragung alle Gegenstände genau bezeichnet werden, die auf den übernehmenden bzw. neuen Rechtsträger übergehen sollen (§ 126 Abs. 1 Nr. 9 UmwG).[95] In diesem Zusammenhang ist insbesondere

[86] Zum Beispiel §§ 30, 33 a, 33 c, 33 d, 33 i, 34 bis 34 e GewO, § 2 GastG, § 3 Abs. 1 PBefG, § 3 Abs. 2 GüKG.

[87] Kallmeyer/*Marsch-Barner* § 20 UmwG Rdnr. 26; Widmann/Mayer/*Vossius* § 20 UmwG Rdnr. 251 ff.; a. A. Lutter/*Grunewald* § 20 Rdnr. 13, die von einer Kontinuität ausgeht, wenn die Person, auf deren Voraussetzungen die Genehmigung beruht, bei dem übernehmenden Rechtträger eine ihrer Funktion beim übertragenden Rechtsträger entsprechende Rechtsstellung erhält. Unabhängig von diesem Meinungsstreit kommt in jedem Fall eine Neuerteilung für den übernehmenden Rechtsträger in Betracht, wenn der entsprechende Konzessionsträger (Betriebsleiter nach der HwO etc.) künftig bei diesem tätig ist.

[88] Siehe BFH NZG 2010, 518. Nach Ansicht des Gerichts ist der aufnehmende Rechtsträger nicht „Rechtsnachfolger" i. S. v. § 45 AO, weil keine Gesamtrechtnachfolge im Sinne der Vorschrift vorliege, sondern vielmehr eine Singularsukzession „uno actu".

[89] Widmann/Mayer/*Vossius* § 20 UmwG Rdnr. 276.

[90] Widmann/Mayer/*Vossius* § 20 UmwG Rdnr. 207 f.; Argument: Umkehrschluss aus §§ 28, 29 UrhG.

[91] Siehe Semler/Stengel/*Kübler* § 20 UmwG Rdnr. 18; Lutter/*Grunewald* § 20 UmwG Rdnr. 25.

[92] So die wohl noch h. M., vgl. die Nachw. bei Widmann/Mayer/*Vossius* § 20 UmwG Rdnr. 304.

[93] Kallmeyer/*Marsch-Barner* § 20 UmwG Rdnr. 24; Widmann/Mayer/*Vossius* § 20 UmwG Rdnr. 304.

[94] Siehe nur BayObLG RPfleger 2002, 305, 306 f. (zur Ausgliederung). Dagegen mit berechtigten Argumenten Schmitt/Hörtnagl/Stratz/*Stratz* § 20 UmwG Rdnr. 86; Widmann/Mayer/*Vossius* § 20 UmwG Rdnr. 322 f.; *Zajonz/Nachtwey* ZfIR 2008, 701.

[95] Ausf. unten, Rdnr. 259 ff.

von Bedeutung, dass für einen Eigentumsübergang von **Grundbesitz** (und wohl auch für den Übergang von Rechten an Grundstücken) bei Spaltungsvorgängen gemäß § 126 Abs. 2 S. 1 und 2 UmwG die Bestimmtheitserfordernisse des § 28 GBO zu beachten sind.[96] Ein Verstoß gegen diese Bestimmtheitsanforderungen hat zur Folge, dass kein Eigentumsübergang im Wege der partiellen Gesamtrechtsnachfolge, d. h. außerhalb des Grundbuchs, stattfindet. Für die Beratungspraxis bedeutet dies, dass unbedingt auf eine hinreichende Bezeichnung der einer Spaltung unterliegenden Grundstücke und grundstücksgleichen Rechte zu achten ist. Nicht ausreichend ist es, wenn sich der betroffene Grundbesitz lediglich im Wege der Auslegung ermitteln lässt.

42 *dd) Vermögensidentität beim Formwechsel.* Beim **Formwechsel** findet demgegenüber **keine Vermögensübertragung** statt. Vielmehr besteht der formwechselnde Rechtsträger in der im Umwandlungsbeschluss bestimmten Rechtsform weiter (§ 202 Abs. 1 Nr. 1 UmwG). Das Vermögen des formwechselnden Rechtsträgers ist nach dem Formwechsel Vermögen des Rechtsträgers neuer Rechtsform (Vermögensidentität).[97]

43 b) **Anteilsgewährung.** Die Anteilsinhaber des übertragenden Rechtsträgers werden bei **Verschmelzung** und **Spaltung** mit Wirksamwerden der Umwandlung grundsätzlich Anteilsinhaber des übernehmenden Rechtsträgers (Dogma der Anteilsgewährpflicht).[98] Beim **Formwechsel** hingegen besteht nach dem in § 202 Abs. 1 Nr. 2 S. 1 UmwG verankerten Grundsatz der Identität der Anteilseigner regelmäßig eine Kontinuität der Mitgliedschaft dergestalt, dass die Anteilsinhaber des Ausgangsrechtsträger mit denjenigen des Zielrechtsträgers identisch sind.[99]

44 c) **Folgen für die übertragenden Rechtsträger.** Bei Verschmelzung und Aufspaltung erlöschen die übertragenden Rechtsträger (vgl. §§ 20 Abs. 1 Nr. 2, 36 Abs. 1 S. 1, 131 Abs. 1 Nr. 2, 135 Abs. 1 UmwG), ohne dass es eines Liquidationsverfahrens bedürfte. Bei Abspaltung und Ausgliederung bleiben sie bestehen, allerdings vermindert sich ihr Vermögen um die abgespaltenen bzw. ausgegliederten Aktiva und Passiva. Beim Formwechsel besteht der formwechselnde Rechtsträger in der im Umwandlungsbeschluss bestimmten Rechtsform fort. Die Identität der Gesellschaft bleibt also erhalten, es ändert sich allein ihre äußere Form.

45 d) **Heilungswirkung der Eintragung.** Für die Praxis von großer Bedeutung ist die Heilungswirkung der Eintragung einer Umwandlung. Zum einen werden gemäß §§ 20 Abs. 1 Nr. 4, 131 Abs. 1 Nr. 4, 202 Abs. 1 Nr. 3 UmwG **Beurkundungsmängel** mit der Eintragung geheilt, zum anderen haben gemäß §§ 20 Abs. 2, 131 Abs. 2, 202 Abs. 3 UmwG auch **sonstige Mängel** der Umwandlung keinen Einfluss auf die Wirkungen der Eintragung, also bei Verschmelzung und Spaltung auf die angeordnete Gesamtrechtsnachfolge.[100] Nach überwiegender Auffassung der Literatur führt diese Vorschrift zu einer umfassenden Heilung von Mängeln, die eine „Entschmelzung" entbehrlich macht.[101] Damit wird die Durchführung einer mit kaum lösbaren praktischen Schwierigkeiten verbundenen Rückabwicklung vermieden.

---

[96] Vgl. BGH DNotZ 2008, 468 = MittBayNot 2008, 307 m. Anm. *Weiler*. Siehe hierzu ausf. unten, Rdnr. 262 ff. sowie *Weiler* notar 2008, 33. In diesem Zusammenhang zu beachten ist die nachgehende Entscheidung des OLG Schleswig (DNotZ 2010, 66 m. Anm. *Perz*), wonach für den Fall der Aufnahme einer sog. „All-Klausel" in den Spaltungsvertrag bzw. -plan eine eindeutige Bestimmtheit der von der Spaltung betroffenen Grundstücke gegeben ist. Vgl. zu beiden Entscheidungen *Bungert/Lange* DB 2010, 547.

[97] Aus diesem Grund ist der Formwechsel einer als Pächterin an einem Pachtvertrag beteiligten Gesellschaft auch keine verbotswidrige Überlassung der Pachtsache an einen Dritten i. S. v. § 589 Abs. 1 Nr. 1 BGB, vgl. BGH NZG 2010, 314.

[98] Vgl. §§ 2, 20 Abs. 1 Nr. 3, 123 Abs. 1–3, 131 Abs. 1 Nr. 3, 202 Abs. 1 Nr. 2 UmwG sowie ausf. soeben, Rdnr. 15 ff.

[99] Näher hierzu Rdnr. 25 f., 312.

[100] Vgl. hierzu OLG Hamburg DNotZ 2009, 227. Zum Ganzen Widmann/Mayer/*Vossius* § 20 UmwG Rdnr. 368 ff. Ausnahmen bestehen naturgemäß dann, wenn eine Gesamtrechtsnachfolge grundsätzlich ausscheidet, siehe soeben Rdnr. 40.

[101] Siehe nur OLG Frankfurt/Main NZG 2003, 236 sowie Lutter/*Grunewald* § 20 UmwG Rdnr. 73 m. w. N. Zu beachten ist allerdings, dass die Fehlerhaftigkeit eines Umwandlungsbeschlusses trotz Eintragung noch im Klagewege festgestellt werden kann, auch wenn die Klage nicht mehr zur Beseitigung der Wirksamkeit der Umwandlung führt, vgl. BGH ZIP 2006, 2312; OLG München ZIP 2010, 927; OLG Hamburg ZIP 2004, 906, 907 f.; OLG Stuttgart ZIP 2004, 1145, 1147.

Im Übrigen entfällt die Wirkung der Umwandlung trotz Eintragung nur in eng begrenzten Ausnahmefällen bei so gravierenden Mängeln, aufgrund derer die **Umwandlung** als **nichtig** anzusehen ist. Davon ist insbesondere auszugehen, wenn die gewählte Umwandlungsform oder die Gesellschaftsform, in die umgewandelt werden sollte, nicht dem Gesetz entspricht, also ein Verstoß gegen § 1 Abs. 1 UmwG oder §§ 3, 124, 191 UmwG vorliegt.[102] Die Bestandskraft wird man der Umwandlung ferner versagen müssen, wenn der Umwandlungsvertrag gänzlich fehlt, keine Willensäußerung der beteiligten Rechtsträger vorliegt, eine Anmeldung der Umwandlung fehlt oder die Umwandlung eklatant und offensichtlich gegen den ordre public verstößt.[103] 46

9. Risiken und Schutzmechanismen

Gerade aufgrund der Gesamtrechtsnachfolge und der Heilungsvorschriften ergeben sich eine Reihe von Nachteilen und Risiken für bestimmte Gruppen, für welche der Gesetzgeber deshalb Schutzmechanismen vorgesehen hat. 47

a) **Anteilsinhaber der übertragenden Rechtsträger.** Anteilsinhaber der übertragenden Rechtsträger schützt das Gesetz insbesondere durch die Möglichkeit, die Angemessenheit der ihnen als Gegenleistung für den Verlust der Anteile gewährten Beteiligung am übernehmenden Rechtsträger in einem gerichtlichen **Spruchverfahren** vor dem Landgericht nachprüfen zu lassen (§§ 305 bis 312 UmwG). Gleichzeitig hat der Gesetzgeber die Möglichkeiten der Anfechtung der Umwandlungsbeschlüsse dergestalt eingeschränkt, dass eine Klage nicht darauf gestützt werden kann, das Umtauschverhältnis oder der Gegenwert bzw. eine etwa erforderliche Barabfindung seien zu niedrig bemessen (§§ 14 Abs. 2, 15 UmwG). Damit soll insb. einem gehäuften Missbrauch der Anfechtungsklage vorgebeugt werden.[104] Daneben haben Anteilsinhaber unter bestimmten Voraussetzungen gemäß §§ 29, 207 UmwG einen **Anspruch auf Barabfindung**, wenn sich der Charakter ihrer Beteiligung durch die Umwandlung wesentlich ändert.[105] Schließlich haften die Organe der an der Umwandlung beteiligten Rechtsträger den Anteilsinhabern unmittelbar auf **Schadensersatz.**[106]

b) **Anteilsinhaber des übernehmenden Rechtsträgers.** Demgegenüber etwas vernachlässigt hat der Gesetzgeber den Schutz von (Minderheits-)Gesellschaftern des übernehmenden Rechtsträgers. Besonders kritisch zu sehen ist hier der **Verzicht auf** eine **Anteilsgewährung** durch alle Gesellschafter des übertragenden Rechtsträgers, §§ 54 Abs. 1 S. 3, 68 Abs. 1 Nr. 3 UmwG.[107] 48

Beispielsfall:

Die X-GmbH soll auf die Y-GmbH verschmolzen werden. Alleinige Gesellschafter der X-GmbH sind A und B, die gleichzeitig vom Stammkapital der Y-GmbH zu insgesamt € 50.000 Geschäftsanteile zu je € 20.000 halten. Einen weiteren Geschäftsanteil der Y-GmbH zu € 10.000 hält der Minderheitsgesellschafter C. Geschäftsführer beider Gesellschaften ist A. Da das Vermögen der X-GmbH auch zu Verkehrswerten negativ ist, verzichten A und B gemäß § 54 Abs. 1 S. 3 UmwG als Gesellschafter des übertragenden Rechtsträgers auf eine Gewährung von Anteilen am übernehmenden Rechtsträger.

In diesem Fall könnten A und B im Rahmen der Gesellschafterversammlung bei der übernehmenden Y-GmbH den Minderheitsgesellschafter C überstimmen[108] und damit das nega- 49

[102] Siehe BGH ZIP 2001, 2006.

[103] Vgl. *Kort* AG 2010, 230, 233; *Blasche* EWiR 2010, 687, 688.

[104] Näher zu Rechtsschutzmöglichkeiten unten, Rdnr. 153 f. (Verschmelzung) und Rdnr. 337 (Formwechsel). Die Anfechtung eines Umwandlungsbeschlusses führt zu einer Registersperre, § 16 Abs. 2 S. 2 UmwG. Dementsprechend haben Anfechtungskläger – ähnlich wie die „räuberischen“ Aktionäre im Aktienrecht – häufig gute Chancen, dass die Unternehmen sich eine Klagerücknahme „erkaufen“, um die Eintragung der Umwandlung nicht zu lange zu verzögern. Dank des Spruchverfahrens besteht diese Gefahr im Bereich der Anteilsbewertung nicht mehr.

[105] Näher hierzu Rdnr. 122 ff. (Verschmelzung) und Rdnr. 327 (Formwechsel).

[106] Vgl. §§ 25–27, 36 Abs. 1 S. 1, 125, 176 Abs. 1, 177 Abs. 1, 205 f. UmwG.

[107] Siehe hierzu Rdnr. 19 ff.; *Weiler* NZG 2008, 527; *D. Mayer/Weiler* DB 2007, 1235, 1238 ff.

[108] Bei GmbH und Aktiengesellschaft ist für den Umwandlungsbeschluss grundsätzlich Dreiviertel-Mehrheit erforderlich, vgl. §§ 50 Abs. 1 S. 1, 65 Abs. 1 S. 1 UmwG.

tive Vermögen der X-GmbH auf die Y-GmbH überleiten, ohne das C dies zunächst verhindern kann. Der einzige Schutz des Minderheitsgesellschafters C bestand bisher darin, dass Anteile zu gewähren waren und damit eine entsprechende Registerkontrolle erfolgt ist.[109] Dieser Schutzmechanismus ist durch die Verzichtsmöglichkeit weggefallen. Ein ausreichender Schutz der Minderheitsgesellschafter beim übernehmenden Rechtsträger hätte folglich nur erreicht werden können, wenn das Verzichtserfordernis auf sämtliche Anteilsinhaber aller am Verschmelzungsvorgang beteiligten Rechtsträger erstreckt worden wäre. Wie die Rechtsprechung mit derartigen Konstellationen umgehen wird, bleibt abzuwarten.[110]

50 c) **Inhaber von Sonderrechten.** Inhabern von Sonderrechten bei einem übertragenden Rechtsträger, die mangels Stimmrecht auf den Umwandlungsbeschluss keinen Einfluss nehmen können, weil sie z. B. stimmrechtslose Anteile halten, wird ein **Verwässerungsschutz** gewährt.[111] Die ihnen beim übernehmenden bzw. neuen Rechtsträger eingeräumte Beteiligung muss wirtschaftlich mindestens gleichwertig sein.

51 d) **Gläubiger.** Zunächst haften die Organe der an der Umwandlung beteiligten Rechtsträger auch den Gläubigern gegenüber unmittelbar auf **Schadensersatz.**[112] Daneben gewährt das Gesetz den Gläubigern für noch nicht fällig gewordene Forderungen einen Anspruch auf **Sicherheitsleistung.**[113] Voraussetzung ist, dass der Gläubiger seinen Anspruch innerhalb von sechs Monaten nach Eintragung der Umwandlung bei der Gesellschaft, die Verbindlichkeiten bei ihm hat, nach Grund und Höhe schriftlich anmeldet. Der Gläubiger muss dabei glaubhaft machen, dass die Erfüllung seiner Forderung durch die Umwandlung gefährdet wird. Die Praxis zeigt jedoch, dass von dieser Möglichkeit nur in den seltensten Fällen Gebrauch gemacht wird.

52 Von wesentlicher Bedeutung ist daher der zweite Schutzmechanismus, nämlich der Erhalt der Zugriffsmasse. Bei Verschmelzungen ergibt sich dies – mit Ausnahme der Fälle, in denen negatives Vermögen übertragen wird – schon aus der Zusammenführung der Vermögensmassen. In allen Fällen der **Spaltung** jedoch können Aktiva und Passiva des übertragenden Rechtsträgers im Grunde beliebig auf die übernehmenden oder neuen Rechtsträger verteilt werden. Schutz bieten allein die rechtsformspezifischen Regeln der Kapitalaufbringung und -erhaltung. Den folglich entstehenden Risiken begegnet der Gesetzgeber durch die Anordnung einer **gesamtschuldnerischen Haftung** aller an der Spaltung beteiligten Rechtsträger (§ 133 Abs. 1 S. 1 UmwG).[114] Zeitlich ist diese (Nach-)Haftung – entsprechend den handelsrechtlichen Vorschriften §§ 26 Abs. 1 S. 1, 160 Abs. 1 S. 1 HGB – grundsätzlich auf fünf Jahre begrenzt (§ 133 Abs. 3, 6 UmwG). Eine Ausnahme besteht jedoch für die Haftung für vor dem Wirksamwerden der Spaltung entstandene Versorgungsverbindlichkeiten auf Grund des Betriebsrentengesetzes.[115] Hier beträgt die Nachhaftungsfrist zehn Jahre (§ 133 Abs. 3 S. 2 UmwG).

53 Besondere Schutzvorschriften greifen ferner im Bereich der Kapitalgesellschaften durch die Fortsetzung der **Vorschriften über die Kapitalaufbringung** im Rahmen von Umwandlungen. So ist im Rahmen von Umwandlungen zur Neugründung einschließlich des Formwechsels das Gründungsrecht der jeweiligen Rechtsform anwendbar.[116] Da es sich bei der Gründung einer neuen Gesellschaft im Wege der Umwandlung strukturell um eine Sachgründung mit

[109] Vgl. dazu Widmann/Mayer/*D. Mayer* § 5 UmwG Rdnr. 38.

[110] Möglicherweise kann C den Zustimmungsbeschluss bei der Y-GmbH wegen eines Treuepflichtverstoßes oder der Gewährung unerlaubter Sondervorteile an A und B anfechten. Ausf. hierzu *Weiler* NZG 2008, 527. Vgl. zur treuwidrigen Ausübung von Mehrheitsmacht im Rahmen eines Umwandlungsbeschlusses auch KG NZG 2010, 462.

[111] Vgl. §§ 23, 36 Abs. 1 S. 1, 125, 133, 204 UmwG.

[112] Vgl. §§ 25, 36 Abs. 1 S. 1, 125, 176 Abs. 1, 177 Abs. 1, 205 f. UmwG.

[113] Vgl. §§ 22, 36 Abs. 1, 125, 133 Abs. 1 S. 2, 204 UmwG.

[114] Hierzu ausf. unten, Rdnr. 309 f. Zu den Auswirkungen von Schuldner- bzw. Gläubigerwechsel im Rahmen von § 133 UmwG vgl. *Blobel/Menz* NZG 2009, 608.

[115] Versorgungsverbindlichkeiten können durch Spaltung im Wege der partiellen Gesamtrechtsnachfolge nach § 131 Abs. 1 Nr. 1 UmwG ohne Zustimmung der Versorgungsempfänger auf eine andere Gesellschaft übertragen werden, vgl. unten Rdnr. 269 sowie BAG DB 2005, 954; BAG DB 2008, 2369; *Arnold* DB 2008, 986; *Wessels* ZIP 2010, 1417.

[116] Vgl. §§ 36 Abs. 2, 78, 125, 135 Abs. 2, 145 UmwG.

dem Vermögen der übertragenden Rechtsträger als Sacheinlage handelt, sind dabei insbesondere die **Sachgründungsvorschriften** zu beachten. Entsprechendes gilt bei einer Umwandlung zur Aufnahme für die durch Kapitalerhöhung neu geschaffenen, den Anteilseignern der übertragenden Rechtsträger zu gewährenden Anteile. Hierbei handelt es sich um Sachkapitalerhöhungen, so dass z. B. bei der GmbH die Vorschriften der §§ 55 ff. GmbHG zu beachten sind und insbesondere die Werthaltigkeit der Sacheinlage nachzuweisen ist.

Nur unzureichend schützt das Umwandlungsgesetz allerdings vor einem weiteren Risiko, 54 dass sich in der Praxis vor allem im Zusammenhang mit sog. „Firmenbestattungen" nicht selten realisiert, in der umwandlungsrechtlichen Literatur bislang aber vergleichsweise wenig Beachtung findet. Die Rede ist von der **„Herabschleusung" gesetzlicher Auszahlungssperren** wie insbesondere § 30 Abs. 1 GmbHG.[117] Danach darf das zur Erhaltung des Stammkapitals erforderliche Vermögen der Gesellschaft nicht an die Gesellschafter ausgezahlt werden. Diese Vorschrift lässt sich mit den Mitteln des UmwG leicht umgehen.

Beispiel/Praxistipp:

Die A-GmbH mit einem Stammkapital i. H. v. € 1 Mio. wird auf die B-GmbH mit einem Stammkapital i. H. v. € 25.000 verschmolzen. Im Zuge der Verschmelzung erlischt die A-GmbH und das bislang gebundene Vermögen wird frei; die Ausschüttungssperre nach § 30 GmbHG setzt sich nach der Verschmelzung nicht fort. Auf diese Weise lassen sich die gesetzlichen Kapitalherabsetzungs- und Liquidationsverfahren und insbesondere das dort regelmäßig erforderliche sog. „Sperrjahr" (vgl. z. B. §§ 58 Abs. 1 Nr. 3, 73 Abs. 1 GmbHG) umgehen.

e) **Arbeitnehmer.** Als eine Konsequenz der Gesamtrechtsnachfolge gehen bei Verschmel- 55 zung und Spaltung Arbeitsverhältnisse, die bei den übertragenden Rechtsträgern bestehen, automatisch auf den übernehmenden Rechträger über.[118] Das erfordert einen gewissen Schutz der betroffenen Arbeitnehmer, die sich einem neuen Arbeitgeber gegenüber sehen. Dieser Schutz wird wesentlich durch die §§ 323 bis 325 UmwG erreicht. Nach § 323 UmwG darf sich die kündigungsrechtliche Stellung eines Arbeitnehmers im Falle einer Spaltung zwei Jahre lang nicht verschlechtern, wenn bei dem übernehmenden Rechtsträger die für die Anwendung kündigungsrechtlicher Vorschriften, d. h. insb. § 23 Abs. 1 KSchG, erforderliche Zahl von Beschäftigten nicht erreicht wird. § 325 UmwG enthält demgegenüber Regelungen zur Fortgeltung der vor einer Abspaltung oder Ausgliederung bestehenden Mitbestimmungsregeln. § 324 UmwG erklärt schließlich § 613 a Abs. 1, 4–6 BGB bei Verschmelzung, Spaltung und Vermögensübertragung für anwendbar. Dem Arbeitnehmer steht somit insb. das Recht zu, dem Übergang des Arbeitsverhältnisses zu **widersprechen.**

Um für diese Erklärung eine ausreichende Entscheidungsgrundlage zu haben, sind sämtli- 56 che Arbeitnehmer über die voraussichtlichen **Folgen der Umwandlung** für die Arbeitnehmer und ihre Vertretungen sowie die insoweit vorgesehenen Maßnahmen **zu unterrichten.**[119] Dementsprechend ordnet das UmwG an, dass diese Informationen bei Verschmelzung und Spaltung in den Umwandlungsvertrag bzw. -plan, beim Formwechsel in den Umwandlungsbeschluss aufzunehmen sind.[120] Ferner ist das entsprechende Dokument spätestens einen Monat vor dem Tage der Beschlussfassung über die Umwandlung dem zuständigen **Betriebsrat** des jeweiligen Rechtsträgers **zuzuleiten,** wobei auf die Einhaltung dieser Frist seitens des Betriebsrats verzichtet werden kann.[121]

[117] Zum Ganzen Widmann/Mayer/*D. Mayer* § 5 UmwG Rdnr. 43 ff. m. w. N.

[118] Zu den arbeitsrechtlichen Problemen im Zusammenhang mit Umwandlungen vgl. zusammenfassend *Hausch* RNotZ 2007, 308 ff. und 396 ff.

[119] Zur Unterrichtung der Arbeitnehmer bei grenzüberschreitenden Verschmelzungen vgl. *Simon/Hinrichs* NZA 2008, 391.

[120] Vgl. § 5 Abs. 1 Nr. 9 UmwG für die Verschmelzung (siehe Rdnr. 118 ff.), § 126 Abs. 1 Nr. 11 UmwG für die Spaltung sowie § 194 Abs. 1 Nr. 7 UmwG für den Formwechsel (siehe Rdnr. 328).

[121] Vgl. §§ 5 Abs. 3, 126 Abs. 3, 194 Abs. 2 UmwG. Ausf. zur Betriebsratszuleitung sogleich, Rdnr. 66 ff. Die Beachtung dieser Bestimmung wird dadurch gewährleistet, dass bei der Anmeldung der Umwandlung zum Handelsregister ein Nachweis über die rechtzeitige Betriebsratszuleitung zu erbringen ist, vgl. §§ 17 Abs. 1, 125, 199 UmwG. Weiterführend Widmann/Mayer/*D. Mayer* § 5 UmwG Rdnr. 250 ff.

57 Bis zu einer Entscheidung des BAG[122] im Februar 2008 war unklar, welche **Folgen** ein **Widerspruch** des Arbeitnehmers in denjenigen Fällen hat, in denen der bisherige Arbeitgeber gemäß §§ 20 Abs. 1 Nr. 2 S. 1, 131 Abs. 1 Nr. 2 S. 1 UmwG mit Wirksamwerden der Verschmelzung oder Spaltung erlischt. Nach Sinn und Zweck des Widerspruchsrechts und unter Berücksichtigung der Bestandsschutzfunktion von § 613a BGB folgt das BAG der Auffassung, die im Wege der teleologischen Reduktion von § 613a Abs. 6 BGB in Fällen, in denen der bisherige Rechtsträger durch gesellschaftsrechtliche Umstrukturierung erlischt, ein Widerspruchsrecht des Arbeitnehmers ablehnt mit der Folge, dass ein dennoch erklärter Widerspruch unbeachtlich ist. Ist der bisherige Arbeitgeber erloschen, bedarf es aus Sicht des Gerichts auch mit Blick auf die durch Art. 2 Abs. 1 und 12 Abs. 1 GG gewährleistete Vertrags- und Berufsfreiheit des Arbeitnehmers keines Widerspruchsrechts zur Abwehr eines aufgedrängten Vertragspartners. Will der Arbeitnehmer das Arbeitsverhältnis nicht bei dem neuen Arbeitgeber fortsetzen, besteht ein (außerordentliches) Kündigungsrecht des Arbeitnehmers, auf das im Rahmen von § 5 Abs. 1 Nr. 9 UmwG (für die Verschmelzung) bzw. § 126 Abs. 1 Nr. 11 UmwG (für die Spaltung) hingewiesen werden sollte.

10. Ablauf einer Umwandlung nach Umwandlungsgesetz

58 **a) Vorbereitende Maßnahmen.** *aa) Entwurf eines Umwandlungsvertrages/-plans.* Bei Verschmelzung, Spaltung und Vermögensübertragung bedarf die Umwandlung einer **rechtsgeschäftlichen Grundlage**, und zwar im Falle der Beteiligung von zwei Rechtsträgern wie bei der Verschmelzung (§§ 4 bis 7 UmwG), der Spaltung zur Aufnahme (§§ 125, 126 UmwG) und bei der Vermögensübertragung (§§ 176, 177 UmwG) eines Vertrages, bei der Spaltung zur Neugründung hingegen eines (einseitigen) Spaltungsplanes (§ 136 UmwG).[123] Der Formwechsel hingegen beruht allein auf einem Beschluss der Anteilinhaber des formwechselnden Rechtsträgers, eine rechtsgeschäftliche Grundlage ist nicht erforderlich.

59 *bb) Umwandlungsbericht.* Nach §§ 8, 125, 162, 176f., 192 UmwG ist grundsätzlich bei jeder Umwandlung von den Vertretungsorganen der beteiligten Rechtsträger ein Umwandlungsbericht zu erstellen.[124] Darin sind die Einzelheiten der Umwandlung zu erläutern und zu begründen. Er soll den Anteilsinhabern eine **Grundlage für die Entscheidung** über die Umwandlung geben und ihnen dafür hinreichende Informationen zur Verfügung stellen. Der Schwerpunkt des Berichts liegt regelmäßig in der Erläuterung der Angemessenheit des Umtauschverhältnisses und der Gegenleistung.

60 *cc) Umwandlungsprüfung.* Ziel der Umwandlungsprüfung ist es in erster Linie, im Interesse der Anteilsinhaber, vor allem der Mitglieder des übertragenden Rechtsträgers, das **Umtauschverhältnis** der Anteile und die **Gegenleistung** zu begutachten. Geregelt ist die Prüfung in den allgemeinen Vorschriften, und zwar in §§ 9 bis 12, 125, 176f. UmwG. Ob sie stattzufinden hat, bestimmen jedoch die Vorschriften des „Besonderen Teils" für die einzelnen Rechtsformen.[125] Lediglich beim Formwechsel findet regelmäßig keine Prüfung statt.[126]

61 *dd) Vorbereitung des Umwandlungsbeschlusses.* Neben der rechtsgeschäftlichen Grundlage der Umwandlung ist der **Zustimmungsbeschluss** der betroffenen Anteilseigner, welcher nur in einer Versammlung der Anteilseigner gefasst werden kann,[127] der wichtigste Bestandteil einer Umwandlungsdokumentation.[128] Die Zustimmung ist Voraussetzung für das Wirksamwerden der Umwandlung.[129] Zur **Vorbereitung der Beschlussfassung** muss regelmäßig den Anteilsinhabern im Vorfeld der Umwandlungsvertrag oder -plan sowie der Umwand-

[122] BAG ZIP 2008, 1296; zum Ganzen *Altenburg/Leister* NZA 2005, 15.
[123] Vgl. hierzu ausf. Rdnr. 103ff. (Verschmelzung) und Rdnr. 256 (Spaltung).
[124] Siehe im Einzelnen Rdnr. 130ff. (Verschmelzung), Rdnr. 281 (Spaltung) und Rdnr. 315 (Formwechsel).
[125] Näher Rdnr. 133ff. (Verschmelzung) und Rdnr. 282 (Spaltung).
[126] Zu Ausnahmen siehe Rdnr. 316.
[127] §§ 13 Abs. 1 S. 2, 125, 176f., 193 Abs. 1 S. 2 UmwG.
[128] Geregelt ist das Beschlusserfordernis in den §§ 13, 65, 125, 128, 176f., 193, 194 Abs. 1 UmwG.
[129] Zu den Folgen von inhaltlichen Mängeln im Umwandlungsbeschluss vgl. *Weiler* MittBayNot 2006, 377, 383f.

lungsbericht zur Verfügung gestellt werden.[130] Je nach Art des beteiligten Rechtsträgers sieht das Gesetz dabei eine Übersendung an die Anteilsinhaber, die Auslage in den Geschäftsräumen vor bzw. während der Versammlung und/oder die Einreichung zum Handelsregister vor. Besonderheiten gelten für den **Formwechsel** insoweit, als hier nur ein Beschluss und keine rechtsgeschäftliche Grundlage für die Umwandlung erforderlich ist. So sind die bei Verschmelzung und Spaltung im Umwandlungsvertrag bzw. -plan enthaltenen Mindestangaben (§§ 5, 126 UmwG) beim Formwechsel in den Beschluss aufzunehmen.[131]

ee) Schlussbilanz. Bei **Verschmelzung** und **Spaltung** ist gemäß §§ 17 Abs. 2, 125 S. 1 62
UmwG der Anmeldung zum Register jedes übertragenden Rechtsträgers eine der Umwandlung zugrunde liegende Schlussbilanz dieses Rechtsträgers beizufügen. Nach §§ 17 Abs. 2 S. 4, 125 S. 1 UmwG darf das Registergericht die Verschmelzung bzw. Spaltung nur eintragen, wenn die Bilanz auf einen höchstens **acht Monate** vor der Anmeldung liegenden Stichtag aufgestellt worden ist.[132] Schon aus Kostengründen wird dabei regelmäßig die auf das Ende des letzten Geschäftsjahres aufgestellte **Jahresbilanz** verwendet, es kann alternativ aber auch eine Zwischenbilanz auf einen anderen Stichtag erstellt werden.

Praxistipp:

Sofern das Geschäftsjahr der übertragenden Gesellschaft dem Kalenderjahr entspricht und der Umwandlung die Schlussbilanz zum 31. 12. eines Jahres zugrunde gelegt wird, muss die Registeranmeldung spätestens am 31. 8 des Folgejahres beim Registergericht eingehen. Gerade angesichts der zahlreichen Vorbereitungsmaßnahmen (insb. Betriebsratszuleitung, Vorbereitung der Versammlung der Anteilseigner, etc.) empfiehlt es sich daher, frühzeitig mit der Vorbereitung der Umwandlungsmaßnahme zu beginnen.

63 Der Stichtag dieser der Verschmelzung bzw. Spaltung zugrunde gelegten Bilanz ist der **„steuerliche Übertragungsstichtag"** und liegt zwingend einen Tag vor dem Verschmelzungs- bzw. Spaltungsstichtag gemäß §§ 5 Abs. 1 Nr. 6, 125 S. 1 UmwG.[133]

64 Entgegen einer häufig anzutreffenden Fehlvorstellung ist nach dem klaren Wortlaut des § 17 Abs. 2 UmwG lediglich die Bilanz vorzulegen, **nicht** etwa der gesamte **Jahresabschluss**.[134] Grundsätzlich muss die Schlussbilanz wie jede Bilanz den **Anforderungen des HGB** genügen, d. h. sie ist nach § 245 S. 2 HGB von sämtlichen Vertretungsorganen bzw. persönlich haftenden Gesellschaftern persönlich unter Datumsangabe zu unterschreiben.[135] Bei prüfungspflichtigen Unternehmen ist gemäß § 316 Abs. 1 S. 1 HGB eine geprüfte Bilanz vorzulegen. Der Einfachheit halber kann aber auch der gesamte Jahresabschluss eingereicht werden.[136]

65 Beim **Formwechsel** ist mangels Vermögensübertragung eine Bilanzvorlage nicht erforderlich und daher lediglich die steuerrechtliche Acht-Monats-Frist der §§ 9 S. 3, 25 UmwStG beim Übergang von einer Kapitalgesellschaft in eine Personengesellschaft und umgekehrt zu beachten.[137]

66 *ff) Betriebsratszuleitung.* Der Umwandlungsvertrag/-plan oder dessen Entwurf bzw. beim Formwechsel der Entwurf des Formwechselbeschlusses sind gemäß §§ 5 Abs. 3, 126 Abs. 3,

[130] Vgl. z. B. für mögliche Umwandlungsfälle unter Beteiligung einer GmbH §§ 47, 49 Abs. 2, 125, 176 Abs. 1, 177, 230, 232 Abs. 1, 238 S. 1, 239 Abs. 1, 274 Abs. 2, UmwG.

[131] Hierzu ausf. unten, Rdnr. 322 ff.

[132] Zur Acht-Monats-Frist ausf. unten im Rahmen der Erläuterungen zur Verschmelzung (Rdnr. 167 ff.) und zur Spaltung (Rdnr. 241).

[133] Zu den verschiedenen Stichtagen näher Rdnr. 113 ff.

[134] Vgl. LG Stuttgart DNotZ 1996, 701, LG Dresden GmbHR 1998, 1086 sowie (m. w. N. auch zur Gegenmeinung) Schmitt/Hörtnagl/Stratz/*Hörtnagl* § 17 UmwG Rdnr. 14.

[135] Vgl. § 17 Abs. 2 S. 2 UmwG, §§ 245, 264 Abs. 1, 2 HGB sowie OLG Frankfurt/Main vom 23. 10. 1996, 20 W 291/96 (n. v.) und Gutachten des DNotI vom 1. 10. 1997 zu § 24 UmwG, Nr. 4112.

[136] Siehe u. a. Schmitt/Hörtnagl/Stratz/*Hörtnagl* § 17 UmwG Rdnr. 14.

[137] Vgl. hierzu Widmann/Mayer/*Widmann* § 24 UmwG Rdnr. 196, 482.

194 Abs. 2 UmwG dem zuständigen Betriebsrat zuzuleiten.[138] Nach zutreffender Ansicht ist es allerdings nicht erforderlich, dass dem **Entwurf des Verschmelzungsvertrages** auch solche **Anlagen** beigefügt werden, die keine Auswirkungen auf die Unternehmensstruktur oder die Arbeitnehmer haben.[139]

67 Bei größeren Unternehmen steht oftmals die Frage im Raum, welcher von mehreren Betriebsräten zuständig ist im Sinne von §§ 5 Abs. 3, 126 Abs. 3, 194 Abs. 2 UmwG. Dies kann z. B. zweifelhaft sein, wenn ein örtlicher Betriebsrat, ein Gesamtbetriebsrat und/oder ein Konzernbetriebsrat bestehen.[140]

Praxistipp:

68 Sofern sich die Frage des zuständigen Betriebsrates (ggf. auch nach Einbeziehung von arbeitsrechtlichen Beratern) nicht endgültig klären lässt, empfiehlt es sich, den Entwurf an die Vorsitzenden aller in Betracht kommenden Betriebsräte des betroffenen Unternehmens zuzuleiten.

69 Im Hinblick auf die zeitliche Planung der Umwandlung ist von großer Bedeutung, dass die Zuleitung spätestens **einen Monat vor der Versammlung der Anteilseigner** jedes beteiligten Rechtsträgers zu erfolgen hat, in der über die Umwandlung Beschluss gefasst wird. Allerdings kann der Betriebsrat in Person seines Vorsitzenden einen **Verzicht auf die Einhaltung der Frist** erklären, wovon in der Praxis in vielen Fällen Gebrauch gemacht wird.[141] Diese Verzichtsmöglichkeit gewinnt insbesondere in denjenigen Fällen Bedeutung, in denen eine Vorlage der Registeranmeldung innerhalb der Acht-Monats-Frist des § 17 Abs. 2 S. 4 UmwG[142] ansonsten nicht mehr möglich ist. Nicht endgültig geklärt ist hingegen, ob über den Gesetzeswortlaut hinaus ein **Verzicht auf die Zuleitung** als solche in Betracht kommt.[143]

Praxistipp:

70 Die Vorsicht gebietet es, selbst dann den Entwurf des Umwandlungsvertrages bzw. -plans zuzuleiten und den Verzicht auf die Monatsfrist zu dokumentieren, wenn der Betriebsrat ausdrücklich auf die Zuleitung als solche verzichtet hat.

71 Die Beachtung der Zuleitungspflicht wird dadurch gewährleistet, dass bei der Anmeldung der Umwandlung zum Handelsregister ein **Nachweis** über die rechtzeitige Betriebsratszuleitung und ggf. den Fristverzicht zu erbringen ist.[144] Dies erfolgt in aller Regel durch Vorlage einer **schriftlichen Empfangsbestätigung** des Betriebsratsvorsitzenden, welche der Registeranmeldung als Anlage beigefügt wird.[145] Ist **kein Betriebsrat** vorhanden, so genügt eine entsprechende Versicherung hierzu gegenüber dem Registergericht im Rahmen der Anmeldung der Verschmelzung oder durch ein gesondertes Schreiben der Vertretungsorgane der beteilig-

[138] Vgl. §§ 5 Abs. 3, 126 Abs. 3, 194 Abs. 2 UmwG. Siehe ferner Rdnr. 136 (Verschmelzung), Rdnr. 244 (Spaltung) und Rdnr. 317 (Formwechsel).

[139] Siehe nur Semler/Stengel/*Simon* § 5 UmwG Rdnr. 141 m. w. N.

[140] Näher hierzu Widmann/Mayer/*Mayer* § 5 UmwG Rdnr. 252 ff. sowie *Dzida* GmbHR 2009, 459: Grundsätzlich der örtliche Betriebsrat, bei Vorhandensein ersatzweise der Gesamtbetriebsrat, regelmäßig nicht der Konzernbetriebsrat.

[141] Vgl. §§ 5 Abs. 3, 126 Abs. 3, 194 Abs. 2 UmwG.

[142] Hierzu Rdnr. 167 ff. (Verschmelzung) und Rdnr. 241 (Spaltung).

[143] Eine Verzichtsmöglichkeit auf die Zuleitung ablehnend u. a. OLG Naumburg NZG 2004, 734; Lutter/*Lutter/Drygala* § 5 UmwG Rdnr. 109 m. w. N. Für die Zulässigkeit des Verzichts u. a. Semler/Stengel/*Simon* § 5 UmwG Rdnr. 146 m. ausf. Begründung; Widmann/Mayer/*D. Mayer* § 5 UmwG Rdnr. 266.

[144] Vgl. §§ 17 Abs. 1, 125, 199 UmwG. Weiterführend Widmann/Mayer/*D. Mayer* § 5 UmwG Rdnr. 250 ff.

[145] Nicht erforderlich ist es nach – soweit ersichtlich – einhelliger Praxis, darüber hinaus eine Kopie des zugeleiteten, auf jeder Seite vom Betriebsratsvorsitzenden paraphierten Entwurfs vorzulegen, um einen Vergleich mit der letztlich beurkundeten Fassung zu ermöglichen.

ten Rechtsträger. Ein Hinweis im Verschmelzungsvertrag empfiehlt sich, ist aber nicht erforderlich.[146]

Erfolgt die Zuleitung nicht rechtzeitig und verzichtet der Betriebsrat nicht auf die Frist- 72
einhaltung, kommt grundsätzlich eine Anfechtung des Beschlusses in Betracht. Eine Anfechtungsklage von Seiten der Arbeitnehmer oder von Arbeitnehmervertretungen würde allerdings an der fehlenden Anfechtungsbefugnis, eine Klage von Anteilseignern am fehlenden Rechtsschutzbedürfnis scheitern.[147] Ein **Verstoß** gegen die Zuleitungspflicht des § 5 Abs. 3 UmwG wirkt sich also ausschließlich im Eintragungsverfahren aus. Der Richter darf bei Nichteinhaltung der Monatsfrist nur eintragen, wenn der Betriebsrat auf die Einhaltung der Zuleitungsfrist verzichtet.[148] Verzichtet der Betriebsrat nicht, besteht ein dauerndes Eintragungshindernis.[149]

Probleme bereiten in der Praxis insb. die **Grenzen der Abänderungsmöglichkeit** des Ver- 73
tragsentwurfs **nach Zuleitung.** Einigkeit besteht jedenfalls darüber, dass die Angaben zu den Folgen der Umwandlung für die Arbeitnehmer nicht mehr nachträglich geändert werden dürfen, reine Formalien und Schreibversehen aber ohne weiteres korrigiert werden können. Darüber hinaus sind die Einzelheiten äußerst umstritten. Richtigerweise sollte die Frage anhand des Schutzzwecks der Norm entschieden werden, der sich auch in der Regierungsbegründung niederschlägt.[150] Danach ist eine erneute Zuleitung nur erforderlich, wenn die Änderung Auswirkungen für die Arbeitnehmer oder ihre Verpflichtungen nach sich ziehen kann.[151]

Praxistipp:

Aus Sicherheitsgründen sollte bei jeder Änderung, die über reine Formalien und Schreibversehen 74
hinausgeht, eine erneute Zuleitung (ggf. unter Fristverzicht) durchgeführt werden, um ein dauerndes Eintragungshindernis zu vermeiden. Sofern Veränderungen im Beurkundungstermin denkbar sind, empfiehlt es sich daher, die Erreichbarkeit des Betriebsratsvorsitzenden sicherzustellen.

b) **Abschluss Umwandlungsvertrag/Aufstellung Umwandlungsplan.** Regelmäßig wird die 75
rechtsgeschäftliche Grundlage der Verschmelzung oder Spaltung vor oder parallel mit den Zustimmungsbeschlüssen der Anteilseigner beurkundet. Es ist aber auch möglich, zunächst über einen Entwurf des Umwandlungsvertrages abstimmen zu lassen, und nur im Falle der Zustimmung den Vertrag tatsächlich abzuschließen. Eine solche Vorgehensweise kann sich aus Kostengesichtspunkten empfehlen, wenn die Zustimmung der Anteilseigner fraglich ist.

c) **Umwandlungsbeschluss.** Die Gesellschafterversammlung jedes an einer Umwandlung 76
beteiligten Rechtsträgers muss dieser durch Beschluss zustimmen.[152] Für Einberufung und Abhaltung der Versammlung ebenso wie für die Beschlussfassung sind neben den besonderen Vorschriften des UmwG die für die **jeweilige Rechtsform** geltenden Normen anwendbar.[153] Ganz überwiegend ist dabei für den Beschluss die im Hinblick auf den jeweiligen Rechtsträger für Satzungsänderungen **notwendige Mehrheit** erforderlich. So bedarf z.B. gemäß § 50 Abs. 1 S. 1 UmwG der Verschmelzungsbeschluss der Gesellschafterversammlung einer GmbH einer Mehrheit von mindestens drei Vierteln der abgegebenen Stimmen, was der Regelung in § 53 Abs. 2 S. 1 GmbHG entspricht.

[146] Widmann/Mayer/*D. Mayer* § 5 UmwG Rdnr. 263.

[147] Siehe Widmann/Mayer/*D. Mayer* § 5 UmwG Rdnr. 265 m. w. N.

[148] Vgl. ausf. Widmann/Mayer/*D. Mayer* § 5 UmwG Rdnr. 264 ff.

[149] Zur weitergehenden Frage was gilt, falls die Zuleitung des Vertrages an den Betriebsrat nicht nur nach Ablauf der Frist des § 5 Abs. 3 UmwG, sondern darüber hinaus auch nach Ablauf der Acht-Monats-Frist erfolgt, vgl. *Weiler* MittBayNot 2006, 377, 380.

[150] Vgl. RegBegr. zu § 5 UmwG, BR-Drucks. 75/94, abgedruckt in Widmann/Mayer, Band 1, Begr. UmwG 95.

[151] So im Ergebnis auch LG Essen ZIP 2002, 893.

[152] Vgl. §§ 13, 125 S. 1, 193 f., UmwG.

[153] So sind für die Beschlussfassung bei der GmbH beispielsweise die §§ 47 ff. GmbHG sowie die vom Gesetz abweichenden bzw. dieses ergänzenden Satzungsbestimmungen zu beachten.

77 Eine wichtige **Ausnahme** stellen die sog. **nicht-verhältniswahrenden Umwandlungen** dar, bei denen Anteilsinhaber an dem übernehmenden oder neuen Rechtsträger mit einer Quote beteiligt werden, die nicht ihrer ursprünglichen Beteiligungsquote beim Ausgangsrechtsträger entspricht.[154] Hier müssen alle Gesellschafter des jeweiligen übertragenden Rechtsträgers zustimmen. Darüber hinaus gibt es eine Reihe von anderen Fällen, in denen neben der Zustimmung der Gesellschafterversammlung im Wege des Beschlusses die **Zustimmung einzelner Anteilsinhaber** vorgeschrieben ist, z. B. wenn die Abtretung der Anteile eines übertragenden Rechtsträgers von der Zustimmung bestimmter Anteilsinhaber abhängt, §§ 13 Abs. 2, 193 Abs. 2 UmwG.[155]

78 Schwierigkeiten im Hinblick auf die Frage, wer bei der Beschlussfassung mitzuwirken hat, können sich bei Kettenumwandlungen ergeben:[156]

Beispiel:

Die A-GmbH mit den Gesellschaftern A^1 und A^2 soll auf die B-GmbH mit den Gesellschaftern B^1 und B^2 und anschließend die B-GmbH auf die C-GmbH mit den Gesellschaftern C^1 und C^2 verschmolzen werden.

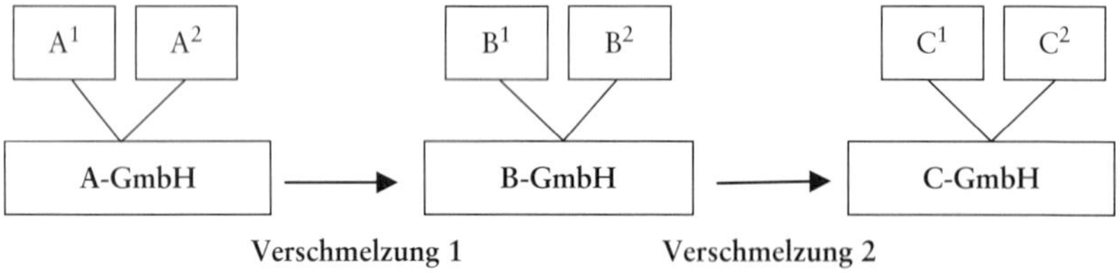

79 Grundsätzlich sind die Gesellschafter der A-GmbH (A^1 und A^2) an der Fassung des Verschmelzungsbeschlusses bei der B-GmbH betreffend die Verschmelzung der B-GmbH auf die C-GmbH erst zu beteiligen, wenn sie Gesellschafter der B-GmbH geworden sind.[157] Sofern die Verschmelzungen aber zeitgleich beschlossen werden und durch entsprechende Bedingungen im Verschmelzungsvertrag verknüpft sind (Verschmelzung der B-GmbH auf die C-GmbH aufschiebend bedingt durch das Wirksamwerden der Verschmelzung der A-GmbH auf die B-GmbH), müssen die Gesellschafter der A-GmbH bereits am Verschmelzungsbeschluss der übertragenden B-GmbH mitwirken, denn zum Zeitpunkt der Eintragung der Verschmelzung bei der übernehmenden C-GmbH ist aufgrund des Bedingungszusammenhangs die Verschmelzung A-GmbH auf B-GmbH bereits wirksam und damit A^1 und A^2 Gesellschafter der B-GmbH geworden. Dies gilt in allen Fällen, in denen aufgrund eines durch Bedingungszusammenhang verknüpften Umwandlungsvorgangs wegen des Eintritts der Bedingung eine Veränderung im Gesellschafterbestand bei einem an einer weiteren „nachgeschalteten“ Umwandlung beteiligten Rechtsträger eingetreten ist.

80 Besonderheiten ergeben sich schließlich bei Umwandlungen unter Beteiligung von **Publikums-Gesellschaften**, da hier naturgemäß zwischen Beschlussfassung und Eintragung des Umwandlungsvorgangs häufig Anteilsveränderungen gegeben sind.[158]

81 d) **Registeranmeldung.** Die **Vertretungsorgane** der an der Umwandlung beteiligten Rechtsträger haben die Umwandlung beim Handelsregister des Sitzes des von ihnen vertretenen Rechtsträgers anzumelden.[159] Eine Erleichterung enthalten §§ 16 Abs. 1 S. 2, 129 UmwG, wonach bei Verschmelzung und Spaltung auch die Anmeldung beim übertragenden Rechtsträger von den Vertretungsorganen des übernehmenden Rechtsträgers vorgenommen werden kann. Hiervon wird in der Praxis häufig Gebrauch gemacht.

---

[154] Hierzu allg. Rdnr. 22 und 26 sowie Rdnr. 273 (zur nicht-verhältniswahrenden Spaltung gemäß § 128 UmwG) und Rdnr. 325 (zum quotenabweichenden Formwechsel).

[155] Näher unten, Rdnr. 146 f. (Verschmelzung), Rdnr. 285 (Spaltung) und Rdnr. 333 f. (Formwechsel).

[156] Ausf. zum Ganzen MünchHdbGesR (III)/*D. Mayer* § 73 Rdnr. 186 ff.; Widmann/Mayer/*D. Mayer* § 5 UmwG Rdnr. 235.6.

[157] Siehe Widmann/Mayer/*Heckschen* § 13 UmwG Rdnr. 68.1.

[158] Dazu Widmann/Mayer/*D. Mayer* § 5 UmwG Rdnr. 235.6.

[159] Hierzu im Detail Rdnr. 155 ff. (Verschmelzung), Rdnr. 290 f. (Spaltung) und Rdnr. 338 ff. (Formwechsel).

Der Anmeldung sind diejenigen **Anlagen** beizufügen, die es ermöglichen, die Ordnungsmäßigkeit der Umwandlung zu prüfen, d. h. insb. der Umwandlungsvertrag bzw. -plan, die Umwandlungsbeschlüsse und Zustimmungserklärungen der Anteilseigner, ggf. Umwandlungsbericht und Prüfungsbericht bzw. entsprechende Verzichtserklärungen, die Umwandlungsbilanz sowie der Nachweis über die rechtzeitige Zuleitung des Vertragsentwurfs an den Betriebsrat (§§ 17 Abs. 1, 125, 199 UmwG).[160] 82

Im Übrigen gilt: Je nach Umwandlungsart und Rechtsform stellt das Umwandlungsgesetz unterschiedliche Anforderungen an die Anmeldung und deren Anlagen. Insbesondere ist bei **Verschmelzung** und **Spaltung** zu unterscheiden zwischen der Verschmelzung zur Aufnahme (§§ 16, 17, 19 UmwG) und zur Neugründung (§§ 36 Abs. 1, 38 UmwG) einerseits und der Spaltung zur Aufnahme (§ 125 S. 1 i. V. m. §§ 16, 17, 19 UmwG) und zur Neugründung (§§ 135 Abs. 1, 137 UmwG) andererseits. Die Anforderungen bei Umwandlungen zur Neugründung sind dabei regelmäßig höher, da dort zusätzlich zu den Vorgaben des UmwG die Gründungsvorschriften des neu gegründeten Zielrechtsträgers einzuhalten sind (vgl. §§ 36 Abs. 2 S. 1, 135 Abs. 2 S. 1 UmwG). Gleiches gilt gemäß § 197 UmwG für den **Formwechsel**, bei dem die Anmeldung stets beim Register des Ausgangsrechtsträgers zu erfolgen hat (§ 198 Abs. 1 UmwG). 83

e) **Wirksamwerden der Umwandlung.** Für die Frage, wann eine Umwandlung wirksam wird, kommt es auf den konkreten Umwandlungsfall an. Bei der **Verschmelzung** tritt die Wirksamkeit grundsätzlich[161] ein mit Eintragung der Verschmelzung in das Register des Sitzes des **übernehmenden** Rechtsträgers, § 20 Abs. 1 UmwG. Umgekehrt ist die Rechtslage bei der Spaltung, die schon mit Eintragung beim **übertragenden** Rechtsträger wirksam wird, § 131 Abs. 1 UmwG. Es zeigt sich also auch im Eintragungsverfahren, dass die Spaltung und die mit ihr verbundene Trennung von Vermögensmassen strukturell das Gegenstück der Verschmelzung ist. Der **Formwechsel** schließlich wird gemäß § 202 UmwG grundsätzlich[162] mit **Eintragung der neuen Rechtsform** wirksam. Bis dahin gilt das Recht des Ausgangsrechtsträgers.[163] 84

f) **Anzeigepflichten des Notars.** Soweit an der Umwandlung Kapitalgesellschaften beteiligt sind, hat der beurkundende Notar dem für die jeweilige Gesellschaft zuständigen **Finanzamt** – Körperschaftsteuerstelle – nach § 54 EStDV eine beglaubigte Abschrift aller im Zusammenhang mit der Umwandlung aufgrund gesetzlicher Vorschriften aufgenommenen oder beglaubigten Urkunden zu übersenden. Gegebenenfalls sind zusätzlich gemäß § 18 GrEStG die Grunderwerbsteuerstelle und/oder gemäß § 34 ErbStG die Schenkungsteuerstelle zu informieren. 85

11. Überblick Steuerrecht

a) **Umwandlungssteuerrecht.** Wegen der steuerlichen Komplexität von Umstrukturierungen und den damit einhergehenden Haftungsrisiken sollte der die Umwandlung betreuende 86

[160] Vgl. im Einzelnen §§ 17, 52, 86, 125, 140, 148, 176 Abs. 1, 177 Abs. 1, 199 UmwG sowie unten, Rdnr. 163 ff. (Verschmelzung), Rdnr. 292 ff. (Spaltung) und Rdnr. 341 ff. (Formwechsel).

[161] Wesentliche Ausnahme ist die Verschmelzung einer Kapitalgesellschaft mit dem Vermögen eines Freiberuflers nach § 122 Abs. 2 UmwG, da hier der übernehmende Rechtsträger nicht eintragungsfähig ist, vgl. Widmann/Mayer/*Heckschen* § 122 UmwG Rdnr. 21 f.

[162] Ausnahmen bestehen dann, wenn der Zielrechtsträger nicht eintragungsfähig ist. So wird der Formwechsel in eine GbR gemäß § 235 Abs. 1 S. 1 UmwG mit Eintragung beim Ausgangsrechtsträger wirksam, vgl. Widmann/Mayer/*Vossius* § 235 UmwG Rdnr. 2.

[163] Dementsprechend stellt sich nach Ansicht des BFH aus **steuerlicher Sicht** eine zwischen dem vereinbarten steuerlichen Rückwirkungsstichtag eines Formwechsels und dessen Eintragung vorgenommene Veräußerung von Anteilen an der übertragenden, formwechselnden GmbH durch den Altgesellschafter infolge der Rückwirkung nicht als Veräußerung von Anteilen an der Kommanditgesellschaft als Rechtsträger neuer Rechtsform dar, vgl. BFH MittBayNot 2009, 409. Aus **zivilrechtlicher Sicht** stellt sich in diesem Kontext insbesondere die Frage nach der Anwendbarkeit von Formvorschriften wie § 15 GmbH, wenn z. B. privatschriftlich ein bindendes Angebot über Kauf und Abtretung von Aktien abgeben und erst nach einem Formwechsel der betreffenden Aktiengesellschaft in eine GmbH angenommen werden soll. Vgl. hierzu *Eusani/Schaudinn* GmbHR 2009, 1125.

Notar bei einer Beratung zu steuerlichen Fragen Zurückhaltung wahren. Dennoch gehört es zum allgemeinen Rüstzeug, sich einige Grundkenntnisse im Umwandlungssteuerrecht zu erarbeiten.[164] Von entscheidender Bedeutung ist dabei das **Umwandlungssteuergesetz** (UmwStG), weil es in zahlreichen Konstellationen einen **Aufschub der Besteuerung stiller Reserven** gewährt, sofern die Besteuerung zu einem späteren Zeitpunkt bei dem Rechtsnachfolger sichergestellt ist.[165] Dementsprechend steht in der Beratungspraxis regelmäßig die Frage im Vordergrund, inwieweit eine Umwandlung steuerneutral, d.h. ohne Aufdeckung stiller Reserven durchgeführt werden kann. In der Regel gelingt dies dann, wenn dem übertragenden Rechtsträger bzw. dessen Anteilseignern als Gegenleistung für den Verlust ihrer Rechtsposition (bei Kapitalgesellschaften im Wege der Sachgründung bzw. Sachkapitalerhöhung)[166] Anteile am übernehmenden Rechtsträger gewährt werden (vgl. §§ 11 Abs. 2, 20, 24 UmwStG). Man kann insoweit von einer grundsätzlichen Anbindung der Steuerneutralität von Umwandlungsvorgängen an die zivilrechtliche Anteilsgewährpflicht[167] sprechen.

87 Im UmwStG ausdrücklich geregelt sind die Auswirkungen von Umstrukturierungen auf die **Einkommensteuer**, die **Körperschaftsteuer** und die **Gewerbesteuer**. Aus § 1 UmwStG als zentraler Vorschrift des Gesetzes ergibt sich dabei, auf welche Umstrukturierungen das UmwStG Anwendung findet. Die Einordnung der in der Praxis wichtigsten umwandlungsrechtlichen Vorgänge in das UmwStG zeigt folgende **Übersicht:**[168]

	KapG ⇨ PersG	PersG ⇨ KapG	PersG ⇨ PersG	KapG ⇨ KapG
Verschmelzung	§§ 3 ff., 18	§§ 20 ff.	§ 24	§§ 11 ff., 19
Auf-/Abspaltung	§§ 16, 18	§§ 20 ff.	§§ 24	§§ 15, 19
Ausgliederung	§ 24	§§ 20 ff.	§ 24	§§ 20 ff.
Formwechsel	§§ 9, 18	§ 25	identisches Steuersubjekt ⇨ keine Auswirkungen	

88 Das UmwStG gilt jedoch auch für eine Reihe von **Umstrukturierungen außerhalb des UmwG**, namentlich die Einbringung eines Betriebes in eine Kapitalgesellschaft bzw. in eine Personengesellschaft durch Einzelübertragung der Wirtschaftsgüter.[169] Umgekehrt gibt es einige Konstellationen, die zwar im UmwG, **nicht** aber **im UmwStG geregelt** sind, insbesondere:[170]

- Spaltung einer Personenhandelsgesellschaft auf eine Personenhandelsgesellschaft (geregelt in § 16 Abs. 3 S. 2 EStG);
- Abspaltung oder Ausgliederung einzelner Wirtschaftsgüter von einer Personenhandelsgesellschaft auf eine Personenhandelsgesellschaft (u.U. nach § 6 Abs. 5 EStG erfolgsneutral gestaltbar);
- Ausgliederung einzelner Wirtschaftsgüter in eine Kapitalgesellschaft (insb. im Rahmen einer sog. „Betriebsaufspaltung“);[171]
- formwechselnde Umwandlung einer Körperschaft in eine andere Körperschaft (erfolgsneutral, ohne dass es einer besonderen Regelung bedarf).

89 **Weder** im **UmwG noch** im **UmwStG** geregelt sind insbesondere die Übertragung einzelner Wirtschaftsgüter zwischen Personengesellschaften und ihren Gesellschaftern (vgl. §§ 6

[164] Instruktiv Lutter/*Schaumburg/Schumacher* Einl. II: Umwandlungssteuerrecht. Siehe ferner § 30 Rdnr. 360 ff.

[165] Einführend Widmann/Mayer/*Widmann* Vor § 1 UmwStG Rdnr. 1 ff.

[166] Beachte aber BFH DB 2010, 1918, wonach eine Buchwertfortführung nach § 20 UmwStG auch denkbar ist, wenn die Einbringung parallel zu einer Bargründung bzw. Barkapitalerhöhung im Wege eines agio erfolgt. Näher hierzu *Wachter* DB 2010, 2137.

[167] Hierzu ausf. oben, Rdnr. 15 ff.

[168] Vgl. Lutter/*Schaumburg/Schumacher* Einl. II Rdnr. 18; Widmann/Mayer/*Widmann* Vor § 1 UmwStG Rdnr. 9 ff.

[169] Vgl. § 20 UmwStG bzw. § 24 UmwStG. Siehe hierzu bereits oben, Rdnr. 9 f.

[170] Siehe Widmann/Mayer/*Widmann* Vor § 1 UmwStG Rdnr. 5.

[171] Zur Betriebsaufspaltung aus Sicht der notariellen Praxis vgl. *Slabon* NotBZ 2006, 157. Vgl. ferner Widmann/Mayer/*Widmann* § 20 UmwStG Rdnr. 43.

Abs. 5 S. 3 bis 6, 16 Abs. 3 S. 2 bis 4 EStG), die Übertragung von Teilbetrieben, Mitunternehmeranteilen und Einzelwirtschaftsgütern im Rahmen einer Realteilung (vgl. § 16 Abs. 3 S. 2 EStG), die Veräußerung von Anteilen, der Anteilstausch sowie der Formwechsel zwischen Personengesellschaften außerhalb des UmwG z. B. durch Beitritt eines Kommanditisten in eine oHG.[172]

b) **Grunderwerbsteuer.** Der Übergang von Grundstücken im Sinne des § 2 GrEStG aufgrund Gesamtrechtsnachfolge (insb. im Wege der **Verschmelzung**) oder Sonderrechtsnachfolge (insb. **Spaltung**) stellt einen Erwerbsvorgang dar, der gemäß § 1 Abs. 1 Nr. 3 GrEStG regelmäßig der Grunderwerbsteuer unterliegt.[173] Dies gilt grundsätzlich auch, wenn es bei der Umstrukturierung zu Anteilsverschiebungen von unmittelbar oder mittelbar grundstückshaltenden Gesellschaften kommt (§ 1 Abs. 2a, 3 GrEStG). Die **formwechselnde Umwandlung** hingegen unterliegt mangels Rechtsträgerwechsel nicht der Grunderwerbsteuer.[174] 90

Eine Privilegierung für **konzerninterne Verschmelzungen und Spaltungen** gewährt § 6a GrEStG.[175] Tatbestandlich setzt diese Verschonungsregelung voraus, dass 91

- ein Rechtsvorgang nach § 1 Abs. 1 Nr. 3, Abs. 2, 2a oder 3 GrEStG
- auf Grund einer Umwandlung i. S. d. § 1 Abs. 1 Nr. 1 bis 3 UmwG verwirklicht wird und
- an dem Umwandlungsvorgang ausschließlich ein herrschendes und ein oder mehrere von diesem herrschenden Unternehmen abhängige Gesellschaften oder mehrere von einem herrschenden Unternehmen abhängige Gesellschaften beteiligt sind.

Als weitere Voraussetzungen für die Nichterhebung der Grunderwerbsteuer

- muss das herrschende Unternehmen mindestens fünf Jahre vor dem Rechtsvorgang an der abhängigen Gesellschaft unmittelbar oder mittelbar oder teils unmittelbar, teils mittelbar zu mindestens 95% ununterbrochen beteiligt gewesen sein (**Vorbehaltensfrist**, § 6a S. 4 GrEStG) und
- die fünfjährigen **Nachbehaltensfrist** des § 6a S. 4 GrEStG muss eingehalten werden.[176]

12. Überblick Kartellrecht

Die Verschmelzung zweier Rechtsträger erfüllt – betrachtet man die **inländische Fusionskontrolle** – ohne Weiteres den Zusammenschlusstatbestand des § 37 Abs. 1 GWB.[177] Die Fusionskontrolle ist stets präventiv, d. h. Unternehmenszusammenschlüsse sind vor ihrem Vollzug grundsätzlich beim Bundeskartellamt (BKartA) anzumelden (vgl. § 39 GWB). Die Anmeldung löst ein Vollzugsverbot aus, von dem das BKartA jedoch im Einzelfall Befreiung erteilen kann (§ 41 GWB). An die Anmeldung schließt sich ein zweistufiges Prüfungsverfahren an (§ 40 GWB), wobei die erste Phase aus einem einmonatigen **Vorprüfungsverfahren** besteht, in dem das BKartA untersucht, ob es in das eigentliche Hauptprüfungsverfahren eintreten will (§ 40 Abs. 1 GWB). Verneint das Amt dies, so kann der Zusammenschluss ohne weiteres vollzogen werden. Tritt das BKartA hingegen in das **Hauptprüfungsverfahren** ein, bleibt es bei dem Vollzugsverbot. In dem bis zu vier Monate dauernden Hauptprüfungsverfahren entscheidet das BKartA sodann über die Freigabe oder die Untersagung des Zusammenschlusses (§ 40 Abs. 2 GWB). Auch ein vom BKartA untersagter Zusammenschluss kann jedoch nach § 42 GWB im Einzelfall aus gesamtwirtschaftlichen Gründen vom Bundesminister für Wirtschaft erlaubt werden. Entsprechendes gilt im Übrigen für die **Fusi-** 92

[172] Näher Widmann/Mayer/*Widmann* Vor § 1 UmwStG Rdnr. 17 ff.

[173] Siehe nur BFH NV 2007, 2351. Vgl. zum Ganzen auch Schmitt/Hörtnagl/Stratz/*Schmitt* Teil E Rdnr. 38 ff.; Widmann/Mayer/*Pahlke* Anhang 12.

[174] Näher Widmann/Mayer/*Pahlke* Anhang 12 Rdnr. 12.

[175] Zum Ganzen *Pahlke* MittBayNot 2010, 169; *Wischott/Schönweiß* DStR 2009, 2638; Widmann/Mayer/*Pahlke* Anhang 12 Rdnr. 61.1 ff. Vgl. ferner den gleichlautenden Erlass der Obersten Finanzbehörden der Länder zu § 6a UmwStG vom 1. 12. 2010, BStBl. I 2010, 1321; hierzu u. a. *Ihle* notar 2011, 12, 19; *Neitz-Hackstein/Lange* GmbHR 2011, 122.

[176] Zu Zweifelsfragen im Hinblick auf diese Fristen vgl. *Rödder/Schönfeld* DStR 2010, 415.

[177] Ausf. hierzu Lutter/*Lutter/Drygala* § 2 UmwG Rdnr. 15 ff.; Semler/Stengel/*Stengel* § 2 UmwG Rdnr. 69 ff.; Widmann/Mayer/*D. Mayer* § 126 UmwG Rdnr. 333 ff.

onskontrolle auf europäischer Ebene, welche in der Fusionskontrollverordnung geregelt ist, wobei dort ein der Ministererlaubnis vergleichbares Institut fehlt.[178]

13. Überblick Kostenrecht

93 a) **Beurkundungskosten.** Die Kosten notarieller Beurkundungen und Beglaubigungen im Zusammenhang mit Umwandlungsmaßnahmen richten sich nach dem **Geschäftswert** der konkreten Maßnahme (vgl. § 39 KostO). Dieser bestimmt sich bei Umwandlungen in aller Regel nach dem in der Umwandlungsbilanz ausgewiesenen Aktivvermögen des übertragenden Rechtsträgers (im Fall der Verschmelzung oder des Formwechsels) bzw. dem übergehenden Aktivvermögen (im Falle der Spaltung), und zwar gem. § 18 Abs. 3 KostO grds. ohne Schuldenabzug.[179] Verlustvorträge auf der Aktivseite[180] sind jedoch ebenso in Abzug zu bringen wie ein ggf. vorhandener nicht durch Eigenkapital gedeckter Fehlbetrag gem. § 268 Abs. 3 HGB.[181]

94 Für den rechtsgeschäftlichen Teil der Umwandlung fällt nach § 36 Abs. 2 KostO eine $^{20}/_{10}$-Gebühr hieraus an, wenn es sich um einen **Vertrag** handelt. Demgegenüber ist bei Ausgliederung sowie Auf- oder Abspaltung zur Neugründung eine $^{10}/_{10}$-Gebühr gem. § 36 Abs. 1 KostO geschuldet, da der Spaltungsplan lediglich eine einseitige rechtsgeschäftliche Erklärung darstellt.[182] Der **Höchstwert** für den Umwandlungsvertrag oder -plan beträgt € 5 Mio. (§ 39 Abs. 4 UmwG), was bei zweiseitigen Verträgen zu einer Gebühr von maximal € 15.114 netto führt (Umwandlungsplan: € 7.557).[183]

95 Notariell zu beurkundende **Verzichts- oder Zustimmungserklärungen** (z.B. gemäß § 8 Abs. 3 UmwG im Hinblick auf den Umwandlungsbericht) sind als einseitige rechtsgeschäftliche Erklärungen nach § 36 Abs. 1 KostO zu bewerten. Bei Verschmelzung und Spaltung sind diese jedoch gegenstandsgleich i.S.v. § 44 Abs. 1 KostO mit dem Vertrag bzw. Plan, weshalb eine gesonderte Bewertung regelmäßig[184] nicht in Betracht kommt. Eine Ausnahme besteht dann, wenn aus sachlichen Gründen eine gesonderte Beurkundung erfolgt.

96 Jeder **Zustimmungsbeschluss** bei den beteiligten Rechtsträgern ist ebenso wie ein Formwechselbeschluss ein Beschluss mit bestimmtem Geldwert, wobei der Geschäftswert nach den vorgenannten Grundsätzen zu bestimmen ist. Wird bei einem übernehmenden Rechtsträger das Kapital erhöht oder werden sonstige Beschlüsse gefasst, so sind diese hinzuzurechnen. Zu erheben ist eine $^{20}/_{10}$-Gebühr, höchstens jedoch € 5.000 (§ 47 KostO). Werden mehrere Beschlüsse in einer Urkunde zusammengefasst, so sind diese gegenstandsgleich nach § 44 Abs. 1 KostO. Es fällt also nur eine $^{20}/_{10}$-Gebühr aus dem Geschäftswert an.

97 Für die **Registeranmeldungen** gilt, dass es sich bei Verschmelzung und Spaltung zur Aufnahme um Anmeldungen ohne bestimmten Geschäftswert handelt, so dass § 41a Abs. 4 Nr. 1 bis 4 KostO eingreift. Bei einer GmbH beträgt der Geschäftswert somit nach § 41a Abs. 4 Nr. 1 KostO ein Prozent des Stammkapitals, mindestens aber € 25.000. Der Nennbetrag einer evtl. Kapitalerhöhung ist diesem Wert hinzuzurechnen. Bei einem neu entstehenden Rechtsträger, sei es durch Verschmelzung bzw. durch Spaltung zur Neugründung oder durch Formwechsel, ist Geschäftswert gem. § 41a Abs. 1 Nr. 1 KostO das einzutragende Grund- bzw. Stammkapital. Nach § 38 Abs. 2 Nr. 7 KostO fällt eine $^{5}/_{10}$-Gebühr an.

98 Von kostenrechtlicher Relevanz sind schließlich Anträge auf **Grundbuchberichtigung.** Aufgrund der umwandlungsrechtlichen Gesamtrechtsnachfolge geht Grundbesitz automa-

[178] Näher dazu Widmann/Mayer/*D. Mayer* § 126 UmwG Rdnr. 351 ff.

[179] BayObLG GmbHR 1999, 720; OLG Karlsruhe ZNotP 2002, 121.

[180] Hierzu Korintenberg/*Bengel/Tiedtke* § 39 KostO Rdnr. 60.

[181] Notarkasse A. d. ö. R, Streifzug durch die Kostenordnung, 8. Aufl. 2010 Rdnr. 978.

[182] Zu beachten ist in diesem Zusammenhang, dass es sich bei einer Ausgliederung aus dem Vermögen eines Einzelkaufmanns auf eine schon existierende GmbH selbst dann um einen Vertrag handelt, wenn der Einzelkaufmann alleiniger Gesellschafter der GmbH ist, siehe OLG Zweibrücken MittBayNot 1999, 402.

[183] Zur Frage, unter welchen Umständen bei mehreren Verschmelzungen von einem einheitlichen Vorgang auszugehen ist mit der Folge, dass der Höchstwert nur einmal zum Ansatz kommt, vgl. *Tiedtke* ZNotP 2001, 226; OLG Hamm MittBayNot 2004, 68.

[184] Wesentliche Ausnahme ist der Formwechsel, bei dem die Verzichtserklärungen mangels rechtsgeschäftlicher Grundlage der Umwandlung gesondert zu bewerten sind, vgl. unten, Rdnr. 335.

tisch auf den übernehmenden Rechtsträger über, so dass das Grundbuch nicht mehr korrekt ist und berichtigt werden muss. Gleiches gilt beim Formwechsel, wenn der formwechselnde Rechtsträger in neuer Rechtsform fortbesteht. Bei Mitbeurkundung des Berichtigungsantrags im Rahmen eines Umwandlungsvertrages oder -plans liegt Gegenstandsgleichheit vor (§ 44 KostO). Eine zusätzliche Bewertung kommt nur in Betracht, wenn der Antrag aus sachlichen Gründen getrennt gestellt wird, z.B. weil bei Beurkundung des Umwandlungsvertrages der übergehende Grundbesitz noch nicht endgültig feststeht. Beim Formwechsel ist der Antrag stets zu bewerten, da § 44 KostO beim Aufeinandertreffen von Beschluss und Berichtigungsantrag keine Anwendung findet. Wegen der Wahrung der Identität des Rechtsträgers ist hier die Annahme eines Geschäftswerts von 10–20 % des Wertes des Grundbesitzes angemessen.[185] Bei allen anderen Umwandlungsmaßnahmen ist Geschäftswert der volle Wert des Grundbesitzes. Die nach § 38 Abs. 2 Nr. 5a KostO anfallende Gebühr beträgt $^{5}/_{10}$.

b) **Sonstige Kosten.** Die Gerichtskosten sind im Umwandlungs- wie auch im sonstigen 99
Gesellschaftsrecht nach der Handelsregistergebührenverordnung (HRegGebV) nicht geschäftswertabhängig. Nach dem § 1 HRegGebV als Anlage beigefügten Gebührenverzeichnis fallen für die **Eintragung** einer Umwandlung im Handelsregister A pro Rechtsträger grundsätzlich[186] zwischen € 150 (Ersteintragung Einzelkaufmann aufgrund Umwandlung) und € 180 (Ersteintragung Gesellschaft aufgrund Umwandlung oder spätere Eintragung) an. Die Gebühren für Eintragungen von Umwandlungen im Handelsregister B (Kapitalgesellschaften) liegen bei € 240 für eine spätere Eintragung, € 260 für die Ersteintragung einer GmbH aufgrund Umwandlung und € 660 für die Ersteintragung einer Aktiengesellschaft oder KGaA aufgrund Umwandlung. Eintragungen im Genossenschaftsregister kosten zwischen € 300 und € 360.

Daneben fallen regelmäßig Kosten für **sonstige Beratungstätigkeiten** an, insbesondere in 100
steuerlicher Hinsicht. Hierzu gehören die Erstellung der Umwandlungsbilanz sowie – im Falle einer Kapitalerhöhung – die Kosten einer Werthaltigkeitsbescheinigung. Diese Kosten richten sich in der Regel nach einer Gebührenvereinbarung mit dem Berater. Ansonsten gilt die Steuerberatergebührenverordnung (StBGebV).

II. Verschmelzung

1. Einführung

Die Verschmelzung als in der Praxis wohl häufigste Umwandlungsart ist geregelt in den 101
§§ 2 bis 122l UmwG. Gekennzeichnet ist die Verschmelzung insbesondere dadurch, dass der oder die übertragenden Rechtsträger – ohne Durchführung eines Liquidationsverfahrens – erlöschen und deren gesamtes Vermögen im Wege der Gesamtrechtsnachfolge im Fall der Verschmelzung zur Aufnahme auf den übernehmenden Rechtsträger bzw. im Fall der Verschmelzung zur Neugründung auf den neuen Rechtsträger übergeht. Als Gegenstück zur Spaltung bewirkt die Verschmelzung somit die Vereinigung der Vermögen sämtlicher beteiligten Rechtsträger.

2. Beteiligte Rechtsträger

Diejenigen Rechtsträger, die an einer Verschmelzung beteiligt sein können, ergeben sich 102
aus **§ 3 UmwG.**[187] Besonderheiten ergeben sich insbesondere für wirtschaftliche Vereine und natürliche Personen, die nach Maßgabe des § 3 Abs. 2 UmwG nur als übertragende Rechtsträger beteiligt sein können. Darüber hinaus sind **rechtsformspezifisch** gewisse **Einschränkungen** zu beachten. So darf beispielsweise ein eingetragener Verein gemäß § 99 UmwG im

[185] Vgl. Korintenberg/*Reimann* § 30 KostO Rdnr. 35; vgl. auch BayObLG MittBayNot 1995, 325.
[186] Bei der Ersteintragung einer Gesellschaft mit mehr als drei Gesellschaftern entstehen zusätzliche Kosten i. H. v. € 70 pro weiterem Gesellschafter, vgl. Gebührenverzeichnis, Ziff. 1104f.
[187] Ausf. zu den umwandlungsfähigen Rechtsträgern bereits oben, Rdnr. 27ff.

Wege der Verschmelzung weder Rechtsträger anderer Rechtsform aufnehmen noch als neu gegründeter Rechtsträger aus einer Verschmelzung anderer Rechtsträger hervorgehen.[188]

3. Verschmelzungsvertrag

103 a) **Handelnde Personen.** Geschlossen wird der Verschmelzungsvertrag zwischen den an der Umwandlung beteiligten Rechtsträgern, für die regelmäßig ihre **organschaftlichen Vertreter** in vertretungsberechtigter Zahl handeln, vgl. § 4 Abs. 1 S. 1 UmwG. Alternativ kommt eine Vertretung der beteiligten Rechtsträger durch einen rechtsgeschäftlich **Bevollmächtigten** in Betracht. Die Vollmacht bedarf dabei nach der Grundregel des § 167 Abs. 2 BGB keiner bestimmten Form, zur Vorlage beim Registergericht ist jedoch zumindest Schriftform angezeigt. Ausnahmsweise ist bei einer Verschmelzung zur Neugründung einer GmbH, Aktiengesellschaft oder KGaA jedoch gemäß § 36 Abs. 2 S. 1 UmwG i. V. m. §§ 2 Abs. 2 GmbHG bzw. § 23 Abs. 1 S. 2 (i. V. m. § 278 Abs. 3) AktG eine notariell beurkundete oder beglaubigte Vollmacht erforderlich.

104 Sofern eine Person für mehrere beteiligte Rechtsträger agiert, ist auf deren **Befreiung von** den Beschränkungen des **§ 181** BGB zu achten.

Praxistipp:

Sofern keine allgemeine Befreiung eines organschaftlichen Vertreters existiert, kann diese ggf. in den Beschluss über die Zustimmung zur Verschmelzung aufgenommen werden, sofern nicht – wie z. B. bei der Aktiengesellschaft der Aufsichtsrat – ein anderes Organ als die Gesellschafterversammlung für die Befreiung zuständig ist.

105 b) **Gesetzlicher Mindestinhalt.** *aa) Allgemein.* Der gesetzliche Mindestinhalt eines Verschmelzungsvertrages ergibt sich im Wesentlichen aus dem ähnlich einer Checkliste aufgebauten **§ 5 Abs. 1 UmwG.** Danach sind im Einzelnen folgende Punkte aufzunehmen:

- Namen bzw. Firma und Sitz der beteiligten Rechtsträger (§ 5 Abs. 1 Nr. 1);
- Vereinbarung über die Übertragung des Vermögens der übertragenden Rechtsträger als Ganzes gegen Gewährung von Anteilen (§ 5 Abs. 1 Nr. 2);[189]
- Umtauschverhältnis der Anteile und ggf. Höhe der baren Zuzahlung (§ 5 Abs. 1 Nr. 3);[190]
- Einzelheiten der Übertragung der Anteile des übernehmenden Rechtsträgers (§ 5 Abs. 1 Nr. 4);[191]
- Beginn der Gewinnberechtigung der neuen Anteile (§ 5 Abs. 1 Nr. 5);[192]
- Verschmelzungsstichtag (§ 5 Abs. 1 Nr. 6);[193]
- besondere Rechte, die der übernehmende Rechtsträger einzelnen Anteilsinhabern und Inhabern von bestimmten Sonderrechten gewährt (§ 5 Abs. 1 Nr. 7);[194]
- besondere Vorteile, die bestimmten Organen und anderen Personen gewährt werden (§ 5 Abs. 1 Nr. 8);[195]
- Folgen der Verschmelzung für die Arbeitnehmer und ihre Vertretungen und die insoweit vorgesehenen Maßnahmen (§ 5 Abs. 1 Nr. 9).[196]

Dieser für alle Rechtsträger geltende Katalog wird durch **Sonderregelungen** für die einzelnen Rechtsformen ergänzt, so etwa für die Verschmelzung einer GmbH mit einer GmbH zur Aufnahme durch die Bestimmung des § 46 UmwG.[197] Im Übrigen ist zu beachten, dass gemäß § 5 Abs. 2 UmwG die Angaben über den Umtausch der Anteile nach § 5 Abs. 1 Nr. 2

[188] Näher zu rechtsformspezifischen Besonderheiten unten, Rdnr. 180 ff.
[189] Dazu sogleich, Rdnr. 106.
[190] Näher hierzu sogleich, Rdnr. 107.
[191] Siehe Rdnr. 111.
[192] Vgl. Rdnr. 112.
[193] Ausf. hierzu Rdnr. 113 ff.
[194] Näher Rdnr. 116.
[195] Siehe Rdnr. 117.
[196] Dazu ausf. sogleich, Rdnr. 118 ff.
[197] Hierzu unten, Rdnr. 192.

bis 5 UmwG obsolet sind, wenn sich alle Anteile eines übertragenden Rechtsträgers in der Hand des übernehmenden Rechtsträgers befinden (**Upstream-Verschmelzung**).[198]

106 *bb) Vermögensübertragung (§ 5 Abs. 1 Nr. 2 UmwG).* Im Verschmelzungsvertrag ist klarzustellen, dass Gegenstand des Vertrages eine Verschmelzung, also die Übertragung des Vermögens des übertragenden Rechtsträgers als Ganzes (= **Gesamtrechtsnachfolge**)[199] auf den übernehmenden Rechtsträger ist. Insbesondere können nicht einzelne Vermögensgegenstände von der Gesamtrechtsnachfolge ausgenommen werden.[200] Ferner ist dem Dogma der **Anteilsgewährpflicht**[201] entsprechend anzugeben, dass die Vermögensübertragung gegen Gewährung von Anteilen oder Mitgliedschaften an dem übernehmenden Rechtsträger erfolgt.

107 *cc) Umtauschverhältnis und bare Zuzahlung (§ 5 Abs. 1 Nr. 3 UmwG).* Das Umtauschverhältnis gibt an, wie viele Anteile oder Mitgliedschaften des übernehmenden Rechtsträgers die Anteilsinhaber des übertragenden Rechtsträgers als **Gegenleistung** erhalten.

Praxistipp:

Es entspricht der absolut vorherrschenden Vertragspraxis, wenn die Anteilszuweisung beim übernehmenden Rechtsträger unter Angabe des Nennbetrags der gewährten Anteile erfolgt. Es ist deshalb nicht zwingend erforderlich, das Umtauschverhältnis zahlenmäßig (etwa 2 : 1, 3 : 4 etc.) zu bezeichnen.[202]

Das Umtauschverhältnis richtet sich grundsätzlich nach dem **Verhältnis der Unternehmenswerte der beteiligten Rechtsträger**. Dabei sind den Anteilsinhabern des übertragenden Rechtsträgers Anteile am übernehmenden Rechtsträger zuzuweisen, die ihren untergehenden Anteilen wertmäßig entsprechen, d. h., die Anteilsinhaber dürfen nach der Verschmelzung – vorbehaltlich ihrer Zustimmung – nicht schlechter stehen als vorher. Deshalb muss das Umtauschverhältnis im Verschmelzungsbericht nach § 8 UmwG[203] ausführlich erläutert und begründet werden, ist es Kernpunkt der Verschmelzungsprüfung (vgl. § 12 UmwG)[204] und muss ggf. einer gerichtlichen Überprüfung standhalten (§ 15 UmwG).[205]

108 Die Bewertung der beteiligten Rechtsträger hat zu einem bestimmten **Bewertungsstichtag** zu erfolgen, den das UmwG nicht ausdrücklich festlegt. Die wohl h. M. geht davon aus, dass dieser von den Parteien des Verschmelzungsvertrages frei bestimmt werden kann, sofern er vor dem Zeitpunkt der Beschlussfassung durch die Anteilseigner liegt.[206] Für die zur Ermittlung des Unternehmenswertes anzuwendende **Bewertungsmethode** sind im Gesetz ebenfalls keine Regeln aufgestellt. Umgekehrt ist das Gericht bei der Überprüfung des Umtauschverhältnisses auf seine Angemessenheit nicht an das von den Verschmelzungspartnern vertraglich vereinbarte Verfahren gebunden. So kann es einer marktorientierten Methode anhand der **Börsenkurse** bei börsennotierten Gesellschaften den Vorzug vor einem vereinbarten Ertragswertverfahren geben.[207]

[198] Zum Begriff Upstream-Verschmelzung siehe Rdnr. 17.

[199] Näher Rdnr. 38 ff.

[200] Vgl. etwa Lutter/*Lutter/Drygala* § 5 UmwG Rdnr. 9.

[201] Siehe ausf. oben, Rdnr. 15 ff.

[202] Widmann/Mayer/*D. Mayer* § 5 UmwG Rdnr. 94. Bei einer GmbH als übernehmendem Rechtsträger werden diese Angaben zweckmäßigerweise verbunden mit den Angaben nach § 46 Abs. 1 UmwG, nämlich der Angabe des Nennbetrags der Geschäftsanteile, welche die übernehmende GmbH jedem Anteilsinhaber des übertragenden Rechtsträgers zu gewähren hat. Hierzu ausf. Rdnr. 192.

[203] Siehe hierzu Rdnr. 130 ff.

[204] Hierzu ausf. Rdnr. 133 ff.

[205] Widmann/Mayer/*D. Mayer* § 5 UmwG Rdnr. 95.

[206] Vgl. die Nachw. bei Lutter/*Lutter/Drygala* § 5 UmwG Rdnr. 24; Sagasser/Bula/Brünger/*Bula/Schlösser* Kap. J Rdnr. 29. Siehe hierzu auch BGH DB 2010, 1693 für einen Squeeze-out; *Neumann/Ogorek* DB 2010, 1869.

[207] Unter bestimmten Voraussetzungen ist eine Schätzung des Wertes eines Unternehmens anhand des Börsenwertes einer Ermittlung des Ertragswertes überlegen. Dies kommt insbesondere bei Gesellschaften in Betracht, deren Aktien in einen bedeutenden Aktienindex aufgenommen sind und in einem hoch liquiden Markt gehandelt werden, vgl. OLG Frankfurt/Main NZG 2010, 1141 – T-Online/Deutsche Telekom. Zum Ganzen ferner LG Frankfurt/Main NZG 2009, 553 (Vorinstanz); BGH NZG 2010, 939 – Stollwerck; OLG München

109 Nach Feststellung der Unternehmenswerte werden diese zur Ermittlung des Umtauschverhältnisses zu den Nennbeträgen des gezeichneten Kapitals ins Verhältnis gesetzt, woraus sich der jeweilige Wert eines Anteils ergibt. Verbleibende Spitzenbeträge können dann (bei Kapitalgesellschaften bis zur Höhe von 10% des Gesamtnennbetrags der gewährten Anteile)[208] durch **bare Zuzahlungen** ausgeglichen werden.[209] Zuzahlungen in der Form von Sachwerten und damit auch Darlehensforderungen oder sonstigen Forderungen sind nach überwiegender Ansicht verboten, da § 5 Abs. 1 Nr. 3 UmwG ausdrücklich nur bare Zuzahlungen zulässt.[210]

110 Aufgrund der subjektiven Komponente jeder Unternehmensbewertung ruft die Festlegung des Umtauschverhältnisses in der Praxis gerade bei Publikumsgesellschaften naturgemäß die meisten **(Rechts-)Streitigkeiten** hervor. Um die Umstrukturierung als solche nicht zu behindern, sind derartige Streitigkeiten gemäß § 15 UmwG i. V. m. dem SpruchG in das sog. **Spruchverfahren** ausgelagert, sofern ein Anteilsinhaber eines übertragenden Rechtsträgers hiergegen vorgehen will. Anteilseigner des übernehmenden Rechtsträgers, die das Umtauschverhältnis als unangemessen angreifen wollen, müssen hingegen nach dem klaren Wortlaut von § 15 Abs. 1 S. 1 UmwG Anfechtungsklage erheben.[211]

111 *dd) Einzelheiten zur Übertragung der Anteile (§ 5 Abs. 1 Nr. 4 UmwG).* Gemäß § 5 Abs. 1 Nr. 4 UmwG sind im Verschmelzungsvertrag die **Modalitäten des Erwerbs der Anteile** bzw. der Mitgliedschaften beim übernehmenden Rechtsträger durch die Anteilsinhaber des übertragenden Rechtsträgers gemeint. Dem ist die an dieser Stelle zu beantwortende Frage vorgeschaltet, aus welcher Quelle die Anteile bzw. Mitgliedschaften am übernehmenden Rechtsträger stammen, das heißt ob sie z. B. durch (Sach-)Kapitalerhöhung entstehen, eigene Anteile des übernehmenden Rechtsträgers verwendet werden oder Gesellschafter des übernehmenden Rechtsträgers Anteile zur Verfügung stellen.[212] Bei der Verschmelzung auf eine bestehende oder neu gegründete Aktiengesellschaft oder KGaA sind an dieser Stelle die Einzelheiten der Bestellung des Treuhänders sowie die Übergabe der Aktien und der baren Zuzahlungen an den Treuhänder sowie Angaben über die Aushändigung der Aktien durch den Treuhänder an die Anteilsinhaber des übertragenden Rechtsträgers zu erläutern.[213]

112 *ee) Beginn der Gewinnberechtigung (§ 5 Abs. 1 Nr. 5 UmwG).* Nach § 5 Abs. 1 Nr. 5 UmwG sind der Zeitpunkt, von dem an die gewährten Anteile oder Mitgliedschaften einen Anspruch auf einen Anteil am Bilanzgewinn gewähren, sowie alle Besonderheiten in Bezug auf diesen Anspruch anzugeben. In aller Regel wird der Beginn der Gewinnberechtigung aus den als Gegenleistung für die Verschmelzung gewährten Anteilen des übernehmenden Rechtsträgers nahtlos an das Ende der Gewinnberechtigung aus den Anteilen eines übertragenden Rechtsträgers anschließen und damit häufig auf den **Beginn des Geschäftsjahres** gelegt, das auf den Stichtag der letzten Jahresbilanz des übertragenden Rechtsträgers folgt. Er ist somit regelmäßig identisch mit dem Verschmelzungsstichtag.[214]

113 *ff) Verschmelzungsstichtag (§ 5 Abs. 1 Nr. 6 UmwG).* Als Verschmelzungsstichtag definiert § 5 Abs. 1 Nr. 6 UmwG den Zeitpunkt, von welchem an die Handlungen des übertragenden Rechtsträgers im Innenverhältnis als für Rechnung des übernehmenden Rechtsträgers vorgenommen gelten. Sofern dieser von den Parteien des Verschmelzungsvertrages frei bestimmbare Zeitpunkt des fiktiven Vermögensüberganges (wie regelmäßig)[215] in der Ver-

AG 2007, 701; *Brandi/Wilhelm* NZG 2009, 1408; *Puszkajler* ZIP 2010, 2275. Umgekehrt kann trotz Börsennotierung die Herleitung eines angemessenen Umtauschverhältnisses auch im Wege einer marktkonformen Verhandlung zwischen den Vertretern der beteiligten Gesellschaften erfolgen, vgl. OLG Stuttgart AG 2011, 49 – Daimler Chrysler; OLG Frankfurt/Main ZIP 2010, 729.

[208] §§ 54 Abs. 4, 68 Abs. 3, 78 UmwG.

[209] Dazu Widmann/Mayer/*D. Mayer* § 5 UmwG Rdnr. 64 ff.

[210] Ausf. Widmann/Mayer/*D. Mayer* § 5 UmwG Rdnr. 65 f.

[211] Zu Rechtsschutzmöglichkeiten im Zusammenhang mit Verschmelzungen siehe unten, Rdnr. 153 f.

[212] Hierzu Rdnr. 16.

[213] Vgl. hierzu Rdnr. 213 f. Ausf. zu § 5 Abs. 1 Nr. 4 UmwG i. Ü. Widmann/Mayer/*D. Mayer* § 5 UmwG Rdnr. 138 ff.

[214] Vgl. zum Ganzen Widmann/Mayer/*D. Mayer* § 5 UmwG Rdnr. 144 ff.

[215] Zu in der Zukunft liegenden Verschmelzungsstichtagen vgl. nur Lutter/*Lutter/Drygala* § 5 Rdnr. 46 m. w. N. sowie LG Kassel Rpfleger 2007, 668.

gangenheit liegt, hat die Verschmelzung also **Rückwirkung**. Zweck dieser Stichtagsregelung ist die Abgrenzung der Rechnungslegung.

Bezieht man das Steuerrecht ein, sind insgesamt drei Stichtage zu unterscheiden:[216]

- **Verschmelzungsstichtag** (§ 5 Abs. 1 Nr. 6 UmwG), auf den die Verschmelzung zivilrechtlich zurückwirkt;
- **steuerlicher Übertragungsstichtag** (§ 2 Abs. 1 S. 1 UmwStG), auf den die Verschmelzung steuerlich zurückwirkt;
- **Stichtag** der handelsrechtlichen **Schlussbilanz** (§ 17 Abs. 2 S. 1 UmwG).

Der steuerliche Übertragungsstichtag ist dabei nach § 2 Abs. 1 S. 1 UmwStG zwingend identisch mit dem Stichtag der handelsrechtlichen Schlussbilanz, die der Verschmelzung zugrunde liegt. Der Verschmelzungsstichtag wiederum liegt nach Auffassung der Finanzverwaltung zwingend stets einen Tag nach dem steuerlichen Übertragungsstichtag, d.h. dem Stichtag der Schlussbilanz.[217] Der Verschmelzungsstichtag bestimmt somit den Stichtag der handelsrechtlichen Schlussbilanz und damit auch den steuerlichen Übertragungsstichtag.

Beispiel:

Sieht ein Verschmelzungsvertrag vor, dass eine GmbH mit Wirkung zum 1. 1. 2011 auf eine andere GmbH verschmolzen wird, ist steuerlicher Übertragungsstichtag der 31. 12. 2010. Auf diesen Tag ist demnach auch die handelsrechtliche Schlussbilanz i. S. v. § 17 Abs. 2 S. 1 UmwG aufzustellen.

Sofern erforderlich können als „Stichtage" auch **bestimmte Uhrzeiten** festgelegt werden. 114
Insbesondere bei Kettenverschmelzungen verfährt die Praxis dabei häufig so, dass mit einer „Minutenabgrenzung" gearbeitet wird.[218]

Beispiel:

Die A-GmbH wird mit Stichtag der Schlussbilanz 31. 12. 2010, 24.00 Uhr, und Festlegung des Verschmelzungsstichtags auf den 1. 1. 2011, 0.00 Uhr, auf die B-GmbH verschmolzen. Die B-GmbH wird sodann mit Stichtag der Schlussbilanz 1. 1. 2011, 0.01 Uhr, und Verschmelzungsstichtag 1. 1. 2010, 0.02 Uhr, auf die C-GmbH verschmolzen.

Die Festlegung des Verschmelzungsstichtages und der sich daraus ergebende steuerliche 115
Übertragungsstichtag entscheiden i.Ü. darüber, welchem Veranlagungszeitraum das Übertragungs- und Übernahmeergebnis aus der Verschmelzung zuzurechnen ist. Im vorstehenden Beispielsfall wäre somit die Verschmelzung der A-GmbH auf die B-GmbH dem Veranlagungszeitraum 2010, die Verschmelzung der B-GmbH auf die C-GmbH jedoch dem Veranlagungszeitraum 2011 zuzurechnen. Bei Beteiligung **mehrerer übertragender Rechtsträger** ist es i.Ü. zweckmäßig, einen einheitlichen Verschmelzungsstichtag zu wählen, zwingend ist dies jedoch nicht.[219]

gg) Besondere Rechte, besondere Vorteile (§ 5 Abs. 1 Nr. 7 und 8 UmwG). Die Angabe- 116
pflicht besonderer Rechte i.S.v. § 5 Abs. 1 Nr. 7 UmwG bezieht sich auf jede Form gesellschaftsrechtlicher Sonderrechte oder sonstiger gegenüber dem neuen Rechtsträger eingeräumter schuldrechtlicher Sondervorteile, also etwa auch Optionsrechte auf Aktien und Wandelschuldverschreibungen etc. Die Sonderstellung kann in vermögensrechtlicher (z.B. Vorzugsrechte auf Gewinn- oder Liquidationserlös) wie auch verwaltungsrechtlicher Hinsicht bestehen (z.B. Vorerwerbsrechte, Recht zur Bestellung von Gesellschaftsorganen, Sonderstimmrechte).[220] In diesem Zusammenhang ist § 23 UmwG zu beachten, wonach der übernehmende Rechtsträger den Inhabern von Sonderrechten beim übertragenden Rechtsträger grundsätzlich gleichwertige Rechte zu gewähren hat.[221]

Daneben müssen in den Vertrag auch **besondere Vorteile** aufgenommen werden, die Ver- 117
waltungsorganen, Aufsichtsräten, geschäftsführenden Gesellschaftern oder Abschluss- und

[216] Zum Ganzen MünchHdbGesR (III)/*D. Mayer* § 73 Rdnr. 32 ff.

[217] Vgl. Tz. 02.02 des Schreibens betr. Umwandlungssteuergesetz 1995, Zweifels- und Auslegungsfragen vom 25. 3. 1998 (BStBl. I 1998, 268), sog. „Umwandlungssteuererlass".

[218] Zum Ganzen Widmann/Mayer/*D. Mayer* § 5 UmwG Rdnr. 158.

[219] Dazu Schmitt/Hörtnagl/Stratz/*Stratz* § 5 UmwG Rdnr. 70; Kallmeyer/*Müller* § 5 UmwG Rdnr. 37.

[220] Vgl. Lutter/*Lutter/Drygala* § 5 UmwG Rdnr. 48 ff.; Widmann/Mayer/*D. Mayer* § 5 UmwG Rdnr. 167.

[221] Einzelheiten bei Widmann/Mayer/*D. Mayer* § 5 UmwG Rdnr. 169.

Verschmelzungsprüfern gewährt wurden (§ 5 Abs. 1 Nr. 8 UmwG). Aufzuführen sind Vergünstigungen jeglicher Art, etwa durch Zuweisung von Vermögensrechten (besonderer Gewinnvorzug, Abfindungszahlungen, überhöhte Vergütungen), aber auch Kontroll- und Herrschaftsrechten (Zusage von Organpositionen, Weisungsbefugnissen, Entsendungsrechten).[222]

118 *hh) Folgen für die Arbeitnehmer (§ 5 Abs. 1 Nr. 9 UmwG).* Die Pflicht zur Aufnahme von Angaben über die Folgen der Verschmelzung für die Arbeitnehmer und ihre Vertretungen sowie die insoweit vorgesehenen Maßnahmen steht im engen Zusammenhang mit der Regelung des § 5 Abs. 3 UmwG, wonach der Vertrag bzw. ein Entwurf spätestens einen Monat vor der ersten Anteilsinhaberversammlung, in der über den Vertrag abgestimmt werden soll, dem jeweiligen Betriebsrat der am Verschmelzungsvorgang beteiligten Gesellschaften zuzuleiten ist.[223] Mit diesen Mitteln soll eine hinreichende **Information der Arbeitnehmer** über die Verschmelzung gewährleistet werden.[224]

119 Unsicherheit besteht darüber, welchen **konkreten Inhalt** die entsprechende Bestimmung im Verschmelzungsvertrag haben muss. Insoweit ist zu beachten, dass die Vorschrift der frühzeitigen Unterrichtung des Betriebsrats über die geplante Verschmelzung dient (§§ 5 Abs. 3, 17 Abs. 1 UmwG), um diesen in die Lage zu versetzen, etwaige Mitbestimmungsrechte rechtzeitig und sachgerecht geltend zu machen.[225] Im Lichte dessen sollte der Verschmelzungsvertrag zumindest zu folgenden Punkten kurz Stellung nehmen:

- Übergang von Arbeitsverhältnissen nach § 613a BGB einschließlich eines Hinweises auf die Informationspflichten aufgrund von § 613a Abs. 5 BGB;
- Auswirkungen auf bestehende Tarifverträge;
- Auswirkungen auf Betriebsvereinbarungen;
- Auswirkungen auf Mitbestimmungsrechte, insb. ein etwaiger Wechsel des Mitbestimmungsstatuts hin zur Drittelbeteiligung nach DrittelbG oder zur paritätischen Mitbestimmung nach MitbestG;
- Auswirkungen auf den Kündigungsschutz;
- Auswirkungen auf bestimmte Betriebsteile (Schließung, Verlegung, organisationsrechtliche Maßnahmen);
- Auswirkungen für Betriebsräte, Gesamtbetriebsräte, Konzernbetriebsräte, Sprecherausschüsse.

120 Dargestellt werden müssen **nur unmittelbar** durch die Verschmelzung **eintretende Folgen** für die Arbeitnehmer und ihre Vertretungen. Weitergehende Angaben, etwa über geplante und beabsichtigte Rationalisierungsmaßnahmen und sonstige mittelbaren Folgen der Verschmelzung wie z.B. innerbetriebliche Umstrukturierungen des vereinigten Rechtsträgers nach der Verschmelzung sind dagegen nicht erforderlich.[226]

121 Angaben nach § 5 Abs. 1 Nr. 9 UmwG sind grundsätzlich auch dann erforderlich, wenn der übertragende Rechtsträger zum Zeitpunkt des Abschlusses des Verschmelzungsvertrages **keine Arbeitnehmer** beschäftigt, da der übertragende Rechtsträger zum einen nach Vertragschluss noch Arbeitnehmer einstellen könnte und sich zum anderen als Folge der Verschmelzung personelle Veränderungen wie Umgruppierungen, Versetzungen und Zuweisungen neuer Arbeitsplätze für die Arbeitnehmer des übernehmenden Rechtträgers ergeben könnten.[227] Andererseits ginge es zu weit, von den Umwandlungsbeteiligten im Verschmelzungsvertrag umfassende Negativerklärungen oder die Angabe möglicher mittelbarer ar-

[222] Einzelheiten bei Lutter/*Lutter/Drygala* § 5 UmwG Rdnr. 51 ff.; Widmann/Mayer/*D. Mayer* § 5 UmwG Rdnr. 171 ff. mit Formulierungsbeispiel. Einen besonderen Vorteil in diesem Sinne stellt es z. B. auch dar, wenn einem Vorstand im Rahmen der Verschmelzung eine Abfindung für den Verzicht auf ein Aktienoptionsprogramm gewährt wird, vgl. OLG Hamburg ZIP 2004, 906.

[223] Ausführlich hierzu Rdnr. 66 ff.

[224] Vgl. zu Risiken und Schutzmechanismen des Umwandlungsrechts für Arbeitnehmer bereits ausf. oben, Rdnr. 55 ff.

[225] Widmann/Mayer/*D. Mayer* § 5 UmwG Rdnr. 179. Davon unberührt bleibt die Unterrichtungspflicht nach § 111 BetrVG, da eine Verschmelzung als Betriebsänderung gilt.

[226] Dazu ausf. Widmann/Mayer/*D. Mayer* § 5 UmwG Rdnr. 182 ff. m. zahlr. Nachw.

[227] Siehe OLG Düsseldorf DB 1998, 1399; a. A. LG Stuttgart DNotZ 1996, 701.

beitsrechtlicher Folgewirkungen zu verlangen. Dies würde den Verschmelzungsvertrag unnötig überfrachten und zu einem erheblichen Maß an Rechtsunsicherheit führen.[228]

ii) Barabfindungsangebot. Gemäß **§ 29 UmwG** hat der übernehmende Rechtsträger im Verschmelzungsvertrag oder in seinem Entwurf jedem Anteilsinhaber, der gegen den Verschmelzungsbeschluss des übertragenden Rechtsträgers Widerspruch zur Niederschrift erklärt, den Erwerb seiner Anteile oder Mitgliedschaften gegen eine **angemessene Barabfindung** anzubieten, wenn sich durch die Verschmelzung der Charakter der Beteiligung des Anteilsinhabers wesentlich verändert. Nach § 29 UmwG ist dies dann der Fall, wenn 122

- ein Rechtsträger zur Aufnahme auf einen Rechtsträger anderer Rechtsform verschmolzen wird, was dem Anteilsinhaber eine Beteiligung an einer anderen Rechtsform aufzwingen würde (sog. **Mischverschmelzung**);[229]
- die gewährten Anteile des übernehmenden Rechtsträgers einer **Verfügungsbeschränkung** unterliegen und daher ihre Veräußerbarkeit eingeschränkt wird;
- eine börsennotierte Gesellschaft auf eine nicht-börsennotierte Gesellschaft umgewandelt und deshalb die Veräußerbarkeit der gewährten Anteile faktisch eingeschränkt wird (sog. **„kaltes Delisting“**).

Voraussetzung für den Barabfindungsanspruch ist allerdings, dass der Anteilsinhaber **Widerspruch zur Niederschrift** gegen den Umwandlungsbeschluss eingelegt hat, was in der Niederschrift über die Gesellschafterversammlung zu vermerken ist.[230] Dies gilt auch bei solchen Rechtsformen, bei denen – anders als bei der Aktiengesellschaft in § 245 Nr. 1 AktG – ein Widerspruch zur Niederschrift der Gesellschafterversammlung eigentlich nicht vorgesehen ist. Soweit Anteilseigner **nicht erschienen** (und auch nicht ordnungsgemäß vertreten) sind, jedoch auf Grund Gesetzes ihre Zustimmung erforderlich ist (z. B. § 43 Abs. 1 UmwG), liegt in der Verweigerung der Zustimmung allerdings kein Widerspruch i. S. v. § 29 UmwG. Will der Anteilseigner also die Barabfindung, muss er an der Abstimmung teilnehmen, soweit kein Fall des § 29 Abs. 2 UmwG vorliegt.[231] 123

Die Anteilsinhaber des übertragenden Rechtsträgers können auf ein eigentlich nach § 29 UmwG erforderliches Barabfindungsangebot auch **verzichten.**[232] 124

Praxistipp:

Der Verzicht wird regelmäßig in einer Urkunde mit dem Zustimmungsbeschluss nach § 13 UmwG verbunden, obschon das Formerfordernis der notariellen Beurkundung für den Verzicht strittig ist.[233] Ist ein allseitiger Verzicht absehbar, sollte zudem im Verschmelzungsvertrag darauf hingewiesen werden.

jj) Rechtsformspezifische Regelungen. Ergänzend sieht das UmwG im besonderen Teil des Verschmelzungsrechts – je nach Umwandlungsvorgang und Rechtsform der beteiligten Rechtsträger – weitere zwingend in den Verschmelzungsvertrag aufzunehmende Regelungen vor. Auf diese rechtsformspezifischen Besonderheiten wird nachstehend im Rahmen der fallgruppenorientierten Einzeldarstellung eingegangen.[234] 125

c) **Fakultativer Inhalt.** Neben dem gesetzlich vorgeschriebenen Mindestinhalt enthält der Verschmelzungsvertrag in vielen Fällen weitere Vereinbarungen wie etwa Bestimmungen be- 126

[228] Widmann/Mayer/*D. Mayer* § 5 UmwG Rdnr. 183.

[229] Keine Mischverschmelzung in diesem Sinne ist die Verschmelzung unter Beteiligung einer Aktiengesellschaft und einer KGaA, vgl. § 78 S. 4 UmwG.

[230] Der Widerspruch ist dabei auch dann nicht entbehrlich, wenn eine nach Darstellung des Anteilsinhabers ihm vom Notar zugesagte gesonderte Aufforderung zur Erklärung des Widerspruchs nicht erfolgt, vgl. OLG München DNotZ 2011, 142 m. Anm. *Priester* DNotZ 2011, 147.

[231] Widmann/Mayer/*Wälzholz* § 29 Rdnr. 31.

[232] So u. a. Lutter/*Grunewald* § 29 UmwG Rdnr. 17 f.; Semler/Stengel/*Kalss* § 29 UmwG Rdnr. 27; Widmann/Mayer/*Fronhöfer* § 29 UmwG Rdnr. 53.

[233] Vgl. die Nachweise bei Lutter/*Grunewald* § 29 UmwG Rdnr. 18.

[234] Siehe unten, Rdnr. 180 ff. Vgl. dazu im Übrigen ausf. Lutter/*Lutter/Drygala* § 5 UmwG Rdnr. 83 ff.

treffend die Verpflichtung zur Satzungsänderung bei der übernehmenden Gesellschaft aus Anlass der Verschmelzung, Regelungen zur Änderung des Geschäftsjahres, Änderungen in der Geschäftsführung, Regelungen über die mit der Verschmelzung verbundenen Kosten, über auflösende Bedingungen oder Kündigungsrechte, etc.[235]

127 d) **Form und Beurkundungstechnik.** Der Verschmelzungsvertrag bedarf gemäß § 6 UmwG der notariellen Beurkundung, welche nach den Bestimmungen über die **Beurkundung von Willenserklärungen** (§§ 8 ff. BeurkG) zu erfolgen hat. Die Form eines Tatsachenprotokolls nach §§ 36 ff. BeurkG genügt nicht. Werden der Vertrag und die Zustimmungsbeschlüsse der beteiligten Rechtsträger in einer Urkunde zusammengefasst, so ist die gesamte Urkunde nach §§ 8 ff. BeurkG zu behandeln.

128 Alternativ reicht es gemäß § 4 Abs. 2 UmwG für die Zwecke der Vorabinformation der Anteilseigner, der zuständigen Betriebsräte und des Verschmelzungsprüfers aus, diesen zunächst einen **Entwurf** des Verschmelzungsvertrages vorzulegen. Dieser bedarf lediglich der Schriftform. Der später zu beurkundende Vertrag muss allerdings mit dem Entwurf übereinstimmen. Bei Abweichungen, die über offensichtliche Schreibversehen hinausgehen, sind das gesamte Verfahren zur Vorabinformation und die Verschmelzungsprüfung zu wiederholen.[236]

129 **Nachträgliche Änderungen** des beurkundeten Verschmelzungsvertrages bedürfen unabhängig von ihrer inhaltlichen Tragweite zu ihrer Wirksamkeit grundsätzlich der Beurkundung. Lediglich offensichtliche Schreibfehler können ohne Aufstellung einer Änderungsurkunde nach § 44 a Abs. 2 BeurkG berichtigt werden. Liegen die Zustimmungen der Anteilseigner zur Verschmelzung bereits vor, so ist bei nachträglichen Änderungen erneut das Verfahren zur Vorabinformation zu durchlaufen und ein neuer Zustimmungsbeschluss einzuholen. Die **Aufhebung** des Verschmelzungsvertrages kann im Übrigen von den Vertretungsorganen vor Wirksamkeit des Verschmelzungsvertrages, d. h. bis zum Vorliegen des letzten erforderlichen Zustimmungsbeschlusses, schriftlich vereinbart werden. Nach diesem Zeitpunkt ist die Aufhebung zu beurkunden.[237]

4. Verschmelzungsbericht

130 Ein Verschmelzungsbericht,[238] der den Anteilsinhabern eine **Grundlage für die Entscheidung** über die Umwandlung geben, ihnen dafür hinreichende Informationen zur Verfügung stellen und insbesondere die Angemessenheit des Umtauschverhältnisses und der Gegenleistung erläutern soll, ist gemäß § 8 Abs. 1 UmwG durch die Vertretungsorgane aller an der Verschmelzung beteiligten Rechtsträger zu erstellen. Zu beachten ist dabei, dass auch **nach Aufstellung** des Verschmelzungsberichts gemäß § 64 Abs. 1 S. 2 UmwG bei Aktiengesellschaften und KGaAs Unterrichtungspflichten im Hinblick auf wesentliche Vermögensveränderungen bestehen, sofern hierauf nicht verzichtet wird.[239]

131 Umstritten ist, ob aus der gesetzlichen Anordnung der Schriftlichkeit in § 8 UmwG abgeleitet werden muss, dass eine eigenhändige Unterschrift jedes einzelnen Mitglieds des Vertretungsorgans auf dem Bericht erforderlich ist[240] oder ob eine **Unterzeichnung** durch **Organmitglieder in vertretungsberechtigter Zahl** genügt.[241] Der BGH tendiert dazu, aufgrund von Sinn und Zweck der Regelung der letztgenannten Mindermeinung zu folgen, musste die Frage aber bislang nicht entscheiden.[242]

132 Nach der in der Praxis wichtigen Bestimmung des § 8 Abs. 3 UmwG ist ein Bericht **nicht erforderlich**, sofern alle Anteilsinhaber aller beteiligten Rechtsträger auf seine Erstattung verzichten oder sich alle Anteile des übertragenden Rechtsträgers in der Hand des überneh-

[235] Dazu ausf. Widmann/Mayer/*D. Mayer* § 5 UmwG Rdnr. 215 ff.; Lutter/*Lutter/Drygala* § 5 UmwG Rdnr. 92 ff.; Kallmeyer/*Marsch-Barner* § 5 UmwG Rdnr. 61 ff.

[236] Vgl. Rdnr. 73 f. sowie BeckNotarHdb/*Heckschen* Kap. D. IV. Rdnr. 29.

[237] BeckNotarHdb/*Heckschen* Kap. D. IV. Rdnr. 30.

[238] Vgl. bereits Rdnr. 59.

[239] Vgl. § 64 Abs. 1 S. 4 UmwG i. V. m. § 8 Abs. 3 S. 1 Alt. 1 UmwG. Näher hierzu Rdnr. 132, 148 f.

[240] So die h. M., vgl. Widmann/Mayer/*D. Mayer* § 8 UmwG Rdnr. 13 f. m. w. N.

[241] So u. a. KG ZIP 2005, 167; *Müller* NJW 2000, 2001.

[242] Vgl. die recht eindeutige Stellungnahme zu der im konkreten Fall nicht entscheidungserheblichen Frage in BGH DNotZ 2008, 143.

menden Rechtsträgers befinden (**Upstream-Verschmelzung**). Der **Verzicht** ist gemäß § 8 Abs. 3 S. 2 UmwG in jedem Fall **notariell zu beurkunden** und wird regelmäßig in einer Urkunde mit dem Zustimmungsbeschluss zur Verschmelzung gemäß § 13 UmwG zusammengefasst.[243]

5. Verschmelzungsprüfung

Eine **Verschmelzungsprüfung**[244] gemäß §§ 9ff. UmwG hat – unbeschadet der Verzichtsmöglichkeit (§ 9 Abs. 3 i. V. m. § 8 Abs. 3 S. 1 Alt. 1 UmwG) und des Entfallens der Prüfung in Mutter-Tochter-Konstellationen (§ 9 Abs. 2 UmwG) – nur stattzufinden, wenn die Vorschriften des besonderen Teils dies für die jeweilige Rechtsform vorschreiben. Für die aus Sicht der notariellen Praxis wichtigsten Rechtsträger gilt dabei Folgendes: 133

- Bei einer an der Verschmelzung beteiligten **Personenhandelsgesellschaft** ist eine Prüfung gemäß § 44 UmwG nur erforderlich, wenn der Beschluss über die Verschmelzung keiner Einstimmigkeit bedarf (§ 43 Abs. 2 UmwG) und einer ihrer Gesellschafter die Prüfung innerhalb einer Frist von einer Woche verlangt, nachdem er gemäß § 42 UmwG durch Übersendung des Verschmelzungsvertrages (oder seines Entwurfs) sowie des Verschmelzungsberichts ordnungsgemäß über die Verschmelzung unterrichtet wurde.
- Auch hinsichtlich einer an der Verschmelzung beteiligten **GmbH** ist die Prüfung gemäß § 48 UmwG nur durchzuführen, wenn es einer ihrer Gesellschafter innerhalb einer Frist von einer Woche nach ordnungsgemäßer Unterrichtung i. S. v. § 47 UmwG verlangt.
- Bei einer an der Verschmelzung beteiligten **Aktiengesellschaft** oder **KGaA** ist die Prüfung gemäß § 60 UmwG grundsätzlich stets durchzuführen (sofern kein Fall des § 9 Abs. 2 oder 3 UmwG vorliegt).

Die Prüfung ist von einem unabhängigen Sachverständigen als **Verschmelzungsprüfer** durchzuführen, der auf Antrag des jeweiligen Vertretungsorgans der beteiligten Rechtsträger vom Gericht ausgewählt und bestellt wird.[245] 134

Praxistipp:

Die Mandanten sollten möglichst frühzeitig darauf hingewiesen werden, die Bestellung des Verschmelzungsprüfers bei dem gemäß § 10 Abs. 2 UmwG zuständigen Landgericht zu beantragen, um Verzögerungen in der Abwicklung der Verschmelzung zu vermeiden.

Der Verschmelzungsprüfer hat über das Ergebnis einen schriftlichen **Verschmelzungsprüfungsbericht** zu erstatten und insbesondere die Angemessenheit des Umtauschverhältnisses zu testieren, §§ 11 f. UmwG.

Von hoher praktischer Bedeutung ist die Tatsache, dass Prüfung und Prüfungsbericht **entbehrlich** sind, wenn es sich um eine **Upstream-Verschmelzung** handelt oder wenn alle Anteilsinhaber sämtlicher beteiligter Rechtsträger hierauf in notarieller Form **verzichten,** §§ 9 Abs. 2 und 3, 12 Abs. 3 i. V. m. § 8 Abs. 3 UmwG. Die Verzichtserklärungen sind gemäß § 8 Abs. 3 S. 2 UmwG notariell zu beurkunden und werden regelmäßig (gemeinsam mit der Verzichtserklärung hinsichtlich des Verschmelzungsberichts und der Unterrichtung über Vermögensveränderungen) in einer Urkunde mit den Zustimmungsbeschlüssen der Anteilsinhaber verbunden. 135

6. Zuleitung an den Betriebsrat

Gemäß **§ 5 Abs. 3 UmwG** ist der Verschmelzungsvertrag oder sein Entwurf spätestens einen Monat vor dem Tage der Versammlung der Anteilsinhaber jedes beteiligten Rechtsträ- 136

[243] Ausf. hierzu sogleich Rdnr. 148 f.

[244] Vgl. hierzu bereits allgemein Rdnr. 60.

[245] Der Verschmelzungsprüfer kann i. Ü. in einem sich etwa anschließenden Spruchstellenverfahren als gerichtlicher Sachverständiger auftreten, was Zeit und Kosten spart, vgl. etwa OLG Düsseldorf NZG 2006, 758; LG Mannheim DB 2002, 889.

gers, die gemäß § 13 Abs. 1 UmwG über die Zustimmung zum Verschmelzungsvertrag beschließen soll, dem zuständigen Betriebsrat dieses Rechtsträgers zuzuleiten.[246]

7. Bekanntmachung des Verschmelzungsvertrages

137 Bei Aktiengesellschaft, KGaA und dem VVaG ist der Verschmelzungsvertrag oder sein Entwurf vor der Einberufung der Hauptversammlung bzw. der obersten Vertretung, die über die Zustimmung zur Verschmelzung beschließen soll, beim Handelsregister einzureichen und von dort aus bekannt zu machen (§§ 61, 78, 111 UmwG). Die Einreichung ist – jedenfalls nach einer gut begründeten Mindermeinung – **nicht verzichtbar**, da sie zumindest auch der Information der Gläubiger dient.[247] Das Gebot des sichersten Weges erfordert somit in jedem Fall eine Einreichung.[248]

8. Zustimmungsbeschlüsse

138 **a) Allgemein.** Gemäß § 13 UmwG müssen die Anteilsinhaber der an der Verschmelzung beteiligten Rechtsträger dem bereits beurkundeten Verschmelzungsvertrag oder dessen Entwurf zustimmen. Dabei gelten für die Formalien sowohl der Einberufung der Versammlung als auch der Beschlussfassung grundsätzlich die gesetzlichen und gesellschaftsvertraglichen Bestimmungen der jeweiligen Rechtsträger. Allerdings gibt es eine Reihe von umwandlungsrechtlichen Besonderheiten zu beachten, deren praktisch bedeutsamste nachfolgend dargestellt werden:

139 **b) Ausnahmen vom Beschlusserfordernis.** Ausnahmsweise ist bei einer **übernehmenden Aktiengesellschaft** (oder **KGaA** über die Verweisungsnorm § 78 UmwG) ein Zustimmungsbeschluss der Anteilsinhaber dieser Gesellschaft entbehrlich, wenn diese Aktiengesellschaft **mindestens 90%** des Stammkapitals oder des Grundkapitals einer übertragenden Kapitalgesellschaft hält (**Konzernverschmelzung**, § 62 Abs. 1 S. 1 UmwG). Ist die übernehmende Aktiengesellschaft **alleinige Gesellschafterin** der übertragenden Kapitalgesellschaft, entfällt gemäß § 62 Abs. 4 UmwG darüber hinaus das Erfordernis eines Beschlusses bei der übertragenden Kapitalgesellschaft. Im Falle der Upstream-Verschmelzung einer Tochter-Kapitalgesellschaft auf ihre Mutter-Aktiengesellschaft oder -KGaA ist folglich überhaupt kein Beschluss mehr erforderlich, es handelt sich vielmehr um eine **bloße Geschäftsführungsmaßnahme.**[249] Voraussetzung für die vorgenannten Erleichterungen ist allerdings, dass nicht Minderheitsaktionäre gemäß § 62 Abs. 2 UmwG mit einem Quorum von 5% des Grundkapitals die Einberufung einer Hauptversammlung und die Beschlussfassung über die Verschmelzung verlangen. Im Übrigen sind gemäß § 62 Abs. 3 UmwG umfassende Informationspflichten zu beachten.[250]

140 Auch bei der **grenzüberschreitenden Verschmelzung** ist ein Verschmelzungsbeschluss der Anteilsinhaber des übertragenden Rechtsträgers gemäß § 122g Abs. 2 UmwG entbehrlich, wenn sich alle Anteile in der Hand der übernehmenden Gesellschaft befinden (Mutter-Tochter-Konstellation).[251] Bei der **Verschmelzung auf den Alleingesellschafter** bedarf es im Übrigen schon aus der Natur der Sache heraus keiner Zustimmung durch die natürliche Person, die aufnehmender Rechtsträger ist.[252]

141 **c) Einberufung der Versammlung der Anteilsinhaber.** Grundsätzlich richten sich Form und Frist der Einberufung der Versammlung der Anteilsinhaber nach den für die **jeweilige Rechtsform** geltenden Vorschriften. Ergänzend sind gegebenenfalls vom dispositiven Gesetzesrecht abweichende Regelungen in den Gesellschaftsverträgen bzw. Satzungen zu beachten.

---

[246] Zu den zahlreichen praxisrelevanten Fragen rund um die Betriebsratszuleitung ausf. oben, Rdnr. 66 ff.

[247] So Widmann/Mayer/*Rieger* § 61 UmwG Rdnr. 10.1. Mit dem Argument, die Regelung diene nur der Information der Aktionäre, sind a. A. bspw. KölnerKommUmwG/*Simon* § 61 Rdnr. 16 ff.; Lutter/*Grunewald* § 61 UmwG Rdnr. 6; Semler/Stengel/*Diekmann* § 61 UmwG Rdnr. 5, 17.

[248] Näher unten, Rdnr. 201.

[249] Siehe hierzu *Neye/Jäckel* AG 2010, 237, 239 f.; *Diekmann* NZG 2010, 489, 489 f.

[250] Zum Ganzen ausf. unten im Rahmen der Darstellung der Aktiengesellschaft, Rdnr. 208 ff.

[251] Näher § 24 Rdnr. 125 f.

[252] Vgl. LG Dresden GmbHR 1997, 175; *Heckschen* DB 1998, 1385.

Daneben bestehen einige zusätzliche umwandlungsrechtliche Erfordernisse, die je nach Rechtsform unterschiedlich sind: Bei **Personenhandelsgesellschaften** (§ 42 UmwG) und **GmbHs** (§ 47 UmwG) sieht das UmwG vor, dass den Anteilsinhabern der an einer Verschmelzung beteiligten Rechtsträger mit der Einberufung der Versammlung der Anteilseigner, die gemäß § 13 UmwG über die Zustimmung zu der Verschmelzung zu beschließen hat, ein Entwurf des Verschmelzungsvertrages und der Verschmelzungsbericht zu übersenden sind. Bei **Aktiengesellschaften** und KGaAs ersetzen die Bekanntmachung des Verschmelzungsvertrages (§§ 61, 78 UmwG) und die Auslage der Verschmelzungsdokumentation samt Jahresabschlüssen und Lageberichten der letzten drei Geschäftsjahre in den Geschäftsräumen der Gesellschaft (§§ 63, 78 UmwG) den Versand an jeden Aktionär. Lediglich auf Verlangen sind die Unterlagen den Aktionären zuzusenden (§§ 63 Abs. 3, 78 UmwG). Bei **Genossenschaften** (§ 82 UmwG), genossenschaftlichen Prüfungsverbänden (§§ 82, 106 UmwG) und eingetragenen **Vereinen** (§ 101 UmwG) ist ebenfalls eine Auslage in den Geschäftsräumen und eine Zusendung auf Verlangen vorgeschrieben. Bei nicht im Handelsregister eingetragenen wirtschaftlichen Vereinen ist ferner die Bekanntmachungspflicht gemäß § 104 UmwG zu beachten. 142

Sofern eine **Vollversammlung** vorliegt, d. h. alle Anteilsinhaber anwesend oder ordnungsgemäß vertreten sind, kann auf die gesetzlichen und satzungsmäßigen Formalien (mit Ausnahme der Bekanntmachung nach §§ 61, 78, 104 UmwG)[253] und Fristen verzichtet werden. 143

d) **Mehrheitserfordernisse.** Für die Zustimmungsbeschlüsse sieht das Gesetz **grundsätzlich** eine **Dreiviertel-Mehrheit** der abgegebenen Stimmen vor, so für die GmbH (§ 50 Abs. 1 UmwG), die Aktiengesellschaft (§ 65 UmwG), die KGaA (§ 78 UmwG), die Genossenschaft (§ 84 UmwG) und für den VVaG (§ 112 Abs. 2 UmwG). Abweichend davon ist bei Personenhandelsgesellschaften (§ 43 Abs. 1 UmwG) und Partnerschaftsgesellschaften (§ 45 d Abs. 1 UmwG) eine einstimmige Entscheidung sowie zusätzlich die Zustimmung sämtlicher nicht erschienener Gesellschafter erforderlich, sofern der Gesellschaftsvertrag keine Beschlussfassung mit geringerer Mehrheit, mindestens aber Dreiviertel-Mehrheit vorsieht (§§ 43 Abs. 2, 45 d Abs. 2 UmwG). 144

e) **Inhalt des Beschlusses.** Die Anteilseigner haben über die **Zustimmung** zu dem ihnen vorgelegten notariellen Verschmelzungsvertrag oder dessen Entwurf zu entscheiden. Darüber hinaus ist bei Kapitalgesellschaften zugleich über die **Erhöhung des Kapitals** Beschluss fassen, soweit die den Anteilseignern des übertragenden Rechtsträgers in Erfüllung der Anteilsgewährpflicht[254] zu gewährenden Anteile – wie regelmäßig – im Wege einer (Sach-)-Kapitalerhöhung neu gebildet werden.[255] Die Kapitalerhöhung unterliegt vereinfachten Bedingungen (§§ 55, 69, 78 UmwG) und ist gemäß §§ 53, 66, 78 UmwG vor der Verschmelzung in das Handelsregister einzutragen. Im Übrigen sind die für die jeweilige Rechtsform gültigen Regelungen über (Sach-)Kapitalerhöhungen zu beachten. 145

f) **Zustimmungserklärungen einzelner Anteilsinhaber.** *aa) Vinkulierung, § 13 Abs. 2 UmwG.* Sofern die Abtretung der Anteile eines übertragenden Rechtsträgers von der Genehmigung bestimmter einzelner Anteilsinhaber abhängig ist, d. h. die Anteile insofern vinkuliert sind, bedarf der Verschmelzungsbeschluss dieses Rechtsträgers nach § 13 Abs. 2 UmwG zu seiner Wirksamkeit der Zustimmung dieser Anteilsinhaber in **notariell beurkundeter Form** (vgl. § 13 Abs. 3 S. 1 UmwG). Kein Zustimmungserfordernis in diesem Sinne besteht hingegen, wenn der Gesellschaftsvertrag die Abtretung von Anteilen nicht von der Zustimmung aller oder einzelner Gesellschafter, sondern von der Zustimmung der Gesellschaft selbst abhängig macht.[256] Bedeutung hat die Vorschrift deshalb nur für an einer Verschmelzung beteiligte GmbHs oder Personengesellschaften. Bei der Aktiengesellschaft kann zwar über § 68 Abs. 2 S. 1 AktG die Übertragung von Aktien eingeschränkt werden (sog. 146

[253] Hierzu soeben, Rdnr. 137.
[254] Hierzu ausf. Rdnr. 15 ff.
[255] Zu den Fällen der Verschmelzung ohne Kapitalerhöhung aufgrund von Verboten, Wahlrechten oder Verzichtserklärung vgl. § 54 UmwG (für die GmbH) und §§ 68, 78 UmwG (für die Aktiengesellschaft und die KGaA) sowie Rdnr. 193.
[256] Widmann/Mayer/*D. Mayer* § 50 UmwG Rdnr. 87.

vinkulierte Namensaktien), die Satzung kann die Übertragung jedoch nur unter den Vorbehalt der Zustimmung der Gesellschaft, nicht aber der Gesellschafter stellen.[257]

147 *bb) Rechtsformspezifische Zustimmungserfordernisse.* Neben der allgemeinen Regelung in § 13 Abs. 2 UmwG existieren einige rechtsformspezifische Zustimmungserfordernisse, die bei der Darstellung der einzelnen Rechtsformen behandelt werden.[258]

148 **g) Verzichtserklärungen.** Zweckmäßigerweise werden sämtliche im Zusammenhang mit der Verschmelzung erforderlichen bzw. zweckdienlichen Verzichtserklärungen in die Urkunde über die Beschlussfassung aufgenommen.

Praxistipp:

Systematisch sind die Verzichts- ebenso wie Zustimmungserklärungen als einseitige, empfangsbedürftige Willenserklärungen nicht Inhalt des Beschlusses und sollten deshalb in einem gesonderten Abschnitt der Urkunde niedergelegt werden.

149 Im Einzelnen kommen folgende Verzichtserklärungen in Betracht:

- Verzicht auf **Formen und Fristen** der Einberufung und Abhaltung der Versammlung der Anteilsinhaber (im Falle einer Vollversammlung);[259]
- ggf. Verzicht auf die **Erstellung einer Zwischenbilanz** gemäß § 63 Abs. 1 Nr. 3 (§ 63 Abs. 2 S. 5 UmwG i. V. m. § 8 Abs. 3 S. 1 Alt. 1 UmwG, beurkundungspflichtig);[260]
- Verzicht auf den **Verschmelzungsbericht** (§ 8 Abs. 3 S. 1 Alt. 1 UmwG, beurkundungspflichtig);[261]
- Verzicht auf die **Verschmelzungsprüfung** und den **Verschmelzungsprüfungsbericht** (§§ 12 Abs. 3, 9 Abs. 3, 8 Abs. 3 S. 1 Alt. 1 UmwG, beurkundungspflichtig);[262]
- Verzicht auf die **Unterrichtung über Vermögensveränderungen** (§§ 64 Abs. 1 S. 4, 8 Abs. 3 S. 1 Alt. 1 UmwG, beurkundungspflichtig);[263]
- Verzicht auf die **Anfechtung** der gefassten Beschlüsse (§ 16 Abs. 2 S. 2 UmwG, beurkundungspflichtig);[264]
- ggf. Verzicht auf ein **Barabfindungsangebot** (§ 29 UmwG, nach umstrittener Ansicht beurkundungspflichtig);[265]
- ggf. Verzicht auf die **Gewährung von Anteilen** am übernehmenden Rechtsträger durch sämtliche Anteilsinhaber des übertragenden Rechtsträgers (§ 54 Abs. 1 S. 3 UmwG für übernehmende GmbH, § 68 Abs. 1 S. 3 UmwG für übernehmende Aktiengesellschaft; beurkundungspflichtig).[266]

150 **h) Form und Beurkundungstechnik.** Nach § 13 Abs. 1 UmwG wird der Verschmelzungsvertrag unabhängig von der Rechtsform der beteiligten Rechtsträger nur wirksam, wenn die Anteilsinhaber dem Verschmelzungsvertrag durch Beschluss in einer **Versammlung der Anteilseigner** zustimmen. Umlaufbeschlüsse und schriftliche Beschlussverfahren sind demnach unzulässig.[267] Gemäß § 13 Abs. 3 S. 1 UmwG müssen der Verschmelzungsbeschluss und die nach dem UmwG erforderlichen **Zustimmungserklärungen** einzelner Anteilsinhaber einschließlich der erforderlichen Zustimmungserklärungen nicht erschienener Anteilsinhaber **notariell beurkundet** werden. Gleiches gilt für die Mehrzahl der zweckmäßigen **Verzichtserklärungen.**[268]

[257] Widmann/Mayer/*Heckschen* § 13 UmwG Rdnr. 164.
[258] Siehe Rdnr. 180 ff.
[259] Hierzu soeben, Rdnr. 143.
[260] Näher hierzu unten, Rdnr. 203.
[261] Siehe oben, Rdnr. 132.
[262] Siehe oben, Rdnr. 135.
[263] Siehe oben, Rdnr. 130.
[264] Hierzu sogleich, Rdnr. 153.
[265] Siehe hierzu Rdnr. 124.
[266] Hierzu ausf. oben, Rdnr. 19 ff.
[267] Vgl. Widmann/Mayer/*Heckschen* § 13 UmwG Rdnr. 2 m. w. N.
[268] Hierzu soeben, Rdnr. 148 f.

Sofern beurkundungspflichtige Zustimmungs- oder Verzichtserklärungen in der Urkunde enthalten sind, kann diese nur in Form der **Beurkundung von Willenserklärungen** (§§ 8 ff. BeurkG) errichtet werden. Enthält die Urkunde ausnahmsweise lediglich die Beschlussfassung, wie es insbesondere bei Publikums-Aktiengesellschaften der Fall sein wird, kann die Beurkundung auch nach §§ 36 ff. BeurkG in Form eines Tatsachenprotokolls durchgeführt werden. 151

In vielen Fällen werden die Zustimmungsbeschlüsse sämtlicher beteiligter Rechtsträger in **einer Urkunde** zusammengefasst werden können. Kostenrechtlich sind diese gegenstandsgleich nach § 44 Abs. 1 KostO, d. h. es fällt nur eine $^{20}/_{10}$-Gebühr aus dem Geschäftswert an, höchstens jedoch € 5.000 (§ 47 KostO).[269] Dem Beschluss ist im Übrigen gemäß § 13 Abs. 3 S. 2 UmwG der **Verschmelzungsvertrag** (in Ausfertigung) oder sein Entwurf als **Anlage** beizufügen. Eine beurkundungsrechtliche Verweisung auf diese Anlage im Sinne der §§ 9 Abs. 1 S. 2 oder 13 a UmwG ist nicht erforderlich.[270] 152

i) **Rechtsschutz gegen Beschlüsse.** Im Hinblick auf den Rechtsschutz gegen Beschlüsse ist die grundlegende Unterscheidung in die Anfechtungsklage gegen die Wirksamkeit des Beschlusses gemäß § 14 UmwG einerseits und die Klage eines Anteilsinhabers eines übertragenden Rechtsträgers zur Verbesserung des Umtauschverhältnisses gemäß §§ 14 Abs. 2, 15 UmwG i. V. m. dem SpruchG im Wege des sog. Spruchverfahrens[271] andererseits zu beachten. Für die **Anfechtungsklage** gegen die Wirksamkeit des Beschlusses gelten dabei die allgemeinen Regeln des Beschlussmängelrechts für die jeweilige Rechtsform. Sie muss binnen eines Monats nach der Beschlussfassung erhoben werden (§ 14 Abs. 1 UmwG). Sofern nicht alle Anteilsinhaber auf eine Anfechtungsklage in notarieller Form verzichtet haben,[272] darf die Verschmelzung gemäß § 16 Abs. 2 UmwG bis zum Ablauf dieser Frist nicht eingetragen werden, um die Schaffung vollendeter Tatsachen zu verhindern. Durch die Erhebung einer Anfechtungsklage wird die **Eintragung** somit **gesperrt**, es sei denn, das zuständige Prozessgericht fasst einen Freigabebeschluss nach § 16 Abs. 3 UmwG, was in der Praxis selten vorkommt.[273] 153

Um zu verhindern, dass wegen der besonders streitanfälligen Frage einer angemessenen Gegenleistung für die Anteilsinhaber des übertragenden Rechtsträgers durch Anfechtungsprozesse der Vollzug von Umstrukturierungsmaßnahmen für eine längere Zeit verhindert werden kann, erklärt § 14 Abs. 2 UmwG die Anfechtungsklage in diesen Fällen für unzulässig. Im Gegenzug gewährt § 15 UmwG den Anteilsinhabern des übertragenden Rechtsträgers einen **Anspruch auf bare Zuzahlung**, soweit die Anteile oder die Mitgliedschaft am übernehmenden oder neuen Rechtsträger die bisherige Position des Anteilsinhabers beim übertragenden Rechtsträger nicht vollständig kompensieren. Ob die Höhe der baren Zuzahlung angemessen ist, kann im Wege eines **Spruchverfahrens** nach dem SpruchG überprüft werden (§ 15 Abs. 1 S. 2 UmwG). 154

9. Registeranmeldung

a) **Anmeldeberechtigte.** *aa) Organschaftliche Vertreter.* Die Registeranmeldung ist für jeden an der Verschmelzung beteiligten Rechtsträger grundsätzlich durch die **Vertretungsorgane** dieses Rechtsträgers vorzunehmen. Eine **Erleichterung** bildet bei der Verschmelzung zur Aufnahme die Vorschrift des **§ 16 Abs. 1 S. 2 UmwG,** wonach die Vertretungsorgane des übernehmenden Rechtsträgers auch zur Anmeldung für die übertragenden Rechtsträger berechtigt sind. 155

Grundsätzlich genügt die Anmeldung durch Vertretungsorgane in **vertretungsberechtigter Zahl** (ggf. im Wege unechter Gesamtvertretung mit einem Prokuristen). Dabei sind allerdings folgende rechtsformspezifische Besonderheiten zu beachten: 156

- Auch bei **Personenhandels- und Partnerschaftsgesellschaften** erfolgt die Anmeldung der Verschmelzung durch zur Vertretung berechtigte persönlich haftende Gesellschafter bzw.

[269] Zu kostenrechtlichen Aspekten ausf. oben, Rdnr. 93 ff.

[270] Vgl. Widmann/Mayer/*Heckschen* § 13 UmwG Rdnr. 233.

[271] Vgl. hierzu bereits die Anmerkungen zum Umtauschverhältnis in Rdnr. 110.

[272] Zur diesbezüglichen Verzichtserklärung siehe soeben, Rdnr. 149.

[273] Hierzu ausf. Widmann/Mayer/*Fronhöfer* § 13 UmwG Rdnr. 99 ff.

Partner in vertretungsberechtigter Zahl, obwohl § 108 Abs. 1 HGB, der gem. § 4 Abs. 1 S. 1 PartGG auch für Partnerschaftsgesellschaften gilt, grundsätzlich die Mitwirkung aller Gesellschafter bei Anmeldungen vorsieht.[274]

- Bei einer **Kommanditgesellschaft** können abweichend von § 108 Abs. 1 HGB die Kommanditisten bei einer Anmeldung der Verschmelzung nicht mitwirken, da anmeldeberechtigt nach der spezielleren Norm des § 16 Abs. 1 S. 1 UmwG allein das Vertretungsorgan ist.[275]
- Bei eingetragenen **Genossenschaften** genügt entgegen der früheren Rechtslage[276] ebenfalls die Anmeldung durch Vorstandsmitglieder in vertretungsberechtigter Zahl, da § 157 GenG nur für die Anmeldung zur Neugründung gem. § 11 GenG die Mitwirkung aller Vorstandsmitglieder vorsieht.

157 Wird zur Durchführung der Verschmelzung das **Kapital** einer übernehmenden Kapitalgesellschaft **erhöht**, ist je nach Rechtsform wie folgt zu differenzieren:

- Bei einer **GmbH** ist die Kapitalerhöhung gemäß § 55 UmwG i. V. m. § 78 GmbHG von sämtlichen Geschäftsführern anzumelden.
- Bei der **Aktiengesellschaft** sind bezüglich der Anmeldung zum Handelsregister drei Vorgänge zu unterscheiden:[277]
  - Anmeldung der Kapitalerhöhung (§ 69 Abs. 1 S. 1 HS 1 UmwG i. V. m. § 184 Abs. 1 S. 1 AktG);
  - Anmeldung der Durchführung der Kapitalerhöhung (§ 69 Abs. 1 S. 1 HS 1 UmwG i. V. m. § 188 Abs. 1 AktG);
  - Anmeldung der Verschmelzung (§ 16 UmwG).

  Die beiden erstgenannten Anmeldungen sind von Mitgliedern des Vorstands in vertretungsberechtigter Zahl (ggf. im Wege unechter Gesamtvertretung mit einem Prokuristen)[278] gemeinsam mit dem Vorsitzenden des Aufsichtsrats vorzunehmen. Bezüglich der Vertretung des verhinderten Aufsichtsratsvorsitzenden gilt § 107 Abs. 1 S. 3 AktG. Die Anmeldung der Verschmelzung gem. § 16 UmwG hat durch Mitglieder des Vorstands der übernehmenden AG (ggf. gemeinsam mit einem Prokuristen) in vertretungsberechtigter Zahl zu erfolgen.
- Bei einer übernehmenden **KGaA** ist die Kapitalerhöhung von den zur Vertretung der KGaA ermächtigten persönlich haftenden Gesellschaftern gemeinsam mit dem Vorsitzenden des Aufsichtsrats zur Eintragung anzumelden.

158 Bei einer **Verschmelzung zur Neugründung** wird der neue Rechtsträger von den Vertretungsorganen aller beteiligten Rechtsträger angemeldet (§ 38 Abs. 2 UmwG), wohingegen die Anmeldungen bei den übertragenden Rechtsträgern von den Vertretungsorganen des jeweiligen Rechtsträgers vorgenommen werden (§ 38 Abs. 1 UmwG).[279]

159 *bb) Rechtsgeschäftliche Vertreter.* Eine rechtsgeschäftliche **Bevollmächtigung** zur Vertretung bei der Anmeldung ist grundsätzlich zulässig, die Vollmacht muss allerdings gemäß § 12 Abs. 1 S. 2 HGB in **öffentlich beglaubigter Form** erteilt sein.[280] Hinsichtlich einer an der Verschmelzung beteiligten Genossenschaft ist allerdings zu beachten, dass § 6 Abs. 3 S. 1 GenRegV die Anmeldung durch einen Bevollmächtigten ausschließt. Die Vertretung durch einen Bevollmächtigten ist ferner nach allgemeinen Regeln ausgeschlossen, wenn **höchstpersönliche Erklärungen** abzugeben sind. Insbesondere Wissenserklärungen z. B. gemäß § 16 Abs. 2 UmwG[281] sind stets höchstpersönlich und können nicht auf Grund einer Vollmacht wirksam abgegeben werden.[282]

[274] Vgl. Kallmeyer/*Zimmermann* § 16 UmwG Rdnr. 4; Lutter/*Bork* § 16 UmwG Rdnr. 2; Schmitt/Hörtnagl/Stratz/*Stratz* § 16 UmwG Rdnr. 13; Widmann/Mayer/*Fronhöfer* § 16 UmwG Rdnr. 24; zweifelnd in Bezug auf die Vertretung der offenen Handelsgesellschaft *Schöne* GmbHR 1995, 325, 332 f.

[275] Siehe Widmann/Mayer/*Fronhöfer* § 16 UmwG Rdnr. 24.

[276] Hierzu Widmann/Mayer/*Fronhöfer* § 16 UmwG Rdnr. 25.

[277] Widmann/Mayer/*Rieger* § 69 UmwG Rdnr. 38.

[278] Vgl. MünchKommAktG/*Peifer* § 184 AktG Rdnr. 7.

[279] Ausf. zu den Besonderheiten der Verschmelzung zur Neugründung unten, Rdnr. 174 ff.

[280] Vgl. § 12 HGB und § 10 FamFG.

[281] Hierzu sogleich, Rdnr. 162.

[282] Näher Widmann/Mayer/*Fronhöfer* § 16 UmwG Rdnr. 27 m. w. N.

Falls im Rahmen einer Verschmelzung eine **Kapitalerhöhung** stattfindet, gilt folgendes: 160

- Bei einer GmbH ist eine Stellvertretung bei der Anmeldung möglich, da gemäß § 55 Abs. 1 UmwG die nach § 57 Abs. 2 GmbHG an sich erforderliche höchstpersönliche Versicherung über die Erbringung der Einlageleistungen[283] gerade nicht abzugeben ist.[284]
- Auch im Hinblick auf eine übernehmende Aktiengesellschaft oder KGaA verweist § 69 Abs. 1 S. 1 UmwG (ggf. i. V. m. § 78 UmwG) nicht auf § 188 Abs. 2 AktG, so dass im Rahmen der Anmeldung der Durchführung der Kapitalerhöhung die (wegen der Strafbarkeitsfolge des § 399 Abs. 1 Nr. 4 AktG höchstpersönliche) Versicherung hinsichtlich der vollständigen Leistung der Einlage nach §§ 36 a Abs. 2, § 37 Abs. 1 AktG entbehrlich und damit eine Stellvertretung zulässig ist.

b) **Inhalt der Anmeldung.** Anzumelden ist die **Verschmelzung** selbst und dabei insbesondere die Art der Verschmelzung unter Bezeichnung von Firma und Sitz der beteiligten Rechtsträger.[285] Wird zur Durchführung der Verschmelzung das Kapital bei der übernehmenden Gesellschaft erhöht, ist diese **Kapitalerhöhung** samt der damit verbundenen Satzungsänderung zusätzlich zur Verschmelzung anzumelden. Die Kapitalerhöhung muss vor der Verschmelzung eingetragen werden (§§ 53, 66, 78 UmwG). Gegebenenfalls sind ferner **weitere**, im Zuge der Verschmelzung veränderte **eintragungspflichtige Tatsachen** wie insb. Satzungsänderungen, Veränderungen in der Geschäftsführung usw. in die Anmeldung aufzunehmen. Daneben ist eine Reihe von **rechtsformspezifischen Besonderheiten** zu beachten, die im Rahmen der nachfolgenden Darstellung einzelner Verschmelzungskonstellationen ausführlich behandelt werden.[286] 161

Im Übrigen haben im Rahmen der Anmeldung jedes an der Verschmelzung beteiligten Rechtsträgers die jeweiligen Vertretungsorgane nach **§ 16 Abs. 2 UmwG** eine **Negativerklärung** dahingehend abzugeben, dass eine Anfechtungsklage gegen den Verschmelzungsbeschluss nicht anhängig gemacht worden ist. Eine solche Erklärung ist entbehrlich, wenn aus den beizufügenden Unterlagen ersichtlich ist, dass auf die Anfechtung in notariell beurkundeter Form (§ 16 Abs. 2 S. 2 UmwG) verzichtet wurde oder alle vorhandenen Anteilsinhaber der Verschmelzung zugestimmt haben. Alternativ lässt sich die Eintragungssperre durch Beschluss gemäß § 16 Abs. 3 UmwG (Freigabeverfahren) überwinden.[287] 162

c) **Beizufügende Unterlagen.** Folgende Unterlagen, für die das UmwG die notarielle Beurkundung vorschreibt, sind der Anmeldung in Ausfertigung (§ 47 ff. BeurkG) oder in beglaubigter Abschrift (§ 42 BeurkG) beizufügen: 163

- der Verschmelzungsvertrag (§ 4 Abs. 1 i. V. m. § 6 UmwG);
- die Verschmelzungsbeschlüsse der Versammlungen der Anteilsinhaber (§ 13 Abs. 1 i. V. m. Abs. 3 S. 1 UmwG; § 65 Abs. 2 UmwG);
- ggf. Zustimmungserklärungen einzelner Anteilsinhaber (§§ 13 Abs. 2, 40 Abs. 2 S. 2, 50 Abs. 2, 51 Abs. 1 und 2, 78 S. 3 UmwG jeweils i. V. m. § 13 Abs. 3 S. 1 UmwG);
- evtl. Zustimmungserklärungen der bei Beschlussfassung über die Verschmelzung nicht erschienenen Anteilsinhaber (§§ 43 Abs. 1, 45 d Abs. 1, 51 Abs. 1 S. 2 und 3, Abs. 2 UmwG jeweils i. V. m. § 13 Abs. 3 S. 1 UmwG);
- ggf. Verzichtserklärungen aller Anteilsinhaber aller beteiligten Rechtsträger auf einen Verschmelzungsbericht (§ 8 Abs. 3 S. 1 Alt. 1, S. 2 UmwG), die Unterrichtung über wesentliche Vermögensveränderungen (§§ 64 Abs. 1 S. 4, 8 Abs. 3 S. 1 Alt. 1, S. 2), auf die Prüfung des Verschmelzungsvertrages (§ 9 Abs. 3 i. V. m. § 8 Abs. 3 S. 1 Alt. 1, S. 2 UmwG), auf den Prüfungsbericht (§ 12 Abs. 3 i. V. m. § 8 Abs. 3 S. 1 Alt. 1, S. 2 UmwG), auf die Klage gegen die Wirksamkeit des Verschmelzungsbeschlusses (§ 16 Abs. 2 S. 2 HS 2

283 Für eine solche Versicherung ist eine Stellvertretung ausgeschlossen, vgl. nur BayObLG DB 1986, 1666.

284 Siehe nur MünchHdbGesR (III)/*D. Mayer*, § 73 Rdnr. 168 sowie das Gutachten des DNotI vom 9. 11. 2000 zu § 2 UmwG, Nr. 20 378. Argument: Die Leistung der Sacheinlage ist durch den Vermögensübergang im Wege der Verschmelzung (§ 20 Abs. 1 Nr. 1 UmwG) in jedem Fall gewährleistet.

285 Vgl. zum Inhalt der Anmeldung ausf. Widmann/Mayer/*Fronhöfer* § 16 UmwG Rdnr. 35 ff.

286 Siehe unten, Rdnr. 180 ff.

287 Vgl. zum Ganzen bereits Rdnr. 149, 153 sowie Widmann/Mayer/*Fronhöfer* § 16 UmwG Rdnr. 91.

UmwG) und auf die Erstellung einer Zwischenbilanz gemäß § 63 Abs. 1 Nr. 3 (§ 63 Abs. 2 S. 5 UmwG i. V. m. § 8 Abs. 3 S. 1 Alt. 1, S. 2 UmwG);
- ggf. die Verzichtserklärungen der Anteilsinhaber des übertragenden Rechtsträgers hinsichtlich einer Gewährung von Anteilen am übernehmenden Rechtsträger gemäß § 54 Abs. 1 S. 3 bzw. § 68 Abs. 1 S. 3 UmwG.

164 Folgende sonstige Unterlagen sind je nach Einzelfall ggf. in Urschrift oder in einfacher Abschrift beizufügen:
- der Verschmelzungsbericht (§ 8 Abs. 1 und 2 UmwG);
- der Prüfungsbericht (§ 12 UmwG);
- der Nachweis über die Zuleitung des Verschmelzungsvertrages oder seines Entwurfs an den Betriebsrat sowie ggf. die Verzichtserklärung des Betriebsrates auf fristgerechte Zuleitung;
- Anzeige des Treuhänders über den Erhalt der Aktien und baren Zuzahlung bei der übernehmenden Aktiengesellschaft (§ 71 UmwG).[288]

165 Nach § 17 Abs. 2 S. 1 UmwG ist überdies der Anmeldung zum Register des Sitzes jedes übertragenden Rechtsträgers die der Verschmelzung zugrunde liegende **Schlussbilanz** dieses Rechtsträgers beizufügen, die auf einen höchstens acht Monate vor der Anmeldung liegenden Stichtag aufgestellt worden sein darf.[289]

166 Die Einreichung der Anmeldung samt Anlagen zum Handels-, Partnerschafts- bzw. Genossenschaftsregister erfolgt in **elektronischer Form** (vgl. § 12 HGB, § 5 Abs. 2 PartGG, § 157 GenG). Für die Anlagen, die in Urschrift oder einfacher Abschrift vorzulegen sind, erfolgt die Einreichung durch Übermittlung einer elektronischen Aufzeichnung. Für die Anlagen, die in Ausfertigung oder beglaubigter Abschrift einzureichen sind, ist ein mit einem einfachen elektronischen Zeugnis (§ 39 a BeurkG) versehenes Dokument zu übermitteln (vgl. § 12 Abs. 2 HGB).[290]

167 **d) Sonderproblem Acht-Monats-Frist.** *aa) Allgemeines.* Nach § 17 Abs. 2 S. 4 UmwG darf das Registergericht die Verschmelzung nur eintragen, wenn die zugrunde gelegte Bilanz auf einen höchstens **acht Monate** vor der Anmeldung liegenden Stichtag aufgestellt worden ist. Sofern – wie in vielen Fällen – Stichtag der Schlussbilanz der 31. 12. eines Jahres ist, muss die Registeranmeldung somit spätestens zum Ablauf des **31. 8. des Folgejahres** beim Registergericht eingegangen sein. Die Frist dient in erster Linie dem **Interesse der Gläubiger**, einen zeitnahen Einblick in die Vermögensverhältnisse des übertragenden Rechtsträgers zu erhalten. Insbesondere kann die Schlussbilanz den Gläubigern Anhaltspunkte für die Prüfung geben, ob sie eine Sicherheitsleistung gem. § 22 UmwG verlangen sollen.[291]

168 *bb) Sonderfall Kettenumwandlungen.* Besondere Schwierigkeiten können sich hier bei **Kettenumwandlungen** ergeben:[292]

Beispiel:

Die A-GmbH wird mit Verschmelzungsstichtag 1. 1. 2011 auf die B-GmbH verschmolzen; dies wird am 30. 8. 2011 beim Registergericht angemeldet. Gleichzeitig wird als weiterer Verschmelzungsvorgang angemeldet, dass – aufschiebend bedingt auf das Wirksamwerden der Verschmelzung A-GmbH auf B-GmbH – die B-GmbH auf die C-GmbH verschmolzen wird. Die Verschmelzung A-GmbH auf B-GmbH wird am 20. 9. 2011 bei der übernehmenden Gesellschaft eingetragen.

In diesem Beispielsfall spielt es keine Rolle, dass die Bedingung für den nachgeschalteten Verschmelzungsvorgang B-GmbH/C-GmbH erst nach Ablauf der Acht-Monats-Frist eintritt, weil es sich hier um einen Umstand handelt, der allein im Einflussbereich des Registergerichts liegt (sog. **Registerbedingung**).[293]

---

[288] Siehe dazu unten, Rdnr. 213 f.

[289] Zur Acht-Monats-Frist sogleich, Rdnr. 167 ff. Zur Schlussbilanz ausf. oben, Rdnr. 62 ff.

[290] Siehe Widmann/Mayer/*Fronhöfer* § 17 UmwG Rdnr. 8.1.

[291] Vgl. Widmann/Mayer/*Widmann* § 24 UmwG Rdnr. 38; LG Frankfurt/Main GmbHR 1998, 380, 381; LG Dresden NotBZ 1997, 138.

[292] Zum Ganzen MünchHdbGesR (III)/*D. Mayer* § 73 Rdnr. 194 f.

[293] Vgl. Widmann/Mayer/*Heckschen* § 7 UmwG Rdnr. 20.

cc) Fehlerkorrektur nach Fristablauf. Eine in der Praxis häufig gestellte Frage betrifft die Folgen einer **Verfristung**, d. h. einer Vorlage der Registeranmeldung bzw. (einzelner) ihrer Anlagen nach Ablauf der Acht-Monats-Frist. Dabei sind mehrere Konstellationen zu unterscheiden. Sind Teile der **Umwandlungsdokumentation unvollständig**, weil der Registeranmeldung beispielsweise der (bereits abgeschlossene) Verschmelzungsvertrag oder die Bilanz versehentlich nicht beigefügt wurden, handelt es sich um einen durch Nachreichen der entsprechenden Dokumente behebbaren Mangel.[294] Für diese Auffassung spricht schon der Wortlaut des § 17 Abs. 2 S. 4 UmwG, der bezüglich der Frist ausschließlich auf die Anmeldung selbst Bezug nimmt. Ebenso wie wenn etwa eine Vollmacht zunächst nicht in gehöriger Form vorliegt[295] oder ein Nachweis über die Zuleitung des Vertragsentwurfs an den Betriebsrat nachgereicht wird, verzögert sich die Prüfung der Umwandlung lediglich (höchstens) um die in der Zwischenverfügung gesetzte Frist. Daher sollte – mit Ausnahme der Registeranmeldung selbst – ein Nachreichen sämtlicher Teile der Verschmelzungsdokumentation auch nach Fristablauf möglich sein.[296] Insbesondere die Schlussbilanz des übertragenden Rechtsträgers kann nach zutreffender Ansicht somit auch nach Ablauf der Acht-Monats-Frist des § 17 Abs. 2 S. 4 UmwG nachgereicht werden.[297] 169

Sogar wenn die **Registeranmeldung** selbst erst **nach Fristablauf** beim Registergericht eingegangen ist, kommt eine Heilung durch eine Veränderung des Umwandlungsstichtages und Aufstellung einer neuen Bilanz in Betracht, da ein Mangel des Stichtages nach zutreffender h. M. nicht zur Nichtigkeit des Verschmelzungsvertrages führt und damit behebbar ist.[298] Allerdings wird es im Regelfall erforderlich sein, aufgrund der Änderung des Verschmelzungsvertrages das gesamte Umwandlungsverfahren einschließlich Betriebsratszuleitung und erneuter Beschlussfassung zu wiederholen.[299] 170

Im Zusammenhang mit der Frist des § 17 Abs. 2 S. 4 UmwG ebenfalls von großem Interesse für die notarielle Praxis ist die Frage, ob **inhaltliche Mängel** der Umwandlung auch noch nach Ablauf der Acht-Monats-Frist geheilt werden können. Insoweit wird es – ebenso wie das Nachreichen von Unterlagen – grundsätzlich für zulässig erachtet, eine inhaltliche Korrektur des Umwandlungsvorgangs auch nach Fristablauf vorzunehmen.[300] Behebbare Mängel können somit bis zur Wirksamkeit der Umwandlung im Rahmen einer Nachtragsurkunde behoben werden, wobei allerdings ein neuer Zustimmungsbeschluss der Anteilsinhaber zu den veränderten Vertragsbedingungen ebenso erforderlich sein wird wie ggf. eine erneute Zuleitung des Entwurfs an den Betriebsrat oder ein neuer Umwandlungsbericht bzw. Umwandlungsprüfungsbericht. Eine Heilung nach Fristablauf ist nur dann nicht mehr 171

[294] Siehe nur *Germann* GmbHR 1999, 591, 592; *Gerold* MittRhNotK 1997, 205; *Heckschen* DB 1998, 1385, 1393; *Weiler* MittBayNot 2006, 377, 378 ff.; *ders.* DNotZ 2007, 888, 890 ff.; Widmann/Mayer/*D. Mayer* § 5 UmwG Rdnr. 206.

[295] Vgl. BayObLG GmbHR 2000, 493.

[296] Ausführlich hierzu *Weiler* MittBayNot 2006, 377, 379 f. m. zahlr. Nachw. auch zur wohl herrschenden Gegenmeinung, wonach zumindest die Essentialia des Umwandlungsvorgangs, d. h. Umwandlungsvertrag bzw. -plan sowie die Zustimmungsbeschlüsse innerhalb der Acht-Monats-Frist beim Registergericht eingereicht sein müssen. Die Einzelheiten sind hier äußerst umstritten.

[297] Vgl. insoweit OLG Schleswig DNotZ 2007, 957; OLG Jena NZG 2003, 43; OLG Zweibrücken RNotZ 2002, 516; LG Frankfurt/Main GmbHR 1998, 380. Nach a. A. stellt schon eine geringfügig verspätete Vorlage der Schlussbilanz ein nicht behebbares Eintragungshindernis dar, vgl. Widmann/Mayer/*Fronhöfer* § 17 UmwG Rdnr. 96 m. w. N.

[298] Vgl. nur OLG Schleswig DNotZ 2007, 957; dazu *Weiler* DNotZ 2007, 888. Widmann/Mayer/*D. Mayer* § 5 UmwG Rdnr. 160 schlägt alternativ dazu und weitergehend vor, im Fall der Verfristung die neue Bilanz auf einen späteren Stichtag unter Beibehaltung des bisherigen Verschmelzungsstichtages aufzustellen. Der Verschmelzungsstichtag müsse nämlich nicht zwingend innerhalb der Acht-Monats-Frist des § 17 Abs. 2 S. 4 UmwG liegen, da sich der Wortlaut der Vorschrift eindeutig auf den Stichtag der Schlussbilanz und nicht auf den Verschmelzungsstichtag beziehe (so mit Recht auch Kallmayer/*Müller* § 5 UmwG Rdnr. 34).

[299] Vgl. Widmann/Mayer/*D. Mayer* § 5 UmwG Rdnr. 160.

[300] Siehe ausf. *Weiler* MittBayNot 2006, 377, 380 ff. m. w. N.; *ders.* DNotZ 2007, 888, 891 ff.; OLG Hamm MittBayNot 2006, 436 ff. Anderer Ansicht ist das LG Dresden, NotBZ 1997, 138, wonach die Anmeldung einer Umwandlung, die nicht fristgerecht alle nach § 17 UmwG erforderlichen Unterlagen vollständig und fehlerfrei enthält, sofort zurückgewiesen werden muss. Diese Ansicht ist mit dem Sinn und Zweck des § 17 Abs. 2 S. 4 UmwG nicht zu vereinbaren und daher abzulehnen, vgl. *Heckschen* DB 1998, 1385, 1393; *Germann* GmbHR 1999, 591; ausf. hierzu auch Lutter/*Bork* § 17 UmwG Rdnr. 6 f.

möglich, wenn der **Umwandlungsvertrag** aufgrund wesentlicher Mängel als **nichtig** anzusehen ist. Nach überwiegender Meinung ist dies im Hinblick auf Verschmelzungen nur bei Fehlen oder Unrichtigkeit der Angaben nach § 5 Abs. 1 Nr. 1 bis 3 UmwG der Fall.[301] Die Angaben nach § 5 Abs. 1 Nr. 4 bis 9 UmwG sind demgegenüber von untergeordneter Bedeutung. Fehlen diese Informationen, führt dies nicht zur Nichtigkeit des Verschmelzungsvertrages, sondern begründet allenfalls die Anfechtbarkeit der Zustimmungsbeschlüsse nach § 13 UmwG.[302]

172 Entsprechendes gilt für die **Zustimmungsbeschlüsse** der Anteilseigner gemäß § 13 UmwG. Sind diese nichtig, kommt eine Heilung nach Fristablauf nicht mehr in Betracht. Die bloße Anfechtbarkeit hingegen hindert die Eintragung der Verschmelzung nicht, sofern sie nicht gerichtlich geltend gemacht wird.[303]

10. Eintragung

173 Das Eintragungsverfahren stellt sich bei einer Verschmelzung wie folgt dar:

1. Anmeldung der Verschmelzung zu den Registern der übertragenden Rechtsträger (§§ 16 f. UmwG);
2. Anmeldung der Verschmelzung zu dem Register des übernehmenden Rechtsträgers (§§ 16 f. UmwG, in der Regel gleichzeitig mit der Anmeldung bei den übertragenden Rechtsträgern);
3. Ggf. Eintragung der im Zuge der Verschmelzung erfolgten Kapitalerhöhung bei einer übernehmenden Kapitalgesellschaft, die gemäß §§ 53, 66, 78 UmwG vor der Verschmelzung eingetragen werden muss;
4. Eintragung der Verschmelzung in den Registern der übertragenden Rechtsträger mit dem Vermerk, dass die Verschmelzung erst mit Eintragung in das Register des übernehmenden Rechtsträgers wirksam wird (Entfall des Vermerks nur bei taggleicher Eintragung, § 19 Abs. 1 S. 2 UmwG);
5. Bekanntmachung der Eintragung zu (4.) gem. § 19 Abs. 3 UmwG;
6. Eintragung der Verschmelzung im Register des übernehmenden Rechtsträgers und Mitteilung des Tages der Eintragung durch das Registergericht des übernehmenden Rechtsträgers an die Registergerichte der übertragenden Rechtsträger (§ 19 Abs. 2 S. 1 UmwG);
7. Bekanntmachung der Eintragung zu (6.) gem. § 19 Abs. 3 UmwG;
8. Vermerk des Tages der Eintragung der Verschmelzung im Register des übernehmenden Rechtsträgers bei den Registern der übertragenden Rechtsträger (§ 19 Abs. 2 S. 2 UmwG) und Übersendung der bei den Registergerichten der übertragenden Rechtsträger aufbewahrten Dokumente an das Registergericht des übernehmenden Rechtsträgers (§ 19 Abs. 2 S. 2 UmwG).[304]

Die **Wirksamkeit** der Verschmelzung und damit die in § 20 Abs. 1 UmwG beschriebenen Rechtsfolgen treten ein mit Eintragung der Verschmelzung in das Register des Sitzes des übernehmenden Rechtsträgers.

11. Besonderheiten bei der Verschmelzung zur Neugründung

174 a) **Allgemein.** Bei der in der Praxis eher seltenen Verschmelzung zur Neugründung sind gemäß § 36 Abs. 2 S. 1 UmwG auf den neuen Rechtsträger die **Gründungsvorschriften der entsprechenden Rechtsform** anzuwenden. Im Übrigen wird weitgehend auf die Vorschriften über die Verschmelzung zur Aufnahme verwiesen. So sind beispielsweise auf die Verschmel-

[301] KG MittBayNot 1999, 306; OLG Frankfurt/Main MittBayNot 1998, 362; Kallmeyer/*Marsch-Barner* § 5 UmwG Rdnr. 63; a. A. Widmann/Mayer/*Fronhöfer* § 17 UmwG Rdnr. 94, nach dessen Auffassung auch das Fehlen der Angaben nach § 5 Abs. 1 Nr. 4 oder 5 UmwG zur Nichtigkeit des Vertrages führt.

[302] So z. B. im Hinblick auf die Angaben zum Beginn der Gewinnberechtigung (§ 5 Abs. 1 Nr. 5 UmwG) das Gutachten des DNotI zu § 17 UmwG v. 22. 9. 2000, Nr. 19 392.

[303] Zum Ganzen *Weiler* MittBayNot 2006, 377, 383 f. Zur Anfechtungsklage gegen Verschmelzungsbeschlüsse vgl. Rdnr. 153.

[304] Näher Widmann/Mayer/*Fronhöfer* § 16 UmwG Rdnr. 10; *Krafka/Willer* Registerrecht, Rdnr. 1181.

zung zur Neugründung einer GmbH gemäß §§ 36, 56 UmwG die §§ 46 bis 55 UmwG mit einigen Ausnahmen[305] entsprechend anwendbar.

Nach § 36 Abs. 2 S. 3 UmwG müssen jedoch Vorschriften, welche für die Gründung eine **Mindestzahl der Gründer** vorschreiben, nicht beachtet werden. So kann im Wege der Verschmelzung zur Neugründung z. B. ein eingetragener Verein entstehen, der entgegen § 56 BGB weniger als sieben Mitglieder hat.[306] Allerdings ist dieses Privileg nur vorübergehender Natur. Eine nachhaltige Unterschreitung der Mindestmitgliederzahl gefährdet den dauerhaften Bestand des neuen Rechtträgers.[307] 175

b) **Verschmelzungsvertrag.** Inhaltlich muss nach § 37 UmwG im Verschmelzungsvertrag der **Gesellschaftsvertrag,** der Partnerschaftsvertrag bzw. die Satzung des neu zu gründenden Rechtsträgers enthalten sein oder festgestellt werden. Diese sind Bestandteil des Verschmelzungsvertrages, so dass unabhängig von der Rechtsform des neuen Rechtsträgers gemäß § 6 UmwG eine Pflicht zur **notariellen Beurkundung** des Gesellschaftsvertrages besteht.[308] Im Übrigen ist auf den Gesellschaftsvertrag grundsätzlich das für die Rechtsform des neuen Rechtsträgers geltenden Recht anwendbar. Beurkundungstechnisch empfiehlt es sich, den Gesellschaftsvertrag als **Anlage** gemäß § 9 Abs. 1 S. 2 BeurkG beizufügen, schon um die spätere Erstellung von Bescheinigungen z. B. nach § 54 Abs. 1 S. 2 GmbH oder § 181 Abs. 1 S. 2 AktG zu erleichtern. 176

Systematisch handelt es sich bei der Verschmelzung zur Neugründung um eine **Sachgründung,** so dass bei aus der Verschmelzung hervorgehenden Kapitalgesellschaften das Verbot der Unter-Pari-Emission zu beachten ist, d. h. das übertragene Vermögen muss das im Gesellschaftsvertrag vorgesehene Nominalkapital decken. Die Sacheinlage ist im Gesellschaftsvertrag genauer festzusetzen (vgl. § 5 Abs. 4 GmbHG, § 27 Abs. 1 AktG), etwa, wie folgt: 177

Formulierungsvorschlag:

Die Leistungen auf die Geschäftsanteile sind erbracht im Wege der Verschmelzung durch Neugründung gemäß §§ 2 Nr. 2, 36 ff., 46 ff. UmwG der AB-GmbH mit dem Sitz in X (an der A mit einem Geschäftsanteil Nr. 1 zu nominal € 12.500 und B mit einem Geschäftsanteil Nr. 2 zu nominal € 12.500 beteiligt waren) mit der CD-GmbH (an der C mit einem Geschäftsanteil Nr. 1 zu nominal € 10.000 und B mit einem Geschäftsanteil Nr. 2 zu nominal € 20.000 beteiligt waren).

c) **Registeranmeldung.** Bei einer Verschmelzung zur Neugründung haben die Vertretungsorgane aller beteiligten Rechtsträger den neuen Rechtsträger anzumelden (§ 38 Abs. 2 UmwG). Die Anmeldung bei den übertragenden Rechtsträgern nehmen hingegen die Vertretungsorgane des jeweiligen Rechtsträgers vor (§ 38 Abs. 1 UmwG). 178

d) **Rechtsträgerspezifische Besonderheiten.** Neben den Gründungsvorschriften der jeweiligen Rechtsform sind im Übrigen die §§ 39 ff. UmwG als **„Besonderer Teil"** der Vorschriften über die Verschmelzung zu beachten, deren wichtigste nachfolgend im Rahmen der Darstellung der Besonderheiten einzelner Verschmelzungskonstellationen erläutert werden. 179

12. Besonderheiten einzelner Verschmelzungskonstellationen

a) **Personenhandelsgesellschaft.** *aa) Allgemeines.* Ein **Verschmelzungsbericht** ist für eine an einer Verschmelzung beteiligte Personenhandelsgesellschaft nicht erforderlich, wenn alle Gesellschafter dieser Gesellschaft zur Geschäftsführung berechtigt sind, § 41 UmwG. Allen von der Geschäftsführung ausgeschlossen Gesellschaftern sind der Verschmelzungsvertrag 180

[305] §§ 51, 52 Abs. 1, 53, 54 Abs. 1 bis 3 sowie 55 UmwG.

[306] Weiterer wichtiger Fall ist § 4 GenG, wonach die Genossenschaft mindestens drei Mitglieder haben muss.

[307] Vgl. § 73 BGB für den Verein sowie § 80 GenG, wonach eine Genossenschaft aufgelöst wird, falls die Zahl der Mitglieder nachhaltig unter drei sinkt bzw. bleibt. Hierzu Schmitt/Hörtnagel/Stratz/*Stratz* § 37 Rdnr. 36.

[308] Siehe Widmann/Mayer/*D. Mayer* § 37 UmwG Rdnr. 26 ff.; Schmitt/Hörtnagel/Stratz/*Stratz* § 37 Rdnr. 3.

oder sein Entwurf sowie der Verschmelzungsbericht spätestens zusammen mit der **Einberufung der Gesellschafterversammlung**, die über die Zustimmung zu der Verschmelzung entscheidet, zu übersenden, § 42 UmwG. Eine **Verschmelzungsprüfung** hat nur stattzufinden, wenn ein Gesellschafter dies innerhalb von einer Woche verlangt, nachdem er die in § 42 UmwG genannten Unterlagen erhalten hat, § 44 S. 1 i. V. m. § 43 Abs. 2 UmwG. Der **Zustimmungsbeschluss** bei einer an der Verschmelzung beteiligten Personenhandelsgesellschaft bedarf gemäß § 43 Abs. 1 UmwG der Zustimmung aller anwesenden Gesellschafter. Ferner müssen ihm auch alle nicht erschienenen Gesellschafter zustimmen. Abweichend hiervon lässt § 43 Abs. 2 UmwG gesellschaftsvertragliche Mehrheitsklauseln zu, soweit sie auf eine Mehrheit von mindestens 75% abstellen.[309]

181 *bb) Verschmelzung auf Personenhandelsgesellschaft zur Aufnahme bzw. Neugründung.* Hinsichtlich einer übernehmenden bzw. aus der Verschmelzung neu hervorgehenden Personenhandelsgesellschaft sind darüber hinaus vor allem folgende Besonderheiten zu beachten:

Sind Anteilsinhaber des übertragenden Rechtsträgers bereits an einer übernehmenden Personenhandelsgesellschaft beteiligt, dürfen ihnen keine weiteren Anteile gewährt werden, sondern die bestehenden Anteile sind aufzustocken (**Verbot der Mehrfachbeteiligung** an Personengesellschaften).[310] Bei Kommanditisten ist es dabei lediglich erforderlich, deren **Anteil am Festkapital** zu erhöhen, da dieser die Beteiligung am Vermögen der Gesellschaft repräsentiert. Eine Erhöhung der im Handelsregister eingetragenen Haftsumme ist möglich, aber nicht zwingend.

182 Nach § 40 Abs. 1 UmwG muss der **Verschmelzungsvertrag** die künftige Stellung der Anteilsinhaber eines übertragenden Rechtsträgers als persönlich haftende Gesellschafter oder als Kommanditisten sowie die Festsetzung der Höhe der Einlage jedes Gesellschafters bestimmen. Darüber hinaus ist nach § 40 Abs. 2 S. 1 UmwG Anteilsinhabern eines übertragenden Rechtsträgers, die für dessen Verbindlichkeiten nicht als Gesamtschuldner persönlich unbeschränkt haften, bei der übernehmenden oder neuen Personenhandelsgesellschaft die **Stellung eines Kommanditisten** zu gewähren. Abweichende Regelungen sind gemäß § 40 Abs. 2 S. 2 UmwG nur zulässig, sofern die betroffenen Anteilsinhaber ihre Zustimmung zum Verschmelzungsbeschluss des übertragenden Rechtsträgers in notariell beurkundeter Form (vgl. § 13 Abs. 3 S. 1 UmwG) erteilen.[311]

183 Im Rahmen der **Registeranmeldung** sind die im Zuge der Verschmelzung eintretenden Gesellschafter unter Angabe von Name, Vorname, Geburtsdatum und Wohnsitz (§ 106 Abs. 2 HGB) zum Register einer übernehmenden oder neuen Personenhandelsgesellschaft anzumelden. Für eintretende Kommanditisten ist darüber hinaus die im Handelsregister einzutragende Haftsumme anzugeben (§ 162 Abs. 1 S. 1 HGB).

184 Handelt es sich bei der durch Verschmelzung zur **Neugründung** entstehenden Zielgesellschaft um eine Personenhandelsgesellschaft, ergeben sich für deren Gründung durch Verschmelzung im Übrigen nur **geringfügige Modifikationen** im Vergleich zur Gründung außerhalb eines Umwandlungsvorgangs. Insbesondere enthalten die besonderen Vorschriften der §§ 39ff. UmwG keine das Gründungsrecht modifizierende Regelungen. Zu beachten ist allerdings, dass die Gesellschaft abweichend von § 123 Abs. 1 und 2 HGB erst mit Eintragung entsteht (§§ 36 Abs. 1 S. 2, 20 UmwG).[312]

185 *cc) Sonderproblem Verschmelzung Komplementär-GmbH auf KG.* In einer Entscheidung vom 24. 6. 2010 hat das **OLG Hamm**[313] dargelegt, dass die Verschmelzung einer GmbH auf die Kommanditgesellschaft, in der diese GmbH die Komplementärfunktion wahrnimmt, ausgeschlossen sei, da dies zur sorfortigen Beendigung der Gesellschaft bei gleichzeitiger Anwachsung des Vermögens auf den verbliebenen Gesellschafter führen würde.[314] Das Umwandlungsgesetz gehe hingegen u. a. in den §§ 2, 20 UmwG davon aus, dass als Ergebnis ei-

[309] Vgl. dazu auch Widmann/Mayer/*Vossius* § 43 Rdnr. 111 ff.
[310] Hierzu bereits Fn. 35.
[311] Näher Widmann/Mayer/*Heckschen* § 13 UmwG Rdnr. 175.
[312] Vgl. Widmann/Mayer/*D. Mayer* § 36 UmwG Rdnr. 209 f.
[313] OLG Hamm DNotZ 2011, 230 m. Anm. *Gößl.* Zum Ganzen *Nelißen* NZG 2010, 1291.
[314] So auch Lutter/*H. Schmidt* § 39 Rn. 19.

ner Verschmelzung der übernehmende Rechtsträger fortbesteht. Dies sei in der Konstellation durch die Kombination von Verschmelzung und Anwachsung nicht mehr der Fall. Der entscheidungsgegenständlichen Gestaltung sei daher die **rechtliche Anerkennung zu verweigern,** da die Formen des UmwG genutzt würden, um eine Rechtsfolge herbeizuführen, die das UmwG so nicht vorsehe.[315]

Die Entscheidung ist sowohl im Ergebnis als auch in der Begründung **abzulehnen.**[316] Im 186
vorliegenden Fall wurden die Regelungsprinzipien des Umwandlungsgesetzes gerade eingehalten, indem man eine nach § 3 Abs. 1, 4 UmwG zulässige Verschmelzung einer GmbH auf eine Kommanditgesellschaft durchgeführt hat. Das Gericht geht in seiner Begründung insoweit fälschlicherweise davon aus, dass der umwandlungsrechtliche Vorgang die Kommanditgesellschaft zum Erlöschen bringt. Die Auflösung der Kommanditgesellschaft wird indes nicht durch die Verschmelzung bewirkt, sondern ist vielmehr Folge des allgemeinen Prinzips, dass an einer Personengesellschaft stets mindestens zwei Gesellschafter beteiligt sein müssen.[317] Scheidet der vorletzte Gesellschafter aus der Gesellschaft aus, geht das gesamte Vermögen der Gesellschaft im Wege der **Gesamtrechtsnachfolge** auf den verbleibenden Gesellschafter über. Im Rahmen der (missverständlicherweise)[318] als **„Anwachsungsmodelle"** bezeichneten Konstellationen ist dies eine gängige Gestaltungspraxis zur Umstrukturierung von Unternehmen außerhalb des Umwandlungsgesetzes.

Praxistipp:

Bis zur Klärung der Problematik durch den BGH sollte – sofern keine klare anderweitige Absprache mit dem Registergericht möglich ist – von einer Verschmelzung der Komplementär-GmbH auf „ihre" Kommanditgesellschaft bei nur einem verbleibenden Kommanditisten abgesehen werden. Für Altfälle stellt sich das Problem aufgrund der Heilungswirkung des § 20 Abs. 2 UmwG nicht.

b) **Partnerschaftsgesellschaft.** *aa) Allgemeines.* Ein **Verschmelzungsbericht** ist gemäß 187
§ 45 c UmwG für eine an der Verschmelzung beteiligte Partnerschaftsgesellschaft nur erforderlich, wenn ein Partner gemäß § 6 Abs. 2 PartGG von der Geschäftsführung ausgeschlossen ist. Von der Geschäftsführung ausgeschlossene Partner sind entsprechend § 42 zu unterrichten. Der **Zustimmungsbeschluss** der Gesellschafterversammlung einer an der Verschmelzung beteiligten Partnerschaft bedarf der Zustimmung aller anwesenden Partner; ihm müssen auch die nicht erschienenen Partner zustimmen. Allerdings kann der Partnerschaftsvertrag eine Mehrheitsentscheidung der Partner vorsehen, wobei die Mehrheit mindestens drei Viertel der abgegebenen Stimmen betragen muss (§ 45 d UmwG). Letzterenfalls ist auf entsprechendes rechtzeitigen Verlangen eines Gesellschafters hin eine **Verschmelzungsprüfung** durchzuführen (§§ 45 e S. 2, 45 d Abs. 2, 44 UmwG). Im Übrigen sind auf die Verschmelzung unter Beteiligung einer Partnerschaft die für Personenhandelsgesellschaften geltenden **§§ 39 und 45 UmwG** hinsichtlich der Verschmelzungsfähigkeit und der Nachhaftung **entsprechend** anzuwenden (§ 45 e S. 1 UmwG).

bb) Verschmelzung auf Partnerschaftsgesellschaft zur Aufnahme bzw. Neugründung. Sofern eine Partnerschaftsgesellschaft aufnehmender oder aus der Verschmelzung hervorgehender neuer Rechtsträger ist, hat der **Verschmelzungsvertrag** oder sein Entwurf gemäß § 45 b Abs. 1 UmwG zusätzlich für jeden Anteilsinhaber eines übertragenden Rechtsträgers den Namen und den Vornamen sowie den in der übernehmenden Partnerschaftsgesellschaft 188

[315] Der Unzulässigkeit lässt sich nach Ansicht des Gerichts auch nicht entgegen halten, dass sich dasselbe Ergebnis, nämlich die liquidationslose Beendigung der Kommanditgesellschaft, auch auf anderem Weg erreichen ließe, sei es durch den Austritt der Komplementär-GmbH, sei es durch die Verschmelzung der GmbH auf ihren Alleingesellschafter, § 3 Abs. 2 Nr. 2 UmwG. Im ersten Fall sei, wie das OLG Hamm zutreffend feststellt, das Umwandlungsgesetz überhaupt nicht tangiert. Auch im Falle einer Verschmelzung der Komplementär-GmbH auf ihren Alleingesellschafter weise der Umwandlungsvorgang als solcher keine Besonderheiten auf.

[316] Zu Recht kritisch auch *Nelißen* NZG 2010, 1291.

[317] Vgl. nur Baumbach/Hopt/*Hopt* § 131 HGB Rn. 35.

[318] Zum Begriff bereits Fn. 22. Auch das OLG Hamm benutzt die gängige, aber dennoch ungenaue Terminologie.

ausgeübten Beruf und den Wohnort jedes Partners zu enthalten. § 45 b Abs. 2 UmwG erklärt ferner die Regelungen über die Sammelbezeichnung unbekannter Aktionäre in § 35 UmwG für nicht anwendbar.[319] Dies betrifft nur den (seltenen) Fall der Verschmelzung einer übertragenden AG/KGaA auf eine übernehmende oder neue Partnerschaft. Durch die Vorschrift soll das Eindringen von nicht partnerschaftsfähigen Personen in die übernehmende/neue Partnerschaft verhindert werden.[320]

189 Auch bei der Partnerschaftsgesellschaft werden im Falle einer Verschmelzung auf eine Partnerschaftsgesellschaft zur **Neugründung** die Gründungsvorschriften des PartGG durch die umwandlungsspezifischen Vorschriften überlagert.[321] Insbesondere ist der Partnerschaftsgesellschaftsvertrag notariell zu beurkunden (§ 37 UmwG). Die besonderen Vorschriften der §§ 45 a ff. UmwG beinhalten allerdings keine das Gründungsrecht modifizierenden Regelungen.

190 c) **GmbH.** *aa) Allgemeines.* Neben den allgemeinen Bestimmungen der §§ 2 bis 35 UmwG sind auf eine Verschmelzung unter GmbH-Beteiligung zur Aufnahme die **§§ 46 bis 55 UmwG** anwendbar, wobei insb. folgende Punkte zu beachten sind:

Bei jeder an einer Verschmelzung beteiligten GmbH ist die Verschmelzung als Tagesordnungspunkt in der **Einberufung** der **Gesellschafterversammlung** anzukündigen. Von der Einberufung an sind die Jahresabschlüsse und Lageberichte der letzten drei Geschäftsjahre in den Geschäftsräumen auszulegen. Auf Verlangen ist den Gesellschaftern Auskunft zu geben (§ 49 UmwG). Spätestens zusammen mit der Einberufung sind den Gesellschaftern der Verschmelzungsvertrag oder sein Entwurf und der Verschmelzungsbericht zu übersenden (§ 47 UmwG). Eine **Verschmelzungsprüfung** hat bei einer an der Verschmelzung beteiligten GmbH nur stattzufinden, wenn ein Gesellschafter dies innerhalb von einer Woche verlangt, nachdem er die in § 47 UmwG genannten Unterlagen erhalten hat (§ 48 S. 1 UmwG). Die notwendige Mehrheit für den **Zustimmungsbeschluss** einer GmbH zu einer Verschmelzung liegt grundsätzlich bei 75% der abgegebenen Stimmen, sofern die Satzung keine größere Mehrheit oder weitere Erfordernisse bestimmt. Inhaber von Sonderrechten etc., deren Rechte durch die Verschmelzung beeinträchtigt werden, müssen der Verschmelzung in jedem Fall zustimmen (§ 50 Abs. 1 UmwG).

191 Besondere **Zustimmungs- und Darlegungserfordernisse** stellen ferner §§ 50 Abs. 2, 51 f. UmwG auf:

- § 50 Abs. 2 UmwG trifft eine Sonderregelung zum Schutze von Gesellschaftern einer übertragenden GmbH, denen bei der Gesellschaft entweder besonders ausgestaltete **Minderheitsrechte** eingeräumt worden sind oder die besondere **Mitwirkungsbefugnisse** bei der Bestellung von Geschäftsführern oder ein Geschäftsführungssonderrecht innehaben. Beiden Fallgruppen ist gemeinsam, dass es sich wie bei § 13 Abs. 2 UmwG um Rechtspositionen handelt, die dem einzelnen Gesellschafter zugewiesen sind. Es scheiden also Fallkonstellationen aus, bei denen sich die Rechtsposition nur aus einer Beteiligungsquote ergibt.[322]
- Darüber hinaus ist gemäß **§ 51 Abs. 1 S. 1, 2 UmwG** bei der Verschmelzung auf eine GmbH die Zustimmung aller bei der Beschlussfassung anwesenden Anteilsinhaber des übertragenden Rechtsträgers und – sofern es sich bei der übertragenden Gesellschaft um eine GmbH, Personenhandelsgesellschaft oder Partnerschaftsgesellschaft handelt – zusätzlich die Zustimmung aller nicht erschienenen Gesellschafter erforderlich, wenn die **Leistungen auf die Geschäftsanteile des übernehmenden Rechtsträgers nicht vollständig bewirkt** sind. Die Gesellschafter der übertragenden Gesellschaft sollen so vor der Ausfallhaftung nach § 24 GmbHG geschützt werden.
- Der umgekehrte Fall wird von **§ 51 Abs. 1 S. 3 UmwG** geregelt, der die Zustimmungspflicht aller Gesellschafter der übernehmenden Gesellschaft vorsieht, wenn die **Leistungen auf die Anteile der übertragenden Gesellschaft nicht vollständig bewirkt** waren. Der Gesetzgeber geht insofern davon aus, dass mit der Verschmelzung die Ausfallhaftung gem.

[319] Näher hierzu unten, Rdnr. 207.
[320] Siehe Widmann/Mayer/*Vossius* § 45 b Rdnr. 14.
[321] Vgl. Widmann/Mayer/*D. Mayer* § 36 UmwG Rdnr. 220.
[322] Widmann/Mayer/*Heckschen* § 13 UmwG Rdnr. 176.

§ 24 GmbHG sowohl die Gesellschafter der übertragenden Gesellschaft wie auch sämtliche (Alt-)Gesellschafter der übernehmenden Gesellschaft trifft.[323]

bb) Verschmelzung auf GmbH zur Aufnahme. **§ 46 UmwG** sieht als Sondervorschrift zu § 5 Abs. 1 Nr. 3 UmwG als **Inhalt des Verschmelzungsvertrages** zwingend vor, dass dieser Einzelheiten zu den Geschäftsanteilen enthalten muss, welche eine übernehmende GmbH jedem Anteilsinhaber der übertragenden Rechtsträger zu gewähren hat. Fehlen diese Angaben, ist der Verschmelzungsvertrag unwirksam.[324] Insbesondere hat der Verschmelzungsvertrag oder sein Entwurf nach § 46 Abs. 1 UmwG für jeden Anteilsinhaber eines übertragenden Rechtsträgers den Nennbetrag des Geschäftsanteils zu bestimmen, den ihm die übernehmende GmbH zu gewähren hat. Darüber hinaus sind gemäß § 46 Abs. 2 UmwG etwaige Abweichungen von im Zuge der Verschmelzung durch Kapitalerhöhung geschaffenen Geschäftsanteilen gegenüber originären Anteilen an der GmbH und gemäß § 46 Abs. 3 UmwG besondere Bestimmungen für Gesellschafter des übertragenden Rechtsträgers, die bereits vorhandene Geschäftsanteile übernehmen sollen, anzugeben. 192

Regelmäßig entstehen die den Gesellschaftern des übertragenden Rechtsträgers zu gewährenden Anteile an der übernehmenden GmbH durch **(Sach-)Kapitalerhöhung**, im Rahmen derer grundsätzlich die §§ 55 ff. GmbHG[325] zu beachten sind, soweit nicht § 55 UmwG Abweichendes regelt. § 54 UmwG wiederum enthält folgende **Ausnahmen** von der Regel, dass eine Kapitalerhöhung durchzuführen ist: 193

- § 54 Abs. 1 S. 1 UmwG beinhaltet drei **Kapitalerhöhungsverbote**. So darf die übernehmende GmbH nach § 54 Abs. 1 S. 1 Nr. 1 und Nr. 2 UmwG ihr Kapital zur Durchführung der Verschmelzung nicht erhöhen, soweit sie Anteile am übertragenden Rechtsträger hält (Upstream-Verschmelzung)[326] oder ein übertragender Rechtsträger eigene Anteile innehat. Beide Regelungen verhindern die Entstehung eigener Anteile des übernehmenden Rechtsträgers. Darüber hinaus verbietet § 54 Abs. 1 S. 1 Nr. 3 UmwG eine Kapitalerhöhung, soweit ein übertragender Rechtsträger Geschäftsanteile des übernehmenden Rechtsträgers hält (Downstream-Verschmelzung),[327] auf welche die Einlagen nicht in voller Höhe bewirkt sind. Auf diese Weise wird vermieden, dass sich Schuldner und Gläubiger des Einlageanspruchs in der Person des übernehmenden Rechtsträgers vereinigen und der Anspruch damit entgegen den Kapitalerhaltungsgrundsätzen untergeht.
- § 54 Abs. 1 S. 2 UmwG hingegen kodifiziert **Kapitalerhöhungswahlrechte**. Insbesondere kann eine Kapitalerhöhung unterbleiben, soweit die übernehmende Gesellschaft eigene Anteile innehat (54 Abs. 1 S. 2 Nr. 1 UmwG), da die Anteilsgewährpflicht an die Anteilsinhaber des übertragenden Rechtsträgers in diesem Fall auch mit den eigenen Anteilen erfüllt werden kann. Weitergehend kann nach § 54 Abs. 1 S. 2 Nr. 2 UmwG eine Kapitalerhöhung unterbleiben, wenn ein übertragender Rechtsträger Geschäftsanteile des übernehmenden Rechtsträgers hält (Downstream-Verschmelzung), auf welche die Einlagen bereits in voller Höhe bewirkt sind. In diesem Fall kann die Anteilsgewährpflicht an die Anteilsinhaber der übertragenden Mutter-Gesellschaft mit den von dem übertragenden Rechtsträger gehaltenen Anteilen erfüllt werden, wobei der Übergang der Anteile von der Mutter-Gesellschaft auf deren Gesellschafter von Gesetzes wegen nach § 20 Abs. 1 Nr. 3 S. 1 UmwG, d. h. automatisch ohne Durchgangserwerb bei der Tochter-Gesellschaft erfolgt.[328]
- Schließlich besteht nach § 54 Abs. 1 S. 3 UmwG die Möglichkeit, dass sämtliche Anteilsinhaber des übertragenden Rechtsträgers **auf eine Anteilsgewährung verzichten**. Auch in diesem Fall ist eine Kapitalerhöhung entbehrlich.[329]

Sofern an der Verschmelzung eine GmbH als übernehmender Rechtsträger beteiligt ist, auf deren Geschäftsanteile nicht alle zu leistenden Einlagen in voller Höhe bewirkt 194

[323] Widmann/Mayer/*Heckschen* § 13 UmwG Rdnr. 178 m. w. N. zu dieser umstrittenen Frage.
[324] Vgl. Widmann/Mayer/*D. Mayer* § 46 UmwG Rdnr. 8 sowie *Weiler* MittBayNot 2006, 377, 381.
[325] Ausf. hierzu § 13 Rdnr. 463 ff.
[326] Zum Begriff vgl. Rdnr. 17.
[327] Zum Begriff vgl. Rdnr. 18.
[328] Hierzu bereits oben im Rahmen der Darstellung der Anteilsgewährpflicht, Rdnr. 18.
[329] Hierzu bereits oben, Rdnr. 19 ff.

sind, ist in der **Registeranmeldung** ergänzend die Erklärung gem. § 52 Abs. 1 UmwG abzugeben.

195 Im Hinblick auf die **Anlagen zur Registeranmeldung** bei einer aufnehmenden GmbH ist mit dem Inkrafttreten des Dritten Gesetzes zur Änderung des UmwG[330] das Problem entfallen, dass § 52 Abs. 2 UmwG a. F. auch nach Einführung von § 40 Abs. 2 GmbHG unverändert die Einreichung einer von den Geschäftsführern unterzeichneten **Gesellschafterliste** bei der Anmeldung der übernehmenden Gesellschaft (d. h. vor Wirksamwerden der Verschmelzung bzw. Spaltung) vorsah, obwohl zu diesem Zeitpunkt keine Veränderungen im Vergleich zur vorherigen Liste erfolgt waren. Die seit Inkrafttreten des MoMiG bestehende Redundanz[331] wurde durch ersatzlose Streichung von § 52 Abs. 2 UmwG a. F. beseitigt. Zu beachten bleibt, dass bislang eine **Fehlanzeige** genügte aber wohl auch erforderlich war, wenn mangels Anteilsgewährung an die Gesellschafter des übertragenden Rechtsträgers (insb. bei Verschmelzungen einer Tochter- auf ihre Muttergesellschaft oder Verzicht auf die Anteilsgewährung) bei der übernehmenden Gesellschaft keine Veränderungen eintraten.[332] Mit Streichung von § 52 Abs. 2 UmwG ist die Notwendigkeit einer solchen Fehlanzeige entfallen, da § 40 Abs. 2 GmbHG die Einreichungspflicht ohnehin nur bei Veränderungen in den Personen der Gesellschaft oder des Umfangs ihrer Beteiligung vorsieht.

196 *cc) Verschmelzung auf GmbH zur Neugründung.* Zusätzlich zu den aufgrund der **Verweisung in § 56 UmwG** anwendbaren besonderen Vorschriften ist im Hinblick auf eine aus der Verschmelzung hervorgehende, neu gegründete GmbH insbesondere zu beachten, dass in die Satzung gemäß § 57 UmwG solche **Festsetzungen** über Sondervorteile, historischen Gründungsaufwand, Sacheinlagen und Sachübernahmen übernommen werden müssen, die in den Gesellschaftsverträgen, Partnerschaftsverträgen oder Satzungen übertragender Rechtsträger enthalten waren und hinsichtlich derer die Beibehaltungsfristen noch nicht abgelaufen sind.[333] Die Pflicht zur Erstattung eines **Sachgründungsberichts** gemäß § 5 Abs. 4 GmbHG entfällt, soweit eine Kapitalgesellschaft oder Genossenschaft übertragender Rechtsträger ist (§ 58 Abs. 2 UmwG), da das jeweilige Organisationsrecht die Kapitalsicherung hinreichend gewährleistet. Ist aber ein Sachgründungsbericht erforderlich, sind auch Geschäftsverlauf und Lage der übertragenden Rechtsträger darzulegen (§ 58 Abs. 1 UmwG). Wirksam wird der Gesellschaftsvertrag gemäß **§ 59 UmwG** erst, wenn ihm die Anteilsinhaber aller übertragenden Rechtsträger durch Beschluss zustimmen. Dies gilt entsprechend für die Bestellung der Geschäftsführer und der von den Anteilsinhabern zu wählenden Mitglieder eines etwaigen Aufsichtsrats der neuen Gesellschaft.

197 *dd) Verschmelzung GmbH & Co. KG auf GmbH zur Aufnahme.* Bei dieser häufigen Konstellation stellt sich insbesondere die Frage, was im Hinblick auf das **Dogma der Anteilsgewährpflicht**[334] betreffend die Komplementär-GmbH der übertragenden Gesellschaft zu beachten ist, nachdem diese regelmäßig nicht am Vermögen der Kommanditgesellschaft beteiligt sein wird und auch keine Anteile an der entstehenden GmbH erhalten soll. Grundsätzlich ist nach §§ 2, 20 Abs. 1 Nr. 3 S. 1 UmwG jedem Gesellschafter der übertragenden Kommanditgesellschaft ein Anteil am übernehmenden Rechtsträger zu gewähren, weshalb auch der Komplementär-GmbH ein Anteil zugewiesen werden muss, selbst wenn eine Beteiligung an der aufnehmenden GmbH nicht angestrebt ist. Gelöst wird dieses Problem in der Praxis durch eine Vereinbarung im Verschmelzungsvertrag dergestalt, dass die Komplementär-GmbH den ihr gewährten **„Mini-Geschäftsanteil"** in Höhe von z. B. € 1 nur **treuhänderisch** für einen näher bezeichneten anderen Gesellschafter der übertragenden Kommanditgesellschaft hält. Dieser künftige Geschäftanteil wird dann im Rahmen der Verschmelzung – aufschiebend bedingt auf deren Wirksamwerden – unter ausdrücklicher Aufhebung des vereinbarten Treuhandverhältnisses auf den Treugeber übertragen.[335]

[330] Näher hierzu Rdnr. 3.
[331] Vgl. z. B. Lutter/*Winter* § 52 UmwG Rdnr. 8; a. A. *Flick* NZG 2010, 170.
[332] Vgl. Lutter/*Winter* § 52 UmwG Rdnr. 7 m. w. N.
[333] Zu den Beibehaltungsfristen vgl. BeckNotarHdb/*D. Mayer/Weiler* Kap. D. I. Rdnr. 76, 89.
[334] Dazu ausf. oben, Rdnr. 15 ff.
[335] Näher zu dieser Gestaltung Widmann/Mayer/*D. Mayer* § 5 UmwG Rdnr. 24.7.

Diese komplizierte Struktur ließe sich zivilrechtlich zwar durch einen Verzicht auf die Anteilsgewährung durch alle Anteilseigner der übertragenden Kommanditgesellschaft gemäß § 54 Abs. 1 S. 3 UmwG vermeiden; aus steuerlicher Sicht muss dabei allerdings beachtet werden, dass bei der Verschmelzung einer Personenhandelsgesellschaft auf eine Kapitalgesellschaft nach **§ 20 Abs. 1 UmwStG** eine Buchwertfortführung nur möglich ist, wenn alle Gesellschafter der übertragenden Personenhandelsgesellschaft (und damit auch eine persönlich haftende GmbH) neue Anteile an der aufnehmenden Kapitalgesellschaft erhalten.[336] 198

Einen schlichten Austritt der **Komplementär-GmbH** im Augenblick der Verschmelzung sieht das UmwG im Übrigen nicht vor. Obschon der BGH[337] für einen Formwechsel GmbH in GmbH & Co. KG in einem obiter dictum geäußert hat, dass die Komplementär-GmbH in dieser Konstellation abweichend vom Grundsatz der Identität der Anteilseigner[338] im Augenblick des Formwechsels der Gesellschaft beitreten kann, sollte diese Entscheidung nicht ohne weiteres auf den Beitritt im Rahmen einer Verschmelzung oder Spaltung und erst recht nicht auf den Austritt von Gesellschaftern im Rahmen von Verschmelzungen, Spaltungen oder Formwechseln übertragen werden. 199

Praxistipp:

Angesichts der unklaren Rechtslage ist es jedenfalls zwingend geboten, eine solche Gestaltung vorab mit dem Registergericht abzustimmen. Bei verbleibenden Zweifeln ist der sichere Weg zu gehen und das vorstehend beschriebene Treuhandmodell anzuwenden.

ee) Verschmelzung unter Beteiligung einer Unternehmergesellschaft (haftungsbeschränkt). Grundsätzlich ist die haftungsbeschränkte Unternehmergesellschaft (UG) als Unterform der GmbH gemäß **§ 3 Abs. 1 Nr. 2 UmwG** verschmelzungsfähiger Rechtträger. Allerdings ergeben sich aufgrund der Sonderregelungen des § 5a GmbHG im Vergleich zur GmbH zahlreiche Einschränkungen.[339] Während für die Verschmelzung einer UG als **übertragender Rechtsträger** grundsätzlich keine Einschränkungen im Vergleich zu einer vollwertigen GmbH bestehen, kann eine UG nicht als **neuer Rechtsträger** aus einer Verschmelzung zur Neugründung hervorgehen, da es sich hierbei um eine Sachgründung handeln würde, die nach § 5a Abs. 2 S. 2 GmbHG bei der UG ausdrücklich ausgeschlossen ist.[340] Auch als **übernehmender Rechtsträger** kann die UG grundsätzlich nicht an einer Verschmelzung zur Aufnahme beteiligt sein, wenn eine Kapitalerhöhung erforderlich ist. Jede Kapitalerhöhung bei einer übernehmenden Gesellschaft zur Schaffung der den Gesellschaftern des übertragenden Rechtsträgers aufgrund der in § 20 Abs. 1 Nr. 3 S. 1 UmwG niedergelegten Anteilsgewährpflicht zu gewährenden Geschäftsanteile ist nämlich zwingend Sachkapitalerhöhung. Etwas anderes gilt nur, wenn durch die umwandlungsbedingte Sachkapitalerhöhung ein Stammkapital von € 25.000 erreicht wird, da das Verbot gemäß § 5a Abs. 5 GmbHG nach Ansicht des BGH[341] schon auf die Kapitalerhöhung auf mindestens € 25.000 keine Anwendung mehr findet.[342] Findet die Verschmelzung aus einem der in § 54 UmwG genannten Gründe ohne eine **Kapitalerhöhung** statt, kommt das Verbot von Sacheinlagen gemäß § 5a Abs. 2 S. 2 GmbHG ohnehin nicht zum Tragen. 200

d) Aktiengesellschaft. *aa) Allgemeines.* Bei der Verschmelzung unter Beteiligung einer Aktiengesellschaft sind ergänzend die **Sonderregeln** der **§§ 60 bis 72 UmwG** zu berücksichtigen. Nach § 60 UmwG hat eine **Verschmelzungsprüfung** nach §§ 9 bis 12 UmwG – anders als bei Personenhandelsgesellschaften, Partnerschaften oder GmbHs – nicht nur auf Verlan- 201

336 Zum Steuerrecht oben, Rdnr. 86 ff. sowie § 30 Rdnr. 360 ff.
337 BGH NZG 2005, 722, 723. Ausf. zu dieser Entscheidung unten, Rdnr. 350.
338 Siehe hierzu Rdnr. 25 f., 323.
339 Näher zum Ganzen BeckNotarHdb/*D. Mayer/Weiler* Kap. D. I. Rdnr. 98; *Tettinger* Der Konzern 2008, 75; *Meister* NZG 2008, 767.
340 Vgl. zur wertungsmäßig identischen Konstellation einer Abspaltung BGH DB 2011, 1263.
341 BGH DB 2011, 1216 = notar 2011, 207 m. Anm. *Weiler.*
342 Siehe zum Ganzen nur *Römermann* NZG 2010, 175 m. zahlr. Nachw. sowie Michalski/*Miras* § 5a GmbHG Rdnr. 37, *Wicke* § 5a GmbHG Rdnr. 14 und Roth/Altmeppen/*Roth* § 5a GmbHG Rdnr. 26.

gen eines Gesellschafters, sondern stets stattzufinden, sofern kein Fall des § 9 Abs. 2 UmwG (Tochter-Mutter-Verschmelzung) oder der §§ 9 Abs. 3, 8 Abs. 3 S. 1 Alt. 1, S. 2 UmwG (Verzicht) vorliegt.[343] Darüber hinaus sind die Spezialregelungen zur Bekanntmachung des Verschmelzungsvertrages (§ 61 UmwG) sowie zur Vorbereitung und Durchführung der Hauptversammlung (§§ 63 f. UmwG) zu beachten. So ist gemäß **§ 61 UmwG** der Verschmelzungsvertrag (oder sein Entwurf) vor (d.h. nicht gleichzeitig mit) der Einberufung der Hauptversammlung beim Handelsregister **einzureichen.** Das Gericht hat anschließend einen entsprechenden Hinweis **bekanntzumachen.** Die Einreichung ist wohl **nicht verzichtbar,** da sie zumindest auch der Information der Gläubiger dient.[344]

Praxistipp:

Sofern keine Einberufung der Hauptversammlung stattfindet, weil alle Aktionäre anwesend oder vertreten sind (Vollversammlung) und auf die Einhaltung sämtlicher Form- und Fristvorschriften verzichten, geht die Zeitbestimmung des § 61 S. 1 UmwG ihrem Wortlaut nach ins Leere. In diesen Fällen ist es erforderlich, aber auch ausreichend, wenn der Verschmelzungsvertrag oder sein Entwurf zu irgendeinem Zeitpunkt vor der Hauptversammlung, die über die Zustimmung zur Verschmelzung beschließen soll, zum Handelsregister eingereicht wird.[345]

202 Der für jede an einer Verschmelzung beteiligte Aktiengesellschaft anwendbare § 63 UmwG ergänzt die allgemeinen Regelungen über die **Einberufung der Hauptversammlung** (vgl. §§ 121 ff. AktG).[346] Die Vorschrift dient dazu, eine möglichst umfassende Information der Aktionäre über die geplante Verschmelzung sicherzustellen und muss daher nicht beachtet werden, wenn im Rahmen einer **Vollversammlung** sämtliche Aktionäre auf ihre Einhaltung verzichten. Zu beachten ist ferner § 121 Abs. 3 S. 2 AktG, der im Rahmen der Einberufung die **Bekanntgabe der Tagesordnung** verlangt. Gemäß § 124 Abs. 2 S. 2 AktG ist überdies der **wesentliche Inhalt des Verschmelzungsvertrages** bekannt zu machen.[347]

Praxistipp:

Zur Vermeidung von Anfechtungsrisiken sollte in Erfüllung der Verpflichtung nach § 124 Abs. 2 S. 2 AktG regelmäßig der ganze Verschmelzungsvertrag bzw. sein Entwurf bekannt gemacht werden, obschon die Vorschrift nur die Bekanntmachung seines wesentlichen Inhalts fordert.

203 Darüber hinaus schreibt § 63 Abs. 1 UmwG die **Auslage** einer Reihe von **Unterlagen** zur Einsicht der Aktionäre von der Einberufung der Hauptversammlung an vor. Zu beachten ist dabei insbesondere die auf § 63 Abs. 1 Nr. 3 UmwG beruhende Verpflichtung, grundsätzlich eine **Zwischenbilanz** (nicht: Jahresabschluss) zu erstellen und ab der Einberufung der Hauptversammlung auszulegen, wenn sich der letzte Jahresabschluss auf ein Geschäftsjahr bezieht, das mehr als 6 Monate vor Abschluss des Verschmelzungsvertrages oder der Aufstellung des Entwurfs abgelaufen ist.[348] Die Verpflichtung zur Aufstellung einer Zwischenbilanz entfällt jedoch, wenn alle Anteilsinhaber aller beteiligten Rechtsträger darauf in beurkundeter Form **verzichten** (§ 63 Abs. 2 S. 5 UmwG i.V.m. § 8 Abs. 3 S. 1 Alt. 1, S. 2 UmwG) oder wenn die Gesellschaft seit dem letzten Jahresabschluss einen **Halbjahresfi-**

[343] Zum Ganzen bereits oben, Rdnr. 133 ff.

[344] Vgl. insoweit die Nachw. bei Fn. 247.

[345] So zu Recht Widmann/Mayer/*Rieger* § 61 UmwG Rdnr. 10.1 m. w. N.

[346] Hierzu ausführlich § 14 Rdnr. 301 ff.

[347] Vgl. dazu Schmitt/Hörtnagl/Stratz/*Stratz* § 63 UmwG Rdnr. 2; Widmann/Mayer/*Rieger* § 63 UmwG Rdnr. 2.

[348] Je nachdem, ob der Verschmelzungsvertrag oder der Entwurf ausgelegt wurde, bezieht sich die Sechs-Monats-Frist des § 63 Abs. 1 Nr. 3 UmwG dabei entweder auf den Abschluss des Verschmelzungsvertrages oder die Aufstellung des Entwurfs. Statt des Wortes „oder" müsste es daher in § 63 Abs. 1 Nr. 3 UmwG richtig „bzw." heißen. Siehe Widmann/Mayer/*Rieger* § 63 UmwG Rdnr. 14.

nanzbericht gemäß § 37w WpHG veröffentlich hat, der an die Stelle der Zwischenbilanz tritt (§ 63 Abs. 2 S. 6 und 7 UmwG).

Ist eine Zwischenbilanz erforderlich, sieht das Gesetz in § 63 Abs. 2 UmwG einige **inhaltliche Erleichterungen** vor. So dürfen zum Beispiel die Wertansätze der letzten Jahresbilanz übernommen werden. Der **Stichtag** dieser Zwischenbilanz darf nicht vor dem ersten Tag des dritten Monats liegen, der dem Abschluss des Verschmelzungsvertrages oder der Aufstellung des Entwurfs vorausgeht. Wird also der Entwurf des Verschmelzungsvertrages zwischen zwei Gesellschaften beispielsweise am 5. 7. errichtet, darf die Zwischenbilanz frühestens auf den 1. 4 aufgestellt sein. 204

Praxistipp:

In der Praxis ist der unterschiedliche Zeitrahmen zu beachten, der in § 63 Abs. 1 Nr. 3 UmwG einerseits und § 17 Abs. 2 S. 4 UmwG andererseits gesetzt wird. Es kann also bei Verschmelzungen unter Beteiligung einer Aktiengesellschaft als übertragender Rechtsträger vorkommen, dass nach § 63 Abs. 1 Nr. 3 UmwG eine Zwischenbilanz aufgestellt werden muss, obwohl die Anmeldung der Verschmelzung zum Handelsregister innerhalb von acht Monaten nach Ende des letzten Geschäftsjahres erfolgt und deshalb gem. § 17 Abs. 2 S. 4 UmwG die letzte Jahresbilanz der übertragenden Aktiengesellschaft als Schlussbilanz i. S. v. § 17 Abs. 2 S. 1 UmwG zu Grunde gelegt werden kann.[349]

Nach § 63 Abs. 1 UmwG sind ferner folgende weitere **Unterlagen** auszulegen: 205

- der Verschmelzungsvertrag oder sein Entwurf (§ 63 Abs. 1 Nr. 1 UmwG);
- die Jahresabschlüsse und die Lageberichte der an der Verschmelzung beteiligten Rechtsträger für die letzten drei Geschäftsjahre (§ 63 Abs. 1 Nr. 2 UmwG);[350]
- die nach § 8 UmwG erstatteten Verschmelzungsberichte (§ 63 Abs. 1 Nr. 4 UmwG);
- die nach §§ 60, 12 UmwG erstatteten Prüfungsberichte (§ 63 Abs. 1 Nr. 5 UmwG).

§ 63 Abs. 3 UmwG sieht im Übrigen vor, dass jedem Aktionär auf Verlangen unverzüglich und kostenlos eine **Abschrift** der vorgenannten Unterlagen zu **übersenden** ist, mit Einwilligung des Aktionärs auch auf elektronischem Wege.

Schließlich ist hinsichtlich der **Durchführung der Hauptversammlung** § 64 UmwG zu beachten, wonach – vorbehaltlich eines Verzichts gemäß §§ 64 Abs. 1 S. 4, 8 Abs. 3 S. 1 Alt. 1, S. 2 UmwG – insbesondere die vorgenannten Unterlagen auch in der Hauptversammlung auszulegen sind und der Vorstand den Verschmelzungsvertrag oder dessen Entwurf zu Beginn der Verhandlung mündlich zu erläutern und über jede wesentliche Veränderung des Vermögens der Gesellschaft zu unterrichten hat, die seit dem Abschluss des Verschmelzungsvertrages oder der Aufstellung des Entwurfs eingetreten ist. Dabei ist den Aktionären auf Verlangen auch Auskunft über die wesentlichen Angelegenheiten der anderen an der Verschmelzung beteiligten Rechtsträger zu geben. Umgekehrt hat der Vorstand über wesentliche Veränderungen des Vermögens auch die Vertretungsorgane der anderen beteiligten Rechtsträger zu unterrichten, die ihrerseits die Anteilsinhaber des von ihnen vertretenen Rechtsträger zu informieren haben. Der Zustimmungsbeschluss bedarf bei einer Aktiengesellschaft als Grundlagenbeschluss[351] gemäß § 65 Abs. 1 UmwG einer **Mehrheit** von drei Vierteln des vertretenen Grundkapitals, sofern die Satzung keine größere Mehrheit vorsieht. Bei Vorhandensein unterschiedlicher Aktiengattungen sind **Sonderbeschlüsse** zu fassen (§ 65 Abs. 2 UmwG).[352] 206

bb) Aktiengesellschaft als übertragender Rechtsträger. **§ 35 UmwG** enthält eine Sonderregelung für den Fall, dass bei einer übertragenden Aktiengesellschaft (oder KGaA) **unbe-** 207

[349] Widmann/Mayer/*Rieger* § 63 UmwG Rdnr. 15.

[350] Abweichend davon muss der Jahresabschluss des vergangenen Geschäftsjahres jedoch ausnahmsweise nicht ausgelegt werden, wenn er noch nicht aufgestellt sein musste, vgl. OLG Frankfurt/Main DB 2003, 872; OLG Hamburg ZIP 2003, 1344.

[351] Hierzu näher § 14 Rdnr. 285.

[352] Zu Sonderbeschlüssen bei der Aktiengesellschaft vgl. § 14 Rdnr. 363.

kannte Aktionäre vorhanden sind, sofern deren Anteil am Grundkapital 5% nicht übersteigt. Diese Aktionäre können im Verschmelzungsvertrag, bei Registeranmeldungen oder in der Gesellschafterliste einer übernehmenden GmbH durch die Angabe des insgesamt auf sie entfallenden Teils des Grundkapitals der Gesellschaft und der auf sie nach der Verschmelzung entfallenden Anteile bezeichnet werden. Bis solche Anteilsinhaber später bekannt und Register oder Listen von Amts wegen berichtigt werden, ruht deren Stimmrecht beim übernehmenden Rechtsträger. Nicht angewendet werden darf diese Vereinfachungsvorschrift gemäß § 45 b Abs. 2 UmwG jedoch bei übernehmenden Partnerschaftsgesellschaften, was in der Praxis jedoch keine Schwierigkeiten bereitet, da bei einer übertragenden Freiberufler-AG (oder -KGaA) ohnehin alle Aktionäre bekannt sind.[353]

208 *cc) Verschmelzung auf Aktiengesellschaft zur Aufnahme. (1) Konzernverschmelzung.* Ausnahmsweise ist bei einer übernehmenden Aktiengesellschaft (oder KGaA über die Verweisungsnorm § 78 UmwG) ein **Zustimmungsbeschluss** der Anteilsinhaber dieser Gesellschaft **entbehrlich**, wenn diese Aktiengesellschaft mindestens 90% des Stammkapitals oder des Grundkapitals einer übertragenden Kapitalgesellschaft hält (Konzernverschmelzung mit übernehmender Aktiengesellschaft, § 62 Abs. 1 S. 1 UmwG). Ist die übernehmende Aktiengesellschaft **alleinige Gesellschafterin** der übertragenden Kapitalgesellschaft, entfällt gemäß § 62 Abs. 4 UmwG darüber hinaus das Erfordernis eines Beschlusses bei der übertragenden Kapitalgesellschaft. Bei der Verschmelzung einer Tochter-Kapitalgesellschaft auf ihre Mutter-Aktiengesellschaft oder -KGaA entfällt somit das Beschlusserfordernis bei allen beteiligten Gesellschaften. Die Verschmelzung wird zur **reinen Geschäftsführungsmaßnahme.**[354]

209 Zum Schutz von Minderheitsaktionären haben diese jedoch die Möglichkeit, gemäß § 62 Abs. 2 UmwG mit einem **Quorum von 5% des Grundkapitals** (sofern nicht die Satzung – was in der Praxis so gut wie nie vorkommt – ein geringeres Quorum vorsieht) die Einberufung einer Hauptversammlung und die Beschlussfassung über die Verschmelzung zu verlangen. Die entsprechenden **Informationspflichten** im Rahmen der erleichterten Konzernverschmelzung sind in § 62 Abs. 3 UmwG für die übernehmende Aktiengesellschaft zusammengefasst, wobei in den Fällen des § 62 Abs. 4 UmwG, das heißt bei Entfall der Beschlüsse sowohl der Mutter- als auch der Tochtergesellschaft, die nachgenannten Verpflichtungen für die Dauer eines Monats nach Abschluss des Verschmelzungsvertrages zu erfüllen sind:[355]

- Auslegung von Unterlagen in dem Geschäftsraum spätestens einen Monat vor Beschlussfassung bei der übertragenden Gesellschaft (§ 62 Abs. 3 S. 1 UmwG i. V. m. § 63 Abs. 1 UmwG);
- Bekanntmachung eines Hinweises auf die Verschmelzung in den Gesellschaftsblättern spätestens einen Monat vor Beschlussfassung bei der übertragenden Gesellschaft (§ 62 Abs. 3 S. 2 HS 1 Satzteil 1 UmwG);[356]
- Einreichung des Verschmelzungsvertrages oder seines Entwurfs zum Handelsregister (§ 62 Abs. 3 S. 2 HS 1 Satzteil 2 UmwG);
- Gerichtliche Bekanntmachung eines Hinweises auf die Einreichung des Vertrages oder seines Entwurfs zum Handelsregister (§ 62 Abs. 3 S. 2 HS 2 UmwG i. V. m. § 61 S. 2 UmwG);
- Hinweis in der Bekanntmachung auf das Recht der Aktionäre, die Einberufung der Hauptversammlung zu verlangen (§ 62 Abs. 3 S. 3, S. 2 HS 1, Abs. 2 UmwG);
- Recht zur Anforderung von Abschriften der zur Einsicht auszulegenden Unterlagen, ggf. im Wege elektronischer Kommunikation (§ 62 Abs. 3 S. 6, 7 UmwG);
- Wegfall der Verpflichtung zur Auslegung (§ 62 Abs. 3 S. 1 UmwG) und Erteilung von Abschriften (§ 62 Abs. 3 S. 6 UmwG) bei Zugang zu den Unterlagen über die Internetseite der Gesellschaft (§ 62 Abs. 3 S. 8 UmwG).

[353] Siehe Lutter/*H. Schmidt* § 45 b UmwG Rdnr. 4.

[354] Siehe hierzu bereits oben, Rdnr. 139 sowie *Neye/Jäckel* AG 2010, 237, 239 f.; *Diekmann* NZG 2010, 489, 489 f.

[355] Näher Widmann/Mayer/*Rieger* § 62 UmwG Rdnr. 33.

[356] Zur Frage, ob ein Verzicht auf die Bekanntmachung möglich ist ausf. *Ising* NZG 2010, 1403 m. w. N.

Praxistipp:

Aufgrund der Monatsfrist für die Auslegung der Unterlagen vor der Beschlussfassung nach § 62 Abs. 3 UmwG ist der notwendige zeitliche Vorlauf bei der Planung einer solchen Konzernverschmelzung unbedingt zu berücksichtigen.

Neben den Informationspflichten im engeren Sinne enthält § 62 Abs. 3 UmwG noch zwei 210 Verfahrensvorschriften für die **Anmeldung zum Handelsregister.** So ist gemäß § 62 Abs. 3 S. 4 UmwG der Anmeldung ein Nachweis der Bekanntmachung gemäß § 62 Abs. 3 S. 2 HS 1 UmwG beizufügen. Außerdem hat der Vorstand in der Anmeldung zu erklären, ob ein Einberufungsverlangen gemäß § 62 Abs. 2 UmwG gestellt worden ist (vgl. § 62 Abs. 3 S. 5 UmwG).[357]

Zu beachten ist schließlich, dass aufgrund von § 62 Abs. 5 UmwG im Zusammenhang 211 mit einer konzerninternen Verschmelzung[358] ein **umwandlungsspezifischer Squeeze-out** möglich ist, wenn die Beteiligung des Hauptaktionärs an einer übertragenden Aktiengesellschaft oder KGaA 90% beträgt.[359] Neben weiteren Voraussetzungen muss der Verschmelzungsvertrag oder sein Entwurf bei einem solchen Vorhaben allerdings die Angabe enthalten, dass im Zusammenhang mit der Verschmelzung ein Ausschluss der Minderheitsaktionäre der übertragenden Gesellschaft erfolgen soll.[360]

(2) Verschmelzung als Nachgründung. Wird ein Verschmelzungsvertrag mit einer über- 212 nehmenden Aktiengesellschaft in den ersten zwei Jahren seit ihrer Eintragung im Handelsregister geschlossen und finden die Vorschriften über die **Nachgründung** Anwendung, ist nicht nur die Verschmelzung selbst, sondern auch der Verschmelzungsvertrag als „Nachgründungsvertrag" i. S. d. § 67 S. 1 UmwG i. V. m. § 52 Abs. 6 AktG zum Register der übernehmenden Aktiengesellschaft anzumelden.[361]

(3) Bestellung eines Treuhänders. Mit Eintragung der Verschmelzung in das Register des 213 Sitzes der übernehmenden Aktiengesellschaft erlöschen gemäß § 20 Abs. 1 Nr. 2 S. 1 UmwG die übertragenden Rechtsträger. Deshalb stellt **§ 71 Abs. 1 UmwG** zum Schutz der Anteilsinhaber jedes übertragenden Rechtsträgers sicher, dass die Eintragung der Verschmelzung erst erfolgt, wenn jeder übertragende Rechtsträger für den Empfang der zu gewährenden Aktien und der baren Zuzahlungen einen Treuhänder bestellt und der **Treuhänder** dem Gericht angezeigt hat,[362] dass er im Besitz der Aktien und der im Verschmelzungsvertrag festgesetzten baren Zuzahlungen ist.[363]

Praktische Probleme bereitet § 71 UmwG insbesondere dann, wenn die Aktien der über- 214 nehmenden Aktiengesellschaft **nicht verbrieft** sind[364] und dementsprechend im Rahmen der Verschmelzung keine verbrieften Aktien gewährt werden sollen.[365] Teilweise wird hierzu die Auffassung vertreten, eine Verbriefung (in Form von Einzelurkunden oder in Form einer

[357] Vgl. hierzu Widmann/Mayer/*Rieger* § 62 UmwG Rdnr. 46 ff.

[358] Für die Spaltung verweist § 125 S. 1 UmwG gerade nicht auf § 62 Abs. 5 UmwG.

[359] Zum Ganzen *Austmann* NZG 2011, 681; *Bungert/Weltich* DB 2011, 1500; *Leitzen* DNotZ 2011, 526, 536 ff. Im Übrigen ist ein Squeeze-out – lässt man den Sonderfall des § 12 Abs. 3 Nr. 1, Abs. 4 FMStBG außer Betracht – grundsätzlich nur bei einer 95-prozentigen Beteiligung des Hauptaktionärs möglich, vgl. §§ 327 a AktG, 39 a WpÜG.

[360] Die zusätzlichen Voraussetzungen des § 62 Abs. 5 UmwG müssen nicht erfüllt werden, wenn ein Squeeze-out auch nach § 327 a AktG möglich ist. Die praktische Bedeutung von § 62 Abs. 5 UmwG liegt somit im Bereich zwischen den beiden Schwellenwerten 90% und 95%. Näher *Neye/Jäckel* AG 2010, 237, 240 f.

[361] Vgl. Widmann/Mayer/*Fronhöfer* § 16 UmwG Rdnr. 38 m. w. N. Zur Nachgründung allg. vgl. § 14 Rdnr. 273 ff.

[362] Die Anzeige sollte der Registeranmeldung als Anlage beigefügt werden, siehe Rdnr. 164.

[363] Die materiell-rechtliche Bedeutung dieser Schutzmaßnahme ist allerdings gering, weil die Anteilsinhaber des übertragenden Rechtsträgers wegen § 20 Abs. 1 Nr. 3 UmwG im Zeitpunkt der Eintragung der Verschmelzung im Register der übernehmenden Aktiengesellschaft automatisch Anteilsinhaber der übernehmenden Aktiengesellschaft werden. Näher zum Ganzen Widmann/Mayer/*Rieger* § 71 UmwG Rdnr. 1 ff. m. w. N.

[364] Vgl. § 10 Abs. 5 AktG, wonach in der Satzung der Anspruch des Aktionärs auf Verbriefung seines Anteils ausgeschlossen oder eingeschränkt werden kann. Näher hierzu § 14 Rdnr. 143.

[365] Zum Ganzen *Bandehzadeh* DB 2007, 1514.

oder mehrerer Globalurkunden) sei im Anwendungsbereich von § 71 UmwG zwingend, weil der Treuhänder seine Funktion sonst nicht wahrnehmen könne und damit der Schutz der Anteilsinhaber des übertragenden Rechtsträgers nicht ausreichend gesichert sei.[366] Nach zutreffender h. M. besteht eine Verpflichtung zur Verbriefung indes nicht, da die Anteilsinhaber über § 20 Abs. 1 Nr. 3 UmwG und die darin verankerte Anteilsgewährpflicht ausreichend geschützt sind.[367] Fehlt es an einer Verbriefung der im Rahmen der Verschmelzung an die Anteilsinhaber des übertragenden Rechtsträgers auszugebenden Aktien und ist im Verschmelzungsvertrag auch keine bare Zuzahlung festgesetzt, bedarf es demnach auch **keiner Bestellung eines Treuhänders.**[368]

Praxistipp:

Sollte eine Vorabklärung mit dem Registergericht nicht ergeben, dass auf die Verbriefung verzichtet werden kann, sollten die Aktien sicherheitshalber (am einfachsten in einer Globalurkunde) verbrieft werden, was mit überschaubarem Aufwand möglich ist.[369]

215 *(4) Kapitalerhöhung.* Hinsichtlich der Frage, ob und, wenn ja, auf welche Weise bei einer übernehmenden Aktiengesellschaft eine Kapitalerhöhung stattzufinden hat, sind §§ 68 f. UmwG zu beachten. § 68 UmwG enthält einige **Kapitalerhöhungsverbote und -wahlrechte** und entspricht im Wesentlichen der Regelung des § 54 UmwG für die GmbH, so dass auf die dortigen Ausführungen verwiesen werden kann.[370] § 69 UmwG wiederum beinhaltet eine Reihe von **Erleichterungen** des aktienrechtlichen Verfahrens zur Kapitalerhöhung.[371]

216 Dabei ist insbesondere zu beachten, dass gemäß § 69 Abs. 1 S. 1 HS 2 UmwG eine **Prüfung der Sacheinlage** nach § 183 Abs. 3 AktG nur stattfindet,

- soweit übertragende Rechtsträger die Rechtsform einer Personenhandelsgesellschaft, einer Partnerschaftsgesellschaft oder eines rechtsfähigen Vereins haben,[372]
- wenn Vermögensgegenstände in der Schlussbilanz eines übertragenden Rechtsträgers höher bewertet worden sind als in dessen letzter Jahresbilanz (Zuschreibungen nach §§ 253 Abs. 5, 280 HGB),[373]
- wenn die in einer Schlussbilanz angesetzten Werte nicht als Anschaffungskosten in den Jahresbilanzen der übernehmenden Gesellschaft angesetzt werden (Aufstockung der Buchwerte, § 24 UmwG, § 253 Abs. 1 HGB), oder
- wenn das Gericht Zweifel hat, ob der Wert der Sacheinlage den geringsten Ausgabebetrag der dafür zu gewährenden Aktien erreicht.

Hat demnach eine Prüfung der Sacheinlage stattzufinden, kann diese durch den Verschmelzungsprüfer erfolgen (§ 69 Abs. 1 S. 4 UmwG).

217 Bei der **Registeranmeldung** ist überdies das Erfordernis der **Mitwirkung des Aufsichtsratsvorsitzenden** gemäß § 69 Abs. 1 S. 1 HS 1 UmwG i. V. m. §§ 184 Abs. 1 S. 1, 188 Abs. 1 AktG zu beachten.[374]

[366] Semler/Stengel/*Diekmann* § 71 UmwG Rdnr. 14, der jedoch eine Ausnahme zulassen will, wenn die zukünftigen Aktionäre mit ihrem Anteilsbesitz im Sachkapitalerhöhungsbeschluss genannt werden.

[367] Vgl. Lutter/*Grunewald* § 71 UmwG Rdnr. 7; Widmann/Mayer/*Rieger* § 71 UmwG Rdnr. 22; *Bandehzadeh* DB 2007, 1514, 1515 f.

[368] Widmann/Mayer/*Rieger* § 71 UmwG Rdnr. 22; *Bandehzadeh* DB 2007, 1514, 1515; Semler/Stengel/*Diekmann* § 71 UmwG Rdnr. 14 a. E. für den in Fn. 366 genannten Fall; a. A. Lutter/*Grunewald* § 71 UmwG Rdnr. 7, die dem Treuhänder in diesem Fall eine Überwachungsfunktion zuweist.

[369] Muster für Aktienurkunden finden sich z. B. bei MünchVertragsHdb/*Hölters* Bd. 1 Muster V.42 ff.

[370] Siehe oben, Rdnr. 193.

[371] Siehe ausf. Widmann/Mayer/*Rieger* § 69 UmwG Rdnr. 5 ff.

[372] In diesen Fällen fehlt es – anders als z. B. bei einer übertragenden GmbH – an Kapitalaufbringungs- und -erhaltungsvorschriften.

[373] Der Grund für die Erforderlichkeit einer Prüfung der Sacheinlage ergibt sich in diesem Fall nicht aus der Gesetzesbegründung. Anscheinend wird die Zuschreibung als Indiz für eine mangelnde Werthaltigkeit der Sacheinlage angesehen, vgl. Widmann/Mayer/*Rieger* § 69 UmwG Rdnr. 25 ff.

[374] Siehe hierzu bereits oben, Rdnr. 157.

dd) Verschmelzung zur Neugründung. Bei der Verschmelzung zur Neugründung unter Beteiligung einer Aktiengesellschaft (als übertragender oder neuer Rechtsträger) gelten gemäß **§ 73 UmwG** mit einigen Ausnahmen die Regelungen der §§ 60 ff. UmwG entsprechend.[375] Ergänzend ist insbesondere zu beachten, dass die Satzung der aus der Verschmelzung hervorgehenden Aktiengesellschaft gemäß § 74 UmwG **Festsetzungen** über Sondervorteile, historischen Gründungsaufwand sowie Sacheinlagen und Sachübernahmen, die in den Gesellschaftsverträgen, Partnerschaftsverträgen oder Satzungen übertragender Rechtsträger enthalten waren, zu übernehmen hat, sofern nicht die Fristen nach § 26 Abs. 4 und 5 AktG abgelaufen sind.[376] 218

Gründungsbericht (§ 32 AktG) und externe **Gründungsprüfung** (§ 33 Abs. 2 AktG) sind bei der neue entstehenden Aktiengesellschaft obsolet, soweit eine Kapitalgesellschaft oder Genossenschaft übertragender Rechtsträger ist (§ 75 Abs. 2 UmwG). Andernfalls sind in dem Gründungsbericht zusätzlich zu der allgemeinen Schilderung über den Hergang der Gründung sowohl die wesentlichen Umstände darzulegen, von denen die Angemessenheit der Leistungen für Sacheinlagen oder Sachübernahmen abhängt (§ 32 Abs. 2 AktG) als auch Geschäftsverlauf und Lage der übertragenden Rechtsträger darzustellen (§ 75 Abs. 1 UmwG). Im Übrigen kann der Verschmelzungsprüfer auch zum Gründungsprüfer bestellt werden (§ 75 Abs. 1 S. 2 UmwG). 219

Schließlich empfiehlt es sich, die **Bestellung des Aufsichtsrats** und, soweit gesetzlich erforderlich, des Abschlussprüfers in den Verschmelzungsvertrag aufzunehmen, da die jeweilige Bestellung nach § 30 Abs. 1 AktG der notariellen Beurkundung bedarf. Ferner ist hinsichtlich der **Zustimmungsbeschlüsse** zu beachten, dass gemäß § 76 Abs. 1 UmwG eine übertragende Aktiengesellschaft die Verschmelzung erst beschließen darf, wenn sie und jede andere übertragende Aktiengesellschaft bereits zwei Jahre im Register eingetragen sind, was die Umgehung der **Nachgründungsvorschriften** (§ 52 AktG) verhindern soll.[377] Gemäß § 76 Abs. 2 S. 1 und 2 UmwG werden im Übrigen die Satzung und die Bestellung der Mitglieder des Aufsichtsrats der neuen Gesellschaft, soweit diese nach § 31 AktG zu wählen sind, bei einer aus der Verschmelzung hervorgehenden Aktiengesellschaft nur wirksam, wenn ihr die Anteilsinhaber jedes der übertragenden Rechtsträger durch Verschmelzungsbeschluss zustimmen. Darüber hinaus sind nach § 76 Abs. 2 S. 3 UmwG bei jeder übertragenden Aktiengesellschaft die **Bekanntmachungspflichten** des § 124 Abs. 2 S. 2, Abs. 3 S. 1 und 3 AktG entsprechend anzuwenden. 220

e) **Kommanditgesellschaft auf Aktien.** Auf die KGaA sind über die Verweisungsnorm des **§ 78 UmwG** im Wesentlichen die **Vorschriften** über die Verschmelzung unter Beteiligung von **Aktiengesellschaften** (§§ 60 ff. UmwG) entsprechend anwendbar.[378] Als Besonderheit ist vor allem zu beachten, dass § 78 S. 3 HS 1 UmwG bei der Verschmelzung unter Beteiligung einer KGaA die **Zustimmung sämtlicher persönlich haftender Gesellschafter** verlangt, sofern die Satzung der KGaA insoweit nicht eine Mehrheitsentscheidung vorsieht. 221

f) **Eingetragene Genossenschaft.** Für die Verschmelzung unter Beteiligung eingetragener Genossenschaften sind – neben den allgemeinen Regelungen des UmwG und des GenG – die **§§ 79 bis 98 UmwG** anzuwenden, die sowohl für Verschmelzungen unter ausschließlicher Beteiligung von eingetragenen Genossenschaften als auch für Verschmelzungen gelten, an denen neben Genossenschaften auch Rechtsträger anderer Rechtsform beteiligt sind.[379] Insbesondere ist die Sonderregelung des **§ 80 UmwG** zum **Inhalt des Verschmelzungsvertrages** 222

---

[375] Siehe Rdnr. 201 ff.

[376] Zur parallelen Problematik bei der GmbH vgl. Rdnr. 196.

[377] Die h. M. will dabei § 76 Abs. 1 UmwG nur auf Verschmelzungen zur Neugründung einer AG anwenden, vgl. Semler/Stengel/*Diekmann* § 76 UmwG Rdnr. 4; Lutter/*Grunewald* § 76 UmwG Rdnr. 4; Schmitt/Hörtnagl/Stratz/*Stratz* § 76 UmwG Rdnr. 1. Nach anderer, überzeugender Auffassung ist die Vorschrift unabhängig davon, ob es sich um eine Verschmelzung zur Neugründung einer Aktiengesellschaft oder eines anderen Rechtsträgers handelt, schon bei Beteiligung mindestens einer übertragenden Aktiengesellschaft anzuwenden, vgl. die Argumente bei Widmann/Mayer/*Rieger* § 76 UmwG Rdnr. 3.

[378] Siehe soeben, Rdnr. 201 ff.

[379] Einen Überblick über die Besonderheiten von Verschmelzungen unter Beteiligung von eingetragenen Genossenschaften bietet Widmann/Mayer/*Fronhöfer* Vor § 79–98 UmwG Rdnr. 4 ff.

zu beachten, der die Bestimmungen des § 5 UmwG ergänzt. In § 80 Abs. 1 UmwG sind dabei für den Fall, dass eine Genossenschaft aufnehmender Rechtsträger ist, Abweichungen und Erläuterungen zu § 5 Abs. 1 Nr. 3 UmwG (Umtauschverhältnis der Anteile) vorgesehen. § 80 Abs. 2 UmwG hingegen verlangt für jede übertragende Genossenschaft über den in § 5 UmwG vorgesehenen Inhalt hinaus die Angabe des Stichtages der zugrunde gelegten Schlussbilanz. Darüber hinaus ist nach § 81 UmwG ein **Gutachten des Prüfungsverbandes** einzuholen, das nach § 83 Abs. 2 UmwG in der Generalversammlung verlesen und gemäß § 86 UmwG der Registeranmeldung beigefügt werden muss. Regelungen zu Vorbereitung, Durchführung und Beschluss der **Generalversammlung** enthalten §§ 82 bis 84 UmwG.

223 **g) Rechtsfähiger Verein.** Bei Verschmelzungen unter Beteiligung eingetragener Vereine gelten als Sondervorschriften die **§§ 99 ff. UmwG.**[380] Besonders zu beachten ist dabei, dass eingetragene Vereine weder durch Verschmelzung Rechtsträger anderer Rechtsform aufnehmen noch durch Verschmelzung anderer Rechtsträger neu gegründet werden können (§ 99 Abs. 2 UmwG). Eine **Verschmelzungsprüfung** nach §§ 9 bis 12 UmwG findet bei einem eingetragenen Verein gemäß § 100 S. 2 UmwG nur statt, wenn mindestens 10% der Mitglieder dies verlangen. Bei wirtschaftlichen Vereinen ist die Prüfung – vorbehaltlich der Ausnahmen gemäß § 9 Abs. 2 UmwG bzw. §§ 9 Abs. 3, 8 Abs. 3 S. 1 Alt. 1, S. 2 UmwG – stets durchzuführen (§ 100 S. 1 UmwG). Für Vorbereitung, Durchführung und Beschlussfassung der **Mitgliederversammlung** gelten ergänzend zu den Regelungen der §§ 3 ff. BGB die Sondervorschriften der §§ 101 bis 103 UmwG.

224 Hinsichtlich der gemäß § 17 Abs. 2 UmwG der Verschmelzung zugrunde zu legenden **Schlussbilanz** des übertragenden Rechtsträgers ist zu beachten, dass Vereine regelmäßig nicht bilanzierungspflichtig sind.[381] Eine verbreitete Ansicht geht insoweit davon aus, dass bei einem Verein, der nicht bereits aufgrund anderer Normen bilanzierungspflichtig ist oder freiwillig bilanziert oder etwa wegen § 24 UmwG eine Bilanz erstellen muss, die Einreichung einer Einnahmen-Überschuss-Rechnung als Anlage zur Registeranmeldung ausreicht.[382] Nach anderer Ansicht, die mit Gesetzeswortlaut, -zweck und -systematik argumentiert, ist auch beim Verein die Vorlage einer Schlussbilanz zwingend erforderlich.[383]

Praxistipp:

Aufgrund der unsicheren Rechtslage sollte auf Erstellung und Vorlage der Schlussbilanz eines übertragenden Vereins nur verzichtet werden, wenn diese Frage vorab mit dem zuständigen Registergericht geklärt werden konnte.

225 Gemäß § 104 Abs. 1 S. 1 UmwG hat bei einem übertragenden **wirtschaftlichen Verein,** der nicht in ein Handelsregister eingetragen ist, dessen Vorstand die bevorstehende Verschmelzung durch den elektronischen Bundesanzeiger bekanntzumachen. Diese **Bekanntmachung** tritt an die Stelle der Eintragung im (Vereins-)Register.

226 **h) Genossenschaftlicher Prüfungsverband.** Für die wenig praxisrelevante Verschmelzung unter Beteiligung genossenschaftlicher Prüfungsverbände sind die **§§ 105 bis 108 UmwG** als Sondervorschriften zu beachten. Hervorzuheben ist dabei, dass genossenschaftliche Prüfungsverbände gemäß § 105 UmwG nur mit sich selbst verschmolzen werden oder als aufnehmender Rechtsträger unter bestimmten Umständen einen rechtsfähigen Verein aufnehmen können. Im Übrigen wird weitgehend auf die Vorschriften zur Verschmelzung von Genossenschaften verwiesen.

227 **i) Versicherungsverein auf Gegenseitigkeit.** Für Versicherungsvereine auf Gegenseitigkeit (VVaG) gelten die besonderen Regelungen der **§§ 109–117 UmwG.** Gemäß § 109 UmwG

[380] Siehe ausf. Widmann/Mayer/*Vossius* § 99 UmwG Rdnr. 54 ff.
[381] Besteht ausnahmsweise eine Bilanzierungspflicht, insbesondere weil der Verein einen vollkaufmännischen wirtschaftlichen Geschäftsbetrieb unterhält, ergeben sich hinsichtlich der Bilanz keine Besonderheiten.
[382] Siehe u. a. Lutter/*Hennrichs* § 99 UmwG Rdnr. 42; Semler/Stengel/*Katschinski* § 99 UmwG Rdnr. 115.
[383] Siehe insb. Widmann/Mayer/*Vossius* § 99 Rdnr. 15 ff.; *Neumayer/Schulz* DStR 1996, 872, 875.

können VVaG nur miteinander verschmolzen oder im Wege der Verschmelzung durch eine Aktiengesellschaft, die den Betrieb von Versicherungsgeschäften zum Gegenstand hat (Versicherungs-Aktiengesellschaft), aufgenommen werden. Im Übrigen sind die §§ 110 bis 113 UmwG für die Verschmelzung zur Aufnahme und ergänzend die §§ 114 bis 117 UmwG für die Verschmelzung zur Neugründung zu beachten.

j) **Verschmelzung von Kapitalgesellschaften mit dem Vermögen eines Alleingesellschafters.** Nach **§§ 120 ff. UmwG** kann das Vermögen einer Kapitalgesellschaft auf deren Alleingesellschafter verschmolzen werden, sofern eine andere Verschmelzungsart nicht möglich ist. Die §§ 120 bis 122 UmwG setzen insoweit voraus, dass es sich bei dem Alleingesellschafter um eine natürliche Person handelt.[384] Die Verschmelzung auf den Alleingesellschafter ist demnach das **Gegenstück** zur **Ausgliederung** des von einem **Einzelkaufmann** betriebenen Unternehmens auf eine Kapitalgesellschaft nach §§ 152 ff. UmwG.[385] 228

Grundsätzlich ist bei einem noch nicht im Handelsregister als e. K. eingetragenen Alleingesellschafter gemäß § 122 Abs. 1 UmwG die **vorherige Registereintragung** erforderlich, damit die Verschmelzung gemäß § 20 Abs. 1 UmwG durch Eintragung beim übernehmenden Rechtsträger wirksam werden kann. Die Verschmelzung ist dann sowohl zum Register der übertragenden Gesellschaft als auch zu dem für den aufnehmenden Alleingesellschafter zuständigen Registergericht anzumelden. 229

Wie vom BGH[386] entschieden und vom Gesetzgeber in § 122 Abs. 2 UmwG klargestellt, kann die Verschmelzung allerdings auch dann durchgeführt werden, wenn eine Eintragung des Alleingesellschafters nicht möglich ist, z. B. weil es sich um einen **Freiberufler** handelt, der per se kein Handelsgewerbe i. S. d. § 1 Abs. 1 HGB betreiben kann. In diesem Fall wird die Verschmelzung abweichend von der Grundregel des § 20 Abs. 1 UmwG bereits mit Eintragung in das Register des Sitzes der übertragenden Kapitalgesellschaft wirksam. Nicht endgültig geklärt ist die Frage, wie in diesem Zusammenhang **Kleingewerbetreibende** zu behandeln sind, bei denen die Eintragung im Handelsregister nach § 2 HGB fakultativ ist. Die zu befürwortende herrschende Ansicht geht davon aus, dass eine Eintragung nur dann im Sinne von § 122 Abs. 2 UmwG in Betracht kommt, wenn sie nach dem HGB vorgeschrieben ist oder sich der Inhaber für sie entscheidet.[387] Demnach wären Kleingewerbetreibende auch im Fall der Verschmelzung nach § 120 UmwG nicht entgegen § 2 HGB zur Eintragung verpflichtet. 230

Praxistipp:

Es empfiehlt sich angesichts der nicht endgültig geklärten Rechtslage, eine Verschmelzung mit dem Vermögen eines Kleingewerbetreibenden ohne dessen vorherige Eintragung vorab mit dem (für die übertragende Gesellschaft) zuständigen Registergericht abzusprechen. Gegebenenfalls kann sich der Kleingewerbetreibende zum Zwecke der Verschmelzung auch als e. K. eintragen und sich nach Eintragung der Verschmelzung sofort wieder löschen lassen.

III. Spaltung

1. Allgemeines

a) **Spaltungen nach dem UmwG; alternative Strukturierungen.** Mit dem UmwG hat der deutsche Gesetzgeber zum 1. 1. 1995 rechtsformübergreifend die Möglichkeit geschaffen, 231

[384] Dies ergibt sich zwar nicht aus dem Gesetzeswortlaut, aber aus der Gesetzesbegründung, vgl. RegBegr. zu § 120 UmwG, BR-Drucks. 75/94, abgedruckt in Widmann/Mayer, Band 1, Begr. UmwG 95.

[385] Siehe hierzu ausf. unten, Rdnr. 240.

[386] BGH ZIP 1998, 1225.

[387] So z. B. Lutter/*Karollus* § 122 UmwG Rdnr. 7; Schmitt/Hörtnagl/Stratz/*Stratz* § 122 UmwG Rdnr. 4; Semler/Stengel/*Maier-Reimer* § 122 UmwG Rdnr. 10; wohl auch Widmann/Mayer/*Heckschen* § 122 UmwG Rdnr. 21, der zu Recht argumentiert, das UmwG würde ansonsten eine den §§ 1 f. HGB widersprechende Verpflichtung statuieren, obwohl dies eine sachlich nicht gerechtfertigte Ungleichbehandlung zwischen Kleingewerbetreibenden, die ihre Kapitalgesellschaft mit ihrem Vermögen verschmolzen haben, und solchen, die keine derartige Verschmelzung vorgenommen haben, begründen würde.

Unternehmen zu spalten, und zwar in den drei Formen der Aufspaltung, der Abspaltung und der Ausgliederung.[388] Gemeinsam ist allen Formen der Spaltung, dass die Übertragung des Vermögens jeweils als Gesamtheit erfolgt. Es bedarf keiner Einzelrechtsübertragung, vielmehr vollzieht sich der Vermögensübergang uno actu im Wege der Sonderrechtsnachfolge (partielle Gesamtrechtsnachfolge). Bei der **Aufspaltung** teilt ein übertragender Rechtsträger sein gesamtes Vermögen unter Auflösung ohne Abwicklung auf und überträgt die Vermögensteile im Wege der Sonderrechtsnachfolge auf mindestens zwei andere, entweder schon bestehende oder neu gegründete Rechtsträger. Den Anteilsinhabern des übertragenden Rechtsträgers werden im Gegenzug Anteile oder Mitgliedschaften der übernehmenden oder neuen Rechtsträger gewährt (§ 123 Abs. 1 UmwG). Bei der **Abspaltung** bleibt der übertragende Rechtsträger bestehen und überträgt nur einen Teil seines Vermögens, in der Regel einen oder mehrere Betriebe auf einen oder mehrere andere, bereits bestehende oder neu gegründete Rechtsträger, und zwar wiederum gegen Gewährung von Anteilen oder Mitgliedschaften der übernehmenden oder neuen Rechtsträger an die Anteilsinhaber des übertragenden Rechtsträgers (§ 123 Abs. 2 UmwG). Bei der **Ausgliederung** wird ebenso wie bei der Abspaltung nur ein Teil des Vermögens eines Rechtsträgers auf einen oder mehrere andere, bereits bestehende oder neu gegründete Rechtsträger übertragen. Im Unterschied zur Abspaltung gelangen die im Gegenzug gewährten Anteile oder Mitgliedschaften der übernehmenden oder neuen Rechtsträger jedoch in das Vermögen des übertragenden Rechtsträgers selbst (§ 123 Abs. 3 UmwG). Grundvoraussetzung jeder Spaltungsmaßnahme ist dabei, dass die zu übertragenden Vermögensgegenstände überhaupt übertragbar sind.[389]

232 Sämtliche Formen der Spaltung können jeweils **zur Aufnahme** (Übertragung des Vermögens auf einen oder mehrere schon bestehende Rechtsträger) oder **zur Neugründung** (Übertragung des Vermögens auf einen oder mehrere im Zuge der Spaltung neu gegründete Rechtsträger) erfolgen. § 123 Abs. 4 UmwG gestattet ausdrücklich die **Kombination** dieser Spaltungsformen. Möglich ist auch eine Kombination von Abspaltung und Ausgliederung in der Weise, dass die Anteile an dem übernehmenden Rechtsträger teilweise dem übertragenden Rechtsträger und teilweise dessen Anteilsinhabern gewährt werden.[390] Nicht zulässig ist dagegen die sog. verschmelzende Spaltung, bei der gleichzeitig mehrere Rechtsträger jeweils einen Teil ihres Vermögens auf einen dritten (schon bestehenden oder neu gegründeten) Rechtsträger übertragen.[391] Nach dem UmwG kann Ausgangsrechtsträger immer nur ein einziger Rechtsträger sein, während Zielrechtsträger auch mehrere Rechtsträger sein können.

233 Neben dem UmwG können zahlreiche landesrechtliche Bestimmungen zur Umwandlung insbesondere von Anstalten des öffentlichen Rechts zu Anwendung kommen. Darüber hinaus können sich Unternehmen zur Umstrukturierung auch der Möglichkeiten einer **Spaltung nach den allgemeinen Vorschriften des Zivil- und Gesellschaftsrechts** außerhalb des UmwG bedienen. § 1 Abs. 2 UmwG bestimmt zwar, dass Spaltungen außer in den im UmwG geregelten Fällen nur möglich sind, wenn sie durch ein anderes Bundesgesetz oder ein Landesgesetz ausdrücklich zugelassen sind. Mit dieser Regelung wollte der Gesetzgeber jedoch nicht die auf allgemeinen Rechtsgrundsätzen beruhenden überkommenen Formen der Spaltung ausschließen.[392] Die Unternehmen können daher frei entscheiden, ob sie sich der Spaltungsformen des UmwG bedienen oder einen anderen Weg einschlagen.[393] Vor jeder Umstrukturierung ist dementsprechend genau zu prüfen, ob das wirtschaftlich und rechtlich angestrebte Ergebnis nicht auf andere Weise unkomplizierter, schneller und kostensparender sowie steuerlich zumindest gleichartig zu erzielen ist.[394] Für eine Spaltung nach dem UmwG sprechen neben den gesellschaftsrechtlichen Vorteilen (Gesamtrechtsnachfolge; Mehrheitsbe-

[388] Vgl. BegrRegE, BR-Drucks. 75/94, S. 71 ff.
[389] Vgl. hierzu näher unten Rdnr. 305.
[390] Kallmeyer/*Kallmeyer/Sickinger* § 123 Rdnr. 13; Lutter/*Teichmann* § 123 Rdnr. 30.
[391] Lutter/*Teichmann* § 123 Rdnr. 31 f.; Schmitt/Hörtnagel/Stratz/*Hörtnagel* § 123 Rdnr. 18.
[392] Vgl. BegrRegE, BR-Drucks. 75/94, S. 80.
[393] Einschränkungen dieser Wahlfreiheit ergeben sich auch nicht von Verfassungs wegen; vgl. etwa zur „übertragenden Auflösung“ BVerfG NJW 2001, 279 – Moto Meter.
[394] Beck'sches Notarhandbuch/*Heckschen* D IV Rdnr. 4.

schluss; keine Zustimmung von Gläubigern und Vertragspartnern erforderlich) vor allem steuerliche Erwägungen. So war eines der erklärten Ziele der Reform des Umwandlungs- und Umwandlungssteuerrechts mit Wirkung zum 1. 1. 1995 die ertragsteuerliche Neutralität der vorgesehenen Umstrukturierungen.[395] Diese Vorteile sind jedoch nicht ohne gewisse Nachteile wie das komplexe umwandlungsrechtliche Verfahren oder die Informationspflichten zugunsten der Minderheitsgesellschafter zu haben. Umstrukturierungen außerhalb des UmwG werden dagegen in aller Regel die Durchführung zahlreicher Schritte erfordern. Die Erreichung des rechtlichen und wirtschaftlichen Ergebnisses außerhalb des UmwG kann daher komplexer sowie zeit- und kostenintensiver sein.[396]

Eine echte Alternative zu einem Vorgehen nach dem UmwG kann die **Ausgliederung im Wege der Einzelrechtsübertragung** sein.[397] So kann der übertragende Rechtsträger Teile seines Vermögens (etwa einen Betrieb oder Betriebsteil, eine Abteilung, eine Beteiligung oder Ähnliches) oder auch sein gesamtes Vermögen im Wege der Sachgründung in einen neu zu gründenden Rechtsträger einbringen oder im Wege der Sachkapitalerhöhung auf einen bereits bestehenden Rechtsträger übertragen, um im Gegenzug Anteile oder Mitgliedschaften an dem übernehmenden Rechtsträger zu erhalten. Zwar ist bei der Einzelübertragung der jeweiligen Vermögensgegenstände stets das sachenrechtliche Bestimmtheitsgebot zu wahren. Verglichen mit dem Vorgehen nach dem UmwG bedeutet dies in der Sache jedoch keinen wesentlich größeren Aufwand. Auch bei Spaltungen nach dem UmwG müssen die zu übertragenden Vermögensgegenstände nämlich genau bezeichnet sein (§ 126 Abs. 1 Nr. 9 UmwG). Zudem müssen Anlagenverzeichnisse seit der Änderung des § 14 BeurkG bei einer etwaigen Beurkundung[398] nicht mehr vorgelesen werden, wenn die Beteiligten hierauf verzichten. Es genügt, wenn die Anlagenverzeichnisse Seite für Seite unterzeichnet werden. Ein nicht zu unterschätzender Vorteil der Ausgliederung nach dem UmwG ist aber, dass Genehmigungen, die für die Einzelrechtsübertragung erforderlich sind, nach der ersatzlosen Streichung des § 132 UmwG a. F. nicht mehr eingeholt werden müssen. So sind die Regelungen des UmwG stets vorteilhafter mit Blick auf die Passivseite der Bilanz, da die Übertragung von Verbindlichkeiten und Vertragsverhältnissen nicht wie bei der Einzelrechtsübertragung nach§§ 414, 415 Abs. 1 BGB der Zustimmung der Gläubiger und Vertragspartner bedarf.[399] Im Gegenzug haftet der übertragende Rechtsträger den Gläubigern – in Ermangelung einer Zustimmung ihrerseits – jedoch für die Dauer von fünf Jahren ab Bekanntmachung der Eintragung der Spaltung in das Handelsregister neben dem übernehmenden Rechtsträger für die vor dem Wirksamwerden der Spaltung begründeten Verbindlichkeiten fort (§ 133 Abs. 1 S. 1, Abs. 3 UmwG). Auch können die Gläubiger und Vertragspartner Sicherheitsleistung verlangen, wenn sie glaubhaft machen, dass durch die Spaltung die Erfüllung ihrer Forderungen gefährdet wird (§§ 22 Abs. 1, 125, 133 Abs. 1 S. 2 UmwG). 234

Entscheidend für die Einzelrechtsübertragung kann jedoch sprechen, dass hierfür im Unterschied zur Ausgliederung nach dem UmwG (vgl. §§ 13 Abs. 1, 125 UmwG) keine **Zustimmung der Anteilsinhaber** der beteiligten Rechtsträger erforderlich ist.[400] So ist die Ausgliederung außerhalb des UmwG in der Regel eine normale Geschäftsführungsmaßnahme. Wegen des Risikos etwaiger Anfechtungsklagen gegen den Ausgliederungsbeschluss erscheint dieser Punkt als nicht unwesentlich im Rahmen der Gesamtplanung der Umstrukturierung. Anfechtungsklagen gegen den Ausgliederungsbeschluss des übertragenden Rechtsträgers würden zu einer faktischen Registersperre führen (vgl. §§ 16 Abs. 2, 125 UmwG) und damit den Vollzug der Strukturmaßnahme blockieren. Da das materielle Klageverbot 235

[395] Vgl. BegrRegE, BR-Drucks. 132/94, S. 38.

[396] Vgl. auch Sudhoff/*Berenbrok* § 66 Rdnr. 8 ff.

[397] Vgl. speziell zu Ausgliederungen per Einzel- oder Gesamtrechtsnachfolge *Aha* AG 1997, 345; *Engelmeyer* AG 1999, 263.

[398] Die Einzelrechtsübertragung bedarf freilich nur in Ausnahmefällen der notariellen Beurkundung, etwa bei der Ausgliederung von Beteiligungen an GmbHs, § 15 Abs. 3 GmbHG, vgl. ferner §§ 873, 925 BGB bei der Ausgliederung von Grundstücken.

[399] Beck'sches Notarhandbuch/*Heckschen* D IV Rdnr. 56.

[400] Die Ausgliederung darf naturgemäß nicht zu einer „Satzungsunterschreitung" führen; vgl. zur Bindung des Vorstands an den Unternehmensgegenstand statt aller MünchHdb. AG/*Krieger* § 69 Rdnr. 5 f.

des § 14 Abs. 2 UmwG nach § 125 S. 1 UmwG bei Ausgliederungen keine Anwendung findet, könnten entsprechende Anfechtungsklagen dabei auch auf Mängel der Unternehmensbewertung bzw. des Umtauschverhältnisses gestützt werden; d.h. es könnte auch gerügt werden, dass die dem übertragenden Rechtsträger gewährten Anteile am übernehmenden Rechtsträger keine angemessene Gegenleistung darstellen.[401]

236 Lediglich in Ausnahmefällen kann auch bei der Einzelrechtsübertragung die Zustimmung der Hauptversammlung der übertragenden Aktiengesellschaft erforderlich werden. So bedarf die Verpflichtung zur Übertragung des gesamten Vermögens einer AG nach § 179a AktG der Zustimmung der Hauptversammlung mit satzungsändernder Mehrheit. Überdies kann die Ausgliederung von derart wesentlicher Bedeutung sein, dass sie der Vorstand nach den Grundsätzen der **Holzmüller-/Gelatine-Rechtsprechung** nicht ohne Zustimmung der Hauptversammlung durchführen darf. Danach ist die Befassung der Hauptversammlung mit der geplanten Strukturmaßnahme dann erforderlich, wenn diese so tief in die Mitgliedsrechte der Aktionäre eingreift, dass ihre Auswirkungen an die Notwendigkeit einer Satzungsänderung heranreichen (qualitative Wesentlichkeit), und sich diese auf Bereiche erstreckt, die von wesentlicher Bedeutung für die Gesellschaft sind (quantitative Wesentlichkeit).[402] Ausgliederungen sind geradezu der klassische Fall einer derartigen „Mediatisierung" der Aktionäre, da ihnen der Zugriff auf die Geschäftstätigkeit ihrer Gesellschaft (zumindest teilweise) entzogen wird.[403] Selbst wenn danach jedoch die Zustimmung der Hauptversammlung erforderlich wäre, bedürfte der Holzmüller-Beschluss ohnehin nicht der Eintragung in das Handelsregister der übertragenden Aktiengesellschaft. Eine Anfechtung des Holzmüller-Beschlusses der Hauptversammlung könnte daher von vornherein keine Registersperre wie bei der Anfechtung von Spaltungsbeschlüssen bewirken. Eine Anfechtungsklage – und die damit zumindest drohende Nichtigkeit des Beschlusses – könnte den Vorstand aber veranlassen, wegen eines etwaigen Schadensersatzrisikos nach § 93 Abs. 2 S. 1 AktG vom Vollzug der Ausgliederung abzusehen. Kommt der Vorstand jedoch nach pflichtgemäßer Prüfung unter Einschaltung fachkundiger Aktienrechtler zu dem Ergebnis, dass die Anfechtungsklage unzulässig und/oder unbegründet ist, kann ihm ein Verschuldensvorwurf nicht gemacht werden. Er ist entsprechend nicht von seiner Ausführungspflicht nach § 83 Abs. 2 AktG befreit.[404]

237 Auch **Aufspaltungen und Abspaltungen** lassen sich außerhalb des UmwG nachbilden, und zwar durch Kombination von Einzelrechtsübertragungen und verschiedenen weiteren gesellschaftsrechtlichen Maßnahmen. Das zu übertragende Vermögen muss in jedem Fall zunächst auf den oder die übernehmenden Rechtsträger ausgegliedert werden. Zum Zwecke der **Abspaltung** müssen die Anteile oder Mitgliedschaften an dem übernehmenden Rechtsträger sodann an die Anteilsinhaber des übertragenden Rechtsträgers übertragen werden. Sofern hinreichend ausschüttungsfähiges Eigenkapital des übertragenden Rechtsträgers vorhanden ist, könnte dies im Wege der ordentlichen Gewinnausschüttung erfolgen, indem nicht Geld, sondern Anteile an dem übernehmenden Rechtsträger ausgekehrt werden. Alternativ könnte eine Kapitalherabsetzung des übertragenden Rechtsträgers beschlossen werden, und die Anteile an dem übernehmenden Rechtsträger könnten als Gegenleistung für die Herabsetzung des Kapitals ausgeschüttet werden. Bei GmbHs könnte überdies eine Einziehung von Teilen der von den Gesellschaftern gehaltenen Geschäftsanteile beschlossen werden, wobei das Einziehungsentgelt wiederum in den Anteilen oder Mitgliedschaften an dem übernehmenden Rechtsträger bestehen könnte. Zum Zwecke der **Aufspaltung** müsste nach der Ausgliederung des zu übertragenden Vermögens schlicht die Liquidation des übertragenden Rechtsträgers beschlossen werden, mit der Folge, dass der übertragende Rechtsträger seinen Anteilseignern die Anteile oder Mitgliedschaften an den übernehmenden Rechts-

[401] Vgl. auch OLG Stuttgart DB 2003, 33.

[402] BGHZ 83, 122 = NJW 1982, 1703 – Holzmüller; BGHZ 159, 30 = NJW 2004, 1860 – Gelatine I; BGH, NZG 2004, 575 – Gelatine II; vgl. ferner *Hüffer* AktG § 119 Rdnr. 16ff.; MünchHdb AG/*Krieger* § 69 Rdnr. 9ff.

[403] Vgl. nur BGHZ 83, 122, 136f. = NJW 1982, 1703 – Holzmüller; BGHZ 159, 30, 40 = NJW 2004, 1860 – Gelatine I.

[404] Spindler/Stilz/*Fleischer* § 83 Rdnr. 12; GroßKommAktG/*K. Schmidt* § 243 Rdnr. 71; *Fleischer* BB 2005, 2025, 2026; vgl. auch *Seiler/Singhof* Der Konzern 2003, 313, 320.

trägern als Liquidationsüberschuss ausschütten könnte. Da Kapitalherabsetzungen und Liquidationen zum Schutz der Gläubiger jedoch weitgehenden Einschränkungen unterliegen, dürften diese Wege in der Praxis regelmäßig ausscheiden.[405] Sorgfältig zu prüfen wären schließlich in jedem Einzelfall die steuerrechtlichen Auswirkungen der jeweiligen Strukturmaßnahme.

238 b) **Spaltungsfähige Rechtsträger.** Der Kreis der spaltungsfähigen Rechtsträger ist den Bestimmungen der §§ 124, 3 Abs. 1 UmwG zu entnehmen.[406] Nach §§ 3 Abs. 3, 124 Abs. 2 UmwG können an einer Spaltung ausdrücklich auch aufgelöste Rechtsträger als übertragende Rechtsträger teilnehmen, sofern ihre Fortsetzung beschlossen werden könnte.[407] Spaltungen können auch unter gleichzeitiger Beteiligung von Rechtsträgern verschiedener Rechtsformen erfolgen (§§ 3 Abs. 4, 124 Abs. 2 UmwG). Für Gebietskörperschaften gelten schließlich einige grundsätzliche Einschränkungen.[408]

239 Im Zusammenhang mit der Spaltungsfähigkeit sind darüber hinaus die **rechtsformspezifischen Einschränkungen** der §§ 149 Abs. 2, 150, 151 UmwG zu beachten. Zu beachten ist überdies, dass AGs und KGaAs, die noch nicht zwei Jahre im Register eingetragen sind, nach § 141 UmwG außer durch Ausgliederung zur Neugründung nicht gespalten werden können. Hierdurch soll eine Umgehung der §§ 52, 53 AktG bei Gesellschaften, die sich noch in der besonders geschützten Nachgründungsphase befinden, ausgeschlossen werden.[409] Nachdem ursprünglich sämtliche Formen der Spaltung ausgeschlossen waren, wurde im Jahr 2007 eine Ausnahme für Ausgliederungen zur Neugründung zugelassen, um gezielt den Aufbau von Holding-Strukturen zu ermöglichen. Ein Abfluss von Gesellschaftsvermögen ist in diesen Fällen nicht zu befürchten, da die übertragende AG oder KGaA bei der Ausgliederung zur Neugründung die Anteile an dem neuen Rechtsträger als Gegenleistung für das übertragene Vermögen erhält und ihr das ausgegliederte Vermögen zumindest mittelbar wertmäßig zugeordnet bleibt.[410]

240 Über die generell spaltungsfähigen Rechtsträger der §§ 124, 3 Abs. 1 UmwG hinaus hat der Gesetzgeber in §§ 152 ff. UmwG schließlich auch **Ausgliederungen aus dem Vermögen von Einzelkaufleuten** ermöglicht. Da ein Einzelkaufmann keine Anteilsinhaber hat, denen im Zuge einer Spaltung Anteile gewährt werden könnten, und er als natürliche Person zudem nicht erlöschen kann, ist systematisch von vornherein lediglich eine Ausgliederung möglich. Nach § 152 S. 1 UmwG ist die Ausgliederung nur dem eingetragenen Kaufmann erlaubt, wobei es jedoch genügt, wenn die Eintragung beantragt ist und unmittelbar vor der Ausgliederung im Handelsregister eingetragen wird.[411] Nach § 152 S. 2 UmwG ist die Ausgliederung ausgeschlossen, wenn die Verbindlichkeiten des Einzelkaufmanns sein Vermögen übersteigen. Nach §§ 161 ff., 168 ff. UmwG können darüber hinaus auch **Stiftungen** und die **öffentliche Hand** Vermögen ausgliedern.

241 c) **Ablauf einer Spaltung; Zeitplanung.** Der zeitliche Rahmen einer Spaltung wird in aller Regel durch die Acht-Monatsfrist der §§ 17 Abs. 2 S. 4, 125 UmwG bestimmt. Danach ist der Anmeldung der Spaltung zum Handelsregister eine sog. **Schlussbilanz des übertragenden Rechtsträgers** beizufügen, die auf einen höchstens acht Monate vor der Anmeldung liegenden Stichtag aufgestellt worden ist. Soll die Spaltung auf der Grundlage der Jahresabschlussbilanz erfolgen und entspricht das Geschäftsjahr des übertragenden Rechtsträgers dem Kalenderjahr, muss die Spaltung mithin spätestens am 31. August des Folgejahres zur Eintragung in das Handelsregister angemeldet werden. Der Spaltungsvorgang beginnt daher konkret mit der Aufstellung und, soweit gesetzlich (vgl. insb. § 316 HGB, § 6 PublG) oder nach dem Gesellschaftsvertrag vorgeschrieben, der Prüfung der Schlussbilanz. Die Schlussbi-

[405] Ausf. auch Sudhoff/*Berenbrok* § 65 Rdnr. 17 ff.

[406] Vgl. die Übersicht über die Möglichkeiten der Spaltung bei Schmitt/Hörtnagl/Stratz/*Hörtnagel* Vor §§ 123–173 Rdnr. 10 f.

[407] Vgl. zu den Umwandlungsmöglichkeiten bei Auflösung, Überschuldung oder Insolvenz eines der beteiligten Rechtsträger *Blasche* GWR 2010, 441.

[408] Näheres unten Rdnr. 311.

[409] Vgl. BegrRegE, BR-Drucks. 75/94, S. 126.

[410] Vgl. BegrRegE, BT-Drucks. 16/2919, S. 19.

[411] Schmitt/Hörtnagl/Stratz/*Hörtnagl* § 152 Rdnr. 9.

lanz bedarf im Anschluss noch der Feststellung durch die zuständigen Organe des übertragenden Rechtsträgers, da sie erst hierdurch für den Rechtsträger und dessen Anteilsinhaber verbindlich wird.[412] Aufgestellt und ggf. geprüft werden müssen überdies die **Jahresabschlüsse der übernehmenden Rechtsträger**, um das Umtauschverhältnis für die im Zuge der Spaltung zu gewährenden Anteile an dem übernehmenden Rechtsträger bestimmen zu können. Zur Bestimmung des Umtauschverhältnisses ist darüber hinaus eine **Unternehmensbewertung** für jeden beteiligten Rechtsträger vorzunehmen bzw. in Auftrag zu geben.

242 Spätestens mit der Bestimmung des Umtauschverhältnisses für die zu gewährenden Anteile am übernehmenden Rechtsträger ist mit der **Erstellung der Spaltungsdokumentation**, d. h. des Spaltungsvertrages, der Spaltungsbeschlüsse der Gesellschafterversammlungen der beteiligten Rechtsträger sowie des Spaltungsberichts zu beginnen. Bei der Spaltung zur Neugründung ist darüber hinaus der Gesellschaftsvertrag des neu zu gründenden Rechtsträgers zu erstellen. Darüber hinaus ist ggf. eine Kapitalerhöhung bei dem bereits bestehenden übernehmenden Rechtsträger oder eine Kapitalherabsetzung bei dem übertragenden Rechtsträger vorzubereiten. Der von den beteiligten Rechtsträgern zu erstellende Spaltungsbericht dient dabei vor allem der Information der Anteilseigner über die vorgesehene Strukturmaßnahme. Diese ist im Spaltungsbericht ausführlich rechtlich und wirtschaftlich zu erläutern und zu begründen. Bei AGs ist der Spaltungsvertrag darüber hinaus ebenfalls zum Schutz der Anteilseigner, Ausgliederungen ausgenommen, durch einen oder mehrere gerichtlich bestellte, sachverständige Prüfer (sog. Spaltungsprüfer) zu prüfen (§§ 60, 125 UmwG). Bei GmbHs hat die Prüfung auf Verlangen eines Gesellschafters zu erfolgen (§§ 48, 125 UmwG).[413] Der Bericht über die Spaltungsprüfung wird üblicherweise in den Spaltungsbericht aufgenommen.

243 Sind sämtliche Dokumente erstellt, kann der **Notartermin** vorbereitet werden. Der notariellen Beurkundung unterliegen neben dem Spaltungsvertrag unabhängig von der Rechtsform der beteiligten Rechtsträger sämtliche Zustimmungsbeschlüsse der Anteilsinhaber dieser Rechtsträger sowie etwa erforderliche Zustimmungserklärungen einzelner Anteilsinhaber (§§ 13 Abs. 2, 50 Abs. 2, 51 Abs. 1, 125 UmwG). Sämtliche Beurkundungen sollten zweckmäßigerweise in dem gleichen Notartermin erfolgen. Da die Zustimmungsbeschlüsse der Anteilsinhaber der beteiligten Rechtsträger jedoch nur in einer **Versammlung der Anteilsinhaber** gefasst werden können (§§ 13 Abs. 1 S. 2, 125 UmwG), müssen die jeweiligen Anteilsinhaber – je nach Rechtsform der beteiligten Rechtsträger – form- und fristgerecht zur jeweiligen Versammlung geladen und über den Gegenstand der Beschlussfassung informiert werden. Bei Spaltungen unter Beteiligung von Personenhandelsgesellschaften oder GmbHs ist den Gesellschaftern der Spaltungsvertrag oder sein Entwurf und der Spaltungsbericht spätestens zusammen mit der Einberufung der Gesellschafterversammlung, die über die Zustimmung zum Spaltungsvertrag beschließen soll, zu übersenden (§§ 42, 47, 125 UmwG). GmbHs haben darüber hinaus von der Einberufung an in ihren Geschäftsräumen die Jahresabschlüsse und Lageberichte der an der Spaltung beteiligten Rechtsträger für die letzten drei Jahre zur Einsicht durch die Gesellschafter auszulegen (§§ 49 Abs. 2, 125 UmwG). Bei Beteiligung einer AG ist der Spaltungsvertrag zumindest im Entwurf vor der Einberufung der Hauptversammlung, die über die Zustimmung beschließen soll, d. h. mindestens dreißig Tage vor der Beschlussfassung über die Spaltung (§ 123 Abs. 1 AktG), zum Handelsregister einzureichen (§§ 61, 125 UmwG). Zusätzlich haben AGs den Spaltungsvertrag oder seinen Entwurf, den Spaltungsbericht, den Bericht über die Spaltungsprüfung, die Jahresabschlüsse und Lageberichte der an der Spaltung beteiligten Rechtsträger für die letzten drei Jahre und eventuell Zwischenbilanzen zur Einsicht durch die Aktionäre auszulegen (§§ 63 Abs. 1, 125 UmwG). Da beides allein ihrem Schutz dient, können die Anteilsinhaber bei der Beschlussfassung über den Spaltungsvertrag naturgemäß auch **auf ihre vorherige Ladung und Information verzichten.**[414]

[412] Schmitt/Hörtnagel/Stratz/*Hörtnagel* § 17 Rdnr. 18; Widmann/Mayer/*Widmann* § 24 Rdnr. 51 ff.

[413] Vgl. im Übrigen die Übersicht über die im UmwG vorgesehenen Prüfungsbefehle bei Widmann/Mayer/*Mayer* § 9 Rdnr. 44.

[414] Vgl. nur Lutter/*Lutter/Drygala* § 13 Rdnr. 7; Lutter/*H. Schmidt* § 42 Rdnr. 3; Lutter/*Winter* § 47 Rdnr. 5, § 49 Rdnr. 7; Lutter/*Grunewald* § 61 Rdnr. 3, § 63 Rdnr. 8.

Spätestens einen Monat vor der Beschlussfassung über die Zustimmung zum Spaltungsvertrag ist der Spaltungsvertrag darüber hinaus dem zuständigen Betriebsrat[415] der jeweiligen Gesellschaft zuzuleiten (§ 126 Abs. 3 UmwG). Den **Arbeitnehmervertretungen** soll auf diese Weise eine frühzeitige Information über die Spaltung und die durch sie bewirkten Folgen für die Arbeitnehmer zur Verfügung gestellt werden, um bereits im Vorfeld des Spaltungsvorgangs seine möglichst sozialverträgliche Durchführung zu ermöglichen.[416] Der Betriebsrat kann auf die Einhaltung der Frist oder die Zuleitung an sich insgesamt verzichten.[417] Sorgsam zu prüfen ist darüber hinaus, ob mit der Spaltung eine Betriebsänderung i. S. d. § 111 BetrVG einhergeht und der Betriebsrat auch insofern entsprechend einzubinden ist. Geht mit der Spaltung ein Betriebsübergang i. S. d. § 613 a BGB einher, müssen die betroffenen Arbeitnehmer zudem nach Maßgabe des § 613 a Abs. 5 BGB über den Übergang der Arbeitsverhältnisse unterrichtet werden.[418] 244

Sofern die beteiligten Rechtsträger sämtlichen vorgenannten Pflichten zur Vorabinformation der Anteilsinhaber und der Arbeitnehmervertretungen sowie zur etwa erforderlichen Einreichung beim Handelsregister nachgekommen sind, kann der Notar den Spaltungsvertrag, die Spaltungsbeschlüsse sowie etwa zusätzlich erforderliche Zustimmungserklärungen einzelner Anteilsinhaber unmittelbar nacheinander beurkunden. Da Zusammengehöriges möglichst einheitlich beurkundet werden soll,[419] ist der Notar bereits aus Gründen der Kostenersparnis gehalten, sämtliche notarielle Tätigkeiten unter einer Urkundenrollennummer und einer Kostenrechnung zusammenzufassen (zu den Kosten der Beurkundung s. Rdnr. 249 ff.). So ist der Notar nicht nur zur richtigen, sondern auch zur kostensparenden Sachbehandlung verpflichtet.[420] Der Aufwand höherer Kosten ist nur dann gerechtfertigt, wenn besondere Gründe, etwa berechtigte Interessen eines Beteiligten, zu einer getrennten Beurkundung Anlass geben.[421] Es empfiehlt sich daher, den Spaltungsvertrag als Teil I der notariellen Urkunde, die Zustimmungsbeschlüsse des übertragenden und des übernehmenden Rechtsträgers einschließlich etwaiger Verzichtserklärungen der Anteilsinhaber als Teile II und III der notariellen Urkunde usw. aufzunehmen. Da in diesem Fall neben Willenserklärungen auch sonstige Tatsachen beurkundet werden, es sich mithin um eine gemischte Beurkundung handelt, sind sowohl die §§ 6 ff. BeurkG als auch die §§ 36 ff. BeurkG zu beachten; soweit sie sich widersprechen, sind die strengeren Vorschriften einzuhalten.[422] Alternativ können jedoch auch unterschiedliche Beurkundungsarten in einer Urkunde enthalten sein. 245

Liegen in dem Notartermin bereits alle mit der **Anmeldung zum Handelsregister** einzureichenden Anlagen vor, kann die Spaltung sogleich in notariell beglaubigter Form zur Eintragung in das Handelsregister angemeldet werden (§§ 16, 125 UmwG, § 12 HGB). Dies setzt freilich voraus, dass die Vertretungsorgane der beteiligten Rechtsträger die Anmeldung entweder selbst vor dem beurkundenden Notar unterzeichnen oder die Anmeldung, soweit zulässig,[423] durch einen Vertreter mit notariell beurkundeter Vollmacht vornehmen lassen.[424] Doch auch wenn noch nicht sämtliche Anlagen vorliegen, erscheint es empfehlenswert, die Unterschriften der zur Vertretung der beteiligten Rechtsträger Berechtigten unter die Registeranmeldung bereits frühzeitig zu beglaubigen, um mit Blick auf die Acht-Monatsfrist der §§ 17 Abs. 2 S. 4, 125 UmwG nicht unnötig in Zeitnot zu geraten. Eine konkrete Reihenfolge ist diesbezüglich nicht vorgeschrieben. So kann die Anmeldung zum Handelsregister auch 246

[415] Welcher Betriebsrat jeweils zuständig ist richtet sich nach den Vorschriften des Betriebsverfassungsrechts, d. h. §§ 50, 58 BetrVG; vgl. bereits BegrRegE, BR-Drucks. 75/94, S. 83.

[416] Vgl. BegrRegE, BR-Drucks. 75/94, S. 83.

[417] Vgl. nur Lutter/*Priester* § 126 Rdnr. 15 m. w. N. zum Streitstand.

[418] Vgl. zum Betriebsübergang auch Rdnr. 270.

[419] *Hartmann* § 44 KostO Rdnr. 2; *Meyer* JurBüro 2004, 587, 589.

[420] OLG Zweibrücken MittBayNot 2003, 160, 161; Korintenberg/*Bengel/Tiedtke* § 16 Rdnr. 51.

[421] OLG Zweibrücken MittBayNot 2003, 160, 161; OLG Oldenburg JurBüro 1997, 376.

[422] *Winkler* BeurkG 16. Aufl. 2008 Vor § 36 Rdnr. 16 f.; Eylmann/Vaasen/*Limmer* BNotO BeurkG, 2. Aufl. 2004 § 8 BeurkG Rdnr. 2; *Lerch* BeurkG 2006 § 36 Rdnr. 4; Armbrüster/Preuß/Renner/*Preuß* BeurkG 5. Aufl., 2009 § 36 Rdnr. 7.

[423] Vgl. hierzu unten Rdnr. 257.

[424] KölnKommAktG/*Simon* § 16 Rdnr. 6.

bereits vor der Beurkundung des Spaltungsvertrages, der Zustimmungsbeschlüsse sowie etwa zusätzlich erforderlicher Zustimmungserklärungen einzelner Anteilsinhaber unterzeichnet und der Notar angewiesen werden, die Anmeldung erst bei Vorliegen sämtlicher erforderlicher Unterlagen zum Handelsregister einzureichen. Dass die Urkundenrollennummer der betreffenden Niederschrift zu diesem Zeitpunkt noch nicht bekannt ist, ist unschädlich. Zum einen muss diese in der Anmeldung nicht genannt werden, zum anderen kann der Notar angewiesen werden, die Urkundenrollennummer später einzutragen und erst dann Gebrauch von der Anmeldung zum Handelsregister zu machen. So lässt sich sicherstellen, dass die Registeranmeldung – trotz etwaiger Abwesenheit der Beteiligten – fristgerecht innerhalb der Acht-Monatsfrist des § 17 Abs. 2 S. 4 UmwG eingereicht werden kann.

247 Frühzeitig prüfen sollten die Beteiligten schließlich, ob die Strukturmaßnahme der **Zusammenschlusskontrolle nach dem GWB bzw. der EG-FusionskontrollVO**[425] unterliegt und daher vor ihrem Vollzug beim Bundeskartellamt oder bei der Europäischen Kommission angemeldet werden muss. Zusammenschlüsse, die nicht vom Bundeskartellamt freigegeben bzw. von der Europäischen Kommission für vereinbar mit dem Gemeinsamen Markt erklärt wurden, dürfen nicht vor Ablauf bestimmter Fristen vollzogen werden (vgl. § 41 Abs. 1 S. 1 GWB, Art. 7 Abs. 1 EG-FusionskontrollVO). Vor Ablauf dieser Fristen ist es den beteiligten Unternehmen untersagt, die Eintragung der Spaltung ins Handelsregister herbeizuführen.[426]

248 Ebenfalls frühzeitig prüfen sollten die Beteiligten, ob die Spaltung der **staatlichen Genehmigung** bedarf. So bedarf etwa jede Spaltung eines Versicherungsunternehmens nach § 14a VAG der Genehmigung der Bundesanstalt für Finanzdienstleistungsaufsicht.

249 **d) Kosten der Beurkundung.** Für die **Beurkundung des Spaltungsvertrages** wird nach § 36 Abs. 2 KostO eine $^{20}/_{10}$-Gebühr erhoben, für die Beurkundung eines Spaltungsplans eine $^{10}/_{10}$-Gebühr nach § 36 Abs. 1 KostO. Der Geschäftswert der Beurkundung richtet sich nach dem auf den übernehmenden Rechtsträger übergehenden Aktivvermögen ohne Abzug der Verbindlichkeiten (§§ 39 Abs. 1 S. 1, Abs. 2, 18 Abs. 3 KostO).[427] Nach § 39 Abs. 5 KostO beträgt der Geschäftswert mindestens 25.000 Euro und höchstens 5.000.000 Euro, so dass die Beurkundungsgebühren für den Spaltungsvertrag den Betrag von 15.114 Euro nicht übersteigen können. Werden mehrere Spaltungsverträge oder -pläne in einer Urkunde beurkundet, sind sie gegenstandsgleich, wenn der Gesamtakt ohne einen Teilakt nicht wirksam sein soll.[428] In diesem Fall ist nach § 44 Abs. 1 S. 1 KostO allein der höchste in Betracht kommende Geschäftswert maßgeblich. Ist keine Gegenstandsgleichheit zu bejahen, weil die Spaltungen unabhängig voneinander wirksam sein sollen, sind die einzelnen Geschäftswerte nach § 44 Abs. 2 lit. a) KostO zu addieren.[429]

250 Für die **Beurkundung der Zustimmungsbeschlüsse** der beteiligten Rechtsträger wird nach § 47 KostO eine $^{20}/_{10}$-Gebühr erhoben. Der Geschäftswert ist nach § 41c Abs. 2 KostO bei Aufspaltungen mit dem Wert des Aktivvermögens des übertragenden Rechtsträgers anzusetzen. Bei Abspaltungen oder Ausgliederungen ist der Wert des übergehenden Aktivvermögens maßgeblich. Werden die Zustimmungsbeschlüsse der Anteilsinhaber aller beteiligten Rechtsträger in einer Urkunde beurkundet, sind die Beschlüsse gegenstandsgleich. Der Notar darf die Gebühr des § 47 KostO mithin nur einmal in Ansatz bringen (§§ 44 Abs. 1 S. 1, 41c Abs. 3 S. 1 KostO).[430] Bei Aufnahme der Zustimmungsbeschlüsse in getrennten Urkunden kann entsprechend eine unrichtige Sachbehandlung nach § 16 KostO vorliegen.[431] In jedem

[425] Verordnung (EG) Nr. 139/2004 des Rates vom 20. Januar 2004 (ABl. L 24/1 vom 29. 1. 2004; in Kraft ab 1. 5. 2004).

[426] MünchKommGWB/*Mäger* § 41 Rdnr. 4; *Bechtold* Kartellgesetz § 41 Rdnr. 4; FK-KartR/*Hellmann* Art. 7 FKVO Rdnr. 11.

[427] OLG Zweibrücken MittRhNotK 2000, 80, 81f.; BayObLG MittRhNotK 1997, 242f.; Korintenberg/*Bengel/Tiedtke* § 39 Rdnr. 73, 67, 69, 78f.; *Assenmacher/Mathias* „Umwandlungen" Anm. 4.6.1.

[428] *Assenmacher/Mathias* „Umwandlungen" Anm. 4.2; Bayer. Notarkasse, Rdnr. 1019 jeweils zur Verschmelzung.

[429] *Assenmacher/Mathias* „Umwandlungen" Anm. 4.2; Bayer. Notarkasse Rdnr. 1022f. jeweils zur Verschmelzung.

[430] BayObLG MittBayNot 1990, 61, 63f.; Korintenberg/*Bengel/Tiedtke* § 41c Rdnr. 69, § 44 Rdnr. 66a; *Assenmacher/Mathias* „Umwandlungen" Anm. 4.3; Bayer. Notarkasse Rdnr. 1028, 1062.

[431] Bayer. Notarkasse Rdnr. 1029.

Fall gesondert zu bewerten sind eine zugleich beschlossene Kapitalerhöhung beim übernehmenden Rechtsträger sowie eine zugleich beschlossene Kapitalherabsetzung beim übertragenden Rechtsträger.[432] Die hierfür anzusetzenden Werte sind dem Geschäftswert des Zustimmungsbeschlusses nach § 44 Abs. 2 lit. a) KostO hinzuzuaddieren. Nach § 47 S. 2 KostO beträgt die Gebühr für die Beschlussniederschrift als Ganzes[433] dabei jedoch in keinem Falle mehr als 5.000 Euro.

Auch wenn der **Spaltungsvertrag und die Spaltungsbeschlüsse in einer Urkunde** beurkundet werden, sind diese von vornherein nicht gegenstandsgleich i. S. d. § 44 Abs. 1 S. 1 KostO. Zwar handelt es sich bei Spaltungen um einheitliche rechtliche Vorgänge, deren Wirksamkeitserfordernisse sich aus verschiedenen Elementen zusammensetzen, wobei die Spaltung bildhaft ausgedrückt eine Klammer darstellt, die die Herbeiführung der einzelnen rechtlichen Voraussetzungen für das Wirksamwerden der Spaltung mit ihrer abschließenden Eintragung im Register des übertragenden Rechtsträgers zu einem inneren Zusammenhang verknüpft.[434] Nach einhelliger Auffassung ist die Anwendung des § 44 Abs. 1 S. 1 KostO jedoch ausgeschlossen, wenn in einer notariellen Verhandlung Beschlüsse von Gesellschaftsorganen (§ 47 KostO) zugleich mit rechtsgeschäftlichen Erklärungen (§ 36 KostO) beurkundet werden.[435] 251

Gegenstandsgleich mit dem in derselben Urkunde enthaltenen Spaltungsvertrag ist jedoch der von allen Anteilsinhabern aller beteiligten Rechtsträger erklärte **Verzicht** auf die Erstattung eines Spaltungsberichts (§§ 8 Abs. 4 S. 1 Nr. 1, 125 UmwG), auf die Prüfung des Spaltungsvertrages durch einen oder mehrere sachverständige Prüfer (§§ 9 Abs. 3, 125 UmwG) sowie auf das Recht zur Anfechtung der Spaltungsbeschlüsse der beteiligten Gesellschaften (§§ 16 Abs. 2 S. 2, 125 UmwG).[436] Gegenstandsgleich mit dem Spaltungsvertrag sind zudem etwa erforderliche **Zustimmungserklärungen einzelner Anteilsinhaber** (§§ 13 Abs. 2, 50 Abs. 2, 51 Abs. 1, 125 UmwG).[437] Beurkundet der Notar vor diesem Hintergrund die Verzichtserklärungen der Anteilsinhaber nach §§ 8 Abs. 4 S. 2, 9 Abs. 3 und 16 Abs. 2 S. 2 UmwG sowie etwa erforderliche Zustimmungserklärungen einzelner Anteilsinhaber ohne sachlichen Grund nicht in gemeinsamer Urkunde mit dem Spaltungsvertrag, sondern zusammen mit den Zustimmungsbeschlüssen, so liegt darin eine unrichtige Sachbehandlung nach § 16 KostO.[438] Gegenstandsgleich mit dem Spaltungsvertrag wären darüber hinaus etwaige **Erhöhungen des Kapitals** des übernehmenden Rechtsträgers, sofern die Änderung des Gesellschaftsvertrages nicht per Beschluss erfolgt.[439] Der in diesem Zusammenhang abgegebenen Übernahmeerklärung hinsichtlich des erhöhten Stammkapitals kommt dabei keine rechtsgeschäftliche Bedeutung zu, die über die im Spaltungsvertrag getroffenen Vereinbarungen hinausgeht, so dass diesbezüglich eine Beurkundungsgebühr nicht zu erheben ist.[440] Bei der Spaltung zur Neugründung ist die im Spaltungsplan enthaltene **Satzung des neu gegründeten Rechtsträgers** schließlich Teil des Spaltungsvorgangs und daher ebenfalls nicht gesondert zu bewerten.[441] 252

Für die **Beurkundung der Anmeldung der Spaltung zum Handelsregister** entsteht nach § 38 Abs. 2 Nr. 7 KostO eine $^5/_{10}$-Gebühr. Hinsichtlich des Geschäftswerts ist zu differenzieren. Beim übertragenden Rechtsträger und beim bereits bestehenden übernehmenden Rechtsträger handelt es sich um eine spätere Anmeldung i. S. d. § 41 a Abs. 4 KostO. Beim 253

[432] *Hartmann* § 44 KostO Rdnr. 51; Bayer. Notarkasse Rdnr. 1028.

[433] Bayer. Notarkasse Rdnr. 1030.

[434] OLG Hamm MittBayNot 2002, 210, 211.

[435] OLG Hamm MittBayNot 2002, 210, 211; *Hartmann* § 44 KostO Rdnr. 6.; Korintenberg/*Bengel/Tiedtke* § 41 c Rdnr. 62, § 44 Rdnr. 6, 66.

[436] OLG Zweibrücken MittBayNot 2003, 160, 161; OLG Hamm MittBayNot 2002, 210, 211; Korintenberg/*Bengel/Tiedtke* § 39 Rdnr. 72, 41 c Rn. 62, 64; *Assenmacher/Mathias* „Umwandlungen" Anm. 4.4; Bayer. Notarkasse Rdnr. 1032; a. A. Widmann/Mayer/*Vossius* Vor §§ 39 ff. Rdnr. 143.

[437] Korintenberg/*Bengel/Tiedtke* § 39 Rdnr. 72, § 41 c Rdnr. 64.

[438] OLG Zweibrücken MittBayNot 2003, 160; Korintenberg/*Bengel/Tiedtke* § 39 Rdnr. 72, § 41 c Rdnr. 69; *Assenmacher/Mathias* „Umwandlungen" Anm. 4.3.

[439] Korintenberg/*Bengel/Tiedtke* § 39 Rdnr. 77, § 41 c Rdnr. 66.

[440] OLG Hamm MittBayNot 2002, 210, 211.

[441] *Tiedtke* MittBayNot 1997, 209, 214; Korintenberg/*Bengel/Tiedtke* § 39 Rdnr. 78, § 41 c Rdnr. 66.

neu gegründeten Rechtsträger wäre die Anmeldung eine erste Anmeldung, so dass die Bewertung in diesem Fall nach § 41a Abs. 1 oder 3 KostO zu erfolgen hat.[442] Wird bei dem übertragenden Rechtsträger zugleich eine Kapitalherabsetzung oder bei dem bereits bestehenden übernehmenden Rechtsträger zugleich eine Kapitalerhöhung angemeldet, liegt jeweils eine gegenstandsverschiedene Anmeldung vor.[443] Der Geschäftswert der Anmeldung ist nach § 44 Abs. 2 lit. a) KostO entsprechend zu erhöhen, wobei der Wert nach § 39 Abs. 5 KostO jedoch auf höchstens 500.000 Euro anzunehmen ist, auch wenn mehrere Anmeldungen in derselben Verhandlung beurkundet werden. Für eine Handelsregisteranmeldung per Eigenurkunde nach § 378 FamFG fällt eine $^{5}/_{10}$-Gebühr nach § 147 Abs. 2 KostO an, wobei als Geschäftswert 30% des nach § 41a KostO anzusetzenden Geschäftswerts angemessen erscheinen.

254 e) **Auslandsbezug von Spaltungen.** Nach § 1 Abs. 1 UmwG findet das UmwG nur auf „Rechtsträger mit Sitz im Inland" Anwendung.[444] **Grenzüberschreitende Spaltungen,** d. h. Spaltungen unter Beteiligung von Rechtsträgern mit Sitz in unterschiedlichen Staaten, sind daher von vornherein nicht Gegenstand des UmwG.[445] Eine Spaltung käme aber auch dann nicht in Betracht, wenn eine nach ausländischem Recht gegründete Gesellschaft ihren tatsächlichen Verwaltungssitz im Inland hätte. Eine solche Gesellschaft wäre mangels Nennung in §§ 124, 3 UmwG nicht beteiligtenfähig – und zwar unabhängig davon, ob die Gesellschaft nach dem Recht eines EU-Mitgliedstaates, eines gleichgestellten Staates (EWR, Staatsvertrag) oder eines Drittstaates gegründet worden wäre.[446] Ein Auslandsbezug kann sich jedoch auch im Anwendungsbereich des UmwG etwa dadurch ergeben, dass im Ausland belegene Grundstücke oder Mobilien oder ausländischem Recht unterliegende Forderungen, Verträge oder Verbindlichkeiten übertragen werden sollen. In diesen Fällen stellt sich die – nach den Grundsätzen des Internationalen Privatrechts zu beantwortende – Frage, ob auch dieses **Auslandsvermögen** im Wege der partiellen Gesamtrechtsnachfolge nach § 131 Abs. 1 Nr. 1 UmwG übergeht. Maßgeblich ist dabei das Gesellschaftsstatut der beteiligten Rechtsträger.[447] Dieses bestimmt nicht nur die Voraussetzungen und das Verfahren eines Umwandlungsvorgangs, sondern auch dessen Rechtsfolgen einschließlich der im Rahmen der Umwandlung erfolgenden Übertragung von Gegenständen im Wege der Gesamtrechtsnachfolge.[448]

255 Ist nach dem **Gesellschaftsstatut der beteiligten Rechtsträger** deutsches Umwandlungsrecht anzuwenden,[449] erfolgt die Übertragung von Vermögen – zumindest aus deutscher Sicht – auch bei Auslandsbezug grundsätzlich nicht nach dem lokalen Recht des Belegen-

[442] Korintenberg/*Bengel/Tiedtke* § 41a Rdnr. 95f.; *Assenmacher/Mathias* „Umwandlungen" Anm. 4.6.3; Bayer. Notarkasse Rdnr. 1039ff.

[443] Korintenberg/*Bengel/Tiedtke* § 41a Rdnr. 95, 102; Bayer. Notarkasse Rdnr. 1041, 1065.

[444] Vgl. aber §§ 122a ff. UmwG in Bezug auf die grenzüberschreitende Verschmelzung von Kapitalgesellschaften.

[445] In der Literatur wird jedoch aus dem Sevic-Urteil des EuGH (NJW 2006, 425) gefolgert, dass die Niederlassungsfreiheit gemäß Art. 43, 48 EG auch die Möglichkeit einer grenzüberschreitenden Spaltung zwingend gebiete (vgl. Widmann/Mayer/*Heckschen* Vor §§ 122a ff. Rdnr. 85ff.; Schmitt/Hörtnagel/Stratz/*Hörtnagel* § 1 Rdnr. 48ff.).

[446] Schmitt/Hörtnagel/Stratz/*Hörtnagel* § 1 Rdnr. 35.

[447] *Kuntz* IStR 2006, 224, 229.

[448] *Kasserow/Prüm* WM 2005, 633, 635; widersprüchlich Schmitt/Hörtnagel/Stratz/*Stratz* § 20 Rdnr. 33f.

[449] Nach der Rechtsprechung des BGH ist bei der Bestimmung des Gesellschaftsstatuts zu differenzieren. Innerhalb der EU und im Verhältnis zu gleichgestellten Staaten (EWR, Staatsvertrag) bestimmt sich das Gesellschaftsstatut nach dem Recht des Mitgliedstaates, in dem die betreffende Gesellschaft gegründet worden ist (sog. Gründungstheorie; vgl. BGHZ 154, 185 = NJW 2003, 1461; EuGH, NJW 2002, 3614 – Überseering; vgl. auch BGHZ 164, 148 = NJW 2005, 3351). Das Gesellschaftsstatut von Gesellschaften, die nach dem Recht von Drittstaaten gegründet worden sind, richtet sich jedoch nach dem Recht des Staates, in dem die Gesellschaft ihren tatsächlichen Verwaltungssitz hat (sog. Sitztheorie; vgl. BGHZ 178, 192 = NJW 2009, 289 – Trabrennbahn). Die Anwendung dieser Grundsätze setzt freilich voraus, dass die Anwendbarkeit des Gesellschaftsstatuts nicht aufgrund völkerrechtlicher Vereinbarungen mit einzelnen Staaten konkretisiert, modifiziert oder auch ausgeschlossen wurde (Art. 3 Nr. 2 EGBGB; vgl. etwa Deutsch-Amerikanischer Freundschafts-, Handels- und Schifffahrtsvertrag vom 29. 10. 1954 (BGBl. 1956 II, S. 487); hierzu BGHZ 153, 353 = NJW 2003, 1607).

heitsorts, sondern nach deutschem Umwandlungsrecht.[450] Dazu gehört u.a. die Gesamtrechtsnachfolge nach § 131 Abs. 1 Nr. 1 UmwG, die grundsätzlich im Ausland belegenes Vermögen ebenso erfasst wie im Inland belegenes (aktives und passives) Vermögen.[451] Bereits im deutschen Schrifttum werden jedoch zahlreiche Ausnahmen von der Anwendung des Gesellschaftsstatuts *(Gesamtstatut)* zugunsten des auf die Einzelrechtsnachfolge in den betroffenen Gegenstand geltenden Rechts *(Einzelstatut)*, bei Sachen mithin des Rechts des Belegenheitsortes *(lex rei sitae)*, vor allem für den Fall diskutiert, dass die ausländische Rechtsordnung eine Gesamtrechtsnachfolge als Folge einer Spaltung nicht kennt.[452] Gänzlich ungewiss ist überdies, ob auch ausländische Gerichte und/oder Registrierungsstellen die Gesamtrechtsnachfolge (auch) in das Auslandsvermögen anerkennen. So kann nicht ausgeschlossen werden, dass der Belegenheitsstaat auf der Einhaltung des Ortsrechts besteht. Es empfiehlt sich daher in jedem Fall, im Vorfeld einer Spaltung mit den betroffenen ausländischen Registrierungsstellen pragmatische Lösungswege zu suchen. Notfalls muss das im Ausland belegene Vermögen zusätzlich im Wege der Einzelrechtsübertragung nach dem Recht des Belegenheitsorts übertragen werden.[453]

2. Spaltungs- und Übernahmevertrag, Spaltungsplan

Kernstück jeder Spaltung ist der notariell zu beurkundende **Spaltungs- und Übernahmevertrag** (§§ 6, 125 UmwG), der zwischen sämtlichen an der Spaltung beteiligten Rechtsträgern geschlossen wird. Zuständig für den Abschluss des Spaltungsvertrages sind die jeweiligen Vertretungsorgane der beteiligten Rechtsträger (§§ 4 Abs. 1, 125 UmwG). Zu seiner Wirksamkeit bedarf der Spaltungsvertrag darüber hinaus jedoch der Zustimmung der Anteilsinhaber der beteiligten Rechtsträger (sog. Spaltungsbeschluss; §§ 13 Abs. 1, 125 UmwG). Um Zeit und Kosten zu sparen, erlaubt es das Gesetz, den Anteilsinhabern zur Beschlussfassung zunächst nur einen schriftlichen Entwurf des Spaltungsvertrages vorzulegen und die Beurkundung des Spaltungsvertrages erst nach der Zustimmung der Anteilsinhaber hierzu vorzunehmen (§§ 4 Abs. 2, 125 UmwG). Existiert der übernehmende Rechtsträger wie bei der Spaltung zur Neugründung noch nicht, kann ein Vertrag naturgemäß nicht geschlossen worden. Der übertragende Rechtsträger kann in diesem Fall lediglich einen Spaltungsplan durch einseitige, nicht empfangsbedürftige Willenserklärung aufstellen. Der **Spaltungsplan** tritt bei der Spaltung zur Neugründung an die Stelle des Spaltungsvertrages (§ 136 UmwG). Da der Spaltungsplan der notariellen Beurkundung bedarf (§§ 6, 125, 135 UmwG), hat dies zur Folge, dass auch der Gesellschaftsvertrag des neu zu gründenden Rechtsträgers, der im Spaltungsplan enthalten sein oder festgestellt werden muss (§§ 37, 125, 135 UmwG), unabhängig von der Rechtsform des neuen Rechtsträgers mitbeurkundet werden. 256

Die jeweiligen Vertretungsorgane der beteiligten Rechtsträger können sich bei Abschluss des Spaltungsvertrages auch vertreten lassen. Die **Vollmacht zum Abschluss des Spaltungsvertrages** bedarf nach § 167 Abs. 2 BGB grundsätzlich keiner Form. Da die einzelnen Spaltungserklärungen spätestens mit der Anmeldung zum Handelsregister urkundlich dokumentiert dem Handelsregister vorzulegen sind (vgl. §§ 17, 125 UmwG), geht das UmwG jedoch zumindest implizit von der Schriftform der Vollmachten aus.[454] Allein bei der Spaltung zur Neugründung einer Kapitalgesellschaft bedarf die Vollmacht ausnahmsweise der notariellen Beglaubigung (vgl. § 2 Abs. 2 GmbHG, §§ 23 Abs. 1 S. 2, 280 Abs. 1 S. 3 AktG).[455] Mit Blick auf das nachfolgende Grundbuchberichtigungsverfahren wird zudem in der Literatur 257

[450] Widmann/Mayer/*Vossius* § 20 Rdnr. 41; *Kollmorgen/Feldhaus* BB 2007, 2189, 2190.

[451] Kallmeyer/*Marsch-Barner* § 20 Rdnr. 5; Lutter/*Grunewald* § 20 Rdnr. 11; *Racky* DB 2003, 923; *Bungert*, FS Heldrich, S. 527, 528; Widmann/Mayer/*Vossius* § 20 Rdnr. 41; Semler/Stengel/*Kübler* § 20 Rdnr. 10; *Kuntz* IStR 2006, 224, 229; Palandt/*Heldrich* Anh. Art. 12 EGBGB Rdnr. 18 jeweils zur Verschmelzung.

[452] Vgl. etwa *Kuntz* IStR 2006, 224, 229 f.; Lutter/*Grunewald* § 20 Rdnr. 11; Semler/Stengel/*Kübler* § 20 Rdnr. 10; Widmann/Mayer/*Vossius* § 20 Rdnr. 45; derartige Ausnahmen gänzlich ablehnend indes *Kasserow/Prüm* WM 2005, 633, 635; wohl auch Kallmeyer/*Marsch-Barner* § 20 Rdnr. 5.

[453] Kallmeyer/*Marsch-Barner* § 20 Rdnr. 5; *Racky* DB 2003, 923, 924; *Bungert*, FS Heldrich, S. 527, 533.

[454] *Melchior* GmbHR 1999, 520, 521; Lutter/*Lutter/Drygala* § 6 Rdnr. 6.

[455] *Melchior* GmbHR 1999, 520, 521; Lutter/*Lutter/Drygala* § 6 Rdnr. 6.

empfohlen, die Vollmacht zum Abschluss des Spaltungsvertrages sogleich beglaubigen zu lassen.[456] Dies macht dann Sinn, wenn der übertragende Rechtsträger die Grundbuchberichtigung nach § 19 GBO bereits im Spaltungsvertrag bewilligt, was insbesondere zu empfehlen ist, wenn nur wenige Grundstücke übertragen werden. Rechtlich erforderlich ist eine Beglaubigung der Vollmacht aber nicht.[457] Nach § 29 GBO müssen allein die zur Eintragung in das Grundbuch erforderlichen Erklärungen durch öffentliche oder öffentlich beglaubigte Urkunden nachgewiesen werden. Hierzu gehören im Falle der Bewilligung der Grundbuchberichtigung aber nicht die Vollmachten zum Abschluss des Spaltungsvertrages. Mit der Eintragung der Spaltung in das Handelsregister ist die Spaltung wirksam geworden und das zu übertragende Vermögen übergegangen. Etwaige Mängel der Spaltung, einschließlich etwaiger Mängel der Vollmachten zum Abschluss des Spaltungsvertrages, lassen die Wirkungen der Eintragung der Spaltung nach § 131 Abs. 2 UmwG unberührt.[458] Die Form des § 29 GBO ist jedoch dann einzuhalten, wenn die Vollmacht zum Abschluss des Spaltungsvertrages zugleich die Vollmacht zur Grundbuchbewilligung enthält. Die Grundbuchbewilligung einschließlich der Vollmacht hierzu bedürfen der Form des § 29 GBO.[459]

258 Die Beurkundung des Spaltungsvertrages und des Spaltungsplans richtet sich nach den Bestimmungen über die **Beurkundung von Willenserklärungen** (§§ 8 ff. BeurkG). Die Form eines Tatsachenprotokolls nach §§ 36 ff. BeurkG genügt nicht. Soweit im Spaltungsvertrag oder Spaltungsplan auf Anlagen (Inventare, Bilanzen etc.) Bezug genommen wird, kann zur Beschleunigung des Notartermins zum einen bereits zuvor eine Bezugsurkunde nach § 13 a BeurkG erstellt werden. Zum anderen können die Erleichterungen hinsichtlich des Verlesens nach § 14 BeurkG genutzt werden. Da das UmwG eine gleichzeitige Anwesenheit der Beteiligten nicht vorschreibt, ist schließlich auch eine Sukzessivbeurkundung möglich.[460]

259 Der **Mindestinhalt des Spaltungsvertrages** lässt sich dem Katalog des § 126 Abs. 1 UmwG entnehmen. Es empfiehlt sich, den Spaltungsvertrag der Übersichtlichkeit halber entsprechend dieser Auflistung zu gliedern und fakultative Regelungen ggf. im Anschluss aufzunehmen.[461] Die Nr. 1 bis 8 und 11 des § 126 Abs. 1 UmwG entsprechen im Wesentlichen dem Katalog des § 5 Abs. 1 UmwG betreffend Verschmelzungsverträge, so dass diesbezüglich auf die Ausführungen zur Verschmelzung verwiesen werden kann.[462] Einzugehen ist im Folgenden vor allem auf die Angaben nach § 126 Abs. 1 Nr. 9 und 10 UmwG.

260 **a) Übertragung von Vermögen.** Bei sämtlichen Formen der Spaltung ist der übertragende Rechtsträger **in der Aufteilung des Vermögens grundsätzlich völlig frei.** Es gibt kein Erfordernis einer betriebswirtschaftlich sinnvollen Abgrenzung der Vermögensteile.[463] Die zu übertragenden Vermögensteile können entsprechend Betriebe oder Teilbetriebe sein, es kann aber auch lediglich ein einziger Gegenstand, etwa ein Grundstück mit seinen wesentlichen Bestandteilen, auf einen anderen Rechtsträger übertragen werden.[464] Der übertragende Rechtsträger kann aber auch – etwa zur Bildung einer Holding-Struktur – sein gesamtes Vermögen ausgliedern (sog. Totalausgliederung).[465] Im Wege der Spaltung übertragen werden können schließlich – zumindest im Grundsatz – auch lediglich Verbindlichkeiten oder Vermögensteile mit einem negativen Wert.[466] Aus steuerlicher Sicht ist jedoch zu berücksich-

[456] Maulbetsch/Klumpp/Rose/*Raible* § 126 Rdnr. 8.

[457] Ebenso nunmehr OLG Düsseldorf Beschl. v. 29. 9. 2010 – Az. I-3 Wx 217/10.

[458] Die Wirksamkeit der Spaltung wird selbst durch einen nichtigen Spaltungsvertrag nicht berührt; vgl. Lutter/*Grunewald* § 20 Rdnr. 82; Kallmeyer/*Marsch-Barner* § 20 Rdnr. 40.

[459] *Demharter* GBO 27. Aufl. 2010 § 19 Rdnr. 77; Bauer/von Oefele/*Kössinger* GBO 2. Aufl. 2006 § 19 Rdnr. 288.

[460] Beck'sches Notarhandbuch/*Heckschen* D IV Rdnr. 19.

[461] Ebenso Beck'sches Notarhandbuch/*Heckschen* D IV Rdnr. 59.

[462] Vgl. Rdnr. 101 ff.

[463] Kallmeyer/*Kallmeyer/Sickinger* § 123 Rdnr. 1; Lutter/*Priester* § 126 Rdnr. 59; Semler/Stengel/*Schröer* § 126 Rdnr. 28; Widmann/Mayer/*Mayer* § 126 Rdnr. 61; anders *Pickhardt* DB 1999, 729, 730, die einen „spaltungsfähigen Vermögensteil" fordert.

[464] Kallmeyer/*Kallmeyer/Sickinger* § 123 Rdnr. 1.

[465] Widmann/Mayer/*Mayer* § 126 Rdnr. 55 ff.; Kallmeyer/*Kallmeyer/Sickinger* § 123 Rdnr. 12; Semler/Stengel/*Schröer* § 126 Rdnr. 28.

[466] Vgl. dazu Rdnr. 266 f.

tigen, dass **Aufspaltungen und Abspaltungen nur dann steuerlich neutral** durchgeführt werden können und stille Reserven nur dann nicht aufgedeckt werden müssen, wenn ein Teilbetrieb übertragen wird und bei Abspaltungen ein Teilbetrieb beim übertragenden Rechtsträger verbleibt. Die Übertragung eines Teilbetriebs liegt dabei nur vor, wenn auf den übernehmenden Rechtsträger alle funktional wesentlichen Betriebsgrundlagen des betreffenden Teilbetriebs übertragen werden.[467] Als Teilbetrieb gilt dabei auch eine 100%ige Beteiligung an einer Kapitalgesellschaft oder ein Mitunternehmeranteil, d.h. eine Beteiligung an einer gewerblich tätigen Personengesellschaft (§§ 15 Abs. 1, 11 Abs. 2, 16 UmwStG). **Ausgliederungen sind jedenfalls dann steuerlich neutral**, wenn ein Betrieb, ein Teilbetrieb oder ein Mitunternehmeranteil übertragen wird (§§ 20, 24 UmwStG).

Inhaltlich muss der Spaltungsvertrag nach § 126 Abs. 1 Nr. 9 UmwG die genaue Bezeichnung und Aufteilung der Gegenstände des Aktiv- und Passivvermögens, die an jeden der übernehmenden Rechtsträger übertragen werden, sowie der übergehenden Betriebe und Betriebsteile unter Zuordnung zu den übernehmenden Rechtsträgern enthalten. Nach allgemeiner Ansicht dürfen die Anforderungen an die **Bezeichnung der zu übertragenden Gegenstände** dabei nicht überspannt werden. Es ist nicht erforderlich, die zu übertragenden Gegenstände im Vertrag einzeln aufzuzählen. Vielmehr genügt es, dass sich im Wege der Auslegung nach §§ 133, 157 BGB ergibt, dass die Gegenstände übertragen werden sollen. Gänzlich ausreichend ist daher auch die Verwendung einer sog. All-Klausel, mit der sämtliche zu einem bestimmten Bereich gehörenden Gegenstände erfasst werden. So genügt es bei der Übertragung von Unternehmensteilen etwa, dass der Gegenstand bei betriebswirtschaftlicher Betrachtung dem Geschäftsbetrieb des zu übertragenden bestimmten Unternehmensteils zuzurechnen ist.[468] § 126 Abs. 2 S. 3 UmwG gestattet es in diesem Zusammenhang, Urkunden wie Bilanzen und Inventare, deren Inhalt eine Zuweisung des einzelnen Gegenstands ermöglicht und die dem Spaltungsvertrag als Anlagen beigefügt werden, in Bezug zu nehmen. Lässt sich auch nach Auslegung des Spaltungsvertrages nicht ermitteln, ob ein Gegenstand abgespalten oder ausgegliedert werden sollte, geht dieser nicht im Wege der partiellen Gesamtrechtsnachfolge auf den übernehmenden Rechtsträger über, sondern verbleibt beim übertragenden Rechtsträger.[469] Strebten die beteiligten Rechtsträger eine Abspaltung oder Ausgliederung an, bleibt ihnen daher nichts anderes übrig, als den betreffenden Gegenstand im Wege der Einzelrechtsübertragung gesondert zu übertragen. Bei Aufspaltungen stellt sich das Problem dagegen in anderer Form, da der übertragende Rechtsträger mit der Eintragung der Aufspaltung im Handelsregister erlischt (§ 131 Abs. 1 Nr. 2 UmwG) und der Gegenstand entsprechend nicht bei diesem verbleiben kann. § 131 Abs. 3 UmwG sieht in diesem Zusammenhang vor, dass, sollte ein Gegenstand im Spaltungsvertrag keinem der übernehmenden Rechtsträger zugeteilt worden sein und sollte sich die Zuteilung auch nicht durch Auslegung des Vertrages ermitteln lassen, der Gegenstand auf alle Rechtsträger in dem Verhältnis übergeht, das sich aus dem Vertrag für die Aufteilung des Überschusses der Aktivseite der Schlussbilanz über deren Passivseite ergibt. Nur wenn eine Zuteilung des Gegenstandes an mehrere Rechtsträger nicht möglich ist, ist sein Gegenwert in dem bezeichneten Verhältnis zu verteilen. 261

Besondere Anforderungen an die Bezeichnung stellt das Gesetz bei der **Übertragung von Grundstücken**. Nach § 126 Abs. 2 S. 2 UmwG i.V.m. § 28 GBO sind die zu übertragenden Grundstücke bereits im Spaltungsvertrag übereinstimmend mit dem Grundbuch oder durch Hinweis auf das Grundbuchblatt zu bezeichnen. Der BGH hat in diesem Zusammenhang im Jahr 2008 in einer grundlegenden Entscheidung entgegen der ganz herrschenden Ansicht in der Literatur klargestellt, dass die grundbuchmäßige Bezeichnung nach § 28 GBO eine materiell-rechtliche Anforderung an den Inhalt des Spaltungsvertrages und damit Wirksamkeitserfordernis einer Übertragung von Grundstücken ist. Nur wenn die zu übertragenden Grundstücke i.S.d. § 28 GBO grundbuchmäßig bezeichnet sind, gehen sie im Rahmen einer Abspaltung oder Ausgliederung mit der Eintragung im Handelsregister auf den über- 262

[467] Vgl. nur BFH Der Konzern 2010, 389 m.w.N.
[468] BGH NZG 2003, 1172, 1174.
[469] BGH NZG 2003, 1172, 1174.

nehmenden Rechtsträger über (§ 131 Abs. 1 Nr. 1 UmwG).[470] Dies gilt nach Ansicht des BGH selbst dann, wenn durch die Auslegung des Spaltungsvertrages eine einwandfreie Zuordnung auf den übernehmenden Rechtsträger möglich ist, da andernfalls eine nicht hinnehmbare Unsicherheit entstünde, welche Grundstücke auf den übernehmenden Rechtsträger außerhalb des Grundbuchs übergegangen sind.[471] Dies wird im Rahmen der wirtschaftsrechtlichen Beratung vor allem auch bei Unternehmenskäufen relevant. Hier muss sich nunmehr stets die Frage stellen, wie die Gesellschaft in der Vergangenheit Grundstückseigentum erworben hat.

263 Ein etwaiger Mangel der Bezeichnung ließe sich bis zur Eintragung der Abspaltung oder Ausgliederung in das Handelsregister durch Beurkundung einer Nachtragsurkunde, mit der die Beteiligten ihre Erklärungen ergänzen, heilen.[472] Danach wäre eine **Heilung des Mangels der Bezeichnung** ausnahmsweise noch bei einer offensichtlichen Unrichtigkeit i. S. d. § 44a Abs. 2 S. 1, 2 BeurkG über eine Ergänzung der Grundstücksaufstellung möglich.[473] Im Übrigen bliebe den Beteiligten allein die Möglichkeit, das nicht aufgeführte oder nicht korrekt bezeichnete Grundstück im Wege der **Einzelrechtsübertragung** nach §§ 873, 925 BGB per Auflassung und Eigentumsumschreibung im Grundbuch zu übertragen.[474] Eine entsprechende schuldrechtliche Verpflichtung zur gesonderten Übertragung des Eigentums wird sich dem Spaltungsvertrag regelmäßig bereits durch Auslegung entnehmen lassen.[475] Rein vorsorglich sollte gleichwohl eine Verpflichtung der Beteiligten zur gesonderten Übertragung in den Spaltungsvertrag aufgenommen werden, sollten Gegenstände entgegen der Intention der Beteiligten nicht übergehen.[476] Gleiches gilt letztlich für den Spaltungsplan. Auch diesem wird sich bereits durch Auslegung die (einseitig verpflichtende) Erklärung zur gesonderten Eigentumsübertragung entnehmen lassen. Bei Aufspaltungen findet wiederum § 131 Abs. 3 UmwG Anwendung, so dass das Eigentum an nicht zuordenbaren Grundstücken in dem dort bezeichneten Verhältnis auf die übernehmenden Rechtsträger übergeht.[477] Vernünftigerweise nichts anderes kann aus dem – zumindest äußerst missverständlichen – Hinweis des BGH, auch die im Wege der Aufspaltung übergehenden Grundstücke müssten nach § 28 S. 1 GBO bezeichnet werden,[478] hergeleitet werden. Zum einen ist dies auf der Grundlage eines materiell-rechtlichen Verständnisses des § 28 GBO eine bare Selbstverständlichkeit und sagt noch nichts darüber aus, welche Rechtsfolge im Falle einer nicht ausreichenden Bezeichnung eintreten soll. Zum anderen wollte der Gesetzgeber mit § 131 Abs. 3 UmwG mit Blick auf das Erlöschen des übertragenden Rechtsträgers „eine für jede Aufspaltung unentbehrliche Regelung über das rechtliche Schicksal von Gegenständen, deren Zuweisung an einen der übernehmenden Rechtsträger unklar geblieben ist", schaffen.[479] Lässt sich dem Aufspaltungsvertrag eine konkrete Zuordnung auch nicht durch Auslegung entnehmen, ergibt dies bereits die direkte Anwendung von § 131 Abs. 3 UmwG. Andernfalls kann die Bestimmung zwar nach ihrem eindeutigen Wortlaut nicht direkt eingreifen. Geboten ist jedoch eine analoge Anwendung. Im letzteren Fall wäre dem Spaltungsvertrag wiederum die schuldrechtliche Verpflichtung des „zu Unrecht bereicherten Rechtsträgers" zur Herbeiführung der von den Beteiligten gewünschten Vermögenszuordnung zu entnehmen.

---

[470] BGHZ 175, 123, 131 ff. = NZG 2008, 436; im Grundsatz zustimmend OLG Schleswig ZNotP 2010, 108, 109; zustimmend auch *Krüger* ZNotP 2008, 466; *Weiler* MittBayNot 2008, 310; *Lüke/Scherz* ZfIR 2008, 467; kritisch hingegen *Priester* EWiR 2008, 223; *Limmer* DNotZ 2008, 471; *Link* RNotZ 2008, 358; *Schorling* AG 2008, 653; *Heckschen* NotBZ 2008, 192; *Wilhelm* LMK 2008, 259 885; *Leitzen* ZNotP 2008, 272; anders bereits vor der Entscheidung des BGH *Priester* DNotZ 1995, 427; *Vollmer* WM 2002, 428.

[471] BGHZ 175, 123, 131 = NZG 2008, 436.

[472] *Link* RNotZ 2008, 358, 359 f.

[473] *Link* RNotZ 2008, 358, 359 f.

[474] *Link* RNotZ 2008, 358, 359 f.; *Weiler* MittBayNot 2008, 307, 310; a. A. Beck'sches Notarhandbuch/*Heckschen* D IV Rdnr. 62: lediglich Identitätserklärung erforderlich.

[475] *Priester* EWiR 2008, 223, 224; *Wilhelm* LMK 2008, 259 885.

[476] *Link* RNotZ 2008, 358, 359 f.

[477] *Link* RNotZ 2008, 358, 359.

[478] BGHZ 175, 123, 133 f. = NZG 2008, 436.

[479] Vgl. BegrRegE, BR-Drucks. 75/94, S. 120 f.

Obwohl eine grundbuchmäßige Bezeichnung nach § 28 GBO, § 126 Abs. 2 S. 2 UmwG hier noch nicht möglich ist, ist gleichwohl auch eine **Übertragung noch nicht vermessener Grundstücksteilflächen** im Wege der Spaltung möglich. Voraussetzung hierfür ist, dass die Teilflächen im Spaltungsvertrag hinreichend individualisiert werden, etwa durch Einzeichnung in eine Karte, Beifügung eines Lageplans oder durch genaue Beschreibung in Worten.[480] Der Eigentumsübergang an der Teilfläche setzt sodann jedoch nicht nur den Vollzug der Spaltung durch Eintragung in das Handelsregister voraus, sondern darüber hinaus den Vollzug der Teilung und die Bildung des Grundstücks im Rechtssinne. Vorher ist ein Übergang nicht möglich, weil die nicht vermessene Teilfläche sachen- und grundbuchrechtlich noch nicht existiert. Erst dann kann unter Beachtung des § 28 GBO eine Identitätsklärung durch den Notar vorgenommen und das Grundbuch entsprechend berichtigt werden.[481] 264

Da die Bestimmung des § 28 GBO im Grundbuchverfahren universale Geltung hat, sind nach § 126 Abs. 2 S. 2 UmwG i. V. m. § 28 GBO nicht nur Grundstücke, sondern vielmehr sämtliche **Rechte an Grundstücken** wie Grundpfandrechte oder beschränkt persönliche Dienstbarkeiten bereits im Spaltungsvertrag grundbuchmäßig zu bezeichnen, wenn sie im Wege der Spaltung übertragen werden sollen.[482] Die vorstehenden Ausführungen zur Abspaltung oder Ausgliederung von Grundstücken gelten daher auch für die Abspaltung oder Ausgliederung von Rechten an Grundstücken. Dies hat auch das OLG Schleswig in einer jüngeren Entscheidung anerkannt.[483] Gleichwohl hat das Gericht in seiner Entscheidung eine Ausnahme von der grundbuchmäßigen Bezeichnung zugelassen, wenn die zu übertragenden Rechte im Spaltungsvertrag – auch ohne Bezeichnung gemäß § 28 GBO – für jedermann klar und eindeutig bestimmt sind, d. h. so bezeichnet sind, dass eine Auslegung weder veranlasst noch erforderlich ist und Unklarheiten darüber nicht auftreten können, dass und welche Grundstücke bzw. grundstücksgleichen Rechte, Rechte an Grundstücken und Rechte an Grundstücksrechten des eingetragenen Rechtsinhabers auf den übernehmenden Rechtsträger übertragen werden sollen. In einem solchen Fall die Wirksamkeit der Übertragung durch Spaltung von der Bezeichnung der Rechte in dem Vertrag gemäß § 28 GBO abhängig machen zu wollen, würde die gesetzliche Regelung des § 126 Abs. 1 Nr. 9, Abs. 2 S. 1, 2 UmwG formalistisch überspannen.[484] In dem der Entscheidung des OLG Schleswig zugrunde liegenden Fall war eine Auslegung weder veranlasst noch erforderlich, weil nach der dortigen All-Klausel „alle Grundstücke, grundstückgleichen Rechte, Rechte an Grundstücken und Rechte an Grundstücksrechten", d. h. alle Rechte, für die § 28 GBO Geltung beansprucht, übertragen werden sollten.[485] Ob die Entscheidung des OLG Schleswig verallgemeinert werden kann, erscheint daher eher zweifelhaft.[486] In seiner grundlegenden Entscheidung aus dem Jahr 2008 hat der BGH eine grundbuchmäßige Bezeichnung von Grundstücken nämlich auch dann gefordert, „wenn durch die Auslegung des Spaltungsvertrages eine einwandfreie Zuordnung auf den übernehmenden Rechtsträger möglich ist".[487] Im Ergebnis sollte daher auch bei Grundstücksrechten sorgsam auf eine ordnungsgemäße Bezeichnung i. S. d. § 28 GBO geachtet werden. 265

Zwar ist der übertragende Rechtsträger, wie bereits dargelegt, in der Aufteilung des Vermögens grundsätzlich völlig frei. **Grenzen der Aufteilungsfreiheit** können sich jedoch im jeweiligen Einzelfall aus zwingenden gesetzlichen Vorschriften außerhalb des UmwG ergeben. Sind an dem Spaltungsvorgang Kapitalgesellschaften beteiligt, ist bei der Vermögensauftei- 266

[480] *Schöner/Stöber* Grundbuchrecht, 14. Aufl., 2008, Rdnr. 995 c; Widmann/Mayer/*Mayer* § 126, Rdnr. 213.

[481] *Schöner/Stöber* Grundbuchrecht, 14. Aufl., 2008, Rdnr. 995 c; Widmann/Mayer/*Mayer* § 126, Rdnr. 212 f.; vgl. auch BGHZ 175, 123, 132 f. = NZG 2008, 436.

[482] Widmann/Mayer/*Mayer* § 126 Rdnr. 212; a. A. *Bungert/Lange* DB 2009, 103, 104; *Bungert/Lange* DB 2010, 547 jeweils unter Hinweis auf die nicht unmittelbare Geltung des § 28 GBO für Rechte an Grundstücken, vielmehr nur für das belastete Grundstück selbst.

[483] OLG Schleswig ZNotP 2010, 108, 109; ablehnend *Bungert/Lange* DB 2010, 547.

[484] OLG Schleswig ZNotP 2010, 108, 109.

[485] OLG Schleswig, ZNotP 2010, 108, 109 f.

[486] Im Ergebnis ebenso *Bungert/Lange* DB 2010, 547, 549 f.; *Leitzen* ZNotP 201, 91, 94; zustimmend indes *Perz* DNotZ 2010, 69.

[487] BGHZ 175, 123, 131 = NZG 2008, 436.

lung zwingend auf eine **hinreichende Kapitaldeckung** der beteiligten Rechtsträger zu achten. Beim übertragenden Rechtsträger müssen ausreichend Vermögensgegenstände verbleiben, um das Nominalkapital zu decken.[488] Erforderlichenfalls müssen die Anteilsinhaber im Zuge der Spaltung zugleich eine Herabsetzung des Kapitals beschließen. Bei einer Spaltung zur Neugründung muss dem neu gegründeten Rechtsträger nach dem Spaltungsvertrag mindestens Vermögen in Höhe des Nominalkapitals zugewiesen werden. Die Spaltung zur Neugründung ist nur eine besondere Form der Sachgründung und da in Bezug auf den neuen Rechtsträger sämtliche Gründungsvorschriften Anwendung finden (§ 135 Abs. 2 UmwG), sind auch sog. Unterpariemissionen unzulässig (vgl. etwa § 9 Abs. 1 AktG).[489] Entsprechend muss bei der Spaltung zur Aufnahme sichergestellt sein, dass das übertragene Vermögen den im Zuge der regelmäßig durchzuführenden Kapitalerhöhung gewährten Anteil deckt.[490]

267 Im Rahmen der **Kapitalaufbringung** kommt es dabei entscheidend auf den tatsächlichen Wert des übertragenen Vermögens und nicht auf dessen Buchwert an. Grundsätzlich übertragen werden kann damit auch ein Vermögen mit negativem Buchwert, sofern stille Reserven vorhanden und nachweisbar sind.[491] Grundsätzlich ausgeschlossen ist demgegenüber jedoch die **Übertragung lediglich von Verbindlichkeiten oder von Vermögensteilen mit einem negativen Wert** auf eine Kapitalgesellschaft. Die Übertragung von Negativvermögen auf eine Kapitalgesellschaft kann nur dann ausnahmsweise in Betracht kommen, wenn die Vermögensübertragung nicht gegen Gewährung von Anteilen an der übernehmenden Kapitalgesellschaft erfolgt, wie bei der sog. Spaltung zu Null[492] oder bei Verzicht einzelner Anteilsinhaber auf eine Anteilsgewährung, einschließlich Aufspaltungen oder Abspaltungen auf den alleinigen Anteilsinhaber (sog. up-stream-Spaltung).[493,494] In diesen Fällen erfolgt der Gläubigerschutz über andere Instrumente wie die gesamtschuldnerische Haftung (§ 133 UmwG), die Sicherheitsleistung (§§ 22, 125, 133 Abs. 1 S. 2 UmwG) und die Verantwortlichkeit der Organe (§§ 25, 125 UmwG).[495] Nach der Intention des Gesetzgebers soll vor allem die gemeinsame Haftung der an der Spaltung beteiligten Rechtsträger nach § 133 UmwG Missbräuchen etwa durch die Zuweisung der Aktiva an den einen und der Passiva an den anderen übernehmenden Rechtsträger vorbeugen.[496] Negatives Vermögen kann aber auf eine Personengesellschaft übertragen werden, da auch hier eine Kapitalaufbringung nicht geprüft wird. Ist der übernehmende Rechtsträger eine KG, ist jedoch zu berücksichtigen, dass auch die Haftungsbefreiung des Kommanditisten nach § 171 Abs. 1 Hs. 2 HGB eine tatsächliche Wertzufuhr voraussetzt.[497]

268 Im Wege der Abspaltung oder Ausgliederung von vornherein nicht übertragbar sind schließlich **Steuerverbindlichkeiten**. In der Rechtsprechung des BFH ist darauf hingewiesen worden, dass nach § 43 S. 1 AO allein die Steuergesetze bestimmen, wer Steuerschuldner ist und dass die Steuerschuld nur nach Maßgabe des § 45 AO und damit nur bei „Gesamtrechtsnachfolge" auf einen Rechtsnachfolger übergeht. Der Übergang von Vermögensteilen im Wege der Abspaltung oder Ausgliederung werde zwar als „partielle Gesamtrechtsnachfolge" bezeichnet, sei jedoch steuerrechtlich lediglich als Sonderrechtsnachfolge (uno-actu-

[488] Beck'sches Notarhandbuch/*Heckschen* D IV Rdnr. 63; vgl. auch *Groß* NZG 2010, 770 zu der Frage, ob Spaltungsverluste durch Auflösung nach § 150 Abs. 3 und 4 AktG gebundener Rücklagen gedeckt werden können.

[489] Schmitt/Hörtnagel/Stratz/*Hörtnagel* § 126 Rdnr. 29; Kallmeyer/*Kallmeyer/Sickinger* § 126 Rdnr. 29; Lutter/*Priester* § 126 Rdnr. 71.

[490] Widmann/Mayer/*Mayer* § 126 Rdnr. 62; Kallmeyer/*Kallmeyer/Sickinger* § 126 Rdnr. 29; Lutter/*Priester* § 126 Rdnr. 71.

[491] Widmann/Mayer/*Mayer* § 126 Rdnr. 62; Schmitt/Hörtnagel/Stratz/*Hörtnagel* § 126 Rdnr. 29; Lutter/*Priester* § 126 Rdnr. 71.

[492] Vgl. hierzu Rdnr. 273.

[493] Vgl. hierzu Rdnr. 272.

[494] Kallmeyer/*Kallmeyer/Sickinger* § 123 Rdnr. 1; Schmitt/Hörtnagel/Stratz/*Hörtnagel* § 126 Rdnr. 50; Lutter/*Priester* § 126 Rdnr. 71.

[495] Schmitt/Hörtnagel/Stratz/*Hörtnagel* § 126 Rdnr. 50.

[496] BegrRegE, BR-Drucks. 75/94, S. 122.

[497] Vgl. zum Gebot der realen Kapitalaufbringung im Recht der KG BGHZ 95, 188, 197 = NJW 1985, 2947; BGHZ 61, 59, 71 = NJW 1973, 1691.

Übergang) zu qualifizieren. Es handele sich nicht um den Übergang des gesamten Vermögens eines untergegangenen Rechtsträgers, sondern um eine besondere Übertragungsart, die es gestatte, anstelle der Einzelübertragung verschiedener Vermögensgegenstände eine allein durch den Parteiwillen zusammengefasste Summe von Vermögensgegenständen in einem Akt zu übertragen.[498] § 45 AO gehe den Bestimmungen der §§ 126 Abs. 1 Nr. 9, 131 Abs. 1 Nr. 1 UmwG vor.[499] Bei Aufspaltungen haftet demgegenüber derjenige Rechtsträger, dem die Steuerschuld im Spaltungsvertrag zugewiesen wurde. Ist keine Zuweisung erfolgt, erfolgt eine Aufteilung nach § 131 Abs. 3 UmwG.[500]

Grundsätzlich möglich ist hingegen eine **Ausgliederung von Pensionsverbindlichkeiten auf eine sog. Rentnergesellschaft** (vgl. auch § 133 Abs. 3 S. 2 UmwG).[501] Einer Zustimmung der Versorgungsempfänger bedarf es nicht. Auch steht ihnen kein Widerspruchsrecht zu.[502] Zu beachten ist jedoch, dass den bisher versorgungspflichtigen Rechtsträger nicht nur das gesellschaftsrechtliche Verbot der Unterpariemission trifft,[503] sondern nach der Rechtsprechung des BAG auch eine arbeitsvertragliche Nebenpflicht zur hinreichenden Ausstattung der die Versorgungsverbindlichkeiten übernehmenden Gesellschaft. Nach den Ausführungen des BAG ist die nach der Umwandlungsmaßnahme versorgungspflichtige Gesellschaft nur dann ausreichend ausgestattet, wenn sie bei einer realistischen betriebswirtschaftlichen Betrachtung genügend leistungsfähig ist, wobei sie nicht nur die laufenden Betriebsrenten zahlen können, sondern auch zu den gesetzlich vorgesehenen Anpassungen in der Lage sein muss. Die unzureichende Ausstattung der Rentnergesellschaft kann eine Schadensersatzpflicht des übertragenden Rechtsträgers zur Folge haben.[504] Der Registerrichter kann die Eintragung der Spaltung in das Handelsregister jedoch nicht wegen einer Verletzung dieser arbeitsvertraglichen Pflicht ablehnen. Zwar spricht das BAG in diesem Zusammenhang von einem „Mangel der Spaltung“.[505] Vom Registergericht zu prüfen sind aber allein die im UmwG geregelten Voraussetzungen der Spaltung sowie – je nach Rechtsform der beteiligten Rechtsträger – die zwingenden Kapitalaufbringungsvorschriften.[506] Die Vereinbarkeit der Spaltung mit arbeitsvertraglichen Nebenpflichten fällt nicht unter den gesetzlichen Prüfungsauftrag, so dass die Eintragung der Spaltung in das Handelsregister nicht aus diesem Grund abgelehnt werden kann.[507] 269

Grenzen werden der Aufteilungsfreiheit schließlich auch durch **§ 613a Abs. 1, 4 bis 6 BGB** gesetzt, dessen Regelungen nach § 324 UmwG unberührt bleiben. Geht bei einer Spaltung ein Betrieb oder Betriebsteil auf den übernehmenden Rechtsträger über, gilt für die Überleitung der in diesem Betrieb oder Betriebsteil bestehenden Arbeitsverhältnisse zwingend die Regelung des § 613a Abs. 1 S. 1 BGB. Eine abweichende Zuordnung der Arbeitsverhältnisse im Spaltungsvertrag ist dagegen grundsätzlich unbeachtlich.[508] Konstitutive Wirkung kann die im Spaltungsvertrag vorgenommene Zuordnung nur haben, wenn Arbeitsverhältnisse übertragen werden sollen, ohne dass mindestens ein Betriebsteil i. S. d. § 613a BGB übergehen soll, wenn mit dem Übergang eines Betriebs oder Betriebsteils zusätzlich weitere, einem anderen Betrieb oder Betriebsteil zuzuordnende Arbeitsverhältnisse übergehen sollen oder wenn Arbeitsverhältnisse übertragen werden sollen, die keinem bestimmten Betrieb oder Betriebsteil zugeordnet werden können.[509] In diesen Fällen soll nach vereinzelt vertretener Auffassung in der Literatur eine Zustimmung der Arbeitnehmer zum 270

[498] BFH AG 2010, 454, 455 (Abspaltung); BFH NJW 2003, 1479 (Ausgliederung); ebenso BGH NJW 2001, 1217 f.; BFH NJW 2005, 2799 jeweils in Bezug auf ein bestehendes Prozessrechtsverhältnis.

[499] BFH AG 2010, 454, 455.

[500] Schmitt/Hörtnagel/Stratz/*Hörtnagel* § 1 UmwStG Rdnr. 149, § 15 UmwStG Rdnr. 215.

[501] Allg. *Wessels* ZIP 2010, 1417.

[502] BAG NZA 2009, 790; vgl. auch BAG NZA 2005, 639.

[503] Vgl. dazu Rdnr. 266.

[504] BAG NZA 2009, 790; vgl. auch *Wessels* ZIP 2010, 1417, 1421 ff.

[505] BAG NZA 2008, 790, 793.

[506] Kallmeyer/*Zimmermann* § 130 Rdnr. 2 f.; Lutter/*Priester* § 130 Rdnr. 5; KölnKomm/*Simon* § 19 Rdnr. 3 f.

[507] Wie hier *Wessels* ZIP 2010, 1417, 1422.

[508] Kallmeyer/*Willemsen* § 324 Rdnr. 3, 52 f.; Lutter/*Joost* § 324 Rdnr. 3, 18; Schmitt/Hörtnagel/Stratz/*Hörtnagel* § 131 Rdnr. 58 f.; *Boecken* ZIP 1994, 1087, 1091.

[509] Widmann/Mayer/*Mayer* § 126 Rdnr. 183 f.; Schmitt/Hörtnagel/Stratz/*Hörtnagel* § 131 Rdnr. 59; *Boecken* ZIP 1994, 1087, 1091.

Übergang ihrer Arbeitsverhältnisse erforderlich sein.[510] Systematisch ist ein solches Zustimmungserfordernis jedoch – vor allem nach der ersatzlosen Streichung des § 132 UmwG a.F. – kaum zu begründen. Zum einen bedarf es für die Übertragung von Vertragsverhältnissen im Wege der Spaltung im Gegensatz zur Einzelrechtsübertragung gerade keiner Zustimmung des Vertragspartners. Zum anderen ist selbst im Anwendungsbereich des § 613a BGB eine positive Zustimmung zum Übergang des Arbeitsverhältnisses nicht erforderlich.[511] Nach § 613a Abs. 6 BGB kann der Arbeitnehmer dem gesetzlichen Übergang seines Arbeitsverhältnisses (lediglich) widersprechen, mit der Folge, dass im Falle einer Abspaltung oder Ausgliederung ein Übergang seines Arbeitsverhältnisses nicht stattfindet und dieses mit dem übertragenden Rechtsträger fortbesteht.[512] Möglich ist entsprechend auch eine dreiseitige Vereinbarung der Beteiligten dahingehend, dass das Arbeitsverhältnis entgegen der Regelung des § 613a Abs. 1 S. 1 BGB nicht übergeht.[513] Da der übertragende Rechtsträger bei der Aufspaltung mit der Eintragung im Handelsregister erlischt und das Widerspruchsrecht mithin ins Leere gehen würde, steht dem übergehenden Arbeitnehmer bei Aufspaltungen nach der Rechtsprechung des BAG von vornherein kein Widerspruchsrecht zu. Dieses bezweckt nämlich nicht nur den Schutz des Arbeitnehmers vor dem Aufdrängen eines neuen Arbeitgebers, es dient auch dem Fortbestand des ursprünglichen Arbeitsverhältnisses.[514]

271 b) **Umtauschverhältnis, Aufteilung der Anteile.** Die Vermögensübertragung im Rahmen von Aufspaltungen und Abspaltungen erfolgt im Grundsatz gegen Gewährung von Anteilen oder Mitgliedschaften des übernehmenden Rechtsträgers an die Anteilsinhaber des übertragenden Rechtsträgers (§ 123 Abs. 1, 2 UmwG). Nach § 126 Abs. 1 Nr. 3 UmwG muss der Spaltungsvertrag bei Aufspaltungen und Abspaltungen daher zunächst das **Umtauschverhältnis der Anteile** und gegebenenfalls die Höhe der baren Zuzahlung oder Angaben über die Mitgliedschaft bei den übernehmenden Rechtsträgern enthalten. Das Umtauschverhältnis bestimmt dabei die Höhe des Ausgleichs für die untergehende Beteiligung am übernehmenden Rechtsträger (Aufspaltung) bzw. für den Wertverlust, den die Beteiligung am übertragenden Rechtsträger infolge der Vermögensübertragung erleidet (Abspaltung). Konkret legt das Umtauschverhältnis fest, wie viele Einheiten von Anteilen am übernehmenden Rechtsträger für eine bestimmte Einheit von Anteilen am übertragenden Rechtsträger gewährt werden (etwa: für eine Aktie der A-AG werden zwei Aktien der aufnehmenden B-AG und drei Aktien der aufnehmenden C-AG gewährt).[515] Im Einzelfall können dabei auch **bare Zuzahlungen des übernehmenden Rechtsträgers an die Anteilsinhaber** erforderlich werden, um durch einen Spitzenausgleich in Geld ein praktikables Umtauschverhältnis zu schaffen.[516] Bei GmbHs und AGs dürfen die Zuzahlungen jedoch den zehnten Teil des auf die gewährten Anteile entfallenden Betrags des Grund- oder Stammkapitals des übernehmenden Rechtsträgers nicht übersteigen (§§ 54 Abs. 4, 68 Abs. 3, 125 UmwG; vgl. im Übrigen §§ 15 Abs. 1 S. 1 Hs. 2, 125 UmwG). Bereits hieran wird deutlich, dass Barzahlungen des übernehmenden Rechtsträgers allenfalls als Zuzahlung neben der Anteilsgewährung vereinbart werden können, nicht aber als Ersatz für die Anteilsgewährung selbst. Diese kann auch nicht durch eine Ausgleichsleistung anderer Gesellschafter ersetzt werden.[517] Da bei Aufspaltungen oder Abspaltungen zur Neugründung sämtliche Anteile des neu gegründeten Rechtsträgers den Anteilsinhabern des übertragenden Rechtsträgers gewährt werden, erlangt das Umtauschverhältnis letztlich allein bei Aufspaltungen oder Abspaltungen zur Auf-

[510] Kallmeyer/*Willemsen* § 324 Rdnr. 19, 57; *Boecken* ZIP 1994, 1087, 1093.
[511] Im Ergebnis wie hier Schmitt/Hörtnagel/Stratz/*Hörtnagel* § 131 Rdnr. 59: „kein Widerspruchsrecht".
[512] Das Widerspruchsrecht der Arbeitnehmer war bereits vor seiner Kodifizierung in § 613a Abs. 6 BGB in ständiger Rechtsprechung des BAG mit Blick auf die durch Art. 12 Abs. 1 GG verbürgte Berufsfreiheit und den Schutz des allgemeinen Persönlichkeitsrechts nach Art. 2 Abs. 1, 1 Abs. 1 GG anerkannt; vgl. nur BAG NZA 1987, 524, 525; BAG NZA 1994, 360.
[513] BAG NZA 1987, 524, 525; vgl. auch Kallmeyer/*Willemsen* § 324 Rdnr. 53; Semler/Stengel/*Simon* § 324 Rdnr. 14.
[514] BAG NZA 2008, 815, 817f.
[515] Schmitt/Hörtnagel/Stratz/*Hörtnagel* § 126 Rdnr. 21 ff.
[516] Schmitt/Hörtnagel/Stratz/*Hörtnagel* § 126 Rdnr. 51.
[517] Kallmeyer/*Kallmeyer/Sickinger* § 123 Rdnr. 3.

nahme praktische Bedeutung. Im Spaltungsvertrag genügt entsprechend die Angabe, dass alle Anteile den Anteilsinhabern des übertragenden Rechtsträgers gewährt werden.[518] Bei **Ausgliederungen** ist nach dem eindeutigen Wortlaut des § 126 Abs. 1 Nr. 3 UmwG ein Umtauschverhältnis nicht anzugeben. Dies erscheint zunächst konsequent, da den Anteilsinhabern des übertragenden Rechtsträgers keine Anteile an dem übernehmenden Rechtsträger gewährt werden, die Anteilsgewährung vielmehr allein an den übertragenden Rechtsträger erfolgt. Einigkeit besteht gleichwohl, dass auch bei Ausgliederungen die Gegenleistung für die Vermögensübertragung im Ausgliederungsvertrag anzugeben ist, wobei das Umtauschverhältnis wiederum nur bei Ausgliederungen zur Aufnahme praktisch bedeutsam wird.[519] Zur Bestimmung des Umtauschverhältnisses kann jeweils auf die Ausführungen zur Verschmelzung verwiesen werden.[520]

Neben dem Umtauschverhältnis muss der Spaltungsvertrag bei Aufspaltungen und Ab- 272
spaltungen nach § 126 Abs. 1 Nr. 10 UmwG darüber hinaus die Aufteilung der Anteile oder Mitgliedschaften jedes der beteiligten Rechtsträger auf die Anteilsinhaber des übertragenden Rechtsträgers sowie den Maßstab für die Aufteilung enthalten. Bei Ausgliederungen entfällt diese Angabe, da die Anteile oder Mitgliedschaften an dem übernehmenden Rechtsträger hier nur dem übertragenden Rechtsträger gewährt werden. Da die **Anteilsgewährung** bei Aufspaltungen und Abspaltungen ein unentziehbares Recht der Anteilsinhaber des übertragenden Rechtsträgers ist, können diese Strukturmaßnahmen grundsätzlich nicht dazu benutzt werden, unliebsame Anteilsinhaber auszuschließen.[521] Wie bereits dargelegt, können grundsätzlich auch nicht alternativ Barzahlungen des übernehmenden Rechtsträgers oder Ausgleichsleistungen anderer Gesellschafter vorgesehen werden.[522] Handelt es sich bei dem übernehmenden Rechtsträger um eine GmbH oder eine AG, können die Anteilsinhaber jedoch ausdrücklich auf die Anteilsgewährung und die dazu erforderliche Kapitalerhöhung beim Zielrechtsträger – bei schon bestehenden übernehmenden Rechtsträgern müssen die zu gewährenden Anteile zunächst durch Kapitalerhöhung (bei Kapitalgesellschaften) oder Erhöhung des Eigenkapitals (bei Personengesellschaften) geschaffen werden – verzichten. Die Verzichtserklärungen sind jeweils notariell zu beurkunden (§§ 54 Abs. 1 S. 3, 68 Abs. 1 S. 3, 125 UmwG).[523] Eine Anteilsgewährung findet ferner nicht statt, soweit der übernehmende Rechtsträger am übertragenden Rechtsträger beteiligt ist. Bei Abspaltungen auf den alleinigen Anteilsinhaber sind daher von vornherein keine Anteile zu gewähren (vgl. § 131 Abs. 1 Nr. 3 Hs. 2 UmwG sowie die rechtsformspezifischen Bestimmungen der §§ 54 Abs. 1 Nr. 1, 68 Abs. 1 Nr. 1, 125 UmwG). Handelt es sich bei dem übernehmenden Rechtsträger um eine GmbH oder AG, findet eine Anteilsgewährung darüber hinaus auch nicht statt, soweit ein übertragender Rechtsträger eigene Anteile innehat oder soweit ein übertragender Rechtsträger Anteile der übernehmenden GmbH oder AG besitzt, auf die der Ausgabebetrag noch nicht voll geleistet ist (§§ 54 Abs. 1 Nr. 2 u. 3, 68 Abs. 1 Nr. 2 u. 3, 125 UmwG). Als problematisch kann sich in diesem Zusammenhang die **Ausgliederung auf den alleinigen Anteilsinhaber** erweisen, da § 131 Abs. 1 Nr. 3 Hs. 2 UmwG nur für Aufspaltungen und Abspaltungen gilt und auch die rechtsformspezifischen Bestimmungen der §§ 54, 68 UmwG nach § 125 S. 1 UmwG keine Anwendung auf Ausgliederungen finden. Handelt es sich bei dem übernehmenden Rechtsträger um eine AG oder eine GmbH, stünde die Anteilsgewährung jedoch im Widerspruch zu den Bestimmungen der §§ 56 Abs. 2, 71 d AktG.[524] In diesen Konstellationen erscheint es geboten, trotz der vermeintlich klaren Gesetzeslage einen – notariell zu beurkundenden – Verzicht auf die Anteilsgewährung zuzulassen.[525] Offen-

[518] Schmitt/Hörtnagel/Stratz/*Hörtnagel* § 126 Rdnr. 28, 35.

[519] Schmitt/Hörtnagel/Stratz/*Hörtnagel* § 126 Rdnr. 36 ff.; Kallmeyer/*Kallmeyer/Sickinger* § 126 Rdnr. 10; Lutter/*Priester* § 126 Rdnr. 34.

[520] Vgl. Rdnr. 101 ff.

[521] Kallmeyer/*Kallmeyer/Sickinger* § 123 Rdnr. 3.

[522] Vgl. erneut die Nachweise in Fn. 517.

[523] BeckNotarHdb/*Heckschen* D IV Rdnr. 63; Kallmeyer/*Kallmeyer/Sickinger* § 123 Rdnr. 3.

[524] Bei der GmbH gilt Gleiches; vgl. Lutter/Hommelhoff/*Lutter* § 33 Rdnr. 40 ff.

[525] Kallmeyer/*Kallmeyer/Sickinger* § 123 Rdnr. 11, § 125 Rdnr. 55, 57, § 126 Rdnr. 6; Lutter/*Priester* § 126 Rdnr. 26; Schmitt/Hörtnagel/Stratz/*Hörtnagel* § 126 Rdnr. 48; a. A. KölnKomm/*Simon* § 125 Rdnr. 19; Widmann/Mayer/*Mayer* § 126 Rdnr. 98.

sichtlich ist bei Einführung der §§ 54 Abs. 1 S. 3, 68 Abs. 1 S. 3 UmwG im Jahr 2007 eine Anpassung der Verweisung in § 125 UmwG vergessen worden.[526] Aus steuerlicher Sicht wäre gleichwohl darauf zu achten, dass eine Buchwertfortführung nach §§ 20, 24 UmwStG eine Anteilsgewährung voraussetzt.

273 Die **Aufteilung der zu gewährenden Anteile oder Mitgliedschaften** erfolgt grundsätzlich im Verhältnis der Beteiligung der Anteilsinhaber am übertragenden Rechtsträger. Bereits die Bestimmung des § 126 Abs. 1 Nr. 10 UmwG lässt aber deutlich werden, dass die Anteile an den übernehmenden Rechtsträgern sowohl im Verhältnis der bisherigen Beteiligungen zugeteilt (sog. verhältniswahrende Spaltung) als auch beliebig verteilt werden können (sog. nicht-verhältniswahrende Spaltung) und dass die Beteiligten gänzlich frei in der Aufteilung sind. Zum Schutz der Anteilsinhaber bedarf die **nicht-verhältniswahrende Spaltung** nach § 128 UmwG allerdings der Zustimmung sämtlicher Anteilsinhaber des übertragenden Rechtsträgers. Nach der Intention des Gesetzgebers soll auf diese Weise vornehmlich die Auseinandersetzung von Gesellschaftergruppen und Familienstämmen ermöglicht werden.[527] Möglich ist danach sogar eine sog. „**Spaltung zu Null**“, bei der einzelnen Gesellschaftern des übertragenden Rechtsträgers keine Anteile am übernehmenden Rechtsträger zugewiesen werden.[528] Auf diesem Wege könnte etwa auch die Spaltung einer GmbH & Co. KG mit einem nicht am Gesellschaftskapital beteiligten Komplementär durchgeführt werden.[529] Bei der Spaltung auf eine GmbH oder AG könnte Gleiches durch einen Verzicht auf die Anteilsgewährung nach §§ 54 Abs. 1 S. 3, 68 Abs. 1 S. 3, 125 UmwG erreicht werden. Um die „benachteiligten“ Anteilsinhaber im Rahmen einer nicht-verhältniswahrenden Spaltung überhaupt zur Zustimmung bzw. zum Verzicht zu bewegen, können die Beteiligten auch bestimmte Ausgleichsleistungen durch andere Anteilsinhaber vorsehen. Derartige Abreden sind in den Spaltungsvertrag aufzunehmen, da nur so der Maßstab der Aufteilung, dem zugestimmt werden soll, vollständig bestimmt wird.[530] Wie der Wortlaut des § 126 Abs. 1 Nr. 10 UmwG („beteiligte Rechtsträger“) unmissverständlich zum Ausdruck bringt, kann im Zuge einer Aufspaltung oder Abspaltung schließlich auch der Kreis der Anteilsinhaber des übertragenden Rechtsträgers neu geordnet werden.[531] Da die Anteilsvereinigung beim verbleibenden Gesellschafter der übertragenden Gesellschaft nicht zur Grunderwerbsteuerpflicht führt,[532] kann dies faktisch etwa dazu genutzt werden, Grundvermögen zu übertragen, ohne dass Grunderwerbssteuer anfiele.

274 Im Schrifttum kontrovers diskutiert wird in diesem Zusammenhang, ob die Freiheit bei der Aufteilung der Beteiligungsverhältnisse an dem übernehmenden Rechtsträger auf die Anteilsinhaber begrenzt ist, die dem übertragenden Rechtsträger zum Zeitpunkt der Spaltung angehören, oder ob im Wege der Spaltung auch außenstehenden Dritten Anteile an dem übernehmenden Rechtsträger zugewiesen werden können. Zum Teil wird die Möglichkeit des **Beitritts neuer Anteilsinhaber** im Zuge der Spaltung gänzlich abgelehnt,[533] zum Teil bei Zustimmung aller Anteilsinhaber generell zugelassen.[534] Nach vermittelnder Ansicht soll zumindest der Beitritt einer Komplementär-GmbH möglich sein, um die Spaltung auf eine GmbH & Co. KG zu ermöglichen, ohne dass die GmbH bereits zuvor dem übertragenden Rechtsträger beitreten müsse.[535] In Anbetracht der unklaren Rechtslage erscheint es in diesen Fällen geboten, die vorgesehene Gestaltung mit dem Registergericht abzustimmen und

---

[526] Vgl. die – insoweit unergiebige – BegrRegE, BT-Drucks. 16/2919, S. 13, 14.

[527] Vgl. BR-Drucks. 75/94, S. 118, 119 f.

[528] LG Essen NZG 2002, 736; LG Konstanz NZG 1998, 827

[529] Kallmeyer/*Kallmeyer/Sickinger* § 123 Rdnr. 4; vgl. auch LG Essen, NZG 2002, 736.

[530] Kallmeyer/*Kallmeyer/Sickinger* § 123 Rdnr. 3; Schmitt/Hörtnagel/Stratz/*Hörtnagel* § 128 Rdnr. 25 f.; Lutter/*Priester* § 128 Rdnr. 16; Widmann/Mayer/*Mayer* § 128 UmwG Rdnr. 34.

[531] Widmann/Mayer/*Mayer* § 126 UmwG Rdnr. 275, 277; Kallmeyer/*Kallmeyer/Sickinger* § 123 Rdnr. 5.

[532] Kallmeyer/*Kallmeyer/Sickinger* § 123 Rdnr. 5; Widmann/Mayer/*Mayer* § 126 Rdnr. 279.

[533] Semler/Stengel/*Stengel/Schwanna* § 123 Rdnr. 21; *Mayer* DB 1995, 861, 862.

[534] Haritz/Menner/*Asmus* § 15 UmwStG Rdnr. 134; *Priester* DB 1997, 560, 566; *Heckschen* DB 2008, 2122, 2124.

[535] Kallmeyer/*Kallmeyer/Sickinger* § 123 Rdnr. 6, 14; in diesem Sinne bereits BGH NZG 2005, 722, 723 zum Formwechsel.

bei verbleibenden Zweifeln den sicheren Weg zu gehen und den neuen Anteilsinhaber schon vor der Spaltung zu beteiligen.[536]

c) **Abfindungsangebot.** Findet im Rahmen einer Aufspaltung oder einer Abspaltung ein Wechsel der Rechtsform statt, sind die Anteile oder Mitgliedschaften an dem übernehmenden Rechtsträger Verfügungsbeschränkungen unterworfen oder im Fall des „kalten Delisting"[537] muss der Spaltungsvertrag nach §§ 29, 125 UmwG ein Abfindungsangebot an diejenigen Anteilsinhaber des übertragenden Rechtsträgers enthalten, die gegen den Spaltungsbeschluss Widerspruch zur Niederschrift erklärt haben. Bei Ausgliederungen ist kein Abfindungsangebot erforderlich (§ 125 S. 1 UmwG), da es für die Anteilsinhaber keinen Wechsel in einen anderen Rechtsträger gibt. Tragender Gesichtspunkt der Abfindung ist gerade der erzwungene Wechsel der Inhaberschaft und ihres Charakters.[538] 275

d) **Fakultative Regelungen.** Als fakultative Regelungen sollten in jedem Fall **Vereinbarungen über vergessene Vermögenswerte oder gescheiterte Übertragungen** (etwa mangels ausreichender Bezeichnung) im Spaltungsvertrag aufgenommen werden. Mit Blick auf die gesamtschuldnerische Haftung nach § 133 UmwG kann auch die Aufnahme einer **Freistellungsverpflichtung** sinnvoll sein. Die Interessen der Beteiligten können es zudem gebieten, den Spaltungsvertrag **zu bedingen oder zu befristen.** Sinnvoll ist schließlich eine Regelung der **Kostentragung.** Bei Aufspaltungen kann schließlich vorgesehen werden, dass einer der übernehmenden Rechtsträger die **Firma** des – mit der Eintragung der Aufspaltung in das Handelsregister erlöschenden – übertragenden Rechtsträgers fortführt (§§ 18, 125 UmwG). Auf die Abspaltung und die Ausgliederung findet § 18 UmwG naturgemäß keine Anwendung (§ 125 S. 1 UmwG). Hier führt der übertragende Rechtsträger seine Firma fort. 276

e) **Besonderheiten der Spaltung zur Neugründung.** Bei der Spaltung zur Neugründung hat der übertragende Rechtsträger einen Spaltungsplan aufzustellen. Dieser tritt an die Stelle des Spaltungsvertrages (§ 136 UmwG). Da die Anteilsinhaber des übertragenden Rechtsträgers bei Aufspaltungen oder Abspaltungen zur Neugründung alle Anteile an dem neuen Rechtsträger erhalten, muss der Spaltungsplan im Unterschied zum Spaltungsvertrag **keine Angaben zum Umtauschverhältnis** (vgl. § 126 Abs. 1 Nr. 3 UmwG) enthalten. Für die Anteilsinhaber des übertragenden Rechtsträgers ist bei Aufspaltungen oder Abspaltungen zur Neugründung jedoch wesentlich die Aufteilung der Anteile am neuen Rechtsträger, also die Angaben nach § 126 Abs. 1 Nr. 10 UmwG. 277

Nach §§ 37, 125, 135 UmwG muss der **Gesellschaftsvertrag des neu zu gründenden Rechtsträgers** im Spaltungsplan enthalten sein oder festgestellt werden. Dieser ist Bestandteil des Spaltungsplans und nicht bloße Anlage, so dass unabhängig von der Rechtsform des neuen Rechtsträgers letztlich eine Pflicht zur notariellen Beurkundung des Gesellschaftsvertrages besteht.[539] Die inhaltlichen Anforderungen an den Gesellschaftsvertrag bestimmen sich nach dem für die Rechtsform des neuen Rechtsträgers geltenden Recht. § 135 Abs. 2 UmwG stellt klar, dass die für die jeweilige Rechtsform geltenden Gründungsvorschriften zu beachten sind. Im Recht der Kapitalgesellschaften ist dabei in erster Linie das **Verbot der Unterpariemission** zu beachten, d. h. das übertragene Vermögen muss das im Gesellschaftsvertrag vorgesehene Nominalkapital decken. Sofern die **Bestellung der Geschäftsführer** einer neu zu gründenden GmbH nicht schon im Gesellschaftsvertrag – und damit im Spaltungsplan – erfolgt ist (§ 6 Abs. 2 GmbHG), müssen diese per gesondertem Gesellschafterbeschluss bestellt werden (§ 46 Nr. 5 GmbHG). Bei der AG empfiehlt es sich, die **Bestellung des Aufsichtsrats und,** soweit gesetzlich erforderlich, **des Abschlussprüfers** in den Spaltungsplan mit aufzunehmen, da die jeweilige Bestellung nach § 30 Abs. 1 AktG der notariellen Beurkundung bedarf. 278

Besonders zu beachten ist, dass die Spaltung zur Neugründung **systematisch** eine **Sachgründung** ist. Die Sacheinlage ist nicht nur im Spaltungsplan, sondern auch im Gesellschaftsvertrag oder in der Satzung selbst genauer festzusetzen (vgl. § 5 Abs. 4 GmbHG, § 27 279

536 Ebenso Semler/Stengel/*Ihrig* § 228 Rdnr. 25; *Priester* DB 1997, 560, 567.
537 Zum kalten Delisting vgl. § 21 Rdnr. 122–124.
538 BegrRegE, BR-Drucks. 75/94, S. 117.
539 Schmitt/Hörtnagel/Stratz/*Hörtnagel* § 136 Rdnr. 12.

Abs. 1 AktG). Nach § 138 UmwG ist bei GmbHs überdies stets ein Sachgründungsbericht nach § 5 Abs. 4 GmbHG, bei AGs nach § 144 UmwG stets ein Gründungsbericht und eine Gründungsprüfung nach §§ 32, 33 Abs. 2 AktG erforderlich. Aufgrund des systematischen Charakters der Spaltung zur Neugründung als Sachgründung kommt die im Zuge des MoMiG neu geschaffene Unternehmergesellschaft von vornherein nicht als übernehmender Rechtsträger in Betracht. Nach § 5a Abs. 2 S. 2 GmbHG sind bei dieser Rechtsformvariante der GmbH Sacheinlagen bei der Gründung ausgeschlossen.[540]

280 Besonderes Augenmerk sollte im Rahmen der Neugründung schließlich darauf gelegt werden, dass bisher nicht ausreichend geklärt ist, ob im Wege der Spaltung auch außenstehenden Dritten Anteile an dem neuen Rechtsträger zugewiesen werden können. Bedeutsam wird dies etwa für die Spaltung auf eine **GmbH & Co. KG zur Neugründung.** Die vorgesehene Gestaltung sollte in jedem Fall mit dem Registergericht abgestimmt, bei verbleibenden Zweifeln sollte der sichere Weg gewählt und der neue Anteilsinhaber schon vor der Spaltung beteiligt werden.[541]

3. Spaltungsbericht und Spaltungsprüfung

281 Nach § 127 S. 1 UmwG haben die Vertretungsorgane der beteiligten Rechtsträger einen ausführlichen schriftlichen Bericht zu erstatten, in dem die Spaltung, der Vertrag oder sein Entwurf im einzelnen und bei Aufspaltung und Abspaltung insbesondere das Umtauschverhältnis der Anteile oder die Angaben über die Mitgliedschaften bei den übernehmenden Rechtsträgern, der Maßstab für ihre Aufteilung sowie die Höhe einer anzubietenden Barabfindung rechtlich und wirtschaftlich erläutert und begründet werden (**Spaltungsbericht**). Die beteiligten Rechtsträger können auch einen gemeinsamen Bericht erstellen. Der Spaltungsbericht dient der Information der Anteilseigner, vornehmlich der Minderheitsgesellschafter über die vorgesehene Strukturmaßnahme. Ein unzureichender oder gänzlich fehlender Spaltungsbericht führt daher in der Regel zu einer Anfechtbarkeit des Spaltungsbeschlusses einer Kapitalgesellschaft.[542] Da der Bericht gerade der sachgerechten Vorbereitung auf die Versammlung der Anteilseigner dient, können etwaige Fehler regelmäßig nicht durch eine spätere Information in der Versammlung der Anteilsinhaber geheilt werden. Allerdings bleiben Fehler, die für den Beschluss nach objektiver Sichtweise nicht relevant werden, unbeachtet.[543]

282 Nach §§ 9ff., 125 UmwG ist der Spaltungsvertrag oder sein Entwurf darüber hinaus in den gesetzlich bestimmten Fällen durch einen oder mehrere gerichtlich bestellte, sachverständige Prüfer (**Spaltungsprüfer**) zu prüfen (vgl. insb. §§ 60, 48, 125 UmwG).[544] Die Spaltungsprüfer haben ein Testat nach §§ 12 Abs. 2, 125 UmwG abzugeben, das üblicherweise in den Spaltungsbericht aufgenommen wird. Dabei müssen sie angeben, nach welchen Methoden das Umtauschverhältnis ermittelt wurde, aus welchen Gründen die Methoden angemessen sind und welches Umtauschverhältnis bzw. welcher Gegenwert sich bei Anwendung mehrerer Methoden, sofern mehrere angewandt wurden, jeweils ergeben würde. Zugleich ist darzulegen, welches Gewicht den verschiedenen Methoden beigemessen wurde und welche besonderen Schwierigkeiten bei der Bewertung der Rechtsträger auftraten. Bei Ausgliederungen findet eine Spaltungsprüfung von vornherein nicht statt (§ 125 S. 2 UmwG), da es in diesen Fällen nicht zu einem Anteilstausch bei den Anteilsinhabern, sondern nur zur Anteilsgewährung an den übertragenden Rechtsträger selbst kommt.[545] Da die Spaltungsprüfung der Information der Anteilseigner im Vorfeld des Spaltungsbeschlusses

[540] BGH = DB 2011, 1263.

[541] Vgl. bereits oben Rdnr. 274.

[542] Lutter/*Lutter/Drygala* § 8 Rdnr. 55; Schmitt/Hörtnagel/Stratz/*Stratz* § 8 Rdnr. 39; Widmann/Mayer/*Mayer* § 8 Rdnr. 68; BeckNotarHdb/*Heckschen* D IV Rdnr. 31.

[543] Schmitt/Hörtnagel/Stratz/*Stratz* § 8 Rdnr. 39; Lutter/*Lutter/Drygala* § 8 Rdnr. 55f.; Widmann/Mayer/*Mayer* § 8 Rdnr. 73; BeckNotarHdb/*Heckschen* D IV Rdnr. 31.

[544] Vgl. im Übrigen die Übersicht über die im UmwG vorgesehenen Prüfungsbefehle bei Widmann/Mayer/*Mayer* § 9 Rdnr. 44.

[545] Vgl. nur BegrRegE, BR-Drucks. 75/94, S. 117.

dient, führt ein den Anforderungen der §§ 12, 125 UmwG nicht entsprechender Prüfungsbericht zur Anfechtbarkeit des Spaltungsbeschlusses einer Kapitalgesellschaft.[546]

Die Erstellung eines Spaltungsberichts ist nicht erforderlich, wenn sich alle Anteile des übertragendes Rechtsträgers in der Hand des übernehmenden Rechtsträgers befinden (§§ 8 Abs. 4 S. 1 Nr. 2, 127 S. 2 UmwG). Die **100%ige Muttergesellschaft** kann sich über die wirtschaftlichen Verhältnisse ihrer Tochtergesellschaft bereits aufgrund der auszulegenden Jahresabschlüsse sowie im Rahmen ihrer Auskunftsrechte informieren.[547] Ein Spaltungsbericht ist darüber hinaus nicht zu erstellen, wenn alle Anteilsinhaber aller beteiligten Rechtsträger auf dessen Erstellung verzichten (§§ 8 Abs. 4 S. 1 Nr. 1, 127 S. 2 UmwG). Gleiches gilt nach §§ 9 Abs. 3, 125 UmwG für die Spaltungsprüfung sowie nach §§ 12 Abs. 3, 125 UmwG für die Erstattung des Prüfungsberichts. Die jeweiligen **Verzichtserklärungen** sind zu ihrer Wirksamkeit notariell zu beurkunden (§§ 8 Abs. 4 S. 2, 9 Abs. 3, 12 Abs. 3, 125, 127 S. 2 UmwG). 283

4. Spaltungsbeschlüsse

Nach §§ 13 Abs. 1, 125 UmwG wird der Spaltungsvertrag nur wirksam, wenn die Anteilsinhaber der beteiligten Rechtsträger ihm durch Beschluss (Spaltungsbeschluss) zustimmen. Die **Bindungswirkung** zwischen den beteiligten Rechtsträgern tritt also erst mit Vorhandensein des letzten Spaltungsbeschlusses ein.[548] Wie bereits dargelegt, kann der Spaltungsbeschluss jedoch auch bereits vor Abschluss des Spaltungsvertrages auf der Grundlage des entsprechenden Entwurfs gefasst werden – gleichsam als (vorherige) Einwilligung i. S. d. § 183 BGB. Wie §§ 13 Abs. 1 S. 2, 125 UmwG unmissverständlich zum Ausdruck bringt, kann der Beschluss nur in einer Versammlung der Anteilsinhaber gefasst werden, d. h. nicht im schriftlichen Umlaufverfahren. Die Einzelheiten der Durchführung der jeweiligen Anteilsinhaberversammlung bestimmen sich nach den für den jeweiligen Rechtsträger geltenden Vorschriften sowie nach den besonderen Vorschriften der §§ 39 ff., 125 UmwG. Der Spaltungsbeschluss ist dabei stets mir der vom UmwG vorgeschriebenen Mehrheit zu fassen. Bei GmbHs und AGs ist nach §§ 50 Abs. 1, 65 Abs. 1, 125 UmwG grundsätzlich eine **Dreiviertelmehrheit** erforderlich, wobei Gesellschaftsvertrag bzw. Satzung eine größere Mehrheit und weitere Erfordernisse bestimmen können. Bei Personenhandelsgesellschaften ist dagegen, sofern der Gesellschaftsvertrag nicht eine Mehrheitsentscheidung (mindestens ¾ der abgegebenen Stimmen) vorsieht, grundsätzlich **Einstimmigkeit** erforderlich (§§ 43, 125 UmwG). Einstimmigkeit ist nach § 128 UmwG ferner bei nicht-verhaltniswahrenden Spaltungen erforderlich.[549] Handelt es sich bei dem übernehmenden Rechtsträger um eine AG, ist ein Spaltungsbeschluss der Anteilsinhaber dieser Gesellschaft **entbehrlich**, wenn die AG mindestens 90% des Stammkapitals oder des Grundkapitals der übertragenden Kapitalgesellschaft hält (§§ 62 Abs. 1 S. 1, 125 UmwG; vgl. aber auch §§ 62 Abs. 2, 125 UmwG zum Schutz von Minderheiten). Gemäß §§ 62 Abs. 4, 125 UmwG n. F. ist bei Spaltungen zur Aufnahme, bei denen die übernehmende Aktiengesellschaft alle Anteile an der übertragenden Kapitalgesellschaft hält, eine Beschlussfassung des sich spaltenden Rechtsträgers nicht mehr erforderlich. Es bleibt zwar die Möglichkeit bestehen, eine Haupt- bzw. Gesellschafterversammlung bei dem übertragenden 100%igen Tochterunternehmen durchzuführen und damit der im deutschen Gesellschaftsrecht bisher üblichen Kompetenzverteilung bei wichtigen Strukturmaßnahmen zu entsprechen. Eine Niederschrift des Spaltungsbeschlusses gehört aber nicht mehr zu den nach § 17 UmwG notwendigen Anlagen für die Anmeldung zum Handelsregister. 284

Der Spaltungsbeschluss selbst kann darüber hinaus zu seiner Wirksamkeit der **Zustimmung einzelner Anteilsinhaber** bedürfen. Ist die Abtretung der Anteile des übertragenden Rechtsträgers von der Genehmigung bestimmter einzelner Anteilsinhaber abhängig, bedarf der Spaltungsbeschluss dieses Rechtsträgers nach §§ 13 Abs. 2, 125 UmwG zu seiner Wirk- 285

[546] BeckNotarHdb/*Heckschen* D IV Rdnr. 32; Widmann/Mayer/*Mayer* § 12 Rdnr. 34.
[547] Widmann/Mayer/*Mayer* § 8 Rdnr. 65; Kallmeyer/*Marsch-Barner* § 8 Rdnr. 39.
[548] Schmitt/Hörtnagel/Stratz/*Stratz* § 13 Rdnr. 4.
[549] Vgl. hierzu bereits oben Rdnr. 273.

samkeit auch ihrer Zustimmung. Die Regelung ist Ausdruck des allgemeinen Rechtsgedankens, dass Sonderrechte eines Anteilsinhabers nicht ohne dessen Zustimmung beeinträchtigt werden dürfen (vgl. § 35 BGB).[550] Weitere Zustimmungserfordernisse sind etwa bei Beteiligung einer GmbH oder einer AG zu beachten. Werden etwa durch die Spaltung auf dem Gesellschaftsvertrag beruhende Minderheitsrechte eines einzelnen Gesellschafters einer übertragenden **GmbH** oder einzelnen Gesellschaftern einer solchen Gesellschaft nach dem Gesellschaftsvertrag zustehende besondere Rechte in der Geschäftsführung der Gesellschaft, bei der Bestellung der Geschäftsführer oder hinsichtlich eines Vorschlagsrechts für die Geschäftsführung beeinträchtigt, so bedarf der Spaltungsbeschluss der übertragenden GmbH der Zustimmung dieser Gesellschafter (§§ 50 Abs. 2, 125 UmwG). Ist an der Spaltung eine GmbH, auf deren Geschäftsanteile nicht alle zu leistenden Einlagen in voller Höhe bewirkt sind, als übernehmender Rechtsträger beteiligt, bedarf der Spaltungsbeschluss eines übertragenden Rechtsträgers zumindest der Zustimmung aller bei der Beschlussfassung anwesenden Anteilsinhaber dieses Rechtsträgers (§§ 51 Abs. 1 S. 1, 125 UmwG), gegebenenfalls darüber hinaus auch der Zustimmung der nicht erschienen Gesellschafter (§§ 51 Abs. 1 S. 2, 125 UmwG). Wurden bei einer übertragenden GmbH nicht alle Einlagen voll eingezahlt, bedarf der Spaltungsbeschluss der Zustimmung aller Gesellschafter einer übernehmenden GmbH (§§ 51 Abs. 1 S. 3, 125 UmwG). Bei der **AG** bedarf der Spaltungsbeschluss, sofern mehrere Aktiengattungen vorhanden sind, zu seiner Wirksamkeit der Zustimmung der stimmberechtigten Aktionäre jeder Gattung im Wege jeweils eines Sonderbeschlusses (§§ 65 Abs. 2, 125 UmwG). Bei der **KGaA** bedarf der Spaltungsbeschluss nach §§ 78 S. 3, 125 UmwG auch der Zustimmung der persönlich haftenden Gesellschafter.

286 Unabhängig von der Rechtsform des jeweiligen Rechtsträgers bedürfen die Spaltungsbeschlüsse sowie sämtliche etwa zusätzlich erforderlichen Zustimmungserklärungen einzelner Anteilsinhaber nach §§ 13 Abs. 3, 125 UmwG der **notariellen Beurkundung**, wobei der Vertrag oder sein Entwurf dem Beschluss als Anlage beizufügen ist. Für die Beurkundung des Protokolls über den Spaltungsbeschluss kann sowohl das Verfahren nach §§ 8 ff. BeurkG als auch dasjenige nach §§ 36 ff. BeurkG eingeschlagen werden.

287 Sofern die Beteiligungsverhältnisse der beteiligten Rechtsträger dies zulassen, erscheint es ratsam, sogleich einen **Verzicht auf die Anfechtung des Spaltungsbeschlusses** in die notarielle Urkunde mit aufzunehmen. Nach §§ 16 Abs. 2, 125 UmwG haben die Vertretungsorgane bei der Anmeldung der Spaltung zum Handelsregister zu erklären, dass eine Klage gegen die Wirksamkeit eines Spaltungsbeschlusses nicht oder nicht fristgemäß erhoben oder eine solche Klage rechtskräftig abgewiesen oder zurückgenommen worden ist. Hierüber haben die Vertretungsorgane dem Registergericht auch nach der Anmeldung Mitteilung zu machen. Liegt die Erklärung nicht vor, darf die Spaltung nur eingetragen werden, wenn die klageberechtigten Anteilsinhaber durch notariell beurkundete Verzichtserklärung auf die Klage gegen die Wirksamkeit des Spaltungsbeschlusses verzichtet haben. Der Verzicht auf die Anfechtung des Spaltungsbeschlusses ist zwingend nach §§ 8 ff. BeurkG zu beurkunden. Ein Tatsachenprotokoll nach §§ 36 ff. genügt nicht. Haben die Anteilsinhaber im Vorfeld der Beschlussfassung **auf ihre vorherige Ladung und Information verzichtet**, sollte auch dies zweckmäßigerweise ausdrücklich im notariellen Protokoll festgehalten werden.[551]

288 Die Anteilsinhaber des übertragenden Rechtsträgers müssen bei Abspaltungen und Ausgliederungen in diesem Zusammenhang regelmäßig eine **Herabsetzung des Kapitals** beschließen. Da die den Anteilsinhabern des übertragenden Rechtsträgers bei Aufspaltungen oder Abspaltungen zu gewährenden Anteile bei schon bestehenden aufnehmenden Rechtsträgern grundsätzlich zunächst durch Kapitalerhöhung (bei Kapitalgesellschaften) oder Erhöhung des Eigenkapitals (bei Personengesellschaften) geschaffen werden müssen, haben die Anteilsinhaber des übernehmenden Rechtsträgers bei der Aufspaltung oder Abspaltung zur Aufnahme regelmäßig zugleich über die **Erhöhung des Kapitals** Beschluss zu fassen. Nach §§ 53, 66, 125 UmwG ist die Kapitalerhöhung vor der Spaltung in das Handelsregister einzutragen. Sie unterliegt vereinfachten Bedingungen (§§ 55, 69, 125 UmwG).

[550] Vgl. BegrRegE, BR-Drucks. 75/94, S. 86.
[551] Vgl. hierzu bereits oben Rdnr. 243.

Bei der **Spaltung zur Neugründung** ist demgegenüber naturgemäß nur ein Spaltungsbeschluss des übertragenden Rechtsträgers erforderlich, um dem Spaltungsplan zu seiner Wirksamkeit zu verhelfen (§§ 13 Abs. 1, 125, 135 UmwG). Nach §§ 59, 76 Abs. 2, 125, 135 UmwG bedarf auch der Gesellschaftsvertrag einer GmbH sowie die Satzung einer AG der Zustimmung der Gesellschafter des übertragenden Rechtsträgers durch Beschluss. Da der Gesellschaftsvertrag bzw. die Satzung des neuen Rechtsträgers jedoch zwingender Bestandteil des Spaltungsplans sind (§§ 37, 125, 135 UmwG), bedarf es in diesem Fall keines getrennten Beschlusses. Vielmehr umfasst der Spaltungsbeschluss die Zustimmung zum Gesellschaftsvertrag oder zur Satzung.[552] Das Zustimmungserfordernis zu Gesellschaftsvertrag oder Satzung hat aber zur Folge, dass es im Falle der Beteiligung eines minderjährigen Gesellschafters – anders als bei der Spaltung zur Aufnahme – nach § 1822 Nr. 3 BGB zusätzlich der Genehmigung durch das Vormundschaftsgericht bedarf.[553] Bei GmbHs und AGs bedarf eine Stimmrechtsvollmacht nach § 2 Abs. 2 GmbHG bzw. § 23 Abs. 1 S. 2 AktG von vornherein der notariellen Beglaubigung. Bei Neugründung einer AG hat der Zustimmungsbeschluss nach §§ 76 Abs. 2 S. 2, 125, 135 UmwG schließlich die Zustimmung zur Bestellung der Anteilseignervertreter im Aufsichtsrat zu umfassen. 289

5. Registeranmeldung

a) **Anmeldung zur Eintragung.** Grundsätzlich haben die **Vertretungsorgane** sämtlicher an der Spaltung beteiligten Rechtsträger die Spaltung zur Eintragung in das Register (Handelsregister, Partnerschaftsregister, Genossenschaftsregister oder Vereinsregister) des Sitzes ihres Rechtsträgers anzumelden (§§ 16 Abs. 1 S. 1, 125 UmwG). Nach § 129 UmwG ist darüber hinaus auch das Vertretungsorgan jedes der übernehmenden Rechtsträger zur Anmeldung berechtigt. Die Anmeldung muss nach §§ 16, 125 UmwG i. V. m. § 12 HGB in notariell beglaubigter Form erfolgen. Die Vertretungsorgane können sich bei der Anmeldung grundsätzlich vertreten lassen, wobei die **Vollmacht** in diesem Fall ebenfalls der notariellen Beglaubigung bedarf. Eine Vertretung ist jedoch nicht möglich, wenn die Negativerklärung nach §§ 16 Abs. 2 S. 1, 125 UmwG in der Registeranmeldung enthalten ist oder wenn eine Erklärung der Geschäftsführer einer übertragenden GmbH nach § 140 UmwG abzugeben ist. Die Negativerklärung ist keine Willenserklärung, vielmehr bloße Wissenserklärung.[554] Hinsichtlich der Erklärung nach § 140 UmwG scheidet eine Vertretung wegen der Strafbewehrung aus.[555] Sofern die Anmeldung zum Handelsregister keine höchstpersönlichen Erklärungen der Vertretungsorgane enthalten muss, kann schließlich auch der Notar, der die Beurkundung oder Beglaubigung vorgenommen hat, nach § 378 Abs. 2 FamFG im Namen des zur Anmeldung Berechtigten die Eintragung betreiben. § 378 Abs. 2 FamFG begründet für den Notar die (widerlegliche) Vermutung seiner Ermächtigung, die entsprechende Registereintragung zu beantragen, also förmlich im Wege der Eigenurkunde die entsprechende registerfähige Tatsache zur Eintragung anzumelden.[556] Einen Nachweis der Vollmacht darf das Registergericht in diesem Fall nicht verlangen.[557] Dies gilt auch in dem Fall, dass der Antrag nicht durch den Beurkundungsnotar gestellt wird. Hier kommt eine Vertretung bei der Antragstellung nach § 378 Abs. 1 FamFG in Betracht. Auch ohne Vorlage einer Vollmacht kann das Registergericht dabei davon ausgehen, dass ein Notar bereits aufgrund seiner beruflichen Stellung und seiner Standespflicht nicht ohne Vollmacht handeln würde.[558] 290

[552] Schmitt/Hörtnagel/Stratz/*Hörtnagel* § 135 Rdnr. 19.

[553] Schmitt/Hörtnagel/Stratz/*Hörtnagel* § 135 Rdnr. 20.

[554] KölnKomm/*Simon* § 16 Rdnr. 6, 22.

[555] KölnKomm/*Simon/Nießen* § 140 Rdnr. 19; Schmitt/Hörtnagel/Stratz/*Hörtnagel* § 140 Rdnr. 3.

[556] MünchKommZPO/*Krafka* § 378 FamFG Rdnr. 9; Schulte-Bunert/Weinreich/*Nedden-Boeger* FamFG 2. Aufl. 2010 § 378 Rdnr. 4 ff.; Keidel/*Heinemann* FamFG 16. Aufl. 2009 § 378 Rdnr. 10 f.; vgl. auch das DNotI-Gutachten zum Antragsrecht des Notars in Handelsregistersachen, DNotIReport 2010, 112.

[557] OLG Frankfurt Beschl. v. 16. 11. 2010 – 20 W 447/10; MünchKommZPO/*Krafka* § 378 FamFG Rdnr. 9; Prütting/Helms/*Maass* FamFG 2009 § 378 Rdnr. 13; Keidel/*Heinemann* FamFG 16. Aufl. 2009 § 378 Rdnr. 9; *Bumiller/Harders* FamFG 9. Aufl. 2009 § 378 Rdnr. 3 f.; *Schaub* MittBayNot 1999, 539, 543 (zu § 129 FGG).

[558] OLG Frankfurt Beschl. v. 16. 11. 2010 – 20 W 447/10; OLG Köln NJW-RR 1994, 1547; Jansen/*Steder* FGG 3. Aufl. 2006 § 129 Rdnr. 28; *Ammon* DStR 1993, 1025, 1028; vgl. auch DNotIReport 2010, 112, 113.

291 Bei der Anmeldung haben die Vertretungsorgane nach §§ 16 Abs. 2, 125 UmwG zu erklären, dass eine Klage gegen die Wirksamkeit eines Verschmelzungsbeschlusses nicht oder nicht fristgemäß erhoben oder eine solche Klage rechtskräftig abgewiesen oder zurückgenommen worden ist. Ohne diese **Negativerklärung** darf eine Eintragung nur im Falle einer notariell beurkundeten Verzichtserklärung auf die Klage gegen die Wirksamkeit des Spaltungsbeschlusses erfolgen, §§ 16 Abs. 2 Hs. 2, 125 UmwG.[559] Es empfiehlt sich daher, eine entsprechende Verzichtserklärung sogleich im Rahmen der Niederschriften über die Spaltungsbeschlüsse mit aufzunehmen. Alternativ kann ein **Freigabeverfahren** nach §§ 16 Abs. 3, 125 UmwG durchgeführt werden.

292 Der Anmeldung zum Register des übertragenden Rechtsträgers sind nach §§ 17 Abs. 1, 125 UmwG **in Ausfertigung** (§§ 47, 49 BeurkG) **oder beglaubigter Abschrift** (§ 42 BeurkG) beizufügen:

- der Spaltungsvertrag oder Spaltungsplan,
- die Niederschriften der Spaltungsbeschlüsse jedes an der Spaltung beteiligten Rechtsträger,
- etwa erforderliche Zustimmungserklärungen einzelner Anteilsinhaber, sowie
- etwa abgegebene Verzichtserklärungen in Bezug auf den Spaltungsbericht (§§ 8 Abs. 4, 125 UmwG), die Spaltungsprüfung (§§ 9 Abs. 3, 125 UmwG), den Spaltungsprüfungsbericht (§§ 12 Abs. 3, 125 UmwG) oder die Gewährung von Anteilen (§§ 54 Abs. 1 S. 3, 68 Abs. 1 S. 3, 125 UmwG).

293 Da der Spaltungsvertrag nach §§ 13 Abs. 3 S. 2, 125 UmwG den Spaltungsbeschlüssen zumindest im Entwurf als Anlage beigefügt werden muss, ist eine gesonderte Beifügung des Spaltungsvertrages nur im Falle einer Beschlussfassung über einen Entwurf erforderlich. Die Verbindung des Spaltungsvertrages (in der endgültig abgeschlossenen Form) mit der Ausfertigung oder beglaubigten Abschrift des Spaltungsbeschlusses durch Schnur und Prägesiegel gilt auch als beglaubigte Abschrift des Spaltungsvertrages.[560] Werden der Spaltungsvertrag, die Spaltungsbeschlüsse, die erforderlichen Zustimmungserklärungen einzelner Anteilsinhaber sowie etwa abgegebene Verzichtserklärungen **in einer Urkunde** zusammengefasst, genügt selbstverständlich die Vorlage dieser Urkunde.[561]

294 **In Urschrift oder Abschrift** sind nach §§ 17 Abs. 1, 125 UmwG beizufügen:

- der Spaltungsbericht (§ 127 UmwG) und der Prüfungsbericht (§§ 12, 125 UmwG), sofern die Anteilsinhaber nicht mittels notarieller Urkunde auf die Erstellung verzichtet haben,
- ein Nachweis über die rechtzeitige Zuleitung des Spaltungsvertrages oder seines Entwurfs an den zuständigen Betriebsrat, sowie
- die Genehmigungsurkunde, falls ausnahmsweise eine staatliche Genehmigung erforderlich ist.

295 Der Nachweis über die rechtzeitige Zuleitung des Spaltungsvertrages oder seines Entwurfs an den zuständigen Betriebsrat kann über ein entsprechendes Empfangsbekenntnis der Betriebsratsvorsitzenden bzw. deren Stellvertretern erfolgen. Hat der Rechtsträger **keinen Betriebrat**, ist dies von den Anmeldern durch Versicherung anlässlich der Anmeldung kundzugeben. Soweit der Betriebsrat auf die Einhaltung der Frist oder die Zuleitung an sich verzichtet hat, ist auch dies dem Registergericht nachzuweisen.

296 Nach §§ 17 Abs. 2, 125 UmwG ist der Anmeldung zum Register des Sitzes des übertragenden Rechtsträgers ferner eine **Schlussbilanz** dieses Rechtsträgers, die nicht auf einen mehr als acht Monate zurückliegenden Stichtag aufgestellt ist, beizufügen. Die Schlussbilanz unterliegt der gesetzlichen Prüfungspflicht. Nach §§ 316 ff. HGB haben daher Kapitalgesellschaften, die nicht kleine im Sinne des § 267 Abs. 1 HGB sind, eine von einem Abschlussprüfer geprüfte Schlussbilanz vorzulegen. Eine eigenständige Prüfungspflicht wird durch §§ 17 Abs. 2 S. 2, 125 UmwG nicht begründet. Die Schlussbilanz ist entsprechend § 245 HGB von sämtlichen Geschäftsführern oder Vorständen zu unterzeichnen. Der Anmeldung

[559] Eine verfrühte Eintragung der Spaltung in das Handelsregister kann Amtshaftungsansprüche begründen; vgl. BGH, NJW 2007, 224.

[560] OLG Karlsruhe NJW-RR 1998, 903, 904; KölnKomm/*Simon* § 17 Rdnr. 6.

[561] Schmitt/Hörtnagel/Stratz/*Hörtnagel* § 17 Rdnr. 5.

zum Register des Sitzes jedes der übernehmenden Rechtsträger muss keine Schlussbilanz des übertragenden Rechtsträgers beigefügt werden.[562]

Wurde der Gesellschaftsvertrag der übernehmenden GmbH im Zuge der Spaltung geändert, muss nach § 54 Abs. 1 S. 2 GmbHG darüber hinaus auch der vollständige Wortlaut des (geänderten) Gesellschaftsvertrages beigefügt werden. Zugleich bedarf es erforderlichenfalls der **Anmeldung einer Kapitalerhöhung oder einer Kapitalherabsetzung.** Da Spaltungen nach §§ 53, 66, 125 UmwG nicht vor Eintragung der Erhöhung des Kapitals einer GmbH oder AG eingetragen werden dürfen, empfiehlt es sich, der Anmeldung der Spaltung zum Handelsregister sogleich einen Nachweis über die durchgeführte Kapitalerhöhung bei der übernehmenden Gesellschaft beizufügen. 297

Der beurkundende Notar muss dem **Finanzamt**, das für die Gesellschaft zuständig ist, nach § 54 EStDV überdies eine beglaubigte Abschrift aller aufgrund gesetzlicher Vorschriften aufgenommenen oder beglaubigten Urkunden, die die Spaltung von Kapitalgesellschaften zum Gegenstand haben, übersenden. Bei Vorhandensein von Grundbesitz hat der Notar zusätzlich die Grunderwerbssteuerstelle zu informieren (§ 18 GrEStG), ggf. auch die Schenkungssteuerstelle (§ 34 ErbStG). 298

b) **Besonderheiten der Spaltung zur Neugründung.** Während bei der Spaltung zur Aufnahme lediglich die Spaltung selbst zur Eintragung in das Handelsregister anzumelden ist, sind bei der Spaltung zur Neugründung (auch) die neuen Gesellschaften zur Eintragung in das Handelsregister anzumelden. Da die neuen Rechtsträger wirksam erst mit der Eintragung der Spaltung entstehen, kann die Anmeldung nur durch das Vertretungsorgan des übertragenden Rechtsträgers erfolgen (§ 137 Abs. 1 UmwG). Da auf die Gründung des neuen Rechtsträgers nach § 135 Abs. 2 UmwG sämtliche einschlägigen Gründungsvorschriften Anwendung finden, müssen die künftigen Organmitglieder des neuen Rechtsträgers je nach Rechtsform gegebenenfalls weitere Erklärungen gegenüber den Registern abgeben, so bei GmbHs und AGs etwa die **höchstpersönliche Erklärung**, dass in ihrer Person keine Bestellungshindernisse vorliegen (§ 8 Abs. 3 GmbHG, § 37 Abs. 2 AktG).[563] Die jeweiligen Organmitglieder müssen jedoch grundsätzlich keine Erklärungen zur Bewirkung und Verfügbarkeit der Einlageleistungen nach § 8 Abs. 2 GmbHG oder § 37 Abs. 2 AktG abgeben, da eine Einlagenleistung wegen der partiellen Gesamtrechtsnachfolge nicht stattfindet. Eine entsprechende Versicherung ist nur erforderlich, wenn bare Zuzahlungen geleistet werden.[564] 299

Handelt es sich bei dem neuen Rechtsträger um eine **GmbH**, muss der Anmeldung zwingend ein Sachgründungsbericht, in dem auch der Geschäftsverlauf und die Lage des übertragenden Rechtsträgers darzulegen ist, beigefügt werden (§§ 138, 58 Abs. 1, 125 UmwG). Sofern die Geschäftsführer nicht schon im Spaltungsplan bestellt wurden (§ 6 Abs. 2 GmbHG), ist zudem der gesonderte Beschluss über die Geschäftsführerbestellung nach § 46 Nr. 5 GmbHG beizufügen. Die Geschäftsführer haben schließlich nach § 8 Abs. 1 Nr. 3 GmbHG, § 135 Abs. 2 UmwG eine von ihnen unterzeichnete Liste der Gesellschafter beizufügen, nach § 8 Abs. 1 Nr. 5 GmbHG, § 135 Abs. 2 UmwG zudem einen Nachweis der Werthaltigkeit des im Zuge der Spaltung übergehenden Vermögens. Letzteres kann in der Regel durch eine aus der Schlussbilanz des übertragenden Rechtsträgers entwickelte Spaltungsbilanz, verbunden mit der Werthaltigkeitsbestätigung eines Steuerberaters oder Wirtschaftsprüfers, erfolgen.[565] 300

Bei einer Spaltung zur Neugründung einer **AG** lässt sich der erforderliche Nachweis über die Bestellung des Aufsichtsrats bereits dem Spaltungsbeschluss entnehmen, da die Anteilseigner nach §§ 76 Abs. 2 S. 2, 125, 135 UmwG auch der Bestellung der Anteilseignervertreter im Aufsichtsrat zustimmen müssen. Der Anmeldung gesondert beizufügen ist aber der 301

[562] BayObLG NZG 1999, 321.

[563] Lutter/*Priester* § 137 Rdnr. 12; KölnKomm/*Simon/Nießen* § 137 Rdnr. 9; Schmitt/Hörtnagel/Stratz/*Hörtnagel* § 137 Rdnr. 2; Widmann/Mayer/*Fronhöfer* § 137 Rdnr. 13, 33.

[564] Schmitt/Hörtnagel/Stratz/*Hörtnagel* § 137 Rdnr. 2; Kallmeyer/*Zimmermann* § 137 Rdnr. 9, 11; Semler/Stengel/*Schwanna* § 137 Rdnr. 4 f.; a. A. Widmann/Mayer/*Fronhöfer* § 137 Rdnr. 34: stets Versicherung erforderlich.

[565] Widmann/Mayer/*Fronhöfer* § 137 Rdnr. 35.

privatschriftliche Beschluss des Aufsichtsrats über die Bestellung des Vorstands (§ 37 Abs. 4 Nr. 3 AktG), ferner eine Ausfertigung oder beglaubigte Abschrift der notariellen Urkunde über die Bestellung des Abschlussprüfers, soweit diese nicht bereits im Spaltungsplan enthalten ist.[566] Beizufügen sind schließlich der Gründungsbericht der Gründer (§§ 144, 75 Abs. 1, 125 UmwG, § 32 AktG), der Gründungsprüfungsbericht der Mitglieder des Vorstands und des Aufsichtsrats (§§ 144, 75 Abs. 1, 125 UmwG, § 33 Abs. 1 AktG) sowie der Prüfungsbericht des externen Gründungsprüfers (§§ 144, 75 Abs. 1, 125 UmwG, § 33 Abs. 2 AktG) oder des Verschmelzungsprüfers (§ 75 Abs. 1 S. 2 UmwG), ferner ein Werthaltigkeitsnachweis sowie eine Berechnung des Gründungsaufwandes (§ 37 Abs. 4 Nr. 2 AktG).

302 Ist der **übertragende Rechtsträger** eine **GmbH**, haben deren Geschäftsführer schließlich nach § 140 UmwG bei der Anmeldung einer Abspaltung oder Ausgliederung zum Handelsregister zu erklären, dass die durch Gesetz und Gesellschaftsvertrag vorgesehenen Voraussetzungen für die Gründung dieser Gesellschaft unter Berücksichtigung der Abspaltung oder der Ausgliederung im Zeitpunkt der Anmeldung vorliegen. Die Vorschrift dient dem Kapitalschutz und soll gewährleisten, dass die übertragende GmbH nach Durchführung der Abspaltung oder Ausgliederung wenigstens noch über die Mindestkapitalausstattung erfüllt. Wegen der Strafbewehrung der Erklärung ist eine Abgabe der Erklärung durch Vertreter ausgeschlossen.[567]

6. Eintragung der Spaltung und Wirkungen

303 a) **Eintragung in das Handelsregister.** Die Spaltung wird wirksam mit ihrer Eintragung in das Register des Sitzes des übertragenden Rechtsträgers (§ 131 Abs. 1 UmwG). Nach § 130 Abs. 1 S. 1 UmwG darf die Spaltung jedoch erst in das Register des Sitzes des übertragenden Rechtsträgers eingetragen werden, nachdem sie im Register jedes der übernehmenden Rechtsträger eingetragen worden ist. Die Eintragung bei den übernehmenden Rechtsträgern hat nur deklaratorische Wirkung und muss mit dem Vermerk versehen werden, dass sie erst mit Eintragung der Spaltung in das Register des übertragenden Rechtsträgers wirksam wird.[568] Zur Beschleunigung der Eintragung empfiehlt es sich daher, der Anmeldung zum Register des übertragenden Rechtsträgers Nachweise über die Eintragung der Spaltung im Register der übernehmenden Rechtsträger beizufügen. Im Falle einer Erhöhung des Kapitals einer übernehmenden GmbH oder AG zur Durchführung der Spaltung muss nach §§ 53, 66, 125 UmwG zunächst die Kapitalerhöhung eingetragen werden, bevor die Spaltung eingetragen wird. Wird das Kapital einer übertragenden GmbH oder AG heruntergesetzt, muss dies nach §§ 139, 145 UmwG vor der Spaltung eingetragen werden. Ist gemäß § 139 UmwG im Rahmen der Durchführung einer Spaltung zur Vermeidung einer Unterbilanz beim übertragenden Rechtsträger einer Kapitalherabsetzung erforderlich, so ist nach § 58 Abs. 2 S. 1 GmbHG zwingend das Mindeststammkapital von € 25.000 zu wahren. Da dies bei einer UG per definitionem ausgeschlossen ist, kann sie im Anwendungsbereich von § 139 UmwG nicht als übertragender Rechtsträger an einer Abspaltung oder Ausgliederung beteiligt sein.

304 Die Eintragungsreihenfolge bei der **Spaltung zur Neugründung** ist wie bei der Spaltung zur Aufnahme (§§ 137 Abs. 3, 125, 130 UmwG) – mit der Besonderheit, dass die neuen Rechtsträger selbst (mit einem Vorläufigkeitsvermerk) eingetragen werden. Die Registergerichte der neuen Rechtsträger haben dem Register des übertragenden Rechtsträgers die Eintragung der neuen Rechtsträger von Amts wegen mitzuteilen (§ 137 Abs. 3 UmwG). Erst die Eintragung der Spaltung bei dem übertragenden Rechtsträger wirkt dann konstitutiv für die Spaltung selbst sowie für die Entstehung des neuen Rechtsträgers. Folgt der Eintragung des neuen Rechtsträgers keine Eintragung der Spaltung beim übertragenden Rechtsträger nach, entsteht der neue Rechtsträger nicht wirksam und ist von Amts wegen zu löschen.[569] Unter

[566] Vgl. bereits oben Rdnr. 278.
[567] KölnKomm/*Simon/Nießen* § 140 Rdnr. 19; Schmitt/Hörtnagel/Stratz/*Hörtnagel* § 140 Rdnr. 3.
[568] Widmann/Mayer/*Fronhöfer* § 137 Rdnr. 72.
[569] Vgl. nur Würzburger Notarhandbuch/*Heidinger*, 2. Aufl. 2010, Kap. 6 Rdnr. 213 m. w. N.

den entsprechenden Voraussetzungen kann gleichwohl eine fehlerhaft wirksame Gesellschaft vorliegen.

b) **Wirkung der Eintragung.** Die Spaltung wird mit ihrer Eintragung in das Register des Sitzes des übertragenden Rechtsträgers wirksam (§ 131 Abs. 1 UmwG). Das Vermögen des übertragenden Rechtsträgers, bei Abspaltung und Ausgliederung der abgespaltene oder ausgegliederte Teil oder die abgespaltenen oder ausgegliederten Teile des Vermögens einschließlich der Verbindlichkeiten gehen entsprechend der im Spaltungsvertrag vorgesehenen Aufteilung jeweils als Gesamtheit auf die übernehmenden Rechtsträger über (sog. **partielle Gesamtrechtsnachfolge**; § 131 Abs. 1 Nr. 1 UmwG). Von vornherein nicht Gegenstand der Gesamtrechtsnachfolge sind vor allem höchstpersönliche Rechten und Pflichten,[570] wie etwa die Bestellung zum Abschlussprüfer. Auch sonstige personenbezogene Rechts- und Pflichtenpositionen wie Bankerlaubnisse, Börsenzulassungen oder Gaststättenkonzessionen gehen – anders als gegenstandsbezogene Rechtspositionen wie Baugenehmigungen – nicht nach § 131 Abs. 1 Nr. 1 UmwG auf den übernehmenden Rechtsträger über.[571] Nicht im Wege der Spaltung übertragbar sind schließlich auch eine Vereinsmitgliedschaft (vgl. §§ 38, 40 BGB),[572] etwa in einem Markenrechtsverband, sowie eine Stellung als persönlich haftender Gesellschafter einer Personengesellschaft.[573] Bei der **Aufspaltung** erlischt der übertragende Rechtsträger, ohne dass es einer besonderen Löschung bedarf (§ 131 Abs. 1 Nr. 2 UmwG). Bei Aufspaltung und Abspaltung werden die Anteilsinhaber des übertragenden Rechtsträgers entsprechend der im Spaltungs- und Übernahmevertrag vorgesehenen Aufteilung Anteilsinhaber der beteiligten Rechtsträger (§ 131 Abs. 1 Nr. 3 UmwG). 305

Da das zu übertragende Vermögen im Wege der partiellen Gesamtrechtsnachfolge kraft Gesetzes übergeht, bedarf es für die Übertragung von Grundstücken keiner Eintragung im Grundbuch. Die Rechtsänderung erfolgt vielmehr **außerhalb des Grundbuchs**, so dass selbiges mit Eintragung der Spaltung unrichtig wird. Die Berichtigung des Grundbuchs kann alternativ über den **Nachweis der Unrichtigkeit** nach § 22 Abs. 1 GBO oder die **Bewilligung der Berichtigung** nach § 19 GBO erfolgen. Bewilligt der übertragende Rechtsträger die Berichtigung nach § 19 GBO und stimmt der übernehmende Rechtsträger nach § 22 Abs. 2 GBO seiner Eintragung als neuer Eigentümer zu, ist nach allgemeinen Grundsätzen allein die schlüssige Darlegung des Eigentumswechsels erforderlich. Das Grundbuchamt ist nicht berechtigt, die Vorlage des Spaltungsvertrages zu verlangen.[574] Andernfalls würden nämlich die Unterschiede zwischen der Berichtigungsbewilligung nach § 19 GBO und dem Unrichtigkeitsnachweis nach § 22 Abs. 1 GBO verwischt. Schlüssigkeit des Vortrags i. S. d. § 19 GBO ist weniger als dessen Beweis und auch weniger als dessen Glaubhaftmachung. Schlüssig ist ein Antrag bereits dann, wenn das tatsächliche Vorbringen, als richtig unterstellt, den Antrag rechtfertigt.[575] Für die Berichtigungsbewilligung bedeutet dies, dass der Antragsteller (nur) schlüssig dartun muss, dass das Grundbuch infolge der Spaltung unrichtig geworden ist, da das betreffende Grundstück (i) nach dem Spaltungsvertrag auf den übernehmenden Rechtsträger zu übertragen ist, (ii) ebendort in grundbuchmäßiger Weise bezeichnet ist und (iii) die Spaltung in das Handelsregister eingetragen worden ist. Bei Aufspaltungen kann die Grundbuchberichtigung allein über den Nachweis der Unrichtigkeit nach § 22 Abs. 1 GBO erreicht werden. Mit der Eintragung der Aufspaltung im Handelsregister erlischt der übertragende Rechtsträger (§ 131 Abs. 1 Nr. 2 UmwG). Eine Berichtigungsbewilligung scheidet entsprechend aus, da das Grundbuch vor der Eintragung der Aufspaltung im Handelsregister noch nicht unrichtig ist, nach der Eintragung jedoch keine bewilligungsberechtigten Organe des übertragenden Rechtsträgers mehr vorhanden sind.[576] Im Rahmen der praktischen Abwicklung ist seitens des Notars schließlich zu beachten, dass nach § 22 Abs. 1 GrEStG 306

[570] Vgl. nur BegrRegE, BT-Drucks. 16/2919, S. 19.
[571] Schmitt/Hörtnagel/Stratz/*Hörtnagel* § 131 Rdnr. 85; Lutter/*Teichmann* § 131 Rdnr. 65; KölnKomm/*Simon* § 20 Rdnr. 30.
[572] KölnKomm/*Simon* § 131 Rdnr. 23; Lutter/*Teichmann* § 131 Rdnr. 51.
[573] KölnKomm/*Simon* § 131 Rdnr. 22; Lutter/*Teichmann* § 131 Rdnr. 52.
[574] A. A. OLG Düsseldorf Rpfleger 2010, 496.
[575] Meikel/*Böttcher* GBO 10. Aufl. 2009 § 22 Rdnr. 106.
[576] *Böhringer* Rpfleger 2001, 59, 60; Meikel/*Böttcher* GBO 10. Aufl. 2009 § 22 Rdnr. 97.

eine Eintragung in das Grundbuch nur bei Vorliegen einer **steuerlichen Unbedenklichkeitsbescheinigung** des jeweils zuständigen Finanzamtes erfolgen darf. Zuständig für die Erteilung ist nach § 17 Abs. 1 S. 1 GrEStG grundsätzlich das Finanzamt, in dessen Bezirk das Grundstück oder der wertvollste Teil des Grundstücks liegt. Eine Konzentration auf ein Finanzamt ist für diese Fälle gesetzlich nicht vorgesehen, so dass bei der Übertragung großer Immobilienportfolios grundsätzlich für jedes Grundstück einzeln eine Unbedenklichkeitsbescheinigung eingeholt werden muss, u. U. bei über das gesamte Bundesgebiet verteilten Finanzämtern. Nach § 22 Abs. 1 S. 2 GrEStG können die obersten Finanzbehörden der Länder im Einvernehmen mit den Landesjustizverwaltungen jedoch Ausnahmen hiervon vorgesehen. Geschehen ist dies aufgrund der Vielzahl der betroffenen Grundstücke etwa im Rahmen der Bahnreform. Ebendort hat die Grunderwerbsteuerstelle des Finanzamts Frankfurt am Main III eine Sammel-Unbedenklichkeitsbescheinigung für alle betroffenen Grundstücke im Bundesgebiet erteilt.

307 Da der Vermögensübergang kraft Gesetzes erfolgt und der Vorgang daher von vornherein nicht als Kauf zu qualifizieren ist, werden **keine Vorkaufsrechte** durch die Spaltung ausgelöst. Mit der Eintragung der Spaltung wird nach § 131 Abs. 1 Nr. 4 UmwG ein etwaiger **Mangel der notariellen Beurkundung** des Spaltungs- und Übernahmevertrages und gegebenenfalls erforderlicher Zustimmungs- und Verzichtserklärungen einzelner Anteilsinhaber geheilt. Da die beteiligten Registergerichte Eintragungen nur vornehmen dürfen, wenn die Eintragungsvoraussetzungen erfüllt sind, wenn also alle erforderlichen Unterlagen, Dokumente und Zustimmungen beigebracht wurden und wirksam sind, wird der Fall, dass eine Eintragung trotz gänzlich fehlender Beurkundung erfolgt, äußerst selten vorkommen. Die Bedeutung der Bestimmung liegt daher vorwiegend darin, dass nicht beurkundete Nebenabreden mit der Eintragung der Spaltung wirksam werden.[577] Maßgeblich ist dabei der Inhalt, der der Beschlussfassung der Anteilsinhaber zugrunde lag, nicht der Inhalt, der von den Organen der Rechtsträger ausgehandelt worden ist.[578] Mängel bei der Beurkundung der Spaltungsbeschlüsse oder sonstiger in diesem Zusammenhang getroffener Beschlüsse werden dagegen nicht nach § 131 Abs. 1 Nr. 4 geheilt. Für alle derartigen Mängel gilt § 131 Abs. 2 UmwG. Soweit für die Beschlüsse – unmittelbar oder analog – das Aktienrecht gilt, kann nach der Eintragung in das Register auch eine Heilung nach § 242 Abs. 1 AktG eintreten.[579] Nicht von § 131 Abs. 1 Nr. 4 UmwG erfasst wird schließlich die i. S. d. § 28 GBO, § 126 Abs. 2 S. 2 UmwG unzureichende Bezeichnung von Grundstücken im Spaltungsvertrag, da durch die Vorschrift nur Mängel der Form geheilt werden können. Mängel der Bezeichnung sind aber zumindest nach Ansicht des BGH materiellrechtliche Fehler, die zum Verbleib des Gegenstandes beim übertragenden Rechtsträger führen.[580]

308 Nach § 131 Abs. 2 UmwG lassen nach der Eintragung der Spaltung im Handelsregister darüber hinaus auch etwaige **sonstige Mängel der Spaltung** die Wirkungen der Eintragung unberührt und beeinträchtigen die Wirkungen der Spaltungen nicht mehr. Im Gegensatz zu § 131 Abs. 1 Nr. 4 UmwG sieht die Bestimmung damit keine Heilung von Mängeln vor, vielmehr wird lediglich eine Rückabwicklung ausgeschlossen. Nicht ausgeschlossen sind jedoch Schadensersatzansprüche.[581] Nach § 131 Abs. 2 UmwG wird die Wirksamkeit der Spaltung selbst durch die Nichtigkeit des Spaltungsvertrages nicht berührt.[582] Auch Mängel der Spaltungsbeschlüsse, etwa wegen Benachteiligung von Minderheitsaktionären, Gestaltungsmissbrauchs oder Verstoßes gegen das Selbstkontrahierungsverbot lassen die konstitutiven Wirkungen der Eintragung unberührt.[583] Die Wirkungen des § 131 Abs. 2 UmwG treten nach der Rechtsprechung des BGH nur dann nicht ein, wenn der Mangel der Umwandlung derart gravierend ist, dass die Umwandlung als nichtig anzusehen ist.[584] Erforder-

[577] Schmitt/Hörtnagel/Stratz/*Hörtnagel* § 20 Rdnr. 120; KölnKomm/*Simon* § 20 Rdnr. 42.
[578] Lutter/*Grunewald* § 20 Rdnr. 68.
[579] Kallmeyer/*Marsch-Barner* § 20 Rdnr. 32; Widmann/Mayer/*Vossius* § 20 Rdnr. 371 f.
[580] *Link* RNotZ 2008, 358, 359 f.; *Schorling* AG 2008, 653, 657; vgl. auch oben Rdnr. 262.
[581] Schmitt/Hörtnagl/Stratz/*Hörtnagl* § 131 Rdnr. 114; Kallmeyer/*Marsch-Barner* § 20 Rdnr. 34.
[582] Lutter/*Grunewald* § 20 Rdnr. 82; Kallmeyer/*Marsch-Barner* § 20 Rdnr. 40.
[583] OLG Frankfurt NJW-RR 2003, 1122 f.
[584] BGH ZIP 2001, 2006 (Verschmelzung); vgl. auch BGH ZIP 1999, 1126 zu § 34 LwAnpG.

lich ist daher, dass überhaupt ein Spaltungsbeschluss gefasst wurde, da dieser Grundvoraussetzung der Spaltung ist und andernfalls in den Kernbereich des Mitgliedschaftsrechts eingegriffen würde.[585] An der Rechtsbeständigkeit der Spaltung trotz Mängeln nach § 131 Abs. 2 UmwG nimmt aber der Gesellschaftsvertrag des neuen Rechtsträgers nicht teil. Für diese Mängel gelten die allgemeinen Vorschriften der jeweiligen Rechtsform.[586]

c) **Schutz der Gläubiger.** Nach § 133 Abs. 1 S. 1 UmwG haften alle an der Spaltung beteiligten Rechtsträger als Gesamtschuldner für die Verbindlichkeiten des übertragenden Rechtsträgers, die vor dem Wirksamwerden der Spaltung begründet worden sind. In der Sache bedeutet dies Zweierlei: Trotz Übertragung der im Spaltungsvertrag näher bezeichneten Verbindlichkeiten haftet der übertragende Rechtsträger für die übergehenden Verbindlichkeiten fort. Darüber hinaus kann aber auch der übernehmende Rechtsträger für sämtliche Altverbindlichkeiten des übertragenden Rechtsträgers, d. h. einschließlich der nicht übergehenden, in Anspruch genommen werden. Die Nachhaftung ist nach § 133 Abs. 3 UmwG auf einen Zeitraum von fünf Jahren begrenzt. Diese Begrenzung der Nachhaftung kann letztlich auch ein Motiv für Spaltungen sein. Positiv betrachtet kann ein Rechtsträger nämlich für Verbindlichkeiten, die ihm im Spaltungsvertrag nicht zugewiesen worden sind, nach Ablauf von fünf Jahren nicht mehr in Anspruch genommen werden.[587] 309

Von der Bestimmung des § 133 Abs. 1 S. 1 UmwG ausdrücklich unberührt bleibt die Haftung wegen Firmenfortführung nach § 25 HGB, ferner der Anspruch auf Sicherheitsleistung nach §§ 22, 125 UmwG (§ 133 Abs. 1 S. 2 Hs. 1 UmwG). Nach §§ 22, 125 UmwG kann Sicherheitsleistung verlangt werden, wenn die Spaltung die Erfüllung der noch nicht fälligen Forderungen gefährdet. Nach § 133 Abs. 1 S. 2 Hs. 2 UmwG richtet sich der Anspruch auf Sicherheitsleistung allein gegen den Rechtsträger, dem die abzusichernde Verbindlichkeit im Spaltungsvertrag zugewiesen wurde. Diese Beschränkung auf einen Rechtsträger gilt auch, wenn dieser nicht in der Lage ist, die gebotene Sicherheit zu stellen.[588] 310

7. Besonderheiten bei der Beteiligung von Gebietskörperschaften

Nach §§ 168 ff. UmwG gelten für die Ausgliederung unter Beteiligung von Gebietskörperschaften besondere Regeln. Diese können an einer Ausgliederung nur als übertragende Rechtsträger beteiligt sein, § 168 UmwG. Ausgliederungen sind zudem nur möglich, soweit sie ganze Unternehmen betreffen. Anders als in § 123 Abs. 3 UmwG grundsätzlich vorgesehen können Gebietskörperschaften nämlich nicht einzelne Vermögensteile ausgliedern. Die Übertragung wird abweichend von § 131 UmwG erst mit deren Eintragung in das Register des Sitzes des übernehmenden Rechtsträgers bzw. mit der Eintragung des neuen Rechtsträgers wirksam, § 171 UmwG. Für die Verbindlichkeiten des ausgegliederten Unternehmens haftet die Gebietskörperschaft gesamtschuldnerisch neben dem übernehmenden oder neuen Rechtsträger für die Dauer von fünf Jahren (§§ 172 S. 1, 173 UmwG). Bestehende Sicherungs- und Vorzugsrechte bleiben unberührt, § 172 S. 2 UmwG. 311

IV. Formwechsel

1. Einführung

Der Formwechsel ist in den **§§ 190 bis 312 UmwG** geregelt, wobei § 190 Abs. 2 UmwG klarstellt, dass diese Vorschriften im Grundsatz nur für den Formwechsel nach UmwG gelten und Änderungen der Rechtsform nach anderen Gesetzen (z. B. der Formwechsel einer offenen Handelsgesellschaft in eine Kommanditgesellschaft durch Beitritt eines Kommanditisten) davon nicht erfasst werden (sofern dies nicht z. B. durch Verweisung auf einzelne Vorschriften ausdrücklich bestimmt ist).[589] Der Formwechsel nach dem UmwG ist dadurch 312

[585] BGHZ 132, 353, 360 = NJW 1996, 2165; Lutter/*Teichmann* § 131 Rdnr. 79.
[586] Kallmeyer/*Kallmeyer/Sickinger* § 131 Rdnr. 16, § 125 Rdnr. 43.
[587] BeckNotarHdb/*Heckschen* D IV Rdnr. 74.
[588] Schmitt/Hörtnagl/Stratz/*Hörtnagl* § 133 Rdnr. 23.
[589] Zu Umwandlungsvorgängen außerhalb des UmwG vgl. die Übersichten bei Widmann/Mayer/*Vossius* § 191 Rdnr. 22 f.

gekennzeichnet, dass im Gegensatz zu Verschmelzung und Spaltung **keine Vermögensübertragung** stattfindet, sondern der Ausgangsrechtsträger lediglich sein „rechtliches Kleid" wechselt. Nach dem Grundsatz der Identität der Anteilseigner[590] besteht gemäß § 202 Abs. 1 Nr. 2 S. 1 UmwG darüber hinaus eine **Kontinuität der Mitgliedschaft** dergestalt, dass jeder Anteilsinhaber des formwechselnden Ausgangsrechtsträgers nach Wirksamwerden des Formwechsels grundsätzlich auch am Zielrechtsträger beteiligt sein muss.[591]

313 Von wesentlicher struktureller Bedeutung für den Formwechsel ist, dass das Gesetz zusätzlich zu den Sonderregelungen des Formwechsels die **Anwendbarkeit des Gründungsrechts** des jeweiligen Rechtsträgers neuer Rechtsform anordnet (§ 197 S. 1 UmwG). Auf diese Weise werden vor allem die für Kapitalgesellschaften wichtigen Vorschriften über die Kapitalaufbringung in das Umwandlungsrecht einbezogen und es wird dem Umstand Rechnung getragen, dass eine formwechselnde Umwandlung ihrem Inhalt nach letztlich eine **vereinfachte, privilegierte Sachgründung** darstellt.[592]

2. Beteiligte Rechtsträger

314 **§ 191 UmwG,** der mit den §§ 3, 124 UmwG korrespondiert, definiert in Abs. 1 den Kreis der zum Formwechsel fähigen Ausgangsrechtsträger und in Abs. 2 den Kreis der Rechtsträger, die durch Formwechsel entstehen können (Zielrechtsträger).[593] Insbesondere kann beim Formwechsel nach § 191 Abs. 2 Nr. 1 UmwG ausnahmsweise die **Gesellschaft bürgerlichen Rechts** als Zielrechtsträger beteiligt sein, sofern Ausgangsrechtsträger eine Kapitalgesellschaft ist (§ 226 UmwG). Gemäß § 191 Abs. 3 UmwG sind im Übrigen entsprechend §§ 3 Abs. 3, 124 Abs. 2 UmwG auch **aufgelöste Rechtsträger** in den Kreis des Abs. 1 einbezogen, falls deren Fortsetzung beschlossen werden kann. Zu beachten ist schließlich, dass in bestimmten Konstellationen nach den **Besonderen Vorschriften** zum Formwechsel (§§ 214 bis 312 UmwG) rechtsformspezifische Einschränkungen existieren können.[594] So kann beispielsweise eine Personenhandelsgesellschaft gemäß § 214 Abs. 1 UmwG beim Formwechsel nach UmwG nur die Rechtsform einer Kapitalgesellschaft oder einer eingetragenen Genossenschaft erlangen.[595]

3. Umwandlungsbericht

315 Gemäß § 192 Abs. 1 UmwG ist auch beim Formwechsel grundsätzlich ein von dem Vertretungsorgan des formwechselnden Rechtsträgers zu erstattender, ausführlicher **schriftlicher Bericht** erforderlich, um den Anteilsinhabern des formwechselnden Rechtsträgers eine Entscheidungsgrundlage für die Zustimmung oder Ablehnung des Formwechsels zu geben.[596] Insbesondere muss der Umwandlungsbericht einen Entwurf des Umwandlungsbeschlusses enthalten (§ 192 Abs. 1 S. 3 UmwG). Im Übrigen gilt § 8 Abs. 1 S. 2 bis 4 und Abs. 2 UmwG entsprechend (§ 192 Abs. 1 S. 2 UmwG). **Nicht erforderlich** ist der Umwandlungsbericht hingegen, wenn an dem formwechselnden Rechtsträger nur ein Anteilsinhaber beteiligt ist (**Mutter-Tochter-Verhältnis**) oder wenn alle Anteilsinhaber auf seine Erstellung **verzichten** (§ 192 Abs. 2 UmwG).

4. Umwandlungsprüfung

316 Im Falle des Formwechsels ist eine Prüfung gemäß §§ 9 ff. UmwG **nicht vorgesehen,** da es anders als bei Verschmelzung oder Spaltung kein zu prüfendes Umtauschverhältnis gibt. Al-

[590] Näher oben, Rdnr. 25 f.

[591] Eine wesentliche Ausnahme von diesem Grundsatz ist der Formwechsel mit einer GmbH & Co. KG als Zielrechtsträger, vgl. Rdnr. 350.

[592] Vgl. dazu nur Widmann/Mayer/*D. Mayer* § 197 UmwG Rdnr. 3.

[593] Zur Frage der umwandlungsfähigen Rechtsträger allgemein oben, Rdnr. 27 ff.

[594] Siehe insoweit die zusammenfassende Übersicht bei Widmann/Mayer/*Vossius* § 191 UmwG Rdnr. 20 f.

[595] Eine Regelung zum Formwechsel Personengesellschaft in Personengesellschaft ist entbehrlich, da ein derartiger Formwechsel bereits nach den Vorschriften des HGB und BGB ohne weiteres möglich ist.

[596] Vgl. allgemein zum Umwandlungsbericht bereits oben, Rdnr. 59 sowie zum Verschmelzungsbericht Rdnr. 130 ff.

lerdings ist gemäß § 259 UmwG bei eingetragenen **Genossenschaften** als Ausgangsrechtsträger eine Prüfung durch den genossenschaftlichen Prüfungsverband erforderlich. Außerdem hat nach § 208 UmwG i. V. m. § 30 Abs. 2 UmwG eine Prüfung stattzufinden, sofern gemäß § 207 UmwG ein **Angebot auf Barabfindung** abzugeben ist. Im Übrigen ist zu beachten, dass für den Formwechsel gemäß § 197 UmwG die für die neue Rechtsform geltenden Gründungsvorschriften Anwendung finden, welche im Einzelfall wie z. B. in § 33 AktG eine **Gründungsprüfung** vorsehen.[597]

5. Zuleitung an den Betriebsrat

Gemäß § 194 Abs. 2 UmwG ist der Entwurf des Formwechselbeschlusses spätestens einen 317
Monat vor dem Tage der Versammlung der Anteilsinhaber, die den Formwechsel beschließen soll, dem zuständigen Betriebsrat des formwechselnden Rechtsträgers zuzuleiten. Insoweit kann auf die allgemeinen Ausführungen[598] und die Erläuterungen zur Verschmelzung[599] verwiesen werden.

6. Umwandlungsbeschluss

a) **Allgemein.** Mangels rechtsgeschäftlicher Grundlage ist der Beschluss der Versammlung 318
der Anteilseigner beim Ausgangsrechtsträger gemäß **§§ 193 f. UmwG** beim Formwechsel der wichtigste Teil der Umwandlungsdokumentation. Dabei gelten für die Formalien sowohl der Einberufung der Versammlung als auch der Beschlussfassung grundsätzlich die gesetzlichen und gesellschaftsvertraglichen Bestimmungen der jeweiligen Rechtsträger, sofern nicht das UmwG Sonderbestimmungen enthält.

b) **Einberufung der Versammlung der Anteilsinhaber.** Liegt eine **Vollversammlung** vor, 319
d. h. sind alle Anteilsinhaber anwesend oder ordnungsgemäß vertreten, kann auf die gesetzlichen und satzungsmäßigen Formalien und Fristen verzichtet werden.[600] Im Übrigen richten sich Form und Frist der Einberufung der Versammlung der Anteilsinhaber nach den für die **jeweilige Rechtsform** geltenden Vorschriften, wobei daneben gegebenenfalls vom dispositiven Gesetzesrecht abweichende Regelungen in dem Gesellschaftsvertrag bzw. der Satzung des Ausgangsrechtsträgers zu berücksichtigen sind.

Ergänzend bestehen einige umwandlungsrechtliche Erfordernisse, die je nach Rechtsform 320
unterschiedlich sind. So gilt für **Personenhandelsgesellschaften** (und über die Verweisung in § 225 b S. 2 UmwG für Partnerschaftsgesellschaften) § 216 UmwG, wonach das Vertretungsorgan der formwechselnden Gesellschaft allen von der Geschäftsführung ausgeschlossenen Gesellschaftern spätestens zusammen mit der Einberufung der Gesellschafterversammlung den Formwechsel als Gegenstand der Beschlussfassung in Textform anzukündigen und einen etwa erforderlichen Umwandlungsbericht sowie ein Abfindungsangebot nach § 207 UmwG zu übersenden hat. Beim Formwechsel einer **GmbH** unterliegen die Geschäftsführer gemäß §§ 230 Abs. 1, 231 UmwG (ggf. i. V. m. § 238 UmwG) ähnlichen Pflichten, wobei es gemäß § 231 S. 2 UmwG der Übersendung des Barabfindungsangebots gleichsteht, wenn das Abfindungsangebot im elektronischen Bundesanzeiger und den sonst bestimmten Gesellschaftsblättern bekanntgemacht wird. Bei einer formwechselnden **Aktiengesellschaft** oder KGaA ist der Umwandlungsbericht hingegen von der Einberufung der Hauptversammlung an in dem Geschäftsraum der Gesellschaft zur Einsicht der Aktionäre auszulegen bzw. auf Verlangen eine Abschrift zu erteilen, bei entsprechendem Einverständnis auch auf dem Wege elektronischer Kommunikation. Alternativ reicht es aus, den Umwandlungsbericht für denselben Zeitraum über die Internetseite der Gesellschaft zugänglich zu machen. Zu beachten sind weiter beim Formwechsel mit einer **Genossenschaft** als Ziel- bzw. Ausgangsrechtsträger die §§ 251 bzw. 260 UmwG sowie beim Formwechsel eines eingetragenen Vereins in eine Kapitalgesellschaft § 274 UmwG bzw. in eine Genossenschaft § 283 UmwG.

---

[597] Vgl. Widmann/Mayer/*D. Mayer* § 9 UmwG Rdnr. 11.
[598] Siehe oben, Rdnr. 66 ff.
[599] Siehe oben, Rdnr. 136.
[600] Siehe nur MünchHdbGesR (III)/*D. Mayer* § 73 Rdnr. 356.

321 c) **Handelnde Personen.** Stimmberechtigt sind die Anteilsinhaber bzw. Mitglieder des formwechselnden Rechtsträgers nach den für die jeweilige Rechtsform geltenden Vorschriften. Regelmäßig kann auch eine **Stimmrechtsvollmacht** erteilt werden, die gemäß § 167 Abs. 2 BGB grundsätzlich nicht formbedürftig ist. Allerdings sind dabei die gesetzlichen **Formvorschriften** des jeweiligen Rechtsträgers zu beachten. Weitergehende Formerfordernisse ergeben sich nach der h. L. aus den über § 197 UmwG anwendbaren Gründungsvorschriften für GmbH, Aktiengesellschaft und KGaA, bei denen wegen § 2 Abs. 2 GmbHG bzw. §§ 23 Abs. 1, 278 Abs. 3 AktG eine notariell beglaubigte Vollmacht zwingend erforderlich ist.[601]

Praxistipp:

Darüber hinaus gilt es, eventuelle Einschränkungen aus dem Gesellschaftsvertrag bzw. der Satzung des formwechselnden Rechtsträgers zu berücksichtigen. So sehen zum Beispiel viele GmbH-Satzungen vor, dass eine Vertretung nur durch Mitgesellschafter oder zur Berufsverschwiegenheit verpflichtete Dritte zulässig ist.

322 d) **Gesetzlicher Mindestinhalt des Beschlusses.** *aa) Allgemein.* Ebenso wie § 5 Abs. 1 UmwG für den Verschmelzungsvertrag[602] schreibt § 194 Abs. 1 UmwG ähnlich einer Checkliste einen Mindestinhalt für jeden Formwechselbeschluss vor:

- Rechtsform, die der Rechtsträger durch den Formwechsel erlangen soll (§ 194 Abs. 1 Nr. 1);
- Name bzw. Firma des Rechtsträgers neuer Rechtsform (§ 194 Abs. 1 Nr. 2);
- Beteiligung der bisherigen Anteilsinhaber an dem Rechtsträger nach den für die neue Rechtsform geltenden Vorschriften, soweit ihre Beteiligung nicht nach den Formwechselvorschriften entfällt (§ 194 Abs. 1 Nr. 3);[603]
- Zahl, Art und Umfang der Anteile oder der Mitgliedschaften, welche die Anteilsinhaber durch den Formwechsel erlangen sollen oder die einem beitretenden persönlich haftenden Gesellschafter eingeräumt werden sollen (§ 194 Abs. 1 Nr. 4);[604]
- Rechte, die einzelnen Anteilsinhabern und Inhabern von Sonderrechten gewährt werden sollen, oder Maßnahmen, die für diese Personen vorgesehen sind (§ 194 Abs. 1 Nr. 5);[605]
- ein ggf. erforderliches Abfindungsangebot nach § 207 UmwG (§ 194 Abs. 1 Nr. 6);[606]
- Folgen des Formwechsels für die Arbeitnehmer und ihre Vertretungen und die insoweit vorgesehenen Maßnahmen (§ 194 Abs. 1 Nr. 7).[607]

Dieser für alle Rechtsformen geltende Katalog wird wie bei Verschmelzung und Spaltung durch **Sonderregelungen** für die einzelnen Rechtsformen ergänzt.[608]

323 *bb) Einzelheiten zur Beteiligung der Anteilsinhaber am Zielrechtsträger (§ 194 Abs. 1 Nr. 3 und 4 UmwG).* Nach § 194 Abs. 1 Nr. 3 UmwG hat der Formwechselbeschluss Angaben über die Beteiligung der bisherigen Anteilsinhaber an dem neuen Rechtsträger zu enthalten, d. h. er muss festlegen, dass alle Anteilsinhaber der formwechselnden Rechtsträgers auch Anteilsinhaber des Zielrechtsträgers werden. Diese Angabe beruht auf dem Grundsatz

[601] So u. a. Schmitt/Hörtnagl/Stratz/*Stratz* § 193 UmwG Rdnr. 8; Widmann/Mayer/*Vollrath* § 193 UmwG Rdnr. 24. Demgegenüber halten u. a. Kallmeyer/*Zimmermann* § 193 Rdnr. 11 und Lutter/*Decher* § 193 UmwG Rdnr. 4 die genannten Formvorschriften über die Verweisung in § 197 UmwG für nicht anwendbar, weil die Satzung des neuen Rechtsträgers beim Formwechsel bereits Beschlussinhalt sei und nicht gesondert vereinbart werden müsse. Folgt man letztgenannter Ansicht, ist bei den Kapitalgesellschaften aber zumindest Textform erforderlich, vgl. § 47 Abs. 3 GmbHG, § 134 Abs. 3 S. 3 AktG.

[602] Hierzu ausf. Rdnr. 105 ff.

[603] Dazu sogleich, Rdnr. 323.

[604] Vgl. Rdnr. 324 f.

[605] Siehe Rdnr. 326.

[606] Näher Rdnr. 327.

[607] Näher Rdnr. 328 sowie oben zur Verschmelzung Rdnr. 118 ff.

[608] Hierzu ausf. unten, Rdnr. 347 ff.

der Identität der Anteilseigner.[609] Vor dem Umwandlungsbeschluss, in der Zeit zwischen Umwandlungsbeschluss und Eintragung des Formwechsels im Handelsregister und nach der Eintragung sind Veränderungen im Kreis der Anteilseigner hingegen nach den allgemein anwendbaren Regeln des Ausgangs- bzw. Zielrechtsträgers möglich, das heißt Anteilsinhaber können freiwillig oder unfreiwillig ein- oder austreten bzw. über ihre Anteile verfügen.[610]

Beispiel:

Die X-OHG, bestehend aus den Gesellschaftern A, B und C, wird in die X-GmbH formgewechselt. Noch vor Eintragung des Formwechsels im Handelsregister scheidet C aus der Personenhandelsgesellschaft durch Übertragung seines Anteils an den Gesellschafter D aus.

Im Beispielsfall tritt D in die durch den Umwandlungsbeschluss geschaffene Rechtsposition des Gesellschafters C ein, weshalb sich die Wirkungen der Eintragung nunmehr auf ihn beziehen. Die Veränderung im Gesellschafterbestand ist dem Registergericht mitzuteilen, ein Nachtrag zum Formwechselbeschluss ist jedoch nicht erforderlich.[611]

Darüber hinaus sind gemäß § 194 Abs. 1 Nr. 4 UmwG **Zahl, Art und Umfang der Anteile** 324
anzugeben, die den Anteilsinhabern durch den Formwechsel eingeräumt werden. Bei Personengesellschaften sind die je Anteil eingeräumten Kapitalkonten anzugeben (bei Kommanditisten nach § 234 Nr. 2 UmwG auch die Hafteinlage), bei Aktien deren Nennbeträge (§§ 243 Abs. 3, 263 Abs. 3, 276 Abs. 1, 294 Abs. 1 UmwG), bei der Genossenschaft (§§ 218 Abs. 3, 253 Abs. 2, 285 UmwG) und bei der GmbH (§§ 243 Abs. 3, 263 Abs. 1 und 3 S. 1, 276 Abs. 1 UmwG) der Betrag der Geschäftsanteile. Zu beachten ist, dass die genannten Vorschriften zum Teil Sonderregeln für die Höhe der Nennbeträge enthalten, die den einzelgesellschaftsrechtlichen Regelungen vorgehen und diese verdrängen.[612]

Praxistipp:

Sofern – wie regelmäßig[613] – der Umwandlungsbeschluss in Erfüllung der Gründungsvorschriften auch den Gesellschaftsvertrag bzw. die Satzung des Zielrechtsträgers enthält bzw. feststellt, genügt eine Verweisung auf eine dort ggf. enthaltene Bestimmung hinsichtlich der Verteilung der Anteile. Eine Wiederholung der Darstellung im Beschluss ist nicht erforderlich.[614]

Grundsätzlich sind die Anteilsverhältnisse bei Ausgangs- und Zielrechtsträger identisch. 325
Es besteht jedoch Einigkeit darüber, dass die Anteilsinhaber einvernehmlich – also mit Zustimmung aller Anteilsinhaber – im Rahmen der Beschlussfassung über den Formwechsel gemäß § 194 Abs. 1 Nr. 4 UmwG einen sog. nicht-verhältniswahrenden oder **quotenabweichenden Formwechsel** beschließen können.[615] Dagegen ist ein „Formwechsel zu Null" unter vollständigem Ausscheiden eines Gesellschafters wegen Verstoßes gegen den Grundsatz der Identität der Anteilseigner nicht möglich.[616]

cc) Besondere Rechte (§ 194 Abs. 1 Nr. 5 UmwG). Der Umwandlungsbeschluss hat da- 326
rüber hinaus gegebenenfalls die Rechte zu benennen, die einzelnen Anteilsinhabern oder Inhabern besonderer Rechte des formwechselnden Rechtsträgers gewährt werden (§ 194

609 Näher Rdnr. 25 f., 312.

610 Siehe MünchHdbGesR (III)/*D. Mayer*, § 73 Rdnr. 330 ff. einschließlich des folgenden Beispiels.

611 Zutr. Kallmeyer/*Meister/Klöcker* § 194 UmwG Rdnr. 25 und BayObLG DNotZ 2000, 233.

612 Näher Widmann/Mayer/*Vollrath* § 194 UmwG Rdnr. 13, 36 f.

613 Vgl. nur § 218 Abs. 1 S. 1 UmwG für den Formwechsel einer Personenhandelsgesellschaft oder § 234 Nr. 3 UmwG für den Formwechsel einer Kapitalgesellschaft in eine Personengesellschaft.

614 Vgl. Widmann/Mayer/*Vollrath* § 194 UmwG Rdnr. 15; Kallmeyer/*Meister/Klöcker* § 194 UmwG Rdnr. 15 f.

615 Dies ergibt sich schon aus § 243 Abs. 3 S. 1 UmwG. Siehe zum Ganzen nur MünchHdbGesR (III)/*D. Mayer* § 73 Rdnr. 323; Widmann/Mayer/*Vollrath* § 194 UmwG Rdnr. 17; Lutter/*Decher* § 202 UmwG Rdnr. 14 f.; *Priester* DB 1997, 560, 566.

616 Vgl. Widmann/Mayer/*Vossius* § 202 UmwG Rdnr. 44 f.; *Bayer* ZIP 1997, 1613, 1617; Kallmeyer/*Meister/Klöcker* § 202 UmwG Rdnr. 29; a. A. *Bärwaldt/Schabacker* ZIP 1998, 1293, 1297.

Abs. 1 Nr. 5 UmwG). Hierzu gehören etwa Benennungsrechte für Gesellschaftsorgane, Vorkaufsrechte, Mehrstimmrechte, etc.[617]

327 *dd) Barabfindungsangebot (§ 194 Abs. 1 Nr. 6 UmwG).* Gemäß § 194 Abs. 1 Nr. 6 UmwG hat der Umwandlungsbeschluss ein Barabfindungsangebot nach § 207 UmwG zu enthalten, sofern nicht der Umwandlungsbeschluss zu seiner Wirksamkeit ohnehin der Zustimmung aller Anteilsinhaber bedarf oder an dem formwechselnden Rechtsträger nur ein Anteilsinhaber beteiligt ist. Hintergrund ist ebenso wie bei der sog. Mischverschmelzung,[618] dass keinem Anteilsinhaber eine Beteiligung an einem Rechtsträger anderer Rechtsform aufgezwungen werden soll. Dementsprechend ist das Barabfindungsangebot entbehrlich, wenn alle Anteilsinhaber auf ein solches Angebot verzichtet haben.[619] Diese **Verzichtserklärungen**, die entweder gesondert oder im Rahmen des Umwandlungsbeschlusses abgegeben werden und analog § 199 UmwG zum Handelsregister einzureichen sind, bedürfen zu ihrer Wirksamkeit nach h. M. der **notariellen Beurkundung** in der Form der Beurkundung von Willenserklärungen (§§ 8 ff. BeurkG). Ein bloßes Beschlusstatsachenprotokoll nach §§ 36 f. BeurkG ist insoweit nicht ausreichend.[620] Zu beachten ist in diesem Zusammenhang schließlich die nach einigen rechtsformspezifischen **Sondervorschriften** wie z. B. §§ 216, 231 UmwG bestehende Pflicht, das Abfindungsgebot schon im Vorfeld der Beschlussfassung an die Anteilsinhaber zu **übersenden** bzw. **bekannt zu machen.**

328 *ee) Folgen für die Arbeitnehmer (§ 194 Abs. 1 Nr. 7 UmwG).* Die Pflicht zur Aufnahme von Angaben über die Folgen des Formwechsels für die Arbeitnehmer und ihre Vertretungen sowie die insoweit vorgesehenen Maßnahmen korrespondiert mit der entsprechenden Regelung zur Verschmelzung in § 5 Abs. 1 Nr. 9 UmwG, weshalb insoweit nach oben verwiesen werden kann.[621]

329 *ff) Satzung bzw. Gesellschaftsvertrag des Zielrechtsträgers.* Nachdem auf den Formwechsel gemäß § 197 S. 1 UmwG die für die neue Rechtsform anwendbaren Gründungsvorschriften anzuwenden sind und er damit strukturell einer Neugründung des Zielrechtsträgers im Wege einer Sachgründung gleichkommt, muss im Umwandlungsbeschluss auch der **Gesellschaftsvertrag bzw. die Satzung des Zielrechtsträgers** aufgenommen bzw. festgestellt werden.[622] Dadurch wird sichergestellt, dass die über den Formwechsel beschließenden Anteilseigner des Ausgangsrechtsträgers genau darüber informiert werden, in welcher Form das Statut des Rechtsträgers vom Zeitpunkt des Formwechsels an gilt. Bei der **inhaltlichen Gestaltung** des Gesellschaftsvertrages bzw. der Satzung können im Übrigen je nach Rechtsform des Zielrechtsträgers besondere Regelungen erforderlich sein, so zum Beispiel bei Kapitalgesellschaften im Hinblick auf die Kapitalaufbringung durch Sacheinlage und die Regelung zu den Gründungskosten.[623]

330 *gg) Sonstige rechtsformspezifische Regelungen.* Im Besonderen Teil der Vorschriften über den Formwechsel sieht das UmwG – je nach Ausgangs- bzw. Zielrechtsform – weitere zwingend in den Formwechselbeschluss aufzunehmende Regelungen vor.[624] Auf die wichtigsten dieser rechtsformspezifischen Besonderheiten wird nachstehend im Rahmen der fallgruppenorientierten Einzeldarstellung eingegangen.[625]

331 e) **Fakultativer Inhalt des Beschlusses.** Insbesondere im Rahmen der Feststellung der Satzung bzw. des Gesellschaftsvertrages des Zielrechtsträgers werden neben den formwechsel-

[617] Siehe insoweit schon die Anmerkungen zur Parallelvorschrift des § 5 Abs. 1 Nr. 7 UmwG in Rdnr. 116.

[618] Siehe bereits oben zum Barabfindungsangebot bei der Verschmelzung Rdnr. 122 ff.

[619] Zutr. Lutter/*Decher* § 207 UmwG Rdnr. 22; Kallmeyer/*Meister/Klöcker* § 194 UmwG Rdnr. 46 und § 207 Rdnr. 45; Semler/Stengel/*Kalss* § 207 UmwG Rdnr. 17; Widmann/Mayer/*Wälzholz* § 207 Rdnr. 34.

[620] Siehe Widmann/Mayer/*Wälzholz* § 207 Rdnr. 34.

[621] Vgl. Rdnr. 118 ff.

[622] Siehe hierzu Widmann/Mayer/*Vollrath* § 194 UmwG Rdnr. 58 ff. Die entsprechenden Regelungen hierzu finden sich in den §§ 218 Abs. 1, 225 c, 234 Nr. 3, 243 Abs. 1, 253 Abs. 1, 263 Abs. 1, 276 Abs. 1, 285 Abs. 1, 294 Abs. 1, 302 UmwG.

[623] Näher hierzu mit Formulierungsvorschlägen sogleich, Rdnr. 353 ff.

[624] Siehe die Übersicht bei Widmann/Mayer/*Vollrath* § 194 UmwG Rdnr. 4.

[625] Siehe Rdnr. 347 ff.

spezifisch notwendigen Anpassungen regelmäßig auf Grundlage der für die neue Rechtsform geltenden gesetzlichen Bestimmungen weitere für erforderlich und/oder zweckmäßig gehaltene Regelungen beschlossen. Darüber hinaus sind weitere Beschlussinhalte denkbar wie z. B. die Befreiung von einem Wettbewerbsverbot o. ä.

f) **Mehrheitserfordernisse.** Wie die Zustimmungsbeschlüsse zu Verschmelzung oder Spaltung auch ist der Formwechselbeschluss des Ausgangsrechtsträgers eine strukturändernde Maßnahme, für die das Gesetz **grundsätzlich** eine **Dreiviertel-Mehrheit** der abgegebenen Stimmen vorsieht, so für die Kapitalgesellschaft (§§ 233 Abs. 2 S. 1, 240 Abs. 1 S. 1 UmwG), die Genossenschaft (§ 262 Abs. 1 S. 1 UmwG) und den eingetragenen Verein (§ 275 Abs. 2 S. 1 UmwG). **Ausnahmen** bestehen insbesondere beim Formwechsel einer Kapitalgesellschaft in eine GbR, oHG oder Partnerschaft (§ 233 Abs. 1 UmwG) oder soweit ein Gesellschafter künftig Komplementär einer Kommanditgesellschaft (§ 233 Abs. 1 S. 3 UmwG) sein soll. Ebenso wie bei formwechselnden Personenhandelsgesellschaften (§ 217 Abs. 1 S. 1 UmwG) ist hier eine einstimmige Entscheidung sowie zusätzlich die Zustimmung sämtlicher nicht erschienener Gesellschafter erforderlich, sofern der Gesellschaftsvertrag keine Beschlussfassung mit geringerer Mehrheit, mindestens aber Dreiviertel-Mehrheit vorsieht (§ 217 Abs. 1 S. 2 und 3 UmwG). 332

g) **Zustimmungserklärungen einzelner Anteilsinhaber.** *aa) Vinkulierung, § 193 Abs. 2 UmwG.* Ist die Abtretung der Anteile des formwechselnden Rechtsträgers von der Genehmigung bestimmter einzelner Anteilsinhaber abhängig, bedarf der Formwechselbeschluss dieses Rechtsträgers nach § 193 Abs. 2 UmwG zu seiner Wirksamkeit der Zustimmung dieser Anteilsinhaber in notariell beurkundeter Form (vgl. § 193 Abs. 3 S. 1 UmwG).[626] 333

bb) Rechtsformspezifische Zustimmungserfordernisse. Daneben ist in zahlreichen besonderen Vorschriften des UmwG zum Formwechsel eine Zustimmungspflichtigkeit in den Fällen angeordnet, in denen Anteilseignern auf Grund des Wechsels in der Qualität der Mitgliedschaft Interessenbeeinträchtigungen drohen. Die entsprechenden Fälle sind deswegen zahlreich, weil sich der Charakter der Beteiligung eines Anteilsinhaber durch den Formwechsel in jedem Fall ändert.[627] Dies gilt insbesondere dann, wenn ein bisher beschränkt haftender Gesellschafter (z. B. einer Kapitalgesellschaft) künftig persönlich haften soll (z. B. als Gesellschafter einer oHG).[628] 334

h) **Verzichtserklärungen.** Auch beim Formwechsel ist es zweckmäßig, die erforderlichen bzw. zweckdienlichen Verzichtserklärungen in einer Urkunde mit dem Beschluss zu verbinden, obgleich aus kostenrechtlicher Sicht die Verzichtserklärungen gesondert zu bewerten sind.[629] Systematisch sind sie nicht Inhalt des Beschlusses und deshalb in einem gesonderten Abschnitt niederzulegen. Im Einzelnen kommen folgende Verzichtserklärungen in Betracht: 335

- Verzicht auf **Formen und Fristen** der Einberufung und Abhaltung der Versammlung der Anteilsinhaber (im Falle einer Vollversammlung);[630]
- Verzicht auf den **Umwandlungsbericht** (§ 192 Abs. 2 UmwG, beurkundungspflichtig);[631]
- Verzicht auf die **Anfechtung** der gefassten Beschlüsse (§§ 16 Abs. 2 S. 2, 198 Abs. 3 UmwG, beurkundungspflichtig);[632]
- Verzicht auf ein **Barabfindungsangebot** nach § 207 UmwG (nach h. M. beurkundungspflichtig).[633]

i) **Form und Beurkundungstechnik.** Der Formwechselbeschluss ist nach § 193 Abs. 1 S. 2 UmwG zwingend in einer Versammlung der Anteilsinhaber zu fassen und gemäß § 193 336

[626] Vgl. ergänzend die Ausführungen zur Parallelvorschrift des § 13 Abs. 2 UmwG in Rdnr. 146.

[627] Siehe insoweit die tabellarischen Übersichten bei Widmann/Mayer/*Vossius* § 202 UmwG Rdnr. 49 oder BeckNotarHdb/*Heckschen* Kap. D. IV. Rdnr. 102.

[628] Vgl. für diesen exemplarischen Fall § 233 Abs. 1 UmwG, wonach einem solchen Formwechsel alle Gesellschafter einschließlich der bei der Versammlung nicht Erschienenen zustimmen müssen.

[629] Siehe hierzu Rdnr. 95.

[630] Hierzu soeben, Rdnr. 319.

[631] Siehe Rdnr. 315.

[632] Hierzu sogleich, Rdnr. 337.

[633] Hierzu ausf. oben, Rdnr. 327.

Abs. 3 S. 1 UmwG **beurkundungspflichtig.** Die Beurkundung kann grundsätzlich nach den Bestimmungen über die Beurkundung von Willenserklärungen (§§ 8ff. BeurkG) oder in Form eines Tatsachenprotokolls (§§ 36ff. BeurkG) erfolgen. Sind beurkundungspflichtige Verzichts- oder Zustimmungserklärungen von Anteilsinhabern z.B. gemäß §§ 192 Abs. 2, 193 Abs. 2 UmwG in derselben Urkunde enthalten, so ist die gesamte Urkunde zwingend gemäß §§ 8ff. BeurkG zu behandeln.

337 j) **Rechtsschutz gegen den Beschluss.** Im Hinblick auf den Rechtsschutz gegen einen Formwechselbeschluss sind §§ 195f. UmwG zu beachten. Die Klagefrist für eine **Anfechtungsklage** gegen den Formwechselbeschluss beträgt gemäß § 195 Abs. 1 UmwG einen Monat nach der Beschlussfassung. Sofern ein Anteilsinhaber geltend macht, dass die in dem Beschluss bestimmten Anteile an dem Rechtsträger neuer Rechtsform zu niedrig bemessen sind oder dass die Mitgliedschaft kein ausreichender Gegenwert für die Anteile oder die Mitgliedschaft bei dem formwechselnden Rechtsträger darstellt, verweist § 195 Abs. 2, 196 UmwG auf die Geltendmachung einer baren Zuzahlung im Wege des **Spruchverfahrens.**[634]

7. Registeranmeldung

338 a) **Anmeldeberechtigte.** *aa) Organschaftliche Vertreter.* Wer einen Formwechsel anzumelden hat, ergibt sich grundsätzlich aus der allgemeinen Regel des § 197 S. 1 UmwG i.V.m. dem jeweiligen **Gründungsrecht des Zielrechtsträgers.** § 198 UmwG als zentrale Norm zur Registeranmeldung sagt darüber nichts aus. Daneben ergeben sich **Besonderheiten** je nach dem konkreten Fall des Formwechsels.[635] So hat z.B. gemäß § 235 Abs. 2 UmwG bzw. § 246 Abs. 1 UmwG den Formwechsel einer Kapitalgesellschaft in eine GbR bzw. in eine Kapitalgesellschaft anderer Rechtsform das **Vertretungsorgan der formwechselnden Gesellschaft** anzumelden. Grundsätzlich genügt es dabei nach ganz überwiegender Auffassung, wenn die bisherigen Vertretungsorgane in **vertretungsberechtigter Anzahl** agieren.[636]

339 *bb) Rechtsgeschäftliche Vertreter.* Eine rechtsgeschäftliche Bevollmächtigung in **öffentlich beglaubigter Form** (§ 12 Abs. 1 S. 2 HGB) zur Vertretung bei der Anmeldung ist grundsätzlich zulässig. Sofern **höchstpersönliche Erklärungen** abzugeben sind, ist eine rechtsgeschäftliche Vertretung jedoch ausgeschlossen. Insbesondere Wissenserklärungen z.B. gemäß §§ 16 Abs. 2, 198 Abs. 3 UmwG und die gegebenenfalls erforderlichen[637] Versicherungen der neu bestellten Vertretungsorgane gemäß § 8 Abs. 3 GmbHG oder § 37 Abs. 2 AktG sind stets höchstpersönlich und können nicht auf Grund einer Vollmacht wirksam abgegeben werden.[638]

340 b) **Inhalt der Anmeldung.** Anzumelden sind sowohl die **neue Rechtsform** des Ausgangsrechtsträgers als auch sämtliche für diese neue Rechtsform erforderlichen Angaben gemäß § 197 S. 1 UmwG i.V.m. den jeweiligen Gründungsvorschriften, d.h. zumindest Angaben zu den neuen Vertretungsorganen.[639] Sofern Zielrechtsträger, nicht aber Ausgangsrechtsträger[640] eine Kapitalgesellschaft ist, muss die nach § 8 Abs. 3 GmbHG bzw. § 37 Abs. 2 AktG abzugebende **Versicherung** der neuen Organmitglieder über das **Nichtvorliegen von Ausschlussgründen** in die Anmeldung aufgenommen oder mit dieser vorgelegt werden. Darüber hinaus ist nach §§ 16 Abs. 2 und 3, 198 Abs. 3 UmwG die **Versicherung** abzugeben, dass

[634] Vgl. zur ähnlichen Situation bei der Verschmelzung ausf. oben, Rdnr. 153f.

[635] Siehe die Übersicht bei Widmann/Mayer/*Vossius* § 198 UmwG Rdnr. 26.

[636] Das wesentliche Argument ist ein Gegenschluss zu § 222 UmwG, wonach der Formwechsel einer Personenhandelsgesellschaft ausdrücklich durch alle Mitglieder des künftigen Vertretungsorgans anzumelden ist. Vgl. Lutter/*Decher* § 198 UmwG Rdnr. 10; Semler/Stengel/*Schwanna* § 198 UmwG Rdnr. 12; Widmann/Mayer/*Vossius* § 198 UmwG Rdnr. 26.

[637] Nach § 246 Abs. 3 UmwG entfällt die Pflicht zur Abgabe der Versicherung beim Formwechsel einer Kapitalgesellschaft in eine Kapitalgesellschaft anderer Rechtsform.

[638] Siehe bereits Rdnr. 159 zur Verschmelzung sowie Widmann/Mayer/*Fronhöfer* § 16 UmwG Rdnr. 27 m.w.N.

[639] Siehe die Übersichten bei Lutter/*Decher* § 198 UmwG Rdnr. 12ff. sowie Widmann/Mayer/*Vossius* § 198 UmwG Rdnr. 41.

[640] Vgl. § 246 Abs. 3 UmwG.

keine Klage gegen den Verschmelzungsbeschluss erhoben ist.[641] Dem Zweck des Gesetzes entspricht es, diese Pflicht jeweils auf diejenigen Mitglieder des Vertretungsorgans des bisherigen und/oder des neuen Rechtsträgers zu beziehen, die die Anmeldung vornehmen müssen (Rechtsfolgeverweisung des § 198 Abs. 3 UmwG).[642]

c) **Beizufügende Unterlagen.** Es sind bei der Registeranmeldung des Formwechsels drei Arten von Anlagen zu unterscheiden: 341

- **§ 199 UmwG** nennt die umwandlungsspezifischen Anlagen, die der Anmeldung des Formwechsels zum Handelsregister stets beizufügen sind.
- Daneben sind die **Sondervorschriften des Formwechselrechts** für einzelne Rechtsträger zu beachten.[643]
- Schließlich müssen diejenigen Anlagen beigefügt sein, die das über § 197 S. 1 UmwG anwendbare **Gründungsrecht des Zielrechtsträgers** vorschreibt.[644]

Nach der Grundnorm des § 199 UmwG sind dabei folgende Unterlagen, für die das UmwG die **notarielle Beurkundung** vorschreibt, in Ausfertigung (§§ 47ff. BeurkG) oder in beglaubigter Abschrift (§ 42 BeurkG) beizufügen: 342

- der Umwandlungsbeschluss (§§ 193, 194 UmwG);
- ggf. Zustimmungserklärungen einzelner Anteilsinhaber (z.B. nach §§ 193 Abs. 2, 233 Abs. 1 HS 2, 233 Abs. 2 S. 3, 240 Abs. 2 S. 1, 241 Abs. 1 UmwG);[645]
- evtl. Verzichte auf einen Verschmelzungsbericht (§ 192 Abs. 2 UmwG) und auf die Klage gegen die Wirksamkeit des Formwechselbeschlusses (§§ 16 Abs. 2 S. 2 HS 2, 198 Abs. 3 UmwG).

Folgende **sonstige Unterlagen** sind nach § 199 UmwG gegebenenfalls in Urschrift oder in Abschrift beizufügen: 343

- der Umwandlungsbericht (§ 192 Abs. 1 UmwG);
- der Nachweis über die Zuleitung des Umwandlungsbeschlusses oder seines Entwurfs an den Betriebsrat sowie ggf. die Verzichtserklärung des Betriebsrates auf fristgerechte Zuleitung.

Die Vorlage einer **Schlussbilanz** des Ausgangsrechtsträgers ist beim Formwechsel mangels Vermögensübertragung hingegen **nicht erforderlich.** Die Acht-Monats-Frist des § 17 Abs. 2 S. 4 UmwG gilt daher beim Formwechsel nicht. 344

Praxistipp:

Zu beachten ist allerdings die **steuerrechtliche Acht-Monats-Frist** der §§ 9 S. 3, 25 UmwStG beim Übergang von einer Kapitalgesellschaft in eine Personengesellschaft und umgekehrt.[646]

Beurkundungspflichtige Anlagen sind **elektronisch** in öffentlich beglaubigter **Form** einzureichen (§ 12 Abs. 1 und 2 HGB, § 39a BeurkG). Sofern – wie etwa beim Umwandlungsbericht oder dem Zugangsnachweis nach § 194 Abs. 2 UmwG – keine notarielle Beurkundung vorgesehen ist, reicht hingegen nach § 12 Abs. 2 S. 1 HGB eine elektronische Aufzeichnung aus. 345

8. Eintragung

Das Eintragungsverfahren ist beim Formwechsel deutlich einfacher als bei Verschmelzung und Spaltung. Die neue Rechtsform wird in dem für sie geführten Register eingetragen, was 346

[641] Hierzu bereits oben, Rdnr. 162.
[642] Widmann/Mayer/*Vossius* § 198 UmwG Rdnr. 33f.
[643] Vgl. die Übersicht bei Widmann/Mayer/*Vossius* § 199 UmwG Rdnr. 5.
[644] Vgl. die Übersicht bei Widmann/Mayer/*Vossius* § 199 UmwG Rdnr. 7.
[645] Siehe hierzu oben, Rdnr. 333f. sowie die Übersicht bei Widmann/Mayer/*Vossius* § 202 UmwG Rdnr. 49.
[646] Vgl. hierzu Widmann/Mayer/*Widmann* § 24 UmwG Rdnr. 196, 482.

die Rechtsfolgen des § 202 UmwG auslöst,[647] wohingegen der bisherige Rechtsträger ggf. gelöscht wird. Sind zwei Eintragungen erforderlich, wird der Formwechsel zunächst beim bisherigen Registergericht eingetragen (§ 198 Abs. 2 S. 3 bis 5 UmwG). Sofern – wie insb. bei der GbR – für die neue Rechtsform kein Register existiert, erfolgt eine Eintragung nur im Register des Ausgangsrechtsträgers.[648]

9. Besonderheiten einzelner Formwechselkonstellationen

347 Über die allgemeinen Vorschriften zum Formwechsel hinaus gilt es, eine Reihe von rechtsformspezifischen Besonderheiten zu beachten, deren wichtigste nachfolgend überblicksmäßig dargestellt werden.

348 a) **Formwechsel unter Beteiligung einer Personengesellschaft.** *aa) Personenhandelsgesellschaften als Ausgangsrechtsträger.* Für einen Formwechsel mit einer Personenhandelsgesellschaft als Ausgangsrechtsträger gelten ergänzend zu den allgemeinen Regeln die Sondervorschriften der **§§ 214 bis 225 UmwG.**[649] Dabei ist insbesondere zu beachten, dass Personenhandelsgesellschaften gemäß § 214 Abs. 1 UmwG durch einen Formwechsel nach UmwG nur die Rechtsform einer Kapitalgesellschaft oder einer eingetragenen Genossenschaft erlangen können.[650] Einer Regelung zum Formwechsel Personengesellschaft in Personengesellschaft bedarf es hingegen nicht, da schon die allgemeinen Vorschriften des HGB und BGB einen derartigen Formwechsel ermöglichen.

349 *bb) Personengesellschaften als Zielrechtsträger.* Auf den Formwechsel einer **Kapitalgesellschaft in** eine **Personengesellschaft** als Zielrechtsträger sind ergänzend zu den allgemeinen Vorschriften die **§§ 228 bis 237 UmwG** anzuwenden, aus denen sich einige Besonderheiten ergeben. So stellt beispielsweise § 234 Nr. 3 UmwG klar, dass die für den Beschluss über den Formwechsel im Regelfall erforderliche Dreiviertel-Mehrheit des § 233 Abs. 2 UmwG auch für die **Festlegung des Gesellschaftsvertrages** der Personengesellschaft gilt, obgleich der Gesellschaftsvertrag im Bereich der Personengesellschaften sonst nur einstimmig gefasst und geändert werden kann (vgl. § 119 Abs. 1 HGB). Außerdem wird abweichend von den allgemeinen Grundsätzen der Gesellschaftsvertrag einer durch Formwechsel entstehenden Personengesellschaft dem Formerfordernis der notariellen Beurkundung unterworfen.

350 *cc) Formwechsel in eine GmbH & Co. KG als Zielrechtsträger.* Besondere Probleme bereitet beim Formwechsel in eine GmbH & Co. KG der Grundsatz der **Identität der Anteilseigner,**[651] da die nicht am Ausgangsrechtsträger beteiligte Komplementär-GmbH am Zielrechtsträger beteiligt sein soll. In der Praxis wurde hier so verfahren, dass der künftigen Komplementär-GmbH bereits vor Durchführung des Formwechsels ein „Mini-Anteil" an der formwechselnden Ausgangsgesellschaft (treuhänderisch) übertragen wurde, verbunden mit einer schon im Voraus vereinbarten, aufschiebend auf das Wirksamwerden des Formwechsels bedingten Rückabtretung (sog. **Treuhandmodell**). Nachdem schon vorher zahlreiche Stimmen in der Literatur zur Vermeidung dieses gekünstelt wirkenden Modells den Grundsatz der Identität der Anteilseigner zur Disposition der Parteien stellen wollten,[652] hat der **BGH**[653] im Jahr 2005 eine wichtige Ausnahme von diesem Grundsatz anerkannt. In einem obiter dictum hat er beim Formwechsel einer Aktiengesellschaft in eine GmbH & Co. KG einen **Beitritt der Komplementär-Kapitalgesellschaft** im Zuge des Formwechsels zugelassen. Damit dürfte sich das Treuhandmodell jedenfalls für diesen Fall des Formwechsels erledigt haben. Ob sich diese Ansätze des BGH auch auf den Fall des **Austritts** von persön-

[647] Zu den Rechtsfolgen von Umwandlungen ausf. oben, Rdnr. 38 ff.

[648] Folgerichtig wird die Anwendung des § 198 Abs. 2 UmwG durch § 235 Abs. 1 S. 2 UmwG ausgeschlossen, vgl. Semler/Stengel/*Ihrig* § 235 UmwG Rdnr. 11.

[649] Vgl. insoweit auch die nachfolgenden Anmerkungen zum Formwechsel in eine GmbH, Rdnr. 352 ff.

[650] Gleiches gilt für Partnerschaftsgesellschaften, vgl. § 225 a UmwG.

[651] Siehe oben, Rdnr. 25 f., 312.

[652] Vgl. nur *Priester* DB 1997, 560, 562 ff. m. w. N.

[653] BGH NZG 2005, 722. Vgl. hierzu *Heckschen* DB 2008, 2122.

lich haftenden Gesellschaftern[654] oder gar den Beitritt im Rahmen von Verschmelzungs- oder Spaltungsvorgängen[655] übertragen lassen, ist nach wie vor offen. Aus Sicherheitsgründen sollte dieser Weg daher vorerst nicht gewählt werden.

dd) Formwechsel einer GmbH & Co. KG als Ausgangsrechtsträger. Beim umgekehrten 351
Fall eines Formwechsels unter Beteiligung einer GmbH & Co. KG als Ausgangsrechtsträger ist ebenfalls wegen des Prinzips der **Identität der Anteilseigner** darauf zu achten, dass auch der Komplementär-GmbH der Ausgangsgesellschaft ein (Mini-)Anteil an der durch Formwechsel entstehenden Gesellschaft gewährt werden muss, auch wenn die persönlich haftende Gesellschafterin nicht am Vermögen der Kommanditgesellschaft beteiligt ist. Dieser Anteil kann dann unmittelbar nach Beurkundung des Formwechselbeschlusses aufschiebend bedingt auf dessen Wirksamwerden an den oder die bisherigen Kommanditisten abgetreten werden. Gesicherte[656] Rechtsprechung dahingehend, dass – analog zum Beitritt der Komplementär-GmbH im Zuge des Formwechsels in eine GmbH & Co. KG[657] – die Komplementär-GmbH im Zuge des Formwechsels unter Vermeidung der **„Abtretungslösung"** aus der Kommanditgesellschaft ausscheiden kann, liegt bislang nicht vor.

Praxistipp:

Angesichts der unklaren Rechtslage sollte man einen „Austritt" der Komplementär-GmbH im Augenblick des Formwechsels nur vorsehen, wenn eine entsprechende vorherige Absprache mit dem/den zuständigen Registergericht(en) möglich ist. Ansonsten ist der sichere Weg zu wählen, und die vorstehend beschriebene Abtretungslösung anzuwenden.

b) GmbH als Zielrechtsträger. *aa) Sicherung der Kapitalaufbringung.* Von erheblicher 352
Bedeutung beim Formwechsel in die GmbH ist der systematisch in den §§ 214 ff. UmwG als Sonderregeln für den Formwechsel einer Personenhandelsgesellschaft verortete § 220 UmwG.[658] Die Vorschrift ordnet an, dass der Nennbetrag des Stammkapitals der entstehenden GmbH das nach Abzug der Schulden verbleibende Vermögen der formwechselnden Gesellschaft nicht übersteigen darf (**Prinzip der Reinvermögensdeckung**). Dadurch ist gewährleistet, dass es zu keiner Unterbilanz beim neu entstehenden Rechtsträger kommt. Besonders zu beachten ist ferner die Pflicht, beim Formwechsel in eine GmbH gemäß § 197 S. 1 UmwG i. V. m. § 5 Abs. 4 S. 2 GmbHG einen **Sachgründungsbericht** zu erstellen, der nicht Teil des Umwandlungsberichts und damit nicht gemäß § 192 Abs. 3 UmwG verzichtbar ist.[659] Eine wichtige Ausnahme besteht beim Formwechsel einer Aktiengesellschaft oder KGaA in eine GmbH, da der Kapitalschutz in diesem Fall durch die Kapitalaufbringungs- und -erhaltungsvorschriften des AktG gewährleistet ist.

bb) Gestaltung der Satzung. Beim Formwechsel in eine GmbH[660] handelt es sich struktu- 353
rell um eine **Sachgründung.** Insofern ergibt sich durch die Verweisung in § 197 UmwG auch auf § 5 Abs. 4 GmbHG insbesondere die Verpflichtung, in der Satzung der GmbH Angaben bezüglich der Entstehung der GmbH durch Formwechsel zu machen.

---

654 Hierzu sogleich, Rdnr. 351.

655 Ein „Austritt" ist bei der Verschmelzung durch den Verzicht auf eine Anteilsgewährung nach §§ 54 Abs. 1 S. 3 bzw. 68 Abs. 1 S. 3 UmwG (siehe Rdnr. 19 ff.) und bei der Spaltung durch Vornahme einer „Spaltung zu Null" (siehe Rdnr. 273) möglich.

656 Vgl. aber LG Hamburg Beschl. v. 27. 3. 2009 – 415 T 2/09 – n. v.

657 Hierzu soeben, Rdnr. 350.

658 § 220 UmwG ist auch auf Aktiengesellschaften und KGaAs sowie – über die Verweisungsnormen des § 245 Abs. 1 S. 2, Abs. 2 S. 2 und Abs. 3 S. 2 UmwG – auf Formwechsel von Kapitalgesellschaften untereinander anwendbar. Lediglich der Formwechsel einer Aktiengesellschaft oder KGaA in die GmbH ist hiervon ausgenommen, da die (strengeren) Kapitalaufbringungs- und -erhaltungsvorschriften des AktG genügend Gewähr auch für den Kapitalschutz bei der GmbH als Zielrechtsträger bieten, vgl. Schmitt/Hörtnagl/Stratz/*Stratz* § 245 UmwG Rdnr. 6.

659 Siehe MünchHdbGesR (III)/*D. Mayer* § 73 Rdnr. 360 m. w. N.

660 Bei einer Aktiengesellschaft oder KGaA als Zielrechtsträger gilt entsprechendes.

Formulierungsvorschlag:

Das Stammkapital ist in voller Höhe durch formwechselnde Umwandlung gemäß §§ 190ff. UmwG der im Handelsregister des Amtsgerichts Bamberg unter HRB 12345 eingetragenen X-AG mit dem Sitz in Bamberg erbracht.

354 Darüber hinaus ist zu beachten, dass beim Formwechsel in eine Kapitalgesellschaft anderer Rechtsform aufgrund der entsprechenden Anwendung der Gründungsvorschriften gemäß § 197 S. 1 UmwG der **Formwechselaufwand** in der Satzung offenzulegen ist, sofern dieser nicht von den Gesellschaftern getragen werden soll.[661]

Formulierungsvorschlag:

§ 19 Formwechselaufwand

Die Kosten des Formwechsels (Notar-, Gerichts- und Veröffentlichungskosten sowie Kosten der Rechts- und Steuerberatung) trägt die Gesellschaft bis zu einem Höchstbetrag von 2.500,– Euro.

355 Zusätzlich sind beim Formwechsel einer Kapitalgesellschaft in eine Kapitalgesellschaft gemäß § 243 Abs. 1 S. 2 UmwG die **historischen Festsetzungen** über Sondervorteile, Gründungsaufwand, Sacheinlagen und Sachübernahmen aus der Satzung der formwechselnden Gesellschaft in die Satzung der Gesellschaft neuer Rechtsform zu übernehmen, sofern die Angaben noch nicht löschungsreif sind.[662]

Formulierungsvorschlag:

§ 20 Historischer Gründungsaufwand

In ihrer früheren Rechtsform als Aktiengesellschaft hat die Gesellschaft die mit ihrer Gründung verbundenen Kosten (Notar-, Gerichts- und Veröffentlichungskosten sowie Kosten der Rechts- und Steuerberatung) im Gesamtbetrag von ca. 3.000,– Euro übernommen.

356 *cc) Formwechsel unter Beteiligung einer Unternehmergesellschaft (haftungsbeschränkt).* Die haftungsbeschränkte Unternehmergesellschaft (UG) **steht als Zielrechtsträger** eines Formwechsels **nicht zur Verfügung**, da sich der Formwechsel im Lichte des in § 197 UmwG enthaltenen Verweises auf die Gründungsvorschriften der neuen Rechtsform als Sachgründung darstellt, welche bei der UG nach § 5a Abs. 2 S. 2 GmbHG ausdrücklich ausgeschlossen ist. Ausgangsrechtsträger eines Formwechsels kann die UG als Kapitalgesellschaft und Unterform der GmbH gemäß § 191 Abs. 1 Nr. 2 UmwG jedoch sein.

357 c) **Aktiengesellschaft als Zielrechtsträger.** Für den Formwechsel in eine Aktiengesellschaft, der in der Praxis oftmals der Vorbereitung eines Börsenganges dient, sind neben den allgemeinen Vorschriften über den Formwechsel die **§§ 214ff. UmwG** bei einer Personenhandelsgesellschaft als Ausgangsrechtsträger bzw. die **§§ 226f., 238ff. UmwG** bei einer Kapitalgesellschaft als Ausgangsrechtsträger anwendbar. Für den in der Praxis häufigsten Fall des Formwechsels einer **GmbH in** eine **Aktiengesellschaft**[663] sind somit – neben den allgemeinen Regelungen zum Formwechsel – unter Berücksichtigung der wegen § 197 UmwG erforderlichen Einhaltung der Gründungsvorschriften der Aktiengesellschaft vor allem folgende **Besonderheiten** zu beachten:

[661] Lutter/*Decher* § 197 UmwG Rdnr. 23; Widmann/Mayer/*D. Mayer* § 197 UmwG Rdnr. 27.

[662] Vgl. für die Aktiengesellschaft § 26 Abs. 4 und 5 AktG. Bei der GmbH ist die Beibehaltungsfrist umstritten, vgl. hierzu BeckNotarHdb/*D. Mayer*/*Weiler* Kap. D. I. Rdnr. 76 (zu den Gründungskosten) und Rdnr. 89 (zu den Festsetzungen über Sacheinlagen).

[663] Deutlich seltener sind der Formwechsel einer Genossenschaft (vgl. §§ 258 ff. UmwG), eines rechtsfähigen Vereins (§§ 272 ff. UmwG) oder eines VVaG (§§ 291 ff. UmwG) in eine Aktiengesellschaft.

- In der Satzung der Aktiengesellschaft ist anzugeben, dass das Grundkapital durch **Sacheinlage** im Wege des Formwechsels (unter näheren Angaben zum Ausgangsrechtsträger) erbracht wurde (§ 27 Abs. 1 S. 1 AktG i. V. m. § 197 S. 1 UmwG).[664]
- Das Grundkapital der Aktiengesellschaft muss **mindestens € 50.000** betragen (§ 7 AktG i. V. m. § 197 S. 1 UmwG). Nachdem das Kapital beim Ausgangsrechtsträger identisch mit dem Kapital des Zielrechtsträgers sein muss, hat eine formwechselnde GmbH – sofern ihr Stammkapital niedriger ist – vor dem Formwechsel eine **Kapitalerhöhung** auf mindestens € 50.000 durchzuführen. Dies kann in einer Urkunde mit dem Formwechselbeschluss erfolgen.[665]
- Ist eine GmbH Ausgangsrechtsträger, müssen etwaige **Festsetzungen** über Sondervorteile, Gründungsaufwand, Sacheinlagen und Sachübernahmen, die in der Satzung der formwechselnden GmbH enthalten sind, in die Satzung der Aktiengesellschaft übernommen werden, sofern deren Streichung nach GmbH-Regeln noch nicht in Betracht kommt (§ 243 Abs. 1 S. 2 UmwG). Daneben ist der Formwechselaufwand anzugeben.[666]
- Das **Prinzip der Reinvermögensdeckung** ist zu beachten, § 220 UmwG ist gemäß § 245 Abs. 1 S. 2 UmwG entsprechend anzuwenden.[667]
- Die **Nachgründungsvorschriften** des § 52 AktG sind auf die entstehende Aktiengesellschaft nicht anzuwenden, wenn eine GmbH als Ausgangsrechtsträger vor dem Wirksamwerden des Formwechsels bereits länger als zwei Jahre in das Register eingetragen war (§ 245 Abs. 1 S. 3 UmwG).
- Anders als beim Formwechsel Aktiengesellschaft in GmbH, bei dem ein Sachgründungsbericht gemäß § 245 Abs. 4 UmwG entbehrlich ist,[668] sind beim umgekehrten Formwechsel einer GmbH in eine Aktiengesellschaft aufgrund der Anwendbarkeit der Gründungsvorschriften über § 197 S. 1 UmwG nach allgemeinen Grundsätzen sowohl ein **Gründungsbericht** gemäß § 32 AktG als auch eine interne und eine externe **Gründungsprüfung** gemäß § 33 Abs. 1 und 2 AktG erforderlich.
- Gemäß § 197 S. 2 UmwG sind Vorschriften der Rechtsform des Zielrechtsträgers über die Bildung und Zusammensetzung des **ersten Aufsichtsrats** grundsätzlich nicht anzuwenden, woraus im Zusammenspiel mit § 203 UmwG eine Amtskontinuität bisheriger Aufsichtsorgane folgt. Als Ausnahme von der Ausnahme erklärt § 197 S. 3 UmwG allerdings § 31 AktG beim Formwechsel in eine Aktiengesellschaft ausdrücklich für anwendbar. Die zeitweise unvollständige Besetzung des Aufsichtsrats bei einer mitbestimmten Aktiengesellschaft steht damit weder der Eintragung des Formwechsels noch der Wahl des Vorstands entgegen.[669]
- Die **Registeranmeldung** erfolgt durch die Geschäftsführer der GmbH in vertretungsberechtigter Zahl (§ 246 Abs. 1 UmwG). Eine Versicherung nach § 37 Abs. 1 AktG ist nicht erforderlich (§ 246 Abs. 3 UmwG).[670]

d) Sonstige Rechtsformen. Die **KGaA** ist beim Formwechsel grundsätzlich wie eine Akti- 358
engesellschaft zu behandeln. Wesentliche Besonderheiten ergeben sich lediglich für die persönlich haftenden Gesellschafter. So muss beim Formwechsel einer Personenhandelsgesellschaft in eine KGaA der in dem Formwechselbeschluss vorgesehene Beitritt eines persönlich haftenden Gesellschafters, der nicht dem Ausgangsrechtsträger angehört, nach § 221 S. 1 UmwG genehmigt werden. Außerdem ist die Satzung der KGaA von jedem beitretenden Komplementär zu genehmigen (§ 221 S. 2 UmwG). Ist die KGaA hingegen Ausgangsrechtsträger, müssen alle persönlich haftenden Gesellschafter der Umwandlung zustimmen (§ 233 Abs. 3 UmwG).

Eine **eingetragene Genossenschaft** kann nicht nur Zielrechtsträger eines Formwechsels ei- 359
ner Personenhandels- (§ 214 Abs. 1 UmwG), Partnerschafts- (§ 225 a UmwG) oder Kapital-

[664] Siehe hierzu soeben Rdnr. 353 mit Formulierungsvorschlag für eine GmbH als Zielrechtsträger.
[665] Siehe insoweit das Muster bei Widmann/Mayer/*Vossius* Anhang 4, Muster M 169.
[666] Vgl. im Einzelnen soeben zur GmbH, Rdnr. 354 f.
[667] Näher Rdnr. 352.
[668] Vgl. Rdnr. 352.
[669] Näher *D. Mayer/Weiler* DB 2007, 1291, 1293.
[670] Vgl insoweit bereits Rdnr. 340.

gesellschaft (§§ 251 ff. UmwG) sein, sondern als Ausgangsrechtsträger auch selbst in eine Kapitalgesellschaft formgewechselt werden (§ 258 Abs. 1 UmwG). Für den Formwechsel **rechtsfähiger Vereine** in eine Kapitalgesellschaft oder eingetragene Genossenschaft gelten die Sonderregelungen der §§ 272 ff. UmwG. **Versicherungsvereine auf Gegenseitigkeit** werden nach §§ 291 ff. UmwG formgewechselt. Schließlich eröffnen §§ 301 ff. UmwG auch die Möglichkeit eines Formwechsels von **Körperschaften** und Anstalten des öffentlichen Rechts in Kapitalgesellschaften.

§ 23 Anwachsungsmodelle

Übersicht

	Rdnr.
I. Allgemeines	1–7
1. Keine Ein-Mann-Personengesellschaft	2
2. Erfordernis der Übernemevereinbarung	3
3. Anwachsungsprinzip und Gesamthand	4–6
4. Anwachsung bei unterschiedlich belasteten Anteilen	7
II. Handels- und ertragsteuerrechtliche Einordnung	8–10
III. Anwachung bei der GmbH & Co. KG	11–44
1. Einfaches Anwachsungsmodell	20-33
a) Ertragsteuer	22–30
b) Umsatzsteuer	31
c) Grunderwerbssteuer	32
d) Arbeitsrecht	33
2. Erweitertes Anwachsungsmodelle	34–44

Schrifttum: *Binz/Sorg,* Die GmbH & Co. KG, 11. Aufl. 2010, § 28 Rdnr. 38 ff.; *Breiteneicher,* Die Anwachsung als steuerliches Umwandlungsinstrument, DStR 2004, 1405; *Ege/Klett,* Aktuelle gesellschaftsrechtliche und steuerliche Aspekte von Anwachsungsmodellen, DStR 2010, 2463; *Orth,* Umwandlung durch Anwachsung, DStR 1999, 1011, 1053; *Orth,* Einbringung nach dem sog. erweiterten Anwachsungsmodell, DStR 2009, 192; *Rautenstrauch/Adrian,* § 15 a EStG bei Anwachsung auf eine Kapitalgesellschaft, DStR 2006, 359.

I. Allgemeines

Die Anwachsung ist eine Art des Vermögensüberganges im Wege der Gesamtrechtsnachfolge kraft Gesetzes.[1] Sie kann auch für Umstrukturierungen und im Rahmen von Unternehmenskäufen genutzt werden.[2] Als Instrument zur Umwandlung einer Personengesellschaft wird die Anwachsung herbeigeführt, indem z. B. bis auf einen Gesellschafter alle übrigen Gesellschafter ausscheiden, so dass das Vermögen der Personengesellschaft dem verbleibenden Gesellschafter anwächst.[3] Die Anwachsung ist nicht im UmwG geregelt. Das UmwG ist auf sie auch nicht analog anwendbar.[4] Sie wird auch im UmwStG nicht erwähnt. Vorteile der Anwachsung gegenüber einer Umstrukturierungen nach dem UmwG sind die Kosten- und Zeitersparnis.[5] Dem stehen jedoch gewisse ertragssteuerliche Nachteile gegenüber.[6] 1

1. Keine Ein-Mann-Personengesellschaft

Nach ganz herrschender und richtiger Meinung kann eine Personengesellschaft nur zwischen mindestens zwei Beteiligten bestehen.[7] Eine Ein-Mann-Personengesellschaft kann es daher – anders als bei der GmbH (§ 1 GmbHG) oder AG (§ 2 AktG) – nicht geben.[8] Sowohl § 705 BGB für die Gesellschaft bürgerlichen Rechts, § 105 Abs. 1 HGB für die offene Handelsgesellschaft als auch § 161 Abs. 1 HGB für die Kommanditgesellschaft verlangen ausdrücklich eine Mehrzahl von Gesellschaftern bei der Gründung. Das Gesetz macht von diesem Erfordernis auch keine Ausnahme für die Zeit nach Gründung. Sinkt mithin die Ge- 2

[1] Grundlegend *Böttcher* StbJb. 1965–66, 175, 189 ff.
[2] *Seibt,* FS Röhricht, S. 603; *Orth* DStR 1999, 1011.
[3] *Orth* DStR 2009, 192.
[4] MünchHdbGesRII/*Levedag* § 58, Rdnr. 301; *Seibt,* FS Röhricht, 603.
[5] *Orth,* DStR 1999, 1011.
[6] *Binz/Sorg* § 28 Rdnr. 43 ff.
[7] Vgl. BGH v. 19. 5. 1960 – II ZR 72/59 – BGHZ 32, 307 = NJW 1960, 1664. Kritisch Staudinger/*Habermeier,* Vorbem. zu §§ 705–740, Rdnr. 29 a; *Baumann* BB 1998, 225.
[8] Palandt/*Sprau* § 705 Rdnr. 1.

sellschafterzahl unter zwei, so löst dies die Gesellschaft auf.[9] Zwar reden namhafte Autoren mit beachtlicher Argumentation der Einpersonen-GbR das Wort.[10] Sie verweisen auf die vom BGH im Jahr 2001[11] anerkannte Rechtsfähigkeit der GbR.[12] Dem ist jedoch entgegen zu halten, dass die GmbH und die AG seit Inkrafttreten des GmbHG bzw. AktG als juristische Personen anerkannt waren. Die Einmann-GmbH und Einmann-AG ist jedoch erst sehr viel später zugelassen worden. Die Einpersonen-GbR ist mit der Rechtsfähigkeit daher nicht denklogisch verknüpft. Das Argument, die Kontinuität der GbR und das Vertrauen der Gläubiger in ihren Fortbestand verdienten Schutz,[13] ist anerkennenswert. Es vermag jedoch den Wortlaut des § 705 BGB und das Verständnis der GbR als Vertrag nicht aus dem Weg zu rücken. Mit der Zulassung von Einpersonen-GbR würden die persönlichen Gläubiger der unseriösen natürlichen Person wohl eher gefährdet und in ihrem Vollstreckungszugriff behindert, weil diese vorgaukeln können, ihr Vermögen in irgendeine GbR eingebracht zu haben. An der h. M. ist daher fest zu halten.

2. Erfordernis der Übernahmevereinbarung

3 Ob das Vermögen der Gesellschaft im Wege der Liquidation auseinander zu setzen ist oder ob es im Wege der Anwachsung auf den einzigen verbliebenen Gesellschafter übergeht, hängt davon ab, ob entweder schon im Gesellschaftsvertrag oder aber anlässlich des Ausscheidens die Übernahme des Vermögens durch den letzten Gesellschafter vereinbart worden ist (Übernahmevereinbarung).[14] Die Übernahmevereinbarung kann im Gesellschaftsvertrag (vorweggenommene Übernahme- oder Fortsetzungsvereinbarung) oder später durch alle Gesellschafter getroffen werden.[15] Sie kann auch noch nach Auflösung getroffen werden, wenn die Gesellschaft noch über Vermögen verfügt. In diesem Fall führt die Auflösung nicht zur Vollbeendigung. Vielmehr besteht die Gesellschaft mit geändertem Zweck – Auseinandersetzung – bis zum Abschluss der Liquidation weiter.[16] Dann müssen die Gesellschafter die Übernahme vor Abschluss der Auseinandersetzung vereinbaren.[17] Im Zweifel enthält eine Fortsetzungsklausel auch eine Übernahmevereinbarung.[18] Fehlt es an einer Übernahmevereinbarung, so ist die Gesellschaft nach §§ 730–735 BGB bzw. §§ 145 ff. HGB zu liquidieren (Auseinandersetzung). Es ist das Gesellschaftsvermögen zu versilbern (§ 733 BGB bzw. § 149 S. 1 HGB), ein Liquidationsüberschuss zwischen den Gesellschaftern zu verteilen (§ 734 BGB bzw. § 155 HGB) und ein etwaiger Fehlbetrag von diesen entsprechend ihrer Beteiligungsquote auszugleichen (§ 735 BGB). Ist dagegen eine Übernahmevereinbarung einschlägig, so findet keine Liquidation statt. Es gelten nicht die §§ 730–735 BGB, sondern §§ 738 ff. BGB analog. Das Vermögen der Gesellschaft geht auf den einzigen verbliebenen Gesellschafter über – es erfolgt die sog. Anwachsung.[19]

3. Anwachsungsprinzip und Gesamthand

4 Die Praxis macht sich diese Rechtslage zunutze. Unter Anwachsung als Gestaltungsmodell versteht sie das gezielte Ausscheiden so vieler Gesellschafter aus einer Personengesellschaft, dass nur noch ein Gesellschafter verbleibt. Das Gesetz widmet weder dem Tatbe-

[9] Palandt/*Sprau* § 705 Rdnr. 1.
[10] Staudinger/*Habermeier* Vorbem. zu §§ 705–740, Rdnr. 29 a; *Baumann* BB 1998, 225.
[11] BGH v. 29. 1. 2001 – II ZR 331/00 – BGHZ 146, 341 = NJW 2001, 1056.
[12] *Baumann* BB 1998, 225.
[13] Staudinger/*Habermeier* Vorbem. zu §§ 705–740 Rdnr. 29 a.
[14] BGH v. 6. 12. 1993 – II ZR 242/92 – NJW 1994, 796; Palandt/*Sprau* § 738 Rdnr. 1, § 736 Rdnr. 4 und 2 a.
[15] *Binz/Sorg* § 28 Rdnr. 38.
[16] Staudinger/*Habermeier* Vorbem. zu §§ 723 ff. Rdnr. 17; Palandt/*Sprau* vor § 723 Rdnr. 2.
[17] Palandt/*Sprau* § 736 Rdnr. 2 a.
[18] Palandt/*Sprau* § 736 Rdnr. 4.
[19] BGH v. 10. 5. 1978 – VIII ZR 32/77 – BGHZ 71, 296 = NJW 1978, 1525; BFH v. 10. 3. 1998 – VIII R 76/96 – DStR 1998, 1253; OLG Düsseldorf v. 14. 9. 1998 – 3 Wx 209/98 – DNotZ 1999, 440 m. Anm. *Kanzleiter*; *Binz/Sorg* § 28 Rdnr. 38; Schmitt/Hörtnagl/Stratz/*Schmitt* § 20 UmwStG, Rdnr. 194.

stand der Anwachsung noch ihren Rechtsfolgen eine eigenständige Regelung. Lediglich § 140 Abs. 1 S. 2 HGB streift die Thematik, indem er anordnet, dass die Ausschließungsklage auch dann zulässig ist, wenn nach der erstrebten Ausschließung nur ein Gesellschafter verbleibt. Unter dem Einfluss der gemeinrechtlichen Gesamthandslehre regelt das BGB in § 738 die Anwachsung als Folge des Ausscheidens eines unter Verbleib mehrerer anderer Gesellschafter. § 738 Abs. 1 S. 1 BGB ordnet als Folge an, dass der „Anteil am Gesellschaftsvermögen den übrigen Gesellschaftern" zuwächst. Korrespondierend spricht man von „Abwachsung", wenn ein neuer Gesellschafter beitritt.[20] Nach dem endgültigen Abschied von der Gesamthandslehre und der Anerkennung der Teilrechtsfähigkeit der Außen-GbR[21] erweist sich der Wortlaut des § 738 Abs. 1 S. 1 BGB in seinem unmittelbaren Anwendungsbereich als missverständlich. Das Vermögen der GbR gehört *rechtlich* dieser selbst. Scheidet ein Gesellschafter unter Verbleib mehrerer aus, so erhöht sich lediglich deren *wirtschaftliche* Beteiligung. Demgegenüber behält die Regelung in § 738 Abs. 1 S. 1 BGB für den hier zu behandelnden Fall, dass nur ein Gesellschafter verbleibt, unverändert Aktualität: das Vermögen den GbR wächst ihrem einzigen verbliebenen Gesellschafter an.[22] § 738 Abs. 1 S. 1 BGB enthält insofern einen verallgemeinerungsfähigen Rechtsgedanken, der über § 105 Abs. 3 HGB und § 161 Abs. 2 HGB auf die Offene Handelsgesellschaft und die Kommanditgesellschaft Anwendung findet.[23]

Der bereits angesprochenen Vorschrift des § 140 Abs. 1 S. 2 HGB lässt sich über den dort geregelten Fall der Ausschließungsklage hinaus der allgemeine Rechtsgedanke entnehmen, dass nach allgemeinen Regeln zulässige Maßnahmen zur Änderung im Gesellschafterbestand einer Personengesellschaft auch dann in dieser Form gangbar sind, wenn sie dazu führen, dass nur noch ein Gesellschafter verbleibt und die Gesellschaft aufgelöst wird. So ist nach herrschender zivilrechtlicher Auffassung die **Übertragung des Gesellschaftsanteils auf den einzigen verbleibenden Mitgesellschafter** zulässig.[24] Zwar hat der BFH in einer GrESt-Sache hiervon abweichend die Lesart vertreten, dass die Übertragung von Gesellschaftsanteilen an den einzigen verbliebenen Gesellschafter denklogisch ausgeschlossen sei, weil dieser nicht alle Anteile an einer sich gleichzeitig auflösenden Gesellschaft in seiner Hand vereinigen könne.[25] Diese Aussage darf jedoch nicht als Ablehnung des Anwachsungsprinzips gewertet werden. Sie ist vielmehr dem spezifisch grunderwerbsteuerlichen Kontext geschuldet.[26] Der BFH hatte darüber zu entscheiden, welchen GrESt-Tatbestand der Grundbesitzerwerb durch Anwachsung aller Anteile einer immobilienhaltenden GbR in der Hand des letzten verbliebenen Gesellschafters erfüllt. Der BFH sicht § 1 Abs. 1 Nr. 3 S. 1 GrEStG – Eigentumsübergang, wenn kein den Anspruch auf Übereignung begründendes Rechtsgeschäft vorausgegangen ist und es auch keiner Auflassung bedarf – als erfüllt an. Er hielt § 1 Abs. 3 Nr. 3 GrEStG – Rechtsgeschäft, das den Anspruch auf Übertragung von mindestens 95% der Anteile begründet – nicht für einschlägig. Die Erwägung, ein Anteilserwerb sei nicht denkbar, war Hilfsbegründung für eine teleologische Reduktion der letztgenannten Vorschrift des § 1 Abs. 3 Nr. 3 GrEStG. Der BFH erkennt in seinem Urteil an, dass die Anwachsung zum Übergang des Vermögens der GbR auf den letzten verbleibenden Gesellschafter führt, ohne dass besondere Übertragungsakte notwendig wären.[27] 5

Mit Wirksamkeit der Abtretung wächst das Gesellschaftsvermögen dem verbliebenen Gesellschafter an.[28] Die Gesellschaft wird liquidationslos beendet, ohne dass ein Auflösungsbeschluss getroffen werden müsste. Die Anwachsung erfolgt im Wege der Gesamtrechtsnachfolge kraft Gesetzes analog § 738 BGB, ohne dass eine Verfügung über die einzelnen 6

[20] *Orth* DStR 1999, 1011, 1012.
[21] BGHZ 146, 341 = NJW 2001, 1056.
[22] Vgl. BGHZ 32, 307 = NJW 1960, 1664; BGH NJW 1966, 827; Palandt/*Sprau* § 738 Rdnr. 1, § 736 Rdnr. 4.
[23] Vgl. BGHZ 32, 307 = NJW 1960, 1664; BGH NJW 1966, 827.
[24] BGHZ 32, 307 = NJW 1960, 1664; BGH NJW 1966, 827; *Orth* DStR 1999, 1011, 1013.
[25] BFH v. 13. 9. 1995 – II R 80/92 – BStBl. II 1995, 903 unter II.2.
[26] Ebenso *Ege/Klett* DStR 2010, 2463, 2467 f.
[27] BFH v. 13. 9. 1995 – II R 80/92 – BStBl. II 1995, 903 unter II.2.
[28] Vgl. BGHZ 32, 307 = NJW 1960, 1664; BGH NJW 1966, 827.

Vermögensgegenstände stattfindet.[29] Zum Gesellschaftsvermögen gehörender Grundbesitz muss nicht aufgelassen werden.[30] Die Abtretung bedarf nicht notarieller Beurkundung. Es empfiehlt sich jedoch dringend notarielle Beglaubigung der Unterschriften über den Abtretungsvertrag, weil der Erwerber im Wege der **Grundbuchberichtigung** (§ 894 BGB) in das Grundbuch einzutragen ist.[31] Dass eine Übertragung der Gesellschaftsanteile auf den einzigen verbleibenden Gesellschafter im Wege der Abtretung erfolgen kann, entspricht ganz herrschender Meinung.[32] Richtig ist weiter, dass die Anteile gleichzeitig untergehen. Der einzige verbleibende Gesellschafter erwirbt die Anteile der anderen nach m. E. zutreffender Ansicht des BFH auch nicht für eine juristische Sekunde in der Weise, dass er die Anteile innehat.[33] Dies liegt auf einer Linie mit der ertragsteuerlichen Rechtsprechung des BFH. Diese ordnet das Ausscheiden des vorletzten Gesellschafters als „Übertragung des Mitunternehmeranteils" ein.[34]

4. Anwachsung bei unterschiedlich belasteten Anteilen

7 Hoch umstritten ist, welche Konsequenzen es hat, wenn sich Anteile an einer Personengesellschaft mit unterschiedlicher rechtlicher Qualifikation oder Belastung in einer Hand vereinigen. Dies betrifft insbesondere den Fall, dass die Anteile eines Gesellschafters mit einem Nießbrauch belastet sind,[35] der Vor- und Nacherbschaft[36] oder der Testamentsvollstreckung[37] unterliegen. Nicht zu folgen ist dem Beschluss des OLG Düsseldorf vom 14. 9. 1998.[38] Darin hat das OLG Düsseldorf angenommen, dass der an einem Gesellschaftsanteil bestellte Nießbrauch infolge der Auflösung der Gesellschaft erlösche.[39] Er könnte daher auch nicht in das Grundbuch der GbR eingetragen werden. Richtigerweise besteht die Belastung bzw. die Vor- und Nacherbschaft[40] oder Testamentsvollstreckung fort. Die Frage kann nur lauten, ob eine Ein-Mann-Personengesellschaft" mit unterschiedlichen Anteilen fortbesteht oder die Gesellschaft aufgelöst ist unter quotalem Fortbestand der Belastung bzw. Beschränkung. Der BGH und ihm folgend ein Teil der Rechtsprechung und der Literatur haben hinsichtlich einer Belastung mit Vor- und Nacherbschaft und der Testamentsvollstreckung angenommen, dass „die Gesellschaft [...] jedenfalls für das hier zu entscheidende Rechtsverhältnis – als nicht erloschen anzusehen ist."[41] Noch weiter geht ein Teil der Literatur. Danach besteht die Einmann-Gesellschaft nicht nur „relativ" fort.[42] Richtigerweise ist auch hier von der Beendigung der Gesellschaft auszugehen, weil es aus den vorgenannten (vgl. oben Rdnr. 2) Gründen eine Einmann-Personengesellschaft nicht geben kann. Die Belastung, Beschränkung bzw. unterschiedliche dingliche Zuordnung ist mit einer ggf. fiktiven Trennung der Vermögensmassen in der Person des letzten Gesellschafters sicher zu stellen, indem sich die Belastung quotal an den Vermögensgegenständen der Gesellschaft fortsetzt.[43]

---

[29] Vgl. BGHZ 32, 307 = NJW 1960, 1664; Schmitt/Hörtnagl/Stratz/*Schmitt* UmwG/UmwStG § 20 UmwStG Rdnr. 194.

[30] *Binz/Sorg* § 28 Rdnr. 40.

[31] MünchHdbGesR I/*Piehler/Schulte* § 10 Rdnr. 129 m. w. N.

[32] Vgl. nur BGHZ 71, 296 = NJW 1978, 1525.

[33] BFH v. 13. 9. 1995 – II R 80/92 – BStBl. II 1995, 903 unter II.2.; v. 27. 1. 1994 – IV R 137/91 – BStBl. II 1994, 477. A. A. Schmitt/Hörtnagl/Stratz/*Schmitt*, UmwG/UmwStG, § 20 UmwStG Rdnr. 195.

[34] Vgl. BFH v. 10. 3. 1998 – VIII R 76/96 – DStR 1998, 1253.

[35] OLG Düsseldorf v. 14. 9. 1998 – 3 Wx 209/98 – DNotZ 1999, 440 m. Anm. *Kanzleiter*.

[36] BGHZ 98, 48 = NJW 1986, 2431.

[37] BGHZ 98, 48 = NJW 1986, 2431.

[38] OLG Düsseldorf DNotZ 1999, 440 m. Anm. *Kanzleiter*.

[39] Die Auffassung des OLG Düsseldorf ablehnend auch *Kanzleiter* DNotZ 1999, 443.

[40] BGHZ 98, 48 = NJW 1986, 2431.

[41] BGHZ 98, 48, 57 f. = NJW 1986, 2431, 2433 f.; BGH NJW 1996, 1284; OLG Hamm ZEV 1999, 234 (Nachlassinsolvenz); OLG Schleswig ZEV 2007, 40 = ZIP 2006, 615; a. A. OLG Düsseldorf – DNotZ 1999 – 440 m. Anm. *Kanzleiter*.

[42] LG Hamburg NZG 2005, 926 = RPfleger 2005, 663 (Vorbehaltsnießbrauch); *Esch* BB 1993, 664; *Lüttge* NJW 1994, 5; *Bippus* AcP 195 (1995), 13; Beiträge zum Gesellschafts- und Notarrecht: Freundesgabe für Willi Weichler/*Kanzleiter* (1997), 39; *ders.* DNotZ 1999, 443 m. w. N.

[43] *Sieveking*, FS Schippel, S. 505, 517 f.; wohl auch Palandt/*Sprau* § 705 Rdnr. 1 („fiktive Trennung der Vermögensmassen in der Person des letzten Gesellschafters").

II. Handels- und ertragsteuerrechtliche Einordnung

Die BFH-Rechtsprechung unterscheidet zwischen dem schuldrechtlichen Grundgeschäft 8 und dem dinglichen Vollzug. Die Anwachsung ist der dingliche Vollzugsakt. Würde ertragsteuerlich auf den dinglichen Vollzugsakt abgestellt, wäre die Anwachsung stets als unentgeltliche Rechtsnachfolge des verbliebenen Gesellschafters nach der beendeten Gesellschaft einzuordnen. Dies wird jedoch, soweit ersichtlich, völlig zu Recht nicht vertreten. Vielmehr steht ertragsteuerlich stets die Anteilsveräußerung bei einer fortbestehenden Gesellschaft Modell. Entscheidend ist, was sich im Verhältnis zwischen den betreffenden Gesellschaftern abspielt. Für die ertragsteuerliche Einordnung als entgeltlicher oder unentgeltlicher Vorgang ist daher das schuldrechtliche Grundgeschäft maßgeblich.[44] Ihre schuldrechtliche Grundlage kann entgeltlich sein, z. B. als Anteilskauf durch den einzigen verbleibenden Gesellschafter oder als Abfindungsentgelt bei Ausscheiden aller übrigen Gesellschafter. Entgegen dem Wortlaut des § 738 Abs. 1 S. 2 BGB ist Schuldner der Abfindung für ausscheidende Gesellschafter die Gesellschaft und nicht der oder die verbliebenden Gesellschafter.[45] Dies gilt auch dann, wenn die Gesellschaft infolge Anwachsung aufgelöst wird. Die Abfindungspflicht entsteht noch in der Person der Personengesellschaft und ist von dieser in ihrer etwaigen Schlussbilanz zu passivieren. Es besteht kein Grund, die Anwachsung unter Vollbeendigung anders zu behandeln als das Ausscheiden eines Gesellschafters aus einer fortbestehenden Gesellschaft. Soweit die Personengesellschaft eine **Handelsbilanz** erstellen muss (§ 242 HGB), hat eine entgeltliche Anwachsung unter Abfindung durch die Gesellschaft folgende Konsequenzen: Hat die Gesellschaft die ausscheidenden Gesellschafter abzufinden (entgeltliche Anwachsung), so hat sie die geschuldete Abfindung zu passivieren. Auf der Aktivseite der Bilanz sind bei den Wirtschaftsgütern mit stillen Reserven die anteilig auf die ausscheidenden Gesellschafter entfallenden und im Rahmen der Abfindung vergüteten stillen Reserven aufzudecken.[46] Soweit die Abfindung diese stillen Reserven und die anteiligen Buchwerte übersteigt, ist ein selbst geschaffenes immaterielles Wirtschaftsgut und ein Geschäftswert zu aktivieren.[47] Eine etwa anfallende Grunderwerbsteuer ist als Anschaffungsnebenkosten zu aktivieren.[48] Bilanziert der verbleibende Gesellschafter, auf den das Gesellschaftsvermögen im Wege der Gesamtrechtsnachfolge übergeht, so hat er die Werte der Schlussbilanz der Personengesellschaft in seiner Eröffnungsbilanz zu übernehmen.[49]

Scheidet ein Gesellschafter aus einer zweigliedrigen Gesellschaft aus und erhält er weder 9 von der Gesellschaft noch vom einzigen verbliebenen Gesellschafter eine Abfindung, so liegt keine Realteilung i. S. d. § 16 Abs. 3 S. 2 EStG vor.[50] Das Gesellschaftsvermögen geht als Ganzes auf den verbliebenen Gesellschafter über. Der ausscheidende Gesellschafter erhält zudem keine einzelnen Wirtschaftsgüter des Betriebsvermögens. Selbst dann, wenn der ausscheidende Gesellschafter aus Gesellschaftsmitteln abgefunden wird und z. B. Barmittel aus dem Betriebsvermögen empfängt, kann dieser Vorgang nicht als Betriebsaufgabe qualifiziert werden. Entscheidend ist, dass das Gesellschaftsvermögen nicht einzeln aufgeteilt wird.[51] Es liegt vielmehr die Veräußerung des gesamten Anteils eines Gesellschafters, der als Unternehmer (Mitunternehmer) des Betriebs anzusehen ist,[52] vor (§ 16 Abs. 1 S. 1 Nr. 2 EStG).[53] Der hieraus erzielte Veräußerungsgewinn gehört zu den Einkünften aus Gewerbebetrieb. Veräußerungsgewinn ist der Betrag, um den der Veräußerungspreis nach Abzug der Veräu-

[44] BFH v. 10. 3. 1998 – VIII R 76/96 – DStR 1998, 1253.

[45] BGH WM 1972, 1399, 1400 unter III.; BFH v. 11. 4. 1990 – I R 45/89 – BStBl. II 1990, 791; *Orth* DStR 1999, 1011 f.

[46] *IdW* FN-IdW 2008, 370, 377; *Orth* DStR 1999, 1011, 1014.

[47] *Orth* DStR 1999, 1011, 1014.

[48] *Orth* DStR 1999, 1011, 1014.

[49] *Orth* DStR 1999, 1011, 1014.

[50] BFH v. 10. 3. 1998 – VIII R 76/96 – DStR 1998, 1253; BFH v. 24. 5. 1973 – IV R 64/70 – BStBl. II 1973, 655 = DStR 1973, 570.

[51] Vgl. BMF v. 28. 2. 2006 – BStBl. I 2006, 228 unter I.

[52] Zu den Voraussetzungen der Mitunternehmerschaft vgl. unten Rdnr. 22.

[53] BFH v. 10. 3. 1998 – VIII R 76/96 – DStR 1998, 1253.

ßerungskosten den Wert des Anteils am Betriebsvermögen übersteigt (§ 16 Abs. 2 S. 1 EStG). Als Wert des Anteils sind die anteiligen Buchwerte anzusetzen (§ 16 Abs. 2 S. 2 EStG). Es kommt also zur Aufdeckung und Versteuerung der anteiligen stillen Reserven. Der verbleibende Gesellschafter hat diese in eine Ergänzungsbilanz aufzunehmen.[54] Der Veräußerungsgewinn unterliegt nach der Fünftelregelung (§ 34 Abs. 2 Nr. 1 EStG) einer abgemilderten Steuerprogression: er wird so besteuert, als wäre er nicht in einem, sondern in fünf Jahren angefallen. Der Veräußerungsgewinn ist unter den Voraussetzungen des § 16 Abs. 4 EStG steuerlich privilegiert: hat der ausscheidende Gesellschafter das 55. Lebensjahr vollendet oder ist er im sozialversicherungsrechtlichen Sinne dauernd berufsunfähig, so wird der Veräußerungsgewinn auf Antrag zur Einkommensteuer nur herangezogen, soweit er € 45.000 übersteigt. Dieser Freibetrag wird nur einmal im Leben gewährt. Er ermäßigt sich um den Betrag, um den der Veräußerungsgewinn € 136.000 übersteigt.

10 Das Ausscheiden des vorletzten Gesellschafters ohne Abfindung ist **nicht** als **Aufgabe seines Mitunternehmeranteils** (§ 16 Abs. 3 S. 1 EStG) zu qualifizieren.[55] Der Tatbestand der Aufgabe eines Mitunternehmeranteils (§ 16 Abs. 3 S. 1 EStG) ist nach der BFH-Rechtsprechung als Auffangtatbestand aufzufassen. Mit ihm sollen wertungsmäßig mit der Veräußerung des gesamten Anteils durch einen Gesellschafters, der als Unternehmer (Mitunternehmer) des Betriebs anzusehen ist (§ 16 Abs. 1 S. 1 Nr. 2 EStG), vergleichbare Sachverhalte geregelt werden. Es geht um die Fälle, in denen zwar der zivilrechtliche Gesellschaftsanteil, nicht jedoch dem Mitunternehmeranteil auf den Erwerber übergeht.[56] Der Aufgabetatbestand erfasst z. B. die Fälle, in denen zum Mitunternehmeranteil auch Sonderbetriebsvermögen gehört, welches jedoch nicht auf den Erwerber übertragen wird oder zwar der Gesellschaftsanteil, nicht jedoch die Mitunternehmerstellung übergeht.[57] Das unentgeltliche Ausscheiden führt beim Ausscheidenden nicht zur Gewinnrealisierung. Vielmehr führt der verbliebene Gesellschafter nach § 6 Abs. 3 S. 1 EStG die Buchwerte fort.[58] Es liegt ertragsteuerlich eine unentgeltliche Einzelrechtsnachfolge vor.[59] Daher hat BFH das Ausscheiden des vorletzten Gesellschafters ohne Abfindung als „unentgeltliche Übertragung des Mitunternehmeranteils“ eingeordnet.[60]

III. Anwachsung bei der GmbH & Co. KG

11 Das Anwachsungsmodell erfreut sich auch bei der GmbH & Co. KG beliebter Anwendung in der Praxis. Hintergrund ist auch hier die Zeit- und Kostenersparnis.[61] Die Anwachsung kann entweder das Ziel haben, das Vermögen der GmbH & Co. KG auf einen Kommanditisten übergehen zu lassen oder auf die Komplementär-GmbH.

12 Wenn die **Umwandlung der GmbH & Co. KG in einen Kommanditisten** stattfinden soll, stehen vornehmlich folgende Wege zur Wahl:

- Einzelübertragung des Vermögens der GmbH & Co. KG auf einen Kommanditisten (*asset deal*) und anschließende Auflösung der KG;
- Verschmelzung der GmbH & Co. KG auf einen Kommanditisten, wenn dieser eine in § 3 Abs. 1 UmwG aufgeführte verschmelzungsfähige Rechtsform hat;
- Austritt aller übrigen Kommanditisten und der Komplementär-GmbH, so dass allein der betreffende Kommanditist als letzter Gesellschafter verbleibt (Anwachsung);
- Abtretung ihrer Anteile auf einen Kommanditisten durch alle übrigen Kommanditisten und die Komplementär-GmbH, so dass allein der betreffende Kommanditist als letzter Gesellschafter verbleibt (Anwachsung);

[54] *Orth* DStR 2009, 192, 194.
[55] BFH v. 10. 3. 1998 – VIII R 76/96 – DStR 1998, 1253; BMF v. 28. 2. 2006 – BStBl. I 2006, 228 unter II.; *Binz/Sorg* § 28 Rdnr. 43.
[56] L. Schmidt/*Wacker* EStG § 16 Rdnr. 438.
[57] BFH v. 10. 3. 1998 – VIII R 76/96 – DStR 1998, 1253.
[58] MünchHdbGesRII/*Levedag* § 58 Rdnr. 307.
[59] *Binz/Sorg* § 28 Rdnr. 43.
[60] Vgl. BFH v. 10. 3. 1998 – VIII R 76/96 – DStR 1998, 1253.
[61] *Ege/Klett* DStR 2010, 2463.

- Verschmelzung der Komplementär-GmbH auf den Kommanditisten, wenn dieser eine in § 3 Abs. 1 UmwG aufgeführte verschmelzungsfähige Rechtsform hat, gegebenenfalls (falls weitere Kommanditisten beteiligt sind) unter Ausscheiden aller übrigen Kommanditisten;
- Verschmelzung der GmbH auf die GmbH & Co. KG (neuerdings zweifelhaft geworden nach dem Beschluss des OLG Hamm vom 24. 6. 2010).[62]

Soll die **Umwandlung der GmbH & Co. KG in ihre Komplementär-GmbH** erfolgen, ist sie ein Weg zur Umwandlung in eine GmbH. Die GmbH & Co. KG kann v. a. in folgender Weise in eine GmbH umgewandelt werden: 13

- Einzelübertragung des Vermögens der GmbH & Co. KG auf eine GmbH (*asset deal*) und anschließende Auflösung der KG
- Formwechsel der GmbH & Co. KG in eine GmbH (§§ 190 ff., 214 ff. UmwG)
- Verschmelzung der GmbH & Co. KG auf die Komplementär-GmbH
- Austritt aller Kommanditisten, so dass allein die Komplementär-GmbH als Gesellschafterin verbleibt (Anwachsung).
- Abtretung ihrer Anteile durch alle Kommanditisten an die Komplementär-GmbH, so dass diese allein als Gesellschafterin verbleibt (Anwachsung).

Die **Einzelübertragung** (***asset deal***) hat für jeden betreffenden Vermögensgegenstand nach den einschlägigen Vorschriften zu erfolgen. Eine Übernahme der Verbindlichkeiten unter Befreiung des bisherigen Schuldners setzt die Mitwirkung der Gläubiger voraus (§§ 414 ff. BGB). Einkommensteuerlich – nicht jedoch bei der Gewerbesteuer, soweit natürliche Personen beteiligt sind (§ 7 S. 2 Nr. 1 GewStG) – führt dieser Vorgang grds. zur **Gewinnrealisierung** (Aufdeckung stiller Reserven) (§ 16 Abs. 1 S. 1 Nr. 1 EStG). Die Aufdeckung stiller Reserven kann jedoch vermieden werden, wenn der Vorgang die Voraussetzungen der Betriebseinbringung gegen Gewährung neuer Anteile an der GmbH nach § 20 UmwStG erfüllt (Sachkapitalerhöhung) und die GmbH das eingebrachte Betriebsvermögen zum Buchwert ansetzt.[63] Gehört zu dem eingebrachten Vermögen inländischer Grundbesitz, unterliegt dessen Übertragung der **Grunderwerbsteuer** (§ 1 Abs. 1 Nr. 1 GrEStG). Die Immobilien sind mit dem Grundbesitzwert anzusetzen (§ 8 Abs. 2 S. 1 Nr. 2 GrEStG i. V. m. § 138 Abs. 2–4 GrEStG). Soweit die GmbH bereits zuvor an der GmbH & Co. KG vermögensmäßig beteiligt war, ist der Erwerb von der Grunderwerbsteuer befreit (§ 6 Abs. 1 GrEStG). **Umsatzsteuerlich** ist die Veräußerung des Betriebs im Ganzen kein Steuertatbestand (§ 1 Abs. 1 a UStG). Selbst wenn die einbringenden Gesellschafter Unternehmer (§ 2 UStG) sein sollten, sind die ihnen etwa gewährten GmbH-Anteile steuerbefreit (§ 4 Nr. 8 lit. f UStG). 14

Tritt eine nicht vermögensmäßig beteiligte Komplementär-GmbH aus der GmbH & Co. KG und führt dies zur **Anwachsung** auf den letzten verbleibenden Gesellschafter (Kommanditisten), so führt dieser die steuerlichen Buchwerte der auf ihn übergehenden Wirtschaftsgüter der GmbH & Co. KG fort. Ein Teil der Literatur begründet dies mit einer analogen Anwendung des § 6 Abs. 3 S. 1 EStG.[64] Richtigerweise folgt die Steuerneutralität daraus, dass dem Kommanditisten die Wirtschaftsgüter der GmbH & Co. KG ertragsteuerlich bereits vor der Anwachsung entsprechend seiner Beteiligungsquote zuzurechnen waren.[65] 15

Der **Formwechsel** erfordert einen notariell beurkundeten (§ 193 Abs. 3 S. 1 UmwG) Umwandlungsbeschluss, der Zahl, Art und Umfang der Anteile festlegt, die die Anteilsinhaber erlangen (§ 194 Abs. 1 Nr. 4 UmwG). In dem Umwandlungsbeschluss ist die Satzung der GmbH festzustellen (§ 218 UmwG). Wenn die Gesellschafter hierauf nicht verzichten, ist ein Umwandlungsbericht zu erstatten (§ 192 UmwG). Handelsrechtlich müssen die Buchwerte fortgeführt werden.[66] Dies gilt nicht für die Steuerbilanz. Dort besteht ein Wahlrecht der GmbH zwischen Buchwert, gemeinen Wert und Zwischenwert.[67] Grunder- 16

[62] OLG Hamm NZG 2010, 1309 = RNotZ 2010, 542; dazu *Ege/Klett* DStR 2010, 2463; *Nelißen* NZG 2010, 1291.
[63] Zu den Einzelheiten vgl. *Binz/Sorg* § 28 Rdnr. 5 ff.
[64] *Orth* DStR 1999, 1053, 1059; *Hörger/Mentel/Schulz* – DStR 1999, 565, 567.
[65] OFD Berlin v. 19. 7. 2002 – St 122 – S 2241 – 2/02 – DB 2002, 1966.
[66] Semler/Stengel/*Moszka* UmwG § 24 Rdnr. 87; *Binz/Sorg* § 28 Rdnr. 24.
[67] BFH v. 19. 10. 2005 – I R 38/04 – BStBl. II 2006, 568; v. 28. 5. 2008 – I R 98/06 – BStBl. II 2008, 916.

werbsteuer fällt nicht an, weil die GmbH mit der GmbH & Co. KG handelsrechtlich identisch ist.[68]

17 Die **Verschmelzung** erfordert einen notariell beurkundeten Verschmelzungsvertrag (§ 6 UmwG), dem die Gesellschafter in ebenfalls notariell beurkundeter Form zustimmen müssen (§ 13 Abs. 3 S. 1 UmwG). Die Gesellschafter der GmbH & Co. KG müssen im Wege der Kapitalerhöhung neue Geschäftsanteile an der übernehmenden GmbH erhalten, wenn sie hierauf nicht verzichten (§ 54 Abs. 1 S. 3 UmwG). Steuerlich besteht ein Wahlrecht der GmbH zwischen Buchwert, Teilwert und Zwischenwert (§ 20 Abs. 2 S. 1 UmwStG).[69]

18 Was die **Verschmelzung der GmbH auf die GmbH & Co. KG** (§§ 39ff. UmwG) unter Verbleib lediglich eines Gesellschafters (Kommanditisten) betrifft, ist ihre **Zulässigkeit** nach einem Beschluss des OLG Hamm vom 24. 6. 2010 neuerdings **zweifelhaft** geworden.[70] Darin hat das OLG Hamm im Anschluss an Harry Schmidt[71] die Auffassung vertreten, dass die Verschmelzung nach dem UmwG nur auf einen Rechtsträger zulässig ist, der fortbesteht.[72] Weil der GmbH & Co. KG im vorgenannten Verschmelzungsmodell jedoch nur noch ein Gesellschafter verbliebe, würde die Verschmelzung zu einem nach dem Konzept des UmwG nicht erlaubten Zustand führen. Aus Gründen gestalterischer Vorsicht ist bis zu einer höchstrichterlichen Klärung von dem Verschmelzungsmodell abzuraten.[73]

19 Soweit ein Kommanditist eine Abfindung für den Austritt aus der GmbH & Co. KG erhält, ist dies eine **Einlagenrückgewähr**. Sie führt zur persönlichen Haftung des Kommanditisten im Rahmen der **Nachhaftung** nach § 160 HGB (§§ 171 Abs. 1. HS. 2, 172 Abs. 4 S. 1 HGB).[74]

1. Einfaches Anwachsungsmodell

20 Beim sog. einfachen Anwachsungsmodell treten alle Kommanditisten aus der GmbH & Co. KG aus.[75] Somit verbleibt nur die Komplementär-GmbH als letzter Gesellschafter. Die Komplementär-GmbH übernimmt entweder aufgrund einer von vorneherein im KG-Vertrag enthaltenen Fortsetzungs- oder Übernahmeklausel oder aufgrund einer ad hoc getroffenen Übernahmevereinbarung das Vermögen der GmbH & Co. KG als Gesamtrechtsnachfolger im Wege der Anwachsung. Die Kommanditisten können eine Abfindung erhalten, müssen dies aber nicht.[76]

21 Wählen die Beteiligten das Anwachsungsmodell unter **Austritt aller Kommanditisten**, so bringt dies zivil- und gesellschaftsrechtliche Erleichterungen mit sich. Wenn die Anwachsung nicht zur Kapitalaufbringung oder Kapitalerhöhung der GmbH verwendet wird, ist sie nicht als Sacheinlage zu behandeln.[77] Die einzelnen Vermögensgegenstände des Gesellschaftsvermögens müssen (und können) nicht im Wege der Einzelübertragung *(asset deal)* auf den verbliebenen Gesellschafter übertragen werden.[78] Zum Gesellschaftsvermögen gehörender Grundbesitz muss nicht aufgelassen werden.[79]

22 **a) Ertragsteuer. Ertragsteuerlich** ist das Ausscheiden des vorletzten Gesellschafters ohne Abfindung regelmäßig nicht als Aufgabe seines Mitunternehmeranteils (§ 16 Abs. 3 S. 1 EStG) zu qualifizieren.[80] Vielmehr veräußern die Kommanditisten aus ertragsteuerlicher

[68] BFH v. 4. 2. 1996 – IIB 116/96 – BStBl. II 1997, 661; v. 4. 4. 2001 – II R 57/98 – BStBl. II 2001, 587.

[69] BFH v. 19. 10. 2005 – I R 38/04 – BStBl. II 2006, 568; v. 28. 5. 2008 – I R 98/06 – BStBl. II 2008, 916.

[70] OLG Hamm v. 24. 6. 2010 – 15 Wx 63/09 – NZG 2010, 1309 = RNotZ 2010, 542; dazu *Ege/Klett* DStR 2010, 2463; *Nelißen* NZG 2010, 1291; Gutachten DNotZ-Report 2011, 81; *Weiler* notar 2011, 117; *Gößl* DNotZ 2011, 230, 234.

[71] Lutter/*Schmidt* UmwG, § 39 Rdnr. 19.

[72] Die Rechtsauffassung des OLG Hamm ablehnend *Ege/Klett* DStR 2010, 2463; *Nelißen* NZG 2010, 1291; Gutachten DNotZ-Report 2011, 81.

[73] Ebenso *Nelißen* NZG 2010, 1291.

[74] *Ege/Klett*, DStR 2010, 2463, 2464.

[75] *Seibt*, FS Röhricht, S. 603, 608 ff.

[76] *Binz/Sorg* § 28 Rdnr. 38 ff.

[77] Vgl. *Binz/Sorg* § 28 Rdnr. 40.

[78] *Binz/Sorg* § 28 Rdnr. 40.

[79] *Binz/Sorg* § 28 Rdnr. 40.

[80] BFH v. 10. 3. 1998 – VIII R 76/96 – DStR 1998, 1253; *Binz/Sorg* § 28 Rdnr. 43.

Sicht nach ganz h. M. ihren gesamten Mitunternehmeranteil (§ 16 Abs. 1 S. 1 Nr. 2 EStG). Der Kommanditist ist **Mitunternehmer**, wenn er entsprechend dem Regelstatut des Kommanditisten[81] über **Mitunternehmerinitiative** oder **Mitunternehmerrisiko** verfügt.[82] Mitunternehmerinitiative meint Teilhabe an unternehmerischen Entscheidungen, wie sie den Gesellschaftern obliegen (gesellschaftsrechtliche Verwaltungsrechte).[83] Dafür ist der gesetzliche Umfang der dem Kommanditisten zustehenden Rechte ausreichend, weil § 15 Abs. 1 S. 1 Nr. 2 S. 1 EStG die Gesellschafter einer KG in Bezug nimmt. Hat der Kommanditist das den §§ 164 und 166 HGB entsprechende Stimm-, Widerspruchs- und Kontrollrecht, so besteht Mitunternehmerinitiative.[84] Mitunternehmerrisiko bedeutet Teilhabe am Erfolg oder Misserfolg des Betriebs (gesellschaftsrechtliche Vermögensrechte und -pflichten).[85] Die für das Mitunternehmerrisiko des Kommanditisten erforderliche Teilhabe an den Wertveränderungen des Gesellschaftsvermögens ist insbesondere dann gewährleistet, wenn er entsprechend der gesetzlichen Regelung in §§ 161 Abs. 2, 155 HGB im Falle der Auflösung der KG an den stillen Reserven und dem Geschäftswert teilhat.[86]

Danach ist das Ausscheiden für die GmbH & Co. KG **nicht ertragsteuerneutral**. Mithin ist der Vorgang ertragsteuerlich als Einzelrechtsnachfolge und nicht als Gesamtrechtsnachfolge zu qualifizieren.[87] Es ist – anders als im Zivil- und Gesellschaftsrecht – nicht auf den dinglichen Vollzugsakt, also die Gesamtrechtsnachfolge in das Vermögen der vollbeendeten GmbH & Co. KG abzustellen. Vielmehr steht ertragsteuerlich stets die Anteilsveräußerung bei einer fortbestehenden Gesellschaft Modell. Entscheidend ist, was sich im Verhältnis zwischen den betreffenden Gesellschaftern abspielt. Nun mag auf den ersten Blick § 6 Abs. 3 S. 1 EStG einschlägig erscheinen: der ausscheidende Gesellschafter (Kommanditist) überträgt einen Mitunternehmeranteil unentgeltlich. Folge wäre, dass die GmbH die Buchwerte fortführt. Richtigerweise meint die „unentgeltliche Übertragung" in § 6 Abs. 3 S. 1 EStG nicht derartige Sachverhalte. Sie sind durch das Gesellschaftsverhältnis veranlasst. Die ausscheidenden Kommanditisten lassen sich nur deshalb keine Abfindung gewähren, weil sie an der Komplementär-GmbH beteiligt sind und damit wirtschaftlich mittelbar weiter an Vermögen der beendeten GmbH & Co. KG teilhaben.[88] Die planmäßige Vollbeendigung der GmbH & Co. KG unter Anwachsung ihres Vermögens auf die GmbH folgt nicht privaten Motiven einer Vermögensnachfolge, sondern dem nach den gesellschaftsvertraglichen oder gesetzlichen Regeln beschlossenen Ziel, die GmbH & Co. KG in eine GmbH umzuwandeln.[89] Richtigerweise liegt also mit der ganz überwiegenden Ansicht aus der Sicht der GmbH eine verdeckte Einlage der Kommanditisten in das Vermögen der Komplementär-GmbH vor.[90] 23

[81] BFH v. 7. 11. 2000 – VIII R 16/97 – BFHE 193, 542, 545; v. 25. 6. 1984 – GrS 4/82 – BStBl. II 1984, 751, 769.

[82] Zu den Voraussetzungen der Mitunternehmerschaft BFH v. 25. 6. 1984 – GrS 4/82 – BStBl. II 1984, 751, 768 f; v. 28. 1. 1986 – VIII R 335/82 – BStBl. II 1986, 599, 600; v. 5. 6. 1986 – IV R 272/84 – BStBl. II 1986, 802; v. 14. 8. 1986 – IV R 131/84 – BStBl. II 1987, 60, 61; v. 6. 12. 1988 – VIII R 362/83 – BStBl. II 1989, 705; v. 13. 7. 1993 – VIII R 50/92 – BStBl. II 1994, 282, 284 f.; v. 21. 9. 1995 – IV R 65/94 – BStBl. II 1996, 66, 67; v. 1. 8. 1996 – VIII R 12/94 – BStBl. II 1997, 272, 274; BFH v. 16. 12. 1997 – VIII R 32/90 – BStBl. II 1998, 480, 482.

[83] BFH v. 14. 8. 1986 – IV R 131/84 – BStBl. 1987 II, 60, 61; v. 13. 7. 1993 – VIII R 50/92 – BStBl. 1994 II, 282, 285; VIII R 12/94 – BStBl. 1997 II, 272, 275.

[84] BFH v. 13. 7. 1993 – VIII R 50/92 – BStBl. II 1994, 282, 285. A. A. *Knobbe-Keuk*, Bilanz- und Unternehmenssteuerrecht, § 9 II 3.a.

[85] BFH v. 14. 8. 1986 – IV R 131/84 – BStBl. II 1987, 60/61; v. 13. 7. 1993 – VIII R 50/92 – BStBl. II 1994, 282/284; v. 16. 12. 1997 – VIII R 32/90 – BStBl. II 1998, 480/484.

[86] BFH v. 22. 1. 1981 – IV B 41/80 – BStBl. II 1981, 424, 426; v. 12. 11. 1985 – VIII, R 364/83 – BStBl. II 1986, 311, 314; v. 18. 2. 1993 – IV R 132/91 – BFH/NV 1993, 647, 648; v. 16. 12. 2003 – VIII R 6/93 – DStRE 2004, 933, 935.

[87] *Binz/Sorg* § 28 Rdnr. 43.

[88] Vgl. L. Schmidt/*Kulosa* EStG § 6 Rdnr. 665; *Rödder/Schumacher* DStR 2001, 1634, 1635 f.

[89] *Binz/Sorg* § 28 Rdnr. 44.

[90] *Binz/Sorg* § 28 Rdnr. 44; vgl. BFH v. 14. 1. 1993 – IV R 121/91 – BFH/NV 1993, 525 = LNR 1993, 18 472 = DB (Beilage) 1994, 15 (Kurzinformation) = GmbHR 1993, 837 (amtl. Leitsatz) (verschleierte Sachgründung); BMF v. 3. 3. 2005 – IV B 2 – S 2241 – 14/05 – BStBl. II 2005, 458 = DStR 2005, 475 Rdnr. 2; Blümich/*Ehmcke* § 6 Rdnr. 1390. A. A. L. Schmidt/*Kulosa* EStG § 6 Rdnr. 745; *Tiedtke/Wälzholz*, DB 1999, 2026.

24 Es liegt aus der Sicht der Kommanditisten die Veräußerung des gesamten Anteils eines Gesellschafters, der als Unternehmer (Mitunternehmer) des Betriebs anzusehen ist, vor (§ 16 Abs. 1 S. 1 Nr. 2 EStG).[91] Der hieraus erzielten Veräußerungsgewinne gehören zu den Einkünften der GmbH & Co. KG aus Gewerbebetrieb. Die GmbH & Co. KG ist zwar Einkünfteerzielungs- und Einkünfteermittlungssubjekt.[92] Die von ihr erzielten Einkünfte werden jedoch für Zwecke der Einkommensteuer unmittelbar den Mitunternehmern zugerechnet und sind von diesen zu versteuern (§ 15 Abs. 1 S. 1 Nr. 2 S. 1 EStG). Die GmbH & Co. KG ist einkommensteuerlich transparent (Transparenzprinzip). Veräußerungsgewinn (§ 16 Abs. 1 S. 1 Nr. 2 EStG) ist der Betrag, um den der Veräußerungspreis nach Abzug der Veräußerungskosten den Wert des Anteils am Betriebsvermögen übersteigt (§ 16 Abs. 2 S. 1 EStG). Als Wert des Anteils sind die anteiligen Buchwerte anzusetzen (§ 16 Abs. 2 S. 2 EStG). Es kommt also zur Aufdeckung und Versteuerung der anteiligen stillen Reserven. Der Veräußerungsgewinn unterliegt nach der **Fünftelregelung** (**§ 34 Abs. 2 Nr. 1 EStG**) einer abgemilderten Steuerprogression: er wird so besteuert, als wäre er nicht in einem, sondern in fünf Jahren angefallen. Er ist außerdem unter den Voraussetzungen des **§ 16 Abs. 4 EStG** für natürliche Personen als Kommanditisten steuerlich privilegiert: hat der ausscheidende Gesellschafter das 55. Lebensjahr vollendet oder ist er im sozialversicherungsrechtlichen Sinne dauernd berufsunfähig, so wird der Veräußerungsgewinn auf Antrag zur Einkommensteuer nur herangezogen, soweit er € 45.000 übersteigt. Dieser **Freibetrag** wird nur einmal im Leben gewährt. Er ermäßigt sich um den Betrag, um den der Veräußerungsgewinn € 136.000 übersteigt. Weitere ungeschriebene Voraussetzung für die Begünstigung nach der Fünftelregelung (§ 34 Abs. 2 Nr. 1 EStG) und dem Freibetrag nach § 16 Abs. 4 EStG ist nach der BFH-Rechtsprechung[93] und der Finanzverwaltung,[94] dass der Veräußerer in einem Zug mit der Anteilsveräußerung auch diejenigen zu seinem (Sonder-)Betriebsvermögen gehörenden Wirtschaftsgüter veräußert, in denen erhebliche stille Reserven gebunden sind. Dies wird mit dem Gesetzeszweck der §§ 16, 34 EStG begründet, eine „zusammengeballte" Realisierung der über die Zeit entstandenen, gesammelten stillen Reserven nicht dem ungemilderten Einkommensteuertarif zu unterwerfen.[95]

25 Demgegenüber unterliegt der Veräußerungsgewinn nicht der **Gewerbesteuer**, soweit er auf natürliche Personen als Kommanditisten entfällt (vgl. § 7 S. 2 GewStG).

26 **Aus Sicht der Komplementär-GmbH** liegt eine **verdeckte Einlage** vor. Nach ständiger Rechtsprechung des BFH liegt eine verdeckte Einlage vor, wenn ein Gesellschafter oder eine ihm nahestehende Person der Kapitalgesellschaft, ohne dass der Gesellschafter hierfür neue Gesellschaftsanteile erhält, einen einlagefähigen Vermögensvorteil zuwendet und diese Zuwendung ihre Ursache im Gesellschaftsverhältnis hat. Letztere Voraussetzung ist gegeben, wenn ein Nichtgesellschafter der Gesellschaft den Vermögensvorteil bei Anwendung der Sorgfalt eines ordentlichen Kaufmanns nicht eingeräumt hätte.[96] Die Komplementär-GmbH hat die angewachsenen Wirtschaftsgüter nach wohl überwiegender Auffassung nach § 6 Abs. 6 S. 2 EStG zum **Teilwert** anzusetzen.[97] Allerdings ist die Anwendung des § 6 Abs. 6 S. 2 EStG auf die Einlage von Mitunternehmeranteilen umstritten. Gegen eine Anwendung des § 6 Abs. 6 S. 2 EStG spricht immerhin, dass die Vorschrift nach ihrem Wortlaut verlangt, dass „ein einzelnes Wirtschaftsgut [...] übertragen" wird (§ 6 Abs. 6 S. 1 EStG). Nach seiner systematischen Stellung unterscheidet das Gesetz an dieser Stelle genau zwischen der Übertragung einzelner Wirtschaftsgüter einerseits (§ 6 Abs. 4, 5, 6 EStG) und der Übertragung eines Betriebs, Teilbetriebs oder Anteils eines Mitunternehmers an einem Betrieb anderer-

[91] BFH v. 10. 3. 1998 – VIII R 76/96 – DStR 1998, 1253; BFH v. 18. 12. 1990 – VIII R 17/85 – BStBl. II 1991, 512 = DStR 1991, 509.

[92] BFH v. 25. 6. 1984 – GrS 4/82 – BStBl. II 1984, 751; v. 3. 7. 1995 – GrS 1/93 – BStBl. II 1995, 617, 621 m. w. N.

[93] BFH v. 2. 10. 1997 – IV R 84/96 – BStBl. II 1998, 104 = DStR 1998, 76.

[94] BMF v. 16. 8. 2000 – IV C 2 – S 1909 – 23/00 – BStBl. I 2000, 1253.

[95] BFH v. 2. 10. 1997 – IV R 84/96 – BStBl. II 1998, 104 = DStR 1998, 76; BMF v. 16. 8. 2000 – IV C 2 – S 1909 – 23/00 – BStBl. I 2000, 1253.

[96] BFH v. 20. 7. 2005 – X R 22/02 – BStBl. II 2006, 457 = DStR 2005, 1723 m. w. N.; v. 11. 2. 2009 – X R 56/06 – BFH/NV 2009, 1411 = BeckRS 2009, 25 015 180.

[97] BFH v. 11. 2. 2009 – X R 56/06 – BFH/NV 2009, 1411 = BeckRS 2009, 25 015 180; *Binz/Sorg* § 28 Rdnr. 44.

seits (§ 6 Abs. 3 EStG).[98] Der BFH hat jedoch in einem Urteil vom 11. 2. 2009 entschieden, dass die ohne vertragliche Gegenleistung erfolgende Übertragung eines verpachteten Gewerbebetriebes auf eine GmbH durch ihren Gesellschafter eine verdeckte Einlage darstellt.[99] Sie erfolgt nach Auffassung des BFH nicht ertragsteuerneutral unter Fortführung der Buchwerte. Vielmehr geht der verdeckten Einlage nach Auffassung des BFH zwingend die Aufgabe des Mitunternehmeranteils voraus.[100] Teilwert ist nach § 6 Abs. 1 Nr. 1 S. 3 EStG der Betrag, den ein (fiktiver) Erwerber des ganzen Betriebs im Rahmen des Gesamtkaufpreises für das einzelne Wirtschaftsgut ansetzen würde, unterstellt, dass der Erwerber den Betrieb fortführt. Hat die GmbH & Co. KG ein Wirtschaftsgut innerhalb der letzten drei Jahre vor dem Zeitpunkt der Zuführung angeschafft oder hergestellt, ist dieses jedoch höchstens mit den Anschaffungs- oder Herstellungskosten anzusetzen (§ 6 Abs. 6 S. 3 EStG i.V.m. § 6 Abs. 1 Nr. 5 S. 1 Buchst. a EStG).

Nach h.M. ist auf das einfache Anwendungsmodell § 20 UmwStG weder unmittelbar 27
noch analog anwendbar.[101] Eine **steuerneutrale Buchwertfortführung** aufgrund des Wahlrechts nach § 20 Abs. 2 S. 2 UmwStG (unmittelbar oder analog) ist hier daher **ausgeschlossen.** Sie würde nach § 20 Abs. 1 UmwStG nicht nur voraussetzen, dass ein Mitunternehmeranteil in eine Kapitalgesellschaft eingebracht wird. Vielmehr ist zusätzlich erforderlich, dass der Einbringende dafür neue Anteile an der Gesellschaft (Sacheinlage) erhält. Dies ist jedoch beim einfachen Anwendungsmodell gerade nicht der Fall. Teile der Literatur fordern zwar schon seit langem eine analoge Anwendung des § 20 Abs. 2 UmwStG auf das einfache Anwachsungsmodell.[102] Sie tragen vor, dass eine Erfassung der stillen Reserven des Vermögens der vormaligen GmbH & Co. KG weiterhin gewährleistet sei.[103] Die Gestaltungspraxis hat sich angesichts der verfestigten höchstrichterlichen Rechtsprechung und Finanzverwaltung jedoch darauf einzustellen, dass eine steuerneutrale Buchwertfortführung beim einfachen Anwachsungsmodell ausgeschlossen ist.

Hatte die durch Anwachsung voll beendete GmbH & Co. KG einen **gewerbesteuerlichen** 28
Verlustvortrag (§ 10a GewStG), kann die GmbH diesen nur insoweit verwerten, als dieser im jeweiligen Verlustentstehungsjahr nach dem dann geltenden Gewinnverteilungsschlüssel auf sie entfallen ist.[104] Dieses Erfordernis der Unternehmeridentität besagt, dass der Gewerbetreibende, der den Verlustabzug in Anspruch nehmen will, den Gewerbeverlust zuvor in eigener Person erlitten haben muss.[105] Bei Personengesellschaften sind Träger des Rechts auf den Verlustabzug die einzelnen Mitunternehmer.[106] Ist die Komplementär-GmbH – wie typischerweise vereinbart – vermögensmäßig an der GmbH & Co. KG nicht beteiligt ist, geht der gewerbesteuerlichen Verlustvortrag der GmbH & Co. KG infolge der Anwachsung vollständig unter.[107] Eine Kürzung des maßgebenden Gewerbeertrags der GmbH (§ 10 GewStG) um Fehlbeträge der GmbH & Co. KG aus vergangenen Erhebungszeiträumen nach § 10a S. 1 GewStG kommt dann nicht in Betracht. Mit der Anwachsung ist die erforderliche Unternehmeridentität weggefallen.[108]

[98] Hierauf weist L. Schmidt/*Kulosa* EStG § 6 Rdnr. 745, zu Recht hin.

[99] BFH v. 11. 2. 2009 – X R 56/06 – BFH/NV 2009, 1411 = BeckRS 2009, 25 015 180.

[100] BFH v. 20. 7. 2005 – X R 22/02 – BStBl. II 2006, 457 = DStR 2005, 1723; v. 11. 2. 2009 – X R 56/06 – BFH/NV 2009, 1411 = BeckRS 2009, 25 015 180. M.E. ist von einer Anteilsveräußerung und nicht -aufgabe auszugehen. Die steuerlichen Folgen unterscheiden sich jedoch nicht.

[101] BFH v. 20. 7. 2005 – X R 22/02 – BStBl. II 2006, 457 = DStR 2005, 1723; v. 18. 12. 1990 – VIII R 17/85 – BStBl. II 1991, 512 = DStR 1991, 509; v. 14. 1. 1993 – IV R 121/91 – BFH/NV 1993, 525 = LNR 1993, 18 472 = DB (Beilage) 1994, 15 (Kurzinformation) = GmbHR 1993, 837 (amtl. Leitsatz) (verschleierte Sachgründung); BMF v. 3. 3. 2005 – IV B 2 – S 2241 – 14/05 – BStBl. II 2005, 458 = DStR 2005, 475 Rdnr. 2; L. Schmidt/*Kulosa* EStG § 6 Rdnr. 745, Schmitt/Hörtnagl/Stratz/*Schmitt* UmwG/UmwStG § 20 UmwStG Rdnr. 194.

[102] *Thiel* Wpg 1966, 41, 43; *Seitel* GmbHR 1978, 65; *Glade* GmbHR 1978, 208; *Krüger* DStZ 1986, 382, 386; *Knobbe-Keuk* Unternehmenssteuerrecht § 22 VII 3 f.; *Binz/Sorg* § 28 Rdnr. 46.

[103] *Thiel* Wpg 1966, 41, 43; *Seitel* GmbHR 1978, 65; *Glade* GmbHR 1978, 208; *Krüger* DStZ 1986, 382, 386; *Knobbe-Keuk* Unternehmenssteuerrecht § 22 VII 3 f.; *Binz/Sorg* § 28 Rdnr. 46.

[104] BFH v. 2. 3. 1983 – I R 85/79 – BStBl. II 1983, 427 = BFHE 138, 94; *Binz/Sorg* § 28 Rdnr. 47.

[105] BFH v. 3. 5. 1993 – GrS 3/92 – BStBl. II 1993, 616 = DStR 1993, 1139; Tz. 68 Abs. 1 S. 1 GewStR.

[106] BFH v. 3. 5. 1993 – GrS 3/92 – BStBl. II 1993, 616 = DStR 1993, 1139; Tz. 68 Abs. 3 S. 1 GewStR.

[107] *Binz/Sorg* § 28 Rdnr. 47.

[108] BFH v. 14. 12. 1989 – IV R 117/88 – BStBl. II 1990, 436; Tz. 68 Abs. 3 S. 7 Nr. 4 GewStR.

29 Die Anwachsung des Vermögens der verwendeten GmbH & Co. KG bei der Komplementär-GmbH löst keine **Erbschaftsteuer** aus.[109] Es fehlt im Verhältnis zwischen den Kommanditisten und der Komplementär-GmbH an der für eine schenkungsteuerbare freigebige Zuwendung (§ 7 Abs. 1 S. 1 Nr. 1 ErbStG) erforderlichen Freigebigkeit, wenn der Leistende einen Gemeinschaftszweck verfolgt.[110] Der BFH musste dieses Merkmal bis zum Ergehen zweier Urteile v. 15. 3. 2007[111] und v. 17. 10. 2007[112] nicht konkretisieren, weil es bis dahin nicht um Leistungen im Verhältnis Gesellschafter-Gesellschaft ging, sondern um ein zinsloses Darlehen der Mutter an den Sohn,[113] die Übertragung von KG-Anteilen an den Sohn[114] bzw. eine Grundstücksübertragung an die Ehefrau zum Ausgleich ihres bislang rechnerisch angewachsenen Zugewinns in intakter Ehe bei Fortbestand des gesetzlichen Güterstandes (sog. fliegender Zugewinnausgleich).[115] Aus den Ausführungen des BFH in seinem Urteil vom 15. 3. 2007[116] kann der nach wie vor gültige Schluss gezogen werden, dass „ordentliche" quotale Leistungen eines Gesellschafters an die Gesellschaft im Verhältnis Gesellschafter-Gesellschaft nicht den Schenkungsteuertatbestand der freigebigen Zuwendung (§ 7 Abs. 1 S. 1 Nr. 1 ErbStG) erfüllen.[117] Derartige Leistungen erfolgen *societatis causa*.[118] In einem Urteil v. 17. 10. 2007 konkretisiert der BFH den eine steuerbare Schenkung i. S. d. § 7 Abs. 1 S. 1 Nr. 1 ErbStG ausschließenden „Gemeinschaftszweck" als Gesellschaftszweck.[119] Leistungen der Gesellschafter an die Kapitalgesellschaft dienen dem Gesellschaftszweck (*societatis causa*). Sie sind daher für den BFH nicht nach § 7 Abs. 1 S. 1 Nr. 1 ErbStG steuerbar.[120] Dabei komme es nicht darauf an, „ob der Vermögensübertragung auf die Kapitalgesellschaft eine entsprechende Erhöhung des Werts des Gesellschaftsanteils des übertragenden Gesellschafter gegenübersteht".[121] Der Sache nach bedeutet dies, dass der BFH die Leistung des Gesellschafters im Verhältnis Gesellschafter-Kapitalgesellschaft nicht der ErbSt unterwirft, und zwar auch dann nicht, wenn sie disquotal erfolgt.[122] Dies gilt auch dann, wenn der disquotal leistende Gesellschafter sich durch Gesellschafterabrede (Nachteil: Geltung nur unter den Beteiligten) oder als Satzungsbestandteil versprechen lässt, dass ihm allein (und nicht den anderen Gesellschaftern) der Betrag seiner disquotalen Einlage später zurück fließt.[123]

30 Leistungen des Gesellschafters an die Kapitalgesellschaft sind nach der Rechtsprechung des BFH grundsätzlich auch **keine freigebige Zuwendung** (§ 7 Abs. 1 S. 1 Nr. 1 ErbStG) im Verhältnis zu den (anderen) Gesellschaftern der Komplementär-GmbH.[124] Diese Aussage

[109] *Binz/Sorg* § 28 Rdnr. 48.

[110] BFH v. 12. 7. 1979 – II R 26/78 – BStBl. 1979 II, 631 unter 1.a; v. 1. 7. 1992 – II R 70/88 – BStBl. 1992 II, 921 unter II.2.; v. 24. 8. 2005 – II R 28/02 – DStR 2006, 252 = MittBayNot 2006, 455.

[111] BFH v. 15. 3. 2007 – II R 5/04 – BStBl. 2007 II, 472; vgl. auch BFH v. 6. 6. 2007 – II R 17/06 – BStBl. 2008 II, 46 = ZEV 2007, 1533.

[112] BFH v. 17. 10. 2007 – II R 63/05 – BStBl. 2008 II, 381.

[113] BFH v. 12. 7. 1979 – II R 26/78 – BStBl. 1979 II, 631.

[114] BFH v. 1. 7. 1992 – II R 70/88 – BStBl. 1992 II, 921.

[115] BFH v. 24. 8. 2005 – II R 28/02 – DStR 2006, 252 = MittBayNot 2006, 455.

[116] BFH v. 15. 3. 2007 – II R 5/04 – BStBl. 2007 II, 472 unter II.6.

[117] Troll/Gebel/Jülicher/*Troll* ErbStG § 7 Rdnr. 183.

[118] Vgl. BFH v. 15. 3. 2007 – II R 5/04 – BStBl. 2007 II, 472 unter II.6.; vgl. auch BFH v. 6. 6. 2007 – II R 17/06 – BStBl. 2008 II, 46 = ZEV 2007, 1533.

[119] BFH v. 17. 10. 2007 – II R 63/05 – BStBl. 2008 II, 381 unter II.1.a. Ebenso schon Abschn. 18 Abs. 2 ErbStR.

[120] BFH v. 17. 10. 2007 – II R 63/05 – BStBl. 2008 II, 381 unter II.1.a.

[121] BFH v. 17. 10. 2007 – II R 63/05 – BStBl. 2008 II, 381 unter II.1.a.

[122] *Crezelius* ZEV 2008, 154; *Hübner* DStR 2008, 147, 148.

[123] Dies ist zulässig; vgl. *Priester*, GS Knobbe-Keuk (1997), S. 293, insb. 301 f.; *Crezelius* ZEV 2008, 154.

[124] BFH v. 25. 10. 1995 – II R 67/93 – BStBl. 1996 II, 160 = DStR 1996, 379 m. Anm. *Albrecht*; v. 17. 4. 1996 – II R 16/93 – BStBl. 1996 II, 454; zust. Troll/Gebel/Jülicher/*Troll* ErbStG § 7 Rdnr. 187. Für die „Schenkung" eines Grundstücks durch die Mutter an eine zwischen ihren Söhnen bestehende GbR hat BFH v. 14. 9. 1994 – II R 95/82 – BStBl. 1995, 81 = DNotZ 1995, 300 m. Anm. *Schuck* = DStR 1995, 94 entschieden, dass eine Schenkung der (nicht an der GbR beteiligten) Mutter an die Söhne (und nicht die GbR) vorliege. Der BFH stellt dabei maßgeblich darauf ab, dass nach seinerzeit überwiegender Zivilrechtsdogmatik das Gesellschaftsvermögen den Gesellschaftern als Gesamthändern zustand. Anders BFH v. 17. 4. 1996 – II R 16/93 – BStBl. 1996 II, 454 für ein Grundstücksvermächtnis des Vaters zugunsten einer GmbH, an der nach seinem Tode nur sein Sohn bzw. eine von diesem gehaltene Mutter-GmbH beteiligt war: Schenkungsempfänger ist die (Tochter-) GmbH.

kann im einfachen Anwachsungsmodell von Bedeutung sein, wenn die Beteiligungsverhältnisse an der Komplementär-GmbH ausnahmsweise von den Beteiligungsverhältnissen an der durch Anwachsung voll beendeten GmbH & Co. KG abweichen. Entsprechend hat der BFH für ein zinsloses Darlehen mit zehnjähriger Laufzeit entschieden, das ein Gesellschafter der zu 25% in seinem Eigentum stehenden GmbH gewährte.[125] Der in der Unverzinslichkeit liegende Nutzungsvorteil kommt unmittelbar allein der GmbH zugute. Für den mit 75% beteiligten Sohn des Darlehensgebers erhöht sich zwar der Wert seines Anteils, doch ist dies lediglich Reflex und Folge seiner Gesellschafterstellung, nicht dagegen Ergebnis einer schenkungsteuerbaren freigebigen Zuwendung (§ 7 Abs. 1 S. 1 Nr. 1 ErbStG) im Verhältnis Vater-Sohn.[126]

b) **Umsatzsteuer.** Hat die durch Anwachsung voll beendete GmbH & Co. KG ein Unternehmen geführt, so löst der Übergang dieses Unternehmens auf die Komplementär-GmbH im Wege der einfachen Anwachsung keine Umsatzsteuer aus. Dies wird teilweise damit begründet, dass kein Leistungsaustausch stattfindet, da der Vermögensübergang kraft Gesetzes stattfinde.[127] Dieser Auffassung ist im Ergebnis zuzustimmen. Zwar erfolgt die Anwachsung kraft eines Rechtsgeschäfts (Ausscheiden der Kommanditisten und Übernahmevereinbarung), so dass an einem Vermögensübergang kraft Gesetzes gezweifelt werden kann. Entscheidend ist jedoch, dass eine Geschäftsveräußerung im ganzen nach § 1 Abs. 1a UStG nicht der Umsatzsteuer unterliegt. Daher wird der Berichtigungszeitraums für eine Vorsteuerberichtigung nach § 15a UStG nicht unterbrochen (§ 15 Abs. 10 S. 1 UStG).[128] 31

c) **Grunderwerbsteuer.** Gehört zu dem Vermögen der durch Anwachsung voll beendeten GmbH & Co. KG inländischer Grundbesitz, unterliegt der Vorgang der Grunderwerbsteuer (§ 1 Abs. 3 Nr. 1 GrEStG).[129] Die Grunderwerbsteuer wird nur in Höhe des Anteils nicht erhoben, zu dem die Komplementär-GmbH bereits vor der Anwachsung am Vermögen der Gesamthand beteiligt war (§ 6 Abs. 2 S. 1 GrEStG). Regelmäßig ist die Komplementär-GmbH vermögensmäßig nicht an der GmbH & Co. KG beteiligt, so dass der Grunderwerb in vollem Umfange der Grunderwerbsteuer unterliegt. Die Immobilien sind mit den Grundbesitzwerten nach § 138 Abs. 2–4 BewG anzusetzen (§ 8 Abs. 2 S. 1 Nr. 2 GrEStG). 32

d) **Arbeitsrecht.** Bestanden bei der GmbH & Co. KG Arbeitsverhältnisse, geht die Rechtsposition der GmbH & Co. KG infolge der Anwachsung ihres Vermögens im Wege der Gesamtrechtsnachfolge auf die Komplementär-GmbH schon nach § 738 Abs. 1 S. 1 BGB über. Dies hat auch das BAG in einem Urteil vom 20. 2. 2008 anerkannt.[130] Das BAG hat es in dieser Entscheidung ausdrücklich offen gelassen, ob die Anwachsung daneben einen **Betriebsübergang nach § 613a BGB** darstellt.[131] Es hat weiter zu Recht ausgeführt, dass der Übergang der Arbeitsverhältnisse auf die Komplementär-GmbH wegen der Gesamtrechtsnachfolge nicht von der Anwendbarkeit des § 613a Abs. 1 BGB abhängt.[132] Weiter hat das BAG ausgeführt, dass ein Widerspruchsrecht der Arbeitnehmer nach § 613a Abs. 6 BGB bei der Anwachsung nicht besteht.[133] Ein Widerspruch würde nämlich dazu führen, dass das Arbeitsverhältnis des widersprechenden Arbeitnehmers beendet wird, weil sein bisheriger Arbeitgeber aufgehört hatte zu bestehen.[134] Das in § 613a Abs. 6 BGB geregelte Widerspruchsrecht der Arbeitnehmer gegen den Betriebsübergang soll gewährleisten, dass deren Arbeitsverhältnis mit dem bisherigen Arbeitgeber fortbesteht.[135] Ist der bisherige Arbeitge- 33

125 BFH v. 25. 10. 1995 – II R 67/93 – BStBl. 1996 II, 160 = DStR 1996, 379 m. Anm. *Albrecht.*
126 BFH v. 25. 10. 1995 – II R 67/93 – BStBl. 1996 II, 160; *Albrecht* DStR 1996, 380.
127 Bunjes/Geist/*Zeuner* UStG § 1 Rdnr. 52; *Binz/Sorg* § 28 Rdnr. 50.
128 *Binz/Sorg* § 28 Rdnr. 50.
129 BFH v. 13. 9. 1995 – II R 80/92 – BStBl. II 1995, 903.
130 BAG v. 21. 2. 2008 – 8 AZR 157/07 – NZA 2008, 815.
131 BAG v. 21. 2. 2008 – 8 AZR 157/07 – NZA 2008, 815 Tz. 14. Dafür *Seibt*, FS Röhricht, 603, 628 ff.; *Trittin* AiB 2001, 6, 8; *Däubler* AiB 2003, 385, 388; beiläufig Gutachten DNotZ-Report 2011, 81, 82. Dagegen *Krüger* DStZ 1986, 382, 384.
132 BAG v. 21. 2. 2008 – 8 AZR 157/07 – NZA 2008, 815 Tz. 14.
133 BAG v. 21. 2. 2008 – 8 AZR 157/07 – NZA 2008, 815 Tz. 18.
134 BAG v. 21. 2. 2008 – 8 AZR 157/07 – NZA 2008, 815 Tz. 18 ff.
135 BAG v. 21. 2. 2008 – 8 AZR 157/07 – NZA 2008, 815 Tz. 24.

ber jedoch infolge der Anwachsung erloschenen, macht ein Widerspruchsrecht keinen Sinn mehr.

2. Erweitertes Anwachsungsmodell

34 Wie geschildert, hat das einfache Anwachsungsmodell die häufig nicht gewünschte Folge, dass die ausscheidenden Kommanditisten die anteiligen stillen Reserven aufdecken müssen. Das sog. erweiterte Anwachsungsmodell[136] vermeidet nach überwiegender Auffassung diese Gewinnrealisierung.[137] Seit Inkrafttreten des SEStEG zum 12. 12. 2006[138] sind zwar Stimmen in der Literatur laut geworden, die eine **Buchwertfortführung** in Zweifel ziehen.[139] Dies beruht auf der durch das SEStEG eingefügten etwas missglückten abschließenden Aufzählung des Anwendungsbereichs der §§ 20–25 UmwStG in § 1 Abs. 3 UmwStG. Dort ist neben bestimmten Umwandlungsvorgängen nach dem UmwG nur „die Einbringung von Betriebsvermögen durch Einzelrechtsnachfolge in eine Kapitalgesellschaft, eine Genossenschaft oder Personengesellschaft" genannt, nicht jedoch die Einbringung im Wege der Gesamtrechtsnachfolge außerhalb des UmwG. Nun erfolgt die Anwachsung des Vermögens der GmbH & Co. KG bei der Komplementär-GmbH im Wege der Gesamtrechtsnachfolge. Ihr geht jedoch die Übertragung der KG-Anteile durch alle Kommanditisten voraus. Auch wenn dogmatisch noch nicht geklärt ist, ob die KG-Anteile in der Hand der Komplementär-GmbH untergehen oder für eine juristische Sekunde auf sie übergehen, um dann unter zu gehen,[140] kann es hierauf vorliegend nicht ankommen. Vor Inkrafttreten des SEStEG fiel das sog. erweiterte Anwachsungsmodell unstreitig unter §§ 20ff. UmwStG. Ausweislich der Gesetzesmaterialien bestehen keine Anhaltspunkte, dass der SEStEG-Gesetzgeber hieran etwas ändern wollte.[141] Auch die Finanzverwaltung geht dem Vernehmen nach davon aus, dass das sog. erweiterte Anwachsungsmodell unter §§ 20ff. UmwStG fällt und eine Buchwertfortführung erlaubt.[142]

35 Die Kommanditisten bringen beim sog. erweiterten Anwachsungsmodell ihre Anteile an der GmbH & Co. KG (Mitunternehmeranteile) in die Komplementär-GmbH im Wege der **offenen Sacheinlage** ein (§§ 56a, 7 Abs. 3 GmbHG). Die GmbH erhöht ihr Kapital (§§ 55, 56 GmbHG) und gewährt den Kommanditisten neue Anteile (§ 55 Abs. 2 GmbHG). In der Hand der GmbH vereinigen sich alle Anteile an der KG. Aufgrund einer entsprechenden Regelung im KG-Vertrag oder aufgrund einer ad hoc getroffenen Übernahmevereinbarung übernimmt die GmbH das Vermögen der infolge Ausscheidens aller übrigen Gesellschafter voll beendeten GmbH & Co. KG im Wege der Anwachsung.

36 Zu beachten ist, dass § 20 UmwStG und das damit einhergehende Wahlrecht zur Buchwertfortführung nur beim so genannten **Übertragungsmodell**, das heißt dem klassischen erweiterten Anwachsungsmodell, Anwendung findet. Wie bereits ausgeführt, ist dieses dadurch gekennzeichnet, dass alle Kommanditisten ihre Kommanditanteile im Wege der Einbringung (Sachkapitalerhöhung) an die Komplementär-GmbH abtreten. Hiervon abzugrenzen ist das so genannte **Austrittsmodell.**[143] Dabei treten die Kommanditisten ihre

[136] Dazu *Seibt*, FS Röhricht, S. 603, 609ff.; *Orth* DStR 2009, 192.

[137] *Binz/Sorg* § 28 Rdnr. 53ff.; *Orth*, DStR 2009, 192; Schmitt/Hörtnagl/Stratz/*Schmitt* UmwG/UmwStG § 20 UmwStG Rdnr. 195; Lutter/*Schaumburg/Schumacher* UmwG § 122b Anh. 1 Rdnr. 124; OFD Berlin, DB 2002, 1966; IDW v. 30. 10. 2007 FN-IDW 2007, 642, 650 unter II.9.; *Mitsch* INF 2007, 225, 226; *Ettinger/Schmitz* GmbHR 2008, 1089, 1091f.; *Suchanek/Herbst* Ubg 2008, 669, 670; *Schumacher/Neumann* DStR 2008, 325; *Kowallik/Merklein/Siepers* DStR 2008, 173; Rödder/Herlinghaus/van Lishaut/*Herlinghaus* UmwStG 2008 Rdnr. 39; *Hagemann/Jakob/Ropohl/Viebrock* NWB Sonderheft 1/2007, 34; *Ege/Klett* DStR 2010, 2463, 2467f.

[138] Vgl. § 27 Abs. 1 UmwStG.

[139] *Patt* Der Konzern 2006, 730, 732; Dötsch/Patt/Pung/Mühlenbrock/*Patt* Umwandlungssteuerrecht Rdnr. 6; *Schmid/Dietel* DStR 2008, 529; wohl auch *Winkeljohann/Fuhrmann*, Handbuch Umwandlungssteuerrecht, 2007, 829f.

[140] So Schmitt/Hörtnagl/Stratz/*Schmitt* UmwG/UmwStG § 20 UmwStG Rdnr. 195; *Ege/Klett* DStR 2010, 2463, 2467f.

[141] Ebenso *Orth* DStR 2009, 192, 193f.; *Herlinghaus* FR 2007, 286, 289f.; *Ege/Klett* DStR 2010, 2463, 2467f.

[142] *Orth* DStR 2009, 192, 194; *Ege/Klett* DStR 2010, 2463, 2468.

[143] Vgl. dazu *Schumacher/Neumann* DStR 2008, 325, 331; *Ege/Klett* DStR 2010, 2463, 2468.

Kommanditanteile nicht an die Komplementär-GmbH ab, sondern sie treten aus der GmbH & Co. KG aus.[144] Bei diesem Modell fehlt unstreitig die in § 20 Abs. 1 S. 1 UmwStG geforderte Einbringung eines Mitunternehmeranteils in eine Kapitalgesellschaft.

Die Anwendung des § 20 UmwStG und damit die Buchwertfortführung setzen voraus, dass ein **Betrieb im Ganzen** eingebracht wird. Dies wiederum bedeutet, dass **alle wesentlichen Grundlagen des Betriebes** auf die Kapitalgesellschaft übergehen müssen.[145] Nach bisher h. M. muss hierfür nicht das bürgerlich-rechtliche Eigentum übertragen werden. Es genügt vielmehr, dass der übernehmende Rechtsträger wirtschaftlicher Eigentümer (§ 39 Abs. 2 Nr. 1 AO) wird.[146] Die wesentlichen Betriebsgrundlagen müssen in einem einheitlichen Vorgang auf den übernehmenden Rechtsträger übertragen werden. Erfolgt die Übertragung im Wege der Einzelrechtsnachfolge, müssen die einzelnen Übertragungsakte inhaltlich und zeitlich so miteinander verknüpft sein, dass sie sich noch als einheitlicher Vorgang darstellen. Nicht unbedingt notwendig ist die Übertragung in einer einheitlichen Urkunde oder am selben Tag.[147] Was wesentliche Betriebsgrundlage ist, entscheidet sich nicht nach einer quantitativen Betrachtungsweise. Die zu §§ 16, 34 EStG entwickelten Grundsätze der Rechtsprechung und Finanzverwaltung[148] finden hier keine Anwendung.[149] Entscheidend ist vielmehr ausschließlich eine **funktionale Betrachtungsweise.**[150] Maßgebend ist, ob das betreffende Wirtschaftsgut zur Erreichung des Betriebszwecks erforderlich ist und ihm ein besonderes wirtschaftliches Gewicht für die Betriebsführung zukommt.[151] Wesentliche Betriebsgrundlage können dabei nicht nur Gegenstände des Betriebsvermögens der GmbH & Co. KG sein, sondern auch so genanntes Sonderbetriebsvermögen eines Gesellschafters.[152] Dies betrifft insbesondere Betriebsgrundstücke, die im Eigentum eines Kommanditisten stehen und von der GmbH & Co. KG genutzt werden. Nach der Rechtsprechung des BFH ist ein Betriebsgrundstück wesentliche Betriebsgrundlage, wenn der Betrieb auf das Betriebsgrundstück angewiesen ist, weil er ohne ein Grundstück dieser Art nicht fortgeführt werden könnte.[153] Zum Sonderbetriebsvermögen gehören nach Auffassung der Finanzverwaltung auch die Geschäftsanteile der Kommanditisten an der Komplementär-GmbH. Diese müssten im so genannten erweiterten Anwachsungsmodell mithin eigentlich ebenfalls an die Komplementär-GmbH übertragen werden. Die Finanzverwaltung beanstandet es jedoch nicht, wenn die Kommanditisten diese Anteile nicht in die Komplementär-GmbH einbringen.[154] Der BFH scheint die Anteile an einer am Vermögen der KG nicht beteiligten GmbH sogar nicht (mehr) als wesentliche Betriebsgrundlage aufzufassen.[155] 37

[144] *Schumacher/Neumann* DStR 2008, 325, 331; *Ege/Klett* DStR 2010, 2463, 2468.

[145] BMF BStBl. I 1998, 268, Rdnr. 20.08; Schmitt/Hörtnagl/Stratz/*Schmitt* UmwG/UmwStG § 20 UmwStG Rdnr. 19.

[146] OFD Hannover v. 30. 1. 2007 DB 2007, 888; Rödder/Herlinghaus/van Lishaut/*Herlinghaus* UmwStG 2008 Rdnr. 39; Widmann/Mayer/*Widmann* § 20 UmwStG Rdnr. 236; *Herlinghaus* FR 2007, 286; *Schumacher/Neumann* DStR 2008, 325; *Förster/Wendland* BB 2007, 631; *Schönherr/Lemaitre* GmbHR 2007, 459; Schmitt/Hörtnagl/Stratz/*Schmitt* UmwG/UmwStG § 20 UmwStG Rdnr. 19.

[147] Rödder/Herlinghaus/van Lishaut/*Herlinghaus* UmwStG Rdnr. 42; Dötsch/Patt/Pung/Mühlenbrock/*Patt* Umwandlungssteuerrecht Rdnr. 65; Schmitt/Hörtnagl/Stratz/*Schmitt* UmwG/UmwStG § 20 UmwStG Rdnr. 25.

[148] BFH v. 2. 10. 1997 – IV R 84/96 – BStBl. II 1998, 104 = DStR 1998, 76; BMF v. 16. 8. 2000 – IV C 2 – S 1909 – 23/00 – BStBl. I 2000, 1253.

[149] BMF v. 16. 8. 2000 – IV C 2 – S 1909 – 23/00 – BStBl. I 2000, 1253.

[150] BFH v. 16. 12. 2009 – I R 97/08 – BStBl. II 2010, 808 = DStR 2010, 802; BFH v. 25. 11. 2009 – I R 72/08 – BStBl. II 2010, 471 = DStR 2010, 269; BFH v. 16. 2. 1996 – I R 183/94 – BStBl. II 1996, 342 = DStR 1996, 958; BMF v. 16. 8. 2000 – IV C 2 – S 1909 – 23/00 – BStBl. I 2000, 1253; Schmitt/Hörtnagl/Stratz/*Schmitt* UmwG/UmwStG § 20 UmwStG Rdnr. 20; *Stangl/Grundke* DStR 2010, 1871.

[151] BFH v. 14. 7. 1993 – X R 74–75/90 – BStBl. II 1994, 15 = DStR 1993, 1854; Schmitt/Hörtnagl/Stratz/*Schmitt* UmwG/UmwStG § 20 UmwStG Rdnr. 20.

[152] BFH v. 16. 2. 1996 – I R 183/94 – BStBl. II 1996, 342 = DStR 1996, 958; Rödder/Herlinghaus/van Lishaut/*Herlinghaus* UmwStG Rdnr. 48; Schmitt/Hörtnagl/Stratz/*Schmitt* UmwG/UmwStG § 20 UmwStG Rdnr. 64; a. A. Kirchhof/Söhn/*Reiß* EStG § 16 B 248.

[153] BFH v. 13. 7. 2006 – IV R 25/05 – BStBl. II 2006, 804 = DStR 2006, 1829.

[154] BMF BStBl. I 1998, 268, Rdnr. 20.11.

[155] BFH v. 25. 11. 2009 – I R 72/08 – BStBl. II 2010, 471 = DStR 2010, 269; dazu *Stangl/Grundke* DStR 2010, 1871.

38 Die steuerneutrale Buchwertfortführung setzt voraus, dass der jeweilige Kommanditist einen **Mitunternehmeranteil (offen)** einbringt.[156] In diesem Fall kann die GmbH das eingebrachte Betriebsvermögen zum Buchwert, Zwischenwert oder gemeinen Wert ansetzen. Der angesetzte Wert gilt für den Gesellschafter als Veräußerungspreis und Anschaffungskosten der Beteiligung. Für die Anwendung des § 20 UmwStG genügt es, wenn dem Inferenten ein „Mini"-Anteil gewährt wird.[157] Ein bestehender Eigenkapitalüberhang ist handelsrechtlich in die Kapitalrücklage gem. § 272 Abs. 2 Nr. 4 HGB und steuerlich in das Einlagekonto gem. § 27 KStG einzustellen oder kann als Darlehen dem Gesellschafter gewährt werden nach § 20 Abs. 2 S. 4 UmwStG.

39 Vorteil der Einbringung zum Buchwert ist ihre **Steuerneutralität**: der Einbringende realisiert keinen steuerpflichtigen Veräußerungsgewinn. Wird ein Betrieb mit negativem Eigenkapital eingebracht, ist allerdings nach § 20 Abs. 2 S. 4 UmwStG zwingend eine steuerpflichtige Aufstockung zur Neutralisierung des Negativkapitals vorgeschrieben.[158] Ein weiterer Vorteil der Sachgründung im Wege der Einbringung von Betriebsvermögen i. S. d. § 20 Abs. 1 UmwStG ist die bis zu acht Monate mögliche **Rückbeziehung** (§ 20 Abs. 6 UmwStG). Diesen Vorteilen stehen jedoch auch Nachteile gegenüber. Auf Ebene der Gesellschaft besteht weniger Abschreibungsvolumen hinsichtlich des eingebrachten Vermögens. Veräußert der Gesellschafter seine Anteile innerhalb von sieben Jahren, so wird rückwirkend auf die Einbringung eine steuerpflichtige Veräußerung des eingebrachten Betriebsvermögens nach Maßgabe des § 22 Abs. 1 UmwStG fingiert (Einbringungsgewinn I). Veräußerungsgewinn ist dabei (anders als sonst, vgl. z. B. §§ 17 Abs. 2, 20 Abs. 4, 23 Abs. 3 EStG) nicht der Überschuss des Veräußerungserlöses über Buchwert und Veräußerungskosten, sondern der Überschuss des gemeinen Werts im Einbringungszeitpunkt über den dabei von der Gesellschaft angesetzten Buch- oder Zwischenwert und die Veräußerungskosten; dieser Überschuss unterliegt zudem ab dem Einbringungszeitpunkt einer jährlichen Abschmelzung von 1/7.[159] Gleiches (doppelte rückwirkende Fiktion: Veräußerung (a) des eingebrachten Betriebsvermögens (b) durch den Gesellschafter) gilt nach § 22 Abs. 2 UmwStG, wenn die Gesellschaft das eingebrachte Vermögen innerhalb von sieben Jahren veräußert (Einbringungsgewinn II). Auch hier trifft die Steuerpflicht den Gesellschafter, obwohl er auf die Veräußerung durch die Gesellschaft möglicherweise keinen Einfluss hat. Im Hinblick auf die letztere, durch das SEStEG eingeführte Regelung kann es sich empfehlen, im Einbringungsvertrag vorzusehen, dass die Gesellschaft dem einbringenden Gesellschafter die steuerlichen Nachteile zu erstatten hat, die ihm dadurch entstehen, dass sie das eingebrachte Vermögen innerhalb der Siebenjahresfrist veräußert.[160]

40 Zu beachten ist die Regelung des § 22 Abs. 7 UmwStG zum **Überspringen stiller Reserven.** Erfolgte die Einbringung unter dem Teilwert, so sind die im Einbringungsgegenstand enthaltenen stillen Reserven in das Gesellschaftsvermögen übergegangen. Diese stillen Reserven spiegeln sich im wahren Wert der Anteile aller Gesellschafter wieder. Dieser hat sich nämlich entsprechend anteilig erhöht. Hieraus zieht § 22 Abs. 7 UmwStG die Konsequenz, dass die vorbeschriebene Fiktion (Veräußerung des Einbringungsgegenstandes durch den Inferenten im Einbringungszeitpunkt) auch dann eingreift, wenn ein anderer Gesellschafter seinen Anteil im Siebenjahreszeitraum veräußert.[161] Für sog. **einbringungsgeborene** Anteile, die aus bis zum 12. 12. 2006 abgeschlossenen Einbringungs-

[156] Zu den Voraussetzungen der Mitunternehmerschaft vgl. unten Rdnr. 22.

[157] GmbH-Hdb./*Neumayer* Rdnr. III 283.

[158] GmbH-Hdb./*Neumayer* Rdnr. III 283.

[159] Daneben finden die Veräußerungstatbestände des § 17 Abs. 6 EStG bzw. § 8 b Abs. 2 KStG Anwendung. Um eine (teilweise) Doppelbesteuerung zu verhindern, sind dabei die Anschaffungskosten nicht mit dem niedrigen von der Gesellschaft bei der Einbringung angesetzten Buch- bzw. Zwischenwert anzusetzen, sondern auf den bei der Ermittlung des Einbringungsgewinns I angesetzten Veräußerungswert aufzustocken (nachträgliche Anschaffungskosten, vgl. § 22 Abs. 1 S. 4 UmwStG).

[160] *Pflüger* GestStB 2009, 203, 206.

[161] Widmann/Mayer/*Widmann* § 22 UmwStG Rdnr. 454 ff.; Dötsch/Patt/Pung/Möhlenbrock/*Patt* Umwandlungsrecht § 20 UmwStG Rdnr. 8 ff.

vorgängen[162] stammen, gelten die Vorschriften des § 21 UmwStG a. F. über die Steuerverstrickung zeitlich unbegrenzt weiter (§ 27 Abs. 2 UmwStG).[163]

Die Finanzierung über ggf. **unverzinsliche Gesellschafterdarlehen** kann gegenüber einem **Agio** vorteilhaft sein. Die Tilgung des Darlehens ist zwar wie die Rückzahlung einer Einlage steuerneutral. Jedoch ist die steuerneutrale Rückzahlung einer in das steuerliche Einlagekonto geleisteten Einzahlung – z. B. eines Agio, nicht dagegen eines Gesellschafterdarlehens – nur insoweit möglich, als sie den ausschüttbaren Gewinn übersteigt (§ 27 Abs. 1 S. 3, 4 KStG).[164] Kapitalgesellschaften haben Einlagen, die nicht in das Nennkapital geleistet sind, auf einem besonderen Konto, dem steuerlichen Einlagekonto, auszuweisen (§ 27 Abs. 1 S. 1 KStG) und dieses jährlich um Zu- und Abgänge fortzuschreiben (§ 27 Abs. 1 S. 2 KStG). Eine steuerneutrale Rückgewähr solcher Einlagen, die nicht in das Nennkapital geleistet sind, an den Gesellschafter ist nur in dem Umfang möglich, in dem sie die übrigen Rücklagen übersteigen. Es wird fingiert, dass die Gesellschaft zunächst die steuerlichen Gewinnrücklagen zur Ausschüttung verwendet.[165] 41

Die **Darlehenslösung** kann jedoch von Nachteil sein, wenn die Gesellschaft sie als **Gegenleistung für eine Sacheinlage** i. S. d. §§ 20, 21 UmwStG gewährt.[166] §§ 20, 21 UmwStG regeln die Fälle, in denen ein (Teil-) Betrieb, ein Mitunternehmeranteil (z. B. eine gewerbliche OHG-Beteiligung) oder eine mehrheitsverschaffenden Beteiligung an einer Kapitalgesellschaft in eine Kapitalgesellschaft zum Buchwert eingebracht wird. Hier kann ein von der Gesellschaft im Gegenzug zur Sacheinlage gewährtes Darlehen den häufig erstrebten Buchwertansatz (§§ 20 Abs. 2 S. 2, 21 Abs. 1 S. 2 UmwStG) und damit die Steuerneutralität (Vermeidung einer steuerbaren Aufdeckung stiller Reserven beim einbringenden Gesellschafter) gefährden.[167] Übersteigt der Darlehensnennbetrag nämlich den Buchwert des im Wege der Sacheinlage übertragenen Einbringungsgegenstandes, so ist ein Ansatz des Einbringungsgegenstandes bei der Gesellschaft nur mindestens zum Darlehensnennbetrag zulässig (sog. Zwischenwert, §§ 20 Abs. 2 S. 4, 21 Abs. 1 S. 3 UmwStG). Da dieser Ansatz auch für den einbringenden Gesellschafter verbindlich als Veräußerungspreis für das von ihm eingebrachte Vermögen gilt, führt der Differenzbetrag beim Einbringenden zu einem steuerbaren Einbringungsgewinn (§ 20 Abs. 3 S. 1 UmwStG). Zu beachten ist in diesem Zusammenhang, dass eine verdeckte Gewinnausschüttung (§§ 8 Abs. 3 S. 2 KStG, 20 Abs. 1 Nr. 1 S. 2 EStG) vorliegt, soweit das Darlehen (oder sonstige Zusatzleistungen der Gesellschaft) den gemeinen Wert des Einbringungsgegenstandes übersteigt.[168] 42

Das **Aufgeld (Agio)**, das ein Erwerber neuer Anteile über den Nennbetrag der Einlage hinaus an die Kapitalgesellschaft zu leisten hat und das nach § 272 Abs. 2 Nr. 1 HGB in die Kapitalrücklage einzustellen ist, ist Teil der Gegenleistung, die der neue Gesellschafter für den Erwerb dieser Anteile erbringt.[169] Es ist nur diesen Anteilen als Anschaffungskosten zuzurechnen und nicht (teilweise) etwaigen vom Erwerber bereits gehaltenen Anteilen, und zwar selbst dann, wenn Einlage und Aufgeld den Verkehrswert der neuen Anteile übersteigen („Überpreis").[170] Demgegenüber ist eine freiwillige Zuzahlung in das Gesellschaftsvermögen iSd. § 272 Abs. 2 Nr. 4 HGB nach Auffasung des BFH ertragsteuerlich als unentgeltliche Leistung zu qualifizieren und steht nicht in Zusammenhang mit bestimmten (neuen 43

[162] Maßgeblich ist die konstitutive Anmeldung zum Handelsregister (insbesondere bei Vorgängen nach UmwG wie Verschmelzung, Ab-, Aufspaltung oder Ausgliederung) bzw., falls eine solche nicht erforderlich ist, der Übergang des wirtschaftlichen Eigentums.

[163] Hierzu *Pflüger* GestStB 2009, 203.

[164] GmbH-Hdb./*Neumayer* Rdnr. III 262.

[165] Blümich/*Werning*, § 27 KStG Rdnr. 38.

[166] Hierauf weist Tillmann/Schiffers/Wälzholz/*Schiffers* Die GmbH im Gesellschafts- und Steuerrecht, Rdnr. 237, hin.

[167] Demgegenüber ist die Bildung einer Kapitalrücklage (Agio) keine Gegenleistung und gefährdet nicht die steuerneutrale Einbringung; vgl. Dötsch/Patt/Pung/Möhlenbrock/*Patt* Umwandlungsrecht § 20 UmwStG Rdnr. 219.

[168] Dötsch/Patt/Pung/Möhlenbrock/*Patt* Umwandlungsrecht § 20 UmwStG Rdnr. 219.

[169] BFH v. 27. 5. 2009 – I R 53/08 – DStR 2009, 2661 – Bareinlage; v. 24. 4. 2007 – I R 35/05 – BFHE 218, 97 = BStBl. 2008 II, 253 – Sacheinlage.

[170] BFH v. 27. 5. 2009 – I R 53/08 – DStR 2009, 2661.

und zusätzlich zu bereits gehaltenen erworbenen) Gesellschaftsanteilen, sondern der Beteiligung insgesamt.[171]

44 Gehen infolge einer Kapitalerhöhung **stille Reserven von einbringungsgeborenen Alt-Anteilen** auf die neuen Anteile über, sind die neuen Anteile zu gleicher Quote steuerverhaftet. Dem Inhaber der neuen Anteile steht kein Wahlrecht zu, die Steuerverhaftung in anderer Weise auf diese zu verteilen.[172]

[171] BFH v. 27. 5. 2009 – I R 53/08 – DStR 2009, 2661.

[172] BFH v. 28. 11. 2007 – I R 34/07 – BFHE 220, 58 = BStBl. II 2008, 533 – Wertabspaltungstheorie; BMF v. 28. 4. 2003 – BStBl. I 2003 – 292 Tz. 52; v. 25. 3. 1998 – BStBl. I 1998, 268 Tz. 21.14.

§ 24 Umwandlungen mit Auslandsberührung

Übersicht

	Rdnr.
I. Vorbemerkung	1
II. Einführung	2–10
1. Arten der Umwandlung mit Auslandsberührung	2
2. Ermittlung des anwendbaren Rechts	3–10
III. Grenzüberschreitende Umwandlungen nach deutschem Recht	11–31
1. Grenzüberschreitende Verschmelzungen	12–23
a) Zulässigkeit	15
b) EuroparechtlicheVorgaben für Kapitalgesellschaften	16
c) Erstreckung auf andere Rechtsträger	17
d) Alternativlösungen der Praxis	18–23
2. Grenzüberschreitende Spaltungen	24–26
3. Grenzüberschreitender Formwechsel	27–30
4. Grenzüberschreitende Vermögensübertragung	31
IV. Inländische Umwandlung mit Auslandsberührung	32–34
V. Ausländische Umwandlung mit Inlandsberührung	35/36
VI. Grenzüberschreitende Verschmelzung gemäß §§ 122a ff. UmwG	37–204
1. Regelungsumfang	37–39
2. Hereinverschmelzung	40–174
a) Hereinverschmelzung zur Aufnahme	40–143
b) Hereinverschmelzung durch Neugründung	144–180
3. Hinausverschmelzung	181–210
a) Hinausverschmelzung durch Aufnahme	182–207
b) Hinausverschmelzung durch Neugründung	208–210

Schrifttum: *Binz/Meyer* GmbHR 2003, 252; *Bungert*, Grenzüberschreitendes Umwandlungsrecht, Gesamtrechtsnachfolge für im Ausland belegene Immobilien bei Verschmelzung deutscher Gesellschaften, Festschrift Heldrich, 2005, S. 527; *Bungert/Schneider*, Grenzüberschreitende Verschmelzung unter Beteiligung von Personengesellschaften, Gedenkschrift Gruson, 2009, S. 37; *Dzida*, Die Unterrichtung des „zuständigen" Betriebsrats bei innerstaatlichen und grenzüberschreitenden Verschmelzungen, GmbHR 2009, 459; *Dzida/Schramm*, Arbeitsrechtliche Pflichtangaben bei innerstaatlichen und grenzüberschreitenden Verschmelzungen, NZG 2008, 521; *Gesell/Krömker*, Grenzüberschreitende Verschmelzung nach SEVIC: Praxisbericht über die Verschmelzung einer niederländischen auf eine deutsche Kapitalgesellschaft, DB 2006, 2558; *Herrler*, Gewährleistung des Wegzugs von Gesellschaften durch Art. 43, 48 EG nur in Form der Herausumwandlung, DNotZ 2009, 484; *Inwinkl/Schneider*, Fusionsstrategien, Der Konzern 2007, 705; *J. Tebben/T. Tebben*, Der Weg aus der Limited: Die grenzüberschreitende Verschmelzung auf eine GmbH, DB 2007, 2355; *Jung*, Anwendung der Gründungstheorie auf Gesellschaften schweizerischen Rechts?, NZG 2008, 681; *Kallmeyer*, Der gemeinsame Verschmelzungsplan für grenzüberschreitende Verschmelzungen, AG 2007, 472; *Kallmeyer/Kappes*, Grenzüberschreitende Verschmelzungen und Spaltungen nach SEVIC Systems und der EU-Verschmelzungsrichtlinie, AG 2006, 224; *Kindler* NZG 2009, 130; *Klein*, Grenzüberschreitenden Verschmelzung von Kapitalgesellschaften, RNotZ 2007, 565; *Krüger*, Das auf den Verschmelzungsplan nach § 122c UmwG anwendbare Recht, Gedenkschrift Gruson, 2009, S. 265; *Kussmaul/Richter/Heyd*, Ausgewählte Problemfelder der Hinausverschmelzung von Kapitalgesellschaften aus Deutschland, IStR 2010, 73; *Leible/Hoffmann*, Cartesio – fortgeltende Sitztheorie, grenzüberschreitender Formwechsel und Verbot materiellrechtlicher Wegzugsbeschränkungen, BB 2009, 58; *Lutz*, NotBW 2010, 23; *Pfeiffer/Heilmaier,* Einreichung und Bekanntmachung des Verschmelzungsplans bei grenzüberschreitender Verschmelzung, GmbHR 2009, 1317; *Prüm*, Die grenzüberschreitende Spaltung, 2006; *Racky,* Die Behandlung von im Ausland belegenen Gesellschaftsvermögens bei Verschmelzungen, DB 2003, 923; *Seibt*, Gesamtrechtsnachfolge beim gestalteten Ausscheiden von Gesellschaftern aus Personengesellschaften: Grundfragen des Gesellschafter-, Gläubiger- und Arbeitnehmerschutzes, Festschrift Röhricht, 2005, S. 603; *Spahlinger/Wegen*, Deutsche Gesellschaften in grenzüberschreitenden Umwandlungen nach „SEVIC" und der Verschmelzungsrichtlinie in der Praxis, NZG 2006, 721; *Teichmann*, Binnenmarktmobilität von Gesellschaften nach „SEVIC", ZIP 2006, 355; *Thümmel/Hack*, Die grenzüberschreitende Verschmelzung von Personengesellschaften, Der Konzern 2009, 1; *Veil*, Kollisionsrechtliche und sachrechtliche Lösungen für eine Verschmelzung und eine Spaltung über die Grenze, Der Konzern 2007, 91; *Vetter*, Die Regelung der grenzüberschreitenden Verschmelzung im UmwG, AG 2006, 613; *Werner*, Das deutsche Internationale Gesellschaftsrecht nach „Cartesio" und „Trabrennbahn", GmbHR 2009, 193; *Weyde/Hafemann*, Praxisrelevante gesellschaftsrechtliche und steuerrechtliche Aspekte bei grenzüberschreitenden Verschmelzungen, Festschrift Meilicke, 2010, S. 779; *Winter*, Grenzüberschreitende Verschmelzungen – ein update, GmbHR 2008, 532; Reuter, Gesellschaftsrechtliche Fragen der Unternehmensbewertung mit internationalen Bezügen, AG 2007, 881 ff.

I. Vorbemerkung

1 Umwandlungen mit Auslandberührung zählen nicht zum Kernbereich notarieller Tätigkeit, auch nicht in einem Notariat mit gesellschaftsrechtlichem Schwerpunkt. Sie sind noch ein „Nischenthema". Dennoch ist in der notariellen Praxis, insbesondere seit der Einfügung der §§ 122a ff. in das Umwandlungsgesetzes (UmwG)[1] die ständige Zunahme von Umwandlungsvorgängen mit Auslandsberührung in Form der grenzüberschreitenden Verschmelzung zu beobachten.

Der gesellschaftsrechtliche Praktiker im Notariat scheint demnach gut beraten, sich der Thematik zu nähern. Denn zumindest in der Europäischen Union (EU) und im Europäischen Wirtschaftsraum (EWR)[2] werden grenzüberschreitende Verschmelzungen aufgrund des immer stärker werdenden Zusammenwachsens des europäischen Binnenmarktes künftig mehr und mehr zum notariellen Alltag gehören.

Der Beitrag will versuchen, die Scheu zu nehmen, die sich in der notariellen Praxis häufig bei Sachverhalten mit Auslandsberührung im Gesellschaftsrecht insbesondere bei transnationalen Sachverhalten einstellt.

II. Einführung

1. Arten der Umwandlungen mit Auslandsberührung

2 Unter Umwandlungen mit Auslandsberührung werden hier einmal die Umwandlung verstanden, an denen neben einem Rechtsträger mit Satzungs- oder Verwaltungssitz im Inland mindestens ein Rechtsträger beteiligt ist, dessen (Satzungs- oder Verwaltungs-) Sitz im Ausland liegt (auch **grenzüberschreitende** oder transnationale **Umwandlung** genannt), ferner rein inländische Umwandlungen, die im Ausland belegenes Vermögen des oder der beteiligten inländischen Rechtsträger oder deren ausländische Gesellschafter berühren (inländische **Umwandlung mit Auslandsberührung**) und rein ausländische Umwandlungen, die im Inland belegenes Vermögen des oder der beteiligten ausländischen Rechtsträger oder deren inländische Gesellschafter berühren (**ausländische Umwandlung mit Inlandsberührung**).

Bei diesen Umwandlungen mit Auslandsberührung sind stets mindestens **zwei Rechtsordnungen** zu berücksichtigen, nämlich einmal die inländische Rechtsordnung und die Rechtsordnung des ausländischen Staates, die die Umwandlung zusätzlich tangiert. Es kann daher in diesen Fällen nicht ohne weiteres davon ausgegangen werden, dass allein die inländische Rechtsordnung maßgeblich ist.

2. Ermittlung des anwendbaren Rechts

3 Die Frage, welches Recht in welchem Umfang aus inländischer Sicht auf einen Umwandlungsvorgang mit Berührungen zu einer ausländischen Rechtsordnung anwendbar ist, bestimmt zunächst das Internationale Privatrecht (vgl. § 3 Abs. 1 EGBGB).

Internationales Privatrecht ist deutsches Recht, das der Notar kennen muss. Welches Recht im Ausland auf den Sachverhalt anwendbar ist, muss er hingegen nicht kennen.[3] Selbst wenn der Notar mit der fremden Rechtsordnung vertraut ist, sollte er das fremde Recht nur anwenden, wenn er sicher ist, dass seine diesbezüglichen Kenntnisse dem neuesten Stand entsprechen.

4 Das Internationale Privatrecht ist ein „Bündel" von geschriebenen und/oder ungeschriebenen **„Kollisionsnormen"** (Gegensatz: „Sachnormen"). Diese Kollisionsnormen entschei-

[1] BGBl. I 2007 S. 542.
[2] Zum EWR gehören Norwegen, Lichtenstein und Island, nicht die Schweiz.
[3] Kersten/Bühling/*Langhein* § 158 Rdnr. 2.

den nicht das konkrete Rechtsverhältnis, sondern legen fest, welche bei einem Sachverhalt mit Auslandsberührung in Frage kommende Rechtsordnung die konkrete Sachentscheidung regelt. Das Ergebnis dieser Entscheidung kann zur Anwendung der eigenen (inländischen) Rechtsordnung, der ausländischen oder beider Rechtsordnungen führen oder eine Wahlmöglichkeit zwischen der einen oder anderen Rechtsordnung eröffnen.

Das Auffinden der im konkreten Fall anwendbaren Rechtsordnung folgt dabei einem be- 5
stimmten **Schema**: Zunächst ist zu ermitteln, ob bi- oder multilaterale Staatsverträge oder Rechtsakte der EU die zu entscheidende Frage vorrangig regeln (vgl. § 3 Abs. 2 EGBGB). Sie gehen als leges speciales den allgemeinen Regeln, soweit ihr Anwendungsbereich reicht, vor.[4]

Sind solche Spezialnormen nicht vorhanden, müssen die geschriebenen und/oder ungeschriebenen, durch Rechtssprechung und Literatur entwickelten Kollisionsnormen gesucht werden.

Welche Norm des EGBGB oder ungeschriebene Regel dann Anwendung findet, hängt davon ab, wie der Sachverhalt, mit dem man befasst ist, rechtssystematisch einzuordnen ist. Bei dieser Einordnung ist grundsätzlich von der Begrifflichkeit der inländischen Rechtsordnung auszugehen. Dieses Verfahren der Einordnung wird **Qualifikation nach der lex fori** genannt.[5]

Für Sachverhalte mit Auslandsberührung, an denen inländische juristische Personen oder 6
Gesellschaften beteiligt sind, enthält das EGBGB (noch)[6] **keine Kollisionsnormen**. Einschlägige Staatsverträge existieren ebenfalls nicht.

Daraus kann jedoch nicht geschlossen werden, dass im Gesellschaftsrecht keine Kollisionsnormen bestehen; vielmehr ist im Gesellschaftsrecht bei einem Sachverhalt, bei dem zwei oder mehrere unterschiedliche Rechtsordnungen zusammentreffen auf die von (auch der EuGH-) **Rechtsprechung und Lehre** entwickelten Grundsätze für das Auffinden der maßgeblichen Rechtsordnung bei einer solchen Kollision beizuziehen.

Welche Rechtsordnung für die Rechtsverhältnisse von juristischen Personen und Gesell- 7
schaften maßgeblich ist („**Personalstatut**" der Gesellschaft), richtet sich entweder nach der **Gründungstheorie**, die die Rechtsordnung für anwendbar erklärt, nach der die juristische Person/Gesellschaft gegründet worden ist, oder nach der (Verwaltungs-)**Sitztheorie**, die die Rechtsordnung, in deren Bereich sich der Sitz der Hauptverwaltung der Gesellschaft befindet, für maßgeblich erklärt.

Inländische Rechtsprechung und Lehre gehen davon aus, dass eine Gesellschaft grundsätzlich dem Recht des Staates unterliegt, in dem sie den **Sitz** ihrer **Hauptverwaltung** unterhält, d. h. wo sie den Schwerpunkt ihres körperschaftlichen Lebens hat.[7]

Die Sitztheorie hat im Inland allerdings erheblich zugunsten der **Gründungstheorie** an 8
Boden verloren. So regeln zunächst die stets vorgehenden Handels- und Niederlassungsabkommen die Anerkennung der Gesellschaften nach der Gründungstheorie.[8] Am bekanntesten ist der deutsch-amerikanische Freundschafts-, Handels- und Schifffahrtsvertrag vom 29. 10. 1954,[9] der in seinem Artikel XXV Abs. 5 S. 2 die Gründungstheorie verankert. Danach sind US-Gesellschaften im Inland stets als rechts- und parteifähig anzuerkennen, auch wenn sie ihren Verwaltungssitz im Inland haben.[10]

Ferner sind Gesellschaften, die in einem **EU**- und **EWR**-Staat[11] wirksam gegründet wor- 9
den sind, unabhängig vom Ort ihres tatsächlichen Verwaltungssitzes, in der Rechtsform, in

[4] Palandt/*Thorn* Einl. Art. 3 EGBGB Rdnr. 7.

[5] S. *Kindler*, NZG 2003, 1086, 1090, v. Palandt/*Thorn* Einl. v. Art. 3 EGBGB Rdnr. 27.

[6] Zwar hat das Bundesjustizministerium den Referentenentwurf vom 8. 1. 2008 zum Internationalen Privatrecht der Gesellschaften, Vereine und juristischen Personen vorgelegt; diesen hat die Bundesregierung allerdings noch nicht beschlossen.

[7] Grundlegend BGHZ 97, 269, 272. Weitere Nachw. bei Palandt/*Thorn* Anh. zu Art. 12 EGBGB Rdnr. 3; *Spalinger/Wegen* Int. GesR Rdnr. 31 ff. Der Sitztheorie folgen auch z. B. Belgien, Frankreich, Luxemburg, Portugal und Spanien. Vgl. Reithmann/Martini/*Hausmann* Rdnr. 2198 ff.

[8] Überblick über derartige Abkommen bei MünchKommBGB/*Kindler* IntGesR Rdnr. 237 ff.

[9] BGBl 1956 II S. 487.

[10] BGH ZIP 2004, 1549; NZG 2003, 531.

[11] S. o. Rdnr. 1.

der sie gegründet worden sind, anzuerkennen.[12] Dies gilt selbst dann, wenn die ausländische Gesellschaft ausschließlich im Inland geschäftlich tätig ist.[13]

Der Anwendung der (Verwaltungs-) Sitztheorie unterliegen demnach alle Auslandsgesellschaften, die ihren Sitz in anderen Staaten als den Mitgliedsstaaten der EU oder des EWR haben.[14] Im deutschen internationalen Privatrecht der Gesellschaften wird daher gespalten angeknüpft.[15]

10 Haben diese Auslandsgesellschaften ihren tatsächlichen Sitz im Inland, werden sie rechtlich nicht etwa als nichtexistent , gleichsam als „nullum", angesehen, sondern „**umqualifiziert**": Ist eine solche ausländische Gesellschaft eine Mehr-Personen-Gesellschaft, wird sie GbR oder OHG deutschen Rechts, ist die ausländische Gesellschaft mit Verwaltungssitz im Inland eine Ein-Personen-Gesellschaft, werden dem Alleingesellschafter sämtliche Rechte und Pflichten dieser ausländischen Ein-Personen-Gesellschaft zugerechnet.[16] In all diesen Fällen führt die Anerkennung der ausländischen Gesellschaft durch Umqualifizierung zur **unbeschränkten Haftung** ihrer Gesellschafter.

Die nach der Gründungs- oder Sitztheorie ermittelte Rechtsordnung (Gesellschafts- oder auch Personalstatut genannt) regelt grundsätzlich sowohl die Innenverhältnisse als auch die Außenverhältnisse der betreffenden Gesellschaft umfassend, also Rechtsnatur, Gründung, Rechtsfähigkeit, Vertretungsmacht ihrer Organe, Verfassung und innere Ordnung, Satzungsänderung wie auch Umwandlungsmaßnahmen.[17]

III. Grenzüberschreitende Umwandlungen nach deutschem Recht

11 Wie erwähnt[18] entscheidet die lex fori, also deutsches Recht darüber, was unter Umwandlungsmaßnahmen zu verstehen ist.

Dies wären zunächst einmal die im UmwG vorgesehenen Möglichkeiten von Umwandlungen: die **Verschmelzung** durch Aufnahme und durch Neugründung (§§ 2 ff.), die verschiedenen Arten der **Spaltung** (Aufspaltung, § 123 Abs. 1 UmwG, die Abspaltung § 123 Abs. 2 UmwG, und die Ausgliederung § 123 Abs. 3 UmwG), die **Vermögensübertragung** (§ 174 ff. UmwG), der **Formwechsel** (§§ 190 ff UmwG) sowie die nicht vom UmwG erfasste **Anwachsung** im Personengesellschaftsrecht (§ 738 BGB).

1. Grenzüberschreitende Verschmelzungen

12 Im – ungeschriebenen – inländischen Verschmelzungskollisionsrecht (auch „internationales Verschmelzungs- oder Fusionsrecht") ist heute für die Beantwortung der Frage, welches Recht die grenzüberschreitende Verschmelzung regelt, die (**modifizierte**) **Vereinigungstheorie** maßgeblich.[19]

Danach sind auf eine grenzüberschreitende Verschmelzung **alle** sachrechtlichen Vorschriften der Staaten zu beachten und anzuwenden, denen alle an der Verschmelzung beteiligten Rechtsträger unterliegen.

Die innerstaatlichen Voraussetzungen der Verschmelzung (insbesondere ihre Zulässigkeit), die für die Verschmelzung zu erfüllenden **Verfahren** und die **Rechtsfolgen** der Verschmelzung sind danach zunächst für jeden beteiligten Rechtsträger getrennt nach dem auf ihn anzuwendenden Personalstatut[20] zu bestimmen.

[12] Eine „Eindeutschung" der Rechtsform ist also nicht zulässig, sie wäre auch kaum zweckmäßig ZIP 2009, 2385 (Singapur); OLG Hamburg NZG 2007, 597.

[13] Der vorerwähnte Referentenentwurf zum IPR der Gesellschaften/Vereine/juristischen Personen (s. o. Fn. 6) hat sich ebenfalls für die Gründungstheorie entschieden.

[14] BGH ZIP 2008, 2411; OLG Hamburg DB 2007, 1247 (Schweiz).

[15] Palandt/*Thorn* Anh. zu Art. 12 EGBGB Rdnr. 9.

[16] *Binz/Mayer* GmbHR 2003, 252.

[17] S. im Einzelnen Übersicht bei Palandt/*Thorn* Anh. zu Art. 12 EGBGB Rdnr. 10 ff.

[18] S. o. Rdnr. 5.

[19] S. Palandt/*Thorn* Anh. zu Art. 12 EGBGB Rdnr. 18.

[20] S. o. Rdnr. 7.

Im Rahmen der innerstaatlichen Voraussetzungen ist insbesondere zu prüfen, ob die beteiligten Rechtsordnungen Verschmelzungen überhaupt kennen, ferner ob die beteiligten Rechtsträger aktiv und passiv verschmelzungsfähig sind. Das Verfahren erfasst die Einzelschritte, die zu einer wirksamen Verschmelzung führen. Beim inländischen Rechtsträger wären dies die Schritte, die das UmwG für die Wirksamkeit (Eintragung im Register) einer Verschmelzung verlangt, an der ihr Rechtsträger beteiligt ist, insbesondere beurkundeter Verschmelzungsvertrag, Zustimmungsbeschlüsse der Gesellschafterversammlung der beteiligten Rechtsträger, Beachtung der Berichts- und Prüfungspflichten etc. 13

Nur dann, wenn zur Erfüllung, der – für jeden beteiligten Rechtsträger getrennt zu erfüllenden Voraussetzungen – ein gemeinsames Handeln der beteiligten Rechtsträger nach einer der beteiligten Rechtsordnung erforderlich ist, erfolgt eine **Kumulation** der verschiedenen Rechte mit dem Ergebnis, dass sich die strengere Rechtsordnung durchsetzt.[21]

Die **Wirkungen** (Rechtsfolgen) einer grenzüberschreitenden Verschmelzung richten sich nach jeder beteiligten Rechtsordnung getrennt. Für die Nachfolge in das Vermögen des übertragenden Rechtsträgers und die Frage seiner Weiterexistenz/seines Erlöschens ist dessen nationales Recht maßgeblich, für den übernehmenden bzw. den aus der Verschmelzung hervorgehenden neuen Rechtsträger dessen nationales Recht.[22] 14

Für den Fall, dass die für die transnationale Verschmelzung anwendbaren Rechtsordnungen nicht gänzlich harmonieren (z. B. wegen Regelungslücken oder Normenhäufungen) hilft die **Anpassung.** Darunter versteht man die Schaffung speziell auf die Umwandlung mit Auslandsberührung ausgerichteter Normen auf der Sachebene, nicht der Kollisionsebene, zur Harmonisierung sich widersprechender Regelungen der anwendbaren nationalen Rechtsordnungen.[23]

a) **Zulässigkeit.** Nach in Krafttreten des UmwG war zunächst heftig umstritten, ob eine grenzüberschreitende Verschmelzung überhaupt zulässig war, oder ob § 1 UmwG nicht ein indirektes **Verbot** einer grenzüberschreitenden Verschmelzung enthielt. Denn § 1 UmwG legt in seinem Abs. 1 fest, dass nur Rechtsträger mit Sitz im Inland umgewandelt werden können, und lässt in Abs. 2 Umwandlungen außerhalb des UmwG nur zu, wenn sie durch ein anderes Bundes- oder Landesgesetz ausdrücklich vorgesehen sind. 15

Diese Auffassung ist zumindest für grenzüberschreitende Verschmelzungen zwischen deutschen Kapitalgesellschaften (mit Satzungssitz im Inland) und Kapitalgesellschaften mit Satzungssitz in EU- und EWR-Ausland **nicht** mehr **haltbar.**[24] Ob die restriktive Auffassung hinsichtlich der im UmwG für verschmelzungsfähig erklärten übrigen Rechtsträgertypen als Kapitalgesellschaften weiterhin gilt oder ob § 1 UmwG sich lediglich auf rein inländische Umwandlungsvorgänge beschränkt, also grenzüberschreitende Verschmelzungen nicht sperren will, ist weiterhin offen. [25]

b) **Europarechtliche Vorgaben für Kapitalgesellschaften.** Der EuGH hat es in seiner SEVIC-Entscheidung als mit der **Niederlassungsfreiheit** gem. Art. 43, 48 EGV nicht vereinbar angesehen, dass ein Mitgliedstaat der EU, der Verschmelzungen seiner inländischen Gesellschaft zulässt, die grenzüberschreitende (**Herein-**)**Verschmelzung** mit einer bestehenden Gesellschaft aus einem anderen EU-Staat verbietet.[26] Die als Reaktion auf diese Rechtsauffassung ergangene Richtlinie 2005/56/EG des Europäischen Parlaments und des Rates vom 26. Oktober 2005[27] über die Verschmelzung von Kapitalgesellschaften aus verschiedenen Mitgliedstaaten (im folgenden kurz „VRL") hat der deutsche Gesetzgeber in den §§ 122 a ff. UmwG im Sinne der Vereinigungstheorie[28] umgesetzt, indem er – über die Entscheidung des 16

[21] Bsp: kennt die fremde Rechtsordnung eine Beurkundung des Verschmelzungsvertrages (vgl. § 6 UmwG) nicht – so etwa in Frankreich – setzt sich die deutsche Form (für inländische Zwecke) durch.

[22] Vgl. MünchKommBGB/*Kindler,* IntGesR, Rdnr. 642 ff.; *Spalinger/Wegen,* IntGesR, Rdnr. 507.

[23] Hierzu und zum vorstehenden: MünchKommBGB/*Kindler,* IntGesR, Rdnr. 843 ff.; KölnKommUmwG/*Simon/Rubner* vor §§ 122 a ff. Rdnr. 20 ff.

[24] S. u. Rdnr. 16.

[25] Vgl. zum Streitstand: KölnKommUmwG/*Simon/Rubner* vor §§ 122 a ff. Rdnr. 34 ff.

[26] EuGH ZIP 2005, 2311 (2312).

[27] RL 2005/56/EG ABl. EU L 310 v. 25. 11. 2005 S. 1 ff.

[28] S. o. Rdnr. 13.

EuGH hinausgehend – sowohl die Herein- als auch die Hinausverschmelzung durch Aufnahme und durch Neugründung[29] geregelt hat. Die Richtlinie ist mittlerweile in allen EU-Mitgliedsstaaten umgesetzt.[30]

17 c) **Erstreckung auf andere Rechtsträger.** Die Richtlinie und ihr folgend die §§ 122a ff. UmwG setzen voraus, dass an einem grenzüberschreitenden Verschmelzungsvorgang lediglich Kapitalgesellschaften beteiligt sind. **Offen** geblieben, weil nicht ausdrücklich geregelt ist, ob die Verwirklichung der europarechtlichen Niederlassungsfreiheit durch Verschmelzung nicht auch für die **anderen** im UmwG als verschmelzungsfähig anerkannten **Rechtsträgertypen**, insbesondere Personenhandelsgesellschaften, mit (Satzungs-)Sitz in der EU und dem EWR gelten müssen.[31] Ungeklärt ist ferner – mangels gerichtlicher Entscheidungen oder gesetzgeberischer Initiativen – ob Verschmelzungen mit inländischen (Kapital-) Gesellschaften und solchen aus **Drittstaaten** – also Staaten, die weder der EU noch dem EWR angehören – unter Anwendung der – ungeschriebenen – Regeln des Verschmelzungskollisionsrechts[32] zulässig ist. Letzteres hält die überwiegende Meinung in der Literatur unter Hinweis auf § 1 UmwG für verboten.[33]

18 d) **Alternativlösungen der Praxis.** *aa) Kooperation mit den Eintragungsstellen.* Solange keine belastbare höchstrichterliche Rechtssprechung vorliegt, die die offenen Fragen zur Zulässigkeit von grenzüberschreitenden Verschmelzungen von nicht der EU oder dem EWR angehörenden Kapitalgesellschaften beantwortet, erscheint der Weg, den zuständigen Registerrichter zu überzeugen, eine solche Verschmelzung einzutragen, **riskant.** Denn selbst wenn die Eintragung einer Verschmelzung auf der Grundlage der allgemeinen – ungeschriebenen – Verschmelzungskollisionsregeln in den beteiligten Staaten gelänge, bleibt offen, ob eine Heilung des überwiegend angenommenen Verstoßes gegen die Ausschlussnorm des § 1 UmwG eintritt,[34] ganz abgesehen davon, dass auch die Finanzverwaltung die Verschmelzung anerkennen muss.

19 *bb) Mehrstufige Umwandlungen.* Demnach besteht in der Praxis ein **Bedürfnis** nach alternativen – rechtlich bedenkenfreien – Fusionswegen. So könnten die als nicht ausdrücklich als verschmelzungsfähig bezeichneten Rechtsträger **aus der EU/dem EWR** zunächst in eine Kapitalgesellschaft formwechselnd umgewandelt werden, die in einem zweiten Schritt bei einer grenzüberschreitenden Verschmelzung auf der Basis der VRL als übertragende Gesellschaft (ins Inland) hereinverschmolzen wird; entsprechendes gilt für einen inländischen Rechtsträger, der auf eine aufnehmende EU/EWR-Kapitalgesellschaft (hinaus)verschmolzen werden soll.

20 Selbst die Verschmelzung mit einem Rechtsträger aus einem **nicht EU/EWR-Land** ist im Ergebnis möglich: Zunächst wird das EU/EWR-Land ausfindig gemacht, das eine Hereinverschmelzung aus einem Drittland zulässt. Dann wird eine Gesellschaft in diesem Land gegründet oder erworben (Vorratsgesellschaft), auf die die Drittlandgesellschaft verschmolzen werden soll. Gegebenenfalls ist der Drittland-Rechtsträger selbst vorher formwechselnd umzuwandeln. Nach erfolgter Verschmelzung in das betreffende EU/EWR-Land erfolgt in einem zweiten Schritt die Verschmelzung auf eine verschmelzungsfähige – ggf. ebenfalls durch Formwechsel entstandene – aufnehmende Kapitalgesellschaft.

21 *cc) Grenzüberschreitende Anwachsung.* **Anwachsungsmodelle** können als Alternative für die (Heraus-)Verschmelzung des Vermögens einer Personengesellschaft dienen.

Unter Anwachsung wird folgender Vorgang verstanden: Anders als das Kapitalgesellschaftsrecht kennt das deutsche Personen(handels)gesellschaftsrecht (noch) keine Ein-

[29] Aufgrund eines obiter dictums in der „Cartesio"-Entscheidung des EuGH wird allerdings von einigen auch die Hinausverschmelzung als europarechtlich zwingend angesehen s. z. B. *Kallmeyer/Marsch-Barner,* UmwG vor §§ 122a–122 l Rdnr. 10; KölnKommUmwG/*Simon/Rubner* vor §§ 122a Rdnr. 50.

[30] S. http://eur.lex.europa.eu/LexUriServ/LexUriServ.do?uri=CELEX:72005L0056:EN:NOT.

[31] S. hierzu etwa *Bungert/Schneider,* GS Gruson, 37.

[32] S. o. Rdnr. 12 ff.

[33] S. Nachw. bei KölnKommUmwG/*Simon/Rubner* vor §§ 122a ff. Rdnr. 39 ff. und Sagasser/Bula/Brünger/*Gutkies,* § 12 Rdnr. 14.

[34] S. o. Rdnr. 14.

Personen-Gesellschaft. Eine Personengesellschaft deutschen Rechts muss zwingend aus mindestens zwei Gesellschaftern bestehen. Denn die Rechtsverhältnisse der Mitglieder einer Personengesellschaft untereinander sind vertraglich, und nicht korporativ geprägt. Deshalb setzt die Gründung und weitere Existenz einer Personengesellschaft mindestens zwei Personen voraus.[35]

Scheiden alle Gesellschafter bis auf einen aus der Personengesellschaft aus, erlischt zwar die Personengesellschaft. Ihre gesamten Aktiva und Passiva gehen aber – wenn gewünscht – kraft Gesetzes auf den verbleibenden Gesellschafter ohne Liquidation im Wege der Gesamtrechtsnachfolge über (§§ 738 BGB, 105, 125 HGB). Dieses Konzept nennt man Anwachsung. Es kann auch grenzüberschreitend eingesetzt werden.[36]

Dem oder den ausscheidenden Gesellschaftern kann als Kompensation für den Verlust ihrer Beteiligung eine wertmäßig entsprechende Beteiligung am verbleibenden Gesellschafter gewährt werden.[37]

Bei der **(Hinaus)Anwachsung** wird das Vermögen einer inländischen – ggf. durch Form- 22
wechsel geschaffenen – Personen(handels)gesellschaft (GbR, OHG, KG) etwa dergestalt im Wege der Gesamtrechtsnachfolge auf einen ausländischen Rechtsträger dadurch übertragen, dass der ausländische (nach seinem Recht beteiligungsfähige) Rechtsträger – stamme er aus einem EU/EWR-Staat oder aus einem Drittstaat – als Komplementär „zu Null", also ohne Vermögens-Beteiligung oder als beteiligungsfähiger Rechtsträger mit einer (i. d. R. geringen) Beteiligung als Kommanditist, der inländischen Personengesellschaft beitritt, und im nächsten Schritt alle übrigen Gesellschafter dieser inländischen Personengesellschaft entweder aus dieser austreten oder ihrer Beteiligung auf den ausländischen Rechtsträger übertragen.

Dies hat zur Folge, dass die inländische Personengesellschaft erlischt und ihre sämtlichen Aktiva und Passiva ohne Liquidation auf den verbleibenden einzigen ausländischen Gesellschafter übergehen, diesem anwachsen („**Hinausanwachsung**"). Dies gilt unabhängig davon, welche Art Rechtsträger der verbleibende Gesellschafter ist. Auch auf natürliche Personen kann dergestalt durch Anwachsung verschmolzen werden.

Nach diesem Modell sind auch „**Hereinanwachsungen**" auf einen inländischen Rechts- 23
träger möglich. Dies setzt aber voraus, dass die ausländische Rechtsordnung, dem der übertragende ausländische Rechtsträger unterliegt, anwachsungsähnliche Modelle mit der Wirkung der Gesamtrechtsnachfolge kennt und weiterhin, dass der deutsche aufnehmende Rechtsträger nach deutschem und ausländischen Recht beteiligungsfähig ist, d. h. sich an dem ausländischen Rechtsträger beteiligten kann. Ob diese Voraussetzungen vorliegen ist keine Frage des deutschen Rechts, sondern richtet sich nach dem Personal-/Gesellschaftsstatut des ausländischen Rechtsträgers. Das deutsche Recht akzeptiert diese Hereinanwachsung[38]. In der Theorie ist also eine grenzüberschreitende Verschmelzung sämtlicher Aktiva und Passiva des ausländischen Rechtsträgers auf einen inländischen Rechtsträger, der auch eine natürliche Person sein kann, möglich.

dd) Sonstige grenzüberschreitende Umstrukturierungen. Die Unternehmenspraxis hält eine Reihe weiterer – im Vergleich zum Zusammenschluss kraft Verschmelzung aber eher unattraktivere – **Ersatzkonstruktionen** bereit, wie den Erwerb eines Unternehmens im Wege des Anteilstausches (ggf. mit anschließendem „Squeeze out" z. B. nach §§ 327 a ff. AktG) oder die Zusammenfassung aller Anteile an den beteiligten Gesellschaften in einer neuen Holding, durch einen „Forward Triangular Merger" oder einen „Reverse Triangular Merger" oder Joint-Venture-Modelle.[39]

---

[35] S. o. § 23 Rdnr. 2 ff.

[36] Kallmeyer/*Kallmeyer* § 1 Rdnr. 15; KölnKommUmwG/*Simon/Rubner* vor § 122 a ff. Rdnr. 120; Sagasser/Bula/Brünger/*Gutkès* § 12 Rdnr. 6; *Thümmel/Hack* Der Konzen 2009, 1, 5.

[37] KölnKommUmwG/*Simon/Rubner* vor §§ 122 a ff. Rdnr. 120.

[38] *Spahlinger/Wegen* IntGesR Rdnr. 515 f.

[39] S. hierzu im Einzelnen KölnKommUmwG/*Simon/Rubner* vor §§ 122 a ff. Rdnr. 101 ff.; Sagasser/Bula/Brünger/*Gutkès* § 12 Rdnr. 6.

2. Grenzüberschreitende Spaltungen

24 Unter grenzüberschreitenden Spaltungen werden hier die **Spaltungsarten des UmwG** (§ 123 UmwG) verstanden, bei denen einer der beteiligten Rechtsträger seinen (Satzung-) Sitz im Ausland und der andere im Inland hat („Herein"- und „Hinausspaltung").

Anders als im Verschmelzungsrecht gibt es im Inland weder eine Kodifikation noch Rechtssprechung, die eine grenzüberschreitende Spaltung zulässt.

25 In seiner SEVIC-Entscheidung[40] und, obiter flankierend, in seiner Cartesio-Entscheidung[41] hat der EuGH entschieden, dass sowohl Vermögensübertragungen im Wege der Hereinverschmelzung als auch im Wege der Hinausverschmelzung gegen die Niederlassungsfreiheit (Art. 43, 48 EGV) verstößt, weil einer Kapitalgesellschaft mit (Satzungs-)Sitz in einem Mitgliedsstaat der EU die Verschmelzungsmöglichkeiten, die ein anderer EU-Staat seinen inländischen Gesellschaften gewährt, nicht verschlossen werden darf.

Zutreffenderweise wird daraus geschlossen, dass ebenso gegen die **Niederlassungsfreiheit verstoßen** wird, wenn – zumindest den ausländischen Kapitalgesellschaften mit dem Sitz in der EU/EWR – die inländischen durch das UmwG angebotenen Arten der Spaltung (Aufspaltung, Abspaltung, Ausgliederung) versagt werden. Daraus ist ferner abzuleiten, dass trotz des Fehlens eines kodifizierten grenzüberschreitenden Spaltungsrechts im EU/EWR Bereich grenzüberschreitende Spaltungen unter Beteiligungen von Kapitalgesellschaften bereits seit der SEVIC-Entscheidung des EUGH europarechtlich und demzufolge vorrangig (vgl. Artikel 3 Abs. 1 EGBGB) zuzulassen sind.[42]

26 Die evtl. Anerkennung der unmittelbaren grenzüberschreitenden Spaltung durch die Eintragungsstellen in den beteiligten Rechtsordnungen[43] ist allerdings mit rechtlichen Unsicherheiten behaftet.[44]

Wer sichergehen will, greift nach einer der rechtlich sicheren **Alternativlösungen**. Als Alternative zur unmittelbaren grenzüberschreitenden Spaltung wird folgender Weg diskutiert: Zunächst erfolgt eine – rein inländische – **Spaltung** auf eine neue oder Vorrats-Kapitalgesellschaft, die anschließend auf die ausländische EU/EWR-Zielkapitalgesellschaft hinausverschmolzen wird.[45] Entsprechendes gilt für die Herausspaltung, sofern der ausländische Staat die Spaltungsform kennt. Sonst bleibt noch die **Einzelübertragung** von Vermögenswerten auf die ausländische Gesellschaft und anschließend deren Verschmelzung auf eine inländische Kapitalgesellschaft.

Steht auch anderen Rechtsträgern des UmwG, die sich auf die Niederlassungsfreiheit des EG-Vertrages berufen können, der Weg der grenzüberschreitenden Verschmelzung offen, ist nicht ersichtlich, warum ihnen eine grenzüberschreitende „Teilverschmelzung" durch Spaltung im Wege der „Herein- und Hinausspaltung" versagt sein soll.

3. Grenzüberschreitender Formwechsel

27 Ein grenzüberschreitender Formwechsel ist ein Vorgang bei dem eine inländische Gesellschaft unter gleichzeitiger Änderung ihres „Rechtskleides" **identitätswahrend** ihren bisherigen (Satzungs-)**Sitz** in einen anderen Staat **verlegt**, also aus ihrem bisherigen Sitzstaat statuarisch wegzieht. Hiervon zu unterscheiden ist die Verlegung des Verwaltungssitzes aus dem Inland ins Ausland oder vice versa unter Beibehaltung des Satzungssitzes im jeweiligen Inland. Die Verlegung des Verwaltungssitzes einer deutschen Gesellschaft ist rechtlich unbedenklich (§ 4a GmbHG, § 5 AktG).

[40] EuGH ZIP 2005, 2311.

[41] EuGH AG 2009, 79.

[42] Ähnlich Kallmeyer/*Kallmeyer* § 1 Rdnr. 12; Kallmeyer/*Marsch-Barner* vor §§ 122a–122e Rdnr. 11; KölnKommUmwG/*Simon/Rubner* vor §§ 122a ff. Rdnr. 53f.; Semler/Stengel/*Drinhausen* Einl. C Rdnr. 30; a. A. *Kappes* NZG 2006, 101; *Oechsler* NSW 2006, 812, 813.

[43] Nach dem Sevic-Urteil des EuGH aber vor Verabschiedung der VRL hatten einige deutsche Registergerichte die grenzüberschreitende Verschmelzung eingetragen. s. Praxisbericht bei *Dorr/Stukenborg* DB 2003, 647 ff.

[44] S. o. Rdnr. 18.

[45] KölnKommUmwG/*Simon/Rubner* vor §§ 122a ff. Rdnr. 54.

Der grenzüberschreitende Formwechsel führt zum **Wechsel des Gesellschaftsstatuts** der sich formwechselnden Gesellschaft, ohne dass sie vorher in ihrem ursprünglichen Sitzstaat liquidiert werden müsste. Das bisherige Gesellschaftsstatut und das künftige Gesellschaftsstatut müssen den Formwechsel zulassen.[46] Bei der Verlegung des Verwaltungssitzes findet ein Wechsel des Gesellschaftsstatuts nicht statt.

Nationale oder internationale Regeln für den grenzüberschreitenden Formwechsel existieren nicht. Allerdings hat der **EuGH** in seiner **Cartesio-Entscheidung**[47] obiter bemerkt, dass die (Zwangs-) Auflösung und Liquidation einer Gesellschaft durch den (Satzungs-)Sitzstaat bei identitätswahrender grenzüberschreitender Sitzverlegung durch Formwechsel mit der Niederlassungsfreiheit Art. 43, 48 EGV nicht vereinbar sei, es sei denn, zwingende Gründe des Gemeinwohls stünden dem entgegen. Einer solchen Gesellschaft müsse deshalb von ihrem (Satzungs-)Sitzstaat die rechtliche Möglichkeit eröffnet werden, sich in eine Gesellschaft des anderen Mitgliedsstaates umzuwandeln, soweit dieser Staat einen solchen Formwechsel zulasse. 28

Einige wollten bereits aus der SEVIC-Entscheidung die europarechtliche Zulässigkeit des grenzüberschreitenden Formwechsels ableiten. In dieser Entscheidung hat der EuGH entschieden, dass die inländischen Gestaltungsmöglichkeiten des UmwG auch anderen Gesellschaften der EU offen stehen müssten. 29

Obwohl Einzelheiten ungeklärt sind, ist es nicht ausgeschlossen, dass der grenzüberschreitenden Formwechsel trotz fehlender materiell-rechtlicher Regelungen auf EU-Ebene unter Hinweis auf die SEVIC- und auf die Cartesio-Entscheidung des EuGH gelingen kann.[48] Denn auch schon vor der Kodifizierung der Regeln zur grenzüberschreitenden Verschmelzung in den §§ 122a ff. des UmwG trugen einige Registerrichter unter Hinweis auf das SEVIC-Urteils des EuGH grenzüberschreitende (Hinein-)Verschmelzungen ins Handelsregister ein.[49]

Wem der Weg der Abstimmung mit den für einen grenzüberschreitenden Formwechsel zuständigen Stellen im In- und Ausland zu mühsam ist, er dennoch grenzüberschreitend tätig werden will, kann z. B. auf die grenzüberschreitende Verschmelzung (nach vorheriger Gründung oder Kauf einer Kapitalgesellschaft im EU/EWR-Zielland)[50] ausweichen. Dies hat den Nachteil, dass der Grundsatz der Identität nicht mehr eingehalten werden kann, was z. B. Transfersteuern auslösen kann. 30

4. Grenzüberschreitende Vermögensübertragung

Neben der Verschmelzung und der Spaltung regelt das UmwG eine weitere Art der Umwandlung, die Vermögensübertragung (§§ 174 ff.), einmal in Form der **Vollübertragung** sämtlicher Aktiva und Passiva (§ 174 Abs. 1) und zum anderen die **teilweise Übertragung** von Vermögensgegenständen (§ 174 Abs. 2). 31

Dabei ist die Vollübertragung des Vermögens vergleichbar mit dem Vermögenstransfer im Wege der Verschmelzung, die Teilübertragung mit dem Vermögenstransfer im Wege der Spaltung. In beiden Fällen kommt es zu einer Gesamtrechtsnachfolge in die übertragenen Vermögensteile. Im Unterschied zur Verschmelzung/Spaltung werden keine Anteile am übernehmenden Rechtsträger gewährt, sondern der Ausgleich des Vermögensverlustes erfolgt durch andere Vermögenswerte.

Auch diese Umwandlungsart müsste grenzüberschreitend zumindest im EU/EWR-Raum rechtlich zulässig sein. Denn die Rechtsgedanken der SEVIC-[51] und Cartesio-Entscheidung[52] des EuGH treffen auch auf die Vermögensübertragung zu.[53]

[46] MünchKommBGB/*Kindler*, IntGesR, Rdnr. 387; *Spahlinger/Wegen*, IntGesR, Rdnr. 444 jew. m. w. Nachw.
[47] EuGH ZIP 2009, 24 Obiter.
[48] A. A. OLG München ZIP 2007, 2124.
[49] S. o. Rdnr. 26 Fn. 43.
[50] S. z. B. Lutter/*Drygalla* § 1 Rdnr. 12; Kallmeyer/*Marsch-Barner* vor §§ 122 a–122 e Rdnr. 14.
[51] S. o. Rdnr. 16.
[52] S. o. Rdnr. 25.
[53] KölnKommUmwG/*Simon/Rubner* vor §§ 122 a ff. Rdnr. 55.

IV. Inländische Umwandlung mit Auslandsberührung

32 Es handelt sich hierbei einmal um einen reinen **inländischen Umwandlungsvorgang,** sei es eine Verschmelzung, Spaltung, ein Formwechsel, der jedem inländischen Rechtsträger nach dem UmwG offen steht (vgl. § 1), betrifft aber auch das Ausland: Der durch Verschmelzung oder Spaltung übertragende oder formwechselnde Rechtsträger ist Eigentümer von **im Ausland belegenen Vermögenswerten** (z. B. Grundbesitz, Beteiligungen).

Zwar beurteilen sich aus der Sicht des deutschen Internationalen Privatrechts die Wirkungen des vorerwähnten Umwandlungsvorgangs (Verschmelzung, Spaltung, Formwechsel) nach deutschem Recht; ist der inländische Rechtsträger aber Eigentümer von im Ausland belegener Sachen und Rechte stellt sich für den übernehmenden bzw. formwechselnden Rechtsträger die Frage, wie er erreichen kann, dass der Inhaberwechsel im Eigentum im Ausland ordnungsgemäß registriert wird. Hier wird der Notar nur am Rande beteiligt sein. Denn welche Voraussetzungen und Nachweise erforderlich sind, um den Inhaberwechsel im Ausland zu dokumentieren, wird nur jemand beurteilen können, der mit der entsprechenden Rechtsordnung vertraut ist. Anerkennt der ausländische Staat die Gesamtrechtsnachfolge kraft Verschmelzung/Spaltung bzw. den Formwechsel – wie dies z. B. im EU- und EWR-Raum der Fall ist – dürften inländische, den Umwandlungsvorgang wiedergebende Registerauszüge, übersetzt und ggf. legalisiert als Nachweis des Vermögensübergangs/-wechsels ausreichen.

33 Anerkennt die ausländische Rechtsordnung den Umwandlungsvorgang nicht oder nur eingeschränkt, oder stellt sie für den wirksamen Übergang des Eigentums z. B. in Grundbesitz und Beteiligungen besondere Anforderungen, z. B. Zustimmung, so gehen diese dem aus dem Gesellschaftsstatut (Fusionsstatut) folgenden Prinzip der Gesamtrechtsnachfolge vor. Man spricht in diesem Fall auch davon, dass das (ausländische) **Belegenheitsstatut** (das auf die Sache/Recht anwendbare ausländische Recht) das auf die deutsche Gesellschaft anwendbare Gesellschaftsstatut „bricht“. Die vom ausländischen Staat aufgestellten Besonderheiten sind demnach bei Vorbereitung der inländischen Umwandlungsmaßnahme zu beachten. Im Zweifel sind die Vermögenswerte im Wege der Einzelrechtsübertragung zu transferieren.

34 Dies gilt insbesondere für die Verschmelzung. Denn ist der übertragenden Rechtsträger erloschen, kann ein Transfer nicht mehr erfolgen. Bei einer Spaltung kann der übertragende Rechtsträger hingegen noch handeln.[54]

V. Ausländische Umwandlung mit Inlandsberührung

35 Unter Ausländischen Umwandlungen mit Inlandsberührung werden hier solche ausländischen Vorgänge verstanden, die mit den Umwandlungsmaßnahmen des UmwG sowie der Anwachsung vergleichbar sind, und die dazu führen, dass die Inhaberschaft von **im Inland belegenen Vermögenswerten** (z. B. Grundbesitz, Anteile an inländischen Gesellschaften) berührt werden.

Bei diesen Umwandlungsmaßnahmen beurteilt sich aus der Sicht des deutschen Internationalen Privatrechts die Änderung der Eigentumsposition nach dem Recht des Staates, dem der Umwandlungsvorgang unterliegt, entweder unter Anwendung der Gründungs- oder (Verwaltungs-)Sitztheorie.[55] Kennt diese fremde Rechtsordnung das Prinzip der Gesamtrechtsnachfolge bei Verschmelzung und Spaltung und den identitätswahrenden „Wechsel des Rechtskleides“ beim Formwechsel, wird diese Rechtsfolge im Inland anerkannt. Der Wechsel des Eigentums oder an Rechten an einem im Inland belegenen Grundstück als Folge der dem fremden Gesellschaftsstatut unterliegenden Umwandlungsmaßnahme findet also außergrundbuchlich statt, der Wechsel der Inhaberschaft an Geschäftsanteilen ohne Einzelübertragung, so als ob sich der Unwandlungsvorgang im Inland abgespielt hätte.[56]

[54] Weitere Einzelheiten bei *Kallmeyer/Marsch-Barner,* § 20 Rdnr. 5; MünchKommBGB/*Kindler,* IntGesR, Rdnr. 672; *Bungert,* FS Heldrich, 527; *Spahlinger/Wegen,* IntGesR, Rdnr. 517 ff.; *Racky* DB 2003, 923.

[55] S. o. Rdnr. 7 ff.

[56] S. zum außergrundbuchlichen *Schöner/Stöber* Grundbuchrecht Rdnr. 995 a.

Was ist demnach im Inland zu tun? Das Grundbuch ist aufgrund Berichtigungsantrag zu berichtigen, dem Grundbuchamt sind die erforderlichen Nachweise für den außergrundbuchlichen Eigentumsübergang bzw. Rechtsübergang in Abt. II oder III des Grundbuchs in der Form des § 29 GBO – übersetzt und legalisiert[57] – nachzuweisen (z. B. durch Registerauszug, ggf. auch durch ein Gutachten, das bestätigt, dass das entsprechende Land die Gesamtrechtsnachfolge bei Verschmelzung und Spaltung bzw. den identitätswahrenden Formwechsel kennt. 36

Bei der Universalsukzession in Gesellschaftsbeteiligungen müssen die Geschäftsführer einer GmbH lediglich eine Liste der Gesellschafter dem Handelsregister einreichen. Ein inländischer Notar ist dazu nicht verpflichtet, da er an dem ausländischen Verschmelzungsvorgang nicht beteiligt ist. Bei OHG und KG sind die Handelsregistereintragungen bezüglich des Gesellschaftserbestandes zu berichtigen.

VI. Grenzüberschreitende Verschmelzungen gemäß §§ 122 a ff. UmwG

1. Regelungsumfang

Mit Einfügung der §§ 122 a–122 e in das UmwG[58] hat der deutsche Gesetzgeber europarechtliche Vorgaben[59] in das deutsche Recht umgesetzt. 37

Die Bestimmungen des §§ 122 a ff. UmwG regeln nur die grenzüberschreitende Verschmelzung von **Kapitalgesellschaften** deutschen Rechts.[60] Dies sind GmbH, AG, KGaA und die inländische SE. Nur diese Rechtsträgertypen können auf deutscher Seite an einer grenzüberschreitenden Verschmelzung beteiligt sein,[61] auf der ausländischen Seite mit den vorgenannten inländischen Kapitalgesellschaften vergleichbare Rechtsträger.[62] Die grenzüberschreitende Spaltung, Vermögensübertragung und der Formwechsel bleiben im UmwG ungeregelt.[63]

Für das UmwG ist eine grenzüberschreitende Verschmelzung eine solche, bei denen mindestens eine der beteiligten Kapitalgesellschaften entweder dem Recht eines der Mitgliedsstaaten[64] der Europäischen Union („EU“) oder eines Vertragsstaates des Europäischen Wirtschaftsraums („EWR“[65]) unterliegt, also in einem der Mitgliedsstaaten gegründet sind, und dort ihren Satzungssitz, Verwaltungssitz oder ihre Hauptniederlassung haben. Mindestens zwei Gesellschaftern müssen unterschiedlichen Rechtsordnungen unterliegen[66] (§ 122 a Abs. 1 UmwG). 38

Das UmwG bedient sich auch bei der Regelung der grenzüberschreitenden Verschmelzung der insbesondere bei Verschmelzung, Spaltung und Formwechsel geltenden Verweisungstechnik, indem die §§ 122 a–122 l UmwG nur die besonderen, zur innerstaatlichen Umsetzung der VRL erforderlichen Regelungen enthalten, verweist aber im Übrigen aber seinen Ersten Teil und den Zweiten, Dritten und Vierten Abschnitt seines Zweiten Teils und erklärt deren Bestimmungen für entsprechend anwendbar (§ 122 a Abs. 2).

Damit regelt das UmwG **vier Fälle** der grenzüberschreitenden Verschmelzung nämlich (aus der Sicht des inländischen Rechtsanwenders) die **Hereinverschmelzung** (ins Inland) durch 39

[57] Siehe Länderliste s. BeckOK-GBO/*Zeiser* Internationale Bezüge Rdnr. 142.1; BeckNotHdb/*Zimmermann* H Rdnr. 249

[58] BGBl I 2007, 542.

[59] Richtlinie 2005/56/EG des Europäischen Parlamentes und des Rates vom 26. Oktober 2005 über die Verschmelzung von Kapitalgesellschaften aus verschiedenen Mitgliedsstaaten. ABl-EU L 310 v. 25. 11. 2005 S. 1 ff. („VRL“).

[60] Schmitt/Hörtnagel/Stratz/*Hörtnagl* § 122 a Rdnr. 20; KölnKommUmwG/*Simon/Rubner* § 122 a Rdnr. 11.

[61] Zur Beteiligungsfähigkeit der UG s. oben § 22 Rdnr. 200.

[62] Den inländischen Kapitalgesellschaften AG, KGaA und GmbH in der EU vergleichbar sind Kapitalgesellschaften i. S. d. Art. 1 der Ersten Richtlinie 68/151/EWG des Rates v. 9. 3. 1968, ABl. L 65 v. 14. 3. 1968, S. 3 „Transparenzrichtlinie“.

[63] S. o. zur Spaltung Rdnr. 24 ff.; Vermögensübertragung Rdnr. 31; Formwechsel Rdnr. 27 ff.

[64] Zur Zeit: Belgien, Bulgarien, Dänemark, Deutschland, Estland, Finnland, Frankreich, Griechenland, Irland, Italien, Lettland, Litauen, Luxemburg, Malta, Niederlande, Österreich, Polen, Portugal, Rumänien, Schweden, Slowakei, Slowenien, Spanien, Tschechien, Ungarn, Vereinigtes Königreich, Zypern.

[65] Zur Zeit: Norwegen, Liechtenstein, Island.

[66] KölnKommUmwG/*Simon/Rubner* § 122 a Rdnr. 6.

Aufnahme und durch **Neugründung**, die (in die fremde Rechtsordnung erfolgende) **Hinausverschmelzung** einer inländischen Kapitalgesellschaft durch Aufnahme durch die ausländische Gesellschaft und durch Neugründung einer ausländischen Kapitalgesellschaft.

Alle Arten dieser Verschmelzung können unterteilt werden in eine **Vorbereitungsphase**, eine **Beschlussphase** und eine **Vollzugsphase** sowohl aus inländischer als auch aus Sicht der beteiligten fremden Rechtsordnung.

Für die Vorbereitungs- und Beschlussphase gilt das jeweilige auf die betreffende Gesellschaft anwendbare nationale Recht, für den aufnehmenden bzw. neuen Rechtsträger das Recht des Staates, in dem die aufnehmende bzw. neue Gesellschaft ihren Satzungssitz hat.[67]

2. Hereinverschmelzung

40 **a) Hereinverschmelzung zur Aufnahme.** *aa) Ablauf.* Der Ablauf einer grenzüberschreitenden Verschmelzung einer ausländischen Gesellschaft als übertragende Gesellschaft mit einer inländischen aufnehmenden Gesellschaft stellt sich wie folgt dar:

Checkliste:

a) Aufstellung des **Verschmelzungsplans** (Frist)[68] durch inländische und ausländische Gesellschaft
b) **(str.) Übersendung** des Verschmelzungsplans an Betriebsrat
c) Erstellung des **Verschmelzungsberichts** (nicht verzichtbar)
d) **Zugänglichmachen** des Verschmelzungsberichts an Betriebsrat, hilfsweise an Arbeitnehmer (Frist)[69]
e) (Falls nicht verzichtet[70]) **Verschmelzungsprüfung**
  aa) Bestellung **Verschmelzungsprüfer**
  bb) Erstellung **Verschmelzungsprüfungsbericht**
f) Klärung des **Mitbestimmungsregimes**
  ggf. Abschluss einer entsprechenden Vereinbarung
g) **Einreichung** des **Verschmelzungsplans/Entwurfs** zum Handelsregister (Frist)[71]
h) **Bekanntmachung** der mitgeteilten Angaben durch Registergericht
i) Abhaltung der **Versammlung der Anteilseigner** der inländischen Gesellschaft[72] (Frist).[73] Frühestens nach Ablauf eines Monats seit Einreichung des Verschmelzungsplans zum Handelsregister + Zugänglichmachen des Verschmelzungsplans und des Verschmelzungsberichts
j) **Fassung**
  aa) des **Verschmelzungsbeschlusses**
  bb) (ggf.) des Kapitalerhöhungsbeschlusses[74]
  cc) (ggf.) der Beschlüsse einzelner Anteilseigner bei der inländischen Gesellschaft
k) **(ggf.) Bestätigungsbeschluss**[75]
l) Fassung des Verschmelzungsbeschlusses bei der übertragenden ausländischen Gesellschaft
m) Beschaffung der **Verschmelzungsbescheinigung** der ausländischen Gesellschaft (Frist)[76]
n) **Anmeldung** der Verschmelzung zum Handelsregister der inländischen Gesellschaft
o) **Eintragung**
  aa) der Kapitalerhöhung
  bb) der Verschmelzung

[67] Statt vieler: *Limmer/Limmer,* Handbuch der Unternehmensumwandlung Rdnr. 3074.
[68] S. u. Rdnr. 86.
[69] S. u. Rdnr. 101.
[70] S. u. Rdnr. 107 f.
[71] S. u. Rdnr. 86 ff.
[72] Es gelten über § 122 a die rechtsformspezifischen Regelungen des UmwG: für GmbH (§§ 47, 49), AG, KGaA (§§ 63, 78) sowie die entsprechenden Regelungen ihrer Satzungen.
[73] S. o. Rdnr. 114.
[74] GmbH: §§ 54, 55; AG, KGaA: §§ 68, 69.
[75] S. u. Rdnr. 119 ff.
[76] S. § 122 l Abs. 1 S.3.

bb) Erstellung eines gemeinsamen Verschmelzungsplans. Die **Vertretungsorgane** der an der grenzüberschreitenden Verschmelzung beteiligten Gesellschaften stellen **zusammen** einen **gemeinsamen Verschmelzungsplan** auf (§ 122c Abs. 1 UmwG). Bei den **inländischen** Kapitalgesellschaften sind dies bei der **GmbH** der oder die Geschäftsführer in vertretungsberechtigter Zahl oder in unechter Gesamtvertretung (mit einem Prokuristen), bei der **AG** der oder die Mitglieder des Vorstands in echter oder unechter Gesamtvertretung (mit einem Prokuristen), bei der **KGaA** ist Vertretungsorgan deren persönlich haftende Gesellschafter (§§ 278 Abs. 2 AktG i.V.m. §§ 164, 161 HGB). Der persönlich haftende Gesellschafter einer KGaA wiederum wird nach den allgemeinen Regeln vertreten (strittig).[77] Bei der **SE** ist Vertretungsorgan, wenn sie dualistisch organisiert ist, das Leitungsorgan (Art. 39ff. SE-VO), bei der monistisch verfassten SE der Verwaltungsrat (Art. 43ff. SE-VO). 41

Die Erteilung einer **Vollmacht ist** zulässig. Sie bedarf der **Schriftform.** Eine Beglaubigung der Unterschriften ist nicht erforderlich.[78] Ein Nachweis der Vertretungsmacht der Organe durch notarielle Vertretungsbescheinigung oder Handelsregisterauszug erscheint mit Rücksicht auf das richterliche Prüfungsrecht[79] dann ratsam, wenn eine weitere inländische Gesellschaft an der Verschmelzung beteiligt ist, für die ein anderes Registergericht zuständig ist. Ist nur eine inländische Gesellschaft beteiligt, sind Vertretungsnachweise überflüssig. 42

Für die beteiligte **ausländische** Kapitalgesellschaft entscheidet deren Gesellschaftsstatut, wer für sie als Vertretungsorgan handeln darf und ob ggf. Bevollmächtigung zulässig ist.[80] 43

Angesichts der richterlichen Überprüfungsbefugnis erscheint es ratsam, entsprechende Nachweise über die Vertretungsbefugnis beizufügen. Besteht in dem ausländischen Staat das (Nur-)Notariat, können diese Nachweise auch durch notarielle Bescheinigung (ggf. legalisiert) erfolgen.[81] Alternativ oder in den Fällen, in denen die Rechtsordnung der übertragenden Gesellschaft das kontinentaleuropäische Notariatssystem nicht kennt, dürfte ein entsprechendes Gutachten eines Sachverständigen (z.B. Rechtsanwalt) helfen.

Tritt bei der Erstellung des Verschmelzungsplans für alle beteiligten Gesellschaften dieselbe Person auf, so ist darauf zu achten, dass nicht nur das Vertretungsorgan der inländischen Gesellschaft von den Beschränkungen des **§ 181 BGB** befreit ist und diese Befreiung auf einen für die Erstellung des Plans Bevollmächtigten übertragen werden kann, sondern auch das Vertretungsorgan der ausländischen Gesellschaft. Diesbezüglich ist es allerdings häufig so, dass ein Verstoß gegen das Insichgeschäft nicht zur (schwebenden) Unwirksamkeit des Geschäfts führt, sondern einen Pflichtenverstoß darstellt, der (ggf.) Schadensersatzansprüche auslöst, also nur intern (zwischen Vertreter und Gesellschaft) wirkt, nicht gegenüber Dritten). Hilfreich erscheint deshalb eine klarstellende Bescheinigung, dass es auf der ausländischen Seite keinen mit dem § 181 BGB vergleichbaren Rechtskonflikt gibt, wenn dieselbe Person handelt.[82] 44

Der Verschmelzungsplan tritt an die Stelle des Verschmelzungsvertrages bei einer rein inländischen Verschmelzung (§ 5), ist aber selbst **kein Vertrag**, sondern ein gesellschaftsrechtlicher Organisationsakt.[83] Die beteiligten Organe vereinbaren den Verschmelzungsplan 45

[77] Vertretungsorgan der ersten Stufe bei der KGaA ist der persönlich haftende Gesellschafter, auf der zweiten Stufe ist bei einer Kapitalgesellschaft als persönlich haftender Gesellschafter fraglich, ob bei der Verschmelzung nur deren Organ vertreten darf oder die allgemeinen Regeln über die unechte oder echte Vertretungsberechtigung gelten.

[78] S. o. § 22 Rdnr. 103.

[79] S. u. Rdnr. 136ff.

[80] S. o. Rdnr. 7.

[81] Der deutsche Notar kann auch selbst den Vertretungsnachweis aufgrund Einsichtnahme in das für die Gesellschaften zuständige Register vornehmen und aufgrund dieser Einsicht eine Vertretungsbescheinigung erstellen. Gelegentlich enthält das Register aber keine Aussage über die Vertretungsregeln der Organe. Dann erscheint entweder die Vorlage des Gesetzestextes oder ein Gutachten (z.B. des DNotI) ratsam.

[82] Die meisten ausländischen Rechtsordnungen verbieten die Selbstkontrahierung oder die gleichzeitige Drittvertretung. Der Konflikt wird häufig anders gelöst als im deutschen Recht; er wird als Überschreitung der Geschäftsführungsbefugnis angesehen, nicht (wie im deutsche Recht mit Außenwirkung), der Vertretungsbefugnis, lässt also die Wirksamkeit des Rechtsgeschäfts unberührt. Hier ist aber vieles unklar. Den sichersten Weg für den Notar dürfte darstellen, für jede der beteiligten Kapitalgesellschaften unterschiedliche Personen auftreten zu lassen.

[83] KölnKommUmwG/*Simon/Rubner* § 122c UmwG Rdnr. 2; Kallmeyer/*Marsch-Barner* § 122c UmwG Rdnr. 1.

nicht, sondern stellen ihn gemeinsam – aber dennoch für jede Gesellschaften getrennt von der anderen Gesellschaft – auf. Durch diesen Organisationsakt ändern sie – aufschiebend bedingt durch das Wirksamwerden der grenzüberschreitenden Verschmelzung – die Struktur der beteiligten Gesellschaften.[84]

46 Die beteiligten Rechtsträger stellen den Verschmelzungsplan „zusammen" auf, müssen also bei seiner **Erstellung zusammenwirken.** Daraus folgt zunächst, dass der Verschmelzungsplan die nach allen Rechtsordnungen, denen die beteiligten Gesellschaften unterliegen, anlässlich der Umsetzung der VRL aufgestellten Kriterien enthalten muss.[85] Dabei können die – zu beachtenden – ausländischen Anforderungen durchaus über die inländischen und Vorgaben der VRL hinausgehen, wie auch umgekehrt.[86] Diese Harmonisierung im Sinne der Vereinigungstheorie[87] ist auch gewünscht. Denn andernfalls ist ein grenzüberschreitender Verschmelzungsplan nicht umsetzbar.

Das **Ergebnis dieses Zusammenwirkens** ist eine für alle Seiten verbindliche[88] Fassung. Es gibt also nur diesen einen Plan als einheitliches Dokument und nicht zwei voneinander isolierte Organisationsakte.[89] Neben dieser formellen Gemeinsamkeit gibt es auch eine inhaltliche Gemeinsamkeit insofern, als in ihm die Vorschriften der Rechtsordnungen aller an der Verschmelzung beteiligten Gesellschaften i. S. der Vereinigungstheorie berücksichtigt werden.[90]

Praktischerweise erstellt zunächst einer der beteiligten Rechtsträger einen (Erst-)Entwurf des Verschmelzungsplans, der die Erfordernisse aus der Sicht seiner Rechtsordnung enthält. Sodann wird dieser von dem anderen Rechtsträger aus der Sicht seines Rechts ergänzt und anschließend zusammengefügt und ggf. harmonisiert.

47 *cc) Inhalt des Verschmelzungsplans.* Den Inhalt des Verschmelzungsplans bzw. seines Entwurfs für inländische Zwecke legt § 122c UmwG fest. Dabei handelt es sich nur um den zwingenden Mindestinhalt, ohne den die Verschmelzung nicht durchführbar ist. Darüber hinaus sind die beteiligten Rechtsträger frei, weitere Bestimmungen in den Verschmelzungsplan aufzunehmen.[91] Den Inhalt der Zwecke des ausländischen Rechtsträgers legt dessen die VRL umsetzendes Recht fest.

48 *(1) Rechtsform, Firma und Sitz (§ 122c Abs. 2 Nr. 1).* Enthalten muss der Verschmelzungsplan zunächst die Angabe der **Rechtsform** der übertragenden und übernehmenden oder neuen Kapitalgesellschaft. Dies soll dem Registerrichter die Prüfung erleichtern, ob der betreffende Rechtsträger gemäß § 122b Abs. 1 beteiligungsfähig ist.[92] Empfohlen wird die Rechtsform in der Bezeichnung der Transparenzrichtlinie[93] anzugeben. Mit **Sitz** aller beteiligten Gesellschaften ist deren Satzungssitz (also nicht der Verwaltungssitz) gemeint.[94] Er gibt Aufschluss über das auf die Gesellschaft anwendbare nationale Recht. Denn im Anwendungsbereich der §§ 122a ff. UmwG und den Parallelregelungen in den übrigen EU-Ländern oder den Staaten des EWR weist unter Anwendung der Gründungstheorie der Satzungssitz auf das auf die Gesellschaft anwendbare Recht, nämlich auf das am Satzungssitz der Gesellschaft geltende Recht hin. Die Praxis ergänzt diese zwingenden Angaben noch

[84] KölnKommUmwG/*Simon/Rubner* § 122c Rdnr. 4.
[85] KölnKommUmwG/*Simon/Rubner* § 122c Rdnr. 8.
[86] KölnKommUmwG/*Simon/Rubner* § 122c Rdnr. 8.
[87] S. o. Rdnr. 13.
[88] Nicht wirklich klar ist der Verbindlichkeitscharakter. Aus der Verpflichtung, den Verschmelzungsplan zusammen aufzustellen, der zudem noch ein gemeinsamer ist, ist zu schließen, dass er bindend für die Beteiligten ist, vergleichbar anderer Organisationsakte wie z. B. Beschlüsse, und einseitig nicht mehr abgeändert werden kann.
[89] KölnKommUmwG/*Simon/Rubner* § 122c Rdnr. 4; Semler/Stengel/*Drinhausen,* § 122c Rdnr. 5.
[90] KölnKommUmwG/*Simon/Rubner* § 122c Rdnr. 7.
[91] KölnKommUmwG/*Simon/Rubner* § 122c Rdnr. 9.
[92] Kallmeyer/*Marsch-Barner* § 122c Rdnr. 9; Widmann/Mayer/*D. Mayer* § 122c Rdnr. 40; Schmitt/Hörtnagl/Stratz/*Hörtnagl* § 122c Rdnr. 12.
[93] 1. Richtlinie 68/151/ EWG des Rates vom 9. 3. 1968, auf die Art. 2 Nr. 1 lit. a der 10. Richtlinie verweist.
[94] Kallmeyer/*Marsch-Barner* § 122c UmwG Rdnr. 9; Schmitt/Hörtnagl/Stratz/*Hörtnagl* § 122c UmwG Rdnr. 12 Widmann/Meyer/*Heckschen* § 122c UmwG Rdnr. 43.

um Hinweise darauf, bei welcher Stelle jede beteiligte Kapitalgesellschaft unter welchen Identifizierungsmerkmalen (z.B. Handelsregister und HRB Nr.) eingetragen oder sonst wie auffindbar ist. Eine „Eindeutschung“ der ausländischen Rechtsform erscheint nicht ratsam. Eine solche Vermischung der Typen führt nur zur Unklarheit und Missverständnissen.

Ferner sind die **Firmen** (Namen) der beteiligten Gesellschaften anzugeben und zwar so, wie es das auf die betreffende Gesellschaft anwendbare Recht[95] vorschreibt, für inländische Kapitalgesellschaften also so, wie deren Firma im Handelsregister geändert ist. Soll die Firma der aufnehmenden Gesellschaft im Zuge der Verschmelzung geändert werden, erscheint eine klarstellende Aufnahme („demnächst firmierend als ......“) in den Verschmelzungsplan oder die ihm beizufügenden Satzung[96] hilfreich.[97] 49

(2) Umtauschverhältnis und bare Zuzahlung (§ 122 c Abs. 2 Nr. 2). Ebenso wie bei einer rein inländischen Verschmelzung (vgl. § 5 Abs. 1 Nr. 3)[98] ist auch bei der grenzüberschreitenden Verschmelzung das Umtauschverhältnis der Anteile und die Höhe einer etwaigen baren Zuzahlung anzugeben (§ 122c Abs. 2 Nr. 2). Diese Angaben sind **entbehrlich**, wenn die übernehmende Gesellschaft alle Anteile an der übertragenden Gesellschaft hält (§ 122c Abs. 3), ferner, wenn zulässigerweise auf die Gewährung von Anteilen verzichtet worden ist.[99] Das Umtauschverhältnis der Anteile ist abhängig von der **Relation der Unternehmenswerte**[100] der beteiligten (übertragenden und übernehmenden) Gesellschaften. Denn die Anteilseigner der übertragenden Gesellschaft verlieren mit Wirksamwerden der Verschmelzung[101] ihre Anteile und sollen dafür mit wirtschaftlich gleichwertigen Anteilen an der übernehmenden Gesellschaft entschädigt werden. Im Regelfall ist für die Gesellschafter der beteiligten Kapitalgesellschaften die Wertrelation und (daraus folgend) die Höhe der Zuteilung der Entschädigung in Form von Anteilen an der übernehmenden Gesellschaft und die Höhe der baren Zuzahlung von entscheidender Bedeutung. Entsprechendes gilt für die Gesellschaft, denn eine nicht fundierte Wertermittlung riskiert die Ablehnung der Verschmelzung durch die Gesellschafter.[102] 50

Anzugeben ist lediglich das **Umtauschverhältnis selbst.** Die Begründung, wie dieses Umtauschverhältnis ermittelt wurde, ist entbehrlich.[103] Diese Begründung ist im Verschmelzungsbericht und Verschmelzungsprüfungsbericht enthalten.[104] 51

Für den Fall, dass der **Notar** den Verschmelzungsplan erstellen muss, haben die beteiligten Gesellschafter ihm die Angaben zur Wertrelation zu liefern. Denn in der Regel wird er nicht in der Lage sein, aus eigener Kenntnis diese Wertrelation zu ermitteln, zumal bei der Ermittlung darauf zu achten ist, dass die Kriterien zur Ermittlung der Unternehmenswerte in den Ländern der beteiligten Rechtsträger vergleichbar sind. Dies ist nicht zwingend stets der Fall.[105]

Bare Zuzahlungen werden in der Regel gewährt, wenn der Ausgleich für den Verlust der Anteile am übertragenden Rechtsträger nicht in voller Höhe durch Anteile am übernehmenden Rechtsträger kompensiert werden kann, sondern eine sogenannte „Spitze“ bleibt, die nicht in Anteilen ausgeglichen werden kann. In solchen Fällen wird eine Zuzahlung in bar gewährt, um so im Ergebnis zum Ausgleich des Verlustes des Wertes der Beteiligung am übertragenden Rechtsträger zu kommen („Spitzenausgleich in Geld“).[106] 52

[95] Zur Ermittlung dieses Rechts s. z. B. *Spanninger/Wegen* IntGesR Rdnr. 554 ff.
[96] S. u. Rdnr. 62.
[97] Kallmeyer/*Marsch-Barner* § 122c UmwG Rdnr. 9; Schmitt/Hörtnagl/Stratz/*Hörtnagl* § 122c UmwG Rdnr. 12; Widmann/Meyer/*Heckschen* Rdnr. 43.
[98] S. o. § 22 Rdnr. 107.
[99] Einzelheiten unter Rdnr. 142.
[100] Zur Bewertung s. z. B. Sagasser/Bula/Brunger/Gutkes, § 13 Rdnr. 62 ff; Kallmeyer/Müller, § 122c 10 ff.
[101] Zu den Wirkungen s. u. Rdnr. 142.
[102] Kallmeyer/*Müller* § 122c Rdnr. 12; Schmitt/Hörtnagl/Stratz/*Hörtnagl* § 122c Rdnr. 13.
[103] Semler/Stengel/*Drinhausen* § 122c Rdnr. 15; *Kallmeyer/Müller* § 5 Rdnr. 18.
[104] *Simon/Rubner* § 122e Rdnr. 6; Schmitt/Hörtnagl/Stratz/Hörtnagl/*Hörtnagl* § 122c Rdnr. 13 u. Rdnr. 95.
[105] Kallmeyer/*Müller* § 122c Rdnr. 15; Sagasser/Bula/Brunger/Gutkes, § 13 Rdnr. 62 ff.
[106] Siehe ergänzend oben § 22 Rdnr. 107 ff.

53 Bei der Hereinverschmelzung einer ausländischen Kapitalgesellschaft (auf eine deutsche) ist ferner zu beachten, dass der Spitzenausgleich 10% des Gesamtbetrags der gewährten Gesellschafterrechte nicht übersteigen darf (§§ 54 Abs. 4, 68 Abs. 3).[107]

54 *(3) Übertragung der Gesellschaftsanteile (§ 122 Abs. 2 Nr. 2).* Der Verschmelzungsplan muss ferner Einzelheiten darüber enthalten, wie die Anteilsinhaber der übertragenden Gesellschaft für ihren Vermögensverlust (Untergang ihrer Anteile am übertragenden Rechtsträger) durch Anteile an der übernehmenden Gesellschaft entschädigt werden. Im Verschmelzungsplan darzulegen ist, woher die zu gewährenden Anteile an der übernehmenden Gesellschaft stammen werden und wie sie übertragen werden sollen.[108] So kann die deutsche Kapitalgesellschaft, sofern sie eigene Anteile hält, diese übertragen,[109] ferner Anteile an der Gesellschaft, die Dritte halten, von diesen übertragen lassen[110] oder solche, die durch eine bei der übernehmenden Gesellschaft vorzunehmende Kapitalerhöhung zur Durchführung der Verschmelzung zu schaffen sind.[111] Ergänzend gilt § 5 Abs. 1 Nr. 4.

55 Bei einer Hereinverschmelzung auf eine aufnehmende AG, KGaA, SE sind ferner die Einzelheiten zur Auswahl, Bestellung und Funktion des Treuhänders für die Entgegennahme und Übergabe der Aktien und baren Zuzahlungen an die Anteilsinhaber der übertragenden Gesellschaft anzugeben.[112]

Bei der **Konzernverschmelzung** sind Angaben zur Übertragung von Gesellschaftsanteilen entbehrlich (§ 122c Abs. 3).

Strittig ist, ob auch bei der grenzüberschreitenden Verschmelzung – wie bei der rein inländischen (vgl. § 54 Abs. 1 S. 3) – auf die Gewährung von Anteilen abgesehen kann, wenn alle Anteilsinhaber der übertragenden Gesellschaft darauf verzichten. Bei der Hereinverschmelzung wäre dies zunächst nach dem auf die ausländische Gesellschaft anwendbaren Recht zu prüfen.

56 *(4) Auswirkung auf die Beschäftigung (§ 122c Abs. 2 Nr. 4).* Auch Angaben zu den voraussichtlichen Auswirkungen auf die Beschäftigung muss der Verschmelzungsplan enthalten. Diese Angaben sind nur **entbehrlich**, wenn sich alle Anteile einer übertragenden Gesellschaft in der Hand der übernehmenden Gesellschaft befinden (§ 122c Abs. 3). Entbehrlich sind sie – notwendigerweise – auch dann, wenn weder die übertragende, noch die übernehmende Gesellschaft Arbeitnehmer haben. In diesem und im Fall der vorerwähnten Konzernverschmelzung sollte der Verschmelzungsplan kurz begründen, warum die Angaben zu den Auswirkungen auf die Beschäftigung entbehrlich sind. Dies verhindert Nachfragen des Registergerichts im Eintragungsverfahren.[113]

57 Sprachlich weicht § 122c Abs. 2 Nr. 4 von den Angaben zu den Auswirkungen der Verschmelzung auf die Arbeitnehmer und ihre Vertretungen im Verschmelzungsvertrag bei einer rein inländischen Verschmelzung ab (vgl. § 5 Abs. 1 Nr. 9). Welche Angaben § 122c Abs. 2 Nr. 4 erfordert ist unklar. Teilweise wird vertreten, dass die Anforderungen hinter denen des § 5 Abs. 1 Nr. 9 zurückbleiben.[114] Andere gehen unter Hinweis auf die Gesetzesbegründung davon aus, dass trotz der unterschiedlichen Formulierung in § 122c Abs. 2 Nr. 4 eine weitgehend sachliche Entsprechung mit § 5 Abs. 1 Nr. 9 besteht.[115]

[107] Kallmeyer/*Müller* § 122c Rdnr. 13; Widmann/Mayer/*D. Mayer* § 122c Rdnr. 88; *Simon/Rubner* § 122c Rdnr. 15; Schmitt/Hörtnagl/Stratz/*Hörtnagl* § 122c Rdnr. 15; Zur Anwendung der 10% Grenze der §§ 54 Abs. 4, 68 Abs. 3 bei der Herausverschmelzung s. u. Rdnr. 181 ff. Im Übrigen wird auf die Kommentierung zu § 5 Abs. 1 Nr. 3 verwiesen. s. o. §22 Rdnr. 109.

[108] KölnKommUmwG/*Simon* § 5 UmwG Rdnr. 51.

[109] S. o. § 22 Rdnr. 16 sowie z. B. *Lutter/Winter* § 46 UmwG Rdnr. 15; Kallmeyer/*Marsch-Barner* § 5 Rdnr. 25.

[110] Kallmeyer/*Marsch-Barner* § 122c Rdnr. 25.

[111] Für diese Art der (Sach-)Kapitalerhöhung enthalten die §§ 122a ff. keine eigene Regelung. Kraft Verweisung gelten die §§ 55, 56 (GmbH) bzw. §§ 69 ff (AG, KGaA, SE).

[112] Kallmeyer/*Marsch-Barner* § 122c Rdnr. 14; Schmitt/Hörtnagl/Stratz/*Hörtnagl* § 122c Rdnr. 17; Sagasser/Bula/Brunger/*Gutkès*, § 13 Rdnr. 70.

[113] S. u. Rdnr. 136 ff.

[114] So z. B. *Heckschen* DNotZ 2007, 444, 456; *Klein* RNotZ 2007, 565, 581; so wohl auch Schmitt/Hörtnagl/Stratz/*Hörtnagl* § 122c Rdnr. 19.

[115] Kallmeyer/*Willemsen* § 122c Rdnr. 16; Widmann/Mayer/*D. Mayer* § 122c Rdnr. 97 f.; Semler/Stengel/*Drinhausen* § 122c Rdnr. 21.

Für die (notarielle) **Praxis** empfiehlt sich daher, bis zur höchstrichterlichen Klärung dieser Frage zum sicheren Weg zu raten und den Standard einzuhalten, der von § 5 Abs. 1 Nr. 9 für die inländische Verschmelzung gefordert wird.[116]

(5) Zeitpunkt der Gewinnbeteiligung (§ 122c Abs. 2 Nr. 5). Wie bei der inländischen Verschmelzung ist auch bei der grenzüberschreitenden Verschmelzung der Zeitpunkt anzugeben, ab dem die Anteilsinhaber der übertragenden Gesellschaft am Gewinn der übernehmenden Gesellschaft partizipieren.[117] Dieser kann frei festgelegt werden.[118] Häufig fällt er mit dem Verschmelzungsstichtag zusammen. 58

(6) Verschmelzungsstichtag (§ 122c Abs. 2 Nr. 6). Die Angabe des Verschmelzungsstichtags gehört ebenfalls zum **Mindestinhalt** des Verschmelzungsplans. Verschmelzungsstichtag ist der Tag, von dem an die Handlungen der ausländischen übertragenden Gesellschaft(en) (unter dem Gesichtspunkt der Rechnungslegung[119]) als für Rechnung der übernehmenden Gesellschaft vorgenommen werden. Bei einer inländischen Verschmelzung ist dies i. d. R. der Stichtag der Schlussbilanz im Sinne des § 17 Abs. 2.[120] Bei der **ausländischen** übertragenden Gesellschaft gibt das auf sie anwendbare Recht vor, welchen Spielraum sie für die Festlegung des Verschmelzungsstichtages und dessen Abbildung im Verschmelzungsplan hat.[121] 59

Spätester Zeitpunkt für einen Verschmelzungsstichtag ist das Wirksamwerden der Verschmelzung.[122]

Mit der Kodifizierung der Regeln für die grenzüberschreitende Verschmelzung wurden neue, wirtschaftlich notwendige, aber für die Beteiligten (Gesellschaften, Berater, Notare, Registergerichte) nicht unbedingt einfachere Wege beschritten. Das Verständnis für den „Blick über die Grenze", also das Verständnis für die Anforderung der ausländischen Rechtsordnung muss vielfach erst noch wachsen. Deshalb sollten **variable Stichtagsregelungen** im Verschmelzungsplan vereinbart werden, um flexibel auf die mit dem Eintragungsverfahren verbundenen Unwägbarkeiten bei der grenzüberschreitenden Verschmelzung reagieren zu können.[123] 60

(7) Gewährung von Sonderrechten und -vorteilen (§ 122c Abs. 2 Nrn. 7 und 8). Ebenso wie bei der inländischen Verschmelzung[124] sind im Verschmelzungsplan gewährte Sonderrechte und Sondervorteile anzugeben, die die übernehmende Gesellschaft den Gesellschaftern der übertragenden Gesellschaft gewährt. Diesbezüglich ergeben sich bei der grenzüberschreitenden Verschmelzung keine Besonderheiten im Vergleich zur reinen inländischen Verschmelzung, mit der Ausnahme, dass nicht nur die einzelnen Gesellschaftern gewährten Sonderrechte, sondern auch die allen Gesellschaftern eingeräumten Sonderrechte erwähnt werden müssen.[125] 61

Anzugeben sind vorsichtshalber – obwohl der Wortlaut des § 122c Abs. 2 Nrn. 7 u. 8 dies nicht ausdrücklich verlangt – die für die genannten Personenkreise vorgeschriebenen Maßnahmen[126] der aufnehmenden Gesellschaft (§ 122c Abs. 2 Nr. 9).

(8) Inhalt der Satzung der aufnehmenden Gesellschaft (§ 122c). Anders als bei der inländischen Verschmelzung ist bei der grenzüberschreitenden Verschmelzung **Bestandteil des Verschmelzungsplans** auch die **Satzung** der übernehmenden Gesellschaft. Bei der innerstaatlichen Verschmelzung ist dies nur bei der Verschmelzung zur Neugründung der Fall (§ 37). 62

Unklar ist, welche Satzung dem Verschmelzungsplan beizufügen ist: die im Zeitpunkt des Abschlusses des Verschmelzungsplans geltende oder die mit Wirksamwerden (Eintragung

---

116 S. o. § 22 Rdnr. 118 ff.
117 S. o. § 22 Rdnr. 112.
118 Lutter/*Drygalla* § 5 Rdnr. 41 m. w. N.
119 Kallmeyer/*Müller* § 122c Rdnr. 22; Schmitt/Hörtnagl/Stratz/*Hörtnagl* Rdnr. 21.
120 S. Kallmeyer/*Müller* § 122c Rdnr. 22.
121 Zur Bestimmung des auf die ausländische Gesellschaft anwendbaren Rechts s. o. Rdnr. 7.
122 Lutter/*Bayer* § 122c Rdnr. 22; Kallmeyer/*Müller* § 122c Rdnr. 22; Semler/Stengel/*Drinhausen* § 122c Rdnr. 24.
123 So auch Kallmeyer/*Marsch-Barner* § 122c Rdnr. 22.
124 S. o. § 22 Rdnr. 116 ff.
125 Widmann/Mayer/*D. Mayer* § 122c Rdnr. 111; Lutter/*Bayer* § 122c Rdnr. 23; Kallmeyer/*Marsch-Barner* § 122c Rdnr. 24.
126 Lutter/*Bayer* § 122c Rdnr. 24; Widmann/Mayer/*D. Mayer* § 122c Rdnr. 120; Kallmeyer/*Marsch-Barner* § 122c Rdnr. 26; Schmitt/Hörtnagl/Stratz/*Hörtnagl* § 122c Rdnr. 26.

der Verschmelzung bei der übernehmenden) Gesellschaft (§§ 122 a, 20) geltende Satzung. Richtiger Ansicht[127] nach ist nicht die Satzung der übernehmenden Gesellschaft beizufügen, die bei Aufstellung des Verschmelzungsplans gilt – sie dient lediglich Informationszwecken – sondern die, die mit Wirksamwerden der Verschmelzung für die Anteilinhaber der übertragenden Gesellschaft verbindlich wird und die sie deshalb vorab kennen müssen. Denn mit der Aufnahme der Satzung als integralem Bestandteil des Verschmelzungsplanes erfasst die anschließende Zustimmung zum Verschmelzungsplan der Gesellschafterversammlung der Anteilseigener der übertragenden Gesellschaft zugleich die künftige „Verdinglichung" ihrer Gesellschafterrechte durch den Inhalt der bei der übernehmenden Gesellschaft geltenden Satzung. Wegen dieser Unklarheiten nimmt die **Praxis** aus Vorsichtsgründen (bestehende und künftige) Satzung (als Anlage) zum Verschmelzungsplan.[128]

In der **Praxis**[129] wird der vollständige Wortlaut der Satzung in der Regel wegen der leichteren Lesbarkeit des Verschmelzungsplanes nicht textlicher Bestandteil des Verschmelzungsplanes. Sie wird, um eine Überfrachtung des Verschmelzungsplanes zu verhindern, als bei Beurkundung mit zu verlesende und damit beurkundendete Anlage (vgl. unten) beigefügt. Sie kann aber – für innerstaatliche Zwecke –[130] auch als separate notarielle Urkunde erstellt und mittels der Verweisungstechnik des § 13 a BeurkG zum Bestandteil des Verschmelzungsplans gemacht werden.

63 *(9) Arbeitnehmerbeteiligung.* Der Verschmelzungsplan hat (ggf.)[131] auch Angaben zu dem Verfahren zu enthalten, nach dem die Einzelheiten über die Beteiligung der Arbeitnehmer an der Festlegung ihrer Mitbestimmungsrechte in der aus der grenzüberschreitenden Verschmelzung hervorgehenden Gesellschaft geregelt werden. Dies könnte zunächst so verstanden werden, dass diese Angaben lediglich bei der Verschmelzung durch Neugründung erforderlich sind. Denn nach inländischem Verständnis der Verschmelzung geht aus der Verschmelzung zur Aufnahme keine neue Gesellschaft hervor, sondern die alte Gesellschaft bleibt bestehen, sie wird nur zusätzlich bereichert durch die Aktiva und Passiva der übertragenden Gesellschaft. Indes gilt diese Bestimmung auch für die Verschmelzung zur Aufnahme.[132] Sinn und Zweck dieser Bestimmung ist nicht, die Arbeitnehmer, sondern die Anteilsinhaber über das konkrete Verfahren der Mitbestimmung zu informieren.[133]

64 Die Regeln, nach denen das Arbeitnehmerbeteiligungsverfahren zur Festlegung des in der aus der grenzüberschreitenden Verschmelzung hervorgehenden Gesellschaft geltenden Mitbestimmungsregimes durchzuführen ist, legt das MgVG[134] fest. Danach gilt: Grundsätzlich unterliegt die aufnehmende inländische Gesellschaft den inländischen Regelungen über die Mitbestimmung der Arbeitnehmer in den Unternehmensorganen. Unter folgenden Voraussetzungen (vgl. 34 MgVG), unterliegt die aufnehmende Gesellschaft dem Sondermitbestimmungsrecht des MgVG:[135]

Eine grenzüberschreitende Verschmelzung (§ 122 a Abs. 1) im Wege der Aufnahme oder durch Neugründung einer inländischen Gesellschaft liegt vor **und** einer der Tatbestände des § 5 MgVG ist erfüllt.[136]

Im Regelfall wird der **Notar** für diese Fragen einen sachkundigen Berater hinzuziehen müssen.

[127] Widmann/Mayer/*D. Mayer* § 122 c Rdnr. 120.

[128] Widmann/Mayer/*D. Mayer* § 122 c Rdnr. 121.

[129] So schon in der Regel bei der inländische Verschmelzung durch Neugründung s. Widmann/Mayer/*D. Mayer* § 36 Rdnr. 46.

[130] Abzustimmen wäre dann, ob aus der Sicht der ausländischen Rechtsordnung dann noch von einem einheitlichen Verschmelzungsplan gesprochen werden kann.

[131] Zu den Ausnahmen s. u. Rdnr. 65.

[132] Allg. Meinung statt vieler: Lutter/*Bayer* § 122 c UmwG Rdnr. 19; Kallmeyer/*Willemsen* vor § 322 UmwG Rdnr. 100.

[133] KölnKommUmwG/*Simon/Rubner* § 122 c Rdnr. 22 f.

[134] Gesetz über die Mitbestimmung der Arbeitnehmer bei einer grenzüberschreitenden Verschmelzung BGBl 2006 S. 3332.

[135] Weitere Einzelheiten z. B. bei Kallmeyer/*Willemsen* vor § 322 UmwG Rdnr. 99.

[136] Zu den Einzelheiten s. etwa Kallmeyer/*Willemsen* vor § 322 UmwG Rdnr. 101 ff.; Lutter/*Bayer* § 122 c UmwG Rdnr. 25 a.

Liegen diese Voraussetzungen nicht vor, oder sind alle beteiligten Gesellschaften arbeitnehmerlos, oder unterliegt die aufnehmende Gesellschaft der Mitbestimmung nicht, sind Angaben zu dem Verfahren entbehrlich.[137] Teilweise wird vertreten, dass die Angaben ferner entbehrlich sind, wenn das Verhandlungsverfahren bereits abgeschlossen ist.[138] Der Verschmelzungsplan sollte das Fehlen der Angaben kurz **begründen,** damit alle an der grenzüberschreitenden Verschmelzung Beteiligten (insbesondere das Registergericht) erkennen, dass die Angaben nicht versehentlich vergessen wurden. 65

Nicht eindeutig ist, wie konkret die Anteilsinhaber über das einzuhaltende Verfahren zur Bestimmung des Mitbestimmungsregimes zu unterrichten sind. Die Auffassungen reichen von der Darstellung der Grundzüge des Verfahrens bzw. eines evtl. bei Aufstellung des Verschmelzungsplanes bereits vorliegenden Verhandlungs- oder Verfahrensergebnisses.[139] Der für den **Notar** sicherste Weg ist daher die weitergehende Auffassung zu beachten. 66

(10) Bewertung des Aktiv- und Passivvermögens der übertragenden Gesellschaft (§ 122c Abs. 2 Nr. 11). Ferner verlangt das Gesetz Angaben zur Bewertung des Aktiv- und Passivvermögens, das auf den übernehmenden Rechtsträger übertragen wird. Hierunter werden **Angaben** verstanden, die festlegen, zu welchen **Wertansätzen** das Vermögen der übertragenden Gesellschaft in das Rechnungswesen der übernehmenden Gesellschaft bilanziell übernommen werden soll.[140] Es ist also keineswegs eine Unternehmensbewertung des übertragenden Rechtsträgers darzustellen, auch nicht ein konkreter Wertansatz für die übertragenen Aktiv- und Passivpositionen anzugeben. Vielmehr genügt die Angabe der Methode,[141] wie bewertet wird, also z. B. die Bewertung zu Anschaffungskosten, oder zu Buchwerten.[142] Offen ist, ob es auch genügt, im Verschmelzungsplan lediglich anzugeben, dass die endgültige Bewertung erst im Zusammenhang mit der Feststellung des Jahresabschlusses der aufnehmenden Gesellschaft erfolgen wird.[143] 67

(11) Stichtag der Bilanzen (§ 122c Abs. 2 Nr. 12). Zwingend im Verschmelzungsplan anzugeben sind auch die Stichtage der Bilanzen der (unmittelbar)[144] an der Verschmelzung beteiligten Gesellschaften. Die Bilanzen selbst sind dem Verschmelzungsplan nicht beizufügen.[145] Es kommen nur die Bilanzen in Frage, die zur Festlegung der Bedingungen der Verschmelzung verwendet werden. 68

Was unter „zur Festlegung der Bedingungen der Verschmelzung" zu verstehen ist, ist nicht eindeutig. Das Gesetz spricht von Bilanzen, nicht von Jahresabschlüssen. Welche Bilanzen dies sind, lässt sich wohl nicht immer zweifelsfrei bestimmen. Unstrittig gehört zu diesen Bilanzen die Schlussbilanz des übertragenden Rechtsträgers, etwa wenn Verschmelzungsstichtag der nächste Tag ist, oder die aufnehmende Gesellschaft von der Buchwertverknüpfung zulässigerweise Gebrauch macht.[146] 69

[137] Kallmeyer/*Willemsen* § 122c Rdnr. 27.

[138] Semler/Stengel/*Drinhausen* § 122c Rdnr. 31; Schmitt/Hörtnagl/Stratz/*Hörtnagl* § 122c Rdnr. 27; a. A. Kallmeyer/*Willemsen* § 122c Rdnr. 29.

[139] Kallmeyer/*Willemsen* § 122c Rdnr. 28 ff.; *Klein* RNotZ 2007, 565, 582, nach KölnKommUmwG/*Simon/Rubner* § 122c Rdnr. 23, 27 f. hingegen sollen diese Angaben so konkret wie möglich sein; ähnlich *H-F Müller* ZIP 2007, 1081, 1084.

[140] Kallmeyer/*Müller* § 122c Rdnr. 31; Lutter/*Bayer* § 122c Rdnr. 26; Widmann/Mayer/*D. Mayer* § 122c Rdnr. 138; Semler/Stengel/*Drinhausen* § 122c Rdnr. 35; KölnKommUmwG/*Simon/Rubner* § 122c Rdnr. 30.

[141] Kallmeyer/*Müller* § 122c Rdnr. 32 f.; Lutter/*Bayer* § 122c Rdnr. 26; Semler/Stengel/*Drinhausen* § 122c Rdnr. 35.

[142] S. a. Kallmeyer/*Müller* § 122c Rdnr. 32.

[143] Bejahend: KölnKommUmwG/*Simon/Rubner* § 122c Rdnr. 31, Schmitt/Hörtnagl/Stratz/*Hörtnagl* § 122c Rdnr. 32; *Limmer* ZNotP 2007, 242, 255; skeptisch: Kallmeyer/*Müller* § 122c Rdnr. 34 unter Hinweis auf das Zustimmungsbedürfnis der Anteilsinhaber; ebenso Lutter/*Bayer* § 122c Rdnr. 27; Semler/Stengel/*Drinhausen*§ 122c Rdnr. 36.

[144] Kallmeyer/*Müller* § 122c Rdnr. 37 also keine Bilanzen von Mutter-, Tochter- oder Enkelgesellschaften der beteiligten Gesellschaften.

[145] Kallmeyer/*Müller* § 122c Rdnr. 36; Lutter/*Bayer* § 122c Rdnr. 28; Widmann/Mayer/*D. Mayer* § 122c Rdnr. 139; Semler/Stengel/*Drinhausen* § 122c Rdnr. 37.

[146] Kallmeyer/*Müller* § 122c Rdnr. 38; KölnKommUmwG/*Simon/Rubner* § 122c Rdnr. 32; Semler/Stengel/*Drinhausen* § 122c Rdnr. 37; Schmitt/Hörtnagl/Stratz/*Hörtnagl* § 122c Rdnr. 34.

70 Die Vorschrift betrifft aber auch die aufnehmende Gesellschaft.[147] Anzugeben ist der Stichtag der Bilanzen, ab dem die Gesellschafter der übertragenden Gesellschaft gleichberechtigt sind, oder ihnen besondere Vorteile gewährt wurden.[148] Teilweise wird auch die Angabe des Stichtags der letzten Bilanz vor der Aufstellung des Verschmelzungsplanes verlangt und die Angabe des Stichtags der Bilanz, die voraussichtlich den durch die Verschmelzung bewirkten Vermögensübergang abbildet.[149]

71 *dd) Zuleitung an den Betriebsrat.* Offen ist, ob der Verschmelzungsplan – wie bei der inländischen Verschmelzung – vier Wochen vor Beschlussfassung durch die Anteilsinhaber der (inländischen) Gesellschafter dem Betriebsrat der inländischen Gesellschaft zuzuleiten ist.[150] Die überwiegende Meinung verneint dies mit Recht.[151] Hätte der Gesetzgeber eine Zuleitung des Verschmelzungsplans an den **Betriebsrat** gewollt, hätte er dies ebenso geregelt wie er dies für die Zuleitung des Verschmelzungsberichts an den Betriebsrat. Dies ist aber nicht der Fall. Vereinzelt wird dennoch empfohlen, aus Gründen äußerster Vorsicht, dem Betriebsrat den Plan vorzulegen.[152] Das Verschmelzungsverfahren wird dadurch nicht verzögert. Denn diese Vorlage kann gemeinsam mit der Einreichung des Verschmelzungsplans zum Registergericht zum Zwecke der Bekanntmachung des Verschmelzungsplans gem. § 122d erfolgen. In beiden Fällen läuft eine Vier-Wochen-Frist.[153]

72 *ee) Ausnahmen bei Mutter-Tochter-Verschmelzungen (§ 122c Abs. 3).* Angaben über den Umtausch der Anteile (Umtauschverhältnis (§ 122c Abs. 2 Nr. 2) Einzelheiten hinsichtlich der Übertragung der Anteile, (§ 122c Abs. 2 Nr. 3), sowie Zeitpunkt der Gewinnbezugsberechtigung (§ 122c Abs. 2 Nr. 4) entfallen in den Fällen, in denen sich alle Anteile an der übertragenden Gesellschaft in der Hand der übernehmenden Gesellschaft befinden („upstream-merger"), allerdings nur, soweit sie diese übertragende Gesellschaft betreffen.[154]

73 *ff) Notarielle Beurkundung des Verschmelzungsplans. (1) Texterstellung.* Das Gesetz verlangt, dass die Vertretungsorgane der beteiligten Gesellschaften „zusammen" einen gemeinsamen Verschmelzungsplan ausstellen (§ 122c Abs. 1). Die Vertretungsorgane müssen also bei der Erstellung eines einheitlichen Textes für den (gemeinsamen) Verschmelzungsplan zusammenwirken. Eine der beteiligten Gesellschaften stellt einen aus der Sicht ihrer nationalen Rechtsordnung, die Umsetzung der VRL beachtende Vorschriften, den Entwurf eines Verschmelzungsplans auf, dem die andere Gesellschaft die Elemente hinzufügt, die ihre Rechtsordnung vorschreibt.

74 Zu bedenken ist, dass nicht ohne weiteres davon ausgegangen werden kann, dass die Rechtsordnungen sämtlicher Mitgliedstaaten der EU/des EWR bei der Umsetzung der VRL in ihr nationales Recht einen in jedem dieser Staaten identischen Katalog von Voraussetzungen für die inhaltliche Erstellung des Verschmelzungsplans aufgestellt haben. Es ist vielmehr grundsätzlich davon auszugehen, dass bei der Umsetzung der VRL auch die dabei schon bestehenden Besonderheiten der betreffenden Rechtsordnung Eingang in das nationale Umsetzungsgesetz gefunden haben, also mit Abweichungen oder zusätzlichen Anforderungen zum eigenen (inländischen) nationalen Recht zu rechnen ist, wie dies auch umgekehrt der Fall ist. Dies führt gelegentlich zu Herausforderungen bei der textlichen Harmonisierung des Planentwurfs (typisch sind z. B. Redundanzen, unterschiedliche Begrifflichkeiten und Konzepte).

75 Erschwerend kommt hinzu, dass die Elemente der fremden Rechtsordnung in die deutsche Sprache übersetzt werden müssen wie auch umgekehrt (§ 184 GVG). Hier ist besondere Sorgfalt zu verwenden. Denn eine ungenaue Übersetzung könnte dazu führen, dass der entsprechende Teil des Verschmelzungsplans nicht mehr als übereinstimmend angesehen

[147] KölnKommUmwG/*Simon/Rubner* § 122c Rdnr. 33; Schmitt/Hörtnagl/Stratz/*Hörtnagl* § 122c Rdnr. 34.

[148] Kallmeyer/*Müller* § 122c Rdnr. 38.

[149] Schmitt/Hörtnagl/Stratz/*Hörtnagl* § 122c Rdnr. 34; kritisch: KölnKommUmwG/*Simon/Rubner* § 122c Rdnr. 33.

[150] So etwa *Drinhausen/Keinath* BB 2006, 725 (727); *Krause/Kulpa* ZHR 171 (2007), 38, 60f.

[151] S. Lutter/*Bayer* § 122c Rdnr. 32; Kallmeyer/*Willemsen* § 122c Rdnr. 18; Widmann/Mayer/*D. Mayer* § 122c Rdnr. 29, 31 jeweils m. w. N.

[152] Kallmeyer/*Willemsen* § 122c Rdnr. 19.

[153] S. u. Rdnr. 86, 101.

[154] § 122a Abs. 2, 5 Abs. 2.

wird und es diesbezüglich an einem gemeinsamen Verschmelzungsplan fehlt. Dabei besteht das Risiko, dass das inländische Register bei seiner Prüfung, ob die Anteilsinhaber aller beteiligten Gesellschaften einem gleichlautenden Verschmelzungsplan zugestimmt haben (§ 122c Abs. 2), mangels „Gleichlaut" des Plans die Eintragung der Verschmelzung bzw. die Erteilung der Verschmelzungsbescheinigung (wenn die übertragende Gesellschaft eine deutsche ist) zurückweist.[155]

Die **Praxis** verwendet daher besondere Sorgfalt bei der Auswahl des Übersetzers für den 76
fremdsprachigen Teil des Verschmelzungsplans. Es werden solche präferiert, die bei der Übersetzung der fremden Rechtsterminologie in die inländische Sprache auch ein Gefühl für das dahinter stehende Konzept der fremden Rechtsordnung mitbringen.

(2) Beurkundungsverfahren. Der Verschmelzungsplan ist kein Vertrag, sondern ein gesell- 77
schaftsrechtlicher Organisationsakt mit satzungsähnlichem Charakter.[156] Dieser Akt muss daher (zumindest aus inländischer Sicht) notariell beurkundet werden (§ 122c Abs. 4). Erst die Beurkundung verleiht ihm die nötige Wirksamkeit. Damit ist das Beurkundungsverfahren von Willenserklärungen gemeint (§ 9ff. BeurkG), nicht die bloße Unterschriftsbeglaubigung, auch nicht die Beurkundung als Tatsachenprotokoll (§ 46 BeurkG).

Diese Art Plan ist nicht mit dem Plan inländischer Maßnahmen des UmwG zu verwech- 78
seln (z.B. bei der Spaltung durch Neugründung (§ 135)). Dort handelt es sich um einen einseitigen gesellschaftsrechtlichen Organisationsakt des sich spaltenden Rechtsträgers. Daraus könnte geschlossen werden, dass bei der grenzüberschreitenden Verschmelzung jede Gesellschaft für sich den (gleichlautenden) Plan aufstellt. Indes verlangt das Gesetz nicht nur einen gemeinsamen, also textlich gleichlautenden, Verschmelzungsplan, sondern zudem, dass dieser Verschmelzungsplan von den Vertretungsorganen der beteiligten Gesellschaften „zusammen" aufgestellt wird. Daraus ist zu folgern, dass die Vertretungsorgane sämtlicher Gesellschaften bei **gleichzeitiger Anwesenheit** vor dem (inländischen) Notar[157] an dem inländischen Aufstellungsverfahren durch Beurkundung, das dem Verschmelzungsplan Wirkung verleiht, mitwirken müssen.[158]

Die Vertretungsorgane der beteiligten Gesellschaften müssen **nicht höchstpersönlich** vor 79
dem Notar erscheinen, Vertretung ist aus inländischer Sicht zulässig; für die ausländische Gesellschaft entscheidet diese Frage deren Gesellschaftsstatut. Die Vollmacht bedarf aus inländischer Sicht keiner Form. Aus Nachweisgründen – insbesondere dem inländischen Registergericht gegenüber – erfolgt sie in der Regel schriftlich (§ 126 BGB). Auf den Nachweis der Vertretung der Organe ist zu achten. Die ausländischen Nachweise sind im Regelfall zu übersetzen und zu legalisieren.[159]

Ob eine **Vertretung ohne Vertretungsmacht** bei Erstellung des Verschmelzungsplanes aus inländischer rechtlich zulässig ist, hängt davon ab, ob nach inländischem Recht auf die Planerstellung durch Organisationsakt die dies bezüglichen Regeln über die Vertretung ohne Vertretungsmacht bei der Abgabe und Entgegennahme von Willenserklärungen entsprechend anwendbar sind, was anzunehmen ist,[160] ferner, ob die Rechtsordnung der ausländischen Gesellschaft dies ebenso bezüglich der Vertretung ihrer Gesellschaft zulässt und die Vertretung durch Vertreter ohne Vertretungsmacht der inländischen Gesellschaft anerkennt. Denn sonst kann von einer (wirksamen) gemeinsamen Aufstellung des Verschmelzungsplans nicht ausgegangen werden.

Sieht das Recht der ausländischen übertragenden Gesellschaft eine Beurkundung des Ver- 80
schmelzungsplans nicht vor oder verlangt es ein anderes, strengeres Verfahren, so hat dies keine Auswirkung auf das Formerfordernis für die inländische Gesellschaft. Für diese gilt zwingend das Formerfordernis des § 122c Abs. 4. Dennoch ist unbedenklich, wenn die aus-

155 S.u. Rdnr. 137ff.

156 Kallmeyer/*Müller* § 122c UmwG Rdnr. 35.

157 Schmitt/Hörtnagl/Stratz/*Hörtnagl* § 122c Rdnr. 41.

158 A.A. KölnKommUmwG/*Simon/Rubner* § 122c Rdnr. 36, die auch die getrennte Aufstellung des Verschmelzungsplanes für rechtlich zulässig erachten.

159 S.o. Rdnr. 43ff.

160 S. OLG München RNotZ 2011, 35; OLG Celle NZG 2007, 391; OLG Frankfurt NZG 2003, 438.

ländische übertragende Gesellschaft gemeinsam mit der übernehmenden inländischen Gesellschaft für Zwecke des Sitzstaates des ausländischen Rechtsträgers zusätzlich einen textlich identischen, nicht oder anders beurkundeten Verschmelzungsplan aufstellt, wenn der ausländische Staat (nur) diese Form akzeptiert. Denn der VRL sieht eine Beurkundung des Verschmelzungsplans nicht vor, überlässt also die Formerfordernisse für den Verschmelzungsplan der jeweiligen, auf jede beteiligte Gesellschaft anwendbare Rechtsordnung. Deshalb verbietet sich eine Übertragung der ausländischen Formerfordernisse auf die ausländische Gesellschaft für die Zwecke ihres Staates. Dies widerspricht auch nicht der Vereinigungslehre, wonach sich die strengste Rechtsordnung durchsetzt. Damit ist nur gemeint, dass die Anforderungen der strengsten Rechtsanordnung auch – bezogen auf die Gesellschaft – zu berücksichtigen sind und nicht, dass die mildere Rechtsordnung auch für die Gesellschaft der strengsten Rechtsordnung die Standards diktiert (wie auch nicht umgekehrt).

Sehen beide Staaten notarielle Beurkundung des Verschmelzungsplanes vor, fragt sich, ob der ausländische Sitzstaat die deutsche Beurkundung akzeptiert und umgekehrt (wenn im ausländischen Sitzstaat beurkundet worden ist) ob das Inland die **ausländische Beurkundung** anerkennt.

81 Für Strukturmaßnahmen, wie Verschmelzungen, hält die wohl herrschende Meinung im Inland eine Auslandsbeurkundung nicht für gleichwertig, sodass ein im Ausland beurkundeter Verschmelzungsplan im Inland erneut beurkundet werden müsste.[161] Die **Praxis** löst dieses Problem dadurch, dass sie bei dem zuständigen inländischen Registergericht vorher nachfragt, ob es eine Auslandsbeurkundung akzeptiert. Ist das der Fall, heilt die Eintragung der Verschmelzung einen eventuellen Mangel der Form (s. §§ 122 a, 20).

82 *(3) Aufgaben des Notars.* Ohne die Einschaltung eines **Notars** lässt sich eine grenzüberschreitende Verschmelzung unter Beteiligung einer inländischen Gesellschaft nicht umsetzen. Denn nicht der Verschmelzungsplan, sondern auch die mit der Verschmelzung verbundenen Kapitalmaßnahmen, eventuell Verzichtserklärung und Anmeldungen bedürfen der Begleitung durch den Notar (vgl. z. B. §§ 122 a, 55, 69 Abs. 3 § 2 Abs. 3, 16).

Das klingt eher überschaubar, kann der Notar doch im Wesentlichen auf seine Erfahrungen im nationalen Verschmelzungsrecht zurückgreifen, gilt aber nur eingeschränkt: Denn bei der grenzüberschreitenden Verschmelzung dominiert nicht das ihm vertraute inländische Recht. Die VRL, die der deutsche Gesetzgeber in den §§ 122 a–122 f umgesetzt hat, ist von dem Gedanken geprägt, dass alle EU/EWR Rechtsordnungen gleichberechtigt nebeneinander stehen und deren Verfahren berücksichtigt werden müssen (Vereinigungstheorie). Dies kommt vor allem in der gemeinsamen Erstellung des Verschmelzungsplans zum Ausdruck, aber auch darin, dass das inländische Registergericht bei der Hereinverschmelzung das vorgeschaltete Verfahren im ausländischen Staat durch die Verschmelzungsbescheinigung (§ 122 k) akzeptieren muss, also nicht mehr hinterfragen darf.[162] Ohne Zusammenarbeit mit einem in der fremden Rechtsordnung bewanderten Kollegen wird der Notar nicht auskommen. Diesbezüglich muss er sich auf das von diesem Vorgegebene verlassen, trägt aber das Vollzugsrisiko. Zwar muss er über ausländisches Recht bei der Beurkundung nicht belehren;[163] will er sich schützen, kommt er nicht umhin, einen (zulässigen) Haftungsausschluss für die Berücksichtigung des ausländischen Rechts zu vereinbaren.

83 *(4) Sprache.* Die VRL enthält keine Vorgaben darüber, in welcher Sprache der Verschmelzungsplan aufzustellen ist. Urkunden werden im Inland in deutscher Sprache (§ 5 Abs. 1 BeurkG) errichtet. Ist der Notar der fremden Sprache hinreichend kundig, in der er stattdessen die Urkunde auf Verlangen der Beteiligten errichten soll, kann auch in dieser Sprache beurkundet werden (§ 5 Abs. 2 BeurkG).

Die Sprache des Registerverfahrens ist deutsch (§ 184 GVG). Zur Vorlage beim Handelsregister müssen alle Verschmelzungsdokumente – wenn sie nicht in deutscher Sprache verfasst sind – übersetzt werden. Diese Übersetzung kann auch der diese Dokumente beurkundende Notar (§ 50 Abs. 1 BeurkG) vornehmen.

---

[161] Vgl. Widmann/Meyer/*Heckschen* § 6 UmwG Rdnr. 51 ff.

[162] S. u. Rdnr. 134.

[163] §17 Abs. 3 S. 2 BeurkG.

Ist der an der Beurkundung der Verschmelzungdokumente teilnehmende Vertreter der ausländischen Gesellschaft der deutschen Sprache nicht hinreichend kundig, kann der Notar – ohne Beiziehung eines Dolmetschers – diese in die Sprache des Vertretungsorgans übersetzen, soweit er derer hinreichend kundig ist (§ 5 BeurkG). Ist das nicht der Fall, hat er (zwingend) einen Dolmetscher hinzuzuziehen.

In der **Praxis** tritt gehäuft die bilinguale (mehrspaltige)[164] zu beurkundende Fassung des 84
Verschmelzungsplans auf, einmal um eine eventuelle Doppelbeurkundung im anderen Sitzstaat zu vermeiden, zum anderen aber auch, um beim Handelsregister, das zu prüfen hat, ob alle an der Verschmelzung beteiligten Gesellschaften einem gleichlautendem Verschmelzungsvertrag zugestimmt haben (vgl. § 122 l Abs. 2), diesen Nachweis problemlos führen zu können. Es ist dann aber nachweislich für den Registerrichter sicherzustellen, dass beide Sprachversionen inhaltlich identisch sind, etwa dadurch, dass der Notar bestätigt, dass er den deutschen Teil des Verschmelzungsplans in die entsprechende fremde Sprache – so wie in der Nebenspalte niedergelegt übersetzt hat.

Offen ist, wie verfahren werden soll wenn die verschiedenen Sprachversionen des einheit- 85
lichen Verschmelzungsplans voneinander abweichen. Das inländische Recht schweigt hierzu. Ergibt die (nach beiden Rechtsordnungen vorzunehmende) erläuternde oder lückenausfüllende Auslegung des Plans keine Klarheit, liegt in dem strittigen Punkt kein gemeinsamer (Teil des) Verschmelzungsplans vor. Soweit die zwingenden Mindestangaben des Verschmelzungsplans betroffen sind (§ 122 c Abs. 2) darf der Registerrichter dann nicht eintragen. Der Vorschlag, für derartige Fälle im Verschmelzungsplan zu bestimmen, dass eine der Sprachversionen vorgeht,[165] mag für die Eintragung der Verschmelzung im Inland helfen, dürfte aber der Intention der VRL widersprechen. Denn diese verlangt eine gleichlautende Version des Planes. Der Vorrang einer Sprachfassung und damit im Ergebnis möglicherweise des Konzeptes einer EU/EWR-Rechtsordnung geht möglicherweise zu Lasten der anderen Plan-„Partei".

Daraus folgt, dass der entsprechende Teil des Plans neu aufzustellen wäre.

Praktischer ist es deshalb, auf die mehrsprachige Version des Verschmelzungsplanes in einer Urkunde zu verzichten und nur eine deutsche Sprachfassung dem Registergericht einzureichen, die allerdings die beurkundungsverfahrensrechtlich dem sprachunkundigen Beteiligten übersetzt werden muss. Insofern werden Probleme bei der Eintragung vermieden, Übersetzungsabweichungen aber nicht ausgeschaltet.

gg) Bekanntmachung des Verschmelzungsplans (§ 122 d). (1) Einreichung zum Handels- 86
register. Die inländische Gesellschaft hat den Verschmelzungsplan oder dessen Entwurf spätestens **einen Monat** vor der Versammlung ihrer Anteilsinhaber, die den Verschmelzungsbeschluss (§ 13) fast, zum Registergericht einzureichen (§ 122 d S. 1). Das Registergericht hat das Verschmelzungsvorhaben anschließend unter Mitteilung der in § 122 d S. 2 geforderten Angaben bekannt zu machen (§§ 122 d S. 2, 10 HGB).

Die Einreichung (und damit die anschließende Bekanntmachung durch das Registergericht) ist nicht entbehrlich, auch wenn die Gesellschaft die Offenlegung des Verschmelzungsvorhabens auf ihrer Internetseite veröffentlicht.[166]

Die Bekanntmachung ist dem Registergericht inhaltlich zu erleichtern. Deshalb verlangt 87
§ 122 d S. 3 von der einreichenden Gesellschaft, dass die vom Handelsregister bekannt zu machenden Angaben diesem bei Einreichung des Verschmelzungsplans oder seines Entwurfs mitzuteilen sind. Im Einzelnen sind dies

- ein Hinweis darauf, dass der Verschmelzungsplan oder sein Entwurf beim Handelsregister eingereicht worden ist (§ 122 d S. 2 Nr. 1);
- Rechtsform, Firma und Sitz der an der grenzüberschreitenden Verschmelzung beteiligten Gesellschaften (§ 122 d S. 2 Nr. 2);

[164] Dies ist unbedenklich vgl. *Klein* RNotZ 2007, 565, 588.

[165] So KölnKommUmwG/*Simon/Rubner* § 122 c Rdnr. 41; *Klein* RNotZ, 565, 588; Limmer/Limmer, Handbuch der Unternehmensverhandlung, Rdnr. 3085. Nach Widmann/Mayer/*D. Mayer* § 122 c Rdnr. 24 ist im Falle der Verschmelzung auf eine deutsche Gesellschaft bei mehrsprachiger Fassung des Verschmelzungsvertrages der deutschen Fassung der Vorrang einzuräumen.

[166] Kallmeyer/*Marsch-Barner* § 122 d Rdnr. 1.

- die Register, bei denen die an der grenzüberschreitenden Verschmelzung beteiligten Gesellschaften eingetragen sind unter Nennung der jeweiligen Nummer der Eintragung (§ 122d S. 2 Nr. 3). Existiert im fremden Staat kein dem inländischen Register vergleichbares Register, ist dies die Stelle, bei der die ausländische Gesellschaft geführt wird.[167]
- einen Hinweis auf die Modalitäten für die Ausübung Rechte der Gläubiger und der Minderheitsgesellschafter der an der grenzüberschreitenden Verschmelzung beteiligten Gesellschaften sowie die Anschrift, unter der vollständige Auskünfte über diese Modalitäten kostenlos eingeholt werden können (§ 122d S. 2 Nr. 4); Erfasst werden sowohl die Rechte der Gläubiger als auch Minderheitsgesellschaft der inländischen als auch der ausländischen beteiligten Gesellschaft.[168] Bei der Hereinverschmelzung lassen sich die Gläubigerrechte nach dem in den §§ 122a, 22 vorgesehene Verfahren ermitteln.[169] Dem Schutz der Minderheitsgesellschafter der übernehmenden Gesellschaft dienen die Regelungen in §§ 122a, 29.[170]

88 Die Hinweise haben nicht nur die Vorschriften zu nennen, nach denen die Rechte geltend zu machen sind, sondern müssen eine kurze **prägnante Erläuterung**[171] enthalten und wie die Rechte geltend zu machen sind.[172] Die Anschrift – mit ihr ist die Postanschrift gemeint, nicht eine E-Mail Anschrift[173] – muss keine gemeinsame Anschrift aller beteiligten Gesellschaften sein, eine einzige genügt, soweit sichergestellt ist, dass die alle Gesellschaften betreffenden Angaben dort abgefragt werden können.[174] Teilweise wird gefordert, dass – obwohl das Gesetz dazu keine Angaben macht – (auch) eine inländische Geschäftsanschrift anzugeben ist.[175]

89 **Einzureichen** ist der Verschmelzungsplan/Entwurf von der **übernehmenden Gesellschaft.** Eine Einreichung durch die Vertretungsorgane dieser Gesellschaft wird nicht verlangt, möglich ist auch die Einreichung durch (stillschweigend) Bevollmächtigte, wie etwa den Notar. Entsprechendes gilt für die Mitteilung der zu veröffentlichenden Angaben.

Ändert sich der Verschmelzungsplan oder dessen Entwurf nach Einreichung, ist unverzüglich die geänderte Fassung einzureichen. Dies dürfte nicht gelten, wenn es sich lediglich um redaktionelle Änderungen handelt oder um eine Schreibfehlerberichtigung. Wird hingegen das Verschmelzungsvorhaben gänzlich aufgegeben, verlangt das Gesetz eine diesbezügliche Mitteilung an das Gericht zur Bekanntmachung nicht. Der Gesellschaft bleibt es dann überlassen, wie sie die Gläubiger, die sich bei ihr gemeldet haben, in Kenntnis setzt.

Die Anteilsinhaber der inländischen Gesellschaft können erst dann über die Zustimmung zum Verschmelzungsplan (§ 13) beschließen, wenn der gemeinsam beurkundete Verschmelzungsplan oder sein Entwurf zum Register eingereicht und seit der Einreichung mindestens ein Monat verstrichen ist.[176]

90 **Zuständiges Register** für die Einreichung ist das Register des Amtsgerichts, in dem die inländische Gesellschaft ihren Satzungssitz hat. Diese Regelung betrifft nur die an der grenzüberschreitenden Verschmelzung beteiligte inländische Gesellschaft und deren Gesellschafter, nicht die der beteiligten ausländischen Gesellschaft.

---

167 Schmitt/Hörtnagl/Stratz/*Hörtnagl* § 122d Rdnr. 16.

168 Widmann/Mayer/*D. Mayer* § 122d Rdnr. 13; Semler/Stengel/*Drinhausen* § 122d Rdnr. 18; Schmitt/Hörtnagl/Stratz/*Hörtnagl* § 122d Rdnr. 17.

169 S. o. § 22 Rdnr. 52f.

170 Die Minderheitenrechte gemäß §§ 122h und 122 sind dann anzugeben, wenn die inländische Gesellschaft die übertragende Gesellschaft ist.

171 So Kallmeyer/*Marsch-Barner* § 122d Rdnr. 2.

172 Widmann/Mayer/*Mayer* § 122d Rdnr. 17.

173 Kallmeyer/*Marsch-Barner* § 122 Rdnr. 2; KölnKommUmwG/*Simon/Rubner* § 122d Rdnr. 15; Semler/Stengel/*Drinhausen* § 122d Rdnr. 18; Schmitt/Hörtnagl/Stratz/*Hörtnagl* § 122d Rdnr. 22.

174 KölnKommUmwG/*Simon/Rubner* § 122d Rdnr. 13; Semler/Stengel/*Drinhausen* § 122d Rdnr. 18; Kallmeyer/*Marsch-Barner* § 122d Rdnr. 2.

175 KölnKommUmwG/*Simon/Rubner* § 122d Rdnr. 14.

176 Diesbezüglich hat der deutsche Gesetzgeber die VRL nicht genau umgesetzt. Die VRL legt fest, dass der Beschluss erst gefasst werden darf, wenn seit Bekanntmachung mindestens ein Monat verstrichen ist (vgl. Art. 6 Abs. 1 VRL). Die Entscheidung des deutschen Gesetzgebers ist aber insofern konsequent, als dem UmwG zu entnehmen ist, dass die Dauer der Bearbeitungszeiten der Registergerichte nicht zu Lasten der Beteiligten gehen soll. So reicht z. B. für die Einhaltung der „8-Monats-Frist" (s. § 17 Abs. 2) die Anmeldung und nicht die Eintragung im Register.

Die **Einreichung** erfolgt elektronisch (§ 12 HGB) entweder direkt von der Gesellschaft oder über einen Notar. Sie muss nicht von den Vertretungsorganen eingereicht werden, Bevollmächtigung reicht aus. Für die Einreichung des Verschmelzungsplanentwurfs und die Angaben zur Veröffentlichung reicht Schriftform. 91

(2) Bekanntmachung. Das für den inländischen Rechtsträger zuständige **Amtsgericht** hat unverzüglich[177] nach Einreichung des Verschmelzungsplans oder seines Entwurfs und der gesondert mitzuteilenden Angaben (nur) die gesondert mitgeteilten Angaben **bekannt zu machen**, nicht, den eingereichten Verschmelzungsplan oder dessen Entwurf. 92

Sinn und Zweck der Bekanntmachung durch das Gericht: Gläubiger und (Minderheits-) Gesellschafter sollen frühzeitig über die Verschmelzung informiert werden und Gelegenheit haben, ihre Rechte geltend zu machen.

(3) Verzicht. Die **Praxis** interessiert vor allem die Frage, ob auf die Einreichung, die Bekanntmachung und die Monatsfrist zur Beschlussfassung **verzichtet** werden kann. Denn häufig lassen sich Verschmelzungen, vornehmlich aus steuerlichen Gründen, deshalb nicht realisieren, weil diese Fristen nicht eingehalten werden können. 93

Die Bekanntmachung über die Angaben zum Verschmelzungsvertrag dient nicht nur dem Schutz der (Minderheits-)Gesellschafter, sondern auch den Gläubigern der inländischen Gesellschaft. Denn sie sollen die Möglichkeit haben, Sicherheit zu verlangen. Deshalb ist ein **Verzicht** auf die **Bekanntmachung** (ihr vorgeschaltet die Einreichung) der mitzuteilenden Angaben – anders als in § 61 vorgesehen – nicht zulässig.[178]

Die überwiegende Meinung hält es aber für möglich, dass die Gesellschafter auf die **Monatsfrist** für die Beschlussfassung zur Zustimmung zum Verschmelzungsplan verzichten können, weil diese Monatsfrist ausschließlich den Schutz der Gesellschafter bezweckt, nicht aber den Schutz der Gläubiger besteht, die ausreichend durch § 29 geschützt sind.[179]

hh) Verschmelzungsbericht (§ 122 e). Die Vertretungsorgane[180] der an der Verschmelzung beteiligten Gesellschaften haben einen ausführlichen schriftlichen Verschmelzungsbericht zu erstellen (§§ 122 e). 94

(1) Inhalt. Der Inhalt des Berichts bestimmt sich zunächst nach den in § 8 Abs. 1 für die rein innerstaatliche Verschmelzung aufgestellten Voraussetzungen.[181] § 122 e ersetzt § 8 nicht, sondern ergänzt diesen für die grenzüberschreitende Verschmelzung. Hinzu kommt die Verpflichtung, in dem Bericht die **Auswirkungen** der Verschmelzung **auf Gläubiger und Arbeitnehmer** der an der Verschmelzung beteiligten Gesellschaft zu erläutern. Darzulegen sind demnach die Auswirkungen auf die Gläubiger, insbesondere unter Erläuterung der Gläubigerschutzvorschriften (§ 122 j bzw. §§ 122 a Abs. 2, 22), sowie die Auswirkungen der Verschmelzung auf die Arbeitnehmer der an der Verschmelzung beteiligten Gesellschaften und deren Organe, sowie die anlässlich der Verschmelzung geplanten Maßnahmen.[182] Im Ergebnis entsprechen die Darstellungen den Angaben im Verschmelzungsvertrag für die rein innerstaatliche Verschmelzung (s. § 5 Abs. 1 Nr. 9).[183] 95

Der Bericht dient auch deshalb der Information der Arbeitnehmer und deren Organisation, weil der Verschmelzungsplan – anders als der Verschmelzungsvertrag[184] – nicht die Auswirkungen der Verschmelzung auf die Arbeitnehmer und deren Vertretungsorgane der beteiligten Gesellschaften enthält. 96

---

177 Schmitt/Hörtnagl/Stratz/*Hörtnagl* § 122 d Rdnr. 12.

178 Kallmeyer/*Marsch-Barner* § 122 d UmwG Rdnr. 3; Widmann/Mayer/*D. Mayer,* § 122 d Rdnr. 30; Lutter/*Bayer,* §122 d Rdnr. 17.

179 Kallmeyer/*Marsch-Barner* § 122 d UmwG Rdnr. 3,Widmann/Mayer/*D. Mayer,* § 122 d Rdnr. 30; Lutter/*Bayer,* § 122 d Rdnr. 18.

180 Bei AG ist dies der Vorstand in echter oder unechter Gesamtvertretung, bei der KGaA der persönlich haftende Gesellschafter, bei der GmbH der oder die Geschäftsführer, bei der S. E. das Leitungsorgan (dualistisches System) bzw. der Verwaltungsrat (monistisches System).

181 S. hierzu oben § 22 Rdnr. 130 ff.

182 Z. B. Betriebsstilllegung, Personalabbau, Zusammenlegung von Betrieben, Abfindungszahlungen.

183 Kallmeyer/*Marsch-Barner* § 122 e Rdnr. 8; s. o. § 22 Rdnr. 118 f.

184 S. § 5 Abs. 1 Nr. 9.

Zweck des Berichtes ist indes nicht, die Gläubiger über die Auswirkungen der Verschmelzung zu informieren; vielmehr sollen den Gesellschaftern die Folgen der Verschmelzung für die Gläubiger der beteiligten Gesellschaften vor Augen geführt werden.[185] Andernfalls hätte die VRL, oder der die Richtlinie umsetzende Gesetzgeber eine Veröffentlichung des Berichtes angeordnet.

97 *(2) Gemeinsamer Verschmelzungsbericht.* Bei einer rein nationalen Verschmelzung ist ein gemeinsamer Verschmelzungsbericht der beteiligten Gesellschaften rechtlich gestattet (s. § 8 Abs. 1 2. HS). Die Bestimmungen über die grenzüberschreitende Verschmelzung (§§ 122a–k, insbesondere § 122e) regeln eine gemeinsame Erstellung des Berichtes nicht. Dennoch ist anerkannt, dass auch bei der grenzüberschreitenden Verschmelzung ein gemeinsamer Verschmelzungsbericht möglich ist, wenn alle Rechtsordnungen der beteiligten Gesellschaften dies gestatten. Aus der Sicht des deutschen Rechts wird die Zulässigkeit aufgrund des Gesamtverweises in § 122e S. 1 angenommen. Sieht die fremde Rechtsordnung hingegen getrennte Berichte vor, geht deren Regelung, als strengste den Regelungen der anderen Mitgliedstaaten vor.[186]

98 *(3) Entbehrlichkeit des Berichtes.* Bei der innerstaatlichen Verschmelzung ist der Bericht entbehrlich, wenn alle Anteilsinhaber der beteiligten Gesellschaften auf ihn verzichten oder sich alle Anteile am übertragenden Rechtsträger in der Hand des übernehmenden Rechtsträgers befinden (s. § 8 Abs. 3). Bei der grenzüberschreitenden Verschmelzung ist die Anwendbarkeit des § 8 Abs. 3 auf die grenzüberschreitende Verschmelzung ausgeschlossen (§ 122e S. 3). Der **Bericht** ist demnach **stets zu erstatten.** Weder ist ein Verzicht darauf möglich, noch wird eine Konzernprivilegierung eingeräumt.

99 Dennoch werden Teile der Literatur nicht müde, trotz des klaren Wortlauts des § 122e die Möglichkeit eines Verzichts der Anteilsinhaber im Wege der teleologischen Reduktion einzufordern, wenn die beteiligten Gesellschaften keine Arbeitnehmer haben oder Arbeitnehmer oder Betriebsrat und die Anteilsinhaber aller beteiligten Gesellschaften auf einen Verschmelzungsbericht verzichten.[187]

Diesbezüglich ist noch vieles unklar. Für die **Praxis** ist die Erstellung eines Berichtes unter diesen Voraussetzungen unbefriedigend („pure Förmelei") und kostenträchtig. Dennoch wird sie einen Bericht auch in diesen Fällen allein deshalb erstellen lassen, weil – mangels höchstrichterlicher Rechtssprechung – noch unklar ist, ob dem Bericht nicht doch ein Gläubigerinformationszweck zukommt oder ob die beteiligte fremde Rechtsordnung dem inländischen Ansatz contra legem folgt.

100 Sollen dennoch die Kosten eines Berichtes gespart werden, bleibt nur zu prüfen, ob alle Eintragungsstellen aller beteiligten Rechtsordnungen einen Verzicht anerkennen.

101 *(4) Zugänglichmachen des Berichtes.* Spätestens **einen Monat** vor der **Versammlung** der Anteilsinhaber, die dem Verschmelzungsplan zustimmen müssen, ist der Verschmelzungsbericht den Anteilsinhabern sowie dem zuständigen **Betriebsrat** oder, falls es keinen Betriebsrat gibt, den **Arbeitnehmern** der an der grenzüberschreitenden Verschmelzung beteiligten inländischen Gesellschaft **zugänglich zu machen** (§ 122e S. 2), nicht aber der ausländischen Gesellschaft.[188]

Zugänglich gemacht ist der Verschmelzungsbericht der inländischen Gesellschaft, wenn er in den Geschäftsräumen der inländischen Gesellschaft zur Einsicht ausgelegt ist (§§ 122e, 63 Abs. 1 Nr. 4). Der Bericht der ausländischen Gesellschaft braucht nicht zugänglich gemacht werden.[189] Eine Pflicht zu einer zusätzlichen Zuleitung des Verschmelzungsberichts

[185] Lutter/*Bayer* § 122e Rdnr. 1; Kallmeyer/*Marsch-Barner* § 122e Rdnr. 1; Schmitt/Hörtnagl/Stratz/*Hörtnagl* § 122e Rdnr. 2; Semler/Stengel/*Drinhausen* § 122e Rdnr. 2; *Limmer* ZNotP 2007, 282; *Klein* RNotZ 2007, 565, 592.

[186] Kallmeyer/*Marsch-Barner* § 122e Rdnr. 3; Widmann/Mayer/*D. Mayer* § 122e Rdnr. 35; Schmitt/Hörtnagl/Stratz/*Hörtnagl* § 122e Rdnr. 4; Semler/Stengel/*Drinhausen* § 122e Rdnr. 5; *Klein* RNotZ 2007, 565, 292.

[187] Kallmeyer/*Marsch-Barner* § 122e Rdnr. 11; KölnKommUmwG/*Simon/Rubner* § 122e Rdnr. 11; Semler/Stengel/*Drinhausen* § 122e Rdnr. 13; *Klein* RNotZ 2007, 565, 592.

[188] Kallmeyer/*Marsch-Barner* § 122e Rdnr. 4; Schmitt/Hörtnagl/Stratz/*Hörtnagl* § 122e Rdnr. 15.

[189] Schmitt/Hörtnagl/Stratz/*Hörtnagl* § 122e Rdnr. 18; Kallmeyer/*Marsch-Barner* § 122e Rdnr. 4.

an den Betriebsrat besteht nicht,[190] wohl aber an die Anteilseigner der inländischen Gesellschaft (§§ 122 a, 47).

Strittig ist, ob der Verschmelzungsbericht – statt ihn in den Geschäftsräumen der Gesellschaft auszulegen – auch über die **Internetseite** der Gesellschaft zugänglich gemacht werden kann (vgl. § 63 Abs. 4). Dies wäre konsequent. Indes verweist § 122 e nicht auf den Abs. 4 des § 63, der dies bei der innerstaatlichen Verschmelzung vorsieht. Die **Praxis** geht daher den sichersten Weg und veröffentlicht auf der Internetseite der Gesellschaft allenfalls **zusätzlich** zur Erstellung einer gedruckten Fassung des Berichts. 102

(5) Fehlerhafter Bericht. Wird der Bericht nicht, nicht rechtzeitig oder unvollständig erstattet, sind die Zustimmungsbeschlüsse der Anteilsinhaber der an der Verschmelzung beteiligten inländischen Gesellschaft grundsätzlich anfechtbar (§ 243 Abs. 1 AktG, für die GmbH analog).[191] Betreffen diese Mängel nur die Informationen über die Auswirkungen der Verschmelzung auf die Arbeitsverhältnisse und die Vertretungsorgane der Arbeitnehmer, so können die Arbeitnehmer und deren Vertretungsorgane aus der Mangelhaftigkeit des Berichtes keine Rechte herleiten. Wird der inländische Registerrichter allerdings auf den Mangel aufmerksam, scheitert die Eintragung der Verschmelzung in das Handelsregister.[192] 103

ii) Verschmelzungsprüfung (§ 122 f). Ebenso wie bei der inländischen Verschmelzung hat bei der grenzüberschreitenden Verschmelzung eine Prüfung des Verschmelzungsplans oder seines Entwurfes stattzufinden.[193] Auch bei der grenzüberschreitenden Verschmelzung soll den Anteilsinhabern aller beteiligten Gesellschaften durch die Prüfung die wirtschaftliche Zweckmäßigkeit der Verschmelzung vor Augen geführt werden.[194] 104

(1) Prüferbestellung. Die beteiligten Gesellschaften können **getrennte** oder einen **gemeinsamen Verschmelzungsprüfer** bestellen.[195] 105

Entscheiden sich die beteiligten Gesellschaften für **getrennte Verschmelzungsprüfer**, regelt der Sitzstaat der betreffenden Gesellschaft das Verfahren der Auswahl, Bestellung und Verantwortlichkeit der Prüfer.[196] Ist übernehmende Gesellschaft eine deutsche Gesellschaft, geht das Bestellungsverfahren (§§ 122 a, 10) allerdings ins Leere. Denn über die Auswahl und Bestellung der Prüfer entscheidet das Landgericht, in dem die übertragende Gesellschaft ihren (Satzungs-)Sitz hat (§ 10 Abs. 2). Deshalb wird vorgeschlagen, bei einer Hereinverschmelzung auf eine deutsche aufnehmende Gesellschaft für die Prüferbestellung das Landgericht für zuständig anzusehen, in dessen Bezirk die inländische aufnehmende Gesellschaft ihren Sitz hat.[197]

Entscheiden sich die beteiligten Gesellschaften für die Bestellung eines **gemeinsamen Verschmelzungsprüfers**, ist die Bestellung nur erfolgreich, wenn alle beteiligten Rechtsordnungen die „Figur" des gemeinsamen Verschmelzungsprüfers kennen.[198] So kann der gemeinsame Antrag auf Bestellung dieses, von allen beteiligten Gesellschaften zu stellenden Prüfers sowohl im Sitzland der übertragenden als auch der übernehmenden Gesellschaft gestellt werden. An die Entscheidung der betreffenden Stelle ist der andere Sitzstaat gebunden.[199] 106

(2) Entbehrlichkeit der Prüfung. Aufgrund der Verweisung von § 122 f auf die §§ 9 bis 12 ist auch § 9 Abs. 2 anwendbar: Befinden sich **alle Anteile** einer übertragenden Gesellschaft **in der Hand der übernehmenden Gesellschaft,** ist eine Prüfung des Verschmelzungsplans 107

[190] Kallmeyer/*Marsch-Barner* § 122 e Rdnr. 5.
[191] Kallmeyer/*Marsch-Barner* § 122 e Rdnr. 10; Lutter/*Drygalla* § 8 Rdnr. 57 Widmann/Mayer/*D. Mayer* § 122 e Rdnr. 29.
[192] Widmann/Mayer/*D. Mayer* § 122 e Rdnr. 4; KölnKommUmwG/*Simon/Rubner* § 122 e Rdnr. 20.
[193] S. zur Prüfung bei der innerstaatlichen Verschmelzung oben § 22 Rdnr. 133 ff.
[194] KölnKommUmwG/*Simon/Rubner* § 122 f Rdnr. 3.
[195] Vgl. Art. 8 Abs. 2 VRL.
[196] Kallmeyer/*Müller* § 122 f Rdnr. 6; KölnKommUmwG/*Simon/Rubner* § 122 f Rdnr. 4.
[197] Kallmeyer/*Müller* § 122 f Rdnr. 8; KölnKommUmwG/*Simon/Rubner* § 122 f Rdnr. 4; Lutter/*Bayer* § 122 f Rdnr. 8; Semler/Stengel/*Drinhausen* § 122 f Rdnr. 4.
[198] KölnKommUmwG/*Simon/Rubner* § 122 f Rdnr. 6; Schmitt/Hörtnagl/Stratz/*Hörtnagl* § 122 f Rdnr. 3, 5.
[199] Kallmeyer/*Müller* § 122 f Rdnr. 9.

bzw. seines Entwurfs entbehrlich (§ 122f, 9 Abs. 2). Entsprechendes gilt, wenn die Gesellschafter aller beteiligten Gesellschaften auf die Prüfung verzichten (§§ 122f, 9 Abs. 3; 8 Abs. 3). Dies setzt voraus, dass auch das auf die an der Verschmelzung beteiligte ausländische Gesellschaft anwendbare Recht den **Verzicht** kennt.[200] Ist das nicht der Fall, ist der Verzicht nicht möglich.

108 Nach innerstaatlichem Recht ist der **Verzicht notariell** zu beurkunden (§§ 122f, 9 Abs. 3, 8 Abs. 3 S. 2).[201]

Sieht hingegen das auf die ausländische Gesellschaft anwendbare Recht eine Beurkundung des Verzichts nicht vor, so führt das nicht dazu, dass sich das inländische Formerfordernis auf die (schwächere) ausländische Gesellschaft erstreckt, ihr gleichsam aufgezwungen wird. Vielmehr hat das inländische Registergericht das ausländische Formerfordernis anzuerkennen,[202] auch wenn dieses eine leichtere Form als die Beurkundung vorsieht. In der **Praxis** dürfte diese Fragestellung jedoch eher theoretischer Natur sein. Denn das inländische Registergericht ist nicht befugt, den ausländischen Verschmelzungsvorgang zu überprüfen.[203]

109 *jj) Prüfungsbericht (§ 122f S. 2). (1) Inhalt.* Die §§ 122a ff. regeln den Inhalt des Prüfungsberichts nicht. Vielmehr gilt über § 122a für die grenzüberschreitende Verschmelzung der für die rein innerstaatliche Verschmelzung den Prüfungsbericht regelnde § 12.[204] Auch auf seine Erstellung kann verzichtet werden (§§ 122a, 12 Abs. 3, 8 Abs. 3).[205]

110 *(2) Frist.* Der Verschmelzungsprüfungsbericht muss spätestens einen Monat vor der Versammlung der Gesellschafter der inländischen Gesellschaft, die über die Zustimmung zum Verschmelzungsplan zustimmen soll (§ 13) vorliegen (§ 122f S. 2). Diese Frist dient allein dem Schutz der Anteilsinhaber. Auf die Einhaltung der Frist kann gänzlich oder teilweise durch Gesellschafter-/Hauptversammlungsbeschluss verzichtet werden.

111 *kk) Zustimmung der Anteilsinhaber (§§ 122g, 13). (1) Versammlung der Anteilsinhaber der übernehmenden Gesellschaft. (a) Allgemeines.* Auch der Verschmelzungsplan bedarf – wie bei der inländischen Verschmelzung der Verschmelzungsvertrag – zu seiner weiteren Wirksamkeit der **Zustimmung der Anteilseigner** der beteiligten Gesellschaften (Art. 4 Abs. 1 lit. b, Abs. 2 VRL). Dies ergibt sich für die inländische Gesellschaft zwar nicht unmittelbar aus den die grenzüberschreitenden Verschmelzung regelnden Bestimmungen der §§ 122a ff., sondern folgt aus der Generalverweisung des § 122a Abs. 2, der u.a. auf § 13 und die zusätzlichen Bestimmungen für die Kapitalgesellschaften[206] (§§ 49ff. GmbHG, §§ 62ff. AktG SE, §§ 78, 62ff. KGaA) verweist.[207]

112 § 122g ergänzt diese Regelungen insofern, als die Anteilsinhaber ihre Zustimmung davon abhängig machen können, dass die Art und Weise der (evtl.)[208] Mitbestimmung der Arbeitnehmer der übernehmenden Gesellschaft ausdrücklich von ihnen bestätigt wird (§ 122g Abs. 1). Ferner, dass ein **Verschmelzungsbeschluss** bei der übertragenden Gesellschaft **entbehrlich** ist, vorausgesetzt, deren sämtliche Anteile befinden sich in der Hand der übernehmenden Gesellschaft (§ 122g Abs. 2).[209]

113 § 122g betrifft nur die Beschlussfassung bei der inländischen übernehmenden (oder übertragenden) Gesellschaft, nicht jedoch die beteiligte ausländische Gesellschaft. Für diese gilt allein das Recht, dass nach ihrem Gesellschaftsstatut auf sie anwendbar ist.[210]

[200] KölnKommUmwG/*Simon/Rubner* § 122f Rdnr. 12f.; Kallmeyer/*Müller* § 122f Rdnr. 4.
[201] Zur Beurkundung des Verzichts im Ausland s. o. Rdnr. 80.
[202] Wie hier: KölnKommUmwG/*Simon/Rubner* § 122f Rdnr. 13; das internationale (insbesondere europäische) Verschmelzungsrecht postuliert zwar, dass sich die Anforderungen der strengsten Rechtsordnung durchsetzen müssen (Vereinigungstheorie). Dies bedeutet jedoch nur, dass die strengste Rechtsordnung sich nicht auf das Niveau der milderen Rechtsordnung herabsenken muss; die mildere Rechtsordnung muss sich den Anforderungen der strengeren Rechtsordnung nicht unterwerfen; a. A. Semler/Stengel/*Drinhausen* § 122f Rdnr. 4.
[203] S. u. Rdnr. 137.
[204] Einzelheiten hierzu § 22 Rdnr. 133ff.
[205] KölnKommUmwG/*Simon/Rubner* § 122f, Rdnr 13.
[206] Widmann/Mayer/*Heckschen* § 122a Rdnr. 14f.; KölnKommUmwG/*Simon/Rubner* § 122g Rdnr. 1.
[207] § 22 Rdnr. 190ff.
[208] Widmann/Mayer/*Heckschen* § 122a Rdnr. 14f.; KölnKommUmwG/*Simon/Rubner* § 122g Rdnr. 1.
[209] Einzelheiten unten Rdnr. 125.
[210] Schmitt/Hörtnagl/Stratz/*Hörtnagl* § 122g Rdnr. 1.

(b) Vorbereitung der Versammlung. (c) Informationspflichten. (aa) Bekanntmachung des Handelsregisters. Mindestens einen Monat vor Beschlussfassung der Gesellschafter der inländischen Gesellschaft sind der gemeinsame Verschmelzungsplan oder sein Entwurf zum für die inländische Gesellschaft zuständigen Handelsregister in deutscher Sprache (§ 184 GVG) auf elektronischem Wege, also regelmäßig über den Notar, einzureichen.[211] Auf die Bekanntmachung durch das Gericht (§§ 122 d S. 2, 10 HGB) kommt es für die Berechnung der Frist nicht an.[212] Auf die Bekanntmachung, und nicht auf die Einreichung von Verschmelzungsplan oder -entwurf, kommt es allerdings auf die Frist an, innerhalb derer Gläubiger ihre Ansprüche anmelden müssen. (§ 122 j Abs. 1). 114

bb) Information der Arbeitnehmer. Weil zum zwingenden Inhalt des Verschmelzungsplanes – anders als bei der rein inländischen Verschmelzung (§ 5 Abs. 1 Nr. 9) – auch Angaben über die Auswirkung der Verschmelzung für die Arbeitnehmer und ihre Vertretungen der beteiligten Gesellschaften nicht gehören (vgl. § 122 c Abs. 2), ist für die Durchführung der Verschmelzung weiterhin erforderlich, dass der Verschmelzungsbericht, der Angaben zur Auswirkung der geplanten Verschmelzung auf die Arbeitnehmer und ihre Vertretungen enthält[213] zwingend auch dem Betriebsrat und, wenn ein solcher nicht vorhanden ist, den Arbeitnehmern mitzuteilen ist (§ 122 e S. 2); richtiger Ansicht nach, ist der Verschmelzungsplan dem Betriebsrat bzw. den Arbeitnehmern nicht mitzuteilen.[214] 115

Der Verschmelzungsbericht ist **spätestens einen Monat** vor der Versammlung der Anteilseigner der an der Verschmelzung beteiligten inländischen Gesellschaft den Anteilsinhabern und dem Betriebsrat – bei Fehlen eines Betriebsrates den Arbeitnehmern hingegen dieser inländischen Gesellschaft zugänglich zu machen, entweder durch Auslegung in den Geschäftsräumen und Versendung (§ 122 e S. 2) oder Veröffentlichung auf der Internetseite der Gesellschaft.[215]

cc) Weitere Informationspflichten. Mit der Einberufung der Gesellschafterversammlung sind Verschmelzungsplan bzw. dessen Entwurf und – obwohl das Gesetz dies nicht ausdrücklich verlangt – der **Verschmelzungsbericht** und der **Verschmelzungsprüfungsbericht** den **Anteilsinhabern** der inländischen Gesellschaft zu übersenden.[216] Bei AG, KGaA und SE ist es unstrittig, dass zu den zu übermittelnden Unterlagen auch die **Unterlagen des ausländischen** Rechtsträgers gehören (vgl. § 63). Strittig hingegen ist, ob den Anteilsinhabern der GmbH auch die entsprechenden Unterlagen des ausländischen Rechtsträgers zu übersenden bzw. zugänglich zu machen sind.[217] Die VRL schweigt hierzu. Jedenfalls wird empfohlen – weil anderenfalls der gefasste Beschluss anfechtbar wäre – sie mit zu übersenden.[218] 116

Ergänzend sind für die Vorbereitung der Versammlung der Anteilsinhaber der übernehmenden inländischen Kapitalgesellschaft die **rechtsformspezifischen Bestimmungen** des Umwandlungsgesetzes (für GmbH §§ 47 ff., für AG, KGaA, SE §§ 63 f), die allgemeinen Bestimmungen der ihre Verhältnisse regelnden Gesetze (GmbHG, AktG, SE-VO) und die Regelungen der für sie geltenden Satzungen maßgeblich.

dd) Verzichtsmöglichkeiten. Auf die **Form- und Fristvorschriften** für die Einberufung der Gesellschafterversammlung der Anteilseigner kann ohne weiteres verzichtet werden, wenn alle (erschienenen oder vertretenen) Gesellschafter der inländischen Gesellschaft mit diesem Verzicht einverstanden sind. Die Anteilsinhaber sind ebenfalls berechtigt, auf die Auslegung 117

[211] Zur Einreichung siehe weiter oben Rdnr. 86 ff.

[212] Dies verlangt aber die VRL (vgl. Art. 6 Abs. 1. Insofern ist fraglich, ob § 122 d richtlinienkonform ist; s. zum Stand der Diskussion Kallmeyer/*Marsch-Barner* § 122 d Rdnr. 1).

[213] Zum Inhalt des Verschmelzungsberichts s. o. Rdnr. 95 f.

[214] S. o. Widmann/Mayer/*D. Mayer* § 122 c Rdnr. 29.

[215] Widmann/Mayer/*D. Mayer* § 122 e Rdnr. 11; Schmitt/Hörtnagl/Stratz/*Hörtnagl* § 122 e Rdnr. 18 f.; Kallmeyer/*Marsch-Barner* § 122 e Rdnr. 4.

[216] Überwiegende Meinung s. KölnKommUmwG/*Simon/Rubner* § 122 e Rdnr. 5.

[217] Bejahend KölnKommUmwG/*Simon/Rubner* § 122 g Rdnr. 5; a. A. Widmann/Mayer/*Heckschen* § 122 g Rdnr. 55 ff.

[218] KölnKommUmwG/*Simon/Rubner* § 122 g Rdnr. 5; a. A. Widmann/Mayer/*Heckschen* § 122 g Rdnr. 55 ff.

der **Pflichtauslagen** zu verneinen.[219] Das bedeutet nicht, dass sie zwingend für den Verschmelzungsplan stimmen müssen.

Die Erstellung eines **Verschmelzungsberichts** ist indes **nicht verzichtbar.** Diskutiert wird nur, ob auf die **Monatsfrist** (§ 122e S. 2) durch den Betriebsrat und/oder die Anteilsinhaber verzichtet werden kann. Nach richtiger Ansicht ist dem zuzustimmen, da § 122e S. 2 keine Gläubigerschutzvorschrift darstellt.[220] Der Verzicht auf die Verschmelzungsprüfung und den Verschmelzungsbericht ist ebenfalls möglich (§§ 122a, 12 Abs. 3, 8 Abs. 3).

118 *(2) Verschmelzungsbeschluss.* Für den Zustimmungsbeschluss zum Verschmelzungsplan/Entwurf („Verschmelzungsbeschluss") ergibt sich angesichts der Verweisung des § 122a auf das Erste, Zweite und Dritte Kapitel des UmwG keine Besonderheiten. Gegenstand der Beschlussfassung ist statt Verschmelzungsvertrag der Verschmelzungsplan oder sein Entwurf. Ansonsten gelten die allgemeinen Regelungen bzw. die spezifischen, die inländischen Kapitalgesellschaften betreffenden Regelungen (GmbH § 50; AG, KGaA, SE § 65).

119 *(3) Bestätigungsvorbehalt.* Ist im Zeitpunkt der Beschlussfassung über die Zustimmung zum Verschmelzungsplan/Entwurf noch offen, wie das **Mitbestimmungsregime** bei der übernehmenden Gesellschaft ausgestaltet ist, können – nicht müssen[221] – die Anteilsinhaber der inländischen übernehmenden Gesellschaft ihren Beschluss unter den **Vorbehalt** stellen, dass das später vereinbarte Mitbestimmungsregime von ihnen bestätigt wird (§ 122g Abs. 1). Steht das Regime bereits bei Beschlussfassung fest, ist ein Vorbehalt unzulässig. Wird er dennoch erklärt, ist er unbeachtlich.[222]

Die Gesellschafterversammlung gibt mit diesem Vorbehalt zu erkennen, dass sie den Verschmelzungsbeschluss ohne Klarheit über das Mitbestimmungsregime nicht wirksam werden lassen will. Die Zustimmung zum Verschmelzungsplan/Entwurf steht damit unter der **aufschiebenden Bedingung der Bestätigung** der Art und Weise des Mitbestimmungsregimes. Der Veschmelzungsbeschluss ist demnach bis zum Eintritt der Bedingung oder Versagung der Bestätigung schwebend unwirksam.

120 In der **Praxis** dürfte sich empfehlen, eine **Frist** für die Fassung des Bestätigungsbeschlusses in den Verschmelzungsplan und Beschluss aufzunehmen, nach deren fruchtlosem Ablauf Verschmelzungsplan und Beschluss unwirksam werden und die Verschmelzung gescheitert ist.

Fehlt die Bestätigung, kann die Verschmelzung bei der inländischen Gesellschaft im Handelsregister nicht eingetragen werden.[223]

Dieser **Vorbehalt** ist **unselbständiger Teil** des Verschmelzungsbeschlusses. Er teilt also dessen Schicksal, insbesondere hinsichtlich der Mehrheitserfordernisse.[224]

121 Die **Bestätigung** ist **durch Beschluss** der Anteilsinhaber zu erteilen, der in einer weiteren Versammlung zu fassen ist und für deren Einberufung die von Gesetz und Satzung für den Verschmelzungsbeschluss aufgestellten Bedingungen gelten.[225] Bei der Vorbereitung der entsprechenden Gesellschafterversammlung ist insbesondere darauf zu achten, dass die Anteilsinhaber über die Vereinbarung des Mitbestimmungsregimes vorher informiert werden.

Der Bestätigungsbeschluss der Anteilsinhaber bestätigt nur das vereinbarte Mitbestimmungsregime, gestaltet es aber nicht selbst.[226] Deshalb kann die Gesellschafterversammlung dem Mitbestimmungsregime nur zustimmen oder es ablehnen.

Erreicht der Bestätigungsbeschluss nicht die erforderliche Mehrheit, oder wird die Bestätigung des Mitbestimmungsregimes versagt, ist die Bedingung für einen wirksamen Zu-

---

[219] § 22 Rdnr. 143.

[220] Allg. Meinung vgl. statt vieler: Kallmeyer/*Marsch-Barner* §122e Rdnr. 11.

[221] KölnKommUmwG/*Simon/Rubner* § 122g Rdnr. 15.

[222] KölnKommUmwG/*Simon/Rubner* § 122g Rdnr. 14; Widmann/Mayer/*Heckschen* § 122g Rdnr. 107.

[223] KölnKommUmwG/*Simon/Rubner* § 122g Rdnr. 20.

[224] Wie hier Widmann/Mayer/*Heckschen* § 122g UmwG Rdnr. 109; Schmitt/Hörtnagl/Stratz/*Hörtnagl* § 122g UmwG Rdnr. 8; KölnKommUmwG/*Simon/Rubner* § 122g Rdnr. 16; a. A. Lutter/*Bayer* § 122g Rdnr. 30; Semler/Stengel/*Drinhausen* § 122g Rdnr. 10; *Klein* RNotZ 2007, 565, 597.

[225] Widmann/Mayer/*Heckschen* § 122g UmwG Rdnr. 115; KölnKommUmwG/*Simon/Rubner* § 122g Rdnr. 19; Schmitt/Hörtnagl/Stratz/*Hörtnagl* § 122g UmwG Rdnr. 10; a. A. Semler/Stengel/*Drinhausen* § 122g Rdnr. 12: einfache Mehrheit.

[226] Widmann/Mayer/*Heckschen* § 122g UmwG Rdnr. 134.

stimmungsbeschluss nicht eingetreten. Der Verschmelzungsbeschluss wird in diesem Fall von Anfang an unwirksam.[227]

Da der Bestätigungsbeschluss unselbständiger Teil des Verschmelzungsbeschlusses ist, bedarf er auch wie dieser der notariellen Form (§ 13).[228]

Eine **Übertragung der Bestätigungsbefugnis** von der Gesellschafterversammlung auf ein anderes Organ, z. B. Aufsichtsrat, Beirat, ist nicht möglich. Der Bestätigungsbeschluss ist unselbständiger Teil des Verschmelzungsbeschlusses. Ebenso wie dieser ist auch der Bestätigungsbeschluss nicht auf ein anderes Organ delegierbar.[229] 122

Selbst wenn das Mitbestimmungsregime im Zeitpunkt der Beschlussfassung noch nicht feststeht, ist die Gesellschafterversammlung nicht gezwungen, die Beschlussfassung unter den Vorbehalt zu stellen; Denn der Gesellschafterversammlung steht es frei („können"), ob sie die Ausgestaltung des Mitbestimmungsregimes durch den Vorbehalt kontrollieren oder ob sie den Organen der Gesellschaft freie Hand lassen will, wie das Mitbestimmungsregime zu gestalten ist.[230]

(4) Zustimmung einzelner Anteilsinhaber. Die Generalverweisung des § 122a Abs. 2 erfasst auch die Bestimmungen des Umwandlungsrechts, die die Zustimmung einzelner Anteilsinhaber zum Verschmelzungsbeschluss verlangen (s. §§ 13 Abs. 2, 50 Abs. 1, 51 Abs. 1, 65 Abs. 2, 78 S. 3).[231] 123

Diese Verweisung betrifft jedoch nur die inländische Gesellschaft, sei sie aufnehmend oder übertragend. Eventuelle besondere Zustimmungserfordernisse bei der ausländischen Gesellschaft beurteilen sich allein nach deren Recht.[232]

Besonderheiten bestehen, wenn bei einer der an der grenzüberschreitenden Verschmelzung beteiligten Kapitalgesellschaft die **Einlagen auf die Beteiligung** ihrer Gesellschaft nicht in voller Höhe erbracht sind und die Anteilsinhaber der anderen beteiligten Gesellschaft (sei sie übernehmend oder übertragend) fürchten müssen, für die offenen Einlagen persönlich im Wege der **Ausfallhaftung** (§ 24 GmbHG) einzustehen. 124

Sind bei der inländischen aufnehmenden GmbH die Anteile nicht in voller Höhe eingezahlt, so richtet sich die Frage, ob die Anteilsinhaber der ausländischen übertragenden Gesellschaft hiervor zu schützen sind, ausschließlich nach dem auf die ausländische Gesellschaft anwendbaren Recht.[233]

Sind hingegen bei der ausländischen übertragenden Kapitalgesellschaft die Anteile noch nicht voll eingezahlt und führt dies bei den Gesellschaftern der inländischen Gesellschaft zu einer Solidarhaftung nach dem Recht der übertragenden Gesellschaft, so spricht nichts dagegen, auch für diesen Fall den Verschmelzungsbeschluss bei der inländischen Gesellschaft zum Schutze der inländischen Anteilseigner von der Zustimmung aller ihrer Gesellschafter abhängig zu machen (analog § 51 Abs. 1 S. 3).[234]

(5) Ausnahmen von der Beschlussfassung. Bei einer **übernehmenden inländischen** AG, KGaA, SE ist ein Verschmelzungsbeschluss entbehrlich, wenn sie mindestens 90% der Anteile an der übertragenden Kapitalgesellschaft hält (§ 61 Abs. 1).[235] 125

Ein Zustimmungsbeschluss der ‚Ateilsinhaber **der übertragenden Gesellschaft** ist dann entbehrlich, wenn die übernehmende Gesellschaft sämtliche Anteile an der[236] übertragenden Gesellschaft innehat (§ 122g Abs. 2).[237] Diese Privilegierung gilt nur für eine übertragenden

[227] Kallmeyer/*Marsch-Barner,* § 122g Rdnr. 22.

[228] Widmann/Mayer/*Heckschen* § 122g UmwG Rdnr. 138.

[229] Lutter/*Bayer* § 122 UmwG Rdnr. 3; Widmann/Mayer/*Heckschen* § 122g UmwG Rdnr. 132; a. A. *Limmer* ZNotP 2007, 242 (285) und KölnKommUmwG/*Simon/Rubner* § 122g Rdnr. 18.

[230] S. o. Rdnr. 119.

[231] Schmitt/Hörtnagl/Stratz/*Hörtnagl* § 122g UmwG Rdnr. 5.

[232] Widmann/Mayer/*Heckschen* § 122g UmwG Rdnr. 98.

[233] S. für die innerstaatliche Verschmelzung § 24 GmbHG; Einzelheiten dazu oben § 22 Rdnr. 191.

[234] Wie hier KölnKommUmwG/*Simon/Rubner* § 122g Rdnr. 11; a. A. Widmann/Mayer/*Heckschen* § 122g UmwG Rdnr. 97.

[235] Einzelheiten s. o. § 22 Rdnr. 139.

[236] Widmann/Mayer/*Heckschen* § 122g UmwG Rdnr. 153; Schmitt/Hörtnagl/Stratz/*Hörtnagl* § 122g UmwG Rdnr. 11.

[237] Zu den Voraussetzungen einer 100%-Beteiligung § 62 Abs. 1 S. 2 und die entspr. Kommentierungen dazu.

inländische Gesellschaft, für die ausländische übertragenden Gesellschaft entscheidet das auf sie anwendbare Recht, ob eine ähnliche Privilegierung gewährt wird.[238]

126 Sehen also ausländische und inländische Rechtsordnungen die Entbehrlichkeit eines Beschlusses vor, bleibt die Verschmelzung **gänzlich beschlusslos.** In einem solchen Fall erscheint es ratsam, in der Anmeldung zum Register der übernehmenden inländischen Gesellschaft zusätzlich darauf hinzuweisen, dass auch nach dem Recht der ausländischen Gesellschaft eine Beschlussfassung entbehrlich ist. Die Vorlage der ausländischen Verschmelzungsbescheinigung (§ 122l)[239] dürfte dafür im Regelfall allein nicht ausreichen. Denn sie besagt nach dem Wortlaut der VRL nur, dass der Verschmelzung vorangehenden Rechtshandlungen und Formalitäten ordnungsgemäß vollzogen wurden.[240] Hingegen hat das inländische Handelsregister zusätzlich zu prüfen, ob die Gesellschafterversammlungen aller beteiligten Gesellschafter (also auch der ausländischen Gesellschaft) einem identischen Verschmelzungsplan zugestimmt haben (§ 122l Abs. 2),[241] was es nicht kann, wenn die Verschmelzung auf beiden Seiten beschlusslos bleibt.

127 Neben der Beschlussfassung ist auch die Verschmelzungsprüfung entbehrlich (§§ 122a Abs. 2, 9 Abs. 3), nicht hingegen der Verschmelzungsbericht (§ 122e)[242] und die Bekanntmachung des Verschmelzungshabens durch das Registergericht (§ 122d).[243]

128 *ll) Anmeldung der Verschmelzung bei der übertragenden Gesellschaft. (1) Verschmelzungsbescheinigung der übertragenden Gesellschaft.* Für die **ausländische** übertragende Gesellschaft legt das auf sie anwendbare **Recht** fest, ob und unter welchen Voraussetzungen eine Registrierung der Verschmelzung im (Satzungs-) Sitzstaat erforderlich ist, und unter welchen formellen und materiellen Voraussetzungen die für die Abwicklung und Eintragung der grenzüberschreitenden Verschmelzung erforderliche Verschmelzungsbescheinigung (§ 122l Abs. 1 S. 2) erteilt wird.

129 *(2) Anmeldung der Verschmelzung bei der übernehmenden inländischen Gesellschaft.* Das Vertretungsorgan der übernehmenden inländischen Gesellschaft hat die Verschmelzung zur Eintragung in das Register ihres (Satzungs-) Sitzes anzumelden (§ 122l Abs. 1 S. 1).[244] Die **Anmeldebefugnis** der Anmeldenden ist mit der bei einem rein inländischen Verschmelzungsvorgang identisch (vgl. dazu §§ 16ff.).[245] Die **Erleichterungsmöglichkeit** (§ 16 Abs. 1 S. 2), wonach das Vertretungsorgan der übernehmenden Gesellschaft auch berechtigt ist, die Verschmelzung zur Eintragung in das Register des Sitzes des übertragenden Rechtsträgers anzumelden, sehen die Bestimmungen über die grenzüberschreitende Verschmelzung **nicht** vor. Sieht das ausländische Recht hingegen eine ähnliche Erleichterung vor, ist es aus inländischer Sicht unbedenklich, wenn die inländische Gesellschaft im Ausland davon Gebrauch macht.

130 *(a) Inhalt, Form, zusätzliche Erklärungen.* **Inhalt** und **Form** der Anmeldung entsprechen der Anmeldung der Verschmelzung zum Register des übernehmenden Rechtsträgers bei der innerstaatlichen Verschmelzung (§§ 16ff.).[246]

Ist bei der inländischen aufnehmenden Gesellschaft eine **Kapitalerhöhung** zur Durchführung der Verschmelzung vorgesehen, um den Gesellschaftern der übertragenden ausländischen Gesellschaft Anteile an der übernehmenden Gesellschaft zu gewähren (§§ 53, 66, 69 Abs. 2), ist vor Beantragung der die ausländische übertragende Gesellschaft betreffenden Verschmelzungsbescheinigung (§ 122l Abs. 1 S. 2) nicht zunächst die Kapitalerhöhung zur Durchführung der Verschmelzung einzutragen, dann die Verschmelzungsbescheinigung im Ausland zu beantragen und anschließend die Verschmelzung beim übernehmenden Rechts-

[238] Semler/Stengel/*Drinhausen* § 122g Rdnr. 14; Schmitt/Hörtnagl/Stratz/*Hörtnagl* § 122g UmwG Rdnr. 11.
[239] Einzelheiten unten Rdnr. 203.
[240] S. Art. 10 Abs. 2 VRL.
[241] S. im Einzelnen unten Rdnr. 138.
[242] S. o. Rdnr. 94ff.
[243] Einzelheiten oben Rdnr. 86ff.
[244] § 122l ersetzt somit die bei der inländischen Verschmelzung anwendbaren § 16ff.
[245] Sowie oben §§ 22 Rdnr. 81ff.
[246] S. die Erläuterungen oben § 22 Rdnr. 161f.

träger einzutragen.[247] Vielmehr ist es unbedenklich, wenn Kapitalerhöhung und Verschmelzung unter Überreichung der Verschmelzungsbescheinigung in dieser **Reihenfolge** zur Eintragung angemeldet werden.[248] Es ist jedoch darauf zu achten, dass zunächst die Kapitalerhöhung zur Durchführung der Verschmelzung und dann die Verschmelzung eingetragen wird. Wird gegen diese Reihenfolge verstoßen, also zunächst die Verschmelzung und dann die Kapitalerhöhung zur Durchführung der Verschmelzung eingetragen, betrifft das allerdings nicht die Wirksamkeit der Kapitalerhöhung und der Verschmelzung.[249]

Die **Vertretungsorgane** der inländischen übernehmenden Gesellschaft haben bei der An- 131
meldung auch zu **erklären** („Negativerklärung"), dass gegen den Verschmelzungsbeschluss ihrer Gesellschaft eine Anfechtungsklage nicht oder nicht fristgerecht erhoben ist (§§ 122 a Abs. 2, 16 Abs. 2). Diese Negativerklärung kann von den Vertretungsberechtigten der ausländischen Gesellschaft nicht verlangt werden.[250]

Die Negativerklärung ist überflüssig, wenn es sich bei der übernehmenden Gesellschaft um eine inländische AG/KGaA/SE handelt und diese mindestens 90% der Anteile an der übertragenden Gesellschaft hält. Denn in diesem Fall ist ein Beschluss der übernehmenden Gesellschaft entbehrlich (vgl. § 62 Abs. 1). Das Vertretungsorgan hat bei der Anmeldung allerdings zu erklären, ob ein Antrag von Minderheitsaktionären auf Einberufung einer Hauptversammlung (§ 62 Abs. 2) gestellt worden ist. Die Negativerklärung ist ferner entbehrlich, wenn die Anteilsinhaber formgültig (§ 16 Abs. 2 S. 2) auf die Anfechtung verzichtet oder alle Anteilsinhaber der Verschmelzung zugestimmt haben.[251]

Auch nicht erforderlich ist eine Versicherung der übernehmenden Gesellschaft dahinge- 132
hend, dass den **Gläubigern** angemessene **Sicherheit** geleistet wurde. Eine solche Erklärung ist nur dann erforderlich, wenn die inländische Gesellschaft übertragende Gesellschaft ist (vgl. § 122 k Abs. 1 S. 3).

Hat keine der beteiligten Gesellschaften einen Betriebsrat und liegt auch keine Vereinba- 133
rung über das Mitbestimmungsregime vor, erscheint auch diese Angabe für eine zügige Bearbeitung durch das Registergericht hilfreich.

(b) Beizufügende Unterlagen. Als Nachweis des Vorliegens der Voraussetzung für die Ein- 134
tragung der grenzüberschreitenden Verschmelzung sind der Anmeldung zum Register der aufnehmenden inländischen[252] Gesellschaft beizufügen (in Ausfertigung oder beglaubigter Abschrift):

Checkliste:

- ☐ der gemeinsame **Verschmelzungsplan** (§ 122 l Abs. 1 S.z 2), es sei denn, er ist dem Verschmelzungsbeschluss beigefügt (§§ 122 a Abs. 2, 13 Abs. 3 S.z 2); der Nachweis der ordnungsgemäßen **Bekanntmachung** des Verschmelzungsplanes (§ 122 d) ist **entbehrlich**, da es Aufgabe des Registergerichts ist, diesen bekannt zu machen und es insofern über die entsprechende Kenntnis verfügt[253]
- ☐ die notarielle Niederschrift über den **Verschmelzungsbeschluss** (§§ 122 a Abs. 2, 13 Abs. 1) der Anteilsinhaber der übernehmenden Gesellschaft. Ist dieser bei einer AG/KGaA/SE entbehrlich (§ 62 Abs. 1) ist ein Hinweis in die Handelsregisteranmeldung ratsam.
- ☐ ggf. der **Bestätigungsbeschluss**[254]
- ☐ eventuelle **Zustimmungserklärungen** einzelner Anteilsinhaber[255]

[247] Eine entsprechende Reihenfolge wird – unzutreffend – bei der rein inländischen Verschmelzung vertreten.

[248] S. o. für die inländische Verschmelzung auch § 22 Rdnr. 155 ff.

[249] Lutter/*Bayer* § 19 Rdnr. 3.

[250] Schmitt/Hörtnagl/Stratz/*Hörtnagl* § 122 l UmwG Rdnr. 9; Semler/Stengel/*Drinhausen* § 122 l Rdnr. 8; Lutter/*Bayer* § 122 l Rdnr. 10.

[251] Kallmeyer/*Marsch-Barner* § 16 Rdnr. 29.

[252] Widmann/Mayer/*Heckschen* § 122 l UmwG Rdnr. 15 bezüglich der ausländischen Gesellschaft die Verschmelzungsbescheinigung nicht.

[253] A. A. KölnerKommUmwG/*Simon/Rubner* § 122 l Rdnr. 9.

[254] S. o. Rdnr. 121.

[255] S. o. Rdnr. 123.

☐ **Nachweis** darüber, dass die Anteilsinhaber aller an der grenzüberschreitenden Verschmelzung beteiligten Gesellschaften einem gemeinsamen **gleichlautenden Verschmelzungsplan zugestimmt** haben,[256] es sei denn es ergibt sich dies aus der Verschmelzungsbescheinigung[257]

☐ ggf. Verzicht auf Prüfung des Verschmelzungsplanes (§§ 122 a Abs. 2, 9 Abs. 3), des Verschmelzungsprüfungsberichts (§ 122 a Abs. 2, 12 Abs. 3) und Klage gegen den Verschmelzungsbeschluss (§§ 122 k Abs. 1 S. 2, 16 Abs. 2) der Anteilsinhaber der **übernehmenden** Gesellschaft; für die Anteilsinhaber der übertragenden Gesellschaft ist dies nicht erforderlich (§ 122 l Abs. 1 S. 3 2. HS)

☐ in Urschrift oder einfacher (nicht öffentlich beglaubigter) A**bschrift**

☐ **Verschmelzungsbericht** der übernehmenden Gesellschaft, ordnungsgemäß unterzeichnet (§ 122 e)

☐ Nachweis darüber, dass der **Verschmelzungsberich**t den Anteilsinhabern der übernehmenden Gesellschaft, dem zuständigen Betriebsrat bzw., bei dessen Fehlen, den **Arbeitnehmern** rechtzeitig vor der Versammlung **zugänglich** gemacht wurde (§ 122 e S. 2)

☐ Verschmelzungsprüfungsbericht (falls nicht wirksam auf ihn verzichtet wurde)

☐ **Verschmelzungsbescheinigung** der übertragenden ausländischen Gesellschaft. Diese Verschmelzungsbescheinigung darf bei Eingang[258] der Anmeldung beim inländischen Handelsregister nicht älter als sechs Monate sein (§ 122 l Abs. 1 S. 3). Ist die Bescheinigung älter als sechs Monate, ist die Eintragung der Verschmelzung gehindert und das Registergericht hat durch Zwischenverfügung (§ 382 Abs. 4 FamFG) aufzugeben, eine neue Verschmelzungsbescheinigung zu beschaffen. Nur dann, wenn die ausländische Stelle einen neuen Verschmelzungsvorgang für die Ausstellung der Verschmelzungsbescheinigung verlangt, ist die Anmeldung zurückzuweisen, weil der Mangel nicht behebbar ist. Es ist darauf zu achten, dass die ausländische Verschmelzungsbescheinigung ggf. in die deutsche Sprache zu übersetzen (§ 184 GvG) und legalisieren ist, falls kein bilaterales Befreiungsabkommen zwischen der Bundesrepublik und dem betreffenden ausländischen Staat besteht;[259]

☐ **Vereinbarung** über die **Beteiligung der Arbeitnehmer.** Ist eine solche Vereinbarung nicht erforderlich, erscheint eine entsprechende Negativerklärung der Vertretungsorgane zweckmäßig, die aber auch außerhalb der Anmeldung erfolgen kann. Hierfür ist Schriftform ausreichend.

☐ **Verschmelzungsbilanz** der übertragenden Gesellschaft ist nicht einzureichen,[260] es sei denn, sie soll als Werthaltigkeitsnachweis für die Kapitalerhöhung zur Durchführung der Verschmelzung dienen

Erhöht die übernehmende inländische Kapitalgesellschaft ihr Kapital, so sind, abhängig vom Kapitalgesellschaftstyp, weitere Unterlagen einzureichen.[261]

135 *(c) Frist.* Eine Frist zur Anmeldung der Verschmelzung bei der übernehmenden inländischen Gesellschaft sieht das Gesetz nicht vor. Insbesondere gilt § 17 Abs. 2. nicht, wonach die Bilanz der übertragenden Gesellschaft nicht älter als 8 Monate sein darf (vgl. §§ 122 l, 17 Abs. 1 S. 3). Es ist aber dem Handelsregister der übernehmenden inländischen Gesellschaft die die ausländische übertragende Gesellschaft betreffende Verschmelzungsbescheinigung[262] vorzulegen (§ 122 l Abs. 1 S. 3). Da diese Verschmelzungsbescheinigung nicht älter als sechs Monate sein darf (s. § 122 l Abs. 1 S. 3), gibt diese Frist für die Fortberechnung eine de-facto-Einreichungsfrist vor. Abzustellen ist auf das Ausstellungsdatum der Verschmelzungsbescheinigung.

[256] Sollte das Ausland eine der inländischen Form vergleichbare Form nicht kennen, sind die Nachweise im Original oder beglaubigter Abschrift zu führen.

[257] S. o. Rdnr. 128.

[258] Dies ergibt sich zwar nicht unmittelbar aus dem Gesetz; liegt aber nahe, hier den Rechtsgedanken des § 17 Abs. 2 S. 3 herauszuziehen.

[259] Legalisiert wird einmal durch Apostille der Staaten, die dem entsprechenden Haager Übereinkommen beigetreten sind oder durch (das große) Legalisationsverfahren s. o. Rdnr. 57.

[260] Schmitt/Hörtnagl/Stratz/*Hörtnagl* § 122 l UmwG Rdnr. 9.

[261] S. o. Rdnr. 157.

[262] Rdnr. 134.

m) Eintragung der Verschmelzung. (1) Prüfung durch das Registergericht. Das für die aufnehmende Gesellschaft zuständige Registergericht prüft bei der Verschmelzung durch Aufnahme zunächst das Vorliegen der **formellen** und **materiellen Voraussetzungen** für die Eintragung der Verschmelzung im Register der übernehmenden Gesellschaft entsprechend der Eintragung bei einer rein inländischen Verschmelzung. 136

Anders als bei der inländischen Verschmelzung darf das Registergericht die formellen und materiellen Voraussetzungen der Verschmelzung **bezüglich der** übertragenden **ausländischen Gesellschaft nicht** prüfen. Die Einhaltung dieser Voraussetzungen bezeugt die (ausländische) Verschmelzungsbescheinigung. Sinn und Zweck dieser Bescheinigung ist, dem für die beteiligte inländische (übernehmende) Gesellschaft zuständigen inländischen Registergericht zu bestätigen, dass Voraussetzungen zur Eintragung der grenzüberschreitenden Verschmelzung bei der übertragenden ausländischen Gesellschaft vorliegen. An die diesbezüglichen Aussagen der **Verschmelzungsbescheinigung** ist das deutsche Registergericht gebunden.[263] Es hat lediglich zu prüfen, ob die Bescheinigung von der sachlich zuständigen Stelle im Sitzstaat der übertragenden Gesellschaft ausgestellt wurde, nicht älter als sechs Monate ist, ob aus der Bescheinigung zweifelsfrei hervorgeht, dass die der Verschmelzung vorangehenden Rechtshandlungen und Formalitäten bezüglich der übertragenden ausländischen Gesellschaft ordnungsgemäß vollzogen wurden.[264] Dem Registergericht wird man allerdings eine **summarische Prüfung** auf offensichtliche („evidente“) Fehler zugestehen müssen. Darüber hinaus darf das Registergericht prüfen, ob (ggf.) eine Einigung über die Beteiligung der Arbeitnehmer geschlossen worden ist (§ 122l Abs. 2).[265] 137

Unklar ist, wieweit der **Prüfungsumfang** hinsichtlich des Vorliegens der **Zustimmung** der Anteilsinhaber aller beteiligten Gesellschaften **zu** einem **gemeinsamen gleichlautenden Verschmelzungsplan** geht (§ 122l Abs. 2). Richtiger Ansicht nach beschränkt sich die Prüfung des Gleichlauts des Verschmelzungsplans auf die Tatsache, dass demselben Verschmelzungsplan zugestimmt worden ist (soweit sich dies nicht aus der Verschmelzungsbescheinigung ergibt).[266] Die Prüfungsbefugnis des inländischen Registergerichts erstreckt sich nicht auf eine formelle und materielle Richtigkeitsprüfung der Bescheinigung. Denn dies würde Sinn und Zweck der Verschmelzungsbescheinigung entgegen Stehen. 138

Auch der Umfang der **Überprüfung des Abschlusses** einer Vereinbarung über die **Beteiligung der Arbeitnehmer** ist strittig. Teilweise wird vertreten, dass sich das Gericht auf eine summarische Prüfung dahingehend beschränken kann, ob die Vereinbarung formal den Anforderungen einer solchen Vereinbarung entspricht. Eine Prüfung hinsichtlich Zustandekommen und Zulässigkeit ihres Inhalts wird abgelehnt.[267] Andere wollen, dass das Gericht auch die Voraussetzungen des Zustandekommens und den Inhalt einer solchen Vereinbarung prüft.[268] 139

(2) Eintragung. Nach Durchführung der (eingeschränkten) formellen und materiellen Prüfung[269] erfolgt die **Eintragung** der Verschmelzung im Register der inländischen übernehmenden Gesellschaft. Einzutragen ist „die Verschmelzung zur Aufnahme“ (gleich Übertragung des Vermögens als Ganzes) unter Benennung der inländischen und ausländischen Kapitalgesellschaft, der Daten der Aufstellung des Verschmelzungsplanes, der Verschmelzungsbescheinigung und des Verschmelzungsbeschlusses bei der übernehmenden Gesellschaft. 140

Ist bei der aufnehmenden Gesellschaft eine **Kapitalerhöhung** zur Durchführung der Verschmelzung durchzuführen, ist die Kapitalerhöhung vor der Eintragung der Verschmelzung bei der aufnehmenden Gesellschaft einzutragen. Denn sie wird nicht – wie die reguläre Kapitalerhöhung – mit Eintragung im Handelsregister wirksam, sondern erst mit Wirksamkeit der Verschmelzung bei der übernehmenden Gesellschaft. Eine Vorabeintragung der Kapital-

[263] Schmitt/Hörtnagl/Stratz/*Hörtnagl* § 122l UmwG Rdnr. 13.
[264] Vgl. Artikel 10 Abs. 2 der Richtlinien.
[265] Widmann/Mayer/*Vossius* § 122l Rdnr. 25 ff.
[266] Widmann/Mayer/*Vossius* § 122l Rdnr. 30.
[267] Widmann/Mayer/*Vossius* § 122l Rdnr. 30; Schmitt/Hörtnagl/Stratz/*Hörtnagl* § 122l UmwG Rdnr. 12.
[268] Lutter/*Bayer* § 122l Rdnr. 15.
[269] S. o. Rdnr. 136 ff.

erhöhung zur Durchführung der Verschmelzung vor Erteilung Verschmelzungsbescheinigung ist unnötig. In der Anmeldung ist lediglich darauf hinzuweisen, dass die Kapitalerhöhung vor Eintragung der Verschmelzung einzutragen ist. Diese Eintragung kann auch zeitgleich geschehen.

141 *(3) Bekanntmachung, Mitteilung, Kosten.* Das Registergericht der übernehmenden Gesellschaft hat die Verschmelzung **bekannt** zu **machen** (§ 10 HGB). Anschließend hat das Registergericht der Stelle im Ausland, bei der die übertragende ausländische Gesellschaft ihre Unterlagen zu hinterlegen hatte, den Tag der Eintragung der Verschmelzung von Amts wegen mitzuteilen (§ 122l Abs. 3). Diese Mitteilung hat unverzüglich nach Eintragung zu erfolgen. Sodann hat das Registergericht des inländischen übernehmenden Rechtsträgers die Eintragung der grenzüberschreitenden Verschmelzung bekannt zu machen (§ 122a Abs. 2 i. V. m. 19 Abs. 3).[270]

142 *(4) Wirksamwerden der Verschmelzung.* Mit Eintragung der Verschmelzung bei der übernehmenden inländischen Kapitalgesellschaft wird die Verschmelzung wirksam (§§ 122a, 20). Mit dieser Eintragung geht das Vermögen (Aktiva) der ausländischen übertragenden Gesellschaft einschließlich ihrer Verbindlichkeiten (Passiva) auf die übernehmende Gesellschaft über. Der übertragende Rechtsträger erlischt. Einer besonderen Löschung bedarf es nicht (vgl. §§ 122a, 20). Die Anteilsinhaber der übertragenden ausländischen Gesellschaft werden Anteilsinhaber der übernehmenden inländischen Gesellschaft.

143 *(5) Mängel.* Mängel der Verschmelzung lassen die Wirkung der Eintragung der Verschmelzung im Register der übernehmenden Gesellschaft unberührt. Ein etwaiger Mangel der notariellen Beurkundung des Verschmelzungsplanes und ggf. erforderlicher Zustimmungs- oder Verzichtserklärung einzelner Anteilsinhaber wird geheilt (§§ 122a, 20).

144 **b) Hereinverschmelzung durch Neugründung.** *aa) Ablauf.* Der Ablauf einer grenzüberschreitenden Verschmelzung mehrerer Gersellschaften mit (Satzungs-)Sitzen in unterschiedlichen EU/EWR-Mitgliedsstaaten stellt sich wie folgt dar:

Checkliste:

- ☐ Aufstellung des Verschmelzungsplans mit Satzung der neuen Gesellschaft durch alle übertragenden Gesellschaften
- ☐ Beschaffung der Verschmelzungsbescheinigungen betr. die ausländischen übertragenden Gesellschaften (Frist)
- ☐ Anmeldung der neuen Gesellschaft
- ☐ Eintragung der neuen Gesellschaft

145 *bb) Beteiligte Gesellschaften.* Auch eine grenzüberschreitende Verschmelzung kann im Wege der Neugründung einer inländischen Kapitalgesellschaft erfolgen. Dies geschieht durch Übertragung aller Aktiva und Passiva **zweier oder mehrerer Kapitalgesellschaften** als Ganzes auf eine neue von ihnen dadurch gegründete Kapitalgesellschaft. Grenzüberschreitend wird diese Art der Verschmelzung dadurch, dass mindestens eine der übertragenden Kapitalgesellschaften und die durch Verschmelzung entstehende neue Kapitalgesellschaft ihre (Satzungs-)Sitze in unterschiedlichen Mitgliedsstaaten der EU oder des EWR haben.[271] Scheinauslandsgesellschaften[272] sind daher ebenfalls verschmelzungsfähig.

146 Von einer Hereinverschmelzung durch Neugründung wird gesprochen, wenn die **inländische Kapitalgesellschaft** durch Verschmelzung **neu gegründet** wird. Eine grenzüberschreiten-

[270] Zu den Kosten s. o. § 22 Rdnr. 93 ff.

[271] Kallmeyer/*Marsch-Barner* § 122a Rdnr. 2; Semler/Stengel/*Drinhausen* § 122a Rdnr. 10; Schmitt/Hörtnagl/Stratz/*Hörtnagl* § 122a Rdnr. 9.

[272] Welche Voraussetzungen dafür erfüllt sein müssen, bestimmt sich allein nach dem auf die übertragenden Gesellschaften anwendbaren Recht.

de Verschmelzung liegt auch dann vor, wenn bei der Hereinverschmelzung durch Neugründung eine der beteiligten übertragenden Kapitalgesellschaften eine inländische Gesellschaft ist. In einem solchen Fall sind die §§ 122 a ff. UmwG ebenfalls anwendbar.[273]

Auch wenn bei einer Verschmelzung durch Neugründung einer inländischen Kapital- 147
gesellschaft sämtliche **übertragenden Kapitalgesellschaften** ihren Satzungssitz in **demselben ausländischen Staat** haben, ist der Anwendungsbereich der §§ 122 a ff. eröffnet. Hieran könnte deshalb gezweifelt werden, weil die neu zu gründende Gesellschaft noch nicht existiert und es deshalb an dem grenzüberschreitender Bezug der Verschmelzung fehlen könnte. § 122 b Abs. 1 erklärt indes auch die noch nicht existierende neue Gesellschaft als beteiligungsfähig, und stellt so den transnationalen Bezug her. Dies gilt ebenso für den umgekehrten Fall der Beteiligung von allein deutschen übertragenden Gesellschaften, die durch die Verschmelzung ihrer Vermögen eine ausländische Kapitalgesellschaft gründen.[274]

Die §§ 122 a ff. gelten nur für die an der Verschmelzung beteiligte deutsche Kapitalgesell- 148
schaft. Ausländische verschmelzungsfähige Kapitalgesellschaften unterliegen ausschließlich dem Recht ihrer (Satzungs-)Sitz-Staates.[275] Obwohl der inländische Rechtsträger noch nicht existiert, haben die ausländischen übertragenden Kapitalgesellschaften **deutsches Recht** insofern zu beachten, als davon die Eintragung der Verschmelzung durch **Neugründung** im inländischen Register abhängig ist, z. B. die Vereinbarung des Satzungsinhalts der neu zu gründenden inländischen Kapitalgesellschaft als Teil des Verschmelzungsplans. Den Inhalt der Satzung bestimmt inländisches Recht.

Die §§ 122 a ff. werden kraft Verweisung auf die Vorschriften des Ersten, Zweiten, Dritten und Vierten Abschnittes des Zweiten Teils des UmwG durch die entsprechenden Bestimmungen für inländische Rechtsträger ergänzt. Die inländischen Bestimmungen sind dabei (ggf.) durch teleologische Reduktion so anwendbar zu machen, dass die Verschmelzung vollzogen werden kann.

Die grenzüberschreitende Verschmelzung durch Neugründung entspricht im Wesentlichen 149
der grenzüberschreitenden Verschmelzung durch Aufnahme. Es werden daher im Folgenden lediglich die Unterschiede zur Verschmelzung durch Neugründung klargestellt.

cc) Erstellung eines gemeinsamen Verschmelzungsplanes. Die Vertretungsorgane der an 150
der Verschmelzung beteiligten **übertragenden Kapitalgesellschaften**[276] stellen zusammen den gemeinsamen (gleichlautenden) Verschmelzungsplan[277] auf (§ 122 c Abs. 1).[278] Die neu zu gründende inländische Kapitalgesellschaft ist nicht beteiligt, da sie erst mit Eintragung der Verschmelzung entsteht, auch wenn sie für die Definition „grenzüberschreitend“ als beteiligt fingiert wird (§ 122 b).[279]

Zählen zu den an der Verschmelzung der beteiligten übertragenden Kapitalgesellschaften 151
auch solche aus **Drittstaaten** (die weder dem Recht eines Mitgliedsstaates der EU noch eines Mitgliedsstaates des EWR unterliegen[280]), ist offen, ob dann die grenzüberschreitende Verschmelzung auf Grundlage der §§ 122 a ff. gänzlich zu unterbleiben hat, sie nur unter den Gesellschaften mit Sitz in der EU und im EWR rechtlich möglich ist, oder ob daneben (kombiniert) für die Verschmelzung der Drittstaatengesellschaft die allgemeinen Regeln des internationalen Verschmelzungsrechts (Vereinigungstheorie)[281] gelten.

dd) Inhalt des Verschmelzungsplans. Für die beteiligten ausländischen übertragenden Ka- 152
pitalgesellschaften bestimmen deren **Gesellschaftsstatute (kumulativ)** Form und Inhalt des

---

[273] KölnKommUmwG/*Simon/Rubner* § 122 a Rdnr. 13 f.

[274] Kallmeyer/*Marsch-Barner* § 122 a Rdnr. 4; Lutter/*Bayer* § 122 a Rdnr. 26; Semler/Stengel/*Drinhausen* § 122 a Rdnr. 10; a. A. Widmann/Mayer/*Heckschen* § 122 a Rdnr. 56, 72 f.

[275] Kallmeyer/*Marsch-Barner* § 122 a Rdnr. 5; Semler/Stengel/*Drinhausen* § 122 a Rdnr. 14; Schmitt/Hörtnagl/Stratz/*Hörtnagl* § 122 a Rdnr. 20.

[276] Zur Definition der Kapitalgesellschaften in den einzelnen Mitgliedstaten der EU s. o. Rdnr. 37 Fn. 63.

[277] S. dazu im Einzelnen oben Rdnr. 41.

[278] Siehe zunächst oben zur Aufstellung des Verschmelzungsplans bei der Verschmelzung zur Aufnahme.

[279] Eine Art von Pflegerbestellung für die künftige neue Gesellschaft ist daher überflüssig.

[280] Wie z. B. die Schweiz.

[281] S. o. Rdnr. 12 ff.

gemeinsamen Verschmelzungsplans. Obwohl alle EU- und EWR-Mitgliedsstaaten die VRL umgesetzt haben, gibt es im Detail zum Teil erhebliche **Abweichungen** untereinander. Hinzu kommt, dass der Verschmelzungsvorgang auch die inhaltlichen Anforderungen erfüllen muss, die die inländische Rechtsordnung für die Eintragung der durch Verschmelzung neu zugründen Kapitalgesellschaft verlangt.[282] Deshalb sind bei der Hereinverschmelzung durch Neugründung über § 122a auch die rechtsformspezifischen Besonderheiten des UmwG sowie deren **Gründungsrecht** zu berücksichtigen (für GmbH: §§ 56 bis 59, 36 Abs. 2 für AG, KGaA (§§ 73 bis 77,78, 36 Abs. 2).

159 *(1) Rechtsform, Firma, Sitz*[283] *(§ 122c Abs. 2 Nr. 1)*. Neben den Angaben zu den übertragenden Gesellschaften hat der Verschmelzungsplan auch die Rechtsform, die Firma und den (Satzungs-)Sitz der künftigen inländischen Kapitalgesellschaft festzulegen. In der Wahl des inländischen Sitzes sind die übertragenden Gesellschaften frei.[284]

160 *(2) Umtauschverhältnis, bare Zuzahlungen, Anteilsgewährung (§ 122c Abs. 2 Nrn. 2 u. 3)*. Auch bei der Verschmelzung durch Neugründung sind die Anteilsinhaber der übertragenden Gesellschaft für den bei Wirksamwerden der Verschmelzung erfolgenden Verlust ihrer Anteile an den übertragenen Gesellschaften durch Gewährung von Anteilen an der neuen Gesellschaft zu entschädigen.

Bei der Bemessung der Umtauschverhältnisses („alt gegen neu") sind die Unternehmenswerte der übertragenden ausländischen Gesellschaften in Beziehung zu setzen.

In diesem Verhältnis sind die Gesellschafter der übertragenden Gesellschaften entsprechend ihrer bisherigen Beteiligung an der übertragenden Gesellschaft zu beteiligen. Das Umtauschverhältnis ist im Verschmelzungsplan konkret zu benennen. Nach inländischem Recht sind die Anteilsinhaber aber in der Bestimmung frei, wie sie künftig an der neuen Gesellschaft beteiligt werden wollen („disproportionale Beteiligung").[285]

161 Der Verschmelzungsplan hat ferner für jeden Gesellschafter einer übertragenden Gesellschaft **konkret** anzugeben, d.h. unter Nennung des (ggf. rechnerischen) Nennbetrags des Anteils, wie viel Anteile jeder Gesellschafter an der neuen Gesellschaft erhält. Dies kann auch in der Satzung der neuen Gesellschaft geschehen, da diese Bestandteil des Verschmelzungsplans ist (vgl. § 122c Abs. 2 Nr. 9).

162 Wie bei der Verschmelzung durch Aufnahme hat auch der Verschmelzungsplan bei der Verschmelzung durch Neugründung anzugeben, in welcher Höhe **Zuzahlungen in bar** für einen Spitzenausgleich erfolgen sollen.[286] Diesen hat die neugegründete Kapitalgesellschaft zu erbringen. Deshalb erscheint es gerechtfertigt, auch in diesem Fall die Höhe der baren Zuzahlungen auf 10% des Gesamtbetrages der zu gewährenden Geschäftsanteile bzw. des auf die Aktien entfallenden anteiligen Betrages des Grundkapitals (AG, KGaA) entfallen, zu benennen.

163 *(3) Auswirkungen auf die Beschäftigung (§ 122 Abs. 2 Nr. 4)*.[287] Auch bei der Verschmelzung durch Neugründung muss der Verschmelzungsplan zur Information der Anteilseigner der übertragenden Gesellschaften, nicht der Arbeitnehmer – dazu dient der Verschmelzungsbericht[288] – die voraussichtlichen Auswirkungen der Verschmelzung auf die Beschäftigung enthalten (z.B. Anzahl der zu übernehmenden Arbeitnehmer, Kosten der Verlagerung von Betriebsteilen, Personalmaßnahmen[289]).

164 *(4) Zeitpunkt der Gewinnbeteiligung, Verschmelzungsstichtag (§ 122c Abs. 2 Nrn. 5 und 6)*. Mit Eintragung der durch Verschmelzung hervorgehenden neuen inländischen Gesellschaft in das Handelsregister entsteht diese (§ 122a, 36 Abs. 1 S. 2, 19).[290] Spätestens ab

[282] KölnKommUmwG/*Simon/Rubner* § 122c Rdnr. 8.
[283] S. hierzu zunächst Rdnr. 48.
[284] Widmann/Mayer/*Heckschen* § 122c Rdnr. 50.
[285] KölnKommUmwG/*Simon/Nießen* § 36 Rdnr. 36.
[286] S. zunächst oben Rdnr. 50.
[287] Siehe zunächst oben Rdnr. 56.
[288] S. o. Rdnr. 94 ff.
[289] KölnKommUmwG/*Simon/Rubner* § 122c Rdnr. 17.
[290] §§ 122a, 36 Abs- 1.

diesem Zeitpunkt sind die Gesellschafter der übertragenden Gesellschaft an der neuen Gesellschaft gewinnberechtigt. Da auch bei der Verschmelzung durch Neugründung nach überwiegender Meinung eine Vorgesellschaft entsteht, für die bereits wirksam gehandelt werden kann, kann die Gewinnberechtigung ab dem Zeitpunkt beginnen, ab dem diese Vorgesellschaft geschäftlich tätig wird. Ab diesem Zeitpunkt beginnt dann auch das erste (Rumpf-)Geschäftsjahr der neuen Gesellschaft.[291]

Ferner ist der Stichtag der Eröffnungsbilanz der neuen Gesellschaft zusätzlich zu den Bilanz- 165
stichtagen der übertragenden Gesellschaft anzugeben (§ 122c Abs. 2 Nr. 12). Die Verschmelzungsstichtage werden in der Regel auf den Zeitpunkt der Gewinnberechtigung fallen.[292]

(5) Gewährung von Sonderrechten und Vorteilen (§ 122c Abs. 2 Nrn. 7 u. 8). Ebenso wie 166
bei der grenzüberschreitenden Verschmelzung zur Aufnahme sind auch bei der Verschmelzung durch Neugründung die Rechte aufzuführen, die die neue Gesellschaft den in den übertragenden Gesellschaften mit Sonderrechten ausgestatteten Anteilsinhabern gewährt. Entsprechendes gilt für die besonderen Vorteile, die dem in Nr. 8 genannten Personenkreis gewährt werden sollen.

(6) Inhalt der Satzung der neuen Gesellschaft (§ 122c Abs. 2 Nr. 9). Dem Verschmel- 167
zungsplan ist – ebenso wie bei der rein inländischen Verschmelzung durch Neugründung – die Satzung der neuen inländischen Gesellschaft beizufügen (vgl. §§ 122c Abs. 2 Nr. 9, 122a, 37, 57, 74, 78). Welchen Mindestinhalt diese Satzung haben muss, ergibt sich aus den für die entsprechende Kapitalgesellschaft anwendbaren Gründungsvorschriften (§§ 122a Abs. 2, 36 Abs. 2). Diese Satzung sollte in der Regel als Anlage zum Verschmelzungsplan genommen werden, um diesen zu entfrachten. Beurkundungsrechtlich ist dieses Verfahren ohne weiteres zulässig. Da die Satzung Bestandteil des Planes ist, teilt sie auch dessen rechtliches Schicksal.[293]

(7) Arbeitnehmerbeteiligung (§ 122c Abs. 2 Nr. 10).[294] Auch bei der Verschmelzung durch 168
Neugründung sind Angaben zu dem Verfahren in den Verschmelzungsplan aufzunehmen, nach dem die Einzelheiten über die Beteiligung der Arbeitnehmer an der Festlegung ihrer Mitbestimmungsrechte in der neuen inländischen Gesellschaft geregelt werden.[295]

(8) Angaben zur Vermögensbewertung und Bilanzstichtage (§ 122c Abs. 2 Nr. 11). Bei 169
der Verschmelzung durch Neugründung muss der Verschmelzungsplan ebenfalls Angaben zur Bewertung des Aktiv- und Passivvermögens enthalten, das auf die neue inländische Gesellschaft von den übertragenden auslandischen Gesellschaften übertragen wird. Besonderheiten im Vergleich zur Verschmelzung durch Aufnahme bestehen nicht. An die Stelle der Stichtagsbilanz der übernehmenden Gesellschaft tritt der Stichtag der Eröffnungsbilanz der neuen Gesellschaft.[296]

(9) Abfindungsangebot (§ 122i). Die Aufnahme eines Abfindungsangebots in den Ver- 170
schmelzungsplan ist aus inländischer Sicht nicht erforderlich. Sieht das Recht der auf die übertragenden Rechtsträger die Aufnahme eines solchen Abfindungsangebots in den Verschmelzungsplan vor, hat dies im Ergebnis Einfluss auf die Liquidität der neuen inländischen Gesellschaft.[297]

ee) Zuleitung an den Betriebsrat. Ob der Verschmelzungsplan den Betriebsräten der über- 171
tragenden ausländischen Gesellschaften zuzuleiten ist, richtet sich ausschließlich nach den auf die übertragenden Gesellschaften anwendbaren Rechte.

ff) Notarielle Beurkundung des Verschmelzungsplans. Nicht eindeutig ist, ob sich die 172
Pflicht zur Beurkundung des Verschmelzungsplans (§ 122c Abs. 4) auch auf den ausschließlich von den übertragenden ausländischen Gesellschaften gemeinsam zu erstellenden Ver-

[291] Kallmeyer/*Müller* § 5 Rdnr. 32.
[292] Kallmeyer/*Müller* § 5 Rdnr. 35.
[293] Widmann/Mayer/*D. Mayer* § 122c Rdnr. 119, 121.
[294] Siehe zunächst oben Rdnr. 63.
[295] Widmann/Mayer/*D. Mayer* § 122c Rdnr. 126; KölnKommUmwG/*Simon/Rubner* § 122c Rdnr. 21.
[296] Kallmeyer/*Marsch-Barner* § 121 Rdnr. 9; kritisch KölnKommUmwG/*Simon/Rubner* § 122c Rdnr. 33; .
[297] KölnKommUmwG/*Simon/Rubner* § 122i Rdnr. 4.

schmelzungsplan erstreckt. Denn nach dem Wortlaut des § 122c Abs. 1 sind nur diese Beteiligte des Verschmelzungsplans. Selbst wenn jedoch alle Rechtsordnungen der übertragenden Gesellschaften keine Beurkundung des Verschmelzungsplans vorsähen, wäre der Verschmelzungsplan allein schon deshalb notariell zu beurkunden, weil auf die grenzüberschreitende Verschmelzung durch Neugründung ergänzend die inländischen Vorschriften für die Gründung der jeweiligen neu zu gründenden Kapitalgesellschaft zu berücksichtigen sind (vgl. §§ 122a, 36 Abs. 2), die sämtlich für die Gründung der beteiligungsfähigen inländischen Gesellschaft notarielle Beurkundung vorsehen (s. §§ 2 Abs. 1 GmbHG, 23 AktG).

173 *gg) Einreichung und Bekanntmachung des Verschmelzungsplans (§ 122d).* Zweck der Bekanntmachung des Verschmelzungsplans und der Veröffentlichung der von § 122d verlangten Angaben über die Verschmelzung, ist u.a. die Information der Minderheitsgesellschafter und Gläubiger einer (übertragenden oder aufnehmenden) inländischen Gesellschaft.[298] Da bei einer Verschmelzung einer neu zu gründenden inländischen Gesellschaft weder Minderheitsgesellschafter noch Gläubiger existieren können, ist § 122d auf die Verschmelzung durch Neugründung nicht anwendbar.[299]

174 *hh) Verschmelzungsbericht/-prüfung*[300] *(§ 122e, f).* § 122e, der bei einer grenzüberschreitenden Verschmelzung zwingend einen Verschmelzungsbericht[301] vorschreibt, gilt für die Verschmelzung durch Neugründung einer inländischen Gesellschaft nicht. Entsprechendes gilt für die Verschmelzungsprüfung. Ob und in welchem Umfang die Rechtsordnungen, die für die ausländischen übertragenden Gesellschaften gelten, die Erstellung eines Verschmelzungsberichts und eine Verschmelzungsprüfung vorsehen, richtet sich allein nach dem auf diese Gesellschaft anwendbaren Rechte. Dies ist von den inländischen Registern nicht zu überprüfen. Die Rechtmäßigkeit der Verschmelzung im Ausland wird durch die Verschmelzungsbescheinigung nachgewiesen, deren Inhalt durch die inländischen Register nur eingeschränkt überprüft werden darf.[302]

175 *ii) Zustimmung der Anteilsinhaber.* Die Anteilsinhaber jeder übertragenden Gesellschaft haben die Zustimmungserfordernisse zu erfüllen, die das auf sie anwendbare Recht für eine grenzüberschreitende Verschmelzung durch Neugründung vorsieht. Das inländische Recht ist darauf nicht anzuwenden. Grundsätzlich darf das inländische zuständige Register hinsichtlich des ordnungsgemäßen Ablaufs der Verschmelzung im Ausland auch keine Nachforschungen anstellen. Es muss sich auch hier auf den Inhalt der ausländischen Verschmelzungsbescheinigungen verlassen.[303]

176 *jj) Anmeldung der Verschmelzung. (1) Verschmelzungsbescheinigungen der übertragenden Gesellschaften.* Bei einer rein innerstaatlichen Verschmelzung zur Neugründung ist zunächst die Verschmelzung bei den für die übertragenden Gesellschaften zuständigen Registern anzumelden und einzutragen. Sodann erfolgt – zwingend (§ 19 Abs. 1 S. 1) – die die Verschmelzung wirksam werden lassende Eintragung der neuen durch Verschmelzung gegründeten Gesellschaft.

177 Bei einer grenzüberschreitenden Verschmelzung tritt die (Verschmelzungs-)Bescheinigung[304] an die Stelle der Eintragung der Verschmelzung bei den übertragenden Rechtsträgern. Diese Verschmelzungsbescheinigung erteilt die für die Prüfung der Verschmelzung im betreffenden Ausland zuständige Stelle. Aus ihr muss sich ergeben, dass die der Verschmelzung im Ausland vorangehende Rechtshandlung und Formalitäten ordnungsgemäß vollzogen wurden.[305]

178 *(2) Anmeldung der neuen Gesellschaft beim zuständigen Register. (a) Anmeldebefugnis.* Die Vertretungsorgane der ausländischen übertragenden Gesellschaften haben die durch

[298] Semler/Stengel/*Drinhausen* § 122d Rdnr. 3; Widmann/Mayer/*Heckschen* § 122d Rdnr. 9, 15.
[299] KölnKommUmwG/*Simon/Rubner* § 122d Rdnr. 4.
[300] S. o. Rdnr. 94 ff.; 104 ff.
[301] S. u. Rdnr. 98.
[302] S. o. Rdnr. 134.
[303] Zum Umfang der Überprüfung des Inhalts der Verschmelzungsbescheinigungen s. o. Rdnr. 134.
[304] S. Art. 10 VRL.
[305] S. Art. 10 Abs. 2, 11 Abs. 2 VRL.

Verschmelzung entstehende neue Gesellschaft zur Eintragung in das Register ihres künftigen (Satzungs-)Sitzes anzumelden (§ 122l Abs. 1 S. 1).

Inhalt und Form der Anmeldung entsprechen der Anmeldung der Verschmelzung durch Neugründung, wie bei einer inländischen Verschmelzung (§§ 122a, 38 Abs. 2).[306] Zusätzlich sind die rechtsformspezifischen Anforderungen bei der neuen Gesellschaft zu berücksichtigen.[307] Bei der Anmeldung haben die übertragenden Rechtsträger nicht die Erklärung abzugeben, ob die sie betreffenden Verschmelzungsbeschlüsse angefochten worden sind (§ 122l Abs. 1 S. 3 2. HS).

(b) Beizufügende Unterlagen.[308] Der Anmeldung in deutscher Sprache (§ 184 GVG) beizufügen sind: 179

Checkliste:

- ☐ Der von allen übertragenden Gesellschaften aufgestellte und beurkundete[309] **Verschmelzungsplan mit Satzung** der neuen Gesellschaft (§ 122l Abs. 1 S. 2),[310]
- ☐ **Nachweis** darüber, dass die Anteilsinhaber aller beteiligten ausländischen übertragenden Gesellschaften einem **gleichlautenden Verschmelzungsplan zugestimmt** haben (§ 122l Abs. 2), in Urschrift oder öffentlich beglaubigter Abschrift,
- ☐ ggf. die **Vereinbarung** über die Beteiligung der **Arbeitnehmer,** in Urschrift oder öffentlich beglaubigter Abschrift,
- ☐ die **Verschmelzungsbescheinigungen aller** übertragenden ausländischen Gesellschaften (§ 122l Abs. 1 S. 2) im Original oder öffentlich beglaubigter Abschrift. Sie dürfen bei Eingang der Anmeldung bei inländischen Handelsregistern **nicht älter als sechs Monate sein** (§ 122l Abs. 1 S. 3 1. HS).[311]
- ☐ Nachweis über die Werthaltigkeit der übertragenden Unternehmen (z. B. Bilanzen der übertragenden Gesellschaften im Original oder beglaubigter Abschrift). Unbeachtlich ist die Acht-Monats-Frist des § 17 (s. § 122k Abs. 1 S. 3 2. HS).
- ☐ ggf. die staatliche Genehmigung für die Verschmelzung sowie
- ☐ die für die Gründung der betreffenden inländischen Kapitalgesellschaft erforderlichen Unterlagen.[312]
  Öffentlich beglaubigte Dokumente sind ggfs. zu legalisieren.

kk) Eintragung der neuen Gesellschaft. (1) Prüfung durch das Registergericht. Das für die neue Gesellschaft zuständige inländische Registergericht prüft zunächst die formellen und materiellen Voraussetzungen der Eintragung der neuen Gesellschaft.[313] Das Vorliegen der Voraussetzungen der Verschmelzung bezüglich der übertragenden Gesellschaften prüft das Gericht nicht. Diese weisen die vorzulegenden Verschmelzungsbescheinigungen nach.[314] Die Richtigkeit dieser Bescheinigungen darf das Registergericht aber nicht unkritisch hinnehmen. Es hat lediglich zu prüfen, ob die zuständige ausländische Stelle diese Bescheinigung erteilt hat, diese nicht älter als sechs Monate ist und dass aus der Erklärung hervorgeht, dass die der Verschmelzung vorausgehende Rechtshandlungen und Formalitäten ordnungsgemäß geschlossen wurden.[315] 180

---

[306] S. o. § 22 Rdnr. 178.
[307] S. o. § 22 Rdnr. 190 ff.
[308] S. o. zunächst Rdnr. 134.
[309] Zur Auslandsbeurkundung s. o. Rdnr. 81.
[310] S. hierzu Rdnr. 167.
[311] S. hierzu auch Rdnr. 134.
[312] S. o. § 22 Rdnr. 176.
[313] Zum Prüfungsumfang s. o. Rdnr. 136 ff.
[314] Zum vergleichbaren Fall der Hereinverschmelzung zur Aufnahme s. o. Rdnr. 134.
[315] KölnKommUmwG/*Simon/Rubner* § 122l Rdnr. 15; Widmann/Mayer/*Vossius* § 122l Rdnr. 23; Semler/Stengel/*Drinhausen* § 122l Rdnr. 11; zum Umfang der Prüfung, ob die Anteilsinhaber aller übertragenden Rechtsträger einem gleichlautenden Verschmelzungsplan zugestimmt haben s. o. Rdnr. 138; Zur Überprüfung des Abschlusses einer Vereinbarung über die Arbeitnehmerbeteiligung s. o. Rdnr. 139.

3. Hinausverschmelzung

181 Die Hinausverschmelzung besteht sowohl als Hinausverschmelzung zur **Aufnahme** als auch zur **Neugründung.**

182 a) **Hinausverschmelzung zur Aufnahme.** Unter Hinausverschmelzung zur Aufnahme wird hier die grenzüberschreitende Verschmelzung einer (oder mehrerer) inländischer Kapitalgesellschaften auf eine nach der VRL als verschmelzungsfähig angesehene aufnehmende ausländische Kapitalgesellschaft verstanden.

183 *aa) Ablaufplan.* Siehe zunächst Buchstaben a–l, n, o bei der Hereinverschmelzung.[316]

184 *bb) Gemeinsamkeiten mit der Hereinverschmelzung.* Vorbereitungs-, Beschluss und Vollzugsphase bei der Hinausverschmelzung einer deutschen Gesellschaft zur Aufnahme durch eine ausländische Gesellschaft entsprechen weitgehend den entsprechenden Phasen bei der Hereinverschmelzung einer ausländischen Gesellschaft auf eine deutsche aufnehmende Gesellschaft. Im Folgenden werden daher im Wesentlichen nur die Voraussetzungen behandelt, die sich bei der Hinausverschmelzung zur Aufnahme von der Hereinverschmelzung zur Aufnahme unterscheiden.

185 *cc) Unterschiede zur Hereinverschmelzung. (1) Inhalt des Verschmelzungsplans.* Der Verschmelzungsplan entspricht inhaltlich überwiegend dem bei der Herausverschmelzung zur Aufnahme.

186 *(a) Anteilsgewährung und bare Zuzahlung.* Aus welchen **Quellen** (eigene Anteile, durch Dritte oder Kapitalerhöhung geschaffene Anteile) die zu gewährenden Anteile an der aufnehmenden ausländischen Gesellschaft stammen werden, oder ob die ausländische Gesellschaft auf die Gewährung von Anteilen verzichten kann, entscheidet allein das auf die aufnehmende ausländische Gesellschaft anwendbare Recht. Dessen Ergebnis ist in den Verschmelzungsplan aufzunehmen.

187 Teilweise wird vertreten, dass die 10%-Grenze für die **baren**[317] **Zuzahlungen** (s. §§ 120a Abs. 2, 54 Abs. 4, 68 Abs. 3) auch dann gilt, wenn die aufnehmende Gesellschaft eine ausländische ist.[318] Dies erscheint fraglich, da dadurch der Schutzzweck des deutschen Rechts auf die einer fremden Rechtsordnung unterliegenden Gesellschaft ausgedehnt wird.

188 *(b) Stichtag der Bilanzen.* Für die deutsche übertragende Gesellschaft ist Bilanzstichtag der Tag ihrer Schlussbilanz (§ 17), für die ausländische übernehmende Gesellschaft entscheidet deren Recht.

189 *(c) Satzung der übernehmenden Gesellschaft.* Der Inhalt der in den Verschmelzungsplan aufzunehmenden Satzung der ausländischen Gesellschaft richtet sich allein nach dem auf sie anwendbaren Recht. Sollte dieses Recht die Aufnahme inländischer Satzungselemente zulassen, ist dies (aus inländischer Sicht) unbedenklich. Abzustellen ist aber auch bei der Hinausverschmelzung auf den Inhalt der Satzung, der mit Wirksamwerden der Verschmelzung gelten soll.[319]

Die Aufnahme der Satzung in den Verschmelzungsplan ist selbst dann nicht entbehrlich, wenn es sich um eine beschlusslose Verschmelzung zur Aufnahme handelt, also sowohl bei der aufnehmenden als auch bei der inländischen Gesellschaft ein Verschmelzungsbeschluss entbehrlich ist.

190 *(d) Barabfindungsangebot (§ 122i).* Der von der inländischen übertragenden Gesellschaft mit zu erstellende Verschmelzungsplan muss jedem ihrer Anteilsinhaber, der gegen den Verschmelzungsbeschluss **Widerspruch** zur notariellen Niederschrift erklärt hat, den Erwerb seiner Anteile gegen eine angemessene **Barabfindung** anbieten (§ 122i Abs. 1). Kein Anteils-

[316] S. o. Rdnr. 40.
[317] S. hierzu zunächst Rdnr. 50.
[318] KölnKommUmwG/*Simon/Rubner* § 120c Rdnr. 15.
[319] Siehe hierzu auch Widmann/Mayer/*D. Mayer* § 122c Rdnr. 120.

inhaber einer übertragenden inländischen Gesellschaft soll gezwungen werden, sich dem Regime einer ausländischen Gesellschaft zu unterstellen.[320]

Die Regelung gilt auch für die Hinausverschmelzung durch Neugründung.

Der Abfindungsanspruch entsteht mit Wirksamwerden der Verschmelzung, geht also zwingend im Wege der Gesamtrechtsnachfolge nach richtiger Ansicht[321] auf die ausländische Gesellschaft über und muss gegen diese gegebenenfalls nach dem Recht, dem sie unterliegt, geltend gemacht und durchgesetzt werden.

Eine **Anfechtung** des Verschmelzungsbeschlusses wegen Unangemessenheit oder Mangel- 191
haftigkeit des Barabfindungsangebots scheidet grundsätzlich aus, vorausgesetzt, das Recht der ausländischen Gesellschaft sieht ebenfalls ein solches Barabfindungsangebot vor oder die Anteilsinhaber der übertragenden Gesellschaft stimmen der Geltung der über § 122i Abs. 2 S. 1 anwendbaren Regelungen der §§ 32, 34 ausdrücklich zu. Andernfalls ist der Verschmelzungsbeschluss anfechtbar.[322]

Der **Aufnahme** eines Abfindungsangebots in den Verschmelzungsplan bedarf es hingegen 192
nicht, wenn die Minderheitsgesellschafter in notarieller Form (§ 122a, 9 Abs. 3, 8 Abs. 3) auf ein solches Angebot verzichtet haben. Der Verzicht kann auch noch nach Fassung des Verschmelzungsbeschlusses erklärt werden.[323]

(2) Sicherheitsleistung (§ 122j). Unterliegt die übernehmende Gesellschaft nicht dem 193
deutschen Recht, hat sie also ihren (Satzungs-)Sitz – nicht ihren Verwaltungssitz – im EU/EWR Ausland,[324] ist den Gläubigern der übertragenden inländischen Gesellschaft Sicherheit zu leisten (§ 122j Abs. 1 S. 1). Dieser Anspruch ist innerhalb von zwei Monaten[325] nach dem Tag der Bekanntmachung des Verschmelzungsplans oder seines Entwurfs, die auch einen Hinweis auf diesen Anspruch der Gläubigersicherheitsleistungen enthalten muss (vgl. § 120d Nr. 4), schriftlich anzumelden und glaubhaft zu machen (§ 122j Abs. 1 S. 2).

Angesichts der Verpflichtung der Organe der inländischen übertragenden Gesellschaft, 194
dass allen berechtigten Gläubigern angemessene Sicherheit geleistet wurde, kann vor Ablauf der Zwei-Monats-Frist die Eintragung der Verschmelzung und die **Erteilung der Verschmelzungsbescheinigung** durch das Registergericht nicht erfolgen (vgl. § 122k Abs. 1 S. 3). Für die **Anmeldung** der Verschmelzung zum Register der übertragenden Gesellschaft hingegen ist die Zwei-Monats-Frist unbeachtlich. Muss die Anmeldung – etwa wegen des Alters der Bilanz der übertragenden Gesellschaft (§ 17 Abs. 2 S. 3) – vor Ablauf dieser Frist zum Register eingereicht werden, kann dem Handelsregister die Versicherung nach Ablauf der Zwei-Monats-Frist nachgereicht werden.

(3) Anmeldung der Verschmelzung. Ebenso wie bei der rein inländischen Verschmelzung 195
erfolgt auch die Eintragung der grenzüberschreitenden Verschmelzung zunächst bei der übertragenden inländischen und anschließend bei der aufnehmenden ausländischen Gesellschaft.

(a) Anmeldung beim Register der übertragenden inländischen Kapitalgesellschaft. 196
(aa) Anmeldebefugnis. Allein anmeldebefugt (in vertretungsberechtigter Zahl) sind die Vertretungsorgane der inländischen übertragenden Gesellschaft. Die Vertretungsorgane der aufnehmenden Gesellschaft sind – anders als bei der inländischen Verschmelzung (vgl. § 16 Abs. 1 S. 2) – nicht anmeldeberechtigt.[326] Für die Form gilt § 12 HGB.

(bb) Inhalt der Anmeldung. Nach dem Wortlaut des § 122k Abs. 1 S. 1 sind die die über- 197
tragende Gesellschaft „betreffenden Voraussetzungen für die Verschmelzung" zur Eintra-

[320] KölnKommUmwG/*Simon/Ruber* § 122i Rdnr. 1; Kallmeyer/*Marsch-Barner* § 122i Rdnr. 2.

[321] S. Kallmeyer/*Marsch-Barner* § 122i Rdnr. 5; KölnKommUmwG/*Simon/Rubner* § 122i Rdnr. 6; *Vetter* AG 2006, 613 (623); *Klein* RNotZ 2007, 565, 601; a. A. Semler/Stengel/*Drinhausen* § 122i Rdnr. 9; Schmitt/Hörtnagl/Stratz/*Hörtnagl* § 122i Rdnr. 8, 13.

[322] Lutter/*Bayer* § 122i Rdnr. 22; KölnKommUmwG/*Simon/Rubner* § 122i Rdnr. 11 ff.; Kallmeyer/*Marsch-Barner* § 122i Rdnr. 7 ff.; Widmann/Mayer/*Vossius* § 122i Rdnr. 24 ff.

[323] Widmann/Mayer/*Vossius* § 122i Rdnr. 41.

[324] Kallmeyer/*Marsch-Barner* § 122i Rdnr. 4.

[325] Ausschlussfrist s. Lutter/*Bayer* § 122i Rdnr. 13; Kallmeyer/*Marsch-Barner* § 122i Rdnr. 4.

[326] Schmitt/Hörtnagl/Stratz/*Hörtnagl* § 122k Rdnr. 5; KölnKommUmwG/*Simon/Ruber* § 122k Rdnr. 6.

gung beim Register des (Satzungs-)Sitzes der Gesellschaft anzumelden. Unschädlich ist aber, wenn – wie bei der inländischen Verschmelzung – die Verschmelzung bei der übertragenden Gesellschaft zur Eintragung angemeldet wird.[327] Ratsam erscheint es, auch die Erteilung der **Verschmelzungsbescheinigung** zu beantragen, wenngleich diese auch ohne einen solchen Antrag zu erteilende Eintragungsnachricht als solche gilt (§ 122k Abs. 2 S. 2).

198 *(cc) Erklärungen und Versicherungen.* Bei der Anmeldung haben die Anmelder die Erklärung abzugeben, dass gegen den Verschmelzungsbeschluss der Anteilsinhaber ihrer Gesellschaft (§§ 122a, 13) – nicht auch der der aufnehmenden ausländischen Gesellschaft[328] – nicht oder nicht fristgerecht **Anfechtungsklage** erhoben oder Freigabe erteilt worden ist (§§ 122k Abs. 1 S. 2, 16 Abs. 2, 3) („Negativerklärung"). Entbehrlich ist diese Negativerklärung bei einer übertragenden Gesellschaft, deren sämtliche Anteile die übernehmende ausländisch Gesellschaft hält (denn bei ihr ist ein Beschluss nicht erforderlich (§ 122g Abs. 2)); wenn auf die Anfechtung formgültig verzichtet wurde (§§ 122a, 16 Abs. 2 S. 6) oder alle Anteilsinhaber der Verschmelzung zugestimmt haben.

199 In jedem Fall haben die Mitglieder der Vertretungsorgane der übertragenden inländischen Gesellschaft ihrem Registergericht gegenüber zu **versichern**, dass allen nach § 122i berechtigten Gläubigern eine angemessene **Sicherheit geleistet** wurde. Diese Erklärung ist eine Wissenserklärung und kann daher durch Bevollmächtigte nicht abgegeben werden. Die Versicherung kann frühestens nach Ablauf der Zweimonatsfrist des § 122i Abs. 2 S. 2 abgegeben werden. Sie ist Voraussetzung für die Erteilung der Verschmelzungsbescheinigung (§ 122k Abs. 2 S. 4), muss aber nicht zwingend mit der Anmeldung dem Registergericht eingereicht werden. Sie kann auch nachgereicht werden.[329] Eine besondere Form ist nicht vorgesehen. Schriftform ist ratsam.[330]

Die Versicherung ist strafbewehrt (§ 314a) und daher von **allen** Vertretungsorganen höchstpersönlich abzugeben.[331]

200 *(dd) Fakultative Erklärungen.* Wenn auch nicht zwingend, so erscheint doch zum reibungslosen Ablauf des Registerverfahrens ein Hinweis an das zuständige Registergericht ratsam, dass bei der inländischen Gesellschaft kein Betriebsrat besteht bzw. die Gesellschaft keine Arbeitnehmer hat, eine Vereinbarung über die Mitbestimmung der Arbeitnehmer nicht geschlossen wurde oder ein Spruchverfahren nicht anhängig ist (vgl. § 122k Abs. 2 S. 5)[332] und dass der Verschmelzungsbericht rechtzeitig den Anteilsinhabern der Gesellschaften und dem zuständigen Betriebsrat – bei deren fehlenden Arbeitnehmern – zugänglich gemacht wurde.[333]

201 *(b) Beizufügende Unterlagen.* Der Anmeldung beizufügen sind die Unterlagen beizufügen, die auch der Anmeldung zur Eintragung der Verschmelzung bei einer inländischen übertragenden Gesellschaft beigefügt werden müssen[334] (ausgenommen sind die die ausländische Gesellschaft betreffenden Verschmelzungsunterlagen), eine eventuelle Vereinbarung über das Mitbestimmungsregime[335] sowie die Verschmelzungsbilanz der übertragenden inländischen Gesellschaft, die auf einen höchstens acht Monate vor der Anmeldung liegenden Stichtag aufgestellt sein muss[336] (§§ 122k Abs. 1 S. 2, 17).

202 *(c) Eintragung der Verschmelzung. (aa) Prüfung des Registergerichts.* Der Erteilung der Verschmelzungsbescheinigung ist die Prüfung des Registergerichts vorgeschaltet, ob die Voraussetzung für die Eintragung der Verschmelzung im Register der übertragenden inlän-

[327] Ähnlich Schmitt/Hörtnagl/Stratz/*Hörtnagl* § 122k Rdnr. 7.

[328] Kallmeyer/*Marsch-Barner* § 122k Rdnr. 3.

[329] Kallmeyer/*Marsch-Barner* § 122k Rdnr. 5; Widmann/Mayer/*Vossius* § 122k Rdnr. 31.

[330] Widmann/Mayer/*Vossius* § 122k Rdnr. 30.

[331] So für den vergleichbaren Fall des § 140, 146; *Lutter/Priester* § 140 Rdnr. 8; Semler/Stengel/*Drinhausen* § 146 Rdnr. 6; so für Widmann/Mayer/*D. Mayer* § 140 Rdnr. 16, § 139 Rdnr. 56.

[332] KölnKommUmwG/*Simon/Rubner* § 122k Rdnr. 16.

[333] Einzelheiten s. o. Rdnr. 101 ff.

[334] Siehe dazu zunächst oben § 22 Rdnr. 155 ff.

[335] KölnKommUmwG/*Simon/Rubner* § 122k Rdnr. 15; Lutter/*Bayer* § 122k Rdnr. 13; Schmitt/Hörtnagl/Stratz/*Hörtnagl* § 122k Rdnr. 9, 15.

[336] Einzelheiten dazu bei § 122k Abs. 1 S. 2.

dischen Gesellschaft – nicht auch der ausländischen Gesellschaft[337] – vorliegen. Grundsätzlich entspricht der Prüfungsumfang dem bei einer rein inländischen Verschmelzung,[338] allerdings mit der Einschränkung, dass das Registergericht nur die Voraussetzungen für die Eintragung der Verschmelzung bei den übrigen an dem Verschmelzungsvorgang beteiligten ausländischen Gesellschaften nicht überprüfen darf. Die Prüfung umfasst die **Verschmelzungsfähigkeit** der beteiligten Gesellschaften (§ 122a), die Einhaltung der **Bekanntmachungspflichten** (§ 122d), das Vorliegen eines gemeinsamen **Verschmelzungsplans** (§ 122c), die Wirksamkeit des **Verschmelzungsbeschlusses** (§§ 122a Abs. 2, 13), gegebenenfalls des Bestätigungsbeschlusses (§ 122g) sowie das Vorliegen der **Negativerklärung,**[339] der Versicherung über **Sicherheitsleistungen** (§ 122j)[340] und über die Anhängigkeit eines Spruchverfahrens.[341] Verschmelzungsbericht und Verschmelzungsprüfungsbericht sind lediglich auf Plausibilität zu überprüfen.

(bb) Erteilung der Verschmelzungsbescheinigung (§ 122k Abs. 2). Liegen die Voraussetzungen für die Eintragung der Verschmelzung bei der übertragenden inländischen Gesellschaft vor, muss das Gericht unverzüglich nach entsprechender Beantragung die Verschmelzungsbescheinigung ausstellen (§ 122k Abs. 2 S. 1). Der Gesetzgeber hat sich **nicht** für die **Erteilung einer gesonderten Verschmelzungsbescheinigung** entschieden, sondern die Nachricht über die Eintragung der Verschmelzung im Register der übertragenden Gesellschaft zur Verschmelzungsbescheinigung zum Zwecke der grenzüberschreitenden Verschmelzung erklärt (§§ 122k Abs. 2 S. 2, 383 Abs. 1 FamFG).[342] Um Missverständnissen im Ausland vorzubeugen, sind einige der Handelsregister dazu übergegangen, auf der mit Siegel versehenen Eintragungsnachricht zu vermerken, dass es sich bei der Eintragungsnachricht um die Verschmelzungsbescheinigung im Sinne der Verschmelzungsrichtlinie (Art. 10 Abs. 2 VRL) handelt. 203

Die Eintragung der Verschmelzung im Register der deutschen übertragenden Gesellschaft ist mit dem **Vermerk** zu versehen, dass die Verschmelzung erst unter den Voraussetzungen des Rechts des Staates, dem die übernehmende oder neue Gesellschaft unterliegt, wirksam wird (§ 122k Abs. 2 S. 3). Dieser dem Vorläufigkeitsvermerk des § 19 ähnelnde Vermerk ist auf dem Registerblatt der übertragenden Gesellschaft einzutragen und in der als Verschmelzungsbescheinigung fungierenden Eintragungsnachricht enthalten. 204

Der Vermerk stellt also nicht auf die Eintragung im Register des Sitzes der übernehmenden ausländischen Gesellschaft ab. Dies ist auch konsequent, da nicht jede ausländische Rechtsordnung das Wirksamwerden der Verschmelzung zwingend von einer Registereintragung abhängig macht.[343]

Das Vertretungsorgan der inländischen übertragenden Gesellschaft hat innerhalb von **sechs Monaten** nach dem Datum der Ausstellung der **Verschmelzungsbescheinigung** diese gemeinsam mit dem Verschmelzungsplan bei der für die Rechtmäßigkeitskontrolle zuständigen ausländischen Stelle **vorzulegen.** Diese Vorlage erfolgt nicht von Amts wegen.[344] Die Sechs-Monats-Frist muss nicht zwingend eine Ausschlussfrist sein. Ob die ausländische zuständige Stelle auch eine ältere Verschmelzungsbescheinigung akzeptiert, hängt allein von ihrem Recht ab.[345] 205

Die für die übernehmende Gesellschaft zuständige ausländische Stelle teilt dem inländischen Register von Amtswegen den Tag des Wirksamwerdens der Verschmelzung aus der Sicht ihres Rechts mit. Alsdann vermerkt das inländische Handelsregister im Register der 206

[337] Schmitt/Hörtnagl/Stratz/*Hörtnagl* § 122k Rdnr. 14f.
[338] S. o. Rdnr. 137.
[339] S. o. Rdnr. 131f.
[340] S. o. Rdnr. 193.
[341] KölnKommUmwG/*Simon/Rubner* § 122k Rdnr. 23.
[342] Kritisch, weil nicht Richtlinienkonform KölnKommUmwG/*Simon/Rubner* § 122k Rdnr. 22; Widmann/Mayer/*Vossius* § 122k Rdnr. 51ff.; Schmitt/Hörtnagl/Stratz/*Hörtnagl* § 122k UmwG Rdnr. 16; *Klein* RNotZ 2007, 565, 604.
[343] *Klein* RNotZ 2007, 565, 605.
[344] Widmann/Mayer/*Vossius* § 122k Rdnr. 61; Schmitt/Hörtnagl/Stratz/*Hörtnagl* § 122k Rdnr. 21.
[345] Semler/Stengel/*Drinhausen* § 122k Rdnr. 21; Schmitt/Hörtnagl/Stratz/*Hörtnagl* § 122k Rdnr. 21.

übertragenden inländischen Gesellschaft den Tag des Wirksamwerdens der Verschmelzung (§ 122k Abs. 4). Anschließend hat es die bei ihm aufbewahrten die inländische Gesellschaft betreffenden Dokumente der zuständigen Stelle der übernehmenden Gesellschaft zu übermitteln. Das Registerblatt der übertragenden Gesellschaft wird sodann gerötet und durchkreuzt (§ 22 HRV). Wie bei der inländischen Verschmelzung kann das durchkreuzte Registerblatt weiterhin bei dem für die erloschene Gesellschaft zuständigen Register eingesehen werden.

207 *(d) Anmeldung beim übernehmenden Rechtsträger.* Die Voraussetzungen für die Anmeldung und evtl. Eintragung der Verschmelzung bei der für die ausländische übernehmende Gesellschaft zuständiger Stelle richtet sich allein nach dem Recht des Staates, in dem die übernehmende Gesellschaft ihren (Satzungs-)Sitz hat.

208 **b) Hinausverschmelzung durch Neugründung.** Zum Ablaufplan s. Rdnr. 144.

Unter Hinausverschmelzung durch Neugründung wird hier die grenzüberschreitende Verschmelzung von mindestens zwei übertragenden Kapitalgesellschaften verstanden, von denen mindestens eine eine inländische Kapitalgesellschaft ist.

Vorbereitungs-, Beschluss- und Vollzugsphase bei der Hinausverschmelzung durch Neugründung entsprechen aus der Sicht des deutschen Rechts weitgehend den entsprechenden Phasen bei der grenzüberschreitenden Hinausverschmelzung durch Aufnahme.

209 Den Verschmelzungsplan stellen sämtliche übertragenden Gesellschaften auf. Eine grenzüberschreitende (Hinaus-)Verschmelzung durch Neugründung liegt auch dann vor, wenn übertragende Gesellschaften ausschließlich inländische sind.

210 Bei der Verschmelzung durch Neugründung ist den Anteilsinhabern eine angemessene Barabfindung anzubieten, die Widerspruch gegen den Verschmelzungsbeschluss erklärt haben (§ 122i Abs. 1 S. 1).

12. Teil. Existenz- und Vertretungsnachweise

§ 25 Vollmachten sowie Existenz- und Vertretungsnachweise bei in- und ausländischen Gesellschaften*

Übersicht

	Rdnr.
I. Einführung	1–20
1. Bedeutung von Existenz- und Vertretungsnachweisen	1–5
2. Rechtsgrundlagen der notariellen Pflichten im Zusammenhang mit Existenz- und Vertretungsnachweisen	6–20
a) Beurkundungs- und berufsrechtliche Pflichten	6–14
b) Sonstige öffentlich-rechtliche Identifizierungspflichten des Notars	15–20
II. Existenz- und Vertretungsnachweise bei deutschen Gesellschaften	21–139
1. Registereintragungen als Grundlage für Existenz- und Vertretungsnachweise	21–32
a) Allgemeines	21
b) Beweiskraft von Registereintragungen	22–24
c) Formen des Nachweises	25–32
2. Nachweis der Existenz	33–61
a) Existenz von Gesellschaften	33/34
b) Existenznachweise bei registerfähigen Gesellschaften	35–52
c) Nicht registerfähige Gesellschaften	53–61
3. Vertretungsnachweise	62–139
a) Arten und Möglichkeiten der Vertretung von Gesellschaften	62
b) Allgemeines zur gesetzlichen Vertretung	63–72
c) Gesetzliche Vertretung bei einzelnen Gesellschaftsformen	73–102
d) Vertretung kraft Vollmacht	103–134
e) Vollmachtlose Vertretung	135–137
f) Vertretung in der Insolvenz	138/139
III. Existenz- und Vertretungsnachweise bei ausländischen Gesellschaften	140–188
1. Anwendungsfälle	140–145
2. Existenznachweise	146–162
a) Rechtsfähigkeit und Gesellschaftsstatut	146–152
b) Formen des Nachweises	153–162
3. Vertretungsnachweise	163–178
a) Gesetzliche Vertretung	163–174
b) Vollmachten	175–178
4. Verwendung ausländischer Existenz- und Vertretungsnachweise im Inland	179–188
a) Echtheitsnachweise	179–185
b) Übersetzungen	186–188

Schrifttum: *Fischer*, Existenz- und Vertretungsnachweise bei US Corporations, ZNotP 1999, 352; *Krahe*, Vertretungsregeln und deren Nachweis bei Handelsgesellschaften des niederländischen, belgischen und französischen Rechts, MittRhNotK 1987, 65; *Langhein*, Vertretungs- und Existenznachweise ausländischer Kapitalgesellschaften (Teil I), ZNotP 1999, 218; *ders.*, Notarieller Rechtsverkehr mit englischen Gesellschaften, NZG 2001, 1123; *Melchior/Schulte*, Die Vertretungsbescheinigung nach § 21 BNotO in der Handelsregisterpraxis, NotBZ 2003, 344; *Reetz*, Vollmacht, in: Beck'sches Notarhandbuch, 5. Aufl. 2009 Kapitel F (zitiert: BeckNotarHdb/*Reetz*); *Schaub*, Ausländische Handelsgesellschaften und deutsches Registerverfahren, NZG 2000, 953; *Seibold/Groner*, Die Vollmacht in internationalen M&A- und Finanzierungstransaktionen, NZG 2009, 126; *Schotten/Schmellenkamp*, Das internationale Privatrecht in der notariellen Praxis, 2. Aufl. 2007; *Süß*, Ausländische Gesellschaften im Notariat, in: Würzburger Notarhandbuch, 2. Aufl. 2009, Teil 7 Kapitel 6 (zitiert: WürzbNotarHdb/*Süß*); *Süß/Wachter*, Handbuch des internationalen GmbH-Rechts, 2006; *Zimmermann*, Auslandsberührung, in: Beck'sches Notarhandbuch, 5. Aufl. 2009 Kapitel H (zitiert: BeckNotarHdb/*Zimmermann*).

* Ich danke ganz herzlich meinen Kollegen Rechtsanwalt *Dr. Martin C. Schmidt, M. C. L.*, und Württ. Notariatsassessor *Ulrich Lange, M.A.*, die ganz wesentlich zu diesem Kapitel beigetragen haben.

I. Einführung

1. Bedeutung von Existenz- und Vertretungsnachweisen

1 Im Gegensatz zu natürlichen Personen sind Gesellschaften abstrakte Schöpfungen ihrer jeweiligen Rechtsordnung. Demgemäß ist die vom Notar vorzunehmende Feststellung der Existenz von Gesellschaften und ihrer Vertretungsverhältnisse häufig aufwendiger als bei natürlichen Personen und bedarf besonderer Sorgfalt, um die **materiellrechtliche Wirksamkeit** des zu beurkundenden Rechtsgeschäfts und dessen ggf. noch erforderlichen **Registervollzug** (insbesondere Handelsregister, Grundbuch) sicherzustellen.

2 Die Wichtigkeit der Sicherstellung der **materiellrechtlichen Wirksamkeit** durch den Notar wird besonders deutlich bei der Beurkundung von Rechtsgeschäften mit Dauerwirkung. Gerade an diesen Rechtsgeschäften, z. B. Gründung einer Gesellschaft, Beitritt zu einer Gesellschaft oder gesellschaftsrechtliche Umstrukturierungen, sind sehr häufig auch oder sogar ausschließlich Gesellschaften beteiligt. Hat hier der beurkundende Notar bei der Feststellung der Existenz und Vertretung der beteiligten Gesellschaften nicht sorgfältig gearbeitet, kann das für die Beteiligten – und den Notar – gravierende Auswirkungen haben; etwa wenn ein Beitritt zu einer Gesellschaft mangels rechtlicher Existenz oder – häufiger – wegen unwirksamer Vertretung der „beitretenden" Gesellschaft unwirksam ist, dieser vermeintliche Gesellschafter aber in der Folgezeit jahrelang an der weiteren gesellschaftsrechtlichen Entwicklung „seiner" Gesellschaft über Kapitalerhöhungen, Umstrukturierungen etc. teilgenommen hat. Solche fehlgelaufenen Situationen oft Jahre später für die Beteiligten wieder in Ordnung bringen zu müssen, gehört selbst für den im Gesellschaftsrecht versierten Notar nicht zu den erfreulichsten Mandaten.

3 Neben der Sicherstellung des materiellrechtlichen Inhalts des zu beurkundenden Rechtsgeschäfts ist die sorgfältige Feststellung der Existenz und Vertretung der urkundsbeteiligten Gesellschaften auch für den **Vollzug des Rechtsgeschäfts**, vor allem in Grundbuch und Handelsregister, von großer Bedeutung.[1] Insbesondere wenn eine Eintragung in Grundbuch oder Handelsregister konstitutiv ist, haben die zuständigen Rechtspfleger bzw. Richter die rechtliche Existenz, korrekte Bezeichnung und rechtswirksame Vertretung der Beteiligten von Amts wegen sorgfältig zu prüfen. So wird sich z. B. bei der beantragten Eintragung der Änderung der Satzung einer GmbH, an der eine ausländische Gesellschaft als Gesellschafter mitgewirkt hat, das Handelsregister die Existenz und ordnungsgemäße Vertretung dieser ausländischen Gesellschaft im einzelnen nachweisen lassen.

4 Aber auch wenn eine Gesellschaft lediglich **mittelbar urkundsbeteiligt** ist (z. B. eine Gläubigerbank in einer Grundschuldbestellungsurkunde), kann die genaue Identifizierung dieser Gesellschaft außerordentlich wichtig sein. Wenn etwa zugunsten einer ausländischen Bank eine Grundschuld bestellt wurde, in der Grundschuldbestellungsurkunde die Firmierung dieser Bank jedoch nicht fehlerfrei wiedergegeben ist und dementsprechend die Bank mit dieser unzutreffenden Firma im Grundbuch als Grundpfandrechtsgläubiger eingetragen worden ist, wird das Grundbuchamt eine spätere Löschungsbewilligung, die diese Bank unter ihrer zutreffenden Firma erteilt, nicht ohne weiteres vollziehen.

5 Bei den Existenz- und Vertretungsnachweisen für inländische und – insbesondere – ausländische Gesellschaften ist manches rechtlich nicht geklärt. In vielen Bereichen haben sich hier **Verfahrensweisen und Standards** entwickelt, die – wenn auch vielleicht nicht immer bis ins Letzte dogmatisch abgesichert – doch regelmäßig von den Handelsregistern und Grundbuchämtern anerkannt werden. Gerade die auf diesen Gebieten tätigen Notare sind berufen, dies im Interesse der Rechtssicherheit und Praktikabilität gemeinsam mit den zuständigen Richtern und Rechtspflegern weiter zu entwickeln.

[1] Diese Bedeutung zeigt sich nicht zuletzt auch an den jeweils zu beachtenden Formvorschriften. Im Registerverfahrensrecht sind dies insbesondere die §§ 12 Abs. 1 S. 1 HGB, 5 Abs. 2 PartGG und 157 GenG; im Grundbuchverfahrensrecht gilt § 29 GBO. Zudem enthalten § 12 Abs. 1 S. 2 HGB und § 32 GBO spezielle Formvorschriften für Anmeldevollmachten bzw. Vertretungsnachweise.

2. Rechtsgrundlagen der notariellen Pflichten im Zusammenhang mit Existenz- und Vertretungsnachweisen

a) **Beurkundungs- und berufsrechtliche Pflichten.** *aa) Prüfung von Existenz und Vertretung der Beteiligten.* Gemäß § 12 BeurkG sind vorgelegte Vollmachten und Ausweise über die Berechtigung eines gesetzlichen Vertreters der Niederschrift im Original oder in beglaubigter Abschrift beizufügen. Darüber hinaus obliegt dem Notar die Prüfung der Vertretungsmacht der Handelnden ebenso wie der Existenz der Vertretenen. Diese Prüfungspflicht des Notars wird von der ganz h. M. aus § 10 und vor allem aus § 17 BeurkG abgeleitet.[2] Da der Notar gemäß § 17 Abs. 1 BeurkG über die rechtliche Tragweite des Geschäftes belehren muss und damit auch darüber, ob der bezweckte rechtliche Erfolg eintreten kann, muss er selbstverständlich auch klären, ob beteiligte Gesellschaften rechtlich existent sind und wirksam vertreten werden.[3] 6

Kann der Notar dies nicht, darf er die Beurkundung nicht von vornherein ablehnen. Er muss dann aber darauf hinweisen, dass er zur Prüfung der Existenz bzw. der Vertretungsberechtigung nicht in der Lage ist, und die sich daraus ergebenden Bedenken mit den Erschienenen erörtern (§ 17 Abs. 2 S. 1 BeurkG). Bestehen diese gleichwohl auf der Beurkundung, so hat der Notar die Beurkundung auch bei Zweifeln an der Wirksamkeit des Geschäfts vorzunehmen, hat dann allerdings einen entsprechenden Vorbehaltsvermerk in die Niederschrift aufzunehmen (§ 17 Abs. 2 S. 2 BeurkG).[4] 7

Sind bei einer Beurkundung die für den erforderlichen **Registervollzug** notwendigen Existenz- und Vertretungsnachweise eines Beteiligten (noch) nicht verfügbar, so hat der Notar auf diesen Umstand besonders hinzuweisen, und auf Vorlage geeigneter Nachweise zu dringen. Ist bereits absehbar, dass eine etwa noch erforderliche Genehmigung nicht erfolgen kann, so muss er die Beurkundung ablehnen, §§ 4 BeurkG, 14 Abs. 2 BNotO.[5] 8

bb) Bezeichnung der Beteiligten. Aus § 10 Abs. 1 BeurkG ergibt sich die Pflicht des Notars, die Beteiligten zur Vermeidung von Zweifeln und Verwechslungen **genau zu bezeichnen.** § 26 Abs. 1 DONot erlegt ihm hierbei ausdrücklich eine Pflicht zur „besonderen Sorgfalt" auf. Anders als für natürliche Personen enthält § 26 DONot für Gesellschaften keine Detailregelung. 9

Für **inländische Gesellschaften**, die in Register einzutragen sind, hat die Praxis gezeigt, dass die Angabe lediglich von Firma und Sitz der Gesellschaft (so die frühere notarielle Übung) nicht immer zur zweifelsfreien Identifizierung einer Gesellschaft ausreicht. So erhält etwa bei Verschmelzungen (z. B. Verschmelzung der operativen Tochtergesellschaft auf die Muttergesellschaft) die aufnehmende Gesellschaft nicht selten in unmittelbarem zeitlichen Zusammenhang die bisherige Firma der durch die Verschmelzung erloschenen Gesellschaft. Auch führen in Unternehmensgruppen einzelne Gesellschaften mit demselben Sitz häufig sehr ähnliche, leicht verwechselbare Firmen. Deshalb sollten grundsätzlich bei einer im Register geführten Gesellschaft zusätzlich zu Firma und Sitz zur Identifizierung der Gesellschaft auch das Registergericht und die Registernummer aufgeführt werden. Weiter empfiehlt es sich, auch die aktuelle Geschäftsanschrift der Gesellschaft aufzunehmen. 10

Für die Identifizierung einer **GbR** kommen in Betracht: die Angabe sämtlicher aktueller Gesellschafter, Gesellschaftszweck, Name der Gesellschaft, Gründungsdaten (Gründungsgesellschafter, Gründungsdatum, Bezeichnung des Gesellschaftsvertrags), Anschrift der Gesellschaft, Steuernummern mit Angabe des Finanzamtes (z. B. die Steuernummer, unter der die gesonderte und einheitliche Feststellung der Einkünfte der GbR erfolgt) sowie – künftig – die Wirtschaftsidentifikationsnummer gemäß § 139c AO. Der Notar hat sicherzustellen, dass durch die in die Urkunde aufgenommenen Angaben die GbR eindeutig identifiziert 11

---

[2] BGH DNotZ 1989, 43 = NJW-RR 1988, 1206; BGH DNotZ 1994, 485, 486 = NJW 1993, 2744; BGH DNotZ 1998, 621, 622; BeckNotarHdb/*Bernhard* Kapitel G Rdnr. 80; Armbrüster/Preuss/Renner/*Renner* § 12 BeurkG Rdnr. 1; *Lerch* Beurkundungsgesetz § 12 Rdnr. 1.

[3] Z. B. Armbrüster/Preuss/Renner/*Renner* § 12 BeurkG Rdnr. 3.

[4] BGH DNotZ 1989, 43, 44. Anders bei Unterschriftenbeglaubigungen gemäß § 40 BeurkG: Die Verweisung des § 40 Abs. 4 BeurkG auf § 10 BeurkG schließt § 10 Abs. 2 S. 2 BeurkG nicht ein.

[5] BGH DNotZ 1989, 43, 44; BGH DNotZ 1994, 485, 486; BGH DNotZ 1998, 621, 622.

wird. Falls die Urkunde im Grundbuch vollzogen werden muss, ist den Erfordernissen des § 15 Abs. 1 lit. c GBV Rechnung zu tragen. Danach sind in jedem Fall auch die Gesellschafter der GbR mit Namen sowie Beruf und Wohnort oder Geburtsdatum (bei natürlichen Personen) bzw. mit Firma und Sitz (bei juristischen Personen, Handels- und Partnerschaftsgesellschaften) anzugeben.

12 Bei **ausländischen Gesellschaften** stehen zur Identifizierung von Fall zu Fall zur Verfügung: Firma, Rechtsform, Rechtsordnung, unter der die Gesellschaft gegründet wurde, statutarischer Sitz, Geschäftsanschrift, Registerbehörde und Registrierungsnummer, Steuernummern. Unabdingbar für die notarielle Identifizierung erscheint jedenfalls die Angabe der Firma und der Rechtsordnung, wobei mindestens eines der weiteren vorstehend aufgeführten Merkmale hinzutreten sollte. Vorzugswürdig sind, wenn vorhanden, Registerangaben bzw. Steuernummern, da diese in Verbindung mit Firma und Rechtsordnung eine eindeutige Identifizierung ermöglichen. Da jedoch in vielen Rechtsordnungen keine handelsrechtliche Registrierung erfolgt (prominentes Beispiel sind die USA), und Steuernummern häufig nicht beizubringen sind, wird man auch die Angabe einer Geschäftsanschrift und/oder des statutarischen Sitzes zur näheren Identifizierung genügen lassen müssen. Falls für eine Gesellschaft nicht mindestens die genaue Firma, die Rechtsordnung und eine der weiteren genannten Angaben verfügbar sind, sollte der Notar darauf hinweisen, dass er auf eine zweifelsfreie Bezeichnung der Vertretenen hinzuwirken hat, die durch die vorhandenen Angaben nicht gewährleistet ist. In diesem Fall können die Erschienenen unter Hinweis, darauf, dass ihnen eine genauere Bezeichnung nicht möglich ist, gleichwohl auf Beurkundung bestehen; es empfiehlt sich, dies in der Urkunde festzuhalten.

13 *cc) Pflichten im Zusammenhang mit der Gesellschafterliste gemäß § 40 Abs. 2 GmbHG.* Durch das MoMiG wurde der Notar verpflichtet, gemäß § 40 Abs. 2 eine neue Gesellschafterliste einzureichen, wenn er an dem Übergang von Geschäftsanteilen an einer GmbH mitgewirkt hat. Die Gesellschafterliste hat gemäß § 16 GmbHG wesentliche Bedeutung für die Gesellschafterstellung des Erwerbers und für den gutgläubigen Erwerb des Geschäftsanteils. Da anders als etwa bei der Satzungsbescheinigung gemäß § 54 GmbHG im Falle der Gesellschafterliste keine Richtigkeitsprüfung durch das Registergericht erfolgt, treffen den Notar hier besondere Sorgfaltspflichten bei der Prüfung der Existenz und Vertretungsberechtigung. Er darf eine Gesellschafterliste nur einreichen, wenn er von der Wirksamkeit des Anteilsübergangs zu seiner Gewissheit überzeugt ist.[6] Hier muss der Notar selbst hinsichtlich aller eventueller Zweifelsfragen betreffend die Rechtswirksamkeit eine abschließende rechtliche Beurteilung vornehmen, wie sie sonst den Gerichten obliegt.

14 Für die Praxis bedeutet dies, dass der Notar gegenüber den Beteiligten besonders darauf dringen muss, dass verlässliche Existenz- und Vertretungsnachweise beigebracht werden. Kann dies erst nach Beurkundung geschehen, sollte der Notar ausdrücklich in der Urkunde darauf hinweisen, dass er die Gesellschafterliste erst nach Eingang der entsprechenden Nachweise einreichen kann und dass damit die gravierenden Rechtsfolgen des § 16 Abs. 1 GmbHG verbunden sind.

15 **b) Sonstige öffentlich-rechtliche Identifizierungspflichten des Notars.** Über die vorstehenden Regelungen hinaus ist der Notar auch aufgrund weiterer öffentlich-rechtlicher Vorschriften verpflichtet, Daten zu den Verfahrensbeteiligten zu erheben.

16 *aa) Identifizierungspflichten nach dem Geldwäschegesetz.*[7] § 3 Abs. 1 Nr. 1 und 3 GwG sehen vor, dass Notare in den Katalogfällen des § 2 Abs. 1 Nr. 7 GwG sowohl die Erschienenen als auch ggf. die tatsächlich wirtschaftlich Berechtigten zu identifizieren haben. Die dabei festzustellenden Informationen und deren Prüfung ergeben sich aus § 4 Abs. 3 und 4 GwG. Ausführliche Anwendungsempfehlungen zum GwG sind im Rundschreiben der Bundesnotarkammer Nr. 11/2009 vom 13. 5. 2009 enthalten.[8]

[6] Lutter/Hommelhoff/*Bayer* § 17 Rdnr. 28.

[7] Zum Verhältnis der geldwäscherechtlichen Identifizierungspflichten zum notariellen Berufsrecht vgl. *Bohrer* MittBayNotk 2005, 460, 463 f.

[8] Das Rundschreiben ist abrufbar unter http://www.bnotk.de.

17 Die Pflichten nach dem GwG sind einerseits **strenger** als die nach dem BeurkG und der DONot, nämlich hinsichtlich des Umfangs der zu erhebenden Daten (auch wenn die zusätzlichen Daten nicht in die Urkunde aufgenommen werden müssen[9]). Andererseits sind die Anforderungen des GwG aber auch **großzügiger**: Der Notar kann sich bei der Identifizierung von Gesellschaften auf Registereintragungen oder gegebenenfalls geeignete Gründungsdokumente beschränken; Vertretungsberechtigungen muss er nach dem GwG nicht prüfen.

18 Der Notar muss selbstverständlich die jeweils strengeren Anforderungen erfüllen. Kann er dies hinsichtlich der nach § 4 Abs. 4 Nr. 2 GwG zu erhebenden Daten nicht sogleich tun, muss er die Beurkundung dennoch nicht ablehnen; in diesem Fall setzt sich die Urkundsgewährungspflicht (§ 15 Abs. 1 BNotO) gegenüber der Pflicht zur Identifizierung der Beteiligten durch.[10] Allerdings sind die noch fehlenden Erhebungen dann baldmöglichst nachzuholen.

19 *bb) Steuerliche Identifizierungspflichten.* Im Rahmen des § 154 AO, also bei Eröffnung eines Anderkontos oder der Entgegennahme von Wertsachen zur Verwahrung, ist der Notar verpflichtet, sich zuvor Gewissheit über die Person und Anschrift des Verfügungsberechtigten zu verschaffen und die entsprechenden Angaben in geeigneter Form festzuhalten. Ist der Verfügungsberechtigte eine Gesellschaft, so reicht jedenfalls die Bezugnahme auf ein amtliches Register aus.[11] Anders als im Rahmen der geldwäscherechtlichen Prüfungspflichten kommt es hier auch auf den Nachweis der Vertretungsmacht an; nur wenn der Notar auch diese prüft, kann er sich der Verfügungsberechtigung des Vertretenen gewiss sein.

20 Die Mitteilungspflichten gemäß §§ 18, 20 GrEStG statuieren keine über die beurkundungsrechtlichen hinausgehenden Identifizierungspflichten des Notars mit Ausnahme der Verpflichtung, gemäß § 20 Abs. 1 Ziff. 1 GrEStG dem Finanzamt die – allerdings derzeit von der Finanzverwaltung noch nicht vergebenen – Wirtschafts-Identifikationsnummern von Veräußerer und Erwerber mitzuteilen.[12] Auch die Pflicht des Notars, gemäß § 54 EStDV dem zuständigen Finanzamt beglaubigte Abschriften von Urkunden über bestimmte gesellschaftsrechtliche Vorgänge zu übersenden, begründet keine besonderen notariellen Identifizierungspflichten.

II. Existenz- und Vertretungsnachweise bei deutschen Gesellschaften

1. Registereintragungen als Grundlage für Existenz- und Vertretungsnachweise

21 a) **Allgemeines.** Die wichtigste Grundlage für Existenz- und Vertretungsnachweise deutscher Gesellschaften ist das **Handelsregister**. Die vom deutschen Gesellschaftsrecht für die Außengesellschaften angebotenen Rechtsformen sind mit Ausnahme der Außengesellschaft bürgerlichen Rechts registerfähig und auch registerpflichtig. Dies gilt für die AG[13] (§ 36 Abs. 1 AktG), die GmbH (§ 7 Abs. 1 GmbHG),[14] die KGaA (§ 278 Abs. 3 i.V.m. § 36 Abs. 1 AktG), die KG (§ 161 Abs. 2 i.V.m. § 106 Abs. 1 HGB) und die oHG (§ 106 Abs. 1 HGB). Für die Partnerschaftsgesellschaft und die Genossenschaft existieren jeweils eigene, dem Handelsregister vergleichbare Register, bei denen ebenfalls Eintragungspflicht besteht (vgl. § 4 PartGG für das **Partnerschaftsregister** bzw. § 11 GenG für das **Genossenschaftsregister**). Nichts anderes gilt auch für Gesellschaften europäischer Rechtsform: Soweit sie ih-

[9] Armbrüster/Preuss/Renner/*Renner,* Beurkundungsgesetz, Bundesnotarordnung, 5. Aufl. 2009, § 10 BeurkG Rdnr. 35.

[10] Die Anwendungsempfehlungen der BNotK (BNotK-Rundschreiben 11/2009, S. 22) leiten dies aus § 3 Abs. 6 S. 3 GwG ab.

[11] Anwendungserlass des BMF zur Abgabenordnung (AEAO), BMF-Schreiben vom 2. Januar 2008 (BStBl I S. 26), § 154 Rdnr. 4.

[12] Vgl. hierzu im einzelnen das BNotK-Rundschreiben 2/2011 vom 12. 1. 2011.

[13] Einschließlich ihrer Sonderform der Investmentaktiengesellschaft (§ 99 Abs. 1 InvG i.V.m. § 36 Abs. 1 AktG).

[14] Einschließlich ihrer Sonderform der haftungsbeschränkten Unternehmergesellschaft gemäß § 5 a GmbHG.

ren Sitz in Deutschland haben, sind auch die SE und die EWIV im Handelsregister eintragungspflichtig;[15] im Genossenschaftsregister ist auch die Europäische Genossenschaft (SCE) einzutragen.[16] Für alle genannten Gesellschaften lässt sich das zuständige Register als Grundlage von Existenz- wie auch von Vertretungsnachweisen heranziehen. Der wirtschaftliche Verein gemäß § 22 BGB ist für die notarielle Praxis nahezu bedeutungslos.

22 b) **Beweiskraft von Registereintragungen.** Das Handelsregister genießt öffentlichen Glauben;[17] im Rahmen des § 15 HGB kommt ihm Publizitätswirkung zu. Hiervon zu unterscheiden ist die Frage nach dem objektiven Beweiswert von Registereintragungen. Die Pflicht des Registergerichts, Anmeldungen einer Richtigkeitsprüfung auch in materieller Hinsicht zu unterwerfen,[18] bietet eine gewisse Richtigkeitsgewähr für den Registerinhalt. Da diese Prüfung jedoch nicht umfassend und erschöpfend ist, begründen Handelsregistereintragungen nach wohl h. M.[19] grundsätzlich nur einen (widerlegbaren) **Beweis des ersten Anscheins,** ohne Beweislastumkehr. Gleiches dürfte für das Genossenschafts- und das Partnerschaftsregister gelten.[20]

23 Wirkt eine Eintragung aber in der Weise **konstitutiv**, dass sie die einmal eingetragene Rechtslage bis zu ihrer Löschung fortbestehen lässt, scheidet eine Erschütterung ihrer Beweiskraft naturgemäß aus. So verhält es sich mit der **Existenz von juristischen Personen:** Diese bestehen aufgrund der Lehre vom Doppeltatbestand (unten Rdnr. 34) ab dem Zeitpunkt ihrer Eintragung im Handelsregister – selbst bei eingetretener Vermögenslosigkeit – noch solange fort, bis sie im Handelsregister gelöscht werden. Ist daher eine Gesellschaft, die juristische Person ist, im Handelsregister eingetragen, so darf sich der Rechtsverkehr nicht nur – im Sinne eines Vertrauensschutzes aufgrund Registerpublizität – auf ihre Existenz verlassen; vielmehr ist ihre Existenz durch die Registereintragung begründet und steht damit fest.[21]

Für die übrigen Gesellschaften, also die im Handelsregister eingetragenen Personengesellschaften, gilt, dass ihre Registereintragung jedenfalls einen Beweis des ersten Anscheins für ihre Existenz – bzw. für ihren Fortbestand – darstellt.

24 Eine **erweiterte Beweiswirkung** von Registereintragungen besteht in besonderen Fällen aufgrund von **gesetzlichen Beweisregeln.** Zu nennen ist hier insbesondere[22] § 32 GBO. Danach können gegenüber dem Grundbuchamt das Bestehen von Gesellschaften sowie die eingetragenen Vertretungsverhältnisse durch die entsprechenden Registereintragungen abschließend nachgewiesen werden. Die Vorschrift bewirkt, dass diesen Registereintragungen im Grundbuchverfahren volle Beweiswirkung beigemessen wird.[23] Das Grundbuchamt ist daher nicht zu weiterer Nachprüfung berechtigt, es sei denn, dass ihm Umstände positiv bekannt sind oder in der Form des § 29 GBO nachgewiesen werden, aus denen sich die Fehlerhaftigkeit einer Eintragung ergibt.[24]

25 c) **Formen des Nachweises.** *aa) Ausdrucke aus dem Handelsregister.* Ein Existenz- oder Vertretungsnachweis auf der Grundlage einer Registereintragung ist in verschiedenen Formen möglich. In Betracht kommt zunächst ein Ausdruck aus dem Handelsregister gemäß § 9 Abs. 4 HGB.[25] Dieser wird als **aktueller oder chronologischer Ausdruck** erteilt (§ 30 a Abs. 4 HRV). Für die Zwecke eines Existenznachweises genügt regelmäßig der aktuelle

[15] §§ 2, 21 Abs. 1 SE-AG bzw. § 2 Abs. 1 EWIV-AG.

[16] § 3 SCE-AG.

[17] Z. B. Baumbach/Hopt/*Hopt* HGB § 15 Rdnr. 1.

[18] Dazu *Krafka/Willer/Kühn* Rdnr. 153 ff.; MünchKommHGB/*Krafka* § 8 Rdnr. 59 ff.

[19] Baumbach/Hopt/*Hopt* HGB § 9 Rdnr. 14; MünchKommHGB/*Krafka* § 9 Rdnr. 19.

[20] Für das Genossenschaftsregister ist aber § 29 GenG zu beachten, der dessen Publizitätswirkung gegenüber der des Handelsregisters enger fasst.

[21] Dies gilt auch, wenn die juristische Person (z. B. aufgrund von Willensmängeln bei der Gründung) ansonsten nicht rechtswirksam entstanden wäre, vgl. Lutter/Hommelhoff/*Bayer* § 2 Rdnr. 25.

[22] Weitere gesetzliche Beweisregeln – betreffend nicht die Existenz, sondern die Vertretungsberechtigung – sind bzw. waren in § 26 Abs. 2 GenG und bis zum 31. 12. 2006 in § 9 Abs. 3 HGB a. F. enthalten.

[23] Hügel/*Otto* BeckOK GBO § 32 Rdnr. 8.

[24] Hügel/*Otto* BeckOK GBO § 32 Rdnr. 11.

[25] Die nachstehenden Ausführungen zu Registerausdrucken gelten entsprechend für das Partnerschafts- und das Genossenschaftsregister, vgl. § 5 Abs. 2 PartGG bzw. § 156 GenG.

Ausdruck. Für Vertretungsnachweise ist zu beachten, dass es auf die Vertretungsverhältnisse im Zeitpunkt der zu prüfenden Rechtshandlung ankommt. Hat daher z. B. ein Vertretungsorgan einer Gesellschaft bereits vor der Beurkundung eine schriftliche Vollmacht erteilt, so bedarf es des Nachweises der Vertretungsberechtigung des Unterzeichners der Vollmacht im Zeitpunkt der Vollmachtserteilung – nicht der Beurkundung. Um diesen Nachweis zu führen, kann es je nach den Umständen erforderlich sein, einen chronologischen Ausdruck einzuholen.

Wenn nicht ausdrücklich auf eine Beglaubigung verzichtet wird (§ 9 Abs. 4 S. 3 HGB), 26
wird der Ausdruck als **amtlicher** Ausdruck erteilt, d. h. er wird mit dem Vermerk, dass er den Registerinhalt bezeugt, und einem Dienstsiegel versehen (§ 30 a Abs. 3 HRV). Andernfalls handelt es sich nur um einen einfachen Ausdruck. Nur ein amtlicher Ausdruck genügt den Anforderungen des § 32 Abs. 1 S. 2 GBO.

Der Registerausdruck bezeugt stets nur, dass die im Register eingetragenen Rechtsver- 27
hältnisse am Tag der Erstellung des Ausdrucks zutrafen. Mithin stellt sich die Frage nach dem „Verfallsdatum“ eines Existenz- oder Vertretungsnachweises auf dieser Grundlage. Praxisrelevant ist dies insbesondere, wenn die Urkunde im Grundbuch vollzogen werden muss. Das für den Grundbuchvollzug höchstzulässige Alter eines Registerauszugs kann nach h. M. nicht allgemein festgelegt werden.[26] Im Hinblick darauf, dass heute alle Handelsregister in Deutschland elektronisch geführt und einsehbar sind, hat diese Frage kaum mehr Bedeutung, da die Grundbuchämter heute auf eigene Registereinsicht verwiesen werden können (s. Rdnr. 31 f.).

bb) Notarbescheinigung. Alternativ zur Verwendung eines Registerausdrucks kann der 28
Notar eine **Bescheinigung gemäß § 21 BNotO** erteilen. Gemäß § 21 Abs. 1 S. 1 Nr. 2 BNotO sind die Notare zuständig, „Bescheinigungen über das Bestehen ... einer juristischen Person oder Handelsgesellschaft ... auszustellen, wenn sich diese Umstände aus einer Eintragung im Handelsregister oder in einem ähnlichen Register ergeben“. Eine solche Bescheinigung hat dann „die gleiche Beweiskraft wie ein Zeugnis des Registergerichts“ (S. 2). An dieser Beweiswirkung hat sich durch die mit Einführung des elektronischen Handelsregisters vorgenommene Streichung[27] von § 9 Abs. 3 HGB, auf den § 21 Abs. 1 S. 2 BNotO verwies, nichts geändert.

Grundlage der Notarbescheinigung ist eine **Einsicht** in das entsprechende Register oder in 29
einen amtlichen Ausdruck aus diesem Register (§ 21 Abs. 2 BNotO). In der Bescheinigung ist der Tag der Einsichtnahme in das Handelsregister bzw. das Datum des amtlichen Ausdrucks anzugeben.[28]

Das gemeinsame Registerportal der Länder findet sich unter www.handelsregister.de. Dort sind auch Daten aus den sonstigen elektronisch geführten Registern (Partnerschafts- und Genossenschaftsregister) abrufbar. Alternativ ist der Zugriff auch über www.unternehmensregister.de möglich.

Der Notar muss die für die Erstellung einer Bescheinigung gemäß § 21 BNotO erforderliche Registereinsicht nicht selbst vornehmen, er kann sich hierbei sachkundiger und zuverlässiger Dritter, insbesondere seiner Angestellten, bedienen.[29] Zu den bei der Online-Einsicht einzuhaltenden Sicherheitsvorkehrungen vgl. das Rundschreiben der Bundesnotarkammer Nr. 14/2003 vom 14. 4. 2003.[30]

In gleicher Weise wie der Registerausdruck legt auch die Notarbescheinigung nur darüber 30
Zeugnis ab, was im Zeitpunkt der Einsichtnahme im Register eingetragen war.[31] Mithin stellt sich auch hier die bereits in Rdnr. 27 behandelte Frage nach den zeitlichen Grenzen der Verwendbarkeit einer einmal durchgeführten Registereinsicht.

---

[26] Meikel/*Roth* GBO § 32 Rdnr. 32.

[27] Mit der gleichen Begründung wie § 9 Abs. 3 HGB a. F. könnte nun auch § 26 Abs. 2 GenG aufgehoben werden, da der Inhalt des Genossenschaftsregisters ebenfalls elektronisch (über das Unternehmensregister) einsehbar ist.

[28] § 21 Abs. 2 S. 2 BNotO.

[29] Ganz h. M., siehe nur Schippel/Bracker/*Reithmann* BNotO § 21 Rdnr. 11.

[30] ZNotP 2003, 260 ff.

[31] Schippel/Bracker/*Reithmann* BNotO § 21 Rdnr. 15.

31 *cc) Bezugnahme auf das Handelsregister.* Alternativ zu einem Existenz- bzw. Vertretungsnachweis mittels Handelsregisterausdruck oder Notarbescheinigung eröffnet § 32 Abs. 2 GBO für das Grundbuchverfahren die Möglichkeit der **Bezugnahme** auf das Handelsregister. Das Grundbuchamt ist dann (und nur dann)[32] verpflichtet, die Einsichtnahme und Prüfung selbst vorzunehmen. Voraussetzung ist zum einen eine ausdrückliche Bezugnahme, aus der sich ergibt, wegen welcher Tatsachen die Einsichtnahme erfolgen soll; und zum anderen die Angabe des zuständigen Registergerichts und der einschlägigen Blattnummer. Man wird davon ausgehen können – und die Praxis der Registergerichte bestätigt dies –, dass entsprechend § 32 Abs. 2 GBO auch gegenüber dem Handelsregister Existenz- und Vertretungsnachweise durch Bezugnahme auf andere Handelsregister möglich sind.[33]

32 Die Möglichkeit, gemäß oder entsprechend § 32 Abs. 2 GBO im Zusammenhang mit dem Urkundsvollzug zum Existenz- und Vertretungsnachweis auf den Inhalt des Handelsregisters Bezug zu nehmen, bedeutet für den Notar in der Regel keine Arbeitserleichterung, da eine solche Bezugnahme den Notar bei der Beurkundung nicht seiner eigenen Prüfungspflicht betreffend die Existenz und wirksame Vertretung der Beteiligten enthebt (vgl. Rdnr. 6 ff.).

2. Nachweis der Existenz

33 a) **Existenz von Gesellschaften.** Entscheidende Voraussetzung für den **Beginn der rechtlichen Existenz** einer Gesellschaft ist grundsätzlich die Willenseinigung der Gesellschafter darüber, dass eine Gesellschaft zwischen ihnen bestehen soll, wobei eine „Gesellschaft" – so die übliche Definition – jeder rechtsgeschäftliche Zusammenschluss von Personen zur Förderung eines gemeinsamen Zwecks ist.[34]

Kapitalgesellschaften bedürfen zusätzlich zu dieser Willenseinigung der Gesellschafter zu ihrer Entstehung der Eintragung im Handelsregister; vor der Eintragung bestehen diese Gesellschaften als solche – d. h. in ihrer designierten Rechtsform – noch nicht,[35] wohl aber existieren sie bereits als Gesellschaften eigener Art in der Form von Vor-Gesellschaften.

Für **Personengesellschaften** ist die Registereintragung nicht in jedem Fall Voraussetzung für die rechtliche Existenz, und zwar unabhängig davon, ob sie registerpflichtig sind. Zu weiteren Einzelheiten s. unten bei den verschiedenen Gesellschaftsformen (Rdnr. 38 ff.).

34 Voraussetzung für die **Beendigung der rechtlichen Existenz** einer Gesellschaft ist in der Regel zunächst der Abschluss ihrer Liquidation, also die vollständige Verteilung ihres Vermögens. Die Beendigung der Existenz kann jedoch auch auf andere Weise erfolgen, z. B. durch Verschmelzung oder Anwachsung des Gesellschaftsvermögens einer Personengesellschaft auf einen Gesellschafter.

Für **Personengesellschaften** ist für den Zeitpunkt ihrer Vollbeendigung der Abschluss ihrer Liquidation und damit ihrer Vermögenslosigkeit ausschlaggebend, unabhängig von ihrer Löschung im Handelsregister. Für **juristische Personen** (Kapitalgesellschaften, Genossenschaften) muss noch ihre Löschung hinzutreten, Vermögenslosigkeit allein genügt nicht (Lehre vom Doppeltatbestand).[36] Dies ist von Bedeutung für den Nachweis der Existenz von juristischen Personen: Ist die Gesellschaft im Handelsregister nicht gelöscht, so steht fest, dass sie noch existiert. Umgekehrt gilt dies nicht immer: Eine gelöschte Gesellschaft ist weiterhin als existent anzusehen, solange noch Gesellschaftsvermögen vorhanden ist oder noch weiter Abwicklungsmaßnahmen erforderlich sind (z. B. die Bewilligung der Löschung einer Grundschuld); in diesen Fällen besteht die Gesellschaft als Liquidationsgesellschaft fort.[37]

35 **b) Existenznachweise bei registerfähigen Gesellschaften.** *aa) Allgemeines.* Bei registerfähigen Gesellschaften – dies sind alle deutschen Außengesellschaften mit Ausnahme der GbR – wird der Nachweis ihrer Existenz auf der Grundlage ihrer **Eintragung im Handelsregister**

[32] Hügel/*Otto* BeckOK GBO § 32 Rdnr. 57.
[33] Ebenso MünchKommHGB/*Krafka* § 12 Rdnr. 45.
[34] MünchKommBGB/*Ulmer* Vor § 705 Rdnr. 1 m. w. N.
[35] Vgl. § 11 Abs. 1 GmbHG und § 41 Abs. 1 S. 1 AktG bzw. § 13 GenG.
[36] *K. Schmidt* GesR § 11 V 6 a.
[37] Z. B. für die GmbH Baumbach/Hueck/*Haas* GmbHG § 60 Rdnr. 7.

(bzw. im Partnerschafts- bzw. Genossenschaftsregister) geführt. Erforderlich und ausreichend ist ein aktueller Registerauszug oder eine Notarbescheinigung aktuellen Datums. Ergibt sich hieraus, dass die Gesellschaft derzeit im Register geführt wird, d.h. dass sie bereits eingetragen und noch nicht wieder gelöscht ist, so ist ihre Existenz jedenfalls bei juristischen Personen nachgewiesen, bei Personengesellschaften ist ein entsprechender Anscheinsbeweis geführt.

Besonderheiten ergeben sich für eintragungsfähige und -pflichtige, aber **noch nicht eingetragene Gesellschaften**. Gerade bei Kapitalgesellschaften kommt es häufig vor, dass die Beteiligten mit dem Wunsch an den Notar herantreten, in einem Termin zunächst die Gesellschaftsgründung und gleich im Anschluss daran ein Verkehrsgeschäft – z.B. den Erwerb eines Grundstücks – zu beurkunden, an dem die neugegründete (und demgemäß noch nicht eingetragene) Gesellschaft teilnimmt. Hier hat der Notar eingehend über die damit verbundenen Haftungsrisiken der Gesellschafter und der Personen, die für die noch nicht eingetragene Gesellschaft handeln, zu belehren und Lösungen vorzuschlagen, z.B. vertraglich vereinbarte Haftungsausschlüsse oder Einsatz einer bereits im Handelsregister eingetragenen Vorratsgesellschaft, die dann später entsprechend den Vorstellungen der Beteiligten gesellschaftsrechtlich umstrukturiert werden kann. 36

Die Unterschiede bei den Existenznachweisen für die im Handelsregister bereits eingetragenen Gesellschaften und für entsprechende Gesellschaften, die sich noch im Gründungsstadium vor Registereintragung befinden, werden nachfolgend bei den in der Praxis bedeutsamen Gesellschaftsformen dargestellt. 37

bb) GmbH. Der Nachweis der Existenz einer bereits **eingetragenen GmbH** findet aufgrund der Handelsregistereintragung statt, s. Rdnr. 35. 38

Vor der Eintragung ist zu unterscheiden: Haben sich die künftigen Gesellschafter geeinigt, eine GmbH gründen zu wollen, so besteht zwischen ihnen bis zur rechtswirksamen Beurkundung des Gesellschaftsvertrages der GmbH eine GbR (sogenannte Vorgründungsgesellschaft). Mit dem Zeitpunkt der Beurkundung des Gesellschaftsvertrages entsteht eine GmbH i.G. als Vorgesellschaft. Diese ist eine Personenvereinigung eigener Art, auf die im wesentlichen GmbH-Recht entsprechend anzuwenden ist.[38] Mit der Eintragung im Handelsregister wird die Vor-GmbH eine GmbH i.S.d. GmbHG. Dabei besteht eine vollständige Kontinuität zwischen der Vor-GmbH und der eingetragenen GmbH. Nach der wohl herrschenden **Identitätstheorie**[39] ist die Vorgesellschaft mit der späteren Gesellschaft identisch: Mit der Eintragung kommt nicht eine GmbH als neuer Rechtsträger zur Entstehung, sondern die bereits zuvor entstandene GmbH i.G. erfährt eine Statusänderung, indem sie nunmehr durch die Eintragung zur GmbH wird. In ihrer Identität bleibt sie dabei unverändert. Die Rechtsverhältnisse der Vor-GmbH bestehen mit der GmbH ohne besonderen Übertragungsakt fort. 39

Zum **Nachweis** der Existenz einer GmbH i.G. sind erforderlich der Nachweis zum einen des Gründungsaktes und zum anderen des Betreibens der Eintragung der GmbH im Handelsregister, da die Vorgesellschaft, sobald sie ihre Eintragung nicht mehr betreibt, ihren Status als GmbH i.G. verliert.[40] Der Gründungsakt wird nachgewiesen durch eine beglaubigte Ablichtung der Gründungsurkunde. Der Nachweis des Betreibens der Eintragung erfordert regelmäßig den Nachweis der Einreichung der Handelsregisteranmeldung, entweder durch eine Bescheinigung des Gerichtes oder des vollziehenden Notars.[41] 40

Die Beteiligung einer **GmbH i.G. im Grundbuchverfahren** bedarf besonderer notarieller Aufmerksamkeit. Zu unterscheiden ist, ob die GmbH i.G. lediglich Begünstigte einer Vormerkung oder eines beschränkten dinglichen Rechts werden soll (Anwendungsbereich des § 19 GBO, formelles Konsensprinzip – Rdnr. 42) oder Grundstückseigentümerin werden soll (Anwendungsbereich des § 20 GBO, materielles Konsensprinzip – Rdnr. 43f.). 41

[38] S. nur Baumbach/Hueck/*Hueck/Fastrich* GmbHG § 11 Rdnr. 6.
[39] *K. Schmidt* GesR § 11 IV 4.
[40] BGHZ 22, 240 = NJW 1957, 218; BGH NJW 2003, 1193, 1194; Baumbach/Hueck/*Hueck/Fastrich* GmbHG § 11 Rdnr. 32.
[41] *Schöner/Stöber* Grundbuchrecht Rdnr. 993 a.

42 Im **Anwendungsbereich des § 19 GBO** hat das Grundbuchamt grundsätzlich keine Nachforschungen über die Existenz des Begünstigten anzustellen, sofern es keine berechtigten Zweifel an der Existenz des Begünstigten hat.[42] Im Hinblick auf eine spätere Löschung des Begünstigen im Grundbuch ist gleichwohl darauf zu achten, dass die begünstigte GmbH i.G. in der Bewilligung so identifiziert wird, dass ihre Identität in einem künftigen Löschungsverfahren zur Gewissheit des Grundbuchamtes nachgewiesen ist; für eine solche Identifizierung ist die Bezugnahme auf die notarielle Gründungsurkunde genügend.

43 Soll im **Anwendungsbereich des § 20 GBO** die GmbH i.G. als Eigentümerin eingetragen werden, so sind dem Grundbuchamt als Existenznachweis beglaubigte Abschriften der Gründungsurkunde und der Handelsregisteranmeldung vorzulegen. Von der Vorlage einer Handelsregisteranmeldung kann nur abgesehen werden, wenn der Grundstückserwerb der Gesellschaft aufgrund einer Sachgründung erfolgt. Denn in diesem Fall können die Geschäftsführer die Gesellschaft erst zum Handelsregister anmelden, nachdem die GmbH i.G. Grundstückseigentümerin ist und sich das Grundstück damit endgültig in der freien Verfügung der Geschäftsführer befindet; im Grundbuchverfahren können keine Anforderungen gestellt werden, die den Vollzug materiellrechtlich zulässiger Vorgänge (z.B. wie hier eine Sachgründung mit Grundstückserwerb) unmöglich machen.[43] Soll späterhin eine Berichtigung des Grundbuchs nach Eintragung der GmbH im Handelregister dahingehend erfolgen, dass die GmbH und nicht mehr die GmbH i.G. im Grundbuch eingetragen ist, so handelt es sich hierbei um eine bloße **Namensberichtigung**, da die Gründungsgesellschaft und die eingetragene GmbH identisch sind. Dies wird durch eine Bezugnahme auf die Handelsregistereintragung nachgewiesen.[44]

44 Soll aufgrund einer Auflassung, die von der GmbH i.G. entgegengenommen wurde, die zwischenzeitlich im Handelsregister eingetragene GmbH als Grundstückseigentümerin **unmittelbar eingetragen** werden, so sind dem Grundbuchamt beglaubigte Abschriften der Gründungsurkunde und ein Nachweis über die Eintragung im Handelsregister vorzulegen. Häufig verlangen die Grundbuchämter in diesen Fällen eine Genehmigung der Auflassung durch den nunmehr im Handelsregister eingetragenen Geschäftsführer. Dies ist nicht berechtigt, da in diesem Fall nicht mehr Nachweise verlangt werden können, als im Fall der Eintragung der GmbH i.G. und nachfolgender Namensberichtigung auf die GmbH. Im Übrigen könnte eine solche Genehmigung durch den eingetragenen Geschäftsführer das Problem, ob die im Handelsregister eingetragene Gesellschaft mit der Gründungsgesellschaft, die die Auflassung erklärt hat, identisch ist, nicht lösen; hierfür wäre eine erneute Erklärung der Auflassung durch den Veräußerer und die im Handelsregister eingetragene GmbH erforderlich.

45 *cc) AG.* Für den Nachweis der Existenz einer AG gelten keine Abweichungen gegenüber Existenznachweisen bei der GmbH. Auch hier findet der Nachweis bei eingetragenen Gesellschaften über das Handelsregister statt; s. dazu oben Rdnr. 35. Zum Nachweis der Existenz einer AG i.G. gelten die vorstehenden Ausführungen zur GmbH i.G. entsprechend.

46 Nichts anderes als für die GmbH und die AG gilt auch hinsichtlich des Nachweises der Existenz einer **KGaA**.

47 *dd) oHG.* Die offene Handelsgesellschaft entsteht gemäß § 123 Abs. 1 HGB mit ihrer Eintragung im Handelsregister oder aber – bei einem beabsichtigten vollkaufmännischem Gewerbebetrieb – bereits vorher mit dem Zeitpunkt ihres Geschäftsbeginns gemäß § 123 Abs. 2 HGB.[45] Vorher besteht zwischen den Gründungsgesellschaftern eine GbR, die mit der späteren oHG identisch ist; auch hier erfolgt, ebenso wie bei der GmbH, durch die Handelsregistereintragung eine identitätswahrende Statusänderung der GbR in eine oHG.[46]

48 Unter diesen Umständen ist ein verlässlicher Existenznachweis für eine oHG als solche regelmäßig nur nach Eintragung im Handelsregister möglich, es sei denn, es kann zusätzlich

[42] Meikel/*Böttcher* GBO § 19 Rdnr. 163. S. auch Rdnr. 57 und die Nachweise in Fn. 53.
[43] KG NJW-RR 1998, 447; *Schöner/Stöber* Grundbuchrecht Rdnr. 159.
[44] *Schöner/Stöber* Grundbuchrecht Rdnr. 988.
[45] Baumbach/Hopt/*Hopt* HGB § 123 Rdnr. 13.
[46] *K. Schmidt* GesR § 11 IV 1.

zum Abschluss des Gesellschaftsvertrages der Geschäftsbeginn der oHG, die nachgewiesenermaßen oder offenkundig einen vollkaufmännischen Gewerbetrieb betreiben möchte, nachgewiesen werden, z. B. durch den Abschluss eines Grundstückskaufvertrages. Im Übrigen kann nur die Existenz der durch die oHG-Gründung bereits entstandenen GbR nachgewiesen werden (vgl. hierzu Rdnr. 53 ff.).

Für den grundbuchlichen Vollzug eines Kaufvertrages, mit welchem eine noch nicht im Handelsregister eingetragene, aber bereits zur Eintragung angemeldete oHG Grundstückseigentum erwerben soll, gilt folgendes: die Auflassung kann bereits für die künftige oHG erklärt werden; die Eigentumsumschreibung unmittelbar auf die oHG kann nach deren Eintragung im Handelsregister erfolgen.[47] Eine Eigentumsverschaffungsvormerkung kann zugunsten der künftigen oHG auch schon vor deren Eintragung im Handelsregister eingetragen werden.[48] 49

ee) KG. Für den Nachweis der Existenz einer KG gelten die vorstehenden Ausführungen **zur oHG entsprechend.** Auch für die GmbH & Co. KG (ebenso wie für jede sonstige Kapitalgesellschaft & Co. KG) gelten hinsichtlich des Existenznachweises keine Besonderheiten. 50

ff) Partnerschaftsgesellschaft. Für den Existenznachweis einer Partnerschaftsgesellschaft gelten die vorstehenden Ausführungen zur **oHG** (vgl. Rdnr. 47 ff.) entsprechend, jedoch mit der Maßgabe, dass eine Partnerschaftsgesellschaft – anders als eine oHG gemäß § 123 Abs. 2 HGB – nicht bereits mit der Aufnahme ihres Geschäftsbeginns entstehen kann. Eine Partnerschaftsgesellschaft kann ausschließlich durch ihre Eintragung im Partnerschaftsregister entstehen. 51

gg) Genossenschaft. Gemäß § 13 GenG entsteht die Genossenschaft erst mit ihrer Eintragung im Genossenschaftsregister. Für den Existenznachweis einer Genossenschaft gelten die vorstehenden **Ausführungen zur GmbH** entsprechend (vgl. Rdnr. 38 ff.). An die Stelle des Handelsregisters tritt dabei das Genossenschaftsregister. 52

c) **Nicht registerfähige Gesellschaften.** *aa) Außen-GbR.* Der GbR, die als Außengesellschaft am Rechtsverkehr teilnimmt, kommt im deutschen Rechtssystem eine Ausnahmestellung zu: Als einzige Außengesellschaft ist sie **weder registerpflichtig noch registerfähig.** Naturgemäß ist daher der Nachweis ihrer Existenz (wie auch ihrer Vertretung, vgl. unten Rdnr. 98) deutlich schwieriger als bei den im Handelsregister oder einem anderen Register eingetragenen Gesellschaften. Zum Existenznachweis einer GbR sind regelmäßig Nachweise zur Gründung und zum Fortbestand der Gesellschaft erforderlich. 53

Falls die **Gründung** der Gesellschaft nicht nur mündlich oder konkludent erfolgt ist, lässt sie sich durch **Vorlage des Gesellschaftsvertrages** nachweisen, strengen Anforderung genügt lediglich unterschriftsbeglaubigte oder notariell beurkundete Form. Liegt ein schriftlicher Gesellschaftsvertrag nicht vor, kommen – lediglich mit **indizieller Wirkung** – Bestätigungserklärungen der Gesellschafter, Nachweise über eine frühere Teilnahme der Gesellschaft am Rechtsverkehr (z. B. Abschluss von Verträgen und deren Vollzug im Grundbuch) oder über deren steuerliche Behandlung (z. B. bei der gesonderten und einheitlichen Ermittlung der Einkünfte der Gesellschaft) in Betracht. Mehr als nur indizielle Wirkung wird man der Eintragung einer GbR im Grundbuch auch nach Einführung der Gutglaubensvorschrift des § 899 a BGB nicht zuschreiben können; denn die dort aufgestellten Vermutungen gelten nur „in Ansehung des eingetragenen Rechts“, mithin gerade nicht allgemein.[49] Das Grundbuch wird durch die Eintragung einer Grundbesitz haltenden GbR nicht zu deren „Ersatzregister“. 54

Der **Fortbestand** einer GbR lässt sich niemals in strenger Form nachweisen, da von der Vorlage des Gesellschaftsvertrages nicht auf das Fortbestehen der Gesellschaft bis zum aktuellen Zeitpunkt geschlossen werden kann. Nach h. M.[50] gilt der Rechtsgedanke des § 172 BGB nicht entsprechend, d. h. aus der Vorlage des Gesellschaftsvertrags folgt auch mangels abweichender Anhaltspunkte noch nicht allgemein, dass die Gesellschaft nicht inzwischen 55

[47] *Schöner/Stöber* Grundbuchrecht Rdnr. 981 c.
[48] *Schöner/Stöber* Grundbuchrecht Rdnr. 981 d.
[49] Palandt/*Bassenge* § 899 a Rdnr. 6.
[50] Vgl. DNotI-Report 2010, 189 mit einer Zusammenfassung des Meinungsstands und der Argumente.

wieder aufgelöst und liquidiert wurde. Es widerspräche jedoch allgemeiner Lebenserfahrung wenn man einen vorgelegten Gesellschaftsvertrag, der nur kurze Zeit – etwa nur wenige Wochen oder gar nur wenige Stunden – vor dem abzuschließenden Rechtsgeschäft, vereinbart worden ist, nicht als Existenznachweis der GbR anerkennen wollte. Hierbei wird man sich an der früheren Praxis betreffend die Verwendbarkeit von Handelsregisterauszügen und -einsichten orientieren können. Kein Nachweis des Fortbestandes ist erforderlich, wenn die GbR in derselben notariellen Urkunde gegründet wird, in welcher das Rechtsgeschäft vorgenommen wird, an welchem die GbR beteiligt sein soll. Die Gründung wird dann in demselben Augenblick wirksam, in dem die anderen in der Urkunde enthaltenen Rechtsgeschäfte abgeschlossen werden, nämlich mit der Unterschrift des Notars unter der Urkunde.

56 Welche **Anforderungen** an den Existenznachweis zu stellen sind, hängt vom Gegenstand des zu beurkundenden Rechtsgeschäfts ab. Die strengsten Anforderungen gelten im Grundbuchverfahren; gemäß § 29 GBO sind die Nachweise durch öffentliche oder öffentlich beglaubigte Urkunden zu führen. Demgegenüber kennt das Handelregisterverfahren grundsätzlich keine strenge Bindung an bestimmte Urkundenvorlagen,[51] über die vorgelegten Nachweise entscheidet das Gericht nach freier Überzeugung. Entsprechendes gilt für den Notar bei Rechtsgeschäften, die ihn zur Einreichung einer Gesellschafterliste gemäß § 40 Abs. 2 verpflichten. Bei allen sonstigen zu beurkundenden Rechtsgeschäften ist der Maßstab für die Strenge der Existenznachweise lediglich das Bedürfnis der Beteiligten nach Rechtssicherheit, dem der Notar gemäß § 17 BeurkG Rechnung zu tragen hat. Da die Urkundsbeteiligten, die für eine GbR ein Rechtsgeschäft abschließen wollen, regelmäßig keinerlei Veranlassung haben, bezüglich des Bestands oder der Vertretung der GbR falsche Angaben zu machen, wird man es grundsätzlich genügen lassen können, wenn die Beteiligten in der Urkunde erklären, für eine bestimmte GbR zu handeln.

57 In der Praxis stellen sich die dringendsten Fragen im Zusammenhang mit dem Existenznachweisen für Gesellschaften bürgerlichen Rechts im **Grundbuchverfahren.** Wegen der Vermutungswirkung des § 899 a BGB sind Existenznachweise zwar regelmäßig entbehrlich, wenn eine unter Aufführung ihrer Gesellschafter im Grundbuch eingetragene GbR über ein Grundstück oder ein beschränktes dingliches Recht verfügt.[52] Auch beim Erwerb eines Rechts an einem Grundstück oder einer Auflassungsvormerkung durch eine GbR ist kein Existenznachweis zu führen, da hier das formelle Konsensprinzip des § 19 GBO gilt (vgl. Rdnr. 42).[53] Ein Existenznachweis ist jedoch dann erforderlich, wenn eine GbR bei einer Grundstücksveräußerung auf Erwerberseite auftritt. Dann gilt § 20 GBO (materielles Konsensprinzip, Rdnr. 43 f.), d. h. dem Grundbuchamt ist die Einigung in der Form des § 29 GBO nachzuweisen; dazu gehört grundsätzlich auch der Nachweis der Existenz der Gesellschaft.

58 Durch eine Reihe von Gerichtsentscheidungen wurde in jüngster Zeit in Frage gestellt, ob ein **Erwerb von Grundbesitz durch eine bereits bestehende GbR überhaupt möglich** ist. Insbesondere das *OLG München*[54] und ihm folgend das *KG*[55] hielten den Erwerb von Grundbesitz durch eine bestehende GbR für nach geltender Rechtslage nicht möglich. Im Anwendungsbereich des § 20 GBO müssten neben der Vertretungsberechtigung auch die Existenz und die Identität der Gesellschaft nachgewiesen werden. Hierzu sei selbst die nachträgliche Vorlage eines öffentlich beglaubigten oder beurkundeten Gesellschaftsvertrags nebst eidesstattlicher Versicherung nicht geeignet. Es sei Sache des Gesetzgebers, das Problem zu beheben.

59 In der Literatur[56] wurde die strenge Sichtweise des *OLG München* zumeist kritisiert. Dabei wurde u. a. mit der dienenden Funktion des Grundbuchrechts argumentiert, die dazu

[51] *Krafka/Willer/Kühn* Rdnr. 152.

[52] Zu „Altfällen", bei denen nur die Gesellschafter bzw. nur die GbR im Grundbuch eingetragen sind, vgl. *Böttcher* AnwBl 2011, 1, 10 ff.

[53] OLG Schleswig DNotZ 2010, 296; Hügel/*Reetz* BeckOK GBO § 47 Rdnr. 113.

[54] NZG 2010, 1065 (n. rkr.); NZG 2010, 1263 (n. rkr.). S. auch bereits DNotZ 2010, 299. Ebenso *Bestelmeyer* RPfleger 2010, 169.

[55] NZG 2010, 861; NZG 2011, 61 (n. rkr.).

[56] Zur Problematik vgl. u. a. *Bestelmeyer* RPfleger 2010, 169; *Böttcher* ZNotP 2010, 173; *Heinze* RNotZ 2010, 289; *ders.* ZNotP 2010, 409; *Krüger* NZG 2010, 801; *Heßeler/Kleinhenz* WM 2010, 446; *Lautner* MittBayNot 2010, 286; *Rezori* DNotZ 2010, 330; *Ruhwinkel* DNotZ 2010, 304; *ders.* MittBayNot 2009, 177; *Weimer* NZG 2010, 335.

zwinge, Beweiserleichterungen zuzulassen.[57] Auch wurde kritisiert, dass durch die strenge Bewertung eine Unstimmigkeit gegenüber sonstigen Fällen auch im Grundbuchverfahren anerkannter Nachweiserleichterungen entsteht; insbesondere im Vergleich mit dem Nachweis der Existenz und Vertretung der Vor-GmbH (dazu Rdnr. 40 ff.).[58]

Mit Beschluss vom 28. April 2011 hat der BGH nunmehr entschieden: „Erwirbt eine Gesellschaft bürgerlichen Rechts (GbR) Grundstücks- oder Wohnungseigentum, reicht es für die Eintragung des Eigentumswechsels in das Grundbuch aus, wenn die GbR und ihre Gesellschafter in der notariellen Auflassungsverhandlung benannt sind und die für die GbR Handelnden erklären, dass sie deren alleinige Gesellschafter sind; weitere Nachweise der Existenz, der Identität und der Vertretungsverhältnisse dieser GbR bedarf es gegenüber dem Grundbuchamt nicht."[59] Diese klare und praxisorientierte Entscheidung des BGH ist aus notarieller Sicht außerordentlich zu begrüßen. 60

bb) Innen-GbR und Stille Gesellschaft. Weder die Innen-GbR gemäß §§ 705 ff. BGB, bei der sich die die Gesellschafter nur zur gemeinsamen Zweckerreichung verpflichtet haben, ohne nach außen als Gesellschaft in Erscheinung treten zu wollen,[60] noch die stille Gesellschaft gemäß §§ 230 ff. HGB, bei der sich der stille Gesellschafter lediglich intern am Handelsgewerbe eines anderen beteiligt, nehmen nach außen am Rechtsverkehr als „Gesellschaft" teil. Beide Gesellschaften spielen in der notariellen Praxis kaum eine Rolle. Die Frage von Existenznachweisen kann sich hier naturgemäß nicht stellen. 61

3. Vertretungsnachweise

a) **Arten und Möglichkeiten der Vertretung von Gesellschaften.** Bei Beteiligung von Gesellschaften am Beurkundungsverfahren ist eine Vertretung stets erforderlich. Die „natürliche" **Form der Vertretung** ist die **gesetzliche**, bei der die handelnden Gesellschaften durch ihre organschaftlichen Vertreter repräsentiert werden (Rdnr. 63 ff.). Ein Fall der gesetzlichen Vertretung ist auch die Vertretung kraft **organschaftlicher Einzelermächtigung** eines Gesamtvertreters (Rdnr. 76 f., 82, 88). Die gesetzlichen Vertreter können die Vertretung der Gesellschaften rechtsgeschäftlich, kraft **Vollmacht**, delegieren (Rdnr. 103 ff.). Sonderformen der Vollmacht sind die **Prokura** und die **Handelsvollmacht** (Rdnr. 131 ff.). Weiterhin besteht grundsätzlich auch die Möglichkeit **vollmachtloser Vertretung** mit anschließender Genehmigung (Rdnr. 135 ff.). In der **Insolvenz** unterliegt die Vertretung der Gesellschaft besonderen Bestimmungen (Rdnr. 138 f.). 62

b) **Allgemeines zur gesetzlichen Vertretung.** Die gesetzliche Vertretung von Gesellschaften erfolgt durch die Mitglieder ihrer vertretungsberechtigten **Organe**, d. h. der Personen, die den Willen der Gesellschaft nach außen in die Tat umsetzen.[61] Bei registerfähigen Gesellschaften ergeben sich die Mitglieder der Vertretungsorgane sowie ihre jeweilige Vertretungsberechtigung grundsätzlich aus dem Inhalt des Registers; es besteht durchweg Eintragungspflicht. 63

aa) Einzel- und Gesamtvertretungsbefugnis. Zu unterscheiden ist zunächst zwischen **Einzel- und Gesamtvertretungsbefugnis**. Bei Gesamtvertretung sind nur mehrere Organmitglieder gemeinschaftlich handelnd zur Vertretung der Gesellschaft berechtigt; bei Einzelvertretung kann ein Organmitglied die Gesellschaft allein verpflichten. Die gesetzliche Regel ist je nach Rechtsform unterschiedlich. Gesamtvertretung durch alle Organmitglieder gemeinsam gilt im Grundsatz gemäß § 35 Abs. 2 S. 1 GmbHG für die GmbH; gemäß § 78 Abs. 2 S. 1 AktG für die AG, gemäß § 25 Abs. 1 S. 1 GenG für die eingetragene Genossenschaft sowie gemäß §§ 714, 709 BGB für die GbR. Einzelvertretung für jedes Organmitglied gilt nach § 125 Abs. 1 HGB für die oHG, nach §§ 161 Abs. 2, 125 Abs. 1 HGB für die KG sowie nach § 7 Abs. 3 PartGG für die Partnerschaft.[62] Stets ist jedoch auch eine abweichende Regelung in der Satzung bzw. im Gesellschaftsvertrag zulässig. 64

[57] Vgl. *Heinze* ZNotP 2010, 409, 414 ff.; s. auch *Lautner* und *Heßeler/Kleinhenz* (jeweils vorherige Fn.).
[58] *Heinze* a. a. O.
[59] Beschl. v. 28. 4. 2011 – V ZB 194/10 – NJW 2011, 1958, dazu *Kesseler* NJW 2011, 1909.
[60] Palandt/*Sprau* § 705 Rdnr. 33.
[61] Zum Organbegriff vgl. z. B. MünchKommBGB/*Ulmer* § 705 Rdnr. 255 ff.
[62] Zur GbR siehe Rdnr. 98.

Auch die sogenannte **unechte Gesamtvertretung**, bei der ein Mitglied eines Vertretungsorgans in Gemeinschaft mit einem Prokuristen handelt, ist ein Fall der gesetzlichen Vertretung.

65 *bb) Abstrakte und konkrete Vertretungsbefugnis.* Im Handelsregister wird die **abstrakte Vertretungsbefugnis** der Organmitglieder eingetragen, wie sie sich aus dem Gesetz oder abweichend hiervon aus dem Gesellschaftsvertrag bzw. der Satzung ergibt; ist einzelnen Organmitglieder eine von der abstrakten Vertretungsbefugnis abweichende Vertretungsbefugnis erteilt, so wird diese **konkrete Vertretungsbefugnis** bei dem betreffenden Organmitglied vermerkt.[63] Mit diesen Angaben lässt sich dem Handelsregister die jeweilige Vertretungsbefugnis sämtlicher eingetragener Organmitglieder entnehmen.

66 *cc) Keine konstitutive Wirkung.* Die Eintragung der Vertretungsbefugnis im Handelsregister entfaltet **keine konstitutive Wirkung**. Entscheidend ist vielmehr die gesellschaftsinterne Rechtslage (z. B. Bestellungsbeschluss und Annahme der Bestellung durch den Geschäftsführer einer GmbH). Bereits mit der Erlangung der Organstellung kommt auch die Vertretungsbefugnis zustande; die nachfolgende Eintragung ist nur deklaratorisch. Insofern gibt der **Inhalt des Registers** die Rechtslage **nicht notwendig vollständig** wieder. Im Fall bereits bestellter, aber noch nicht eingetragener Organmitglieder muss die entsprechende gesellschaftsinterne Rechtslage dokumentiert werden; z. B. durch Vorlage von Gesellschafterbeschlüssen und Handelsregisteranmeldungen. Die Einzelheiten werden nachfolgend bei den einzelnen Gesellschaftsformen abgehandelt.

67 Zwar **endet** umgekehrt die Vertretungsbefugnis eines eingetragenen Organmitglieds nicht erst mit der Löschung der Eintragung, sondern bereits mit der **Beendigung der Organstellung**. Allerdings wird in diesem Fall der Rechtsverkehr über § 15 Abs. 1 HGB geschützt: Solange die Beendigung nicht eingetragen und bekanntgemacht wurde, können sich Dritte noch auf das Fortbestehen der Eintragung berufen.[64] Dies bedeutet, dass die Vertretung diesen Dritten gegenüber wirksam ist; die Gesellschaft wird so behandelt, als habe die Organstellung noch bestanden. Dementsprechend kann der Notar für den Vertretungsnachweis ohne weiteres vom Handelsregister ausgehen. Sind ihm hingegen Umstände bekannt, wonach das Handelsregister die Vertretungssituation möglicherweise nicht richtig wiedergibt, so hat er die Situation mit den Beteiligten zu erörtern und die Beurkundung gegebenenfalls abzulehnen.

68 *dd) Beschränkungen des § 181 BGB.* Bei der Vertretung von Gesellschaften ist **§ 181 BGB** mit den sich daraus ergebenden Vertretungsbeschränkungen ihrer handelnden Organmitglieder von erheblicher Bedeutung; so sind häufig bei gruppeninternen Rechtsgeschäften für die beteiligten Gesellschaften dieselben Personen als Organmitglieder bestellt oder mehrere beteiligte Gesellschaften sollen durch einen Bevollmächtigten vertreten werden. Ein Verstoß gegen die Beschränkungen des § 181 BGB hat zur Folge, dass das Rechtsgeschäft entsprechend § 177 BGB schwebend unwirksam ist und nur durch Genehmigung der von § 181 BGB betroffenen Vertretenen endgültig wirksam wird.[65] Bleibt ein solcher Verstoß unbemerkt, so kann dies gravierende Folgen haben. Bei einseitigen Rechtsgeschäften, auch bei Gesellschafterbeschlüssen, führt nach der Rechtsprechung ein Verstoß gegen § 181 BGB in analoger Anwendung von § 180 BGB nicht zur schwebenden Unwirksamkeit, sondern zur Nichtigkeit, es sei denn, es liegen die Voraussetzungen des § 180 S. 2 BGB vor; in diesem Fall ist die dann gegebene schwebende Unwirksamkeit durch Genehmigung heilbar.

69 Bei den Beteiligten besteht nicht selten ein mangelndes Problembewusstsein für die sich aus § 181 BGB ergebenden Beschränkungen. Deshalb sollte der Notar möglichst frühzeitig in die Phase der **Vorbereitung** künftig zu beurkundender Vorgänge einbezogen werden, um mögliche Probleme im Zusammenhang mit § 181 BGB vermeiden zu können. Zunächst ist zu prüfen, ob überhaupt die Anwendung von § 181 BGB in Betracht kommt. Beispielsweise liegt kein Problem der Mehrfachvertretung vor, wenn bei einem Rechtsgeschäft eine Person

[63] § 40 Nr. 3 bzw. § 43 Nr. 4 HRV. Gleiches gilt für das Partnerschafts- und das Genossenschaftsregister, s. § 5 Abs. 3 PRV bzw. § 26 Nr. 4 GenRegV.

[64] *K. Schmidt* GesR § 36 II 2 b.

[65] Palandt/*Ellenberger* § 181 Rdnr. 15.

für mehrere Beteiligte auf derselben Seite auftritt und damit keine gegenläufigen Willenserklärungen abgibt.[66] Weiterhin ist zu berücksichtigen, dass die Rechtsprechung den § 181 BGB teleologisch nach Fallgruppen einengend oder über seinen Wortlaut hinaus auslegt.[67] So ist § 181 BGB auch auf den Fall anzuwenden, dass der Grundschuldbesteller den Gläubiger zur Umwandlung des bestellten Grundpfandrechts in ein Buch- bzw. Briefrecht durch Abgabe der Bewilligung gegenüber dem Grundbuchamt bevollmächtigt; eine solche Bewilligung (obwohl kein Rechtsgeschäft mit dem Grundschuldbesteller) ist unwirksam, wenn der Grundschuldbesteller den Gläubiger nicht von den Beschränkungen des § 181 befreien konnte.[68] Nicht selten wird in der Praxis auch übersehen, dass die Rechtsprechung auf einen Untervertreter § 181 BGB entsprechend anwendet, wenn der Erteiler der Untervollmacht seinerseits von der Vertretung wegen § 181 BGB ausgeschlossen ist.[69]

Weiter ist bei der Vorbereitung der Beurkundung sicherzustellen, dass für die Vertretung 70 im Beurkundungstermin erforderlichenfalls weitere Organmitglieder (wenn auch nur vorübergehend) bestellt werden können oder vorhandene Organmitglieder von den Beschränkungen des § 181 BGB befreit werden. Die Befreiung erfolgt durch Beschluss. Soweit satzungsmäßig zulässig genügt ein einfacher Beschluss; soll die Befreiung entgegen den Satzungsbestimmungen erfolgen, ist ein formgerechter satzungsdurchbrechender Beschluss erforderlich. Wenn die beteiligten Gesellschaften mehrere personengleiche Organmitglieder haben, genügt es häufig, diese Organmitglieder für die Beurkundung (ggf. über die Erteilung von Vollmachten) so auf die einzelnen Gesellschaften zu „verteilen", dass kein Fall des § 181 BGB eintreten kann. Vollmachten, die beteiligte Gesellschaften für eine Beurkundung erteilen wollen, sollten schon im Entwurf dem Notar vorgelegt werden, damit dieser prüfen kann, ob die Vertretungsberechtigung der die Vollmacht Unterzeichnenden im Hinblick auf § 181 BGB für das vorgesehene Rechtsgeschäft ausreichend ist.

Ein gesellschaftsrechtlich problembewusster Notar wird bereits bei der inhaltlichen Ge- 71 staltung von Gesellschaftsverträgen darauf hinwirken, dass dort Regelungen aufgenommen werden, die in Fällen der Mehrfachvertretung Flexibilität geben. Dementsprechend sollten Gesellschaftsverträge die Möglichkeit der Befreiung der Organmitglieder von den Beschränkungen des § 181 BGB enthalten, ggf. beschränkt auf die 2. Alternative dieser Vorschrift.

Die Befreiung aller oder einzelner Organmitglieder von § 181 BGB ist im Register der Gesellschaft eintragungsfähig und daher in der Regel dort zu entnehmen.

ee) Führung des Nachweises. Sind die handelnden Mitglieder der vertretungsberechtigten 72 Organe in einem Register eingetragen, so stehen die bereits beschriebenen Nachweismittel zur Verfügung (Rdnr. 25 ff.): Ausdrucke aus dem Register, notarielle Vertretungsbescheinigungen und Bezugnahmen auf das Register. Für die Fälle, in denen die Vertretungsverhältnisse nicht aus einem Register hervorgehen, s. die nachstehenden Ausführungen zu den einzelnen Gesellschaftsformen.

Welche Anforderungen an den Vertretungsnachweis im Einzelfall zu stellen sind, hängt ebenso wie beim Existenznachweis vom Gegenstand des zu beurkundenden Rechtsgeschäfts ab.

c) **Gesetzliche Vertretung bei einzelnen Gesellschaftsformen.** *aa) GmbH.* Vertretungsor- 73 gan der GmbH sind ihre **Geschäftsführer** (§ 35 GmbHG). Der Umfang ihrer Vertretungsmacht ist umfassend; er ist Dritten gegenüber unbeschränkt und unbeschränkbar (§ 37 Abs. 2 GmbHG). Sind mehrere Geschäftsführer vorhanden, so vertreten sie gemeinsam, es sei denn, die Satzung legt eine abweichende allgemeine Vertretungsregelung fest (§ 35 Abs. 2 S. 1 GmbHG). In der Praxis am häufigsten anzutreffen ist die Regelung, wonach bei Vorhandensein nur eines einzigen Geschäftsführers dieser allein vertritt, und, wenn zwei oder mehr Geschäftsführer vorhanden sind, die Gesellschaft durch zwei Geschäftsführer gemeinsam oder durch einen Geschäftsführer in Gemeinschaft mit einem Prokuristen vertreten

[66] MünchKommBGB/*Schramm* § 181 Rdnr. 12.
[67] Palandt/*Ellenberger* § 181 Rdnr. 2.
[68] Vgl. zur Fallgruppe der Abgabe der Erklärungen gegenüber dem Grundbuchamt BGH NJW 1980, 1577.
[69] Palandt/*Ellenberger* § 181 Rdnr. 12.

wird. Die gesetzlich vorgesehene Vertretung durch alle Geschäftsführer, auch wenn mehr als zwei bestellt sind, wird zu Recht als wenig praktikabel empfunden.

74 Der Nachweis der Vertretungsbefugnis eingetragener Geschäftsführer erfolgt über das Handelsregister (Rdnr. 25 ff.). Für neu bestellte, noch nicht eingetragene Geschäftsführer kann der Nachweis durch Vorlage des Bestellungsbeschlusses – ggf. in öffentlich beglaubigter Form – geführt werden. Eines Nachweises der Annahme durch den Bestellten bedarf es nicht; diese ist aufgrund seines Handelns für die Gesellschaft offenkundig. Dasselbe gilt für beschlossene, aber noch nicht eingetragene Erweiterungen der gesetzlichen Vertretungsbefugnis aller oder einzelner Geschäftsführer.

75 Ebenfalls zulässig ist die Bestellung von **Stellvertretern der Geschäftsführer**, § 44 GmbHG. In der Praxis wird diese Möglichkeit vor allem bei größeren Gesellschaften genutzt. Im Außenverhältnis stehen Stellvertreter den Geschäftsführern gleich; Unterschiede bestehen lediglich hinsichtlich ihrer Befugnisse im Innenverhältnis sowie hinsichtlich des Haftungsmaßstabs.[70] Sie haben die gleiche Vertretungsmacht wie ordentliche Geschäftsführer. Folgerichtig sind sie auch ohne einen die Stellvertretung bezeichnenden Zusatz ins Handelsregister einzutragen.[71] Für die Zwecke des Nachweises der Vertretungsbefugnis sind sie demnach wie Geschäftsführer zu behandeln.

76 Gesamtvertretungsberechtigte Geschäftsführer können einzelne, ebenfalls gesamtvertretungsberechtigten Geschäftsführer zur Vornahme bestimmter Rechtsgeschäfte oder bestimmter Arten von Rechtsgeschäften ermächtigen.[72] Dogmatisch handelt es sich bei einer solchen **organschaftlichen Ermächtigung** nach h. M. um eine Erweiterung der organschaftlichen Gesamtvertretungsbefugnis.[73] Falls, wie in der Praxis nicht selten anzutreffen, ein gesamtvertretungsberechtigter Geschäftsführer einen anderen gesamtvertretungsberechtigten Geschäftsführer zur Vertretung der Gesellschaft „bevollmächtigt", ist eine solche „Vollmacht" regelmäßig als organschaftliche Ermächtigung auszulegen. Unzulässig ist eine generelle Ermächtigung eines anderen Geschäftsführers, die dazu führen würde, dass der bisher nur gesamtvertretungsberechtigte Geschäftsführer nun stets allein vertreten könnte.[74] Die Ermächtigung verliert ihre Wirkung, wenn sie durch den ermächtigenden Geschäftsführer widerrufen wird, was jederzeit möglich ist; ebenso, wenn der ermächtigende Geschäftsführer abberufen wird oder sein Amt niederlegt.[75]

77 Die organschaftliche Ermächtigung ist materiellrechtlich grundsätzlich formfrei. Zur Führung eines Nachweises der Vertretung muss sie allerdings mindestens in schriftlicher Form vorgelegt werden. Wenn die Urkunde Vollzugshandlungen im Handelsregister oder im Grundbuch nach sich zieht, sind die jeweils geltenden Formvorschriften (§ 12 HGB, § 29 GBO) auch für die Ermächtigung einzuhalten.

78 Von den **Beschränkungen des § 181 BGB** können GmbH-Geschäftsführer vollumfänglich befreit werden. Möglich und in der Praxis sinnvoll ist auch eine Befreiung nur von § 181 2. Alt. (Verbot der Mehrfachvertretung). Die Befreiung kann für alle oder nur für einzelne oder bestimmte Arten von Rechtsgeschäften erfolgen. Sie erfolgt in der Satzung oder auf der Grundlage einer Satzungsermächtigung[76] durch Gesellschafterbeschluss. Eine nicht nur auf den konkreten Einzelfall bezogene Befreiung ist als Erweiterung der gesetzlichen Vertretungsbefugnis im Handelsregister einzutragen;[77] Nachweisprobleme stellen sich dann nicht. Eine nicht eingetragene Befreiung kann durch Vorlage des entsprechenden Gesellschafterbeschlusses nachgewiesen werden, ggf. in der gemäß § 12 HGB bzw. § 29 GBO erforderlichen Form.

---

[70] Baumbach/Hueck/*Zöllner/Noack* § 44 Rdnr. 3.

[71] Ganz h. M., Baumbach/Hueck/*Zöllner/Noack* § 44 Rdnr. 15 m. w. N.

[72] Streitig ist, ob die Ermächtigung durch einen oder mehrere gesamtvertretungsberechtigte Geschäftsführer zu erteilen ist; vgl. zur oHG MünchKommHGB/*K. Schmidt* § 125 Rdnr. 43.

[73] BGHZ 64, 72 = NJW 1975, 1117, 1118; Baumbach/Hopt/*Hopt* HGB § 125 Rdnr. 17; anders MünchKommHGB/*K. Schmidt* § 125 Rdnr. 44 (Ausübungsermächtigung).

[74] BGHZ 34, 27; BGH DNotZ 1988, 690, 691 f.

[75] DNotI-Report 2000, 49, 51.

[76] Nach der Rspr. (BGH NJW 2000, 664, 665; OLG Köln NJW 1993, 1018); von der überwiegenden Literatur wird das Erfordernis einer Satzungsermächtigung bestritten, vgl. Baumbach/Hueck/*Zöllner/Noack* GmbHG § 35 Rdnr. 132 mit Nachw. zum Meinungsstand.

[77] Baumbach/Hueck/*Zöllner/Noack* GmbHG § 35 Rdnr. 133 m. w. N.

Die **Vor-GmbH** (GmbH i. G.) wird ebenfalls durch die Geschäftsführer vertreten. Allerdings ist deren Vertretungsmacht nach h. M. grundsätzlich darauf beschränkt, die zur Eintragung der GmbH notwendigen Rechtshandlungen vorzunehmen und das Vermögen der GmbH zu verwalten.[78] Soll daher die Vor-GmbH bereits den Geschäftsbetrieb aufnehmen, müssen die Gründungsgesellschafter die Geschäftsführer hierzu gesondert ermächtigen. Dies kann in der Satzung, aber auch außerhalb der Satzung formlos geschehen.[79] Zum Nachweis der Vertretung gilt auch hier, dass diese Ermächtigung, sofern sie nicht in der Satzung enthalten ist, mindestens in schriftlicher Form vorliegen muss. Im Register- bzw. Grundbuchverfahren ist mindestens notarielle Unterschriftsbeglaubigung erforderlich. Zusätzlich zu den Nachweisen betreffend die Existenz der GmbH i. G. (Rdnr. 40 ff.) sind dann auch die Unterlagen über die Bestellung der Geschäftsführer und ihre Ermächtigung zur Vornahme des Rechtsgeschäfts jeweils einzureichen. 79

Nach der Eintragung der Gesellschaft kann anstelle dieser Unterlagen eine formgerechte Genehmigung durch die (dann ebenfalls eingetragenen) Geschäftsführer in vertretungsberechtigter Zahl zusammen mit einer Bezugnahme auf das Handelsregister (Rdnr. 31 f.) vorgelegt werden. Verlangt werden kann die Vorlage einer solchen Genehmigung im Grundbuchverfahren allerdings nicht, wie sich am Fall der Einbringung eines Grundstückes im Wege der Sachgründung zeigt (vgl. hierzu Rdnr. 43 f.).

In der **Liquidation** wird die GmbH durch die Liquidatoren vertreten. Vertretungsorgan der GmbH i. L. sind entweder die Geschäftsführer als „geborene" oder aber besonders bestellte, „gekorene" Liquidatoren (§ 66 Abs. 1 GmbHG). Für die Vertretung durch Liquidatoren gelten dieselben Grundsätze wie für die Geschäftsführer (oben Rdnr. 73 ff.): Auch Liquidatoren können einzel- oder gesamtvertretungsberechtigt sein; auch ihnen kann Befreiung von den Beschränkungen des § 181 BGB erteilt werden. Zu beachten ist aber, dass eine den Geschäftsführern erteilte Einzelvertretungsbefugnis nicht auch für die Liquidatoren gilt; gleiches gilt nach überwiegender Rspr.[80] für eine den Geschäftsführern gewährte Befreiung von § 181 BGB. Gemäß § 68 Abs. 1 GmbHG vertreten die Liquidatoren mangels einer ausdrücklichen anderen Regelung stets gemeinsam. Die Vertretungsmacht der Liquidatoren ist grundsätzlich unbeschränkt und unbeschränkbar; sie wird auch nicht durch den Abwicklungszweck eingeschränkt.[81] Die Vertretungsmacht der Liquidatoren endet mit der Löschung der Gesellschaft im Handelsregister, für eine etwaige Nachtragsliquidation sind neue Liquidatoren zu bestellen. 80

Die Vertretungsbefugnis der Liquidatoren ist gemäß § 67 Abs. 1 GmbHG zum Handelsregister anzumelden. Bis zur Eintragung kann ihre Vertretungsbefugnis entsprechend der von neu bestellten, noch nicht eingetragenen Geschäftsführern (Rdnr. 74) nachgewiesen werden.

bb) AG. Vertretungsorgan der AG ist der **Vorstand**, § 78 Abs. 1 AktG. Für die Mitglieder des Vorstands gelten weitgehend dieselben Regeln wie für die Geschäftsführer einer GmbH. Auch bei der AG gilt Gesamtvertretung durch alle Mitglieder des Vorstands, wenn die Satzung nichts anderes bestimmt (§ 78 Abs. 2 S. 1 AktG). Zum Nachweis der Vertretung durch Vorstandsmitglieder s. die Ausführungen zu GmbH-Geschäftsführern (Rdnr. 73 ff.). 81

Die Befugnis von gesamtvertretungsberechtigten Vorstandsmitgliedern, einzelne von ihnen zur Vornahme bestimmter Geschäfte oder bestimmter Arten von Geschäften zu ermächtigen, ergibt sich ausdrücklich aus § 78 Abs. 4 AktG. Im übrigen gelten Rdnr. 76 und 77 entsprechend. 82

Bei **Rechtsgeschäften zwischen der AG und ihren Vorständen** wird die Gesellschaft durch ihren **Aufsichtsrat** vertreten, § 112 AktG. Diese Regelung ist zwingend (§ 23 Abs. 5 AktG); daraus folgt zugleich, dass bei der AG eine Befreiung der Vorstände von § 181 BGB nur be- 83

[78] Baumbach/Hueck/*Hueck/Fastrich* GmbHG § 11 Rdnr. 19 f.

[79] Baumbach/Hueck/*Hueck/Fastrich* GmbHG § 11 Rdnr. 20.

[80] OLG Rostock NZG 2004, 288, 289; OLG Hamm NJW-RR 1998, 1044 f.; s. auch Baumbach/Hueck/*Zöllner/Noack* GmbHG § 35 Rdnr. 134.

[81] Baumbach/Hueck/*Haas* GmbHG § 70 Rdnr. 2.

treffend die 2. Alt. (Mehrfachvertretung), nicht aber für die 1. Alt. (Insichgeschäfte) zulässig ist.[82] Zur Befreiung von § 181 BGB s. im Übrigen Rdnr. 70, 78.

84 Die Willensbildung des Aufsichtsrats findet im Beschlussweg statt und ist Angelegenheit aller Aufsichtsratsmitglieder; zulässig ist – in bestimmten Grenzen – die Übertragung von Entscheidungsbefugnissen an einen Ausschuss, unzulässig hingegen die Delegation an ein einzelnes Aufsichtsratsmitglied.[83] Die der Willensbildung nachgeordnete Erklärungsvertretung hingegen kann durch einzelne Aufsichtsratsmitglieder erfolgen.

85 Zum **Nachweis ordnungsgemäßer Vertretung** muss zunächst die personelle Zusammensetzung des Aufsichtsrats belegt werden. Dies kann über eine Niederschrift der Aufsichtsratswahl durch die Hauptversammlung erfolgen. Bei börsennotierten Gesellschaften ist diese Niederschrift ohnehin notariell zu beurkunden (§ 130 Abs. 1 S. 3 AktG) und daher auch im Handelsregister- und im Grundbuchverfahren ausreichend; bei nicht börsennotierten Gesellschaften genügt nach h. M.[84] eine vom Aufsichtsratsvorsitzenden unterzeichnete Niederschrift mit Unterschriftenbeglaubigung.

Werden bei der Erklärungsvertretung nicht alle, sondern nur ein Aufsichtsratsmitglied tätig, so muss der Nachweis der ordnungsgemäßen Willensbildung hinzutreten. Dies kann über eine Niederschrift des Aufsichtsratsbeschlusses bzw. Vorlage des schriftlichen Beschlusses erfolgen; ist die Kundgabe von Beschlüssen in der Geschäftsordnung des Aufsichtsrats geregelt, so kann diese vorgelegt werden. Alternativ kann dem handelnden Aufsichtsratsmitglied durch die anderen eine Erklärungsvollmacht erteilt werden. Im Grundbuch- und im Handelsregisterverfahren ist auch insoweit öffentliche Beglaubigung erforderlich.

86 Für die **Vor-AG** (AG i. G.) gelten die gleichen Grundsätze wie für die Vor-GmbH, s. bei Rdnr. 79.

Im **Liquidationsstadium** wird die AG von ihren **Abwicklern** vertreten. Die einschlägigen Regelungen (§§ 264 ff. AktG) entsprechen denen der GmbH. Vgl. daher vorstehend Rdnr. 80.

87 *cc) oHG.* Zur Vertretung der oHG ist grundsätzlich **jeder Gesellschafter** berechtigt, § 125 Abs. 1 HGB. Abweichend hiervon können im Gesellschaftsvertrag einzelne Gesellschafter von der Vertretung ausgeschlossen werden oder es kann Gesamtvertretung angeordnet werden. Möglich ist auch die Anordnung, dass Gesellschafter, wenn nicht mehrere zusammen handeln, nur in Gemeinschaft mit einem Prokuristen vertreten können (§ 125 Abs. 3 HGB). Diese Abweichungen von der gesetzlichen Regel sind zum Handelsregister anzumelden und einzutragen. Der Nachweis der Vertretungsbefugnis lässt sich daher in der Regel über den Inhalt des Handelsregisters führen (Rdnr. 25 ff.).

Eine Beschränkung des sachlichen Umfangs der Vertretungsmacht ist nicht möglich (§ 126 Abs. 2 HGB).

88 Auch bei der oHG kann gemäß § 125 Abs. 2 S. 2 HGB ein gesamtvertretungsberechtigter Gesellschafter einen anderen ebenfalls gesamtvertretungsberechtigten Gesellschafter organschaftlich ermächtigen.[85] Hierfür gelten die für die GmbH unter Rdnr. 76 f. dargestellten Grundsätze entsprechend.

89 **§ 181 BGB** gilt auch für oHG-Gesellschafter. Befreiung kann erteilt werden; sie ist im Handelsregister eintragungsfähig.[86] Anders als bei juristischen Personen bedarf ein Befreiungsbeschluss keiner Ermächtigungsgrundlage im Gesellschaftsvertrag.[87]

90 Für die **noch nicht eingetragene oHG**, die gemäß § 123 Abs. 2 HGB aufgrund der Aufnahme ihrer Geschäftstätigkeit als oHG besteht, gilt bezüglich ihrer Vertretung durch die Gesellschafter nichts Besonderes. Wenn im Einzelfall ein Existenznachweis geführt werden kann (vgl. Rdnr. 48), ergibt sich aus den vorgelegten Unterlagen auch der Gesellschafterbestand und damit die Vertretungsbefugnis für die Gesellschaft. Im Zweifel sollten vor Eintragung sämtliche Gesellschafter als Vertreter für die Gesellschaft auftreten.

---

[82] BeckNotarHdb/*Heckschen* Kapitel D III Rdnr. 41 d.

[83] MünchKommAktG/*Habersack* § 112 Rdnr. 21 ff.

[84] *Hüffer* AktG § 112 Rdnr. 6; MünchKommAktG/*Habersack* § 112 Rdnr. 30 m. w. N.

[85] Baumbach/Hopt/*Hopt* HGB § 125 Rdnr. 17.

[86] BGH NJW-RR 2004, 120; BayObLG NJW-RR 2000, 1421, 1422; OLG Hamm BB 1983, 858, 859; BayObLG NJW-RR 2000, 562.

[87] MünchKommHGB/*K. Schmidt* § 126 Rdnr. 15.

Die **oHG i.L.** wird grundsätzlich gemeinsam durch alle Gesellschafter vertreten, unabhängig davon, ob diese vor der Auflösung von der Vertretung ausgeschlossen waren. Abweichend hiervon können im Gesellschaftsvertrag, durch Gesellschafterbeschluss oder durch gerichtliche Entscheidung einzelne Gesellschafter oder auch dritte Personen zu Liquidatoren bestimmt werden (§ 146 Abs. 1 und 2 HGB). Zu beachten ist die Beschränkung der Vertretungsmacht der Liquidatoren auf ihren Geschäftskreis, nämlich die Abwicklung der Gesellschaft (§ 149 HGB). Vertretungsbefugnis ist daher nur für solche Handlungen gegeben, die ihrer Art und den Umständen nach objektiv Handlungen für den Liquidationszweck sein können.[88] Allerdings wird die Zugehörigkeit der Handlung zu diesem Aufgabenkreis grundsätzlich vermutet.[89] Ferner können die Liquidatoren durch den Gesellschaftsvertrag oder durch einstimmigen Gesellschafterbeschluss von dieser Beschränkung befreit werden. Bei Bestehen konkreter Zweifel, ob ein Geschäft Abwicklungsgeschäft ist, kann daher der Nachweis der Vertretungsberechtigung durch Vorlage eines befreienden Gesellschafterbeschlusses vervollständigt werden. 91

Anders als bei der GmbH (Rdnr. 80) besteht die Vertretungsmacht der Liquidatoren auch noch für die Zwecke einer etwaigen Nachtragsliquidation fort.

dd) KG. Für die Vertretung der KG gilt grundsätzlich das Recht der oHG (§ 161 Abs. 2 HGB), siehe deshalb Rdnr. 87–91. Gegenüber der oHG besteht die Besonderheit, dass die **Vertretungsmacht auf die persönlich haftenden Gesellschafter beschränkt** ist, so dass die KG mangels abweichender gesellschaftsvertraglicher Regelungen durch jeden Komplementär allein vertreten wird. Eine Vertretung durch Kommanditisten kann nur rechtsgeschäftlich (einschließlich im Wege der Prokura oder der Handlungsvollmacht) erfolgen. 92

Dieser Grundsatz gilt nicht mehr in der **Liquidation** der KG: Dann sind alle Gesellschafter, auch die Kommanditisten, zu Liquidatoren berufen, solange die Liquidation nicht einzelnen Gesellschaftern übertragen ist.[90] 93

Bei der **GmbH & Co. KG** (und der Kapitalgesellschaft & Co. KG) wird die jeweilige Komplementärin als Vertreterin der KG tätig. Es gelten hier deshalb zusätzlich die Ausführungen zum Vertretungsnachweis bei der GmbH (bzw. bei der entsprechenden Gesellschaftsform der Komplementärin). Die Beschränkungen des § 181 BGB sind in diesem Fall sowohl auf der Ebene der KG als auch auf der Ebene der Komplementärgesellschaft zu prüfen. So kann sich beispielsweise ein Problem ergeben bei einem Rechtsgeschäft zwischen zwei GmbH & Co. KGs, die zwar durch verschiedene Komplementärgesellschaften vertreten werden, bei denen aber für beide Komplementärinnen dieselbe natürliche Person als Geschäftsführer handelt.[91] Es ist in letzter Zeit vermehrt zu beobachten, dass zum Handelsregister einer GmbH & Co. KG nicht nur die Befreiung von den Beschränkungen des § 181 BGB für die Komplementär-GmbH, sondern auch für deren jeweilige Geschäftsführer angemeldet und auch eingetragen wird. Dies erscheint nicht überzeugend, da zum einen bei der KG lediglich die § 181-BGB-Befreiung der Komplementär-GmbH erforderlich ist und zum anderen bei der GmbH die Befreiung der Geschäftsführer von den Beschränkungen des § 181 BGB ohnehin notwendig ist, unabhängig von einer entsprechenden Eintragung bei der KG. 94

ee) Partnerschaftsgesellschaft. Gemäß § 7 Abs. 3 PartGG folgt die Vertretung der Partnerschaft den Regeln der Vertretung einer oHG (Rdnr. 87–91), mit der Maßgabe, dass Eintragungen ins Partnerschaftsregister und nicht ins Handelsregister erfolgen. Allerdings kann für die Partnerschaft keine Prokura erteilt werden, da die Partnerschaftsgesellschaft kein Handelsgewerbe betreibt; § 125 Abs. 3 HGB gilt daher nicht entsprechend. 95

ff) Genossenschaft. Gemäß § 24 GenG wird die eG durch ihren **Vorstand** vertreten. Wenn die Satzung keine höhere Anzahl festlegt oder (soweit zulässig, Abs. 2 S. 3) bestimmt, dass der Vorstand nur aus einer Person besteht, so setzt sich der Vorstand aus zwei Mitgliedern 96

[88] Baumbach/Hopt/*Hopt* HGB § 149 Rdnr. 7.
[89] Einzelheiten s. bei MünchKommHGB/*K. Schmidt* § 149 Rdnr. 51 f. m. w. N.
[90] Baumbach/Hopt/*Hopt* HGB § 146 Rdnr. 2.
[91] BayObLG DNotZ 1980, 88, 90.

zusammen. Ebenfalls mangels abweichender Satzungsregelung sind die Vorstandsmitglieder nur gesamtvertretungsberechtigt, § 25 Abs. 1 GenG. Die Regeln über die Vertretung entsprechen weitgehend denen der GmbH (Rdnr. 73 ff.). Daher gilt für Vertretungsnachweise grundsätzlich das dort Gesagte. Grundlage ist hier das heute elektronisch geführte Genossenschaftsregister.[92]

97 Gegenüber den Vorstandsmitgliedern vertritt der **Aufsichtsrat** die eG (§ 39 GenG). Diese Vertretungsbefugnis ist ausschließlich, so dass eine Befreiung von der 1. Alternative des § 181 BGB unzulässig ist.[93] Vgl. hierzu weiter die Ausführungen zur AG in Rdnr. 83 ff.

98 *gg) GbR.* Hierzu ist zunächst auf die Ausführungen zum Nachweis der Existenz der Außen-GbR in Rdnr. 53 ff. hinzuweisen.

Gemäß §§ 709, 714 BGB wird die Außen-GbR **grundsätzlich durch alle Gesellschafter gemeinschaftlich vertreten**. Jedoch kann im Gesellschaftsvertrag die Geschäftsführungs- und damit auch Vertretungsbefugnis einzelner Gesellschafter ausgeschlossen werden. Anders als bei registerfähigen Gesellschaften ist es außerdem zulässig, die Vertretungsbefugnis der Gesellschafter auch sachlich zu beschränken; eine Analogie zu § 126 Abs. 2 HGB wird von der h. M. abgelehnt.[94]

99 Die Problematik für den Vertretungsnachweis bei einer GbR beruht darauf, dass hierfür – ebenso wie beim Existenznachweis (vgl. Rdnr. 54) – allenfalls der Gesellschaftsvertrag der GbR zur Verfügung steht. Der Gesellschaftsvertrag gibt die Rechtsverhältnisse der GbR jedoch nur zum Zeitpunkt des Vertragsschlusses wieder. Auch bei Fortbestand der Gesellschaft kann sich der **Bestand der Gesellschafter** durch Übertragung der Mitgliedschaft **verändern**; damit kann sich dann auch die Vertretungsbefugnis ändern. Der Gesellschaftsvertrag beweist nicht abschließend, dass die dort als vertretungsberechtigt ausgewiesenen Gesellschafter nach wie vor Gesellschafter sind und nach wie vor – im gleichen Umfang wie bei der Gründung – vertreten dürfen. Ein zweifelsfreier Vertretungsnachweis über den Gesellschaftsvertrag ist daher nicht möglich. Auch hier kann sich die Frage stellen, inwieweit ein Gesellschaftsvertrag, der in zeitlicher Nähe zu dem zu beurkundenden Rechtsgeschäft datiert, als Vertretungsnachweis anerkannt werden kann (vgl. Rdnr. 55).

100 Als Lösung für das Problem der Vertretung einer GbR wird vorgeschlagen,[95] dass die GbR in der Gründungsurkunde bestimmten Personen (in der Regel Gesellschaftern) **Vollmacht** erteilt. Für diese Vollmacht gilt dann zwar die Legitimationswirkung des § 172 BGB; das Problem des Nachweises der Existenz der GbR ist damit freilich nicht gelöst.

101 Ist für eine GbR im Grundbuch ein Recht eingetragen, so wird gemäß **§ 899 a BGB** in Ansehung des eingetragenen Rechts vermutet, dass die GbR ausschließlich aus den gemäß § 47 Abs. 2 GBO eingetragenen Gesellschaftern besteht. Selbst wenn nicht sämtliche eingetragenen Gesellschafter vertretungsbefugt sind, so ist die wirksame Vertretung der Gesellschaft gegenüber dem Grundbuchamt jedenfalls dann nachgewiesen, wenn sämtliche eingetragenen Gesellschafter für die GbR handeln. Deshalb wird der Notar vorschlagen, dass sämtliche eingetragenen Gesellschafter für die GbR auftreten, auch wenn die Beteiligten zunächst ein Handeln nur der Vertretungsberechtigten vorgesehen hatten.

102 § 899 a BGB gilt schon von seinem Wortlaut nicht für den Erwerb im Grundbuch einzutragender Rechte durch eine GbR und erst recht nicht für Rechtsvorgänge ohne Grundbuchberührung. Die Eintragung der Gesellschafter einer GbR im Grundbuch gemäß § 47 Abs. 2 GBO kann nicht als „Ersatzregister" für die GbR fungieren.

103 **d) Vertretung kraft Vollmacht.** *aa) Allgemeines.* Gesellschaften können nicht nur durch ihre gesetzlichen Vertretungsorgane, sondern grundsätzlich auch durch **rechtsgeschäftlich Bevollmächtigte** vertreten werden. Gerade bei größeren Transaktionen mit zahlreichen Beteiligten ist die Vertretung kraft Vollmacht die Regel. Gleiches gilt z. B. im Bereich von gesellschaftsrechtlichen „Aufräumarbeiten" („corporate housekeeping") oder reinen Vollzugs-

[92] LG Saarbrücken MittBayNot 2003, 385; *Schöner/Stöber* Grundbuchrecht Rdnr. 3638.
[93] So OLG Zweibrücken DNotZ 2009, 668; a. A. z. T. die Literatur, vgl. Pöhlmann/Fandrich/Bloehs/*Fandrich* GenG § 39 Rdnr. 1.
[94] MünchKommBGB/*Ulmer* § 714 Rdnr. 24 m. Nachw. auch zu abweichenden Auffassungen.
[95] *Tebben* NZG 2009, 288, 292.

geschäften und -handlungen. Der Notar hat die Ordnungsmäßigkeit der rechtsgeschäftlichen Vertretung sicherzustellen.

Die **Wirksamkeit der Vertretung kraft Vollmacht** setzt voraus, dass erstens rechtsgeschäftliche Vertretung überhaupt zulässig ist; zweitens die Vollmacht wirksam erteilt wurde; drittens die Vollmacht nicht zwischenzeitlich erloschen ist; und viertens der Umfang der Vollmacht das vorzunehmende Rechtsgeschäft deckt. Um dieser Prüfungspflicht nachkommen zu können, wird sich der Notar in der Praxis von den Beteiligten selbst vorbereitete Vollmachten möglichst bereits im Entwurf übermitteln lassen, um erforderlichenfalls noch korrigierend eingreifen zu können. Hierdurch wird es ihm auch ermöglicht, die notwendige Prüfung der Vollmacht bereits vorab und damit unabhängig vom Zeitdruck einer Beurkundungssituation durchzuführen. 104

Aus berufsrechtlicher Sicht hat der Notar bei der Verwendung von Vollmachten stets auch die **Richtlinienempfehlungen der Bundesnotarkammer**[96] (bzw. die im jeweiligen Bundesland geltenden Richtlinien) zu beachten. Danach ist insbesondere eine Bevollmächtigung von Notarangestellten in der Regel nur für Vollzugsgeschäfte zulässig (Richtlinienempfehlung Ziff. II. 1.c). Verstöße hiergegen lassen die Wirksamkeit der Beurkundung unberührt, stellen aber eine Amtspflichtverletzung dar. 105

bb) Ausschluss der Vertretung kraft Vollmacht. Rechtsgeschäftliche Vertretung ist **unzulässig** bei **höchstpersönlichen** Rechtshandlungen. Im Gesellschaftsrecht kommen höchstpersönliche Rechtshandlungen nur in seltenen Fällen in Betracht (z.B. die negative Abfindungsversicherung des ausscheidenden Kommanditisten und der vertretungsberechtigten Komplementäre einer KG, wonach an den ausscheidenden Kommanditisten keine Leistungen aus dem Gesellschaftsvermögen erbracht worden sind; handelt es sich bei den versichernden Gesellschaftern ihrerseits um Gesellschaften, so dürfte bei diesen eine rechtsgeschäftliche Vertretung insoweit nicht zulässig sein). 106

cc) Erteilung der Vollmacht. Die Erteilung der Vollmacht ist ein einseitiges empfangsbedürftiges Rechtsgeschäft (§ 167 Abs. 1 BGB). Eine Annahme der Vollmachterteilung durch den Vollmachtnehmer ist nicht erforderlich. Die Vollmacht kann als Innenvollmacht (durch Erklärung gegenüber dem Bevollmächtigten) oder – in der Praxis selten – als Außenvollmacht (durch Erklärung gegenüber Dritten) erteilt werden. 107

Der Notar hat zunächst die **Berechtigung der Unterzeichner** zur Erteilung der Vollmacht zu prüfen. Enthält die Vollmacht keinen Vertretungsnachweis, so hat er die Vertretungsberechtigung im Rahmen seiner beurkundungsrechtlichen Pflichten selbst zu verifizieren (s. Rdnr. 6ff.).

Der Notar hat sodann auf die **Formwirksamkeit** der Vollmacht zu achten. Gemäß § 167 Abs. 2 BGB bedarf die Vollmacht grundsätzlich nicht der Form des durch sie vorzunehmenden Rechtsgeschäfts, d.h. eine wirksame Vollmachterteilung ist **grundsätzlich formlos** möglich. Formerfordernisse ergeben sich aber aus Spezialvorschriften. Praxisrelevant sind hier insbesondere § 2 Abs. 2 GmbHG betreffend die Gründung einer GmbH (notarielle Beurkundung oder Beglaubigung der Vollmacht) und § 47 Abs. 3 GmbHG, wonach Stimmrechtsvollmachten mindestens der Textform bedürfen. Eine Vollmacht, die unwiderruflich zur Vornahme eines formbedürftigen Rechtsgeschäfts ermächtigt, bedarf der Form des Rechtsgeschäfts; Hauptbeispiel ist der Erwerb oder die Veräußerung eines Grundstücks (§ 311b BGB, notarielle Beurkundung).[97] 108

Soll die Vollmacht im **Register- oder im Grundbuchverfahren** Verwendung finden, muss sie ebenfalls den dort geltenden Formerfordernissen genügen, also mindestens öffentlich beglaubigt sein. Ist die Vollmacht bereits in privatschriftlicher Form erteilt, so kann die Unterschriftsbeglaubigung, auch noch nach Beurkundung, im Wege der nachträglichen Anerkennung der Unterschrift erfolgen. Stattdessen kann auch eine formgerechte Vollmachtsbestätigung nachgereicht werden. 109

[96] DNotZ 1999, 258.

[97] *Schöner/Stöber* Grundbuchrecht Rdnr. 3537. Gleiches gilt, wenn die Vollmacht bereits eine Bindungswirkung tatsächlicher Art herbeiführt; zu den einschlägigen Fallgruppen s. Hügel/*Reetz* BeckOK GBO Vertretungsmacht Rdnr. 27.

110 *dd) Fortbestehen der Vollmacht.* Wesentlich für den Nachweis der Vertretung ist sodann die Prüfung des Fortbestands der einmal erteilten Vollmacht. Entscheidend ist der **Zeitpunkt**, in dem die Vollmacht verwendet werden soll. Dies ist grundsätzlich der Zeitpunkt der Vornahme des Rechtsgeschäfts; dies bedeutet bei der Stellung von Anträgen gegenüber dem Registergericht oder dem Grundbuchamt (Verfahrenshandlung), dass die Vollmacht bei Eingang des Antrags beim Gericht in Kraft sein muss.[98] Dementsprechend kann das Gericht die Vorlage der Vollmachtsurkunde oder eine Bestätigung des Notars verlangen, dass ihm die Vollmachtsurkunde noch vorliegt; es empfiehlt sich deshalb, Vollmachtsurkunden erst nach Registervollzug den Beteiligten zurück zu reichen.

111 Vollmachten können aus vielen Gründen **erlöschen.** In Betracht kommt zunächst ein Erlöschen der Vollmacht aufgrund ausdrücklicher Anordnung: Ist eine Vollmacht **auflösend bedingt** oder **befristet**, so erlischt sie mit Eintritt der Bedingung bzw. Ablauf der Befristung. Eine Spezialvollmacht erlischt durch **Erledigung** mit dem Vollzug des angestrebten Rechtsgeschäfts. Auf derartige Beschränkungen hat der Notar selbstverständlich zu achten. Bei der insbesondere von ausländischen Vollmachtgebern häufig praktizierten Befristung ist darauf hinzuwirken, dass die Befristung so bemessen ist, dass auch der vorsorglich großzügig anzusetzende Zeitraum bis zum Abschluss des Vollzugs des Rechtsgeschäfts abgedeckt ist.

112 Sodann können Vollmachten durch **Widerruf** (§ 168 Abs. 2 BGB) oder durch **Beendigung des zugrundeliegenden Rechtsverhältnisses**[99] (§ 168 Abs. 1 BGB) erlöschen. In beiden Fällen jedoch wird die Wirkung des Erlöschens durch die §§ 170–172 BGB eingeschränkt: In diesen Fällen gilt die Vollmacht im Interesse des Verkehrsschutzes gegenüber Dritten als fortbestehend. Eine durch Erklärung gegenüber Dritten erteilte (Außen-)Vollmacht bleibt bestehen, bis dem Dritten das Erlöschen angezeigt wird (§ 170 BGB). Gleiches gilt für die dem Vollmachtnehmer gegenüber erklärte (Innen-)Vollmacht, die einem Dritten gegenüber kundgegeben ist, bis zur Kundgabe des Erlöschens (§ 171 BGB). In der Praxis am wichtigsten ist der Fall, dass dem Vertreter eine Vollmachtsurkunde ausgehändigt worden ist; dann bleibt die Vollmacht in Kraft bis zur Rückgabe oder Kraftloserklärung der Urkunde (§ 172 BGB). Diese Wirkungen treten nur dann nicht ein, wenn der Dritte vom Erlöschen der Vollmacht Kenntnis hat oder das Erlöschen kennen müsste (§ 173 BGB), ferner nicht in besonderen spezialgesetzlich geregelten Fällen (z. B. gemäß § 117 Abs. 1 InsO).

113 Die vertrauensschützenden Regelungen der §§ 170 ff. BGB und insbesondere § 172 BGB sind regelmäßig die Grundlage des **Nachweises** der Vollmacht gegenüber dem Notar. Der Notar hat sich die (schriftliche oder notariell beglaubigte oder beurkundete) **Vollmachtsurkunde im Original oder in Ausfertigung vorlegen** zu lassen; An diese Vorlage knüpft die Rechtsscheinwirkung des § 172 Abs. 2 BGB an, wonach die Vollmacht – außer bei Bösgläubigkeit des Geschäftspartners – als fortbestehend gilt. Gemäß § 12 BeurkG hat der Notar die Urkunde dann seiner Niederschrift in Urschrift oder in beglaubigter Abschrift beizufügen; dies geschieht am besten lediglich in beglaubigter Abschrift, damit die Urschrift bzw. Ausfertigung für den weiteren Vollzug des Rechtsgeschäfts und für die Beteiligten in Zukunft zur Verfügung steht.

114 **Nicht ausreichend** ist demgegenüber die Vorlage einer **beglaubigten oder einfachen Abschrift** der Vollmachtsurkunde gegenüber dem Notar. Auch die Übermittlung eines elektronisch beglaubigten und mit einer qualifizierten Signatur nach dem Signaturgesetz versehenen Dokuments reicht nicht aus. Die Legitimationswirkung der Vollmacht gilt nur bei Vorlage des Originals bzw. einer Ausfertigung (die das Original im Rechtsverkehr ersetzt). Handelt ein Bevollmächtigter unter Vorlage einer dem Vollmachtgeber erteilten Ausfertigung der Vollmacht, so ist in der Regel vom Fortbestand der dem Bevollmächtigten erteilten Vollmacht auszugehen.[100] Legt hingegen ein Bevollmächtigter die einem anderen Bevollmächtigtem erteilte Vollmacht vor, ist zumindest zweifelhaft, ob dies zu seiner Legitimation

[98] *Krafka/Willer/Kühn* Rdnr. 110 zum Registerverfahren; *Schöner/Stöber* Grundbuchrecht Rdnr. 88 c zum Grundbuchverfahren.

[99] Zumeist Auftrag, Geschäftsbesorgungsvertrag oder Dienst-, Arbeits- oder Werkvertrag; s. näher Palandt/*Ellenberger* § 168 Rdnr. 2 ff.

[100] OLG Köln RNotZ 2001, 407.

ausreicht.[101] Zur Vermeidung von Unsicherheiten sollte bei mehreren Bevollmächtigten klarstellend in die Vollmachtsurkunde aufgenommen werden, dass jeder Bevollmächtigte nur aufgrund einer ihm oder dem Vollmachtgeber erteilten Ausfertigung handeln darf.

Gegenüber Dritten kann der Nachweis, dass eine Original-Vollmachtsurkunde zu einem bestimmten Zeitpunkt dem Notar vorgelegen hat, auch über eine **notarielle Bescheinigung** gemäß § 39 BeurkG geführt werden; die (erneute) Vorlage der Originalurkunde ist dann entbehrlich.[102] Dies gilt auch für eine mündlich (dem Notar gegenüber) erklärte oder bestätigte Vollmacht. 115

Sind in Handelsregisteranmeldungen oder in Urkunden, die im Grundbuch zu vollziehen sind, **Vollmachten an Angestellte des Notars** erteilt, so ist hierin ein Fall der Kundgabe im Sinne des § 171 Abs. 1 Alt. 1 BGB zu sehen.[103] Die Urkunde enthält die besondere Mitteilung über die Vollmachtserteilung, gerichtet zum einen an den Notar selbst und zum anderen – im Wege der Übermittlung durch den Notar als Boten – an das Registergericht bzw. das Grundbuchamt. Ein Widerruf wäre demgemäß diesen Beteiligten gegenüber zu erklären. Solange diese Erklärung nicht erfolgt, gilt die Vollmacht als fortbestehend. Die Erteilung einer Ausfertigung der Urkunde an die Notarangestellten ist damit entbehrlich; es genügt die Übermittlung einer beglaubigten Abschrift an das Registergericht bzw. das Grundbuchamt. 116

In der **Insolvenz** der Gesellschaft erlöschen Vollmachten – einschließlich von Prokuren und Handlungsvollmachten – mit der Eröffnung des Insolvenzverfahrens, § 117 Abs. 1 InsO. In diesem Fall gilt die Legitimationswirkung des § 172 Abs. 2 BGB nicht.[104] Der Notar hat deshalb ihm vorliegende Hinweise auf eine mögliche Insolvenzeröffnung eingehend zu prüfen. 117

Hingegen lässt die **Auflösung** der Gesellschaft die in ihrem Namen erteilten Vollmachten unberührt, diese erlöschen erst mit der Beendigung der Liquidation. Auch bei einer **Beendigung der Organstellung** des Unterzeichners der Vollmacht bleibt die Vollmacht im Interesse der Rechtssicherheit grundsätzlich bestehen.[105] Dies gilt allerdings nicht für Registervollmachten, die zur Vertretung des Unterzeichners gegenüber dem Registergericht gerade in seiner Eigenschaft als Organ der Gesellschaft berechtigen. 118

Bei **gesellschaftsrechtlichen Umwandlungsvorgängen** (Verschmelzung, Spaltung) gehen Vollmachten, die von Dritten an den übertragenden Rechtsträger erteilt wurden, gemäß § 20 Abs. 1 Nr. 1 UmwG (ggf. i. V. m. § 125 UmwG) auf den übernehmenden Rechtsträger über.[106] Ob auch die namens des übertragenden Rechtsträgers erteilten Vollmachten auf den übernehmenden Rechtsträger übergehen, ist umstritten.[107] Ein **Formwechsel** lässt von Dritten an den formwechselnden Rechtsträger erteilte Vollmachten ebenso wie von ihm an Dritte erteilte Vollmachten unberührt.[108] 119

ee) Umfang der Vollmacht. Der Notar ist weiter verpflichtet zu prüfen, ob die Vollmacht ihrem Umfang nach das beabsichtigte Rechtsgeschäft abdeckt. Hierzu ist zunächst der Wortlaut der Vollmacht nach den allgemeinen Regeln **auszulegen**. 120

Bei der Formulierung der Vollmacht ist besonders darauf zu achten, dass der Wortlaut nicht etwa zu eng gefasst ist. Gerade bei Spezialvollmachten kommt es häufig vor, dass sich während der Vorbereitungsphase einer Transaktion noch Änderungen ergeben, die in der Vollmacht nicht reflektiert sind; beispielsweise können noch Erwerbs- oder Verkaufsgegenstände hinzukommen, an die zuvor nicht gedacht worden war, oder es kann aus steuerlichen Gründen die ursprünglich vorgesehene Struktur der Transaktion geändert werden. Besonders wenig praktikabel ist es, wenn eine Vollmacht zur Vornahme nur eines dieser Vollmacht im Entwurf beigefügten Rechtsgeschäftes ermächtigen soll; damit ist jede Flexibilität beseitigt.

---

[101] OLG München RNotZ 2008, 422; einschränkend OLG Köln RNotZ 2001, 407 für den Fall der Vorlage einer dem Vollmachtgeber erteilten Ausfertigung.
[102] BayObLG MittBayNot 2002, 112.
[103] Hügel/*Reetz* BeckOK GBO Vertretungsmacht Rdnr. 117.
[104] Palandt/*Ellenberger* § 172 Rdnr. 4.
[105] RGZ 107, 161, 166.
[106] Semler/Stengel/*Kübler* UmwG § 20 Rdnr. 18.
[107] Dafür Semler/Stengel/*Kübler* UmwG § 20 Rdnr. 16 m. N.
[108] Hügel/*Reetz* BeckOK GBO Vertretungsmacht Rdnr. 74.

121 In jedem Fall ist es empfehlenswert, den Gesamtzusammenhang darzustellen, in dem die Vollmacht erteilt wird und eine General- oder **„catch all"-Klausel** aufzunehmen, etwa des Inhalts, dass die Vollmacht alle mit ihrem Gegenstand im Zusammenhang stehenden Erklärungen, Rechtgeschäfte und Handlungen mit abdecken soll. Ebenfalls hilfreich ist eine Bestimmung, wonach die Vollmacht im Zweifel weit auszulegen ist, damit der Zweck ihrer Erteilung erreicht wird. Verbleiben dennoch Zweifel, sollte der Notar sicherheitshalber auf die Ausstellung einer neuen Vollmacht oder die nachträgliche Abgabe einer formgerechten Vollmachtsbestätigung hinwirken.

122 Besondere Vorsicht ist bei **Generalvollmachten** geboten. Im Gesellschaftsrecht gilt der Grundsatz, dass Organmitglieder ihre **organschaftlichen Befugnisse nicht umfassend auf Dritte übertragen** dürfen;[109] dies wird in der Praxis, insbesondere im Bereich der GmbH, gar nicht so selten übersehen. Eine dagegen verstoßende Vollmacht ist daher unwirksam. Im Einzelfall kann sie zwar möglicherweise im Wege der Auslegung als Generalhandlungsvollmacht nach § 54 HGB aufrechterhalten werden;[110] aus Sicht des Notars, der die Vertretungsverhältnisse zu prüfen hat, ist hier freilich äußerste Zurückhaltung angebracht.

123 Sind in einer Vollmachtsurkunde – wie regelmäßig – **mehrere Bevollmächtigte** genannt, so muss der Notar darauf achten, ob diese nicht nur **gesamt-**, sondern auch **einzelvertretungsberechtigt** sind. Ist dies in der Urkunde nicht ausdrücklich angeordnet, so muss mangels anderer Anhaltspunkte davon ausgegangen werden, dass alle Bevollmächtigten nur zusammen vertreten können, ein für die Praxis äußerst unerwünschtes Ergebnis.

124 Bei der Prüfung der gesetzlichen **Vertretungsmacht der Unterzeichner** der Vollmacht (Rdnr. 107) muss der Notar auch darauf achten, dass der **Umfang** dieser Vertretungsmacht die Vollmacht abdeckt. Es gilt der Grundsatz, dass niemand mehr Rechte weitergeben kann, als er selbst innehat. Ist daher z. B. eine Vollmacht von einem Geschäftsführer erteilt, der nur von den Beschränkungen des § 181 BGB 2. Alt. befreit ist, ist eine in der Vollmacht enthaltene vollumfängliche Befreiung von § 181 BGB zumindest hinsichtlich § 181 BGB 1. Alt. nicht wirksam.

125 Auch im übrigen ist auf **§ 181 BGB** – wie schon bei der gesetzlichen Vertretung (Rdnr. 68 ff.) – besonderes Augenmerk zu richten. Gerade an gesellschaftsrechtlichen Transaktionen ist oft eine Vielzahl von Gesellschaften beteiligt, von denen im Interesse einer leichteren Durchführung der Beurkundung mehrere durch denselben Bevollmächtigten vertreten werden sollen. Dies ist grundsätzlich möglich, allerdings muss der Notar prüfen, ob in den jeweiligen Vollmachten Befreiung vom Verbot des Selbstkontrahierens wirksam erteilt ist. Auch hierbei muss er die Prüfung mehrstufig vornehmen, vgl. soeben Rdnr. 124: Erstens muss die Befreiung in der Vollmacht selbst enthalten sein; und zweitens muss auch der Unterzeichner der Vollmacht von § 181 BGB befreit sein, um diese Rechtsmacht weitergeben zu können. Sind noch weitere Ebenen der Vertretung vorhanden (z. B. bei einer GmbH & Co. KG als Vollmachtgeber), so muss sich die Prüfung auch auf diese erstrecken.

126 Schließlich ist auf in der Vollmacht enthaltene **Ausübungsbeschränkungen** zu achten. Ausübungsbeschränkungen, die nicht in der Vollmacht selbst enthalten sind, sondern sich lediglich aus dem Verhältnis zwischen Vollmachtgeber und Bevollmächtigten ergeben, hat der Notar grundsätzlich nicht zu berücksichtigen, es sei denn, der Notar hat Kenntnis davon, dass mit dem zu beurkunden Rechtsgeschäft unredliche Zwecke verfolgt werden. In diesem Fall hat er die Beurkundung gemäß § 14 Abs. 2 BNotO abzulehnen. Enthält eine Vollmacht die Bestimmung, dass von ihr nur vor einem bestimmten Notar Gebrauch gemacht werden darf, so ist ein dem widersprechender Gebrauch der Vollmacht unwirksam.

127 *ff) Untervollmacht.* Werden Untervollmachten verwendet, muss die Prüfung und der Nachweis der Vertretungsmacht **sowohl die Untervollmacht als auch die Hauptvollmacht** umfassen. Zunächst muss der Hauptvollmachtnehmer zur Erteilung von Untervollmacht überhaupt berechtigt sein. Dies muss sich zumindest im Wege der Auslegung aus der Hauptvollmacht ergeben; hierbei ist von Bedeutung, ob der Vollmachtgeber ein berechtigtes Interesse an der persönlichen Wahrnehmung der Vollmacht durch den Bevollmächtigten

[109] BGH NJW-RR 2002, 1325, 1326.
[110] BGH a. a. O.

hat.[111] Da in der Praxis hier Unwägbarkeiten der Auslegung nicht hingenommen werden können, wird man eine ausdrückliche Anordnung der Möglichkeit der Unterbevollmächtigung in der Vollmacht verlangen müssen.

Ob die **Hauptvollmacht** in dem Zeitpunkt, in dem von der Untervollmacht Gebrauch gemacht wird, **noch wirksam** sein muss, ist Auslegungsfrage.[112] Im Zweifel ist nach der Interessenlage des Hauptvollmachtgebers davon auszugehen, dass die Hauptvollmacht auch in diesem Zeitpunkt noch wirksam sein muss. Der Hauptvollmachtgeber hat regelmäßig keinen Überblick darüber, welche Untervollmachten erteilt sind. Will er deshalb von seiner Vertretung durch Bevollmächtigte ganz Abstand nehmen und bestehen die Untervollmachten nach Widerruf der Hauptvollmacht fort, so fehlt ihm mangels Kenntnis der Unterbevollmächtigten die Möglichkeit, die Untervollmachten durch Rückforderung der Untervollmachtsurkunden zu widerrufen. Deshalb muss zusammen mit der Untervollmachtsurkunde für die Legitimationswirkungen des § 172 BGB regelmäßig auch die Hauptvollmacht in Urschrift oder Ausfertigung vorgelegt werden. 128

Der **Umfang der Untervollmacht** darf mangels abweichender Bestimmungen nicht über den der Hauptvollmacht hinausgehen (vgl. auch Rdnr. 124f.). Ist die Hauptvollmacht z. B. befristet, kann eine unbefristete Untervollmacht nicht erteilt werden. Ist der Hauptbevollmächtigte nicht (oder nicht wirksam) von § 181 BGB befreit, kann er auch dem Unterbevollmächtigten diese Befreiung nicht erteilen. Geht der Umfang der Untervollmacht über den der Hauptvollmacht hinaus, wird man im Zweifel nicht von einer Unwirksamkeit der Untervollmacht ausgehen müssen, sondern für die Untervollmacht den Inhalt der Hauptvollmacht zugrunde zu legen haben. 129

Ist die Wirksamkeit der Untervollmacht in der Form des § 12 HGB oder des § 29 GBO nachzuweisen, so muss die Untervollmacht mit einer notariellen Bescheinigung versehen sein, wonach die Hauptvollmacht bei Erteilung der Untervollmacht im Original oder in Ausfertigung vorgelegen hat.[113] Zum Nachweis des Inhalts der Hauptvollmacht ist von dieser mindestens eine beglaubigte Abschrift beizufügen. 130

gg) Sonderformen: Prokura und Handlungsvollmacht. Die Prokura (§§ 48ff. HGB) und die Handlungsvollmacht (§§ 54ff. HGB) sind Sonderformen **rechtsgeschäftlicher** Vollmachten, die von Einzelkaufleuten, Handelsgesellschaften und Genossenschaften erteilt werden können. 131

Die **Prokura** hat einen gesetzlichen, in § 49 HGB definierten **Umfang**. Danach berechtigt sie zu allen Geschäften im Betrieb eines (d.h. irgendeines) Handelsgewerbes, jedoch zur Veräußerung und Belastung von Grundstücken nur dann, wenn dies besonders gestattet ist. Prokura kann als Gesamtprokura an mehrere Personen gemeinschaftlich erteilt werden. Wird einem Prokuristen die Befugnis erteilt, zusammen mit einem Vertretungsorgan der Gesellschaft zu handeln (unechte Gesamtvertretung, Rdnr. 64), so handelt er in diesem Fall organschaftlich; dies muss im Gesellschaftsvertrag bzw. in der Satzung vorgesehen sein und ist im Handelsregister einzutragen.[114] In diesem Fall ist die Vertretungsmacht des Prokuristen auf die des Organs erweitert, § 49 Abs. 2 HGB gilt dann nach h. M. nicht.[115] 132

Die Prokura wird nur mit deklaratorischer Wirkung im **Handelsregister eingetragen**; ist sie auf Grundstücksgeschäfte erweitert, so wird auch dies eingetragen. Ihr Nachweis ist daher analog dem der gesetzlichen Vertretungsmacht zu führen (Rdnr. 25ff.). Die Prokura ist nicht übertragbar (§ 52 Abs. 2 HGB). Der Prokurist ist aber nicht daran gehindert, Vollmachten zu erteilen, einschließlich von Handlungsvollmachten.[116]

Die **Handlungsvollmacht** ist eine im Betrieb eines Handelsgewerbes rechtsgeschäftlich erteilte Vollmacht, die nicht Prokura ist. Sie wird im Register nicht eingetragen; dementsprechend muss sie auf gleiche Weise nachgewiesen werden wie sonstige rechtsgeschäftliche 133

[111] Palandt/*Ellenberger* § 167 Rdnr. 12.
[112] Staudinger/*Schilken* § 167 Rdnr. 68.
[113] *Bous* RNotZ 2004, 483, 489 und 493.
[114] Baumbach/Hopt/*Hopt* HGB § 49 Rdnr. 3.
[115] Baumbach/Hopt/*Hopt* HGB § 49 Rdnr. 3 m.N.; *Schöner/Stöber* Grundbuchrecht Rdnr. 3594, a.A. MünchKommHGB/*Krebs* § 48 Rdnr. 92.
[116] Hügel/*Kral* BeckOK GBO Gesellschaftsrecht Rdnr. 32.

Vollmachten, d.h. in der Regel durch Vorlage der Vollmachtsurkunde. Die Handlungsvollmacht ist nur mit Zustimmung des Geschäftsinhabers übertragbar (§ 58 HGB). Der Handlungsbevollmächtigte kann aber innerhalb seiner eigenen Befugnisse Untervollmachten erteilen.[117]

134 **Prokura und Handlungsvollmacht** sind jederzeit **widerruflich**. Prokura und Handlungsvollmacht **erlöschen** außerdem mit der Einstellung des Geschäftsbetriebs der Gesellschaft, da sie den Betrieb eines Handelsgewerbes voraussetzen.[118] Bei Verschmelzungen oder Spaltungen erlöschen Prokura und Handlungsvollmacht zugleich mit dem Erlöschen des übertragenden Rechtsträgers.[119]

135 e) **Vollmachtlose Vertretung.** Erklärungen eines Vertreters ohne Vertretungsmacht bedürfen zu ihrem Wirksamwerden der **nachträglichen Genehmigung**. Bis zu dieser Nachgenehmigung bleibt der Vertrag schwebend unwirksam; wird sie erteilt, so wird der Vertrag rückwirkend auf den Zeitpunkt des Vertragsschlusses wirksam (§ 184 Abs. 1 BGB). Handelt einer der Beteiligten an einer Beurkundung als vollmachtloser Vertreter, so muss der Notar auf das Genehmigungserfordernis und die Folgen einer Versagung der Genehmigung hinweisen.[120]

136 Bei **einseitigen Rechtsgeschäften** ist eine vollmachtlose Vertretung **grundsätzlich ausgeschlossen** (§ 180 S. 1 BGB). Für die in der notariellen Praxis bedeutsame Erteilung von Vollmachten, insbesondere von Vollzugsvollmachten auf Notarangestellte, in vollmachtlos erklärten und nachfolgend genehmigten Urkunden ist dies regelmäßig nicht relevant, da mit Ausübung der Vollmacht das Einverständnis der Bevollmächtigten mit der vollmachtlosen Erteilung der Vollmacht zum Ausdruck kommt (§ 180 S. 2 BGB). Keine Anwendung findet § 180 BGB auf Anträge und Willenserklärungen des Verfahrensrechts, insbesondere auf Zwangsvollstreckungsunterwerfungen und Grundbuchbewilligungen.[121] Das Grundbuchamt hat im Eintragungsverfahren mit dem Mittel der Zwischenverfügung die Möglichkeit, die Unsicherheit über die Wirksamkeit des Rechtsgeschäfts zu beseitigen, vor der § 180 BGB schützen will. Demgegenüber ist nach h.M. die Gründung einer Einpersonen-GmbH wegen § 180 BGB durch einen vollmachtlosen Vertreter nicht möglich.[122] Dem ist in der notariellen Praxis Rechnung zu tragen, wenngleich diese Meinung nicht zwingend erscheint, da gegenüber dem Fall der – unstreitig zulässigen – vollmachtlos gegründeten Mehrpersonen-GmbH keine erhöhte Rechtsunsicherheit erkennbar ist.

137 Die Genehmigung bedarf materiellrechtlich **keiner besonderen Form** (§ 182 Abs. 2 BGB); zur Beweissicherung sollte sie aber mindestens schriftlich erteilt werden. Im Grundbuch- und im Handelsregisterverfahren allerdings muss sie beurkundet oder öffentlich beglaubigt sein. Das Wirksamwerden der Genehmigung setzt den **Zugang** entweder beim Vertreter oder beim Geschäftsgegner voraus;[123] gegenüber dem Grundbuchamt gilt der Nachweis als geführt, wenn die Genehmigung von den Beteiligten selbst oder für diese durch den Notar eingereicht wird.[124] Aus praktischen Gründen empfiehlt es sich, in der Urkunde vorzusehen, dass der Notar von den Beteiligten zur Entgegennahme der Genehmigung ermächtigt wird, die dementsprechend mit ihrem Eingang beim Notar allen Beteiligten gegenüber wirksam wird.

138 f) **Vertretung in der Insolvenz.** In der Insolvenz einer Gesellschaft geht die Verwaltungs- und Verfügungsbefugnis über ihr Vermögen auf den **Insolvenzverwalter** über. Gemäß § 80 Abs. 1 InsO treten diese Wirkungen mit Eröffnung des Insolvenzverfahrens ein. Ab diesem Zeitpunkt wird die Gesellschaft nur noch durch den Insolvenzverwalter vertreten. Früher erteilte Vollmachten verlieren ihre Gültigkeit (§ 117 Abs. 1 InsO, s. bereits Rdnr. 117).

[117] Baumbach/Hopt/*Hopt* HGB, § 58 Rdnr. 2.
[118] MünchKommBGB/*Schramm* § 168 Rdnr. 5.
[119] H.M., s. Schmitt/Hörtnagl/Stratz/*Stratz* UmwG, UmwStG § 20 UmwG Rdnr. 10; a.A. Semler/Stengel/*Kübler* UmwG § 20 Rdnr. 17.
[120] BGH DNotZ 1997, 62.
[121] MünchKommBGB/*Schramm* § 180 Rdnr. 5.
[122] LG Berlin GmbHR 1996, 123; zustimmend z.B. *Scholz/Emmerich* § 1 Rdnr. 34.
[123] Palandt/*Ellenberger* § 177 Rdnr. 6.
[124] *Schöner/Stöber* Grundbuchrecht Rdnr. 3552.

Zwar wird im Handelsregister der Gesellschaft ein Insolvenzvermerk eingetragen (§ 32 HGB), aus diesem geht jedoch die Person des Insolvenzverwalters nicht hervor.[125] Der Nachweis der Vertretungsberechtigung des Insolvenzverwalters gegenüber Notar, Registergericht und Grundbuchamt ist durch die **Vorlage der Bestallungsurkunde** (§ 56 Abs. 2 InsO) zu führen. Nur durch die Vorlage einer Ausfertigung erfolgt eine zweifelsfreie Legitimation.[126] Der Notar hat die Bestallungsurkunde seiner Urkunde in beglaubigter Abschrift beizufügen, § 12 BeurkG. Der Bestellungsbeschluss des Insolvenzgerichts ist nicht ausreichend. 139

III. Existenz- und Vertretungsnachweise bei ausländischen Gesellschaften

1. Anwendungsfälle

Die **Pflicht des Notars zur Prüfung** der Existenz und der Vertretungsberechtigung der am Urkundsverfahren Beteiligten (Rdnr. 6 ff.) erstreckt sich **grundsätzlich nicht** auf **ausländische Gesellschaften.** Gemäß § 17 Abs. 3 S. 2 BeurkG ist der Notar nicht verpflichtet, über den Inhalt ausländischer Rechtsordnungen zu belehren. Da Existenz und Vertretungsberechtigung einer Auslandsgesellschaft von ausländischem Recht abhängen (s. nachstehend), muss er dieses nicht kennen und daher auch nicht selbst prüfen. Auf sich daraus ergebende Unsicherheiten hat er die Beteiligten hinzuweisen, insbesondere im Hinblick auf die besonderen Nachweisanforderungen und Formerfordernisse gemäß § 29 GBO und § 12 HGB. Gleichwohl wird der dienstleistungsorientierte Notar nach Maßgabe seiner Erfahrungen, Kenntnisse und internationalen Kontakte die Beteiligten bei der Beschaffung zweckdienlicher Existenz- und Vertretungsnachweise unterstützen. 140

Durch die Beteiligung ausländischer Gesellschaften kann die Übernahme von notariellen Tätigkeiten, die bei der **Urkundsabwicklung** üblich sind, z. B. die Bestätigung von Kaufpreisfälligkeitsvoraussetzungen oder die Abgabe von Rangbescheinigungen, problematisch sein. In diesen Fällen tut der Notar gut daran, bereits bei der Urkundsgestaltung Regelungen vorzuschlagen, die einerseits die Interessen der Beteiligten wahren und ihm andererseits die Durchführung in Übereinstimmung mit seinen Amtspflichten ermöglichen.

Ausländische Gesellschaften können auf vielfältige Weise an **Beurkundungen im Inland beteiligt** sein. Sie können etwa Beteiligungen an deutschen Kapital- oder Personengesellschaften oder inländische Grundstücke erwerben und veräußern; sie können Grundpfandrechte oder Pfandrechte an Gesellschaftsanteilen erwerben; als Gesellschafter einer inländischen Gesellschaft können sie an gesellschaftsrechtlichen Maßnahmen wie der Fassung von Beschlüssen teilnehmen; sie können am grenzüberschreitenden Abschluss von Unternehmensverträgen oder an grenzüberschreitenden Verschmelzungen mitwirken;[127] sie können Zweigniederlassungen im Inland gründen, die dann zum Handelsregister anzumelden sind, oder ihren tatsächlichen Verwaltungssitz ins Inland verlegen, womit ihre faktische Hauptniederlassung im Inland ebenfalls als Zweigniederlassung im Handelsregister einzutragen ist.[128] 141

Sofern ausländische Gesellschaften nicht mit einer Zweigniederlassung im deutschen Handelsregister eingetragen sind, stehen die Nachweismöglichkeiten gemäß Rdnr. 25 ff. nicht zur Verfügung; die **Nachweisführung** muss anderweitig erfolgen. Die Art und Weise, in der dies geschieht, richtet sich nach der Rechtsform und dem Herkunftsstaat der beteiligten Gesellschaften und ggf. auch nach den Formerfordernissen für den Urkundsvollzug. 142

Die **Rechtssicherheit**, die bei Existenz- und Vertretungsnachweisen für ausländische Gesellschaften erreicht werden kann, hängt zum einen von den deutschen Form- und Beweiser- 143

[125] Zum Eintragungsinhalt *Krafka/Willer/Kühn* Rdnr. 404.

[126] Dazu *Schöner/Stöber* Grundbuchrecht 2008, Rdnr. 3138; *Kessler* RNotZ 2004, 176, 219 f. (s. dort auch S. 221 ff. zu vom Verwalter erteilten Vollmachten).

[127] Dazu jeweils BeckNotarHdb/*Zimmermann* Rdnr. 188, 189.

[128] S. nur BeckNotarHdb/*Zimmermann* Rdnr. 194.

fordernissen, insbesondere beim Vollzug (z. B. § 29 GBO) ab, und zum anderen davon, ob es für die ausländische Gesellschaft ein dem deutschen Handelsregister entsprechendes Register gibt, ob es anderenfalls für eine bestimmte Rechtsordnung allgemein anerkannte Standards für die Nachweisführung gibt (so etwa im Fall der USA, vgl. Rdnr. 158 und 170), oder ob es weder Register mit vergleichbarem öffentlichen Glauben wie das deutsche Handelsregister noch anerkannte Standards für die Nachweisführung gibt. Im letzteren Fall sind Fähigkeit und Engagement des Notars im besonderem Maß gefordert; hier muss der Notar nicht selten in Zusammenarbeit mit den Beteiligten und den Gerichten individuelle Lösungen entwickeln.

144 Bei ausländischen Gesellschaften, deren Existenz- oder Vertretungsnachweise problematisch sind und die in Deutschland regelmäßig in Bereichen tätig sind, in denen den Formerfordernissen der §§ 29 GBO, 12 HGB genügt werden muss (z. B. Immobilieninvestoren oder Immobilienfinanzierer), sollte von den Notaren ebenso wie von den Beratern darauf hingewirkt werden, dass die Beteiligten **rechtliche Strukturen schaffen**, die zur Vermeidung künftiger Nachweisprobleme beitragen. Am besten sind hierfür die Errichtung einer Tochtergesellschaft oder einer Zweigniederlassung geeignet; dem stehen in der Praxis jedoch nicht selten unternehmenspolitische oder steuerliche Erwägungen entgegen. Es kann aber auch schon sehr hilfreich sein, eine auf dauerhafte Verwendung angelegte zumindest notariell beglaubigte Vollmacht zu errichten, die mit der besten erreichbaren und exemplarisch mit Grundbuchamt und Handelregister abgestimmten Nachweisdokumentation für den Vollmachtgeber versehen ist und auf die dann immer zurückgegriffen werden kann.

145 In der gesellschafts-, register- und grundbuchrechtlichen Literatur finden sich umfassende und außerordentlich instruktive **Länderberichte**, in denen die maßgeblichen rechtlichen Kriterien und die möglichen Nachweisformen nach Staaten geordnet aufgeführt werden.[129] Auf diese Länderberichte kann hier verwiesen werden. Deshalb werden nachfolgend lediglich die in der Praxis gebräuchlichsten Möglichkeiten zum Nachweis der Existenz und der Vertretung von Auslandsgesellschaften in allgemeiner Form und anhand einiger Beispiele dargestellt. Es kann sich im Einzelfall empfehlen, die Aktualität der Länderberichte gerade bei älteren Quellen mit vor Ort ansässigen Rechtsanwälten zu überprüfen oder ein entsprechendes Gutachten zum ausländischen Recht einzuholen, z. B. durch das Deutsche Notarinstitut.

2. Existenznachweise

146 a) **Rechtsfähigkeit und Gesellschaftsstatut.** Die Anerkennung der Existenz einer ausländischen Gesellschaft durch die deutsche Rechtsordnung bestimmt sich nach der **für die Gesellschaft geltenden Rechtsordnung**, dem Gesellschafts- oder Personalstatut.[130] Ist die Gesellschaft danach rechtsfähig, so ist dies für ihre Teilnahme am Rechtsverkehr im Inland anzuerkennen.[131]

147 Die **Bestimmung des Gesellschaftsstatuts** ist in Deutschland gesetzlich nicht geregelt. Eine Rechtswahl ist nicht möglich. Herkömmlicherweise findet die Anknüpfung über den **Sitz der Hauptverwaltung** der Gesellschaft statt (sogenannte **Sitztheorie**).[132] Dies ist der Ort, an dem die grundlegenden Entscheidungen der Unternehmensleitung effektiv in laufende Geschäftsführungsakte umgesetzt werden.[133] Sitzen demnach die Verwaltungsorgane einer Gesellschaft z. B. in der Volksrepublik China, so gilt für die Gesellschaft das Recht der VR

[129] Z. B. BeckNotarHdb/*Zimmermann* Rdnr. 208–228; WürzbNotarHdb/*Süß* Rdnr. 16–124; Ebenroth/Boujong/Joost/Strohn/*Schaub* HGB Anhang Handelsregisteranmeldungen mit Auslandsbezug Rdnr. 85–199; Hügel/*Zeiser* BeckOK GBO Internationale Bezüge Rdnr. 110–111.38; Bauer/von Oefele/*Schaub* GBO 2. Aufl. 2006, Internationale Bezüge im Grundstücksverkehr, Rdnr. 126–218; *Süß/Wachter* S. 355–1901.

[130] BGHZ 51, 27, 28; BGHZ 53, 181, 183; BGHZ 97, 269, 271; MünchKommBGB/*Kindler* IntGesR Rdnr. 564 m. zahlr. N.

[131] BeckNotarHdb/*Zimmermann* Rdnr. 178.

[132] Palandt/*Thorn* Anh. zu Art. 12 EGBGB Rdnr. 2 m. N. Zusammenfassung der wesentlichen Argumente für die Sitztheorie bei *Schaub* NZG 2000, 953, 954.

[133] BGHZ 97, 269 = NJW 1986, 2194, 2195, sog. Sandrock'sche Formel, vgl. WürzbNotarHdb/*Süß* Rdnr. 7.

China. Nach dieser Rechtsordnung ist dann die Frage der Rechtsfähigkeit der Gesellschaft zu beurteilen. Bei Gesellschaften, die in mehreren Ländern aktiv sind, kommt es auf den Schwerpunkt ihrer Tätigkeit an. Insofern gilt ein Anscheinsbeweis dafür, dass dieser sich in dem Staat befindet, nach dessen Recht die Gesellschaft organisiert ist.[134]

Der Geltungsbereich der Sitztheorie wird jedoch eingeschränkt durch die Rechtsprechung des EuGH, der in einer Reihe von Entscheidungen[135] die Anknüpfung an den Sitz der Gesellschaft für gemeinschaftswidrig erklärt hat. Dieser Rechtsprechung hat sich der BGH angeschlossen.[136] Daher wird man für die Anknüpfung von Gesellschaften mit Satzungssitz in einem **Mitgliedsstaat der EU** oder des **EWR**[137] das Recht des Staates, in dem sie gegründet wurden (**Gründungstheorie**) zugrunde zu legen haben. Aufgrund von Art. 25 Abs. 2 S. 2 des Freundschafts-, Handels- und Schifffahrtsvertrags zwischen der Bundesrepublik Deutschland und den USA vom 29. 10. 1954[138] gilt die Gründungstheorie außerdem auch für **US-amerikanische Gesellschaften.** Da ein bundesstaatliches Gesellschaftsrecht in den USA nicht existiert,[139] richtet sich demnach das Gesellschaftsstatut von US-Gesellschaften nach dem Recht des US-amerikanischen Bundesstaats, in dem die Gesellschaft gegründet wurde;[140] in der Praxis damit am häufigsten nach dem Recht der Staaten Delaware oder New York. Gesellschaften, die nach dem Recht eines US-Bundesstaates gegründet wurden, sind daher nach dem Recht dieses Staats als rechtsfähig anzuerkennen, auch wenn sich ihr Verwaltungssitz in einem anderen US-Bundesstaat befindet. 148

Die **Reichweite** des nach der Sitz- bzw. der Gründungstheorie ermittelten **Gesellschaftsstatuts** ist **umfassend**. Das Gesellschaftsstatut entscheidet nicht nur über die Rechtsfähigkeit der Auslandsgesellschaft, sondern über ihre sämtlichen gesellschaftsrechtlichen Verhältnisse.[141] Damit gilt es insbesondere auch für ihre Rechtsnatur, die Wirksamkeit ihrer Gründung sowie die Beendigung ihrer Existenz. Es entscheidet außerdem auch über die organschaftlichen Vertretungsverhältnisse der Gesellschaft (Rdnr. 163). Deshalb sollten in der Praxis die Rechtsform und die Rechtsordnung, der die Gesellschaft unterliegt, bereits im Urkundseingang angegeben werden, um diesbezüglich Klarheit zu schaffen (vgl. Rdnr. 12). 149

Kommt einer ausländischen Gesellschaft nach ihrem Gesellschaftsstatut die allgemeine Rechtsfähigkeit zu, so hat sie zugleich auch die **besondere Rechtsfähigkeit**, die sie zum Erwerb von Rechten und zur Übernahme von Pflichten im Inland – wie z. B. zur Übernahme einer Gesellschafterstellung in einer deutschen Personenhandelsgesellschaft – benötigt.[142] Insofern ergeben sich aus dem deutschem Recht keine Beschränkungen. Frühere landesrechtliche Erwerbsbeschränkungen für Ausländer sind gemäß Art. 86 S. 1 EGBGB seit dem 30. 7. 1998 nicht mehr anzuwenden; von der Verordnungsermächtigung des Art. 86 S. 2 EGBGB zur Einführung derartiger Beschränkungen für Nicht-EU-Ausländer wurde bisher kein Gebrauch gemacht.[143] 150

Im Einzelfall kann sich aus dem Gesellschaftsstatut eine **Beschränkung der Rechtsfähigkeit** ergeben. Z. B. kann nach der ultra vires-Lehre des englischen Rechts die Rechtsfähigkeit auf den satzungsmäßigen Zweck beschränkt sein. In diesen Fällen wird der inländische Rechtsverkehr über eine analoge Anwendung des Art. 12 EGBGB bzw. des Art. 13 Rom I-VO geschützt, so dass sich die Gesellschaft auf diese beschränkte Rechtsfähigkeit **nicht berufen** kann.[144] Allerdings entfällt der Gutglaubensschutz bereits bei leichter Fahrlässigkeit.[145] Sicherheitshalber kann die Satzung der ausländischen Gesellschaft eingesehen oder 151

[134] Näher WürzbNotarHdb/*Süß* Rdnr. 8.

[135] NJW 2002, 3614, 3617 („Überseering"); NJW 2003, 3331 („Inspire Art").

[136] BGHZ 154, 185, 190. Außerhalb des Anwendungsbereichs der EuGH-Rechtsprechung gilt weiterhin die Sitztheorie, s. BGH BB 2009, 14; BGH GmbHR 2010, 211.

[137] BGH NJW 2005, 3351 (Island, Liechtenstein und Norwegen).

[138] BGBl. II 1956, 487.

[139] *Fischer* ZNotP 1999, 352, 353.

[140] WürzbNotarHdb/*Süß* Rdnr. 110.

[141] *Schotten/Schmellenkamp* Rdnr. 68.

[142] BeckNotarHdb/*Zimmermann* Rdnr. 179 f.

[143] *Schöner/Stöber* Grundbuchrecht Rdnr. 4093.

[144] BGH NJW 1998, 2452; Palandt/*Thorn* Anh. zu Art. 12 EGBGB Rdnr. 11.

[145] *Schotten/Schmellenkamp* Rdnr. 75.

ein Rechtsgutachten eingeholt werden.[146] Eine diesbezügliche Pflicht des Notars ist aber im Hinblick darauf zu verneinen, dass der Notar nicht über die Folgen ausländischen Rechts zu belehren hat (vgl. Rdnr. 140).

152 Einen Sonderfall bilden **im Ausland bereits beendete Gesellschaften**, die noch Vermögen im Inland haben. Auch sofern diese Gesellschaften nach ihrem Gesellschaftsstatut nicht mehr als rechtsfähig anerkannt werden, gelten sie im Inland weiterhin bis zur vollständigen Abwicklung als fortbestehend.[147] Zu ihrer Vertretung ist ein Pfleger oder ein Nachtragsliquidator zu bestellen.[148]

153 **b) Formen des Nachweises.** *aa) Ausländische Register.* In verschiedenen Staaten existieren Gesellschaftsregister, denen ein ähnlicher öffentlicher Glaube wie dem deutschen Handelsregister zukommt. Jedenfalls bei Registern, die der Publizitätsrichtlinie[149] unterliegen, ist hiervon grundsätzlich auszugehen.[150] Soweit die dort ansässigen Gesellschaften in diesen Registern eingetragen sind, hat ein Nachweis ihrer Existenz auf dieser Grundlage zu erfolgen. Dies ist z. B. in Belgien,[151] Frankreich,[152] den Niederlanden,[153] Luxemburg,[154] Österreich,[155] der Schweiz[156] und Spanien[157] der Fall, mit Einschränkungen auch in England.[158] In den USA existieren solche Register nicht.[159]

154 Soweit die Register dieser Länder **Auszüge** erteilen, können diese als Nachweis der Existenz der Gesellschaft dienen. Werden die Registerabschriften in öffentlich beglaubigter Form erteilt, so werden sie regelmäßig auch für die Zwecke des deutschen Handelsregister- bzw. Grundbuchverfahrens als öffentliche Urkunden anerkannt.[160] Voraussetzung ist, dass sie den Anforderungen gemäß § 415 ZPO entsprechen, d. h. sie müssen von einer öffentlichen Behörde innerhalb der Grenzen ihrer Amtsbefugnisse in der vorgeschriebenen Form aufgenommen sein.[161] Dies ist nach dem Recht des Ausstellungsstaates zu beurteilen.[162] Es gilt der Erfahrungssatz, dass im Ausland erstellte Urkunden ordnungsgemäß, d. h. ohne Verletzung von Zuständigkeits- oder Formvorschriften, aufgenommen worden sind.[163]

Z. B. werden in England als **Registerbescheinigungen** ein *Certificate of Incorporation* und ein *Certificate of Good Standing* erteilt. Hierfür ist der oberste Verwaltungsbeamte des dortigen Gesellschaftsregisters (*Companies House*), der *Registrar of Companies*, zuständig. Das *Certificate of Incorporation* englischen Rechts erbringt den vollen Beweis dafür, dass die Gesellschaft entstanden ist.[164]

155 Der Inhalt eines ausländischen Registers kann auch durch eine **Bescheinigung eines deutschen Notars** gemäß § 21 BNotO nachgewiesen werden. Eine solche Notarbescheinigung ist

[146] BeckNotarHdb/*Zimmermann* Rdnr. 178.
[147] Z. B. bei englischen Gesellschaften; näher WürzbNotarHdb/*Süß* Rdnr. 14 f.
[148] WürzbNotarHdb/*Süß* Rdnr. 15, m. N. zur insoweit nicht einheitlichen Rechtsprechung.
[149] Richtlinie 2009/101/EG vom 16. 9. 2009.
[150] Zu der in den einzelnen Ländern unterschiedlichen Intensität der Überprüfung eingereichter Unterlagen durch die Register und den Auswirkungen auf den öffentlichen Glauben, der den Registern zuzuschreiben ist, vgl. *Apfelbaum* DNotZ 2008, 711, 713 (Anmerkung zu OLG Schleswig DNotZ 2008, 709 = FGPrax 2008, 217).
[151] Das *Tribunal de Commerce*; vgl. BeckOK GBO/*Zeiser* Internationale Bezüge Rdnr. 111.1.
[152] Das *Registre de Commerce et des Sociétés (RCS)*; vgl. *Krahe* MittRhNotK 1987, 65, 73.
[153] Die *Kamers van Koophandel en Fabrieken*; vgl. BeckNotarHdb/*Zimmermann* Rdnr. 219.
[154] Das *Registre de Commerce et des Sociétés (RCS L)*; vgl. BeckOK GBO/*Zeiser* Internationale Bezüge Rdnr. 111.16.
[155] Firmenbuch; vgl. BeckNotarHdb/*Zimmermann* Rdnr. 221.
[156] Handelsregister; vgl. BeckOK GBO/*Zeiser* Internationale Bezüge Rdnr. 111.28.
[157] Das *Registro Mercantil Central*; vgl. *Schaub* NZG 2000, 953, 963.
[158] Für Kapitalgesellschaften, die beim *Companies House* geführt werden; vgl. *Langhein* NZG 2001, 1123, 1125; BeckNotarHdb/*Zimmermann* Rdnr. 228.
[159] *Fischer* ZNotP 1999, 352, 353.
[160] OLG Köln MittRhNotK 1988, 181, 182; WürzbNotarHdb/*Süß* Rdnr. 1; *Schöner/Stöber* Grundbuchrecht Rdnr. 3636 b.
[161] OLG Hamm NJW-RR 1995, 469, 472.
[162] *Schaub* NZG 2000, 953, 955 f.
[163] *Langhein* ZNotP 1999, 218 k, 220; *Schaub* NZG 2000, 953, 956; jeweils m. N.
[164] LG Berlin NZG 2004, 1014, 1015 m. N.

als Nachweis im deutschen Register- bzw. Grundbuchverfahren anerkannt.[165] Der Notar kann einen beglaubigten Registerauszug einsehen oder – bei Vorliegen der entsprechenden Voraussetzungen – eine online-Einsicht in das ausländische Handelsregister vornehmen und auf dieser Grundlage bescheinigen, dass die ausländische Gesellschaft existiert. Eine nützliche Linksammlung betreffend online einsehbare Register verschiedener Länder findet sich auf der Website des englischen *Companies House*.[166]

Allerdings ist zu bedenken, dass eine solche Bescheinigung rechtliche Schlussfolgerungen des Notars enthält, die auf ausländischem Recht beruhen. Mit Rücksicht auf seine notariellen Amtspflichten wird der Notar derartige Bescheinigungen nur ausstellen, wenn er mit der jeweils anwendbaren Rechtsordnung hinreichend vertraut ist.

Zum Nachweis des Inhalts eines ausländischen Registers kommen auch **Bescheinigungen** 156
ausländischer Notare in Betracht; vgl. hierzu, insbesondere zur erforderlichen Qualifikation des Notars, nachfolgend Rdnr. 159f. Auch solche Bescheinigungen sind als Nachweise im Register- bzw. Grundbuchverfahren anerkannt.[167]

bb) Sonstige Nachweisformen. In Ländern, in denen ein dem deutschen Handelsregister 157
vergleichbares Registersystem nicht existiert, muss auf andere Nachweismittel zurückgegriffen werden. Dabei gilt der Grundsatz, dass die gemäß dem Verfahrensrecht der ausländischen Rechtsordnung anerkannten Nachweise regelmäßig auch für die Anerkennung im Inland ausreichen.[168] Für die Führung des Nachweises kann von der deutschen Rechtsordnung nicht mehr verlangt werden, als die ausländische Rechtsordnung an Nachweismöglichkeiten zur Verfügung stellt.[169] Insoweit gilt nicht nur im Handelsregisterverfahren, sondern auch im Grundbuchverfahren der Grundsatz der **freien Beweiswürdigung.**[170] Hierzu haben sich in der Praxis gerade in Bezug auf die häufig involvierten Länder Verfahrensweisen und Standards herausgebildet, die regelmäßig von den Gerichten anerkannt werden. In besonders gelagerten Fällen empfiehlt es sich, vorab mit dem Register die erforderliche Dokumentation zu klären. In diesem Zusammenhang ist darauf hinzuweisen, dass das Gericht sich nicht darauf beschränken kann, angebotene Nachweise zurückzuweisen, sondern seinerseits im Einzelnen darlegen muss, welche Nachweise dem Gericht im einzelnen vorzulegen sind.

Ein für die Praxis relevantes Beispiel, in dem sich angesichts des Fehlens eines Registersys- 158
tems verlässliche Standards zum Existenz- und Vertretungsnachweis herausgebildet haben, sind die **USA.** Für den Nachweis der Existenz einer US-amerikanischen Kapitalgesellschaft *(corporation)* wird üblicherweise ein sogenanntes **Certificate of Incorporation** herangezogen.[171] Dieses wird vom *Secretary of State* des jeweiligen Bundesstaates auf der Grundlage der bei ihm eingereichten *Articles of Incorporation* (Satzung) der Gesellschaft ausgestellt; häufig werden die *Articles of Incorporation* dem *Certificate* auch beigefügt. Damit kann die ordnungsgemäße Gründung der Gesellschaft als nachgewiesen gelten.

Um darüber hinaus auch nachzuweisen, dass die Gesellschaft weiterhin besteht, kann der Secretary of State ein **Certificate of Good Standing** erteilen. „*Good Standing*" bedeutet in diesem Zusammenhang, dass die Gesellschaft als juristische Person weiterbesteht und keine Gründe für eine Amtslöschung vorliegen.[172] In der Praxis wird dieses häufig mit dem *Certificate of Incorporation* zu einer einzigen Bescheinigung verbunden. Der *Secretary of State* ist eine Behörde des betreffenden US-Bundesstaates. Ein solches *Certificate of Incorporation and Good Standing* stellt daher eine öffentliche Urkunde i.S. der §§ 12 HGB, 29 GBO dar[173] und wird von den deutschen Gerichten als solche anerkannt.

[165] OLG Schleswig DNotZ 2008, 709, 710 = FGPrax 2008, 217; LG Aachen MittRhNotK 1988, 57; WürzbNotarHdb/*Süß* Rdnr. 2 m. w. N.

[166] Unter http://www.companieshouse.gov.uk/links/introduction.shtml#reg.

[167] OLG Köln MittRhNotK 1988, 181, 182; *Schöner/Stöber* Grundbuchrecht 14. Aufl. 2008, Rdnr. 3636b.

[168] S. dazu auch LG Berlin NZG 2004, 1014, 1015.

[169] *Fischer* ZNotP 1999, 352, 359.

[170] WürzbNotarHdb/*Süß* Rdnr. 1.

[171] Ausführlich dazu *Fischer* ZNotP 1999, 352, 356, auch mit Formulierungsbeispielen.

[172] OLG Hamm IPrax 1998, 358, 360; *Fischer* ZNotP 1999, 352, 356.

[173] *Fischer* ZNotP 1999, 352, 356.

Die Gründungsunterlagen US-amerikanischer Personengesellschaften *(partnerships)* werden beim *Secretary of State* nicht geführt. Damit scheidet ein Existenznachweis auf der Grundlage eines *Certificate of Incorporation and Good Standing* aus.[174] Die Praxis greift in diesen und ähnlichen Fällen auf die **für den Vertretungsnachweis verwendeten Unterlagen** (Rdnr. 163 ff.) zurück. Z.B. kann in einem *Company Secretary's Certificate* (Rdnr. 170) auch zugleich die ordnungsgemäße Gründung und das Bestehen der Gesellschaft bestätigt werden. Aber auch ohne eine solche ausdrückliche Bestätigung kann der Nachweis der ordnungsgemäßen Vertretung zumindest implizieren, dass die Gesellschaft auch nach wie vor existiert.

159 Kennt die ausländische Rechtsordnung ein Notariat, das dem deutschen vergleichbar ist, so kommt eine **Bescheinigung des ausländischen Notars** auch in den Fällen in Betracht, in denen ein dem deutschen Recht entsprechendes Register nicht geführt wird. Voraussetzung ist, dass der dortige Notar nach seiner Vorbildung und Stellung im Rechtsleben eine der Tätigkeit des deutschen Notars entsprechende Funktion ausübt;[175] im Bereich des Lateinischen Notariats ist dies regelmäßig der Fall.[176] Die Bescheinigung sollte im wesentlichen den Anforderungen an eine Bescheinigung gemäß § 21 BNotO entsprechen, also neben der zu bestätigenden Rechtslage insbesondere die eingesehenen Dokumente und das Datum der Einsichtnahme enthalten und den Anforderungen an eine öffentliche Urkunde genügen. Auch solche Bescheinigungen werden zu Recht gemäß dem in diesen Fällen auch im Grundbuchverfahren anzuwendenden Grundsatz der freien Beweiswürdigung (s. Rdnr. 157) anerkannt.[177]

160 Entsprechend den vorgenannten Grundsätzen ist im Handelsregister- und beim Grundbuchverfahren eine Bestätigung der Existenz (und Vertretung) einer Gesellschaft **durch einen US-*notary public* nicht verwendbar.** Dies gilt auch dann, wenn diese Bestätigung auf der Grundlage einer Einsicht des *notary public* in die Gesellschaftsunterlagen erstellt wurde, da der *notary public* keine den deutschen Notaren vergleichbare Ausbildung oder Stellung im Rechtsleben hat.[178] Auch wenn die Registerpraxis hier gelegentlich großzügiger verfährt,[179] sollte der Notar sich hierauf nicht verlassen, sondern von den anerkannten Nachweismöglichkeiten (s. Rdnr. 158, 170) Gebrauch machen.

161 Möglich kann auch eine Nachweisführung durch **Vorlage von Gesellschaftsunterlagen** (*Memorandum/Articles of Association/Incorporation, By-Laws, Board Resolutions* etc.) der ausländischen Gesellschaft sein, ggf. in notariell beglaubigter Abschrift. Sind die Gründungsurkunden älteren Datums, so sind zum Nachweis des Fortbestands der Gesellschaft aktuelle Dokumente, wie z.B. kürzlich gefasste Gesellschafterbeschlüsse geeignet. Da die entsprechenden Dokumente regelmäßig nicht in öffentlicher Urkunde vorliegen und sie überdies zum Nachweis bei Gericht mit erheblichem Kostenaufwand in die deutsche Sprache übersetzt werden müssen, wird man im Registerverfahren auf diese Vorgehensweise nur zurückgreifen können, wenn andere Verfahren nicht zur Verfügung stehen, vom Gericht nicht akzeptiert werden oder wenn das Gericht die Unterlagen zur Ergänzung anderer Nachweise verlangt.

162 Eine weitere Form des Nachweises – ebenfalls nicht durch öffentliche Urkunde – ist die Einholung eines anwaltlichen Gutachtens durch eine ortsansässige **Anwaltskanzlei** im Sinne einer ***legal opinion.*** Sofern der Ersteller des Gutachtens den Beteiligten gegenüber für die Richtigkeit seiner Ergebnisse haftet (*reliance*), kann den Beteiligten damit durchaus geholfen sein. Diese Lösung wird eher für entlegenere Rechtsordnungen in Betracht kommen, unter welchen andere Nachweise nicht verfügbar sind. Auch im Registerverfahren dürfte dieses Nachweisverfahren nach den Grundsätzen der freien Beweiswürdigung in schwierigen Fällen akzeptabel sein.

---

[174] BeckNotarHdb/*Zimmermann* Rdnr. 227.

[175] *Schaub* NZG 2000, 953, 956. Anders *Zeiser*, in Hügel, BeckOK GBO Internationale Bezüge Rdnr. 104: Der Notar muss für die Ausstellung der Bescheinigung zuständig sein.

[176] *Schöner/Stöber* Grundbuchrecht Rdnr. 3636 b.

[177] OLG Köln MittRhNotK 1988, 181, 182; *Schöner/Stöber* Rdnr. 3636 b.

[178] *Fischer* ZNotP 1999, 352, 354.

[179] *Langhein* ZNotP 1999, 218, 220.

3. Vertretungsnachweise

a) **Gesetzliche Vertretung.** Auch die Regeln über die gesetzliche (organschaftliche) Vertre- 163
tung von Auslandsgesellschaften richten sich nach dem jeweiligen **Gesellschaftsstatut**, vgl. bereits Rdnr. 149. Das Gesellschaftsstatut bestimmt, welches Organ der Gesellschaft für ihre Vertretung zuständig ist und welchen Umfang seine Vertretungsmacht hat.[180] Im ersten Schritt ist daher wiederum anhand von Gründungs- oder Sitztheorie zu bestimmen, welcher Rechtsordnung die Gesellschaft unterliegt; s. dazu Rdnr. 147f.

Hinsichtlich des **Umfangs der Vertretungsmacht** ist – ebenso wie bei inländischen Gesell- 164
schaften, Rdnr. 64 – zunächst zu klären, ob die Mitglieder der Vertretungsorgane einzeln oder nur gesamtvertretungsberechtigt sind. Darüber hinaus ist vor allem auf Einschränkungen der Vertretungsmacht zu achten. Dies betrifft in der Praxis vor allem die Frage der **Zulässigkeit von Insichgeschäften.** Hierzu ist zunächst festzuhalten, dass die meisten Rechtsordnungen eine dem § 181 BGB entsprechende Vorschrift nicht kennen. Statt dessen greifen häufig Treupflichten zur Vermeidung von Interessenkollisionen ein, die aber nur im Innenverhältnis zur Gesellschaft oder den Gesellschaftern bestehen und die Wirksamkeit des Geschäfts nach außen hin unberührt lassen.[181] Kann nicht abschließend geklärt werden, ob das Insichgeschäft nach dem Personalstatut der beteiligten Gesellschaften zulässig ist, sollte der Notar in jedem Fall darauf hinwirken, dass vorsichtshalber eine ausreichende Anzahl an Personen handelt.[182]

Darüber hinaus können **sonstige Beschränkungen der Vertretungsmacht** bestehen, z. B. in 165
Form von gesellschaftsrechtlichen Zustimmungserfordernissen, Schriftformerfordernissen oder dem Gebot der Mitwirkung eines rechtsgeschäftlich bestimmten Vertreters, oder der Umfang der Vertretungsmacht kann generell hinter der für Organe vergleichbarer inländischer Gesellschaften zurückbleiben.[183]

Bei Handlungen eines Vertreters, die gegen derartige Beschränkungen verstoßen, können sich die Geschäftspartner ggf. auf Vertrauensschutz entsprechend dem Rechtsgedanken aus Art. 12 S. 1 EGBGB bzw. Art. 13 Rom I-VO berufen (s. auch bereits Rdnr. 151).[184] Ist aber die Vertretungsmacht für vergleichbare inländische Gesellschaften in ähnlicher Weise beschränkbar wie bei der Auslandsgesellschaft (wie z. B. im Rahmen des § 125 Abs. 1 HGB), so muss der deutsche Rechtsverkehr auch die Beschränkungen des ausländischen Rechts hinnehmen.[185]

Ist die Gesellschaft in ihrem Heimatstaat in ein **öffentliches Register** eingetragen, das mit 166
ähnlichen Publizitätswirkungen wie das deutsche Handelsregister ausgestattet ist, so kann ggf. auch der Nachweis der gesetzlichen Vertretung über dieses Register erfolgen. Hierfür kommt es darauf an, ob das **Register auch die organschaftlichen Vertretungsverhältnisse** der Gesellschaft vollständig **ausweist.** Dies ist nicht durchweg der Fall. Zwar hat insoweit die Umsetzung der Ersten Gesellschaftsrechtlichen Richtlinie[186] zu einer gewissen Vereinheitlichung des Registerwesens im Bereich der EU geführt: Gemäß Art. 3 i. V. m. Art. 2 Abs. 1 lit. d) der Richtlinie mussten die vertretungsberechtigten Organe bestimmter Kapitalgesellschaften und die Art ihrer Vertretungsmacht offengelegt werden; die Publizitätsrichtlinie,[187] die die Erste Gesellschaftsrechtliche Richtlinie mittlerweile ersetzt hat, hat hieran nichts geändert. Jedoch haben die Mitgliedsstaaten bei der Umsetzung dieser Pflicht breite Spielräume; insbesondere verpflichtet die „Offenlegung" im Sinne der Richtlinie nicht notwendig auch zu einer Veröffentlichung in der Registerakte, vielmehr genügt auch eine einfache Hinterlegung der entsprechenden Unterlagen.[188]

---

[180] BGH NJW 1993, 2744 = DNotZ 1994, 485, 487.
[181] So z. B. im englischen Recht, vgl. *Wachter* NZG 2005, 338, 339; *Schall* NZG 2006, 54.
[182] BeckNotarHdb/*Zimmermann* Rdnr. 185.
[183] MünchKommBGB/*Kindler* IntGesR Rdnr. 584.
[184] BeckNotarHdb/*Zimmermann* Rdnr. 185.
[185] MünchKommBGB/*Kindler* IntGesR Rdnr. 584; *Schotten/Schmellenkamp* Rdnr. 102.
[186] Richtlinie 1968/151/EWG vom 9. 3. 1968.
[187] Richtlinie 2009/101/EG vom 16. 9. 2009.
[188] *Apfelbaum* DNotZ 2008, 711, 712 f.

167 So sind z.B. den Eintragungen im englischen *Companies House* zwar die Personen der eingetragenen *directors* (Geschäftsführer) und auch des *company secretary* (in etwa: Schriftführer) zu entnehmen, sie enthalten aber keine Angaben über die konkrete Vertretungsbefugnis.[189] Diese ergeben sich zunächst aus den *Articles of Association* (Satzung) bzw. den diese konkretisierenden bzw. ändernden Gesellschafterbeschlüssen.[190] Sind dort keine Regelungen enthalten, so ergibt sich aus Sec. 44 des Companies Act 2006, dass zwei *directors* gemeinsam vertretungsberechtigt sind. Die Vertretungsbefugnis im konkreten Fall kann nachgewiesen werden durch eine Bescheinigung des *Registrar of Companies* des *Companies House*, wonach bestimmte Personen *directors* sind, oder durch Vorlage der dies ausweisenden Dokumente der Gesellschaft, beides in Verbindung mit einer Bescheinigung *(certificate)* des *company secretary* zur Vertretungsberechtigung dieser Personen. Weiter kommt als Vertretungsnachweis eine Bestätigung eines englischen Notars in Betracht, wonach dieser auf der Grundlage der Dokumente der Gesellschaft die Vertretungsberechtigung der Handelnden bestätigt; insbesondere in London existieren einige international tätige Notariate, die mit der inhaltlichen Gestaltung solcher Bestätigungen zur Verwendung in Deutschland vertraut sind.

168 In Frankreich ergibt sich aus dem Register und den entsprechenden Registerauszügen *(extrait K-bis)* zwar ebenfalls nicht die Vertretungsbefugnis der eingetragenen gesetzlichen Vertreter, diese folgt jedoch zwingend für verschiedene Gesellschaften – z. B. für die *Société anonyme* (*S. A.*) oder die *Société à responsabilité limitée* (*S. à r. l.*) – aus den für diese Gesellschaften geltenden Vorschriften des französischen Handelsgesetzbuch *(Code de Commerce)*. Der deutsche Notar wird das Registergericht zusammen mit der Vorlage eines beglaubigten Handelsregisterauszuges auf die französische Rechtslage hinweisen. Das deutsche Gericht hat den Inhalt ausländischen Rechts selbst zu prüfen.[191] Um dem deutschen Gericht das Prüfungsverfahren zu erleichtern, kann eine entsprechende Bestätigung eines französischen Notars hilfreich sein.

169 Bildet ein ausländisches, dem deutschen Handelsregister vergleichbares Register sowohl die Zusammensetzung der vertretungsberechtigten Organe als auch den Umfang der konkreten Vertretungsmacht der Organmitglieder vollständig ab, steht einem Vertretungsnachweis auf dieser Grundlage nichts entgegen. Dann können die **unter Rdnr. 153–156 beschriebenen Nachweismittel** verwendet werden (Registerauszug, deutsche Notarbescheinigung, Bescheinigung eines ausländischen Notars).

170 Bei Gesellschaften aus **Ländern ohne öffentliches Gesellschaftsregister** muss auch zum Nachweis der Vertretungsbefugnis auf andere Mittel zurückgegriffen werden. Wiederum mag als Beispiel eine US-Kapitalgesellschaft dienen:

Dem *Secretary of State*, der für US-amerikanische *corporations* die Existenznachweise ausstellt (Rdnr. 158), sind die Vertretungsverhältnisse der Gesellschaft nicht fortlaufend anzuzeigen, er kann daher dazu keine Aussage treffen.[192] In diesem Fall greift die Praxis auf das sogenannte **Secretary's Certificate of Incumbency** (oder kurz *Secretary's Certificate*) zurück, mit welchem der *company secretary* (Schriftführer) oder ein sonstiger *officer* (in etwa: leitender Angestellter), ggf. zunächst die wirksame Gründung und den Bestand der Gesellschaft und sodann die ordnungsgemäße Bestellung der handelnden Personen zu Organmitgliedern, ihre fortbestehende Amtsinhaberschaft sowie ihre Vertretungsberechtigung für die Gesellschaft bescheinigt.[193] Die falsche Abgabe einer solchen Bescheinigung ist nach amerikanischem Recht strafbewehrt *(penalty of perjury)*. Das *Secretary's Certificate* wird sodann üblicherweise – aber nicht zwingend – mit dem *corporate seal*, dem Gesellschaftssiegel, versehen, zum Zeichen, dass sie für die Gesellschaft verbindlich ist. Dem *Secretary's Certificate* können Abschriften der *articles of association* und der Beschlüsse des *board of directors* beigefügt werden, aus denen sich die bescheinigte Vertretungsberechtigung ergibt; erforder-

[189] *Langhein* NZG 2001, 1123, 1125.
[190] Vgl. LG Berlin NZG 2004, 1014, 1015. Auch ohne Nachweis der konkreten Vertretungsbefugnis kann der Nachweis als erbracht gelten, wenn alle abstrakt in Frage kommenden Personen handeln, LG Berlin a. a. O.
[191] OLG Köln GmbHR 1989, 125, 126.
[192] *Fischer* ZNotP 1999, 352, 357.
[193] Formulierungsbeispiele bei *Fischer* ZNotP 1999, 352, 357; BeckFormb/*Rawert* Formular I. 47.

lich ist dies nicht. Soll das *Secretary's Certificate* beim Grundbuchamt oder beim Handelsregister vorgelegt werden, so muss noch im zweiten Schritt die Echtheit der Unterschrift des *company secretary* durch einen Notar bestätigt werden. Die Beglaubigung durch einen US-*notary public* in Verbindung mit einer Apostille (Rdnr. 182) genügt.[194]

Beglaubigungen von Vertretungsnachweisen **durch ausländische Notare** werden von den deutschen Gerichten regelmäßig akzeptiert. Zwar entsprechen die Voraussetzungen für Beglaubigungen nicht in allen Ländern denen des § 40 BeurkG. So fehlt es z. B. bei notariellen Beglaubigungen aus Frankreich oder Belgien häufig bereits an der Feststellung der Personalien.[195] Ist jedoch das ausländische Verfahren eingehalten, so wird auch insofern die Ortsform als ausreichend angesehen, wobei zusätzlich ein Erfahrungssatz des internationalen Rechtsverkehrs dafür spricht, dass öffentliche Behörden und Notare die für sie geltenden Zuständigkeits- und Formvorschriften beachten.[196] Eine Grenze ist allerdings dort zu ziehen, wo das ausländische Beglaubigungsverfahren nicht mehr als dem deutschen gleichwertig angesehen werden kann.[197] Dies ist z. B. dann der Fall, wenn die Beglaubigung nur aufgrund der Ähnlichkeit einer Unterschrift mit einer beim Notar hinterlegten Unterschriftenprobe[198] oder sogar nur aufgrund telefonischer Anerkennung der Unterschrift[199] erfolgt. Zu weiteren Echtheitsnachweisen und zu Übersetzungen s. unten Rdnr. 179 ff. 171

Um etwaige Schwierigkeiten bei der Verwendung von Urkunden zu vermeiden, kann es an Stelle der Unterschriftsbeglaubigung durch einen ausländischen Notar in der Praxis hilfreich sein, die **Unterschriften** unmittelbar durch einen **Konsularbeamten** einer deutschen Auslandsvertretung **beglaubigen** zu lassen. Damit ist die Verwendbarkeit in Deutschland ohne weitere Echtheitsnachweise sichergestellt (vgl. § 10 Abs. 1 Nr. 2, Abs. 2 KonsularG). Weiter bietet sich dieses Verfahren an, wenn besondere Eile geboten ist. 172

Wie bei Existenznachweisen (Rdnr. 161) kann ein Nachweis der Vertretungsberechtigung erforderlichenfalls auch durch **Vorlage gesellschaftsrechtlicher Unterlagen** erfolgen. In Betracht kommen insbesondere die Gründungsurkunde, die Satzung, Beschlüsse der Gesellschafter betreffend die Bestellung der Organmitglieder, Beschlüsse der Gesellschafter oder Kollegialbeschlüsse des Geschäftsführungsorgans über die Vertretungsbefugnis einzelner Organmitglieder sowie eine Geschäftsordnung des Geschäftsführungsorgans, aus der sich die Vertretungsbefugnis einzelner Organmitglieder ergibt. Stets ist auf eine lückenlose Nachweiskette zu achten. Sieht z. B. die Satzung vor, dass die Bestellung von *directors* durch die Gesellschafter erfolgt, so genügt es nicht, wenn nur die Satzung und ein Beschluss des *board of directors* vorgelegt werden, der auf die Bestellung eines bestimmten *directors* durch die Gesellschafter lediglich Bezug nimmt und diesem bestimmte Vertretungsbefugnisse zuweist. In einem solchen Fall ist dann auch der von den Gesellschaftern gefasste Bestellungsbeschluss selbst einzureichen.[200] Jedenfalls bei diesbezüglichen Zweifeln kann zusätzlich auch noch ein Nachweis der Gesellschafterstellung erforderlich sein, damit das Gericht die Wirksamkeit des Bestellungsbeschlusses prüfen kann.[201] Um die Fortgeltung dieser Dokumente bis zur Vornahme des Rechtsgeschäfts zu belegen, sollte eine Bescheinigung eines Notars oder einer anderen hierfür von der Rechtsordnung vorgesehenen Person (z. B. bestimmter Angestellter der Gesellschaft) beigefügt werden. Ist in der betreffenden Rechtsordnung eine solche Person nicht vorgesehen, muss für den Vertretungsnachweis auch im Anwendungsbereich der §§ 12 HGB, 29 GBO von der Fortgeltung der vorgelegten Unterlagen ausgegangen werden (vgl. auch Rdnr. 157). 173

Ist Nachweisführung in öffentlicher Form nicht erforderlich, kann auch die Vertretungsberechtigung durch ein **anwaltliches Gutachten** nachgewiesen werden (s. bereits Rdnr. 162 zum Existenznachweis). 174

---

[194] Einzelheiten bei *Fischer* ZNotP 1999, 352, 358.
[195] Vgl. WürzbNotarHdb/*Hertel* Teil 7 Kapitel 1 Rdnr. 12.
[196] S. OLG Zweibrücken MittBayNot 1999, 480, 481; LG Darmstadt MittBayNot 2008, 317, 318.
[197] WürzbNotarHdb/*Hertel* Teil 7 Kapitel 1 Rdnr. 13.
[198] Diese Form der Beglaubigung existiert offenbar z. B. in Brasilien, vgl. *Schaub* NZG 2000, 953, 956.
[199] Beispiel bei WürzbNotarHdb/*Hertel* Teil 7 Kapitel 1 Rdnr. 13.
[200] KG NZG 2004, 49, 51.
[201] KG NZG 2004, 49, 51.

175 b) **Vollmachten.** Auch für von Auslandsgesellschaften erteilte Vollmachten ist zunächst das **geltende Recht zu ermitteln.** Die Anknüpfung richtet sich nicht nach dem Gesellschaftsstatut (Rdnr. 146 ff.), sie erfolgt vielmehr selbständig. Eine ausdrückliche Regelung hierfür sieht das deutsche internationale Privatrecht nicht vor; auch die Rom I-VO enthält entgegen den ursprünglichen Plänen keine Regelung.[202] Nach überwiegender Ansicht ist das Vollmachtsstatut grundsätzlich an den Gebrauchsort anzuknüpfen.[203] Unter Gebrauchsort ist dabei der Ort zu verstehen, an dem der Vertreter Erklärungen abgibt oder entgegennimmt.[204] Z. T. wird auch auf den Ort der beabsichtigten Verwendung abgestellt.[205]

Bei Vollmachten zur Verfügung über Grundstücke gilt allein die lex rei sitae (nicht aber für den Verpflichtungsvertrag).[206]

176 Das **Vollmachtsstatut entscheidet** über die Erteilung, den Bestand und die Beendigung der Vollmacht.[207] Es entscheidet ferner über den Umfang und die Auslegung der Vollmacht und insbesondere auch über die Frage der Zulässigkeit eines Selbstkontrahierens und der Erteilung von Untervollmacht.[208] Hingegen untersteht die Zulässigkeit der Stellvertretung als solche dem Geschäftsstatut.[209]

Aufgrund der Anknüpfung an den Wirkungsort gilt für die Vertretungsmacht des (rechtsgeschäftlich zu bestellenden) **ständigen Vertreters** der inländischen Zweigniederlassung einer ausländischen Gesellschaft stets deutsches Recht.[210]

177 Eine **Rechtswahl** durch den Vollmachtgeber ist nach h. M. grundsätzlich zulässig.[211] Eine Ausnahme gilt, soweit für das Hauptgeschäft keine Rechtswahl möglich ist.[212] Da der Notar ausländisches Recht nicht kennen muss (§ 17 Abs. 3 S. 2 BeurkG) und in der Regel auch nicht kennt, unterliegen die Wirksamkeit und Inhalt der Vollmacht nur dann der Prüfungspflicht des Notars, wenn sich diese nach deutschem Recht richtet, anderenfalls hat der Notar darauf hinzuweisen, dass er die Vollmacht nicht prüfen konnte. Durch die Wahl deutschen Rechts lässt sich zusätzliche Rechtssicherheit erreichen. Vor allem gelten im deutschen Recht für die Vollmacht die vertrauensschützenden Wirkungen der §§ 170–172 BGB, so dass sich die Beteiligten bei Vorlage der Vollmachtsurkunde auf den Fortbestand der Vollmacht verlassen dürfen (Rdnr. 112 ff.).

178 Für die **Form der Vollmacht** gilt Art. 11 Abs. 1 EGBG. Danach genügt sowohl die Einhaltung der Formerfordernisse des Vollmachtsstatuts als auch die Einhaltung der vom Recht am Ort der Vollmachtserteilung vorgeschriebenen Form.[213] Im Grundbuch- und im Handelsregisterverfahren allerdings wird Art 11 EGBGB von § 29 GBO bzw. § 12 HGB als lex fori verdrängt.[214] In diesen Fällen muss die Vollmacht die Form einer öffentlich beglaubigten Urkunde wahren. Dies schließt die Erfüllung dieses Formerfordernisses durch Bescheinigungen ausländischer Notare nicht aus;[215] vgl. näher Rdnr. 156, 159 f.

Auch und gerade bei der Erteilung von Vollmachten durch ausländische Gesellschaften ist es regelmäßig sinnvoll, dass die Vollmacht dem Notar vorab im Entwurf zugeleitet wird, damit er prüfen kann, ob die Vollmacht für den rechtswirksamen Abschluss und ggf. den Vollzug des vorzunehmenden Rechtsgeschäfts geeignet ist.

---

202 Palandt/*Thorn* Anh. zu Art. 10 EGBGB Rdnr. 1.

203 BGH NJW 1990, 3088; BGHZ 64, 183, 192; BeckNotarHdb/*Zimmermann* Rdnr. 67.

204 *Seibold/Groner* NZG 2009, 126, 127.

205 BGH NJW 2004, 1315, 1316; BGH DNotZ 1994, 485, 487 = NJW 1993, 274; BGH NJW 1982, 2733; BeckOK GBO/*Zeiser* Internationale Bezüge Rdnr. 35; *Schotten/Schmellenkamp* Rdnr. 90.

206 RGZ 149, 93, 94; *Schotten/Schmellenkamp* Rdnr. 91.

207 BeckNotarHdb/*Zimmermann* Rdnr. 68.

208 BeckOK GBO/*Zeiser* Internationale Bezüge Rdnr. 38; *Dorsel* MittRhNotK 1997, 6, 11 f.

209 Palandt/*Thorn* Anh. zu Art. 10 EGBGB Rdnr. 3.

210 WürzbNotarHdb/*Süß* Rdnr. 132.

211 Palandt/*Thorn* Anh. zu Art. 10 EGBGB Rdnr. 1; BeckOK GBO/*Zeiser* Internationale Bezüge Rdnr. 37; jeweils m. N.

212 BeckOK GBO/*Zeiser* Internationale Bezüge Rdnr. 37.

213 BGH WM 1965, 868; Palandt/*Thorn* Anh. zu Art. 10 EGBGB Rdnr. 3; MünchKommBGB/*Spellenberg* Vor Art. 11 EGBGB Rdnr. 163.

214 KG BB 2003, 2644; OLG Köln GmbHR 1989, 125; MünchKommBGB/*Spellenberg* Vor Art. 11 EGBGB Rdnr. 167; BeckOK GBO/*Zeiser* Internationale Bezüge Rdnr. 39 (zu § 29 GBO).

215 OLG Köln GmbHR 1989, 125.

4. Verwendung ausländischer Existenz- und Vertretungsnachweise im Inland

a) **Echtheitsnachweise.** Auch wenn ausländische Existenz- und Vertretungsnachweise ihrem äußeren Erscheinungsbild nach von einer ausländischen Behörde oder einem ausländischen Notar ausgestellt oder beglaubigt sind, stellt sich dennoch die Frage, ob es sich tatsächlich um **ordnungsgemäß errichtete**, mithin „echte" **öffentliche Urkunden** handelt. Naturgemäß fällt diese Beurteilung dem deutschen Rechtsverkehr schwerer als bei Urkunden einer deutschen Behörde oder eines deutschen Notars. An die Eigenschaft einer Urkunde als echte öffentliche Urkunde knüpft die Beweiswirkung des § 415 ZPO an; im Handelsregister- und im Grundbuchverfahren ist diese Eigenschaft zur Nachweisführung verfahrensrechtlich vorgeschrieben. Daher stellt sich hier die Frage, ob für ausländische Urkunden noch weitere Echtheitsnachweise erforderlich sind, damit die Urkunde als öffentliche Urkunde anerkannt wird. Aber auch außerhalb des Register- bzw. Grundbuchverfahrens können die Beteiligten eine zusätzliche Bestätigung der Echtheit z. B. einer von einem ausländischen Geschäftspartner vorgelegten Vollmachtsurkunde wünschen, um zusätzliche Sicherheit zu erlangen. 179

Einen Zwang zur Beschaffung weiterer Echtheitsnachweise kennt das deutsche Recht nicht. Auch im Grundbuch- und im Registerrecht unterliegt die **Echtheit** ausländischer öffentlicher Urkunden grundsätzlich der **freien Beweiswürdigung:** Ob eine Urkunde ohne näheren Nachweis als echt anzusehen sei, hat das Gericht nach den Umständen des Falles zu ermessen (§ 438 Abs. 1 ZPO); dies gilt auch im Bereich der freiwilligen Gerichtsbarkeit.[216] Die Gerichte können daher davon absehen, weitere Echtheitsnachweise zu verlangen.[217] In der Praxis ist ihre Verwendung aber völlig üblich. Bedarf daher eine notarielle Urkunde des Vollzugs im Handelsregister oder im Grundbuch, sollte der Notar ausländische Vertretungsweise stets von vornherein mit Echtheitsnachweis einreichen. Bei aus mehreren Teilen bestehenden Urkunden (z. B.: notariell beglaubigte Vollmacht mit angehängtem notariell beglaubigtem *Secretary's Certificate*) müssen sämtliche öffentliche Teile der Urkunde (d. h. im Beispiel die beiden notariellen Beglaubigungsvermerke) mit einem Echtheitsnachweis versehen werden. 180

Gemäß § 438 Abs. 2 ZPO i. V. m. § 2 des Gesetzes betreffend die Beglaubigung öffentlicher Urkunden vom 1. 5. 1878[218] gilt die Echtheit einer ausländischen öffentlichen Urkunde jedenfalls dann als erwiesen, wenn sie **legalisiert** ist. Die Legalisation oder Überbeglaubigung stellt die **stärkste Form des Echtheitsnachweises** dar. Bei der Legalisation im engeren Sinne (§ 13 Abs. 2 KonsularG) wird die Echtheit der Unterschrift, die Eigenschaft, in der der Unterzeichner der Urkunde gehandelt hat, und ggf. die Echtheit eines auf der Urkunde angebrachten Siegels bestätigt. Bei der Legalisation im weiteren Sinne (§ 13 Abs. 4 KonsularG), die nur auf Antrag erfolgt, wird zusätzlich bestätigt, dass der Aussteller zur Aufnahme der Urkunde zuständig war und dass die Formvorschriften am Ausstellungsort beachtet worden sind. Üblich und grundsätzlich ausreichend für die Zwecke des Register- und des Grundbuchverfahrens[219] ist die Legalisation im engeren Sinne. Aufgrund des Erfahrungssatzes, dass ausländische Urkunden grundsätzlich unter Wahrung der Zuständigkeits- und Formvorschriften errichtet werden, darf die Legalisation im weiteren Sinne nur im Ausnahmefall verlangt werden.[220] Zuständig für die Legalisation sind die deutschen Konsularbeamten für die in ihrem Amtsbezirk ausgestellten Urkunden (§ 13 Abs. 1 KonsularG). Eine Liste der deutschen Auslandsvertretungen ist auf der Website des Auswärtigen Amts einsehbar.[221] 181

Eine Vereinfachung des Echtheitsnachweises bewirkt das Haager Abkommen vom 5. 10. 1961 zur Befreiung ausländischer öffentlicher Urkunden von der Legalisation.[222] Zwischen den Vertragsstaaten wird die Legalisation ersetzt durch die **Apostille**, eine formalisierte 182

[216] LG Berlin NZG 2004, 1014, 1016.

[217] Für das Handelsregisterverfahren OLG Schleswig DNotZ 2008, 709 = FGPrax 2008, 217, 219; LG Berlin NZG 2004, 1014, 1016; Krafka/Willer/Kühn/*Krafka/Kühn* Rdnr. 152; für das Grundbuchverfahren einschränkend BeckOK GBO/*Zeiser* Internationale Bezüge Rdnr. 117 („ausnahmsweise").

[218] RGBl. 1878, 89.

[219] Zum Grundbuchverfahren BeckOK GBO/*Zeiser* Internationale Bezüge Rdnr. 117.

[220] BeckOK GBO/*Zeiser* Internationale Bezüge Rdnr. 118.

[221] http://www.auswaertiges-amt.de.

[222] BGBl. II 1965, 857.

Echtheitsbescheinigung, die durch die Behörden des ausländischen Staates vorgenommen wird.[223] Einer im Bereich des Haager Abkommens errichteten, mit der Apostille versehenen Urkunde kommt in Deutschland die gleiche Wirkung zu wie einer legalisierten Urkunde.[224] Eine regelmäßig aktualisierte Liste der Beitrittsstaaten des Abkommens ist auf der Website der Haager Konferenz[225] und außerdem auch auf der Homepage des DNotI[226] (unter „Arbeitshilfen") abrufbar.

Die Website der Haager Konferenz enthält außerdem eine Liste der für die Ausstellung der Apostille zuständigen Behörden der Vertragsstaaten.

183 Im Anwendungsbereich **bilateraler Abkommen** über die gegenseitige Anerkennung von Urkunden ist ein zusätzlicher Echtheitsnachweis nicht erforderlich, wenn die betreffende Urkunde von dem Abkommen erfasst ist. Für notarielle Urkunden hat die Bundesrepublik Deutschland Abkommen mit Belgien,[227] Dänemark,[228] Frankreich,[229] Italien[230] und Österreich[231] geschlossen. Weitere Abkommen bestehen mit Griechenland[232] und der Schweiz, jedoch erfassen diese nicht die Verwendung notarieller Urkunden; ein mit Polen geschlossenes Abkommen wird nicht mehr angewandt.[233]

184 Sowohl bei der Legalisation als auch bei der Einholung der Apostille können **Zwischenbeglaubigungen** erforderlich sein. D. h. eine übergeordnete Behörde bestätigt zunächst die Echtheit der Unterschrift der untergeordneten Behörde oder des Notars; anschließend bestätigt dann das Konsulat bzw. die für die Ausstellung der Apostille zuständige Behörde die Echtheit der Unterschrift der übergeordneten Behörde. Dies ist z. B. in einer Reihe von Bundesstaaten der USA erforderlich. So muss zur Einholung der Apostille die Unterschrift des *notary public* häufig zunächst noch durch den *County Clerk* als zwischengeschaltete Behörde zwischenbeglaubigt werden, bevor der *Secretary of State* die Apostille erteilt.

185 In einer Reihe von Staaten nehmen die deutschen Auslandsvertretungen keine Legalisation mehr vor, weil nach den dortigen Verhältnissen (in der Regel also wegen zu vieler Fälschungen) die **Echtheit** der Urkunde **nicht gewährleistet** werden kann. Eine Liste dieser Staaten findet sich auf der Website des Auswärtigen Amts.[234] In diesen Fällen muss ein Echtheitsnachweis auf andere Art und Weise geführt werden. Hierzu wird empfohlen, in Absprache mit der deutschen Botschaft in dem betreffenden Land örtliche Anwälte mit der (kostenpflichtigen) Erstellung eines Gutachtens zu beauftragen.[235]

186 **b) Übersetzungen.** Die Gerichtssprache ist deutsch (§ 184 GVG). Gleichwohl ist die Vorlage **fremdsprachiger Vertretungsnachweise** beim Handelsregister oder beim Grundbuchamt nicht unzulässig. Ist der Richter bzw. Rechtspfleger der fremden Sprache hinreichend mächtig, so kann und soll er auf die Vorlage von Übersetzungen verzichten.[236] Andernfalls hat er

[223] Ein Muster der Apostille ist im Anhang des Haager Übereinkommens abgedruckt (vorherige Fn.), ebenso bei BeckOK GBO/*Zeiser* Internationale Bezüge Rdnr. 141.

[224] Ebenroth/Boujong/Joost/Strohn/*Schaub* HGB Anhang Handelsregisteranmeldungen mit Auslandsbezug Rdnr. 68.

[225] http://www.hcch.net.

[226] http://www.dnoti.de.

[227] Vertrag zwischen der BRD und dem Königreich Belgien über die Befreiung öffentlicher Urkunden von der Legalisation vom 13. 5. 1975, BGBl. II 1980, 813.

[228] Deutsch-Dänisches Beglaubigungsabkommen vom 17. 6. 1936, RGBl. II 1936, 213, BGBl. II 1953, 186.

[229] Abkommen zwischen der BRD und der Französischen Republik über die Befreiung öffentlicher Urkunden von der Legalisation vom 13. 9. 1971, BGBl. II 1974, 1074.

[230] Art. 1 Abs. 1 und 3 Nr. 4 des Vertrages zwischen der BRD und der Italienischen Republik über den Verzicht auf die Legalisation von Urkunden vom 7. 6. 1969, BGBl. II 1974, 1069.

[231] Deutsch-Österreichischer Beglaubigungsvertrag vom 21. 6. 1923, RGBl. II 1924, 55.

[232] In der Praxis wird im Rechtsverkehr mit Griechenland eine Apostille verwendet, vgl. WürzbNotarHdb/*Hertel* Teil 7 Kapitel 1 Rdnr. 25.

[233] WürzbNotarHdb/*Hertel* Teil 7 Kapitel 1 Rdnr. 25.

[234] http://www.konsularinfo.diplo.de/Vertretung/konsularinfo/de/05/Urkundenverkehr__Allgemein/Urkundenverkehr.html.

[235] WürzbNotarHdb/*Hertel* Teil 7 Kapitel 1 Rdnr. 23.

[236] OLG Schleswig DNotZ 2008, 709 = FGPrax 2008, 217, 218 f.; Ebenroth/Boujong/Joost/Strohn/*Schaub* HGB Anhang Handelsregisteranmeldungen mit Auslandsbezug Rdnr. 74; Hügel/*Zeiser* BeckOK GBO Internationale Bezüge Rdnr. 21.

die Richtigkeit einer Übersetzung zunächst nach eigenem Ermessen zu beurteilen. Bei verbleibenden Zweifeln kann er auch eine beglaubigte Übersetzung verlangen.

Beglaubigte Übersetzungen werden durch allgemein beeidigte bzw. bestellte Dolmetscher 187
oder durch allgemein ermächtigte Übersetzer erstellt. Aufgrund einer von diesen erteilten Bescheinigung gilt die Übersetzung als richtig und vollständig (§ 2 I der Verordnung des Reichsministers der Justiz zur Vereinfachung des Verfahrens auf dem Gebiet des Beurkundungsrechts vom 21. 10. 1942). Dolmetscher und Übersetzer werden bei den nach Landesrecht jeweils zuständigen Gerichten in Listen geführt. Eine Liste der zuständigen Gerichte sowie eine Suchfunktion für Übersetzer ist auf einer (im Auftrag des Bundes und der Länder erstellten) Internetseite des Landes Hessen verfügbar.[237] Eine „Exotenliste" von Übersetzern für seltene Sprachen findet sich auch bei den Arbeitshilfen auf der Homepage des DNotI.[238]

Soweit Vertretungsnachweise (z. B. Vollmachten) von dem Notar selbst entworfen wer- 188
den, empfiehlt es sich jedenfalls, diese **von vornherein zweisprachig** abzufassen; damit lassen sich Zeit und Kosten für die Beteiligten sparen.

[237] http://www.justiz-dolmetscher.de.
[238] http://www.dnoti.de.

13. Teil. Unternehmensnachfolge

§ 26 Unternehmensnachfolge

Übersicht

	Rdnr.
I. Einführung	1–10
1. Rolle des Notars	1–4
2. Vor- und Nachteile einer vorweggenommenen Erbfolge	5–9
3. Nicht behandelte Unternehmensformen bzw. -nachfolgegestaltungen	10
II. Grundfragen	11–26
1. Bestandsaufnahme	11–13
2. Ermittlung der Interessen und Regelungsziele	14–16
3. Typisierung der persönlichen Lebenssituationen	17–26
a) Junger Unternehmer mit/ohne Partner bzw. mit jungen Kindern bzw. Kinderwunsch	18–22
b) Ältere Unternehmer mit oder ohne Partner, jedoch ohne Abkömmlinge	23/24
c) Ältere Unternehmer mit oder ohne Partner, jedoch mit Abkömmlingen	25/26
III. Ziele einer Unternehmensnachfolge und deren Umsetzung	27–86
1. Unternehmensfortführung	28–35
a) Fortführung durch Familienangehörige	29–32
b) Fortführung durch Dritte	33/34
c) Veräußerung	35
2. Konfliktvermeidung, gerechte Verteilung	36–41
a) Aus dem Pflichtteilsrecht resultierende Ansprüche	37–39
b) Aus dem Eherecht resultierende Ansprüche	40/41
3. Wirtschaftliche Absicherung	42–51
a) Nießbrauch, sonstige Nutzungsrechte	43
b) Einmalige Zahlungen	44
c) Leibrente, dauernde Last	45/46
d) Zurückbehaltung von Vermögensgegenständen	47
e) Haftentlassung, Freigabe von Sicherheiten	48/49
f) Verpachtung	50
g) Leistungen der Gesellschaft	51
4. Rückabwicklung und Sicherung der Einflussnahme	52–68
a) Rückübertragungs- und Widerrufsrechte, auflösende Bedingungen	53–55
b) Gesellschaftsvertragliche Sicherungsinstrumente	56–68
5. Schenkungscharakter einer vorweggenommenen Erbfolge	69–74
6. Formvorschriften, Vollzugs- und Zustimmungserfordernisse	75–86
a) Schenkungsversprechen	75–77
b) Zuwendung von GmbH-Anteilen	78
c) Zuwendung von Grundstücken	79
d) Formbedürftigkeit aufgrund des erforderlichen dinglichen Rechtsgeschäfts	80
e) Weitere Formerfordernisse	81
f) Vollzugserfordernisse	82
g) Sonstige Zustimmungserfordernisse	83–86
IV. Einzelunternehmen	87–104
1. Übertragung des Einzelunternehmens auf einen Nachfolger	87–100
a) Übertragung von Wirtschaftsgütern	89–91
b) Vertragsübernahmen	92
c) Firmenfortführung, Haftungsbegrenzung und Haftentlassung, Freigabe von Sicherheiten	93/94
d) Gegenleistungen	95
e) Rente oder dauernde Last	96
f) Nießbrauch, Wohnrecht	97–99
2. Beteiligung des Nachfolgers durch Umwandlung des Einzelunternehmens in eine Personen- oder Kapitalgesellschaft	100–104

	Rdnr.
V. Personengesellschaften	105–153
1. Übertragung eines Gesellschaftsanteils auf einen/mehrere Nachfolger	106–110
2. Aufnahme eines/mehrerer Nachfolger(s) in eine Personengesellschaft	111–113
3. Sicherung des Übergebers	114–119
a) Nießbrauch	115/116
b) Rückforderungsrechte, auflösende Bedingung, Kündigungsklauseln	117/118
c) Zurückbehalt von Wirtschaftsgütern	119
4. Wesentliche gesellschaftsvertragliche Regelungen für Familiengesellschaften	120–153
a) Gesellschafterrechte, Mehrheitsentscheidungen, Gesellschaftsanteil	121–129
b) Kündigungsrecht, Ausschluss von Gesellschaftern, Abfindung	130–137
c) Verhinderung familienfremder Gesellschafter	138/139
d) Nachfolge von Todes wegen	140–152
e) Güterstandsklauseln	153
VI. Kapitalgesellschaften	154–177
1. Übertragung eines Geschäftsanteils auf einen/mehrere Nachfolger	155–157
2. Aufnahme eines/mehrerer Nachfolger(s) in eine Kapitalgesellschaft	158/159
3. Sicherung des Übergebers	160
a) Nießbrauch	162–164
b) Rückforderungsrechte, auflösende Bedingung, Kündigungsklausen	165–167
c) Zurückbehalt von Wirtschaftsgütern	168
4. Wesentliche Satzungsregelungen für Familienkapitalgesellschaften	169–177
a) Gesellschafterrechte, Mehrheitsentscheidungen, Sonderrechte	170–174
b) Verhinderung familienfremder Gesellschafter	175–177
VII. Umwandlung des Unternehmens zur Gestaltung der Nachfolge	178–208
1. Wesentliche Merkmale einer Personengesellschaft	179–185
a) Gründung und Änderung des Gesellschaftsvertrags, Änderung des Gesellschafterbestands	179/180
b) Geschäftsführung, Vertretung	181
c) Haftung	182/183
d) Anwachsung, Nachfolge von Todes wegen	184/185
2. Eignung von GbR, OHG und KG	186–190
3. Wesentliche Merkmale einer Kapitalgesellschaft	191–196
a) Gründung und Änderung des Gesellschaftsvertrags, Veräußerbarkeit	191–193
b) Geschäftsführung, Vertretung	194
c) Haftung	195
d) Nachfolge von Todes wegen	196
4. Wesentliche Merkmale einer GmbH & Co. KG	197–201
a) Gründung und Änderung des Gesellschaftsvertrags, Veräußerbarkeit	198
b) Geschäftsführung, Vertretung	199
c) Haftung	200
d) Nachfolge von Todes wegen	201
5. Eignung der GmbH, der GmbH & Co. KG und der AG	202
6. Personen- oder Kapitalgesellschaft?	203/204
VIII. Stille Gesellschaft und Unterbeteiligung	205–215
1. Allgemeines und Abgrenzung	205
2. Stille Gesellschaft	206–212
a) Rechtliche Grundlagen	206–209
b) Wesentliche vertragliche Regelungen	210–212
3. Unterbeteiligung	213–215
IX. Der Beirat	216–227
1. Allgemeines	216
2. Mögliche Aufgaben und Kompetenzen eines Beirats	217
3. Schaffung eines Beirats als Gesellschaftsorgan und dessen Organisation	218–220
4. Nutzen für Unternehmensnachfolge	221/222
5. Kompetenzen und Grenzen der Kompetenzverlagerung	223–227
a) Grenzen einer Kompetenzverlagerung zu Lasten der Gesellschafterversammlung	226
b) Grenzen einer Kompetenzverlagerung zu Lasten der Geschäftsführung	227
X. Beteiligung Minderjähriger	228–248
1. Allgemeines	228
2. Vertretung eines Minderjährigen – Erfordernis eines Ergänzungspflegers	229–238

Rdnr.
3. Erfordernis einer familiengerichtlichen Genehmigung 239–248
a) Beteiligung des Minderjährigen bei der Gründung einer Gesellschaft ... 240/241
b) Unentgeltliche Aufnahme in eine bestehende Gesellschaft bzw. unentgeltlicher Erwerb einer Beteiligung durch den Minderjährigen 242–244
c) Entgeltliche Aufnahme in einer bestehende Gesellschaft bzw. entgeltlicher Erwerb einer Beteiligung durch den Minderjährigen 245/246
d) Genehmigungsverfahren 247/248
XI. Unternehmensnachfolge von Todes wegen 249–259
1. Allgemeines 249–252
2. Gestaltung durch Verfügung von Todes wegen 253–259
a) Allgemeine Gestaltungshinweise 253–255
b) Testamentsvollstreckung – Vollmacht 256–259
XII. Begleitmaßnahmen 260–270
1. Ehevertragliche Regelungen 260–262
2. Pflichtteilsansprüche 263–266
3. Vorsorgevollmacht.. 267–269
4. Notfallordner 270

Schrifttum: *Abele/Klinger/Maulbetsch*, Pflichtteilsansprüche reduzieren und vermeiden, 2010; *Blaurock*, Handbuch Stille Gesellschaft: Gesellschaftsrecht – Steuerrecht, 7. Aufl. 2010; *Bonefeld/Daragan/Wachter*, Der Fachanwalt für Erbrecht, 2. Aufl. 2009; *Brambring/Mutter*, Beck'sches Formularbuch Erbrecht, 2007; *Bürger*, Die Beteiligung Minderjähriger an Gesellschaften mit beschränkter Haftung, RNotZ 2006, 157; *Burandt*, Beck'sches Mandatshandbuch Erbrechtliche Unternehmensnachfolge, 2002; *Esch/Baumann/Schulze zur Wiesche*, Handbuch der Vermögensnachfolge, 7. Aufl. 2010; *Brüggemann*, FamRZ 1990, 124; *Bonefeld/Daragan/Wachter*, Der Fachanwalt für Erbrecht, 2. Aufl. 2009; *Führ/Nikoleyczik*, Vertretung und Genehmigungspflicht bei schenkweiser Übertragung von Kommanditanteilen auf Minderjährige, BB 2009, 2105; *Gerhardt/v. Heintschel-Heinegg/Klein*, Handbuch des Fachanwalts Familienrecht, 10. Aufl. 2011; *Groll*, Praxis-Handbuch Erbrechtsberatung, 3. Aufl. 2010; *Kort*, Das Informations- und Prüfungsrecht des stillen Gesellschafters gemäß § 233 HGB, DStR 1997, 1372; *Menzel*, Der minderjährige Kommanditist – bei Gründung, unentgeltlicher Anteilsübertragung und Erwerb von Todes wegen, MittBayNot 2010, 186; *Maier-Reimer/Marx*, Die Vertretung Minderjähriger beim Erwerb von Gesellschaftsbeteiligungen, NJW 2005, 3025; *Münch*, Ehebezogene Rechtsgeschäfte, 3. Aufl. 2011; *Scherer*, Münchener Anwaltshandbuch Erbrecht, 3. Aufl. 2010; *Spiegelberger*, Vermögensnachfolge, 2. Aufl. 2009; *Sudhoff*, Unternehmensnachfolge, 5. Aufl. 2005; *ders.*, Familienunternehmen, 2. Aufl. 2005; *Weigl*, Stille Gesellschaft und Unterbeteiligung, 2. Aufl. 2004; *Weigl*, Pflichtteilsanrechnung gegenüber Minderjährigen, MittBayNot 2008, 275; *Wiedemann/Kögel*, Beirat und Aufsichtsrat im Familienunternehmen, 2008; *Zimmermann*, Die Testamentsvollstreckung, 2. Aufl. 2003.

I. Einführung

1. Rolle des Notars

Die Ausgangssituation für den Notar ist bei der Annahme eines Mandats im Bereich der Unternehmensnachfolge sehr verschieden. So kommt es nicht selten vor, dass ein Unternehmer – vor allem Kleinunternehmer – den Notar als den ersten und mitunter auch als einzigen Berater in Bezug auf seinen Wunsch zur Gestaltung seiner Unternehmensnachfolge aufsucht. Im Rahmen der Mandatsanbahnung wird der Notar aber auch häufig über einen Steuerberater und/oder Rechtsanwalt kontaktiert und mit einem mehr oder weniger fertigen Gestaltungskonzept der Unternehmensnachfolge konfrontiert. Zwischen diesen beiden Extremen findet sich in der Praxis natürlich jede weitere Form einer Mandatierung. Dementsprechend variieren die Anforderungen an den Notar als Berater erheblich. Werden dem Notar ausgearbeitete Verträge vorgelegt, so beschränkt sich die Beratung häufig auf die Prüfung und anschließende Beurkundung der Verträge. Infolge der engen Zusammenarbeit mit den maßgeblichen Registern, ist ein Schwerpunkt des Notars die Prüfung der Vollzugsfähigkeit der Entwürfe in Bezug auf das Handelsregister und/oder Grundbuch. Fragen der Zweckmäßigkeit oder Angemessenheit der Gestaltung werden mitunter bewusst nicht gestellt. 1

Grundlegend anders ist hingegen die Situation, wenn der Steuerberater des Unternehmers „nur" ein Steuerkonzept für die geplante Unternehmensnachfolge ausgearbeitet hat und der Notar nunmehr mit der rechtlichen Umsetzung dieses Konzepts beauftragt wird. Hier ist der 2

Notar als Berater bspw. bei der Frage der Abfindung der Geschwister, der Absicherung der vereinbarten Gegenleistungen etc. gefordert. Das bestehende Beraterumfeld beeinflusst mithin die jeweiligen Anforderungen an den Notar.

3 Auch wenn es sich meist im weitesten Sinne um ein gesellschaftsrechtliches Mandat handelt, muss sich die Beratung regelmäßig auf den persönlichen Bereich des Unternehmers erstrecken. Denn die Frage nach der optimalen Gestaltung einer Unternehmensnachfolge ist ganz überwiegend mit Einzelunternehmen und Familiengesellschaften verbunden, die wiederum von den dahinter stehenden Persönlichkeiten, deren Familien und damit einhergehenden Interessengeflechten geprägt werden. Eine zweckmäßige Gestaltung der Unternehmensnachfolge muss infolge dieser besonderen individuellen Prägung der Unternehmen auf der persönlichen Lebensplanung und Lebensführung des Unternehmers aufbauen. Soll bspw. das Unternehmen auf mehrere Kinder übergehen und steht bereits fest, dass deren Verhältnis stark zerrüttet ist, dann kann regelmäßig kein noch so ausgefeilter Gesellschaftsvertrag den dauerhaften Forbestand des Unternehmens sichern. Denn die Geschwister und deren Beraterstab werden jede Gelegenheit zur Auseinandersetzung suchen und nutzen. Letzteres bindet Ressourcen, die nicht für die Bestandserhaltung und Fortentwicklung des Unternehmens zur Verfügung stehen.

4 Ein Notar ist im Regelfall gut beraten, sich einer steuerlichen Beurteilung der in Frage kommenden zivilrechtlichen Gestaltungen zu enthalten. Häufig fehlt ihm bereits die erforderliche Detailkenntnis hinsichtlich der steuerlichen Rechtslage in Bezug auf das vorhandene Vermögen. Letztere ist aber die notwendige Basis einer zuverlässigen Analyse der steuerlichen Folgen der ins Auge gefassten Unternehmensnachfolgeregelung. Soweit nicht ohnehin ein Steuerberater in den Vorgang involviert ist, sollte daher unbedingt auf eine Hinzuziehung eines solchen gedrungen werden.

2. Vor- und Nachteile einer vorweggenommenen Erbfolge

5 Ob eine Nachfolgeregelung sinnvoller Weise durch eine zumindest teilweise Übertragung des Unternehmens zu Lebzeiten oder durch eine Verfügung von Todes wegen erfolgt, wird maßgeblich von der rechtlichen Struktur des Unternehmens und vor allem der persönlichen Lebenssituation des Unternehmers beeinflusst. Sofern letztere die Gestaltung einer Unternehmensnachfolge als sinnvoll erscheinen lässt, vor allem in Hinblick auf das Lebensalter des Unternehmers, dann ist der zumindest teilweisen Übertragung zu Lebzeiten nahezu immer der Vorzug zu geben. Dies gilt umso dringender je mehr der Unternehmer in die tägliche Führung des Unternehmens involviert ist und je höher sein Anteil hieran ist.

6 Die **Vorteile** einer **Übertragung zu Lebzeiten** liegen auf der Hand. Zum einen ist eine nur teilweise Übertragung der Unternehmensbeteiligung bzw. stufenweise Beteiligung des Übernehmers am Unternehmen und somit ein fließender Übergang nur durch eine lebzeitige vertragliche Regelung möglich. Zum anderen kann der Unternehmer den Übertragungsprozess mehr oder weniger intensiv begleiten und steuern. Der gesamte Ablauf der Nachfolge lässt sich planen und entsprechend kommunizieren. Der Unternehmer kann den Nachfolger einarbeiten und bei Geschäftspartnern einführen. Ferner kann sich der Unternehmer persönlich für die Wahrung des Familienfriedens unter den gegebenenfalls zurückstehenden Familienmitgliedern einsetzen. Abhängig von den vertraglichen Regelungen wäre eine Korrektur bzw. sogar eine vollständige Rückabwicklung der Übertragung möglich.

7 In steuerlicher Hinsicht bringt die Übergabe zu Lebzeiten regelmäßig den Vorteil mit sich, dass sich die für die Übergabe vom Nachfolger zu erbringenden Gegenleistungen an den Übergeber, Ehegatten und Geschwister etc. regelmäßig wertmindernd bei der **schenkungsteuerlichen Bewertung** des Vorganges auswirken. Des Weiteren lassen sich durch eine frühzeitige Beteiligung der Abkömmlinge am Unternehmen und durch die damit verbundene **Verlagerung von Einkünften** auf die Abkömmlinge in einkommensteuerlicher Hinsicht mitunter beachtliche Progressionsvorteile erzielen.

8 Schließlich sollten insbesondere in Bezug auf **Auslandsvermögen** die erheblichen Komplikationen infolge der Komplexität des internationalen Erbrechts und der Zuständigkeit verschiedener internationaler Behörden für die Abwicklung des Nachlasses nicht unterschätzt

werden. Neben der rechtlichen Komplexität ist mit der erbrechtlichen Abwicklung regelmäßig ein verhältnismäßig hoher administrativer Aufwand mit entsprechenden zeitlichen Verzögerungen verbunden.

Der **Nachteil** einer jeden vorweggenommenen Erbfolge ist die damit zwingend verbundene Abgabe von Vermögenswerten. Dieser Nachteil kann nur bedingt durch entsprechende Sicherungen und Gestaltungen abgefedert werden. Trotz der Möglichkeit von Rückübertragungsverpflichtungen, auflösenden Bedingungen etc. können nicht sämtliche mit einer Fehlentwicklung möglicherweise entstehenden Schädigungen und vor allem persönlichen Enttäuschungen durch die vertraglichen Regelungen ausgeschlossen werden. Dies sollte dem Übergeber gegebenenfalls zu passender Gelegenheit vor Augen geführt werden. 9

Von diesen für eine vorweggenommene Erbfolge sprechenden Zweckmäßigkeitserwägungen zu trennen ist die für nahezu jeden Unternehmer erforderliche rechtliche Vorsorge für den Fall einer ungewollten Beendigung der Unternehmensführung, insbesondere aufgrund eines Unfalls oder einer Krankheit. Die erforderlichen Vorsorgemaßnahmen, insbesondere eine Verfügung von Todes wegen sowie eine so genannte Vorsorgevollmacht, werden nachfolgend unter Abschnitt XI. Und XII. behandelt.

3. Nicht behandelte Unternehmensformen bzw. -nachfolgegestaltungen

In dieser Abhandlung wird die Unternehmensnachfolge in Bezug auf die nachfolgend aufgeführten Unternehmen, Praxen bzw. Anteilen an solchen Gesellschaften/Unternehmen nicht behandelt: 10

- Praxis eines Freiberuflers,
- Anteil an einer Sozietät von Freiberuflern,
- Anteil an einer Partnerschaftsgesellschaft
- Anteil an einer europäischen wirtschaftlichen Interessenvereinigung (EWIV)
- Hofübergabe eines landwirtschaftlichen Betriebs
- Anteil an einer Genossenschaft.

Des Weiteren wird die Gründung einer Stiftung im Zuge einer Unternehmensnachfolge nicht erörtert. Die Ausklammerung dieser Gestaltungen erfolgt zum einen aus Platzgründen. Zum anderen infolge ihrer mangelnden Relevanz für die übliche notarielle Praxis.

II. Grundfragen

1. Bestandsaufnahme

Eine erfolgreiche Beratung hinsichtlich einer Unternehmensnachfolge erfordert eine gründliche Bestandsaufnahme. Eine Bestandsaufnahme sollte vor allem folgende Bereiche umfassen: 11

Checkliste einer Bestandsaufnahme

- ☐ Persönliche Lebenssituation und -planung
  - Lebensalter des Unternehmers
  - Familienstand
  - Güterstand
  - Zahl der Abkömmlinge und aus welcher Beziehung
  - Verhältnis der Abkömmlinge zueinander und zum jetzigen Ehegatten
  - Lebensalter, Eignung und Lebensplanung der Abkömmlinge
- ☐ Bestand und Umfang des Betriebsvermögens
- ☐ Bestand und Umfangs des Privatvermögens
- ☐ Bestand und Aufbau der Altersvorsorge
- ☐ Interessen der von der Unternehmensnachfolge betroffenen Personen/Unternehmen

12 Unternehmensnachfolgegestaltungen werden in erster Linie im Bereich von Klein- und Mittelständischen Unternehmen nachgefragt. Diese Unternehmen sind wiederum mehr oder minder stark von den Unternehmern und den dahinter stehenden Familien geprägt. Daher müssen im Rahmen des Beratungsgespräches früher oder später auch persönliche Fragen, wie beispielsweise das Verhältnis der Kinder des Unternehmers zueinander oder das Verhältnis des möglicherweise zweiten Ehegatten des Unternehmers zu den Stiefkindern etc. gestellt und vor allem offen gelegt werden.

13 Eine Bestandsaufnahme ist nur brauchbar, wenn sie vollständig ist, d.h. es ist besonders darauf zu achten, dass die Angaben vollständig und wahrheitsgemäß sind. Letzteres gilt gerade für den persönlichen Bereich. Denn ein verschwiegenes uneheliches Kind kann durch seine Pflichtteilsansprüche bspw. eine wohlerwogene Gestaltung vollkommen aus dem Konzept bringen. Eine Bestandsaufnahme darf nicht bei einer Auflistung des vorhandenen Vermögens/Verträge stehen bleiben. Vielmehr ist darüber hinaus insbesondere in Hinblick auf störende Ansprüche, wie bspw. Pflichtteilsansprüche, der vorhandene Bestand zu bewerten. In gleicher Weise kann die Frage, ob eine ausreichende Altersvorsorge gegeben ist, nur beantwortet werden, wenn die Ansprüche aus den bestehenden Verträgen bzw. gegenüber der gesetzlichen Rentenkasse beziffert wurden.

2. Ermittlung der Interessen und Regelungsziele

14 Die Gestaltung der Unternehmensnachfolge Klein- und Mittelständischer Unternehmen nimmt regelmäßig nicht den gewünschten Lauf, wenn nicht in Ergänzung zur erforderlichen Bestandsaufnahme die Interessen bzw. Regelungsziele aller von der Nachfolge betroffenen Personen bzw. der Unternehmensmitarbeiter ermittelt und in die Planung der Unternehmensnachfolge einbezogen werden.

Betroffene einer Unternehmensnachfolge und deren mögliche Interessen

- ☐ Interessen/Regelungsziele des Unternehmers
  - Unternehmenskontinuität
  - Konfliktvermeidung, gerechte Verteilung unter den Familienangehörigen/Begünstigten
  - wirtschaftliche Absicherung der eigenen Person und Versorgung nahestehender Personen
  - Möglichkeit einer Rückabwicklung und/oder sonstigen Sicherung der Einflussnahme
- ☐ Interessen/Regelungsziele des/der Unternehmensnachfolger
  - Einführung und Einarbeitung
  - Schutz vor Liquiditätsgefährdenden Ansprüchen Dritter
  - Schutz vor Liquiditätsgefährdenden Ansprüchen des Übergebers
  - Geringe Einflussnahmemöglichkeiten des Übergebers und/oder Dritter
- ☐ Interessen anderer Erbfolgeberechtigter
  - Auswahl als Unternehmensnachfolger
  - Teilhabe am Nachlass, zumindest entsprechend der gesetzlichen Erbquote
  - Einflussnahme auf das Unternehmen
- ☐ Interessen des Unternehmens und seiner Mitarbeiter
  - Unternehmenskontinuität
  - Schutz vor unternehmensgefährdenden Ansprüchen
  - Erhalt lebensfähiger Einheiten bei Spaltung/Verkauf
- ☐ Gemeinsames Interesse aller: Reduktion der mit einer Unternehmensnachfolge verbundenen Steuerlast

15 Diese Parameter sollten, soweit nicht ohnehin bekannt, relativ zügig in Erfahrung gebracht werden, um darauf aufbauend in die Details der Beratung und Gestaltung einsteigen zu können. Wie so oft widersprechen sich einige der vorstehenden Parameter, so dass der Mandant Schwerpunkte setzen und Entscheidungen bzw. Prioritäten treffen muss, indem bestimmten Interessen Vorrang vor anderen eingeräumt werden. Dementsprechend sind regelmäßig in der Gestaltung Kompromisse einzugehen. Letzteres aufzuzeigen ist ein wesentlicher Bestandteil der Beratung.

Unabhängig von den vorgenannten Interessen steht bei jeder Diskussion über eine sinnvolle Gestaltung der Unternehmensnachfolge, die Frage der **Steuerbelastung** und die Möglichkeiten ihrer Reduktion häufig gleich am Anfang jeden Mandats. Steuern zu sparen ist jedoch kein sinnhaftes Regelungsziel im eigentlichen Sinne. Würde man dem Gesichtpunkt der Steuerersparnis auf die gleiche Stufe mit den vorgenannten Regelungszielen stellen, so würde man immer Gestaltungen finden, die insoweit noch vorteilhafter sind, jedoch allen anderen verfolgten Interessen mehr oder weniger entgegenstehen. Hat ein Unternehmer beispielsweises vier Kinder, von denen einer zur Unternehmensnachfolge geeignet ist, die anderen – aus welchen Gründen auch immer – nicht, so mag eine Übertragung des Unternehmens auf alle eine in Hinblick auf die Freibeträge und die Steuersätze gemäß dem Erbschaftsteuergesetz zweckmäßige Gestaltung sein. Dem Regelungsziel der Kontinuität und der Konfliktvermeidung kann und wird mit einer solchen Umsetzung im seltesten Falle genüge getan. Häufig ist es sogar so, dass gerade die den nachstehend erläuterten Zielen wenigstens teilweise diametral entgegenstehenden Gestaltungen den steuersparendsten Effekt aufweisen. Nur nutzt es dem Unternehmen und dem Unternehmer wenig, wenn zwar kurzfristig Steuern gespart wurden, das Unternehmen mittelfristig infolge der Konflikte in der Familie oder infolge eines unvernünftigen, jedoch steuersparenden Liquiditätsabflusses insolvent wird. Die Frage der Steuerbelastung sollte daher immer erst dann erörtert und geprüft werden, wenn mehrere rechtlich und „familienpolitisch" sinnvolle Alternativen herausgearbeitet wurden. 16

3. Typisierung der persönlichen Lebenssituationen

Die persönliche Lebenssituation des Mandanten sowie seine Vorstellungen bilden den Ausgangspunkt und den Mittelpunkt jeder Beratung und Gestaltung. Eine Unternehmensübergabe zu Lebzeiten scheidet beispielsweise bei einem unverheirateten Jungunternehmer von vorneherein aus. Hier ist eine passende Verfügung von Todes wegen sowie eine Vorsorgevollmacht im Regelfall die erste Wahl für eine ausreichende Vorsorge für den Fall des Eintritts eines Unglücks. 17

Ohne den Anspruch auf Vollständigkeit erheben zu können, trifft man in der Praxis die nachfolgenden Lebenssituationen immer wieder an:

- Junger Unternehmer mit/ohne Partnerin ohne Kinder bzw. Kinderwunsch
- Unternehmer, verheiratet bzw. mit Partnerin und mit jungen Kindern bzw. Kinderwunsch
- Länger verheirateter älterer Unternehmer ohne Kinder(-wunsch)
- Verheirateter Unternehmer mit erwachsenen Kindern
- Verheirateter Unternehmer mit Kindern aus unterschiedlichen Beziehungen
- Wiederverheirateter Unternehmer ohne Kinder
- Älterer lediger/verwitweter Unternehmer ohne Kinder
- Älterer lediger/verwitweter Unternehmer mit Partnerin

Diese typischen Lebensphasen bzw. -modelle lassen sich in Hinblick auf den daraus folgenden Beratungs- und Gestaltungsbedarf wiederum wie folgt grob zusammenfassen:

a) **Junger Unternehmer mit/ohne Partner bzw. mit jungen Kindern bzw. Kinderwunsch.** Bei solchen Ausgangsituationen will der Betroffene im Regelfall nur eine Vorsorge für den Eintritt eines Unglücksfalles in Bezug auf seine Person treffen. Der Unternehmer hat kein Bestreben sein Unternehmen zum jetzigen Zeitpunkt auf einen anderen zu übertragen. Eine Vermögensübergabe zu Lebzeiten scheidet mithin aus. 18

Häufige Regelungsziele

- Sicherung der Kontinuität des Unternehmens
- Sicherung des Partners und/oder der Abkömmlinge

Mögliche Maßnahmen

- Verfügung von Todes wegen
- Vorsorgevollmacht

19 Die Sicherung der Kontinuität des Unternehmens im Falle des Ablebens und die Sicherung der Lebensgrundlage der Familie werden häufig zwei gleich gewichtete Regelungsziele sein. Die Sicherung der Kontinuität des Unternehmens im Falle des Ablebens kann im Grunde nur in der Weise erreicht werden, als eine zur Fortführung geeignete Person als Erbe bzw. Vermächtnisnehmer eingesetzt wird. Letzteres kann in Widerspruch zu dem Wunsch nach einer Versorgung des aktuellen Partners stehen.

20 Die Erbeinsetzung des Partners wird in der Mehrzahl der Fälle eine geeignete Vorsorgemaßnahme sein. Ist der Partner zur Fortführung geeignet, ist die Alleinerbeinsetzung des Partners die einfachste und effektivste Lösung. Ob darüber hinaus junge Kinder bereits miterben sollen, wird unter anderem von der Struktur des Unternehmens – Kapitalgesellschaft oder nicht – und dem Umfang des Nachlasses abhängen. In Hinblick auf die Steuerbarkeit des Unternehmens wird man in dieser Lebensphase meist von einer Miterbeinsetzung der Kinder als Erben absehen. Minderjährige Kinder als Gesellschafter können bspw. eine Kreditbeschaffung erschweren und bergen die Gefahr einer künftig erforderlich werdenden Beteiligung des Familiengerichts bei Durchführung bestimmter Unternehmensmaßnahmen, vgl. § 1643 BGB. Dies kann die Handlungsfähigkeit des längerlebenden Partners erheblich einschränken.

21 Handelt es sich um ein altes Familienunternehmen, so besteht mitunter der Wunsch, dass das Unternehmen an die Familie bzw. bestimmte Personen/Stämme der Familie (zurück) fallen soll. Der Partner kann durch entsprechende Zahlungsauflagen – sei es in Form einer Einmalzahlung, sei es in Form einer Leibrente oder Reallast – abgesichert werden. Der als nötig empfundene Sicherungsbedarf wird sicherlich sehr unterschiedlich sein und von der jeweiligen aktuellen Lebenssituation sowie der beruflichen Situation des Partners abhängen. Ob der Partner als Erbe eingesetzt wird oder nur ein Vermächtnis erhält, sollte von der Struktur des Unternehmens sowie dessen Wert im Verhältnis zum übrigen Vermögen abhängig gemacht werden.

22 Wird der Partner als Erbe eingesetzt und die Weitergabe des Unternehmens über ein Vermächtnis gelöst, sollte der Vermächtnisnehmer als Testamentsvollstrecker eingesetzt werden und gegebenenfalls zusätzlich eine Vollmacht erhalten. Gleiches gilt, wenn der Partner zur Fortführung des Unternehmens – aus welchen Gründen auch immer – nicht in der Lage sein sollte. Dann wird der rasche Verkauf des Unternehmens nach Eintritt des Erbfalls stets eine Option sein. Daher sollte im Einzelfall daran gedacht werden, dem Ehegatten einen Testamentsvollstrecker zur Seite zu stellen.

23 **b) Ältere Unternehmer mit oder ohne Partner, jedoch ohne Abkömmlinge.** Im Gegensatz zur nachfolgenden Fallgestaltung ist das Thema Familienfriede bzw. gerechte Verteilung unter Familienmitgliedern im Regelfall in dieser Fallgestaltung kein in die Beratung mit einzubeziehender Gesichtspunkt.

Häufige Regelungsziele

- Sicherung der Kontinuität des Unternehmens
- Sicherung des Partners

24 Die Vorsorgung des Partners hat mitunter sogar mehr Gewicht als eine Sicherung der Kontinuität des Unternehmens. Letzteres zeigt sich teilweise darin, dass der künftige Verkauf des Unternehmens in Ermangelung eines familieninternen Nachfolgers als eine Option in Erwägung gezogen wird. Sofern der Ehepartner nicht ohnehin schon am Unternehmen beteiligt ist, ist eine Beteiligung desselben nicht zuletzt aus Gründen der Schenkungsteuer, Ausschöpfen von Freibeträgen etc., eine Option.

Mögliche Maßnahmen

- Beteiligung des Partners am Unternehmen
- Beteiligung eines Dritten als Nachfolger am Unternehmen
- Vorbereitung eines Verkaufs
- Verfügung von Todes wegen
- Vorsorgevollmacht

c) **Ältere Unternehmer mit oder ohne Partner, jedoch mit Abkömmlingen.** Um Unterschied zu der vorangehenden Fallgestaltung ist die Sicherung des Familienfriedens häufig ein zentrales Anliegen des Unternehmers und/oder seines Partners in solchen Situationen. 25

Häufige Regelungsziele

- Sicherung der Kontinuität des Unternehmens
- Sicherung des Ehepartners
- Sicherung des Familienfriedens

Sowohl von den Beratungs- als auch von den Gestaltungsanforderungen sind diese Fallgestaltungen am anspruchsvollsten, denn hier treffen die meisten Regelungswünsche aufeinander. Letzteres wird nicht zuletzt dadurch bedingt, dass die Zahl der mit einzubindenden Personen meist deutlich größer ist. Ein weiterer nicht zu unterschätzender Faktor sind die zwischenmenschlichen Zu- und Abneigungen und die damit verbundenen Emotionen und zwar zum einen im Verhältnis jeden Elternteils zu jedem Kind und vor allem der Kinder und gegebenenfalls sogar von deren Partnern untereinander. 26

Mögliche Maßnahmen

- Beteiligung des Ehepartners am Unternehmen
- Beteiligung eines/mehrerer Abkömmling(e) als Nachfolger am Unternehmen
- Abfindung von Abkömmlingen verbunden mit Pflichtteilsverzichtserklärungen
- Verfügung von Todes wegen
- Vorsorgevollmacht

III. Ziele einer Unternehmensnachfolge und deren Umsetzung

Wenn sich ein Unternehmer mit dem Thema der Unternehmensnachfolge befasst, so verfolgt er mit deren zivilrechtlicher Umsetzung regelmäßig ein oder mehrere Ziele. Die mit Abstand häufigsten Regelungsziele sind: 27

Wesentliche Ziele einer Unternehmensnachfolge

- Unternehmenskontinuität
- Konfliktvermeidung, gerechte Verteilung unter den Familienangehörigen/Begünstigten
- wirtschaftliche Absicherung der eigenen Person und Versorgung nahestehender Personen
- Möglichkeit der Rückabwicklung und Sicherung der Einflussnahme

1. Unternehmensfortführung

Die Frage, wie die Fortführung des Unternehmens am Besten gesichert werden kann, spielt für nahezu jeden Unternehmer eine wesentliche Rolle. Sofern der Unternehmer im Zeitpunkt der Beratung das Unternehmen maßgeblich selbst führt, kommen zur Zielerreichung einer Fortführung im Wesentlichen folgende drei Grundgestaltungen in Frage: 28

Fortführung

- Unternehmensfortführung durch Familienangehörige
- Unternehmensfortführung durch Dritte
- Veräußerung des Unternehmens

Wie bereits eingangs erwähnt[1] sind sämtliche im Einzelfall jeweils in den Vordergrund gestellten Ziele mit der jeweiligen persönlichen Lebenssituation des Betroffenen verwoben und sie bedingen sich mehr oder weniger wechselseitig. Dies gilt auch und erst Recht für die Frage, wie eine Unternehmenskontinuität sichergestellt werden kann. Befindet sich unter den Abkömmlingen ein zur Fortführung williges und fähiges Kind, dann kann eine ganz andere Lösung in Betracht gezogen werden, als wenn der Unternehmer ledig und kinderlos ist.

29 a) **Fortführung durch Familienangehörige.** Eine Unternehmensfortführung durch Familienangehörige, insbesondere durch Abkömmlinge ist für viele Unternehmer eines der wichtigsten Ziele bzw. ein zentrales Anliegen. Ob dieses Ziel erreicht werden kann, hängt allerdings in aller erster Linie davon ab, ob ein Abkömmling bzw. Familienangehöriger vorhanden ist, der zur Fortführung geeignet und auch Willens ist. Mitunter wird diese Frage auch im Kreis der Berater des Unternehmens offen erörtert, häufig hat der Unternehmer insoweit jedoch bereits eine feste Meinung.

Sofern ein oder mehrere geeignete Familienangehörige(r) vorhanden sind, dann ist das gewünschte Ziel durch eine oder mehrere der nachfolgenden Maßnahmen abzusichern bzw. umzusetzen:

Maßnahmen

- Vorzug der Übergabe gegenüber einer Verfügung von Todes wegen
- Begrenzung der Zahl der Nachfolger/Begünstigten
- Vermeidung der Gefährdung der Fortführung durch Zugewinn- und/oder Pflichtteilsrechte

30 *aa) Vorzug der Übergabe gegenüber einer Verfügung von Todes wegen.* Mit einer Beteiligung des Auserwählten am Unternehmen zu Lebzeiten oder einer gar vollständigen Übergabe an diesen sind gravierende **Vorteile** gegenüber einer Regelung durch eine Verfügung von Todes wegen verbunden.

- Der Nachfolger kann in das Unternehmen eingearbeitet und an das Unternehmen gebunden werden.
- Es besteht die Möglichkeit zur Gestaltung eines fließenden Umgangs vom Übergeber auf den Übernehmer.
- Es ist – entsprechende Regelungen vorausgesetzt – gegebenenfalls eine Korrektur der Nachfolgerauswahl bzw. der Übergabe möglich.
- Die Auswahl des Nachfolgers kann in der Familie zum Zwecke von Missverständnissen etc. kommuniziert werden.
- Zur Vermeidung der Geltendmachung von die Fortführung gefährdender Ansprüche durch andere Familienangehörige können entsprechende individuelle Regelungen getroffen.[2]
- Das entstehen von streitanfälligen Erbengemeinschaften wird vermieden.
- Die mit einem Erbfall verbundene Phase einer möglichen Unsicherheit über die Unternehmensfortführung wird vermieden. Des Weiteren werden in dieser Phase die häufig erforderlichen Umsetzungsakte – Erfüllung von Vermächtnissen, Erbauseinandersetzung etc. – entbehrlich.

31 *bb) Begrenzung der Zahl der Nachfolger/Begünstigten.* Mit zunehmender Personenzahl steigen erfahrungsgemäß die Konfliktpotentiale und Schwierigkeiten einer Meinungsbildung. Aus diesem Grunde ist zum einen in Erwägung zu ziehen, Unternehmen – soweit dies

[1] Siehe Rdnr. 3.
[2] Siehe hierzu Rdnr. 37 ff.

überhaupt möglich ist – im untechnischen Sinne aufzuspalten und Teile des Unternehmens an unterschiedliche Familienstämme zu übertragen. Zum anderen kann im Gesellschaftsvertrag vorgesehen werden, dass ein Familienstamm nur durch einen Vertreter repräsentiert werden kann, sprich die Gesellschafterrechte jeweils nur durch eine Person ausgeübt werden können. Dadurch werden zum Beispiel Schwierigkeiten einer ordnungsgemäßen Ladung vermieden. Ferner lassen sich Diskussionen über die Unternehmensführung bei einer kleinen Gesellschafterzahl meist zielführender und in kürzerer Zeit führen. Der Wunsch nach einer Beteiligung mehrerer Mitglieder eines Familienstamms auf der einen Seite und die Ausübung der Rechte nur durch einen Repräsentanten kann unter anderem auch dadurch gelöst werden, dass die in Frage stehende Unternehmensbeteiligung im Eigentum einer vermögensverwaltenden Gesellschaft steht, an der wiederum die entsprechenden Mitglieder des Familienstammes beteiligt sind.

cc) Vermeidung der Gefährdung der Fortführung durch Zugewinn- und/oder Pflichtteilsrechte. Mit der Übergabe des Unternehmens ist zum Zwecke des Unternehmenserhalts häufig die Bevorzugung eines Abkömmlings oder Familienstamms verbunden. Die wirtschaftliche Bevorzugung ist aus Sicht des Benachteiligten nicht selten mit dem Gefühl einer emotionalen Benachteiligung verbunden. Diese Benachteiligung kann ein Unternehmen gefährden, wenn aus der Benachteiligung rechtliche Ansprüche resultieren können. Dies sind in erster Linie **Pflichtteils- bzw. Pflichtteilsergänzungsansprüche** und **Ansprüche auf Zugewinnausgleich**. Beide Anspruchsarten – von der Scheidung einmal abgesehen – entstehen erst nach dem Ableben des Übergebers, vgl. § 1371 Abs. 3 BGB, § 2317 Abs. 1 BGB. Sowohl der Pflichtteils- bzw. Pflichtteilsergänzungsanspruch als auch der Zugewinnausgleichsanspruch können durch entsprechende Vereinbarungen mit dem potentiellen Anspruchsinhaber aufgehoben werden (siehe hierzu Rdnr. 260 f., 263 f.). Vor allem hinsichtlich der Pflichtteils- bzw. Pflichtteilsergänzungsansprüche empfiehlt sich eine solche Regelung aus folgenden Gründen: 32

- Dem hintangesetzten Abkömmling wird das Gefühl genommen, man habe ihn vergessen etc.
- Der Abkömmling erhält eine klare wirtschaftliche Perspektive, sofern Gegenleistungen für den Verzicht vereinbart werden.
- Die Art und Weise der Kompensation kann zur Erreichung des Familienfriedens kommuniziert und erörtert werden.
- Dem Übernehmer wird das Risiko der späteren Geltendmachung von Ansprüchen genommen.
- Dem verzichtenden Ehegatten kann durch Vereinbarung entsprechender Versorgungsansprüchen das Gefühl der Unsicherheit über die eigene Versorgung nach dem Ableben des Übergebers genommen werden.

b) Fortführung durch Dritte. Sofern sich im Familienkreis kann geeigneter Unternehmensnachfolger findet, muss frühzeitig eine familienexterne Lösung der Unternehmensführung in die Wege geleitet werden. Das **Gebot der Frühzeitigkeit** ist aus denselben Gründen geboten wegen derer eine Übergabe bzw. Beteiligung familieninterner Nachfolger zu Lebzeiten der Vorzug gegenüber einer Regelung durch eine Verfügung von Todes wegen zu geben ist (siehe hierzu Rdnr. 6 f.). Sofern es sich um ein Einzelunternehmen oder eine Personengesellschaft handelt, ist vor der Einbeziehung Externer in die eigentliche Unternehmensführung regelmäßig eine **Umwandlung** im untechnischen Sinne in eine **Kapitalgesellschaft** (siehe hierzu Rdnr. 178 ff.) erforderlich. Die wesentlichen Gründe hierfür sind hinlänglich bekannt: 33

- Haftungsschutz sowohl des Übergebers als auch des Externen.
- Möglichkeit einer Fremdorganschaft durch den Externen.
- Möglichkeit einer sofortigen bzw. späteren Beteiligung des Externen am Unternehmen.
- Möglichkeit der Sicherung der Einflussnahme des bisherigen Unternehmers trotz Abgabe der Unternehmensführung.
- Möglichkeit der Fortführung des Unternehmens unter gleichzeitiger Beteiligung der Familie des Unternehmers am Unternehmen und zwar auch nach dem Ableben des Unternehmers.

34 Eine nur vorübergehende Lösung ist im Regelfall die **Verpachtung** des Unternehmens an einen Dritten. Die Verpachtung birgt für den Unternehmer das Risiko, dass er einerseits den Einfluss auf die Unternehmensführung verliert, den Pächter im Falles eines Misserfolgs jedoch regelmäßig nicht kurzfristig auswechseln und das Unternehmen bei Beendigung des Pachtvertrags erheblich an Wert verloren haben kann. Des Weiteren wohnt der Verpachtung eine zeitliche Befristung inne und sei es auch nur in Folge der beiderseitigen Kündigungsmöglichkeit. Fehlt ein Unternehmensnachfolger so ist also das Problem der Fortführung durch eine Verpachtung nur aufgeschoben, aber nicht aufgehoben. Aus diesen Gründen dürfte eine Verpachtung – so eine Fortführung durch den Pächter beabsichtigt ist – nur für wenige Unternehmen geeignet sein.

35 c) **Veräußerung.** Die Veräußerung eines Unternehmens wird häufig dann in Erwägung gezogen, wenn einer oder mehrere der nachfolgend aufgezählten Gründe zutreffen:

- es mangelt an einem geeigneten Nachfolger in der Familie,
- es stehen erhebliche Investitionen in das Unternehmen an und der Unternehmer will diese nicht mehr selbst vornehmen,
- das Wettbewerbsumfeld lässt eine mittelfristige Selbständigkeit des Unternehmens infolge bspw. seiner Größe etc. unwahrscheinlich erscheinen,
- der Unternehmer scheut das Risiko der Unternehmensführung durch andere Personen als sich selbst und will die Früchte seiner Arbeit noch selbst ernten,
- der Unternehmer benötigt den Veräußerungserlös für eine wirtschaftliche Absicherung seines Ruhestands.

Die Unternehmensfortführung durch Veräußerung wird in diesem Abschnitt nicht weiter vertieft, siehe hierzu vielmehr die Ausführungen im 10. Teil zum Unternehmensverkauf.

2. Konfliktvermeidung, gerechte Verteilung unter den Familienangehörigen/Begünstigten

36 Die Erreichung des regelmäßig erstrebten Hauptziels einer geplanten Unternehmensnachfolge, nämlich die Unternehmensfortführung, bedingt aufgrund der gegebenen Familiensituationen häufig mehr oder wenig intensive Überlegungen, wie der angedachte Weg möglichst konfliktfrei in der Familie umgesetzt werden kann. Die juristische Umsetzung, die in dieser Abhandlung natürlich im Vordergrund steht, ist das eine. Die Praxis zeigt, dass eine entsprechende Kommunikation in der Familie – gegebenenfalls unter Hinzuziehung geeigneter Berater – neudeutsch „**Coaches**" – mindestens ebenso wichtig ist. Dabei ist hinlänglich bekannt, dass die häufig von den Mandanten angestrebte „gerechte" Lösung als solche nicht existiert. Gerechtigkeit ist insoweit ein weites Feld, als jedes von der angestrebten Unternehmensnachfolge betroffene Kind bzw. Familienmitglied die Thematik „gerechte Verteilung" in unterschiedlicher Weise interpretiert und umgesetzt sehen will.

Würde man gerecht in der Weise verstanden wissen, dass sämtliche Abkömmlinge gleich bedacht werden, dann wäre die große Mehrzahl aller Unternehmensnachfolgelösungen nicht gerecht. Des Weiteren könnte möglicherweise auch der Ehegatte die Ansicht vertreten, dass er ungerecht behandelt werde, weil er nicht ausreichend bedacht wird. Aus dieser möglicherweise empfundenen „Ungerechtigkeit" können grundsätzlich die nachfolgend näher erläuterten und hinlänglich bekannten störenden Ansprüche aus dem Pflichtteilsrecht und dem Ehegüterrecht resultieren.

Weitere Ansprüche sind grundsätzlich nur dann denkbar, wenn bereits vor der eigentlichen Übergabe vertragliche Vereinbarungen – sei es schuldrechtlicher Art, sei es gesellschaftsrechtlicher Art, bspw. aufgrund einer bereits früher eingeräumten Beteiligung – bestehen. Die gedachte oder auch umgesetzte Unternehmensnachfolge als solche kann durch die Geltendmachung von Pflichtteils- oder Zugewinnausgleichsansprüchen grundsätzlich nicht in Frage gestellt werden, denn diese sind lediglich Geldansprüche. Ungeachtet dessen kann der Zwang zur Erfüllung der Geldansprüche eine nicht geplante Liquiditätsproblematik auslösen, die wiederum eine zumindest teilweise Liquidierung bzw. Verkauf des Unternehmens nach sich ziehen kann. Aus diesem Grunde darf das Konfliktpotential, das mit diesen Ansprüchen verbunden ist, nicht unterschätzt werden.

a) **Aus dem Pflichtteilsrecht resultierende Ansprüche.** Ansprüche aus dem Pflichtteilsrecht können nur von Ehegatten, Abkömmlingen oder Eltern geltend machen, vgl. § 2303 BGB. Letztere jedoch nur, wenn kein Abkömmling den Pflichtteil verlangen kann, § 2309 BGB. Eine Entschärfung der Liquiditätsproblematik, die mit der Geltendmachung derartiger Ansprüche verbunden ist, ermöglicht nur eine Vereinbarung zwischen dem Erblasser und dem Berechtigten zu Lebzeiten beider. Nicht zuletzt aus diesem Grunde ist eine Gestaltung der Unternehmensnachfolge zu Lebzeiten der grundsätzliche Vorzug gegenüber einer Verfügung von Todes wegen zu geben. Vereinbarungen zwischen dem/den Erben und dem Pflichtteilsberechtigten sind selbstverständlich auch nach dem Ableben des Erblassers möglich, doch wird damit nicht die Unsicherheit über das Verhalten des Berechtigten und über den Umfang der Ansprüche für den/die Erben vermieden. 37

Die Reform des Pflichtteilsrechts hat insoweit nicht zu einer wesentlichen Änderung der Problematik geführt. Zwar wurde nunmehr in Abhängigkeit von dem Zeitablauf seit Vollzug der Schenkung eine Abschmelzung des Prozentsatzes des anzusetzenden Werts der relevanten Schenkung eingeführt, § 2325 Abs. 3 BGB. Da der Zeitpunkt des Eintritts des Erbfalls trotz der Gesetzesänderung jedoch weiterhin ungewiss bleibt, wird die Problematik im Grundsatz durch diese Regelung nicht berührt. Des Weiteren kann der Unternehmenserbe nicht darauf vertrauen, dass ihm die maßvoll erweiterte Stundungsmöglichkeit gemäß § 2332a BGB zugebilligt wird, um eine Linderung der Liquiditätsproblematik zu erlangen. 38

Der effektivste Weg die Problematik von Pflichtteilsansprüchen zu lösen, ist und bleibt der Verzicht der jeweils Berechtigten auf die jeweiligen Ansprüche durch eine entsprechende Vereinbarung mit dem Erblasser. Dabei kann und wird dem Verzichtenden häufig eine Gegenleistung für den Verzicht gewährt. Je nach Sicherungsbedürfnis kann der Verzicht unter die Bedingung des Erhalts der Gegenleistung gestellt werden.[3] 39

Als **Varianten** für einen vollständigen Pflichtteilsverzicht kommen beispielsweise in Betracht:

- **gegenständlich beschränkter** Pflichtteilsverzicht,
- Pflichtteilsverzicht nur gegenüber einem Elternteil oder nur gegenüber dem Erstversterbenden,
- Regelungen über die **Stundung** des Pflichtteils,
- **Pflichtteilskürzungen** durch Personen bzw. Güterstandsänderungen: Eheschließung, Beendigung des bestehenden Güterstands der Zugewinngemeinschaft verbunden mit einem Zugewinnausgleich, Annahme an Kindes statt usw.

b) **Aus dem Eherecht resultierende Ansprüche.** Ein eherechtlicher Anspruch, der zu einer Störung bzw. Gefährdung der Unternehmensnachfolge führen kann, ist zuvorderst derjenige auf Zugewinnausgleich. Letzteres setzt grundsätzlich eine Beendigung der Ehe, sei es wegen Ablebens des Ehegatten, sei es infolge Scheidung voraus. Insbesondere eine nicht abgesprochene Übergabe des Unternehmens kann jedoch einen Anspruch auf vorzeitigen Zugewinnausgleich gemäß § 1385 Ziff. 2 i. V. m. § 1375 Abs. 2 Ziff. 1 BGB auslösen. Ansprüche sind aber auch in Hinblick auf eine Mitarbeit des Ehegatten in dem Unternehmen denkbar, insbesondere wenn die Ehe beendet wird.[4] 40

Derartige Ansprüche lassen sich wie die diejenigen aus dem Pflichtteilsrecht am wirkungsvollsten durch eine entsprechende Vereinbarung mit dem Ehegatten ausschließen. Sofern die Ehe intakt ist, wird ein Ausschluss derartiger Ansprüche im Regelfall ohne weiteres möglich sein, sofern die wirtschaftliche Absicherung des Nichtunternehmerehegatten durch entsprechende vertragliche Vereinbarungen hinreichend gesichert ist. Die in der notariellen Übertragungsurkunde erklärte Zustimmung des Nichtunternehmerehegatten zur Unternehmensübergabe schließt grundsätzlich eine Einbeziehung des Unternehmens in die Berechnung des Zugewinns in Hinblick auf § 1375 Abs. 2 Ziff. 1 BGB im Falle einer späteren Scheidung der Ehe aus. Dies sollte jedoch in der notariellen Urkunde klargestellt werden. 41

[3] Siehe hierzu im Einzelnen auch Rdnr. 263 ff.
[4] Siehe hierzu Gerhardt/v. Heintschel-Heinegg/Klein/*v. Heintschel-Heinegg* 10. Kapitel Rdnr. 38 ff.

3. Wirtschaftliche Absicherung

42 Sofern eine Unternehmensnachfolge zu Lebzeiten erfolgt, begibt sich der Unternehmer im Regelfall seines wichtigsten Vermögenswerts. Daher ist eine Unternehmensnachfolge regelmäßig mit Fragen der ausreichenden wirtschaftlichen Absicherung des übergebenden Unternehmers, seines Ehegatten oder Lebenspartners und gegebenenfalls weiterer Personen verbunden. Die Wahl der nachfolgend beispielhaft aufgeführten Varianten einer Absicherung ist in erster Linie von dem Sicherungsinteresse des Unternehmers abhängig. Dabei ist sowohl eine Übersicherung als auch eine Untersicherung zu vermeiden. Eine Übersicherung ist häufig mit einer erheblichen Belastung finanzieller als auch emotionaler Art des Übernehmers verbunden. Zudem werden mitunter steuerliche Vorteile infolge der unterbleibenden Nutzung von Freibeträgen, Progressionsunterschieden etc. nicht hinreichend ausgeschöpft. Hinzukommt, dass durch eine Übersicherung des Übergebers unter Umständen dessen Vermögen übermäßig gesteigert wird und damit bei Eintritt des Erbfalls wiederum mit einer übermäßiger Erbschaftssteuerbelastung zu rechnen ist. Umgekehrt übersieht manch ein Unternehmer in seinem Vertrauen auf den Unternehmensnachfolger die Risiken, die mit einem solchen Schritt verbunden sind. Die Versorgung des Übergebers sollte, soweit möglich, nicht allzu sehr von dem wirtschaftlichen Geschick des Übernehmers abhängig sein.

Varianten einer wirtschaftlichen Absicherung

- Nießbrauch
- sonstige Nutzungsrechte, wie bspw. ein Wohnrecht
- einmalige Geldleistung bzw. sonstige einmalige Gegenleistungen
- wiederkehrende Zahlungen (dauernde Last, Rente)
- Zurückbehaltung von Vermögensgegenständen
- Freistellungsanspruch
- Haftentlassung, Freigabe von Sicherheiten
- Verpachtung
- Leistungen der Gesellschaft

Die vorstehend aufgelisteten jeweiligen Varianten einer wirtschaftlichen Absicherung werden nachfolgend kurz erörtert, detaillierte Ausführungen finden sich an passender Stelle bei der jeweiligen Unternehmensform.

43 a) **Nießbrauch, sonstige Nutzungsrechte.** Der Nießbrauch gewährt als höchstpersönliches und unvererbbares dingliches Recht dem Berechtigten für die Zeit seiner Einräumung den Anspruch, sämtliche Nutzungen des belasteten Gegenstandes zu ziehen. Im Unterschied zu diesem umfassenden Nutzungsrechte steht der Anspruch auf ein eingeschränktes Nutzungsrecht, wie bspw. das Wohnrecht bzw. eine sonstige beschränkt persönliche Dienstbarkeit an einem Grundstück.

44 b) **Einmalige Zahlungen.** Zahlungen aus Anlass einer Unternehmensnachfolge können sowohl an den Übergeber als auch an Dritte, bspw. den Ehegatten, Geschwister etc. erfolgen. Soweit **Zahlungen an Dritte** erfolgen, ist insbesondere darauf zu achten, ob dem begünstigten Dritten aus dem Vertrag ein eigener Leistungsanspruch zukommen soll, vgl. § 328 BGB und ob die zugesagte Leistung ohne Zustimmung des Begünstigten durch nachträgliche Vereinbarung zwischen dem Übergeber und dem Erwerber aufgehoben bzw. abgeändert werden kann (**echter oder unechter Vertrag zugunsten Dritter**).

45 c) **Leibrente, dauernde Last.** Mit der Zusage einer **Leibrente**, vgl. §§ 759ff. BGB, erhält der Berechtigte im Regelfall das Recht, auf seine Lebenszeit regelmäßig wiederkehrende gleichmäßige Leistungen, meist Geld, zu erhalten. Die Leibrente kann jedoch auf einen bestimmten Zeitraum begrenzt werden, wobei man dann nicht mehr von einer Leibrente im eigentlichen Sinne spricht. Erfolgt eine Leibrentenzusage an mehrere Personen, so sollte deren Berechtigungsverhältnis, regelmäßig Gesamtberechtigte gemäß § 428 BGB, sowie die Dauer der Zusage, bspw. auf die Lebensdauer des Längerlebenden, vertraglich festgelegt

werden. Eine Verminderung der Leistungsverpflichtung nach dem Tod des Erstversterbenden ist ohne weiteres möglich.

Die **Leibrente** unterscheidet sich von der **dauernden Last** durch die feste Bestimmbarkeit der Leistung zum Zeitpunkt der Leistungszusage sowie die Losgelöstheit des Leistungsflusses von der Geschäftsgrundlage der Vereinbarung. Die Bestimmbarkeit ist nicht gegeben, wenn – wie bei einer dauernden Last üblich – der Leistungsumfang von persönlichen oder betrieblichen Verhältnissen, bspw. die Leistungsfähigkeit des Erwerbers oder der Bedürftigkeit des Übergebers, abhängig ist. Die Vereinbarung einer Wertsicherung unter Bezugnahme auf den Verbraucherpreisindex berührt die Bestimmbarkeit der Leistung hingegen nicht. Die Zusage einer Leibrente bedarf zumindest der Schriftform, vgl. § 761 BGB. Die **dauernde Last** unterscheidet sich von der Leibrente somit durch die Veränderbarkeit der geschuldeten Leistung und zwar in Abhängigkeit von der Leistungsfähigkeit des Verpflichteten und der Bedürftigkeit des Berechtigten. Zur steuerlichen Anerkennung und zur Kennzeichnung der Veränderbarkeit bedarf es entweder einer Bezugnahme auf § 323f. ZPO oder einer gleichwertigen Änderungsmöglichkeit. Bei der Leibrente wie auch bei der dauernden Last wird der Versorgungscharakter dieses Leistungsversprechens für den Berechtigten besonders deutlich. Damit einhergeht die Verpflichtung des Beraters zur besonderen Sorgfalt bezüglich der **ausreichenden Sicherung** dieser Leistungszusage. 46

d) **Zurückbehaltung von Vermögensgegenständen.** Der Rückbehalt von Vermögensgegenständen ist in Hinblick auf das Ziel einer Absicherung des Übergebers eine der effektivsten aller denkbaren Formen einer Absicherung. Der Unternehmer behält sowohl die wirtschaftliche als auch die rechtliche Verfügungsbefugnis über die zurückbehaltenen Vermögensgegenstände und ist insoweit grundsätzlich in keiner Weise von dem Übernehmer abhängig. Der Zurückbehalt kommt allerdings grundsätzlich nur für solche Vermögensgegenstände in Frage, die nicht essentiell für das Unternehmen sind. Anderenfalls ist der Zurückbehalt mit einer Nutzungsbefugnis für den Übernehmer bspw. in Form eines Pachtvertrags an dem Grundstück zu kombinieren. Darüber hinaus wird die Zweckmäßigkeit dieser Variante in ganz besonderem Maße von steuerlichen Erwägungen beeinflusst. Denn mit dem Zurückbehalt ist häufig eine Überführung von Betriebsvermögen in Privatvermögen verbunden und letzteres zieht wiederum regelmäßig eine mehr oder weniger erhebliche Steuerbelastung nach sich. Zur Vermeidung von letzterem ist in Erwägung zu ziehen, das zurückzubehaltende Betriebsvermögen in eine andere Gesellschaft zu überführen, damit die Verhaftung als steuerliches Betriebsvermögen aufrecht erhalten bleibt. Gegebenenfalls ist in Hinblick auf künftige Wertsteigerungen und etwa günstige steuerliche Rahmenbedingungen eine Überführung in das Privatvermögen unter Inkaufnahme einer erträglichen Steuerbelastung bedenkenswert. 47

e) **Haftentlassung, Freigabe von Sicherheiten.** Es sollte nicht übersehen werden, dass sich die wirtschaftliche Absicherung eines Unternehmers nicht nur in der Schaffung von Ansprüchen bzw. dem Rückbehalt von Vermögensgütern erschöpft. Die Passivseite des Vermögens ist nicht minder von Bedeutung. Insbesondere bei mittelständischen Unternehmen haftet der Unternehmer oftmals aufgrund Schuldbeitritt oder einer Bürgschaft ebenfalls für Verbindlichkeiten des Unternehmens. Dies gilt in erster Linie für Bankverbindlichkeiten, aber auch für Verbindlichkeiten bedeutender Lieferanten etc. Ferner ist zu prüfen, ob nicht am privaten Wohnhausgrundstück Grundpfandrechte eingetragen sind, die aufgrund einer in Vergessenheit geratenen Zweckbestimmungserklärung ebenfalls als Sicherheit für Unternehmensverbindlichkeiten dienen. Eine sorgfältige Bestandsaufnahme aller Passiva ist daher eine Pflichtaufgabe im Rahmen der Beratung einer Unternehmensnachfolge. 48

Aus Sicht des Unternehmers ist eine **Haftentlassung** aus Verbindlichkeiten bzw. die **Freigabe** von Vermögensgegenständen aus der Sicherung von Verbindlichkeiten der sicherste und daher vorzugswürdigste Weg. Sollte dies nicht möglich sein, so sind beispielhaft folgende Varianten in Erwägung zu ziehen und mit den Gläubigern zu erörtern: 49

Varianten zu einer Haftentlassung bzw. Freigabe von Sicherheiten

- Erfüllungsübernahme und Freistellungsverpflichtung des Übernehmers
- Vereinbarung über einen Anspruch auf eine künftige Haftentlassung bzw. Pfandfreigabe/Löschung bei Eintritt bestimmter Umstände
- Abrede über die vorrangige Verwertung anderweitiger Sicherheiten
- Vereinbarung einer Haftungshöchstsumme

50 f) **Verpachtung.** Bei der Verpachtung ist zu unterscheiden zwischen der Verpachtung einzelner Wirtschaftsgüter, insbesondere der Verpachtung von Grundstücken, und derjenigen eines Unternehmens. Die Verpachtung des Unternehmens an den Übernehmer sollte wohlüberlegt sein. Neben anderen Überlegungen verbindet der Übergeber eine Verpachtung möglicherweise mit dem Vorteil, dass er sein Unternehmen noch nicht vollständig aus der Hand gibt. Je nach Ausgestaltung der Kündigungsrechte kann er durch Beendigung des Pachtvertrags sein Unternehmen zurück erlangen. Es sollte jedoch deutlich erörtert werden, dass der Zustand des Unternehmens im Zeitpunkt der Beendigung des Pachtvertrags im Regelfall nicht gesichert ist bzw. zufriedenstellend gesichert werden kann. Der Übernehmer wird zudem gegebenenfalls in seiner Motivation das Unternehmen zu erhalten bzw. voranzubringen ohne eine gesicherte Aussicht auf den endgültigen Erhalt des Unternehmens gebremst.

51 g) **Leistungen der Gesellschaft.** Hierunter sind Leistungen zu verstehen, die nicht der Erwerber, sondern die Gesellschaft, an der der Übergeber beteiligt ist, aus Anlass des Ausscheidens des Übergebers aus seiner bisherigen Leitungsfunktion in der Gesellschaft bzw. infolge des Ausscheidens aus der Gesellschaft als Anteilseigner zu leisten hat. Bekanntestes Beispiel hierfür ist die Pensionszusage der Gesellschaft an den Gesellschafter-Geschäftsführer, wenn dieser aus bestimmten Gründen sein Anstellungsverhältnis beendet. In gleicher Weise können insoweit auch einmalige Leistungen der Gesellschaft an den Übergeber vereinbart werden, bspw. die Ausschüttung thesaurierter Gewinne. Solchen Leistungen der Gesellschaft ist häufig gemeinsam, dass diese meist nicht erst aus Anlass des Ausscheidens vereinbart werden, sondern regelmäßig zeitlich weit voraus liegend begründet wurden, um für die daraus später entstehenden Belastungen Rückstellungen bilden zu können.

4. Möglichkeit der Rückabwicklung und Sicherung der Einflussnahme

52 Neben seiner wirtschaftlichen Absicherung wünscht manch ein Unternehmer zusätzlich die Möglichkeit, auf unvorhergesehene Ereignisse in der Weise reagieren zu können, dass er die Übertragung bzw. Beteiligung des Nachfolgers wieder rückgängig machen kann. Daneben besteht der Wille weiterhin Einfluss auf die Gesellschaft Einfluss nehmen zu können, um wichtige Entscheidungen mitgestalten zu können.

53 a) **Rückübertragungs- und Widerrufsrechte, auflösende Bedingungen.** Die Vereinbarung von Rückübertragungsansprüchen hat für den Unternehmer auf den ersten Blick den Charme, die Entscheidung über die Unternehmensnachfolge wieder rückgängig machen zu können. Gleichwohl sollte mit solchen Regelungen, jedenfalls soweit sie Gesellschaftsbeteiligungen bzw. Unternehmen als Ganzes und nicht nur einzelne Vermögensgegenstände betreffen, zurückhaltend umgegangen werden. Rückübertragungsansprüche finden bei der Übertragung von Gesellschaftsanteilen häufig Grenzen in den maßgeblichen Gesellschaftsverträgen. So ist bspw. darauf zu achten, ob die Rückübertragung des Gesellschaftsanteils der Zustimmung der übrigen Gesellschafter bedarf. Hinzukommt, dass sich der übertragene Anteil verändern kann, so bspw. infolge einer Umwandlung bzw. einer Kapitalerhöhung. Des Weiteren ist die Rechtsprechung des Bundesgerichtshofs zur Unzulässigkeit freier Hinauskündigungsklauseln in Gesellschaftsverträgen[5] und zur Unzulässigkeit von Abfindungsbeschränkungen[6] zu berücksichtigen.

[5] Vgl. hierzu die Ausführungen unter Rdnr. 130; 165 ff.
[6] Vgl. hierzu die Ausführungen unter Rdnr. 131 ff.

Rückübertragungsansprüche an Vermögensgegenständen finden sich besonderes häufig in Bezug auf **Grundstücke**. Die Absicherung derartiger Rückübertragungsansprüche an Grundstücken erfolgt durch die Eintragung von Vormerkungen im Grundbuch. Damit ist allerdings zugleich die Beleihungsfähigkeit und somit die unternehmerische Freiheit des Übernehmers stark eingeschränkt. Die Möglichkeit der Rückübertragung von zugewendeten **Gesellschaftsanteilen** wird hingegen regelmäßig durch auflösende Bedingungen, der Möglichkeit der Einziehung des Gesellschaftsanteils oder durch die Möglichkeit der Kündigung des Gesellschafters geregelt. 54

Je umfassender bzw. weitergehender die Sicherung des Übergebers ausgestaltet ist, desto größer ist im Grunde sein Misstrauen in den Übernehmer. Letzteres kann sich mindernd auf die Motivation einer entsprechenden Unternehmensfortführung auswirken. Des Weiteren sollte sorgfältig geprüft werden, ob nicht die spätere Ausübung von Rückübertragungsrechten mit steuerlichen Nachteilen verbunden ist, so dass die Wahrscheinlichkeit der Geltendmachung dieser Rechte nicht bereits aus diesem Grunde gering ist und deshalb von vorneherein von der Gestaltung derartiger Ansprüche abgesehen wird. 55

b) Gesellschaftsvertragliche Sicherungsinstrumente 56

Gesellschaftsvertragliche Sicherungsinstrumente

- Vinkulierung
- Bindung des Nachfolgers
- Stimmverteilung, Zustimmungsvorbehalte
- Stimmbindungsabsprachen
- Vor- und Ankaufsrechte
- Kontrolle der Unternehmensleitung
- Gewinnverteilung

Die vorstehend aufgelisteten jeweiligen Varianten einer Sicherung werden nachfolgend kurz erörtert, detaillierte Ausführungen finden sich an passender Stelle bei der jeweiligen Unternehmensform.

aa) Vinkulierung. Da bei **Personengesellschaften** die Übertragung des Anteils grundsätzlich der Zustimmung aller anderen Gesellschafter bedarf, besteht im Regelfall nur bei Kapitalgesellschaften der Bedarf einer sogenannten Vinkulierungsklausel in der Satzung. Mit Hilfe einer Vinkulierungsklausel wird die Verkehrsfähigkeit eines Anteils erschwert, da die Verfügung über den Anteil einer Zustimmung bedarf. 57

Bei einer **GmbH** Satzung besteht ein großer Gestaltungsspielraum bei der Ausgestaltung der Vinkulierung. So kann bspw. die Verfügung von der Zustimmung aller Gesellschafter oder der Gesellschaft abhängig gemacht werden. Auf vermögensrechtliche Ansprüche des Gesellschafters, wie die Verfügung über Gewinnansprüche etc., kann die Vinkulierung nicht erstreckt werden, jedoch kann die Einziehung des Anteils bestimmt werden, wenn solche Verfügungen erfolgen. Dasselbe gilt bspw. für Stimmbindungs- oder Treuhandverträge oder die Eingehung von Unterbeteiligungen. 58

Bei einer **Aktiengesellschaft** gestattet § 68 AktG nur die Vinkulierung von Namensaktien in der Weise als die Verfügung der Zustimmung eines in der Satzung vorgesehenen Gesellschaftsorgans bedarf. Die Vinkulierung darf allerdings nur nach für alle Aktionäre gleichermaßen geltenden Kriterien erfolgen. 59

bb) Bindung des Nachfolgers an die Gesellschaft. Gemäß den gesetzlichen Regelungen erfolgt die Loslösung des Anteilsinhabers von der Gesellschaft bei **Personengesellschaften** durch die Möglichkeit der Kündigung und bei **Kapitalgesellschaften** durch die Möglichkeit der Veräußerung des Gesellschaftsanteils. Aus diesem Grunde sieht das Gesetz bei Kapitalgesellschaften kein Kündigungsrecht vor. Gemäß § 723 Abs. 3 BGB darf das Kündigungsrecht eines Gesellschafters weder ausgeschlossen noch übermäßig beschränkt werden. Der befristete Ausschluss des Kündigungsrechts ist hingegen zulässig. Die noch rechtmäßige 60

Zeitspanne ist von den Umständen des Einzelfalls abhängig. 30 Jahre ist jedenfalls die absolute Obergrenze.[7]

Ist bei Kapitalgesellschaften infolge der Vinkulierung die Veräußerung der Beteiligung erheblich erschwert oder ausgeschlossen, so gesteht die Rechtsprechung dem Gesellschafter ein Austrittsrecht zu.[8] Hinzukommt, dass die Zustimmung zur Veräußerung nicht aus willkürlichen Gründen verweigert werden darf.

61 *cc) Stimmgewichtsverteilung, Zustimmungsvorbehalte.* Solange und soweit der Kernbereich der Gesellschafterrechte nicht berührt wird, kann dem Gesellschafter einer **Personengesellschaft** aufgrund entsprechender vertraglicher Regelungen das Stimmrecht weitgehend genommen (**Stimmrechtsausschluss**) oder einem anderen Gesellschafter ein über seine Beteiligung hinaus gehendes Stimmrecht (**Mehrfachstimmrecht**) eingeräumt werden. Desgleichen kann die Wirksamkeit von Beschlüssen von der Zustimmung eines Gesellschafters abhängig gemacht werden.

62 Solange der Kernbereich der Mitgliedschaft nicht berührt wird, ist bei einer **GmbH** ebenfalls eine Abweichung von der gesetzlichen Regelung, je 1 Euro eines Gesellschaftsanteils gewähren eine Stimme, insbesondere die Einräumung von Mehrfachstimmrechten, möglich. In der gleichen Weise können Beschlüsse unter Zustimmungsvorbehalt eines oder mehrerer Gesellschafter gestellt werden.

63 Bei **Aktiengesellschaften** ist gemäß § 12 Abs. 2 S. 1 AktG die Einräumung von Mehrfachstimmrechten unzulässig. Als Gestaltungsalternative kommt nur die Ausgabe stimmrechtsloser Vorzugsaktien, § 12 Abs. 1 S. 2 AktG, oder die Einführung von Höchststimmrechten in Betracht, vgl. auch § 134 Abs. 1 S. 2 AktG.

64 *dd) Stimmbindungsabsprachen.* Stimmbindungsabsprachen als solche, d. h. die bindende Vereinbarung darüber, wie ein Gesellschafter das mit seiner Beteiligung verbundene Stimmrecht auszuüben hat, werden grundsätzlich für zulässig erachtet. Dadurch kann sich der Übergeber eine Einflussnahme auf die Stimmrechtsausübung der von ihm übertragenen Gesellschaftsbeteiligung sichern.

Höchstrichterlich ist nur noch nicht entschieden, ob derartige Vereinbarungen der Zustimmung aller Gesellschafter oder zumindest der gesellschaftsvertraglichen Mehrheit bedürfen. Nach der überwiegenden Auffassung[9] soll dies jedenfalls dann der Fall sein, wenn auch die Übertragung einer Beteiligung der Zustimmung der Mehrheit bzw. aller Gesellschafter bedarf. Im Unterschied zu Personengesellschaften und der GmbH ist bei der **Aktiengesellschaft** eine Stimmbindung gegenüber Gesellschaftsorganen unzulässig, vgl. § 136 Abs. 3 AktG.

65 *ee) An- und Vorkaufsrechte.* Satzungsrechtliche Regelung von An- und Vorkaufsrechte sind infolge der Verkehrsfähigkeit der Anteile nur bei Kapitalgesellschaften und hier vor allem bei der GmbH anzutreffen. Denn infolge der abschließenden Regelung des § 68 AktG ist eine satzungsrechtliche Regelung dieser Rechte unzulässig. Neben einer satzungsrechtlichen Regelung ist aber eine schuldrechtliche Regelung im Zusammenhang mit dem Übertragungsvertrag weiterhin möglich.

66 *ff) Kontrolle der Unternehmensleitung.* Bei einer **GmbH** lässt sich die Kontrolle der Unternehmensleitung, sprich der Bestellung bzw. Nichtabberufung als Geschäftsführer, durch ein satzungsrechtliches Sonderrecht gewährleisten.[10] Letzteres setzt voraus, dass der Übergeber zumindest einen Gesellschaftsanteil, mit dem dieses Sonderrecht verbunden ist, weiterhin hält. Bei einer **Personengesellschaft** ist infolge des Prinzips der Selbstorganschaft eine gesellschaftsrechtliche Beteiligung als persönlich haftender Gesellschafter unumgänglich, so-

[7] Vgl. BGH WM 1967, 315, 316; einschränkend Erman/*H. P. Westermann* Rdnr. 22 und MünchKomm-BGB/*Ulmer/Schäfer* Rdnr. 66 – im Einzelfall können auch schon kürzere Fristen unzulässig sein. Zur Parallelsituation bei Personenhandelsgesellschaften vgl. *Baumbach/Hopt* § 132 HGB Rdnr. 13; *Schlegelberger/K. Schmidt* § 132 HGB Rdnr. 31; *K. Schmidt* GesR § 50 II 4 c, bb.

[8] Vgl. hierzu ausführlich Römermann/*Passarge* § 14 Rdnr. 79 ff.

[9] Scholz/*K. Schmidt* § 47 Rdnr. 40; Michalski/*Römermann* GmbHG 2. Aufl. § 47 Rdnr. 505; a. A. Baumbach/*Hueck* GmbHG § 47 Rdnr. 114.

[10] Zu Sonderrechten allgemein siehe Michalski/*Ebbing* GmbHG § 14 Rdnr. 76 ff.

lange eine organschaftliche Geschäftsführungsposition angestrebt wird. Ist keine Beteiligung mehr gegeben, so ist bei Personengesellschaften eine organschaftliche Geschäftsführungs- und Vertretungsbefugnis nicht mehr möglich.

Sofern keine auch noch so geringe Beteiligung beibehalten werden soll, kommt als Alternative die Installation eines Bereits, Verwaltungsrats etc. in dem Gesellschaftsvertrag/ Satzung der Gesellschaft in Frage. In dem Gesellschaftsvertrag/Satzung können diesem neu geschaffenen Organ weitgehende Kontrollrechte und sonstige Rechte der Gesellschafterversammlung übertragen werden.[11] 67

gg) Gewinnverteilung. Sowohl bei Personengesellschaften als auch bei der GmbH ist eine von den gesetzlichen Regelungen abweichende Gewinnverteilung durch Gesellschafterbeschluss oder durch eine entsprechende Regelung im Gesellschaftsvertrag bzw. in der Satzung zulässig. Der Übergeber kann sich also einen von seiner Beteiligung mehr oder weniger erheblich abweichenden Anspruch an auszuschüttenden Gewinnen sichern. Bei einer AktG ist dies nur durch eine entsprechende satzungsrechtliche Regelung möglich, vgl. § 60 Abs. 3 AktG. 68

5. Schenkungscharakter einer vorweggenommenen Erbfolge

Eine Unternehmensübergabe bzw. eine Beteiligung der jüngeren Generation an einem Unternehmen ist regelmäßig eine zumindest teilweise Schenkung im nachfolgend erläuterten Sinne. Eine Schenkung gemäß § 516 Abs. 1 BGB zeichnet sich aus durch eine Zuwendung aus dem Vermögen des Schenkers, die zu einer Bereicherung des Beschenkten führt verbunden mit einer Einigung der Vertragsparteien über deren Unentgeltlichkeit. Bereicherung und Entreicherung müssen sich nicht gegenständlich entsprechen. Ebenso wenig ist eine Entgeltlichkeit nur dann gegeben, wenn sich Be- und Entreicherung entsprechen, denn die Bewertung des Geschäfts obliegt den Parteien. In Hinkblick auf die besonderen Rechtsfolgen, die eine unentgeltliche Zuwendung nach sich ziehen kann, z. B. Pflichtteilsergänzungsansprüche von Abkömmlingen, findet der Parteiwille aber seine Grenzen bei einem eindeutigen objektiven Missverhältnis. Eine Entgeltlichkeit setzt ferner voraus, dass die Zuwendung an den Übergeber aus eigenem Vermögen des Erwerbers und nicht aus dem Zuwendungsgegenstand erbracht wird.[12] Letzteres wäre bei einer Schenkung unter Nießbrauchsvorbehalt der Fall. Ebenso fehlt es an einer Gegenleistung bei der Übernahme von Grundbuchbelastungen oder Erbringung von Versorgungsleistungen, die aus dem Zuwendungsgegenstand erwirtschaftet werden. Streitig ist, ob ein Erb- bzw. Pflichtteilsverzicht als Gegenleistung in diesem Sinne zu bewerten ist.[13] In steuerlicher Hinsicht ist auch ein entgeltlicher Pflichtteilsverzicht kein entgeltlicher Leistungsaustausch, sondern ein unentgeltlicher Vorgang.[14] 69

Besonderheiten ergeben sich bei der **Zuwendung einer Gesellschaftsbeteiligung**, wenn mit der Zuwendung eine persönliche Haftung des Erwerbers neu begründet wird, beispielsweise die schenkweise Aufnahme des Erwerbers als persönlich haftender Gesellschafter in eine OHG, KG oder eine Gesellschaft bürgerlichen Rechts. Der BGH hat in derartigen Fällen z. T. eine Schenkung unter Hinweis auf die aus der Gesellschafterstellung fließenden Rechte und Pflichten verbunden mit der Haftung für Altverbindlichkeiten verneint.[15] Richtigerweise kann in solchen Fällen nicht allein unter Hinweis auf die Besonderheiten der Stellung als persönlicher Gesellschafter eine Schenkung verneint werden. Vielmehr mindern diese Besonderheiten den wirtschaftlichen Wert der Zuwendung und damit der Bereicherung auf Seiten des Erwerbers. Diese Verminderung kann mitunter jedoch soweit gehen, dass von einer Bereicherung nicht mehr gesprochen werden kann. Dasselbe gilt bei der Überlassung ei- 70

[11] Vgl. hierzu näher die Ausführungen unter Rdnr. 216 ff.

[12] BGH NJW 1989, 2123.

[13] Vgl. hierzu ausführlich MünchKommBGB/*Lange* § 2325 Rdnr. 26 ff.

[14] Vgl. BFH vom 9. 2. 2010 – VIII R 43/06.

[15] BGH LM § 516 Nr. 3 = NJW 1959, 1433; ferner BGH LM § 516 Nr. 14 = NJW 1981, 1956, 1957 mit weiteren Hinweisen auf die Rechtsprechung; *Abele/Klinger/Maulbetsch* Rdnr. 87 ff. mit einer Übericht zum Streitstand; *v. Hoyenberg* RNotZ 2007, 377, 391; teilw. anders *U. Mayer* ZEV 2003, 355, 356 für eine Gesellschaft, die sich ausschließlich mit der Verwaltung eigenen Vermögens befasst.

nes **einzelkaufmännischen Unternehmens**, wenn der Nachfolger die Firma fortführt und damit auch die Haftung für Altverbindlichkeiten übernimmt, vgl. § 25 HGB. Vor diesem Hintergrund kann es z. B. zur Verminderung von Pflichtteilsergänzungsansprüchen von Vorteil sein, dass der Erwerber eine persönliche Haftung übernimmt und eine dementsprechend passende Rechtsform für das Unternehmen gewählt bzw. beibehalten wird.

71 Sofern die Zuwendung nicht mit einer **persönlichen Haftung des Erwerbers** oder sonstigen Besonderheiten verbunden ist, so kann auch nach Ansicht des BGH der Schenkungscharakter der zugewendeten Gesellschaftsbeteiligung nicht verneint werden, so z. B. die Zuwendung einer Kommanditbeteiligung.[16]

72 Die vorstehenden Ausführungen gelten entsprechend für **Zuwendungen an Mitgesellschafter**, die auf gesellschaftsrechtlichen Vereinbarungen beruhen, z. B. die gesellschaftsrechtliche Vereinbarung über das entschädigungslose Ausscheiden eines Gesellschafters bei dessen Tod verbunden mit der Anwachsung seines Anteils an einen oder mehrere Mitgesellschafter.[17] Im Unterschied zum Bundesgerichtshof kann bei solchen Vereinbarungen nicht von vorneherein der Schenkungscharakter verneint werden. Vielmehr muss geprüft werden, ob die Vereinbarung auf Grund der Gesamtumstände, v. a. in Hinblick auf die Lebenserwartung der Beteiligten ausgewogen ist und somit das Ganze einem Lottospiel mit ungewissem Ausgang für alle Beteiligten gleicht. Dementsprechend bejaht auch der Bundesgerichtshof[18] eine Schenkung, wenn aufgrund der Lebensumstände offensichtlich ist, dass einer der Beteiligten auf Grund der gesellschaftsrechtlichen Vereinbarung begünstigt wird.

73 Soweit der Erwerber einer Zuwendung eine Gegenleistung aus seinem Vermögen erbringt, diese jedoch in einem Missverhältnis zu dem Wert seiner Bereicherung steht, spricht man von einer **gemischten Schenkung**. Die Zuordnung zum Schenkungsrecht erfolgt dann danach, ob nach dem Willen der Beteiligten der entgeltliche oder der unentgeltliche Teil überwiegen solle, mithin ist hier einiger Gestaltungsspielraum eröffnet.

74 Eine **ehebedingte Zuwendung** ist unabhängig davon, ob sie dem Schenkungsrecht zugeordnet wird oder als familienrechtliche Zuordnung eigener Art betrachtet wird, grundsätzlich unentgeltlich.[19]

6. Formvorschriften, Vollzugs- und Zustimmungserfordernisse

75 a) **Schenkungsversprechen.** Da eine vorweggenommene Erbfolge im Regelfall zumindest teilweise eine Schenkung beinhaltet, ist gemäß § 518 Abs. 1 BGB eine **Beurkundung des Schenkungsversprechens** geboten, anderenfalls wäre es nichtig. Auch bei einer gemischten Schenkung widerspricht im Regelfall eine Trennung des Rechtsgeschäfts in einen entgeltlichen und einen unentgeltlichen Teil dem Parteiwillen, so dass eine Beurkundung der gesamten Vereinbarung geboten ist.

76 Die **Heilung des Formmangels** erfolgt durch die Vollziehung der Schenkung, vgl. § 518 Abs. 2 BGB. Das Gesetz erfordert das Bewirken der versprochenen Leistung. Daher ist ganz wesentlich, dass in einem ersten Schritt die versprochene Leistung ermittelt wird. Denn die Anforderungen an die dingliche Erfüllung des Schenkungsversprechens variieren erheblich. So erfordert der Vollzug der Schenkung eines Personengesellschaftsanteils nicht nur die Abtretung der Gesellschaftsbeteiligung, sondern darüber hinaus auch gegebenenfalls die Zustimmung der anderen Gesellschafter. Besteht das Schenkungsversprechen in der einseitigen Abänderung einer gesellschaftsrechtlichen Abfindungsklausel zugunsten des Empfängers, bspw. in einer abfindungsfreien Anwachsung, so tritt ein Vollzug der Schenkung nicht schon mit der Abänderung des Gesellschaftsvertrags, sondern erst mit dem Tod des Versprechenden und der damit verbundenen Anwachsung ein.

77 Der Vollständigkeit halber sei noch auf die Besonderheiten der **Zuwendung durch Vertrag zugunsten Dritter**, §§ 330, 331 BGB – die Formwahrung des Deckungsgeschäfts zwischen

[16] Vgl. BGHZ 112, 40 = BGH NJW 1990, 2616 (Schenkung eines Kommanditanteils); BGH LM § 516 Nr. 14 = NJW 1981, 1956, 1957; *Wegmann* ZEV 1998, 135 mit Hinweisen zur Gestaltungspraxis.

[17] BGH NJW 1981, 1957, vgl. auch MünchKommBGB/*Lange* § 2325 Rdnr. 33.

[18] BGH NJW 1994, 2539 f.; BGH NJW 1993, 3194.

[19] MünchKommBGB/*Lange* § 2325 Rdnr. 23 ff.

Versprechenden und Versprechungsempfängers ist maßgeblich – sowie auf das **Schenkungsversprechen auf den Todesfall,** § 2301 BGB hingewiesen.

b) **Zuwendung von GmbH-Anteilen.** Gemäß § 15 Abs. 4 S. 1 GmbHG bedarf die schuldrechtliche Verpflichtung zur Abtretung von GmbH-Anteilen der Beurkundung. Die Beurkundungspflicht erstreckt sich auf alle mit der Verpflichtung aus Sicht der Beteiligten zusammenhängenden sonstigen Vereinbarungen, bspw. auch auf die an sich formfrei mögliche Verpflichtung zur Übertragung von Kommanditanteilen. Ein entsprechender Formmangel wird durch die Beurkundung des dinglichen Vollzugsgeschäfts geheilt, § 15 Abs. 4 S. 2, Abs. 3 GmbHG. Ein Formmangel wegen Vorstoßes gegen anderweitige Formvorschriften, bspw. § 311 b BGB, wird hingegen dadurch nicht geheilt. 78

c) **Zuwendung von Grundstücken.** Die Verpflichtung zur Veräußerung und/oder zum Erwerb von Grundstücken bedarf gemäß § 311 b Abs. 1 S. 1 BGB der notariellen Beurkundung. Die Beurkundungspflicht erstreckt sich auf alle mit der Verpflichtung in Zusammenhang stehenden Abreden. Aus diesem Grunde kann auch der Gesellschaftsvertrag einer Personengesellschaft beurkundungsbedürftig werden, sofern er eine Verpflichtung zum Erwerb bzw. zur Veräußerung von Grundbesitz enthält. Eine Heilung erfolgt durch die Auflassung und deren Eintragung im Grundbuch § 311 b Abs. 1 S. 2 BGB. 79

d) **Formbedürftigkeit aufgrund des erforderlichen dinglichen Rechtsgeschäfts.** Eine Formbedürftigkeit kann sich ferner aus dem für die Erfüllung des schuldrechtlichen Rechtsgeschäfts notwendigen dinglichen Rechtsgeschäfts ergeben. Dies gilt beispielsweise für die Bestellung eines Nießbrauchs an GmbH-Anteilen, vgl. § 1069 Abs. 1 BGB oder für ein Pfandrecht, § 1274 Abs. 1 BGB. 80

e) **Weitere Formerfordernisse.** Der Vollständigkeit halber seien noch folgende im Rahmen einer vorweggenommenen Erbfolge möglicherweise in Frage kommenden Formvorschriften aufgelistet: 81

- Zuwendung des gegenwärtigen oder künftigen Vermögens bzw. eines Bruchteils hiervon, § 311 b Abs. 2 bzw. Abs. 3 BGB.
- Zuwendung eines Nießbrauchs an dem gegenwärtigen oder künftigen Vermögen bzw. an einem Bruchteil hiervon, § 311 b Abs. 2 bzw. Abs. 3 BGB.
- Vertrag unter künftigen gesetzlichen Erben über den gesetzlichen Erbteil oder den Pflichtteil eines von ihnen, § 311 b Abs. 5 BGB.
- Vertrag über einen Erb- und/oder Pflichtteilsverzicht, §§ 2348 BGB.
- Vertrag über den Verzicht auf eine Zuwendung als Erbe und/oder Vermächtnisnehmer, § 2352 BGB.
- Übernahme eines Geschäftsanteils im Rahmen einer Kapitalerhöhung, § 55 GmbHG.
- Versprechen einer Leibrente, § 761 BGB.

f) **Vollzugserfordernisse.** Im Rahmen einer vorweggenommenen Unternehmensnachfolge gilt es ferner zu beachten, dass der Vollzug schuldrechtlicher Vereinbarungen mitunter der Eintragung in ein Register bedarf. Hierbei ist in erster Linie an das Grundbuch und das Handelsregister zu denken. Derartige Eintragungen können **konstitutiv** oder auch nur **deklaratorisch** bzw. berichtigend sein. Selbst wenn eine Eintragung nur deklaratorisch bzw. berichtigend ist, sollte der Vollzug nicht unterlassen werden, da das Gesetz an unrichtige Eintragungen regelmäßig Gutglaubensregeln bzw. sonstige Nachteile knüpft. 82

g) **Sonstige Zustimmungserfordernisse.** Bei **Personengesellschaften** bedarf die Übertragung eines Gesellschaftsanteils grundsätzlich der Zustimmung aller anderen Gesellschafter, vgl. §§ 717 BGB, 105 Abs. 2, 161 Abs. 2 HGB. Ausnahmen können sich aus dem Gesellschaftsvertrag oder aus der besonderen Verbandsstruktur der Gesellschaft, z. B. einer Publikums-KG ergeben. Bei **Kapitalgesellschaften** ist hingegen das Prinzip umgekehrt, d. h. der Anteil an einer Gesellschaft ist grundsätzlich frei übertragbar, es sei denn die Satzung der Gesellschaft sieht besondere Zustimmungserfordernisse vor, vgl. § 15 GmbHG, §§ 10 Abs. 1, 68 AktG. 83

Ein weiteres **Zustimmungserfordernis** kann sich aus § 1365 BGB ergeben, wenn der Übertragende über sein Ganzes oder nahezu Ganzes Vermögen verfügt. Dem Erwerber sind 84 im Rahmen einer Unternehmensnachfolge die Vermögensverhältnisse des Übertragenden regelmäßig bekannt. Daher kommt dem Erwerber die Rechtsprechung des Bundesgerichtshofs,[20] wonach § 1365 BGB nicht eingreift, wenn dem Erwerber nicht bekannt war und es sich auch nicht Aufdrängen musste, dass der Veräußerer über sein ganzes bzw. nahezu ganzes Vermögen verfügt, nicht zugute. Aus diesem Grunde ist die vorsorgliche Zustimmung des Ehegatten zur Übertragung regelmäßig ratsam.

85 Weitere Zustimmungserfordernisse können sich bei der Übertragung an bzw. von **Minderjährigen** oder Betreuten ergeben, vgl. § 1643 BGB bzw. § 1908 i BGB.[21] Insbesondere bei der Übertragung an Minderjährige sollte vor der Übertragung Kontakt mit dem zuständigen Familiengericht aufgenommen werden, um den Verfahrensablauf und dessen Handhabung durch das örtlich zuständige Gericht in Erfahrung zu bringen. Unterschiede ergeben sich insbesondere bei der Auswahl von Ergänzungsbetreuern und Verfahrenspflegern. Die einen Gerichte ernennen im Regelfall die vorgeschlagenen Personen, andere Gerichte wählen bewusst andere Personen nach einem für Außenstehende nicht ersichtlichen Prozedere aus. Letzteres kann zu einer erheblichen Verteuerung führen, je nach welchem Gesetz/Grundlagen die Vergütung erhoben wird.

86 Im Bereich von **Grundstücksübertragungen** ist ferner an Genehmigungen nach dem Grundstücksverkehrsgesetz, dem BauGB etc. zu denken. In seltenen Fällen sind schließlich **Anmelde- und Anzeigepflichten** nach dem Gesetz gegen Wettbewerbsbeschränkungen in Erwägung zu ziehen.

IV. Einzelunternehmen

1. Übertragung des Einzelunternehmens auf einen Nachfolger

87 Bei einem Einzelunternehmen ist eine der zuvorderst zu klärenden Fragen, inwieweit die bestehende Unternehmensform beibehalten werden kann oder soll. Sofern nämlich keine vollständige bzw. nahezu vollständige Übertragung des Einzelunternehmens auf einen einzelnen Unternehmensnachfolger in Betracht kommt, mithin also beispielsweise der auserwählte Nachfolger am Unternehmen zunächst nur mitbeteiligt werden soll oder eine Übergabe an mehrere Personen erfolgen soll, dann ist eine Änderung der Unternehmensform in eine Personen- oder Kapitalgesellschaft im Grunde unumgänglich.[22]

88 Abgesehen von den Gegenleistungen wirft die Übertragung eines Einzelunternehmens im Grunde ähnliche Fragen und Anforderungen an die Vertragsgestaltung auf wie der Verkauf eines Einzelunternehmens, siehe hierzu auch § 21.

Checkliste für einen Übergabevertrag eines Einzelunternehmens

- ☐ Definition der zu übergebenden Vermögensgegenstände
- ☐ Definition der zu übernehmenden Verbindlichkeiten
- ☐ Haftentlassung aus Verbindlichkeiten, Haftungsübernahme gemäß § 25 HGB
- ☐ Freigabe von Sicherheiten
- ☐ Überleitung von Arbeitsverhältnissen
- ☐ Vertragsübernahmen
- ☐ Freistellungsanspruch
- ☐ Gegenleistungen
- ☐ ggf. Gewährleistungsvereinbarungen
- ☐ ggf. Regelung zur Firmenfortführung sowie Registeranmeldung

[20] Ständige Rspr. seit BGHZ 64, 246, 247 = NJW 1975, 1270, zuletzt BGHZ 132, 218, 220 = NJW 1996, 1740.
[21] Vgl. hierzu ausführlich Rdnr. 228 ff.
[22] Vgl. hierzu die Ausführungen unter Rdnr. 178 ff.

a) **Übertragung von Wirtschaftsgütern.** Das einzelkaufmännische Unternehmen stellt wirtschaftlich eine zu einem Betrieb zusammengefasste Einheit von Sachen und Rechten dar. Ein Einzelunternehmen ist als solches nicht rechtsfähig, d. h. Inhaber der Sachen und Rechte etc. ist der Unternehmer als solcher, mithin eine natürliche Person. Die Übergabe des gesamten Betriebsvermögens kann daher nur durch die Übertragung der jeweiligen zum Betriebsvermögen gehörenden Wirtschaftsgüter gemäß dem für das jeweilige Wirtschaftgut jeweils maßgeblichem sachenrechtlichen Übertragungsakt erfolgen, mithin sind bewegliche Sachen nach §§ 929 ff. BGB, Grundstücke nach §§ 873 ff. BGB und Forderungen sowie sonstige Rechte grundsätzlich gemäß §§ 398, 413 BGB zu übertragen. In Hinblick auf die steuerliche Folge einer Betriebsentnahme von Wirtschaftsgütern, die nicht mit übertragen wurden, ist auf eine vollständige Erfassung der Aktiva des Betriebsvermögens zu achten. Im Übergabevertrag sollte zur Vermeidung einer **ungewollten Entnahme** gegebenenfalls eine entsprechende weite Formulierung des Übergabegegenstands enthalten sein. 89

Formulierungsvorschlag:

...... übergibt hiermit an ...... sein unter der Firma/Bezeichnung ......, Geschäftsanschrift ...... betriebenes Einzelunternehmen samt allen hierzu gehörenden Aktiva und Passiva, die zum heutigen Tage zum steuerlichen Betriebsvermögen dieses Einzelunternehmens gehören. Hierzu gehören insbesondere die in der Anlage zu diesem Vertrag aufgeführten Vermögensgegenstände.

Aus Sicht des Übernehmers ist neben der Frage der Firmenfortführung, siehe nachfolgend, die Übertragung eventuell vorhandener und gegebenenfalls eingetragener **Wort- und/oder Bildmarken** für die Fortführung des Unternehmens gleichfalls von Bedeutung sind. 90

In zivilrechtlicher Hinsicht ist ein weiteres Augenmerk darauf zu richten, ob zum einen eine **Übertragbarkeit** aller Vermögensgegenstände gegeben ist und ob für die Wirksamkeit des dinglichen Übertragungsakts gegebenenfalls die **Zustimmung Dritter** erforderlich ist, letzteres gilt insbesondere in Bezug auf die Abtretung von Forderungen etc. 91

b) **Vertragsübernahmen.** Neben der Übertragung von einzelnen Wirtschaftsgütern ist die Erforderlichkeit der Übernahme von bestehenden Verträgen sorgfältig zu erwägen, denn der Eintritt des Übergebers in bestehende Verträge unter gleichzeitigem Ausscheiden des Übergebers bedarf der Zustimmung des anderen Vertragspartners. Die Erteilung der Zustimmung von Vertragspartnern zu Vertragsübernahmen sollte daher im Vorfeld vor allem für die essentiellen Verträge, wie Gewerbemietverträge, Lieferantenverträge etc. möglichst zuverlässig abgeklärt worden sein. Der Übergang von **Arbeitsverhältnissen** ist in § 613 a BGB besonders geregelt. Gemäß § 613 a BGB werden, so die Voraussetzungen vorliegen, die bestehenden Arbeitsverhältnisse von Gesetzes wegen auf den Erwerber übergeleitet und der Veräußerer scheidet aus den Verträgen ohne weiteres aus. 92

c) **Firmenfortführung, Haftungsbegrenzung und Haftentlassung, Freigabe von Sicherheiten.** Aus Sicht des Übernehmers spielt im Regelfall die Frage der **Firmenfortführung** eine wesentliche Rolle. Zum einen kann die Firmenfortführung aus betriebswirtschaftlicher Sicht infolge der Bekanntheit der Firma bedeutend sein. Zum anderen kann eine Firmenfortführung für den Übernehmer in Hinblick auf § 25 HGB gravierende Auswirkungen haben. Infolge dieser gesetzlich angeordneten **Schuldübernahme** ist die genaue Prüfung und Auflistung der Unternehmensverbindlichkeiten für den Übernehmer ebenso bedeutsam wie für den Übergeber. Die Haftung nach § 25 HGB greift auch ein, wenn nur Teile des einzelkaufmännischen Unternehmens übertragen werden, solange des Geschäft in seinen wesentlichen Bestandteilen erhalten bleibt und die Kontinuität des Unternehmens auch nach Außen hin gewahrt bleibt. Die Zurückbehaltung einzelner Wirtschaftsgüter ist unter diesem Aspekt daher grundsätzlich ohne Bedeutung. Für die in Hinblick auf § 25 HGB entscheidende Frage der Firmenfortführung ist nicht die im Handelsregister bisher eingetragene Firma, sondern die bisher am Markt verwendete Firma maßgeblich.[23] Gemäß § 25 Abs. 2 HGB kann 93

[23] BGH NJW 1987, 1633.

ein **Haftungsausschluss** bewirkt werden, wenn ein solcher vereinbart und unverzüglich nach Übernahme des Unternehmens bekannt gegeben wurde, insbesondere im Handelsregister eingetragen wurde.

94 Aus Sicht des Übergebers ist wiederum die Firmenfortführung gemäß § 25 Abs. 1 HGB insoweit von Bedeutung als der Übergeber nur dann in den Genuss einer **begrenzten Nachhaftung** gemäß § 26 HGB gelangt, wenn der Erwerber auf Grund der Fortführung der Firma oder auf Grund der in § 25 Abs. 3 HGB bezeichneten Kundmachung für die früheren Geschäftsverbindlichkeiten haftbar ist. Greift die Nachhaftungsbegrenzung des § 26 HGB nicht, so ist zur Absicherung des Unternehmers eine **Haftentlassung** aus sämtlichen Verbindlichkeiten wesentlich. Eine Haftentlassung des Unternehmers bedarf der Zustimmung des jeweiligen Gläubigers. Die Haltung der Gläubiger in Bezug auf den Wunsch nach einer Haftentlassung sollte im Vorfeld der geplanten Übertragung des Unternehmens geklärt werden, da dies mitunter erheblichen Einfluss auf die Gestaltung des Übergabevertrags haben kann. Unabhängig von der Anwendbarkeit des § 26 HGB, da insofern ohne Belang, ist aus demselben Grunde stets die **Freigabe von Sicherheiten**, die der Unternehmer Gläubigern an Vermögensgegenständen seines Privatvermögens eingeräumt hat, zu prüfen. Hier ist zuvorderst an Grundpfandrechte für Kreditinstitute, die an privaten Wohnimmobilien eingetragen sind, zu denken. Die den Grundpfandrechten zugrunde liegenden **Zweckbestimmungserklärungen** sollten sämtlich geprüft werden. Im Übergabevertrag ist gegebenenfalls die Verpflichtung des Übernehmers zur Stellung von Ersatzsicherheiten zum Zwecke der Freigabe bestehender Sicherheiten aufzunehmen. Für den Erwerber ist schließlich noch § 75 AO von Bedeutung. Der Erwerber haftet danach unter den im Gesetz genannten Voraussetzungen persönlich für **Steuerschulden** des Übergebers.

95 d) **Gegenleistungen.** Als Gegenleistungen zur wirtschaftlichen Absicherung des Unternehmers ist neben den Vorkehrungen zur Haftungsbegrenzung bzw. Haftentlassung bzw. der Freigabe von Sicherheiten vor allem in Betracht zu ziehen:

Mögliche Gegenleistungen

- einmaliges Entgelt
- Rente
- Dauernde Last
- Nießbrauch, stille Gesellschaft
- Wohnrecht
- Rückbehalt von Wirtschaftsgütern

96 e) **Rente oder dauernde Last.** Im Regelfall wird infolge seiner steuerlichen Abzugsfähigkeit der dauernden Last der Vorzug gegenüber einer Rentenzahlung gegeben, vgl. § 10 Abs. 1 Nr. 1 a EStG.[24] Auch wenn die Beteiligten diesen steuerlichen Vorteil stets im Auge haben, sollte dem Unternehmer gleichwohl deutlich gemacht werden, dass die Höhe der künftigen Zahlungen – auch wenn in der Urkunde ein Zahlbetrag festgelegt ist – einer Änderung unterliegen kann und der Übergeber infolge dessen von den Einkünften des Übernehmers abhängig ist. Umgekehrt kann sich natürlich eine Änderung zu Lasten des Übernehmers ergeben, wenn sich der Bedarf und die wirtschaftliche Leistungsfähigkeit auf Seiten des Übergebers ändern. Zur Sicherung des Übergebers ist die Eintragung einer Reallast an einem gegebenenfalls mit übergebenem Betriebsgrundstück empfehlenswert.

Formulierungsvorschlag:

Der Erwerber hat an den Veräußerer ...... auf Lebenszeit als dauernde Last monatlich einen Betrag in Höhe von ...... EUR
– ...... Euro –
zu zahlen.

[24] Vgl. hierzu auch den sogenannten IV. Rentenerlass – BMF-Schreiben vom 11. 3. 2010, IV C 3 – S 2221/09/10 004.

Die Zahlung hat jeweils am Ersten eines jeden Monats im Voraus zu erfolgen, erstmals für den auf die Beurkundung folgenden Monat.

...... Mehrere Berechtigte sind Gesamtgläubiger gemäß § 428 BGB mit der Maßgabe, dass nach dem Ableben eines von ihnen der vereinbarte Betrag dem Überlebenden allein und ungeschmälert zusteht. ......

Die Zahlung soll wertgesichert sein: Verändert sich der vom Statistischen Bundesamt ermittelte allgemeine Verbraucherpreisindex auf der Basis von 2005 = 100 gegenüber dem Indexstand für den Monat der Beurkundung bzw. gegenüber dem Stand der letzten Anpassung, so erhöht oder vermindert sich im gleichen prozentualen Verhältnis die Höhe des zu zahlenden Geldbetrages. Eine Indexänderung hat eine Änderung der Höhe des Geldbetrages nur dann zur Folge, wenn die Änderung gegenüber dem Ausgangsstand oder dem Stand der letzten Anpassung ein Ausmaß von 5% oder mehr erreicht hat. Der geänderte Geldbetrag ist, notfalls rückwirkend, von demjenigen Monatsersten an zur Zahlung fällig, der auf den Monat folgt, in dem die erforderliche Indexänderung erreicht wird.

Unbeschadet der vorstehenden Wertsicherung gilt darüber hinaus § 323a ZPO. Die vorstehend vereinbarte Geldleistung bemisst sich nach den standesgemäßen Unterhaltsbedürfnissen des Veräußerers und der Leistungsfähigkeit des Erwerbers.

Bei einer wesentlichen Veränderung der Verhältnisse, die für die Berechnung der monatlichen Leistungen maßgeblich waren, ist jeder Beteiligte berechtigt, eine entsprechende Anpassung der monatlichen Zahlung nach § 323a ZPO zu verlangen. Eine Abänderung kann jedoch nicht aus dem Mehrbedarf abgeleitet werden, der sich dadurch ergibt, dass der Veräußerer seinen derzeitigen Wohnsitz, der mit der im Urkundeneingang angegebenen Anschrift übereinstimmt, – aus welchen Gründen auch immer – auf Dauer verlässt.

...... Der zu zahlende Betrag beläuft sich jedoch stets höchstens auf ...... EUR und auf mindestens ...... EUR. Diese Höchst- und Mindestgrenzen sind ebenfalls im vorstehenden Sinne wertgesichert.

Der Erwerber unterwirft sich in der wertgesicherten Höhe des vorgenannten Ausgangsbetrages der sofortigen Zwangsvollstreckung aus dieser Urkunde wegen der dinglichen Ansprüche aus der bestellten Reallast in das Vertragsobjekt und wegen des als dauernde Last geschuldeten Betrages und der persönlichen Ansprüche aus der Reallast in sein gesamtes Vermögen. Der Berechtigte kann sich jederzeit eine vollstreckbare Ausfertigung dieser Urkunde auch ohne Nachweis des Entstehens und der Fälligkeit der Ansprüche erteilen lassen. Der Erwerber ist verpflichtet, sich auf Verlangen auch wegen etwaiger Erhöhungsbeträge der sofortigen Zwangsvollstreckung zu unterwerfen.

Zur Sicherung aller Ansprüche auf Zahlung des als dauernde Last monatlich wiederkehrend zu entrichtenden Betrages in der vereinbarten wertgesicherten Höhe des Ausgangsbetrages, ohne Berücksichtigung der vereinbarten Anpassungsmöglichkeit gemäß § 323a ZPO, bestellt der Erwerber zu Gunsten des Berechtigten am übergebenen Vertragsobjekt eine Reallast und bewilligt und beantragt deren Eintragung im Grundbuch mit dem Vermerk, dass zur Löschung der Nachweis des Todes des Berechtigten genügt.

f) Nießbrauch, Wohnrecht. Der Vorbehalt des Nießbrauchs sollte wohlüberlegt sein. In 97
dinglicher Hinsicht kann der Nießbrauch nicht am Unternehmen als solchem, sondern nur an den einzelnen Vermögensgegenständen des Unternehmens bestellt werden.[25] Des Weiteren ist zwischen dem **Ertragsnießbrauch**, bei dem die Unternehmerstellung auf den Erwerber übergeht und der Übergeber am Ertrag beteiligt wird und dem sogenannten **Vollnießbrauch** zu unterscheiden. Bei letzterem behält der Übergeber die Unternehmerstellung infolge der Einräumung weitgehender Unternehmerrechte im Zusammenhang mit der Nießbrauchsbestellung.[26] Unabhängig davon hat der Nießbrauch den Nachteil einer relativ starren Regelung, denn grundsätzlich führt – je nach Ausgestaltung des Nießbrauchs – der Unternehmer oder der Nachfolger das Unternehmen. Zwischenlösungen bedürfen aufwendiger und letztlich nicht lückenloser Einzelregelungen. Sollen dem Unternehmer weiterhin Mitsprache- und Kontrollrechte verbleiben, ist die Begründung einer Gesellschaft unter Beteiligung des Nach-

[25] Streitig siehe hierzu ausführlich Staudinger/*Frank* Anh. zu §§ 1068 f. Rdnr. 23 ff.
[26] Ausführlich Staudinger/*Frank* Anh zu §§ 1068 f. Rdnr. 27 ff.

folgers oder die Gründung einer **typischen oder atypischen stillen Gesellschaft**[27] wesentlich sinnvoller, da weitaus flexiblere Gestaltungen möglich werden.

98 Der Nießbrauch an Einzelunternehmen ist daher weniger üblich, wesentlich verbreiteter ist der Nießbrauch an einem bestimmten Vermögensgegenstand. In steuerlicher Hinsicht ist sorgfältig zu prüfen, ob der Übergeber noch Unternehmer im steuerrechtlichen Sinne bleibt und ob durch den Vorbehalt des Nießbrauchs an einem bestimmten Wirtschaftsgut gegebenenfalls eine **Entnahme des Vermögensgegenstands** aus dem Betriebsvermögen eintritt. Sofern der Übernehmer auf die Nutzung des mit dem Nießbrauchsvorbehalt belasteten Gegenstands angewiesen ist, beispielsweise auf das Betriebsgrundstück, so bedarf es eines zusätzlichen schuldrechtlichen Nutzungsvertrags, damit der Übernehmer den belasteten Gegenstand weiterhin nutzen kann. Diese Konstruktion kann sich für den Übernehmer zu einem Problem entwickeln, denn der Übernehmer leitet seine Nutzungsbefugnis infolge des Vorbehaltsnießbrauchs nur aus einem schuldrechtlichen Vertrag ab. Ein schuldrechtlicher Vertrag ist grundsätzlich kündbar, wodurch sich für den Übernehmer möglicherweise nicht beabsichtigte Abhängigkeiten vom Übergeber ergeben. Zur Sicherung des Übernehmers vor der Einflussnahme Dritter sollte daher bei der Nießbrauchsbestellung eine Überlassung der Ausübung der Nießbrauchsrechte an Dritte als auch die Überlassung von Nutzungsrechten an dem Nießbrauchsgegenstand ausgeschlossen werden.

99 Sofern nur **Teile eines Grundstücks**, insbesondere eine auf dem Betriebsgelände befindliche Wohnung dem Übergeber weiterhin zur Nutzung überlassen bleiben soll, ist die Bestellung einer beschränkt persönlichen Dienstbarkeit, §§ 1090 ff. BGB bzw. eines Wohnungsrechts, § 1093 BGB zur Sicherung des Übergebers naheliegend.

2. Beteiligung des Nachfolgers durch Umwandlung des Einzelunternehmens in eine Personen- oder Kapitalgesellschaft

100 Die Umwandlung (im untechnischen Sinne) des Einzelunternehmens in eine Personen- oder Kapitalgesellschaft ist dann in Betracht zu ziehen, wenn entweder der bisherige Unternehmer und der Unternehmensnachfolger mehr oder wenige lange zusammen am Unternehmen beteiligt sein wollen/sollen und/oder eine Unternehmensnachfolge auf mehrere Personen erfolgen soll. Zur Auswahl der geeigneten Gesellschaftsform siehe die Ausführungen unter Rdnr. 178 ff.

101 Die technische Abwicklung der Überführung des Einzelunternehmens auf die neue Gesellschaft kann auf zwei Wegen erfolgen:

Überführung des Einzelunternehmens in eine Gesellschaft

- Einzelrechtsübertragung der Aktiva und Passiva
- Ausgliederung zur Aufnahme gemäß §§ 152 ff. UmwG

102 Gemäß § 152 UmwG kann die **Ausgliederung nur zur Aufnahme in eine bestehende Personengesellschaft** erfolgen. Dieses Hindernis lässt einfach dadurch umgehen, dass die neue Personenhandelsgesellschaft zunächst gegründet und im Handelsregister eingetragen wird[28] und dann im zweiten Schritt das Einzelunternehmen auf die neue Personenhandelsgesellschaft ausgegliedert wird. Im Unterschied zur Umwandlung in eine Personenhandelsgesellschaft kann gemäß § 152 UmwG die **Ausgliederung sowohl zur Aufnahme** in eine bestehende Kapitalgesellschaft als zur **Neugründung einer Kapitalgesellschaft** erfolgen. Die Ausgliederung gemäß § 152 UmwG setzt jedoch voraus, dass der bisherige Unternehmer im Handelsregister als Einzelkaufmann eingetragen ist. Letzteres ist gegebenenfalls – soweit eine Eintragung bisher nicht erfolgt ist – kurzfristig zu veranlassen.

103 Der im Regelfall umständlichere Weg ist derjenige der Gründung der Gesellschaft unter **Einbringung des bisherigen Einzelunternehmens**. Mit der Beteiligung des Erwerbers und

[27] Siehe hierzu ausführlich Rdnr. 205 ff.

[28] Für die Anwendung des § 152 UmwG ist es ausreichend, wenn die Eintragung der Gesellschaft bis zum Zeitpunkt der Eintragung der Ausgliederung erfolgt ist.

dem gemeinsamen Betrieb des Unternehmens wird kraft Gesetzes eine Personenhandelsgesellschaft in Form einer offenen Handelsgesellschaft gegründet. Die Eintragung in das Handelsregister ist nur deklaratorisch. Regelungen über das Gesellschaftsverhältnis als solche müssten nicht getroffen werden, sind jedoch dringend zu empfehlen. Ungeachtet dessen werden die Wirtschaftsgüter des Einzelunternehmens nicht wie bei einer Umwandlung nach dem Umwandlungsgesetz Wirtschaftsgüter der Personengesellschaft. Vielmehr müssen zum einen sämtliche Aktiva und Passiv im Wege der Einzelübertragung auf die Gesellschaft übertragen werden und zum anderen ist für die Überleitung der Passiva und eventueller Verträge die Zustimmung sämtlicher Vertragspartner einzuholen. Der erhebliche Vorteil der Ausgliederung, nämlich der der **Gesamtrechtsnachfolge** gemäß § 20 Ziff. 1 UmwG und somit die Entbehrlichkeit der Einzelrechtsübertragung sowie der Zustimmung Dritter zur Überleitung von Verträgen und Verbindlichkeiten würde dabei nicht genutzt. Für die Überführung in eine Kapitalgesellschaft kann im Einzelfall die Tatsache sprechen, dass die Umwandlung ohne die Beteiligung weiterer Personen, insbesondere der Nachfolger erfolgen kann. Der bisherige Einzelunternehmer kann dadurch die entsprechenden Umstellungen im betrieblichen Ablauf ohne Rücksicht auf andere Personen durchführen.

Im Falle des Eintritts des Unternehmensnachfolgers in das einzelkaufmännische Unter- 104
nehmen haftet die neu entstandene Gesellschaft auch ohne das Erfordernis einer Firmenfortführung für die **Altverbindlichkeiten** gemäß § 28 HGB. Für den Eintretenden stellen sich in Hinblick auf die Verbindlichkeiten und die zu deren Sicherung zur Verfügung gestellten Sicherheiten somit ähnliche Fragen und Probleme wie bei der Fortführung als einzelkaufmännisches Unternehmen. Vgl. im Übrigen die Ausführungen bei Rdnr. 93 f. Wechselt der bisherige Einzelunternehmer bzw. persönlich haftende Gesellschafter in die Stellung als Kommanditist, so haftet er nach Maßgabe des § 28 Abs. 3 HGB für Altverbindlichkeiten.

V. Personengesellschaften

Sofern eine Personengesellschaft besteht, kommt neben der unter Rdnr. 191 ff. sowie § 22 105
behandelten Umwandlung in eine Kapitalgesellschaft zum einen die Übertragung des Gesellschaftsanteils auf einen oder mehrere Nachfolger in Betracht und zum anderen die Aufnahme des bzw. der Nachfolger als Gesellschafter in die bestehende Gesellschaft. Im letztgenannten Falle bleibt der Unternehmer zunächst Mitgesellschafter, gegebenenfalls wird sein Anteil im Zuge der Beteiligung verändert.

1. Übertragung eines Gesellschaftsanteils auf einen oder mehrere Nachfolger

Die Übertragung des Anteils an einer Personengesellschaft bedarf, sofern der Gesell- 106
schaftsvertrag nichts anderes vorsieht, der **Zustimmung aller Gesellschafter**. Das Gesetz sieht mithin keine freie Verfügungsberechtigung über einen Personengesellschaftsanteil vor. Nach heutiger Rechtsauffassung erfolgt, soweit nicht abweichend vereinbart, der Gesellschafterwechsel durch eine **unmittelbare Übertragung** des Gesellschaftsanteils.[29] Nach alter Auffassung schied der alte Gesellschafter aus mit der Folge der Anwachsung seines Anteils an die übrigen Gesellschafter und erst anschließend wurde der neu Eintretende Mitglied der Gesellschaft durch einen entsprechenden Vertrag mit den verbliebenen Gesellschaftern, verbunden mit einer entsprechenden Abwachsung der Anteile der Altgesellschafter. In dinglicher Hinsicht erfolgt die Übertragung grundsätzlich **formlos** gemäß §§ 413, 398 BGB. Mit der Übertragung des Gesellschaftsanteils übernimmt der Erwerber die Gesellschafterstellung des bisherigen Gesellschafters und alle damit verbundenen Rechte und Pflichten, die nicht abspaltbar sind, wie z. B. Stimmrecht, Gewinnbezugsrecht etc. Bei **selbständig übertragbaren Rechten** aus dem Gesellschafterverhältnis, wie z. B. alten Gewinnansprüchen, bedarf es einer genauen Regelung, ob diese Rechte übertragen werden sollen. Mangels Regelung ist davon auszugehen, dass bereits entstandene Rechte bei dem Übergeber verbleiben, während solche,

[29] BGH NJW 1981, 2748; NJW 1975, 167; *Baumbach/Hopt* § 105 HGB Rdnr. 69; das Austritt-Eintritt-Modell ist jedoch auch heute noch möglich.

die nach Vollzug der Übertragung entstehen, dem Erwerber zustehen. Der **Gewinn** des laufenden Geschäftsjahres steht, mangels abweichender Vereinbarung, vollständig dem Erwerber zu.

107 **Ansprüche und Verbindlichkeiten**, die ihre Rechtsgrundlage nicht im Gesellschaftsverhältnis haben, gehen auf den Erwerber nur über, wenn insoweit eine entsprechende Regelung im Übergabevertrag getroffen wurde. Die **Haftentlassung** des Übergebers bedarf zudem der Zustimmung der jeweiligen Gläubiger. Sofern eine solche Haftentlassung nicht eingeholt oder verweigert wurde, bestimmt sich die Haftung des Übergebers wie folgt:

108 Die **Haftung** eines Altgesellschafters einer **Gesellschaft bürgerlichen Rechts** wird gemäß § 736 Abs. 2, § 160 HGB begrenzt, wobei die Frist mit Kenntnis des Gläubigers vom Ausscheiden aus der Gesellschaft beginnt, wofür der Altgesellschafter selbst sorgen muss. Der Übernehmer haftet mit seinem Eintritt in die Gesellschaft für Alt- und Neuschulden persönlich.

109 Die **Haftung** des persönlich haftenden Gesellschafters einer **Personenhandelsgesellschaft** wird gemäß § 160 HGB begrenzt, wobei für die Frist die Registereintragung über sein Ausscheiden aus der Gesellschaft maßgeblich ist. Der Übernehmer haftet mit seinem Eintritt in die Gesellschaft für Alt- und Neuschulden persönlich, §§ 161 Abs. 2, 130 HGB.

110 Die **Haftung** eines übergebenden **Kommanditisten** hängt davon ab, ob sich der Kommanditistenwechsel im Wege des **Austritt-Eintritt-Models** oder im Wege des heute üblichen **Übertragungsmodells** vollzogen hat. Im erst genannten Falle kommt der ausscheidende Kommanditist in den Genus der Haftungsbegrenzung des § 160 HGB, so eine Rückzahlung seiner Einlage erfolgt ist und damit seine Haftung nach § 172 Abs. 4 Satz 1 HGB wieder aufgelebt ist. Beim Übertragungsmodell bedarf der Altkommanditist keiner Nachhaftungsbegrenzung, solange keine Rückzahlung seiner Einlage vor oder nach seinem Ausscheiden – innerhalb des Nachhaftungszeitraums – erfolgt ist und sofern im Handelsregister die Übertragung der Kommanditbeteiligung im Wege der Sonderrechtsnachfolge nach Außen hin verlautbart wurde. Nur im letztgenannten Falle wird für Dritte nicht der Eindruck einer Verdopplung der Haftsumme wie beim Austritt-Eintritt-Model während des Nachhaftungszeitraums erweckt.[30] Bei der registergerichtlichen Anmeldung sollte zusätzlich die Versicherung aufgenommen werden, dass der ausscheidende Kommanditist keinerlei Abfindung von der Gesellschaft erhalten hat. Der Beitritt des Neukommanditisten sollte schließlich von seiner **Eintragung im Handelsregister** abhängig gemacht werden, damit der Eintritt der Haftung gemäß § 176 Abs. 2 HGB vermieden wird.

2. Aufnahme eines oder mehrer Nachfolger in eine Personengesellschaft

111 Die Aufnahme weiterer Personen in eine bestehende Personengesellschaft beinhaltet eine Änderung des Gesellschaftervertrages und bedarf daher im Regelfall der **Zustimmung der anderen Gesellschafter**. Die Aufnahme erfolgt durch einen Vertrag zwischen den Altgesellschaftern und dem Nachfolger durch den zugleich der Gesellschaftervertrag abgeändert wird. Dieser Vertrag bedarf, so keine besonderen eine bestimmte Form auslösenden zusätzlichen Leistungspflichten begründet werden, grundsätzlich keiner Form, sofern die unentgeltliche Zuwendung der Aufnahme gleichzeitig vollzogen wird i. S. v. § 518 BGB. Die Eintragung in das Handelsregister ist bei einer OHG nur deklaratorisch, bei einer KG hingegen unbedingt erforderlich, will der Nachfolger in den Genuss einer Haftungsbegrenzung kommen, vgl. § 176 Abs. 2 HGB. Regelungen über das Gesellschaftsverhältnis als solche müssten nicht getroffen werden, sind jedoch dringend zu empfehlen. Die Zuwendung kann auf verschiedene Weisen durchgeführt werden: Entweder wird das **Festkapital**, das für die Berechnung des Anteils eines Gesellschafters an der Gesellschaft regelmäßig maßgeblich ist, **erhöht** und der Beitretende wird entsprechend der Erhöhung an der Gesellschaft beteiligt oder das **Festkapital** bleibt **unverändert**, d. h. das Kapitalkonto eines oder mehrerer anderer Gesellschafter wird vermindert und entsprechend wird eine neues Festkapitalkonto für den Beitretenden eingerichtet. Sofern die Beteiligung durch eine Erhöhung des Kapitals erfolgt, ist bei der Beteiligung des Beitretenden als Kommanditisten darauf zu achten, dass die mit

[30] BGH NJW 1981, 2748; BayObLG BB 1983, 334; OLG Zweibrücken RPfleger 1986, 482.

der Erhöhung erforderliche Einlage aus **ungebundenem Vermögen** der Gesellschafter, d.h. nicht aus Gesellschaftsvermögen, erfolgt. Anderenfalls wäre die Einlage nicht gemäß § 171 HGB ordnungsgemäß erbracht.

Sofern der Übergeber oder der Erwerber eine **Beschränkung seiner Haftung** erstrebt, kommt im Bereich der Personengesellschaften nur die Rechtsform einer Kommanditgesellschaft in Frage. Die Haftungsbeschränkung wird jedoch nur erreicht, wenn der Betroffene als Kommanditist im Handelsregister eingetragen ist. Erfolgt der Beitritt bzw. die Aufnahme in die Gesellschaft vor Einragung der Kommanditisteneigenschaft im Handelsregister, dann haftet der Kommanditist in der Zeit ab Aufnahme bis zur Eintragung im Handelsregister grundsätzlich persönlich, vgl. § 176 Abs. 2 HGB. Aus diesem Grunde sollte insoweit der Beitritt unter der **aufschiebenden Bedingung der Registereintragung** erfolgen. 112

Im Falle der Aufnahme in eine bestehende Persongesellschaft haftet der Aufgenommene gemäß § 130 HGB auch für Altschulden persönlich, sofern der Aufgenommene nicht Kommanditist wird. 113

Solange der Übernehmer weiterhin persönlich haftender Gesellschafter bleibt, ist eine Haftungsbeschränkung im Außenverhältnis nicht möglich. Sofern er zuvor persönlich haftender Gesellschafter war, so bestimmt sich die Haftung für Altverbindlichkeiten gemäß § 160 HGB.

3. Sicherung des Übergebers

Im Bereich der Übertragung eines Gesellschaftsanteils bzw. der Aufnahme des Nachfolgers in eine Personengesellschaft sollte zwischen den **Übergeber/Erwerber bezogenen** und den **gesellschaftsvertraglichen Absicherungen** unterschieden werden. 114

Unter Übergeber/Erwerber bezogene Absicherungen werden solche verstanden, die ihre Rechtsgrundlage nicht im Gesellschaftsvertrag haben, sondern in dem schuldrechtlichen Übergabevertrag. Dies wären bspw.:

Varianten einer Übergeber/Erwerber bezogenen Absicherung

- Nießbrauch
- einmalige Zahlung bzw. sonstige einmalige Gegenleistungen
- wiederkehrende Zahlungen (dauernde Last, Rente)
- Freistellungsanspruch
- Haftentlassung, Freigabe von Sicherheiten des Gesellschafters
- Unterbeteiligung
- Rückforderungsrecht bzw. auflösende Bedingung
- Freigabe von Sicherheiten
- Stimmbindungsabsprachen

Dem stehen gesellschaftsvertragliche Absicherungen gegenüber:

Varianten einer gesellschaftsvertraglichen Absicherung

- Mehrfachstimmrecht
- disproportionales Gewinnbezugsrecht
- sonstige Sonderrechte
- Kündigungsrechte
- Änderung der Abfindungsansprüche

Die folgenden Ausführungen erfolgen in Ergänzung zu den allgemeinen Ausführungen einer Absicherung unter Rdnr. 42ff.

a) **Nießbrauch.** Der Anteil an einer Personengesellschaft kann mit einem Nießbrauch belastet werden. Da jedoch der Anteil an einer Personengesellschaft ohne Zustimmung aller 115

Gesellschafter grundsätzlich nicht übertragbar ist, vgl. §§ 717, 719 BGB, §§ 105 Abs. 2, 161 Abs. 1 HGB, bedarf die Bestellung eines Nießbrauchs in Hinblick auf § 1069 Abs. 2 BGB der **Zustimmung aller Gesellschafter**. Eine im Gesellschaftsvertrag enthaltene Zustimmung zur Übertragung beinhaltet nicht unbedingt zugleich die Gestattung der Bestellung eines Nießbrauchs, denn mit der Nießbrauchsbestellung geht im Gegensatz zur Übertragung eine Aufspaltung der Gesellschafterrechte einher.[31] Ohne Zustimmung der Mitgesellschafter kann der Nießbrauch nur an den in § 717 S. 2 BGB angesprochenen vermögensrechtlichen Ansprüchen des Gesellschafters gegen die Personengesellschaft begründet werden.

116 In der Nießbrauchsbestellung sollten die Rechte des Nießbrauchers in Bezug auf die Ausübung der Rechte an der belasteten Beteiligung ebenso deutlich geregelt werden wie die Frage, wie sich eine Veränderung des Gesellschaftsanteils auf das Nießbrauchsrecht auswirkt. Dem Nießbraucher stehen grundsätzlich nicht die mit dem Gesellschaftsanteil verbundenen Mitverwaltungsrechte, z. B. Stimmrecht, Geschäfts- und Vertretungsbefugnis etc. zu. Soll der Nießbraucher diese Rechte anstelle des Inhabers ausüben dürfen, so bedarf es einer rechtsgeschäftlichen Vollmachtserteilung. Ferner ist zu beachten, dass dem Nießbraucher grundsätzlich nur der ausschüttungsfähige Gewinn gebührt. Außerordentliche Erträge, die Ausfluss der Vermögenssubstanz sind, bspw. Erträge aus der Auflösung stiller Reserven etc., stehen dem Nießbraucher nicht zu, wohl aber die aus der Wiederanlage derartiger Erträge erzielten Zinsen etc. Im Einzelnen ist hier vieles streitig, so dass eine detaillierte **vertragliche Regelung** geboten ist.[32]

Als Alternative zum Nießbrauch ist häufig ebenfalls eine **Unterbeteiligung** in Betracht zu ziehen, die einen erheblichen Gestaltungsspielraum eröffnet. Siehe hierzu die Ausführungen unter Rdnr. 213 ff.

Formulierungsvorschlag für einen Nießbrauch

Der Übergeber räumt hiermit dem Erwerber, auf Lebensdauer den Nießbrauch an dem in Ziffer 1.1 näher bezeichneten Gesellschaftsanteil ein.

1. Der Inhalt des Nießbrauchs richtet sich nach den gesetzlichen Bestimmungen, jedoch mit folgenden Abweichungen:
   a) Der Nießbraucher hat sämtliche mit dem Gesellschaftsanteil jetzt oder in Zukunft verbundenen öffentlichen oder privatrechtlichen Lasten zu tragen.
   b) Die Ausübung des Nießbrauchs darf Dritten nicht überlassen werden.
2. Das mit dem Gesellschaftsanteil verbundene Gewinnbezugsrecht steht für die Dauer des Nießbrauchs ausschließlich dem Übergeber zu und er kann insoweit für eine weitest mögliche Gewinnausschüttung stimmen. Dem Übergeber stehen daher insoweit sämtliche mit dem Gesellschaftsanteil verbundenen entnahmefähigen Gewinne sowie die auf den zugehörigen Gesellschafterkonten gebuchten entnahmefähigen Zinsen etc. zu.
3. Der Erwerber erteilt dem Übergeber hiermit Vollmacht, für ihn in der Gesellschafterversammlung zu stimmen sowie sämtliche mit dem Gesellschaftsanteil verbundene Rechte geltend zu machen bzw. auszuüben. Letzteres gilt jedoch nicht für das Geschäftsführungs- und Vertretungsrecht.[33] Diese Vollmacht darf nur nach Erlöschen des Nießbrauchs widerrufen werden.
   Soweit und sofern der Übergeber von dieser Vollmacht Gebrauch macht, ist der Erwerber von der Stimmrechtsausübung ausgeschlossen. Auf Verlangen ist der Erwerber verpflichtet, dem Übergeber diese Vollmacht zusätzlich in gesonderter Urkunde zu erteilen.
   Darüber hinaus ist der Erwerber verpflichtet, bei Ausübung des Stimmrechts, den Weisungen des Übergebers Folge zu leisten. Absatz 5 bleibt unberührt.
   Schließlich sind die Beteiligten wechselseitig verpflichtet, dem jeweils anderen sämtliche mit dem Gesellschaftsanteil verbundenen Informationen zu erteilen. Die von Gesellschaft einem von ihnen erteilten Informationen und Auskünfte sind unverzüglich an den jeweils anderen weiterzuleiten.

---

[31] MünchKommBGB/*Pohlmann* § 1068 Rdnr. 32 m. w. N. auch zur Gegenansicht.
[32] Vgl. zu den vielen z. T. streitigen Einzelfragen bspw. MünchKommBGB/*Pohlmann* § 1068 Rdnr. 38 ff.
[33] Dieser Satz ist bei der Bestellung eines Nießbrauchs an einem Kommanditanteil nicht erforderlich.

4. Bei Veränderungen des Gesellschaftsanteils ist der Erwerber verpflichtet, den Nießbrauch gegebenenfalls auf den geänderten Gesellschaftsanteil zu erstrecken. Sofern der Erwerber im Rahmen der Veränderung Einlagen zu leisten hat, hat der Übergeber diese dem Erwerber zu erstatten bzw. ihn hiervon freizustellen. Mit Beendigung des Nießbrauchs hat der Erwerber dem Übergeber die von diesem geleisteten Einlagen zu erstatten.
5. Alle Beteiligten haben sich sämtlicher Maßnahmen zu enthalten und ihre Zustimmung zu sämtlichen Maßnahmen zu unterlassen, die zum Untergang, zur Verringerung oder einer sonstigen nachteiligen Veränderung des Gesellschaftsanteils führen könnten. Hierzu gehören insbesondere die Kündigung bzw. der Austritt aus der Gesellschaft. Sämtliche Maßnahmen dieser Art bedürfen der Zustimmung des Übergebers und des Erwerbers. Der Nießbrauch setzt sich beim Ausscheiden des Erwerbers aus der Gesellschaft an dem jeweiligen Sourrogat, insbesondere dem Auseinandersetzungsguthaben bzw. der Abfindung, fort.
6. Der Nießbraucher kann den Nießbrauch jederzeit durch Erklärung gegenüber dem Übergeber aufgeben.

b) **Rückforderungsrechte, Auflösende Bedingung, Kündigungsklauseln.** Selbst bei einer im Wege der Schenkung eingeräumten Beteiligung an einer Gesellschaft gestattet der Bundesgerichtshof keine freie Hinauskündigung des Erwerbers durch entsprechende **gesellschaftsvertragliche Vereinbarungen.**[34] Eine Beendigung der Beteiligung aufgrund gesellschaftsvertraglicher Regelungen gegen den Willen des Erwerbers ist daher nur aus sachlichen Gründen möglich. Davon zu unterscheiden die Vereinbarung eines in seiner Wirkung einem **freien Hinauskündigungsrecht** gleichkommenden freien **schuldrechtlichen Rückübertragungsanspruchs** im Rahmen des Übergabevertrags. Die h. M. überträgt die gesellschaftsrechtlichen Beschränkungen eines Hinauskündigungsrechts zu Recht nicht auf den schuldrechtlichen Übergabevertrag.[35] Sachliche Gründe für eine gesellschaftsvertragliche Regelung wären z. B. die Insolvenz des Erwerbers/Gesellschafters, die Zwangsvollstreckung in den Gesellschaftsanteil, die Verfügung über Ansprüche aus dem Anteil oder die Einbeziehung des Anteils in einen möglichen Zugewinnausgleich und vor allem im Rahmen einer Unternehmensnachfolge ein zeitlich befristetes Kündigungsrecht bzw. Widerrufsrecht zum Zwecke der Erprobung des Unternehmensnachfolgers. 117

Sofern die Absicherung des Übergebers über ein **Rückforderungsrecht** erfolgt, sollten Form und Frist in Bezug auf die Ausübung des Rückforderungsrechts geregelt werden. Im Regelfall soll die Ausübung des Rechts nur dem Übergeber gestattet sein und mit dessen Ableben der Anspruch untergehen, sofern er vorher nicht in berechtigter Weise geltend gemacht wurde. Schließlich sollten sich in der Rückforderungsbestimmung Vereinbarungen darüber finden, inwieweit Auf- bzw. Verwendungen bzw. sonstige Leistungen an die Gesellschaft bzw. den Übergeber zu erstatten sind bzw. gezogene Nutzungen dem Erwerber verbleiben. 118

c) **Zurückbehalt von Wirtschaftsgütern.** Im Gegensatz zum einzelkaufmännischen Unternehmen kann beim Übergeber, der an einer Personenhandelsgesellschaft beteiligt ist, **Sonderbetriebsvermögen** vorhanden sein. Dieses ist im Vorfeld der Überlassung sorgfältig zu ermitteln, da die unterlassene Übergabe des Sonderbetriebsvermögens zu einer **Entnahme** führen kann. Soll Sonderbetriebsvermögen aus Gründen der Absicherung, bspw. ein Grundstück, nicht übergeben werden, so kann zur Vermeidung einer Entnahme die Einbringung dieser Wirtschaftsgüter bspw. in eine Kapitalgesellschaft geboten sein. Des Weiteren bedarf es, sofern das zurückbehaltene Wirtschaftsgut der Gesellschaft weiterhin zur Nutzung überlassen werden soll, gegebenenfalls eines Nutzungsvertrags, bspw. eines Pachtvertrags, zwischen der Gesellschaft und dem Übergeber bzw. seiner das Wirtschaftgut besitzenden Anla- 119

[34] Vgl. nur BGHZ 68, 212, 215 = NJW 1977, 1292; BGHZ 81, 263, 266 ff. = NJW 1981, 2565; BGHZ 105, 213, 216 f. = NJW 1989, 834; BGHZ 107, 351, 353 = NJW 1989, 2681; BGH NJW 1985, 2421, 2422; BGHZ 104, 50, 57 f. = NJW 1988, 1903; für atypische stille Gesellschaft BGHZ 125, 74, 79 f. = NJW 1994, 1156; für GmbH BGHZ 112, 103, 108 = NJW 1990, 2622; BGHZ 164, 98 = NJW 2005, 3641; BGHZ 164, 107 = NJW 2005, 3644; BGH NZG 2007, 422 = ZIP 2007, 862; 863 f.
[35] Streitig, vgl. zum Meinungstand MünchKommBGB/*Ulmer/Schäfer* § 737 Rdnr. 21 m. w. N.

gegesellschaft. Je nach der Wesentlichkeit der Nutzungsmöglichkeit dieses Wirtschaftsguts für die Personengesellschaft ist neben der Kündigungsmöglichkeit dieses Nutzungsvertrags zu klären, wer dieses Wirtschaftsgut nach dem Ableben des Übergebers erben soll.

4. Wesentliche gesellschaftsvertragliche Regelungen für Familiengesellschaften

120 Im Folgenden sollen wesentliche gesellschaftsvertragliche Regelungen erläutert werden, die insbesondere bei Familiengesellschaften regelmäßig von Bedeutung und immer wieder Gegenstand von Diskussionen sind. Dies gilt insbesondere dann, wenn die Personengesellschaft neu gegründet oder ein bestehender Vertrag vollständig neu gefasst werden soll.

121 a) **Gesellschafterrechte, Mehrheitsentscheidungen, Gesellschaftsanteil.** Im Zuge der Gründung einer Familienpersonengesellschaft ist eine Modifizierung oder erhebliche Einschränkung der Gesellschafterrechte des Übernehmers im Gesellschaftsvertrag grundsätzlich ohne weiteres zulässig. Im Gegensatz zur formellen Satzungsstrenge des Aktiengesetzes, siehe § 23 Abs. 5 Satz 1 AktG, bestehen im Bereich der Personengesellschaften grundsätzlich nur wenige unverzichtbare Schutzrechte, die auch nicht durch einen Gesellschaftsvertrag abbedungen werden können. Letzteres wäre beispielsweise die Regelung einer der Höhe und Art nach vollkommen unbestimmten Nachschusspflicht der Gesellschafter auf der Grundlage einer Mehrheitsentscheidung, vgl. § 707 BGB.

122 Der **Minderheitenschutz** im Personengesellschaftsrecht baut daher in Regel auf dem Schutz der im Gesellschaftsvertrag einmal begründeten Gesellschafterrechte auf. Der Gesellschaftsvertrag als solcher kann daher die Rechte der Unternehmensnachfolger in erheblicher Weise in zulässiger Weise einschränken. Dies gilt umso mehr bei der Gründung einer Personengesellschaft, wenn die Unternehmensnachfolger keine Einlagen erbringen und daher nur unentgeltlich am Unternehmen beteiligt werden. Bei der Gestaltung eines Gesellschaftsvertrags im Zuge einer Unternehmensnachfolge besteht daher bis auf die wenigen unverzichtbaren Schutzrechte ein weitgehender Gestaltungsspielraum. Dies gilt in gleicher Weise für die Einräumung von gesellschaftsvertraglichen Sonderrechten an den Übergeber.

123 Die Rechtsprechung des Bundesgerichtshofs[36] zum **Bestimmtheitsgrundsatz** und die sogenannte **Kernbereichslehre** ist daher nicht bei der Gründung der Familiengesellschaft und der erstmaligen Beteiligung der Nachfolger am Gesellschaftsvermögen von Bedeutung, sondern wird sich erst bei späteren Gesellschafterbeschlüssen und deren Zulässigkeit auswirken.

124 Für Personengesellschaften gilt in Abweichung zu den Kapitalgesellschaften grundsätzlich das **Prinzip der Einstimmigkeit**, vgl. § 119 Abs. 1 HGB, d.h. sofern keine abweichenden gesellschaftsvertraglichen Regelungen bestehen, bedürfen sämtliche Beschlüsse der Zustimmung aller Gesellschafter. Da dieses Prinzip für die Führung eines Unternehmens im Regelfall ungeeignet ist, werden in den Gesellschaftsverträgen ganz überwiegend **Mehrheitsentscheidungen** zugelassen. Für übliche Geschäftsführungsmaßnahmen ist dies ohne weiteres zulässig. Die ständige Rechtsprechung des Bundesgerichtshofs erachtet jedoch eine allgemeine Mehrheitsentscheidung für alle denkbaren Beschlussgegenstände für unzulässig. Vor allem für Änderungen des Gesellschaftsvertrags und ähnlich die Grundlagen der Gesellschaft berührende oder in Rechtspositionen der Gesellschafter eingreifende Maßnahmen sind Mehrheitsentscheidungen nur zulässig, wenn derartige Beschlussgegenstände einer Mehrheitsentscheidung im Gesellschaftsvertrag hinreichend bestimmt geregelt sind, mithin der beitretende Gesellschafter diese in ihrer Tragweite erfassen kann, sogenannter **Bestimmtheitsgrundsatz.**[37] Dieser Bestimmtheitsgrundsatz wurde vom Bundesgerichtshof insoweit etwas aufgelockert, als dass im Gesellschaftsvertrag nicht minutiös aufgelistet sein muss, welche Grundlagengeschäfte dem Mehrheitsprinzip unterworfen werden. Mithin führt eine Unvollständigkeit des Wortlauts der Liste nicht automatisch zur Unzulässigkeit einer Mehrheitsentscheidung. Vielmehr ist im Wege der Auslegung auch eine über den Wortlaut hinausgehende Erweiterung möglich, sofern und soweit der Sinn und Zweck der aufge-

[36] Vgl. nur BGHZ 170, 283, 286 ff. = NJW 2007, 1685, 1686 f; sowie ausführlich MünchKommBGB/*Ulmer/Schäfer* § 709 Rdnr. 84 ff. zum Bestimmtheitsgrundsatz und der Kritik hieran sowie aaO. Rdnr. 91 ff. zur Kernbereichslehre.

[37] MünchKommBGB/*Ulmer/Schäfer* § 709 Rdnr. 84 m. w. N.

listeten Beschlussgegenstände dies nahelegt bzw. zulässt.[38] Für den Übergeber ist die Problematik von Mehrheitsentscheidungen nur dann von Bedeutung, wenn er sich keine **Sonderrechte**, wie nachfolgend erläutert, hat einräumen lassen und infolge der Übergabe keine Stimmenmehrheit mehr innehat.

Vor dem Hintergrund dieser Grundsätze eines Minderheitenschutzes können die **Stimmrechte** der Gesellschafter im Vertrag modifiziert werden. Die gesetzlichen Regelungen, vgl. §§ 722, 734 BGB, §§ 121, 122, 155 HGB sind in Bezug auf die Beteiligung der Gesellschafter beispielsweise am Gesellschaftsvermögen, am Gewinn und Verlust und einem etwaigen Auseinandersetzungsguthaben unpassend bzw. für die Praxisanwendung zu unbestimmt. Letzteres gilt insbesondere für den insofern maßgeblichen Kapitalanteil bei Personenhandelsgesellschaften. Aus diesem Grunde ist die Regelung **fester Kapitalanteile** der Gesellschafter im Gesellschaftsvertrag Standard. 125

Formulierungsvorschlag:

Die Gesellschafter sind bei Gründung der Gesellschaft mit den nachstehenden Festanteilen, die die Beteiligung des Gesellschafters an der Gesellschaft und dem Gesellschaftsvermögen, insbesondere auch am Gewinn und Verlust und am Auseinandersetzungsguthaben, wiedergeben, beteiligt: ……

Im Regelfall bestimmt der grundsätzlich unveränderliche vertraglich fixierte Festanteil auch das **Stimmrecht** des Gesellschafters in der Gesellschafterversammlung. 126

Formulierungsvorschlag:

Die Stimmen stehen den Gesellschaftern im Verhältnis ihrer Beteiligung am Gesellschaftsvermögen zu. Jeder Gesellschafter hat die ihm zustehenden Stimmen einheitlich abzugeben.

Eine solche **Koppelung von Festanteil und Stimmrecht** ist jedoch ebenso wenig geboten wie eine Koppelung von Festanteil und Gewinnbezugsrecht. Eine gesellschaftsvertragliche Regelung mit der dem Übergeber, beispielsweise auf Lebenszeit, ein von seinem Festanteil erheblich **abweichendes Stimmrecht** zugesprochen wird, ist ohne weiteres zulässig. Eine solche Abweichung ist insbesondere in Bezug auf das Stimmrecht sinnvoll, wenn der Gesellschaftsvertrag die Möglichkeit von Mehrheitsentscheidungen vorsieht und der Übergeber verhindern will, dass gegen seinen Willen zu Lebzeiten Mehrheitsentscheidungen herbeigeführt werden. Ein solches dem Übergeber im Gesellschaftsvertrag eingeräumtes Sonderrecht kann gemäß § 35 BGB analog dem Übergeber nicht mehr gegen seinen Willen entzogen oder verändert werden. 127

Statt einer Veränderung des Verhältnisses von Festanteil und Stimmrechten kann gesellschaftsvertraglich ein **Zustimmungsvorbehalt** in der Weise vereinbart werden, dass zu allen bzw. bestimmten Beschlüssen die Zustimmung des Übergebers erforderlich ist. Dadurch wird ein möglicherweise vereinbartes Mehrheitsprinzip, jedenfalls zu Lebzeiten des Übergebers, modifiziert. 128

In gleicher Weise kann dem Übergeber ein über seinen Festanteil hinausgehendes **Gewinnbezugsrecht als Sonderrecht** eingeräumt werden. Ferner kann ein Sonderrecht in Bezug auf die Frage der Zulässigkeit von Entnahmen, insbesondere auch von Vorwegentnahmen in Bezug auf den Gewinn des laufenden Geschäftsjahres, eingeräumt werden. 129

b) Kündigungsrecht, Ausschluss von Gesellschaftern, Abfindung. Die Möglichkeit der Beendigung der Beteiligung an einer Familiengesellschaft ist regelmäßig ein weiterer Diskussionspunkt. Der **gänzliche Ausschluss** einer Kündigungsmöglichkeit ist unzulässig, vgl. § 723 Abs. 3 BGB; letzteres gilt in gleicher Weise für die einem Ausschluss gleichkommenden Er- 130

[38] BGHZ 170, 283, 286 ff. = NJW 2007, 1685, 1686 f; MünchKommBGB/*Ulmer/Schäfer* § 709 Rdnr. 86 m. w. N.

schwerungsgründe. Der Kündigungsausschluss für einen **bestimmten Zeitraum** ist hingegen grundsätzlich zulässig, sofern der Zeitraum nicht übermäßig lange ist. Letzteres hängt wiederum vom Einzelfall ab.[39] Vorsicht ist geboten, wenn die Kündigung nur für den Zeitraum bis zum **Ableben des Übergebers** bzw. eines Gesellschafters ausgeschlossen werden soll. Abhängig von der Formulierung kann in diesen Fällen § 134 HGB bzw. § 724 BGB mit der Folge zur Anwendung gelangen, dass die Gesellschaft auf unbestimmte Zeit eingegangen wäre und damit wiederum jederzeit ordentlich kündbar wäre.[40] Eine die Kündigung ausschließende Erschwerung ist eine Abfindung, die bereits zum Zeitpunkt des Vertragsabschlusses einen Wert vorsähe, der vollkommen außer Verhältnis zum Verkehrswert stünde.[41] Insoweit sind dieselben Maßstäbe wie bei der Nichtigkeit von Abfindungsregelungen wegen Sittenwidrigkeit anzuwenden.[42] Die Rechtsprechung hat zutreffend ihre ursprüngliche Rechtsauffassung aufgegeben, nach der eine zunächst zulässige Regelung durch eine erst nach Vertragsabschluss auftretende unzumutbare Differenz zwischen Abfindung und Verkehrswert zu einer Unwirksamkeit der entsprechenden Klausel führt. Letzteres wird nun über den Einwand der unzulässigen Rechtsausübung bzw. dem Wegfall der Geschäftsgrundlage unter Berücksichtigung des Einzelfalls angemessen gelöst.[43] Zulässig wäre es hingegen die Höhe der Abfindung nach der Zeitdauer des Verbleibs in der Gesellschaft zu staffeln, wenn dadurch die Kündigung nicht übermäßig wirtschaftlich benachteiligt wird.

Formulierungsvorschlag eines zeitlich befristeten Kündigungsausschlusses

Jeder Gesellschafter kann die Gesellschaft unter Einhaltung einer Frist von sechs Monaten auf den Schluss eines Geschäftsjahres kündigen. Für den Zeitraum bis einschließlich … ist eine Kündigung ausgeschlossen. Das Recht zur außerordentlichen Kündigung aus wichtigem Grund bleibt unberührt.

131 Die **Abfindung** im Falle des Ausscheidens eines Gesellschafters aus der Gesellschaft zählt bei der Besprechung zur Gestaltung von Familiengesellschaftsverträgen wohl zu den schwierigeren Themenkomplexen. Um einen Erhalt der Gesellschaft auf Dauer zu gewährleisten, besteht häufig die Neigung der Übergeber zu sehr restriktiven Abfindungsregelungen. Die Aufnahme einer **Abfindungsregelung** in den Gesellschaftsvertrag muss zum Standard eines jeden Gesellschaftsvertrags zählen. Träfe man keine Regelung sieht das Gesetz eine Abfindung zum Verkehrswert vor, §§ 738 ff. BGB. Damit sind gleich zwei Probleme verbunden. Das eine ist die Schwierigkeit der **Ermittlung des Verkehrswerts** eines Unternehmens. Denn es gibt nicht die eine richtige Bewertungsmethode zur Verkehrswertermittlung eines Unternehmens, zumal die Bewertungsfaktoren bzw. Multiplikatoren branchenabhängig sind. Zum anderen führt eine Abfindung zum Verkehrswert regelmäßig zu einer erheblichen **Liquiditätsproblematik** beim Unternehmen.

132 Das erste Problem, nämlich die Schwierigkeit der **Wertermittlung** als solche, lässt sich nur durch eine auf das konkrete Unternehmen bezogene Regelung über die Wertermittlung beheben. Eine geeignete Regelung wird für eine nur Immobilien verwaltende Familiengesellschaft gänzlich anders ausfallen als für einen mittelständischen Handwerksbetrieb. Zwar finden sich in den einschlägigen Fachbüchern mehr oder weniger viele Vorschläge über verschiedenste Bewertungsverfahren. Mangels Kenntnis der branchenüblichen Bewertungskriterien bzw. -methoden sollte sich der Notar ebenso wie andere Rechtsberater darauf beschränken, auf die Einholung des Rats hierfür geeigneter Fachleute zur Findung einer geeigneten abstrakten Wertermittlungsmethode zu dringen.

[39] Vgl. hierzu ausführlich mit zahlreichen Rspr. Nachweisen MünchKommBGB/*Ulmer/Schäfer* § 723 Rdnr. 70 ff.

[40] So *Sudhoff/Wälzholz* § 12 Rdnr. 16 m. w. N.; a. A. *Baumbach/Hopt* § 134 Rdnr. 3.

[41] Vgl. BGH WM 1979, 1064, 1065; 1984, 1506; NJW 1989, 3272; 1993, 2101; NZG 2006, 425; BGH NZG 2008, 623, 626.

[42] Vgl. hierzu ausführlich MünchKommBGB/*Ulmer/Schäfer* § 738 Rdnr. 45 ff.

[43] BGHZ 123, 281, 285 f. = NJW 1993, 3193 im Anschluss an BGH NJW 1993, 2101, 2102; 1994, 2536, 254.

Maßgebliche Aufgabe des Notars ist jedoch darauf zu achten, dass die Abfindungsregelung als solche sich innerhalb der vom Gesetz und der Rechtssprechung hierzu gesetzten Schranken hält. Solche Schranken sind das Verdikt der Sittenwidrigkeit gemäß § 138 BGB, ein unzulässige Gläubigerbenachteiligung, die unzulässige Einschränkung des Kündigungsrechts sowie der mögliche Einwand des Rechtsmissbrauchs bzw. des Wegfalls der Geschäftsgrundlage.

133 Abgesehen vom Sonderfall des Ausscheidens infolge Versterbens wird der vollständige Ausschluss einer Abfindung im Falle eines Ausscheidens aus der Gesellschaft regelmäßig als **sittenwidrig** angesehen.[44] Streitig ist hingegen, ob im Falle des Ausscheidens eines Gesellschafters infolge seines Todes ein **vollständiger Abfindungsausschluss** zulässig ist. Die Zulässigkeit wird von den Befürwortern dann bejaht, wenn durch die entsprechende Vertragsklausel alle Gesellschafter – vor allem in Hinblick auf Alter und eventuelle persönliche Umstände – hiervon gleichermaßen betroffen sind. Unter dem Gesichtspunkt der Liquidität ist diese Klausel insoweit des Weiteren problematisch, ob hiermit nicht eine unentgeltliche Zuwendung an die anderen begünstigten Gesellschafter verbunden ist. Letzteres brächte die Gefahr von Pflichtteils- bzw. Pflichtteilsergänzungsansprüchen mit sich.[45]

134 Eine Abfindungsklausel ist ferner regelmäßig nichtig, wenn diese **Gläubiger benachteiligt.**[46] Letzteres ist dann gegeben, wenn der Abfindungsanspruch niedriger ausfällt, weil ein Gläubiger gekündigt hat oder weil das Ausscheiden und damit der Abfindungsanspruch auf einer Kündigung wegen Insolvenz oder dem Betreiben einer Zwangsvollstreckung in den Gesellschaftsanteil erfolgt.

Eine in Hinblick auf das Kündigungsrecht gemäß § 723 Abs. 3 BGB unzulässige Abfindungsregelung wäre schließlich dann gegeben, wenn der Abfindungsanspruch deutlich unter der Hälfte des Verkehrswerts der Beteiligung liegen würde, wobei der Zeitpunkt des Vertragsabschlusses und nicht derjenige der Kündigung maßgeblich ist.[47]

135 Führen Verstöße gegen die vorstehend skizzierten Grundsätze nicht bereits zur Nichtigkeit einer Abfindungsklausel ohne die Möglichkeit einer Geltungserhaltenden Reduktion, so ergibt sich aus der Rechtsprechung über den **Wegfall der Geschäftsgrundlage** bzw. dem **Einwand einer unzulässigen Rechtsausübung** die Möglichkeit einer Anpassung der an sich wirksamen Abfindungsregelung. Danach ist eine Abfindungsregelung im Einzelfall anzupassen, wenn sich unter Berücksichtigung der Umstände des Einzelfalls eine vollkommen außer Verhältnis zum Verkehrswert ergebende Abfindung ergäbe. Im Unterschied zu den Grundsätzen, die eine Nichtigkeit der Abfindungsregelung nach sich ziehen, wird hierbei auf den Zeitpunkt des Ausscheidens bzw. der beabsichtigten Kündigung abgestellt.[48] Ein insoweit maßgebliches Missverhältnis kann sich jedoch nur bei statischen Abfindungsregelungen ergeben, d. h. bei solchen, die keinen Bezug zum aktuellen Verkehrswert des Unternehmens aufweisen. Letzteres ist insbesondere die Gefahr von Buchwertklauseln. Von daher läuft eine Abfindungsklausel, die einen prozentualen Abschlag von bis zu 30 bis 40% vom Verkehrswert vorsieht und auf den Verkehrswert in dem vorstehend genannten Zeitpunkt Bezug nimmt, grundsätzlich nicht Gefahr einer nachträglichen Anpassung.

136 Im Hinblick auf die Schwierigkeiten, die mit der Bewertung von Unternehmen verbunden sind, sollte – auch wenn das Bewertungsverfahren, wie hier empfohlen, im Gesellschaftsvertrag vorgegeben wird – eine **Schiedsgutachtenklausel** bei Meinungsverschiedenheiten über die konkret ermittelte bzw. zu ermittelnde Abfindung vorsehen.

---

[44] MünchKommBGB/*Ulmer/Schäfer* § 738 Rdnr. 45.

[45] H. M., vgl. nur Palandt/*Edenhofer* § 2325 Rdnr. 15; MünchKommBGB/*Lange* § 2325 Rdnr. 31 jeweils m. w. N.

[46] BGHZ 65, 22, 28 = NJW 1975, 1835 und BGHZ 144, 365, 366 f. = NJW 2000, 2819 (für die GmbH).

[47] BGHZ 123, 281, 284 = NJW 1993, 3193; MünchKommBGB/*Ulmer/Schäfer* § 738 Rdnr. 45 f, 49.

[48] BGHZ 123, 281, 284 f. = NJW 1993, 3193.

Checkliste für Schiedsgutachtenklauseln

- ☐ Definition des Gegenstands des Schiedsgutachtens und des Umfangs des Schiedsgutachtertätigkeit
- ☐ Regelung über die Bindung der Gesellschafter an das Schiedsgutachten
- ☐ Bestimmung des Schiedsgutachters oder des Verfahrens für seine Auswahl; im letztgenannten Falle sollte eine unabhängige Stelle mit der Auswahl befasst werden, wobei Vorgaben hinsichtlich der Qualifikation des Schiedsgutachters erfolgen sollten.
- ☐ Bestimmung, auf wessen Antrag hin und unter welchen Voraussetzungen ein Schiedsgutachten zu erstellen ist, ggf. Form- und Fristfragen näher regeln
- ☐ Regelung der Kostentragung des Schiedsgutachtens

Formulierungsvorschlag für eine Abfindungsklausel einer Familienimmobilienvermögensverwaltungsgesellschaft

137 Der ausgeschiedene Gesellschafter erhält eine Abfindung, für deren Höhe und Bezahlung gilt:

a) Maßgebend ist der Wert des Gesellschaftsanteils der auf den Tag des Ausscheidens aus dem anteiligen Sach-/Substanzwert und dem anteiligen Ertragswert des Unternehmens zu ermitteln ist. Dabei ist der Ertragswert doppelt so stark zu gewichten wie der Substanzwert.
Der Ertragswert ist wie folgt zu ermitteln: ...
Der Substanzwert ist wie folgt zu ermitteln: ...

b) Für die Ermittlung der Abfindung ist auf den Zeitpunkt des Ausscheidens abzustellen, sofern dieser auf das Ende eines Geschäftsjahres fällt, anderenfalls auf das Ende des vorherigen Geschäftsjahrs. § 740 BGB wird ausgeschlossen, soweit schwebende Geschäfte nicht bereits in dem maßgeblichen Jahresabschluss berücksichtigt sind. Die ermittelte Abfindung bleibt auch dann maßgeblich, wenn sich aufgrund von steuerlichen Prüfungen oder durch anderweitig veranlasste Änderungen der Veranlagung die Ermittlungsgrundlagen nachträglich verändern.

c) Kommt eine Einigung über die Abfindung binnen sechs Monaten nach dem Tag des Ausscheidens nicht zustande, so wird sie von einem Schiedsgutachter verbindlich festgesetzt. Der Schiedsgutachter muss ein am Sitz der Gesellschaft tätiger Wirtschaftsprüfer sein. Das Gutachten ist auf der Grundlage eines von einem öffentlich vereidigten Sachverständigen für Immobilienbewertung gefertigten Wertgutachtens für das Immobilienvermögen der Gesellschaft zu erstellen. In diesem Wertgutachten ist sowohl der Ertragswert als auch der Sachwert des Immobilienvermögens zu ermitteln. Beide Gutachter werden durch den Präsidenten der für den Sitz der Gesellschaft zuständigen Industrie- und Handelskammer auf Antrag der Gesellschaft oder des ausgeschiedenen Gesellschafters bestimmt, falls eine Einigung über die Person des Schiedsgutachters nicht zustande kommt. Die Kosten der Ermittlung der Abfindung sind von der Gesellschaft und dem ausgeschiedenen Gesellschafter je zur Hälfte zu tragen.

Die Abfindung ist in vier gleichen Jahresraten zu bezahlen. Die erste Rate ist drei Monate nach der Feststellung der Auseinandersetzungsbilanz oder der Festsetzung der Abfindung gemäß vorstehenden Bestimmungen fällig. Etwaige nach der vierten Jahresrate fälligen weiteren Jahresraten sind vom Zeitpunkt der Fälligkeit der vierten Jahresrate an mit drei Prozentpunkten über dem Basiszinssatz zu verzinsen. Die Zinsen sind jeweils mit der nächst fälligen Rate zu bezahlen. Im Übrigen ist die Abfindung nicht zu verzinsen. Mit dem Anspruch auf Zinszahlungen hat der Gesellschafter ferner Anspruch auf Stellung einer Sicherheit, die nicht den üblichen banktechnischen Erfordernissen entsprechen muss. Im Übrigen ist die Gesellschaft nicht zur Leistung einer Sicherheit verpflichtet. Die Gesellschaft ist berechtigt, die Abfindung ganz oder teilweise früher zu bezahlen.

Wenn und soweit die Einhaltung dieser Abfindungsregelung der Gesellschaft mit Rücksicht auf ihre Vermögens- und Ertragslage nicht zugemutet werden kann, ermäßigt sich die Höhe der Jahresraten unter gleichzeitiger entsprechender Erhöhung ihrer Anzahl auf bis zu acht auf den zumutbaren Betrag, soweit dies für den ausscheidenden unter Berücksichtigung seiner persönlichen Verhältnisses, insbesondere seiner Einkommens- und Vermögensverhältnisse nicht unzumutbar ist. Können sich die Gesellschaft und der oder die ausgeschiedenen Gesellschafter über Voraussetzung oder Umfang der Ermäßigung nicht einigen, so entscheidet hierüber auf Antrag der Gesellschaft mit bindender Wirkung für alle Beteiligten der als Schiedsgutachter bestellte Wirtschaftsprüfer bzw. gilt vorstehender Buchst. c entsprechend.

Das laufende Konto bleibt bei der Abfindung außer Betracht. Ein Guthaben darauf ist dem Gesellschafter nach seinem Ausscheiden auszubezahlen, wobei sich der auszuzahlende Betrag in Höhe des Saldos auf dem Verlustvortragskonto mindert; ein Schuldsaldo ist unverzüglich nach seinem Ausscheiden von ihm auszugleichen, sofern dieser nicht auf einer Verrechnung mit dem Verlustvortragskonto beruht.

Der ausgeschiedene Gesellschafter kann Sicherheitsleistung für Verbindlichkeiten der Gesellschaft nicht verlangen und Befreiung von solchen Verbindlichkeiten erst, wenn und soweit er von Gläubigern in Anspruch genommen wird.

c) **Verhinderung familienfremder Gesellschafter.** Gerade bei Familienpersonengesellschaften werden oft Gesellschaftsvertragsgestaltungen nachgefragt, mit deren Hilfe das Eindringen familienfremder Personen verhindert bzw. deren Ausschluss herbeigeführt werden kann. 138

Der Eintritt Fremder durch die **Veräußerung** eines Gesellschaftsanteils lässt sich im Regelfall bereits einfach dadurch bewerkstelligen, dass die Veräußerung an die **Zustimmung** aller anderen Gesellschafter oder zumindest an ein bestimmtes Quorum gebunden wird.

Formulierungsvorschlag:

1. Rechtsgeschäftliche Verfügungen eines Kommanditisten über seinen Kommanditanteil bedürfen zu ihrer Wirksamkeit eines zustimmenden Beschlusses der anderen Gesellschafter, der einer Mehrheit von drei Vierteln der abgegebenen Stimmen bedarf und sind zudem nur zum Ende eines Geschäftsjahres zulässig. Dies gilt auch für den Übergang im Rahmen von Umwandlungen nach dem Umwandlungsgesetz. Geht ein Kommanditist durch eine Aufspaltung oder ähnliches unter, haben die übrigen Gesellschafter das Recht, durch mit einfacher Mehrheit zu fassenden Gesellschafterbeschluss zu bestimmen, auf welchen der übernehmenden Rechtsträger der Kommanditanteil übergeht.
2. Bei Übertragung auf eine Gesellschaft, an der der übertragende Gesellschafter und/oder die in Ziff. 3. genannten Personen mehrheitlich beteiligt ist, ist die Zustimmung vorbehaltlich Satz 2 zu erteilen. In dem der Übertragung zugrundeliegenden Vertrag haben sich der übertragende Kommanditist und die erwerbende Gesellschaft für den Fall, dass der übertragende Kommanditist nicht mehr mehrheitlich an ihr beteiligt ist, gegenüber der Gesellschaft zur Rückübertragung zu verpflichten und diese bedingt für diesen Fall vorzunehmen.
3. Die Zustimmung gemäß Ziff. 1. ist zu erteilen, wenn die Übertragung zugunsten anderer Gesellschafter, dem Ehegatten oder den volljährigen Abkömmlingen von Gesellschaftern oder durch den Erben eines Gesellschafters zugunsten eines volljährigen nachfolgeberechtigten Vermächtnisnehmers erfolgt.
4. Rechte und/oder Pflichten aus diesem Vertrag können nicht übertragen oder belastet werden. Belastungen der Beteiligung, insbesondere die Verpfändung, die Bestellung eines Nießbrauchs, die Einräumung von Unterbeteiligungen oder einer Rechtsstellung, aufgrund derer dem Kommanditisten nur noch treuhänderische Befugnisse an seinem Anteil verbleiben oder die die Ausübung seiner Gesellschafterrechte an die Zustimmung eines Dritten bindet, sind unzulässig. Davon ausgenommen sind solche Rechtshandlungen gegenüber den in Ziff. 3. genannten Personen.

Daneben sollte jeder Gesellschaftsvertrag den **Ausschluss des Gesellschafters** beinhalten, 139
wenn in dessen Anteil zwangsvollstreckt wird oder wenn dieser insolvent werden würde. Die Ausschlussgründe können auch auf weitere Tatbestände, wie beispielsweise der Verfügung über Rechte, die mit einem Gesellschaftsanteil verbunden sind, z. B. dem Gewinnanspruch, erweitert werden.

Formulierungsvorschlag einer Ausschlussklausel

Ein wichtiger, die Ausschließung des Kommanditisten rechtfertigender Grund ist insbesondere gegeben, wenn

a) die Zwangsvollstreckung in seinen Kommanditanteil betrieben und nicht binnen zweier Monate nach Aufforderung an den betroffenen Kommanditisten, spätestens bis zur Verwertung des Kommanditanteils aufgehoben wird, oder

b) der Antrag gestellt wird, über das Vermögen des Kommanditisten ein Insolvenzverfahren zu eröffnen oder der Antrag gestellt wird, dass der Kommanditist ein Vermögensverzeichnis abzugeben und dessen Richtigkeit an Eides statt zu versichern hat und der Antrag nicht innerhalb der Frist von drei Monaten zurückgewiesen oder zurückgenommen wird, oder;

c) der Kommanditist gegen eine sich aus dem Gesellschaftsverhältnis ergebende wesentliche Verpflichtung nachhaltig verstößt und den Verstoß trotz Abmahnung nicht unverzüglich abstellt, oder

d) der Kommanditist gegen Ziff. 4 (*des vorangehenden Formulierungsbespiels)* verstößt,

e) der Kommanditist den Gesellschaftsvertrag kündigt.

140 **d) Nachfolge von Todes wegen.** Ist demgemäß das auf rechtsgeschäftlichen Verfügungen beruhende Eindringen von Gesellschaftern relativ einfach in den Griff zu bekommen, so bedarf es in Hinblick auf das Eindringen Fremder aufgrund Erbfolge, insbesondere durch Verfügungen von Todes wegen, weiterer Regelungen. Dabei ist zunächst zu beachten, dass die gesetzlichen Regelungen über die Nachfolge beim Tode eines Gesellschafters unterschiedlich sind.

141 Verstirbt bei einer **Gesellschaft bürgerlichen Rechts** ein Gesellschafter, so würde die Gesellschaft in Ermangelung einer abweichenden gesellschaftsvertraglichen Regelung aufgelöst, vgl. § 727 Abs. 1 BGB. Eine sog. **Fortsetzungsklausel** ist daher für Fortführung der Gesellschaft unabdingbar. Findet sich im Gesellschaftsvertrag eine sog. **Fortsetzungsklausel**, wie nachfolgend beschrieben, dann wächst der Anteil des verstorbenen **persönlich haftenden Gesellschafters** den übrigen persönlich haftenden Gesellschaftern zu, vgl. § 738 BGB und die Erben des verstorbenen Gesellschafters erhalten eine Abfindung. Strittig und bislang von der Rechsprechung hingenommen wurden jedoch auch Regelungen, die ein abfindungsloses Ausscheiden des Verstorbenen vorsahen, solange dadurch kein Gesellschafter evident bevorzugt wird, beispielsweise wegen eines erheblichen Altersunterschiedes.[49] Unabhängig davon, können die Erben von der Gesellschaft allerdings die **Herausgabe von Sonderbetriebsvermögen** und sonstigen der Gesellschaft zur Nutzung überlassenen Gegenständen fordern, sofern keine Nutzungsverträge bestehen, da diese nicht Vermögen der Gesellschaft sind. Des Weiteren haben die Erben einen **Anspruch auf Schuldbefreiung** in Bezug auf die Verbindlichkeiten der Gesellschaft.

Formulierungsvorschlag einer einfachen Fortsetzungsklausel

142 Verstirbt ein Gesellschafter, so scheidet dieser aus der Gesellschaft aus. Die Gesellschaft wird mit den verbleibenden Gesellschaftern fortgesetzt. Der Anteil des verstorbenen Gesellschafters wächst den übrigen Gesellschafter (alternativ: bestimmten Gesellschaftern) im Verhältnis ihrer Beteiligung an der Gesellschaft zum Zeitpunkt des Ausscheidens des Verstorbenen an.

143 Bei **Personenhandelsgesellschaften** wird infolge der Änderung des § 131 Abs. 3 Satz 1 Nr. 1 HGB die Gesellschaft bei Tod eines **persönlich haftenden Gesellschafters** nicht aufgelöst, eine so genannte Fortsetzungsklausel ist demgemäß grundsätzlich deklaratorisch, jedoch üblich.

Eine Fortsetzungsklausel ist hingegen erforderlich, um die Auflösung der Gesellschaft zu verhindern, wenn bei einer Kommanditgesellschaft der einzig verbliebene persönlich haften-

[49] Siehe hierzu auch Rdnr. 70.

de Gesellschafter wegfällt.[50] Nur bei zweigliedrigen Gesellschaften ist lediglich streitig, ob ohne eine Fortsetzungsklausel bei dem Tode eines Gesellschafters eine Gesamtrechtsnachfolge des Verbleibenden oder eine Liquidation der Gesellschaft die Rechtsfolge wäre.[51]

Eine **Kommanditbeteiligung** ist hingegen bereits gemäß § 177 HGB kraft Gesetzes vererblich. Im Gegensatz zu den persönlich haftenden Gesellschaftern treten die Erben eines Kommanditisten infolge von § 177 HGB demgemäß automatisch im Wege der Sondererbfolge in die Gesellschaft als Kommanditisten ein. Sofern mehrere Erben vorhanden sind, treten diese nicht als Erbengemeinschaft in die Gesellschaft ein, sondern jeder einzelne Erbe wird neuer Kommanditist der Gesellschaft. Der jeweilige Kommanditanteil des Erben an der Gesellschaft bestimmt sich nach seiner Erbquote, d.h. die Summe der neuen Kommanditanteile aller Erben entspricht dem bisherigen Kommanditanteil des Verstorbenen. 144

Nur sofern dies nicht gewünscht wird bzw. nicht für alle Erben gewünscht wird, bedarf es einer entsprechenden gesellschaftsvertraglichen Regelung. 145

Formulierungsvorschlag für die Verhinderung einer allgemeinen Vererbung eines Kommanditanteils

Verstirbt ein Kommanditist, so scheidet dieser aus der Gesellschaft aus. Die Gesellschaft wird mit den verbleibenden Gesellschaftern fortgesetzt. Der Anteil des verstorbenen Kommanditisten wächst den übrigen Gesellschafter (*alternativ*: bestimmten Gesellschaftern/Kommanditisten) im Verhältnis ihrer Beteiligung an der Gesellschaft zum Zeitpunkt des Ausscheidens des Verstorbenen an.

Sinn und Zweck einer so genannten **einfachen Nachfolgeklausel** ist es hingegen, die Fortführung der Gesellschaft bei Tod **eines persönlich haftenden Gesellschafters** bei gleichzeitigem automatischem Eintritt der Erben des Verstorbenen in dessen Gesellschafterstellung sicherzustellen. Ohne eine solche Nachfolgeklausel würde, wie vorstehend dargestellt, die Gesellschaft nur mit den übrigen Gesellschaftern fortgesetzt und die Erben erhielten lediglich eine Abfindung. Sofern mehrere Erben vorhanden sind, treten diese, wie erwähnt, nicht als Erbengemeinschaft in die Gesellschaft ein, sondern jeder einzelne Erbe wird neuer persönlich haftender Gesellschafter der Gesellschaft. Der jeweilige Festanteil des Erben (= neuer persönlich haftender Gesellschafter) an der Gesellschaft bestimmt sich nach seiner Erbquote, d.h. die Summe der Festanteile aller Erben entspricht dem Festanteil des Verstorbenen und bleibt insoweit unverändert. 146

Formulierungsvorschlag einer einfachen Nachfolgeklausel

Verstirbt ein Gesellschafter, so wird die Gesellschaft von den übrigen Gesellschaftern mit den Erben und/oder Vermächtnisnehmern des Gesellschaftsanteils fortgesetzt.

Hat der Gesellschafter im Wege einer Teilungsanordnung bzw. im Wege eines (Voraus-) Vermächtnisses festgelegt, dass nur bestimmte Erben bzw. Vermächtnisnehmer den Gesellschaftsanteil erhalten sollen, so bedarf es nach dem Erbfall einer rechtsgeschäftlichen Übertragung der Gesellschaftsanteile der nicht begünstigten Erben an den insoweit begünstigten Erben. Denn mit dem Erbfall werden zunächst alle eingesetzten Erben Gesellschafter.

Die sog. **qualifizierte Nachfolgeklausel** unterscheidet sich von der einfachen Nachfolgeklausel in der Weise, dass nicht alle Erben des Gesellschafters in seine Gesellschafterstellung nachrücken, sondern nur Bestimmte. 147

[50] BGHZ 8, 37; *Baumbach/Hopt* § 131 HGB Rdnr. 36 m.w.N.

[51] Vgl. hierzu MünchKommBGB/*Ulmer/Schäfer* § 730 Rdnr. 81 f.

Formulierungsvorschlag einer qualifizierten Nachfolgeklausel

Beim Tod eines Gesellschafters wird die Gesellschaft nur mit dem ältesten leiblichen Abkömmling des Verstorbenen fortgesetzt.

148 Sofern der Verstorbene mehrere Abkömmlinge hatte und alle Abkömmlinge zu gleichen Teilen als Erben eingesetzt hätte, wird aufgrund dieser Formulierung nur der älteste Abkömmling Gesellschafter. Damit wird aber in der Regel ein weiterer Problemkreis eröffnet, nämlich der der **Abfindung** im weitesten Sinne der übrigen Erben sowie die Befriedigung eventueller Pflichtteilsansprüche. Der Gesellschaftsanteil des Verstorbenen ist nämlich trotz der Sondererbfolge Teil des Nachlasses des Verstorbenen. Im Rahmen der Erbauseinandersetzung können daher die übrigen Erben einen entsprechenden Ausgleich fordern, sei es durch entsprechende Auseinandersetzung des übrigen Nachlasses, sei es in Form von Geld, sofern der übrige Nachlass nicht ausreichend ist. Letzteres ließe sich nur durch eine abweichende Verfügung von Todes wegen, bspw. einem Vorausvermächtnis an den ältesten Abkömmling – um an das Beispiel anzuknüpfen – verhindern.

149 Eine geplante Nachfolge kann jedoch gänzlich scheitern, wenn die eingesetzten Erben nicht einmal teilweise zu dem Kreis der gemäß Gesellschaftsvertrag Nachfolge begünstigten Personen zählt.

Checkliste bei qualifizierten Nachfolgeklausen

- ☐ Erstellung einer Verfügung von Todes wegen
- ☐ Abgleich der gesellschaftsrechtlichen Regelung mit der Verfügung von Todes wegen
- ☐ Ggf. Regelung der Abfindungsproblematik in der Verfügung von Todes wegen
- ☐ Ggf. Regelung der Erschwerung des Umwandlungsanspruchs gemäß § 139 HGB in der Verfügung von Todes wegen

150 Ungeachtet der vorstehend erläuterten Fortsetzungs- und Nachfolgeklauseln kann eine angedachte Unternehmensnachfolge auch daran scheitern, dass der/die Erbe(n) von ihrem Recht der **Umwandlung ihrer persönlich haftenden Gesellschafterstellung in eine Kommanditbeteiligung** gemäß § 139 HGB Gebrauch machen. Dieses Recht ist unabdingbar, vgl. § 139 Abs. 5 HGB und kann von jedem Erben gesondert ausgeübt werden. Lehnt die Gesellschaft den Antrag auf Umwandlung ab, so ist sie mit der Befriedigung von Abfindungsansprüchen konfrontiert, denn dem Gesellschafter steht dann ein Abfindungsanspruch zu, vgl. § 139 Abs. 2 HGB. Der Gesellschafter kann die Ausübung dieses Recht nur über entsprechende Verfügungen von Todes wegen, bspw. eine bedingte Erbeinsetzung, Untervermächtnisse etc. erschweren bzw. ausschließen.

151 Von der erbrechtlichen Nachfolgelösung zu unterscheiden ist eine **rechtsgeschäftliche Nachfolgeklausel**. Bei dieser wird durch einen Zusatz/Nachtrag zum Gesellschaftsvertrag, bei dem sämtliche Gesellschafter sowie der Beitretende mitwirken müssen, bereits zu Lebzeiten festgelegt, dass der Begünstigte nach dem Ableben des Gesellschafters dessen Gesellschaftsanteil mit sämtlichen damit verbundenen Rechten und Pflichten übernimmt. Sofern der Begünstigte keine Gegenleistung zu erbringen hat, handelt es sich dabei um ein auf den Todesfall bedingtes Schenkungsversprechen.

Formulierungsvorschlag einer rechtsgeschäftlichen Nachfolgeklausel

Beim Tod eines Gesellschafters X geht dessen Gesellschaftsbeteiligung an dieser Gesellschaft samt allen damit verbundenen Rechten und Pflichten sowie einschließlich folgender Gesellschafterkonten ...... sowie aller Forderungen und Verbindlichkeiten, die zwischen der Gesellschaft und dem Gesellschafter X mit dem Stand seines Todes bestehen, unmittelbar auf Y über. Insoweit wird die Gesellschaft somit nicht mit den Erben des Gesellschafters X fortgesetzt und diesen steht auch kein Abfindungsanspruch gegen die Gesellschaft zu.

Eine solche Vereinbarung sollte unbedingt **notariell beurkundet** werden, da streitig ist, ob bereits durch die Unterzeichnung derselben eine Vollziehung zu Lebzeiten und damit eine Heilung des Formmangels gemäß §§ 2301 Abs. 2, 518 Abs. 2 BGB eingetreten ist.[52]

Von der rechtsgeschäftlichen Nachfolgeklausel gilt es schließlich noch die sog. **Eintrittsklausel** zu unterscheiden. Diese zeichnet sich dadurch aus, dass einer/mehreren Personen durch eine gesellschaftsvertragliche Regelung im Wege eines Vertrags zugunsten Dritter auf den Todesfall gemäß § 331 BGB das Recht eingeräumt wird, nach dem Tod eines bestimmten Gesellschafters an dessen Stelle in die Gesellschaft einzutreten. Im Unterschied zur rechtsgeschäftlichen Nachfolgeklausel bedarf der Beitritt des Begünstigten zur Gesellschaft noch einer entsprechenden vertragliche Umsetzung nach dem Ableben des Gesellschafters. Die Bedingungen des Beitritts müssen in der Eintrittsklausel umfassend geregelt werden. Da kein automatischer Beitritt mit dem Tode des Gesellschafters erfolgt, müssen die Bedingungen des Beitritts nach Todeseintritt in der Eintrittsklausel umfassend geregelt werden. Dies betrifft vor allem auch den Abfindungsanspruch möglicher Erben. 152

Checkliste einer rechtsgeschäftlichen Eintrittsklausel

- ☐ Bestimmung der Person des zum Eintritt Begünstigten oder Bestimmung darüber, wer und wie den zum Eintritt Begünstigten auswählen darf
- ☐ Frist zur Abgabe der Erklärung über die Ausübung des Eintrittsrechts
- ☐ Regelung des Abfindungsanspruchs des ausscheidenden Gesellschafters
- ☐ Regelung der Bedingungen für den Eintritt
- ☐ Regelung, falls das Eintrittsrecht nicht ausgeübt wird

Formulierungsvorschlag einer rechtsgeschäftlichen Eintrittsklausel

Jeder Gesellschafter kann durch eine Verfügung von Todes wegen eine Person (Begünstigter) – nicht mehrere – bestimmen, die berechtigt sein soll, nach seinem Tode an seiner Stelle in diese Gesellschaft einzutreten. Der Begünstigte kann das Recht nur innerhalb einer Frist von sechs Monaten nach Eintritt des Todesfalls durch schriftliche Erklärung gegenüber der Gesellschaft ausüben. Übt der Begünstigte das Recht form- und fristgerecht aus, so ist der Begünstigte im Verhältnis zur Gesellschaft und den übrigen Gesellschaftern so zu behandeln, als wenn er mit dem Tod eines Gesellschafters an dessen Stelle Gesellschafter wäre. Der Begünstigte erhält also eine Gesellschaftsbeteiligung an dieser Gesellschaft samt allen damit verbundenen Rechten und Pflichten sowie einschließlich folgender Gesellschafterkonten ...... mit dem Stand des Todes des verstorbenen Gesellschafters. Insoweit wird die Gesellschaft somit nicht mit den Erben, sondern dem Begünstigten fortgesetzt und diesen steht auch kein Abfindungsanspruch gegen die Gesellschaft zu.

Sollte der Begünstigte das Recht nicht ausüben oder sollte kein Begünstigter bestimmt sein, wird die Gesellschaft mit den verbleibenden Gesellschaftern fortgesetzt. Der Anteil des verstorbenen Gesellschafters wächst den übrigen Gesellschafter (alternativ: bestimmten Gesellschaftern) im Verhältnis ihrer Beteiligung an der Gesellschaft zum Zeitpunkt des Ausscheidens des Verstorbenen an.

e) **Güterstandsklauseln.** Hierunter sind Regelungen des Gesellschaftsvertrags zu verstehen, die mit Sanktionen für den Gesellschafter verknüpft sind, der nicht durch einen entsprechenden Ehe- oder Lebenspartnerschaftsvertrag einen den Anforderungen des Gesellschaftsvertrags genügenden Güterstand vereinbart. Im Regelfall werden die Gesellschafter durch den Gesellschaftsvertrag dazu angehalten dafür Sorge zu tragen, dass der Anteil an der Gesellschaft nicht in die Berechnung des Zugewinnausgleichs einbezogen wird. Bei Verstoß besteht die Möglichkeit einer Hinauskündigung. Zudem wird der Gesellschafter meist verpflichtet, den Abschluss eines entsprechenden Vertrags auf Verlangen nachzuweisen. 153

[52] Vgl. nur MünchKommBGB/*Ulmer* § 705 Rdnr. 32 f.; MünchKommBGB/*Koch* § 518 Rdnr. 32.

VI. Kapitalgesellschaften

154 Wie bei Personengesellschaften kommen bei der Unternehmensnachfolge in Bezug auf Kapitalgesellschaften folgende drei Grundkonstellationen in Frage:

1. Der Übergeber ist bereits Gesellschafter einer Kapitalgesellschaft und es soll diese Beteiligung auf einen oder mehrere Nachfolger übertragen werden.
2. Der Übergeber ist bereits Gesellschafter einer Kapitalgesellschaft und es soll ein Nachfolger an dieser Gesellschaft mitbeteiligt werden.
3. Ein vorhandenes Unternehmen – in welcher Rechtsform auch immer – soll im Zuge der Unternehmensnachfolge in eine Kapitalgesellschaft im untechnischen Sinne umgewandelt werden.

Die beiden ersten Konstellationen werden nachfolgend behandelt, letztere wird nachfolgend unter 178 ff. erörtert.

1. Übertragung eines Gesellschaftsanteils auf einen/mehrer Nachfolger

155 Im Gegensatz zu den Personengesellschaften geht das Gesetz bei den Kapitalgesellschaften von der grundsätzlich **freien Veräußerbarkeit** der Anteile aus, vgl. § 15 Abs. 1 GmbHG. Die Übertragung der Anteile erfolgt gemäß §§ 413, 398 BGB. Bei der GmbH bedarf die Übertragung der **notariellen Beurkundung**, vgl. § 15 Abs. 3 und 4 GmbHG. Die Form der Übertragung von Aktien hängt davon ab, ob die Aktien in verkörperter Form ausgegeben worden sind. Sofern dies nicht der Fall ist, erfolgt die Übertragung der Aktien formfrei gemäß §§ 413, 398 BGB.

156 Die Satzung kann die Übertragung von Anteilen einem **Zustimmungsvorbehalt** unterwerfen, vgl. § 15 Abs. 5 GmbHG. Erst mit Erteilung der Zustimmung ist der Erwerb wirksam. Im Verhältnis zur Gesellschaft gilt der Erwerber erst dann als Inhaber des Geschäftsanteils, wenn er als solcher in der im Handelsregister aufgenommenen Gesellschafterliste eingetragen ist. Bei der **AG** ist ein Zustimmungsvorbehalt nur bei **Namensaktien** zulässig, vgl. § 68 Abs. 2 AktG. Mit der Übertragung übernimmt der Erwerber die Gesellschafterstellung des bisherigen Gesellschafters und alle damit verbundenen Rechte und Pflichten, die nicht abspaltbar sind, wie z. B. das Stimmrecht, Gewinnbezugsrecht etc. Bei **selbständig übertragbaren Rechten** aus dem Gesellschafterverhältnis, wie z. B. Gewinnansprüchen, bedarf es einer Regelung, ob diese Rechte übertragen werden sollten. Mangels Regelung ist davon auszugehen, dass bereits entstandene Rechte bei dem Übergeber verbleiben, während solche, die nach Vollzug der Übertragung entstehen, dem Erwerber zustehen. Der **Gewinn** des laufenden Geschäftsjahres ist im Innenverhältnis von Übergeber zu Übernehmer, mangels abweichender Vereinbarung, gemäß § 101 Ziff. 2 BGB anteilig aufzuteilen.[53]

157 **Ansprüche und Verbindlichkeiten**, die ihre Rechtsgrundlage nicht im Gesellschaftsverhältnis haben, gehen auf den Erwerber nur über, wenn insoweit eine entsprechende Regelung im Veräußerungsvertrag getroffen wurde. Eine **Haftung** des Erwerbers kommt nur für nicht erfüllte Ansprüche der Gesellschaft gegenüber dem Veräußerer in Frage, insbesondere für nicht erfüllte bzw. zurückgewährte Einlagen. Eine Haftung für Verbindlichkeiten der Gesellschaft scheidet aus.

2. Aufnahme eines oder mehrer Nachfolger in eine Kapitalgesellschaft

158 Die Aufnahme weiterer Personen in eine bestehende Kapitalgesellschaft kann, soweit der Übergeber seine bestehende Beteiligung durch Übertragung auf den Nachfolger nicht verringern will, nur im Wege eine **Kapitalerhöhung** bei gleichzeitigem **Ausschluss des Bezugsrechts** der bestehenden Gesellschafter erfolgen. Denn grundsätzlich steht bei jeder Kapitalerhöhung den Altgesellschaftern ein Anspruch auf Zeichnung der neu geschaffenen Geschäftsanteile/Aktien entsprechend ihrer Beteiligungsquote zu. Sofern das Bezugsrecht der Altgesellschafter nicht bereits in der Satzung ausgeschlossen wurde, unterliegt ein Bezugs-

[53] *Heckschen/Heidinger* § 13 Rdnr. 16.

rechtsausschluss, sofern kein einstimmiger Beschluss zustande kommt, grundsätzlich folgenden Einschränkungen:[54]

Checkliste für einen Bezugsrechtsausschluss

- ☐ Grundsatz der Erforderlichkeit
- ☐ Grundsatz der Verhältnismäßigkeit
- ☐ Bestehen eines sachlichen Grundes für den Ausschluss
- ☐ $^{3}/_{4}$ Mehrheit des Kapitalerhöhungsbeschlusses mit Bezugsrechtsausschluss

Sofern als Zweck der Kapitalerhöhung lediglich die Beteiligung des Unternehmensnachfolgers angestrebt wird, dürfte ein Bezugsrechtsausschluss regelmäßig an dem Grundsatz der Erforderlichkeit scheitern. Denn die anvisierte Beteiligung des Nachfolgers dürfte im Regelfall über eine zumindest teilweise Übertragung der bestehenden Beteiligung möglich sein. Sofern die Kapitalerhöhung mit Bezugsrechtsschluss hingegen einstimmig erfolgt, bedarf die Übernahmeerklärung des Nachfolgers bei einer GmbH zumindest der notariellen Beglaubigung, vgl. § 55 Abs. 1 GmbHG. 159

3. Sicherung des Übergebers

Ähnlich den Personengesellschaften ist auch bei der Unternehmensnachfolge im Bereich der Kapitalgesellschaften zwischen den Übergeber-Erwerber bezogenen und den gesellschaftsvertraglichen Absicherungen zu unterscheiden. 160

Übergeber/Erwerber bezogene Absicherungen wären bspw.:

Varianten einer Übergeber/Erwerber bezogenen Absicherung

- Nießbrauch
- einmalige Zahlung bzw. sonstige einmalige Gegenleistungen
- wiederkehrende Zahlungen (dauernde Last, Rente)
- Freistellungsanspruch
- Haftentlassung, Freigabe von Sicherheiten des Gesellschafters
- Unterbeteiligung
- Rückforderungsrecht bzw. auflösende Bedingung
- Freigabe von Sicherheiten
- Stimmbindungsabsprachen

Gesellschaftsvertragliche Absicherungen kommen wegen der bei Aktiengesellschaften geltenden Satzungsstrenge in erster Linie nur bei einer GmbH in Betracht: 161

Varianten einer gesellschaftsvertraglichen Absicherung

- Mehrfachstimmrecht
- disproportionales Gewinnbezugsrecht
- sonstige Sonderrechte
- Kündigungsrechte
- Änderung der Abfindungsansprüche

Die folgenden Ausführungen erfolgen nur in Ergänzung zu den unter Rdnr. 42 ff. gemachten allgemeinen Ausführungen der Absicherungsmöglichkeiten.

a) Nießbrauch. Da Geschäftsanteile wie Aktien grundsätzlich frei veräußerbar sind, können diese auch mit einem Nießbrauch belastet werden. Unterliegen die Anteile jedoch einer Vinkulierung, so erstreckt sich der Zustimmungsvorbehalt grundsätzlich auch auf die Be- 162

[54] Vgl. hierzu ausführlich *Heckschen/Heidinger* § 10 Rdnr. 39 ff.

stellung eines Nießbrauchs. Die Bestellung des Nießbrauchs an Geschäftsanteilen bedarf der notariellen Beurkundung, §§ 1274 Abs. 1 BGB, 15 Abs. 3 GmbHG, während die Bestellung des Nießbrauchs an Aktien formfrei möglich ist.

163 In der Nießbrauchsbestellung sollten die Rechte des Nießbrauchers in Bezug auf die Ausübung der Rechte an der belasteten Beteiligung ebenso deutlich geregelt werden wie die Frage, wie sich eine Veränderung des Gesellschaftsanteils auf das Nießbrauchsrecht auswirkt. Dem Nießbraucher stehen grundsätzlich nicht die mit dem Geschäftsanteil verbundenen Verwaltungsrechte, z. B. Stimmrecht etc. zu. Soll der Nießbraucher diese Rechte anstelle des Inhabers ausüben dürfen, so bedarf es einer rechtsgeschäftlichen Vollmachtserteilung. Ferner ist zu beachten, dass dem Nießbraucher grundsätzlich nur der ausschüttungsfähige Gewinn gebührt. Außerordentliche Erträge, die Ausfluss der Vermögenssubstanz sind, bspw. Erträge aus der Auflösung stiller Reserven etc., stehen dem Nießbraucher nicht zu, wohl aber die aus der Wiederanlage derartiger Erträge erzielten Zinsen etc. Im Einzelnen ist hier vieles streitig, so dass eine detaillierte **vertragliche Regelung** geboten ist.[55]

Formulierungsvorschlag für einen Nießbrauch

Der Übergeber räumt hiermit dem Erwerber, auf Lebensdauer den Nießbrauch an den in Ziffer 1.1 näher bezeichneten Geschäftsanteilen ein.

1. Der Inhalt des Nießbrauchs richtet sich nach den gesetzlichen Bestimmungen, jedoch mit folgenden Abweichungen:
   a) Der Nießbraucher hat sämtliche mit den Geschäftsanteilen jetzt oder in Zukunft verbundenen öffentlichen oder privatrechtlichen Lasten zu tragen.
   b) Die Ausübung des Nießbrauchs darf Dritten nicht überlassen werden.
2. Das mit den Geschäftsanteilen verbundene Gewinnbezugsrecht steht für die Dauer des Nießbrauchs ausschließlich dem Übergeber zu und er kann insoweit für eine weitest mögliche Gewinnausschüttung stimmen.
3. Der Erwerber erteilt dem Übergeber hiermit Vollmacht, für ihn in der Gesellschafterversammlung zu stimmen sowie sämtliche mit den Geschäftsanteilen verbundene Rechte geltend zu machen bzw. auszuüben. Diese Vollmacht darf nur nach Erlöschen des Nießbrauchs widerrufen werden.
   Soweit und sofern der Übergeber von dieser Vollmacht Gebrauch macht, ist der Erwerber von der Stimmrechtsausübung ausgeschlossen. Auf Verlangen ist der Erwerber verpflichtet, dem Übergeber diese Vollmacht zusätzlich in gesonderter Urkunde zu erteilen.
   Darüber hinaus ist der Erwerber verpflichtet, bei Ausübung des Stimmrechts, den Weisungen des Übergebers Folge zu leisten. Absatz 5 bleibt unberührt.
   Darüber hinaus sind die Beteiligten wechselseitig verpflichtet, dem jeweils anderen sämtliche mit den Geschäftsanteilen verbundenen Informationen zu erteilen. Die von Gesellschaft einem von ihnen erteilten Informationen und Auskünfte sind unverzüglich an den jeweils anderen weiterzuleiten.
4. Bei Kapitalerhöhungen ist der Erwerber verpflichtet, einen Nießbrauch gemäß den vorstehenden Bestimmungen an den neuen Geschäftsanteilen zu bestellen bzw. diesen auf einen erhöhten Geschäftsanteil zu erstrecken. Sofern der Erwerber im Rahmen der Kapitalerhöhung Einlagen zu leisten hat, hat der Übergeber diese dem Erwerber zu erstatten bzw. ihn hiervon freizustellen. Mit Beendigung des Nießbrauchs hat der Erwerber dem Übergeber die von diesem geleisteten Einlagen zu erstatten.
5. Alle Beteiligten haben sich sämtlicher Maßnahmen zu enthalten und ihre Zustimmung zu sämtlichen Maßnahmen zu unterlassen, die zum Untergang, zur Verringerung oder einer sonstigen nachteiligen Veränderung der Geschäftsanteile führen könnten. Hierzu gehören insbesondere die Kündigung bzw. der Austritt aus der Gesellschaft. Sämtliche Maßnahmen dieser Art bedürfen der Zustimmung des Übergebers und des Erwerbers. Der Nießbrauch setzt sich beim Ausscheiden des Erwerbers aus der Gesellschaft an dem jeweiligen Sourrogat, insbesondere dem Auseinandersetzungsguthaben bzw. der Abfindung, fort.
6. Der Nießbraucher kann den Nießbrauch jederzeit durch Erklärung gegenüber dem Übergeber aufgeben.

[55] Vgl. zu den vielen z. T. streitigen Einzelfragen bspw. MünchKommBGB/*Pohlmann* § 1068 Rdnr. 38 ff.

Wie bei Anteilen an Personengesellschaften ist als Alternative zum Nießbrauch regelmäßig eine Unterbeteiligung in Betracht zu ziehen, da diese einen erheblichen Gestaltungsspielraum eröffnet. Siehe hierzu die Ausführungen unter Rdnr. 213 ff. 164

b) **Rückforderungsrechte, Auflösende Bedingung, Kündigungsklauseln.** Der Übergeber kann sich im Geschäftsanteilsabtretungsvertrag ein Rücktrittsrecht vorbehalten mit der Folge, dass der Erwerber den Geschäftsanteil/die Aktie an den Übergeber bei Ausübung des Rücktrittsrechts zurück zu übertragen hat. Das Rücktrittsrecht kann auf bestimmte im Übergabevertrag näher definierte Gründe beschränkt werden, es kann jedoch auch ein freies Rücktrittsrecht vereinbart werden. Die h. M. überträgt die gesellschaftsrechtlichen Beschränkungen eines Hinauskündigungsrechts zu Recht nicht auf den schuldrechtlichen Übergabevertrag.[56] Bei Ausübung des Rücktrittsrechts bedarf es dann einer Rückabtretung des Geschäftsanteils/der Aktie. Der Übergeber trägt bei dieser Gestaltung das Risiko, dass über den Geschäftsanteil vor Vollzug der Rückübertragung anderweitig verfügt wurde. Sofern die Satzung eine Vinkulierung vorsieht, sollte bei der Übertragung zudem dafür Sorge getragen werden, dass die erforderliche Zustimmung nicht nur die Veräußerung, sondern auch die Rückabtretung mit umfasst. Die sicherere Variante ist hingegen die Veräußerung des Geschäftsanteils unter die auflösende Bedingung der Ausübung des Rücktrittsrechts zu stellen, so dass der Veräußerer vor abredewidrige Verfügungen über § 161 BGB geschützt wird. 165

Der Übergabevertrag sollte Form und Frist in Bezug auf die Ausübung des Rückforderungsrechts regeln. Im Regelfall sollte die Ausübung des Rechts nur dem Übergeber gestattet werden und mit dessen Ableben der Anspruch untergehen, sofern er vorher nicht in berechtigter Weise das Recht ausgeübt hat. Schließlich sollten Vereinbarungen darüber getroffen werden, inwieweit Auf- bzw. Verwendungen bzw. sonstige Leistungen auf den Geschäftsanteil zu erstatten sind bzw. gezogene Nutzungen dem Erwerber verbleiben. 166

Eine Absicherung des Übergebers durch **satzungsrechtliche Hinauskündigungsklauseln** bzw. freie **Einziehungsrechte** ist hingegen nicht möglich. Auch bei im Falle einer im Wege der Schenkung eingeräumten Beteiligung an einer Gesellschaft ist keine freie auf der Grundlage der Satzung beruhende Hinauskündigung des Erwerbers gestattet.[57] Eine gesellschaftsvertragliche Beendigung der Beteiligung gegen den Willen des Erwerbers ist daher nur aus sachlichen Gründen möglich. Sachliche Gründe für eine gesellschaftsvertragliche Regelung wären z. B. die Insolvenz des Erwerbers/Gesellschafters, die Zwangsvollstreckung in den Gesellschaftsanteil, die Verfügung über Ansprüche aus dem Anteil oder die Einbeziehung des Anteils in einen möglichen Zugewinnausgleich und vor allem im Rahmen einer Unternehmensnachfolge ein zeitlich befristetes Kündigungsrecht bzw. Widerrufsrecht zum Zwecke der Erprobung des Unternehmensnachfolgers. 167

c) **Zurückbehalt von Wirtschaftsgütern.** Im Unterschied zu den Personengesellschaften gibt es bei Kapitalgesellschaften zwar kein Sonderbetriebsvermögen. Sofern die Kapitalgesellschaft jedoch Wirtschaftsgüter des Gesellschafters nutzt, kann infolge einer Nutzungsüberlassung das Institut einer **Betriebsaufspaltung** gegeben sein. Dies gilt es insbesondere in Bezug auf betrieblich genutzte Grundstücke zu beachten. Sofern von der Kapitalgesellschaft genutzte Grundstücke nicht auf den Unternehmensnachfolger mit übertragen werden, kann damit eine ungewollte Entnahme mit der Folge der zwingenden Versteuerung stiller Reserven verbunden sein. Aus diesem Grunde ist auf die ungewollte Beendigung einer Betriebsaufspaltung zu achten. Ungeachtet der steuerlichen Problematik einer Betriebsaufspaltung ist im Rahmen der Unternehmensnachfolge bei einer Kapitalgesellschaft in gleicher Weise wie bei Personengesellschaften zu prüfen, ob die Gesellschaft zur Fortführung des Unternehmens auf die Nutzung von Wirtschaftsgütern angewiesen ist, die im Eigentum des Übergebers stehen und dies auch bleiben sollen. Soll ein Wirtschaftsgut der Gesellschaft weiterhin zur Nutzung überlassen werden, ist der bestehende Nutzungsvertrag auf seine Eignung zu prüfen. Je nach der Wesentlichkeit der Nutzungsmöglichkeit dieses Wirtschaftsguts für 168

[56] Streitig, vgl. zum Meinungstand MünchKommBGB/*Ulmer/Schäfer* § 737 Rdnr. 21 m. w. N.

[57] Vgl. nur BGHZ 112, 103, 107 sowie die Nachweise in Fn. 34; Römermann/*Michalski* § 13 Rdnr. 45.

die Kapitalgesellschaft ist neben der Kündigungsmöglichkeit dieses Nutzungsvertrags des Weiteren zu klären, wer dieses Wirtschaftsgut nach dem Ableben des Übergebers erben soll.

4. Wesentliche Satzungsregelungen für Familienkapitalgesellschaften

169 Im Folgenden sollen wesentliche satzungsrechtliche Regelungen erläutert werden, die bei Familiengesellschaften regelmäßig von Bedeutung und immer wieder Gegenstand von Diskussionen sind. Dies gilt insbesondere dann, wenn die Kapitalgesellschaft neu gegründet oder eine bestehende Satzung vollständig neu gefasst werden soll.

170 a) **Gesellschafterrechte, Mehrheitsentscheidungen, Sonderrechte.** Abgesehen von den nicht dispositiven gesetzlichen Regelungen, die die Ausnahme bilden, kann die Satzung einer GmbH in erheblichem Umfange die gesetzlichen Regelungen modifizieren, solange der Kernbereich der Gesellschafterrechte nicht nachteilig berührt wird. Im Gegensatz dazu steht die formelle Satzungsstrenge des Aktiengesetzes, vgl. § 23 Abs. 5 Satz 1 AktG. Infolge dieser Satzungsstrenge liegt der Schwerpunkt der folgenden Darstellung auf dem Recht für Gesellschaften mit beschränkter Haftung.

171 Bei Kapitalgesellschaften gilt im Unterschied zu den Personengesellschaften grundsätzlich das **Mehrheitsprinzip**, d.h. Entscheidungen der Gesellschafter/Aktionäre bedürfen grundsätzlich nicht der Zustimmung aller Anteilsinhaber. Aus diesem Grunde sind satzungsrechtliche Änderungen des gesetzlichen Mehrheitsprinzips nur dann veranlasst, wenn die gesetzlich vorgesehenen Mehrheiten verschärft werden sollen.

172 Aus Sicht eines Übergebers stellt sich daher mitunter die Frage, wie er sich vor Mehrheitsentscheidungen schützen kann. Hierfür bieten sich mehrere Lösungen an.

Checkliste zum Schutz von Mehrheitsentscheidungen

- ☐ Änderung der Mehrheitserfordernisse generell oder für enumerativ aufgeführte Fälle
- ☐ Einräumung von Mehrfachstimmrechten
- ☐ Sonderrecht eines Zustimmungsvorbehalts generell oder nur für enumerativ aufgeführte Fallgestaltungen
- ☐ Stimmbindungsvertrag mit dem Unternehmensnachfolger
- ☐ Schaffung stimmrechtsloser Geschäftsanteile für den/die Unternehmensnachfolger

173 Die einfachste Lösung ist die generelle Änderung des erforderlichen **Mehrheitsquorums** in der Satzung. Letzteres ließe sich auch auf den Zeitraum beschränken, in dem der Übergeber noch Geschäftsanteile an der GmbH innehält. Des Weiteren kann sich der Übergeber in der Satzung in Abweichung von § 47 Abs. 2 GmbHG ein **Mehrfachstimmrecht** für seinen/e Geschäftsanteil/e einräumen lassen. Als Sonderrecht kann ferner das **Gewinnbezugsrecht**, das mit einem Geschäftsanteil verbunden ist, zu Lasten der übrigen Geschäftsanteile erhöht werden. Schließlich können die gesetzlich erforderlichen Mehrheitsquoren unverändert bleiben, jedoch werden Beschlüsse im Wege eines Sonderrechts dem **Zustimmungsvorbehalt** eines Gesellschafters, nämlich dem des Übergebers, unterworfen. Die vorstehend dargestellten und in der Satzung begründeten Sonderrechte können gemäß § 35 BGB analog gegen den Willen des Übergebers nicht mehr entzogen oder verändert werden.

174 Wie bei den Personengesellschaften baut der **Minderheitenschutz** in erster Linie auf dem Schutz der in der Satzung einmal begründeten Gesellschafterrechte auf. Ein weiterer Minderheitenschutz ergibt aus den nicht dispositiven gesetzlichen Regelungen bzw. den nur eingeschränkt dispositven Regelungen, vgl. bspw. § 53 Abs. 2 GmbHG. Der Gesellschaftsvertrag kann jedoch gleichwohl die Rechte der Unternehmensnachfolger in erheblicher Weise in zulässiger Weise einschränken. Im Aktiengesetz ist der Minderheitenschutz infolge der Satzungsstrenge und dem damit einhergehenden grundsätzlichen Verbot von Sonderrechten besonders ausgeprägt, vgl. §§ 12 Abs. 2, 23 Abs. 5, 101 Abs. 2 und 139f. AktG.

b) Verhinderung familienfremder Gesellschafter. Wie bei Familienpersonengesellschaften werden auch bei Familienkapitalgesellschaften Satzungsgestaltungen nachgefragt, mit deren Hilfe das Eindringen familienfremder Personen verhindert werden kann. Das GmbHG geht wie das AktG von der **freien Veräußerbarkeit** der Geschäftsanteile aus, vgl. § 15 Abs. 1 GmbHG. Infolge der grundsätzlichen Veräußerbarkeit der Anteile an Kapitalgesellschaften ist sowohl dem GmbHG als auch dem AktG das Recht zur Kündigung eines Gesellschafters/Aktionärs fremd. Die freie Veräußerbarkeit von Geschäftsanteilen kann in der Satzung ausgeschlossen werden.[58] Ungeachtet dessen hat jedoch ein veräußerungswilliger Gesellschafter das Recht zum Austritt aus der Gesellschaft aus wichtigem Grund.[59] Als milderes Mittel kommen die **Vinkulierung** der Geschäftsanteile sowie ein **Vorerwerbs- und Vorkaufsrecht** für die übrigen Gesellschafter in Frage. Die Vinkulierung kann bspw. in der Weise gestaltet werden, dass die Zustimmung zur Veräußerung nur erteilt werden muss, wenn der Erwerber bestimmte Voraussetzungen erfüllt, bspw. Abkömmling ist, etc. 175

Von der freien Veräußerbarkeit ist die **freie Vererbbarkeit** der Geschäftsanteile zu unterscheiden. Diese kann nicht ausgeschlossen oder eingeschränkt werden. Insbesondere kann nicht bereits in der Satzung eine Einziehung des Geschäftsanteils, aufschiebend befristet auf den Tod des Gesellschafters, angeordnet werden.[60] Der Geschäftsanteil ist Teil des Nachlasses und geht nach den allgemeinen erbrechtlichen Grundsätzen in das Eigentum des/der Erben über. Eine Sondererbfolge wie im Personengesellschaftsrecht besteht bei Anteilen an Kapitalgesellschaften nicht. Familienfremde Erben können nur über den Weg der Einziehung der Geschäftsanteile ausgeschlossen werden, sofern die Satzung diesen Weg zulässt. Des Weiteren sind Abtretungsklauseln möglich, wonach im Falle des Todes des Gesellschafters, die Erben verpflichtet sind, den Geschäftsanteil an bestimmte Personen abzutreten. Letzteren kann in der Satzung auch ein eigener Anspruch auf Abtretung eingeräumt werden, sog. Eintrittsklauseln. Entsprechende satzungsrechtliche Einziehungsbestimmungen sind daher bei Familienkapitalgesellschaften unerlässlich. 176

Formulierungsvorschlag:

1. Jede Verfügung über Geschäftsanteile oder Teile von solchen (insbesondere Übertragungen, Verpfändungen, Nießbrauchsbestellungen) bedarf der schriftlichen Zustimmung der Gesellschafterversammlung.
2. Ein Gesellschafter, der seine Geschäftsanteile ganz oder teilweise veräußern will, hat sie zunächst den übrigen Gesellschaftern schriftlich zum Erwerb anzubieten.
3. Die Gesellschafterversammlung entscheidet zu Abs. 1 und Abs. 2 mit einer Mehrheit von 75% der abgegebenen Stimmen unter Ausschluss des verfügungswilligen Gesellschafters.
   Die Verfügungsbeschränkung nach Abs. 1 und das Erwerbsrecht nach Abs. 2 gelten nicht für Verfügungen zu Gunsten von anderen Gesellschaftern sowie Ehegatten oder Abkömmlingen von Gesellschaftern.
4. Ansprüche der Gesellschafter auf Gewinn- und Liquidationserlöse sowie sonstige Ansprüche der Gesellschafter sind nur mit Zustimmung der Gesellschaft auf Dritte übertragbar.

Unabhängig von der Einziehung sollte die Satzung in Hinblick auf die mit einer Mehrheit von Erben verbundenen Probleme, bspw. der einheitlichen Ausübung der Gesellschafterrechte, vorsehen, dass diese Rechte solange ruhen, bis ein gemeinsamer Vertreter bestellt wurde. 177

Formulierungsvorschlag:

Mehrere Rechtsnachfolger haben ihre Rechte und Pflichten der Gesellschaft gegenüber durch einen gemeinschaftlichen Vertreter oder durch einen Testamentsvollstrecker erfüllen zu lassen. Solange der Bevollmächtigte nicht bestellt ist, ruhen die Gesellschafterrechte mit Ausnahme des Gewinnbezugsrechts.

[58] Vgl. nur Scholz/*Winter/Seibt* § 15 Rdnr. 135 m. w. N.
[59] BGHZ 116, 359, 369; Scholz/*Winter/Seibt* Anhang § 34 Rdnr. 3 m. w. N.
[60] Vgl. Scholz/*Winter/Seibt* § 15 Rdnr. 27 m. w. N.

VII. Umwandlung des Unternehmens zur Gestaltung der Nachfolge

178 Im Folgenden werden in einem kurzen Überblick die wesentlichen Besonderheiten von Personengesellschaften einerseits und Kapitalgesellschaften andererseits kurz dargestellt. Denn deren zivilrechtlichen Besonderheiten beeinflussen neben der unterschiedlichen steuerlichen Behandlung maßgeblich die Wahl der Rechtsform im Rahmen einer Unternehmensnachfolge. Zwar können insbesondere Personenhandelsgesellschaften und eine GmbH infolge der gesetzlich gestatteten großzügigen Gestaltungsmöglichkeiten in Hinblick auf die Gesellschafterrechte und -pflichten stark aneinander angenähert werden. Zur Vermeidung von Gestaltungsfehlern und zur Nutzung der dispositiven Gesetzesregelungen im Falle von Regelungslücken sollte ohne Not jedoch nicht eine an sich unzweckmäßige Gesellschaftsform gewählt werden.

1. Wesentliche Merkmale einer Personengesellschaft

179 a) **Gründung und Änderung des Gesellschaftsvertrags, Änderung des Gesellschafterbestands.** Soweit nicht besondere Formvorschriften, bspw. wegen der Verpflichtung zur Einbringung eines Grundstücks bestehen, ist die Gründung von Personengesellschaften formfrei möglich. Gesellschafter können alle rechtsfähigen natürlichen und juristischen Personen sein. Letzteres gilt auch für die Gesellschaft bürgerlichen Rechts seit der Anerkennung ihrer Rechtsfähigkeit. Eine Erbengemeinschaft kann hingegen nicht Gesellschafterin sein.[61]

180 Die Anforderungen an den Gesellschaftsvertrag sind geringer als bei einer Kapitalgesellschaft. Beschlussfassungen bedürfen keiner Gesellschafterversammlung im formellen Sinne. Jegliche Änderung des Personengesellschaftsvertrags bedarf der Zustimmung sämtlicher Gesellschafter. Aus diesem Grunde ist die Beteiligung an einer Personengesellschaft grundsätzlich unübertragbar. Als eine Änderung des Gesellschaftsvertrags gilt auch der Gesellschafterwechsel, d.h. die Neuaufnahme eines Gesellschafters oder die Veräußerung eines Gesellschaftsanteils. Aus diesem Grunde ist im Regelfall die Zulassung von Mehrheitsentscheidungen im Gesellschaftsvertrag sinnvoll, um Vertragsänderungen auch gegen den Willen einer Minderheit durchführen zu können.

181 b) **Geschäftsführung, Vertretung.** Sämtliche Personengesellschaften sind von dem Prinzip der **Selbstorganschaft** geprägt, d.h. Nichtgesellschafter können die jeweilige Gesellschaft nicht organschaftlich vertreten. Infolge ihrer persönlichen Haftung sind auch nur persönlich haftende Gesellschafter geschäftsführungsbefugt. Dritte benötigen daher eine Vollmacht, um im Namen der Gesellschaft handeln zu können.

182 c) **Haftung.** Gesellschafter einer Personengesellschaft – von den Kommanditisten abgesehen – haften gemäß § 128 HGB für Verbindlichkeiten der Gesellschaft als Gesamtschuldner auch persönlich. Letzteres gilt seit der Entscheidung des Bundesgerichtshofs zur Rechtsfähigkeit der Gesellschaft bürgerlichen Rechts in entsprechender Weise ebenfalls für deren Gesellschafter. Eine Gesellschaft bürgerlichen Rechts kann die persönliche Haftung ihrer Gesellschafter grundsätzlich nicht dadurch umgehen, dass im Innenverhältnis die Vertretungsbefugnis der Gesellschafter im Gesellschaftsvertrag dahingehend eingeschränkt wird, als diese nicht berechtigt sind, die Gesellschafter persönlich zu verpflichten.[62] Entsprechendes wirkungslos sind auch Namenszusätze.[63]

183 Des Weiteren haftet bei allen drei Personengesellschaften ein neu eintretender Gesellschafter – von den Sonderregeln für Kommanditisten abgesehen – persönlich auch für Verbindlichkeiten, die bereits vor seinem Eintritt begründet waren, sog. Haftung für Altverbindlichkeiten. Im Falle des Ausscheidens eines persönlich haftenden Gesellschafters gilt für alle drei Personengesellschaften die fünfjährige Nachhaftungsfrist gemäß § 160 HGB bzw. gemäß

[61] St. Rspr. seit RGZ 16, 40, 56; vgl. BGHZ 22, 186, 192 = NJW 1957, 180; BGHZ 68, 225, 237 = NJW 1977, 1339; BGH NJW 1989, 2133, 2134; 2002, 3389, 3390; 2006, 3715, 3716.

[62] BGHZ 146, 341, 343 ff., 358 = NJW 2001, 1056; der Sache nach bestätigt durch BGH NJW 2002, 1207.

[63] BGHZ 142, 315 = NJW 1999, 3483; BGHZ 146, 341 = NJW 2001, 1056.

§ 736 Abs. 2 BGB i. V. m. § 160 BGB. Infolge der persönlichen Haftung zumindest eines Gesellschafters bestehen bei Personengesellschaften, von den für Kommanditisten, vgl. § 172 HGB, zu beachtenden Besonderheiten abgesehen, keine Kapitalerhaltungsvorschriften.

d) **Anwachsung, Nachfolge von Todes wegen.** Sofern ein Gesellschafter aus der Gesellschaft ausscheidet, wächst sein Anteil gemäß § 738 Abs. 1 BGB den übrigen Gesellschaftern zu. Voraussetzung für die Anwachsung ist jedoch, dass die Gesellschaft infolge des Ausscheidens weder infolge des Gesellschaftsvertrags noch infolge gesetzlicher Regelungen aufgelöst ist. Der Tod eines Gesellschafters führt bei den Handelsgesellschaften nicht zur Auflösung, vgl. § 131 Abs. 3 HGB, bei der GbR nur dann nicht, wenn der Gesellschaftsvertrag eine entsprechende Fortsetzungsklausel enthält, vgl. § 727 Abs. 1, 736 Abs. 1 BGB.[64] 184

Sofern der Tod eines Gesellschafters nicht zur Auflösung der Gesellschaft führt, wird im Unterschied zu Anteilen an Kapitalgesellschaften im Nachlass, die ungeteilt der Erbengemeinschaft anfallen, die Gesellschaft nicht mit der Erbengemeinschaft als Gesellschafterin, sondern mit sämtlichen Erben als Gesellschafter fortgeführt, d. h. jeder Erbe wird als einzelner Mitglied der Personengesellschaft. Mit dem Tod des Gesellschafters erfolgt in Bezug auf den im Nachlass befindlichen Gesellschaftsanteil kraft Gesetzes eine Teilerbauseinandersetzung der Erbengemeinschaft.[65] 185

2. Eignung von GbR einerseits und OHG und KG andererseits

Infolge der Anerkennung der Partei- und Rechtsfähigkeit einer **Gesellschaft bürgerlichen Rechts** einerseits und der Möglichkeit der Gründung einer **offenen Handelsgesellschaft**, deren Unternehmenszweck ausschließlich die Verwaltung eigenen Vermögens ist, andererseits, unterscheiden sich beide Gesellschaftsformen nicht mehr wesentlich voneinander. Soweit die gegenüber vertraglichen Regelungen nachrangigen gesetzlichen Regelungen von einander abweichen, sind diese weitestgehend dispositiv und können daher durch vertragliche Regelungen abgeändert werden. In einkommensteuerlicher Hinsicht unterscheiden sich beide Gesellschaftsformen ebenfalls nicht. 186

Der eine wesentliche **Unterschied der OHG** gegenüber der GbR ist ihre Eintragung im Handelsregister, vgl. § 105 Abs. 1 HGB, und die damit verbundene **Transparenz** ihrer Gesellschafter. Jede Gesellschaft, deren Zweck der Betrieb eines Handelsgewerbes nach § 1 Abs. 2 HGB ist, ist – unabhängig von ihrer **Eintragung im Handelsregister**- eine offene Handelsgesellschaft. Verfolgt die Gesellschaft einen anderen Zweck, zum Beispiel die Verwaltung eigenen Vermögens, so wird sie erst mit ihrer Eintragung im Handelsregister eine offene Handelsgesellschaft, vorher handelt es sich um eine Gesellschaft bürgerlichen Rechts. 187

Der andere ist die **Buchführungspflicht**: Durch die Registereintragung finden gemäß § 6 Abs. 1 HGB die für Kaufleute geltenden Vorschriften Anwendung und demgemäß ist die offene Handelsgesellschaft unabhängig von ihrem Geschäftsbetrieb buchführungspflichtig gemäß §§ 238 ff. HGB. Dies gilt auch für eine ausschließlich vermögensverwaltende Gesellschaft. Schließlich ist die offene Handelsgesellschaft **Zwangsmitglied** der örtlich zuständigen Industrie- und Handelskammer, wodurch sich Beitragspflichten ergeben können. 188

Der wesentliche Vor- wie aber auch gleichzeitig der Nachteil einer **Gesellschaft bürgerlichen Rechts** ist mithin ihre **Intransparenz** für den Rechtsverkehr. Weder über den Bestand der Gesellschaft noch über ihre Gesellschafter können Informationen aus einem öffentlichen Register entnommen werden. Die sich daraus ergebenden Probleme werden im Bereich des Immobilienrechts besonders deutlich.[66] Aus diesen Gründen sollte die Verwendung einer Gesellschaft bürgerlichen Rechts wohl erwogen werden. 189

Die Wahl zwischen einer Gesellschaft bürgerlichen Rechts bzw. offenen Handelsgesellschaft einerseits und einer **Kommanditgesellschaft** andererseits wird vor allem von folgenden **Fragen** beeinflusst: 190

Wollen/Sollen alle Gesellschafter geschäftsführende Funktionen übernehmen?

---

[64] Siehe hierzu auch die Ausführungen unter Rdnr. 141 f.

[65] Siehe hierzu auch die Ausführungen unter Rdnr. 143 ff.

[66] Siehe hierzu nunmehr BGH v. 28. 4. 2011, V ZR 194/10; a. A. OLG München Beschl. v. 20. 7. 2010 – 34 Wx 063/10; vgl. hierzu auch *Weigl* NZG 2010 1053 ff.

Wollen alle Gesellschafter für Verbindlichkeiten der Gesellschaft auch persönlich haften? Wird eine der beiden Fragen mit Nein beantwortet, ist im Regelfall die Kommanditgesellschaft die richtige Gesellschaftsform, so eine Personenhandelgesellschaft als solche gewünscht ist. Infolge der Haftungsbegrenzung von Kommanditisten ist von den Personengesellschaften auch nur die Kommanditgesellschaft zur Beteiligung von **Minderjährigen** geeignet.

3. Wesentliche Merkmale einer Kapitalgesellschaft

191 a) **Gründung und Änderung des Gesellschaftsvertrags, Veräußerbarkeit.** Die Gründung bedarf der Beurkundung und der Inhalt der Satzung muss den gesetzlichen Mindestanforderungen genügen. Gesellschafter können alle rechtsfähigen natürlichen und juristischen Personen sein. Letzteres gilt auch für die Gesellschaft bürgerlichen Rechts seit der Anerkennung ihrer Rechtsfähigkeit.

192 **Beschlussfassungen** bedürfen einer Gesellschafterversammlung, hinsichtlich derer Form- und Fristvorschriften zu beachten sind. Im Gegensatz zu Personengesellschaften gilt nicht das Einstimmigkeits-, sondern das **Mehrheitsprinzip.** Soweit die Satzung der Gesellschaft nichts anderes vorsieht, bedarf die Änderung der Satzung einer Mehrheit von ¾ der abgegebenen Stimmen, § 53 GmbHG bzw. einer Mehrheit von ¾ des bei der Beschlussfassung vertretenen Grundkapitals, vgl. § 179 AktG.

193 Soweit in der Satzung keine **Vinkulierung** der Anteile verankert ist, bedarf die Veräußerung bestehender Anteile im Unterschied zur Personengesellschaft nicht der Zustimmung der anderen Gesellschafter, dafür besteht grundsätzlich kein Kündigungs- bzw. Austrittsrecht eines Gesellschafters. Der **Beitritt** neuer Gesellschafter im Wege einer Kapitalerhöhung bedarf jedoch wiederum eines Gesellschafterbeschlusses bzw. eines Beschlusses der Hauptversammlung: Da die Kapitalerhöhung eine Satzungsänderung darstellt, bedarf der Beschluss der Mehrheit von ¾ der abgegebenen Stimmen.[67] Soll das Bezugsrecht der Altgesellschafter der neu ausgegebenen Gesellschaftsanteile ausgeschlossen werden, damit nur der Nachfolger die neuen Anteile zeichnen kann, so ist dies ohne Zustimmung aller Gesellschafter grundsätzlich nicht zulässig.[68]

194 b) **Geschäftsführung, Vertretung.** Da eine persönliche Haftung der Gesellschafter bei einer Kapitalgesellschaft ausgeschlossen ist, können auch Nichtgesellschafter zum Vorstand bzw. als Geschäftsführer berufen werden, Zulässigkeit der **Fremdorganschaft.** Die Verantwortung für die Gesellschaft ist auf zwei bzw. drei Gesellschaftsorgane verteilt (Geschäftsführung/Vorstand, Gesellschafterversammlung/Hauptversammlung, Aufsichtsrat bei der AG). Dies ist ein wesentlicher Vorteil der Kapitalgesellschaften gegenüber Personengesellschaften.

195 c) **Haftung.** Im Unterschied zu den Personengesellschaften gilt bei Kapitalgesellschaften das **Trennungsprinzip,** d.h. nur die Gesellschaft haftet mit ihrem Gesellschaftsvermögen für Verbindlichkeiten der Gesellschaft. Damit einhergeht jedoch das bei Personengesellschaften unbekannte Prinzip der Kapitalaufbringung und -erhaltung. Der grundsätzliche Ausschluss der persönlichen Haftung der Gesellschafter ist ein weiterer wesentlicher Vorzug der Kapitalgesellschaften.

196 d) **Nachfolge von Todes wegen.** Sofern in der Satzung nicht abweichend geregelt, führt der Tod eines Gesellschafters nicht zur Auflösung der Kapitalgesellschaft. Vielmehr geht der Anteil entsprechend den erbrechtlichen Regelungen auf den Rechtsnachfolger über. Bei einer Mehrheit von Erben ist dann bis zur Auseinandersetzung die Erbengemeinschaft Inhaber des Anteils. Unter den in einer Satzung näher zu regelnden Voraussetzungen und dem dort bestimmten Verfahren kann jedoch eine **Einziehung** des Anteils im Erbfalle vorgesehen werden. Infolge der grundsätzlichen Verkehrsfähigkeit der Geschäftsanteile/Aktien findet bei Kapitalgesellschaften gerade keine Anwachsung statt.

---

[67] Vgl. § 53 Abs. 2 GmbHG; bei der AG ¾ Mehrheit des bei der Beschlussfassung vertretenen Grundkapitals, § 182 Abs. 1 AktG.

[68] Vgl. hierzu ausführlich *Heckschen/Heidinger* § 10 Rdnr. 39 ff.

4. Wesentliche Merkmale GmbH & Co. KG

Bei der GmbH & Co. KG handelt es sich eine Kommanditgesellschaft, bei der typischerweise der einzig persönlich haftende Gesellschafter eine GmbH ist. Letztere hat normalerweise keinen Anteil am Kapital der KG und trägt daher auch keine Verluste derselben. Die operativ unternehmenstragende Gesellschaft ist üblicherweise die KG. Sofern keine Einheits-KG gestaltet wird, sind die Kommanditisten im Regelfall zugleich die einzigen Gesellschafter der Komplementär-GmbH. 197

Mit der GmbH & Co. KG werden die Vorteile der Personengesellschaft mit denen der Kapitalgesellschaft so kombiniert, dass gleichzeitig deren Nachteile vermieden werden.

a) **Gründung und Änderung des Gesellschaftsvertrags, Veräußerbarkeit.** Insoweit gelten die vorstehenden Ausführungen für die Komplemtär-GmbH und die KG jeweils unverändert. 198

b) **Geschäftsführung, Vertretung.** Da persönlich haftender Gesellschafter eine GmbH ist, können auch Nichtgesellschafter als Geschäftsführer berufen werden und damit die Vorteile der Fremdorganschaft genutzt werden. 199

c) **Haftung.** Da der persönlich haftende Gesellschafter eine GmbH ist und eine persönliche Haftung der Kommanditisten, solange die §§ 171 ff. HGB beachtet werden, ausgeschlossen ist, wird das bei Kapitalgesellschaften geltende **Trennungsprinzip** erreicht, d. h. nur die GmbH haftet mit ihrem Vermögen für Verbindlichkeiten der KG. Allerdings ist bei der GmbH & Co. KG das an sich bei Personengesellschaften unbekannte Prinzip der Kapitalaufbringung und -erhaltung zu beachten. 200

d) **Nachfolge von Todes wegen.** Insoweit gelten die vorstehenden Ausführungen für die Komplemtär-GmbH und die KG jeweils unverändert. Aus diesem Grunde ist über eine entsprechende Einziehungsregelung in der Satzung der Komplementär-GmbH dafür Sorge zu tragen, dass ein **fortwährender Gleichlauf** der Gesellschafter der Komplementär-GmbH und der KG sichergestellt wird. Letzteres lässt sich durch die Gestaltung einer **Einheits-KG** vermeiden. Bei letzterer ist alleiniger Gesellschafter der Komplementär-GmbH die KG. Durch entsprechende Regelungen im Gesellschaftsvertrag der KG ist sicherzustellen, dass die Gesellschafterrechte in Bezug auf die von der KG gehaltenen Geschäftsanteile an der Komplementär-GmbH von den Kommanditisten ausgeübt werden. 201

5. Eignung der GmbH, der GmbH & Co. KG und der AG

Die Aktiengesellschaft zeichnet sich im Unterschied zur GmbH durch eine **Satzungsstrenge** aus, d. h. Abweichungen von den im Verhältnis zum GmbH-Gesetz wesentlich ausführlicheren Regelungen des Aktiengesetzes sind nur gestattet, wenn dies das Gesetz ausdrücklich erlaubt, vgl. § 23 Abs. 5 AktG. Die Führung einer AG erfordert im Verhältnis zur GmbH infolge der strikten gesetzlichen Vorgaben einen deutlichen höheren **administrativen Aufwand.** Die AG ist unter anderen dann die **geeignete Wahl**, wenn ein späterer Börsengang angestrebt wird, außerbörslich der Kreis der Anteilseigner zum Zwecke der Kapitalbeschaffung vergrößert werden soll oder die Belegschaft an der Gesellschaft dauerhaft beteiligt werden soll. Ferner kommt auch bei solchen Familiengesellschaften eine AG in Frage, bei denen eine deutliche Trennung des Managements vom direkten Einfluss der Familienmitglieder angestrebt wird. Aus den vorstehenden Ausführungen wird umgekehrt deutlich, dass eine GmbH, sofern nicht im Einzelfall wesentliche Gründe für die AG sprechen, infolge ihres geringeren administrativen Aufwands und der weitaus größeren Gestaltungsfreiheit die bessere Wahl ist, insbesondere für mittelständische Unternehmen. 202

6. Personen- oder Kapitalgesellschaft?

Die Kapitalgesellschaft zeichnet sich durch eine vollständige Verselbständigung des Unternehmensvermögens von ihren Gesellschaftern durch Bildung einer eigenen juristischen Person aus, die grundsätzlich mit einer **Beschränkung der persönlichen Haftung** der Gesellschafter einhergeht. Letzteres ist wiederum die Grundlage für die Möglichkeit der Einsetzung fremder 203

Personen in Leitungsfunktionen und die Zulassung von **Mehrheitsentscheidungen**. Schließlich ist die Kapitalgesellschaft durch eine grundsätzlich **freie Verkehrsfähigkeit** der Anteile gekennzeichnet. Infolge der Selbstorganschaft und der persönlichen Haftung der Gesellschafter gestatten Personengesellschaften hingegen grundsätzlich eine größere Gestaltungsfreiheit der inneren Organisationsstruktur.

204 Die Wahl zwischen einer Personengesellschaft und einer Kapitalgesellschaft wird neben den erheblichen Unterschieden in Besteuerung in zivilrechtlicher Hinsicht daher von folgenden Parametern beeinflusst:

Besteht jetzt oder in Zukunft ein Bedarf für eine **Fremdgeschäftsführung** und damit einer Aufspaltung der Entscheidungs- und Verantwortungsträgerschaft auf verschiedene Organe? Denn infolge des für Personengesellschaften geltenden Prinzips der Selbstorganschaft, können nur persönlich haftende Gesellschafter die Gesellschaft organschaftlich vertreten und die Geschäftsführung übernehmen.

Soll eine **persönliche Haftung sämtlicher Gesellschafter** für Verbindlichkeiten der Gesellschaft ausgeschlossen werden bzw. sein? Ist kein Gesellschafter bereit, die Gefahr einer Inanspruchnahme für Verbindlichkeiten der Gesellschaften zu übernehmen, bleibt – abgesehen von der Kommanditgesellschaft bei der nur Kapitalgesellschaften die Komplementärstellung übernehmen – nur die Wahl einer Kapitalgesellschaft.

Soll eine **Offenlegung der Jahresabschlüsse** vermieden werden? Sofern wenigstens eine natürliche Person persönlich haftender Gesellschafter ist, sind diese Gesellschaften von den §§ 264–330 HGB befreit, vgl. im Einzelnen § 264a Abs. 1 HGB. Besonders von Bedeutung ist dies in Hinblick auf die Befreiung von der **Offenlegungspflicht** gemäß §§ 325ff. HGB. Konkurrenten kann dadurch der Einblick in wichtige Firmendetails verwehrt werden.

Soll die unterschiedliche Ausgestaltung und der unterschiedliche Anwendungsbereich des **Mitbestimmungsgesetzes** einerseits und des **Betriebsverfassungsgesetzes** andererseits ausgenutzt werden?

Bedingt eine Gesellschaftsform eine leichtere **Eigen- und/oder Fremdkapitalbeschaffung** in der Zukunft?

Es können hier nicht sämtliche im Einzelfall zu berücksichtigende Gesichtspunkte vollständig aufgelistet werden. Wesentliche gesellschaftsvertragliche Regelungen, wie beispielsweise Stimmrecht, Abfindung, Mehrheitsprinzipien etc. können bei Kapitalgesellschaften, jedenfalls bei der GmbH einerseits und Personengesellschaften andererseits weitgehend vergleichbar gestaltet werden.

VIII. Stille Gesellschaft und Unterbeteiligung

1. Allgemeines und Abgrenzung

205 Die Stille Gesellschaft und die Unterbeteiligung zählen zu den sogenannten **mittelbaren Unternehmensbeteiligungen**, die sich insbesondere dadurch auszeichnen, dass der Berechtigte weder unmittelbar am Gesellschaftsvermögen beteiligt ist noch als Unternehmensgesellschafter nach außen in Erscheinung tritt. Die **Intransparenz** der Beteiligung für Dritte ist daher ein Kennzeichen dieser Beteiligungsformen und zugleich einer ihrer Vorteile. Die **stille Gesellschaft** ist eine Personengesellschaft und kommt durch Vertrag zwischen dem Inhaber eines Handelsgeschäfts und dem stillen Gesellschafter zustande, bei dem der letztgenannte üblicherweise eine in das Vermögen des Unternehmensträgers übergehende Einlage erbringt und dafür am Ertrag des Handelsgewerbes beteiligt wird. Der stille Gesellschafter erhält dafür weitergehende Kontrollbefugnisse als bspw. ein Darlehensgeber, vgl. § 233 HGB. Er ist jedoch von der Geschäftsführung ausgeschlossen. Die stille Gesellschaft ist eine reine Innengesellschaft, die regelmäßig kein eigenes Vermögen aufweist. Die **Unterbeteiligung** ähnelt der stillen Gesellschaft, unterscheidet sich von ihr jedoch dadurch, dass sich die Beteiligung nicht unmittelbar auf das Handelsgewerbe bezieht, sondern auf den Gesellschaftsanteil. Demzufolge ist der Unterbeteiligte nicht am Ertrag der Gesellschaft, sondern an dem auf den Gesellschaftsanteil entfallenden Ertrag beteiligt. Beide sich sehr ähnelnden Beteiligungs-

formen sind abzugrenzen von **Treuhandverhältnissen**, dem **Nießbrauch**, dem **patriarischen Darlehen** und der unmittelbaren Beteiligung als **Gesellschafter** an einem Unternehmen/Handelsgewerbe.

2. Stille Gesellschaft

a) **Rechtliche Grundlagen.** Die stille Gesellschaft ist rudimentär in §§ 230–236 HGB geregelt. Da es sich um eine Personengesellschaft handelt, finden zugleich die §§ 705 ff. BGB Anwendung. Der Gesellschaftsvertrag bedarf grundsätzlich keiner Form,[69] jedoch ist die Schriftform dringend zu empfehlen. Das Erfordernis der notariellen Beurkundung kann sich aufgrund der Konnexität mit anderen beurkundungspflichtigen Rechtsgeschäften ergeben. Ob die schenkungsweise Einbuchung einer Einlage bereits eine Bewirkung der versprochenen Leistung im Sinne des § 518 Abs. 2 BGB darstellt und damit eine Heilung einer nicht beurkundeten unentgeltlichen Zuwendung einer stillen Gesellschafterstellung bewirkt, ist zweifelhaft.[70] 206

Vor allem aus steuerlichen Gründen wird zwischen einer **typisch stillen** Gesellschaft und einer **atypischen** unterschieden. Der typisch stille Gesellschafter hat einkommensteuerlich Einkünfte aus Kapitalvermögen, während der atypisch stille Gesellschafter als Mitunternehmer angesehen wird und dementsprechend gewerbliche Einkünfte erzielt. Dem typisch stillen Gesellschafter stehen weder eine Geschäftsführung- noch eine Vertretungsbefugnis zu und seine Informationsrechte ergeben sich aus § 233 HGB. Darüber hinaus hat die Rechtsprechung dem stillen Gesellschafter ein Informationsrecht in Bezug auf sogenannte Grundlagengeschäfte zugesprochen.[71] Der stille Gesellschafter unterliegt keinem Wettbewerbsverbot und ist zwingend am Gewinn und Verlust beteiligt. Dritten gegenüber besteht für beide stillen Gesellschaftertypen keine **unmittelbare Haftung**. 207

Eine **atypisch stille Gesellschaft** wird angenommen, wenn der stille Gesellschafter – ähnlich dem Kommanditisten – ein gewisses Unternehmerrisiko aufgebürdet ist und er zugleich eine Unternehmerinitiative entfalten kann. Ersteres ist insbesondere dann gegeben, wenn der stille Gesellschafter an den stillen Reserven des Unternehmens beteiligt wird.[72] 208

Ein wesentlicher **Vorzug der stillen Beteiligung** gegenüber dem **Nießbrauch** sind die wesentlich flexibleren rechtlichen Gestaltungsmöglichkeiten. Je nach Bedarf können dem stillen Gesellschafter erhebliche Kontrollrechte und Zustimmungsvorbehalte eingeräumt werden. Letzteres kann für den Übergeber zur Kontrolle der erfolgten Unternehmensnachfolge von Bedeutung werden. Ist für den Übergeber eine weiterhin starke Einfluss- und Kontrollmöglichkeit jedoch ein zentrales Anliegen, so sollte seiner unmittelbaren Beteiligung als Gesellschafter der Vorzug gegeben werden. Auf deren anderen Seite kann die **Intransparenz** der Beteiligung für Dritte und die im Regelfall **geringere Einflussmöglichkeit** des stillen Gesellschafters der ausschlaggebende Vorteil zur Gestaltung einer stillen Gesellschaft gegenüber einer unmittelbaren Beteiligung des Erwerbers am Unternehmen sein. So können die Abkömmlinge zum Zwecke der Einkommensverlagerung und der damit verbundenen **einkommensteuerlichen Progressionsvorteile** beteiligt werden, ohne dass Dritten dies offen gelegt wird. Des Weiteren ist eine Kündigung bzw. ein Widerruf der schenkweisen eingeräumten Beteiligung in weiterem Umfange möglich, da die Rechtsprechung zur Unwirksamkeit von sogenannten Hinauskündigungsklauseln keine unmittelbare Anwendung findet. Letzteres hängt jedoch auch davon ab, in welchem Umfang die Stellung des stillen Gesellschafters an die eines unmittelbar beteiligten Gesellschafters angenähert wurde. 209

[69] Bei einer AG ist die Schriftform einzuhalten, vgl. § 293 Abs. 3 AktG, da zugleich ein Teilgewinnabführungsvertrag vorliegt.

[70] Vgl. *Blaurock* S. 725; *Weigl* S. 164, der nicht zuletzt in Hinblick auf eine steuerliche Anerkennung eine Beurkundung empfiehlt.

[71] *Kort* DStR 1997, 1372 ff.

[72] Vgl. allg. zum atypischen stillen Gesellschafter *Blaurock* Rdnr. 20.53 ff.; im Einkommensteuerrecht Schmidt/*Wacker* § 15 Rdnr. 340 ff.

210 b) Wesentliche vertragliche Regelungen

Checkliste wesentlicher vertraglicher Regelungen

- ☐ Gegenstand der Beteiligung
- ☐ Stiller Gesellschafter sowie Gegenstand und Umfang seiner Einlage
- ☐ Beteiligungsquote sowie Anpassungsklausel bei wesentlichen Änderungen
- ☐ Grundsätze zur Ermittlung des Gewinn und Verlustes, Aufstellung und Zurverfügungstellung des Jahresabschlusses
- ☐ Konten und Entnahmerechte des stillen Gesellschafters
- ☐ Zustimmungsvorbehalte in Bezug auf Geschäftsführungsmaßnahmen des stillen Gesellschafters
- ☐ Kontroll- und Informationsrechte des stillen Gesellschafters
- ☐ Dauer, Kündigungsrechte sowie Beendigung der stillen Gesellschaft
- ☐ Regelungen über die Auseinandersetzung, Fälligkeit und ggf. Sicherung des Auseinandersetzungsguthabens
- ☐ ggf. Regelungen über Verschwiegenheit, Wettbewerbsverbote, Schiedsgutachten

211 Der Gegenstand der Beteiligung des stillen Gesellschafters sowie der Gegenstand und der Umfang seiner Einlage sind essentialia negotii eines jeden stillen Gesellschaftsvertrags. In Hinblick auf die Unbestimmtheit der gesetzlichen Regelung zum Umfang seiner Beteiligung am Gewinn und Verlust, vgl. § 231 f. HGB, ist die Festlegung der Beteiligungsquote ebenso ein Muss wie die genaue vertragliche Bestimmung des Bezugspunkts der Beteiligungsquote. Der Ertrag wird nämlich in erheblicher Weise von Faktoren beeinflusst, bei denen zumindest zweifelhaft ist – bspw. außerordentliche Erträge infolge der Auflösung stiller Reserven –, ob der stille Gesellschafter hieran partizipieren soll. Erkennt man dies an, so ist die Aufnahme von Kontroll- und Auskunftsrechten des stillen Gesellschafters, insbesondere auch über die Art und Weise der Ermittlung des Gewinns und Verlustes, nur konsequent.

212 Inwieweit dem Gesellschafter das Recht eingeräumt werden soll, dass bestimmte Geschäftsführungsmaßnahmen seiner Zustimmung bedürfen, hängt davon ab, wie stark sein rechtlicher Einfluss ausgestaltet sein soll. Sollen Abkömmlinge zum Zweck der Einkommensverlagerung an der Gesellschaft beteiligt werden, so wünscht der Unternehmer regelmäßig keine entsprechenden Zustimmungsvorbehalte. Umgekehrt sieht dies natürlich der Unternehmer, der sein Unternehmen übergeben hat und weiterhin an wesentlichen unternehmerischen Entscheidungen beteiligt sein soll. In letzterem Falle ist jedoch sorgfältig abzuwägen, ob eine stille Beteiligung des Unternehmers anstatt einer unmittelbaren Beteiligung als Gesellschafter wirklich die sinnvollere Alternative darstellt. Wie bei jedem Gesellschaftsvertrag sollten vertragliche Regelungen über die Möglichkeit einer Kündigung bzw. sonstigen Beendigung der Gesellschaft und deren Folgen, nämlich Ermittlung des Auseinandersetzungsguthabens sowie dessen Fälligkeit etc. nicht fehlen.

Formulierungsvorschlag für eine schenkweise Einräumung einer stillen Beteiligung[73]

§ 1 Vorbemerkung

1. Herr X ist Inhaber des Geschäfts mit der Firma „X-Getränkehandel" (Anschrift der Niederlassung: ......), eingetragen im Handelsregister des Amtsgerichts ...... unter HRA ......
2. Herr X ist ferner als (atypischer) stiller Gesellschafter an dem Geschäft der Frau Y mit der Firma „Y-Möbelhandel und -herstellung", eingetragen im Handelsregister des Amtsgerichts ...... unter HRA ......, mit einer Einlage von EUR 100.000,– beteiligt. Maßgeblich für die Rechtsverhältnisse der stillen Gesellschaft ist der in Kopie als Anlage 1 beigeheftete Gesellschaftsvertrag vom ......

[73] Der Formulierungsvorschlag stammt von *Weigl*, Stille Gesellschaft und Unterbeteiligung, das demnächst in 3. Auflage erscheinen wird.

§ 2 Einräumung und Übertragung der stillen Beteiligungen

1. Herr X
   – nachfolgend „Veräußerer" genannt –
   räumt hiermit seinem Sohn S
   – nachfolgend „Erwerber" genannt –
   an seinem in § 1 Ziff. 1 bezeichneten Geschäft „X-Getränkehandel" eine (typische) stille Beteiligung mit einer Einlage im Wert von EUR ...... ein. Die Einlage wird durch Umbuchung des vorgenannten Betrags vom Eigenkapitalkonto des Veräußerers auf das neuzubildende Einlagekonto des Erwerbers beim vorbezeichneten Unternehmen erbracht. Der Beginn der stillen Gesellschaft und die Umbuchung erfolgen mit Wirkung ab dem .... Maßgeblich für die Rechtsverhältnisse der stillen Gesellschaft ist der als Anlage 2 beigefügte Gesellschaftsvertrag; auf diesen wird verwiesen.
   Der Veräußerer überträgt ferner seine stille Beteiligung an dem in § 1 Ziff. 2 bezeichneten Geschäft „Y-Möbelhandel und -herstellung" mit Wirkung ab dem 1. 1. des folgenden Geschäftsjahres an den Erwerber.
2. Der Veräußerer tritt hierzu seine sämtlichen Rechte an der vorgenannten stillen Beteiligung mit Wirkung auf den vorbezeichneten Zeitpunkt an den Erwerber ab. Der Erwerber ist ab diesem Zeitpunkt ergebnisbeteiligt und übernimmt zugleich sämtliche mit der übertragenen Beteiligung verbundenen Pflichten. Die Übertragung erstreckt sich auch auf das Privat- und Verlustkonto des Veräußerers bei der vorgenannten Inhaberin; der Veräußerer ist jedoch berechtigt, einen für das laufende Geschäftsjahr anfallenden Gewinnanteil nach Gutschrift auf dem Darlehenskonto zu entnehmen.
   Die zum heutigen Vertrag erforderliche Zustimmung der Frau Y als Inhaberin des Geschäftsbetriebs (§ .... des als Anlage 1 beigefügten Gesellschaftsvertrags) ist als Anlage 3 beigeheftet.
3. Der Erwerber nimmt die vorstehenden Erklärungen des Veräußerers an.

§ 3 Gegenleistungen, Pflichtteilsanrechnung

1. Der Erwerber hat für die vorstehende Einräumung bzw. Übertragung der stillen Beteiligungen keine Gegenleistungen zu erbringen; die Zuwendung des Veräußerers erfolgt schenkweise als Maßnahme zur vorweggenommenen Erbfolge.
2. Der Erwerber hat sich den heutigen Wert der schenkweisen Zuwendung auf seinen Pflichtteil am Nachlaß des Veräußerers anrechnen zu lassen. Eine Ausgleichungspflicht gegenüber anderen Abkömmlingen des Veräußerers bei dessen Ableben gemäß §§ 2050 ff. BGB besteht jedoch nicht.

§ 4 Mängelhaftung

Der Veräußerer haftet für die vollständige Einzahlung der Einlage von EUR 100.000,– hinsichtlich der in § 2 Ziff. 2 bezeichneten stillen Beteiligung am Geschäft der Frau Y, ferner für die Freiheit der übertragenen stillen Beteiligung von Rechten Dritter. Im übrigen haftet der Veräußerer nur für arglistig verschwiegene Mängel.

§ 5 Widerrufsrecht

Der Veräußerer behält sich – unbeschadet seiner gesetzlichen Rückübertragungsansprüche (z. B. §§ 528 ff. BGB) – das Recht vor, die schenkweise Einräumung bzw. Übertragung der stillen Beteiligungen zu widerrufen, wenn
- der Erwerber vor dem Veräußerer verstirbt oder
- die Eröffnung eines Insolvenzverfahrens über das Vermögen des Erwerbers oder die Pfändung der stillen Beteiligungen oder einzelner Gesellschafterrechte erfolgt.

Der Widerruf kann nur schriftlich und längstens binnen drei Monaten ab Kenntnis des Veräußerers vom Vorliegen des Rücktrittgrunds erklärt werden. Im übrigen gelten für den Widerruf die §§ 530 ff. BGB – gegebenenfalls entsprechend -, jedoch mit der Maßgabe, dass die bis zur Ausübung gezogenen Nutzungen ihrem Empfänger verbleiben. Zur Sicherung der Rückgewährpflicht erklären die Vertragsteile bereits heute, jedoch aufschiebend bedingt durch die Erklärung des Widerrufs, die Rückübertragung der stillen Beteiligungen mit allen Rechten und Pflichten auf den Veräußerer; ausgenommen sind die dem Erwerber gutgeschriebenen Gewinnanteile auf dem Darlehenskonto.

Der Notar hat die Rechtsfolgen des Widerrufsrechts erläutert und darauf hingewiesen, dass die Rückgewähr der eingeräumten bzw. übertragenen stillen Beteiligung im Falle des Widerrufs nicht in jedem Fall, z. B. nicht bei vorheriger Auflösung der stillen Gesellschaft, sichergestellt ist.

3. Unterbeteiligung

213 Eine Unterbeteiligung ist gegeben, wenn der Inhaber eines Gesellschaftsanteils dem Unterbeteiligten durch Gesellschaftsvertrag ohne Bildung von Gesellschaftsvermögen einen Anteil an seinem Gesellschaftsanteil in Form einer obligatorischen Mitberechtigung einräumt, aufgrund der er zumindest am Gewinn beteiligt ist.[74] Im Bereich der Unternehmensnachfolge ist die Möglichkeit der wirtschaftlichen Beteiligung Dritter an Gesellschaftsanteilen, ohne dass diesen ein maßgeblicher Einfluss auf die Gesellschaft eingeräumt werden muss, ein wesentlicher Vorteil der Unterbeteiligung. Die Unterbeteiligung ist der stillen Gesellschaft sehr ähnlich. Daher sind grundsätzlich die vorstehend gemachten Ausführungen in gleicher Weise zu beachten.

214 Aus diesem Grunde sind neben den §§ 705 ff. BGB auf die Unterbeteiligung die §§ 230 ff. HGB in erheblichem Umfange analog anwendbar. Wie bei der stillen Gesellschaft unterscheidet man in steuerlicher Hinsicht zwischen einer **typischen** und einer **atypischen** Unterbeteiligung. Letzteres ist insbesondere dann gegeben, wenn der atypisch Unterbeteiligte an den stillen Reserven der Hauptbeteiligung seinerseits beteiligt ist und ihm maßgeblicher Einfluss auf die Ausübung der Rechte der Hauptbeteiligung eingeräumt wird.

215 Die wesentlichen Regelungspunkte eines Unterbeteiligungsvertrags entsprechen denjenigen einer stillen Gesellschaft. Im Unterschied zur stillen Gesellschaft ist zusätzlich auf eine Abstimmung des Beteiligungsvertrags mit den Regelungen des Gesellschaftsvertrags, der die mit der Hauptbeteiligung verbundenen Rechte und Pflichten regelt, zu achten. Dabei ist insbesondere auch abzuklären, ob die Eingehung einer Unterbeteiligung ohne **Zustimmung** der übrigen Gesellschafter gestattet ist. Zwar wäre die Unterbeteiligung auch ohne eine eventuell erforderliche Zustimmung wirksam begründbar, doch setzt sich der Hauptbeteiligte dann den Sanktionen des Gesellschaftsvertrags aus.

IX. Der Beirat

1. Allgemeines

216 Unter Beirat wird im Folgenden ein durch Gesellschaftsvertrag gebildetes freiwilliges, d. h. nicht infolge gesetzlicher Regelungen vorgegebenes, gesellschaftsrechtliches Organ verstanden, dem bestimmte Aufgaben bzw. Kompetenzen der Geschäftsführung und/oder der Gesellschafterversammlung übertragen werden. Ein solches Organ kann sowohl bei Personengesellschaften als auch bei Gesellschaften mit beschränkter Haftung geschaffen werden, vgl. a. § 52 GmbHG. Solange die Kernbereiche der jeweiligen Gesellschaftsform nicht berührt werden, erlaubt die Vertragsfreiheit eine erhebliche Modifikation der gesetzlich vorgeschlagenen organschaftlichen Struktur bzw. Kompetenzverteilung. Infolge der für Aktiengesellschaften geltenden formellen Satzungsstrenge und der bereits von Gesetzes wegen bestehenden drei Gesellschaftsorgane, insbesondere des Aufsichtsrats, kommen Beiräte bei Aktiengesellschaften so gut wie nicht vor bzw. haben meist lediglich beratende Funktion.

2. Mögliche Aufgaben und Kompetenzen eines Beirats

217 Die nachfolgende Darstellung führt nur beispielhaft diejenigen Aufgaben und Kompetenzen auf, die in der Praxis Beiräten übertragen werden:

- **Personal:** Bestellung und Abberufung von Geschäftsführern und Prokuristen; Abschluss sowie Änderung und Beendigung von Arbeits- und Dienstverträgen mit Geschäftsführern.

[74] MünchKommBGB/*Ulmer* vor § 705 Rdnr. 92 m. w. Nachw.

- **Geschäftsführung:** Überwachung sowie Weisungsbefugnis; Erteilung von Zustimmungen, die nach dem Gesellschaftsvertrag/Satzung oder dem Geschäftsführervertrag von der Geschäftsführung eingeholt werden müssen; Einberufungsbefugnis von Gesellschafterversammlungen.
- **Jahresabschluss:** Prüfung und ggf. auch Feststellung des Jahresabschlusses.
- **Sonstige Gesellschafteraufgaben:** bspw. Zustimmung zur Befreiung von Wettbewerbsverboten, Zustimmung zur Verfügung über Gesellschafts- bzw. Geschäftsanteilen.
- **Information:** Einräumung sämtlicher der einem Gesellschafter zustehenden Informationsrechte.
- **Beratung:** Verpflichtung der Geschäftsführung zur regelmäßigen Konsultation des Beirats zu Geschäftsführungsmaßnahmen bzw. Unternehmensentscheidungen.
- **Schiedsaufgaben:** Entscheidung von Meinungsverschiedenheiten im Gesellschafterkreis, soweit zulässig.

3. Schaffung eines Beirats als Gesellschaftsorgan und dessen Organisation

Die sinnvolle Anzahl der Beiräte bestimmt sich maßgeblich nach der Größe des Unternehmens. 218
Häufig bestehen Beiräte aus drei bis sechs Personen. Die Art und Weise der Bestellung der Beiräte ist unbedingt im Gesellschaftsvertrag zu regeln. Häufig werden die Beiräte von der Gesellschafterversammlung gewählt, möglich sind aber gesellschaftsrechtliche Sonderrechte zu deren Entsendung durch bestimmte Gesellschafter bzw. Gesellschafterstämme. Je nach dem Umfang der übertragenen Aufgaben ist im Gesellschaftsvertrag mehr oder weniger intensiv die innere Struktur sowie das Beschlussfassungsverfahren zu regeln. Je mehr dem Beirat an sich der Gesellschafterversammlung vorbehaltene Beschlusskompetenzen übertragen werden, desto detaillierter sollten die gesellschaftsvertraglichen Regelungen ausfallen.

Checkliste für einen starken Beirat

- ☐ Zahl der Beiratsmitglieder
- ☐ Bestellung der Beiratsmitglieder, ggf. Regelung des Wahlmodus (Einzelwahl, Blockwahl etc.)
- ☐ Dauer und Ende der Amtszeit der Beiräte
- ☐ Modus zur Wahl des Vorsitzenden und seines Stellvertreters
- ☐ Form und Frist der Einberufung von Beiratssitzungen
- ☐ Formalitäten der wirksamen Beschlussfassung von Beiratsbeschlüssen
- ☐ Anfechtbarkeit bzw. Nichtigkeit von Beiratsbeschlüssen
- ☐ Haftung der Beiratsmitglieder
- ☐ Vergütung der Beiräte
- ☐ ggf. Regelungen über Verschwiegenheit, Wettbewerbsverbote etc.

Der Bereit als weiteres Organ der Gesellschaft bedarf der **Verankerung im Gesellschafts-** 219
vertrag. Ein Beirat, der nicht im Gesellschaftsvertrag verankert ist, kann nur auf der Grundlage schuldrechtlicher Absprachen seine Tätigkeit aufnehmen und hat dadurch lediglich einen Beraterstatus. Sofern der Beirat erst nach Gründung der Gesellschaft als neues Organ implementiert werden soll, bedarf es der für die Änderung des Gesellschaftsvertrags bzw. der Satzung erforderlichen Mehrheiten. Bei einer GmbH & Co KG hängt es von der Unternehmensstruktur ab, ob der Beirat bei der Komplementär GmbH oder der Kommanditgesellschaft verankert wird. Besonders hilfreich kann ein Beirat bei der sog. Einheits GmbH & Co. KG sein, wenn es um die Ausübung der Gesellschafterrechte der KG in der Gesellschafterversammlung der Komplementär GmbH geht.

Formulierungsvorschlag für einen Beirat bei einer GmbH & Co KG

5. Beirat

5.1 Die Gesellschaft hat einen Beirat, bestehend aus dem Beiratsvorsitzenden, seinem Stellvertreter und bis zu drei weiteren Personen, in jedem Falle aber einer weiteren Person. Die Zahl der Beiratsmitglieder wird zu Beginn einer Amtsperiode durch Gesellschafterbeschluss vor der Neuwahl festgelegt. Die Beiratsmitglieder können nur natürliche, volljährige Personen – Gesellschafter oder Dritte – sein. Sie sollen über die Sachkenntnis und wirtschaftliche Erfahrung verfügen, die dem Umfang und der Bedeutung ihres Amtes entsprechen. Die Mehrheit der Beiratsmitglieder müssen Gesellschafter oder Personen sein, die mit Gesellschaftern oder deren Abkömmlinge verheiratet, verwandt oder verschwägert sind.
Dem Beirat dürfen nicht angehören:
...

5.2 Die Beiratsmitglieder werden von der Gesellschafterversammlung schriftlich gewählt. Es erfolgt eine gemeinsame Wahl aller Mitglieder in einem Wahlgang. Jeder stimmberechtigte Gesellschafter kann so viele Personen wählen, wie Beiratsmitglieder zu bestimmen sind. Eine Kumulierung von Stimmen zugunsten einer Person ist nicht zulässig. Stimmen, auf denen mehr Namen als Personen, die zu wählen sind, aufgeführt sind, sind ungültig. Gewählt sind diejenigen Personen, die die meisten Stimmen erzielen. Bei Stimmengleichheit ist die Wahl zu wiederholen. Die Wahl erfolgt für die Zeit bis zur Beendigung der ordentlichen Gesellschafterversammlung, in der über die Entlastung für das vierte Geschäftsjahr nach der Wahl beschlossen wird. Hierbei wird das Geschäftsjahr, in dem die Wahl stattgefunden hat, nicht mitgerechnet. Auch nach Ablauf dieser Zeit bleibt ein Beiratsmitglied so lange im Amt, bis ein Nachfolger gewählt ist bzw. die Wiederwahl erfolgt ist. Ist ein Beiratsmitglied vorzeitig weggefallen, kann für die restliche Amtszeit ein Ersatzmitglied gewählt werden. Ein Ersatzmitglied ist zu wählen, wenn der Beirat aus weniger als drei Personen bestünde. Wiederwahl ist zulässig.

5.3 Über die Entlastung der Mitglieder des Beirats entscheidet die Gesellschafterversammlung. Die Mitglieder des Beirats sind zur Verschwiegenheit verpflichtet.

5.4 Jedes Beiratsmitglied kann sein Amt jederzeit ohne Angabe von Gründen mit einer Frist von drei Monaten zum Ende eines Kalendermonats durch schriftliche Erklärung gegenüber der Komplementärin niederlegen, die die anderen Mitglieder des Beirats unverzüglich zu unterrichten hat. Die übrigen Beiratsmitglieder können einer sofortigen Beendigung der Mitgliedschaft zustimmen.

5.5 Jedes Beiratsmitglied kann durch Beschluss der Gesellschafterversammlung jederzeit abberufen werden.

5.6 Die Beiratsmitglieder sind nicht an Weisungen gebunden; sie haben ihre Entscheidung nach bestem Wissen und Gewissen zu treffen. Ihre Haftung ist auf vorsätzliches und grob fahrlässiges Handeln beschränkt.

6. Aufgaben und Rechte des Beirats

6.1 Der Beirat hat neben den anderen ihm in diesem Gesellschaftsvertrag zugewiesenen Aufgaben und Rechte die folgenden Aufgaben und Rechte:

a) Der Beirat hat die Komplementärin zu beraten und zu überwachen. Zu diesem Zweck kann er von ihr jederzeit Auskunft über alle Angelegenheiten der Gesellschaft verlangen und sich auch selbst darüber informieren; er kann insbesondere die Bücher und Schriften der Gesellschaft sowie deren Vermögensgegenstände einsehen und prüfen. Er kann mit dieser Prüfung auch einzelne seiner Mitglieder oder – sofern erforderlich – auf Kosten der Gesellschaft besondere Sachverständige beauftragen. Die Mitglieder der Geschäftsführung der Komplementärin sind verpflichtet, dem Beirat jede gewünschte Auskunft über alle geschäftlichen Verhältnisse zu erteilen sowie auf Aufforderung zu den Sitzungen des Beirats zu erscheinen und ihm über alle Sachverhalte, die für die Entscheidung des Beirats von Belang sein können, zu berichten. Der Beirat muss von der Komplementärin Auskunft zu bestimmten Fragen verlangen, wenn auch nur eines seiner Mitglieder dies wünscht. Ungeachtet dessen ist die Komplementärin verpflichtet, dem Beirat über alles zu berichten, was für dessen Tätigkeit von Bedeutung sein kann und ihm die hierzu erforderlichen Informationen zu erteilen.

b) Die Erfüllung sämtlicher sonstigen Aufgaben, die ihm nach diesem Gesellschaftsvertrag oder durch Beschluss der Gesellschafterversammlung zugewiesen sind oder werden.

c) Der Beirat hat jährlich in der ordentlichen Gesellschafterversammlung den Gesellschaftern über seine Tätigkeit im abgelaufenen Geschäftsjahr zu berichten. Der Beirat kann die Komplementärin mit der Ausarbeitung des Berichts entsprechend seinen Weisungen beauftragen.

d) Die Mitglieder des Beirats sind berechtigt und auf Verlangen von Gesellschaftern, deren Kapitalanteile zusammen mindestens 10% des Festkapitals der Gesellschaft betragen, verpflichtet, an den Gesellschafterversammlungen teilzunehmen.

6.2 Auf den Beirat sind Bestimmungen des Aktiengesetzes nicht entsprechend anzuwenden.

7. Innere Ordnung des Beirats

7.1 Der Beirat hat spätestens in seiner ersten auf die Wahl folgenden Sitzung aus seiner Mitte einen Vorsitzenden und einen Stellvertreter zu wählen. Solange kein Vorsitzender gewählt wurde, ist derjenige Vorsitzender, der mit den meisten Stimmen gewählt wurde, Stellvertreter ist solange derjenige, der die zweitmeisten Stimmen erhielt. Bei Stimmengleichheit übt der Ältere die Befugnisse aus.

7.2 Der Beiratsvorsitzende und sein Stellvertreter vertreten je einzeln den Beirat nach außen. Im Innenverhältnis darf der Stellvertreter nur handeln, wenn der Vorsitzende ihn ermächtigt hat oder dieser verhindert ist. Der Beirat kann sich zur Regelung seiner inneren Verhältnisse eine Geschäftsordnung geben.

7.3 Die Sitzungen des Beirats werden vom Vorsitzenden unter Bestimmung des Tagungsorts und der Tagesordnung schriftlich, per Telefax oder auf aufgrund eines vorherigen Beschlusses auch per e-Mail einberufen. Zwischen dem Tag der Absendung der Einberufung und dem Tag der Beiratssitzung muss ein Zeitraum von mindestens vier Wochen liegen, für die Mitteilung der Tagesordnung genügt ein Zeitraum von mindestens einer Woche. Eine andere Form der Einberufung oder eine Verkürzung der Frist ist zulässig, wenn alle Beiratsmitglieder dem zustimmen. Soweit nicht abweichend beschlossen, finden die Sitzungen am Sitz der Gesellschaft statt.

7.4 Er tritt zusammen, so oft die Erfüllung seiner Aufgaben es erfordert. Sofern kein einstimmig abweichender Beschluss des Beirats gefasst wurde, findet mindestens einmal in jedem Kalenderquartal eine Beiratssitzung statt. Jeder Geschäftsführer der Komplementärin und jedes Mitglied des Beirats können unter Angabe des Zwecks und der Gründe die Einberufung verlangen.

7.5 Die Geschäftsführer der Komplementärin nehmen an den Beiratssitzungen teil. Der Beirat kann die Geschäftsführer von der Teilnahme ausschließen.

7.6 Sofern ordnungsgemäß geladen wurde, ist der Beirat beschlussfähig, wenn mindestens zwei Beiratsmitglieder anwesend oder vertreten sind. Der Beirat entscheidet mit einfacher Mehrheit der abgegebenen Stimmen. Enthaltungen werden nicht mitgezählt. Eine Vertretung ist nur durch ein anderes Beiratsmitglied zulässig.

7.7 Schriftliche Beschlussfassungen durch Brief, Telefax oder per e-mail sind zulässig, wenn kein Mitglied einer solchen Beschlussfassung widerspricht.

7.8 Über die Sitzungen des Beirats sowie über die nicht in Sitzungen gefassten Beiratsbeschlüsse sind Niederschriften anzufertigen, die der Vorsitzende zu unterzeichnen und allen Beiratsmitgliedern zu zuleiten hat.

7.9 Im Übrigen kann sich der Beirat selbst eine Geschäftsordnung geben.

8. Vergütung der Beiratsmitglieder

8.1 Die Mitglieder des Beirats haben Anspruch auf eine angemessene Vergütung und Ersatz ihrer angemessenen Auslagen sowie die darauf etwa entfallende Mehrwertsteuer in der jeweiligen gesetzlichen Höhe.

8.2 Über die Höhe der Vergütung beschließen die Gesellschafter in der ordentlichen Gesellschafterversammlung in der zweiten auf die Neuwahl der Mehrheit der Beiratsmitglieder folgenden Gesellschafterversammlung für die Dauer von vier Jahren.

Formulierungsvorschlag für die Ausübung der Rechte aus den Geschäftsanteilen an der Komplemtär GmbH durch den Beirat in einer Einheits-KG

220 **6. Geschäftsführung und Vertretung durch die Kommanditisten**

6.1 Die Gesellschafterrechte aus Geschäftsanteilen an der Komplementärin, die im Eigentum der Gesellschaft stehen, üben statt deren Geschäftsführern die Kommanditisten oder der Beirat nach Maßgabe eines jeweils vorher zu fassenden Beschlusses aus. Insoweit sind die Kommanditisten oder der Beirat geschäftsführungs- und vertretungsbefugt und die Komplementärin verpflichtet sich, insoweit von ihrer Vertretungsbefugnis nur nach Weisung der Kommanditisten bzw. des Beirats Gebrauch zu machen.

6.2 In Bezug auf die Ausübung dieser Gesellschafterrechte gilt im Verhältnis von Kommanditisten und Beirat zueinander:
Anstelle der Kommanditisten übt der Beirat diese Gesellschafterrechte aus, wenn und soweit dem Beirat in diesem Gesellschaftsvertrag die entsprechende Rechte und Aufgaben auch in Bezug auf diese Gesellschaft übertragen wurden. Dem Beirat werden hiermit folgende Rechte und Aufgaben übertragen:

a) die zustimmungspflichtigen Erklärungen und Handlungen der Geschäftsführung der Komplementärin entsprechend Ziff. …,
b) die Aufgaben und Rechte gegenüber der Geschäftsführung der Komplementärin gemäß Ziff. …,
c) Beschluss über die Prüfung und Feststellung des Jahresabschlusses gemäß Ziff. ….
d) Vornahme aller mit der Berufung oder Abberufung von Geschäftsführern in Zusammenhang stehenden Rechtshandlungen, insbesondere Abschluss, Änderung, Kündigung, Aufhebung etc. von Geschäftsführerverträgen etc., die das Rechtsverhältnis zwischen Geschäftsführer und Komplementärin betreffen. Klargestellt wird, dass die Berufung oder Abberufung als solche den Kommanditisten obliegt.

Weitere Aufgabenübertragungen in diesem Vertrag bleiben davon unberührt.

6.3 Die Kommanditisten üben ihre Geschäftsführungs- und Vertretungsbefugnis in der Weise aus, dass sie über die zu treffende Maßnahme Beschluss fassen und anschließend der Beirat die beschlossene Maßnahme namens der Gesellschaft unter Wahrung der vorgeschriebenen Form ausführt. Anstelle des Beirats kann durch einfache Mehrheit auch ein oder mehrere Kommanditisten insoweit zur Ausführung und zur Vertretung der Gesellschaft ermächtigt werden. Der Beirat bzw. der/die Kommanditist(en) sind/ist von den Beschränkungen des § 181 BGB insoweit befreit.

6.4 Die Beschlüsse der Kommanditisten werden in Kommanditistenversammlungen am Sitz der Gesellschaft gefasst, falls nicht alle Kommanditisten mit einer Beschlussfassung in anderer Form oder an einem anderen Ort einverstanden sind. Für die Einberufung und Beschlussfassung der Kommanditistenversammlung gilt Ziff. … und … entsprechend.

6.5 Beschlüsse der Kommanditisten, die Verfügungen über Geschäftsanteile an der Komplementärin oder ihre Auflösung zum Gegenstand haben, bedürfen der Einstimmigkeit, die Änderung des Gesellschaftsvertrages der Komplementärin bedürfen einer Mehrheit von drei Vierteln der Stimmen aller stimmberechtigten Kommanditisten. Dasselbe gilt für den Beschluss der Auflösung der Komplementärin, wenn zugleich die Auflösung dieser Gesellschaft beschlossen wird bzw. bereits beschlossen wurde. Alle übrigen Beschlüsse bedürfen der einfachen Mehrheit der abgegebenen Stimmen.

6.6 Ein Kommanditist, der selbst oder dessen Privatgläubiger das Gesellschaftsverhältnis gekündigt hat, ist zur Ausübung der Gesellschafterrechte und Vertretung nicht mehr befugt, es sei denn der Beschluss steht in unmittelbarem Zusammenhang mit dem Ausscheiden dieses Kommanditisten aus der Gesellschaft.

4. Nutzen für die Unternehmensnachfolge

221 Die Schaffung eines Beirats kann bei der Gestaltung der Unternehmensnachfolge von großem Nutzen sein und wird in der Praxis nicht immer genutzt. Die Aufgaben und Strukturen von Beiräten sind ganz maßgeblich von dem Zweck, der mit diesem Gesellschaftsorgan verfolgt wird, abhängig. **Mögliche Zwecke** sind:

Leitungsorgan: Über einen Beirat kann der Übergeber auch nach der Übergabe des Unternehmens noch ganz maßgeblich auf die Geschäftsführung einwirken. Ob ein so starker Beirat auf Dauer sinnvoll ist, ist eine andere Frage.

Kontrollorgan: Gerade bei Familienunternehmen kann es für die Akzeptanz der Geschäftsführung von erheblichem Vorteil sein, wenn über die Gesellschafterversammlung hinaus, Mitglieder der verschiedenen Familienstämme über den Beirat fortlaufend über Unternehmensentwicklungen und Geschäftsführungsentscheidungen informiert werden bzw. diese einer Zustimmung durch den Beirat unterworfen werden.

Familienfrieden: Ist ein Familienmitglied in der Geschäftsführung, so kann es zum Ausgleich der Interessen verschiedener Familienstämme von Vorteil sein, dass die in der Geschäftsführung nicht vertretenen Familienstämme auch außerhalb der Gesellschafterversammlung über den Beirat mehr oder weniger die Möglichkeit der Einwirkung auf die Geschäftsführung haben bzw. über den Beirat ausreichend über Geschäftsführungsangelegenheiten informiert werden.

Beratung: Gerade im Bereich der Unternehmensnachfolge kann es sinnvoll sein, dem gegebenenfalls noch nicht ausreichend erfahrenen Nachfolger Berater über das Beiratsorgan an die Seite zu stellen.

Repräsentation: Für die Darstellung eines Unternehmens nach Außen kann die Einbindung bestimmter Personen in ein Gesellschaftsorgan in der Weise sinnvoll sein, dass diese nicht nur als externe Berater, sondern als Repräsentanten eines Gesellschaftsorgans auftreten.

Der Beirat als zusätzliches Gesellschaftsorgan kann nur dann von zusätzlichem Nutzen 222
für ein Unternehmen sein, wenn vor seiner Schaffung und Implementierung eine genaue Analyse des Unternehmens, seiner Strukturen und der bestehenden bzw. zu erwartenden Probleme erfolgt. Darüber hinaus sind gegebenenfalls die Verhältnisse der Unternehmerfamilie mit in die Betrachtung einzubeziehen. Insbesondere bestehende oder zu erwartende Probleme sind sorgfältig zu erwägen und in der erforderlichen Offenheit zu diskutieren, denn darauf aufbauend sind die Kompetenzen des Beirats und seine Besetzung festzulegen. Erfolgt keine ausreichende Situationsanalyse, dann wird der Beirat schwerlich den von ihm erwarteten Nutzen erbringen. Denn dann besteht zum einen die Gefahr einer Fehlstrukturierung oder -besetzung des Beirats und damit einhergehend zum anderen die mangelnde Akzeptanz des Beirats und seiner Entscheidungen in dem Unternehmen.

5. Kompetenzen und Grenzen der Kompentenzverlagerung

Die Regelung über die Kompetenzen bildet regelmäßig den Kernbereich des die Verfas- 223
sung des Beirats betreffenden Teils einer Satzung/eines Gesellschaftsvertrags. Die herkömmlichen Zustimmungskataloge unterwerfen Geschäftsführungsmaßnahmen durch die das Unternehmen in seiner rechtlichen und/oder wirtschaftlichen Grundfesten tangiert wird, dem **Erfordernis der Zustimmung** des Beirats. Hierzu zählt bspw. die Eingehung von Verträgen, die festgelegte Obergrenzen der damit verbundenen Verbindlichkeiten überschreiten, insbesondere auch Dauerschuldverhältnisse oder die Aufnahme von Darlehen, die bestimmte Valutabeträge übersteigen. Bei derartigen Zustimmungsvorbehalten ist darauf zu achten, dass die Zustimmungskataloge für die Geschäftsführung hinreichend genau definiert sind. Aus diesem Grunde ist Zurückhaltung in Bezug auf die Einfügung einer Generalklausel geboten, insbesondere hinsichtlich dem Erfordernis zur Zustimmung hinsichtlich aller sonstigen außergewöhnlichen Geschäfte. Hier kann Streitpotential über die Auslegung derartiger Allgemeinklauseln entstehen.

Je nach dem mit einem Beirat verfolgten Zweck sollte darüber nachgedacht werden, die 224
beratende und unternehmerische Funktion des Beirats dadurch zu stärken, dass dieser in die Unternehmensplanung stärker einbezogen wird. Die Änderung eines Marktauftritts kann für ein Unternehmen in wirtschaftlicher Hinsicht eine einer Darlehensaufnahme gleichkommende Bedeutung zugemessen werden. Dasselbe gilt erst Recht für die Unterlassung bestimmter Maßnahmen, wie bspw. der Entwicklung neuer Marken, Änderung von Vertriebsstrukturen etc. Diese für ein Unternehmen mindestens ebenso wichtigen Bereiche werden

durch die herkömmlichen Zustimmungskataloge nicht erfasst. Ähnliches gilt für die Frage der Personalauswahl bzw. Personalkompetenz. Eine unzureichende Personalpolitik, bspw. die falsche Auswahl des Managements, kann für ein Unternehmen eine ähnlich nachteilige Wirkung entfalten, wie ein ungünstiger Mietvertrag.

225 Sowohl bei Personengesellschaften als auch bei der GmbH lässt das Gesetz auf Grund der Vertragsfreiheit eine weitgehende Verlagerung von Kompetenzen der gesetzlichen Gesellschaftsorgane auf einen Beirat zu, solange der Kernbereich der Rechte und Pflichten des jeweiligen Organs nicht in Frage gestellt werden.

Formulierungsvorschlag für einen herkömmlichen Zustimmungsvorbehalt bei einer Immobilienverwaltenden Familien-KG

Die folgenden Handlungen bedürfen der Zustimmung des Beirats auch dann, wenn sie im Einzelfall nicht Handlungen sein sollten, zu denen die Komplementärin nach Ziff. ... der Zustimmung des Beirats bedarf.

a) Aufnahme neuer oder Aufgabe bestehender Geschäftszweige; Erwerb oder Veräußerung von Betrieben oder Betriebsteilen; Errichtung oder Aufhebung von Zweigniederlassungen oder Zweigbetrieben;
b) Erwerb von oder Verfügungen über Beteiligungen an anderen Unternehmen; Abschluss, Änderung oder Aufhebung von Betriebspacht-, Betriebsüberlassungs- oder Ergebnisübernahmeverträgen;
c) Eingehung, Änderung oder Beendigung von stillen Gesellschaftsverhältnissen;
d) Erwerb, Veräußerung oder Belastung von Grundstücken, grundstücksgleichen Rechten oder Wirtschaftsgütern des Anlagevermögens soweit der Wert € 10.000,– übersteigt sowie Um-, Erweiterungs- oder Neubauten;
e) Gewährung oder Aufnahme von Darlehen, Krediten oder Wechselverbindlichkeiten außerhalb des gewöhnlichen Geschäftsverkehrs der Gesellschaft;
f) Gewährung von Sicherheiten, insbesondere Übernahme von Bürgschaften, Schuldversprechen und ähnlichen Haftungen außerhalb des gewöhnlichen Geschäftsverkehrs der Gesellschaft;
g) Abschluss von Pacht-, Miet-, Lizenz- oder ähnlichen, ein Dauerschuldverhältnis begründenden Verträgen, wenn der einzelne Vertrag eine Dauer von mehr als drei Monaten hat oder die voraussichtlichen Verpflichtungen der Gesellschaft aus dem Vertrag während seiner Mindestlaufzeit den Betrag von insgesamt € 10.000,– überschreiten;
h) Erteilung oder Widerruf von Prokuren oder Handlungsvollmachten für den gesamten Geschäftsbetrieb, Abschluss, Änderung oder Beendigung von Dienstverträgen;
i) Abschluss, Änderung oder Beendigung von Verträgen, insbesondere Dienstverträgen mit Gesellschaftern, Ehegatten oder Abkömmlingen von Gesellschaftern;
j) Gewährung von Tantiemen oder Pensionszusagen.

226 a) **Grenzen einer Kompetenzverlagerung zu Lasten der Gesellschafterversammlung.** Die Gesellschafterversammlung als das oberste Organ der Willensbildung muss in allen grundlegenden Fragen stets die Beschluss- und Entscheidungskompetenz in den Kernbereichen verbleiben. Dies gilt zum einen für Grundlagenbeschlüsse betreffend die Änderung der Satzung/des Gesellschaftsvertrags, Kapitalmaßnahmen, Umwandlungsbeschlüsse, Auflösung der Gesellschaft, Übertragung und Entziehung von Gesellschafterrechten bzw. -beteiligungen. Zum anderen muss der Gesellschafterversammlung in allen mit satzungsändernder Mehrheit gefassten Beschlüssen der Vorrang vor eventuell abweichenden Beiratsbeschlüssen eingeräumt werden, d. h. die Kompetenz-Kompentenz muss der Gesellschafterversammlung verbleiben. Dem Beirat können schließlich ferner keine unverzichtbaren Mitgliedschaftsrechte zu Lasten der Gesellschafter übertragen werden, bspw. das Stimmecht oder das Gewinnbezugsrecht etc.. Aus Platzgründen kann an dieser Stelle jedoch nicht der bestehende Streit über die Grenzen der nicht auf einen Beirat übertragbaren Kompetenzen im Einzelnen nachvollzogen werden.[75] Zulässig sind jedenfalls beispielsweise die Übertragung der Perso-

[75] *Wiedemann/Kögel* § 5 Rdnr. 29 ff.; MünchHdbGesR (III) *Wolff* § 37 Rdnr. 64 ff.; ebd./*Marsch-Barner/Diekmann* § 49 Rdnr. 13 ff.; Sudhoff/*Wälzholz* § 15 Rdnr. 16 ff., 19 ff.

nalkompetenz, d. h. die Bestellung/Abberufung von Geschäftsführern, Erteilung von Prokura, die Feststellung des Jahresabschlusses sowie der Gewinnverwendungsbeschluss. Letzteres jedenfalls dann, wenn der Gesellschaftsvertrag bestimmte Grenzen bzw. Mindestausschüttungsquoten vorgibt.

b) Grenzen zu Lasten der Geschäftsführung. Der Geschäftsführung können sämtliche Aufgaben nicht zu Gunsten eines Beirats entzogen werden, zu deren Erfüllung die Geschäftsführer kraft Gesetzes persönlich verpflichtet bzw. berechtigt sind,[76] z. B. die Vornahme von Handelsregisteranmeldungen oder an deren Nichterfüllung das Gesetz Sanktionen gegenüber der Geschäftsführung verknüpft, z. B. die Aufstellung des Jahresabschlusses und die Erfüllung von Buchführungspflichten. Davon zu trennen ist die Frage der Berechtigung zur Einräumung einer Weisungsbefugnis bzw. eines Vetorechts in solchen Fragen jeweils zugunsten des Beirats. Dies ist sehr umstritten und z. T. wird danach differenziert, ob der Beirat wenigstens zum überwiegenden Teil aus Gesellschaftern besteht oder durch fremde Personen besetzt ist.[77] M. E. ist sowohl eine Weisungsbefugnis als auch ein Vetorecht dann gestattet, wenn die Kompetenz-Kompetenz der Gesellschafterversammlung gewahrt bleibt, d. h. wenn es der Gesellschafterversammlung möglich ist zum einen die Entscheidung des Beirats aufzuheben bzw. zu korrigieren oder zumindest die Mitglieder des Beirats mittels eines Mehrheitsbeschlusses jederzeit abberufen zu können. 227

X. Beteiligung Minderjähriger

1. Allgemeines

Eine lebzeitige Beteiligung von Abkömmlingen an einem Unternehmen kann grundsätzlich auf folgende Art und Weise erfolgen: 228

- Beteiligung bei Gründung der Gesellschaft
- Beteiligung durch Aufnahme als neuer Mitgesellschafter
- Beteiligung durch ganze oder teilweise Abtretung einer bestehenden Beteiligung.

Bei den zur Beteiligung des Minderjährigen erforderlichen Rechtsgeschäften sind stets drei Rechtsfragen zu prüfen:

1. Kann der Minderjährige, sofern er beschränkt geschäftsfähig ist, das Rechtsgeschäft ohne Zustimmung seines gesetzlichen Vertreters abschließen?
2. Sofern die Zustimmung des gesetzlichen Vertreters erforderlich ist, ist dieser von der Vertretung ausgeschlossen?
3. Bedarf das Rechtsgeschäft der familiengerichtlichen Genehmigung?

2. Vertretung eines Minderjährigen – Erfordernis eines Ergänzungspflegers

Handelt es sich bei dem Abkömmling um einen beschränkt geschäftsfähigen Minderjährigen, vgl. § 106 BGB, so bedarf er zum Abschluss des Rechtsgeschäfts der Zustimmung seines gesetzlichen Vertreters, sofern der Erwerb der Beteiligung nicht lediglich rechtlich vorteilhaft ist, vgl. § 107 BGB. Gesetzlicher Vertreter sind grundsätzlich die Eltern bzw. der Elternteil, dem die elterliche Sorge übertragen wurde, vgl. §§ 1626, 1629 Abs. 1 BGB. Ist bei dem Rechtsgeschäft zur Beteiligung des Minderjährigen auch nur ein Elternteil nicht nur als Vertreter des Minderjährigen tätig, sondern handelt darüber hinaus im eigenen Namen, z. B. weil er seine Beteiligung auf den Minderjährigen übertragen will, so ist dieser Elternteil infolge des so genannten Verbot des Selbstkontrahierens von der Vertretung ausgeschlossen, § 181 Alt. 1 BGB. Da der an der Gesellschaft bzw. dem Rechtsgeschäft nicht beteiligte andere Elternteil das Kind jedoch nicht allein vertreten kann, bedarf es dann der Bestellung eines Ergänzungspflegers gem. § 1909 BGB. Darüber hinaus können die Eltern ihr minderjähriges 229

[76] *Wiedemann/Kögel* § 5 Rdnr. 34 f., 36 ff.; MünchHdbGesR (III) *Marsch-Barner/Diekmann* Rdnr. 49 Rdnr. 15; Sudhoff/*Wälzholz* § 15 Rdnr. 16 ff., 19 ff.

[77] Vgl. hierzu ausführlich *Wiedemann/Kögel* § 5 Rdnr. 34 m. w. N.

Kind beispielsweise nicht bei einem Vertrag zur Übertragung einer Beteiligung von einem Großelternteil auf ihr Enkelkind vertreten, vgl. §§ 1629 Abs. 2 S. 1, 1795 Abs. 1 Nr. 1 BGB.

230 Der Erwerb einer Beteiligung – gleichgültig auf welche der vorstehend aufgeführten Art und Weise – ist vor dem Hintergrund der Entscheidung des Bundesgerichtshofs zum schenkungsweisen Erwerb einer Eigentumswohnung und dem damit verbundenen Eintritt des Minderjährigen in die Wohnungseigentümergemeinschaft grundsätzlich nicht lediglich rechtlich vorteilhaft.[78] Gemäß dieser Entscheidung ist ein auf den Erwerb einer Sache gerichtetes Rechtsgeschäft für den Minderjährigen nicht lediglich rechtlich vorteilhaft, wenn er in dessen Folge mit Verpflichtungen belastet wird, für die er nicht nur dinglich mit der erworbenen Sache, sondern auch persönlich mit seinem sonstigen Vermögen haftet.[79] Ob diese weitergehenden Verpflichtungen von den Beteiligten des Rechtsgeschäfts angestrebt worden sind, ist unerheblich. Es genügt, wenn sie die gesetzliche Folge des angestrebten Rechtsgeschäfts sind. Ob das der Fall ist, bestimmt sich nicht nach einer Gesamtbetrachtung des dinglichen und des schuldrechtlichen Teils des Rechtsgeschäfts, sondern nach einer isolierten Betrachtung allein des dinglichen Erwerbsgeschäfts.[80]

231 In Hinblick auf den mit dem Erwerb einer Eigentumswohnung verbundenen Beitritt zur Wohnungseigentümergemeinschaft führte der Bundesgerichtshof des Weiteren aus:[81]

„Der Erwerb einer Beteiligung ist für den Minderjährigen jedenfalls deshalb nicht lediglich rechtlich vorteilhaft, weil er mit dem Erwerb der Eigentumswohnung nicht nur einen Vermögensgegenstand erwirbt, sondern Mitglied der Wohnungseigentümergemeinschaft wird. Die den Minderjährigen damit kraft Gesetzes treffenden persönlichen Verpflichtungen können nicht als ihrem Umfang nach begrenzt und wirtschaftlich so unbedeutend angesehen werden, dass sie unabhängig von den Umständen des Einzelfalls eine Verweigerung der Genehmigung durch den gesetzlichen Vertreter oder durch einen Ergänzungspfleger nicht rechtfertigen könnten, was der *Senat* bei der mit dem Erwerb eines Grundstücks verbundenen Verpflichtung zur Tragung der öffentlicher Lasten angenommen hat (BGHZ 161, BGHZ Band 161 S. 170 [BGHZ Band 161 S. 179] = NJW 2005, NJW Jahr 2005 S. 415). Denn als Mitglied der Wohnungseigentümergemeinschaft wäre der Minderjährige nach § 16 Abs. II WEG nicht nur verpflichtet, sich entsprechend seinem Anteil an den Lasten des gemeinschaftlichen Eigentums zu beteiligen. Er hätte vielmehr anteilig auch die Kosten der Instandhaltung, Instandsetzung, sonstigen Verwaltung und eines gemeinschaftlichen Gebrauchs des gemeinschaftlichen Eigentums zu tragen. Diese Kosten können ein je nach dem Alter und dem Zustand des Gebäudes, in dem sich die Eigentumswohnung befindet, ganz erhebliches Ausmaß annehmen. Hinzu kommt, dass der Minderjährige als Wohnungseigentümer nach § 16 Abs. 2 WEG verpflichtet wäre, sich durch Sonderumlagen an Wohngeldausfällen zu beteiligen."

232 Überträgt man diese Rechtsgrundsätze auf den Erwerb einer Beteiligung durch einen Minderjährigen, so ergibt sich folgende Rechtslage:

1. Jeder Beteiligung eines Minderjährigen im Wege der **Gründung einer neuen Gesellschaft** – gleich welcher Rechtsform – ist infolge der damit verbundenen Leistungs- bzw. sonstigen Gesellschafterpflichten des Minderjährigen rechtlich nachteilig. Dies gilt auch dann, wenn in dem Vertrag zur Gründung der Gesellschaft dem Minderjährigen der Geldbetrag zur Leistung der gesellschaftsvertraglich vereinbarten Leistung zusätzlich geschenkt wird. Denn unabhängig von der Schenkung besteht durch den Gründungsakt eine rechtliche Verpflichtung des Minderjährigen zur Leistung der Einlage.
2. Der Erwerb einer Beteiligung, infolge derer der Minderjährige **persönlich haftender Gesellschafter** einer Personen- bzw. Personenhandelsgesellschaft wird, ist in Hinblick auf die damit verbundene rechtlich unbeschränkte persönliche Haftung für die Verbindlichkeiten der Gesellschaft niemals rechtlich vorteilhaft. Dies gilt sowohl für die Aufnahme des Minderjährigen in einer bestehende Gesellschaft als für die Abtretung einer bestehenden Beteiligung.

[78] BGH NJW 2010, 3643.
[79] BGHZ 161, 170, 175 ff.
[80] BGHZ 161, 170, 173 ff.
[81] BGH vom 30. 9. 2010 – V ZB 206/10.

3. Fraglich ist und strittig ist, ob dies in gleicher Weise für den **Erwerb** einer Beteiligung gilt, bei der die Haftung grundsätzlich beschränkt ist. Letzteres wäre bei dem Erwerb einer **Kommanditbeteiligung** sowie dem Erwerb von **Geschäftsanteilen** an einer GmbH als auch dem Erwerb von **Aktien** der Fall.

Die rechtliche Vorteilhaftigkeit des Rechtsgeschäfts ist eindeutig zu verneinen, wenn die für die Haftungsbeschränkung erforderliche **vollständige Erbringung** sämtlicher gesellschaftsvertraglich bzw. satzungsrechtlich geschuldeter **Einlageleistungen** im Zeitpunkt des Erwerbs durch den Minderjährigen noch nicht erfolgt ist. Denn dann wird mit dem Erwerb eine unmittelbare rechtliche Verpflichtung für den Minderjährigen zur Leistungserbringung begründet, die wiederum die rechtliche Nachteilhaftigkeit des Rechtsgeschäfts mit sich bringt.

Sind hingegen die gesellschafts- bzw. satzungsrechtlich vereinbarten Einlagen bzw. Leistungen (z. B. die Stammeinlage bei Geschäftsanteilen) vollständig erbracht, so zeichnen sich diese Beteiligungsformen dadurch aus, dass eine weitere Haftung des Minderjährigen grundsätzlich ausgeschlossen ist, vgl. § 54 Abs. 1 AktG, §§ 14, 26 GmbHG, § 171 HGB. Ein relevanter Unterschied besteht allerdings zwischen der GmbH einerseits und der AG und KG andererseits aufgrund der folgenden im GmbH-Gesetz verankerten Ausfallhaftung: 233

- Sind andere Anteile an der GmbH nicht voll eingezahlt, so haften die übrigen Gesellschafter gemäß § 24 GmbHG subsidiär.
- Die gleiche Lage kann sich bei einer späteren Kapitalerhöhung ergeben (wenn das Kind keine Sperrminorität hält, kann es die Kapitalerhöhung nicht verhindern).
- Wird das Stammkapital unzulässig an andere Gesellschafter ganz oder teilweise zurückgezahlt und sind diese außer Stande, ihrer Rückerstattungspflicht nachzukommen, so haften alle Gesellschafter wiederum subsidiär, also auch das minderjährige Kind, vgl. § 31 Abs. 3 GmbHG.

Sowohl bei zu übertragenden **Aktien** als auch bei **Kommanditanteilen** kann demgegenüber gegen den Willen des Erwerbenden keine zusätzliche Haftung für die von anderen Gesellschaftern nicht erbrachten bzw. unzulässig an andere Gesellschafter zurückgewährten Einlagen entstehen. Die möglicherweise in Zukunft auflebende Haftung des Minderjährigen nach dem Erwerb der Beteiligung infolge der Rückgewähr der Einlage führt nach h. M. als bloß mittelbare Folge der Beteiligung jedoch zu keinem rechtlichen Nachteil i. S. v. § 107 BGB.[82] Zumal die Haftung nur dann auflebt, wenn die Leistung dem Gesellschafter selbst zugute gekommen ist. Sofern die Satzung der Aktiengesellschaft bzw. der Gesellschaftsvertrag der Kommanditgesellschaft daher keine über die allgemeinen gesellschaftlichen Treuepflichten konkret hinausgehende Pflichten eines Gesellschafters begründet, insbesondere bspw. keine Nachschusspflichten, so ist der Erwerb einer solchen Beteiligung grundsätzlich rechtlich vorteilhaft. In Bezug auf die KG gilt dies jedoch in Hinblick auf § 176 Abs. 2 HGB nur mit der Maßgabe, dass die Übertragung der Kommanditbeteiligung in der Weise gestaltet wurde, dass diese aufschiebend bedingt durch die Eintragung der Übertragung ins Handelsregister erfolgt.[83] 234

Die vorstehend aufgelisteten und gesetzlich angeordneten subsidiären Haftungen eines GmbH-Gesellschafters führen hingegen zu unmittelbaren rechtlichen Verpflichtungen des beitretenden Minderjährigen. Im Unterschied zur Aktiengesellschaft und zur Kommanditgesellschaft entsteht bspw. die Haftung infolge unzulässiger Einlagenrückgewähr unabhängig davon, ob die rückgewährte Einlage dem beigetretenen Minderjährigen Gesellschafter zufloss. Dieser wesentliche Unterschied bringt es mit sich, dass der auch unentgeltliche Erwerb von Geschäftsanteilen nach überwiegender Meinung nicht als lediglich rechtlich vorteilhaftes Rechtsgeschäft zu betrachten ist.[84] 235

[82] OLG Bremen ZEV 2008, 608 f.; *Menzel* MittBayNot 2010, 186, 190 f.; *Führ/Nikoleyczik* BB 2009, 2105, 2107; *Werner* GmbHR 2008,1266 m. w. N. auch zur Gegenauffassung; a. A. OLG Frankfurt ZEV 2008, 607 = DNotZ 2009, 142.

[83] Ebenso *Menzel* MittBayNot 2010, 186, 188 m. w. N.

[84] *Bürger* RNotZ 2006, 157, 162 f.; Handbuch des Fachanwalts für Handels- und Gesellschaftsrecht/*Ivo*, Rdnr. 68 f.; *Maier-Reimer/Marx* NJW 2005, 3025 f., jeweils m. w. N. auch zur Gegenseite

236 Von der Frage, ob der Erwerb einer Beteiligung als solcher lediglich rechtlich vorteilhaft ist, ist schließlich diejenige zu unterscheiden, ob durch die sonstigen im Zusammenhang mit der Übertragung getroffenen Vereinbarungen, insbesondere etwaigen Gegenleistungen bzw. Sicherungsrechten zugunsten des Übergebers, ein rechtlicher Nachteil begründet wird. Ein Nießbrauch hindert bspw. den lediglich rechtlichen Vorteil grundsätzlich nicht.[85] Aufschiebend bedingte Rückforderungsrechte des Übergebers, eine übertragene Beteiligung unter bestimmten Voraussetzungen zurück zu übertragen, stellen dann keinen rechtlichen Nachteil dar, wenn die Ausgestaltung der Rücktrittsfolgen nach bereicherungsrechtlichen Grundsätzen erfolgt.[86] Schließlich wird durch die Rückforderung nur der Vorteil des Rechtsgeschäfts genommen, aber kein rechtlicher Nachteil begründet. Strittig ist auch die Behandlung einer Anrechnungsbestimmung (Anrechnung auf Pflichtteilsansprüche des Minderjährigen), wobei sich hier neben der Frage, ob die Bestellung eines Ergänzungspflegers notwendig ist, die weitere Frage nach dem Erfordernis einer familiengerichtlichen Genehmigung stellt.[87]

237 Sofern die Eltern als gesetzliche Vertreter ausgeschlossen sind, ist zu beachten, dass bei der Beteiligung mehrerer Minderjähriger, die dieselben gesetzlichen Vertreter haben, für jeden von ihnen ein eigener Ergänzungspfleger bestellt werden muss, sofern und soweit die Minderjährigen infolge der vertraglichen Vereinbarungen auch untereinander Erklärungen abgeben.[88] Letzteres ist bspw. beim Abschluss oder der Änderung eines Gesellschaftsvertrags der Fall.

238 In Bezug auf die Änderung von Gesellschaftsverträgen ist schließlich noch folgendes anzumerken:

Die **Aufnahme** eines (**volljährigen**) Gesellschafters in eine Gesellschaft, an der ein Minderjähriger beteiligt ist, bedarf trotz der damit verbundenen Änderung des Gesellschaftsvertrages nach der umstrittenen h. M. nicht der erneuten familiengerichtlichen Genehmigung.[89] Zu beachten ist allerdings, dass die gesetzlichen Vertreter des Minderjährigen insoweit gemäß §§ 181, 1629 Abs. 2, 1795 BGB von der Vertretung ausgeschlossen sind, wenn sie selbst, ihr Ehegatte oder eine (andere) in gerader Linie mit ihnen verwandte Person Gesellschafter sind. Zwar findet § 181 BGB auf Gesellschafterbeschlüsse über Geschäftsführungsmaßnahmen und sonstige gemeinsame Angelegenheiten der Gesellschafter keine Anwendung. Anderes gilt jedoch für Änderungen des Gesellschaftsvertrages.[90] Sofern der gesetzliche Vertreter von einer Vertretung ausgeschlossen wäre, würde dieser Mangel der Vertretungsbefugnis durch eine etwa erteilte familiengerichtliche Genehmigung nicht geheilt.

3. Erfordernis einer familiengerichtlichen Genehmigung

239 Neben der Notwendigkeit der Bestellung eines Ergänzungspflegers ist bei der Beteiligung Minderjähriger an einem Unternehmen bzw. der Übertragung einer Unternehmensbeteiligung noch vielfach die Einholung einer familiengerichtlichen Genehmigung nach § 1915 Abs. 1 BGB i. V. m. §§ 1821, 1822 BGB erforderlich, wobei in diesem Zusammenhang in erster Linie § 1822 Nr. 3 und Nr. 10 BGB von Bedeutung sind.

240 a) **Beteiligung des Minderjährigen bei der Gründung einer Gesellschaft.** In Bezug auf die Beteiligung Minderjähriger bei der Gründung einer Gesellschaft – gleich welcher Rechtsform – ist grundsätzlich **§ 1822 Nr. 3 Alt. 2. BGB** einschlägig. Die beispielsweise in einer

[85] So im Bereich der Immobiliarschenkungen: BGH NJW 2005, 415, 417; BayObLG NJW 1998, 3574, 3576. Sollte allerdings der Nießbraucher die außergewöhnlichen Ausbesserungen und Erneuerungen sowie die außergewöhnlichen Grundstückslasten zu tragen haben, wird die rechtliche Vorteilhaftigkeit bei Grundstücksschenkungen verneint, vgl. *Menzel/Führ* JA 2005, 859, 862.

[86] *Weigl* MittBayNot 2008, 275, 277; Bonefeld/Daragan/Wachter/*Scherer/Feick*, Der Fachanwalt für Erbrecht, Rdnr. 147 m. w. N.

[87] Zum Meinungsstand siehe *Weigl* MittBayNot 2008, 275 ff.

[88] BayObLGZ 1958, 373, 376; *Maier-Reimer/Marx* NJW 2005, 3025, 3027.

[89] H. M.: BGHZ 38, 26, 27; OLG Hamm DB 1989, 169, 170; *Staudinger/Engler* § 1822 Rdnr. 68 m. w. N.; a. A. MünchKommBGB/*Wagenitz* § 1822 Rdnr. 28.

[90] BGH NJW 1976, 49; Palandt/*Heinrichs* § 181 Rdnr. 11 a; MünchKommBGB/*Schramm* § 181 Rdnr. 21; von BGH NJW 1976, 1538 für Mehrheitsbeschlüsse offen gelassen.

Schenkung gewollte Beteiligung des Minderjährigen als Kommanditist an der Gesellschaft ändert nichts an der Genehmigungsbedürftigkeit.[91] Diese Genehmigungsbedürftigkeit gilt ferner für die Gründung einer Kapitalgesellschaft, obwohl in diesem Falle die Gesellschaft und nicht der Minderjährige das Erwerbsgeschäft betreibt.[92] Voraussetzung einer Genehmigungsbedürftigkeit gemäß § 1822 Nr. 3 Alt. 2. BGB ist, dass der Gesellschaftsvertrag „zum Betrieb eines **Erwerbsgeschäftes** eingegangen wird". Hierunter wird jede regelmäßig ausgeübte, auf selbständigen Erwerb gerichtete Tätigkeit, die mit dem Willen zur Gewinnerzielung ausgeübt wird und auf eine gewisse Dauer angelegt ist, verstanden.[93] Bei reinen Vermögensverwaltungsgesellschaften ist das Vorliegen eines solchen Erwerbsgeschäfts sorgfältig zu prüfen.[94] Als Kriterien bzw. Indizien für ein Erwerbsgeschäft gelten das Vorliegen einer geschäftsmäßigen, gleichsam beruflich bzw. regelmäßig ausgeübten und auf Gewinnerzielung gerichteten Tätigkeit und eine damit verbundene Notwendigkeit zur Übernahme unternehmerischen Risikos durch die Gesellschafter, eine lange Dauer der Gesellschaft, ein bedeutender Umfang und Wert des verwalteten Vermögens sowie das Ziel, weiteres zu verwaltendes Vermögen hinzu zu erwerben. Als Indiz gegen die Annahme eines Erwerbsgeschäfts spräche die allein beabsichtigte private Verwaltung und Erhaltung eines vorhandenen Familienvermögens.[95]

Unabhängig davon, ob ein Erwerbsgeschäft gegeben ist, ergibt sich bei einer Gründungs- 241 beteiligung von Minderjährigen die Genehmigungspflichtig häufig auch aus **§ 1822 Nr. 10 BGB**, sofern sich aus den gesetzlichen oder vertraglichen Regelungen eine Verpflichtung des Minderjährigen ergibt, auch für Leistungspflichten anderer zu haften. Den Tatbestand der **„Übernahme einer fremden Verbindlichkeit"** sieht die überwiegende Mehrheit in Bezug auf die Gründung einer GmbH infolge der Mithaftung aller Gründungsgesellschafter für die Erbringung sämtlicher von den übrigen Gesellschaftern nicht geleisteten Stammeinlagen als erfüllt an.[96] Des Weiteren wird auf die Solidarhaftung gemäß § 31 Abs. 3 GmbHG hingewiesen.[97]

Praxistipp:

Im Zweifel ist vorsorglich die Genehmigung einzuholen bzw. auf die Erteilung eines Negativzeugnisses zu dringen.

b) Unentgeltliche Aufnahme in einer bestehende Gesellschaft bzw. unentgeltlicher Erwerb einer Beteiligung durch den Minderjährigen. Jedenfalls die Aufnahme eines neuen Gesell- 242 schafters in eine **Personengesellschaft** ist mit einer Änderung des Gesellschaftsvertrags verbunden ist. Daher bedarf das Rechtsgeschäft insoweit in Bezug auf den Minderjährigen einer familiengerichtlichen Genehmigung gemäß § 1822 Nr. 3 3. Alt. BGB, sofern die Gesellschaft ein Erwerbsgeschäft betreibt.

Umstritten ist hingegen, ob diese Betrachtungsweise auch angebracht ist, wenn eine be- 243 stehende voll eingezahlte Kommanditbeteiligung an einer Personengesellschaft auf einen Minderjährigen übertragen wird. Sofern die Gesellschaft ein Erwerbsgeschäft betreibe, so die Argumentation einiger Gerichte, mache es in Hinblick auf die Genehmigungspflicht und den Sinn des Gesetzes keinen Unterschied, ob der Minderjährige sich an der Gründung der Gesellschaft beteiligen wolle oder ob er seine Beteiligung erst infolge einer späteren Über-

[91] So schon BGHZ 17, 160; vgl. auch MünchKommBGB/*Wagenitz* § 1822 Rdnr. 21; Staudinger/*Engler* § 1822 Rdnr. 57.

[92] Scholz/*Emmerich* GmbHG, 10. Aufl 2006 § 2 Rdnr. 43; *Roth/Altmeppen* GmbHG, 5. Aufl 2005 § 2 Rdnr. 11; *Bürger* RNotZ 2006, 157, 162 f. jeweils m. w. N.

[93] OLG München MittBayNot 2009, 52 m. w. N.; Staudinger/*Engler* § 1822 Rdnr. 33 ff.

[94] MünchKommBGB/*Wagenitz* § 1822 Rdnr. 21; *Bürger* RNotZ 2006, 156, 159 m. w. N.

[95] Vgl. nur MünchKommBGB/*Wagenitz* § 1822 Rdnr. 21.

[96] Scholz/*Emmerich* GmbHG, 10. Aufl 2006, § 2 Rdnr. 43; *Roth/Altmeppen* GmbHG, 5. Aufl 2005, § 2 Rdnr. 11; *Bürger* RNotZ 2006, 157, 162 f. jeweils m. w. N.

[97] Siehe *Bürger* RNotZ 2006, 157, 162 f.

tragung erwerbe.[98] Letzteres wird in Hinblick auf die Rechtsprechung des Bundesgerichtshofs betreffend die Genehmigungsbedürftigkeit nach § 1822 Nr. 10 BGB bei der Übertragung voll eingezahlter Geschäftsanteile jedenfalls in Bezug auf vollständig eingezahlte Kommandithafteinlagen zu Recht in Zweifel gezogen und die Genehmigungsbedürftigkeit insoweit verneint.[99]

244 Nach Auffassung des BGH ist die unentgeltliche Übertragung von **Geschäftsanteilen** gemäß **§ 1822 Nr. 3 3. Alt. BGB** nicht genehmigungsbedürftig.[100] Dasselbe gilt selbstverständlich auch für die unentgeltliche Übertragung von **Aktien**. Nach Auffassung des BGH ist eine Genehmigungsbedürftigkeit gemäß **§ 1822 Nr. 10 BGB** bei der Übertragung von Geschäftsanteilen ebenfalls regelmäßig nicht gegeben. Die vorstehend dargestellte abstrakte Gefahr einer Mit- bzw. Ausfallhaftung eines GmbH Gesellschafters, insbesondere gemäß §§ 24, 31 Abs. 3 GmbHG, reicht nach Auffassung des Bundesgerichtshofs nicht aus. Eine Genehmigungsbedürftigkeit gemäß § 1822 Nr. 10 BGB ergibt sich laut Rechtsprechung des Bundesgerichtshofs erst, wenn die Gefahr einer Mit- bzw. Ausfallhaftung im Einzelfall konkret begründet sei.[101]

245 **c) Entgeltliche Aufnahme in einer bestehende Gesellschaft bzw. entgeltlicher Erwerb einer Beteiligung durch den Minderjährigen.** Die ganz überwiegende Auffassung erachtet den entgeltlichen Erwerb einer Beteiligung an einer **Personengesellschaft** als gemäß **§ 1822 Nr. 3 1. Alt. BGB** genehmigungsbedürftig. Die Gesellschafter einer GbR, OHG oder KG seien gesamthänderische Träger ihres Unternehmens. Durch Erwerb eines Anteils wird der Gesellschafter Mitträger des Unternehmens und des mit diesem verbundenen Risikos, somit erwerbe er einen Teil des Unternehmens.[102]

246 Der entgeltliche Erwerb von **Geschäftsanteilen** ist nach Auffassung des BGH jedenfalls dann gemäß **§ 1822 Nr. 3 1. Alt. BGB** genehmigungsbedürftig, wenn die Beteiligung des Minderjährigen 50% übersteige oder wenn nur Minderjährige an einer GmbH beteiligt seien und sie alle Anteile und damit das Unternehmen der GmbH insgesamt veräußern.[103] Andere Gerichte bejahen ein Genehmigungserfordernis, wenn der hinzutretende Gesellschafter nach Art und Umfang seiner Beteiligung Träger des Unternehmensrisikos wird, wobei das Maß der Beteiligung des Minderjährigen, die Anzahl der übrigen Gesellschafter und das persönliche Verhältnis des Minderjährigen zum Geschäftsbetrieb zu berücksichtigen sei.[104] Zur Genehmigungsbedürftigkeit gemäß **§ 1822 Nr. 10 BGB** siehe die vorstehenden Ausführungen zum unentgeltlichen Erwerb.

Die vorstehenden Ausführungen gelten in gleicher Weise für den entgeltlichen Erwerb von Geschäftsanteilen im Wege einer Kapitalerhöhung.

247 **d) Genehmigungsverfahren.** Prüfungsmaßstab für das Familiengericht ist im Rahmen des Genehmigungsverfahrens eine Gesamtbetrachtung des rechtsgeschäftlichen Vorgangs als Ganzes, unter Abwägung von Vorteilen, Risiken, Erträgen und Aufwendungen sowie ggf. steuerlicher Folgen, ohne das Rechtsgeschäft in Einzelteile aufzugliedern. Das Familiengericht hat mithin zu entscheiden, ob das genehmigungsbedürftige Rechtsgeschäft unter Berücksichtigung aller Umstände im – einzig ausschlaggebenden – Interesse des Minderjährigen liegt. Die Genehmigung ist zu erteilen, wenn nach Zweck, Inhalt und Umständen des Geschäfts kein Anlass zur Sorge besteht, das Geschäft diene nicht dem Wohl des Minderjährigen.[105]

248 Verfahrensrechtlich ist nach dem Inkrafttreten des FamFG fraglich, ob die Einschaltung eines Verfahrensbeistandes nach § 158 Abs. 1 FamFG zur Wahrung der Interessen des Kindes trotz Vorhandenseins eines Ergänzungspflegers erforderlich ist und ob die Bekanntgabe

[98] OLG Frankfurt ZEV 2008, 607 = DNotZ 2009, 142 = RNotZ 2008, 627; OLG München ZEV 2008, 609 = MittBayNot 2009, 52; a. A. OLG Bremen ZEV 2008, 608 = RNotZ 2008, 625.

[99] *Menzel* MittBayNot 2010, 186, 188 m. w. N.

[100] BGH NJW 1989, 1926 f.

[101] Vgl. hierzu ausführlich *Bürger* RNotZ 2006, 156, 164.

[102] *Brüggemann* FamRZ 1990, 124, 126.

[103] BGH DNotZ 2004, 152 f.

[104] KG NJW 1976, 1946; dem KG folgend auch OLG Hamm DB 1984, 1823 betreffend aber den Sonderfall einer in Erbengemeinschaft gehaltenen Beteiligung.

[105] Vgl. MünchKommBGB/*Wagenitz* § 1828 Rdnr. 15 ff.; OLG München MittBayNot 2008, 299, 300.

der Genehmigung auch gegenüber dem Verfahrensbeistand erfolgen soll.[106] Die Handhabung der Gerichte bezüglich der Einschaltung eines Verfahrensbeistandes ist unterschiedlich und erscheint zur Wahrung der Interessen des Minderjährigen bei jedenfalls unentgeltlichen Übertragungen nicht zwingend erforderlich. Klargestellt sei an dieser Stelle, dass das Gericht Herr des Verfahrens ist und der Notar nicht verpflichtet sein kann, das gerichtliche Verfahren zu überwachen. Er kann ggf. die Bestellung eines Verfahrensbeistands anregen, muss dies aber nicht.

Praxistipp:

Die Handhabung des örtlich zuständigen Amtsgerichts betreffend der familiengerichtlichen Genehmigung, insbesondere auch die Auswahl von Ergänzungspflegern und Verfahrensbeiständen, sollte unbedingt im Vorfeld abgeklärt werden. Sofern bspw. das Gericht einen Rechtsanwalt als Ergänzungspfleger auswählt, ist dieser grundsätzlich befugt nach dem RVG abzurechnen. Letzteres kann beträchtliche Kosten nach sich ziehen.

XI. Unternehmensnachfolge von Todes wegen

1. Allgemeines

Wie bereits dargestellt,[107] bietet die Gestaltung einer Unternehmensnachfolge zu Lebzeiten im Regelfall weitaus mehr Möglichkeiten die erfolgreiche Fortführung des Unternehmens im Rahmen der Überleitung auf die nächste Generation zu gewährleisten als der Weg über eine Verfügung von Todes wegen. Eine Unternehmensnachfolge durch eine Verfügung von Todes wegen zu gestalten sollte daher in erster Linie den Fallgestaltungen vorbehalten bleiben, bei denen eine lebzeitige (Teil-) Übertragung aus persönlichen Gründen nicht möglich bzw. sinnvoll ist. Davon zu trennen ist die Erstellung einer Verfügung von Todes wegen im Sinne einer rein vorsorglichen Gestaltung für den Fall des Eintritts eines Unglücks. Letzteres ist für jeden Unternehmer im Grunde stets sinnvoll. Ohne eine Verfügung von Todes wegen bestimmt sich die Erbfolge nach den gesetzlichen Bestimmungen und es dauert nicht selten Monate bis ein **Erbschein** erteilt ist mit Hilfe dessen Banken, Geschäftspartnern etc. die Erbberechtigung nachgewiesen werden kann. Sofern der Unternehmer keine **Vorsorgevollmacht**[108] an Personen seines Vertrauens erteilt hat, kann bereits die führungslose Phase vom Eintritt des Erbfalls bis zur Erteilung des Erbscheins und damit die bloße Ermittlung der berechtigten Unternehmensnachfolger die wesentliche Ursache für den Niedergang eines Unternehmens sein. 249

Die Gestaltung einer Unternehmensnachfolge von Todes wegen bedarf unter anderem die Klärung folgender Fragen:

Checkliste zur Vorbereitung einer Verfügung von Todes wegen

- ☐ Persönliche Daten des Unternehmers
  - Familienstand
  - Güterstand
  - Zahl der Abkömmlinge und aus welcher Beziehung
- ☐ Bestand und Umfang des Betriebsvermögens im Inland
- ☐ Bestand und Umfangs des Privatvermögens im Inland
- ☐ Bestand und Umfang des Betriebsvermögens im Ausland
- ☐ Bestand und Umfangs des Privatvermögens im Ausland
- ☐ Klärung der Vererblichkeit der Vermögensbestandteile
- ☐ Nachlasszugehörigkeit von Versicherungsansprüchen

[106] DNotI-Report 2009, 145.
[107] Siehe hierzu die Ausführungen unter Rdnr. 5 ff.
[108] Vgl. hierzu die nachfolgenden Ausführungen unter Rdnr. 267 ff.

250 Die Klärung der persönlichen Verhältnisse des Unternehmers ist nicht zuletzt wegen der Geltendmachung von Pflichtteilsansprüchen übergangener Berechtigter unverzichtbar. Erst eine exakte Kenntnis vom Bestand des Vermögens und seiner Zusammensetzung ermöglicht wiederum eine zweckmäßige Gestaltung der letztwilligen Verfügung. Dabei ist vor allem auch ein Augenmerk auf **ausländisches Vermögen** zu richten, denn insbesondere in Bezug auf Grundbesitz bestimmt sich die Erbfolge bzw. die Möglichkeiten ihrer Gestaltung häufig nach dem Recht des Staates, in dem die Immobilie belegen ist. Mitunter ist dem Mandanten zu empfehlen, in Bezug auf das Auslandsvermögen zusätzlich eine Verfügung von Todes bei dem örtlich ansässigen ausländischen Notarkollegen erstellen zu lassen, damit die Abwicklung des Nachlasses insoweit erleichtert wird.

251 Unter dem Gesichtspunkt **Vererblichkeit** der Vermögensbestandteile ist der Frage nachzugehen, ob sämtliche Bestandteile einer Universalsukzession zugänglich sind. Letzteres betrifft insbesondere Beteiligungen des Unternehmers an Personen- und/oder Kapitalgesellschaften. Sofern der Unternehmer über derartige Beteiligungen verfügt, ist eine Durchsicht der jeweiligen Gesellschaftsverträge bzw. Satzungen unumgänglich. Vor allem bei **Personengesellschaften** ist zu klären, ob der Tod des Gesellschafters zu einer Beendigung der Gesellschaft führt und/oder, ob in Bezug auf den Kreis der Nachfolge berechtigten Personen Einschränkungen bestehen. Bei Personengesellschaften sind darüber hinaus die bereits dargestellten Sondererbfolgeregelungen im Auge zu behalten, d.h. es ist darauf zu achten, dass der eingesetzte Erbe zu dem gesellschaftsvertraglich zugelassenen nachfolgeberechtigten Personenkreis zählt.[109] Bei Geschäftsanteilen bzw. Aktien kann zwar nicht deren freie Vererblichkeit eingeschränkt werden, vgl. § 15 Abs. 1 GmbHG. Die Satzung kann jedoch die Möglichkeit einer **Einziehung** für den Fall des Todes eines Gesellschafters vorsehen. In gleicher Weise kann die Möglichkeit einer Einziehung statuiert werden, falls der Erbe nicht zu einer bestimmten Personengruppe, bspw. den Abkömmlingen, zählt.

252 Schließlich ist vor allen Dingen bei Personengesellschaften sorgfältig abzuklären, ob **Sonderbetriebsvermögen** besteht. Sollte Sonderbetriebsvermögen bestehen, so ist zur Vermeidung einer Entnahme sicherzustellen, dass das Sonderbetriebsmögen derjenige Personenkreis im Wege der Erbfolge erhält, dem auch das Betriebsvermögen zugewandt wird. Ähnliche Fragestellungen ergeben sich bei Kapitalgesellschaften in Hinblick auf eine eventuell bestehende **Betriebsaufspaltung**.

Ein weiterer Gesichtspunkt ist schließlich die **Nachlasszugehörigkeit** von Versicherungsleistungen, insbesondere von Lebensversicherungen. Sofern im Versicherungsvertrag eine bezugsberechtigte Person bestimmt wurde, entsteht der Anspruch auf die Versicherungsleistung unmittelbar im Vermögen des Berechtigten, vgl. § 330 BGB und wird somit nicht Teil des Nachlasses. Daher sind derartige Versicherungsverträge, insbesondere ältere, auf ihre insoweit getroffenen Regelungen zu überprüfen und gegebenenfalls zu ändern. Sofern die bezugsberechtigte Person nur gestrichen und keine Ersatzbestimmung getroffen wird, dann fällt die Versicherungsleistung in den Nachlass und unterliegt den erbrechtlichen Verfügungen. Aus steuerrechtlichen Gründen kann es sich empfehlen, den Versicherungsvertrag dahingehend zu ändern, dass die bezugsberechtigte Person auch Versicherungsnehmer wird. Dann erhält der Berechtigte die Versicherungsleistung **erbschaftsteuerfrei**.

2. Gestaltung durch Verfügung von Todes wegen

253 a) **Allgemeine Gestaltungshinweise.** Die folgenden Hinweise beschränken sich aus Platzgründen auf einige grundsätzliche Gestaltungshinweise. Detaillierte Gestaltungsempfehlungen und Darstellungen müssen den einschlägigen Handbüchern für Erbrecht vorbehalten bleiben. Zur Sicherung der Unternehmensnachfolge empfiehlt es sich grundsätzlich ausschließlich den bzw. die Unternehmensnachfolger als Erben einzusetzen. Sofern weitere Personen Vermögenswerte erhalten sollen, so kann dies durch die Aussetzung von Vermächtnissen umgesetzt werden. Dadurch ist sichergestellt, dass das Unternehmen im Wege der Gesamtrechtsnachfolge ausschließlich den Unternehmensnachfolgern zufällt und es wird eine Erbauseinandersetzung vermieden. Dadurch wird erreicht, dass in der Phase vom Ein-

[109] Siehe hierzu die Ausführungen unter Rdnr. 140 ff.

tritt des Erbfalls bis zum Vollzug einer Erbauseinandersetzung weitere Personen als die Unternehmensnachfolger Rechte, bspw. Stimmrechte, an dem Unternehmen bzw. der Gesellschaft nicht ausüben können, mithin der Unternehmensnachfolger nicht auf deren Mitwirkung angewiesen ist. Des Weiteren wird den weiteren Personen die Möglichkeit genommen, durch eine Verzögerung der Umsetzung der Erbauseinandersetzung Druck auf die Unternehmensnachfolger auszuüben, um eine gegebenenfalls für sie vorteilhaftere Verteilung des Nachlasses zu erreichen.

Sofern eine Erbeinsetzung weiterer Personen im Einzelfall unvermeidbar wäre, ist zum 254
Zwecke der Streitvermeidung auf eine eindeutige Verteilung des Nachlasses in der Verfügung von Todes wegen zu dringen. Als Mittel bieten sich hierzu eine **Teilungsanordnung** oder ein **Vorausvermächtnis** an. Letzteres ist insoweit vorzugwürdig, als eine Bewertung der jeweils zugeordneten Teile des Nachlasses in Hinblick auf die Erbquoten vermieden wird. Die Gefahr einer Handlungsunfähigkeit durch eine Verzögerung der Auseinandersetzung des Erbengemeinschaft bzw. der Erfüllung der Vorausvermächtnisse kann ferner dadurch gebannt werden, dass die gleichzeitige Anordnung einer Testamentsvollstreckung zur Umsetzung der Teilungsanordnung bzw. Erfüllung der Vermächtnisse erfolgt.

Formulierungsvorschlag für eine Testamentsvollstreckung mit gleichzeitiger Vollmachtserteilung zum Zwecke der Vermächtniserfüllung

a) Ich ordne für meinen Nachlass Testamentsvollstreckung an.
Der Testamentsvollstrecker hat die in diesem Testament angeordneten Vermächtnisse zu erfüllen. Die Testamentsvollstreckung endet mit der Erfüllung der Vermächtnisse.
Zum Testamentsvollstrecker ernenne ich den Vermächtnisnehmer. Ein Ersatztestamentsvollstrecker soll ausdrücklich nicht benannt werden.
Der Testamentsvollstrecker ist von den Beschränkungen des § 181 BGB befreit. Der Testamentsvollstrecker hat – außer dem Anspruch auf Ersatz seiner Auslagen – keinen Anspruch auf eine Vergütung.

b) Zugleich erteile ich hiermit dem Vermächtnisnehmer unwiderruflich auf den Todesfall unter Befreiung von den Beschränkungen des § 181 BGB Vollmacht, alle zur Erfüllung der zu seinen Gunsten ausgesetzten Vermächtnisse notwendigen Rechtshandlungen vorzunehmen, insbesondere die ...... für die Grundstückübertragung erforderliche Auflassung zu erklären und die Eintragung der Auflassung im Grundbuch selbst zu bewilligen und zu beantragen.
Das Nachlassgericht hat dem Vermächtnisnehmer auf sein Verlangen hin eine Ausfertigung dieser Urkunde nach Eintritt des Erbfalls auszuhändigen.
Der Vermächtnisnehmer kann frei entscheiden, ob er zur Erfüllung des Vermächtnisses von der unwiderruflichen Vollmacht auf den Todesfall Gebrauch macht oder ein auf die Vermächtniserfüllung eingeschränktes Testamentsvollstreckerzeugnis beantragt und die Vermächtniserfüllung als Testamentsvollstrecker vornimmt. Die hiermit verbundenen Kosten trägt der Vermächtnisnehmer. Lediglich in dem Fall, dass die Erben die Vollmacht auf den Todesfall nicht anerkennen oder widerrufen und der Vermächtnisnehmer sich deshalb ein Testamentsvollstreckerzeugnis erteilen lässt, tragen die Erben die beim Nachlassgericht hierfür entstehenden Kosten.

Die an sich empfehlenswerte **Bestimmung der Unternehmensnachfolger** ist einem Unter- 255
nehmer beispielsweise dann nicht möglich, wenn die Abkömmlinge bei Abfassung des Testaments noch minderjährig sind. Die Übertragung der Auswahl eines geeigneten Unternehmensnachfolgers unter den als Erben eingesetzten Abkömmlingen auf einen Dritten werden durch § 2065 Abs. 2 BGB enge Grenzen gesetzt. Dem Dritten müssen in der letztwilligen Verfügung grundsätzlich die Auswahlkriterien in der Weise vorgegeben werden, dass die Bezeichnung der bedachten Person für sachkundige Dritte objektiv bestimmbar ist.[110] In Hinblick auf das Risiko der Nichtigkeit einer zu unbestimmten Verfügung empfiehlt sich in derartigen Fällen, die **Aussetzung eines Vermächtnisses.** Denn die §§ 2151, 2153, 2156 BGB gestatten in wesentlich großzügigerem Umfang die Einräumung eines Drittbestimmungs-

[110] BGHZ 15, 199, 203. Dem BGH folgend OLG Celle MDR 1965, 578; BayObLG FamRZ 1991, 610, 611; BayObLG ZEV 2001, 22, 23 = FamRZ 2000, 1392; LG München I FamRZ 1998, 1261.

rechts. Die Auswahl des Unternehmensnachfolgers kann insoweit beispielsweise auch einem Gremium, insbesondere einem Beirat des Unternehmens übertragen werden.

256 b) **Testamentsvollstreckung – Vollmacht.** Die Anordnung einer Testamentsvollstreckung ist in Hinblick auf die Sicherung einer Unternehmensfortführung insbesondere dann empfehlenswert, wenn zum einen eine zügige und effektive Umsetzung der in der letztwilligen Verfügung angeordneten Bestimmungen sichergestellt werden soll und/oder zum anderen der/die Unternehmensnachfolger für einen bestimmten Zeitraum als noch nicht fortführungsgeeignet erscheint/en. In der erst genannten Fallgestaltung wäre eine **Abwicklungsvollstreckung**, in der zweiten Variante eine **Dauertestamentsvollstreckung** eine bedenkenswerte Gestaltungsempfehlung. Als Alternative zur Dauertestamentsvollstreckung sollte bei Personen- oder Kapitalgesellschaften die Schaffung eines **Beirats** erwogen werden.[111]

257 Beide Formen der Testamentsvollstreckung sind bei Anteilen an **Kapitalgesellschaften** grundsätzlich zulässig.[112] Sofern die Satzung jedoch bestimmt, dass ein Testamentsvollstrecker keine Mitgliedsrechte ausüben darf, können diese nur von den Erben wahrgenommen werden. Die Rechte des Testamentsvollstreckers beschränken sich dann auf die sogenannte „Außenseite“, d. h. nur der Testamentsvollstrecker, nicht der Erbe, kann über die Geschäftsanteile als solche verfügen. Dasselbe gilt bspw. für die mit einem Geschäftsanteil verbundenen vermögensrechtlichen Ansprüche, bspw. die Gewinnansprüche etc.

258 Bei Anteilen an **Personengesellschaften**, aber auch bei einem **Einzelunternehmen** sind hingegen viele Details über die Möglichkeit einer Testamentsvollstreckung sowie die Befugnisse eines Testamentsvollstreckers streitig und unklar.[113] Eine Dauertestamentsvollstreckung wird deshalb als unzulässig erachtet, weil der Testamentsvollstrecker, soweit er für den Nachlass tätig ist, nicht persönlich haftet und der Erbe seinerseits durch das Handeln des Testamentsvollstreckers nicht persönlich verpflichtet werden kann. Eine auf den Nachlass beschränkte Haftung eines Einzelunternehmens oder eines persönlich haftenden Gesellschafter ist in unserer Rechtsordnung jedoch nicht gestattet. Zur Lösung dieser mit einer Dauertestamentsvollstreckung verbundenen Problematik, sind diverse Ersatzlösungen entwickelt worden, die jedoch letztendlich keine gleichwertige Alternative darstellen. In Bezug auf den Gesellschaftsanteil eines persönlich haftenden Gesellschafters hat der Testamentsvollstrecker entweder von dem Erben eine entsprechende weit gefasste rechtsgeschäftliche Vollmacht zu erhalten oder der Testamentsvollstrecker übernimmt selbst treuhänderisch die Gesellschafterstellung. Letzteres ist aber mit einer meist ebenso wenig gewünschten Haftung des Testamentsvollstreckers verbunden. Einer der schwerwiegendsten Nachteile der Vollmachtslösung ist die jederzeitige Möglichkeit des Widerrufs der Vollmacht durch den Erben. Letztlich sind beide Alternativgestaltungen wiederum nur mit Zustimmung der übrigen Gesellschafter umsetzbar. Sofern weder der Gesellschaftsvertrag noch die Gesellschafter eine Testamentsvollstreckung gestatten, dann beschränkt sich die Testamentsvollstreckung auf die sogenannte „Außenseite“ der Beteiligung.[114] Hierunter werden in erster Linie die mit einer Beteiligung verbundenen vermögensrechtlichen Ansprüche und Rechte verstanden, d. h. beispielsweise der Anspruch auf eine Abfindung, der Gewinnanspruch etc. Darüber hinaus kann über die Beteiligung als solche ebenfalls nur der Testamentsvollstrecker verfügen. Im Übrigen darf der Testamentsvollstrecker die Mitgliedschaftsrechte im Innenverhältnis der Gesellschafter zueinander ohne eine entsprechende Gestattung nicht ausüben.[115] Infolge dieser aus Platzgründen nur im Ansatz aufgezeigten Probleme einer Testamentsvollstreckung bei Einzelunternehmen bzw. Anteilen an Personengesellschaften sollte von dieser Gestaltung, soweit möglich, Abstand genommen werden. Folgende Alternativen hierzu kommen im Einzelfall möglicherweise in Frage:

[111] Siehe hierzu die Ausführungen unter Rdnr. 216 ff.

[112] BGHZ 108, 21, 23: BGH NJW 1959, 1820; BayObLG NJW-RR 1991, 1252, 1254; Scholz/*H. Winter/Seibt* § 15 Rdnr. 250; Sudhoff/*Scherer* § 9 Rdnr. 57; *Zimmermann* Rdnr. 530 ff., jeweils m. w. N.

[113] Siehe nur MünchKommBGB/*Zimmermann* § 2205 Rdnr. 33 ff.; Staudinger/*Reimann* § 2205 Rdnr. 106 ff. jeweils m. w. N.

[114] BGH NJW 1986, 2431 ff.; BGH ZEV 1998, 72; MünchKommBGB/*Zimmermann* § 2205 Rdnr. 33 ff. m. w. N.

[115] BGHZ 68, 225, 241; NJW 1985, 1953, 1954; BGHZ 108, 187, 191.

Alternativen zu einer Testamentsvollstreckung bei Einzelunternehmen bzw. Anteilen an Personengesellschaften

- Schaffung eines Beirats
- Umwandlung der Personengesellschaft in eine Kapitalgesellschaft
- Verpachtung des Betriebs, damit die Personengesellschaft kein operatives Geschäft mehr durchführt
- Anordnung des Verkaufs bzw. der Liquidation der Gesellschaft
- Gestattung der Freigabe des Anteils aus der Testamentsvollstreckung nach freiem Ermessen des Testamentsvollstreckers

Bei der Anordnung einer Testamentsvollstreckung sollte ferner unter anderem folgenden Gesichtspunkten Beachtung geschenkt werden: 259

Testamentsvollstreckung

☐ Auswahl des Testamentsvollstreckers
- Eignung in menschlicher Hinsicht in Hinblick auf ein harmonisches und vertrauensvolles Zusammenarbeiten mit dem Vermögensnachfolger
- Eignung in fachlicher Hinsicht in Hinblick auf die übertragen Aufgaben
- ggf. Anordnung eines Ersatztestamentsvollstreckers

☐ Art der Testamentsvollstreckung und genaue Bezeichnung des Umfangs der Befugnisse
☐ Vergütung des Testamentsvollstreckers
☐ Gestattung der Freigabe des Anteils aus der Testamentsvollstreckung nach freiem Ermessen des Testamentsvollstreckers

XII. Begleitmaßnahmen

1. Ehevertragliche Regelungen

Im Rahmen der Beratung einer Unternehmensnachfolge wird von Übergeberseite regelmäßig die Sorge um den Bestand des Unternehmens im Falle einer Trennung des Übernehmers von ihrem/seiner Partner/in geäußert. Denn mit einer Scheidung steht einem Ehepartner ein Anspruch auf Zugewinnausgleich zu, der nur unter den Voraussetzungen des § 1366 BGB im Einzelfall gestundet werden kann. Effektiven Schutz vor der mit einem Zugewinnausgleichsanspruch verbundenen Sorge um eine ausreichende Liquidität des Unternehmens kann daher nur ein **Ehevertrag** bieten. Unter dem Gesichtspunkt des Unternehmensschutzes ist im Regelfall eine ehevertragliche Regelung, die sich auf die güterrechtliche Regelungen beschränkt, ausreichend, d.h. Fragen des Unterhalts und/oder des Versorgungsausgleichs sind aus dem Blickwinkel einer Sicherung des Unternehmenserhalts im Regelfall zweitrangig. 260

Sowohl die Rechtsprechung als auch die Literatur sehen güterrechtliche Regelungen als grundsätzlich uneingeschränkt der **Vertragsfreiheit** zugänglich an.[116] Vor diesem Hintergrund bestehen für die Vereinbarung einer Gütertrennung oder der in Hinblick auf § 5 ErbStG häufig bevorzugten modifizierten Zugewinngemeinschaft keine Bedenken einer möglichen Unwirksamkeit. 261

Der vollständige Ausschluss des Zugewinns im Fall der Scheidung stößt nicht immer auf Akzeptanz beim künftigen Ehegatten. Als Alternativen hierzu sollte eine Deckelung des Zugewinns oder eine prozentuale Modifizierung des Zugewinnausgleichs in Betracht gezogen werden. Grundsätzlich abzuraten ist von der Herausnahme einzelner Vermögensgegenstände bzw. des Unternehmens aus dem Zugewinn. Denn dadurch wird im Regelfall Streitpotential für den Scheidungsfall geschaffen. Es werden nämlich dann zwei Vermögensmassen 262

[116] Vgl. hierzu nur *Münch* Rdnr. 599 ff. m. w. N., 718 ff.; Gerhard/v. Heintschel-Heinegg/Klein/*Bergschneider* § 12 Rdnr. 42.

geschaffen, nämlich eine, die dem Zugewinnausgleich unterliegt und eine, die davon ausgenommen wird. Dementsprechend müssen detaillierte Regelung hinsichtlich der Problematik der Verschiebung von Vermögenswerten zwischen diesen beiden Vermögensmassen getroffen werden. Gemeint sind damit beispielsweise die möglichen Streitpunkte hinsichtlich der Berücksichtigung von Erträgen, Verwendungen bzw. Aufwendungen aus der einen Vermögensmasse für die andere, Surrogate etc. Die vorstehenden Ausführungen gelten in gleicher Weise für eine Lebenspartnerschaft und den Lebenspartnerschaftsvertrag.

2. Pflichtteilsansprüche

263 Ebenso wie die Zugewinnausgleichsansprüche so können auch Pflichtteilsansprüche den Bestand eines Unternehmens gefährden. Ansprüche aus dem Pflichtteilsrecht können nur von Ehegatten, Abkömmlingen oder Eltern geltend machen, vgl. § 2303 BGB. Letztere jedoch nur, wenn kein Abkömmling den Pflichtteil verlangen kann, § 2309 BGB. Nicht zuletzt in Hinblick auf diese Pflichtteilsansprüche ist eine genaue Klärung der persönlichen Verhältnisse des Unternehmers im Rahmen der Beratung einer Unternehmensnachfolge unumgänglich.

264 Die effektivste und sicherste Möglichkeit zur Entschärfung der Liquiditätsproblematik, die mit der Geltendmachung derartiger Ansprüche verbunden ist, ist ein **Pflichtteilsverzichtsvertrag.** Denn die Reform des Pflichtteilsrechts hat insoweit nicht zu einer wesentlichen Entschärfung der Problematik geführt. Zwar wurde nunmehr in Abhängigkeit von dem Zeitablauf seit Vollzug der Schenkung eine Abschmelzung des Prozentsatzes des anzusetzenden Werts der relevanten Schenkung eingeführt, § 2325 Abs. 3 BGB. Da der Zeitpunkt des Eintritts des Erbfalls trotz der Gesetzesänderung jedoch weiterhin ungewiss bleibt, wird die Problematik im Grundsatz durch diese Regelung nicht berührt. Des Weiteren kann der Unternehmenserbe nicht darauf vertrauen, dass ihm die maßvoll erweiterte Stundungsmöglichkeit gemäß § 2332a BGB zugebilligt wird, um eine Linderung der Liquiditätsproblematik zu erlangen.

265 Der Pflichtteilsverzicht weichender Erben wird häufig mit Gegenleistungen „erkauft". Je nach Sicherungsbedürfnis kann der Verzicht unter die Bedingung des Erhalts der Gegenleistung gestellt werden.

Formulierungsvorschlag für einen bedingten Pflichtteilsverzicht:

......
– nachstehend Verzichtender genannt –
verzichtet hiermit gegenüber
......
– nachfolgend Erblasser genannt –
auf seinen/ihren ...... gesetzlichen Pflichtteil, etwaige Pflichtteilsrest- und Pflichtteilsergänzungsansprüche sowie auf den Ausgleichspflichtteil.
Die Wirkung des Verzichts erstreckt sich auf die Abkömmlinge des/der ...... Verzichtenden.

Der Verzicht erfolgt unter der aufschiebenden Bedingung, dass er erst wirksam wird, wenn der Verzichtende die zu seinen Gunsten nachstehend vereinbarte Abfindungsleistung einschließlich etwaiger Zinsen erhalten hat. Der Verzichtende verpflichtet sich, die vollständige Erfüllung der Abfindung unverzüglich dem Erblasser gegenüber mit Abschrift an den Notar zu bestätigen. Mit dem Zugang der Bestätigung gilt der Pflichtteilsverzicht in jedem Falle als wirksam geworden.
Im Übrigen erfolgt der Verzicht ohne Einschränkungen und unabhängig davon, wer dereinst Erbe wird und wie hoch der Nachlass sein wird.

Der Notar hat darauf hingewiesen, dass die Zahlung des Geldbetrags nachweisbar sein sollte, z. B. durch Ausstellung einer schriftlichen Quittung oder durch einen bankbestätigten Überweisungsbeleg.

Der Erblasser nimmt den Verzicht an.

Als Abfindung für diesen Verzicht zahlt der Erblasser eine Geldsumme
in Höhe von ...... €
– i. W. ...... Euro –.

Die Abfindung ist innerhalb von ...... einer Wochen ab dem Tag der Beurkundung zur Zahlung fällig und bis dahin unverzinslich.
Auf Zwangsvollstreckungsunterwerfung und/oder dingliche Sicherung der Abfindung wird ausdrücklich verzichtet.
Teilleistungen auf die Abfindungsverpflichtung werden auf alle Fälle sofort auf den jeweiligen Pflichtteil des Verzichtenden angerechnet.

Als **Varianten** kommen beispielsweise in Betracht:

- **gegenständlich beschränkter** Pflichtteilsverzicht,
- Pflichtteilsverzicht nur gegenüber einem Elternteil oder nur gegenüber dem Erstversterbenden,
- Regelungen über die **Stundung** des Pflichtteils,
- Pflichtteilsverzicht unter der **Bedingung**, dass eine bereits wirksame Verfügung von Todes nicht mehr ohne Zustimmung des Verzichtenden abgeändert oder aufgehoben wird.

Sollte die in Betracht zu ziehenden Pflichtteilsberechtigten zu einem Pflichtteilsverzicht 266 nicht bereit sein, so ist gegebenenfalls über alternative Maßnahmen einer **Pflichtteilsverminderung** nachzudenken. Dazu zahlt mitunter eine **vorgezogene Unternehmensübergabe**, um Pflichtteilsergänzungsansprüche gemäß § 2325 BGB durch Ablauf der 10-Jahresfrist gänzlich auszuschließen oder infolge der Abschmelzungsregelung des § 2325 Abs. 3 BGB zumindest zu vermindern. Schenkungen an Ehegatten sind insoweit jedoch grundsätzlich nicht hilfreich, vgl. § 2325 Abs. 3 S. 3 BGB. Alternativ hierzu sind Maßnahmen zur Pflichtteilskürzung durch **Personen- bzw. Güterstandsänderungen** zu erwägen:

Möglichkeiten einer Pflichtteilsverminderung

- Eheschließung, wenn der Unternehmer in nichtehelicher Lebensgemeinschaft lebt
- Beendigung des bestehenden Güterstands der Zugewinngemeinschaft verbunden mit einem Zugewinnausgleich
- Annahme an Kindes statt von bspw. Stiefkindern
- (Teil-) entgeltliche Unternehmensübergabe bspw. gegen Leibrentenzahlung sowie (Teil-) Verbrauch des Entgelts im Rahmen der allgemeinen Lebensführung
- Gründung einer Personengesellschaft mit Beteiligung des Unternehmensnachfolgers als persönlich haftender Gesellschafter[117]
- Verlagerung von Vermögensteilen ins Ausland zum Zwecke der Nachlassspaltung; aufgrund der Nachlassspaltung findet insoweit das deutsche Pflichtteilsrechte keine Anwendung

3. Vorsorgevollmacht

Eine sogenannte Vorsorgevollmacht, die im Grunde eine Generalvollmacht beinhaltet, ist 267 für nahezu einen jeden Unternehmer ein Muss. In Hinblick auf die gesetzlichen Beschränkungen und Verpflichtungen, denen ein Betreuer unterliegt, vgl. §§ 1908 Abs. 1 i.V.m. 1802, 1803, 1805ff. BGB, ist ein Unternehmen für einen Betreuer nur schwer erfolgreich steuerbar. Hinzukommt, dass eine auch nur teilweise Unternehmensübergabe, da sie meist zumindest teilunentgeltlich ist, in Hinblick auf § 1908i Abs. 2 BGB im Regefall nicht wirksam erfolgen kann. Abgesehen davon, besteht im Falle des Erfordernisses einer Betreuung die größte Gefahr für ein Unternehmen in der **Führungslosigkeit** in der Phase bis zur Einsetzung eines Betreuers. Diese Gefahren bestehen nicht nur bei Einzelunternehmen, sondern in gleicher Weise bei einer GmbH, wenn der beherrschende Gesellschafter zugleich der einzige Geschäftsführer ist. Ohne einen Betreuer kann keine Gesellschafterversammlung einberufen und ein Ersatzgeschäftsführer für den Gesellschafter-Geschäftsführer bestellt werden.

Die Vollmacht bedarf grundsätzlich zwar keiner **Beurkundung**, in Hinblick auf eine mög- 268 liche Verwendung für Grundbuchzwecke etc. sollte zumindest eine Beglaubigung erfolgen.

[117] Siehe hierzu die Ausführungen unter Rdnr. 70.

In Hinblick auf den erheblichen Vertrauenscharakter, der mit der Erteilung einer Generalvollmacht einhergeht, ist anstelle der Erteilung einer Generalvollmacht an eine Einzelperson, bspw. den Ehegatten, auch eine Bevollmächtigung mehrerer Personen in Form einer Gesamtvertretung in Erwägung zu ziehen. Dadurch kann man eine wechselseitige Kontrolle der Bevollmächtigten erreichen. Alternativ dazu kann eine gegenständliche Beschränkung der Vollmacht sinnvoll erscheinen. Dann ist jedoch darauf zu achten, dass zur Vermeidung von Auslegungsschwierigkeiten der Umfang der Vollmacht klar und deutlich umschrieben wird.

269 Die Vollmacht sollte schließlich über den **Tod des Vollmachtgebers** hinaus Gültigkeit behalten, dadurch ist der Bevollmächtigte auch nach dem Tod des Vollmachtgebers in der Lage rechtswirksame Entscheidungen zu treffen bzw. Rechtsgeschäfte vorzunehmen. Dies ist insbesondere in der Phase vom Eintritt des Erbfalls bis zur Eröffnung der notariellen Verfügungen von Todes bzw. der Erteilung eines Erbscheins vorteilhaft. Vollmacht und Testamentsvollstreckung können insoweit nebeneinander bestehen.[118]

4. Notfallordner

270 Neben allen rechtlichen Vorsorgeregelungen besteht eine nicht zu unterschätzende Gefahr für den erfolgreichen Fortbestand eines Unternehmens darin, dass mit Ausnahme des Unternehmers keiner der Unternehmensnachfolger bzw. der Ehegatte bzw. Partner über ausreichende Informationen verfügt, die zur Fortführung bzw. Lenkung des Unternehmens erforderlich sind. Eine Vorsorgevollmacht ist beispielsweise von wenig Nutzen, wenn der Bevollmächtigte nicht über die Ausfertigung bzw. das Original verfügt. Aus diesem Grunde sollte der Unternehmer dazu angehalten werden, bspw. einen Aktenordner anzulegen, in dem sämtliche wesentlichen Dokumente zumindest in Kopie zu finden sind, ggf. verbunden mit erläuternden Hinweisen und weiterführenden Kontaktdaten, bspw. dem Steuerberater etc. Ohne Organigramm kann der Unternehmensnachfolger einen aufgrund von Tochter- und Schwesterunternehmen verschachtelten mittelständischen Betrieb nicht erfolgreich fortführen. Die Praxis zeigt, dass diesen im Grunde einfachen Vorsorgemaßnahmen zu wenig Aufmerksamkeit geschenkt wird. Bei Eintritt eines unvorhergesehenen Ereignisses muss infolgedessen mitunter deutlich zuviel Zeit darauf verwandt werden, die für eine weitere Fortführung des Unternehmens erforderlichen Informationen einzuholen.

[118] Vgl. nur Beck'sches Formularbuch Erbrecht/*Eckelskemper* C VIII. 1.

14. Teil. Familienrecht

§ 27 Unternehmensbeteiligungen im Familienrecht

Übersicht

	Rdnr.
I. Gesetz und Ehevertrag als Ersatzgesetz	1–24
1. Unpassende gesetzliche Regelung	1–4
2. Der Ehevertrag als Individualgesetz der Unternehmerehe	5/6
3. Inhaltskontrolle fordert Mindeststandards	7–24
a) Rechtsprechung des BGH	7–12
b) Konsequenzen für den Beurkundungsablauf	13–17
c) Konsequenzen für den Urkundsinhalt	18–24
II. Güterstand	25–132
1. Der gesetzliche Güterstand – kein Unternehmermodell	25–95
a) Zugewinnausgleich und Verfügungsbeschränkungen	25–47
b) Bewertungsprobleme	48–90
c) Auskunftsansprüche	91–95
2. Modifizierungen des gesetzlichen Güterstandes	96–111
a) Ausschluss des Zugewinns im Scheidungsfall	97/98
b) Herausnahme des Betriebsvermögens aus dem Zugewinn	99–108
c) Vereinbarung einer Höchstgrenze des Zugewinns	109–111
3. Gütertrennung	112–117
a) Vereinbarung der Gütertrennung	112–114
b) Güterstandsschaukel	115–117
4. Ansprüche der sog. „Zweiten Spur" im Familienrecht	118–126
5. Güterstandsklauseln in Gesellschaftsverträgen	127–130
6. Ausländische Güterstände – Übersicht	131/132
III. Unterhalt	133–209
1. Der gesetzliche Unterhalt nach der Reform	133–165
a) Grundkonzept der Unterhaltsreform	134/135
b) Unterhaltstatbestände	136–153
c) Befristung/Herabsetzung	154–161
d) Wandelbare eheliche Lebensverhältnisse	162–165
2. Steuerbilanz – Unterhaltsbilanz	166–199
a) Steuerlicher Gewinn als Ausgangspunkt	166–169
b) Unterhaltsrechtliche Abweichungen	170–192
c) Auskunftsansprüche	193–199
3. Abweichende unterhaltsrechtliche Vereinbarungen	200–209
a) Unterhaltshöchstgrenze	201/202
b) Verzicht auf verschiedene Unterhaltstatbestände	203/204
c) Novation	205–209
IV. Versorgungsausgleich	210–217
1. Neukonzeption	210–215
2. Regelungsbedarf	216/217

Schrifttum: *Bergschneider,* Richterliche Inhaltskontrolle von Eheverträgen und Scheidungsvereinbarungen, 2008; *ders.,* Verträge in Familiensachen 4. Aufl., 2010; *ders.,* Beck'sches Formularbuch Familienrecht, 3. Aufl. 2011; *Brambring,* Ehevertrag und Vermögenszuordnung unter Ehegatten, 6. Aufl., 2008; *Borth,* Unterhaltsrechtsänderungsgesetz, 2007; *Braunhofer,* Unternehmens- und Anteilsbewertung, 1995; *Büte,* Zugewinnausgleich bei Ehescheidung, 3. Aufl., 2006; *Großfeld,* Unternehmens- und Anteilsbewertung im Gesellschaftsrecht, 4. Aufl., 2002; *Haußleiter/Schulz* Vermögensauseinandersetzung bei Trennung und Scheidung, 5. Aufl., 2011; *Höland*/Sethe, Eheverträge und Scheidungsfolgevereinbarungen, 2006; IDW S 1, Grundsätze zur Durchführung von Unternehmensbewertungen, Stand 2. 4. 2008, in: IDW Stellungnahmen zur Rechnungslegung, Band 2; *Johannsen/Henrich,* Familienrecht, 5. Aufl., 2010; *Kogel,* Strategien beim Zugewinnausgleich, 3. Aufl., 2009; *Kuckenburg,* Der Selbständige im familienrechtlichen Verfahren, 2001; *Kuckenburg/Perleberg-Kölbel,* Unterhaltseinkommen, 2009; *Langenfeld,* Handbuch der Eheverträge und Scheidungsvereinbarungen, 6. Aufl., 2011; *Luthin/Koch,* Handbuch des Unterhaltsrechts, 11. Aufl., 2010; *Menne/Grundmann,* Das neue Unterhaltsrecht, 2008; *Müller,* Vertragsgestaltung im Familienrecht, 3. Aufl., 2011; *C. Münch,* Ehebezogene Rechtsgeschäfte, 3. Aufl., 2010; *ders.* Die Unternehmerehe, 2007; *ders.* Die Scheidungsimmobilie, 2009; *ders.* Vereinbarungen zum neuen Versorgungsausgleich, 2010; *Schnitzler,* Münchener Anwaltshandbuch Familienrecht, 3. Aufl. 2010; *Reimann/Bengel/J. Mayer,* Testament und Erbvertrag, 5. Aufl., 2006; *Riedel,* Die Bewertung von Gesellschaftsanteilen im Pflichtteilsrecht, 2005; *Schröder,* Bewertungen im Zugewinnausgleich, 4. Aufl. 2007; *Schröder/Bergschneider,* Familienvermögensrecht, 2. Aufl., 2007; *Schwab,* Handbuch des Scheidungsrechts, 6. Aufl., 2010; *Strohal,* Unterhaltsrechtlich relevantes Einkommen bei Selbständigen, 4. Aufl., 2009; *Viefhues/Mleczko,* Das neue Unterhaltsrecht 2008, 2. Aufl., 2008; *Wegmann,* Eheverträge, 2. Aufl., 2002; Würzburger Notarhandbuch, 2. Aufl., 2010; *Wendl/Staudigl,* Das Unterhaltsrecht in der familienrichterlichen Praxis, 7. Aufl., 2008; *Wever,* Vermögensauseinandersetzung der Ehegatten außerhalb des Güterrechts, 5. Aufl., 2009.

I. Gesetz und Ehevertrag als Ersatzgesetz

1. Unpassende gesetzliche Regelung

1 In diesem Kapitel wollen wir betrachten, wie **Unternehmensbeteiligungen im Familienrecht** behandelt werden. In diesem gesellschaftsrechtlichen Zusammenhang kann dies naturgemäß nur auf beschränktem Raum geschehen.[1] Es wird sich sehr schnell zeigen, dass sie **keinerlei spezielle gesetzliche Regelung** erfahren. Das Familienrecht bietet vielmehr ein einheitliches Güterrecht, Unterhalts- oder Versorgungsausgleichsrecht an, ganz gleich, ob es die Einverdiener- oder Doppelverdienerehe, den bedürftigen Hilfsempfänger oder den gut verdienenden Angestellten, den dynastischen Erben oder eben den Unternehmer trifft.

2 So ordnet z. B. der **gesetzliche Güterstand** an, dass für jeden Ehegatten der Zugewinn errechnet und die Differenz mit sofortiger Fälligkeit in voller Höhe ausgeglichen wird. Bewertungsfragen bleiben dabei ungeklärt. Neben den Kosten, die alleine durch die Auskunft und die Bewertung der Vermögensteile ausgelöst werden, kann der sofort fällige Anspruch auf Zugewinnausgleich den Unternehmer in ernsthafte Liquiditätsschwierigkeiten bringen.

3 Der **Unterhalt** ist seit dem Jahr 2008 völlig neu geregelt. Im bedeutendsten Bereich, dem Kindesbetreuungsunterhalt, gibt es einen Basisunterhalt nur noch drei Jahre lang. Danach sieht das Gesetz eine beginnende Erwerbsobliegenheit und eine Fremdbetreuung des Kindes vor. Weiterer Unterhalt ist nur noch zu zahlen, wenn das Kindeswohl und damit insbesondere die Betreuungssituation dies erfordert oder das gelebte Ehemodell eine Verlängerung gebietet (§ 1570 BGB). Hier sehen mittelständische Vorstellungen der Kindererziehung auch nach einer Trennung oft ganz anders aus. Seit der Reform ist der Notar mit dem Ansinnen auf Verstärkung der Unterhaltsansprüche konfrontiert.

4 Der **Versorgungsausgleich** kommt in der Unternehmerehe zu Ergebnissen, die z. T. völlig neben der Sache liegen. Da der Unternehmer zumeist keine Versorgungsanrechte hat, die dem Versorgungsausgleich unterfallen, kann es im Ergebnis dazu kommen, dass der Nichtunternehmer-Ehegatte, der mit seiner Tätigkeit solche Anrechte aufgebaut hat, diese ausgleichen muss, obwohl der Unternehmer auf andere Weise völlig ausreichend für das Alter vorgesorgt hat.

2. Der Ehevertrag als Individualgesetz der Unternehmerehe

5 Erweist sich die **gesetzliche Regelung** somit als **„Störfaktor"**[2] im Rahmen einer Unternehmensnachfolge und als Risikofaktor im Falle einer Scheidung, so ist der Unternehmer gut beraten, eine hiervon abweichende Vereinbarung durch Ehevertrag zu treffen. Der Gesetzgeber hat in verschiedenen Vorschriften die Möglichkeit hierzu ausdrücklich eröffnet. So können die Ehegatten nach § 1408 Abs. 1 BGB güterrechtliche Verträge schließen. § 1408 Abs. 2 BGB i. V. m. §§ 6 ff. VersAusglG erlaubt ausdrücklich vertragliche Vereinbarungen im Rahmen des Versorgungsausgleichs. § 1585 c BGB schließlich betont die Zulässigkeit unterhaltsrechtlicher Absprachen.

[1] Zur Vertiefung *C. Münch,* Ehebezogene Rechtsgeschäfte.
[2] *Winkler* ZErb 2005, 360 ff.

Auf diese Weise sind die Ehegatten in der Lage, sich mit dem **Ehevertrag** ein **individuelles Gesetz für ihre Ehe** zu geben.[3] Eheverträge sind seit der sogleich zu betrachtenden Rechtsprechung zur Inhaltskontrolle sehr **einzelfallbezogen** geworden. Im Vordergrund steht das Anliegen, den Fortbestand des Unternehmens nicht zu gefährden, zugleich aber auch die wohlverstandenen Interessen beider Ehegatten zu berücksichtigen. Die nachfolgende Darstellung wird zeigen, dass es bewährte Lösungen für immer wieder auftretende Fragestellungen gibt, die an eine Einteilung in Ehetypen anknüpfen.[4] Daneben ist jedoch stets nach den Besonderheiten der jeweiligen Ehe und den speziellen Anliegen der Ehegatten zu fragen. Auf diese Weise entsteht ein Ehevertrag, der im Rahmen einer Inhaltskontrolle Bestand hat. 6

3. Inhaltskontrolle fordert Mindeststandards

a) **Rechtsprechung des BGH.** Bis zum Jahr 2001 gab es eine gefestigte Rechtsprechung des BGH, nach der Eheverträge ohne inhaltliche Beschränkung zulässig waren.[5] Hiergegen hatte sich in der Literatur Widerspruch erhoben.[6] Mit zwei wegweisenden Entscheidungen hat das **BVerfG**[7] jedoch der Ehevertragsfreiheit Grenzen gesetzt und eine **Inhaltskontrolle** ehevertraglicher Vereinbarungen **implementiert.** Das Gericht führt aus, ein Ehevertrag bedürfe **bei einer besonders einseitigen Aufbürdung vertraglicher Lasten und erheblich ungleichen Verhandlungsposition** einer solchen Kontrolle. Beide Voraussetzungen müssen kumulativ vorliegen.[8] Unklar war bislang, ob von einer besonders krassen Benachteiligung auf die ungleiche Verhandlungsposition geschlossen werden kann. Einen solchen Schluss hat der BGH nunmehr aber mit deutlichen Worten abgelehnt, er sei nur im Wirtschaftsverkehr angebracht, nicht im Familienrecht.[9] In beiden Fällen war die Schwangerschaft der Ehefrau die Begründung für die ungleiche Verhandlungsposition, allerdings ist die Schwangerschaft nur als Indiz zu sehen.[10] 7

In einem späteren Judikat hat das BVerfG ausgesprochen, dass die Familienarbeit der Erwerbsarbeit gleichzustellen sei und daher ein **Anspruch auf gleiche Teilhabe** am gemeinsam Erwirtschafteten bestehe. Dieser Anspruch entfalte auch nach Trennung und Scheidung Wirkung auf die Beziehungen der Ehegatten betreffend Unterhalt, Versorgungsausgleich und Vermögensaufteilung.[11] Die Bedeutung dieses Urteils ist noch nicht abschließend geklärt. Im Ergebnis dürfte das BVerfG aber die gesetzliche Rechtslage beschreiben, von der vertraglich abgewichen werden kann.[12] 8

Der **BGH** hat inzwischen in einer ganzen Reihe von Urteilen zur Inhaltskontrolle von Eheverträgen diese Vorgaben des BVerfG – freilich mit einer etwas anderen Herangehensweise – umgesetzt.[13] In seinem **Grundlagenurteil** aus dem Jahre **2004**[14] hat der BGH betont, es gelte grds. die Ehevertragsfreiheit, diese finde aber ihre Grenze, wo der Schutzzweck der gesetzlichen Regelung unterlaufen werde. Der BGH stellt im Anschluss an *Dauner-Lieb*[15] eine **familienrechtliche Kernbereichslehre** auf und bildet ein **Ranking**[16] **der Scheidungsfol-** 9

[3] Zur Funktion des Ehevertrages als Ersatzgesetz und des Notars (m. E. weitergehend sogar der Ehegatten) als Ersatzgesetzgeber *Willutzki* DNotZ-Sonderheft 2007, 123, 127.

[4] Zu der Lehre von den Ehetypen *Langenfeld* DNotZ-Sonderheft 1985, 167, 170 ff.; *ders.* FamRZ 1987, 9 ff.; für gesetzliche Typisierungsmodelle spricht sich aus *Hohmann-Dennhardt* ZRP 2005. 173, 174.

[5] Zuletzt BGH FamRZ 1996, 1536; BGH FamRZ 1997, 156 ff. = DNotZ 1997, 410 ff.; hierzu *Gerber* DNotZ-Sonderheft 1998, 290 ff.

[6] *Schwenzer* AcP 196 (1996), 88 ff.; *Büttner* FamRZ 1998, 1 ff.

[7] BVerfG FamRZ 2001, 343 = DNotZ 2001, 222; BVerfG FamRZ 2001, 985 = DNotZ 2001, 708.

[8] *Bergschneider* FamRZ 2001, 1337, 1339; *Langenfeld* DNotZ 2001, 272, 276; *Schwab* DNotZ-Sonderheft 2001, 9, 15.

[9] Gegen einen solchen Rückschluss BGH FamRZ 2009, 198 f.

[10] BGH ZNotP 2006, 428 f.

[11] BVerfG FamRZ 2002, 527.

[12] So sieht es auch der BGH, vgl. BGH FamRZ 2008, 2011 f.; BGH FamRZ 2005, 1444: „wenn die Ehegatten nichts anderes vereinbart haben".

[13] Eine Ausführliche Schilderung der Entscheidungen findet sich bei *C. Münch,* Ehebezogene Rechtsgeschäfte, Rdnr. 592 ff.

[14] BGH NJW 2004, 930.

[15] *Dauner-Lieb* AcP 201 (2001), 295 ff.

[16] Höland/Sethe/*Wagenitz* 13.

gen. Auf der ersten Stufe steht danach der Kindesbetreuungsunterhalt. Nach der Neuregelung des § 1570 BGB dürfte hierbei nochmals abzustufen sein zwischen dem dreijährigen Basisunterhalt und der kindbezogenen Verlängerung nach § 1570 Abs. 1 S. 2 BGB, die beide im Kindesinteresse liegen, sowie der elternbezogenen Verlängerung, die eine Stufe tiefer angesiedelt sein sollte.[17] Auf der zweiten Stufe stehen der Unterhalt wegen Alters oder Krankheit sowie der Versorgungsausgleich. Danach rangieren der Unterhalt wegen Erwerbslosigkeit und der Aufstockungsunterhalt. Ganz am Schluss dieses Rankings ordnet der BGH den Zugewinnausgleich ein. Je höher eine Scheidungsfolge in dieser Stufenleiter angesiedelt ist, desto weniger disponibel ist sie.

10 In diesem Grundlagenurteil hat der BGH zugleich seine **Prüfungsmethodik** verdeutlicht. Er unterteilt die Inhaltskontrolle in eine **Wirksamkeits- und eine Ausübungskontrolle.** Erstere prüft, ob der Vertrag bei seinem Zustandekommen sittenwidrig i. S. d § 138 BGB ist, letztere hingegen untersucht, ob sich die Vertragspartner, insbesondere bei geänderten Umständen, noch auf den Vertrag berufen dürfen, § 242 BGB. Dabei kontrolliert der BGH zunächst die Wirksamkeit der einzelnen Verzichte und führt abschließend eine Gesamtschau durch, um festzustellen, ob sich die Sittenwidrigkeit aus dem Zusammenwirken aller ehevertraglicher Regelungen ergibt.

Hierbei will der BGH Folgendes berücksichtigen:

- **Gründe des Vertragsabschlusses** (hier auch ungleiche Verhandlungsposition),
- **Umstände des Zustandekommens des Ehevertrages.** Hier ist der **Ablauf einer ordnungsgemäßen notariellen Beurkundung** mit ausführlicher Belehrung und Hinweis auf die Folgen des Vertrages weiterhin zu berücksichtigen,[18]
- **beabsichtigte Gestaltung des Ehelebens** (Ehevertrag ehetypengerecht),
- **Auswirkungen auf Ehegatten und Kinder.**

Nur in Extremfällen geht der BGH von einer Sittenwidrigkeit aus.[19] Hierfür müssen **folgende Voraussetzungen** vorliegen:

- Abbedingen von Regelungen aus dem **Kernbereich** ganz oder zum erheblichen Teil,
- **keine** ausreichende **Kompensation,**
- keine Rechtfertigung durch die Besonderheiten des **Ehetyps** und
- keine **sonst gewichtigen Belange** des begünstigten Ehegatten.

11 Das dogmatische Fundament der **Ausübungskontrolle** ist noch nicht fest. Der BGH beruft sich auf § 242 BGB, aber auch auf die Grundsätze des Wegfalls der Geschäftsgrundlage nach § 313 BGB. Obwohl diese bei einer bewussten vertraglichen Risikoübernahme[20] keine Anwendung finden können,[21] will der BGH dennoch auch in diesen Fällen eine Ausübungskontrolle durchführen.[22] Die Ausübungskontrolle zeichnet sich besonders durch eine **flexible Rechtsfolge** aus. Scheitert der Vertrag in der Ausübungskontrolle, so ist er nicht etwa unwirksam, sondern er ist vom Gericht anzupassen. **Maßstab** dieser Anpassung ist aber nicht nur die gesetzliche Rechtslage, sondern insbesondere der **abgeschlossene Ehevertrag.** Schließt dieser eine hälftige Teilung gerade aus, so ist die Anpassung auf dasjenige zu beschränken, was notwendig ist, um die ehebedingten Nacheile auszugleichen.[23] Nur so wird die grundgesetzlich geschützte Vertragsfreiheit in größtmöglichem Umfang aufrecht erhalten.[24]

12 Aufbauend auf diesem Grundsatzurteil entschied der BGH zur Inhaltskontrolle Folgendes:

---

[17] Detailliert C. *Münch* Ehebezogene Rechtsgeschäfte Rdnr. 812 ff.

[18] Vgl. C. *Münch* DNotZ 2004, 901 ff.

[19] OLG Hamm FamRZ 2006, 268.

[20] Vgl. etwa den Sachverhalt bei BGH FamRZ 2005, 1444, wo der Notar nachweislich angeregt hatte, eine auflösende Bedingung für den Fall der Geburt von Kindern zu vereinbaren, die Ehegatten dies jedoch nicht wünschen.

[21] Palandt/*Grüneberg* § 313 Rdnr. 20.

[22] Höland/Sethe/*Wagenitz* 10: BGH sprengt bewusst den überkommenen Rahmen dieses Instituts.

[23] BGH FamRZ 2005, 185; BGH FamRZ 2005, 1449.

[24] OLG Düsseldorf FamRZ 2008, 519 unter Berufung auf C. *Münch* FamRZ 2005, 570 f.

- **Ehebedingte Nachteile entscheidend:** Hält ein Verzicht auf Versorgungsausgleich der Ausübungskontrolle nicht stand, so ist nicht etwa der gesetzliche Versorgungsausgleich durchzuführen, sondern es sind höchstens so viele Anrechte zu übertragen, wie der benachteiligte Ehegatte bei Weiterführung seiner Berufstätigkeit hätte erzielen können.[25]
- **Totalverzicht weiterhin zulässig:** Beim **Ehetyp „Zweiter Frühling"**,[26] wenn also die Ehegatten in vorgerücktem Alter bei gefestigter Vermögens- und Versorgungssituation und ohne Kinderwunsch zum zweiten Mal heiraten, kann auch ein Totalverzicht wirksam vereinbart werden.[27]
- **Keine zwingende Halbteilung:** Die vom BVerfG beschworene Halbteilung sieht der BGH nicht als zwingend an, sondern als ehevertraglich abdingbar. Entscheidend ist, dass ehebedingte Nachteile ausgeglichen werden.[28]
- **Salvatorische Klausel:** Eine salvatorische Klausel läßt den Vertrag bei Nichtigkeit einer Einzelklausel sonst wirksam. Resultiert die Nichtigkeit jedoch aus der Gesamtschau, ist notwendig der gesamte Vertrag unwirksam.[29]
- **Unterhalt wegen Alters oder Krankheit:** Wenn bei Vertragsschluss noch gar nicht absehbar ist, wann ein Ehegatte wegen Alters oder Krankheit unterhaltsbedürftig ist, so ist ein Ausschluss dieser Unterhaltstatbestände nicht sittenwidrig.[30]
- **Bleiberechtsehe:** Bei einer Bleiberechtsehe geht der BGH von einer Disparität der Verhandlungsposition aus.[31] Auch wenn Nachteile wie mangelnde Sprachkenntnis oder nicht verwertbare berufliche Ausbildung nicht ehebedingt sind, stellt der BGH doch auf die konkrete Bedarfssituation ab und urteilt, diese sei mittelbare Folge der Eheschließung. Der BGH kommt somit zur Sittenwidrigkeit, auch wenn es Unterhaltsberechtigten bei Verbleib im Ausland deutlich schlechter gegangen wäre.[32]
- **Nicht indexierte niedrige Unterhaltshöchstsgrenze:** Eine nicht indexierte Unterhaltshöchstgrenze in Höhe des Selbstbehaltes nicht Erwerbstätiger von € 770,– war dem BGH bei einem Nettoverdienst der verzichtenden Ehefrau von € 4.300,– deutlich zu wenig und führe sogar zur Nichtigkeit.[33]
- **Beide Ehegatten mittellos:** Unterhaltsverzichte beiderseits mittelloser Ehegatten scheitern weder an der Inhaltskontrolle, da eine echte Gleichwertigkeit vorliegt, noch als Vertrag zu Lasten der Sozialbehörde, weil schon gar keine Unterhaltspflicht bestand, auf die hätte verzichtet werden können, so dass der Sozialbehörde kein Nachteil entsteht.[34]
- **Abkoppelung des Unterhalts von späterer Einkommensentwicklung:** Der Ehevertrag kann den Unterhalt von einer späteren Einkommenssteigerung abkoppeln und auf einen bestimmten Betrag begrenzen, wenn damit alle ehebedingten Nachteile ausgeglichen sind.[35]
- **Keine Pflicht zur Bildung von Versorgungsanrechten:** Die Vereinbarung von Gütertrennung hält auch dann, wenn die Altersversorgung des Unternehmers nur durch Vermögen gesichert ist, das dem Zugewinn unterfallen wäre, im Versorgungsausgleich jedoch keinerlei Versorgungsanrechte gebildet sind.[36]
- **Ausschluss Versorgungsausgleich kritisch:** In zwei Urteilen hat der BGH betont, dass der kompensationslose Ausschluss des Versorgungsausgleichs gegenüber einer schwangeren Verlobten zur Sittenwidrigkeit des gesamten Ehevertrages führt, wenn absehbar ist, dass die Ehefrau für längere Zeit keine eigenen Versorgungsanrechte erwerben wird.[37]

---

[25] BGH FamRZ 2005, 26; BGH FamRZ 2005, 185 je mit Anm. *Bergschneider*.
[26] *C. Münch*, Ehebezogene Rechtsgeschäfte Rdnr. 3799.
[27] BGH FamRB 2005, 126.
[28] BGH FamRZ 2005, 1444; BGH FamRZ 2005, 1449.
[29] BGH FamRZ 2005, 1444; BGH FamRZ 2005, 1449; BGH FamRZ 2006, 1097.
[30] BGH FamRB 2005, 126.
[31] BGH FamRZ 2006, 1097; BGH FamRZ 2007, 450.
[32] Kritisch aus diesem Grunde *Bergschneider* FamRZ 2007, 453; *Grziwotz* DNotZ 2007, 304 f.
[33] BGH ZNotP 2006, 428 ff.
[34] BGH FamRZ 2007, 197 f.
[35] BGH NJW 2007, 2848.
[36] BGH NJW 2008, 1076 f.; zum „eingesperrten Versorgungsausgleich" *C. Münch* FamRB 2008, 350 f.
[37] BGH NJW 2008, 3426; BGH FamRZ 2009, 1041.

- **Inhaltskontrolle auch zugunsten des Unterhaltspflichtigen:** Ein Unterhaltspflichtiger, der eine Unterhaltsleistung im Rahmen einer novierenden Vereinbarung in fester Höhe zusagt, ist bei einem Absinken seiner Leistungsfähigkeit geschützt, da auch zu seinen Gunsten eine Inhaltskontrolle durchzuführen ist. Im konkreten Fall war ausschlaggebend, dass sich die Vereinbarung zu Lasten des Sozialhilfeträgers ausgewirkt hätte. In Zukunft wird daher in solchen Fällen eine „Notklausel" vereinbart werden.[38]

13 b) **Konsequenzen für den Beurkundungsablauf.** Im Hinblick auf die Imparität der Ehegatten ist das Beurkundungsverfahren insoweit von Bedeutung, als die ordnungsgemäße Beurkundung unter Einhaltung der gebotenen Schutzstandards im Rahmen der Gesamtabwägung zu berücksichtigen ist und zum Abbau einer etwa vorhandenen Unterlegenheit beitragen kann.[39] Hierzu müssen gewisse Mindeststandards eingehalten sein, um den Schutz der Ehegatten durch das Verfahren zu gewährleisten.[40] Daher ist folgendes zu beachten:

14 • **Vertragsvorlauf:** Beide Vertragsteile sollten in die Vorbesprechung und Entwurfserstellung eingebunden sein, so dass sie rechtzeitig vor Beurkundung einen **Vertragsentwurf** erhalten.[41] Eine eigene **anwaltliche Beratung** des Verzichtenden kann sich zur Herstellung der Parität empfehlen,[42] vor allem wenn auf der anderen Seite bereits Firmenjuristen, Anwälte etc. tätig geworden sind. Ein Vertragsabschluss **unmittelbar vor der Hochzeit** wird zum Teil kritisch gesehen. Dies ist vor allem dann zutreffend, wenn der verzichtende Ehegatte sich zuvor nicht anhand eines Entwurfes mit der Materie beschäftigen konnte.[43]

15 • **Übersetzung:** Sofern ein Vertragsbeteiligter nicht ausreichend deutsch spricht, ist ein Dolmetscher hinzuzuziehen, und zwar am besten schon bei der Vorbesprechung. Es ist ratsam, den Entwurf und dann auch die Urkunde schriftlich übersetzen zu lassen, um so schon dem Einwand zu begegnen, man sei unterlegen, weil bereits die Sprache des Vertrages nicht verstanden wurde.[44] Die Übersetzung sollte von einem öffentlich vereidigten sachverständigen Dolmetscher durchgeführt werden.[45]

16 • **Persönliche Anwesenheit:** Zwar erlaubt der BGH den Abschluss eines Ehevertrages aufgrund Vollmacht unter Befreiung von den Beschränkungen des § 181 BGB,[46] davon sollte der Notar jedoch keinen Gebrauch machen. Soweit die Dauer des Beurkundungstermins für erheblich betrachtet wird,[47] sind aber auch persönliche Vorbesprechungen mit einzubeziehen.

17 • **Dokumentation:** Da bei Eheverträgen Streitigkeiten über die Urkunde und auch den Beurkundungsablauf auch noch lange nach Beurkundung entstehen können, ist es ratsam, sowohl den Ablauf (z.B. den Entwurfsversand, die Prüfungszeit etc) in der Urkunde zu vermerken als auch Belehrungsvermerke im Hinblick auf die Inhaltskontrolle aufzunehmen. Schließlich kann die Nebenakte hierzu nach § 5 Abs. 4 DONot mit einem Vermerk über längere Aufbewahrungszeiten versehen werden.

18 c) **Konsequenzen für den Urkundsinhalt.** Vergegenwärtigt man sich die Prüfungsmethode bei der späteren richterlichen Inhaltskontrolle, so muss diese auch Auswirkung auf den Urkundsinhalt haben. Was der Richter später prüfen wird, muss der Notar bei Abschluss des Vertrages erheben, denn er muss gleichsam als Instanz vorweggenommener Inhaltskontrolle auch selbst die Wirksamkeit des Vertrages einschätzen können.

19 • **Präambel:** Um die individuellen Verhältnisse bei Vertragsabschluss, zu denen nach Ansicht des BGH auch der geplante Zuschnitt der Ehe gehört, im Rahmen der späteren Gesamt-

---

[38] Hierzu C. *Münch* notar 2009, 286 ff., 291 und unten Rdnr. 205 ff.

[39] C. *Münch* DNotZ 2004, 901 ff.

[40] C. *Münch* MittBayN0t 2003, 107 ff.; *Wachter* ZNotP 2003, 408 ff.; *J. Mayer* FPR 2004, 363, 369; *Langenfeld* Rdnr. 87.

[41] *Bergschneider* FamRZ 2004, 1757, 1764 hält eine dem § 17 Abs. 2a Nr. 2 BeurkG entlehnte Frist von zwei Wochen für angemessen.

[42] Vgl. etwa OLG Koblenz FamRZ 2004, 205; OLG Hamm OLGR 2006, 731.

[43] So ausdrücklich BGH NJW 2008, 3426 f.

[44] Vgl. OLG Koblenz NJW 2003, 2920.

[45] *Bergschneider,* Richterliche Inhaltskontrolle, Rdnr. 84.

[46] BGH DNotZ 1999, 46.

[47] *Bergschneider,* Richterliche Inhaltskontrolle, Rdnr. 80.

schau nachvollziehen zu können, müssten schon bei Vertragsabschluss diese Angaben erhoben und in einer Präambel zum Vertrag festgehalten werden. Eine solche Präambel in Eheverträgen wird in der Literatur gefordert[48] und war auch Postulat des 15. Dt. Familiengerichtstages.[49] In einer solchen Präambel kann die eheliche Rollenverteilung angesprochen sein. Der BGH hat insoweit verschiedentlich auf die ehevertraglichen Vereinbarungen Rückgriff genommen. Aus einem Ehevertrag, der sich vor allem mit der Eigenbetreuung der Kinder durch einen Elternteil befasst, wird so leicht der Schluss gezogen, eine lange dauernde Kinderpause entspreche der ehelichen Rollenverteilung, so dass dementsprechende Nachteile ehebedingt sind.[50] Es kann daher gerade in Diskrepanzfällen der Ehevertrag im Gegenteil die Angabe enthalten, dass eine Betreuung der Kinder durch Dritte personell und finanziell ohne weiteres dargestellt werden kann. Allerdings gibt die Präambel dem Richter später auch Anhaltspunkte, um zu einer Ausübungskontrolle wegen veränderter Verhältnisse zu kommen. Vielfach scheuen die Parteien eine Aufnahme von genauen Angaben in die Urkunde. Dann sollten wenigstens die grundlegenden Sachverhaltsbeschreibungen (Berufstätigkeit, Ausbildung etc.) aufgenommen werden.

- **Salvatorische Klausel:** Hält das Gericht im Rahmen der Inhaltskontrolle eine Einzelklau- 20
sel für sittenwidrig, so kann mit einer salvatorischen Klausel die Wirksamkeit der anderen vertraglichen Abreden erreicht werden. Resultiert die Nichtigkeit aus einer Gesamtschau, hilft auch die salvatorische Klausel nicht.[51] Die salvatorische Klausel kann auch bei der Ausübungskontrolle Bedeutung haben, denn sie zeigt, dass die Ehegatten die unterschiedlichen Regelungen auch einzeln vereinbaren wollten. Auffanglinien, die bei Unwirksamkeit eine Alternativregelung anbieten, dürfen nicht zu einer Art Reduktionskaskade führen. Allerdings muss den Schwierigkeiten einer Vertragsgestaltung bei unsicheren Grenzlinien auch Rechnung getragen werden, sodass eine einzige auffangende Alternative wohl als zulässig angesehen werden muss.
- **Auffangklausel zu Vermeidung ehebedingter Nachteile:** Nachdem der BGH die ehebe- 21
dingten Nachteile in das Zentrum seiner Rechtsprechung zur Inhaltskontrolle von Eheverträgen gestellt hat, wird man sagen können, dass Eheverträge, denen es gelingt, alle ehebedingten Nachteile auszugleichen, jedenfalls nicht sittenwidrig sind. Daher kann ein Ehevertrag, der sich in seinen Detailregelungen bemüht, Verzichte so zu begrenzen oder zu kompensieren, dass ehebedingte Nachteile nicht auftreten, um eine allgemeine Auffangsklausel ergänzt werden, die dazu verpflichtet, alle nachweislich noch entstandenen ehebedingten Nachteile auszugleichen. Eine solche Klausel hat den Nachteil einer gewissen Unbestimmtheit, sie sollte daher nur in einer Diskrepanzehe vereinbart werden, in der weitere Leistungen ohne weiteres dargestellt werden können.

Formulierungsvorschlag:

Wir wollen durch diesen Ehevertrag alle ehebedingten Nachteile ausgleichen, welche der Ehefrau 22
durch die Berufsaufgabe im Zusammenhang mit der Kindererziehung entstehen. Sollte dies nicht gelungen sein und eine oder mehrere Bestimmung dieses Vertrages aus diesem Grund unwirksam oder unanwendbar sein, so verpflichten wir uns für diesen Fall, die entsprechende Bestimmung so abzuändern, dass in dem betroffenen Bereich alle nachweislich ehebedingten Nachteile ausgeglichen werden.

- **Belehrungsvermerke:** Gerade die Rechtsprechung zur Inhaltskontrolle von Eheverträgen 23
zeigt, wie wichtig es für den Notar ist, intensiv zu belehren und entsprechende Belehrungsvermerke in der Urkunde zu dokumentieren.[52] Neben den einzelnen Belehrungen zu Güterstandsregelungen, Unterhalt und Versorgungsausgleich empfiehlt sich eine abschlie-

[48] *Bergschneider* FamRZ 2004, 1757, 1764; *ders.*, Richterliche Inhaltskontrolle, 78; *Dauner-Lieb* FF 2004, 65, 69; *Grziwotz* FamRB 2004, 199, 203.
[49] FuR 2004, 18 ff.
[50] BGH ZNotP 2006, 428 ff.
[51] *Brambring* NJW 2007, 865, 869.
[52] *Koch* NotBZ 2004, 147, 148.

ßende Belehrung über die Inhaltskontrolle. Hier ist auch Platz für eine Dokumentation von Ratschlägen, denen die Ehevertragsparteien nicht gefolgt sind. Eine solche abschließende Belehrung sollte – durchaus auch unter Verwendung der vom BGH gebrauchten Termini – verdeutlichen, dass ein Vertrag von Anfang an unwirksam sein oder im Rahmen einer späteren Ausübungskontrolle einer Anpassung unterliegen kann, wenn er in der richterlichen Inhaltskontrolle keinen Bestand hat.

Formulierungsvorschlag:

24 Der Notar hat auf die Rechtsprechung des Bundesverfassungsgerichts und des Bundesgerichtshofs zur Inhaltskontrolle von Eheverträgen hingewiesen und erläutert, dass ehe-vertragliche Regelungen bei einer besonders einseitigen Aufbürdung von vertraglichen Lasten und einer erheblich ungleichen Verhandlungsposition unwirksam oder unanwend-bar sein können.

Die Vertragsteile erklären, dass sie nach einer Vorbesprechung und dem Erhalt eines Vertragsentwurfes die rechtlichen Regelungen dieses Vertrages umfassend erörtert haben und dieser Vertrag ihrem gemeinsamen Wunsch nach Gestaltung ihrer ehelichen Verhältnisse entspricht. Sie sind insbesondere überzeugt, dass mit den Regelungen dieses Vertrages alle etwa eintretenden ehebedingten Nachteile ausgeglichen sind.

Der Notar hat darauf hingewiesen, dass bei einer Änderung der Ehekonstellation – hierzu gehören insbesondere die Geburt gemeinsamer Kinder oder gewichtige Änderungen der Erwerbsbiografie – die Regelungen auch nachträglich einer Ausübungskontrolle unterliegen können. Er hat in diesem Zusammenhang auch auf die Rechtsprechung zu den gewandelten eheliche Lebensverhältnissen hingewiesen. Er hat geraten, in diesem Fall die vertraglichen Regelungen der veränderten Situation anzupassen.

II. Güterstand

1. Der gesetzliche Güterstand – kein Unternehmermodell

25 a) **Zugewinnausgleich und Verfügungsbeschränkungen.** Der Grundgedanke der Zugewinngemeinschaft besteht in einer **hälftigen Teilhabe jedes Ehegatten** an dem von beiden erworbenen Vermögen, und zwar unabhängig von der ehelichen Rollenverteilung. So soll vor allem derjenige Ehegatte, der den Haushalt versorgt, in gleicher Weise am Gesamterwerb beteiligt werden wie der erwerbstätige Ehegatte (**Einverdienerehe**). Dadurch enthält die Zugewinngemeinschaft für viele andere Ehetypen unpassende Regelungen.[53] Erst eine ehevertragliche Anpassung des gesetzlichen Güterstandes an den Ehetyp führt dann zu einer gerechten ehelichen Vermögensordnung.[54]

26 Hierzu bedarf es der Ehevertragsfreiheit geradezu als ein notwendiges Korrektiv zur Anpassung der gesetzlichen Vorgaben an den jeweiligen Ehetyp.[55] Weder Art. 6 GG[56] noch § 1356 BGB enthalten ein gesetzliches Leitbild der Ehe,[57] so dass – in den geschilderten Grenzen – die ehevertragliche Vereinbarung der Ehegatten für die individuelle Ehe typengerechte Regelungen treffen kann.

27 Der Gesetzgeber hat die Zugewinngemeinschaft zum 1. 9. 2009 vor allem durch die Einführung eines negativen Anfangs- und Endvermögens leicht modifiziert.[58] Er geht hierbei davon aus, dass sich die Zugewinngemeinschaft bewährt[59] habe.[60]

[53] Zur Kritik an der Zugewinngemeinschaft etwa *Battes* FuR 1990, 311 ff.; *Gernhuber* NJW 1991, 2238: „verbuckelte Gestalt", nicht integrierbare „Bonner Quart"; *Henrich* FamRZ 2002, 1521, 1523.

[54] Für die Lebenspartnerschaft ist die Zugewinngemeinschaft erneut als Regelvermögensstand vorgesehen, obwohl hier regelmäßig eine völlig andere Lebensgestaltung zugrunde liegt.

[55] BGH NJW 2004, 930 f.; *Langenfeld* Rdnr. 77.

[56] Hierzu C. *Münch* KritV 2005, 208 ff.

[57] BT-Drucks. 7/4361, S. 7.

[58] BGBl. 2009 I, S. 1696.

[59] BR-Drucks. 635/08, S. 15 ff. – sehr krit. zur Begründung des Gesetzentwurfes *Koch* FamRZ 2008, 1124, 1129.

[60] Zu den Einzelheiten des Reformgesetzes C. *Münch* MittBayNot 2009, 261.

aa) Vermögen und Verbindlichkeiten getrennt. Obwohl der Wortlaut „Zugewinngemeinschaft“ anderes vermuten lässt, bleibt das **Vermögen** der Ehegatten getrennt, Auswirkungen des gesetzlichen Güterstandes beschränken sich auf den Zugewinnausgleich bei seinem Ende. Der **Zugewinnausgleichsanspruch** des berechtigten Ehegatten ist somit während des Bestehens der Ehe **latent und ungesichert.**[61] 28

Praxistipp:

Es kann sich empfehlen, insbesondere mit Blick auf die Anfechtungsgefahren[62] einen Zugewinnausgleich schon im Laufe der Ehe durchzuführen, um den Zugewinn sicherzustellen.

Somit verwaltet auch jeder Ehegatte sein Vermögen selbst. Weitere Folge der Vermögenstrennung ist, dass **jeder Ehegatte nur für eigene Verbindlichkeiten haftet,**[63] insoweit wird die Zugewinngemeinschaft von vielen Mandanten missverstanden. Lediglich § 1357 BGB gewährt eine Verpflichtungsbefugnis für Geschäfte zur Deckung des Lebensbedarfs. 29

bb) Zugewinnausgleich im Todesfall. Auch im Rahmen dieses Zugewinnausgleichs wird der andere Ehegatte **nicht dinglich** an den Vermögensgütern des Ehepartners beteiligt, **sondern** er erhält nur eine **Ausgleichsforderung** nach § 1378 BGB. Allerdings tritt, soweit der Zugewinn im Todesfall durch eine Erhöhung der Erbquote des Ehegatten ausgeglichen wird, eine unmittelbare (höhere) Mitberechtigung am Nachlass durch **Erhöhung des gesetzlichen Erbteils um ein Viertel** ein. Dies gilt den Zugewinn pauschal ab und hängt nicht von seiner tatsächlichen Höhe ab. Die Erhöhung greift also sogar dann ein, wenn nur der überlebende Ehegatte Zugewinn erzielt hat. Lebzeitige Zuwendungen werden auf dieses erbrechtliche Viertel anders als bei § 1380 BGB nicht angerechnet.[64] Die Erhöhung der Erbrechtsquote des Ehegatten führt zugleich zu einer **Reduzierung der Kinderpflichtteile.** Nur wenn der überlebende Ehegatte gesetzlicher oder durch Verfügung von Todes wegen berufener **Erbe oder Vermächtnisnehmer** ist,[65] kommt eine Erhöhung seiner Erbquote in Betracht. 30

Ist der überlebende Ehegatte weder Erbe noch Vermächtnisnehmer – der Ehegatte kann immer auch ausschlagen, um den tatsächlichen Zugewinn zu erlangen (§ 1371 Abs. 2, 3 BGB) –, so greift die **güterrechtliche Lösung** nach § 1371 Abs. 2 BGB. Er erhält in diesem Fall nur den kleinen Pflichtteil[66] und den tatsächlichen Zugewinn. 31

Praxistipp:

Auch bei ehevertraglichem Ausschluss des Zugewinns im Scheidungsfall bleibt der Zugewinnausgleichsanspruch im Todesfall bestehen. Ein gleichzeitiger Pflichtteilsverzicht bewirkt nicht, dass der güterrechtliche Zugewinnausgleichsanspruch des Ehegatten nach § 1371 Abs. 2 BGB entfällt!

cc) Güterrechtlicher Zugewinnausgleich. Bei Ehescheidung, Eheaufhebung (§§ 1313 ff. BGB), vorzeitiger Aufhebung der Zugewinngemeinschaft (§§ 1385 ff. BGB), Güterstandswechsel durch Ehevertrag oder wenn die güterrechtliche Lösung im Todesfall greift, erfolgt der **güterrechtliche Zugewinnausgleich** nach §§ 1372 ff. BGB. Dieser ist ein reiner Geldanspruch. Als **Zugewinn** ist der Betrag definiert, um den das Endvermögen eines Ehegatten dessen Anfangsvermögen übersteigt (§ 1373 BGB). Ist der Zugewinn beiderseits ermittelt, muss der Ehegatte mit dem höheren Zugewinn die **Hälfte des Überschusses** an den anderen ausbezahlen (§ 1378 Abs. 1 BGB). Es handelt sich um eine sofort fällige Forderung. 32

Anfangsvermögen ist nach § 1374 Abs. 1 BGB dasjenige Vermögen, das einem Ehegatten bei Eintritt des Güterstandes gehört. Es handelt sich um eine rein rechnerische Größe (Saldo 33

[61] Ein vorzeitiger Zugewinn nach §§ 1385 ff. BGB greift nur ausnahmsweise ein.
[62] BGH WM 2010, 1659 = NZI 2010, 738.
[63] Palandt/*Brudermüller* Vorbem. vor § 1363 Rdnr. 2.
[64] Palandt/*Brudermüller* § 1371 Rdnr. 5.
[65] *Reimann/Bengel/J. Mayer* A 146 f.
[66] BGH DNotZ 1983, 187 m. Anm. *Wolfsteiner*.

aus Aktiva und Passiva). Die Reform des Zugewinnausgleichsrechts hat die Möglichkeit **negativen Anfangs- oder Endvermögens** geschaffen (§§ 1374 Abs. 1 Satz 2, Abs. 3, 1375 Abs. 1 Satz 2 BGB). Damit zählt auch ein Schuldenabbau in der Ehe als Zugewinn. Dies war bisher nur durch ehevertragliche Regelung erreichbar.

34 Der Gesetzgeber hat gleichwohl die Vermutung des § 1377 Abs. 3 BGB nicht geändert, obwohl sie gedanklich von einem Anfangsvermögen 0 ausgeht. Ehegatten sollten daher nach wie vor negatives Anfangsvermögen gesondert festhalten. Einen negativen Zugewinn gibt es hingegen auch nach der Reform nicht, sonst würde letztendlich ein Ehegatte für die Verbindlichkeiten des anderen Ehegatten mit haften. Dies käme nur den Gläubigern zugute.[67]

35 Da der Zugewinnausgleich nur dazu dienen soll, den Ehegatten an der gemeinsamen Lebensleistung zu beteiligen, hat der Gesetzgeber in **§ 1374 Abs. 2 BGB privilegiertes Vermögen** vom Zugewinn ausgenommen, das ein Ehegatten von Todes wegen, mit Rücksicht auf ein künftiges Erbrecht, durch Schenkung oder als Ausstattung erhalten hat. Nicht unter § 1374 Abs. 2 BGB fallen Schenkungen oder unbenannte Zuwendungen unter Ehegatten, die somit nicht zum Anfangsvermögen gehören.[68] Bei Zuwendungen von Schwiegereltern hat der BGH jüngst seine Rechtsprechung geändert. Er stellt diese nun nicht mehr unbenannten Ehegattenzuwendungen gleich, sondern sieht sie als Schenkung an das Schwiegerkind an, für die nach einer Trennung die Geschäftsgrundlage entfällt. Sie fällt daher abzüglich des Rückerstattungsanspruchs der Schwiegereltern in das Anfangsvermögen.[69] Wirkliche Wertsteigerungen des privilegierten Vermögens fallen ihrerseits in den Zugewinn und sind nicht privilegiert.[70]

36 **Stichtag** für die Berechnung des **Anfangsvermögens** ist der Eintritt des Güterstandes der Zugewinngemeinschaft, § 1374 Abs. 1 BGB, somit das Datum der Eheschließung oder des Abschlusses eines Ehevertrages mit dem Zugewinngemeinschaft vereinbart wurde. Der Stichtag kann ehevertraglich abweichend vereinbart werden.[71] Das Anfangsvermögen wird sodann auf den Endvermögensstichtag mit Hilfe des Verbraucherpreisindex Deutschland **indexiert** (Anfangsvermögen * Index Endvermögen/Index Anfangsvermögen), um unechte Wertsteigerungen herauszurechnen.

37 **Stichtag** für die **Endvermögensberechnung** ist nach § 1375 Abs. 1 Satz 1 BGB die Beendigung des Güterstandes, in Fällen einer Scheidung jedoch nach § 1384 BGB die Rechtshängigkeit des Scheidungsantrags. Zu beachten ist, dass dem Endvermögen illoyale Vermögensminderungen nach § 1375 Abs. 2 BGB wieder hinzugerechnet werden. Seit der Reform des Zugewinnausgleichsrechts wird nach § 1375 Abs. 2 Satz 2 BGB vermutet, dass Vermögensminderungen nach der Trennung illoyal sind. Hierzu gibt es flankierend noch in § 1379 BGB n.F. einen Auskunftsanspruch für den Zeitpunkt der Trennung, der somit erstmals entscheidende Bedeutung erlangt.

38 Die sog. **Vermögenswertbegrenzung** deckelt die Höhe der Zugewinnausgleichsforderung durch den Wert des Vermögens, das beim Ausgleichsverpflichteten nach Abzug der Verbindlichkeiten **bei Beendigung des Güterstandes** noch vorhanden ist (§ 1378 Abs. 2 BGB). Im Zusammenhang mit der Möglichkeit negativen Anfangsvermögens kann es somit dazu kommen, dass ein Zahlungsverpflichteter all sein Vermögen einsetzen oder sich bei illoyaler Vermögensverwendung sogar verschulden muss, um den Zugewinnausgleich leisten zu können. Die Reform des Zugewinnrechts hat hierzu zwei Neuerungen gebracht: Zum einen ist nach § 1384 BGB n.F. nunmehr in Scheidungsfällen die Rechtshängigkeit des Scheidungsantrags maßgeblicher Zeitpunkt und zum anderen wird nach § 1375 Abs. 2 BGB der volle Betrag illoyaler Vermögensverwendung auf die Höchstgrenze hinzugerechnet.

[67] BR-Drucks. 635/08, S. 18; *Büte* FuR 2008, 105, 108; *Krause* ZFE 2009, 55; *Hoppenz* FamRZ 2008, 1889, 1890; zweifelnd *Kogel* FamRB 2011, 54 f.

[68] BGH NJW 1982, 1903; BGHZ 101, 65 ff.

[69] BGH FamRZ 2010, 1598; BGH NJW 2010, 2884.

[70] Bamberger/Roth/*J. Mayer* § 1374 Rdnr. 26; *Muscheler* FamRZ 1998, 266 ff.

[71] MünchKommBGB/*Koch* § 1374 Rdnr. 3.

Praxistipp:

Gerade dem Unternehmer, dessen Vermögenswert sich nahezu täglich verändert und in Zeiten der Krise auch sehr schnell an Wert verlieren kann, wäre dringend zu raten, möglichst bald nach der Trennung die Zugewinngemeinschaft zu beenden, um nicht der Vermutung illoyaler Verwendung zu unterfallen.

dd) Verfügungsbeschränkungen. Das BGB stellt zwei Verfügungsbeschränkungen auf: Einmal für Verfügungen über Haushaltsgegenstände (**§ 1369 BGB**) und zum zweiten bei Gesamtvermögensgeschäften (**§ 1365 BGB**). Hiernach kann sich ein Ehegatte nur mit Einwilligung des anderen Ehegatten verpflichten, über sein Vermögen im Ganzen zu verfügen. Hat er sich ohne Zustimmung verpflichtet, kann er die Verpflichtung nur erfüllen, wenn der andere Ehegatte einwilligt. 39

Dies dient neben dem Schutz der **wirtschaftlichen Grundlage der Familie** vor allem zur **Sicherung des Zugewinnausgleichs**[72] (güterstandsspezifische Regelung). § 1365 BGB stellt ein **absolutes Veräußerungsverbot**[73] dar, sodass ein gutgläubiger Erwerb ausgeschlossen ist. 40

Die Rechtsprechung legt die Vorschrift so aus, dass sie bereits dann eingreift, wenn ein Ehegatte sich zu einer Verfügung über **im Wesentlichen das ganze Vermögen** (d. h. über mehr als 85%,[74] bei größeren Vermögen[75] mehr als 90%[76]) verpflichtet.

Die Verfügungsbeschränkung des § 1365 BGB greift auch dann ein, wenn nur über einen **Einzelgegenstand** verfügt wird und dieser im Wesentlichen das gesamte Vermögen darstellt. Allerdings muss nach der vorherrschenden subjektiven Theorie der Vertragspartner, an den veräußert wird, zum Zeitpunkt des Verpflichtungsgeschäftes[77] zumindest die Umstände kennen, aus denen sich ergibt, dass es sich bei dem Einzelgegenstand um das wesentliche Vermögen handelt.[78] 41

Wegen dieser Geltung auch für einzelne Vermögensgegenstände ist die Vorschrift des § 1365 BGB für den **Rechtsverkehr** so **gefährlich.** Im Bereich des **Gesellschaftsrechts** kann § 1365 BGB einschlägig sein z. B. bei der Einbringung eines Grundstücks in die Gesellschaft, aber auch bei der Änderung von Gesellschaftsverträgen, wenn sie sofort (z. B. Änderung der Beteiligungsverhältnisse) oder im späteren Vollzug (z. B. Verzicht auf Abfindung) zur Preisgabe des nahezu gesamten Vermögens führt oder führen kann.[79] Dies ist auch in Umwandlungsfällen zu bejahen.[80] Den Beteiligten ist dies oft gar nicht bewusst. 42

Praxistipp:

Im Gesellschaftsrecht ist große Vorsicht geboten bei der Geltung des § 1365 BGB. Eine gut beratene Gesellschaft wird dafür Sorge tragen, dass die Gesellschafter diese Bestimmungen ehevertraglich zumindest für die Gesellschaftsbeteiligung ausschließen.

Während einerseits **reine Zahlungsverpflichtungen** wie Bürgschaften oder Schuldübernahmen oder eine Zwangsvollstreckungsunterwerfung **nicht** unter § 1365 BGB fallen, auch wenn sie das Gesamtvermögen aufzehren,[81] gilt § 1365 BGB auch für eine Verfügung gegen 43

[72] *Müller* Kap. 3 Rdnr. 167.
[73] BGHZ 40, 218, 219.
[74] BGH FamRZ 1980, 765; hierzu *Dörr* NJW 1989, 810, 814 ff.
[75] Nach *Müller* Kap. 3 Rdnr. 171 soll ein großes Vermögen ab € 500.000,00 vorliegen.
[76] BGH FamRZ 1991, 669, 670.
[77] Kennt er sie hier nicht, so bleibt auch das Verfügungsgeschäft zustimmungsfrei, Schröder/Bergschneider/*Bergschneider* Rdnr. 4.20.
[78] BGHZ 35, 135, 143; 43, 174, 175 ff.; BGH FamRZ 1969, 322; BGH FamRZ 1990, 970; OLG München FamRZ 2000, 1152 (nur LS).
[79] MünchKommBGB/*Koch* § 1365 Rdnr. 71; Soergel/*Lange* BGB § 1365 Rdnr. 22.
[80] *Langenfeld* Rdnr. 418.
[81] Palandt/*Brudermüller* § 1365 Rdnr. 5; BGH FamRZ 1983, 455; *Langenfeld* Rdnr. 197.

volles **Entgelt**, denn das Gesetz stellt auf die Verfügung als solche, nicht auf eine wirtschaftliche Einbuße ab.[82]

Verträge sind bei fehlender Zustimmung nach § 1366 BGB schwebend unwirksam, einseitige Rechtsgeschäfte nach § 1367 BGB unwirksam.

44 § 1365 BGB ist durch **Ehevertrag abdingbar**, und zwar insgesamt oder auch nur für bestimmte Vermögensgegenstände oder für begrenzte Zeit.[83] Der Ehevertrag unterliegt den Formvorschriften des § 1410 BGB. Für diesen Ausschluss der Verfügungsbeschränkungen können die nachfolgenden Formulierungen verwendet werden:

Formulierungsvorschlag:

45 Für unsere Ehe schließen wir die Verfügungsbeschränkungen der §§ 1365 ff. BGB hiermit gegenseitig aus. Den gesetzlichen Güterstand behalten wir im Übrigen bei.

Formulierungsvorschlag:

46 Für unsere Ehe schließen wir die Verfügungsbeschränkungen der §§ 1365 ff. BGB hiermit insoweit gegenseitig aus, als Beteiligungen an Personen- oder Kapitalgesellschaften betroffen sind. Dies gilt auch für Sonderbetriebsvermögen oder Grundbesitz, der an Gesellschaften zur Nutzung überlassen ist.

Im Übrigen bleiben die Verfügungsbeschränkungen und die Bestimmungen des gesetzlichen Güterstandes für unsere Ehe gültig.

Formulierungsvorschlag:

47 Für unsere Ehe schließen wir die Verfügungsbeschränkungen der §§ 1365 ff. BGB hiermit insoweit gegenseitig aus, als die Beteiligung des Ehemannes an der Max Müller & Herbert Maier OHG betroffen ist. Dies gilt in gleicher Weise für jedes Nachfolgeunternehmen oder jede Nachfolgebeteiligung oder für Tochterunternehmen sowie für Sonderbetriebsvermögen. Im Übrigen bleiben die Verfügungsbeschränkungen und die Bestimmungen des gesetzlichen Güterstandes für unsere Ehe gültig.

48 **b) Bewertungsprobleme.** Da Anfangs- und Endvermögen bloße Wertgrößen sind, müssen zur Berechnung des Zugewinnausgleichs alle Vermögenswerte zu beiden Stichtagen bewertet werden. Im **BGB** selbst ist **kein allgemeingültiger Wertbegriff** und auch **kein Bewertungsmaßstab** festgelegt,[84] sondern lediglich eine Sonderregelung für die Landwirtschaft, § 1376 Abs. 4 BGB. Einig ist man sich darüber, dass im Zugewinn der volle wirkliche Wert zu ermitteln ist.[85] Damit scheiden i. d. R. Handelsbilanzwerte oder davon abgeleitete steuerliche Werte aus, weil diesen nach § 252 Abs. 1 Nr. 4 HGB das **Vorsichtsprinzip** zugrunde liegt.[86]

49 Die anwendbaren Bewertungsmethoden aber sind durchaus umstritten. Dies gilt insbesondere bei der Bewertung von Unternehmen bzw. Unternehmensbeteiligungen. Hierzu haben sich die Ansichten auch im Laufe der Zeit immer wieder gewandelt, je nachdem welche betriebswirtschaftliche Ansicht sich als vorherrschend erwies.

---

[82] Palandt/*Brudermüller* § 1365 Rdnr. 5; *Schröder* Rdnr. 4.8.; BGHZ 35, 135.
[83] MünchKommBGB/*Koch* § 1365 Rdnr. 99 f.
[84] *Piltz/Wissmann* NJW 1985, 2673, 2675.
[85] BVerfG FamRZ 1985, 256, 260; BGH FamRZ 1986, 37, 39; BGH FamRZ 2005, 99; Bamberger/Roth/*J. Mayer* § 1376 Rdnr. 3; MünchKommBGB/*Koch* § 1376 Rdnr. 8; Schwab/*Schwab* VII Rdnr. 63.
[86] *Riedel* Rdnr. 150 f.

Praxistipp:

Die Bewertung von Unternehmen oder Unternehmensanteilen ist juristisch und betriebswirtschaftlich ein komplexes Thema. Sie ist mit ganz erheblichen Kosten verbunden. Aus diesem Grunde wird der Unternehmer ehevertragliche Vereinbarungen suchen, mit denen sich schon die Bewertung vermeiden lässt.

Aus § 1376 BGB leitet man folgende Bewertungsgrundsätze ab: 50

- die **Maßgeblichkeit des vollen Wertes,**
- die **Anwendung anerkannter Bewertungsgrundsätze** zur Feststellung dieses Wertes,[87]
- die **Stichtagsbezogenheit der Bewertung.**[88]

Praxistipp:

Im Zugewinnausgleich ist der volle wahre Wert eines Unternehmens auszugleichen ! Da Liquidität für die sofortige Erfüllung eines solchen Anspruches in der Regel nicht zur Verfügung steht, kann dies bedeuten, dass ein Unternehmen im Scheidungsfall veräußert werden muss.

Die Rechtsprechung legt sich für die Bewertung im Rahmen des Zugewinnausgleichs 51 **nicht** auf eine **bestimmte Bewertungsmethode fest.** Sie ist der Ansicht, dass es Aufgabe des sachverständig beratenen Tatrichters ist, die im Einzelfall zutreffende Bewertungsmethode auszuwählen und anzuwenden.[89] Dabei ist wesentlich auch der Bewertungszweck mit in die Betrachtung einzubeziehen, denn viele betriebswirtschaftliche Bewertungsmethoden sind für den Güteraustausch entwickelt worden und bei der Bewertung für den Zugewinnausgleich daher anpassungsbedürftig.[90] Das Gericht wählt folglich aus den betriebswirtschaftlich und juristisch entwickelten Methoden die geeignete aus. Es kann auch mehrere aufgrund verschiedener Methoden ermittelte Werte zur endgültigen Bewertung heranziehen, etwa durch die **Bildung eines Mittelwertes.**[91] Nicht zulässig ist jedoch die Vermischung verschiedener Methoden.[92]

Das **Stichtagsprinzip** heißt für die Unternehmensbewertung, dass die Bewertung immer 52 zum maßgeblichen Stichtag für das Anfangs- bzw. Endvermögen zu erfolgen hat. Dabei dürfen nur die zum Stichtag vorhandenen Erkenntnisse in die Bewertung einfließen unter Ausblendung nachfolgender Ereignisse.[93] Der BGH hat hierzu eine **„Wurzeltheorie“**[94] entwickelt, die all jene späteren Entwicklungen mit einbezieht, deren Wurzeln in der Zeit vor dem Bewertungsstichtag liegen.[95]

Nachfolgend sollen die verschiedenen Bewertungsmethoden geschildert werden.

aa) Ertragswertmethode. Zentrale, von der Betriebswirtschaft präferierte[96] und von der 53 Rechtsprechung gebilligte[97] Methode ist die Ertragswertmethode, die den **künftigen Ertrag des Unternehmens** ermittelt. Der Ertrag wird danach als kaufpreisbildend angesehen, da ein potentieller Käufer die Rendite aus dem Unternehmen mit einer anderen Geldanlage vergleicht.

[87] *Schröder* Rdnr. 61.
[88] *Piltz/Wissmann* NJW 1985, 2673, 2676.
[89] BGH FamRZ 2005, 99; BGH FamRZ 2003, 1186, 1187; BGH FamRZ 1991, 43; MünchKommBGB/*Koch* § 1376 Rdnr. 8.
[90] *Schröder* Rdnr. 62.
[91] OLG Bamberg FamRZ 1995, 607 ff.; Johannsen/Henrich/*Jaeger* § 1376 Rdnr. 21.
[92] BGH FamRZ 2005, 99.
[93] *Braunhofer* 109; *Piltz/Wissmann* NJW 1985, 2673, 2676.
[94] So OLG Düsseldorf DB 2000, 81.
[95] BGH NJW 1973, 509, 511.
[96] *Piltz/Wissmann* NJW 1985, 2673, 2677.
[97] BGH FamRZ 1982, 54 f.; BGH FamRZ 2005, 99 f.

Unter dem **Ertragswert** versteht man die **Summe aller zukünftigen Erträge** des fortgeführten Unternehmens[98] **vermehrt um** den **Veräußerungswert des nicht betriebsnotwendigen** Vermögens zu Einzelveräußerungspreisen.[99] Unterste Grenze des Unternehmenswertes ist hierbei der Liquidationswert.[100] Der **Barwert** des Unternehmens errechnet sich sodann aus der **Abzinsung** der künftigen Erträge auf den Bewertungsstichtag,[101] die bei unbefristeter Ertragsperiode mit der Formel für die immerwährende Rente vorgenommen wird.[102] Der Abzinsungsfaktor heißt **Kapitalisierungszinssatz.** Er besteht zum einen aus dem **Basiszinssatz,** der sich üblicherweise nach der durchschnittlichen Effektivverzinsung inländischer öffentlicher Anleihen bemisst,[103] und verschiedenen **Zuschlägen** (die den Barwert vermindern, z. B. Unternehmensrisikozuschlag[104]) und **Abschlägen** (die den Barwert erhöhen, z. B. Geldentwertungsabschlag[105]). Neben dem Ertragswert kann nicht noch gesondert ein **„good will"** ausgerechnet werden, da dieser im Ertragswert bereits enthalten ist.[106]

54 Erträge der Vergangenheit, die um einmalige nicht periodengerechte Entwicklungen zu bereinigen sind, bilden die Grundlage einer **Prognose in die Zukunft,** die unter der Annahme steht, dass die Entwicklung auch künftig so weiter verläuft.[107] Hierbei können jüngere Jahre stärker gewichtet werden,[108] wenn sich in der Entwicklung eine Tendenz zeigt. Die besonderen Verhältnisse wachstumsstarker oder ertragsschwacher oder stark inhabergeprägter Unternehmen müssen im Rahmen der Ertragswertmethode besonders berücksichtigt werden.[109]

55 Im Rahmen der Unternehmensbewertung berücksichtigt die moderne betriebswirtschaftliche Theorie in Deutschland nunmehr einen Abzug sowohl der Ertragsteuern auf Ebene des Unternehmens wie auch der Ertragsteuern der Unternehmenseigner und bildet die Steuern auch im Kapitalisierungszinsfuss ab.[110] Hierzu wird ein typisierter Ertragsteuersatz angesetzt.[111]

56 Zu diesem so errechneten Wert muss der **Veräußerungswert des nicht betriebsnotwendigen** Vermögens hinzugezählt werden.[112] Ein Vermögenswert hat dann als nicht betriebsnotwendig zu gelten, wenn er veräußert werden kann, ohne dass dies die Unternehmenstätigkeit tangiert[113](funktionale Abgrenzung nach der tatsächlichen Nutzung).[114]

57 Nachdem für das nicht betriebsnotwendige Vermögen auf einen Verkauf abgestellt wird, sind sowohl eine latente Ertragsteuer[115] als auch Veräußerungskosten[116] abzuziehen.

---

[98] *Piltz/Wissmann* NJW 1985, 2673, 2674.

[99] *Borth* FamRB 2002, 339, 341; *Burg/Gimnich* NotBZ 2005, 279, 286; *Großfeld* S. 168 ff.; OLG Düsseldorf DB 2000, 81.

[100] *Kuckenburg* FuR 2005, 401; *Piltz/Wissmann* NJW 1985, 2673, 2674; Bamberger/Roth/*J. Mayer* § 1376 Rdnr. 11.

[101] *Großfeld* S. 39.

[102] BGH FamRZ 1982, 54, 55.

[103] BGH FamRZ 1982, 54, 55; OLG Düsseldorf DB 2000, 81.

[104] BGH FamRZ 1982, 54, 55; OLG Düsseldorf DB 2000, 81, 83; gegen den Ansatz eines solchen Zuschlags: OLG Celle NZG 1998, 987, 989.

[105] OLG Düsseldorf DB 2000, 81, 83.

[106] *Großfeld* S. 40; Johannsen/Henrich/*Jaeger* § 1376 Rdnr. 18.

[107] OLG Bamberg FamRZ 1995, 607, 610.

[108] *Kogel* Rdnr. 774.

[109] IDW S 1 Rdnr. 145 ff.

[110] *Großfeld/Stöver/Tönnes* BB-Spezial 7/2005, 2, 10.

[111] IDW S 1 Rdnr. 28, 43 ff., *Großfeld* 100 ff.; *Großfeld/Stöver/Tönnes* BB-Spezial 7/2005, 2, 10; *Reimann* DNotZ 1992, 472, 475; *Schröder* Rdnr. 73.

[112] BGH FamRZ 2005, 99; BayObLG AG 1995, 127 ff.; OLG Düsseldorf DB 2000, 81; *Borth* FamRB 2002, 339, 341; *Burg/Gimnich* NotBZ 2005, 279, 286; *Großfeld* 168 ff.; *Piltz/Wissmann* NJW 1985, 2673, 2674.

[113] *Großfeld* S. 168.

[114] In diesem Sinne kann auch ein Verlustvortrag nicht notwendiges Betriebsvermögen sein, *Großfeld* S. 173; Brauereieigene Gaststätten sieht das BayObLG als nicht betriebsnotwendig an, nachdem nur noch 5% des Biervertriebs über die eigenen Gaststätten erfolgt. Das nicht betriebsnotwendige Vermögen ist gesondert zu bewerten, BayObLG, AG 1995, 127 ff.

[115] BGH FamRZ 2005, 99, 101; OLG Düsseldorf DB 2000, 81; *Manderscheid* ZFE 2005, 341, 343.

[116] BGH FamRZ 2005, 99, 101.

Im sogleich zu besprechenden **IDW-Standard** ist zusätzlich zu berücksichtigen, ob solches Vermögen der Kreditsicherung dient und seine Veräußerung daher die Finanzierungskosten erhöht.[117] 58

Soweit der Veräußerer oder seine Angehörigen[118] im Betrieb tätig waren, ist vom Unternehmenswert ein **kalkulatorischer Unternehmerlohn** abzuziehen,[119] da der Veräußerer jedenfalls nicht ohne gesondertes Entgelt weiter mitarbeiten würde. Die Ergebnisrechnungen von **Einzelunternehmen und Personengesellschaften** enthalten dies noch nicht, sodass hier eine Korrektur erfolgen muss.[120] Der Abzug bemisst sich nach dem durchschnittlichen Geschäftsführergehalt eines nicht am Unternehmen Beteiligten[121] zuzüglich eines Zuschlages von 20% für den Arbeitgeberanteil zur Sozialversicherung.[122] 59

Der Ansatz eines Ertragswertes für ein Unternehmen ist nur gerechtfertigt, wenn es für das **Unternehmen einen Markt gibt.**[123] 60

bb) IDW-Standard S 1. Angesichts der vielen Facetten, die bei einer Unternehmensbewertung unterschiedlich gesehen werden können, ist die Herausbildung allgemeiner Standards umso wichtiger, auf die Bezug genommen werden kann. Als ein solcher Standard haben sich die vom Hauptfachausschuss des Instituts der Wirtschaftsprüfer verabschiedeten **„Grundsätze zur Durchführung von Unternehmensbewertungen (IDW S 1)"** etabliert. Diese Grundsätze unterliegen einer periodischen Überprüfung und sind erst jüngst am 2. 4. 2008 wieder neu beschlossen worden.[124] Dieser Standard wird ergänzt durch die **Stellungnahme des Hauptfachausschusses zur Unternehmensbewertung im Familien- und Erbrecht,** die auch im neuen IDW-Standard noch in seiner Fassung von 1995[125] zitiert wird, sodass diese nach wie vor die insoweit gültige Fassung ist. 61

Mithilfe des IDW-Standards soll ein **Zukunftserfolgswert** des Unternehmens ermittelt werden. Hierfür stehen mit dem **Ertragswertverfahren** und dem **Discounted-Cash-Flow-Verfahren** (DCF-Verfahren) zwei Methoden zur Verfügung, die auch zu gleichen Unternehmenswerten führen müssten.[126] In einem allgemeinen Teil erläutert der Standard zunächst Grundsätze für beide Bewertungsmethoden. Wie bei der dargestellten Ertragswertmethode gründet die Unternehmensbewertung nach IDW zunächst auf einer **Vergangenheitsanalyse.**[127] Die daraus entwickelte **Zukunftsprognose** ist häufig in ein **Zweiphasenmodell** unterteilt. In der ersten Phase von regelmäßig etwa fünf Jahren werden auf der Grundlage der vorliegenden Daten verschiedene Einflussfaktoren einzeln veranschlagt. In einer zweiten Phase werden die so errechneten Entwicklungen dann als konstant oder konstant wachsend unterstellt. Abschließend erfolgt noch eine **Plausibilitätsprüfung.**[128] Der IDW-Standard zieht als **Vergleichsinvestition** die Renditen von Aktienportfolios heran, gleicht aber unterschiedliche Steuerbelastungen aus.[129]

Die Ertragswertmethode nach IDW S 1 bildet den **Unternehmenswert durch Diskontierung** der künftigen Ertragsüberschüsse. Die Ertragswertmethode wurde insoweit bereits vorgestellt. Der IDW-Standard regelt en detail z. B. die periodengerechte Korrektur einzelner Bilanzansätze, die Zinskosten und die Ermittlung des richtigen Kapitalisierungszinssatzes. 62

Das **DCF-Verfahren** bildet den Unternehmenswert durch Diskontierung von Cashflows, d. h. es kommt nicht auf die Ertragsüberschüsse an, sondern auf die zukünftigen **Einnahme-** 63

[117] IDW S 1 Rdnr. 59 ff.
[118] IDW S 1 Rdnr. 40.
[119] BGH FamRZ 1999, 361, 364; *Borth* FamRB 2002, 339, 340; *Fischer-Winckelmann* FuR 2004, 433, 436; *Manderscheid* ZFE 2005, 341, 344.
[120] IDW S 1 Rdnr. 40.
[121] *Riedel* Rdnr. 167; IDW S 1 Rdnr. 40.
[122] *Haußleiter/Schulz* Kap. 1 Rdnr. 127.
[123] *Haußleiter/Schulz* Kap. 1 Rdnr. 136.
[124] Zum neuen Standard: *Dörschell/Franken/Schulte* WPg 2008, 444; *Jonas* WPg 2008, 826.
[125] Stellungnahme HFA 2/1995, Zur Unternehmensbewertung im Familien- und Erbrecht, WPg 1995, 522 ff. Vgl. hierzu *Schoberth/Ihlau* BB 2008, 2144 ff.
[126] IDW S 1 Rdnr. 101.
[127] IDW S 1 Rdnr. 72 f.
[128] IDW S 1 Rdnr. 75 f.
[129] IDW S 1 Rdnr. 93, 114 f.

überschüsse, die dann auf den künftigen Barwert abgezinst werden. Letztendlich zählt also der **Free Cash-Flow**, d. h. die entnehmbaren Überschüsse. Das DCF-Verfahren entspricht internationalen Tendenzen, hat in § 297 Abs. 1 HGB erste gesetzliche Erwähnung gefunden (Kapitalflussrechnung), ist aber bei den Gerichten wohl der Ertragswertmethode noch nicht gleichgestellt.[130] Vorteil des Verfahrens ist, dass die Rechnung frei ist von periodenfremden Bilanzierungsverfahren, Bilanzwahlrechten und anderen sonst zu korrigierenden außerordentlichen Faktoren.

64 *cc) Sonstige Wertermittlungsmethoden.* Die **Substanzwertmethode** gelangt nur noch zur Anwendung, wenn etwa für das Unternehmen kein Markt besteht oder das Unternehmen derart von der persönlichen Leistung seines Inhabers geprägt ist, dass die Ertragswertmethode keinen zutreffenden Wert liefern könnte. Die Eignung dieser Methode wird von der Betriebswirtschaft in Zweifel gezogen.[131] Bei der Ermittlung des Substanzwertes wird der Wert gesucht, der erforderlich wäre, um das Unternehmen „nachzubauen".[132] Die einzelnen Vermögensgegenstände sind unter Auflösung stiller Reserven[133] zu Wiederbeschaffungswerten zu bewerten und hiervon sind die Verbindlichkeiten abzuziehen. In dieser Berechnung ist ein etwaiger **Goodwill** eines Unternehmens **nicht enthalten**. Dieser ist zusätzlich gesondert zu bewerten. Wird ein Mittelwert aus Ertrags- und Substanzwert gebildet, unterbleibt letzteres.[134]

65 **Liquidationswert** ist der **Veräußerungswert der einzelnen Gegenstände** des Unternehmensvermögens abzgl. Schulden, Kosten und SteueRdnr. Dieser Wert liegt regelmäßig ca. 20% bis 25% unter dem Wiederbeschaffungswert.[135] Da die Bewertung zum Stichtag zu erfolgen hat, muss ein sofortiger Verkauf und damit eine Zerschlagung unterstellt werden.[136] Insoweit ist der Wert niedriger als der Verkaufserlös bei schonendem längerfristigen Verkauf. Er stellt die jedenfalls betriebswirtschaftlich **Untergrenze des Firmenwertes** dar.[137] Latente Ertragsteuern und Veräußerungskosten sind abzuziehen.[138]

66 Eine besondere Problematik ergibt sich bei ertragsschwachen Unternehmen, die fortgeführt werden. Hier ist zu überlegen, ob güterrechtlich verlangt werden kann, dass ein solches Unternehmen liquidiert werden muss. Dies soll jedenfalls solange nicht gelten, wie das Unternehmen **jedenfalls noch den kalkulatorischen Unternehmerlohn** sichert und damit den Unterhalt des Unternehmers und ggf. seines Ehegatten.[139]

67 Wenn ein Käufer bereit ist, einen Preis zu zahlen, der über den reinen Substanzwert hinausgeht, so hat das Unternehmen einen **Goodwill**, einen inneren Wert oder Geschäftswert. Ein solcher Wert setzt voraus, dass sich mit dem Unternehmen **auch für Dritte Erträge erzielen lassen.**[140] Hierzu müssen bei Unternehmen ähnlicher Art Veräußerungen oder Aufnahme neuer Gesellschafter stattfinden, durch die sich ein solcher Wert realisieren lässt.[141]

68 Der Good-will begründet sich v. a. auf

- Ruf und Ansehen des Inhabers,
- günstigen Standort,
- Art und Verweildauer der Kunden,
- Konkurrenzsituation,

[130] So *Großfeld* S. 159.

[131] IDW S 1, Rdnr. 6; *Burg/Gimnich* NotBZ 2005, 279, 281.

[132] *Piltz/Wissmann* NJW 1985, 2673, 2674.

[133] *Haußleiter/Schulz* Kap. 1 Rdnr. 150.

[134] BGH FamRZ 1982, 54.

[135] *Haußleiter/Schulz* Kap. 1 Rdnr. 156.

[136] BayObLG WM 1995, 1580, 1583.

[137] Johannsen/Henrich/*Jaeger* § 1376 Rdnr. 15; *Kogel* Rdnr. 775; *Riedel* Rdnr. 133.

[138] *Haußleiter/Schulz* Kap. 1 Rdnr. 145; *Schröder* Rdnr. 82; BGH FamRZ 1991, 43, 48; anders jedoch: BGH ZIP 1998, 1161, 1166 für den Fall, dass eine Veräußerung gar nicht ansteht, da sonst Benachteiligung der im Unternehmen verbleibenden Gesellschafter.

[139] BGH FamRZ 1986, 776 f.; *Borth* FamRB 2002, 340, 371, 372; *Haußleiter/Schulz* Kap. 1 Rdnr. 145.

[140] So z. B. für den Handelsvertreter, *Haußleiter/Schulz* Kap. 1 Rdnr. 270 m. w. N.; *Schröder* Rdnr. 129; so OLG München FamRZ 1984, 1096 für einen Architekten; MünchKommBGB/*Koch* § 1376 Rdnr. 21; weiter gehend Bamberger/Roth/*J. Mayer* § 1376 Rdnr. 13.

[141] BGH FamRZ 1977, 38, 40; BGH FamRZ 1980, 37, 38; BGH FamRZ 1999, 361, 362.

- Mitarbeiterstamm,
- Umsatzvolumen,
- Geschäftsbeziehungen etc.[142]

Der Good-will besitzt daher einen eigenen Marktwert und wird **bilanziert** (§ 255 Abs. 4 HGB, § 7 Abs. 1 Satz 3 EStG). Er ist nach Auffassung des BGH von der **persönlichen Arbeitskraft** des Inhabers zu **unterscheiden.**[143] Im Ertragswert ist der Goodwill bereits enthalten. 69

Veräußerungswert ist derjenige Wert, der bei einer Veräußerung der Gegenstände erzielbar ist. Er liegt unter dem Einkaufspreis des **Substanz- oder Wiederbeschaffungswertes.** In der Unternehmensbewertung spielt er nur eine geringe Rolle. 70

Einen **Mittelwert** aus Ertrags- und Substanzwert (letzterer ohne Goodwill, da bereits im Ertragswert enthalten) hat der BGH mehrfach gebilligt.[144] 71

Das sog. „Stuttgarter Verfahren" ist seit der Erbschaftsteuerreform 2008 vollständig abgeschafft und wird daher nicht mehr vereinbart oder verwendet.[145] 72

dd) Unternehmensbewertung im Zugewinnausgleich. Wie bereits festgestellt wurde, hängt die Bewertung ganz **entscheidend von ihrem Zweck ab.**[146] Für die Unternehmensbewertung im Familien- und Erbrecht hat das IDW daher ein eigenes Ergänzungsgutachten zur Unternehmensbewertung im Familien- und Erbrecht entwickelt.[147] Danach wird zuerst der objektive Wert ermittelt und dieser in einem zweiten Schritt zu einem **fairen Einigungswert** übergeleitet.[148] 73

Der **spezifische Bewertungszweck des Zugewinnausgleichs** gibt Anlass zu folgenden Anmerkungen: 74

Sinn der Bewertung ist es, den in der Ehe erwirtschafteten Unternehmenswert zwischen den **Ehegatten hälftig** so zu **teilen**, dass jeder Ehegatte nach Durchführung des Zugewinnausgleichs gleich viel hat.[149]

Spezifische Zugewinnvorschriften wie die Stundung nach § 1382 BGB oder die Zugewinnvermutung des § 1377 Abs. 3 BGB beeinflussen ggf. auch das Wertermittlungsverfahren. 75

Eine Käufer-/Verkäuferbewertung wird von beiden Seiten durchgeführt und das Geschäft kommt nur zustande, wenn die Bewertungen sich annäheRdnr. Die Bewertung im Zugewinnausgleich hingegen ist eine **„Mussbewertung"**, die notfalls durch das Gericht entschieden wird,[150] und zwar **abschließend zum Stichtag**, ohne dass eine Korrektur wie bei § 2313 BGB möglich wäre. Ein Unternehmen ist **ggf. zweimal zu bewerten,** einmal im Anfangs- und einmal im Endvermögen. Die Bewertung darf nur die zum jeweiligen Stichtag vorhandenen Erkenntniskriterien verwenden,[151] muss aber bei einer einheitlichen Bewertungsmethode bleiben und darf sich nicht der jeweils vorherrschenden Methode bedienen.[152] 76

Beachtlich ist ferner, dass die künftigen Einnahmen für die Unterhaltsbemessung herangezogen werden und daher nicht über die Ertragswertmethode eine **Doppelerfassung** auch noch im Zugewinn geschehen darf.[153] Zum sog. **Verbot der Doppelverwertung** hat der BGH einem Vorschlag des Autors[154] folgend[155] inzwischen entschieden, dass das Doppelverwer- 77

[142] BGH FamRZ 1999, 361, 362.
[143] BGH FamRZ 1999, 361, 362.
[144] BGH FamRZ 1982, 54; BGH FamRZ 1986, 37, 39; OLG Bamberg FamRZ 1995, 607 ff.; Johannsen/Henrich/*Jaeger* § 1376 Rdnr. 21; *Schröder* Rdnr. 130; a. A. *Großfeld* S. 42: überholte Methode.
[145] Zur Diskussion, wie mit früheren Satzungsbestimmungen umzugehen ist, die darauf Bezug nahmen: DNotI-Report 2009, 121 ff.; *Caspar/Altgen* DStR 2008, 2319; *Krumm* NJW 2010, 187.
[146] *Großfeld* S. 25; IDW S 1, Rdnr. 2.
[147] Stellungnahme HFA 2/1995, WPg 1995, 522 ff.
[148] Stellungnahme HFA 2/1995, WPg 1995, 522.
[149] *Braunhofer* S. 118.
[150] *Piltz/Wissmann* NJW 1985, 2673, 2675.
[151] Stellungnahme HFA 2/1995, II.1., WPg 1995, 522, 523.
[152] Stellungnahme HFA 2/1995, II.2., WPg 1995, 522, 523.
[153] Johannsen/Henrich/*Jaeger* § 1376 Rdnr. 23.
[154] *C. Münch* FamRZ 2006, 1164 ff.
[155] BGH NJW 2008, 1221; BGH NJW 2011, 999.

tungsverbot **auch bei der Unternehmensbewertung** zu berücksichtigen ist. Hier muss sich die vorhandene Tendenz abschwächen, auch solche Unternehmen im Zugewinn hoch zu bewerten, die in der Hand Dritter nichts wert sind.[156] Jedenfalls die **persönliche Leistung des Inhabers** muss dem **Unterhalt** vorbehalten bleiben und darf nicht im Zugewinn nochmals berücksichtigt werden. Aus diesem Grunde darf bei der Unternehmensbewertung solcher inhabergeprägter Unternehmen nicht mehr nur ein kalkulatorischer Unternehmerlohn abgezogen werden, sondern der **konkrete Unternehmerlohn des betreffenden Inhabers**, so dass die Computerfirma des genialen Erfinders oder die Praxis des Herzspezialisten in der Unternehmensbewertung niedriger zu bewerten sind. In gleicher Weise ist bei Freiberuflerpraxen im Goodwill zu berücksichtigen, inwieweit dieser auf der persönlichen Leistung des Inhabers beruht.

Praxistipp:

Der spezifische Bewertungszweck „Zugewinnausgleich" muss bei der Bewertung von Unternehmen Beachtung finden. Bei inhabergeprägten Unternehmen ist ein konkreter Unternehmerlohn abzuziehen.

78 Die betriebswirtschaftliche Aussage, dass der **Liquidationswert als Mindestwert** anzusetzen ist, auch wenn der Ertragswert niedriger ist, muss für den güterrechtlichen Bereich **relativiert** werden. Zwingt der Zugewinnausgleich trotz der Stundungsmöglichkeit des § 1382 BGB zur Liquidation in nahezeitlichem Zusammenhang, dann ist dieser Wert auch anzunehmen.[157]

79 Der Liquidationswert ist als der wahre Wert immer dann anzunehmen, wenn das Unternehmen wegen des Zugewinnausgleichs **in engem zeitlichen Zusammenhang tatsächlich liquidiert** werden muss und Abhilfe auch nicht durch eine Stundung nach § 1382 BGB erreicht werden kann. Sonst aber kommt es zum zwingenden Ansatz des Liquidationswertes nur dann, wenn ein unrentables, liquidationsreifes Unternehmen aus wirtschaftlich nicht vertretbaren Gründen weitergeführt wird.[158] Ansonsten besteht keine güterrechtliche Pflicht zur Liquidation.[159] Die nacheheliche Solidarität muss jedenfalls die Weiterführung dann erlauben, wenn der Unternehmer wenigstens seinen kalkulatorischen Unternehmerlohn aus dem Unternehmen erwirtschaften kann.[160]

80 Schließlich muss für den Zugewinnausgleich ein fairer Einigungswert gefunden werden, der im Rahmen einer Gesamtbilanz aller Vermögenswerte auch die **Folgen der Finanzierung und Besteuerung** der Zugewinnausgleichsleistung[161] mit in den Blick nimmt, so dass letztlich entsprechend dem Postulat hälftiger Teilung beiden Ehegatten ein gleich hohes Nettovermögen verbleibt.

81 *ee) Bewertung von Freiberuflerpraxen.* Da der Ertrag freiberuflicher Praxen von ihrem Inhaber nicht zu trennen ist, knüpft die Rechtsprechung bei der Bewertung nicht an die Ertragswertmethode an.[162]

82 Die Standesorganisationen legen vielmehr mit Billigung der Gerichte ein **sog. modifiziertes Umsatzverfahren** fest, wonach sich der Praxiswert zusammensetzt aus dem **Substanzwert** und dem Geschäfts- oder Praxiswert (**„Goodwill"**). Letzterer wiederum wird **aus dem durchschnittlichen Bruttoumsatz in einem bestimmten Zeitabschnitt multipliziert mit einem individuell bestimmten Faktor** abgeleitet.[163] Für diesen Faktor geben die Richtlinien bzw.

[156] Vgl. etwa Bamberger/Roth/*J. Mayer* § 1376 Rdnr. 13.
[157] BGH FamRZ 1986, 776, 779 f.; BGH FamRZ 1986, 1196, 1197; BGH FamRZ 1993, 1183, 1185; BGH FamRZ 1995, 1270, 1271.
[158] BGH FamRZ 1986, 776, 779.
[159] Strenger: Bamberger/Roth/J. *Mayer* § 1376 Rdnr. 11: kein unökonomisches Verhalten zulasten des anderen Ehegatten.
[160] *Borth* FamRB 2002, 340, 371, 372.
[161] Stellungnahme HFA 2/1995, IV., WPg 1995, 522, 525.
[162] BGH FamRZ 1991, 43, 44.
[163] OLG Düsseldorf FamRZ 2004, 1106.

Hinweise der Standesorganisationen in der Regel einen Korridor an, innerhalb dessen die Besonderheiten der einzelnen Praxis ihre Berücksichtigung finden wie z. B. langer Praxisbetrieb, gemischte Kundschaft, Konkurrenzdichte, Lebensalter und Spezialisierung des ausscheidenden Freiberuflers.[164]

Neuere Hinweise lassen mittlerweile auch eine Berücksichtigung einer bestimmten Kostenstruktur zu.

Zum Substanzwert gehören die **Praxiseinrichtung** einschließlich etwaiger Vorräte[165] jeweils zum **Wiederbeschaffungswert** zuzüglich Guthaben und Honorarforderungen abzüglich Verbindlichkeiten. 83

Neben dem reinen Substanzwert ist der **Goodwill** als darüber hinausgehender **Geschäftswert** zu erfassen. Er bildet sich wesentlich aus Ruf und Ansehen des Praxisinhabers, Standort, Art und Zusammensetzung der Kunden, Mitarbeiterstamm, Umsatzvolumen etc. Er bestimmt maßgeblich den Wert einer Freiberuflerpraxis.[166] Nach der neuen Rechtsprechung zur Berücksichtigung des kalkulatorischen Unternehmerlohnes[167] müssen für die Freiberuflerpraxen die subjektbezogenen Kriterien des Goodwill außer Betracht bleiben, es muss der konkrete Lohn des Freiberuflers abgezogen werden, so dass dieser für den Unterhalt zur Verfügung steht. Ob tatsächlich ein Goodwill vorhanden ist, bedarf **in jedem Einzelfall** der Prüfung. Ein Goodwill kann insbesondere fehlen, wenn es für entsprechende Praxen keinen Markt gibt oder wenn die Praxis erst kürzlich gegründet wurde oder die Prägung völlig durch das individuelle Können des Inhabers erfolgt.[168] Ferner ist zu prüfen, ob es also zu einem **„Veräußerungsschwund"** kommt, weil Mandanten nicht übertragen werden dürfen.[169] Von dem so ermittelten Wert sind unabhängig von einer tatsächlichen Veräußerung die **latenten Ertragsteuern** in Abzug zu bringen. Ein Abzug pauschal des halben Steuersatzes wurde auch angesichts der Abschaffung entsprechender Privilegierung gebilligt.[170] Im Rahmen der Betrachtung des Zugewinns kann eine Korrektur im Hinblick auf das Ziel, einen fairen Einigungswert zu finden,[171] veranlasst sein, wenn z. B. der Zugewinn unterschiedliche steuerliche Folgen für die Beteiligten hat. Empfehlungen zur Praxisbewertung geben etwa die BRAK,[172] die Bundessteuerberaterkammer[173] und die Bundesärztekammer.[174] 84

Die Besonderheiten, welche bei der Bewertung von Freiberuflerpraxen betont wurden, bestehen **auch bei kleineren Unternehmen**, deren Erfolg wesentlich durch das Geschick ihres Inhabers bestimmt wird. Auch dort kann daher eine entsprechende Bewertung sachgerecht sein, so insb. bei kleineren Handwerksbetrieben. Zuweilen wird hier auch eine Mittelwertmethode angewendet.[175] 85

ff) Bewertung von Unternehmensbeteiligungen. Unternehmensbeteiligungen können einmal nach der direkten Methode bewertet werden. Dazu werden die **Zahlungsströme** zwischen dem Unternehmen und dem einzelnen **Anteilsinhaber** betrachtet.[176] Der Wert des Gesamtunternehmens ist hier für den Anteilseigner von untergeordneter Bedeutung. Die Summe aller Anteilswerte kann anders ausfallen als der Unternehmenswert. Bei der indirekten Bewertung hingegen wird der Wert des Anteils **quotal aus dem Wert des Gesamtunternehmens** abgeleitet. Daher ist zunächst der Gesamtwert festzustellen. Aus der **Höhe der** 86

[164] Vgl. die Zusammenstellung bei *Büte* Rdnr. 75.
[165] *Büte* Rdnr. 75.
[166] BGH FamRZ 1999, 361, 362.
[167] BGH NJW 2008, 1221.
[168] MünchKommBGB/*Koch* § 1376 Rdnr. 21.
[169] *Borth* FamRB 2002, 340, 371, 374; *Michalski/Zeidler* FamRZ 1997, 397, 401.
[170] BGH FamRZ 1999, 361, 365.
[171] Stellungnahme HFA 2/1995, IV., WPg 1995, 522 ff., 525.
[172] BRAK-Mitteilungen 2009, 268 ff.
[173] Umsatzmethode abzgl. konkreter Steuerberaterlohn: Abrufbar auf der Webseite der Bundessteuerberaterkammer unter der folgenden Adresse: http://www.bstbk.de/muster_stbk/oeffentlich/pdf/2/4.2.1_Hinweise_Praxiswertermittlung.pdf.
[174] Bekanntgabe im Deutschen Ärzteblatt 2008, Heft 51/52, A 2778; Aufgabe der reinen Umsatzmethode und Billigung eines ertragsorientierten Ansatzes.
[175] Vgl. OLG Bamberg FamRZ 1995, 607, 609; *Haußleiter/Schulz* Kap. 1 Rdnr. 271.
[176] IDW S 1, Rdnr. 13.

Gewinnbeteiligung[177] ergibt sich dann der Anteilswert. Diese Methode steht heute traditionell im Vordergrund.[178] Der **BGH** hat diese Methode für die Anteilsbewertung **gebilligt.**[179]

87 Je nach Bewertungsanlass werden auch subjektive Faktoren wie der Einfluss des Anteilseigners auf die Unternehmenspolitik (**Sperrminorität, Mehrheitsbeteiligung**) und erwartete Synergieeffekte mit in die Betrachtung einbezogen.[180]

88 Obwohl **gesellschaftsvertragliche Abfindungsklauseln** häufig eine Abfindung vorsehen, die weit unter dem Verkehrswert liegt, ist die Rechtsprechung des BGH der Ansicht, dass auch bei der unveräußerlichen Beteiligung oder einer geminderten Abfindung grds. keine abweichende Bewertung in Betracht kommt, da die fortbestehende Nutzungsmöglichkeit durch den Inhaber – jedenfalls im Bereich des Zugewinns – maßgeblich für den wahren Wert ist.[181] Im Vordergrund steht für die Rechtsprechung die hälftige Teilhabe an dem in der Ehe geschaffenen Wert. Der BGH geht also vom vollen Wert des Anteils aus und berücksichtigt die beschränkte Veräußerbarkeit allenfalls durch einen Wertabschlag, dessen Höhe sich nach der Wahrscheinlichkeit richtet, mit welcher der betroffene Gesellschafter mit einer Kündigung rechnen muss.[182] **Anderes** soll nur dann gelten, wenn die Beteiligung entweder schon **zum Stichtag gekündigt** war[183] oder wenn die Beteiligung **wegen des Zugewinnausgleichs** – auch unter Berücksichtigung des § 1382 BGB – **veräußert** werden muss.[184] Demgegenüber wird vertreten, dass sich Großkanzleien so organisieren lassen („ohne Ein- und Austrittsgeld"), dass sie zugewinnrechtlich kein Vermögen darstellen.[185]

89 Bei Abschreibungsgesellschaften ist der BGH der Auffassung, dass die dabei entstehenden negativen Kapitalkonten **keine Verbindlichkeiten i. S. d. § 1375 Abs. 1 Satz 1 BGB** und daher im Zugewinnausgleich nicht zum Abzug zu bringen sind.[186] Auch ohne einen Aktivwert kann solchen Gesellschaften bei der Vermögensbewertung nach allgemeinen Grundsätzen ein Vermögenswert zukommen.[187]

90 Die Unternehmensbewertung will die **gesamte wirtschaftliche Einheit eines Unternehmens** erfassen. Dies geht zum Teil über die zivilrechtlichen Grenzen hinaus, so dass z. B. solche betriebsnotwendigen Vermögensgüter, die im Privatbereich gehalten werden, zu berücksichtigen sind.[188] Bei einer Betriebsaufspaltung muss die Unternehmensbewertung beide Firmen, Besitz- und Betriebsgesellschaft, als eine Einheit betrachten.[189]

91 c) **Auskunftsansprüche.** Mit der Reform des Zugewinnausgleichs[190] wurde auch **§ 1379 BGB** geändert und sieht nunmehr folgende Auskunftsansprüche vor:

Der Auskunftsanspruch über den Bestand des **Endvermögens** entsteht nach § 1379 Abs. 2 BGB mit Rechtshängigkeit des Scheidungsantrags und ist stichtagsbezogen auf diesen Zeitpunkt zu erteilen. Dieser Stichtag muss im Auskunftsantrag wegen des Bestimmtheitserfordernisses genannt sein.[191] Da nunmehr Auskunft über alles relevante Vermögen erteilt werden muss, ergibt sich schon aus § 1379 BGB die Auskunftspflicht auch hinsichtlich **illoyaler Vermögensminderungen.** Insoweit gilt nach § 1375 Abs. 2 BGB nunmehr eine Vermutung,

---

[177] *Riedel* Rdnr. 406.
[178] *Großfeld* S. 31.
[179] BGH FamRZ 1980, 37, 38; BGH DNotZ 1992, 526 = NJW 1992, 892.
[180] IDW S 1 Rdnr. 13.
[181] BGH FamRZ 1980, 37, 38; BGH FamRZ 1986, 1196, 1197; BGH FamRZ 1999, 361 f.; offen gelassen in BGH FamRZ 2003, 432 f., ob dies auch dann gilt, wenn die Beteiligung unmittelbar mit dem Arbeitsverhältnis verknüpft ist, OLG Hamm FamRZ 1998, 235.
[182] BGH FamRZ 1986, 1196; *Haußleiter/Schulz* Kap. 1 Rdnr. 394.
[183] BGH FamRZ 1980, 37, 38; BGH FamRZ 1999, 361; *Haußleiter/Schulz* Kap. 1 Rdnr. 395.
[184] *Büte* Rdnr. 89; *Haußleiter/Schulz* Kap. 1 Rdnr. 395; Johannsen/Henrich/*Jaeger* § 1376 Rdnr. 22; MünchKommBGB/*Koch*, § 1376 Rdnr. 29; *Schröder* Rdnr. 88; teilweise a. A. *Reimann* FamRZ 1989, 1248, 1253 f.
[185] *Piltz* ZEV 2007, 301 ff.
[186] BGH FamRZ 1986, 37 ff.
[187] *Haußleiter/Schulz* Kap. 1 Rdnr. 171; *Büte* Rdnr. 43.
[188] IDW S 1 Rdnr. 157.
[189] OLG Bamberg FamRZ 1995, 607, 610.
[190] BGBl. 2009 I, S. 1696.
[191] *Kogel* Rdnr. 285.

dass Vermögensminderungen seit der Trennung illoyal sind. Insoweit hat sich die Auskunftspflicht neuerdings auch auf den Trennungszeitpunkt erweitert. Ferner wurde nunmehr ausdrücklich auch ein **Auskunftsanspruch** bzgl. des Anfangsvermögens geschaffen. Dies ist insb. bei negativem Anfangsvermögen wichtig, um die Vermutung des § 1377 Abs. 3 BGB entkräften zu können.

Die Auskunft muss als **Vermögensverzeichnis nach § 260 Abs. 1 BGB** eine Übersicht sämtlicher Aktiva und Passiva in geordneter und nachprüfbarer Weise in einem Schriftstück enthalten.[192] Sie muss nach neuester Rechtsprechung des BGH nicht vom Auskunftspflichtigen **persönlich unterzeichnet** sein,[193] sondern kann auch vom Rechtsanwalt als Boten überbracht werden. Dennoch tut der Anwalt gut daran, den Mandanten durch Unterzeichnung die Verantwortung für die Zusammenstellung übernehmen zu lassen.[194] 92

Nach **§ 260 Abs. 2 BGB** kann die Abgabe der eidesstattlichen Versicherung verlangt werden.

Die zum Vermögen gehörenden Gegenstände müssen **nach Anzahl, Art und wertbildenden Faktoren** in dem Vermögensverzeichnis angegeben sein,[195] sodass dem Ehegatten die Wertermittlung möglich ist.[196] Ein Anspruch auf Vorlage von **Belegen** ist nunmehr ebenfalls in § 1379 BGB vorgesehen. Danach kann verlangt werden: 93

- für **Unternehmen und Unternehmensbeteiligungen** die Vorlage der Bilanzen sowie Gewinn- und Verlustrechnungen für die letzten fünf Jahre vor dem Stichtag unter Berufung auf § 2314 BGB[197] und der Geschäftsunterlagen, sodass der Auskunftsberechtigte die Werte selbst berechnen kann.[198]
- für **Freiberufler** die Einnahme-/Überschussrechnungen der letzten drei bis fünf Jahre, außerdem Sozietätsvertrag und Unterlagen der Sozietät;[199]
- für **landwirtschaftliche Grundstücke**: Bezeichnung nach Lage, Größe, Bonität und Nutzungsart sowie Eigentum und Zupacht, die betriebswirtschaftlichen Jahresabschlüsse, Unternehmensaufwand und -ertrag, Fremdlöhne und Lohnansprüche von Familienangehörigen.[200]

Weder schutzwürdige Interessen von Mitgesellschaftern noch vertraglich eingegangene Schweigepflichten schließen die Belegpflicht aus,[201] denn § 1379 BGB ist zwingendes Recht.[202] Allerdings geht die Auskunftspflicht nicht weiter als nach Gesellschaftsrecht die **Kontrollrechte des Gesellschafters selbst reichen würden.**[203] Auf die Interessen Dritter ist jedoch in größtmöglichem Umfang **Rücksicht** zu nehmen. Das kann dazu führen, dass in den Unterlagen Daten über andere Personen geschwärzt werden[204] oder dass die Unterlagen nicht herausgegeben, sondern einem Wirtschaftsprüfer zur Begutachtung vorgelegt werden. 94

Ferner gibt **§ 1379 Abs. 1 S. 2 BGB** einen **zusätzlichen** neben dem Auskunftsanspruch bestehenden[205] **Anspruch auf Wertermittlung**, der eigens geltend gemacht werden muss.[206] Der Auskunftspflichtige muss danach den **Wert der Aktiva und Passiva** des Endvermögens ermitteln und angeben. Auch die Einschaltung von Hilfspersonen kann verlangt werden, grds. 95

---

192 Schwab/*Schwab* VII Rdnr. 335.
193 BGH NJW 2008, 917.
194 *Kogel* Rdnr. 292.
195 BGH FamRZ 2003, 597.
196 OLG Naumburg FamRZ 2001, 1303.
197 OLG Naumburg FamRZ 2001, 1303; OLG Zweibrücken FamRZ 2001, 763; OLG Düsseldorf FamRZ 1999, 1070; BGH BB 1975, 1083 zu § 2314 BGB; *Kogel* Rdnr. 313.
198 BGH FamRZ 1980, 37, 38.
199 OLG Hamm FamRZ 1983, 812.
200 OLG Düsseldorf FamRZ 1986, 168, 169.
201 Bamberger/Roth/*J. Mayer* § 1379 Rdnr. 9; BGH FamRZ 1983, 680 zum Unterhaltsrecht und für die Zusammenveranlagung mit dem neuen Ehegatten.
202 OLG Hamm FamRZ 1983, 812; *Haußleiter/Schulz* Kap. 1 Rdnr. 480.
203 OLG Naumburg FamRZ 2001, 1303 ff.
204 MünchKommBGB/*Koch* § 1379 Rdnr. 20.
205 BGH FamRZ 2003, 597.
206 *Kogel* Rdnr. 310.

jedoch nicht die Vorlage eines Sachverständigengutachtens.[207] Soweit ein solches in Ausnahmefällen doch verlangt werden kann, weil anders eine zuverlässige Bewertung nicht möglich ist, hat der BGH die Kosten dem Auskunftsberechtigten auferlegt.[208]

2. Modifizierungen des gesetzlichen Güterstandes

96 Die vorstehende Darstellung hat gezeigt, dass der gesetzliche Güterstand ohne eine ehevertragliche Anpassung für den Unternehmer kein geeigneter Güterstand ist. Die Bewertung von Unternehmen zum Ertragswert führt in der Regel zu hohen, sofort fälligen Zugewinnausgleichsansprüchen, welche die Liquidität und damit die Zukunft des Unternehmens entscheidend beeinträchtigen können. Hier ist somit der Ehevertrag als das Individualgesetz der Ehe gefragt.[209] Der Unternehmer muss den gesetzlichen Güterstand anpassen. Damit soll keiner Entsolidarisierung in der Ehe das Wort geredet werden. Je nach Ehekonstellation sollte ein guter Ehevertrag dem Ehepartner durchaus berechtigte Ansprüche belassen, aber in einem Umfang und einer Zahlungsweise, die das Unternehmen überleben lassen. Hierzu gibt es viele Möglichkeiten. Zunächst seien einige Modifikationen des gesetzlichen Güterstandes vorgestellt. Diese müssen je nach Ehekonstellation ggf. von Kompensationsabreden begleitet werden.

97 a) **Ausschluss des Zugewinns im Scheidungsfall.** Der Zugewinnausgleich kann für den Scheidungsfall ausgeschlossen, für den Todesfall jedoch beibehalten werden. Im Vergleich zur Gütertrennung hat die Beibehaltung der Zugewinngemeinschaft für den Todesfall zwei Vorteile: Zum einen bleiben die **Pflichtteile der Kinder niedriger** und zum anderen kommt dem überlebenden Ehegatten bei dieser Modifikation im Todesfall die in Höhe des Zugewinns bestehende **Steuerfreistellung des § 5 ErbStG** zugute. Sollen möglichst die Wirkungen der Gütertrennung ansonsten erreicht werden, wird häufig noch zusätzlich die Geltung der **Verfügungsbeschränkungen** nach §§ 1365 und 1369 BGB **abbedungen.** Zu beachten ist allerdings, dass der Ehegatte den güterrechtlichen Zugewinn im Todesfalle nach § 1371 Abs. 2 BGB dann auch verlangen kann, was gerade bei dynastischen Unternehmen häufig nicht gewünscht wird.

Praxistipp:

Sollen im Erbfall keine Ansprüche des Ehegatten bestehen, auch nicht auf den güterrechtlichen Zugewinn nach § 1371 Abs. 2 BGB, so muss der Zugewinn vollständig ausgeschlossen werden. Eine zusätzliche Enterbung oder ein Pflichtteilsverzicht genügen in diesem Fall nicht.[210]

Formulierungsvorschlag:

98 ……

Ehevertraglich vereinbaren wir was folgt:

(1) Für den Fall der Beendigung der Ehe[211] durch den Tod eines Ehegatten soll es beim Zugewinnausgleich durch Erbteilserhöhung oder güterrechtliche Lösung verbleiben.

(2) Wird jedoch der Güterstand auf andere Weise als durch den Tod eines Ehegatten beendet, so findet kein Zugewinnausgleich statt. Dies gilt auch für den vorzeitigen Zugewinnausgleich.
Auf den Ausgleich eines Zugewinnes wird insoweit gegenseitig verzichtet.
Den Verzicht nehmen wir hiermit gegenseitig an.
Dies gilt auch für einen etwa bisher bereits entstandenen Zugewinn.

[207] BGH FamRZ 1991, 316, 317.
[208] BGH FamRZ 1982, 682, 683.
[209] *Winkler* ZErb 2005, 360 ff.; *Scherer* BB-Special 5/2004, 2, 7 ff.; *Grziwotz* ZIP 2006, 9 ff.
[210] Zu differenzierten Klauseln i. R. d. § 1371 Abs. 2 BGB vgl. *C. Münch* Ehebezogene Rechtsgeschäfte, Rdnr. 950 f.
[211] Zum Unterschied in der Formulierung bei „Beendigung des Güterstandes" und zu den Auswirkungen auf die Güterstandsschaukel: *C. Münch* Rdnr. 955 f.

(3) Durch diese Vereinbarung soll jedoch ausdrücklich **keine Gütertrennung** eintreten.

(4) Zuwendungen eines Ehegatten an den anderen können bei Scheidung der Ehe nicht zurückgefordert werden, auch nicht wegen Störung der Geschäftsgrundlage, es sei denn die Rückforderung ist auf gesonderter vertraglicher Grundlage vorbehalten. Dies gilt unabhängig vom Verschulden am Scheitern der Ehe.
Wir stellen ferner klar, dass andere Ausgleichsansprüche nicht bestehen sollen; insbesondere entsteht nicht etwa durch Mitarbeit im Betrieb eines Ehegatten oder durch das gemeinsame Halten von Vermögensgegenständen eine Ehegatteninnengesellschaft, wenn wir dies nicht ausdrücklich vereinbaren.
Wir verpflichten uns, bei etwaigen Gesamthaftungen das Innenverhältnis des Gesamtschuldnerausgleichs ausdrücklich zu regeln.
Der Verzicht auf Zugewinn stellt nicht selbst eine ehebedingte Zuwendung dar.[212]

(5) Für unsere Ehe schließen wir hiermit ferner die Verfügungsbeschränkungen der §§ 1365 ff. BGB gegenseitig aus (fakultativ).

b) Herausnahme des Betriebsvermögens aus dem Zugewinn. Soll der Zugewinn im Scheidungsfalle oder generell nicht ganz entfallen, so kann man die **Herausnahme des unternehmerischen Vermögens** aus dem Zugewinn vereinbaren. Dies wird einerseits **empfohlen,**[213] weil dann aus dem Privatvermögen noch ein Zugewinn erfolgt und dies vom Nichtunternehmer-Ehegatten zumeist eher Zustimmung erfährt als die reine Gütertrennung. Die Schonung der Firma ist eher konsensfähig, sollen doch aus ihren Einnahmen in der Regel auch die Scheidungsfolgenansprüche erwirtschaftet werden. Schließlich kann so im Todesfalle die Steuerfreistellung des Zugewinns nach § 5 ErbStG erlangt werden. Diese Gestaltung hat gegenüber der Gütertrennung in den letzten Jahren stark an Boden gewonnen.[214] Zugleich aber wird Skepsis geäußert,[215] vor allem im Hinblick auf die **Abgrenzungsproblematik;** dies geht bis zu der Aussage, dass gängige Vertragsmuster die Probleme einer streitigen Abwicklung des geteilten Güterstandes meist nicht befriedigend zu lösen vermögen.[216] Der BGH hat diese Gestaltung ausdrücklich für rechtmäßig erklärt.[217] 99

Die Herausforderungen dieser Gestaltung jedoch liegen im Detail. Dies mag am Beispiel der österreichischen Regelung gezeigt sein, wo nach **§ 82 Österreichisches Ehegesetz** Gegenstände des unternehmerischen Vermögens oder Anteile an Unternehmen von der Aufteilung des in der Ehe erworbenen Vermögens ausgenommen wurden. Nach massiver Kritik wurde dies insoweit eingeschränkt, als das reformierte österreichische Ehegesetz[218] in § 91 Abs. 2 anordnet, dass Verwendungen in das Unternehmen aus sonstigem Vermögen bei der Aufteilung wieder berücksichtigt werden müssen. Schon die Lektüre dieser Ausnahmevorschrift[219] lässt erahnen, wie schwer sie justiziabel ist. 100

212 Der Ausschluss von Ansprüchen der sog. „Zweiten Spur" im Familienrecht, wird z. T. durchaus kritisch gesehen, vgl. Schnitzler/*Kogel* § 21 Rdnr. 38 und 67: Unterliegt als Billigkeitsklausel nicht der Parteidisposition; *Grziwotz* ZIP 2006, 9, 10; *Dauner-Lieb* FuR 2009, 361, 370. Aus diesen Ausführungen ergibt sich aber zugleich, dass die Vereinbarung der Gütertrennung allein noch nicht als Ausschluss von Ansprüchen der sog. „Zweiten Spur" angesehen werden kann. Es ist daher notwendig, neben einem Ausschluss des Zugewinns dazu Stellung zu nehmen.

213 Z. B. *Brambring* Rdnr. 129; MünchKommBGB/*Kanzleiter* § 1408 Rdnr. 14.

214 MünchVertragsHdb IV/*Langenfeld* Formular X.5. Anm. 2.

215 *N. Mayer* DStR 1993, 991 ff.; ders. MittBayNot 1993, 342 ff.; *ders.* MittBayNot 1997, 234; *Wegmann* Rdnr. 121.

216 *Bergschneider* Rdnr. 709.

217 BGH NJW 1997, 2239 = FamRZ 1997, 800.

218 Österr. GBl. 1999 I, S. 959 ff.

219 § 91 Abs. 2 Öst. Ehegesetz: „Wurde eheliches Gebrauchsvermögen oder wurden eheliche Ersparnisse in ein Unternehmen, an dem einem oder beiden Ehegatten ein Anteil zusteht, eingebracht oder für ein solches Unternehmen sonst verwendet, so ist der Wert des Eingebrachten oder Verwendeten in die Aufteilung einzubeziehen. Bei der Aufteilung ist jedoch zu berücksichtigen, inwieweit jedem Ehegatten durch die Einbringung oder Verwendung Vorteile entstanden sind und inwieweit die eingebrachten oder verwendeten ehelichen Ersparnisse aus den Gewinnen des Unternehmens stammten. Der Bestand des Unternehmens darf durch die Aufteilung nicht gefährdet werden."

101 Die **erste Schwierigkeit** besteht in dem **Begriff des unternehmerischen Vermögens**, das vom Zugewinn ausgenommen ist. Wird der konkrete Betrieb bezeichnet, so muss man doch immer an spätere Änderungen denken, etwa die Aufnahme weiterer Gesellschafter, die Änderung der Unternehmensform oder die Herausnahme einzelner Teile aus dem benannten Unternehmen etwa im Rahmen einer Betriebsaufspaltung oder das Zurverfügungstellen von Sonderbetriebsvermögen. Es müssen daher solche künftigen Entwicklungen mit erfasst werden. Nicht zuletzt aus diesem Grunde findet man häufig die Formulierung, der Ausschluss vom Zugewinn gelte für **„jegliches Betriebsvermögen".**[220] Dieser Verweis auf die steuerliche Begrifflichkeit ist aber ebenso mit definitorischen Unwägbarkeiten behaftet und seine Grenzen sind gestaltbar.[221] Von diesem Begriff werden dann steuerlich sowohl das notwendige Betriebsvermögen wie auch das gewillkürte Betriebsvermögen erfasst.[222] Wechsel von Betriebs- in Privatvermögen oder umgekehrt werden häufig von steuerrechtlich vernünftigen außerehelichen Gründen getragen und haben bei Verwendung einer solch allgemeinen Definition dennoch Auswirkungen auf den Zugewinn.

102 Die **zweite Schwierigkeit** liegt in den **Manipulationsgefahren.** Die Herausnahme des Unternehmens aus dem Zugewinn führt zu zwei verschiedenen Vermögensmassen. Die eine ist ausgleichungspflichtig und die andere ausgleichungsfrei. In einer Ehekrise besteht die Gefahr, dass die erste Vermögensmasse zu Lasten der zweiten geschmälert wird. Gerade wer auf den steuerlichen Begriff des Betriebsvermögens gebaut hat, kann erleben, wie etwa gewillkürtes Betriebsvermögen gebildet werden kann. Dafür mag es sogar Gründe geben, die nichts mit der Ehe zu tun haben. Man beachte nur den Fall, in dem der BGH die Vertragsgestaltung gebilligt hat.[223] Hier ging es um einen Investitionsbedarf von 300 Mio. DM, der mithilfe des gesamten Privatvermögens gedeckt wurde. Der Unternehmer kann aber auch schlicht darauf verzichten, Gewinne aus dem Unternehmen herauszunehmen und so ein **hohes Verrechnungskonto** aufbauen. Das Wort vom **„Zweikontenmodell für den Scheidungsfall"**[224] hat also durchaus seine Berechtigung.

103 Zur Verhinderung solcher Manipulationen kann für Transfers vom Privatvermögen in das Betriebsvermögen angeordnet werden, dass solche Transfers, die in den **letzten beiden Jahren vor Rechtshängigkeit** des Scheidungsantrages stattgefunden haben, dem ausgleichungspflichtigen Endvermögen des Unternehmers **wieder hinzugerechnet** werden. Die Frist[225] wurde deshalb gewählt, um Verschiebungen in einer Ehekrise zu erfassen, die regelmäßig im Jahr vor der mindestens ein Jahr dauernden Trennung liegt. Man muss sich klar sein, dass eine solche Klausel auch die **betriebsnotwendigen Transfers** erfasst.

104 **Zivilrechtlich** kann sich ein solcher Ehevertrag nicht auf die Herausnahme der Aktiva beschränken, sondern muss auch die **Passiva** und das weitere Schicksal des Betriebsvermögens regeln. Vereinbart werden muss, was mit den **Erträgen** geschieht, wie **Verwendungen** zu beurteilen sind und dass auch **Surrogate** von dem Ausschluss des Zugewinns erfasst sind.

Formulierungsvorschlag:

105 ......

I. Güterstand

Ehevertraglich vereinbaren wir, was folgt:

Den gesetzlichen Güterstand der Zugewinngemeinschaft wollen wir für unsere künftige Ehe ausdrücklich aufrecht erhalten, ihn allerdings wie folgt modifizieren:

1)

Der Ehemann ist Inhaber des folgenden Betriebes:

...... (nähere Bezeichnung) ......

---

[220] *Stenger* ZEV 2000, 51, 54.

[221] Hierzu näher C. *Münch*, Ehebezogene Rechtsgeschäfte Rdnr. 974 ff.

[222] Abgrenzung nach 13 (1) EStR.

[223] BGH NJW 1997, 2239 ff.

[224] *N. Mayer* DStR 1993, 991, 993.

[225] Wie § 91 Abs. 1 Österr. EheG für Hinzurechnungstatbestände zum Endvermögen.

Dieser Betrieb soll beim Zugewinnausgleich bei Beendigung der Ehe[226] aus anderen Gründen als dem Tod eines Ehegatten in keiner Weise berücksichtigt werden.[227]

Alternative 1:
Dieser Betrieb soll beim Zugewinnausgleich in keiner Weise berücksichtigt werden, und zwar weder bei lebzeitiger Beendigung der Ehe/des Güterstandes noch bei Beendigung der Ehe durch den Tod eines von uns.[228]

Dieses betriebliche Vermögen einschließlich des gewillkürten Betriebsvermögens und etwaigen Sonderbetriebsvermögens soll weder bei der Berechnung des Anfangsvermögens noch bei der Berechnung des Endvermögens des Ehemannes berücksichtigt werden, und zwar auch dann nicht, wenn sich ein negativer Betrag ergibt. Gleiches gilt für Wertsteigerungen oder Verluste dieses Vermögens. Auch die diese Vermögenswerte betreffenden und ihnen dienenden **Verbindlichkeiten** sollen im Zugewinnausgleich keine Berücksichtigung finden.

Surrogate der aus dem Zugewinnausgleich herausgenommenen Vermögenswerte sollen nicht ausgleichungspflichtiges Vermögen sein. Sie werden also bei der Berechnung des Endvermögens auch nicht berücksichtigt. Jeder Ehegatte kann verlangen, dass über solche Ersatzvermögenswerte ein Verzeichnis angelegt und fortgeführt wird. Auf Verlangen hat dies in notarieller Form zu geschehen.[229]

2)
Dies gilt in gleicher Weise für jedes **Nachfolgeunternehmen** oder jede Nachfolgebeteiligung und jedes Tochterunternehmen, unabhängig von der verwendeten Rechtsform, auch bei Aufnahme weiterer Gesellschafter und auch wenn die Nachfolgebeteiligung in Form von Kapitalgesellschaftsanteilen dieses Unternehmens gehalten wird, die ihrerseits zum Privatvermögen gehören.
In gleicher Weise ausgeschlossen ist bei einer etwa bestehenden Betriebsaufspaltung oder auch ohne eine solche dasjenige Vermögen, das an den Betrieb im obigen Sinne langfristig zur Nutzung überlassen und ihm zu dienen bestimmt ist,[230] sofern die entsprechenden Verträge vor mehr als zwei Jahren vor der Rechtshängigkeit eines Scheidungsantrags abgeschlossen wurden.

Alternative zu vorstehend 1) und 2) (Ausschluss jeglichen Betriebsvermögens):
Jegliches Betriebsvermögen *eines von uns beiden*[231] *soll beim Zugewinnausgleich bei Beendigung der Ehe aus anderen Gründen als dem Tod eines Ehegatten (ggf. auch beim Tod) in keiner Weise berücksichtigt werden.*
Unter Betriebsvermögen in diesem Sinn verstehen wir auch gewillkürtes Betriebsvermögen und Sonderbetriebsvermögen sowie Vermögen, das dem Betrieb langfristig zur Nutzung überlassen und ihm zu dienen bestimmt ist.
...... Schiedsgutachterklausel, wenn gewünscht ......

[226] Hier wird auf die Beendigung der Ehe abgestellt. Damit soll bei Übergang zur Gütertrennung das Betriebsvermögen weiterhin für eine Güterstandsschaukel zur Verfügung stehen..

[227] Man beachte, dass trotz der Herausnahme des Betriebsvermögens i. R. d. § 5 Abs. 1 ErbStG die dort gewährten Steuervorteile auch den rechnerischen Zugewinn aus dem Betriebsvermögen erfassen, da diese Bestimmung ehevertragliche Abweichungen nicht anerkennt.

[228] Diese Alternative wäre dann zu empfehlen, wenn der Ehegatte auch nicht Erbe sein soll und daher auch § 1371 Abs. 2 BGB ausgeschlossen sein soll.

[229] Kann bei Betriebsvermögen ggf. wegfallen, da Surrogate erneut Betriebsvermögen sein werden, wird aber für die Herausnahme anderer Wirtschaftsgüter benötigt. Bei Betriebsvermögen ggf. zu bedenken, ob dies auch für Surrogate gelten soll, die anlässlich der Betriebsaufgabe dann im Privatvermögen anfallen.

[230] Dieser Satzteil kann gestrichen werden, wenn er nicht benötigt wird.

[231] Diese Alternative versucht dem Wunsch nach Totalausschluss jeglichen Betriebsvermögens Rechnung zu tragen. Besser ist jedoch der Ausschluss des konkreten Betriebsvermögens, da die Begrifflichkeit „Betriebsvermögen" nur schwer bestimmbar ist..

[232] Wenn die Erträge des Betriebes die einzige Einnahmequelle darstellen, dann kann die Verwendungsklausel das Entstehen von Zugewinn komplett verhindern, indem diese Erträge alle reinvestiert werden. Aus diesem Grunde wurde die bereits dargelegte Zweijahresfrist hier verwendet, um eine Totalverwendung in der Ehekrise auszuschließen.

[233] Wird verwendet, wenn man akzeptiert, dass auch sonstige Verwendungen aus dem Zugewinn ausscheiden, außer sie sind in einer Ehekrise getätigt worden. Angelehnt an die Formulierung, welche dem BGH-Urteil MittBayNot 1997, 231 ff. zugrunde lag. Dies ergibt die größte unternehmerische Freiheit, ist jedoch nur bei gesicherter Kompensationsleistung empfehlenswert.

3)
Erträge aus diesem vom Zugewinn ausgeschlossenen Vermögen sind gleichfalls vom Zugewinn ausgeschlossen, sofern sie entweder

a) den betrieblichen Bereich noch nicht verlassen haben; insofern sind insbesondere ausgenommen Guthaben auf Kapital-, Darlehens-, Verrechnungs- oder Privatkonten *(streichen, soweit nicht erforderlich)* sowie stehen gelassene Gewinne, Gewinnvorträge oder -rücklagen oder

b) wieder auf die ausgeschlossenen Vermögenswerte verwendet werden, soweit die **Verwendungen** nicht in den letzten beiden Jahren vor Rechtshängigkeit eines Scheidungsantrages erfolgt sind.[232] Unter Verwendung verstehen wir auch die Tilgung von Verbindlichkeiten sowie Einlagen in das Betriebsvermögen.
Macht jedoch ein Ehegatte aus seinem sonstigen Vermögen Verwendungen auf die vom Zugewinnausgleich ausgenommenen Vermögenswerte, werden diese Verwendungen mit ihrem Wert zum Zeitpunkt der Verwendung dem Endvermögen des Ehegatten hinzugerechnet, der der Eigentümer dieser Vermögenswerte ist.
Derartige Verwendungen unterliegen also – ggf. um den Geldwertverfall berichtigt – dem Zugewinnausgleich.

Alternative:
Dies gilt jedoch nur für solche Verwendungen, die in den letzten beiden Jahren vor Rechtshängigkeit eines Scheidungsantrages erfolgt sind.[233] Der Notar hat über die Auswirkung dieser Klausel für Verwendungen vor diesem Zeitpunkt ausführlich belehrt.
Entsprechendes gilt für Verwendungen des anderen Ehegatten auf die vom Zugewinnausgleich ausgenommenen Vermögenswerte.

Alternativen zu vorstehend 3):

Alternative 1:
Erträge aus diesem vom Zugewinn ausgeschlossenen Vermögen unterliegen dem Zugewinnausgleich.

Alternative 2:
Erträge aus diesem vom Zugewinn ausgeschlossenen Vermögen unterliegen nicht dem Zugewinnausgleich. Der Notar hat darauf hingewiesen, dass damit auch ins Privatvermögen übernommene Erträge nicht zu einem Ausgleich führen.

4)
Zur Befriedigung der sich etwa ergebenden Zugewinnausgleichsforderung gilt das vom Zugewinn ausgenommene Vermögen als vorhandenes Vermögen im Sinne des § 1378 Abs. 2 BGB.
Eine Vollstreckung in das vom Zugewinnausgleich ausgeschlossene Vermögen ist erst zulässig, wenn die Vollstreckung in das ausgleichspflichtige Vermögen nicht zum Erfolg geführt hat.
Ein Ehegatte ist nicht verpflichtet, seinen Zugewinn auszugleichen, wenn er unter Berücksichtigung des vom Zugewinn ausgenommenen Vermögens des anderen Ehegatten nicht zur Ausgleichung verpflichtet wäre.

5)
Die güterrechtlichen Verfügungsbeschränkungen sollen bei zu diesem Vermögen gehörenden Gegenständen nicht gelten.

6)
Wir sind uns darüber einig, dass hinsichtlich des vorgenannten betrieblichen Vermögens auch bei Mitarbeit der Ehefrau keine Ehegatteninnengesellschaft vorliegt, sondern eine rein arbeitsrechtliche Gestaltung. Wir verpflichten uns insoweit, eine erschöpfende vertragliche Regelung zu treffen, über die hinaus keine Ansprüche bestehen sollen, egal aus welchem Rechtsgrund sie hergeleitet werden könnten, insbesondere nicht aus Ehegatteninnengesellschaft und nicht wegen Störung der Geschäftsgrundlage.

7)
Streiten die Ehegatten um die Zugehörigkeit zum betrieblichen Vermögen, soll ein vom Präsidenten der örtlich zuständigen IHK bestellter Sachverständiger als Schiedsgutachter verbindlich entscheiden.

II. Unterhalt

……

III. Versorgungsausgleich

......

Die vorstehenden ehevertraglichen Vereinbarungen nehmen wir hiermit gegenseitig an.

C. Pflichtteilsverzicht

Wir verzichten hiermit gegenseitig auf unser gesetzliches Pflichtteilsrecht in Bezug auf das nach vorstehender Ziffer B.I. vom Zugewinn ausgenommene Vermögen. Wir nehmen diesen Verzicht wechselseitig an.

D. Belehrungen, Hinweise

Über die rechtliche Tragweite unserer vorstehenden Erklärungen wurden wir vom Notar eingehend belehrt, insbesondere darüber, dass die Abgrenzung der herausgenommenen Vermögenswerte zu Schwierigkeiten führen kann, dass etwa gewillkürtes Betriebsvermögen gebildet werden kann oder Verwendungen aus dem Privatvermögen in das Betriebsvermögen vorgenommen werden können. Er empfiehlt daher eine strikte Trennung der Vermögensmassen und Aufzeichnungen über Bewegung zwischen den Vermögensmassen.

......

Bei der Behandlung der Erträge des aus dem Zugewinnausgleich ausgenommenen Vermögens sind noch viele weitere Varianten denkbar. Einige in der Literatur favorisierte sind noch angefügt:

Formulierungsvorschlag:

(Erträge, die zum Unterhalt zu verwenden sind): 106

Erträge des Unternehmens können für das Unternehmen verwendet werden und unterliegen dann nicht dem Zugewinnausgleich, sofern sie nicht nach unterhaltsrechtlichen Bestimmungen zur Deckung des angemessenen Unterhalts des Ehegatten und der gemeinsamen Kinder zu verwenden sind.[234]

(gesonderte Behandlung von Geschäftsführervergütung und Tantieme):

Erträge des Unternehmens können für das Unternehmen verwendet werden und unterliegen dann nicht dem Zugewinnausgleich. Dies gilt jedoch nicht für Geschäftsführervergütungen einschließlich Tantiemen. Diese werden Privatvermögen.

Ist der Betrieb erst neu gegründet und wird über Jahre hinweg die einzige Einnahmequelle 107
bleiben, kann es sich empfehlen, dem **Nichtunternehmer-Ehegatten** vertraglich eine **gewisse Mindestsicherung** zu garantieren, für die als Maßstab die eigene mögliche Sparquote hergenommen werden kann, oder zumindest die Bedürfnisse, sich im Falle einer Scheidung ein neues Lebensumfeld zu beschaffen.

Formulierungsvorschlag:

Wir gehen davon aus, dass auf der Grundlage vorstehender Vereinbarungen die Ehefrau einen An- 108
spruch auf Zugewinnausgleich gegen den künftigen Ehemann hat. Für den Fall, dass sich nicht mindestens ein Betrag von € ...... pro Ehejahr (gemessen von der Eheschließung bis zur Rechtshängigkeit eines Scheidungsantrages) als Zugewinnausgleichsforderung der Ehefrau aus dem nicht ausgeschlossenen Vermögen ergibt, ist der Ehemann verpflichtet, den hierauf fehlenden Geldbetrag aus seinem sonstigen Vermögen auszugleichen. Für nicht vollendete Ehejahre ist der Betrag anteilig zu ermitteln. Der Ausgleichsanspruch der Ehefrau ist jedoch in keinem Fall höher als der Zugewinnausgleich, der sich unter Berücksichtigung des vom Zugewinnausgleich ausgeschlossenen Vermögens insgesamt ergäbe. Insgesamt wird der Ausgleichsbetrag der Ehefrau jedoch auf einen Betrag von höchstens € ...... begrenzt.

...... (Indexklausel) ......

Dieser Anspruch unterliegt seinerseits nicht dem Zugewinn.

[234] WürzbNotarHdb/*J. Mayer* Teil 3 Kap. 1 Rdnr. 89.

109 c) **Vereinbarung einer Höchstgrenze des Zugewinns.** Eine weitere Möglichkeit, eine den Interessen beider Vertragsparteien dienende Modifikation des Zugewinnausgleichs zu vereinbaren, ist die **Begrenzung der Zugewinnforderung.** Dies kann geschehen durch einen festen Höchstbetrag (ggf. indexiert), verschiedene Höchstbeträge je nach Ehedauer oder eine Multiplikation der Ehejahre mit einem Jahresbetrag.[235] Insbesondere dann, wenn für die Ehegatten die **Aufrechterhaltung des bei der Eheschließung bestehenden sozialen Niveaus** eines Ehegatten und nicht die hälftige Teilhabe am betrieblichen Vermögen im Mittelpunkt steht, kann eine solche Vereinbarung verwendet werden. Wenn der Unternehmer die Höchstbeträge zahlt, dann besteht weder ein Auskunftsanspruch noch muss der Zugewinn berechnet werden. Höchstbeträge sind aber dann nicht zu zahlen, wenn der Zugewinn in Wirklichkeit so niedrig ausgefallen ist, dass der Ausgleichsanspruch die Höchstbeträge unterschreitet (anders bei festen Kompensationsbeträgen). Dies kann der Pflichtige nachweisen.

Formulierungsvorschlag:

110 Endet der Güterstand/die Ehe auf andere Weise als durch den Tod eines Ehegatten, so muss als Zugewinn höchstens ein Betrag von € 500.000,00 gezahlt werden.
Der Höchstbetrag von € 500.000,00 soll wertbeständig sein.
Der Höchstbetrag errechnet sich demnach wie folgt:

€ 500.000,00
– in Worten: fünfhunderttausend Euro –
vervielfacht

um den Verbraucherpreisindex für Deutschland, wie dieser Index vom Statistischen Bundesamt in Wiesbaden für den Monat festgestellt wird, in dem der Scheidungsantrag rechtshängig wird, der zur Scheidung der Ehe führt,

geteilt

durch den Verbraucherpreisindex für Deutschland, wie er im Monat der heutigen Beurkundung bestimmt wird (Basis 2005 = 100).

Formulierungsvorschlag:

111 Endet der Güterstand auf andere Weise als durch den Tod eines Ehegatten, so wird der Zugewinn nach folgender Maßgabe ausgeglichen:
Für jedes vollendete Ehejahr – gemessen von der Eheschließung bis zur Rechtshängigkeit eines Scheidungsantrages – ist höchstens ein Betrag i. H. v. € 25.000,00 als Zugewinn zu zahlen. Für nicht vollendete Jahre ist der Betrag anteilig zu ermitteln.
...... (*Indexklausel wie oben*) ......

3. Gütertrennung

112 a) **Vereinbarung der Gütertrennung.** Ehegatten, die nach Abwägung aller genannten zivil- und steuerrechtlichen Gesichtspunkte für ihre Ehe den Güterstand der Gütertrennung vereinbaren möchten, schließen einen Ehevertrag. Für die Gütertrennung spricht ihre Klarheit und Einfachheit. Deutlich gegen die Gütertrennung sprechen die Vorteile eines Zugewinnausgleichs im Todesfall. Im Gegensatz zur oft als vorrangig angesehenen Zugewinngemeinschaft besteht **in der Rechtsprechung bei der Gütertrennung** eine ganz erhebliche Bereitschaft, Vermögenszuwendungen oder Mitarbeit im Scheidungsfall unter Berufung auf eine Störung der Geschäftsgrundlage (§ 313 BGB) oder neuerdings wieder verstärkt unter Verweis auf eine Ehegatteninnengesellschaft **zu korrigieren.** Der nachfolgende Formulierungsvorschlag schließt solche Ansprüche aus.[236]

[235] Vgl. etwa *Wegmann* Rdnr. 108 f.
[236] Zur Kritik an einem solchen Ausschluss vgl. C. *Münch*, Ehebezogene Rechtsgeschäfte Rdnr. 353.

Schließlich wird oftmals zugleich ein gegenseitiger **Pflichtteilsverzicht** gewünscht, wenn die Ehegatten eine komplette Vermögenstrennung auch für den Todesfall wollen, etwa bei der Wiederverheiratung von Ehegatten mit Kindern, die jeweils alleine die Kinder zu Erben einsetzen möchten. Generell sollten erbrechtliche Fragen bei der Beratung für einen Ehevertrag immer mit angesprochen werden. 113

Formulierungsvorschlag:

...... 114

B. Ehevertragliche Vereinbarungen

1)
Als Güterstand für unsere Ehe soll die

Gütertrennung

nach Maßgabe des Bürgerlichen Gesetzbuches gelten.
Uns ist bekannt, dass durch die Vereinbarung der Gütertrennung

- keine Haftungsbeschränkung gegenüber Gläubigern eintritt,
- jeder Ehegatte über sein Vermögen frei verfügen kann,
- beim Tode eines von uns beiden das Erb- und Pflichtteilsrecht des Überlebenden am Nachlass des Zuerstversterbenden sich vermindern und das Erb- und Pflichtteilsrecht der Kinder oder sonstiger Abkömmlinge sich erhöhen kann,
- bei Auflösung der Ehe kein Zugewinnausgleich stattfindet,
- die Privilegierung des § 5 ErbStG keine Anwendung findet.

Die Gütertrennung soll derzeit nicht in das Güterrechtsregister eingetragen werden.
Jeder von uns beiden ist jedoch berechtigt, den Eintragungsantrag jetzt oder künftig allein zu stellen.

2)
Auf den Ausgleich eines etwa bisher entstandenen Zugewinnes wird gegenseitig verzichtet. Den Verzicht nehmen wir hiermit gegenseitig an.

3)
Nach Belehrung durch den Notar verzichten wir auf die Erstellung eines Vermögensverzeichnisses.

4)
Zuwendungen eines Ehegatten an den anderen können bei Scheidung der Ehe nicht zurückgefordert werden, auch nicht wegen Störung der Geschäftsgrundlage, es sei denn die Rückforderung ist auf gesonderter vertraglicher Grundlage vorbehalten. Dies gilt unabhängig vom Verschulden am Scheitern der Ehe.
Wir vereinbaren ferner, dass andere Ausgleichsansprüche nicht bestehen sollen; insbesondere entsteht nicht etwa durch Mitarbeit im Betrieb eines Ehegatten oder durch das gemeinsame Halten von Vermögensgegenständen eine Ehegatteninnengesellschaft, wenn wir dies nicht ausdrücklich vereinbaren.
Wir verpflichten uns, bei etwaigen Gesamthaftungen das Innenverhältnis des Gesamtschuldnerausgleichs ausdrücklich zu regeln.
Der Verzicht auf Zugewinn stellt nicht selbst eine ehebedingte Zuwendung dar.
......
Die vorstehenden ehevertraglichen Vereinbarungen nehmen wir hiermit gegenseitig an.

C. Pflichtteilsverzicht

Wir verzichten hiermit gegenseitig auf unser gesetzliches Pflichtteilsrecht. Wir nehmen diesen Verzicht wechselseitig an.

D. Belehrungen, Hinweise

......

b) **Güterstandsschaukel.** Eine sog. „Güterstandsschaukel" kann genutzt werden, um schenkungsteuerfrei Vermögen von einem Ehegatten auf den anderen zu übertragen. Der 115 gesetzliche Güterstand wird dabei durch Vereinbarung der Gütertrennung beendet. Dies löst zwingend die gesetzlichen Zugewinnausgleichsansprüche nach § 1378 Abs. 3 S. 1 BGB aus. Nach § 5 Abs. 2 ErbStG ist die Erfüllung der Zugewinnausgleichsforderung nun schenkungsteuerfrei möglich. Dies ist somit eine anerkannte und sichere Möglichkeit, Vermögen schenkungsteuerfrei auf den anderen Ehegatten zu verlagern.[237] Der BFH hat dies in mehreren Urteilen anerkannt, sogar in einem Fall, indem sofort mit derselben Urkunde wieder die Rückkehr in den gesetzlichen Güterstand vereinbart wurde (Güterstandsschaukel) in einer Weise, dass die Gütertrennung nicht einmal eine juristische Sekunde bestanden hat.[238] Allerdings hat der BFH den Sachverhalt nicht selbst beurteilt, sondern dazu nur auf die Vorinstanz verwiesen, ein anderes FG könnte also durchaus auch anders entscheiden. Damit wird die Güterstandsschaukel künftig rechtssicher vereinbart werden können. Allerdings wird ein vorsichtiger Berater die Gütertrennung auch wirklich für einen bestimmten Zeitraum bestehen lassen. Eine Vereinbarung in zwei Urkunden bleibt sicherer, insbesondere im Blick auf die Pflichtteilsfestigkeit der Gestaltung und eine mögliche Anfechtung. Zum Pflichtteil hat der BGH entscheiden, dass ein zweimaliger Wechsel des Güterstandes nach einheitlichem Plan ein Missbrauch darstellen könne.[239] In gleicher Weise ist der Abschluss zweier Urkunden zu empfehlen, wenn die Anfechtbarkeit der Übertragung in Rede steht.[240]

116 Im Gegensatz zum Güterstandswechsel erkennt der BFH Übertragungen i. R. d. **sog. fliegenden Zugewinnausgleichs** Schenkungsteuerfreiheit nicht zu, sodass bei Übertragungen ohne Beendigung des gesetzlichen Güterstandes Schenkungsteuer anfällt, auch wenn damit der bisherige Zugewinn unter Beibehaltung des gesetzlichen Güterstandes wirklich ausgeglichen wird.[241]

117 Wird der Zugewinn nicht in Geld ausbezahlt, sondern durch Übertragung von Vermögensgütern, so liegt hierin eine einkommensteuerlich entgeltliche Leistung an Erfüllungs Statt,[242] deren Folgen sorgfältig zu prüfen sind.

4. Ansprüche der sog. „Zweiten Spur" im Familienrecht

118 Die Rechtsprechung beurteilt insbesondere Zuwendungen oder Mitarbeit unter Ehegatten nicht nur unter familienrechtlichem Blickwinkel, sondern untersucht daneben auch andere **allgemeine vermögensrechtliche Ansprüche** (Ansprüche der sog. „Zweiten Spur").[243] Zuwendungen unter Ehegatten hat der BGH als sog. **unbenannte Zuwendungen** eingestuft, denen die Erwartung zugrunde liegt, dass die Ehe Bestand hat. Gleiches gilt für **Mitarbeit** etwa im Betrieb des anderen Ehegatten, wenn diese von gewisser Dauer und Regelmäßigkeit ist. Hat die Ehe nun keinen Bestand, so ist die Geschäftsgrundlage nur für die Ehezeit gewahrt, danach fällt sie weg. Daraus können **Ansprüche wegen Wegfalls der Geschäftsgrundlage** nach § 313 BGB folgen. Allerdings ist zunächst zu **fragen, ob die vorrangigen güterrechtlichen Regelungen bereits zu einem für den Zuwendenden zumutbaren Ergebnis führen.**[244] Insofern **unterscheidet die Rechtsprechung:**

119 Der **Zugewinnausgleich** hat grds. Vorrang und schließt eine Anwendung der Grundsätze über den Wegfall der Geschäftsgrundlage i. d. R. aus. Nur in extremen Ausnahmefällen, in denen die güterrechtlichen Ausgleichsregelungen **zu schlechthin unangemessenen und untragbaren Ergebnissen** führen, sind diese Grundsätze anwendbar.[245]

120 Haben die Ehegatten hingegen **Gütertrennung** vereinbart, so kommt ein Ausgleichsanspruch schon dann in Betracht, wenn die Beibehaltung der Vermögensverhältnisse, die durch eine Ehegattenzuwendung herbeigeführt worden sind, dem benachteiligten Ehegatten **nach**

[237] So schon *Brambring* ZEV 1996, 248, 252 f.
[238] BFH ZEV 2005, 490 m. Anm. *C. Münch*.
[239] BGH NJW 1992, 558 ff.
[240] *Ponath* ZEV 2006, 49, 51, 53.
[241] BFH ZEV 2006, 41 m. Anm. *C. Münch*.
[242] BFH DStRE 2005, 449; hierzu *Wälzholz* FamRB 2006, 27, 29.
[243] *Schwab* DNotZ-Sonderheft 2001, 9, 13.
[244] BGH FamRZ 1991, 1169, 1170.
[245] BGH FamRZ 1989, 147; BGH FamRZ 1991, 1169; BGH MittBayNot 1997, 295.

Treu und Glauben nicht zumutbar ist.[246] Die Anforderungen sind also weniger streng als beim gesetzlichen Güterstand. Der BGH prüft hier eine Gesamtkorrektur der ehelichen Vermögensverteilung unter Abwägung aller Umstände des Einzelfalles. – ein Ergebnis, das regelmäßig dem Willen der Vertragsparteien widerspricht,[247] die Gütertrennung vereinbaren.

Wird ein Ausgleich wegen Störung der Geschäftsgrundlage nicht gewünscht, so kann zum einen schon **bei** der **Gütertrennung** vereinbart werden, dass Zuwendungen unter den Ehegatten **nicht rückforderbar** sind, wenn die Rückforderung bei der Zuwendung nicht vorbehalten wurde. Zum anderen kann **bei der Zuwendung** selbst eine Regelung getroffen werden, ob die Zuwendung rückforderbar sein soll.[248] 121

Nach der neueren Rechtsprechung des BGH ist zentrale Anspruchsgrundlage die **Ehegatteninnengesellschaft,**[249] soweit es nicht um das Familienheim geht. In Fällen, in denen Immobilienvermögen auf den Namen eines Ehegatten angeschafft, aber vom anderen bzw. beiden bezahlt wurde, sieht der BGH eine Ehegatteninnengesellschaft verwirklicht. Aus dieser folgert er z. B. eine Pflicht zur Zusammenveranlagung. Die **Ausgleichsansprüche** aus Ehegatteninnengesellschaft sind nach Auffassung des BGH **nicht subsidiär** gegenüber Ansprüchen aus Zugewinnausgleich. Eine Ehegatteninnengesellschaft kann demnach sowohl bei Gütertrennung als auch im gesetzlichen Güterstand vorkommen.[250] 122

Eine Ehegatteninnengesellschaft liegt nach der Rechtsprechung des BGH dann vor, wenn sich der Gesellschaftszweck **nicht in der Verwirklichung der ehelichen Lebensgemeinschaft erschöpft, sondern darüber hinausgeht.** Im Gegensatz dazu geschieht die unbenannte Zuwendung gerade zur Verwirklichung der ehelichen Lebensgemeinschaft („Geben um der Ehe willen"), typischerweise bei Errichtung des Familienheims.[251] 123

Nach der Rechtsprechung des BGH genügt für die Innengesellschaft die Vorstellung der Ehegatten, dass die Vermögenswerte, die formal nur einem Ehegatten zustehen, beiden gehören sollen. Weitere **bewusste Vorstellungen** über die Bildung einer Gesellschaft sollen demnach **nicht erforderlich** sein.[252] So richtet sich denn auch die Kritik an dieser Rechtsfigur gegen das Fehlen des notwendigen rechtsgeschäftlichen Elements beim Abschluss eines Gesellschaftsvertrages.[253] 124

Mit der Trennung der Ehegatten (Stichtag) findet deren Innengesellschaft ein Ende. Da es kein Gesamthandsvermögen gibt, kommt es nicht zu einer Auseinandersetzung nach den §§ 730 bis 735 BGB, sondern die Trennung der Ehegatten führt zur Auflösung und **sogleich** zur **Vollbeendigung**[254] der Gesellschaft. Der Nichteigentümer-Ehegatte hat einen **schuldrechtlichen Ausgleichsanspruch**, durch den er so gestellt wird, als bestünde ein Gesamthandsvermögen. Es werden also nur vorhandene Vermögenswerte und Verbindlichkeiten ausgeglichen, es werden keine früheren Beiträge entlohnt. Ansprüche richten sich nicht auf dingliche Beteiligung, sondern lediglich auf Zahlung in Geld.[255] Die Ausgleichsquote richtet sich nach dem **Verhältnis der geleisteten Beiträge.** Da diese nach umfangreichen Vermögenstransaktionen und längerer Ehe nicht mehr genau feststellbar sind, zieht der BGH die Vorschrift des **§ 722 Abs. 1 BGB** heran, wonach im Zweifel jedem Gesellschafter ohne Rücksicht auf Art und Größe seines Beitrags ein **gleich hoher Anteil** zukommt. Wer mehr verlangt, der trägt dafür die Beweislast.[256] Vermutlich war nicht zuletzt dieser **praktikable Ansatz** für die Rechtsprechung ein Grund, die Ehegatteninnengesellschaft den mühevoll nachzuzeichnenden ehebezogenen Zuwendungen vorzuziehen. **Schenkungsteuerliche Folgen** 125

---

[246] BGHZ 84, 361 ff. = FamRZ 1982, 910.

[247] *Langenfeld*[5] Rdnr. 293.

[248] Formulierungsvorschläge: *C. Münch,* Ehebezogene Rechtsgeschäfte Rdnr. 1207.

[249] BGH NJW 1999, 2962 = DNotZ 2000, 514 ff.; BGH FamRZ 2003, 1454 = DStR 2003, 1805; BGH FamRZ 2006, 607.

[250] *Wever* Rdnr. 624.

[251] *Grziwotz* DNotZ 2000, 486, 495.

[252] BGH DNotZ 2000, 514 ff.

[253] *Haas* FamRZ 2002, 205, 207; ausführlich begründete Kritik findet sich bei *Herr*, Kritik der konkludenten Ehegatteninnengesellschaft, 2008.

[254] BGH DNotZ 2000, 514, 524; OLG Schleswig FamRZ 2004, 1375.

[255] BGH DNotZ 2000, 514, 524.

[256] BGH DNotZ 2000, 514, 524.

und Fragen der **Pflichtteilsfestigkeit** und **Anfechtbarkeit** von Beiträgen zur Ehegatteninnengesellschaft sind bisher nicht abschließend geklärt.[257]

126 Untauglich ist die Ehegatteninnengesellschaft allerdings für Vermögensübertragungen zur Haftungsvermeidung, denn wenn es sich um eine GbR handelt, dann kann das Kündigungsrecht im Rahmen des § 723 BGB nicht auf Dauer ausgeschlossen werden. Gläubiger eines Ehegatten können daher den Ausgleichsanspruch pfänden[258] und dann die Gesellschaft nach § 725 BGB kündigen.[259] **Umso weniger verständlich** ist es, wenn Gerichte in ebensolchen Fallgestaltungen den Ehegatten unterstellen, sie hätten, eine Ehegatteninnengesellschaft begründet, weil sie aus Haftungsgründen alles Vermögen auf den Namen eines Ehegatten erworben hätte.[260] Genau dies würde zur **Pfändbarkeit von Ansprüchen** und damit zum Gläubigerzugriff führen,[261] kann also kaum intendiert gewesen sein.

5. Güterstandsklauseln in Gesellschaftsverträgen

127 Unternehmen wollen sich häufig nicht darauf verlassen, dass ein Gesellschafter wirklich einen Ehevertrag schließt, in dem er das Firmenvermögen aus dem Zugewinn herausnimmt. Sie setzen daher einem Gesellschafter, der heiratet, **ohne eine solche ehevertragliche Regelung** zu treffen, eine bestimmte Frist und legen ihm den Nachweis einer entsprechenden Regelung auf bei Strafe der **Ausschließung** aus der Gesellschaft. Die Zulässigkeit solcher Klauseln wird überwiegend bejaht.[262] Auch im Lichte des Hohenzollern-Urteils des BVerfG[263] dürfte dies weiterhin gelten, denn die Ausschließung wird hier nicht an die Person des Ehegatten geknüpft, sondern an den Nichtabschluss eines bestimmten Ehevertrages. Die Klausel trifft ferner alle Gesellschafter in gleicher Weise. Angesichts dessen wird die Klausel hier für wirksam auch im Lichte dieser neueren verfassungsrechtlichen Rechtsprechung gehalten.[264] Bei der Formulierung der Klausel ist nach Möglichkeit darauf zu achten, dass sie den Gesellschafter nicht zum Abschluss eines bestimmten Ehevertrages verpflichtet, sondern dass sie lediglich die Konsequenz enthält, wenn der Gesellschafter einen solchen Nachweis nicht erbringt. Zudem sollte eine Güterstandsklausel nicht mehr den Abschluss von **Gütertrennung** zwingend verlangen, sondern nur solche Gestaltungen, welche der Inhaltskontrolle[265] standhalten.[266] Immer verbreiteter werden daher Bestimmungen, wonach auch die **Herausnahme aus dem Zugewinn** und den Verfügungsbeschränkungen genügt.

128 Bei der Übertragung von Gesellschaftsanteilen etwa an Abkömmlinge besteht die Möglichkeit, zusätzlich zu dieser gesellschaftsvertraglichen Regelung vertragliche **Rückforderungsrechte** zu vereinbaren.[267] Auch der Pflichtteilsverzicht des Schwiegerkindes, der bei dynastischem Vermögen erforderlich ist, sollte geklärt werden. Er wird häufig im Rahmen einer Gütertrennung nicht mit vereinbart.[268]

---

[257] *Grziwotz* DNotZ 2000, 486, 495; *Gebel* BB 2000, 2017, 2023; *Wall* ZEV 2007, 249 ff.

[258] Angesichts des zwingenden Charakters des § 725 BGB wird man schwerlich von einer Höchstpersönlichkeit des Ausgleichsanspruchs sprechen können.

[259] So auch *Wever* FamRZ 2005, 485, 488.

[260] OLG Schleswig FamRZ 2004, 1375.

[261] Daher zu Recht krit.: *Wever* FamRZ 2004, 1377 f.

[262] Vgl. etwa die Nachweise bei Formularbuch/Blaum/*Scholz,* Formular VIII. D. 2., Anm. 69; allerdings zeigen sich auch mehr und mehr kritische Stimmen, vgl. die eingehende Untersuchung von *Gassen* RNotZ 2004, 423 ff.

[263] BVerfG DNotZ 2004, 798 ff.; hierzu *Isensee* DNotZ 2004, 754 ff.

[264] Vgl. *Reul* DNotZ 2007, 184, 206.

[265] Auf die Bedeutung der Inhaltskontrolle für die Güterstandsklauseln bzw. die durch sie bewirkten Eheverträge weist zu Recht hin *Brambring* DNotZ 2008, 724, 730.

[266] *Reul* DNotZ 2007, 184, 206 hält auch Klauseln für wirksam, die eine Verpflichtung zum Abschluss einer bestimmten ehevertraglichen Vereinbarung vorsehen, jedenfalls sofern sie sich ausschließlich auf die entsprechende gesellschaftsrechtliche Beteiligung beziehen.

[267] BGH NJW 1990, 2616; *D. Mayer* ZGR 1995, 93 ff.; *K. Schmidt* BB 1990, 1992 ff.; *C. Münch* DStR 2002, 1025 ff.

[268] Krit. zum Pflichtteilsverzicht *Brambring* DNotZ 2008, 724, 736; zu Recht besteht die Kritik in den Fällen, in denen ehevertraglich ohne jede Kompensation Zugewinn und Pflichtteil ausgeschlossen werden. Für zulässig wird eine Güterstandsklausel i. V. m. einer Pflichtteilsklausel gehalten von DNotI – Gutachten 82.622 v. 29. 1. 2008.

129 Nach vielfach vertretener Ansicht führt die Aufnahme einer **Güterstandsklausel** in den Gesellschaftsvertrag zur **Beurkundungspflicht** jedenfalls bei einer Verpflichtung ggü. einem Dritten zur Vereinbarung eines bestimmten Güterstandes, da eine mittelbare Bindung vorliege, deren Nichteinhaltung wirtschaftliche Nachteile nach sich ziehe.[269] Das wäre insbesondere bei Gesellschaften zu beachten, deren Vertrag ansonsten nicht beurkundungsbedürftig ist. Höchstrichterliche Rechtsprechung hierzu gibt es freilich noch nicht. Die Gegenstimmen sind beachtlich, sprechen sich gegen eine Herleitung aus der Rechtsprechung zum Vorvertrag unter Ehegatten aus und betonen, ein Übereilungsschutz sei nicht notwendig, wo der Gesellschafter nur zu einem für ihn vorteilhaften Ehevertrag aufgefordert sei.[270]

Formulierungsvorschlag:

130 **§ 15 Ausschließung von Gesellschaftern**

Ein Gesellschafter kann aus der Gesellschaft ausgeschlossen werden, wenn .....

.....

c) er eine Ehe eingeht oder eine Lebenspartnerschaft[271] begründet, ohne dass er mit seinem Ehegatten oder Lebenspartner entweder

(1) Gütertrennung vereinbart oder

(2) bei Zugewinngemeinschaft vereinbart, dass die Beteiligung an dieser Gesellschaft einschließlich etwaiger Gesellschafterdarlehen und etwaigen Sonderbetriebsvermögens oder sonst der Gesellschaft zur Nutzung überlassenen Vermögens und einschließlich aller Wertsteigerungen bei der Berechnung des Zugewinns keine Berücksichtigung findet oder

(3) bei Gütergemeinschaft die Beteiligung einschließlich des Sonderbetriebsvermögens und der Wertsteigerung zum Vorbehaltsgut erklärt
und

(4) die Verfügungsbeschränkung des § 1365 BGB ausschließt.

Alternative:
und

(5) einen gegenständlich beschränkten Pflichtteilsverzicht für das unter (2) bezeichnete Vermögen abgeschlossen hat.[272]

Eine Ausschließung kann erst dann beschlossen werden, wenn der Gesellschafter nach schriftlicher Aufforderung der Gesellschaft nicht binnen längstens drei Monaten nach Empfang der Aufforderung nachgewiesen hat, dass die Ausschließungsgründe nicht oder nicht mehr bestehen.
Eine Ausschließung kann sofort beschlossen werden, wenn der Gesellschafter nach Erbringung seines Nachweises die Güterstandsregelung in einer Weise abändert, die nach obiger Regelung zum Ausschluss berechtigt.
Die Gesellschaft ist auch berechtigt, Sanktionen unterhalb der Ausschließung zu verhängen oder hier genannte Fristen zu verlängern.

6. Ausländische Güterstände – Übersicht

131 Am Schluss der güterrechtlichen Darstellung soll ein kurze Übersicht[273] der in verschiedenen Staaten vertretenen Güterstände stehen. Dabei muss klar sein, dass die Güterstände mit

[269] *Wachter* GmbH-StB 2006, 234, 238; MünchKommBGB/*Kanzleiter* § 1410 Rdnr. 3; *Brambring* DNotZ 2008, 724, 734.

[270] *Scherer* BB 2010, 323, 326 m. w. N.

[271] An dieser Stelle sei die Lebenspartnerschaft berücksichtigt. Ansonsten würde es den vorgesehenen Rahmen sprengen, auch noch Lebenspartnerschaftsverträge abzuhandeln.

[272] Dazu, dass hiergegen im Hinblick auf § 2302 BGB keine Bedenken bestehen: *Gassen* RNotZ 2004, 423, 435.

[273] Mehr kann in diesem Rahmen nicht geboten werden. Ausführliche Darstellungen finden sich in folgenden Werken: *Bergmann/Ferid/Henrich*, Internationales Ehe- und Kindschaftsrecht; *Süß/Ring*, Eherecht in Europa, 2006; WürzbNotHdb/*Hertel* Teil 7 Kap. 2 C Rdnr. 29 ff. (Übersicht) und Kap. 4 (ausgewählte Staaten); Anwaltkommentar Bd. 4, Anhang – Länderberichte; neueste Entwicklungen stellen die Länderberichte in FamRZ 2010, 1481 ff. zusammen; tabellarische Übersichten von *Süß* zu den Güterständen und zum Erbstatut nach Ländern finden sich unter www.notarius-international.uinl.org (Ausländisches Recht/Tabellen).

den in Deutschland vertretenen nicht konsequent vergleichbar sind. Am ehesten vergleichbar sind noch Gütertrennungen. Im Bereich des Common Law handelt es sich aber um eine Gütertrennung mit gerichtlicher Ermessenzuweisung. Die Zugewinngemeinschaft findet sich im deutschen Rechtskreis. Soweit von einer Errungenschaftsbeteiligung[274] die Rede ist, handelt es sich ebenfalls um eine Zugewinngemeinschaft, bei der allerdings Wertzuwächse vom Zugewinn ausgenommen sind. Im Bereich der Gütergemeinschaft existieren viele Facetten, so etwa die aufgeschobene Gütergemeinschaft der nordischen Staaten oder die allgemeine Gütergemeinschaft der Niederlande, wo während der Ehe eine Art Gütertrennung mit Verfügungsbeschränkungen vorliegt und erst die Auseinandersetzung gesamthandsähnliche Züge annimmt.[275]

132 Eine Übersicht über die gesetzlichen Güterstände[276] gibt folgendes Bild:

Belgien	Errungenschaftsgemeinschaft
Bosnien Herzegowina	Errungenschaftsgemeinschaft
Bulgarien	Errungenschaftsgemeinschaft
China	Errungenschaftsgemeinschaft
Dänemark	Aufgeschobene Gütergemeinschaft
England	Common Law Gütertrennung
Finnland	Aufgeschobene Gütergemeinschaft
Frankreich	Errungenschaftsgemeinschaft
Griechenland	Zugewinngemeinschaft
Irland	Common Law Gütertrennung
Island	Aufgeschobene Gütergemeinschaft
Italien	Errungenschaftsgemeinschaft
Japan	Zugewinnausgleich/Gütertrennung
Kanada	Common Law Gütertrennung/in Quebec faktisch Zugewinngemeinschaft
Kosovo	Errungenschaftsgemeinschaft
Kroatien	Errungenschaftsgemeinschaft
Liechtenstein	Gütertrennung
Lettland, Litauen, Estland	Errungenschaftsgemeinschaft
Luxemburg	Errungenschaftsgemeinschaft
Monaco	Gütertrennung
Montenegro	Errungenschaftsgemeinschaft
Niederlande	Allg. Gütergemeinschaft = eher aufgeschobene Gütergemeinschaft (str.)
Nordirland	Common Law Gütertrennung
Norwegen	Aufgeschobene Gütergemeinschaft
Österreich	Ähnlich der Zugewinngemeinschaft (gesetzl. Bezeichnung Gütertrennung)

[274] Anders als die Errungenschaftsgemeinschaft, die unter die Gütergemeinschaft fällt.
[275] Zum Ganzen: WürzbNotHdb/*Hertel* Teil 7 Kap. 2 Rdnr. 29.
[276] Die Liste ist zusammengestellt von WürzbNotHdb/*Hertel* Teil 7 Kap. 2 Rdnr. 32.

Polen	Errungenschaftsgemeinschaft
Portugal	Errungenschaftsgemeinschaft
Rumänien	Errungenschaftsgemeinschaft
Russland	Errungenschaftsgemeinschaft
Schottland	Zugewinngemeinschaft
Schweden	Aufgeschobene Gütergemeinschaft
Schweiz	„Errungenschaftsbeteiligung" = Art der Zugewinngemeinschaft
Serbien	Errungenschaftsgemeinschaft
Spanien	Errungenschaftsgemeinschaft; aber Foralrechte
Tschechische Republik	Errungenschaftsgemeinschaft
Türkei	„Errungenschaftsbeteiligung" = Art der Zugewinngemeinschaft
Ukraine	Errungenschaftsgemeinschaft
Ungarn	Errungenschaftsgemeinschaft
USA	Zugewinngemeinschaft; Errungenschaftsgemeinschaft in den Staaten Arizona, Idaho, Kalifornien, Louisiana, Nevada New Mexico, Texas, Wahington (State), Wisconsin
Weißrussland	Errungenschaftsgemeinschaft

III. Unterhalt

1. Der gesetzliche Unterhalt nach der Reform

Unternehmensbeteiligungen haben familienrechtliche Auswirkungen auch im Unterhaltsrecht. Dieses hat sich seit dem 1. 1. 2008 grundlegend gewandelt. 133

a) **Grundkonzept der Unterhaltsreform.** Mit der Unterhaltsreform verfolgte der Gesetzgeber folgende Ziele:[277] 134

- **Förderung des Kindeswohls**

Dieses Reformziel wurde umgesetzt durch Gewährung der ersten Stelle in der **Rangfolge** des Unterhaltsrechts für die Kinder (§ 1609 Nr. 1 BGB) und der **zweiten Rangstelle** für alle **kinderbetreuenden Elternteile** unabhängig von ihrem Status (§ 1609 Nr. 2 BGB), außerdem durch die (erneute) **Schaffung eines Mindestunterhalts** für Kinder anknüpfend an das steuerliche Existenzminimum und damit beständig aktualisiert (§ 1612a BGB); außerdem Zuweisung des Kindergeldes an das Kind und vereinfachte Verrechnung mit dem Unterhaltsanspruch (§ 1612b BGB).

- **Stärkung der Eigenverantwortung nach der Ehe**

Der Lebensstandsgarantie, die sich im Unterhaltsrecht mehr und mehr entwickelt hatte, sollte gegengesteuert werden. Die positiv gewendete Formulierung „Stärkung der Eigenverantwortung" heißt daher in Wirklichkeit: Verringerung der Unterhaltszahlung und insb. mehr und regelmäßige zeitliche Befristungen des Unterhaltsanspruchs. Dies wird dadurch umgesetzt, dass dem Unterhaltsrecht als **Grundsatz die Funktion des Ausgleichs ehebedingter Nachteile** zugewiesen wird. Die Erwerbsobliegenheit greift deutlich früher ein, da das

[277] BT-Drucks. 16/1830, S. 12ff.; die weitere Begründung des schlussendlich Gesetz gewordenen Koalitionskompromisses findet sich in BT-Drucks. 16/6980.

frühere Altersphasenmodell abgeschafft worden ist. Außerdem gelten nunmehr auch solche Erwerbstätigkeiten als angemessen, die vor der Ehe ausgeübt worden waren, ohne Rücksicht auf den in der Ehe erreichten sozialen Status. Erste Erfahrungen mit dem neuen Recht zeigen, dass die **Rechtsprechung des BGH** sich trotz der doch relativ offen formulierten Tatbestände („Mindestdauer mit volatil zu bestimmenden Verlängerungsoptionen")[278] **von dem gesetzgeberischen Ziel leiten lässt** und die Einschränkung der nachehelichen Solidarität verbunden mit einer verstärkten Eigenverantwortung **in die Praxis umsetzt.** Die Obergerichte beginnen, diesem Weg zu folgen.

- **Vereinfachung des Unterhaltsrechts und Justizentlastung**

Einer Vereinfachung sollen dienen die gesetzliche Definition des **Mindestunterhalts** von Kindern, der Wegfall der **RegelbetragsVO** und damit einhergehend unterschiedlicher Ost-West-Regelungen, eine verständliche Behandlung des Kindergeldes, die Konzentration der Begrenzungsvorschriften auf **§ 1578b BGB** und die Neuregelung der verfestigten Lebensgemeinschaft in **§ 1579 Nr. 2 BGB.** Allerdings wird dies **konterkariert durch** die für die Gerichte mit wesentlich mehr Arbeit verbundene **Individualisierung.** Ob bei der Frage der Erwerbsobliegenheit, der zumutbaren Betreuungsmöglichkeiten, der Befristung oder sonstigen Billigkeitstatbeständen, stets sind Ermittlungen im Einzelfall erforderlich.

135 An den Grundvoraussetzungen eines Unterhaltsanspruchs hat die Reform nichts geändert. Es muss demnach ein Unterhaltstatbestand gegeben sein, der Unterhaltsberechtigte muss bedürftig und der Verpflichtete leistungsfähig sein. Der Unterhalt wird dann meist nach der Differenzmethode in einer Quote der Einkommensdifferenz berechnet, nur bei sehr hohem Einkommen wird der Unterhalt nach dem konkreten Bedarf bemessen. Für diesen Überblick sollen die Unterhaltstatbestände dargestellt sein. Außerdem ist auf die neu eingeführte Befristung einzugehen und es soll die von der Rechtsprechung eingeführte Bedarfsbemessung nach den wandelbaren ehelichen Lebensverhältnissen beleuchtet sein.

136 b) **Unterhaltstatbestände.** Im Grundsatz (§ 1569 BGB) ist jeder Ehegatte für sich selbst verantwortlich. Als Nachwirkung ehelicher Solidarität und zum Ausgleich ehebedingter Nachteile hat der Gesetzgeber jedoch verschiedene Unterhaltstatbestände geschaffen. Ein Unterhaltsanspruch besteht nur, wenn ein solcher Unterhaltstatbestand gegeben ist, und zwar zu einem bestimmten im Gesetz vorgegebenen Einsatzzeitpunkt (z. B. Rechtskraft der Scheidung oder Beendigung eines anderen Unterhaltstatbestandes). Es muss also eine ununterbrochene Unterhaltskette vorliegen. Liegt der Tatbestand vor, so sind ferner Bedarf, Bedürftigkeit und Leistungsfähigkeit zu prüfen.

137 *aa) Kindesbetreuungsunterhalt nach § 1570 BGB.* Der Unterhaltsanspruch nach § 1570 BGB setzt zunächst voraus, dass es sich um ein **gemeinschaftliches, minderjähriges Kind** handelt, für das der unterhaltsberechtigte Ehegatte die **Betreuungsbefugnis** hat. Der Anspruch, der keinen Einsatzzeitpunkt kennt, so dass seine Voraussetzungen auch nach der Scheidung erst eintreten können, ist dreigeteilt:

138 **§ 1570 Abs. 1 Satz 1 BGB** gewährt für drei Jahre einen **„Basisunterhalt".** Während dieses Zeitraums besteht keine Erwerbsobliegenheit und keine Notwendigkeit der Fremdbetreuung. Damit kann auch eine bisher schon praktizierte eigene Berufstätigkeit mit Fremdbetreuung für diesen Zeitraum eingestellt werden;[279] dies hat der BGH inzwischen bestätigt.[280]

139 **§ 1570 Abs. 1 Sätze 2 und 3 BGB** (**kindbezogene Verlängerung**) sieht eine Verlängerung vor, soweit dies unter Berücksichtigung

- der Belange des Kindes und
- der Möglichkeiten der Kindesbetreuung

der Billigkeit entspricht. Damit ist nach Auffassung des BGH der **Vorrang der persönlichen Betreuung gegenüber anderen kindgerechten Betreuungsmöglichkeiten aufgegeben.** Fremdbetreuung muss daher regelmäßig in Anspruch genommen werden, es sei denn, sie wäre mit

---

[278] *Hauß* FamRB 2007, 367, 370.
[279] *Gerhardt* FuR 2008, 9, 11; *Kemper* FuR 2008, 169, 171.
[280] BGH NJW 2009, 1876; BGH NJW 2009, 1956.

dem Kindeswohl nicht vereinbar. Eine solche Vereinbarkeit ist jedenfalls bei öffentlichen Betreuungseinrichtungen regelmäßig zu bejahen.[281]

Nach **§ 1570 Abs. 2 BGB** (**ehebezogene Verlängerung**) ist unter Berücksichtigung 140

- der Gestaltung von Kindesbetreuung und Erwerbstätigkeit in der Ehe sowie
- der Dauer der Ehe

eine weitere Verlängerung nach Billigkeit möglich. Hierbei handelt es sich um einen „Annexanspruch"[282] zum Anspruch nach Abs. 1, der einprägsam als **„Treueunterhalt"** bezeichnet wurde.[283]

Über die Verlängerung des Kindesbetreuungsunterhaltes entscheidet somit die **Billigkeit im Einzelfall.** Dabei kommt den kindbezogenen Gründen das stärkste Gewicht zu.[284] 141

Von einer solchen Möglichkeit der Fremdbetreuung ist auszugehen, wenn die Fremdbetreuung **tatsächlich existiert, zumutbar und** – auch in Ferienzeiten und bei Krankheit – **verlässlich ist und mit dem Kindeswohl in Einklang steht.**[285] Der kindesbetreuende Elternteil ist beweispflichtig dafür, dass die Voraussetzungen einer Verlängerung vorliegen, m. a. W. dass eine Möglichkeit der Fremdbetreuung nicht existiert. Hierzu ist im Unterhaltsprozess in jedem Einzelfall vorzutragen. Noch offen ist, ob das Angebot, die Kinder zu betreuen, durch den geschiedenen Ehegatten oder die Großeltern als zumutbar anzusehen ist.[286] Die Inanspruchnahme eines Ganztagskindergartens oder einer Ganztagsschule wird aber regelmäßig gefordert werden können.[287] Ein Umzug in eine Region mit besseren Kindesbetreuungsmöglichkeiten ist nicht zumutbar, da § 1570 Abs. 1 S. 3 BGB nur von den **bestehenden** Kindesbetreuungsmöglichkeiten spricht. 142

Als **Belange des Kindes** sind nur in der Person des Kindes liegende konkret festzustellende Gründe zu berücksichtigen, die eine weitere persönliche Betreuung durch einen Elternteil erfordern (z. B. Krankheit, schulische Entwicklungsstörung, Behinderung; nicht lediglich Förderung musischer oder sportlicher Freizeitaktivitäten oder finanzielle Belange).[288] Einer bloßen **„Mimoseneinrede"**[289] werden die Gerichte nicht folgen. Ein Altersphasenmodell gibt es danach nicht mehr.[290] Allerdings wird auch nach neuem Recht nicht sofort eine Vollzeiterwerbsobliegenheit bestehen, sondern ein **gleitender Übergang** zunächst mit einer **Teilzeiterwerbsobliegenheit** je nach Zahl und Alter der Kinder sowie sonstigen Umständen stattfinden.[291] Für diese Phase bleibt es dabei, dass Kindesbetreuungsunterhalt nach § 1570 BGB beansprucht werden kann bis zu der Höhe, wie sonst Einkünfte bei Vollzeittätigkeit zu erzielen wären und der restliche Anspruch ein Aufstockkungsanspruch nach § 1573 Abs. 2 BGB ist.[292] Beide Ansprüche können einen jeweils anderen Rang nach § 1609 BGB haben. Der Unterhaltsverzicht mit Ausnahme Kindesbetreuung sollte darauf eingehen, ob auch § 1573 Abs. 2 BGB bei Kindesbetreuung vom Verzicht ausgenommen sein soll. 143

Daran knüpft sich der Ratschlag, dass derjenige, der eine vorhersehbare, längere Kindesbetreuung nach einer Scheidung wolle, diese bereits in ein einem Ehevertrag festlegen solle.[293] Andererseits kann derjenige, der ehebedingte Nachteile bei seinem Partner vermeiden will, sich verpflichten, die Kosten der Fremdbetreuung zu übernehmen. 144

281 BGH NJW 2009, 1876; BGH NJW 2009, 1956; BGH FamRZ 2010, 1050, 1052.
282 BT-Drucks. 16/6980, S. 8.
283 *Hauß* FamRB 2007, 369.
284 BGH NJW 2009, 1956.
285 BT-Drucks. 16/1830, 17.
286 Ablehnend OLG Celle NJW 2008, 3441; OLG Hamm FamRZ 2009, 2093; befürwortend. OLG Saarbrücken ZFE 2010, 113; hierzu Palandt/*Brudermüller* § 1570 Rdnr. 13; *Borth* Rdnr. 63; *Gerhardt* FuR 2010, 61, 62; *Büttner* FPR 2009, 92, 95.
287 *Kemper* FuR 2008, 169, 173; *Viefhues/Mleczko* Rdnr. 138 f.
288 *Schilling* FF 2008, 279, 281; Palandt/*Brudermüller* § 1570 Rdnr. 14; *Borth* Rdnr. 59 e.
289 *Born* NJW 2008, 2, 8; ders. FF 2009, 92, 99.
290 BGH NJW 2009, 1876.
291 *Borth* Rdnr. 59 c, 69; ders. FamRZ 2008, 1 ff.
292 BGH FamRZ 2009, 406; BGH FamRZ 2010, 869.
293 *Sanders* FF 2009, 209, 210; siehe auch den nachstehenden Formulierungsvorschlag unter 3 c).

Formulierungsvorschlag:

145 Wir sind übereinstimmend der Auffassung, dass nach der Geburt von Kindern die Ehefrau nach Vollendung des dritten Lebensjahres des jüngsten Kindes in ihrem Beruf als ...... wieder arbeitet und die Kinder durch Dritte betreut werden sollen. Der Ehemann verpflichtet sich, die durch die Ganztagsbetreuung entstehenden Kosten[294] in Kindergarten oder Schule bis zum Lebensjahr des jeweiligen Kindes als Mehrbedarf im Rahmen des Kindesunterhaltes zusätzlich zu den Unterhaltssätzen der Düsseldorfer Tabelle – und zwar allein[295] – zu entrichten. Hierzu gehören auch Betreuungskosten, die in den Zeiten von Schul- oder Kindergartenferien entstehen.

Formulierungsvarianten:[296]

- *Der Ehemann verpflichtet sich, für die Ganztagsbetreuung neben den vorstehend genannten Unterhaltsbeträgen einen festen monatlichen Betrag von € ......, ... für jedes Kind längstens bis zum ...... Lebensjahr des jeweiligen Kindes zum oben genannten Fälligkeitstermin zusätzlich zu entrichten.*
  Vorstehende Vereinbarung gilt jedoch dann nicht, wenn wir drei oder mehr gemeinsame Kinder haben.[297]
- *Außerdem verpflichtet sich der Ehemann zur Ermöglichung der verbleibenden häuslichen Eigenbetreuung eine Haushaltshilfe, die zu örtlich üblichen Sätzen beschäftigt wird, mit einer Stundenzahl von 15 Stunden wöchentlich zusätzlich zu zahlen.*

146 *bb) Altersunterhalt nach § 1571 BGB.* Ein Anspruch nach § 1571 BGB setzt eine **altersbedingte Erwerbsunfähigkeit** voraus, also regelmäßig das Überschreiten der Regelaltersgrenze. Einsatzzeitpunkte sind die Scheidung, das Ende des Kindesbetreuungsunterhalts oder das Ende des Unterhalts wegen Krankheit oder Erwerbslosigkeit. Dieser Anspruch gehört auch zum Kernbereich der Scheidungsfolgen mit erhöhter Dispositionsschranke.[298]

147 *cc) Krankheitsunterhalt nach § 1572 BGB.* Unterhalt kann nach § 1572 BGB verlangt werden, wenn eine Krankheit **kausal** dazu führt, dass eine angemessene Erwerbstätigkeit ganz oder teilweisenicht mehr erwartet werden kann. Einsatzzeitpunkte sind: Scheidung, Ende der Kindererziehung, Beendigung von Ausbildung, Fortbildung oder Umschulung oder Wegfall der Voraussetzungen des § 1573 BGB. Tritt die **Krankheit erst nach der Ehescheidung** bzw. einem der anderen Einsatzzeitpunkte auf, so ist der Einsatzzeitpunkt nur gewahrt, wenn die Krankheit entweder schon latent vorhanden war, eine Verschlimmerung eintritt oder ein enger zeitlicher oder sachlicher Zusammenhang mit der Scheidung besteht.[299] Einen solchen hat der BGH bei Ausbruch der Krankheit erst 21 Monate nach Rechtskraft der Scheidung abgelehnt.[300] Sofern nicht krankheitsbedingt die Einsicht fehlt,[301] besteht eine Obliegenheit des Unterhaltsgläubigers zur Wiederherstellung der Erwerbsfähigkeit,[302] sonst kann ein fiktives Einkommen zugerechnet werden.

148 Der **BGH** zählt in seinem Grundsatzurteil zur Ehevertragsfreiheit auch den **Krankheitsunterhalt noch zum Kernbereich**, sodass er nur **eingeschränkt disponibel** ist.[303] Nach BGH kann auch der allein auf der nachehelichen Solidarität beruhende und nur selten ehebedingte Krankheitsunterhalt dennoch nach § 1578 b BGB befristet werden kann,[304] denn § 1578 b BGB erschöpft sich nicht im Ausgleich ehebedingter Nachteile, sondern berücksichtigt eine darüber hinausgehende eheliche Solidarität.[305] Ein ehebedingter Nachteil soll sich allenfalls

[294] Nachdem der BGH NJW 2009, 1816 entschieden hat, dass die Kindergartenkosten generell nicht mit den Beträgen der Düsseldorfer Tabelle abgedeckt sind, wurden die gesamten Kosten erfasst.
[295] BGH NJW 2008, 2337 teilt den Mehrbedarf sonst hälftig auf.
[296] Im Rahmen einer Scheidungsvereinbarung kann eine konkrete Zahlung vereinbart werden.
[297] Bei drei und mehr Kindern soll vom Konzept der Fremdbetreuung abgewichen werden.
[298] BGH NJW 2004, 930 ff.
[299] BGH FamRZ 2001, 1291; OLG Hamm FamRZ 2002, 1564.
[300] BGH FamRZ 2001, 1291.
[301] BGH FuR 2005, 516.
[302] BGH FamRZ 1982, 1042; BGH FamRZ 1984, 660.
[303] BGH NJW 2004, 930 ff.
[304] BGH NJW 2009, 2450.
[305] BGH NJW 2010, 1598.

daraus ergeben können, dass aufgrund der Rollenverteilung in der Ehe nicht ausreichend für den Fall krankheitsbedingter Erwerbsunfähigkeit vorgesorgt wurde und entsprechende Renten geringer ausfallen.

Nach den gleichen Kriterien muss dann aber auch eine vertragliche Unterhaltsbegrenzung zulässig sein.

dd) Unterhalt bis zur Erlangung einer angemessenen Erwerbstätigkeit, § 1573 Abs. 1 und 149
3 bis 5 BGB. Unterhalt wird nach § 1573 Abs. 1 BGB gewährt, wenn der Berechtigte **keine angemessene** (§ 1574 Abs. 2 BGB)[306] **Erwerbstätigkeit** finden kann, **obwohl** er sich ernsthaft um eine solche bemüht.§ 1574 **Abs. 1** BGB war früher einschränkend formuliert *(„braucht nur eine angemessene Erwerbstätigkeit auszuüben")*, betont aber seit der Unterhaltsreform 2008 die **Obliegenheit** zur Ausübung solcher Tätigkeit. Die **frühere Erwerbstätigkeit** (vor der Ehe) ist zu den Angemessenheitskriterien hinzugekommen, sodass diese regelmäßig als angemessen anzusehen sein wird.[307] Im Gegenzug sind die **ehelichen Lebensverhältnisse** nicht mehr gleichrangiges Angemessenheitskriterium, sondern nur noch **Einwendung** im Rahmen einer Billigkeitsabwägung auf zweiter Stufe.[308]

ee) Aufstockungsunterhalt, § 1573 Abs. 2 BGB. Ist der Unterhaltsberechtigte zwar er- 150
werbstätig, kann dadurch aber den **vollen Unterhalt nicht decken**, so kommt Aufstockungsunterhalt nach § 1573 Abs. 2 BGB in Betracht. Es handelt sich um eine eigenständige Anspruchsgrundlage,[309] die Ausdruck dessen ist, dass sich der volle Unterhalt nach den ehelichen Lebensverhältnissen bemisst, § 1578 BGB. Bei der Frage, wie in der Berechnung des Aufstockungsunterhaltes das eigene Einkommen des Unterhaltsberechtigten zu berücksichtigen ist, folgt der BGH nunmehr der Differenzmethode.[310] Er erkennt nunmehr auch die Haushaltstätigkeit des nicht berufstätigen Ehegatten als eheprägend an und sieht in der nachfolgend aufgenommenen Erwerbstätigkeit quasi ein Surrogat der bisherigen Haushaltstätigkeit des nicht berufstätigen Ehegatten. Nur für Einkünfte des Unterhaltsberechtigten, die nicht eheprägend waren, verbleibt es weiterhin bei der Anwendung der Anrechnungsmethode,[311] so z. B. in den Fällen des unerwarteten Karrieresprungs.

Wurde aus § 1573 Abs. 2 BGB früher eine **Lebensstandsgarantie** für den geschiedenen 151
Partner abgeleitet, so hat dies **schon die bisherige Rechtsprechung des BGH erheblich eingeschränkt, da** sie unbefristeten Aufstockungsunterhalt nur noch bei **fortwirkenden ehelichen Nachteilen** aussprach, nicht hingegen bei einer Einkommensdifferenz, die auf einer **vorehelich unterschiedlichen Ausbildung** beruht.[312] Mit der **Unterhaltsrechtsreform** und der Änderung des § 1574 BGB ist die **Lebensstandsgarantie im Unterhaltsrecht endgültig gefallen.**

Praxistipp:

Es empfiehlt sich bei der Ehevertragsgestaltung im Rahmen der Präambel ein solches voreheliches Qualifikationsgefälle festzuhalten.

ff) Ausbildungsunterhalt, § 1575BGB. Ein Ehegatte, der ehebedingt eine Ausbildung 152
nicht beenden konnte, hat nach § 1575 BGB Anspruch auf Unterhalt zum Abschluss einer Ausbildung bzw. zu Fortbildung oder Umschulung für diejenige Zeit, die man üblicherweise für eine solche Ausbildung benötigt, wenn erwartet werden kann, dass der Anspruchsberechtigte mit dieser Ausbildung seinen Unterhalt nachhaltig sichern kann.[313]

gg) Billigkeitsunterhalt, § 1576BGB. Der subsidiäre und eng auszulegende 1576 BGB[314] 153
spricht Unterhalt zu, wenn der Berechtigte aus sonstigen schwerwiegenden Gründen nicht

[306] Hierzu *Wendl/Staudigl/Pauling* § 4 Rdnr. 137 ff.

[307] *Menne/Grundmann* S. 56.

[308] *Borth* FamRZ 2008, 2, 14; Palandt/*Brudermüller* § 1574 Rdnr. 9.

[309] *Langenfeld* Rdnr. 267; OLG Celle FamRZ 1980, 581, 582.

[310] BGH NJW 2001, 2254.

[311] *Wendl/Staudigl/Pauling* § 4 Rdnr. 127.

[312] BGH FamRZ 2006, 1006 m. Anm. *Born*.

[313] Zu Obliegenheiten beim Ausbildungsunterhalt: *Bissmaier* FamRB 2005, 336 ff.

[314] BGH FF 2003, 243; MünchKommBGB/*Maurer* § 1576 Rdnr. 1.

erwerbstätig sein kann und die Versagung von Unterhalt unter Berücksichtigung der Belange beider Ehegatten **grob unbillig** wäre. Der Tatbestand kommt bei der Betreuung nicht gemeinschaftlicher, aber in die Familie aufgenommener Kinder in Betracht[315] oder bei besonderen Vermögensopfern zum Aufbau einer gemeinsamen Existenz.

154 c) **Befristung/Herabsetzung.** Für alle Unterhaltstatbestände sind die Möglichkeiten der Herabsetzung und zeitlichen Begrenzung des Unterhalts nunmehr in § 1578 b BGB zusammengefasst. Die dort genannten objektiven Billigkeitsmaßstäbe, insbesondere aber der Maßstab der ehelichen Nachteile sind nunmehr Ausdruck der wirtschaftlichen Eigenverantwortung. Sie stellen zugleich eine weitgehende Einschränkung der Lebensstandsgarantie nach den ehelichen Lebensverhältnissen dar.[316] Eine auf Lebenszeit nachwirkende Verantwortung besteht somit nur noch unter besonderen Umständen.[317] Eine Beschränkung oder Befristung ist daher stets zu prüfen. Liegen ihre Voraussetzungen vor, ist die Beschränkung **zwingend.**[318] Nur ihre Ausgestaltung liegt im Ermessen.[319]

155 § 1578 b BGB sieht mit der **Höhenbegrenzung** (Abs. 1) und der **zeitlichen Befristung** (Abs. 2) zwei Arten der Unterhaltsbeschränkung vor, die nach Abs. 3 auch **kombinierbar** sind.

Praxistipp:

Die Lösung des Gesetzgebers einer kombinierten Befristung und Abschmelzung der Unterhaltshöhe kann für eine ehevertragliche Regelung insb. im Rahmen einer Scheidungsvereinbarung genutzt werden.[320]

156 § 1578 b Abs. 1 Satz 2 BGB legt fest, dass die **ehebedingten Nachteile** im Rahmen der Billigkeitsabwägung besonderes Gewicht haben. Die Gründe für **mögliche ehebedingte Nachteile** definiert Abs. 1 Satz 3 dann noch näher:

- Dauer der **Pflege und Erziehung eines gemeinschaftlichen Kindes,**
- Gestaltung von **Haushaltsführung und Erwerbstätigkeit während der Ehe,**
- **Dauer der Ehe.**

157 Unter Ehedauer wird nicht allein die reine Zeitdauer zu verstehen sein, sondern die **Dauer und Intensität** der **wirtschaftlichen Verflechtung** der Ehegatten. Ebenso ist umgekehrt bei der Bemessung der **Frist,** für die noch Unterhalt zu zahlen ist, darauf abzustellen, wie lange eine wirtschaftliche **Entflechtung** und Erlangung einer eigenen Lebensstellung dauern wird. Hierbei kann die Zeit der Trennung und der Zahlung von Trennungsunterhalt mitberücksichtigt werden.[321] Die Bedeutung der Ehedauer ist jedoch dann relativiert, wenn keinerlei ehebedingte Nachteile eingetreten sind. Das Vorliegen **ehebedingter Nachteile,** die **nicht mehr ausgleichbar** sind, wird i. d. R. eine **Befristung ausschließen,** auch bei kürzerer Ehe. Je geringer ehebedingte Nachteile sind, desto eher kann eine Beschränkung greifen. In solchen Fällen schließt auch eine lange Ehedauer eine Befristung nicht aus.[322] Der Aufstockungsunterhalt, der auf einem Qualifikationsdefizit und nicht auf einem Nachteilsausgleich beruht, wird regelmäßig zu beschränken sein.[323]

158 Sehr gute Einkommensverhältnisse können in der Abwägung berücksichtigt werden, führen aber nicht automatisch zu unbefristetem Unterhalt.[324] Scheidungsverschulden hingegen spielt an dieser Stelle keine Rolle.[325] Ansonsten sind die in § 1578 b BGB genannten Billig-

[315] BGH FamRZ 1984, 769.
[316] Palandt/*Brudermüller* § 1578 b Rdnr. 1.
[317] Palandt/*Brudermüller* § 1569 Rdnr. 5.
[318] Schwab/*Borth* IV Rdnr. 401; MünchKommBGB/*Maurer* § 1578 b Rdnr. 8.
[319] *Menne* FF 2006, 175, 182.
[320] *Viefhues/Mleczko* Rdnr. 441.
[321] *Viefhues/Mleczko* Rdnr. 438 f. m. w. N. schon zum alten Recht; OLG München NJW 2008, 2447.
[322] *Ehinger* FamRB 2008, 212, 213 ff.; *Borth* Rdnr. 150 ff.
[323] OLG Celle NJW 2008, 2449; *Borth* Rdnr. 163.
[324] *Borth* Rdnr. 146.
[325] *Borth* Rdnr. 147.

keitsgesichtspunkte sind nicht abschließend. Es können insbesondere weitere besondere Leistungen des Berechtigten (z.B. langjährige Pflege des Verpflichteten) oder die Aufgabe einer gesicherten Unterhaltsposition einem früheren geschiedenen Ehegatten gegenüber zu berücksichtigen sein.[326]

Können – insbesondere bei Krankheitsunterhalt – **keine ehebedingten Nachteile festgestellt** werden, so kommt es für die **Billigkeitsabwägung** auf den Umfang der **geschuldeten nachehelichen Solidarität** an, die erneut unter Rückgriff auf die im Gesetz genannten – soeben geschilderten – Umstände zu bestimmen ist.[327] 159

§ 1578b BGB benennt für eine Herabsetzung des Unterhalts auch sogleich selbst den Ersatzmaßstab im Falle einer Unbilligkeit der Zahlung des eheangemessenen Unterhalts i.S.d. § 1578 BGB. Er verweist dann auf die Zahlung von Unterhalt nach dem **angemessenen Lebensbedarf.** Dafür kommt es auf die **Lebensstellung** an, die der Berechtigte **vor der Ehe** hatte **oder ohne die Ehe** hätte,[328] wobei eine **Herabsetzung unter den angemessenen Selbstbehalt i.d.R. ausscheidet.**[329] Die Herabsetzung kann auch auf Zwischenwerte oder zeitlich gestaffelt erfolgen.[330] Neuerdings erkennt der BGH für § 1615l BGB,[331] aber auch für § 1570 BGB[332] einen **Mindestbedarf i.H.d. Selbstbehaltes nicht Erwerbstätiger** an. 160

War ehevertraglich nur eine Unterhaltsmodifikation – etwa eine Höchstgrenze – vereinbart, so kann § 1578b BGB dennoch Anwendung finden und auch zu einer Reduzierung unter die Höchstgrenze führen, da es sich weiterhin um den gesetzlichen Unterhaltsanspruch handelt. Etwas anderes würde nur gelten, wenn – was eher selten der Fall sein dürfte – ein Mindestbetrag als Unterhalt vereinbart ist. 161

Praxistipp:

Soll ehevertraglich eine Mindestfrist für die Unterhaltszahlung vereinbart werden – dies dürfte in Zukunft praxisrelevant werden – empfiehlt es sich allerdings, die Anwendung des § 1578b BGB auszuschließen.

d) **Wandelbare eheliche Lebensverhältnisse.** Nach **§ 1578 BGB** ist entscheidender Zeitpunkt für die Frage, welche Umstände die ehelichen Lebensverhältnisse prägen, im Grundsatz die **Rechtskraft der Scheidung.**[333] Eine vorherige Zeit etwa der Trennung ist nur dann maßgeblich, wenn die Verhältnisse zwischen Trennung und Rechtskraft der Scheidung durch einen sog. **Karrieresprung** geprägt sind.[334] 162

Weil dieses **Stichtagsprinzip** nach Ansicht des BGH zu nicht mehr hinnehmbaren Zufallsergebnissen führte, etwa bei der Geburt außerehelicher Kinder,[335] hatte es der **BGH** mit seiner nicht unbestrittenen[336] Rechtsprechung zu den **wandelbaren ehelichen Lebensverhältnissen gelockert.** Das Stichtagsprinzip wurde nach Ansicht des BGH trotz Beibehaltung des Wortlauts des § 1578 BGB durch die Unterhaltsreform relativiert.[337] Der BGH ging somit nicht 163

[326] Schwab/*Borth* IV. Rdnr. 409f.; vgl. den Katalog bei MünchKommBGB/*Maurer* § 1578b Rdnr. 23f.
[327] BGH NJW 2009, 2450; BGH NJW 2010, 2953; BGH NJW 2011, 300; BGH NJW 2011, 1284.
[328] *Triebs* FPR 2008, 31, 34; BGH FamRZ 1986, 886, 889; OLG Bremen ZFE 2008, 310.
[329] *Borth* Rdnr. 137; Ehinger FamRB 2008, 212, 216; OLG Bremen ZFE 2008, 310; OLG Karlsruhe FamRZ 2009, 341.
[330] MünchKommBGB/*Maurer* § 1578b Rdnr. 28.
[331] BGH FamRZ 2010, 357; BGH FamRZ 2010, 444.
[332] BGH NJW 2010, 1665; BGH FamRZ 2010, 1057.
[333] BGH NJW 1982, 1869; BGH NJW 1987, 1555; BGH NJW 1994, 935f.
[334] BGH NJW 1982, 2063; BGH NJW 2001, 3260, 3261; OLG München FamRB 2004, 420; OLG Nürnberg FF 2004, 262; OLG Zweibrücken OLGR 2006, 1037.
[335] *Hahne* FF 2009, 178, 179.
[336] Krit. insb. *Born* NJW 2008, 3089; *ders.* NJW 2010, 641, 645f.; Schwab/*Borth* IV Rdnr. 1026; *Brudermüller* FF 2010, 134; *Graba* FF 2008, 437, 445; *Grandel* NJW 2008, 796; *Griesche* FPR 2008, 63; *Maurer* FamRZ 2008, 1985: *Norpoth* FamRZ 2009, 26.
[337] *Klinkhammer* FF 2009, 140, 148.

mehr von einer vom Stichtag an fortgeschriebenen Lebensstandsgarantie aus, sondern fasste die Bedarfsbemessung als Teilhabe an einer weiteren dynamischen Entwicklung auf.[338]

164 In einer ganzen Reihe von Urteilen hatte der BGH Umstände nach rechtskräftiger Scheidung benannt, die er bereits bei der Bedarfsbemessung berücksichtigen wollte:

- **Einkommensrückgang** beim unterhaltspflichtigen Ehegatten,[339] denn dieser wäre auch ohne Scheidung vom unterhaltsberechtigten Ehegatten mit zu tragen gewesen.[340]
- **Hinzutretende Unterhaltsberechtigte:**[341] Hat der BGH zunächst vor allem Kinder aus einer weiteren Verbindung als bedarfsprägend angesehen, so stellte er später klar, dass es hierfür nicht auf den Rang der Unterhaltsansprüche ankommt. Eine Unterhaltspflicht gegenüber einem neuen Ehegatten beeinflusst daher den Bedarf des geschiedenen Ehegatten.[342] Erweiternd hat der BGH ausgesprochen, dass auch **nachehelich adoptierte Kinder den Bedarf prägen** und zu berücksichtigen sind.[343] Die Adoption sei kein vorwerfbares Verhalten, sondern ziehe die Konsequenz aus der gegebenen Lebenssituation. Der erste Ehegatte hat nach Ansicht des BGH keinen Vertrauensschutz dahin, dass sich der Kreis der Unterhaltsberechtigten nicht vergrößert.[344]
- **Karrieresprung:** Der BGH[345] bekräftigt diese Entwicklung nach Inkrafttreten der Unterhaltsreform und erklärt die Anknüpfung an den Stichtag der rechtskräftigen Ehescheidung für überholt. Im Grundsatz seien **sowohl Einkommensverbesserungen wie auch -minderungen** nach der Scheidung für **beachtlich.** Nur für den sog. „**Karrieresprung**" solle eine **Ausnahme** gelten, weil dieser nicht mehr in der Ehe angelegt sei.[346] **Allerdings** sei auch zusätzliches Einkommen aufgrund eines Karrieresprungs zu **berücksichtigen, soweit** dadurch lediglich ein zusätzlicher **Bedarf durch neu hinzutretende Unterhaltspflichtige aufgefangen** werde.[347] Darüber hinausgehende Einkommenserhöhungen bleiben hingegen unberücksichtigt.[348] Allerdings bilden nach Ansicht des BGH die während der ersten Ehe gelebten Verhältnisse die **Obergrenze des Bedarfs**, sodass sich dieser durch die wandelbaren ehelichen Lebensverhältnisse nicht erhöhen könne.[349] Insoweit ist eine **Kontrollrechnung** durchzuführen.
- **Splittingvorteil:** Den sich aufgrund neuer Berechtigter verringernden Bedarf kompensiert der BGH zum Teil durch eine Verbreiterung der Bemessungsgrundlage. Er bezieht nämlich nun den Splittingvorteil der neuen Ehe wieder in die Gesamtbedarfsberechnung mit ein,[350] selbst dann, wenn der neue Ehegatte wegen Nachrangs gar keine Unterhaltsansprüche hat.[351]
- **Fiktive Erwerbsobliegenheit der neuen Ehefrau:** Der BGH[352] legt neuerdings für die Bedarfsberechnung nicht den Familienunterhalt in der neuen Ehe zugrunde legen, sondern einen **fiktiven Geschiedenenunterhalt nach § 1570 BGB,** jedoch ohne elternbezogene Verlängerungsgründe. Er kommt damit eher zu einer im Dreiecksverhältnis rechnerisch bestehenden Erwerbsobliegenheit der neuen Ehefrau (nicht aber im Innenverhältnis der neuen Ehe).

---

338 *Viefhues* ZFE 2010, 288, 289.
339 Hierzu bereits *Luthin* FamRZ 1988, 1109, 1111.
340 BGH FPR 2003, 330f. = FamRZ 2003, 590 m. Anm. *Büttner* und Anm. *Graba* FamRZ 2003, 746.
341 BGH FamRZ 2006, 683f.
342 BGH NJW 2008, 3213 = FamRZ 2008, 1911.
343 BGH NJW 2009, 145, anders noch OLG Celle FamRZ 2007, 1818.
344 Vgl. auch BT-Drucks. 16/1830, S. 24.
345 BGH NJW 2008, 1663 = FamRZ 2008, 968.
346 BGH FamRZ 2007, 793f. = DNotZ 2007, 767; allerdings ist der darin enthaltene Anteile einer fiktiv bei normaler Entwicklung zu erreichenden Einkommenserhöhung zu berücksichtigen, BGH NJW 2010, 2582, Rdnr. 37.
347 BGH NJW 2009, 588 = FamRZ 2009, 411; BGH NJW 2009, 1271 = FamRZ 2009, 579.
348 Krit. die Anm. von *Born* NJW 2009, 593: Der BGH sei auf dem Wege zu einem Unterhalt nach Billigkeit und kompensiere eine Unstimmigkeit durch eine andere.
349 *Borth* FamRZ 2009, 417.
350 Hierzu *Hahne* FF 2009, 178, 182.
351 BGH NJW 2010, 2515; vgl. hierzu *Pauling* FamFR 2010, 363f.
352 BGH NJW 2010, 365f.

- **Dreiteilung:** Der Unterhaltsbedarf ist nach Auffassung des BGH dann bei geschiedener und neuer Ehefrau regelmäßig im Wege der Dreiteilung zu ermitteln.[353] Der BGH versteht die „Halbteilung" neu und stellt den tragenden Gedanken heraus, dass der **Unterhaltsbedarf des Berechtigten** den **Betrag nicht überschreiten** darf, der dem **Unterhaltsschuldner verbleibt.** Ein so verstandener Halbteilungsgrundsatz führt dann dazu, dass dem **Unterhaltspflichtigen ein Drittel seines Einkommens** verbleiben muss. Bei dieser Dreiteilung beim Bedarf ist der Rang der Unterhaltsberechtigten zunächst völlig gleich.[354] Der **Vorteil gemeinsamer Haushaltsführung** der aktuellen Ehegatten ist in der Dreiteilungsberechnung zu berücksichtigen. Entscheidungen der OLG erhöhen aus diesem Grund den Bedarf der geschiedenen Ehefrau um 10% und kürzen den Bedarf des Pflichtigen und der aktuellen Ehefrau dafür um je 5%.[355] Auch der BGH hat nunmehr die Anrechnung einer sich in der zweiten Ehe ergebenden Haushaltsersparnis bejaht.[356] Durch eine Kontrollrechnung ist am Ende sicherzustellen, dass dem früheren Ehegatten durch die Dreiteilungsmethode kein höherer Unterhaltsbedarf zukommt, als er ohne die neue Ehe bestünde.[357] Gleiches soll umgekehrt gelten. Auch für den neuen Ehegatten soll der Bedarf nicht höher sein als in einer gedachten Zweipersonenkonstellation.[358] Einer besonderen Beachtung bedürfen auch **Eheverträge, welche dem ersten Ehegatten ein bestimmtes Unterhaltsniveau über den gesetzlichen Unterhalt hinaus sichert.** In diesen Fällen ist zu fragen, ob nicht der neu hinzutretende Ehegatte diesen festgeschriebenen Anspruch, der bei seiner Eheschließung schon bestand, gegen sich gelten lassen muss.[359] *Brudermüller* fragt zu Recht, ob nicht in einer Situation, in der sich ein Ehegatte auf eine solche Abrede verlassen und unumkehrbare Dispositionen getroffen hat, ein Unterhalt angemessen sein könnte, der die Dreiteilung angemessen übersteigt.[360]

Viele Leitlinien der OLG setzten diese Rechtsprechung um, zumeist in Ziffern 15.1. oder 15.5.[361] **165**

Dennoch wird sich die Praxis, die sich gerade auf diese Rechtsprechung umgestellt hatte, wieder von der Dreiteilung abwenden müssen.

Denn mit einer aufsehenerregenden Entscheidung hat das BVerfG die Rechtsprechung des BGH zu den wandelbaren ehelichen Lebensverhältnissen für verfassungswidrig erklärt.[362] Alle zuvor abgegebenen Beschwörungen „Die Drittelmethode kann nicht verfassungswidrig sein"[363] und alle ausführlichen Erklärungen zur Rechtsprechung des BGH[364] konnten dies nicht ändern. Das BVerfG sieht in dieser Rechtsprechung eine Rechtsfortbildung gegen den bestehen gebliebenen § 1578 BGB. Das BVerfG stellt fest, der BGH habe einen Systemwechsel eingeleitet, indem er die Differenzierung zwischen Bedarf und Bedürftigkeit nahezu vollkommen aufgegeben habe. Das Verfassungsgericht fordert damit eine Rückkehr zum Prinzip des festen Stichtages.

Somit wird die Praxis wieder zurückkehren müssen zu ihrer Handhabung vor der Rechtsprechung zu den wandelbaren ehelichen Lebensverhältnissen. Die Bedarfsbemessung hat somit wieder im Binnenverhältnis der jeweiligen Ehe zu erfolgen und die diese Ehe prägenden Umstände einzubeziehen.[365] Nach der Feststellung des jeweiligen Bedarfs soll dann über §§ 1578b und 1581 BGB die Möglichkeit bestehen, unter Berücksichtigung der Rangverhältnisse der Unterhaltsberechtigten eine Herabesetzung oder zeitliche Begrenzung des Un-

[353] BGH, NJW 2008, 3213 = FamRZ 2008, 1911; hierzu *Viefhues* ZEF 2009, 4ff.; *Mleczko* NJW 2008, 3220; *Maurer* FamRZ 2008, 1919f.
[354] BGH FamRZ 2008, 1911f.; BGH FamRZ 2009, 23.
[355] OLG Braunschweig FamRZ 2009, 977, 980.
[356] BGH FamRZ 2010, 802.
[357] BGH NJW 2008, 3213, Rdnr. 49.
[358] *Herrler* MittBayNot 2009, 110, 111.
[359] Hierzu näher *C. Münch*, Ehebezogene Rechtsgeschäfte, Rdnr. 2733.
[360] *Brudermüller* FF 2010, 134f.
[361] *www.famrb.de/unterhalt.htm.*
[362] BVerfG NJW 2011, 836ff.; hierzu C. *Münch* FamRB 2011, 90f.
[363] *Gutdeutsch* FamRZ 2010, 1874.
[364] *Klinkhammer* FF 2009, 140f. und FamRZ 2010, 1777ff.
[365] Ausführlich hierzu *Götz/Brudermüller* NJW 2011, 801ff.

terhalts vorzusehen oder im Rahmen einer Billigkeitsabwägung nach § 1581 BGB vorhandenen Ungerechtigkeiten abzuhelfen. Verabschieden muss man sich von der Vorstellung, die Unterhaltshöhe ließe sich bei mehreren Berechtigten durch eine wie immer auch geartete Rechenformel vorherbestimmen.[366]

2. Steuerbilanz – Unterhaltsbilanz

166 **a) Steuerlicher Gewinn als Ausgangspunkt.** Spielen Unternehmensbeteiligungen im Unterhaltsrecht eine Rolle, so ergibt sich die besondere Schwierigkeit, wie steuerliche Gewinneinkünfte im Unterhaltsrecht für die Frage der Leistungsfähigkeit oder auch – beim Unterhaltsberechtigten – der Bedürftigkeit zu betrachten sind. Der steuerrechtlich ermittelte Gewinn[367] ist zwar die Grundlage für die unterhaltsrechtliche Beurteilung, denn andere Hilfsmittel stehen meist nicht zur Verfügung.[368] Allerdings sind unterhaltsrechtlich Besonderheiten zu beachten. So ist der Grundsatz, dass das steuerliche und das unterhaltsrechtliche Einkommen nicht identisch sind, inzwischen Allgemeingut.[369] Das steuerpflichtige Einkommen entspricht also insoweit nicht dem tatsächlich zur Verfügung stehenden Einkommen.[370] Der BGH[371] hat hierzu ausgeführt:

Rechtsprechung:

167 „Das steuerlich relevante Einkommen und das unterhaltspflichtige Einkommen sind nicht identisch. Das Steuerrecht erkennt in bestimmten Zusammenhängen Aufwendungen als einkommensmindernd an und gewährt Abschreibungen und Absetzungen, denen eine tatsächliche Vermögenseinbuße nicht oder nicht in diesem Umfang entspricht."

168 Zunächst einmal ist der Zeitraum zu bestimmen, in dem der Gewinn zur Feststellung der Leistungsfähigkeit ermittelt werden muss. Im Gegensatz etwa zum Arbeitnehmereinkommen sind die Gewinneinkünfte nämlich regelmäßig stark schwankend. Ein einzelnes Geschäftsjahr allein genügt daher als Grundlage nicht. Vielmehr wird zumeist auf die letzten drei dem Unterhaltszeitraum vorangehenden Kalenderjahre abgestellt.[372] Dies ordnen auch die meisten unterhaltsrechtlichen Leitlinien der OLGe so an.[373] Regelmäßig wird der Durchschnitt dieser drei Jahre Grundlage der Ermittlung sein. Dieser Dreijahresdurchschnitt ist nur dann nicht aussagekräftig, wenn eine Neueröffnungsphase, eine Anstiegsphase oder eine Aufgabephase vorliegt. Hier können daher abweichende Beurteilungen gerechtfertigt sein. Der BGH hat insoweit längere Ermittlungszeiträume ausdrücklich gebilligt.[374] Insoweit kommt dann eine 5-jährige Ermittlungsperiode in Betracht.

169 Gesondert zu prüfen ist, ob der Unterhaltspflichtige seiner **Erwerbsobliegenheit** nachgekommen ist, ob er also auch als Selbstständiger bzw. im Rahmen seiner Unternehmensbeteiligung seine volle Arbeitskraft eingesetzt hat und die ihm mögliche betriebliche Tätigkeit in vollem Umfang entfaltet hat.[375] Lassen sich dennoch nicht genug Einnahmen erzielen, so muss der Pflichtige ggf. in ein abhängiges Beschäftigungsverhältnis wechseln.[376]

[366] *Götz/Brudermüller* NJW 2011, 801, 806.

[367] Zu den Einzelheiten der Gewinnermittlung: C. *Münch* Unternehmerehe Rdnr. 381 ff.

[368] BGH FamRZ 2004, 1177, 1178.

[369] BGH FamRZ 1985, 357, 359; BGH FamRZ 1998, 357, 359; BGH FamRZ 2003, 741, 743; OLG Hamm FamRZ 1996, 1216; *Wendl/Staudigl/Kemper* § 1 Rdnr. 209 ff.

[370] Detailliert *Schürmann* FamRB 2006, 149 ff., 183 ff., 215 ff., 242 ff.

[371] BGH FamRZ 1980, 770.

[372] BGH FamRZ 2004, 1177, 1178; OLG Karlsruhe FamRZ 2007, 413; OLG Brandenburg FamRZ 2007, 1020; *Wendl/Staudigl/Kemper* § 1 Rdnr. 274.

[373] Vgl. Nr. 1.5. der unterhaltsrechtlichen Leitlinien; in der neuesten Fassung abrufbar unter *www.famrb.de/unterhalt.htm.*

[374] BGH FamRZ 1985, 357, 358; hierfür hat auch der 14. dt. Familiengerichtstag plädiert, FamRZ 2002, 296 f. A. I.1.d).

[375] *Strohal* Rdnr. 273.

[376] OLG Hamm FamRZ 2007, 1006.

b) Unterhaltsrechtliche Abweichungen. Wenn das unterhaltsrechtliche von dem steuerlichen Einkommen abweicht, so muss die vorgelegte steuerliche Bilanz überprüft werden, inwieweit ihre Ansätze für das Unterhaltsrecht übernommen werden können oder zu korrigieren sind. Nicht durchgesetzt hat sich die Forderung, neben der Handels- oder Steuerbilanz eine förmliche **„Unterhaltsbilanz"** zu aufzustellen.[377] 170

Es unterliegen jedoch die einzelnen Positionen einer Bilanz bzw. einer Einnahme-/Überschussrechnung einer gesonderten **unterhaltsrechtlichen Prüfung**. Dies gilt auch für steuerliche anerkannte Abzugspositionen, Werbungskosten etc., die unterhaltsrechtlich nicht ohne nähere Prüfung den Berufskosten entsprechen.[378] 171

Die Annahme, **das steuerliche Einkommen** könne wenigstens als **Mindesteinkommen** Grundlage für die Unterhaltsberechnung sein,[379] dürfte so jedoch nicht zutreffen. So kann etwa allein die Herausnahme eines Gebäudes aus dem Betriebsvermögen zu einem hohen steuerlichen Gewinn führen, obwohl i. R. d. unterhaltsrechtlichen Bewertung gar keine Änderung stattgefunden hat. Dieser steuerliche Gewinn erhöht die unterhaltsrechtliche Leistungsfähigkeit nicht.[380] 172

Praxistipp:

So bleibt es dabei: Das steuerliche Einkommen bildet **lediglich den Anknüpfungspunkt** für die unterhaltsrechtliche Berechnung.

Folgende **unterhaltsrechtliche Abweichungen** vom steuerrechtlichen Einkommen sind bedeutsam: 173

aa) Abschreibungen. Sowohl handelsrechtlich (§ 253 Abs. 2 HGB) als auch steuerrechtlich (§ 6 Abs. 1 Nr. 1 EStG) sind abnutzbare Wirtschaftsgüter abzuschreiben. Die **steuerrechtliche Abschreibung** entspricht jedoch **nicht** in jedem Falle einem **realen Wertverzehr**. Sie enthält z. T. – etwa i. R. d. Sonderabschreibung – Investitionsanreize und ist von der Lebensdauer eines Gegenstandes dann völlig abgekoppelt. Daher hat der BGH den Grundsatz ausgesprochen, dass die steuerlichen Abschreibungen **unterhaltsrechtlich außer Betracht** zu bleiben haben, soweit sie sich nicht mit einer tatsächlichen Verringerung der für den Lebensbedarf verfügbaren Mittel decken.[381] Diesen Standpunkt machen sich auch mehr und mehr Unterhaltsleitlinien der OLG zu Eigen. 174

Das Steuerrecht kennt verschiedene Abschreibungsmethoden: 175

- **lineare Abschreibung** nach gleich bleibenden Jahresbeträgen: Die Kosten eines Wirtschaftsgutes werden auf die durchschnittliche Haltbarkeitszeit gleichmäßig verteilt, § 7 Abs. 1 EStG.
- **degressive Abschreibung:** Abschreibung in fallenden Jahresbeträgen, § 7 Abs. 2 EStG mit einem unveränderten Vomhundertsatz immer vom jeweiligen Restbuchwert.[382]
- **geringwertige Wirtschaftsgüter:** Abschreibung nach § 6 Abs. 2 EStG sofort, wenn die Nettoanschaffungskosten bis € 410,00 betragen. Alternativ nach § 6 Abs. 2a EStG Bildung eines Sammelpostens bei Nettoanschaffungskosten zwischen € 150,00 und € 1.000,00, der im Jahr der Bildung und in den folgenden vier Wirtschaftsjahren mit je $^1/_5$ gewinnmindernd aufzulösen ist.
- **außerplanmäßige Abschreibung:** bei erhöhtem Wertverzehr aufgrund Beschädigung, Zerstörung etc., § 7 Abs. 1 S. 7 EStG.[383]

[377] *Strohal* Rdnr. 272; *Wendl/Staudigl/Kemper* § 1 Rdnr. 209.
[378] BGH FamRB 2009, 173.
[379] BGH FamRZ 1980, 770; *Strohal* Rdnr. 182.
[380] So *Wendl/Staudigl/Kemper* § 1 Rdnr. 210.
[381] BGH FamRZ 1985, 357, 359; *Strohal* Rdnr. 257 ff.
[382] Derzeit darf der dabei anfallende Vomhundertsatz höchstens das Doppelte des bei Absetzung für Abnutzung in gleichen Jahresbeträgen in Betracht kommenden Satzes sein und 20% nicht übersteigen – bei Anschaffung oder Herstellung nach dem 31. 12. 2008 und vor dem 1. 1. 2011 höchstens das 21/2-Fache und nicht höher als 25%.
[383] Zur Teilwertabschreibung detailliert *Kuckenburg* FuR 2008, 386 f.

- **Sonderabschreibung** ist eine erhöhte Abschreibung ggf. neben der planmäßigen Abschreibung, so z.B. i.R.d. Ansparabschreibung nach § 7g EStG oder i.R.d. Fördergebietsgesetzes.

176 Noch immer ist umstritten, inwieweit die steuerliche Abschreibung auch unterhaltsrechtlich anzuerkennen ist. Stand der Meinungen ist nach einer BGH-Entscheidung, dass **Sonderabschreibungen und degressive Abschreibungen nicht anerkannt** werden können, da ihnen kein realer Wertverzehr in dieser Höhe entspricht.[384] **Abschreibungen für die Abnutzung von Gebäuden** sind nach der Rechtsprechung **unterhaltsrechtlich unbeachtlich**, da ihnen gar kein tatsächlicher Wertverzehr entspreche, im Gegenteil kann es sogar zu einer Wertsteigerung bei Immobilien kommen.[385] Dies mag jedenfalls unterhaltsrechtlich gelten können, wo nur eine relativ kurze Zeitspanne betrachtet wird. Nur der notwendige Erhaltungsaufwand kann unterhaltsrechtlich anerkannt werden, da nicht auf Kosten des Unterhaltsberechtigten wertsteigernde Vermögensbildung betrieben werden darf.[386]

177 Die **lineare Abschreibung hingegen** kann nunmehr auch unterhaltsrechtlich anerkannt werden, da die Steuerbehörden seit dem Jahr 2000 die Abschreibungszeiträume derartig verlängert haben, dass diese nunmehr auch nach Auffassung des BGH dem realen Wertverzehr entsprechen. Dies gelte insb. für die vom BMF erstellte AfA-Tabelle für die allgemein verwendbaren Anlagegüter v. 15. 12. 2000.[387] Die lineare Abschreibung sollte daher anerkannt werden.[388]

178 Werden **degressive oder Sonderabschreibungen nicht anerkannt**, so plädiert der BGH dafür, stattdessen **unterhaltsrechtlich** eine **fiktive lineare Abschreibung** vorzunehmen.[389] Diese muss **dann aber auch länger** gehen und überschreitet ggf. den steuerlichen Abschreibungszeitraum.[390]

Praxistipp:

Wenn also der Unterhalt über einen längeren Zeitraum zu zahlen ist – was aber im neuen Unterhaltsrecht nicht mehr der Regelfall ist –, so gleichen sich die Änderungen letztendlich wieder aus, sodass den aufwendigen Korrekturen im Regelfall letztlich kaum sachliche Änderungen entsprechen.

179 Die 15-jährige Abschreibungsfrist des Steuerrechts für **derivative Geschäftswerte** nach § 7 Abs. 1 Satz 3 EStG kann nach vorherrschender Ansicht auch unterhaltsrechtlich anerkannt werden.[391]

180 Wo Abschreibungen unterhaltsrechtlich anerkannt werden, können **Tilgungsleistungen** für Kreditfinanzierungen der abzuschreibenden Wirtschaftsgüter **nicht noch zusätzlich** abgesetzt werden.[392] Umgekehrt gilt: Wird die Tilgung anerkannt, so kann nicht zusätzlich noch Abschreibung unterhaltsrechtlich abgezogen werden.

181 Wird das steuerliche Einkommen durch Streichung der **Ansparabschreibungen** erhöht, so müssen nach BGH auch **fiktive Steuern auf die so erhöhten Gewinne** berücksichtigt werden, **(Für-Prinzip)**.[393] Diese Abweichung vom grundsätzlich gültigen **In-Prinzip** ist jedenfalls dann gerechtfertigt, wenn sich die Verschiebungen zwischen dem fiktiven Anfall und der tatsächlichen Entrichtung im konkreten Fall nicht innerhalb des Ermittlungszeitraums ausgleichen.

---

[384] Vgl. etwa BGH FamRZ 2003, 741 f.; a.A. *Schürmann* FamRB 2006, 183, 187.
[385] BGH FamRZ 1984, 39, 41; BGH FamRZ 1997, 281, 283; BGH FamRZ 2005, 1159 f.
[386] BGH FamRZ 1997, 281, 283.
[387] BGH FamRZ 2003, 741, 743.
[388] Luthin/*Margraf* Rdnr. 1151; *Wendl/Staudigl/Kemper* § 1 Rdnr. 246.
[389] BGH FamRZ 2003, 741, 743.
[390] Hierauf weist *Wendl/Staudigl/Kemper* § 1 Rdnr. 252 ausdrücklich hin.
[391] *Kuckenburg* FuR 2009, 187 f.
[392] Leitlinien OLG Düsseldorf 1.5.; Schwab/*Borth* IV Rdnr. 852.
[393] BGH FamRZ 2004, 1177, 1178 m. Anm. *Engels* FamRZ 2004, 1355; BGH FamRZ 2005, 1159, 1161; BGH FamRZ 2006, 387, 393.

bb) Entnahmen. Die Bedeutung der Entnahmen für die Unterhaltsbemessung wird viel diskutiert. Einige **Unterhaltsleitlinien** äußern sich dahin, dass ausnahmsweise anstelle des Gewinnes die Entnahmen (abzgl. der Einlagen) maßgeblich seien, wenn entweder eine zuverlässige Gewinnermittlung nicht möglich sei oder der Betriebsinhaber unterhaltsrechtlich zur Vermögensverwertung verpflichtet sei.[394] Unter den Gerichten hat etwa das **OLG Frankfurt am Main** judiziert, ein tatsächlich effektiv höherer Lebensstil könne nicht unbeachtet bleiben,[395] zudem komme ein hilfweise Abstellen auf die tatsächlichen Entnahmen in Betracht, wenn die Unterlagen über die Gewinnermittlung nicht vollständig seien.[396] Allerdings könne die Fortsetzung einer Entnahmepraxis nicht verlangt werden, wenn diese Entnahmen von der Substanz des Betriebes abgehen und zu einer Überschuldung führen.[397] Das **OLG Köln** will Entnahmen, die über den bilanziell ausgewiesenen Gewinn hinausgehen, dann zugrunde legen, wenn diese Entnahmen die ehelichen Verhältnisse zutreffend wiedergeben und auf eine korrekte unternehmerische Entscheidung schließen lassen, dass der Betrieb diese Entnahmen auf Dauer vertrage.[398] Die Literatur sieht diese Praxis teilweise kritisch und will auf Entnahmen nur bei einer Vermögensverwertungspflicht zurückgreifen.[399] Der 16. Deutsche Familiengerichtstag empfiehlt in diesem Zusammenhang Folgendes:[400] 182

„Das aus unternehmerischer Tätigkeit erzielte Einkommen bestimmt sich nach dem tatsächlich für die Lebensführung verfügbaren Betrag. Eine langjährige Entnahmepraxis ist auch unterhaltsrechtlich zu akzeptieren, sofern diese nicht durch übertriebene Sparsamkeit oder Verschwendung gekennzeichnet ist. Es ist nicht gerechtfertigt, eine Vollausschüttung des Gewinns zu fingieren, soweit Überschüsse im Rahmen einer ordnungsmäßigen Wirtschaft für innerbetriebliche Zwecke verwendet werden."[401]

cc) Investitionsentscheidungen. Eine **grds. Anerkennung der unternehmerischen Investitionsentscheidung** im Unterhaltsrecht[402] ist in folgenden Fällen zu hinterfragen und ggf. zu korrigieren: 183

- **erhebliche Änderung** des Investitionsverhaltens im Vergleich z. Zt. vor der Trennung;
- die Investitionen können auch **privaten Interessen** dienen;
- unterhaltsrechtlicher **Mangelfall**, sodass vom Unternehmer erwartet werden kann, „Luxusinvestitionen" im Interesse der Unterhaltsberechtigten zurückzustellen.[403] Hier liegt insbesondere bei Pkws der Luxusklasse die unterhaltsrechtliche Grenze wesentlich niedriger als die Angemessenheit nach § 4 Abs. 5 Nr. 7 EStG, vor allem, wenn der Pkw die Hauptausgabe darstellt.[404] Von Wichtigkeit ist auch, ob der Unterhaltspflichtige bereits während der Ehe ein entsprechendes Kfz nutzte, sodass hierdurch eine Eheprägung entstand.[405]

Zu weit ginge jedoch eine **allgemeine Angemessenheitsprüfung.**[406] Geprüft werden mag noch, ob eine Investitionsentscheidung in erster Linie der Vermögensbildung dient, die nicht auf Kosten des Unterhaltsberechtigten erfolgen darf, oder ob sie der Erzielung von Einnah- 184

394 Z. B. OLG Düsseldorf, OLG Hamburg, OLG Koblenz, jeweils 1.5.
395 OLG Frankfurt am Main FamRZ 1992, 64.
396 OLG Frankfurt am Main FuR 2001, 370; OLG Hamm FamRZ 1996, 1216; vgl. auch OLG Düsseldorf FamRZ 2005, 211 und OLG München FamRZ 2005, 1907.
397 OLG Frankfurt am Main FamRZ 2005, 803.
398 OLG Köln OLGR 2007, 519.
399 Schwab/*Borth* IV Rdnr. 861 f.; *Büttner/Niepmann* NJW 2005, 2352, 2357; *Kuckenburg* S. 158; *Schürmann* FamRZ 2002, 1150 ff.; *Wendl/Staudigl/Kemper* § 1 Rdnr. 287.
400 FamRZ 2005, 1962.
401 So auch *Schürmann* FamRB 2006, 215, 217; sehr krit. ggü. diese Empfehlung: *Kuckenburg* FuR 2006, 293 f.
402 Dafür Schwab/*Borth* IV Rdnr. 839, 853.
403 *Wendl/Staudigl/Kemper* § 1 Rdnr. 232.
404 Schwab/*Borth* IV Rdnr. 864.
405 *Wendl/Staudigl/Kempe* § 1 Rdnr. 232.
406 *Strohal* Rdnr. 265.

men in künftigen Zeiträumen dient, die auch wieder dem Unterhaltsberechtigten zugute kommen.

185 *dd) Nahe Angehörige.* Rechtsverhältnisse mit nahen Angehörigen sind einer besonderen Prüfung zu unterziehen ob entsprechende Ausgaben angemessen und betriebsnotwendig sind.[407] Im Rahmen der Personalkosten ist insb. zu prüfen, ob ein **neuer Lebenspartner** des Unterhaltspflichtigen Leistungen aus dem Betrieb erhält. Neben der ohnehin steuerliche erforderlichen Prüfung der tatsächlichen Durchführung muss unterhaltsrechtlich genau geprüft werden, ob der Arbeitsplatz **betrieblich erforderlich** ist, da sonst auch Rangverhältnisse beim Unterhalt unterlaufen werden könnten.[408] Das Einsparen eines anderen Arbeitsplatzes spricht für, eine fehlende Umsatzänderung spricht gegen die Anerkennung des Arbeitsplatzes.[409] Der BGH vergleicht die tatsächlichen Personalkosten mit dem in der **jeweiligen Branche üblicherweise bestehenden Anteil** der Personalkosten im Verhältnis zu den Einnahmen.[410]

186 *ee) Rückstellungen.* Selbst steuerlich anerkannte Rückstellungen sind unterhaltsrechtlich infrage zu stellen, wenn während bestehender Ehe keinerlei Rückstellungen für vergleichbare Fälle gebildet wurden.[411] Teilweise wird sogar für eine fiktive Zurechnung nicht ausgeschütteter Gewinne plädiert.[412] **Ansparrücklagen** nach § 7g EStG als steuerpolitisches Lenkungsinstrument können nach Ansicht des BGH zwar unterhaltsrechtlich anzuerkennen sein,[413] allerdings ist dann eine Korrektur erforderlich, wenn die Investition nicht erfolgt und die Rücklage später aufgelöst wird,[414] wenn sich also die Korrektur nicht von selbst innerhalb des Ermittlungszeitraums einstellt.

187 *ff) Sonstiges.* Soweit Aufwendungen sowohl dem **Betrieb wie der privaten Lebensführung** dienen können, ist der Abgrenzung besondere Sorgfalt zu widmen. Steuerrechtlich möglicherweise anerkannte **Pauschalen** müssen unterhaltsrechtlich **hinterfragt** werden.

188 Bei einem aufwändigen, die Gewinne aus der Beteiligung oder der Tätigkeit weit übersteigenden Lebensstil ist ein verstärktes Augenmerk darauf zu richten sein, ob **„Schwarzgeld"** vorhanden ist, das für die Unterhaltsberechnung mit einzubeziehen wäre.[415] Prozesstaktisch ist anzumerken, dass die Aufdeckung von Schwarzgeld im Unterhaltsprozess nach § 116 AO eine Anzeigepflicht der Gerichte begründet, in deren Folge aufgrund der Steuernachzahlungen, Strafen etc. die Geldmittel zur Erbringung von Unterhaltsleistungen stark abnehmen.

189 Ein steuerlich anerkanntes **Zwei-Konten-Modell**, das die Zinsen für private Ausgaben durch die Kombination von Entnahmen und betrieblichen Krediten in den Betrieb verlagert, ist unterhaltsrechtlich ggf. zu korrigieren.[416]

190 *gg) Abzug von Steuern und Vorsorgeaufwendungen.* Im Grundsatz will der BGH Steuern nur dann und in dem Zeitraum zum Abzug zulassen, in dem sie tatsächlich gezahlt worden sind (**In-Prinzip**),[417] weil sich die Steuerwirkungen über den Betrachtungszeitraum ausgleichen. So wie das Einkommen schwanken auch die Steuerzahlungen bei Beteiligungen sehr stark, und zwar zeitlich versetzt. So treffen häufig hohe Nachzahlungen gerade in Jahre mit niedrigerem Einkommen. Dies kann zu völlig verzerrten Verhältnissen führen. Gleichen sich diese im durch das neue Recht verkkürzten Unterhaltszeitraum wieder aus, so kann das In-Prinzip beibehalten werden. Wenn jedoch ein Ausgleich in diesem Zeitraum nicht stattfindet, dann sollte die Steuerbelastung nach dem **Für-Prinzip** berechnet werden, sodass diejeni-

---

[407] *Wendl/Staudigl/Kemper* § 1 Rdnr. 242.
[408] *Wendl/Staudigl/Kemper* § 1 Rdnr. 235.
[409] *Strohal* Rdnr. 269.
[410] BGH FamRZ 2006, 387 ff.
[411] Schwab/*Borth* IV Rdnr. 827.
[412] OLG Hamm FamRZ 2009, 981.
[413] BGH FamRZ 2004, 1177 ff. – im konkreten Fall freilich anders entschieden.
[414] Zu den einzelnen möglichen Sachverhaltskonstellationen: *Götsche* ZFE 2006, 55 ff.
[415] Zur Schwarzgeldproblematik: *Strohal* Rdnr. 248 ff.
[416] Schwab/*Borth* IV Rdnr. 828; *Wendl/Staudigl/Kemper* § 1 Rdnr. 260; vgl. auch OLG Saarbrücken FamRB 2006, 233.
[417] BGH FamRZ 1990, 981, 983; BGH FamRZ 2003, 741, 744.

ge Steuer abzuziehen ist, die für das jeweilige Veranlagungsjahr anfällt und nicht diejenige, die im entsprechenden Jahr anfällt.

In jedem Fall ist die Steuerbelastung in jedem Jahr des Ermittlungszeitraums vor der Durchschnittsbildung abzuziehen. Nicht zulässig ist es, erst vom sog. Brutto-Durchschnittswert die darauf entfallende Steuerquote in Abzug zu bringen.[418] 191

Ein Unternehmer kann unterhaltsrechtlich Beiträge für eine regelmäßige **freiwillige Krankenversicherung**, ggf. bei Selbständigen für berufständische Versorgungswerke, aber auch eine **angemessene Altersversorgung** abziehen. Letztere wird sich an der gesetzlichen Rentenversicherung zu orientieren haben, allerdings mit der Besonderheit, dass soweit keine abhängige Beschäftigung vorliegt, der Unternehmer für den sonst in **Arbeitgeber- und Arbeitnehmeranteil** aufgeteilten Betrag jeweils selbst aufkommen muss. Daher gilt ein Anteil von **20% des nicht bereinigten erzielten Bruttoeinkommens** für die Gesamtaltersversorgung durchaus als angemessen.[419] Der BGH gewährt außerdem einen über die gesetzliche Altersversorgung hinausgehenden weiteren Abzug von 4% des Bruttoeinkommens für die Altersversorgung mit Hinweis auf das Absinken des gesetzlichen Versorgungsniveaus;[420] allerdings gilt dies dann nicht, wenn auf der anderen Seite das Existenzminimum der Kinder nicht gedeckt werden kann.[421] Im Ergebnis können also etwa 25% des nachhaltig erzielbaren Einkommens für die Altersversorgung verwendet werden.[422] Dies kann auch nach Scheidung aufgenommene Zahlungen erfassen, aber nicht etwa fiktive Beträge, sondern nur tatsächlich geleistete Zahlungen.[423] Die Art der Altersversorgung ist dagegen unerheblich, sodass auch Lebensversicherungen[424] oder Immobilien in Betracht kommen, soweit sie nach plausiblem Vortrag zur Alterssicherung geeignet sind. 192

c) **Auskunftsansprüche.** Gesetzliche Grundlage für eine unterhaltsrechtliche Auskunftspflicht sind § 1361 Abs. 4 S. 4 BGB (**Trennungsunterhalt**) und § 1580 BGB (**nachehelicher Unterhalt**) jeweils i. V. m. § 1605 BGB. 193

Ehegatten sind danach verpflichtet, einander **Auskünfte über ihre Einkünfte und ihr Vermögen** zu erteilen und hierzu Belege vorzulegen. Diese Angaben müssen in einer **systematischen Aufstellung** erfolgen, sodass Einnahmen und Ausgaben zueinander abgrenzbar aufgestellt sind (Verweis auf § 260 BGB). Die Abgrenzung von steuerlichen Aufwendungen in unterhaltsrechtlich beachtliche und unbeachtliche muss mit den Angaben nachvollzogen werden können,[425] es muss jedoch keine eigene „Unterhaltsbilanz" erstellt werden.[426] 194

Die **ziffernmäßige Aneinanderreihung einzelner Kostenarten** (Abschreibungen, allgemeine Kosten, Rückstellungen, Entnahmen und dgl.). genügt den Anforderungen ebenso nicht wie der Verweis auf eine Vernehmung des Steuerberaters.[427] 195

Die Auskunft umfasst den Zeitraum von **vollen drei Kalenderjahren** und muss jeweils bis zum 30. 6. des Folgejahres vorgelegt werden.[428] Erstreckt sich der Ermittlungszeitraum auf mehr als drei Jahre, so kann Auskunft über diesen längeren Zeitraum verlangt werden. 196

Neben der Auskunftspflicht besteht nach § 1605 Abs. 1 S. 2 BGB auch ein **Beleganspruch.** Dieser umfasst nach einer Grundsatzentscheidung des BGH[429] den Anspruch auf Vorlage **folgender Belege:** 197

- Bilanz,
- Gewinn- und Verlustrechnung,

---

418 BGH FamRZ 1985, 357, 358.
419 OLG München FamRZ 2000, 26; Schwab/*Borth* IV Rdnr. 867.
420 BGH FamRZ 2005, 1817.
421 BGH FamRZ 2003, 741
422 *Schürmann* FamRB 2006, 242.
423 BGH FamRZ 2003, 860, 863.
424 Allerdings muss geprüft werden, ob die Lebensversicherung zur Altersversorgung dient. Dies ist zu verneinen bei Kreditverpfändung, Auszahlung weit vor Rentenalter oder wenn die versicherte Person nicht der Selbstständige ist, *Strohal* Rdnr. 347.
425 BGH FamRZ 1980, 770; BGH FamRZ 1985, 357, 359; BGH FamRZ 1993, 789, 792.
426 *Wendl/Staudigl/Kemper* § 1 Rdnr. 278.
427 BGH FamRZ 1980, 770/771.
428 OLG München FamRZ 1992, 1207 ff.
429 BGH FamRZ 1982, 680 f.

- Steuererklärung,
- Steuerbescheid.

198 Bei einer Unternehmensbeteiligung geht der Anspruch auf **Vorlage der Unterlagen aus der Beteiligung**, weil von diesen der Gewinn des Unterhaltspflichtigen abhängt. Damit ist der Beteiligte verpflichtet, bis zur Grenze **seiner eigenen Auskunfts- und Kontrollrechte** die unterhaltsrechtlich erforderlichen Auskünfte zu erteilen.[430] Er kann jedoch Daten, die ausschließlich andere Gesellschafter betreffen, unkenntlich machen.[431]

199 Sofern diese Nachweise zur Aufklärung nicht ausreichen, soll auch ein **weiter gehender Anspruch** auf Vorlage einzelner Abrechnungskonten, Summen- und Saldenlisten sowie Anlagespiegel und Listen offener Forderungen bestehen.[432] Ergänzend sind ferner ggf. Miet- oder Pachtverträge, Gesellschaftsverträge und Verträge mit nahen Angehörigen vorzulegen.[433]

3. Abweichende unterhaltsrechtliche Vereinbarungen

200 Die Gesetzeslage im Unterhaltsrecht führt dazu, dass Unternehmer oder Beteiligte an Familienunternehmen regelmäßig eine ehevertragliche Abweichung vereinbaren. Hier sind Regelungen gefragt, die zum einen die geschilderten Anforderungen der Inhaltskontrolle beachten und dem Ehepartner gegenüber eine Grundsolidarität beibehalten, zugleich aber dennoch den Bestand des Unternehmens im Scheidungsfalle nicht gefährden.

201 a) **Unterhaltshöchstgrenze.** Solches leistet in erster Linie die Vereinbarung einer Unterhaltshöchstgrenze. Das gesetzliche Unterhaltsrecht kennt keine Sättigungsgrenze, sondern wechselt – freilich von Gericht zu Gericht durchaus unterschiedlich – bei sehr hohem Einkommen von einer quotalen Unterhaltsberechnung in eine Unterhaltsgewährung angelehnt an den konkreten Unterhaltsbedarf der gelebten Ehe. Hier schafft die vertragliche Vereinbarung einer **Unterhaltshöchstgrenze** Rechtssicherheit. Anknüpfungspunkt für die Höchstgrenze kann das Einkommen des Unterhaltsberechtigten aus seiner Berufstätigkeit sein, bevor diese ehe- oder kinderbedingt aufgegeben wurde, erhöht um Karriereschritte, die zu erwarten gewesen waren. Bei sehr hoher Einkommensdiskrepanz wird diese Grundversorgung maßvoll erhöht werden. Beim Kindesbetreuungsunterhalt ist bei zu niedrigen Höchstgrenzen Vorsicht geboten. Die Höchstgrenze hat gerade im Rahmen von Familienunternehmen den großen Vorteil, dass bei Zahlung dieses Höchstbetrages jede Unterhaltsberechnung und damit auch jede **Auskunft** über Einkommens- und Vermögensverhältnisse **entfällt.** Klarzustellen ist, dass der Höchstbetrag ein Nettobetrag ist, außerdem ist eine Wertsicherung vorzusehen.

Formulierungsvorschlag:

202 III.

Unterhaltsbeschränkung

(1) Es gelten grundsätzlich die gesetzlichen Vorschriften zum Recht des nachehelichen Unterhalts. Allerdings vereinbaren wir, dass die Höhe des gesetzlichen nachehelichen Unterhalts (Gesamtunterhalt einschließlich Vorsorgeunterhalt und Sonderbedarf) auf den Betrag von € 4.000,00

– in Worten viertausend Euro –

monatlich begrenzt wird.

(2) Dieser Höchstbetrag erhöht sich beim Unterhalt wegen Betreuung eines Kindes nach § 1570 Abs. 1 Satz 2 BGB sowie beim Unterhalt wegen Alters oder Krankheit nach § 1571 Nr. 2 oder § 1572 Nr. 2 BGB[434] auf € 6.000,00

– in Worten sechstausend Euro –.

[430] OLG Naumburg FamRZ 2001, 1303.
[431] *Wendl/Staudigl/Kemper* § 1 Rdnr. 284.
[432] Detailliert: *Laws,* Steuerliche Unterlagen im Unternehmensrecht, 2004, S. 46 ff.
[433] Empfehlungen des 14. Deutschen Familiengerichtstages FamRZ 2002, 296.
[434] Welche Tatbestände einer höheren Höchstgrenze unterworfen werden, muss mit den Beteiligten besprochen werden.

Sofern nach Auslaufen dieser Unterhaltsansprüche weitere Anschlusstatbestände eingreifen, gilt jedoch für diese die Beschränkung nach Abs. 1 erneut.
Für den Basisunterhaltsanspruch nach § 1570 Abs. 1 Satz 1 BGB gilt jedoch keine Höchstgrenze. Hier ist Unterhalt nach den gesetzlichen Vorschriften zu zahlen.

(3) Diese Höchstbeträge sollen wertbeständig sein. Sie erhöhen oder vermindern sich in demselben prozentualen Verhältnis, in dem sich der vom Statistischen Bundesamt in Wiesbaden für jeden Monat festgestellte und veröffentlichte Verbraucherpreisindex für Deutschland gegenüber dem für den Monat, in welchem dieser Vertrag geschlossen wird, festgestellten Index erhöht oder vermindert (Basis 2005 = 100).

(4) Eine Erhöhung oder Verminderung der Höchstbeträge wird erstmals bei Rechtskraft der Scheidung festgelegt und dann jeweils wieder, wenn die Indexveränderung zu einer Erhöhung oder Verminderung des jeweils maßgeblichen Betrages um mindestens 10% – zehn vom Hundert – gegenüber dem zuletzt festgesetzten Betrag geführt hat.
Der erhöhte Betrag ist erstmals zahlbar in dem Monat, der auf die Veröffentlichung des die oben genannte Grenze überschreitenden Preisindexes folgt.

(5) Klargestellt wird, dass sich die Höhe des nachehelichen Unterhalts nach den gesetzlichen Vorschriften errechnet, die vorstehende Regelung also keinen Anspruch auf Zahlung in dieser Höhe gewährt. Es handelt sich in Abs. 1 und 2 lediglich um eine Kappungsgrenze, wenn sich nach dem Gesetz ein höherer Betrag ergäbe. § 1578b BGB soll weiterhin anwendbar bleiben, sodass es nach dieser Vorschrift zu einer weiteren Reduzierung oder zeitlichen Begrenzung des Unterhalts kommen kann.

(6) Ein Nachteilsausgleich bei Durchführung des begrenzten Realsplittings ist auf den Betrag der Höchstgrenze nicht anzurechnen, sodass es sich um einen Nettobetrag handelt.

(7) Eigenes Einkommen des Unterhaltsberechtigten wird bei der Berechnung des Unterhalts nicht angerechnet.[435]

Alternative: Eigenes Einkommen des Unterhaltsberechtigten wird bei der Unterhaltsberechnung berücksichtigt. Der Höchstbetrag vermindert sich um die Hälfte des eigenen unterhaltsrechtlich relevanten Einkommens des Unterhaltsberechtigten.

(8) Zusätzlich gilt folgende weitere Beschränkung: Wenn unsere Ehe zwischen Eheschließung und Rechtshängigkeit eines Scheidungsantrages nicht länger als fünf Jahre gedauert hat, dann besteht die vorgenannte Unterhaltspflicht höchstens für einen Zeitraum von zehn Jahren ab Rechtskraft der Ehescheidung.
Dies gilt jedoch nicht im Fall des Abs. 2. Für diese Fälle ist also keine zeitliche Beschränkung des Unterhaltes vereinbart. Es gelten jedoch die dem § 1570 BGB immanenten Beschränkungen.

(9) Wir verzichten hiermit auf weiter gehenden Unterhalt, der Erschienene zu 1. (Unternehmer) verzichtet gegenüber der Erschienen zu 2. (Nichtunternehmer) sogar völlig auf jedweden Unterhalt. Diese Verzichte gelten auch für den Fall der Not. Wir nehmen diesen Verzicht wechselseitig an.

(10) …… Belehrung ……

b) Verzicht auf verschiedene Unterhaltstatbestände. Eine weitere Methode der Unterhaltsbeschränkung liegt darin, bestimmte Unterhaltstatbestände, die nicht im Kernbereich der Unterhaltspflicht liegen, vertraglich auszuschließen. Nachteil dieser Lösung ist es, dass für die übrigen Tatbestände der Unterhalt dennoch berechnet werden muss, sofern nicht eine Kombination mit einer Höchstgrenze gewählt wird. 203

[435] Kann verwendet werden, wenn in Diskrepanzfällen die Höchstgrenze ohne „Hin und Her" gezahlt werden soll, insbesondere also in Unternehmensfällen.

Formulierungsvorschlag:

204 III.

Unterhaltsvereinbarung

(1) Für die Zeit nach einer etwaigen Scheidung unserer Ehe verzichten wir gegenseitig auf Unterhalt, auch für den Fall des Notbedarfs, gleichgültig ob ein Unterhaltsanspruch gegenwärtig bereits erkennbar hervorgetreten ist oder nicht, jedoch mit Ausnahme des Unterhalts wegen Betreuung eines Kindes nach § 1570 Abs. 1 Satz 1 und Satz 2 sowie § 1570 Abs. 2 BGB.

Alternativen:

...... jedoch mit Ausnahme des Unterhalts wegen Betreuung eines Kindes nach § 1570 und § 1573 Abs. 2 BGB und wegen Alters nach § 1571 BGB.

...... jedoch mit Ausnahme des Unterhalts wegen Betreuung eines Kindes nach § 1570 Abs. 1 Satz 1 und Satz 2 BGB

...... jedoch mit Ausnahme des Unterhalts wegen Betreuung eines Kindes nach §§ 1570 und 1573 Abs. 2 BGB)

Unterhalt nach § 1570 Abs. 1 und Abs. 2 BGB kann somit derjenige Ehegatte von uns verlangen, solange und soweit von ihm wegen der Pflege oder der Erziehung eines gemeinschaftlichen Kindes eine Erwerbstätigkeit nicht erwartet werden kann.
Dies gilt solange bis das jüngste gemeinschaftliche Kind das ...... Lebensjahr[436] vollendet hat.
Im Anschluss an die Kindesbetreuung kann Unterhalt aus anderen gesetzlichen Gründen nicht verlangt werden.[437]

Alternativen:

Im Anschluss an die Kindesbetreuung kann Unterhalt nach §§ 1571, 1572 oder 1573 Abs. 1 und Abs. 3 BGB verlangt werden, sofern die entsprechenden Voraussetzungen zu diesem Zeitpunkt vorliegen.
Im Anschluss an die Kindesbetreuung kann Unterhalt verlangt werden, wenn der kinderbetreuende Ehegatte zu diesem Zeitpunkt das 48. Lebensjahr vollendet hat.)

(2) Diesen Verzicht nehmen wir hiermit gegenseitig an.

(3) ......[438] Wir sind darauf hingewiesen worden, dass, soweit hierin eine Erweiterung des Ehegattenunterhalts liegt, diese nicht zulasten vorrangig unterhaltsberechtigter Kinder gehen darf. Sie gilt daher nur, soweit und solange diese Unterhaltsansprüche nicht beeinträchtigt sind. Soweit gleichrangige oder sogar nachrangige Unterhaltsansprüche nach dem Gesetz – etwa auf der Bedarfsebene – nicht eingeschränkt werden können, bleibt die Verlängerung im Übrigen gültig. Allerdings kann sich der Ehemann nur auf einen Selbstbehalt berufen, wie er den Kindern gegenüber besteht.

205 c) **Novation.** Im Unternehmensbereich und bei sehr großer Diskrepanz werden oftmals Vereinbarungen gewünscht, die sich vom gesetzlichen Unterhaltsanspruch vollkommen lösen, auf ihn verzichten und stattdessen einen **eigenen vertraglichen Unterhaltsanspruch schaffen** (Novation). Die **Vereinbarung** muss dies **deutlich zum Ausdruck bringen.**[439] Normalerweise wird nämlich auch dann, wenn der Unterhalt ehevertraglich modifiziert wird, lediglich eine Schuldausgestaltung nach § 1585 c BGB vorliegen.

[436] Hierin kann nach neuem Unterhaltsrecht eine Unterhaltsverstärkung liegen, die möglicherweise nicht zum Ziel führt, wenn der Unterhaltspflichtige einen neuen Ehepartner oder weitere Kinder hat, die ebenfalls Unterhaltsansprüche haben. Hierüber sollte belehrt werden. In der Diskrepanzehe, für die ein Mangelfall ausgeschlossen werden kann, mag die Belehrung kürzer ausfallen.

[437] Im Regelfalle eines Verzichts mit Ausnahme Kinderbetreuungsunterhalt wird ein Einsetzen anderer Unterhaltsansprüche mit Ablauf der Kinderbetreuungszeit nicht gewünscht sein. Wenn die ehe- und kindbedingten Nachteile voll ausgeglichen werden sollen, dann kann mit der Formulierung der Alternative zusätzlich Anschlussunterhalt vereinbart werden. Dies ist insb. dann sachgerecht, wenn der Ehepartner nach langen Jahren der Kindererziehung ein Alter erreicht hat, in dem der Wiedereinstieg in das Berufsleben sehr schwierig wird.

[438] Hier schließen sich die Belehrungen an.

[439] Vgl. etwa OLG Bamberg FamRZ 1999, 1278, 1279; BGH FamRZ 1985, 367, 368; BGH FamRZ 1978, 873.

Praxistipp:

Soll ein rein vertraglicher Unterhaltsanspruch begründet werden, so muss diese Novation in der Vereinbarung klar zum Ausdruck gebracht werden!

Ein solcher vertraglicher Unterhaltsanspruch ist nicht mehr von Leistungsfähigkeit und Bedürftigkeit abhängig und unterliegt bei Einkommensänderungen keiner Anpassung, so dass man nicht bei jeder Änderung mit Auskunftsverlangen konfrontiert ist. Aber auch die anderen Vorschriften über den nachehelichen Unterhalt sind nicht anwendbar, insbesondere **nicht** die Vorschrift des **§ 1586 BGB**, sodass ein solcher Unterhaltsanspruch bei einer Wiederheirat des Unterhaltsberechtigten nicht erlischt. 206

Praxistipp:

Ein vertraglicher Anspruch erlischt nicht bei Wiederheirat, da § 1586 BGB keine Anwendung findet. Ein Erlöschen für diesen Fall müsste also vertraglich vereinbart sein.

Im Unternehmensbereich haben solche Vereinbarungen den Vorteil, eine kalkulierbare Absicherung zu bieten, ohne dass man ständigen Auskunftsverlangen ausgesetzt ist. Sie kommen daher sowohl bei vorsorgenden Eheverträgen wie auch bei Scheidungsvereinbarungen zum Tragen. 207

Bringt aufgrund einer unvorhersehbaren Entwicklung der Verpflichtete später die Zahlung nicht mehr auf, so kommt ihm gleichermaßen der Schutz der Rechtsprechung zur Inhaltskontrolle zu Gute. So hat jüngst der BGH entschieden,[440] dass zwar die Halbteilung kein Maßstab der Inhaltskontrolle sei, aber das Existenzminimum müsse dem Unterhaltspflichtigen verbleiben, sonst sei eine weiter gehende vertragliche Verpflichtung nicht wirksam. Hier wäre aber wohl in erster Linie an eine **Ausübungskontrolle** bei unerwarteten Veränderungen zu denken. 208

In Diskrepanzfällen kann aber die Begründung eines vertraglichen Unterhaltsanspruchs eine gute Lösung sein.

Formulierungsvorschlag (novierende Unterhaltsvereinbarung):

1) 209

Für die Zeit nach einer etwaigen Scheidung unserer Ehe verzichten wir gegenseitig auf den gesetzlichen nachehelichen Unterhalt, auch für den Fall des Notbedarfes, gleichgültig, ob ein Unterhaltsanspruch gegenwärtig bereits erkennbar hervorgetreten ist oder nicht.

2)

Diesen Verzicht nehmen wir hiermit gegenseitig an.

3)

Der Verzicht gilt auch im Fall einer Änderung der einschlägigen gesetzlichen Vorschriften oder der Rechtsprechung weiterhin.

4)

Als Abfindung für den Verzicht auf den gesetzlichen nachehelichen Unterhalt vereinbaren wir folgende Leibrente, die nicht den Vorschriften über den gesetzlichen nachehelichen Unterhalt unterliegt.

a) Der Ehemann verpflichtet sich, an seine Ehefrau

- nachfolgend kurz: „die Berechtigte" -

auf deren Lebenszeit als

Leibrente

monatlich einen Betrag i. H. v. € ……,

– in Worten …… Euro –

kostenfrei zu zahlen.

[440] BGH NJW 2009, 842.

Die Leibrente ist im Voraus je bis zum Dritten eines jeden Monats zur Zahlung fällig, erstmals für den auf die Rechtskraft der Scheidung folgenden Monat.

Alternative:
Die Leibrente erlischt mit Wiederverehelichung der Berechtigten.

b) Die Leibrente soll wertbeständig sein.
Sie erhöht oder vermindert sich in demselben prozentualen Verhältnis, in dem sich der vom Statistischen Bundesamt in Wiesbaden für jeden Monat festgestellte und veröffentlichte Verbraucherpreisindex für Deutschland gegenüber dem für den Monat, in welchem dieser Vertrag geschlossen wird, festgestellten Index erhöht oder vermindert (Basis 2005 = 100).
Eine Erhöhung oder Verminderung der Leibrente wird erstmals bei Rechtskraft der Scheidung festgelegt und dann jeweils wieder, wenn die Indexveränderung zu einer Erhöhung oder Verminderung des jeweils maßgeblichen Betrages um mindestens 10% – zehn vom Hundert – gegenüber dem zuletzt festgesetzten Betrag geführt hat.
Der erhöhte Betrag ist erstmals zahlbar in dem Monat, der auf die Veröffentlichung des die oben genannte Grenze überschreitenden Preisindexes folgt.

c) Zur Sicherung aller Ansprüche der Berechtigten auf Zahlung der vorstehend vereinbarten, monatlich wiederkehrend zu entrichtenden Leibrente in der vereinbarten wertgesicherten Form nach vorstehendem Buchstaben b), bestellt der Ehemann zugunsten der Ehefrau eine

Reallast

an folgendem Grundbesitz:
......
Der Ehemann bewilligt und beantragt die Eintragung der Reallast am Vertragsgrundbesitz in das Grundbuch an erster Rangstelle mit dem Vermerk, dass zur Löschung der Nachweis des Todes der Berechtigten genügen soll.
Die Berechtigte stimmt dieser Löschungserleichterung ausdrücklich zu.

d) Der Ehemann unterwirft sich wegen der dinglichen und wegen der persönlichen Ansprüche aus der Reallast sowie wegen der persönlichen Verpflichtung auf Zahlung der Leibrente – jeweils i. H. d. genannten Ausgangsbetrages – gemäß vorstehendem Buchstaben a) und der Erhöhungsbeträge aufgrund der vereinbarten Wertsicherung nach Buchstaben b) der sofortigen Zwangsvollstreckung aus dieser Urkunde in sein gesamtes Vermögen.
Der Berechtigte ist befugt, sich jederzeit eine vollstreckbare Ausfertigung dieser Urkunde ohne jeden Nachweis erteilen zu lassen.

e) Die Beteiligten sind sich darüber einig, dass das schuldrechtliche Stammrecht auf die wiederkehrenden Leistungen erst in dreißig Jahren ab dem gesetzlichen Verjährungsbeginn verjährt. Für die Einzelleistungen bleibt es bei der gesetzlichen Verjährung.

5)
Wir wurden vom Notar über das Wesen des nachehelichen Unterhalts, die Auswirkungen des Verzichts und die Vereinbarung eines eigenen von den gesetzlichen Ansprüchen losgelösten vertraglichen Unterhaltsanspruchs eingehend belehrt. Wir wissen somit insbesondere, dass eine Änderung unserer wirtschaftlichen Verhältnisse auf den zugesagten vertraglichen Unterhalt ebenso wenig eine Auswirkung hat wie die Wiederheirat des Berechtigten oder Verpflichteten.
Wir sind darauf hingewiesen worden, dass eine Erweiterung des Ehegattenunterhalts auch im Wege der Novation möglicherweise nicht zulasten vorrangig unterhaltsberechtigter Kinder gehen darf. In einem solchen Fall gilt sie daher nur, soweit und solange diese Unterhaltsansprüche nicht beeinträchtigt werden.
Soweit vor- oder gleichrangige bzw. auf der Bedarfsebene sogar nachrangige Unterhaltsansprüche Dritter – etwa bei Wiederheirat oder im Fall des § 1615 Abs. 1 BGB –, nach dem Gesetz durch diese Vereinbarung nicht eingeschränkt werden können, bleibt die Vereinbarung im Übrigen gültig.

6)
Der Zahlungsverpflichtete kann jedoch dann eine Abänderung der Zahlungspflicht verlangen, wenn durch die Zahlung sein Selbstbehalt, wie er einem Ehegatten gegenüber besteht (derzeit nach Ziff. B. IV der Düsseldorfer Tabelle € 1.000,00 – maßgeblich ist der jeweils gültige Betrag), nicht mehr gewahrt würde. Der Zahlungsbetrag ist dann soweit herabzusetzen, dass dieser Selbstbehalt dem Zahlungsverpflichteten verbleibt.

IV. Versorgungsausgleich

1. Neukonzeption

Der Versorgungsausgleich realisiert das **Recht auf gleiche Teilhabe** für den Bereich der **Versorgungsanrechte,**[441] die in der Ehezeit erwirtschaftet wurden.[442] Aus diesem Grund kommt es auch **nicht auf Bedürftigkeit oder Leistungsfähigkeit** an wie beim Unterhalt. Vom Güterstand ist der Versorgungsausgleich aber unabhängig; er findet also auch bei Gütertrennung Anwendung. 210

Der Versorgungsausgleich wurde mit Wirkung zum 1. 9. 2009 vollkommen neu geregelt. Das Gesetz zur **Strukturreform des Versorgungsausgleichs**[443] löst die Materie aus dem BGB heraus und schafft ein neues Versorgungsausgleichsgesetz (VersAusglG). 211

Bemerkenswerteste Änderung ist die **Abschaffung des Einmalausgleichs** im Rahmen des Wertausgleichs bei der Scheidung (früher öffentlich-rechtlicher Versorgungsausgleich) und die Ersetzung durch eine **Vielzahl von Einzelausgleichen,** mit denen jedes auszugleichende Anrecht einzeln auszugleichen ist, sodass eine Vergleichbarkeitsrechnung nach der Barwertverordnung künftig entfällt. Soweit möglich sollen die Anrechte intern geteilt werden, d. h. beim selben Versorgungsträger, bei dem das bisherige Anrecht besteht, wird für den insoweit ausgleichsberechtigten Ehegatten ein eigenes Versorgungskonto eingerichtet (§§ 9 ff. VersAusglG). Eine externe Teilung, mit der Anrechte bei einem anderen Versorgungsträger begründet werden, soll die Ausnahme sein (§§ 14 ff. VersAusglG), wird aber v. a. noch beim öffentlich-rechtlichen Dienst (Landes- und Kommunalbeamte) vorkommen. 212

Die **Vereinbarungen zum Versorgungsausgleich** erhalten im neuen Gesetz eine herausgehobene Stelle. Sie sind nicht mehr genehmigungspflichtig wie beim bisherigen § 1587 o BGB, sondern das Gericht ist an die Vereinbarung gebunden (§ 6 Abs. 2 VersAusglG). Allerdings muss die Vereinbarung einer Inhaltskontrolle standhalten, § 6 Abs. 1 VersAusglG. 213

Neben der gesetzlichen Rentenversicherung und der Beamtenversorgung fallen in den Versorgungsausgleich auch **betriebliche Altersversorgungen, berufsständische Versorgungen** und Versicherungen, soweit sie nicht als **Kapitalversicherungen** dem Zugewinn unterliegen (§ 2 Abs. 4 VersAusglG). Neu ist, dass **Anrechte i. S. d. Betriebsrentengesetzes oder des Altersvorsorgeverträge-Zertifizierungsgesetzes auch bei Kapitalzahlungen** im Versorgungsausgleich zu berücksichtigen (§ 2 Abs. 2 Nr. 3 VersAusglG) sind. 214

Im BGB wurden **§ 1408 Abs. 2** und **§ 1414 Satz 2 BGB** gestrichen, so dass der Ausschluss des Versorgungsausgleichs nicht unwirksam wird, wenn innerhalb Jahresfrist Scheidungsantrag gestellt wird. Der Ausschluss hat ferner nicht mehr den Eintritt von Gütertrennung zur Folge. 215

2. Regelungsbedarf

Für den **selbstständigen Unternehmer** bestehen aber **i. d. R.** im Rahmen dieses Ausgleichssystems **keine eigenen Anrechte,** da er häufig im Rahmen seines Vermögens Altersvorsorge betreibt und ihm als beherrschender Gesellschafter Altersvorsorgeformen für abhängig Beschäftigte nicht zur Verfügung stehen. 216

Diese Situation ist beim Ehevertrag eines Unternehmers stets zu hinterfragen, sonst kann es zu Ungerechtigkeiten führen, wenn der Nichtunternehmer-Ehegatte seine Altersversorgung teilen muss, obwohl er schon beim Zugewinnausgleich in der Regel Verzichte ausgesprochen hat. Hier soll der finanzkräftigere Unternehmer-Ehegatte im Fall einer Ehescheidung nicht noch von der **Altersversorgung des anderen Ehepartners** profitiert, der häufig neben der Kindererziehung auch nur eingeschränkt gearbeitet hat oder gerade wegen der späteren Rentenansprüche beim Unternehmer-Ehegatten im Betrieb mitgearbeitet hat. 217

[441] BVerfG FPR 2003, 465.

[442] Palandt/*Brudermüller* Einl v VersAusglG Rdnr. 1.

[443] BGBl. 2009 I, S. 700.

Praxistipp:

In solchen Fällen kann auf die Durchführung des Versorgungsausgleichs insgesamt verzichtet werden oder – wenn man nicht sicher ist, ob der heutige Unternehmer nicht doch einmal später als Angestellter eigene Versorgungen begründet – zumindest insoweit verzichtet werden, als der Nichtunternehmer-Ehegatte Ausgleichsverpflichteter wäre.
Zu beachten ist hierbei, dass es nach dem neuen Versorgungsausgleichsrecht keinen Einmalausgleich mit einem Berechtigten mehr gibt, sondern mehrere Ausgleiche in beiderseitige Richtungen. Vergleichbar machen lassen sich die Positionen allenfalls mit dem korrespondierenden Kapitalwert nach § 47 VersAusglG, der vom Versorgungsträger mitzuteilen ist. Wäre danach der Unternehmerehegatte insgesamt der Begünstigte, kann der Versorgungsausgleich unterbleiben. Dann muss aber nach neuem Versorgungsausgleichsrecht auch der Nichtunternehmer-Ehegatte auf den Ausgleich der Versorgungen des anderen Ehegatten verzichten.[444] Möglich ist auch ein Komplettverzicht mit Rücktrittsrecht des Nichtunternehmer-Ehegatten.

[444] Hierzu detailliert und mit Formulierungsvorschlägen C. *Münch*, Vereinbarungen zum neuen Versorgungsausgleich, 2010, 160 ff.

15. Teil. Minderjährigenrecht

§ 28 Minderjährige im Gesellschaftsrecht

Übersicht

	Rdnr.
I. Einleitung	1–3
II. Beteiligung an Kapitalgesellschaften	4–28
1. GmbH/UG	4–18
a) Gründung	4–6
b) Übertragung von Geschäftsanteilen	7–12
c) Kapitalerhöhung	13–15
d) Erbfolge	16
e) Gesellschafterbeschlüsse	17/18
2. AG	19–23
a) Gründung	19/20
b) Übertragung von Aktien	21/22
c) Erbfolge	23
3. Genossenschaft	24–28
a) Gründung	24/25
b) Beitritt zur Genossenschaft	26/27
c) Erbfolge	28
III. Beteiligung an einer Personengesellschaft	29–66
1. Offene Handelsgesellschaft	29–36
a) Gründung	29–31
b) Übertragung der Beteiligung	32/33
c) Erbfolge	34
d) Gesellschafterbeschlüsse	35/36
2. Kommanditgesellschaft	37–49
a) Gründung	37–39
b) Übertragung der Beteiligung	40–46
c) Erbfolge	47
d) Gesellschafterbeschlüsse	48/49
3. Gesellschaft bürgerlichen Rechts	50–58
a) Gründung	50–54
b) Übertragung der Beteiligung	55–57
c) Erbfolge	58
4. Stille Gesellschaft und Unterbeteiligung	59–64
a) Stille Gesellschaft	59–61
b) Unterbeteiligung	62–64
5. Partnerschaftsgesellschaft	65
6. Übersicht	66
IV. Bestellung des Ergänzungspflegers	67–89
1. Bestellung eines oder mehrerer Ergänzungspfleger	67
2. Zuständigkeit	68/69
3. Verfahren	70–78
a) Einleitung des Verfahrens	70
b) Beteiligte, Bevollmächtigte	71/72
c) Sachverhaltsermittlung	73/74
d) Anhörungen	75–77
e) Verfahrensbeistand	78
4. Vorschlagsrecht der Eltern/des Vormunds	79–82
5. Entscheidung des Gerichts	83/84
a) Anordnungs- und Ernennungsbeschluss	83
b) Verpflichtung des Ergänzungspflegers	84
6. Rechtsmittel	85–89
a) Beschwerde	85
b) Beschwerdeberechtigte	86

Rdnr.
c) Beschwerdesumme 87
d) Beschwerdeverfahren 88
e) Rechtsbeschwerde 89
V. Familiengerichtliche Genehmigung 90–126
1. Zuständigkeit 90
2. Verfahren 91–94
a) Einleitung des Verfahrens 91
b) Beteiligte, Bevollmächtigte 92/93
c) Sachverhaltsermittlung 94
3. Anhörungen 95/96
4. Entscheidung des Gerichts 97–99
a) Allgemeines 97/98
b) Form der Entscheidung 99
5. Bekanntgabe der Entscheidung 100–105
a) Bekanntgabe an gesetzlichen Vertreter 100
b) Bekanntgabe an den (beschränkt) verfahrensfähigen Minderjährigen ... 101
c) Bekanntgabe an den nicht verfahrensfähigen Minderjährigen 102–104
d) Form der Bekanntgabe 105
6. Wirksamwerden der Entscheidung 106–109
a) Rechtskraftlösung 106
b) Nachweis der formellen Rechtskraft 107/108
c) Materielle Rechtskraftwirkung 109
7. Rechtsmittel 110–116
a) Beschwerde 110
b) Beschwerdeberechtigte 111
c) Verkürzte Beschwerdefrist 112
d) Beschwerdefrist bei fehlender oder fehlerhafter Bekanntgabe 113
e) Beschwerdesumme 114
f) Beschwerdeverfahren 115
g) (Sprung-)Rechtsbeschwerde 116
8. Rechtsmittelverzicht 117–119
9. Mitteilung der Entscheidung 120–126
a) Allgemeines 120
b) Doppelvollmacht des Notars 121–124
c) Gefahren wegen der Dauer des Genehmigungsverfahrens 125
d) Gefahren wegen vorzeitiger Aufhebung der Ergänzungspflegschaft 126

Schrifttum: *Armbrüster/Preuß/Renner*, Beurkundungsgesetz/DONot, 5. Aufl. 2009; *Bassenge/Roth*, FamFG/RPflG, 12. Aufl. 2009; *Bolkart*, Die Reform des Verfahrens in Familiensachen und in den Angelegenheiten der freiwilligen Gerichtsbarkeit, MittBayNot 2009, 268; *Bork*, Sind §§ 50, 67 FGG verfassungskonform?, FamRZ 2002, 65; *Bork/Jacoby/Schwab* FamFG 2009; *Brambring*, Die gerichtliche Genehmigung von Geschäften nach §§ 1821, 1822 BGB nach dem FamFG, NotBZ 2009, 394; *Brüggemann*, Der sperrige Katalog, FamRZ 1990, 124; *Bürger*, Die Beteiligung Minderjähriger an Gesellschaften mit beschränkter Haftung, RNotZ 2006, 156; *Damrau*, Kein Erfordernis der gerichtlichen Genehmigung bei der Schenkung von Gesellschaftsbeteiligungen an Minderjährige, ZEV 2000, 209; *Dümig*, Die Beteiligung Minderjähriger an einer Gesellschaft bürgerlichen Rechts aus familien- bzw. vormundschaftsgerichtlicher Sicht, FamRZ 2003, 1; *Führ/Nikoleyczik*, Vertretung und Genehmigungspflicht bei schenkweiser Übertragung von Kommanditanteilen auf Minderjährige, BB 2009, 2105; *Gernhuber/Coester-Waltjen* Familienrecht 6. Aufl. 2010; *Harders*, Der „unbekannte Beteiligte“ – Ein Beitrag zum Eintritt der Rechtskraft bei Genehmigungsbeschlüssen, DNotZ 2009, 725; *Heggen*, Die Rechtsmittelfrist bei einer Sprungrechtsbeschwerde gegen eine gerichtliche Genehmigungsentscheidung, FGPrax 2011, 51; *Heinemann*, FamFG für Notare, 2009; *ders.*, Die Reform der freiwilligen Gerichtsbarkeit durch das FamFG und ihre Auswirkungen auf die notarielle Praxis, DNotZ 2009, 6; *ders.*, Die gerichtliche Genehmigung unter Geltung des FamFG, FamFR 2009, 57; *Hohaus/Eickmann*, Die Beteiligung Minderjähriger an vermögensverwaltenden Familien-Kommanditgesellschaften – Anforderungen für die steuerliche Anerkennung, BB 2004, 1707; *Ivo*, Die Übertragung von Kommanditanteilen an minderjährige Kinder, ZEV 2005, 193; *Keidel* FamFG 17. Aufl. 2011; *Kesseler*, Die Bedeutung des Rechtskraftzeugnisses, ZNotP 2009, 422; *Kölmel*, Die familiengerichtliche Genehmigung in der notariellen Praxis nach der Reform durch das FamFG, NotBZ 2010, 2; *ders.*, Die Vertretung des minderjährigen Kindes bei der Bekanntgabe des Genehmigungsbeschlusses, MittBayNot 2011, 190; *Kurz*, Die Problematik des § 1822 BGB, NJW 1992, 1798; *Lerch*, Beurkundungsgesetz, 4. Aufl. 2010; *Litzenburger*, Gestaltung von genehmigungspflichtigen Kaufverträgen nach Inkrafttreten des neuen FamFG, RNotZ 2009, 380; *Lohse/Triebel*, Vermögensverwaltende Gesellschaften bürgerlichen Rechts mit minderjährigen Gesellschaftern und gerichtliche Genehmigungspraxis, ZEV 2000, 337; *Maier-Reimer/Marx*, Die Vertretung Minderjähriger beim Erwerb von Gesellschaftsbeteiligungen, NJW 2005, 3025; *Maurer*, Die Rechtsmittel in Familiensachen nach dem FamFG, FamRZ 2009, 465; *Menzel/Wolf*,

Der minderjährige Kommanditist – bei Gründung, unentgeltlicher Anteilsübertragung und Erwerb von Todes wegen, MittBayNot 2010, 186; *Netzer,* Das Rechtsmittelrecht im neuen Gesetz über das Verfahren in Familiensachen und in den Angelegenheiten der freiwilligen Gerichtsbarkeit (FamFG), ZNotP 2009, 303; *Prütting/Helms* FamFG 2009; *Regler,* KindRG und Ergänzungspflegschaft, Rpfleger 2000, 305; *Reimann*, Der Minderjährige in der Gesellschaft – Kautelarjuristische Überlegungen aus Anlaß des Minderjährigenhaftungsbeschränkungsgesetzes, DNotZ 1999, 179; *Rust*, Die Beteiligung von Minderjährigen im Gesellschaftsrecht – Vertretung, familien-/vormundschaftsgerichtliche Genehmigung und Haftung des Minderjährigen, DStR 2005, 1942 und DStR 2005, 1992; *Schael,* Minderjährige und ihre formelle Beteiligung in Verfahren über Kindschaftssachen nach dem FamFG, FamRZ 2009, 265; *Schürmann,* Stellung der Kinder im familiengerichtlichen Verfahren, FamFR 2009, 153; *Schulte-Bunert*, Das neue FamFG, 2009; *ders./Weinreich* FamFG 2009; *Sonnenfeld*, Rechtsmittel im Betreuungs- und Unterbringungsverfahren, BtPrax 2009, 167; *dies.*, Ausgewählte Fragen zum FamFG, NotBZ 2009, 295; *ders./Weinbrenner*, Ergänzungspflegschaft und vormundschafts-/familiengerichtliche Genehmigung bei der Schenkung von KG-Gesellschaftsanteilen an Minderjährige, FPR 2009, 265; *Wertenbruch*, Familiengerichtliche Genehmigungserfordernisse bei der GbR mit minderjährigen Gesellschaftern, FamRZ 2003, 1714; *Winkler* Beurkundungsgesetz 16. Aufl. 2008; *Zorn*, Das Verfahren in Kindschaftssachen nach dem FamFG, Rpfleger 2009, 421.

I. Einleitung

1 Die Beteiligung Minderjähriger an Kapital- und/oder Personengesellschaften spielt in der notariellen Praxis eine zunehmende Rolle. Im Vordergrund stehen dabei zumeist **steuerliche Gründe:**[1] Unter mehrmaliger Ausnutzung der erbschaftsteuerlichen Freibeträge sowie unter Berücksichtigung des einkommensteuerlichen Grundfreibetrags sollen minderjährige Kinder möglichst steuerneutral am Gesellschaftsvermögen ihrer Eltern beteiligt werden. Auf diese Weise können auch eine frühzeitige Einbindung in den Familienbetrieb sowie eine **gleitende Unternehmensnachfolge** eingeleitet werden.

2 Da es sich bei diesen Familienbetrieben vornehmlich um kleine oder mittelständische Unternehmen in der Rechtsform einer GmbH (auch UG) oder Kommanditgesellschaft (auch GmbH & Co. KG) handelt, ist der Notar oftmals von Beginn an in die **Vertragsgestaltung** eingeschaltet, zumindest aber mit dem **Handelsregistervollzug** betraut. Von besonderer Bedeutung ist dabei, dass dem Notar neben seiner bekannten Funktion als neutraler und unabhängiger Urkundsperson eine Vermittlerrolle im Verhältnis zum Familiengericht, zum Registergericht und ggf. zum Grundbuchamt zukommt. Die Beteiligung Minderjähriger an solchen Gesellschaften wirft dabei zahlreiche rechtliche Probleme auf, deren Beherrschung eine schnelle und reibungslose Transaktion gewährleisten. Eine genaue **Kenntnis des materiellen Rechts, des Kindschafts-, Register- und Grundbuchverfahrensrechts** sowie der einschlägigen, oftmals in sich widersprüchlichen Rechtsprechung ist unabdingbare Voraussetzung für eine korrekte Urkundsgestaltung und einen gelungenen Urkundenvollzug.

3 Aus materieller Sicht treten bei der Beteiligung Minderjähriger im Gesellschaftsrecht stets zwei Problemkreise auf, die wiederum besondere verfahrensrechtliche Fragestellungen mit sich bringen. Zunächst gilt es zu ermitteln, ob der Minderjährige von seinen **Eltern oder seinem sonstigen gesetzlichen Vertreter** (Vormund, Pfleger) **vertreten werden kann,** ob es der Bestellung eines oder mehrerer Ergänzungspfleger bedarf, oder ob der Minderjährige ausnahmsweise selbst das Rechtsgeschäft abschließen kann. Davon zu trennen ist die weitere Frage, ob das Handeln der gesetzlichen Vertreter als weiteres Wirksamkeitserfordernis die **Genehmigung durch das Familiengericht** erfordert. Sowohl die Bestellung des Ergänzungspflegers als auch die Einholung der familiengerichtlichen Genehmigung erfolgen im Rahmen eines Verfahrens der freiwilligen Gerichtsbarkeit nach dem FamFG, das eigenen Regeln unterworfen ist. Schließlich gilt es die vorstehende Betrachtung danach **differenziert vorzunehmen,** ob es sich um die Beteiligung an einer **Kapital-** oder einer **Personengesellschaft** handelt, ob es sich um eine **Gründungsbeteiligung,** um den **Erwerb bzw. die Veräußerung** der Beteiligung, um den **Abschluss eines Gesellschaftsvertrags** oder um eine **Rechtsnachfolge von Todes wegen** handelt. Nach diesen Gesichtspunkten gilt es das **Beurkundungsverfahren** auszurichten, um ggf. im Vorfeld die erforderliche Bestellung von Ergänzungspflegern ver-

[1] *Bürger* RNotZ 2006, 156, 157; *Lohse/Triebel* ZEV 2000, 337; *Menzel/Wolf* MittBayNot 2010, 186; *Weinbrenner* FPR 2009, 265.

anlassen und die Einholung gerichtlicher Genehmigungen abstimmen zu können. Auf den wirksamen Vertragsabschluss folgt dann der Vollzug des Rechtsgeschäfts, im Falle der Beteiligung an einer BGB-Gesellschaft durch **Eintragung im Grundbuch**, im Falle der Beteiligung an einer OHG oder KG durch **Eintragung im Handelsregister**, im Falle der Beteiligung an einer GmbH durch **Einreichung einer geänderten Gesellschafterliste** zum Handelsregister.

II. Beteiligung an Kapitalgesellschaften

1. GmbH/UG

4 a) **Gründung.** *aa) Ergänzungspflegerbestellung.* Der Abschluss eines Gründungsvertrags einer GmbH (auch einer UG) unter Beteiligung von Minderjährigen bedarf als rechtlich nachteilhaftes Geschäft der Einwilligung der Eltern.[2] Soll die GmbH gemeinsam mit **einem oder beiden Elternteilen** errichtet werden, sind die Eltern von der Vertretung des Kindes ausgeschlossen (§ 1629 Abs. 2, § 1795 Abs. 2, § 1795 Abs. 1 Nr. 1 BGB), für diese muss ein Ergänzungspfleger handeln.[3] Gleiches gilt für die Gründung einer GmbH mit den **Großeltern der Kinder** (§ 1629 Abs. 2, § 1795 Abs. 1 Nr. 1 BGB)[4] oder **ausschließlich mit den Kindern** (§ 1629 Abs. 2, § 1795 Abs. 2 BGB). Entbehrlich ist die Pflegerbestellung nur, wenn die Gründung der Erfüllung eines wirksamen Austattungs- oder Schenkungsversprechens dient.[5] Für jedes Kind ist wegen § 181 Alt. 2 BGB **jeweils ein Ergänzungspfleger** zu bestellen,[6] das Familiengericht kann den Ergänzungspfleger vom Verbot der Mehrfachvertretung nicht befreien, es kann sein Handeln für mehrere Kinder auch nicht nachträglich genehmigen.[7]

5 *bb) Familiengerichtliche Genehmigung.* Zusätzlich bedarf die Gründung einer GmbH der **familiengerichtlichen Genehmigung**, soweit der Unternehmenszweck der Gesellschaft auf den Betrieb eines **Erwerbsgeschäfts** (§ 1822 Nr. 3 3. Alt. BGB) ausgerichtet ist, also die berufsmäßig ausgeübte, auf selbständigen Erwerb gerichtete Tätigkeit mit Gewinnerzielungsabsicht zum Gegenstand hat.[8] Keine Genehmigungspflicht besteht nach § 1822 Nr. 3 3. Alt. BGB, wenn die Gesellschaft ausschließlich ideelle Ziele verfolgt oder auf die Verwaltung eigenen Vermögens gerichtet ist.[9] Allerdings führt nach überwiegender Ansicht die bei Gründung bestehende **Ausfall- und Unterbilanzhaftung** für die Mitgesellschafter stets zu einer Genehmigungsbedürftigkeit nach § 1822 Nr. 10 BGB.[10] Genehmigungsfrei ist also allenfalls die Gründung einer nicht auf ein Erwerbsgeschäft gerichteten **Ein-Personen-GmbH.**[11] Ein Genehmigungserfordernis kann hier aber daraus folgen, dass der Minderjährige im Gesellschaftsvertrag zur Einbringung eines Grundstücks (§ 1821 Abs. 1 Nr. 1 BGB) oder zu wiederkehrenden Nebenleistungen, die länger als ein Jahr nach Volljährigkeit zu erbringen sind (§ 1822 Nr. 5 BGB), verpflichtet ist.[12]

6 *cc) Fehlerfolgen.* Bei der **Mehrpersonengesellschaft** haben eine fehlerhafte Vertretung des Minderjährigen oder das Fehlen der familiengerichtlichen Genehmigung die **schwebende Unwirksamkeit des Beitritts** des Minderjährigen zur Folge, die Grundsätze über die fehlerhafte Gesellschaft finden keine Anwendung.[13] Die Handelsregistereintragung hat keine hei-

---

[2] *Bürger* RNotZ 2006, 156, 158.
[3] *Bürger* RNotZ 2006, 156, 158.
[4] *Bürger* RNotZ 2006, 156, 158.
[5] *Gernhuber/Coester-Waltjen* § 61 III 7 (Rdnr. 35).
[6] OLG München RNotZ 2010, 461, 462 = MittBayNot 2010, 400; *Bürger* RNotZ 2006, 156, 158.
[7] RGZ 71, 164; *Bürger* RNotZ 2006, 156, 158.
[8] Altmeppen/Roth/*Roth* § 2 GmbHG Rdnr. 12; Baumbach/*Hueck/Fastrich* § 2 GmbHG Rdnr. 26; *Gernhuber/Coester-Waltjen* § 60 VI 6 (Rdnr. 105); *Bürger* RNotZ 2006, 156, 159; *Rust* DStR 2005, 1942, 1944.
[9] *Bürger* RNotZ 2006, 156, 159.
[10] OLG Stuttgart OLGZ 1978, 426, 427 = MittBayNot 1979, 239; LG Memmingen Rpfleger 1993, 337, 338; Altmeppen/Roth/*Roth* § 2 GmbHG Rdnr. 12; Baumbach/*Hueck/Fastrich* § 2 GmbHG Rdnr. 27; *Bürger* RNotZ 2006, 156, 160.
[11] Baumbach/*Hueck/Fastrich* § 2 GmbHG Rdnr. 28; *Bürger* RNotZ 2006, 156, 160; a. A. Altmeppen/Roth/*Roth* § 2 GmbHG Rdnr. 12.
[12] *Bürger* RNotZ 2006, 156, 160.
[13] *Gernhuber/Coester-Waltjen* § 60 VI 6 (Rdnr. 108); *Bürger* RNotZ 2006, 156, 161.

lende Wirkung.[14] Allerdings kann die Gründungsbeteiligung noch **nachträglich genehmigt** werden, nach Eintritt der Volljährigkeit nur vom Kind selbst (§ 108 Abs. 3 BGB).[15] Die Genehmigung des volljährig gewordenen Gesellschafters bedarf nach Ansicht des BGH nicht der Form des § 2 Abs. 2 GmbHG.[16] Fehler bei der Gründung einer **Ein-Personen-GmbH** führen hingegen zur Nichtigkeit des Gründungsakts und können nur durch Neuvornahme „geheilt" werden.[17]

b) Übertragung von Geschäftsanteilen. *aa) Ergänzungspflegerbestellung.* Sollen minderjährige Kinder durch Übertragung von (Teil-)Geschäftsanteilen an einer bestehenden GmbH beteiligt werden, so handelt es sich nach h. M., auch wenn der Erwerb unentgeltlich erfolgt und alle Geschäftsanteile voll einbezahlt sind, stets um ein **rechtlich nachteilhaftes Geschäft.**[18] Selbst ein Nießbrauchsvorbehalt, der sämtliche Kosten und Lasten beim Übertragenden belässt, ändert daran nichts.[19] Die Eltern sind also von der Vertretung ausgeschlossen, sofern die Beteiligung von einem Elternteil oder den Großeltern stammt. Erforderlich ist die Bestellung eines **Ergänzungspflegers**, wobei dieser mehrere Kinder vertreten kann.[20] Anders als bei der Gründung schließen die Kinder beim Erwerb der Anteile keinen Vertrag miteinander, sondern geben gleichgerichtete Willenserklärungen ab. 7

bb) Familiengerichtliche Genehmigung. Eine **familiengerichtliche Genehmigung** ist nach § 1822 Nr. 3 1. Alt. BGB nicht notwendig, wenn die Anteilsübertragung **unentgeltlich** erfolgt.[21] Selbst wenn sich der Schenker Nutzungs- und/oder Rückforderungsrechte zurückbehält, ändert sich am Charakter der Unentgeltlichkeit nichts.[22] Genehmigungspflichtig ist der entgeltliche Erwerb einer GmbH-Beteiligung aus Mitteln eines **zweckgebunden** zu diesem Erwerb geschenkten Geldbetrags.[23] 8

Der unentgeltliche Erwerb eines GmbH-Anteils kann dem Abschluss eines Gesellschaftsvertrags analog § 1822 Nr. 3 3. Alt. BGB nicht gleichgestellt werden.[24] Allerdings folgt eine Genehmigungspflicht aus § 1822 Nr. 10 BGB, wenn der Erwerber tatsächlich mit der Inanspruchnahme für fremde Verbindlichkeiten rechnen muss.[25] Nach Auffassung des BGH besteht die Genehmigungspflicht nicht allein wegen der rein theoretischen Haftung nach § 31 Abs. 3 GmbHG, sondern erst dann, wenn die **konkrete Gefahr** einer Inanspruchnahme besteht, z. B. weil noch nicht alle Geschäftsanteile voll einbezahlt sind (§ 16 Abs. 3 GmbHG) oder weil aus anderen Gründen eine Ausfallhaftung des Erwerbers (§ 24 GmbHG) droht.[26] 9

Praxistipp:

Die Frage, ob tatsächlich fremde Verbindlichkeiten bestehen, für die der Minderjährige einzustehen hat, lässt sich zum Zeitpunkt der Anteilsübertragung nicht immer rechtssicher beurteilen. Um der Gefahr einer Fehleinschätzung vorzubeugen, sollte auch bei unentgeltlicher Übertragung eines GmbH-Anteils anstelle eines Negativzeugnisses stets vorsorglich eine familiengerichtliche Genehmigung eingeholt werden.[27]

[14] *Bürger* RNotZ 2006, 156, 161.
[15] Baumbach/*Hueck/Fastrich* § 2 GmbHG Rdnr. 25; *Bürger* RNotZ 2006, 156, 161.
[16] BGH DNotZ 1981, 183, 184 = MittBayNot 1980, 167, 168; a. A. *Bürger* RNotZ 2006, 156, 161.
[17] Baumbach/*Hueck/Fastrich* § 2 GmbHG Rdnr. 25; *Bürger* RNotZ 2006, 156, 161.
[18] MünchAnwHdbGmbH/*Michalski* § 13 Rdnr. 33; *Bürger* RNotZ 2006, 156, 162, 165; *Maier-Reimer/Marx* NJW 2005, 3025 f.; *Rust* DStR 2005, 1942, 1947; a. A. Staudinger/*Knothe* § 107 BGB Rdnr. 29.
[19] *Bürger* RNotZ 2006, 156, 163.
[20] *Bürger* RNotZ 2006, 156, 163; *Maier-Reimer/Marx* NJW 2005, 3025, 3026 f.
[21] *Bürger* RNotZ 2006, 156, 163.
[22] *Bürger* RNotZ 2006, 156, 163.
[23] Erman/*Saar* § 1822 BGB Rdnr. 10; vgl. auch *Bürger* RNotZ 2006, 156, 163.
[24] BGHZ 107, 23, 28 ff. = NJW 1989, 1926, 1927 f.; *Bürger* RNotZ 2006, 156, 163.
[25] BGHZ 107, 23, 25 ff. = NJW 1989, 1926, 1927; ablehnend *Damrau* ZEV 2000, 209, 211 f.
[26] BGHZ 107, 23, 28 = NJW 1989, 1926, 1927; *Gernhuber/Coester-Waltjen* § 60 VI 10 (Rdnr. 118); *Bürger* RNotZ 2006, 156, 164; *Reimann* DNotZ 1999, 179, 191; a. A. *Brüggemann* FamRZ 1990, 124, 125; *Rust* DStR 2005, 1942, 1948: abzustellen ist allein auf die abstrakte Gefahr einer Inanspruchnahme.
[27] *Bürger* RNotZ 2006, 156, 164.

10 Die Gesellschafter einer GmbH betreiben selbst kein Erwerbsgeschäft, dieses wird von der Gesellschaft unterhalten. Dennoch liegen nach Auffassung des BGH dann ein genehmigungsbedürftiger entgeltlicher Erwerb bzw. eine genehmigungsbedürftige Veräußerung eines Erwerbsbetriebs vor (§ 1822 Nr. 3 1. bzw. 2. Alt. BGB), wenn die **Beteiligung des Minderjährigen mehr als 50%** betragen oder wenn an der GmbH ausschließlich Minderjährige beteiligt sind und alle Minderjährige entgeltlich erwerben bzw. veräußern.[28] Dabei spielt es keine Rolle, dass die Geschäftsanteile nur treuhänderisch gehalten werden.[29]

11 Umstritten ist, ob auch eine **Minderheitsbeteiligung** als Betrieb eines Erwerbsgeschäfts angesehen werden kann: Während das Schrifttum dies überwiegend ablehnt,[30] geht die Rechtsprechung von einer Genehmigungspflicht aus, wenn die Beteiligung des Minderjährigen nach ihrem Maß und der Art der GmbH sich wirtschaftlich nicht mehr als bloße Kapitalbeteiligung an der GmbH, sondern darüber hinaus als Beteiligung an dem von der GmbH betriebenen Erwerbsgeschäft darstellt.[31]

Praxistipp:

Wegen der erheblichen Unsicherheit, ob im Einzelfall eine genehmigungsfreie Kapitalbeteiligung bzw. eine genehmigungspflichtige Erwerbsbeteiligung vorliegt,[32] sollte stets die Genehmigung des Familiengerichts eingeholt werden. Jedenfalls besteht ein Anspruch auf Erteilung eines entsprechenden Negativzeugnisses.[33]

12 *cc) Fehlerfolgen.* Wurde der Minderjährige nicht ordnungsgemäß vertreten oder fehlt die familiengerichtliche Genehmigung, so ist das Rechtsgeschäft schwebend unwirksam, kann aber durch nachträgliche Genehmigung des Ergänzungspflegers, des Familiengerichts oder des volljährig gewordenen Kindes „geheilt" werden.[34]

13 c) **Kapitalerhöhung.** *aa) Ergänzungspflegerbestellung.* Soll der Minderjährige im Wege einer Kapitalerhöhung an der GmbH beteiligt werden, so handelt es sich um ein rechtlich nachteilhaftes Geschäft. Vertreten wird das Kind bei der Abgabe der **Übernahmeerklärung** (§ 55 GmbHG) durch seine Eltern, diese können die Erklärung auch für sich selbst und/oder mehrere Kinder abgeben, da es sich um gleichgerichtete Willenserklärungen, nicht um einen mehrseitigen Vertragsschluss, handelt.[35] Dass die Eltern selbst an der GmbH beteiligt sind, führt nicht zum Ausschluss von deren Vertretungsmacht, da die Übernahmeerklärung gegenüber der GmbH abgegeben wird.[36] Handelt ein Elternteil jedoch **gleichzeitig als Geschäftsführer** der GmbH, muss ein **Ergänzungspfleger** bestellt werden.[37]

14 *bb) Familiengerichtliche Genehmigung.* Die Übernahme einer Stammeinlage im Wege der Kapitalerhöhung stellt grundsätzlich **keinen Vertragsschluss zum Betrieb eines Erwerbsgeschäfts** (§ 1822 Nr. 3 3. Alt. BGB) dar.[38] Erwirbt der Minderjährige eine **wesentliche Beteiligung,** so kann der Genehmigungstatbestand des § 1822 Nr. 3 1. Alt. BGB einschlägig sein (siehe Rdnr. 10).[39] Der Beitritt mittels Kapitalerhöhung ist nur dann mit der **Eingehung ei-**

[28] BGH DNotZ 2004, 152, 153 = ZEV 2003, 375, 376.
[29] BGH DNotZ 2004, 152, 153 = ZEV 2003, 375, 376.
[30] *Bürger* RNotZ 2006, 156, 164; *Damrau* ZEV 2003, 377, 378; *Rust* DStR 2005, 1942, 1948.
[31] KG OLGZ 1976, 302, 305 = NJW 1976, 1946; OLG Hamm OLGZ 1984, 327, 330 f. = DNotZ 1985, 165; OLG München FamRZ 2003, 392 = OLGR 2002, 477; zustimmend Staudinger/*Engler* § 1822 BGB Rdnr. 44.
[32] Keine Erwerbsbeteiligung, wenn das Kind am Gesellschaftskapital zu 6% (AG Ilmenau MittBayNot 2000, 461), zu 1/8 (OLG München FamRZ 2003, 392 = OLGR 2002, 477) oder in Erbengemeinschaft zu gleichen Teilen zu 1/2 beteiligt ist, KG OLGZ 1976, 302, 305 = NJW 1976, 1946.
[33] OLG München FamRZ 2003, 392 = OLGR 2002, 477.
[34] *Bürger* RNotZ 2006, 156, 166 f.
[35] *Bürger* RNotZ 2006, 156, 167; *Reimann* DNotZ 1999, 179, 191; *Rust* DStR 2005, 1942, 1947.
[36] *Bürger* RNotZ 2006, 156, 167.
[37] *Bürger* RNotZ 2006, 156, 167; *Reimann* DNotZ 1999, 179, 191.
[38] *Bürger* RNotZ 2006, 156, 167; *Reimann* DNotZ 1999, 179, 191.
[39] *Bürger* RNotZ 2006, 156, 167.

ner fremden Verbindlichkeit (§ 1822 Nr. 10 BGB) verknüpft, wenn entweder das Stammkapital von den Altgesellschafter noch nicht aufgebracht worden ist, dieses unzulässigerweise an die Altgesellschafter zurückgezahlt wurde oder wenn neben dem Minderjährigen weitere Personen zur Kapitalerhöhung zugelassen worden sind.[40]

cc) Fehlerfolgen. Fehlt die erforderliche familiengerichtliche Genehmigung oder war der Minderjährige nicht wirksam vertreten, so ist der Übernahmevertrag **schwebend unwirksam.**[41] Unanwendbar sind die Grundsätze über die fehlerhafte Gesellschaft.[42] 15

d) **Erbfolge.** Der Eintritt in eine GmbH im Wege der **gesetzlichen oder testamentarischen Erbfolge** vollzieht sich ohne weiteres Zutun, bedarf also weder eines Vertretungsaktes noch der familiengerichtlichen Genehmigung.[43] Wird die Gesellschaftsbeteiligung dem Kind als **Vermächtnis** zugewandt, so kann der sorgeberechtigte Elternteil, auch wenn er der Erbe ist, dieses Vermächtnis ohne Einschaltung eines Ergänzungspflegers erfüllen, da es sich um die Erfüllung einer bestehenden Verbindlichkeit handelt.[44] Einer familiengerichtlichen Genehmigung nach § 1822 Nr. 3 BGB bedarf es nicht, weil dieser Tatbestand nur das Verpflichtungs-, nicht das Verfügungsgeschäft erfasst.[45] Bestehen aber tatsächlich fremde Verbindlichkeiten der Mitgesellschafter, so kommt eine Genehmigungspflicht wegen § 1822 Nr. 10 BGB in Betracht.[46] 16

e) **Gesellschafterbeschlüsse.** *aa) Ergänzungspflegerbestellung.* Die Anwendbarkeit des § 181 BGB auf Beschlüsse der Gesellschafter einer GmbH ist im Einzelnen sehr umstritten.[47] Jedenfalls **satzungsändernde Beschlüsse** und auch so genannte **Grundlagenbeschlüsse**, wie Einziehungs-, Auflösungs- oder Fortsetzungsbeschlüsse, bedürfen der Bestellung eines oder mehrerer Ergänzungspfleger, wenn neben dem Minderjährigen ein Elternteil, Großeltern oder ein anderes minderjähriges Kind an der GmbH beteiligt sind.[48] Eine Pflegerbestellung erfordern außerdem Beschlüsse zu **Umwandlungsvorgängen**, zu **Unternehmensverträgen** und zur Bestellung und Abberufung des **gesetzlichen Vertreters** des Minderjährigen **als Geschäftsführer.**[49] Keine Pflegerbestellung ist nötig für Beschlüsse über die Bestellung und Abberufung anderer Personen als Geschäftsführer, für die Erteilung von Weisungen, die Festellung und Verwendung des Jahresabschlusses oder die Wahl von Abschlussprüfern.[50] 17

bb) Familiengerichtliche Genehmigung. Nach der Rechtsprechung deckt die familiengerichtliche Genehmigung zum Abschluss des Gesellschaftsvertrags bzw. zum Erwerb eines Geschäftsanteils auch spätere **Änderungen des Gesellschaftsvertrags** ab.[51] In der Literatur wird demgegenüber die Genehmigungsbedürftigkeit zumindest von **wesentlichen Satzungsänderungen** befürwortet.[52] Jedenfalls sind stets etwaige andere Genehmigungstatbestände zu berücksichtigen, z. B. bei Kapitalerhöhungsbeschlüssen (siehe Rdnr. 14). Keiner familiengerichtlichen Genehmigung bedarf die **Auflösung** der Gesellschaft.[53] 18

2. AG

a) **Gründung.** *aa) Ergänzungspflegerbestellung.* Für die Gründung einer Aktiengesellschaft unter Beteiligung eines Minderjährigen gelten die Ausführungen zur GmbH entspre- 19

[40] *Bürger* RNotZ 2006, 156, 168; *Rust* DStR 2005, 1942, 1948; aber umstritten, vgl. *Reimann* DNotZ 1999, 179, 191.
[41] *Bürger* RNotZ 2006, 156, 168.
[42] *Bürger* RNotZ 2006, 156, 168.
[43] *Bürger* RNotZ 2006, 156, 168.
[44] *Bürger* RNotZ 2006, 156, 168.
[45] *Bürger* RNotZ 2006, 156, 168.
[46] *Bürger* RNotZ 2006, 156, 168.
[47] *Bürger* RNotZ 2006, 156, 170 ff.
[48] *Bürger* RNotZ 2006, 156, 171.
[49] *Bürger* RNotZ 2006, 156, 171 f.
[50] *Bürger* RNotZ 2006, 156, 173.
[51] BGHZ 38, 26, 28 ff. = NJW 1962, 2344, 2346; *Bürger* RNotZ 2006, 156, 176; ablehnend Erman/*Saar* § 1822 BGB Rdnr. 16; MünchKommBGB/*Wagenitz* § 1822 Rdnr. 28.
[52] Vgl. *Bürger* RNotZ 2006, 156, 176.
[53] BGHZ 52, 316, 319 = NJW 1970, 33.

chend (siehe Rdnr. 4). Sind neben dem Kind weitere Kinder, die Großeltern oder auch nur ein Elternteil als Gründungsaktionäre vorgesehen, muss für jeden Minderjährigen ein eigener **Ergänzungspfleger** bestellt werden.[54]

20 *bb) Familiengerichtliche Genehmigung.* Soweit der Zweck der AG auf den Betrieb eines Erwerbsgeschäfts gerichtet ist, folgt das Erfordernis einer **familiengerichtlichen Genehmigung** aus § 1822 Nr. 3 3. Alt. BGB,[55] im Übrigen aus der gesamtschuldnerischen Gründungshaftung nach § 46 Abs. 4 AktG, § 1822 Nr. 10 BGB.[56]

21 **b) Übertragung von Aktien.** *aa) Ergänzungspflegerbestellung.* Handelt es sich um die schenkweise Übertragung von volleingezahlten Aktien, so können die Eltern ihr Kind auch dann vertreten, wenn sie selbst oder die Großeltern Inhaber der Aktien sind.[57] Es handelt sich um ein **lediglich rechtlich vorteilhaftes Geschäft,** selbst wenn die Aktienübertragung nach § 55 AktG vinkuliert ist.[58] Ist das Kind beschränkt geschäftsfähig, so kann es sogar selbst handeln, § 107 BGB.[59] Der Bestellung eines **Ergänzungspflegers** bedarf es dann, wenn sich das Verpflichtungsgeschäft nicht als lediglich rechtlich vorteilhaft erweist, z. B. weil es entgeltlich erfolgt oder weil eine Haftung für teileingezahlte Namensaktien besteht (§ 64 Abs. 4, § 10 Abs. 2 AktG).[60] Die Eltern bzw. der bestellte Ergänzungspfleger können für mehrere Kinder gleichzeitig handeln, die Bestellung jeweils eines Ergänzungspflegers ist nicht geboten.[61]

22 *bb) Familiengerichtliche Genehmigung.* Die **familiengerichtliche Genehmigung** ist für den schenkweisen Erwerb von Aktien nicht erforderlich, bei entgeltlichem Erwerb oder bei Veräußerung nur dann, wenn es sich um **sämtliche Aktien** der AG handelt.[62] Umstritten ist, ob schon die Übertragung einer **Sperrminorität** oder einer Mehrheitsbeteiligung zur Genehmigungspflicht nach § 1822 Nr. 3 1. und 2. Alt. BGB führt. Dies dürfte mit der h. M. zu verneinen sein.[63]

23 **c) Erbfolge.** Der Erwerb von Aktien im Wege der gesetzlichen oder testamentarischen Erbfolge oder aufgrund eines angeordneten Vermächtnisses erfordert **keine Bestellung eines Ergänzungspflegers,** auch wenn der mit dem Vermächtnis belastete Erbe ein Elternteil des Kindes ist. Eine **familiengerichtliche Genehmigung** ist auch bei Vermächtniserfüllung nicht denkbar.

3. Genossenschaft

24 **a) Gründung.** *aa) Ergänzungspflegerbestellung.* Bei der Gründung einer Genossenschaft handelt es sich um ein rechtlich nachteiliges Geschäft, der minderjährige Genosse wird durch seine Eltern vertreten, es sei denn, ein Elternteil oder die Großeltern des Kindes sind ebenfalls Gründungsgenossen. In diesem Fall muss für jedes Kind ein **Ergänzungspfleger** bestellt werden.

25 *bb) Familiengerichtliche Genehmigung.* Eine **familiengerichtliche Genehmigung** ist nur erforderlich, wenn die Genossenschaft selbst auf den Betrieb eines Erwerbsgeschäfts gerichtet ist.[64] Im Regelfall fördert die Genossenschaft aber nur den Erwerb ihrer Mitglieder, so dass **kein Genehmigungserfordernis** bestehen dürfte, vgl. § 1 Abs. 1 GenG.[65]

---

[54] *Rust* DStR 2005, 1942, 1944.
[55] *Kurz* NJW 1992, 1798, 1800.
[56] MünchKommAktG/*Heider* § 2 Rdnr. 11; *Rust* DStR 2005, 1942, 1944; a. A. *Hüffer* § 2 AktG Rdnr. 6.
[57] *Maier-Reimer/Marx* NJW 2005, 3025; *Rust* DStR 2005, 1942, 1947.
[58] *Rust* DStR 2005, 1942, 1947.
[59] *Maier-Reimer/Marx* NJW 2005, 3025, 3028.
[60] *Maier-Reimer/Marx* NJW 2005, 3025; a. A. Staudinger/*Knothe* § 107 BGB Rdnr. 29.
[61] *Maier-Reimer/Marx* NJW 2005, 3025, 3026 f.
[62] MünchKommBGB/*Wagenitz* § 1822 Rdnr. 17; Staudinger/*Engler* § 1822 BGB Rdnr. 45; *Rust* DStR 2005, 1942, 1948.
[63] MünchKommBGB/*Wagenitz* § 1822 Rdnr. 17; *Rust* DStR 2005, 1942, 1948; a. A. Erman/*Saar* § 1822 BGB Rdnr. 9.
[64] Erman/*Saar* § 1822 BGB Rdnr. 15.
[65] *Brüggemann* FamRZ 1990, 124, 125.

b) **Beitritt zur Genossenschaft.** *aa) Ergänzungspflegerbestellung.* Die Beitrittserklärung zu einer bestehenden Genossenschaft ist rechtlich nachteilig (vgl. § 15a GenG), der Minderjährige wird durch seine Eltern vertreten,[66] der Bestellung eines **Ergänzungspflegers** bedarf es auch dann nicht, wenn die Eltern selbst Mitglieder der Genossenschaft sind, denn der Beitritt erfolgt zwischen der Genossenschaft und dem Beitretenden. 26

bb) Familiengerichtliche Genehmigung. Einer **familiengerichtlichen Genehmigung** bedarf der Beitritt zu einer bestehenden Genossenschaft unter keinen Umständen, auch nicht bei einer beschränkten[67] oder gar unbeschränkten Nachschusspflicht[68] der Mitglieder, denn es handelt sich hierbei um die Übernahme eigener und nicht etwa fremder Verbindlichkeiten i.S. des § 1822 Nr. 10 BGB.[69] 27

c) **Erbfolge.** Der Geschäftsanteil an einer Genossenschaft geht kraft Gesetzes im Wege der Erbfolge auf ein minderjähriges Kind über (vgl. § 77 Abs. 1 S. 1 GenG), der Mitwirkung eines Ergänzungspflegers oder der Erteilung einer familiengerichtlichen Genehmigung bedarf es nicht. 28

III. Beteiligung an einer Personengesellschaft

1. Offene Handelsgesellschaft

a) **Gründung.** *aa) Ergänzungspflegerbestellung.* Der Abschluss eines Gesellschaftsvertrags über eine offene Handelsgesellschaft ist **nicht lediglich rechtlich vorteilhaft**, der Minderjährige bedarf der Vertretung durch seine Eltern.[70] Sind ein Elternteil selbst, ein anderes minderjähriges Kind oder Großeltern des Kindes Mitgesellschafter, so sind die Eltern von der Vertretung ausgeschlossen.[71] Für jedes Kind muss ein **eigener Ergänzungspfleger** bestellt werden.[72] 29

bb) Familiengerichtliche Genehmigung. Betreibt die oHG ein **Erwerbsgeschäft**, folgt die Genehmigungspflicht zum Abschluss des Gesellschaftsvertrags aus § 1822 Nr. 3 3. Alt. BGB.[73] Handelt es sich um eine ausschließlich **vermögensverwaltende oHG**, so führt die akzessorische und gesamtschuldnerische Haftung nach § 128 S. 1 HGB dazu, dass die familiengerichtliche Genehmigung nach § 1822 Nr. 10 BGB erforderlich ist.[74] 30

cc) Fehlerfolgen. Fehlerhafte Vertretung sowie fehlende familiengerichtliche Genehmigung führen zur **schwebenden Unwirksamkeit** der Beteiligung des Minderjährigen, was aber durch nachträgliche Genehmigung geheilt kann werden. Die Grundsätze über die fehlerhafte Gesellschaft sind unanwendbar.[75] 31

b) **Übertragung der Beteiligung.** *aa) Ergänzungspflegerbestellung.* Der Beitritt zu einer oHG stellt sich wegen der persönlichen Haftung des Gesellschafters **unter keinen Umständen als lediglich rechtlich vorteilhaft** dar, auch nicht bei Zuwendung im Wege der Schenkung.[76] Soweit ein Elternteil oder die Großeltern ihre Beteiligung auf Minderjährige übertragen wollen, sind sie stets von der Vertretung ausgeschlossen.[77] Sollen mehrere Kinder als 32

[66] OLG Hamm NJW 1966, 1971 f.

[67] BGHZ 41, 71 = NJW 1964, 766; Staudinger/*Engler* § 1822 BGB Rdnr. 140.

[68] OLG Hamm NJW 1966, 1971, 1972; Erman/*Saar* § 1822 BGB Rdnr. 30; Staudinger/*Engler* § 1822 BGB Rdnr. 141.

[69] *Brüggemann* FamRZ 1990, 124, 125.

[70] *Krafka/Willer/Kühn* Rdnr. 603; *Rust* DStR 2005, 1942, 1943.

[71] *Krafka/Willer/Kühn* Rdnr. 603; *Rust* DStR 2005, 1942, 1943.

[72] BayObLGZ 1958, 373, 374 = NJW 1958, 989; *Krafka/Willer/Kühn* Rdnr. 603; *Rust* DStR 2005, 1942, 1943.

[73] BGHZ 38, 26, 27 = NJW 1962, 2344, 2345; BayObLGZ 1976, 281, 283 = MittBayNot 1976, 219; *Gernhuber/Coester-Waltjen* § 60 VI 6 (Rdnr. 107); Erman/*Saar* § 1822 BGB Rdnr. 13; *Krafka/Willer/Kühn* Rdnr. 603; *Rust* DStR 2005, 1942, 1943.

[74] *Rust* DStR 2005, 1942, 1944.

[75] LAG Hamm NZA-RR 2001, 177, 178; Erman/*Saar* § 1822 BGB Rdnr. 18.

[76] *Maier-Reimer/Marx* NJW 2005, 3025; *Rust* DStR 2005, 1942, 1945.

[77] *Rust* DStR 2005, 1942, 1946.

Gesellschafter in die oHG aufgenommen werden, so muss für jedes Kind ein **eigener Ergänzungspfleger** bestellt werden, da der Eintritt im Wege des Vertragsschlusses zwischen allen Alt- und Neugesellschaftern erfolgt.[78]

33 *bb) Familiengerichtliche Genehmigung.* Vollzieht sich der Eintritt des Minderjährigen in eine Erwerbs-oHG durch Abschluss eines Aufnahmevertrags mit den Altgesellschaftern, so greift der Genehmigungstatbestand nach § 1822 Nr. 3 3. Alt. BGB ein.[79] Handelt es sich um einen abgeleiteten Erwerb, dem die Altgesellschafter zugestimmt haben, so folgt die Genehmigungspflicht bei einem entgeltlichen Vorgang aus § 1822 Nr. 3 1. Alt. BGB, bei unentgeltlichem Erwerb wird eine entsprechende Anwendung von § 1822 Nr. 3 3. Alt. BGB befürwortet.[80] In jedem Fall besteht auch bei unentgeltlichem Erwerb oder bei Beitritt zu einer rein vermögensverwaltenden oHG das **Genehmigungserfordernis** nach § 1822 Nr. 10 BGB, da der Eintretende auch für Altverbindlichkeiten der oHG akzessorisch und gesamtschuldnerisch haftet, § 128 S. 1, § 130 HGB.[81] Die **Veräußerung** der Beteiligung eines Minderjährigen bedarf in jedem Fall der Genehmigung des Familiengerichts nach § 1822 Nr. 3 2. Alt. BGB, wenn es sich um eine Erwerbs-oHG handelt.[82]

34 c) **Erbfolge.** Tritt der Minderjährige infolge eines Erbfalls aufgrund einer gesellschaftsvertraglichen Nachfolgeklausel unmittelbar in eine oHG ein, so besteht **kein Genehmigungserfordernis.**[83] Gleiches gilt, wenn die ungeteilte Erbengemeinschaft das Erbwerbsgeschäft zum Zwecke der Liquidation fortführt.[84] Vor einer unbegrenzten Haftung wird der Minderjährige allein durch die Haftungsbegrenzung nach § 1629a BGB geschützt.[85] **Genehmigungspflichtig** nach § 1822 Nr. 3 3. Alt. BGB sind jedoch der Eintritt des Minderjährigen aufgrund einer gesellschaftsvertraglichen Eintrittsklausel[86] und die Umwandlung der Erbengemeinschaft in eine Erwerbsgesellschaft,[87] da in beiden Fällen ein neuer Gesellschaftsvertrag abgeschlossen werden muss. Will ein minderjähriger Erbe von seinem **Wahlrecht nach § 139 HGB** Gebrauch machen, so bedarf es einer Ergänzungspflegerbestellung, wenn die Eltern ebenfalls an der Gesellschaft beteiligt sind.[88] Eine Genehmigungspflicht besteht nicht für die Erklärung des Wahlrechts, wohl aber für den Eintrittsvertrag als Kommanditist.[89]

35 d) **Gesellschafterbeschlüsse.** *aa) Ergänzungspflegerbestellung.* Gesellschafterbeschlüsse über Maßnahmen der **Geschäftsführung** unterliegen nicht den Beschränkungen des § 181 BGB, so dass Minderjährige als Gesellschafter grundsätzlich von ihren Eltern vertreten werden können, auch wenn diese Mitgesellschafter sind.[90] Anderes gilt für Beschlüsse, die auf eine **Änderung des Gesellschaftsvertrags** oder auf **Auflösung** der Gesellschaft gerichtet sind, da es sich hierbei der Sache nach um vertragliche Vereinbarungen handelt.[91] Bei **Beschlüssen nach dem UmwG** wird teilweise eine Pflegerbestellung verneint.[92] Soweit die Umwandlung jedoch den Untergang des Rechtsträgers zum Gegenstand hat, wird man wird nicht anders als beim Auflösungsbeschluss die Mitwirkung eines Ergänzungspflegers fordern müssen.

[78] OLG Zweibrücken NJW-RR 1999, 1174, 1175 (GbR); *Rust* DStR 2005, 1942, 1946; a. A. *Ivo* ZEV 2005, 193, 194 ff.; *Maier-Reimer/Marx* NJW 2005, 3025, 3027.

[79] BGHZ 38, 26, 27 = NJW 1962, 2344, 2345; *Krafka/Willer/Kühn* Rdnr. 632.

[80] Erman/*Saar* § 1822 BGB Rdnr. 13; *Reimann* DNotZ 1999, 179, 190 f.; *Rust* DStR 2005, 1942, 1946.

[81] *Rust* DStR 2005, 1942, 1946; a. A. wohl *Damrau* ZEV 2000, 209, 211.

[82] *Brüggemann* FamRZ 1990, 124, 127.

[83] BGHZ 55, 267, 269; Staudinger/*Engler* § 1822 BGB Rdnr. 62.

[84] RGZ 127, 153, 157; BGHZ 92, 259, 265, 267 ff. = NJW 1985, 136, 137 ff.; BGH NJW 1971, 1268; MünchKommBGB/*Wagenitz* § 1822 Rdnr. 24; Staudinger/*Engler* § 1822 BGB Rdnr. 62.

[85] Erman/*Saar* § 1822 BGB Rdnr. 11; Staudinger/*Engler* § 1822 BGB Rdnr. 63.

[86] KG JW 1933, 118 = HRR 1933 Nr. 815; MünchKommBGB/*Wagenitz* § 1822 Rdnr. 23; Staudinger/*Engler* § 1822 BGB Rdnr. 61; *Reimann* DNotZ 1999, 179, 195 f.

[87] RG HRR 1932 Nr. 1754; RG JW 1935, 3154; *Gernhuber/Coester-Waltjen* § 60 VI 6 (Rdnr. 103); MünchKommBGB/*Wagenitz* § 1822 Rdnr. 23; Staudinger/*Engler* § 1822 BGB Rdnr. 60.

[88] *Reimann* DNotZ 1999, 179, 196.

[89] *Reimann* DNotZ 1999, 179, 196.

[90] *Reimann* DNotZ 1999, 179, 197; *Rust* DStR 2005, 1992, 1993.

[91] *Hohaus/Eickmann* BB 2004, 1707, 1710, 1711; *Reimann* DNotZ 1999, 179, 198; *Rust* DStR 2005, 1992, 1993.

[92] *Reimann* DNotZ 1999, 179, 199; *Rust* DStR 2005, 1992, 1994.

Soweit die minderjährigen Gesellschafter zusätzlich **Zustimmungs- und Verzichtserklärungen** abgeben sollen, sind die Eltern von der Vertretung ausgeschlossen.[93]

bb) Familiengerichtliche Genehmigung. Keiner erneuten Genehmigung bedürfen **Beschlüsse innerhalb der Gesellschaft**, diese sind von der ursprünglich erteilten Genehmigung bei Gründung oder Beitritt des Minderjährigen erfasst.[94] Nach der Rechtsprechung des BGH gilt dies sogar für Beschlüsse, die auf eine **Änderung des Gesellschaftsvertrags** gerichtet sind,[95] z. B. den Austritt eines anderen Gesellschafters.[96] Im Schrifttum wird zum Teil die Genehmigungspflicht bei „wesentlichen Änderungen" befürwortet.[97] Richtigerweise kann sich ein Genehmigungserfordernis nicht aus § 1822 Nr. 3 BGB ergeben, da selbst der **Auflösungsbeschluss** keiner Genehmigung bedarf.[98] Zu prüfen ist allerdings stets, ob nicht ein anderer Genehmigungstatbestand nach §§ 1821, 1822 BGB eingreift.[99] Bei **Umwandlungsmaßnahmen** wird die Einholung einer familiengerichtlichen Genehmigung empfohlen.[100] 36

2. Kommanditgesellschaft

a) **Gründung.** *aa) Ergänzungspflegerbestellung.* Der Abschluss eines Gesellschaftsvertrags über die Gründung einer Kommanditgesellschaft ist **nicht lediglich rechtlich vorteilhaft,** selbst wenn der Minderjährige Kommanditist werden soll. Dies folgt schon aus der ihn treffenden Einlageverpflichtung und der persönlichen Haftung vor Eintragung der KG, § 176 Abs. 1 HGB.[101] Selbst wenn der Minderjährige erst mit Eintragung der KG Kommanditist und ihm die Einlage im Wege der Schenkung zugewendet wird, bleibt die vertragliche Verpflichtung zur Einlageleistung als rechtlicher Nachteil bestehen.[102] Sind ein Elternteil, die Großeltern oder minderjährige Geschwister an der KG, im Falle einer **GmbH & Co. KG** auch als Geschäftsführer der Komplementär-GmbH an der Gesellschaft beteiligt,[103] sind die Eltern von der Vertretung des Kindes ausgeschlossen.[104] Für jedes Kind muss ein eigener Ergänzungspfleger bestellt werden.[105] 37

bb) Familiengerichtliche Genehmigung. Der Abschluss eines KG-Gesellschaftsvertrags bedarf der familiengerichtlichen Genehmigung auch dann, wenn sich das Kind nur als Kommanditist beteiligt.[106] Soweit die KG **ausschließlich vermögensverwaltend** tätig wird, soll es an einem Erwerbsgeschäft fehlen, so dass kein Genehmigungserfordernis nach § 1822 Nr. 3 3. Alt. BGB besteht.[107] Die Abgrenzung einer rein vermögensverwaltenden von einer auf ein Erwerbsgeschäft gerichteten KG fällt allerdings sehr schwer (siehe Rdnr. 44 f., 51 ff.), zumal im Falle einer späteren Zweckänderung der Gesellschaft zu keinem Zeitpunkt eine familiengerichtliche Prüfung stattgefunden hat. Dies spricht dafür, zumindest § 1822 Nr. 3 3. Alt. BGB weit auszulegen und die Gründung einer KG unter Beteiligung Minderjäh- 38

[93] *Reimann* DNotZ 1999, 179, 199; *Rust* DStR 2005, 1992, 1994.

[94] *Hohaus/Eickmann* BB 2004, 1707, 1711; *Reimann* DNotZ 1999, 179, 198; *Rust* DStR 2005, 1992, 1993.

[95] BGHZ 38, 26, 28 f. = NJW 1962, 2344, 2346; ablehnend Erman/*Saar* § 1822 BGB Rdnr. 16; MünchKommBGB/*Wagenitz* § 1822 Rdnr. 28.

[96] BGH NJW 1961, 724; zustimmend *Gernhuber/Coester-Waltjen* § 60 VI 6 (Rdnr. 109); ablehnend Erman/*Saar* § 1822 BGB Rdnr. 16.

[97] *Merkel* BB 1963, 456.

[98] *Rust* DStR 2005, 1992, 1993; *Hohaus/Eickmann* BB 2004, 1707, 1711 (zur KG).

[99] *Reimann* DNotZ 1999, 179, 198; *Rust* DStR 2005, 1992, 1994.

[100] *Reimann* DNotZ 1999, 179, 199; *Rust* DStR 2005, 1992, 1994 m. w. N.

[101] *Krafka/Willer/Kühn* Rdnr. 701; *Menzel/Wolf* MittBayNot 2010, 186; *Rust* DStR 2005, 1942, 1943.

[102] *Menzel/Wolf* MittBayNot 2010, 186.

[103] *Hohaus/Eickmann* BB 2004, 1707, 1709; *Rust* DStR 2005, 1942, 1943.

[104] *Menzel/Wolf* MittBayNot 2010, 186; *Rust* DStR 2005, 1942, 1943.

[105] OLG München MittBayNot 2010, 400 f.; *Menzel/Wolf* MittBayNot 2010, 186; *Rust* DStR 2005, 1942, 1943.

[106] BGHZ 17, 160 = NJW 1955, 1067, 1068 f.; BayObLG DNotZ 1977, 418, 419 = Rpfleger 1977, 60, 61.

[107] *Gernhuber/Coester-Waltjen* § 60 VI 6 (Rdnr. 104); Erman/*Saar* § 1822 BGB Rdnr. 5, 13, 14; MünchKommBGB/*Wagenitz* § 1822 Rdnr. 21; *Hohaus/Eickmann* BB 2004, 1707, 1709; *Menzel/Wolf* MittBayNot 2010, 186.

riger **stets als genehmigungspflichtigen Vorgang** zu behandeln.[108] Eine Genehmigungspflicht besteht nach § 1822 Nr. 10 BGB jedenfalls aufgrund der persönlichen Haftung nach § 176 Abs. 1 S. 1 HGB, es sei denn, die Mitgliedsstellung des Kommanditisten entsteht erst aufschiebend bedingt mit Eintragung der KG im Handelsregister.

39 *cc) Fehlerfolgen.* Fehlerhafte Vertretung sowie fehlende familiengerichtliche Genehmigung führen zur **schwebenden Unwirksamkeit** der Beteiligung des Minderjährigen, die durch nachträgliche Genehmigung beseitigt werden kann.[109] Die Grundsätze über die fehlerhafte Gesellschaft sind unanwendbar.[110]

40 **b) Übertragung der Beteiligung.** *aa) Ergänzungspflegerbestellung.* Soweit der Beitritt eines minderjährigen Kindes zu einer KG **entgeltlich** erfolgt, handelt es sich stets um ein rechtlich nachteilhaftes Geschäft. Zum Teil wird die Auffassung vertreten, die **schenkweise Übertragung** einer Kommanditbeteiligung sei jedenfalls dann lediglich rechtlich vorteilhaft, wenn die Einlage voll erbracht sei und die Wirksamkeit der Abtretung unter der **aufschiebenden Bedingung der Eintragung** des Anteilsübergangs im Handelsregister stehe.[111]

41 Dem wird entgegengehalten, dass auch in diesem Fall den Kommanditisten gesellschaftsvertragliche **Treuepflichten** träfen, die als **unmittelbar nachteilig** einzustufen seien.[112]

Praxistipp:

Abgesehen von der Auffassung des OLG Bremen, wurde in anderen obergerichtlichen Entscheidungen, die die Übertragung von KG-Beteiligungen an Minderjährige zum Gegenstand hatten, inzident von einem rechtlich nachteiligen Geschäft ausgegangen, denn es handelte jeweils ein Ergänzungspfleger für den Minderjährigen.[113] Es ist daher stets empfehlenswert, die Bestellung eines Ergänzungspflegers zu beantragen.[114]

42 Treten mehrere Kinder im Wege des **Aufnahmevertrags** in die KG ein oder bedarf der Beitritt der Zustimmung anderer minderjähriger Gesellschafter, so muss für jedes Kind ein eigener Ergänzungspfleger bestellt werden.[115] Erwerben hingegen mehrere Kinder im Wege der **Sonderrechtsnachfolge Kommanditbeteiligungen**, so kann der Ergänzungspfleger gleichzeitig für alle Kinder handeln, die Bestellung mehrerer Ergänzungspfleger ist in diesem Fall nicht erforderlich, denn der Pfleger gibt gleichgerichtete Erklärungen ab.[116]

43 *bb) Familiengerichtliche Genehmigung.* Der familiengerichtlichen Genehmigung bedarf der **entgeltliche Erwerb** eines Kommanditanteils durch Minderjährige (§ 1822 Nr. 3 1. Alt. BGB),[117] aber auch der Eintritt eines Minderjährigen im Wege der Aufnahme, da dies den Abschluss eines Gesellschaftsvertrags darstellt (§ 1822 Nr. 3 3. Alt. BGB).[118] Umstritten ist jedoch, ob die **unentgeltliche Abtretung** eines Kommanditanteils genehmigungspflichtig ist. Soweit die Abtretung sofort und nicht erst mit Eintragung des Minderjährigen als Kommanditisten im Handelsregister wirksam werden soll, liegt der Genehmigungstatbe-

[108] So wohl auch *Rust* DStR 2005, 1942, 1944 unter Berufung auf § 1822 Nr. 10 BGB.
[109] BGHZ 17, 160, 165 = NJW 1955, 1067, 1069; BB 2004, 1707, 1711 f.
[110] BGHZ 17, 160, 165 ff. = NJW 1955, 1067, 1069.
[111] OLG Bremen RNotZ 2008, 625, 626 = ZEV 2008, 608, 609 = NZG 2008, 750, 751 unter unzutreffender Berufung auf OLG Zweibrücken NJW-RR 2001, 145, 146; ebenso *Führ/Nikoleyczik* BB 2009, 2105, 2107; *Werner* GmbHR 2008, 1266; *Maier-Reimer/Marx* NJW 2005, 3025, 3026; *Menzel/Wolf* MittBayNot 2010, 186, 188.
[112] LG Köln Rpfleger 1970, 245; *Krafka/Willer/Kühn* Rdnr. 751; *Ivo* ZEV 2005, 193, 195; differenzierend *Weinbrenner* FPR 2009, 265, 267 f.
[113] OLG München MittBayNot 2010, 400, 401; OLG München MittBayNot 2009, 52 = ZEV 2008, 609 = FGPrax 2009, 24.
[114] *Rust* DStR 2005, 1942, 1946.
[115] *Maier-Reimer/Marx* NJW 2005, 3025, 3027; *Rust* DStR 2005, 1942, 1946.
[116] OLG München MittBayNot 2010, 400, 401; *Maier-Reimer/Marx* NJW 2005, 3025, 3027; *Rust* DStR 2005, 1942, 1946.
[117] OLG Bremen NJW-RR 1999, 876, 877 = MittRhNotK 1999, 284.
[118] *Führ/Nikoleyczik* BB 2009, 2105, 2107; *Rust* DStR 2005, 1942, 1946.

stand des § 1822 Nr. 10 BGB vor, denn der Minderjährige sieht sich einer gesamtschuldnerischen Haftung für die Verbindlichkeiten der KG nach § 176 Abs. 2 HGB ausgesetzt.[119] Aber selbst in den Fällen, in denen eine volleinbezahlte Kommanditbeteilung unentgeltlich und aufschiebend bedingt mit der Eintragung des Minderjährigen als Kommanditisten in das Handelsregister abgetreten ist, befürwortet die h. M. eine analoge Anwendung des § 1822 Nr. 3 3. Alt. BGB.[120] Begründet wird dies damit, dass den Minderjährigen dieselben Pflichten und Haftungsgefahren wie bei Abschluss des Gesellschaftsvertrags träfen.[121] Allerdings besteht das Genehmigungserfordernis nur, wenn die KG ein Erwerbsgeschäft betreibt, was bei **ausschließlicher Vermögensverwaltung** nicht der Fall sein soll.[122] Die Grenze, ab der eine Vermögenverwaltung auch den Charakter eines Erwerbsgeschäfts aufweist, ist fließend, so dass die Rechtsprechung in jedem Einzelfall zur Prüfung gezwungen ist (siehe auch Rdnr. 52 f.).

Genehmigungspflicht wurde **bejaht** für Abtretung einer Kommanditbeteiligung 44

- an einem geschlossenen Immobilienfonds, auch wenn dieser eine reine Geldanlage darstellt: OLG Frankfurt NJW-RR 1999, 1236 f.;

Genehmigungspflicht wurde **verneint** für Abtretung einer Kommanditbeteiligung 45

- an einer rein privaten, nicht gewerblich tätigen und nur vermögensverwaltenden Familien-KG, die die nicht gewerbliche Verwaltung von Beteiligungen an anderen Unternehmen zum Gegenstand hat: OLG Bremen RNotZ 2008, 625, 626 = ZEV 2008, 608, 609 = NZG 2008, 750, 751;
- an einer Familien-KG, die auf die Verwaltung des von den Gesellschaftern selbst genutzten Wohnhauses beschränkt ist: OLG München MittBayNot 2009, 52 = ZEV 2008, 609 = FGPrax 2009, 24.

Praxistipp:

Wegen der erheblichen Ungewissheit, ob eine gerichtliche Genehmigung erforderlich ist, sollte in jedem Fall, eine entsprechende Genehmigung eingeholt werden.[123] Da auch ein Negativattest des Familiengerichts das Registergericht nicht bindet, sondern dieses eigenständig die Genehmigungsbedürftigkeit prüfen darf,[124] sollte bei Zweifelsfällen im Vorfeld mit dem Registergericht dessen Standpunkt abgeklärt werden. Notfalls empfiehlt sich, gegen den Negativbescheid mit der Beschwerde vorzugehen (siehe Rdnr. 110), um auf diese Weise eine Sachentscheidung, die auch gegenüber dem Registergericht Bindungswirkung entfaltet, herbeizuführen.[125]

46 Die **Veräußerung** der Beteiligung eines Minderjährigen bedarf in jedem Fall der Genehmigung des Familiengerichts nach § 1822 Nr. 3 2. Alt. BGB, wenn es sich um eine Erwerbs-KG handelt.[126]

47 c) **Erbfolge.** Erwirbt ein Minderjähriger eine Kommanditbeteiligung kraft **gesetzlicher oder testamentarischer Erbfolge**, so bedarf es hierzu keines Mitwirkungsakts eines gesetzli-

[119] *Grunsky* ZEV 2008, 610, 611.

[120] OLG Frankfurt DNotZ 2009, 142, 143 f. = NJW-RR 2008, 1568 = ZEV 2008, 607, 608; OLG Frankfurt NJW-RR 1999, 1236; OLG Zweibrücken NJW-RR 2001, 145; LG Köln Rpfleger 1970, 245; MünchKommBGB/*Wagenitz* § 1822 Rdnr. 22; *Brüggemann* FamRZ 1990, 124, 126; *Ivo* ZEV 2005, 193, 195 f.; *Reimann* DNotZ 1999, 179, 190 f.; *Rust* DStR 2005, 1942, 1943, 1947; *Weinbrenner* FPR 2009, 265, 269; a. A. *Damrau* ZEV 2000, 209, 210; *Grunsky* ZEV 2008, 610, 611; *Menzel/Wolf* MittBayNot 2010, 186, 189 f.

[121] OLG Frankfurt DNotZ 2009, 142, 143 f. = NJW-RR 2008, 1568 = ZEV 2008, 607, 608; zustimmend *Weinbrenner* FPR 2009, 265, 269.

[122] OLG Bremen RNotZ 2008, 625, 626 = ZEV 2008, 608, 609 = NZG 2008, 750, 751; OLG München MittBayNot 2009, 52 = ZEV 2008, 609 = FGPrax 2009, 24; *Hohaus/Eickmann* BB 2004, 1707, 1709; ablehnend im Interesse der Rechtsklarheit *Krafka/Willer/Kühn* Rdnr. 751; auf die rechtliche Vor- bzw. Nachteilhaftigkeit stellen *Grunsky* ZEV 2008, 610, 611 und *Führ/Nikoleyczik* BB 2009, 2105, 2107 ab.

[123] *Menzel/Wolf* MittBayNot 2010, 186, 187, 189 f.

[124] OLG Zweibrücken NJW-RR 1999, 1174, 1175.

[125] *Damrau* ZEV 2000, 209, 213.

[126] *Hohaus/Eickmann* BB 2004, 1707, 1711.

chen Vertreters und keiner familiengerichtlichen Genehmigung.[127] Wird die Kommanditbeteiligung dem Kind als **Vermächtnis** zugewandt, so kann der sorgeberechtigte Elternteil, auch wenn er der Erbe ist, dieses Vermächtnis ohne Einschaltung eines Ergänzungspflegers erfüllen, da es sich um die Erfüllung einer bestehenden Verbindlichkeit handelt.[128] Dies gilt selbst dann, wenn die Kommanditbeteiligung nicht voll einbezahlt ist.[129] Einer familiengerichtlichen Genehmigung nach § 1822 Nr. 3 BGB bedarf es nicht, weil dieser Tatbestand nur das Verpflichtungs-, nicht das Verfügungsgeschäft erfasst.[130] Vollzieht sich der Beitritt des Kommanditisten im Wege einer gesellschaftsvertraglichen **Eintrittsklausel**, so besteht im Falle einer Erwerbs-KG das Genehmigungserfordernis nach § 1822 Nr. 3 3. Alt. BGB,[131] soweit Eltern, Großeltern, Geschwister ebenfalls an der KG beteiligt sind, ist die Bestellung eines Ergänzungspflegers erforderlich.

48 d) **Gesellschafterbeschlüsse.** *aa) Ergänzungspflegerbestellung.* Gesellschafterbeschlüsse über Maßnahmen der **Geschäftsführung** unterliegen nicht den Beschränkungen des § 181 BGB, so dass Minderjährige als Gesellschafter grundsätzlich von ihren Eltern vertreten werden können, auch wenn diese Mitgesellschafter sind.[132] Handelt es sich aber um eine GmbH & Co. KG und handelt ein Elternteil zugleich als Geschäftsführer der GmbH, so muss für den Minderjährigen ein Ergänzungspfleger bestellt werden.[133] Im Übrigen gelten die Ausführungen zur oHG (Rdnr. 35) entsprechend.

49 *bb) Familiengerichtliche Genehmigung.* Es gelten die zur oHG aufgestellten Grundsätze (Rdnr. 36). Nicht genehmigungsbedürftig ist eine **Aufstockung der Kommanditeinlage** eines Minderjährigen.[134] Soll die Kommanditbeteiligung in eine Stellung als **persönlich haftender Gesellschafter** umgewandelt werden, so bedarf dies nach § 1822 Nr. 3 3. Alt. und Nr. 10 BGB der familiengerichtlichen Genehmigung.[135]

3. Gesellschaft bürgerlichen Rechts

50 a) **Gründung.** *aa) Ergänzungspflegerbestellung.* Nicht anders als bei der Gründung einer offenen Handelsgesellschaft gilt auch für die Gründung einer (Außen-)BGB-Gesellschaft, dass diese wegen der akzessorischen und gesamtschuldnerischen Haftung analog § 128 S. 1 HGB **niemals rechtlich vorteilhaft** ist, selbst wenn der Minderjährige keine Einlageleistung zu erbringen hat oder ihm diese schenkweise zugewendet wird.[136] Soll die Gesellschaft mit einem Elternteil, den Großeltern oder anderen minderjährigen Geschwistern gegründet werden, ist die Bestellung eines Ergänzungspflegers erforderlich, wobei für **jedes Kind ein eigener Ergänzungspfleger** bestellt werden muss.[137]

51 *bb) Familiengerichtliche Genehmigung.* Ein Genehmigungserfordernis nach § 1822 Nr. 3 3. Alt. wird nur angenommen, wenn die BGB-Gesellschaft auf den **Betrieb eines Erwerbsgeschäfts** gerichtet ist.[138] Der Gesellschaftsvertrag einer **rein vermögensverwaltenden BGB-Gesellschaft** wird hingegen als nicht genehmigungspflichtig angesehen.[139] Die Abgrenzung zwischen bloßer Vermögensverwaltung und Erwerbstätigkeit bereitet der Rechtsprechung – nicht anders als im Rahmen der vermögensverwaltenden KG (siehe Rdnr. 43 ff.) – erhebliche Schwierigkeiten, wie die nachfolgende Aufstellung belegt:

---

[127] *Menzel/Wolf* MittBayNot 2010, 186, 190.
[128] *Menzel/Wolf* MittBayNot 2010, 186, 190.
[129] *Menzel/Wolf* MittBayNot 2010, 186, 190.
[130] *Menzel/Wolf* MittBayNot 2010, 186, 190; *Reimann* DNotZ 1999, 179, 194 f.
[131] Erman/*Saar* § 1822 BGB Rdnr. 10; *Reimann* DNotZ 1999, 179, 195 f.
[132] BGHZ 65, 93, 95 ff. = NJW 1976, 49, 50 f.; *Hohaus/Eickmann* BB 2004, 1707, 1710.
[133] *Hohaus/Eickmann* BB 2004, 1707, 1710; *Reimann* DNotZ 1999, 179, 197.
[134] LG Stuttgart BWNotZ 2001, 91; Erman/*Saar* § 1822 BGB Rdnr. 8.
[135] *Gernhuber/Coester-Waltjen* § 60 VI 6 (Rdnr. 109).
[136] *Rust* DStR 2005, 1942, 1943; vgl. LG Aachen NJW-RR 1994, 1319, 1320 = MittRhNotK 1995, 183, 184; LG Mainz MittRhNotK 1999, 387.
[137] OLG Zweibrücken OLGZ 1980, 213, 215 = DNotZ 1981, 42; *Lohse/Triebel* ZEV 2000, 337, 338; *Rust* DStR 2005, 1942, 1943.
[138] *Rust* DStR 2005, 1942, 1943.
[139] OLG Koblenz NJW 2003, 1401 = FamRZ 2003, 249; Erman/*Saar* § 1822 BGB Rdnr. 14.

Genehmigungspflicht wurde **bejaht** für Gesellschaftsgründung: 52

- Zur Verwaltung, Vermietung und Verwertung mehrerer gewerblich nutzbarer Grundstücke von erheblichem Wert (ca. 8 Mio. DM) sowie künftig erworbenen Grundbesitzes auf längere Zeitdauer (20 Jahre): BayObLGZ 1995, 230 = DNotZ 1995, 941; BayObLGZ 1997, 113 = DNotZ 1998, 495;
- Zum Erwerb von Gegenständen des Anlagevermögens zum Zwecke des Leasings, insbesondere zum Betrieb eines Notariats (Pkw für ca. DM 55.000): BayObLG FamRZ 1990, 208 = Rpfleger 1989, 455;
- Zum Erwerb sowie zur Verwaltung und Nutzung eines unbebauten Waldgrundstücks im Wert von DM 60.000, das aber möglicherweise bebaut werden soll: OLG Hamm FamRZ 2001, 53;
- Zum Erwerb eines Mehrfamilienhauses und langjährige einheitliche werterhaltende und gewinnorientierte Vermietung des Objektes: OLG Naumburg FPR 2002, 322 = FamRZ 2003, 57;
- Zur Verwaltung, Vermietung und Verwertung von gewerblich nutzbaren Immobilien von erheblichem Wert auf lange Dauer: OLG Zweibrücken NJW-RR 1999, 1174, 1175.
- Zur gewinnbringenden Nutzung und Verwaltung des aus einem Miethaus mit vier Wohneinheiten bestehenden Hausgrundbesitzes sowie darüber hinaus sonstiger Vermögenswerte, die noch gemeinsam mit der Einbringung in die Gesellschaft erworben werden sollten, sowie ferner die Anlage der Erträge und Erlöse aus dem Gesellschaftsvermögen: LG Aachen NJW-RR 1994, 1319, 1321 = MittRhNotK 1995, 183, 185;
- Zur Nutzung und Verwaltung eigenen Vermögens, insbesondere die Erträge aus GmbH-Beteiligungen anzulegen (z. B. durch Erwerb von Aktien, Pfandbriefen, Grundstücken, Unternehmensbeteiligungen jeder Art, Anlage von Festgeldern usw.) auf die Dauer von mindestens 17 Jahren: LG München I ZEV 2000, 370.

Genehmigungspflicht wurde **verneint** für Gesellschaftsgründung: 53

- Zur Verwaltung und Vermietung des Familienvermögens, bestehend aus kleinen Eigentumswohnungen sowie kleinen Gebäuden mit Freifläche (nicht aber aus Werks-, Büro- oder Ladenräumen) im Wert von ca. DM 730.000: LG Mainz MittRhNotK 1999, 387;
- Zur Vermietung eines Mietshauses mit 16 Einheiten: LG Münster FamRZ 1997, 842.

Zum Teil wird daher befürwortet, § 1822 Nr. 3 3. Alt. BGB auch auf rein vermögensverwaltende BGB-Gesellschaften auszudehnen.[140] Richtigerweise besteht **in jedem Fall eine Genehmigungspflicht** wegen § 1822 Nr. 10 BGB, auch wenn es sich um eine vermögensverwaltende (Außen-)BGB-Gesellschaft handeln sollte, da die analoge Anwendung der § 128 S. 1, § 130 HGB dazu führt, dass für den Minderjährigen immer die konkrete Gefahr besteht, für die Verbindlichkeiten der Gesellschaft mit seinem eigenen Vermögen einstehen zu müssen.[141] 54

Praxistipp:

Jedenfalls dann, wenn der Zweck der BGB-Gesellschaft auf den Erwerb und die Verwaltung einer Immobilie gerichtet ist, liegt eine Außen-BGB vor, so dass bei Beteiligung Minderjähriger stets die familiengerichtliche Genehmigung eingeholt werden sollte.

b) Übertragung der Beteiligung. *aa) Ergänzungspflegerbestellung.* Der Beitritt zu einer BGB-Gesellschaft stellt sich wegen der persönlichen Haftung des Gesellschafters **unter keinen Umständen als lediglich rechtlich vorteilhaft** dar, auch nicht bei Zuwendung im Wege 55

[140] BayObLGZ 1997, 113, 117 = DNotZ 1998, 495, 496 f.; OLG Hamm FamRZ 2001, 53; *Wertenbruch* FamRZ 2003, 1714, 1715.

[141] NK-BGB/*Fritsche* § 1822 Rdnr. 10; *Dümig* FamRZ 1, 4; *Rust* DStR 2005, 1942, 1944; *Wertenbruch* FamRZ 2003, 1714, 1716; vgl. auch BayObLGZ 1997, 113, 117 = DNotZ 1998, 495, 497; OLG Hamm FamRZ 2001, 53.

der Schenkung.[142] Soweit ein Elternteil oder die Großeltern ihre Beteiligung auf Minderjährige übertragen wollen, sind sie stets von der Vertretung ausgeschlossen.[143] Sollen mehrere Kinder als Gesellschafter in die Gesellschaft aufgenommen werden, so muss für jedes Kind ein **eigener Ergänzungspfleger** bestellt werden, da der Eintritt im Wege des Vertragsschlusses zwischen allen Alt- und Neugesellschaftern erfolgt.[144]

56 *bb) Familiengerichtliche Genehmigung.* Vollzieht sich der Eintritt des Minderjährigen in eine Erwerbs-GbR durch Abschluss eines Aufnahmevertrags mit den Altgesellschaftern, so greift der Genehmigungstatbestand nach § 1822 Nr. 3 3. Alt. BGB ein.[145] Handelt es sich um einen abgeleiteten Erwerb, dem die Altgesellschafter zugestimmt haben, so folgt die Genehmigungspflicht bei einem entgeltlichen Vorgang aus § 1822 Nr. 3 1. Alt. BGB, bei unentgeltlichem Erwerb wird eine entsprechende Anwendung von § 1822 Nr. 3 3. Alt. BGB befürwortet.[146]

57 In jedem Fall besteht auch bei unentgeltlichem Erwerb oder bei Beitritt zu einer rein vermögensverwaltenden BGB-Gesellschaft das **Genehmigungserfordernis** nach § 1822 Nr. 10 BGB, da der Eintretende auch für Altverbindlichkeiten der Gesellschaft akzessorisch und gesamtschuldnerisch analog § 128 S. 1, § 130 HGB haftet.[147] Die **Veräußerung** der Beteiligung eines Minderjährigen bedarf in jedem Fall der Genehmigung des Familiengerichts nach § 1822 Nr. 3 2. Alt. BGB, wenn es sich um eine Erwerbs-BGB-Gesellschaft handelt.[148]

58 c) **Erbfolge.** Hinsichtlich der Nachfolge in die Beteiligung eines BGB-Gesellschafters gelten die Ausführungen zur offenen Handelsgesellschaft entsprechend (Rdnr. 34).

4. Stille Gesellschaft und Unterbeteiligung

59 a) **Stille Gesellschaft.** *aa) Ergänzungspflegschaft.* Wegen der Einlageverpflichtung des stillen Gesellschafters (§ 230 Abs. 1 HGB) wird dessen Beteiligung als **nicht lediglich rechtlich vorteilhaft** eingestuft.[149] Dies soll selbst dann gelten, wenn dem Minderjährigen die Einlageleistung von seinen Eltern geschenkt wird.[150] Soweit sich das Kind am Erwerbsgeschäft eines Elternteils, der Großeltern oder gemeinsam mit einem anderen minderjährigen Geschwisterteil beteiligen soll, muss anstelle der Eltern ein Ergänzungspfleger handeln. Da es sich um jeweils getrennte Beteiligungen handelt, gibt ein Ergänzungspfleger gleichgerichtete Willenserklärungen ab, kann also für mehrere Kinder handeln.[151]

60 *bb) Familiengerichtliche Genehmigung.* Ob für die **Beteiligung eines Minderjährigen** als stiller Gesellschafter am Erwerbsgeschäft eines Dritten eine familiengerichtliche Genehmigung erforderlich ist, ist **äußerst umstritten.**[152] Der BGH hat ein Genehmigungserfordernis dann verneint, wenn der Minderjährige eine einmalige Kapitalbeteiligung leisten muss und er nicht am Verlust beteiligt ist.[153] Teilweise wird eine Genehmigungspflicht überhaupt abgelehnt,[154] teilweise in jedem Fall befürwortet.[155] Andere Stimmen differenzieren danach, ob

[142] LG Aachen NJW-RR 1994, 1319, 1320 = MittRhNotK 1995, 183, 184; LG Mainz MittRhNotK 1999, 387; *Maier-Reimer/Marx* NJW 2005, 3025; *Rust* DStR 2005, 1942, 1945.

[143] *Rust* DStR 2005, 1942, 1946.

[144] OLG Zweibrücken NJW-RR 1999, 1174, 1175; *Rust* DStR 2005, 1942, 1946; a. A. *Ivo* ZEV 2005, 193, 194 ff.; *Maier-Reimer/Marx* NJW 2005, 3025, 3027.

[145] OLG Zweibrücken NJW-RR 1999, 1174, 1175.

[146] BayObLG FamRZ 1990, 208 = Rpfleger 1989, 455; OLG Braunschweig ZEV 2001, 75; Erman/*Saar* § 1822 BGB Rdnr. 13; *Rust* DStR 2005, 1942, 1946.

[147] *Dümig* FamRZ 2003, 1, 4; *Rust* DStR 2005, 1942, 1944; *Wertenbruch* FamRZ 2003, 1714, 1716; a. A. wohl *Damrau* ZEV 2000, 209, 211.

[148] *Brüggemann* FamRZ 1990, 124, 127.

[149] BFHE 111, 85 = *Rust* DStR 2005, 1942, 1944.

[150] BFHE 111, 85 = *Rust* DStR 2005, 1942, 1944; a. A. *Damrau* ZEV 2000, 209, 212.

[151] *Reimann* DNotZ 1999, 179, 183; *Rust* DStR 2005, 1942, 1944; aber str!, vgl. BFHE 111, 85.

[152] Vgl. die Darstellung bei *Gernhuber/Coester-Waltjen* § 60 VI 6 (Rdnr. 110) in Fußnote 226 und bei Staudinger/*Engler* § 1822 BGB Rdnr. 64.

[153] BGH DNotZ 1957, 503 = NJW 1957, 672.

[154] *Gernhuber/Coester-Waltjen* § 60 VI 6 (Rdnr. 110).

[155] LG München II NJW-RR 1999, 1018, 1019; MünchKommBGB/*Wagenitz* § 1822 Rdnr. 26; *Rust* DStR 2005, 1942, 1945.

es sich um eine atypische Beteilung handelt,[156] ob der Minderjährige am Verlust beteiligt ist[157] oder ob ihm Geschäftsführungsbefugnisse eingeräumt sind.[158]

Praxistipp:

Soll ein Minderjähriger eine stille Beteiligung an einem Erwerbsgeschäft erhalten, sollte vorsichtshalber stets die familiengerichtliche Genehmigung beantragt werden.

Ob die **Aufnahme eines Stillen** in das Erwerbsgeschäft des Minderjährigen der familiengerichtlichen Genehmigung bedarf, ist ebenfalls umstritten.[159] 61

b) Unterbeteiligung. *aa) Ergänzungspflegschaft.* Eine Unterbeteiligung **kann lediglich rechtlich vorteilhaft** sein, wenn sie schenkweise eingeräumt wird und ausschließlich ein Gewinnbezugsrecht gewährt.[160] In diesem Fall können die Eltern das minderjährige Kind auch dann vertreten, wenn sie die Beteiligung am eigenen Erwerbsgeschäft einräumen. Das beschränkt geschäftsfähige Kind kann auch für sich selbst handeln. 62

Zum Teil wird die Einräumung einer Unterbeteiligung aber mit dem Fall der Begründung einer **stillen Gesellschaft** oder einer **BGB-Innengesellschaft** gleichgesetzt, so dass es sich stets um ein rechtlich nachteiliges Geschäft handeln soll.[161] Aus Rücksicht auf die Rechtsprechung des BFH zur Einräumung einer stillen Beteiligung (siehe Rdnr. 59) sollte daher sicherheitshalber die Bestellung eines Ergänzungspflegers erfolgen.[162] 63

bb) Familiengerichtliche Genehmigung. Ein **Genehmigungserfordernis** nach § 1822 Nr. 3 3.Alt. BGB hat das OLG Hamm jedenfalls für den Fall bejaht, dass die Unterbeteiligung an einer oHG zu einer Mitbeteiligung am Gewinn und Verlust der Gesellschaft führte.[163] Das Schrifttum differenziert zum Teil danach, ob es sich um eine reine Gewinnbeteiligung oder um eine darüber hinaus gehende Verlustbeteiligung handelt, die den Genehmigungstatbestand nach § 1822 Nr. 10 BGB begründet.[164] 64

5. Partnerschaftsgesellschaft

Die Gründung einer Partnerschaftsgesellschaft mit einem Minderjährigen sowie dessen Beteiligung an einer bestehenden Partnerschaft durch Eintrittsvertrag oder im Wege der Erbfolge kommt wegen der notwendigen **Zugehörigkeit zu einem freien Beruf** (vgl. § 1 Abs. 1 S. 1, Abs. 2, § 9 Abs. 4 S. 1, 2 PartGG) praktisch nicht in Betracht. Soweit ein Minderjähriger ausnahmsweise einmal die Mitgliedschaftsvoraussetzungen erfüllen sollte, gelten die Ausführungen zur Beteiligung an einer offenen Handelsgesellschaft entsprechend (siehe Rdnr. 29 ff.). 65

6. Übersicht

66

Gesellschaftsform/ Art der Beteiligung	Vertretung	Gerichtliche Genehmigung
GmbH-Gründung	Eltern bzw. mehrere Ergänzungspfleger	ja
GmbH-Anteilserwerb unentgeltlich	Eltern bzw. ein Ergänzungspfleger	grundsätzlich: nein bei konkreter Haftungsgefahr: ja

[156] Erman/*Saar* § 1822 BGB Rdnr. 17.
[157] LG Bielefeld NJW 1969, 753, 754; Staudinger/*Engler* § 1822 BGB Rdnr. 64.
[158] Vgl. die Nachweise bei *Gernhuber/Coester-Waltjen* § 60 VI 6 (Rdnr. 110) in Fußnote 226.
[159] Bejahend MünchKommBGB/*Wagenitz* § 1822 Rdnr. 26; verneinend *Gernhuber/Coester-Waltjen* § 60 VI 6 (Rdnr. 110).
[160] *Rust* DStR 2005, 1942, 1945.
[161] *Rust* DStR 2005, 1942, 1945; vgl. OLG Hamm OLGZ 1974, 158, 160 f.; Erman/*Saar* § 1822 BGB Rdnr. 17; *Gernhuber/Coester-Waltjen* § 60 VI 6 (Rdnr. 107).
[162] *Rust* DStR 2005, 1942, 1945.
[163] OLG Hamm OLGZ 1974, 158, 161.
[164] *Damrau* ZEV 2000, 209, 213; *Rust* DStR 2005, 1942, 1945.

Gesellschaftsform/ Art der Beteiligung	**Vertretung**	**Gerichtliche Genehmigung**
GmbH-Anteilserwerb entgeltlich	Eltern bzw. ein Ergänzungspfleger	grundsätzlich: nein bei Beteiligung >50%: ja
GmbH-Anteilsveräußerung	Eltern bzw. ein Ergänzungspfleger	grundsätzlich: nein bei Beteiligung >50%: ja
GmbH-Anteilserwerb durch Kapitalerhöhung	Eltern	grundsätzlich: nein bei konkreter Haftungsgefahr: ja bei Beteiligung >50%: ja
GmbH-Anteilserwerb durch Erbfolge	–	nein
GmbH-Anteilserwerb durch Vermächtnis	Eltern	grundsätzlich: nein bei konkreter Haftungsgefahr: ja
GmbH-Beschlüsse	Eltern bzw. ein Ergänzungspfleger bei Satzungsänderung, Grundlagenbeschlüssen, Bestellung/Abberufung der Eltern zu Geschäftsführern	nein (str!)
AG-Gründung	Eltern bzw. mehrere Ergänzungspfleger	ja
AG-Aktienerwerb unentgeltlich	Kind bzw. Eltern	nein
AG-Aktienerwerb entgeltlich	Eltern bzw. ein Ergänzungspfleger	grundsätzlich: nein bei Erwerb aller Aktien: ja
AG-Aktienveräußerung	Eltern bzw. ein Ergänzungspfleger	grundsätzlich: nein bei Veräußerung aller Aktien: ja
AG-Aktienerwerb durch Erbfolge oder Vermächtnis	–/Eltern	nein
Genossenschafts-Gründung	Eltern bzw. mehrere Ergänzungspfleger	nein, außer bei Erwerbsgeschäft
Genossenschafts-Beitritt	Kind bzw. Eltern	nein
OHG-Gründung	Eltern bzw. mehrere Ergänzungspfleger	ja
OHG-Beitritt	Eltern bzw. mehrere Ergänzungspfleger	ja
OHG-Beitritt durch Erbfolge	–/Eltern bzw. Ergänzungspfleger bei Eintrittsklausel	bei Nachfolgeklausel: nein bei Eintrittsklausel: ja
OHG-Beschlüsse	Eltern bzw. ein Ergänzungspfleger bei Änderung des Gesellschaftsvertrags, Grundlagenbeschlüssen	nein (str!)
KG-Gründung	Eltern bzw. mehrere Ergänzungspfleger	ja
KG-Beitritt	Eltern bzw. mehrere Ergänzungspfleger	ja
KG-Anteilsabtretung	Eltern bzw. ein Ergänzungspfleger	ja (str!) bei Vermögensverwaltung: nein

Gesellschaftsform/ Art der Beteiligung	Vertretung	Gerichtliche Genehmigung
KG-Beitritt durch Erbfolge oder Vermächtnis	–/Eltern bzw. Ergänzungspfleger bei Eintrittsklausel	bei Nachfolgeklausel: nein bei Eintrittsklausel: ja
KG-Beschlüsse	Eltern bzw. ein Ergänzungspfleger bei Änderung des Gesellschaftsvertrags, Grundlagenbeschlüssen	nein (str!)
BGB-Gesellschaft-Gründung	Eltern bzw. mehrere Ergänzungspfleger	ja (str!) bei Vermögensverwaltung: nein (str!)
BGB-Gesellschaft-Beitritt	Eltern bzw. mehrere Ergänzungspfleger	ja
Stille Beteiligung	Eltern bzw. ein Ergänzungspfleger	str!
Unterbeteiligung	Kind bzw. Eltern bzw. ein Ergänzungspfleger	ja (str!)
Partnerschaftsgesellschaft	siehe Rdnr. 65	siehe Rdnr. 65

IV. Bestellung des Ergänzungspflegers

1. Bestellung eines oder mehrerer Ergänzungspfleger

Sind die Eltern oder der Vormund eines Kindes an dessen Vertretung verhindert, so muss für das Kind ein Ergänzungspfleger nach § 1909 Abs. 1 S. 1 BGB bestellt werden. Handelt es sich um den Abschluss eines **Gründungsvertrags** einer Kapital- oder Personengesellschaft, so bedarf jedes minderjährige Kind eines eigenen Ergänzungspflegers, es kann nicht etwa ein Pfleger alle Kinder vertreten, dem steht § 181 BGB entgegen.[165] Gleiches gilt für den Eintritt mehrerer Kinder in eine bestehende Personengesellschaft im Wege eines **Aufnahmevertrags**. Auch hier muss fur jedes minderjährige Kind ein Ergänzungspfleger bestellt werden.[166] 67

2. Zuständigkeit

Bei der Bestellung eines Ergänzungspflegers handelt es sich um eine Familiensache (§ 111 Nr. 2 FamFG), nämlich eine Kindschaftssache gemäß § 151 Nr. 5 FamFG. **Sachlich** zuständig ist daher das Amtsgericht als **Familiengericht**, § 23a Abs. 1 S. 1 Nr. 1, § 23b GVG. **Funktionell** zuständig ist grundsätzlich der **Rechtspfleger** (§ 3 Nr. 2a) RPflG), handelt es sich jedoch um einen Minderjährigen, der Angehöriger eines fremden Staates ist, greift der **Richtervorbehalt** nach § 14 Abs. 1 Nr. 10 RPflG ein.[167] Da der Gesetzgeber die Anwendung ausländischen Rechts dem Richter vorbehalten möchte, ist der Rechtspfleger schon dann ausgeschlossen, wenn der Minderjährige neben der deutschen noch eine weitere Staatsangehörigkeit besitzt. Der Rechtspfleger sollte in diesem Fall, wie überhaupt bei einer möglichen Anwendbarkeit **ausländischen Rechts**, die Sache nach § 5 Abs. 2 RPflG dem Richter zur 68

[165] OLG München RNotZ 2010, 461, 462 = MittBayNot 2010, 400 (allgemein); OLG Zweibrücken OLGZ 1980, 213, 214f. = DNotZ 1981, 42 (GbR); *Bürger* RNotZ 2006, 156, 158 (GmbH); *Menzel/Wolf* MittBayNot 2010, 186 (KG).

[166] OLG München RNotZ 2010, 461, 462 = MittBayNot 2010, 400 (allgemein); BayObLGZ 1958, 373, 376f. = NJW 1959, 989 (KG); OLG Zweibrücken NZG 1999, 717, 718 = NJW-RR 1999, 1174, 1175 (GbR); kritisch *Maier-Reimer/Marx* NJW 2005, 3025, 3027.

[167] Vgl. OLG Köln OLGR 2003, 349 = FamRZ 2004, 1123; OLG Zweibrücken Rpfleger 2003, 117 = FamRZ 2003, 258.

Entscheidung vorlegen. Der Richtervorbehalt erfasst nicht nur die Anordnung der Pflegschaft, sondern auch deren Ablehnung.[168] Handelt anstelle des Richters der Rechtspfleger, so ist die Entscheidung unwirksam (§ 8 Abs. 4 S. 1 RPflG) und muss ohne Prüfung der sachlichen Richtigkeit vom Beschwerdegericht aufgehoben werden.[169]

69 Die **örtliche Zuständigkeit** bestimmt sich außerhalb der Anhängigkeit einer Ehesache nach § 152 Abs. 2 und 3 FamFG. Zuständig ist regelmäßig das Familiengericht, in dessen Bezirk das Kind seinen **gewöhnlichen Aufenthalt** hat. Es kommt mithin darauf an, wo der Minderjährige den tatsächlichen Mittelpunkt seiner Lebensführung hat. Dies bedeutet einerseits, dass der Aufenthalt von gewisser Dauer ist (sechs Monate werden als ausreichend erachtet), andererseits, dass das Kind durch soziale Eingliederung zu diesem Ort eine stärkere Bindung als zu anderen Orten aufgebaut hat.[170] Nicht ausschlaggebend ist, wo das Kind bzw. dessen sorgeberechtigte Elternteile ihren Wohnsitz haben.[171] Befindet sich der Minderjährige längere Zeit im Ausland (mehr als sechs Monate), z. B. aufgrund eines Schüleraustauschs, einer Au-pair-Tätigkeit oder eines Studiums, so richtet sich die örtliche Zuständigkeit gemäß § 152 Abs. 3 FamFG danach, an welchem Ort das Fürsorgebedürfnis entsteht. In **gesellschaftsrechlichen Angelegenheiten** wird ein solches Fürsorgebedürfnis überall dort zu bejahen sein, wo die betroffene Gesellschaft ihren **statuarischen** oder **tatsächlichen Verwaltungssitz** hat, da es insoweit auf die Belegenheit des Vermögens ankommt.[172]

3. Verfahren

70 a) **Einleitung des Verfahrens.** Das Verfahren wird **von Amts wegen** eingeleitet. Eltern und Vormund sind nach § 1909 Abs. 2 BGB verpflichtet, die Erforderlichkeit einer Pflegerbestellung dem Familiengericht anzuzeigen. „Beantragen" sie in diesem Zusammenhang die Bestellung eines Pflegers, so handelt es sich um eine **Anregung** nach § 24 Abs. 1 FamFG, nicht um einen förmlichen Antrag nach § 23 FamFG. Dennoch empfiehlt es sich, die Anordnung der Ergänzungspflegschaft förmlich zu beantragen, da in diesem Fall die Beteiligtenstellung und das Beschwerderecht unzweifelhaft bestehen.[173] Umgekehrt können Eltern und Vormund das Verfahren nicht einseitig durch Rücknahme der Anregung beenden.[174] Nehmen sie allerdings von der Durchführung des Rechtsgeschäfts, das der Mitwirkung eines Ergänzungspflegers bedürfte, Abstand, so hat das Familiengericht das Verfahren zu beenden.

71 b) **Beteiligte, Bevollmächtigte.** Am Verfahren sind zwingend nach § 7 Abs. 2 Nr. 1 FamFG beteiligt das **Kind** und die **Eltern** bzw. der **Vormund.** Das **Jugendamt** kann in Verfahren, die ausschließlich das Vermögen des Kindes betreffen, nicht auf seinen Antrag hin die Beteiligtenstellung erreichen, vgl. § 162 Abs. 2, § 7 Abs. 2 Nr. 2 FamFG.[175] In gesellschaftsrechtlichen Angelegenheiten, die die Beteiligung eines Minderjährigen an einer zu gründenden oder zu bestehenden Gesellschaft zum Gegenstand haben, handelt es sich in aller Regel um eine **rein vermögensrechtliche Angelegenheit,**[176] so dass dem Jugendamt **kein Antragsrecht** nach § 162 Abs. 2 FamFG zusteht.

72 Die Beteiligten können nach § 10 Abs. 1 FamFG selbst auftreten, sie können sich aber auch durch einen Rechtsanwalt (§ 10 Abs. 2 S. 1 FamFG) oder durch eine der in § 10 Abs. 2 S. 2 Nr. 1 bis 3 FamFG genannten Personen vertreten lassen. Insbesondere können die Beteiligten die Einleitung des Verfahrens durch den **Notar,** der mit der Beurkundung des vom Ergänzungspfleger vorzunehmenden Rechtsgeschäfts betraut ist, vornehmen lassen, § 10

---

168 OLG Zweibrücken Rpfleger 2003, 117 = FamRZ 2003, 258.

169 OLG Köln OLGR 2003, 349 = FamRZ 2004, 1123; OLG Zweibrücken Rpfleger 2003, 117 = FamRZ 2003, 258.

170 Keidel/*Engelhardt* § 99 FamFG Rdnr. 44.

171 Keidel/*Engelhardt* § 99 FamFG Rdnr. 44.

172 Vgl. Keidel/*Engelhardt* § 152 FamFG Rdnr. 7.

173 In diese Richtung auch *Regler* Rpfleger 2000, 305, 308, der von einem echten Antragsrecht der Eltern ausgeht.

174 Staudinger/*Bienwald* § 1909 BGB Rdnr. 37.

175 MünchKommZPO/*Schumann* § 162 FamFG Rdnr. 3; Bork/Jacoby/Schwab/*Zorn* § 162 FamFG Rdnr. 2.

176 Anders wohl BayObLGZ 1958, 373, 374, soweit die Beteiligung auch dazu dienen soll, den Kindern bereits jetzt eine Grundlage für ihre spätere Stellung im Berufs- und Erwerbsleben zu schaffen.

Abs. 2 S. 2 Nr. 3 FamFG.[177] Das Gericht braucht keine Vorlage einer schriftlichen Verfahrensvollmacht anzuordnen, wenn als Bevollmächtigter ein Rechtsanwalt oder ein Notar auftritt, § 11 S. 4 FamFG.

c) **Sachverhaltsermittlung.** Das Familiengericht hat den Sachverhalt **von Amts wegen** aufzuklären, § 26 FamFG.[178] Es kann in diesem Zusammenhang verlangen, dass die Beteiligten, insbesondere die Eltern des Kindes, an der Ermittlung des Sachverhalts **mitwirken,** § 27 Abs. 1 FamFG. Da die Voraussetzungen, unter denen die Bestellung eines oder mehrerer Ergänzungspfleger erforderlich ist, sehr umstritten sind, wird das Gericht zumindest die Rahmenbedingungen, unter denen die Beteiligung des Minderjährigen an einer Gesellschaft erfolgen soll, erforschen müssen. Dazu gehört also, wer neben dem Kind an der Gesellschaft beteiligt ist, von wem das Kind die Beteiligung erhalten soll, ob diese Beteiligung unentgeltlich oder entgeltlich, unter Zurückbehalt von Nutzungs- oder Rückforderungsrechten, unter Anrechnung auf den Pflichtteil oder mit Ausgleichungspflicht zugewendet werden soll. 73

Im Rahmen der Abwägung, ob sich die Zuwendung als **lediglich rechtlich vorteilhaft** erweist,[179] ist beispielsweise zu klären, ob bei der Abtretung eines GmbH-Geschäftsanteils die Einlageleistung voll erbracht ist und ob die Abtretung einer Kommanditbeteiligung erst aufschiebend bedingt mit der Eintragung im Handelsregister erfolgen soll. 74

Praxistipp:

Da oftmals neben der Bestellung eines Ergänzungspflegers auch die familiengerichtliche Genehmigung erforderlich sein wird, empfiehlt es sich, den zu beurkundenden Rechtsvorgang dem Familiengericht als Entwurf mit der Anregung auf Bestellung des Ergänzungspflegers zu übermitteln.[180] Auf diesem Wege kann das Familiengericht den Vertrag bereits im Vorfeld auf beide Erfordernisse hin prüfen.

d) **Anhörungen.** In Kindschaftssachen sind besondere Tatbestände über die Anhörung bestimmter Personen und Stellen vorgesehen. Das **Kind** selbst muss nach § 159 Abs. 1 S. 1 FamFG vom Gericht persönlich angehört werden, wenn es das **14. Lebensjahr vollendet** hat. Betrifft das Verfahren ausschließlich das Vermögen des Kindes, kann von einer persönlichen Anhörung abgesehen werden, wenn sie nach Art der Angelegenheit nicht angezeigt ist. Im Pflegerbestellungsverfahren dürfte die schriftliche Anhörung stets ausreichend, aber auch erforderlich sein. Hat das Kind das **14. Lebensjahr noch nicht vollendet**, so entscheidet das Gericht über eine persönliche oder schriftliche Anhörung nach Ermessen (§ 159 Abs. 4 S. 4 FamFG), da ein Fall des § 159 Abs. 2 FamFG regelmäßig nicht vorliegen dürfte. 75

Die **Eltern des Kindes** sind schriftlich anzuhören (§ 160 Abs. 2 S. 1 FamFG), es sei denn, ihnen steht das Sorgerecht nicht zu und eine Aufklärung ist von ihnen nicht zu erwarten, § 160 Abs. 2 S. 2 FamFG. Ansonsten darf nur aus schwerwiegenden Gründen von der Anhörung abgesehen werden, diese ist notfalls unverzüglich nachzuholen, § 160 Abs. 3 und 4 FamFG. Da in gesellschaftsrechtlichen Angelegenheiten die Einleitung der Pflegerbestellung von den Eltern ausgehen dürfte, sind deren Verfahrensrechte im Regelfall ausreichend gewahrt. Eine Beteiligung oder Anhörung von **Pflegepersonen** nach § 161 FamFG scheidet aus, da es sich nicht um eine Verfahren dreht, das die Person des Kindes betrifft. 76

Schließlich muss auch das **Jugendamt** nicht nach § 162 Abs. 1 S. 1 FamFG angehört werden, denn bei der Entscheidung über die Bestellung eines Ergänzungspflegers in gesellschaftsrechtlichen Angelegenheiten, handelt es sich um eine ausschließlich vermögensrechtliche Sache, die keine behördliche Mitwirkung erfordert.[181] 77

[177] *Heinemann,* FamFG für Notare, Rdnr. 199.

[178] Bamberger/Roth/*Bettin* § 1909 BGB Rdnr. 15.

[179] Vgl. BayObLG NJWE-FER 2000, 177, 178 = Rpfleger 2000, 268, 270.

[180] BayObLG NJWE-FER 2000, 177, 178 = Rpfleger 2000, 268, 270.

[181] *Heinemann,* FamFG für Notare, Rdnr. 198; anders wohl BayObLGZ 1958, 373, 374, soweit die Beteiligung auch dazu dienen soll, den Kindern bereits jetzt eine Grundlage für ihre spätere Stellung im Berufs- und Erwerbsleben zu schaffen.

78 e) **Verfahrensbeistand.** Hält man § 158 FamFG nur in Verfahren, die die Person des Kindes betreffen, für anwendbar,[182] scheidet die Bestellung eines Verfahrensbeistands in gesellschaftsrechtlichen Angelegenheiten zur Bestellung eines Ergänzungspflegers aus, da es sich hierbei um eine **rein vermögensrechtliche Angelegenheit** handelt. Richtigerweise kann aber auch in vermögensrechtlichen Angelegenheiten dem Kind ein Verfahrensbeistand bestellt werden.[183] Im Rahmen der Entscheidung über die Ernennung eines Ergänzungspflegers besteht jedoch im Regelfall kein Bedürfnis hierzu, insbesondere da ein erheblicher Interessengegensatz in gesellschaftsrechtlichen Angelegenheiten nicht zu befürchten sein dürfte.

4. Vorschlagsrecht der Eltern/des Vormunds

79 Den Eltern bzw. dem Vormund steht im Rahmen einer Ergänzungspflegschaft nach § 1909 BGB **kein Benennungsrecht** nach §§ 1776 bis 1778 BGB zu, § 1916 BGB.[184] Anwendbar bleibt jedoch über § 1915 Abs. 1 BGB die Auswahlvorschriften des § 1779 Abs. 2 und 3 BGB.[185] Danach hat das Familiengericht bei der Auswahl unter mehreren geeigneten Personen in erster Linie den tatsächlichen bzw. mutmaßlichen Wille der Eltern sowie die persönlichen Bindungen des Kindes, die Verwandtschaft oder Schwägerschaft mit dem Kind zu berücksichtigen.

80 Für die Bestellung des Ergänzungspflegers zur Beteiligung an einer Kapital- oder Personengesellschaft bedeutet dies, dass das Gericht die **Vorschläge der Eltern** für die Person des Pflegers im Rahmen seiner Ermessensentscheidung **berücksichtigen muss.**[186] Soweit jedoch die Gefahr einer Interessenkollision besteht, kann sich das Gericht über diese Vorschläge hinwegsetzen.[187] Die Gefahr der Interessenkollision, die zum Ausschluss der Eltern geführt hat, kann sich in der Person der von ihnen vorgeschlagenen Personen fortsetzen,[188] weshalb bei der Benennung von Verwandten, Verschwägerten, Freunden und Bekannten, aber auch von Arbeitnehmern und Dienstverpflichteten ein besonderes Prüfungsrecht des Familiengerichts besteht.

Praxistipp:

Vorsicht ist bei Zuwendungen von Seiten der Großeltern geboten. Hier können Geschwister der Eltern deshalb ungeeignet sein, weil die Schenkung der Großeltern sie als Kinder derselben ebenfalls rechtlich beeinträchtigen kann.[189] Die Gefahr der Interessenkollision wird nicht schon dadurch behoben, dass die Person z. B. sowohl Steuerberater der Eltern als auch des Kindes ist.[190]

81 Um der Bestellung einer familienfremden Person zuvorzukommen, empfiehlt es sich, **hilfsweise weitere Personen** als Pfleger vorzuschlagen.[191] Soweit möglich, sollten von vornherein ausschließliche Vertrauenspersonen des Kindes oder neutrale Personen (z. B. Rechtsanwälte, Notare[192]) vorgeschlagen werden.[193]

[182] Keidel/*Engelhardt* § 158 FamFG Rdnr. 6; *Zorn* Rpfleger 2009, 421, 426, 431, 433;
[183] *Heinemann,* FamFG für Notare, Rdnr. 158; *Schulte-Bunert* Das neue FamFG, Rdnr. 200.
[184] BayObLGZ 1958, 373, 374; MünchKommBGB/*Schwab* § 1916 Rdnr. 2.
[185] BayObLGZ 1964, 277, 281; BayObLGZ 1958, 373, 374; *Regler* Rpfleger 2000, 305, 309.
[186] BayObLGZ 1964, 277, 282 f.; OLG Bremen NJW 1972, 1952, 1954; Staudinger/*Bienwald* § 1916 BGB Rdnr. 13.
[187] BayObLGZ 1964, 277, 282; OLG Frankfurt Rpfleger 1997, 162.
[188] BayObLGZ 1964, 277, 281 f.; OLG Frankfurt Rpfleger 1997, 162; MünchKommBGB/*Schwab* § 1916 Rdnr. 3; Staudinger/*Bienwald* § 1916 BGB Rdnr. 12.
[189] BayObLGZ 1964, 277, 282 f.
[190] OLG Frankfurt Rpfleger 1997, 162.
[191] *Regler* Rpfleger 2000, 305, 311; vgl. BayObLGZ 1964, 277, 283.
[192] Es handelt sich um eine genehmigungsfreie Nebentätigkeit nach § 8 Abs. 4 BNotO, vgl. Schippel/Bracker/Schäfer § 8 BNotO Rdnr. 41.
[193] *Bürger* RNotZ 2006, 156, 179.

Praxistipp:

Der bzw. die vorgeschlagenen Personen sollten sich zur Übernahme des Amtes als Ergänzungspfleger schon im Vorfeld der Pflegerbestellung bereit erklärt haben.[194] Zur Beschleunigung des Verfahrens empfiehlt es sich, eine entsprechende Erklärung dem Familiengericht mit dem Antragsschreiben einzureichen.

Formulierungsvorschlag Anregung auf Bestellung eines Ergänzungspflegers:

An das 82
Amtsgericht
– Familiengericht –
......

Antrag auf Bestellung eines
Ergänzungspflegers

Die Ehegatten ...... sind gesetzliche Vertreter von Frau .... Der Vater von Frau ...... beabsichtigt, dieser seine Kommanditbeteiligung an dem Erwerbsgeschäft XY GmbH & Co. KG mit dem Sitz in ...... zu schenken. Entwurf des Schenkungsvertrags ist diesem Anschreiben beigefügt.

Die Ehegatten ...... sind an der Vertretung ihrer Tochter Frau ...... gemäß § 1629 Abs. 2 S. 1 i. V. m. § 1795 Abs. 2 BGB verhindert.

Es wird daher beantragt, einen Ergänzungspfleger zu bestellen, der im Namen von Frau ...... den Schenkungsvertrag abschließen kann.

Als Ergänzungspfleger schlage ich im Namen der Eltern von Frau ...... Herrn Rechtsanwalt ......, ..., ... vor. Dieser hat sich mit seiner Bestellung einverstanden erklärt.

Ordnungsgemäße Bevollmächtigung durch die Eltern von Frau ...... wird versichert.

......

<Notar>

5. Entscheidung des Gerichts

a) **Anordnungs- und Ernennungsbeschluss.** Das Gericht entscheidet nach seiner freien, aus 83
dem Inhalt des Verfahrens gewonnenen Überzeugung (§ 37 Abs. 1 FamFG), wobei die im Rahmen der Anhörung der Eltern und des Kindes ermittelten Wünsche und Vorschläge zu berücksichtigen sind. Maßgebliches Entscheidungskriterium ist das **Wohl des Kindes.** Kommt das Gericht zu dem Ergebnis, dass nach materieller Rechtslage die Bestellung eines Ergänzungspflegers erforderlich ist, hat es einen solchen ohne Ermessensspielraum zu bestellen.[195] Die Entscheidung ergeht durch **Beschluss**, § 38 Abs. 1 S. 1 FamFG, sie muss nach § 38 Abs. 3 S. 1 begründet werden und ist vom Rechtspfleger bzw. Richter zu unterschreiben, § 38 Abs. 3 S. 2 FamFG. Zu versehen ist der Beschluss mit einer **Rechtsbehelfsbelehrung** nach § 39 FamFG, fehlt diese, so kann dies einen Wiedereinsetzungsgrund rechtfertigen, § 17 Abs. 2 FamFG. Wirksam wird der Beschluss über die Anordnung und Bestellung eines Ergänzungspflegers mit seiner **Bekanntgabe an die Beteiligten**, für den er seinem wesentlichen Inhalt nach bestimmt ist, § 40 Abs. 1 FamFG. Die Bekanntgabe erfolgt an die Eltern bzw. den Vormund und an das **Kind** selbst, wenn es das **14. Lebensjahr vollendet** hat und nicht geschäftsunfähig ist, § 164 S. 1 FamFG. Die Bekanntgabe erfolgt formlos nach § 15 FamFG, wenn dem Willen der Beteiligten entsprochen worden ist, insbesondere, wenn die von den Eltern vorgeschlagene Person zum Pfleger ernannt wurde. Widerspricht der Beschluss jedoch dem erklärten Willen eines Beteiligten, so ist er diesem **förmlich zuzustellen**, § 41 Abs. 1 S. 2 FamFG. Eine Zustellung des Beschlusses ist also dann erforderlich, wenn

[194] *Heinemann*, FamFG für Notare, Rdnr. 199.
[195] Staudinger/*Bienwald* § 1909 BGB Rdnr. 37 a.

die Anordnung einer Ergänzungspflegschaft abgelehnt oder eine andere als die vorgeschlagene Person zum Pfleger ernannt wird.

84 b) **Verpflichtung des Ergänzungspflegers.** Mit dem Wirksamwerden der Entscheidung über die Anordnung der Ergänzungspflegschaft und die Auswahl des Ergänzungspflegers ist der Pfleger noch nicht in sein Amt berufen.[196] Hierzu bedarf es der Bestellung durch das Familiengericht, in der sich der Pfleger zur treuen und gewissenhaften Führung der Pflegschaft verpflichtet, § 1915 Abs. 1 i.V.m. § 1789 S. 1 BGB. Die **Verpflichtungserklärung** muss **ausdrücklich** erfolgen, schlüssiges Verhalten reicht nicht aus.[197] Sie muss in **persönlicher Anwesenheit** des Pflegers ausgesprochen werden, es genügen weder die fernmündliche noch die schriftliche Bestallung,[198] Vertretung ist ebenfalls ausgeschlossen.[199] Die Verpflichtung soll mittels Handschlag an Eides statt erfolgen (§ 1789 S. 2 BGB), dem Pfleger ist eine Bestallungsurkunde auszuhändigen (§ 1791 BGB). Handschlag und Aushändigung der Ernennungsurkunde sind jedoch keine konstitutiven Akte der Pflegerbestellung.[200]

Praxistipp:

Vor der Beurkundung mit einem Ergänzungspfleger sollte stets durch Rückfrage beim Pfleger ermittelt werden, ob dieser die Verpflichtungserklärung schon persönlich beim Familiengericht abgegeben hat. Die Vorlage des Anordnungs- und Bestellungsbeschlusses oder der Bestallungsurkunde sind keine hinreichenden Indizien, da diese Unterlagen unter Umständen schon vor Abgabe der Verpflichtungserklärung postalisch übermittelt worden sein können.

6. Rechtsmittel

85 a) **Beschwerde.** Gegen die Entscheidung des Familiengerichts ist die Beschwerde nach § 58 Abs. 1 FamFG statthafter Rechtsbehelf. **Beschwerdegegenstand** kann sowohl die Anordnung der Pflegschaft als auch die Ernennung des Pflegers sein.[201] Insbesondere kann die Beschwerde auf die vom Familiengericht getroffene Auswahl der Person des Pflegers beschränkt werden.[202] Hat also das Gericht eine andere als die von den Beteiligten vorgeschlagene Person zum Pfleger bestellt, kann hiergegen Beschwerde eingelegt werden. Fraglich ist, ob die **ablehnende Entscheidung** des Gerichts, eine Ergänzungspflegschaft anzuordnen, eine beschwerdefähige Endentscheidung darstellt. Lag lediglich eine Anregung i.S. des § 24 Abs. 1 FamFG vor, so soll gegen die Mitteilung nach § 24 Abs. 2 FamFG grundsätzlich keine Beschwerde eröffnet sein.[203] Dies erscheint zweifelhaft, denn mit der Ablehnung der Anordnung einer Ergänzungspflegschaft trifft das Gericht eine faktische Vorentscheidung, die im Falle ihrer Unrichtigkeit einer **Rechtsschutzverweigerung** gleichkommt. In diesem Fall kommt die Erhebung einer **Untätigkeitsbeschwerde** in Betracht. Ebenfalls möglich ist die Erhebung einer Beschwerde, wenn das Gericht einen förmlichen Antrag auf Einleitung des Verfahrens i.S. des § 23 FamFG zurückweist. Da das Gesetz die Beteiligtenstellung und das Beschwerderecht allein an die formale Position als Antragsteller knüpft, berechtigt auch in **Amtsverfahren die Antragszurückweisung** zur Beschwerdeeinlegung.[204]

86 b) **Beschwerdeberechtigte.** Im Falle der Antragszurückweisung, also bei Nichtanordnung des Verfahrens oder bei Nichtberücksichtigung der vorgeschlagenen Person, steht dem **Antragsteller** nach § 59 Abs. 2 FamFG das Beschwerderecht zu.[205] Ansonsten sind diejenigen

[196] OLG Karlsruhe OLGR 2002, 85; MünchKommBGB/*Wagenitz* § 1789 Rdnr. 2.
[197] BGH NJW 1974, 1374; MünchKommBGB/*Wagenitz* § 1789 Rdnr. 5.
[198] BayObLGZ 1992, 151, 153.
[199] MünchKommBGB/*Wagenitz* § 1789 Rdnr. 7.
[200] MünchKommBGB/*Wagenitz* § 1789 Rdnr. 3, 5.
[201] BayObLG NJWE-FER 2000, 177 = Rpfleger 2000, 268, 270; Staudinger/*Bienwald* § 1909 BGB Rdnr. 42.
[202] BayObLG NJWE-FER 2000, 177 = Rpfleger 2000, 268, 270; BayObLG FamRZ 1989, 1342; OLG Zweibrücken FGPrax 2001, 241, 242; Staudinger/*Bienwald* § 1909 BGB Rdnr. 42.
[203] Keidel/*Sternal* § 24 FamFG Rdnr. 9; MünchKommZPO/*Ulrici* § 24 FamFG Rdnr. 13.
[204] MünchKommZPO/*Ulrici* § 24 FamFG Rdnr. 13; § 23 FamFG Rdnr. 9.
[205] MünchKommZPO/*Ulrici* § 23 FamFG Rdnr. 9.

Beteiligten beschwerdeberechtigt, die durch den Beschluss beeinträchtigt werden, § 59 Abs. 1 FamFG. Dies sind stets die **vermögenssorgeberechtigten Eltern** bzw. der **Vormund,** soweit eine Ergänzungspflegschaft angeordnet[206] oder eine andere als die von ihnen vorgeschlagene Person zum Pfleger ernannt wird.[207] Beschwerdeberechtigt ist auch das Kind selbst, soweit es das 14. Lebensjahr vollendet hat und nicht geschäftsunfähig ist, § 60 S. 2 und 3 FamFG. Der ernannte **Ergänzungspfleger** kann gegen die Anordnung im Namen des Kindes,[208] gegen seine Ernennung im eigenen Namen und im Namen des Kindes Beschwerde erheben.[209] Gegen die Aufhebung oder Beschränkung der Pflegschaft ist er nicht beschwerdeberechtigt, wohl aber gegen seine Entlassung.[210]

c) **Beschwerdesumme.** In vermögensrechtlichen Angelegenheiten muss der Beschwerdewert von **€ 600** überschritten sein, § 61 Abs. 1 FamFG, es sei denn, das Familiengericht hat die Beschwerde wegen besonderer Bedeutung der Sache zugelassen, § 61 Abs. 2 und 3 FamFG. Beim Pflegerbestellungsverfahren wegen einer gesellschaftsrechtlichen Beteiligung handelt es sich regelmäßig um eine vermögensrechtliche Angelegenheit. Der Beschwerdewert dürfte grundsätzlich überschritten sein, da im Zweifel der Geschäftswert nach § 42 Abs. 3 FamGKG in Höhe von € 3000 maßgeblich ist.[211] 87

d) **Beschwerdeverfahren.** Die Beschwerde ist **beim Familiengericht,** nicht beim Beschwerdegericht (vgl. § 64 Abs. 1 FamFG) innerhalb einer Frist von einem Monat seit schriftlicher Bekanntgabe des Beschlusses an den jeweils Beteiligten einzulegen, § 63 Abs. 1, Abs. 3 S. 1 FamFG. Die Beschwerde muss schriftlich oder zur Niederschrift der Geschäftsstelle eingelegt werden (§ 64 Abs. 2 S. 1 FamFG), Vertretung durch einen Rechtsanwalt ist nicht geboten.[212] Die Beschwerde soll, muss aber nicht begründet werden und kann auf neue Tatsachen und Beweismittel gestützt werden, § 65 Abs. 1, Abs. 2 FamFG. Das Familiengericht kann der Beschwerde abhelfen, ansonsten legt sie diese dem Beschwerdegericht zur Entscheidung vor, § 68 Abs. 1 FamFG. Beschwerdegericht ist das **OLG,** § 119 Abs. 1 Nr. 1 a) GVG). Für das Verfahren gelten die Verfahrensregeln des ersten Rechtszugs, § 68 Abs. 3 S. 1 FamFG. Das Beschwerdegericht soll grundsätzlich selbst entscheiden, § 69 Abs. 1 S. 1 FamFG. Hat das Familiengericht in der Sache selbst noch nicht entschieden oder leidet das Verfahren an einem wesentlichen Mangel (z. B. Entscheidung durch Rechtspfleger bei Bestehen eines Richtervorbehalts), so kommt auch eine **Zurückverweisung** in Betracht, § 69 Abs. 1 S. 2 und 3 FamFG.[213] 88

e) **Rechtsbeschwerde.** Gegen die Beschwerdeentscheidung des OLG findet die Rechtsbeschwerde zum BGH nur statt, wenn sie vom Beschwerdegericht zugelassen worden ist, § 70 Abs. 1 FamFG. Eine **Zulassung** erfolgt nur, wenn die Sache grundsätzliche Bedeutung hat, der Fortbildung des Rechts oder der Sicherung einer einheitlichen Rechtsprechung dient, § 70 Abs. 2 S. 1 FamFG. Der BGH ist an die Zulassung zwar gebunden (§ 70 Abs. 2 S. 2 FamFG), kann die Rechtsbeschwerde aber durch Beschluss zurückweisen, wenn er davon überzeugt ist, dass die zulassungsvoraussetzungen nicht vorliegen und die Rechtsbeschwerde keine Aussicht auf Erfolg bietet, § 74 a Abs. 1 FamFG. Einlegung und Begründung der Rechtsbeschwerde (§ 71 FamFG) müssen durch einen beim **BGH zugelassenen Anwalt** erfolgen, § 10 Abs. 4 FamFG. 89

[206] OLG Köln FamFR 2010, 495.
[207] *Regler* Rpfleger 2000, 305, 311 f.; vgl. BayObLG NJWE-FER 2000, 177 = Rpfleger 2000, 268, 270.
[208] OLG Stuttgart NJW-RR 2010, 222, 223; weitergehend OLG Köln FamFR 2010, 495.
[209] Vgl. KG NJW-RR 2010, 1087; OLG Brandenburg MittBayNot 2011, 240.
[210] Vgl. OLG Zweibrücken OLGZ 1989, 298, 299; Keidel/*Meyer-Holz* § 59 FamFG Rdnr. 70.
[211] KG NJW-RR 2010, 1087; OLG Brandenburg MittBayNot 2011, 240, 241; Keidel/*Meyer-Holz* § 61 FamFG Rdnr. 13.
[212] *Heinemann,* FamFG für Notare, Rdnr. 100.
[213] *Heinemann,* FamFG für Notare, Rdnr. 102.

V. Familiengerichtliche Genehmigung

1. Zuständigkeit

90 Soweit die Eltern, der Vormund oder der Ergänzungspfleger eines minderjährigen Kindes eine gerichtliche Genehmigung bedarf, liegt eine Familiensache (§ 111 Nr. 2 FamFG), nämlich eine Kindschaftssache gemäß § 151 Nr. 1, 4 oder 5 FamFG vor. **Sachlich** zuständig ist daher das Amtsgericht als **Familiengericht,** § 23a Abs. 1 S. 1 Nr. 1, § 23b GVG. **Funktionell** zuständig ist ausschließlich der **Rechtspfleger** (§ 3 Nr. 2a) RPflG).[214] Die **örtliche Zuständigkeit** bestimmt sich außerhalb der Anhängigkeit einer Ehesache nach § 152 Abs. 2 und 3 FamFG. Zuständig ist regelmäßig das Familiengericht, in dessen Bezirk das Kind seinen **gewöhnlichen Aufenthalt** hat (siehe Rdnr. 69). Befindet sich der Minderjährige längere Zeit im Ausland, bestimmt sich die örtliche Zuständigkeit gemäß § 152 Abs. 3 FamFG danach, an welchem Ort das Fürsorgebedürfnis entsteht. In **gesellschaftsrechlichen Angelegenheiten** wird ein solches Fürsorgebedürfnis überall dort zu bejahen sein, wo die betroffene Gesellschaft ihren **statuarischen** oder **tatsächlichen Verwaltungssitz** hat, da es insoweit auf die Belegenheit des Vermögens ankommt (siehe Rdnr. 69).

2. Verfahren

91 **a) Einleitung des Verfahrens.** Nach h. M. stellt das Genehmigungsverfahren ein **Amtsverfahren** dar, das auch ohne Antrag eingeleitet werden kann.[215] Es handelt sich bei einem „Antrag" regelmäßig um eine Anregung i. S. des § 24 Abs. 1 FamFG. Umstritten ist, ob das Gericht die Genehmigung bzw. Nichtgenehmigung auch **ohne Anregung** (also Zustimmung) **des Sorgeberechtigten** (Eltern, Vormund, Ergänzungspfleger) aussprechen darf.[216] Richtigerweise kann das Gericht in den Fällen, in denen dem Sorgeberchtigten die Entscheidung obliegt, ob er von der erteilten gerichtlichen Genehmigung Gebrauch machen will oder nicht (§ 1829 Abs. 1 S. 2 BGB), die Genehmigung auch nicht ohne seine Zustimmung aufzwingen.[217] Es wäre daher konsequent, das Verfahren insgesamt als Antragsverfahren zu behandeln. Verletzen Eltern, Vormund oder Pfleger ihr Sorgerecht gegenüber dem Kind dadurch, dass sie keine gerichtliche Genehmigung beantragen, so hat das Familiengericht die hierzu erforderlichen Maßnahmen (z. B. Entziehung des Sorgerechts) einzuleiten.

Praxistipp:

Da dem Sorgeberchtigten in Gesellschaftssachen regelmäßig am Erhalt der familiengerichtlichen Genehmigung gelegen ist, wird diese Frage selten problematisch sein. Es empfiehlt sich dennoch, im Rahmen des zu genehmigenden Rechtsgeschäfts die Genehmigung ausdücklich zu beantragen.

92 **b) Beteiligte, Bevollmächtigte.** Am Verfahren sind zwingend nach § 7 Abs. 2 Nr. 1 FamFG beteiligt das **Kind** und dessen Sorgeberechtigte, also die **Eltern** bzw. der **Vormund** oder der **Ergänzungspfleger.** Soweit das Kind **nicht verfahrensfähig** ist (vgl. § 9 Abs. 1 Nr. 3 FamFG), wird es durch den Sorgeberechtigten vertreten, § 9 Abs. 2 FamFG. Das **Jugendamt** kann in Verfahren, die ausschließlich das Vermögen des Kindes betreffen, nicht auf seinen Antrag hin die Beteiligtenstellung erreichen, vgl. § 162 Abs. 2, § 7 Abs. 2 Nr. 2 FamFG.[218] In gesellschaftsrechtlichen Angelegenheiten, die die Beteiligung eines Minderjährigen an einer zu

[214] Bassenge/Roth/*Roth* § 3 RPflG Rdnr. 28, 29.

[215] BayObLGZ 1981, 44, 47; KG OLGZ 1976, 302, 303.

[216] So KG OLGZ 1976, 302, 303 zumindest für die Nichterteilung der Genehmigung, wenn der Sorgeberechtigte das Geschäft für nicht genehmigungspflichtig hält; allgemein für eine amtswegige Einleitung Soergel/*Zimmermann* § 1828 BGB Rdnr. 21; NK-BGB/*Fritsche* § 1828 Rdnr. 12.

[217] So BGHZ 7, 208, 213, 214; BayObLG FamRZ 1977, 141, 144; MünchKommBGB/*Wagenitz* § 1828 Rdnr. 31; *Gernhuber/Coester-Waltjen* § 60 IV 7 (Rdnr. 58).

[218] NK-BGB/*Fritsche* § 1828 Rdnr. 13; MünchKommZPO/*Schumann* § 162 FamFG Rdnr. 3; Bork/Jacoby/Schwab/*Zorn* § 162 FamFG Rdnr. 2.

gründenden oder bestehenden Gesellschaft zum Gegenstand haben, handelt es sich in aller Regel um eine **rein vermögensrechtliche Angelegenheit**, so dass dem Jugendamt **kein Antragsrecht** nach § 162 Abs. 2 FamFG zusteht. Der **Vertragspartner** des zu genehmigenden Rechtsgeschäfts ist nicht Beteiligter des Genehmigungsverfahrens.[219]

Die Beteiligten können nach § 10 Abs. 1 FamFG selbst auftreten, sie können sich aber 93
auch durch einen Rechtsanwalt (§ 10 Abs. 2 S. 1 FamFG) oder durch eine der in § 10 Abs. 2 S. 2 Nr. 1 bis 3 FamFG genannten Personen vertreten lassen. Insbesondere können die Beteiligten die Einleitung des Verfahrens durch den **Notar**, der mit der Beurkundung des zu genehmigenden Rechtsgeschäfts betraut ist, vornehmen lassen, § 10 Abs. 2 S. 2 Nr. 3 FamFG.[220] Das Gericht braucht keine Vorlage einer schriftlichen Verfahrensvollmacht anzuordnen, wenn als Bevollmächtigter ein Rechtsanwalt oder ein Notar auftritt, § 11 S. 4 FamFG.

c) **Sachverhaltsermittlung.** Das Familiengericht hat den Sachverhalt **von Amts wegen** auf- 94
zuklären, § 26 FamFG.[221] Es kann in diese Zusammenhang verlangen, dass die Beteiligten, insbesondere Eltern, Vormund bzw. Ergänzungspfleger des Kindes an der Ermittlung des Sachverhalts **mitwirken**, § 27 Abs. 1 FamFG. Unabdingbare Voraussetzung für die Genehmigung ist die Vorlage des zu genehmigenden Rechtsgeschäfts. Um den Prüfungszeitraum zu verkürzen, empfiehlt es sich, dem Familiengericht den Entwurf des Vertrags frühzeitig, ggf. mit dem Antrag auf Bestellung eines Ergänzungspflegers (siehe Rdnr. 74) einzureichen.

3. Anhörungen

Das **Kind** selbst muss nach § 159 Abs. 1 S. 1 FamFG vom Gericht persönlich angehört 95
werden, wenn es das **14. Lebensjahr vollendet** hat. Betrifft das Verfahren ausschließlich das Vermögen des Kindes, kann von einer persönlichen Anhörung abgesehen werden, wenn sie nach Art der Angelegenheit nicht angezeigt ist. Im Genehmigungsverfahren dürfte die **schriftliche Anhörung** stets ausreichend, aber auch erforderlich sein.[222] Sie ist ggf. nachzuholen, § 159 Abs. 3 S. 2 FamFG. Hat das Kind das **14. Lebensjahr noch nicht vollendet**, so entscheidet das Gericht über eine persönliche oder schriftliche Anhörung nach Ermessen (§ 159 Abs. 4 S. 4 FamFG), da ein Fall des § 159 Abs. 2 FamFG regelmäßig nicht vorliegen dürfte.

Die **Eltern des Kindes** sind schriftlich anzuhören (§ 160 Abs. 2 S. 1 FamFG), es sei denn, 96
ihnen steht das Sorgerecht nicht zu und eine Aufklärung ist von ihnen nicht zu erwarten, § 160 Abs. 2 S. 2 FamFG. Ansonsten darf nur aus schwerwiegenden Gründen von der Anhörung abgesehen werden, diese ist notfalls unverzüglich nachzuholen, § 160 Abs. 3 und 4 FamFG. Da in gesellschaftsrechtlichen Angelegenheiten, zu denen die familiengerichtliche Genehmigung erforderlich ist, die Einleitung des Genehmigungsverfahrens entweder unmittelbar von den Eltern ausgeht, sind deren Verfahrensrechte im Regelfall ausreichend gewahrt. Sind die Eltern oder der Vormund allerdings von der Vertretung des Kindes ausgeschlossen und wurde das Rechtsgeschäft von einem Ergänzungspfleger abgeschlossen und von diesem das Genehmigungsverfahren beantragt, so müssen die Eltern in diesem Rahmen zwingend angehört werden. Eine Anhörung von **Pflegepersonen** nach § 161 FamFG scheidet ebenso wie eine solche des **Jugendamts** nach § 162 FamFG aus, da es sich in gesellschaftsrechtlichen Angelegenheiten, die der familiengerichtlichen Genehmigung bedürfen, ausschließlich um vermögensrechtliche Verfahren handelt.[223]

4. Entscheidung des Gerichts

a) **Allgemeines.** Das Gericht entscheidet nach seiner freien, aus dem Inhalt des Verfahrens 97
gewonnenen Überzeugung (§ 37 Abs. 1 FamFG). Alleiniger Prüfungsmaßstab für die Ge-

219 NK-BGB/*Fritsche* § 1828 Rdnr. 13.
220 *Heinemann*, FamFG für Notare, Rdnr. 146.
221 NK-BGB/*Fritsche* § 1828 Rdnr. 13.
222 *Heinemann*, FamFG für Notare, Rdnr. 161.
223 NK-BGB/*Fritsche* § 1828 Rdnr. 13.

nehmigungsfähigkeit ist die **Wahrung der Interessen des Kindes.**[224] Notwendig ist eine Gesamtabwägung möglicher Vor- und Nachteile zum Zeitpunkt der Entscheidung.[225] Dabei sind nach h. M. nicht nur rechtliche, sondern auch wirtschaftliche[226] sowie ideelle Gesichtspunkte[227] gegeneinander abzuwägen. Selbst ein riskioreiches Rechtsgeschäft ist genehmigungsfähig, sofern es aus Sicht eines vernünftigen, alle Risiken überblickenden Volljährigen vorteilhaft erscheint.[228] Unberücksichtigt bleiben Interessen Dritter und das öffentliche Interesse,[229] auch das Familieninteresse kann nur nach Maßgabe der Kindesinteressen und in Einklang mit diesen in die Entscheidung einbezogen werden.[230] Das Familiengericht trifft eine **Ermessensentscheidung,** die nur der eingeschränkten Überprüfung durch die Beschwerdegerichte unterliegt.[231]

98 Ein **Anspruch auf Erteilung der Genehmigung** besteht jedoch, wenn das Kind aus Rechtsgründen zum Abschluss des Geschäfts verpflichtet ist,[232] sofern das Rechtsgeschäft nicht eindeutig unwirksam ist[233] oder soweit es den Interessen des Kindes nicht zuwiderläuft, insbesondere weil der mit dem Rechtsgeschäft beabsichtigte Zweck nicht genauso gut auf einem vorteilhafteren Weg erreicht werden könnte.[234] Bloße Zweifel an der Rechtswirksamkeit oder eine schwebende Unwirksamkeit können eine Versagung der Genehmigung nicht rechtfertigen.[235] Umstritten ist, ob das Familiengericht die Genehmigung unter **Vorbehalt einer Änderung** des Rechtsgeschäfts, unter einer aufschiebenden oder auflösenden **Bedingung** oder mit **Auflagen** erteilen darf.[236] Die Genehmigung als staatlicher Rechtspflegeakt muss hinreichend bestimmt und eindeutig sein, so dass mit der h. M. in der Literatur eine Genehmigung unter Änderungsvorbehalt, Bedingung oder Auflage unzulässig ist.[237]

Praxistipp:

Die Genehmigungsfähigkeit des Rechtsgeschäfts sollte möglichst im Vorfeld mit dem Familiengericht durch Einreichung eines Vertragsentwurfs abgestimmt werden. Auf diese Weise können Änderungsvorbehalte des Gerichts vor Vertragsschluss berücksichtigt werden.

99 **b) Form der Entscheidung.** Die Entscheidung des Gerichts ergeht als **Beschluss,** § 38 Abs. 1 FamFG. Auch wenn im Beschluss antragsgemäß die Genehmigung erteilt wird, muss dieser begründet werden, sofern das Kind das 14. Lebensjahr vollendet hat und dieses nicht geschäftsunfähig ist, vgl. § 164 S. 3 FamFG.[238] Der Beschluss muss mit einer **Rechtsbehelfsbelehrung** nach § 39 FamFG versehen sein. Auf eine (kurze) Begründung kann wegen § 38

[224] *Gernhuber/Coester-Waltjen* § 60 IV 8 (Rdnr. 59); MünchKommBGB/*Wagenitz* § 1828 Rdnr. 17.

[225] BayObLG NJW-RR 2003, 1587, 1588; BayObLGZ 1997, 113, 117 f. = DNotZ 1998, 495, 497; OLG Braunschweig ZEV 2001, 75; *Gernhuber/Coester-Waltjen* § 60 IV 8 (Rdnr. 59).

[226] BGH NJW-RR 1995, 248, 249; BayObLGZ 1995, 230, 236 = DNotZ 1995, 941, 944; MünchKommBGB/*Wagenitz* § 1828 Rdnr. 20.

[227] BGH NJW-RR 1995, 248, 249; BGH NJW 1986, 2829, 2830; BayObLGZ 1995, 230, 235 = DNotZ 1995, 941, 944; *Gernhuber/Coester-Waltjen* § 60 IV 8 (Rdnr. 59); ablehnend MünchKommBGB/*Wagenitz* § 1828 Rdnr. 19; NK-BGB/*Fritsche* § 1828 Rdnr. 13.

[228] NK-BGB/*Fritsche* § 1828 Rdnr. 13.

[229] MünchKommBGB/*Wagenitz* § 1828 Rdnr. 18; NK-BGB/*Fritsche* § 1828 Rdnr. 13.

[230] BayObLG FamRZ 1990, 208 = Rpfleger 1989, 455.

[231] BGH NJW 1986, 2829, 2830; BayObLG DNotZ 2008, 199; BayObLG RNotZ 2003, 127, 128; BayObLG MittBayNot 2000, 118, 119; BayObLGZ 1997, 113, 118 = DNotZ 1998, 495, 497; BayObLGZ 1995, 230, 236 = DNotZ 1995, 941, 944; BayObLG FamRZ 1990, 208 = Rpfleger 1989, 455, 456; OLG Köln NJW-RR 1994, 1450; a. A. OLG Karlsruhe FamRZ 1973, 378, 379; MünchKommBGB/*Wagenitz* § 1828 Rdnr. 15; NK-BGB/*Fritsche* § 1828 Rdnr. 13: unbestimmter Rechtsbegriff, der der vollen Nachprüfung unterliegt.

[232] MünchKommBGB/*Wagenitz* § 1828 Rdnr. 21; vgl. BayObLG MittBayNot 2000, 118, 119.

[233] *Gernhuber/Coester-Waltjen* § 60 IV 8 (Rdnr. 60).

[234] MünchKommBGB/*Wagenitz* § 1828 Rdnr. 20.

[235] *Gernhuber/Coester-Waltjen* § 60 IV 8 (Rdnr. 60).

[236] BayObLGZ 1973, 188, 190 = MittBayNot 1973, 285; *Gernhuber/Coester-Waltjen* § 60 IV 8 (Rdnr. 62, 63); MünchKommBGB/*Wagenitz* § 1828 Rdnr. 13.

[237] MünchKommBGB/*Wagenitz* § 1828 Rdnr. 13; teilweise großzügiger *Gernhuber/Coester-Waltjen* § 60 IV 8 (Rdnr. 62, 63).

[238] *Heinemann,* FamFG für Notare, Rdnr. 162.

Abs. 5 Nr. 3 FamFG auch dann nicht verzichtet werden, wenn der Beschluss in Gegenwart aller Beteiligten bekannt gegeben worden und alle Beteiligten auf Rechtsmittel verzichtet haben.[239]

5. Bekanntgabe der Entscheidung

a) Bekanntgabe an gesetzlichen Vertreter. Die Entscheidung des Gerichts ist nach § 41 Abs. 1 S. 1 FamFG den Beteiligten, in erster Linie demjenigen, dessen Handeln genehmigt werden soll, also den **antragstellenden Eltern, dem Vomund oder dem Ergänzungspfleger** (die sich durch den das Rechtsgeschäft beurkundenden Notar vertreten lassen können) bekannt zu geben. 100

b) Bekanntgabe an den (beschränkt) verfahrensfähigen Minderjährigen. Nach § 41 Abs. 3 FamFG ist die Entscheidung aber auch demjenigen bekannt zu geben, für den das Rechtsgeschäft zu genehmigen ist, im Rahmen der familiengerichtlichen Genehmigung also dem **Kind** selbst. Soweit das Kind das **14. Lebensjahr vollendet** hat und nicht geschäftsunfähig ist, ergibt sich das Bekanntgabeerfordernis auch aus § 164 S. 1 i.V.m. § 60 S. 2 und 3 FamFG. Daraus folgt, dass Adressat der Entscheidung in diesem Fall das vom Gesetz in Ausnahme zu § 9 Abs. 1 Nr. 3 FamFG als teilverfahrensfähig eingestufte Kind selbst ist. 101

c) Bekanntgabe an den nicht verfahrensfähigen Minderjährigen. Hat das Kind das **14. Lebensjahr noch nicht vollendet** oder ist es geschäftsunfähig, so stellt sich die schwierige und heftig umstrittene Frage, wem die Entscheidung des Gerichts bekannt zu geben ist: dem Sorgeberechtigten, einem gesondert zu bestellenden Verfahrensbeistand oder einem gesondert zu bestellenden Ergänzungspfleger. Ein Teil der Rechtsprechung und der Literatur befürwortet stets die Bestellung eines (notfalls zweiten!) **Ergänzungspflegers.**[240] Sie beruft sich dabei auf den angeblich klaren Wortlaut des Gesetzes, was aber allenfalls dort verfängt, wo das Handeln des regulären gesetzlichen Vertreters (Eltern, Vormund) genehmigt werden soll. Soweit es sich aber um die familiengerichtliche Genehmigung zu dem von einem Ergänzungspfleger vorgenommenen Rechtsgeschäft handelt, sind die Eltern oder der Vormund nicht an der Verfahrensvertretung des Kindes, insbesondere nicht an der Entgegennahme der Entscheidung, gehindert.[241] Deshalb unterstellt diese Auffassung den Eltern bzw. dem Vormund kurzerhand stets einen erheblichen Interessengegensatz nach § 1629 Abs. 2 S. 3 i.V.m. § 1796 BGB, entzieht diesen im Genehmigungsverfahren das Sorgerecht und bestellt dem Kind einen weiteren Ergänzungspfleger. Diese Ansicht wird zu recht als unverhältnismäßig kritisiert. Anstelle eines Ergänzungspflegers könne auch ein **Verfahrensbeistand** nach § 158 Abs. 1 FamFG bestellt werden, womit für eine ausreichende Verfahrenskontrolle gesorgt sei. Der Verfahrensbeistand ist zwar nicht gesetzlicher Vertreter des Kindes (§ 158 Abs. 4 S. 6 FamFG), die Bekanntgabe an einen solchen wird von § 41 Abs. 3 FamFG aber auch gar nicht gefordert. Zur Wahrung der Verfahrensrechte des Kindes genügt es, dass der Verfahrenspfleger selbst gegen die Entscheidung des Gerichts Beschwerde nach § 158 Abs. 4 S. 5 FamFG einlegen kann. Zwar sieht § 158 Abs. 1 FamFG nur in Kindschaftssachen, die ausschließlich die Personensorge des Kindes betreffen, die Bestellung eines Verfahrensbeistands vor. Die Vorschrift ist jedoch analog anzuwenden auf das gerichtliche Genehmigungsverfahren.[242] Schon zur Vorgängervorschrift des § 50 FGG war in Rechtsprechung und Schrifttum anerkannt, dass die Bestellung eines Verfahrenspflegers im gerichtlichen Genehmigungsverfahren entsprechend möglich sein müsse.[243] An den vorgebrachten Argumenten haben sich auch nach neuer Rechtslage keine Änderungen ergeben, vielmehr gibt der im 102

[239] *Heinemann,* FamFG für Notare, Rdnr. 162.

[240] OLG Köln FamFR 2010, 495; OLG Oldenburg NJW 2010, 1888 = FamFR 2010, 45; KG NJW-RR 2010, 1087; OLG Celle BeckRS 2011, 10185; Keidel/*Engelhardt* § 158 FamFG Rdnr. 6; *Zorn* Rpfleger 2009, 421, 426; *Brambring* NotBZ 2009, 394, 395; *Schürmann* FamFR 2009, 153, 157 f.; *Sonnenfeld* NotBZ 2009, 295, 299.

[241] Zutreffend *Schael* FamRZ 2009, 265, 269.

[242] Ebenso *Schulte-Bunert,* Das neue FamFG, Rdnr. 200.

[243] BayObLG FamRZ 2005, 828 = Rpfleger 2005, 252; *Dörndorfer* FamRZ 2001, 1117, 1119; ähnlich *Bork* FamRZ 2002, 65, 73.

Vergleich zur Vorgängernorm geänderte Wortlaut Anlass zur Annahme, dass die Bestellung eines Verfahrensbeistands in vermögensrechtlichen Angelegenheiten zwar nicht erfolgen muss, wohl aber erfolgen kann. Der Gesetzgeber hält zwar die Bestellung eines Verfahrensbeistands in diesen Fällen, insbesondere wenn anstelle der Eltern oder des Vormunds ohnehin ein Ergänzungspfleger handeln muss, nicht für erforderlich.[244] Zur ausreichenden Wahrnehmung der Interessen des Kindes ist in diesen Konstellationen jedoch die Bestellung eines Verfahrensbeistands geboten.[245]

103 Der Verfahrensbeistand braucht **kein Rechtsanwalt oder berufsmäßiger Beistand** zu sein. Er kann und sollte von den Beteiligten vorgeschlagen werden, die vorgeschlagene Person sollte sich zur Übernahme des Amtes bereit erklärt haben. Lehnt das Gericht eine Bestellung des Verfahrensbeistands oder der vorgeschlagenen Person ab, so ist diese Entscheidung unanfechtbar, § 158 Abs. 3 S. 4 FamFG. Der Verfahrensbeistand erhält – sofern er nicht berufsmäßig auftritt – nur Ersatz seiner Aufwendungen nach § 158 Abs. 7 S. 1 i.V.m. § 277 FamFG. Die Bestellung des Verfahrensbeistands **endet mit Rechtskraft des Genehmigungsbeschlusses** oder mit dem sonstigen Abschluss des Verfahrens, § 158 Abs. 6 FamFG.

Formulierungsvorschlag Anregung auf Bestellung eines Verfahrensbeistands:

104 An das
Amtsgericht
– Familiengericht –

……

Antrag auf Bestellung eines Verfahrensbeistands

Die Ehegatten …… sind gesetzliche Vertreter von Frau ……. Der Vater von Frau …… beabsichtigt, dieser seine Kommanditbeteiligung an dem Erwerbsgeschäft XY GmbH & Co. KG mit dem Sitz in …… zu schenken. Da die Ehegatten …… an der Vertretung ihrer Tochter Frau …… gemäß § 1629 Abs. 2 S. 1 i.V.m. § 1795 Abs. 2 BGB verhindert sind, hat das Amtsgericht – Familiengericht – Herrn …… zum Ergänzungspfleger bestellt.

Zu diesem Vertragsschluss benötigt der Ergänzungspfleger Herr …… die Genehmigung des Familiengerichts.

Es wird daher beantragt, einen Verfahrensbeistand zu bestellen, der im Interesse von Frau …… die familiengerichtliche Genehmigung entgegennimmt.

Als Verfahrensbeistand schlage ich im Namen der Eltern von Frau …… Herrn Rechtsanwalt ……, ……, geb. …… vor. Dieser hat sich mit seiner Bestellung einverstanden erklärt.

Ordnungsgemäße Bevollmächtigung durch die Eltern von Frau …… wird versichert.

……

<Notar>

Praxistipp:

Da die Gerichte mittlerweile dazu tendieren, die Bestellung eines Verfahrensbeistands im familiengerichtlichen Genehmigungsverfahren als unmöglich, jedenfalls aber als unzureichend anzusehen, empfiehlt es sich, parallel zur Einleitung des Genehmigungsverfahrens die Bestellung eines (weiteren) Ergänzungspflegers anstelle eines Verfahrensbeistands anzuregen. Dabei sollte auch hier von der Möglichkeit, Personen vorzuschlagen (siehe Rdnr. 79 ff.), Gebrauch gemacht werden.

[244] BT-Drucks. 16/6308 S. 238.

[245] OLG Stuttgart NJW-RR 2010, 222 = FamFR 2009, 164 mit zust. Anm. *Müller-Magdeburg*; OLG Koblenz FamFR 2010, 403; *Bolkart* MittBayNot 2009, 268, 272; *Harders* DNotZ 2009, 725, 730; *Kölmel* MittBayNot 2011, 190, 196; *Litzenburger* RNotZ 2009, 380, 381; Bork/Jacoby/Schwab/*Elzer* § 41 FamFG Rdnr. 7; Bassenge/Roth/*Gottwald* § 41 FamFG Rdnr. 7; *Schulte-Bunert*, Das neue FamFG, Rdnr. 200, 586; MünchKommZPO/*Ulrici* § 41 FamFG Rdnr. 14; im Ergebnis offen lassend OLG Brandenburg MittBayNot 2011, 240; *Kölmel* NotBZ 2010, 2, 6.

d) **Form der Bekanntgabe.** Die Bekanntgabe erfolgt formlos nach § 15 FamFG, wenn dem Willen der Beteiligten entsprochen worden ist, insbesondere, wenn die Genehmigung antragsgemäß erteilt wurde. Soweit der Beschluss jedoch dem erklärten Willen eines Beteiligten widerspricht, ist er diesem Beteiligten **förmlich zuzustellen,** § 41 Abs. 1 S. 2 FamFG. Eine Zustellung des Beschlusses an den Sorgeberechtigten (Eltern, Vormund, Ergänzungspfleger) ist also stets erforderlich, wenn die Genehmigung des Rechtsgeschäfts versagt worden ist.[246] 105

6. Wirksamwerden der Entscheidung

a) **Rechtskraftlösung.** Die familiengerichtliche Genehmigung wird nicht bereits mit ihrer Bekanntgabe wirksam, sondern erst **mit Eintritt der formellen Rechtskraft,** § 40 Abs. 2 S. 1 FamFG, was im Beschluss ausdrücklich auszusprechen ist, § 40 Abs. 2 S. 2 FamFG. Formell rechtskräftig ist die Entscheidung des Familiengerichts dann, wenn gegen diese keine Rechtsmittel mehr eingelegt werden können. Problematisch hieran ist zum einen, dass die Rechtsmittelfrist nicht einheitlich, sondern erst mit **Bekanntgabe an den jeweiligen Beteiligten** zu laufen beginnt (siehe Rdnr. 112). Zum anderen stellt sich die Frage, ob eine **fehlende oder fehlerhafte Bekanntgabe** den Ablauf der Rechtsmittelfrist überhaupt hindert (siehe Rdnr. 113). Schließlich ist unklar, ob die formelle Rechtskraft schon mit Ablauf der Beschwerdefrist oder erst mit Ablauf der Frist zur Einlegung einer (theoretisch denkbaren) **Sprungrechtsbeschwerde** eintritt (siehe Rdnr. 116). 106

b) **Nachweis der formellen Rechtskraft.** Der Nachweis des Eintritts der formellen Rechtskraft muss bei Rechtsgeschäften, die der Eintragung im Grundbuch bedürfen, in der Form des § 29 Abs. 1 S. 2 GBO erfolgen. Auch dem Registergericht ist das Wirksamwerden einer familiengerichtlichen Genehmigung nachzuweisen. Den Nachweis in öffentlicher Urkunde ermöglicht § 46 FamFG. Danach erteilt die Geschäftsstelle des Gerichts des ersten Rechtszugs ein **Zeugnis über den Eintritt der formellen Rechtskraft,** § 46 S. 1 FamFG. Die Erteilung eines **Notfristzeugnisses** durch die Geschäftsstelle des BGH scheidet in entsprechender Anwendung von § 706 Abs. 2 S. 2 ZPO aus, denn die Geschäftsstelle des Amtsgerichts würde von einer solchen Sprungrechtsbeschwerde unverzüglich durch Anforderung der Gerichtsakten durch den BGH (vgl. § 566 Abs. 3 S. 2 ZPO) informiert.[247] 107

Praxistipp:

Zwar verfährt die Praxis recht großzügig und erblickt im Regelfall in der Beantragung der Erteilung der familiengerichtlichen Genehmigung zugleich den Antrag auf Erteilung des entsprechend benötigten Rechtskraftzeugnisses, dennoch sollte dessen Erteilung im Anschreiben an das Amtsgericht ausdrücklich beantragt werden.

Auf die Richtigkeit des Zeugnisses darf der Notar in aller Regel vertrauen.[248] Es existiert aber kein Rechtssatz, wonach der Notar in **jedem Fall** auf die Richtigkeit einer gerichtlichen Entscheidung **vertrauen dürfe.**[249] Vielmehr gilt auch hier, dass der Notar alles ihm zumutbare zu unternehmen hat, um evidente Fehler des Gerichts zu verhindern bzw. zu beseitigen. Da das Rechtskraftzeugnis – entgegen mancher Literaturstimme[250] – eben nicht vom Richter oder Rechtspfleger, sondern vom juristisch oftmals sehr unzureichend geschulten Urkundsbeamten erteilt wird, wird der Notar das Rechtskraftzeugnis einer Evidenzkontrolle unterziehen und etwaige formelle (z. B. fehlendes Dienstsiegel[251]) und materielle Unstimmigkeiten (z. B. Rechtskraftvermerk datiert eine Woche nach Erlass der Genehmigung, es liegt jedoch 108

[246] NK-BGB/*Fritsche* § 1828 Rdnr. 13.
[247] BGH DNotI-Report 2010, 41, 42.
[248] DNotI-Report 2009, 145, 149 f.
[249] So aber – ohne jede Begründung – *Kesseler* ZNotP 2009, 422, 423 und *Kölmel* NotBZ 2010, 2, 11, 12.
[250] Vgl. *Kesseler* ZNotP 2009, 422, 423.
[251] Bork/Jacoby/Schwab/*Elzer* § 46 FamFG Rdnr. 8.

kein Rechtsmittelverzicht vor) gegenüber dem Gericht monieren. Keinesfalls ist das Rechtskraftzeugnis mit öffentlichem Glauben, insbesondere **nicht mit Gutglaubenswirkung ausgestattet.**[252] Erweist sich das Zeugnis als falsch, weil die Beschwerdefrist für einen Beteiligten noch nicht abgelaufen war, so ist das zu genehmigende Rechtsgeschäft weiterhin schwebend unwirksam und eine bereits erfolgte Grundbuch- bzw. Registereintragung unrichtig. Das Rechtskraftzeugnis allein bewirkt noch keinen Vertrauenstatbestand darauf, dass der Beschluss auch tatsächlich in Rechtskraft erwachsen ist.

109 c) **Materielle Rechtskraftwirkung.** Ist die Genehmigung oder deren Verweigerung einem Dritten gegenüber wirksam geworden (vgl. § 1829 Abs. 1 S. 2 BGB), so wird das Interesse des Dritten an den dauerhaften Bestand der Entscheidung vom Gesetzgeber als schutzwürdig anerkannt.[253] Deshalb wird die gerichtliche Genehmigung nicht nur mit formeller, sondern auch mit **materieller Rechtskraft** ausgestattet.[254] § 48 Abs. 3 FamFG nimmt daher den Schutzgedanken der §§ 55, 62 FGG auf und ordnet an, dass gegen einen Beschluss, durch den die Genehmigung für ein Rechtsgeschäft erteilt oder verweigert wird, **keine Wiedereinsetzung** in den vorigen Stand wegen Versäumung der Beschwerdefrist nach § 17 FamFG, **keine Gehörsrüge** nach § 44 FamFG, **keine Abänderung** der Genehmigung nach § 48 Abs. 1 FamFG und **keine Wiederaufnahme** des Verfahrens nach § 48 Abs. 2 FamFG stattfinden.[255]

7. Rechtsmittel

110 a) **Beschwerde.** Gegen die Entscheidung des Familiengerichts ist die Beschwerde nach § 58 Abs. 1 FamFG statthafter Rechtsbehelf. **Beschwerdegegenstand** kann sowohl die Erteilung[256] als auch die Versagung[257] der Genehmigung sein. Insbesondere kann die Beschwerde darauf gestützt werden, dass überhaupt keine Genehmigungspflicht besteht.[258] Ebenfalls eine beschwerdefähige Endentscheidung stellt die Mitteilung des Familiengerichts dar, dass das Rechtsgeschäft keiner Genehmigung bedürfe (sog. **Negativattest**), denn es handelt sich im Ergebnis um die Nichterteilung der beantragten Genehmigung.[259]

111 b) **Beschwerdeberechtigte.** Im Falle der Nichterteilung der Genehmigung steht dem **Antragsteller** nach § 59 Abs. 2 FamFG das Beschwerderecht zu.[260] Ansonsten sind diejenigen Beteiligten beschwerdeberechtigt, die durch den Beschluss unmittelbar in eigenen Rechten beeinträchtigt werden, § 59 Abs. 1 FamFG. Dies sind die **vermögenssorgeberechtigten Eltern** und der **Vormund** sowie der **Ergänzungspfleger**, der anstelle der Eltern oder des Vormunds gehandelt hat.[261] Im Falle der Erteilung der Genehmigungen sind diese Personen aber nur dann beschwerdeberechtigt, wenn diese ohne oder gegen ihren Willen erteilt wurde, das Geschäft nicht genehmigungsbedürftig ist oder einem Ergänzungspfleger die Genehmigung zu einem Geschäft erteilt wurde, das in den Zuständigkeitsbereich des Vormunds oder der Eltern fällt.[262] Beschwerdeberechtigt ist auch das **Kind** selbst, soweit es das 14. Lebensjahr vollendet hat und nicht geschäftsunfähig ist, § 60 S. 2 und 3 FamFG.[263] Ebenfalls beschwerdeberechtigt ist ein für das Kind bestellter **Verfahrensbeistand,** § 158 Abs. 4 S. 6 FamFG. **Kein eigenes Beschwerderecht** steht dem **Vertragspartner** des zu genehmigenden Rechtsgeschäfts zu,[264] es sei denn, er macht geltend, das Rechtsgeschäft bedürfe gar keiner

[252] Ebenso *Bolkart* MittBayNot 2009, 268, 272; *Zorn* Rpfleger 2009, 421, 431.
[253] BT-Drucks. 16/6308 S. 199.
[254] BT-Drucks. 16/6308 S. 196.
[255] BT-Drucks. 16/6308 S. 199.
[256] MünchKommBGB/*Wagenitz* § 1828 Rdnr. 39.
[257] MünchKommBGB/*Wagenitz* § 1828 Rdnr. 41.
[258] BayObLGZ 1963, 1, 6; MünchKommBGB/*Wagenitz* § 1828 Rdnr. 41.
[259] Im Ergebnis ebenso, wenngleich mit anderer Begründung BayObLGZ 1964, 240, 244 f.; MünchKommBGB/*Wagenitz* § 1828 Rdnr. 43.
[260] MünchKommZPO/*Ulrici* § 23 FamFG Rdnr. 9.
[261] MünchKommBGB/*Wagenitz* § 1828 Rdnr. 39; NK-BGB/*Fritsche* § 1828 Rdnr. 13.
[262] BayObLGZ 1963, 1, 6; Bamberger/Roth/*Bettin* § 1828 BGB Rdnr. 10; MünchKommBGB/*Wagenitz* § 1828 Rdnr. 41.
[263] Bamberger/Roth/*Bettin* § 1828 BGB Rdnr. 9; NK-BGB/*Fritsche* § 1828 Rdnr. 13.
[264] Bamberger/Roth/*Bettin* § 1828 BGB Rdnr. 9; MünchKommBGB/*Wagenitz* § 1828 Rdnr. 40.

familiengerichtlichen Genehmigung[265] oder eine ihm gegenüber bereits wirksame Genehmigung sei vom Familiengericht widerrufen oder geändert worden.[266]

c) **Verkürzte Beschwerdefrist.** Dem regelmäßigen Interesse der Beteiligten an einer zügigen Abwicklung der entsprechenden Rechtsgeschäfte trägt das Gesetz durch die nach § 63 Abs. 2 Nr. 2 FamFG auf **zwei Wochen verkürzte Beschwerdefrist** Rechnung.[267] Die Beschwerdefrist beginnt aber nicht einheitlich, sondern für jeden Beteiligten gesondert **ab schriftlicher Bekanntgabe des Beschlusses** an ihn, § 63 Abs. 3 S. 1 FamFG. Als besonderes Problem erweist sich, dass nach § 75 FamFG nunmehr die **Sprungrechtsbeschwerde** zum BGH statthaft ist, so dass die Beschwerdeinstanz unter bestimmten (sehr selten vorliegenden) Voraussetzungen umgangen werden kann.[268] Es ergibt sich die Schwierigkeit, dass Rechtskraft des Genehmigungsbeschlusses erst dann eintreten kann, wenn auch der Antrag auf Zulassung der Sprungrechtsbeschwerde verfristet ist. Da § 75 Abs. 2 FamFG auf § 566 Abs. 2 bis 8 ZPO verweist, der eine **einmonatige** Antragsfrist vorsieht (vgl. § 566 Abs. 2 S. 2 i. V. m. § 548 ZPO), scheint die kürzere Zwei-Wochen-Frist des § 63 Abs. 2 Nr. 2 FamFG ins Leere zu laufen. Aus diesem Grund wird befürwortet, die Frist des § 71 Abs. 1 FamFG (bzw. des § 548 ZPO) teleologisch an § 63 Abs. 2 Nr. 2 FamFG anzupassen und auf zwei Wochen zu reduzieren.[269] Zum selben Ergebnis gelangt man, wenn man § 75 FamFG derart interpretiert, dass eine Sprungrechtsbeschwerde nur (noch) dann statthaft ist, wenn gegen den angefochtenen Beschluss noch Beschwerde eingelegt werden könnte. Ist die Beschwerdefrist des § 63 Abs. 2 Nr. 2 FamFG abgelaufen, scheidet auch eine Sprungrechtsbeschwerde aus.[270] 112

d) **Beschwerdefrist bei fehlender oder fehlerhafter Bekanntgabe.** Wurde die Entscheidung nicht oder fehlerhaft bekanntgegeben, insbesondere an eine Person, die zur Entgegennahme der Entscheidung für das nicht verfahrensfähige Kind nicht befugt war (siehe Rdnr. 102), stellt sich die Frage, ob dieser Mangel dazu führt, dass die Beschwerdefrist überhaupt nicht anläuft. Richtigerweise hat dieser Verfahrensfehler nur zur Folge, dass anstelle der zweiwöchigen, die **fünfmonatige** mit Erlass der Entscheidung beginnende **Beschwerdefrist** eingreift (§ 63 Abs. 3 S. 2 FamFG).[271] Erlassen ist der Beschluss an dem Tag, an dem er an die Geschäftsstelle übergeben wurde oder durch Verlesen der Beschlussformel nach § 41 Abs. 2 S. 1 FamFG bekannt gegeben wurde, § 38 Abs. 3 S. 3 FamFG. Das Kind wurde in jedem Fall förmlich am Verfahren beteiligt, nämlich durch seinen gesetzlichen Vertreter, der im Genehmigungsverfahren unstreitig vertretungsberechtigt ist,[272] ihm wurde lediglich die Entscheidung des Gerichts nicht in schriftlicher Form bekannt gemacht.[273] Die gegenteilige Ansicht[274] verwechselt das Bekanntgabeerfordernis nach § 41 Abs. 3 FamFG mit der formellen Hinzuziehung als Beteiligter nach § 7 Abs. 2 FamFG.[275] Nur wenn ein materiell Beteiligter nicht einmal formell zum Verfahren hinzugezogen wurde, kann sich die Problematik einer nicht anlaufenden Rechtsmittelfrist stellen.[276] Im Zusammenhang mit der familiengerichtlichen Genehmigung ist eine solche Konstellation jedoch kaum vorstellbar. 113

---

[265] BayObLGZ 1964, 240, 243; OLG Hamm OLGZ 1984, 327, 328; MünchKommBGB/*Wagenitz* § 1828 Rdnr. 40.

[266] BayObLGZ 1964, 240, 243.

[267] BT-Drucks. 16/6308 S. 196.

[268] Unzutreffend *Maurer* FamRZ 2009, 465, 483, der verkennt, dass § 75 Abs. 1 FamFG nicht von der zulassungsfreien Rechtsbeschwerde, sondern von der zulassungsfreien Beschwerde (vgl. § 61 Abs. 2 FamFG) spricht.

[269] *Heggen* FGPrax 2011, 51, 52; *Sonnenfeld* BtPrax 2009, 167, 171.

[270] So im Ergebnis auch *Heggen* FGPrax 2011, 51, 52 f.

[271] Ebenso *Litzenburger* RNotZ 2009, 380, 381; *Zorn* Rpfleger 2009, 421, 433; noch großzügiger offenbar OLG Hamm DNotZ 2011, 228, 224: es läuft die zweiwöchige Beschwerdefrist ab Bekanntgabe an den Pfleger.

[272] *Schael* FamRZ 2009, 265, 269; *Zorn* Rpfleger 2009, 421, 426.

[273] Ebenso *Zorn* Rpfleger 2009, 421, 433; a. A. (wenig überzeugend) *Kölmel* NotBZ 2010, 2, 8 ff.

[274] *Bolkart* MittBayNot 2009, 268, 272.

[275] Zutreffend *Harders* DNotZ 2009, 725, 728.

[276] Vgl. hierzu OLG Hamm DNotZ 2011, 223, 224; BT-Drucks. 16/9733 S. 289; *Netzer* ZNotP 2009, 303, 305 einerseits; *Heinemann* FamFR 2009, 57, 59 andererseits.

114 e) **Beschwerdesumme.** In vermögensrechtlichen Angelegenheiten muss der Beschwerdewert von **€ 600** überschritten sein, § 61 Abs. 1 FamFG, es sei denn, das Familiengericht hat die Beschwerde wegen besonderer Bedeutung der Sache zugelassen, § 61 Abs. 2 und 3 FamFG. Beim Genehmigungsverfahren wegen einer gesellschaftsrechtlichen Beteiligung handelt es sich regelmäßig um eine vermögensrechtliche Angelegenheit. Der Beschwerdewert dürfte grundsätzlich überschritten sein, da im Zweifel der Geschäftswert nach § 42 Abs. 3 FamGKG in Höhe von € 3.000 maßgeblich ist.[277]

115 f) **Beschwerdeverfahren.** Die Beschwerde ist **beim Familiengericht**, nicht beim Beschwerdegericht (vgl. § 64 Abs. 1 FamFG) innerhalb der Beschwerdefrist (siehe Rdnr. 112 f.) einzulegen. Die Beschwerde muss schriftlich oder zur Niederschrift der Geschäftsstelle eingelegt werden (§ 64 Abs. 2 S. 1 FamFG), Vertretung durch einen Rechtsanwalt ist nicht geboten.[278] Die Beschwerde soll, muss aber nicht begründet werden und kann auf neue Tatsachen und Beweismittel gestützt werden, § 65 Abs. 1, Abs. 2 FamFG. Das Familiengericht kann der Beschwerde abhelfen, ansonsten legt sie diese dem Beschwerdegericht zur Entscheidung vor, § 68 Abs. 1 FamFG. Beschwerdegericht ist das **OLG**, § 119 Abs. 1 Nr. 1 a) GVG). Für das Verfahren gelten die Verfahrensregeln des ersten Rechtszugs, § 68 Abs. 3 S. 1 FamFG. Das Beschwerdegericht soll grundsätzlich selbst entscheiden, § 69 Abs. 1 S. 1 FamFG. Hat das Familiengericht in der Sache selbst noch nicht entschieden oder leidet das Verfahren an einem wesentlichen Mangel, so kommt auch eine **Zurückverweisung** in Betracht, § 69 Abs. 1 S. 2 und 3 FamFG.[279]

116 g) **(Sprung-)Rechtsbeschwerde.** Gegen die Beschwerdeentscheidung des OLG findet die Rechtsbeschwerde zum BGH nur statt, wenn sie vom Beschwerdegericht zugelassen worden ist, § 70 Abs. 1 FamFG. Eine **Zulassung** erfolgt nur, wenn die Sache grundsätzliche Bedeutung hat, der Fortbildung des Rechts oder der Sicherung einer einheitlichen Rechtsprechung dient, § 70 Abs. 2 S. 1 FamFG. Der BGH ist an die Zulassung zwar gebunden (§ 70 Abs. 2 S. 2 FamFG), kann die Rechtsbeschwerde aber durch Beschluss zurückweisen, wenn er davon überzeugt ist, dass die zulassungsvoraussetzungen nicht vorliegen und die Rechtsbeschwerde keine Aussicht auf Erfolg bietet, § 74 a Abs. 1 FamFG. Einlegung und Begründung der Rechtsbeschwerde (§ 71 FamFG) müssen durch einen beim **BGH zugelassenen Anwalt** erfolgen, § 10 Abs. 4 FamFG. Für die Sprungrechtsbeschwerde gilt § 75 FamFG (siehe zur Beschwerdefrist Rdnr. 112).

8. Rechtsmittelverzicht

117 Da sich das Genehmigungsverfahren nach neuer Rechtslage ganz erheblich verzögert, rät die Gesetzesbegründung selbst dazu, durch einen allseitigen Rechtsmittelverzicht die umgehende Wirksamkeit der Entscheidung herbeizuführen.[280] Diesen Rechtsmittelverzicht kann der **verfahrensfähige Vertretene** (also ein Kind, das das 14. Lebensjahr vollendet hat und das nicht geschäftsunfähig ist sowie der Betreute) selbst abgeben. Für den **nicht verfahrensfähigen Vertretenen** handelt hingegen der gesetzliche Vertreter.[281] Da hier jedoch das Fehlen einer effektiven Verfahrenskontrolle besonders evident wird, muss **zusätzlich ein Verfahrensbeistand bzw. Ergänzungspfleger** bestellt werden, der im Interesse bzw. im Namen des Kindes den Rechtsmittelverzicht abgibt. Schließlich scheint der Wortlaut des § 67 Abs. 1 FamFG der Möglichkeit eines frühzeitigen Rechtsmittelverzichts (z. B. in der notariellen Urkunde) entgegen zu stehen und einen solchen erst nach Erlass der Gerichtsentscheidung zu ermöglichen.[282] Es sprechen gute Argumente dafür, dass es sich hierbei um ein Redaktionsversehen des Gesetzgebers handelte.[283] Jedenfalls folgt aus § 67 Abs. 3 FamFG, dass die Be-

[277] Keidel/*Meyer-Holz* § 61 FamFG Rdnr. 13.
[278] *Heinemann,* FamFG für Notare, Rdnr. 100.
[279] *Heinemann,* FamFG für Notare, Rdnr. 102.
[280] BT-Drucks. 16/6308 S. 196.
[281] Anders *Zorn* Rpfleger 2009, 421, 433.
[282] So *Bolkart* MittBayNot 2009, 268, 273; *Litzenburger* RNotZ 2009, 380, 382 f.; *Maurer* FamRZ 2009, 465, 468; *Sonnenfeld* NotBZ 2009, 295, 298.
[283] Vgl. BT-Drucks. 16/6308 S. 207; Schulte-Bunert/Weinreich/*Unger* § 67 FamFG Rdnr. 4.

teiligten schon vor Erlass der Entscheidung untereinander auf die Einlegung von Rechtsmitteln verzichten können.[284] Dieser Verzicht ist als Einrede ausgestaltet. Wird die notarielle Niederschrift, die einen allseitigen und wechselseitigen Rechtsmittelverzicht enthält, dem erstinstanzlichen Gericht zugeleitet, so ist die Einrede nach § 67 Abs. 3 FamFG vor dem richtigen Gericht (vgl. § 64 FamFG) erhoben.[285] Eine Beschwerde oder Sprungrechtsbeschwerde gegen die Entscheidung wäre unzulässig,[286] das erstinstanzliche Gericht kann die Genehmigung zugleich mit dem erforderlichen Rechtsmittelzeugnis erteilen.[287] In diesem Fall scheidet auch die Einlegung einer Sprungrechtsbeschwerde aus. Einer **ausdrücklichen Nichteinwilligung in die Sprungrechtsbeschwerde** bedarf es natürlich nicht. Der Rechtsmittelverzicht umfasst konkludent auch die Nichtzustimmung zu einer Sprungrechtsbeschwerde i. S. des § 75 Abs. 1 S. 1 Nr. 1 FamFG. Es empfiehlt sich aber eine entsprechende Klarstellung innerhalb des Rechtsmittelverzichts.

Formulierungsvorschlag Rechtsmittelverzicht:

Alle Beteiligten, insbesondere der für Frau ...... bestellte Verfahrensbeistand/Ergänzungspfleger, verzichten hiermit für den Fall der Erteilung der gerichtlichen Genehmigung zu diesem Vertrag wechselseitig und unwiderruflich auf die Einlegung von und die Zustimmung zu Rechtsmitteln aller Art. Dieser Rechtsmittelverzicht erstreckt sich nicht auf eine Verweigerung der gerichtlichen Genehmigung. Alle Beteiligten erheben hiermit die Einrede des Rechtsmittelverzichts. 118

Abzuraten ist von dem Vorschlag, der Notar solle sich von den Beteiligten **bevollmächtigen** lassen, nach Erlass der Gerichtsentscheidung einen Rechtsmittelverzicht abzugeben.[288] Die Frage, ob Rechtsmittel gegen eine gerichtliche Entscheidung eingelegt werden sollen oder nicht, verlässt den Bereich der nichtstreitigen Rechtspflege. Es ist fragwürdig, ob es dem Notar aus berufsrechtlicher Sicht überhaupt gestattet ist, Rechtsmittelverzichte für die Beteiligten abzugeben. 119

9. Mitteilung der Entscheidung

a) **Allgemeines.** Das Wirksamwerden des Genehmigungsbeschlusses hat nicht unmittelbar die Wirksamkeit der familiengerichtlichen Genehmigung und des zu genehmigende Rechtsgeschäft zur Folge. Vielmehr wird die Genehmigung dem anderen Vertragsteil gegenüber erst wirksam, wenn sie diesem durch den gesetzlichen Vertreter mitgeteilt wird, § 1829 Abs. 1 S. 1 BGB. Dem gesetzlichen Vertreter soll eine **Überlegungsfrist** eingeräumt werden, ob er an dem getätigten Rechtsgeschäft noch festhalten will, bezweckt also den Schutz des Kindes vor einem möglicherweise übereilt abgeschlossenen Rechtsgeschäft. Teilt der gesetzliche Vertreter die Genehmigung dem anderen Vertragsteil nicht mit, wird das Rechtsgeschäft nicht wirksam. 120

b) **Doppelvollmacht des Notars.** Um den Zeitraum zwischen Wirksamwerden des Genehmigungsbeschlusses und Mitteilung der Genehmigung möglichst zu verkürzen, hat die Vertragspraxis die sog. Doppelbevollmächtigung des Notars sowohl zur Entgegennahme des Genehmigungsbeschlusses als auch zu dessen Mitteilung an den anderen Vertragsteil entwickelt. Diese Doppelvollmacht wird von der Rechtsprechung anerkannt[289] und bleibt weiterhin zulässig.[290] Zur Vertretung der Beteiligten im Genehmigungsverfahren kann der Notar wegen § 10 Abs. 2 Nr. 3 FamFG bevollmächtigt werden. Eine Befreiung von den Beschränkungen des § 181 BGB ist nicht erforderlich, denn es handelt sich bei Entgegen- 121

[284] Schulte-Bunert/Weinreich/*Unger* § 67 FamFG Rdnr. 15.
[285] *Maurer* FamRZ 2009, 465, 469.
[286] Keidel/*Sternal* § 67 FamFG Rdnr. 4.
[287] *Sonnenfeld* NotBZ 2009, 295, 298; *dies.* BtPrax 2009, 167, 170.
[288] So aber *Bolkart* MittBayNot 2009, 268, 272; *Brambring* NotBZ 2009, 394, 396.
[289] RGZ 121, 30, 33; BayObLGZ 1989, 242, 247; nach BGHZ 19, 5, 10 = NJW 1956, 259 kann der Notar sogar verpflichtet sein, auf die Möglichkeit einer Doppelbevollmächtigung hinzuweisen.
[290] *Heinemann,* FamFG für Notare, Rdnr. 146; *Kölmel* NotBZ 2010, 2, 15.

nahme und Mitteilung der Genehmigung jeweils um Verfahrenshandlungen, die nicht unter den Anwendungsbereich der Norm fallen.[291] In der Literatur bestehen weiterhin **erhebliche Vorbehalte** gegen die Doppelvollmacht,[292] die zwar angesichts der unzumutbaren Länge des gerichtlichen Genehmigungsverfahrens unbegründet sind, aber in der Vertragsgestaltung berücksichtigt werden sollten. Um die fortbestehende Entscheidungsfreiheit des Sorgeberechtigten zu dokumentieren, empfiehlt es sich, in der Doppelvollmacht klarzustellen, dass der Notar einen Widerruf des gesetzlichen Vertreters beachten wird.[293]

Formulierungsvorschlag Doppelbevollmächtigung:

122 Zur Wirksamkeit dieses Vertrags ist die Genehmigung des Familiengerichts erforderlich. Der gesetzliche Vertreter beantragt hiermit die Erteilung der Genehmigung und eines Rechtskraftzeugnisses zu dieser Genehmigung. Er bevollmächtigt den amtierenden Notar, seinen Vertreter und seinen Amtsnachfolger (auch Notariatsverwalter), die mit Rechtskraftzeugnis versehene Genehmigung für ihn in Empfang zu nehmen und sie den anderen Vertragsbeteiligten mitzuteilen. Diese bevollmächtigen ihn, die mitgeteilte Genehmigung für sie in Empfang zu nehmen. Mitteilung und Empfangnahme der Genehmigung werden durch Eigenurkunde auf einer Ausfertigung des Genehmigungsbeschlusses erklärt.

Der Notar wird einen Widerruf der Vollmacht, der jederzeit erklärt werden kann, beachten.

123 Umstritten ist, ab welchem **Zeitpunkt** von der Bevollmächtigung Gebrauch gemacht werden kann. Richtigerweise genügt nicht der Erlass der Genehmigung, diese muss, um mitgeteilt werden zu können, auch durch Eintritt der formellen Rechtskraft wirksam geworden sein.[294] Empfangnahme und Mitteilung der Genehmigung müssen allerdings **nach außen erkennbar**,[295] dem Grundbuchamt gegenüber zusätzlich in der Form des § 29 Abs. 1 S. 2 GBO, erfolgt sein. Diesem Erfordernis ist jedoch genügt, wenn der Notar in einer **Eigenurkunde** erklärt, dass er die Genehmigung für den gesetzlichen Vertreter in Empfang genommen, diese dem anderen Vertragsteil mitgeteilt und dieser die Mitteilung entgegen genommen hat.[296]

Formulierungsvorschlag Eigenurkunde:

124 Von vorstehender mit Rechtskraftzeugnis versehener Genehmigung habe ich, Notar, heute als Vertreter der Eltern/des Vormunds/des Pflegers Kenntnis genommen, diese den anderen Vertragsbeteiligten mitgeteilt und die Genehmigung gleichzeitig als Vertreter der anderen Vertragsbeteiligten entgegengenommen.

……

……

<Notar>

125 **c) Gefahren wegen der Dauer des Genehmigungsverfahrens.** Nach § 1829 Abs. 2 BGB kann der andere Vertragsteil die Eltern, den Vormund bzw. den Pfleger auffordern, ihm mitzuteilen, ob die gerichtliche Genehmigung erteilt ist. Wird die Genehmigung nicht binnen vier Wochen mitgeteilt, so gilt die Genehmigung als verweigert, der Vertrag ist endgültig unwirksam. Obwohl die **Erklärungsfrist** nunmehr um zwei Wochen auf vier verlängert wurde,[297] ist diese Frist angesichts der Überlastung der Gerichte noch immer viel zu kurz. Es kann daher angeraten sein, die Vier-Wochen-Frist des § 1829 Abs. 2 BGB zu verlängern[298]

[291] RGZ 121, 30, 33; BayObLGZ 1989, 242, 247; *Heinemann,* FamFG für Notare, Rdnr. 146.
[292] *Gernhuber/Coester-Waltjen* § 60 IV 5 (Rdnr. 55).
[293] Staudinger/*Engler* § 1829 BGB Rdnr. 24.
[294] *Heinemann* FamFR 2009, 57, 60; DNotI-Report 2009, 145, 151; *Bolkart* MittBayNot 2009, 268, 273.
[295] *Heinemann* FamFR 2009, 57, 60.
[296] *Heinemann* FamFR 2009, 57, 60.
[297] Vgl. BT-Drucks. 16/6308 S. 347.
[298] So *Brambring* NotBZ 2009, 394, 396.

oder deren Ablauf durch Vereinbarung nach § 202 Abs. 2 BGB analog zu hemmen. Im Rahmen der Gestaltung von innerfamiliären Gesellschaftsvorgängen wird dieses Problem jedoch nur selten relevant werden.

d) Gefahren wegen vorzeitiger Aufhebung der Ergänzungspflegschaft. Keine Gefahren für 126 die Vertragsgestaltung erwachsen aus einer Amtsenthebung des Pflegers oder gar einer vollständigen Aufhebung der Pflegschaft nach Erlass der Genehmigung, aber **vor deren Rechtskraft** und vor deren **Mitteilung** an den anderen Vertragsteil. Insbesondere ist aus diesem Grund keine Rückfrage beim Familiengericht durch den Notar angezeigt. Denn § 47 FamFG schützt insoweit das Vertrauen des Rechtsverkehrs auf den Fortbestand der vom Pfleger vorgenommenen Rechtsgeschäfte.[299] Selbst wenn die Genehmigung mangels Rechtskraft noch nicht wirksam geworden sein sollte, gelten etwaige vom Pfleger **erteilte Vollmachten** weiter, so dass der Notar die Genehmigung weiterhin in Empfang nehmen und dem anderen Vertragsteil mitteilen kann.

[299] Prütting/Helms/*Abramenko* § 47 FamFG Rdnr. 9; Bork/Jacoby/Schwab/*Elzer* § 47 FamFG Rdnr. 9.

16. Teil. Insolvenzrecht

§ 29 Insolvenzrecht

Übersicht

	Rdnr.
I. Krise und Insolvenz von Gesellschaft und Gesellschaftern	1–11
1. Allgemeines	1–3
2. Ziele und Eröffnung des Insolvenzverfahrens; vorläufiger Insolvenzverwalter	4–9
a) Ziele und Initiierung des Verfahrens	4/5
b) Befugnisse des vorläufigen Insolvenzverwalters	6
c) Unternehmensstilllegung und -veräußerung durch den vorläufigen Verwalter?	7/8
d) Keine generelle Verwertungsbefugnis des vorläufigen Verwalters	9
3. Folgen der Verfahrenseröffnung und Rechtsstellung des Insolvenzverwalters	10/11
a) Folgen der Verfahrenseröffnung	10
b) Rechtsstellung des Insolvenzverwalters	11
II. Die Insolvenz eines Gesellschafters	12–38
1. Risiken einer Insolvenz eines Gesellschafters für die Gesellschaft und die übrigen Gesellschafter	12
2. Besonderheiten bei Personengesellschaften	13–15
3. Gestaltungsmöglichkeiten bei der GmbH	16–38
a) Mitgliedschaftsrechte des Gesellschafters als Ausgangspunkt	16
b) Teilnahmerecht	17
c) Stimmrecht	18–21
d) Auskunfts- und Informationsrecht; Anfechtungsrecht	22
e) Einziehung	23–26
f) Ausschluss des Gesellschafters	27
g) Abfindungsregelungen	28/29
h) Satzungsmäßige Vorkaufs-, Ankaufs- und Mitverkaufsrechte	30
i) Vinkulierung	31
j) Vermögensrechte	32
k) Sonderrechte und höchstpersönliche Rechte	33/34
l) Gesellschaftervereinbarungen	35/36
m) Verwertung des Geschäftsanteils; Teilung	37/38
III. Krise, Sanierung und Insolvenz der Gesellschaft	39–93
1. Kapitalmaßnahmen in der Krise	40–49
a) Kapitalerhöhung	40–42
b) Kapitalschnitt	43–45
c) Debt-Equity-Swap	46/47
d) Debt-Mezzanine-Swap/Debt-Hybrid-Swap	48
e) Rangrücktrittsvereinbarungen	49
2. Umwandlungsmaßnahmen in der Krise	50–60
a) Umwandlungsmaßnahmen vor Antrag auf Eröffnung des Insolvenzverfahrens	50–56
b) Umwandlungsmaßnahmen nach Insolvenzantrag und vor Eröffnungsbeschluss	57/58
c) Umwandlungsmaßnahmen nach Eröffnungsbeschluss	59
d) Umwandlungsmaßnahmen bei Abweisung des Eröffnungsantrags mangels Masse	60
3. Insolvenz von Gesellschaften	61–72
a) Allgemeines	61–63
b) Personengesellschaften	64
c) AG und GmbHG	65–70
d) GmbH & Co. KG	71/72
4. Erwerb von Unternehmen in Krise oder Insolvenz	73–90
a) Allgemeines	73–76

Rdnr.
b) Gesetzliche Haftungstatbestände ... 77–82
c) Besondere Risiken beim Erwerb eines Unternehmens in der Krise vor Stellung des Insolvenzantrags ... 83–85
d) Share Deal aus der (drohenden) Insolvenz ... 86
e) Asset Deal aus der Insolvenz ... 87–90
5. Sanierungsmöglichkeiten durch das ESUG ... 91–93
IV. Haftungsrisiken für Gesellschafter in der Insolvenz der Gesellschaft ... 94–103
1. Fortbestehen der Einlagepflichten ... 95
2. Haftung gemäß § 9 GmbHG (Sacheinlage) ... 96
3. Verdeckte Sacheinlage ... 97
4. Fälle des Hin- und Herzahlens ... 98
5. Unterbilanzhaftung ... 99
6. Kapitalerhaltung in der GmbH und existenzvernichtender Eingriff ... 100–102
a) Kapitalerhaltungsgrundsatz ... 100/101
b) Existenzvernichtungshaftung ... 102/103
V. Die Firma in der Insolvenz ... 104–107
1. Generelle Verwertungsbefugnis des Insolvenzverwalters ... 104
2. Änderung und Löschung der Firma während des Insolvenzverfahrens ... 105/106
3. Rechte des Erwerbers an der Firma ... 107
VI. Vollmachten in der Insolvenz ... 108–116
1. Erlöschen von Vollmachten, die vom Gemeinschuldner erteilt wurden ... 108–111
2. Kein Erlöschen von Vollmachten, die dem Gemeinschuldner erteilt worden sind ... 112
3. Erteilung von Vollmachten durch den Insolvenzverwalter und ihr Erlöschen ... 113–116
a) Vollmachtserteilung durch den Insolvenzverwalter ... 113
b) Beschränkungen des § 181 BGB ... 114
c) Erlöschen der Vollmacht ... 115/116
VII. Notarielle Berufspflichten in der Insolvenz ... 117–128
1. Auskunftsrechte und -pflichten ... 117–119
a) Grundsätzliches ... 117
b) Vorläufiger Insolvenzverwalter ... 118
c) Insolvenzgericht ... 119
2. Recht auf Ausfertigungen, Abschriften und Einsicht ... 120/121
a) Ausfertigungen und Abschriften ... 120
b) Einsichtsrecht ... 121
3. Versagen der Amtstätigkeit ... 122–125
a) Allgemeines ... 122
b) Unwirksame Rechtsgeschäfte ... 123
c) Wirksame, aber gemäß §§ 119 ff. BGB anfechtbare Rechtsgeschäfte ... 124
d) Wirksame, aber gemäß §§ 3 ff. AnfG oder §§ 129 ff. InsO anfechtbare Rechtsgeschäfte ... 125
4. Notarielle Belehrungspflichten ... 126–128
a) Allgemeines ... 126
b) Hinweis auf die Anfechtbarkeit gemäß §§ 3 ff. AnfG bzw. §§ 129 ff. InsO ... 127
c) Belehrung über wirtschaftliche Schwierigkeiten einer Partei ... 128

Schrifttum: *Allert/Seagon*, Unternehmensverkauf in der Krise, 2007; *Bartholomäus*, Der GmbH-Gesellschafter in der Insolvenz, 2009; *Beisel/Klumpp*, Der Unternehmenskauf, 6. Aufl. 2009; *Bergmann*, Die Verwaltungsbefugnis des Insolvenzverwalters über einen zur Insolvenzmasse gehörenden GmbH-Geschäftsanteil, ZInsO 2004, 225; *Bork*, Wie erstellt man eine Fortbestehensprognose?, ZIP 2000, 1709; *Bous/Solveen*, Pflicht zur Verschwiegenheit gemäß § 18 BNotO im Insolvenzverfahren, DNotZ 2005, 261; *Braun*, Insolvenzordnung 3. Aufl. 2007; *ders./Uhlenbruck* Unternehmensinsolvenz 1997; *Buth/Hermanns*, Restrukturierung, Sanierung, Insolvenz, 3. Aufl. 2009; *Drygala*, Zweifelsfragen im Regierungsentwurf zum MoMiG, NZG 2007, 516; *Eidenmüller*, Unternehmenssanierung zwischen Markt und Gesetz, 1999; *Ganter*, Notarielle Pflichten und Gläubigerschutz, DNotZ 2004, 421; *Goette*, Die GmbH nach der BGH-Rechtsprechung; 2. Aufl. 2002; *Gross*, Grundsatzfragen der Unternehmenssanierung, DStR 1991, 1572; *Hagebusch/Oberle*, Gläubigerbefriedigung durch Unternehmenssanierung: die übertragende Sanierung – Eine Bestandsaufnahme vor dem Hintergrund jüngster InsO-Reformen, NZI 2006, 618; *Heckschen*, Das MoMiG in der notariellen Gestaltungspraxis, 2009; *ders.*, Die Gestaltung der Mitgliedschaftsrechte für den Fall der Insolvenz des GmbH-Gesellschafters, ZIP 2010, 1319; *ders.*, Einziehung, Zwangsabtretung und Ausschluss in der Insolvenz eines GmbH-Gesellschafters; *ders.*, Notarielle Tätigkeit unter der Geltung der Insolvenzordnung, MittRhNotK 1999, 11; *ders.*,

Umstrukturierung krisengeschüttelter Kapitalgesellschaften: Umwandlungsmaßnahmen nach Stellung des Insolvenzantrags, DB 2010, 2675; *ders.*, Verschmelzung von Kapitalgesellschaften, 1989 (zitiert: *Heckschen* Verschmelzung); *Heidinger/Blath*, Die Unterbilanzhaftung im Kapitalaufbringungssystem der GmbH – zugleich Besprechung von BGH, Urt. v. 16. 1. 2006 – II ZR 65/04, ZNotP 2007, 42; *Heller*, Die vermögenslose GmbH, Bonn 1988; *Hölzle*, Sanierende Übertragung – Besonderheiten des Unternehmenskaufs in Krise und Insolvenz, DStR 2004, 1433; *ders.*, Unternehmenssanierung außerhalb der Insolvenz – Überlegungen zu einem Sanierungsvergleichsgesetz, NZI 2010, 207; *Holzapfel/Pöllath*, Unternehmenskauf in Recht und Praxis, 14. Aufl. 2010; *Kammel*, Ausgewählte Probleme des Unternehmenskaufs aus der Insolvenz, NZI 2000, 102; *Kübler/Prütting/Bork*, InsO – Kommentar zur Insolvenzordnung, Stand 11/2010; *Kuntz*, Die Kapitalerhöhung in der Insolvenz, DStR 2006, 519 ff.; *Lutter*, Fehler schaffen neue Fehler – Gegen die Divergenztheorie bei § 5 Abs. 3 und § 34 GmbHG –, GmbHR 2010, 1177; *Menke*, Der Erwerb eines Unternehmens aus der Insolvenz – das Beispiel der übertragenden Sanierung, BB 2003, 1133; *Morshäuser*, Unternehmenskauf aus der Insolvenz, NZG 2010, 881; *ders./Falkner*, Der Insolvenzplan als Sanierungschance für Portfolio-Unternehmen von Private-Equity-Investoren nach einem Debt-Push-Down, NZG 2009, 526; *Nerlich/Kreplin*, Münchener Anwaltshandbuch Sanierung und Insolvenz, 2005; *Nerlich/Römermann* Insolvenzordnung 20. Aufl. 2010; *Oelke/Wöhlert/Degen*, Debt Mezzanine Swap – Königsweg der Restrukturierungsfinanzierung, BB 2010, 299; *Paulus*, Insolvenzverwalter und Gläubigerorgane, NZI 2008, 705; *Picot*, Unternehmenskauf und Restrukturierung, 3. Aufl. 2004; *Pohlmann*, Befugnisse und Funktionen des vorläufigen Insolvenzverwalters, 1998; *Primozic/Doetsch*, Der Unternehmenskauf und die aktuelle Rechtsprechung zur Insolvenzanfechtung, NJW 2010, 2922; *Reger/Stenzel*, Der Kapitalschnitt auf Null als Mittel zur Sanierung von Unternehmen – Gesellschaftsrechtliche, börsenzulassungsrechtliche und kapitalmarktrechtliche Konsequenzen, NZG 2009, 1131; *Reul/Heckschen/Wienberg*, Insolvenzrecht in der Kautelarpraxis, 2006; *Römermann*, Auflösung einer GmbH aufgrund der Einziehung eines GmbH-Geschäftsanteils?, DB 2010, 209; *ders.*, Ausschließung von GmbH-Gesellschaftern und Einziehung von Anteilen: Ein Minenfeld, NZG 2010, 96; *Schmidt, Karsten/Uhlenbruck*, Die GmbH in Krise, Sanierung und Insolvenz, 4. Aufl. 2009; *Schwenker/Fischer*, Restrukturierungsmaßnahmen in der Krise der GmbH, DStR 2010, 1117; *Spiegelberger*, Kauf von Krisenunternehmen, 1996; *Uhlenbruck*, Aktuelle Fragen des Insolvenzrechts in der notariellen Praxis – unter besonderer Berücksichtigung des Insolvenzrechtsreformgesetzes –, MittRhNotK 1994, 305; *ders.* Insolvenzordnung 13. Aufl. 2010; *Striegel/Kestler/Jesch*, Distressed Debt Investments – Insolvenzrechtliche Instrumentarien der Unternehmenssanierung über Fremdkapital, NZI 2005, 417; *Ulmer*, Die Einziehung von GmbH-Anteilen – ein Opfer der MoMiG-Reform?, DB 2010, 321; *Vallender*, Unternehmenskauf in der Insolvenz (I), GmbHR 2004, 543; *ders.*, Unternehmenskauf in der Insolvenz (II), GmbHR 2004, 642; *Wimmer* Frankfurter Kommentar zur Insolvenzordnung, 6. Aufl. 2011 (zit. FK-InsO); *Wirsch*, Debt Equity Swap und Risiko der Insolvenzanfechtung, NZG 2010, 1131.

I. Krise und Insolvenz von Gesellschaft und Gesellschaftern

1. Allgemeines

1 Die InsO weist dem Notar keine besonderen Beurkundungszuständigkeiten zu. Gleichwohl spielt das Insolvenzrecht in der notariellen Praxis eine bedeutsame Rolle. **Die Insolvenz von Gesellschaftern** kann gravierende Auswirkungen auf die Gesellschaft und die übrigen Gesellschafter haben. In diesem Bereich ist es notarielle Aufgabe, bereits im Stadium der Gesellschaftsgründung diese Risiken mit den Beteiligten zu erörtern und Wege aufzuzeigen, durch welche diese Risiken ausgeschlossen oder minimiert werden können. Gerät ein Gesellschafter später selbst in wirtschaftliche Schwierigkeiten, so ist sein Interesse regelmäßig darauf gerichtet, sein Vermögen so weit wie möglich vor dem Zugriff seiner Gläubiger zu schützen.

2 Anders ist die Situation, wenn sich nicht ein Gesellschafter, sondern die **Gesellschaft in einer Krise oder bereits in der Insolvenz** befindet. In diesen Fällen stehen regelmäßig die Sanierung des Unternehmens durch Transaktionen oder Umwandlungsmaßnahmen sowie das Schicksal etwaiger Gesellschafterdarlehen im Vordergrund. Auch stellt sich die Frage nach dem Fortbestehen der Wirksamkeit einer vom Gemeinschuldner erteilten Vollmacht sowie nach der Möglichkeit der Erteilung von Vollmachten durch den Insolvenzverwalter.

3 Mit besonderen Anforderungen wird der Notar in Zeiten der wirtschaftlichen Krise eines der Beteiligten auch im Hinblick auf die **notariellen Berufspflichten** konfrontiert. Vor allem seine Pflicht zur Verschwiegenheit kann hier häufig mit dem Interesse des Insolvenzverwalters an weitestgehender Information kollidieren. Zudem ergeben sich für den Notar unter Umständen besondere Belehrungspflichten.

2. Ziele und Eröffnung des Insolvenzverfahrens; vorläufiger Insolvenzverwalter

4 **a) Ziele und Initiierung des Verfahrens.** Gemäß § 1 S. 1 InsO dient das Insolvenzverfahren dazu, die **Gläubiger** eines Schuldners **gemeinschaftlich zu befriedigen**, indem das Vermögen des Schuldners verwertet und der Erlös verteilt oder in einem Insolvenzplan eine abweichende Regelung insbesondere zum Erhalt des Unternehmens getroffen wird. Um einen Wettlauf der Gläubiger zu verhindern, besteht während des Insolvenzverfahrens das Verbot der Einzelzwangsvollstreckung (§ 89 InsO).

5 Ein Insolvenzverfahren wird dadurch in Gang gesetzt, dass in Bezug auf eine insolvenzfähige Person oder ein Unternehmen ein **Insolvenzantrag** beim zuständigen Insolvenzgericht gestellt wird. Es kann nur eröffnet werden, wenn auch ein Insolvenzgrund vorliegt.[1] Ist der Insolvenzantrag zulässig, so hat das Gericht den Schuldner gemäß § 14 Abs. 2 InsO zu hören und etwa erforderliche Sicherungsmaßnahmen zu erlassen (§ 21 Abs. 1, 2 InsO). Das Gericht kann insbesondere einen **vorläufigen Insolvenzverwalter** bestellen und dem **Schuldner ein allgemeines Verfügungsverbot** auferlegen. Sodann hat das Gericht über den Eröffnungsantrag zu entscheiden. Liegt ein Insolvenzgrund vor, so hat das Gericht die Eröffnung gemäß § 26 InsO **mangels Masse abzulehnen**, wenn die Verfahrenskosten nicht durch das schuldnerische Vermögen gedeckt sind.[2] Andernfalls ist das **Insolvenzverfahren zu eröffnen** (§ 27 InsO).

6 **b) Befugnisse des vorläufigen Insolvenzverwalters.** Das Gericht kann nach § 22 Abs. 2 S. 1 InsO einen vorläufigen Insolvenzverwalter einsetzen, ohne zugleich ein Verfügungsverbot zulasten des Schuldners zu erlassen (**schwacher vorläufiger Verwalter**). In diesen Fällen bestimmt das Gericht die Befugnisse des vorläufigen Verwalters.[3] Wird der Schuldner mit einem allgemeinen Verfügungsverbot belegt, so geht die Verwaltungs- und Verfügungsbefugnis über sein Vermögen schon vor der eigentlichen Eröffnung des Insolvenzverfahrens nach § 22 Abs. 1 S. 1 InsO auf den vorläufigen Insolvenzverwalter über (**starker vorläufiger Verwalter**). Gemäß § 22 Abs. 1 S. 2 Nr. 2 InsO hat der vorläufige Insolvenzverwalter ein Unternehmen, das der Schuldner betreibt, grundsätzlich bis zur Entscheidung über die Eröffnung des Insolvenzverfahrens fortzuführen.

7 **c) Unternehmensstilllegung und -veräußerung durch den vorläufigen Verwalter?** Der starke vorläufige Verwalter ist zur **Stilllegung** des Unternehmens des Schuldners berechtigt, wenn diese erforderlich ist, um eine erhebliche Verminderung des Haftungsvermögens zu vermeiden und das Insolvenzgericht der Stilllegung zustimmt.[4] Unklar ist, ob er auch zur **Unternehmensveräußerung** berechtigt ist.[5] Teilweise wird die Unternehmensveräußerung im Eröffnungsverfahren durch den vorläufigen starken Verwalter als Minusmaßnahme zur Betriebsstilllegung verstanden.[6] Allerdings ist die Unternehmensveräußerung bereits Verwertung des Schuldnervermögens, die die InsO im Eröffnungsverfahren nicht vorsieht[7] und die dem vorläufigen Insolvenzverwalter auch grundsätzlich nicht erlaubt ist.[8] Eine Veräußerung des Unternehmens durch den vorläufigen Insolvenzverwalter ist daher abzulehnen.[9]

8 Eine andere Frage ist, ob der Erwerb während des Eröffnungsverfahrens für den Erwerber überhaupt sinnvoll ist. Diesen treffen erhebliche Haftungsrisiken:[10] Dazu gehört neben der Haftung aus § 25 Abs. 1 HGB auch die aus § 613 a BGB.[11]

[1] Gemäß § 13 Abs. 2 InsO kann ein gestellter Insolvenzantrag bis zur Verfahrenseröffnung oder der rechtskräftigen Abweisung des Antrags auf Verfahrenseröffnung zurückgenommen werden.

[2] Die Abweisung unterbleibt, sofern ein ausreichender Geldbetrag vorgeschossen wird oder die Kosten des Verfahrens nach § 4 a InsO gestundet werden.

[3] Diese können jedoch nicht über die Befugnisse eines sog. starken vorläufigen Verwalters hinausgehen.

[4] Vgl. dazu ausführlich Uhlenbruck/*Vallender* § 22 Rdnr. 26 ff.

[5] Dazu Uhlenbruck/*Vallender* § 22 Rdnr. 32 ff. m. w. N.

[6] So *Pohlmann* Rdnr. 414; BGHZ 104, 151 hat diese Frage offen gelassen.

[7] Uhlenbruck/*Vallender* § 22 Rdnr. 32; anders *Pohlmann* Rdnr. 415.

[8] BGH NZI 2007, 338, 339; 2003, 259.

[9] *Mörshäuser/Falkner* NZG 2010, 881, 882.

[10] Dazu ausführlich *Vallender* GmbHR 2004, 543 ff.

[11] Vgl. BAG NZI 2003, 222, 225; Uhlenbruck/*Vallender* § 22 Rdnr. 32; *ders.* GmbHR 2004, 543 ff. Dazu unten ausführlich unter Rdnr. 77 ff.

d) **Keine generelle Verwertungsbefugnis des vorläufigen Verwalters.** Aus den gleichen Gründen steht dem vorläufigen starken Verwalter auch **keine generelle Verwertungsbefugnis** zu.[12] Fällige Forderungen des Schuldners gegen Dritte darf er außerhalb des laufenden Geschäftsbetriebs nur einziehen, um der drohenden Verjährung oder Uneinbringlichkeit vorzubeugen, nicht aber, um die Masse anzureichern.[13] Ob die Veräußerung von Anlagevermögen noch zur Verwaltung gehört, ist streitig.[14] Richtigerweise ist zu differenzieren: Zwar ist der vorläufige Verwalter generell nicht zu einer Veräußerung des Anlagevermögens befugt. Er darf jedoch entbehrliche Bestandteile des Anlagevermögens veräußern.[15] Gegenstände des Umlaufvermögens darf der vorläufige Verwalter veräußern, um die notwendige Liquidität für eine Verfahrenseröffnung zu erhalten.[16] 9

3. Folgen der Verfahrenseröffnung und Rechtsstellung des Insolvenzverwalters

a) **Folgen der Verfahrenseröffnung.** Mit dem Insolvenzeröffnungsbeschluss erfolgt die **Bestellung des Insolvenzverwalters** (§§ 56, 27 Abs. 2 Nr. 2 InsO). Gleichzeitig ergeht die Aufforderung an die Gläubiger ihre Forderungen beim Verwalter anzumelden und an die Schuldner, Leistungen nur noch an diesen zu erbringen (§ 28 InsO). Gemäß **§ 80 Abs. 1 InsO** geht durch die Eröffnung des Insolvenzverfahrens das Recht des Schuldners, das zur Insolvenzmasse gehörende Vermögen zu verwalten und über dieses zu verfügen, auf den Insolvenzverwalter über. Dadurch verliert der Schuldner die Befugnis, sein zur Insolvenzmasse gehörendes Vermögen zu verwalten und darüber zu verfügen.[17] Verfügungen des Schuldners über Gegenstände, die zur Insolvenzmasse gehören, sind gemäß § 81 Abs. 1. S. 1 InsO absolut unwirksam.[18] Soweit es sich um insolvenzfreies Vermögen handelt, bleibt der Schuldner verwaltungs- und verfügungsbefugt.[19] 10

b) **Rechtsstellung des Insolvenzverwalters.** Der Insolvenzverwalter ist die zentrale Figur des Insolvenzverfahrens.[20] Nach der h. M. ist der Insolvenzverwalter **amtliches Organ** und handelt aufgrund unmittelbarer gesetzlicher Legitimation im eigenen Namen, aber mit Wirkung für und gegen den Schuldner.[21] Dies ist in der Urkunde gemäß § 10 BeurkG klarzustellen. 11

Formulierungsvorschlag:

...... erschienen ......

1. Herr Rechtsanwalt (......), hier handelnd als Insolvenzverwalter über das Vermögen der im Handelsregister des Amtsgerichts (......) unter HRB (......) eingetragenen X-GmbH mit dem Sitz in Y, aufgrund Bestallungsurkunde vom (......), die dieser Urkunde in hiermit beglaubigter Abschrift beigefügt wird;

2. (......)

[12] BGH NZI 2007, 338, 339; 2001, 191, 193; Uhlenbruck/*Vallender* § 22 Rdnr. 35 ff. m. w. N.

[13] BGH NZI 2004, 381, 382.

[14] Dafür *Förster*, Klartext: Verwertung vor dem Berichtstermin!, ZInsO 2000, 141. Dagegen Uhlenbruck/*Vallender* § 22 Rdnr. 37.

[15] So auch Uhlenbruck/*Vallender* § 22 Rdnr. 37.

[16] Uhlenbruck/*Vallender* § 22 Rdnr. 38.

[17] Uhlenbruck/*Uhlenbruck* § 80 Rdnr. 2.

[18] Uhlenbruck/*Uhlenbruck* § 80 Rdnr. 2. Eine Ausnahme gilt lediglich für die Eigenverwaltung gem. §§ 270 ff. InsO. Gem. § 81 Abs. 1 S. 2 InsO bleibt bei in Registern eingetragenen Rechten die Möglichkeit eines gutgläubigen Erwerbs unberührt.

[19] Uhlenbruck/*Uhlenbruck* § 80 Rdnr. 4.

[20] MünchAnwHdbGmbH/*Wellensiek/Schluck-Amend* § 23 Rdnr. 251.

[21] MünchAnwHdbGmbH/*Wellensiek/Schluck-Amend* § 23 Rdnr. 253 m. w. N.

II. Die Insolvenz eines Gesellschafters

1. Risiken einer Insolvenz eines Gesellschafters für die Gesellschaft und die übrigen Gesellschafter

12 Gemäß § 35 InsO erfasst das Insolvenzverfahren das **gesamte Vermögen**, das dem Schuldner zur Zeit der Eröffnung des Verfahrens gehört und das er während des Verfahrens erlangt. **Beteiligungen an Gesellschaften** fallen grundsätzlich in die Insolvenzmasse.[22] Die Insolvenz eines Gesellschafters stellt nicht nur die Gesellschaft, sondern auch die übrigen Gesellschafter vor eine vollständig neue Situation: Diese sehen sich nun mit einem Insolvenzverwalter konfrontiert, der wegen § 80 InsO das Stimmrecht für den insolventen Gesellschafter ausübt, aber regelmäßig vollständig andere Interessen verfolgt als sie. Wohingegen die Gesellschafter an einem mittel- bis langfristigen wirtschaftlichen Erfolg der Gesellschaft interessiert sind und es – insbesondere bei stark personalistische geprägten Gesellschaften – auch auf die Mitarbeit der Gesellschafter ankommen kann, hat der Insolvenzverwalter allein die Interessen der Gläubiger zu berücksichtigen.[23] Diese haben aber kein Interesse an einem langfristigen wirtschaftlichen Erfolg der Gesellschaft, sondern ausschließlich an einer Befriedigung ihrer Forderungen.[24] Notarielle Aufgabe ist es insoweit, durch geeignete **Gestaltung der Satzung** die Einflussmöglichkeiten des Insolvenzverwalters zu begrenzen und dessen langfristige Einwirkung auf die Gesellschaft zu verhindern.

2. Besonderheiten bei Personengesellschaften

13 Bei Personengesellschaften ist vor dem Hintergrund der Regelung des § 35 InsO umstritten, ob die **Mitgliedschaft** als solche in die Insolvenzmasse fällt[25] oder nur der Vermögensanteil.[26] Richtigerweise stellt der Gesellschaftsanteil auch bei Personengesellschaften den Inbegriff von mitgliedschaftlichen Rechten dar, der die gesamte Beteiligung des Gesellschafters umfasst.[27] Jedenfalls werden die Rechte des Gemeinschuldners als Gesellschafter vom Insolvenzverwalter wahrgenommen.[28] Nicht umfasst vom Insolvenzbeschlag ist hingegen das Vermögen der Gesellschaft, auch nicht das der GbR, da diese teilrechtsfähig ist.[29] Maßgeblich ist für Personengesellschaften § 84 InsO. Danach erfolgt insbesondere bei GbR, OHG und KG[30] die Teilung oder sonstige Auseinandersetzung außerhalb des Insolvenzverfahrens. Es gelten die allgemeinen Regeln der Auseinandersetzung für die jeweilige Gesellschaft.[31] Der Insolvenzverwalter hat also **kein eigenständiges Recht, die Auseinandersetzung zu betreiben**; er hat dieses nur, wenn auch dem Gemeinschuldner ein solches Recht zustand.[32]

14 Durch die Eröffnung des Insolvenzverfahrens über das Vermögen eines **GbR-Gesellschafters** wird die GbR aufgelöst (§ 728 Abs. 2 S. 1 BGB). Dies dient dem Zugriff der Gläubiger auf den Anteilswert.[33] Die Vorschrift ist nur insoweit zwingend, als durch eine abweichende Regelung dieser Zweck beeinträchtigt oder vereitelt würde.[34] Möglich wäre es daher auch, statt der Auflösung das Ausscheiden des insolventen Gesellschafters aus der GbR zu beschließen oder dies bereits im Gesellschaftsvertrag anzuordnen.[35] Nach der Regelung des § 728 Abs. 2 BGB sind alle Gesellschafter für die Abwicklung zuständig. Auch dies kann

---

[22] *Reul/Heckschen/Wienberg* S. 232.
[23] *Heckschen* ZIP 2010, 1319.
[24] *Heckschen* ZIP 2010, 1319.
[25] Uhlenbruck/*Hirte* § 35 Rdnr. 161.
[26] So MünchKommInsO/*Lwowski/Peters* § 35 Rdnr. 179 ff.
[27] *Reul/Heckschen/Wienberg* S. 243.
[28] *Reul/Heckschen/Wienberg* S. 243.
[29] *Reul/Heckschen/Wienberg* S. 244.
[30] Aber auch bei der stillen Gesellschaft, der Partnerschaftsgesellschaft, der Erbengemeinschaft, der Bruchteilsgemeinschaft und ggfs. der Gütergemeinschaft.
[31] *Reul/Heckschen/Wienberg* S. 244.
[32] *Reul/Heckschen/Wienberg* S. 243; Uhlenbruck/*Hirte* § 84 Rdnr. 15.
[33] MünchKommBGB/*Ulmer/Schäfer* § 728 Rdnr. 4; Staudinger/*Habermeier* § 728 Rdnr. 4.
[34] Staudinger/*Habermeier* § 728 Rdnr. 4.
[35] Vgl. Staudinger/*Habermeier* § 728 Rdnr. 4.

jedoch im Gesellschaftsvertrag abweichend geregelt werden.[36] Für den insolventen Gesellschafter nimmt der Insolvenzverwalter im Rahmen der Gesamtgeschäftsführungsbefugnis aller Gesellschafter die Funktionen des insolventen Gesellschafters als Geschäftsführer wahr.[37]

Anders ist die Situation bei den **Personenhandelsgesellschaften**: Aus einem Umkehrschluss zu § 131 Abs. 3 Nr. 2 HGB folgt, dass die Insolvenz des Gesellschafters auch ohne besondere Regelung im Gesellschaftsvertrag nicht zur Auflösung der OHG oder KG führt. Dies gilt sowohl für persönlich haftende Gesellschafter als auch für Kommanditisten.[38] Mangels abweichender Gestaltung des Gesellschaftsvertrags führt die Gesellschafterinsolvenz lediglich zum **Ausscheiden** des betreffenden Gesellschafters aus der Gesellschaft (§ 131 Abs. 3 S. 1 Nr. 2 HGB). Dafür bedarf es keiner gesonderten Erklärung der übrigen Gesellschafter gegenüber dem Insolvenzverwalter.[39] 15

3. Gestaltungsmöglichkeiten bei der GmbH

16 a) **Mitgliedschaftsrechte des Gesellschafters als Ausgangspunkt.** Gemäß § 14 S. 1 GmbHG ist auf jeden Geschäftsanteil eine Einlage zu leisten. Der Geschäftsanteil bezeichnet die Gesamtheit der Rechte und Pflichten eines Gesellschafters aus dem Gesellschaftsverhältnis in ihrer Zusammenfassung als Mitgliedschaft.[40] Das betrifft insbesondere die **Übertragung, Teilung, Zusammenlegung** und **Mitberechtigung.**[41] Auf der anderen Seite gibt der Nennbetrag jedes Geschäftsanteils im Verhältnis zu den anderen Aufschluss über das Beteiligungsverhältnis, so dass der Geschäftsanteil normalerweise Maßstab für die von der Höhe der Beteiligung abhängigen Rechte und Pflichte ist: Das betrifft bspw. den Gewinnanspruch (§ 29 Abs. 3 GmbHG), das Stimmrecht (§ 47 Abs. 2 GmbHG) und das Auseinandersetzungsguthaben (§ 72 GmbHG).[42] Teilweise sind diese Rechte durch Satzung einschränkbar. Soweit solche Rechte im Falle einer Insolvenz gemäß § 80 InsO auf den Insolvenzverwalter übergehen, ist dies in der Satzung – soweit möglich – zu berücksichtigen.[43]

17 b) **Teilnahmerecht.** Jeder Gesellschafter hat ein im Kern[44] unentziehbares, stimmrechtsunabhängiges Recht auf Teilnahme an den Gesellschaftersitzungen.[45] Es umfasst das **Rederecht** und das **Recht, Anträge zur Abstimmung zu stellen.**[46] Dieses Recht kann nur in besonders gravierenden Ausnahmefällen durch einfachen Beschluss entzogen werden.[47] Daher kann auch das Recht des Insolvenzverwalters auf Teilnahme an der Gesellschaftersitzung als Partei kraft Amtes nicht beschränkt werden. Die Satzung kann jedoch vorsehen, dass er dem Versammlungsleiter seine Funktion als Insolvenzverwalter nachzuweisen hat.[48] Unklar ist jedoch, ob, streng am Wortlaut des § 80 InsO orientiert, der Insolvenzverwalter nur dann zur Gesellschafterversammlung geladen werden muss, wenn lediglich der Vermögensbereich betroffen ist.[49] Um Abgrenzungsschwierigkeiten zu vermeiden, sollten stets Insolvenzverwalter und Gesellschafter geladen und zugelassen werden.[50] Dies kann satzungsmäßig klargestellt werden,[51] zwingend ist dies jedoch nicht.

[36] Staudinger/*Habermeier* § 728 Rdnr. 22.
[37] MünchKommBGB/*Ulmer/Schäfer* § 728 Rdnr. 38; Soergel/*Hadding* § 728 Rdnr. 5.
[38] Baumbach/*Hopt* § 131 Rdnr. 22.
[39] Baumbach/*Hopt* § 131 Rdnr. 22.
[40] BGH DB 1972, 132; Baumbach/*Hueck/Fastrich* § 14 Rdnr. 3.
[41] Vgl. Baumbach/*Hueck/Fastrich* § 14 Rdnr. 5.
[42] Baumbach/*Hueck/Fastrich* § 14 Rdnr. 5.
[43] Dazu ausführlich *Heckschen* ZIP 2010, 1319 ff.
[44] Vgl. aber BGH ZIP 2010, 324 für Mitspracherechte des ausscheidenden Gesellschafters: Nur soweit sein Interesse am Erhalt der ihm zustehenden Abfindung durch die Gesellschafterversammlung betroffen ist, kann er seine Rechte noch ausüben.
[45] BGH NJW 1972, 2225; WM 1985, 568; Baumbach/Hueck/*Zoellner* § 48 Rdnr. 6.
[46] *Heckschen* ZIP 2010, 1319.
[47] Baumbach/Hueck/*Zoellner* § 48 Rdnr. 7; *Heckschen* ZIP 2010, 1319, 1320.
[48] Roth/Altmeppen/*Roth* § 47 Rdnr. 30;
[49] So Scholz/*K. Schmidt/Seibt* § 48 Rdnr. 23.
[50] Scholz/*K. Schmidt/Seibt* § 48 Rdnr. 23; *Heckschen* ZIP 2010, 1319, 1320.
[51] Dafür *Heckschen* ZIP 2010, 1319, 1320.

18 c) **Stimmrecht.** Gemäß § 47 Abs. 1 erfolgen die von den Gesellschaftern in den Angelegenheiten der Gesellschaft zu treffenden Bestimmungen durch Beschlussfassung nach der Mehrheit der abgegebenen Stimmen, wobei nach Abs. 2 jeder Euro eines Geschäftsanteils eine Stimme gewährt. Aufgrund der Satzungsautonomie können aber **stimmrechtslose Geschäftsanteile** geschaffen werden, und zwar ohne Ausgleich durch einen Gewinnvorzug.[52] Ein Entzug des Stimmrechts bedeutet aber nicht den Entzug von Zustimmungsrechten, die aus dem Mitgliedschaftsrecht resultieren.[53] Auch bei Leistungsvermehrungen durch Satzungsänderungen (§ 53 Abs. 3 GmbHG) muss der vom Stimmrecht ausgeschlossene Gesellschafter zustimmen.[54]

19 Da gemäß § 80 InsO durch die Eröffnung des Insolvenzverfahrens nur das Recht des Schuldners, das **zur Insolvenzmasse** gehörende Vermögen zu verwalten und über dieses zu verfügen, auf den Insolvenzverwalter bzw. auf den vorläufigen starken Verwalter übergeht, wird das Stimmrecht im Falle einer Beschränkung auch nur in jenem Umfang vom Insolvenzbeschlag umfasst; im Falle eines Stimmrechtsausschluss ist auch der Insolvenzverwalter ausgeschlossen.[55] Der Streit, inwieweit der Insolvenzverwalter das Stimmrecht ausüben darf, wenn dieses nicht beschränkt ist,[56] ist schon deshalb wenig fruchtbar, weil kein Beschlussinhalt denkbar ist, der die vermögensrechtliche Seite des Geschäftsanteils nicht wenigstens mittelbar betrifft.[57] Richtigerweise ist der Insolvenzverwalter daher bei seiner Ausübung des Stimmrechts nicht beschränkt.[58]

20 Um dieses unerwünschte Ergebnis zu vermeiden, empfiehlt es sich, für den Fall der Insolvenz eines Gesellschafters sowohl für den Insolvenzverwalter als auch für den vorläufigen starken Verwalter satzungsmäßig das **Ruhen des Stimmrechts** anzuordnen.[59] Die Zulässigkeit einer solchen Anordnung ist in der Literatur umstritten.[60] Vor allem bei Einpersonengesellschaften wird vertreten, dass das Stimmrecht zum unentziehbaren Kern der Mitgliedschaftsrechte gehöre.[61] Aber auch sonst müsse der Insolvenzverwalter Beschlüsse verhindern können, die den Wert der Insolvenzmasse verringern könnten.[62] Dem ist jedoch entgegenzuhalten, dass der Insolvenzverwalter dadurch geschützt wird, dass ihm trotz Ruhens des Stimmrechts ein Recht auf Zustimmung zusteht, wenn Beschlüsse der Gesellschafter in den Kernbereich der Gesellschaft eingreifen.[63] Das betrifft vor allem solche Gesellschafterbeschlüsse, die bereits kraft Gesetzes der Zustimmung aller oder bestimmter Gesellschafter bedürfen, wenn bspw. der Gesellschaftszweck geändert werden soll oder die satzungsmäßigen Pflichten der Gesellschafter erweitert werden sollen.[64]

21 Gemäß **§ 47 Abs. 4 GmbHG** hat zudem ein Gesellschafter, welcher durch die Beschlussfassung entlastet oder von einer Verbindlichkeit befreit werden soll, hierbei **kein Stimmrecht** und darf ein solches auch nicht für andere ausüben. Das gilt auch dann, wenn der Beschluss die Vornahme eines Rechtsgeschäfts oder die Einleitung oder Erledigung eines Rechtsstreites gegenüber einem Gesellschafter betrifft. Diese Stimmverbote gelten auch für den Insolvenzverwalter,[65] und zwar auch dann, wenn in der Person des insolventen Gesellschafters ein Stimmverbot vorliegt.[66] Dem liegt zugrunde, dass der Insolvenzverwalter kein

---

[52] RGZ 167, 65, 79; BGHZ 14, 264, 269 ff.; Baumbach/Hueck/*Zoellner* § 47 Rdnr. 33; *Heckschen* ZIP 2010, 1319, 1320.

[53] Baumbach/Hueck/*Zoellner* § 47 Rdnr. 33.

[54] Scholz/*K. Schmidt* § 47 Rdnr. 11; *Heckschen* ZIP 2010, 1319, 1320.

[55] *Heckschen* ZIP 2010, 1319, 1320.

[56] Dazu ausführlich *Heckschen* ZIP 2010, 1319, 1320 f.

[57] So zu Recht *Heckschen* ZIP 2010, 1319, 1320.

[58] Baumbach/Hueck/*Zoellner* § 47 Rdnr. 42; *Bergmann* ZInsO 2004, 225, 228.

[59] *Heckschen* ZIP 2010, 1319, 1321.

[60] Dazu ausführlich *Bartholomäus* S. 41 m. w. N.

[61] *Bartholomäus* S. 41.

[62] So – unter Geltung der Konkursordnung – *Uhlenbruck*, Die GmbH & Co. KG in Krise, Konkurs und Vergleich, 2. Aufl., 1988, S. 605.

[63] Zur Kernbereichslehre BGHZ 20, 363, 386 ff.; vgl. insgesamt *Bergmann* ZInsO 2004, 225, 229.

[64] *Heckschen* ZIP 2010, 1319, 1321.

[65] Roth/Altmeppen/*Roth* § 47 Rdnr. 79.

[66] *Bergmann* ZInsO 2004, 225, 229; *Heckschen* ZIP 2010, 1319, 1321.

eigenständiges Stimmrecht hat, sondern dieses nur so erlangt, wie es beim Gesellschafter bestand.[67]

d) **Auskunfts- und Informationsrecht; Anfechtungsrecht.** Gemäß § 51a Abs. 1 GmbHG haben die Geschäftsführer jedem Gesellschafter auf Verlangen unverzüglich **Auskunft** über die Angelegenheiten der Gesellschaft zu geben und die **Einsicht** der Bücher und Schriften zu gestatten. Davon kann im Gesellschaftsvertrag nicht abgewichen werden (§ 51a Abs. 3 GmbHG). Dieses Recht wird vom Insolvenzbeschlag erfasst, so dass es auch dem Insolvenzverwalter zusteht.[68] Allerdings gilt zu dessen Lasten auch § 51a Abs. 2 GmbHG, wonach die Geschäftsführer die Auskunft und die **Einsicht verweigern** dürfen, wenn zu besorgen ist, dass der Gesellschafter sie zu **gesellschaftsfremden Zwecken** verwenden und dadurch der Gesellschaft oder einem verbundenen Unternehmen einen nicht unerheblichen **Nachteil** zufügen wird. Jedoch stellt das Bestreben, den Geschäftsanteil für die Masse möglichst gewinnbringend zu veräußern, für sich genommen, noch keinen gesellschaftsfremden Zweck dar.[69] Dem Insolvenzverwalter steht darüber hinaus das durch die Satzung nicht beschränkbare Recht zu, gesetzes- oder satzungswidrige Beschlüsse im Klagewege **anzufechten.**[70] 22

e) **Einziehung.** Als weitere Maßnahme kommt die Einziehung von Geschäftsanteilen in Betracht.[71] Diese darf nur erfolgen, soweit sie **im Gesellschaftsvertrag zugelassen** ist (§ 34 GmbHG), unabhängig davon, ob es sich um eine zwangsweise Einziehung oder um eine solche mit Zustimmung des von der Einziehung betroffenen Gesellschafters handelt.[72] Da das Gesetz keine näheren Bestimmungen über das Verfahren der Einziehung trifft, ist dieses ebenfalls in der Satzung darzustellen, vor allem im Hinblick auf die erforderlichen Mehrheiten. Dabei ist in jedem Fall vorzusehen, dass die Satzung für den Fall der Einziehung das Stimmrecht des Betroffenen ausschließt.[73] Dieser bzw. der Insolvenzverwalter haben aber gleichwohl das Recht auf Teilnahme an der Gesellschafterversammlung und auch zur Stellungnahme.[74] 23

In der Rechtsprechung wird die Ansicht vertreten, dass eine **Zwangseinziehung** bei zu großem zeitlichem Auseinanderfallen von Insolvenz und Einziehungsbeschluss wegen **Sittenwidrigkeit nichtig** ist.[75] Es empfiehlt sich daher, den Zeitraum in der Satzung ausdrücklich zu regeln: 24

Formulierungsvorschlag:

Das Recht auf Einziehung des Geschäftsanteils erlischt, wenn es nicht binnen eines Jahres seit Kenntnis der Gesellschaft von dem die Einziehung rechtfertigenden Grund ausgeübt worden ist

Unbedingt satzungsmäßig geregelt werden sollte auch, zu welchem **Zeitpunkt die Einziehung wirksam** wird, da umstritten ist, wann die Wirksamkeit eintritt, wenn die Satzung dazu keine klare Regelung trifft.[76] Nach Ansicht des BGH kann die Satzung sogar anordnen, dass der Gesellschafter im Falle der Einziehung seines Anteils seine Gesellschafterstellung mit sofortiger Wirkung und damit vor Zahlung seiner Abfindung verliert.[77] Eine Aufnahme dieser Regelung ist dringend empfehlenswert, da sich ansonsten schwierige Probleme stellen, die durch die Mitgliedschaft des von der Einziehung betroffenen Gesellschafters für eine Zeit bis zur Zahlung der Abfindung ausgelöst werden.[78] Um Minderheitsgesellschafter 25

[67] *Bartholomäus* S. 43; *Heckschen* ZIP 2010, 1319, 1321.
[68] *Heckschen* ZIP 2010, 1319, 1322.
[69] Scholz/K. *Schmidt* § 51a Rdnr. 39; *Bartholomäus* S. 44.
[70] *Heckschen* ZIP 2010, 1319, 1322.
[71] Dazu ausführlich *Heckschen* NZG 2010, 521.
[72] *Heckschen* NZG 2010, 521.
[73] *Heckschen* NZG 2010, 521, 522.
[74] Heckschen NZG 2010, 521, 522.
[75] OLG Düsseldorf ZIP 2007, 2418 für einen Zeitraum von vier Jahren.
[76] Dazu ausführlich *Heckschen* NZG 2010, 521, 522 ff.
[77] NZG 2009, 221.
[78] *Heckschen* NZG 2010, 521, 523.

zu schützen, sollte zudem die Einstimmigkeit zur Voraussetzung der Einziehung gemacht werden.[79]

26 Ob seit Inkrafttreten des Gesetzes zur Modernisierung des GmbH-Rechts und zur Bekämpfung von Missbräuchen (**MoMiG**) vom 23. 10. 2008[80] noch eine isolierte Einziehung eines Geschäftsanteils erfolgen kann, ist unklar. Denn gemäß **§ 5 Abs. 3 S. 2 GmbHG** muss die Summe der Nennbeträge aller Geschäftsanteile mit dem Stammkapital übereinstimmen. Ob darin eine **Wirksamkeitsvoraussetzung** für Einziehung und damit auch für den Einziehungsbeschluss gesehen werden muss, ist nicht geklärt.[81] Dagegen spricht, dass die bisherige, sachlich gleiche Regelung in § 5 Abs. 3 S. 3 a.F. lediglich als zwingend für die Gründung der Gesellschaft verstanden wurde, während eine späteres formelles Auseinanderfallen insbesondere durch Einziehung hingenommen wurde.[82] Zwar stellt § 5 Abs. 3 S. 2 für sich genommen nur eine Anpassung an die neue Begrifflichkeit im GmbH-Recht dar,[83] jedoch soll nach der Regierungsbegründung zum MoMiG der Vorschrift ausdrücklich die Bedeutung zukommen, dass die Übereinstimmung auf Dauer zwingend geboten und im Fall der Einziehung durch **Aufstockung bestehender Anteile, Kapitalherabsetzung** oder **Neuschaffung eines entsprechenden Geschäftsanteils** gewährleistet werden soll.[84] Allerdings scheidet die Kapitalherabsetzung bei einem Mindestkapital von € 25.000,–, über welches die meisten GmbHGs lediglich verfügen, von vornherein aus.[85] Der sicherste Weg ist gleichwohl, die Vorgaben der Regierungsbegründung nunmehr soweit wie möglich beim Einziehungsbeschluss zu berücksichtigen.[86] Ist dies unterblieben, so stellt sich die Frage, welche Folgen dies auslöst.[87] Das LG Essen hält jedenfalls einen unter Verstoß gegen § 5 Abs. 3 S. 2 GmbHG zustande gekommenen Beschluss für unwirksam.[88] Die Folge wäre, dass der vermeintlich ausgeschlossene Gesellschafter noch Gesellschafter wäre und sich auch nach Ablauf der Anfechtungsfrist noch auf die Nichtigkeit des Beschlusses berufen und dessen Durchführung untersagen könnte.[89] In der Literatur wird demgegenüber die Auffassung vertreten, dass sich die Nennbeträge der verbleibenden Geschäftsanteile mit Wirksamkeit der Einziehung anteilig um den Nennbetrag des untergegangenen Geschäftsanteils erhöhen.[90] Die Nennwerte müssten gegebenenfalls geglättet werden, damit sie auf volle Euro lauten.[91]

27 f) **Ausschluss des Gesellschafters.** Möglich ist es auch, satzungsmäßig einen Ausschluss des Gesellschafters **für den Fall der Insolvenz** vorzusehen.[92] Dadurch wird – anders als bei der Einziehung – der Geschäftsanteil nicht vernichtet.[93] Ist der Ausschluss des Gesellschafters gewünscht, so sollte die Satzung in jedem Fall ausdrücklich die Insolvenz des Gesellschafters als Ausschlussgrund nennen. Denn es ist umstritten, ob die Insolvenz eines Gesellschafters auch ohne ausdrückliche Nennung einen wichtigen, zum Ausschluss berechtigenden Grund darstellt.[94]

---

[79] Eine andere Möglichkeit besteht darin, explizit zu regeln, dass immer dann, wenn der Einziehungsbeschluss nicht ohne Gegenstimme gefasst wird, die Beschlussfassung mit einer streng verhältniswahrenden Aufstockung der Geschäftsanteile aller Gesellschafter oder einer Kapitalherabsetzung oder einer Neuausgabe des Anteils in der Hand der Gesellschaft zu verbinden ist, wobei es keinen Rückgriffsanspruch des in Anspruch genommenen Gesellschafters gegen die Gesellschaft gibt (*Heckschen* NZG 2010, 521, 523).

[80] BGBl I, S. 2026.

[81] Baumbach/*Hueck/Fastrich* § 34 Rdnr. 17 a.

[82] Baumbach/*Hueck/Fastrich* § 34 Rdnr. 17 a.

[83] *Lutter* GmbHR 2010, 1177, 1178.

[84] BegrRE, BR-Drucks. 354/07, S. 69; Baumbach/*Hueck/Fastrich* § 34 Rdnr. 17 a.

[85] Darauf weist *Lutter* GmbHR 2010, 1177, 1178 zu Recht hin.

[86] A. A. *Ulmer* DB 2010, 321; *Lutter* GmbHR 2010, 1177, 1178.

[87] Dazu ausführlich Baumbach/*Hueck/Fastrich* § 34 Rdn. 17 a.

[88] LG Essen GmbHR 2010, 1034 m. Anm. *Blunk*; vgl. auch *Römermann* DB 2010, 209 ff. A. A. *Lutter* GmbHR 2010, 1177, 1178.

[89] LG Essen GmbHR 2010, 1034 m. Anm. *Blunk*; vgl. auch *Römermann* DB 2010, 2009, 212.

[90] Lutter/Hommelhoff/*Lutter* § 34 Rdnr. 2; *Lutter* GmbHR 2010, 1177, 1179.

[91] *Lutter* GmbHR 2010, 1177, 1179.

[92] Vgl. BGH NJW 1953, 780; 2003, 2314; Roth/*Altmeppen* § 60 Rdnr. 60.

[93] *Heckschen* NZG 2010, 521, 525.

[94] Dazu *Heckschen* NZG 2010, 521, 525.

g) Abfindungsregelungen. Der insolvente Gesellschafter, der aus der Gesellschaft ausscheidet, hat Anspruch auf eine Abfindung, die in die Insolvenzmasse fällt.[95] Maßgeblich ist grundsätzlich der **Verkehrswert**, wobei umstritten ist, inwieweit in der Satzung hiervon abgewichen werden darf.[96] Zwar gelten entsprechende Klauseln auch gegenüber dem Insolvenzverwalter.[97] Jedoch dürfen sie nicht dazu führen, dass die Gesellschaftergläubiger sittenwidrig benachteiligt werden.[98] Für die Beurteilung der Wirksamkeit von Abfindungsklauseln kommt es auf alle Umstände des Einzelfalls an, nicht nur auf die Höhe der Abfindung, sondern auch auf die Modalitäten und Fristen der Zahlung.[99] Maßgeblicher Zeitpunkt für die Beurteilung der Wirksamkeit ist die Aufnahme in die Satzung. Zwar wird eine nichtige Klausel nach Ablauf von drei Jahren seit Eintragung ins Handelsregister grundsätzlich analog § 242 Abs. 2 AktG geheilt.[100] Diese Heilung kann aber nicht zulasten Dritter wirken, so dass bei einer gläubigerbenachteiligenden Klausel keine Heilung eintritt.[101] 28

In der Praxis werden häufig **Teilzahlungen** vorgesehen. Diese sind unwirksam, wenn der Auszahlungszeitraum zu lang bemessen wird. Wo die genauen Grenzen verlaufen, ist zweifelhaft, sie dürften aber zwischen fünf und sieben Jahren liegen.[102] 29

h) Satzungsmäßige Vorkaufs-, Ankaufs- und Mitverkaufsrechte. Statuarische Vorkaufs-, Ankaufs- und Mitverkaufsrechte gehen auf den **Insolvenzverwalter** über.[103] Die Rechte können jedoch als Minus zur Einziehung eingeschränkt werden: Besteht ein Grund, den Anteil einzuziehen, kann auch geregelt werden, dass dem Insolvenzverwalter kein solches Recht zusteht.[104] Dies ist entsprechend § 34 Abs. 1 GmbHG in der Satzung zu regeln.[105] Zwar wird teilweise vertreten, dass eine Regelung zur Zwangsabtretung nicht insolvenzfest sei, da sie einer Verfügungsermächtigung nach § 185 BGB gleichstehe und daher gegenüber dem Insolvenzverwalter keine Wirksamkeit entfalte.[106] Dagegen spricht aber bereits, dass nach § 80 InsO der Insolvenzverwalter den Geschäftsanteil in dem Zustand zur Verwaltung und Verwertung erhält, wie er durch die Satzung ausgestaltet ist.[107] 30

Formulierungsvorschlag:[108]

Für den Fall, dass über das Vermögen des Gesellschafters X (Gesellschafter mit Ankaufs-, Vorkaufs- oder Mitverkaufsrechten) das Insolvenzverfahren eröffnet wird, ein Antrag mangels Masse abgelehnt wird oder ein vorläufiger Insolvenzverwalter nach Maßgabe des § 22 Abs. 1 InsO bestellt wird, erlischt das dem Gesellschafter X zustehende *Vorkaufs-, Ankaufs- oder Mitverkaufsrecht* gemäß § (. . . . . .) dieser Satzung.

i) Vinkulierung. Keinen ausreichenden Schutz bieten für sich genommen Vinkulierungsregelungen. Diese sind gegenüber dem Insolvenzverwalter genauso wenig wirksam wie gegenüber dem Pfändungsgläubiger, so dass ein **Eindringen Dritter** in die Gesellschaft **nicht verhindert** werden kann.[109] 31

---

[95] *Reul/Heckschen/Wienberg* S. 250.
[96] *Reul/Heckschen/Wienberg* S. 250.
[97] H. M., vgl. *Bartholomäus* S. 186; *Bergmann* ZInsO 2004, 225, 225.
[98] Uhlenbruck/*Hirte* § 11 Rdnr. 54; *Reul/Heckschen/Wienberg* S. 250.
[99] Instruktiv *Bacher/Spieth*, Fehlerhafte Abfindungsklauseln in GmbH- Satzungen, GmbHR 2003, 517 ff.
[100] BGH NZG 2002, 1027.
[101] Vgl. nur Baumbach/*Hueck/Fastrich* § 34 Rdnr. 31 m. w. N.
[102] Baumbach/*Hueck/Fastrich* § 34 Rdnr. 38; Lutter/Hommelhoff/*Lutter/Hommelhoff* § 34 Rdnr. 52.
[103] *Heckschen* ZIP 2010, 1319, 1322.
[104] *Heckschen* ZIP 2010, 1319, 1322.
[105] *Bartholomäus* S. 155 ff.; *Heckschen* NZG 2010, 521.
[106] So *Barholomäus* S. 227 f.; MünchKommBGB/*Schramm* § 183 Rdnr. 7, § 185 Rdnr. 34.
[107] Vgl. auch *Heckschen* NZG 2010, 521, 524.
[108] Nach *Heckschen* ZIP 2010, 1319, 1323.
[109] Baumbach/*Hueck/Fastrich* § 15 Rdnr. 64; *Heckschen* ZIP 2010, 1319, 1324. Zum Verhältnis von Vinkulierung und Vorkaufsrecht vgl. auch *Böttcher/Joo*, Die Stellung des Berechtigten beim schuldrechtlichen Vorkaufsrecht, RNotZ 2010, 557, 559 FN 20.

32 j) **Vermögensrechte.** Vermögensrechte des insolventen Gesellschafters gehen gemäß § 80 InsO auf den Insolvenzverwalter über. Das gilt auch für das **Gewinnbezugsrecht.**[110] Vermögensrechte können für den Fall der Insolvenz **durch Satzung eingeschränkt**, aber wohl nicht vollständig ausgeschlossen werden.[111]

33 k) **Sonderrechte und höchstpersönliche Rechte.** Man versteht unter Sonderrechten solche Rechte, die einzelnen Gesellschaftern oder einer Gruppe von Gesellschaftern gegenüber anderen eine Vorzugsstellung gewähren.[112] Hinsichtlich der mit Sonderrechten ausgestatteten Geschäftsanteile ist zu differenzieren: Soweit sie **nicht höchstpersönlich** ausgestattet sind, gehen sie auf den Insolvenzverwalter über. Sie sind jedoch, wenn es sich um Vermögensrechte handelt, satzungsmäßig für den Fall der Insolvenz **einschränkbar**, da sie ihre Rechtfertigung in diesem Fall regelmäßig verlieren.[113] Gleiches gilt für erhöhte Stimmrechte oder Vetorechte, die ebenfalls in der Satzung für den Fall der Insolvenz ausgeschlossen werden sollten.[114]

34 **Höchstpersönliche Rechte** gehen schon nach § 80 Abs. 1 InsO **nicht** auf den **Insolvenzverwalter** über. Das betrifft bspw. die Geschäftsführerstellung oder einen Aufsichtsratssitz.[115] Unzutreffend ist die in der Literatur vertretene Ansicht, ein Aufsichtsratsmandat gehe auf den Insolvenzverwalter über, wenn dieses statuarisch ausgestaltet ist.[116] Gleichwohl empfiehlt es sich, in die Satzung eine entsprechende Regelung aufzunehmen, nach der das Aufsichtsratsmandat eines Gesellschafters im Falle der Insolvenz endet.[117]

35 l) **Gesellschaftervereinbarungen.** Weithin üblich ist es, Rechte und Pflichten der Gesellschafter neben der Satzung in einer schuldrechtlichen Gesellschaftervereinbarung zu regeln. Soweit der insolvente Gesellschafter Partei einer solchen Gesellschaftervereinbarung ist, **bindet** sie auch den **Insolvenzverwalter.** Dem liegt zugrunde, dass sich die Verwaltung des Geschäftsanteils durch den Insolvenzverwalter auf den Geschäftsanteil in der Gestalt bezieht, wie er in der Person des insolventen Gesellschafters bestanden hat.[118] Der Insolvenzverwalter verwaltet den Anteil, der gleichsam mit den durch die Gesellschaftervereinbarung begründeten Pflichten beschwert ist.

36 Unklarheiten über die Rechte und Pflichten des Verwalters können dann auftreten, wenn **Satzung und Gesellschaftervereinbarung nicht aufeinander abgestimmt** sind und bspw. einerseits die Satzung für den Fall der Insolvenz eines Gesellschafters das Ruhen des Stimmrechts anordnet und andererseits die Gesellschaftervereinbarung eine Stimmrechtsbindung vorsieht.[119] Dieser Konflikt ist wie folgt zu lösen: Da die Satzung in diesem Fall über das ‚ob' des Stimmrechts entscheidet, ist die Verpflichtung aus der Gesellschaftervereinbarung über das ‚wie' des Stimmrechts nachrangig. Insoweit ist dem Insolvenzverwalter die Verpflichtung aus der Gesellschaftervereinbarung unmöglich (§ 275 Abs. 1 BGB). Eine Pflicht zum Schadensersatz besteht nicht, da es am Vertretenmüssen (§ 280 Abs. 1 S. 2 BGB) fehlt.

37 m) **Verwertung des Geschäftsanteils; Teilung.** Umstritten ist, ob der Insolvenzverwalter den Geschäftsanteil auch verwerten darf.[120] Dafür spricht schon, dass dem Insolvenzverwalter gemäß § 80 Abs. 1 InsO eben ausdrücklich auch die Verwertungsbefugnis zusteht.[121]

[110] *Heckschen* ZIP 2010, 1319, 1323.
[111] Dazu *Heckschen* ZIP 2010, 1319, 1323 sowie Uhlenbruck/*Hirte* § 11 Rdnr. 57.
[112] BGH NJW 1969, 131; ausführlich Scholz/*Winter/Seibt* § 14 Rdnr. 19 ff.; Baumbach/*Hueck/Fastrich* § 14 Rdnr. 18.
[113] So auch *Heckschen* ZIP 2010, 1319, 1323 jedenfalls für den Fall, dass die Vermögensrechte besonderes Know-How des Gesellschafters belohnen.
[114] *Heckschen* ZIP 2010, 1319, 1323.
[115] Vgl. dazu und zu weiteren Fällen höchstpersönlicher Rechte ausführlich *Heckschen* ZIP 2010, 1319, 1324.
[116] So jedoch Rowedder/Schmidt-Leithoff/*Rowedder/Bergmann* § 15 Rdnr. 152.
[117] *Heckschen* ZIP 2010, 1319, 1324.
[118] *Heckschen* ZIP 2010, 1319, 1324.
[119] Vgl. *Heckschen* ZIP 2010, 1319, 1324.
[120] Dagegen Uhlenbruck/*Hirte* § 35 Rdnr. 105.
[121] Zudem könnte der Insolvenzverwalter die Auflösung der Gesellschaft wohl auch gar nicht gegenüber den Mitgesellschaftern durchsetzen. Dazu *Heckschen* ZIP 2010, 1319, 1325.

Daher kann der Verwalter den **Anteil auch freihändig** in der Form des § 15 Abs. 3, 4 GmbHG[122] **veräußern.**[123]

Schwierigkeiten können sich ergeben, wenn der Verwalter den Anteil zur besseren Verwertung teilen möchte. Denn gemäß § 46 Nr. 4 GmbHG bedarf die Teilung eines Geschäftsanteils eines Gesellschafterbeschlusses. Allerdings ist diese Regelung abdingbar,[124] so dass die Satzung die Teilung auch der Gesellschaft überlassen oder von der Zustimmung der Gesellschaft abhängig machen kann (§ 45 Abs. 2 GmbHG).[125] 38

III. Krise, Sanierung und Insolvenz der Gesellschaft

Anders stellt sich die Situation dar, wenn nicht ein Gesellschafter, sondern die Gesellschaft selbst sich in wirtschaftlichen Schwierigkeiten befindet. Neben Kapitalmaßnahmen bieten sich auch Umwandlungsmaßnahmen an, um die Krise zu beenden. Daneben kommt auch der Erwerb des Unternehmens aus der Insolvenz in Betracht. 39

1. Kapitalmaßnahmen in der Krise

a) **Kapitalerhöhung.** Eine Möglichkeit zur Beseitigung der Krise besteht in einer Kapitalerhöhung und der Übernahme eines Geschäftsanteils. Dabei entsteht die Einlageverpflichtung mit dem Beschluss über die Kapitalerhöhung und der notariell aufgenommenen oder beglaubigten Übernahmeerklärung, die die Gesellschaft annehmen muss (vgl. § 55 GmbHG). Gemäß § 55 Abs. 4 GmbHG ist § 5 Abs. 2, 3 GmbHG auch bei der Kapitalerhöhung anzuwenden. Nach §§ 56a, 7 Abs. 2 S. 1 GmbHG darf die Anmeldung der Kapitalerhöhung erst erfolgen, wenn auf jeden Geschäftsanteil, soweit nicht Sacheinlagen vereinbart sind, **ein Viertel des Nennbetrags eingezahlt** ist. Wird die Resteinlage nicht sofort fällig gestellt, wird sie erst mit der Einforderung durch die Gesellschafterversammlung gemäß § 46 Nr. 2 GmbHG fällig. Die Bareinlage muss zur endgültig freien Verfügung der Geschäftsführer stehen.[126] Unschädlich ist es, wenn der Gesellschafter auf die entstandene Stammeinlagenforderung eine Einzahlung vor Fälligkeit vornimmt. Anders ist dies allerdings grundsätzlich dann, wenn die Einlageverpflichtung noch nicht entstanden ist.[127] Das ist vor allem der Fall, wenn die Einlage auf ein Konto erfolgt, das einen Sollsaldo aufweist.[128] 40

Eine Ausnahme gilt jedoch unter gewissen Voraussetzungen in **Sanierungsfällen.** Nach der Rechtsprechung des BGH ist eine Tilgungswirkung bei einer Kombination von Voreinzahlung und Zahlung auf ein debitorisches Konto möglich, wenn nämlich die Beschlussfassung über die Kapitalerhöhung im Anschluss an die Voreinzahlung **mit aller gebotenen Beschleunigung nachgeholt wird**, ein akuter Sanierungsfall vorliegt, andere Maßnahmen nicht in Betracht kommen und die Rettung der sanierungsfähigen Gesellschaft scheitern würde, falls die übliche Reihenfolge der Durchführung der Kapitalerhöhungsmaßnahme beachtet werden müsste.[129] Dabei ist die Zahlung so zu kennzeichnen, dass die mit ihr bezweckte Erfüllung der künftigen Einlageschuld außer Zweifel steht; maßgeblich ist insoweit die Sicht des Geschäftsführers.[130] Auch muss die Voreinzahlung im Kapitalerhöhungsbeschluss und in der Registeranmeldung offen gelegt werden.[131] 41

[122] Dazu Scholz/*Winter/Seibt* § 15 Rdnr. 256; *Heckschen* ZIP 2010, 1319, 1325.

[123] Scholz/*Winter/Seibt* § 15 Rdnr. 256; Baumbach/*Hueck/Fastrich* § 15 Rdnr. 64.

[124] H. M., vgl. nur *Heckschen* ZIP 2010, 1319, 1325; zweifelnd Baumbach/Hueck/*Zöllner* § 46 Rdnr. 31a, der mit beachtlichen Argumenten erwägt, ob bei einer Teilung die Voraussetzungen einer förmlichen Satzungsänderung zu erfüllen sind, insbesondere ob der Gesellschafterbeschluss qualifizierter Mehrheit und notarieller Beurkundung bedarf und eine Eintragung im Handelsregister erforderlich ist.

[125] Vgl. auch *D. Mayer*, Der Erwerb einer GmbH nach den Änderungen durch das MoMiG, DNotZ 2008, 403, 425.

[126] Baumbach/*Hueck/Fastrich* § 7 Rdnr. 10.

[127] Dazu BGH GmbHR 1995, 115; BGHZ 145, 150.

[128] BGH ZIP 2006, 2214; ZIP 2004, 849.

[129] BGH NJW 2007, 515.

[130] OLG Köln ZIP 2001, 1243.

[131] OLG Celle GmbHR 2006, 433.

42 Besonderheiten bestehen bei der **UG (haftungsbeschränkt)**: Hier stellt sich die Frage, wann es durch eine Kapitalerhöhung zu einer ‚Umwandlung' einer UG (haftungsbeschränkt) zu einer GmbH kommen kann.[132] Dies hängt davon ab, zu welchem Zeitpunkt die in § 5a Abs. 1 bis 4 GmbHG geregelten Beschränkungen wegfallen. Gemäß § 5a Abs. 5 GmbHG ist das der Fall, wenn die Gesellschaft ihr Stammkapital so erhöht, dass es den Betrag des Mindeststammkapitals nach § 5 Abs. 1 GmbHG erreicht oder übersteigt. Teilweise wird die Ansicht vertreten, dass dies bereits dann der Fall sei, wenn aufgrund einer Kapitalerhöhung das Mindeststammkapital der GmbH erreicht wird.[133] Dafür spricht, dass nichts dafür ersichtlich ist, dass es die Intention des Gesetzgebers war, die Gesellschafter einer UG (haftungsbeschränkt) beim Übergang in eine reguläre GmbH schlechter zu stellen, als wenn sie von vornherein eine reguläre GmbH gegründet hätten.[134] Die Gegenansicht, der sich nunmehr auch das OLG München angeschlossen hat, geht jedoch davon aus, dass die **Sondervorschriften des § 5a GmbHG** erst dann keine Anwendung mehr finden, wenn die geleisteten Barzahlungen tatsächlich den Betrag des Stammkapitals von € 25.000 erreichen bzw. überschreiten.[135] Nach dem Wortlaut des § 5a Abs. 5 GmbHG sei der maßgebliche Zeitpunkt für die Nichtanwendbarkeit der § 5a Abs. 1 bis 4 GmbHG der der Erhöhung des Stammkapitals, zu dessen Wirksamkeit es der Eintragung in das Handelsregister bedürfe.[136] Diese könne erst dann erfolgen, wenn gemäß § 57 Abs. 2 GmbHG die Einlagen auf das neue Stammkapital bewirkt worden sind.[137] Bis dahin sei von der Geltung der Sondervorschrift des § 5a Abs. 2 S. 1 GmbHG auszugehen, so dass das Stammkapital in voller Höhe einzuzahlen sei.[138] Auch sei es nicht die Intention des Gesetzgebers gewesen, die UG (haftungsbeschränkt) generell der regulären GmbHG gleichzustellen.[139] Der BGH hat diese Frage in einer jüngeren Entscheidung zu einer Sachkapitalerhöhung bei der UG (haftungsbeschränkt) offengelassen, jedoch entschieden, dass das Sacheinlagenverbot des § 5a Abs. 2 S. 2 GmbHG für eine den Betrag des Mindestkapitals nach § 5 Abs. 1 GmbHG erreichende oder übersteigende Erhöhung des Stammkapitals einer UG (haftungsbeschränkt) nicht gilt.[140]

43 **b) Kapitalschnitt.** Eine weitere Möglichkeit der Sanierung besteht im sog. Kapitalschnitt,[141] der **gleichzeitigen vereinfachten Kapitalherabsetzung und Kapitalerhöhung**. Sanierungsbedürftige Unternehmen werden bei der Suche nach einem mit Eigenkapital zu beteiligenden Investor nur dann Erfolg haben, wenn es gelingt, dem Investor eine dem Wert seiner Investition entsprechende Beteiligungsquote an der Gesellschaft mit entsprechendem Stimmrechtseinfluss zu gewähren.[142] Hier setzt der Kapitalschnitt an: Ist der Wert der Gesellschaft auf Grund bestehender Verbindlichkeiten nahe Null oder negativ, wird ein Investor möglicherweise eine 100-prozentige Beteiligung an der Gesellschaft oder jedenfalls eine hohe Beteiligung unter der Bedingung verlangen, dass die Altgesellschafter ebenfalls neue Mittel einschießen.[143] Im ersten Schnitt passt daher die Gesellschaft durch die vereinfachte Kapitalherabsetzung ihr Stammkapital dem durch die Krise geschrumpften Vermögen an, unter Umständen erfolgt sogar eine Anpassung auf Null.[144] Durch die gleichzeitig stattfindende Kapitalerhöhung werden der Gesellschaft die sanierungsnotwendigen Mittel zugeführt.

44 Eine vereinfachte Kapitalherabsetzung ist gemäß § 58a Abs. 1 GmbHG nur zulässig, um **Wertminderungen auszugleichen oder sonstige Verluste zu decken.** Nach Abs. 2 ist dafür er-

[132] Dazu OLG München GmbHR 2010, 1210.
[133] *Roth/Altmeppen* § 5a Rdnr. 28
[134] MünchKommGmbHG/*Rieder* § 5a Rdnr. 40.
[135] OLG München GmbHR 2010, 1210, 1211 mit kritischer Anm. *Klose*; Baumbach/*Hueck/Fastrich* § 5a Rdnr. 32.
[136] OLG München GmbHR 2010, 1210, 1211.
[137] OLG München GmbHR 2010, 1210, 1211.
[138] OLG München GmbHR 2010, 1210, 1211.
[139] OLG München GmbHR 2010, 1210, 1211 f.
[140] BGH NJW 2011, 1881.
[141] Dazu *Geißler*, Funktion und Durchführung der vereinfachten Kapitalherabsetzung bei der GmbH, GmbHR 2005, 1102.
[142] *Reger/Stenzel* NZG 2009, 1210.
[143] *Reger/Stenzel* NZG 2009, 1210.
[144] *Reger/Stenzel* NZG 2009, 1210.

forderlich, dass der Teil der Kapital- und Gewinnrücklagen, der zusammen über 10% des nach der Herabsetzung verbleibenden Stammkapitals hinausgeht, vorweg aufgelöst ist. Sie ist nicht zulässig, solange ein Gewinnvortrag vorhanden ist, so dass etwaige Gewinnvorträge gegebenenfalls aufzulösen sind. Im Beschluss über die vereinfachte Kapitalherabsetzung sind die Nennbeträge der Geschäftsanteile dem herabgesetzten Stammkapital anzupassen; die Geschäftsanteile müssen auf einen Betrag gestellt werden, der auf volle Euro lautet (§ 58 a Abs. 3 GmbHG). § 58 a Abs. 5 GmbHG erklärt – deklaratorisch – § 53 GmbHG und damit vor allem dessen Abs. 2 ausdrücklich für anwendbar. Danach ist der Beschluss notariell zu beurkunden und bedarf einer ¾-**Mehrheit**, wobei die Satzung noch weitere Erfordernisse aufstellen kann. Die Kapitalherabsetzung wird mit der Eintragung ins Handelsregister wirksam (§§ 58 a Abs. 5, 54 Abs. 3 GmbHG).

Auch im **Aktienrecht** ist die Zulässigkeit der Verbindung von Kapitalherabsetzung 45 (§§ 222 ff. AktG) und Kapitalerhöhung (§§ 182 ff. AktG) grundsätzlich anerkannt.[145] Hier kann ebenfalls eine Kapitalherabsetzung unter die Grenze des gesetzlichen Mindestgrundkapitals von € 50.000 (§ 7 AktG) bis zu einem Grundkapital von Null Euro erfolgen, wenn zugleich das Grundkapital mindestens wieder auf einen Betrag erhöht wird, der dem des Mindestgrundkapitals entspricht, § 228 Abs. 1 AktG.[146] Ist die zu sanierende AG börsennotiert, kann der Kapitalschnitt, insbesondere ein Kapitalschnitt auf Null, auch börsenzulassungsrechtliche Folgen haben.[147]

c) **Debt-Equity-Swap.** In Unternehmenskrisen stellt der Debt-Equity-Swap eine häufig 46 gewählte Möglichkeit der Unternehmenssanierung dar. Dabei tauschen Gläubiger der Gesellschaft bestehende Forderungen gegen eine Beteiligung an der Gesellschaft ein: Es erfolgt eine **Umwandlung von Fremdkapital in Eigenkapital**, wodurch eine Unterbilanz oder Überschuldung der Gesellschaft beseitigt und die Gesellschaft von entsprechenden Zinslasten befreit werden kann.[148]

Der Debt-Equity-Swap stellt eine Sachkapitalerhöhung dar, bei der die Sacheinlage in 47 der Forderung gegen die Gesellschaft besteht.[149] Umstritten ist, ob die Forderung dabei zum Nennwert oder nur bewertet, insbesondere unter Berücksichtigung der Bonität der Gesellschaft, eingebracht werden kann.[150] Grundsätzlich ist die Einbringung nur bewertet möglich.[151] Anders ist dies nach dem Referentenentwurf für die Aktiennovelle 2011 im Bereich der Wandelschuldverschreibungen: Durch die geplante Neuregelung kann die Gesellschaft Anleihen gegen die Gewährung von Anteilen in Grundkapital umwandeln (§ 192 AktG-E). Vorgesehen ist dabei auch ein alleiniges Wandelungsrecht der Gesellschaft. Gerade ein solches alleiniges Wandelungsrecht der Gesellschaft bietet vor dem Hintergrund eines Debt-Equity-Swap „auf Vorrat" interessante Möglichkeiten in Sanierungssituationen. In dieser besonderen Situation spricht nichts gegen eine Einbringung der Forderung zu ihrem Nennwert: Die Gefahr einer Verwässerung der Beteiligung von Altaktionären bzw. Mitgesellschaftern besteht hier nicht im gleichen Maße, weil die ursprünglichen Anteilseigner die Ausgabe von Wandelanleihen über die Beschlussfassung in der Hauptversammlung selbst in der Hand haben und zudem etwaige Risiken beim Preis berücksichtigen können.[152]

d) **Debt-Mezzanine-Swap/Debt-Hybrid-Swap.** Soweit der Debt-Equity-Swap aus gesell- 48 schafts- oder steuerrechtlichen Gründen ausscheidet, ist an einen Debt-Mezzanine-Swap zu denken.[153] Mit diesem wird **handelsbilanziell Eigenkapital** geschaffen, wohingegen **steuer-**

[145] *Reger/Stenzel* NZG 2009, 1210.
[146] *Reger/Stenzel* NZG 2009, 1210; vgl. BGHZ 119, 305.
[147] Dazu ausführlich *Reger/Stenzel* NZG 2009, 1210, 1212.
[148] *Wirsch* NZG 2010, 1131.
[149] Baumbach/*Hueck/Fastrich* § 5 Rdnr. 28; *Wirsch* NZG 2010, 1131.
[150] Dazu ausführlich *Priester,* Debt-Equity-Swap zum Nennwert?, DB 2010, 1445 und *Cahn/Simon/Theiselmann,* Debt Equity Swap zum Nennwert! – Erwiderung auf Priester, DB 2010, 1445, in: DB 2010, 1629, jeweils m. w. N.
[151] BGH NZG 2002, 1172, 1174; *Wirsch* NZG 2010, 1131.
[152] Vgl. auch *Cahn/Simon/Theiselmann* DB 2010, 1629.
[153] Dazu ausführlich *Oelke/Wöhlert/Degen* BB 2010, 299 ff.

rechtlich Fremdkapital entsteht.[154] Der Debt-Mezzanine-Swap wandelt Verbindlichkeiten des Unternehmens in Mezzaninekapital um.[155] In Folge der Novation tritt das neue Schuldverhältnis an die Stelle des alten.[156] Als mezzanine Finanzierungsinstrumente kommen vor allem Genussrechte in Betracht.[157]

49 e) **Rangrücktrittsvereinbarungen.** Im Rahmen des MoMiG wurde der sog. Rangrücktritt von Gesellschafterdarlehen erstmals gesetzlich kodifiziert: Danach sind nach § 19 Abs. 2 S. 2 InsO Forderungen auf Rückgewähr von Gesellschafterdarlehen nicht als Verbindlichkeiten gemäß § 19 Abs. 2 S. 1 InsO zu berücksichtigen, wenn für sie gemäß § 39 Abs. 2 InsO zwischen Gläubiger und Schuldner der Nachrang im Insolvenzverfahren hinter den in § 39 Abs. 1 Nr. 1 bis 5 InsO bezeichneten Forderungen vereinbart wird.[158] Dadurch kann die **insolvenzrechtliche Überschuldung vermieden** werden. Eine besondere Form der Rangrücktrittsvereinbarung ist nicht vorgeschrieben. Es muss sich nicht mehr um einen sog. qualifizierten Rangrücktritt handeln.[159]

2. Umwandlungsmaßnahmen in der Krise

50 a) **Umwandlungsmaßnahmen vor Antrag auf Eröffnung des Insolvenzverfahrens.** Auch eine Umwandlungsmaßnahme kann dazu beitragen, das Unternehmen aus der Krise zu führen.[160] Personengesellschaften kann so frisches Kapital zugeführt werden. Durch die Gesamtrechtsnachfolge können etwa erteilte Genehmigungen weiter genutzt werden, wohingegen eine Spaltung die Trennung von Aktiv- und Passivvermögen ermöglicht. Oftmals dienen Umwandlungsmaßnahmen auch der lautlosen Liquidation.[161]

51 Fraglich ist allerdings, ob der Insolvenzantragspflicht Vorrang gegenüber dem Recht auf Durchführung von Umwandlungsmaßnahmen gebührt.[162] Dagegen spricht aber bereits, dass weder das UmwG noch die InsO einen solchen Vorrang kennen.[163]

52 Problematisch ist ferner, ob auch **überschuldete Rechtsträger an Umwandlungsmaßnahmen beteiligt** sein können.[164] Nach vorzugswürdiger h. M. ist die **Verschmelzung eines überschuldeten Rechtsträgers auf dessen Alleingesellschafter** zwecks Vermeidung der Eröffnung des Insolvenzverfahrens zulässig:[165] § 120 UmwG kennt in diesen Konstellationen keine Beschränkung, und in § 152 Abs. 2 UmwG wird diese Möglichkeit nicht erwähnt.[166]

53 Möglich ist nach h. M. auch die **Verschmelzung eines Rechtsträgers auf den überschuldeten Alleingesellschafter.**[167] Zwar ist an dieser Konstellation problematisch, dass sich Gläubiger des übertragenden Rechtsträgers nach der Verschmelzung konkurrierenden Ansprüchen der Privatgläubiger des vormals überschuldeten Alleingesellschafters gegenüber gestellt sehen. Die Sicherheitsleistung nach § 22 UmwG ist dem Ausgangsrechtsträger nach Eintragung der Verschmelzung nicht möglich.[168] Zwar ist zuzugeben, dass § 152 Abs. 2 UmwG für den Fall der Ausgliederung aus dem Geschäft eines Einzelkaufmanns in eine Kapitalgesellschaft diese ausdrücklich für unzulässig erklärt.[169] Genau das spricht aber umgekehrt für

---

[154] *Oelke/Wöhlert/Degen* BB 2010, 299.
[155] *Oelke/Wöhlert/Degen* BB 2010, 299, 301.
[156] Vgl. MünchKommBGB/*Emmerich* § 311 Rdnr. 30.
[157] *Oelke/Wöhlert/Degen* BB 2010, 299, 301.
[158] *Schwenker/Fischer* DStR 2010, 1117.
[159] *Schwenker/Fischer* DStR 2010, 1117. Zum qualifizierten Rangrücktritt vgl. BGH DStR 2001, 175.
[160] *Reul/Heckschen/Wienberg* S. 273; *Heckschen* DB 2005, 2283 und *ders.* DB 2005, 2675.
[161] *Heckschen* Verschmelzung S. 9.
[162] So Lutter/*Karollus* § 120 UmwG Rdnr. 19 a; vgl. *Reul/Heckschen/Wienberg* S. 274.
[163] *Reul/Heckschen/Wienberg* S. 274.
[164] Vgl. nur BayObLG DNotZ 1999, 145 m. Anm. *Limmer*; *Reul/Heckschen/Wienberg* S. 274 ff.
[165] OLG Stuttgart NZG 2006, 159 = EWiR 2005, 839 (*Heckschen*); LG Leipzig DB 2006, 885; Widmann/Mayer/*Heckschen* § 120 UmwG Rdnr. 8.6.
[166] OLG Stuttgart NZG 2006, 159; LG Leipzig DB 2006, 885; Widmann/Mayer/*Heckschen* § 120 UmwG Rdnr. 8.6.
[167] Vgl. Widmann/Mayer/*Heckschen* § 1 UmwG Rdnr. 406.
[168] Zum unvollständigen Gläubigerschutz in diesem Fall instruktiv die Anm. von *Wälzholz* DStR 2006, 338.
[169] Woraus Semler/Stengel/*Maier-Reimer* § 120 UmwG Rdnr. 26 die Unzulässigkeit dieser Umwandlungsmaßnahme folgert.

die Zulässigkeit dieser Umwandlungsmaßnahme, da die Schranken gegen Verschmelzung auf einen überschuldeten Rechtsträger in § 152 Abs. 2 UmwG abschließend sind.[170]

Ebenfalls möglich ist auch die **Verschmelzung einer überschuldeten auf eine gesunde GmbH.** Der Anteilseigner des übertragenden Rechtsträgers kann auf die Gewährung von Anteilen nicht nur bei Schwesterverschmelzungen[171] verzichten.[172] Probleme können sich ergeben, wenn Minderheitsgesellschafter die Zustimmung zur Verschmelzung verweigern. Das LG Mühlhausen hält einen Verschmelzungsbeschluss gemäß § 138 Abs. 1 BGB für nichtig, wenn den Gesellschaftern der übertragenden Gesellschaft durch die Verschmelzung unangemessene Vorteile zum Nachteil der Anteilseigner gewährt werden.[173] Dem Registergericht steht im Hinblick auf eine mögliche Überschuldung allerdings keine Prüfungskompetenz zu, da sich seine Prüfung auf die Umwandlungsfähigkeit der beteiligten Rechtsträger beschränkt.[174] Anders ist dies nur, wenn das Gericht entweder positive Kenntnis von der Überschuldung hat oder sich diese aufdrängen musste.[175] Das gilt naturgemäß vor allem dann, wenn Straftaten vorliegen.[176] 54

Für Personengesellschaften stellt der **Formwechsel in eine Kapitalgesellschaft** eine interessante Möglichkeit der Sanierung dar, da der Gesellschaft durch diese Maßnahme frisches Kapital zugeführt wird. Zu berücksichtigen ist allerdings, dass dann die Kapitalerhaltungsvorschriften der §§ 30 f., 57 ff. GmbHG zur Anwendung kommen. 55

Umgekehrt kann der **Formwechsel in eine Personengesellschaft** ein geeignetes Sanierungsinstrument für Kapitalgesellschaften darstellen. Hier ist aber besondere Vorsicht geboten: Gemäß § 15 a Abs. 1 S. 1 InsO hat der Geschäftsführer, wenn die Gesellschaft zahlungsunfähig oder überschuldet wird, ohne schuldhaftes Zögern, spätestens aber drei Wochen nach Eintritt der Zahlungsunfähigkeit oder Überschuldung, einen Insolvenzantrag zu stellen. Das ist insofern problematisch, als die Umwandlungsmaßnahme erst mit der Eintragung ins Handelsregister wirksam wird. Damit besteht für den Geschäftsführer allerdings die Gefahr, sich strafbar zu machen (§ 15 a Abs. 4 InsO). 56

b) Umwandlungsmaßnahmen nach Insolvenzantrag und vor Eröffnungsbeschluss. Im Zeitraum zwischen Insolvenzantrag und Eröffnungsbeschluss kann der vorläufige starke Verwalter verschiedene Maßnahmen treffen, da dieser im Grundsatz die Stellung des endgültigen Insolvenzverwalters gemäß § 80 Abs. 1 InsO innehat.[177] Aus der InsO oder dem UmwG lassen sich keine Anhaltspunkte ableiten, ob er an einer Umwandlungsmaßnahme mitwirken darf. Indes bestimmt § 22 Abs. 1 S. 2 Nr. 2 InsO, dass der vorläufige Verwalter ein Unternehmen, das der Schuldner betreibt, bis zur Entscheidung über die Eröffnung des Insolvenzverfahrens fortzuführen hat, soweit nicht das Insolvenzgericht einer Stilllegung zustimmt. Allerdings wird man die Verschmelzung oder Aufspaltung nicht mit einer Stilllegung gleichsetzen können, da letztere die endgültige Beendigung der wirtschaftlichen Aktivitäten darstellt.[178] 57

Hinsichtlich der Zuständigkeit für den Abschluss von Umwandlungsverträgen in dieser Phase ist zu differenzieren: Hat das Gericht einen vorläufigen schwachen Verwalter bestellt, so ist nach wie vor der Geschäftsführer für den Abschluss von Verschmelzungs- bzw. Spaltungsverträgen zuständig; hat es einen vorläufigen starken Verwalter eingesetzt, so bedarf der Abschluss eines solchen Vertrages seiner Zustimmung.[179] Die Stellung des Insolvenzantrags berührt nicht die Zuständigkeit der Anteilseigner für solche Beschlussfassungen, die den Umwandlungsvorgang betreffen.[180] 58

---

170 Widmann/Mayer/*Heckschen* § 1 UmwG Rdnr. 397 ff., v. a. 406.
171 Dazu Widman/*Mayer* § 55 UmwG Rdnr. 83.13.
172 Vgl. §§ 54, 68 UmwG n. F.
173 DB 1996, 1967.
174 OLG Naumburg NJW-RR 1998, 178.
175 Vgl. Widmann/*Mayer* § 55 UmwG Rdnr. 83.13.
176 Z. B. gemäß § 283 StGB.
177 Dazu oben unter Rdnr. 6.
178 *Heckschen* DB 2005, 2675; *Reul/Heckschen/Wienberg* S. 278.
179 *Reul/Heckschen/Wienberg* S. 279.
180 *Reul/Heckschen/Wienberg* S. 279.

59 c) **Umwandlungsmaßnahmen nach Eröffnungsbeschluss.** Während des laufenden Insolvenzverfahrens gilt der **Vorrang des Insolvenzbeschlags:** Nach der Eröffnung des Insolvenzverfahrens sind Umwandlungsmaßnahmen durch den insolventen Rechtsträger bis zur Beendigung des Verfahrens nicht zulässig.[181] Dem liegt zugrunde, dass insolvente Unternehmen den Gläubigern nicht gemäß § 22 UmwG Sicherheit leisten können.[182] Das folgt mittelbar auch aus § 3 Abs. 3 UmwG, der die Beteiligung übertragender Rechtsträger an einer Umwandlung dann zulässt, wenn deren Fortsetzung beschlossen werden könnte, sich aber nicht zur Beteiligung übernehmender Rechtsträger verhält.[183] Die Eröffnung des Insolvenzverfahrens führt jedoch zur Auflösung der Gesellschaft,[184] und ein Fortsetzungsbeschluss kann erst nach Einstellung des Insolvenzverfahrens oder der Bestätigung eines Insolvenzplanes gefasst werden (§ 60 Abs. 1 Nr. 4 GmbHG, § 274 Abs. 1 Nr. 2 AktG).[185] Umwandlungsmaßnahmen kommen somit erst wieder ab dem Zeitpunkt der Aufhebung des Insolvenzverfahrens in Betracht.[186] Besonderheiten ergeben sich zudem bei Umwandlungsmaßnahmen im Rahmen eines Insolvenzplans.[187]

60 d) **Umwandlungsmaßnahmen bei Abweisung des Eröffnungsantrags mangels Masse.** Höchst zweifelhaft ist, ob Umwandlungsmaßnahmen bei Nichteröffnung des Insolvenzverfahrens mangels Masse in Betracht kommen. Nach § 3 Abs. 3 UmwG ist eine Umwandlung nur möglich, wenn auch die Fortsetzung der Gesellschaft beschlossen werden kann. In der Literatur wird zum Teil die Auffassung vertreten, dass der Gesetzeswortlaut insoweit über den Gesetzeszweck hinausgehe, da die Regelung aus Gläubigerschutzgesichtspunkten nur Sinn mache, wenn durch sie Rechtsträger ausgeschlossen würden, bei denen die Vermögensverteilung bereits begonnen habe oder deren Zukunftsprognose trotz etwaiger Umwandlung negativ sei.[188] Für die notarielle Praxis ist jedoch zu berücksichtigen, dass die Rechtsprechung unter der Geltung der Konkursordnung eine Umwandlung in diesen Fällen bisher stets ausgeschlossen hat, weil die Fortsetzung der Gesellschaft nicht beschlossen werden könne.[189] Das hat das OLG Stuttgart in einer jüngeren Entscheidung, in der diese Frage allerdings nicht entscheidungserheblich war, nicht in Zweifel gezogen.[190]

3. Insolvenz von Gesellschaften

61 a) **Allgemeines.** Die **Insolvenzfähigkeit** von Gesellschaften wird in § 11 InsO geregelt. Nach Abs. 1 dieser Vorschrift kann ein Insolvenzverfahren über das Vermögen jeder **natürlichen** und jeder **juristischen Person** eröffnet werden, wobei der **nicht rechtsfähige Verein** insoweit einer juristischen Person gleichsteht. Gemäß Abs. 2 Nr. 1 kann ein Insolvenzverfahren auch über das Vermögen einer **Gesellschaft ohne Rechtspersönlichkeit** (OHG, KG, PartG, GbR, Partenreederei, Europäische wirtschaftliche Interessenvereinigung) eröffnet werden. Auch nach Auflösung einer juristischen Person oder einer Gesellschaft ohne Rechtspersönlichkeit ist die Eröffnung des Insolvenzverfahrens zulässig, solange die Verteilung des Vermögens nicht vollzogen ist (§ 11 Abs. 3 InsO). Auf die Eintragung der Löschung der Gesellschaft im Handelsregister kommt es nicht an.[191] Nicht insolvenzfähig ist hingegen die Wohnungseigentümergemeinschaft (§ 11 Abs. 3 WEG).

62 Die Eröffnung des Insolvenzverfahrens über das Vermögen führt kraft Gesetzes zur **Auflösung der Gesellschaft:** § 728 Abs. 1 BGB (GbR), § 131 Abs. 1 Nr. 3 HGB (OHG), §§ 161 Abs. 2, 131 Abs. 1 Nr. 3 HGB (KG), § 262 Abs. 1 Nr. 3 AktG (AG) und § 60 Abs. 1 Nr. 4

---

[181] Vgl. nur Lutter/*Lutter/Drygala* § 3 UmwG Rdnr. 10; *Reul/Heckschen/Wienberg* S. 279.
[182] Lutter/*Lutter/Drygala* § 3 Rdnr. 10.
[183] *Reul/Heckschen/Wienberg* S. 279 f.
[184] Vgl. §§ 131 Abs. 1 Nr. 3 HGB, 262 Abs. 1 Nr. 3 AktG, 60 Abs. 1 Nr. 4 GmbHG.
[185] Vgl. Widmann/Mayer/*Schwarz* § 3 Rdnr. 9.1 ff.; *Reul/Heckschen/Wienberg* S. 280.
[186] *Reul/Heckschen/Wienberg* S. 280.
[187] Dazu *Reul/Heckschen/Wienberg* S. 11 ff., 280 f.
[188] *Reul/Heckschen/Wienberg* S. 281.
[189] KG DB 1998, 2409; BayObLG DB 1998, 715 = DNotZ 1999, 145 mit Anm. *Limmer*.
[190] NZG 2006, 159.
[191] Uhlenbruck/*Hirte* § 11 Rdnr. 45 ff., 243 f.

GmbHG.[192] Das gilt für die AG und die GmbH auch für den Fall der Ablehnung des Insolvenzverfahrens mangels Masse (§ 262 Abs. 1 Nr. 4 AktG, § 60 Abs. 1 Nr. 5 GmbHG).[193] Bei der OHG und der KG ist dies nur dann ein Grund zur Auflösung, wenn kein persönlich haftender Gesellschafter eine natürliche Person ist (§ 131 Abs. 2 S. 1 Nr. 1 HGB, §§ 161 Abs. 2, 131 Abs. 2 S. 1 Nr. 1 HGB), wie beispielsweise bei der GmbH & Co. KG.[194]

Ist der Gemeinschuldner im Handels-, Genossenschafts-, Partnerschafts- oder Vereinsregister eingetragen, so hat das Insolvenzgericht dem Registergericht gemäß § 31 InsO die Eröffnung des Insolvenzverfahrens beziehungsweise Abweisung des Eröffnungsantrags mangels Masse mitzuteilen. Nach §§ 6, 32 Abs. 1 HGB, § 16 VAG, § 102 Abs. 1 GenG, § 2 Abs. 2 PartG und 75 BGB sind ins Register einzutragen:[195] 63

- **Bestellung** eines **vorläufigen Insolvenzverwalters** und Auferlegung eines **allgemeines Verfügungsverbots** für den Schuldner oder die Anordnung, dass Verfügungen des Schuldners nur mit Zustimmung des vorläufigen Insolvenzverwalters wirksam sind (§ 21 Abs. 2 S. 1 Nr. 2 InsO)
- **Aufhebung** dieser Maßnahme
- **Eröffnung, Aufhebung** und **Einstellung** des **Insolvenzverfahrens**
- **Anordnung** und **Aufhebung** der **Eigenverwaltung**
- Anordnung eines **Zustimmungsvorbehalts** für bestimmte Rechtsgeschäfte, § 277 InsO
- **Überwachung** der Erfüllung eines **Insolvenzplans** und die **Aufhebung** der Überwachung.

b) **Personengesellschaften.** Das Insolvenzverfahren über Personengesellschaften stellt ein Sonderinsolvenzverfahren dar, das lediglich das Gesellschaftsvermögen und nicht das Privatvermögen der Gesellschafter umfasst.[196] Die persönlich haftenden Gesellschafter haften auch in der Insolvenz der Gesellschaft grundsätzlich unbeschränkt für die Verbindlichkeiten der Gesellschaft.[197] Die zur Geschäftsführung berufenen Gesellschafter nehmen die Rechte der Gesellschaft als Schuldnerin im Insolvenzverfahren wahr.[198] Wird das Insolvenzverfahren auf Antrag des Schuldners oder im Zusammenhang mit einem Insolvenzplan eingestellt, kann die Gesellschafterversammlung einen Fortsetzungsbeschluss fassen (§ 144 Abs. 1 HGB).[199] 64

c) **AG und GmbH.** Zwar bestehen die Organe einer insolventen AG oder GmbH auch während des Insolvenzverfahrens fort, diese werden jedoch grundsätzlich **vom Insolvenzverwalter** in ihren Geschäftsführungs- und Vertretungsbefugnissen **verdrängt.**[200] Die Befugnisse der Organe beschränken sich auf das Innenverhältnis der Gesellschaft, soweit es nicht von der Insolvenz betroffen ist, sowie auf nicht zur Insolvenzmasse gehörendes und freigegebenes Vermögen.[201] Sie haben darüber hinaus die dem Schuldner durch die Insolvenzordnung zugewiesenen Mitwirkungsrechte und -pflichten wahrzunehmen.[202] 65

Geschäftsführer oder Vorstandsmitglieder können auch in der Krise ihr **Amt niederlegen.** Bei der GmbH erfolgt dies durch Erklärung des Geschäftsführers gegenüber einem der Gesellschafter (analog § 35 Abs. 2 S. 3 GmbHG), bei der AG durch Erklärung gegenüber einem der Aufsichtsratsmitglieder (§ 112 i.V.m. § 78 Abs. 2 S. 2 AktG, § 35 Abs. 2 S. 3 GmbHG analog).[203] Wirksam wird die Amtsniederlegung jedoch erst mit der Eintragung ins Handelsregister (§ 81 Abs. 1 AktG, § 39 Abs. 1 GmbHG).[204] 66

Die Mitglieder des **Aufsichtsrats** behalten ihr Amt auch während des Insolvenzverfahrens, üben aber gegenüber dem Insolvenzverwalter keine Kontrollbefugnisse aus.[205] Auch sie 67

---

[192] Vgl. *Reul/Heckschen/Wienberg* S. 231.
[193] Vgl. *Reul/Heckschen/Wienberg* S. 231.
[194] *Reul/Heckschen/Wienberg* S. 231.
[195] *Reul/Heckschen/Wienberg* S. 231; MünchKommInsO/*Schmahl* § 31 Rdnr. 10.
[196] Uhlenbruck/*Hirte* § 11 Rdnr. 235.
[197] *Reul/Heckschen/Wienberg* S. 240, auch zu den Ausnahmen.
[198] *Reul/Heckschen/Wienberg* S. 241.
[199] *Reul/Heckschen/Wienberg* S. 241.
[200] *Reul/Heckschen/Wienberg* S. 234.
[201] Uhlenbruck/*Hirte* § 11 Rdnr. 118 ff. und 185 ff.; *Reul/Heckschen/Wienberg* S. 234.
[202] *Reul/Heckschen/Wienberg* S. 234.
[203] BGH ZIP 2001, 2227; *Reul/Heckschen/Wienberg* S. 235.
[204] *Reul/Heckschen/Wienberg* S. 235.
[205] Uhlenbruck/*Hirte* § 11 Rdnr. 189; *Reul/Heckschen/Wienberg* S. 235.

können jedoch ihr Amt niederlegen. Als problematisch kann sich dies erweisen, wenn auch der Vorstand bzw. Geschäftsführer sein Amt niedergelegt hat. Insoweit kommt es auf die Reihenfolge der Niederlegungserklärungen an: Ist die Niederlegungserklärung des Aufsichtsrats zuerst wirksam geworden, ist die dem ehemaligen Aufsichtsrat gegenüber abgegebene Niederlegungserklärung des Vorstands bzw. Geschäftsführers unwirksam.[206] Für die Wirksamkeit der Amtsniederlegung des Aufsichtsrats ist der Zugang der Niederlegungserklärung ausreichend, die Eintragung im Handelsregister ist nicht Wirksamkeitsvoraussetzung.[207] Um diese Schwierigkeiten zu vermeiden, **sollte in der Satzung die Wirksamkeit der Amtsniederlegung des Aufsichtsrats an weitere Voraussetzungen geknüpft** werden, z. B. Fristen.[208] Das ermöglicht es dem Vorstand bzw. Geschäftsführer, seine Amtsniederlegung gegenüber dem Aufsichtsrat auch noch nach dessen Erklärung der Amtsniederlegung zu erklären.[209] Auch der alleinige Geschäftsführer und alleinige Gesellschafter einer GmbH kann sein Amt ohne wichtigen Grund niederlegen, ohne dass zugleich ein neuer Geschäftsführer bestellt wird:[210] Seit dem MoMiG gehen in diesem Fall die entsprechenden Verpflichtungen auf die Gesellschafter über.[211]

68 Die Rechte der **Hauptversammlung** oder **Gesellschafterversammlung** werden durch die Insolvenz im Grundsatz nicht berührt. Das gilt vor allem für Satzungsänderungen und Kapitalmaßnahmen.[212] Anders ist dies, wenn die Insolvenzmasse von der Satzungsänderung betroffen ist.[213] Auch in der Insolvenz der Gesellschaft können Kapitalerhöhungen beschlossen und durchgeführt werden.[214] Auch eine vereinfachte Kapitalherabsetzung und ein Kapitalschnitt sind zulässig.[215] Unzulässig ist hingegen eine normale Kapitalherabsetzung.[216] Zuständig für die Einberufung von Hauptversammlung bzw. Gesellschafterversammlung ist das nach Gesetz oder Satzung hierfür zuständige Organ, nicht der Insolvenzverwalter.[217] Die in einer vom Insolvenzverwalter einberufenen Versammlung gefassten Beschlüsse sind daher grundsätzlich nichtig (§§ 121 Abs. 2, 241 Nr. 1 AktG), es sei denn, die Voraussetzungen einer Vollversammlung liegen vor (§ 121 Abs. 6 AktG).[218] Zuständig für die Anmeldung zum Handelsregister nach Insolvenzeröffnung ist nicht der Insolvenzverwalter, sondern der bisherige Geschäftsführer bzw. Vorstand.[219] Dem liegt zugrunde, dass die Kapitalerhöhung bis zur Erlangung ihrer Wirksamkeit durch Eintragung ins Handelsregister (§ 54 Abs. 3 GmbHG, § 189 AktG) der Dispositionsbefugnis der Gesellschafter unterstellt ist.[220]

69 Der Insolvenzverwalter ist zur Verwertung und Verwaltung der Insolvenzmasse verpflichtet. Daher hat er zu prüfen, ob das Stamm- bzw. Grundkapital der Gesellschaft ordnungsgemäß aufgebracht worden ist und hat gegebenenfalls **offene Stammeinlageforderungen** gegen die Gesellschafter geltend zu machen.[221]

70 Wird das Insolvenzverfahren auf Antrag des Schuldners oder im Zusammenhang mit einem Insolvenzplan eingestellt, kann die Hauptversammlung oder Gesellschafterversammlung einen Fortsetzungsbeschluss fassen (§ 274 Abs. 2 Nr. 1 AktG, § 60 Abs. 1 Nr. 4 GmbHG).[222]

---

[206] *Reul/Heckschen/Wienberg* S. 235.
[207] *Reul/Heckschen/Wienberg* S. 235.
[208] *Reul/Heckschen/Wienberg* S. 235.
[209] *Reul/Heckschen/Wienberg* S. 235.
[210] A. A. zur früheren Rechtslage BayObLG DNotZ 1993, 198; OLG Düsseldorf NJW-RR 2001, 609; OLG Zweibrücken GmbHR 2006, 430.
[211] *Heckschen* Rdnr. 826.
[212] *Reul/Heckschen/Wienberg* S. 238.
[213] *Reul/Heckschen/Wienberg* S. 239; Uhlenbruck/*Hirte* § 11 Rdnr. 192 ff.
[214] *Kuntz* DStR 2006, 519 ff.; zu den Einzelheiten *Reul/Heckschen/Wienberg* S. 239.
[215] *Reul/Heckschen/Wienberg* S. 239.
[216] Uhlenbruck/*Hirte* § 11 Rdnr. 193; *Reul/Heckschen/Wienberg* S. 239.
[217] *Reul/Heckschen/Wienberg* S. 235.
[218] *Reul/Heckschen/Wienberg* S. 237.
[219] BayObLG ZIP 2004, 1426; *Reul/Heckschen/Wienberg* S. 239. A. A. Uhlenbruck/*Hirte* § 11 Rdnr. 193.
[220] BGH ZIP 1995, 28.
[221] *Reul/Heckschen/Wienberg* S. 237 f.
[222] *Reul/Heckschen/Wienberg* S. 240; Uhlenbruck/*Hirte* § 11 Rdnr. 235. Anders ist dies, wenn die Eröffnung des Insolvenzverfahrens mangels Masse abgelehnt worden ist, weil dies zur Auflösung der Gesellschaft führt, vgl. OLG Köln NZG 2010, 507.

d) **GmbH & Co.KG.** Besonderheiten ergeben sich auch bei der GmbH & Co.KG. Hier ist streng zwischen einer Insolvenz der KG und einer Insolvenz der Komplementär-GmbH zu unterscheiden. Auch ist danach zu differenzieren, ob nur über das Vermögen einer der beiden Gesellschaften oder über das Vermögen beider Gesellschaften (sog. **Simultaninsolvenz**) das Insolvenzverfahren eröffnet wurde.[223] Liegt eine Insolvenz der Komplementär-GmbH ohne gleichzeitige Insolvenz der KG vor, führt dies, wenn es nur einen Komplementär gibt, zur Auflösung der KG; die Gesellschaft wird dann durch die Kommanditisten vertreten.[224] Bei der zweigliedrigen GmbH & Co. KG führt dies zugleich zur liquidationslosen Vollbeendigung unter Gesamtrechtsnachfolge ihres allein verbliebenen Kommanditisten.[225] Das Insolvenzverfahren über das Vermögen der Komplementär-GmbH wird nach allgemeinen Regeln durchgeführt.[226] Gleiches gilt, wenn lediglich über das Vermögen der KG das Insolvenzverfahren eröffnet wird.[227] 71

Schwierige Probleme treten hingegen bei der **Simultaninsolvenz** auf, wenn also über das Vermögen der KG und der Komplementär-GmbH das Insolvenzverfahren gleichzeitig oder doch kurz hintereinander durchgeführt wird. Diese führt zunächst zur **Auflösung beider Gesellschaften,**[228] führt allerdings nicht zugleich zu einem Ausscheiden der GmbH aus der KG.[229] Dies stellt jedoch einen eigenständigen Auflösungsgrund für die KG dar.[230] In der Folge finden Insolvenzverwaltungen mit zwei voneinander zu unterscheidenden Insolvenzmassen statt, die organisatorisch und abwicklungstechnisch miteinander verzahnt sind.[231] Die insolvente Komplementär-GmbH wird nach den allgemeinen für die GmbH-Insolvenz geltenden Grundsätzen abgewickelt.[232] Die KG besteht als eine durch Insolvenzverfahren aufgelöste Gesellschaft nach wie vor aus den Kommanditisten und der ihrerseits durch Insolvenzverfahren aufgelösten Komplementär-GmbH. Die Fortsetzung der KG setzt im Fall der Doppelinsolvenz neben der Beendigung des eigenen Insolvenzverfahrens voraus, dass auch die Komplementär-GmbH saniert und fortgesetzt oder aus der Gesellschaft ausgeschlossen und durch einen neuen Komplementär ersetzt wird.[233] 72

4. Erwerb von Unternehmen in Krise oder Insolvenz

a) **Allgemeines.** In den vergangenen Jahren hat die Zahl der **Unternehmenskäufe aus einer Krise oder Insolvenz** stark zugenommen.[234] Diese Transaktionen unterscheiden sich aufgrund der besonderen Interessenlage der Beteiligten im Falle eines krisengeschüttelten Unternehmens deutlich von gewöhnlichen Unternehmenskäufen.[235] 73

Die Veräußerung des Unternehmens kann auf zwei unterschiedlichen Wegen erfolgen. Beim sog. **Asset Deal** werden die einzelnen Wirtschaftsgüter des Unternehmens vom Veräußerer auf den Erwerber übertragen und das Unternehmen dadurch von seinem bisherigen Rechtsträger getrennt.[236] Anders ist das Vorgehen beim sog. **Share Deal**, bei dem die Unternehmensveräußerung gerade durch die Übertragung des Rechtsträgers erfolgt, z. B. bei einer Aktiengesellschaft durch die Veräußerung aller Aktien und bei einer GmbH durch die Übertragung (beinahe) aller Gesellschaftsanteile.[237] 74

---

[223] MünchKommHGB/*K. Schmidt* Anh. § 158 Rdnr. 62.
[224] MünchKommHGB/*K. Schmidt* Anh. § 158 Rdnr. 64; *Reul/Heckschen/Wienberg* S. 241 f.
[225] BGHZ 45, 206; 113, 132, 133; Baumbach/*Hopt* § 131 Rdnr. 35; *Reul/Heckschen/Wienberg* S. 242.
[226] *Reul/Heckschen/Wienberg* S. 242.
[227] *Reul/Heckschen/Wienberg* S. 242.
[228] MünchKommHGB/*K. Schmidt* Anh. § 158 Rdnr. 67 ff.
[229] OLG Hamm GmbHR 2003, 1361; MünchKommHGB/*K. Schmidt* Anh. § 158 Rdnr. 67 ff.; *Reul/Heckschen/Wienberg* S. 242.
[230] MünchKommHGB/*K. Schmidt* Anh. § 158 Rdnr. 67.
[231] MünchKommHGB/*K. Schmidt* Anh. § 158 Rdnr. 67.
[232] MünchKommHGB/*K. Schmidt* Anh. § 158 Rdnr. 68.
[233] MünchKommHGB/*K. Schmidt* Anh. § 158 Rdnr. 70.
[234] Vgl. *Morshäuser/Falkner* NZG 2010, 881.
[235] Dazu *Morshäuser/Falkner* NZG 2010, 881.
[236] *Reul/Heckschen/Wienberg* S. 282; *Holzapfel/Pöllath* Rdnr. 131.
[237] *Reul/Heckschen/Wienberg* S. 282; *Holzapfel/Pöllath* Rdnr. 131. Vgl. dazu Kap. 21 Rdnr. 8.

75 Die Frage, ob die Veräußerung eines insolventen Unternehmens im Wege eines Asset- oder eines Share Deals erfolgen soll, kann nicht pauschal beantwortet werden, sondern ist eine Frage des Einzelfalls. Dabei sind neben **steuerlichen Gesichtspunkten** auch **Haftungsfragen** zu berücksichtigen. Der Share Deal hat zwar den Vorzug, dass das Unternehmen als solches weiterbestehen kann[238] und etwaige Umstrukturierungsmaßnahmen auf diese Weise erst nach dem Vollzug des Kaufvertrags durchgeführt werden können.[239] Sein Nachteil besteht aber in den Haftungsrisiken im Hinblick auf die möglicherweise unklaren Verbindlichkeiten des Rechtsträgers. Ein solcher Erwerb ist bei insolventen Unternehmen wirtschaftlich nur sinnvoll, wenn das Unternehmen durch einen Insolvenzplan saniert und weitgehend entschuldet wird.[240]

76 Ob ein Unternehmenskaufvertrag beurkundet werden muss, ergibt sich aus den maßgeblichen Vorschriften des materiellen Rechts, bspw. aus **§ 15 Abs. 4 GmbHG.** Häufig ergibt sich allerdings gerade beim Asset Deal die Formbedürftigkeit des gesamten Vertrags aus **§ 311b Abs. 1 S. 1 BGB oder § 11 ErbbauRG.** Das ist immer dann der Fall, wenn zum Betriebsvermögen des Unternehmens Grundstücke oder Erbbaurechte gehören. Insoweit gilt der Vollständigkeitsgrundsatz, nach dem sämtliche Abreden der notariellen Beurkundung bedürfen, soweit sie mit dem Grundstückskaufvertrag nach dem Willen der Parteien ‚stehen und fallen' sollen.[241] Eine Besonderheit gerade des Asset Deals ist es, dass er vor allem bei kleineren Unternehmen in der Praxis oftmals nicht als solcher erkannt oder zumindest nicht als solcher behandelt wird: Gerade bei der Veräußerung von Handwerksbetrieben, Gaststätten, Tankstellenunternehmen oder ähnlichen Betrieben wird dem Notar lediglich der das Betriebsgrundstück betreffende Teil des Veräußerungsgeschäft vorgelegt, wobei die übrigen Vereinbarungen außerhalb der notariellen Urkunde getroffen werden.[242] Wegen der Gefahr der Nichtigkeit und der erheblichen Gefahren für den Erwerber muss der Notar diesen Sachverhalt aufklären, wenn er begründeten Anlass hat anzunehmen, dass sich hinter dem Grundstücksgeschäft ein Unternehmenskauf verbirgt.[243]

77 **b) Gesetzliche Haftungstatbestände.** Im unternehmerischen Bereich kennt das Gesetz eine Reihe gesetzlicher Haftungstatbestände für den Erwerber von Unternehmen, die zu ganz erheblichen Haftungsrisiken führen. Gemäß **§ 25 Abs. 1 S. 1 HGB** haftet derjenige, der ein unter Lebenden erworbenes Handelsgeschäft unter der bisherigen **Firma** mit oder ohne Beifügung eines das Nachfolgeverhältnis andeutenden Zusatzes fortführt, für alle im Betriebe des Geschäfts begründeten Verbindlichkeiten des früheren Inhabers. Es muss sich bei dem Geschäft um ein **Handelsgeschäft** handeln. Damit ist nur ein kaufmännisches Handelsgeschäft gemeint, wobei es gleichgültig ist, ob dieses im Handelsregister eingetragen ist oder nicht.[244] Das Handelsgeschäft muss zum Zeitpunkt des Erwerbs tatsächlich noch betrieben werden und darf noch nicht eingestellt worden sein; eine vorübergehende Stilllegung beim Veräußerer, insbesondere bei Insolvenz, steht der Anwendung der Vorschrift allerdings nicht entgegen, solange die wesentlichen Grundlagen des Handelsgeschäfts (z. B. die Organisation und die Geschäftsbeziehungen) noch fortgeführt werden können.[245] Erwerb i. S. v. § 25 HGB ist jede Unternehmensübertragung und -überlassung.[246] Das gilt allerdings **nicht für den Erwerb vom Insolvenzverwalter,** da das Unternehmen sonst unveräußerlich wäre.[247] Die Altgläubiger erhalten daher nur ihre Quoten aus dem Erlös der Veräußerung.[248] § 25 HGB bleibt hingegen anwendbar auf den Erwerb eines zahlungsunfähigen und insolventen Unternehmens nach Auflösung, ohne dass ein Insolvenzverfahren stattgefunden hat.[249] Glei-

[238] *Morshäuser/Falkner* NZG 2010, 881, 883.
[239] *Reul/Heckschen/Wienberg* S. 282.
[240] *Morshäuser/Falkner* NZG 2010, 881, 883.
[241] BGHZ 101, 393.
[242] Kersten/Bühling/*Wolfsteiner* § 31 Rdnr. 1.
[243] Kersten/Bühling/*Wolfsteiner* § 31 Rdnr. 1.
[244] Baumbach/*Hopt* § 25 Rdnr. 2.
[245] BGH NJW 1992, 911; Baumbach/*Hopt* § 25 Rdnr. 3.
[246] Baumbach/*Hopt* § 25 Rdnr. 4.
[247] BGHZ 104, 151; Baumbach/*Hopt* § 25 Rdnr. 4.
[248] Baumbach/*Hopt* § 25 Rdnr. 4.
[249] BGH NJW 2006, 1001; Baumbach/*Hopt* § 25 Rdnr. 4 zu weiteren Einzelfällen.

ches gilt für die Nichteröffnung des Insolvenzverfahrens mangels Masse oder sonst den Erwerb eines überschuldeten Unternehmens.[250] Die Haftung nach § 25 HGB knüpft an die tatsächliche Übernahme des Unternehmens an, die vertragliche Gestaltung zwischen Erwerber und Übernehmer ist hierfür irrelevant.[251] Dabei genügt die Fortführung des Handelsgeschäfts im wesentlichen Bestand oder Kern für die Haftung.[252] Ob das Handelsgeschäft noch einen zur Befriedigung seiner Gläubiger ausreichenden Wert hat, ist hingegen unerheblich.[253] § 25 HGB setzt ferner voraus, dass die bisherige Firma in ihren prägenden Bestandteilen weitergeführt wird.[254] Die Folgen einer Haftung aus § 25 HGB sind schwerwiegend: Der Erwerber haftet mit seinem gesamten Vermögen, nicht etwa nur mit dem erworbenen Handelsgeschäft.[255] Aber auch der Veräußerer haftet weiterhin kraft Gesetzes als Gesamtschuldner neben dem Erwerber,[256] allerdings nach § 26 HGB höchstens fünf Jahre. Der Erwerber haftet für alle im Betriebe des Geschäfts begründeten Verbindlichkeiten, unabhängig vom Rechtsgrund (Vertrag, Delikt oder sonst aus Gesetz).[257] Umstritten ist die Haftung aus unternehmensbezogenen Dauerschuldverhältnissen.[258]

Für die Vertragsgestaltung ist entscheidend, dass **§ 25 Abs. 2 HGB** einen **Haftungsausschluss** ermöglicht: Danach ist eine von Abs. 1 abweichende Vereinbarung einem Dritten gegenüber nur wirksam, wenn sie in das Handelsregister eingetragen und bekanntgemacht oder von dem Erwerber oder dem Veräußerer dem Dritten mitgeteilt worden ist. Dabei muss die Eintragung bzw. Bekanntmachung zeitgleich mit der Übernahme oder unverzüglich danach erfolgen.[259] Andernfalls ist die Haftungsbeschränkung Dritten gegenüber unwirksam.[260] Die Eintragung kann nur beim fortführenden, nicht beim übertragenden Rechtsträger erfolgen.[261] 78

Wird ein Unternehmen oder ein in der Gliederung eines Unternehmens gesondert geführter Betrieb im Ganzen übereignet, so haftet der Erwerber gemäß **§ 75 Abs. 1 S. 1 AO** für **Steuern**, bei denen sich die Steuerpflicht auf den Betrieb des Unternehmens gründet, und für Steuerabzugsbeträge, vorausgesetzt, dass die Steuern seit dem Beginn des letzten, vor der Übereignung liegenden Kalenderjahrs entstanden sind und bis zum Ablauf von einem Jahr nach Anmeldung des Betriebs durch den Erwerber festgesetzt oder angemeldet werden. Die Haftung beschränkt sich auf den Bestand des übernommenen Vermögens (§ 75 Abs. 1 S. 2 AO). Eine Kenntnis des Erwerbers von der Steuerschuld ist nicht erforderlich.[262] Allerdings müssen diejenigen Gegenstände auf den Erwerber übertragen werden, die vor der Übertragung die wesentlichen Grundlagen des Unternehmens gebildet haben oder die geeignet sind, die wesentlichen Grundlagen für die Fortführung des Betriebs des Erwerbers zu bilden.[263] Der Unternehmensbegriff des § 75 AO wird im Gleichklang mit der betreffenden Steuer ausgelegt, so dass im Bereich der Umsatzsteuer beispielsweise bereits die Veräußerung eines vermieteten Gebäudes als Unternehmensveräußerung anzusehen sein kann.[264] Betriebsbezogene Steuern in diesem Sinne sind vor allem die Gewerbe- und Umsatzsteuer, aber auch Verbrauchs- und Versicherungssteuern sowie die Lohnsteuer, nicht hingegen Einkommens- und Körperschaftssteuern.[265] Gemäß **§ 75 Abs. 2 AO entfällt die Haftung beim Erwerb aus einer Insolvenzmasse und im Vollstreckungsverfahren.** 79

[250] BGH NJW 1992, 911; WM 2008, 2275; Baumbach/*Hopt* § 25 Rdnr. 4.
[251] Baumbach/*Hopt* § 25 Rdnr. 5.
[252] BGHZ 18, 250; Baumbach/*Hopt* § 25 Rdnr. 6 m. w. N. zur Rspr.
[253] BGH NJW 2006, 1001; Baumbach/*Hopt* § 25 Rdnr. 6.
[254] BGH NJW 1992, 911; WM 2004, 1178; NJW 2006, 1001; WM 2008, 2273.
[255] BGH BB 1955, 652; Baumbach/*Hopt* § 25 Rdnr. 10.
[256] RGZ 135, 107.
[257] Baumbach/*Hopt* § 25 Rdnr. 11.
[258] Dazu ausführlich Baumbach/*Hopt* § 25 Rdnr. 11.
[259] *Reul/Heckschen/Wienberg* S. 285.
[260] OLG Stuttgart NZG 2010, 628; OLG München BB 2010, 1948: *Reul/Heckschen/Wienberg* S. 285.
[261] OLG Düsseldorf NJW-RR 2008, 1211.
[262] *Reul/Heckschen/Wienberg* S. 285; Tipke/*Kruse* § 75 Rdnr. 51.
[263] *Reul/Heckschen/Wienberg* S. 285; BFH NV 1986, 381; 1988, 1.
[264] *Reul/Heckschen/Wienberg* S. 285; Tipke/*Kruse* § 75 Rdnr. 18 f.; BFH StVl. II 1993, 700.
[265] *Reul/Heckschen/Wienberg* S. 286.

80 Auch in arbeitsrechtlicher Hinsicht kann der Unternehmenserwerb zu einschneidenden Haftungskonsequenzen führen. Geht ein **Betrieb oder Betriebsteil durch Rechtsgeschäft auf einen anderen Inhaber über**, so tritt dieser gemäß **§ 613 a Abs. 1** BGB in die Rechte und Pflichten aus den im Zeitpunkt des Übergangs bestehenden Arbeitsverhältnissen ein. Betrieb in diesem Sinne ist zunächst eine organisatorische Einheit, in der ein Unternehmer mit Hilfe persönlicher, sächlicher und immaterieller Mittel bestimmte arbeitstechnische Zwecke fortgesetzt verfolgt.[266] Daher wurde herkömmlich für den Betriebsübergang i. S. v. § 613 a BGB entscheidend auf die sächlichen und immateriellen Betriebsmittel abgestellt, die das wirtschaftliche Substrat bilden, mit dem der Unternehmer die Erlöse und insbesondere die Löhne erwirtschaftet.[267] Unter dem Einfluss des Europarechts hat sich jedoch eine extensive Betrachtungsweise durchgesetzt: Danach setzt der Betriebsübergang den „Übergang einer ihre Identität bewahrenden wirtschaftlichen Einheit im Sinne einer organisierten Zusammenfassung von Ressourcen zur Verfolgung einer wirtschaftlichen Haupt- oder Nebentätigkeit" voraus.[268] Das ist jedenfalls bei der Stilllegung des Betriebs nicht der Fall.[269] An das Vorliegen einer Betriebsstilllegung sind jedoch strenge Anforderungen zu stellen: An ihr fehlt es, wenn und solange sich der Betriebsinhaber mit Interessenten in Verhandlungen über die Betriebsübernahme befindet.[270]

81 Gemäß **§ 324 UmwG** ist § 613 a BGB in den Fällen der übertragenden Umwandlung ergänzend anzuwenden. Durch § 324 UmwG hat der Gesetzgeber klargestellt, dass § 613 a Abs. 1 und 4 BGB durch die Wirkungen der Eintragung einer Verschmelzung, Spaltung oder Vermögensübertragung und damit in Fällen der Gesamtrechtsnachfolge unberührt bleiben.[271] Es handelt sich insoweit um eine Rechtsgrundverweisung;[272] das für die Anwendbarkeit des nach § 613 a BGB erforderliche Rechtsgeschäft liegt in dem Spaltungs- oder Verschmelzungsvertrag.[273]

82 Die unabdingbare Vorschrift des § 613 a BGB ist im Gegensatz zu § 25 HGB und § 75 AO **auch für den Erwerb in der Insolvenz anwendbar.**[274] Allerdings wird die Vorschrift in diesen Fällen **teleologisch reduziert**: Der Erwerber haftet nicht für solche Verbindlichkeiten, die vor der Eröffnung der Insolvenz bereits entstanden sind.[275]

83 **c) Besondere Risiken beim Erwerb eines Unternehmens in der Krise vor Stellung des Insolvenzantrags.** Der Erwerb eines Unternehmens in der Krise, aber außerhalb des Insolvenzverfahrens, ist sowohl für den Erwerber als auch für den Veräußerer mit besonderen Haftungsgefahren verbunden: Das gilt für den **Erwerber** schon wegen der **Haftung** aus § 25 HGB, § 75 AO und vor allem aus 613 a BGB: Die Einschränkungen während des bereits eröffneten Insolvenzverfahrens gelten hier nicht.[276] Hinzu kommt, dass der Insolvenzverwalter den Unternehmenskauf später möglicherweise nach **§§ 129 ff. InsO anficht.**[277] Dieses Anfechtungsrisiko hat sich gerade beim Asset Deal nochmals verschärft, seitdem der BGH im Jahr 2009 bei der Insolvenzanfechtung die Wende von der wirtschaftlichen Gesamtbetrachtung hin zu einer strengen Einzelbetrachtung vollzogen hat:[278] Danach sind mehrere Rechtshandlungen anfechtungsrechtlich selbständig zu erfassen, selbst wenn sie gleichzeitig vorgenommen werden oder sich wirtschaftlich ergänzen und zwar auch dann, wenn die angefochtene Rechtshandlung gleichzeitig zu einem Zuwachs beim haftenden Vermögen geführt hat.[279] Das ist insbesondere für die Vereinbarung des Kaufpreises bedeutsam: Bei sog.

---

[266] BAG NZA 1988, 838; MünchKommBGB/*Müller-Glöge* § 613 a Rdnr. 14.
[267] MünchKommBGB/*Müller-Glöge* § 613 a Rdnr. 14.
[268] Art. 1 Abs. 1 b RL 2001/23/EG (ABl. 2001 L 82/16).
[269] *Reul/Heckschen/Wienberg* S. 286.
[270] *Reul/Heckschen/Wienberg* S. 286; BAG ZIP 1986, 100, 102.
[271] MünchKommBGB/*Müller-Glöge* § 613 a Rdnr. 63.
[272] MünchKommBGB/*Müller-Glöge* § 613 a Rdnr. 63.
[273] BAG NZA 2000, 1115, 1117; MünchKommBGB/*Müller-Glöge* § 613 a Rdnr. 63.
[274] *Reul/Heckschen/Wienberg* S. 286; BAG ZIP 1983, 1377.
[275] BAG NJW 1993, 2259, 2260; *Reul/Heckschen/Wienberg* S. 287.
[276] BAG NZA 2003, 318.
[277] *Hölzle* DStR 2004, 1433; vgl. auch *Primozic/Doetsch* NJW 2010, 2922.
[278] NJW-RR 2010, 118. Dazu *Primozic/Doetsch* NJW 2010, 2922.
[279] BGH NJW-RR 2010, 118; *Primozic/Doetsch* NJW 2010, 2922.

selbständige Einzelkaufpreisvereinbarungen, bei denen die Parteien den Kaufpreis einzelner Unternehmensgegenstände selbständig bestimmen und ihn dann in den Gesamtkaufpreis einfließen lassen,[280] ist der Insolvenzverwalter nunmehr wohl berechtigt, vorgreifliche Einzelkaufpreisvereinbarungen anzufechten, obwohl sie im Gesamtunternehmenskaufvertrag aufgehen.[281] Vorzugswürdig erscheint daher ein anderes Verfahren: Die Parteien eines Asset Deals sollten den Kaufpreis zunächst aus dem Betriebsstättengewinn ermitteln und diesen sodann auf die unternehmenszugehörigen Gegenstände aufteilen (sog. **unselbständige Einzelkaufpreisvereinbarungen** vor).[282] Zwar könnte der Insolvenzverwalter auch hier anfechten, dies würde aber lediglich zu einer Korrektur einer ungünstigen Verteilung des Gesamtkaufpreises auf die Einzelgegenstände führen.[283]

Der **Veräußerer** hingegen setzt sich, wenn er nicht jede Geschäftstätigkeit einstellt, son- 84
dern mit einem anderen Unternehmen am Markt tätig bleibt, der Gefahr einer Inanspruchnahme wegen **Gläubigerbegünstigung** (§ 283 StGB) oder **existenzvernichtenden Eingriffs** aus.[284] Auch werden bei Unternehmenstransaktionen in der Krise und im Vorfeld der Insolvenz strafbewehrte Insolvenzantragspflichten häufig missachtet.[285] Wenn der Kaufvertrag nicht vollständig abgewickelt und erfüllt worden ist und während dieses Schwebezustandes die Eröffnung eines Insolvenzverfahrens über das Vermögen des Veräußerers beschlossen worden ist, besteht die Gefahr, dass der Insolvenzverwalter die Erfüllung des Vertrages nach § 103 InsO ablehnt: Dem Erwerber steht dann lediglich ein Schadensersatzanspruch zu, der zur Insolvenztabelle anzumelden ist.[286] Bereits gezahlte Kaufpreisteile können nicht als Masseverbindlichkeiten zurückgefordert werden.[287]

Diese Problematik stellt sich zwar im Grundsatz auch beim Erwerb vom vorläufigen star- 85
ken Insolvenzverwalter. Allerdings hat dieser nach ganz h. M. ohnehin nicht die Befugnis zur Unternehmensveräußerung.[288]

d) Share Deal aus der (drohenden) Insolvenz. Dadurch, dass beim Share Deal sämtliche 86
oder die überwiegende Anzahl[289] der Geschäftsanteile des Unternehmens erworben werden, übernimmt der Erwerber dieses in seiner Gesamtheit.[290] Welcher Kaufpreis angemessen ist, ist eine wirtschaftliche Frage, die der Notar nicht beurteilen kann; zu seiner Findung dient die Durchführung einer sorgfältigen Due-Diligence-Prüfung.[291] Durch den Share Deal werden sämtliche Vertragsbeziehungen des Rechtsträgers beibehalten.[292]

e) Asset Deal aus der Insolvenz. Beim Asset Deal werden alle Wirtschaftsgüter des Unter- 87
nehmens nach den für sie maßgeblichen sachenrechtlichen Vorschriften übertragen. Voraussetzung ist jedenfalls der Erwerb der wesentlichen Betriebsgrundlagen, so dass der Erwerber die bisherige Tätigkeit des Veräußerers unter normalen Umständen fortsetzen kann.[293] Dies muss er bei einem insolventen Unternehmen freilich nicht tun; vielmehr steht es ihm frei, ob er lediglich einzelne Vermögenswerte des Rechtsträgers erwirbt oder ob er auch dessen Verbindlichkeiten übernimmt.[294]

Der Erwerb eines insolventen Unternehmens **nach dem Eröffnungsbeschluss** hat eine Rei- 88
he von **Vorteilen:** So greifen die Haftungstatbestände der § 25 HGB und § 75 AO nicht, und § 613 a BGB wird teleologisch reduziert.[295] Ein Anfechtungsrisiko besteht nicht, da anfecht-

[280] *Primozic/Doetsch* NJW 2010, 2922, 2924.
[281] *Primozic/Doetsch* NJW 2010, 2922, 2924.
[282] *Primozic/Doetsch* NJW 2010, 2922, 2924.
[283] *Primozic/Doetsch* NJW 2010, 2922, 2924.
[284] *Hölzle* DStR 2004, 1433.
[285] *Hölzle* DStR 2004, 1433.
[286] *Hölzle* DStR 2004, 1433.
[287] *Hölzle* DStR 2004, 1433.
[288] Dazu oben unter Rdnr. 9.
[289] Dazu Kap. 21 Rdnr. 8.
[290] *Reul/Heckschen/Wienberg* S. 282.
[291] *Reul/Heckschen/Wienberg* S. 282 m. w. N.
[292] *Morshäuser/Falkner* NZG 2010, 881, 883.
[293] *Reul/Heckschen/Wienberg* S. 283.
[294] *Reul/Heckschen/Wienberg* S. 284; *Menke* BB 2003, 1133.
[295] Dazu oben unter Rdnr. 77 ff.

bar im Sinne von §§ 129ff. InsO grundsätzlich nur Rechtsgeschäfte vor der Verfahrenseröffnung sind.[296]

89 Dem stehen jedoch auf der anderen Seite gewichtige **Nachteile** gegenüber: Gemäß § 158 InsO hat der Insolvenzverwalter nach dem Berichtstermin unverzüglich das zur Insolvenzmasse gehörende Vermögen zu verwerten, soweit die Beschlüsse der Gläubigerversammlung nicht entgegenstehen. Gemäß § 160 Abs. 1, 2 Nr. 1 InsO muss der Insolvenzverwalter die **Zustimmung des Gläubigerausschusses** einholen, wenn das Unternehmen oder ein Betrieb, das Warenlager im ganzen, ein unbeweglicher Gegenstand aus freier Hand, die Beteiligung des Schuldners an einem anderen Unternehmen, die der Herstellung einer dauernden Verbindung zu diesem Unternehmen dienen soll, oder das Recht auf den Bezug wiederkehrender Einkünfte veräußert werden soll. Ist ein Gläubigerausschuss nicht bestellt, so ist die Zustimmung der Gläubigerversammlung einzuholen (§ 160 Abs. 1 S. 2 InsO).

90 Es kann jedoch eine Situation auftreten, in der sich der Insolvenzverwalter schon vor der Bestellung des Gläubigerausschusses zur Unternehmensveräußerung gezwungen sieht. Hier hilft die Vorschrift des **§ 164 InsO**, wonach durch einen Verstoß gegen die §§ 160 bis 163 InsO die Wirksamkeit der Handlung des Insolvenzverwalters nicht berührt wird. Etwas anderes gilt beim ‚evident insolvenzwidrigen' Handeln des Insolvenzverwalters.[297] Jedoch muss der Insolvenzverwalter bei der übertragenden Sanierung vor dem Berichtstermin den Insolvenzschuldner vorher informieren (§ 158 Abs. 2 S. 1 InsO), woraufhin dieser die gerichtliche Untersagung der Veräußerung verlangen kann. Der Antrag hat Erfolg, wenn die Veräußerung ohne eine erhebliche Verminderung der Insolvenzmasse bis zum Berichtstermin aufgeschoben werden kann (§ 158 Abs. 2 S. 2 InsO). Für die übertragende Sanierung nach dem Berichtstermin sehen § 162 und § 163 InsO Sondervorschriften für die Betriebsveräußerung an besonders Interessierte und die Betriebsveräußerung unter Wert vor. Aber auch in diesem Fall ist die Veräußerung unter Verstoß gegen diese Vorschriften nicht unwirksam (§ 164 InsO).

5. Sanierungsmöglichkeiten durch das ESUG

91 Die Bundesregierung hat einen **Regierungsentwurf zur weiteren Erleichterung der Sanierung von Unternehmen** (ESUG) vorgelegt.[298] In ihm sind mehrere Reformvorhaben zum Insolvenzrecht mit dem Ziel zusammengefasst, die Sanierungsmöglichkeiten für Unternehmen, die wirtschaftlich überlebensfähig sind, zu verbessern. Schon bei drohender Zahlungsunfähigkeit oder bei Überschuldung soll dem Schuldner die Möglichkeit gegeben werden, innerhalb von drei Monaten in einem **Schutzschirmverfahren** unter Aufsicht eines vorläufigen Sachwalters und in Eigenverwaltung einen Sanierungsplan auszuarbeiten. Später kann dieser als Insolvenzplan umgesetzt werden. Der Entwurf zum ESUG sieht vor, dass künftig im Interesse einer Optimierung der Sanierungsmöglichkeiten in einem **Insolvenzplanverfahren** jede Regelung getroffen werden kann, die gesellschaftsrechtlich zulässig ist. Dazu gehören namentlich grundlegende gesellschaftsrechtliche Maßnahmen wie die Kapitalerhöhung und -herabsetzung sowie die Übertragung von Anteils- oder Mitgliedschaftsrechten. Insbesondere soll hier die Umwandlung von Forderungen in Eigenkapital (**Debt-Equity-Swap**) eine tragende Rolle spielen. Zur Durchführung dieser Maßnahmen soll es in Abweichung vom geltenden Gesellschaftsrecht genügen, dass die Anteilseigner in einem vom Insolvenzgericht bestimmten (ggf. gesonderten) Abstimmungstermin (vgl. §§ 235, 241 InsO-E) mit der nach § 244 InsO erforderlichen Mehrheit abstimmen und der Bestätigungsbeschluss des Insolvenzgerichts rechtskräftig wird (§ 254 Abs. 1 InsO-E). Soweit Geschäftsanteile an einer Gesellschaft mit beschränkter Haftung abgetreten werden oder soweit die Anteils- oder Mitgliedschaftsrechte der am Schuldner beteiligten Personen in den Insolvenzplan einbezogen sind (§ 225a InsO-E), sollen die in den Insolvenzplan aufgenommenen Willenserklärungen der Beteiligten bzw. die in den Plan aufgenommenen Beschlüsse der Anteilsinhaber als in der vorgeschriebenen Form abgegeben gelten (§ 254a Abs. 1 und 2 InsO-E). Entsprechendes ist

---

[296] *Reul/Heckschen/Wienberg* S. 287; dazu *Primozic/Doetsch* NJW 2010, 2922ff.
[297] MünchKommInsO/*Görg* § 160 Rdnr. 35.
[298] BR-Drucks. 127/11 vom 4. 3. 2011.

für die in den Plan aufgenommenen Verpflichtungserklärungen vorgesehen, die einer dieser Maßnahmen zugrunde liegen (§ 254a Abs. 3 InsO-E).

Es ist zweifelhaft, ob diese Vorschriften **europarechtskonform** sind. Zweifelhaft ist insbesondere, ob die Bestimmungen der §§ 225a Abs. 2, 254a Abs. 2 InsO-E sind zunächst mit den unionsrechtlichen Vorgaben in **Art. 11 der Publizitätsrichtlinie**[299] **vereinbar** sind. Danach müssen der Errichtungsakt, die Satzung und jede Änderung dieser Akte öffentlich beurkundet werden, wenn nicht das einzelstaatliche Recht die Gesellschaftsgründung einer vorbeugenden verwaltungs- oder gerichtlichen Kontrolle unterwirft. Auf diesem Weg soll verhindert werden, dass das Handelsregister die Existenz von Gesellschaften verlautbart, die unwirksame Satzungsbestimmungen aufweisen und damit nichtig sind. Erforderlich ist nach dem Sinn und Zweck der Publizitätsrichtlinie eine vorbeugende Authentizitäts- und Rechtmäßigkeitsprüfung. Da es in Deutschland insbesondere nach Inkrafttreten des Gesetzes zur Neuregelung des Kaufmanns- und Firmenrechts und zur Änderung anderer handels- und gesellschaftsrechtlicher Vorschriften von 1998 und wegen der eingeschränkten Prüfungskompetenz des Registergerichts an einer vorbeugenden gerichtlichen Kontrolle fehlt, bietet insoweit nur die öffentliche Beurkundung nach §§ 4, 17 BeurkG, § 14 Abs. 2 BNotO wegen der damit verbundenen Prüfung und Belehrung durch den Notar institutionell Gewähr für die Wirksamkeit und den Bestand von Satzungsmaßnahmen bei Kapitalgesellschaften. Eine Belehrung der Beteiligten durch das Registergericht erfolgt nicht. Es ist daher unzutreffend, wenn in der Begründung des Regierungsentwurfs gesagt wird, dem Registergericht käme eine „beurkundende Funktion“ zu.[300] Außerdem darf nach § 248 Abs. 1 InsO-E das Insolvenzgericht bei der Bestätigung des Insolvenzplans keine Rechtmäßigkeitskontrolle der Satzungsbestimmungen am Prüfungsmaßstab des Gesellschaftsrechts vornehmen. Die Bestätigung darf das Gericht nach der zwingenden Vorschrift des § 250 InsO lediglich dann verweigern, wenn die in § 250 Nr. 1 InsO genannten Verfahrensvorschriften nicht eingehalten worden sind. Andernfalls kann die Bestätigung gemäß § 250 Nr. 2 InsO nur versagt werden, wenn die Annahme des Plans unlauter herbeigeführt worden ist. Erforderlich dafür ist ein zur Gewissheit des Insolvenzgerichts festgestelltes ursächliches und im Sinne eines Verstoßes gegen Treu und Glauben unlauteres Verhalten des Schuldners, des Insolvenzverwalters oder eines sonstigen Beteiligten.[301] Eine von Amts wegen durchzuführende vorbeugende Prüfung gesellschaftsrechtlicher Voraussetzungen und Erfordernisse von Kapitalmaßnahmen entsprechend den Vorgaben der Publizitätsrichtlinie zählt hierzu nicht. Eine gesetzliche Fiktion wie in § 254a InsO-E kann die tatsächliche Durchführung einer Authentizitäts- und Rechtmäßigkeitskontrolle aus unionsrechtlichen Gründen nicht entbehrlich machen. 92

Darüber hinaus bestehen im Hinblick auf Kapitalmaßnahmen **Zweifel an der Vereinbarkeit mit Art. 25 Abs. 1, Art. 29 Abs. 4 und Art. 30 der Kapitalrichtlinie.**[302] Danach muss jede Kapitalerhöhung und ein etwaiger Ausschluss des Bezugsrechts der Aktionäre sowie jede Kapitalherabsetzung von der Hauptversammlung beschlossen werden. Auch Art. 17 Abs. 1 der Kapitalrichtlinie zeigt, dass die Hauptversammlung darüber zu entscheiden hat, ob bei schweren Verlusten des gezeichneten Kapitals die Gesellschaft aufzulösen oder andere Maßnahmen zu ergreifen sind. Hintergrund ist der Schutz der Aktionäre, die über den Bestand oder die Verwässerung ihrer Beteiligung an der Gesellschaft persönlich entscheiden sollen. Dabei ist die Hauptversammlung selbst und sind nicht die in ihr vertretenen Aktionäre das Organ der Gesellschaft. Sie ist ferner ein notwendiges Gesellschaftsorgan, weshalb sie nicht durch ein anderweitiges Beschlussverfahren ersetzt oder durch eine abweichende Kompetenzverteilung obsolet gemacht werden kann. Eine Kapitalmaßnahme der Verwaltung oder eines außenstehenden Dritten oder eines Gerichts, selbst wenn diese Maßnahme außerhalb einer Hauptversammlung die Zustimmung der Mehrheit der Aktionäre findet, ist folglich mit der Kapitalrichtlinie unvereinbar. Die in der Begründung angestellten Überle- 93

[299] 2009/101/EG (ABl. 2009 L 258, S. 11).
[300] So ausdrücklich BegrRegR S. 56.
[301] Vgl. Nerlich/Römermann/*Braun* § 250 Rdnr. 11; *ders.* § 248 Rdnr. 3.
[302] 77/91/EWG (ABl. 1977 L 26). Zweifelnd auch *K. Schmidt,* Gesellschaftsrecht und Insolvenzrecht im ESKG-Entwurf, BB 2011, 1603, 1609 f.

gungen zur Vereinbarkeit des Regierungsentwurfs mit der Kapitalrichtlinie[303] überzeugen gerade unter Einbeziehung der Rechtsprechung des EuGH nicht vollständig. Dieser hat in einer Reihe von Entscheidungen insbesondere den Grundsatz des Art. 25 Abs. 1 der Kapitalrichtlinie gegen Vorschriften des griechischen Rechts verteidigt, die eine staatlich verordnete Zwangsverwaltung und Sanierung angeschlagener Unternehmen vorsahen. Besonders bedeutsam ist in diesem Zusammenhang die *Karella*-Entscheidung vom 30. 5. 1991.[304] In ihr hat der Gerichtshof im Wege der systematischen und teleologischen Auslegung die Unzulässigkeit einzelstaatlicher Ausnahmebestimmungen zu Art. 25 der Kapitalrichtlinie festgestellt, selbst wenn diese der Kollektivabwicklung oder der Sanierung von Gesellschaften dienen sollen. Darüber hinaus hat der Gerichtshof in der zitierten Entscheidung ausdrücklich festgestellt, dass mitgliedstaatliche Abweichungen von Art. 25 Abs. 1 der Kapitalrichtlinie – abseits reiner Liquidationsverfahren – nur dann möglich sind, wenn dies im EWG-Vertrag (jetzt AEU-Vertrag) oder in der Kapitalrichtlinie vorgesehen ist.[305] In der *Kefelas*-Entscheidung vom 12. 5. 1998 hat der Gerichtshof ferner ausgeführt, dass die Entscheidungsbefugnis der Hauptversammlung nach Artikel 25 Abs. 1 der Kapitalrichtlinie auch für den Fall gilt, dass sich die betreffende Gesellschaft in erheblichen finanziellen Schwierigkeiten befindet.[306] Diese Grundsätze gelten entsprechend für den Ausschluss des Bezugsrechts (Art. 29 Abs. 4 der Kapitalrichtlinie) und die Kapitalherabsetzung (Art. 30 der Kapitalrichtlinie) durch Hauptversammlungsbeschluss, weil die betreffenden Bestimmungen wie Art. 25 Abs. 1 der Kapitalrichtlinie sicherstellen wollen, dass die Rechte der Gesellschafter und der Hauptversammlung gewahrt werden, solange die Gesellschaft in ihren gesellschaftsrechtlichen Strukturen fortbesteht. Hierzu sei bemerkt, dass die Aktionäre mit der Eröffnung des Insolvenzverfahrens nicht ihrer Gesellschafterrechte enthoben werden, wie die Entwurfsbegründung[307] meint. Die Aktionärsrechte und die Zuständigkeit der Hauptversammlung bleiben vielmehr auch im Insolvenzverfahren unverändert bestehen. Insbesondere verdrängt der Insolvenzverwalter die Hauptversammlung nicht aus ihrer Zuständigkeit für Kapitalmaßnahmen. Ob Raum für eine einschränkende Interpretation der Kapitalrichtlinie bleibt, wonach nur im Falle einer einfachen Sanierungsregelung, die den Fortbestand der Gesellschaft außerhalb eines Insolvenzverfahrens sicherstellen soll, zwingend ein Hauptversammlungsbeschluss erforderlich sei, ist fraglich.

IV. Haftungsrisiken für Gesellschafter in der Insolvenz der Gesellschaft

94 Die Insolvenz der Gesellschaft führt auch bei den Kapitalgesellschaften zu einer Reihe von Haftungsrisiken der Gesellschafter. Hier ist es notarielle Aufgabe, die Gesellschafter bereits bei der Gründung auf diese hinzuweisen oder eine vertragliche Gestaltung zu wählen, bei der diese Risiken nicht auftreten können.

1. Fortbestehen der Einlagepflichten

95 Die Insolvenz der Gesellschaft führt nicht zum Wegfall der Einlagepflichten der Gesellschafter. Der Insolvenzverwalter ist vielmehr zur Verwertung und Verwaltung der Insolvenzmasse verpflichtet. Daher hat er zu prüfen, ob das Stamm- bzw. Grundkapital der Gesellschaft ordnungsgemäß aufgebracht worden ist und hat gegebenenfalls **offene Stammeinlageforderungen** gegen die Gesellschafter geltend zu machen.[308]

2. Haftung gemäß § 9 GmbHG (Sacheinlage)

96 Erreicht der Wert einer Sacheinlage im Zeitpunkt der Anmeldung der Gesellschaft zur Eintragung in das Handelsregister nicht den Nennbetrag des dafür übernommenen Ge-

[303] BegrRegE S. 26 ff.
[304] Rs. C-19/90, C-20/90, Slg. 1991, I-2691.
[305] Slg. 1991, I-2691 Rdnr. 28.
[306] Rs. C-367/96, Slg. 1998, I- 2843 Rdnr. 24.
[307] BegrRegE S. 27.
[308] *Reul/Heckschen/Wienberg* S. 237 f.

schäftsanteils, hat der betreffende Gesellschafter gemäß § 9 GmbHG in Höhe des Fehlbetrags eine Einlage in Geld zu leisten. Diesen Anspruch kann der Insolvenzverwalter nach den allgemeinen Regeln geltend machen. Anwendbar ist diese Vorschrift auch bei der Kapitalerhöhung mit Sacheinlagen (§ 56 Abs. 2 GmbHG) sowie bei der Umwandlung in eine GmbH, der Neugründung einer GmbH im Rahmen von Verschmelzung oder Spaltung und bei Kapitalerhöhung zu deren Durchführung, nicht jedoch auf Kapitalerhöhung im Rahmen einer Verschmelzung.[309] Der Anspruch aus § 9 Abs. 1 GmbHG verjährt jedoch in zehn Jahren ab der Eintragung der Gesellschaft ins Handelsregister.

3. Verdeckte Sacheinlage

Ist eine Geldeinlage eines Gesellschafters bei wirtschaftlicher Betrachtung und aufgrund 97
einer im Zusammenhang mit der Übernahme der Geldeinlage getroffenen Abrede vollständig oder teilweise als Sacheinlage zu bewerten (**verdeckte Sacheinlage**), so befreit dies den Gesellschafter gemäß § 19 Abs. 4 S. 1 GmbHG nicht von seiner Einlageverpflichtung. Nach neuer Rechtslage sind jedoch die Verträge über die Sacheinlage und die Rechtshandlungen zu ihrer Ausführung nicht unwirksam (§ 19 Abs. 4 S. 2 GmbHG). Auch hier kann der Insolvenzverwalter den Fehlbetrag nach allgemeinen Regeln geltend machen. Gemäß § 3 Abs. 4 EGGmbHG gilt dies auch für Einlagenleistungen, die vor dem 1. 11. 2008 bewirkt worden sind, soweit sie nach der zu jener Zeit geltenden Rechtslage wegen der Vereinbarung einer Einlagenrückgewähr oder wegen einer verdeckten Sacheinlage keine Erfüllung der Einlagenverpflichtung bewirkt haben. Dies gilt jedoch nicht, soweit über die aus der Unwirksamkeit folgenden Ansprüche zwischen der Gesellschaft und dem Gesellschafter bereits vor dem 1. 11. 2008 ein rechtskräftiges Urteil ergangen oder eine wirksame Vereinbarung zwischen der Gesellschaft und dem Gesellschafter getroffen worden ist; in diesem Fall beurteilt sich die Rechtslage nach den bis zum 1. 11. 2008 geltenden Vorschriften. Der Anspruch der Gesellschaft auf Leistung der Einlagen verjährt nach § 19 Abs. 6 S. 1 GmbHG in zehn Jahren von seiner Entstehung an. Wird das Insolvenzverfahren über das Vermögen der Gesellschaft eröffnet, so tritt die Verjährung nicht vor Ablauf von sechs Monaten ab dem Zeitpunkt der Eröffnung ein (§ 19 Abs. 6 S. 2 GmbHG).

4. Fälle des Hin- und Herzahlens

Ist vor der Einlage eine Leistung an den Gesellschafter vereinbart worden, die wirtschaft- 98
lich einer Rückzahlung der Einlage entspricht und die nicht als verdeckte Sacheinlage im Sinne von § 19 Abs. 4 GmbHG zu beurteilen ist, so befreit dies den Gesellschafter von seiner Einlageverpflichtung nur dann, wenn die Leistung durch einen vollwertigen Rückgewähranspruch gedeckt ist, der jederzeit fällig ist oder durch fristlose Kündigung durch die Gesellschaft fällig werden kann (§ 19 Abs. 5 S. 1 GmbHG). Die Übergangs- und Verjährungsvorschriften zur verdeckten Sacheinlage gelten hier ebenfalls.

5. Unterbilanzhaftung[310]

Die Unterbilanzhaftung vor dem Hintergrund der sog. **wirtschaftlichen Neugründung** hat 99
oftmals Ansprüche des Insolvenzverwalters zur Folge. Nach der Rechtsprechung des BGH sind im Falle der Verwendung einer Mantel- oder Vorratsgesellschaft die **Gründungsvorschriften analog** anzuwenden.[311] Daher muss in diesen Fällen das **satzungsmäßige Stammkapital** und nicht nur das gesetzliche Mindestkapital vorhanden sein.[312] Auch die Vorschriften über die Gründerhaftung sind analog anzuwenden.[313] Die Geschäftsführer der wirtschaftlich neu gegründeten Gesellschaft müssen durch eine Anmeldung beim Handelsregister die Verwendung der Vorrats- bzw. Mantelgesellschaft offenlegen und versichern,

[309] Baumbach/Hueck/*Hueck/Fastrich* § 9 Rdnr. 1.
[310] Dazu ausführlich *Heidinger/Blath* ZNotP 2007, 42.
[311] BGHZ 155, 318; BGH NZG 2004, 170. Vgl. aber BGH NJW 2010, 1459.
[312] BGHZ 155, 318; BGH NZG 2004, 170.
[313] BGHZ 155, 318.

dass das satzungsmäßige Stammkapital vorhanden ist. Andernfalls trifft die Gesellschafter die Unterbilanzhaftung und die Handelndenhaftung nach § 11 Abs. 2 GmbHG.[314]

6. Kapitalerhaltung in der GmbH und existenzvernichtender Eingriff

100 a) **Kapitalerhaltungsgrundsatz.** Gemäß § 30 Abs. 1 S. 1 GmbHG darf das zur Erhaltung des Stammkapitals erforderliche Vermögen der Gesellschaft an die Gesellschafter nicht ausgezahlt werden. Diese Kapitalbindung dient damit dem Gläubigerschutz. Daher unterfällt jede Verringerung des Gesellschaftsvermögens dieser Vorschrift. Dazu gehören auch Zahlungen von überhöhten Gehältern an Geschäftsführer, die zugleich Gesellschafter sind. Das Gesetz ordnet in § 30 Abs. 1 S. 1 und 2 GmbHG ausdrücklich eine **bilanzielle Betrachtungsweise** an, und § 31 Abs. 3 GmbHG verbietet die weitere Anwendung der sog. Rechtsprechungsregeln zum Eigenkapitalersatz, die der BGH parallel zu den §§ 32a, b GmbHG a. F. entwickelt hatte.

101 Zu berücksichtigen ist allerdings, dass nach der Rechtsprechung des BGH[315] das Eigenkapitalersatzrecht in Gestalt der Novellenregeln (§§ 32a, b GmbHG a. F.) und der Rechtsprechungsregeln (§§ 30f. GmbH a. F. analog) gemäß der Überleitungsnorm des Art. 103d EGInsO wie nach allgemeinen Grundsätzen des intertemporalen Rechts auf Altfälle, in denen das Insolvenzverfahren vor Inkrafttreten des MoMiG eröffnet worden ist, als zur Zeit der Verwirklichung des Entstehungstatbestands des Schuldverhältnisses geltendes altes Gesetzesrecht weiterhin Anwendung findet. Gewährt ein Gesellschafter einer GmbH der Gesellschaft vor Inkrafttreten des MoMiG ein Darlehen, stehen nach einer neueren Entscheidung des OLG München[316] gemäß § 30 Abs. 1 S. 3 GmbHG n. F. die früheren Regelungen der §§ 32a, b GmbHG a. F. und die hierzu ergangene Rechtsprechung zum eigenkapitalersetzenden Darlehen dem Rückzahlungsanspruch auch dann nicht entgegen, wenn er vor Inkrafttreten des MoMiG zum 1. 11. 2008 fällig geworden ist, Tilgungen bislang aber nicht erbracht wurden und das Insolvenzverfahren über das Vermögen der Gesellschaft erst nach dem Inkrafttreten des MoMiG zum 1. 11. 2008 eröffnet wurde.

102 b) **Existenzvernichtungshaftung.** Bei der vertraglichen Gestaltung ist auch eine mögliche Existenzvernichtungshaftung im Auge zu behalten. Der BGH sieht in ihr eine besondere Fallgruppe der sittenwidrigen vorsätzlichen Schädigung gemäß § 826 BGB.[317] Dieser Anspruch kann sich gegen jeden **Gesellschafter** der GmbH richten, aber auch gegen **Gesellschafter-Gesellschafter**), wenn dieser tatsächlich einen beherrschenden Einfluss auf die Gesellschaft ausüben kann.[318] Der BGH bejaht die Existenzvernichtungshaftung bei einem gezielten, kompensationslosen Entzug von zur Begleichung von Verbindlichkeiten benötigten Vermögenswerten, der **betriebsfremden Zwecken** dient. Dem steht indes ein Unterlassen hinreichender Kapitalausstattung im Sinne einer **Unterkapitalisierung** der GmbH nicht gleich.[319]

103 In einer neueren Entscheidung hat der BGH betont, dass eine Existenzvernichtungshaftung auch im Liquidationsstadium in Betracht kommt:[320] Der für die Existenzvernichtungshaftung bei der werbenden Gesellschaft anerkannte Grundsatz eines verselbständigten Vermögensinteresses gelte erst recht für eine Gesellschaft in Liquidation, für die § 73 Abs. 2 GmbHG den Erhalt des Gesellschaftsvermögens im Interesse der Gläubiger in besonderer Weise hervorhebe. Der Liquidationsgesellschaft könne daher ein eigener Innenhaftungsanspruch aus § 826 BGB gegen den Gesellschafter schon dann zustehen, wenn dieser unter Verstoß gegen § 73 Abs. 1 GmbHG in sittenwidriger Weise das im Interesse der Gesellschaftsgläubiger zweckgebundene Gesellschaftsvermögen schädigt, ohne dass zugleich die speziellen Zusatzkriterien einer Insolvenzverursachung oder -vertiefung erfüllt sind.[321]

[314] Vgl. BGH ZIP 2003, 1698.
[315] NJW 2009, 1277 (‚Gut Büschow').
[316] GmbHR 2011, 195.
[317] BGH NZG 2007, 667 (‚Trihotel').
[318] BGH NZG 2007, 667.
[319] BGH DNotZ 2008, 949 (‚GAMMA'); dazu DNotI-Report 2008, 134.
[320] NZG 2009, 545 (‚Sanitary').
[321] BGH NZG 2009, 545; dazu DNotI-Report 2009, 85.

V. Die Firma in der Insolvenz

1. Generelle Verwertungsbefugnis des Insolvenzverwalters

Im Falle der Insolvenz eines Unternehmens gehört auch die Firma zur Insolvenzmasse.[322] 104
Besonderheiten ergeben sich allerdings daraus, dass zwar nach § 17 Abs. 1 HGB die Firma der Name des Kaufmanns ist, in dieser aber zugleich ein wichtiger Wert verkörpert ist, den der Insolvenzverwalter realisieren möchte. Auch nach Inkrafttreten des Handelsrechtsreformgesetzes und der darin enthaltenen Liberalisierung des Firmenrechts ist jedoch umstritten, ob die Personenfirma beim Einzelkaufmann bzw. bei der Personengesellschaft in der Insolvenz ohne Zustimmung des Namensträgers erfolgen kann.[323] Die h. M. geht allerdings – mit unterschiedlicher Begründung – jetzt von einer **generellen Verwertungsbefugnis** aus.[324] Entsprechend ist die Rechtslage bei den Kapitalgesellschaften, bei denen man dem Insolvenzverwalter auch bei Personennamen eine Verwertungsbefugnis zubilligt.[325] Soweit jedoch eine Zustimmung des Namensgebers in einem solchen Fall eingeholt werden kann, sollte dies sicherheitshalber auch erfolgen.[326]

2. Änderung und Löschung der Firma während des Insolvenzverfahrens

Während des laufenden Insolvenzverfahrens darf der Gemeinschuldner **keine neue Firma unter dem Namen der alten gründen** und die bestehende Firma auch ohne Zustimmung des Insolvenzverwalters **nicht ändern.**[327] Insbesondere kann er die Firma auch **nicht löschen** lassen.[328] Gleiches gilt für den Insolvenzverwalter.[329] 105

Schwierigkeiten können entstehen, wenn der Insolvenzverwalter im Rahmen seiner Befugnisse das Unternehmen einer GmbH oder AG veräußert hat: Denn in diesem Fall muss die Firma der in Insolvenz befindlichen Gesellschaft, die bis zur Löschung im Handelsregister fortbesteht, wegen § 30 HGB geändert werden.[330] Ist eine Firmenänderung nötig kann sie jedenfalls durch die **Gesellschafter im Einverständnis mit dem Insolvenzverwalter** beschlossen werden.[331] Verweigern die Gesellschafter ihre Mitwirkung, so kann der Insolvenzverwalter selbst eine Ersatzfirma bestimmen: Zwar hat er nicht das Recht, eine Satzungsänderung zu beschließen. Jedoch kann er aufgrund seines Verwertungsrechts als Insolvenzverwalter über die Bildung einer Ersatzfirma entscheiden und diese auch zum **Handelsregister anmelden.**[332] 106

3. Rechte des Erwerbers an der Firma

Hinsichtlich der Rechte des Erwerbers an der Firma sind die Vereinbarungen der Parteien maßgeblich.[333] Insoweit empfiehlt es sich, diese im Vertrag ausdrücklich zu regeln. Hier ist insbesondere auch zu regeln, ob der Erwerber neue Zweigniederlassungen unter der erworbenen Firma errichten und diese auf Dritte übertragen darf.[334] Fehlt eine ausdrückliche Regelung, so darf der Erwerber grundsätzlich das **Unternehmen mit der Firma weiterveräu-** 107

[322] BGHZ 85, 221, 223; *Reul/Heckschen/Wienberg* S. 253.

[323] Vgl. nur *Brenner*, Der neue Streit um die Verwertung der Firma in der Insolvenz, Rpfleger 2002, 342; *Uhlenbruck*, Die Firma als Teil der Insolvenzmasse, ZIP 2002, 401; *Reul/Heckschen/Wienberg* S. 256.

[324] Vgl. *Reul/Heckschen/Wienberg* S. 256 m. w. N.

[325] Uhlenbruck/*Hirte* § 35 Rdnr. 256, 379; Uhlenbruck/*Uhlenbruck* § 159 Rdnr. 23.

[326] Unrichtig allerdings *Kern*, Verwertung der Personalfirma im Insolvenzverfahren, BB 1999, 1717, 1720, der diese Zustimmung als Wirksamkeitsvoraussetzung ansieht.

[327] *Reul/Heckschen/Wienberg* S. 258.

[328] *Reul/Heckschen/Wienberg* S. 258.

[329] BayObLGZ 1979. 65, 67.

[330] *Reul/Heckschen/Wienberg* S. 259.

[331] *Reul/Heckschen/Wienberg* S. 259; OLG Karlsruhe NJW 1993, 1931.

[332] *Reul/Heckschen/Wienberg* S. 260; OLG Düsseldorf MDR 1970, 425.

[333] *Reul/Heckschen/Wienberg* S. 262.

[334] Dazu *Reul/Heckschen/Wienberg* S. 262.

ßern.[335] Auch darf er neue Zweigniederlassungen errichten.[336] Diese darf er jedoch nicht auf Dritte übertragen, weil es insoweit zu einer Vervielfältigung der Firma kommen kann.[337]

VI. Vollmachten in der Insolvenz

1. Erlöschen von Vollmachten, die vom Gemeinschuldner erteilt wurden

108 Die Eröffnung des Insolvenzverfahrens führt gemäß **§ 117 Abs. 1 InsO** zum **Erlöschen von Vollmachten, die vom Schuldner erteilt worden** sind. Davon erfasst werden alle Vollmachten, die einen Massebezug haben könnten,[338] einschließlich solcher, die sich auf den Neuerwerb von Vermögen beziehen.[339] § 117 InsO betrifft nach seinem Wortlaut alle vom Schuldner erteilten Vollmachten. Das sind solche, die nicht bereits auf Gesetz beruhen, also die in Ausführung einer Beauftragung bzw. Geschäftsbesorgung erteilten Vollmachten,[340] isoliert erteilte Vollmachten und die handelsrechtlichen Vollmachten (Prokura, Handlungsvollmacht).[341] Auch macht es keinen Unterschied, ob die Vollmacht widerruflich oder unwiderruflich erteilt worden ist.[342] Einer Widerrufserklärung des Insolvenzverwalters bedarf es nicht. Zudem besteht keine Verpflichtung des Insolvenzverwalters, das Erlöschen der Prokura zum Handelsregister anzumelden.[343] Das Erlöschen der Vollmacht ist **endgültig**, sie lebt nach Beendigung des Insolvenzverfahrens nicht wieder auf.[344] Nach Sinn und Zweck des § 117 InsO, die Verwaltungs- und Verfügungsbefugnis des Insolvenzverwalters zu schützen,[345] können die Rechtsscheinstatbestände der §§ 170 ff. BGB keine Anwendung finden.[346]

109 Problematisch ist, ob auch eine vom Gemeinschuldner erteilte **Generalvollmacht** insgesamt erlischt, wenn diese neben vermögensrechtlichen auch höchstpersönliche Angelegenheiten umfasst. Dies wird bejaht,[347] da sich in diesem Fall die Vollmacht eben auch auf zur Insolvenzmasse gehörendes Vermögen bezieht.[348]

110 § 117 InsO setzt die Eröffnung des Insolvenzverfahrens durch Eröffnungsbeschluss voraus. Kommt es nicht dazu und bleibt es z. B. bei der Bestellung eines **vorläufigen Insolvenzverwalters**, so bleiben die erteilten Vollmachten in Kraft, wenn sie nicht vom vorläufigen Insolvenzverwalter nach § 168 BGB widerrufen worden sind.[349]

111 Unklar ist, inwieweit **notarielle Vollzugsvollmachten** von § 117 InsO umfasst werden.[350] Bei grundbuchrechtlichen Vollzugsvollmachten geht die Rspr. von einem Erlöschen aus.[351] Allerdings beruht diese Auffassung maßgeblich auf der Qualifikation des Verhältnisses zwischen Gemeinschuldner und Urkundsnotar als einem dem Geschäftsbesorgungsvertrag vergleichbaren öffentlich-rechtlichen Sonderverhältnis.[352] Inwieweit sich die Entscheidung auf handelsregisterrechtliche Vollzugsvollmachten übertragen lässt, ist ungewiss. Der Problematik sollte dadurch begegnet werden, dass Registeranträge noch vor dem Eröffnungsbeschluss gegenüber dem Handelsregister gestellt werden.[353]

---

335 *Reul/Heckschen/Wienberg* S. 262.
336 *Reul/Heckschen/Wienberg* S. 262.
337 Abweichend im Hinblick auf AG und GmbH aber *Reul/Heckschen/Wienberg* S. 262.
338 Uhlenbruck/*Sinz* § 117 Rdnr. 2.
339 Uhlenbruck/*Sinz* § 117 Rdnr. 3.
340 Diese erlöschen bereits gemäß § 168 BGB i. V. m. §§ 115 Abs. 1, 116 S. 1 InsO.
341 Uhlenbruck/*Sinz* § 117 Rdnr. 3.
342 FK-InsO/*Wegener* § 117 Rdnr. 2.
343 LG Leipzig ZIP 2007, 1381; LG Halle NZG 2005, 442; Uhlenbruck/*Sinz* § 117 Rdnr. 3.
344 Ganz h. M., vgl. nur OLG Karlsruhe NZI 2005, 39; Uhlenbruck/*Sinz* § 117 Rdnr. 3; tlw. abw. FK-InsO/*Wegener* § 117 Rdnr. 5.
345 BR-Drucks. 1/92, S. 151.
346 I. E. *Reul/Heckschen/Wienberg* S. 81 f.; Uhlenbruck/*Sinz* § 117 Rdnr. 2.
347 So OVG Lüneburg NdsRpfl 2008, 53 Rdnr. 4.
348 Uhlenbruck/*Sinz* § 117 Rdnr. 3.
349 Vgl. Uhlenbruck/*Sinz* § 117 Rdnr. 20.
350 Dazu ausführlich *Reul/Heckschen/Wienberg* S. 82 f.
351 Vgl. BayObLG NZI 2004, 499; Uhlenbruck/*Sinz* § 117 Rdnr. 3.
352 So ausdrücklich BayObLG NZI 2004, 499.
353 Ähnlich *Reul/Heckschen/Wienberg* S. 83 zur grundbuchrechtlichen Vollzugsvollmacht.

2. Kein Erlöschen von Vollmachten, die dem Gemeinschuldner erteilt worden sind

112 Rechtsgeschäftliche Vollmachten, die dem Gemeinschuldner vor der Insolvenz erteilt sind, bleiben von § 117 InsO jedoch **unberührt.**[354] Anders ist dies dann, wenn die Vollmacht – z. B. im Fall des § 728 BGB – auf einem Gesellschaftsvertrag beruht.[355] Die Vollmacht kann nach wie vor vom Gemeinschuldner ausgeübt werden, da diese mangels Pfändbarkeit nicht zur Insolvenzmasse gehört.[356]

3. Erteilung von Vollmachten durch den Insolvenzverwalter und ihr Erlöschen

113 a) **Vollmachtserteilung durch den Insolvenzverwalter.** Das Amt des Insolvenzverwalters ist höchstpersönlicher Natur, weshalb dieser es auch höchstpersönlich auszuüben hat und insbesondere nicht berechtigt ist, die gesamte Verfahrensabwicklung auf einen Dritten zu übertragen.[357] Jedoch ist der Insolvenzverwalter im Rahmen seiner Verfügungs- und Verwaltungsbefugnis des § 80 InsO grundsätzlich **berechtigt, neue rechtsgeschäftliche Vollmachten zu erteilen.**[358] Diese dürfen sich aber nicht auf typisch insolvenzmäßige Aufgaben erstrecken.[359] Daher darf der Insolvenzverwalter auch keine Generalvollmacht erteilen.[360]

114 b) **Beschränkungen des § 181 BGB.** § 181 BGB findet auch auf den Insolvenzverwalter Anwendung.[361] Eine Befreiung von diesen Beschränkungen ist auch bei Gestattung des Gemeinschuldners oder der Gläubigerversammlung **nicht zulässig.**[362] Der Insolvenzverwalter kann nicht im Rahmen ordnungsgemäßer Verwaltung Untervollmacht erteilten und den Bevollmächtigten von den Beschränkungen des § 181 BGB befreien.[363] Auch insoweit gilt allerdings § 181, 2. HS. BGB, wonach die Vertretungsbeschränkungen keine Anwendung finden, wenn das Rechtsgeschäft ausschließlich in der Erfüllung einer Verbindlichkeit besteht. Es empfiehlt sich jedoch auch in diesen Fällen, dass sich der Insolvenzverwalter bei solchen Rechtsgeschäften durch einen anderen Bevollmächtigten vertreten lässt.

115 c) **Erlöschen der Vollmacht.** Der Insolvenzverwalter kann eine von ihm erteilte Vollmacht grundsätzlich jederzeit nach Maßgabe des § 168 BGB widerrufen.[364] Unklar ist jedoch, ob die bloße **Beendigung des Amtes** des Insolvenzverwalters auch zum Erlöschen der von ihm erteilten Vollmachten führt. Hinsichtlich des Testamentsvollstreckers ist diese Frage umstritten: Wohingegen eine Ansicht von einem Fortbestehen der Vollmacht ausgeht,[365] spricht sich die überwiegende Auffassung für ein Erlöschen der Vollmacht mit der Beendigung des Amtes aus.[366] Anders ist die Rechtslage, wenn nur die Person des Insolvenzverwalters ausgewechselt wird: Eine solche Auswechselung hat auf den Bestand einer vom Insolvenzverwalter erteilten Vollmacht keinen Einfluss.[367]

116 Ebenfalls ungeklärt ist, ob eine vom Insolvenzverwalter erteilte Spezialvollmacht nach Freigabe des Vermögensgegenstandes, auf den sie sich bezieht, aus der Insolvenzmasse erlischt.[368] Viel spricht dafür, dass in diesem Fall ebenfalls ein Erlöschen der Vollmacht ein-

---

354 Palandt/*Ellenberger* § 168 Rdnr. 3.
355 Palandt/*Ellenberger* § 168 Rdnr. 3.
356 Vgl. BayObLGZ 1978, 194; *Reul/Heckschen/Wienberg* S. 81.
357 *Graeber*, Die Aufgaben des Insolvenzverwalters im Spannungsfeld zwischen Delegationsbedürfnis und Höchstpersönlichkeit, NZI 2003, 569; Uhlenbruck/*Uhlenbruck* § 56 Rdnr. 19.
358 *Reul/Heckschen/Wienberg* S. 84.
359 *Reul/Heckschen/Wienberg* S. 85; Uhlenbruck/*Sinz* § 117 Rdnr. 14 ff.
360 *Reul/Heckschen/Wienberg* S. 85; MünchKommInsO/*Graeber* § 56 Rdnr. 113; Uhlenbruck/*Uhlenbruck* § 56 Rdnr. 26.
361 Palandt/*Ellenberger* § 181 Rdnr. 3.
362 MünchKommInsO/*Ott/Vuia* § 80 Rdnr. 38. A. A. Bamberger/Roth/*Habermeier* § 181 Rdnr. 181.
363 *Reul/Heckschen/Wienberg* S. 85 f. A. A. MünchKommBGB/*Schramm* § 181 Rdnr. 53.
364 Palandt/*Ellenberger* § 168 Rdnr. 5.
365 *Muscheler*, Die vom Testamentsvollstrecker erteilte Vollmacht, ZEV 2008, 213, 214 ff.
366 OLG Düsseldorf ZEV 2001, 281 mit zustimmender Anm. *Winkler*; MünchKommBGB/*Zimmermann* § 2218 Rdnr. 7; *Reul/Heckschen/Wienberg* S. 87.
367 *Reul/Heckschen/Wienberg* S. 88; vgl. für den Testamentsvollstrecker auch *Winkler* ZEV 2001, 282, 283 sowie MünchKommBGB/*Zimmermann* § 2225 Rdnr. 8.
368 Zu dieser Problematik *Reul/Heckschen/Wienberg* S. 88.

tritt, da diese vom Amt des Insolvenzverwalters abgeleitet ist. Da sich sein Amt aber nur auf das dem Insolvenzbeschlag unterliegende Vermögen erstreckt, kann eine in Bezug auf einen nicht zur Insolvenzmasse gehörenden Gegenstand erteilte Vollmacht keine Wirkung entfalten. Gehörte ein solcher Gegenstand ursprünglich zur Insolvenzmasse und wird später freigegeben, kann nichts anderes gelten, so dass die Vollmacht in diesem Fall erlischt.[369]

VII. Notarielle Berufspflichten in der Insolvenz

1. Auskunftsrechte und -pflichten

117 a) **Grundsätzliches.** Dem Insolvenzverwalter stehen gegenüber dem Schuldner gemäß §§ 97ff. InsO umfangreiche **Auskunftsrechte** zu: So ist der Schuldner bspw. nach § 97 Abs. 1 InsO verpflichtet, dem Insolvenzverwalter über alle das Verfahren betreffenden Verhältnisse Auskunft zu geben und hat auch Tatsachen zu offenbaren, die geeignet sind, eine Verfolgung wegen einer Straftat oder einer Ordnungswidrigkeit herbeizuführen. Normadressat und damit auskunftspflichtig ist aber nur der Schuldner, so dass die notarielle Verschwiegenheitspflicht gemäß § 18 Abs. 1 BNotO grundsätzlich auch gegenüber dem Insolvenzverwalter gilt.[370] Diese Pflicht entfällt gemäß Abs. 2, wenn die Beteiligten den Notar hiervon befreien. Nach h. M. gehen durch das Insolvenzverfahren gemäß § 80 InsO auch die Geheimhaltungsansprüche des Gemeinschuldners auf den Insolvenzverwalter über.[371] Dies gilt selbstverständlich nur bezüglich solcher Rechte und Gegenstände, die zur Insolvenzmasse gehören.[372] So wie dem Gemeinschuldner die Dispositionsbefugnis im Hinblick auf diese Rechte und Gegenstände entzogen ist, hat er auch keine eigene Befugnis mehr, über die diesbezüglichen Geheimhaltungsansprüche zu disponieren.[373] Dem Gemeinschuldner selbst darf der Notar daher keine Auskunft mehr erteilen.[374] Zu berücksichtigen ist, dass die Verschwiegenheitspflicht des Notars gegenüber allen an der Beurkundung Beteiligten besteht, so dass seine Pflicht zur Verschwiegenheit nur entfällt, wenn er **von allen Beteiligten befreit** wird.[375]

118 b) **Vorläufiger Insolvenzverwalter.** Hinsichtlich der Auskunftsrechte des vorläufigen Insolvenzverwalters ist danach zu differenzieren, welche Befugnisse ihm eingeräumt worden sind: Soweit ihm Rechte übertragen wurden, wie sie eigentlich nur der Insolvenzverwalter gemäß §§ 80ff. InsO hat, ist die Dispositionsbefugnis bezüglich der Geheimhaltungsansprüche auf den vorläufigen Insolvenzverwalter übergegangen.[376] Gegenüber dem schwachen vorläufigen Insolvenzverwalter besteht die Verschwiegenheitspflicht gemäß § 18 BNotO uneingeschränkt.[377]

119 c) **Insolvenzgericht.** Ob die notarielle Verschwiegenheitspflicht auch gegenüber dem Insolvenzgericht besteht, ist in der insolvenzrechtlichen Literatur umstritten.[378] Maßgeblich ist insoweit, dass zwar durch § 20 InsO der Insolvenzschuldner zur Auskunftserteilung gegenüber dem Insolvenzgericht verpflichtet ist, nicht aber der Notar. Für ihn bleibt es bei der **Verschwiegenheitspflicht** gemäß § 18 BNotO.[379] Gleiches gilt, wenn im Insolvenzeröffnungsverfahren ein Sachverständiger an den Notar herantritt und von ihm Auskunft verlangt: Die InsO räumt dem Sachverständigen im Eröffnungsverfahren keine Sonderrechte ein.[380]

---

[369] Im Ergebnis auch *Reul/Heckschen/Wienberg* S. 88.
[370] *Bous/Solveen* DNotZ 2005, 261 ff; *Reul/Heckschen/Wienberg* S. 112.
[371] BGH DNotZ 1990, 392 m. Anm. *Winkler*; zweifelnd *Bous/Solveen* DNotZ 2005, 261, 265.
[372] *Reul/Heckschen/Wienberg* S. 112.
[373] *Bous/Solveen* DNotZ 2005, 261, 266; *Reul/Heckschen/Wienberg* S. 113.
[374] *Bous/Solveen* DNotZ 2005, 261, 266; zweifelnd *Reul/Heckschen/Wienberg* S. 113.
[375] BGH WM 1990, 121, 126 = DNotZ 1990, 392; *Bous/Solveen* DNotZ 2005, 261, 266 ff.
[376] LG Göttingen ZIP 2002, 2269, 2270; *Bous/Solveen* DNotZ 2005, 261, 271 ff.; *Reul/Heckschen/Wienberg* S. 115.
[377] *Reul/Heckschen/Wienberg* S. 116.
[378] Dazu ausführlich *Bous/Solveen* DNotZ 2005, 261, 263.
[379] *Bous/Solveen* DNotZ 2005, 261, 264 und 265; MünchKommInsO/*Ganter* § 5 Rdnr. 29; *Reul/Heckschen/Wienberg* S. 116.
[380] Vgl. *Bous/Solveen* DNotZ 2005, 261, 264; vgl. auch BGH NZI 2004, 312, 313.

2. Recht auf Ausfertigungen, Abschriften und Einsicht

a) **Ausfertigungen und Abschriften.** Gemäß § 51 Abs. 1, 3 BeurkG können bei Niederschriften über Willenserklärungen jeder, der eine Erklärung im eigenen Namen abgegeben hat oder in dessen Namen eine Erklärung abgegeben worden ist, bei anderen Niederschriften jeder, der die Aufnahme der Urkunde beantragt hat, sowie die Rechtsnachfolger dieser Personen, Ausfertigungen und Abschriften verlangen. Zu den Rechtsnachfolgern im Sinne dieser Vorschrift zählt auch der **Insolvenzverwalter.**[381] Die Rechte des Insolvenzschuldners aus § 51 BeurkG werden durch den Entzug seiner Verwaltungs- und Verfügungsbefugnis über sein Vermögen nicht beeinträchtigt, so dass auch dieser weiterhin berechtigt ist, die Erteilung von Ausfertigungen und Abschriften zu verlangen.[382] 120

b) **Einsichtsrecht.** Aus § 51 Abs. 3 BeurkG folgt das Recht zur Einsichtnahme in die **Urschrift.** Ob darüber hinaus dem Insolvenzverwalter ein Recht auf Einsichtnahme auch in die **Nebenakte** zuzubilligen ist, ist zweifelhaft. § 13 FamFG bezieht sich jedenfalls nur auf Gerichtsakten.[383] Der BGH hat diese Frage ausdrücklich offen gelassen,[384] das LG Frankfurt[385] und das BayObLG[386] haben ein eingeschränktes Einsichtsrecht bejaht. Dagegen spricht aber insbesondere, dass § 51 BeurkG anders als die Parallelvorschrift des § 13 FamFG kein generelles Akteneinsichtsrecht kennt. Ein Recht auf Einsicht in die Nebenakte ist daher abzulehnen.[387] 121

3. Versagen der Amtstätigkeit

a) **Allgemeines.** Gemäß § 15 Abs. 1 S. 1 BNotO darf der Notar seine Urkundstätigkeit nicht ohne ausreichenden Grund verweigern. Ein ausreichender Grund besteht zunächst, wenn mit der Beurkundung **erkennbar unerlaubte oder unredliche Zwecke** verfolgt werden (§ 4 BeurkG, § 14 Abs. 2 BNotO). Den Notar trifft keine Amtsermittlungspflicht.[388] Er ist insoweit nicht gehalten, ohne Anlass Nachforschungen anzustellen.[389] Jedoch ist er nach § 17 Abs. 1 BeurkG verpflichtet, den Willen der Beteiligten zu erforschen und den Sachverhalt zu klären. Daher muss er konkreten Verdachtsgründen nachgehen und kann hierbei auch verpflichtet sein, Umstände zu offenbaren, die prinzipiell seiner Schweigepflicht nach § 18 BNotO unterliegen.[390] 122

b) **Unwirksame Rechtsgeschäfte.** Ist das Rechtsgeschäft aus materiell-rechtlichen Gründen unwirksam, ist der Notar gehalten, seine Mitwirkung zu verweigern. Das ist dann der Fall, wenn das Geschäft **sittenwidrig** gemäß **§ 138 Abs. 1 BGB** ist oder gegen ein **gesetzliches Verbot** i. S. v. **§ 134 BGB** verstößt.[391] 123

c) **Wirksame, aber gemäß §§ 119 ff. BGB anfechtbare Rechtsgeschäfte.** Anders ist die Rechtslage, wenn das Rechtsgeschäft zwar wirksam, aber anfechtbar ist, so dass seine Wirksamkeit rückwirkend beseitigt werden kann (§ 142 Abs. 1 BGB). Ob der Notar an solchen Rechtsgeschäften mitwirken darf, ist umstritten.[392] Richtigerweise ist zu differenzieren: An Rechtsgeschäften, die erkennbar wegen **arglistiger Täuschung** oder **Drohung** anfechtbar sind (§ 123 BGB), darf der Notar **nicht mitwirken.**[393] Anders ist dies bei solchen Rechtsge- 124

[381] BGH DNotZ 1990, 392; *Winkler* § 51 Rdnr. 13.

[382] *Winkler* § 51 Rdnr. 10; *Bous/Solveen* DNotZ 2005, 281; *Reul/Heckschen/Wienberg* S. 114.

[383] Gegen die Anwendbarkeit von § 34 FGG bereits *Winkler* § 51 Rdnr. 37; *Reul/Heckschen/Wienberg* S. 114 m. w. N.

[384] DNotZ 1990, 392.

[385] DNotZ 1990, 393.

[386] DNotZ 1993, 471.

[387] I. E. auch *Winkler* § 51 Rdnr. 41; *Reul/Heckschen/Wienberg* S. 115.

[388] BGH DNotZ 1996, 116; *Winkler* § 17 Rdnr. 213.

[389] BeckNotHdb/*Starke* L. VIII. Rdnr. 65.

[390] BGH DNotZ 1992, 813, 817; BeckNotHdb/*Starke* L. VIII. Rdnr. 65.

[391] Hier kommen insbesondere die §§ 283 ff. StGB als Verbotsgesetze in Betracht. Vgl. *Winkler* § 4 Rdnr. 10.

[392] Dafür bspw. *Reul/Heckschen/Wienberg* S. 120 m. w. N. Dagegen Huhn/*von Schuckmann/Preuß* § 4 Rdnr. 25 m. w. N.

[393] *Winkler* § 4 Rn. 23; BeckNotHdb/*Starke* L. VIII. Rdnr. 61.

schäften, die wegen **Irrtums** anfechtbar sind, wobei den Notar insoweit die Pflicht aus § 17 Abs. 1 BeurkG trifft, darauf zu achten, dass erkennbare Irrtümer der Beteiligten **vermieden** werden.

125 d) **Wirksame, aber gemäß §§ 3 ff. AnfG oder §§ 129 ff. InsO anfechtbare Rechtsgeschäfte.** Auch solche Rechtsgeschäfte, die nach den Vorschriften des AnfG oder gemäß §§ 129 ff. InsO anfechtbar sind, sind zunächst voll wirksam, so dass der Notar seine Mitwirkung an ihnen nicht allein deshalb verweigern darf.[394] Anders ist dies, wenn er die Insolvenz bzw. die drohende Insolvenz des Schuldners kennt, da die Handlung dann regelmäßig einen Straftatbestand nach §§ 283 ff. StGB erfüllen wird.[395]

4. Notarielle Belehrungspflichten

126 a) **Allgemeines.** Der Notar ist nicht der Wirtschaftsberater der Beteiligten.[396] Er hat jedoch zu prüfen, ob durch die Erklärung das angestrebte rechtsgeschäftliche Ziel sicher erreichbar ist. Bei mehreren Alternativen ist die sicherste Gestaltung aufzuzeigen.[397] Der Notar hat die Beteiligten gemäß § 17 Abs. 1 BeurkG auch über die rechtliche Tragweite des Geschäfts zu belehren. Dazu gehören insbesondere die unmittelbaren Rechtsfolgen, die sich an den erstrebten rechtlichen Erfolg knüpfen.[398] Dazu gehört zweifelsohne ein Hinweis auf die **haftungsrechtlichen Folgen und Risiken einer Betriebsveräußerung** (§§ 75 ff. AO, 25 Abs. 1, 28 Abs. 1 HGB).[399]

127 b) **Hinweis auf die Anfechtbarkeit gemäß §§ 3 ff. AnfG bzw. §§ 129 ff. InsO.** Zwar ist der Notar grundsätzlich verpflichtet, auch anfechtbare Rechtsgeschäfte zu beurkunden. Kommt eine solche Anfechtbarkeit in Betracht, so hat er gemäß § 17 Abs. 1 BeurkG die Beteiligten über eine mögliche Anfechtbarkeit sowie deren Folgen **zu belehren und einen entsprechenden Hinweis in die Urkunde** aufzunehmen.[400] Denn die Anfechtung kann den mit dem Rechtsgeschäft verbundenen wirtschaftlichen und rechtlichen Erfolg beseitigen.[401] Nach den oben dargstellten Grundsätzen ist eine Belehrung über die Anfechtbarkeit aber nur angezeigt, wenn dem Notar konkrete Anhaltspunkte für das Vorliegen eines Anfechtungsgrundes bekannt sind.[402] Liegen jedoch besondere Umstände vor, die den Notar zu der Annahme verleiten müssen, einem Beteiligten drohe ein Schaden, weil er sich der Gefahren mangels Kenntnis der Rechtslage nicht bewusst ist, greift eine erweiterte Belehrungspflicht des Notars ein, die sich auch gegenüber seiner Geheimhaltungspflicht durchsetzt.[403] Das ist insbesondere dann der Fall, wenn der Notar vom Vorliegen eines Anfechtungstatbestandes überzeugt ist oder diesen für sehr wahrscheinlich hält.[404] Dies gilt auch für die Absichtsanfechtung.[405]

128 c) **Belehrung über wirtschaftliche Schwierigkeiten einer Partei.** Von der Belehrung über die rechtliche Tragweite i. S. v. § 17 Abs. 1 BeurkG nicht umfasst ist die Belehrung über die wirtschaftlichen Folgen des Rechtsgeschäfts.[406] Daher ist er auch **nicht verpflichtet**, einen Verkäufer über wirtschaftliche Schwierigkeiten des Käufers hinzuweisen, auch wenn diese ihm bekannt sind.[407] Teilweise werden jedoch höhere Anforderungen an die Belehrungs-

[394] Ganz h. M., vgl. nur *Reul/Heckschen/Wienberg* S. 120 m. w. N.

[395] BeckNotHdb/*Starke* L. VIII. Rdnr. 61; *Heckschen* MittRhNotK 1999, 11, 14.

[396] Huhn/von Schuckmann/*Armbrüster* § 17 Rdnr. 66.

[397] BeckNotHdb/*Bernhard* G. II. Rdnr. 56.

[398] *Winkler* § 17 Rdnr. 224; *Reul/Heckschen/Wienberg* S. 130.

[399] *Reul/Heckschen/Wienberg* S. 130.

[400] Vgl. RG DNotZ 1933, 799; MünchKommInsO/*Kirchhof* vor § 129 Rdnr. 98; *Reul/Heckschen/Wienberg* S. 131 („dringend zu empfehlen"). A. A. mit beachtlichen Argumenten *Ganter* DNotZ 2004, 421.

[401] *Reul/Heckschen/Wienberg* S. 131.

[402] Huhn/von Schuckmann/*Armbrüster* § 17 Rdnr. 68; *Reul/Heckschen/Wienberg* S. 131.

[403] BGH DNotZ 1987, 157; 1989, 41; *Winkler* § 17 Rdnr. 242 ff.

[404] Wie hier *Reul/Heckschen/Wienberg* S. 132. A. A. *Ganter* DNotZ 2004, 421, 425 f.

[405] Tlw. abweichend *Uhlenbruck* MittRhNotK 1994, 305, 309, nach dem es nicht Aufgabe des Notars sei, die Sachlage so lange zu erörtern, „bis der arglose Beteiligte die Benachteiligungsabsicht nunmehr endgültig erkennt".

[406] *Winkler* § 17 Rdnr. 237.

[407] *Winkler* § 17 Rdnr. 239; LG Duisburg NJW-RR 1995, 950.

pflicht des Notars gestellt und eine solche angenommen, wenn über das Vermögen eines Urkundsbeteiligten das Insolvenzverfahren eröffnet worden ist und dem Notar dies bekannt geworden ist.[408] Dies ist zumindest dann zu bejahen, wenn die Handlung einen **Straftatbestand** nach §§ 283 ff. StGB erfüllt; dann hat der Notar allerdings ohnehin seine Mitwirkung zu versagen.

[408] Huhn/v. Schuckmann/*Armbrüster* § 17 Rdnr. 68.

17. Teil. Steuerrecht

§ 30 Steuerrecht

Übersicht

	Rdnr.
I. Einführung	1–15
1. Notar und Steuerrecht	1–6
2. Informationsquellen im Steuerrecht	7–11
3. Inhalt und Ziele der weiteren Darstellung	12–15
II. Steuerliches „Pflichtprogramm“	16–88
1. Steuerliche Anzeigepflichten	16–56
a) Einführung	16–24
b) Einzelne Anzeigepflichten	25–56
2. Steuerliche Hinweis- und Belehrungspflichten	57–88
a) Einführung	57–61
b) Rechtsprechungsüberblick	62–88
III. Steuerliches „Kürprogramm“	89–441
1. Allgemeine Fragen des Steuerrechts	89–150
a) Wirtschaftliche Betrachtungsweise im Steuerrecht	89–100
b) Rückwirkung und Steuerrecht	101–107
c) Gestaltungsmissbrauch und Gesamtplanrechtsprechung	108–130
d) Verträge unter nahen Angehörigen	131–140
e) Verbindliche Auskünfte	141–145
f) Steuerliche Behaltefristen	146–150
2. Ausgewählte Einzelfragen des Steuerrechts	151–441
a) Rechtsformwahl	151–155
b) Personengesellschaften	156–220
c) Kapitalgesellschaften	221–308
d) Konzernrecht (Organschaft)	309–337
e) Unternehmenskauf	338–357
f) Unternehmensumstrukturierungen	358–384
g) Unternehmensnachfolge	385–441

„Schließlich möchte ich den jüngeren Notaren auf Grund jahrzehntelanger eigener Erfahrung nahelegen, das Steuerrecht zu pflegen. Vielfach ermöglicht nur der Blick auf die steuerlichen Folgen eines Rechtsgeschäfts die Rechtsgestaltung, die die Beteiligten auf Dauer zufriedenstellt. Durch eine solche Gestaltung erfüllt der Notar seine vornehmste Aufgabe.“

Alexander Knur, DNotZ 1966, 707 (724)

Schrifttum: *Bundesfinanzhof (Hrsg.)*, 60 Jahre Bundesfinanzhof. Eine Chronik, 2010; *Gaupp*, Notar und Steuerberater, in: Festschrift für Sebastian Spiegelberger, 2009, S. 1410 ff.; *Ganter/Hertel/Wöstmann*, Handbuch der Notarhaftung, 2. Aufl. 2009; *Graf von Kanitz*, Bilanzkunde für Juristen, 2. Aufl. 2010; *Knur*, Notar und Steuerrecht, DNotZ 1966, 707; *Klingelhöffer*, Die Bedeutung des Steuerrechts bei der Auslegung und Anwendung zivilrechtlicher Normen, DStR 1997, 544; *Knobbe-Keuk*, Das Steuerrecht – eine unerwünschte Rechtsquelle des Gesellschaftsrechts?, 1986; *Pöllath/Heukamp*, Steuer-Rechts-Beratung – Eine kurze Aufschreibung aus knapp 100 Jahren, in: Festschrift für Wienand Meilicke, 2010, S. 549 ff.; *Priester*, Notar und Gesellschaftsrecht, DNotZ 2001, 52* (Sonderheft 100 Jahre Deutsche Notar-Zeitung); *Reithmann*, Die Beratung bei der Beurkundung, DNotZ 1965, 86; *Spiegelberger*, Steuerrecht für Notare, in: Beck'sches Notarhandbuch, 5. Aufl. 2009, Abschnitt E., S. 1247 ff.; *Schulze-Osterloh*, Zivilrecht und Steuerrecht, AcP 190 (1990) 139; *Sontheimer*, Vertragsgestaltung und Steuerrecht, 2. Aufl. 2009; *Spiegelberger/Spindler/Wälzholz*, Die Immobilie im Zivil- und Steuerrecht, 2008; *Spindler/Tipke/Rödder (Hrsg.)*, Steuerzentrierte Rechtsberatung, Festschrift für Harald Schaumburg zum 65. Geburtstag, 2009; *Streck/Mack/Schwedhelm*, Tax Compliance, 2010; *Tipke (Hrsg.)*, Steuerberatung und Rechtsstaat, Symposium für Jürgen Pelka zum 65. Geburtstag, München 2010; *Tipke/Lang*, Steuerrecht, 20. Aufl. 2010; *Tipke/Seer/Hey/Englisch (Hrsg.)*, Festschrift für Joachim Lang, Gestaltung der Steuerrechtsordnung, 2010; *Wolfsteiner*, Blick eines Notars auf den Bundesfinanzhof, in: Festschrift 75 Jahre Reichsfinanzhof – Bundesfinanzhof, 1993, S. 483 ff.

I. Einführung

1. Notar und Steuerrecht

1 Der Notar ist kein Steuerberater. Dementsprechend ist er zu einer steuerrechtlichen Beratung auch nicht verpflichtet.[1] Gleichwohl ist der **Wille der Beteiligten** meist nicht nur auf die Errichtung einer rechtlich wirksamen Urkunde, sondern zugleich auch auf einen bestimmten wirtschaftlichen Erfolg gerichtet. Dies umfasst insbesondere auch die steuerlichen Auswirkungen eines Rechtsgeschäfts. Notarielle Urkunden sollten daher idealerweise nicht nur in zivilrechtlicher Hinsicht, sondern auch in steuerrechtlicher Hinsicht das halten, was sich die Beteiligten von ihnen versprechen. Dies gilt auch und gerade im Bereich des Gesellschaftsrechts, das auf vielfältige Art und Weise besonders eng mit dem Steuerrecht verbunden ist.[2]

2 Die Notare haben frühzeitig erkannt, dass die **Beschäftigung mit dem Steuerrecht** eine gleichermaßen interessante und lohnende Aufgabe sein kann. Prominente Vertreter dieser Auffassung sind etwa:[3]

- ***Christoph Reithmann:***[4] *„Gerade wenn der Beurkunder über die notwendige Belehrung hinsichtlich der rechtlichen Tragweite des Rechtsgeschäfts hinaus, die Beteiligten über die zweckmäßige Gestaltung des Rechtsverhältnisses berät, auch über steuerliche Auswirkungen, wenn er die Durchführung des Rechtsgeschäfts übernimmt, gerade dann leistet er den Beteiligten und dem Rechtsverkehr wirksame Hilfe. Gerade das ist es auch, was neben der Schnelligkeit der Sacherledigung, den Ruf und das Ansehen des Notars beim rechtssuchenden Publikum begründet."*
- ***Alexander Knur:***[5] *„Schließlich möchte ich den jüngeren Notaren auf Grund jahrzehntelanger eigener Erfahrung nahelegen, das Steuerrecht zu pflegen. Vielfach ermöglicht nur der Blick auf die steuerlichen Folgen eines Rechtsgeschäfts die Rechtsgestaltung, die die Beteiligten auf Dauer zufriedenstellt. Durch eine solche Gestaltung erfüllt der Notar seine vornehmste Aufgabe."*
- ***Hans Wolfsteiner:***[6] *„Dass der Notar nicht umhin kann, sich als Verträgemacher, der er ist, mit dem Steuerrecht zu befassen, liegt auf der Hand. (...) Zwar ist der Notar grundsätzlich nicht verpflichtet, über die steuerlichen Folgen des Geschäfts zu belehren. In der wirklichen Welt aber kann er sich an diesen Satz nicht halten, teils aus faktischen, teils aus Rechtsgründen."*
- ***Sebastian Spiegelberger:***[7] *„Der Staat hat mit einer Fülle von Subventions- und Lenkungsnormen und auch durch hohe Steuersätze, die zu einer Staatsquote von nahezu*

[1] Allerdings ist der Notar zu einer steuerlichen Beratung durchaus berechtigt (zumindest *„im Rahmen der Beurkundung"*, so § 4 Nr. 1 StBerG; zu den Grenzen der Beratungsbefugnis siehe den Fall des OLG Stuttgart, Beschl. v. 24. 9. 1984 – 2 Ss (24) 444/84 – DNotZ 1985, 242). – Die für Angehörige der steuerberatenden Berufe geltende Vermutung einer ordnungsgemäßen Bevollmächtigung gilt demnach auch für Notare, soweit diese zur Hilfeleistung in Steuersachen befugt sind (siehe Bayerisches Landesamt für Steuern, Verfügung v. 11. 6. 2010 – DB 2010, 2196). Siehe auch § 80 Abs. 5 HS 2 AO.

[2] Siehe dazu etwa *Knobbe-Keuk* und *Wiedemann*, Gesellschaftsrecht, Band I, 1980, S. 23.

[3] Siehe dazu auch *Kapp*, BB 1974, 113, 114 („Vor allem das Steuerrecht hat in den letzten Jahrzehnten eine rasante Entwicklung genommen und sich zu einem Rechtsgebiet entwickelt, das für das gesamte Rechts- und Wirtschaftsleben von ausschlaggebender Bedeutung ist. Dies gilt insbesondere für gesellschaftsrechtliche Vorgänge. Es ist einfach unmöglich, einen gesellschaftsrechtlichen Vorgang richtig zu beurteilen, wenn man die steuerliche Seite dabei außer Betracht lässt. Es gibt heute kaum noch einen Rechtsvorgang, der nicht in mehr oder weniger großem Umfang steuerliche Konsequenzen hat. Es besteht daher – soweit es sich um Rechtsanwälte handelt – Einigkeit darüber, dass sich kein verantwortungsbewusster Anwalt auf sein Hauptaufgabengebiet beschränken darf, rechtlich einwandfreie Regelungen für die von den Beteiligten wirtschaftlich gewünschten Ziele vorzuschlagen, dass er vielmehr stets auch die möglichen steuerlichen Konsequenzen berücksichtigen muss."). So zutreffend diese Analyse auch heute noch ist, ergibt sich daraus für Notare (entgegen der Auffassung von *Kapp*) keine Verpflichtung zur steuerlichen Aufklärung oder Belehrung, siehe unten Rdnr. 57 ff.

[4] DNotZ 1965, 86 (108).

[5] DNotZ 1966, 707 (724).

[6] FS Bundesfinanzhof S. 483 (S. 483 f.).

[7] Beck'sches Notarhandbuch Abschnitt E Rdnr. 119.

50% führten, die Besteuerung nicht zur Nebensache, sondern häufig zum eigentlichen Kern des Rechtsgeschäfts gemacht. Vielfach ermöglicht nur der Blick auf die steuerlichen Folgen eines Rechtsgeschäfts die Rechtsgestaltung, die die Beteiligten auf Dauer zufriedenstellt.“

Darüber hinaus kann der Notar auch im Bereich des Steuerrechts zur Vermeidung von (zeit- und kostenaufwendigen) Streitigkeiten mit der Finanzverwaltung beitragen. Denn die **notarielle Urkunde** begründet auch gegenüber den Finanzämtern den vollen Beweis der darin beurkundeten Erklärungen (siehe §§ 415, 418 ZPO und § 92 Nr. 3 AO). Mit der Beurkundung schaffen die Beteiligten sich somit ein anerkanntes **Beweismittel**. 3

Eine eigenverantwortliche Beratung der Beteiligten durch den Notar (auch) im Steuerrecht ist gleichwohl in den meisten Fällen nicht sinnvoll. Denn eine solche Beratung setzt zunächst voraus, dass der Notar über umfassende und aktuelle **Rechtskenntnisse** auch im Steuerrecht verfügt.[8] Zwar verfügen viele Notare über ausgezeichnete Kenntnisse in einzelnen Teilgebieten des Steuerrechts (wie etwa der Grunderwerbsteuer oder der Erbschaft- und Schenkungsteuer[9]), doch nur wenige decken wirklich alle Gebiete des Steuerrechts vollständig ab (wie etwa auch die Gewerbesteuer oder die Umsatzsteuer, welche heute für die Gesamtsteuerbelastung von ganz erheblicher Bedeutung sein können).[10] Darüber hinaus ist zu berücksichtigen, dass das Steuerrecht – mehr als die meisten anderen Rechtsgebiete – permanent (und oftmals sogar rückwirkend) geändert wird (siehe nur die komplexen[11] Übergangsregelungen in § 52 EStG oder § 34 KStG).[12] Schließlich kommt hinzu, dass im Steuerrecht immer wieder Meinungsverschiedenheiten zwischen Rechtsprechung und Finanzverwaltung bestehen,[13] so dass der sicherste Weg für den Berater nicht immer leicht zu erkennen ist. 4

Selbst wenn der Notar über entsprechende Rechtskenntnisse im Steuerrecht verfügt, ist ihm eine selbständige Beratung vielfach deshalb nicht möglich, weil er den zugrundeliegenden **tatsächlichen Lebenssachverhalt** regelmäßig nur unzureichend kennt. Im Einzelfall mögen dem Notar vielleicht noch Bilanzen, Steuerbescheide oder verbindliche Auskünfte vorliegen, doch Buchhaltungsunterlagen, Steuererklärungen oder Betriebsprüfungsberichte sind ihm im Allgemeinen nicht bekannt. Darüber hinaus lassen sich viele steuerrechtliche Fragen (wenn überhaupt), nur nach genauer und vollständiger Kenntnis des tatsächlichen Geschehens beurteilen (wie etwa die Abgrenzung zwischen privater Vermögensverwaltung und gewerblicher Tätigkeit,[14] oder die Berechnung der Lohnsumme[15]). Auf die Angaben der Beteiligten kann sich der Notar in diesem Zusammenhang nicht verlassen, da diese oftmals 5

[8] Siehe dazu auch § 5 der Verordnung über die notarielle Fachprüfung (NotVF), wonach das Steuerrecht nicht (auch nicht in Grundzügen oder in einzelnen Teilgebieten) Prüfungsgegenstand ist, BGBl. I 2010, 576.

[9] Diese Steuerarten stehen auch in den klassischen Notarhandbüchern im Vordergrund, siehe etwa das Inhaltsverzeichnis des Beck'schen Notarhandbuchs oder des Würzburger Notarhandbuchs.

[10] Dies gilt im Übrigen auch für die Steuerberater, bei denen seit einiger Zeit durchaus ein gewisser Trend zur Spezialisierung zu beobachten ist. Der Deutsche Steuerberaterverband (siehe www.dstv.de) verleiht beispielsweise für einzelne Fachgebiete (derzeit Rating, Sanierung und Insolvenzverwaltung, Internationale Rechnungslegung, Testamentsvollstreckung und Nachlassverwaltung, Unternehmensnachfolge, Mediation, Controlling und Finanzwirtschaft sowie Vermögens- und Finanzplanung) einen entsprechenden Fachberatertitel.

[11] An der Komplexität des deutschen Steuerrechts wird sich auch durch das geplante Steuervereinfachungsgesetz 2011 (siehe dazu den Referentenentwurf v. 20. 12. 2010 unter www.bundesfinanzministerium.de) kaum etwas ändern.

[12] Siehe nur Tipke/Lang/*Lang/Hey/Seer* Steuerrecht, Vorwort zur 20. Auflage 2010 oder Tipke/Lang/*Lang* Steuerrecht, Vorwort zur 19. Auflage 2008 (*„Es gibt kein Rechtsgebiet, das so änderungsanfällig ist wie das Steuerrecht (…).“)*.

[13] Zur Praxis der Nichtanwendungserlasse im Steuerrecht siehe jüngst BFH Entsch. v. 7. 12. 2010 – IX R 70/07 – DStR 2011, 161 = DB 2011, 270 mit Anm. *Dräger* und *Herden,* FS Spindler, S. 445 ff.; *Spindler*, DStR 2007, 1061; *Vinken,* FS Spindler S. 549 ff.; *Weber-Grellet,* FS Lang, S. 927 ff.

[14] Siehe dazu etwa BMF Schreiben v. 16. 12. 2003, BStBl. I 2004, 40 (Einkommensteuerliche Behandlung von Venture Capital und Private Equity Fonds; Abgrenzung der privaten Vermögensverwaltung vom Gewerbebetrieb), BMF Schreiben v. 26. 3. 2004, BStBl. I 2004, 434 (Abgrenzung zwischen privater Vermögensverwaltung und gewerblichem Grundstückshandel).

[15] Siehe dazu § 13 a Abs. 1 Satz 3 und 4 sowie Abs. 4 ErbStG und § 8 c Abs. 1 a Satz 3 Nr. 2 KStG. Zur Auffassung der Finanzverwaltung siehe Abschnitt 8 AEErbSt v. 25. 6. 2009 (BGBl. I 2009, 713).

unvollständig oder unrichtig sind (z. B. zum Vorliegen oder Nichtvorliegen einer Betriebsaufspaltung, zur Zuordnung von einzelnen Vermögensgegenständen zum Privat- oder Betriebsvermögen, einschließlich Sonderbetriebsvermögen, oder zu bestehenden Nachsteuerfristen). Eine frühzeitige Abstimmung mit dem bzw. den Steuerberatern der Beteiligten ist daher im Regelfall unerlässlich. Steuerliche Kenntnisse des Notars sind dabei aber hilfreich und erleichtern die Zusammenarbeit ganz erheblich.

Praxistipp:

Gerade im Bereich des **Gesellschaftsrechts** kann grundsätzlich jede Beurkundung bei einem, mehreren oder allen Beteiligten weitreichende (und unterschiedliche) steuerliche Konsequenzen haben. Die möglichen steuerlichen Auswirkungen sind den Beteiligten dabei keineswegs immer bewusst. Eine frühzeitige Abstimmung der Vertragsentwürfe zwischen Notar und dem bzw. den Steuerberatern der Beteiligten ist daher in jedem Fall empfehlenswert. Vielfach lässt sich nur im Dialog die von den Beteiligten tatsächlich gewünschte und auch steuerlich optimierte Gestaltung erreichen.

6 Die Berücksichtigung des Steuerrechts dient in der notariellen Gestaltungspraxis nicht vorrangig der Erlangung steuerlicher Vorteile für einzelne oder alle Beteiligte, sondern vor allem der Vermeidung steuerlicher Nachteile und Risiken. Ein besonders häufiges Problem ist dabei die ungewollte **Entnahme von Betriebsvermögen** (z. B. die Veräußerung von Grundstücken des Betriebsvermögens, die Beendigung einer Betriebsaufspaltung oder die getrennte Übertragung von Sonderbetriebsvermögen und Mitunternehmeranteil). Steuerlich nachteilig kann auch der umgekehrte Fall – die ungewollte Schaffung von Betriebsvermögen (z. B. durch die Begründung einer Betriebsaufspaltung) – sein. Andere typische Problemfelder in der notariellen Praxis sind etwa die Vernichtung von steuerlichen Verlustvorträgen, das Auslösen von Grunderwerbsteuer durch Anteilsübertragungen und die Verletzung von steuerlichen Behaltefristen.

Praxistipp:

Viele steuerliche Risiken lassen sich nur bei genauer und vollständiger Kenntnis des tatsächlichen Geschehens vermeiden. Im Einzelfall können entsprechende Angaben der Beteiligten Anhaltspunkte für steuerliche Risiken beinhalten (z. B. die Bebauung eines Grundstücks mit einem Betriebsgebäude, die Vermietung eines Grundstücks an eine Betriebsgesellschaft oder die Umstände des früheren Erwerbs eines Vermögensgegenstands, der jetzt übertragen werden soll).

2. Informationsquellen im Steuerrecht

7 Für den Notar, der sich nicht schwerpunktmäßig mit dem Steuerrecht befasst, ist es nicht immer ganz einfach, aus der **Fülle an Informationen** die richtige Auswahl zu treffen. Die Verpflichtung zur Wahl des sichersten Weges gebietet vor allem die Berücksichtigung der Rechtsprechung des Bundesfinanzhofs und der Stellungnahmen der Finanzverwaltung.

8 Die aktuellen **Entscheidungen des Bundesfinanzhofs** werden grundsätzlich mittwochs im Internet (www.bundesfinanzhof.de) bekannt gemacht. Diejenigen Entscheidungen, die auch von der Finanzverwaltung angewendet werden, werden darüber hinaus auch auf der Internetseite des Bundesfinanzministeriums (www.bundesfinanzministerium.de) und – manchmal allerdings mit nicht unerheblicher Verzögerung – im Bundessteuerblatt Teil II veröffentlicht. Darüber hinaus werden die Entscheidungen des Bundesfinanzhofs in den Entscheidungssammlungen (wie BFHE und BFH/NV[16]) sowie in den bekannten Fachzeitschriften (wie etwa Deutsches Steuerrecht (DStR), Der Betrieb (DB), Betriebs-Berater (BB), GmbH-

[16] Die Entscheidungssammlung BFH/NV enthält u. a. sämtliche amtlich zur Veröffentlichung bestimmten Entscheidungen des BFH sowie alle nicht amtlich veröffentlichten Urteile und Beschlüsse des BFH.

Rundschau (GmbHR), Finanz-Rundschau (FR) u.v.a.m.) veröffentlicht. Die Entscheidungen der Finanzgerichte finden sich vor allem in den Zeitschriften Entscheidungen der Finanzgerichte (EFG) und Deutsches Steuerrecht Entscheidungsdienst (DStRE).

Die **Finanzverwaltung** des Bundes und der Länder nimmt jedes Jahr zu einer Vielzahl von 9
steuerrechtlichen Fragen Stellung. Schätzungen zufolge werden jedes Jahr ca. 2.000 neue Verwaltungsvorschriften erlassen. Insgesamt sollen derzeit ca. 40.000 solcher Verwaltungsvorschriften existieren.[17] Die wichtigsten Steuerrichtlinien und -erlasse werden im Bundessteuerblatt Teil I veröffentlicht. Darüber hinaus finden sich die wichtigsten Verwaltungsvorschriften auch in den steuerlichen Fachzeitschriften.

Aus dem kaum mehr zu überblickenden steuerrechtlichen Schrifttum[18] sind für den Notar 10
zunächst die Beiträge in den notarrechtlichen **Fachzeitschriften** von besonderem Interesse. In den meisten Notarzeitschriften finden sich regelmäßig gute Überblicksdarstellungen zum Steuerrecht.[19] Darüber hinaus gibt es auch in den meisten anderen juristischen Fachzeitschriften themenspezifische Darstellungen zum Steuerrecht (z.B. in der Neuen Zeitschrift für Gesellschaftsrecht (NZG),[20] der Zeitschrift Die Aktiengesellschaft (AG),[21] der Zeitschrift für Erbrecht und Vermögensnachfolge (ZEV),[22] der Zeitschrift für Immobilienrecht (ZfIR)[23] oder Allgemein in der Neuen Juristischen Wochenschrift (NJW)[24]). Für den Praktiker sehr nützlich sind auch die monatlich erscheinenden Berater-Zeitschriften zu einzelnen Steuerarten (wie etwa der GmbH-Steuerberater (GmbH-StB), der Erbschftsteuerberater (ErbStB) oder der Ertragsteuerberater (ErbStB).

[17] Siehe dazu auch die jährlich *„zur Eindämmung der Normenflut“* bekannt gegebenene Positivliste der aktuell geltenden BMF-Schreiben, zuletzt BMF, Schreiben vom 4. 4. 2011, BStBl. I 2011, 356 (allein die tabellarische Übersicht umfasst 100 Seiten).

[18] Die gängigsten Fachzeitschriften im Steuerrecht sind derzeit (in alphabetischer Reihenfolge) u.a. Betriebs-Berater (BB), Der Betrieb (DB), Deutsches Steuerrecht (DStR), Deutsche Steuerzeitung (DStZ), Finanz-Rundschau (FR), GmbH-Rundschau (GmbHR), Die Information über Steuer und Wirtschaft (INF), Kölner Steuerdialog (KÖSDI), Neue Wirtschaftsbriefe (NWB), Der Steuerberater (StB), Die Steuerberatung (Stbg.), Steuer und Wirtschaft (StuW), Die Unternehmensbesteuerung (Ubg.), Umsatzsteuer-Rundschau (UR), Umsatzsteuer- und Verkehrssteuerrecht (UVR), Zeitschrift für Erbrecht und Vermögensnachfolge (ZEV) und Zeitschrift für Steuern und Recht (ZSteu).

[19] Beispielsweise die regelmäßigen Darstellungen von *Ihle* im notar (zuletzt etwa notar 2011, 12 und notar 2010, 59) und von *Mensch/Haubold* in der BWNotZ (zuletzt etwa BWNotZ 2010, 89 und 189, BWNotZ 2009, 45, 157 und 217). Darüber hinaus finden sich praktisch in allen Notarzeitschriften regelmäßig Beiträge zu unterschiedlichsten Steuerthemen (siehe jüngst etwa DNotZ: DNotZ 2010, 725 (*Ihle* zu aktuellen Entwicklungen im Grunderwerbsteuerrecht). – ZNotP: ZNotP 2010, 455 (*Mannek* zur Bewertung von Grundvermögen für Zwecke der Erbschaft- und Schenkungsteuer); ZNotP 2010, 282 (*Hutmacher* zur Bewertung und Verschonung von land- und forstwirtschaftlichem Vermögen in der Erbschaft- und Schenkungsteuer); ZNotP 2010, 137 (*Freiherr von Proff* zum Wachstumsbeschleunigungsgesetz); ZNotP 2010, 96 (*Mensch* zu aktuellen Fragen des Steuerrechts); ZNotP 2009, 423 (*Freiherr von Proff* zur Besteuerung der Kapitalgesellschaften). RNotZ: RNotZ 2010, 188 (*Fuhrmann* zu steuerlichen Aspekten des MoMiG); RNotZ 2009, 315 (*Leitzen* zur Behandlung von gesellschaftsrechtlichen Abfindungsklauseln im Erbschaftsteuerrecht); RNotZ 2009, 203 (*Bardenhewer* zum Erbschaftsteuerreformgesetz); RNotZ 2009, 129 (*Leitzen* zur Behandlung von Lebensversicherungen im Erbschaftsteuerrecht). NotBZ: NotBZ 2010, 252 (*Wälzholz* zum Erbschaft- und Schenkungsteuerrecht); NotBZ 2009, 348 (*Münch* zur Schenkungsteueroptimierung durch Eheverträge). BWNotZ: BWNotZ 2010, 226 (*Theilacker* zu steuerlichen Fragen der Erbauseinandersetzung); BWNotZ 2010, 218 (*Schmitz* zu aktuellen Fragen des Steuerrechts); BWNotZ 2010, 55 und BWNotZ 2009, 2 (*Reith/Gehweiler* zur Erbschaftsteuerreform). MittBayNot: MittBayNot 2010, 435 und 175 (*Bauer/Wartenburger* zum neuen Erbschaftsteuer- und Bewertungsrecht); MittBayNot 2011, 97 und MittBayNot 2010, 1 (*Gottwald* zu aktuellen Entwicklungen im Grunderwerbsteuerrecht): MittBayNot 2009, 23 (*Weigl* zu Fragen des steuerlichen Verlustausgleichs); MittBayNot 2009, 16 (*Stelzer* zu Änderungen des Umwandlungssteuerrechts). Die früher regelmäßig erschienenen Übersichten zum Steuerrecht in der Deutschen Notarzeitung (DNotZ) gibt es heute – leider – nicht mehr (siehe dazu den Hinweis von *Knur* DNotZ 1966, 707 (724)).

[20] Zuletzt *Burwitz* NZG 2011, 500, 385, 359 und 24 und NZG 2010, 1337, 1220, 1099, 981, 743, 500, 260 und 22.

[21] In der Rubrik „Steuer-Journal“, meist von *Streck*, *Mack*, *Schwedhelm*, *Olbing*, *Binnewies* u.a.m., zuletzt etwa AG 2011, 23 und AG 2010, 783.

[22] Zuletzt *Geck/Messner*, ZEV-Report Steuerrecht, ZEV 2011, 73, und ZEV 2010, 80, 277, 405 und 569, und ZEV 2009, 73, 235, 385 und 559.

[23] Zuletzt *Naujok* ZfIR 2010, 449 und ZfIR 2010, 381.

[24] Zuletzt *Plewka* NJW 2011, 579, NJW 2010, 2554, und NJW 2010, 488.

11 In den meisten **Handbüchern zum Gesellschaftsrecht** finden sich heute meist auch mehr oder weniger umfangreiche Darstellungen zum Steuerrecht.[25] Diese sind für den Notar vor allem deshalb ausgesprochen hilfreich, weil sie regelmäßig von gesellschaftsrechtlich tätigen Juristen verfasst sind. Darüber hinaus gibt es zu den einzelnen Steuerarten eine Vielzahl von Kommentaren.[26]

3. Inhalt und Ziel der weiteren Darstellung

12 Ziel der nachfolgenden Darstellung ist es nicht, die Vielzahl der steuerrechtlichen Probleme, die sich im Bereich des Gesellschaftsrechts ergeben, umfassend darzustellen und zu erörtern. Vielmehr geht es darum, anhand einiger **typischer Themenbereiche** steuerliche Risiken aufzuzeigen, die in der notariellen Praxis regelmäßig vorkommen. Die Ausführungen sollen dem Notar daher lediglich ein gewisses **Problembewusstsein** vermitteln, ihm eine erste Groborientierung im „Dschungel des deutschen Steuerrechts" ermöglichen und ihn zu einem kompetenten Gesprächspartner des Steuerberaters der Beteiligten machen. Dementsprechend richtet sich der Beitrag nicht primär an den steuerlich versierten Notar, der vielleicht selbst als Steuerberater oder Fachanwalt für Steuerrecht tätig ist, sondern eher an den Notar, der sich im Allgemeinen nicht oder nur wenig mit steuerrechtlichen Fragen beschäftigt.

---

[25] Besonders erwähnenswert sind vor allem die Darstellungen im Münchener Handbuch zum Gesellschaftsrecht, in den Münchener Anwaltshandbüchern (z. B. zum Personengesellschaftsrecht, zum Aktienrecht, zum GmbH-Recht oder zum Erbrecht), im *Sudhoff,* oder im Handbuch der Familienunternehmen von *Langenfeld/Gail* Zu steuerrechtlichen Fragen im Zusammenhang mit Kapitalgesellschaften finden sich darüber hinaus auch in folgenden Werken viele nützliche Informationen: Beck'sches Handbuch der AG, 2. Aufl. 2009; Beck'sches Handbuch der GmbH, 4. Aufl. 2009; *Centrale für GmbH (Hrsg.),* GmbH-Handbuch *Gosch/Schwedhelm/Spiegelberger (Hrsg.),* GmbH-Beratung; *Nirk/Ziemons/Binnewies,* Handbuch der Aktiengesellschaft; *Tillmann/Schiffers/Wälzholz,* Die GmbH im Gesellschafts- und Steuerrecht, 5. Aufl. 2009. – Zu steuerrechtlichen Fragen bei Personengesellschaften sind darüber hinaus zu nennen: Beck'sches Handbuch der Personengesellschaften, 3. Aufl. 2009; *Binz/Sorg,* Die GmbH & Co. KG, 11. Aufl. 2010; *Hesselmann/Tillmann/Mueller-Thuns,* Handbuch GmbH & Co. KG, 20. Aufl. 2009; *Westermann,* Handbuch der Personengesellschaften.

[26] In der Praxis sind u. a. folgende Kommentare verbreitet: **Abgabenordnung:** Gebundene Werke: *Klein,* Abgabenordnung, 10. Aufl. 2009; *Pahlke/Koenig,* Abgabenordnung, 2. Aufl. 2009. – Loseblattwerke: *Beermann/Gosch,* Abgabenordnung, Finanzgerichtsordnung; *Hübschmann/Hepp/Spitaler,* Abgabenordnung, Finanzgerichtsordnung; *Tipke/Kruse,* Abgabenordnung, Finanzgerichtsordnung. – **Einkommensteuergesetz:** Gebundene Werke: *Schmidt,* Einkommensteuergesetz, 30. Aufl. 2011; *Kirchhof,* Einkommensteuergesetz, 10. Aufl. 2011. – Loseblattwerke: *Blümich,* Einkommensteuergesetz, Körperschaftsteuergesetz, Gewerbesteuergesetz; *Bordewin/Brandt,* Einkommensteuergesetz; *Hermann/Heuer/Raupach,* Einkommensteuer- und Körperschaftsteuergesetz mit Nebengesetzen; *Kirchhof/Söhn/Mellinghoff,* Einkommensteuergesetz; *Korn,* Einkommensteuergesetz. – **Körperschaftsteuergesetz:** Gebundene Werke: *Erle/Sauter,* Heidelberger Kommentar zum Körperschaftsteuergesetz, 3. Aufl. 2010; *Gosch,* Körperschaftsteuergesetz, 2. Aufl. 2009; Streck, Körperschaftsteuergesetz, 7. Aufl. 2008. – Loseblattwerke: *Blümich,* Einkommensteuergesetz, Körperschaftsteuergesetz, Gewerbesteuergesetz; *Dötsch/Jost/Pung/Witt,* Die Körperschaftsteuer; *Hermann/Heuer/Raupach,* Einkommensteuer- und Körperschaftsteuergesetz mit Nebengesetzen. – **Umsatzsteuergesetz:** Gebundene Werke: *Bunjes,* Umsatzsteuergesetz, 10. Aufl. 2011; *Stadie,* Umsatzsteuergesetz, 2009. – Loseblattwerke: *Sölch/Ringleb,* Umsatzsteuergesetz; *Rau/Dürrwächter/Flick,* Umsatzsteuergesetz; *Reiß/Kraeusel/Langer,* Umsatzsteuergesetz. – **Gewerbesteuergesetz:** Gebundene Werke: *Glanegger/Güroff,* Gewerbesteuergesetz, 7. Aufl. 2009. – Loseblattwerke: *Blümich,* Einkommensteuergesetz, Körperschaftsteuergesetz, Gewerbesteuergesetz; *Lenski/Steinberg,* Gewerbesteuergesetz. – **Umwandlungssteuergesetz:** Gebundene Werke: *Haritz/Menner,* Umwandlungssteuergesetz, 3. Aufl. 2010; *Rödder/Herlinghaus/van Lishaut,* Umwandlungssteuergesetz, 2008; *Schmitt/Hörtnagl/Stratz,* Umwandlungsgesetz, Umwandlungssteuergesetz, 5. Aufl. 2009. – Loseblattwerke: *Dötsch/Jost/Pung/Witt,* Die Körperschaftsteuer; *Widmann/Mayer,* Umwandlungsgesetz, Umwandlungssteuergesetz. – **Grunderwerbsteuergesetz:** Gebundene Werke: *Boruttau,* Grunderwerbsteuergesetz, 17. Aufl. 2011; *Hofmann/Hofmann,* Grunderwerbsteuergesetz, 9. Aufl. 2010; *Pahlke/Franz,* Grunderwerbsteuergesetz, 4. Aufl. 2010. – **Erbschaft- und Schenkungsteuergesetz:** Gebundene Werke: *Daragan/Halaczinzky/Riedel,* Praxiskommentar ErbStG und BewG, 2010; *Meincke,* Erbschaftsteuer- und Schenkungsteuergesetz, 15. Aufl. 2009; *Viskorf/Knobel/Schuck,* Erbschaftsteuer- und Schenkungsteuergesetz, Bewertungsgesetz, 3. Aufl. 2010. – Loseblattwerke: *Kapp/Ebeling,* Erbschaftsteuer- und Schenkungsteuergesetz; *Moench/Weinmann,* Erbschaftsteuergesetz; *Troll/Gebel/Jülicher,* Erbschaftsteuer- und Schenkungsteuergesetz; *Wilms/Jochum,* Erbschaftsteuer- und Schenkungsteuergesetz. – **Bewertungsgesetz:** Gebundene Werke: *Kreutzinger/Schaffner/Stephany,* Bewertungsgesetz, 2. Aufl. 2009. – Loseblattwerke: *Gürsching/Stenger,* Bewertungsrecht; *Rössler/Troll,* Bewertungsgesetz.

In einem **ersten Teil** (siehe nachfolgend Abschnitt II.) wird zunächst ein Überblick über das steuerrechtliche **Pflichtprogramm** für Notare gegeben. Dabei geht es zunächst um die den Notaren im Bereich des Gesellschaftsrechts zwingend obliegenden Anzeigepflichten. Darüber hinaus werden die für alle Notare geltenden Hinweis- und Belehrungspflichten ausführlich erörtert, wobei insbesondere auch die aktuelle Haftungsrechtsprechung berücksichtigt wird. 13

In einem **zweiten Teil** (siehe nachfolgend Abschnitt III.) geht es sodann um das mögliche steuerrechtliche **Kürprogramm** für Notare. In einer Art **allgemeinem Teil** (Abschnitt III.1.) werden dabei zunächst einige grundlegende Fragen des Steuerrechts angesprochen. Dabei geht es beispielsweise um das Verhältnis zwischen Zivil- und Steuerrecht, das steuerrechtliche Rückwirkungsverbot und Fragen des Gestaltungsmissbrauchs. In einem **Besonderen Teil** (Abschnitt III.2.) werden dann einige ausgewählte steuerrechtliche Fragen im Bereich des Gesellschaftsrechts behandelt. Dazu gehören etwa die Grundzüge der Besteuerung von Personen- und Kapitalgesellschaften sowie einzelne Aspekte des Konzernrechts, des Unternehmenskaufs und der Unternehmensnachfolge. Dabei handelt es sich bewusst um keine Gesamtdarstellung. Denn dafür ist das Steuerrecht (insbesondere das Unternehmenssteuerrecht) viel zu komplex – und auch die Lebenssachverhalte sind viel zu bunt und vielfältig. Vielmehr geht es um die Skizzierung einiger ausgewählter Problembereiche, die im notariellen Alltag von Bedeutung sein können. Dabei ist zu berücksichtigen, dass sich die praktische Tätigkeit der einzelnen Notare und die Struktur der jeweiligen Notarstellen nicht unerheblich unterscheiden. Dies gilt nicht nur im Verhältnis von Stadt und Land, sondern auch für die jeweilige Bedeutung des Gesellschafts- und/oder Steuerrechts. So ist es durchaus möglich, dass manche hier behandelte Fragen für den einen oder anderen Notar zur Alltagsroutine gehören während sie bei anderen Notaren kaum jemals vorkommen. 14

Steuerrechtliche Kenntnisse des Notars sind für die gesellschaftsrechtliche Kautelarpraxis in jedem Fall hilfreich. Die steuerliche Beratung durch die Steuerberater der jeweiligen Beteiligten soll dadurch aber in keiner Weise beschränkt werden. Vielmehr soll auf diese Weise ein fachlicher Erfahrungsaustausch und eine vertrauensvolle **Zusammenarbeit zwischen Notar und Steuerberater** ermöglicht werden. Ziel muss es sein, die gesellschaftsrechtlichen Verhältnisse stets so zu gestalten, dass sie den Interessen der Beteiligten sowohl in zivilrechtlicher als auch in steuerrechtlicher Hinsicht entsprechen. 15

II. Steuerliches „Pflichtprogramm"

1. Steuerliche Anzeigepflichten

Ausgewählte Hinweise auf weiterführende Literatur: *Everts*, Notarielle Vollmachten und Anzeigepflichten nach dem GrEStG, UVR 2009, 336; *Gohlisch*, Erbschaftssteuerliche und schenkungssteuerliche Anzeige- und Erklärungspflichten und die sich daraus ergebenden Folgen für den Eintritt der Festsetzungsfrist, ZErb 2011, 102 und 133; *Halaczinsky*, Erbschaftsteuer-Durchführungsverordnung, Änderungen in 2010, ZErb 2011, 31; *Heidinger*, Müssen Treuhandverträge über GmbH-Anteile nach § 54 EStDV dem Finanzamt gemeldet werden?, DStR 1996, 1353; *Heine*, Anzeigepflichten bei der Grunderwerbsteuer, UVR 2002, 246; *Hofmann*, Anzeigepflichten des Notars nach dem Grunderwerbsteuergesetz und deren Hintergrund, NotBZ 2001, 164; *Klöckner*, Die Anzeigepflicht der Notare gemäß § 24 ErbStG, ZEV 2011, 299; *Küperkoch*, Notarielle Mitteilungspflichten, RNotZ 2002, 297; *Müller Thorsten*, Anzeigepflichten für Berufsträger in Erbfällen und bei Schenkungen, ErbStB 2011, 29; *Schuck*, Die Änderungen der Erbschaftsteuer-Durchführungsverordnung, ZEV 1999, 99.

a) **Einführung.** Die Verpflichtung des Notars zur **Verschwiegenheit** besteht grundsätzlich auch gegenüber Finanzbehörden (§ 18 BNotO). Dementsprechend steht dem Notar in Steuerverfahren ein Auskunftsverweigerungsrecht zu (§ 102 Abs. 1 Nr. 3 b) AO). Die gesetzlichen Anzeige- und Mitteilungspflichten bleiben davon jedoch unberührt (§ 102 Abs. 4 Satz 1 AO i. V. m. § 54 EStDV, §§ 18 ff. GrEStG, § 34 ErbStG und §§ 7 f. ErbStDV). Der Notar ist darüber hinaus auch zur Vorlage von Urkunden und zur Erteilung weiterer Auskünfte verpflichtet, soweit eine gesetzliche Anzeigepflicht besteht (§ 102 Abs. 4 Satz 2 AO). 16

Derzeit bestehen in folgenden Fällen steuerliche **Anzeigepflichten** des Notars: 17

- Ertragsteuern (§ 54 EStDV),

- Grunderwerbsteuer (§§ 18 ff. GrEStG),
- Erbschaft- und Schenkungsteuer (§ 34 ErbStG i. V. m. §§ 7 f. ErbStDV).

Weitere steuerliche Anzeigepflichten bestehen nicht.

Die **Landesfinanzverwaltung** der meisten Bundesländer veröffentlicht regelmäßig Merkblätter zu Einzelheiten der steuerlichen Anzeigepflichten der Notare.[27]

18 Die Anzeigepflichten bestehen selbständig nebeneinander, so dass ein und derselbe Vorgang eine **mehrfache Anzeigepflicht** des Notars begründen kann. Beispielsweise muss bei der Beurkundung eines Schenkungsvertrages über GmbH-Geschäftsanteile, zu deren Vermögen Grundbesitz gehört, eine Anzeige an das zuständige Finanzamt für Körperschaften, das Finanzamt Grunderwerbsteuerstelle und an das Finanzamt Schenkungsteuerstelle erfolgen. Handelt es sich bei dem Veräußerer um einen Steuerausländer, ist darüber hinaus auch noch eine Anzeige an das für den Veräußerer zuletzt zuständige Finanzamt Einkommensteuerstelle erforderlich (§ 54 Abs. 4 EStDV i. V. m. § 19 AO). Jedem Finanzamt ist der Vorgang somit gesondert anzuzeigen.

19 Die steuerlichen Anzeigepflichten des Notars sind **zwingend**. Die Anzeige steht insbesondere nicht zur Disposition der Beteiligten. Die steuerlichen Anzeigen haben auch dann zu erfolgen, wenn die Beteiligten oder der Urkundsnotar der Überzeugung sind, dass ein Rechtsgeschäft von der Besteuerung befreit ist oder keine Steuern auslöst (siehe § 18 Abs. 3 Satz 2 GrEStG).

20 Die Anzeigepflicht ist nicht davon abhängig, dass sie in der Urkunde ausdrücklich vorgesehen ist (z. B. in dem vielfach üblichen **Verteiler der Abschriften** am Ende der Urkunde, siehe auch § 2 Abs. 1 a GmbHG i. V. m. Nr. 6 des Musterprotokolls; § 51 Abs. 4 BeurkG). Gleichwohl kann es sich in der Praxis empfehlen, in der Urkunde deutlich zu machen, welche Finanzämter vom Notar eine Abschrift der Urkunde erhalten werden. Denn vielfach haben die Beteiligten nur ungenaue Vorstellungen über den Vollzug von Notarurkunden, so dass entsprechende Angaben in der Urkunde für Klarheit und Transparenz sorgen. Ein ausdrücklicher Hinweis auf die steuerlichen Anzeigepflichten kann zudem dazu beitragen, dass sich die Beteiligten frühzeitig mit den steuerlichen Auswirkungen eines Rechtsvorgangs vertraut machen (und sich dann gegebenenfalls auch entsprechend beraten lassen). Denn nicht immer ist den Beteiligten bewusst, dass gesellschaftsrechtliche Beurkundungen beispielsweise auch Grunderwerbsteuer- oder Schenkungsteuer auslösen können. Nicht zuletzt kann ein entsprechender Verteiler in der Urkunde für den Notar selbst den Vollzug erleichtern.

21 Der Notar hat die steuerlichen Anzeigen **in deutscher Sprache** vorzunehmen (§ 87 Abs. 1 AO). Urkunden hat er dem Finanzamt in der Sprache zu übersenden, wie sie errichtet worden sind. Hat der Notar eine Urkunde ausschließlich in einer fremden Sprache errichtet (§ 5 Abs. 2 BeurkG), genügt er seiner Anzeigepflicht, wenn er dem Finanzamt eine Abschrift der fremdsprachigen Urkunde übersendet. Der Notar ist zur Vorlage einer Übersetzung nicht verpflichtet.[28] Das Finanzamt kann allerdings von den Steuerpflichtigen (nicht aber vom Notar) die Vorlage einer Übersetzung verlangen oder auf deren Kosten eine Übersetzung vornehmen lassen (§ 87 Abs. 2 AO).

22 Alle steuerlichen Anzeigen müssen derzeit[29] **schriftlich** (in Papierform) erfolgen (siehe § 18 Abs. 1 Satz 3 GrEStG und § 8 Abs. 1 Satz 2 und Abs. 4 ErbStDV). Eine Anzeige in elektronischer Form ist nicht ausreichend.[30] Die Finanzämter bestätigen den Erhalt der Anzeigen nicht. Eine Versendung mit einfachem Brief ist gleichwohl ausreichend.

23 **Verstößt** der Notar im Einzelfall (bewusst) gegen die ihm obliegenden Anzeigepflichten, kann dies im Einzelfall aufsichtsrechtliche und unter Umständen auch steuerstrafrechtliche

[27] Diese sind meist auch auf den Internetseiten der Finanzverwaltung verfügbar, siehe etwa für Bayern www.stmf.bayern.de, für Nordrhein-Westfalen www.fm.nrw.de oder für Baden-Württemberg www.ofd-karlsruhe.de.

[28] KG DNotI-Report 2001, 19 (zu § 54 EStDV).

[29] Zu Überlegungen für eine elektronische Mitteilung der Notare an die Finanzbehörden siehe den Bericht der Bundesnotarkammer, DNotZ 2010, 561 (568).

[30] Nach Art. 10 des Referentenentwurfs für ein Steuervereinfachungsgesetz 2011 (siehe dazu BT-Drucks. 17/5125 vom 21. 3. 2011) soll künftig auch eine elektronische Übermittlung der Anzeige und der Urkunde möglich sein.

Folgen haben. Der Notar haftet allerdings weder dem Fiskus[31] noch den Beteiligten[32] für einen etwaigen Steuerschaden, der aufgrund einer unterlassenen Anzeige entstanden ist.

Neben den steuerlichen Anzeigepflichten des Notars obliegen auch den **Beteiligten** selbst zahlreiche Anzeigepflichten (z. B. nach §§ 137 ff. AO, §§ 19 ff. GrEStG, §§ 30 ff. ErbStG sowie u. a. § 153 AO, § 13a Abs. 6 ErbStG), auf die der Notar die Beteiligten aber nicht hinweisen muss. Die Anzeigepflicht der Beteiligten besteht grundsätzlich auch dann, wenn ein Rechtsgeschäft beurkundet worden ist und bereits eine Anzeige durch den beurkundenden Notar erfolgt ist (Ausnahme: § 30 Abs. 3 ErbStG). In vielen Fällen werden Rechtsgeschäfte dem Finanzamt somit mehrfach angezeigt. 24

b) Einzelne Anzeigepflichten. *aa) Einkommensteuer. (1) Rechtsgrundlagen.* 25

§ 54 EStDV

(1) Die Notare übersenden dem in § 20 der Abgabenordnung bezeichneten Finanzamt eine beglaubigte Abschrift aller auf Grund gesetzlicher Vorschrift aufgenommenen oder beglaubigten Urkunden, die die Gründung, Kapitalerhöhung oder -herabsetzung, Umwandlung oder Auflösung von Kapitalgesellschaften oder die Verfügung über Anteile an Kapitalgesellschaften zum Gegenstand haben. Gleiches gilt für Dokumente, die im Rahmen einer Anmeldung einer inländischen Zweigniederlassung einer Kapitalgesellschaft mit Sitz im Ausland zur Eintragung in das Handelsregister diesem zu übersenden sind.

(2) Die Abschrift ist binnen zwei Wochen, von der Aufnahme oder Beglaubigung der Urkunde ab gerechnet, einzureichen. Sie soll mit der Steuernummer gekennzeichnet sein, mit der die Kapitalgesellschaft bei dem Finanzamt geführt wird. Die Absendung der Urkunde ist auf der zurückbehaltenen Urschrift der Urkunde beziehungsweise auf einer zurückbehaltenen Abschrift zu vermerken.

(3) Den Beteiligten dürfen die Urschrift, eine Ausfertigung oder eine beglaubigte Abschrift der Urkunde erst ausgehändigt werden, wenn die Abschrift der Urkunde an das Finanzamt abgesandt ist.

(4) Im Fall der Verfügung über Anteile an Kapitalgesellschaften durch einen Anteilseigner, der nicht nach § 1 Abs. 1 des Gesetzes unbeschränkt steuerpflichtig ist, ist zusätzlich dem Finanzamt Anzeige zu erstatten, das bei Beendigung einer zuvor bestehenden unbeschränkten Steuerpflicht des Anteilseigners oder bei unentgeltlichem Erwerb dessen Rechtsvorgänger nach § 19 der Abgabenordnung für die Besteuerung des Anteilseigners zuständig war.

Das **Bundesministerium der Finanzen** hat zu den steuerlichen Mitteilungspflichten der Notare eine ergänzende Stellungnahme veröffentlicht.[33]

(2) Anzeigepflichtige Vorgänge. Der Anzeigepflicht unterliegen zunächst alle *„Urkunden, die die Gründung, Kapitalerhöhung oder -herabsetzung, Umwandlung oder Auflösung von Kapitalgesellschaften oder die Verfügung über Anteile an Kapitalgesellschaften zum Gegenstand haben"* (§ 54 Abs. 1 Satz 1 EStDV). Darüber hinaus sind dem Finanzamt auch solche Dokumente anzuzeigen, die im Rahmen einer Anmeldung einer inländischen Zweigniederlassung einer ausländischen Kapitalgesellschaft dem Handelsregister zu übersenden sind (§ 54 Abs. 1 Satz 2 EStDV). 26

Der Begriff der **Kapitalgesellschaften** (§ 1 Abs. 1 Nr. 1 KStG) umfasst insbesondere Gesellschaften mit beschränkter Haftung, Aktiengesellschaften und Kommanditgesellschaften auf Aktien. Darüber hinaus sind aber auch Europäische Gesellschaften (SE) und vergleichbare ausländische Rechtsformen (wie etwa die englischen *private limited companies*) erfasst. Wird beispielsweise die Übertragung von Anteilen an einer englischen *private limited company* von einem deutschen Notar beurkundet, bestehen somit die gleichen steuerlichen Anzeigepflichten wie bei der Beurkundung der Übertragung von Anteilen an einer deutschen GmbH. 27

Inhaltlich erfasst die Anzeigepflicht folgende Rechtsvorgänge: 28

- Gründung von Kapitalgesellschaften (z. B. Gründung von GmbH's, einschließlich Unternehmergesellschaften (haftungsbeschränkt), im normalen oder vereinfachten Verfahren und Gründung von Aktiengesellschaften),

[31] OLG München ZNotP 1997, 73 (zur Grunderwerbsteuer). Ausführlich dazu *Schlee* ZNotP 2007, 51. Ebenso Ganter/Hertel/Wöstmann/*Ganter* Handbuch der Notarhaftung, 2. Aufl. 2009, Rdnr. 1495.

[32] BGH DNotZ 1979, 228 = DB 1979, 445 = WM 1979, 202 (zur Grunderwerbsteuer).

[33] BMF Schreiben v. 14. 3. 1997 – IV B 2 – S 2244 – 3/97, DStR 1997, 822 mit Anm. *Heidinger* = NJW 1997, 2302 = DNotI-Report 1997, 83.

- Kapitalerhöhungen und -herabsetzungen (z. B. Beschlüsse über Bar- oder Sachkapitalerhöhungen, nicht aber die Schaffung eines genehmigten Kapitals),
- Umwandlung von Kapitalgesellschaften (z. B. Umwandlungen nach dem Umwandlungsgesetz, nicht aber sonstige Umstrukturierungen, Einbringungen oder Anwachsungen),
- Auflösung von Kapitalgesellschaften (z. B. Beschluss einer Hauptversammlung über die Auflösung der Aktiengesellschaft),
- Verfügungen über Anteile an Kapitalgesellschaften (z. B. Übertragung von GmbH-Geschäftsanteilen, gleich aus welchem Rechtsgrund),
- Anmeldungen von inländischen Zweigniederlassungen ausländischer Kapitalgesellschaften (z. B. einer englischen *private limited company*).

29 Bei **Verfügungen über Anteile an Kapitalgesellschaften** bestehen zahlreiche offene Fragen in Bezug auf den genauen Umfang der Anzeigepflichten.

- Nach dem Gesetzeswortlaut sind nur solche Urkunden anzeigepflichtig, die eine (dingliche) „*Verfügung*" über Anteile an Kapitalgesellschaften enthalten. Bloße (schuldrechtliche) Veräußerungsgeschäfte wären danach nicht anzeigepflichtig. Die Finanzverwaltung ist allerdings der Ansicht, dass den Notaren auch in diesen Fällen eine Anzeigepflicht obliegt.
- Die Anzeigepflicht besteht unabhängig davon, ob die Verfügung bereits wirksam geworden ist. Demnach sind beispielsweise aufschiebend bedingte Anteilsabtretungen bereits vor Bedingungseintritt anzeigepflichtig. Der spätere Bedingungseintritt muss dann aber nicht mehr angezeigt werden.
- Das Angebot auf (dingliche) Übertragung eines Anteils an einer Kapitalgesellschaft ist noch nicht anzeigepflichtig, da es noch keine Verfügung bewirkt. Anzeigepflichtig ist erst die Annahme des Angebots.
- Die Verpfändung von Gesellschaftsanteilen ist nach dem Gesetzeswortlaut anzeigepflichtig, da es sich dabei um eine Verfügung handelt. Die Finanzverwaltung geht allerdings davon aus, dass in diesem Fall eine Anzeige nicht erforderlich sei, weil die Verpfändung nicht auf einen Wechsel in der Rechtsinhaberschaft gerichtet sei. Eine Anzeige erscheint auch nach dem Normzweck nicht erforderlich, da die Verpfändung noch keine Besteuerung auslöst (z. B. eines Veräußerungsgewinns nach § 17 Abs. 1 oder § 20 Abs. 2 Nr. 1 EStG).
- Für die Bestellungen eines Nießbrauchs an Gesellschaftsanteilen gelten die Überlegungen zur Verpfändung entsprechend.
- Bei Treuhandverträgen über Anteile an Kapitalgesellschaften richtet sich die Anzeigepflicht nach dem jeweiligen Vertragsinhalt. Unstreitig anzeigepflichtig sind Fälle einer Übertragungstreuhand. Im Falle einer Vereinbarungstreuhand besteht dagegen mangels dinglicher Verfügung keine Anzeigepflicht. Etwas anderes soll nach Auffassung der Finanzverwaltung allerdings dann gelten, wenn der Treugeber bei Beendigung des Treuhandverhältnisses die Übertragung des Anteils auf sich verlangen kann. Dabei handelt es sich allerdings lediglich um eine schuldrechtliche Vereinbarung, die für sich genommen nicht anzeigepflichtig erscheint.
- Bei der Verfügung über Anteile an Kapitalgesellschaften durch Personen, die in Deutschland nicht unbeschränkt steuerpflichtig sind, muss zusätzlich eine Anzeige an das für die Besteuerung des Anteilseigners zuletzt zuständige Finanzamt erfolgen (§ 54 Abs. 4 EStDV i. V. m. § 19 AO). Eine solche Anzeigepflicht kommt insbesondere dann in Betracht, wenn der Veräußerer in Deutschland keinen Wohnsitz oder Aufenthaltsort (mehr) hat.

30 Nicht abschließend geklärt ist bis heute die Frage, ob den Notar auch bei einer bloßen **Unterschriftsbeglaubigung** eine steuerliche Anzeigepflicht trifft. Dafür spricht der Gesetzeswortlaut, in dem sowohl von *„aufgenommenen"* als auch von *„beglaubigten Urkunden"* die Rede ist (§ 54 Abs. 1 Satz 1 EStDV; siehe auch § 54 Abs. 2 Satz 1 EStDV: *„Aufnahme oder Beglaubigung der Urkunde"*). Ferner spricht auch die Anzeigepflicht von Handelsregisteranmeldungen inländischer Zweigniederlassungen ausländischer Kapitalgesellschaften für die Anzeigepflicht von Unterschriftsbeglaubigungen, da in diesen Fällen regelmäßig lediglich die Unterschriften unter der Handelsregisteranmeldung beglaubigt werden (aber keine Be-

urkundung erfolgt). Die Finanzverwaltung geht gleichwohl davon aus, dass Unterschriftsbeglaubigungen nicht anzeigepflichtig sind, da solche Vorgänge *„nur formalen Charakter"* haben. Diese Auffassung wird auch von der Bundesnotarkammer geteilt.[34] Im Rahmen der jüngsten Reform des GmbH-Rechts (MoMiG) hat sich auch der Gesetzgeber dieser Auslegung angeschlossen.[35]

(3) Inhalt und Umfang der Anzeigepflicht. Grundsätzlich hat der Notar dem Finanzamt 31
für Körperschaften eine **beglaubigte Abschrift** der von ihm aufgenommenen oder beglaubigten *„Urkunden"* zu übersenden (§ 54 Abs. 1 Satz 1 EStDV). Bei GmbH-Gründungen unter Verwendung des **Musterprotokolls** sieht der Gesetzestext lediglich die Übersendung einer *„einfachen Abschrift"* vor (§ 2 Abs. 1a GmbHG i. V. m. Nr. 6 des Musterprotokolls). Das GmbH-Gesetz dürfte in diesem Fall als die zeitlich spätere und (im Vergleich zur Verordnung) höherrangige Rechtsgrundlage vorrangig sein. In der Praxis erkennt die Finanzverwaltung derzeit sowohl die Übersendung von einfachen als auch von beglaubigten Abschriften als ausreichend an. Bei der Anmeldung einer inländischen Zweigniederlassung von ausländischen Kapitalgesellschaften soll der Notar dem Finanzamt dagegen die ***„Dokumente"*** übersenden, die auch beim Registergericht eingereicht werden (§ 54 Abs. 1 Satz 2 EStDV). Die Übersendung einer beglaubigten Abschrift der entsprechenden Handelsregisteranmeldung dürfte dafür aber grundsätzlich genügen.

Praxistipp:

Damit die eher ungewöhnliche Anzeigepflicht im Zusammenhang mit der Handelsregisteranmeldung inländischer Zweigniederlassungen von ausländischen Kapitalgesellschaften im Büroalltag nicht übersehen wird, sollte bei dem Muster für eine solche Anmeldung die Anzeigepflicht entsprechend vermerkt werden.

(4) Form und Frist der Anzeige. Die Anzeige kann **formlos** erfolgen. Ein besonderes 32
Formblatt gibt es für die Anzeige (nach § 54 EStDV, anders als im Grunderwerbsteuer- und Erbschaftsteuerrecht) nicht. Die beglaubigte Urkundsabschrift ist dem **Finanzamt innerhalb von zwei Wochen** nach der Beurkundung oder Beglaubigung zu übersenden (§ 54 Abs. 2 Satz 1 EStDV). Auf der Urschrift der Urkunde ist die Versendung zu vermerken (§ 54 Abs. 2 Satz 3 EStDV). Auf der Abschrift soll die **Steuernummer** der Kapitalgesellschaft angegeben werden (§ 54 Abs. 2 Satz 2 EStDV). Zwingend ist dies allerdings nicht. Vielfach ist dem Notar die Steuernummer nicht bekannt und eine entsprechende Angabe daher nicht möglich.

(5) Zuständiges Finanzamt. Der Notar hat die Urkunden stets an das Finanzamt zu über- 33
senden, in dessen Bezirk sich die Geschäftsleitung (§ 10 AO) der Kapitalgesellschaft befindet (§ 54 Abs. 1 Satz 1 EStDV i. V. m. § 20 Abs. 1 AO).[36] Befindet sich die Geschäftsleitung im Ausland oder ist der Ort der Geschäftsleitung nicht feststellbar, ist das Finanzamt örtlich zuständig, in dessen Bezirk die Gesellschaft ihren Sitz hat (§ 20 Abs. 2 AO).

Praxistipp:

Die Zuständigkeiten der Finanzämter werden von den einzelnen Landesfinanzverwaltungen in regelmäßigen Abständen neu geordnet. Der Notar muss daher besonders darauf achten, dass die Anzeige auch an das zuständige Finanzamt erfolgt. In der Praxis können dabei auch die entsprechenden Suchfunktionen im Internet hilfreich sein (z. B. unter www.finanzamt.de oder www.bzst.bund.de).

[34] Rundschreiben Nr. 11 der Bundesnotarkammer v. 3. 4. 1997 („Die Unterschriftsbeglaubigung(en) fallen nicht unter die Mitteilungspflicht nach § 54 EStDV.").

[35] Siehe BT-Drucks. 16/6739 v. 18. 10. 2007, S. 19 und BR-Drucks. 354/1/07 v. 25. 5. 2007, S. 3.

[36] Dies gilt auch bei Gesellschaften, die Bauleistungen erbringen. § 20a AO gilt insoweit aufgrund des eindeutigen Wortlauts des § 54 EStDV nicht.

34 Handelt es sich bei dem Veräußerer um einen **Steuerausländer** muss zusätzlich eine Anzeige an das für seine Besteuerung zuletzt zuständige Einkommensteuer-Finanzamt erfolgen (§ 54 Abs. 4 EStDV i. V. m. § 19 AO). Nachdem der Notar nicht prüfen kann, ob der Veräußerer in Deutschland unbeschränkt steuerpflichtig ist, kann sich in Einzelfällen ein entsprechender Vermerk in der Urkunde empfehlen.

Formulierungsvorschlag:

Der Veräußerer erklärt in Deutschland unbeschränkt steuerpflichtig zu sein. Eine Anzeige an das für die Besteuerung des Veräußerers in Deutschland (zuletzt) zuständige Finanzamt ist daher nicht erforderlich (§ 54 Abs. 4 EStDV).

35 *(6) Praktische Bedeutung der Anzeige.* Den Beteiligten dürfen Ausfertigungen oder beglaubigte Abschriften der Urkunde erst dann ausgehändigt werden, wenn die Abschrift an das Finanzamt übersandt worden ist (§ 54 Abs. 2 Satz 3 EStDV).

bb) Grunderwerbsteuer. (1) Rechtsgrundlagen.

§ 18 GrEStG

(1) Gerichte, Behörden und Notare haben dem zuständigen Finanzamt schriftlich Anzeige nach amtlich vorgeschriebenem Vordruck zu erstatten über

1. Rechtsvorgänge, die sie beurkundet oder über die sie eine Urkunde entworfen und darauf eine Unterschrift beglaubigt haben, wenn die Rechtsvorgänge ein Grundstück im Geltungsbereich dieses Gesetzes betreffen;
2. Anträge auf Berichtigung des Grundbuchs, die sie beurkundet oder über die sie eine Urkunde entworfen und darauf eine Unterschrift beglaubigt haben, wenn der Antrag darauf gestützt wird, dass der Grundstückseigentümer gewechselt hat;
3. Zuschlagsbeschlüsse im Zwangsversteigerungsverfahren, Enteignungsbeschlüsse und andere Entscheidungen, durch die ein Wechsel im Grundstückseigentum bewirkt wird. Die Anzeigepflicht der Gerichte besteht auch beim Wechsel im Grundstückseigentum auf Grund einer Eintragung im Handels-, Genossenschafts- oder Vereinsregister;
4. nachträgliche Änderungen oder Berichtigungen eines der unter den Nummern 1 bis 3 aufgeführten Vorgänge.

Der Anzeige ist eine Abschrift der Urkunde über den Rechtsvorgang, den Antrag, den Beschluss oder die Entscheidung beizufügen. Eine elektronische Übermittlung der Anzeige ist ausgeschlossen.

(2) Die Anzeigepflicht bezieht sich auch auf Vorgänge, die ein Erbbaurecht oder ein Gebäude auf fremdem Boden betreffen. Sie gilt außerdem für Vorgänge, die die Übertragung von Anteilen an einer Kapitalgesellschaft, einer bergrechtlichen Gewerkschaft, einer Personenhandelsgesellschaft oder einer Gesellschaft des bürgerlichen Rechts betreffen, wenn zum Vermögen der Gesellschaft ein im Geltungsbereich dieses Gesetzes liegendes Grundstück gehört.

(3) Die Anzeigen sind innerhalb von zwei Wochen nach der Beurkundung oder der Unterschriftsbeglaubigung oder der Bekanntgabe der Entscheidung zu erstatten, und zwar auch dann, wenn die Wirksamkeit des Rechtsvorgangs vom Eintritt einer Bedingung, vom Ablauf einer Frist oder von einer Genehmigung abhängig ist. Sie ist auch dann zu erstatten, wenn der Rechtsvorgang von der Besteuerung ausgenommen ist.

(4) Die Absendung der Anzeige ist auf der Urschrift der Urkunde, in den Fällen, in denen eine Urkunde entworfen und darauf eine Unterschrift beglaubigt worden ist, auf der zurückbehaltenen Abschrift zu vermerken.

(5) Die Anzeigen sind an das für die Besteuerung, in den Fällen des § 17 Abs. 2 und 3 an das für die gesonderte Feststellung zuständige Finanzamt zu richten.

36 *(2) Anzeigepflichtige Vorgänge.* Notare haben grundsätzlich alle Rechtsvorgänge, die unmittelbar oder mittelbar ein **Grundstück** betreffen, dem zuständigen Finanzamt anzuzeigen (§ 18 Abs. 1 Satz 1 Nr. 1 bis 4 GrEStG). Die Anzeigepflicht umfasst insbesondere auch Vorgänge, die die Übertragung von Anteilen an einer Gesellschaft betreffen, wenn zum Vermögen der Gesellschaft ein Grundstück gehört (§ 18 Abs. 2 Satz 2 GrEStG).

Beispiele für anzeigepflichtige (nicht unbedingt auch grunderwerbsteuerpflichtige) Vorgänge aus dem Bereich des Gesellschaftsrechts sind etwa:

- Grundstücksübertragungen zwischen Gesellschaften und Gesellschaftern (und zwar auch dann, wenn diese von der Grunderwerbsteuer befreit sind, §§ 5, 6 GrEStG),
- Sachgründungen bzw. Sachkapitalerhöhungen bei Kapitalgesellschaften mit Grundstücken oder Beteiligungen an Grundstücksgesellschaften[37] (und zwar auch dann, wenn diese ertragsteuerrechtlich zu Buchwerten erfolgen),
- Einbringungsverträge über Grundstücke oder Anteile an Grundstücksgesellschaften,
- Übertragung von Geschäftsanteilen an einer GmbH, wenn zu deren Vermögen Grundstücke oder Beteiligungen an Grundstücksgesellschaften gehören,
- Übertragung von Gesellschaftsanteilen an Personengesellschaften (und zwar auch dann, wenn nicht 95% oder mehr der Anteile übertragen werden), sofern zu deren Vermögen Grundstücke oder Beteiligungen an Grundstücksgesellschaften gehören,
- Anteilsvereinigungen bei Personen- oder Kapitalgesellschaften, wenn zu deren Vermögen Grundstücke oder Beteiligungen an Grundstücksgesellschaften gehören,
- Anwachsung des Vermögens einer Personengesellschaft beim letzten verbleibenden Gesellschafter, wenn zu dem Vermögen der Gesellschaft Grundstücke oder Beteiligungen an Grundstücksgesellschaften gehören,
- Umwandlungen nach dem Umwandlungsgesetz (und zwar auch dann, wenn diese von der Grunderwerbsteuer befreit sind, § 6a GrEStG), sofern zum Vermögen des übertragenden Rechtsträgers Grundstücke oder Beteiligungen an Grundstücksgesellschaften gehören.

Diese Beispiele machen bereits deutlich, dass der Anwendungsbereich des Grunder- 37
werbsteuergesetzes inzwischen außerordentlich **weitreichend** ist.[38] Erfasst sind insbesondere auch solche Rechtsvorgänge, bei denen Grundstücke nur mittelbar betroffen sind. Dem Notar ist regelmäßig nicht bekannt, ob zum Vermögen von Gesellschaften überhaupt Grundbesitz gehört. Dem Notar obliegen insoweit auch keine Nachforschungspflichten. Hat der Notar keine Kenntnis davon, dass eine Urkunde unmittelbar oder mittelbar ein Grundstück betrifft, obliegt ihm auch keine Anzeigepflicht. Im Einzelfall kann allerdings ein klarstellender Hinweis in der Urkunde empfehlenswert sein.

Formulierungsvorschlag:

Die Beteiligten erklären, dass der Gesellschaft weder unmittelbar noch mittelbar Grundstücke oder grundstücksgleiche Rechte gehören. Die Gesellschaft ist nach Angabe auch nicht an anderen Gesellschaften beteiligt, zu deren Vermögen Grundstücke oder grundstücksgleiche Rechte gehören. Eine Anzeige an das für die Grunderwerbsteuer zuständige Finanzamt ist daher nicht erforderlich.

Die Anzeigepflicht nach dem Grunderwerbsteuergesetz gilt nicht nur für Beurkundungen, 38
sondern auch für **Unterschriftsbeglaubigungen**, sofern der Notar die Urkunde selbst entworfen hat (§ 18 Abs. 1 Satz 1 Nr. 1, 2 und 4, Abs. 3 und Abs. 4 GrEStG). Danach könnte eine Anzeigepflicht (theoretisch) beispielsweise auch bei der Beglaubigung von Handelsregisteranmeldungen oder von Vollmachten in Betracht kommen. Praktisch dürfte dies jedoch regelmäßig ausscheiden, da der Notar in diesen Fällen regelmäßig keine Kenntnis vom Vorhandensein von Grundstücken hat. Im Übrigen löst die bloße Beglaubigung im Allgemeinen auch keine Grunderwerbsteuer aus, sondern vielmehr erst ein weiterer Vorgang, den die Beteiligten selbst anzeigen müssen (wie etwa die privatschriftliche Übertragung aller Kommanditanteile an einer Grundbesitz-KG, und nicht die lediglich deklaratorische Handelsregisteranmeldung). Bei Unterschriftsbeglaubigungen ohne Entwurf besteht niemals eine steuerliche Anzeigepflicht des Notars.

[37] Grundstücksgesellschaft in diesem Sinne meint Unternehmen jeglicher Rechtsform, zu deren Vermögen unmittelbar oder mittelbar Grundbesitz gehört. Der Zweck der Gesellschaft muss nicht im Halten oder Verwalten von Grundstücken bestehen.

[38] Die einzelnen Grunderwerbsteuertatbestände sind außerordentlich komplex und umstritten. Siehe etwa die Regelung des § 1 Abs. 2a GrEStG und den dazu ergangenen gleichlautenden Erlass der Obersten Finanzbehörden der Länder v. 25. 2. 2010 – BStBl. I 2010, 245 = DStR 2010, 697. – Ausführlich dazu u.a. *Behrens* DStR 2010, 777; *Klass/Möller* BB 2010, 3060; *Schmitt-Homann* BB 2010, 2276.

39 Die Anzeigepflicht besteht auch dann, wenn ein Vorgang von der Besteuerung ausgenommen ist (§ 18 Abs. 3 Satz 2 GrEStG) oder nach den Verwaltungsanweisungen des jeweiligen Bundeslandes eine **Unbedenklichkeitsbescheinigung** (nach § 22 GrEStG) nicht zu erteilen ist.

40 *(3) Inhalt und Umfang der Anzeigepflicht.* **Inhaltlich** muss die Anzeige nach dem Grunderwerbsteuergesetz[39] grundsätzlich folgende Angaben enthalten (§ 20 Abs. 1 Nr. 1 bis 6 GrEStG):

- Veräußerer und Erwerber mit Vor- und Zunamen, Anschrift und steuerlicher Identifikationsnummer (§ 139 b AO) oder Wirtschafts-Identifikationsnummer (§ 139 c AO),
- Vorliegen eines etwaigen Begünstigungstatbestands in der Person des Erwerbers (§ 3 Nr. 3 bis 7 GrEStG),
- Bezeichnung der Grundstücke nach Grundbuch, Kataster, Straße und Hausnummer,
- Größe des Grundstücks und Art der Bebauung,
- Bezeichnung des anzeigepflichtigen Vorgangs,
- Tag der Beurkundung,
- Bei genehmigungspflichtigen Rechtsgeschäften die Bezeichnung der Person, deren Genehmigung erforderlich ist,
- Kaufpreis oder sonstige Gegenleistung,
- Name der Urkundsperson.

41 Bei Anteilen, die sich auf die Anteile an einer **Gesellschaft** beziehen, muss die Anzeige zusätzlich die Firma, den Ort der Geschäftsleitung, die Wirtschafts-Identifikationsnummer der Gesellschaft (§ 139 c AO) sowie die vertragsgegenständlichen Gesellschaftsanteile enthalten (§ 20 Abs. 2 Nr. 1 und 2 GrEStG).

42 Die Anzeigepflicht kann sich allerdings immer nur auf die beim Notar vorliegenden Informationen beziehen. Darüber hinausgehende Ermittlungen muss der Notar nicht anstellen. Gerade bei gesellschaftsrechtlichen Beurkundungen hat der Notar von den im Grunderwerbsteuergesetz vorgesehenen Angaben vielfach überhaupt **keine Kenntnis** (z. B. die grundbuchmäßige Bezeichnung des Grundbesitzes bei der Übertragung von GmbH-Geschäftsanteilen). Dementsprechend kann (und muss) der Notar seine Anzeigepflicht auch nur insoweit erfüllen, als ihm die vorgesehenen Angaben bekannt sind. Fehlende Angaben muss das Finanzamt im Rahmen des Besteuerungsverfahrens bei den Beteiligten (und nicht beim Notar) selbst ermitteln (§ 90 AO).

43 *(4) Form und Frist der Anzeige.* Die Anzeige nach dem Grunderwerbsteuergesetz ist **schriftlich** nach amtlich vorgeschriebenem Vordruck („Veräußerungsanzeige“) zu erstatten (§ 18 Abs. 1 Satz 1 GrEStG). Der Anzeige ist eine einfache Abschrift der entsprechenden Urkunde beizufügen (§ 18 Abs. 1 Satz 2 GrEStG). Die bloße Übersendung der Urkunde (ohne Anzeige) ist nicht ausreichend. Anzeige und Urkunde müssen schriftlich an das zuständige Finanzamt übersandt werden. Eine elektronische Übermittlung ist ausgeschlossen (§ 18 Abs. 1 Satz 3 GrEStG).

44 Der **amtliche Vordruck** ist vor allem für die typischen Fälle des Grundstückskaufvertrages erstellt worden. Gerade für gesellschaftsrechtliche Vorgänge passt der Vordruck meist nicht. Die Finanzverwaltung sieht es in diesen Fällen als ausreichend an, wenn der amtliche Vordruck *„soweit als möglich“* ausgefüllt wird. Nach dem Normzweck kommt es entscheidend darauf an, dass das Schreiben des Notars vom Finanzamt als Anzeige nach dem Grunderwerbsteuergesetz erkannt wird. Dies kann aber auch auf andere Weise gewährleistet werden (z. B. durch ein entsprechendes Anschreiben „Anzeige nach § 18 Grunderwerbsteuergesetz“ sowie die eindeutige Adressierung an die Grunderwerbsteuerstelle des Finanzamts).

45 Die Anzeige ist grundsätzlich innerhalb von **zwei Wochen** nach der Beurkundung oder Beglaubigung zu erstatten (§ 18 Abs. 3 Satz 1 HS 1 GrEStG). Dies gilt auch dann, wenn das Rechtsgeschäft noch nicht wirksam geworden ist (§ 18 Abs. 3 Satz 1 HS 2 GrEStG). Die erfolgte Anzeige ist auf der Urschrift der Urkunde zu vermerken (§ 18 Abs. 4 GrEStG).

[39] Die Anzeigepflichten nach § 20 Abs. 1 Nr. 1 und Abs. 2 Nr. 1 GrEStG sind zuletzt durch Art. 29 Nr. 2 des Jahressteuergesetzes 2010 (BGBl. I 2010, 1768) erweitert worden. Ausführlich dazu *Gottwald* DNotZ 2011, 83, und Rundschreiben Nr. 7/2011 v. 9. 5. 2011 der Bundesnotarkammer.

(5) Zuständiges Finanzamt. Die Anzeige nach dem Grunderwerbsteuergesetz ist an das 46
für die Besteuerung **zuständige Finanzamt** zu übersenden (§ 18 Abs. 5 GrEStG).[40] Dies ist grundsätzlich das Finanzamt, in dessen Bezirk das Grundstück oder der wertvollste Teil des Grundbesitzes liegt (§ 17 Abs. 1 und 2 GrEStG). Es ist auch dann nur eine Anzeige erforderlich, wenn ein Rechtsvorgang mehrere Grundstücke (in verschiedenen Bundesländern) betrifft.

Praxistipp:

Die Erfüllung der Anzeigepflicht gestaltet sich bei gesellschaftsrechtlichen Vorgängen insbesondere dann als schwierig, wenn dem Notar keine (vollständigen) Informationen über den Grundbesitz bzw. dessen Wert vorliegen. Falls auch von den Beteiligten keine näheren Angaben zu erhalten sind, kann unter Umständen auch eine Anzeige an mehrere Finanzämter in Betracht kommen. In Zweifelsfällen empfiehlt sich eine entsprechende Abstimmung mit den Finanzämtern.

(6) Praktische Bedeutung der Anzeige. Der Notar darf den Beteiligten erst dann Ausferti- 47
gungen oder beglaubigte Abschriften der Urkunden erteilen, wenn er die Anzeige an die Grunderwerbsteuerstelle des Finanzamts abgesandt hat (§ 21 GrEStG).

Die steuerliche **Festsetzungsfrist** beginnt regelmäßig nicht zu laufen, wenn die Anzeige nicht ordnungsgemäß erfolgt ist.[41]

Entscheidend ist aber, dass die Vorschriften über die **Nichtfestsetzung oder Aufhebung der Grunderwerbsteuer** (§ 16 GrEStG) keine Anwendung finden, wenn ein entsprechender Vorgang nicht ordnungsgemäß angezeigt worden ist (§ 16 Abs. 5 GrEStG). Mit dieser Regelung wollte der Gesetzgeber einen Anreiz für die ordnungsgemäße Erfüllung der gesetzlichen Anzeigepflichten schaffen.

cc) Schenkungsteuer. (1) Rechtsgrundlagen. 48

§ 8 ErbStDV[42]

(1) Die Gerichte haben dem für die Verwaltung der Erbschaftsteuer zuständigen Finanzamt (§ 35 des Gesetzes) eine beglaubigte Abschrift der Urkunde über eine Schenkung (§ 7 des Gesetzes) oder eine Zweckzuwendung unter Lebenden (§ 8 des Gesetzes) unter Angabe des der Kostenberechnung zugrunde gelegten Werts mit einem Vordruck nach Muster 6 zu übersenden. Eine elektronische Übermittlung der Anzeige ist ausgeschlossen. Enthält die Urkunde keine Angaben darüber, sind die Beteiligten über

1. das persönliche Verhältnis (Verwandtschaftsverhältnis, Ehegatte oder Lebenspartner) des Erwerbers zum Schenker und
2. den Wert der Zuwendung

zu befragen und die Angaben in der Anzeige mitzuteilen. Die Anzeige hat unverzüglich nach der Beurkundung zu erfolgen. Auf der Urschrift der Urkunde ist zu vermerken, wann und an welches Finanzamt die Abschrift übersandt worden ist. Die Gerichte haben bei der Beurkundung von Schenkungen und Zweckzuwendungen unter Lebenden die Beteiligten auf die mögliche Steuerpflicht hinzuweisen.

(2) Die Verpflichtungen nach Absatz 1 erstrecken sich auch auf Urkunden über Rechtsgeschäfte, die zum Teil oder der Form nach entgeltlich sind, bei denen aber Anhaltspunkte dafür vorliegen, dass eine Schenkung oder Zweckzuwendung unter Lebenden vorliegt.

(3) Die Übersendung einer beglaubigten Abschrift von Schenkungs- und Übergabeverträgen und die Mitteilung der in Absatz 1 vorgesehenen Angaben darf unterbleiben, wenn Gegenstand der Schenkung nur Hausrat (einschließlich Wäsche und Kleidungsstücke) im Wert von höchstens Euro 12 000 und anderes Vermögen im reinen Wert von höchstens Euro 20.000 ist.

[40] Siehe dazu BFH Urt. v. 29. 10. 2008 – II R 9/08 – BFH/NV 2009, 1832 (Die Anzeigepflicht wird nur durch Übermittlung der Anzeige an die Grunderwerbsteuerstelle des zuständigen Finanzamts erfüllt). – Zur Ermittlung des zuständigen Finanzamts siehe auch die Suchfunktion unter www.finanzamt.de.

[41] Siehe dazu FG Düsseldorf Urt. v. 15. 8. 2006 – 3 K 3341/04 GE – NotBZ 2007, 263; ebenso auch BFH Urt. v. 16. 2. 1994, II R 125/90 – BStBl. II 1994, 866 = BB 1994, 1067 (allerdings nur in Bezug auf die eigenen Anzeigepflichten der Steuerpflichtigen, nicht dagegen auch in Bezug auf die Anzeigepflichten der Notare nach dem Grunderwerbsteuergesetz).

[42] Zuletzt geändert durch Art. 5 der Verordnung zur Änderung steuerrechtlicher Verordnungen v. 17. 11. 2010, BGBl. I 2010, 1544. – Dazu Bayerisches Landesamt für Steuern, Verfügung v. 8. 12. 2010, DStR 2011, 317 = ZEV 2011, 104; *Halaczinsky* ZErb 2011, 31 und FinMinBaWü, Erlass v. 17. 3. 2011, DB 2011, 965.

(4) Die vorstehenden Vorschriften gelten entsprechend für Notare (Bezirksnotare) und sonstige Urkundspersonen.

49 *(2) Anzeigepflichtige Vorgänge.* Die Notare haben dem für die Verwaltung der Erbschaft- und Schenkungsteuer zuständigen Finanzamt schriftlich Anzeige zu erstatten über diejenigen Beurkundungen, die für die Festsetzung der **Erbschaftsteuer (Schenkungsteuer)** *„von Bedeutung sein können"* (§ 34 Abs. 1 ErbStG i. V. m. § 8 Abs. 1 Satz 1 und Abs. 4 ErbStDV; siehe insbesondere § 3 und § 7 ErbStG). Die Anzeigepflicht besteht auch bei solchen Rechtsgeschäften, die zum Teil oder der Form nach entgeltlich sind, bei denen aber Anhaltspunkte dafür vorliegen, dass eine Schenkung vorliegt (§ 8 Abs. 2 und Abs. 4 ErbStDV).

50 Im Bereich des Gesellschaftsrechts ist somit insbesondere die **Übertragung von Gesellschaftsanteilen** anzeigepflichtig, sofern sie ohne vollwertige Gegenleistung erfolgt (z. B. im Wege der vorweggenommenen Erbfolge, als Abfindung für den Verzicht auf Pflichtteilsansprüche, zur Erfüllung eines Vermächtnisses).

51 Darüber hinaus kann eine Anzeigepflicht ausnahmsweise auch bei **disquotalen Leistungen** von Gesellschaftern einer Kapitalgesellschaft bestehen (z. B. Kapitalerhöhungen gegen ein zu hohes oder ein zu geringes Aufgeld), und zwar insbesondere dann, wenn es sich bei den Gesellschaftern um Angehörige handelt.[43]

52 Die Anzeigepflicht besteht nur bei **Beurkundungen** und nicht bei Beglaubigungen (siehe Wortlaut *„Beurkundungen"* in § 34 Abs. 1 ErbStG und Umkehrschluss zu § 18 Abs. 1 GrEStG und § 54 Abs. 1 EStDV, wo auch Beglaubigungen erfasst sind).[44] Die Anzeige ist auch dann zu erstatten, wenn ein Vorgang keiner Besteuerung unterliegt (z. B. Vermögensübertragung im Rahmen der persönlichen Freibeträge oder auf eine gemeinnützige Körperschaft; siehe auch § 8 Abs. 3 ErbStDV).

53 *(3) Inhalt und Umfang der Anzeigepflicht.* Für die Anzeige nach dem Erbschaftsteuergesetz ist ein amtlicher Vordruck zu verwenden (§ 8 Abs. 1 Satz 1 und Abs. 4 ErbStDV). In der Anzeige ist u. a. der Wert anzugeben, der der Kostenberechnung zugrunde liegt. Darüber hinaus ist in der Anzeige das persönliche Verhältnis zwischen Veräußerer und Erwerber (Verwandtschaftsverhältnis, Ehegatte oder Lebenspartner) sowie der Wert der Zuwendung anzugeben, sofern sich dies nicht bereits aus der Urkunde ergibt (§ 8 Abs. 1 Satz 2 und Abs. 4 ErbStDV).

54 *(4) Form und Frist der Anzeige.* Die Anzeige hat **schriftlich** unter Verwendung eines amtlichen Vordrucks zu erfolgen (§ 8 Abs. 1 Satz 1 und Abs. 4 ErbStDV). Eine elektronische Übermittlung an das Finanzamt ist ausgeschlossen (§ 8 Abs. 1 Satz 2 und Abs. 4 ErbStDV). Der Anzeige ist eine **beglaubigte Abschrift** der Urkunde beizufügen (§ 8 Abs. 1 Satz 1 und Abs. 4 ErbStDV). Die Anzeige hat **unverzüglich** nach der Beurkundung zu erfolgen (§ 8 Abs. 1 Satz 4 und Abs. 4 ErbStDV). Dies gilt auch dann, wenn das Rechtsgeschäft noch nicht wirksam geworden ist. Auf der Urschrift der Urkunde ist zu vermerken, wann und an welches Finanzamt die Abschrift übersandt worden ist (§ 8 Abs. 1 Satz 5 und Abs. 4 ErbStDV).

55 *(5) Zuständiges Finanzamt.* Die Anzeige ist grundsätzlich an das Finanzamt zu richten, in dessen Bezirk der Erblasser oder **Schenker** seinen (letzten) Wohnsitz oder gewöhnlichen Aufenthalt hatte (§ 35 Abs. 1 Satz 1 ErbStG).[45]

56 *(6) Praktische Bedeutung der Anzeige.* Die ordnungsgemäße Erfüllung der Anzeigepflicht kann insbesondere für die steuerliche **Festsetzungsfrist** von erheblicher Bedeutung sein. Für die Schenkungsteuer beginnt die Festsetzungsfrist nicht vor Ablauf des Kalenderjahres, in dem der Schenker gestorben ist oder die (zuständige) Finanzbehörde von der Schenkung Kenntnis erlangt hat (§ 170 Abs. 5 Nr. 2 AO). Hat das Finanzamt von einer Schenkung mangels Anzeige keine Kenntnis erlangt, tritt somit zu Lebzeiten des Schenkers auch keine Festsetzungsverjährung ein.[46]

---

[43] Siehe dazu unten Rdnr. 281 ff.

[44] Anders für Unterschriftsbeglaubigungen mit Entwurf *Halaczinsky* ZErb 2011, 31 (32, Fn. 11).

[45] Zur Ermittlung des zuständigen Finanzamts siehe die Suchfunktion unter www.finanzamt.de.

[46] Siehe dazu den Fall des FG Köln Urt. v. 16. 12. 2009 – 9 K 2580/07 – ErbStB 2010, 65, wo sich die Anzeige des Notars nicht in den Akten des zuständigen Finanzamts befand und der Steuerpflichtige dem Finanzamt die Kenntnis von der Schenkung nicht nachweisen konnte.

2. Steuerliche Hinweis- und Belehrungspflichten

Ausgewählte Hinweise auf weiterführende Literatur: *Allianz Versicherungs-Aktiengesellschaft,* Haftpflichtecke, Zur Belehrung und Beratung in Steuerfragen, DNotZ 1978, 584; *Brambring*, Rechtsprechungsübersicht zur Notarhaftung, FGPrax 1996, 161; *Ganter*, Aktuelle Rechtsprechung zum Notarhaftungsrecht, DNotZ 2009, 173; *Ganter*, Aktuelle Rechtsprechung zum Notarhaftungsrecht, DNotZ 2007, 246; *Ganter*, Zweifelsfragen im Notarhaftungsrecht, DNotZ 1998, 851; *Ganter*, Die Rechtsprechung des Bundesgerichtshofs zu den Belehrungs-, Hinweis- und Warnpflichten des Notars seit 1992, WM 1996, 701; *Ganter*, Die Rechtsprechung des Bundesgerichtshofs zu den Belehrungs-, Hinweis- und Warnpflichten des Notars seit 1992, WM 1993, Sonderbeilage Nr. 1; *Ganter/Hertel/Wöstmann*, Handbuch der Notarhaftung, 2. Auflage, 2009; *Haug*, Das Rheinische Notariat, Eindrücke eines Berufshaftpflichtjuristen, in: Jubiläums-Festschrift des Rheinischen Notariats, Notar und Rechtsgestaltung, Tradition und Zukunft, 1998, S. 763 ff.; *Haug,* Der Wandel der BGH-Judikatur zur Notarhaftpflicht in 4 Jahrzehnten, in: Festschrift für Helmut Schippel zum 65. Geburtstag, 1996, S. 655 ff.; *Haug,* Inhalt und Grenzen der notariellen Belehrungspflicht, DNotZ 1972, 388 (Teil I) und DNotZ 1972, 453 (Teil II); *Haug/Zimmermann*, Die Amtshaftung des Notars, 3. Auflage, München 2011; *Haver,* Die steuerliche Belehrungspflicht des Notars, DB 1974, 1897; *Hill*, Die Rechtsprechung des Bundesgerichtshofs zur Belehrungspflicht der Notare, WM 1982, 890; *Kanzleiter*, Pflicht des Notars zur Belehrung über Steuerfolgen, in: Festschrift für Hans Wolfsteiner, 2008, S. 65 ff.; *Kapp*, Zur ertragsteuerlichen Belehrungspflicht des Notars bei Grundstücksübertragungen, BB 1971, 1394; *Kapp,* Der Notar als Träger der vorsorgenden Rechtspflege, BB 1974, 113; *Kapp*, Zur Problematik der steuerlichen (grunderwerbsteuerlichen) Belehrung durch den Notar, BB 1980, 1815; *Knur*, Nochmals: Notar und Steuerrecht, DNotZ 1972, 167; *Lichtenberger*, Belehrung und Haftung im dispositiven Tätigkeitsbereich des Notars, in: Festschrift für Helmut Schippel zum 65. Geburtstag, 1996, S. 729 ff.; *Merz*, Tatbestände der Notarhaftung nach der Rechtsprechung des Bundesgerichtshofs, in: Festschrift 125 Jahre Bayerisches Notariat, München 1987, S. 187 ff.; *Schlee*, Haftung des Notars für Grunderwerbsteuer?, ZNotP 1997, 51; *Schuck*, Haftung des Notars für steuerliche Belehrungspflichten, BB 1996, 2332; *Wagner*, Pflichten bei der notariellen Beurkundung von Gesellschaftsverträgen im Hinblick auf steuerliche Belastungsrisiken, DStR 1995, 807; *Winkler, Dirk*, Die Pflicht des Notars zur Belehrung über steuerliche Folgen und zur steueroptimalen Urkundsgestaltung, Diss. Berlin, 2007.

a) **Einführung.** *aa) Keine Verpflichtung zur steuerrechtlichen Belehrung.* Nach den Be- 57
stimmungen des Beurkundungsgesetzes ist der Notar verpflichtet den Willen der Beteiligten zu erforschen, den Sachverhalt zu klären, die Beteiligten über die **rechtliche Tragweite des Geschäfts** zu belehren und ihre Erklärungen klar und unzweideutig in der Niederschrift zu vermerken (§ 17 Abs. 1 Satz 1 BeurkG). Die Belehrungspflichten des Notars beziehen sich somit (nur) auf die *„rechtliche Tragweite des Geschäfts"*.[47] Die **wirtschaftlichen Folgen** eines beabsichtigten Rechtsgeschäfts sind danach von der Belehrungspflicht des Notars nicht erfasst.

In Rechtsprechung und Schrifttum ist heute unstreitig, dass der Notar die Beteiligten über 58
die **steuerlichen Folgen** eines Geschäfts nicht belehren muss. Die Begründung dafür ist allerdings keineswegs so offensichtlich, wie dies angesichts der allgemeinen Einigkeit über das Ergebnis zu erwarten wäre. Denn auch das Steuerrecht ist Teil der Rechtsordnung, so dass sich die Verpflichtung zur Belehrung über die *„rechtliche Tragweite des Geschäfts"* auf den ersten Blick durchaus auch auf dessen steuerliche Folgen beziehen könnte.[48] Aus dem Beurkundungsgesetz ergibt sich gerade, dass der Notar – mit Ausnahme des **ausländischen Rechts** (siehe § 17 Abs. 3 BeurkG) – die Beteiligten grundsätzlich über alle rechtlichen Fragen eines Rechtsgeschäfts belehren muss. Das deutsche Steuerrecht mag zwar manchen Notaren (und auch anderen Juristen) ganz und gar fremdartig vorkommen, gleichwohl lässt sich die für ausländisches Recht geltende Ausnahme von der Belehrungspflicht nicht auf das Steuerrecht übertragen.[49]

Die **Rechtsprechung** geht regelmäßig als selbstverständlich davon aus, dass die steuerli- 59
chen Folgen eines Rechtsgeschäfts von der Pflicht zur Rechtsbelehrung nicht erfasst wer-

[47] Umfassend zum Ganzen *Winkler*, Beurkundungsgesetz, 16. Aufl. 2008, § 17 Rdnr. 224 ff. mwN.

[48] Siehe dazu insbesondere *Kapp* BB 1974, 113, der vor nunmehr beinahe vier Jahrzehnten versucht hat, die steuerlichen Aufklärungs- und Belehrungspflichten der Notare auszuweiten. Diese Auffassung hat sich allerdings zu Recht nicht durchsetzen können (dagegen u. a. *Haug* DNotZ 1972, 452 (479); *Haver* DB 1974, 1897; *Knur* DNotZ 1972, 167) und wird seitdem auch nicht mehr vertreten.

[49] Siehe dazu (im Zusammenhang mit § 293 ZPO) auch *Tipke* NJW 1967, 1885, der die Frage aufgeworfen hat, ob Steuerrecht ausländisches Recht sei, weil deutsche Zivilgerichte damals häufig Gutachten zu der Frage des deutschen Steuerrechts eingeholt haben.

den.[50] Zur Begründung wird meist nur darauf hingewiesen, dass die steuerlichen Folgen typischerweise nicht zum Inhalt des zu beurkundenden Rechtsgeschäfts gehören, sondern sich kraft Gesetzes ergeben würden. Im **Schrifttum** ist diese Begründung allerdings auf Kritik gestoßen.[51] Denn die Pflicht zur Rechtsbelehrung beziehe sich auch auf solche Rechtsfolgen des Geschäfts, die ohne oder sogar gegen den Willen der Beteiligten eintreten. Entscheidend sei vielmehr, dass es sich bei den steuerlichen Auswirkungen eines Rechtsgeschäfts nicht um unmittelbare, sondern lediglich um mittelbare Rechtsfolgen handelt. Die Pflicht des Notars zur Rechtsbelehrung bezieht sich aber ausschließlich auf die unmittelbaren Folgen eines Rechtsgeschäfts.

60 Steuerrecht ist Eingriffsrecht, dass stets zwingend und unabhängig vom Willen der Beteiligten zur Anwendung kommt. Jeder Bürger kommt in seinem Leben in verschiedenster Hinsicht mit den unterschiedlichsten Steuerarten in Berührung. Der Eingriffscharakter des Steuerrechts ist heute allgemein bekannt. Dementsprechend ist den Beteiligten eines notariell beurkundeten Rechtsgeschäfts auch bewusst, dass das Steuerrecht auch in diesem Zusammenhang zur Anwendung kommen kann. Ein Hinweis des Notars darauf, dass ein zu beurkundendes Rechtsgeschäft auch steuerliche Folgen haben kann, ist daher insoweit nicht erforderlich.

Praxistipp:

Das Ergebnis erscheint eindeutig: Der Notar ist zu einer Belehrung über die steuerlichen Folgen eines Rechtsgeschäfts nicht verpflichtet. Die Belehrungspflicht des Notars beschränkt sich auf die rechtliche Tragweite des Geschäfts. Allerdings sollte sich der Notar auf diesen Grundsatz in der Praxis nicht allzu sehr verlassen. Denn in den letzten Jahren sind die Pflichten der Notare gerade auch im Bereich der erweiternden Betreuung (siehe § 14 Abs. 1 Satz 2 BNotO) von der Rechtsprechung immer mehr erweitert worden. Viele Einzelheiten sind dabei bis heute nicht abschließend geklärt.

61 *bb) Keine Verpflichtung zur steuerlichen Sachverhaltsaufklärung.* Der Notar ist u. a. auch zur Klärung des Sachverhalts verpflichtet (§ 17 Abs. 1 Satz 1 BeurkG). Diese Aufklärungspflicht bezieht sich aber wiederum nicht auf die steuerrechtlichen Gegebenheiten des jeweiligen Einzelfalls. Nachdem der Notar zu einer steuerrechtlichen Rechtsbelehrung nicht verpflichtet ist (siehe oben a)), muss er den tatsächlichen Lebenssachverhalt auch nicht in steuerrechtlicher Hinsicht aufklären.[52] Dementsprechend ist der Notar beispielsweise **nicht verpflichtet**, folgende (steuerlich relevante) Umstände aufzuklären:

- Zugehörigkeit von Grundstücken, Gesellschaftsanteilen oder anderer Wirtschaftsgüter zum steuerlichen Privat- oder Betriebsvermögen,[53]
- Vorhandensein und Umfang von steuerlichem Sonderbetriebsvermögen I und/oder II,
- Bestehen von Betriebsaufspaltungen,
- Zeitpunkt, Art und Weise sowie Kosten der Anschaffung einzelner Wirtschaftsgüter,
- Vorhandensein von Verlustvorträgen,
- Bestehen von steuerlichen Behalte- und Sperrfristen,
- Erwerbs- und Übertragungsvorgänge der Beteiligten in der Vergangenheit,
- Bestehen von Organschaftsverhältnissen.

[50] Siehe etwa BGH DNotZ 2008, 370 mit Anm. *Moes* = DB 2007, 2423 = NJW 2008, 1085; BGH DNotZ 1996, 116; BGH DNotZ 1992, 813; BGH DNotZ 1985, 635 = NJW 1985, 1225.

[51] Siehe insbesondere *Ganter* DNotZ 1998, 851 (856); Ganter/Hertel/Wöstmann/*Ganter* Rdnr. 1107.

[52] Siehe BGH DNotZ 2008, 370 mit Anm. *Moes* = NJW 2008, 1085; BGH DNotZ 1996, 116 = NJW 1995, 2794 (Der Notar ist regelmäßig nicht verpflichtet, die tatsächlichen Voraussetzungen für den Anlass zu einer betreuenden Belehrung erst selbst zu ermitteln. Dies gilt insbesondere im Hinblick auf die steuerrechtlichen Folgen des beurkundeten Rechtsgeschäfts); BGH DNotZ 1985, 635 (Ein Notar muss bei der Beurkundung eines Grundstückskaufvertrages nicht Tatsachen ermitteln, die für das eventuelle Eingreifen von Steuertatbeständen von Bedeutung sein können). Siehe aber auch BGH Urt. v. 10. 11. 1988 – IX ZR 31/88 – DNotZ 1989, 452 = NJW 1989, 586 = MittRhNotK 1989, 85 mit Anm. *Walter* (Ein Notar muss die von den Beteiligten eingereichten Unterlagen persönlich zur Kenntnis nehmen, sich über ihren Inhalt unterrichten und diese, soweit erforderlich bei der Errichtung der Urkunde berücksichtigen).

[53] AA in Bezug auf Grundstücke nur *Kapp* BB 1974, 113 (114). Dagegen aber u. a. *Haug* DNotZ 1972, 452 (479); *Haver* DB 1974, 1897; *Knur* DNotZ 1972, 167.

Praxistipp:

Der Notar ist rechtlich nicht verpflichtet, den maßgeblichen Lebenssachverhalt auch in steuerlicher Hinsicht aufzuklären. Allerdings kann eine solche (freiwillige) Klärung im Einzelfall durchaus hilfreich sein. Vielfach ergeben sich aus den gesellschaftsrechtlich relevanten Umständen durchaus auch Anhaltspunkte für steuerliche Risiken und Gefahrenlagen (z. B. aus der Eintragung eines Gewinnabführungsvertrages im Handelsregister auf eine körperschaftliche Organschaft).

b) **Rechtsprechungsüberblick.** *aa) Grundsatz: Keine Pflicht zur steuerlichen Belehrung.* 62
Der Notar[54] ist **kein Steuerberater.**[55] Der Notar muss die Beteiligten nicht auf mögliche steuerliche Folgen des zu beurkundenden Rechtsgeschäfts hinweisen.[56] Eine solche Verpflichtung ergibt sich weder aus dem Beurkundungsgesetz (insbesondere nicht aus § 17 Abs. 1 Satz 1 BeurkG: Pflicht zur Rechtsbelehrung) noch aus der Bundesnotarordnung (insbesondere nicht aus § 14 Abs. 1 Satz 2 BNotO: allgemeine Betreuungspflicht). Der Schutzzweck der notariellen Belehrungs- und Beratungspflichten ist nicht darauf gerichtet, steuerliche Vorteile aufzuzeigen oder steuerliche Nachteile zu vermeiden. Den Notar trifft selbst dann keine Verpflichtung zu einer steuerlichen Beratung, wenn die Beteiligten eine solche von ihm ausdrücklich wünschen. Der Notar kann sich vielmehr darauf beschränken, die Beteiligten an einen Steuerberater[57] ihrer Wahl zu verweisen.[58]

Eine Verpflichtung des Notars zu einer steuerlichen Beratung oder Belehrung ergibt sich 63
auch nicht daraus, dass steuerrechtliche Erklärungen oder Anträge (z. B. der Verzicht auf die Umsatzsteuerbefreiung bei Grundstückskaufverträgen nach §§ 4 Nr. 9 a und 9 Abs. 3 Satz 2 UStG) in die notarielle Urkunde aufgenommen werden.

Praxistipp:

Die Aufnahme von steuerrechtlichen Erklärungen oder Anträgen muss nur ausnahmsweise zwingend in der notariellen Urkunde erfolgen (z. B. im Fall des § 9 Abs. 3 Satz 2 UStG). Im Regelfall können steuerlich relevante Erklärungen auch noch später und außerhalb der notariellen Urkunde abgegeben werden.

Die freiwillige Aufnahme entsprechender Erklärungen in die Notarurkunde kann in Einzelfällen sinnvoll sein, um für alle Beteiligten Klarheit und Rechtssicherheit zu schaffen (z. B. in Bezug auf die Wahl des Buchwerts bei einer Einbringung nach § 20 Abs. 2 UmwStG, oder die Aufhebung der Grunderwerbsteuer nach § 16 Abs. 1 GrEStG) oder vielleicht auch um eine spätere Antragsstellung nicht zu vergessen.

Im Allgemeinen sind steuerliche Erklärungen in der Notarurkunde aber weder erforderlich noch zweckmäßig. Vielfach ist im Zeitpunkt der Beurkundung auch noch gar nicht abzusehen, wie sich die steuerliche Situation später tatsächlich darstellt (z. B. bei einem Antrag auf die Optionsverschonung nach § 13 a Abs. 8 ErbStG beim Erwerb von unternehmerischem Vermögen). Eine frühzeitige Festlegung der Beteiligten, die später meist nicht bzw. nur schwer geändert werden kann, ist daher nicht empfehlenswert.

bb) Ausnahmen: Pflicht zur steuerlichen Belehrung. (1) Gesetzliche Regelung. (a) § 8 64
ErbStDV. Notare haben bei der Beurkundung von Schenkungen (und Zweckzuwendungen)

[54] Dies gilt gleichermaßen für Nur-Notare, Anwaltsnotare und Amtsnotare. Etwas anderes gilt auch nicht für Notare, die zugleich auch als Steuerberater oder Fachanwalt für Steuerrecht zugelassen sind, siehe statt vieler Ganter/Hertel/Wöstmann/*Ganter* Rdnr. 1107; *Winkler* § 17 Rdnr. 264 mwN.

[55] Ständige Rechtsprechung, siehe nur BGH DNotZ 1992, 813 NJW-RR 1992, 1178; BGH DNotZ 1979, 228; BGH VersR 1971, 740; BGH BB 1971, 724.

[56] Siehe nur BGH DNotZ 2008, 370 mit Anm. *Moes* = DB 2007, 2423 = NJW 2008, 1085, 2008, 49; BGH DNotZ 1996, 116 = NJW 1995, 2794; BGH DNotZ 1992, 813; BGH DNotZ 1985, 635.

[57] Zu den (weitgehenden) Beratungspflichten der Steuerberater und deren Haftungsrisiken siehe u. a. *Gehrlein*, Anwalts- und Steuerberaterhaftung, 2010; *Gehrlein* DStR 2010, 350 (Teil I) und DStR 2010, 401 (Teil II); *Zugehör* WM 2010, Sonderbeilage Nr. 1; *Zugehör* DStR 2010, 2595.

[58] *Ganter* DNotZ 1998, 851 (857 f.).

auf die mögliche **Schenkungsteuerpflicht** hinzuweisen (§ 8 Abs. 1 Satz 6 i. V. m. § 8 Abs. 4 ErbStDV). Diese Verpflichtung besteht auch bei solchen Rechtsgeschäften, die zum Teil oder der Form nach entgeltlich sind, bei denen aber Anhaltspunkte dafür vorliegen, dass eine Schenkung unter Lebenden vorliegt (§ 8 Abs. 2 i. V. m. § 8 Abs. 4 ErbStDV). Nach dem Gesetzeswortlaut besteht die Hinweispflicht selbst in Bagatellfällen (siehe § 8 Abs. 3 i. V. m. § 8 Abs. 4 ErbStDV, wonach bei Zuwendungen im Wert von bis zu € 5.200 lediglich die Anzeige- und Mitteilungspflichten entfallen, wohl aber nicht die Hinweispflicht des Notars).

65 Bei der in der Erbschaftsteuer-Durchführungsverordnung geregelten **Hinweispflicht** handelt es sich um eine Ausnahme von dem anerkannten Grundsatz, dass der Notar grundsätzlich nicht verpflichtet ist, über die steuerlichen Pflichten eines Rechtsgeschäfts zu belehren. Allerdings obliegt dem Notar auch im Bereich der Schenkungsteuer nur die abstrakte Verpflichtung, auf eine mögliche Schenkungsteuer hinzuweisen. Dabei genügt ein allgemeiner Hinweis in der Beurkundung oder in einer Vorbesprechung. Für den Hinweis bestehen keine besonderen Formvorschriften, so dass der Hinweis auch mündlich erfolgen kann. Die Aufnahme eines schriftlichen Hinweises in die Urkunde ist somit möglich, aber keineswegs zwingend erforderlich. Verletzt der Notar nachweislich seine Hinweispflicht, kann dies eine Amtspflichtverletzung darstellen (§ 19 BNotO).[59]

Formulierungsvorschlag:

Der Notar hat die Beteiligten auf die mögliche Steuerpflicht von Schenkungen und Zweckzuwendungen unter Lebenden hingewiesen.

66 Aus der Erbschaftsteuer-Durchführungsverordnung ergibt sich dagegen **keine Verpflichtung** des Notars zur Beratung in erbschaft- und schenkungsteuerlichen Fragen. Der Notar ist insbesondere nicht verpflichtet, die Beteiligten über die Höhe einer etwaigen Erbschaft- oder Schenkungsteuer zu informieren. Erst recht trifft den Notar keine Verpflichtung, auf mögliche Gestaltungen zur Steueroptimierung hinzuweisen.

67 Darüber hinaus betrifft die gesetzliche Hinweispflicht auch nicht die Frage, wer eine etwaige Schenkungsteuer schuldet oder dafür **haftet** (§ 20 ErbStG). Der Notar muss insbesondere auch nicht auf die gesamtschuldnerische Haftung von Schenker und Beschenktem hinweisen (§ 44 AO).[60]

68 Die Hinweispflicht betrifft ausschließlich die **Schenkungsteuer** und gilt nicht auch (auch nicht analog) für andere Steuern, wie etwa die Erbschaftsteuer, die Grunderwerbsteuer oder die Umsatzsteuer.[61]

69 Die Verpflichtung des Notars auf eine mögliche Schenkungsteuerpflicht hinzuweisen, sollte richtigerweise im Beurkundungsgesetz oder in der Bundesnotarordnung geregelt werden. Die derzeitige Regelung in der Erbschaftsteuer-Durchführungsverordnung ist mangels gesetzlicher Grundlage **nichtig** (Art. 80 Abs. 1 Satz 2 GG). Denn die Erbschaftsteuer-Durchführungsverordnung beruht auf einer Ermächtigungsgrundlage im Erbschaft- und Schenkungsteuergesetz (§ 36 ErbStG). Danach kann die Bundesregierung u. a. Rechtsverordnungen über die *„Anzeige-, Mitteilungs- und Übersendungspflichten der (…) Notare"* erlassen. Eine Rechtsgrundlage für die Normierung von Hinweis- oder Belehrungspflichten der beurkundenden Notare findet sich dort allerdings nicht. Ein Notar, der eine nichtige Hinweispflicht nicht beachtet, begeht somit auch keine Amtspflichtverletzung.[62]

[59] OLG Oldenburg DNotZ 2010, 312 = ZEV 2009, 473 mit Anm. *Berninger* = RNotZ 2009, 669 mit Anm. *CV* = NotBZ 2010, 111; OLG Schleswig-Holstein Urt. v. 6. 5. 2004 – 11 U 103/02 – MittBayNot 2005, 516 mit Anm. *Stelzer*.

[60] Insoweit tendenziell anders *Schuck* BB 1996, 2332 (2336).

[61] BGH DNotZ 1985, 635 = NJW 1985, 1225 = EWiR 1985, 165 (*Reithmann*); BGH DNotZ 1979, 228; BGH VersR 1971, 740; BGH BB 1971, 724; BGH DNotZ 1953, 492.

[62] Anders allerdings die Rechtsprechung, siehe etwa OLG Oldenburg DNotZ 2010, 312 = ZEV 2009, 473 mit Anm. *Berninger* = RNotZ 2009, 669 mit Anm. *CV* = NotBZ 2010, 111; OLG Schleswig-Holstein MittBayNot 2005, 516 mit Anm. *Stelzer*.

Die steuerliche Hinweispflicht des Notars kann im Einzelfall auch für die Beteiligten erhebliche **praktische Bedeutung** haben. In einem Fall, über den der Bundesfinanzhof jüngst zu entscheiden hatte, hat ein Notar die ihm obliegende Hinweispflicht auf eine mögliche Schenkungsteuer ordnungsgemäß erfüllt, im Übrigen aber eine steuerliche Beratung ausdrücklich ausgeschlossen. Der Bundesfinanzhof hat daraus gefolgert, dass die Schenkungsteuer nicht zur Geschäftsgrundlage geworden sei und eine – steuerneutrale – Rückabwicklung des Schenkungsvertrages abgelehnt (§ 29 Abs. 1 Nr. 1 ErbStG i.V.m. § 313 BGB).[63] Die Entscheidung erscheint im Ergebnis nicht überzeugend. Der Umstand, dass ein Notar gegenüber den Beteiligten keine schenkungsteuerliche Beratung übernommen hat (wie dies dem gesetzlichen Regelfall entspricht), ist für die Frage, ob die Schenkungsteuer im Verhältnis zwischen den Beteiligten zur Geschäftsgrundlage geworden ist, ohne jede Bedeutung. In der Praxis sollte in entsprechenden Fällen gleichwohl vorsorglich ein entsprechendes vertragliches Rückforderungsrecht vereinbart werden, so dass es auf das Vorliegen einer Geschäftsgrundlage nicht mehr ankommt. 70

Formulierungsvorschlag:

Der Schenker ist berechtigt, die Rückübertragung des geschenkten Vermögensgegenstandes auf sich zu verlangen, wenn für die heutige Schenkung Schenkungsteuer (alternativ: Schenkungsteuer in Höhe von mehr als Euro ......) erhoben wird.

(b) § 19 BeurkG i.V.m. § 22 GrEStG. Der Erwerber eines Grundstücks darf nach den Bestimmungen des Grunderwerbsteuergesetzes erst dann in das Grundbuch eingetragen werden, wenn eine Bescheinigung des zuständigen Finanzamts vorgelegt wird, dass der Eintragung keine steuerlichen Bedenken entgegen stehen (§ 22 Abs. 1 Satz 1 GrEStG). Auf die Notwendigkeit der Vorlage einer steuerlichen **Unbedenklichkeitsbescheinigung** muss der Notar die Beteiligten hinweisen und dies auch in der Niederschrift vermerken (§ 19 BeurkG). Mit diesem Hinweis sollen die Beteiligten darüber informiert werden, dass eine Eintragung im Grundbuch grundsätzlich erst dann möglich ist, wenn die Grunderwerbsteuer entrichtet ist oder keine Grunderwerbsteuer anfällt (siehe § 22 Abs. 2 GrEStG). Der Hinweis betrifft mithin nicht die steuerlichen Folgen eines Rechtsgeschäfts, sondern die allgemeinen Voraussetzungen des Grundbuchvollzugs. 71

Aus der Notwendigkeit eines solchen Hinweises ergibt sich demnach auch **keine Verpflichtung** des Notars zur Belehrung über die Grunderwerbsteuer.[64] Der Notar schuldet daher auch in Bezug auf die Grunderwerbsteuer keinerlei Beratung oder Auskunft (insbesondere auch nicht zur Höhe der Grunderwerbsteuer oder zur gesamtschuldnerischen Haftung aller Vertragsteile, § 13 GrEStG i.V.m. § 44 AO[65]). Der Notar ist auch nicht verpflichtet auf mögliche Gestaltungen zur Optimierung der Grunderwerbsteuer hinzuweisen. 72

(2) Besondere Umstände des Falls. Von dem Grundsatz, dass der Notar zu einer steuerlichen Beratung der Beteiligten nicht verpflichtet ist, macht die Rechtsprechung immer dann eine Ausnahme, wenn aufgrund der **besonderen Umstände des jeweiligen Einzelfalls** ein Hinweis des Notars auf steuerliche Risiken geboten ist. Die Rechtsprechung stützt sich dabei auf die erweiterte Belehrungspflicht des Notars (nach § 14 Abs. 1 Satz 2 BNotO, wonach der Notar *„unabhängiger und unparteiischer Betreuer der Beteiligten"* ist).[66] 73

[63] BFH Urt. v. 11. 11. 2009 – II R 54/08 – BFH/NV 2010, 896 = HFR 2010, 952 mit Anm. *Albrecht* = notar 2010, 243 mit Anm. *Ihle* (*„Wenn die Vertragsparteien trotz des ausdrücklichen Ausschlusses einer steuerlichen Beratung durch den Notar und angesichts des in den Raum gestellten Bestehens einer Schenkungsteuerpflicht dennoch den Vertrag (...) abgeschlossen haben, so haben sie die Frage des Entstehens bzw. der Höhe der Steuer erkennbar nicht zur Grundlage des Vertrages gemacht."*). Instruktiv zu falschen Vorstellungen über steuerliche Folgen eines Rechtsgeschäfts: *Piltz,* FS Spindler, S. 693 ff.; *Wollweber,* FS Streck, S. 275 ff.

[64] BGH DNotZ 1992, 813 = DB 1992, 1819 = EWiR 1992, 1051 (*Hegmanns*); BGH DNotZ 1980, 563 = NJW 1980, 2472; BGH DNotZ 1979, 228 = DB 1979, 445.

[65] Insoweit tendenziell anders *Schuck* BB 1996, 2332 (2336).

[66] BGH DNotZ 2008, 370 mit Anm. *Moes* = DB 2007, 2423 (Keine Belehrungspflicht hinsichtlich des Bestehens einer Umsatzsteuerpflicht); BGH DNotZ 2003, 845 = NJW-RR 2003, 1498 = ZEV 2004, 31 mit Anm. *Klose* (Steuerliche Belehrungspflichten des Notars bei einem vom Steuerberater vorbereiteten Hofübergabever-

74 Voraussetzung für eine Verpflichtung des Notars zur steuerlichen Belehrung der Beteiligten ist stets, dass dafür **objektiv** ein entsprechender Anlass besteht. Allein der Umstand, dass ein Rechtsgeschäft für einen der Beteiligten nachteilig ist, genügt dafür jedoch nicht. Vielmehr muss das beabsichtigte Rechtsgeschäft nach seinem Inhalt oder der Art und Weise der geplanten Durchführung mit steuerlichen Risiken verbunden sein, die den Beteiligten nicht bewusst sind. Es muss mithin objektiv eine steuerliche Gefährdungslage bestehen.

75 Darüber hinaus muss der Notar **subjektiv** Anlass für die Vermutung haben, dass sich die Beteiligten der mit dem Rechtsgeschäft verbundenen steuerlichen Risiken nicht bewusst sind. Die Tatsachen, welche die Steuerpflicht begründen, muss der Notar positiv kennen oder aufgrund von Fahrlässigkeit nicht kennen. Eine Ermittlungspflicht trifft den Notar insoweit allerdings nicht. Schließlich muss der Notar die steuerlichen Folgen, die das Gesetz an diese Tatsachen knüpft, positiv kennen. Fahrlässige Unkenntnis genügt insoweit nicht. Steuerliche Kenntnisse eines Notars können sich insoweit allerdings zu seinem Nachteil auswirken.

76 Inhalt und **Umfang der Belehrungspflichten** hängen davon ab, wie konkret der Notar die drohenden steuerlichen Folgen kennt. Kennt er sie positiv, muss er davor warnen. Kennt er sie zwar nicht, muss er aber annehmen, dass das geplante Rechtsgeschäft von den Beteiligten nicht erkannte und nicht gewollte steuerliche Auswirkungen haben könnte, muss er empfehlen, die steuerliche Seite von einem Steuerberater überprüfen zu lassen.

Praxistipp:

Die von der Rechtsprechung entwickelte Fallgruppe, einer steuerlichen Belehrungspflicht aufgrund der besonderen Umstände des Einzelfalls, ist für den Notar mit erheblichen **Haftungsrisiken** verbunden. Denn diese Haftung kann den Notar auch dann treffen, wenn er von sich aus keine steuerliche Beratung übernommen hat. Die Rechtsprechung verpflichtet den Notar vielmehr in entsprechenden Fällen von sich aus auf steuerliche Risiken hinzuweisen. Allerdings ist bei einer Beurkundung vielfach kaum rechtssicher festzustellen, ob ausnahmsweise ein Anlass für eine solche steuerliche Belehrung besteht. Der Umstand, dass der Notar die steuerbegründenden Tatsachen nicht kannte entlastet ihn nicht. Denn insoweit genügt auch fahrlässige Unkenntnis.

77 *(3) Falsche Beratung.* Ein Notar ist grundsätzlich zu einer steuerlichen Beratung nicht verpflichtet. Übernimmt ein Notar aber aufgrund eines gesonderten Auftrags die steuerliche Beratung der Beteiligten, muss er diesen Auftrag auch gewissenhaft und sorgfältig erfüllen. Dazu gehört, dass alle erteilten Auskünfte **vollständig und richtig** sind. Für Schäden, die aufgrund einer unrichtigen, unklaren oder (nicht erkennbar) unvollständigen Auskunft beruhen, haftet der Notar.[67]

78 Entscheidend ist somit, ob und inwieweit ein Notar einen **Auftrag** zur steuerlichen Beratung der Beteiligten übernommen hat. Schriftliche Aufträge (mit einer klaren Auftragsabgrenzung) sind in der notariellen Praxis weithin unüblich. Inhalt und Umfang eines Auftrags müssen daher regelmäßig aufgrund der äußeren Umstände ermittelt werden. Ein entsprechender Beratungsauftrag dürfte vor allem dann anzunehmen sein, wenn der Notar die steuerliche Beratung gesondert in Rechnung stellt. In allen anderen Fällen dürfte es sich dagegen regelmäßig um unverbindliche Auskünfte des Notars handeln.[68] Insbesondere die Aufnahme steuerlicher Anträge in die Notarurkunde (z. B. zur Buchwertfortführung oder zur Umsatzsteueroption) begründet keinen entsprechenden Beratungsauftrag.[69]

trag); BGH DNotZ 1985, 635 = EWiR 1985, 165 (*Reithmann*); BGH WM 1983, 123 = VersR 1983, 181; BGH DNotZ 1980, 563 = NJW 1980, 2472; BGH DNotZ 1979, 228. – Instruktiv zu diesen Fällen auch *Ganter* DNotZ 1998, 851 (860 f.).

[67] BGH Urt. v. 2. 6. 1981 – VI ZR 148/79 – DNotZ 1981, 775 = EWiR 1996, 213 (*Haug*).

[68] Siehe dazu auch *Priester* DNotZ 2001, 62 f. (Sonderheft 100 Jahre Deutsche Notar-Zeitung), der dem Notar empfiehlt, im Steuerrecht nicht selbst *„verantwortlich"* zu beraten.

[69] Siehe dazu auch BGH Urt. v. 22. 4. 1980 – VI ZR 96/79 – DNotZ 1980, 563 = NJW 1980, 2472 (Der Notar, der einen steuerlichen Antrag beurkundet, ist nicht verpflichtet, die tatsächlichen und rechtlichen Voraussetzungen dieses Antrags zu prüfen).

Übernimmt der Notar eine steuerliche Beratung, muss diese nicht unbedingt alle Steuerarten und sämtliche steuerliche Probleme umfassen. Vielmehr kann sich eine solche Beratung auch auf ausgewählte Einzelfragen (z.B. aus dem Bereich der Grunderwerbsteuer, der Schenkungsteuer oder des Gemeinnützigkeitsrechts) **beschränken**. Zur Vermeidung etwaiger Missverständnisse sollte in solchen Fällen frühzeitig deutlich gemacht werden, dass keine umfassende, sondern nur eine punktuelle steuerliche Beratung erfolgt.[70] 79

Praxistipp:

Angesichts der Komplexität des heutigen Steuerrechts und der Vielzahl im Einzelfall möglicherweise betroffener Steuerarten, sollte sich der Notar stets sehr gründlich überlegen, ob und inwieweit er tatsächlich eine steuerliche Beratung der Beteiligten übernimmt.[71] Tut er dies, haftet er auch dafür.[72]

(4) Unklare Formulierungen. Eine Haftung des Notars für Steuerschäden kommt auch dann in Betracht, wenn diese auf **unklare oder irreführende Formulierungen** im Vertrag zurückzuführen sind.[73] Dies dürfte allerdings nur selten der Fall sein, weil der Notar schon berufsrechtlich verpflichtet ist, die Erklärungen der Beteiligten *„klar und unzweideutig in der Niederschrift"* wiederzugeben (§ 17 Abs. 1 Satz 1 BeurkG). 80

(5) Haftung für Steuerschulden (§ 75 AO). Bei Übernahme eines Betriebs haftet der Erwerber grundsätzlich für alle betrieblichen Steuern (§ 75 AO). Diese Haftung für **Steuerschulden** ist zwingend und kann vertraglich nicht abbedungen werden. Der Notar muss den Erwerber eines Betriebs auf diese gesetzliche Haftung grundsätzlich nicht hinweisen.[74] 81

Eine **Hinweispflicht** des Notars kann aber ausnahmsweise dann bestehen, wenn der Erwerber eines Unternehmens die Haftung für betriebliche Verbindlichkeiten gerade ausschließen möchte und dies auch vertraglich getan hat. Ein solcher Haftungsausschluss ist grundsätzlich möglich und kann auch im Handelsregister eingetragen werden (§ 25 Abs. 2 HGB). Allerdings gilt eine solche Regelung nicht für die betrieblichen Steuerschulden, da die Haftung des Erwerbers insoweit zwingend ist. Darauf sollte der Notar einen Unternehmenskäufer nach Möglichkeit hinweisen, um falsche Vorstellungen über die Reichweite des vertraglichen Haftungsausschlusses frühzeitig zu vermeiden. Dabei handelt es sich allerdings nicht um eine steuerliche Belehrungspflicht des Notars, sondern lediglich um einen Hinweis auf die gesetzliche Haftung des Erwerbers für bestehende Verbindlichkeiten (siehe auch § 613a BGB, § 133 UmwG oder §§ 10ff. GrStG). 82

[70] Siehe dazu auch BGH Urt. v. 20. 9. 2007 – III ZR 33/07 – DNotZ 2008, 370 mit Anm. *Moes* = DB 2007, 2423 = EWiR 2008, 79 (*Bellut*) (Zur Korrektur eines Vertragsentwurfs in einem Teilaspekt, dessen steuerliche Gestaltung dem Notar von den Urkundsbeteiligten vorgegeben worden ist).

[71] Zur Zurückhaltung ratend auch *Priester* DNotZ 2001, 62f. (Sonderheft 100 Jahre Deutsche Notar-Zeitung); *Schlee* ZNotP 1997, 51 (53).

[72] Siehe dazu auch die Hinweise von Ganter/Hertel/Wöstmann/*Ganter* Rdnr. 1107, Fn. 731 (*„Auffälligerweise sind diejenigen, die die nicht unerhebliche Bürde der steuerlichen Belehrungspflicht gerne übernehmen wollen, vielfach dieselben, die sich sonst darüber beklagen, der BGH verschärfe ständig die Notarhaftung."*) und Rdnr. 1115 (*„Zum anderen trauen sich Notare gerade auf steuerlichem Gebiet mehr zu als der BGH von ihnen verlangt."*), und *Ganter* DNotZ 2009, 173 (180) (*„Manche Notare trauen sich auf steuerlichem Gebiet viel zu und wirken insofern auch beratend auf die Willensbildung der Beteiligten ein. Nicht selten geht das schief."*).

[73] Siehe BGH DNotZ 1991, 314 mit Anm. *Kanzleiter* = NJW 1990, 1484 (Haben die Parteien einen beurkundeten Grundstückskaufvertrag wegen sich daraus ergebender steuerlicher Nachteile aufgehoben und denselben Notar mit der Beurkundung des diese Nachteile vermeidenden geänderten Vertrages beauftragt, dürfen sie grundsätzlich darauf vertrauen, dass der Notar den ihm erklärten Willen der Vertragsteile in rechtlich einwandfreier Form wiedergegeben hat); BGH Urt. v. 22. 4. 1980 – VI ZR 96/79 – DNotZ 1980, 563.

[74] BGH DNotZ 2008, 370 mit Anm. *Moes* = DB 2007, 2423 = ZIP 2007, 2127. Ebenso die Vorinstanz, OLG München MittBayNot 2007, 423 mit Anm. *Stelzer*. Für eine Hinweispflicht auf § 75 AO allerdings Ganter/Hertel/Wöstmann/*Ganter* Rdnr. 1108; *Ganter* DNotZ 1998, 851 (857: *„unentbehrlich"*); *Winkler* § 17 Rdnr. 264.

83 *cc) Nachweis und Dokumentation der Belehrung.* Der Notar ist **nicht** verpflichtet in der Urkunde klarzustellen, dass er die Beteiligten steuerlich nicht beraten hat.[75] Gleichwohl kann ein entsprechender Hinweis zur Vermeidung von Missverständnissen im Einzelfall sinnvoll sein. Dieser muss allerdings nicht unbedingt in der Urkunde selbst erfolgen, sondern kann beispielsweise auch in ein Begleitschreiben, mit dem die Urkundsentwürfe versendet werden, aufgenommen werden.

84 *dd) Fazit.* In der Rechtsprechung des Bundesgerichtshofs wird der Grundsatz, dass der Notar zu einer steuerlichen Beratung nicht verpflichtet ist, zu Recht immer wieder betont. Allerdings wird dieser Grundsatz durch immer mehr Ausnahmen durchbrochen.[76] Aus Sicht der Praxis ist daher zu befürchten, dass sich das ursprüngliche **Regel-Ausnahme-Verhältnis** weitgehend umkehrt. Die Rechtsprechung sollte die – ohnehin schon weitreichenden – Hinweis- und Belehrungspflichten der Notare daher nicht noch weiter ausdehnen. Denn andernfalls wird der Notar auf diesem Weg doch noch zum Steuerberater der Beteiligten, was er aber gerade nicht ist (und auch nicht sein soll).

85 Der Notar ist kraft Gesetzes zur **Neutralität und Unabhängigkeit** verpflichtet (§§ 14 Abs. 1 Satz 2, 28 BNotO). Die Beteiligten verfolgen mit der Beurkundung eines Vertrages regelmäßig ganz unterschiedliche, nicht selten sogar gegensätzliche Interessen. Dies gilt naturgemäß auch für die steuerlichen Vorstellungen und Ziele der einzelnen Beteiligten. Steuerliche Hinweise des Notars sind aber stets nur insoweit möglich, als sie nicht seiner gesetzlichen Verpflichtung zur Neutralität und Unabhängigkeit widersprechen.[77] Die Stellung des Notars als *„unabhängiger und unparteiischer Betreuer der Beteiligten"* darf durch die Begründung steuerlicher Belehrungspflichten nicht gefährdet werden.

86 **Steuerrecht ist heute allgegenwärtig.** Nahezu jedem Bundesbürger ist daher bewusst, dass der Abschluss von notariellen Verträgen auch steuerliche Auswirkungen haben kann. Zumindest im Bereich des Gesellschaftsrechts gibt es nur noch wenige Beteiligte, die sich über die steuerlichen Folgen eines Rechtsgeschäfts im Vorfeld keinerlei Gedanken machen. Steuerliche Warn- und Hinweispflichten des Notars sind unter diesen Umständen nur noch in besonderen Ausnahmefällen veranlasst.[78]

87 Die steuerlichen Ziele der Beteiligten lassen sich in der Praxis am besten durch eine offene und vertrauensvolle **Zusammenarbeit zwischen Notar und Steuerberater** erreichen.[79] Auf diese Weise ist eine steueroptimale Vertragsgestaltung gewährleistet, die sowohl zivilrechtlich als auch steuerrechtlich den Wünschen der Beteiligten entspricht. Zugleich lassen sich dadurch aber auch die Haftungsrisiken für alle beteiligten Berufsträger deutlich reduzieren. Dabei sollte sich jeder Berufsträger auf sein eigentliches Kerngebiet konzentrieren, aber durchaus auch ein „offenes Ohr" für die Anregungen der anderen Berufsträger haben. Eine frühzeitige Abstimmung zwischen Notar und Steuerberater ist demnach regelmäßig sinnvoll. Vertragsentwürfe sollten im Vorfeld der Beurkundung möglichst unmittelbar auch an die Steuerberater der Beteiligten übersandt werden. Idealerweise werden die Steuerberater auch bei der Beurkundung persönlich anwesend sein, um etwa auftretende Fragen kurzfristig klären zu können.[80] Nach der Beurkundung sollten die Urkundsabschriften möglichst

---

[75] So insbesondere *Ganter* WM 1996, 701 (710); Ganter/Hertel/Wöstmann/*Ganter* Rdnr. 1116; *Knur* DNotZ 1972, 167 (169). – Anders allerdings (aus der Perspektive der Haftpflichtversicherung) *Schlee* ZNotP 1997, 51 (53).

[76] Siehe jüngst etwa die Verpflichtung des Notars zur wirtschaftlichen Beratung im Zusammenhang mit einem Bauträgerkaufvertrag bei einem im Grundbuch eingetragenen Zwangsversteigerungsvermerk, BGH ZfIR 2010, 717 mit Anm. *Grziwotz* = NJW 2010, 3249.

[77] Siehe BGH DNotZ 1985, 635 = NJW 1985, 1225 = EWiR 1985, 165 (*Reithmann*).

[78] Siehe demgegenüber BGH DNotZ 2008, 370 mit Anm. *Moes* = NJW 2008, 1085 EWiR 2008, 79 (*Bellut*) (Zu einem Fall, bei dem der Verkäufer des Grundstücks selbst Steuerberater war und den Ausweis der Umsatzsteuer in dem notariellen Kaufvertrag selbst vorgeschlagen hat). Allgemein zum geringeren Umfang der Belehrungspflichten bei geschäftsgewandten und erfahrenen Beteiligten BGH DNotZ 1979, 228; BGH VersR 1971, 740; BGH BB 1971, 724. In der neueren Rechtsprechung wurde dieser Aspekt dagegen kaum mehr betont.

[79] Instruktiv dazu *Gaupp,* FS Spiegelberger, S. 1410 ff.

[80] Siehe dazu BGH DNotZ 2008, 370 mit Anm. *Moes* = NJW 2008, 1085 = EWiR 2008, 79 (*Bellut*) (Zur Korrektur eines Vertragsentwurfs in einem Teilaspekt, dessen steuerliche Gestaltung dem Notar von den Urkundsbeteiligten vorgegeben worden ist).

direkt auch an die Steuerberater der Beteiligten übersandt werden. Etwaige Fehler können auf diese Weise (hoffentlich) frühzeitig entdeckt werden und gegebenenfalls auch mit steuerlicher Wirkung noch korrigiert werden.[81]

Kurzüberblick zu Notarhaftungsfällen mit steuerrechtlichem Bezug (in chronologischer Reihenfolge) 88

BGH Urt. v. 20. 9. 2007 – III ZR 33/07 – DNotZ 2008, 370 mit Anm. *Moes* DB 2007, 2423 = ZIP 2007, 2127 = WM 2007, 2160 = ZNotP 2007, 468 = NJW 2008, 1085 = RNotZ 2008, 49 = EWiR 2008, 79 (*Bellut*)
(Der Notar ist aufgrund seiner Pflicht zur Rechtsbelehrung oder seiner allgemeinen Betreuungspflicht regelmäßig nicht gehalten, auf steuerrechtliche Folgen des beurkundeten Geschäfts hinzuweisen. Dies gilt auch für die Umsatzsteuer. Korrigiert der Notar einen Teilaspekt einer ihm von den Beteiligten vorgegebenen steuerlichen Gestaltung eines Rechtsgeschäfts, so beschränkt sich seine Prüfungs- und Belehrungspflicht regelmäßig auf diesen Teilaspekt. Ein Hinweis auf die steuerliche Haftung des Betriebsübernehmers kann erforderlich sein, wenn in einem Unternehmenskaufvertrag die handelsrechtliche Haftung des Erwerbers bei Firmenfortführung durch eine entsprechende Eintragung ins Handelsregister ausgeschlossen wird).

BGH Urt. v. 22. 5. 2003 – IX ZR 201/01 – DNotZ 2003, 845= ZEV 2004, 31 mit Anm. *Klose*
(Hat ein Steuerberater den Entwurf eines zu beurkundenden Hofübergabevertrags erstellt, kann der Notar, wenn einer der Beteiligten in der Beurkundung Änderungen des Vertrages anregt, gehalten sein, den Beteiligten zu empfehlen, die Tragweite der Änderung vor der Beurkundung durch den Steuerberater überprüfen zu lassen).

BGH Urt. v. 18. 11. 1999 – IX ZR 402/97 – DNotZ 2001, 483 = WM 2000, 35 = ZIP 2000, 131 = EWiR 2000, 675 (*Kornblum*) = DStR 2000, 164 mit Anm. *Goette* = ZNotP 2000, 81 = GmbHR 2000, 136 mit Anm. *Schick* = NJW 2000, 664 = DB 2000, 412 = BB 2000, 167 = NZG 2000, 256 = NotBZ 2000, 53 mit Anm. *Wälzholz*
(Haftung eines Notars für den Steuerschaden einer GmbH, wegen unwirksamer Befreiung eines GmbH-Geschäftsführers von den Beschränkungen des § 181 BGB).

BGH Urt. v. 13. 6. 1995 – IX ZR 203/94 – DNotZ 1996, 116 = DB 1995, 2065 = WM 1995, 1502 = BB 1995, 1661 = NJW 1995, 2794
(Der Notar ist regelmäßig nicht verpflichtet das Grundbuch auf Tatsachen durchzusehen, die für das Entstehen eines zu versteuernden Spekulationsgewinnes bedeutsam sein können).

BGH Urt. v. 14. 5. 1992 – IX ZR 262/91 – DNotZ 1992, 813 = DB 1992, 1819 = WM 1992, 1533 = NJW-RR 1992, 1178 = EWiR 1992, 1051 (*Hegmanns*)
(Zur Frage, unter welchen Umständen ein Notar beim Kettenverkauf eines Grundstücks über die grunderwerbsteuerrechtlichen Folgen belehren muss).

BGH Urt. v. 8. 2. 1990 – IX ZR 273/88 – DNotZ 1991, 314 mit Anm. *Kanzleiter* = NJW 1990, 1484 = WM 1990, 944
(Haben die Parteien einen beurkundeten Grundstückskaufvertrag wegen sich daraus ergebender steuerlicher Nachteile aufgehoben und denselben Notar mit der Beurkundung des diese Nachteile vermeidenden geänderten Vertrages beauftragt, dürfen sie grundsätzlich darauf vertrauen, dass der Notar den ihm erklärten Willen der Vertragsteile in rechtlich einwandfreier Form wiedergegeben hat).

BGH Urt. v. 10. 11. 1988 – IX ZR 31/88 – DNotZ 1989, 452 = BB 1989, 24 = NJW 1989, 586 = EWiR 1989, 355 (*Brambring*) = MittRhNotK 1989, 85 mit Anm. *Walter*
(Ein Notar, der vor oder während der Beurkundung eines Grundstückskaufvertrages davon Kenntnis erhält, dass der Verkäufer das Grundstück vor weniger als zwei (jetzt: zehn) Jahren erworben hat und die Anschaffungskosten unter dem Verkaufspreis liegen, hat den Verkäufer grundsätzlich auf die Gefahr der Versteuerung eines Spekulationsgewinns hinzuweisen).

BGH Urt. v. 14. 3. 1985 – IX ZR 26/84 – DB 1985, 1939 = WM 1985, 666 = ZIP 1985, 1143 = NJW 1986, 1329 = EWiR 1985, 293 *(Reithmann)*
(Haftung eines Notars wegen unrichtiger, steuerrechtlich nachteiliger Beratung im Zusammenhang mit der Übertragung eines Grundstücks aus einem Betriebsvermögen).

BGH Urt. v. 5. 2. 1985 – IX ZR 83/84 – DNotZ 1985, 635 = DB 1985, 1940 = WM 1985, 523 = NJW 1985, 1225 = EWiR 1985, 165 *(Reithmann)*
(Ein Notar muss bei der Beurkundung eines Grundstückskaufvertrages nicht Tatsachen ermitteln, die für das eventuelle Eingreifen von Steuertatbeständen von Bedeutung sein können).

[81] Siehe dazu BGH WM 1983, 123 (Eine geschädigte Vertragspartei kann ein Mitverschulden treffen, wenn sie die Möglichkeit versäumt, eine entstandene Einkommensteuerschuld durch Rückgängigmachen des steuerpflichtigen Geschäfts zu beseitigen).

BGH Urt. v. 5. 11. 1982 – V ZR 217/81 – WM 1983, 123 = VersR 1983, 181
(Ein Notar ist grundsätzlich nicht verpflichtet, den Vertragsbeteiligten steuerliche Belehrungen zu erteilen. Etwas anderes kann dann gelten, wenn eine aufgrund besonderer Umstände bestehende Betreuungspflicht dem Notar gebietet, auf eine mögliche Steuerpflicht hinzuweisen. Eine geschädigte Vertragspartei kann ein Mitverschulden treffen, wenn sie die Möglichkeit versäumt, eine entstandene Einkommensteuerschuld durch Rückgängigmachen des steuerpflichtigen Geschäfts zu beseitigen).

BGH Urt. v. 2. 6. 1981 – VI ZR 148/79 – DNotZ 1981, 775 = WM 1981, 942 = BB 1981, 1545 = EWiR 1996, 213 (*Haug*)
(Ein Notar ist allenfalls dann verpflichtet, auf die Gefahr eines steuerpflichtigen Spekulationsgewinns hinzuweisen, wenn er vor oder während der Beurkundung des Kaufvertrages erfahren hat, dass der Verkäufer das Grundstück vor weniger als zwei (jetzt: zehn) Jahren erworben hat und für ihn zugleich erkennbar war, dass die steuerlichen Auswirkungen des Geschäfts für den Verkäufer von Bedeutung sind).

BGH Urt. v. 22. 4. 1980 – VI ZR 96/79 – DNotZ 1980, 563 = DB 1980, 1936 = WM 1980, 935 = NJW 1980, 2472
(Der Notar kann ausnahmsweise zu einer Belehrung über die Voraussetzungen einer Grunderwerbsteuerbefreiung verpflichtet sein, wenn er aufgrund der besonderen Umstände des Falles Anlass zu der Besorgnis haben muss, einem der Vertragsbeteiligten drohe ein Schaden, da dieser sich aufgrund mangelnder Kenntnis der Rechts- oder Sachlage einer Gefährdung seiner Vermögensinteressen nicht bewusst ist).

BGH Urt. v. 21. 11. 1978 – VI ZR 227/77 – DNotZ 1979, 228 = DB 1979, 445 = WM 1979, 202
(Der Notar ist grundsätzlich nicht verpflichtet, auf die Möglichkeit der Entstehung von Grunderwerbsteuer hinzuweisen. Etwas anderes kann aber gelten, wenn bei einer vom Notar vorgeschlagenen ungewöhnlichen Konstruktion eines Grundstückskaufvertrages ein unerfahrener Beteiligter nicht erkennt, dass eine Steuerpflicht begründet wird).

BGH Urt. v. 20. 4. 1971 – VI ZR 225/69 – VersR 1971, 740
(Die Belehrungspflicht des Notars, der ein Vertragsangebot beurkundet, erstreckt sich jedenfalls dann nicht auf die umsatzsteuerlichen Folgen des auf der Grundlage des Angebots zustande kommenden Vertrags, wenn es sich bei den Partnern um geschäftsgewandte und einschlägig beratene Personen handelt).

BGH Urt. v. 10. 4. 1970 – V ZR 92/67 – DNotZ 1970, 538
(Die Klausel in einem Grundstückskaufvertrag, wonach der Käufer u. a. alle durch die Beurkundung des Vertrages und seiner Durchführung entstehenden Steuern tragen soll, kann dahingehend ausgelegt werden, dass darunter auch die auf einen Veräußerungsgewinn zu entrichtenden Mehrbeträge an Ertragsteuern fallen).

OLG Oldenburg Urt. v. 12. 6. 2009 – 6 U 58/09 – DNotZ 2010, 312 = ZEV 2009, 473 mit Anm. *Berninger* = RNotZ 2009, 669 mit Anm. *CV* = NotBZ 2010, 111
(Der Notar hat auf die Möglichkeit des Anfalls von Schenkungsteuer hinzuweisen).

OLG Schleswig-Holstein Urt. v. 6. 5. 2004 – 11 U 103/02 – MittBayNot 2005, 516 mit Anm. *Stelzer*
(Der Notar hat bei der Beurkundung auf die Möglichkeit des Anfalls von Schenkungsteuer hinzuweisen).

OLG Koblenz Urt. v. 29. 5. 2002 – 1 U 1423/01 – ZNotP 2002, 448
(Der Notar muss bei der Beurkundung eines Grundstückskaufvertrages nur dann über die Steuerpflicht eines Spekulationsgewinns belehren, wenn dem Notar alle Voraussetzungen für das Vorliegen eines steuerpflichtigen Gewinns und der Nichtablauf der Spekulationsfrist bekannt sind. Der Notar ist insoweit nicht zu Ermittlungen verpflichtet).

OLG Koblenz Urt. v. 13. 2. 2002 – 1 U 296/01 – NotBZ 2002, 306
(Der Notar muss über die Besteuerung eines Spekulationsgewinns nur belehren, wenn ihm bei der Beurkundung eines Grundstücksverkaufs alle Voraussetzungen für das Vorliegen eines steuerpflichtigen Gewinns aus dem Geschäft und dem Lauf der Spekulationsfrist positiv bekannt sind).

OLG München Urt. v. 10. 4. 1997 – 1 U 5533/96 – ZNotP 1997, 73. – Dazu *Schlee*, ZNotP 1997, 51.
(Die Mitteilungspflicht nach dem Grunderwerbsteuergesetz obliegt dem Notar nicht im Interesse des Finanzfiskus des betreffenden Bundeslandes, sondern liegt im öffentlichen Interesse. Eine Verletzung der Mitteilungspflicht kann daher keinen Haftungsanspruch des Fiskus gegen den Notar auslösen).

OLG Koblenz Urt. v. 28. 4. 1993 – 1 U 1710/91 – DNotZ 1993, 761 = MittRhNotK 1993, 170
(Der Notar ist nur dann verpflichtet, die Vertragsbeteiligten auf die Gefahr der Versteuerung eines Spekulationsgewinns hinzuweisen, wenn er vor oder während der Beurkundung eines Grundstückskaufvertrages erfährt, dass der Verkäufer das betreffende Grundstück vor weniger als zwei (jetzt: zehn) Jahren erworben hat und für ihn zugleich auch erkennbar ist, dass die steuerlichen Auswirkungen des betreffenden Geschäfts für den Verkäufer von Bedeutung sind. Der Notar muss diese Umstände aber nicht ermitteln).

OLG Bremen Urt. v. 26. 4. 1984 – 3 U 2/84 – DNotZ 1984, 638
(Der Notar muss auf die Gefahr einer Steuerpflicht hinweisen, wenn er vor oder während der Beurkundung eines Kaufvertrages erfährt, dass der Verkäufer das Grundstück vor weniger als zwei (jetzt: zehn) Jahren erworben hat, und wenn für ihn zugleich erkennbar ist, dass die steuerlichen Auswirkungen für den Verkäufer von Bedeutung sind).

OLG Düsseldorf Urt. v. 3. 7. 1980 – 18 U 25/80 – DNotZ 1981, 138 und DNotZ 1982, 507 = VersR 1981, 83
(Grundsätzlich keine Verpflichtung des Notars zur Belehrung über wirtschaftliche oder steuerrechtliche Fragen im Zusammenhang mit der Beurkundung eines Grundstückskaufvertrages im Rahmen eines Bauherrnmodells).

OLG Schleswig Urt. v. 22. 1. 1980 – 11 U 218/78 – DNotZ 1980, 569
(Die Belehrungspflicht des Notars bezieht sich grundsätzlich nicht auf die grunderwerbsteuerrechtlichen Fragen eines Kaufvertrages).

OLG Frankfurt Beschl. v. 23. 12. 1977 – 20 W 793/77 – DNotZ 1978, 748
(Die Belehrungspflicht des Notars erstreckt sich dann auf steuerrechtliche Fragen, wenn er sich auf steuerliche Hinweise einlässt).

OLG Braunschweig Urt. v. 9. 11. 1976 – 4 U 21/76 – DNotZ 1977, 491
(Der Notar ist grundsätzlich nicht verpflichtet über die steuerlichen Folgen eines von ihm zu beurkundenden Rechtsgeschäfts zu belehren, es sei denn, er ist durch einen besonderen Auftrag mit der Beratung über die verschiedenen rechtlichen und steuerlichen Gestaltungsmöglichkeiten betraut worden, oder die Beteiligten haben erkennbar entscheidendes Gewicht auf die Klärung der steuerlichen Folgen gelegt).

OLG Düsseldorf Urt. v. 19. 2. 1976 – 18 U 178/74 – MDR 1976, 1029
(Beurkundet der Notar einen Kaufvertrag, in dem der Verkäufer dem Käufer zusichert, dass die Voraussetzungen für die Befreiung von der Grunderwerbsteuer vorlägen, so trifft den Notar die Amtspflicht, sich zu vergewissern, dass der Verkäufer keinem Rechtsirrtum unterliegt).

OLG München Urt. v. 25. 9. 1972 – 21 U 1421/72 – DNotZ 1973, 181
(Der Notar ist zur Belehrung über steuerliche Fragen, auch auf dem Gebiet der Grunderwerbsteuer nur verpflichtet, wenn er einen besonderen Auftrag dazu übernommen hat oder wenn sich ihm die Erforderlichkeit einer Belehrung aus besonderen Umständen aufgedrängt hat).

LG Oldenburg Beschl. v. 23. 4. 2010 – 5 O 1353/10 – ZEV 2010, 648
(Ein Notar muss nicht ungefragt darüber belehren, dass bei einer Übertragung eines Grundstücks auf die Kinder die Eigenheimzulage entfällt).

LG Aachen Urt. v. 27. 7. 1988 – 4 O 206/88 – DNotZ 1989, 457 = VersR 1989, 50
(Der Notar ist nicht verpflichtet, auf eine zum Zeitpunkt der Beurkundung unmittelbar bevorstehende Senkung des Grunderwerbsteuersatzes hinzuweisen).

III. Steuerliches „Kürprogramm"

1. Allgemeine Fragen des Steuerrechts

a) Wirtschaftliche Betrachtungsweise im Steuerrecht

Ausgewählte Hinweise auf weiterführende Literatur: *Fuhrmann*, Treuhandgestaltungen im Zivil- und Steuerrecht, KÖSDI 2006, 15293; *Hoffmann*, Zur Frage des Übergangs des wirtschaftlichen Eigentums bei Ankaufsrecht der Käufer und gleichzeitigem Andienungsrecht der Verkäufer beim Verkauf eines GmbH-Anteils, GmbHR 2007, 54; *Wagner*, Übergang des wirtschaftlichen Eigentums im Fall der Einräumung von Ankaufs- und Andienungsrechten (Call- und Put-Optionen), Der Konzern 2007, 199. – Sowie die Kommentierungen zu § 39 AO.

aa) Überblick. Zivilrechtliche und steuerrechtliche Beurteilung stimmen keineswegs immer überein. **Divergenzen** bestehen dabei in beiden Richtungen: einerseits werden zivilrechtlich wirksame Verträge steuerrechtlich nicht anerkannt und andererseits werden zivilrechtlich unwirksame Verträge steuerrechtlich als wirksam angesehen. 89

Im Regelfall folgt das Steuerrecht dem **Zivilrecht.** Dies bedeutet, dass zivilrechtlich wirksame Verträge auch für die Besteuerung maßgebend sind. In einigen Ausnahmefällen werden allerdings zivilrechtlich wirksame Verträge steuerrechtlich nicht anerkannt. Dies ist beispielsweise bei bestimmten Verträgen unter nahen Angehörigen der Fall, wenn diese einem 90

Fremdvergleich nicht standhalten. Darüber hinaus dürfen die Steuergesetze durch zivilrechtlich wirksame Verträge nicht umgangen werden (§ 42 AO). Die Besteuerung erfolgt dann vielmehr so, wie sie auch bei einer den wirtschaftlichen Verhältnissen angemessenen Gestaltung entstehen würde. Schließlich werden manche Verträge zwischen Kapitalgesellschaften und ihren Gesellschaftern steuerlich nicht anerkannt, sofern sie ihre eigentliche Grundlage nicht in dem vertraglichen Schuldverhältnis, sondern in dem (dadurch nur verdeckten) Gesellschaftsverhältnis haben. Dies ist vor allem bei verdeckten Einlagen und verdeckten Gewinnausschüttungen der Fall.

91 Das Steuerrecht orientiert sich allerdings keineswegs immer an der zivilrechtlichen Wirksamkeit eines Rechtsgeschäfts. Denn im **Steuerrecht** ist die wirtschaftliche Betrachtungsweise grundsätzlich vorrangig. So werden beispielsweise Rechtsgeschäfte, die zivilrechtlich unwirksam sind, der Besteuerung zugrundegelegt, soweit und solange die Beteiligten das wirtschaftliche Ergebnis dieses Rechtsgeschäfts gleichwohl eintreten und bestehen lassen (§ 41 Abs. 1 AO). Für die Besteuerung ist es darüber hinaus unerheblich, ob ein bestimmtes Verhalten gegen ein gesetzliches Verbot (§ 134 BGB) oder gegen die guten Sitten (§ 138 Abs. 1 BGB) verstößt (§ 40 AO). Schließlich sind die Wirtschaftsgüter nicht immer dem zivilrechtlichen Eigentümer zuzurechnen (§ 39 Abs. 1 AO). Bei Treuhandverhältnissen sind die Wirtschaftsgüter beispielsweise dem Treugeber und beim Sicherungseigentum dem Sicherungsgeber zuzurechnen (§ 39 Abs. 2 Nr. 1 Satz 2 AO).

92 *bb) Zurechnung von Wirtschaftsgütern.* Wirtschaftsgüter sind grundsätzlich dem zivilrechtlichen Eigentümer zuzurechnen (§ 39 Abs. 1 AO). Ist allerdings neben dem zivilrechtlichen Eigentümer eine weitere Person wirtschaftlicher Eigentümer, sind dieser die Wirtschaftsgüter zuzurechnen (§ 39 Abs. 2 AO). Das **wirtschaftliche Eigentum** ist Ausfluss der im Steuerrecht geltenden wirtschaftlichen Betrachtungsweise.

93 Das wirtschaftliche Eigentum gilt insbesondere im Bereich der **Ertragsteuern**, der Realsteuern und des Bewertungsrechts. Dagegen kommt die wirtschaftliche Betrachtungsweise bei Steuern, die an Vorgänge des Rechtsverkehrs anknüpfen grundsätzlich nicht zur Anwendung (z. B. GrEStG, ErbStG).

94 Ein Wirtschaftsgut ist dem **wirtschaftlichen Eigentümer** dann zuzurechnen, wenn dieser die tatsächliche Herrschaft in der Weise ausübt, dass er den zivilrechtlichen Eigentümer für die gewöhnliche Nutzungsdauer von der Einwirkung wirtschaftlich ausschließen kann (§ 39 Abs. 2 Nr. 1 Satz 1 AO). Entscheidend ist, dass der wirtschaftliche Eigentümer über das Wirtschaftsgut wie über eigenes Vermögen verfügen kann. Dabei kommt es stets auf die gesamten Umstände des jeweiligen Einzelfalls an.[82]

95 Als besonders wichtiges Beispiel für wirtschaftliches Eigentum sind im Gesetz **Treuhandverhältnisse** genannt (§ 39 Abs. 2 Nr. 1 Satz 2 AO). Im Außenverhältnis ist der Treuhänder zivilrechtlicher Eigentümer eines Wirtschaftsguts. Im Innenverhältnis ist er aber an die Weisungen des Treugebers gebunden. Der Treuhänder handelt erkennbar auf Rechnung und Gefahr des Treugebers. Der Treugeber muss das Treuhandverhältnis rechtlich und tatsächlich beherrschen. Finanzverwaltung und Rechtsprechung stellen strenge Anforderungen an die Anerkennung von Treuhandverhältnissen (siehe auch § 159 AO).[83]

96 *cc) Zurechnung bei Gesamthandsgemeinschaften.* Wirtschaftsgüter, die mehreren zur gesamten Hand zustehen, werden den Beteiligten anteilig zugerechnet, soweit dies für die Besteuerung erforderlich ist (§ 39 Abs. 2 Nr. 2 AO). Die Gesamthand wird insoweit wie eine

---

[82] Siehe dazu einerseits BFH Urt. v. 4. 2. 1998 – XI R 35/97 – BStBl. II 1998, 542 = DStR 1998, 636 = NJW 1998, 1975 (Allein eine sog. Scheidungsklausel führt noch nicht dazu, dass der rechtliche Eigentümer sein wirtschaftliches Eigentum verliert), und andererseits BFH Urt. v. 26. 6. 1990 – VIII R 81/85 – BStBl. II 1994, 645 = DB 1990, 2354 (Wirtschaftliche Zurechnung des Kommanditanteils der Ehefrau an deren Ehemann, wenn diese im Scheidungsfall aus der Gesellschaft ausgeschlossen werden kann und ihr Ehemann an ihre Stelle tritt).

[83] Siehe zuletzt BFH Urt. v. 24. 11. 2009 – I R 12/09 – GmbHR 2010, 657 (zu einem Treuhandvertrag über Aktien). Ausführlich dazu *Müller/Wangler* DStR 2010, 1067; und grundlegend BFH Urt. v. 15. 7. 1997 – VIII R 56/93 – BStBl. II 1998, 152 = DB 1997, 1954 (zu einer Vereinbarungstreuhand über GmbH-Anteile). – Siehe auch BFH Urt. v. 6. 10. 2009 – IX R 14/08 – DStR 2010, 537 = GmbHR 2010, 485 mit Anm. *Binnewies* (zu einer Quotentreuhand über einen Teilgeschäftsanteil).

Bruchteilsgemeinschaft behandelt. Eine getrennte Zuordnung der einzelnen Wirtschaftsgüter ist beispielsweise erforderlich bei **vermögensverwaltenden** Personengesellschaften, nicht aber bei gewerblich tätigen Personengesellschaften. Denn die gewerblich tätige Personengesellschaft ist selbst Subjekt der Einkünfteermittlung (wenn auch nicht Subjekt der Einkommensbesteuerung), so dass eine Zurechnung der einzelnen Wirtschaftsgüter an die Gesellschafter nicht erforderlich ist. Vielmehr wird den Gesellschaftern das Ergebnis der Tätigkeit als Gewinnanteil zugerechnet (§ 15 Abs. 1 Nr. 2 HS 2 EStG verdrängt insoweit § 39 Abs. 2 AO).

Beispiele aus der Rechtsprechung des Bundesfinanzhofs zum wirtschaftlichen Eigentum (in chronologischer Reihenfolge) 97

BFH Urt. v. 20. 7. 2010 – IX R 38/09 – BFH/NV 2011, 41 = GmbHR 2011, 97
(Die Veräußerung einer Beteiligung i. S. v. § 17 Abs. 1 S. 1 EStG wird mit der Übertragung des rechtlichen oder wirtschaftlichen Eigentums i. S. v. § 39 Abs. 2 Nr. 1 AO auf den Erwerber verwirklicht. Das wirtschaftliche Eigentum an einem Kapitalgesellschaftsanteil geht nach § 39 Abs. 2 Nr. 1 AO auf einen Erwerber über, wenn der Käufer des Anteils aufgrund eines bürgerlich-rechtlichen Rechtsgeschäfts bereits eine rechtlich geschützte, auf den Erwerb des Rechts gerichtete Position erworben hat, die ihm gegen seinen Willen nicht mehr entzogen werden kann, und wenn die mit dem Anteil verbundenen wesentlichen Rechte (insbesondere Gewinnbezugsrecht und Stimmrecht) sowie das Risiko einer Wertminderung und die Chance einer Wertsteigerung auf ihn übergegangen sind. – Ein besitzloses wirtschaftliches Eigentum des Erwerbers von Anteilen an einer Kapitalgesellschaft setzt zusätzlich voraus, dass der Veräußerer der Anteile als Inhaber des zivilrechtlichen Eigentums an den Anteilen allein den Weisungen des Erwerbers zu folgen verpflichtet ist und dieser jederzeit die Herausgabe (Übertragung des Eigentums an sich) verlangen kann. Diese Voraussetzungen sind nicht erfüllt, wenn sich Aktien nach der zivilrechtlichen Veräußerung bis zum Eintritt bestimmter Bedingungen weiter auf einem Verwahrdepot des Veräußerers befinden und der Veräußerer nach den vertraglichen Vereinbarungen nicht verpflichtet ist, allein den Weisungen des Erwerbers zu folgen).

BFH Urt. v. 25. 6. 2009 – BStBl. II 2010, 182 = DB 2009, 2408 = DStR 2009, 2304 = GmbHR 2009, 1282 mit Anm. *Hoffmann* = NZG 2009, 1439 = BB 2010, 356 mit Anm. *Derlien* = FR 2010, 329 mit Anm. *Kanzler*
(Wird ein Gesellschaftsanteil unter einer aufschiebenden Bedingung – hier: keine Untersagung durch das Bundeskartellamt – veräußert, geht das wirtschaftliche Eigentum an dem Gesellschaftsanteil grundsätzlich erst mit dem Eintritt der Bedingung auf den Erwerber über, wenn ihr Eintritt nicht allein vom Willen und Verhalten des Erwerbers abhängt).

BFH Urt. v. 22. 7. 2008 – IX R 74/06 – BStBl. II 2009, 124 = DStR 2008, 1921 = DB 2008, 2168 = ZIP 2008, 1868 = BB 2008, 2288 = GmbHR 2008, 1170 = FR 2009, 178
(Bestimmen die Parteien eines Aktienkaufvertrages den im Jahr des Vertragsabschlusses zunächst nur vorläufig festgelegten Kaufpreis aufgrund eines erst im folgenden Jahr zu erstellenden Wertgutachtens und machen sie die Besitzübertragung von der vollständigen Zahlung des Kaufpreises abhängig, geht das wirtschaftliche Eigentum an den Anteilen noch nicht mit Abschluss des Kaufvertrages auf den Erwerber über).

BFH Urt. v. 12. 12. 2007 – X R 17/05 – BStBl. II 2008, 579 = DB 2008, 612 = GmbHR 2008, 379 = FR 2008, 565 = ZIP 2008, 1678 = NZG 2008, 354
(Bei Anteilen an Kapitalgesellschaften und an den mit ihnen bereits identischen Vorgesellschaften (hier: Anteilen an einer Vor-GmbH) erlangt der Erwerber das wirtschaftliche Eigentum im Allgemeinen ab dem Zeitpunkt, von dem ab er nach dem Willen der Vertragspartner über die betreffenden Anteile verfügen kann. Dies ist in der Regel der Fall, sobald Besitz, Gefahr, Nutzungen und Lasten, insbesondere die mit solchen Beteiligungen gemeinhin verbundenen Risiken einer Wertminderung und Chancen einer Wertsteigerung auf den Erwerber übergegangen sind und diesem zudem die mit dem Erwerb der Anteile verbundenen wesentlichen Vermögens- und Verwaltungsrechte, namentlich insbesondere das Gewinnbezugsrecht und die Stimmrechte zustehen. Wirtschaftliches Eigentum kann unter Umständen auch dann anzunehmen sein, wenn einzelne dieser Merkmale nicht in vollem Umfang vorliegen).

BFH Urt. v. 4. 7. 2007 – VIII R 68/05 – BStBl. II 2007, 937 = DB 2007, 2348 = BB 2007, 2326 = GmbHR 2007, 1224 = ZIP 2007, 2267 = FR 2008, 135 mit Anm. *Meyer*
(Eine durch ein notariell beurkundetes Verkaufsangebot erlangte Option auf den Erwerb von Aktien begründet regelmäßig noch kein wirtschaftliches Eigentum des Erwerbers).

BFH Urt. v. 11. 7. 2006 – VIII R 32/04 – BStBl. II 2007, 296 = DStR 2006, 2163 = DB 2006, 2665 = BB 2006, 2676 = GmbHR 2007, 49 = FR 2007, 251
(Übergang des wirtschaftlichen Eigentums bei wechselseitigen Optionen: Der Tatbestand des § 17 Abs. 1 Satz 1 EStG wird auch dann verwirklicht, wenn die wirtschaftliche Inhaberschaft an dem Kapitalgesellschaftsanteil auf den Erwerber übergeht. Letzteres ist im Falle des Verkaufs eines GmbH-

Anteils jedenfalls dann anzunehmen, wenn der Käufer des Anteils a) aufgrund eines (bürgerlichrechtlichen) Rechtsgeschäfts eine rechtlich geschützte, auf den Erwerb des Rechts gerichtete Position erworben hat, die ihm gegen seinen Willen nicht mehr entzogen werden kann, und b) die mit dem Anteil verbundenen wesentlichen Rechte sowie c) das Risiko einer Wertminderung und die Chance einer Wertsteigerung auf ihn übergegangen sind. Bei der Prüfung dieser Merkmale ist zu berücksichtigen, dass eine von der zivilrechtlichen Inhaberstellung abweichende Zuordnung der Beteiligung auch dann anzunehmen sein kann, wenn die vorstehend genannten Voraussetzungen nicht in vollem Umfang erfüllt sind (sog. Gesamtbildbetrachtung)).

BFH Urt. v. 17. 2. 2004 – VIII R 28/02 – BStBl. II 2005, 46 = DB 2004, 1473 = BB 2005, 643 = DStRE 2004, 886 = GmbHR 2004, 1038 mit Anm. *Mildner* = FR 2004, 966 = NZG 2004, 1077
(Ist aufgrund wirksamer schuldrechtlicher Vereinbarungen zwischen einander nicht nahe stehenden Personen das wirtschaftliche Eigentum an den Geschäftsanteilen einer GmbH übergegangen und werden die schuldrechtlichen Vereinbarungen nachträglich unwirksam, dann bleibt der Erwerber wirtschaftlicher Eigentümer, wenn die Beteiligten die wirtschaftlichen Folgen des Rechtsgeschäfts nicht rückgängig machen).

BFH Urt. v. 15. 12. 1999 – I R 29/97 – BStBl. II 2000, 527 = DStR 2000, 462 = DB 2000, 600 = BB 2000, 701 = FR 2000, 446
(Bei Aktien erlangt der Erwerber das wirtschaftliche Eigentum im Allgemeinen ab dem Zeitpunkt, von dem ab er nach dem Willen der Vertragspartner über die Wertpapiere verfügen kann. Das ist in der Regel der Fall, sobald Besitz, Gefahr, Nutzungen und Lasten, insbesondere die mit den Wertpapieren gemeinhin verbundenen Kursrisiken und Kurschancen, auf den Erwerber übergegangen sind. Der Umstand, dass die entsprechende Umbuchung gegebenenfalls erst zwei Tage nach dem Vertragsabschluss vorgenommen worden ist, beeinflusst den Übergang des wirtschaftlichen Eigentums nicht).

BFH Urt. v. 26. 11. 1998 – IV R 39/98 – BStBl. II 1999, 263 = DStR 1999, 372 = FR 1999, 385 = ZEV 1999, 200
(Der Nießbraucher ist im Normalfall nicht wirtschaftlicher Eigentümer des seiner Nutzung unterliegenden Wirtschaftsguts. Dies gilt auch für den Fall, dass Eltern im Rahmen der vorweggenommenen Erbfolge ihren Kindern schenkweise Grundstücke übertragen und sich gleichzeitig den unentgeltlichen, lebenslänglichen Nießbrauch an dem Grundstück vorbehalten. Wirtschaftliches Eigentum des Vorbehaltsnießbrauchers kann dagegen dann anzunehmen sein, wenn die Veräußerung des geschenkten Gegenstands der Zustimmung des Nießbrauchers bedarf und dieser außerdem die unentgeltliche Rückübertragung des geschenkten Gegenstands für den Fall des Vorversterbens des Beschenkten verlangen kann).

BFH Urt. v. 4. 2. 1998 – XI R 35/97 – BStBl. II 1998, 542 = DStR 1998, 636 = DB 1998, 963 = BB 1998, 1039 = FR 1998, 529 = NJW 1998, 1975
(Regelmäßig ist der rechtliche Eigentümer auch der wirtschaftliche Eigentümer. Nur in besonders gelagerten Fällen fallen rechtliches und wirtschaftliches Eigentum auseinander. Rechtliches und wirtschaftliches Eigentum sind hingegen nicht getrennt, wenn ein anderer als der rechtliche Eigentümer am Erlös aus der Veräußerung des Wirtschaftsguts beteiligt ist oder wenn die Verfügung über das rechtliche Eigentum in einzelnen Beziehungen (wie etwa durch eine Testamentsvollstreckung oder eine Vorerbschaft) beschränkt ist. Erwirbt eine Ehefrau mit vom Ehemann geschenkten Mitteln ein Grundstück, welches für betriebliche Zwecke an den Ehemann vermietet wird, begründet weder die Schenkung der Mittel, noch die Vereinbarung zwischen den Ehegatten, für den Fall der Beendigung des Güterstands auf andere Weise als den Tod, das erworbene Grundstück auf den anderen Ehegatten zu übertragen (sog. Scheidungsklausel), noch die dem Ehemann eingeräumte Möglichkeit zu seinen Gunsten oder zugunsten eines Dritten eine Auflassungsvormerkung in das Grundbuch eintragen zu lassen, wirtschaftliches Eigentum des Ehemanns).

BFH Urt. v. 18. 5. 1995 – IV R 125/92 – BStBl. II 1996, 5 = DB 1995, 1788 = BB 1995, 2198 = NJW 1995, 3342
(Übertragen die Gesellschafter einer GbR, die ein Gebäude an die Gesellschafter zur Ausübung ihrer gemeinsam betriebenen Rechtsanwaltspraxis vermietet, Anteile an der GbR auf ihre Ehefrauen, so sind ihnen diese Gesellschaftsanteile nicht deshalb weiterhin zuzurechnen, weil sie unwiderruflich zur Wahrnehmung der Gesellschafterinteressen ihrer Ehefrauen bevollmächtigt worden sind).

BFH Urt. v. 26. 6. 1990 – VIII R 81/85 – BStBl. II 1994, 645 = DB 1990, 2354 = BB 1990, 2242 = GmbHR 1990, 525
(Ist in dem Gesellschaftsvertrag einer Kommanditgesellschaft eine Scheidungsklausel vereinbart, wonach die Ehefrau im Scheidungsfall aus der Gesellschaft ausgeschlossen werden kann und ihr Ehemann an ihre Stelle tritt, ist der Kommanditanteil der Ehefrau wirtschaftlich dem Ehemann zuzurechnen).

dd) Unwirksame Rechtsgeschäfte

Ausgewählte Hinweise auf weiterführende Literatur: *Barth,* Bürgerlich-rechtlich unwirksam gewordene Rechtsgeschäfte in steuerlicher Sicht, BB 1987, 1397; *Heuermann*, Simulation im Steuer- und Zivilrecht, DB 2007, 416. – Sowie die Kommentierungen zu § 41 AO.

Im Steuerrecht ist grundsätzlich nicht die zivilrechtliche Wirksamkeit eines Rechtsgeschäfts, sondern die **tatsächliche** Gestaltung eines Lebenssachverhalts maßgebend (§ 41 AO). Dies entspricht der im Steuerrecht geltenden wirtschaftlichen Betrachtungsweise. 98

Für die Besteuerung ist es demnach unerheblich, wenn ein Rechtsgeschäft unwirksam ist oder wird, soweit und solange die Beteiligten das **wirtschaftliche Ergebnis** dieses Rechtsgeschäfts gleichwohl eintreten und bestehen lassen (§ 41 Abs. 1 Satz 1 AO). Dies kann beispielsweise dazu führen, dass der Besteuerung ein formunwirksames, aber gleichwohl vollzogenes Testament zugrunde gelegt wird,[84] oder eine steuerliche Mitunternehmerschaft auch bei einem nichtigen Gesellschaftsvertrag anerkannt wird. 99

Die wirtschaftliche Betrachtungsweise gilt aber dann nicht, wenn in einem Steuergesetz etwas anderes bestimmt ist (§ 41 Abs. 1 Satz 2 AO). So setzt ein Organschaftsverhältnis beispielsweise zwingend das Bestehen eines zivilrechtlich wirksamen Gewinnabführungsvertrages voraus (§ 17 Satz 1 KStG). Verträge unter nahen Angehörigen werden gleichfalls nur dann steuerlich anerkannt, wenn sie zivilrechtlich wirksam sind. 100

b) Rückwirkung und Steuerrecht. *aa) Einführung.* Die Ansprüche aus dem Steuerschuldverhältnis **entstehen**, sobald der Tatbestand verwirklicht ist, an den das jeweilige Steuergesetz die Leistungspflicht knüpft (§ 38 AO i.V.m. §§ 36 Abs. 1, 44 Abs. 1 EStG, § 30 KStG, § 18 GewStG, § 13 Abs. 1 UStG, § 9 Abs. 2 GrEStG, § 9 ErbStG, u.a.m.). Auf den Willen der Beteiligten kommt es somit nicht an. 101

Änderungen, die erst nach der Tatbestandsverwirklichung eingetreten sind, berühren den einmal entstandenen Steueranspruch nicht mehr. Dies gilt insbesondere auch für den der Besteuerung zugrunde liegenden Sachverhalt, der mit steuerlicher Rückwirkung nicht nachträglich umgestaltet werden kann. Die Beteiligten können das öffentlich-rechtliche Steuerverhältnis durch eine zivilrechtliche Vereinbarung somit rückwirkend nicht mehr ändern.[85] Eine Ausnahme von dem **steuerlichen Rückwirkungsverbot** gilt auch dann nicht, wenn sich die Beteiligten über die steuerlichen Auswirkungen geirrt haben und sich der Vorgang steuerlich noch nicht ausgewirkt hat. 102

Praxistipp:

Zivilrechtlich können Verträge auch rückwirkend geändert und aufgehoben werden (die Einigkeit aller Beteiligten vorausgesetzt). **Steuerrechtlich** werden rückwirkende Änderungen regelmäßig nicht anerkannt. Tatsächliche Vorgänge (wie etwa Entnahmen aus dem Betriebsvermögen) können niemals mit steuerlicher Wirkung rückgängig gemacht werden. Im Steuerrecht bestehen somit bei verunglückten Gestaltungen meist deutlich weniger „Heilungsmöglichkeiten" als im Zivilrecht. Die steuerlichen Auswirkungen eines Rechtsgeschäfts sollten daher von den Beteiligten stets vor der Beurkundung umfassend geklärt werden.

Praxistipp:

Das Entstehen des Steueranspruchs richtet sich nach dem jeweiligen Steuergesetz. Erhebliche Unterschiede ergeben sich insbesondere in den Fällen, in denen ein Vertrag noch einer (behördlichen, gerichtlichen oder rechtsgeschäftlichen) Genehmigung bedarf.

Zivilrechtlich wirken Genehmigungen grundsätzlich auf den Zeitpunkt der Vornahme des Rechtsgeschäfts zurück, sofern nicht etwas anderes vereinbart worden ist (§ 184 Abs. 1 BGB).

[84] Siehe zuletzt etwa BFH Urt. v. 22. 9. 2010 – II R 46/09, BFH/NV 2011, 261 (NV).

[85] Siehe beispielsweise Rdnr. 60 des 4. Rentenerlasses (BStBl. I 2010, 227), wonach rückwirkende Vereinbarungen von der Finanzverwaltung grundsätzlich nicht anerkannt werden.

Steuerrechtlich wird die zivilrechtliche Rückwirkung einer Genehmigung nicht anerkannt. Etwas anderes gilt allenfalls bei behördlichen und gerichtlichen Genehmigungen, wenn die Beteiligten (und der Notar) alles getan haben um die Genehmigung zeitnah herbeizuführen. Bei rechtsgeschäftlichen Genehmigungen kommt es dagegen auf die Erteilung der Genehmigung an (zur Schenkungsteuer siehe § 9 Abs. 1 Nr. 2 ErbStG und R 23 Abs. 3 ErbStR).[86]

Die Grunderwerbsteuer entsteht dagegen stets erst mit der Genehmigung (§ 14 Nr. 2 GrEStG).

Bei Vertragsbeteiligten, die bei der Beurkundung nicht anwesend sind, ist in der notariellen Praxis daher stets genau darauf zu achten, ob für diese ein vollmachtloser Vertreter (vorbehaltlich Nachgenehmigung) oder ein (gegebenenfalls nur mündlich) Bevollmächtigter (mit der Verpflichtung eine formgerechte Vollmacht nachzureichen) handelt.

103 *bb) Zulässige Rückwirkungen im Steuerrecht.* Das Rückwirkungsverbot gilt allerdings auch im Steuerrecht nicht ausnahmslos. Die **Finanzverwaltung** erkennt in vielen Fällen aus Vereinfachungs- und Praktikabilitätsgründen eine gewisse Rückwirkung an. Beispielsweise wird bei der Auseinandersetzung einer Erbengemeinschaft eine Rückwirkung auf den Zeitpunkt des Erbfalls anerkannt, wenn die Auseinandersetzung innerhalb von sechs Monaten nach dem Erbfall erfolgt.[87] In anderen Fällen akzeptiert die Finanzverwaltung eine Rückwirkung in der Regel dann, wenn sie sich nur auf eine kurze Zeit erstreckt und nicht vorrangig auf die Erlangung von Steuervorteilen gerichtet ist.

104 Darüber hinaus gibt es in den einzelnen **Steuergesetzen** verschiedene Bestimmungen, die eine steuerliche Rückwirkung ausdrücklich vorsehen. Beispiele dafür sind etwa:

- **§ 5 Abs. 2 ErbStG:** Beim erbrechtlichen Ausgleich des Zugewinns wird eine rückwirkende Vereinbarung des Güterstands der Zugewinngemeinschaft steuerlich nicht anerkannt (§ 5 Abs. 1 Satz 4 ErbStG). Für Zwecke des güterrechtlichen Zugewinnausgleichs kann der Güterstand der Zugewinngemeinschaft dagegen zivilrechtlich und steuerrechtlich mit Rückwirkung vereinbart werden (§ 5 Abs. 2 ErbStG).
- **§ 14 Abs. 1 KStG:** Die Begründung oder Beendigung eines steuerlichen Organschaftsverhältnisses wirkt grundsätzlich auf den Beginn des jeweiligen Wirtschaftsjahres zurück (§ 14 Abs. 1 Satz 2 KStG und § 14 Abs. 1 Nr. 3 Satz 3 KStG).
- **§ 20 Abs. 6 UmwStG:** Bei der Einbringung von Unternehmensteilen in eine Personen- oder Kapitalgesellschaft wird grundsätzlich eine steuerliche Rückwirkung auf einen bis zu acht Monate zurückliegenden Zeitpunkt anerkannt (§§ 20 Abs. 6, 24 Abs. 4 UmwStG).

Darüber hinaus ist in verschiedenen Steuergesetzen die Möglichkeit der rückwirkenden Änderung einer bereits erfolgten Steuerfestsetzung vorgesehen.

105 Die **Grunderwerbsteuer** wird beispielsweise unter bestimmten Voraussetzungen auf Antrag nicht festgesetzt bzw. die bereits erfolgte Steuerfestsetzung wieder aufgehoben, wenn ein Erwerbsvorgang wieder rückgängig gemacht wird (§ 16 GrEStG; beachte insbesondere auch § 16 Abs. 5 GrEStG[88]). Der Notar muss im Falle des Rückerwerbs innerhalb von zwei Jahren insbesondere darauf achten, dass die Eintragung der Auflassung für den Rückerwerb beim Grundbuchamt innerhalb der Zweijahresfrist beantragt wird (§ 16 Abs. 2 Nr. 1 Satz 2 GrEStG). Für den Vollzug der Auflassung fehlende Unterlagen (wie etwa die Unbedenklichkeitsbescheinigung) sind gegebenenfalls nachzureichen.

106 Die **Erbschaft- und Schenkungsteuer** erlischt gleichfalls in bestimmten Fällen mit Wirkung für die Vergangenheit, z. B. wenn ein Geschenk wegen eines Rückforderungsrechts herausgegeben werden muss (§ 29 Abs. 1 Nr. 1 ErbStG) oder das geerbte Vermögen innerhalb von zwei Jahren in eine gemeinnützige Stiftung eingebracht wird (§ 29 Abs. 1 Nr. 4 ErbStG).

---

[86] Ähnliche Überlegungen gelten auch für Veräußerungs- und Anschaffungsvorgänge im Ertragsteuerrecht (z. B. bei §§ 17, 23 EStG), siehe dazu Schmidt/*Weber-Grellet* EStG, 30. Aufl. 2011 § 17 Rdnr. 97 und § 23 Rdnr. 37, 48.

[87] Siehe BMF Schreiben v. 11. 1. 2006 – BStBl. I 2006, 253, Rdnr. 7 bis 9.

[88] Siehe dazu bereits oben Rdnr. 47.

Praxistipp:

Bei unentgeltlichen Vermögensübertragungen zu Lebzeiten, sollte neben den ohnehin üblichen Rückforderungsrechten (z. B. für den Fall des Vorversterbens, der Insolvenz, der Ehescheidung, etc.) stets auch an die Vereinbarung eines Rückforderungsrechts in Bezug auf die Schenkungsteuer gedacht werden (z. B. für den Fall, dass die anfallende Schenkungsteuer einen bestimmten Betrag übersteigt, die Steuervergünstigungen nach §§ 13 a, 13 b oder 19 a ErbStG nicht gewährt werden oder nachträglich wieder entfallen). Solche Rückforderungsrechte werden steuerlich anerkannt, wenn sie bereits bei der ursprünglichen Schenkung ausdrücklich vereinbart worden sind (§ 29 Abs. 1 Nr. 1 ErbStG).

Darüber hinaus sind in der **Abgabenordnung** verschiedene Fälle geregelt, bei denen im 107
Falle einer nachträglichen Veränderung ein bereits bestandskräftiger Steuerbescheid nochmals geändert oder aufgehoben werden kann (§§ 172 ff. AO). Diese Möglichkeit besteht u. a. auch beim Eintritt von Ereignissen, die steuerlich Wirkung für die Vergangenheit haben (§ 175 Abs. 1 Nr. 2 AO). Ein solches rückwirkendes Ereignis stellt u. a. auch der Wegfall einer Geschäftsgrundlage dar (§ 313 BGB). Entscheidend ist in diesem Fall, dass die Vertragsparteien den Vertrag wegen des Wegfalls der Geschäftsgrundlage tatsächlich und vollständig rückabwickeln und sich so stellen, als wenn der Vertrag nie abgeschlossen worden wäre.[89]

Praxistipp:

Der Wegfall der Geschäftsgrundlage ist steuerrechtlich als ein rückwirkendes Ereignis anerkannt. Bei einem gemeinsamen Irrtum der Beteiligten kann ein Vertrag somit mit steuerrechtlicher Wirkung rückabgewickelt werden. Nach Auffassung des Bundesfinanzhofs soll es dabei allein auf die tatsächliche Rückabwicklung (und nicht auf die zivilrechtliche Wirksamkeit des Rücktritts) ankommen.

c) Gestaltungsmissbrauch und Gesamtplanrechtsprechung. *aa) Gestaltungsmissbrauch (§ 42 AO)* 108

Ausgewählte Hinweise auf weiterführende Literatur: Deutsche Steuerjuristische Gesellschaft/*Hüttemann (Hrsg.)*, Gestaltungsfreiheit und Gestaltungsmissbrauch im Steuerrecht, Köln 2010 (mit Beiträgen von *Seer, Paul Kirchhof, Schön, Neumann, Rödder, Wendt, Hey, Tanzer, Kofler, Klein, Schwenke, Dorenkamp, Möhlenbrock*). – Sowie die Kommentierungen zu § 42 AO.

(1) Einführung 109

§ 42 AO Missbrauch von rechtlichen Gestaltungsmöglichkeiten

(1) Durch Missbrauch von Gestaltungsmöglichkeiten des Rechts kann das Steuergesetz nicht umgangen werden. Ist der Tatbestand einer Regelung in einem Einzelsteuergesetz erfüllt, die der Verhinderung von Steuerumgehungen dient, so bestimmen sich die Rechtsfolgen nach jener Vorschrift. Andernfalls entsteht der Steueranspruch beim Vorliegen eines Missbrauchs im Sinne des Absatzes 2 so, wie er bei einer den wirtschaftlichen Vorgängen angemessenen rechtlichen Gestaltung entsteht.

(2) Ein Missbrauch liegt vor, wenn eine unangemessene rechtliche Gestaltung gewählt wird, die beim Steuerpflichtigen oder einem Dritten im Vergleich zu einer angemessenen Gestaltung zu einem gesetzlich nicht vorgesehenen Steuervorteil führt. Dies gilt nicht, wenn der Steuerpflichtige für die gewählte Gestaltung außersteuerliche Gründe nachweist, die nach dem Gesamtbild der Verhältnisse beachtlich sind.

AEAO zu § 42 AO – Missbrauch von rechtlichen Gestaltungsmöglichkeiten

1. Bei Anwendung des § 42 Abs. 1 Satz 2 ist zunächst zu prüfen, ob das im Einzelfall anzuwendende Einzelsteuergesetz für den vorliegenden Sachverhalt eine Regelung enthält, die der Verhinderung von

[89] Siehe dazu BFH Urt. v. 28. 10. 2009 – IX R 17/09 – BStBl. II 2010, 539 = DB 2010, 312 = NJW 2010, 1631 (Kein Veräußerungsgewinn nach § 17 EStG bei Rückabwicklung eines Anteilsverkaufs wegen Wegfalls der Geschäftsgrundlage) und BFH Urt. v. 11. 11. 2009 – II R 54/08 – BFH/NV 2010, 896 = HFR 2010, 952 mit Anm. *Albrecht* = notar 2010, 243 mit Anm. *Ihle* (Kein Entfallen der Schenkungsteuer nach § 29 Abs. 1 Nr. 1 ErbStG mangels Bestehens einer Geschäftsgrundlage).

Steuerumgehungen dient. Ob eine Regelung in einem Einzelsteuergesetz der Verhinderung der Steuerumgehung dient, ist nach dem Wortlaut der Regelung und dem Sinnzusammenhang, nach der systematischen Stellung im Gesetz sowie nach der Entstehungsgeschichte der Regelung zu beurteilen. Liegt danach eine Regelung vor, die der Verhinderung von Steuerumgehungen dient, gilt Folgendes:
- Ist der Tatbestand der Regelung erfüllt, bestimmen sich die Rechtsfolgen allein nach dieser Vorschrift, nicht nach § 42 Abs. 1 Satz 3 i. V. m. Abs. 2.
- Ist der Tatbestand der Regelung dagegen nicht erfüllt, ist in einem weiteren Schritt zu prüfen, ob ein Missbrauch i. S. d. § 42 Abs. 2 vorliegt.

Allein das Vorliegen einer einzelgesetzlichen Regelung, die der Verhinderung von Steuerumgehungen dient, schließt die Anwendbarkeit des § 42 Abs. 1 Satz 3 i. V. m. Abs. 2 damit nicht aus.

2. Sofern ein Missbrauch i. S. d. § 42 Abs. 2 vorliegt, entsteht der Steueranspruch bei allen vom Sachverhalt Betroffenen so, wie er bei einer den wirtschaftlichen Vorgängen angemessenen rechtlichen Gestaltung entsteht (§ 42 Abs. 1 Satz 3).

2.1. Ein Missbrauch i. S. d. § 42 Abs. 2 liegt vor, wenn eine rechtliche Gestaltung gewählt wird, die den wirtschaftlichen Vorgängen nicht angemessen ist, die gewählte Gestaltung beim Steuerpflichtigen oder einem Dritten im Vergleich zu einer angemessenen Gestaltung zu einem Steuervorteil führt, dieser Steuervorteil gesetzlich nicht vorgesehen ist und der Steuerpflichtige für die von ihm gewählte Gestaltung keine außersteuerlichen Gründe nachweist, die nach dem Gesamtbild der Verhältnisse beachtlich sind.

2.2. Ob eine rechtliche Gestaltung unangemessen ist, ist für jede Steuerart gesondert nach den Wertungen des Gesetzgebers, die den jeweiligen maßgeblichen steuerrechtlichen Vorschriften zugrunde liegen, zu beurteilen. Das Bestreben Steuern zu sparen, macht für sich allein eine Gestaltung noch nicht unangemessen. Eine Gestaltung ist aber insbesondere dann auf ihre Angemessenheit zu prüfen, wenn sie ohne Berücksichtigung der beabsichtigten steuerlichen Effekte unwirtschaftlich, umständlich, kompliziert, schwerfällig, gekünstelt, überflüssig, ineffektiv oder widersinnig erscheint. Die Ungewöhnlichkeit einer Gestaltung begründet allein noch keine Unangemessenheit.

Indizien für die Unangemessenheit einer Gestaltung sind zum Beispiel:
- Die Gestaltung wäre von einem verständigen Dritten in Anbetracht der wirtschaftlichen Zielsetzung ohne den Steuervorteil nicht gewählt worden;
- Die Vor- oder Zwischenschaltung von Angehörigen oder anderen nahe stehenden Personen oder Gesellschaften war rein steuerlich motiviert;
- Die Verlagerung oder Übertragung von Einkünften oder Wirtschaftsgütern auf andere Rechtsträger war rein steuerlich motiviert.

Bei einer grenzüberschreitenden Gestaltung ist nach der Rechtsprechung des EuGH (vgl. z. B. Urteil vom 12. 9. 2006 – Rs. C-196/04 –, EuGHE I 2006, 7995) Unangemessenheit insbesondere dann anzunehmen, wenn die gewählte Gestaltung rein künstlich ist und nur dazu dient, die Steuerentstehung im Inland zu umgehen.

2.3. Bei der Überprüfung, ob die gewählte Gestaltung zu Steuervorteilen führt, sind die steuerlichen Auswirkungen der gewählten Gestaltung mit der hypothetischen steuerlichen Auswirkung einer angemessenen Gestaltung zu vergleichen. Dabei sind auch solche Steuervorteile zu berücksichtigen, die nicht beim handelnden Steuerpflichtigen selbst, sondern bei Dritten eintreten. Dritte i. S. d. § 42 Abs. 2 Satz 1 sind nur solche Personen, die in einer gewissen Nähe zum Steuerpflichtigen stehen. Dies ist insbesondere dann anzunehmen, wenn die Beteiligten Angehörige des Steuerpflichtigen i. S. d. § 15 oder persönlich oder wirtschaftlich mit ihm verbunden sind (z. B. nahe stehende Personen i. S. v. H 36 KStH 2006 oder § 1 Abs. 2 AStG).

2.4. Der in § 42 Abs. 2 verwendete Begriff des „gesetzlich vorgesehenen Steuervorteils" ist nicht deckungsgleich mit dem „nicht gerechtfertigten Steuervorteil" i. S. d. § 370 Abs. 1. Steuervorteile i. S. d. § 42 Abs. 2 sind daher nicht nur Steuervergütungen oder Steuererstattungen, sondern auch geringere Steueransprüche.

2.5. Der durch die gewählte Gestaltung begründete Steuervorteil ist insbesondere dann gesetzlich vorgesehen, wenn der Tatbestand einer Norm erfüllt ist, mit der der Gesetzgeber ein bestimmtes Verhalten durch steuerliche Anreize fördern wollte.

2.6. § 42 Abs. 2 Satz 2 eröffnet dem Steuerpflichtigen die Möglichkeit, die bei Vorliegen des Tatbestands des § 42 Abs. 2 Satz 1 begründete Annahme eines Missbrauchs durch Nachweis außersteuerlicher Gründe zu entkräften. Die vom Steuerpflichtigen nachgewiesenen außersteuerlichen Gründe müssen allerdings nach dem Gesamtbild der Verhältnisse beachtlich sein. Sind die nachgewiesenen außersteuerlichen Gründe nach dem Gesamtbild der Verhältnisse im Vergleich zum Ausmaß der Unangemessenheit der Gestaltung und den vom Gesetzgeber nicht vorgesehenen Steuervorteilen nicht wesentlich oder sogar nur von untergeordneter Bedeutung, sind sie nicht beachtlich. In diesem Fall bleibt es bei der Annahme eines Missbrauchs nach § 42 Abs. 2 Satz 1.

3. Ein Missbrauch von rechtlichen Gestaltungsmöglichkeiten nach § 42 ist als solcher nicht strafbar. Eine leichtfertige Steuerverkürzung oder eine Steuerhinterziehung kann aber vorliegen, wenn der Steuerpflichtige pflichtwidrig unrichtige oder unvollständige Angaben macht, um das Vorliegen einer Steuerumgehung zu verschleiern.

4. § 42 in der Fassung des Jahressteuergesetzes 2008 ist ab dem 1. 1. 2008 für Kalenderjahre, die nach dem 31. 12. 2007 beginnen, anzuwenden. Für Kalenderjahre, die vor dem 1. 1. 2008 liegen, ist § 42 in der am 28. 12. 2007 geltenden Fassung weiterhin anzuwenden.

(2) Überblick. Im **Zivilrecht** gilt der Grundsatz der Vertrags- und Gestaltungsfreiheit. Das Rechtsinstitut des Gestaltungsmissbrauchs ist dem Zivilrecht fremd. Ausnahmen ergeben sich allenfalls aus den allgemeinen Grundsätzen von Treu und Glauben, bestimmten Verbotsgesetzen und den guten Sitten (siehe §§ 134, 138 und 242 BGB).[90] 110

Die Vertrags- und Gestaltungsfreiheit ist grundsätzlich auch im **Steuerrecht** maßgebend. Es ist allgemein anerkannt, dass der Steuerpflichtige seine Rechtsverhältnisse so gestalten kann, dass sich für ihn eine möglichst geringe Steuerbelastung ergibt.[91] Missbräuchliche Gestaltungen werden im Steuerrecht allerdings nicht anerkannt (§ 42 AO). Die Steuergesetze können durch einen Missbrauch von Gestaltungsmöglichkeiten nicht umgangen werden (§ 42 Abs. 1 Satz 1 AO). Im Missbrauchsfall entsteht der Steueranspruch so, wie er bei einer den wirtschaftlichen Verhältnissen angemessenen Gestaltung entstehen würde (§ 42 Abs. 1 Satz 3 AO). Das Steuerrecht versagt in diesem Fall somit einer zivilrechtlich wirksamen Gestaltung die steuerrechtliche Anerkennung. 111

In der (notariellen) **Gestaltungspraxis** hat § 42 AO eine nicht unerhebliche Bedeutung. Die Abgrenzung zwischen einer steuerlich anzuerkennenden, steuergünstigen Gestaltung und einer nicht mehr anzuerkennenden, missbräuchlichen Gestaltung ist im Einzelfall äußerst schwierig und streitanfällig. Zudem ist noch nicht abschließend geklärt, ob und inwieweit darüber hinaus auch die (gesetzlich nicht geregelten) Grundsätze der Gesamtplanrechtsprechung zur Anwendung kommen können. 112

Praxistipp:

Tendenziell neigt die Finanzverwaltung eher zur Annahme eines steuerlichen Gestaltungsmissbrauchs als der Bundesfinanzhof und die Finanzgerichte. Nachdem nicht jeder Steuerpflichtige den Rechtsweg bestreiten möchte, ist in der Beratungspraxis die Möglichkeit eines steuerlichen Gestaltungsmissbrauchs auch dann in Betracht zu ziehen, wenn aus Sicht der Rechtsprechung eine anerkennenswerte Gestaltung vorliegt. Im Interesse der steuerlichen Risikovorsorge sollte daher bereits der Anschein eines steuerlichen Gestaltungsmissbrauchs vermieden werden.

Der **Notar** soll eine Beurkundung ablehnen, wenn sie mit seinen Amtspflichten nicht vereinbar wäre, insbesondere wenn seine Mitwirkung bei Handlungen verlangt wird, mit denen erkennbar unerlaubte oder unredliche Zwecke verfolgt werden (§ 4 BeurkG, § 14 Abs. 2 BNotO). Eine Gestaltung, der die steuerliche Anerkennung versagt wird, ist zivilrechtlich aber trotzdem wirksam. Der Notar kann (und muss) eine Beurkundung daher nicht schon dann ablehnen, wenn er einen steuerlichen Gestaltungsmissbrauch befürchtet.[92] Im Übrigen sind die steuerlichen Ziele der Beteiligten dem Notar vielfach ohnehin nicht bekannt. 113

(3) Steuerlicher Gestaltungsmissbrauch. (a) Voraussetzungen. Die Abgabenordnung enthält die steuerliche Generalnorm für den Missbrauch von rechtlichen Gestaltungsmöglichkeiten (§ 42 AO). **Spezielle Missbrauchsregelungen** in den jeweiligen Einzelsteuergesetzen 114

[90] Zur Gesetzesumgehung im Zivilrecht siehe etwa Palandt/*Ellenberger* 2011 § 134 Rdnr. 28 f.

[91] Allgemeine Auffassung, siehe aus der Rechtsprechung grundlegend BFH Beschl. v. 29. 11. 1982 – GrS 1/81 – BStBl. II 1983, 272 = DB 1983, 915 und die Finanzverwaltung in Abschnitt 2.2. AEAO zu § 42 AO.

[92] Selbst Steuerhinterziehung führt nur dann zur Nichtigkeit (§ 134 BGB), wenn diese der Hauptzweck des Rechtsgeschäfts ist, siehe etwa BGH DNotZ 2003, 632 = NJW-RR 2003, 1565 = EWiR 2003, 803 (*Mues*); BGH WM 1979, 692; BGHZ 14, 25 und OLG Frankfurt am Main DNotZ 1978, 748.

sind jedoch vorrangig anwendbar (§ 42 Abs. 1 Satz 2 AO i.V.m. § 50d Abs. 3 EStG, § 8c KStG, § 13b Abs. 2 Satz 3 ErbStG, u.a.m.). Ist der Tatbestand der speziellen Missbrauchsregelung jedoch nicht erfüllt, bleibt die allgemeine Missbrauchsregelung grundsätzlich anwendbar (siehe § 42 Abs. 1 Satz 2 AO).[93] Die speziellen Missbrauchsregelungen haben somit keine verdrängende Wirkung. § 42 AO gilt für alle Steuerarten und für alle Steuerpflichtigen.

115 Die Steuergesetze sollen durch einen **Missbrauch** von Gestaltungsmöglichkeiten nicht umgangen werden (§ 42 Abs. 1 Satz 1 AO). Nach der gesetzlichen Regelung liegt dann ein Missbrauch vor, wenn eine unangemessene rechtliche Gestaltung gewählt wird, die – beim Steuerpflichtigen oder einem Dritten – im Vergleich zu einer angemessenen Gestaltung zu einem gesetzlich nicht vorgesehenen Steuervorteil führt (§ 42 Abs. 2 Satz 1 AO). Eine Ausnahme besteht aber dann (d.h. die Gestaltung ist steuerlich anzuerkennen), wenn der Steuerpflichtige außersteuerliche Gründe für die gewählte Gestaltung nachweist, die nach dem Gesamtbild der Verhältnisse beachtlich sind (§ 42 Abs. 2 Satz 2 AO).

116 Diese gesetzliche Definition des steuerlichen Gestaltungsmissbrauchs beruht im Wesentlichen auf den Änderungen durch das Jahressteuergesetz 2008.[94] Im praktischen Ergebnis stimmt diese Begriffsbestimmung aber weitestgehend mit der bisherigen Rechtsprechung überein. Nach Auffassung des **Bundesfinanzhofs** liegt ein Missbrauch von rechtlichen Gestaltungsmöglichkeiten dann vor, wenn eine rechtliche Gestaltung gewählt wird, die zur Erreichung des erstrebten wirtschaftlichen Ziels unangemessen ist, der Steuerminderung dienen soll und durch wirtschaftliche oder sonst beachtliche außersteuerliche Gründe nicht zu rechtfertigen ist.[95] Eine rechtliche Gestaltung ist vor allem dann unangemessen, wenn der Steuerpflichtige nicht die vom Gesetzgeber vorausgesetzte Gestaltung zur Erreichung eines bestimmten wirtschaftlichen Ziels gebraucht, sondern dafür einen ungewöhnlichen Weg wählt, auf dem nach den Wertungen des Gesetzgebers das Ziel nicht erreichbar sein soll. In keinem Fall ist es dem Steuerpflichtigen verwehrt, seine rechtlichen Verhältnisse so zu gestalten, dass sich eine möglichst geringe steuerliche Belastung ergibt.

117 Für die **Vertragsgestaltung** lässt sich demnach festhalten, dass einfache, klare und allgemein übliche Gestaltungen grundsätzlich nicht unangemessen sind und daher auch steuerlich anerkannt werden. Das Risiko eines steuerlichen Gestaltungsmissbrauchs besteht dagegen vor allem bei komplizierten, gekünstelten oder umständlichen Gestaltungen. Der Umstand, dass eine Gestaltung unüblich ist, hat nicht unbedingt auch deren Unangemessenheit zur Folge.

118 In **notariellen Urkunden** müssen die Erklärungen der Beteiligten stets *„klar und unzweideutig"* wiedergegeben werden (§ 17 Abs. 1 BeurkG), so dass unangemessene Gestaltungen schon aus zivilrechtlichen Gründen vielfach nicht in Betracht kommen werden. Bei der Beurteilung der Angemessenheit einer Gestaltung kann im Übrigen auch der Ausgestaltung der Notarurkunden (z.B. Zusammenfassung in einer Urkunde oder Aufteilung auf mehrere, gegebenenfalls auch zeitlich getrennte Urkunden) sowie dem Urkundsvollzug (z.B. zeitnahe und vollständige Eintragungen in Grundbüchern und Handelsregistern, kein Verzicht auf etwaige Zwischeneintragungen, auch wenn damit gewisse Kosten verbunden sind) eine gewisse Bedeutung zukommen.

119 Eine an sich unangemessene Gestaltung ist steuerlich gleichwohl anzuerkennen, wenn der Steuerpflichtige entsprechende **außersteuerliche Gründe** nachweist (§ 42 Abs. 2 Satz 2 AO). Dabei muss es sich stets um beachtliche Gründe handeln. In der Praxis sollten solche Grün-

[93] Die Ergänzung von § 42 Abs. 1 Satz 2 AO durch das Steueränderungsgesetz 2001 (BGBl. I 2001, 3794) war vor allem eine Reaktion des Gesetzgebers auf die entgegengesetzte Rechtsprechung des Bundesfinanzhofs (siehe BT-Drucks. 14/6877, S. 52).

[94] BGBl. I 2008, 3150. – Zu der (umstrittenen) Änderung des § 42 AO siehe die amtliche Gesetzesbegründung in BT-Drucks. 16/9290, S. 81 und S. 115f. und im Schrifttum u.a. *Brockmeyer* DStR 2007, 1325; *Crezelius* DB 2007, 1428; *Drüen* Ubg. 2008. 31; *Fischer* FR 2007, 857; *Flämig* DStR 2007, Beihefter zu Heft 44; *Geerling/Gorbauch* DStR 2007, 1703; *Hahn* DStZ 2008, 483; *Leisner-Egensperger* DStZ 2008. 358; *Mack/Wollweber* DStR 2008, 182.

[95] Siehe etwa BFH Urt. v. 17. 3. 2010 – IV R 25/08 – BStBl. II 2010, 622 = DStR 2010, 1022 = FR 2010, 706 mit Anm. *Hartrott* = BB 2010, 2284 mit Anm. *Wagner*; BFH Urt. v. 25. 8. 2009 – IX R 60/07 – BStBl. II 2009, 999 = DStR 2009, 2188 = NJW 2010, 175.

de nicht erst im Einspruchs- oder Klageverfahren, sondern bereits frühzeitig ermittelt und dokumentiert werden. Im Einzelfall können die Gründe für eine bestimmte Gestaltung auch unmittelbar in der Vertragsurkunde (z. B. in der Präambel) niedergelegt werden. Beispiele für mögliche außersteuerliche Gründe sind etwa die Reduzierung von Haftungsrisiken, die Herstellung von ausgewogenen Vermögensverhältnissen im Familienkreis oder die Sicherung der Altersversorgung.

Praxistipp:

Die Angabe von entsprechenden (außersteuerlichen) Gründen in der notariellen Urkunde hat in der Praxis eine erhebliche Bedeutung. Die notarielle Urkunde begründet auch gegenüber den Finanzbehörden den vollen Beweis der beurkundeten Erklärungen (§§ 415, 418 ZPO und § 92 Nr. 3 AO).

Die **Rechtsprechung** zum steuerlichen Gestaltungsmissbrauch ist stark vom jeweiligen Einzelfall und dem konkret betroffenen Steuergesetz abhängig. Allgemeine Voraussagen sind demnach kaum möglich. 120

Beispiele aus der Rechtsprechung zum steuerlichen Gestaltungsmissbrauch (jeweils in chronologischer Reihenfolge)

Gestaltungsmissbrauch wurde im Ergebnis grundsätzlich bejaht: 121

BFH Urt. v. 9. 11. 2006 – V R 43/04 – BStBl. II 2007, 344 = DB 2007, 91 = DStR 2007, 67 = BB 2007, 306
(Schaltet ein Kreditinstitut bei der Erstellung eines Betriebsgebäudes eine Personengesellschaft vor, die das Gebäude errichtet und anschließend unter Verzicht auf die Steuerfreiheit an das Kreditinstitut vermietet, kann darin ein Rechtsmissbrauch vorliegen, der bei der Personengesellschaft zur Versagung des Vorsteuerabzugs aus den Herstellungskosten des Gebäudes führt).

BFH Urt. v. 18. 3. 2004 – III R 25/02 – BStBl. II 2004, 787 = DStR 2004, 1078 = BB 2004, 1425 = DStZ 2004, 491 = GmbHR 2004, 958 mit Anm. *Mildner* = RNotZ 2004, 345 = FR 2004, 1001 = EWiR 2005, 55 *(von Gleichenstein)*
(Der unmittelbare Durchgriff durch eine Kapitalgesellschaft ist steuerrechtlich nicht zulässig. Veräußert der Alleingesellschafter-Geschäftsführer ein von ihm erworbenes ungeteiltes Mehrfamilienhaus an seine GmbH, die er zur Aufteilung bevollmächtigt und die die entstandenen vier Eigentumswohnungen noch im selben Jahr an verschiedene Erwerber veräußert, so können die Aktivitäten der GmbH nur dann dem Anteilseigner zugerechnet werden, wenn die Voraussetzungen eines Gestaltungsmissbrauchs vorliegen. Für einen Gestaltungsmissbrauch kann (neben weiteren Umständen) insbesondere sprechen, dass die Mittel für den an den Anteilseigner zu entrichtenden Kaufpreis zu einem erheblichen Teil erst aus den Weiterverkaufserlösen zu erbringen sind).

BFH Urt. v. 17. 12. 2003 – IX R 56/03 – BStBl. II 2004, 648 = DStRE 2004, 454 = DB 2004, 796 = BB 2004, 985 = ZEV 2004, 216 = FR 2004, 718 mit Anm. *Peter Fischer* = NJW 2004, 2118
(Es stellt einen Gestaltungsmissbrauch dar, wenn ein im Zusammenhang mit einer Grundstücksübertragung eingeräumtes, unentgeltliches Wohnungsrecht gegen Vereinbarung einer dauernden Last aufgehoben und gleichzeitig ein Mietverhältnis mit einem Mietzins in Höhe der dauernden Last vereinbart wird).

BFH Urt. v. 7. 7. 1998 – VIII R 10/96 – BStBl. II 1999, 729 = DStR 1008, 1868 = DB 1998, 2449 = BB 1998, 2511 = FR 1998, 1132 = GmbHR 1999, 38
(Der Verkauf aller Anteile an einer GmbH zwecks Vermeidung einer Versteuerung des Liquidationserlöses nach § 20 Abs. 1 Nr. 2 EStG ist rechtsmissbräuchlich i. S. v. § 42 AO, wenn die GmbH im Zeitpunkt der Veräußerung ihre geschäftliche Tätigkeit bereits eingestellt hat, ihr gesamtes Vermögen faktisch (hier: durch darlehensweise Überlassung) an die Gesellschafter verteilt ist und der mit dem Erwerber vereinbarte „Kaufpreis" durch Übernahme der Darlehensverbindlichkeiten der Gesellschafter gegenüber der GmbH zu entrichten ist).

BFH Urt. v. 13. 10. 1992 – VIII R 3/89 – BStBl. II 1993, 477 = DB 1993, 766 = BB 1993, 991 = GmbHR 1993, 378
(Wird das Stammkapital einer GmbH erhöht und das Bezugsrecht einem Nichtgesellschafter gegen Zahlung eines Ausgleichs für die auf den neuen Geschäftsanteil übergehenden stillen Reserven eingeräumt, kann dies die Veräußerung eines Anteils an einer GmbH (Anwartschaft auf eine solche Beteiligung) sein. Wird dieser Ausgleich in Form eines Agios in die GmbH eingezahlt und in engem zeitlichem

Zusammenhang damit wieder an die Altgesellschafter ausgezahlt, kann ein Rechtsmissbrauch (§ 42 AO) vorliegen. Die Zahlung an die Altgesellschafter ist dann als Entgelt für die Einräumung des Bezugsrechts zu behandeln).

122 **Gestaltungsmissbrauch wurde im Ergebnis grundsätzlich verneint:**

BVerfG Beschl. v. 7. 7. 2010 – 2 BvL 1/03, 2 BvL 57/06, 2 BvL 58/06 – DStR 2010, 1736 = BB 2010, 2141
(Zur rückwirkenden Ersetzung des halben Steuersatzes für Entschädigungen durch die sogenannte Fünftelregelung und deren Vereinbarkeit mit den Grundsätzen des verfassungsrechtlichen Vertrauensschutzes: Es stellt grundsätzlich keinen Missbrauch dar, sondern gehört zu den legitimen Dispositionen im grundrechtlich geschützten Bereich der allgemeinen (wirtschaftlichen) Handlungsfreiheit, wenn Steuerpflichtige darum bemüht sind, die Vorteile des geltenden Rechts mit Blick auf mögliche Nachteile einer zukünftigen Gesetzeslage für sich zu nutzen, siehe Rz. 94).

BFH, Urt. v. 7. 12. 2010 – IX R 40/09 – DStR 2011, 401 = DB 2011, 506 = GmbHR 2011, 380 mit Anm. *Podewils* = BB 2011, 1063 = FR 2011, 430
(Die verlustbringende Veräußerung eines Kapitalgesellschaftsanteils im Sinne des § 17 Abs. 1 Satz 1 EStG an einen Mitgesellschafter ist nicht deshalb rechtsmissbräuchlich im Sinne des § 42 AO, weil der Veräußerer in engem zeitlichen Zusammenhang von einem anderen Mitgesellschafter dessen in gleicher Höhe bestehenden Gesellschaftsanteil an derselben Gesellschaft erwirbt).

BFH Urt. v. 17. 6. 2010 – VI R 50/09 – DB 2010, 1974 = DStR 2010, 1886 = BFH/NV 2010, 1913
(Das streitige Vergütungssystem entspricht § 3 b EStG. Es handelt sich um eine zulässige Gestaltungsform in Ausnutzung der rechtlichen Möglichkeiten. Die Beteiligten haben es – bis an die Grenze des Gestaltungsmissbrauchs – in der Hand, durch vertragliche Vereinbarung von einer gesetzlich zulässigen Steuerbefreiung in möglichst hohem Maße Gebrauch zu machen).

BFH Urt. v. 20. 5. 2010 – IV R 74/07 – DStRE 2010, 1010 = BFH/NV 2010, 1736 = BB 2010, 2105 = GmbHR 2010, 992
(Steuerrechtliche Folgen, die im Zusammenhang mit einer auf Dauer angelegten Unternehmensumstrukturierung, wie beispielsweise der dauerhaften (d. h. nicht nur „geschäftsvorfallbezogenen") Zwischenschaltung von Kapitalgesellschaften mit der Folge mehrstöckiger Beteiligungen, stehen, begründen selbst dann keinen Missbrauch i. S. v. § 42 AO, wenn die Umstrukturierung auf der Übertragung nicht wesentlicher Beteiligungen beruht).

BFH Urt. v. 17. 3. 2010 – IV R 25/08 – BStBl. II 2010, 622 = DStR 2010, 1022 = DB 2010, 1210 = FR 2010, 706 mit Anm. *Hartrott* = BB 2010, 2284 mit Anm. *Wagner*
(Im Hinblick auf einen gewerblichen Grundstückshandel ist die Zwischenschaltung einer GmbH grundsätzlich nicht missbräuchlich, wenn die Gesellschaft nicht funktionslos ist, sondern eine wesentliche, wertschöpfende eigene Tätigkeit (z. B. Bebauung des erworbenen Grundstücks) ausübt).

BFH Urt. v. 25. 8. 2009 – IX R 60/07 – BStBl. II 2009, 999 = DStR 2009, 2188 = DB 2009, 2354 = WM 2009, 2214 = NJW 2010, 175, und BFH Urt. v. 25. 8. 2009 – IX R 55/07 – BFH/NV 2010, 387
(Werden Wertpapiere, die innerhalb der Jahresfrist des § 23 Abs. 1 S. 1 Nr. 2 EStG mit Verlust veräußert werden, am selben Tage in gleicher Art und Anzahl, aber zu unterschiedlichem Kurs wieder gekauft, so liegt hierin kein Gestaltungsmissbrauch i. S. d. § 42 AO).

BFH Urt. v. 29. 5. 2008 – IX R 77/06 – BStBl. II 2008, 789 = DStR 2008, 1586 = DB 2008, 1982 = GmbHR 2008, 996 = NZG 2008, 716 = BB 2008, 2612 mit Anm. *Lowa* = FR 2008, 35
(Die Veräußerung von GmbH-Anteilen an eine von den Gesellschaftern der GmbH neu gegründete, beteiligungsidentische GmbH ist nicht deshalb rechtsmissbräuchlich i. S. d. § 42 AO, weil die Anteile zu einem Zeitpunkt veräußert wurden, als die Veräußerung noch nicht dem Halbeinkünfteverfahren unterlag, oder weil sich die Tätigkeit der neu gegründeten GmbH auf das Halten der veräußerten Anteile beschränkte).

BFH Urt. v. 15. 3. 2005 – X R 39/03 – BStBl. II 2005, 817 = DStR 2005, 1127 = BB 2005, 1541 = FR 2005, 943 mit Anm. *Peter Fischer* = NJW 2005, 3085
(In der Einschaltung von nahen Angehörigen (hier: Kinder) in eigene Grundstücksgeschäfte des Steuerpflichtigen kann ein Missbrauch von Gestaltungsmöglichkeiten des Rechts liegen. Wenn und soweit der Steuerpflichtige den steuerbaren Tatbestand des gewerblichen Grundstückshandels aufgrund „mittelbarer Tatherrschaft" verwirklicht und ihm deswegen der steuerliche Handlungserfolg zuzurechnen ist, bedarf es keines Rückgriffs auf § 42 AO).

BFH Beschl. v. 4. 2. 2005 – VIII B 185/02 – BFH/NV 2005, 1258
(Ein Rechtsmissbrauch i. S. d. § 42 AO kann dann vorliegen, wenn die Gewinnverteilung in einer Kapitalgesellschaft, an der nahe Angehörige beteiligt sind, entgegen der gesetzlichen Regel in einem deutlichen Missverhältnis zur Höhe der Geschäftsanteile steht. Eine inkongruente Gewinnausschüttung stellt

selbst dann keinen Missbrauch von Gestaltungsmöglichkeiten dar, wenn der Zweck der inkongruenten Gewinnausschüttung die Ausschöpfung des Verlustausgleichspotentials eines Anteilseigners ist).

BFH Urt. v. 14. 1. 2003 – IX 5/00 – BStBl. II 2003, 509 = DStR 2003, 460 = DB 2003, 643 = NJW 2003, 1342
(Vermietet der Steuerpflichtige sein Haus zu fremdüblichen Konditionen an seine Eltern, kann er die Werbungskostenüberschüsse bei seinen Einkünften aus Vermietung und Verpachtung auch dann abziehen, wenn er selbst ein Haus seiner Eltern unentgeltlich zu Wohnzwecken nutzt; ein Missbrauch steuerrechtlicher Gestaltungsmöglichkeiten i. S. d. § 42 AO liegt insoweit nicht vor).

BFH Urt. v. 19. 8. 1999 – I R 77/96 – BStBl. II 2001, 43 = DStR 1999, 1849 = BB 1999, 2443 = DB 1999, 2448 = FR 1999, 1366 = GmbHR 1999, 1258
(Das sog. Schütt-aus-Hol-zurück-Verfahren stellt grundsätzlich keinen Missbrauch von Gestaltungsmöglichkeiten des Rechts dar. Das gilt auch dann, wenn sich die Anteilseigner einer GmbH auf eine von den Beteiligungsverhältnissen abweichende (inkongruente) Gewinnausschüttung verständigen, um dadurch einem der Anteilseigner einen Verlustabzug zu ermöglichen, und wenn anschließend der hierdurch begünstigte Anteilseigner die an ihn ausgeschütteten Gewinne seinerseits wieder inkongruent in die GmbH einlegt).

BFH Urt. v. 18. 5. 1995 – IV R 125/92 – BStBl. II 1996, 5 = DB 1995, 1788 = BB 1995, 2198 = NJW 1995, 3342
(Es stellt keinen Missbrauch von Gestaltungsmöglichkeiten dar, wenn der Inhaber eines Betriebs (hier einer Rechtsanwaltspraxis) seinem Ehegatten einen werthaltigen Vermögensgegenstand (hier ein Gebäude) ernsthaft und gegenwärtig schenkt, um ihn dann für den Betrieb zu mieten).

Die **Finanzverwaltung** hat nicht nur im allgemeinen Anwendungserlass zur Abgabenordnung, sondern auch in zahlreichen Einzelverfügungen zum steuerlichen Gestaltungsmissbrauch Stellung genommen. Beispiele dafür sind etwa: 123

- Erbauseinandersetzung: Gestaltungsmissbrauch, wenn bei Erbauseinandersetzung über einen gemischten Nachlass durch Entnahmen liquider Mittel Privatvermögen in engem zeitlichem Zusammenhang mit der Auseinandersetzung geschaffen wird, um eine gewinnneutrale Teilung zu ermöglichen.[96]
- Einbringung von Einzelwirtschaftsgütern des Privatvermögens in das betriebliche Gesamthandsvermögen einer Personengesellschaft: Gestaltungsmissbrauch bei nachträglicher Umbuchung eines aus dem Privatvermögen eingebrachten Grundstücks von einem gesamthänderischen Rücklagenkonto auf ein Kapitalkonto I bei einer Einmann-GmbH & Co. KG.[97]
- Gewinnverteilung bei Familienpersonengesellschaften: Gestaltungsmissbrauch, wenn die Gewinnverteilung in offensichtlichem Missverhältnis zu den Leistungen der Gesellschafter steht.[98]
- Vermögensübertragungen gegen Versorgungsleistungen: Gestaltungsmissbrauch, wenn ein nicht begünstigter Anteil an einer GmbH binnen eines Jahres vor der Vermögensübertragung in einen Betrieb, Teilbetrieb oder Mitunternehmeranteil eingelegt worden ist und dieser dann gegen Versorgungsleistungen übertragen wird.[99]
- Einbringung von Betrieben in eine Kapitalgesellschaft: Gestaltungsmissbrauch, wenn in zeitlichen und sachlichen Zusammenhang mit der Einbringung eines Betriebs in eine Kapitalgesellschaft wesentliche Betriebsgrundlagen in ein anderes Betriebsvermögen überführt werden.[100]
- Lohnsummenregelung für die Verschonung von unternehmerischem Vermögen im Erbschaft- und Schenkungsteuerrecht: Gestaltungsmissbrauch, wenn die Anzahl der Beschäftigten kurzfristig im Hinblick auf die Übertragung auf nicht mehr als zwanzig reduziert worden ist.[101]

(b) Rechtsfolgen. Liegt im Einzelfall ein steuerlicher Gestaltungsmissbrauch vor, entsteht der Steueranspruch bei allen Betroffenen so, wie er bei einer den wirtschaftlichen Vorgängen 124

[96] BMF Schreiben v. 14. 3. 2006 – BStBl. I 2006, 253, Rdnr. 33.
[97] BMF Schreiben v. 26. 11. 2004 – BStBl. I 2004, 1190 aE.
[98] R 15.9 (3) EStR.
[99] BMF Schreiben v. 11. 3. 2010 (4. Rentenerlass) BStBl. I 2010, 227, Rdnr. 23.
[100] Rdnr. 20.09. UmwStG-Erlass.
[101] Abschnitt 8 Abs. 2 Satz 3 AEErbSt v. 25. 6. 2009 (BStBl. I 2009, 713).

angemessenen rechtlichen Gestaltung entsteht (§ 42 Abs. 1 Satz 3 AO). Eine doppelte Besteuerung erfolgt nicht. Die zivilrechtliche Wirksamkeit eines Rechtsgeschäfts bleibt auch bei Vorliegen eines steuerlichen Gestaltungsmissbrauchs unberührt.

125 *bb) Gesamtplanrechtsprechung*

Ausgewählte Hinweise auf weiterführende Literatur: *Crezelius*, Das Argumentationsmuster des sog. Gesamtplans, FR 2003, 537; *Fischer*, Gedanken zum Gesamtplan im deutschen und europäischen Recht, FR 2006, 207; *Förster*, Die Gesamtplanrechtsprechung im Steuerrecht – Reichweite, Risiken und Chancen, in: Festschrift für Klaus Korn, 2005, S. 3 ff.; *Förster/Schmidtmann*, Die Gesamtplanrechtsprechung im Steuerrecht, StuW 2003, 114; *Fuhrmann*, Umstrukturierung und Gesamtplan, Stuttgart 2011; *Jebens*, Müssen die Gesamtplan - Tatbestandsmerkmale wegen divergierender Auffassungen im BFH gesetzlich fixiert werden?, BB 2010, 2025; *Offerhaus*, Der „Gesamtplan" – eine zulässige Figur im Steuerrecht?, in: Festschrift für Wolfgang Spindler, 2011, S. 677 ff.; *Röhrig/Demant*, Unternehmensumstrukturierung von Personenunternehmen, Aktueller Überblick zur Gesamtplanrechtsprechung, EStB 2011, 33 und 77; *Söffing*, Die Steuerumgehung und die Figur des Gesamtplans, BB 2010, 2777; *Spiegelberger*, Rechtsmissbräuchlicher Gesamtplan bei der Kettenschenkung, in: Festschrift für Wolfgang Spindler, 2011, S. 809 ff.; *ders.*, Die „Gesamtplan-Rechtsprechung" des Bundesfinanzhofs, ZNotP 2006, 442; *Spindler*, Der „Gesamtplan" in der Rechtsprechung des BFH, DStR 2005, 1; *Strahl*, Umstrukturierung und Gesamtplan, KÖSDI 2011, 17363.

126 *(1) Einführung.* Für eine nicht unerhebliche Verunsicherung der Gestaltungspraxis sorgt das neue Rechtsinstitut des **Gesamtplans.** Die Figur des Gesamtplans dient dazu, das Gesamtergebnis eines von Anfang an beabsichtigten wirtschaftlichen Vorgangs steuerrechtlich sachgerecht zu erfassen. Für die steuerliche Beurteilung werden dabei mehrere Rechtsgeschäfte, die auf einem einheitlichen Plan beruhen und untereinander in engem zeitlichen und sachlichen Zusammenhang stehen, zu einem einheitlichen wirtschaftlichen Vorgang zusammengefasst. Für die Besteuerung ist sodann das wirtschaftliche Gesamtergebnis maßgebend. Eine isolierte Besteuerung der einzelnen Teilschritte des Gesamtplans erfolgt dagegen nicht. Die Verklammerung der einzelnen Teilschritte eines Gesamtplans zu einem einheitlichen wirtschaftlichen Vorgang kann sich sowohl zu Ungunsten als auch zu Gunsten des Steuerpflichtigen auswirken.

127 *(2) Vorliegen eines Gesamtplans.* Das Rechtsinstitut des Gesamtplans ist **gesetzlich nicht geregelt**, sondern wurde vom Bundesfinanzhof entwickelt.[102] Als Ausgangspunkt der Gesamtplanrechtsprechung wird vielfach eine Entscheidung des Bundesfinanzhofs aus dem Jahr 2000 zur Tarifbegünstigung bei der Veräußerung eines Mitunternehmeranteils (§§ 16, 34 EStG) angesehen, in der der Begriff „Gesamtplan" allerdings gar nicht vorkommt.[103] Danach ist der Gewinn aus der Veräußerung eines Mitunternehmeranteils nicht tarifbegünstigt, wenn *„auf Grund einheitlicher Planung und in engem zeitlichen Zusammenhang"* mit der Anteilsveräußerung wesentliche Betriebsgrundlagen der Personengesellschaft ohne Aufdeckung sämtlicher stiller Reserven aus dem Betriebsvermögen der Gesellschaft ausgeschieden sind und es infolgedessen nicht zur Aufdeckung sämtlicher stiller Reserven kommt. Der Bundesfinanzhof geht davon aus, dass bei der Veräußerung eines Mitunternehmeranteils *„eine zeitraumbezogene Betrachtung"* angestellt werden muss, wenn der *„Veräußerungsplan mehrere Teilakte"* umfasst.

128 In einem ähnlich gelagerten Fall aus dem Jahre 2010 hat der Bundesfinanzhof seine Rechtsprechung jetzt *„präzisiert"* und die Gewährung der Tarifermäßigung für möglich erachtet.[104] Einer Tarifbegünstigung des Gewinns aus der Veräußerung eines Mitunternehmeranteils steht demnach nicht entgegen, dass im Zusammenhang mit der Veräußerung Mitunternehmeranteile an einer anderen (Unter-)Personengesellschaft zu Buchwerten in das

[102] Im Stichwortverzeichnis des führenden Steuerrechtskommentars von *Ludwig Schmidt* zum Einkommensteuergesetz, 30. Aufl. 2011, findet sich der Begriff „Gesamtplan" nicht. Gleiches gilt auch für viele andere Kommentare, wie etwa *Pahlke/Koenig*, Abgabenordnung, 2. Aufl. 2009.

[103] BFH Urt. v. 6. 9. 2000 – IV R 18/99 – BStBl. II 2001, 229 = DB 2000, 2459. Siehe zuvor bereits BFH Urt. v. 24. 8. 1989, IV R 67/86, BStBl. II 1990, 132 = DB 1990, 88 (zur Begünstigung eines Entnahmegewinns, der in engem zeitlichen und sachlichen Zusammenhang mit der Veräußerung eines Mitunternehmeranteils entstanden ist).

[104] BFH Urt. v. 25. 2. 2010 – IV R 49/08 – BStBl. II 2010, 726 = DStR 2010, 1025 mit Anm. *Wit* = FR 2010, 701 mit Anm. *Wendt.*

Gesamthandsvermögen einer weiteren Kommanditgesellschaft ausgegliedert worden sind. Das Vorliegen eines Gesamtplans wurde in diesem Fall im Ergebnis somit verneint, ohne dass eine Auseinandersetzung mit den Voraussetzungen dieses Rechtsinstituts erfolgt wäre.

Die Rechtsprechung des **Bundesfinanzhofs** zum Gesamtplan ist stark einzelfallbezogen. Allgemeine Konturen sind bislang nur schwer auszumachen. Die Rechtsprechung nennt insbesondere keine konkreten Zeiträume, innerhalb derer ein Gesamtplan anzunehmen sein könnte.[105] 129

Beispiele aus der Rechtsprechung des Bundesfinanzhofs zum Gesamtplan (in chronologischer Reihenfolge)

BFH Urt. v. 25. 11. 2009 – I R 72/08 – BStBl. II 2010, 471 = DB 2010, 310 = DStR 2010, 269 = BB 2010, 562 mit Anm. *Koch* = GmbHR 2010, 317 mit Anm. *Suchanek* = FR 2010, 381 mit Anm. *Wendt* = NZG 2010, 477 = MittBayNot 2011, 82 mit Anm. *Spiegelberger*. Ausführlich dazu u. a. *Gosch* DStR 2010, 1173; *Jebens* BB 2010, 2025; *Prinz* DB 2010, 972; *Schäffler* DStR 2010, 636; *Schulze zur Wiesche* DB 2010, 1173; *Schumacher* DStR 2010, 1606; *Schwedhelm* DStR 2010, 1505
(Die „Auslagerung" einer wesentlichen Betriebsgrundlage – hier: von Grundbesitz auf eine GbR – aus dem einzubringenden Mitunternehmeranteil ist steuerlich anzuerkennen, sofern sie auf Dauer erfolgt und deshalb andere wirtschaftliche Folgen auslöst als die Einbeziehung des betreffenden Wirtschaftsguts in den Einbringungsvorgang. Anders kann es sein, wenn sie alsbald rückgängig gemacht wird und sich deshalb nur als vorgeschoben erweist).

BFH Urt. v. 22. 1. 2002 – VIII R 46/00 – BStBl. II 2002, 685 = DStR 2002, 716 = DB 2002, 1135 = BB 2002, 921 = FR 2002, 620 = NZG 2002.692 = MittBayNot 2003, 502
(Verpflichtet sich der beherrschende Gesellschafter einer Personengesellschaft in einem notariellen Vertrag, seinem Kind zu Lasten seines Darlehenskontos einen Geldbetrag unter der Bedingung zuzuwenden, dass er der Gesellschaft sogleich wieder als Darlehen zur Verfügung zu stellen ist, können die Zinsen bei der steuerlichen Gewinnermittlung der Gesellschaft nicht als Betriebsausgaben abgezogen werden. Das gilt auch bei längeren Abständen zwischen Schenkungsvertrag und Darlehensvertrag, wenn zwischen beiden Verträgen eine auf einem Gesamtplan beruhende sachliche Verknüpfung besteht).

BFH Urt. v. 18. 1. 2001 – IV R 58/99 – BStBl. II 2001, 393 = DStR 2001, 479 = DB 2001, 676 = BB 2001, 665 = ZEV 2001, 204 = NJW 2001, 1743 = NZG 2001, 669 = FR 2001, 402 mit Anm. *Peter Fischer*
(Die Anerkennung von Darlehensverträgen zwischen einer Personengesellschaft und den volljährigen, finanziell unabhängigen Söhnen der Gesellschafter, bei denen die Darlehensbeträge aus zuvor von den Gesellschaftern geschenkten Mitteln herrühren, richtet sich nach den gesamten Umständen des Falles unter Berücksichtigung des Fremdvergleichs. Die Kürze der zwischen Schenkung und Darlehensgewährung liegenden Zeit begründet keine unwiderlegliche Vermutung für die gegenseitige Abhängigkeit der beiden Verträge).

BFH Urt. v. 6. 9. 2000 – IV R 18/99 – BStBl. II 2001, 229 = DB 2000, 2459 = DStR 2000, 2123 = BB 2000, 2556 = GmbHR 2001, 35
(Der Gewinn aus der Veräußerung eines Mitunternehmeranteils ist nicht tarifbegünstigt, wenn auf Grund einheitlicher Planung und in engem zeitlichen Zusammenhang mit der Anteilsveräußerung wesentliche Betriebsgrundlagen der Personengesellschaft ohne Aufdeckung sämtlicher stiller Reserven aus dem Betriebsvermögen der Gesellschaft ausgeschieden sind).

Die **Finanzverwaltung** folgt der Gesamtplanrechtsprechung in zahlreichen Einzelfällen, hat dazu bislang aber noch nicht allgemein Stellung genommen. Beispiele dafür sind etwa: 130

- Buchwertfortführung bei der unentgeltlichen Übertragung von Mitunternehmeranteilen: Wird im zeitlichen und sachlichen Zusammenhang mit der Übertragung des Mitunternehmeranteils (sog. Gesamtplanrechtsprechung) funktional wesentliches Sonderbetriebsvermögen entnommen oder (z. B. nach § 6 Abs. 5 EStG) zum Buchwert in ein anderes Betriebsvermögen überführt oder übertragen, kann der Anteil am Gesamthandsvermögen nicht nach § 6 Abs. 3 EStG zum Buchwert übertragen werden.[106]
- Antrag auf Optionsverschonung für unternehmerisches Vermögen bei der Erbschaft- und Schenkungsteuer: Bei mehreren Schenkungen mit einem *„einheitlichen Schenkungs-*

[105] Siehe dazu auch FG München Urt. v. 12. 11. 2003 – 9 K 4811/01 – EFG 2004, 496 mit Anm. *Claßen*, wo sogar bei einem zeitlichen Abstand von sechs Jahren zwischen zwei Übertragungen das Vorliegen eines Gesamtplans bejaht worden ist.

[106] BMF Schreiben v. 3. 3. 2005 – BStBl. I 2005, 458, Rdnr. 7.

willen" kann der Antrag auf Optionsverschonung auch dann nur einheitlich ausgeübt werden, wenn diese in mehrere Schenkungsverträge aufgeteilt sind.[107]

- Steuerrechtliche Anerkennung von Darlehensverträgen zwischen Angehörigen: Darlehensverträge unter Angehörigen werden steuerrechtlich grundsätzlich nicht anerkannt, wenn dem Darlehensgeber das Darlehen vom Darlehensnehmer geschenkt worden ist und die Schenkung von der Darlehensgewährung abhängig gemacht worden ist. Eine Abhängigkeit zwischen Schenkung und Darlehen kann auch bei einem längeren zeitlichen Abstand zwischen Schenkungs- und Darlehensvertrag bei einer auf einem Gesamtplan beruhenden sachlichen Verknüpfung bestehen.[108]

Praxistipp:

Eine Besteuerung nach Gesamtplangrundsätzen kommt insbesondere dann in Betracht, wenn mehrere Teilakte in einem engen zeitlichen und sachlichen Zusammenhang stehen und auf Grund einheitlicher Planung erfolgt sind. Die Vermeidung eines steuerlichen Gesamtplans setzt daher voraus, dass die einzelnen Teilakte **sachlich und zeitlich voneinander unabhängig** sind. Aus notarieller Sicht kann es dabei unter Umständen hilfreich sein, für die einzelnen Teilakte jeweils getrennte Urkunden zu errichten, die auch inhaltlich nicht aufeinander Bezug nehmen (sofern dies beurkundungsrechtlich im Einzelfall möglich ist). Jeder Teilakt sollte für sich vollständig und ordnungsgemäß vollzogen werden. Die Beurkundung der einzelnen Teilakte sollte möglichst nicht am gleichen Tag, sondern gegebenenfalls in unterschiedlichen Veranlagungszeiträumen erfolgen. Vor der Beurkundung eines Teilaktes sollte der Vollzug des vorherigen Teilaktes vollständig abgeschlossen sein. Anhaltspunkte für das Vorliegen eines Gesamtplans sollten sich aus den Urkunden nicht ergeben (auch wenn zivilrechtlich eine Gestaltungsberatung ohne Plan wenig sinnvoll erscheint).

d) Verträge unter nahen Angehörigen

Ausgewählte Hinweise auf weiterführende Literatur: *Fuhrmann*, Verträge zwischen nahen Angehörigen – Grenzfälle der Gestaltungspraxis, KÖSDI 2005, 14784; *Hamdan/Hamdan*, Die steuerrechtliche Anerkennung von Verträgen zwischen nahen Angehörigen, DStZ 2008, 113; *Heuermann*, Irritationen über einen alten Rechtsgrundsatz – Verträge zwischen nahe stehenden Personen ohne zivilrechtliche Wirksamkeit?, DB 2007, 1267; *Spindler*, Neuere Tendenzen in der steuerrechtlichen Beurteilung von Mietverträgen zwischen nahen Angehörigen, DB 1997, 643; *Tiedtke/Möllmann*, Zivilrechtliche Wirksamkeit als Voraussetzung der steuerlichen Anerkennung von Verträgen zwischen nahen Angehörigen, DStR 2007, 1940; *Zipfel/Pfeffer*, Verträge unter nahen Angehörigen, BB 2010, 343. – Sowie die Kommentierungen zu § 42 AO.

131 *aa) Einführung.* Familienangehörige können ihre vertraglichen Beziehungen untereinander grundsätzlich frei gestalten und insbesondere auch eine für sie steuergünstige Gestaltung wählen. Allerdings sind Verträge unter nahen Angehörigen steuerlich nur dann anzuerkennen, wenn sie zivilrechtlich wirksam sind und die Vertragsgestaltung und -durchführung dem entspricht, was unter Fremden üblich ist.[109] Anhand dieser Kriterien soll festgestellt werden, ob ein bestimmter Lebenssachverhalt dem (steuerlich nicht relevanten) privaten Bereich oder dem (steuerlich relevanten) Bereich der Einkunftserzielung zuzuordnen ist. Denn bei Verträgen unter nahen Angehörigen mangelt es typischerweise an einem natürlichen Interessengegensatz, wie er zwischen **fremden Dritten** üblicherweise besteht. Es besteht somit das Risiko, dass durch Verträge unter nahen Angehörigen steuerliche Gestaltungsmöglichkeiten missbraucht werden könnten. Im Interesse einer präventiven Missbrauchskontrolle

[107] Abschnitt 17 Abs. 1 Satz 2 AEErbSt v. 25. 6. 2009 (BStBl. I 2009, 713).

[108] BMF Schreiben v. 23. 12. 2010, BStBl. I 2011, 37, DStR 2011, 75 = DB 2011, 87, Rdnr. 12 (zur steuerrechtlichen Anerkennung von Darlehensverträgen zwischen Angehörigen).

[109] Siehe dazu auch die umfangreichen Stellungnahmen der Finanzverwaltung, etwa zur Anerkennung von Arbeits- und Darlehensverhältnissen unter nahen Angehörigen in R 4.8 EStR, zur Anerkennung von Familiengesellschaften in R 15.9 EStR und zur Anerkennung von Miet- und Pachtverträgen unter nahen Angehörigen siehe in R 21.4 EStR, jeweils mit zahlreichen Hinweisen auf die Rechtsprechung des Bundesfinanzhofs. – Zur steuerrechtlichen Anerkennung von Darlehensverträgen zwischen Angehörigen siehe jetzt auch BMF Schreiben v. 23. 12. 2010 – BStBl. I 2011, 37, DStR 2011, 75 = DB 2011, 87.

werden an Verträge unter nahen Angehörigen von Rechtsprechung und Finanzverwaltung seit jeher strenge Anforderungen gestellt.[110]

bb) Begriff des nahen Angehörigen. Der Begriff des nahen Angehörigen ist gesetzlich nicht definiert (siehe § 15 AO zum Begriff des Angehörigen). Als **nahe Angehörige** werden regelmäßig folgende Personen angesehen: 132

- Ehegatten und eingetragene Lebenspartner,
- Eltern,
- Großeltern,
- Kinder (und zwar sowohl minderjährige als auch volljährige Kinder),
- Enkel,
- Schwiegerkinder und Schwiegereltern,
- Geschwister,
- Verschwägerte.

Nicht zu den nahen Angehörigen gehören dagegen im Allgemeinen folgende Personen: 133

- Geschiedene Ehegatten,
- Lebenspartner nach Beendigung der Lebenspartnerschaft,
- Verlobte,
- Onkel/Tanten und Neffen/Nichten,
- Partner einer (nicht eingetragenen) Lebensgemeinschaft.

Für den Begriff des nahen Angehörigen sind allerdings nicht nur die formalen Familienbande maßgebend. Steuerlich ist stets entscheidend, ob zwischen den Beteiligten ein natürlicher Interessengegensatz wie unter fremden Dritten besteht. Dabei sind stets die gesamten Umstände des jeweiligen Einzelfalls maßgebend. Im Grundsatz kann allerdings davon ausgegangen werden, dass die Familienbande umso schwächer werden je weiter der Grad der Verwandtschaft ist. 134

cc) Voraussetzungen der steuerlichen Anerkennung. (1) Zivilrechtliche Wirksamkeit. (a) Form. Verträge unter nahen Angehörigen werden steuerlich nur dann anerkannt, wenn sie zivilrechtlich wirksam sind. Aus notarieller Sicht erscheint dies vielen vermutlich als eine Selbstverständlichkeit, doch scheitert die steuerliche Anerkennung von Verträgen unter nahen Angehörigen in der Praxis nicht selten schon an dieser Hürde. Häufige Ursache dafür sind insbesondere Verstöße gegen die (gesetzlich vorgesehenen oder vertraglich vereinbarten) **Formvorschriften**. In der Praxis betrifft dies naturgemäß insbesondere solche Verträge, die im Allgemeinen keiner notariellen Beurkundung bedürfen, wie etwa Miet-, Arbeits- oder Darlehensverträge. Formverstöße sind darüber hinaus insbesondere in solchen Fällen festzustellen, bei denen die Beurkundungspflicht vom Einzelfall abhängig ist und damit (zumindest aus Sicht der Beteiligten) nicht ganz eindeutig erscheint (wie etwa bei Treuhandverträgen über GmbH-Geschäftsanteile[111] oder der Schenkung von Personengesellschaftsanteilen). 135

Der **Bundesfinanzhof** geht in seiner neueren Rechtsprechung allerdings davon aus, dass die zivilrechtliche Wirksamkeit eines Vertrages keine zwingende Voraussetzung für dessen steuerliche Anerkennung darstellt. Vielmehr soll es sich dabei lediglich um ein Indiz handeln, das im Rahmen der Gesamtbetrachtung aller Umstände des Einzelfalls zu berücksichtigen ist. Danach soll insbesondere die Nichtbeachtung von zivilrechtlichen Formvorschriften nicht immer die steuerliche Nichtanerkennung des Vertragsverhältnisses zur Folge haben.[112] 136

[110] Siehe auch Rdnr. 59 des 4. Rentenerlasses der Finanzverwaltung (BStBl. I 2010, 227), wonach die steuerliche Anerkennung der Vermögensubertragung gegen Versorgungsleistungen voraussetzt, dass die *„gegenseitigen Rechte und Pflichten klar und eindeutig sowie rechtswirksam vereinbart und ernsthaft gewollt sind und die Leistungen wie vereinbart tatsächlich erbracht werden"*.

[111] Zu Treuhandverträgen, die mangels notarieller Beurkundung steuerlich nicht anerkannt worden sind, siehe u. a. BFH Urt. v. 11. 5. 2010 – IX R 19/09 – DStR 2010, 1514 = FR 2010, 989 mit Anm. *Bode*; FG Köln Urt. v. 21. 4. 2005 – 10 K 1336/10 – NotBZ 2005, 342.

[112] Siehe etwa BFH Urt. v. 11. 5. 2010 – IX R 19/09 – DStR 2010, 1514 = FR 2010, 989 mit Anm. *Bode*; BFH Urt. v. 12. 5. 2009 – IX R 46/08 – BStBl. II 2011, 24 = DB 2009, 1627; BFH Urt. v. 22. 2. 2007 – IX R 45/06 – BStBl. II 2011, 20 = DB 2007, 1287 = GmbHR 2007, 719 mit Anm. *Hoffmann*; BFH Urt. v. 7. 6. 2006 – IX R 4/04 – BStBl. 2007, II 294 (insbesondere auch unter Hinweis auf die entsprechende Rechtsprechung des BVerfG).

137 Die **Finanzverwaltung** folgt dieser Auffassung allerdings nicht uneingeschränkt.[113] Vielmehr soll die Nichteinhaltung von Formvorschriften für die steuerliche Anerkennung von Verträgen nur dann unschädlich sein, wenn diese den Beteiligten *„nicht angelastet werden kann“*.[114] Darüber hinaus müssen die Beteiligten zeitnah nach dem Erkennen der Unwirksamkeit die erforderlichen Maßnahmen einleiten, um die Wirksamkeit herbeizuführen. Die Nichtbeachtung von Formvorschriften soll den Beteiligten aber dann zuzurechnen sein, wenn sich diese *„unmittelbar aus dem Gesetz“* ergeben. In diesen Fällen begründet der Formverstoß ernstliche Zweifel am Bindungswillen der Vertragsbeteiligten, der eine steuerliche Anerkennung ausschließt.

Praxistipp:

Der Notar wird schon aus zivilrechtlichen Gründen stets auf die unbedingte Einhaltung aller gesetzlichen Formvorschriften hinwirken. Dies ist auch aus steuerlichen Gründen zu empfehlen. Zeit- und kostenaufwendige Auseinandersetzungen mit der Finanzverwaltung werden auf diese Weise von vornherein vermieden. Darüber hinaus schaffen die Beteiligten mit der notariellen Urkunde ein klares Indiz, das für die steuerliche Anerkennung des Vertragsverhältnisses spricht.

138 *(b) Sonstige Wirksamkeitsfragen.* Neben Formverstößen führt vor allem die Beteiligung von **Minderjährigen** vielfach dazu, dass Verträge unter nahen Angehörigen steuerlich nicht anerkannt werden (siehe §§ 181, 1629 Abs. 2, 1643, 1795, 1821, 1822, 1909, 1915 BGB). In entsprechenden Fällen ist daher stets sorgfältig zu prüfen, ob und inwieweit die Mitwirkung von Ergänzungs- und/oder Verfahrenspflegern oder die Genehmigung des Familiengerichts erforderlich ist. Nachdem in diesem Bereich auch zivilrechtlich noch nicht alle Fragen abschließend geklärt sind, kann es im Einzelfall zweckmäßig sein, sich (zur Vorlage bei den Finanzbehörden) vom Familiengericht eine entsprechende Negativbescheinigung erteilen zu lassen.

Praxistipp:

Aus zivilrechtlicher Sicht wirkt die Zustimmung von Pflegern sowie die Genehmigung des Familiengerichts regelmäßig auf den Zeitpunkt des Vertragsschlusses zurück (§ 184 Abs. 1 BGB). Aus steuerrechtlicher Sicht wird eine solche Rückwirkung allenfalls dann anerkannt, wenn die erforderlichen Zustimmungen unverzüglich beantragt und dann auch in angemessener Zeit erteilt werden (siehe R 23 Abs. 3 ErbStR zur Schenkungsteuer[115]). Der Notar und die Beteiligten sollten daher in diesen Fällen auf einen zeitnahen Vollzug besonderen Wert legen.

139 *(2) Fremdvergleich in Bezug auf den Inhalt des Vertrages.* Verträge unter nahen Angehörigen werden steuerlich nur dann anerkannt, wenn sie **inhaltlich** dem entsprechen, was unter fremden Dritten üblich ist. Allerdings hat nicht jede Abweichung zwingend zur Folge, dass der Vertrag steuerlich nicht anerkannt wird. Vielmehr kommt es auch insoweit auf eine Gesamtbetrachtung an.

Praxistipp:

Streitigkeiten mit der Finanzverwaltung lassen sich von vornherein vermeiden, wenn auch bei Verträgen unter nahen Angehörigen auf marktübliche Musterverträge oder anerkannte Formularbücher zurückgegriffen wird. Abweichungen sollten nach Möglichkeit sachlich begründet sein.

---

[113] BMF Schreiben v. 2. 4. 2007 – BStBl. I 2007, 441. – In Bezug auf die steuerrechtliche Anerkennung von Darlehensverträgen zwischen Angehörigen siehe jetzt aber BMF Schreiben v. 23. 12. 2010 – BStBl. I 2011, 37 – DStR 2011, 75 = DB 2011, 87, Rdnr. 2 und 9.

[114] Der BFH (Urteil v. 11. 5. 2010 – IX R 19/09 – DStR 2010, 1514 = FR 2010, 989 mit Anm. *Bode*) ist in einem solchen Fall jüngst von einer *„verstärkten Indizwirkung“* des Formmangels ausgegangen.

[115] Die etwa erforderliche Zustimmung von Pflegern ist dabei wie eine behördliche Genehmigung zu behandeln, da die Pfleger vom Gericht bestellt werden und die Beteiligten auf die Dauer des Bestellungsverfahrens keinen Einfluss haben.

140 *(3) Fremdvergleich in Bezug auf die Durchführung des Vertrages.* Für die steuerliche Anerkennung von Verträgen unter nahen Angehörigen genügt es nicht, dass sie rechtlich so gestaltet sind, dass sie dem unter fremden Dritten Üblichen entsprechen. Vielmehr müssen die Verträge auch **tatsächlich** so (und nicht anders) durchgeführt werden. Beispielsweise sollten monatlich vereinbarte Zahlungen auch tatsächlich monatlich erfolgen (und nicht etwa in anderen oder unregelmäßigen Zeitabständen). Zahlungen (jedenfalls größere Beträge) sollten zudem stets durch Banküberweisung (und nicht etwa bar) erfolgen.[116] Abweichungen bei der Vertragsdurchführung, wie sie unter fremden Dritten üblich ist, schließen die steuerliche Anerkennung des Vertrages wiederum nicht zwingend aus. Vielmehr handelt es sich lediglich um ein Indiz im Rahmen der Gesamtbetrachtung, dessen Gewicht sich vor allem nach Art, Umfang und Anzahl der Abweichungen richtet.

e) Verbindliche Auskünfte

Ausgewählte Hinweise auf weiterführende Literatur: *Birk,* Die Finanzverwaltung als steuerlicher Berater, Die verbindliche Auskunft als kostenpflichtige Hilfestellung bei der Steuerplanung, in: Festschrift P+P Pöllath + Partners, 2008, S. 161 ff.; *Bruschke,* Konfliktlösung durch eine tatsächliche Verständigung mit dem Finanzamt, DStR 2010, 2611; *Bruschke,* Die verbindliche Auskunft nach § 89 Abs. 2 AO, DStZ 2007, 267; *Klass,* Vertrauensschutz im Steuerrecht außerhalb von verbindlicher Auskunft und verbindlicher Zusage, DB 2010, 2464; *Sedemund,* Nebenbestimmungen bei verbindlichen Auskünften, in: Festschrift für Wienand Meilicke, 2010, S. 669 ff.; *Wedelstädt,* Endlich eine allgemeine gesetzliche Regelung zur verbindlichen Auskunft, DB 2006, 2638. – Sowie die Kommentierungen zu § 89 AO.

141 *aa) Einführung.* Die Finanzämter können auf Antrag verbindliche Auskünfte über die steuerliche Beurteilung von bestimmten Sachverhalten erteilen (§ 89 Abs. 2 bis 5 AO).[117] **Steuerberater** sind unter bestimmten Voraussetzungen sogar verpflichtet eine verbindliche Auskunft des Finanzamts einzuholen. Dies gilt insbesondere dann, wenn die steuerliche Unsicherheit erhebliche wirtschaftliche Bedeutung für die Beteiligten hat und die Gestaltung später nicht mehr korrigiert werden kann.[118]

Praxistipp:

Der Notar ist nicht verpflichtet beim Finanzamt verbindliche Auskünfte zu beantragen. Allerdings kann der Notar die Beteiligten in entsprechenden Fällen auf diese (meist zeit- und kostenintensive) Möglichkeit der verbindlichen Klärung der steuerlichen Auswirkungen einer geplanten Gestaltung verweisen.

142 *bb) Voraussetzungen für die Erteilung einer verbindlichen Auskunft.* Eine verbindliche Auskunft wird nur auf **Antrag** erteilt (§ 89 Abs. 2 Satz 1 AO). Mehrere Beteiligte (siehe § 179 Abs. 2 Satz 2 AO) können einen Antrag auf verbindliche Auskunft nur gemeinsam stellen. Der Antrag ist schriftlich zu stellen. **Zuständig** für die Erteilung einer verbindlichen Auskunft ist grundsätzlich die Finanzbehörde, die bei Verwirklichung des dem Antrag zugrunde liegenden Sachverhalts örtlich zuständig wäre (siehe § 89 Abs. 2 Satz 2 und 3 AO i. V. m. §§ 18 ff. AO). Eine verbindliche Auskunft ist nur zulässig im Hinblick auf die steuerliche Beurteilung eines genau bestimmten und noch nicht verwirklichten **Sachverhalts** (§ 89 Abs. 2 Satz 1 AO). Allgemeine Rechtsauskünfte werden demnach grundsätzlich nicht erteilt (siehe § 89 Abs. 1 AO). Der Steuerpflichtige muss an der Erteilung der verbindlichen Auskunft ein **besonderes Interesse** haben (§ 89 Abs. 2 Satz 1 AO). Nach Auffassung der Finanz-

[116] Siehe dazu insbesondere auch die zahlreichen Beispiele in R 4.8 EStR, R 15.9 EStR und R 21.4 EStR.

[117] Siehe dazu insbesondere Verordnung zur Durchführung von § 89 Abs. 2 der Abgaben-Auskunftsverordnung (Steuer-Auskunftsverordnung – StAuskV) v. 30. 11. 2007 – BStBl. I 2007, 820; BMF Schreiben v. 11. 12. 2007 – BStBl. I 2007, 894 (Anwendungserlass zur Abgabenordnung; Änderung der AEAO); BMF Schreiben v. 18. 12. 2007 – BStBl. I 2008, 2 (Verbindliche Auskünfte der Finanzämter und des Bundeszentralamts für Steuern; Aufhebung von BMF-Schreiben); BMF Schreiben v. 12. 3. 2007 – BStBl. I 2007, 227 (Gebühren für die Bearbeitung auf Erteilung einer verbindlichen Auskunft nach § 89 Abs. 3 bis 5 AO).

[118] BGH Urt. v. 8. 2. 2007 – IX ZR 188/05 – DStR 2007, 1098 mit Anm. *Ruppert* = BB 2007, 905 mit Anm. *Schultz* = EWiR 2007, 397 (*Jöster*); OLG Karlsruhe Urt. v. 26. 10. 2005 – 13 U 138/03 – DStR 2006, 533 mit Anm. *Frick*.

verwaltung ist ein solches Interesse nicht gegeben, wenn die Erzielung von Steuervorteilen im Vordergrund steht.

Ein Antrag auf verbindliche Auskunft sollte mindestens folgende **Angaben** enthalten:

- die genaue Bezeichnung des Antragstellers (bei natürlichen Personen: Name, Wohnsitz bzw. gewöhnlicher Aufenthalt, Steuernummer; bei Körperschaften, Personenvereinigungen und Vermögensmassen: Name bzw. Firma, Sitz und Ort der Geschäftsleitung, Steuernummer),
- eine umfassende und in sich abgeschlossene Darstellung des zum Zeitpunkt der Antragstellung noch nicht verwirklichten Sachverhalts,
- die Darlegung des besonderen steuerlichen Interesses des Antragstellers,
- eine ausführliche Darlegung des Rechtsproblems mit eingehender Begründung des eigenen Rechtsstandpunktes des Antragstellers,
- die Formulierung konkreter Rechtsfragen,
- die Erklärung, dass über den zur Beurteilung gestellten Sachverhalt bei keiner anderen Finanzbehörde eine verbindliche Auskunft beantragt wurde,
- die Darlegung des Gegenstandswerts und die für seine Bestimmung erheblichen Umstände (§ 89 Abs. 4 Satz 1 und 2 AO), sowie
- die Versicherung, dass alle für die Erteilung der Auskunft und für die Beurteilung erforderlichen Angaben gemacht wurden und der Wahrheit entsprechen.

143 Für die Bearbeitung von Anträgen auf Erteilung einer verbindlichen Auskunft werden Gebühren erhoben (§ 89 Abs. 3 bis 5 AO).[119] Die Gebühren werden nach dem Wert berechnet, den die verbindliche Auskunft für den Antragsteller hat (Gegenstandswert). Die Gebühr für eine verbindliche Auskunft der Finanzverwaltung beträgt mindestens 121 Euro und höchstens 91.456 Euro.[120]

144 *cc) Rechtsfolge für die Erteilung einer verbindlichen Auskunft.* Die Erteilung von verbindlichen Auskünften steht im pflichtgemäßen **Ermessen** der Finanzverwaltung (§ 89 Abs. 2 Satz 1 AO i. V. m. § 5 AO). Bei der verbindlichen Auskunft handelt es sich um einen **Verwaltungsakt** (§§ 118 ff. AO).

145 Die von der zuständigen Finanzbehörde erteilte verbindliche Auskunft ist für die Besteuerung grundsätzlich **bindend**. Eine Bindungswirkung besteht jedoch dann nicht, wenn der später verwirklichte Sachverhalt von dem in der Auskunft zugrunde gelegten Sachverhalt wesentlich abweicht. Die Bindungswirkung einer verbindlichen Auskunft entfällt zudem, wenn die zugrunde liegenden Rechtsvorschriften aufgehoben oder geändert werden.

Praxistipp:

Der Notar muss keine verbindlichen Auskünfte beantragen. In der Praxis kommt es allerdings gelegentlich vor, dass der Notar beauftragt wird, Verträge auf der Grundlage einer vom Finanzamt bereits erteilten verbindlichen Auskunft vorzubereiten. In solchen Fällen sollte die Umsetzung möglichst genau anhand der verbindlichen Auskunft erfolgen, da die Finanzverwaltung bei einer (wesentlichen) Abweichung nicht mehr an ihre Rechtsauffassung gebunden ist.

f) Steuerliche Behaltefristen

Ausgewählte Hinweise auf weiterführende Literatur: *Crezelius*, Systeminkonsequenzen und Rückausnahmen, FR 2009, 881; *Crezelius*, Besteuerung aus Drittverhalten?, FR 2002, 805; *Geck*, Versteckte Gefahren bei der

[119] Zu der (umstrittenen) Gebührenpflicht für die Erteilung verbindlicher Auskünfte siehe u. a. *Birk* NJW 2007, 1325; *Blömer* DStR 2008, 1866; *Küffner/Zugmaier* DStR 2007, 2307; *Lahme/Reiser* BB 2007, 408; *Lahme/Reiser* BB 2007, 1361; *Simon* DStR 2007, 557; *Stark* DB 2007, 2333, *Wienbracke* NVwZ 2007, 749. Zur Verfassungsmäßigkeit der Auskunftsgebühr siehe BFH Urt. v. 30. 3. 2011 – I R 61/10 – DStR 2011, 858 = DB 2011, 1032 = BB 2011, 1443 m. Anm. *Werder/Dannecker.* Art. 3 des Referentenentwurfs für ein Steuervereinfachungsgesetz 2011 (siehe dazu BT-Drucks. 17/5125 v. 21. 3. 2011) sieht verschiedene Änderungen von § 89 Abs. 3 bis 5 AO vor, die am 1. 1. 2012 in Kraft treten sollen.

[120] Siehe Ziffer 2.3. des BMF-Schreibens v. 12. 3. 2007 (BStBl. I 2007, 227) und Ziffer 4.2.4. des BMF-Schreibens v. 11. 12. 2007 (BStBl. I 2007, 894).

vorweggenommenen Erbfolge aufgrund nachgelagerter Besteuerungstatbestände, Bonn 2009, S. 128 ff.; *Korn/Fuhrmann*, Checkliste steuerlicher Behalte- und Nachversteuerungsfristen mit Gestaltungshinweisen, KÖSDI 2010, 17077.

Seit einigen Jahren werden steuerliche Vergünstigungen für Übertragungen (wie etwa die Buchwertfortführung) zunehmend davon abhängig gemacht, dass die Beteiligten das erworbene Wirtschaftsgut danach noch eine bestimmte Zeit lang (mehr oder weniger unverändert) behalten. Verstoßen die Beteiligten innerhalb der gesetzlich vorgesehenen Behaltefristen gegen die steuerlichen Auflagen (beispielsweise durch Veräußerung) kommt es regelmäßig zu einer Nachversteuerung. Der ursprünglich gewährte steuerliche Vorteil entfällt somit rückwirkend.[121] 146

Die Einhaltung der zahlreichen **steuerlichen Behaltensregelungen** ist für die Beteiligten und deren steuerlichen Berater eine große Herausforderung. Die Verletzung von (übersehenen oder vergessenen) Behaltensregelungen stellt ein erhebliches Steuer- und Haftungsrisiko dar. Die Überwachung der einzelnen Regelungen ist aus einer Vielzahl von Gründen keineswegs einfach. 147

Die **Behaltefristen** sind je nach Steuertatbestand unterschiedlich lang. Verbreitet sind Fristen von drei, fünf, sieben und zehn Jahren. Die Berechnung der einzelnen Fristen ist in jedem Fall unterschiedlich geregelt (z. B. taggenaue Berechnung, Berechnung nach Kalender- oder Wirtschaftsjahren, Fristbeginn mit Abgabe der Steuererklärung oder Eintragung im Handelsregister) und damit außerordentlich fehleranfällig. 148

Der Gesetzgeber hat die steuerschädlichen Verhaltensweisen zudem meist sehr umfassend geregelt. Die Nachsteuer wird meist nicht nur durch eine Veräußerung des erworbenen Wirtschaftsguts ausgelöst, sondern auch noch in zahlreichen anderen Fällen (wie etwa Einbringungen, Umwandlungen und Umstrukturierungen oder bestimmten Kapitalmaßnahmen). Die einzelnen Steuergesetze enthalten demnach meist einen umfangreichen Katalog der einzelnen **Nachsteuertatbestände**. 149

Praxistipp:

In der notariellen Praxis ist grundsätzlich davon auszugehen, dass praktisch jede gesellschaftsrechtliche Beurkundung bei einem oder mehreren Beteiligten einen Nachsteuertatbestand auslösen kann. Neben den (unmittelbaren) steuerlichen Auswirkungen der eigentlichen Beurkundung, sollten daher im Vorfeld stets auch deren (mittelbaren) Auswirkungen im Hinblick auf etwaige Nachsteuertatbestände überprüft werden.

Die Nachsteuerregelungen sind darüber hinaus auch deshalb vielfach Anlass für Streitigkeiten, weil das Verhalten einer Person bei einer **anderen Person** zu einer Nachsteuer führen kann.[122] Beispiele dafür sind etwa: 150

- Erbschaft- und Schenkungsteuer: Im Rahmen der vorweggenommenen Erbfolge wird unternehmerisches Vermögen unentgeltlich auf den Nachfolger übertragen. Der Erwerb unterliegt aufgrund der gesetzlichen Verschonungsregelungen nicht oder nur in Höhe von 15% der Schenkungsteuer (§§ 13 a, 13 b und 19 a ErbStG). Verstößt der Erwerber innerhalb der Behaltefristen gegen die gesetzlichen Auflagen (§ 13 a Abs. 5 ErbStG) kommt es zu einer Nachversteuerung. Für diese Nachsteuer haftet auch der Schenker (§ 20 Abs. 1 ErbStG), obwohl die Nachsteuer ausschließlich durch ein Verhalten des Erwerbers ausgelöst worden ist.

[121] Die Zeit *vor* einer Übertragung ist steuerrechtlich dagegen grundsätzlich ohne Bedeutung. Ausnahmen sind aber beispielsweise die Ausgangslohnsumme im Erbschaft- und Schenkungsteuerrecht (§ 13 a Abs. 1 Satz 3 ErbStG: fünf Jahre vor der Steuerentstehung), die Einlage von Verwaltungsvermögen in begünstigtes Vermögen (§ 13 b Abs. 2 Satz 3 ErbStG: zwei Jahre vor der Entstehung der Erbschaft- oder Schenkungsteuer), beherrschende Beteiligung an einer Gesellschaft für die Grunderwerbsteuerbefreiung im Konzern (§ 6 a Satz 4 GrEStG: fünf Jahre vor und nach dem Rechtsvorgang) oder die Teilbetriebseigenschaft bei Spaltungen (§§ 15 Abs. 2, 16 Satz 1 UmwStG: drei Jahre vor dem Übertragungsstichtag).

[122] Instruktiv zu dem Problem der Besteuerung von Drittverhalten *Crezelius* FR 2009, 881 (886 f.) und ausführlich *Crezelius* FR 2002, 805.

- Unentgeltliche Übertragung eines Teil-Mitunternehmeranteils: Bei der (voll) unentgeltlichen Übertragung eines Teil-Mitunternehmeranteils führt der Erwerber die Buchwerte des Veräußerers fort (§ 6 Abs. 3 Satz 1 EStG). Wird allerdings das zum Mitunternehmeranteil gehörende Sonderbetriebsvermögen nicht oder nur unterquotal mit übertragen, ist die Buchwertfortführung u. a. davon abhängig, dass der Erwerber den Anteil fünf Jahre nicht veräußert (§ 6 Abs. 3 Satz 2 EStG). Verstößt der Erwerber gegen diese Auflage, kommt es in der Person des Veräußerers rückwirkend zu einer Gewinnbesteuerung (obwohl der steuerschädliche Verkauf durch den Erwerber erfolgt ist).
- Realteilung: Eine Realteilung ist ertragsteuerlich zu Buchwerten möglich, wenn auf die einzelnen Erwerber Betriebe, Teilbetriebe oder Mitunternehmeranteile übertragen werden (§ 16 Abs. 3 Satz 2 EStG). Bei der Übertragung einzelner Wirtschaftsgüter des Betriebsvermögens ist die Buchwertfortführung dagegen von einer dreijährigen Behaltefrist abhängig (§ 16 Abs. 3 Satz 3 EStG). Veräußert der Erwerber ein solches Wirtschaftsgut innerhalb der Behaltefrist, kommt es rückwirkend (auch) bei den anderen Mitunternehmern zu einer Nachversteuerung (obwohl diese auf die Veräußerung keinerlei Einfluss gehabt haben).

Praxistipp:

In der **Kautelarpraxis** sollte das Risiko einer Nachversteuerung beim Veräußerer aufgrund eines Verhaltens des Erwerbers möglichst bereits in dem ursprünglichen Übertragungsvertrag geregelt werden.

Jegliche Veräußerung oder sonstige Handlung des Erwerbers, die eine Nachsteuer auslösen kann, sollte stets nur mit vorheriger schriftlicher Zustimmung des Veräußerers zulässig sein. Etwaige Verstöße sollten durch die Möglichkeit der Rückforderung, von Vertragsstrafen oder pauschalen Schadensersatzregelungen entsprechend sanktioniert werden.

Zudem sollte klargestellt werden, dass der Erwerber dem Veräußerer jeglichen Steuerschaden zu ersetzen hat, der durch sein Verhalten verursacht wird. Im Einzelfall können für den latenten Schadensersatzanspruch entsprechende Sicherheiten vereinbart werden.

Überblick über die wichtigsten Nachsteuertatbestände aus Sicht der notariellen Praxis[123]

(1) Veräußerung von Mitunternehmeranteilen

(a) § 6 Abs. 3 Satz 2 EStG

Steuerschädliches Ereignis: Veräußerung oder Aufgabe eines Mitunternehmeranteils, der durch unentgeltliche Aufnahme einer natürlichen Person in ein Einzelunternehmen oder durch die unentgeltliche Übertragung eines Mitunternehmeranteils zum Buchwert entstanden ist, falls bei der unentgeltlichen Übertragung wesentliche Betriebsgrundlagen nicht oder nur unterproportional übertragen worden sind.
Maßgebliche Frist: Fünf Jahre nach der Übertragung.
Rechtsfolge: Rückwirkende Besteuerung der infolge der unentgeltlichen Aufnahme in ein Einzelunternehmen oder der Übertragung des Mitunternehmeranteils auf den Erwerber übergegangenen stillen Reserven.

(b) § 18 Abs. 3 UmwStG

Steuerschädliches Ereignis: Aufgabe oder Veräußerung eines Betriebs, Teilbetriebs oder Mitunternehmeranteils nach Formwechsel oder Vermögensübertragung.
Maßgebliche Frist: Fünf Jahre nach der Umwandlung.
Rechtsfolge: Auflösungs- bzw. Veräußerungsverlust unterliegt der Gewerbesteuer, die insoweit nicht auf die Einkommensteuer anrechenbar ist.

(c) §§ 13 a Abs. 5, 19 a Abs. 5 ErbStG

Steuerschädliches Ereignis: Veräußerung oder Aufgabe eines unentgeltlich erworbenen Betriebs, Teilbetriebs oder Mitunternehmeranteils.
Maßgebliche Frist: Fünf bzw. sieben Jahre nach Erwerb.
Rechtsfolge: Anteiliges Entfallen der steuerlichen Verschonung bei der Erbschaft- und Schenkungsteuer.

[123] Diese Übersicht ist nicht vollständig und soll lediglich einen ersten Überblick über einige Behaltefristen des deutschen Steuerrechts geben.

(d) § 1 Abs. 2 a GrEStG
Steuerschädliches Ereignis: Wechsel des Gesellschafterbestandes einer grundbesitzhaltenden Personengesellschaft, so dass 95% der Anteile auf neue Gesellschafter übergehen.
Maßgebliche Frist: Veränderungen innerhalb von fünf Jahren.
Rechtsfolge: Fiktion einer grunderwerbsteuerpflichtigen Grundstücksübertragung.

(e) §§ 5 Abs. 3, 6 Abs. 3 und 4 GrEStG
Steuerschädliches Ereignis: Verminderung des Anteils des Veräußerers am Vermögen der grundstückserwerbenden Gesamthand.
Maßgebliche Frist: Fünf Jahre nach Übertragung des Grundstücks.
Rechtsfolge: Anteiliger Wegfall der Grunderwerbsteuerbefreiung.

(f) § 6 a Satz 4 GrEStG
Steuerschädliches Ereignis: Verringerung der Beteiligungsquote des herrschenden Unternehmens am abhängigen Unternehmen auf weniger als 95%.
Maßgebliche Frist: Fünf Jahre nach der Grundstücksübertragung.
Rechtsfolge: Wegfall der Grunderwerbsteuerbefreiung.

(2) **Veräußerung von Betrieben**

(a) § 34 a Abs. 4 bis 7 EStG
Steuerschädliches Ereignis: Überentnahme, Betriebsveräußerung oder -aufgabe oder Einbringung in eine Kapitalgesellschaft nach Inanspruchnahme des begünstigten Thesaurierungssteuersatzes.
Maßgebliche Frist: Keine, d. h. zeitlich unbefristet.
Rechtsfolge: Nachversteuerung mit 25% zuzüglich Solidaritätszuschlag und Kirchensteuer.

(b) § 18 Abs. 3 UmwStG
Steuerschädliches Ereignis: Aufgabe oder Veräußerung eines Betriebs, Teilbetriebs oder Mitunternehmeranteils nach Formwechsel oder Vermögensübertragung.
Maßgebliche Frist: Fünf Jahre nach der Umwandlung.
Rechtsfolge: Auflösungs- bzw. Veräußerungsverlust unterliegt der Gewerbesteuer, die insoweit nicht auf die Einkommensteuer anrechenbar ist.

(c) §§ 13 a Abs. 5, 19 a Abs. 5 ErbStG
Steuerschädliches Ereignis: Veräußerung oder Aufgabe eines unentgeltlich erworbenen Betriebs, Teilbetriebs oder Mitunternehmeranteils.
Maßgebliche Frist: Fünf bzw. sieben Jahre nach Erwerb.
Rechtsfolge: Anteiliges Entfallen der steuerlichen Verschonung bei der Erbschaft- und Schenkungsteuer.

(3) **Veräußerung einzelner Wirtschaftsgüter**

(a) § 6 Abs. 5 Satz 4 EStG
Steuerschädliches Ereignis: Veräußerung einzelner Wirtschaftsgüter des Betriebsvermögens bzw. Sonderbetriebsvermögens nach Buchwertübertragung von Mitunternehmern an die Mitunternehmerschaft (und umgekehrt) sowie zwischen den Mitunternehmern.
Maßgebliche Frist: Drei Jahre nach Abgabe der Steuererklärung des Veräußerers für den Veranlagungszeitraum, in dem die Buchwertübertragung erfolgt ist.
Rechtsfolge: Rückwirkende Besteuerung der stillen Reserven beim Veräußerer.

(b) § 6 Abs. 5 Satz 5 EStG
Steuerschädliches Ereignis: Der Anteil einer Körperschaft an Wirtschaftsgütern, die durch Mitunternehmer an die Mitunternehmerschaft zu Buchwerten übertragen worden sind (oder umgekehrt), wird begründet oder erhöht.
Maßgebliche Frist: Sieben Jahre nach der Übertragung.
Rechtsfolge: Rückwirkende Besteuerung der stillen Reserven beim Veräußerer.

(c) § 16 Abs. 3 Satz 3 EStG
Steuerschädliches Ereignis: Veräußerung oder Entnahme von Grund und Boden oder anderen wesentlichen Betriebsgrundlagen, die bei durch die Übertragung einzelner Wirtschaftsgüter zum Buchwert vollzogener Realteilung einer Mitunternehmerschaft auf die Mitunternehmer übertragen worden sind.
Maßgebliche Frist: Drei Jahre nach Angabe der Steuererklärungen der Mitunternehmerschaft für den Veranlagungszeitraum der Realteilung.
Rechtsfolge: Rückwirkender Ansatz des gemeinen Werts der zunächst zum Buchwert übertragenen Wirtschaftsgüter.

(d) §§ 13 a Abs. 5, 19 a Abs. 5 ErbStG
Steuerschädliches Ereignis: Veräußerung oder Entnahme wesentlicher Betriebsgrundlagen.
Maßgebliche Frist: Fünf bzw. sieben Jahre nach Erwerb.
Rechtsfolge: Anteiliges Entfallen der steuerlichen Verschonung bei der Erbschaft- und Schenkungsteuer.

(4) Veräußerung von Anteilen an einer Kapitalgesellschaft

(a) § 16 Abs. 5 EStG
Steuerschädliches Ereignis: Veräußerung von Anteilen an einer Körperschaft, die im Rahmen der Realteilung einer Mitunternehmerschaft zu Buchwerten von einem nicht begünstigten Mitunternehmer auf einen begünstigten Mitunternehmer übertragen worden sind.
Maßgebliche Frist: Sieben Jahre nach der Realteilung.
Rechtsfolge: Rückwirkender Ansatz des gemeinen Werts auf den Zeitpunkt der Realteilung.

(b) § 17 Abs. 1 und Abs. 6 EStG
Steuerschädliches Ereignis: Gewinnbringende Veräußerung (oder gleichgestellte Vorgänge) einer wesentlichen Beteiligung im Privatvermögen (d. h. Beteiligung des Veräußerers zu irgendeinem Zeitpunkt innerhalb der letzten fünf Jahre mit mindestens 1% oder Erwerb der Anteile durch Einbringung, bei der nicht der gemeine Wert angesetzt worden ist).
Maßgebliche Frist: Fünf Jahre.
Rechtsfolge: Steuerpflicht des Veräußerungsgewinns.

(c) § 8 c KStG
Steuerschädliches Ereignis: Unmittelbare oder mittelbare Übertragung von mehr als 25% bzw. 50% der Anteile an einer Kapitalgesellschaft mit steuerlichen Verlusten.
Maßgebliche Frist: Übertragungen innerhalb von fünf Jahren.
Rechtsfolge: Anteiliger oder vollständiger Wegfall des steuerlichen Verlusts.

(d) § 15 Abs. 2 Satz 4 UmwStG
Steuerschädliches Ereignis: Veräußerung von mehr als 20% der Anteile der an der Spaltung beteiligten Körperschaft.
Maßgebliche Frist: Fünf Jahre nach dem steuerlichen Übertragungsstichtag.
Rechtsfolge: Rückwirkendes Entfallen der Steuerneutralität der Spaltung.

(e) § 22 Abs. 1 UmwStG
Steuerschädliches Ereignis: Veräußerung (oder gleichgestellte Vorgänge) der durch Sacheinlage unter dem gemeinen Wert erworbenen Anteile an der übernehmenden Kapitalgesellschaft.
Maßgebliche Frist: Sieben Jahre nach dem Einbringungszeitpunkt.
Rechtsfolge: Rückwirkende Besteuerung des Einbringungsgewinns beim Einbringenden.

(f) § 22 Abs. 2 UmwStG
Steuerschädliches Ereignis: Veräußerung (oder gleichgestellte Vorgänge) der durch Sacheinlage unter dem gemeinen Wert eingebrachten Anteile durch die übernehmende Kapitalgesellschaft.
Maßgebliche Frist: Sieben Jahre nach dem Einbringungszeitpunkt.
Rechtsfolge: Rückwirkende Besteuerung des Einbringungsgewinns durch den Einbringenden.

(g) § 24 Abs. 5 UmwStG
Steuerschädliches Ereignis: Veräußerung (oder gleichgestellte Vorgänge) der durch Sacheinlage unter dem gemeinen Wert in eine Mitunternehmerschaft eingebrachten Anteile an einer Körperschaft durch die Mitunternehmerschaft.
Maßgebliche Frist: Sieben Jahre nach dem Einbringungszeitpunkt.
Rechtsfolge: Rückwirkende Besteuerung des Einbringungsgewinns durch den Einbringenden.

(h) §§ 13 a Abs. 5, 19 a Abs. 5 ErbStG
Steuerschädliches Ereignis: Veräußerung (oder gleichgestellte Vorgänge) von Anteilen an einer Kapitalgesellschaft.
Maßgebliche Frist: Fünf bzw. sieben Jahre nach Erwerb.
Rechtsfolge: Anteiliges Entfallen der steuerlichen Verschonung bei der Erbschaft- und Schenkungsteuer.

(i) § 6 a Satz 4 GrEStG
Steuerschädliches Ereignis: Verringerung der Beteiligungsquote des herrschenden Unternehmens am abhängigen Unternehmen auf weniger als 95%.
Maßgebliche Frist: Fünf Jahre nach der Grundstücksübertragung.
Rechtsfolge: Wegfall der Grunderwerbsteuerbefreiung.

(5) Kapitalerhöhungen oder -herabsetzungen bei Kapitalgesellschaften

(a) § 8 c KStG
Steuerschädliches Ereignis: Kapitalerhöhung oder -herabsetzung bei einer Kapitalgesellschaft mit steuerlichen Verlusten.
Maßgebliche Frist: Veränderungen der Beteiligungsverhältnisse innerhalb von fünf Jahren.
Rechtsfolge: Anteiliger oder vollständiger Wegfall des steuerlichen Verlusts.

(b) §§ 13 a Abs. 5, 19 a Abs. 5 ErbStG
Steuerschädliches Ereignis: Kapitalherabsetzung bei einer Kapitalgesellschaft und Verteilung des Vermögens an die Gesellschafter.

Maßgebliche Frist: Fünf bzw. sieben Jahre nach Erwerb.
Rechtsfolge: Anteiliges Entfallen der steuerlichen Verschonung bei der Erbschaft- und Schenkungsteuer.

(c) § 6 a Satz 4 GrEStG
Steuerschädliches Ereignis: Verringerung der Beteiligungsquote des herrschenden Unternehmens am abhängigen Unternehmen auf weniger als 95%.
Maßgebliche Frist: Fünf Jahre nach der Grundstücksübertragung.
Rechtsfolge: Wegfall der Grunderwerbsteuerbefreiung.

2. Ausgewählte Einzelfragen des Steuerrechts

a) Rechtsformwahl

Ausgewählte Hinweise auf weiterführende Literatur: *Jacobs*, Unternehmensbesteuerung und Rechtsform, 4. Auflage, 2009; *Kessler/Schiffers/Teufel*, Rechtsformwahl, Rechtsformoptimierung, 2. Auflage, 2011; *König/Maßbaum/Sureth*, Besteuerung und Rechtsformwahl, 5. Auflage, 2011.

In der Theorie besteht weitgehend Einigkeit darüber, dass bei der Rechtsformwahl nicht 151
allein steuerliche Überlegungen maßgebend sein sollten. In der Praxis ist gleichwohl immer wieder festzustellen, dass die Rechtsformwahl ganz entscheidend durch das **Steuerrecht** (und vor allem die Steuerberater) geprägt wird.[124] Neben dem Steuerrecht spielen vielfach auch Fragen der Publizität, der Mitbestimmung und des Sozialversicherungsrechts eine erhebliche Rolle bei der Rechtsformwahl. Demgegenüber sind die klassischen zivilrechtlichen Kriterien für die Wahl der richtigen Rechtsform (wie etwa Haftungsbegrenzung, Selbst- und Fremdorganschaft, Flexibilität bei der Satzungsgestaltung, Nachfolgeregelungen) oftmals nur von untergeordneter Bedeutung.

Gleichwohl sollten steuerrechtliche Überlegungen bei der Entscheidung für oder gegen 152
eine Rechtsform **nicht überbewertet** werden. Das Steuerrecht erscheint schon allein deshalb als ein schlechter Ratgeber, weil es selbst regelmäßig zahlreichen Änderungen unterliegt. Der vermeintliche Steuervorteil einer Rechtsform kann sich somit schnell in sein Gegenteil verkehren. Darüber hinaus stellt sich gerade bei steuerrechtlichen Rechtsformvergleichen stets die Frage, welche Aspekte dabei miteinbezogen werden sollen (z. B. nur die Ertragsteuern oder alle Steuern, nur ein Veranlagungszeitraum oder mehrere Veranlagungszeiträume, nur die Gesellschaft oder auch die Gesellschafter, nur die laufende Besteuerung oder auch außergewöhnliche Sachverhalte wie die Umstrukturierung oder der Verkauf eines Unternehmens, etc.). Nichtzuletzt beruht jeder Rechtsformvergleich auf einer Fülle von Annahmen und Prognosen (z. B. Höhe eines etwaigen Gewinns oder Verlusts, Thesaurierung oder Ausschüttung von Gewinnen, die Art und Weise der Finanzierung der Gesellschaft, etc.), die sich gerade bei der Neugründung eines Unternehmens mitunter auch als falsch erweisen können. Schließlich sollte stets berücksichtigt werden, dass (zumindest bei größeren Gesellschaften) die Interessenlage zwischen der Gesellschaft und den Gesellschaftern sowie zwischen den einzelnen Gesellschaftern (die ihrerseits vielleicht eine unterschiedliche Rechtsform haben, teils im Inland und teils im Ausland ansässig sind) durchaus unterschiedlich sein kann. Richtigerweise sind bei der Frage der Rechtsformwahl daher stets alle Umstände des jeweiligen Einzelfalls und vor allem auch die individuellen Interessen aller Beteiligten umfassend zu berücksichtigen.

Innerhalb des Steuerrechts gibt es eine Vielzahl von Kriterien, die für oder gegen eine 153
Rechtsform sprechen können. Im Mittelpunkt steht dabei meist eine rein **quantitative Betrachtung**, bei der die Ertragsteuerbelastung von Personen- und Kapitalgesellschaften miteinander verglichen wird. Abgesehen davon, dass solchen Modellrechnungen für den konkreten Einzelfall regelmäßig nur eine sehr begrenzte Aussagekraft zukommt, sind die Unterschiede in der Steuerbelastung zwischen den einzelnen Rechtsformen in den letzten Jahren auch deutlich geringer geworden (siehe § 34 a EStG). Tendenziell lässt sich feststellen, dass die Kapitalgesellschaft heute im Fall der (längerfristigen) Gewinnthesaurierung

[124] Siehe dazu auch *Priester* DNotZ 2001, 62 f. (Sonderheft 100 Jahre Deutsche Notar-Zeitung), der darauf hinweist, dass Rechtsformwahl und Rechtsformwechsel erfahrungsgemäß weitgehend vom Steuerrecht determiniert werden.

einen gewissen Steuervorteil aufweist, und umgekehrt die Personengesellschaft sich im Fall der (zeitnahen) Gewinnausschüttung grundsätzlich als etwas günstiger erweist.

154 Bedeutsamer als der bloße zahlenmäßige Vergleich der Steuerbelastung erscheinen (auch und gerade aus Sicht der Gestaltungspraxis) die **qualitativen Kriterien** eines steuerlichen Rechtsformvergleichs. Beispiele dafür sind etwa:

- **Trennungs- und Transparenzprinzip:** Ein zentraler Unterschied zwischen Personengesellschaften einerseits und Kapitalgesellschaften andererseits besteht in der Besteuerungstechnik. Für Personengesellschaften gilt grundsätzlich das Transparenzprinzip (um eine steuerliche Gleichbehandlung mit dem Einzelunternehmer zu erreichen), so dass Leistungsbeziehungen zwischen Gesellschaft und Gesellschafter steuerlich nicht anerkannt werden. Dagegen gilt für Kapitalgesellschaften das Trennungsprinzip, wonach die Ebene der Gesellschaft und die Ebene der Gesellschafter strikt voneinander zu trennen sind (Ausnahme: § 8c KStG). Verträge zwischen der Kapitalgesellschaft und ihren Gesellschaftern werden daher grundsätzlich auch steuerlich anerkannt (Grenze: verdeckte Gewinnausschüttungen).
- **Verlustverrechnung:** Bei der Personengesellschaft können Gewinne und Verluste zwischen der Gesellschaft und ihren Gesellschaftern grundsätzlich miteinander verrechnet werden (Grenzen: z.B. §§ 15a und 2b EStG). Dagegen ist bei den Kapitalgesellschaften eine solche Verrechnung von Verlusten aufgrund des Trennungsprinzips nicht möglich (Ausnahme: Organschaft). Demnach kann es passieren, dass ein Gesellschafter für seine sonstigen Einkünfte Einkommensteuer bezahlen muss, obwohl seine Kapitalgesellschaft Verluste erwirtschaftet.
- **Übertragung einzelner Wirtschaftsgüter:** Bei Personengesellschaften ist aufgrund des Transparenzprinzips die Übertragung einzelner Wirtschaftsgüter zwischen Gesellschaft und Gesellschaftern grundsätzlich zu Buchwerten möglich (siehe § 6 Abs. 5 Satz 3 EStG). Dagegen kommt es bei entsprechenden Übertragungen zwischen einer Kapitalgesellschaft und ihren Gesellschaftern regelmäßig zu einer Gewinnrealisierung (siehe § 6 Abs. 6 EStG).
- **Risiko von verdeckten Gewinnausschüttungen:** Die rechtliche Selbständigkeit der Kapitalgesellschaft hat zur Folge, dass vertragliche Beziehungen zwischen der Gesellschaft und ihren Gesellschaftern auch steuerlich anerkannt werden. Entsprechende Ausgaben (z.B. für die Altersversorgung eines Gesellschafter-Geschäftsführers) können daher steuerlich als Betriebsausgaben geltend gemacht werden. Die Frage der Angemessenheit solcher Leistungsvergütungen ist allerdings ein häufiges Streitthema mit der Finanzverwaltung und bildet eine erhebliche Unsicherheit für die Steuerplanung.
- **Beteiligungsgesellschaften:** Erträge aus Tochtergesellschaften unterliegen bei Personengesellschaften dem Teileinkünfteverfahren. Bei Kapitalgesellschaften sind entsprechende Beteiligungserträge dagegen in Höhe von 95% grundsätzlich steuerfrei.
- **Einkunftsart:** Die Einkünfte einer Kapitalgesellschaft gelten stets als Einkünfte aus Gewerbebetrieb (z.B. die Einkünfte einer Rechtsanwalts-GmbH) und unterliegen damit auch der Gewerbesteuer. Bei der Personengesellschaft gilt diese Gewerblichkeitsfiktion nicht. Bei vermögensverwaltenden Personengesellschaften besteht zudem der Vorteil, mittels der Figur der gewerblich geprägten Personengesellschaft zwischen gewerblichen und sonstigen Einkünften (z.B. aus Vermietung und Verpachtung oder aus Kapitalvermögen) faktisch wählen zu können (siehe § 15 Abs. 3 Nr. 2 EStG).
- **Gewerbesteuer:** Die Gewerbesteuer, deren Höhe stark von dem Hebesatz der jeweiligen Gemeinde abhängig ist (derzeit zwischen 200 und 490%) führt bei den Kapitalgesellschaften zu einer definitiven Belastung. Bei den Personengesellschaften kann die Gewerbesteuer dagegen in gewissem Umfang auf die Einkommensteuer angerechnet werden und wird dadurch neutralisiert (§ 35 EStG).
- **Grunderwerbsteuer:** Aufgrund der steuerlichen Transparenz der Personengesellschaft können Grundstücke zwischen einer Personengesellschaft und ihren Gesellschaftern (bei entsprechender Beteiligungsidentität) grundsätzlich grunderwerbsteuerfrei übertragen werden (siehe §§ 5 und 6 GrEStG). Dagegen fällt bei der Übertragung von Grundstücken

zwischen einer Kapitalgesellschaft und ihren Gesellschaftern auch dann stets Grunderwerbsteuer an, wenn die Übertragung ertragsteuerlich zum Buchwert erfolgt.

- **Erbschaft- und Schenkungsteuer:** Das Bewertungsrecht sieht heute grundsätzlich eine rechtsformneutrale Bewertung aller Unternehmen für Zwecke des Erbschaft- und Schenkungsteuerrechts mit dem gemeinen Wert vor. Bei der Frage der steuerlichen Verschonung haben Personengesellschaften allerdings unverändert einen erheblichen Vorteil (siehe §§ 13a, 13b und 19a ErbStG). Denn der Erwerb von Anteilen an gewerblichen Personengesellschaften ist (unabhängig von der Beteiligungshöhe) stets in Höhe von 85% bzw. 100% begünstigt. Dagegen ist der Erwerb von Anteilen an einer Kapitalgesellschaft grundsätzlich nur dann begünstigt, wenn der Veräußerer mit mindestens 25% unmittelbar an der Kapitalgesellschaft beteiligt war oder eine entsprechende Poolvereinbarung bestand.
- **Vermögensübertragung gegen Versorgungsleistungen:** Vermögensübertragungen gegen Versorgungsleistungen werden einkommensteuerrechtlich als unentgeltlich angesehen (§ 10 Abs. 1 Nr. 1a EStG). Anteile an gewerblich tätigen Personengesellschaften können stets Gegenstand einer solchen Vermögensübertragung sein. Dagegen werden Versorgungsleistungen bei der Übertragung von GmbH-Anteilen nur dann anerkannt, wenn eine Beteiligung von mindestens 50% übertragen wird und der Übernehmer anstelle des Übergebers zugleich auch Geschäftsführer der Gesellschaft wird. Anteile an Aktiengesellschaften sollen nach dem Gesetzeswortlaut niemals steuerlich anzuerkennende Versorgungsleistungen begründen können.

Allgemeine Empfehlungen für die Rechtsformwahl gibt es somit nicht. Vielmehr kann 155 jede Rechtsform im Einzelfall ihre Vorzüge haben. **Statistisch** dominieren in Deutschland traditionell die Personengesellschaften. Jüngsten Schätzungen zufolge sollen rund 83% aller Unternehmen in der Rechtsform der Personengesellschaft (einschließlich Einzelunternehmen) geführt werden.[125] In der notariellen Praxis stehen dagegen die Kapitalgesellschaften (sowie die GmbH & Co. KG) im Mittelpunkt der Tätigkeit. Auf diese entfällt im Übrigen auch weit mehr als die Hälfte aller Unternehmensumsätze.

b) Personengesellschaften

Ausgewählte Hinweise auf weiterführende Literatur: *Fuhrmann*, Aktualisierungen von Gesellschaftsverträgen, KÖSDI 2010, 16884; *Grziwotz/Ring (Hrsg.)*, Systematischer Praxiskommentar Personenhandelsgesellschaften, 2011; *Lange*, Personengesellschaften im Steuerrecht, 8. Auflage, 2011; *Leitzen*, Die Gesellschafterkonten der Kommanditisten im Lichte der jüngsten BFH-Rechtsprechung, ZNotP 2009, 255; *Levedag*, Anpassungsbedarf von Gesellschaftsverträgen bei Personen- und Kapitalgesellschaften nach der Unternehmenssteuerreform 2008 anhand ausgewählter Problemfälle, GmbHR 2009, 13; *Ley*, Gesellschafterkonten im Lichte der grundlegenden BFH-Entscheidung vom 16. 10. 2008, IV R 98/06, DStR 2009, 613; *Rodewald/Pohl*, Unternehmensteuerreform 2008: Auswirkungen auf Gesellschafterbeziehungen und Gesellschaftsverträge, DStR 2008, 724; *Söffing*, Die GmbH & Co. KG, 2009; *Strahl*, Aktuelle Hinweise zu Mitunternehmerschaften, KÖSDI 2010, 17165; *Strahl (Hrsg.)*, Ertragsteuern, Problemfelder der steuerlichen Beratung, Bonn 2009; *Winter*, Personengesellschaftsverträge nach der Unternehmen- und Erbschaftsteuerreform, Ubg. 2009, 822; *Zimmermann/Hottmann/Kiebele/Schaeberle/Völkel*, Die Personengesellschaften im Steuerrecht, 10. Auflage, 2009.

aa) Einführung. Personengesellschaften (wie etwa GbR, OHG, KG, einschließlich auch 156 der GmbH & Co. KG) unterliegen als solche weder der Einkommensteuer (siehe § 1 Abs. 1 EStG: nur natürliche Personen) noch der Körperschaftsteuer (siehe § 1 Abs. 1 KStG: nur Körperschaften wie Kapitalgesellschaften).[126] Bei **gewerblichen** Personengesellschaften wird das erzielte Einkommen den einzelnen Mitunternehmern vielmehr anteilig und unmittelbar zugerechnet und bei diesen der Besteuerung unterworfen, und zwar bei natürlichen Personen der Einkommensteuer und bei Kapitalgesellschaften der Körperschaftsteuer (§ 15 Abs. 1 Nr. 2 EStG i. V. m. §§ 179 ff. AO). Das Steuerrecht bezeichnet die Gesellschafter einer Personengesellschaft, die als Unternehmer anzusehen sind als **Mitunternehmer** (§ 15 Abs. 1 Nr. 2, § 16 Abs. 1 Satz 1 Nr. 2 EStG). Die entsprechenden Personengesellschaften sind dementsprechend **Mitunternehmerschaften** (siehe § 6 Abs. 5 Satz 2 und 3, § 16 Abs. 3 Satz 2 und § 35 Abs. 2 und 3 EStG).

[125] Siehe Tipke/Lang/*Hey* S. 819.
[126] Umfassend zum Ganzen Schmidt/*Wacker* § 15 Rdnr. 1 ff.

157 Mit der Bestimmung der Einkünfte beim gemeinschaftlichen Bezug von Einkünften aus Gewerbebetrieb soll die Besteuerung von Einzelunternehmern (§ 15 Abs. 1 Nr. 1 EStG) und Mitunternehmern (§ 15 Abs. 1 Nr. 2 EStG) möglichst weitgehend angenähert werden (sogenannte **Gleichstellungsthese**).[127] Dementsprechend werden **Sondervergütungen** des Gesellschafters den Einkünften aus Gewerbebetrieb hinzugerechnet, weil auch ein Einzelunternehmer seinen Gewinn nicht um ein Gehalt, Mieten oder Darlehenszinsen mindern kann (siehe § 15 Abs. 1 Nr. 2 EStG: „*Vergütungen, die der Gesellschafter von der Gesellschaft für seine Tätigkeit im Dienst der Gesellschaft oder für die Hingabe von Darlehen oder die Überlassung von Wirtschaftsgütern bezogen hat*"). Ferner werden Wirtschaftsgüter, die zivilrechtlich im Eigentum der Mitunternehmer stehen, aber betrieblich genutzt werden, steuerlich als **Sonderbetriebsvermögen** erfasst, da sie auch beim Einzelunternehmer Betriebsvermögen sind.

158 Im Unterschied zur Besteuerung von Kapitalgesellschaften, wo zwischen der Ebene der Gesellschaft und derjenigen der Gesellschafter streng unterschieden wird (Trennungsprinzip) gilt im Bereich der Personengesellschaften grundsätzlich das **Transparenzprinzip**. Die einzelnen Mitunternehmer erzielen somit (in ihrer gesellschaftsrechtlichen Verbundenheit) originär gewerbliche Einkünfte (Vielheit). Allerdings wird die Existenz der Personengesellschaft auch im Einkommensteuerrecht heute nicht mehr vollständig negiert (so die frühere Bilanzbündeltheorie, wonach die Bilanz der Personengesellschaft nur die Summe der Einzelbilanzen aller Gesellschafter war), sondern ist in einzelnen Bereichen durchaus von Bedeutung (Einheit). Beispielsweise erfolgt die Feststellung der Einkunftsart auf Ebene der Gesellschaft. Die Mitunternehmerschaft ist insoweit auch Steuerrechtssubjekt (siehe auch § 5 Abs. 1 Satz 3 GewStG, wonach die Personengesellschaft, und nicht der einzelne Gesellschafter die Gewerbesteuer schuldet).

159 Bei **vermögensverwaltenden** Personengesellschaften erfolgt (abweichend vom Gesellschaftsrecht) eine Bruchteilsbetrachtung (§ 39 Abs. 2 Nr. 2 AO). Die Wirtschaftsgüter des Gesamthandvermögens werden den Gesellschaftern unmittelbar quotal entsprechend ihrer Beteiligung zugerechnet. Vermögensverwaltende Personengesellschaften sind steuerrechtlich somit transparent. Die Übertragung von Wirtschaftsgütern von einem Gesellschafter auf eine vermögensverwaltende Personengesellschaft ist folglich mit steuerrechtlicher Wirkung nicht möglich.[128] Die Veräußerung von Anteilen an einer vermögensverwaltenden Personengesellschaft gilt dementsprechend als anteilige Veräußerung der zum Gesamthandsvermögen gehörenden Wirtschaftsgüter (z. B. von Grundstücken, siehe § 23 Abs. 1 Satz 4 EStG). Die Gesellschafter einer vermögensverwaltenden Personengesellschaft erzielen keine Einkünfte aus Gewerbebetrieb, sondern je nach Einzelfall Einkünfte aus Vermietung und Verpachtung oder aus Kapitalvermögen (§§ 8 ff. EStG i. V. m. §§ 179 ff. AO).

160 *bb) Begriff des Mitunternehmers.* Mitunternehmer sind die Gesellschafter einer OHG, einer KG oder einer anderen **Gesellschaft** (wie etwa einer GbR, einer atypisch stillen Gesellschaft, nicht aber einer GmbH), bei der die Gesellschafter als Unternehmer anzusehen sind (§ 15 Abs. 1 Nr. 2 EStG). Einer Gesellschaft wirtschaftlich vergleichbare Gemeinschaftsverhältnisse sind u. a. die eheliche Gütergemeinschaft und die Erbengemeinschaft.

161 Mitunternehmer können grundsätzlich sowohl natürliche (volljährige und minderjährige) als auch juristische **Personen** (z. B. Kapitalgesellschaften) sein. Darüber hinaus können

[127] Grundlegend zum Ganzen BFH Beschl. v. 25. 6. 1984 – GrS 4/82 – BStBl. II 1984, 751 = DB 1984, 1481.

[128] Siehe dazu BFH Urt. v. 2. 4. 2008 – IX R 18/06 – BStBl. II 2008, 679 = DStR 2008, 1131 = FR 2008, 1167 mit Anm. *Bergkemper* (Bringen die Miteigentümer mehrerer Grundstücke ihre Miteigentumsanteile in eine Personengesellschaft mit Vermietungseinkünften ein, sind keine Anschaffungsvorgänge gegeben, soweit die den Gesellschaftern nach der Übertragung ihrer Miteigentumsanteile nach § 39 Abs. 2 Nr. 2 AO zuzurechnenden Anteile an den Grundstücken ihre bisherigen Miteigentumsanteile nicht übersteigen. Anschaffungsvorgänge liegen nur insoweit vor, als sich die Anteile der Gesellschafter an den jeweiligen Grundstücken gegenüber den bisherigen Beteiligungsquoten erhöht haben); BFH Urt. v. 6. 10. 2004 – IX R 68/01 – BStBl. II 2005, 324 = DB 2004, 2728 = FR 2005, 194 = NJW 2005, 1215 (Bringen Bruchteilseigentümer Grundstücke zu unveränderten Anteilen in eine personenidentische Gesellschaft bürgerlichen Rechts mit Vermietungseinkünften ein, liegt steuerrechtlich kein Anschaffungsvorgang vor, weil die Gesellschafter gemäß § 39 Abs. 2 Nr. 2 AO weiterhin im bisherigen Umfang als Bruchteilseigentümer der Grundstücke anzusehen sind).

grundsätzlich auch Personengesellschaften Mitunternehmer sein (doppelstöckige Personengesellschaften, siehe § 15 Abs. 1 Nr. 2 Satz 2 EStG).

Die steuerliche Mitunternehmerschaft setzt voraus, dass die Gesellschafter als Unternehmer (Mitunternehmer) anzusehen sind. Mitunternehmer kann grundsätzlich nur sein, wer auch **zivilrechtlich Gesellschafter** der Personengesellschaft ist (oder wem wirtschaftlich eine vergleichbare Stellung zukommt, z. B. einem verdeckten Mitunternehmer, Treuhänder oder Nießbraucher). Allerdings ist nicht jede Person, die zivilrechtlich Gesellschafter einer Personengesellschaft ist, steuerrechtlich als Mitunternehmer anzusehen. Mitunternehmer ist die Person vielmehr nur dann, wenn sie nach ihrer gesellschaftsrechtlichen Stellung als Unternehmer anzusehen ist (und nicht etwa nur als Kapitalgeber). 162

Der steuerrechtliche Mitunternehmerbegriff ist ein **Typusbegriff**, der nur durch eine unbestimmte Zahl austauschbarer Merkmale beschrieben werden kann. Maßgebend ist stets das Gesamtbild des jeweiligen Einzelfalls (siehe R 15.8 EStR).[129] 163

Mitunternehmer ist, wer aufgrund eines zivilrechtlichen Gesellschaftsverhältnisses (oder einem wirtschaftlich vergleichbaren Gemeinschaftsverhältnis) zusammen mit anderen Personen Mitunternehmerinitiative entfalten kann und Mitunternehmerrisiko trägt. Beide Merkmale (Mitunternehmerinitiative und -risiko) müssen stets vorliegen, können aber im Einzelfall mehr oder weniger ausgeprägt sein. Ein geringeres Mitunternehmerrisiko kann daher (in gewissem Umfang) durch eine ausgeprägte Mitunternehmerinitiative kompensiert werden (und umgekehrt). Maßgebend sind dabei die Regelungen des Gesellschaftsvertrages. 164

Mitunternehmerinitiative bedeutet Teilhabe an unternehmerischen Entscheidungen. Die Ausübung von Stimm-, Kontroll- und Widerspruchsrechten, die denen eines Kommanditisten entsprechen (siehe §§ 164, 166 HGB), ist dabei im Allgemeinen ausreichend. 165

Mitunternehmerrisiko bedeutet Teilhabe am Erfolg oder Misserfolg eines Gewerbebetriebs durch die Beteiligung am Gewinn und Verlust sowie den stillen Reserven (einschließlich eines Geschäftswerts). 166

Beispiele aus der Rechtsprechung des Bundesfinanzhofs zur Mitunternehmerstellung
(in chronologischer Reihenfolge)

BFH Urt. v. 23. 2. 2010 – II R 42/08 – BStBl. II 2010, 555 = DStR 2010, 868 = DB 2010, 932 = BB 2010, 1260 mit Anm. *Seifried* = GmbHR 2010, 669 = ZEV 2010, 320
(Der schenkweise Erwerb eines Kommanditanteils unterfällt nur dann § 13 a Abs. 4 Nr. 1 ErbStG vor 2009 (jetzt: § 13 b Abs. 1 Nr. 2 ErbStG) i. V. m. § 15 Abs. 1 Satz 1 Nr. 2 und Abs. 3 EStG, wenn die Mitunternehmerstellung durch den erworbenen Gesellschaftsanteil vermittelt wird. Es reicht daher nicht aus, wenn dem Erwerber hinsichtlich des erworbenen Kommanditanteils nur deshalb Mitunternehmerinitiative zukäme, weil er bereits Kommanditist der KG war, d. h. wenn sich seine bisherige Mitunternehmerschaft wegen Unteilbarkeit der Mitgliedschaft auf den hinzuerworbenen Anteil erstrecken sollte).

BFH Urt. v. 16. 12. 2009 – II R 44/08 – BStBl. II 2010, 555 = DB 2010, 932 = DStR 2010, 868 = BB 2010, 1260 mit Anm. *Seifried* = ZEV 2010, 320 = GmbHR 2010, 499.
(Behält sich der Schenker eines KG-Anteils nicht nur den Nießbrauch vor, sondern lässt er sich zusätzlich die mit dem Anteil verbundenen Stimmrechte und Verwaltungsrechte zur Ausübung übertragen, kann der Beschenkte gleichwohl Mitunternehmerinitiative entfalten, wenn er vereinbarungsgemäß die Stimmrechte im Bereich der Grundlagengeschäfte mit der Einschränkung persönlich ausüben darf, dass er dabei jeweils die Zustimmung des Schenkers einholen muss).

BFH Urt. v. 10. 12. 2008 – II R 34/07 – BStBl. II 2009, 312 = DStR 2009, 321 = DB 2009, 380 = ZEV 2009, 149 mit Anm. *Götz* = GmbHR 2009, 386 = ZErb 2009, 125 mit Anm. *Jülicher* = NZG 2009, 398 = FamRZ 2009, 696
(Wenden Eltern Teile ihrer Beteiligung an einer gewerblich geprägten Personengesellschaft unentgeltlich ihren Kindern zu und behalten sie sich dabei den lebenslänglichen Nießbrauch vor, fehlt es den Kindern an der für die Anwendung des § 13 a ErbStG erforderlichen Mitunternehmerinitiative, wenn vereinbart ist, dass die Nießbraucher die Gesellschafterrechte der Kinder wahrnehmen und die Kinder den Eltern vorsorglich Stimmrechtsvollmacht erteilen).

[129] Grundlegend zum Ganzen BFH Beschl. v. 25. 6. 1984 – GrS 4/82 – BStBl. II 1984, 751 = DB 1984, 1481.

BFH Urt. v. 25. 4. 2006 – VIII R 74/03 – BStBl. II 2006, 595 = DB 2006, 1469 = BB 2006, 1539 = DStRE 2006, 912 = FF 2006, 823 mit Anm. *Kempermann*
(Die Mitunternehmerstellung des Komplementärs wird nicht dadurch ausgeschlossen, dass er weder am Gewinn und Verlust der KG noch an deren Vermögen beteiligt ist).

BFH Urt. v. 7. 11. 2000 – VIII R 16/97 – BStBl. II 2001, 186 = DStR 2001, 74 = DB 2001, 234 = BB 2001, 186 = GmbHR 2001, 152 mit Anm. *Bickenbach* = ZEV 2001, 80 = NJW 2001, 1086 = FR 2001, 193 mit Anm. *Kempermann*
(Ist in dem Gesellschaftsvertrag einer Familienpersonengesellschaft, durch den die minderjährigen Kinder des Hauptgesellschafters als Kommanditisten in die KG aufgenommen werden, bestimmt, dass Beschlüsse in der Gesellschafterversammlung (abweichend vom Einstimmigkeitsprinzip des § 119 Abs. 1 HGB) mit einfacher Mehrheit zu fassen sind, steht diese Vertragsklausel der Anerkennung der Kinder als Mitunternehmer nicht entgegen. Eine solche Klausel ist dahin auszulegen, dass sie nur Beschlüsse über die laufenden Geschäfte der KG betrifft).

BFH Urt. v. 28. 10. 1999 – VIII R 66–70/97 – BStBl. II 2000, 183 = DStR 2000, 193 = DB 2000, 359 = BB 2000, 286 = GmbHR 2000, 241 = FR 2000, 254
(Ein Kommanditist, der weder am laufenden Gewinn noch am Gesamtgewinn der KG beteiligt ist, ist auch dann nicht Mitunternehmer, wenn seine gesellschaftsrechtlichen Mitwirkungsrechte denjenigen eines Kommanditisten entsprechen. Er ist nach Einkommensteuerrecht wie ein Darlehensgeber oder stiller Gesellschafter zu behandeln).

BFH Urt. v. 16. 12. 1997 – VIII R 32/90 – BStBl. II 1998, 480 = DStR 1998, 967 = DB 1998, 1442 = BB 1998, 2143 = GmbHR 1998, 710 = FR 1998, 659
(Für die Annahme einer Mitunternehmerschaft genügt auch ein verdecktes Gesellschaftsverhältnis; ob ein solches vorliegt, ist unabhängig von der formalen Bezeichnung der zwischen den Beteiligten bestehenden Rechtsbeziehungen nach dem Gesamtbild der tatsächlichen Verhältnisse zu beurteilen. Der alleinige Gesellschafter-Geschäftsführer der Komplementär-GmbH ist aufgrund eines verdeckten Gesellschaftsverhältnisses Mitunternehmer der aus Familienangehörigen bestehenden GmbH & Co. KG, wenn er gewinnabhängige Bezüge erhält, in erheblichem Umfang Entnahmen und Einlagen bei der KG tätigt und die mit der KG abgeschlossenen Austauschverträge ganz oder teilweise tatsächlich nicht durchgeführt werden).

BFH Urt. v. 4. 11. 1997 – VIII R 18/95 – BStBl. II 1999, 384 = DStR 1998, 843 = DB 1998, 2046 = BB 1998, 1187 = FR 1998, 613
(Gehört zum Vermögen eines Ehegatten bei vereinbarter Gütergemeinschaft ein Gewerbebetrieb mit einem ins Gewicht fallenden Betriebskapital, so werden die Ehegatten regelmäßig Mitunternehmer des Betriebes. Die Gütergemeinschaft führt jedoch nicht unmittelbar und zwangsläufig zur Annahme einer Mitunternehmerschaft. Vielmehr bleibt stets für das Bejahen der Merkmale des Mitunternehmerrisikos und der Mitunternehmerinitiative eine Gesamtwürdigung im Einzelfall erforderlich. Als steuerrechtlich notwendige Grundlage für die Mitunternehmerschaft reicht bei Ehegatten niederländischer Staatsangehörigkeit, die in Deutschland unbeschränkt steuerpflichtig sind, regelmäßig auch das Bestehen der allgemeinen Gütergemeinschaft nach niederländischem Recht aus).

BFH Urt. v. 16. 5. 1995 – VIII R 18/93 – BStBl. II 1995, 714 = DStR 1995, 1423 = DB 1995, 1943 = BB 1995, 1937 = NJW 1995, 3406 = ZEV 1995, 382 = FR 1995, 703 mit Anm. *Ludwig Schmidt*
(Ein Kommanditist bleibt auch dann Mitunternehmer, wenn der ihm testamentarisch vermachte Kommanditanteil einer (treuhänderischen) Verwaltungstestamentsvollstreckung unterliegt und er die Gewinnanteile an einen Untervermächtnisnehmer herausgeben muss).

BFH Urt. v. 1. 3. 1994 – VIII R 35/92 – BStBl. II 1995, 241 = DStR 1994, 1803 = DB 1994, 2423 = BB 1994, 2474 = ZEV 1995, 37 = FR 1994, 789
(Bei der Bestellung eines Nießbrauchs am Gesellschaftsanteil einer GbR behält der Anteilsinhaber einen hinreichenden Bestand an vermögensrechtlicher Substanz des nießbrauchsbelasteten Gesellschaftsanteils und einen hinreichenden Bestand an gesellschaftsrechtlichen Mitwirkungsrechten zurück, die seine bisherige Stellung als Gesellschafter und Mitunternehmer aufrechterhalten. Er trägt auch nach Bestellung des Nießbrauchs weiterhin ein Unternehmensrisiko und er kann auch weiterhin Unternehmerinitiative ausüben).

BFH Urt. v. 16. 5. 1989 – VIII R 196/84 – BStBl. II 1989, 877 = DStR 1989, 706 = DB 1989, 2413 = BB 1989, 2236 = NJW 1990, 1751
(Werden Kommanditanteile schenkweise mit der Maßgabe übertragen, dass der Schenker ihre Rückübertragung jederzeit ohne Angabe von Gründen einseitig veranlassen kann, dann ist der Beschenkte steuerrechtlich nicht als Mitunternehmer anzusehen).

BFH Urt. v. 11. 10. 1988 – VIII R 328/83 – BStBl. II 1989, 762 = DStR 1989, 317 = DB 1989, 1006 = BB 1989, 1036 = GmbHR 1989, 264 = NJW 1989, 2910
(Darf ein Kommanditist in der Gesellschafterversammlung nicht mitstimmen und ist für ihn das Widerspruchsrecht nach § 164 HGB abbedungen, ist er kein Mitunternehmer. Dem Ausschluss des Stimm-

rechts steht gleich, wenn Kommanditisten in keinem Fall den Mehrheitsgesellschafter an einer Beschlussfassung hindern können, zum Beispiel auch dann nicht, wenn es um die Änderung der Satzung oder die Auflösung der Gesellschaft geht).

BFH Urt. v. 10. 11. 1987 – BStBl. II 1989 – 758 = FR 1988, 251 mit Anm. *Ludwig Schmidt* = EWiR 1988, 677 (*May*)
(Nicht nur bei Familienpersonengesellschaften, bei denen minderjährigen Kindern Kommanditanteile schenkweise zugewendet worden sind, sondern bei jeder KG ist die Mitunternehmerstellung eines Kommanditisten nur dann zu bejahen, wenn er nach dem Gesellschaftsvertrag und der tatsächlichen Durchführung zumindest eine Stellung hat, die nicht wesentlich hinter derjenigen zurückbleibt, die handelsrechtlich das Bild eines Kommanditisten bestimmt. Bei der Beurteilung der Frage, ob ein Kommanditist eine Stellung im vorstehend bezeichneten Sinn hat, kommt dem Umstand, dass der betreffende Kommanditist nicht gegen seinen Willen durch Kündigung zum Buchwert aus der KG hinausgedrängt werden kann, eine besondere Bedeutung zu. Ein Kommanditist entfaltet seine Mitunternehmerinitiative im Wesentlichen durch die Ausübung der ihm zustehenden Kontrollrechte und die Ausübung seiner Stimmrechte in der Gesellschafterversammlung. Die Beschränkung des Widerspruchsrechts nach § 164 HGB ist keine wesentliche Einschränkung der Möglichkeit zur Entfaltung von Mitunternehmerinitiative).

cc) Mitunternehmeranteil und Sonderbetriebsvermögen. Der Mitunternehmeranteil setzt 167
sich zusammen aus dem Anteil am Gesamthandsvermögen **und** dem Sonderbetriebsvermögen.

Praxistipp:

Mitunternehmeranteil = Gesamtvermögen + Sonderbetriebsvermögen.

Sonderbetriebsvermögen ist in der Praxis die Ursache für zahlreiche Streitfragen. Der Begriff des Sonderbetriebsvermögens ist weder im Gesellschaftsrecht noch im Handelsbilanzrecht bekannt. Steuerrechtlich fehlt es gleichfalls an einer gesetzlichen Begriffsbestimmung (siehe aber z. B. § 4h Abs. 2 Buchstabe c) Satz 7 EStG, § 6 Abs. 5 EStG, § 15 Abs. 1 Nr. 2 HS 2 EStG, § 13b Abs. 2 Satz 2 Nr. 1 Buchstabe a) ErbStG, § 97 Abs. 1a Nr. 2 BewG). Zum Sonderbetriebsvermögen gehören nach allgemeiner Auffassung alle Wirtschaftsgüter, die zivilrechtlich (oder wirtschaftlich) im Eigentum eines Mitunternehmers stehen und dazu geeignet oder bestimmt sind, dem Betrieb der Personengesellschaft zu dienen (Sonderbetriebsvermögen I) oder der Beteiligung des Gesellschafters an der Personengesellschaft zumindest förderlich sind (Sonderbetriebsvermögen II). Zahlreiche Einzelheiten sind bis heute umstritten.[130]

Ein typisches Beispiel für **Sonderbetriebsvermögen I** sind Grundstücke und Maschinen, 168
die zivilrechtlich im Eigentum eines Gesellschafters stehen und der Personengesellschaft (entgeltlich oder unentgeltlich) unmittelbar zur gewerblichen Nutzung überlassen werden. Auf den Rechtsgrund der Nutzungsüberlassung (z. B. Gesellschafts-, Miet- oder Pachtvertrag) kommt es dabei nicht an.

Praxistipp:

Für den Notar ist die Eigenschaft eines Grundstücks als Sonderbetriebsvermögen I meist nicht zu erkennen (insbesondere nicht aus dem Grundbuch). Allenfalls aus der Nutzung (z. B. Vermietung an eine GmbH & Co. KG) oder der Art der Gebäude (z. B. gewerbliche Produktions- oder Lagergebäude) können sich im Einzelfall Anhaltspunkte für die Eigenschaft als Sonderbetriebsvermögen ergeben. In der Handelsbilanz der Personengesellschaft wird das Sonderbetriebsvermögen gleichfalls nicht erfasst.

Sonderbetriebsvermögen II liegt vor, wenn ein Wirtschaftsgut unmittelbar der Begrün- 169
dung oder Stärkung der Beteiligung an der Personengesellschaft dient. Die Beteiligung des

[130] Siehe dazu auch R 4.2 (2) und 4.2. (12) und R 15.7 (4) EStR samt der entsprechenden Hinweise und ausführlich Schmidt/*Wacker* § 15 Rdnr. 506 ff.

Kommanditisten einer GmbH & Co. KG an der Komplementär-GmbH gehört regelmäßig zum Sonderbetriebsvermögen II, wenn die GmbH keinen eigenen Geschäftsbetrieb unterhält (oder dieser lediglich von untergeordneter Bedeutung ist) und sich ihre Tätigkeit im Wesentlichen auf die Geschäftsführung der KG sowie die Übernahme der persönlichen Haftung beschränkt.[131]

Praxistipp:

Bei der GmbH & Co. KG gehören die Anteile des Kommanditisten an der Komplementär-GmbH somit oftmals zum Sonderbetriebsvermögen II des Kommanditisten. Der Mitunternehmeranteil umfasst daher sowohl die Anteile an der KG (Anteil am Gesamthandsvermögen) als auch die Anteile an der Komplementär-GmbH (Sonderbetriebsvermögen II). Steuerrechtlich gehören beide zum Mitunternehmeranteil.

170 Wirtschaftsgüter des Sonderbetriebsvermögens müssen grundsätzlich zivilrechtlich im **Eigentum des Mitunternehmers** stehen. Wirtschaftsgüter, die Personen gehören, die nicht Mitunternehmer sind (z. B. Ehegatten des Mitunternehmers), können somit nicht Sonderbetriebsvermögen sein. Entsprechendes gilt bei Wirtschaftsgütern, die im Eigentum mehrerer Personen stehen.

171 Wirtschaftsgüter, die im **Miteigentum** mehrerer Personen stehen, von denen nur eine oder einige Mitunternehmer der nutzenden Personengesellschaft sind, können nur insoweit Sonderbetriebsvermögen sein, als die Mitunternehmer Eigentümer sind.

172 Wirtschaftsgüter, die im **Gesamthandsvermögen** einer ausschließlich vermögensverwaltenden Personengesellschaft stehen, deren Gesellschafter zugleich auch Mitunternehmer der nutzenden gewerblichen Personengesellschaft sind (Schwester-Personengesellschaften) können anteilig Sonderbetriebsvermögen der Gesellschafter der gewerblichen Personengesellschaft sein. Anders ist es dagegen, wenn die überlassende Personengesellschaft nicht ausschließlich vermögensverwaltend tätig ist, sondern ihrerseits gewerblich tätig oder zumindest gewerblich geprägt ist. In diesem Fall ist das überlassene Wirtschaftsgut eigenes Betriebsvermögen bei der überlassenden Personengesellschaft (und nicht Sonderbetriebsvermögen der Gesellschafter).

Praxishinweis:

In verschiedenen Steuergesetzen wird an die Übertragung eines *„Mitunternehmeranteils"* angeknüpft (z. B. § 6 Abs. 3 EStG, § 10 Abs. 1 Nr. 1a Satz 2 Buchstabe a) EStG, §§ 16, 34 EStG und § 24 UmwStG; siehe auch § 13b Abs. 1 Nr. 2 ErbStG). Mitunternehmeranteil meint dabei (unausgesprochen) stets den Anteil des Mitunternehmers am Gesamthandsvermögen **und** das jeweilige Sonderbetriebsvermögen I und II. In der notariellen Praxis sollte nach Möglichkeit stets der gesamte Mitunternehmeranteil (einschließlich des Sonderbetriebsvermögens I und II) **einheitlich und zusammen** übertragen werden. Jedes Auseinanderfallen zwischen Mitunternehmeranteil und Sonderbetriebsvermögen (z. B. bei einer Veräußerung, einer Überlassung im Wege der vorweggenommenen Erbfolge oder in einem Erbfall) kann einen steuerpflichtigen Entnahmegewinn auslösen oder die Inanspruchnahme steuerlicher Vorteile (z. B. Verschonung bei der Erbschaft- und Schenkungsteuer, Buchwertfortführung) gefährden.

173 *dd) Arten der Mitunternehmerschaft. (1) Gewerblich tätige Personengesellschaft.* Einkünfte aus Gewerbebetrieb liegen grundsätzlich nur dann vor, wenn die Personengesellschaft ein **gewerbliches Unternehmen** betreibt (im Sinne von § 15 Abs. 1 Nr. 1 und Abs. 2 EStG). Bei der Gesellschaft müssen somit alle Merkmale eines Gewerbebetriebs vorliegen. Ein steuerlicher Gewerbebetrieb verlangt eine selbständige nachhaltige Betätigung, die mit der Absicht der Gewinnerzielung unternommen wird, sich als Beteiligung am allgemeinen wirtschaftlichen Verkehr darstellt, nicht als selbständige Arbeit anzusehen ist (§ 18 EStG)

[131] Zum Streitstand siehe unten bei Rdnr. 261.

und den Rahmen privater Vermögensverwaltung (siehe § 14 Satz 3 AO) überschreitet (siehe zum Ganzen R 15.1 bis 15.7 EStR). Gerade die Abgrenzung zwischen privater Vermögensverwaltung und gewerblicher Tätigkeit bereitet in der (notariellen) Praxis immer wieder erhebliche Schwierigkeiten (z.B. beim gewerblichen Grundstückshandel[132] oder im Zusammenhang mit Private Equity Fonds[133]).

(2) Gewerblich infizierte Personengesellschaft

Ausgewählte Hinweise auf weiterführende Literatur: *Groh*, Abfärberegelung auch bei gewerblicher Beteiligung einer Personengesellschaft, DB 2005, 2430; *Müller, Gerd-Jürgen/Funk/Müller, Helmut*, Die neue BFH-Rechtsprechung zur Abfärbung, BB 2010, 2271; *Stapperfend*, Die Infektion im Einkommensteuerrecht – Ein Beitrag zum Krankheitsbild des Einkommensteuergesetzes, StuW 2006, 303.

Bei einer Personengesellschaft, die nur teilweise gewerblich und teilweise vermögensverwaltend oder freiberuflich tätig ist, *„gilt"* die Tätigkeit grundsätzlich *„in vollem Umfang"* als Gewerbebetrieb (sogenannte **Abfärbe- oder Infektionstheorie,** § 15 Abs. 3 Nr. 1 EStG; siehe dazu R 15.8 (5) EStR). Diese Regelung gilt nur für **Personengesellschaften** (wie OHG, KG und GbR), nicht aber auch für andere Gemeinschaften (wie etwa eine Gütergemeinschaft oder Erbengemeinschaft). 174

Die Personengesellschaft muss *„auch"* eine **gewerbliche Tätigkeit** ausüben. Grundsätzlich ist dabei jede gewerbliche Tätigkeit ausreichend. Ausnahmen werden allenfalls für Bagatellfälle anerkannt, wobei die Einzelheiten umstritten sind.[134] Die nicht gewerbliche Tätigkeit der Personengesellschaft (z.B. private Vermögensverwaltung) muss mit der Absicht der **Einkunftserzielung** ausgeübt werden (siehe dazu H 15.3 EStR). 175

Die steuerliche **Rechtsfolge** einer nur teilweise gewerblichen Tätigkeit einer Personengesellschaft besteht darin, dass die nicht gewerblichen Einkünfte in gewerbliche Einkünfte umqualifiziert werden. 176

Praxistipp:

Die mit der steuerlichen Abfärbe- oder Infektionstheorie verbundene einheitliche Beurteilung lässt sich durch die Errichtung zivilrechtlich selbständiger Rechtsträger vermeiden (**Ausgliederungsmodell**). Die einzelnen Gesellschaften müssen dabei erkennbar klar voneinander getrennt sein und sollten einen unterschiedlichen Zweck verfolgen. Dagegen ist es unschädlich, wenn an beiden Gesellschaften dieselben Gesellschafter (zu gleichen Anteilen) beteiligt sind.

(3) Gewerblich geprägte Personengesellschaft

Ausgewählte Hinweise auf weiterführende Literatur: *Früchtl/Spilker*, Kapitalgesellschaften als Gesellschafter einer Kommanditgesellschaft im Rahmen von § 15 Abs. 3 Nr. 2 EStG, DStR 2010, 1007; *Geck*, Die unentgeltliche lebzeitige Übertragung von Anteilen an gewerblich geprägten Personengesellschaften nach der Erbschaftsteuerreform, ZEV 2009, 601; *Mohr*, Gewerblich geprägte GmbH & Co. KG, GmbH-StB 2010, 333; *Wittkowski/Loose*, Gewerblich geprägte Personengesellschaften im Internationalen Steuerrecht, DB 2010, 2411.

Die Einkünfte von Personengesellschaften, die nicht gewerblich tätig sind, gelten unter bestimmten Voraussetzungen gleichwohl in vollem Umfang als Einkünfte aus Gewerbebetrieb, wenn sie von einer Kapitalgesellschaft geprägt sind (§ 15 Abs. 3 Nr. 2 EStG, mit der die frühere **Gepräge-Rechtsprechung** des BFH gesetzlich verankert worden ist; siehe dazu R 15.8 (6) EStR). 177

Die gewerbliche Prägung gilt nach der gesetzlichen Regelung für Personengesellschaften, bei denen ausschließlich eine oder mehrere Kapitalgesellschaften persönlich haftende Gesellschafter sind und nur diese oder Personen, die nicht Gesellschafter sind, zur Geschäftsfüh- 178

[132] Siehe dazu jüngst BFH Urt. v. 30. 9. 2010 – IV R 44/08 – DB 2011, 1307 (Überschreitung der Drei-Objekt-Grenze durch Aufteilung im Kaufvertrag).

[133] Siehe dazu etwa BMF Schreiben v. 16. 12. 2003 – BStBl. I 2005, 40 – OFD Magdeburg, Verfügung v. 5. 4. 2006 – DStR 2006, 1505; OFD Rheinland, Verfügung v. 8. 1. 2007 – DB 2007, 135.

[134] Siehe etwa BFH Urt. v. 11. 8. 1999 – XI R 12/98 – BStBl. II 2000, 229 = DStR 1999, 1688 = NJW 2000, 312 = FR 1999, 1182 mit Anm. *Wendt* (Umsatz 6.481 DM, Umsatzanteil von 1,25%).

rung befugt sind (**gewerblich geprägte Personengesellschaft**). Dieser Fiktion liegt das **Leitbild der GmbH & Co. KG** zugrunde, bei der die GmbH die alleinige persönlich haftende und geschäftsführende Gesellschafterin ist.

Eine gewerbliche Prägung ist nur bei Einkünften von **Personengesellschaften** (wie OHG, KG und GbR) möglich und nicht auch bei anderen Gemeinschaften (wie etwa Gütergemeinschaften oder Erbengemeinschaften).

179 **Persönlich haftende Gesellschafter** der Personengesellschaft müssen *„ausschließlich eine oder mehrere Kapitalgesellschaften"* sein (zu doppelstöckigen gewerblich geprägten Personengesellschaften siehe § 15 Abs. 3 Nr. 2 Satz 2 EStG). Kapitalgesellschaften sind u. a. alle GmbH's (einschließlich der Unternehmergesellschaft (haftungsbeschränkt) nach § 5a GmbHG), AG's und KGaA's (siehe § 1 Abs. 1 Nr. 1 KStG). Vorgesellschaften gehören gleichfalls zu den Kapitalgesellschaften, sofern sie später ins Handelsregister eingetragen werden. Ausländische Kapitalgesellschaften können gleichfalls eine gewerbliche Prägung begründen (z. B. Ltd. & Co. KG). Nicht zu den Kapitalgesellschaften gehören dagegen insbesondere Vereine, Stiftungen und Genossenschaften, so dass beispielsweise die Stiftung & Co. KG nicht gewerblich geprägt sein kann.

180 Der Begriff des persönlich haftenden Gesellschafters bestimmt sich nach dem Gesellschaftsrecht. Persönlich haftender Gesellschafter ist daher zunächst der unbeschränkt haftende Gesellschafter einer Kommanditgesellschaft (§ 161 Abs. 1 HGB), aber auch jeder Gesellschafter einer OHG (§§ 105 ff. HGB) oder einer GbR (§§ 705 ff. BGB). Diese Gesellschafter sind auch dann persönlich haftende Gesellschafter, wenn ihre Haftung aufgrund (gesellschafts-)vertraglicher Regelungen beschränkt ist. Kommanditisten (§ 161 Abs. 2 HGB) gehören dagegen niemals zu den persönlich haftenden Gesellschaftern. Dies gilt auch dann, wenn sie im Einzelfall tatsächlich persönlich unbeschränkt haften (z. B. nach § 176 HGB).

181 Die gewerbliche Prägung setzt weiter voraus, dass ausschließlich die Kapitalgesellschaft, die persönlich haftender Gesellschafter ist (oder andere Personen, die nicht Gesellschafter der Personengesellschaft sind) zur **Geschäftsführung** befugt ist (§§ 114 ff., 164 HGB, §§ 709 ff. BGB). Der Begriff der Geschäftsführungsbefugnis richtet sich nach dem Gesellschaftsrecht. Maßgebend sind die jeweiligen Vereinbarungen im Gesellschaftsvertrag, ersatzweise die entsprechenden gesetzlichen Regelungen. Es kommt ausschließlich auf die (organschaftliche) Geschäftsführungsbefugnis im Innenverhältnis an. Die Vertretungsbefugnis der Gesellschafter im Außenverhältnis ist dagegen ohne Bedeutung (siehe §§ 125 ff., 170 HGB, §§ 714 ff. BGB).

182 Die gewerbliche Prägung ist somit beispielsweise zu bejahen, wenn bei einer GmbH & Co. KG die Komplementär-GmbH die alleinige persönlich haftende Gesellschafterin ist und nur ihr die Geschäftsführungsbefugnis zusteht. Dagegen ist die gewerbliche Prägung zu verneinen, wenn neben der GmbH noch eine weitere Person zur Geschäftsführung ermächtigt worden ist (z. B. ein Kommanditist in Abweichung von § 164 HGB). Dabei kommt es nicht darauf an, ob der Kommanditist alleine oder nur zusammen mit der GmbH zur Geschäftsführung befugt ist.

Praxistipp:

Die gesetzliche Regelung über die gewerbliche Prägung begründet für alle (nicht gewerblich tätigen) Personengesellschaften ein faktisches Wahlrecht zwischen nicht gewerblichen Einkünften (z. B. aus Kapitalvermögen oder aus Vermietung und Verpachtung) und gewerblichen Einkünften. In der notariellen Gestaltungspraxis gilt es daher, die Personengesellschaft je nach Interessenlage der Beteiligten entsprechend auszugestalten. Gesellschaftsrecht und Steuerrecht sind bei der gewerblich geprägten Personengesellschaft unmittelbar miteinander verknüpft.

183 Die gewerbliche Prägung **beginnt** erst mit der Eintragung der Personengesellschaft im Handelsregister.[135] Die Voraussetzungen einer gewerblichen Prägung können aber nicht nur bei

[135] BFH Urt. v. 4. 2. 2009 – II R 41/07 – BStBl. II 2009, 600 = DStR 2009, 1310 = DB 2009, 1911 = BB 2009, 1791 mit Anm. *Lühn* = NJW 2009, 3743.

einer neu gegründeten, sondern auch bei einer bereits bestehenden Personengesellschaft jederzeit geschaffen werden. Umgekehrt können entsprechende Veränderungen dazu führen, dass die gewerbliche Prägung einer Personengesellschaft **entfällt** (z. B. durch Aufnahme einer natürlichen Person als (weiteren) persönlich haftenden Gesellschafter oder entsprechende Änderungen in der Geschäftsführungsbefugnis). Dies ist in der Regel eine steuerpflichtige Betriebsaufgabe, sofern die Gesellschaft nicht ohnehin gewerblich tätig ist oder gleichzeitig eine gewerbliche Tätigkeit aufnimmt (§ 16 Abs. 3 Satz 1 EStG; siehe R 16.2 Satz 6 und 7 EStR).

Gewerblich geprägte Personengesellschaften werden steuerrechtlich grundsätzlich genau- 184
so behandelt wie gewerblich tätige Personengesellschaften. Für einzelne Fälle hat der Gesetzgeber jedoch eine gewisse **Schlechterstellung** vorgesehen. Beispiele dafür sind:

- **§ 10 Abs. 1 Nr. 1a Satz 2 Buchstabe a) EStG:** Anteile an einer gewerblich geprägten Personengesellschaft können nicht Gegenstand einer begünstigten Vermögensübertragung gegen Versorgungsleistungen sein.
- **§ 14 Abs. 1 Nr. 2 Satz 2 KStG:** Gewerblich geprägte Personengesellschaften können nicht Organträger eines körperschaftsteuerlichen Organschaftsverhältnisses sein.
- **§ 13b Abs. 1 Nr. 2 und Abs. 2 Satz 2 Nr. 1 bis 5 ErbStG:** Der Erwerb von Anteilen an einer gewerblich geprägten Personengesellschaft wird bei der Erbschaft- und Schenkungssteuer nicht begünstigt.

Gewerblich geprägten Personengesellschaften kommt in der steuerlichen Gestaltungspra- 185
xis eine herausragende **Bedeutung** zu. Mit einer gewerblich geprägten Personengesellschaft kann steuerliches Betriebsvermögen „künstlich" geschaffen oder ein bereits bestehendes Betriebsvermögen konserviert werden. Typische Beispiele dafür sind etwa:

- Einbringung des bestehenden Besitzunternehmens einer Betriebsaufspaltung in eine gewerblich geprägte GmbH & Co. KG, um eine ungewollte Entnahme im Fall der Auflösung der Betriebsaufspaltung zu verhindern.
- Einbringung von Sonderbetriebsvermögen in eine gewerblich geprägte (Schwester)GmbH & Co. KG, um eine ungewollte Entnahme im Fall des Auseinanderfallens von Mitunternehmeranteil und Sonderbetriebsvermögen zu verhindern.

(4) Nicht gewerbliche Personengesellschaft

Ausgewählte Hinweise auf weiterführende Literatur: *Demuth/Klingbeil*, Bilanzierungspflicht von vermögensverwaltenden Personenhandelsgesellschaften?!, DStR 2009, 2537; *Früchtl/Proschka*, Vermögensverwaltende Personengesellschaften im Gesellschafts-, Handels- und Steuerrecht, DStZ 2010, 595; *Geck*, Die vermögensverwaltende Personengesellschaft im Ertrag- und Erbschaftsteuerrecht, KÖSDI 2010, 16842; *Wacker*, Vermögensverwaltende Personenvereinigungen und Bruchteilsbetrachtung, DStR 2005, 2014.

Die Gesellschafter einer Personengesellschaft, die nicht (auch nicht teilweise, § 15 Abs. 3 186
Nr. 1 EStG) gewerblich tätig ist und auch nicht gewerblich geprägt ist (§ 15 Abs. 3 Nr. 2 EStG), erzielen keine Einkünfte aus Gewerbebetrieb. Vielmehr erzielen die Gesellschafter (in ihrer Verbundenheit) dann Einkünfte aus Vermietung und Verpachtung oder aus Kapitalvermögen. Diese Einkünfte sind nach den allgemeinen Grundsätzen zu ermitteln, gesondert festzustellen und den Gesellschaftern anteilig zuzurechnen. Besonderheiten bestehen dann, wenn an einer nicht gewerblichen Personengesellschaft (sogenannte **Zebra-Gesellschaften**) eine Kapitalgesellschaft beteiligt ist, da diese stets gewerbliche Einkünfte erzielt (§ 8 Abs. 2 KStG).

ee) Familiengesellschaften

Ausgewählte Hinweise auf weiterführende Literatur: *Hohaus/Eickmann*, Die Beteiligung minderjähriger an vermögensverwaltenden Familien-Kommanditgesellschaften – Anforderungen für die steuerliche Anerkennung, BB 2004, 1707; *Scherer*, Familienunternehmen: Zivil- und steuerrechtliche Besonderheiten bei der Gestaltung des Gesellschaftsvertrages, BB 2010, 323;

Mit der Gründung von Familienpersonengesellschaften wird vielfach (neben anderen Mo- 187
tiven) auch das **Ziel** verfolgt, Einkommen von den Eltern auf die Kinder zu verlagern und auf diese Weise die Gesamt(einkommen)steuerbelastung in der Familie zu reduzieren (u. a. durch Nutzung von Progressionsvorteilen, mehrfache Nutzung von Freibeträgen, etc.). Steuerrechtlich werden solche Gesellschaften allerdings nur dann anerkannt, wenn sie einem

Fremdvergleich standhalten. Denn ähnlich wie bei anderen Verträgen unter nahen Angehörigen[136] fehlt es auch bei Familiengesellschaften an einem natürlichen Interessengegensatz, wie er unter fremden Dritten regelmäßig besteht. Der Gesellschaftsvertrag muss daher zivilrechtlich wirksam sein, tatsächlich vollzogen werden und dem entsprechen, was unter fremden Dritten üblich ist (siehe auch R 15.9 EStR).

188 Die steuerliche Anerkennung einer Familienpersonengesellschaft setzt dabei insbesondere voraus, dass die Kinder – nach allgemeinen Regeln – Mitunternehmer sind (und nicht bloße Empfänger von privat veranlassten und steuerlich unbeachtlichen Zuwendungen sind, siehe § 12 Nr. 2 EStG) **und** die vereinbarte Gewinnverteilung auch der Höhe nach anzuerkennen ist. Die Gewinnanteile der Kinder müssen insbesondere der wirtschaftlichen Bedeutung ihrer Gesellschafterstellung (auch und gerade im Verhältnis zu den anderen Gesellschaftern) entsprechen.

189 Die **Mitunternehmerstellung** der Kinder ist dabei grundsätzlich nach den gleichen Kriterien zu beurteilen wie bei Gesellschaften unter fremden Dritten.[137] Bei Kindern, die im Rahmen einer Schenkung in die Gesellschaft aufgenommen worden sind, wird die Mitunternehmerstellung insbesondere durch mehr oder weniger freie Widerrufsrechte, Hinauskündigungsklauseln (insbesondere bei einer Abfindung unter dem gemeinen Wert) oder Stimmrechtsvollmachten an den Schenker gefährdet.

Beispiele aus der Rechtsprechung des Bundesfinanzhofs zur Mitunternehmerstellung in Familiengesellschaften
(in chronologischer Reihenfolge)

BFH Urt. v. 10. 12. 2008 – II R 34/07 – BStBl. II 2009, 312 = DStR 2009, 321 = DB 2009, 380 = ZEV 2009, 149 mit Anm. *Götz* = GmbHR 2009, 386 = ZErb 2009, 125 mit Anm. *Jülicher* = NZG 2009, 398 = FamRZ 2009, 696

(Wenden Eltern Teile ihrer Beteiligung an einer gewerblich geprägten Personengesellschaft unentgeltlich ihren Kindern zu und behalten sie sich dabei den lebenslänglichen Nießbrauch vor, fehlt es den Kindern an der für die Anwendung des § 13 a ErbStG erforderlichen Mitunternehmerinitiative, wenn vereinbart ist, dass die Nießbraucher die Gesellschafterrechte der Kinder wahrnehmen und die Kinder den Eltern vorsorglich Stimmrechtsvollmacht erteilen).

BFH Urt. v. 7. 11. 2000 – VIII R 16/97 – BStBl. II 2001, 186 = DStR 2001, 74 = DB 2001, 234 = BB 2001, 186 = GmbHR 2001, 152 mit Anm. *Bickenbach* = ZEV 2001, 80 = NJW 2001, 1086 = FR 2001, 193 mit Anm. *Kempermann*

(Ist in dem Gesellschaftsvertrag einer Familienpersonengesellschaft, durch den die minderjährigen Kinder des Hauptgesellschafters als Kommanditisten in die KG aufgenommen werden, bestimmt, dass Beschlüsse in der Gesellschafterversammlung (abweichend vom Einstimmigkeitsprinzip des § 119 Abs. 1 HGB) mit einfacher Mehrheit zu fassen sind, steht diese Vertragsklausel der Anerkennung der Kinder als Mitunternehmer nicht entgegen. Eine solche Klausel ist dahin auszulegen, dass sie nur Beschlüsse über die laufenden Geschäfte der KG betrifft).

BFH Urt. v. 6. 7. 1995 – IV R 79/94 – BStBl. II 1996, 269 = DStR 1995, 1706 = DB 1995, 2454 = NJW 1996, 414

(Als „andere Gesellschaft" im Sinne des § 15 Abs. 1 Nr. 2 EStG kommt auch die Unterbeteiligung am Gesellschaftsanteil des Gesellschafters und Mitunternehmers einer Personengesellschaft in Betracht, und zwar auch dann, wenn Hauptbeteiligter und Unterbeteiligter nahe Angehörige sind und der Hauptbeteiligte dem Unterbeteiligten die Unterbeteiligung geschenkt hat. Ein Gesellschaftsvertrag, der für einen Kommanditisten ungewöhnliche Beschränkungen enthält, von einem typischen stillen Gesellschafter aber hingenommen würde, kann steuerrechtlich als Grundlage einer so zu wertenden Geschäftsbeziehung angesehen werden. Entsprechendes muss gelten, wenn eine atypisch stille Gesellschaft oder Unterbeteiligung mit einer für einen atypisch stillen Gesellschafter oder Unterbeteiligten ungewöhnlichen Beschränkung vereinbart ist. Es kommt dann die Wertung als typische stille Gesellschaft oder typische Unterbeteiligung in Betracht. Dies setzt aber voraus, dass dem Gesellschafter wenigstens annäherungsweise die Rechte zustehen, die einem stillen Gesellschafter nach den §§ 230 ff. HGB zukommen).

BFH Urt. v. 27. 1. 1994 – IV R 114/91 – BStBl. II 1994, 635 = DStR 1994, 1004 = DB 1994, 1449 = BB 1994, 1483 = ZEV 1994, 318 mit Anm. *Piltz* = NJW 1995, 77

(Eine mitunternehmerisch ausgestaltete Unterbeteiligung des minderjährigen Kindes am Kommanditanteil des Vaters ist steuerrechtlich auch dann anzuerkennen, wenn die Unterbeteiligung dem Kind vom

[136] Siehe dazu oben Rdnr. 131 ff.
[137] Siehe dazu oben Rdnr. 162 ff.

Vater geschenkt wurde. Eine Rückfallklausel, nach der die Unterbeteiligung ersatzlos an den Vater zurückfällt, wenn das Kind vor dem Vater stirbt und keine leiblichen ehelichen Abkömmlinge hinterlässt, steht der steuerlichen Anerkennung der Unterbeteiligung nicht entgegen. Das Fehlen von vertraglichen Regelungen zu den einem Kommanditisten durch § 166 HGB eingeräumten Kontrollrechten steht der steuerlichen Anerkennung nicht entgegen, da diese Vorschriften auch auf Unterbeteiligungen anzuwenden sind (allerdings nicht gegenüber der Hauptgesellschaft, sondern gegenüber dem Hauptbeteiligten). Ein Unterbeteiligungsvertrag zwischen Familienangehörigen kann auch dann anzuerkennen sein, wenn die dispositiven Vorschriften des HGB über die Rechtsstellung der Gesellschafter einer Kommanditgesellschaft in verschiedener Hinsicht abbedungen werden, zum Beispiel das Widerspruchsrecht nach § 164 HGB beschränkt oder ausgeschlossen wird).

BFH Urt. v. 16. 5. 1989 – VIII R 196/84 – BStBl. II 1989, 877 = DStR 1989, 706
(Werden Kommanditanteile schenkweise mit der Maßgabe übertragen, dass der Schenker ihre Rückübertragung jederzeit ohne Angabe von Gründen einseitig veranlassen kann, dann ist der Beschenkte steuerrechtlich nicht als Mitunternehmer anzusehen).

BFH Urt. v. 11. 10. 1988 – VIII R 328/83 – BStBl. II 1989, 762 = DStR 1989, 317 = DB 1989, 1006 = BB 1989, 1036 = GmbHR 1989, 264 = NJW 1989, 2910
(Darf ein Kommanditist in der Gesellschafterversammlung nicht mitstimmen und ist für ihn das Widerspruchsrecht nach § 164 HGB abbedungen, ist er kein Mitunternehmer. Dem Ausschluss des Stimmrechts steht gleich, wenn Kommanditisten in keinem Fall den Mehrheitsgesellschafter an einer Beschlussfassung hindern können, zum Beispiel auch dann nicht, wenn es um die Änderung der Satzung oder die Auflösung der Gesellschaft geht).

BFH Urt. v. 10. 11. 1987 – BStBl. II 1989, 758 = FR 1988, 251 mit Anm. *Ludwig Schmidt* = EWiR 1988, 677 (*May*)
(Nicht nur bei Familienpersonengesellschaften, bei denen minderjährigen Kindern Kommanditanteile schenkweise zugewendet worden sind, sondern bei jeder KG ist die Mitunternehmerstellung eines Kommanditisten nur dann zu bejahen, wenn er nach dem Gesellschaftsvertrag und der tatsächlichen Durchführung zumindest eine Stellung hat, die nicht wesentlich hinter derjenigen zurückbleibt, die handelsrechtlich das Bild eines Kommanditisten bestimmt. Bei der Beurteilung der Frage, ob ein Kommanditist eine Stellung im vorstehend bezeichneten Sinn hat, kommt dem Umstand, dass der betreffende Kommanditist nicht gegen seinen Willen durch Kündigung zum Buchwert aus der KG hinausgedrängt werden kann, eine besondere Bedeutung zu. Ein Kommanditist entfaltet seine Mitunternehmerinitiative im Wesentlichen durch die Ausübung der ihm zustehenden Kontrollrechte und die Ausübung seiner Stimmrechte in der Gesellschafterversammlung. Die Beschränkung des Widerspruchsrechts nach § 164 HGB ist keine wesentliche Einschränkung der Möglichkeit zur Entfaltung von Mitunternehmerinitiative).

BFH Urt. v. 24. 7. 1986 – IV R 103/83 – BStBl. II 1987, 54 = DStR 1987, 124 = DB 1987, 26 = BB 1987, 45 = FR 1987, 60 mit Anm. *Günter Söffing* = GmbHR 1987, 209
(In einer als mitunternehmerschaftliche Unterbeteiligung gestalteten Familiengesellschaft unterliegt die Gewinnverteilung einer Angemessenheitsprüfung zur Abgrenzung privater Zuwendungen des Hauptbeteiligten von originären (auf der Gesellschafterstellung beruhenden) Einkünften der unterbeteiligten Angehörigen. Für die Angemessenheitsprüfung kann der unentgeltliche Erwerb der Unterbeteiligung nicht außer Betracht bleiben).

Die steuerliche **Angemessenheit der Gewinnverteilung** richtet sich zum einen danach, ob 190
das Kind den Gesellschaftsanteil unentgeltlich oder entgeltlich erworben hat, und zum anderen danach, ob das Kind in der Gesellschaft mitarbeitet oder ob dies nicht der Fall ist. Bei der **unentgeltlichen** Übertragung des Gesellschaftsanteils soll der Gewinnanteil steuerlich nur dann angemessen sein, wenn die Gewinnverteilung nach den Verhältnissen bei Vertragsabschluss langfristig nicht eine Durchschnittsrendite von mehr als 15% des geschenkten Gesellschaftsanteils ergibt. Darüber hinausgehende Gewinnanteile sind dem Schenker zuzurechnen.[138] Beim **entgeltlichen** Erwerb eines Gesellschaftsanteils soll die 15%-Grenze dagegen nicht gelten. Allerdings ist auch in diesem Fall zu prüfen, ob der dem Kind eingeräumte Gewinnanteil nicht höher ist als der Gewinnanteil, der einem fremden Dritten für einen vergleichbaren Beitrag gewährt worden wäre. Ähnliches gilt auch für Kinder, die in der Gesellschaft in unternehmerischer Funktion mitarbeiten.

[138] Grundlegend BFH Beschl. v. 29. 5. 1972 – GrS 4/71 – BStBl. II 1973, 5 = DStR 1970, 696.

Beispiele aus der Rechtsprechung des Bundesfinanzhofs zur steuerlichen Anerkennung der Gewinnverteilung in Familiengesellschaften
(in chronologischer Reihenfolge)

BFH Urt. v. 9. 10. 2001 – VIII R 77/98 – BStBl. II 2002, 460 = DStR 2001, 2108 = DB 2001, 2689 = BB 2001, 2561 = ZEV 2001, 37 mit Anm. *Daragan* = FR 2002, 151 mit Anm. *Kempermann*
(Hat ein Vater seinem Kind eine mitunternehmerschaftliche Unterbeteiligung von 10% an seinem Kommanditanteil an einer zwischen fremden Personen bestehenden KG geschenkt, dann kann die für die Unterbeteiligung vereinbarte quotale Gewinnbeteiligung (hier: 10%) auch dann steuerlich anzuerkennen sein, wenn sie zu einem Gewinn des unterbeteiligten Kindes von mehr als 15% des Wertes der Unterbeteiligung führt. Eine Korrektur der vereinbarten quotalen Gewinnbeteiligung ist unzulässig, wenn mit dem Gewinnanteil des Vaters an der KG nur die Überlassung des Haftkapitals vergütet wird oder wenn damit zusätzlich nur solche Gesellschafterbeiträge des Vaters abgegolten werden, die anteilig auch dem unterbeteiligten Kind zuzurechnen sind).

BFH Urt. v. 6. 11. 1991 – XI R 35/88 – BFH/NV 1992, 452
(In einer Familiengesellschaft, deren Komplementär-GmbH von einem nahen Angehörigen (hier: Vater) beherrscht wird, sind den ohne Gegenleistung schenkweise aufgenommenen nahen Angehörigen (hier: Kinder) Gewinnanteile nur in angemessener Höhe zuzurechnen, sofern diese Gesellschafter keine oder nur eine Tätigkeit von untergeordneter Bedeutung in der Gesellschaft ausüben).

BFH Urt. v. 24. 7. 1986 – IV R 103/83 – BStBl. II 1987, 54 = DStR 1987, 124 = DB 1987, 26 = BB 1987, 45 = FR 1987, 60 mit Anm. *Günter Söffing* = GmbHR 1987, 209
(In einer als mitunternehmerschaftlichen Unterbeteiligung gestalteten Familiengesellschaft unterliegt die Gewinnverteilung einer Angemessenheitsprüfung zur Abgrenzung privater Zuwendungen des Hauptbeteiligten von originären (auf der Gesellschafterstellung beruhenden) Einkünften der unterbeteiligten Angehörigen. Für die Angemessenheitsprüfung kann der unentgeltliche Erwerb der Unterbeteiligung nicht außer Betracht bleiben).

BFH Beschl. v. 29. 5. 1972 – GrS 4/71 – BStBl. II 1973, 5 = DStR 1970, 696 = DB 1972, 2092 = BB 1972, 1354
(Ein Gewerbetreibender, der mit Kindern eine steuerrechtlich anzuerkennende Kommanditgesellschaft gründet, seinen Gewerbebetrieb in diese einbringt und seinen Kindern aus seinem Kapitalanteil Anteile schenkweise überträgt, kann mit steuerrechtlicher Wirkung nur eine Gewinnverteilung vereinbaren, die, falls die Kinder nicht mitarbeiten, auf längere Sicht zu einer auch unter Berücksichtigung der gesellschaftsrechtlichen Beteiligung der Kommanditisten angemessenen Verzinsung des tatsächlichen Werts des Gesellschaftsanteils führt).

ff) Betriebsaufspaltung

Ausgewählte Hinweise auf weiterführende Literatur: *Braun*, Betriebsaufspaltung im neuen Erbschaftsteuerrecht – Problemhinweise und erste Gestaltungsempfehlungen aus der Praxis, Ubg. 2009, 647; *Carlé*, Die Betriebsaufspaltung im Erbfall – Wie sich ihre ungewollte Beendigung verhindern lässt!, ErbStB 2006, 155; *Kaligin*, Die Betriebsaufspaltung, 7. Auflage, 2011; *Kempermann*, Betriebsaufspaltung: Beherrschung der Geschäfte des täglichen Lebens als Voraussetzung der personellen Verflechtung, GmbHR 2005, 317; *Mohr*, Aktuelle Gestaltungsfragen zur Betriebsaufspaltung, GmbH-StB 2009, 134; *Salzmann*, Die Betriebsaufspaltung – Rechtsinstitut ohne Rechtsgrundlage, in: Festschrift für Sebastian Spiegelberger, 2009, S. 401 ff.; *Slabon*, Probleme der Betriebsaufspaltung in der Nachfolgeplanung, in: Festschrift für Sebastian Spiegelberger, 2009, S. 430 ff.; *Söffing, Matthias/Micker*, Die Betriebsaufspaltung, 4. Auflage, 2010; *Strahl*, Umgekehrte und mitunternehmerische Betriebsaufspaltung als Gestaltungsmodelle unter besonderer Berücksichtigung der Unternehmenssteuerreform 2008, in: Festschrift für Harald Schaumburg, 2009, S. 493 ff.; *Strahl*, Betriebsaufspaltung: Verflechtung, Auswirkungen der Unternehmenssteuerreform und Entstrickung, KÖSDI 2008, 16027; *Wälzholz*, Aktuelle Probleme der Betriebsaufspaltung, GmbH-StB 2008, 304.

191 *(1) Einführung.* Kennzeichen einer Betriebsaufspaltung ist, dass eine ihrer Art nach nicht gewerbliche Tätigkeit, nämlich das Vermieten bzw. Verpachten von Wirtschaftsgütern an eine gewerbliche Gesellschaft zu einem **steuerlichen Gewerbebetrieb** umqualifiziert wird. Voraussetzung dafür ist, dass zwischen dem Vermieter (Verpächter), dem **Besitzunternehmen** (meist eine natürliche Person oder eine Personengesellschaft) und dem Mieter, dem **Betriebsunternehmen** (meist eine Kapitalgesellschaft) eine **sachliche und personelle Verflechtung** besteht. Entscheidend für die Annahme eines steuerlichen Gewerbebetriebs ist, dass in diesen Fällen die hinter beiden Unternehmen stehenden Personen einen einheitlichen geschäftlichen Betätigungswillen haben, der (über das Besitzunternehmen) auf eine gewerbliche Tätigkeit (in Form des Betriebsunternehmens) gerichtet ist. Gleichwohl bleiben auch bei

einer Betriebsaufspaltung beide Unternehmen nicht nur rechtlich, sondern auch steuerlich selbständig.[139]

Das Rechtsinstitut der Betriebsaufspaltung ist bis heute **gesetzlich** nicht geregelt (siehe jetzt aber § 13 b Abs. 2 Satz 2 Nr. 1 Buchstabe a) ErbStG: „*wenn der Erblasser oder Schenker sowohl im überlassenden Betrieb als auch im nutzenden Betrieb einen einheitlichen geschäftlichen Betätigungswillen durchsetzen konnte*"), aber gleichwohl allgemein anerkannt (siehe auch R 15.7 (5) EStR). 192

In der Praxis haben sich zahlreiche **Erscheinungsformen** der Betriebsaufspaltung herausgebildet. Dazu gehören u. a.: 193

- **Echte Betriebsaufspaltung:** Bei der echten Betriebsaufspaltung wird ein bislang einheitlicher Gewerbebetrieb in der Weise aufgeteilt, dass ein Teil des Betriebsvermögens (z. B. das bewegliche Anlage- und Umlaufvermögen) auf eine Betriebs(kapital)gesellschaft übertragen wird und eine oder mehrere der (meist wertvollen) wesentlichen Betriebsgrundlagen beim Besitzunternehmen verbleiben. Die wesentlichen Betriebsgrundlagen werden sodann vom Besitzunternehmen an das Betriebsunternehmen zur Nutzung überlassen (sachliche Verflechtung). Beide Unternehmen müssen von einem einheitlichen geschäftlichen Betätigungswillen getragen werden (personelle Verflechtung).
- **Unechte Betriebsaufspaltung:** Eine unechte Betriebsaufspaltung liegt vor, wenn der oder die beherrschenden Gesellschafter einer (Betriebs)Kapitalgesellschaft dieser einzelne Wirtschaftsgüter zur Nutzung überlassen und diese für die Gesellschaft zu den wesentlichen Betriebsgrundlagen gehören. Der oder die Gesellschafter werden dadurch zum Besitzunternehmen.
- **Mitunternehmerische Betriebsaufspaltung:** Eine mitunternehmerische Betriebsaufspaltung wird dann angenommen, wenn das Betriebsunternehmen (und meist auch das Besitzunternehmen) die Rechtsform einer Personengesellschaft hat. Die mitunternehmerische Betriebsaufspaltung wird allerdings in bestimmten Fällen durch das Vorliegen von Sonderbetriebsvermögen verdrängt (siehe § 15 Abs. 1 Nr. 2 HS 2 EStG). Eine mitunternehmerische Betriebsaufspaltung liegt danach nicht vor, wenn jemand an einer Betriebspersonengesellschaft selbst als Mitunternehmer beherrschend beteiligt ist und dieser wesentliche Betriebsgrundlagen zur Nutzung überlässt (z. B. bei einer doppelstöckigen Personengesellschaft) (**Vorrang des Sonderbetriebsvermögens**). Dagegen soll eine mitunternehmerische Betriebsaufspaltung vorliegen, wenn die Überlassung der wesentlichen Betriebsgrundlagen durch eine Personengesellschaft erfolgt und nicht diese selbst, sondern deren Gesellschafter an der (Schwester)Betriebspersonengesellschaft beherrschend beteiligt sind (**Vorrang der mitunternehmerischen Betriebsaufspaltung**).
- **Kapitalistische Betriebsaufspaltung:** Eine kapitalistische Betriebsaufspaltung wird dagegen dann angenommen, wenn das Besitzunternehmen eine Kapitalgesellschaft ist.
- **Einheits-Betriebsaufspaltung:** Bei einer Einheits-Betriebsaufspaltung ist das Besitzunternehmen unmittelbar an dem Betriebsunternehmen beteiligt.

Die **Motive** für die Wahl einer Betriebsaufspaltung sind vielfältig. Im Falle einer Rechtsformkombination ermöglicht die Betriebsaufspaltung die steuerlichen Vorteile für Personenunternehmen (z. B. Verlustverrechnung) mit den steuerlichen Vorteilen einer Kapitalgesellschaft (z. B. Abzugsfähigkeit der Gesellschafter-Geschäftsführervergütungen, Bildung von Pensionsrückstellungen, Körperschaftsteuersatz und Teileinkünfteverfahren) zu verbinden. Darüber hinaus wird mit der Betriebsaufspaltung vielfach versucht, wertvolle Teile des Betriebsvermögens aus der Haftung für laufende Verbindlichkeiten herauszuhalten (siehe aber § 74 AO, § 134 UmwG, § 135 Abs. 3 InsO). Im Rahmen der Nachfolgeplanung ist die Betriebsaufspaltung insoweit vorteilhaft, als dem Erwerber die Verschonungen für unternehmerisches Vermögen bei der Erbschaft- und Schenkungsteuer zustehen (§ 13 b Abs. 2 Satz 2 Nr. 1 Buchstabe a) ErbStG). 194

(2) Voraussetzungen der Betriebsaufspaltung. (a) Sachliche Verflechtung. Die Betriebsaufspaltung setzt u. a. eine sachliche Verflechtung zwischen Besitz- und Betriebsunternehmen 195

[139] Grundlegend BFH Beschl. v. 8. 11. 1971 – GrS 2/71 – BStBl. II 1972, 63 = DStR 1970, 183. – Ausführlich zum Ganzen Schmidt/*Wacker* § 15 Rdnr. 800 ff.

voraus. Der Betriebsgesellschaft müssen demnach bestimmte Wirtschaftsgüter zur Nutzung überlassen werden **und** bei dieser zu den wesentlichen Betriebsgrundlagen gehören. Die Nutzungsüberlassung kann grundsätzlich sowohl entgeltlich als auch unentgeltlich, auf schuldrechtlicher oder auf dinglicher Rechtsgrundlage (z. B. die Bestellung eines Nießbrauchs oder eines Erbbaurechts) und unmittelbar oder mittelbar erfolgen.

196 Wirtschaftsgüter sind eine **wesentliche Betriebsgrundlage**, wenn sie nach dem Gesamtbild der Verhältnisse zur Erreichung des Betriebszwecks erforderlich sind und besonderes Gewicht für die Betriebsführung besitzen. Dabei kommt es auf die funktionalen Erfordernisse der Betriebsgesellschaft an. Grundstücke und Gebäude (und zwar nicht nur Fabrikations- und Lagergebäude, sondern auch Büro- und Verwaltungsgebäude) gehören in der Praxis nahezu immer zu den wesentlichen Betriebsgrundlagen, falls sie nicht ausnahmsweise von nur geringer wirtschaftlicher Bedeutung sind (siehe dazu auch H 15.7 (5) EStR). Daneben können aber auch immaterielle Wirtschaftsgüter (wie etwa gewerbliche Schutzrechte) oder der Mandantenstamm eines Freiberuflers zu den wesentlichen Betriebsgrundlagen gehören.

Beispiele aus der Rechtsprechung des Bundesfinanzhofs zur sachlichen Verflechtung bei einer Betriebsaufspaltung
(in chronologischer Reihenfolge)

BFH Urt. v. 19. 3. 2009 – IV R 78/06 – BStBl. II 2009, 803 = DStR 2009, 1138 = DB 2009, 1326 mit Anm. *Dötsch* = BB 2009, 1267 = GmbHR 2009, 724 mit Anm. *Bitz* = NZG 2009, 877 = FR 2009, 1060
(Das einzelne Geschäftslokal eines Filialeinzelhandelsbetriebs ist in aller Regel auch dann eine wesentliche Betriebsgrundlage, wenn auf das Geschäftslokal weniger als 10% der gesamten Nutzfläche des Unternehmens entfällt).

BFH Urt. v. 14. 2. 2007 – XI R 30/05 – BStBl. II 2007, 524 = DB 2007, 1166 = BB 2007, 1206 = DStRE 2007, 842 = FR 2007, 891 mit Anm. *Bergkemper*
(Das Dachgeschoss eines mehrstöckigen Hauses ist eine funktional wesentliche Betriebsgrundlage, wenn es zusammen mit den übrigen Geschossen die räumliche und funktionale Grundlage für einen Betrieb bildet).

BFH Urt. v. 13. 7. 2006 – IV R 25/05 – BStBl. II 2006, 804 = DStR 2006, 1829 = DB 2006, 2214 = BB 2006, 2281 = GmbHR 2006, 1211
(Wird ein Teil eines normalen Einfamilienhauses von den Gesellschaftern der Betriebs-GmbH an diese als einziges Büro (Sitz der Geschäftsleitung) vermietet, so stellen die Räume auch dann eine wesentliche, die sachliche Verflechtung begründende Betriebsgrundlage dar, wenn sie nicht für Zwecke des Betriebsunternehmens besonders hergerichtet und gestaltet sind).

BFH Urt. v. 10. 11. 2005 – IV R 7/05 – BStBl. II 2006, 176 = DStR 2006, 23 = DB 2006, 195 = BB 2006, 30 = FR 2006, 317
(Auch ein Bürogebäude kann eine wesentliche Betriebsgrundlage sein, wenn es die räumliche und funktionale Grundlage für die Geschäftstätigkeit des Unternehmens bildet. Nach der Rechtsprechung spricht eine Vermutung dafür, dass ein Gebäude nach Zuschnitt und Lage besonderes Gewicht für die Betriebsführung besitzt, wenn ein Gebäude unmittelbar nach seiner Errichtung durch das Besitzunternehmen vom Betriebsunternehmen gemietet worden ist).

BFH Urt. v. 18. 8. 2005 – IV R 59/04 – BStBl. II 2005, 830 = DB 2005, 2271 = BB 2005, 2458 = DStRE 2005, 1311 = GmbHR 2005, 1512 = FR 2006, 23 = NZG 2006, 73
(Überlässt ein Einzelgewerbetreibender eine wesentliche Betriebsgrundlage einer Personengesellschaft, an der er beherrschend beteiligt ist, so gehört das überlassene Wirtschaftsgut zum Sonderbetriebsvermögen des Gesellschafters bei der nutzenden Personengesellschaft. Die Rechtsfolgen einer mitunternehmerischen Betriebsaufspaltung werden verdrängt. – Vermietet der Gesellschafter einer Besitzpersonengesellschaft ein ihm gehörendes Wirtschaftsgut an eine Betriebspersonengesellschaft, an der er ebenfalls (ggf. beherrschend) beteiligt ist, so stellt das überlassene Wirtschaftsgut Sonderbetriebsvermögen I des Gesellschafters bei der Betriebspersonengesellschaft dar. Diese Zuordnung geht der als Sonderbetriebsvermögen II bei der Besitzpersonengesellschaft vor.

BFH Urt. v. 23. 5. 2000 – VIII R 11/99 – BStBl. II 2000, 621 = DStR 2000, 1864 = DB 2000, 2354 = BB 2000, 2294 = GmbHR 2000, 1205 = FR 2001, 33 mit Anm. *Peter Fischer*
(Ein Bürogebäude und Verwaltungsgebäude ist jedenfalls dann eine wesentliche Betriebsgrundlage im Sinne der Rechtsprechungsgrundsätze zur Betriebsaufspaltung, wenn es die räumliche und funktionale Grundlage für die Geschäftstätigkeit der Betriebsgesellschaft bildet).

BFH Urt. v. 24. 3. 1999 – I R 114/97 – BStBl. II 2000, 399 = DStR 1999, 889 = DB 1999, 1242 = BB 1999, 2591 = FR 1999, 753 = NZG 1999, 1242 = IStR 1999, 406 mit Anm. *Lüdicke*
(Die zu § 15 Abs. 1 Nr. 2 EStG entwickelten Gewinnermittlungsgrundsätze gelten auch, wenn eine inländische KG an einer österreichischen GmbH & Co. KG beteiligt ist).

BFH Urt. v. 24. 11. 1998 – VIII R 61/97 – BStBl. II 1999, 483 = BB 1999, 2118 = FR 1999, 260 = NJW 1999, 1135 = DStRE 1999, 215 = GmbHR 1999, 368 = NZG 1999, 416
(An der Rechtsprechung, dass bei einer mitunternehmerischen Betriebsaufspaltung die Qualifikation des Vermögens als Gesellschaftsvermögen der Besitzgesellschaft und der Einkünfte aus der Verpachtung dieses Vermögens als gewerbliche Einkünfte der Gesellschafter der Besitzgesellschaft Vorrang vor der Qualifikation des Vermögens als Sonderbetriebsvermögens und der Einkünfte aus der Verpachtung als Sonderbetriebseinkünfte der Gesellschafter bei der Betriebskapitalgesellschaft hat, ist festzuhalten).

BFH Urt. v. 10. 4. 1997 – IV R 73/94 – BStBl. II 1997, 569 = DStR 1997, 1279 = DB 1997, 1900 = BB 1997, 1690 = GmbHR 1997, 860
(Eine Wohnungseigentümergemeinschaft im Sinne von § 10 WEG erzielt regelmäßig gewerbliche Einkünfte als Besitzunternehmen, wenn die einzelnen Wohnungen aufgrund einer Gebrauchsregelung (§ 15 WEG) an eine personenidentische Betriebs-GmbH vermietet werden. Eine Betriebsaufspaltung setzt nicht voraus, dass das Besitzunternehmen dem Betriebsunternehmen sämtliche wesentlichen Betriebsgrundlagen vermietet. Wesentliche Betriebsgrundlagen sind solche, die nach dem Gesamtbild der Verhältnisse zur Erreichung des Betriebszwecks erforderlich sind und für die Betriebsführung besonderes Gewicht besitzen).

BFH Urt. v. 23. 4. 1996 – VIII R 13/95 – BStBl. II 1998, 325 = DB 1996, 2059 = BB 1996, 2074 = GmbHR 1996, 861
(Die Qualifikation des Vermögens als Gesellschaftsvermögen der Besitzgesellschaft und der Einkünfte aus der Verpachtung dieses Vermögens als Einkünfte der Gesellschafter der Besitzgesellschaft hat bei einer mitunternehmerischen Betriebsaufspaltung Vorrang vor der Qualifikation des Vermögens als Sonderbetriebsvermögen und der Einkünfte aus der Verpachtung als Sonderbetriebsvermögenseinkünfte der Gesellschafter bei der Betriebsgesellschaft. Die Beendigung der Betriebsaufspaltung durch Wegfall der sachlichen Verflechtung von Besitzpersonengesellschaft und Betriebspersonengesellschaft führt nicht zur Betriebsaufgabe bei der Besitzpersonengesellschaft, wenn außer den Voraussetzungen einer Betriebsaufspaltung auch die Voraussetzungen einer Betriebsverpachtung vorlagen).

BFH Urt. v. 16. 9. 1994 – III R 45/92 – BStBl. 1995, 75 = DStR 1995, 1584 = DB 1995, 192 = BB 1994, 2482 = GmbHR 1995, 59
(Eine betriebsvermögensmäßige Verflechtung von Besitzunternehmen und Betriebsunternehmen liegt nur vor, wenn entweder – in den Fällen der „normalen" Betriebsaufspaltung – die Beteiligung der Gesellschafter des Besitzunternehmens an der Betriebsgesellschaft unmittelbar oder mittelbar (Sonder-)Betriebsvermögen der Besitzgesellschaft ist oder umgekehrt – in den Fällen der sogenannten umgekehrten Betriebsaufspaltung – die Beteiligung der Gesellschafter der Betriebspersonengesellschaft an der Besitzgesellschaft oder an der deren Anteile haltenden Obergesellschaft (Sonder-)Betriebsvermögen der Betriebsgesellschaft ist).

(b) Personelle Verflechtung. Das Vorliegen einer Betriebsaufspaltung setzt darüber hinaus voraus, dass Besitz- und Betriebsunternehmen von einem **einheitlichen geschäftlichen Betätigungswillen** getragen sind (siehe auch H 15.7 (6) EStR). Dieser ist besonders deutlich bei **Beteiligungsidentität**, d. h. in den Fällen, in denen am Besitz- und Betriebsunternehmen die gleichen Personen im gleichen Verhältnis beteiligt sind (Beispiel: A und B je zur Hälfte Miteigentümer eines Grundstücks, dass an eine GmbH vermietet ist, deren Gesellschafter A und B zu jeweils ein Halb sind). Ein einheitlicher geschäftlicher Betätigungswille besteht aber auch bei **Beherrschungsidentität.** Dies sind die Fälle, in denen eine Person oder eine Personengruppe beide Unternehmen in der Weise beherrscht, dass sie in der Lage ist, einen einheitlichen Willen durchzusetzen. 197

Beispiele:

- Ehegatten sind Miteigentümer eines Grundstücks, wobei der Ehemann 60% hält und die Ehefrau 40%. An der Betriebskapitalgesellschaft hält dagegen der Ehemann 40% und die Ehefrau 60%. In diesem Fall besteht eine Betriebsaufspaltung. – Keine Betriebsaufspaltung besteht dagegen, wenn die Beteiligungsverhältnisse an beiden Unternehmen extrem entgegengesetzt sind, zum Beispiel bei 95% zu 5%. Erst recht liegt keine Betriebsaufspaltung vor, wenn an dem Besitzunternehmen ausschließlich der eine Ehegatte und an dem Betriebsunternehmen ausschließlich der andere Ehegatte beteiligt ist (sogenanntes Wiesbadener Modell). Eine Betriebsaufspaltung wird beim Wiesbadener Modell aber begründet, wenn ein Ehegatte verstirbt und sich die Ehegatten gegenseitig zu Alleinerben eingesetzt haben.

- An dem Besitzunternehmen sind A zu 10%, B zu 45% und C zu 45% beteiligt. An dem Betriebsunternehmen sind B und C zu je 50% beteiligt. A ist ein sogenannter Nur-Besitzgesellschafter. In diesem Fall besteht eine Betriebsaufspaltung, weil die Doppelgesellschafter (Sowohl-als-auch-Gesellschafter) B und C Besitz- und Betriebsunternehmen beherrschen. – Anders ist es dagegen, wenn im Gesellschaftsvertrag des Besitzunternehmens auch für Geschäfte des täglichen Lebens das Einstimmigkeitsprinzip vereinbart wird. Dann schließt der Nur-Besitzgesellschafter A die Beherrschungsidentität aus, weil B und C infolge seines Vetorechts nicht in der Lage sind, ihren geschäftlichen Betätigungswillen im Besitzunternehmen durchzusetzen. In der Gestaltungspraxis kann somit durch die Ausgestaltung der Mehrheitserfordernisse im Gesellschaftsvertrag des Besitzunternehmens eine Betriebsaufspaltung – je nach Interessenlage – gezielt begründet oder vermieden werden.
- A und B sind Miteigentümer eines Grundstücks zu je ein Halb. An der Betriebs-GmbH sind A, B und C zu je einem Drittel beteiligt. Es besteht eine Betriebsaufspaltung, weil A und B in dem Betriebsunternehmen eine einfache Mehrheit der Stimmen haben. Eine qualifizierte Stimmenmehrheit (z.B. 75%) ist nicht erforderlich.
- A, B, C und D sind zu je 25% Miteigentümer eines Grundstücks, das an eine GmbH vermietet ist. Gesellschafter der GmbH sind A, B, C und E (nicht aber D) zu jeweils 25%. Es liegt eine Betriebsaufspaltung vor, da A, B und C sowohl das Besitzunternehmen als auch das Betriebsunternehmen beherrschen.

Beispiele aus der Rechtsprechung zur personellen Verflechtung bei einer Betriebsaufspaltung
(in chronologischer Reihenfolge)

BFH Urt. v. 5. 6. 2008 – IV R 76/05 – BStBl. II 2008, 858 = DStR 2008, 1679 = DB 2008, 1836 = GmbHR 2008, 1043 = ZEV 2008, 495 mit Anm. *Lorz* = FR 2009, 82 mit Anm. *Kanzler*
(Das Handeln eines Testamentsvollstreckers (hier: Dauervollstreckung) ist den Erben auch im Rahmen der Beurteilung der personellen Verflechtung von Besitzunternehmen und Betriebsunternehmen zuzurechnen).

BFH Urt. v. 12. 12. 2007 – X R 17/05 – BStBl. II 2008, 579 = DB 2008, 612 = DStRE 2008, 408 = GmbHR 2008, 379 = NZG 2008, 354 = ZIP 2008, 1678 = FR 2008, 565 mit Anm. *Wendt*
(Im Rahmen einer Betriebsaufspaltung ist für den Beginn der erforderlichen sachlichen Verflechtung allein die tatsächliche Überlassung von wesentlichen Betriebsgrundlagen zur Nutzung ausschlaggebend. Es spielt keine Rolle, ob diese Überlassung (zunächst) unentgeltlich geschieht sowie ob sie auf einer schuldrechtlichen oder dinglichen Grundlage beruht).

BFH Urt. v. 24. 8. 2006 – IX R 52/04 – BStBl. II 2007, 165 = DStR 2007, 21 = DB 2007, 32 = BB 2007, 80 = GmbHR 2007, 162 = FR 2007, 351
(Die personelle Verflechtung einer Gesellschaft bürgerlichen Rechts mit einer GmbH ist auch dann gegeben, wenn der Gesellschafter-Geschäftsführer der GbR, der zugleich alleiniger Geschäftsführer der GmbH ist, zwar von der GbR nicht vom Verbot des Selbstkontrahierens befreit ist, aufgrund seiner beherrschenden Stellung in der GmbH aber bewirken kann, dass auf Seiten der GmbH nicht er selbst als deren Vertreter auftritt).

BFH Urt. v. 30. 11. 2005 – X R 56/04 – BStBl. II 2006, 415 = DStR 2006, 744 = DB 2006, 931 = BB 2006, 920 = GmbHR 2006, 549 = FR 2006, 597 = NZG 2006, 915
(Ein Besitzunternehmen beherrscht die Betriebskapitalgesellschaft auch dann personell, wenn er zwar über die einfache Stimmrechtsmehrheit und nicht über die im Gesellschaftsvertrag vorgeschriebene qualifizierte Mehrheit verfügt, er aber als Gesellschafter-Geschäftsführer deren Geschäfte des täglichen Lebens beherrscht, sofern ihm die Geschäftsführungsbefugnis nicht gegen seinen Willen entzogen werden kann).

BFH Urt. v. 17. 11. 2005 – III R 8/03 – BStBl. II 2006, 287 = DB 2006, 1252 = BB 2006, 365 = DStRE 2006, 312 = GmbHR 2006, 267 = NZG 2006, 277 = ZEV 2006, 176
(Wird bei einer Betriebsaufspaltung zwischen einer Betriebs-GmbH und einem Besitzunternehmer das Kapital der Betriebs-GmbH erhöht und übernimmt ein Dritter eine Stammeinlage zum Nennwert, liegt eine Entnahme des Besitzunternehmers in Höhe der Differenz zwischen dem höheren Wert des übernommenen Anteils und der geleisteten Einlage vor).

BFH Urt. v. 10. 11. 2005 – IV R 29/04 – BStBl. II 2006, 173 = DStR 2005, 2164 = DB 2006, 1250 = BB 2006, 27 = FR 2006, 276 = NJW 2006, 464
(Die Überlassung eines Praxisgrundstücks seitens einer ganz oder teilweise personenidentischen Miteigentümergemeinschaft an eine Freiberufler-GbR begründet keine mitunternehmerische Betriebsaufspaltung).

BFH Urt. v. 1. 7. 2003 – VIII R 24/01 – BStBl. II 2003, 757 = DStR 2003, 1431 = DB 2003, 1879 = BB 2003, 1825 = GmbHR 2003, 1020 = ZIP 2003, 1936 = FR 2003, 963 mit Anm. *Kempermann*
(Ist im Gesellschaftsvertrag einer GbR die Führung der Geschäfte einem Gesellschafter allein übertragen, dann beherrscht dieser Gesellschafter die Gesellschaft im Sinne der Rechtsprechungsgrundsätze zur Betriebsaufspaltung auch dann, wenn nach dem Gesellschaftsvertrag die Gesellschafterbeschlüsse einstimmig zu fassen sind).

BFH Urt. v. 15. 3. 2000 – VIII R 82/98 – BStBl. II 2002, 774 = DStR 2000, 1136 = DB 2000, 1447 = BB 2000, 1447 = FR 2000, 818 mit Anm. *Wendt* = GmbHR 2000, 778 = NZG 2000, 903
(Eine Betriebsaufspaltung liegt regelmäßig nicht vor, wenn nur einer der beiden Geschäftsführer einer Besitz-GbR an der Betriebs-GmbH beteiligt ist. Eine faktische Beherrschung der Besitz-GbR durch einen Gesellschafter-Geschäftsführer setzt voraus, dass die anderen Gesellschafter-Geschäftsführer bei der Beschlussfassung über die Angelegenheiten der Gesellschaft keinen eigenen geschäftlichen Willen entfalten können. Ein auf schuldrechtlichen Rechtsbeziehungen beruhender wirtschaftlicher Druck genügt hierfür regelmäßig nicht).

BFH Urt. v. 24. 2. 2000 – IV R 62/98 – BStBl. II 2000, 417 = DStR 2000, 816 = DB 2000, 957 = BB 2000, 962 = GmbHR 2000, 575
(Ein einheitlicher geschäftlicher Betätigungswille ist regelmäßig auch dann anzunehmen, wenn die einzigen Gesellschafter des Besitz- und des Betriebsunternehmens in der Weise an beiden Unternehmen beteiligt sind, dass der eine Gesellschafter über die Mehrheit der Anteile am Besitzunternehmen verfügt, der andere dagegen über die Mehrheit der Anteile am Betriebsunternehmen).

BFH Urt. v. 11. 5. 1999 – VIII R 72/96 – BStBl. II 2002, 722 = DStR 1999, 1184 = DB 1999, 1682 = BB 1999, 1537 = GmbHR 1999, 873 = NZG 1999, 963
(Eine Betriebsaufspaltung liegt wegen fehlender personeller Verflechtung nicht vor, wenn an der Betriebsgesellschaft nicht alle Gesellschafter der Besitzpersonengesellschaft beteiligt sind und die Beschlüsse der Besitzpersonengesellschaft einstimmig gefasst werden müssen. Danach ist eine Betriebsaufspaltung zwischen einer GbR als Besitzgesellschaft und einer Betriebsgesellschaft wegen des Einstimmigkeitsprinzips (§ 709 Abs. 1 BGB) grundsätzlich ausgeschlossen. Dies ist nur dann anders, wenn die Gesellschafter im Gesellschaftsvertrag vereinbart haben, dass die Beschlüsse mit der Mehrheit der Stimmen gefasst werden können (§ 709 Abs. 2 BGB)).

BFH Urt. v. 21. 1. 1999 – IV R 96/96 – BStBl. II 2002, 771 = DStR 1999, 622 = DB 1999, 940 = BB 1999, 779 = GmbHR 1999, 489 = NJW 1999, 1887 = FR 1999, 596 mit Anm. *Günter Söffing*
(Die Voraussetzungen der personellen Verflechtung im Rahmen einer Betriebsaufspaltung sind in der Regel nicht erfüllt, wenn ein Gesellschafter der Besitzpersonengesellschaft nicht zugleich Gesellschafter der Betriebs-GmbH ist, und nach dem Gesellschaftsvertrag der Besitzgesellschaft für alle Geschäfte im Zusammenhang mit den überlassenen Betriebsgrundlagen einstimmige Beschlüsse der Gesellschafterversammlung zu fassen sind).

BFH Urt. v. 15. 10. 1998 – IV R 20/98 – BStBl. II 1999, 445 = DStR 1999, 190 = DB 1999, 314 = BB 1999, 297 = GmbHR 1999, 240 = NJW 1999, 1054 = FR 1999, 304 mit *Anm. Günter Söffing*
(Eine Betriebsaufspaltung aufgrund faktischer Beherrschung der Betriebsgesellschaft (GmbH) durch die Gesellschafter des Besitzunternehmens liegt nicht bereits deshalb vor, weil die das Besitzunternehmen beherrschenden Ehemänner der an der GmbH beteiligten Gesellschafterinnen zugleich bei der GmbH angestellt sind, und der GmbH-Vertrag vorsieht, dass die Geschäftsanteile der Ehefrauen bei Beendigung des Arbeitsverhältnisses des jeweiligen Ehemannes eingezogen werden können).

BFH Urt. v. 6. 3. 1997 – XI R 2/96 – BStBl. II 1997, 460 = DStR 1997, 956 = DB 1997, 1496 = BB 1997, 1291 = ZIP 1997, 1199 = FR 1997, 484 mit Anm. *Wendt* = DStRE 1997, 543 = GmbHR 1997, 664
(Die Eröffnung des Konkurses über das Vermögen der Betriebsgesellschaft führt regelmäßig zur Beendigung der personellen Verflechtung mit dem Besitzunternehmen und damit einer bestehenden Betriebsaufspaltung. Dieser Vorgang ist in der Regel als Betriebsaufgabe des Besitzunternehmens zu beurteilen mit der Folge, dass die in seinem Betriebsvermögen enthaltenen stillen Reserven aufzulösen sind).

BFH Urt. v. 29. 1. 1997 – XI R 23/96 – BStBl. II 1997, 437 = DStR 2997, 454 = DB 1997, 913 = BB 1997, 822 = GmbHR 1997, 454
(Die für die Annahme der Betriebsaufspaltung erforderliche personelle Verflechtung ist aufgrund tatsächlicher Machtstellung gegeben, wenn der Alleininhaber des Besitzunternehmens, der alleiniger Ge-

schäftsführer der Betriebs-GmbH ist, in der Lage ist (hier: aufgrund einer umfassenden transmortalen Vollmacht), seinen Geschäftsanteil von 49% jederzeit auf bis zu 98% zu erhöhen).

BFH Urt. v. 21. 8. 1996 – X R 25/93 – BStBl. II 1997, 44 = DStR 1997, 64 = DB 1997, 24 = BB 1997, 32 = GmbHR 1997, 78 = FR 1997, 110
(Die für die Annahme einer Betriebsaufspaltung erforderliche personelle Verflechtung wird nicht ausgeschlossen, wenn der Mehrheitsgesellschafter einer Betriebsgesellschaft mbH und Alleineigentümer des Betriebsgrundstücks anläßlich der Begründung der Betriebsaufspaltung mit dem zu 1/20 am Stammkapital beteiligten Mitgesellschafter vereinbart, dass in allen Grundstücksangelegenheiten, soweit Verträge abzuschließen sind, und für die Aufhebung und Kündigung von Verträgen zwischen Besitzgesellschaft und Betriebsgesellschaft die Zustimmung des Minderheitsgesellschafters erforderlich ist).

BFH Urt. v. 24. 2. 1994 – IV R 8–9/93 – BStBl. II 1994, 466 = DStR 1994, 856 = DB 1994, 1222 = BB 1994, 1195 = GmbHR 1994, 559
(Zwei Personen, die über je 50% der Stimmen in der Besitzgesellschaft verfügen, sind auch dann in der Lage, ihren einheitlichen geschäftlichen Betätigungswillen im Besitz- und im Betriebsunternehmen durchzusetzen, wenn sie an der Betriebs-GmbH zu 98% und zu 2% beteiligt sind).

BFH Urt. v. 26. 11. 1992 – IV R 15/91 – BStBl. II 1993, 876 = DStR 1993, 1743 = DB 1993, 2513 = BB 1993, 2354 = GmbHR 1994, 67
(Gehören sowohl das Betriebsgrundstück als auch die Mehrheit der Anteile an der Betriebs-GmbH zum Gesamtgut einer ehelichen Gütergemeinschaft, so sind die Voraussetzungen der personellen Verflechtung im Sinne der Rechtsprechung zur Betriebsaufspaltung erfüllt. Das gilt auch, wenn bei Verwaltung des Gesamtguts durch den Ehemann der Ehefrau aufgrund der Satzung kein Stimmrecht in der Betriebs-GmbH zusteht).

BFH Beschl. v. 28. 5. 1991 – IV B 28/90 – BStBl. II 1991, 801 = DStR 1991, 1244 = DB 1991, 2169 = BB 1991, 1842 = GmbHR 1991, 481
(In Fällen, in denen Familienangehörige aufgrund ihrer Beteiligung sowohl am Besitz- als auch am Betriebsunternehmen in der Lage sind, zusammen beide Unternehmen zu beherrschen, beruht der von der Rechtsprechung vermutete Interessengleichklang nicht auf der familiären Beziehung, sondern auf dem zweckgerichteten Zusammenschluss derselben Personen in beiden Unternehmen).

BFH Urt. v. 12. 10. 1988 – X R 5/86 – BStBl. II 1989, 152 = DStR 1989, 76 = DB 1989, 304 = BB 1989, 196 = GmbHR 1989, 174 = FR 1989, 80 mit Anm. *Ludwig Schmidt*
(Eine Betriebsaufspaltung aufgrund faktischer Beherrschung ist nur gegeben, wenn der gesellschaftsrechtlich Beteiligte nach den Umständen des Einzelfalls darauf angewiesen ist, sich dem Willen eines anderen so unterzuordnen, dass er keinen eigenen geschäftlichen Willen entfalten kann. Die faktische Beherrschung eines Nichtgesellschafters verdrängt die gesellschaftsrechtliche Beteiligung. Daher können der faktisch Herrschende und der gesellschaftsrechtlich Beteiligte keine Personengruppe im Sinne der Rechtsprechung bilden).

BFH Urt. v. 9. 9. 1986 – VIII R 198/84 – BStBl. II 1987, 28 = DB 1986, 2524 = BB 1986, 2321 mit Anm. *Woerner* = GmbHR 1987, 72
(Keine Betriebsaufspaltung beim Wiesbadener Modell. Aus der Tatsache, dass der Besitzgesellschafter Geschäftsführer der Betriebs-GmbH seiner Ehefrau gewesen ist, kann nicht abgeleitet werden, dass er in der GmbH seinen geschäftlichen Betätigungswillen durchsetzen konnte. Im Falle einer Darlehensgewährung ist eine tatsächliche Beherrschung allenfalls dann möglich, wenn der Großgläubiger die Geschäftsführung im Unternehmen vollständig an sich zieht).

BFH Beschl. v. 8. 11. 1971, GrS 2/71, BStBl. II 1972, 63 = DStR 1970, 183 = DB 1972, 24 = BB 1972, 30
(Im Fall der echten oder sogenannten unechten Betriebsaufspaltung ist es nicht Voraussetzung für die Bejahung der Gewerbesteuerpflicht des Besitzunternehmens, dass an beiden Unternehmen die gleichen Beteiligungen derselben Personen bestehen. Es genügt, dass die Person oder die Personen, die das Besitzunternehmen tatsächlich beherrschen, in der Lage sind, auch in der Betriebsgesellschaft ihren Willen durchzusetzen. Ob diese Voraussetzung vorliegt, ist nach den Verhältnissen des einzelnen Falles zu entscheiden. An diese Voraussetzung sind strenge Anforderungen zu stellen).

BVerfG Beschl. v. 12. 3. 1985 – 1 BvR 571/81, 1 BvR 494/82, 1 BvR 47/83 – BVerfGE 69, 188 = BStBl. II 1985, 475 = DB 1985, 1320 = BB 1985, 1050 = ZIP 1985, 829 = GmbHR 1985, 232 = NJW 1985, 2939
(Es ist mit Art. 3 Abs. 1 GG i. V. m. Art. 6 Abs. 1 GG unvereinbar, wenn bei der Beurteilung der personellen Verflechtung zwischen Besitzunternehmen und Betriebsunternehmen als Voraussetzung für die Annahme einer Betriebsaufspaltung von der – wenn auch widerlegbaren – Vermutung auszugehen ist, Ehegatten verfolgten gleichgerichtete wirtschaftliche Interessen).

(3) Rechtsfolgen einer Betriebsaufspaltung. Liegen die Voraussetzungen einer Betriebsaufspaltung vor, betreibt nicht nur das Betriebsunternehmen, sondern auch das Besitzunternehmen einen **Gewerbebetrieb** (im Sinne von § 15 Abs. 1 Nr. 1 und Abs. 2 EStG und § 2 Abs. 1 GewStG, wobei die Kürzungsvorschrift des § 9 Nr. 1 Satz 2 GewStG nicht anwendbar ist). Die Gesellschafter des Besitzunternehmens erzielen gewerbliche Einkünfte. Das Besitzunternehmen ist Betriebsvermögen. 198

- Ist das Besitzunternehmen ein **Einzelunternehmen** gehören zum notwendigen Betriebsvermögen insbesondere die der Betriebsgesellschaft zur Nutzung überlassenen Wirtschaftsgüter und die Anteile an der Betriebskapitalgesellschaft.
- Ist das Besitzunternehmen eine **Personengesellschaft** gehören alle Wirtschaftsgüter des Gesamthandsvermögens zum notwendigen Betriebsvermögen (und zwar auch dann, wenn diese nicht an die Betriebskapitalgesellschaft zur Nutzung überlassen werden). Sonderbetriebsvermögen der Gesellschafter der Besitzpersonengesellschaft sind dagegen im Allgemeinen die Anteile der Gesellschafter an der Betriebskapitalgesellschaft und die im Eigentum der Gesellschafter stehenden Wirtschaftsgüter, die der Gesellschaft zur Nutzung überlassen werden.

Praxistipp:

Zu einer ungewollten Aufdeckung von stillen Reserven kann es dann kommen, wenn bei einer Betriebskapitalgesellschaft eine **Kapitalerhöhung** erfolgt und die neuen Anteile von jemandem übernommen werden, der bislang weder an dem Besitz- noch an dem Betriebsunternehmen beteiligt war. Die neuen Anteile sind dann (mangels gleichzeitiger Beteiligung des Übernehmers auch an dem Besitzunternehmen) nicht steuerverstrickt und werden daher steuerpflichtig aus dem Betriebsvermögen entnommen.

Der Gewerbebetrieb **beginnt**, sobald die personelle und sachliche Verflechtung vorliegt. 199
Besitz- und Betriebsunternehmen bleiben aber trotz Bestehens der Betriebsaufspaltung rechtlich und steuerlich **selbständige Unternehmen.** So erfolgt beispielsweise eine getrennte Bilanzierung, die Betriebsvermögen sind nicht zusammenzurechnen und auch die Wahl unterschiedlicher Wirtschaftsjahre ist grundsätzlich möglich.

(4) Beendigung einer Betriebsaufspaltung. Die Betriebsaufspaltung endet, wenn die sach- 200
liche **oder** personelle Verflechtung nicht mehr besteht. Die **personelle Verflechtung** kann durch eine bewusste Handlung (z. B. Veräußerung der Anteile an der Betriebsgesellschaft) entfallen, aber auch – ungewollte – Folge eines sonstigen Ereignisses sein (z. B. Erbfall, Erreichen der Volljährigkeit, Insolvenz).

Beispiel 1:

A ist alleiniger Eigentümer eines Grundstücks, das an eine Betriebs-GmbH verpachtet ist. An der GmbH ist A zu 70% und B zu 30% beteiligt. Die Voraussetzungen einer Betriebsaufspaltung liegen vor. Verkauft A 20% seiner Beteiligung an der Betriebs-GmbH an einen Dritten, entfällt die personelle Verflechtung. Die Betriebsaufspaltung wird beendet, so dass alle stillen Reserven des Besitzunternehmens (einschließlich des Grundstücks) aufzulösen und zu versteuern sind.

Beispiel 2:

A ist jeweils zu 60% an einer Besitz-GbR und einer Betriebs-GmbH beteiligt. Es besteht eine Betriebsaufspaltung. Im Gesellschaftsvertrag der GbR findet sich eine qualifizierte Nachfolgeklausel, wonach der Gesellschaftsanteil im Erbfall jeweils auf das älteste Kind eines Gesellschafters übergehen soll. A verstirbt und wird von seiner Ehefrau F und seinem Kind K beerbt.

Der Anteil des A an der Besitz-GbR geht aufgrund der qualifizierten Nachfolgeklausel alleine auf das Kind K über. Dagegen geht der Anteil an der Betriebs-GmbH auf die Ehefrau F und das Kind K über. Der Tod des A führt zum Wegfall der personellen Verflechtung und damit zur Beendigung der Betriebsaufspaltung.

Im Rahmen der Nachfolgeplanung sind die Gesellschaftsverträge von Besitz- und Betriebsunternehmen daher unbedingt mit den Testamenten der Gesellschafter abzustimmen.

201 Die **sachliche Verflechtung** entfällt insbesondere durch die Beendigung der Nutzungsüberlassung (wie etwa Kündigung des Pachtverhältnisses). Die Beendigung der Betriebsaufspaltung ist grundsätzlich eine **steuerpflichtige Betriebsaufgabe** des Besitzunternehmens (§ 16 Abs. 3 EStG; siehe dazu H 16 (2) EStR). Dies gilt auch dann, wenn die Betriebsaufspaltung ungewollt (z. B. durch Erbfall) beendigt wird. Ausnahmen von der Betriebsaufgabe kommen vor allem in den Fällen der Betriebsverpachtung, der bloßen Betriebsunterbrechung oder einer anderen gewerblichen Tätigkeit des Besitzunternehmens in Betracht (zu Billigkeitsmaßnahmen der Finanzverwaltung, wenn die Betriebsaufspaltung aufgrund des Erreichens der Volljährigkeit bisher minderjähriger Kinder entfällt, siehe R 16 (2) Satz 4 EStR).

Praxistipp:

Eine steuerpflichtige Betriebsaufgabe bei Beendigung der Betriebsaufspaltung liegt dann nicht vor, wenn es sich bei dem Besitzunternehmen um eine **gewerblich geprägte Personengesellschaft** handelt (§ 15 Abs. 3 Nr. 2 EStG). Als Vorsorgemaßnahme kann die Umwandlung des Besitzunternehmens in eine gewerblich geprägte GmbH & Co. KG daher vielfach sinnvoll sein.

gg) Einbringungsvorgänge in Personengesellschaften

Ausgewählte Hinweise auf weiterführende Literatur: *Ettinger/Schmitz*, Einbringungen ins Sonderbetriebsvermögen – Anwendbarkeit des § 24 UmwStG nach dem SEStEG, DStR 2009, 1248; *Huber/Liebernickel*, Übertragung von Wirtschaftsgütern auf eine Personengesellschaft: Risiken und Chancen der aktuellen Rechtsprechung, Ubg. 2009, 844; *Ley*, Die Übertragung von Betrieben, Teilbetrieben und Mitunternehmeranteilen auf eine und aus einer Personengesellschaft, KÖSDI 2010, 16814; *Ley*, Die Übertragung von Einzelwirtschaftsgütern zwischen einer gewerblichen Personengesellschaft und ihren Gesellschaftern gegen Gutschrift/Belastung auf den Gesellschafterkonten, KÖSDI 2009, 16678; *Ley/Brandenberg*, Umstrukturierungen von Personengesellschaften (§§ 6 Abs. 5, 24 UmwStG), Ubg. 2010, 767; *Neumayer/Obser*, Übertragung von Sonder-BV in das Gesamthandsvermögen der GmbH & Co. KG, EStB 2009, 445 (Teil 1) und EStB 2010, 34 (Teil 2); *Niehus*, Einbringungen in PersGes: Systematische Überlegungen zum Anwendungsbereich von § 24 UmwStG unter Berücksichtigung von § 1 Abs. 3 UmwStG, FR 2010, 1.

202 *(1) Überblick.* Die steuerlichen Folgen von Sacheinlagen in eine Personengesellschaft richten sich vor allem nach dem Gegenstand der Sacheinlage. Dabei ist zwischen der Einbringung folgender Vermögensgegenstände zu unterscheiden:

- Einzelwirtschaftsgut aus dem Privatvermögen,
- Einzelwirtschaftsgut aus dem Betriebsvermögen,
- Betriebe, Teilbetriebe oder Mitunternehmeranteile.

203 *(2) Einbringung eines Einzelwirtschaftsguts aus dem Privatvermögen.* Die Übertragung eines Einzelwirtschaftsguts aus dem Privatvermögen in das betriebliche[140] Gesamthandsvermögen einer Personengesellschaft[141] stellt einen tauschähnlichen Vorgang dar, wenn dem Einbringenden als Gegenleistung Gesellschaftsrechte gewährt werden, die dem Wert des Wirtschaftsguts entsprechen (**offene Sacheinlage**).[142] Eine Gewährung von Gesellschafts-

[140] Bei der Einbringung in eine ausschließlich vermögensverwaltende (d. h. nicht gewerbliche) Personengesellschaft gilt dagegen die Bruchteilsbetrachtung (§ 39 Abs. 2 Nr. 2 AO), siehe dazu oben Rdnr. 156 ff. und 177 ff.

[141] Siehe dazu BMF Schreiben v. 11. 7. 2011 – BStBl. I 2011, 713; BMF Schreiben v. 29. 3. 2000 – BStBl. I 2000, 462, BMF Schreiben v. 26. 11. 2004 – BStBl. I 2004, 1190 und (zu § 17 EStG) BFH Urt. v. 19. 10. 1998 – VIII R 69/95 – BStBl. II 2000, 230 = DStR 1999, 366. Zur Afa-Bemessungsgrundlage in solchen Einlagefällen siehe § 7 Abs. 1 Satz 5 EStG i. d. F. JStG 2010 und BMF Schreiben v. 27. 10. 2010 – IV C 3 – S 2190/09/10007 – BStBl. I 2010, 1204 = DStR 2010, 2304.

[142] Siehe dazu BMF-Schreiben v. 11. 7. 2011 – BStBl. I 2011, 713; 1301 (Die Einbringung von Wirtschaftsgütern des Privatvermögens in das Gesamtshandvermögen einer gewerblichen Personengesellschaft gegen Gewährung eines Mitunternehmeranteils ist als tauschähnlicher Vorgang zu qualifizieren, der den Einlagetatbestand ausschließt. Dies gilt auch, wenn der Wert des Wirtschaftsguts nicht nur dem Kapitalkonto I, sondern auch dem Kapitalkonto II gutgeschrieben wird); BFH Urt. v. 24. 1. 2008 – IV R 37/06 – BStBl. I 2011, 617 = DStR 2008, 761 = BB 2008, 941 mit Anm. *Bünning* = GmbHR 2008, 548 mit Anm. *Hoffmann* = FR 2008, 912 mit Anm. *Wendt* = MittBayNot 2009, 71 mit Anm. *Wartenburger* (Die Einbringung von Wirtschaftsgütern des Privatvermögens in eine gewerblich geprägte Personengesellschaft gegen Gewährung von Mitunternehmeranteilen begründet keine Einlage im Sinne von § 7 Abs. 1 Satz 4 EStG 2000. Dies gilt auch dann, wenn der Wert des Wirtschaftsguts nicht nur dem Kapitalkonto I, sondern auch anderen Kapitalunterkonten gutgeschrieben wird).

rechten ist dann anzunehmen, wenn die durch die Übertragung eintretende Erhöhung des Gesellschaftsvermögens dem **Kapitalkonto** des einbringenden Gesellschafters gutgeschrieben wird, das für seine Beteiligung am Gesellschaftsvermögen maßgebend ist. Die Verbuchung auf einem **Darlehenskonto** des Gesellschafters stellt keine offene Sacheinlage dar.[143]

Dagegen stellt die Übertragung eines Einzelwirtschaftsguts aus dem Privatvermögen in das betriebliche Gesamthandsvermögen einer Personengesellschaft eine Einlage (siehe § 6 Abs. 1 Nr. 5 EStG) dar, wenn dem Einbringenden überhaupt keine Gesellschaftsrechte gewährt werden (**verdeckte Einlage**). Eine verdeckte Einlage ist insbesondere dann anzunehmen, wenn die Übertragung des Wirtschaftsguts auf einem gesamthänderisch gebundenen Rücklagenkonto erfolgt. 204

Übersteigt der Wert des übertragenen Wirtschaftsguts den Wert der als Gegenleistung gewährten Gesellschaftsrechte, ist die Übertragung in einen tauschähnlichen Vorgang und eine Einlage aufzuteilen. Aufteilungsmaßstab ist dabei das Verhältnis des Werts der gewährten Gesellschaftsrechte zum gemeinen Wert des übertragenen Wirtschaftsguts. 205

Praxistipp:

Bei der offenen Sacheinlage eines Einzelwirtschaftsguts des Privatvermögens (z.B. eines Grundstücks) in das Gesamthandsvermögen einer gewerblichen Personengesellschaft steht den Beteiligten somit ein faktisches Wahlrecht zu:

Erfolgt die Einbringung gegen Gewährung von **Gesellschaftsrechten** (z.B. Buchung auf dem Kapitalkonto I[144]) liegt ein tauschähnlicher Vorgang vor. Dabei handelt es sich um ein Veräußerungsgeschäft, das beispielsweise bei Grundstücken innerhalb der Zehnjahresfrist zu einem steuerpflichtigen Veräußerungsgewinn führen kann (§ 23 Abs. 1 Satz 1 EStG).

Werden den Einbringenden **keine Gesellschaftsrechte** gewährt (z.B. Buchung auf dem Darlehenskonto) liegt dagegen eine Einlage vor. Eine steuerpflichtige Veräußerung des Grundstücks liegt in diesem Fall nur dann vor, wenn das Grundstück innerhalb von zehn Jahren seit der Anschaffung im Privatvermögen aus dem Betriebsvermögen veräußert wird (§ 23 Abs. 1 Satz 5 Nr. 1 EStG).

Angesichts der erheblichen Unterschiede zwischen den einzelnen Gestaltungen sollte in dem Einbringungsvertrag die im jeweiligen Einzelfall tatsächlich vereinbarte Gegenleistung möglichst von Anfang an genau festgelegt werden.

Die Einbringung von **Grundstücken** unterliegt darüber hinaus grundsätzlich der Grunderwerbsteuer (§ 1 Abs. 1 Nr. 1 bzw. 2 GrEStG). Allerdings wird die Grunderwerbsteuer insoweit nicht erhoben, als der Einbringende am Vermögen der Personengesellschaft beteiligt ist (§ 5 Abs. 1 und 2 GrEStG). Ein Antrag ist für die Steuerbefreiung nicht erforderlich, doch ist eine fünfjährige Behaltefrist zu beachten (§ 5 Abs. 3 GrEStG). 206

(3) Einbringung eines Einzelwirtschaftsguts aus dem Betriebsvermögen. Für die Übertragung[145] eines Einzelwirtschaftsguts des Betriebsvermögens in das Gesamthandsvermögen einer Mitunternehmerschaft hat der Gesetzgeber für bestimmte Fälle zwingend die Fortführung der Buchwerte vorgesehen (§ 6 Abs. 5 Satz 3 i.V.m. § 6 Abs. 6 Satz 4 EStG).[146] Der Steuerpflichtige kann keinen höheren Wertansatz wählen. Die Regelung gilt sowohl für un- 207

[143] Zur Rechtsnatur der einzelnen Gesellschafterkonten siehe zuletzt BFH Urt. v. 16. 10. 2008 – IV R 98/06 – BStBl. II 2009, 272 = DStR 2009, 212 = FR 2009, 579 mit Anm. *Kempermann;* BFH Urt. v. 15. 5. 2008 – IV R 46/05 – BStBl. II 2008, 812 = DStR 2008, 1577 = FR 2008, 1110 mit Anm. *Kempermann* und BFH Urt. v. 27. 6. 1996 – IV R 80/95 – BStBl. II 1997, 36 = DB 1996, 2523. – Ausführlich dazu *Hüttemann* DB 2009, 1613; *Leitzen* ZNotP 2009, 255; *Ley* DStR 2009, 613.

[144] Zur (umstrittenen) Behandlung der Buchung auf einem Kapitalkonto II siehe BMF Schreiben v. 26. 11. 2004 – BStBl. I 2004, 1190, 1. b).

[145] Gleiches gilt auch für die bloße *„Überführung"* eines Wirtschaftsguts zwischen verschiedenen Betriebsvermögen bzw. Sonderbetriebsvermögen (siehe § 6 Abs. 5 Sätze 1 und 2 EStG), bei der es aber – anders als bei der *„Übertragung"* eines Wirtschaftsguts (siehe § 6 Abs. 5 Satz 3 EStG) – an einem zivilrechtlichen Rechtsträgerwechsel fehlt.

[146] Ausführlich zum Ganzen Schmidt/*Wacker* § 15 Rdnr. 660ff.

entgeltliche Übertragungen als auch für (entgeltliche) Übertragungen gegen Gewährung von Gesellschaftsrechten. Im Einzelnen sind folgende Fallgruppen umfasst:

- Übertragung eines einzelnen Wirtschaftsguts aus einem **Betriebsvermögen** des Mitunternehmers in das Gesamthandsvermögen einer Mitunternehmerschaft (§ 6 Abs. 5 Satz 3 Nr. 1 EStG),
- Übertragung eines einzelnen Wirtschaftsguts aus dem **Sonderbetriebsvermögen** eines Mitunternehmers in das Gesamthandsvermögen **derselben** Mitunternehmerschaft (§ 6 Abs. 5 Satz 3 Nr. 2 Fall 1 EStG),
- Übertragung eines einzelnen Wirtschaftsguts aus dem **Sonderbetriebsvermögen** eines Mitunternehmers in das Gesamthandsvermögen einer **anderen** Mitunternehmerschaft, an der er beteiligt ist (§ 6 Abs. 5 Satz 3 Nr. 2 Fall 2 EStG),
- Übertragung eines einzelnen Wirtschaftsguts zwischen den jeweiligen **Sonderbetriebsvermögen verschiedener Mitunternehmer** derselben Mitunternehmerschaft (§ 6 Abs. 5 Satz 3 Nr. 3 EStG).[147]

Erfasst sind darüber hinaus jeweils auch die umgekehrten Vorgänge, d. h. die Übertragung der Wirtschaftsgüter aus dem Gesamthandsvermögen der Mitunternehmerschaft auf den einzelnen Mitunternehmer.

208 Nach dem Gesetzeswortlaut **nicht erfasst** ist dagegen der Fall der Übertragung eines Wirtschaftsguts aus dem Gesamthandsvermögen einer Mitunternehmerschaft in das Gesamthandsvermögen einer anderen Mitunternehmerschaft. Dies gilt selbst dann, wenn an beiden Gesellschaften die gleichen Gesellschafter in gleichem Umfang beteiligt sind (**beteiligungsidentische Schwester-Personengesellschaften**).[148]

209 Die gesetzlich angeordnete Buchwertfortführung wird durch verschiedene **Sperrfristen** abgesichert (§ 6 Abs. 5 Sätze 4 bis 6 EStG). Zu einem rückwirkenden Ansatz des Teilwerts kommt es insbesondere dann, wenn das übertragene Wirtschaftsgut veräußert oder entnommen wird, oder ein Anteil einer Körperschaft an dem Wirtschaftsgut begründet oder erhöht wird.

210 *(4) Einbringung eines Betriebs, Teilbetriebs oder Mitunternehmeranteils in eine Personengesellschaft. (a) Überblick.* Wird ein Betrieb, ein Teilbetrieb oder ein Mitunternehmeranteil in eine Personengesellschaft eingebracht und wird der Einbringende Mitunternehmer der Gesellschaft, kann die Einbringung grundsätzlich **zum Buchwert, zu einem Zwischenwert oder zum gemeinen Wert** erfolgen (§ 24 UmwStG; siehe Rn. 24.01. ff. UmwStG-Erlass). Auf Antrag der übernehmenden Personengesellschaft kann die Sacheinlage in diesem Fall somit ertragsteuerrechtlich steuerneutral erfolgen.[149]

211 *(b) Voraussetzungen.* Die Regelung (des § 24 UmwStG) gilt sowohl für die Einbringung im Rahmen der Einzelrechtsnachfolge als auch im Rahmen einer Gesamtrechtsnachfolge (siehe § 1 Abs. 3 Nr. 4 UmwStG; siehe Rn. 24.01. UmwStG-Erlass). Der einbringende Gesellschafter muss seinen Wohnsitz oder gewöhnlichen Aufenthaltsort innerhalb der Europäischen Gemeinschaft oder des Europäischen Wirtschaftsraums haben. Die Gesellschafter der übernehmenden Personengesellschaft müssen in Deutschland grundsätzlich unbeschränkt steuerpflichtig sein (siehe § 1 Abs. 4 Satz 2 und §§ 23, 24 Abs. 4 HS 1 UmwStG).

---

[147] Diese Regelung ist auf Altfälle vor deren Inkrafttreten nicht anwendbar, siehe BFH Urt. v. 20. 5. 2010 – IV R 42/08 – BStBl. II 2010, 820 = DB 2010, 1621 mit Anm. *Bode* = FR 2010, 984 mit Anm. *Kanzler* (Kein Anspruch auf Gleichbehandlung in der Zeit).

[148] So ausdrücklich BFH Urt. v. 25. 11. 2009 – I R 72/08 – BStBl. II 2010, 471 = DB 2010, 310 = FR 2010, 381 mit Anm. *Wendt* = GmbHR 2010, 317 mit Anm. *Suchanek* = BB 2010, 562 mit Anm. *Koch* = MittBayNot 2011, 82 mit Anm. *Spiegelberger* und BMF Schreiben v. 29. 10. 2010 – IV C 6 S 2241/10 – BStBl. I 2010, 1206 = DB 2010, 2473. AA dagegen BFH Beschl. v. 15. 4. 2010 – IV B 105/09 – BStBl. II 2010, 971 = DB 2010, 1155 mit Anm. *Bode* = EWiR 2010, 605 (*Lohmann*) = BB 2010, 1465 mit Anm. *Koch* = MittBayNot 2011, 86 mit Anm. *Spiegelberger* (wonach die Übertragung eines Wirtschaftsguts des Gesamthandsvermögens einer Personengesellschaft auf eine beteiligungsidentische Schwesterpersonengesellschaft zu Buchwerten in verfassungskonformer Auslegung von § 6 Abs. 5 Satz 1 EStG – nicht Satz 3 – möglich sein soll).

[149] Ausführlich zum Ganzen (aus zivilrechtlicher Sicht) Widmann/Mayer/*D. Mayer* Umwandlungsrecht, Band 8 Anhang 5 (Einbringung), Rdnr. 800 ff. (mit Vertragsmustern).

Die Einbringung ist mit steuerrechtlicher **Rückwirkung** möglich, sofern diese im Wege der Gesamtrechtsnachfolge erfolgt (§ 24 Abs. 4 HS 2 UmwStG). Als steuerlicher Übertragungszeitpunkt (Einbringungszeitpunkt) kann grundsätzlich ein bis zu acht Monate zurückliegender Zeitpunkt gewählt werden (siehe im Einzelnen § 20 Abs. 6 UmwStG). Der Übertragungsstichtag sollte in dem Einbringungsvertrag klar festgelegt werden. 212

Gegenstand der Einbringung muss ein Betrieb, ein Teilbetrieb oder ein Mitunternehmeranteil sein. Ein **Betrieb** muss stets mit allen wesentlichen Betriebsgrundlagen eingebracht werden (siehe R 16 Abs. 1 EStR). Es dürfen insbesondere keine wesentlichen Betriebsgrundlagen zurückbehalten werden. Entsprechendes gilt auch für die Einbringung eines Teilbetriebs. Ein **Teilbetrieb** ist ein mit einer gewissen Selbständigkeit ausgestatteter geschlossener Teil des Gesamtbetriebs, der für sich betrachtet alle Merkmale eines Betriebs im Sinne des Einkommensteuerrechts aufweist und für sich lebensfähig ist (siehe R 16 Abs. 3 EStR). Die Einbringung einzelner Wirtschaftsgüter ist nicht begünstigt. Eine zu einem Betriebsvermögen gehörende 100%-ige Beteiligung an einer Kapitalgesellschaft ist – nach Auffassung der Finanzverwaltung[150] – ein Teilbetrieb (Rn. 24.03. UmwStG-Erlass). Ein **Mitunternehmeranteil** muss gleichfalls mit allen wesentlichen Betriebsgrundlagen (einschließlich des gesamten Sonderbetriebsvermögens) eingebracht werden.[151] Der Gesellschafter muss allerdings nicht unbedingt seinen gesamten Mitunternehmeranteil einbringen; ausreichend ist auch die Einbringung eines Teils des Mitunternehmeranteils (siehe § 24 Abs. 3 Satz 2 UmwStG und Rn. 24.04. und 20.13 UmwStG-Erlass). 213

Die Einbringung muss in eine (gewerblich tätige oder gewerblich geprägte[152]) ***„Personengesellschaft“*** erfolgen (§ 24 Abs. 1 UmwStG). Die Einbringung muss allerdings nicht zwingend in das Gesamthandsvermögen erfolgen. Vielmehr ist auch eine Einbringung in das Sonderbetriebsvermögen ausreichend (Rn. 24.06 UmwStG-Erlass). 214

Weitere Voraussetzung für die begünstigte Einbringung von Betrieben, Teilbetrieben oder Mitunternehmeranteilen in eine Personengesellschaft ist, dass der Einbringende ***„Mitunternehmer der Gesellschaft“*** wird (§ 24 Abs. 1 UmwStG). Die Gegenleistung für die Einbringung muss somit in der Verschaffung einer neuen Mitunternehmerstellung oder der Aufstockung einer bereits bestehenden Mitunternehmerstellung bestehen (Rn. 24.02. UmwStG-Erlass).[153] Bei der Einbringung im Rahmen einer offenen Sacheinlage gegen Gewährung von Gesellschaftsrechten (z. B. Buchung auf dem Kapitalkonto I) ist diese Voraussetzung regelmäßig erfüllt. Nicht ausreichend ist dagegen die Buchung auf einem Darlehenskonto (Rn. 24.08. UmwStG-Erlass). 215

(c) Rechtsfolgen. Wird ein Betrieb, Teilbetrieb oder Mitunternehmeranteil in eine Personengesellschaft eingebracht und wird der Einbringende Mitunternehmer der Gesellschaft (§ 24 Abs. 1 UmwStG), hat die übernehmende Personengesellschaft das eingebrachte Betriebsvermögen grundsätzlich mit dem **gemeinen Wert** anzusetzen (§ 24 Abs. 2 Satz 1 UmwStG). Allerdings kann das übernommene Vermögen auf Antrag der übernehmenden Personengesellschaft (unter bestimmten Voraussetzungen) auch mit dem Buchwert oder einem Zwischenwert angesetzt werden (§ 24 Abs. 2 Satz 2 und 3 UmwStG). 216

Der Wert, mit dem die übernehmende Personengesellschaft das eingebrachte Betriebsvermögen ansetzt, gilt für den Einbringenden als Veräußerungspreis (§ 24 Abs. 3 Satz 1 UmwStG). Die übernehmende Personengesellschaft entscheidet durch die Antragstellung somit darüber, ob und inwieweit der Einbringende einen Veräußerungsgewinn versteuern 217

[150] AA allerdings BFH Urt. v. 17. 7. 2008 – I R 77/06 – BStBl. II 2009, 464 = DB 2008, 2281 mit Anm. *Hoffmann* = BB 2008, 2452 mit Anm. *Koch* = FR 2008, 1149 mit Anm. *Mitschke* – EWiR 2009, 19 *(Jungbluth)*. Siehe dazu aber den Nichtanwendungserlass, BMF Schreiben v. 20. 5. 2009 – BStBl. I 2009, 671.

[151] Zur umstrittenen Frage, unter welchen Voraussetzungen die Beteiligung des Kommanditisten an einer Komplementär-GmbH eine funktional wesentliche Betriebsgrundlage des Mitunternehmeranteils darstellt, siehe unten Rdnr. 261.

[152] Eine vermögensverwaltende Personengesellschaft ist insoweit nicht ausreichend.

[153] Zur Notwendigkeit der Gewährung von Gesellschafterrechten im Rahmen des § 24 UmwStG siehe BFH Urt. v. 24. 6. 2009 – VIII R 13/07 – BStBl. II 2009, 993 = DStR 2009, 1948 = FR 2010, 26 mit Anm. *Kanzler* (Es ist nicht erforderlich, dass die Gegenleistung ausschließlich in der Gewährung von Gesellschaftsrechten besteht. Es genügt vielmehr, wenn überhaupt ein Mitunternehmeranteil eingeräumt wird).

muss. Der Wertansatz sollte daher nach Möglichkeit bereits in dem Einbringungsvertrag verbindlich geregelt werden.

218 Bei einer Einbringung zu Buchwerten (bzw. Zwischenwerten) gelten bestimmte **Nachsteuertatbestände** (§ 24 Abs. 5 UmwStG). Veräußert die übernehmende Personengesellschaft die eingebrachten Anteile an einer Körperschaft innerhalb eines Zeitraums von sieben Jahren nach dem Einbringungszeitpunkt, kann es rückwirkend zu einer Besteuerung des Veräußerungsgewinns kommen.

219 *(d) Grunderwerbsteuer.* Gehören zu dem eingebrachten Betrieb, Teilbetrieb oder Mitunternehmeranteil auch **Grundstücke,** unterliegt die Einbringung grundsätzlich der Grunderwerbsteuer (§ 1 Abs. 1 Nr. 1 bzw. 2, Abs. 2a[154] und Abs. 3[155] GrEStG). Dies gilt auch dann, wenn die Einbringung ertragsteuerrechtlich zu Buchwerten erfolgt. Die Grunderwerbsteuer wird allerdings insoweit nicht erhoben, als der Einbringende am Vermögen der erwerbenden Personengesellschaft beteiligt ist (§ 5 Abs. 1[156] und 2 bzw. § 6 Abs. 1 und 2 GrEStG). Die Steuerbefreiung steht jedoch unter dem Vorbehalt einer fünfjährigen Behaltefrist (§ 5 Abs. 3[157] bzw. § 6 Abs. 3 und 4 GrEStG).

220 *(e) Umsatzsteuer.* Die Einbringung eines Betriebs oder Teilbetriebes ist regelmäßig eine nicht umsatzsteuerbare Geschäftsveräußerung im Ganzen (§ 1 Abs. 1 a UStG). Die Einbringung von Mitunternehmeranteilen ist von der Umsatzsteuer grundsätzlich befreit (§ 4 Nr. 8 Buchstabe f) UStG), sofern auf die Steuerbefreiung nicht verzichtet wird (§ 9 UStG).

c) Kapitalgesellschaften

Ausgewählte Hinweise auf weiterführende Literatur: *von Proff*, Einführung in die Besteuerung der Kapitalgesellschaften, ZNotP 2009, 423; *Hottmann/Zimmermann/Vogl/Jäger/Meerman/Schaeberle/Kiebele*, Die GmbH im Steuerrecht, 3. Auflage, 2011; *Tilmann/Schiffers/Wälzholz*, Die GmbH im Gesellschafts- und Steuerrecht, 5. Auflage, 2009; *Schwedhelm/Olbing/Binnewies*, Aktuelles zum Jahreswechsel 2008/2009 rund um die GmbH, GmbHR 2008, 1233; *Schwedhelm/Olbing/Binnewies*, Aktuelles zum Jahreswechsel 2009/2010 rund um die GmbH, GmbHR 2009, 1233; *Schwedhelm/Olbing/Binnewies*, Aktuelles zum Jahreswechsel 2010/2011 rund um die GmbH, GmbHR 2010, 1233; *Wrede/Busch*, Die Besteuerung der GmbH, 2. Auflage, 2010. – Sowie die Kommentierungen zum Körperschaftsteuergesetz.

221 *aa) Einführung.* Kapitalgesellschaften werden auch im Steuerrecht als rechtlich selbständig behandelt (§§ 1 ff. KStG). Es wird demnach zwischen der Besteuerungsebene der Kapitalgesellschaft einerseits und der Besteuerungsebene der Gesellschafter andererseits unterschieden (**Trennungsprinzip**). Der von der Gesellschaft erwirtschaftete Gewinn unterliegt bei dieser der Besteuerung mit Körperschaftsteuer und Gewerbesteuer. Eine Besteuerung auf Ebene der Gesellschafter erfolgt erst dann, wenn die Kapitalgesellschaft Gewinne an die Gesellschafter ausschüttet. Je nach Person des Gesellschafters unterliegen die Gewinne dabei der Einkommensteuer (natürliche Personen und Personengesellschaften) bzw. der Körper-

---

[154] Siehe dazu BFH Urt. v. 12. 10. 2006 – II R 79/05 – BStBl. II 2007, 409 = BB 2007, 267 mit Anm. *Behrens* = RNotZ 2007, 495 mit Anm. *Frhr. von Proff zu Irnich* = MittBayNot 2007, 435 mit Anm. *Everts* (Nach § 1 Abs. 2 a GrEStG steuerbare Änderungen im Gesellschafterbestand einer grundbesitzenden Personengesellschaft sind insoweit nach § 3 Nr. 2 GrEStG steuerfrei, als sie auf einer schenkweisen Anteilsübertragung beruhen). Zu § 1 Abs. 2 a GrEStG siehe auch die gleich lautenden Erlasse der Obersten Finanzbehörden der Länder v. 25. 2. 2010 – BStBl. I 2010, 245. – Ausführlich dazu u. a. *Behrens* DStR 2010, 777; *Klass/Möller* BB 2010, 3060; *Schmitt-Homann* BB 2010, 2276.

[155] Siehe dazu u. a. FinMin Baden-Württemberg, Erlass v. 18. 12. 2009 – DStR 2010, 114 (Anwendung der §§ 3 und 6 GrEStG in Fällen der Anteilsvereinigung nach § 1 Abs. 3 GrEStG).

[156] Siehe dazu BFH Urt. v. 2. 4. 2008 – II R 53/06 – BStBl. II 2009, 544 = DStR 2008, 1091 = BB 2008, 1772 mit Anm. *Köhler* = GmbHR 2008, 715 mit Anm. *Klass* = MittBayNot 2008, 502 (Die Vergünstigungsvorschrift des § 5 Abs. 1 GrEStG ist auf eine Anteilsvereinigung nach § 1 Abs. 3 Nr. 1 und Nr. 2 GrEStG in der Person einer Gesamthand nicht (entsprechend) anwendbar. § 5 Abs. 1 GrEStG gilt somit grundsätzlich nicht, wenn kein Grundstück, sondern Anteile an Grundstücksgesellschaften in eine Personengesellschaft eingebracht werden, siehe Gesetzeswortlaut „*Grundstück*").

[157] Siehe dazu BFH Urt. v. 7. 10. 2009 – II R 58/08 – BStBl. II 2010, 302 = BB 2010, 291 mit Anm. *Behrens/Schmitt* (§ 5 Abs. 3 GrEStG setzt die objektive Möglichkeit einer Steuerumgehung voraus und ist daher einschränkend dahin auszulegen, dass – trotz der Verminderung der vermögensmäßigen Beteiligung des grundstückseinbringenden Gesamthänders – die Vergünstigung nach § 5 Abs. 1 und 2 GrEStG nicht entfällt, wenn aufgrund einer Anteilsschenkung die Möglichkeit einer Steuerumgehung objektiv ausscheidet).

schaftsteuer (Kapitalgesellschaften). Im Falle der Thesaurierung der Gewinne verbleibt es dagegen bei der Besteuerung auf Ebene der Gesellschaft.

Als Folge der rechtlichen Selbständigkeit der Kapitalgesellschaft werden **Verträge zwischen der Gesellschaft und ihren Gesellschaftern** auch steuerrechtlich grundsätzlich anerkannt. Gehaltszahlungen an den Gesellschafter-Geschäftsführer mindern beispielsweise den Gewinn der Gesellschaft und führen beim Geschäftsführer zu Einkünften aus nicht selbständiger Arbeit. Die steuerliche Anerkennung von Verträgen zwischen Gesellschaft und Gesellschaftern setzt allerdings voraus, dass diese einem Fremdvergleich stand halten. Andernfalls sind die Leistungen nicht betrieblich, sondern durch das Gesellschaftsverhältnis veranlasst, so dass eine steuerliche Korrektur in Form von verdeckten Gewinnausschüttungen oder verdeckten Einlagen erfolgt. Bei Vereinbarungen mit beherrschenden Gesellschaftern ist die steuerliche Anerkennung darüber hinaus davon abhängig, dass die Vereinbarung zivilrechtlich wirksam ist, im vorhinein klar und eindeutig getroffen worden ist und auch tatsächlich durchgeführt wird. 222

Eine weitere Konsequenz des Trennungsprinzips ist, dass **Verluste** zwischen der Gesellschaft und den Gesellschaftern nicht miteinander verrechnet werden können. Die Verluste sind gewissermaßen in der Kapitalgesellschaft „eingesperrt". Eine Ausnahme besteht in den Fällen der Organschaft (§§ 14ff. KStG). 223

Der Körperschaftsteuer unterliegen **Kapitalgesellschaften** (§ 1 Abs. 1 Nr. 1 KStG) und andere Körperschaften (wie etwa Vereine und Stiftungen). Zu den Kapitalgesellschaften gehört neben der Aktiengesellschaft und der GmbH insbesondere auch die Unternehmergesellschaft (haftungsbeschränkt) (§ 5a GmbHG), nicht aber die GmbH & Co. KG (siehe R 2 KStR). 224

Unbeschränkt körperschaftsteuerpflichtig sind Körperschaften, die im Inland ihre Geschäftsleitung (§ 10 AO) oder ihren Sitz (§ 11 AO) haben (§ 1 Abs. 1 KStG). In diesem Fall unterliegen sämtliche (weltweiten) Einkünfte der Gesellschaft der Körperschaftsteuer. Körperschaften, die im Inland weder Sitz noch Geschäftsleitung haben, unterliegen dagegen lediglich mit ihren inländischen Einkünften einer beschränkten Körperschaftsteuerpflicht (§ 2 KStG, R 4 KStR). 225

Die Körperschaftsteuerpflicht **beginnt** bei Kapitalgesellschaften nicht erst mit ihrer Eintragung im Handelsregister, sondern regelmäßig bereits mit der notariellen Beurkundung des Gesellschaftsvertrages (H 2 KStR). Die Vorgesellschaft ist somit bereits voll körperschaftsteuerpflichtig. Eine Ausnahme gilt lediglich dann, wenn die Gründer nicht die Absicht haben, die Eintragung der Vorgesellschaft im Handelsregister zu erreichen oder diese Absicht später aufgeben (sogenannte unechte Vorgesellschaft).[158] Die unechte Vorgesellschaft ist wie eine Vorgründungsgesellschaft zu behandeln und ist daher kein Körperschaftsteuersubjekt. Die Vorgründungsgesellschaft erstreckt sich auf die Zeit zwischen der Vereinbarung über die Errichtung einer Kapitalgesellschaft bis zur notariellen Beurkundung des Gesellschaftsvertrages. Sie ist weder mit der Vorgesellschaft noch mit der später entstehenden Kapitalgesellschaft identisch und ist daher regelmäßig keine Körperschaft im Sinne des Körperschaftsteuergesetzes. 226

Die Körperschaftsteuer bemisst sich nach dem zu versteuernden **Einkommen** (§§ 7ff. KStG). Das zu versteuernde Einkommen bestimmt sich nach dem Einkommensteuergesetz. Kapitalgesellschaften müssen ihren Gewinn stets durch Betriebsvermögensvergleich (und nicht durch Einnahmen-Überschuss-Rechnung) ermitteln (§§ 7 Abs. 2, 8 Abs. 1 KStG i. V. m. § 4 Abs. 1 EStG). Dies gilt auch für kleine Kapitalgesellschaften und Unternehmergesellschaften (haftungsbeschränkt). Ausschüttungen an die Gesellschafter mindern das zu versteuernde Einkommen nicht, weil es sich dabei um eine steuerlich unerhebliche Einkommensverwendung handelt (§ 8 Abs. 3 Satz 1 KStG). Unbeschränkt steuerpflichtige Kapitalgesellschaften haben stets ausschließlich Einkünfte aus Gewerbebetrieb (§ 8 Abs. 2 KStG und § 2 Abs. 2 Satz 1 GewStG). Dies gilt unabhängig davon, ob eine Kapitalgesellschaft 227

[158] BFH Urt. v. 18. 3. 2010 – IV R 88/06 – BStBl. II 2010, 991 = DB 2010, 1101. – Zur persönlichen Haftung der Gesellschafter einer unechten Vorgesellschaft für Steuerverbindlichkeiten siehe FG Münster Urt. v. 28. 1. 2007 – NotBZ 2008, 43.

einen Gewerbebetrieb betreibt. Eine Rechtsanwalts-GmbH hat beispielsweise stets Einkünfte aus Gewerbebetrieb und nicht etwa aus selbständiger Tätigkeit.

228 Das Einkommen der Kapitalgesellschaften unterliegt der Körperschaftsteuer mit einem einheitlichen **Steuersatz** von 15% (§ 23 Abs. 1 KStG). Der Steuersatz ist unabhängig von der Art der Gewinnverwendung und gilt somit sowohl bei Gewinnthesaurierung als auch bei Gewinnausschüttung. Der Gewerbeertrag unterliegt darüber hinaus auch der Gewerbesteuer (§§ 1 ff., 4, 7 ff. und 16 GewStG). Die Höhe der Gewerbesteuer hängt entscheidend von dem Hebesatz ab, den die Gemeinde für die in ihrem Gebiet belegenen Betriebsstätten festgelegt hat (mindestens 200 Prozent, § 16 Abs. 4 Satz 2 GewStG). Die Belegenheit einer Betriebsstätte ist somit von erheblicher praktischer Bedeutung (§ 4 GewStG i. V. m. § 12 AO, siehe R 2.9 GewStR).

229 Im Falle der Ausschüttung von Gewinnen unterliegt der Zufluss bei den **Gesellschaftern** der Besteuerung. Dabei erfolgt grundsätzlich eine Mehrfachbelastung der Gewinne: zunächst unterliegen die Gewinne auf der Ebene der Kapitalgesellschaft der Körperschaft- und Gewerbesteuer und, im Falle der Ausschüttung, dann noch der Einkommensteuer bzw. Körperschaftsteuer auf Ebene des Gesellschafters. Die Besteuerung des Gesellschafters ist von dessen Rechtsform sowie von der Zuordnung der Beteiligung zum Privat- oder Betriebsvermögen abhängig.

230 Handelt es sich bei dem Gesellschafter seinerseits um ein **Körperschaftsteuersubjekt** (z. B. eine Muttergesellschaft in der Rechtsform einer Kapitalgesellschaft) gehört die Beteiligung stets zum Betriebsvermögen. Die Ausschüttungen sind in diesem Fall in Höhe von 95% steuerfrei (§ 8 b Abs. 1 und 5 KStG, Beteiligungsprivileg; siehe aber § 8 Nr. 5 GewStG). Das Abzugsverbot für Betriebsausgaben gilt insoweit jedoch nicht (siehe § 8 b Abs. 5 Satz 2 KStG, wonach § 3 c Abs. 1 EStG nicht anwendbar ist). Ist der Gesellschafter einer Kapitalgesellschaft dagegen eine **natürliche Person oder eine Personengesellschaft** hängt die Besteuerung der Ausschüttungen davon ab, ob die Beteiligung zum Privatvermögen oder zum Betriebsvermögen des Gesellschafters gehört.

231 Bei Gesellschaftern, die die Beteiligung im **Privatvermögen** halten, gehören die Gewinne zu den Einkünften aus Kapitalvermögen (§ 20 Abs. 1 Nr. 1 EStG). Die Einkünfte aus Kapitalvermögen unterliegen einer pauschalen Abgeltungssteuer in Höhe von 25% (§ 32 d Abs. 1 EStG) (oder auf Antrag dem niedrigeren individuellen Steuersatz des Steuerpflichtigen, § 32 d Abs. 6 EStG). Der Abzug der tatsächlichen Werbungskosten ist in diesem Fall ausgeschlossen (§ 20 Abs. 9 Satz 1 HS 2 EStG). Die Einkommensteuer auf die Kapitalerträge wird durch entsprechenden Steuerabzug erhoben (§§ 43 ff. EStG).

232 Gehört die Beteiligung dagegen zum **Betriebsvermögen** eines Gesellschafters, handelt es sich regelmäßig um Einkünfte aus Gewerbebetrieb (§ 15 Abs. 1 Satz 1 EStG i. V. m. § 20 Abs. 8 EStG). Nach dem Teileinkünfteverfahren unterliegen die Gewinne lediglich in Höhe von 60% der Besteuerung (§ 3 Nr. 40 Buchstabe d) EStG). Durch die Steuerfreistellung in Höhe von 40% soll die mehrfache Besteuerung der Gewinne auf Ebene der Gesellschaft und auf Ebene des Gesellschafters abgemildert werden. Die von der Gesellschaft einbehaltene Kapitalertragsteuer wird als Vorauszahlung auf die Einkommensteuer angerechnet (§ 31 Abs. 1 KStG i. V. m. § 36 Abs. 2 Nr. 2 EStG). Ein Abzug von Betriebsausgaben ist grundsätzlich nur in Höhe von 60% möglich (§ 3 c Abs. 1 EStG).

233 *bb) Einzelfragen zur Satzungsgestaltung. (1) Geschäftsjahr und Wirtschaftsjahr.* Handels- und gesellschaftsrechtlich spricht man von **Geschäftsjahr** (§ 240 Abs. 2 Satz 2 HGB), steuerrechtlich vom **Wirtschaftsjahr** (§ 7 Abs. 4 KStG, § 4 a EStG, § 8 b EStDV).[159] Das **Geschäftsjahr** gehört nicht zu den zwingenden Bestandteilen des Gesellschaftsvertrages (siehe § 3 Abs. 1 GmbHG, § 23 Abs. 3 AktG). In der Praxis enthalten die meisten Satzungen gleichwohl eine ausdrückliche Regelung des Geschäftsjahres. Enthält die Satzung ausnahmsweise keine solche Regelung (wie beispielsweise auch das gesetzliche Musterprotokoll nach § 2 Abs. 1 a GmbHG) gilt das Kalenderjahr als Geschäftsjahr.

[159] Zum gesetzlich nicht definierten Begriff des Wirtschaftsjahres siehe BFH Urt. v. 10. 6. 2009 – I R 80/08 – GmbHR 2009, 1230 = BFH/NV 2009, 1835. – Zum Ausscheiden aus einer Mitunternehmerschaft mit abweichendem Wirtschaftsjahr siehe BFH Urt. v. 18. 8. 2010 – X R 8/07 – DStR 2010, 2120 = DB 2010, 2311 = BB 2010, 3071 mit Anm. *Lühn* = FR 2011, 28 mit Anm. *Kanzler*.

Bei **Neugründung** einer Kapitalgesellschaft kann das Geschäftsjahr grundsätzlich beliebig festgelegt werden.[160] Die Dauer des Geschäftsjahres darf allerdings zwölf Monate nicht überschreiten (§ 240 Abs. 2 Satz 2 HGB, § 8b EStDV). Die steuerliche Anerkennung des in der Satzung festgelegten Geschäftsjahres ist nicht von der Zustimmung des Finanzamts abhängig. Dies gilt auch bei einem Wirtschaftsjahr, das vom Kalenderjahr abweicht (siehe § 7 Abs. 4 Satz 3 KStG, der nur für die *„Umstellung des Wirtschaftsjahres"* gilt, nicht aber auch für die erstmalige Festlegung des Wirtschaftsjahres).[161] 234

Zivilrechtlich ist eine **Änderung des Geschäftsjahres** durch einen satzungsändernden Gesellschafterbeschluss jederzeit möglich (§§ 53ff. GmbHG). Das gilt auch dann, wenn die Satzung bislang noch keine Regelung zum Geschäftsjahr enthält. Die Satzungsänderung wird allerdings erst mit Eintragung im Handelsregister wirksam (§ 54 Abs. 3 GmbHG). Eine rückwirkende Änderung des Geschäftsjahres ist somit nicht möglich. Bei einer Umstellung des Geschäftsjahres muss die Satzungsänderung somit grundsätzlich vor Beginn des neuen Geschäftsjahres im Handelsregister eingetragen sein (Beispiel: Bislang entspricht das Geschäftsjahr dem Kalenderjahr. Das Geschäftsjahr soll auf den Zeitraum vom 1. Februar bis zum 31. Januar umgestellt werden. Die Satzungsänderung muss somit vor dem 1. Februar im Handelsregister eingetragen sein.). Der Vollzug entsprechender Gesellschafterbeschlüsse ist aus notarieller Sicht somit eilbedürftig. 235

Für die **steuerliche Anerkennung** der späteren Umstellung des Wirtschaftsjahres ist danach zu unterscheiden, ob auf das Kalenderjahr oder ein vom Kalenderjahr abweichendes Wirtschaftsjahr umgestellt wird. Die Umstellung von einem vom Kalenderjahr abweichenden Wirtschaftsjahr **auf ein mit dem Kalenderjahr übereinstimmendes Wirtschaftsjahr** ist auch steuerlich ohne weiteres, insbesondere ohne die Zustimmung des Finanzamts möglich. 236

Dagegen ist die Umstellung des Wirtschaftsjahres vom Kalenderjahr **auf ein vom Kalenderjahr abweichendes Wirtschaftsjahr** (oder von einem vom Kalenderjahr abweichenden Wirtschaftsjahr auf ein anderes vom Kalenderjahr abweichendes Wirtschaftsjahr) steuerlich nur im Einvernehmen mit dem Finanzamt wirksam (§ 7 Abs. 4 Satz 3 KStG; siehe auch § 4a Abs. 1 Satz 2 Nr. 2 Satz 2 EStG, R 31 KStR). Das Finanzamt entscheidet über die Zustimmung zu der Umstellung des Wirtschaftsjahres nach pflichtgemäßem Ermessen (§ 5 AO). Das Einvernehmen wird in der Regel erteilt, wenn betriebliche oder wirtschaftliche Gründe für die Umstellung vorliegen (wie beispielsweise die Begründung oder Beendigung einer steuerlichen Organschaft, R 59 Abs. 3 KStR). Dagegen wird das Einvernehmen im Allgemeinen versagt, wenn die Umstellung allein aus steuerlichen Gründen erfolgen soll (z.B. zur Erlangung einer Steuerpause).[162] Zivilrechtlich bleibt die Änderung des Geschäftsjahres allerdings auch dann wirksam, wenn das Finanzamt sein Einvernehmen nicht erteilt. Die Gesellschaft hat dann zwei Jahresabschlüsse zu erstellen. 237

Praxistipp:

Die Umstellung des Wirtschaftsjahres auf ein vom Kalenderjahr abweichendes Wirtschaftsjahr ist steuerlich nur mit Zustimmung des Finanzamts wirksam. Die Zustimmung des Finanzamts muss (und darf) vom Registergericht im Zusammenhang mit der Eintragung der entsprechenden Satzungsänderung nicht überprüft werden. In der Praxis sollte das Einvernehmen des Finanzamts gleichwohl möglichst bereits vor der entsprechenden Beschlussfassung eingeholt werden. Andernfalls besteht für die Gesellschaft das Risiko, dass eine zivilrechtlich wirksame Änderung des Geschäftsjahres steuerrechtlich nicht anerkannt wird.

[160] Siehe dazu auch BFH Urt. v. 3. 9. 2009 – IV R 38/07 – BStBl. II 2010, 60 = EWiR 2010, 435 (*Tepfer*) = MittBayNot 2010, 158 mit Anm. *Suttmann* (Das (Rumpf)Wirtschaftsjahr einer neu gegründeten GmbH beginnt bereits mit der Aufnahme der Geschäftstätigkeit durch die Vor-GmbH. Der spätere Zeitpunkt der Eintragung im Handelsregister kommt ausnahmsweise dann in Betracht, wenn die Geschäfte erst zu diesem Zeitpunkt aufgenommen werden).

[161] Ausnahmsweise kann die Wahl eines abweichenden Wirtschaftsjahres aber als Gestaltungsmissbrauch anzusehen sein, siehe dazu BFH Urt. v. 9. 11. 2006 – IV R 21/05 – BStBl. II 2010, 230 = DB 2007, 890 (im konkreten Fall wurde ein Gestaltungsmissbrauch aber verneint).

[162] Siehe dazu etwa BFH Beschl. v. 31. 8. 2009 – I B 215/08 – MittBayNot 2010, 247 mit Anm. *Suttmann* und zuvor Niedersächsisches FG Urt. v. 2. 10. 2008 – 6 K 485/05 – DStR 2010, 345.

238 *(2) Wettbewerbsverbot.* Ein ausdrückliches gesetzliches **Wettbewerbsverbot** besteht weder für den Gesellschafter noch für den Geschäftsführer einer GmbH. Allerdings besteht Einigkeit darüber, dass sowohl GmbH-Geschäftsführer als auch (zumindest beherrschende) Gesellschafter einem Wettbewerbsverbot unterliegen (siehe auch § 112 HGB als Ausdruck der allgemeinen gesellschaftsrechtlichen Treuepflicht). In Gesellschaftsverträgen werden Art und Umfang des Wettbewerbsverbots vielfach näher konkretisiert.

Bei einer Verletzung des Wettbewerbsverbots steht der Gesellschaft ein Anspruch auf Schadensersatz oder auf Herausgabe des erlangten Vorteils zu. Verzichtet diese auf die Geltendmachung dieses Anspruchs, liegt grundsätzlich eine **verdeckte Gewinnausschüttung** vor (§ 8 Abs. 3 Satz 2 KStG, R 36 KStR).

239 Die Gesellschaft kann Geschäftsführer und (beherrschende) Gesellschafter von dem bestehenden Wettbewerbsverbot befreien und ihnen somit eine Konkurrenztätigkeit im Tätigkeitsbereich der Gesellschaft gestatten. Eine verdeckte Gewinnausschüttung wird dadurch jedoch nur dann vermieden, wenn die **Befreiung vom Wettbewerbsverbot** auch steuerrechtlich anerkannt wird. Dies setzt voraus, dass die Befreiung vom Wettbewerbsverbot entweder unmittelbar in der Satzung der Gesellschaft erfolgt[163] oder die Satzung zumindest eine entsprechende Öffnungsklausel vorsieht, wonach die Gesellschafterversammlung eine Befreiung vom Wettbewerbsverbot im Einzelfall erteilen kann.[164] Zumindest dann, wenn nicht auszuschließen ist, dass Gesellschafter oder Geschäftsführer auch im Unternehmensbereich der Gesellschaft tätig werden, sollte in die Satzung vorsorglich eine entsprechende Öffnungsklausel aufgenommen werden. Das gesetzliche Musterprotokoll sieht diese Möglichkeit nicht vor und erweist sich daher auch insoweit als unzureichend.

Formulierungsvorschlag:

Die Gesellschafterversammlung kann mit einfacher Mehrheit der abgegebenen Stimmen Gesellschaftern und/oder Geschäftsführern generell oder im Einzelfall vom Wettbewerbsverbot befreien. Dem betroffenen Gesellschafter steht dabei kein Stimmrecht zu. Die Befreiung vom Wettbewerbsverbot kann sowohl entgeltlich als auch unentgeltlich erfolgen. Die Befreiung vom Wettbewerbsverbot ist unwiderruflich, solange sich die dafür maßgeblichen Umstände nicht geändert haben.

240 Neben der zivilrechtlichen Wirksamkeit soll die steuerliche Anerkennung der Befreiung vom Wettbewerbsverbot nach Auffassung der Finanzverwaltung darüber hinaus von einer klaren und eindeutigen **Aufgabenabgrenzung** und einer angemessenen **Gegenleistung** abhängig sein.[165] Der Bundesfinanzhof ist dem zu Recht nicht gefolgt.[166] In der Praxis kann es sich gleichwohl empfehlen, in der Satzung bzw. dem entsprechenden Gesellschafterbeschluss vorsorglich eine Aufgabenabgrenzung zwischen Gesellschaft und Gesellschafter bzw. Geschäftsführer vorzunehmen und eine entsprechende Gegenleistung zu regeln.

Praxistipp:

Im Hinblick auf die Frage des Wettbewerbsverbots sollte der Unternehmensgegenstand der Gesellschaft nicht unnötig weit gefasst werden. Durch eine klare Umgrenzung der Tätigkeit der Gesellschaft kann eine Wettbewerbssituation vielfach von vornherein vermieden werden.

241 *(3) Jahresabschluss.* Die **Buchführungs- und Bilanzierungspflichten** ergeben sich für die Kapitalgesellschaften aus dem Handelsgesetzbuch (§§ 238 ff., §§ 264 ff. HGB). Im GmbH-Gesetz (§§ 41, 42 und 42a GmbHG) bzw. im Aktienrecht (§§ 150 ff., 172 f. AktG) finden sich heute dagegen nur noch wenige ergänzende Regelungen.

163 So noch BMF Schreiben v. 4. 2. 1992 – BStBl. I 1992, 137.

164 Dies ist nach BMF Schreiben v. 29. 6. 1993 – BStBl. I 1993, 556, ausreichend.

165 BMF Schreiben v. 4. 2. 1992 – BStBl. I 1992, 137.

166 BFH Urt. v. 18. 12. 1996 – I R 26/95 – DStR 1997, 575; BFH Urt. v. 30. 8. 1995 – I R 155/94 – DB 1995, 2451 = FR 1995, 905 mit Anm. *Pezzer* = EWiR 1996, 35 (*Crezelius*) und BFH Urt. v. 8. 4. 1997 – I R 39/96 – GmbHR 1997, 1070 = BFH/NV 1997, 902.

Die **Aufstellung** des Jahresabschlusses obliegt zwingend den Geschäftsführern der GmbH. Die Aufstellung hat grundsätzlich innerhalb der ersten drei Monate nach Ablauf eines Geschäftsjahres zu erfolgen (§ 42 Abs. 1 GmbHG, § 264 Abs. 1 HGB). Für kleine Gesellschaften gilt ausnahmsweise eine Frist von sechs Monaten sofern dies einem *„ordnungsgemäßen Geschäftsgang"* entspricht (§ 267 Abs. 1 HGB). In allen anderen Fällen ist eine Verlängerung ausgeschlossen. Dagegen ist eine Verkürzung (theoretisch) möglich. 242

Die Gesellschafter haben sodann den Jahresabschluss festzustellen (§§ 42a Abs. 2, 46 Nr. 1 GmbHG). Die **Feststellung** erfolgt grundsätzlich mit einfacher Mehrheit der Stimmen. Die Feststellung des Jahresabschlusses hat grundsätzlich innerhalb der ersten acht Monate eines Geschäftsjahres zu erfolgen (§ 42a Abs. 2 GmbHG). Bei kleinen Kapitalgesellschaften verlängert sich die Frist auf elf Monate (§ 267 Abs. 1 HGB). Eine Verlängerung dieser Fristen durch die Satzung ist nicht möglich. Der Jahresabschluss wird erst mit der Feststellung endgültig und verbindlich. Der Beschluss über die Feststellung des Jahresabschlusses ist Voraussetzung für den Beschluss über die Gewinnverwendung (§§ 46 Nr. 1, 29 GmbHG). 243

Die gesetzlichen Regelungen über die Buchführung, die Bilanzierung und den Jahresabschluss sind weitgehend **zwingender Natur.**[167] Regelungen in der Satzung sind daher kaum möglich bzw. auch nicht praktikabel. Insbesondere die Größenklasse einer Kapitalgesellschaft ist bei Beschlussfassung vielfach nicht absehbar (siehe § 267 Abs. 4 HGB). Die Satzung sollte daher insoweit möglichst weder einen falschen Rechtsschein erwecken noch Anlass für gerichtliche Zwischenverfügungen geben. 244

Formulierungsvorschlag:

Die Geschäftsführer haben innerhalb der gesetzlichen Fristen den Jahresabschluss (und gegebenenfalls auch einen Lagebericht) aufzustellen und diesen (zusammen mit einem etwaigen Prüfungsbericht) an alle Gesellschafter zu übersenden. Die Geschäftsführer sollen den Gesellschaftern auch einen Vorschlag für die Verwendung eines etwaigen Gewinns unterbreiten. Die Gesellschafterversammlung kann über die Feststellung des Jahresabschlusses frühestens 14 Tage nach dessen Versendung an die Gesellschafter beschließen.

Im Übrigen gelten für den Jahresabschluss, den Lagebericht und die Gewinnverwendung die jeweiligen gesetzlichen Bestimmungen.

(4) Gründungskosten. Das GmbH Gesetz enthält keine ausdrückliche Regelung zum **Gründungsaufwand** (siehe nur §§ 9a, 82 Abs. 1 Nr. 1 GmbHG). Demgegenüber sieht das Aktiengesetz ausdrücklich vor, dass der Gründungsaufwand in der Satzung der Gesellschaft festzusetzen ist (§ 26 Abs. 2 AktG) und der Handelsregisteranmeldung eine Berechnung des Gründungsaufwands beizufügen ist (§ 37 Abs. 4 Nr. 2 AktG). Die Festsetzung des Gründungsaufwands ist zudem Gegenstand der Gründungsprüfung (§ 34 Abs. 1 Nr. 1 AktG) und der registergerichtlichen Kontrolle (§ 38 Abs. 1 AktG). Die ganz überwiegende Auffassung geht heute davon aus, dass die Grundgedanken der aktienrechtlichen Regelung zur Festsetzung des Gründungsaufwands auch im GmbH-Recht anzuwenden sind.[168] Allerdings sind zahlreiche Details bis heute ungeklärt und umstritten. Die Festsetzung der Gründungskosten ist daher immer wieder Anlass für Streitigkeiten mit Registergerichten und Finanzbehörden. 245

Die unrichtige Festsetzung des Gründungsaufwands in der Satzung hat weitreichende **Folgen.** Bei Gründung führt sie zu einem Eintragungshindernis, da das Registergericht im Rahmen der präventiven Gründungskontrolle u.a. auch die ordnungsgemäße Festsetzung des Gründungsaufwands in der Satzung der Gesellschaft prüft (§ 9c Abs. 1 und Abs. 2 Nr. 2 GmbHG, § 26 Abs. 2 AktG analog und § 26 FamFG). Gesellschafter und Geschäftsführer haften darüber hinaus kraft Gesetzes persönlich für etwaige Schäden (§ 9a GmbHG). Falsche Angaben zum Gründungsaufwand in der Handelsregisteranmeldung können im Einzelfall sogar strafbar sein (§ 82 Abs. 1 Nr. 1 GmbHG). Schließlich sind die entsprechen- 246

[167] Gestaltungsmöglichkeiten bestehen dagegen im Bereich der Ergebnisverwendung (§ 29 Abs. 3 Satz 2 GmbHG). Ausführlich dazu u.a. *Wälzholz* GmbH-StB 2005, 144 (mit zahlreichen Formulierungsvorschlägen).

[168] Grundlegend BGHZ 107, 1 = NJW 1989, 1610 (zur analogen Anwendung von § 26 AktG auf die Gründungskosten einer GmbH).

den Verträge sowie sämtliche Erfüllungshandlungen der Gesellschaft gegenüber unwirksam (§ 26 Abs. 3 Satz 1 AktG).

247 **Steuerrechtlich** liegt eine verdeckte Gewinnausschüttung vor, wenn die Gesellschaft Gründungskosten übernimmt, die (mangels ordnungsgemäßer Festsetzung in der Satzung) zivilrechtlich von den Gründern zu tragen sind.[169] Der Gründungsaufwand sollte daher in der Satzung klar und eindeutig festgesetzt werden.

Formulierungsvorschlag:

Die Gesellschaft trägt die mit der Gründung verbundenen Kosten (insbesondere die gesetzlichen Notar- und Gerichtsgebühren, die Kosten der Bekanntmachung sowie (......) (z. B. die Honorare eines Rechtsanwalts und Steuerberaters für die Gründungsberatung)) bis zu einem Gesamtbetrag in Höhe von ca. Euro (......). Alle darüber hinaus gehenden Gründungskosten tragen die Gesellschafter im Verhältnis ihrer Beteiligung an der Gesellschaft persönlich.

248 *(5) Satzungen gemeinnütziger Körperschaften.* Steuerbegünstigt können nur **Körperschaften** (wie etwa Stiftungen, Vereine und im Einzelfall auch gemeinnützige GmbH's[170]) sein (§ 51 Abs. 1 AO). Dagegen können natürliche Personen, Gesellschaften bürgerlichen Rechts oder Personenhandelsgesellschaften niemals steuerbegünstigt sein. **Steuerbegünstigte Körperschaften** sind u. a. von der Körperschaftsteuer (§ 5 Abs. 1 Nr. 9 KStG), der Gewerbesteuer (§ 3 Nr. 6 GewStG) und der Erbschaft- und Schenkungsteuer (§§ 13 Abs. 1 Nr. 16 Buchstabe b), 29 Abs. 1 Nr. 4 ErbStG) befreit (nicht aber z. B. von der Grunderwerbsteuer[171]). Die Steuerbefreiung setzt allerdings voraus, dass die Körperschaft sowohl nach ihrer Satzung als auch nach ihrer tatsächlichen Geschäftsführung ausschließlich und unmittelbar gemeinnützige, mildtätige oder kirchliche Zwecke verfolgt (§§ 51 ff. AO).

249 Aus Sicht der Vertragsgestaltung sind dabei insbesondere die steuerlichen Anforderungen an die **Satzung** gemeinnütziger Körperschaften zu beachten (§ 60 AO). Die Satzungszwecke und die Art ihrer Verwirklichung müssen danach in der Satzung so genau bestimmt sein, dass allein aufgrund der Satzung geprüft werden kann, ob die satzungsmäßigen Voraussetzungen für die Steuerbegünstigung gegeben sind (§ 60 Abs. 1 Satz 1 AO). Die Satzung muss dabei die in der als Anlage I zur Abgabenordnung vorgesehenen Mustersatzung bezeichneten Festlegungen enthalten. In der Praxis empfiehlt es sich, die vom Gesetzgeber vorgesehene Mustersatzung – möglichst wörtlich – zu übernehmen (auch wenn dies rechtlich nicht in allen Fällen zwingend notwendig erscheint).

Praxistipp:

Bei gemeinnützigen Körperschaften sollte vor einer Beurkundung nach Möglichkeit stets eine (kostenfreie) Stellungnahme des zuständigen Finanzamts für Körperschaften eingeholt werden, ob die Satzung bzw. Satzungsänderung den gesetzlichen Vorschriften für steuerbegünstigte Zwecke entspricht. Das Gemeinnützigkeitsrecht gilt allgemein als sehr „formalistisch", so dass die Finanzämter in der Praxis beinahe immer entsprechende Änderungen und Ergänzungen anregen.

Eine Abstimmung mit dem zuständigen Finanzamt für Körperschaften sollte nicht nur bei Neugründung von gemeinnützigen Körperschaften erfolgen, sondern auch bei allen sonstigen Rechtsgeschäften, an denen diese beteiligt sind (z. B. zur Vermeidung einer ungewollten Begründung eines wirtschaftlichen Geschäftsbetriebs, siehe etwa Abschnitt 64 Abs. 3 AEAO für die Beteiligung an Tochtergesellschaften).

[169] BFH Urt. v. 11. 2. 1997 – I R 42/96 – DStRE 1997, 595; BFH Urt. v. 11. 10. 1989 – I R 12/87 – BStBl. II 1990, 89 = DStR 1990, 38.

[170] Zur Gemeinnützigkeit von Unternehmergesellschaften (haftungsbeschränkt) siehe Bayerisches Landesamt für Steuern, Verfügung v. 31. 3. 2009 – GmbHR 2009, 784. Ausführlich dazu *Oberbeck/Winheller* DStR 2009, 516; *Ullrich* GmbHR 2009, 750.

[171] Zur Grunderwerbsteuerpflicht der unentgeltlichen Übertragung eines Grundstücks von dem Alleingesellschafter auf eine gemeinnützige GmbH siehe etwa BFH Urt. v. 17. 10. 2007 – II R 63/05 – BStBl. II 2008, 381 = DStR 2008, 146 mit Anm. *Hübner* = BB 2008, 315 mit Anm. *Bünning* = ZEV 2008, 153 mit Anm. *Crezelius* = MittBayNot 2008, 327 mit Anm. *Gottwald*.

(6) Steuerklauseln. Eine **verdeckte Gewinnausschüttung** ist eine Vermögensminderung oder verhinderte Vermögensmehrung bei einer Körperschaft, die durch das Gesellschaftsverhältnis veranlasst ist, sich auf die Höhe des Einkommens auswirkt und in keinem Zusammenhang mit einer offenen Gewinnausschüttung steht (§ 8 Abs. 3 Satz 2 KStG, R 36 KStR). Beispiele für verdeckte Gewinnausschüttungen aus der notariellen Praxis sind etwa: 250

- Übernahme der Gründungskosten durch die Gesellschaft (an Stelle der Gründer), obwohl dies in der Satzung nicht bzw. nicht in dieser Höhe festgelegt ist,
- Übernahme der Kosten für eine Übernahmeerklärung durch die Gesellschaft (an Stelle des Übernehmers) im Rahmen der Kapitalerhöhung,
- Übernahme der Kosten für die Veräußerung und Abtretung von Geschäftsanteilen durch die Gesellschaft (an Stelle des Erwerbers).

Die **Rechtsfolgen** einer verdeckten Gewinnausschüttung sind vom jeweiligen Einzelfall abhängig. Im Allgemeinen führt eine verdeckte Gewinnausschüttung zu einer steuerlichen Mehrbelastung auf Ebene der Gesellschaft. Darüber hinaus kann es insbesondere zu (ungewollten) Vermögensverschiebungen zu Gunsten des Gesellschafters kommen, der die verdeckte Gewinnausschüttung erhält (und zu Lasten der anderen Gesellschafter bzw. der Gesellschaft). 251

In der Praxis wurde immer wieder versucht, verdeckte Gewinnausschüttungen durch **Steuerklauseln** in Satzungen zu vermeiden.[172] Der Bundesfinanzhof hat solchen Regelungen aber die steuerliche Anerkennung versagt.[173] Die Rückführung des zugewandten Vorteils führt demnach nicht zur Rückgängigmachung der verdeckten Gewinnausschüttung, sondern zu einer Einlage. Aus steuerrechtlicher Sicht ist eine entsprechende Satzungsregelung somit ohne Bedeutung. Allerdings kann eine solche Regelung aus zivilrechtlicher Sicht durchaus sinnvoll sein, um einen sachlich nicht gerechtfertigten Vermögensvorteil eines einzelnen Steuerberaters zu neutralisieren. Ohne entsprechende Satzungsregelung bestehen allenfalls Ansprüche unter dem Gesichtspunkt der Kapitalerhaltung (§§ 30, 31 GmbHG) oder der gesellschaftsrechtlichen Treuepflicht.[174] 252

Formulierungsvorschlag:

Der Gesellschaft und den Geschäftsführern ist es untersagt, einem Gesellschafter oder einer diesem nahestehenden Person Vorteile zu gewähren, die einem unabhängigen Dritten von einem pflichtgemäß handelnden Geschäftsführer nicht gewährt worden wären. Im Falle einer unzulässigen Vorteilsgewährung steht der Gesellschaft ein Anspruch auf Nachteilsausgleich gegen den Begünstigten zu. Der Anspruch entsteht mit der Vorteilsgewährung. Als Begünstigter gilt diejenige Person, der der Vorteil steuerlich zuzurechnen ist. Die Gesellschaft hat den ihr zustehenden Anspruch in der Handelsbilanz, für den Zeitraum, für den der Anspruch entstanden ist, zu aktivieren (gegebenenfalls im Wege der Bilanzberichtigung). Der dadurch entstehende Handelsbilanzgewinn ist an die Gesellschafter auszuschütten.

cc) Kapitalaufbringung. (1) Bareinlagen. Auf jeden Geschäftsanteil ist eine Einlage zu leisten. Die Höhe der zu leistenden Einlage richtet sich nach dem bei Errichtung der Gesellschaft im Gesellschaftsvertrag festgesetzten **Nennbetrag** des Geschäftsanteils. Im Fall der Kapitalerhöhung bestimmt sich die Höhe der zu leistenden Einlage nach dem in der Übernahmeerklärung festgesetzten Nennbetrag des Geschäftsanteils (§ 14 GmbHG). 253

Hat ein Gesellschafter über den Nennbetrag der Einlage hinaus ein **Aufgeld (Agio)** zu leisten, ist dieses in der Handelsbilanz der Gesellschaft in der Kapitalrücklage auszuweisen 254

[172] Zur umstrittenen Behandlung von Steuerklauseln siehe allgemein u. a. Klein/*Rüsken* Abgabenordnung § 175 Rdnr. 91 ff., und aus Sicht der Vertragsgestaltung u. a. *Carlé/Demuth* KÖSDI 2008, 15 979; *Stümpel/Walter* GmbHR 2008, 31.

[173] BFH Urt. v. 14. 7. 2009 – VIII R 10/07 – DStR 2009, 2142 = BFH/NV 2009, 1815; BFH Urt. v. 29. 4. 1987 – I R 176/83 – BStBl. II 1987, 733 = DB 1987, 2018. Zustimmend die Finanzverwaltung in H 40 KStR (Rückgewähr einer verdeckten Gewinnausschüttung).

[174] Ein ausführlicher Formulierungsvorschlag für eine entsprechende Satzungsklausel findet sich bei Tillmann/Schiffers/Wälzholz/*Wälzholz* Die GmbH im Gesellschafts- und Steuerrecht, 5. Aufl. 2009, Rdnr. 495.

(§ 272 Abs. 2 Nr. 1 HGB) und dem steuerlichen Einlagenkonto (§ 27 KStG) gutzuschreiben. Bei dem Agio handelt es sich um Anschaffungskosten des Gesellschafters.[175] Das Agio ist Bestandteil der Gegenleistung für die Verschaffung von Gesellschafterrechten und wird folglich nicht unentgeltlich entrichtet. Darin unterscheidet sich das Agio von anderen Zuzahlungen der Gesellschafter in das Gesellschaftsvermögen, die ebenfalls als Kapitalrücklage auszuweisen sind (§ 272 Abs. 2 Nr. 4 HGB). Bei solchen *„anderen Zuzahlungen"* handelt es sich um unentgeltliche Leistungen des Gesellschafters, da diese nicht im Zusammenhang mit dem Erwerb von Gesellschafterrechten stehen.

Praxistipp:

Werden im Rahmen einer Bargründung oder einer Barkapitalerhöhung Zuzahlungen der Gesellschafter in das Gesellschaftsvermögen vereinbart, sollte nach Möglichkeit in der Urkunde klargestellt werden, ob es sich dabei um ein Aufgeld (Agio) (d. h. eine Gegenleistung für den Erwerb von Gesellschaftsrechten, die in der Kapitalrücklage nach § 272 Abs. 2 Nr. 1 HGB auszuweisen ist) oder um eine andere Zuzahlung (d. h. eine unentgeltliche Leistung, die nicht dem Erwerb von Gesellschaftsrechten dient und in der Kapitalrücklage nach § 272 Abs. 2 Nr. 4 HGB auszuweisen ist) handelt.

255 *(2) Sacheinlagen. (a) Offene Sachgründung bzw. Sachkapitalerhöhung. (aa) Überblick.* Die steuerlichen Folgen der offenen Sacheinlage einer Kapitalgesellschaft richten sich vor allem nach dem Gegenstand der Sacheinlage. Dabei ist vor allem die Einbringung folgender Vermögensgegenstände zu unterscheiden:

- Einzelwirtschaftsgut aus dem Privatvermögen,
- Einzelwirtschaftsgut aus dem Betriebsvermögen,
- Betriebe, Teilbetriebe oder Mitunternehmeranteile,
- Anteile an einer Kapitalgesellschaft.

256 *(bb) Einbringung eines Einzelwirtschaftsguts aus dem Privatvermögen.* Die Einbringung eines einzelnen Wirtschaftsguts aus dem Privatvermögen des Gesellschafters in eine Kapitalgesellschaft im Rahmen einer Sachgründung oder einer Sachkapitalerhöhung ist steuerrechtlich ein tauschähnlicher Vorgang, der wie ein **Veräußerungsgeschäft** zu behandeln ist. Die Anschaffungskosten der Kapitalgesellschaft bestimmen sich somit nach dem gemeinen Wert des eingebrachten Wirtschaftsguts. Bei steuerverstrickten Gegenständen des Privatvermögens (z. B. Grundstücke nach § 23 EStG, Anteile an Kapitalgesellschaften nach § 17 Abs. 1 EStG oder § 20 Abs. 2 Nr. 1 EStG) kommt es beim Einbringenden somit zu einer Besteuerung des Veräußerungsgewinns. Die Einbringung von **Grundstücken** unterliegt darüber hinaus stets der Grunderwerbsteuer (§ 1 Abs. 1 Nr. 1 bzw. 2 GrEStG). Ein Befreiungstatbestand kommt bei der Einbringung eines einzelnen Grundstücks in eine Kapitalgesellschaft nicht in Betracht (siehe §§ 5, 6 und 6 a GrEStG).

257 *(cc) Einbringung eines Einzelwirtschaftsguts aus dem Betriebsvermögen.* Die Einbringung eines einzelnen Wirtschaftsguts aus dem Betriebsvermögen des Gesellschafters in eine Kapitalgesellschaft ist steuerrechtlich ein **Veräußerungsgeschäft** zum gemeinen Wert (siehe § 6 Abs. 6 Satz 1 EStG). Der Gesellschafter muss den Veräußerungsgewinn stets als Einkünfte aus Gewerbebetrieb versteuern. Eine Buchwertfortführung ist nicht möglich.

258 *(dd) Einbringung von Betrieben, Teilbetrieben oder Mitunternehmeranteilen in eine Kapitalgesellschaft. (aaa) Überblick.* Wird ein Betrieb, ein Teilbetrieb oder ein Mitunternehmeranteil in eine Kapitalgesellschaft (übernehmende Gesellschaft) eingebracht und erhält der Einbringende dafür neue Anteile an der Gesellschaft (Sacheinlage), kann die Einbringung

[175] Zum Agio bei einer Barkapitalerhöhung siehe BFH Urt. v. 27. 5. 2009 – I R 53/08 – DB 2010, 30 mit Anm. *Hoffmann* = BB 2010, 304 mit Anm. *Koch* (Ein für den Erwerb eines GmbH-Anteils im Rahmen einer Kapitalerhöhung gezahltes Agio ist ausschließlich dem neu erworbenen Anteil als Anschaffungskosten zuzordnen. Das gilt auch dann, wenn die Summe aus dem Nennbetrag des neuen Anteils und des Agios den Verkehrswert des neuen Anteils übersteigt. Das Agio in Höhe des Überpreises ist keine verdeckte Einlage).

grundsätzlich **zum Buchwert, zu einem Zwischenwert oder zum gemeinen Wert** erfolgen (§ 20 UmwStG; siehe Rn. 20.01. ff. UmwStG-Erlass). Auf Antrag der übernehmenden Gesellschaft kann die Sachgründung bzw. Sachkapitalerhöhung in diesem Fall somit ertragsteuerrechtlich steuerneutral erfolgen.[176]

(bbb) Voraussetzungen. Die Regelung (des § 20 UmwStG) gilt sowohl für die Einbringung von Sachen im Rahmen der Einzelrechtsnachfolge als auch im Rahmen einer Gesamtrechtsnachfolge (siehe § 1 Abs. 3 Nr. 4 UmwStG). Der einbringende Gesellschafter muss seinen Wohnsitz oder gewöhnlichen Aufenthaltsort innerhalb der Europäischen Gemeinschaft oder des Europäischen Wirtschaftsraums haben. Die übernehmende Kapitalgesellschaft muss in Deutschland grundsätzlich unbeschränkt körperschaftsteuerpflichtig sein (siehe § 1 Abs. 4 und § 23 UmwStG). 259

Die Einbringung ist mit steuerrechtlicher **Rückwirkung** möglich. Als steuerlicher Übertragungszeitpunkt (Einbringungszeitpunkt) kann grundsätzlich ein bis zu acht Monate zurückliegender Zeitpunkt gewählt werden (siehe im Einzelnen § 20 Abs. 6 UmwStG). Der Übertragungsstichtag sollte in dem Einbringungsvertrag klar festgelegt werden. 260

Gegenstand der Einbringung muss ein Betrieb, ein Teilbetrieb oder ein Mitunternehmeranteil sein. Ein **Betrieb** muss stets mit allen wesentlichen Betriebsgrundlagen eingebracht werden (siehe R 16 Abs. 1 EStR). Es dürfen insbesondere keine wesentlichen Betriebsgrundlagen zurückbehalten werden. Entsprechendes gilt auch für die Einbringung eines Teilbetriebs. Ein **Teilbetrieb** ist ein mit einer gewissen Selbständigkeit ausgestatteter geschlossener Teil des Gesamtbetriebs, der für sich betrachtet alle Merkmale eines Betriebs im Sinne des Einkommensteuerrechts aufweist und für sich lebensfähig ist (siehe R 16 Abs. 3 EStR). Die Einbringung einzelner Wirtschaftsgüter ist nicht begünstigt. Ein **Mitunternehmeranteil** muss gleichfalls mit allen wesentlichen Betriebsgrundlagen (einschließlich des gesamten Sonderbetriebsvermögens, wie etwa Grundstücken, die dem Betrieb zur Nutzung überlassen werden) eingebracht werden. Der Gesellschafter muss allerdings nicht unbedingt seinen gesamten Mitunternehmeranteil einbringen; ausreichend ist auch die Einbringung eines Teils des Mitunternehmeranteils (siehe Rn. 20.13 UmwStG-Erlass).[177] 261

Praxistipp:

Bei Beteiligungen an GmbH & Co. KG's sind die Kommanditisten oftmals zugleich auch an der Komplementär-GmbH beteiligt. Steuerrechtlich ist derzeit umstritten, unter welchen Voraussetzungen die Beteiligung des Kommanditisten an der Komplementär-GmbH eine funktional wesentliche Betriebsgrundlage des Mitunternehmeranteils darstellt.[178] Der sicherste Weg dürfte in der Praxis aber weiterhin darin bestehen, die Anteile an der Kommanditgesellschaft und der Komplementär-GmbH zusammen und einheitlich in die übernehmende Kapitalgesellschaft einzubringen.

---

[176] Ausführlich zum Ganzen (aus zivilrechtlicher Sicht) Widmann/Mayer/*D. Mayer* Umwandlungsrecht, Band 8 Anhang 5 (Einbringung) (mit Vertragsmustern).

[177] Zu einem solchen Fall siehe etwa BFH Urt. v. 25. 8. 2010 – I R 21/10 – GmbHR 2011, 152.

[178] Der erste Senat des BFH hat jüngst in zwei Entscheidungen das Zurückbehalten der Anteile an der Komplementär-GmbH als unschädlich für die Buchwertfortführung nach § 20 UmwStG angesehen. Siehe dazu BFH Urt. v. 25. 11. 2009 – I R 72/08 – BStBl. II 2010, 471 = DB 2010, 310 = BB 2010, 562 mit Anm. *Koch* = GmbHR 2010, 317 mit Anm. *Suchanek* = FR 2010, 381 mit Anm. *Wendt* (Ist ein Kommanditist einer GmbH & Co. KG zugleich an der Komplementär-GmbH beteiligt, so ist diese Beteiligung bei funktionaler Betrachtung keine wesentliche Betriebsgrundlage eines Mitunternehmeranteils, wenn der Kommanditist im Rahmen der GmbH nicht seinen geschäftlichen Willen durchsetzen kann. In diesem Fall kann der Kommanditist deshalb seinen Mitunternehmeranteil auch dann gemäß § 20 UmwStG zum Buchwert in eine andere GmbH einbringen, wenn er seine Beteiligung an der Komplementär-GmbH zurückbehält). – Ausführlich dazu u. a. *Gosch* DStR 2010, 1173; *Jebens* BB 2010, 2025; *Prinz* DB 2010, 972; *Schäffler* DStR 2010, 636; *Schulze zur Wiesche* DB 2010, 1173; *Schumacher* DStR 2010, 1606; *Schwedhelm* DStR 2010, 1505. BFH Urt. v. 16. 12. 2009 – I R 97/08 – BStBl. II 2010, 808 = DB 2010, 878 = FR 2010, 611 mit Anm. *Schell*. Ausführlich dazu *Desens* DStR 2010, Beihefter zu Heft 46, S. 80*; *Stangl/Grundke* DStR 2010, 1871. Zur (bisherigen) Auffassung der Finanzverwaltung siehe OFD München, Verfügung v. 2. 4. 2010 – GmbHR 2001, 684; OFD Münster, Verfügung v. 6. 11. 2008, GmbHR 2009, 108, aktualisiert mit Verfügung v. 23. 3. 2011 – DB 2011, 1302.

262 Weitere Voraussetzung für die begünstigte Einbringung von Betrieben, Teilbetrieben oder Mitunternehmeranteilen in eine Kapitalgesellschaft[179] ist, dass der Einbringende dafür *„neue **Anteile** an der Gesellschaft"* erhält (§ 20 Abs. 1 UmwStG). Die Gegenleistung (*„dafür"*) muss somit in der Gewährung neuer Gesellschaftsanteile an der übernehmenden Kapitalgesellschaft bestehen.[180] Bei der Einbringung im Rahmen einer offenen Sachgründung oder Sachkapitalerhöhung ist diese Voraussetzung regelmäßig erfüllt.[181]

263 *(ccc) Rechtsfolgen.* Bringt ein Gesellschafter einen Betrieb, einen Teilbetrieb oder einen Mitunternehmeranteil in eine Kapitalgesellschaft gegen Gewährung neuer Anteile ein (§ 20 Abs. 1 UmwStG), hat die übernehmende Kapitalgesellschaft das eingebrachte Betriebsvermögen grundsätzlich mit dem **gemeinen Wert** anzusetzen (§ 20 Abs. 2 Satz 1 UmwStG). Allerdings kann das übernommene Vermögen auf Antrag der übernehmenden Kapitalgesellschaft (unter bestimmten Voraussetzungen) auch mit dem Buchwert oder einem Zwischenwert angesetzt werden (§ 20 Abs. 2 Satz 2 UmwStG).

264 Der Wert, mit dem die übernehmende Gesellschaft das eingebrachte Betriebsvermögen ansetzt, gilt für den Einbringenden als Veräußerungspreis (§ 20 Abs. 3 Satz 1 UmwStG). Die übernehmende Kapitalgesellschaft entscheidet durch die Antragstellung somit darüber, ob und inwieweit der Einbringende einen Veräußerungsgewinn versteuern muss. Gleichwohl steht das Antragsrecht der übernehmenden Kapitalgesellschaft (und nicht dem Einbringenden) zu.

Praxistipp:

Die übernehmende Kapitalgesellschaft kann den Antrag, das eingebrachte Betriebsvermögen zum Buchwert anzusetzen, grundsätzlich bis zur erstmaligen Abgabe der steuerlichen Schlussbilanz stellen.[182] Allerdings besteht dann für den Einbringenden während dieser Zeit eine erhebliche Unsicherheit in Bezug auf den von ihm zu versteuernden Einbringungsgewinn. Die Ausübung des Antragsrechts kann zudem Anlass für Streitigkeiten zwischen den Beteiligten sein. Daher sollte möglichst bereits in dem Einbringungsvertrag (in Abstimmung mit den Steuerberatern der Beteiligten) ausdrücklich geregelt werden, wie die übernehmende Kapitalgesellschaft ihr Antragsrecht ausübt. Noch besser erscheint es, den entsprechenden Antrag unmittelbar in den Einbringungsvertrag aufzunehmen. Dann besteht für alle Beteiligten Klarheit.

265 Bei einer Einbringung zu Buchwerten (bzw. Zwischenwerten) gelten bestimmte **Nachsteuertatbestände** (§ 22 UmwStG).

Veräußert der Einbringende die ihm an der übernehmenden Kapitalgesellschaft gewährten Anteile innerhalb eines Zeitraums von **sieben Jahren** (oder verwirklicht er einen der gesetzlich geregelten Ersatztatbestände), kommt es zu einer Nachversteuerung der Einbringung. Der Gewinn aus der Einbringung wird dann rückwirkend im Wirtschaftsjahr der Einbringung als Gewinn des Einbringenden versteuert (und zwar unabhängig von der Höhe des Veräußerungserlöses) (§ 22 Abs. 1 UmwStG i. V. m. § 16 EStG, sogenannter **Einbringungsgewinn I**). Darüber hinaus kann zusätzlich auch noch ein steuerpflichtiger Gewinn aufgrund der Anteilsveräußerung anfallen. Dies ist dann der Fall, wenn der Veräußerungserlös höher ist als der rückwirkend zu besteuernde Einbringungsgewinn.

266 Eine rückwirkende Veräußerung des eingebrachten Betriebsvermögens durch den Gesellschafter wird auch dann fingiert, wenn die übernehmende Kapitalgesellschaft das einge-

[179] Zur möglichen Einbringung in eine Unternehmergesellschaft (haftungsbeschränkt) siehe *Patt* GmbH-StB 2011, 20.

[180] Zu dem Fall, dass der Einbringende neben den Gesellschaftsanteilen auch noch andere Wirtschaftsgüter erhält siehe § 20 Abs. 2 Satz 4 und § 20 Abs. 3 Satz 2 UmwStG.

[181] Zum Begriff der Sacheinlage im Sinne von § 20 Abs. 1 UmwStG siehe auch BFH Urt. v. 7. 4. 2010 – I R 55/09 – BStBl. II 2010, 1094 = DB 2010, 1918 = BB 2010, 2296 mit Anm. *Jürging* (Eine Sacheinlage gemäß § 20 UmwStG kann auch vorliegen, wenn bei einer Bargründung oder Barkapitalerhöhung der Gesellschafter zusätzlich zu der Bareinlage die Verpflichtung übernimmt, als Aufgeld (Agio) einen Mitunternehmeranteil in die Kapitalgesellschaft einzubringen).

[182] Ausführlich zu den steuerbilanziellen Antragswahlrechten nach dem UmwStG *Koch* BB 2011, 1067.

brachte Betriebsvermögen innerhalb von **sieben Jahren** veräußert (§ 22 Abs. 2 UmwStG, sogenannter **Einbringungsgewinn II**). Die Steuerpflicht trifft in diesem Fall den Gesellschafter, obwohl er auf die Veräußerung des Betriebsvermögens durch die Kapitalgesellschaft regelmäßig überhaupt keinen Einfluss hat.

Praxistipp:

In dem Einbringungsvertrag kann daher vereinbart werden, dass die übernehmende Kapitalgesellschaft dem einbringenden Gesellschafter etwaige steuerliche Nachteile zu erstatten hat, die ihm durch die Veräußerung des eingebrachten Betriebsvermögens innerhalb der siebenjährigen Sperrfrist entstehen.

Die Einbringung des Betriebsvermögens zu Buchwerten in eine Kapitalgesellschaft führt 267 schließlich dazu, dass die stillen Reserven auch auf die anderen Gesellschafter der übernehmenden Kapitalgesellschaft überspringen. Veräußert somit nicht der Einbringende, sondern ein anderer Gesellschafter der Kapitalgesellschaft seine Gesellschaftsanteile innerhalb der siebenjährigen Sperrfrist, wird ebenfalls rückwirkend eine Veräußerung durch den Einbringenden im Einbringungszeitpunkt fingiert (§ 22 Abs. 7 UmwStG).

(ddd) Grunderwerbsteuer. Die Einbringung eines Betriebs, Teilbetriebs oder von Mitun- 268 ternehmeranteilen in eine Kapitalgesellschaft kann Grunderwerbsteuer auslösen, wenn zu dem eingebrachten Betriebsvermögen Grundstücke oder Beteiligungen an anderen Gesellschaften mit Grundbesitz gehören (siehe § 1 Abs. 2a und § 1 Abs. 3 GrEStG). Grunderwerbsteuer kann auch dann anfallen, wenn die Einbringung ertragsteuerrechtlich zum Buchwert erfolgt. Die Befreiungstatbestände des Grunderwerbsteuergesetzes greifen bei der Einbringung in eine Kapitalgesellschaft grundsätzlich nicht ein (siehe § 5 GrEStG). Allenfalls dann, wenn die Einbringung im Rahmen einer Umwandlung innerhalb eines Konzerns erfolgt, kommt eine Grunderwerbsteuerbefreiung in Betracht (§ 6a GrEStG).

(eee) Umsatzsteuer. Die Einbringung eines Betriebs oder Teilbetriebs stellt regelmäßig eine 269 Geschäftsveräußerung dar, die nicht der Umsatzsteuer unterliegt (§ 1 Abs. 1a UStG). Dies gilt aber nicht für die Einbringung von Mitunternehmeranteilen. Allerdings sind diese von der Umsatzsteuer befreit (§ 4 Nr. 8 Buchstabe f) UStG). Der Unternehmer kann aber auf die Umsatzsteuer verzichten (§ 9 UStG). Der Verzicht muss dabei nicht zwingend in der Notarurkunde erfolgen (siehe demgegenüber § 9 Abs. 3 Satz 2 UStG).

(ee) Einbringung von Anteilen an einer Kapitalgesellschaft (Anteilstausch). (aaa) Über- 270 *blick.* Werden Anteile an einer Kapitalgesellschaft (erworbene Gesellschaft) in eine andere Kapitalgesellschaft (übernehmende Gesellschaft) gegen Gewährung neuer Anteile an der übernehmenden Gesellschaft eingebracht (Anteilstausch), kann die Einbringung grundsätzlich **zum Buchwert, zu einem Zwischenwert oder zum gemeinen Wert** erfolgen (§ 21 UmwStG; siehe Rn. 21.01. ff. UmwStG-Erlass). Auf Antrag der übernehmenden Kapitalgesellschaft kann die Sachgründung bzw. Sachkapitalerhöhung in diesem Fall somit ertragsteuerrechtlich steuerneutral erfolgen.[183]

(bbb) Voraussetzungen. Die Regelung (des § 21 UmwStG) gilt sowohl für die Einbrin- 271 gung von Anteilen an Kapitalgesellschaften im Rahmen der Einzelrechtsnachfolge als auch im Rahmen einer Gesamtrechtsnachfolge (siehe § 1 Abs. 3 Nr. 4 und Nr. 5 UmwStG). Der einbringende Gesellschafter muss seinen Wohnsitz oder gewöhnlichen Aufenthaltsort innerhalb der Europäischen Gemeinschaft oder des Europäischen Wirtschaftsraums haben. Die übernehmende Kapitalgesellschaft muss in Deutschland grundsätzlich unbeschränkt körperschaftsteuerpflichtig sein (siehe § 1 Abs. 4 UmwStG). Die Einbringung ist **nicht** mit steuerrechtlicher Rückwirkung möglich (anders als bei § 20 Abs. 6 UmwStG). Gegenstand der Einbringung müssen Anteile an einer (in- oder ausländischen) Kapitalgesellschaft sein.

[183] Ausführlich zum Ganzen (aus zivilrechtlicher Sicht) Widmann/Mayer/*D. Mayer* Umwandlungsrecht, Band 8, Anhang 5 (Einbringung) (mit Vertragsmustern).

272 Die Einbringung muss *„gegen Gewährung neuer Anteile"* an der übernehmenden Kapitalgesellschaft erfolgen (§ 21 Abs. 1 Satz 1 UmwStG).[184] Bei der Einbringung im Rahmen einer offenen Sachgründung oder Sachkapitalerhöhung ist diese Voraussetzung regelmäßig erfüllt.

273 *(ccc) Rechtsfolgen.* Bringt ein Gesellschafter Anteile an einer Kapitalgesellschaft in eine andere Kapitalgesellschaft gegen Gewährung neuer Anteile ein (§ 20 Abs. 1 UmwStG), hat die übernehmende Kapitalgesellschaft die eingebrachten Anteile grundsätzlich mit dem **gemeinen Wert** anzusetzen (§ 21 Abs. 1 Satz 1 UmwStG). Allerdings können die erworbenen Anteile auf Antrag der übernehmenden Kapitalgesellschaft auch mit dem Buchwert oder einem Zwischenwert angesetzt werden (§ 21 Abs. 1 Satz 2 und § 21 Abs. 2 Satz 3 UmwStG). Voraussetzung dafür ist allerdings, dass die übernehmende Kapitalgesellschaft nach der Einbringung aufgrund ihrer Beteiligung (einschließlich der eingebrachten Anteile) nachweisbar unmittelbar die Mehrheit der Stimmrechte an der erworbenen Gesellschaft hat (**qualifizierter Anteilstausch**). Ist dies nicht der Fall, muss zwingend der gemeine Wert angesetzt werden.

274 Der Wert, mit dem die übernehmende Gesellschaft die eingebrachten Anteile ansetzt, gilt für den Einbringenden als Veräußerungspreis (§ 21 Abs. 2 Satz 1 UmwStG). Die übernehmende Kapitalgesellschaft entscheidet durch die Antragstellung somit darüber, ob und inwieweit der Einbringende einen Veräußerungsgewinn versteuern muss. Die Antragsausübung sollte daher möglichst im Einbringungsvertrag ausdrücklich geregelt werden.

275 Bei der Einbringung zum Buchwert (bzw. Zwischenwert) gelten bestimmte **Nachsteuertatbestände** (§ 22 Abs. 2 UmwStG). Veräußert die übernehmende Kapitalgesellschaft die eingebrachten Anteile innerhalb eines Zeitraums von sieben Jahren, muss der Einbringende den Einbringungsgewinn rückwirkend versteuern (sofern es sich bei ihm nicht um eine Körperschaft im Sinne von § 8 b Abs. 2 KStG handelt). Die Steuer trifft somit den einbringenden Gesellschafter, obwohl die für die Besteuerung ursächliche Veräußerung durch die übernehmende Kapitalgesellschaft erfolgt ist. In dem Einbringungsvertrag sollte daher ein entsprechender Ausgleichsanspruch festgelegt werden.

276 *(ddd) Grunderwerbsteuer.* Die Einbringung von Anteilen an einer Kapitalgesellschaft kann Grunderwerbsteuer auslösen, wenn zu dem eingebrachten Vermögen Grundstücke oder Beteiligungen an anderen Gesellschaften mit Grundbesitz gehören (siehe § 1 Abs. 3 GrEStG). Grunderwerbsteuer kann auch dann anfallen, wenn die Einbringung ertragsteuerrechtlich zum Buchwert erfolgt. Die Befreiungstatbestände des Grunderwerbsteuergesetzes greifen bei der Einbringung in eine Kapitalgesellschaft grundsätzlich nicht ein (siehe § 5 GrEStG). Allenfalls dann, wenn die Einbringung im Rahmen einer Umwandlung innerhalb eines Konzerns erfolgt, kommt eine Grunderwerbsteuerbefreiung in Betracht (§ 6 a GrEStG).

277 *(eee) Umsatzsteuer.* Die Einbringung von Anteilen an einer Kapitalgesellschaft ist regelmäßig von der Umsatzsteuer befreit (§ 4 Nr. 8 Buchstaben e) und f) UStG). Der Unternehmer kann aber auf die Umsatzsteuer verzichten (§ 9 UStG). Der Verzicht muss dabei nicht zwingend in der Notarurkunde erfolgen (siehe demgegenüber § 9 Abs. 3 Satz 2 UStG).

278 *(b) Verdeckte Sachgründung bzw. Sachkapitalerhöhung.* Rechtsprechung[185] und Finanzverwaltung[186] gingen **bislang** davon aus, dass im Falle einer verdeckten Sacheinlage eine Einbringung zu Buchwerten ausscheidet, weil in diesem Fall keine neuen Anteile an der Gesellschaft gewährt werden (siehe § 20 Abs. 1 und § 21 Abs. 1 UmwStG). Durch **MoMiG** und **ARUG** haben sich die zivilrechtlichen Rahmenbedingungen der verdeckten Sacheinlage indes grundlegend geändert (§ 19 Abs. 4 GmbHG und § 27 Abs. 3 AktG). Die verdeckte Sacheinlage befreit den Gesellschafter zwar weiterhin nicht von seiner Einlageverpflichtung, doch wird der Wert des verdeckt eingelegten Vermögensgegenstandes jetzt auf die fortbeste-

[184] Zu dem Fall, dass der Einbringende neben den Gesellschaftsanteilen auch noch andere Wirtschaftsgüter erhält siehe § 21 Abs. 1 S. 3 UmwStG.

[185] BFH Urt. v. 1. 7. 1992 – I R 5/92 – BStBl. II 1993, 131 = DB 1993, 310.

[186] Rdnr. 20.04. UmwStG-Erlass.

hende Geldeinlageverpflichtung des Gesellschafters angerechnet. Die Verträge über die Sacheinlage und die Rechtshandlungen zu ihrer Ausführung sind zudem nicht mehr unwirksam. Im Schrifttum ist derzeit **umstritten**, ob die Neuregelung der verdeckten Sacheinlage im Gesellschaftsrecht auch Auswirkungen auf das Steuerrecht hat.[187] Dabei ist nach dem Gegenstand der jeweiligen Sacheinlage zu unterscheiden:

Bei der verdeckten Einlage von **einzelnen Wirtschaftsgütern** kommt es zu einer gewinnre- 279
alisierenden Aufdeckung der stillen Reserven (siehe §§ 6 Abs. 6 Satz 2 EStG, 17 Abs. 1 Satz 2 EStG, 23 Abs. 1 Satz 5 Nr. 2 EStG). Daran ändert sich auch dann nichts, wenn die verdeckte Einlage für steuerliche Zwecke wie eine offene Einlage behandelt werden würde.

Im Anwendungsbereich des **Umwandlungssteuerrechts** werden offene und verdeckte Ein- 280
lage dagegen völlig unterschiedlich behandelt: In den Fällen der offenen Einlage, bei denen dem Einbringenden neue Gesellschaftsanteile an der übernehmenden Gesellschaft gewährt werden, ist eine Buchwertfortführung grundsätzlich möglich. Bei einer verdeckten Einlage ist diese Möglichkeit dagegen ausgeschlossen, da es hier gerade an der Gewährung neuer Anteile fehlt. Die Neuregelung im Gesellschaftsrecht führt allerdings dazu, dass der Wert der verdeckt eingelegten Sache auf die Einlageverpflichtung des Gesellschafters angerechnet wird. Die Einlageforderung der Gesellschaft erlischt somit, soweit die Sache werthaltig ist. Zumindest in den Fällen, in denen die verdeckt eingelegte Sache voll werthaltig ist, wird die verdeckte Sacheinlage im praktischen Ergebnis rückwirkend wie eine offene Einlage behandelt. Eine solche Einlage sollte dann aber auch als *„Sacheinlage"* im Sinne des Umwandlungssteuerrechts angesehen werden. Der Umstand, dass es sich formal immer noch um eine *„Geldeinlage"* handelt und der Wert der Sache auf die *„Geldeinlageverpflichtung des Gesellschafters"* angerechnet wird, steht dem nicht entgegen. Denn aufgrund der Anrechnung kommt es gerade zu einer Umqualifizierung der gescheiterten Bareinlage in eine erfolgreiche Sacheinlage.

Praxistipp:

Die verdeckte Sacheinlage war und ist verboten. Gesellschaftsrechtlich ist die offene Sacheinlage daher der einzig zulässige Weg. Dieser Weg ist auch aus steuerlicher Sicht unbedingt zu empfehlen. Denn nur in diesem Fall besteht die gesicherte Möglichkeit der Buchwertfortführung nach dem Umwandlungssteuerrecht. Die Finanzverwaltung hat bislang offen gelassen, ob eine Buchwertfortführung auch bei einer verdeckten Sacheinlage in Betracht kommt.

(3) Disquotale Einlagen

Ausgewählte Hinweise auf weiterführende Literatur: *Berizzi/Guldan,* Verdeckte Gewinnausschüttung – neue Brisanz durch Schenkungsteuerpflicht, BB 2011, 1052; *Birnbaum,* Die verdeckte Gewinnausschüttung wird schenkungsteuerpflichtig, DStR 2011, 252; *ders.*, Der Streit um die disquotale Einlage, ZEV 2009, 125; *Christ*, Gestaltungsüberlegungen zur Kapitalgesellschaft als „Vehikel" steuerfreier unentgeltlicher Vermögensübertragungen, ZEV 2011, 63; *ders.*, Auswirkungen von unentgeltlichen Leistungen bei Kapitalgesellschaften auf Gesellschafter, Mitgesellschafter sowei nahestehende Personen, ZEV 2011, 10; *Erhart/Riedel*, Disquotale Gewinnausschüttungen bei Kapitalgesellschaften – gesellschafts- und steuerrechtliche Gestaltungsmöglichkeiten, BB 2008, 2266; *Hübner*, Disquotale Gewinnausschüttungen und Einlagen im Schenkungsteuerrecht – eine unendliche Geschichte, DStR 2008, 1357; *Nagelschmitz*, Einlagen in Kapitalgesellschaften im Schenkungsteuerrecht, Bonn 2010; *Tolksdorf*, Schenkungsteuer bei disquotalen Einlagen und Gewinnausschüttungen, DStR 2010, 423; *Viskorf, Hermann-Ulrich*, Kann die Werterhöhung eines im Vermögen vorhandenen Gegenstandes schenkungssteuerrechtlich zur objektiven Bereicherung führen?, DStR 1998, 150; *Viskorf, Stephan*, Keine freigebige Zuwendung der Kapitalgesellschaft im Rahmen einer verdeckten Gewinnausschüttung, DStR 2011, 607.

[187] Ausführlich zum Ganzen u. a. *Altrichter-Herzberg* GmbHR 2009, 1190; *Bäuml*, in: GmbH-Beratung nach dem MoMiG, GmbHR Sonderheft Oktober 2008, 93; *Fischer* Ubg. 2008, 684; *Fuhrmann* RNotZ 2010, 188; *Fuhrmann* NWB 40/2008, S. 3745; *Fuhrmann* KÖSDI 2008, 16224; *Fuhrmann/Demuth* KÖSDI 2009, 16562; *Hein/Suchan/Geeb* DStR 2008, 2289; *Woinar* NotBZ 2009, 197. – Zu den Auswirkungen des MoMiG auf nachträgliche Anschaffungskosten im Sinne von § 17 EStG siehe aus Sicht der Finanzverwaltung BMF Schreiben v. 21. 10. 2010 – BStBl. I 2010, 832 = DStR 2010, 2191 = GmbHR 2010, 1228 mit Anm. *Levedag* = BB 2010, 2954 mit Anm. *Ortmann-Babel.* Zu Fragen des Zwerganteils- und Sanierungsprivilegs OFD Frankfurt am Main, Verfügung v. 20. 8. 2010 – DStR 2010, 2306; SenFin Berlin, Verfügung v. 5. 3. 2010 – DB 2010, 983.

281 Die Frage, ob und inwieweit **disquotale Einlagen** (d.h. von den Beteiligungsverhältnissen abweichende Einlagen) in das Gesellschaftsvermögen einer **Kapital**gesellschaft Schenkungsteuer auslösen, wird seit vielen Jahren sehr kontrovers diskutiert. Leistungen eines Gesellschafters an die Kapitalgesellschaft stellen in der Regel keine freigebigen **Zuwendungen an die Gesellschaft** dar, weil die Leistung im Allgemeinen dem Gesellschaftszweck dient und ihren Rechtsgrund in der mitgliedschaftlichen Zweckförderungspflicht hat.

282 Nach der – früheren – Auffassung der Finanzverwaltung sollte in der Leistung eines Gesellschafters an eine Kapitalgesellschaft allerdings eine freigebige **Zuwendung an die anderen Gesellschafter** zu sehen sein, wenn der Leistende beabsichtigt, die Mitgesellschafter durch die Werterhöhung ihrer Gesellschafterrechte zu bereichern. Dies wurde insbesondere dann angenommen, wenn es sich bei den anderen Gesellschaftern um Angehörige (§ 15 AO) gehandelt hat (siehe im Einzelnen R 18 ErbStR a.F. und die zahlreichen Beispiele in H 18 ErbStH a.F.).

283 Nach der Auffassung des Bundesfinanzhofs, der sich die Finanzverwaltung jetzt angeschlossen hat,[188] sind Leistungen eines Gesellschafters an die Gesellschaft jedoch grundsätzlich keine freigebigen Zuwendungen an die anderen Gesellschafter.

284 In der **notariellen Praxis** kann sich die Problematik der disquotalen Einlagen u.a. in folgenden Fällen stellen:

- Leistung einer Sacheinlage bei einer Sachgründung oder Sachkapitalerhöhung zu Buchwerten oder Zwischenwerten,
- Erwerb von neuen Gesellschaftsanteilen im Rahmen einer Kapitalerhöhung (oder einer Neugründung) zu einem Wert unter dem wahren Wert der Anteile (ohne oder gegen zu geringes Aufgeld),
- Erwerb von neuen Gesellschaftsanteilen im Rahmen einer Kapitalerhöhung (oder einer Neugründung) zu einem Wert über dem wahren Wert der Anteile (gegen zu hohes Aufgeld),
- Verzicht auf ein Bezugsrecht im Rahmen einer Kapitalerhöhung.

285 Der Notar kann eine freigebige Zuwendung in diesen Fällen in der Praxis allerdings schon deshalb kaum jemals erkennen, weil ihm die zugrunde liegenden Vermögens- und Wertverhältnisse nicht im Einzelnen bekannt sind. Im Regelfall kann der Notar daher davon ausgehen, dass die entsprechenden Vereinbarungen gesellschaftsrechtlich veranlasst sind und keine freigebige Zuwendung darstellen. Ein Hinweis auf eine mögliche Schenkungsteuerpflicht muss daher nicht erfolgen (siehe § 8 Abs. 1 Satz 6 und Abs. 4 ErbStDV). Mangels (konkreter) Anhaltspunkte für eine Schenkung muss der Notar solche Urkunden auch nicht der Schenkungsteuerstelle des Finanzamts anzeigen (siehe § 34 ErbStG und § 8 Abs. 2 ErbStDV).

Überblick über die aktuelle Rechtsprechung des Bundesfinanzhofs zu disquotalen Einlagen im Schenkungsteuerrecht
(in chronologischer Reihenfolge)

BFH Urt. v. 9. 12. 2009 – II R 28/08 – BStBl. II 2010, 566 = DStR 2010, 925 = DB 2010, 990 = ZEV 2010, 319 = BB 2010, 1645 mit Anm. *Köhler* = GmbHR 2010, 727 = NJW-RR 2010, 1050 = MittBayNot 2010, 424 mit Anm. *Hübner*
(Erhöht sich der Wert der GmbH-Beteiligung eines Gesellschafters dadurch, dass ein anderer Gesellschafter Vermögen in die GmbH einbringt, ohne eine dessen Wert entsprechende Gegenleistung zu erhalten, liegt keine freigebige Zuwendung des einbringenden Gesellschafters an den anderen Gesellschafter vor. Dies gilt auch, wenn bei der Kapitalerhöhung einer GmbH die neu entstehende Stammeinlage durch eine Sacheinlage erbracht wird und diese Einlage mehr wert ist als die übernommene neue Stammeinlage).

[188] Siehe die gleich lautenden Erlasse der Obersten Finanzbehörden der Länder v. 20. 10. 2010 – BStBl. I 2010, 1207 = DStR 2011, 79 (Leistungen von Gesellschaftern und Dritten an Kapitalgesellschaften), wonach R 18 ErbStR nicht mehr anzuwenden ist und H 18 ErbStH neu gefasst worden ist. Ausführlich dazu *Birnbaum* DStR 2011, 252; *Christ* ZEV 2011, 10 und 63; *Korezkij* DStR 2011, 1454 und 1496; *Viskorf* DStR 2011, 607. Zu der geplanten Einführung der neuen §§ 7 Abs. 8, 15 Abs. 4 ErbStG-E siehe BR-Drs. 253/11, Nr. 22, BT-Drs. 17/6263, S. 157. Dazu *Crezelius* ZEV 2011, 393.

BFH Urt. v. 7. 11. 2007 – II R 28/06 – BStBl II 2008, 258 = DStR 2008, 346 = DB 2008, 509 = BB 2008, 1548 mit Anm. *Staats* = ZEV 2008, 154 mit Anm. *Götz* = GmbHR 2008, 334 = NZG 2008, 357 = MittBayNot 2008, 244 = ZNotP 2008, 499
(Zahlt eine GmbH auf Veranlassung eines Gesellschafters einer diesem nahestehenden Person überhöhte Vergütungen, liegt regelmäßig keine freigebige Zuwendung des Gesellschafters an die nahestehende Person gemäß § 7 Abs. 1 Nr. 1 ErbStG vor. Eine gemischte freigebige Zuwendung kann jedoch im Verhältnis der GmbH zur nahestehenden Person gegeben sein).

BFH Urt. v. 17. 10. 2007 – II R 63/05 – BStBl. II 2008, 381 = DStR 2008, 146 mit Anm. *Hübner* = DB 2008, 277 = BB 2008, 315 mit Anm. *Bünning* = GmbHR 2008, 220 = ZEV 2008, 153 mit Anm. *Crezelius* = ZNotP 2008, 86 = MittBayNot 2008, 327 mit Anm. *Gottwald* = RNotZ 2008, 372
(Überträgt ein Gesellschafter aufgrund des Gesellschaftsverhältnisses ein Grundstück auf eine Kapitalgesellschaft, handelt es sich um einen gesellschaftsrechtlichen Vorgang und nicht um eine freigebige Zuwendung i. S. v. § 7 Abs. 1 Nr. 1 ErbStG, die zur Grunderwerbsteuerfreiheit nach § 3 Nr. 2 GrEStG führt).

BFH Urt. v. 15. 3. 2007 – II R 5/04 – BStBl. II 2007, 472 = DStR 2007, 799 = BB 2007, 1087 mit Anm. *Mückl* = ZEV 2007, 285 mit Anm. *Viskorf*
(Außerordentliche, d. h. nicht satzungsmäßig oder allen Vereinsmitgliedern durch entsprechenden Beschluss auferlegte Leistungen des Förderers eines Vereins an einen Sportverein unterliegen als freigebige Zuwendungen der Schenkungsteuer, soweit ihnen keine Gegenleistung des Vereins gegenübersteht. Das Recht des Zuwendenden, auf die Zusammensetzung einer Vereinsmannschaft Einfluss nehmen zu können, ist keine Gegenleistung des Vereins im schenkungsteuerrechtlichen Sinne).

BFH Urt. v. 12. 7. 2005 – II R 8/04 – BStBl. II 2005, 845 = DB 2005, 2503 = ZEV 2005, 494 = GmbHR 2005, 1575 = MittBayNot 2006, 272 mit Anm. *Wälzholz*
(Gründet ein Einzelunternehmer mit einem Angehörigen eine GmbH und bringt er dabei sein Unternehmen zu Buchwerten in die GmbH ein, kann darin eine freigebige Zuwendung des GmbH-Geschäftsanteils an den Angehörigen liegen, deren Wert dem Unterschiedsbetrag zwischen dem gemeinen Wert des Geschäftsanteils nach der Einbringung des Unternehmens und der Stammeinlage des Angehörigen entspricht).

BFH Urt. v. 30. 5. 2001 – II R 6/98 – GmbHR 2001, 1183 = BFH/NV 2001, 26 = DStRE 2002, 694
(Erhöht der alleinige Gesellschafter einer GmbH das Stammkapital und lässt er die Übernahme durch seine Ehefrau und seinen Sohn zum Nennwert zu, so handelt es sich in Höhe des Betrags, um den die Anteilswerte die neuen Stammeinlagen übersteigen, um (reine) Schenkungen. Gründet der Vater mit seinem Sohn eine Kommanditgesellschaft, deren einziger persönlich haftender Gesellschafter er selbst und deren einziger Kommanditist der Sohn wird, der seine Einlage bar leistet, während der Vater seine Einlage durch Einbringung des Betriebsvermögens seines bisherigen Einzelunternehmens zu Buchwerten erbringt, so stellt die Einräumung der Gesellschaftsbeteiligung in Höhe der Differenz zwischen Buch- und Verkehrswert eine gemischte Schenkung dar).

BFH Urt. v. 20. 12. 2000 – II R 42/99 – BStBl. II 2001, 454 = BB 2001, 1394 = DB 2001, 1466 = GmbHR 2001, 632 mit Anm. *Binnewies* = DStRE 2001, 817 = ZEV 2001, 325 mit Anm. *Albrecht* S. 375 = RNotZ 2001, 354 = MittBayNot 2001, 497 = NJW-RR 2002, 99
(Werden im Zuge einer Kapitalerhöhung einer GmbH Dritte zur Übernahme neuer Geschäftsanteile, deren gemeiner Wert die jeweils zu leistenden Einlagen übersteigt, zugelassen, ohne weitere Verpflichtungen eingehen zu müssen, sind sie mit der Eintragung im Handelsregister auf Kosten der Altgesellschafter bereichert. Die Bereicherung beruht auf einer Zuwendung der Altgesellschafter. Die Leistung der Einlage stellt Erwerbsaufwand dar).

BFH Urt. v. 19. 6. 1996 – II R 83/92 – BStBl. II 1996, 616 = BB 1996, 2450 = DB 1996, 2108 = DStR 1996, 1563 = DStZ 1997, 165 = GmbHR 1996, 871 = ZEV 1996, 396 = BFH/NV 1996, 376
(Ist von den Gesellschaftern einer Personengesellschaft zusammen mit Angestellten dieser Gesellschaft eine GmbH gegründet worden und wird anschließend das Betriebsvermögen der Personengesellschaft (mit Ausnahme der Grundstücke) auf die GmbH übertragen, so führt dies auch dann nicht zu einer (mittelbaren) Schenkung der Gesellschafter der Personengesellschaft an ihre Angestellten, wenn sich infolge der Übertragung des Betriebsvermögens auf die GmbH der Wert der Geschäftsanteile der Angestellten erhöht).

BFH Urt. v. 25. 10. 1995 – II R 67/93 – BStBl. II 1996, 160 = BB 1996, 515 = DB 1996, 556 = DStR 1996, 379 = DStZ 1996, 284 = GmbHR 1996, 306 = MittRhNotK 1996, 237 = NJW-RR 1996, 603 = ZEV 1996, 153 = WiB 1996, 490 = BFH/NV 1996, 76
(Die als Folge einer Zuwendung an eine GmbH eintretende Erhöhung des Werts der Geschäftsanteile stellt keine Zuwendung an die Gesellschafter dar).

286 *dd) Veräußerung von Geschäftsanteilen.*[189] *(1) Allgemeines.* Bei der Frage der Besteuerung eines etwaigen Gewinns aus der Veräußerung von GmbH-Geschäftsanteilen ist nach der Person des Veräußerers und der Zuordnung des Anteils zum steuerlichen Privat- oder Betriebsvermögen zu unterscheiden.

287 Handelt es sich bei dem Veräußerer selbst um eine **Körperschaft** ist ein etwaiger Veräußerungsgewinn grundsätzlich steuerfrei (§ 8 b Abs. 2 KStG). Von diesem gelten allerdings pauschal 5% als Ausgaben, die nicht als Betriebsausgaben abgezogen werden können (§ 8 b Abs. 3 KStG). Im Ergebnis ist der Veräußerungsgewinn somit in Höhe von 95% steuerfrei. Dies gilt auch für die Gewerbesteuer. Eine Behaltefrist ist dabei nicht einzuhalten.

Ist der Veräußerer dagegen eine **natürliche Person oder eine Personengesellschaft** kommt es darauf an, ob die Beteiligung zum Privatvermögen oder zum Betriebsvermögen gehört.

288 Der Gewinn aus der Veräußerung von Anteilen im **Privatvermögen** ist stets steuerpflichtig. War der Veräußerer zu irgendeinem Zeitpunkt innerhalb der letzten fünf Jahre zu mindestens 1% am Kapital der Gesellschaft beteiligt, gehört der Veräußerungsgewinn zu den **Einkünften aus Gewerbebetrieb** (§ 17 Abs. 1 i. V. m. § 20 Abs. 8 EStG, R 17 EStR). Nach dem Teileinkünfteverfahren ist der Gewinn in Höhe von 60% steuerpflichtig (§ 3 Nr. 40 Buchstabe c) EStG). Veräußerungsverluste sind grundsätzlich anteilig zu berücksichtigen (§ 3 c Abs. 2 EStG; zu Ausnahmen siehe § 17 Abs. 2 Satz 6 EStG).

In allen anderen Fällen handelt es sich bei dem Veräußerungsgewinn um **Einkünfte aus Kapitalvermögen** (§ 20 Abs. 2 Nr. 1 EStG; siehe dazu die Übergangsregelung in § 52 a Abs. 1 und 10 EStG). Der Veräußerungsgewinn unterliegt dabei der pauschalen Abgeltungssteuer in Höhe von 25% (§ 32 d Abs. 1 und 6 EStG). Verluste aus Kapitalvermögen sind nicht mit Einkünften aus anderen Einkunftsarten ausgleichsfähig und auch nicht abzugsfähig (§ 20 Abs. 6 Satz 5 EStG).

289 Der Gewinn aus der Veräußerung von GmbH-Geschäftsanteilen im Privatvermögen unterliegt somit unabhängig von der Höhe der Beteiligung und der Dauer der Beteiligung stets der Besteuerung.

Gehört die Beteiligung beim Veräußerer dagegen zu einem **Betriebsvermögen,** gehört der Gewinn zu den Einkünften aus Gewerbebetrieb und unterliegt dem Teileinkünfteverfahren (§§ 15 Abs. 1 Satz 1, 3 Nr. 40 Buchstabe a) EStG). Der Veräußerungsgewinn ist unabhängig von der Höhe der Beteiligung und der Dauer der Beteiligung steuerpflichtig.

290 *(2) Gewinnabgrenzung bei Anteilsveräußerung.* Bei der Veräußerung von GmbH-Geschäftsanteilen gilt es zu verhindern, dass die Gewinnanteile steuerlich mehrfach erfasst werden.[190] Die Problematik beruht auf einer abweichenden **Zurechnung** der Gewinne im Zivil- und Steuerrecht.

291 **Zivilrechtlich** werden die mit den GmbH-Geschäftsanteilen verbundenen Gewinnanteile zwischen Veräußerer und Erwerber grundsätzlich zeitanteilig aufgeteilt (§ 101 Nr. 2 HS 2 BGB). Die Beteiligten können aber im Innenverhältnis eine abweichende Gewinnaufteilung vereinbaren.

292 **Steuerrechtlich** werden die Gewinnausschüttungen dagegen ausschließlich dem Anteilseigner zugerechnet (§ 20 Abs. 5 EStG). Anteilseigner ist derjenige, der im Zeitpunkt des Gewinnverteilungsbeschlusses zivilrechtlicher oder wirtschaftlicher Eigentümer der Geschäftsanteile ist. Abweichende Abreden werden steuerlich nicht anerkannt.

293 Problematisch sind daher vor allem Klauseln, wonach dem Veräußerer der **noch nicht ausgeschüttete Gewinn** aus bereits abgelaufenen Wirtschaftsjahren zustehen soll. Wird der Gewinn dann später ausgeschüttet, kann es zu einer mehrfachen Besteuerung des Gewinns kommen. Der Gewinn wird zunächst an den Erwerber als neuen Gesellschafter ausgeschüttet und unterliegt bei diesem der Besteuerung. Aufgrund der vertraglichen Vereinbarungen

[189] Zu steuer- und bilanzrechtlichen Fragen im Zusammenhang mit dem Erwerb eigener Anteile (§ 33 GmbHG) siehe u. a. BMF Schreiben v. 10. 8. 2010 – BStBl. I 2010, 659, und *Behrens/Renner* AG 2010, 824; *Breuninger/Müller* GmbHR 2011, 10; *Bruckmeier/Zwirner/Künkele* DStR 2010, 1640; *Dietz/Tcherveniachki* Ubg. 2010, 875; *Hohage* DB 2009, 1033; *Hüttemann*, FS Herzig, S. 595 ff.; *Köhler* DB 2011, 15; *Kropff* ZIP 2009, 1137; *Lechner/Haisch* Ubg. 2010, 691; *Najdecki* NWB 5/2010, S. 349.

[190] Ausführlich zu der Problematik (und verschiedenen Gestaltungsvorschlägen) u. a. *Gondert/Behrens* GmbHR 1997, 682; *Schuck* DStR 1996, 371; *Weber* GmbHR 1995, 494.

darf der Erwerber den Gewinn aber nicht behalten, sondern muss ihn an den Veräußerer auskehren. Beim Veräußerer ist dieser Gewinn Teil des steuerpflichtigen Veräußerungsgewinns und somit erneut steuerpflichtig.

In der Praxis sollten daher etwaige Gewinnausschüttungen an den Veräußerer gegebenenfalls noch vor der Anteilsübertragung vorgenommen werden. 294 Im Übrigen sollten die Gewinnanteile auch zivilrechtlich möglichst dem Erwerber zugeordnet werden, da dieser die Gewinnausschüttungen auch versteuern muss. Die Interessen des Veräußerers sollten dagegen auf andere Weise (beispielsweise beim Kaufpreis) angemessen berücksichtigt werden.

Formulierungsvorschlag:

Der Gewinn des laufenden Geschäftsjahres und der Gewinn bereits abgelaufener Geschäftsjahre, für die noch kein Beschluss über die Gewinnverwendung gefasst worden ist, steht allein dem Käufer zu.

(3) Untergang von Verlusten durch Anteilsveräußerung (§ 8 c KStG)

Ausgewählte Hinweise auf weiterführende Literatur: *Bien/Wagner*, Erleichterungen bei der Verlustabzugsbeschränkung und der Zinsschranke nach dem Wachstumsbeschleunigungsgesetz, BB 2009, 2626; *Breuninger/Ernst*, Der Beitritt eines rettenden Investors als (stiller) Gesellschafter und der „neue" § 8 c KStG, GmbHR 2010, 561; *Brinkmann*, Die Stille Reserven-Klausel des § 8 c KStG – bisherige gesetzliche Regelung und Änderungen durch das Jahressteuergesetz 2010, Ubg. 2010, 94; *Bron*, Verlustrestriktionen des § 8 c KStG und erbschaft- und schenkungsteuerlich motiviertes Stimmrechtspooling, FR 2010, 208; *Carlé*, Gesellschafterwechsel – Steuerklauseln in Gesellschaftsverträgen, NWB 11/2010, 836; *Dörr*, Wachstumsbeschleunigung durch den neuen § 8 c KStG, NWB 3/2010, 184; *Drüen*, Die Sanierungsklausel des § 8 c KStG als europarechtswidrige Beihilfe, DStR 2011, 289; *Ehrmann*, Beihilferechtliche Zulässigkeit des § 8 c Abs. 1 a KStG, DStR 2011, 5; *Eilers*, Das neue Sanierungssteuerrecht – ein wirksamer Beitrag zur Krisenbewältigung, StuW 2010, 205; *Elicker/Zillmer,* Böses Erwachen beim Körperschaftsteuerbescheid – Was tun, wenn Poolverträge vermeintlich Verlust- und Zinsvorträge zerstört haben?, BB 2009, 2620; *Felten*, Erbschaft- und schenkungsteuerlich motivierte Poolverträge als Verlustfalle?, DStR 2010, 1261; *Frey/Mückl*, Sanierungen – steuerliche Fallstricke und Gestaltungsmöglichkeiten in der Praxis, GmbHR 2010, 1193; *Heinz*, Steuereffiziente Verlustnutzung als Bestandteil einer steuerzentrierten Sanierungsberatung, FR 2010, 1134; *Herzig/Liekenbrock*, Überlegungen zur Beseitigung von steuerlichen Sanierugshindernissen – Ein Beitrag zur steuerlichen Flankierung der geplanten Insolvenzrechtsreform, Ubg. 2011, 313; *Kroniger/Braun*, Nämlichkeit von Anteilen bei mehrfachen Übertragungsvorgängen nach § 8 c KStG, BB 2010, 2336; *Letzgus*, Krisenentschärfung durch Wachstumsbeschleunigung – Sanierungslücke Forderungsverzicht?, BB 2010, 92; *Neyer*, Die Konzernklausel für den Verlustabzug, GmbHR 2010, 1132; *Orth*, Verbesserte Verlustverrechnungsmöglichkeiten, Ubg. 2010, 169; *Scheipers/Linn*, Änderungen des § 8 c KStG durch das Wachstumsbeschleunigungsgesetz, Ubg. 2010, 8; *Scheunemann/Dennisen/Behrens*, Steuerliche Änderungen durch das Wachstumsbeschleunigungsgesetz, BB 2010, 23; *Sistermann/Brinkmann*, Wachstumsbeschleunigungsgesetz: Die Änderungen bei der Mantelkaufregelung, DStR 2009, 2633; *Suchanek/Jansen*, Änderungen bei der Stille-Reserven-Klausel des § 8 c KStG durch das Jahressteuergesetz 2010, GmbHR 2011, 174; *Thiel*, Die Verlustabzugsbeschränkung für Körperschaften (§ 8 c KStG) – ein krasser Wertungswiderspruch im Körperschaftsteuerrecht, in: Festschrift für Harald Schaumburg, 2009, S. 515 ff.; *Töben*, Eilvorlage: Praktikables Krisensteuerrecht dringender denn je – ein Appell an Gesetzgeber und Verwaltung, FR 2010, 249; *Tschesche/Hofmann*, Die Berücksichtigung von Minderheitsaktionären im Rahmen des § 8 c KStG bei der Verschmelzung börsennotierter Aktiengesellschaften, BB 2011, 279; *Wagner*, § 8 c KStG: Verschonungsregelung bei stillen Reserven, DB 2010, 1751; *Waitz*, Disquotale Gewinnverteilung als Kompensation für den Wegfall von ertragsteuerlichen Verlustvorträgen durch Gesellschafterwechsel bei einer GmbH, BB 2010, 2535; *de Weerth*, Die Sanierungsklausel des § 8 c KStG und europäisches Beihilferecht, DB 2010, 1205.

(a) Überblick. **Verluste** sind im Steuerrecht beinahe so wertvoll wie Gewinne. Jüngsten 295
Schätzungen zufolge sollen in der deutschen Wirtschaft Verluste in einer Größenordnung von mehreren hundert Milliarden Euro vorhanden sein. Die Betroffenen möchten diese Verluste mit Gewinnen verrechnen und auf diese Weise ihre Steuerbelastung mindern. Der Gesetzgeber hat die Möglichkeit zur Verlustnutzung in den letzten Jahren jedoch immer mehr eingeschränkt.

Werden innerhalb von fünf Jahren mehr als 25% (bis zu 50%) der Anteilsrechte an einer 296
Körperschaft auf einen Erwerber oder eine Erwerbergruppe übertragen (schädlicher Beteiligungserwerb), kommt es zu einem anteiligen Wegfall der bislang nicht ausgeglichenen oder abgezogenen negativen Einkünfte (nicht genutzte Verluste) (§ 8 c Abs. 1 Satz 1 KStG). Wer-

den mehr als 50% der Anteile an der Körperschaft übertragen, sind die nicht genutzten Verluste vollständig nicht mehr abziehbar (§ 8c Abs. 1 Satz 2 KStG).

297 Zu einer (ungewollten) **Vernichtung von Verlustvorträgen** kann es u.a. auch durch die Übertragung von GmbH-Geschäftsanteilen kommen (§ 8c KStG).[191] Der Gesetzgeber geht davon aus, dass sich durch eine Änderung der Beteiligungsverhältnisse die wirtschaftliche Identität der Körperschaft ändert. Daher sei es gerechtfertigt, dass Veränderungen auf der Gesellschafterebene zu einem Untergang von Verlusten auf Ebene der Gesellschaft führen. Der im Körperschaftsteuerrecht sonst geltende Grundsatz der Trennung zwischen Gesellschaft und Gesellschaftern wird hier somit – systemwidrig – durchbrochen.

298 Die **gesetzliche Regelung** zum Verlustabzug bei Körperschaften ist außerordentlich kompliziert, sehr umstritten und wurde in den letzten Jahren immer wieder geändert.[192] Aus Sicht der notariellen Praxis geht es vor allem darum, einen schädlichen Beteiligungserwerb frühzeitig zu erkennen bzw. diesen möglichst zu vermeiden.

299 *(b) Tatbestand.* Der Untergang der Verluste setzt einen **schädlichen Beteiligungserwerb** voraus (§ 8c Abs. 1 Satz 1 und 2 KStG). Ein schädlicher Beteiligungserwerb liegt vor beim

- Erwerb von mehr als 25% bzw. mehr als 50% des gezeichneten Kapitals, der Mitgliedschaftsrechte, der Beteiligungsrechte oder der Stimmrechte an einer Körperschaft,
- innerhalb von fünf Jahren,
- unmittelbar oder mittelbar,
- durch einen Erwerber oder diesem nahestehende Personen oder eine Erwerbergruppe mit gleichgerichtetem Interesse.

Als schädlicher Beteiligungserwerb gelten darüber hinaus auch *„vergleichbare Sachverhalte"* (§ 8c Abs. 1 Satz 1 KStG).

300 Erwerber ist jede natürliche Person, juristische Person oder Mitunternehmerschaft. Als ein Erwerber gilt auch eine Gruppe von Erwerbern mit gleichgerichteten Interessen (§ 8c Abs. 1 Satz 3 KStG). Eine Kapitalerhöhung steht der Übertragung des gezeichneten Kapitals gleich, soweit sie zu einer Veränderung der Beteiligungsquoten am Kapital der Gesellschaft führt (§ 8c Abs. 1 Satz 4 KStG). Im Gesetz sind für Konzernsachverhalte (§ 8c Abs. 1 Satz 5 KStG), Körperschaften mit stillen Reserven (§ 8c Abs. 1 Sätze 6 bis 8 KStG) und Sanierungsfälle (§ 8c Abs. 1a KStG)[193] bestimmte Ausnahmen vorgesehen.

301 In der **notariellen Praxis** kann ein schädlicher Beteiligungserwerb somit insbesondere in folgenden Fällen gegeben sein:

- **Jede** entgeltliche oder unentgeltliche Veräußerung und/oder Übertragung von GmbH-Geschäftsanteilen (d.h. auch Schenkungen und Übertragungen im Wege der vorweggenommenen Erbfolge),
- Beschlüsse über Kapitalerhöhungen und Kapitalherabsetzungen,
- Stimmrechtsvereinbarungen und Stimmbindungsverträge,
- Umwandlungen von Gesellschaften, die ihrerseits Gesellschafter einer Kapitalgesellschaft sind (siehe auch § 12 Abs. 3 UmwStG).

Nachdem mittelbare und unmittelbare Erwerbsvorgänge über einen Zeitraum von fünf Jahren zusammen betrachtet werden, dürfte der Notar kaum jemals zuverlässig beurteilen können, ob ein schädlicher Beteiligungserwerb vorliegt. Darüber hinaus ist dem Notar typischerweise auch nicht bekannt, ob eine Gesellschaft über entsprechende Verlust- oder Zinsvorträge verfügt.

---

[191] Siehe dazu BMF Schreiben v. 4. 7. 2008 – BStBl. I 2008, 736.

[192] Zuletzt durch das Jahressteuergesetz 2010, BGBl. I 2010, 1768. – Siehe auch die Regelungen zur zeitlichen Anwendbarkeit in § 34 Abs. 7b und 7c KStG. – Zur Verfassungsmäßigkeit der Regelung des § 8c KStG siehe FG Hamburg Beschl. v. 4. 4. 2011 – 2 K 33/10 – DB 2011, 1259 mit Anm. *Ernst.*

[193] Die Sanierungsklausel wird jedoch aufgrund beihilferechtlicher Bedenken der EU-Kommission von der deutschen Finanzverwaltung derzeit nicht angewendet, siehe BMF, Schreiben vom 30. 4. 2010, BStBl. I 2010, 488 = DStR 2010, 928 = DB 2010, 1038 = GmbHR 2010, 616. – Mit Beschluss vom 26. 1. 2011 (C-7/2010) hat die EU-Kommission die Sanierungsklausel nunmehr – rückwirkend – für unvereinbar mit dem europäischen Beihilfenrecht erklärt. Dazu *Drüen* DStR 2011, 289. – Zu der geplanten Neufassung der Regelung des § 8c KStG siehe Art. 4 des Regierungsentwurfs eines Beitreibungsrichtlinie-Umsetzungsgesetzes (BR-Drucks. 253/11 vom 6. 5. 2011).

Praxistipp:

Die Beteiligten sollten insbesondere vor Anteilsübertragungen und Kapitalmaßnahmen stets prüfen, ob bei der Gesellschaft steuerliche Verlust- oder Zinsvorträge vorhanden sind und diese durch die geplanten Maßnahmen vernichtet werden könnten.

(c) Rechtsfolge. Liegt ein schädlicher Beteiligungserwerb vor und werden mehr als 25% (aber nicht mehr als 50%) der Anteile übertragen, sind die nicht ausgeglichenen oder angezogenen negativen Einkünfte (nicht genutzte Verluste) **anteilig** nicht mehr abziehbar (§ 8c Abs. 1 Satz 1 KStG). Werden mehr als 50% der Anteile übertragen, ist der Abzug der Verluste **vollständig** ausgeschlossen (§ 8c Abs. 1 Satz 2 KStG). 302

Die Regelung betrifft unmittelbar **Verlustvorträge**[194] der Kapitalgesellschaft (§ 10d EStG), verrechenbare Verluste (§§ 2a, 15 Abs. 4, 15a und 15b EStG) sowie laufende Verluste des Jahres des schädlichen Beteiligungserwerbs. Darüber hinaus gilt die Regelung auch für **Zinsvorträge** (§ 8a Abs. 1 Satz 3 KStG und § 4h EStG). Zinsvorträge entstehen dadurch, dass Zinsaufwendungen der Gesellschaft in vergangenen Jahren die gesetzliche Zinsschranke überschritten haben und nicht als Betriebsausgaben abgezogen werden konnten. 303

Der Ausschluss des Verlustabzugs gilt nicht nur für die Körperschaftsteuer, sondern auch für die **Gewerbesteuer** (§ 10a Satz 10 HS 1 GewStG). Bei der Gewerbesteuer erstrecken sich die Wirkungen zudem auch auf nachgeordnete Mitunternehmerschaften[195] (§ 10a Satz 10 HS 2 GewStG; siehe auch § 4h Abs. 5 Satz 3 EStG). 304

Im Ergebnis führt ein schädlicher Beteiligungserwerb auf der Ebene der Gesellschafter somit zu einem steuerlichen Schaden bei einem **Dritten**, nämlich der Gesellschaft. Besonders problematisch erscheint dies dann, wenn einzelne Gesellschafter an dem schädlichen Beteiligungserwerb nicht mitgewirkt haben und darauf möglicherweise auch keinerlei Einfluss hatten. Durch entsprechende **Vinkulierungsklauseln** in der Satzung der Gesellschaft kann – zumindest für den Fall der Anteilsübertragung – verhindert werden, dass es ohne die Zustimmung der Gesellschaft und/oder aller Gesellschafter zu einem ungewollten Verlustuntergang kommt. In der Praxis ist in diesen Fällen vor allem darauf zu achten, dass vor Erteilung einer solchen Zustimmung deren steuerliche Auswirkungen nochmals genau geprüft werden. 305

Darüber hinaus kann in die Satzung der Gesellschaft auch eine entsprechende **Ausgleichsverpflichtung** aufgenommen werden, wonach der durch den Untergang von Verlusten entstandene Steuerschaden zumindest im Innenverhältnis allein von dem Gesellschafter zu tragen ist, der ihn maßgeblich verursacht hat. Die Berechnung des konkreten Vermögensschadens kann in der Praxis allerdings außerordentlich schwierig und streitanfällig sein. 306

Formulierungsvorschlag:

Überträgt ein Gesellschafter seine Mitgliedschaftsrechte an der Gesellschaft in der Weise, dass dies zum teilweisen oder vollständigen Untergang von Verlust- oder Zinsvorträgen der Gesellschaft führt (oder verwirklicht er einen anderen schädlichen Beteiligungserwerb im Sinne von § 8c KStG), hat er der Gesellschaft sämtliche damit verbundenen Vermögensnachteile vollständig zu ersetzen.

(4) Nachsteuertatbestände. Die Veräußerung von Gesellschaftsanteilen kann neben den unmittelbaren steuerlichen Auswirkungen unter Umständen auch gesetzliche Nachsteuertatbestände auslösen. Die Beteiligten sollten daher möglichst vor jeder Anteilsveräußerung prüfen, ob und gegebenenfalls welche **Nachsteuertatbestände** im Einzelfall zu beachten sind. 307

[194] Verlustvorträge entstehen dadurch, dass die Gesellschaft in einem Wirtschaftsjahr steuerliche Verluste erleidet und diese nicht von Gewinnen vorangegangener Wirtschaftsjahre abziehen kann, weil die Verluste die Gewinne übersteigen oder die Verluste den Höchstbetrag von Euro 511.500 übersteigen.

[195] Dies sind Fälle, in denen eine Kapitalgesellschaft unmittelbar oder mittelbar an einer Mitunternehmerschaft beteiligt ist.

Beispiele für mögliche Nachsteuertatbestände sind u. a.:

- Veräußerung von Anteilen an einer Kapitalgesellschaft, die im Rahmen der Realteilung einer Mitunternehmerschaft zu Buchwerten von einem nicht begünstigten Mitunternehmer auf einen begünstigten Mitunternehmer übertragen worden sind (§ 16 Abs. 5 EStG),
- Veräußerung von Anteilen der an einer Spaltung beteiligten Kapitalgesellschaft (§ 15 Abs. 2 Satz 4 UmwStG),
- Veräußerung von Anteilen an einer Kapitalgesellschaft, in die Sacheinlagen zum Buchwert (oder zum Zwischenwert) eingebracht worden sind (§ 22 Abs. 1 und 7 UmwStG),
- Veräußerung von Anteilen durch eine Kapitalgesellschaft, in die Sacheinlagen zum Buchwert (oder zum Zwischenwert) eingebracht worden sind (§ 22 Abs. 2 und 7 UmwStG),
- Veräußerung von Anteilen an einer Kapitalgesellschaft, die im Wege der Schenkung zu Lebzeiten oder von Todes wegen erworben worden sind (§§ 13a Abs. 5, 19a Abs. 5 ErbStG),
- Veräußerung von Anteilen an einer Kapitalgesellschaft mit der Folge, dass die Beteiligungsquote des herrschenden Unternehmens am abhängigen Unternehmen auf unter 95% sinkt (§ 6a Satz 4 GrEStG).

308 *(5) Grunderwerbsteuer.* Die Übertragung von GmbH-Gesellschaftsanteilen kann Grunderwerbsteuer auslösen, wenn zum Vermögen der Gesellschaft Grundstücke oder Beteiligungen an anderen Gesellschaften mit Grundbesitz gehören (§ 1 Abs. 3 GrEStG). Grunderwerbsteuer fällt insbesondere dann an, wenn sich durch die Übertragung mindestens 95% der Anteile (unmittelbar oder mittelbar) in der Hand des Erwerbers vereinigen. Die gesetzlichen Befreiungstatbestände (siehe §§ 5, 6 und 6a GrEStG) greifen im Fall der Übertragung von Anteilen an einer Kapitalgesellschaft nicht ein.

d) Konzernrecht (Organschaft)

Ausgewählte Hinweise auf weiterführende Literatur: *Breier,* Mehr- und Minderabführung in der Organschaft, Der Konzern 2011, 11 und 85; *Crezelius,* Zum Verweis auf § 302 AktG in § 17 KStG, Ubg. 2009, 733; *Dötsch,* Umwandlungen und Organschaft, Ubg. 2011, 20; *Dötsch,* Neue BFH-Rechtsprechung zum Beginn der Organschaft nach steuerlich rückbezogener Umwandlung, Der Konzern 2010, 552; *Fichtelmann,* Die Beendigung des Gewinnabführungsvertrages und ihre Auswirkungen auf die Organschaft, GmbHR 2010, 576; *Fuhrmann,* Die Unternehmergesellschaft (haftungsbeschränkt) & Co. KG als ertragsteuerlicher Organträger, in: Festschrift für Volker Beuthien, München 2009, S. 607ff.; *Gebert,* Das Zusammenspiel von umwandlungssteuerrechtlicher Rückwirkung und Beginn der Organschaft – Aktuelle Entwicklungen, DStR 2011, 102; *Grieser/Wirges,* Anforderungen an die Verlustübernahmeverpflichtung bei ertragsteuerlichen Organschaften im GmbH-Konzern, DStR 2010, 2288; *Günkel/Wagner,* Ertragsteuerliche Organschaft bei Wegfall des Gewinnabführungsvertrages – Überlegungen zu einer neuen Gruppenbesteuerung, Ubg. 2010, 603; *Herzig,* Die Organschaft im Umbruch, Beihefter zu DStR 30/2010, 61*; *Heurung/Engel,* Fortführung und rückwirkende Begründung von Organschaftsverhältnissen in Umwandlungsfällen, BB 2011, 151; *dies./Schröder,* BB-Rechtsprechungsreport ertragsteuerliche Organschaft 2010, BB 2011, 599; *Hohage/Willkommen,* Zu Art und Umfang der Bezugnahme auf § 302 AktG im Gewinnabführungsvertrag, BB 2010, 1119; *Hubertus/Lüdemann,* Verunglückte Organschaft infolge gewinnabhängiger Ausgleichszahlungen an Außenstehende, DStR 2009, 2136; *Kaeser,* Der Gewinnabführungsvertrag als formale Hürde der Organschaft, Beihefter zu DStR 30/2010, 56*; *Kieker/Vollmar,* Änderungen des Höchstbetrags der Gewinnabführung durch das BilMoG – Auswirkungen auf die steuerliche Anerkennung von Organschaftsverhältnissen?, DStR 2009, 842; *Khonsari,* Aufhebung von Beherrschungs- und Gewinnabführungsverträgen mit einer abhängigen GmbH, BB 2010, 2714; *Kröner/Bolik/Gageur,* Stolpert die Organschaft über das BilMoG?, Ubg. 2010, 237; *Kutsch,* Verlustübernahmeverpflichtung bei körperschaftsteuerlicher Organschaft, GmbHR 2010, 953; *Leitzen,* Update zu Gewinnabführungsverträgen mit beherrschten GmbH's, GmbH-StB 2009, 278; *Lenz,* Verlustübernahmeverpflichtung bei Organschaft, Ubg. 2010, 179; *Lohr/Görges,* Probleme und Zukunft der Organschaft, DB 2010, 2576; *Marquardt/Krack,* Variable Ausgleichszahlungen und körperschaftsteuerrechtliche Organschaft, FR 2009, 1098; *Mayer, Stefan,* Asset Deal wegen § 73 AO – Reichweite der Haftung bei Uternehmensverkäufen, DStR 2011, 109; *Meisel/Bokeloh,* Zulässigkeit variabler Ausgleichszahlungen in Ergebnisabführungsverträgen, DB 2009, 2067; *Mühl/Wagenseil,* Der Gewinnabführungsvertrag – gesellschafts- und steuerrechtliche Aspekte, NZG 2009, 1253; *Müller/Stöcker,* Die Organschaft, 8. Auflage, 2011; *Nadoushani,* Zur objektiven Auslegung von Ergebnisabführungsverträgen durch den Bundesfinanzhof, DStR 2009, 620; *Neumayer/Imschweiler,* Aktuelle Rechtsfragen zur Gestaltung und Durchführung von Gewinnabführungsverträgen, GmbHR 2011, 57; *Prinz, Markus,* Droht in Deutschland ein zigfaches Scheitern steuerlicher Organschaften?, DStR 2010, 1512; *Prinz, Ulrich,* Gedankensplitter zur konzeptionellen Fortentwicklung des steuerlichen Organschaftsrechts, Beihefter zu DStR 30/2010, 67*; *Rödder,* Droht in Deutschland ein zigfaches Scheitern von steuerlichen Organschaften?, DStR 2010, 1218; *ders.,* Umwandlungen und Organschaft, DStR 2011, 1053; *ders./Schönfeld,* Abschied (auslandsbeherrschter) inländischer Kapitalgesellschaften von der deutschen Ertragsteuerpflicht?, DStR 2011, 886; *Rubel*, Konzerneinbindung einer UG (haftungsbeschränkt) durch Gewinnabführungsverträge, GmbHG 2009, 470; *Scheunemann/Bauersfeld*, Kombination von fester und variabler Ausgleichszahlung gefährdet Organschaft, BB 2009, 2186; *Schöneborn*, Aktuelle Formfragen der ertragsteuerlichen Organschaft, DB 2010, 245; *Schneider*, Verlustübernahmepflicht i. S. d. § 17 KStG: Update zum Beitrag in Der Konzern 2010, 486, Der Konzern 2010, 604; *Schneider*, Regelung der Verlustübernahmeverpflichtung in GAVs (§ 17 S. 2 Nr. 2 KStG), Der Konzern 2010, 486; *Schneider/Hinz*, Verunglückte Organschaften – Ursachen und Heilungsmöglichkeiten, Ubg. 2009, 738; *Schumacher*, Organschaft im Steuerrecht, Berlin 2011; *Stadler/Bindl*, Gesellschafterliste und finanzielle Eingliederung bei der Organschaft, GmbHR 2010, 412; *Süß, Stefan/Mayer, Stefan*, BFH: Formal-zivilrechtliche Betrachtungsweise bei Organschaft gilt auch bei Änderung des Ergebnisabführungsvertrages, DStR 2009, 789; *Vogel*, Zweifelsfragen der Organschaft in Umwandlungsfällen, Ubg. 2010, 618; *ders.*, Geklärte, ungeklärte und neue Fragen im Problemkreis von Umwandlung und Organschaft, DB 2011, 1239; *Walter*, Unterjähriger Beginn der vertragsteuerlichen Organschaft?, AG 2008, 741; *Wehrheim/Rupp*, Die Bildung von Gewinnrücklagen nach dem BilMoG und ihre Auswirkungen auf die ertragsteuerliche Organschaft, DStR 2008, 1977; *Wulf*, Formelle Voraussetzungen der Organschaft im GmbH-Konzern – Rechtslage nach dem Jahressteuergesetz 2010, AG 2011, 23; *Zwirner*, Bestimmung des Verlustübernahmebetrags nach § 302 AktG, DStR 2011, 783. – Sowie Kommentierungen zu §§ 14 ff. KStG.

aa) Einführung. An der Schnittstelle zwischen Konzern- und Steuerrecht kommt in der notariellen Praxis vor allem der Organschaft eine erhebliche Bedeutung zu. Dies liegt vor allem daran, dass das Steuerrecht das Bestehen einer **Organschaft** ausdrücklich vom Vorliegen eines Gewinnabführungsvertrages abhängig macht (§ 14 Abs. 1 Satz 1 KStG, der auf § 291 Abs. 1 AktG verweist). Das Steuerrecht knüpft somit unmittelbar an das Zivilrecht an. Der Notar wird in diesem Zusammenhang typischerweise damit beauftragt, den Zustimmungsbeschluss der Tochtergesellschaft (Organgesellschaft) zu beurkunden und den Gewinnabführungsvertrag zur Eintragung in das Handelsregister anzumelden. Der Gewinnabführungsvertrag wird erst mit der Eintragung im Handelsregister wirksam (§ 294 Abs. 2 AktG). Einem zeitnahen Vollzug kommt daher besondere Bedeutung zu. 309

Organschaften, die steuerlich nicht anerkannt werden, können erhebliche (Steuer-)Schäden zur Folge haben. Nach Auffassung des Bundesfinanzhofs können dabei auch *„**Haftungsansprüche** gegenüber Beratern oder Notaren"* in Betracht kommen.[196] Selbst dann, wenn man diese Auffassung in Bezug auf Notare nicht teilt, sollte der Thematik der steuerlichen Organschaft in der Praxis besondere Aufmerksamkeit gewidmet werden. 310

Kapitalgesellschaften sind nicht nur zivilrechtlich, sondern auch steuerrechtlich **selbständig** (§§ 1 ff. KStG). Dies hat u. a. zur Folge, dass Verluste der Kapitalgesellschaft nicht mit (sonstigen) Gewinnen der Gesellschafter verrechnet werden können. Eine Ausnahme von diesem Grundsatz besteht lediglich in den Fällen der Organschaft. In bestimmten Konzernsachverhalten ist es danach möglich, die Verluste von Tochter-Kapitalgesellschaften (Organgesellschaften) mit den Gewinnen der Mutter-Kapitalgesellschaft zu verrechnen und deren zu versteuerndes Einkommen dadurch zu vermindern. 311

Die maßgeblichen **Rechtsgrundlagen** für das Bestehen einer **körperschaftsteuerlichen** Organschaft finden sich im Körperschaftsteuergesetz (§§ 14 ff. KStG, siehe auch R 57 ff. KStR). Unter denselben Voraussetzungen liegt auch eine **gewerbesteuerliche** Organschaft vor. Ist eine Kapitalgesellschaft Organgesellschaft im Sinne des Körperschaftsteuergesetzes, so gilt sie gewerbesteuerrechtlich als Betriebsstätte des Organträgers (§ 2 Abs. 2 Satz 2 GewStG, R 2.3 GewStR). Von der körperschaftsteuerlichen und gewerbesteuerlichen Organschaft zu unterscheiden, ist die **umsatzsteuerliche** Organschaft (§ 2 Abs. 2 Nr. 2 UStG, siehe Abschnitt 2.8 und 2.9 UStAE). Eine umsatzsteuerliche Organschaft setzt voraus, dass eine Kapitalgesellschaft nach dem Gesamtbild der tatsächlichen Verhältnisse finanziell, wirtschaftlich und organisatorisch in ein Unternehmen eingegliedert ist. Maßgebend sind somit allein die tatsächlichen Verhältnisse. Der Abschluss eines Gewinnabführungsvertrages ist demgegenüber weder erforderlich noch ausreichend. Die nachfolgenden Hinweise beschränken sich auf Fragen der körperschaftsteuerlichen Organschaft, da diese in der notariellen Praxis im Vordergrund steht. 312

[196] BFH Urt. v. 3. 3. 2010 – I R 68/09 – DStR 2010, 858 = BFH/NV 2010, 1132. – Zu einer verunglückten Organschaft aufgrund eines Notarversehens siehe auch BFH Urt. v. 28. 11. 2007, I R 94/06, DB 2008, 1413 = BFH/NV 2008, 1270.

313 *bb) Körperschaftsteuerliche Organschaft. (1) Voraussetzungen einer körperschaftsteuerlichen Organschaft. (a) Organgesellschaft.* Eine Organschaft kann nur zwischen Unternehmen bestimmter Rechtsform begründet werden. Als **Organgesellschaft** (Tochtergesellschaft) kommen nur Kapitalgesellschaften (insbesondere Aktiengesellschaften und GmbH's) in Betracht (§§ 14 Abs. 1 Satz 1, 17 Satz 1 KStG; siehe auch R 66 KStR). GmbH & Co. KG's und andere Personengesellschaften können dagegen nicht Organgesellschaft sein. Unternehmergesellschaften (haftungsbeschränkt) sind eine bloße Rechtsformvariante der GmbH (§ 5 a GmbHG) und können daher nach überwiegender Auffassung auch Organgesellschaft sein. Die gesetzliche Verpflichtung zur Bildung einer Rücklage (§ 5 a Abs. 3 GmbHG) steht der Gewinnabführung nicht entgegen (siehe auch §§ 300, 301 AktG).[197] Die Organgesellschaft muss sowohl ihren Satzungssitz (§ 11 AO) als auch ihre tatsächliche Geschäftsleitung (§ 10 AO) im **Inland** haben[198] (§ 14 Abs. 1 Satz 1 KStG).

314 *(b) Organträger.* **Organträger** können u. a. natürliche Personen, Personen- und Kapitalgesellschaften sein (§ 14 Abs. 1 Nr. 2 KStG). Personengesellschaften kommen allerdings nur dann als Organträger in Betracht, wenn sie selbst gewerblich tätig sind (§ 14 Abs. 1 Nr. 2 KStG i. V. m. § 15 Abs. 1 Nr. 1 EStG; siehe auch R 58 KStR). Danach kann insbesondere eine gewerblich geprägte Personengesellschaft (§ 15 Abs. 3 Nr. 2 EStG) nicht Organträger sein. Kapitalgesellschaften können nur dann Organträger sein, wenn sie nicht steuerbefreit sind (§ 14 Abs. 1 Nr. 2 KStG).[199]

315 Natürliche Personen müssen als Organträger unbeschränkt steuerpflichtig sein (§ 14 Abs. 1 Satz 1 Nr. 2 Satz 1 KStG i. V. m. § 1 Abs. 1 Satz 1 EStG), d. h. ihren Wohnsitz (§ 8 AO) oder ihren gewöhnlichen Aufenthalt (§ 9 AO) im **Inland** haben. Personen- und Kapitalgesellschaften müssen ihre Geschäftsleitung (§ 10 AO) (nicht aber unbedingt auch ihren Satzungssitz) im Inland haben[200] (§ 14 Abs. 1 Nr. 2 Satz 1 KStG; zu ausländischen Organträgern siehe § 18 KStG).

316 *(c) Finanzielle Eingliederung.* Der Organträger muss an der Organgesellschaft (vom Beginn ihres Wirtschaftsjahres an) ununterbrochen in einem solchen Maße beteiligt sein, dass ihm die Mehrheit der Stimmrechte aus den Anteilen an der Organgesellschaft zusteht (**finanzielle Eingliederung,** § 14 Abs. 1 Nr. 1 KStG, R 57 und R 59 KStR). Eine wirtschaftliche oder organisatorische Eingliederung der Organgesellschaft ist demgegenüber (für die körperschaftsteuerliche Organschaft) nicht (mehr) erforderlich.

Handelt es sich bei der Organgesellschaft um eine GmbH, sind insoweit die Eintragungen in der im Handelsregister aufgenommenen **Gesellschafterliste** auch steuerlich maßgebend (§ 16 Abs. 1 Satz 1 GmbHG).[201]

317 Die finanzielle Eingliederung muss vom **Beginn des Wirtschaftsjahres** der Organgesellschaft an bestehen (§ 14 Abs. 1 Nr. 1 KStG).[202] Bei einem Erwerb der Anteile an einer Organgesellschaft soll in der Praxis vielfach eine neue Organschaft begründet werden. In diesem Zusammenhang erfolgt regelmäßig eine Umstellung des Wirtschaftsjahres, um die

[197] Ausführlich zum Ganzen zuletzt *Rubel* GmbHR 2010, 470 mwN auch zur Gegenauffassung.

[198] Bei EU-/EWR-Kapitalgesellschaften sieht es die Finanzverwaltung seit März 2011 als ausreichend an, wenn diese lediglich ihre Geschäftsleitung in Deutschland haben und hat damit das Erfordernis des doppelten Inlandsbezugs für Organgesellschaften aufgegeben, BMF, Schreiben vom 28. 3. 2011, BStBl. I 2011, 300 = DStR 2011, 674.

[199] BFH Beschl. v. 10. 3. 2010 – I R 41/09 – DB 2010, 1270 = BFH/NV 2010, 1366 = FR 2010, 846 mit Anm. *Wendt.*

[200] Zur Anerkennung einer gewerbesteuerlichen Organschaft zwischen einem in Großbritannien ansässigen Organträger und einer inländischen Organgesellschaft über eine inländische Zwischenholding siehe BFH, Urt. v. 9. 2. 2011 – I R 54 – 55/10 – DStR 2011, 762 = GmbHR 2011, 547 mit Anm. *Rehm/Nagler* = BB 2011, 1379 mit Anm. *Kotyrba.* – Ausführlich dazu *Rödder/Schönfeld* DStR 2011, 886.

[201] Instruktiv dazu *Stadler/Bindl* GmbHR 2010, 412.

[202] Zur Möglichkeit der rückwirkenden Begründung einer körperschaftsteuerlichen Organschaft siehe BFH Urt. v. 28. 7. 2010 – I R 89/09 (nach Ausgliederung eines Teilbetriebs zur Neugründung) – DStR 2010, 2182 = DB 2010, 2373 = GmbHR 2010, 1268 = NZG 2010, 1337 = EWiR 2011, 63 *(Sinewe/Frase)* = BB 2010, 2951 mit Anm. *Jürging* = FR 2011, 184 und BFH Urt. v. 28. 7. 2010 I R 111/09 (nach Einbringung einer Mehrheitsbeteiligung) – GmbHR 2011, 44. – Ausführlich dazu *Gebert* DStR 2011, 102; *Heurung/Engel* BB 2011, 151.

zeitnahe Eingliederung der erworbenen Gesellschaft sicherzustellen. Das Finanzamt erteilt in diesen Fällen die für die Umstellung des Wirtschaftsjahres etwa erforderliche Zustimmung (§ 7 Abs. 4 Satz 3 KStG, R 59 Abs. 3 KStR). Eine rückwirkende Begründung der finanziellen Eingliederung ist grundsätzlich nicht möglich.

Praxistipp:

Die Veräußerung von Anteilen an einer Organgesellschaft (z. B. einer GmbH) während eines Wirtschaftsjahres kann dazu führen, dass die finanzielle Eingliederung entfällt und damit die steuerliche Organschaft für das gesamte Wirtschaftsjahr nicht mehr anerkannt wird.

(d) Gewinnabführungsvertrag. (aa) Überblick. Die Organgesellschaft muss sich in einem **Gewinnabführungsvertrag** (§ 291 Abs. 1 Satz 1 Fall 2 AktG) verpflichten, ihren ganzen Gewinn an den Organträger abzuführen (§ 14 Abs. 1 Satz 1 KStG). Der Gewinnabführungsvertrag muss auf mindestens **fünf Jahre** abgeschlossen **und** während seiner gesamten Geltungsdauer auch tatsächlich durchgeführt werden (§ 14 Abs. 1 Nr. 3 KStG).[203] Demgegenüber ist ein Beherrschungsvertrag für die Begründung einer körperschaftsteuerlichen Organschaft nicht (mehr) erforderlich. Allerdings ist die Verbindung eines Gewinnabführungsvertrages mit einem Beherrschungsvertrag vielfach üblich und steuerlich unschädlich. 318

Der Gewinnabführungsvertrag muss sich auf die Abführung des **ganzen Gewinns** beziehen (§ 14 Abs. 1 Satz 1 KStG). Ein bloßer Teilgewinnabführungsvertrag (§ 292 Abs. 1 Nr. 2 AktG) ist zur Begründung einer steuerlichen Organschaft somit nicht ausreichend. 319

(bb) Zivilrechtliche Wirksamkeit des Gewinnabführungsvertrages. Die steuerliche Organschaft setzt voraus, dass der Gewinnabführungsvertrag **zivilrechtlich wirksam** ist (siehe § 17 Satz 1 KStG: *„wirksam verpflichtet"* und § 41 Abs. 1 Satz 2 AO).[204] Dies gilt auch für spätere Änderungen des Gewinnabführungsvertrages.[205] Der Gewinnabführungsvertrag (einschließlich aller Nebenabreden und Ergänzungen) bedarf grundsätzlich der **Schriftform** (§ 293 Abs. 3 AktG). Eine Beurkundungspflicht besteht allenfalls dann, wenn der Vertrag ausnahmsweise ein Umtausch- oder Abfindungsangebot bezüglich der Geschäftsanteile außenstehender Gesellschafter enthält (§ 304 f. AktG i. V. m. § 15 Abs. 4 GmbHG). 320

Der Gewinnabführungsvertrag wird nur mit **Zustimmung der Gesellschafterversammlung der Tochtergesellschaft** (Organgesellschaft) wirksam (§ 293 Abs. 1 AktG). Bei Aktiengesellschaften und GmbH's bedarf der Gesellschafterbeschluss der notariellen Beurkundung (§ 130 Abs. 1 Satz 1 AktG bzw. § 53 Abs. 2 GmbHG analog[206]). Bei der Aktiengesellschaft bedarf der Beschluss einer Mehrheit von mindestens 75% des bei der Beschlussfassung vertretenen Grundkapitals (§ 293 Abs. 1 Sätze 2 bis 4 AktG); bei der GmbH ist nach überwiegender, aber bestrittener Meinung Einstimmigkeit erforderlich (siehe § 33 Abs. 1 Satz 2 BGB und § 53 Abs. 3 GmbHG). Auf die gesetzlich vorgesehenen Berichts- und Prüfungspflichten können die Gesellschafter durch öffentlich beglaubigte Erklärung verzichten (§§ 293 Abs. 3, 293 b Abs. 2, 293 e Abs. 2 AktG). Dagegen ist es zwingend erforderlich, den Gewinnabführungsvertrag der Niederschrift über die Gesellschafterversammlung (zu Informationszwecken) als Anlage beizufügen (§ 293 g Abs. 2 Satz 2 AktG). 321

Darüber hinaus bedarf der Gewinnabführungsvertrag zu seiner Wirksamkeit auch der **Zustimmung der Gesellschafterversammlung der Muttergesellschaft** (Organträger), wenn es sich dabei um eine Aktiengesellschaft oder GmbH handelt (§ 293 Abs. 2 AktG). Bei einer Aktiengesellschaft bedarf der Beschluss der notariellen Beurkundung (§ 130 Abs. 1 Satz 1 AktG); bei einer GmbH genügt dagegen Schriftform. Der Beschluss bedarf einer Mehrheit 322

203 Zum Scheitern einer Organschaft mangels ordnungsgemäßer tatsächlicher Durchführung des Ergebnisabführungsvertrages siehe BFH Urt. v. 21. 10. 2010 – IV R 21/07 – DStR 2010, 2505 = GmbHR 2011, 40 mit Anm. *Walter*.

204 Zu den gesellschaftsrechtlichen Fragen siehe statt vieler etwa *Hüffer* AktG, §§ 293 ff; Lutter/Hommelhoff/*Lutter* GmbHG, Anh zu § 13 Rdnr. 40 ff.

205 BFH Beschl. v. 22. 10. 2008 – I R 66/07 – BStBl. II 2009, 972 = DStR 2009, 100 = BFH/NV 2009, 299.

206 BGH Beschl. v. 24. 10. 1988 – II ZB 7/88 (*Supermarkt*), BGHZ 105, 324 = NJW 1989, 295.

von mindestens 75% des Kapitals (§ 293 Abs. 2 Satz 2 AktG). Bei der Vorbereitung und Durchführung der Gesellschafterversammlung sind die gesetzlichen Auslegungs-, Erläuterungs- und Beifügungspflichten zu berücksichtigen (§§ 293 f, 293 g AktG).

323 Der Gewinnabführungsvertrag ist zur Eintragung in das **Handelsregister** der Tochtergesellschaft anzumelden (§ 294 Abs. 1 AktG). Der Vertrag wird erst wirksam, wenn sein Bestehen in das Handelsregister eingetragen worden ist (§ 294 Abs. 2 AktG).[207] Die Eintragung hat insoweit konstitutive Bedeutung. Aus notarieller Sicht ist demnach bei solchen Anmeldungen insbesondere auf einen **zeitnahen Vollzug** zu achten.

Praxistipp:

Wird bei der Handelsregistereinsicht einer Kapitalgesellschaft festgestellt, dass dort das Bestehen eines Gewinnabführungsvertrages eingetragen ist, kann dies ein Hinweis auf das Bestehen einer steuerlichen Organschaft sein.

324 *(cc) Inhalt des Gewinnabführungsvertrages. (aaa) Verlustübernahmeverpflichtung.* Bei Bestehen eines wirksamen Gewinnabführungsvertrages ist die Muttergesellschaft grundsätzlich zum Ausgleich von Verlusten der Tochtergesellschaft verpflichtet (§ 302 AktG). Diese **Verlustübernahmeverpflichtung** besteht zivilrechtlich sowohl für Aktiengesellschaften (§ 302 AktG) als auch für GmbH's (§ 302 AktG analog) ohne eine ausdrückliche Vereinbarung. Steuerrechtlich muss die Verlustübernahme bei GmbH's allerdings ausdrücklich vertraglich *„vereinbart"* werden (§ 17 Satz 2 Nr. 2 KStG, R 66 Abs. 3 KStR). Die Verlustübernahmevereinbarung muss sich dabei grundsätzlich auf § 302 AktG insgesamt (d. h. insbesondere auf alle seine Absätze in der jeweils gültigen Fassung) erstrecken. Die strenge Auslegung dieser Vorschrift durch Finanzverwaltung[208] und Rechtsprechung[209] führt immer wieder dazu, dass Organschaften in der Praxis (aufgrund formaler Fehler) steuerlich nicht anerkannt werden. Der Vorschlag des Bundesrats, das bloße Bestehen einer Verlustübernahmeverpflichtung genügen zu lassen,[210] hat der Gesetzgeber im Rahmen des **Jahressteuergesetzes 2010** nicht aufgegriffen.[211] Beim Abschluss neuer Gewinnabführungsverträge sollte die Verlustübernahmeverpflichtung daher vorsorglich stets ausdrücklich vereinbart werden.

Formulierungsvorschlag:

§ 302 AktG findet in seiner Gesamtheit und in allen seinen Bestandteilen in seiner jeweils gültigen Fassung umfassend Anwendung.

---

[207] Zu Ausnahmen bei eingegliederten Gesellschaften siehe § 324 Abs. 2 AktG und R 60 Abs. 1 S. 2 KStR.

[208] Insbesondere OFD Rheinland und Münster v. 12. 8. 2009 – DStR 2010, 1136 = BB 2010, 101 mit Anm. *Schulze Grotthoff*. Dagegen allerdings BMF Schreiben v. 19. 10. 2010 – BStBl. I 2010, 836 = DStR 2010, 2193 und BFH Beschl. v. 28. 7. 2010 – I B 27/10 – BStBl. II 2010, 932 = DStR 2010, 1777 = DB 2010, 2031 mit Anm. *Fuhrmann* = GmbHR 2010, 1049 mit Anm. *Walter* = FR 2010, 1083 mit Anm. *Bode* = MittBayNot 2011, 257 m. Anm. *Stelzer*; geändert und berichtigt durch BFH Beschl. v. 15. 9. 2010 – I B 27/10, DStR 2010, 1984 = GmbHR 2010, 1159 mit Anm. *Walter* = BB 2010, 2868 mit Anm. *Scheunemann* = MittBayNot 2011, 260 m. Anm. *Stelzer*. Zum Ganzen siehe *Grieser/Wirges* DStR 2010, 2288.

[209] Siehe insbesondere BFH Urt. v. 3. 3. 2010 – I R 68/09 – DStR 2010, 858 = BFH/NV 2010, 1132. Die dagegen eingelegte Verfassungsbeschwerde (BVerfG Az. 2 BvR 998/10) wurde nicht zur Entscheidung angenommen. – Ferner BFH Beschl. v. 28. 7. 2010 – I B 27/10 – BStBl. II 2010, 932 = DB 2010, 2031 mit Anm. *Fuhrmann* = GmbHR 2010, 1049 mit Anm. *Walter* = FR 2010, 1083 mit Anm. *Bode* = MittBayNot 2011, 257 m. Anm. *Stelzer;* geändert und berichtigt durch BFH Beschl. v. 15. 9. 2010 – I B 27/10 – DStR 2010, 1984 = GmbHR 2010, 1159 mit Anm. *Walter* = BB 2010, 2868 mit Anm. *Scheunemann* = MittBayNot 2011, 260 m. Anm. *Stelzer*; BFH Beschl. v. 22. 12. 2010 – I B 83/10 – DStR 2011, 219.

[210] Zum Vorschlag des Bundesrats für eine rückwirkende Änderung des § 17 Satz 2 Nr. 2 KStG siehe die Stellungnahme des Bundesrats, Entwurf eines Jahressteuergesetzes 2010 (JStG 2010), BR-Drucks. 318/10 (Beschl.) v. 9. 7. 2010. – Dazu Gegenäußerung der Bundesregierung, BT-Drucks. 17/2823 v. 27. 8. 2010; Bericht des Finanzausschusses, BT-Drucks. 17/3549 v. 28. 10. 2010 und Beschlussempfehlung des Finanzausschusses, BT-Drucks. 17/3449 v. 27. 10. 2010.

[211] Jahressteuergesetz 2010, BGBl. I 2010, 1768 = BStBl. I 2010, 1394. – Dazu jetzt *Neumayer/Imschweiler* GmbHR 2011, 57 (61 ff.); *Wulf* AG 2011, 23.

(bbb) Höchstbetrag der Gewinnabführung. Weitere Voraussetzung für das Vorliegen einer körperschaftsteuerlichen Organschaft ist, dass die Gewinnabführung den gesetzlich vorgesehenen Höchstbetrag (§ 301 AktG) nicht überschreitet (§ 17 Satz 2 Nr. 1 KStG).[212] Gleichzeitig darf der abgeführte Gewinn diesen Betrag aber auch nicht unterschreiten, da stets der ganze Gewinn an den Organträger abzuführen ist (§ 14 Abs. 1 Satz 1 KStG). Eine ausdrückliche Vereinbarung zum Höchstbetrag der Gewinnabführung ist nicht zwingend erforderlich. Entscheidend ist stets, dass der tatsächlich abgeführte Gewinn den gesetzlichen Höchstbetrag weder über- noch unterschreitet. 325

Formulierungsvorschlag:

§ 301 AktG findet in seiner Gesamtheit und in allen seinen Bestandteilen in seiner jeweils gültigen Fassung umfassend Anwendung.

(ccc) Ausgleich außenstehender Gesellschafter. Ein Gewinnabführungsvertrag muss u. a. einen angemessenen Ausgleich für die außenstehenden Gesellschafter vorsehen (§ 304 AktG). Ein Vertrag, der keinen Ausgleich vorsieht, ist nichtig (§ 304 Abs. 3 Satz 1 AktG). Als Ausgleichszahlung muss mindestens ein Betrag zugesichert werden, der nach der bisherigen Ertragslage der Gesellschaft und ihren künftigen Ertragsaussichten voraussichtlich als durchschnittlicher Gewinn auf die einzelnen Gesellschafter verteilt werden könnte (§ 304 Abs. 2 Satz 1 AktG). 326

Der Bundesfinanzhof[213] geht davon aus, dass die Vereinbarung einer Ausgleichszahlung in Höhe des jeweils ohne Bestehen einer Organschaft anfallenden Gewinnanteils der steuerlichen Anerkennung der Organschaft entgegensteht. Denn dann werde nicht der *„ganze Gewinn"* der Organgesellschaft an den Organträger abgeführt. Die Finanzverwaltung[214] ist dieser Entscheidung zu Recht nicht gefolgt. Bei der gesetzlich vorgesehenen Ausgleichszahlung handelt es sich um einen Mindestbetrag (siehe § 304 Abs. 2 Satz 1 AktG: *„mindestens"*). Darüber hinausgehende (feste oder variable) Ausgleichszahlungen sind zivilrechtlich zulässig und stehen der steuerlichen Anerkennung der Organschaft nicht entgegen. 327

(ddd) Mindestdauer von fünf Jahren. Der Gewinnabführungsvertrag muss auf mindestens **fünf Jahre** abgeschlossen **und** während seiner gesamten Geltungsdauer auch tatsächlich durchgeführt werden (§ 14 Abs. 1 Nr. 3 KStG, R 60 Abs. 2 KStR).[215] Nach Auffassung von Rechtsprechung[216] und Finanzverwaltung sollen damit Zeitjahre (und nicht etwa Kalender- oder Wirtschaftsjahre) gemeint sein (R 60 Abs. 2 Satz 1 KStR). 328

Die **Mindestlaufzeit** von fünf Jahren sollte ausdrücklich in dem Gewinnabführungsvertrag vereinbart werden. Die Möglichkeit der ordentlichen Kündigung vor Ablauf der fünf Jahre muss dementsprechend ausgeschlossen sein (siehe § 14 Abs. 1 Nr. 3 Satz 3 KStG). 329

Handelsrechtlich wird der Gewinnabführungsvertrag mit der Eintragung im Handelsregister wirksam (§ 294 Abs. 2 AktG). Steuerrechtlich wird dagegen eine Rückbeziehung der Organschaft auf den Beginn des Jahres der Handelsregistereintragung anerkannt (§ 14 Abs. 1 Satz 2 KStG, R 60 Abs. 1 KStR). Der Fünfjahreszeitraum **beginnt** somit mit dem Anfang des Jahres, in dem das Einkommen der Organgesellschaft dem Organträger erstmals zuzurechnen ist. Nachdem der Zeitpunkt der Handelsregistereintragung ungewiss ist, können die Beteiligten vereinbaren, dass der Gewinnabführungsvertrag erst in dem Wirtschafts- 330

[212] Zu den Auswirkungen der Änderungen von § 301 AktG durch das BilMoG siehe BMF Schreiben v. 14. 1. 2010 – BStBl. I 2010, 65 = DStR 2010, 113 = BB 2010, 306 mit Anm. *Gratz*.

[213] BFH Urt. v. 4. 3. 2009 – I R 1/08 – BStBl. II 2010, 407 = DStR 2009, 1749 = BB 2009, 2183 mit Anm. *Scheunemann/Bauersfeld* = EWiR 2010, 261 (*Tepfer*).

[214] Nichtanwendungserlass der Finanzverwaltung, BMF Schreiben v. 20. 4. 2010 – BStBl. I 2010, 372 = BB 2010, 1582 mit Anm. *Scheunemann/Bauersfeld*.

[215] Zu einer verunglückten Organschaft, weil der Gewinnabführungsvertrag bereits vor Ablauf der fünfjährigen Mindestdauer gekündigt werden konnte (und zwar aufgrund eines vom beurkundenden Notar aus einem anderen Gewinnabführungsvertrag übernommenen Textbausteins), siehe BFH Urt. v. 28. 11. 2007 – I R 94/06 – DB 2008, 1413 = BFH/NV 2008, 1270.

[216] BFH Urt. v. 12. 1. 2011 – I R 3/10 – DStR 2011, 717 = GmbHR 2011, 544 m. Anm. *Walter*.

jahr der Eintragung beginnt. Dagegen ist eine steuerliche Anerkennung für das Jahr der Anmeldung auch dann ausgeschlossen, wenn die Verzögerung der Handelsregistereintragung von den Beteiligten nicht zu verantworten ist.[217] Der Notar sollte das Registergericht in entsprechenden Fällen daher auf die Eilbedürftigkeit der Eintragung hinweisen.

331 Ein **Verstoß gegen die Mindestlaufzeit** des Gewinnabführungsvertrages hat grundsätzlich zur Folge, dass die Organschaft insgesamt nicht anerkannt wird. Eine vorzeitige Beendigung des Gewinnabführungsvertrages ist nur dann steuerunschädlich, wenn ein wichtiger Grund für die Beendigung vorliegt (§ 14 Abs. 1 Nr. 3 Satz 2 KStG, R 60 Abs. 6 KStR). Als wichtiger Grund wird u.a. die Veräußerung der Beteiligung an der Organgesellschaft anerkannt.

332 Die **Kündigung** oder Aufhebung des Gewinnabführungsvertrages zu einem Zeitpunkt während des Wirtschaftsjahres der Organgesellschaft, wirkt steuerlich auf den Beginn dieses Wirtschaftsjahres zurück (§ 14 Abs. 1 Nr. 3 Satz 3 KStG). Dies ist bei der Bestimmung der Fünfjahresfrist zu berücksichtigen.

Formulierungsvorschlag:

Der Gewinnabführungsvertrag wird auf unbestimmte Zeit geschlossen. Die Verpflichtung zur Gewinnabführung besteht ab dem Beginn des Wirtschaftsjahres der Organgesellschaft, in dem der Gewinnabführungsvertrag in das Handelsregister eingetragen wird. Der Gewinnabführungsvertrag kann frühestens nach Ablauf von fünf Jahren seit seiner steuerlichen Wirksamkeit gekündigt werden. Dabei gilt eine Kündigungsfrist von sechs Monaten.

333 *(eee) Sonstiger Inhalt des Gewinnabführungsvertrages.* In dem Gewinnabführungsvertrag können darüber hinaus noch verschiedene weitere Fragen geregelt werden, wie etwa die Bildung von Rücklagen durch die Organgesellschaft oder die Möglichkeit der Beendigung oder Kündigung des Vertrages.

Praxistipp:

Angesichts der zahlreichen Gesetzesänderungen der vergangenen Jahre und der nicht immer einheitlichen Auffassung von Rechtsprechung und Finanzverwaltung zu Fragen der steuerlichen Organschaft, ist bei Verwendung von (älteren) Mustern erhebliche Vorsicht geboten.[218] Jeder Gewinnabführungsvertrag sollte vor Unterzeichnung stets darauf überprüft werden, ob er die derzeit geltenden Anforderungen an eine steuerliche Organschaft erfüllt.

334 *(2) Rechtsfolgen einer körperschaftsteuerlichen Organschaft.* Im Falle einer wirksamen Organschaft ist das Einkommen der Organgesellschaft dem Organträger **zuzurechnen** (§§ 14 Abs. 1 Satz 1, 16 KStG). Die Zurechnung erfolgt **erstmals** für das Kalenderjahr, in dem das Wirtschaftsjahr der Organgesellschaft endet, in dem der Gewinnabführungsvertrag wirksam wird (§ 14 Abs. 1 Satz 2 KStG).[219]

335 Ein **Verlustabzug** ist bei der Organgesellschaft nicht zulässig (§ 10d EStG i.V.m. § 15 Satz 1 Nr. 1 KStG; R 64 KStR). Die **Zinsschranke** findet bei der Organgesellschaft keine Anwendung (§ 15 Satz 1 Nr. 3 KStG). Das Risiko **verdeckter Gewinnausschüttungen** entfällt weitgehend, da verdeckte Gewinnausschüttungen regelmäßig als vorweggenommene Gewinnabführungen angesehen werden (R 61 Abs. 4 Satz 1 KStR). Handelt es sich bei dem Organträger um eine Körperschaft, entfällt die pauschale **Gewinnbesteuerung** in Höhe von

[217] Siehe dazu etwa den Fall des FG Hannover Urt. v. 13. 12. 2007 – 6 K 411/07 – DB 2008, 1660 = EFG 2008, 885 mit Anm. *Kuhfus*.

[218] Siehe dazu auch den Fall des BFH (Urt. v. 3. 3. 2010 – I R 68/09 – DStR 2010, 858 = BFH/NV 2010, 1132), wo aufgrund eines *„Schreibversehens"* der Paragraph über die Verlustübernahme aus einem steuerlichen Vertrags- und Formularbuch versehentlich nicht übernommen worden ist und die steuerliche Organschaft u.a. auch deshalb nicht anerkannt worden ist.

[219] Siehe dazu BFH Urt. v. 3. 9. 2009 – IV R 38/07, – BStBl. II 2010, 60 = DStR 2009, 2366 = EWiR 2010, 435 (*Tepfer*) = MittBayNot 2010, 158 mit Anm. *Suttmann*.

5% (§ 8b Abs. 5 KStG i.V.m. § 15 Satz 1 Nr. 2 KStG). Bei Bestehen einer Organschaft **haftet** die Organgesellschaft für solche Steuern des Organträgers, für welche die Organschaft steuerlich von Bedeutung ist (§ 73 AO).

(3) Heilung verunglückter Organschaften. In der Praxis wird immer wieder versucht, ver- 336
unglückte Organschaften zu **heilen** und auf diese Weise doch noch ihre steuerliche Anerkennung zu erreichen.[220] Eine Heilung ist, wenn überhaupt, grundsätzlich nur mit Wirkung für die Zukunft möglich. Bei entsprechenden Heilungsversuchen sollte stets deutlich gemacht werden, ob ein bereits bestehender Gewinnabführungsvertrag lediglich ergänzt werden soll, oder ob dieser aufgehoben und an seiner Stelle ein neuer Gewinnabführungsvertrag abgeschlossen werden soll. Die steuerliche Anerkennung setzt in jedem Fall voraus, dass die zivilrechtlichen Vorgaben für den Abschluss, die Änderung bzw. die Aufhebung von Gewinnabführungsverträgen eingehalten worden sind. Dies bedeutet, dass insbesondere auch für Änderungen von Gewinnabführungsverträgen eine entsprechende Eintragung im **Handelsregister** erforderlich ist (siehe § 295 Abs. 1 Satz 2, 294 Abs. 4 AktG).[221]

Bei **notariellen Urkunden** können offensichtliche Unrichtigkeiten auch durch einen Ver- 337
merk des Notars berichtigt werden (§ 44a Abs. 2 BeurkG).[222]

e) Unternehmenskauf

Ausgewählte Hinweise auf weiterführende Literatur: *Beisel/Klumpp*, Der Unternehmenskauf, 6. Auflage, 2009; *Hölters (Hrsg.)*, Handbuch Unternehmenskauf, 7. Auflage, 2010; *Holzapfel/Pöllath*, Unternehmenskauf in Recht und Praxis, 14. Auflage, 2010; *Jaletzke/Henle*, M & A Agreements in Germany, Englischsprachige Unternehmenskaufverträge nach deutschem Recht, 2010; *Kästle/Oberbracht*, Unternehmenskauf, Share Purchase Agreement, 2. Auflage, 2011; *King*, Die Bilanzgarantie beim Unternehmenskauf, Köln 2010; *Kneip/Jänsch*, Tax Due Diligence, 2. Auflage, 2010; *Merkt/Göthel (Hrsg.)*, Internationaler Unternehmenskauf, 3. Auflage, 2010; *Rotthege/Wassermann*, Unternehmenskauf bei der GmbH, 2011; *Seibt (Hrsg.)*, Beck'sches Formularbuch Mergers & Acquisitions, 2. Auflage, 2011; *Windhöfel/Ziegen-hagen/Denkhaus*, Unternehmenskauf in Krise und Insolvenz, 2. Auflage, 2011.

aa) Einführung. Bei (komplexen) Unternehmenskaufverträgen wirken typischerweise eine 338
Vielzahl von Rechtsanwälten, Steuerberatern und M&A-Beratern mit. Der Notar wird nicht selten erst kurz vor der Beurkundung mit einem mehr oder weniger ausverhandelten Vertragswerk konfrontiert.[223] Der wirtschaftliche Hintergrund der Transaktion und die steuerlichen Rahmenbedingungen sind dem Notar dabei vielfach nur ansatzweise bekannt. Die **Aufgabe des Notars** besteht in diesen Fällen vor allem in der Beurkundung eines wirksamen Vertrages (z.B. Prüfung der ordnungsgemäßen Vertretung aller Beteiligten) und dessen ordnungsgemäßer und zeitnaher Abwicklung (z.B. Erstellung und Einreichung von etwaigen Handelsregisteranmeldungen sowie neuen GmbH-Gesellschafterlisten, oder Vollzug von Finanzierungsgrundschulden im Grundbuch). Dagegen wird eine weitergehende Beratung durch den Notar von den Beteiligten im Allgemeinen weder erwartet noch gewünscht. Der Notar muss seinen gesetzlichen Prüfungs- und Belehrungspflichten (§ 17 BeurkG) auch deshalb mit Augenmaß nachkommen, um einen mitunter in langwierigen Verhandlungen erreichten Kompromiss nicht wieder in Frage zu stellen.

Das **Steuerrecht** ist bei der Gestaltung eines Unternehmenskaufvertrages regelmäßig von 339
entscheidender Bedeutung und prägt meist die Strukturierung der gesamten Transaktion. Verkäufer und Käufer haben dabei grundsätzlich das gleiche Ziel, nämlich die mit dem Unternehmensverkauf verbundenen steuerlichen Belastungen möglichst zu reduzieren. Bei der Verwirklichung dieses Ziels kommt es zwischen den Beteiligten allerdings typischerweise zu Konflikten.

Der **Verkäufer** ist daran interessiert, den Veräußerungsgewinn möglichst steuerfrei oder 340
zumindest steuergünstig zu vereinnahmen. Wirtschaftlich kommt es dem Verkäufer somit nicht auf den erzielten Bruttokaufpreis, sondern auf den – nach Abzug aller Steuern tatsäch-

[220] Siehe dazu *Schneider/Hinz* Ubg. 2009, 738.

[221] BFH Beschl. v. 22. 10. 2008 – I R 66/07 – BStBl. II 2009, 972 = DStR 2009, 100 = BFH/NV 2009, 299. – Siehe dazu *Süß/Stefan/Mayer* DStR 2009, 789.

[222] Ausführlich dazu *Nadoushani* DStR 2009, 620.

[223] Zur Rolle des Notars bei Unternehmenskaufverträgen ausführlich oben § 20.

lich verbleibenden – Nettokaufpreis an. Der Verkäufer wird im Allgemeinen einen *Share Deal* bevorzugen, da Anteile an Kapitalgesellschaften unter bestimmten Voraussetzungen weitgehend steuerfrei veräußert werden können.

341 Für den **Käufer** ist – neben einem möglichst niedrigen Kaufpreis – vor allem entscheidend, ob und inwieweit er seine Aufwendungen für den Erwerb des Unternehmens steuermindernd geltend machen kann. Dieses Ziel lässt sich vor allem beim Erwerb von solchen Wirtschaftsgütern erreichen, die steuerwirksam abgeschrieben werden können. Beim Erwerb von Anteilen an einer Kapitalgesellschaft sind steuerliche Abschreibungen dagegen grundsätzlich ausgeschlossen. Daher wird der Käufer im Allgemeinen einen *Asset Deal* anstreben.

342 Im Falle der **Fremdfinanzierung** des Kaufpreises ist der Käufer darüber hinaus auch daran interessiert seine Zinsaufwendungen steuerlich geltend machen zu können (siehe aber §§ 3c, 4h EStG und § 8a KStG).

343 Das weitere Ziel des Käufers, bestehende **Verlustvorträge** des Unternehmens zu erhalten, ist heute kaum mehr zu verwirklichen (siehe § 8c KStG und §§ 2 Abs. 4, 4 Abs. 2 Satz 2, 12 Abs. 3 HS 2 und 15 Abs. 1 Satz 1 und Abs. 3 UmwStG). Entsprechendes gilt für etwaige Zinsvorträge (siehe § 4h EStG). Zahlreiche Gestaltungsmodelle der Praxis, mit denen die steuerlichen Ziele von Verkäufer und Käufer optimiert werden sollten, hat der Gesetzgeber in den letzten Jahren ganz erheblich eingeschränkt (siehe etwa § 4 Abs. 6 UmwStG, § 8b Abs. 3 KStG).

344 *bb) Share Deal vs. Asset Deal. (1) Überblick.* Ein Unternehmenskauf kann entweder als *Share Deal* (Kauf der Gesellschaftsanteile) oder als *Asset Deal* (Kauf der einzelnen Wirtschaftsgüter) erfolgen. Gelegentlich kommen auch Mischformen vor. In der (notariellen) Praxis überwiegt der *Share Deal* (siehe auch § 15 Abs. 3 und Abs. 4 GmbHG).[224] Der *Share Deal* hat den Vorteil, dass der Kaufgegenstand klar und eindeutig bezeichnet werden kann und auch die Übertragung der Gesellschaftsanteile keine Schwierigkeiten bereitet. Darüber hinaus bedarf es beim *Share Deal* nicht der Zustimmung von Vertragspartnern und Gläubigern, da die Zielgesellschaft als solche unberührt bleibt.

345 Der *Asset Deal* kommt vor allem beim Unternehmenskauf aus der Insolvenz vor. Der Käufer erwirbt in diesem Fall lediglich die einzelnen Vermögensgegenstände des Unternehmens, nicht aber die Verbindlichkeiten. Das Unternehmen als solches (und die damit verbundenen Haftungsrisiken) verbleiben dagegen (als „leere Hülle") beim Verkäufer. Der Käufer haftet in diesem Fall nur insoweit, wie dies gesetzlich zwingend vorgesehen ist (siehe insbesondere § 25 HGB, § 75 AO,[225] § 613a BGB, § 133f. UmwG). Ein wesentlicher Nachteil des *Asset Deals* besteht darin, dass alle vertragsgegenständlichen Vermögensgegenstände in dem Vertrag genau bezeichnet werden müssen und sodann nach den jeweiligen sachenrechtlichen Vorschriften auch einzeln übertragen werden müssen.

Praxistipp:

Bei Beurkundung eines *Asset Deals* sollte der Notar den Käufer möglichst frühzeitig auf die zwingenden gesetzlichen Haftungstatbestände (wie etwa § 25 HGB, § 75 AO, § 613a BGB, § 133f. UmwG) und die damit verbundenen Risiken hinweisen.

346 *(2) Asset Deal.* Beim *Asset Deal* ist die Steuerpflicht eines etwaigen Veräußerungsgewinns vor allem von der Rechtsform des **Verkäufers** abhängig. Handelt es sich beim Verkäufer um eine **Kapitalgesellschaft,** unterliegt der Veräußerungsgewinn der Körperschaft- und Gewerbesteuer (§§ 7ff. KStG, §§ 7ff. GewStG). Ist der Verkäufer dagegen eine **Personengesellschaft,** unterliegt der Veräußerungsgewinn bei den Gesellschaftern der Einkommens- bzw.

[224] Zur Beurkundungspflicht von *Asset Deals* siehe jüngst OLG Hamm Urt. v. 26. 3. 2010 – 19 U 145/09 – ZIP 2010, 2304 = BB 2010, 3050 mit Anm. *Krause*, wonach das Formerfordernis des § 311b Abs. 3 BGB auch für die Verpflichtung zur Übertragung des gegenwärtigen Vermögens einer GmbH gilt. Ausführlich dazu *Böttcher/Fischer* NZG 2010, 1332.

[225] Zur Erwerberhaftung nach § 75 AO bei Kauf eines Unternehmens durch eine Bruchteilsgemeinschaft siehe BFH Urt. v. 12. 1. 2011 – XI R 11/08 – DB 2011, 916.

Körperschaftsteuer. Bei natürlichen Personen kommt ein Freibetrag (§ 16 Abs. 4 EStG) und eine Tarifermäßigung (§ 34 Abs. 1 und 3 EStG) in Betracht. Bei anderen als natürliche Personen unterliegt der Gewinn auch der Gewerbesteuer (§ 7 Satz 2 GewStG).

Der **Käufer** kann den gezahlten Kaufpreis beim *Asset Deal* auf die einzelnen Wirtschafts- 347
güter verteilen und die Buchwerte entsprechend aufstocken. Dadurch schafft er neues Abschreibungsvolumen, was seinen künftigen steuerpflichtigen Gewinn mindert.

(3) Share Deal. Beim *Share Deal* hängt die Besteuerung des Veräußerungsgewinns gleichfalls entscheidend von der Rechtsform des **Verkäufers** ab.

Ist der Verkäufer eine **Kapitalgesellschaft**, ist der Gewinn in Höhe von 95% steuerfrei 348
(§ 8b Abs. 2 und 3 KStG, siehe aber die Ausnahmen in § 8b Abs. 7 KStG[226] und § 22 UmwStG).

Handelt es sich beim Verkäufer dagegen um eine **Personengesellschaft**, kommt es auf der 349
Ebene der Gesellschafter zu einer Besteuerung mit Einkommens- bzw. Körperschaftsteuer. Ist der Gesellschafter eine Körperschaft, ist der Gewinn in Höhe von 95% steuerfrei. Ist der Gesellschafter dagegen eine natürliche Person, kommt es darauf an, ob die Beteiligung zum steuerlichen Betriebsvermögen oder zum Privatvermögen gehört. Bei Beteiligungen im Betriebsvermögen unterliegt der Gewinn nach dem Teileinkünfteverfahren in Höhe von 60% der Besteuerung (§ 3 Nr. 40 Buchstabe a) EStG). Bei Beteiligungen im Privatvermögen unterliegt der Gewinn bei wesentlichen Beteiligungen in Höhe von 60% dem Teileinkünfteverfahren (§§ 17 und 3 Nr. 40 Buchstabe c) EStG) und in allen anderen Fällen der Abgeltungssteuer mit 25% (§ 20 Abs. 2 Nr. 1 EStG).

Beim **Käufer** ist eine Buchwertaufstockung nicht möglich, weil die Aufwendungen für die Gesellschaftsanteile steuerlich nicht abgeschrieben werden können (siehe auch § 8b Abs. 3 Satz 3 KStG).

cc) Steuerklauseln. Bei Unternehmenskaufverträgen kann – trotz umfangreicher *tax due* 350
diligence – meist nicht abschließend geklärt werden, ob und inwieweit das Unternehmen nach dem Übertragungsstichtag noch Steuerzahlungen zu leisten hat bzw. Steuererstattungen erhält, die wirtschaftlich dem Zeitraum vor der Übertragung zuzurechnen sind. In der Praxis wird daher regelmäßig versucht, die steuerlichen Chancen und Risiken mittels entsprechender Steuerklauseln zwischen Verkäufer und Käufer aufzuteilen (soweit sie nicht schon bei der Ermittlung des Kaufpreises berücksichtigt worden sind).[227] Solche Steuerklauseln sind vor allem bei *Share Deals* üblich und sinnvoll, da etwaige Steuernachzahlungen in diesem Fall das Unternehmen (und damit mittelbar auch den Käufer) treffen. Dagegen sind entsprechende Regeln bei *Asset Deals* weniger bedeutsam, da das Unternehmen als solches beim Verkäufer verbleibt.

Der Käufer eines Unternehmens hat typischerweise ein Interesse daran, sich vor unbe- 351
kannten Steuerrisiken zu schützen. Daher gibt der Verkäufer im Allgemeinen mehr oder weniger weitreichende Garantien im Hinblick auf die ordnungsgemäße Erfüllung der steuerlichen Pflichten bis zum Übertragungszeitpunkt ab (z.B. vollständige, richtige und fristgerechte Erfüllung aller steuerlichen Erklärungs-, Anmelde- und Zahlungspflichten). Diese werden meist durch spezifische Gewährleistungsregeln (wie etwa Haftungshöchstgrenzen und Verjährungsregeln) ergänzt. Daneben kann der Verkäufer den Käufer auch von einzelnen oder allen Steuern, die auf den Zeitraum vor dem Übertragungsstichtag entfallen, freistellen.

dd) Organschaften und Unternehmensverkauf. Bei Vorbereitung und Abwicklung eines 352
Unternehmenskaufvertrages ist insbesondere auch auf bestehende **Gewinnabführungsver-**

[226] Die Regelung kann grundsätzlich auch bei Beteiligungs- und Holdingunternehmen zur Anwendung kommen, siehe dazu BFH Beschl. v. 12. 10. 2010 – I B 82/10 – BFH/NV 2011, 69 = GmbHR 2011, 95, siehe dazu *Löffler/Hansen* DStR 2011, 558; BFH Urt. v. 14. 1. 2009 – I R 36/08 – BStBl. II 2009, 671 = DStR 2009, 635 = BB 2009, 1224 mit Anm. *Jensen-Nissen* = EWiR 2009, 517 (*Rode*) und BMF Schreiben v. 25. 2. 2002 – BStBl. I 2002, 712. – Ausführlich zu Problemen des § 8b Abs. 7 KStG bei Kapitalerhöhungen und Sacheinlagen *Breuninger/Winkler* Ubg. 2011, 13.

[227] Ausführlich zu Steuerklauseln in Unternehmenskaufverträgen u.a. *Dietrich* Ubg. 2010, 712; *Eilers/Beutel* IStR 2010, 564; *Hülsmann* DStR 2008, 2402; *Stümper/Walter* GmbHR 2008, 31.

träge zu achten. Vielfach besteht zwischen dem Verkäufer (Organträger) und dem Zielunternehmen (Organgesellschaft) ein Gewinnabführungsvertrag, der eine ertragsteuerliche Organschaft begründet.[228] Steuerlich muss ein Gewinnabführungsvertrag für mindestens fünf Jahre abgeschlossen und durchgeführt werden (§ 14 Abs. 1 Satz 1 Nr. 3 KStG).[229]

353 Verkauft der Organträger seine Beteiligung an der Organgesellschaft, wird der Gewinnabführungsvertrag beendet. **Gesellschaftsrechtlich** ist eine Beendigung des Gewinnabführungsvertrages grundsätzlich nur zum Ende eines Geschäftsjahres möglich (§ 296 Abs. 1 AktG). Soll die Beendigung nicht zum Ende eines Geschäftsjahres erfolgen, muss der Gewinnabführungsvertrag gekündigt werden. Eine ordentliche Kündigung ist möglich, wenn sie für den Fall der Anteilsveräußerung vertraglich vorgesehen ist (was in der Praxis meist der Fall ist). Im Übrigen ist bei einer Anteilsveräußerung grundsätzlich auch eine außerordentliche Kündigung zulässig (siehe § 297 AktG). Die Aufhebung bzw. Kündigung des Gewinnabführungsvertrages ist zur Eintragung in das Handelsregister anzumelden (§ 298 AktG).

354 **Steuerrechtlich** führt die Kündigung oder Aufhebung des Gewinnabführungsvertrages stets zum Entfallen der Organschaft für das gesamte Wirtschaftsjahr (§ 14 Abs. 1 Satz 3 Nr. 3 KStG). Die Beendigung sollte daher möglichst erst **zum Ende des Wirtschaftsjahres** erfolgen. Die Organschaft bleibt dann für die Jahre, in denen der Gewinnabführungsvertrag bestand und durchgeführt worden ist auch dann bestehen, wenn die Beendigung vor Ablauf der Fünfjahresfrist (§ 14 Abs. 1 Satz 1 Nr. 3 KStG) erfolgt. Denn die Anteilsveräußerung wird auch steuerlich als wichtiger Grund für die Beendigung des Gewinnabführungsvertrages anerkannt (R 60 Abs. 6 KStR).

Praxistipp:

Im Rahmen des Unternehmenskaufvertrages sollte als Übertragungsstichtag möglichst das Ende des Wirtschaftsjahres des Zielunternehmens gewählt werden. In diesem Fall werden die Beendigung des zivilrechtlichen Gewinnabführungsvertrages und der ertragsteuerlichen Organschaft zum gleichen Zeitpunkt wirksam. Der Käufer kann dann gegebenenfalls vom Beginn des neuen Wirtschaftsjahres an eine neue Organschaft mit dem Zielunternehmen begründen (siehe R 59 Abs. 2 KStR).

355 Schwierigkeiten ergeben sich demgegenüber, wenn der Gewinnabführungsvertrag nicht zum Ende des Wirtschaftsjahres, sondern **unterjährig** beendet wird. Zivilrechtlicher und steuerrechtlicher Beendigungszeitpunkt fallen in diesem Fall auseinander. Zivilrechtlich kommt es auf den Zeitpunkt an, zu dem die Aufhebung oder Kündigung wirksam geworden ist. Steuerrechtlich wirkt die Beendigung jedoch stets auf den Beginn des Wirtschaftsjahres zurück (§ 14 Abs. 1 Nr. 3 Satz 3 KStG), so dass die Organschaft rückwirkend für das gesamte Wirtschaftsjahr entfällt. Ein solches Auseinanderfallen lässt sich im Einzelfall durch eine entsprechende Änderung des Wirtschaftsjahres vermeiden. Das Finanzamt erteilt in diesen Fällen regelmäßig die erforderliche Zustimmung (§ 7 Abs. 4 KStG, R 59 Abs. 3 KStR). Allerdings wird die Änderung des Wirtschaftsjahres erst mit Eintragung des satzungsändernden Gesellschafterbeschlusses im Handelsregister wirksam (§ 54 Abs. 3 GmbHG).

Praxistipp:

Bei einem unterjährigen Verkauf eines Unternehmens können handels- und steuerrechtliche Ergebniszurechnung auseinanderfallen. Die damit verbundenen Probleme können durch eine frühzeitige Umstellung des Geschäftsjahres des Zielunternehmens vermieden werden. Aus notarieller Sicht ist dabei ein schneller Handelsregistervollzug von entscheidender Bedeutung, damit die Eintragung noch rechtzeitig vor dem Übertragungsstichtag erfolgt.

[228] Siehe dazu oben Rdnr. 309 ff.

[229] Zur Problematik der Gesellschafterliste und der finanziellen Eingliederung bei Unternehmenskäufen siehe *Stadler/Bindl* GmbHR 2010, 412.

Bei Organschaftsverhältnissen ist im Übrigen stets zu berücksichtigen, dass die Organgesellschaft auch nach dem Verkauf noch für Steuern aus der davor bestehenden Organschaft mit dem Verkäufer **haftet** (§ 73 AO).[230] Eine Hinweispflicht trifft den beurkundenden Notar insoweit allerdings nicht. 356

ee) Umsatzsteuer. Die Veräußerung eines Unternehmens ist umsatzsteuerrechtlich regelmäßig eine **Geschäftsveräußerung im Ganzen** (§ 1 Abs. 1a UStG, Abschnitt 1.5. UStAE), die nicht der Umsatzsteuer unterliegt. Allerdings sollte der Vertrag möglichst eine Regelung für den Fall enthalten, dass die Finanzbehörden das Vorliegen einer Geschäftsveräußerung im Ganzen ablehnen.[231] 357

f) Unternehmensumstrukturierungen

Ausgewählte Hinweise auf weiterführende Literatur: *Buyer/Klein/Müller*, Änderung der Unternehmensform, 8. Auflage, 2010; *Engl*, Formularbuch Umwandlungen, 2. Auflage, 2008; *Ettinger/Schmitz*, Umstrukturierungen im Bereich mittelständischer Unternehmen, 2011; Formularbuch, Recht und Steuern, 6. Auflage, 2008; *Fox*, Umstrukturierungen über die Grenze, 2011; *Rödder/Herlinghaus/van Lishaut*, Umwandlungssteuergesetz, 2008; *Sagasser/Bula/Brünger*, Umwandlungen, 4. Auflage, 2011; *Schaumburg/Schumacher*, in: Lutter, Umwandlungsgesetz, 4. Auflage, 2009, Nach § 122 l, Anh. 1 (Steuerfolgen inländischer Verschmelzungen) und Anh. 2 (Internationale Verschmelzungen); *Widmann/Mayer*, Umwandlungsgesetz, Umwandlungssteuergesetz, 8 Ordner.

aa) Einführung. Das **Umwandlungsgesetz** sieht verschiedene Möglichkeiten der Umwandlung von Rechtsträgern vor (§ 1 UmwG). Dabei handelt es sich um Verschmelzungen (§§ 2 ff. UmwG), Spaltungen, und zwar in Form der Aufspaltung, Abspaltung und Ausgliederung (§§ 123 ff. UmwG), Vermögensübertragungen (§§ 174 ff. UmwG) und Formwechsel (§§ 190 ff. UmwG). Andere Formen der Unternehmensumstrukturierung im Wege der Gesamtrechtsnachfolge (z. B. Anwachsungsmodelle nach § 738 BGB) oder der Einzelrechtsnachfolge (z. B. die Einbringung von Betrieben, Teilbetrieben, Mitunternehmeranteilen oder Anteilen an Kapitalgesellschaften) sind im Umwandlungsgesetz nicht geregelt (siehe § 1 Abs. 2 UmwG).[232] 358

Der Anwendungsbereich des **Umwandlungssteuergesetzes** ist nicht auf das Umwandlungsgesetz beschränkt. Neben Verschmelzungen, Spaltungen, Vermögensübertragungen und Formwechseln nach dem Umwandlungsgesetz (siehe § 1 Abs. 1 und 2 UmwStG) werden insbesondere auch verschiedene Einbringungsvorgänge in Kapital- und Personengesellschaften erfasst (siehe insbesondere § 1 Abs. 3 und 4, §§ 20 ff. und § 24 UmwStG). 359

Ziel des Umwandlungssteuergesetzes ist es im Wesentlichen, betriebswirtschaftlich sinnvolle Unternehmensumstrukturierungen durch eine Besteuerung nicht zu behindern. Das Umwandlungssteuergesetz ermöglicht daher in vielen Fällen die steuerneutrale Übertragung des Vermögens von dem übertragenden Rechtsträger auf den übernehmenden Rechtsträger. Die Umwandlung kann dann ohne Aufdeckung der stillen Reserven, d. h. zu Buchwerten (§ 1 Abs. 5 Nr. 4 UmwStG) erfolgen. Von der Regelungstechnik sieht das Umwandlungssteuergesetz dabei regelmäßig zunächst einen Ansatz des gemeinen Werts (d. h. eine Aufdeckung der stillen Reserven) vor, ermöglicht dann aber unter bestimmten Voraussetzungen auf **Antrag** den Ansatz des Buchwerts (oder eines Zwischenwerts) (siehe §§ 3 Abs. 1 und 2, 11 Abs. 1 und 2, 13 Abs. 1 und 2, 20 Abs. 1 und 2, 24 Abs. 1 und 2 UmwStG). 360

Praxistipp:

In vielen Fällen ist es sinnvoll (wenngleich nicht notwendig), in Abstimmung mit den steuerlichen Beratern der Beteiligten den Antrag zu Gunsten des Buchwerts unmittelbar in die notarielle Urkunde aufzunehmen. Dies schafft für alle Beteiligten Rechtssicherheit.

[230] Zu den Auswirkungen der Haftung nach § 73 AO auf die Ausgestaltung eines Unternehmenskaufvertrages als *Share Deal* oder als *Asset Deal* siehe *Mayer/Stefan* DStR 2011, 109.

[231] Zur Notwendigkeit von solchen Umsatzsteuerklauseln siehe *Heinrichshofen*, FS Spiegelberger, S. 198 ff.

[232] Zu den gesellschaftsrechtlichen Fragen der Umwandlung siehe § 22.

361 Die Übertragung von **Verlustvorträgen** ist dagegen auch nach dem Umwandlungssteuergesetz nicht mehr möglich (siehe §§ 2 Abs. 4, 4 Abs. 2 Satz 2, 12 Abs. 3 HS 2 und 15 Abs. 1 Satz 1 und Abs. 3 UmwStG). Eine Umwandlung kann darüber hinaus zum Wegfall von Verlustvorträgen bei Tochter- und Enkelgesellschaften führen (§ 8 c KStG).[233]

362 Das Umwandlungssteuergesetz gilt nur für die **Ertragsteuern** (Einkommensteuer, Körperschaftsteuer und Gewerbesteuer, zu Letzterer siehe §§ 18 und 19 UmwStG), nicht dagegen auch für andere Steuern (wie etwa die Grunderwerbsteuer,[234] die Schenkungsteuer oder die Umsatzsteuer).[235] Eine Unternehmensumwandlung kann daher selbst dann, wenn sie ertragsteuerlich zu Buchwerten möglich ist, im Einzelfall durchaus andere Steuern auslösen. Darüber hinaus können Umwandlungen auch einen Verstoß gegen steuerliche Behaltefristen darstellen und entsprechende Nachsteuern verursachen.[236]

Praxistipp:

Die typischen Steuerrisiken einer Unternehmensumstrukturierung bestehen in der Praxis in der ungewollten Aufdeckung stiller Reserven, dem Untergang von Verlustvorträgen und dem Auslösen von Grunderwerbsteuer.

363 Die **Systematik des Umwandlungssteuergesetzes** weicht naturgemäß etwas von den zivilrechtlichen Vorgaben des Umwandlungsgesetzes ab. Die wichtigsten Umwandlungen nach dem Umwandlungsgesetz sind im Umwandlungssteuergesetz überblicksartig wie folgt geregelt.

- Verschmelzungen
  - Verschmelzung **von** einer Kapitalgesellschaft **auf** eine
    - Personengesellschaft (§§ 3 bis 10 UmwStG),
    - andere Kapitalgesellschaft (§§ 11 bis 13 UmwStG),
  - Verschmelzung **von** einer Personengesellschaft (gilt steuerrechtlich als eine Einbringung, § 1 Abs. 3 Nr. 1 UmwStG) **auf** eine
    - Kapitalgesellschaft (§§ 20 ff. UmwStG),
    - andere Personengesellschaft (§ 24 UmwStG).
- Spaltungen
  - **Aufspaltung und Abspaltung von** einer Kapitalgesellschaft **auf** eine
    - Personengesellschaft (§ 16 UmwStG),
    - andere Kapitalgesellschaft (§ 15 UmwStG),
  - **Aufspaltung und Abspaltung von** einer Personengesellschaft (gilt steuerrechtlich als eine Einbringung, § 1 Abs. 3 Nr. 1 UmwStG) **auf** eine
    - Kapitalgesellschaft (§§ 20 ff. UmwStG),
    - andere Personengesellschaft (§ 24 UmwStG).
  - **Ausgliederung** (gilt steuerrechtlich als eine Einbringung, § 1 Abs. 1 Satz 2, 1 Abs. 3 Nr. 2 UmwStG) **auf** eine
    - Kapitalgesellschaft (§§ 20 ff. UmwStG),
    - andere Personengesellschaft (§ 24 UmwStG).
- Formwechsel
  - Formwechsel **von** einer Kapitalgesellschaft **in** eine
    - Personengesellschaft (§ 9 UmwStG, d. h. steuerliche Behandlung wie eine Verschmelzung),
    - andere Kapitalgesellschaft (im UmwStG nicht geregelt, da steuerrechtlich grundsätzlich ohne Bedeutung),
  - Formwechsel **von** einer Personengesellschaft **in** eine
    - Kapitalgesellschaft (§§ 1 Abs. 3 Nr. 3, 25 UmwStG, d. h. steuerliche Behandlung wie eine Einbringung),

233 Siehe dazu oben Rdnr. 295 ff.
234 Siehe dazu unten Rdnr. 381 ff.
235 Dazu zuletzt ausführlich *Pyszka* DStR 2011, 545 und 1013.
236 Siehe dazu oben Rdnr. 146 ff.

– andere Personengesellschaft (im UmwStG nicht geregelt, da steuerrechtlich grundsätzlich ohne Bedeutung).

Darüber hinaus sind im Umwandlungssteuergesetz insbesondere folgende **Einbringungsfälle** geregelt, und zwar unabhängig davon, ob die Einbringung zivilrechtlich nach dem Umwandlungsgesetz oder auf andere Art und Weise (z.B. Gesamtrechtsnachfolge nach § 738 BGB oder Einzelrechtsübertragung, § 1 Abs. 3 Nr. 4 UmwStG) erfolgt: 364

- Einbringung von Betrieben, Teilbetrieben und Mitunternehmeranteilen in eine Kapitalgesellschaft (§ 20ff. UmwStG),[237]
- Einbringung von Anteilen an einer Kapitalgesellschaft in eine andere Kapitalgesellschaft (Anteilstausch) (§§ 21ff. UmwStG),[238]
- Einbringung von Betrieben, Teilbetrieben und Mitunternehmeranteilen in eine Personengesellschaft (§ 24 UmwStG).[239]

bb) Stichtage und Rückwirkung. Handelsrechtlicher Umwandlungsstichtag und steuerlicher Übertragungsstichtag sind nicht identisch. **Handelsrechtlicher Umwandlungsstichtag** ist der Zeitpunkt, von dem an die Handlungen des übertragenden Rechtsträgers als für Rechnung des übernehmenden Rechtsträgers vorgenommen gelten (z.B. § 5 Abs. 1 Nr. 6 UmwG: Verschmelzungsstichtag, § 126 Abs. 1 Nr. 6 UmwG: Spaltungsstichtag, und §§ 176, 177 UmwG: Übertragungsstichtag). Der übertragende Rechtsträger hat auf den Schluss des Tages, der dem Umwandlungsstichtag vorangeht, eine Schlussbilanz aufzustellen. **Steuerrechtlicher Übertragungsstichtag** ist der Tag, auf den der übertragende Rechtsträger die Schlussbilanz aufzustellen hat. Beispiel: handelsrechtlicher Umwandlungsstichtag 1. 1. 02, Schlussbilanz 31. 12. 01, und steuerrechtlicher Übertragungsstichtag 31. 12. 01. 365

Die Umwandlung ist handels- und steuerrechtlich mit einer **Rückwirkung** von bis zu acht Monaten möglich. **Handelsrechtlich** darf das Registergericht eine Verschmelzung nur dann eintragen, wenn die Schlussbilanz auf einen höchstens acht Monate vor der Anmeldung liegenden Stichtag aufgestellt worden ist (§ 17 Abs. 2 Satz 4 UmwG). Entsprechendes gilt für die Spaltung (§ 125 UmwG) und die Vermögensübertragung (§§ 176, 177 UmwG). **Steuerrechtlich** ist das Einkommen und das Vermögen der übertragenden Körperschaft sowie des übernehmenden Rechtsträgers so zu ermitteln, als ob das Vermögen der Körperschaft mit Ablauf des Stichtags der Bilanz, die dem Vermögensübergang zu Grunde liegt (steuerlicher Übertragungsstichtag) auf den übernehmenden Rechtsträger übergegangen wäre (§ 2 Abs. 1 Satz 1 UmwStG). Ist der übernehmende Rechtsträger eine Personengesellschaft, gilt dies für das Einkommen und das Vermögen der Gesellschafter (§ 2 Abs. 2 UmwStG). Die steuerliche Rückwirkung ist auch dann möglich, wenn der übernehmende Rechtsträger zu diesem Zeitpunkt zivilrechtlich noch gar nicht bestand. Die Rückwirkungsfiktion gilt für den Formwechsel entsprechend (§§ 9 Sätze 2 und 3, 25 Satz 2 UmwStG), auch wenn handelsrechtlich keine Schlussbilanz aufgestellt werden muss. Die steuerliche Rückwirkung gilt nur für die Ertragsteuern, nicht aber auch für andere Steuern (wie etwa die Grunderwerbsteuer, die Schenkungsteuer oder die Umsatzsteuer). 366

Bei **Einbringungen** von Betrieben, Teilbetrieben oder Mitunternehmeranteilen in Kapital- oder Personengesellschaften gilt grundsätzlich Entsprechendes, wobei der steuerliche Übertragungsstichtag der Einbringungszeitpunkt ist (§§ 20 Abs. 5 und 6 UmwStG und § 24 Abs. 4 HS 2 UmwStG). 367

[237] Siehe dazu oben Rdnr. 258ff.
[238] Siehe dazu oben Rdnr. 270.
[239] Siehe dazu oben Rdnr. 202ff.

368 *cc) Einzelne Umwandlungsvorgänge*

Praxistipp:

Bei (komplexen) Unternehmensumstrukturierungen wird der beurkundende Notar nur in seltenen Ausnahmefällen eine steuerliche Beratung übernehmen. Vielfach ist dies schon deshalb nicht möglich (bzw. nicht sinnvoll), weil ihm die wirtschaftlichen Hintergründe der geplanten Veränderungen nicht oder nur unzureichend bekannt sind. Die nachfolgenden Ausführungen sollen daher auch nur einen kurzen Überblick über einige Grundstrukturen des Umwandlungssteuerrechts verschaffen. Vertiefte Informationen finden sich u. a. im **Umwandlungssteuererlass** der Finanzverwaltung, der dem Vernehmen nach 2011 in neuer Fassung erscheinen soll. Ein erster Entwurf des neuen Erlasses (Umfang: 177 Seiten) wurde im Mai 2011 vorgelegt.[240]

369 *(1) Verschmelzungen.* Die steuerliche Behandlung der Verschmelzung richtet sich nach der Rechtsform der beteiligten Rechtsträger. Dabei ist zwischen den steuerlichen Folgen auf Ebene der Gesellschaft und auf Ebene der Gesellschafter zu unterscheiden.

370 Bei der **Verschmelzung von einer Kapitalgesellschaft auf eine Personengesellschaft** (§§ 3 bis 10 UmwStG) sind auf **Ebene der Gesellschaft** die übergehenden Wirtschaftsgüter grundsätzlich mit dem gemeinen Wert anzusetzen (§ 3 Abs. 1 Satz 1 UmwStG). Auf Antrag kann unter bestimmten Voraussetzungen jedoch der Buchwert (oder ein Zwischenwert) angesetzt werden, soweit insbesondere das deutsche Besteuerungsrecht bestehen bleibt (siehe im Einzelnen § 3 Abs. 2 UmwStG). Die übernehmende Personengesellschaft hat die übergehenden Wirtschaftsgüter – zwingend – mit den Werten anzusetzen, die in der steuerlichen Schlussbilanz der übertragenden Kapitalgesellschaft angesetzt worden sind (Wertverknüpfung, § 4 Abs. 1 Satz 1 UmwStG). Die übernehmende Personengesellschaft tritt in die steuerrechtliche Rechtsstellung der übertragenden Kapitalgesellschaft ein („Fußstapfentheorie", § 4 Abs. 2 Satz 1 UmwStG). Der Übergang von Verlusten ist jedoch ausgeschlossen (§ 4 Abs. 2 Satz 2 UmwStG). Auf der **Ebene der Gesellschafter** ist die Verschmelzung dagegen in der Regel nicht steuerneutral. Vielmehr entsteht bei den Gesellschaftern infolge der Verschmelzung ein Übernahmegewinn oder Übernahmeverlust (§ 4 Abs. 4 bis 7 und §§ 5 bis 7 UmwStG).

Praxistipp:

Eine zwingende Aufdeckung stiller Reserven erfolgt bei einer Umwandlung insbesondere dann, wenn ausnahmsweise eine andere Gegenleistung als Gesellschaftsrechte gewährt werden, wie etwa bare Zuzahlungen (siehe §§ 3 Abs. 2 Satz 1 Nr. 3, 11 Abs. 2 Satz 1 Nr. 3 UmStG).

371 Bei der **Verschmelzung von einer Kapitalgesellschaft auf eine andere Kapitalgesellschaft** (§§ 11 bis 13 UmwStG) sind die übergehenden Wirtschaftsgüter auf **Ebene der Gesellschaft** wiederum mit dem gemeinen Wert anzusetzen (§ 11 Abs. 1 Satz 1 UmwStG). Auf Antrag können unter bestimmten Voraussetzungen jedoch auch hier die Buchwerte (oder Zwischenwerte) angesetzt werden, soweit insbesondere das deutsche Besteuerungsrecht bestehen bleibt (siehe im Einzelnen § 11 Abs. 2 und Abs. 3 UmwStG). Die übernehmende Kapitalgesellschaft hat die auf sie übergegangenen Wirtschaftsgüter mit den in der steuerlichen Schlussbilanz der übertragenden Kapitalgesellschaft enthaltenen Werten zu übernehmen (§ 12 Abs. 1 UmwStG). Die übernehmende Kapitalgesellschaft tritt (mit Ausnahme der Verluste) in die Rechtsstellung der übertragenden Kapitalgesellschaft ein (§ 12 Abs. 3 UmwStG).

372 Auf **Ebene der Gesellschafter** gelten die Anteile an der übertragenden Kapitalgesellschaft als zum gemeinen Wert veräußert (§ 13 Abs. 1 UmwStG), so dass sich ein steuerpflichtiger Veräußerungsgewinn ergeben kann. Gleichzeitig gelten die an ihre Stelle tretenden Anteile an der übernehmenden Kapitalgesellschaft als zum gemeinen Wert angeschafft (§ 13 Abs. 2 UmwStG). Auf Antrag ist allerdings ein Ansatz zum Buchwert möglich, wenn insbesondere

[240] Volltext unter bundesfinanzministerium.de – Erste Stellungnahmen dazu u. a. bei *Kessler/Phillip* DStR 2011, 1065; *Rödder* DStR 2011, 1053 und 1059; *Vogel* DB 2011, 1239.

das deutsche Besteuerungsrecht hinsichtlich der Besteuerung eines Veräußerungsgewinns bestehen bleibt (siehe im Einzelnen § 13 Abs. 2 UmwStG).

Die **Verschmelzung von Personengesellschaften** gilt steuerrechtlich als Einbringung (§ 1 Abs. 3 Nr. 1 UmwStG). Bei der Verschmelzung auf eine Kapitalgesellschaft (§§ 20ff. UmwStG) oder eine Personengesellschaft (§ 24 UmwStG) ist auf Antrag jeweils eine Buchwertfortführung möglich, soweit das deutsche Besteuerungsrecht nicht beschränkt wird. 373

(2) Spaltungen. Die Übertragung von Vermögen von einer **Kapitalgesellschaft auf eine Personengesellschaft** im Rahmen einer **Aufspaltung oder Abspaltung** wird steuerrechtlich wie eine entsprechende Verschmelzung behandelt (§ 16 UmwStG, wonach §§ 3ff. UmwStG entsprechend anzuwenden sind). Ebenso wird die **Aufspaltung und Abspaltung** von einer **Kapitalgesellschaft auf eine andere Kapitalgesellschaft** wie eine Verschmelzung von einer Kapitalgesellschaft auf eine andere Kapitalgesellschaft behandelt (§ 15 Abs. 1 UmwStG, wonach §§ 11ff. UmwStG entsprechend anzuwenden sind). 374

Der Ansatz des Buchwerts (oder eines Zwischenwerts) ist in allen Fällen auf Ebene der Gesellschaft und auf der Ebene der Gesellschafter nur dann möglich, wenn auf die Übernehmerin ein steuerlicher **Teilbetrieb** übertragen wird (§ 15 Abs. 1 Satz 2, Abs. 2 und § 16 Satz 1 UmwStG).[241] Bei einer Abspaltung oder sonstigen Teilübertragung ist zusätzlich erforderlich, dass auch bei der übertragenden Kapitalgesellschaft ein steuerlicher Teilbetrieb verbleibt („doppeltes Teilbetriebserfordernis", § 15 Abs. 1 Satz 2 und § 16 Satz 1 UmwStG). Ein Teilbetrieb ist ein mit einer gewissen Selbständigkeit ausgestatteter organisch geschlossener Teil des Gesamtbetriebs, der für sich betrachtet alle Merkmale eines Betriebs im Sinne des Einkommensteuergesetzes aufweist und für sich lebensfähig ist (siehe R 16 (3) EStR). Als Teilbetrieb gilt auch ein Mitunternehmeranteil oder eine Beteiligung an einer Kapitalgesellschaft, die das gesamte Nennkapital der Gesellschaft umfasst (§ 15 Abs. 1 Satz 3 und § 16 Satz 1 UmwStG). Auf Ebene der Gesellschaft ist der Ansatz des Buchwerts (oder eines Zwischenwerts) darüber hinaus von der Einhaltung bestimmter **Sperrfristen** vor **und** nach dem steuerlichen Übertragungsstichtag abhängig (§ 15 Abs. 2 und § 16 Satz 1 UmwStG; siehe dazu auch Rn. 15.13. ff. UmwStG-Erlass). 375

Die **Aufspaltung und Abspaltung von einer Personengesellschaft** wird steuerrechtlich (ebenso wie die entsprechenden Verschmelzungsvorgänge) als eine Einbringung angesehen (§ 1 Abs. 3 Nr. 1 UmwStG und §§ 20ff. UmStG bei einer Vermögensübertragung auf eine Kapitalgesellschaft bzw. § 24 UmwStG bei einer Vermögensübertragung auf eine andere Personengesellschaft). 376

Die Fälle der **Ausgliederung** (§ 123 Abs. 3 UmwG) werden steuerrechtlich gleichfalls als Einbringung behandelt (§§ 1 Abs. 1 Satz 2, 1 Abs. 3 Nr. 2 UmwStG). Bei einer Ausgliederung auf eine Kapitalgesellschaft (§§ 20ff. UmwStG) oder eine Personengesellschaft (§ 24 UmwStG) ist auf Antrag jeweils eine Buchwertfortführung möglich, soweit das deutsche Besteuerungsrecht nicht beschränkt wird. 377

(3) Formwechsel. Bei einem **Formwechsel von einer Kapitalgesellschaft in eine andere Kapitalgesellschaft** bleibt nicht nur der zivilrechtliche Rechtsträger, sondern auch das Körperschaftsteuersubjekt identisch, so dass das Umwandlungssteuerrecht diesen Fall überhaupt nicht regeln musste. Entsprechendes gilt beim **Formwechsel einer Personengesellschaft in eine andere Personengesellschaft.** 378

Der **Formwechsel von einer Kapitalgesellschaft in eine Personengesellschaft** wird steuerrechtlich wie die Verschmelzung einer Kapitalgesellschaft auf eine Personengesellschaft behandelt (§ 9 UmwStG, wonach §§ 3ff. UmwStG entsprechend anzuwenden sind), obwohl zivilrechtlich keine Vermögensübertragung erfolgt. 379

Der **Formwechsel von einer Personengesellschaft in eine Kapitalgesellschaft** wird (ebenso wie die entsprechende Verschmelzung) steuerrechtlich als Einbringung angesehen (§§ 1 Abs. 3 Nr. 3, 25 UmwStG, wonach §§ 20ff. UmwStG entsprechend anzuwenden sind), obwohl zivilrechtlich keine Vermögensübertragung erfolgt. 380

---

[241] Siehe dazu jüngst BFH Urt. v. 7. 4. 2010 – I R 96/08 – BStBl. II 2011, 467 = DStR 2010, 1517 = FR 2010, 890 mit Anm. *Benecke* = MittBayNot 2011, 169 m. Anm. *Hörtnagl.* Ausführlich dazu *Blumers* DB 2010, 1670; *Gebert* DStR 2010, 1774.

dd) Grunderwerbsteuer und Umwandlungen

Ausgewählte Hinweise auf weiterführende Literatur: *Behrens*, Strittige Fragen bei § 6 a GrEStG – Anmerkungen zum gleich lautenden Ländererlass vom 1. 12. 2010, UBg. 2010, 845; *Behrens*, Die grunderwerbsteuerliche Konzernklausel für übertragende Umwandlungen in § 6 a GrEStG, AG 2010, 119; *ders./Bock*, Steuervergünstigung bei Umstrukturierungen im Konzern nach § 6 a GrEStG, NWB 8/2011, S. 615; *Dettmeier/Geibel*, Die neue Grunderwerbsteuerbefreiung für Umstrukturierungen innerhalb eines Konzerns, NWB 8/2010, S. 582; *Haag*, Auslegungsfragen von § 6 a GrEStG, BB 2011, 1047 und 1119; *Hageböke*, Die Personengesellschaft als „abhängige Gesellschaft" i. S. von § 6 Satz 4 GrEStG, DB 2010, 2193; *Heine*, Grunderwerbsteuer bei Umwandlungsvorgängen, UVR 2010, 249; *Heine*, Erleichterungen bei der GrESt für Umstrukturierungen: Gut gemeint, aber ..., UVR 2010, 81; *Ihle*, Neue Entwicklungen im Bereich der Grunderwerbsteuer, DNotZ 010, 725; *Klass/Lay*, Das neue grunderwerbsteuerliche Umwandlungsprivileg für Konzerne, ZfIR 2010, 157; *Klass/Möller*, Umwandlungsprivileg für Konzerne bei der Grunderwerbsteuer – koordinierte Ländererlasse vom 1. 12. 2010, BB 2011, 407; *Lüdicke/Schnitger*, Ausweitung des § 6 a GrEStG auf Umwandlungen in DBA-Drittstaaten, DSR 2011, 1005; *Mensching/Tyarks*, Grunderwerbsteuerliche Einführung einer Konzernklausel durch das Wachstumsbeschleunigungsgesetz, BB 2010, 87; *Neitz/Lange*, Grunderwerbsteuer bei Umwandlungen – Neue Impulse durch das Wachstumsbeschleunigungsgesetz –, Ubg. 2010, 17; *Neitz-Hackstein/Lange*, Anwendung der grunderwerbsteuerlichen Konzernklausel, GmbHR 2011, 122; *Pahlke*, Grunderwerbsteuervergünstigung für Rechtsvorgänge im Konzern – der neue § 6 a GrEStG, MittBayNot 2010, 169; *Rabback*, Die neue grunderwerbsteuerliche „Konzernklausel" des § 6 a GrEStG, in: Festschrift für Wienand Meilicke, Baden-Baden 2010, S. 595 ff.; *Rödder/Schönfeld*, Zweifelsfragen im Zusammenhang mit der Vor- und Nachbehaltensfrist der grunderwerbsteuerlichen Konzernklausel des § 6 a Satz 4 GrEStG n. F., DStR 2010, 415; *Schafitzl/Götz*, Erlass zur Anwendung der Konzernklausel i. S. von § 6 a GrEStG – geklärte und offene Fragen, DB 2011, 374; *Schaflitzl/Stadler*, Die grunderwerbsteuerliche Konzernklausel des § 6 a GrEStG, DB 2010, 185; *Schanko*, Zur Anwendung des § 6 a GrEStG, UVR 2001, 49; *ders.*, Zur Anwendung des § 6 a GrEStG, Ubg. 2011, 73; *Scheunemann/Dennisen/Behrens*, Steuerliche Änderungen durch das Wachstumsbeschleunigungsgesetz, BB 2010, 23; *Wagner/Köhler*, Steuervergünstigung bei Umstrukturierungen im Konzern nach § 6 a GrEStG – Planungssicherheit durch koordinierten Ländererlasss vom 1. 12. 2010?, BB 2011, 286; *Wälzholz*, Grunderwerbsteuerneutrale Umwandlungen nach § 6 a GrEStG i. d. F. des WBeschG, GmbH-StB 2010, 108; *Wischott/Adrian/Schönweiß*, Anmerkungen zum Anwendungserlass zu § 6 a GrEStG vom 1. 12. 2010, DStR 2011, 497; *Wischott/Schönweiß*, Wachstumsbeschleunigungsgesetz – Einführung einer Grunderwerbsteuerbefreiung für Umwandlungsvorgänge, DStR 2009, 2638.

381 Umwandlungen können **Grunderwerbsteuer** auslösen, wenn zum Vermögen des übertragenden Rechtsträgers (unmittelbar oder mittelbar) Grundstücke gehören (§§ 1 Abs. 1 Nr. 3, 1 Abs. 2 a und 1 Abs. 3 GrEStG). Bemessungsgrundlage ist grundsätzlich der Grundbesitzwert (§ 8 Abs. 2 Nr. 2 und 3 GrEStG).[242] Die Grunderwerbsteuer beträgt – je nach Bundesland – zwischen 3,5% und 5,0% (siehe § 11 Abs. 1 GrEStG). Die Grunderwerbsteuer kann sich in der Praxis daher durchaus als Umwandlungshindernis erweisen.

Praxistipp:

Bei der Vorbereitung einer Umwandlung sollte daher möglichst genau geklärt werden, ob und gegebenenfalls welche Grundstücke (unmittelbar oder mittelbar) zum Vermögen des übertragenden Rechtsträgers gehören. Entsprechende Angaben sind auch für die Erfüllung der gesetzlichen Anzeigepflichten (§§ 18 ff. GrEStG) notwendig.

382 Mit Wirkung zum 1. 1. 2010 hat der Gesetzgeber nunmehr bestimmte konzerninterne Umstrukturierungen von der Grunderwerbsteuer befreit (§ 6 a GrEStG).[243] Die Vorschrift

[242] Zur möglichen Verfassungswidrigkeit der Grundbesitzwerte nach § 8 Abs. 2 GrEStG siehe BFH, Beschluss vom 5. 4. 2011, II B 153/10, DStR 2011, 769 (keine Aussetzung der Vollziehung wegen verfassungsrechtlicher Zweifel); BFH, Beschl. v. 2. 3. 2011 – II R 23/10 – DStR 2011, 974 mit Anm. *Stefan Schmidt* (Vorlage an das BVerfG); – Zur vorläufigen Festsetzung der Grunderwerbsteuer in diesen Fällen siehe die gleich lautenden Erlasse der obersten Finanzbehörden der Länder vom 1. 4. 2010, BStBl. I 2010, 266, und OFD Koblenz, Kurzinformation vom 11. 11. 2010, DStR 2011, 479. – Ausführlich zum Ganzen u. a. *Behrens/Rämer* UVR 2009, 365; *Gottwald* DStR 2009, 1947.

[243] Siehe dazu die gleich lautenden Erlasse der obersten Finanzbehörden der Länder v. 1. 12. 2010, BStBl. I 2010, 1321 = DStR 2010, 2520. Ausführlich dazu *Behrens* Ubg. 2010, 845; *Behrens/Bock* NWB 8/2011, S. 615; *Klass/Möller* BB 2011, 407; *Neitz-Hackstein/Lange* GmbHR 2011, 122; *Schafitzl/Götz* DB 2011, 374; *Schanko* UVR 2011, 49; *Schanko* Ubg. 2011, 73; *Wagner/Köhler* BB 2011, 286; *Wischott/Adrian/Schönweiß* DStR 2011, 497.

erfasst **Verschmelzungen, Spaltungen und Vermögensübertragungen im Sinne des Umwandlungsgesetzes** (§ 6a Satz 1 GrEStG i.V.m. § 1 Abs. 1 Nr. 1 bis 3 UmwG). Für die Grunderwerbsteuerfreiheit kommt es nicht darauf an, ob die Umwandlung ertragsteuerlich zum Buchwert, zu einem Zwischenwert oder zum gemeinen Wert erfolgt.

Nicht von der Grunderwerbsteuerbefreiung erfasst sind u.a. folgende Vorgänge: 383

- Formwechsel nach dem Umwandlungsgesetz (der Formwechsel ist zwar mangels Rechtsträgerwechsel selbst nicht grunderwerbsteuerpflichtig, kann aber im Einzelfall eine Nachsteuer auslösen, z.B. nach § 5 Abs. 3 GrEStG),
- Einbringungen (mit Grundstücken) im Rahmen von Sachgründungen oder Sachkapitalerhöhungen (und zwar auch dann nicht, wenn diese nach §§ 20, 24 UmwStG zum Buchwert erfolgen),
- Einzelübertragung von Grundstücken (z.B. der Verkauf eines Grundstücks innerhalb von zwei Konzerngesellschaften),
- Veräußerung und Übertragung von Anteilen an Gesellschaften, zu deren Vermögen (unmittelbar oder mittelbar) Grundstücke gehören,
- Anwachsung von Vermögen bei Ausscheiden des vorletzten Gesellschafters einer Personengesellschaft (siehe aber § 6 Abs. 2 und 4 GrEStG).

Die Grunderwerbsteuerbefreiung wird nur dann gewährt, wenn an der Umwandlung aus- 384
schließlich ein **herrschendes** und/oder ein oder mehrere von diesem **abhängige Gesellschaften** beteiligt sind (§ 6a Satz 3 GrEStG). Abhängig sind Gesellschaften, an deren Kapital das herrschende Unternehmen fünf Jahre vor und fünf Jahre nach dem steuerbaren Rechtsvorgang unmittelbar oder mittelbar (oder teils unmittelbar, teils mittelbar) zu wenigstens 95% (und zwar ununterbrochen) beteiligt ist (§ 6a Satz 4 GrEStG). Die **fünfjährige Vorbesitzzeit und die fünfjährige Nachbesitzzeit** bezieht sich nur auf die Anteile des herrschenden Unternehmens an den abhängigen Gesellschaften (und nicht auf die zu deren Vermögen gehörenden Grundstücke). So führt beispielsweise der Verkauf eines durch die Umwandlung erworbenen Grundstücks vor Ablauf der Fünfjahresfrist nicht zum Wegfall der Steuervergünstigung.

Praxistipp:

Ein Herabsenken der Beteiligungsgrenze von mindestens 95% (z.B. durch eine Anteilsveräußerung) innerhalb der fünfjährigen Nachbesitzzeit kann rückwirkend Grunderwerbsteuer auslösen. Den Notar treffen insoweit allerdings keinerlei Hinweis- und Anzeigepflichten (zu den Anzeigepflichten der Beteiligten siehe § 19 Abs. 2 Nr. 4a GrEStG).

g) Unternehmensnachfolge

Ausgewählte Hinweise auf weiterführende Literatur: *Bayer/Koch (Hrsg.)*, Unternehmens- und Vermögensnachfolge, 2009 (Tagungsband mit Beiträgen von *Bayer*, *Landsittel*, *Otte*, *Jörg Mayer*, *Wälzholz*, *Werner* und *Wochner*); *Bengel*, Unternehmen vererben – Rechtliche Strategien für die geregelte Unternehmensnachfolge, in: Festschrift für Bernd Rödl, 2008, S. 225ff.; *Crezelius*, Unternehmenserbrecht, 2. Auflage, 2009; *von Dickhuth-Harrach*, Handbuch der Erbfolge-Gestaltung, 2010; *Flick*, Die Kunst des Mandantengesprächs in Fragen der Unternehmensnachfolge, in: Festschrift für Harald Schaumburg, 2009, S. 997ff.; *Hannes*, in: Frieser/Sarres/Stückemann/Tschichflos (Hrsg.), Handbuch des Fachanwalts Erbrecht, 4. Auflage, 2011, Kapitel 18; *Hannes (Hrsg.)*, Formularbuch Vermögens- und Unternehmensnachfolge, 2011; *Hannes/Onderka/von Oertzen*, ZEV Report Gesellschaftsrecht/Unternehmensnachfolge, ZEV 2010, 630, 465, 302 und 137, ZEV 2009, 618, 456, 289 und 129; *Freiherr von Hoyenberg*, Ausgewählte Fragen zum Unternehmertestament, RNotZ 2007, 377; *Freiherr von Hoyenberg*, Vorweggenommene Erbfolge, 2010; *Institut der Wirtschaftsprüfer in Deutschland e.V. (Hrsg.)*, Praxis der Unternehmensnachfolge, 4. Auflage, 2009; *Levedag*, Nachfolge in Personengesellschaften von Todes wegen am Beispiel der GmbH & Co. KG, GmbHR 2010, 629; *Levedag*, Vorweggenommene Erbfolge in Personengesellschaften am Beispiel der GmbH & Co. KG, GmbHR 2010, 855; *Lorz/Kirchdörfer*, Unternehmensnachfolge, 2. Auflage, 2011; *Meyer-Scharenberg/Müller/Ohland (Hrsg.)*, Gestaltung der Erb- und Unternehmensnachfolge in der Praxis, 2010 (Loseblatt); *Pauli*, Unternehmensnachfolge durch Vermächtnis, Angelbachtal 2007; *Pöllath*, Unternehmensfortführung durch Nachfolge oder Verkauf, 2007; *Reimann*, Gesellschaftsvertragliche Nachfolgeregelungen in der Kautelarpraxis – zivilrechtliche und steuerrechtliche Fragen, ZNotP 2006, 162; *Reimann*, Kautelarjuristische Maßnahmen zur Absicherung und Kontrolle der Unternehmensnachfolge, in: Festschrift für Gerhard Otte, 2005, S. 285ff.; *Semrau*, Das Unternehmertestament, 2. Auflage, 2011; *von Sothen*, in: Scherer (Hrsg.), Münchener Anwaltshandbuch Erbrecht, 3. Auflage, 2010, §§ 35 und 36, S. 994 ff.; *Spiegelberger*, Unternehmensnachfolge, Gestaltung nach Zivil- und Steuerrecht, 2. Auflage, 2009; *Spiegelberger*, Vermögensnachfolge, Gestaltung nach Zivil- und Steuerrecht, 2. Auflage, 2010; *Waldner*, Vorweggenommene Erbfolge, 2. Auflage, 2010.

385 *aa) Einführung.* Die Gestaltung der Unternehmensnachfolge ist für alle Beteiligten eine große Herausforderung. Neben der Bewältigung zahlreicher familiärer und wirtschaftlicher Schwierigkeiten gilt es in rechtlicher Hinsicht ein klares, sicheres und streitvermeidendes Nachfolgekonzept zu entwickeln – und dann auch umzusetzen. Dies ist keineswegs immer einfach, vor allem auch deshalb, weil manche Schnittstellen zwischen Erbrecht, Gesellschaftsrecht und Steuerrecht bis heute nicht abschließend geklärt sind. Ein eigentliches **Unternehmenserbrecht** gibt es in Deutschland nicht. Im Steuerrecht fehlt es gleichfalls an einer ganzheitlichen Regelung der Unternehmensnachfolge. Vielmehr wird die Unternehmensnachfolge in jeder Steuerart gesondert geregelt.

386 Im Steuerrecht steht im Bereich der Unternehmensnachfolge traditionell die Erbschaft- und Schenkungsteuer im Mittelpunkt des Interesses. Allerdings weist die Unternehmensnachfolge daneben auch zahlreiche Berührungspunkte zu vielen anderen **Steuerarten** auf. Beispiele dafür sind etwa:

- Einkommensteuer: Die (nicht voll unentgeltliche) Übertragung eines Betriebs im Wege der vorweggenommenen Erbfolge kann zu einem steuerpflichtigen Veräußerungsgewinn führen (§ 6 Abs. 3 EStG).
- Körperschaftsteuer: Die unentgeltliche Übertragung von mehr als 50% der Anteile an einer Kapitalgesellschaft im Wege der vorweggenommenen Erbfolge führt zum Untergang etwaiger Verlustvorträge (§ 8 c KStG).
- Grunderwerbsteuer: Die Vereinigung aller Anteile an einer GmbH, zu deren Vermögen Grundbesitz gehört, löst (trotz § 3 Nr. 2 GrEStG) Grunderwerbsteuer aus (§ 1 Abs. 3 Nr. 2 GrEStG).
- Umsatzsteuer: Die unentgeltliche Übertragung eines Grundstücks kann die Berichtigung des Vorsteuerabzugs zur Folge haben (§ 15 a UStG).
- Umwandlungssteuer: Die (nicht voll unentgeltliche) Übertragung von Gesellschaftsanteilen im Wege der vorweggenommenen Erbfolge kann eine Nachsteuer auslösen (§ 22 UmwStG).

Praxistipp:

Bei der (steuerlichen) Gestaltung der Unternehmensnachfolge geht es zunächst darum, die Erbschaft- und Schenkungsteuerbelastung möglichst zu reduzieren. Dabei kommt es vor allem darauf an, dass der Erwerber die Verschonungen für unternehmerisches Vermögen in Anspruch nehmen kann und es zu keiner Nachversteuerung kommt (siehe §§ 13 a, 13 b und 19 a ErbStG). Darüber hinaus muss bei der Unternehmensnachfolge aber auch eine Belastung mit Einkommensteuern vermieden werden. Denn Einkommensteuer und Erbschaftsteuer schließen sich keineswegs aus (siehe nur § 35 b EStG).[244] Zur Vermeidung einer ungewollten Gewinnrealisierung muss daher sowohl für die eigentliche Unternehmensübertragung als auch für eine etwaige spätere Erbauseinandersetzung besonders auf die Möglichkeit der Buchwertfortführung geachtet werden.

387 Die Unternehmensnachfolge ist grundsätzlich sowohl von Todes wegen als auch **im Wege der vorweggenommenen Erbfolge** möglich. Im Allgemeinen wird – aus einer Vielzahl von Gründen – eine gleitende Übertragung zu Lebzeiten empfohlen. Auch aus steuerlicher Sicht ist eine Übertragung im Wege der vorweggenommenen Erbfolge einer Nachfolgeregelung von Todes wegen grundsätzlich vorzuziehen. Bei der Erbschaft- und Schenkungsteuer können die persönlichen Freibeträge beispielsweise alle zehn Jahre erneut in Anspruch genom-

[244] Zu den Problemen der Doppelbelastung mit Erbschaft- und Einkommensteuer siehe u. a. *Bron/Seidel* ErbStB 2010, 48 (Teil I) und ErbStB 2010, 81 (Teil II); *Crezelius* BB 2007, BB-Special 10 zu Heft 46, 1; *Gauß/Schwarz* BB 2009, 1387; *Hechtner* BB 2009, 486; *Herzig/Joisten/Vossel* DB 2009, 584; *Seifried* ZEV 2009, 285.

men werden (§§ 14 und 16 ErbStG). Künftige Wertsteigerungen des übertragenen Vermögens unterliegen zudem nicht mehr der Erbschaftsteuer. Bei der Übertragung zu Lebzeiten lässt sich der Zeitpunkt der Steuerentstehung genau steuern (§ 9 Abs. 1 Nr. 2 ErbStG) und ist nicht vom zufälligen Ereignis des Todes abhängig. Dies kann für die Steuerung von schwankenden Größen wie dem Unternehmenswert oder der Lohnsumme ebenso von Vorteil sein wie für die Einhaltung der steuerlichen Behaltefristen. Im Bereich der Einkommensteuer kann durch die Verlagerung von Einkünften die Gesamtsteuerbelastung innerhalb einer Familie durch die mehrfache Ausnutzung von Freibeträgen oder Progressionsvorteilen vielfach reduziert werden. Entscheidend aber ist schließlich der Gesichtspunkt der **Planungssicherheit**. Die für die Nachfolgeplanung maßgeblichen Rahmenbedingungen ändern sich – nicht nur, aber auch im Steuerrecht – immer schneller und öfter, so dass es schon schwierig ist, die Unternehmensnachfolge zu Lebzeiten sicher und verlässlich zu gestalten. Nahezu unmöglich erscheint unter diesen Umständen aber eine optimale Regelung der Nachfolge durch ein Unternehmertestament, dass naturgemäß erst zu einem ungewissen Zeitpunkt in der Zukunft Bedeutung erlangt. Jedenfalls müsste ein solches Unternehmertestament regelmäßig überprüft und angepasst werden, was zwar vielfach empfohlen, aber nur selten getan wird.

Nachfolgend sollen einige Grundstrukturen der Besteuerung der Unternehmensnachfolge aufgezeigt werden, wobei zwischen den einzelnen Rechtsformen und der Übertragung von Todes wegen und zu Lebzeiten unterschieden wird.

bb) Einzelunternehmen. (1) Erwerb im Wege der vorweggenommenen Erbfolge. (a) Einkommensteuer. (aa) Überblick. Vermögensübertragungen im Wege der vorweggenommenen Erbfolge können grundsätzlich **entgeltlich, unentgeltlich** oder **teilentgeltlich** erfolgen. Die Abgrenzung zwischen den einzelnen Übertragungsformen ist im Einzelnen schwierig und wird im Zivilrecht, im Ertragsteuerrecht[245] und im Schenkungsteuer-recht durchaus unterschiedlich vorgenommen. 388

Im Einkommensteuerrecht gilt folgende Unterscheidung:

- (Voll) **Unentgeltlich** sind zunächst Vermögensübertragungen ohne jede Gegenleistung. Unterhalts- und Versorgungsleistungen werden im Einkommensteuerrecht unter bestimmten Voraussetzungen nicht als Gegenleistung angesehen. Ein voll unentgeltlicher Vorgang liegt auch dann vor, wenn der Erwerber einen Gewerbebetrieb einschließlich der Passiva übernimmt. Denn die übernommenen Verbindlichkeiten sind in diesem Fall Wirtschaftsgüter des übernommenen Betriebsvermögens und damit selbst Gegenstand der Übertragung. Ebenso ist die Übertragung eines Mitunternehmeranteils mit einem negativen Kapitalkonto unentgeltlich (sofern auch sonst kein Entgelt bezahlt wird).
- (Voll) **Entgeltlich** sind Vermögensübertragungen dann, wenn Leistung und Gegenleistung wie unter fremden Dritten kaufmännisch ausgewogen sind. Dabei kommt als Entgelt nicht nur die Zahlung eines Kaufpreises in Betracht. Als steuerliche Gegenleistungen gelten auch die Übernahme privater Verbindlichkeiten, Abstandszahlungen und Gleichstellungsgelder. Im Bereich der vorweggenommenen Erbfolge ist eine vollständige Gleichwertigkeit von Leistung und Gegenleistung nur selten gegeben.
- **Teilentgeltliche** Übertragungen liegen vor, wenn Leistung und Gegenleistung nicht wertmäßig ausgewogen sind (und sich die Beteiligten dieses Umstands auch bewusst sind). Die steuerliche Behandlung von teilentgeltlichen Übertragungen richtet sich maßgeblich nach dem Gegenstand der Vermögensübertragung.
  – Bei der teilentgeltlichen Übertragung von **Privatvermögen** und **einzelnen Wirtschaftsgütern des Betriebsvermögens** wird die Übertragung in einen voll entgeltlichen und in einen voll unentgeltlichen Teil aufgespalten (**Trennungstheorie**). Haben die Beteiligten die Wertverhältnisse nicht selbst festgelegt, erfolgt die Aufteilung nach dem Verhältnis des Verkehrswerts des übertragenen Vermögens zur Gegenleistung.

[245] Grundlegend BFH Urt. v. 5. 7. 1990 – GrS 4–6/89 – BStBl. II 1990, 847 = DB 1990, 2196. Ausführlich zum Ganzen aus Sicht der Finanzverwaltung BMF Schreiben v. 13. 1. 1993 – BStBl. I 1993, S. 80 (zur ertragsteuerlichen Behandlung der vorweggenommenen Erbfolge). Ausführlich dazu u. a. *Meincke* NJW 1991, 198; *Priester* DNotZ 1991, 507; *Spiegelberger* DStR 2000, 1073; *Spiegelberger* MittBayNot 1995, 104.

– Bei der Übertragung von **Betrieben, Teilbetrieben oder Mitunternehmeranteilen** wird eine teilentgeltliche Übertragung als einheitlicher Vorgang angesehen (**Einheitstheorie**). Es erfolgt somit keine Aufspaltung in einen entgeltlichen und einen unentgeltlichen Teil. Übersteigen die Gegenleistungen das Kapitalkonto des Veräußerers, handelt es sich um einen entgeltlichen Vorgang. Im umgekehrten Fall (bei dem die Gegenleistungen niedriger als das Kapitalkonto sind) wird der Vorgang dagegen insgesamt als unentgeltlich angesehen. Auf den Verkehrswert des übertragenen Vermögens kommt es in diesem Zusammenhang nicht an.

Praxistipp:

Im Allgemeinen ist die Interessenlage der Beteiligten auf einen unentgeltlichen Erwerb gerichtet, da dann kein Veräußerungsgewinn zu versteuern ist und die Buchwerte fortgeführt werden können. Allerdings hat der Erwerber dann auch keine Anschaffungskosten.

389 *(bb) Voll unentgeltliche Übertragung.* Die unentgeltliche Übertragung eines Gewerbebetriebs (oder eines Teilbetriebs) zu Lebzeiten ist keine Betriebsaufgabe, sondern erfolgt steuerlich (zwingend) zu **Buchwerten** (§ 6 Abs. 3 Satz 1 EStG). Die Buchwertfortführung ist allerdings nur dann möglich, wenn der gesamte Betrieb mit allen seinen wesentlichen Betriebsgrundlagen übertragen wird. Andernfalls liegt eine Betriebsaufgabe vor und der Veräußerer muss den Aufgabegewinn versteuern (§ 16 Abs. 3 EStG). Die Übertragung einzelner Gegenstände des Betriebsvermögens (zum Beispiel eines Betriebsgrundstücks) ist somit nicht zu Buchwerten möglich.

(cc) Übertragung gegen Versorgungsleistungen

Ausgewählte Hinweise auf weiterführende Literatur: *Geck,* Gestaltungsüberlegungen zur Übertragung von Anteilen an gewerblich geprägten Personengesellschaften gegen Versorgungsleistungen, DStR 2011, 962; *ders.*, Der Rentenerlass IV zur Vermögensübergabe gegen Versorgungsleistungen – Schwerpunkte und Bewertung aus Sicht der Beratungspraxis, ZEV 2010, 161; *ders.*, Beratungsrelevante Hinweise zur Vermögensübergabe gegen Versorgungsleistungen im Ertrag- und Erbschaftsteuerrecht mit zivilrechtlichen Bezügen, KÖSDI 2009, 16444; *Grün*, Versorgungsleistungen im Zusammenhang mit einer Vermögensübertragung, NWB 14/2010, S. 1042; *Korn*, Einkommensteuerliche Beurteilung von Vermögensübertragungen gegen Versorgungsleistungen zur vorweggenommenen Erbfolge im Lichte des „Vierten Rentenerlasses", KÖSDI 2010, 16920; *Kratzsch*, Vermögensübertragungen gegen wiederkehrende Leistungen, NWB 25/2010, S. 1964; *Risthaus*, Begünstigte Vermögensübergaben gegen Versorgungsleistungen, DB 2010, 744 (Teil I) und DB 2010, 803 (Teil II); *Seitz*, Die wesentlichen Änderungen bei der Vermögensübergabe gegen Versorgungsleistungen durch den sog. 4. Rentenerlass, DStR 2010, 629; *Spiegelberger*, Ausweichgestaltungen bei Immobilienübertragungen aufgrund des IV. Rentenerlasses: Die Übertragung von Immobilienvermögen, DStR 2010, 1880; *Spiegelberger*, Ausweichgestaltungen aufgrund des IV. Rentenerlasses: Die Übertragung von Unternehmensvermögen und Gesellschaftsanteilen, DStR 2010, 1822; *Wälzholz*, Der 4. Rentenerlass: Versorgungsleistungen nach dem BMF-Schreiben vom 11. 3. 2010, GmbH-StB 2010, 206; *Wälzholz*, Aktuelle Gestaltungsprobleme mit Versorgungsleistungen nach § 10 Abs. 1 Nr. 1 a EStG, DStR 2010, 850; *Weilbach*, Die Vermögensübertragung gegen Versorgungsleistungen dargestellt an Hand des „Vierten Rentenerlasses", Ubg. 2010, 245; *Wißborn*, Wiederkehrende Leistungen im Zusammenhang mit einer Vermögensübertragung nach der gesetzlichen Neuregelung und dem neuen Rentenerlass, FR 2010, 322.

390 Bei einer Vermögensübertragung gegen Versorgungsleistungen wird der Vorgang ertragsteuerrechtlich als **unentgeltlich** angesehen, obwohl tatsächlich eine Gegenleistung erbracht wird. Dieses „Sonderrecht" wird damit begründet, dass es sich bei den Versorgungsleistungen um vorbehaltene Erträge des vom Veräußerer übertragenen Vermögens handelt.

391 Die Versorgungsleistungen führen beim Veräußerer somit zu keinem Veräußerungsgewinn und beim Erwerber zu keinen Anschaffungskosten. Der Erwerber kann die Versorgungsleistungen als **Sonderausgaben** steuerlich geltend machen (§ 10 Nr. 1 a EStG) (anders etwa als Unterhaltsleistungen, die steuerlich nicht berücksichtigt werden, § 12 Nr. 2 EStG). Korrespondierend muss der Veräußerer die Versorgungsleistungen als **sonstige Einkünfte** versteuern (§ 22 Nr. 1 b EStG).[246] Steuerliches Ziel der Beteiligten ist es regelmäßig, dass sich der

[246] Ausführlich zum Ganzen aus Sicht der Finanzverwaltung, BMF Schreiben v. 11. 3. 2010 (4. Rentenerlass), BStBl. I 2010, 227 = DStR 2010, 545.

Sonderausgabenabzug beim Erwerber (meist aufgrund der Steuerprogression) steuerlich vorteilhafter auswirkt als die Besteuerung der Versorgungsleistungen beim Veräußerer. Allerdings muss sich dies in der Praxis keineswegs in allen Fällen auch tatsächlich so darstellen. Auf die früher übliche Unterscheidung der Versorgungsleistungen nach Leibrenten und dauernden Lasten kommt es heute insoweit nicht mehr an.

Der **persönliche Anwendungsbereich** von Vermögensübertragungen gegen Versorgungs- 392
leistungen ist grundsätzlich auf Angehörige beschränkt und erstreckt sich nur ausnahmsweise auch auf familienfremde Personen. Der Erwerber muss aufgrund seiner persönlichen Beziehung zum Veräußerer ein persönliches Interesse an dessen lebenslanger Versorgung haben. Dies wird insbesondere bei Kindern (einschließlich Schwiegerkindern) sowie Neffen und Nichten bejaht. Der Veräußerer und der Empfänger der Versorgungsleistungen müssen nicht personenidentisch sein. Vielmehr genügt es, wenn der Versorgungsempfänger dem Generationenfolgeverbund des Veräußerers angehört. Dies ist beispielsweise bei Ehegatten, eingetragenen Lebenspartnern sowie bei erb- und pflichtteilsberechtigten Abkömmlingen der Fall. Nicht erfasst sind dagegen Geschwister. Der Empfänger der Versorgungsleistungen muss zudem in Deutschland unbeschränkt einkommensteuerpflichtig sein, d.h. grundsätzlich hier über einen Wohnsitz verfügen oder seinen gewöhnlichen Aufenthalt haben.

Der **sachliche Anwendungsbereich** der Vermögensübertragung gegen Versorgungsleistun- 393
gen ist auf bestimmte Vermögensgegenstände beschränkt (§ 10 Abs. 1 Nr. 1a Satz 2 Buchstabe a) bis c) EStG). Erfasst werden insbesondere Mitunternehmeranteile, Betriebe und Teilbetriebe sowie bestimmte Anteile an Gesellschaften mit beschränkter Haftung. Nicht Gegenstand einer begünstigten Vermögensübertragung gegen Versorgungsleistungen können dagegen Immobilien, Wertpapiere oder Aktien sein.

Praxistipp:

Wird gleichzeitig begünstigtes und nicht begünstigtes Vermögen übertragen, können die Beteiligten im Überlassungsvertrag eine entsprechende Zuordnung der Versorgungsleistungen vornehmen. Dabei können die Versorgungsleistungen auch in vollem Umfang dem begünstigten Vermögen zugeordnet werden. Erfolgt keine vertragliche Zuordnung, sind die Leistungen nach einem angemessenen Maßstab (z.B. dem Verhältnis der Erträge) aufzuteilen.

Gegenstand einer Vermögensubertragung gegen Versorgungsleistungen können u.a. Be- 394
triebe und Teilbetriebe sein (§ 10 Abs. 1 Nr. 1a Satz 2 Buchstabe b) EStG; siehe auch § 6 Abs. 3 Satz 1 EStG). Bei der Übertragung eines **Betriebs** müssen alle funktional wesentlichen Gegenstände des Betriebsvermögens mitübertragen werden. Ein **Teilbetrieb** ist ein mit einer gewissen Selbständigkeit ausgestatteter, organisch geschlossener Teil eines Gesamtbetriebs, der für sich betrachtet alle Merkmale eines Betriebs aufweist und für sich lebensfähig ist (siehe R 16 (3) EStR). Die Beteiligung an einer Kapitalgesellschaft, die das gesamte Nennkapital umfasst, ist im vorliegenden Zusammenhang (anders als etwa bei § 16 Abs. 1 Satz 1 Nr. 2 EStG) kein Teilbetrieb. Einzelne Wirtschaftsgüter (z.B. ein Grundstück) sind regelmäßig kein Teilbetrieb.

Wird kein begünstigter Betrieb oder Teilbetrieb übertragen, handelt es sich um keine 395
unentgeltliche Vermögensübertragung gegen Versorgungsleistungen, sondern um eine (teil)-entgeltliche Betriebsübertragung. Der Veräußerer muss dementsprechend den anteiligen Veräußerungsgewinn versteuern.

(b) Schenkungsteuer. Die unentgeltliche Übertragung eines Gewerbebetriebs ist ein schen- 396
kungsteuerpflichtiger Vorgang (§ 7 Abs. 1 Nr. 1 ErbStG). Der Betrieb wird dabei mit dem gemeinen Wert bewertet (§ 12 Abs. 5 ErbStG i.V.m. §§ 95 ff. und §§ 199 ff. BewG). Betriebsvermögen im Sinne des Ertragsteuerrechts gehört allerdings zum begünstigten Vermögen (§ 13 b Abs. 1 Nr. 2 ErbStG), so dass der Erwerb grundsätzlich in Höhe von 85% bzw. 100% steuerlich verschont werden kann (siehe im Einzelnen §§ 13 a, 13 b und 19 a ErbStG).[247]

[247] Ausführlich zu den Voraussetzungen der steuerlichen Verschonung aus Sicht der Finanzverwaltung die gleich lautenden Ländererlasse v. 25. 6. 2009, BStBl. I 2009, 713.

397 *(2) Erwerb von Todes wegen. (a) Einkommensteuer.* Im Erbfall geht der Gewerbebetrieb unentgeltlich auf den oder die Erben über (§ 6 Abs. 3 Satz 1 EStG).[248] Die Erben treten in die einkommensteuerrechtliche Rechtstellung des Erblassers ein („Fußstapfentheorie")[249] und führen (zwingend) die bisherigen **Buchwerte** fort. Beim Erblasser entsteht somit kein steuerpflichtiger Gewinn und die Erben haben keine Anschaffungskosten.

398 Die Erfüllung von **Pflichtteilsansprüchen** oder **Geldvermächtnissen** führt nicht zu Anschaffungskosten der Erben. Darlehenszinsen, die der Erbe zur Finanzierung solcher Erbfallschulden bezahlen muss, sind auch keine Betriebsausgaben. Hat der Erblasser einem Dritten einzelne Gegenstände des Betriebsvermögens im Wege eines **Sachvermächtnisses** zugewandt, führt die Erfüllung des Vermächtnisses bei den Erben zu einer steuerpflichtigen Entnahme.

Praxistipp:

Der Unternehmensnachfolger sollte aufgrund der zivil- und steuerrechtlichen Vorteile der Universalsukzession nach Möglichkeit als Erbe eingesetzt werden. Die Abfindung der weichenden Erben sollte grundsätzlich mit steuerlichem Privatvermögen erfolgen. Vermächtnisse in Bezug auf steuerliches Betriebsvermögen sind im Allgemeinen zu vermeiden, da sie zu einem steuerpflichtigen Entnahmegewinn bei den Erben führen können (sofern sie sich nicht auf den gesamten Gewerbebetrieb beziehen).

399 Führen die Erben den Betrieb nicht fort, sondern geben ihn auf oder veräußern ihn, entsteht in der Person der Erben (und nicht beim Erblasser) ein steuerpflichtiger **Veräußerungs- oder Aufgabegewinn** (§ 16 EStG). Das gilt auch dann, wenn die Veräußerung bzw. die Aufgabe des Betriebs auf einer Anordnung des Erblassers beruht.

400 **Mehrere Erben** eines Gewerbebetriebs bilden zivilrechtlich eine Erbengemeinschaft und werden steuerrechtlich mit dem Erbfall zu Mitunternehmern (§ 15 Abs. 1 Nr. 2 EStG). Die ungeteilte Erbengemeinschaft ist eine mit einer Personengesellschaft steuerlich vergleichbare Gemeinschaft („geborene Mitunternehmerschaft"). Die einzelnen Miterben beziehen Einkünfte aus Gewerbebetrieb, die ihnen grundsätzlich entsprechend der Erbquoten zuzurechnen sind.

Praxistipp:

Erfolgt die Auseinandersetzung der Erbengemeinschaft innerhalb von sechs Monaten nach Eintritt des Erbfalls, können die Einkünfte aus dem Gewerbebetrieb auch mit steuerlicher Rückwirkung auf den Tag des Erbfalls dem oder den erwerbenden Miterben zugerechnet werden.[250]

401 Erbfall und Erbauseinandersetzung sind steuerrechtlich grundsätzlich zwei voneinander zu trennende Vorgänge (**Trennungstheorie**).[251] Der **Erbfall** ist unentgeltlich. Allein aufgrund des Erbfalls kommt es somit auch dann zu keiner Einkommensbesteuerung, wenn zum Nachlass ein Gewerbebetrieb gehört. Die spätere **Erbauseinandersetzung** ist dagegen dann entgeltlich, wenn der Wert des Vermögens, das ein Miterbe erwirbt, den Wert seines Erbteils übersteigt und er dafür einen Ausgleich leistet. In dieser Höhe kommt es bei den weichen-

[248] Umfassend zum Ganzen Schmidt/*Kulosa* EStG § 6 Rdnr. 641 ff. und Schmidt/*Wacker* EStG § 16 Rdnr. 590 ff.

[249] Mit Ausnahme eines etwaigen Verlustvortrags, der nicht vererblich ist, siehe BFH Urt. v. 17. 12. 2007 – GrS 2/04 – BFH BStBl. II 2008, 608 = DB 2008, 675 = BB 2008, 1038 mit Anm. *Schulte* = ZEV 2008, 199 mit Anm. *Röder* = FR 2008, 457 mit Anm. *Kanzler* = RNotZ 2008, 563 mit Anm. *Frhr. von Proff zu Irnich.*

[250] Siehe BMF Schreiben v. 11. 1. 2006 – BStBl. I 2006, 253, Rdnr. 8.

[251] Grundlegend BFH Urt. v. 5. 7. 1990 – GrS 2/89 – BStBl. II 1990, 837 = DB 1990, 2144. Siehe dazu aus Sicht der Finanzverwaltung BMF Schreiben v. 14. 3. 2006 – BStBl. I 2006, 253 (zur ertragsteuerlichen Behandlung der Erbengemeinschaft und ihrer Auseinandersetzung) und BMF Schreiben v. 28. 2. 2006 – BStBl. I 2006, 228 (zur Realteilung nach § 16 Abs. 3 EStG). – Ausführlich zum Ganzen u. a. *Geck* ZEV 2007, 291; *ders.* KÖSDI 2012, 17352; *Priester* DNotZ 1991, 507; *Jörg Mayer* MittBayNot 2010, 353; *Reich* MittBayNot 2007, 182 und 280; *Theilacker* BWNotZ 2010, 226 und 2011, 11.

den Erben zu einem steuerpflichtigen Veräußerungsgewinn und dem erwerbenden Erben zu steuerlichen Anschaffungskosten. Im Übrigen erfolgt die Erbauseinandersetzung aber unentgeltlich.

Praxistipp:

Ein steuerpflichtiger Veräußerungsgewinn entsteht bei einer Erbauseinandersetzung nicht, wenn die Auseinandersetzung ohne Abfindungszahlungen erfolgt. Die Übernahme von Verbindlichkeiten (auch über die Erbquote des Miterben hinaus) und die Erfüllung von Vermächtnissen führt zu keinem entgeltlichen Erwerb. Dagegen stellen Abfindungszahlungen auch dann ein steuerliches Entgelt dar, wenn sie auf Anordnungen des Erblassers beruhen. Soll ein steuerpflichtiger Veräußerungsgewinn vermieden werden, ist daher die Anordnung von (Voraus-)Vermächtnissen im Allgemeinen günstiger als die Anordnung von Ausgleichszahlungen im Wege einer Teilungsanordnung.

(b) Erbschaftsteuer. Der Erwerb eines Gewerbebetriebs von Todes wegen unterliegt der Erbschaftsteuer (§ 3 Abs. 1 Nr. 1 ErbStG). Der Betrieb ist dabei mit dem gemeinen Wert zu bewerten (§ 12 Abs. 5 ErbStG i. V. m. §§ 95 ff. und §§ 199 ff. BewG). Für den Erwerb von ertragsteuerlichem Betriebsvermögen können aber grundsätzlich die Verschonungsregeln für unternehmerisches Vermögen in Anspruch genommen werden, wonach der Erwerb in Höhe von 85% bzw. 100% steuerfrei ist (siehe im Einzelnen §§ 13 a, 13 b und 19 a ErbStG). 402

cc) Anteile an Personengesellschaften. (1) Erwerb im Wege der vorweggenommenen Erbfolge. (a) Einkommensteuer. (aa) Voll unentgeltliche Übertragung. Die unentgeltliche Übertragung eines Mitunternehmeranteils erfolgt zu **Buchwerten** (§ 6 Abs. 3 Satz 1 HS 1 EStG). Gleiches gilt auch bei der unentgeltlichen Aufnahme einer natürlichen Person in ein bestehendes Einzelunternehmen und der unentgeltlichen Übertragung eines Teils eines Mitunternehmeranteils auf eine natürliche Person (§ 6 Abs. 3 Satz 1 HS 2 EStG). 403

Praxistipp:

Bei der unentgeltlichen Übertragung von Teilen eines Mitunternehmeranteils ist die Buchwertfortführung nur dann möglich, wenn es sich bei dem Erwerber um eine **natürliche Person** handelt. Bei anderen Erwerbern (z. B. Kapitalgesellschaften oder Stiftungen) ist – zur Vermeidung einer steuerpflichtigen Aufdeckung der stillen Reserven – entweder der gesamte Mitunternehmeranteil zu übertragen oder der Mitunternehmeranteil ist vorab in eine andere Personengesellschaft auszugliedern, deren Mitunternehmeranteil dann insgesamt übertragen wird.

Gehört zu dem Mitunternehmeranteil auch **Sonderbetriebsvermögen**, ist die Buchwertfortführung grundsätzlich davon abhängig, dass auch dieses auf den Erwerber übertragen wird.[252] Bei der unentgeltlichen Übertragung des **gesamten** Mitunternehmeranteils muss das gesamte Sonderbetriebsvermögen, das für den Betrieb funktional wesentlich ist[253] mitübertragen werden.[254] Dagegen muss bei der unentgeltlichen Übertragung nur eines **Teils** des Mitunternehmeranteils, das Sonderbetriebsvermögen dann nicht zwingend mitübertragen werden (bzw. nicht in gleichem Umfang mitübertragen werden), wenn die Wirtschaftsgüter des Sonderbetriebsvermögens weiterhin zum Betriebsvermögen derselben Mitunternehmerschaft gehören **und** der Erwerber den übernommenen Mitunternehmeranteil fünf Jahre nicht veräußert oder aufgibt (§ 6 Abs. 3 Satz 2 EStG). Bei einer Verletzung der steuerlichen Behaltefrist kommt es rückwirkend zu einer Versteuerung der stillen Reserven beim Veräußerer (§ 16 Abs. 1 Satz 2 EStG i. V. m. § 175 Abs. 1 Nr. 2 AO). 404

[252] Siehe dazu BMF Schreiben v. 3. 3. 2005 – BStBl. I 2005, 458, Rdnr. 4 ff. Zu Fällen der mitunternehmerischen Betriebsaufspaltung siehe ergänzend BMF Schreiben v. 7. 12. 2006 – BStBl. I 2006, 766.

[253] Siehe dazu oben Rdnr. 261.

[254] Siehe dazu jüngst BFH Urt. v. 6. 5. 2010 – IV R 52/08 – BStBl. II 2011, 262 = DStR 2010, 1374 mit Anm. *Wit* = BB 2010, 2040 mit Anm. *Koch* = FR 2010, 941 mit Anm. *Kempermann* (Keine Buchwertfortführung bei bloßer Übertragung eines Kommanditanteiles ohne das funktional wesentliche Sonderbetriebsvermögen).

Praxistipp:

Der steuerlich sicherste Weg besteht darin, Mitunternehmeranteil und Sonderbetriebsvermögen stets zusammen und **im selben quotalen Umfang** zu übertragen. In diesem Fall ist die Buchwertfortführung anerkannt und von keiner Behaltefrist abhängig. Die unter- bzw. überquotale Übertragung von Sonderbetriebsvermögen kann dagegen mit steuerlichen Risiken verbunden sein.[255]

405 *(bb) Übertragung gegen Versorgungsleistungen.* Gegenstand einer begünstigten Vermögensübertragung gegen Versorgungsleistungen können u. a. auch **Mitunternehmeranteile** an einer gewerblich tätigen Personengesellschaft sein (§ 10 Abs. 1 Nr. 1 a Satz 2 Buchstabe a) i. V. m. § 15 Abs. 1 Satz 1 Nr. 1 EStG). Dies umfasst alle Mitunternehmeranteile an **gewerblich tätigen** Personengesellschaften. Nicht begünstigt ist dagegen die Übertragung von vermögensverwaltenden oder (lediglich) gewerblich geprägten Personengesellschaften (siehe § 15 Abs. 3 Nr. 2 EStG).

406 Begünstigt ist unstreitig die Übertragung eines **gesamten Mitunternehmeranteils** auf einen oder mehrere Erwerber. Das für den Betrieb funktional wesentliche Sonderbetriebsvermögen muss dabei (als Bestandteil des Mitunternehmeranteils) mitübertragen werden. Auf die Höhe der Beteiligung an der Personengesellschaft kommt es für die Begünstigung nicht an. Begünstigt ist auch die unentgeltliche Aufnahme eines Angehörigen in ein Einzelunternehmen (wie bei § 6 Abs. 3 Satz 1 HS 2 EStG).

407 Nach dem Gesetzeswortlaut nicht eindeutig ist dagegen, ob auch die bloße Übertragung eines **Teils eines Mitunternehmeranteils** Gegenstand einer begünstigten Vermögensübertragung gegen Versorgungsleistungen sein kann (§ 10 Abs. 1 Nr. 1 a Satz 2 Buchstabe a) EStG spricht nur von „*Mitunternehmeranteil*“, wohingegen beispielsweise in § 6 Abs. 3 Satz 1 EStG auch der „*Teil eines Mitunternehmeranteils*“ ausdrücklich erwähnt ist). Nach Auffassung der Finanzverwaltung ist allerdings auch die Übertragung eines bloßen Teils eines Mitunternehmeranteils ausreichend (ebenso wie bei § 6 Abs. 3 EStG). Voraussetzung ist allerdings, dass das funktional wesentliche Sonderbetriebsvermögen stets im gleichen quotalen Umfang mitübertragen wird (insoweit anders als bei § 6 Abs. 3 EStG). Die unter- oder überquotale Übertragung von Sonderbetriebsvermögen soll dagegen nicht genügen.

(cc) Übertragung unter Nießbrauchsvorbehalt

Ausgewählte Hinweise auf weiterführende Literatur: *Frank*, Der Nießbrauch an Gesellschaftsanteilen, MittBayNot 2010, 96; *Geck*, Die Übertragung unter Nießbrauchsvorbehalt nach Aufhebung des § 25 ErbStG durch das ErbStRG, DStR 2009, 1005; *Götz*, Schenkungsteuerliche Folgen eines Verzichts auf ein vorbehaltenes Nießbrauchsrecht, ZEV 2009, 609; *Götz*, Die Bedeutung des § 14 Abs. 2 BewG bei Zuwendungen unter Nießbrauchsvorbehalt, DStR 2009, 2233; *Götz/Hülsmann*, Surrogation beim Vorbehaltsnießbrauch: Zivilrechtliche und schenkungsteuerliche Aspekte, DStR 2010, 2377; *Götz/Hülsmann*, Surrogation beim Vorbehaltsnießbrauch: Ertragsteuerliche Aspekte, DStR 2010, 2432; *Hochheim/Wagenmann*, Einheitlichkeit der Beteiligung an einer Mitunternehmerschaft, DStR 2010, 1707; *Hochheim/Wagenmann*, Der Vorbehaltsnießbrauch am Kommanditanteil und die Mitunternehmerschaft, ZEV 2010, 109; *Jebens*, Die Wirkung des Vorbehaltsnießbrauchs bei Schenkung von Unternehmensanteilen, DStZ 2009, 321; *Korn/Carlé*, Renaissance des Vorbehaltsnießbrauchs – Zivil- und steuerrechtliche Probleme und Lösungen, KÖSDI 2009, 16514; *Milatz/Herbst*, Die vorweggenommene Erbfolge im Betriebsvermögen, DB 2010, 2522; *Mohr/Jainta*, Nießbrauch an GmbH-Geschäftsanteilen, GmbH-StB 2010, 269; *Noll*, Schenkungsteuerliche Fragen bei der Übertragung von Anteilen an Personengesellschaften im Lichte aktueller Entwicklungen, in: Festschrift für Harald Schaumburg, Köln 2009, S. 1025 ff.; *Schulze zur Wiesche*, Die erbschaftsteuerliche Behandlung einer Anteilsschenkung unter Nießbrauchsvorbehalt, DB 2009, 2452; *Theissen/Steger*, Grundstücksschenkungen unter Nießbrauchsvorbehalt nach der Erbschaftsteuerreform, ErbStB 2009, 158; *Wälzholz*, Aktuelle steuerliche Gestaltungsprobleme des mitunternehmerischen Nießbrauchs am Anteil einer Personengesellschaft, DStR 2010, 1930; *Wälzholz*, Aktuelle Gestaltungsprobleme des Nießbrauchs am Anteil an einer Personengesellschaft, DStR 2010, 1786; *Werz/Sager*, Disquotales Gewinnbezugsrecht versus Vorbehaltsnießbrauch, ErbStB 2010, 73 (Teil I) und ErbStB 2010, 101 (Teil II).

408 Die Möglichkeit der Übertragung eines Anteils an einer Personengesellschaft unter Nießbrauchsvorbehalt ist heute allgemein anerkannt. Die Übertragung unter Nießbrauchsvorbe-

[255] Siehe dazu BMF Schreiben v. 3. 3. 2005 – BStBl. I 2005, 458, Rdnr. 10 ff.

halt ist ertragsteuerrechtlich unentgeltlich. Der Nießbrauch ist kein Entgelt, weil der Erwerber das Vermögen von vornherein belastet mit dem Nießbrauch erwirbt.

Die sachgerechte Ausgestaltung des Nießbrauchs ist zivilrechtlich und steuerrechtlich au- 409
ßerordentlich schwierig. Sowohl für die Einkommensteuer als auch für die Schenkungsteuer kommt es entscheidend darauf an, dass der Erwerber (trotz des Vorbehaltsnießbrauchs) Mitunternehmer wird (und der Veräußerer Mitunternehmer bleibt).[256] Andernfalls erfolgt einkommensteuerrechtlich keine Zurechnung der Einkünfte an den Erwerber und der Erwerb ist erbschaftsteuerrechtlich nicht begünstigt. Der Vorbehaltsnießbrauch muss – vereinfacht gesagt – mithin so ausgestaltet werden, dass nicht „alles beim Alten bleibt".

Beispiele aus der Rechtsprechung des Bundesfinanzhofs zur Mitunternehmerstellung bei Anteilsübertragung unter Nießbrauchsvorbehalt
(in chronologischer Reihenfolge)

BFH Urt. v. 23. 2. 2010 – II R 42/08 – BStBl. II 2010, 555 = DStR 2010, 868 = DB 2010, 932 = BB 2010, 1260 mit Anm. *Seifried* = GmbHR 2010, 669 = ZEV 2010, 320
(Der schenkweise Erwerb eines Kommanditanteils unterfällt nur dann § 13 a Abs. 4 Nr. 1 ErbStG vor 2009 (jetzt: § 13 b Abs. 1 Nr. 2 ErbStG) i. V. m. § 15 Abs. 1 Satz 1 Nr. 2 und Abs. 3 EStG, wenn die Mitunternehmerstellung durch den erworbenen Gesellschaftsanteil vermittelt wird. Es reicht daher nicht aus, wenn dem Erwerber hinsichtlich des erworbenen Kommanditanteils nur deshalb Mitunternehmerinitiative zukäme, weil er bereits Kommanditist der KG war, d. h. wenn sich seine bisherige Mitunternehmerschaft wegen Unteilbarkeit der Mitgliedschaft auf den hinzuerworbenen Anteil erstrecken sollte).

BFH Urt. v. 16. 12. 2009 – II R 44/08 – BStBl. II 2010, 555 = DB 2010, 932 = DStR 2010, 868 = BB 2010, 1260 mit Anm. *Seifried* = ZEV 2010, 320 = GmbHR 2010, 499.
(Behält sich der Schenker eines KG-Anteils nicht nur den Nießbrauch vor, sondern lässt er sich zusätzlich die mit dem Anteil verbundenen Stimmrechte und Verwaltungsrechte zur Ausübung übertragen, kann der Beschenkte gleichwohl Mitunternehmerinitiative entfalten, wenn er vereinbarungsgemäß die Stimmrechte im Bereich der Grundlagengeschäfte mit der Einschränkung persönlich ausüben darf, dass er dabei jeweils die Zustimmung des Schenkers einholen muss).

BFH Urt. v. 10. 12. 2008 – II R 34/07 – BStBl. II 2009, 312 = DStR 2009, 321 = DB 2009, 380 = ZEV 2009, 149 mit Anm. *Götz* = GmbHR 2009, 386 = ZErb 2009, 125 mit Anm. *Jülicher* = NZG 2009, 398 = FamRZ 2009, 696
(Wenden Eltern Teile ihrer Beteiligung an einer gewerblich geprägten Personengesellschaft unentgeltlich ihren Kindern zu und behalten sie sich dabei den lebenslänglichen Nießbrauch vor, fehlt es den Kindern an der für die Anwendung des § 13 a ErbStG erforderlichen Mitunternehmerinitiative, wenn vereinbart ist, dass die Nießbraucher die Gesellschafterrechte der Kinder wahrnehmen und die Kinder den Eltern vorsorglich Stimmrechtsvollmacht erteilen).

BFH Urt. v. 1. 3. 1994 – VIII R 35/92 – BStBl. II 1995, 241 = DStR 1994, 1803 = DB 1994, 2423 = BB 1994, 2474 = ZEV 1995, 37 = FR 1994, 789
(Bei der Bestellung eines Nießbrauchs am Gesellschaftsanteil einer GbR behält der Anteilsinhaber einen hinreichenden Bestand an vermögensrechtlicher Substanz des nießbrauchsbelasteten Gesellschaftsanteils und einen hinreichenden Bestand an gesellschaftsrechtlichen Mitwirkungsrechten zurück, die seine bisherige Stellung als Gesellschafter und Mitunternehmer aufrechterhalten. Er trägt auch nach Bestellung des Nießbrauchs weiterhin ein Unternehmensrisiko und er kann auch weiterhin Unternehmerinitiative ausüben).

(b) Schenkungsteuer. Der Vorbehaltsnießbrauch mindert (seit 1. 1. 2009; siehe früher § 25 410
ErbStG) die Schenkungsteuerbelastung (§ 10 Abs. 1 ErbStG i. V. m. §§ 13 ff. BewG). Beim Erwerb von Mitunternehmeranteilen, deren Erwerb begünstigt ist (§§ 13 a, 13 b und 19 a ErbStG), kann der Nießbrauch allerdings nur anteilig (d. h. in Höhe von maximal 15%) abgezogen werden. Im Falle einer Nachversteuerung kann sich der Nießbrauch allerdings in stärkerem Maße steuermindernd auswirken.

(2) Erwerb von Todes wegen. (a) Einkommensteuer. (aa) Fortsetzungsklausel. Nach der 411
gesetzlichen Regelung führt der Tod eines Gesellschafters einer OHG (oder des persönlich haftenden Gesellschafters einer KG) grundsätzlich nicht zur Auflösung der Gesellschaft (§ 131 Abs. 3 Satz 1 Nr. 1 HGB). Vielmehr wird die Gesellschaft mit den verbleibenden Gesellschaftern fortgesetzt (Fortsetzungsklausel). Den Erben des verstorbenen Gesellschafters

[256] Zur Mitunternehmerstellung siehe oben Rdnr. 162 ff.

steht in diesem Fall lediglich ein schuldrechtlicher Abfindungsanspruch in Höhe des Verkehrswerts der Beteiligung zu (§ 105 Abs. 3 HGB i. V. m. § 738 Abs. 1 Satz 2 BGB).

412 **Einkommensteuerrechtlich**[257] wird dies als eine entgeltliche Veräußerung des Mitunternehmeranteils des Erblassers an die verbleibenden Gesellschafter angesehen (§ 16 Abs. 1 Nr. 2 EStG). In der Person des Erblassers entsteht somit ein steuerpflichtiger Veräußerungsgewinn in Höhe der Differenz zwischen der Abfindung und dem Buchwert des Anteils.

413 Etwaiges **Sonderbetriebsvermögen** des Erblassers geht auf die Erben über und wird bei diesen zu Privatvermögen (falls die Erben nicht auch Gesellschafter der Personengesellschaft sind). Der Wert des Sonderbetriebsvermögens ist der Abfindung hinzuzurechnen und erhöht somit den steuerpflichtigen Veräußerungsgewinn des Erblassers.

414 *(bb) Nachfolgeklausel. (aaa) Einfache Nachfolgeklausel.* Die gesetzliche Nachfolgeregelung des Personengesellschaftsrechts ist dispositiv. Im Gesellschaftsvertrag kann daher auch eine (**einfache**) **Nachfolgeklausel** vereinbart werden, wonach der Gesellschaftsanteil des Erblassers auf den oder die Erben übergehen soll. Der Anteil des Gesellschafters wird dadurch vererblich gestellt. Bei **einem Erben** geht der Gesellschaftsanteil dann mit Eintritt des Erbfalls unmittelbar auf diesen über. Bei **mehreren Erben** geht der Gesellschaftsanteil nicht auf die Erbengemeinschaft über. Vielmehr werden die einzelnen Miterben im Wege der Sondererbfolge in Höhe ihrer jeweiligen Erbquote unmittelbar Mitglied der Personengesellschaft. Für Kommanditisten entspricht die einfache Nachfolgeklausel dem gesetzlichen Regelungsmodell (§ 177 HGB).[258]

415 **Einkommensteuerrechtlich** geht der Anteil des Erblassers (Mitunternehmers) in diesem Fall unentgeltlich auf den oder die Erben über (§ 6 Abs. 3 Satz 1 EStG). In der Person des Erblassers entsteht kein Veräußerungsgewinn. Die Erben haben die Buchwerte fortzuführen.

416 Für **Sonderbetriebsvermögen** des Erblassers gilt die Sondererbfolge des Personengesellschaftsrechts nicht. Dieses geht vielmehr aufgrund Erbrechts auf den oder die Erben (ungeteilt und in Erbengemeinschaft) über. Es entsteht kein steuerpflichtiger Veräußerungsgewinn. Die Erben führen die anteiligen Buchwerte (einschließlich des Sonderbetriebsvermögens) fort.

417 *(bbb) Qualifizierte Nachfolgeklausel.* Der Gesellschaftsvertrag kann auch vorsehen, dass nicht alle Erben eines Gesellschafters, sondern nur einzelne von ihnen in die Gesellschafterstellung einrücken (**qualifizierte Nachfolgeklausel**). Der Gesellschaftsanteil geht dann in diesem Fall unmittelbar und im Ganzen auf den oder die qualifizierten Erben über. Die übrigen (nicht qualifizierten) Erben werden nicht Gesellschafter, sondern erlangen lediglich einen schuldrechtlichen Ausgleichsanspruch gegen den nachfolgeberechtigten Erwerber. Der oder die qualifizierten Nachfolger erwerben den Gesellschaftsanteil somit aufgrund einer quasi dinglich wirkenden Teilungsanordnung automatisch mit dem Erbfall. Am übrigen Nachlass sind die qualifizierten Erben aber nur entsprechend ihrer Erbquote beteiligt.

418 **Einkommensteuerrechtlich** erwerben die qualifizierten Erben den Mitunternehmeranteil des Erblassers in diesem Fall unentgeltlich (§ 6 Abs. 3 Satz 1 EStG). Die nicht qualifizierten Erben werden nicht Mitunternehmer. Es entsteht kein Veräußerungsgewinn. Die Erfüllung der schuldrechtlichen Ausgleichsverpflichtung der oder des qualifizierten Erben führt weder zu einem Veräußerungsgewinn noch zu Anschaffungskosten. Dementsprechend sind Darlehenszinsen zur Finanzierung der Ausgleichszahlung auch keine Betriebsausgaben.

419 **Sonderbetriebsvermögen** des Erblassers geht zivilrechtlich auf den oder die Erben (ungeteilt und in Erbengemeinschaft über). In Höhe der Erbquote des qualifizierten Nachfolgers ist es bei ihm Sonderbetriebsvermögen (§ 39 Abs. 2 Nr. 2 AO). Dagegen wird das Sonderbetriebsvermögen in Höhe der Erbquote der nicht qualifizierten Nachfolger notwendig zu Privatvermögen, so dass ein (nicht begünstigter) steuerpflichtiger Entnahmegewinn des Erblassers entsteht. Dies gilt auch dann, wenn das Sonderbetriebsvermögen im Rahmen einer späteren Erbauseinandersetzung auf den qualifizierten Nachfolger übertragen wird.

[257] Zu den einkommensteuerrechtlichen Folgen der Erbfolge in eine Beteiligung an einer Personengesellschaft aus Sicht der Finanzverwaltung siehe BMF Schreiben v. 14. 3. 2006 – BStBl. I 2006, 253, Rdnr. 69 ff.

[258] Zu der Übertragung eines Kommanditanteils aufgrund eines Vermächtnisses siehe etwa BFH Urt. v. 16. 5. 1995 – VIII R 18/93 – BStBl. II 1995, 714 = FR 1995, 703 mit Anm. *Ludwig Schmidt.*

Praxistipp:

Die ungewollte **Zwangsentnahme** von Sonderbetriebsvermögen (z. B. von Betriebsgrundstücken) beim Erbfall ist im Rahmen der Nachfolgeplanung in jedem Fall zu **vermeiden**. Als mögliche Gestaltungsmaßnahmen kommen u. a. in Betracht:

(1) Auflösung des Sonderbetriebsvermögens: Das Sonderbetriebsvermögen wird zu Lebzeiten zu Buchwerten in das Gesamthandsvermögen der Gesellschaft eingebracht. Ein ungewolltes Auseinanderfallen von Gesellschaftsanteil und Sonderbetriebsvermögen ist somit nicht mehr möglich.

(2) Gründung einer Schwester-Personengesellschaft: Das Sonderbetriebsvermögen wird (frühzeitig) in eine neu gegründete, gewerblich geprägte Schwester-Personengesellschaft zu Buchwerten eingebracht. Aufgrund der gewerblichen Prägung ist eine Entnahme in das Privatvermögen ausgeschlossen.

(3) Alleinerbenmodell: Der qualifizierte Nachfolger wird zum Alleinerben eingesetzt. Gesellschaftsanteil und Sonderbetriebsvermögen gehen zwingend in vollem Umfang auf den Alleinerben über. Zu Gunsten der weichenden Erben können gegebenenfalls Vermächtnisse (bezüglich des steuerlichen Privatvermögens) ausgesetzt werden.

Nicht gesichert erscheinen demgegenüber Gestaltungen mittels Teilungsanordnungen oder Vorausvermächtnissen.

(ccc) Eintrittsklausel. Eine **Eintrittsklausel** bewirkt (anders als die Nachfolgeklauseln) kei- 420
nen automatischen und unmittelbaren Übergang des Gesellschaftsanteils. Vielmehr wird dem Berechtigten im Wege eines Vertrages zugunsten Dritter lediglich das Recht eingeräumt, bei Tod des Gesellschafters in die Gesellschaft einzutreten. Der Eintritt des neuen Gesellschafters erfolgt somit nicht nach den Bestimmungen des Erbrechts, sondern aufgrund eines rechtsgeschäftlichen Vertrages zwischen dem Eintrittsberechtigten und den verbleibenden Gesellschaftern.

Die Finanzverwaltung geht davon aus, dass die Eintrittsklausel **einkommensteuerrechtlich** 421
wie eine einfache Nachfolgeklausel zu behandeln ist, wenn der Eintritt innerhalb von sechs Monaten nach dem Erbfall erfolgt. Andernfalls entsprechen die einkommensteuerlichen Folgen der Eintrittsklausel denen einer Fortsetzungsklausel.

(b) Erbschaftsteuer

Ausgewählte Hinweise auf weiterführende Literatur: *Casper/Altgen*, Gesellschaftsvertragliche Abfindungsklauseln – Auswirkungen der Erbschaftsteuerreform, DStR 2008, 2319; *Groß*, Gesellschaftsrechtliche Abfindungsklauseln im Lichte der Erbschaftsteuerreform, ErbStB 2009, 154; *Hübner/Maurer*, Erbschaft- und schenkungsteuerliche Folgen gesellschaftsvertraglicher Abfindungsbeschränkungen für die verbleibenden Gesellschafter, ZEV 2009, 361 (Teil 1) und ZEV 2009, 428 (Teil 2); *Jorde/Stroot*, Abfindungsregeln in Gesellschaftsstatuten von Familienunternehmen – Zivil- und steuerrechtliche Aspekte –, Ubg. 2010, 45; *Klose*, Die erbschaftsteuerliche Behandlung der Einziehung und Zwangsabtretung von GmbH-Geschäftsanteilen beim Erben, GmbHR 2010, 355; *Klose*, Die schenkungsteuerliche Behandlung der Einziehung und Zwangsabtretung von GmbH-Geschäftsanteilen beim Erwerber, GmbHR 2010, 300; *Krumm*, Gesellschaftsvertragliche Abfindungsklauseln und erbschaftsteuerliche Schenkungsfiktion, NJW 2010, 187; *Leitzen*, Abfindungsklauseln bei Personengesellschaften und GmbH's – Aktuelle Entwicklungen und Auswirkungen der Erbschaftsteuerreform, RNotZ 2009, 315; *Milatz/Kämper*, Gesellschaftsvertragliche Abfindungsklauseln im Lichte der Erbschaftsteuerreform – eine „Fiktion" wird Realität, GmbHR 2009, 470; *Mohr*, Abfindung an ausscheidende Gesellschafter, GmbH-StB 2010, 73; *Moog/Schweizer*, Abfindungsregelung in Gesellschaftsverträgen und das Ende des Stuttgarter Verfahrens, GmbHR 2009, 1198; *Neumayer/Imschweiler*, Schenkungsteuer beim Ausscheiden eines Gesellschafters auf Basis gesellschaftsvertraglicher Abfindungsklauseln, DStR 2010, 201; *Riedel*, Zur erbschaftsteuerrechtlichen Behandlung von Einziehungs- und Zwangsabtretungsklauseln bei Kapitalgesellschaften, ZErb 2009, 113; *Riedel*, Gesellschaftsvertragliche Nachfolgeregelungen im Lichte der neuen Erbschaftsteuer, ZErb 2009, 2; *Rudisch*, Gestaltungsmöglichkeiten beim Ausscheiden eines Kommanditisten vor dem Hintergrund des neuen Erbschaft- und Schenkungsteuergesetzes, BB 2010, 1321; *Streck*, Das Ausscheiden von Gesellschaftern aus Personen- und Kapitalgesellschaften sowie die Einziehung von GmbH-Anteilen als leicht zu übersehende Steuertatbestände, AG 2009, 162; *Wälzholz*, Auswirkungen der Erbschaftsteuerreform 2008/2009 auf Gesellschaftsverträge und die Besteuerung der Vererbung von Gesellschaftsanteilen, DStZ 2009, 591; *Wangler*, Einfluss des neuen Bewertungs- und Erbschaftsteuerrechts auf Abfindungsregelungen in Gesellschaftsverträgen, DStR 2009, 1501.

422 *(aa) Fortsetzungsklausel.* Nach dem gesetzlichen Regelungsmodell kommt es beim Tod eines persönlich haftenden Gesellschafters zu einer Fortsetzung der Gesellschaft mit den verbleibenden Gesellschaftern. Die **Erben** des verstorbenen Gesellschafters rücken somit nicht in die Gesellschafterstellung des Erblassers ein, sondern erwerben lediglich einen schuldrechtlichen Abfindungsanspruch. Dieser Anspruch unterliegt bei den Erben mit dem Nominalwert der Erbschaftsteuer (§ 3 Abs. 1 Nr. 1 ErbStG, R 7 ErbStR). Eine Verschonung kommt nicht in Betracht, da es sich um einen bloßen Geldanspruch handelt. Bei den **verbleibenden Gesellschaftern** kommt es zu einer Erbschaftsbesteuerung, wenn die an die Erben zu bezahlende Abfindung niedriger als der erbschaftsteuerliche Wert des Gesellschaftsanteils ist (§ 3 Abs. 1 Nr. 2 Satz 2 ErbStG i. V. m. § 12 Abs. 5 ErbStG und §§ 11, 109 BewG). Bei dem Erwerb der verbleibenden Gesellschafter handelt es sich aufgrund einer gesetzlichen Fiktion um eine Schenkung auf den Todesfall, für die auch die Verschonungsregelungen für unternehmerisches Vermögen zur Anwendung kommen können (§§ 13a, 13b und 19a ErbStG).[259]

423 *(bb) Nachfolgeklausel. (aaa) Einfache Nachfolgeklausel.* Bei der einfachen Nachfolgeklausel rücken die Erben gesellschaftsrechtlich und steuerrechtlich unmittelbar in die Position des Erblassers ein. Der anteilige Wert des Betriebsvermögens unterliegt demnach bei den Erben der Erbschaftsteuer (§ 3 Abs. 1 Nr. 1 ErbStG i. V. m. § 97 Abs. 1a BewG). Bei dem Erwerb handelt es sich grundsätzlich um begünstigtes Betriebsvermögen (§§ 13a, 13b und 19a ErbStG).

424 *(bbb) Qualifizierte Nachfolgeklausel.* Bei der qualifizierten Nachfolgeklausel geht der Anteil des Erblassers unmittelbar auf den oder die qualifizierten Nachfolger über. Der Anteil unterliegt bei den qualifizierten Erben der Erbschaftsteuer (§ 3 Abs. 1 Nr. 1 ErbStG). Die Verschonungen für unternehmerisches Vermögen sind anwendbar und stehen ausschließlich den qualifizierten Nachfolgern zu (siehe §§ 13a Abs. 3, 13b Abs. 3 ErbStG). Für **Sonderbetriebsvermögen**, das ertragsteuerrechtlich als entnommen gilt, werden die Verschonungen für unternehmerisches Vermögen dagegen nicht gewährt.

425 *(cc) Eintrittsklausel.* Die Finanzverwaltung geht davon aus, dass die Eintrittsklausel wie eine einfache Nachfolgeklausel zu behandeln ist, wenn der Eintritt innerhalb von sechs Monaten nach dem Erbfall erfolgt. Andernfalls entsprechen die steuerlichen Folgen der Eintrittsklausel denen einer Fortsetzungsklausel.

426 *dd) Anteile an Kapitalgesellschaften. (1) Erwerb im Wege der vorweggenommenen Erbfolge. (aa) Einkommensteuer. (aaa) Voll unentgeltliche Übertragung.* Bei der voll unentgeltlichen Übertragung von Anteilen an einer Kapitalgesellschaft, die zum **Privatvermögen** gehören, tritt der Erwerber in vollem Umfang in die Rechtsstellung des Veräußerers ein (siehe § 17 Abs. 1 Satz 4 EStG). Bei Anteilen an einer Kapitalgesellschaft, die zum **Betriebsvermögen** gehören, sind vom Erwerber zwingend die Buchwerte fortzuführen (§ 6 Abs. 3 EStG).

427 *(bb) Übertragung gegen Versorgungsleistungen.* Gegenstand einer begünstigten Vermögensübertragung gegen Versorgungsleistungen können auch Anteile an einer Gesellschaft mit beschränkter Haftung sein (§ 10 Abs. 1 Nr. 1a EStG). Bei Anteilen, die zum **Privatvermögen** gehören, liegt nur dann eine Vermögensübertragung gegen Versorgungsleistungen vor, wenn ein Anteil von mindestens 50% an einer Gesellschaft mit beschränkter Haftung (einschließlich von Unternehmergesellschaften (haftungsbeschränkt)) übertragen wird, der Veräußerer bei dieser Gesellschaft als Geschäftsführer tätig war und der Erwerber die Geschäftsführertätigkeit nach der Übertragung übernimmt (§ 10 Abs. 1 Nr. 1a Satz 2 Buchstabe c) EStG). Anteile an einer Aktiengesellschaft sind nach dem Gesetzeswortlaut dagegen nie begünstigt.

428 Bei Anteilen, die zum **Betriebsvermögen** gehören, liegt stets eine Vermögensübertragung gegen Versorgungsleistungen vor (§ 10 Abs. 1 Nr. 1a Satz 2 Buchstabe b) EStG). Auf die Höhe der übertragenen Beteiligung und auf die Organstellung kommt es dabei nicht an.

[259] So Abschnitt 2 (3) S. 4 AEErbSt (Gleich lautender Ländererlass v. 25. 6. 2009 – BStBl. I 2009, 713).

Praxistipp:

Wird ein im Privatvermögen gehaltener Anteil an einer Kapitalgesellschaft (von weniger als 50%) in das Betriebsvermögen eines Betriebs, Teilbetriebs oder einer Mitunternehmerschaft eingelegt, geht die Finanzverwaltung von einem Missbrauch aus, wenn dieser innerhalb eines Jahres gegen Versorgungsleistungen übertragen werden soll.

Eine begünstigte Vermögensübertragung gegen Versorgungsleistungen setzt voraus, dass der **übertragene Anteil mindestens 50%** (am Stammkapital) beträgt. Nicht erforderlich ist dagegen, dass der Veräußerer stets seinen gesamten Anteil überträgt. Mehrere Übertragungen werden auch dann getrennt voneinander betrachtet, wenn sie zeitgleich erfolgen (Beispiel: Der Vater überträgt jeweils 30% seiner GmbH-Geschäftsanteile in einer Urkunde auf Sohn und Tochter. Es liegt keine begünstigte Vermögensübertragung gegen Versorgungsleistungen vor, da jeweils nur ein Anteil von 30% übertragen wird und insoweit keine Zusammenrechnung erfolgt). 429

Die Vermögensübertragung gegen Versorgungsleistungen setzt darüber hinaus voraus, dass der **Veräußerer** seine **Geschäftsführertätigkeit** bei der Gesellschaft vollständig aufgibt. Dabei ist ungeklärt, ob es insoweit auf die Organstellung oder den Anstellungsvertrag ankommt. In jedem Fall sollte der Geschäftsführer aus dem Handelsregister ausgetragen werden, da dies (trotz der an sich nur deklaratorischen Bedeutung) für die Finanzverwaltung vermutlich entscheidend ist. 430

Umgekehrt muss der **Erwerber** die Tätigkeit als **Geschäftsführer** der Gesellschaft übernehmen (und als solcher im Handelsregister eingetragen werden). Nach Auffassung der Finanzverwaltung ist es unschädlich, wenn der Erwerber bereits vor der Vermögensübertragung Geschäftsführer war. Der Erwerber muss seine Geschäftsführertätigkeit dann allerdings weiterhin ausüben. Nach Beendigung der Geschäftsführertätigkeit ist kein Sonderausgabenabzug mehr möglich. 431

(cc) Übertragung unter Nießbrauchsvorbehalt. Die Übertragung von GmbH-Geschäftsanteilen unter Nießbrauchsvorbehalt ist ohne weiteres möglich. Besondere Anforderungen für die Ausgestaltung des Nießbrauchs bestehen steuerrechtlich nicht. 432

(b) Schenkungsteuer

Ausgewählte Hinweise auf weiterführende Literatur: *Balmes/Felten*, Erbschaftsteuer: Gestaltungsmöglichkeiten für Familienkapitalgesellschaften nur für gleichgepo(o)lte Gesellschafter?, FR 2009, *Bron*, Verlustrestriktionen des § 8c KStG und erbschaft- und schenkungsteuerlich motiviertes Stimmrechtspooling, FR 2010, 208; *Elicker/Zillmer*, Böses Erwachen beim Körperschaftsteuerbescheid – Was tun, wenn Poolverträge vermeintlich Verlust- und Zinsvorträge zerstört haben?, BB 2009, 2620; *Felten*, Erbschaft- und schenkungsteuerlich motivierte Poolverträge als Verlustfalle?, DStR 2010, 1261; *Feick/Nordmeier*, Der Abschluss von Poolvereinbarungen nach dem neuen Erbschaftsteuerrecht – Empfehlungen und erste Erfahrungen aus der Praxis, DStR 2009, 893; *Felten*, Neue „Poolerlasse“: Sind alle Zweifelsfragen zur Poolvereinbarung nach § 136 Abs. 1 Nr. 3 Satz 2 ErbStG geklärt?, ZEV 2010, 627; *ders.*, Erbschaft- und schenkungssteuerliche motivierte Poolverträge als Verlustfalle?, DStR 2010, 1261; *Groß*, Die vertragliche Ausgestaltung von Poolvereinbarungen, ErbStB 2009, 396 (Teil I) und ErbStB 2010, 24 (Teil II); *Kalbfleisch*, Poolvereinbarungen – notwendige Schutzmaßnahme oder überflüssiger Ballast?, UVR 2010, 94; *Kramer*, Erb- und gesellschaftsrechtliche Aspekte bei der Gestaltung von Poolverträgen, GmbHR 2010, 1023; *Kreklau*, Die Poolvereinbarung im Lichte des neuen Erbschaftsteuergesetzes, BB 2009, 748; *Lahme/Zikesch*, Erbschaftsteuerliche Begünstigung von Kapitalgesellschaftsanteilen mittels Poolvereinbarungen, DB 2009, 527; *Langenfeld*, Der Pool – ein Vertragstyp der Vergemeinschaftung, ZEV 2010, 17; *Langenfeld*, Gestaltungen zur Vermeidung des Entfallens einer Poolvereinbarung nach § 13b Abs. 1 ErbStG, ZEV 2009, 596; *Leitzen*, Teilnichtigkeit von Poolvereinbarungen bei Beschränkung der Testierfreiheit, ZEV 2010, 401; *von Oertzen*, Der erbschaftsteuerliche Poolvertrag gem. § 13b Abs. 1 Nr. 3 ErbStG – Ein Beispiel interdisziplinärer Beratung, in: Festschrift für Harald Schaumburg, Köln 2009, S. 1045ff.; *Onderka/Lasa*, Neue Gestaltungsmöglichkeiten bei der Übertragung von Kleinanteilen an Familienkapitalgesellschaften nach dem neuen Erbschaftsteuergesetz – Die Poolklausel des § 13b Abs. 1 Nr. 3 Satz 2 ErbStG –, Ubg. 2009, 309; *Schulz/Lehmann*, Erbschaftsteuerliche Begünstigung von Stimmbindungsverträgen, ZIP 2009, 2230; *Stahl*, Die Poolvereinbarung im neuen Erbschaftsteuerrecht, KÖSDI 2010, 16820; *Weber/Schwind*, Die neuen Erlasse der Länder zu Poolvereinbarungen über Anteile an Kapitalgesellschaften, DStR 2011, 13; *Weber/Schwind*, Vertragliche Ausgestaltung von Poolvereinbarungen unter Berücksichtigung des neuen Erbschaftsteuerrechts, ZEV 2009, 16; *Wehage*, Familien-Kapitalgesellschaften und Poolverträge, ErbStB 2009,

148; *Zipfel/Lahme*, Poolvereinbarungen als Mittel für die erbschaftsteuerliche Begünstigung von Kapitalgesellschaftsanteilen, DStZ 2009, 615.

433 Der unentgeltliche Erwerb von Anteilen an einer Kapitalgesellschaft unterliegt bei den Erwerbern der **Schenkungsteuer** (§ 7 Abs. 1 Nr. 1 ErbStG). Die Anwendbarkeit der Verschonungsregelungen für unternehmerisches Vermögen (§§ 13 a, 13 b und 19 a ErbStG) richtet sich danach, ob die Anteile an der Kapitalgesellschaft zu einem steuerlichen Privat- oder Betriebsvermögen gehören.

434 Der Erwerb von Anteilen im **Betriebsvermögen** ist stets begünstigt (§ 13 b Abs. 1 Nr. 2 ErbStG). Auf die Höhe der Beteiligung kommt es in diesem Fall nicht an.

435 Dagegen ist der Erwerb von Anteilen im **Privatvermögen** grundsätzlich nur dann begünstigt, wenn der Erblasser mit mehr als 25% unmittelbar am Nennkapital der Gesellschaft beteiligt war (§ 13 b Abs. 1 Nr. 3 Satz 1 ErbStG). Erreicht ein Erblasser alleine diese Mindestbeteiligung nicht, können bei Bestehen eines erbschaftsteuerlichen Poolvertrages die Anteile mehrerer Gesellschafter zusammengerechnet werden (§ 13 b Abs. 1 Nr. 3 Satz 2 ErbStG; siehe dazu auch den Nachsteuertatbestand in § 13 a Abs. 5 Satz 1 Nr. 5 ErbStG).[260]

Praxistipp:

Ergibt sich im Rahmen der Nachfolgeplanung, dass der Veräußerer über Anteile an einer Kapitalgesellschaft im Privatvermögen verfügt, sollte nach Möglichkeit auch die Anwendbarkeit der erbschaftsteuerlichen Verschonungsregelung geprüft werden. Eine Verschonung ist ohne weiteres möglich, wenn der Erblasser selbst unmittelbar mit mehr als 25% am Nennkapital beteiligt ist. Verfügt er über eine geringere Beteiligung, ist der Abschluss eines erbschaftsteuerlichen **Poolvertrages** in Betracht zu ziehen. Bestehende Poolverträge sollten daraufhin überprüft werden, ob in ihnen sowohl eine Verfügungsbeschränkung als auch eine Stimmrechtsbindung im Sinne des Erbschaftsteuergesetzes vorgesehen ist. Anstelle eines Poolvertrages kommt auch eine Aufstockung der Beteiligung des Erblassers (z. B. durch Zukauf oder im Rahmen einer Kapitalerhöhung) in Betracht; eine Mindestbesitzzeit vor der Anteilsübertragung ist dabei nicht zu beachten. Schließlich kann auch ein Formwechsel in eine Personengesellschaft in Betracht kommen, weil für den Erwerb von Mitunternehmeranteilen keine Mindestbeteiligung vorgesehen ist.

436 *(2) Erwerb von Todes wegen. (a) Einkommensteuer.* Die Anteile an einer Kapitalgesellschaft sind **frei vererblich** (siehe § 15 Abs. 1 GmbHG). Die Erben treten steuerrechtlich in die Rechtsstellung des Erblassers ein. Im Unterschied zu den Personengesellschaften ist eine unmittelbare Steuerung der Nachfolge in die Anteile an Kapitalgesellschaften ausgeschlossen. Möglich ist aber eine mittelbare Steuerung durch satzungsmäßige Einziehungs- und/oder Abtretungsklauseln. In diesen Fällen gehen die Anteile zunächst auf den oder die Erben über, können anschließend aber entweder eingezogen werden oder auf einen anderen Erwerber weiterübertragen werden.

437 Die Satzung einer GmbH kann vorsehen, dass der von den Erben erworbene Geschäftsanteil gegen eine Abfindung eingezogen wird (§ 34 GmbHG). Die **Einziehung** wird steuerlich (überwiegend) als Veräußerung angesehen, so dass ein etwaiger Veräußerungsgewinn zu versteuern ist (bei Anteilen im Privatvermögen nach §§ 17, 20 Abs. 2 Nr. 1 EStG und bei Anteilen im Betriebsvermögen nach §§ 16 Abs. 1, 3 Nr. 40 Buchstabe a) EStG).

438 Neben einer Zwangseinziehung kann in einer GmbH-Satzung auch eine Verpflichtung zur **Abtretung** für den Erbfall vorgesehen sein. Danach sind die Erben unter bestimmten Voraussetzungen verpflichtet, den erworbenen Anteil an einen Dritten, einen Mitgesellschafter oder die Gesellschaft abzutreten. Ein etwaiger Veräußerungsgewinn aufgrund der zwangsweisen Abtretung ist gleichfalls steuerpflichtig.

[260] Zu Poolverträgen aus Sicht der Finanzverwaltung siehe die gleich lautenden Erlasse der obersten Finanzbehörden der Länder zur Umsetzung des Gesetzes zur Reform des Erbschaftsteuer- und Bewertungsrechts v. 29. 10. 2010 – BStBl. I 2010, 1210 = DStR 2010, 2518, und Bayerisches Landesamt für Steuern, Verfügung v. 11. 8. 2010 – DStR 2010, 2134; und Verfügung v. 10. 1. 2011 – DStR 2011, 413.

(b) Erbschaftsteuer. Der Erwerb von Anteilen an einer Kapitalgesellschaft unterliegt bei den Erben der **Erbschaftsteuer** (§ 3 Abs. 1 Nr. 1 ErbStG). Die Verschonungsregelungen für unternehmerisches Vermögen sind grundsätzlich anwendbar (§§ 13a, 13b und 19a ErbStG). 439

Enthält die Satzung eine **Einziehungsklausel** für den Erbfall, ist der Erwerb der Erben auflösend bedingt (§ 5 BewG). Mit dem Bedingungseintritt erwerben die **Erben** anstelle des Geschäftsanteils einen Abfindungsanspruch (siehe § 10 Abs. 10 Satz 2 ErbStG). Dieser unterliegt als Geldanspruch mit dem Nominalwert der Besteuerung (§ 3 Abs. 1 Nr. 1 ErbStG). Eine Verschonung kommt nicht in Betracht. Bei den **verbleibenden Gesellschaftern** kommt es zu einem steuerpflichtigen Erwerb, wenn die Abfindung unter dem steuerlichen Wert des Geschäftsanteils liegt (§ 3 Abs. 1 Nr. 2 Satz 3 ErbStG). Nach Auffassung der Finanzverwaltung sollen die Verschonungsregelungen für unternehmerisches Vermögen in diesem Fall nicht anwendbar sein, weil kein Anteil erworben wird.[261] 440

In der Satzung der GmbH kann auch eine **Abtretungsklausel** enthalten sein, wonach der Geschäftsanteil eines Gesellschafters im Falle seines Todes an eine andere Person abzutreten ist. Die Erben sind dann gesellschaftsvertraglich verpflichtet, den aufgrund der Erbfolge erworbenen Geschäftsanteil an den vorgesehenen Nachfolger zu übertragen. Ein etwaiger Abfindungsanspruch unterliegt bei den **Erben** der Erbschaftsteuer (§ 10 Abs. 10 Satz 2 ErbStG). Bei den Abtretungsempfängern ist der Erwerb des GmbH-Geschäftsanteils erbschaftsteuerpflichtig (siehe § 3 Abs. 1 Nr. 2 Sätze 2 und 3, § 10 Abs. 10 Satz 2 ErbStG und R 7 Abs. 3 EStR). Die Verschonungsregelungen (§§ 13a, 13b und 19a ErbStG) kommen zur Anwendung, wenn der Erblasser die Mindestbeteiligung von 25% erfüllt hat oder ein entsprechender Poolvertrag bestand. 441

[261] Abschnitt 2 (3) S. 4 AEErbSt (Gleich lautender Ländererlass v. 25. 6. 2009 – BStBl. I 2009, 713).

Sachverzeichnis

Die fett gesetzten Zahlen beziehen sich auf die Paragrafen, die nachfolgenden mageren Zahlen bezeichnen die Randnummer.

Abberufung Geschäftsführer 13 192, 440 ff.
– Benennungsrecht **13** 195
– Empfangsbedürftigkeit **13** 444
– Gesellschaftersonderrecht **13** 442 f.
– Satzung **13** 192
Abfärbewirkung
– Gewerblichkeit **18** 13
Abfindung
– Gesellschaft bürgerlichen Rechts **10** 84 ff.
– Gesellschafterausschluss **13** 344 ff.
Abfindungsangebot
– Ausgliederung **22** 275
– Formwechsel **22** 316
– Spaltung **22** 275
– Verschmelzungsplan **24** 170
Abfindungsanspruch
– Abfindungsklausel **13** 347 ff.
– Aktiengesellschaft **13** 345
– ausscheidender Gesellschafter **10** 84 ff.; **11** 172
– Einziehungsklausel **13** 324
– Ertragswertverfahren **13** 346
– Höhe **13** 344 ff.
– Komplementär **15** 38 f.
– Verkehrswert **13** 344
Abfindungsanspruch Personenhandelsgesellschaft
– Abfindungsklausel **11** 174 ff.
– Berechnung **11** 172, 174 f.
– Bewertung **11** 179 ff.
– Vereinbarung **11** 174 ff.
Abfindungsausschluss
– Abfindungsklausel **13** 355
Abfindungsbeschränkung
– Stille Gesellschaft **18** 82 f.
Abfindungsguthaben
– Anwachsung **23** 9
– Stille Gesellschaft **18** 91 ff., 93
Abfindungsklausel
– Abfindungsanspruch **13** 347 ff.
– Abfindungsausschluss **13** 355
– Bestimmtheitsgrundsatz **13** 356
– Buchwertklausel **13** 353
– Ertragswertverfahren **13** 350
– Familiengesellschaft **26** 131 f.
– Gläubigerbenachteiligung **26** 134
– Gleichbehandlungsgrundsatz **13** 356
– grobes Mißverhältnis **13** 348 f.
– Insolvenz Gesellschafter **29** 28 f.
– Muster **10** 87; **13** 358; **26** 137
– Nennwertklausel **13** 354
– Nichtigkeit **26** 134 f.
– Personenhandelsgesellschaft **11** 174 ff.
– Ratenzahlungsvereinbarung **13** 357
– Satzung GmbH **13** 347 ff.
– Schiedsgutachterklausel **13** 358
– Stuttgarter Verfahren **13** 352
– Substanzwertverfahren **13** 351
– Unternehmensbewertung **27** 88
– Zulässigkeit **13** 347 ff.
Abfindungsklausel Personenhandelsgesellschaft
– Ausschlussklausel **11** 177
– Ausübungskontrolle **11** 178
– Buchwertklausel **11** 179
– Ertragswertklausel **11** 181
– ideeller Gesellschaftszweck **11** 177
– Salvatorische Klausel **11** 178
– Steuerwertklausel **11** 180
– Stundungsvereinbarung **11** 182
– Wirksamkeitskontrolle **11** 176 f.
Abfindungsversicherung
– Kommanditistenwechsel **11** 148
Abgabenordnung
– Rückwirkung **30** 107
Abgeltungsteuer
– Ausschüttung **5** 141
– Kapitalgesellschaft **5** 141
Ablaufplan
– Barkapitalerhöhung **14** 531
– Sachkapitalerhöhung **14** 562
Ablehnung der Beurkundung 8 33 ff., 45 ff.
– Gestaltungsmißbrauch **30** 113
– Hauptversammlung **14** 330 ff.
– unerlaubter Zweck **8** 46
Abschlussprüfer
– erster **14** 79 ff.
– Jahresabschluss **13** 260
Abschreibung
– Asset Deal **21** 32
Abschreibungen
– Unterhaltsbilanz **27** 174 ff.
Abschreibungsgesellschaft
– Bewertung **27** 89
Abschrift
– Einreichung Handelsregister **6** 46
Abschrift, beglaubigte
– Unternehmenskauf **20** 76
– Urkunde **8** 166
Abspaltung 22 231
– von Negativvermögen **22** 267
– partielle Gesamtrechtsnachfolge **22** 305
– von Steuerverbindlichkeiten **22** 268
– von Verbindlichkeiten **22** 267
Abspaltungsverbot
– Gesellschaft bürgerlichen Rechts **10** 14
– Treuhänder **18** 186

Abstimmungsergebnis
- Hauptversammlungsbeschluss **14** 359 ff.
Abstimmungsmodalitäten
- Hauptversammlung **14** 326
Abstimmungsverfahren
- Hauptversammlung **14** 322 ff.
- Hauptversammlung SE **16** 24
- Hauptversammlungsbeschluss **14** 346 f.
- Hauptversammlungsprotokoll **14** 402
Abtretung Abfindungsanspruch
- Treuhand **18** 213 f.
Abtretung, aufschiebend bedingt
- Treuhandvertrag **18** 203, 206 f.
Abtretung Geschäftsanteil 13 582 ff.
- Abwicklung **13** 651 ff.
- Anzeigepflichten **20** 78
- aufschiebend bedingt **13** 596 ff.
- Auslandbeurkundung **9** 4, 10 ff.
- Bestimmtheitsgrundsatz **13** 584 ff.
- Beurkundung **9** 10
- Beurkundungsverfahren **8** 89
- Beurkundungsvorbereitung **13** 582
- Einbringungsvertrag **13** 619
- Ergänzungspfleger **28** 7
- Familiengerichtliche Genehmigung **26** 244, 246; **28** 8 f.
- Form **13** 636 ff., 649 f.
- Formmangel **13** 646 ff.
- Gesellschafterbeschluss **13** 632
- Gesellschafterdarlehen **13** 624
- Gesellschafterliste **9** 17 ff.; **13** 582, 651
- Gewährleistung **13** 625
- Gewinn laufendes Geschäftsjahr **13** 622
- Gewinnabgrenzung **13** 620 ff.
- Gründungsstadium **4** 40
- gutgläubiger Erwerb **13** 599 ff.
- Heilung **8** 24, 646 ff.
- Hinauskündigungsklausel **13** 629
- Kaufvertrag **13** 618
- künftige Geschäftsanteile **13** 641
- Minderjährige **28** 7 ff.
- Mitteilungspflicht Finanzamt **13** 653 f.
- Nennbetrag **13** 585 f.
- Notar **1** 22
- Ortsstatut **9** 29 ff.
- Rechtsträgerwechsel **13** 640
- Rückforderungsrecht **13** 629 ff.
- Schenkung **13** 619
- Share Deal **21** 39
- Sonderrechte **13** 362
- Substitution Auslandsbeurkundung **9** 12 ff.
- Teilung Geschäftsanteil **13** 587
- Treuhandvertrag **13** 598, 619
- Unternehmenskaufvertrag **21** 44 ff.
- Verfügungsgeschäft **9** 11 ff.
- Verpflichtungsgeschäft **9** 10; **13** 637 ff.
- Vinkulierung **13** 590 ff.
- Vollmacht **13** 642
- Vorabausschüttung **13** 622
- Vor-GmbH **13** 589
- Wirksamkeitskontrolle **13** 583
- Zusammenlegung **13** 588
Abtretung Gesellschafterstellung
- Personenhandelsgesellschaft **11** 130 ff.
Abtretung Gesellschaftsanteil
- Gesellschaftervereinbarung **17** 44 ff.
- *s. a. Anteilsübertragung*
Abtretung vermögensrechtlicher Ansprüche
- Vinkulierung **13** 307
Abtretungsangebot
- Treuhandvertrag **18** 203, 205
Abtretungsklausel
- Erwerb von Todes wegen **30** 438, 441
- Tod eines Gesellschafters **13** 320 f.
Abtretungsverpflichtung
- Erbe **13** 320
Abweisung mangels Masse
- Umwandlung **29** 60
Abwicklung
- Abtretung Geschäftsanteil **13** 651 ff.
- Liquidationsverfahren **13** 772
- Liquidator **13** 772
- Treuhandvertrag **18** 202 ff.
Abwicklungsgesellschaft
- Organschaft **19** 17
Abwicklungsverfahren
- Liquidation **13** 379
Abwicklungsvollstreckung
- Testamentsvollstreckung **26** 256
Accidentialia
- Gesellschaftsvertrag GbR **10** 37 ff.
- Gesellschaftsvertrag Personenhandelsgesellschaft **11** 17 ff.
- Satzung GmbH **13** 125 ff.
Acht-Monats-Frist
- Formwechsel **22** 344
- Heilung **22** 170
- Kettenumwandlung **22** 168
- Umwandlung **4** 64
- Verschmelzungsanmeldung **22** 167 ff.
Agio
- Anwachsungsmodell **23** 43
- Kapitalerhöhungsbeschluss **13** 493
AG-Konzern, faktischer
- Existenzvernichtungshaftung **19** 134
- Hauptversammlung **19** 128 ff.
- Konzernbildungskontrolle **19** 126 f.
- Mitteilungspflichten **19** 126
- Nachteilsausgleich **19** 132 f.
Akquisitionsfinanzierung
- Auktionsverfahren **2** 112
- Unternehmenskaufvertrag **2** 122 ff.
Akquisitionskreditvereinbarung
- Zusammengesetzte Rechtsgeschäfte **2** 107
Akteneinsicht
- Urkunde **8** 168
Aktien AG
- Erwerb von Todes wegen **28** 23
- KGaA **15** 12 ff.
- Minderjährige **26** 234
- Übernahmeerklärung **14** 36 ff.

Aktien KGaA
- Aktienurkunde **15** 55
- Girosammelverwahrung **15** 56
- Namensaktien, vinkulierte **15** 54
- Sonderverwahrung **15** 56
- Umwandlung in Komplementäranteil **15** 90
- Veräußerung Aktien **15** 50

Aktienart
- Inhaberaktien **14** 50
- Kapitalerhöhungsbeschluss **14** 483, 576
- Namensaktien **14** 51
- Satzung **14** 50 ff.

Aktienausgabe
- Handelsregisteranmeldung **14** 597 ff.
- Kapitalerhöhung, bedingte **14** 594 ff.

Aktiengattung
- Kapitalerhöhungsbeschluss **14** 483, 576
- Nennbetragsaktie **14** 48 f.
- Satzung **14** 48 f.
- Satzungsänderung **14** 679
- Sonderbeschluss **14** 504
- Stückaktie **14** 48 f.

Aktiengesellschaft 14
- Abfindungsanspruch **13** 345
- Abschlussprüfer, erster **14** 79 ff.
- Anmeldepflichtige Personen **6** 9
- Aufsichtsrat **4** 58; **14** 64 ff.
- Bareinlage **14** 107 ff.
- Bargründung **14** 2 ff.
- Bestandsschutz **14** 172
- Börse **14** 688 ff.
- Börsennotierung **14** 283
- Einbringungsvertrag **14** 177 ff.
- Entstehung **14** 141
- Existenznachweis **25** 45
- Formwechsel **22** 320, 357 ff.
- gemischte Bar-/Sachgründung **14** 2
- gemischte Einlage **14** 2
- Gründer **14** 30 ff.
- Gründung **14** 1 ff.
- Gründungsbericht **14** 86 ff.
- Gründungsprüfung **14** 93 ff.
- Handelsregisteranmeldung **14** 123 ff.
- Handelsregistereintragung **14** 172
- Hauptversammlung **3** 59 ff.; **4** 60
- Insolvenzeröffnung **29** 65 ff.
- Kapitalschnitt **29** 45
- Komplementär **11** 228
- Liquidation **25** 86
- Minderjährige **28** 19 ff.
- Mitteilungspflichten **14** 142
- Nachgründung **14** 237 ff.
- nicht börsennotierte **14** 52
- Notar **1** 14 ff.; **3** 26 ff.
- Notarkosten **14** 144 ff.
- Rechtsformwahl **5** 42 f.
- Registergericht **4** 56 ff.
- Sachgründung **14** 2
- Satzung **14** 43 ff.
- Satzungsstrenge **4** 56
- Selbstkontraktionsverbot **4** 59
- Spaltung zur Neugründung **22** 301
- Spaltungsbeschluss **22** 285
- Stille Gesellschaft **18** 35
- Umwandlung von SE **16** 170 ff.
- Verschmelzung **22** 201 ff.
- Verschmelzung zu SE **16** 40
- Vertretung durch Abwickler **25** 86
- Vertretung durch Aufsichtsrat **25** 83 ff.
- Vertretung, gesetzliche **25** 81 ff.
- Vinkulierung **26** 59
- Vorgründungsvertrag **14** 26 ff.
- Vorstand, erster **14** 82 ff.

Aktiengesellschaft, börsennotiert
- Fremdemission **14** 472
- Kapitalerhöhung **14** 472

Aktiengesellschaft, nicht börsennotiert
- Beurkundungspflicht Hauptversammlung **14** 283 ff.
- gemischte Hauptversammlung **14** 286
- Grundlagenbeschlüsse **14** 285

Aktienquote
- Nachgründung **14** 242

Aktienregister
- Kommanditaktionäre **15** 53

Aktienübernahme
- Erklärung **14** 36 ff.
- Gründungsprotokoll **14** 36 ff.

Aktienübertragung
- Ergänzungspfleger **28** 21
- familiengerichtliche Genehmigung **28** 22
- lediglich vorteilhaftes Geschäft **28** 21
- Verschmelzung zu SE **16** 51
- Verschmelzungsplan **16** 51

Aktienurkunde
- Ausgabe **14** 143
- KGaA **15** 55

Aktienzahl
- Genehmigtes Kapital **14** 619
- Kapitalerhöhungsbeschluss **14** 484, 576

Aktionär
- Fragerecht **14** 381 ff.

Aktivvertretung
- Geschäftsführer **13** 217

Akzessorietät
- Gesellschafterhaftung **11** 99

Allgemeine Geschäftsbedingungen
- Stille Gesellschaft **18** 43

Altersphasenmodell
- Kindesbetreuungsunterhalt **27** 143

Altersunterhalt
- Ehegattenunterhalt **27** 146

Altersversorgung
- Unterhaltsbilanz **27** 192

Altverbindlichkeiten
- Tod eines Gesellschafters **11** 189

Amtsbereich
- Notar **8** 32; **14** 277 f.

Amtsenthebung
- Ergänzungspfleger **28** 126

Amtsermittlung
- Ergänzungspflegerbestellung **28** 73
- Familiengerichtliche Genehmigung **28** 94

Amtslöschungsverfahren
- Zweigniederlassung, ausländischer Rechtsträger **7** 81

Amtsniederlegung
- Geschäftsführer **13** 448 ff.

Amtspflichten
- Handelsregisteranmeldung **6** 34 ff.
- Hauptversammlungsprotokoll **14** 332

Amtsverhalten
- Notar **2** 54

Änderung
- Beherrschungsvertrag **19** 59 ff.
- Geschäftsführungsbefugnis **10** 42
- Gesellschaftervereinbarung **17** 41
- Gesellschaftsvertrag **11** 24 ff.
- Gewinnabführungsvertrag **19** 59 ff.
- Satzung KGaA **15** 78 ff.
- Unternehmensvertrag **19** 121
- Zweigniederlassung **7** 16

Änderungsvollmacht
- Gründungssatzung **14** 41 ff.

Anfangsvermögen
- Zugewinnausgleich **27** 36

Anfechtbarkeit
- Belehrungspflicht **29** 127
- Gesellschafterbeschluss **13** 254
- Stimmbindungsvertrag **17** 73
- Versagung der Amtstätigkeit **29** 124 f.

Anfechtung
- Gesellschafterbeschluss Personenhandelsgesellschaft **11** 52

Anfechtungsfrist
- Gesellschafterbeschluss **13** 255
- Satzung **13** 255

Anfechtungsklage
- Formwechselbeschluss **22** 337
- Umwandlungsbeschluss **6** 61 ff.
- Verschmelzungsbeschluss **22** 153
- Wirkung **22** 153

Anfechtungsklage, Erklärung über
- Handelsregisteranmeldung **6** 61 ff.

Anfechtungsrecht
- Insolvenz Gesellschafter **29** 22

Anfechtungsverzicht
- Spaltungsbeschluss **22** 287

Angemessenheitsprüfung
- Wettbewerbsverbot **21** 117

Anhörung
- Bestellung Ergänzungspfleger **28** 75 ff.
- Familiengerichtliche Genehmigung **28** 95 ff.

Ankaufsrecht
- Satzungsregelungen **13** 182 f.
- Unternehmensübergeber **26** 65

Anlagen
- ausländisches Recht **20** 75
- Bezugsurkunde **20** 40
- fremdsprachige **20** 41
- Handelsregisteranmeldung **14** 139 f.
- Hauptversammlungsprotokoll **14** 412 ff.
- Übersetzung **20** 41
- Vorlesungspflicht **20** 40
- Zeichnungen **20** 42

Anlagen zum Protokoll
- Hauptversammlung **14** 294

Anmeldeberechtigte Personen
- Verschmelzungsanmeldung **22** 155 ff.

Anmeldepflichten
- Zweigniederlassung **7**
- Zweigniederlassung, ausländische Aktiengesellschaft **7** 67 ff.
- Zweigniederlassung, ausländische Gesellschaft mit beschränkter Haftung **7** 54 ff.
- Zweigniederlassung, ausländische Kapitalgesellschaft **7** 38 ff.
- Zweigniederlassung, ausländischer Rechtsträger **7** 19 ff., 72 ff.

Anmeldepflichtige Personen
- Aktiengesellschaft **6** 9
- Einzelunternehmern **6** 9
- Gesellschaft mit beschränkter Haftung **6** 9
- Handelsregisteranmeldung **6** 9 ff.; **14** 125 f.
- Insolvenzverwalter **6** 11
- Kapitalerhöhung **14** 525
- Kapitalherabsetzung **14** 660
- Kommanditgesellschaft **6** 9
- Offene Handelsgesellschaft **6** 9
- Zweigniederlassung **7** 12
- Zweigniederlassung, ausländischer Rechtsträger **7** 35 f.

Anmeldungsfrist
- Kapitalerhöhung, bedingte **14** 598
- Verschmelzung, grenzüberschreitende **24** 135

Anschaffungskosten
- Pflichtteilsanspruch **30** 398
- Vermächtnis **30** 398

Anteilseignervertreter
- Aufsichtsrat, erster **14** 68

Anteilsgewährspflicht
- Kettenumwandlung **22** 23 f.
- Spaltung **22** 15 f., 43
- Umwandlungsgesetz **22** 15 ff.
- Verschmelzung **22** 15 f., 43, 196

Anteilsgewährung
- Hinausverschmelzung **24** 186
- Kapitalgesellschaft **22** 16
- Spaltung **22** 272
- Übernehmender Rechtsträger **22** 48
- verhältniswahrende **22** 273
- Verschmelzungsplan **24** 161
- Verzicht **22** 19 ff.

Anteilstausch
- gegen Anteilsgewährung **30** 272
- bilanzieller Ansatz **30** 270
- Einbringung in Kapitalgesellschaft **30** 270 ff.
- gemeiner Wert **30** 273
- Grunderwerbsteuer **30** 276
- Nachsteuerungstatbestände **30** 265
- qualifizierter **30** 273

– Umsatzsteuer **30** 277
– Voraussetzungen **30** 271
Anteilsübertragung
– Ablauf **3** 44 f.
– Anzeigepflichten, Einkommensteuer **30** 29
– Anzeigepflichten, Schenkungsteuer **30** 50
– Belehrungspflicht **8** 85
– Beurkundungspflicht **8** 16 f.
– familiengerichtliche Genehmigung **26** 245
– GmbH & Co. KG **11** 252 ff.
– Grunderwerbsteuer **30** 6
– Hereinverschmelzung **24** 54 f.
– Kapitalgesellschaft **5** 117
– KG aA **15** 52 ff.
– Kommanditaktionäre **15** 53 ff.
– Kommanditistenwechsel **11** 146
– Komplementär KGaA **15** 52
– Nießbrauch **11** 89
– Notar **3** 44 f.
– Partnerschaftsgesellschaft **12** 87 f.
– Personengesellschaft **5** 114; **26** 106 ff.
– Personenhandelsgesellschaft **11** 130 ff.
– Unternehmensnachfolge **26** 155
– Verschmelzungsvertrag **22** 111
Anteilsübertragung GbR
– Ergänzungspfleger **28** 55
– familiengerichtliche Genehmigung **28** 56 f.
– Minderjährige **28** 55 ff.
Anteilsübertragung gegen Versorgungsleistungen
– Aufgabe Geschäftsführung **30** 431
Anteilsübertragung GmbH
– *s. Abtretung Geschäftsanteil*
Anteilsübertragung GmbH & Co. KG
– Haftung **26** 110
– Übertragungsmodell **26** 110
Anteilsübertragung Kapitalgesellschaft
– aus Betriebsvermögen **30** 428, 434
– Erwerb von Todes wegen **30** 436 ff.
– Nießbrauchsvorbehalt **30** 432 ff.
– aus Privatvermögen **30** 435
– steuerliche Begünstigung **30** 429 ff.
– Unentgeltlichkeit **30** 433 ff.
– gegen Versorgungsleistungen **30** 427 ff.
– vorweggenommene Erbfolge **30** 426 ff.
Anteilsübertragung KG
– Ergänzungspfleger **28** 40 ff.
– familiengerichtliche Genehmigung **28** 43 f.
– Minderjährige **28** 40 ff.
– Registergericht **4** 32
Anteilsübertragung OHG
– Ergänzungspfleger **28** 32
– familiengerichtliche Genehmigung **28** 33
– Minderjährige **28** 32 ff.
Anteilsübertragung Personengesellschaft
– Erwerb von Todes wegen **30** 411 ff.
– Gesellschaft bürgerlichen Rechts **26** 108
– Haftentlassung **26** 107
– Haftungsbeschränkung **26** 112
– Kommanditanteil **26** 110
– Nießbrauchsvorbehalt **30** 408 ff.
– persönlich haftender Gesellschafter **26** 109
– Sonderbetriebsvermögen **30** 404
– gegen Versorgungsleistungen **30** 405 ff.
– vorweggenommene Erbfolge **30** 403 ff.
– Zustimmung Mitgesellschafter **26** 106
Anteilsübertragung Personenhandelsgesellschaft
– Anteilsvereinigung **11** 140
– Einbuchungslösung **11** 142
– Form **11** 134, 254
– gesetzliche Vinkulierung **11** 132
– Haftung **11** 143
– Handelsregisteranmeldung **11** 144 f.
– Handelsregistervollmacht **11** 138
– Inhalt **11** 135 ff.
– Kommanditanteil **11** 146 ff.
– Minderjährige **11** 135
– Rechtsfolgen **11** 139 ff.
– Teilübertragung **11** 141 f.
– Umwandlung Gesellschafterstellung **11** 155
– Zustimmung Mitgesellschafter **11** 132
Anteilsveräußerung GbR 10 64 ff.
– aufschiebende Bedingung **10** 70 ff.
– Grundbesitz **10** 71 ff.
– Grundstücks-GbR **10** 73
– Zustimmung Mitgesellschafter **10** 68
Anteilsveräußerung KG
– Minderjährige **28** 46
Anteilsveräußerung Personengesellschaft
– Besteuerung **21** 27
Anteilsvereinigung
– Personengesellschaft **23** 2 ff.
– Personenhandelsgesellschaft **11** 140
Anti-Dilution-Clauses
– Beteiligungsvertrag **17** 99
Anträge zu Protokoll
– Hauptversammlung **14** 320, 405
Anwachsung 23
– Abfindungsguthaben **23** 9
– Aufgabe Mitunternehmeranteil **23** 10
– Ausscheiden Gesellschafter **11** 170
– Ausscheiden vorletzter Gesellschafter **23** 2 ff.
– belasteter Anteil **23** 7
– Charakter **23** 1
– einfache **22** 12
– Ertragsteuerrecht **23** 8
– erweiterte **22** 13
– GmbH & Co. KG **23** 11 ff.
– Handelsrecht **23** 8 f.
– Personengesellschaft **22** 11; **23** 4
– Tod eines Gesellschafters **11** 196
– Umwandlung **22** 11 ff.
– Verschmelzung, grenzüberschreitende **24** 21 ff.
Anwachsungsmodell, einfaches 23 20 ff.
– Arbeitnehmer **23** 33
– Austritt aller Kommanditisten **23** 20 ff.
– Betriebsübergang **23** 33
– Buchwertfortführung **23** 27
– Erbschaftsteuer **23** 29
– Ertragsteuerrecht **23** 22 ff.
– Fünftelregelung **23** 24
– Gewerbesteuer **23** 25
– gewerbesteuerlicher Verlustvortrag **23** 28

- Grunderwerbsteuer **23** 32
- Stille Reserven **23** 22
- Umsatzsteuer **23** 31
- Veräußerung Mitunternehmeranteil **23** 22
- verdeckte Einlage **23** 26

Anwachsungsmodell, erweitertes 23 34 ff.
- Agio **23** 43
- Austrittsmodell **23** 36
- Besteuerung **23** 34 ff.
- Buchwertfortführung **23** 34
- Einbringung Betrieb im Ganzen **23** 37
- Einbringung Mitunternehmeranteil **23** 35
- einbringungsgeborene Anteile **23** 40
- Gesellschafterdarlehen **23** 41 f.
- Sacheinlage **23** 35
- Stille Reserven **23** 40, 44
- Übertragungsmodell **23** 36

Anwesenheitsrecht
- Gesellschafterversammlung **13** 239

Anzeigefrist
- Einkommensteuer **30** 32
- Grunderwerbsteuer **30** 45
- Schenkungsteuer **30** 54
- Unternehmenskauf **20** 80

Anzeigepflichten
- Abtretung Geschäftsanteil **20** 78
- Erbschaftsteuer **8** 181 ff.
- Finanzamt **8** 175 ff.
- Grunderwerbsteuer **8** 180
- Kapitalgesellschaft **8** 175 ff.
- Notar **8** 174 ff.
- Umwandlung **22** 85
- Unternehmenskauf **20** 78 ff.
- Verspätungszuschlag **20** 81

Anzeigepflichten, Einkommensteuer
- Anteilsübertragung **30** 29
- anzeigepflichtige Vorgänge **30** 26 ff.
- Form **30** 32
- Frist **30** 32
- Inhalt **30** 31
- Kapitalgesellschaft **30** 26 ff.
- Musterprotokoll **30** 31
- Rechtsgrundlage **30** 25
- Steuerausländer **30** 34
- Unterschriftsbeglaubigung **30** 30
- zuständiges Finanzamt **30** 33

Anzeigepflichten, Grunderwerbsteuer 30 35 ff.
- anzeigepflichtige Vorgänge **30** 36 f.
- Festsetzungsfrist **30** 47
- Form **30** 43 f.
- Frist **30** 45
- Inhalt **30** 40
- Unbedenklichkeitsbescheinigung **30** 39
- Unterschriftsbeglaubigung **30** 38
- Urkundenerteilung **30** 47
- zuständiges Finanzamt **30** 46

Anzeigepflichten, Schenkungsteuer
- Anteilsübertragung **30** 50
- anzeigepflichtige Vorgänge **30** 49 ff.
- Beglaubigungen **30** 52
- disquotale Leistungen **30** 51
- Festsetzungsfrist **30** 56
- Form **30** 54
- Frist **30** 54
- Inhalt **30** 53
- zuständiges Finanzamt **30** 55

Anzeigepflichten, steuerliche
- der Beteiligten **30** 24
- Einkommensteuer **30** 26 ff.
- Erbschaft-/Schenkungsteuer **30** 17
- Ertragsteuern **30** 17
- Form **30** 22
- Grunderwerbsteuer **30** 17, 36 f.
- Notar **30** 16 ff.
- Schenkungsteuer **30** 49 ff.
- Sprache **30** 21
- Verschwiegenheitspflicht Notar **30** 16
- Verstoß **30** 23

Apostille
- Auslandsbeurkundung **14** 18 ff.
- Echtheit ausländische Urkunde **7** 52
- Unternehmenskauf **20** 64
- Vollmacht **20** 64
- Zuständigkeit **14** 20
- Zweigniederlassung, ausländische Kapitalgesellschaft **7** 52

Apotheke
- Stille Gesellschaft **18** 39

Apotheker
- Partnerschaftsgesellschaft **12** 68

Arbeitnehmer
- Anwachsungsmodell, einfaches **23** 33
- Formwechselbeschluss **22** 328
- Hereinverschmelzung **24** 56 f.
- Umwandlung **22** 55 ff.
- Unternehmenskauf **21** 105 ff.
- Verschmelzungsplan **24** 163

Arbeitnehmerbeteiligung
- Formwechsel in SE **16** 135, 138
- Gründungsplan SE **16** 95, 97
- Hereinverschmelzung **24** 63 ff.
- Kapitalerhöhung, bedingte **14** 571
- Kapitalerhöhungsbeschluss **14** 579
- Sitzverlegung SE **16** 156
- Tochter-SE, gemeinsame **16** 117
- Verschmelzung zu SE **16** 56, 63
- Verschmelzungsplan **16** 56; **24** 168

Arbeitnehmerfolgen
- Verschmelzungsvertrag **22** 118 ff.

Arbeitnehmerinformation
- Hereinverschmelzung **24** 115
- Verschmelzungsvertrag **22** 118 ff.

Arbeitsrecht
- Unternehmenskauf in der Krise **29** 80

Arglisteinwand
- Formverstoß **8** 20

Asset Deal
- Abschreibung **21** 32
- Besteuerung **21** 26 ff.
- Beurkundungspflicht **21** 76
- Bilanzierung Kaufpreis **21** 32
- Charakter **21** 72 ff.

- Freibetrag **21** 28
- Fünftel-Regelung **21** 27
- Fusionskontrolle **21** 112
- Gewährleistung **21** 86
- GmbH & Co. KG **23** 14
- Insolvenzverfahren **29** 87
- Kaufpreis als Anschaffungskosten **21** 32
- Teileinkünfteverfahren **21** 26, 27
- Unternehmenskauf **20** 1; **21** 8; **30** 345
- Unternehmenskauf in der Krise **29** 74 f., 87
- Unternehmenstransaktionen **2** 14 f., 41
- Veräußerungsgewinn **30** 346
- Vertragsverhältnisse Dritter **21** 75
- Zuflußbesteuerung **21** 27

Aufbewahrungsfristen
- Liquidation **13** 809

Auffangklausel
- Ehevertrag **27** 21

Aufgelöste Gesellschaft
- Fortsetzungsklausel **11** 221

Aufklärungspflicht
- Beurkundung **8** 48 ff., 60 ff.
- Einsicht in Gerichtsakten **8** 61
- Einsicht in Vorurkunden **8** 62
- Grundbucheinsicht **8** 57 ff.
- Registereinsicht **8** 50 ff.
- Verhinderung verfrühter Handlungen **8** 63 ff.

Auflösende Bedingung
- Notar **14** 444
- Unternehmensnachfolge **26** 53, 117, 165
- Vollmacht **25** 111

Auflösung
- KG aA **15** 94 ff.
- Personenhandelsgesellschaft **11** 215 f.
- Stille Gesellschaft **18** 79 ff.
- Unterbeteiligung **18** 136 ff., 144 ff.

Auflösung der Gesellschaft
- Insolvenzeröffnung **29** 62
- Treuhand **18** 228
- Vollmacht **25** 118

Auflösung der Hauptgesellschaft
- Unterbeteiligung **18** 140, 144 ff.

Auflösung GbR 29 14
- durch Gesellschafterinsolvenz **29** 16

Auflösung GmbH 13 726 ff.
- Auflösungsgründe **13** 729 ff.
- Bekanntmachung **13** 765 ff.
- freiwillige **13** 731 ff.
- Handelsregisteranmeldung **13** 756 ff.
- Liquidation **13** 379 ff.
- Zwangsauflösung **13** 730

Auflösung Personenhandelsgesellschaft
- Fortsetzung **11** 221
- Handelsregisteranmeldung **11** 219
- Vollbeendigung **11** 220 f.

Auflösungsbeschluss
- Auflösungsgründe **13** 735
- Minderjährige **28** 18, 35

Auflösungsgründe
- Auflösung **13** 729 ff.
- Liquidation **13** 379 ff.
- Stille Gesellschaft **18** 81

Auflösungsgründe GmbH
- Auflösungsbeschluss **13** 735
- Geschäftsanteilserwerb durch Gesellschaft **13** 737
- Satzung **13** 379 ff.
- Sitzverlegung ins Ausland **13** 736
- Zeitablauf **13** 732 ff.

Auflösungsklausel
- Tod eines Gesellschafters **11** 194

Aufnahmevertrag Gesellschafter 11 122 ff.
- Form **11** 123
- Inhalt **11** 126
- Minderjährige **11** 124 f.
- Vertragsparteien **11** 124

Aufrechnung
- Kommanditeinlage **11** 110 f.

Aufschiebende Bedingung
- Abtretung Geschäftsanteil **13** 596 ff.
- Anteilsveräußerung **10** 70 ff.
- Kapitaländerungsbeschluss **13** 478
- Kommanditistenwechsel **11** 149
- Share Deal GmbH & Co. KG **21** 58
- Unternehmenskauf **20** 72
- Unternehmenskaufvertrag GmbH **21** 44
- Unternehmensvertrag **19** 32

Aufsichtsrat
- Aktiengesellschaft **4** 58; **14** 64 ff.
- Dualistisches Leitungssystem **16** 13
- Genehmigtes Kapital **14** 609, 612
- Geschäftsführer **13** 189
- Gesellschaft mit beschränkter Haftung **13** 367 ff., 371 ff.
- Insolvenzverfahren **29** 67
- KG aA **15** 57 ff.
- Sachkapitalerhöhung **14** 541
- Unternehmensvertrag **19** 116
- Verschmelzung **22** 220
- Vertreter, gesetzlicher **25** 83 ff.
- Vertretungsnachweis **25** 85

Aufsichtsrat AG, erster
- Amtszeit **14** 71 ff.
- Anteilseignervertreter **14** 68
- Aufgaben **14** 77
- Ausscheiden aus **14** 75
- Bestellungskompetenz **14** 64 ff.
- Formwechsel **14** 74
- Hinderungsgründe **14** 69 f.
- Mitgliederzahl **14** 67
- Sachgründung **14** 190 f.
- Sitzungsniederschrift **14** 83 f.
- Vergütung **14** 78
- Vorstandsbestellung **14** 82 ff.
- Zusammensetzung **14** 68 ff.

Aufsichtsrat GmbH
- Einrichtungsgründe **13** 369
- Gestaltungsfreiheit **13** 371 ff.
- Muster **13** 375
- Satzung **13** 367 ff.

Aufsichtsrat SE
- Aufgaben **16** 13
- Mitglieder **16** 14 f.
Aufsichtsratsbeschluss
- Genehmigtes Kapital **14** 621 ff.
- Satzungsänderung **14** 680 ff.
Aufsichtsratswahl
- Hauptversammlung **14** 323 f.
Aufspaltung 22 231
- Erlöschen übertragender Rechtsträger **22** 305
- Firmenfortführung **6** 126
- Treuhand **18** 227
- außerhalb UmwG **22** 237
Aufstockung
- Einziehung Gesellschaftsanteil **13** 340
Aufstockungsunterhalt
- Ehegattenunterhalt **27** 150 f.
Aufteilungsfreiheit
- Betriebsübergang **22** 270
- Grenzen **22** 267 ff.
- Spaltungsvertrag **22** 261 ff.
Aufwendungsersatz
- Treuhänder **18** 183
Auktionsverfahren
- Akquisitionsfinanzierung **2** 112
- Satzung GmbH **13** 406
- Stapled Financing **2** 124 ff.
- Unternehmenstransaktionen **2** 8 ff.
Ausbildungsunterhalt
- Ehegattenunterhalt **27** 152
Auseinandersetzungsguthaben
- Stille Gesellschaft **18** 91 ff.
- Stille Gesellschaft, atypisch still **18** 93
Ausfertigungen
- Niederschrift **8** 169 ff.
- Urkunde **8** 166 ff.
Ausgabebetrag
- Kapitalerhöhungsbeschluss **14** 485, 578
- Übernahmeerklärung **14** 39
Ausgleichsanspruch
- Eintrittsklausel **11** 211
- Nachfolgeklausel **11** 210 f.
- Tod eines Gesellschafters **11** 210
- Unterbeteiligung **18** 145
Ausgliederung
- Abfindungsangebot **22** 275
- auf alleinigen Anteilsinhaber **22** 272
- Einzelkaufmann **22** 240
- Einzelrechtsnachfolge **22** 234 ff.
- Pensionsverbindlichkeiten **22** 269
- Umwandlung **22** 234
- außerhalb UmwG **22** 231, 234 ff., 237
- Vorteile **22** 235
- Zustimmungserfordernisse **22** 236
Ausgliederung auf neue GmbH
- Share Deal **21** 31
Ausgliederung zur Aufnahme
- Einzelunternehmen **26** 102 ff.
- Unternehmensnachfolge **26** 102 ff.
Auskunftsanspruch
- Ehegattenunterhalt **27** 193 ff.
- Endvermögen **27** 91
- Gesellschafter **11** 56
- Insolvenz Gesellschafter **29** 22
- Insolvenzverfahren **29** 117
- Insolvenzverwalter **29** 117
- Insolvenzverwalter, vorläufiger **29** 118
- Trennungsunterhalt **27** 193 ff.
- Vermögensverzeichnis **27** 92 ff.
- Verschwiegenheitspflicht **27** 94
- Zugewinnausgleich **27** 91 ff.
Auskunftsverweigerung
- Hauptversammlungsprotokoll **14** 381 ff.
- Protokollierungspflicht **14** 381 ff.
Auslage von Unterlagen
- Verschmelzung **22** 203 ff.
Ausland
- Hauptversammlung **14** 276
Auslandbeurkundung
- Abtretung Geschäftsanteil **9** 4, 10 ff.
- Geschäftsstatut **9** 12 ff.
- Gesellschafterliste **9** 17 ff.
- Kapitaländerungsbeschluss **13** 474
Ausländer
- Geschäftsführer **4** 79 f.
- Gründer **14** 32
- Gründungsgesellschafter **13** 69 ff.
- Vertretungsorgan **4** 79 f.
Ausländische Gesellschaft
- beendete mit Inlandsvermögen **25** 152
- Bezeichnung **25** 12
- Existenznachweis **25** 140 ff.
- Existenzprüfung **25** 140
- Gründungsgesellschafter **13** 71
- Inlandssitz **24** 10
- Komplementär **11** 230
- Rechtsformwahl **5** 48 ff.
- Rechtsformzusatz **6** 100
- Rechtsformzwang **5** 20
- Umqualifizierung **24** 10
- Unternehmenskauf **20** 19 ff., 27 ff.
- Vertretungsbefugnis **20** 19 ff.
- Vertretungsnachweis **25** 140 ff.
- Vertretungsprüfung **25** 140
- Vollmacht **20** 27 ff.; **25** 175 ff.
Ausländische Rechtsform
- Mitbestimmung **5** 131
- Rechtsformwahl **5** 17
- Registergericht **4** 65 ff.
- Sitztheorie **4** 65
- Vertretungsberechtigung **4** 66 ff.
- Verwaltungssitz **5** 17
Ausländische Rechtsträger
- Insolvenz **7** 82 ff.
- Umwandlung **22** 37
- Umwandlung in GmbH **7** 88 ff.
Ausländische Register
- Existenznachweis **25** 153 ff.
- Registereinsicht **8** 56

Auslandsberührung
– Umwandlung **24** 2, 32 ff.
Auslandsbeurkundung 9
– AG-Gründung **14** 15 f.
– Apostille **14** 18 ff.
– ausländischer Notar **4** 75 ff.
– Bilaterale Verträge **14** 17
– deutsche Auslandsvertretung **4** 74
– Form **14** 14 ff.
– Formstatut **9** 6
– Gesellschafterliste **13** 697
– GmbH-Gründung **13** 66 ff.
– Internationales Privatrecht **9** 3 ff.
– Legalisation **14** 22
– Legalisierung **4** 78
– Ortsstatut **9** 25 ff., 35
– Registergericht **4** 73 ff.
– Schweiz **9** 21 ff.
– Sprache **14** 24
– Unternehmenskauf **20** 7
– Wirksamkeit **9** 33 ff.
– Wirkung **14** 21
Auslandsbezug
– AG-Gründung **14** 11 ff.
– anwendbares Recht **9** 3
– Formerfordernis **9** 4
– GmbH-Gründung **13** 65 ff.
Auslandsvermögen
– Spaltung **22** 254
– Testament **26** 250
– Vorweggenommene Erbfolge **26** 8
Auslandsvertretung
– Auslandsbeurkundung **4** 74
Ausscheiden
– Aufsichtsrat, erster **14** 75
– Kommanditaktionäre **15** 50
– Komplementär KGaA **15** 30 ff.
– Partner **12** 70 ff.
Ausscheiden Gesellschafter 13 328 ff.
– Abfindungsanspruch **11** 172
– Abfindungsanspruch GbR **10** 84 ff.
– Anwachsen **11** 170
– Ausschluss **13** 328
– Austritt **13** 328
– Einziehung Geschäftsanteil **13** 328
– Firmenfortführung **6** 126
– Folgen **11** 170 ff.
– Gesellschaftsvertrag **11** 174 f.
– Handelsregisteranmeldung **11** 168 f.
– Kapitalgesellschaft **5** 119
– Komplementär **11** 171
– Muster **11** 192
– Nachhaftung **11** 173
– Partnerschaftsgesellschaft **12** 70 ff.
– Personengesellschaft **5** 116
– Personenhandelsgesellschaft **11** 156 ff.
– Umwandlung **6** 126
– Zweipersonengesellschaft **11** 171
Ausscheiden Komplementär
– KGaA **15** 37
Ausscheiden Personenhandelsgesellschaft
– Ausschließungsklage **11** 156
– Austrittsvereinbarung **11** 156
– Gesellschafterbeschluss **11** 161 ff.
– Gesellschaftsvertrag **11** 157
– Gründe **11** 156 ff.
– Insolvenzverfahren Gesellschafter **11** 157
– Kündigung **11** 157, 158 ff.
– Tod eines Gesellschafters **11** 157
Ausscheiden vorletzter Gesellschafter
– Anwachsung **23** 2 ff.
Ausschließungsgründe
– Checkliste **8** 42 ff.
– Notar **8** 33 ff., 39 ff.
Ausschließungsklage
– Ausscheiden Personenhandelsgesellschaft **11** 156
– Ausschluss Gesellschafter **11** 166
Ausschließungsklausel
– Ausschluss Gesellschafter **11** 161 ff.
– Gestaltung **11** 165
– Inhalt **11** 162 ff.
– Personenhandelsgesellschaft **11** 161 ff.
– sachlicher Grund **11** 163
– Zulässigkeit **11** 162 ff.
Ausschließungsrecht
– freies **11** 164
– Güterstandsklausel **27** 127
Ausschluss Abfindungsanspruch
– Familiengesellschaft **26** 133
Ausschluss Abfindungsguthaben
– Pflichtteilsanspruch **11** 213
Ausschluss Gesellschafter
– Abfindung **13** 344 ff.
– Ausscheiden **13** 328
– Ausschließungsklage **11** 166
– Ausschließungsklausel **11** 161 ff.
– Gesellschaft bürgerlichen Rechts **10** 79 ff.
– Satzung GmbH **13** 329
– Satzung KGaA **15** 30
– aus wichtigem Grund **13** 341
– wichtiger Grund **11** 166
Ausschluss Komplementär
– KGaA **15** 36
Ausschluss Kündigungsrecht
– Familiengesellschaft **26** 130
– Unternehmensnachfolger **26** 60
Ausschlussklausel
– Abfindungsklausel Personenhandelsgesellschaft **11** 177
– Familiengesellschaft **26** 139
– Muster **26** 139
Ausschlussvereinbarung
– Verfügungsbeschränkungen, eheliche **27** 44 ff.
Ausschüttung
– Abgeltungsteuer **5** 141
– Besteuerung **5** 141
– Ergebnisverwendung **13** 266
– Teileinkünfteverfahren **5** 141
Ausschüttungsanspruch
– Liquidationserlös **13** 796 ff.

Ausschüttungsbesteuerung
- Kapitalgesellschaft **5** 141
Außengesellschaft
- Existenznachweis **25** 53 ff.
- Gesellschaft bürgerlichen Rechts **10** 11
- Stimmbindungsvertrag **17** 77
Außenhaftung
- Gesellschaft bürgerlichen Rechts **10** 16
Außenwirkung
- Nießbrauch **11** 91
Außenwirtschaftsgesetz
- Mitteilungspflicht **8** 185
Aussprechbarkeit
- Kennzeichnungseignung **6** 78
Austritt aller Kommanditisten
- Anwachsungsmodell, einfaches **23** 20 ff.
Austritt Gesellschafter
- Ausscheiden **13** 328
- GmbH **13** 342
Austritt-Eintritt-Modell
- Kommanditistenwechsel **11** 146
Austrittsmodell
- Anwachsungsmodell, erweitertes **23** 36
- Unternehmergesellschaft (haftungsbeschränkt) **13** 859 f.
Austrittsvereinbarung
- Ausscheiden Personenhandelsgesellschaft **11** 156
Ausübungskontrolle
- Abfindungsklausel Personenhandelsgesellschaft **11** 178
- Ehevertrag **27** 10 f.
- Novation **27** 208
Auswechselung
- Treugeber **18** 223 ff.
- Treuhänder **18** 220 ff.
Auszahlung Gewinnanteil
- Stille Gesellschaft **18** 59

Bankbestätigung
- Bareinlage **14** 129
Bankwesen
- Firma **6** 103
Barabfindungsangebot
- Formwechselbeschluss **22** 327
- Gründungsplan SE **16** 87
- Hinausverschmelzung **24** 190 f.
- Verschmelzung zu SE **16** 57
- Verschmelzungsplan **16** 57
- Verschmelzungsvertrag **22** 122
- Verzicht **22** 124
Barabfindungsanspruch
- kaltes Delisting **22** 122
- Mischverschmelzung **22** 122
- Spruchverfahren **22** 47
- Übertragender Rechtsträger **22** 47
- Verfügungsbeschränkungen **22** 122
- Voraussetzungen **22** 123
- Widerspruch gegen Umwandlungsbeschluss **22** 123
Bareinlage
- Aktiengesellschaft **14** 107 ff.
- bilanzielle Behandlung **30** 254
- Kapitalerhöhung **13** 490 ff.
- Vorratsgründung **13** 90
Bareinlage AG
- Bankbestätigung **14** 129
- Dispositionsbefugnis Vorstand **14** 120
- Ein-Personen-Gründung **14** 111
- Einzahlungszeitpunkt **14** 118
- freie Verfügbarkeit **14** 115 ff.
- Leistung vor Anmeldung **14** 107 ff., 112 ff.
- Steuern **14** 119
- Über-Pari-Emission **14** 108
Bargründung
- Aktiengesellschaft **14** 2 ff.
- GmbH-Gründung **13** 28, 35
- Gründungsprüfung **14** 98
- Kommanditgesellschaft auf Aktien **15** 8
- Satzung **13** 168
- Unternehmergesellschaft (haftungsbeschränkt) **13** 36
Bargründung AG
- Gründungsprotokoll **14** 3 ff.
Bargründung GmbH
- Cash Pool **13** 47
- Einzahlung Nennbetrag **13** 40, 44, 168 f.
- freie Verfügbarkeit **13** 42
- GmbH & Co. KG **13** 47
- Hin- und Herzahlen **13** 47
- verdeckte Sacheinlage **13** 50 ff.
- Versicherung Geschäftsführer **13** 42
- Voreinzahlung **13** 46
Barkapitalerhöhung
- Aktiengesellschaft **14** 466
- Beschlussmängel **13** 521
- Einlagenleistung **13** 502 ff.
- Eintragungsmängel **13** 519
- elektronische Einreichung **13** 516
- fehlerhafte **13** 517 ff.
- Gesellschafterliste **13** 514
- Handelsregisteranmeldung **13** 509
- Liste der Übernehmer **13** 513
- Nachweis Einlage **13** 512
- Satzungsbescheinigung **13** 515
- Schütt-aus-hol-zurück-Verfahren **13** 508
- Übernahmeerklärung **13** 499 ff.
- Übernahmeerklärung, fehlerhafte **13** 518
- Unternehmenskauf **21** 60, 65
- Unternehmergesellschaft (haftungsbeschränkt) **13** 837
- Verfahrensmängel **13** 520
- Versicherung über Einlage **13** 510
- Vorauszahlung **13** 505 ff.
Barkapitalerhöhung AG
- Ablaufplan **14** 531
- Cash-Pool **14** 518
- debitorisches Konto **14** 516
- Einlagenleistung **14** 515 ff.
- Handelsregisteranmeldung **14** 521 ff.
- Hin- und Herzahlen **14** 517

- Kapitalerhöhungsbeschluss **14** 474 ff.
- Voreinzahlung **14** 520

Barkapitalerhöhungsbeschluss
- Muster **13** 498

Basisbilanz
- Kapitalerhöhung aus Gesellschaftsmitteln **13** 541 f.

Basisunterhalt
- Kindesbetreuungsunterhalt **27** 138

Bedarfsbemessung
- Eheliche Lebensverhältnisse **27** 164

Beendigung
- Beherrschungsvertrag **19** 60, 64 ff.
- Betriebsaufspaltung **30** 200
- Existenznachweis **25** 34
- Gesellschaftervereinbarung **17** 42 f.
- Gewinnabführungsvertrag **19** 60, 64 ff.
- Partnerschaftsgesellschaft **12** 96 ff.
- Personenhandelsgesellschaft **11** 215 ff.
- Treuhand **18** 168
- Treuhandvertrag **18** 203 ff.
- Unternehmensvertrag **19** 122 ff.
- Vertretung, gesetzliche **25** 67

Beendigung Berufsträgerschaft
- Partnerschaftsgesellschaft **12** 86

Beendigung der Organstellung
- Vertretung, gesetzliche **25** 67
- Vollmacht **25** 118

Befristung
- Ehegattenunterhalt **27** 154 ff.
- Gesellschaft bürgerlichen Rechts **10** 75 f.

Beglaubigung
- Anzeigepflichten, steuerliche **30** 52
- ausländischer Notar **4** 75
- örtliche Zuständigkeit **8** 30 ff.
- sachliche Zuständigkeit **8** 29
- Vertretungsnachweis **25** 171 f.

Beglaubigungspflicht
- Übersicht beglaubigungspflichtiger Geschäfte **8** 3

Behaltensfristen **30** 146 ff.
- Einbringung in Kapitalgesellschaft **30** 265
- Umwandlungssteuerrecht **22** 92

Beherrschungsvertrag **19** 7
- Änderung **19** 59 ff.
- Aufhebung **19** 65 ff.
- Beendigung **19** 60, 64 ff.
- Form **19** 36 ff., 61
- Handelsregistereintragung **19** 54 ff.
- Hinzutreten weiterer Gesellschafter **19** 77 f.
- Inhalt **19** 21 ff.
- Konzern **19** 3 ff.
- Kündigung **19** 70 ff.
- Prüfung **19** 51 ff.
- Rückwirkung **19** 31
- Spaltung **19** 83 ff.
- übergeordnetes Unternehmen **19** 51 ff.
- Umwandlung **19** 79 ff.
- Verschmelzung **19** 80 ff.
- Vertretung bei Abschluss **19** 40
- Wirksamkeitsvoraussetzungen **19** 36 ff.
- Zustimmung Gesellschafterversammlung **19** 41 ff.
- Zustimmungsbeschluss Konzernmutter **19** 50
- Zustimmungsbeschluss übergeordnete Gesellschaft **19** 49
- Zustimmungsbeschluss untergeordnete GmbH **19** 44 ff.

Beirat
- Aufgaben **26** 217
- Ausübung Gesellschafterrechte **26** 220
- Checkliste **26** 218
- Geschäftsführer **26** 227
- Gesellschafterversammlung **26** 226
- Gesellschaftsvertrag **26** 219
- Gestaltung **26** 218 ff.
- Muster **26** 219, 220
- Testamentsvollstreckung **26** 256, 258
- Unternehmensnachfolge **26** 216 ff., 221 f.
- Zustimmungserfordernisse **26** 223 ff.

Beitragspflicht
- Gesellschafter Personenhandelsgesellschaft **11** 60 ff.
- Gesellschaftsvertrag GbR **10** 35 f.

Beitritt Genossenschaft
- Ergänzungspfleger **28** 27
- familiengerichtliche Genehmigung **28** 28
- Minderjährige **28** 26 ff.

Bekanntgabe
- Ergänzungspfleger **28** 102
- Form **28** 105
- Genehmigungsbeschluss **28** 100 ff.
- gesetzlicher Vertreter **28** 100
- Minderjährige **28** 101 f.
- Verfahrensbeistand **28** 102 ff.

Bekanntgabefehler
- Beschwerdefrist **28** 113
- Genehmigungsbeschluss **28** 113

Bekanntmachung
- Auflösung GmbH **13** 765 ff.
- Hereinverschmelzung **24** 86, 92
- Holding-SE **16** 108
- Kapitalherabsetzung GmbH **13** 563 ff.
- Satzung GmbH **13** 383 f.
- Verschmelzung, grenzüberschreitende **24** 141
- Verschmelzungsplan **24** 173
- Verschmelzungsvertrag **22** 137

Bekanntmachungsform
- Satzung AG **14** 55

Belehrung
- Ehevertrag **27** 23 f.
- Mantelurkunde **20** 71 f.
- Unternehmenskauf **20** 71 ff.
- Unternehmergesellschaft (haftungsbeschränkt) **13** 826 ff.

Belehrungsfunktion
- Beurkundung **2** 92 ff.

Belehrungspflicht
- Anfechtbarkeit **29** 127
- Anteilsabtretung **8** 85
- Betriebsveräußerung **29** 126
- Beurkundung **8** 83 ff.

– Einlageleistung **8** 85
– Firmenwahrheit **8** 85
– Gesellschafterliste **8** 85
– Gründungshaftung **8** 85
– gutgläubiger Erwerb **8** 85
– Haftung **8** 85
– Kapitalaufbringung **8** 85
– Kapitalerhöhungsbeschluss AG **14** 477
– Registereintragung **8** 85
– Sacheinlageverbot **8** 85
– strafrechtlich Aspekte Geschäftsführung **8** 85
– Unternehmenskauf **21** 20, 114
– Unternehmergesellschaft (haftungsbeschränkt) **8** 85
– Unwirksamkeit, schwebende **8** 85
– wirtschaftliche Situation **29** 128
Belehrungspflicht, steuerliche
– besondere Umstände **30** 73 ff.
– Betriebsübernahme **30** 81 f.
– Dokumentation **30** 83
– Haftung **30** 76
– Notar **30** 57 ff.
– Schenkung **30** 64
– Steuerberater **30** 87
– Umfang **30** 66 ff.
– Unbedenklichkeitsbescheinigung **30** 71
Benennungsrecht
– Abberufung Geschäftsführer **13** 195
– Geschäftsführer **13** 193, 196
Beratung
– Hauptversammlungsprotokoll **14** 459 ff.
– Satzung **13** 113 ff.
Beratungspflicht
– steuerliche **8** 94
Berufsbezeichnung, geschützte
– Handelsregistereintragung **4** 37
Berufsrecht
– Partnerschaftsgesellschaft **12** 19 f.
Beschaffenheitsvereinbarung
– Kaufvertrag Geschäftsanteil **13** 628
– Unternehmenskauf **21** 88
Bescheinigung
– Gesellschafterliste **13** 707
– Urkunde **8** 165
Bescheinigung der deutschen Übersetzung
– Beurkundung **8** 100 ff.
Beschlussänderung
– Kapitalmaßnahme GmbH **13** 464
Beschlussfähigkeit
– Gesellschafterbeschluss **11** 50; **13** 243
– Gesellschafterversammlung **13** 243
Beschlussfassung
– Formwechselbeschluss **22** 322 ff.
– Hauptversammlung SE **16** 25
– Verschmelzungsbeschluss **22** 142
Beschlussfassungsverfahren
– Gesellschafterbeschluss **13** 241 f.
Beschlussfeststellung
– vereinfachte **14** 375
– Versammlungsleiter **14** 369 ff.
Beschlussfeststellung, vereinfachte
– Hauptversammlungsprotokoll **14** 375
– Versammlungsleiter **14** 375
Beschlussmängel
– Barkapitalerhöhung **13** 521
– Gesellschafterbeschluss **13** 254 ff.
Beschlussmängelstreitigkeiten
– Mediationsverfahren **13** 402
– Schiedsverfahren **13** 387
Beschlussnichtigkeit
– Hauptversammlungsprotokoll **14** 335
Beschlussvorschläge
– Einberufung Hauptversammlung **14** 298
– Hauptversammlung **14** 298
Beschwerde
– Berechtigte **28** 111
– Beschwerdesumme **28** 114
– Bestellung Ergänzungspfleger **28** 85
– Ergänzungspfleger **28** 85
– Frist **28** 112 f.
– Gegenstand **28** 110
– Genehmigungsbeschluss **28** 110 ff.
– Rechtsbeschwerde **28** 116
– Verfahren **28** 115
Beschwerdeberechtigte
– Bestellung Ergänzungspfleger **28** 86
Beschwerdeentscheidung
– Bestellung Ergänzungspfleger **28** 89
Beschwerdefrist **28** 112 f.
– Bekanntgabefehler **28** 113
Beschwerdegericht
– Bestellung Ergänzungspfleger **28** 88
Beschwerdesumme
– Beschwerde **28** 114
– Bestellung Ergänzungspfleger **28** 87
Beschwerdeverfahren
– Bestellung Ergänzungspfleger **28** 88
Bestandsschutz
– Aktiengesellschaft **14** 172
Bestätigungsvorbehalt
– Hereinverschmelzung **24** 119 ff.
Bestellung
– Geschäftsführender Direktor **16** 21
– Geschäftsführer **13** 187 ff.
– Liquidator **13** 744 ff.
– Nießbrauch **13** 670
– Pfandrecht **13** 656 ff.
– Verwaltungsrat SE **16** 20
Bestellung Ergänzungspfleger **28** 67 ff.
– Amtsermittlung **28** 73
– Anhörung **28** 75 ff.
– Beschluss **28** 83
– Beschwerde **28** 85
– Beschwerdeberechtigte **28** 86
– Beschwerdeentscheidung **28** 89
– Beschwerdegericht **28** 88
– Beschwerdesumme **28** 87
– Beschwerdeverfahren **28** 88
– Ermessen **28** 80
– Jugendamt **28** 71
– lediglich vorteilhaftes Geschäft **28** 74

- Muster **28** 82
- Rechtsbeschwerde **28** 89
- Rechtsmittel **28** 85
- Verfahren **28** 70 ff.
- Verfahrensbeistand **28** 78
- Verfahrensbeteiligte **28** 71
- Verfahrenseinleitung durch Notar **28** 72
- Verpflichtungserklärung **28** 84
- Vorschlagsrecht **28** 79 ff.
- zuständiges Gericht **28** 68 f.

Bestellungsbeschluss
- Zweigniederlassung, ausländische Kapitalgesellschaft **7** 51

Bestellungshindernis
- Vorstand **14** 130 ff.
- Zweigniederlassung, ausländische Gesellschaft mit beschränkter Haftung **7** 57 f.

Bestellungskompetenz
- Aufsichtsrat, erster **14** 64 ff.

Bestellungsrecht
- Geschäftsführer **13** 194, 196

Besteuerung
- Anteilsveräußerung Personengesellschaft **21** 27
- Anwachsungsmodell, erweitertes **23** 34 ff.
- Asset Deal **21** 26 ff.
- Ausschüttung **5** 141
- Entnahme **30** 6
- Erbauseinandersetzung **30** 401
- Ergebnisverwendung **13** 267
- Formwechsel **30** 378 ff.
- Geschäftsanteilsveräußerung **30** 286 ff.
- Güterstandsschaukel **27** 115 ff.
- Kapitalgesellschaft **30** 221 ff.
- Körperschaft, gemeinnützige **30** 248 f.
- Nachfolgeklausel, einfache **30** 414 ff.
- Nachfolgeklausel, qualifizierte **30** 417 ff.
- Partnerschaftsgesellschaft **12** 18
- Personenhandelsgesellschaft **11** 5
- Rechtsformwahl **5** 6, 134 ff.; **30** 151 ff.
- Share Deal **21** 29
- Spaltung **30** 374 ff.
- Teilbetriebsveräußerung **21** 25
- Treuhandvertrag **18** 175 ff.
- Umwandlung **5** 157 f.
- Unternehmenskauf **5** 154 ff.; **21** 8, 22 ff.; **30** 338 ff.
- Unternehmensnachfolge **30** 385 ff.
- Veräußerung Einzelunternehmen **21** 27
- Vermögensübertragung gegen Versorgungsleistung **30** 390 f.
- Verschmelzung **30** 369 ff.
- Verträge unter nahen Angehörigen **30** 131 ff.

Bestimmtheitsgrundsatz
- Abfindungsklausel **13** 356
- Abtretung Geschäftsanteil **13** 584 ff.
- Familiengesellschaft **26** 123 f.
- Gesellschaft bürgerlichen Rechts **10** 47
- Gesellschaftsvertrag Personenhandelsgesellschaft **11** 25
- Personengesellschaft **5** 100
- Pfandrecht Geschäftsanteil **13** 658
- Satzung **14** 164 ff.
- Spaltungsvertrag **22** 261 ff.
- Umwandlung **22** 41

Beteiligte
- Angaben **8** 70
- Beurkundung **2** 62; **3**
- Bevollmächtigter **8** 80 f.
- Familiengerichtliche Genehmigung **28** 92
- Formwechsel **22** 314
- Hereinverschmelzung **24** 145 ff.
- Identitätsfeststellung **8** 71 ff.
- juristische Personen **8** 76 ff.
- Minderjährige **8** 79
- Niederschrift **8** 67, 70 ff.
- Personengesamtheiten **8** 76
- Registergericht **4** 23
- Stille Gesellschaft **18** 48
- Umwandlung **22** 27 ff.
- Unternehmenskauf **20** 11 ff.
- Unternehmenstransaktionen **2** 17 ff.
- Verschmelzung **22** 102
- Vertreter, organschaftlicher **8** 78

Beteiligungen
- Unternehmensgegenstand **13** 159

Beteiligungserwerb
- Minderjährige **26** 232

Beteiligungshindernisse
- Stille Gesellschaft **18** 39 ff.
- Unterbeteiligung **18** 114

Beteiligungsidentität
- Einheits-GmbH & Co. KG **11** 258
- GmbH & Co. KG **11** 226, 253, 256

Beteiligungsvertrag
- Anti-Dilution-Clauses **17** 99
- Bezugsrecht **17** 98
- Charakter **17** 89
- Checkliste **17** 88
- Exit-Klausel **17** 111
- Form **17** 92 ff.
- Gegenleistung **17** 95 ff.
- Informationsrechte **17** 109
- Investition **17** 94
- Kerninhalt **17** 94 ff.
- Leaver-Klausel **17** 101
- Management **17** 103
- Milestones **17** 95
- Mitarbeitermodell **17** 102
- Mitverkaufspflicht **17** 106
- Mitverkaufsrecht **17** 106
- Pflicht zur Umwandlung **17** 93
- Rechtsnatur **17** 90 f.
- Satzung **17** 104
- Schlüsselpersonen des Unternehmens **17** 101
- Stimmbindungsvertrag **17** 108
- Verfügungsbeschränkungen **17** 106
- Verwässerungsschutzklausel **17** 99
- Wettbewerbsbeschränkung **17** 110
- Zulässigkeit **17** 90 f.
- Zustimmungsbedürftige Geschäftsführungsmaßnahmen **17** 105

Betreuungspflichten
- Hauptversammlung AG **14** 307
Betrieb
- Einbringung in Kapitalgesellschaft **30** 258 ff.
- Einbringung in Personengesellschaft **30** 210 ff.
Betriebsaufgabe
- Vorweggenommen Erbfolge **30** 389
Betriebsaufspaltung **30** 191 ff.
- Beendigung **30** 200
- Entnahme bei Tod **26** 252
- Rechtsfolgen **30** 198 ff.
- Verflechtung, personelle **30** 197
- Verflechtung, sachliche **30** 195 ff.
- Voraussetzungen **30** 195
- wesentliche Betriebsgrundlage **30** 196
- Zurückbehaltung Wirtschaftsgüter **26** 168
Betriebsrat
- Formwechsel in SE **16** 136
- Verschmelzung zu SE **16** 64
Betriebsübergang
- Anwachsungsmodell, einfaches **23** 33
- Aufteilungsfreiheit **22** 270
- Spaltung **22** 270
- Umwandlung **22** 55 ff.
- Unternehmenskauf **21** 105 ff.
- Unternehmenskauf in der Krise **29** 80
- Widerspruchsrecht **22** 55 ff.
Betriebsüberlassung
- Unternehmensvertrag **19** 93
Betriebsübernahme
- Belehrungspflicht, steuerliche **30** 81 f.
Betriebsveräußerung
- Belehrungspflicht **29** 126
Betriebsvermögen
- Begriff **27** 101
- Herausnahme aus Zugewinn **27** 99 ff.
- Manipulationsmöglichkeiten **27** 102 ff.
Beurkundung **3** 21 ff.; **8**
- Abschluss **2** 68
- Abstimmung mit Notariat **3** 77 ff.
- Aufklärungspflicht **8** 48 ff., 60 ff.
- ausländischer Notar **4** 76 ff.
- ausländisches Recht **8** 90
- Belehrungsfunktion **2** 92 ff.
- Belehrungspflicht **8** 83 ff.
- Bescheinigung der deutschen Übersetzung **8** 100 ff.
- Beteiligte **2** 62; **3**
- Dauer **2** 63 ff.
- Disziplin **2** 67
- Dolmetscher **8** 97 f.
- Ehevertrag **27** 13 ff.
- Einreichung zum Handelsregister **6** 46
- Formwechselbeschluss **22** 336
- Genehmigungserfordernisse **8** 91 ff.
- Geschäftsanteilsübertragung **9** 10
- Gesellschafterbeschluss **8** 146 ff.
- Gesellschafterversammlung GmbH **8** 146
- Gründung GmbH **3** 40 ff.
- Gründungsprotokoll AG **14** 3 ff.
- Güterstandsklausel **27** 129
- Hauptversammlung **8** 146
- Hereinverschmelzung **24** 73 ff.
- Kapitaländerungsbeschluss **13** 474
- KGaA **15** 10
- Kosten **3** 84
- Logistik **2** 61
- Mitteilungspflichten, steuerliche **18** 177
- Niederschrift **8** 66
- Ort **3** 81 ff.
- örtliche Zuständigkeit **8** 30 ff.
- Pfandrecht Geschäftsanteil **13** 656 ff.
- Pflichten bei **2** 57 ff.
- Prüfungspflicht **2** 58 ff.; **8** 83 ff.
- Registereinsicht **8** 50 ff.
- Richtigkeitsgewähr **2** 91
- sachliche Zuständigkeit **8** 28
- Satzung **13** 2, 115 ff., 133
- Spaltungsvertrag **22** 258
- Sprache **8** 95 f.
- Tochter-SE, gemeinsame **16** 116
- Umwandlung **2** 76 ff.; **3** 46 ff.
- Unternehmenskauf **20** 57 ff.
- Unternehmenskauf in der Krise **29** 76
- Unternehmenskaufvertrag **2** 36
- Verpflichtung zur Umwandlung **2** 76 ff.
- Verschmelzung **3** 49 ff.
- Verschmelzungsbeschluss **2** 78 ff.
- Verschmelzungsplan **24** 172
- Verschmelzungsvertrag **22** 127
- Verweisung andere Niederschriften **8** 123 ff.
- Verweisung auf Bilanzen, Inventare **8** 127 ff.
- Verweisung auf Karten, Zeichnungen **8** 116 ff.
- Verweisung auf Schriftstücke **8** 112 ff.
- Vollzug **8** 160 ff.
- Vorbereitungsphase **3** 16 ff.
- Vorsorgevollmacht **26** 268
- Warnfunktion **2** 92 ff.
- Willenserklärungen **8** 66 ff.
- Zeitpunkt **3** 70 ff.
- Zustimmungserklärung **15** 70 ff.
Beurkundungsablauf
- Unternehmenskauf **20** 63 ff.
Beurkundungserfordernis
- Substitution Auslandsbeurkundung **9** 7
Beurkundungsfehler
- Haftung **14** 336, 338 f.
- Hauptversammlungsprotokoll **14** 334 ff.
Beurkundungsform
- Hauptversammlungsprotokoll **14** 425 ff.
Beurkundungsinhalt
- Hauptversammlungsprotokoll **14** 341 ff.
Beurkundungsmangel
- Heilung **22** 45
- Umwandlung **22** 45
Beurkundungspflicht
- Aktiengesellschaft, nicht börsennotiert **14** 283 ff.
- Anteilsabtretung **8** 16 f.
- Asset Deal **21** 76
- Beweisfunktion **8** 8
- Bezeichnung der Beteiligten **25** 9 ff.

- Erwerbstreuhand **18** 159
- Existenzprüfung **25** 6 f.
- Formverstoß **8** 19 ff.
- Gesellschafterliste **25** 13 f.
- Gewährsfunktion **8** 9
- Hauptversammlung **8** 14; **14** 274 ff.
- Hauptversammlungsprotokoll **14** 340
- Kontrollfunktion **8** 11
- Prüfung Beteiligte **25** 6 f.
- Satzungen **8** 12
- Satzungsänderung **8** 14
- Schiedsklausel **20** 54
- Schutzfunktion **8** 10
- Share Deal **21** 39 ff.
- Spaltungsbeschluss **22** 286
- Spaltungsvertrag **22** 256
- Treuhand **18** 154, 159 ff.
- Treuhandvertrag **18** 159 ff.
- Übersicht **8** 2
- Übertragungstreuhand **18** 159
- Umfang **8** 12 ff.
- Umwandlung **8** 15
- Unternehmenskauf **20** 2 ff.
- Vereinbarungstreuhand **18** 159
- Verpflichtung Abtretung Geschäftsanteil **2** 104
- Verschmelzung **2** 78 ff.
- Verschmelzungsbeschluss **22** 150 ff.
- Vertragsänderung **8** 18
- Vertretungsprüfung **25** 6 f.
- Vollständigkeitsgrundsatz **2** 105
- Warnfunktion **8** 10
- zusammengesetzte Rechtsgeschäfte **2** 101 ff.

Beurkundungsverfahren
- Abtretung Geschäftsanteil **8** 89
- Gestaltung **8** 86 ff.
- Verbraucherverträge **8** 88

Beurkundungsvorbereitung
- Abtretung Geschäftsanteil **13** 582

Bevollmächtigte
- Beteiligte **8** 80 f.
- Handelsregisterverfahren **6** 13
- Spaltungsvertrag **22** 257
- Stimmrecht GmbH **13** 245
- Unternehmenskauf **20** 23

Bevollmächtigung
- Stiller Gesellschafter **18** 72 ff.

Bevollmächtigung zur Stimmabgabe
- Treugeber **18** 194 ff.

Beweisfunktion
- Beurkundungspflicht **8** 8

Beweiskraft
- Handelsregistereintragung **25** 22 ff.
- Hauptversammlungsprotokoll **14** 337

Bewertung
- Abfindungsanspruch Personenhandelsgesellschaft **11** 179 ff.
- Abschreibungsgesellschaft **27** 89
- Einlage Personenhandelsgesellschaft **11** 61
- Freiberuflerpraxis **27** 81 ff.
- Hereinverschmelzung **24** 67
- Sacheinlage **13** 55, 60, 530; **14** 154 ff., 158 ff.
- Unternehmensbeteiligung **27** 86 ff.
- Verschmelzungsplan **24** 169

Bewertungsmethode
- Verschmelzungsvertrag **22** 108

Bewertungsstichtag
- Sacheinlage **14** 161
- Umtauschverhältnis **22** 107 f.
- Verschmelzungsvertrag **22** 108

Bezeichnung
- ausländische Gesellschaft **25** 12
- Dokumente, elektronische **4** 9
- Gesellschaft bürgerlichen Rechts **25** 11
- inländische Gesellschaft **25** 10 ff.

Bezeichnung der Beteiligten
- Beurkundungspflicht **25** 9 ff.

Bezeichnung der Dateien
- Elektronische Einreichung **6** 30

Bezeichnung der Gegenstände
- Spaltungsvertrag **22** 261 ff.

Bezeichnungsmangel
- Spaltungsvertrag **22** 263

Bezugnahme auf Handelsregister
- Existenznachweis **25** 31 f.
- Vertretungsnachweis **25** 31 f.

Bezugserklärung
- Heilung **14** 593
- Kapitalerhöhung, bedingte AG **14** 590 ff.
- Nichtigkeit **14** 593

Bezugsfrist
- Kapitalerhöhungsbeschluss AG **14** 491

Bezugsrecht
- Beteiligungsvertrag **17** 98
- Kapitalerhöhung, bedingte AG **14** 566, 589

Bezugsrechtsausschluss
- Bericht **14** 499
- Checkliste **26** 158
- Genehmigtes Kapital **14** 611
- Hauptversammlungsbeschluss **14** 498
- Kapitalerhöhungsbeschluss AG **14** 495 ff.
- Mehrheitserfordernis **14** 497
- Sachkapitalerhöhung AG **14** 548
- sachliche Rechtfertigung **14** 500 ff.
- Unternehmensnachfolge **26** 158
- Verhältnismäßigkeit **14** 503
- Voraussetzungen **14** 496 ff., 500 ff.
- Vorstand **14** 499

Bezugsrechtseinschränkung
- Kapitalerhöhung **13** 496
- Sachkapitalerhöhung **13** 525

Bezugsurkunde
- Anlagen **20** 40
- Muster **20** 47
- Pflichtenbindung, doppelte **20** 43 ff.
- Unternehmenskauf **20** 43 ff.

Bieterverfahren
- Unternehmenstransaktionen **2** 8 ff.

Bilanz
- Formwechsel **22** 65

Bilanzgarantie
- Garantie **21** 97 f.
- Unternehmenskaufvertrag **21** 46

Bilanzierung
- Anteilstausch **30** 270
- Asset Deal **21** 32
- Bareinlage **30** 254
- Einbringung in Kapitalgesellschaft **30** 258, 264
- Einbringung in Personengesellschaft **30** 205, 207, 210 f., 216 ff.
- Kapitalherabsetzung, vereinfachte **14** 670
- Über-Pari-Emission **14** 156
- Verschmelzung **30** 370 f.

Bilanzierungsfähigkeit
- Sacheinlage **14** 151

Bilanzstichtag
- Hereinverschmelzung **24** 68 ff.
- Hinausverschmelzung **24** 188
- Satzung **13** 178
- Verschmelzungsplan **24** 169

Bildzeichen
- Firma **6** 79 f.

Bindungswirkung
- Spaltungsbeschluss **22** 284
- Verbindliche Auskunft **30** 145

Bis-zu-Barkapitalerhöhung
- Kapitalerhöhungsbeschluss **14** 480 f.
- Muster **13** 490

Bis-zu-Kapitalherabsetzung
- Kapitalherabsetzungsbeschluss **13** 558

Börse
- Aktiengesellschaft **14** 688 ff.
- Delisting **14** 708
- Dual Track **14** 705
- Freiverkehr **14** 688
- Going Private **14** 708
- Going Public **14** 694 ff.
- KGaA **14** 694 ff.
- Plazierung **14** 691
- Plazierungsaktien **14** 697 ff.
- regulierter Markt **14** 688
- Übernahmeangebot, öffentliches **14** 706

Börsenfähigkeit 14 694 ff.
- Satzung **14** 700
- Umwandlung **14** 695

Börsengang
- Gründe **14** 693
- Notar **14** 686 ff.
- Unternehmenstransaktionen **2** 22

Börsenindizies 14 689

Börsennotierung
- Aktiengesellschaft **14** 283

Börsenzulassung 14 691

Branchenbezeichnung
- Unterscheidungskraft **6** 84 f.

Briefwahl
- Hauptversammlungsbeschluss **14** 349
- Hauptversammlungsprotokoll **14** 349

Britische Kapitalgesellschaft
- Gründungsgesellschafter GmbH **13** 73

Bruchteilsberechtigung
- Nachfolgeklausel **10** 59

Buchführungspflicht
- Gesellschaft bürgerlichen Rechts **10** 51

Buchwertabfindung
- Unterbeteiligung **18** 145

Buchwertfortführung
- Anwachsungsmodell, einfaches **23** 27
- Anwachsungsmodell, erweitertes **23** 34
- Einbringung Betrieb im Ganzen **23** 37
- Einbringung Mitunternehmeranteil **23** 38
- Vorweggenommen Erbfolge **30** 389

Buchwertklausel
- Abfindungsklausel **13** 353
- Abfindungsklausel Personenhandelsgesellschaft **11** 179
- Muster **11** 179

Carve-in
- Unternehmenstransaktionen **2** 12, 30

Carve-out
- Unternehmenstransaktionen **2** 12, 30

Cash Pool
- Bargründung GmbH **13** 47
- Barkapitalerhöhung AG **14** 518
- Gesellschaft mit beschränkter Haftung **13** 461
- Hin- und Herzahlen **14** 220
- Sacheinlage, verdeckte **14** 229

Change-of-Control-Klausel
- Share Deal **21** 38
- Unternehmenskauf **21** 9

Closing
- Unternehmenskauf **21** 11
- Unternehmenskaufvertrag **21** 45

Corporate Housekeeping
- Notar **3** 68 f.

Darlehen
- Sachgründung, verdeckte **14** 216

Darlehen GmbH an KG
- Einlagenrückgewähr **11** 242 ff.
- GmbH & Co. KG **11** 242

Darlehen, partiarisches
- Stille Gesellschaft **18** 9
- Unternehmensvertrag **19** 91

Darlehenskonto
- Share Deal GbR **21** 51

Dateiformat
- Elektronische Einreichung **6** 28

Datenraum
- Unternehmenskauf **20** 85 ff.
- Unternehmenstransaktionen **2** 38

Dauernde Last
- Einzelunternehmen **26** 96
- Muster **26** 96
- Unternehmensnachfolge **26** 46
- Unternehmensnachfolge Einzelunternehmen **26** 96

Dauertestamentsvollstreckung
- Testamentsvollstreckung **26** 256

Debitorisches Konto
- Barkapitalerhöhung AG **14** 516
- Einlagenleistung **13** 504; **29** 40 f.

Debt-Equity-Swap
- ESUG **29** 91
- Sanierung **29** 46 f.
Debt-Hybrid-swap
- Sanierung **29** 48
Debt-Mezzanine-Swap
- Sanierung **29** 48
Delisting
- Börse **14** 708
Dienstbarkeit zugunsten GbR
- Grundbuchamt **10** 112 f.
Dienstleistungsvertrag
- Durchführungsverträge **17** 146
Dispositionsbefugnis Vorstand
- Bareinlage **14** 120
Disquotale Einlagen
- Kapitalgesellschaft **30** 281 ff.
Disquotale Kapitalherabsetzung
- Gesellschaft mit beschränkter Haftung **13** 561
Disquotale Leistungen
- Anzeigepflichten **30** 51
Dokumentation
- Hauptversammlung **14** 274
Dokumente, elektronische
- Bezeichnung **4** 9
- Einreichung **4** 7
- elektronische Signatur **4** 10 f.
Dolmetscher
- Beurkundung **8** 97 f.
Doppelbevollmächtigung
- Muster **28** 122
Doppelnatur
- Satzung GmbH **13** 122
Doppelverpflichtungslehre
- Gesellschaft bürgerlichen Rechts **10** 6
Doppelvollmacht des Notars
- Familiengerichtliche Genehmigung **28** 121 ff.
Downstream
- Umwandlung **22** 18
Down-Stream-Darlehen
- Gesellschaft mit beschränkter Haftung **13** 461
Drag-anlong-Klausel
- Mitverkaufspflicht **13** 318; **17** 106
Drittkontrahierungsklausel
- Güterstandsklausel **13** 397
- Pflichtteilsverzichtsvertrag **13** 400
- Satzung GmbH **13** 397
Drittwiderspruchsklage
- Treuhand **18** 211
Dual Track
- Börse **14** 705
Dual Track Verfahren
- Unternehmenstransaktionen **2** 11
Dualistisches Leitungssystem
- Aufsichtsrat **16** 13
- Europäische Aktiengesellschaft **16** 10
- Gründungsplan SE **16** 89
- Kontrollorgan **16** 12 ff.
- Leitungsorgan **16** 12
Due Diligence
- Unternehmenskauf **21** 10
- Unternehmenstransaktionen **2** 9, 28
Durchführung
- Kapitalerhöhung AG **14** 470
- Kapitalerhöhung aus Gesellschaftsmitteln **13** 543
- Kapitalerhöhungsbeschluss **13** 491
- Kapitalherabsetzung AG **14** 665 f.
- Kapitalherabsetzung GmbH **13** 561
- Kapitalherabsetzung, vereinfachte **13** 576
Durchführungsfrist
- Kapitalerhöhungsbeschluss AG **14** 490
Durchführungsverträge
- Dienstleistungsvertrag **17** 146
- Form **17** 149
- Joint-venture-Verträge **17** 141 ff.
- Liefer-/Abnahmeverpflichtungen **17** 145
- Nutzungsüberlassungsvertrag **17** 143
- Software **17** 144
Durchführungsvollmacht
- Musterprotokoll **13** 27
Durchgriffshaftung
- Rechtsformwahl **5** 85

Echtheitsnachweis
- Apostille **7** 52
- Existenznachweis, ausländische Gesellschaft **25** 179 ff.
- Vertretungsnachweis, ausländische Gesellschaft **25** 179 ff.
EGVP-Client **6** 26 ff.
Ehebedingte Zuwendung **26** 74
Ehegatte
- Mitarbeit **27** 118
- wesentliches Vermögen **11** 23
- Zuwendung, unbenannte **27** 118
Ehegatteninnengesellschaft
- Gesellschaft bürgerlichen Rechts **27** 122 ff.
Ehegattenunterhalt **27** 133 ff.
- Altersunterhalt **27** 146
- Aufstockungsunterhalt **27** 150 f.
- Ausbildungsunterhalt **27** 152
- Auskunftsanspruch **27** 193 ff.
- Befristung **27** 154 ff.
- Berechnung **27** 166 ff.
- Billigkeitserwägungen **27** 156
- Billigkeitsunterhalt **27** 152
- Dreiteilung des Unterhaltsbedarfs **27** 164
- eheliche Lebensverhältnisse **27** 162 ff.
- Ehevertrag **27** 9, 200 ff.
- Einkommensrückgang **27** 164
Erlangung Erwerbstätigkeit **27** 149
- Erwerbsobliegenheit **27** 169
- Herabsetzung **27** 155 ff.
- hinzutretende Unterhaltsberechtigte **27** 164
- Karrieresprung **27** 164
- Kindesbetreuungsunterhalt **27** 137 ff.
- Krankheitsunterhalt **27** 147 f.
- nachehelicher **27** 193 ff.
- neue Ehefrau **27** 164

- Novation **27** 205 ff.
- Splittingvorteil **27** 164
- Steuerbilanz **27** 166 ff.
- Unterhaltsbilanz **27** 170 ff.
- Verzicht **27** 203 f.

Eheliche Lebensverhältnisse
- Bedarfsbemessung **27** 164
- Ehegattenunterhalt **27** 162 ff.
- Zeitpunkt **27** 163

Ehevertrag
- Auffangklausel **27** 21
- Ausübungskontrolle **27** 10 f.
- Belehrung **27** 23 f.
- Beurkundung **27** 13 ff.
- Ehegattenunterhalt **27** 9, 200 ff.
- Form **27** 44 ff.
- Güterstand, modifizierter **27** 96 ff.
- Inhaltskontrolle **27** 7 ff.
- Kernbereichslehre **27** 9
- Kindesbetreuungsunterhalt **27** 9
- Mindeststandard **27** 7 ff.
- Salvatorische Klausel **27** 20
- Scheidung **27** 5 ff.
- Sittenwidrigkeit **27** 10
- Tod eines Gesellschafters **27** 5 ff.
- Unterhaltshöchstgrenze **27** 201 f.
- Unternehmensnachfolge **26** 260 ff.
- Wirksamkeitskontrolle **27** 10
- Zugewinnausgleichsanspruch **26** 262

Eigenkapital
- Kapitalgesellschaft **5** 66
- Personengesellschaft **5** 64

Eigenkapitalcharakter
- Stille Gesellschaft **18** 22

Eigenname
- Firma **6** 82

Einberufung
- Hauptversammlungsprotokoll **14** 406

Einberufung Gesellschafterversammlung
- Gesellschaft mit beschränkter Haftung **13** 225 ff.
- Kapitaländerungsbeschluss **13** 477

Einberufung Hauptversammlung
- Aktiengesellschaft **14** 291 f., 297 ff.
- Beschlussvorschläge **14** 298
- Evidenzkontrolle **14** 297 ff.
- Ordnungsgemäßheit **14** 297 ff.
- Prüfungspflicht **14** 297 ff.

Einberufungsbelege
- Hauptversammlungsprotokoll **14** 414 f.

Einberufungsform
- Gesellschafterversammlung GmbH **13** 227 f.

Einberufungsfrist
- Gesellschafterversammlung GmbH **13** 229
- Hauptversammlung **14** 302 ff.

Einberufungsgründe
- Gesellschafterversammlung GmbH **13** 226

Einbringung
- gegen Anteilsgewährung **22** 9
- Grunderwerbsteuer **30** 383
- Personengesellschaft **30** 202 ff.
- Sacheinlage **30** 256 ff.
- Umwandlung **22** 9 f.
- Umwandlungssteuergesetz **30** 367

Einbringung Anteile
- Holding-SE **16** 99 ff.

Einbringung Betrieb im Ganzen
- Anwachsungsmodell, erweitertes **23** 37
- Buchwertfortführung **23** 37

Einbringung in Kapitalgesellschaft
- Anteilen an Kapitalgesellschaft **30** 270 ff.
- Anteilstausch **30** 270 ff.
- Behaltensfristen **30** 265
- Betrieb **30** 258 ff.
- aus Betriebsvermögen **30** 258
- Einbringungsgewinn **30** 365
- Einzelwirtschaftsgut **30** 256 f.
- gemeiner Wert **30** 263
- Grunderwerbsteuer **30** 268
- Mitunternehmeranteil **30** 258 ff.
- Nachsteuerungstatbestände **30** 265
- aus Privatvermögen **30** 256
- Rückwirkung **30** 260
- Sachgesamtheiten **30** 258 ff.
- Teilbetrieb **30** 258 ff.
- Umsatzsteuer **30** 369
- Veräußerungserlös **30** 256
- Veräußerungsgeschäft **30** 256
- Wertansatz **30** 258, 264
- wesentliche Betriebsgrundlage **30** 261

Einbringung in Personengesellschaft
- Betrieb **30** 210 ff.
- aus Betriebsvermögen **30** 207
- Gewerblichkeit **30** 214
- Grunderwerbsteuer **30** 219
- Grundstück **30** 206
- durch Mitunternehmer **30** 215
- Mitunternehmeranteil **30** 210 ff.
- aus Privatvermögen **30** 203 ff.
- Rückwirkung **30** 212
- in Sonderbetriebsvermögen **30** 214
- Teilbetrieb **30** 210 ff.
- Umsatzsteuer **30** 220
- Umwandlungsteuergesetz **30** 212 ff.
- Wertansatz **30** 205, 207, 210 f., 216 ff.
- wesentliche Betriebsgrundlage **30** 213

Einbringung Mitunternehmeranteil
- Anwachsungsmodell, erweitertes **23** 35
- Buchwertfortführung **23** 38

Einbringungsfrist
- Holding-SE **16** 100

Einbringungsgeborene Anteile
- Anwachsungsmodell, erweitertes **23** 40
- Share Deal **21** 31

Einbringungsgewinn
- Einbringung in Kapitalgesellschaft **30** 365

Einbringungsvertrag
- Abtretung Geschäftsanteil **13** 619
- Sacheinlage **13** 174
- Unternehmenskauf **21** 70

Einbringungsvertrag AG **14** 177 ff.
- Erfüllung **14** 178

- Form **14** 180
- Inhalt **14** 182 f.
- Kosten **14** 210
- Leistung **14** 188 f.
- Leistungszeitpunkt **14** 184 ff.
- Sacheinlage **14** 177 ff.
- Sachgesamtheit **14** 183
- Sachkapitalerhöhung **14** 554
- Zeitpunkt **14** 181

Einbuchungslösung
- Anteilsübertragung **11** 142

Eingliederung
- Freigabeverfahren, aktienrechtliches **6** 65

Eingliederung, finanzielle
- Beginn des Wirtschaftsjahres **30** 317
- Gewinnabführungsvertrag **30** 318 ff.
- Organschaft **19** 10 ff.
- Organschaft, körperschaftsteuerliche **30** 316 f.

Einheitliche und gesonderte Feststellung
- Personengesellschaft **5** 138

Einheits-GmbH & Co. KG 11 257 ff.
- Beteiligungsidentität **11** 258
- Gesellschafterversammlung **11** 261
- Gesellschaftsvertrag **11** 262
- GmbH & Co. KG **11** 226
- Kapitalaufbringung **11** 259 f.
- Willensbildung **11** 261 ff.

Einheitswille
- Zusammengesetzte Rechtsgeschäfte **2** 108 ff.

Einkommensrückgang
- Ehegattenunterhalt **27** 164

Einkommensteuer
- Erwerb von Todes wegen **30** 411, 536
- Gewinnausschüttung **30** 229

Einlage
- KGaA **15** 13 ff.
- Minderjährige **26** 232
- Rückgewähr **14** 227
- Sachkapitalerhöhung AG **14** 553 ff.
- Stille Gesellschaft **18** 5, 50 ff.

Einlage, gemischte
- Begriff **14** 149

Einlage GmbH
- gemischte **13** 175 f.

Einlage Personenhandelsgesellschaft
- Art **11** 61
- Bewertung **11** 61
- Leistung **11** 62 f.
- Nachschußpflicht **11** 65
- sonstige Leistungen **11** 64

Einlageerhöhung
- Komplementär KGaA **15** 83 f.

Einlagefähigkeit
- Sacheinlage AG **14** 150 ff.
- Sacheinlage GmbH **13** 54, 171 f.

Einlageleistung
- Belehrungspflicht **8** 85

Einlagen, ausstehende
- Kapitalerhöhung AG **14** 467 ff.
- Kapitalerhöhung, bedingte AG **14** 565

Einlagen, disquotale
- Rechtsprechungsübersicht **30** 285

Einlagenauffüllung
- Mantel-GmbH **13** 98
- Vorratsgründung **13** 90

Einlagenerbringung
- Genehmigtes Kapital **14** 624

Einlagenerhöhung
- Kommanditgesellschaft auf Aktien **15** 15

Einlagenleistung
- Bargründung GmbH **13** 40, 44, 168 f.
- Barkapitalerhöhung **13** 502 ff.
- Barkapitalerhöhung AG **14** 515 ff.
- debitorisches Bankkonto **13** 504
- debitorisches Konto **29** 40 f.
- GmbH & Co. KG **11** 242 ff.
- Handelsregisteranmeldung **14** 202
- Hin- und Herzahlen **13** 170
- Insolvenz **29** 95
- Kapitalerhöhung, bedingte **14** 593
- Kapitalerhöhungsbeschluss **14** 488
- Kommanditistenhaftung **11** 109 ff.
- Registergericht **4** 39
- Sacheinlage GmbH **13** 535
- Sanierung **29** 41
- Unternehmergesellschaft (haftungsbeschränkt) **13** 822

Einlagenleistung, Erklärung über
- Handelsregisteranmeldung **14** 127 ff.

Einlagenrückgewähr
- Darlehen GmbH an KG **11** 242 ff.
- GmbH & Co. KG **11** 242
- Kommanditistenhaftung **11** 112 ff.
- Kommanditistenwechsel **11** 150
- Share Deal GmbH & Co. KG **21** 55

Einlagezeitpunkt
- Bareinlage AG **14** 118

Ein-Mann-Gründung
- Kommanditgesellschaft auf Aktien **15** 7
- Registergericht **4** 41

Ein-Personen-AG
- Versammlungsleiter AG **14** 314

Ein-Personen-GmbH
- Gesellschafterbeschluss **13** 237
- Minderjährige **28** 5

Ein-Personen-GmbH & Co. KG
- GmbH & Co. KG **11** 226

Ein-Personen-Gründung
- Bareinlage AG **14** 111
- Gründungsgesellschafter **13** 61
- Musterprotokoll **13** 24

Einreichung
- Dokumente, elektronische **4** 7
- Rechtsnachfolgenachweis **6** 43
- Registergericht **4** 7

Einreichung durch Unzuständigen
- Gesellschafterliste **13** 677

Einreichung Finanzamt
- Hauptversammlungsprotokoll **14** 449

Einreichung zum Handelsregister
- einfache Abschrift **6** 47

– Form **6** 45 ff.
– Hauptversammlungsprotokoll **14** 445 ff.
– notarielle Beurkundung **6** 46
– öffentlich beglaubigte Abschrift **6** 46
– Sprache **6** 50; **7** 53
– Übersetzung **6** 50 ff.
– Urschrift **6** 47
– Verschmelzung, grenzüberschreitende **7** 95
Einreichungsform
– Handelsregister **6** 45 ff.
Einreichungspflicht
– Gesellschafterliste **13** 700
– Notar **8** 186 ff.
– Registergericht **8** 187 ff.
Einrichtungsgründe
– Aufsichtsrat GmbH **13** 369
Einseitige Rechtsgeschäfte
– Vertreter ohne Vertretungsmacht **25** 136
Einsicht
– Aufklärungspflicht **8** 61, 62
– Unternehmensregister **8** 55
Einsichtsrecht
– Hauptversammlungsprotokoll **14** 450
– Insolvenzverwalter **29** 121
Einstimmigkeit
– Familiengesellschaft **26** 124
– Gesellschaft bürgerlichen Rechts **10** 45 ff.
– Gesellschafterbeschluss Personenhandelsgesellschaft **11** 48
– Gesellschaftsvertrag GbR **10** 45 ff.
– Offene Handelsgesellschaft **11** 12
– Personengesellschaft **5** 99
– Spaltungsbeschluss **22** 284
Einstweilige Verfügung
– Stimmbindungsvertrag **17** 82
Eintragung im Heimatregister
– Zweigniederlassung, ausländischer Rechtsträger **7** 21 ff.
Eintragungsantrag GbR
– Grundbuchamt **10** 113
Eintragungshindernis
– Unternehmensgegenstand **13** 157
Eintragungsmängel
– Barkapitalerhöhung **13** 519
Eintragungsüberwachung
– Notar **8** 190
Eintragungsverfahren
– Zweigniederlassung, ausländischer Rechtsträger **7** 26 ff.
Eintragungsvoraussetzungen
– Nießbrauch **11** 85
Eintretendenhaftung
– Gesellschafterhaftung Personenhandelsgesellschaft **11** 98
– Kommanditistenwechsel **11** 149 f.
Eintritt in Gesellschaft
– Kommanditistenhaftung **11** 117
Eintrittsklausel
– Ausgleichsansprüche von Erben **11** 211
– Checkliste **26** 152
– Erbschaft-/Schenkungsteuer **30** 425
– Erwerb von Todes wegen **30** 420 f.
– Familiengesellschaft **26** 152
– Gestaltung **11** 208
– Muster **10** 61; **11** 208; **26** 152
– Partnerschaftsgesellschaft **12** 80 ff.
– Tod eines Gesellschafters **11** 205 ff.
– Tod Gesellschafter GbR **10** 55, 60 ff.
Einverdienerehe
– Güterstand, gesetzlicher **27** 25
Einzelgeschäftsführungsbefugnis
– Geschäftsführer **13** 438
– Muster **13** 438
Einzelkaufmann
– Ausgliederung **22** 240
– Gründer AG **14** 32
– Verschmelzung **22** 228
Einzelrechtsnachfolge
– Ausgliederung **22** 234 ff.
Einzelrechtsübertragung
– Einzelunternehmen **26** 89, 101
– Unternehmensnachfolge Einzelunternehmen **26** 89, 101
Einzelunternehmen
– Aufgabe durch Erbe **30** 399 f.
– Ausgliederung zur Aufnahme **26** 102 ff.
– Besteuerung der Veräußerung **21** 27
– dauernde Last **26** 96
– Einzelrechtsübertragung **26** 89, 101
– Entnahmen bei Übertragung **26** 89
– Erbschaft-/Schenkungsteuer **30** 402
– Erwerb von Todes wegen **30** 397 ff.
– Firmenfortführung **26** 93
– Gegenleistung **26** 95
– Haftentlassung **26** 94
– Haftung **26** 93
– Nießbrauch **26** 97
– Rente **26** 96
– Testamentsvollstreckung **26** 258
– Überführung in Gesellschaft **26** 100 ff.
– Übergabevertrag **26** 88
– Übertragung Wirtschaftsgüter **26** 89 f.
– Unternehmensnachfolge **26** 87 ff.
– Veräußerung **21** 27
– Vertragsübernahme **26** 92
– vorweggenommene Erbfolge **30** 388 ff.
– Wohnrecht **26** 99
Einzelunternehmern
– Anmeldepflichtige Personen **6** 9
– Rechtsformzusatz **6** 98
– Registergericht **4** 29 f.
Einzelvertretungsbefugnis
– Geschäftsführer **13** 216 f., 419 ff.
– Satzung GmbH **13** 420
– Vertretung, gesetzliche **25** 64
– Vertretungsbefugnis Personenhandelsgesellschaft **11** 43
Einzelwirtschaftsgut
– Einbringung in Kapitalgesellschaft **30** 256 f.
Einziehung
– Familienkapitalgesellschaft **26** 176
– GmbH **13** 320, 322

- Kapitalherabsetzung, vereinfachte **14** 672
- Muster **26** 176
- Unternehmensnachfolge **26** 167
- Zeitpunkt **29** 24 f.

Einziehung Geschäftsanteil
- Ausscheiden Gesellschafter **13** 328

Einziehung Gesellschaftsanteil
- Aufstockung Geschäftsanteile **13** 340
- Beschluss Gesellschafterversammlung **13** 337
- Einziehungsgründe **13** 331 ff.
- Hinauskündigungsklausel **13** 331
- Kapitalerhaltung **13** 338
- Kapitalherabsetzung **13** 340
- Satzung **13** 330 ff.
- Vernichtung Geschäftsanteil **13** 340
- Zeitpunkt des Wirksamwerdens **13** 339

Einziehungsgründe
- Gesellschaftsanteil **13** 331 ff.

Einziehungsklausel
- Abfindungsanspruch **13** 324
- Erwerb von Todes wegen **30** 437, 440
- GmbH-Satzung **13** 320, 322
- Insolvenz Gesellschafter **29** 23 ff.
- Muster **13** 340
- Tod eines Gesellschafters **13** 320, 322

Elektronische Einreichung
- Barkapitalerhöhung **13** 516
- Bezeichnung der Dateien **6** 30
- Dateiformat **6** 28
- Elektronisches Gerichts- und Verwaltungspostfach **6** 26 ff.
- Handelsregisteranmeldung **6** 26 ff.
- Nachreichen von Unterlagen **6** 27
- Unternehmensgegenstand **6** 31
- Vertretungsbefugnis **6** 32

Elektronische Signatur
- Dokumente, elektronische **4** 10 f.
- Handelsregisteranmeldung **6** 4

Elektronische Urkunde
- Handelsregisteranmeldung **6** 3 ff.

Elektronisches Gerichts- und Verwaltungspostfach
- Elektronische Einreichung **6** 26 ff.
- Registergericht **4** 7

Elektronisches Handelsregister 1 29

Empfangsbedürftigkeit
- Geschäftsführerabberufung GmbH **13** 444

Empfangsberechtigte
- Zweigniederlassung, ausländische Kapitalgesellschaft **7** 40 f.

Endvermögen
- Auskunftsanspruch **27** 91
- Zugewinnausgleich **27** 37

Entgeltlichkeit
- Vorweggenommene Erbfolge **30** 388

Entnahme
- Besteuerung **30** 6
- Einzelunternehmen **26** 89
- Gesellschaft bürgerlichen Rechts **10** 52
- Unterbeteiligung **18** 126
- Unterhaltsbilanz **27** 182
- Unternehmensnachfolge Einzelunternehmen **26** 89
- Zurückbehaltung Vermögensgegenstände **26** 119

Entnahme bei Tod
- Betriebsaufspaltung **26** 252
- Sonderbetriebsvermögen **26** 252

Entnahmerecht
- Ergebnisbeteiligung, Personenhandelsgesellschaft **11** 77 ff.
- Satzung GmbH **13** 278

Entnahmerecht, Personenhandelsgesellschaft
- Steuerentnahmerecht **11** 80
- Vorabausschüttung **11** 77 ff.

Entwurf
- Notar **3** 20

Entwurfsprüfung
- Unternehmenskauf **20** 34 ff.

Erbauseinandersetzung
- Besteuerung **30** 401

Erbe
- Eintrittsklausel **11** 211
- gemeinschaftlicher Vertreter **26** 177
- Handelsregisteranmeldung **6** 40
- Nachfolgeklausel **11** 210 f.
- Tod eines Gesellschafters **11** 210
- Umwandlung Komplementäranteil **26** 150

Erbengemeinschaft
- Gesellschaftsvertrag GbR **10** 33
- Gründungsgesellschafter GmbH **13** 62

Erbenwahlrecht
- Wandel Gesellschafterstellung **11** 198

Erbrecht
- Geschäftsanteil **13** 319
- Nachfolgeklausel, einfache **11** 197 ff.
- Nachfolgeklausel, qualifizierte **11** 200 ff.

Erbschaft-/Schenkungsteuer
- Anwachsungsmodell, einfaches **23** 29
- Anzeigepflicht **8** 181 ff.
- Anzeigepflichten, steuerliche **30** 17
- Eintrittsklausel **30** 425
- Einzelunternehmen **30** 402
- Erwerb von Todes wegen **30** 439 ff.
- Fortsetzungsklausel **30** 421
- Nachfolgeklausel, einfache **30** 423
- Nachfolgeklausel, qualifizierte **30** 424
- Pool-Vertrag **17** 18
- Rechtsformwahl **5** 159
- Rückwirkung **30** 106

Erbschein 26 249

Erfüllungsanspruch
- Gesellschaftervereinbarung **17** 49
- Stimmbindungsvertrag **17** 82

Erfüllungstheorie
- Gesellschafterhaftung Personenhandelsgesellschaft **11** 100

Erfüllungswirkung
- Vorauszahlung auf künftige Kapitalerhöhung **13** 505 ff.

Ergänzungsklausel
- Muster **13** 386
- Satzung GmbH **13** 386

Ergänzungspfleger
- Abtretung Geschäftsanteil **28** 7
- Aktienübertragung **28** 21
- Amtsenthebung **28** 126
- Anteilsübertragung GbR **28** 55
- Anteilsübertragung KG **28** 40 ff.
- Anteilsübertragung OHG **28** 32
- Beitritt Genossenschaft **28** 27
- Bekanntgabe **28** 102
- Beschwerde **28** 85
- Bestellung **28** 67 ff., 83
- Gesellschafterbeschluss GmbH **28** 17
- Gesellschafterbeschluss OHG **28** 35
- Gründung AG **28** 19
- Gründung GbR **28** 50
- Gründung Genossenschaft **28** 24
- Gründung GmbH **28** 4
- Gründung KG **28** 37
- Gründung OHG **28** 29
- Kapitalerhöhung **28** 13
- Minderjährige **26** 229 ff.
- Stille Gesellschaft **28** 59
- Unterbeteiligung **28** 62 f.
- Verpflichtungserklärung **28** 84
- vorzeitige Aufhebung **28** 126

Ergebnisanteil
- Stille Gesellschaft **18** 62
- Stille Gesellschaft, atypisch still **18** 68

Ergebnisbeteiligung
- Kapitalgesellschaft **5** 108 ff.
- Personengesellschaft **5** 105 ff.
- Personenhandelsgesellschaft **11** 66, 69 ff.
- Rechtsformwahl **5** 103 ff.

Ergebnisbeteiligung, Personenhandelsgesellschaft
- Ausschluss **11** 72
- Entnahmerecht **11** 77 ff.
- Quoten **11** 72
- Rücklagen **11** 74
- Tätigkeitsvergütung **11** 73
- Verluste **11** 75
- Vorabgewinn **11** 73
- Vorausdividende **11** 70

Ergebnisermittlung
- Stille Gesellschaft **18** 63 ff.

Ergebnisverwendung
- Ausschüttung **13** 266
- Besteuerung **13** 267
- Gesellschafterbeschluss **13** 265 ff.
- Gleichbehandlungsgrundsatz **13** 273
- Rücklage **13** 266
- Satzung GmbH **13** 266
- Thesaurierung **13** 267
- Verteilungsmaßstab **13** 272 ff.

Erhöhungsbetrag
- Kapitalerhöhungsbeschluss **13** 490
- Kapitalerhöhungsbeschluss AG **14** 479

Erhöhungsbilanz
- Kapitalerhöhung aus Gesellschaftsmitteln **14** 633, 636 f.

Erlöschen
- Firma **11** 220
- Geschäftsführer **13** 446 f.
- Gesellschaft mit beschränkter Haftung **13** 808
- Handelsregisteranmeldung GmbH **13** 808
- Partnerschaftsgesellschaft **12** 99
- Übertragender Rechtsträger **22** 44
- Vollmacht **25** 111 ff.

Erlöschen Firma
- Handelsregisteranmeldung **11** 220
- Personenhandelsgesellschaft **11** 220

Ermächtigung
- Genehmigtes Kapital **14** 612 ff.

Ermächtigung genehmigtes Kapital
- Genehmigtes Kapital **14** 621
- Gründungssatzung AG **14** 614
- Satzungsänderung AG **14** 615 ff.

Ermächtigungsbestimmung
- Kapitalerhöhungsbeschluss AG **14** 493

Ermächtigungsdauer
- Genehmigtes Kapital **14** 607

Ermächtigungsinhalt
- Genehmigtes Kapital **13** 546 ff.; **14** 607 ff.

Ermächtigungstreuhand
- Treuhand **18** 151

Ermessen
- Bestellung Ergänzungspfleger **28** 80
- Liquidationsverfahren GmbH **13** 773 ff.
- Verbindliche Auskunft **30** 144

Eröffnung
- Insolvenzverfahren **29** 10

Ersatznotar
- Hauptversammlungsprotokoll **14** 433

Ertragsnießbrauch
- Nießbrauch **11** 84

Ertragsteuern
- Anwachsung **23** 8
- Anwachsungsmodell, einfaches **23** 22 ff.
- Anzeigepflichten, steuerliche **30** 17
- Kapitalgesellschaft **5** 141 ff.
- Personengesellschaft **5** 136 ff.
- Rechtsformwahl **5** 134 ff.
- Treuhandvertrag **18** 175
- Umwandlungssteuergesetz **30** 362
- Unternehmenskauf **21** 23

Ertragswertklausel
- Abfindungsklausel **11** 181
- Muster **11** 181

Ertragswertverfahren
- Abfindungsanspruch **13** 346
- Abfindungsklausel **13** 350
- Berechnung **27** 53 ff.
- IDW-Standard S 1 **27** 61 ff.
- Unternehmensbewertung **21** 83; **27** 53 ff.
- Zugewinnausgleich **27** 53 ff.

Erwerb eigener Anteile **13** 633 ff.
- Gesellschafterbeschluss **13** 634

Erwerb Handelsgewerbe
– Firmenfortführung **6** 113 ff.
Erwerb von Todes wegen
– Abtretungsklausel **30** 438, 441
– Aktien **28** 23
– Anteilsübertragung Kapitalgesellschaft **30** 436 ff.
– Anteilsübertragung Personengesellschaft **30** 411 ff.
– Einkommensteuer **30** 411, 536
– Eintrittsklausel **30** 420 f.
– Einzelunternehmen **30** 397 ff.
– Einziehungsklausel **30** 437, 440
– Erbschaft-/Schenkungsteuer **30** 439 ff.
– Fortsetzungsklausel **30** 411
– Kommanditgesellschaft **28** 47
– Minderjährige **28** 34, 47
– Nachfolgeklausel, einfache **30** 414 ff.
– Nachfolgeklausel, qualifizierte **30** 417 ff.
– Offene Handelsgesellschaft **28** 34
– Satzungsregelungen **30** 437 f.
– Sonderbetriebsvermögen **30** 413
Erwerber
– Firma **29** 107
Erwerbsgeschäft
– Gründung GbR **28** 51
– Minderjährige **28** 5, 14
– Offene Handelsgesellschaft **28** 30
Erwerbsobliegenheit
– Ehegattenunterhalt **27** 169
Erwerbstreuhand
– Beurkundungspflicht **18** 159
– Treuhand **18** 153
Essentialia
– Gesellschaftsvertrag GbR **10** 31 ff.
– Gesellschaftsvertrag Personenhandelsgesellschaft **11** 14 ff.
– Satzung GmbH **13** 125 ff., 142 ff.
ESUG
– Debt-Equity-Swap **29** 91
– Europarecht **29** 92 f.
– Insolvenzplanverfahren **29** 91
– Kapitalrichtlinie **29** 93
– Publizitätsrichtlinie **29** 92
– Regierungsentwurf **29** 91 ff.
– Sanierung **29** 91 ff.
– Schutzschirmverfahren **29** 91
EU-Grünbuch
– Verknüpfung Unternehmensregister **6** 139 ff.
Europäische Aktiengesellschaft 5 46 f.; **16**
– Anwendungsbereich **16** 2
– Aufbau **16** 9
– dualistisches Leitungssystem **16** 10
– Formwechsel **16** 184
– Gründung **16** 35 ff., 80 ff.
– Gründung durch Formwechsel **16** 121 ff.
– Gründung Tochter-SE **16** 145 ff.
– Hauptversammlung **16** 23 ff.
– Holding-SE **16** 80 ff.
– Mitbestimmungsrecht **5** 133; **16** 27 ff.
– monistisches Leitungssystem **16** 17 ff.
– Notar **16** 8
– Rechtsgrundlage **16** 4 ff.
– Rückumwandlung in AG **16** 170 ff.
– Satzung **16** 54
– Sitzverlegung **16** 151 ff.
– Spaltung **16** 185
– Strukturmaßnahmen **16** 151 ff.
– Tochter-SE, gemeinsame **16** 109 ff.
– Umwandlungen **16** 181 ff.
– Verfassung **16** 9 ff.
– Verschmelzung **16** 183
Europäische Verschmelzungsrichtlinie
– Verschmelzung, grenzüberschreitende **7** 91 ff.
Europäische wirtschaftliche Interessenvereinigung
– Rechtsformwahl **5** 165
Europarecht
– ESUG **29** 92 f.
– Niederlassungsfreiheit **24** 16
Euro-Umstellung
– Kapitaländerungsbeschluss **13** 479
Evidenzkontrolle
– Einberufung Hauptversammlung **14** 297 ff.
– Hauptversammlung **14** 297 ff.
Existenznachweis 25
– Aktiengesellschaft **25** 45
– ausländische Gesellschaft **25** 140 ff.
– Außen-GbR **25** 53 ff.
– Beendigung **25** 34
– Bezugnahme auf Handelsregister **25** 31 f.
– noch nicht eingetragene Gesellschaft **25** 36
– Form **25** 25 ff.
– Genossenschaft **25** 52
– Gesellschaft bürgerlichen Rechts **25** 53 ff.
– Gesellschaft mit beschränkter Haftung **25** 38 ff.
– Handelsregister **25** 21 ff.
– Handelsregisterausdruck **25** 25 ff.
– inländische Gesellschaft **25** 21 ff.
– Innen-GbR **25** 61
– Kapitalgesellschaft **25** 33
– KGaA **25** 46
– Kommanditgesellschaft **25** 50
– nicht registerfähige Gesellschaft **25** 53 ff.
– Notarbescheinigung **25** 28 ff.
– Offene Handelsgesellschaft **25** 47 ff.
– Partnerschaftsgesellschaft **25** 51
– Personengesellschaft **25** 33
– registerfähige Gesellschaft **25** 35 ff.
– stille Gesellschaft **25** 61
Existenznachweis, ausländische Gesellschaft
– ausländische Register **25** 153 ff.
– Echtheitsnachweis **25** 179 ff.
freie Beweiswürdigung **25** 157
– Gesellschaftsstatut **25** 147
– legal opinion **25** 162
– Notarbescheinigung **25** 159
– Rechtsfähigkeit **25** 146
– sonstige Nachweisformen **25** 157 ff.
– Übersetzung **25** 186 ff.
– US-notary public **25** 158, 160
– Vorlage Gesellschaftsunterlagen **25** 161

Existenzprüfung
- Ausländische Gesellschaft **25** 140
- Beurkundungspflicht **25** 6 f.

Existenzvernichtender Eingriff
- Unternehmenskauf in der Krise **29** 84

Existenzvernichtungshaftung
- AG-Konzern, faktischer **19** 134
- Gesellschaft mit beschränkter Haftung **19** 108 ff.
- GmbH-Konzern, faktischer **19** 108 ff.
- Insolvenz **29** 102 f.

Exit-Klausel
- Beteiligungsvertrag **17** 111

Falsa demonstratio
- Formverstoß **8** 21

Familienangehörige
- Unternehmensfortführung **26** 29 ff.

Familienfremde Gesellschafter
- Familiengesellschaft **26** 138 f.
- Familienkapitalgesellschaft **26** 175 f.

Familiengerichtliche Genehmigung
- Abtretung Geschäftsanteil **28** 8 f.
- Aktienübertragung **28** 22
- Amtsermittlung **28** 94
- Anhörung **28** 95 ff.
- Anspruch auf **28** 98
- Anteilsübertragung GbR **28** 56 f.
- Anteilsübertragung KG **28** 43 f.
- Anteilsübertragung OHG **28** 33
- Aufnahme in Personengesellschaft **26** 242
- Beitritt Genossenschaft **28** 28
- Beteiligte **28** 92
- Doppelvollmacht des Notars **28** 121 ff.
- Erwerb Beteiligung **26** 245
- Erwerb Geschäftsanteil **26** 246
- Genehmigungsbeschluss **28** 99
- Gesellschafterbeschluss GmbH **28** 18
- Gesellschafterbeschluss OHG **28** 36
- Gesellschaftsvertrag Personenhandelsgesellschaft **11** 22
- Gründung AG **28** 20
- Gründung einer Gesellschaft **26** 240
- Gründung GbR **28** 51
- Gründung Genossenschaft **28** 25
- Gründung GmbH **28** 5
- Gründung KG **28** 38
- Gründung OHG **28** 30
- Kapitalerhöhung **28** 14
- Kindesinteresse **28** 97
- Minderjährige **10** 25 ff.; **26** 239 ff.
- Mitteilung an Vertragspartner **28** 120
- Mitteilungsaufforderung **28** 125
- Stille Gesellschaft **28** 60
- Stiller Gesellschafter **18** 27
- Treuhand **18** 169
- Übertragung Geschäftsanteil **26** 244
- Unterbeteiligung **18** 111; **28** 64
- Verfahren **26** 247 f.; **28** 91 ff.
- Wirksamwerden **28** 106 ff.
- zuständiges Gericht **28** 90 ff.

Familiengesellschaft
- Abfindungsklausel **26** 131 f.
- Ausschluss Abfindungsanspruch **26** 133
- Ausschluss Kündigungsrecht **26** 130
- Ausschlussklausel **26** 139
- Bestimmtheitsgrundsatz **26** 123 f.
- Einstimmigkeit **26** 124
- Eintrittsklausel **26** 152
- familienfremde Gesellschafter **26** 138 f.
- Fortsetzungsklausel **26** 141 ff.
- Gewinnbezugsrecht **26** 129
- Gewinnverteilung **30** 190
- Güterstandsklausel **26** 153
- Kernbereichslehre **26** 123
- Mitunternehmer **30** 187 ff.
- Nachfolgeklausel, einfache **26** 146
- Nachfolgeklausel, qualifizierte **26** 147
- Nachfolgeklausel, rechtsgeschäftliche **26** 151
- Personengesellschaft **26** 120 ff.
- Rechtsprechungsübersicht **30** 189
- Schiedsklausel **26** 136
- Sonderrechte **26** 124
- Stimmrecht **26** 125 ff.
- Tod eines Gesellschafters **26** 140 ff.
- Unternehmensnachfolge **26** 120 ff.
- Zustimmungsvorbehalt **26** 128

Familienkapitalgesellschaft
- Einziehung **26** 176
- familienfremde Gesellschafter **26** 175 f.
- Mehrheitsentscheidung **26** 171 f.
- Satzung **26** 169 ff.
- Sonderrechte **26** 173 ff.
- Stimmrecht **26** 170 ff.
- Vererbbarkeit **26** 176

Familienrecht 27
- Unternehmensbeteiligung **27**

Familienunternehmen
- Unternehmensnachfolge **26** 21

Festsetzungsfrist
- Anzeigepflichten, Grunderwerbsteuer **30** 47
- Anzeigepflichten, Schenkungsteuer **30** 56

Feststellung
- Jahresabschluss **13** 263 f.

Feststellung Beschlussergebnis
- Hauptversammlungsbeschluss **14** 370 f.
- Hauptversammlungsprotokoll **14** 371 f.

Fiktionsklausel
- Satzung GmbH **13** 386

Filialzusatz
- Zweigniederlassung **7** 102 ff.

Filialzusatz, erweiterter
- Zweigniederlassung **7** 105

Finanzamt
- Anzeigepflicht **8** 175 ff.
- Anzeigepflichten, Einkommensteuer **30** 33
- Anzeigepflichten, Grunderwerbsteuer **30** 46
- Anzeigepflichten, Schenkungsteuer **30** 55
- Verbindliche Auskunft **30** 141 ff.

Finanzierung
- Gesellschaft mit beschränkter Haftung **13** 452 ff.

- Kapitalgesellschaft **5** 66 f.
- Konzern **13** 461
- Personengesellschaft **5** 64 f.
- Rechtsformwahl **5** 11, 62 ff.
- Zusammengesetzte Rechtsgeschäfte **2** 102

Finanzinvestor
- Unternehmenstransaktionen **2** 19

Finanzverwaltung
- Gesamtplan **30** 130
- Gestaltungsmißbrauch **30** 123

Firma **6** 68 ff.
- @-Zeichen **6** 80
- Änderung im Insolvenzverfahren **29** 105
- ausländischer Namensbestandteil **6** 81
- Bankwesen **6** 103
- Bildzeichen **6** 79 f.
- Eigenname **6** 82
- Erlöschen **11** 220
- Erwerber **29** 107
- Firmenausschließlichkeit **13** 12
- Firmenbeständigkeit **6** 74
- Firmeneinheit **6** 76
- Firmenklarheit **13** 12
- Firmenwahrheit **6** 73; **13** 12
- freie Berufe **6** 102
- geographische Zusätze **13** 146
- GmbH & Co. KG **11** 246 ff.
- Handelsrecht **13** 142 ff.
- IHK **6** 69; **13** 149
- Insolvenz **29** 104 ff.
- Irreführungsverbot **6** 70, 87 ff.; **13** 145
- Kapitalmarktrecht **6** 104
- Kennzeichnungseignung **6** 70, 77 ff.
- Kennzeichnungskraft **13** 144
- Kommanditgesellschaft auf Aktien **15** 11
- Löschung im Insolvenzverfahren **29** 105
- Mischfirma **6** 109
- Partner **6** 101
- Personenfirma **6** 106
- Phantasiefirma **6** 105, 108
- Rechtsformzusatz **6** 70, 93 ff.
- Registergericht **6** 68 ff.
- Sachfirma **6** 107
- Satzung AG **14** 45
- Satzung GmbH **13** 12, 142 ff.
- Schreibweise **6** 71
- Unternehmergesellschaft (haftungsbeschränkt) **13** 12, 820
- Unterscheidungskraft **6** 70, 75, 83 ff.; **13** 144, 147
- Verschmelzung zu SE **16** 49
- Verschmelzungsplan **16** 49
- Verwertung im Insolvenzverfahren **29** 104
- Zweigniederlassung **7** 100 ff.
- Zweigniederlassung, ausländischer Rechtsträger **7** 106 ff.

Firma der Hauptniederlassung
- Zweigniederlassung **7** 101 ff.

Firmenänderung
- Firmenfortführung **6** 118 ff.

Firmenausschließlichkeit **13** 12
Firmenbeständigkeit **6** 74
Firmeneinheit **6** 76
Firmenfortführung **6** 111 ff.
- Änderung der Firma **6** 118 ff.
- Aufspaltung **6** 126
- Ausscheiden eines Gesellschafters **6** 126
- Einzelunternehmen **26** 93
- Erwerb Handelsgewerbe **6** 113 ff.
- Formwechsel **6** 130
- Gesellschafterwechsel **6** 121 ff.
- Haftung **13** 789; **21** 101
- Haftungsausschluss **6** 117
- Haftungsausschlussvereinbarung **21** 102
- Nachfolgezusatz **6** 118
- Namensänderung **6** 112
- öffentlich-rechtliche Haftungsrisiken **21** 104
- Partnerschaftsgesellschaft **6** 127
- Spaltung **6** 129
- steuerliche Haftungsrisiken **21** 103
- Umwandlung **6** 124 ff.
- Unternehmenskauf **21** 101
- Unternehmenskauf in der Krise **29** 77
- Unternehmensnachfolge Einzelunternehmen **26** 93
- Verschmelzung **6** 125
- Zustimmung **6** 115 f., 122

Firmenklarheit **13** 12
Firmenschreibweise
- Bindung Registergericht **6** 71

Firmenwahrheit
- Belehrungspflicht **8** 85
- Firma **6** 73; **13** 12

Firmierungszweifel
- Handelsregistereintragung **13** 32

Form
- Abtretung Geschäftsanteil **13** 636 ff., 649 f.
- Anteilsübertragung Personenhandelsgesellschaft **11** 134, 254
- Anzeigepflichten, Einkommensteuer **30** 32
- Anzeigepflichten, Grunderwerbsteuer **30** 43 f.
- Anzeigepflichten, Schenkungsteuer **30** 54
- Anzeigepflichten, steuerliche **30** 22
- Aufnahmevertrag Gesellschafter **11** 123
- Auslandsberührung **9** 4
- Auslandsbeurkundung **14** 14 ff.
- Beherrschungsvertrag **19** 36 ff., 61
- Bekanntgabe **28** 105
- Beteiligungsvertrag **17** 92 ff.
- Durchführungsverträge **17** 149
- Ehevertrag **27** 44 ff.
- Einbringungsvertrag AG **14** 180
- Einreichung zum Handelsregister **6** 45 ff.
- Existenznachweis **25** 25 ff.
- Formwechselbeschluss **22** 336
- Gesellschafterliste **13** 706
- Gesellschaftervereinbarung **17** 12, 52 ff.
- Gesellschafterversammlung GmbH **13** 235
- Gesellschaftsvertrag GbR **10** 18 ff.
- Gesellschaftsvertrag Personenhandelsgesellschaft **11** 20 ff.

- Gewinnabführungsvertrag **19** 36 ff., 61
- GmbH & Co. KG **11** 240 f.
- Gründungsplan SE **16** 90
- Gründungsprotokoll **14** 3 ff.
- Handelsregisteranmeldung **6** 2 ff.; **13** 78 f.
- Hauptversammlung **14** 274 ff.
- Hauptversammlung KGaA **15** 63
- Liquidationsbeschluss **13** 742
- Ortsstatut **9** 25 ff.
- Pflicht zur Geschäftsanteilsübertragung **17** 60
- Pflicht zur Grundstücksübertragung **17** 62
- Pflicht zur Umwandlung **17** 61
- Sacheinlage **13** 56
- Schenkung **18** 37, 116; **26** 80 ff.
- Schiedsklausel **13** 390
- Share Deal GbR **21** 49
- Share Deal GmbH & Co. KG **21** 57
- Stille Gesellschaft **18** 36 f.
- Stimmbindungsvertrag **17** 80
- Unterbeteiligung **18** 115
- Unternehmenskauf **20** 2
- Verschmelzungsbeschluss **22** 150 ff.
- Vertretungsnachweis **25** 25 ff.
- Vollmacht **13** 4; **14** 6; **20** 25 f.; **25** 108 f.
- Vor-Gründungsvertrag **17** 57 ff., 117
- Zeichnungsschein **14** 509
- Zustimmungserklärung Komplementär **15** 68 f.

Formstatut
- Auslandsbeurkundung **9** 6

Formverstoß
- Arglisteinwand **8** 20
- Beurkundungspflicht **8** 19 ff.
- falsa demonstratio **8** 21
- Handelsregistereintragung **8** 25 ff.
- Hauptversammlungsbeschluss **8** 26
- Heilung **8** 24 ff.
- Neuvornahme **8** 21
- Nichtigkeit **8** 19
- Umdeutung **8** 21
- Umwandlung **8** 27

Formwechsel **22** 312 ff.
- Abfindungsangebot **22** 316
- Acht-Monats-Frist **22** 344
- Aktiengesellschaft **22** 320, 357 ff.
- Aufsichtsrat, erster **14** 74
- Besteuerung **30** 378 ff.
- beteiligte Rechtsträger **22** 314
- Bilanz **22** 65
- Charakter **22** 312
- Europäische Aktiengesellschaft **16** 184
- Firmenfortführung **6** 130
- Genossenschaft, eingetragene **22** 359
- Genossenschaften **22** 316, 320
- Gesellschaft mit beschränkter Haftung **22** 320, 352 ff.
- GmbH & Co. KG **22** 350 f.
- Grunderwerbsteuer **22** 90; **30** 383
- Handelsregisteranmeldung **22** 338 ff.
- Handelsregistereintragung **22** 346
- Identitätswahrung **22** 25 f., 350 f.
- KGaA **22** 320, 358
- Nachgründung AG **14** 269
- Personengesellschaft **22** 348 ff.
- Personenhandelsgesellschaft **22** 320
- Sachgründungsbericht **22** 352 f.
- Sanierung **29** 55 f.
- Share Deal **21** 31
- Stimmrechtsvollmacht **22** 321
- Treuhand **18** 226
- Umwandlung **22** 25 f.
- Umwandlungsbericht **22** 315
- Umwandlungsbeschluss **22** 61, 318 ff.
- Umwandlungsgesetz **22** 4
- Umwandlungsprüfung **22** 316
- Unternehmergesellschaft (haftungsbeschränkt) **13** 857 f.; **22** 356
- Verein, rechtsfähiger **22** 359
- Vermögensidentität **22** 42 f.
- Versicherungsverein auf Gegenseitigkeit **22** 359
- Vinkulierung **22** 333
- Wirksamwerden **22** 84
- Zuleitung Betriebsrat **22** 317
- Zustimmungserfordernisse **22** 334

Formwechsel, grenzüberschreitender **24** 27 ff.

Formwechsel in SE **16** 121 ff.
- Arbeitnehmerbeteiligung **16** 135, 138
- Betriebsrat **16** 136
- Gründungsprüfung **16** 133
- Handelsregisteranmeldung **16** 140
- Handelsregistereintragung **16** 143
- Mehrstaatlichkeitsgebot **16** 122 f.
- Negativerklärung **16** 141
- Offenlegung **16** 134, 144
- Satzung **16** 129
- Umwandlungsbericht **16** 131
- Umwandlungsbeschluss **16** 137
- Umwandlungsplan **16** 126 ff.
- Umwandlungsprüfung **16** 132
- Vorstand **16** 126
- Zustimmung Hauptversammlung **16** 137 ff.

Formwechselbeschluss
- Anfechtungsklage **22** 337
- Arbeitnehmer **22** 328
- Barabfindungsangebot **22** 327
- Beschlussfassung **22** 322 ff.
- Beurkundung **22** 336
- fakultativer Inhalt **22** 331
- Form **22** 336
- Gesellschaftsvertrag Zielrechtsträger **22** 329
- Identitätswahrung **22** 323
- Mehrheitserfordernis **22** 332
- nicht verhältniswahrender **22** 325
- Spruchverfahren **22** 337
- verhältniswahrender **22** 324
- Verzichtserklärungen **22** 335

Fortsetzung der Gesellschaft
- trotz Liquidation **13** 769 ff.

Fortsetzung mit Erben
- Tod eines Gesellschafters **11** 184

Fortsetzung trotz Liquidationsbeschluss **13** 769 ff.
- Muster **13** 770

Fortsetzungsbeschluss
- Gesellschaft bürgerlichen Rechts **10** 47
Fortsetzungsklausel
- Erbschaft-/Schenkungsteuer **30** 421
- Erwerb von Todes wegen **30** 411
- Familiengesellschaft **26** 141 ff.
- Gesellschafterausschluss GbR **10** 79
- Muster **26** 142
- Tod eines Gesellschafters **11** 195
- Tod eines Gesellschafters GbR **10** 55
Fortsetzungsoption
- Tod eines Gesellschafters GbR **10** 63
Fortsetzungsoption GbR
- Muster **10** 63
Fragerecht
- Aktionär **14** 381 ff.
- Protokollierungspflicht **14** 381 ff.
Frankreich
- Vertretung, ausländische Gesellschaft **25** 168
Freiberufler
- Firma **6** 102
- Partnerschaftsgesellschaft **12** 58 ff.
- Tod eines Gesellschafter GbR **10** 54
- Verschmelzung **22** 230
Freiberuflerpraxis
- Bewertung **27** 81 ff.
- Goodwill **27** 82, 84
- Unternehmenskaufvertrag **21** 123 f.
- Zugewinnausgleich **27** 81 ff.
Freibetrag
- Asset Deal **21** 28
Freigabeentscheidung OLG
- Freigabeverfahren, aktienrechtliches **6** 66
- Freigabeverfahren, umwandlungsrechtliches **6** 64
Freigabeverfahren
- Handelsregistereintragung **8** 26
- Registersperre **6** 61 ff.
Freigabeverfahren, aktienrechtliches 6 65 ff.
- Eingliederung **6** 65
- Freigabeentscheidung OLG **6** 66
- Kapitalbeschaffungsmaßnahmen **6** 65
- Kapitalherabsetzung **6** 65
- Registersperre **6** 66
Freigabeverfahren, umwandlungsrechtliches 6 63 ff.
- Freigabeentscheidung OLG **6** 64
Freistellungsanspruch
- Share Deal GmbH & Co. KG **21** 59
Freiverkehr
- Börse **14** 688
Freiwillige Gerichtsbarkeit
- Handelsregistervollmacht **6** 14
Fremdbetreuung
- Kindesbetreuungsunterhalt **27** 142 ff.
Fremdbetreuungskosten
- Muster **27** 145
Fremdemission
- Aktiengesellschaft, börsennotiert **14** 472
- Kapitalerhöhung AG **14** 472
Fremdgeschäftsführer
- Satzung GmbH **13** 136
Fremdkapital
- Gesellschaft mit beschränkter Haftung **13** 455
- Kapitalgesellschaft **5** 67
- Personengesellschaft **5** 65
Fremdorganschaft
- Kapitalgesellschaft **5** 94
Fremdvergleich
- Verträge unter nahen Angehörigen **30** 139 f.
Fünftel-Regelung
- Anwachsungsmodell, einfaches **23** 24
- Asset Deal **21** 27
Fusionskontrolle
- Asset Deal **21** 112
- europäische **21** 110
- Genehmigungserfordernisse **8** 92
- Share Deal **21** 112
- Spaltung **22** 247
- Unternehmenskauf **20** 73; **21** 108 ff.
- Verschmelzung **22** 93
Future-Dept-Klausel
- Konsortialkredit **13** 661

Garantie
- Bilanzgarantie **21** 97 f.
- Rechtsmängel **21** 97
- Unternehmenskauf **20** 86 f.; **21** 96
Garantievereinbarungen
- Unternehmenskaufvertrag **21** 96 ff.
Gattungsbezeichnung
- Unterscheidungskraft **6** 84 f.
GbR mbH
- Gesellschaft bürgerlichen Rechts **10** 16
Gebietskörperschaften
- Spaltung **22** 310
- Umwandlung **22** 36
Geburtsvollmacht
- Grundbuchfähigkeit GbR **10** 122 ff.
- Gutgläubiger Erwerb **10** 122 ff.
Geburtsvollmacht GbR
- Muster **10** 125
- persönliche Mitverpflichtung **10** 126 ff.
Gegenleistung
- Beteiligungsvertrag **17** 95 ff.
- Einzelunternehmen **26** 95
- Sacheinlage AG **14** 170
- Unternehmensnachfolge Einzelunternehmen **26** 95
Geheimhaltung
- Treuhand **18** 215
Geldeinlage
- Kommanditeinlage **11** 109
Geldwäschegesetz
- Identifizierungspflicht **25** 16 ff.
- Identitätsfeststellung **8** 73
Gemeiner Wert
- Anteilstausch **30** 273
- Einbringung in Kapitalgesellschaft **30** 263
Gemeinnützigkeit
- Rechtsformwahl **5** 153

Gemeinsamer Vertreter
- Erbe **26** 177
- Gesellschafterversammlung GmbH **13** 238

Gemeinsamer Zweck
- Gesellschaft bürgerlichen Rechts **10** 1
- Gesellschaftsvertrag GbR **10** 34

Gemischte Bar-/Sachgründung
- Aktiengesellschaft **14** 2

Gemischte Beurkundung
- Hauptversammlung **14** 426 ff.
- Hauptversammlungsprotokoll **14** 426 ff.

Gemischte Einlage
- Aktiengesellschaft **14** 2
- Gesellschaft mit beschränkter Haftung **13** 175 f.

Gemischte Gesamtvertretung
- Personenhandelsgesellschaft **11** 43

Gemischte Hauptversammlung
- Aktiengesellschaft, nicht börsennotiert **14** 286

Gemischte Sacheinlage
- Aktiengesellschaft **14** 149

Gemischte Sachgründung
- verdeckte **14** 221

Gemischte Schenkung
- Gesellschaftsanteil **26** 73

Genehmigtes Kapital **14** 603 ff.
- Aktienzahl **14** 619
- Aufsichtsrat **14** 609, 612
- Aufsichtsratsbeschluss **14** 621 ff.
- Ausnutzung **14** 618 ff.
- Ausnutzung der Ermächtigung **13** 553 f.
- Begriff **14** 603
- Bezifferung **14** 608
- Bezugsrechtsausschluss **14** 611
- Checkliste **13** 545
- Einlagenerbringung **14** 624
- Ermächtigung **14** 612 ff.
- Ermächtigung genehmigtes Kapital **14** 621
- Ermächtigungsdauer **14** 607
- Ermächtigungsinhalt **13** 546 ff.; **14** 607 ff.
- fakultativer Inhalt **13** 549 ff.
- GmbH **13** 545 ff.
- Gründungssatzung **14** 611
- Handelsregisteranmeldung **13** 552, 555; **14** 138, 625 ff.
- Handelsregistereintragung **13** 552
- Hauptversammlung **14** 615
- Hauptversammlungsbeschluss **14** 616 f.
- Kapitalerhöhung **13** 162 ff.; **14** 603 ff.
- Mehrheitserfordernis **14** 616
- Mindestbeschlussinhalt **13** 547
- Muster **13** 164
- Nachgründung AG **14** 273
- Sachkapitalerhöhung **14** 610, 620
- Satzungsänderung **14** 611, 623
- Stammkapital GmbH **13** 162 ff.
- Vorstand **14** 611
- Vorstandsbeschluss **14** 618 ff.
- Zeichnung **14** 624
- Zustimmungsbeschluss **14** 616

Genehmigung
- Minderjährige **28** 6
- Niederschrift **8** 137
- Vertreter, vollmachtloser **13** 5; **14** 7
- Zeichnungsschein **14** 509

Genehmigung, behördliche
- GmbH-Gründung **13** 74 ff.
- Handelsregistereintragung **4** 37 f.
- Kapitaländerungsbeschluss **13** 487

Genehmigungen, öffentlich-rechtliche
- Share Deal **21** 38
- Umwandlung **22** 40

Genehmigungsbedürftigkeit
- GmbH-Gründung **13** 74 ff.

Genehmigungsbeschluss
- Bekanntgabe **28** 100 ff.
- Bekanntgabefehler **28** 113
- Beschwerde **28** 110 ff.
- Familiengerichtliche Genehmigung **28** 99
- Nachweis formelle Rechtskraft **28** 107 f.
- Rechtsbehelf **28** 99
- Rechtskraft, formelle **28** 106
- Rechtskraft, materielle **28** 109
- Rechtsmittelverzicht **28** 117 ff.
- Wirkung **28** 120 ff.

Genehmigungserfordernisse
- Beurkundung **8** 91 ff.
- Fusionskontrolle **8** 92
- Minderjährige **8** 93
- Spaltung **22** 248
- Unterbeteiligung **18** 112

Generalprobe
- Hauptversammlung **14** 296

Generalvollmacht
- Insolvenzverfahren **29** 109
- Vollmacht **25** 122
- Wirksamkeit **25** 122

Genossenschaft
- Existenznachweis **25** 52
- Formwechsel **22** 316, 320
- Minderjährige **28** 24 ff.
- Vertretung, gesetzliche **25** 96

Genossenschaft, eingetragene
- Formwechsel **22** 359
- Geschäftsanschrift, inländische **6** 131
- Rechtsformwahl **5** 162

Genossenschaftlicher Prüfungsverband
- Verschmelzung **22** 226

Genußrechte
- Gesellschaft mit beschränkter Haftung **13** 459

Geographische Bezeichnung
- Irreführungsverbot **6** 90

Geographische Zusätze
- Firma **13** 146

Gerichtstandsklausel
- Satzung GmbH **13** 391

Gesamtabrechnung
- Stille Gesellschaft **18** 94

Gesamtbeurkundung
- Wirkung **2** 115
- Zusammengesetzte Rechtsgeschäfte **2** 115

Gesamtgeschäftsführungsbefugnis
- Geschäftsführer **13** 438
- Muster **13** 438
Gesamthandsgemeinschaft
- Gesellschafterliste **13** 684
- Wirtschaftlicher Eigentümer **30** 96 f.
Gesamthandslehre
- Gesellschaft bürgerlichen Rechts **10** 6 ff.
Gesamthandsvermögen
- Personenhandelsgesellschaft **11** 66
- Sonderbetriebsvermögen **30** 172
Gesamtplan **30** 125 ff.
- Finanzverwaltung **30** 130
- Rechtsprechungsübersicht **30** 129
- Vorliegen **30** 127 ff.
Gesamtrechtsnachfolge
- Gesellschaftervereinbarung **17** 46
- Umwandlung **22** 38 f.
- Verschmelzung **22** 38
- Verschmelzung, grenzüberschreitende **7** 91
- Verschmelzungsvertrag **22** 106
- Vinkulierung **13** 307
Gesamtschuldnerische Haftung
- Spaltung **22** 52
Gesamtvermögensgeschäft
- Güterstand, gesetzlicher **27** 39
Gesamtvertretung, unechte
- Geschäftsführer **13** 422
- Satzung GmbH **13** 422
- Vertretung, gesetzliche **25** 64
Gesamtvertretungsbefugnis
- Geschäftsführer **13** 217, 420
- Liquidator **13** 751
- Personenhandelsgesellschaft **11** 43
- Satzung GmbH **13** 420, 423
- Vertretung, gesetzliche **25** 64
Geschäftführungsmaßnahmen
- Zustimmungskatalog **13** 201, 203
Geschäftsanschrift
- Handelsregisteranmeldung AG **14** 136 f.
Geschäftsanschrift, inländische
- Änderung Zweigniederlassung **7** 16
- c/o **6** 135
- Genossenschaft, eingetragene **6** 131
- Geschäftsräume **6** 136, 138
- Handelsregister **6** 131 ff.
- Handelsregisteranmeldung GmbH **13** 80
- Personenhandelsgesellschaft **11** 19
- Satzungssitz **6** 136
- Verwaltungssitz **6** 136
- Zustellung **6** 134, 137
- Zweigniederlassung **7** 11
- Zweigniederlassung, ausländischer Rechtsträger **7** 34
Geschäftsanteil
- Erbrecht **13** 319
- Gesellschaftsvertrag GbR **10** 19
- gutgläubiger Erwerb **1** 23
- Minderjährige **26** 235
- Mitverkaufspflicht **13** 318
- Mitverkaufsrecht **13** 316 f.
- Nennbetrag **13** 16 f.
- Numerierung **13** 491
- Satzung **13** 16, 166 ff.
- Schenkung **26** 78
- Stimmrecht **13** 244 ff.
- Stückelung **13** 299
- Teilung **13** 293 ff., 587, 686
- Testamentsvollstreckung **13** 325
- Tod eines Gesellschafters **13** 319 ff.
- Treuhandvertrag **13** 639
- Übertragung **13** 582 ff.
- Veräußerung **13** 301 ff.
- Vererblichkeit **13** 319 ff.
- Verfügung über **13** 582 ff.
- Verpfändung **13** 655 ff.
- Vinkulierung **13** 303 ff.
- Vorerwerbsrecht **13** 311
- Vorkaufsrecht **13** 310 ff.
- Zusammenlegung **13** 292
Geschäftsbereich
- Geschäftsführer **13** 209
Geschäftsführender Direktor
- Bestellung **16** 21
- Monistisches Leitungssystem **16** 19, 21
- Notar **16** 22
Geschäftsführer **13** 409 ff.
- Abberufung **13** 440 ff.
- Abberufung aus wichtigem Grund **13** 192
- Aktivvertretung **13** 217
- Amtsniederlegung **13** 448 ff.
- Aufsichtsrat **13** 189
- Ausländer **4** 79 f.
- Beirat **26** 227
- Benennungsrecht **13** 193, 196
- Bestellung **13** 187 ff.
- Bestellungsrecht **13** 194, 196
- Einzelgeschäftsführungsbefugnis **13** 438
- Einzelvertretungsbefugnis **13** 216 f., 419 ff.
- Erlöschen **13** 446 f.
- Gesamtgeschäftsführungsbefugnis **13** 438
- Gesamtvertretungsbefugnis **13** 217, 420
- Geschäftsbereich **13** 209
- Geschäftsführungsbefugnis **13** 432 ff.
- Geschäftsordnung **13** 202, 207 f.
- Gesellschafterbeschluss **13** 200
- Gesellschafterliste **13** 693 ff.
- Haftung **13** 210 ff.
- Handelsregisteranmeldung **13** 78, 80, 451
- Jahresabschluss **13** 257 ff.
- Liquidator **13** 221, 381, 745
- mehrere **13** 206 ff., 437 ff.
- mitbestimmte GmbH **13** 189
- Muster **13** 431
- Passivvertretung **13** 216, 419
- Satzung **13** 187 ff.
- Selbstkontraktion **13** 218 f.
- Selbstkontraktionsverbot **13** 426 ff.; **25** 78
- Stellvertretende Geschäftsführer **13** 220
- unechte Gesamtvertretung **13** 422
- Unterbeteiligung **18** 130 ff.
- Verjährungsverkürzung **13** 214

- Versicherung an Eides Statt **13** 42, 48
- Vertreter, gesetzlicher **25** 73 ff.
- Vertretungsbefugnis **13** 216 ff., 419 ff.
- Vor-GmbH **25** 79
- Vorratsgründung **13** 91 f.
- Zuständigkeit **13** 198 ff.
- Zweigniederlassung, ausländische Gesellschaft mit beschränkter Haftung **7** 55

Geschäftsführerbelehrung, zweisprachig
- Muster **7** 61

Geschäftsführerbestellung
- Dauer **13** 417
- Eignung **13** 416
- Gesellschafterversammlung **13** 412
- Handelsregisteranmeldung **13** 418
- Handelsregistereintragung **13** 411
- Mitbestimmungsgesetze **13** 415
- Musterprotokoll **13** 19
- Satzung **13** 413 f.
- Sonderrechte Dritter GmbH **13** 394

Geschäftsführerhaftung
- Gesellschafter-Geschäftsführer **13** 211
- Haftungsbeschränkung **13** 212 ff.
- Handelndenhaftung **13** 110
- Kapitalgesellschaft **5** 87
- Mantel-GmbH **13** 109 ff.
- Personengesellschaft **5** 86
- Rechtsformwahl **5** 86 f.
- strafrechtliche **13** 112
- unechte Vorgesellschaft **13** 111

Geschäftsführerversicherung
- Zweigniederlassung, ausländische Gesellschaft mit beschränkter Haftung **7** 61 ff.

Geschäftsführerversicherung, zweisprachig
- Muster **7** 61

Geschäftsführervertrag
- Notar **1** 43

Geschäftsführung
- Hauptversammlung KGaA **15** 65
- Kapitalgesellschaft **5** 94 ff.
- Kommanditaktionäre **15** 43 f.
- Kommanditgesellschaft auf Aktien **15**
- Komplementär KGaA **15** 25 f.
- Personengesellschaft **5** 90 ff.
- Rechtsformwahl **5** 88 ff.

Geschäftsführungsbefugnis
- GmbH & Co. KG **11** 250 f.
- Stille Gesellschaft **18** 15, 69 ff.
- Unterbeteiligung **18** 130 ff.

Geschäftsführungsbefugnis GbR
- Änderung **10** 42
- Gesellschaft bürgerlichen Rechts **10** 39 ff.
- Gesellschaftsvertrag **10** 39 ff.

Geschäftsführungsbefugnis GmbH
- Geschäftsführer **13** 432 ff.
- Gesellschafterversammlung **13** 432 ff.
- Muster **13** 436
- Satzung **13** 198 ff., 433 ff.
- Tochtergesellschaft **13** 436

Geschäftsführungsbefugnis Personenhandelsgesellschaft **11** 37 ff.
- gewöhnlicher Geschäftsbetrieb **11** 39
- Grundlagengeschäft **11** 38
- Innenverhältnis **11** 41
- Prokuristenbestellung **11** 40

Geschäftsführungsmaßnahmen
- Gesellschafterbeschluss OHG **28** 35

Geschäftsgegenstand
- Nachgründung AG **14** 244

Geschäftsinhaber
- Stille Gesellschaft **18** 28 ff.

Geschäftsjahr
- Satzung GmbH **13** 177 ff.
- Stille Gesellschaft **18** 62

Geschäftsordnung
- Geschäftsführer GmbH **13** 202, 207 f.

Geschäftsräume
- Geschäftsanschrift, inländische **6** 136, 138

Geschäftsstatut
- Auslandbeurkundung **9** 12 ff.

Gesellschaft bürgerlichen Rechts **10**
- Abfindung **10** 84 ff.
- Abspaltungsverbot **10** 14
- Anteilsübertragung Personengesellschaft **26** 108
- Anteilsveräußerung **10** 64 ff.
- Auslösung durch Gesellschafterinsolvenz **29** 14
- Ausschluss Gesellschafter **10** 79 ff.
- Außengesellschaft **10** 11
- Außenhaftung **10** 16
- Befristung **10** 75 f.
- Bestimmtheitsgrundsatz **10** 47
- Beteiligung an AG **10** 96
- Beteiligung an anderer Gesellschaft **10** 92 ff.
- Beteiligung an GmbH **10** 93
- Bezeichnung **25** 11
- Buchführungspflicht **10** 51
- Dauer **10** 74 ff.
- Doppelverpflichtungslehre **10** 6
- Ehegatteninnengesellschaft **27** 122 ff.
- einheitliche Beteiligung **10** 12
- Einstimmigkeit **10** 45 ff.
- Entnahmen **10** 52
- Existenznachweis **25** 53 ff.
- Fortsetzungsbeschluss **10** 47
- GbR mbH **10** 16
- gemeinsamer Zweck **10** 1
- Gesamthandslehre **10** 6 ff.
- Geschäftsführungsbefugnis **10** 39 ff.
- als Gesellschafter **10** 92 ff.
- Gesellschafterbestand **25** 99
- Gesellschafterrechte **10** 49 f.
- Gesellschaftsvertrag **10** 17 ff.
- Gewinnermittlung **10** 51
- Gewinnverteilung **10** 52
- Grundbesitz **10** 3, 19 ff.
- Grundbuch **10** 3
- Grundbuchfähigkeit **10** 100 ff.; **21** 52
- Grundbuchverfahren **25** 57 ff.
- Gründer AG **14** 32
- Grundlagengeschäft **10** 40

- Gründungsgesellschafter GmbH **13** 62
- Haftung **10** 15 ff.
- Haftungsbeschränkung **10** 16
- Handelsregisteranmeldung **10** 99
- Immobiliarvermögen **10** 111 ff.
- Innengesellschaft **10** 11
- Innenhaftung **10** 15
- Insolvenz Gesellschafter **29** 14
- Jahresabschlussfeststellung **10** 47
- Joint-Venture-Verträge **17** 126
- kaufmännischer Geschäftsbetrieb **10** 88
- Kernbereichslehre **10** 48
- Mehrheitsklauseln **10** 45 ff.
- Minderjährige **28** 50 ff.
- mittelbare Registerpublizität **10** 97 f.
- Name **10** 37 f.
- Notar **1** 40
- personalistische Grundstruktur **10** 1 ff.
- Personengesellschaft **26** 108
- Publikums-GbR **10** 2
- Rechtsfähigkeit **10** 11
- Rechtsformwahl **5** 27 f.
- Satzungsänderung **10** 40
- Selbstorganschaft **10** 14
- Sondervermögen **10** 6
- Stimmbindungsvertrag **17** 76 ff.
- Teilrechtsfähigkeit **21** 52
- Tod eines Gesellschafters **10** 53 ff.
- Umwandlung **10** 89 ff.; **22** 28
- Unternehmenskauf **21** 17
- Unternehmensnachfolge **26** 186 ff.
- Verfügung über Grundbesitz **10** 117 ff.
- Verlängerungsklausel **10** 77 f.
- Vermögenszuordnung **10** 4 ff.
- Vermutungswirkung Grundbucheintragung **10** 119
- Vertretung **10** 6
- Vertretung durch Gesellschafter **25** 98
- Vertretung, gesetzliche **25** 98 ff.
- Vertretungsbefugnis **10** 39 ff.
- Vertretungsnachweis **25** 99
- Vormerkung, Erweiterung **10** 130
- Wandel in OHG **10** 88 ff.
- Zweckerreichung **10** 74

Gesellschaft, inländische
- Bezeichnung **25** 10 ff.
- Existenznachweis **25** 21 ff.
- Vertretungsnachweis **25** 21 ff.
- Zweigniederlassung **7** 11 f.

Gesellschaft mit beschränkter Haftung 13
- Anmeldepflichtige Personen **6** 9
- Aufsichtsrat **13** 367 ff.
- Austritt Gesellschafter **13** 342
- Cash-Pool **13** 461
- Down-Stream-Darlehen **13** 461
- Erlöschen **13** 808
- Existenznachweis **25** 38 ff.
- Existenzvernichtungshaftung **19** 108 ff.
- Finanzierung **13** 452 ff.
- Formwechsel **22** 320, 352 ff.
- Fremdkapital **13** 455
- genehmigtes Kapital **13** 545 ff.
- Genußrechte **13** 459
- Gewinnverteilung **13** 265 ff.
- grenzüberschreitende **13** 152
- Grundbuchverfahren **25** 41 ff.
- Gründer **13** 61
- Handelsregisteranmeldung **13** 78 ff.
- Insolvenz Gesellschafter **29** 16 ff.
- Insolvenzeröffnung **29** 65 ff.
- Kapitalerhöhung **13** 453, 463 ff.
- Kapitalherabsetzung **13** 463 ff.
- Kapitalrücklage **13** 454
- Konzern **13** 461
- Kündigung Gesellschafter **13** 342
- Legitimationszession **18** 196
- Liquidation **13** 716 ff.
- Minderjährige **28** 4 ff.
- Mindeststammkapital **13** 37
- Musterprotokoll **4** 34 ff.
- Nachrangdarlehen **13** 460
- Notar **1** 19 ff.; **3** 30 ff.
- organschaftliche Ermächtigung **25** 76
- Rechtsformwahl **5** 39 f.
- Registergericht **4** 33 ff.
- Sacheinlage, verdeckte **13** 50 ff.
- Spaltung **22** 243
- Spaltung zur Neugründung **22** 300
- Spaltungsbeschluss **22** 285
- Stellvertreter des Geschäftsführers **25** 75 f.
- stille Einlage **13** 457
- Unternehmenskauf **21** 5, 17
- Verschmelzung **22** 190 ff.
- Vertretung durch Geschäftsführer **25** 73 ff.
- Vertretung durch Liquidator **25** 80
- Vertretung, gesetzliche **25** 73 ff.
- Vinkulierung **26** 58
- Vollbeendigung **13** 806
- Vorabausschüttung **13** 276 f.
- Wandelanleihe/-schuldverschreibung **13** 458
- s. a. GmbH i. G., i. I., i. L.

Gesellschafter
- Ausschluss **10** 79 ff.
- Gesellschaftsvertrag GbR **10** 31 ff.
- Gesellschaftsvertrag Personenhandelsgesellschaft **11** 16
- Handelsregisteranmeldung KG **11** 31
- Handelsregisteranmeldung OHG **11** 31
- Informationsrecht **13** 364 ff.
- Liquidationsverfahren GmbH **13** 792
- Personenhandelsgesellschaft **11** 9 ff., 11, 30
- Satzung GmbH **13** 166 ff.
- Stille Gesellschaft **18** 4

Gesellschafter Partnerschaftsgesellschaft
- Freiberufler **12** 58 ff.
- Partnerschaftsgesellschaft **12** 58 ff.

Gesellschafter Personenhandelsgesellschaft
- Auskunftsrecht **11** 56
- Beitragspflicht **11** 60 ff.
- Informationsrecht **11** 53 ff.
- Kontrollrecht **11** 54 f.
- Wettbewerbsverbot **11** 57 ff.

Gesellschafteraufnahme
- Aufnahmevertrag **11** 122 ff.
- Familiengerichtlich Genehmigung **26** 242
- Handelsregisteranmeldung **11** 129
- Rechtsfolgen **11** 127
- Widerruf **11** 128

Gesellschafteraufnahme Nachfolger
- Kapitalgesellschaft **26** 158 f.
- Personengesellschaft **26** 111 ff.

Gesellschafterausschluss
- Insolvenz Gesellschafter **29** 27

Gesellschafterausschluss GbR
- Fortsetzungsklausel **10** 79
- Mehrheitsentscheidung **10** 80
- wichtiger Grund **10** 81 ff.

Gesellschafterbeschluss
- Abtretung Geschäftsanteil **13** 632
- Ausscheiden Personenhandelsgesellschaft **11** 161 ff.
- Beurkundung **8** 146 ff.
- Einziehung Gesellschaftsanteil **13** 337
- Erwerb eigener Anteile **13** 634
- Geschäftsführer **13** 200
- Kapitalmaßnahme GmbH **13** 471
- Liquidation **13** 381
- Liquidator **13** 746 f.
- Minderjährige **28** 17 f.
- Niederschrift **8** 146 ff.
- Niederschrift Inhalt **8** 146 ff.
- Personenhandelsgesellschaft **11** 48

Gesellschafterbeschluss GmbH
- Anfechtbarkeit **13** 254
- Anfechtungsfrist **13** 255
- Beschlussfähigkeit **13** 243
- Beschlussfassungsverfahren **13** 241 f.
- Beschlussmängel **13** 254 ff.
- Einpersonen-GmbH **13** 237
- Ergänzungspfleger **28** 17
- Ergebnisverwendung **13** 265 ff.
- familiengerichtliche Genehmigung **28** 18
- Gesellschafterversammlung **13** 241
- außerhalb Gesellschafterversammlung **13** 241
- Mehrheitserfordernis **13** 247 f.
- Nichtigkeit **13** 254 ff.
- qualifizierte Mehrheit **13** 247 f.
- Stimmrechtsausschluss **13** 249
- Stimmverbot **13** 249 ff.
- Vertretung Minderjährige **28** 17 f.
- Zustimmungsvorbehalt **13** 248

Gesellschafterbeschluss OHG
- Änderung Gesellschaftsvertrag **28** 35
- Ergänzungspfleger **28** 35
- familiengerichtliche Genehmigung **28** 36
- Geschäftsführungsmaßnahmen **28** 35
- Minderjährige **28** 35
- Vertretung Minderjährige **28** 35 f.

Gesellschafterbeschluss Personenhandelsgesellschaft
- Anfechtung **11** 52
- Beschlussfähigkeit **11** 50
- Einstimmigkeit **11** 48
- Gesellschafterversammlung **11** 47, 51
- Klagefrist bei Nichtigkeit **11** 52
- Nichtigkeit **11** 52
- Protokoll **11** 51
- Stimmrechtsausschluss **11** 49
- Stimmrechtsvollmacht **11** 50
- Teilnahmerecht **11** 50

Gesellschafterbestand
- Gesellschaft bürgerlichen Rechts **25** 99
- Grundbuch **25** 101

Gesellschafterdarlehen
- Abtretung Geschäftsanteil **13** 624
- Anwachsungsmodell, erweitertes **23** 41 f.
- Liquidationsverfahren GmbH **13** 784

Gesellschafter-Geschäftsführer
- Geschäftsführerhaftung **13** 211

Gesellschafterhaftung
- GmbH & Co. KG **11** 238 ff.
- Kommanditgesellschaft **11** 97 ff.
- Mantel-GmbH **13** 101 ff.
- Offene Handelsgesellschaft **11** 97 ff.
- Personenhandelsgesellschaft **11** 97 ff.

Gesellschafterhaftung GmbH & Co. KG
- Gründungsphase **11** 238 ff.
- Handelsregistereintragung **11** 238 f.
- Kommanditist **11** 239
- Unterbilanzhaftung **11** 238

Gesellschafterhaftung Personenhandelsgesellschaft
- abweichende Vereinbarung **11** 101
- Akzessorietät **11** 99
- Eintretendenhaftung **11** 98
- Erfüllungstheorie **11** 100
- Haftungstheorie **11** 100
- Kommanditist **11** 103 ff.
- Regreßansprüche **11** 119 ff.
- Sozialansprüche **11** 102

Gesellschafterliste
- Abtretung Geschäftsanteil **13** 651
- Anteilsabtretung **9** 17 ff.; **13** 582
- Aufnahme in Registerordner **13** 678
- Auslandbeurkundung **9** 17 ff.
- Auslandsbeurkundung **13** 697
- Barkapitalerhöhung **13** 514
- Belehrungspflicht **8** 85
- Bescheinigung **13** 707
- Beurkundungspflicht **25** 13 f.
- Einreichung durch Unzuständigen **13** 677
- Einreichungspflicht Notar **13** 700
- Eintragung von Verfügungsbeschränkungen **13** 688
- erste **13** 681 ff.
- fehlerhafte **13** 702
- Form der Einreichung **13** 706
- Frist **13** 603, 608, 611
- Gesamthandsgemeinschaft **13** 684
- Geschäftsführer **13** 693 ff.
- Gründung GmbH **13** 681
- gutgläubiger Erwerb **4** 53; **13** 600
- Handelsregister **4** 47 f.; **13** 674
- Handelsregisteranmeldung GmbH **13** 83

- Handelsregistereinreichung **8** 192
- Identifikation **13** 684
- Inhalt **13** 681 ff.
- Kapitaländerungsbeschluss **13** 484
- Kosten **13** 713
- Legitimationswirkung **4** 49; **13** 675
- Listenaufnahme **13** 675 ff.
- materiell-rechtliche Bedeutung **13** 674 ff.
- mehrere Notare **13** 698
- Muster **13** 713
- Musterprotokoll **13** 19, 707
- Notar **1** 23; **8** 192; **13** 693 ff.
- Numerierung **13** 685 ff.
- Prüfungsrecht Registergericht **13** 711
- Rechtsbehelf **13** 712
- Rückwirkungsfiktion **4** 50
- Übergangsrecht **13** 680
- Unrichtigkeit **13** 603, 608
- Unternehmenskauf **21** 17
- Veränderungen **13** 689 ff.
- Widerspruch **4** 53; **13** 610, 613 ff.
- Zuständigkeit **13** 693 ff.
- Zwischenliste **13** 709

Gesellschafterpflichten
- Personenhandelsgesellschaft **11** 46 ff.

Gesellschafterrechte
- Beirat **26** 220
- Gesellschaft bürgerlichen Rechts **10** 49 f.
- Insolvenz Gesellschafter **29** 16 ff.
- Personenhandelsgesellschaft **11** 46 ff.

Gesellschaftersonderrecht
- Geschäftsführerabberufung GmbH **13** 442 f.

Gesellschaftervereinbarung 17
- Abtretung Gesellschaftsanteil **17** 44 ff.
- Änderung **17** 41
- anwendbares Recht **17** 51
- Beendigung **17** 42 f.
- Charakter **17** 22 ff.
- Checkliste **17** 2
- Erfüllungsanspruch **17** 49
- Form **17** 12, 52 ff.
- Gesamtrechtsnachfolge **17** 46
- Gestaltungsfreiheit **17** 17
- Insolvenz Gesellschafter **29** 35 f.
- Konsortien **17** 4 f.
- Konzern **17** 50
- Kosten **17** 150 ff.
- Kündigung, außerordentliche **17** 43
- Nachfolgeklausel **17** 46
- Notar **17** 7 f.
- Pflicht zur Geschäftsanteilsübertragung **17** 60
- Pflicht zur Grundstücksübertragung **17** 62
- Pflicht zur Umwandlung **17** 61
- Pool **17** 6
- Rechtsnachfolger **17** 44 ff.
- Registerpublizität **17** 10 f.
- Satzung **17** 19 ff.
- Stimmbindungsvertrag **17** 64 ff.
- Trennungsprinzip **17** 24 ff.
- Vor-Gründungsvertrag **17** 57 ff.
- Zulässigkeit **17** 35 ff.

Gesellschafterversammlung
- Beirat **26** 226
- Einheits-GmbH & Co. KG **11** 261
- Geschäftsführerbestellung **13** 412
- Geschäftsführungsbefugnis GmbH **13** 432 ff.
- Gesellschafterbeschluss GmbH **13** 241
- Gesellschafterbeschluss Personenhandelsgesellschaft **11** 47, 51
- Insolvenzverfahren **29** 68
- Kapitaländerungsbeschluss **13** 473
- Personenhandelsgesellschaft **11** 47

Gesellschafterversammlung GmbH
- Ablauf **13** 232
- Anwesenheitsrecht Dritter **13** 239
- Beschlussfähigkeit **13** 243
- Beurkundung **8** 146
- Einberufung **13** 225 ff.
- Einberufungsform **13** 227 f.
- Einberufungsfrist **13** 229
- Einberufungsgründe **13** 226
- Form **13** 235
- gemeinsamer Vertreter **13** 238
- Ladung **13** 225 ff.
- Ort **13** 232
- Protokollierung **13** 236
- Tagesordnung **13** 230
- Verlangen der Einberufung **13** 225
- Versammlungsleiter **13** 234
- Vertretung **13** 240
- Vollversammlung **13** 231
- Zuständigkeit **13** 222 ff.

Gesellschafterwechsel
- Firmenfortführung **6** 121 ff.
- Grundbuchfähigkeit GbR **10** 102
- Grunderwerbsteuer **5** 152
- Handelsregisteranmeldung **11** 144 f.
- Kapitalgesellschaft **5** 117 ff.
- Kommanditgesellschaft **11** 117
- Kommanditistenhaftung **11** 117
- Personengesellschaft **5** 114 ff.
- Personenhandelsgesellschaft **11** 122 ff.
- Rechtsformwahl **5** 112 ff.

Gesellschafterzahl
- Offene Handelsgesellschaft **11** 12

Gesellschaftsanteil
- Nießbrauch **26** 115 f., 162 ff.
- Sacheinlage GmbH **13** 529
- Vererblichkeit **26** 251

Gesellschaftsanteil, Personenhandelsgesellschaft
- Nießbrauch **11** 84 ff.
- Verpfändung **11** 93 ff.
- Zusammentreffen mit Nießbrauchsanteil **11** 90

Gesellschaftsstatut
- Existenznachweis, ausländische Gesellschaft **25** 147
- Gründungstheorie **25** 148 f.
- Rechtsfähigkeit **25** 150 f.
- Sitztheorie **25** 147 ff.

Gesellschaftsvertrag
- Ausscheiden Gesellschafter **11** 174 f.

– Ausscheiden Personenhandelsgesellschaft **11** 157
– Beirat **26** 219
– Charakter **17** 20 f.
– Einheits-GmbH & Co. KG **11** 262
– Geschäftsführungsbefugnis GbR **10** 39 ff.
– Gesellschaft bürgerlichen Rechts **10** 17 ff.
– GmbH & Co. KG **11** 246 ff.
– Güterstandsklausel **27** 127 ff.
– Kündigung Personenhandelsgesellschaft **11** 159
– Partnerschaftsgesellschaft **12** 21 f.
– Personengesellschaft **11** 13 ff.
– Stille Gesellschaft **18** 23 ff., 47 ff.
– Tod eines Gesellschafters **11** 193 ff.
Gesellschaftsvertrag Änderung
– Gesellschafterbeschluss OHG **28** 35
– Minderjährige **28** 35
Gesellschaftsvertrag GbR
– Accidentalia **10** 37 ff.
– Beitragspflicht **10** 35 f.
– Betreute **10** 29 f.
– Einstimmigkeit **10** 45 ff.
– Erbengemeinschaft **10** 33
– Essentialia **10** 31 ff.
– Form **10** 18 ff.
– gemeinsamer Zweck **10** 34
– Geschäftsführungsbefugnis **10** 39 ff.
– Gesellschafter **10** 31 ff.
– Gesellschaftszweck **10** 19
– GmbH-Anteile **10** 19
– Grundbesitz **10** 19 ff.
– Mehrheitsklauseln **10** 45 ff.
– Minderjährige **10** 25 ff.
– Name **10** 37 f.
– Vertretung **10** 24 ff.
– Vertretungsbefugnis **10** 39 ff.
Gesellschaftsvertrag GmbH
– s. Satzung GmbH
Gesellschaftsvertrag Personenhandelsgesellschaft
– Accidentalia **11** 17 ff.
– Änderung **11** 24 ff.
– Bestimmtheitsgrundsatz **11** 25
– Essentialia **11** 14 ff.
– familiengerichtliche Genehmigung **11** 22
– Form **11** 20 ff.
– Geschäftsanschrift, inländische **11** 19
– Gesellschafter **11** 16
– Kernbereichslehre **11** 26
– Minderheitsgesellschafter **11** 25
– Minderjährige **11** 21
– Sitz **11** 18
– Unternehmensgegenstand **11** 15
– Verwaltungssitz **11** 18
Gesellschaftsvertrag stille Gesellschaft
– Inhalt **18** 47 ff.
Gesellschaftsvertrag Zielrechtsträger
– Formwechselbeschluss **22** 329
Gesellschaftszweck
– Gesellschaftsvertrag GbR **10** 19
Gesellschaftszweck, ideeller
– Abfindungsklausel Personenhandelsgesellschaft **11** 177
Gestaltungsfreiheit
– Aufsichtsrat GmbH **13** 371 ff.
– Gesellschaftervereinbarung **17** 17
– Kommanditgesellschaft auf Aktien **15** 3 ff.
– Satzung **13** 128 f.
– Sonderrechte Gesellschafter GmbH **13** 361
Gestaltungsmißbrauch 30 108 ff.
– Ablehnung der Beurkundung **30** 113
– Finanzverwaltung **30** 123
– Folge **30** 124
– Rechtsprechungsübersicht **30** 121 f.
– Share Deal **21** 31
– Voraussetzungen **30** 114 ff.
Gewährleistung
– Abtretung Geschäftsanteil **13** 625
– Asset Deal **21** 86
– Share Deal **21** 87
– Unternehmenskauf **21** 85 ff.
Gewährleistungsansprüche
– Unternehmenskauf **21** 89 f.
– Verjährung **21** 91
– vertragliche Regelungen **21** 94
Gewährsfunktion
– Beurkundungspflicht **8** 9
Gewerbesteuer
– Anwachsungsmodell, einfaches **23** 25
– Kapitalgesellschaft **5** 147 f.
– Personengesellschaft **5** 145 f.
– Rechtsformwahl **5** 144 ff.
Gewerbesteuerfreibetrag
– Personengesellschaft **5** 149
Gewerblich geprägte Personengesellschaft
– GmbH & Co. KG **30** 178
– Mitunternehmer **30** 177 ff.
– Personengesellschaft **30** 177 ff.
Gewerblich infizierte Personengesellschaft 30 174 ff.
– Mitunternehmer **30** 174 ff.
Gewerblich tätige Personengesellschaft 30 173
– Mitunternehmer **30** 173
Gewerbliche Einkünfte
– Personengesellschaft **5** 137
– Unternehmenskauf **21** 25
Gewerbliche Personengesellschaft 30 156
Gewerblichkeit
– Abfärbewirkung **18** 13
– Einbringung in Personengesellschaft **30** 214
– Organschaft **19** 19
– Stille Gesellschaft, atypisch still **18** 13
Gewinn- und Verlustrechnung
– Stille Gesellschaft **18** 63 f.
– Unterbeteiligung **18** 124
Gewinnabführungsvertrag
– Änderung **19** 59 ff.
– Aufhebung **19** 65 ff.
– Ausgleich außenstehender Gesellschafter **30** 326 f.
– Beendigung **19** 60, 64 ff.
– Eingliederung, finanzielle **30** 318 ff.

- Form **19** 36 ff., 61
- Handelsregistereintragung **19** 54 ff.
- Hinzutreten weiterer Gesellschafter **19** 77 f.
- Höchstbetrag **30** 325
- Inhalt **19** 21 ff., 112
- Konzern GmbH **19** 3 ff.
- Kündigung **19** 70 ff.; **30** 332
- Laufzeit **19** 29 f.
- Minderheitsgesellschafter **19** 28
- Mindestlaufzeit **30** 328 ff.
- Organschaft **19** 6
- Organschaft, körperschaftsteuerliche **30** 318 ff.
- Prüfung **19** 51 ff.
- Rückwirkung **19** 34; **30** 332
- Spaltung **19** 83 ff.
- tatsächliche Durchführung **19** 33
- übergeordnetes Unternehmen **19** 51 ff.
- Umwandlung **19** 79 ff.
- Unternehmenskauf **30** 352 ff.
- Unternehmergesellschaft (haftungsbeschränkt) **13** 845
- Verlustübernahme **19** 25 ff.
- Verlustübernahmeverpflichtung **30** 324
- Verschmelzung **19** 80 ff.
- Vertretung bei Abschluss **19** 40
- Wirksamkeitsvoraussetzungen **19** 36 ff.
- zivilrechtliche Wirksamkeit **30** 320 ff.
- Zustimmung Gesellschafterversammlung **19** 41 ff.
- Zustimmungsbeschluss Konzernmutter **19** 50
- Zustimmungsbeschluss übergeordnete Gesellschaft **19** 49
- Zustimmungsbeschluss untergeordnete GmbH **19** 44 ff.

Gewinnabgrenzung
- Abtretung Geschäftsanteil **13** 620 ff.
- Geschäftsanteilsveräußerung **30** 290 ff.

Gewinnanspruch
- Nießbrauch Geschäftsanteil **13** 671
- Pfandrecht Geschäftsanteil **13** 665
- Vorabtretung **11** 83

Gewinnanteil
- Auszahlung **18** 59
- Nießbrauch **11** 87

Gewinnausschüttung
- ins Betriebsvermögen **30** 232
- Einkommensteuer **30** 229
- Geschäftsanteilsveräußerung **30** 294
- Kapitalgesellschaft **5** 109 f.
- Personengesellschaft **5** 106
- ins Privatvermögen **30** 231

Gewinnberechtigung
- Kapitalerhöhungsbeschluss **13** 492
- Kapitalerhöhungsbeschluss AG **14** 489
- Verschmelzungsvertrag **22** 112

Gewinnbesteuerung
- Unternehmenskauf **21** 25

Gewinnbeteiligung
- Rückbeziehung **18** 58
- Stille Gesellschaft **18** 7 ff.
- Stiller Gesellschafter **18** 54 ff.
- Unterbeteiligung **18** 123 ff.
- Vereinbarung **18** 54 ff.

Gewinnbeteiligungszeitpunkt
- Hereinverschmelzung **24** 58
- Verschmelzungsplan **24** 164

Gewinnbezugsrecht
- Familiengesellschaft **26** 129
- Insolvenz Gesellschafter **29** 32
- Share Deal **21** 42
- Treuepflicht **13** 268

Gewinnermittlung
- Gesellschaft bürgerlichen Rechts **10** 51
- Unterbeteiligung **18** 124

Gewinnrücklage
- Kapitalerhöhung aus Gesellschaftsmitteln **14** 633

Gewinnverteilung
- Angemessenheit **30** 190
- Familiengesellschaft **30** 190
- Gesellschaft bürgerlichen Rechts **10** 52
- GmbH **13** 265 ff.
- Öffnungsklausel **13** 275
- Rechtsprechungsübersicht **30** 190
- Unternehmensnachfolge **26** 68

Gewöhnlicher Geschäftsbetrieb
- Geschäftsführungsbefugnis Personenhandelsgesellschaft **11** 39

gGmbH
- Rechtsformzusatz **6** 96

Girosammelverwahrung
- Aktien KGaA **15** 56

Gläubigeraufforderung
- Muster **13** 768

Gläubigeraufruf
- Liquidation GmbH **13** 768

Gläubigerausschuß
- Insolvenzverfahren **29** 89 f.
- Unternehmenskauf in der Krise **29** 89 f.

Gläubigerbegünstigung
- Unternehmenskauf in der Krise **29** 84

Gläubigerbenachteiligung
- Abfindungsklausel **26** 134

Gläubigermehrheit
- Pfandrecht Geschäftsanteil **13** 661

Gläubigerrechte
- Umwandlung **22** 51 ff.

Gläubigerschutz
- Kapitalherabsetzung, vereinfachte **14** 669
- Spaltung **22** 309 f.

Gleichbehandlungsgrundsatz
- Abfindungsklausel **13** 356
- Ergebnisverwendung **13** 273

Gleichlauf der Register
- Zweigniederlassung, ausländischer Rechtsträger **7** 21 ff.

Gleichwertigkeit
- Substitution **9** 7

GmbH
s. Gesellschaft mit beschränkter Haftung

GmbH & Co. KG
- abweichende Beteiligungsquoten **11** 223

– Anwachsung **23** 11 ff.
– Asset Deal **23** 14
– Bargründung GmbH **13** 47
– Beteiligungsidentität **11** 226, 253, 256
– Charakter **11** 222
– Darlehen GmbH an KG **11** 242
– Einheits-GmbH & Co. KG **11** 226
– Einlagenleistung **11** 242 ff.
– Einlagenrückgewähr **11** 242
– Einpersonen-GmbH & Co. KG **11** 226
– Errichtung **11** 232 ff.
– Erscheinungsformen **11** 225 ff.
– Firma **11** 246 ff.
– Form **11** 240 f.
– Formwechsel **22** 350 f.
– Geschäftsführungsbefugnis **11** 250 f.
– Gesellschafterhaftung **11** 238 ff.
– Gesellschaftsvertrag **11** 246 ff.
– gewerblich geprägte Personengesellschaft **30** 178
– Gründungsphase **11** 228 ff.
– Haftungsbeschränkung **5** 79; **11** 223
– Handelsgewerbe **11** 233
– Handelsregisteranmeldung **11** 235 ff.
– Handelsregistereintragung **11** 233
– Insolvenzverfahren **29** 71 f.
– Kapitalbeteiligung der GmbH **11** 224
– Kapitaleinlage GmbH **11** 242 ff.
– Komplementär **11** 228 ff.
– Mitbestimmung **5** 130
– Muster **11** 236
– Notar **1** 37
– Publikums-GmbH & Co. KG **11** 227
– Rechtsformwahl **5** 33 f.
– Rechtsformzusatz **6** 94
– Registerpublizität **11** 224
– Simultaninsolvenz **29** 71 f.
– Sondererbfolge **11** 255
– Tod eines Gesellschafters **11** 224, 255 f.; **26** 201
– Übertragung Gesellschaftsanteil **11** 252 ff.
– Umwandlung in Kommanditist **23** 12
– Umwandlung in Komplementär **23** 13
– Unternehmensgegenstand **11** 249
– Unternehmenskauf **21** 6
– Unternehmensnachfolge **26** 197 ff.
– Verschmelzung **22** 196 f.
– Vertretung, gesetzliche **25** 94
– Vertretungsbefugnis **11** 250 f.
– Vertretungsnachweis **25** 94
– Vor-GmbH & Co. KG **11** 234
– Vorteile **11** 223 ff.
GmbH i. G.
– Kapitalmaßnahme **13** 468
GmbH i. I.
– Kapitalmaßnahme **13** 470
GmbH i. L.
– Kapitalmaßnahme **13** 469
GmbH & Still
– Stille Gesellschaft **18** 17
– Verschmelzung **18** 90
Going Private
– Börse **14** 708
Going Public
– Börse **14** 694 ff.
– Unternehmenstransaktionen **2** 22
Goodwill
– Freiberuflerpraxis **27** 82, 84
– Substanzwertmethode **27** 67 f.
Grenzüberschreitende GmbH **13** 152
Grenzüberschreitende Umwandlung **7** 88 ff.; **24** 2
– Spaltung **22** 254 f.
Grenzüberschreitende Verschmelzung
– Verschmelzungsbeschluss **22** 140
Großbritannien
– Vertretung, gesetzliche, ausländische Gesellschaft **25** 167
Grünbuch
– Verknüpfung Unternehmensregister **6** 139 ff.
Grundbesitz
– Anteilsveräußerung GbR **10** 71 ff.
– Gesellschaft bürgerlichen Rechts **10** 3, 19 ff.
– Gesellschaftsvertrag GbR **10** 19 ff.
– Grundbuchamt **10** 115 ff.
– Share Deal GbR **21** 52
Grundbuch
– Gesellschaft bürgerlichen Rechts **10** 3
– Gesellschafterbestand GbR **25** 101
– Publizitätslücken **10** 122 ff.
– Publizitätswirkung GbR **10** 117 ff.
Grundbuchamt
– Antragsbefugnis GbR **10** 113
– Dienstbarkeit zugunsten GbR **10** 112 f.
– Eintragungsantrag GbR **10** 113
– Grundbesitz GbR **10** 115 ff.
– Grundpfandrecht zugunsten GbR **10** 112 f.
– Notar **8** 193
Grundbucheinsicht **8** 57 ff.
– Aufklärungspflicht **8** 57 ff.
– automatisierter Abruf **8** 58
– Erforderlichkeit **8** 57
Grundbuchfähigkeit
– Gesellschaft bürgerlichen Rechts **10** 100 ff.; **21** 52
Grundbuchfähigkeit GbR
– Entragung **10** 112 ff.
– Geburtsvollmacht **10** 122 ff.
– Gesellschafterwechsel **10** 102
– Grundbuchpublizität **10** 101 ff.
– Identität **10** 108 ff.
– Namensangabe **10** 108 ff.
Grundbuchpublizität
– Grundbuchfähigkeit GbR **10** 101 ff.
Grundbuchverfahren
– Gesellschaft bürgerlichen Rechts **25** 57 ff.
– Gesellschaft mit beschränkter Haftung **25** 41 ff.
Gründer
– Aktiengesellschaft **14** 30 ff.
– GmbH **13** 61
– Gründung SE **16** 37
Gründer AG
– Ausländer **14** 32

- Einzelkaufmann **14** 32
- GbR **14** 32
- Handelsregisteranmeldung **14** 126
- Minderjährige **14** 32
- Stellvertretung **14** 33

Grunderwerbsteuer
- Anteilstausch **30** 276
- Anteilsübertragung **30** 6
- Anwachsungsmodell, einfaches **23** 32
- Anzeigepflicht **8** 180
- Anzeigepflichten, steuerliche **30** 17
- Einbringung **30** 383
- Einbringung in Kapitalgesellschaft **30** 268
- Einbringung in Personengesellschaft **30** 219
- Formwechsel **22** 90; **30** 383
- Geschäftsanteilsveräußerung **30** 308
- Gesellschafterwechsel Personengesellschaft **5** 152
- Kapitalgesellschaft **5** 151
- Konzern **5** 151
- Nachbehaltensfrist **22** 92
- Personengesellschaft **5** 150
- Rechtsformwahl **5** 150 ff.
- Rückabwicklung **20** 83
- Rückerstattung **20** 83
- Rückwirkung **30** 105
- Share Deal **21** 38
- Spaltung **22** 90 f.; **30** 382
- Umwandlung **30** 381 ff.
- Umwandlungssteuerrecht **22** 90 ff.
- Unternehmenskauf **20** 74; **21** 21, 34
- Vermögensübertragung **30** 382
- Verschmelzung **22** 90 f.; **30** 382
- Vorbehaltensfrist **22** 91

Grunderwerbsteuerrecht
- Treuhandvertrag **18** 176

Grundkapital
- Satzung AG **14** 46 f.

Grundkapital Zerlegung
- Satzung AG **14** 48 f.

Grundlagenbeschluss
- Aktiengesellschaft, nicht börsennotiert **14** 285
- Hauptversammlung KGaA **15** 44

Grundlagengeschäft
- Geschäftsführungsbefugnis Personenhandelsgesellschaft **11** 38
- Gesellschaft bürgerlichen Rechts **10** 40

Grundpfandrecht
- Grundbuchamt **10** 112 f.

Grundstück
- Einbringung in Personengesellschaft **30** 206
- Gesellschaft bürgerlichen Rechts **10** 111 ff.
- Gutgläubiger Erwerb **10** 118 ff.
- Gutgläubiger Erwerb von GbR **10** 118 ff.
- Nachgründung AG **14** 263
- Partielle Gesamtrechtsnachfolge **22** 306
- Sacheinlage GmbH **13** 57, 174
- Schenkung **26** 79
- Share Deal GbR **21** 52

Grundstücks-GbR
- Anteilsveräußerung GbR **10** 73
- Muster Anteilsveräußerung **10** 73

Grundstücksgesellschaft
- Notar **1** 40

Grundstückskaufvertrag
- Verflechtung bei Finanzierung **2** 120
- Zusammengesetzte Rechtsgeschäfte **2** 118

Grundstücksübertragung
- Spaltungsvertrag **22** 262

Grundstücksveräußerung GbR
- Muster **10** 129
- persönliche Mitverpflichtung **10** 126 ff.
- Vormerkung, Erweiterung **10** 130

Gründung
- Aktiengesellschaft **14** 1 ff.
- Europäische Aktiengesellschaft **16** 35 ff., 80 ff.
- Familiengerichtlich Genehmigung **26** 240
- Holding-SE **16** 80 ff., 83 ff.
- Kapitalgesellschaft **4** 1 ff.
- Kommanditgesellschaft auf Aktien **15** 7
- Minderjährige **26** 232
- Notar **3** 40 ff.
- Partnerschaftsgesellschaft **12** 21 ff.
- Rechtsformwahl **5** 1
- Stille Gesellschaft **18** 28 ff., 30 f., 32 ff.
- Tochter-SE, gemeinsame **16** 109 ff.
- Unternehmergesellschaft (haftungsbeschränkt) **4** 43 ff.; **13** 820 ff.

Gründung AG
- Auslandsbeurkundung **14** 15 f.
- Auslandsbezug **14** 11 ff.
- Ergänzungspfleger **28** 19
- familiengerichtliche Genehmigung **28** 20

Gründung durch Formwechsel
- Europäische Aktiengesellschaft **16** 121 ff.

Gründung GbR
- Ergänzungspfleger **28** 50
- Erwerbsgeschäft **28** 51
- familiengerichtliche Genehmigung **28** 51
- Minderjährige **28** 50 ff.
- vermögensverwaltende **28** 52

Gründung Genossenschaft
- Ergänzungspfleger **28** 24
- familiengerichtliche Genehmigung **28** 25
- Minderjährige **28** 26 ff.

Gründung GmbH 13
- Ablauf **3** 40 ff.; **13** 1
- Auslandsbeurkundung **13** 66 ff.
- Auslandsbezug **13** 65 ff.
- Bargründung **13** 28, 35
- behördliche Genehmigung **13** 74 ff.
- beschleunigte **13** 28 ff.
- Beurkundung **3** 40 ff.
- Dauer Handelsregistereintragung **13** 28
- Ergänzungspfleger **28** 4
- Errichtung **13** 1 ff.
- erster Geschäftsführer **13** 18
- familiengerichtliche Genehmigung **28** 5
- Genehmigungsbedürftigkeit **13** 74 ff.
- Gesellschafterliste **13** 681

– Gründungsgesellschafter **13** 61 ff.
– Hin- und Herzahlen **4** 46
– Kapitalaufbringung **13** 35 ff.
– Mantelkauf **13** 34
– Mantelurkunde **13** 11
– Minderjährige **28** 4 ff.
– Notar **3** 40 ff.
– Sachgründung **13** 29, 35
– Stellvertretung **13** 3 ff.
– vereinfachte **13** 19 ff.
– Verfahren **13** 9 ff.
– Vollmacht **13** 3 ff.
– vollmachtlose Vertretung **13** 5
– Vorgründungsgesellschaft **13** 1
– Vorratsgesellschaft **13** 33
Gründung KG
– Ergänzungspfleger **28** 37
– familiengerichtliche Genehmigung **28** 38
– Minderjährige **28** 37 ff.
Gründung mit AG
– Stille Gesellschaft **18** 35
Gründung OHG
– Ergänzungspfleger **28** 29
– familiengerichtliche Genehmigung **28** 30
– Minderjährige **28** 29 ff.
Gründung SE
– Gründer **16** 37
– numerus clausus **16** 36
– Verschmelzung **16** 39 ff.
Gründung Tochter-SE
– Europäische Aktiengesellschaft **16** 145 ff.
Gründung, vereinfachte
– Musterprotokoll **13** 19 ff.
Gründungsablauf
– Notar **3** 40 ff.
Gründungsaktionäre
– Nachgründung AG **14** 241
Gründungsaufwand
– Unternehmergesellschaft (haftungsbeschränkt) **13** 824
– Vorratsgründung **13** 88
Gründungsaufwand GmbH
– Satzung **13** 376
– verdeckte Gewinnausschüttung **13** 376
Gründungsbericht
– Aktiengesellschaft **14** 86 ff.
– Vorrats-AG **14** 238
Gründungsbericht AG
– Fehlen **14** 92
– Inhalt **14** 89 f.
– Muster **14** 92
– Nachtragsbericht **14** 91
– Sachgründung **14** 192
Gründungsfehler
– Minderjährige **28** 6
Gründungsformalien
– Kapitalgesellschaft **5** 57 ff.
– Personengesellschaft **5** 54 ff.
– Rechtsformwahl **5** 53 ff.
Gründungsgesellschaften
– Holding-SE **16** 81
– Tochter-SE, gemeinsame **16** 110
– Verschmelzung zu SE **16** 40
Gründungsgesellschafter
– GmbH-Gründung **13** 61 ff.
Gründungsgesellschafter GmbH
– anglo-amerikanischer Rechtskreis **13** 72
– Ausländer **13** 69 ff.
– ausländische juristische Person **13** 71
– ausländischer Wohnsitz **13** 69
– britische Kapitalgesellschaft **13** 73
– Einpersonen-Gründung **13** 61
– Erbengemeinschaft **13** 62
– Gesellschaft bürgerlichen Rechts **13** 62
– gutachterliche Stellungnahme **13** 73
– Minderjährige **13** 63
– nicht EU-Angehöriger **13** 70
– Personenhandelsgesellschaft **13** 62
Gründungshaftung
– Belehrungspflicht **8** 85
Gründungskosten
– Kapitalgesellschaft **5** 61; **30** 245 f.
– Personengesellschaft **5** 56
– verdeckte Gewinnausschüttung **30** 247
Gründungsphase
– Gesellschafterhaftung GmbH & Co. KG **11** 238 ff.
– GmbH & Co. KG **11** 228 ff.
Gründungsplan
– Holding-SE **16** 85 ff.
Gründungsplan SE
– Arbeitnehmerbeteiligung **16** 95, 97
– Barabfindungsangebot **16** 87
– dualistisches Leitungssystem **16** 89
– Form **16** 90
– Mindestinhalt **16** 86
– monistisches Leitungssystem **16** 89
– Offenlegung **16** 94
– Organbestellung **16** 89
– Prüfung **16** 92 f.
– Satzung **16** 88
– Sprache **16** 91
– Spruchverfahren **16** 98
– Zustimmung Hauptversammlung **16** 96
Gründungsprotokoll
– Bargründung AG **14** 3 ff.
Gründungsprotokoll AG
– Aktienübernahme **14** 36 ff.
– Beurkundung **14** 3 ff.
– eingezahlter Betrag **14** 40
– Form **14** 3 ff.
– Inhalt **14** 29 ff.
– Sprache **14** 24 f.
– Vollmachten **14** 6 ff.
Gründungsprüfung
– Aktiengesellschaft **14** 93 ff.
– Formwechsel in SE **16** 133
– Kommanditgesellschaft auf Aktien **15** 9
– Sacheinlage AG **14** 193 ff.
– Vorrats-AG **14** 238
Gründungsprüfung AG
– Bargründung **14** 98

- externe **14** 98 ff., 197 ff.
- gerichtlich bestellter Prüfer **14** 106
- Notar **14** 102 ff.
- Prüfungspflicht **14** 197 ff.
- Sachgründung **14** 193 ff.
- Verwaltung **14** 193 ff.
- Verwaltungsmitglieder **14** 93 ff.

Gründungsprüfung, externe
- Sacheinlage AG **14** 197 ff.

Gründungssatzung AG
- Änderungsvollmacht **14** 41 ff.
- Ermächtigung genehmigtes Kapital **14** 614
- Genehmigtes Kapital **14** 611

Gründungsstadium
- Abtretung Geschäftsanteil **4** 40

Gründungstheorie
- Gesellschaftsstatut **25** 148 f.
- Umwandlung, Auslandsberührung **24** 8
- Zweigniederlassung, ausländischer Rechtsträger **7** 28

Gründungsurkunde
- Notar **3** 41

Gründungsvorschriften
- Mantel-GmbH **13** 100 f.

Gutachterliche Stellungnahme
- Gründungsgesellschafter GmbH **13** 73

Güterstand, ausländischer **27** 131 f.

Güterstand, gesetzlicher
- Einverdienerehe **27** 25
- Gesamtvermögensgeschäft **27** 39
- Haftung **27** 29
- Haushaltsgegenstände **27** 39
- Verfügungsbeschränkungen, eheliche **27** 39 ff.
- Vermögenstrennung **27** 28 f.
- Zugewinnausgleichsanspruch **27** 25 ff.
- Zugewinnausgleichsanspruch, erbrechtlicher **27** 30 f.
- Zugewinnausgleichsanspruch, güterrechtlicher **27** 32 ff.

Güterstand, modifizierter
- Ausschluss Zugewinn **27** 97 ff.
- Ehevertrag **27** 96 ff.
- Herausnahme Betriebsvermögen **27** 99 ff.
- Mindestsicherung **27** 107
- Muster **27** 105

Güterstandsklausel
- Ausschließungsrecht **27** 127
- Beurkundung **27** 129
- Drittkontrahierungsklausel **13** 397
- Familiengesellschaft **26** 153
- Gesellschaftsvertrag **27** 127 ff.
- Muster **13** 399; **27** 130
- Sanktionen **13** 399
- Satzung GmbH **13** 396 ff.

Güterstandsschaukel
- Besteuerung **27** 115 ff.

Gütertrennung **27** 112 ff.
- Muster **27** 114
- Pflichtteilsverzicht **27** 113
- Zuwendungen, ehebedingte **27** 120 f.

Gutgläubiger Erwerb
- Abtretung Geschäftsanteil **13** 599 ff.
- Ausschluss **13** 602
- Belehrungspflicht **8** 85
- von erloschener GbR **10** 118 ff.
- Geburtsvollmacht **10** 122 ff.
- Gesellschafterliste **13** 600
- Gesellschafterliste GmbH **4** 53
- GmbH-Anteil **1** 23
- Immobilien **10** 118 ff.
- Mantel-GmbH **13** 107
- Unterbilanzhaftung **13** 107
- Vorbelastungshaftung **13** 107

Gutgläubiger Erwerb von GbR
- Grundstück **10** 118 ff.

Haager Übereinkommen
- Anwendbarkeit **14** 18

Hafteinlage
- Kommanditist **11** 60

Haftentlassung
- Anteilsübertragung Personengesellschaft **26** 107
- Einzelunternehmen **26** 94
- Personengesellschaft **26** 107
- Unternehmensnachfolge **26** 48 f.
- Unternehmensnachfolge Einzelunternehmen **26** 94

Haftsumme
- Kommanditeinlage **11** 116
- Kommanditistenhaftung **11** 103, 108

Haftung
- Anteilsübertragung GmbH & Co. KG **26** 110
- Anteilsübertragung Personenhandelsgesellschaft **11** 143
- Belehrungspflicht **8** 85
- Belehrungspflicht, steuerliche **30** 76
- Beurkundungsfehler **14** 336, 338 f.
- Einzelunternehmen **26** 93
- Firmenfortführung **13** 789; **21** 101, 104
- Geschäftsführer GmbH **13** 210 ff.
- Gesellschaft bürgerlichen Rechts **10** 15 ff.
- Güterstand, gesetzlicher **27** 29
- Insolvenz **29** 94 ff.
- Kommanditistenhaftung **11** 105 ff.
- Kommanditistenwechsel **11** 149 f.
- Komplementär KGaA **15** 27
- Liquidationsverfahren GmbH **13** 801 ff.
- Liquidator GmbH **13** 803, 805
- Organschaft, körperschaftsteuerliche **30** 335
- Personenhandelsgesellschaft **11** 6
- Rechtsformwahl **5** 74 f.
- Share Deal GmbH & Co. KG **21** 55
- Sperrjahr **13** 801 ff.
- Treuhand **18** 229 f.
- Unternehmenskauf **21** 101 ff.
- Unternehmenskauf in der Krise **29** 77 ff.
- Unternehmensnachfolge Einzelunternehmen **26** 93

Haftungsauflebung
- Kommanditistenhaftung **11** 112 ff.

Haftungsausschluss
- Firmenfortführung **6** 117
- Handelsregistereintragung **4** 29f.
Haftungsausschlussvereinbarung
- Firmenfortführung **21** 102
Haftungsbeschränkung
- Anteilsübertragung Personengesellschaft **26** 112
- Geschäftsführerhaftung **13** 212ff.
- Gesellschaft bürgerlichen Rechts **10** 16
- GmbH & Co. KG **5** 79; **11** 223
- Kapitalgesellschaft **5** 81ff.
- Partnerschaftsgesellschaft **12** 9
- Personengesellschaft **5** 76ff.
Haftungsprivileg
- Partnerschaftsgesellschaft **5** 80
Haftungsrisiken
- Rechtsformwahl **5** 12
Haftungstheorie
- Gesellschafterhaftung **11** 100
Handelndenhaftung
- Geschäftsführerhaftung **13** 110
- Mantel-GmbH **13** 110
- Vorrats-AG **14** 233
Handelsbilanz
- Stille Gesellschaft **18** 65
Handelsgewerbe
- GmbH & Co. KG **11** 233
- Personengesellschaft **11** 1
- Rechtsformwahl **5** 24
Handelsregister 6
- Einreichungsform **6** 45ff.
- elektronisches **1** 29
- Existenznachweis **25** 21ff.
- Gesellschafterliste **13** 674
- Gesellschafterliste GmbH **4** 47f.
- inländische Geschäftsanschrift **6** 131ff.
- Notar **1** 28ff.
- Publizität, negative **11** 36
- Vertretungsnachweis **25** 21ff.
- Zweigniederlassung **7** 8ff.
- s. a. Register
Handelsregisteranmeldung
- Aktienausgabe **14** 597ff.
- Aktiengesellschaft **14** 123ff.
- Amtspflichten **6** 34ff.
- anmeldepflichtige Personen **6** 9ff.
- Anteilsübertragung Personenhandelsgesellschaft **11** 144f.
- Auflösung Personenhandelsgesellschaft **11** 219
- Aufnahme Gesellschafter **11** 129
- Ausscheiden Gesellschafter **11** 168f.
- Barkapitalerhöhung **13** 509
- Barkapitalerhöhung AG **14** 521ff.
- elektronische Einreichung **6** 26ff.
- elektronische Signatur **6** 4
- elektronische Urkunde **6** 3ff.
- Erbe **6** 40
- Erklärung über Anfechtungsklage **6** 61ff.
- Erlöschen Firma **11** 220
- Form **6** 2ff.
- Formwechsel **22** 338ff.
- Formwechsel in SE **16** 140
- Genehmigtes Kapital **13** 552, 555; **14** 625ff.
- Geschäftsführer GmbH **13** 451
- Geschäftsführerbestellung **13** 418
- Gesellschaft bürgerlichen Rechts **10** 99
- Gesellschafterwechsel **11** 144f.
- GmbH **13** 78ff.
- GmbH & Co. KG **11** 235ff.
- Hereinverschmelzung **24** 128ff.
- Hinausverschmelzung **24** 196ff.
- Holding-SE **16** 103ff.
- Inhalt **6** 8
- Kapitaländerungsbeschluss **13** 481
- Kapitalerhöhung AG **14** 522ff.
- Kapitalerhöhung aus Gesellschaftsmitteln **14** 646ff.
- Kapitalerhöhung, bedingte **14** 584ff., 597ff.
- Kapitalerhöhungsbeschluss **14** 584ff.
- Kapitalherabsetzung AG **14** 659ff.
- Kapitalherabsetzung GmbH **13** 567f.
- Klageverzicht, notarieller **6** 62
- Kommanditgesellschaft auf Aktien **15** 91ff.
- Nachgründung AG **14** 261ff.
- Partnerschaftsgesellschaft **12** 28ff.
- Personenhandelsgesellschaft **11** 27ff.
- Prüfungsrecht des Registergerichts **11** 34f.
- durch Rechtsnachfolger **6** 39ff.
- Rücknahme **6** 7
- Sachgründung AG **14** 201ff.
- Sachkapitalerhöhung **13** 536; **14** 542, 557ff.
- Satzungsänderung AG **14** 683ff.
- Spaltung **22** 93, 246, 290ff.
- Spaltung zur Neugründung **22** 299ff.
- Testamentsvollstrecker **6** 41
- Tochter-SE, gemeinsame **16** 119
- Tod eines Gesellschafters **11** 190ff., 209
- Umwandlung **22** 81ff.
- Urkunde **8** 165
- Verschmelzung **22** 83, 155ff.
- Verschmelzung, grenzüberschreitende **7** 97; **24** 128ff., 178ff.
- Verschmelzung zu SE **16** 70ff.
- Vor-/Nacherbe **6** 42
- Zweigniederlassung **7** 11
- Zweigniederlassung, ausländischer Rechtsträger **7** 32
- Zwischenverfügung **6** 27
Handelsregisteranmeldung AG
- Angaben zum Vorstand **14** 130ff.
- Anlagen **14** 139f.
- anmeldepflichtige Personen **14** 125f.
- Erbringung Sacheinlage **14** 202
- Erklärung über Einlagenleistung **14** 127ff.
- genehmigtes Kapital **14** 138
- Geschäftsanschrift **14** 136f.
- Gründer **14** 126
- Inhalt **14** 203
- Mitarbeitervollmacht **14** 41
- Muster **14** 140

– Notarkosten **14** 146
– Prüfungspflicht **14** 207 ff.
Handelsregisteranmeldung GmbH
– Auflösung **13** 756 ff.
– Beendigung Liquidation **13** 808
– Erlöschen **13** 808
– Form **13** 78 f.
– Geschäftsanschrift, inländische **13** 80
– Geschäftsführer **13** 80
– durch Geschäftsführer **13** 78
– Gesellschafterliste **13** 83
– Kapitalerhöhung **13** 510 ff.
– Kosten **13** 817, 818
– Liquidator **13** 761 ff.
– Muster **13** 518
– Musterprotokoll **13** 84
– Satzung **13** 83
– Versicherung Leistung Einlagen **13** 82
– Versicherung über Einlage **13** 510 f.
– Vertretungsbefugnis **13** 80
– Wirksamkeitskontrolle **13** 482
– zuständiges Gericht **13** 79
Handelsregisteranmeldung KG
– Gesellschafter **11** 31
– Muster **11** 28 f.
Handelsregisteranmeldung OHG
– Gesellschafter **11** 31
– Muster **11** 28
Handelsregisterausdruck
– Existenznachweis **25** 25 ff.
– Vertretungsnachweis **25** 25 ff.
Handelsregistereinreichung
– Frist **8** 188
– Gesellschafterliste **8** 192
– Verschmelzungsplan **24** 86 ff.
– Vollzugsreife **8** 188
– Weisung der Beteiligten **8** 189
Handelsregistereintragung
– Aktiengesellschaft **14** 172
– Beherrschungsvertrag **19** 54 ff.
– Belehrungspflicht **8** 85
– Beschleunigung **4** 15 ff.
– Beweiskraft **25** 22 ff.
– Firmierungszweifel **13** 32
– Formverstoß **8** 25 ff.
– Formwechsel **22** 346
– Formwechsel in SE **16** 143
– Freigabeverfahren **8** 26
– Genehmigtes Kapital **13** 552
– Geschäftsführerbestellung **13** 411
– Gesellschafterhaftung GmbH & Co. KG **11** 238 f.
– Gewinnabführungsvertrag **19** 54 ff.
– GmbH & Co. KG **11** 233
– Hauptversammlungsbeschluss **14** 448
– Heilung **8** 25 ff.
– Hinausverschmelzung **24** 202
– Holding-SE **16** 107
– Insolvenzeröffnung **29** 63
– Kapitaländerungsbeschluss **13** 483
– Kapitalerhöhung AG **14** 470
– Kapitalherabsetzung AG **14** 659 ff.
– Komplementär KGaA **15** 39
– Kostenverbürgung **4** 17
– Kostenvorschuß **13** 30 f.
– Nießbrauch **11** 92
– Personenhandelsgesellschaft **11** 32 ff.
– Prokura **25** 132
– Publizität **6** 54
– Sachgründung, verdeckte **14** 224
– Satzungsänderung AG **14** 685
– Share Deal GmbH & Co. KG **21** 57
– Sitzverlegung SE **16** 168
– Spaltung **22** 303 ff.
– Spaltung zur Neugründung **22** 304
– Übersetzung **6** 50 ff.
– Umwandlung **22** 45
– Unternehmensvertrag **19** 120
– Verschmelzung **22** 173
– Verschmelzung, grenzüberschreitende **24** 136 ff.
– Verschmelzung zu SE **16** 77
– Vertretung, gesetzliche **25** 66
– Vertretung, gesetzliche, ausländische Gesellschaft **25** 166
– Vorschuß **4** 17
– Widerspruch **13** 714
– zukünftige Ereignisse **4** 22
– Zweigniederlassung **7** 3
– Zweigniederlassung, ausländischer Rechtsträger **7** 21 ff.
Handelsregistereintragung GmbH
– behördliche Genehmigung **4** 37 f.
– geschützte Berufsbezeichnung **4** 37
Handelsregistereintragung KG
– Wirkung **11** 32 ff.
Handelsregistereintragung OHG
– Wirkung **11** 32 ff.
Handelsregisterkosten
– Umwandlung **22** 99
Handelsregisterverfahren
– Bevollmächtigter **6** 13
– Handelsregistervollmacht **6** 13 ff.
– Höchstpersönlichkeit **6** 17
– Minderjährige **6** 19 f.
– Vertreter **6** 12 ff., 18 ff.
– Vertretung durch Notar **6** 21 ff.
Handelsregistervollmacht
– Anteilsübertragung Personenhandelsgesellschaft **11** 138
– Freiwillige Gerichtsbarkeit **6** 14
– Handelsregisterverfahren **6** 13 ff.
– Inhalt **6** 14
– Publikumsgesellschaft **6** 14 f., 44
Handlungsvollmacht
– Nachweis **25** 133
– Vollmacht **25** 131 ff.
Hauptinsolvenzverfahren
– Zweigniederlassung, ausländischer Rechtsträger **7** 84
Hauptniederlassung außerhalb EU
– Zweigniederlassung, ausländischer Rechtsträger **7** 25

Hauptniederlassung innerhalb EU
- Zweigniederlassung, ausländischer Rechtsträger **7** 31

Hauptversammlung
- Ablehnung Beschlussbeurkundung **14** 330 ff.
- Abstimmungsmodalitäten **14** 326
- Abstimmungsverfahren **14** 322 ff.
- AG-Konzern, faktischer **19** 128 ff.
- Aktiengesellschaft **3** 59 ff.; **4** 60
- Anlagen zum Protokoll **14** 294
- Anträge zu Protokoll **14** 320
- Aufsichtsratswahl **14** 323 f.
- Ausland **14** 276
- Beschlussvorschläge **14** 298
- Betreuungspflichten währenddessen **14** 307
- Beurkundung **8** 146
- Beurkundungspflicht **8** 14; **14** 274 ff.
- Dokumentation **14** 274
- Einberufung **14** 291 f., 297 ff.
- Einberufungsfrist **14** 302 ff.
- Europäische Aktiengesellschaft **16** 23 ff.
- Evidenzkontrolle **14** 297 ff.
- Form **14** 274 ff.
- Fristberechnung **14** 302 ff.
- gemischte Beurkundung **14** 426 ff.
- Genehmigtes Kapital **14** 615
- Generalprobe **14** 296
- Identitätsfeststellung **14** 311
- Insolvenzverfahren **29** 68
- Kapitalerhöhungsbeschluss **14** 475
- Kommanditaktionäre **15** 42
- Kommanditgesellschaft auf Aktien **15** 60 ff.
- Leitfaden für Versammlungsleiter **14** 293
- Mehrheitsbeschluss **14** 284
- Mitwirkungsverbot **14** 279 ff.
- Nachgründung **14** 237
- nicht börsennotierte Gesellschaft **14** 283 ff.
- nichtiger Beschluss **14** 330 ff.
- Notar **3** 59 ff.; **14** 274 ff.
- Protokoll **14** 275
- Protokollentwurf **14** 305
- Protokollierungspflicht **3** 59 ff.
- Sprache **14** 306
- Stimmauszählung **14** 329
- Stimmverbot **14** 325
- Tatsachenprotokoll **14** 425
- Teilnehmerverzeichnis **14** 309 f.
- Unternehmensvertrag **19** 117 ff.
- Versammlungsleiter **14** 312 ff.
- Verschmelzung **22** 202, 206
- Vorbereitung durch Notar **14** 289 ff.
- Willenserklärungen **14** 429 ff.
- Zugangskontrolle **14** 308

Hauptversammlung KGaA
- Form **15** 63
- Geschäftsführung **15** 65
- Grundlagenbeschlüsse **15** 44
- Kommanditaktionäre **15** 60
- Mehrheitserfordernis **15** 63
- Satzungsänderung **15** 80 ff.
- Stimmrecht **15** 62
- Teilnehmer **15** 61
- Zuständigkeit **15** 64
- Zustimmung Komplementäre **15** 66 ff.
- Zustimmungspflichtige Geschäfte **15** 44

Hauptversammlung SE
- Ablauf **16** 24
- Abstimmungsverfahren **16** 24
- Beschlussfassung **16** 25
- Niederschrift **16** 26
- Organisation **16** 24

Hauptversammlungsbeschluss **14** 275 ff.
- Ablehnung der Beurkundung **14** 330 ff.
- Abstimmungsergebnis **14** 359 ff.
- Abstimmungsverfahren **14** 346 f., 402
- Aktienanzahl mit Stimmabgabe **14** 372
- Amtspflicht **14** 332
- Änderung der Niederschrift **14** 419 ff.
- Anlagen **14** 412 ff.
- Anteil Grundkapital mit Stimmabgabe **14** 373
- Anträge zu Protokoll **14** 405
- Art der Abstimmung **14** 348 ff.
- Auskunftsverweigerung **14** 381 ff.
- Bedenken gegen Wirksamkeit **14** 331
- Beratungsleistung neben **14** 459 ff.
- Beschlussnichtigkeit **14** 335
- besondere Feststellungen **14** 371 ff.
- Beurkundungsform **14** 425 ff.
- Beurkundungsinhalt **14** 341 ff.
- Beurkundungspflicht **14** 340
- Beweiskraft **14** 337
- Bezugsrechtsausschluss **14** 498
- Briefwahl **14** 349
- Checkliste **14** 333
- Einberufung **14** 406
- Einberufungsbelege **14** 414 f.
- Einreichung Finanzamt **14** 449
- Einreichung Handelsregister **14** 445 ff.
- Einsichtsrecht **14** 450
- eintragungsbedürftige **14** 448
- Ersatznotar **14** 433
- fakultativer Inhalt **14** 408 ff.
- fehlende Unterzeichnung **14** 422
- fehlerhafte Beurkundung **14** 334 ff.
- Feststellung Beschlussergebnis **14** 370 f., 371 f.
- Formverstoß **8** 26
- gemischte Beurkundung **14** 426 ff.
- Genehmigtes Kapital **14** 616 f.
- Heilung **8** 26
- Hilfspersonen **14** 433
- Inhalt **14** 332 ff.
- Kapitalerhöhungsbeschluss **14** 574 ff.
- Kosten **14** 452 ff.
- Kostenrechnung **14** 465
- Kostenschuldner **14** 451
- mehrere Notare **14** 432 ff., 462 ff.
- Mehrheitserfordernis **14** 284
- Minderheitsverlangen **14** 378 ff.
- Nichtigkeit **14** 329, 335
- Niederschrift **8** 154 ff.
- Niederschrift Anlagen **8** 156 ff.
- Niederschrift Inhalt **8** 154 ff.

– Niederschrift Unterzeichnung **8** 159
– Ordnungsmaßnahmen **14** 403 f.
– Protokollierungspflicht **14** 344 f.
– Satzungsänderung **14** 676 ff.
– Sonderbeschlüsse **14** 363
– Stimmanzahl **14** 374
– Stimmauszählung **14** 351 ff., 351
– Stimmrechtsvertreter **14** 350
– Tatsachenprotokoll **14** 425
– Unterschrift Notar **14** 377
– vereinfachte Beschlussfeststellung **14** 375
– Vorbefassungsklausel **14** 407
– Vorsitzender **14** 368
– Widerspruch zur Niederschrift **14** 393 ff.
– Willenserklärungen **14** 429 ff.
– Zählverfahren **14** 353
– Zustimmungsbedürftige Vertragsabschlüsse **14** 416
Haushaltsgegenstände
– Güterstand, gesetzlicher **27** 39
Haustürwiderrufsrecht
– Stille Gesellschaft **18** 44
Heilung
– Abtretung Geschäftsanteil **8** 24; **13** 646 ff.
– Acht-Monats-Frist **22** 170
– Beurkundungsmangel **22** 45
– Bezugserklärung **14** 593
– Formverstoß **8** 24 ff.
– Handelsregistereintragung **8** 25 ff.
– Hauptversammlungsbeschluss **8** 26
– Organschaft, körperschaftsteuerliche **30** 336
– Sachgründung, verdeckte **14** 223 ff.
– Spaltung **22** 307 f.
Herabsetzung
– Ehegattenunterhalt **27** 155 ff.
Herabsetzungsbetrag
– Kapitalherabsetzungsbeschluss **13** 557
– Kapitalschnitt **13** 578
Herauskündigungsrecht
– Stille Gesellschaft **18** 84
Hereinverschmelzung
– Anteilsübertragung **24** 54 f.
– Arbeitnehmer **24** 56 f.
– Arbeitnehmerbeteiligung **24** 63 ff.
– Arbeitnehmerinformation **24** 115
– Bekanntmachung **24** 86, 92
– Bestätigungsvorbehalt **24** 119 ff.
– beteiligte Rechtsträger **24** 145 ff.
– Beurkundung **24** 73 ff.
– Bewertung **24** 67
– Bilanzstichtag **24** 68 ff.
– Checkliste **24** 179
– Gewinnbeteiligungszeitpunkt **24** 58
– Informationspflichten **24** 114 ff.
– Konzern **24** 55
– Konzernverschmelzung **24** 72
– Mitbestimmungsrechte **24** 63 ff.
– durch Neugründung **24** 143 ff.
– Notar **24** 82
– Rechtsform **24** 48
– Registeranmeldung **24** 128 ff.
– Satzung aufnehmende Gesellschaft **24** 62
– Sonderrechte **24** 61
– Sprache **24** 83 f.
– Umtauschverhältnis **24** 50 ff.
– Verschmelzung, grenzüberschreitende **24** 40 ff.
– Verschmelzungsbericht **24** 94 ff.
– Verschmelzungsbeschluss **24** 112, 118
– Verschmelzungsplan **24** 41 ff., 150 ff.
– Verschmelzungsprüfung **24** 104
– Verschmelzungsstichtag **24** 59 f.
– Verzicht auf Einreichung **24** 93
– Verzichtserklärungen **24** 117
– Zuleitung Betriebsrat **24** 71
– zuständiges Register **24** 90
– Zustimmung Anteilseigner **24** 111 ff.
– Zustimmungserfordernisse **24** 123 f.
Hilfspersonen
– Hauptversammlungsprotokoll **14** 433
Hin- und Herzahlen
– Bargründung GmbH **13** 47
– Barkapitalerhöhung AG **14** 517
– Cash-Pool **14** 220
– Einzahlung Nennbetrag **13** 170
– Gründung GmbH **4** 46
– Insolvenz **29** 98
– Kapitalaufbringung GmbH **4** 46
– Muster **13** 47
– Rechtsfolge **14** 230 f.
– Sachgründung, verdeckte **13** 50 f.; **14** 226 ff.
Hinauskündigungsklausel
– Abtretung Geschäftsanteil **13** 629
– Einziehung Gesellschaftsanteil **13** 331
– Satzung GmbH **13** 629
Hinausverschmelzung
– Anteilsgewährung **24** 186
– zur Aufnahme **24** 181 ff.
– Barabfindungsangebot **24** 190 f.
– Bilanzstichtag **24** 188
– zur Neugründung **24** 208 ff.
– Prüfungsumfang Registergericht **24** 202
– Registeranmeldung **24** 196 ff.
– Registereintragung **24** 202
– Satzung übernehmende Gesellschaft **24** 189
– Sicherheitsleistung **24** 193 f.
– Verschmelzung, grenzüberschreitende **24** 181 ff.
– Verschmelzungsbescheinigung **24** 203 ff.
– Verschmelzungsbeschluss **24** 191
– Zuzahlung **24** 187
Hinterlegung
– Liquidationsverfahren **13** 800
Höchstbetrag
– Gewinnabführungsvertrag **30** 325
– Kapitalerhöhung, bedingte **14** 576
– Kapitalerhöhungsbeschluss **14** 576
Höchstgrenzenvereinbarung
– Zugewinnausgleich **27** 109 ff.
Höchstpersönlichkeit
– Handelsregisterverfahren **6** 17
– Insolvenz Gesellschafter **29** 34
– Vollmacht **25** 106

Holding-SE
- Bekanntmachung **16** 108
- Einbringung Anteile **16** 99 ff.
- Einbringungsfrist **16** 100
- Europäische Aktiengesellschaft **16** 80 ff.
- Gründung **16** 80 ff., 83 ff.
- Gründungsgesellschaften **16** 81
- Gründungsplan **16** 85 ff.
- Handelsregisteranmeldung **16** 103 ff.
- Handelsregistereintragung **16** 107
- Mehrstaatlichkeitsgebot **16** 82
- Minderheitenschutz **16** 105
- Mindestquotenphase **16** 100
- Negativerklärung **16** 105
- Offenlegung **16** 108
- Registerverfahren **16** 106
- Zaunkönigphase **16** 100

HR A
- Registergericht **4** 28 ff.

HR B
- Registergericht **4** 33 ff.

Identifikation
- Gesellschafterliste **13** 684

Identifizierungspflicht 25
- Geldwäschegesetz **25** 16 ff.
- steuerliche **25** 19 f.

Identität
- Grundbuchfähigkeit GbR **10** 108 ff.

Identitätsfeststellung
- Beteiligte **8** 71 ff.
- Geldwäschegesetz **8** 73
- Hauptversammlung **14** 311
- Pflicht **8** 73 ff.

Identitätswahrung
- Formwechsel **22** 25 f., 350 f.
- Formwechselbeschluss **22** 323

IDW-Standard S 1
- Ertragswertmethode **27** 61 ff.
- Unternehmensbewertung **27** 61 ff.
- Zugewinnausgleich **27** 61 ff.

IHK
- Firma **6** 69; **13** 149
- Negativattest **13** 76
- Registergericht **6** 69
- Stellungnahme zu Firma **6** 69

Inferent
- Ingeren **14** 164

Information Memorandum
- Unternehmenstransaktionen **2** 9

Informationspflichten
- Hereinverschmelzung **24** 114 ff.
- Spaltung **22** 73, 243, 245
- Verschmelzung **22** 73

Informationsrecht
- Beteiligungsvertrag **17** 109
- Gesellschafter GmbH **13** 364 ff.
- Gesellschafter Personenhandelsgesellschaft **11** 53 ff.
- Stiller Gesellschafter **18** 75 f.
- Treuhänder **18** 186 f.
- Unterbeteiligung **18** 128

Ingeren
- Inferent **14** 164

Inhaber
- Vertretungsbefugnis Personenhandelsgesellschaft **11** 42

Inhaberaktien
- Aktienart **14** 50

Inhaltskontrolle
- Ehevertrag **27** 7 ff.

Inland
- Organschaft, körperschaftsteuerliche **30** 315

Inlandsberührung
- Umwandlung, ausländische **24** 2, 35 f.

Inlandsbezug
- Organschaft **19** 18, 20

Inlandssitz
- Ausländische Gesellschaft **24** 10

Innengesellschaft
- Existenznachweis **25** 61
- Gesellschaft bürgerlichen Rechts **10** 11
- Stille Gesellschaft **18** 6, 49 ff.
- Unterbeteiligung **18** 133

Innenhaftung
- Gesellschaft bürgerlichen Rechts **10** 15
- Unterbilanzhaftung **11** 238

Innen-KG
- Stille Gesellschaft **18** 17

Innenverhältnis
- Geschäftsführungsbefugnis Personenhandelsgesellschaft **11** 41

Insolvenz 29
- Ausländischer Rechtsträger **7** 82 ff.
- Einlagenleistung **29** 95
- Existenzvernichtungshaftung **29** 102 f.
- Firma **29** 104 ff.
- Haftung **29** 94 ff.
- Hin- und Herzahlen **29** 98
- Insolvenzfähigkeit **29** 61
- Kapitalmaßnahme GmbH **13** 470
- Sacheinlage **29** 96
- Stille Gesellschaft **18** 96 f.
- Treuhand **18** 154
- Treuhänder **18** 211 ff.
- Unterbilanzhaftung **29** 99
- verdeckte Sacheinlage **29** 97
- Verstoß gegen Kapitalerhaltung **29** 100 f.
- Vertretung der Gesellschaft **25** 138 f.
- Vollmacht **25** 117

Insolvenz ausländischer Rechtsträger
- Zweigniederlassung, ausländischer Rechtsträger **7** 82 ff.

Insolvenz Gesellschafter 29 12 ff.
- Abfindungsklausel **29** 28 f.
- Anfechtungsrecht **29** 22
- Auskunftsanspruch **29** 22
- Einziehungsklausel **29** 23 ff.
- Gesellschaft bürgerlichen Rechts **29** 14
- Gesellschaft mit beschränkter Haftung **29** 16 ff.
- Gesellschafterausschluss **29** 27

- Gesellschafterrechte **29** 16 ff.
- Gesellschaftervereinbarung **29** 35 f.
- Gewinnbezugsrecht **29** 32
- höchstpersönliche Rechte **29** 34
- Insolvenzmasse **29** 12 ff.
- Personengesellschaft **29** 13 ff.
- Personenhandelsgesellschaft **29** 15
- Sonderrechte **29** 33
- Stimmrecht **29** 18 ff.
- Teilnahmerecht **29** 17
- Teilung Geschäftsanteils **29** 38
- Verwertungsbefugnis **29** 37
- Vinkulierung **29** 31
- Vorkaufsrecht **29** 30

Insolvenz Hauptbeteiligter
- Unterbeteiligung **18** 147 f.

Insolvenzanfechtung
- Unternehmenskauf in der Krise **29** 83

Insolvenzanmeldungspflicht
- Zweigniederlassung, ausländischer Rechtsträger **7** 85

Insolvenzantrag 29 5

Insolvenzeröffnung
- Aktiengesellschaft **29** 65 ff.
- Auflösung der Gesellschaft **29** 62
- Gesellschaft mit beschränkter Haftung **29** 65 ff.
- Handelsregistereintragung **29** 63
- Personengesellschaft **29** 64

Insolvenzeröffnungsverfahren
- Vollmacht **29** 110

Insolvenzfähigkeit
- Insolvenz **29** 61
- Zweigniederlassung **7** 86

Insolvenzgericht
- Verschwiegenheitspflicht Notar **29** 119

Insolvenzmasse
- Insolvenz Gesellschafter **29** 12 ff.

Insolvenzplanverfahren
- ESUG **29** 91

Insolvenzverfahren
- Asset Deal **29** 87
- Aufsichtsrat **29** 67
- Auskunftsrecht **29** 117
- Eröffnung **29** 10
- Generalvollmacht **29** 109
- Gesellschafterversammlung **29** 68
- Gläubigerausschuß **29** 89 f.
- GmbH & Co. KG **29** 71 f.
- Hauptversammlung **29** 68
- Kommanditgesellschaft auf Aktien **15** 31
- Liquidation GmbH **13** 722
- Liquidation Personenhandelsgesellschaft **11** 218
- notarielle Vollzugsvollmacht **29** 111
- Verschwiegenheitspflicht Notar **29** 117

Insolvenzverfahren, ausländisches
- Löschung Zweigniederlassung **7** 87

Insolvenzverfahren Gesellschafter
- Ausscheiden Personenhandelsgesellschaft **11** 157

Insolvenzvermerk
- Zweigniederlassung **7** 86

Insolvenzverwalter
- Anmeldepflichtige Personen **6** 11
- Anspruch auf Abschrift **29** 120
- Auskunftsrecht **29** 117
- Einsichtsrecht **29** 121
- Organ **29** 11
- Rechtsnachfolger **29** 120
- Selbstkontraktionsverbot **29** 114
- Vertreter **25** 138 f.
- Vollmacht **29** 113 ff.

Insolvenzverwalter, vorläufiger 29 5 ff.
- Auskunftsrecht **29** 118
- Befugnisse **29** 6
- schwacher **29** 6
- starker **29** 6 f.
- Unternehmensstillegung **29** 7
- Unternehmensveräußerung **29** 7
- Verwertungsbefugnis **29** 9

Internationales Privatrecht
- Auslandsbeurkundung **9** 3 ff.
- Kollisionsnormen **24** 4 ff.
- Umwandlung, Auslandsberührung **24** 3 ff.

Internetdomain
- Unterscheidungskraft **6** 85

Investition
- Beteiligungsvertrag **17** 94

Investitionsentscheidungen
- Unterhaltsbilanz **27** 183 f.

IPO
- Unternehmenstransaktionen **2** 11, 22

Irreführungsverbot
- Eignung **6** 92
- Firma **6** 70, 87 ff.; **13** 145
- geographische Bezeichnung **6** 90
- Nichtgesellschafter **6** 89
- Ortsname **6** 90
- Rechtsformzusatz **6** 91, 97

Jahresabschluss
- Abschlussprüfer **13** 260
- Feststellung **13** 263 f.
- Geschäftsführer **13** 257 ff.
- Inhalt **13** 258
- Kapitalerhöhung aus Gesellschaftsmitteln **13** 540
- Kapitalgesellschaft **30** 241
- Kapitalherabsetzung, vereinfachte **13** 574
- Kapitalschnitt **13** 579
- Offenlegung **13** 262

Jahresabschlussfeststellung
- Gesellschaft bürgerlichen Rechts **10** 47

Jahresabschluss-Korrekturen
- Stille Gesellschaft **18** 65

Joint-Venture-Verträge 17 121 ff.
- Checkliste **17** 122
- Durchführungsvertrag **17** 141 ff.
- Gesellschaft bürgerlichen Rechts **17** 126
- Konfliktlösung **17** 137 f.
- Kooperationsziele **17** 132

– Kündigung **17** 139
– Organträger **17** 134
– Personengesellschaft **17** 128
– Rechtsnatur **17** 126 ff.
– Satzung **17** 133
– Stimmbindungsvertrag **17** 135
– Trennungsprinzip **17** 129
– Verfügungsbeschränkungen **17** 136
– Wettbewerbsbeschränkung **17** 140
Jugendamt
– Bestellung Ergänzungspfleger **28** 71

Kaduzierungsmöglichkeit
– Satzung GmbH **13** 320, 322
Kaltes Delisting
– Barabfindungsanspruch **22** 122
Kapitaländerungsbeschluss
– aufschiebend bedingt **13** 478
– Auslandbeurkundung **13** 474
– behördliche Genehmigung **13** 487
– Einberufung Gesellschafterversammlung **13** 477
– Euro-Umstellung **13** 479
– gerichtliche Genehmigung **13** 486
– Gesellschafterliste **13** 484
– Gesellschafterversammlung **13** 473
– Handelsregisteranmeldung **13** 481
– Handelsregistereintragung **13** 483
– Kapitalmaßnahme GmbH **13** 471 ff.
– Mehrheitserfordernis **13** 476
– Mitteilungspflicht Finanzamt **13** 488
– notarielle Beurkundung **13** 474
– Verpflichtungsklauseln **13** 485
– Vollständigkeitsgrundsatz **13** 475
– Wirksamkeitskontrolle **13** 482
Kapitalanteil
– Personenhandelsgesellschaft **11** 67
Kapitalaufbringung
– Belehrungspflicht **8** 85
– Einheits-GmbH & Co. KG **11** 259 f.
– GmbH-Gründung **13** 35 ff.
– Hin- und Herzahlen **4** 46
– Kapitalgesellschaft **5** 71 ff.; **30** 253 ff.
– Komplementär-GmbH **11** 242 ff.
– Personengesellschaft **5** 70
– Rechtsformwahl **5** 68 ff.
– Spaltungsvertrag **22** 267
– Umwandlung **22** 53
Kapitalaufbringungsnachweis
– Vorrats-AG **14** 234
Kapitalaufholung
– Unternehmergesellschaft (haftungsbeschränkt) **13** 833 ff.
Kapitalbedarf
– Rechtsformwahl **5** 11
Kapitalbeschaffung, bedarfsabhängige
– Kapitalerhöhung, bedingte **14** 564
Kapitalbeschaffungsmaßnahmen
– Freigabeverfahren, aktienrechtliches **6** 65
Kapitalbeteiligung
– GmbH & Co. KG **11** 224

Kapitalerhaltung
– Einziehung Gesellschaftsanteil **13** 338
– Kapitalgesellschaft **5** 83 ff.
– Konzern **5** 84
– Verdeckte Gewinnausschüttung **13** 281
Kapitalerhöhung
– Aktiengesellschaft, börsennotiert **14** 472
– Bareinlage **13** 490 ff.
– Bezugsrechtseinschränkung **13** 496
– Checkliste **13** 490
– Ergänzungspfleger **28** 13
– familiengerichtliche Genehmigung **28** 14
– genehmigtes Kapital **13** 162 ff.; **14** 603 ff.
– Gesellschaft mit beschränkter Haftung **13** 453, 463 ff.
– Handelsregisteranmeldung GmbH **13** 510 ff.
– Kapitalmaßnahme GmbH **13** 463 ff.
– KGaA **15** 86 f.
– in der Krise **29** 40 ff.
– Minderjährige **28** 13 ff.
– Nachgründung AG **14** 247
– Nießbrauch Geschäftsanteil **13** 671
– Pfandrecht Geschäftsanteil **13** 663
– Sachkapitalerhöhung **13** 522 ff.
– Sanierung **29** 40 ff.
– Satzungsänderung **13** 498
– Spaltung **22** 252
– Unternehmenskauf **21** 8, 60 ff.
– Unternehmensnachfolge Kapitalgesellschaft **26** 158
– Unternehmergesellschaft (haftungsbeschränkt) **29** 42
– Verschmelzung **22** 215 ff.
– Verschmelzung zu SE **16** 69
– Vinkulierung **13** 497
– Zulassungsbeschluss **13** 495
Kapitalerhöhung AG
– anmeldepflichtige Personen **14** 525
– Barkapitalerhöhung **14** 466
– bedingte **14** 564 ff.
– Beschluss **14** 470
– Durchführung **14** 470
– gegen Einlage **14** 466 ff.
– Einlagen, ausstehende **14** 467 ff.
– Fremdemission **14** 472
– aus Gesellschaftsmitteln **14** 631 ff.
– Handelsregisteranmeldung **14** 522 ff.
– Handelsregistereintragung **14** 470
– Offenlegung **14** 527
– Öffnungsklausel **14** 471
– Plazierungsaktien **14** 699
– Sachkapitalerhöhung **14** 466
– Verfahren **14** 470 ff.
Kapitalerhöhung aus Gesellschaftsmitteln **14** 631 ff.
– Ablauf **14** 638
– Basisbilanz **13** 541 f.
– Begriff **14** 631
– Checkliste **13** 538
– Durchführung **13** 543
– Erhöhungsbilanz **14** 633, 636 f.

- Gewinnrücklage **14** 633
- Gründe **14** 632
- Handelsregisteranmeldung **14** 646 ff.
- Jahresabschluss **13** 540
- Kapitalerhöhungsbeschluss **13** 539 ff.; **14** 639 ff.
- Kapitalrücklage **14** 633
- Nennbetragsaktie **14** 643
- Pfandrecht Geschäftsanteil **13** 663
- Registervollzug **13** 544
- Rücklagenumwandlung **14** 633
- Umfang **14** 634
- Unternehmergesellschaft (haftungsbeschränkt) **13** 835 f.

Kapitalerhöhung, bedingte AG 14 564 ff.
- Aktienausgabe **14** 594 ff.
- Anmeldungsfrist **14** 598
- Arbeitnehmerbeteiligung **14** 571
- bedarfsabhängige Kapitalbeschaffung **14** 564
- Bezugserklärung **14** 590 ff.
- Bezugsrecht **14** 566, 589
- Einlagen, ausstehende **14** 565
- Einlagenleistung **14** 593
- Handelsregisteranmeldung **14** 584 ff., 597 ff.
- Höchstbetrag **14** 576
- Kapitalerhöhungsbeschluss **14** 564, 574 ff.
- numerus clausus **14** 568 ff.
- Umfang **14** 572
- Unternehmenszusammenschluss **14** 570
- Wandelschuldverschreibung **14** 569
- Zulässigkeit **14** 568 ff.

Kapitalerhöhung, genehmigtes Kapital
- Ablauf **14** 606

Kapitalerhöhung, gleichzeitige
- Kapitalherabsetzung, vereinfachte **14** 671

Kapitalerhöhung GmbH
- Mischeinlage **13** 533

Kapitalerhöhung KGaA 15 83 ff.

Kapitalerhöhung zur GmbH
- Unternehmergesellschaft (haftungsbeschränkt) **13** 835 ff.

Kapitalerhöhungsbeschluss
- Agio **13** 493
- Aktiengesellschaft **14** 470
- Barkapitalerhöhung AG **14** 474 ff.
- Durchführung **13** 491
- nach Einlagenleistung **29** 41
- Erhöhungsbetrag **13** 490
- Gewinnberechtigung **13** 492
- Inhalt **13** 490 ff.
- Kapitalerhöhung aus Gesellschaftsmitteln **13** 539 ff.; **14** 639 ff.
- Kapitalerhöhung, bedingte **14** 564, 574 ff.
- Muster **13** 525, 539
- notwendiger Inhalt **14** 544 ff.
- Numerierung neue Geschäftsanteile **13** 491
- Sachkapitalerhöhung **13** 523 ff.
- Sachkapitalerhöhung AG **14** 544 ff.
- Tranchen **13** 494

Kapitalerhöhungsbeschluss AG
- Aktienart **14** 483, 576
- Aktiengattung **14** 483, 576
- Aktienzahl **14** 484, 576
- Arbeitnehmerbeteiligung **14** 579
- Ausgabebetrag **14** 485, 578
- Belehrungspflicht **14** 477
- Bezugsfrist **14** 491
- Bezugsrechtsausschluss **14** 495 ff.
- Bis-zu-Beschluss **14** 480 f.
- Durchführungsfrist **14** 490
- Einzahlungsforderung **14** 488
- Erhöhungsbetrag **14** 479
- Ermächtigungsbestimmung **14** 493
- fakultativer Inhalt **14** 487 ff., 581 ff.
- Gewinnberechtigung **14** 489
- Handelsregisteranmeldung **14** 584 ff.
- Hauptversammlung **14** 475
- Hauptversammlungsbeschluss **14** 574 ff.
- Höchstbetrag **14** 576
- Mehrheitserfordernis **14** 476
- Mindestinhalt **14** 478 ff., 576 ff.
- Sachkapitalerhöhung **14** 539
- Satzungsänderung **14** 494, 582
- schwebend unwirksamer **14** 506
- Sonderbeschluss **14** 504 ff.
- Unter-Pari-Emission **14** 485
- verdeckte Sacheinlage **14** 477
- Verfallfrist **14** 492
- Vorzugsaktien **14** 505
- Zeichnung **14** 509 f.
- Zeichnungsberechtigte **14** 487
- Zeichnungsfrist **14** 490
- Zweckangabe **14** 577

Kapitalerhöhungsverbot
- Verschmelzung **22** 193

Kapitalerhöhungswahlrecht
- Verschmelzung **22** 193

Kapitalgesellschaft
- Abgeltungsteuer **5** 141
- Änderung Geschäftsanschrift Niederlassung **7** 16
- Anteilsabtretung **5** 117
- Anteilsgewährung **22** 16
- Anzeigepflicht **8** 175 ff.
- Anzeigepflichten, Einkommensteuer **30** 26 ff.
- Ausscheiden eines Gesellschafters **5** 119
- Ausschüttungsbesteuerung **5** 141
- Besteuerung **30** 221 ff.
- disquotale Einlagen **30** 281 ff.
- Eigenkapital **5** 66
- Ergebnisbeteiligung **5** 108 ff.
- Ertragsteuern **5** 141 ff.
- Existenznachweis **25** 33
- Finanzierung **5** 66 f.
- Fremdkapital **5** 67
- Fremdorganschaft **5** 94
- Geschäftsführerhaftung **5** 87
- Geschäftsführung **5** 94 ff.
- Gesellschafterwechsel **5** 117 ff.
- Gewerbesteuer **5** 147 f.
- Gewinnausschüttung **5** 109 f.
- Grunderwerbsteuer **5** 151

– Gründung **4** 1 ff.
– Gründungsformalien **5** 57 ff.
– Gründungskosten **5** 61; **30** 245 f.
– Haftungsbeschränkung **5** 81 ff.
– Jahresabschluss **30** 241
– Kapitalaufbringung **5** 71 ff.; **30** 253 ff.
– Kapitalerhalt **5** 83 ff.
– Kontrolle der Geschäftsführung **5** 95 f.
– Körperschaftsteuer **5** 141
– Mehrheitsentscheidungen **5** 101
– Minderjährige **28** 4 ff.
– Mindestkapital **5** 71 ff.
– Mitbestimmung **5** 132
– Niederlassungsfreiheit **24** 16
– Notar **1** 14 ff.
– Prüfungspflicht **5** 126
– Publizität **5** 126
– Rechnungslegung **5** 125
– Stille Beteiligung **18** 57
– Stille Gesellschaft **18** 74
– Teileinkünfteverfahren **5** 141
– Testamentsvollstreckung **26** 257
– Tod eines Gesellschafters **5** 118; **26** 196
– Trennungsprinzip **30** 221
– Unternehmensnachfolge **26** 33, 191 ff.
– verdeckte Gewinnausschüttung **30** 238
– Vererbbarkeit der Anteile **30** 436 ff.
– Verlustverrechnung **5** 142
– Verschmelzung **22** 228 ff.
– Verschmelzung, grenzüberschreitende **24** 16, 37
– Vollbeendigung **25** 34
– Wettbewerbsverbot **30** 238 ff.
– Willensbildung **5** 101 f.
– Wirtschaftsjahr **30** 233 ff.
– Zweigniederlassung **7** 15

Kapitalherabsetzung
– Einziehung Gesellschaftsanteil **13** 340
– Freigabeverfahren, aktienrechtliches **6** 65
– Gesellschaft mit beschränkter Haftung **13** 463 ff.
– Kapitalmaßnahme GmbH **13** 463 ff.
– Sanierung **29** 44 f.
– Spaltungsbeschluss **22** 288
– Zulässigkeit **29** 44

Kapitalherabsetzung AG 14 649 ff.
– anmeldepflichtige Personen **14** 660
– Durchführung **14** 665 f.
– Handelsregisteranmeldung **14** 659 ff.
– Handelsregistereintragung **14** 659 ff.
– Kapitalherabsetzungsbeschluss **14** 652 ff.
– Nennbetragsaktie **14** 655
– ordentliche **14** 651 ff.
– Satzungsänderung **14** 658
– Sicherheitsleistung an Gläubiger **14** 664
– Stückaktie **14** 656
– vereinfachte **14** 668 ff.

Kapitalherabsetzung GmbH
– Ausführung **13** 569
– Bekanntmachung **13** 563 ff.
– Checkliste **13** 556
– disquotale **13** 561
– Durchführung **13** 561
– Handelsregisteranmeldung **13** 567 f.
– Registervollzug **13** 567 ff.
– Sperrjahr **13** 566
– Unternehmergesellschaft (haftungsbeschränkt) **13** 841
– vereinfachte **13** 570 ff.

Kapitalherabsetzung, vereinfachte
– Beschluss **13** 573
– Durchführung **13** 576
– Jahresabschluss **13** 574
– Kapitalschnitt **13** 576
– Registervollzug **13** 575
– Voraussetzungen **13** 571 f.

Kapitalherabsetzung, vereinfachte AG
– bilanzielle Rückwirkung **14** 670
– Einziehung **14** 672
– Gläubigerschutz **14** 669
– Kapitalerhöhung, gleichzeitige **14** 671
– Kapitalschnitt **14** 671
– Sanierungszweck **14** 668
– Unterbilanz **14** 668

Kapitalherabsetzungsbeschluss
– Bis-zu-Kapitalherabsetzung **13** 558
– Herabsetzungsbetrag **13** 557
– Kapitalherabsetzung AG **14** 652 ff.
– Muster **13** 562
– vereinfachte **13** 573
– Zweckangabe **13** 559 f.

Kapitalherabsetzungsbeschluss AG
– Betrag **14** 653
– Mindestinhalt **14** 653 ff.
– Zweckangabe **14** 654

Kapitalkonten
– Personenhandelsgesellschaft **11** 68
– Share Deal GbR **21** 51

Kapitalmarktrecht
– Firma **6** 104

Kapitalmaßnahme
– Kommanditgesellschaft auf Aktien **15** 83 ff.
– Unternehmergesellschaft (haftungsbeschränkt) **13** 466 f.

Kapitalmaßnahme GmbH
– Beschlussänderung **13** 464
– Gesellschafterbeschluss **13** 471
– GmbH i. G. **13** 468
– GmbH i. I. **13** 470
– GmbH i. L. **13** 469
– Insolvenz **13** 470
– Kapitaländerungsbeschluss **13** 471 ff.
– Kapitalerhöhung **13** 463 ff.
– Kapitalherabsetzung **13** 463 ff.
– Liquidationsgesellschaft **13** 469
– Musterprotokoll **13** 466 f.
– Satzungsänderung **13** 463
– Vorgesellschaft **13** 468

Kapitalrichtlinie
– ESUG **29** 93

Kapitalrücklage
– Gesellschaft mit beschränkter Haftung **13** 454

– Kapitalerhöhung aus Gesellschaftsmitteln **14** 633
Kapitalschnitt
– Aktiengesellschaft **29** 45
– Herabsetzungsbetrag **13** 578
– Jahresabschluss **13** 579
– Kapitalherabsetzung, vereinfachte **13** 576; **14** 671
– Muster **13** 576
– Sanierung **29** 43
– Satzung **13** 581
– Verknüpfung Herabsetzung/Erhöhung **13** 580
Kapitalschutz
– Vorrats-GmbH **13** 86
Karrieresprung
– Ehegattenunterhalt **27** 164
Kartellrechtliche Beschränkungen
– Stille Gesellschaft **18** 41
– Stille Gesellschaft, atypisch still **18** 41
– Unternehmenskauf **21** 108 ff.
– Wettbewerbsverbot **21** 117
Kaufmännischer Geschäftsbetrieb
– Gesellschaft bürgerlichen Rechts **10** 88
Kaufpreis
– Unternehmenskauf **21** 77 ff.
Kaufpreis Anschaffungskosten
– Asset Deal **21** 32
Kaufpreis Unternehmenskauf
– Festpreis **21** 78
– Kaufpreisanpassungsklausel **21** 81
– Locked-Box **21** 80
– Unternehmensbewertung **21** 82 f.
Kaufvertrag
– Abtretung Geschäftsanteil **13** 618
– Unternehmenstransaktionen **2** 33 ff.
Kaufvertrag Geschäftsanteil 13 618
– Beschaffenheit des Unternehmens **13** 628
– Mängel **13** 626
Kausalverhältnis
– Stille Gesellschaft **18** 46
– Treuhandvertrag **18** 174
– Unterbeteiligung **18** 118 f.
Kennzeichnungseignung
– Aussprechbarkeit **6** 78
– Firma **6** 70, 77 ff.
Kennzeichnungskraft
– Firma **13** 144
Kernbereichslehre
– Ehevertrag **27** 9
– Familiengesellschaft **26** 123
– Gesellschaft bürgerlichen Rechts **10** 48
– Gesellschaftsvertrag Personenhandelsgesellschaft **11** 26
– Kommanditgesellschaft auf Aktien **15** 49
– Stimmbindungsvertrag **17** 70
Kerninhalt
– Beteiligungsvertrag **17** 94 ff.
Kettenumwandlung
– Acht-Monats-Frist **22** 168
– Anteilsgewährspflicht **22** 23 f.
– Umwandlung **22** 23 f.
KGaA
– Existenznachweis **25** 46
– Formwechsel **22** 320, 358
– Notar **3** 26 ff.
– Spaltungsbeschluss **22** 285
– Verschmelzung **22** 221 f.
Kindesbetreuungsunterhalt
– Altersphasenmodell **27** 143
– Basisunterhalt **27** 138
– Billigkeit **27** 141
– ehebezogene Verlängerung **27** 140
– Ehegattenunterhalt **27** 137 ff.
– Ehevertrag **27** 9
– Fremdbetreuung **27** 142 ff.
– Voraussetzungen **27** 137 ff.
Kindesinteresse
– Familiengerichtliche Genehmigung **28** 97
Klagefrist
– Gesellschafterbeschluss Personenhandelsgesellschaft **11** 52
Klageverzicht, notarieller
– Handelsregisteranmeldung **6** 62
– Umwandlungsbeschluss **6** 62
Kleingewerbetreibender
– Verschmelzung **22** 230
Kollisionsnormen
– Internationales Privatrecht **24** 4 ff.
Kommanditaktionäre
– Aktienregister **15** 53
– antizipierte Zustimmung **15** 79
– Ausscheiden **15** 50
– Geschäftsführung **15** 43 f.
– Hauptversammlung **15** 42
– Hauptversammlung KGaA **15** 60
– Kündigung **15** 51
– Mitwirkungsrecht **15** 3
– Rechtsstellung **15** 41 ff.
– Übertragung Aktien **15** 53 ff.
– Veräußerung Aktien **15** 50
– Widerspruchsrecht **15** 43
Kommanditanteil
– Anteilsübertragung **11** 146 ff.; **26** 110
– Minderjährige **26** 234
– Personengesellschaft **26** 110
Kommanditbeteiligung
– Treuhandvertrag **18** 210
Kommanditeinlage
– Änderung der Haftsumme **11** 116
– Aufrechnung **11** 110 f.
– Geldeinlage **11** 109
– Leistung **11** 109 ff.
– Sacheinlage **11** 109
Kommanditgesellschaft 11
– Anmeldepflichtige Personen **6** 9
– Erwerb von Todes wegen **28** 47
– Existenznachweis **25** 50
– Gesellschafterhaftung **11** 97 ff.
– Gesellschafterwechsel **11** 117
– Minderjährige **26** 190; **28** 37 ff.
– Personenhandelsgesellschaft **11**
– Rechtsfähigkeit **11** 95 f.

– Rechtsformwahl 5 31 f.
– Umwandlung Gesellschafterstellung **11** 151 ff.
– Unternehmensnachfolge **26** 190
– Vertretung durch Komplementär **25** 92
– Vertretung, gesetzliche **25** 92 ff.
– Wechsel Gesellschafterstellung **11** 151 ff.
Kommanditgesellschaft auf Aktien 15
– Aktien **15** 12 ff.
– Auflösung **15** 94 ff.
– Aufsichtsrat **15** 57 ff.
– Bargründung **15** 8
– Beurkundung **15** 10
– Börse **14** 694 ff.
– Einlage **15** 13 ff.
– Einlagenerhöhung **15** 15
– Ein-Mann-Gründung **15** 7
– Erhöhung Grundkapital **15** 86 f.
– Erscheinungsformen **15** 5 f.
– Firma **15** 11
– Geschäftsführung **15**
– Gestaltungsfreiheit **15** 3 ff.
– Gründung **15** 7
– Gründungsprüfung **15** 9
– Handelsregisteranmeldung **15** 91 ff.
– Hauptversammlung **15** 60 ff.
– Insolvenzverfahren **15** 31
– Kapitalmaßnahmen **15** 83 ff.
– Kernbereichslehre **15** 49
– Komplementär **15** 6, 22 ff.
– Kündigung **15** 33
– Nachfolgeklausel **15** 32
– personalistische Gesellschaft **15** 5
– protokollierte Zustimmungserklärung **14** 399
– Rechtsformwahl 5 44 f.
– Sachgründung **15** 8
– Satzung **15** 7, 19 ff., 78 ff.
– Satzungsautonomie **15** 48
– Satzungsstrenge **15** 3
– Übertragung Gesellschaftsanteil **15** 52 ff.
– Umwandlung Einlage in Aktien **15** 17
– Unternehmer-Komplementär-KGaA **15** 5
Kommanditist
– Gesellschafterhaftung **11** 103 ff.
– Gesellschafterhaftung GmbH & Co. KG **11** 239
– Hafteinlage **11** 60
– Kontrollrecht **11** 55
– Pflichteinlage **11** 60
– Wettbewerbsverbot **11** 57
– Widerspruchsrecht **15** 47
Kommanditistenhaftung
– Einlagenleistung **11** 109 ff.
– Einlagenrückgewähr **11** 112 ff.
– Eintritt in Gesellschaft **11** 117
– Gesellschafterwechsel **11** 117
– Haftsumme **11** 103, 108
– Haftung vor Eintragung **11** 105 ff.
– Haftungsauflebung **11** 112 ff.
– Pflichteinlage **11** 103, 108 ff.
– Rechtsnachfolge von Todes wegen **11** 118
Kommanditistenwechsel
– Abfindungsversicherung **11** 148
– aufschiebende Bedingung **11** 149
– Austritt-Eintritt-Modell **11** 146
– Einlagenrückgewähr **11** 150
– Eintretendenhaftung **11** 149 f.
– Haftung **11** 149 f.
– Muster **11** 148
– Nachfolgevermerk **11** 147
– Übertragung Gesellschaftsanteil **11** 146
Komplementär
– Aktiengesellschaft **11** 228
– ausländische Gesellschaften **11** 230
– Ausscheiden Gesellschafter **11** 171
– GmbH & Co. KG **11** 228 ff.
– Kommanditgesellschaft auf Aktien **15** 6, 22 ff.
– Kontrollrecht **11** 55
– Tod eines Gesellschafters **11** 188 f.
– Umwandlung in Kommanditist **11** 151 ff.; **26** 150
– Unternehmergesellschaft (haftungsbeschränkt) **11** 229; **13** 842 ff.
– Vor-GmbH **11** 233 f.
Komplementär KGaA
– Abfindungsanspruch **15** 38 f.
– antizipierte Zustimmung **15** 79
– Ausscheiden **15** 30 ff.
– Ausscheiden einziger **15** 37
– Ausschluss **15** 36
– Begründung **15** 22
– Einlageerhöhung **15** 83 f.
– Geschäftsführung **15** 25 f.
– Haftung **15** 27
– Handelsregistereintragung **15** 39
– Tätigkeitsvergütung **15** 29
– Übertragung Gesellschaftsanteil **15** 52
– Umwandlung AG **15** 37
– Unwandlung in Aktien **15** 88 ff.
– Voraussetzungen **15** 23
– Wettbewerbsverbot **15** 28
Komplementär-GmbH
– Kapitalaufbringung **11** 242 ff.
– Satzung GmbH **13** 155
– Unternehmensgegenstand **11** 249
– Verschmelzung **22** 185 f.
Konsortialkredit
– Future-Dept-Klausel **13** 661
– Parallel-Dept-Klausel **13** 661
– Pfandrecht Geschäftsanteil **13** 661
Konsortialvertrag
– Begriff **17** 4 f.
– Kosten **17** 151 ff.
Konsortien
– Gesellschaftervereinbarung **17** 4 f.
Konten
– Stille Gesellschaft **18** 61
– Stiller Gesellschafter **18** 61
– Unterbeteiligung **18** 126
Kontrolle der Geschäftsführung
– Kapitalgesellschaft 5 95 f.
– Personengesellschaft 5 92
Kontrollfunktion
– Beurkundungspflicht 8 11

Kontrollorgan
- Dualistisches Leitungssystem **16** 12 ff.
Kontrollrecht
- Gesellschafter Personenhandelsgesellschaft **11** 54 f.
- Kommanditist **11** 55
- Komplementär **11** 55
- Stiller Gesellschafter **18** 75 f.
Konzern
- Finanzierung **13** 461
- Gesellschaft mit beschränkter Haftung **13** 461
- Gesellschaftervereinbarung **17** 50
- Grunderwerbsteuer **5** 151
- Hereinverschmelzung **24** 55
- Kapitalerhalt **5** 84
- Organschaft **30** 309 ff.
- Registergericht **4** 61 ff.
- Spaltung **22** 90
- Spaltungsbericht **22** 283
- Unternehmensvertrag **19** 1 ff.
- Verschmelzung **22** 91
Konzern AG 19 111 ff.
Konzern, faktischer
- Existenzvernichtungshaftung **19** 108 ff.
- Gesellschaft mit beschränkter Haftung **19** 97 ff.
- Minderheitsgesellschafter **19** 101
- Mitteilungspflichten **19** 106 ff.
- Satzung **19** 98 ff.
Konzern GmbH 19 3 ff.
- Beherrschungsvertrag **19** 3 ff.
- Gewinnabführungsvertrag **19** 3 ff.
- Organschaft **19** 3 f.
Konzernbildungskontrolle
- AG-Konzern, faktischer **19** 126 f.
Konzernrecht 19
Konzernverschmelzung
- Hereinverschmelzung **24** 72
- Verschmelzung **22** 208 ff.
- Verschmelzungsbeschluss **22** 139
Kooperationsvertrag
- Kosten **17** 156
Kooperationsziele
- Joint-Venture-Verträge **17** 132
Körperschaft, gemeinnützige
- Besteuerung **30** 248 f.
Körperschaftsteuer
- Kapitalgesellschaft **5** 141
- Steuersatz **30** 228
- Steuersubjekt **30** 224
- unbeschränkte Steuerpflicht **30** 225
Kosten
- Aktiengesellschaft **14** 144 ff.
- Beurkundung **3** 84
- Einbringungsvertrag AG **14** 210
- Gesellschafterliste **13** 713
- Gesellschaftervereinbarung **17** 150 ff.
- Handelsregisteranmeldung AG **14** 146
- Handelsregisteranmeldung GmbH **13** 817 f.
- Hauptversammlungsprotokoll **14** 452 ff.
- Konsortialvertrag **17** 151 ff.
- Kooperationsvertrag **17** 156
- Liquidation GmbH **13** 812 ff.
- Musterprotokoll **13** 20, 830 f.
- Notare, mehrere **14** 462 ff.
- Partnerschaftsgesellschaft **12** 39
- Sachgründung AG **14** 210
- Spaltung **22** 249
- Spaltungsbeschluss **22** 250 f.
- Spaltungsvertrag **22** 249
- Stimmbindungsvertrag **17** 155
- Umwandlung **22** 93 ff.
- Umwandlungsbeurkundung **22** 93 ff.
- Unternehmergesellschaft (haftungsbeschränkt) **13** 830 ff.
- Vor-Gründungsvertrag **17** 157
Kostenrechnung
- Hauptversammlungsprotokoll **14** 465
Kostenrechnung Hauptversammlung
- Muster **14** 465
Kostenschuldner
- Hauptversammlungsprotokoll **14** 451
Kostenverbürgung
- Handelsregistereintragung **4** 17
Kostenvorschuß
- Handelsregistereintragung **13** 30 f.
- Sitzverlegung **4** 18
Krankenversicherung
- Unterhaltsbilanz **27** 192
Krankheitsunterhalt
- Billigkeitserwägungen **27** 159
- Ehegattenunterhalt **27** 147 f.
Kreditvermittlung
- Zusammengesetzte Rechtsgeschäfte **2** 126
Krise
- Niederlegung Geschäftsführung **29** 66
- Rangrücktrittsvereinbarung **29** 49
- Umwandlung **29** 50 ff.
s. a. Sanierung
Kundenschutzklausel
- Wettbewerbsverbot **13** 291
Kundenstamm
- Praxisveräußerung **21** 123
Kündigung
- Ausscheiden Personenhandelsgesellschaft **11** 157, 158 ff.
- Beherrschungsvertrag **19** 70 ff.
- Gewinnabführungsvertrag **19** 70 ff.; **30** 332
- GmbH-Gesellschafter **13** 342
- Joint-Venture-Verträge **17** 139
- Kommanditaktionäre **15** 51
- Kommanditgesellschaft auf Aktien **15** 33
- Personenhandelsgesellschaft **11** 158 ff.
- Satzung KGaA **15** 33
- Stille Gesellschaft **18** 82 ff.
- Treuhandvertrag **18** 199 f.
- Unterbeteiligung **18** 136 f.
- Unternehmensvertrag **19** 124
Kündigung Personenhandelsgesellschaft
- Gesellschaftsvertrag **11** 159
- gesetzliches Kündigungsrecht **11** 158 ff.

Kündigungsklausel
- Kapitalgesellschaft **26** 167
- Personengesellschaft **26** 117
Kündigungsrecht, gesetzliches
- Personenhandelsgesellschaft **11** 158 ff.
KWG
- Stille Gesellschaft **18** 42

Leaver-Klausel
- Beteiligungsvertrag **17** 101
Lebenssituation
- Unternehmensnachfolge **26** 17 ff.
Lediglich vorteilhaftes Geschäft
- Aktienübertragung **28** 21
- Bestellung Ergänzungspfleger **28** 74
- Minderjährige **26** 230 ff.
Legal opinion
- Existenznachweis, ausländische Gesellschaft **25** 162
- Vertretungsnachweis, ausländische Gesellschaft **25** 162
Legalisierung
- Auslandsbeurkundung **4** 78; **14** 22
Legitimationswirkung
- Gesellschafterliste **13** 675
- Gesellschafterliste GmbH **4** 49
Legitimationszession
- Gesellschaft mit beschränkter Haftung **18** 196
- Personengesellschaft **18** 196
- Treuhand **18** 196
Leibrente
- Unternehmensnachfolge **26** 45
Leitungsmacht
- Organschaft **19** 23
Leitungsorgan
- Dualistisches Leitungssystem **16** 12
Letter of Intent
- Unternehmenskauf **21** 10
Liefer-/Abnahmeverpflichtungen
- Durchführungsverträge **17** 145
Limited
- Rechtsformwahl **5** 50
Liquidation
- Aktiengesellschaft **25** 86
- Gesellschaft mit beschränkter Haftung **13** 716 ff.
- Liquidator **25** 80
- Partnerschaftsgesellschaft **12** 97 ff.
- Personenhandelsgesellschaft **11** 217 ff.
- Satzung GmbH **13** 379 ff.
Liquidation GmbH 13 716 ff.
- Abwicklungsverfahren **13** 379
- Aufbewahrungsfristen **13** 809
- Auflösung **13** 379 ff.
- Auflösungsgründe **13** 379 ff.
- Fortsetzung der Gesellschaft **13** 769 ff.
- Gesellschafterbeschluss **13** 381
- Gläubigeraufruf **13** 768
- Insolvenzverfahren **13** 722
- Kosten **13** 812 ff.
- Muster **13** 768
- Nachtragsliquidation **13** 810 f.
- Notar **13** 723 ff.
- Schlussrechnung **13** 807
- stille Liquidation **13** 721
- Umwandlung **13** 720
- Veräußerung Geschäftsanteil **13** 718
- Verschmelzung **13** 720
- Vollbeendigung **13** 379, 806
Liquidation Personenhandelsgesellschaft
- Insolvenzverfahren **11** 218
- Verfahrensablauf **11** 217
Liquidationsbeendigung
- Handelsregisteranmeldung GmbH **13** 808
Liquidationsbeschluss GmbH
- Checkliste **13** vor 716
- Form **13** 742
- Inhalt **13** 740 f.
- Kosten **13** 813 ff.
- Mehrheitserfordernis **13** 739
- Muster **13** 755
- Realteilung **13** 742
- Unternehmensvertrag **13** 743
- Zuständigkeit **13** 739
Liquidationserlös
- Ausschüttungsanspruch **13** 796 ff.
- Sperrjahr **13** 796 ff.
- Verteilung **13** 382, 791 ff.
Liquidationsgesellschaft
- Kapitalmaßnahme GmbH **13** 469
Liquidationsverfahren GmbH
- Abwicklung **13** 772
- Beendigung laufender Geschäfte **13** 772 ff.
- Eingehung neuer Geschäfte **13** 777 f.
- Ermessen **13** 773 ff.
- Gesellschafter **13** 792
- Gesellschafterdarlehen **13** 784
- Haftung **13** 801 ff.
- Hinterlegung **13** 800
- Prozeßführung **13** 779
- Realteilung **13** 790
- Schuldentilgung **13** 781
- Sicherheitsleistung **13** 782, 800
- Tilgungsplan **13** 781
- Verbindlichkeiten **13** 799 ff.
- Verbindlichkeiten gegenüber Gesellschaftern **13** 783 ff.
- Vermögensverteilung **13** 791 ff.
- Verpflichtungserfüllung **13** 780 ff.
- Verstoß gegen Sperrjahr **13** 801 ff.
- Verwertung Gesellschaftsvermögen **13** 787
Liquidator
- Geschäftsführer **13** 221
- Handelsregisteranmeldung GmbH **13** 761 ff.
- Liquidation **25** 80
- Vertreter, gesetzlicher **25** 80
- Vertretungsorgan **25** 80
Liquidator GmbH
- Abwicklung **13** 772
- Bestellung **13** 744 ff.
- gerichtliche Bestellung **13** 748
- Gesamtvertretungsbefugnis **13** 751
- Geschäftsführer **13** 381, 745

– Gesellschafterbeschluss 13 746 f.
– Haftung 13 803, 805
– persönliche Voraussetzungen 13 749
– Satzung 13 745 ff.
– Versicherung über persönliche Voraussetzungen 13 764
– Vertretungsbefugnis 13 750 ff.
Liquiditätsabfluß
– Scheidung 13 397
Locked-Box
– Kaufpreis Unternehmenskauf 21 80
Löschung
– Widerspruch 13 715
– Zweigniederlassung 7 79
Löschung im Insolvenzverfahren
– Firma 29 105
Löschung Zweigniederlassung
– Insolvenzverfahren, ausländisches 7 87

Management
– Beteiligungsvertrag 17 103
Management Buy In
– *s. Management Buy Out*
Management Buy Out 21 125 ff.
– Unternehmenskauf 21 7
– Unternehmenstransaktionen 2 20
Mandanten
– Berater 1 48 ff.
– Rechtsabteilungen 1 52
– Rechtsanwälte 1 48
– Steuerberater 1 48 ff.
– Unternehmer 1 45 ff.
Mandantenstruktur
– Unternehmensrecht 1 45 ff.
Mängel
– Kauf Geschäftsanteil 13 626
– Share Deal 21 92
Manipulationsmöglichkeiten
– Betriebsvermögen 27 102 ff.
– Zugewinnausgleich 27 102 ff.
Mantelgesellschaft
– Nachgründung AG 14 241
– Registergericht 4 42
– Unternehmenstransaktionen 2 32
– wirtschaftliche Neugründung 14 232 ff.
– s. a. Vorrats-Gesellschaft
Mantel-GmbH 13 95 ff.
– Altfälle 13 108
– Begriff 13 95
– Einlagenauffüllung 13 98
– Geschäftsführerhaftung 13 109 ff.
– Gesellschafterhaftung 13 101 ff.
– Gründungsvorschriften 13 100 f.
– gutgläubiger Erwerb 13 107
– Handelndenhaftung 13 110
– Sanierung 13 97
– strafrechtliche Haftung 13 112
– unechte Vorgesellschaft 13 111
– Unterbilanzhaftung 13 102 ff.
– Verlustdeckungshaftung 13 102 ff.
– Verlustvorträge 13 96
– Versicherung an Eides Statt 13 109
– Vorbelastungshaftung 13 102 ff.
– Wiederbelebung 13 99
– wirtschaftliche Neugründung 13 97 ff., 104
Mantelkauf
– GmbH-Gründung 13 34
Mantelurkunde
– Belehrung 20 71 f.
– GmbH-Gründung 13 11
– Muster 8 115
– Unternehmenskauf 20 50 f., 71
– Verweisung auf Schriftstücke 8 114 f.
MBO
– *s. Management Buy Out*
Mediationsklausel
– Satzung GmbH 13 401
Mediationsverfahren
– Beschlussmängelstreitigkeiten 13 402
– Verfahrensordnung 13 403
Mehrheit, qualifizierte
– Gesellschafterbeschluss GmbH 13 247 f.
Mehrheitsaktionär
– Squeeze Out 14 707
Mehrheitsbeschluss
– Hauptversammlung AG 14 284
Mehrheitsbeteiligung
– Minderjährige 28 10
Mehrheitsentscheidung
– Familienkapitalgesellschaft 26 171 f.
– Gesellschafterausschluss GbR 10 80
– Kapitalgesellschaft 5 101
Mehrheitserfordernis
– Bezugsrechtsausschluss 14 497
– Formwechselbeschluss 22 332
– Genehmigtes Kapital 14 616
– Gesellschafterbeschluss GmbH 13 247 f.
Hauptversammlung KGaA 15 63
– Hauptversammlungsbeschluss 14 284
– Kapitaländerungsbeschluss 13 476
– Kapitalerhöhungsbeschluss AG 14 476
– Liquidationsbeschluss GmbH 13 739
– Sonderbeschluss 14 504
– Stimmbindungsvertrag 17 84
– Umwandlungsbeschluss 22 76
– Verschmelzungsbeschluss 22 144
Mehrheitsklauseln
– Gesellschaft bürgerlichen Rechts 10 45 ff.
– Gesellschaftsvertrag GbR 10 45 ff.
Mehrpersonengesellschaft
– Minderjährige 28 6
Mehrstaatlichkeitsgebot
– Formwechsel in SE 16 122 f.
– Holding-SE 16 82
– Tochter-SE, gemeinsame 16 111
– Verschmelzung zu SE 16 41
Mergers & Acquisitions
– Notar 3 55 ff.
– Unternehmenskauf 21 10
– Unternehmenstransaktionen 2 4 ff.
Milestones
– Beteiligungsvertrag 17 95

Minderheitenschutz
- Holding-SE **16** 105
- Personengesellschaft **26** 122
- Satzung GmbH **13** 137
- Sitzverlegung SE **16** 162
- Sonderrechte Gesellschafter GmbH **13** 359

Minderheitsbeteiligung
- Minderjährige **28** 11

Minderheitsgesellschafter
- Gesellschaftsvertrag Personenhandelsgesellschaft **11** 25
- Gewinnabführungsvertrag **19** 28
- GmbH-Konzern, faktischer **19** 101
- Verschmelzungsvertrag **22** 191

Minderheitsverlangen
- Hauptversammlungsprotokoll **14** 378 ff.
- Muster **14** 380

Minderjährige 28
- Abtretung Geschäftsanteil **28** 7 ff.
- Aktien **26** 234
- Aktiengesellschaft **28** 19 ff.
- Änderung Gesellschaftsvertrag **28** 35
- Anteilsübertragung GbR **28** 55 ff.
- Anteilsübertragung KG **28** 40 ff.
- Anteilsübertragung OHG **28** 32 ff.
- Anteilsübertragung Personenhandelsgesellschaft **11** 135
- Anteilsveräußerung KG **28** 46
- Auflösungsbeschluss **28** 18, 35
- Aufnahmevertrag Gesellschafter **11** 124 f.
- Beitritt Genossenschaft **28** 26 ff.
- Bekanntgabe **28** 101 f.
- Beteiligte **8** 79
- Beteiligungserwerb **26** 232
- Einlage **26** 232
- Ein-Personen-GmbH **28** 5
- Ergänzungspfleger **26** 229 ff.
- Erwerb von Todes wegen **28** 34, 47
- Erwerbsgeschäft **28** 5, 14
- familiengerichtliche Genehmigung **10** 25 ff.; **26** 239 ff.
- fehlerhafte Gründung **28** 6
- Genehmigung **28** 6
- Genehmigungserfordernisse **8** 93
- Genossenschaft **28** 24 ff.
- Geschäftsanteil GmbH **26** 235
- Gesellschaft bürgerlichen Rechts **28** 50 ff.
- Gesellschaft mit beschränkter Haftung **28** 4 ff.
- Gesellschafterbeschluss **28** 17 f.
- Gesellschafterbeschluss OHG **28** 35
- Gesellschaftsvertrag GbR **10** 25 ff.
- Gesellschaftsvertrag Personenhandelsgesellschaft **11** 21
- Gründer AG **14** 32
- Gründung einer Gesellschaft **26** 232
- Gründung GbR **28** 50 ff.
- Gründung Genossenschaft **28** 26 ff.
- Gründung GmbH **28** 4 ff.
- Gründung KG **28** 37 ff.
- Gründung OHG **28** 29 ff.
- Gründungsgesellschafter GmbH **13** 63
- Handelsregisterverfahren **6** 19 f.
- Kapitalerhöhung **28** 13 ff.
- Kapitalgesellschaft **28** 4 ff.
- Kommanditanteil **26** 234
- Kommanditgesellschaft **26** 190; **28** 37 ff.
- lediglich vorteilhaftes Geschäft **26** 230 ff.
- Mehrheitsbeteiligung **28** 10
- Mehrpersonengesellschaft **28** 6
- Minderheitsbeteiligung **28** 11
- Offene Handelsgesellschaft **28** 29 ff.
- Partnerschaftsgesellschaft **28** 65
- schwebende Unwirksamkeit **28** 6
- Sonderrechtsnachfolge KG **28** 42
- stille Gesellschaft **28** 59 ff.
- Stiller Gesellschafter **18** 25
- Testament **26** 255
- Übersicht Genehmigungspflicht **28** 66
- Übersicht Vertretung **28** 66
- Unterbeteiligung **18** 110; **28** 62 ff.
- Unterbilanzhaftung **28** 5
- Unternehmensnachfolge **26** 228 ff.
- Unternehmergesellschaft (haftungsbeschränkt) **28** 4 ff.
- Verträge unter nahen Angehörigen **30** 138
- Vertretung **26** 229 ff.

Mindestgesellschafteranzahl
- Personengesellschaft **23** 2

Mindestkapital
- Kapitalgesellschaft **5** 71 ff.
- Personengesellschaft **5** 70

Mindestlaufzeit
- Gewinnabführungsvertrag **30** 328 ff.

Mindestquotenphase
- Holding-SE **16** 100

Mindeststammkapital
- GmbH **13** 37

Mischeinlage
- Kapitalerhöhung GmbH **13** 533

Mischverschmelzung
- Barabfindungsanspruch **22** 122

Mitarbeitermodell
- Beteiligungsvertrag **17** 102

Mitarbeitervollmacht
- Handelsregisteranmeldung AG **14** 41

Mitbestimmung
- Ausländische Rechtsform **5** 131
- Geschäftsführer **13** 189
- GmbH & Co. KG **5** 130
- Kapitalgesellschaft **5** 132
- Personengesellschaft **5** 129 ff.
- Rechtsformwahl **5** 127 ff.
- Societe Europeae **5** 133

Mitbestimmungsgesetze
- Geschäftsführerbestellung **13** 415

Mitbestimmungsrecht
- Europäische Aktiengesellschaft **16** 27 ff.
- Hereinverschmelzung **24** 63 ff.
- Personenhandelsgesellschaft **11** 81 ff.
- Treuhand **18** 188 ff.

Mitteilung an Vertragspartner
- Familiengerichtliche Genehmigung **28** 120

Mitteilungsaufforderung
– Familiengerichtliche Genehmigung **28** 125
Mitteilungspflichten
– AG-Konzern, faktischer **19** 126
– Aktiengesellschaft **14** 142
– Außenwirtschaftsgesetz **8** 185
– GmbH-Konzern, faktischer **19** 106 ff.
– nachfolgende **14** 142
– Notar **8** 184 f.
Mitteilungspflichten, steuerliche
– Abtretung Geschäftsanteil **13** 653 f.
– Beurkundung **18** 177
– Kapitaländerungsbeschluss **13** 488
– Treuhand **18** 177 f.
– Treuhandvertrag **18** 177
– Unternehmenskauf **20** 78 ff.
Mitunternehmer
– Begriff **30** 160 ff.
– Einbringung in Personengesellschaft **30** 215
– Familiengesellschaft **30** 187 ff.
– gewerblich geprägte Personengesellschaft **30** 177 ff.
– gewerblich infizierte Personengesellschaft **30** 174 ff.
– gewerblich tätige Personengesellschaft **30** 173
– Mitunternehmerinitiative **30** 165
– Mitunternehmerrisiko **30** 166
– nicht gewerbliche Personengesellschaft **30** 186
– Nießbrauchsvorbehalt **30** 409
– Personengesellschaft **5** 136 f.; **30** 156
– Rechtsprechungsübersicht **30** 166
– Stille Gesellschaft, atypisch still **18** 12 ff.
– Zebra-Gesellschaft **30** 186
Mitunternehmeranteil
– Aufgabe **23** 10
– Einbringung in Kapitalgesellschaft **30** 258 ff.
– Einbringung in Personengesellschaft **30** 210 ff.
– Sonderbetriebsvermögen **30** 167 ff.
Mitunternehmerinitiative
– Mitunternehmer **30** 165
– Stille Gesellschaft, atypisch still **18** 12
Mitunternehmerrisiko
– Mitunternehmer **30** 166
– Stille Gesellschaft, atypisch still **18** 12
Mitverkaufspflicht
– Beteiligungsvertrag **17** 106
– Drag-anlong-Klausel **13** 318; **17** 106
– Geschäftsanteil **13** 318
Mitverkaufsrecht
– Beteiligungsvertrag **17** 106
– Geschäftsanteil **13** 316 f.
– Tag-anlong-Klausel **13** 316 f.; **17** 106
Mitverpflichtung, persönliche
– Vormerkung, Erweiterung **10** 130
Mitverwaltungsrecht
– Nießbrauch **11** 88
Mitwirkungsrecht
– Kommanditaktionäre **15** 3
– Stille Gesellschaft **18** 71
Mitwirkungsverbot
– Checkliste **8** 35 ff.
– Hauptversammlung **14** 279 ff.
– Notar **8** 33 ff.; **14** 279 ff.
– Unternehmenskauf **20** 11
– Verstoß **8** 38
Modifizierter gesetzlicher Güterstand **27** 96 ff.
Monistisches Leitungssystem
– Europäische Aktiengesellschaft **16** 17 ff.
– geschäftsführender Direktor **16** 19, 21
– Gründungsplan SE **16** 89
– Verwaltungsorgan **16** 17
– Verwaltungsrat **16** 18, 20
Musterprotokoll
– abweichende Bestimmungen **13** 832
– Änderungen **13** 27
– Anzeigepflichten, Einkommensteuer **30** 31
– Durchführungsvollmacht **13** 27
– Einpersonengründung **13** 24
– Ergänzungen **13** 27
– Geschäftsführerbestellung **13** 19
– Gesellschaft mit beschränkter Haftung **4** 34 ff.
– Gesellschafterliste **13** 19, 707
– Handelsregisteranmeldung GmbH **13** 84
– Hinweispflichten des Notars **13** 26
– Inhalt **4** 34 ff.
– Kapitalmaßnahme GmbH **13** 466 f.
– Kosten **13** 20, 830 f.
– Registergericht **4** 34 ff.
– Satzung **13** 19
– Unternehmergesellschaft (haftungsbeschränkt) **13** 19, 824
– vereinfachte Gründung **13** 19 ff.
– Voraussetzungen **13** 22 f.

Nachfolgeklausel
– Ausgleichsansprüche von Erben **11** 210 f.
– Bruchteilsberechtigung **10** 59
– Gesellschaftervereinbarung **17** 46
– Kommanditgesellschaft auf Aktien **15** 32
– Pflichtteilsansprüche **11** 212
– Satzung GmbH **13** 326
– Satzung KGaA **15** 32
– Tod eines Gesellschafters **10** 55 ff.; **11** 193
– Zustimmung Mitgesellschafter **10** 68
Nachfolgeklausel, einfache
– Besteuerung **30** 414 ff.
– erbrechtliche **11** 197 ff.
– Erbschaftsteuer **30** 423
– Erwerb von Todes wegen **30** 414 ff.
– Familiengesellschaft **26** 146
– Muster **26** 146
– Partnerschaftsgesellschaft **12** 77 f.
– rechtsgeschäftliche **11** 199
– Sonderbetriebsvermögen **30** 416
Nachfolgeklausel, qualifizierte
– Besteuerung **30** 417 ff.
– Checkliste **26** 149
– erbrechtliche **11** 200 ff.
– Erbschaftsteuer **30** 424
– Erwerb von Todes wegen **30** 417 ff.
– Familiengesellschaft **26** 147
– Muster **10** 58, 69; **26** 147

- Partnerschaftsgesellschaft **12** 79
- Pflichtteilsanspruch **26** 148
- Sonderbetriebsvermögen **30** 419

Nachfolgeklausel, rechtsgeschäftliche
- Familiengesellschaft **26** 151
- Muster **26** 151

Nachfolgevermerk
- Kommanditistenwechsel **11** 147

Nachfolgezusatz
- Firmenfortführung **6** 118

Nachgründung
- Aktiengesellschaft **14** 237 ff.
- Sachkapitalerhöhung AG **14** 537 ff.

Nachgründung AG
- Aktienquote **14** 242
- Anwendungsbereich **14** 239 ff.
- Ausnahmen **14** 267 f.
- Erhöhung Grundkapital **14** 247
- Formwechsel **14** 269
- genehmigtes Kapital **14** 273
- Geschäftsgegenstand **14** 244
- Grundstücke **14** 263
- Gründungsaktionäre **14** 241
- Handelsregisteranmeldung **14** 261 ff.
- Hauptversammlung **14** 237
- Mantelgesellschaft **14** 241
- Nachgründungsvertrag **14** 239 ff.
- Publizität **14** 254, 265
- Sachkapitalerhöhung **14** 272
- Schriftform **14** 253, 264
- Verfahren **14** 252 ff.
- Vergütungshöhe **14** 246 ff.
- Verschmelzung **14** 270
- Vertragsprüfung durch Aufsichtsrat **14** 257
- Vertragsprüfung durch Externe **14** 258
- Vertragsprüfung, Entbehrlichkeit **14** 258
- Vorratsgesellschaft **14** 241, 271
- Zurechnung **14** 242
- Zustimmung Hauptversammlung **14** 255, 259 f., 266
- Zwei-Jahres-Frist **14** 249 ff.

Nachgründungsbericht
- Sachkapitalerhöhung AG **14** 541

Nachgründungsprüfung
- Sachkapitalerhöhung AG **14** 540
- Verschmelzung zu SE **16** 61

Nachgründungsvertrag
- Nachgründung AG **14** 239 ff.
- Sachkapitalerhöhung AG **14** 542

Nachgründungsvorschriften
- Verschmelzung **22** 220

Nachhaftung
- Ausscheiden Gesellschafter **11** 173
- Partnerschaftsgesellschaft **12** 100

Nachrangdarlehen
- Gesellschaft mit beschränkter Haftung **13** 460

Nachschußpflicht
- Einlage Personenhandelsgesellschaft **11** 65
- Muster **13** 185
- Satzung GmbH **13** 185 ff.
- Stiller Gesellschafter **18** 53

Nachsteuertatbestände
- Anteilstausch **30** 265
- Einbringung in Kapitalgesellschaft **30** 265
- Geschäftsanteilsveräußerung **30** 307
- Überblick **30** 150

Nachteilsausgleich
- AG-Konzern, faktischer **19** 132 f.

Nachtragsbericht
- Gründungsbericht AG **14** 91

Nachtragsliquidation
- Liquidation GmbH **13** 810 f.

Nachvollzugsphase
- Unternehmenstransaktionen **2** 43

Nahe Angehörige
- Begriff **30** 132 f.

Name
- Gesellschaft bürgerlichen Rechts **10** 37 f.
- Gesellschaftsvertrag GbR **10** 37 f.
- Partnerschaftsgesellschaft **12** 45 ff.

Namensaktien
- Aktienart **14** 51

Namensaktien, vinkulierte
- Aktien KGaA **15** 54

Namensänderung
- Firmenfortführung **6** 112

Namensangabe
- Grundbuchfähigkeit GbR **10** 108 ff.

Naturalteilung
- Partnerschaftsgesellschaft **12** 102

Negativattest
- IHK **13** 76

Negativerklärung
- Formwechsel in SE **16** 141
- Holding-SE **16** 105

Nennbetrag
- Geschäftsanteil **13** 16 f., 585 f.

Nennbetrag Geschäftsanteil
- Übereinstimmung mit Stammkapital **13** 340

Nennbetragsaktie
- Aktiengattung **14** 48 f.
- Kapitalerhöhung aus Gesellschaftsmitteln **14** 643
- Kapitalherabsetzung AG **14** 655
- Satzung AG **14** 165
- Übernahmeerklärung **14** 36 f.

Nennwertklausel
- Abfindungsklausel **13** 354

Neugründung
- Hereinverschmelzung **24** 143 ff.
- Hinausverschmelzung **24** 208 ff.
- Spaltung **22** 232, 277 ff., 299 ff.
- Spaltungsbeschluss **22** 289
- Verschmelzung **22** 174 ff., 195, 218 ff.

Neuvornahme
- Formverstoß **8** 21

Nichtigkeit
- Abfindungsklausel **26** 134 f.
- Bezugserklärung **14** 593
- Formverstoß **8** 19
- Gesellschafterbeschluss GmbH **13** 254 ff.

– Gesellschafterbeschluss Personenhandelsgesellschaft **11** 52
– Hauptversammlungsbeschluss **14** 329, 330 ff., 335
– Treuhandvertrag **18** 173
– Umwandlung **22** 46
Niederlassungsanschrift
– Kapitalgesellschaft **7** 16
Niederlassungsfreiheit
– Europarecht **24** 16
– Kapitalgesellschaft **24** 16
– Partnerschaftsgesellschaft **12** 17
– Rechtsformwahl **5** 48
– Verschmelzung, grenzüberschreitende **24** 17
Niederlassungsleiter
– Zweigniederlassung **7** 8
Niederlegung Geschäftsführung
– Krise **29** 66
Niederschrift
– Änderungen **8** 108
– Ausfertigungen **8** 169 ff.
– Beteiligte **8** 67, 70 ff.
– Beurkundung **8** 66
– Datum **8** 69
– Genehmigung **8** 137
– Gesellschafterbeschluss **8** 146 ff.
– Hauptversammlung SE **16** 26
– Hauptversammlungsbeschluss **8** 154 ff., 156 ff., 159
– Hauptversammlungsprotokoll **14** 419 ff.
– Inhalt **8** 67 ff.
– Ort **8** 69
– Rechtsnachfolger **8** 173
– Übersetzung **8** 97 ff.
– Unterzeichnung **8** 138 ff.
– Verlesung **8** 106 ff.
– Willenserklärung **8** 66 ff.
Nießbrauch
– Außenwirkung **11** 91
– Eintragungsvoraussetzungen **11** 85
– Einzelunternehmen **26** 97
– Ertragsnießbrauch **11** 84
– Gesellschaftsanteil **26** 115 f., 162 ff.
– Gesellschaftsanteil, Personenhandelsgesellschaft **11** 84 ff.
– Gewinnanteil **11** 87
– Handelsregistereintragung **11** 92
– Mitverwaltungsrecht **11** 88
– Muster **11** 88; **26** 116, 163
– steuerliche Gestaltungsmöglichkeit **11** 84
– Stille Gesellschaft **26** 209
– Stimmrecht **11** 88
– Übertragung Gesellschaftsanteil **11** 89
– Unternehmensnachfolge **26** 43
– Unternehmensnachfolge Einzelunternehmen **26** 97
– Unternehmensnachfolge Kapitalgesellschaft **26** 162 ff.
– Unternehmensnachfolge Personengesellschaft **26** 115 f.
– vermögensbezogene Rechte **11** 87
– Vorbehaltsnießbrauch **11** 88
– Zulässigkeit **11** 85 f.
– Zusammentreffen mit unbelastetem Anteil **11** 90
Nießbrauch Geschäftsanteil
– Bestellung **13** 670
– Gewinnanspruch **13** 671
– Kapitalerhöhung **13** 671
– Stimmrecht **13** 673
– Surrogate **13** 672
– Verwaltungsrechte **13** 673
Nießbrauchsvorbehalt
– Kapitalgesellschaft **30** 432 ff.
– Mitunternehmer **30** 409
– Personengesellschaft **30** 408 ff.
– Rechtsprechungsübersicht **30** 409
– Schenkungsteuer **30** 410, 433 ff.
Notar
– Ablehnung der Beurkundung **8** 33 ff., 45 ff.
– Aktiengesellschaft **1** 14 ff.; **3** 26 ff.
– Amtsbereich **8** 32; **14** 277 f.
– Amtsverhalten **2** 54
– Anteilsübertragung **3** 44 f.
– Anzeigepflicht **8** 174 ff.
– Anzeigepflichten, steuerliche **30** 16 ff.
– auflösend bedingte Beauftragung **14** 444
– Ausschließungsgründe **8** 33 ff., 39 ff.
– Beauftragung **14** 282
– Belehrungspflicht, steuerliche **30** 57 ff.
– Berufsrolle **1** 8 ff.
– Börsengang **14** 686 ff.
– Corporate Housekeeping **3** 68 f.
– Dienstleistungsbereitschaft **2** 55
– Einreichungspflicht **8** 186 ff.
– Eintragungsüberwachung **8** 190
– Entlastung der Gerichte **1** 53 ff.; **4** 4
– Entwurf **3** 20
– Europäische Aktiengesellschaft **16** 8
– Geschäftsführender Direktor **16** 22
– Geschäftsführervertrag **1** 43
– Gesellschaft bürgerlichen Rechts **1** 40
– Gesellschafterliste **1** 23; **8** 192; **13** 693 ff.
– Gesellschaftervereinbarung **17** 7 f.
– Gesellschaftsgründung **3** 40 ff.
– GmbH **1** 19 ff.; **3** 30 ff.
– GmbH & Co. KG **1** 37
– GmbH-Anteilsabtretung **1** 22
– Grundbuchamt **8** 193
– Grundstücksgesellschaft **1** 40
– Gründung GmbH **3** 40 ff.
– Gründungsablauf **3** 40 ff.
– Gründungsprüfung AG **14** 102 ff.
– Gründungsurkunde **3** 41
– Handelsregister **1** 28 ff.
– Hauptversammlung **3** 59 ff.; **14** 274 ff.
– Hereinverschmelzung **24** 82
– Hinweispflicht **13** 26
– Kapitalgesellschaft **1** 14 ff.
– KGaA **3** 26 ff.
– konsensuale Betreuung **1** 12 f.
– Liquidation GmbH **13** 723 ff.

- Mergers & Acquisitions **3** 55 ff.
- Mitteilungspflicht **8** 184 f.
- Mitwirkungsverbot **14** 279 ff.
- Mitwirkungsverbote **8** 33 ff.
- Musterprotokoll **13** 26
- nicht börsennotierte AG **1** 16
- Partnerschaftsgesellschaft **1** 39
- Personengesellschaft **1** 36 ff.
- Personenhandelsgesellschaft **3** 35 ff.
- Rechtsanwalt **2**
- Rechtsformwahl **5** 13 f.
- Rechtspflege, vorsorgende **1** 8 ff.
- SE **1** 34; **3** 26 ff.
- SPE **1** 35; **4** 84
- Steuerliche Beratung **30** 77 ff.
- Steuerrecht **30**
- stille Beteiligung **1** 42
- Trennungsprinzip **17** 32 ff.
- Umstrukturierung **3** 46 ff.
- Umwandlung **1** 25 ff.; **3** 46 ff.
- Unparteilichkeit **2** 53
- Unterbeteiligung **18** 129
- Unternehmenskauf **20**; **21** 4 ff.
- Verbraucherschutz **1** 11
- verdeckte Sacheinlage **1** 32
- Versagung der Amtstätigkeit **29** 122 ff.
- Verschmelzung **3** 49 ff.
- Vollmachtsvermutung **6** 23
- Zusammenwirken mit anderen Beteiligten **3**

Notar, ausländischer
- Auslandsbeurkundung **4** 75 ff.
- Beglaubigung **4** 75
- Beurkundung **4** 76 ff.

Notarangestellte
- Vollmacht **25** 116

Notarbescheinigung
- Erstellung **25** 29
- Existenznachweis **25** 28 ff.
- Existenznachweis, ausländische Gesellschaft **25** 159
- Vertretungsnachweis **25** 28 ff.
- Vertretungsnachweis, ausländische Gesellschaft **25** 159

Notare, mehrere
- Kosten **14** 462 ff.

Notarhaftung
- Steuerrecht **30** 88
- unklare Formulierungen **30** 80

Notarielle Mitwirkung
- Übersicht mitwirkungspflichtiger Geschäfte **8** 6

Novation
- Ausübungskontrolle **27** 208
- Ehegattenunterhalt **27** 205 ff.
- Muster **27** 209

Numerierung
- Geschäftsanteil **13** 491
- Gesellschafterliste **13** 685 ff.
- neue Geschäftsanteil **13** 491
- Teilung Geschäftsanteil **13** 686

Numerus clausus
- Gründung SE **16** 36
- Kapitalerhöhung, bedingte **14** 568 ff.
- Rechtsformwahl **5** 15 ff.
- Umwandlungsgesetz **22** 5

Nutzungstreuhand
- Treuhand **18** 152

Nutzungsüberlassungsvertrag
- Durchführungsverträge **17** 143

Offenbarungspflicht
- Unternehmenskauf **21** 93

Offene Handelsgesellschaft 11
- Anmeldepflichtige Personen **6** 9
- noch nicht eingetragene Gesellschaft **25** 90
- Einstimmigkeit **11** 12
- Erwerb von Todes wegen **28** 34
- Erwerbsgeschäft **28** 30
- Existenznachweis **25** 47 ff.
- Gesellschafterhaftung **11** 97 ff.
- Gesellschafterzahl **11** 12
- Minderjährige **28** 29 ff.
- Personenhandelsgesellschaft **11**
- Rechtsfähigkeit **11** 95 f.
- Rechtsformwahl **5** 29 f.
- Selbstkontraktionsverbot **25** 89
- Unternehmensnachfolge **26** 186 ff.
- vermögensverwaltende **28** 30
- Vertretung durch Gesellschafter **25** 87
- Vertretung, gesetzliche **25** 87 ff.
- Vertretung in Liquidation **25** 91

Offenlegung
- Betriebszahlen **13** 397
- Formwechsel in SE **16** 134, 144
- Gründungsplan SE **16** 94
- Holding-SE **16** 108
- Jahresabschluss **13** 262
- Kapitalerhöhung AG **14** 527
- Sitzverlegung SE **16** 163, 169
- Verschmelzung zu SE **16** 62, 78
- Verschmelzungsplan **16** 62
- Vorauszahlung auf künftige Kapitalerhöhung **13** 505

Offenlegungspflicht
- Zweigniederlassung **7** 8

Öffnungsklausel
- Gewinnverteilung **13** 275
- Kapitalerhöhung AG **14** 471
- Wettbewerbsverbot **13** 287

Ordnungsmaßnahmen
- Hauptversammlungsprotokoll **14** 403 f.
- Versammlungsleiter **14** 317

Organschaft
- Abwicklungsgesellschaft **19** 17
- Beginn **19** 11
- Eingliederung, finanzielle **19** 10 ff.
- gewerbesteuerliche **30** 312
- Gewerblichkeit **19** 19
- Gewinnabführungsvertrag **19** 6
- Inlandsbezug **19** 18, 20
- konsolidierte Bemessungsgrundlage **19** 4
- Konzern **30** 309 ff.
- Konzern GmbH **19** 3 f.

- Leitungsmacht **19** 23
- steuerliche **19** 5
- Stimmrecht **19** 12
- übergeordnetes Unternehmen **19** 19 ff.
- umsatzsteuerliche **30** 312
- untergeordnete GmbH **19** 10 ff.
- Unternehmergesellschaft (haftungsbeschränkt) **19** 14
- Vertretungsbefugnis **19** 24
- Voraussetzungen **19** 6
- Vor-GmbH **19** 16
- Vorgründungsgesellschaft **19** 15
- Wirtschaftsjahr Abänderung **19** 13
- zeitliche Anforderungen **19** 12 f.

Organschaft, körperschaftsteuerliche
- finanzielle Eingliederung **30** 316 f.
- Gewinnabführungsvertrag **30** 318 ff.
- Haftung **30** 335
- Heilung **30** 336
- Inland **30** 315
- Organträger **30** 314 f.
- verdeckte Gewinnausschüttung **30** 335
- Verlustabzug **30** 335
- Voraussetzungen **30** 312 ff.
- Zinsschranke **30** 335
- Zurechnung **30** 334 ff.

Organträger
- Joint-Venture-Verträge **17** 134
- Organschaft, körperschaftsteuerliche **30** 314 f.

Ortsname
- Irreführungsverbot **6** 90

Ortsstatut
- Abtretung Geschäftsanteil **9** 29 ff.
- Auslandsbeurkundung **9** 29 ff., 35
- Formerfordernis **9** 25 ff.

Parallel-Dept-Klausel
- Konsortialkredit **13** 661

Partielle Gesamtrechtsnachfolge
- Abspaltung **22** 305
- Grundstücke **22** 306
- Spaltung **22** 38

Partikularinsolvenzverfahren
- Zweigniederlassung, ausländischer Rechtsträger **7** 84

Partner
- Ausscheiden **12** 70 ff.
- Firma **6** 101
- Partnerschaftsgesellschaft **12** 33, 58 ff.

Partnerschaftsgesellschaft 12
- Apotheker **12** 68
- Ausscheiden Gesellschafter **12** 70 ff.
- Beendigung **12** 96 ff.
- Beendigung Berufsträger **12** 86
- Beruf **12** 34
- Berufskammer **12** 35
- Berufsrecht **12** 19 f.
- Besteuerung **12** 18
- Charakter **12** 3 ff.
- Eintrittsklausel **12** 80 ff.
- Entstehungsgeschichte **12** 1 f.
- Erlöschen **12** 99
- Existenznachweis **25** 51
- Firmenfortführung **6** 127
- Freiberufler **12** 58 ff.
- Gesellschafter Partnerschaftsgesellschaft **12** 58 ff.
- Gesellschaftsvertrag **12** 21 f.
- Gründung **12** 21 ff.
- Haftungsbeschränkung **12** 9
- Haftungsprivileg **5** 80
- Kosten **12** 39
- Liquidation **12** 97 ff.
- Minderjährige **28** 65
- Muster **12** 38
- Nachfolgeklausel, einfache **12** 77 f.
- Nachfolgeklausel, qualifizierte **12** 79
- Nachhaftung **12** 100
- Name **12** 45 ff.
- Naturalteilung **12** 102
- Niederlassungsfreiheit **12** 17
- Notar **1** 39
- Partner **12** 33, 58 ff.
- Partnerschaftsregister **12** 23 ff.
- Personengesellschaft **12** 3
- Rechtsformwahl **5** 35 f.; **12** 6 ff.
- Rechtsformzusatz **6** 99
- Registeranmeldung **12** 28 ff.
- Registerpublizität **12** 26
- Registervollmacht **12** 36
- Tod eines Gesellschafters **12** 74 ff.
- Übertragung Gesellschaftsanteil **12** 87 f.
- Umwandlung **12** 93 ff.
- Vererblichkeit **12** 74 ff.
- Vergleich Aktiengesellschaft **12** 15
- Vergleich EWiV **12** 16
- Vergleich Gesellschaft bürgerlichen Rechts **12** 7 ff.
- Vergleich GmbH **12** 12 ff.
- Vergleich Personenhandelsgesellschaft **12** 11 ff.
- verschiedene Freiberufler **12** 65 ff.
- Verschmelzung **6** 127; **22** 187 ff.
- Vertretung, gesetzliche **25** 95
- Vertretungsbefugnis **12** 89 ff.
- Zeitablauf **12** 96
- Zweigniederlassung **12** 41 ff.

Partnerschaftsregister
- Partnerschaftsgesellschaft **12** 23 ff.

Passivvertretung
- Geschäftsführer **13** 216, 419

Pensionsverbindlichkeiten
- Ausgliederung **22** 269

Personenfirma 6 106

Personengesamtheiten
- Beteiligte **8** 76

Personengesellschaft 10
- Anteilsabtretung **5** 114
- Anteilsübertragung **26** 106 ff.
- Anteilsvereinigung in einer Hand **23** 2 ff.
- Anwachsung **22** 11; **23** 4
- Aufnahme Nachfolger als Gesellschafter **26** 111 ff.

- Ausscheiden eines Gesellschafters **5** 116
- Bestimmtheitsgrundsatz **5** 100
- Eigenkapital **5** 64
- Einbringung **30** 202 ff.
- Einheitliche und gesonderte Feststellung **5** 138
- Einstimmigkeit **5** 99
- Ergebnisbeteiligung **5** 105 ff.
- Ertragsteuern **5** 136 ff.
- Existenznachweis **25** 33
- Familiengesellschaft **26** 120 ff.
- Finanzierung **5** 64 f.
- Formwechsel **22** 348 ff.
- Fremdkapital **5** 65
- Geschäftsanteilsveräußerung **30** 287
- Geschäftsführerhaftung **5** 86
- Geschäftsführung **5** 90 ff.
- Gesellschaft bürgerlichen Rechts **26** 108
- Gesellschafterwechsel **5** 114 ff.
- Gesellschaftsvertrag **11** 13 ff.
- Gewerbesteuer **5** 145 f.
- Gewerbesteuerfreibetrag **5** 149
- gewerblich geprägte **30** 177 ff.
- gewerblich infizierte **30** 174 ff.
- gewerblich tätige **30** 173
- gewerbliche **30** 156
- gewerbliche Einkünfte **5** 137
- Gewinnausschüttung **5** 106
- Grunderwerbsteuer **5** 150
- Gründungsformalien **5** 54 ff.
- Gründungskosten **5** 56
- Haftentlassung **26** 107
- Haftungsbeschränkung **5** 76 ff.
- Handelsgewerbe **11** 1
- Insolvenz Gesellschafter **29** 13 ff.
- Insolvenzeröffnung **29** 64
- Joint-Venture-Verträge **17** 128
- Kapitalaufbringung **5** 70
- Kommanditanteil **26** 110
- Kontrolle der Geschäftsführung **5** 92
- Legitimationszession **18** 196
- Minderheitenschutz **26** 122
- Mindestgesellschafteranzahl **23** 2
- Mindestkapital **5** 70
- Mitbestimmung **5** 129 ff.
- Mitunternehmer **5** 136 f.; **30** 156
- Notar **1** 36 ff.
- Partnerschaftsgesellschaft **12** 3
- Personenhandelsgesellschaft **11**
- persönlich haftender Gesellschafter **26** 109
- Prüfungspflicht **5** 123
- Publizität **5** 124
- Rechnungslegung **5** 122
- Selbstorganschaft **5** 90 ff.
- Sonderbetriebsvermögen **30** 157
- Steuersatz **5** 140
- Stille Gesellschaft **18** 74
- Testamentsvollstreckung **26** 258
- Tod eines Gesellschafters **5** 115; **26** 184 f.
- Treuhand **18** 217
- Übernahmevereinbarung **23** 3
- Unterbeteiligung **18** 141
- Unternehmensnachfolge **26** 179 ff.
- Verlustverrechnung **5** 139
- vermögensverwaltende **30** 159
- Vinkulierung **26** 57
- Vollbeendigung **25** 34
- Willensbildung **5** 99 ff.
- Zustimmung Mitgesellschafter **26** 106
- Zweigniederlassung **7** 14

Personenhandelsgesellschaft
- Abtretung Gesellschafterstellung **11** 130 ff.
- Auflösung **11** 215 f.
- Ausscheiden Gesellschafter **11** 156 ff.
- Ausschließungsklausel **11** 161 ff.
- Beendigung **11** 215 ff.
- Besteuerung **11** 5
- Beteiligung an anderer Gesellschaft **11** 10
- Eintragung Handelsregister **11** 32 ff.
- Entstehung **11** 8
- Ergebnisbeteiligung **11** 66, 69 ff.
- Erlöschen der Firma **11** 220
- Formwechsel **22** 320
- Fortsetzung aufgelöste Gesellschaft **11** 221
- Gesamthandsvermögen **11** 66
- Geschäftsanschrift, inländische **11** 19
- Geschäftsführungsbefugnis **11** 37 ff.
- Gesellschafter **11** 9 ff., 11
- Gesellschafter GbR **11** 30
- Gesellschafterbeschluss **11** 48
- Gesellschafterhaftung **11** 97 ff.
- Gesellschafterpflichten **11** 46 ff.
- Gesellschafterrechte **11** 46 ff.
- Gesellschafterversammlung **11** 47
- Gesellschafterwechsel **11** 122 ff.
- gesetzliche Vinkulierung **11** 132 f.
- Gründungsgesellschafter GmbH **13** 62
- Haftung **11** 6
- Handelsregisteranmeldung **11** 27 ff.
- Insolvenz Gesellschafter **29** 15
- Kapitalanteil **11** 67
- Kapitalkonten **11** 68
- Kommanditgesellschaft **11**
- Kündigung **11** 158 ff.
- Liquidation **11** 217 ff.
- Mitgliedschaftsrechte **11** 81 ff.
- Notar **3** 35 ff.
- Offene Handelsgesellschaft **11**
- Personengesellschaft **11**
- Rechtsfähigkeit **11** 95 ff.
- Rechtsformwahl **11** 4 ff.
- Rechtsformzwang **5** 19
- Registergericht **4** 31 f.
- Selbstorganschaft **11** 7, 37
- Sitz **11** 18
- Spaltung **22** 243
- Tod eines Gesellschafters **11** 184 ff.
- Übertragung Gesellschaftsanteil **11** 130 ff.
- Verfügung über Mitgliedschaftsrechte **11** 81 ff.
- Verschmelzung **22** 180 ff.
- Vertretungsbefugnis **11** 42 ff.
- Verwaltungssitz **11** 18

Pfandrecht
- Pfandreife **11** 94
Pfandrecht Geschäftsanteil
- Bestellung **13** 656 ff.
- Bestimmtheitsgrundsatz **13** 658
- Beurkundung **13** 656 ff.
- Gegenstand **13** 662
- Gewinnanspruch **13** 665
- Gläubigermehrheit **13** 661
- Kapitalerhöhung **13** 663
- Kapitalerhöhung aus Gesellschaftsmitteln **13** 663
- Konsortialkredit **13** 661
- Stimmrecht **13** 665
- Umwandlung **13** 664
- Verpfändungsanzeige **13** 667 f.
- Verwaltungsrechte **13** 666
- Vinkulierung **13** 656
- zukünftiger Geschäftsanteil **13** 662
Pfandreife
- Pfandrecht **11** 94
Pflicht zur Geschäftsanteilsübertragung
- Form **17** 60
- Gesellschaftervereinbarung **17** 60
Pflicht zur Grundstücksübertragung
- Form **17** 62
- Gesellschaftervereinbarung **17** 62
Pflicht zur Umwandlung
- Beteiligungsvertrag **17** 93
- Form **17** 61
- Gesellschaftervereinbarung **17** 61
Pflichteinlage
- Kommanditist **11** 60
- Kommanditistenhaftung **11** 103, 108 ff.
Pflichtenbindung, doppelte
- Bezugsurkunde **20** 43 ff.
- Treuhänder **18** 180 ff.
Pflichtteilsanspruch 26 250
- Anschaffungskosten **30** 398
- Ausschluss Abfindungsguthaben **11** 213
- Nachfolgeklausel **11** 212
- Nachfolgeklausel, qualifizierte **26** 148
- Tod eines Gesellschafters **11** 212 ff.
- Unternehmensnachfolge **26** 32, 37 ff., 263 ff.
Pflichtteilsergänzungsanspruch 11 213
Pflichtteilsverminderung 26 266
Pflichtteilsverzicht 26 265 f.
- Gütertrennung **27** 113
- Muster **26** 265
- Unternehmensnachfolge **26** 39
Pflichtteilsverzichtsvertrag
- Drittkontrahierungsklausel **13** 400
Phantasiefirma
- Firma **6** 105, 108
PIPE
- Unternehmenstransaktionen **2** 24
Plazierung
- Börse **14** 691
Plazierungsaktien
- Börse **14** 697 ff.
- Kapitalerhöhung AG **14** 699
- Zeichnung **14** 702 ff.
Pool
- Gesellschaftervereinbarung **17** 6
Pool-Vertrag
- Begriff **17** 6
- Erbschaftsteuer **17** 18
- s. Stimmbindungsvertrag
Praxisveräußerung
- Kundenstamm **21** 123
- Verschwiegenheitspflicht **21** 124
- Wettbewerbsverbot **21** 123
Preisanpassungsklausel
- Unternehmenskauf **21** 81
Privatausgaben
- Unterhaltsbilanz **27** 187
Privilegiertes Vermögen
- Zugewinnausgleich **27** 35
Process Letter
- Unternehmenstransaktionen **2** 9
Prokura
- Handelsregistereintragung **25** 132
- Vollmacht **25** 131 ff.
Prokurist
- Vollmacht **14** 8
- Zweigniederlassung **7** 13
Prokuristenbestellung
- Personenhandelsgesellschaft **11** 40
Protokoll
- Gesellschafterbeschluss Personenhandelsgesellschaft **11** 51
- Hauptversammlung **14** 275
Protokollentwurf
- Hauptversammlung **14** 305
Protokollierte Zustimmungserklärung
- Kommanditgesellschaft auf Aktien **14** 399
Protokollierung
- Gesellschafterversammlung GmbH **13** 236
Protokollierungspflicht
- Auskunftsverweigerung **14** 381 ff.
- Fragerecht **14** 381 ff.
- Hauptversammlung AG **3** 59 ff.
- Hauptversammlungsbeschluss **14** 344 f.
- Widerspruch zur Niederschrift **14** 396 ff.
Prozeßführung
- Liquidationsverfahren GmbH **13** 779
Prüfer
- Verschmelzungsprüfung **22** 134 f.; **24** 105 f.
Prüfung
- Beherrschungsvertrag **19** 51 ff.
- Beurkundungspflicht **25** 6 f.
- Gewinnabführungsvertrag **19** 51 ff.
- Gründungsplan SE **16** 92 f.
- Unternehmenskauf **20** 40 ff.
Prüfungsbericht
- Verschmelzungsprüfung **24** 109 f.
Prüfungspflicht
- Beurkundung **2** 58 ff.; **8** 83 ff.
- Einberufung Hauptversammlung **14** 297 ff.

- Gründungsprüfung AG **14** 197 ff.
- Handelsregisteranmeldung AG **14** 207 ff.
- Kapitalgesellschaft **5** 126
- Personengesellschaft **5** 123
- Registergericht **14** 207 ff.
- Sachkapitalerhöhung AG **14** 555 f.
- Unternehmenskauf **20** 5

Prüfungsrecht Registergericht
- Gesellschafterliste **13** 711
- Handelsregisteranmeldung **11** 34 f.
- Registergericht **11** 34

Prüfungsumfang Registergericht
- Hinausverschmelzung **24** 202
- Verschmelzung, grenzüberschreitende **24** 136 ff.

Publikums-GbR
- Gesellschaft bürgerlichen Rechts **10** 2

Publikumsgesellschaft
- Handelsregistervollmacht **6** 14 f., 44
- Stille Gesellschaft **18** 21, 42
- Umwandlungsbeschluss **22** 80

Publikums-GmbH & Co. KG
- GmbH & Co. KG **11** 227
- Verlustzuweisung **11** 227

Publizität
- Handelsregistereintragung **6** 54
- Kapitalgesellschaft **5** 126
- Nachgründung AG **14** 254, 265
- Personengesellschaft **5** 124
- Rechtsformwahl **5** 120 ff.
- Satzung AG **14** 171

Publizität, negative
- Handelsregister **11** 36

Publizitätsfunktion
- Registergericht **4** 3

Publizitätslücken
- Grundbuch **10** 122 ff.

Publizitätsrichtlinie
- ESUG **29** 92

Publizitätswirkung
- Grundbuch **10** 117 ff.

Publizitätswirkung, materielle
- Zweigniederlassung **7** 8

Rangrücktrittsvereinbarung
- Krise **29** 49
- Überschuldung **29** 49

Ratenzahlungsvereinbarung
- Abfindungsklausel **13** 357

Realteilung
- Liquidationsbeschluss GmbH **13** 742
- Liquidationsverfahren GmbH **13** 790

Rechnungslegung
- Kapitalgesellschaft **5** 125
- Personengesellschaft **5** 122
- Rechtsformwahl **5** 120 ff.

Rechtberater, externer **3** 10 f.

Rechtmäßigkeitsprüfung
- Registergericht **16** 71 ff.

Rechtsabteilungen
- Mandanten **1** 52

Rechtsanwalt
- Mandanten **1** 48
- Notar **2**

Rechtsanwaltsgesellschaft
- Stille Gesellschaft **18** 40

Rechtsbehelf
- Genehmigungsbeschluss **28** 99
- Gesellschafterliste **13** 712
- Registergericht **13** 712

Rechtsbeschwerde
- Beschwerde **28** 116
- Bestellung Ergänzungspfleger **28** 89

Rechtsfähigkeit
- Existenznachweis, ausländische Gesellschaft **25** 146
- Gesellschaft bürgerlichen Rechts **10** 11
- Gesellschaftsstatut **25** 150 f.
- Kommanditgesellschaft **11** 95 f.
- Offene Handelsgesellschaft **11** 95 f.
- Personenhandelsgesellschaft **11** 95 ff.

Rechtsfolgenvermerk
- Share Deal GmbH & Co. KG **21** 55

Rechtsform
- Hereinverschmelzung **24** 48

Rechtsformwahl **5**
- Aktiengesellschaft **5** 42 f.
- ausländische Gesellschaft **5** 48 ff.
- ausländische Rechtsform **5** 17
- Besteuerung **5** 6, 134 ff.; **30** 151 ff.
- Durchgriffshaftung **5** 85
- Erbschaftsteuer **5** 159
- Ergebnisbeteiligung **5** 103 ff.
- Ertragsteuern **5** 134 ff.
- Europäische wirtschaftliche Interessenvereinigung **5** 165
- Finanzierung **5** 11, 62 ff.
- Gemeinnützigkeit **5** 153
- Genossenschaft, eingetragene **5** 162
- Geschäftsführerhaftung **5** 86 f.
- Geschäftsführung **5** 88 ff.
- Gesellschaft bürgerlichen Rechts **5** 27 f.
- Gesellschaft mit beschränkter Haftung **5** 39 f.
- Gesellschafterwechsel **5** 112 ff.
- Gewerbesteuer **5** 144 ff.
- GmbH & Co. KG **5** 33 f.
- Grunderwerbsteuer **5** 150 ff.
- Gründung **5** 1
- Gründungsformalien **5** 53 ff.
- Haftung **5** 74 f.
- Haftungsrisiken **5** 12
- Handelsgewerbe **5** 24
- Kapitalaufbringung **5** 68 ff.
- Kapitalbedarf **5** 11
- Kommanditgesellschaft **5** 31 f.
- Kommanditgesellschaft auf Aktien **5** 44 f.
- Limited **5** 50
- Mitbestimmung **5** 127 ff.
- Niederlassungsfreiheit **5** 48
- Notar **5** 13 f.
- numerus clausus **5** 15 ff.
- Offene Handelsgesellschaft **5** 29 f.

- Partnerschaftsgesellschaft 5 35 f.; **12** 6 ff.
- Personenhandelsgesellschaft **11** 4 ff.
- Publizität 5 120 ff.
- Rechnungslegung 5 120 ff.
- Sachverhaltsermittlung 5 10 ff.
- Societas Europeae 5 46 f.
- Standesrecht 5 21
- Stiftung 5 164
- Stille Gesellschaft 5 37 f.; **18** 10 f.
- Umwandlung 5 157 f.
- Unternehmensgegenstand 5 21 ff.
- Unternehmenskauf 5 154 ff.
- Unternehmenszweck 5 24 f.
- Unternehmergesellschaft (haftungsbeschränkt) 5 40
- Verein, eingetragener 5 161
- Versicherungsverein auf Gegenseitigkeit 5 163
- Willensbildung 5 97 ff.
- Wirtschaftsaufsicht 5 21

Rechtsformzusatz
- ausländische Gesellschaft **6** 100
- Einzelunternehmern **6** 98
- Firma **6** 70, 93 ff.
- gGmbH **6** 96
- GmbH & Co. KG **6** 94
- Irreführungsverbot **6** 91, 97
- Partnerschaftsgesellschaft **6** 99
- UG & Co. KG **6** 95

Rechtsformzwang
- ausländische Gesellschaft 5 20
- Personenhandelsgesellschaft 5 19

Rechtskraft, formelle
- Genehmigungsbeschluss **28** 106

Rechtskraft, materielle
- Genehmigungsbeschluss **28** 109

Rechtsmängel
- Garantie **21** 97

Rechtsmittel
- Bestellung Ergänzungspfleger **28** 85
- Zwischenverfügung **6** 59 f.

Rechtsmittelverzicht
- Genehmigungsbeschluss **28** 117 ff.

Rechtsnachfolge von Todes wegen
- Kommanditistenhaftung **11** 118

Rechtsnachfolgenachweis
- Einreichung **6** 43
- Rechtsnachfolger **6** 39

Rechtsnachfolger
- Gesellschaftervereinbarung **17** 44 ff.
- Handelsregisteranmeldung **6** 39 ff.
- Insolvenzverwalter **29** 120
- Niederschrift **8** 173
- Rechtsnachfolgenachweis **6** 39

Rechtspflege, vorsorgende
- Notar **1** 8 ff.

Regierungsentwurf
- ESUG **29** 91 ff.

Registerberichtigung
- Verschmelzung, grenzüberschreitende **7** 97

Registereinsicht **8** 51
- Aufklärungspflicht **8** 50 ff.
- ausländische Register **8** 56
- Beurkundung **8** 50 ff.
- Datum **8** 52 f.
- Sachverhaltsermittlung **8** 50
- Umfang **8** 54

Registergericht 3 13 f.; **4**
- Aktiengesellschaft **4** 56 ff.
- angelsächsisches **4** 82
- Aufgabe **4** 81 ff.
- Aufgabenverteilung **4** 5
- ausländische Rechtsform **4** 65 ff.
- Auslandsbeurkundung **4** 73 ff.
- Beteiligte **4** 23
- Bindung an Firmenschreibweise **6** 71
- Ein-Mann-Gründung **4** 41
- Einreichung **4** 7
- Einreichungspflicht **8** 187 ff.
- Einzahlung Stammeinlage **4** 39
- Einzelunternehmern **4** 29 f.
- Elektronisches Gerichts- und Verwaltungspostfach **4** 7
- Erwerb Kommanditanteil **4** 32
- Firma **6** 68 ff.
- GmbH **4** 33 ff.
- Haftungsausschluss Firmenfortführung **4** 29 f.
- HR A **4** 28 ff.
- HR B **4** 33 ff.
- IHK **6** 69
- Konzern **4** 61 ff.
- Mantelgesellschaft **4** 42
- Musterprotokoll **4** 34 ff.
- Personenhandelsgesellschaft **4** 31 f.
- Prüfungspflicht **14** 207 ff.
- Prüfungsrecht **11** 34
- Publizitätsfunktion **4** 3
- Rechtmäßigkeitsprüfung **16** 71 ff.
- Rechtsbehelf **13** 712
- Spaltung **4** 62
- SPE **4** 83 ff.
- Umwandlung **4** 61 ff.
- Unternehmenstransaktionen **2** 70
- Unternehmergesellschaft (haftungsbeschränkt) **4** 43 ff.
- Verfahren **4** 21 ff.
- Verschmelzung **4** 62
- Verschmelzungsplan **24** 173
- Vertreter **4** 24
- Zwischenverfügung **4** 26; **6** 55 ff.

Registerordner
- Gesellschafterliste **13** 678

Registerpublizität
- Gesellschaft bürgerlichen Rechts **10** 97 f.
- Gesellschaftervereinbarung **17** 10 f.
- GmbH & Co. KG **11** 224
- Partnerschaftsgesellschaft **12** 26

Registersperre
- Freigabeverfahren **6** 61 ff.
- Freigabeverfahren, aktienrechtliches **6** 66

Registerverfahren
- Holding-SE **16** 106

- Verschmelzung zu SE **16** 71 ff.
- Vollmacht **25** 109

Registervollmacht
- Partnerschaftsgesellschaft **12** 36

Registervollzug
- Kapitalerhöhung aus Gesellschaftsmitteln **13** 544
- Kapitalherabsetzung GmbH **13** 567 ff.
- Kapitalherabsetzung, vereinfachte **13** 575

Regreßansprüche
- Gesellschafterhaftung Personenhandelsgesellschaft **11** 119 ff.

Regulierter Markt
- Börse **14** 688

Rente
- Einzelunternehmen **26** 96
- Unternehmensnachfolge Einzelunternehmen **26** 96

Richtigkeitsgewähr
- Beurkundung **2** 91

Rückabwicklung
- Grunderwerbsteuer **20** 83
- Unternehmenskauf **20** 82

Rückbeziehung
- Gewinnbeteiligung **18** 58
- Stille Gesellschaft **18** 58

Rückerstattung
- Grunderwerbsteuer **20** 83

Rückforderungsrecht **27** 128
- Abtretung Geschäftsanteil **13** 629 ff.
- Unternehmensnachfolge Kapitalgesellschaft **26** 165
- Unternehmensnachfolge Personengesellschaft **26** 117 f.

Rückgewähr
- Einlage **14** 227

Rücklage
- Ergebnisbeteiligung, Personenhandelsgesellschaft **11** 74
- Ergebnisverwendung **13** 266

Rücklage, gesetzliche
- Unternehmergesellschaft (haftungsbeschränkt) **13** 833 f.

Rücklagenumwandlung
- Kapitalerhöhung aus Gesellschaftsmitteln **14** 633

Rückstellungen
- Unterhaltsbilanz **27** 186

Rücktrittsrecht
- Unternehmenskaufvertrag GmbH **21** 45

Rückübertragungsanspruch
- Unternehmensnachfolge **26** 53 f.

Rückumwandlung
- Europäische Aktiengesellschaft **16** 170 ff.

Rückwirkung
- Abgabenordnung **30** 107
- Beherrschungsvertrag **19** 31
- Einbringung in Kapitalgesellschaft **30** 260
- Einbringung in Personengesellschaft **30** 212
- Erbschaft-/Schenkungsteuer **30** 106
- Gewinnabführungsvertrag **19** 34; **30** 332
- Grunderwerbsteuer **30** 105
- steuerliche Anerkennung **30** 101 ff.
- Umwandlungssteuergesetz **30** 366

Rückwirkungsfiktion
- Gesellschafterliste GmbH **4** 50

Rumpfgeschäftsjahr
- Satzung GmbH **13** 179

Sacheinbringungsvertrag
- Sachkapitalerhöhung AG **14** 538

Sacheinlage
- Anwachsungsmodell, erweitertes **23** 35
- Einbringung **30** 256 ff.
- Einbringungsvertrag AG **14** 177 ff.
- Insolvenz **29** 96
- Kommanditeinlage **11** 109
- Sachkapitalerhöhung **13** 526 ff.
- Satzung AG **14** 167
- Satzung GmbH **13** 171
- Stille Gesellschaft **18** 50
- Vorratsgründung **13** 90

Sacheinlage AG
- Begriff **14** 147
- Bewertung **14** 158 ff.
- Bewertungsgrundsätze **14** 154 ff.
- Bewertungsstichtag **14** 161
- Bilanzierungsfähigkeit **14** 151
- Einlagefähigkeit **14** 150 ff.
- freie Verfügbarkeit **14** 202
- Gegenleistung **14** 170
- gemischte **14** 149
- Gründungsprüfung, externe **14** 197 ff.
- Gründungsprüfung, Verwaltung **14** 193 ff.
- Sachgesamtheit **14** 168
- Überbewertung **14** 162 f.
- Über-Pari-Emission **14** 155
- Unter-Pari-Emission **14** 154, 162 f.
- verdeckte **14** 229

Sacheinlage GmbH
- bewegliche Sachen **13** 57
- Bewertung **13** 55, 60, 530
- Einbringungsvertrag **13** 174
- Einlagefähigkeit **13** 54, 171 f.
- Erbringung **13** 535
- Forderungen **13** 57, 527, 531
- Form der Erbringung **13** 56
- Gesellschaftsanteile **13** 529
- Grundstück **13** 57, 174
- Kombination Bareinlage **13** 175 f.
- Leistungszeitpunkt **13** 173
- Muster **13** 172
- Verbindlichkeitentilgung **13** 528
- verdeckte **13** 537
- Werthaltigkeit **13** 58, 173

Sacheinlagefähigkeit
- Sachgründung AG, verdeckte **14** 215

Sacheinlageverbot
- Belehrungspflicht **8** 85
- Unternehmergesellschaft (haftungsbeschränkt) **4** 44

Sachfirma
- Firma **6** 107
Sachgesamtheit
- Einbringung in Kapitalgesellschaft **30** 258 ff.
- Einbringungsvertrag AG **14** 183
- Sacheinlage AG **14** 168
Sachgründung
- Aktiengesellschaft **14** 2
- Aufsichtsrat, erster **14** 190 f.
- GmbH-Gründung **13** 29, 35
- Gründungsbericht AG **14** 192
- Gründungsprüfung AG **14** 193 ff.
- Kommanditgesellschaft auf Aktien **15** 8
- Zielrechtsträger **7** 92
- Zweigniederlassung, ausländische Aktiengesellschaft **7** 70
- Zweigniederlassung, ausländische Gesellschaft mit beschränkter Haftung **7** 63
Sachgründung AG 14 147 ff.
- Handelsregisteranmeldung **14** 201 ff.
- Kosten **14** 210
- Umgehung **14** 211 ff.
Sachgründung AG, verdeckte
- Abrede **14** 213, 218
- Darlehen **14** 216
- gemischte **14** 221
- Handelsregistereintragung **14** 224
- Heilung **14** 223 ff.
- Hin- und Herzahlen **14** 226 ff.
- Rechtsfolge **14** 219 ff.
- Sacheinlagefähigkeit **14** 215
- Tatbestand **14** 211 ff.
- Verkehrsgeschäft **14** 213 f.
- Zahlung an Dritte **14** 217
Sachgründungsbericht
- Formwechsel **22** 352 f.
- Sachkapitalerhöhung **13** 532
- Verschmelzung **22** 195
Sachgründungsprüfung
- Verschmelzung zu SE **16** 60
Sachgründungsvorschriften
- Umwandlung **22** 53
Sachkapitalerhöhung 13 522 ff.
- Bezugsrechtseinschränkung **13** 525
- Genehmigtes Kapital **14** 610, 620
- Handelsregisteranmeldung **13** 536
- Kapitalerhöhung **13** 522 ff.; **14** 466
- Kapitalerhöhungsbeschluss **13** 523 ff.; **14** 539
- Nachgründung AG **14** 272
- Sacheinlage **13** 526 ff.
- Sachgründungsbericht **13** 532
- Übernahmeerklärung **13** 534
- Unternehmenskauf **21** 61, 66 ff.
Sachkapitalerhöhung AG 14 532 ff.
- Ablaufplan **14** 562
- Aufsichtsrat **14** 541
- Bezugsrechtsausschluss **14** 548
- Einbringungsvertrag **14** 554
- Einlag **14** 553 ff.
- Handelsregisteranmeldung **14** 542, 557 ff.
- Kapitalerhöhungsbeschluss **14** 544 ff.
- Nachgründung **14** 537 ff.
- Nachgründungsbericht **14** 541
- Nachgründungsprüfung **14** 540
- Nachgründungsvertrag **14** 542
- Prüfungspflicht **14** 555 f.
- Sacheinbringungsvertrag **14** 538
- Sonderbeschluss **14** 549
- verdeckte Sacheinlage **14** 534
- Zeichnung **14** 550 ff.
- Zeichnungsschein **14** 552
Sachmängel
- Unternehmenskauf **21** 87
Sachübernahme
- Begriff **14** 147 f.
Sachverhaltsermittlung
- Rechtsformwahl **5** 10 ff.
- Registereinsicht **8** 50
- Unternehmenskauf **21** 4
Sachverhaltsermittlungspflicht
- steuerliche **30** 61
Salvatorische Klausel
- Abfindungsklausel **11** 178
- Ehevertrag **27** 20
Sammelbeurkundung
- Verlesungspflicht **8** 119 ff., 135
Sanierung
- Debt-Equity-Swap **29** 46 f.
- Debt-Hybrid-swap **29** 48
- Debt-Mezzanine-Swap **29** 48
- Einlagenleistung **29** 41
- ESUG **29** 91 ff.
- Formwechsel **29** 55 f.
- Kapitalerhöhung **29** 40 ff.
- Kapitalherabsetzung **29** 44 f.
- Kapitalschnitt **29** 43
- Mantel-GmbH **13** 97
- Verschmelzung **29** 52 ff.
Sanierungsfusion
- Umwandlung **22** 30
Sanierungszweck
- Kapitalherabsetzung, vereinfachte **14** 668
- Vorauszahlung auf künftige Kapitalerhöhung **13** 507
Sanktionen
- Güterstandsklausel **13** 399
Satzung
- Aktiengesellschaft **14** 43 ff.
- Auflösungsgründe GmbH **13** 379 ff.
- Aufsichtsrat GmbH **13** 367 ff.
- Beteiligungsvertrag **17** 104
- Beurkundungspflicht **8** 12
- Börsenfähigkeit **14** 700
- Einziehung Gesellschaftsanteil **13** 330 ff.
- Europäische Aktiengesellschaft **16** 54
- Familienkapitalgesellschaft **26** 169 ff.
- Formwechsel in SE **16** 129
- Geschäftsführungsbefugnis **13** 433 ff.
- Gesellschaftersonderrechte **13** 359 ff.
- Gesellschaftervereinbarung **17** 19 ff.
- GmbH-Konzern, faktischer **19** 98 ff.
- Gründungsaufwand GmbH **13** 376

- Gründungsplan SE **16** 88
- Handelsregisteranmeldung GmbH **13** 83
- Joint-Venture-Verträge **17** 133
- Kapitalschnitt **13** 581
- Kommanditgesellschaft auf Aktien **15** 7, 19 ff., 78 ff.
- Liquidator GmbH **13** 745 ff.
- Musterprotokoll **13** 19
- Tochter-SE, gemeinsame **16** 116
- Vinkulierung **13** 590

Satzung AG
- abweichende Regelungen **14** 59 f.
- Aktienart **14** 50 ff.
- Aktiengattung **14** 48 f.
- bedingt notwendige Bestandteile **14** 56
- Bekanntmachungsform **14** 55
- Bestimmtheit **14** 164 ff.
- ergänzende Regelungen **14** 61
- Firma **14** 45
- Grundkapital **14** 46 f.
- Mindestinhalt **14** 44
- Nebenabsprachen **14** 166
- Nennbetragsaktie **14** 165
- notwendiger Inhalt **14** 164 ff.
- Publizität **14** 171
- Sacheinlage **14** 167
- Satzungsstrenge **14** 57 f.
- Sitz **14** 45
- Unternehmensgegenstand **14** 45
- Vorstandsmitglieder **14** 54
- Zerlegung Grundkapital **14** 48 f.

Satzung GmbH
- Abberufung Geschäftsführer **13** 192
- Abfindungsklausel **13** 347 ff.
- Abtretungsverpflichtung des Erben **13** 320
- Accidentialia **13** 125 ff.
- Anfechtungsfrist **13** 255
- Ankaufsrecht **13** 182 f.
- Aufbau **13** 132
- Aufsichtsrat **13** 371 ff.
- Auktionsverfahren **13** 406
- Bargründung **13** 168
- Bekanntmachung **13** 383 f.
- Beratung durch Notar **13** 113 ff.
- Beurkundung **13** 2, 115 ff., 133
- Bilanzstichtag **13** 178
- Checkliste **13** 408
- Dauer der Gesellschaft **13** 177, 180
- Doppelnatur **13** 122
- Drittkontrahierungsklausel **13** 397
- Einzelvertretungsbefugnis **13** 420
- Einziehungsmöglichkeit **13** 320, 322
- Entnahmerecht **13** 278
- Ergänzungklausel **13** 386
- Ergebnisverwendung **13** 266
- Essentialia **13** 125 ff., 142 ff.
- fakultativer Inhalt **13** 125 ff., 177 ff.
- Fehler **13** 408
- Fiktionsklausel **13** 386
- Firma **13** 12, 142 ff.
- Fremdgeschäftführer **13** 136
- Gegenstand **13** 14
- Gerichtstandsklausel **13** 391
- Gesamtvertretungsbefugnis **13** 420, 423
- Geschäftsanteile **13** 16, 166 ff.
- Geschäftsführer **13** 187 ff.
- Geschäftsführerbestellung **13** 413 f.
- Geschäftsführungsbefugnis **13** 198 ff.
- Geschäftsjahr **13** 177 ff.
- Gesellschafter **13** 166 ff.
- Gesellschafterausschluss **13** 329
- Gestaltung **13** 113 ff.
- Gestaltungsfreiheit **13** 128 f.
- Güterstandsklausel **13** 396 ff.
- Hinauskündigungsklausel **13** 629
- individuelle Gestaltung **13** 135 ff.
- Kaduzierungsmöglichkeit **13** 320, 322
- Komplementär-GmbH **13** 155
- Liquidation **13** 379 ff.
- Mediationsklausel **13** 401
- Minderheitenschutz **13** 137
- Mindestangaben **13** 12
- Mindestinhalt **13** 125 ff.
- Muster **13** 130
- Nachfolgeklausel wie Personengesellschaft **13** 326
- Nachschußpflicht **13** 185 ff.
- Nebenleistungspflicht **13** 181 ff.
- Rechtsnatur **13** 122 ff.
- Rumpfgeschäftsjahr **13** 179
- Sacheinlage **13** 171
- satzungsergänzende Gesellschaftervereinbarung **13** 184
- Schiedsklausel **13** 387 ff.
- Selbstkontraktionsverbot **13** 426 ff.
- Sitz **13** 13, 150 ff.
- Sonderrechte **13** 359 ff.
- Sonderrechte Dritter **13** 392 ff.
- Sprache **13** 6 f., 131
- Stammkapital **13** 15, 160 ff.
- Steuerklausel **13** 279 ff.
- Stimmen **13** 138
- Stimmverbot **13** 249 ff.
- Teilung Geschäftsanteil **13** 295 ff.
- Texan-Shoot-Out-Verfahren **13** 405
- Thesaurierungsklausel **13** 270
- unechte Gesamtvertretung **13** 422
- Unternehmensgegenstand **13** 154 ff.
- verdeckte Gewinnausschüttung **13** 279 ff.
- Verwaltungssitz **13** 150
- Vinkulierung **13** 303 ff.
- Vorabausschüttung **13** 276 f.
- Vorkaufsrecht **13** 182 f.
- Wettbewerbsverbot **13** 284 ff.
- Zusammenlegung Geschäftsanteile **13** 300

Satzung in Originalsprache
- Zweigniederlassung, ausländische Gesellschaft mit beschränkter Haftung **7** 64

Satzung KGaA
- Änderung **15** 78 ff.
- antizipierte Zustimmung **15** 79
- Ausschluss eines Gesellschafters **15** 30

– dispositive **15** 78 ff.
– Kündigung **15** 33
– Nachfolgeklausel **15** 32
– notwendiger Inhalt **15** 19
Satzung SE
– Verschmelzung zu SE **16** 54
– Verschmelzungsplan **16** 54
Satzungsänderung
– Beurkundungspflicht **8** 14
– Genehmigtes Kapital **14** 611, 623
– Gesellschaft bürgerlichen Rechts **10** 40
– Hauptversammlung KGaA **15** 80 ff.
– Kapitalerhöhung **13** 498
– Kapitalerhöhungsbeschluss AG **14** 494, 582
– Kapitalherabsetzung AG **14** 658
– Kapitalmaßnahme GmbH **13** 463
Satzungsänderung AG
– Aktiengattung **14** 679
– Aufsichtsratsbeschluss **14** 680 ff.
– Ermächtigung genehmigtes Kapital **14** 615 ff.
– formelle **14** 674
– Handelsregisteranmeldung **14** 683 ff.
– Handelsregistereintragung **14** 685
– Hauptversammlungsbeschluss **14** 676 ff.
– materielle **14** 674
– Satzungsstrenge **14** 675
– Sonderbeschluss **14** 679
Satzungsautonomie
– Kommanditgesellschaft auf Aktien **15** 48
Satzungssitz
– Geschäftsanschrift, inländische **6** 136
– Verwaltungssitz **6** 136
Satzungsstrenge
– Aktiengesellschaft **4** 56
– Kommanditgesellschaft auf Aktien **15** 3
– Satzung AG **14** 57 f.
– Satzungsänderung AG **14** 675
Schadenersatz
– Umwandlung **22** 51
– Unternehmenskauf **21** 90
Schadenersatzanspruch der Gesellschaft
– Wettbewerbsverbot **11** 59
Schädlicher Beteiligungserwerb
– Geschäftsanteilsveräußerung **30** 296
– Satzungsklausel **30** 205 f.
– Share Deal **21** 32
– Verlustvorträge **30** 296, 299 ff.
– Vinkulierung **30** 205
Scheidung
– Ehevertrag **27** 5 ff.
– Liquiditätsabfluß **13** 397
– Offenlegung Betriebszahlen **13** 397
Schenkung
– Abtretung Geschäftsanteil **13** 619
– Belehrungspflicht, steuerliche **30** 64
– Form **18** 37, 116; **26** 80 ff.
– Geschäftsanteil GmbH **26** 78
– Grundstück **26** 79
– Stille Gesellschaft **18** 37, 52; **26** 212
– Unterbeteiligung **18** 116
– Vorweggenommene Erbfolge **26** 69 ff.
Schenkung Gesellschaftsanteil 26 69 ff.
– gemischte **26** 73
– persönliche Haftung **26** 70
Schenkung stille Beteiligung
– Muster **26** 212
Schenkungsteuer
– Nießbrauchsvorbehalt **30** 410, 433 ff.
– Unternehmenskauf **21** 21
– Vermögensübertragung gegen Versorgungsleistung **30** 396
– Vorweggenommene Erbfolge **26** 7
Schenkungsversprechen 26 75 ff.
Schiedsgutachterklausel
– Abfindungsklausel **13** 358
Schiedsklausel
– Beurkundungspflicht **20** 54
– Checkliste **26** 136
– Familiengesellschaft **26** 136
– Form **13** 390
– Muster **13** 389; **20** 52
– Satzung GmbH **13** 387 ff.
– Unternehmenskauf **20** 52 ff.
– Unternehmenskaufvertrag **21** 122
– Vollständigkeitsgrundsatz **20** 55
Schiedsverfahren
– ad-hoc **13** 389
– Beschlussmängelstreitigkeiten **13** 387
– instituitonelles **13** 389
Schlussbilanz
– Spaltung **22** 62, 241
– Verschmelzung **22** 62
Schlüsselpersonen des Unternehmens
– Beteiligungsvertrag **17** 101
Schlussrechnung
– Liquidation GmbH **13** 807
– Vermögensverteilung **13** 807
Schriftform
– Nachgründung AG **14** 253, 264
Schütt-aus-hol-zurück-Verfahren
– Barkapitalerhöhung **13** 508
Schwebende Geschäfte
– Stille Gesellschaft **18** 95
– Unterbeteiligung **18** 146
Schwebende Unwirksamkeit
– Kapitalerhöhungsbeschluss AG **14** 506
– Minderjährige **28** 6
– Vertreter ohne Vertretungsmacht **25** 135 ff.
– Vinkulierung **13** 591
– Vollmachtloser Vertreter **25** 135 ff.
Schweiz
– Auslandsbeurkundung **9** 21 ff.
SE
– Notar **1** 34; **3** 26 ff.
Selbstkontraktionsverbot
– Aktiengesellschaft **4** 59
– Geschäftsführer **13** 218 f., 426 ff.; **25** 78
– Insolvenzverwalter **29** 114
– Offene Handelsgesellschaft **25** 89
– Satzung GmbH **13** 426 ff.
– Vertretung, gesetzliche **25** 68 ff.
– Vollmacht **25** 125; **29** 114

- Zweigniederlassung, ausländische Gesellschaft mit beschränkter Haftung 7 56
- Zweigniederlassung, ausländische Kapitalgesellschaft 7 44
Selbstorganschaft
- Gesellschaft bürgerlichen Rechts **10** 14
- Personengesellschaft **5** 90 ff.
- Personenhandelsgesellschaft **11** 7, 37
- Stille Gesellschaft **18** 73
Share Deal
- Abtretung Geschäftsanteil **21** 39
- Ausgliederung auf neue GmbH **21** 31
- Besteuerung **21** 29
- aus Betriebsvermögen **21** 30
- Beurkundungspflicht **21** 39 ff.
- Change-of-Control-Klausel **21** 38
- Charakter **21** 38
- einbringungsgeborene Anteile **21** 31
- Formwechsel **21** 31
- Fusionskontrolle **21** 112
- Gestaltungsmißbrauch **21** 31
- Gewährleistung **21** 87
- Gewinnbezugsrecht **21** 42
- Grunderwerbsteuer **21** 38
- Kaufgegenstand **21** 38 ff.
- Mängel **21** 92
- Muster **21** 129 ff.
- öffentlich-rechtliche Genehmigungen **21** 38
- schädlicher Beteiligungserwerb **21** 32
- Stichtagsregelungen **21** 42
- Teileinkünfteverfahren **21** 29
- Unternehmenskauf **20** 1; **21** 8, 39 ff.; **30** 344
- Unternehmenskauf in der Krise **29** 74 f., 86
- Unternehmenskaufvertrag Personengesellschaft **21** 47 ff.
- Unternehmenstransaktionen **2** 12 f.
- Veräußerungsgewinn **30** 348 f.
- wesentliche Beteiligung **21** 29
Share Deal GbR **21** 48 ff.
- Darlehenskonto **21** 51
- Form **21** 49
- Grundbesitz **21** 52
- Grundstücke **21** 52
- Kapitalkonten **21** 51
- Veräußerbarkeit **21** 48
- Zustimmung Mitgesellschafter **21** 48
Share Deal GmbH & Co. KG
- aufschiebende Bedingung **21** 58
- Einlagenrückgewähr **21** 55
- Form **21** 57
- Freistellungsanspruch **21** 59
- Haftung **21** 55
- Handelsregistereintragung **21** 57
- Rechtsfolgenvermerk **21** 55
- Sonderrechtsnachfolge **21** 55
- Wiederaufleben Haftung **21** 59
Share Deal KG
- Unternehmenskaufvertrag **21** 55 ff.
Share Deal OHG
- Unternehmenskaufvertrag **21** 53
Sicherheitsleistung
- Hinausverschmelzung **24** 193 f.
- Kapitalherabsetzung AG **14** 664
- Liquidationsverfahren GmbH **13** 782, 800
Sicherungsinstrumente
- Unternehmensübergeber **26** 52 ff.
Sicherungstreuhand
- Treuhand **18** 152
Signing
- Unternehmenskaufvertrag **2** 40
- Unternehmenskaufvertrag GmbH **21** 44
Simultaninsolvenz
- GmbH & Co. KG **29** 71 f.
Sittenwidrigkeit
- Ehevertrag **27** 10
Sitz
- Gesellschaftsvertrag Personenhandelsgesellschaft **11** 18
- Personenhandelsgesellschaft **11** 18
- Satzung AG **14** 45
- Satzung GmbH **13** 13, 150 ff.
- Verschmelzung zu SE **16** 48
- Verschmelzungsplan **16** 48
Sitztheorie
- Ausländische Rechtsform **4** 65
- Gesellschaftsstatut **25** 147 ff.
- Umwandlung, Auslandsberührung **24** 8
Sitzungsniederschrift
- Aufsichtsrat, erster **14** 83 f.
Sitzungsunterbrechung
- Versammlungsleiter AG **14** 317
Sitzverlegung
- Europäische Aktiengesellschaft **16** 151 ff.
- Kostenvorschuß **4** 18
Sitzverlegung ins Ausland
- Auflösungsgründe GmbH **13** 736
Sitzverlegung SE
- Anmeldung Wegzugsstaat **16** 165 f.
- Anmeldung Zuzugsstaat **16** 167
- Arbeitnehmerbeteiligung **16** 156
- Bericht **16** 161
- Handelsregistereintragung **16** 168
- Minderheitenschutz **16** 162
- Offenlegung **16** 163, 169
- Verlegungsplan **16** 158 ff.
- Wegzugsbesteuerung **16** 153
- Zustimmung Hauptversammlung **16** 164
Software
- Durchführungsverträge **17** 144
Sonderbeschluss
- Aktiengattung **14** 504
- Hauptversammlungsbeschluss **14** 363
- Hauptversammlungsprotokoll **14** 363
- Kapitalerhöhungsbeschluss AG **14** 504 ff.
- Mehrheitserfordernis **14** 504
- Sachkapitalerhöhung AG **14** 549
- Satzungsänderung AG **14** 679
- Vorzugsaktien **14** 505
Sonderbetriebsvermögen
- Anteilsübertragung Personengesellschaft **30** 404

- Entnahme bei Tod **26** 252
- Erwerb von Todes wegen **30** 413
- Gesamthandsvermögen **30** 172
- Miteigentum **30** 171
- Mitunternehmeranteil **30** 167 ff.
- Nachfolgeklausel, einfache **30** 416
- Nachfolgeklausel, qualifizierte **30** 419
- Personengesellschaft **30** 157
- Testament **26** 252
- Voraussetzungen **30** 168 ff.

Sondererbfolge
- GmbH & Co. KG **11** 255
- Tod eines Gesellschafters **11** 185 f.

Sonderformen
- Stille Gesellschaft **18** 14 ff.

Sonderrechte
- Familiengesellschaft **26** 124
- Familienkapitalgesellschaft **26** 173 ff.
- Hereinverschmelzung **24** 61
- Insolvenz Gesellschafter **29** 33
- Satzung GmbH **13** 359 ff.
- Verschmelzung zu SE **16** 53
- Verschmelzungsplan **16** 53; **24** 166

Sonderrechte Dritter GmbH
- Geschäftsführerbestellung **13** 394
- Organ der Gesellschaft **13** 393
- Satzung **13** 392 ff.
- Weisungsrecht **13** 394
- Zustimmungsvorbehalt **13** 394

Sonderrechte Gesellschafter GmbH **13** 359 ff.
- Abtretung Geschäftsanteil **13** 362
- anteilsgebundenes **13** 362
- Beispiele **13** 360
- Gestaltungsfreiheit **13** 361
- Minderheitenschutz **13** 359
- personengebundenes **13** 362 f.
- Satzung **13** 359 ff.
- Vorzugsgeschäftsanteil **13** 362

Sonderrechtsnachfolge
- Minderjährige **28** 42
- Share Deal GmbH & Co. KG **21** 55

Sonderrechtsträger
- Umwandlung **22** 50

Sondervermögen
- Gesellschaft bürgerlichen Rechts **10** 6

Sonderverwahrung
- Aktien KGaA **15** 56

Sozialansprüche
- Gesellschafterhaftung **11** 102

SPAC
- Unternehmenstransaktionen **2** 25

Spaltung **22** 231 ff.
- Abfindungsangebot **22** 275
- Ablauf **22** 241 ff.
- Anteilsgewährspflicht **22** 15 f., 43
- Anteilsgewährungsrecht **22** 272
- anwendbares Recht **22** 255
- zur Aufnahme **22** 232
- Auslandsvermögen **22** 254
- Beherrschungsvertrag **19** 83 ff.
- Besteuerung **30** 374 ff.
- Betriebsübergang **22** 270
- Europäische Aktiengesellschaft **16** 185
- Firmenfortführung **6** 129
- Fusionskontrolle **22** 247
- Gebietskörperschaften **22** 310
- Genehmigungserfordernisse **22** 248
- gesamtschuldnerische Haftung **22** 52
- Gesellschaft mit beschränkter Haftung **22** 243
- Gewinnabführungsvertrag **19** 83 ff.
- Gläubigerschutz **22** 309 f.
- grenzüberschreitende Spaltung **22** 254 f.
- Grunderwerbsteuer **22** 90 f.; **30** 382
- Handelsregisteranmeldung **22** 93, 246, 290 ff.
- Handelsregistereintragung **22** 303 ff.
- Heilung **22** 307 f.
- Informationspflichten **22** 73, 243, 245
- Kapitalerhöhung **22** 252
- konzerninterne **22** 90
- Kosten **22** 249
- zur Neugründung **22** 232, 277 ff., 299 ff.
- nicht verhältniswahrende **22** 22, 273
- partielle Gesamtrechtsnachfolge **22** 38
- Personenhandelsgesellschaft **22** 243
- Registergericht **4** 62
- Schlussbilanz **22** 62, 241
- Spaltungsfähigkeit **22** 238 ff.
- steuerliche Unbedenklichkeitserklärung **22** 306
- Steuerneutralität **22** 260
- Teilbetrieb **22** 260
- Umtauschverhältnis **22** 241 f., 271
- Umwandlungsgesetz **22** 4
- Unternehmergesellschaft (haftungsbeschränkt) **4** 45; **13** 855
- Vermögensübertragung **22** 260
- Vorkaufsrechte **22** 307
- Wirksamwerden **22** 84, 305 ff.
- Zuleitung Betriebsrat **22** 244 f.
- Zustimmungsbeschluss **22** 243
- Zuzahlung **22** 271

Spaltung, grenzüberschreitende **24** 24 ff.

Spaltung zu Null **22** 273

Spaltung zur Neugründung
- Aktiengesellschaft **22** 301
- Gesellschaft mit beschränkter Haftung **22** 300
- Handelsregisteranmeldung **22** 299 ff.
- Handelsregistereintragung **22** 304

Spaltungsbericht **22** 281, 283
- Entbehrlichkeit **22** 283
- Konzern **22** 283
- Verzicht **22** 283

Spaltungsbeschluss **22** 284 ff.
- Aktiengesellschaft **22** 285
- Anfechtungsverzicht **22** 287
- Beurkundungspflicht **22** 286
- Bindungswirkung **22** 284
- Einstimmigkeit **22** 284
- Gesellschaft mit beschränkter Haftung **22** 285
- Kapitalherabsetzung **22** 288
- KGaA **22** 285
- Kosten **22** 250 f.

– zur Neugründung **22** 289
– Zustimmungserfordernisse **22** 285
Spaltungsfähigkeit
– Spaltung **22** 238 ff.
Spaltungsplan 22 256
Spaltungsprüfung 22 282
Spaltungsvertrag 22 256 ff.
– Aufteilungsfreiheit **22** 261 ff.
– Bestimmtheitsgrundsatz **22** 261 ff.
– Beurkundung **22** 258
– Beurkundungspflicht **22** 256
– Bevollmächtigte **22** 257
– Bezeichnung der Gegenstände **22** 261 ff.
– Bezeichnungsmangel **22** 263
– fakultativer Inhalt **22** 276
– Grundstücksübertragung **22** 262
– Kapitalaufbringung **22** 267
– Kosten **22** 249
– Mindestinhalt **22** 259
– Rechte an Grundstück **22** 265
– Teilgrundstück **22** 264
– Vermögensaufteilung **22** 261
SPE
– Notar **1** 35; **4** 84
– Registergericht **4** 83 ff.
Sperrjahr
– Haftung bei Verstoß **13** 801 ff.
– Kapitalherabsetzung GmbH **13** 566
– Liquidationserlös **13** 796 ff.
Splittingvorteil
– Ehegattenunterhalt **27** 164
Spruchverfahren
– Barabfindungsanspruch **22** 47
– Formwechselbeschluss **22** 337
– Gründungsplan SE **16** 98
– Übertragender Rechtsträger **22** 47
– Verschmelzung zu SE **16** 68
– Verschmelzungsbeschluss **22** 154
Squeeze Out
– Mehrheitsaktionär **14** 707
– Unternehmenstransaktionen **2** 23
Stammkapital
– Satzung GmbH **13** 15, 160 ff.
– Unternehmergesellschaft (haftungsbeschränkt) **13** 821 ff.
Stammkapital GmbH
– genehmigtes Kapital **13** 162 ff.
– Stückelung **13** 38 f.
– Unterkapitalisierung **13** 161
Standesrecht
– Rechtsformwahl **5** 21
Stapled Financing
– Auktionsverfahren **2** 124 ff.
Stellvertretender Geschäftsführer 13 220; **25** 75 f.
– Vertreter, gesetzlicher **25** 76
Stellvertretung
– GmbH-Gründung **13** 3 ff.
– Gründer AG **14** 33
Steuerausländer
– Anzeigepflichten, Einkommensteuer **30** 34
Steuerberater
– Belehrungspflicht, steuerliche **30** 87
– Mandanten **1** 48 ff.
Steuerberatungsgesellschaft
– Stille Gesellschaft **18** 40
Steuerbilanz
– Ehegattenunterhalt **27** 166 ff.
– Stille Gesellschaft **18** 65
Steuerentnahmerecht
– Entnahmerecht, Personenhandelsgesellschaft **11** 80
– Muster **11** 80
Steuerklausel
– Satzung GmbH **13** 279 ff.
– Unternehmenskauf **21** 114; **30** 350 f.
– Verdeckte Gewinnausschüttung **13** 279 ff.; **30** 250 ff.
Steuerliche Beratung
– Auftrag zur **30** 77 ff.
– Beratungspflicht **8** 94
– Notar **30** 77 ff.
– Organschaft **19** 5
Steuerneutralität
– Spaltung **22** 260
Steuerpflicht, unbeschränkte
– Körperschaftsteuer **30** 225
Steuerrecht
– Notar **30**
– Notarhaftung **30** 88
– Umwandlung **22** 86 ff.
Steuersatz
– Körperschaftsteuer **30** 228
– Personengesellschaft **5** 140
Steuerschulden
– Unternehmenskauf in der Krise **29** 79
Steuersubjekt
– Körperschaftsteuer **30** 224
Steuerwertklausel
– Abfindungsklausel Personenhandelsgesellschaft **11** 180
– Muster **11** 180
Stichtag
– Verschmelzung zu SE **16** 52
– Verschmelzungsplan **16** 52
Stichtagsbilanz
– Unternehmenskaufvertrag **21** 46
Stichtagsprinzip
– Zugewinnausgleich **27** 52
Stichtagsregelungen
– Share Deal **21** 42
Stiftung
– Rechtsformwahl **5** 164
Stille Beteiligung
– Existenznachweis **25** 61
– Gesellschaft mit beschränkter Haftung **13** 457
– Kapitalgesellschaft **18** 57
– Minderjährige **28** 59 ff.
– Notar **1** 42
– Übertragbarkeit **18** 77 ff.
– Unternehmensnachfolge **26** 206 ff.

– Unternehmensvertrag **19** 91
– Vinkulierung **18** 77
Stille Gesellschaft 18
– Abfindungsbeschränkung **18** 82 f.
– Abfindungsguthaben **18** 91 ff.
– Aktiengesellschaft **18** 35
– Allgemeine Geschäftsbedingungen **18** 43
– Angehörige **18** 57
– Apotheke **18** 39
– Auflösung **18** 79 ff.
– Auflösungsgründe **18** 81
– Auseinandersetzungsguthaben **18** 91 ff.
– Auszahlung Gewinnanteil **18** 59
– Beteiligte **18** 48
– Beteiligung an Handelsgewerbe **18** 3
– Beteiligungshindernisse **18** 39 ff.
– Charakter **18** 2
– Checkliste **26** 210
– Darlehen, partiarisches **18** 9
– Eigenkapitalcharakter **18** 22
– Einlage **18** 5, 50 ff.
– Ergänzungspfleger **28** 59
– Ergebnisanteil **18** 62
– Ergebnisermittlung **18** 63 ff.
– familiengerichtliche Genehmigung **28** 60
– fehlerhafte **18** 45
– Form **18** 36 f.
– Gesamtabrechnung **18** 94
– Geschäftsführungsbefugnis **18** 15, 69 ff.
– Geschäftsinhaber **18** 28 ff.
– Geschäftsjahr **18** 62
– Gesellschafter **18** 4
– Gesellschaftsvertrag **18** 23 ff., 47 ff.
– Gewinn- und Verlustrechnung **18** 63 f.
– Gewinnbeteiligung **18** 7 ff.
– GmbH & Still **18** 17
– Gründung **18** 28 ff.
– Gründung mit AG **18** 35
– Gründung mit Kapitalgesellschaft **18** 32 ff.
– Gründung mit Personenhandelsgesellschaft **18** 30 f.
– Handelsbilanz **18** 65
– Haustürwiderrufsrecht **18** 44
– Herauskündigungsrecht **18** 84
– Innengesellschaft **18** 6, 49 ff.
– Innen-KG **18** 17
– Insolvenz **18** 96 f.
– Jahresabschluss-Korrekturen **18** 65
– Kapitalgesellschaft **18** 74
– Kartellrechtliche Beschränkungen **18** 41
– Kausalverhältnis **18** 46
– Konten **18** 61
– Kündigung **18** 82 ff.
– KWG **18** 42
– mehrgliedrige **18** 19 f., 80
– Mitwirkungsrecht **18** 71
– Nießbrauch **26** 209
– Personengesellschaft **18** 74
– Publikumsgesellschaft **18** 21, 42
– Rechtsanwaltsgesellschaft **18** 40
– Rechtsformwahl **5** 37 f.; **18** 10 f.
– Rückbeziehung **18** 58
– Sacheinlage **18** 50
– Schenkung **18** 37, 52; **26** 212
– schwebende Geschäfte **18** 95
– Selbstorganschaft **18** 73
– Sonderformen **18** 14 ff.
– Steuerberatungsgesellschaft **18** 40
– Steuerbilanz **18** 65
– Teilgewinnabführungsvertrag **18** 35
– Tod Geschäftsinhaber **18** 86 f.
– Tod stiller Gesellschafter **18** 88
– Treuepflicht **18** 70
– Treuepflichten **18** 98
– Veräußerung des Unternehmens **18** 89
– verdeckte Gewinnausschüttung **18** 57
– Verlust **18** 60
– Verlustbeteiligung **18** 7
– Vermögensbeteiligung **18** 16
– Verschmelzung **18** 90
– Verschwiegenheitspflicht **18** 99
– Vertretung Geschäftsinhaber **18** 29 ff.
– Verwaltungstreuhand **18** 18
– Wettbewerbsverbot **18** 98
– Zustimmung Gesellschafterversammlung **18** 29 ff., 32
Stille Gesellschaft, atypisch still 26 207 f.
– Abfindungsguthaben **18** 93
– Auseinandersetzungsguthaben **18** 93
– Ergebnisanteil **18** 68
– Gewerblichkeit **18** 13
– Kartellrechtliche Beschränkungen **18** 41
– Mitunternehmer **18** 12 ff.
– Mitunternehmerinitiative **18** 12
– Mitunternehmerrisiko **18** 12
– Verlustverrechnung **18** 51
– Zustimmung Gesellschafterversammlung **18** 31
Stille Gesellschaft, typisch still 26 207
– Abgrenzung **18** 65
Stille Liquidation
– Liquidation GmbH **13** 721
Stille Reserven
– Anwachsungsmodell, einfaches **23** 22
– Anwachsungsmodell, erweitertes **23** 40, 44
Stiller Gesellschafter
– Bevollmächtigung **18** 72 ff.
– familiengerichtliche Genehmigung **18** 27
– Gewinnbeteiligung **18** 54 ff.
– Informationsrecht **18** 75 f.
– Konten **18** 61
– Kontrollrecht **18** 75 f.
– Minderjährige **18** 25
– Nachschußpflicht **18** 53
– Tod **18** 88
– Verlustbeteiligung **18** 56
– Vertretung **18** 24 ff.
Stimmauszählung
– Hauptversammlung **14** 329
– Hauptversammlungsbeschluss **14** 351 ff.
– Hauptversammlungsprotokoll **14** 351

Stimmbindung
- Treuhand **18** 189, 192 f.
- Treuhänder **18** 189
Stimmbindungsvertrag
- Anfechtbarkeit Stimmabgabe **17** 73
- Außengesellschaft **17** 77
- Beteiligungsvertrag **17** 108
- Checkliste **17** 64
- Durchsetzung **17** 81 ff.; **18** 192 f.
- einstweilige Verfügung **17** 82
- Erfüllungsanspruch **17** 82
- Form **17** 80
- Gesellschaft bürgerlichen Rechts **17** 76 ff.
- Gesellschaftervereinbarung **17** 64 ff.
- Joint-Venture-Verträge **17** 135
- Kernbereichlehre **17** 70
- Kosten **17** 155
- Mehrheitserfordernis **17** 84
- Rechtsnatur **17** 76 ff.
- Regelungsinhalt **17** 83 ff.
- Stimmenkauf **17** 69
- Treuegebot **17** 74
- Unternehmensübergeber **26** 64
- Vertragsstrafe **17** 81
- Vinkulierung **13** 595; **17** 68
- Wettbewerbsbeschränkung **17** 68
- Willensbildung **17** 83
- Zulässigkeit **17** 66 ff.
Stimmenkauf
- Stimmbindungsvertrag **17** 69
Stimmgewichtsverteilung
- Unternehmensübergeber **26** 61 ff.
Stimmrecht
- Bevollmächtigter **13** 245
- Familiengesellschaft **26** 125 ff.
- Familienkapitalgesellschaft **26** 170 ff.
- Geschäftsanteil **13** 244 ff.
- Hauptversammlung KGaA **15** 62
- Insolvenz Gesellschafter **29** 18 ff.
- Nießbrauch **11** 88
- Nießbrauch Geschäftsanteil **13** 673
- Organschaft **19** 12
- Pfandrecht Geschäftsanteil **13** 665
- Treuhand **18** 216 ff.
Stimmrechtsausschluss
- Gesellschafterbeschluss GmbH **13** 249
- Gesellschafterbeschluss Personenhandelsgesellschaft **11** 49
Stimmrechtsübertragung
- an Treugeber **18** 197
- Unzulässigkeit **18** 197
Stimmrechtsvertreter
- Hauptversammlungsbeschluss **14** 350
- Hauptversammlungsprotokoll **14** 350
Stimmrechtsvollmacht
- Formwechsel **22** 321
- Gesellschafterbeschluss Personenhandelsgesellschaft **11** 50
Stimmverbot
- Gesellschafterbeschluss GmbH **13** 249 ff.
- Hauptversammlung **14** 325
- Satzung GmbH **13** 249 ff.
- Treuhand **18** 218
- Treuhänder **18** 190 f.
Strukturmaßnahmen
- Europäische Aktiengesellschaft **16** 151 ff.
- Unternehmenstransaktionen **2** 16, 30
Stückaktie
- Aktiengattung **14** 48 f.
- Kapitalherabsetzung AG **14** 656
- Übernahmeerklärung **14** 38
Stückelung
- Geschäftsanteil **13** 299
- Stammkapital **13** 38 f.
Stundung Abfindungsguthaben
- Muster **11** 182
Stundungsvereinbarung
- Abfindungsklausel **11** 182
Stuttgarter Verfahren
- Abfindungsklausel **13** 352
Substanzwertmethode
- Goodwill **27** 67 f.
- Unternehmensbewertung **27** 64 ff.
- Zugewinnausgleich **27** 64 ff.
Substanzwertverfahren
- Abfindungsklausel **13** 351
- Unternehmensbewertung **21** 84
Substitution
- Gleichwertigkeit **9** 7
- statusrelevante Beschlüsse **9** 8 ff.
Substitution Auslandsbeurkundung
- Anteilsabtretung **9** 12 ff.
- Beurkundungserfordernis **9** 7
Surrogate
- Nießbrauch **13** 672

Tag-anlong-Klausel
- Mitverkaufsrecht **13** 316 f.; **17** 106
Tagesordnung
- Gesellschafterversammlung **13** 230
Taking private
- Unternehmenstransaktionen **2** 23
Tätigkeitsvergütung
- Ergebnisbeteiligung, Personenhandelsgesellschaft **11** 73
- Komplementär KGaA **15** 29
Tatsachenprotokoll
- Hauptversammlung **14** 425
- Hauptversammlungsprotokoll **14** 425
Teaser
- Unternehmenstransaktionen **2** 9
Teilbetrieb
- Einbringung in Kapitalgesellschaft **30** 258 ff.
- Einbringung in Personengesellschaft **30** 210 ff.
- Spaltung **22** 260
- Veräußerung **21** 25
Teilbetriebsveräußerung
- Besteuerung **21** 25
Teileinkünfteverfahren
- Asset Deal **21** 26, 27
- Ausschüttung **5** 141
- ermäßigter Steuersatz **21** 27

- Kapitalgesellschaft 5 141
- Share Deal 21 29
Teilgewinnabführungsvertrag
- Stille Gesellschaft 18 35
- Unternehmensvertrag 19 91
Teilgrundstück
- Spaltungsvertrag 22 264
Teilnahmerecht
- Gesellschafterversammlung 11 50
- Hauptversammlung 14 309 f.
- Hauptversammlung KGaA 15 61
Teilnahmerecht Gesellschafterversammlung 50
- Insolvenz 29 17
Teilrechtsfähigkeit
- Gesellschaft bürgerlichen Rechts 21 52
Teilübertragung
- Anteilsübertragung 11 141 f.
Teilung Geschäftsanteil 13 293 ff., 587, 686
- Numerierung 13 686
- Satzung 13 295 ff.
Teilung Geschäftsanteils
- Insolvenz 29 38
Teilungsanordnung
- Testament 26 254
Testament
- Auslandsvermögen 26 250
- Checkliste 26 249
- Gestaltung 26 253 ff.
- Minderjährige 26 255
- Sonderbetriebsvermögen 26 252
- Teilungsanordnung 26 254
- Versicherungsleistungen 26 252
- Vorausvermächtnis 26 254
Testamentsvollstreckung
- Abwicklungsvollstreckung 26 256
- Beirat 26 256, 258
- Checkliste 26 259
- Dauertestamentsvollstreckung 26 256
- Einzelunternehmen 26 258
- Geschäftsanteil 13 325
- Handelsregisteranmeldung 6 41
- Kapitalgesellschaft 26 257
- Muster 26 254
- Personengesellschaft 26 258
- Umwandlung 22 40
- Unternehmensnachfolge 26 22
- Vollmacht 26 256 ff.
Texan-Shoot-Out-Verfahren
- Satzung GmbH 13 405
Thesaurierungsklausel
- Ergebnisverwendung 13 267
- Muster 13 270
- Satzung GmbH 13 270
Tilgungsplan
- Liquidationsverfahren GmbH 13 781
Tochtergesellschaft
- Geschäftsführungsbefugnis GmbH 13 436
Tochter-SE, gemeinsame
- Arbeitnehmerbeteiligung 16 117
- Beurkundung 16 116
- Europäische Aktiengesellschaft 16 109 ff.
- Gründung 16 109 ff.
- Gründungsgesellschaften 16 110
- Handelsregisteranmeldung 16 119
- Mehrstaatlichkeitsgebot 16 111
- Satzung 16 116
Tod eines Gesellschafters
- Abtretungsklausel 13 320 f.
- Altverbindlichkeiten 11 189
- Anwachsen 11 196
- Auflösungsklausel 11 194
- Ausgleichsansprüche von Erben 11 210
- Ausscheiden Personenhandelsgesellschaft 11 157
- Ehevertrag 27 5 ff.
- Eintrittsklausel 11 205 ff.
- Einziehungsklausel 13 320, 322
- Familiengesellschaft 26 140 ff.
- Fortsetzung mit Erben 11 184
- Fortsetzungsklausel 11 195
- Geschäftsanteil 13 319 ff.
- Gesellschaft bürgerlichen Rechts 10 53 ff.
- Gesellschaftsvertrag 11 193 ff.
- Gestaltung 11 184
- GmbH & Co. KG 11 224, 255 f.; 26 201
- Handelsregisteranmeldung 11 190 ff., 209
- Kapitalgesellschaft 5 118; 26 196
- Komplementär 11 188 f.
- Muster 11 192; 13 327
- Nachfolgeklausel 11 193
- Partnerschaftsgesellschaft 12 74 ff.
- Personengesellschaft 5 115; 26 184 f.
- Personenhandelsgesellschaft 11 184 ff.
- persönlich haftender 11 187, 195, 198
- Pflichtteilsansprüche 11 212 ff.
- Rechtsfolge 11 184 ff.
- Sondererbfolge 11 185 f.
- Zwischeneintragung 11 192
Tod eines Gesellschafters GbR
- Eintrittsklausel 10 55, 60 ff.
- Fortsetzungsklausel 10 55
- Fortsetzungsoption 10 63
- Freiberufler 10 54
- Gestaltung 10 55
- Nachfolgeklausel 10 55 ff.
- Rechtsfolge 10 55 ff.
Tod eines Vertragspartners
- Treuhandvertrag 18 201
Tod Geschäftsinhaber
- Stille Gesellschaft 18 86 f.
Tod stiller Gesellschafter
- Stille Gesellschaft 18 88
Tranchen
- Kapitalerhöhungsbeschluss 13 494
Trennung von Hauptniederlassung
- Zweigniederlassung 7 5 ff.
Trennungsprinzip
- Ausnahmen 17 26 ff.
- Gesellschaftervereinbarung 17 24 ff.
- Joint-Venture-Verträge 17 129
- Kapitalgesellschaft 30 221
- Notar 17 32 ff.

Trennungsunterhalt
- Auskunftsanspruch **27** 193 ff.
Treuegebot
- Stimmbindungsvertrag **17** 74
Treuepflicht
- Gewinnbezugsrecht **13** 268
- Stille Gesellschaft **18** 70, 98
- Unterbeteiligung **18** 130 f., 149
Treugeber
- Auswechselung **18** 223 ff.
- Bevollmächtigung zur Stimmabgabe **18** 194 ff.
- mehrere **18** 216 ff.
- Weisungen **18** 188 ff.
Treuhand **18** 150 ff.
- Abtretung Abfindungsanspruch **18** 213 f.
- Anweisung zur Kündigung **18** 219
- Auflösung der Gesellschaft **18** 228
- Aufspaltung **18** 227
- bedingt auf Insolvenz Treugeber **18** 212
- Beendigung **18** 168
- Begründung **18** 165 ff.
- Beurkundungspflicht **18** 154, 159 ff.
- Drittwiderspruchsklage **18** 211
- eigennützige **18** 152
- einfache **18** 155
- Ermächtigungstreuhand **18** 151
- Erwerbstreuhand **18** 153
- familiengerichtliche Genehmigung **18** 169
- Formwechsel **18** 226
- fremdnützige **18** 152
- Geheimhaltung **18** 215
- an Gesellschaftsbeteiligung **18** 150 ff.
- Haftung **18** 229 f.
- Insolvenz **18** 154
- Legitimationszession **18** 196
- mehrere Treugeber **18** 216 ff.
- Mitgliedschaftsrechte **18** 188 ff.
- Mitteilungspflichten, steuerliche **18** 177 f.
- Nutzungstreuhand **18** 152
- offene **18** 155
- Personengesellschaft **18** 217
- persönliche Anforderungen Gesellschafter **18** 172
- qualifizierte **18** 155
- Satzungsanforderungen an Gesellschafter **18** 170
- satzungsmäßiges Vorkaufsrecht **18** 171
- Sicherungstreuhand **18** 152
- Stimmbindung **18** 189, 192 f.
- Stimmrecht **18** 216 ff.
- Stimmrechtsübertragung an Treugeber **18** 197
- Stimmverbot **18** 218
- Übertragungstreuhand **18** 153
- Unmittelbarkeitsgrundsatz **18** 211
- Veränderung der Beteiligung **18** 226 ff.
- verdeckte **18** 155, 187
- Vereinbarungstreuhand **18** 153
- Verschmelzung **18** 227
- Verwaltungstreuhand **18** 152
- vinkulierte Beteiligung **18** 165 ff.
- Vinkulierung **18** 214
- Vollmachtstreuhand **18** 151
- Vollrechtstreuhand **18** 151
- Widerruf **18** 199 f.
- Zulässigkeit **18** 158
Treuhänder
- Abspaltungsverbot **18** 186
- Aufwendungsersatz **18** 183
- Auswechselung **18** 220 ff.
- Herausgabe Erträge **18** 185
- Informationsrecht **18** 186 f.
- Insolvenz **18** 211 ff.
- Pflichtenbindung, doppelte **18** 180 ff.
- Stimmbindung **18** 189
- Stimmverbot **18** 190 f.
- Treuhandvertrag **18** 180 ff.
- Vergütungsanspruch **18** 184
- Verschwiegenheitspflicht **18** 186
Treuhänderbestellung
- Verschmelzung **22** 213
Treuhandverhältnis
- Wirtschaftlicher Eigentümer **30** 95
Treuhandvertrag
- Abstimmung mit Gesellschaftsvertrag **18** 182
- Abtretung Geschäftsanteil **13** 598, 619
- Abwicklung **18** 202 ff.
- Auftragsrecht **18** 179
- Beendigung **18** 203 ff.
- Besteuerung **18** 175 ff.
- Beurkundungspflicht **18** 159 ff.
- Ertragsteuerrecht **18** 175
- Geschäftsanteil **13** 639
- Grunderwerbsteuerrecht **18** 176
- Inhalt **18** 179 ff.
- Kausalverhältnis **18** 174
- Kündigung **18** 199 f.
- Mitteilungspflichten, steuerliche **18** 177
- Nichtigkeit **18** 173
- Tod eines Vertragspartners **18** 201
- Treuhänder **18** 180 ff.
Treuhandvertrag, Beendigung
- Abtretungsangebot, unwiderrufliches **18** 203, 205
- aufschiebend bedingte Abtretung **18** 203, 206 f.
- Herausgabe Erlangtes **18** 203 ff.
- Kommanditbeteiligung **18** 210
- Vinkulierung **18** 208 f.
- Vollmacht **18** 203 f.
Two-Step-Modell
- Unternehmenskaufvertrag GmbH **21** 44

Überbewertung
- Sacheinlage **14** 162 f.
Übergabevertrag
- Einzelunternehmen **26** 88
- Unternehmensnachfolge Einzelunternehmen **26** 88
Übergangsrecht
- Gesellschafterliste **13** 680
Übergeordnetes Unternehmen
- Beherrschungsvertrag **19** 51 ff.

– Gewinnabführungsvertrag **19** 51 ff.
– Organschaft **19** 19 ff.
Übernahmeangebot, öffentliches
– Börse **14** 706
Übernahmeerklärung
– Aktien **14** 36 ff.
– Ausgabebetrag **14** 39
– Barkapitalerhöhung **13** 499 ff., 518
– Nennbetragsaktie **14** 36 f.
– Sachkapitalerhöhung **13** 534
– Stückaktie **14** 38
Übernahmevereinbarung
– Personengesellschaft **23** 3
Übernehmender Rechtsträger
– Anteilsgewährung Verzicht **22** 48
Über-Pari-Emission
– Bareinlage AG **14** 108
– Bilanzierung **14** 156
– Sacheinlage AG **14** 155
Überschuldung
– Rangrücktrittsvereinbarung **29** 49
Übersetzung
– Anlagen **20** 41
– Einreichung zum Handelsregister **6** 50 ff.
– Existenznachweis, ausländische Gesellschaft **25** 186 ff.
– Handelsregistereintragung **6** 50 ff.
– Niederschrift **8** 97 ff.
– Vertretungsnachweis, ausländische Gesellschaft **25** 186 ff.
Übertragbarkeit
– Stille Beteiligung **18** 77 ff.
– Unterbeteiligung **18** 135
Übertragender Rechtsträger
– Barabfindungsanspruch **22** 47
– Erlöschen **22** 44
– Spruchverfahren **22** 47
Übertragung Wirtschaftsgüter
– Einzelunternehmen **26** 89 f.
– Unternehmensnachfolge Einzelunternehmen **26** 89 f.
Übertragungsmodell
– Anteilsübertragung GmbH & Co. KG **26** 110
– Anwachsungsmodell, erweitertes **23** 36
Übertragungsstichtag
– Umwandlungssteuergesetz **30** 365
Übertragungsstichtag, steuerlicher
– Umwandlung **22** 63
– Verschmelzungsvertrag **22** 113
Übertragungstreuhand
– Beurkundungspflicht **18** 159
– Treuhand **18** 153
UG & Co. KG
– Rechtsformzusatz **6** 95
Umdeutung
– Formverstoß **8** 21
Umgehung
– Sachgründung AG **14** 211 ff.
Umqualifizierung
– Ausländische Gesellschaft **24** 10
Umsatzsteuer
– Anteilstausch **30** 277
– Anwachsungsmodell, einfaches **23** 31
– Einbringung in Kapitalgesellschaft **30** 369
– Einbringung in Personengesellschaft **30** 220
– Unternehmenskauf **21** 35; **30** 357
Umstrukturierung
– Notar **3** 46 ff.
Umtauschverhältnis
– Bewertungsstichtag **22** 107 f.
– Hereinverschmelzung **24** 50 ff.
– Spaltung **22** 241 f., 271
– Verschmelzung zu SE **16** 50
– Verschmelzungsplan **16** 50; **24** 160
– Verschmelzungsvertrag **22** 107
Umwandlung 22
– Ablauf **22** 58 ff.
– Abweisung mangels Masse **29** 60
– Acht-Monatsfrist **4** 64
– Anwachsung **22** 11 ff.
– Anzeigepflichten **22** 85
– Arbeitnehmer **22** 55 ff.
– aufgelöste Rechtsträger **22** 32
– Ausgliederung **22** 234
– ausländische Rechtsträger **22** 37
– Ausländischer Rechtsträger **7** 88 ff.
– Auslandsberührung **24** 2, 32 ff.
– Ausscheiden eines Gesellschafters **6** 126
– Begriff **22** 1
– Beherrschungsvertrag **19** 79 ff.
– Besteuerung **5** 157 f.
– Bestimmtheitsgrundsatz **22** 41
– beteiligte Rechtsträger **22** 27 ff.
– Beteiligtenfähigkeit **22** 27 ff.
– Betriebsübergang **22** 55 ff.
– Beurkundung **2** 76 ff.; **3** 46 ff.
– Beurkundungsmangel **22** 45
– Beurkundungspflicht **8** 15
– Börsenfähigkeit **14** 695
– Downstream **22** 18
– Einbringung **22** 9 f.
– Erlöschen übertragender Rechtsträger **22** 44
– nach Eröffnungsbeschluss **29** 59
– Europäische Aktiengesellschaft **16** 181 ff.
– Firmenfortführung **6** 124 ff.
– Formverstoß **8** 27
– Formwechsel **22** 25 f.
– Gebietskörperschaften **22** 36
– Gesamtrechtsnachfolge **22** 38 f.
– Gesellschaft bürgerlichen Rechts **10** 89 ff.; **22** 28
– Gewinnabführungsvertrag **19** 79 ff.
– Gläubigerrechte **22** 51 ff.
– grenzüberschreitende **7** 88 ff.; **24** 2
– Grunderwerbsteuer **30** 381 ff.
– Handelsregisteranmeldung **22** 81 ff.
– Handelsregistereintragung **22** 45
– Handelsregisterkosten **22** 99
– während Insolvenzeröffnungsverfahren **29** 57 ff.
– zur Insolvenzvermeidung **29** 50 ff.
– Kapitalaufbringung **22** 53

- Kettenumwandlung **22** 23 f.
- Komplementär KGaA **15** 37
- Kosten **22** 93 ff.
- Krise **29** 50 ff.
- Liquidation GmbH **13** 720
- natürliche Person **22** 35
- nicht existente Rechtsträger **22** 33 f.
- Nichtigkeit **22** 46
- Notar **1** 25 ff.; **3** 46 ff.
- öffentlich-rechtliche Genehmigungen **22** 40
- Partnerschaftsgesellschaft **12** 93 ff.
- Pfandrecht Geschäftsanteil **13** 664
- Rechtsformwahl **5** 157 f.
- Registergericht **4** 61 ff.
- Sachgründungsvorschriften **22** 53
- Sanierungsfusion **22** 30
- Schadenersatz **22** 51
- Sonderrechtsträger **22** 50
- Steuerrecht **22** 86 ff.
- Testamentsvollstreckung **22** 40
- überschuldete Rechtsträger **22** 29 f.
- Übertragungsstichtag, steuerlicher **22** 63
- Unterbeteiligung **18** 142
- Unternehmenskauf **21** 8, 18
- Unternehmensnachfolge **26** 33, 178 ff.
- Unternehmensvertrag **22** 40
- Unternehmergesellschaft (haftungsbeschränkt) **13** 846 ff.
- Upstream **22** 17
- Vertragsentwurf **22** 58
- Vinkulierung **13** 303 ff.
- Vollmacht **22** 40; **25** 119
- Wirksamwerden **22** 84
- Zweigniederlassung, ausländischer Rechtsträger **7** 88 ff.

Umwandlung, ausländische
- Inlandsberührung **24** 2, 35 f.

Umwandlung, Auslandsberührung 24
- anwendbares Recht **24** 3 ff.
- Gründungstheorie **24** 8
- Internationales Privatrecht **24** 3 ff.
- Sitztheorie **24** 8
- Verwaltungssitz **24** 7

Umwandlung in Kommanditanteil
- Erbe **26** 150
- GmbH & Co. KG **23** 12
- Komplementär **11** 151 ff.; **26** 150

Umwandlung in Komplementäranteil
- Aktien KGaA **15** 90
- GmbH & Co. KG **23** 13

Umwandlung, mehrstufige
- Verschmelzung, grenzüberschreitende **24** 19 f.

Umwandlung SE
- Aktiengesellschaft **16** 170 ff.

Umwandlungsbericht 22 59
- Formwechsel **22** 315
- Formwechsel in SE **16** 131

Umwandlungsbeschluss 22 76 ff.
- Anfechtungsklage **6** 61 ff.
- Formwechsel **22** 61, 318 ff.
- Formwechsel in SE **16** 137
- Klageverzicht, notarieller **6** 62
- Mehrheitserfordernis **22** 76
- nicht verhältniswahrende **22** 77
- Publikumsgesellschaft **22** 80
- Vorbereitung **22** 61

Umwandlungsbeurkundung
- Kosten **22** 93 ff.

Umwandlungsgesetz 22 2 ff.
- Anteilsgewährspflicht **22** 15 ff.
- Formwechsel **22** 4
- numerus clausus **22** 5
- Spaltung **22** 4
- Systematik **22** 6
- Vermögensübertragung **22** 4
- Verschmelzung **22** 4

Umwandlungsplan 22 72
- Formwechsel in SE **16** 126 ff.

Umwandlungsprüfung 22 60
- Formwechsel **22** 316
- Formwechsel in SE **16** 132

Umwandlungssteuergesetz 22 86 ff.; **30** 360 ff.
- Anwendungsbereich **22** 87 ff.
- Behaltensfristen **22** 92
- Einbringung **30** 367
- Einbringung in Personengesellschaft **30** 212 ff.
- Ertragsteuern **30** 362
- Grunderwerbsteuer **22** 90 ff.
- Rückwirkung **30** 366
- Systematik **30** 363
- Übertragungsstichtag **30** 365
- Verdeckte Sacheinlage **30** 280
- Verlustvorträge **30** 361

Umwandlungsvertrag
- Abänderung nach Zuleitung Betriebsrat **22** 71
- Abschluss **22** 72
- Zuleitung Betriebsrat **22** 66 ff.

Unbedenklichkeitsbescheinigung
- Anzeigepflichten, Grunderwerbsteuer **30** 39
- Belehrungspflicht, steuerliche **30** 71

Unentgeltlichkeit
- Anteilsübertragung Kapitalgesellschaft **30** 433 ff.
- Vorweggenommen Erbfolge **30** 389

Unparteilichkeit
- Notar **2** 53

Unterbeteiligung 18 100 ff.
- Abgrenzung **18** 101
- Anwendungsbereich **18** 102
- atypische **18** 103, 145
- Auflösung **18** 136 ff., 144 ff.
- Auflösung der Hauptgesellschaft **18** 140, 144 ff.
- Ausgleichsforderung **18** 145
- Beteiligungshindernisse **18** 114
- Buchwertabfindung **18** 145
- Charakter **18** 100 ff.
- einfache **18** 106
- Entnahme **18** 126
- Ergänzungspfleger **28** 62 f.
- familiengerichtliche Genehmigung **18** 111; **28** 64

- fehlerhafte **18** 117
- Form **18** 115
- Genehmigungserfordernisse **18** 112
- Geschäftsführer **18** 130 ff.
- Geschäftsführungsbefugnis **18** 130 ff.
- Gewinn- und Verlustrechnung **18** 124
- Gewinnbeteiligung **18** 123 ff.
- Gewinnermittlung **18** 124
- Informationsrecht **18** 128
- Innengesellschaft **18** 133
- Insolvenz Hauptbeteiligter **18** 147 f.
- Kausalverhältnis **18** 118 f.
- Konten **18** 126
- an Körperschaft **18** 105
- Kündigung **18** 136 f.
- mehrgliedrige **18** 107
- Minderjährige **18** 110; **28** 62 ff.
- Mischform **18** 108
- an Mitunternehmerschaft **18** 104
- Notar **18** 129
- offene **18** 106
- Personengesellschaft **18** 141
- qualifizierte **18** 106
- Schenkung **18** 116
- schwebende Geschäfte **18** 146
- Tod des Hauptbeteiligten **18** 138
- Treuepflicht **18** 130 f., 149
- typische **18** 103, 145
- Übertragbarkeit **18** 135
- Umwandlung **18** 142
- Unternehmensnachfolge **26** 213 ff.
- verdeckte **18** 106
- Verschmelzung **18** 143
- Vertragsabschluss **18** 109
- Vertragsinhalt **18** 120 ff.
- Vertretung Geschäftsinhaber **18** 109
- Verwaltungstreuhand **18** 101
- vinkulierte Hauptbeteiligung **18** 113
- Wettbewerbsverbot **18** 149

Unterbilanz
- Kapitalherabsetzung, vereinfachte AG **14** 668

Unterbilanzhaftung
- Erlöschen durch Einzahlung **13** 106
- Gesellschafterhaftung GmbH & Co. KG **11** 238
- gutgläubiger Erwerb **13** 107
- Innenhaftung **11** 238
- Insolvenz **29** 99
- Mantel-GmbH **13** 102 ff.
- Minderjährige **28** 5
- wirtschaftliche Neugründung **13** 104

Unterhalt
- s. Ehegattenunterhalt

Unterhaltsanspruch
- vertraglicher **27** 205 ff.

Unterhaltsbeschränkung
- Muster **27** 202

Unterhaltsbilanz
- Abschreibungen **27** 174 ff.
- Altersversorgung **27** 192
- Ehegattenunterhalt **27** 170 ff.
- Entnahmen **27** 182
- Investitionsentscheidungen **27** 183 f.
- Krankenversicherung **27** 192
- Privatausgaben **27** 187
- Rechtsverhältnisse mit nahen Angehörigen **27** 185
- Rückstellungen **27** 186
- Steuern **27** 190
- Vorsorgeaufwendungen **27** 192
- Zwei-Konten-Modell **27** 189

Unterhaltshöchstgrenze
- Ehevertrag **27** 201 f.

Unterhaltsreform **27** 134

Unterhaltsvereinbarung
- Muster **27** 209

Unterhaltsverzicht
- Muster **27** 204

Unterkapitalisierung
- Stammkapital GmbH **13** 161

Unternehmensbeteiligung
- Bewertung **27** 86 ff.
- Familienrecht **27**
- Zugewinnausgleich **27** 86 ff.

Unternehmensbewertung **21** 81
- Abfindungsklausel **27** 88
- Ertragswertmethode **27** 53 ff.
- Ertragswertverfahren **21** 83
- IDW-Standard S 1 **27** 61 ff.
- Kaufpreis Unternehmenskauf **21** 82 f.
- Substanzwertmethode **27** 64 ff.
- Substanzwertverfahren **21** 84
- Zugewinnausgleich **27** 73 ff.

Unternehmensfortführung
- Dritte **26** 33
- Familienangehörige **26** 29 ff.
- Unternehmensnachfolge **26** 28 ff.

Unternehmensgegenstand
- Beteiligungen **13** 159
- Eintragungshindernis **13** 157
- Elektronische Einreichung **6** 31
- Gesellschaftsvertrag Personenhandelsgesellschaft **11** 15
- GmbH & Co. KG **11** 249
- Handlungsbereich Geschäftsführer **13** 158
- Komplementär-GmbH **11** 249
- Rechtsformwahl **5** 21 ff.
- Satzung AG **14** 45
- Satzung GmbH **13** 154 ff.
- unzureichender **13** 157
- Wettbewerbsverbot **13** 158
- Zusätze **13** 159
- Zweigniederlassung **7** 7
- Zweigniederlassung, ausländischer Rechtsträger **7** 33

Unternehmensjurist **3** 8 f.

Unternehmenskauf
- Abschriften **20** 76
- Änderung der Urkunde **20** 69
- Anzeigefristen **20** 80
- Anzeigepflichten **20** 78 ff.
- Apostille **20** 64
- Arbeitnehmer **21** 105 ff.

- Asset Deal **20** 1; **21** 8; **30** 345
- aufschiebende Bedingung **20** 72
- ausländische Gesellschaft **20** 19 ff., 27 ff.
- Auslandsbeurkundung **20** 7
- Barkapitalerhöhung **21** 60, 65
- Belehrung **20** 71 ff.
- Belehrungspflicht **21** 20, 114
- Beschaffenheitsvereinbarung **21** 88
- Besteuerung **5** 154 ff.; **21** 8, 22 ff.; **30** 338 ff.
- Beteiligte **20** 11 ff.
- Betriebsübergang **21** 105 ff.
- Beurkundung **20** 57 ff.
- Beurkundungsablauf **20** 63 ff.
- Beurkundungspflicht **20** 2 ff.
- Bevollmächtigte **20** 23
- Bezugsurkunde **20** 43 ff.
- Change-of-Control-Klausel **21** 9
- Charakter **21** 14
- Checkliste **21** 15
- Closing **21** 11
- Datenraum **20** 85 ff.
- Due Diligence **21** 10
- Einbringungsvertrag **21** 70
- Entwurfsprüfung **20** 34 ff.
- Erkundigungspflicht **20** 84
- Ertragsteuerrecht **21** 23
- fehlgeschlagener **20** 6
- Firmenfortführung **21** 101
- Form **20** 2
- Fusionskontrolle **20** 73; **21** 108 ff.
- Garantien **20** 86 f.; **21** 96
- Gesellschaft bürgerlichen Rechts **21** 17
- Gesellschaft mit beschränkter Haftung **21** 5, 17
- Gesellschafterliste **21** 17
- Gestaltung **21** 12 ff.
- Gewährleistung **21** 85 ff.
- Gewährleistungsansprüche **21** 89 f.
- gewerbliche Einkünfte **21** 25
- Gewinnabführungsvertrag **30** 352 ff.
- Gewinnbesteuerung **21** 25
- GmbH & Co. KG **21** 6
- Grunderwerbsteuer **20** 74; **21** 21, 34
- Haftung Altverbindlichkeiten **21** 101 ff.
- Kapitalerhöhung **21** 8, 60 ff.
- Kartellrechtliche Beschränkungen **21** 108 ff.
- Kaufpreis **21** 77 ff.
- kleine Unternehmen **21** 13 ff.
- Letter of Intent **21** 10
- M & A **21** 10
- Management Buy In **21** 7
- Management Buy Out **21** 7
- Mantelurkunde **20** 50 f., 71
- Mitteilungspflicht Finanzamt **20** 78 ff.
- Mitwirkungsverbot **20** 11
- Notar **20**; **21** 4 ff.
- Offenbarungspflicht **21** 93
- Prüfung Anlagen **20** 40 ff.
- Prüfung Entwurf **20** 34 ff.
- Prüfungspflichten **20** 5
- Rechtsformwahl **5** 154 ff.
- Rückabwicklung **20** 82
- Sachkapitalerhöhung **21** 61, 66 ff.
- Sachmängel **21** 87
- Sachverhaltsermittlung **21** 4
- Schadenersatz **21** 90
- Schenkungsteuer **21** 21
- Schiedsklausel **20** 52 ff.
- Share Deal **20** 1; **21** 8, 39 ff.; **30** 344
- Sprache **20** 11
- Steuerklausel **21** 114; **30** 350 f.
- Umsatzsteuer **21** 35; **30** 357
- Umwandlung **21** 8, 18
- Verjährung **21** 91
- Verlesung **20** 69 f.
- Verlustvorträge **30** 343
- Vertrag **20** 12
- Vertragsgestaltung **21**
- Vertragsparteien **20** 11, 13
- Vertretungsbefugnis **20** 11, 18 ff.
- Verwahrungsauftrag **20** 85 ff.
- Vollmacht **20** 23 ff.
- Wettbewerbsverbot **21** 115 ff.
- Zusammengesetzte Rechtsgeschäfte **2** 122 ff.

Unternehmenskauf in der Krise
- Anfechtung durch Insolvenzverwalter **29** 83
- Arbeitsrecht **29** 80
- Asset Deal **29** 74 f., 87
- Betriebsübergang **29** 80
- Beurkundung **29** 76
- nach Eröffnungsbeschluss **29** 88
- existenzvernichtender Eingriff **29** 84
- Firmenfortführung **29** 77
- Gläubigerausschuß **29** 89 f.
- Gläubigerbegünstigung **29** 84
- Haftung **29** 77 ff.
- vor Insolvenzantrag **29** 83 ff.
- vom Insolvenzverwalter **29** 77
- Share Deal **29** 74 f., 86
- Steuerschulden **29** 79

Unternehmenskaufvertrag
- Abtretung Geschäftsanteil **21** 44 ff.
- Akquisitionsfinanzierung **2** 122 ff.
- Beurkundung **2** 36
- freiberufliche Praxis **21** 123 f.
- Garantievereinbarungen **21** 96 ff.
- Gestaltung **21** 36 ff.
- Schiedsklausel **21** 122
- Share Deal KG **21** 55 ff.
- Share Deal OHG **21** 53
- Signing **2** 40
- Verweisung andere Niederschriften **8** 125
- Vollzugsvorbereitung **2** 40 ff.

Unternehmenskaufvertrag GmbH
- aufschiebende Bedingung **21** 44
- Bilanzgarantie **21** 46
- Closing Action **21** 45
- Kaufpreiszahlung **21** 44
- Rücktrittsrecht **21** 45
- Signing **21** 44
- Stichtagsbilanz **21** 46
- Two-Step-Modell **21** 44

- Vollzug **21** 44
- Vollzugstag **21** 45
Unternehmenskaufvertrag Personengesellschaft
- Share Deal **21** 47 ff.
Unternehmensleitung
- Unternehmensübergeber **26** 66 f.
Unternehmensnachfolge 21 2; **26**
- auflösend bedingte **26** 53
- Beirat **26** 216 ff., 221 f.
- Bestandsaufnahme **26** 11 ff.
- Besteuerung **30** 385 ff.
- Checkliste **26** 11
- dauernde Last **26** 46
- Ehevertrag **26** 260 ff.
- Einzelunternehmen **26** 87 ff.
- Familiengesellschaft **26** 120 ff.
- Familienunternehmen **26** 21
- Gesellschaft bürgerlichen Rechts **26** 186 ff.
- Gewinnverteilung **26** 68
- GmbH & Co. KG **26** 197 ff.
- Haftentlassung **26** 48 f.
- Interessen **26** 14 ff.
- Kapitalgesellschaft **26** 33, 191 ff.
- Kommanditgesellschaft **26** 190
- Lebenssituation **26** 17 ff.
- Leibrente **26** 45
- Leistungen der Gesellschaft **26** 51
- Minderjährige **26** 228 ff.
- Nießbrauch **26** 43
- Offene Handelsgesellschaft **26** 186 ff.
- Personengesellschaft **26** 179 ff.
- Pflichtteilsanspruch **26** 32, 37 ff., 263 ff.
- Pflichtteilsverzicht **26** 39
- Rückübertragungsanspruch **26** 53 f.
- stille Gesellschaft **26** 206 ff.
- Testamentsvollstreckung **26** 22
- von Todes wegen **26** 249 ff.
- Umwandlung **26** 33, 178 ff.
- Unterbeteiligung **26** 213 ff.
- Unternehmensfortführung **26** 28 ff.
- Veräußerung **26** 35
- Verpachtung **26** 34, 50
- Vinkulierung **26** 57 ff.
- Vollzug **26** 82
- Vorsorgeregelungen **26** 18
- Widerrufsrecht **26** 53
- wirtschaftliche Absicherung **26** 42
- Zahlungen **26** 44
- Zugewinnausgleichsanspruch **26** 32, 40
- Zurückbehaltung Vermögensgegenstände **26** 47
- Zustimmungserfordernisse **26** 83 ff.
Unternehmensnachfolge Einzelunternehmen
- Ausgliederung zur Aufnahme **26** 102 ff.
- dauernde Last **26** 96
- Einzelrechtsübertragung **26** 89, 101
- Entnahmen bei Übertragung **26** 89
- Firmenfortführung **26** 93
- Gegenleistung **26** 95
- Haftentlassung **26** 94
- Haftung **26** 93
- Nießbrauch **26** 97
- Rente **26** 96
- Überführung in Gesellschaft **26** 100 ff.
- Übergabevertrag **26** 88
- Übertragung Wirtschaftsgüter **26** 89 f.
- Vertragsübernahme **26** 92
- Wohnrecht **26** 99
Unternehmensnachfolge Kapitalgesellschaft
26 154 ff.
- Anteilsübertragung **26** 155
- auflösende Bedingung **26** 165
- Aufnahme Nachfolger als Gesellschafter **26** 158 f.
- Bezugsrechtsausschluss **26** 158
- Einziehung **26** 167
- Kapitalerhöhung **26** 158
- Kündigungsklausel **26** 167
- Nießbrauch **26** 162 ff.
- Rückforderungsrecht **26** 165
- Vinkulierung **26** 156
- wirtschaftliche Absicherung **26** 160 ff.
- Zurückbehaltung Wirtschaftsgüter **26** 168
Unternehmensnachfolge Personengesellschaft
- auflösende Bedingung **26** 117
- Aufnahme Nachfolger als Gesellschafter **26** 111 ff.
- Kündigungsklausel **26** 117
- Nießbrauch **26** 115 f.
- Rückforderungsrecht **26** 117 f.
- wirtschaftliche Absicherung **26** 114 ff.
- Zurückbehaltung Wirtschaftsgüter **26** 119
Unternehmensnachfolger
- Ausschluss Kündigungsrecht **26** 60
Unternehmensrecht
- Mandantenstruktur **1** 45 ff.
Unternehmensregister
- Einsicht **8** 55
- Verknüpfung durch EU **6** 139 ff.
Unternehmensstillegung
- Insolvenzverwalter, vorläufiger **29** 7
Unternehmenstransaktionen
- Asset Deal **2** 14 f., 41
- Auktionsverfahren **2** 8 ff.
- Beteiligte **2** 17 ff.
- Bieterverfahren **2** 8 ff.
- bilateral **2** 5 ff.
- Börsengang **2** 22
- Carve-in **2** 12, 30
- Carve-out **2** 12, 30
- Datenraum **2** 38
- Dual Track Verfahren **2** 11
- Due Diligence **2** 9, 28
- Finanzinvestor **2** 19
- Going Public **2** 22
- Information Memorandum **2** 9
- IPO **2** 11, 22
- Kaufvertrag **2** 33 ff.
- M & A **2** 4 ff.
- Mantelgesellschaft **2** 32
- MBO **2** 20
- Nachvollzugsphase **2** 43
- PIPE **2** 24

– Process Letter 2 9
– Registergericht 2 70
– Share Deal 2 12 f.
– SPAC 2 25
– Squeeze out 2 23
– strategischer Investor 2 18
– Strukturmaßnahmen 2 16, 30
– Taking private 2 23
– Teaser 2 9
– Veräußerung 2 4 ff.
– Vollzugsmaßnahmen 2 69
– Vorratsgesellschaft 2 32
– wirtschaftliche Neugründung 2 32
Unternehmensübergeber
– Ankaufsrecht 26 65
– Sicherungsinstrumente 26 52 ff.
– Stimmbindungsvertrag 26 64
– Stimmgewichtsverteilung 26 61 ff.
– Unternehmensleitung 26 66 f.
– Vorkaufsrecht 26 65
– Zustimmungsvorbehalt 26 61 ff.
Unternehmensumstrukturierung 30 358 ff.
Unternehmensveräußerung
– Insolvenzverwalter, vorläufiger 29 7
– Stille Gesellschaft 18 89
Unternehmensvertrag
– Abschluss 19 95 f., 113
– Änderung 19 121
– Aufhebung 19 122
– aufschiebend bedingter 19 32
– Aufsichtsrat 19 116
– Beendigung 19 122 ff.
– Betriebsüberlassung 19 93
– Handelsregistereintragung 19 120
– Hauptversammlung 19 117 ff.
– Konzern 19 1 ff.
– Kündigung 19 124
– Liquidationsbeschluss GmbH 13 743
– partiarisches Darlehen 19 91
– stille Beteiligung 19 91
– Teilgewinnabführungsvertrag 19 91
– Umwandlung 22 40
– untergeordnete AG 19 112 ff.
– untergeordnete GmbH 19 90 ff.
– Verlustübernahmevertrag 19 94
– Zustimmungserfordernisse 19 114 ff.
Unternehmenszusammenschluss
– Kapitalerhöhung, bedingte 14 570
Unternehmenszweck
– Rechtsformwahl 5 24 f.
Unternehmer
– Mandanten 1 45 ff.
Unternehmergesellschaft (haftungsbeschränkt) 13 819 ff.
– Austrittsmodell 13 859 f.
– Bargründung 13 36
– Barkapitalerhöhung 13 837
– Belehrung 13 826 ff.
– Belehrungspflicht 8 85
– Einzahlung Nennbetrag 13 822
– Firma 13 12, 820
– Formwechsel 13 857 f.; 22 356
– gesetzliche Rücklage 13 833 f.
– Gewinnabführungsvertrag 13 845
– Gründung 4 43 ff.; 13 820 ff.
– Gründungsaufwand 13 824
– Kapitalaufholung 13 833 ff.
– Kapitalerhöhung 29 42
– Kapitalerhöhung aus Gesellschaftsmitteln 13 835 f.
– Kapitalerhöhung zur GmbH 13 835 ff.
– Kapitalherabsetzung GmbH 13 841
– Kapitalmaßnahme 13 466 f.
– Komplementär 11 229; 13 842 ff.
– Kosten 13 830 ff.
– Minderjährige 28 4 ff.
– Musterprotokoll 13 19, 824
– Organschaft 19 14
– Rechtsformwahl 5 40
– Registergericht 4 43 ff.
– Sacheinlageverbot 4 44
– Spaltung 4 45; 13 855
– Stammkapital 13 821 ff.
– Umwandlung 13 846 ff.
– Verschmelzung 4 45; 13 849; 22 199 ff.
– Verschmelzung, grenzüberschreitende 7 98 f.
– Volleinzahlung 4 44
– Zielrechtsträger 13 850 ff.
Unternehmer-Komplementär-KGaA
– Kommanditgesellschaft auf Aktien 15 5
Unter-Pari-Emission
– Kapitalerhöhungsbeschluss AG 14 485
– Sacheinlage AG 14 154, 162 f.
Unterscheidungskraft
– Allerweltsname 6 86
– Branchenbezeichnung 6 84 f.
– Firma 6 70, 75, 83 ff.; 13 144, 147
– Gattungsbezeichnung 6 84 f.
– Internetdomain 6 85
Unterschrift
– Anforderungen 8 138 f.
– Hauptversammlungsprotokoll 14 377
– Ordnungsgemäßheit 8 138 ff.
– vergessene 8 143 f.
Unterschriftsbeglaubigung
– Anzeigepflichten, Einkommensteuer 30 30
– Anzeigepflichten, Grunderwerbsteuer 30 38
Untervollmacht
– Vollmacht 25 127 ff.
Unterzeichner
– Vollmacht 25 124
Unterzeichnung
– Niederschrift 8 138 ff.
Unwirksamkeit, schwebende
– Belehrungspflicht 8 85
Upstream merger
– Umwandlung 22 17
– Verschmelzungsbericht 22 132
– Verschmelzungsprüfung 22 135
Urkunde
– Akteneinsicht 8 168
– Ausfertigungen 8 166 ff.

- Aushändigung der Urschrift **8** 164
- beglaubigte Abschrift **8** 166
- Bescheinigung **8** 165
- Handelsregisteranmeldung **8** 165
- Verbindung **8** 161 f.
- Vermerkurkunde **8** 165
- Verwahrung **8** 163

Urkundenänderung
- Unternehmenskauf 20 69

Urkundenerteilung
- Anzeigepflichten, Grunderwerbsteuer 30 47

Urschrift
- Einreichung zum Handelsregister **6** 47

USA
- Vertretung, gesetzliche, ausländische Gesellschaft **25** 170

US-notary public
- Existenznachweis, ausländische Gesellschaft **25** 158, 160
- Vertretungsnachweis, ausländische Gesellschaft **25** 158, 160

Veräußerung
- Aktien KGaA **15** 50
- Einzelunternehmen **21** 27
- Geschäftsanteil **13** 301 ff.
- Kommanditaktionäre **15** 50
- Teilbetrieb **21** 25
- Unternehmensnachfolge **26** 35
- Unternehmenstransaktionen **2** 4 ff.

Veräußerung Geschäftsanteil
- Besteuerung **30** 286 ff.
- im Betriebsvermögen gehaltene **30** 288
- Gewinnabgrenzung **30** 290 ff.
- Gewinnausschüttung **30** 294
- Grunderwerbsteuer **30** 308
- durch Körperschaft **30** 287
- Liquidation GmbH **13** 718
- Nachsteuerungstatbestände **30** 307
- durch Personengesellschaft **30** 287
- im Privatvermögen gehaltene **30** 288
- schädlicher Beteiligungserwerb **30** 296
- Verluste **30** 295 ff.
- Vorratsgründung **13** 94

Veräußerung Mitunternehmeranteil
- Anwachsungsmodell, einfaches **23** 22

Veräußerungserlös
- Einbringung in Kapitalgesellschaft **30** 256

Veräußerungsgeschäft
- Einbringung in Kapitalgesellschaft **30** 256

Veräußerungsgewinn
- Asset Deal **30** 346
- Share Deal **30** 348 f.

Verbindliche Auskunft
- Antrag **30** 142
- Bindungswirkung **30** 145
- Ermessen **30** 144
- Finanzamt **30** 141 ff.
- Gebühr **30** 143

Verbraucherschutz
- Notar **1** 11
- Zusammengesetzte Rechtsgeschäfte **2** 118 f.

Verbraucherverträge
- Beurkundungsverfahren **8** 88

Verdeckte Gewinnausschüttung
- Bargründung GmbH **13** 50 ff.
- Gründungsaufwand GmbH **13** 376
- Gründungskosten **30** 247
- Kapitalerhaltung **13** 281
- Kapitalgesellschaft **30** 238
- Organschaft, körperschaftsteuerliche **30** 335
- Satzung GmbH **13** 279 ff.
- Steuerklausel **13** 279 ff.; **30** 250 ff.
- Stille Gesellschaft **18** 57
- Wettbewerbsverbot **13** 287; **30** 238

Verdeckte Sacheinlage 30 278 ff.
- einzelne Wirtschaftsgüter **30** 279
- Hin- und Herzahlen **13** 50 f.
- Insolvenz **29** 97
- Kapitalerhöhungsbeschluss AG **14** 477
- Notar **1** 32
- Sachkapitalerhöhung AG **14** 534
- Umwandlungssteuergesetz **30** 280

Verein, eingetragener
- Rechtsformwahl **5** 161

Verein, rechtsfähiger
- Formwechsel **22** 359
- Verschmelzung **22** 223 ff.

Vereinbarungstreuhand
- Beurkundungspflicht **18** 159
- Treuhand **18** 153

Vererblichkeit
- Familienkapitalgesellschaft **26** 176
- Geschäftsanteil **13** 319 ff.
- Gesellschaftsanteil **26** 251
- Kapitalgesellschaft **30** 436 ff.
- Partnerschaftsgesellschaft **12** 74 ff.

Verfahrensbeistand
- Bekanntgabe **28** 102 ff.
- Bestellung Ergänzungspfleger **28** 78

Verfahrensbeistand, Bestellungsantrag
- Muster **28** 104

Verfahrensbeteiligte
- Bestellung Ergänzungspfleger **28** 71

Verfallfrist
- Kapitalerhöhungsbeschluss AG **14** 492

Verfassung
- Europäische Aktiengesellschaft **16** 9 ff.

Verflechtung bei Finanzierung
- Grundstückskaufvertrag **2** 120

Verflechtung, personelle
- Betriebsaufspaltung **30** 197
- Entfallen **30** 200
- Rechtsprechungsübersicht **30** 197

Verflechtung, sachliche
- Betriebsaufspaltung **30** 195 ff.
- Entfallen **30** 201
- Rechtsprechungsübersicht **30** 196

Verfristung
- Verschmelzungsanmeldung **22** 169

Verfügbarkeit, freie
- Bareinlage AG **14** 115 ff.
- Bargründung GmbH **13** 42
- Sacheinlage AG **14** 202

Verfügung von Todes wegen
- s. Testament

Verfügungsbeschränkungen
- Barabfindungsanspruch **22** 122
- Beteiligungsvertrag **17** 106
- Gesellschafterliste **13** 688
- Joint-Venture-Verträge **17** 136

Verfügungsbeschränkungen, eheliche
- Abdingbarkeit **27** 44 ff.
- Ausschluss, vertraglicher **27** 44 ff.
- Güterstand, gesetzlicher **27** 39 ff.

Verfügungsgeschäft
- Abtretung Geschäftsanteil **9** 11 ff.

Vergütung
- Aufsichtsrat, erster **14** 78

Vergütungsanspruch
- Treuhänder **18** 184

Vergütungshöhe
- Nachgründung AG **14** 246 ff.

Verhältnismäßigkeit
- Bezugsrechtsausschluss **14** 503

Verjährung
- Gewährleistungsansprüche **21** 91
- Unternehmenskauf **21** 91

Verjährungsverkürzung
- Geschäftsführer GmbH **13** 214

Verkehrsgeschäft
- Sachgründung, verdeckte **14** 213 f.

Verkehrswert
- Abfindungsanspruch **13** 344

Verlängerungsklausel
- Gesellschaft bürgerlichen Rechts **10** 77 f.
- Muster **10** 78

Verlesung
- Änderungen **8** 108
- Niederschrift **8** 106 ff.
- Unternehmenskauf **20** 69 f.

Verlesungspflicht
- Anlagen **20** 40
- Ausnahmen **8** 119
- Sammelbeurkundung **8** 119 ff., 135
- Vereinfachung **8** 134

Verlust
- Geschäftsanteilsveräußerung **30** 295 ff.
- Personenhandelsgesellschaft **11** 75
- Stille Gesellschaft **18** 60

Verlustabzug
- Organschaft, körperschaftsteuerliche **30** 335

Verlustbeteiligung
- Stille Gesellschaft **18** 7
- Stiller Gesellschafter **18** 56

Verlustdeckungshaftung
- Mantel-GmbH **13** 102 ff.
- wirtschaftliche Neugründung **13** 104

Verlustübernahme
- Gewinnabführungsvertrag **19** 25 ff.

Verlustübernahmeanspruch
- Verzinsung **19** 33

Verlustübernahmeverpflichtung
- Gewinnabführungsvertrag **30** 324

Verlustübernahmevertrag
- Unternehmensvertrag **19** 94

Verlustverrechnung
- Kapitalgesellschaft **5** 142
- Personengesellschaft **5** 139
- Stille Gesellschaft, atypisch still **18** 51

Verlustvorträge 30 6
- Mantel-GmbH **13** 96
- schädlicher Beteiligungserwerb **30** 296, 299 ff.
- Umwandlungssteuergesetz **30** 361
- Unternehmenskauf **30** 343
- Vernichtung **30** 296 ff.

Verlustzuweisung
- Publikums-GmbH & Co. KG **11** 227

Vermächtnis
- Anschaffungskosten **30** 398

Vermögensaufteilung
- Spaltungsvertrag **22** 261

Vermögensbeteiligung
- Stille Gesellschaft **18** 16

Vermögensbewertung
- Zugewinnausgleich **27** 48 ff.

Vermögensidentität
- Formwechsel **22** 42 f.

Vermögenstrennung
- Güterstand, gesetzlicher **27** 28 f.

Vermögensübertragung
- Grunderwerbsteuer **30** 382
- Spaltung **22** 260
- Umwandlungsgesetz **22** 4

Vermögensübertragung gegen Versorgungsleistung 30 390 ff.
- Besteuerung **30** 390 f.
- Gegenstand **30** 394
- persönlicher Anwendungsbereich **30** 392
- sachlicher Anwendungsbereich **30** 393
- Schenkungsteuer **30** 396

Vermögensübertragung, grenzüberschreitende 24 31

Vermögensverteilung
- Liquidationsverfahren GmbH **13** 791 ff.
- Schlussrechnung **13** 807

Vermögensverzeichnis
- Auskunftsanspruch **27** 92 ff.

Vermögenswertbegrenzung
- Zugewinnausgleich **27** 38

Vermögenszuordnung
- Gesellschaft bürgerlichen Rechts **10** 4 ff.

Verpachtung
- Unternehmensnachfolge **26** 34, 50

Verpfändung
- Geschäftsanteil **13** 655 ff.
- Gesellschaftsanteil, Personenhandelsgesellschaft **11** 93 ff.

Verpfändungsanzeige
- Pfandrecht Geschäftsanteil **13** 667 f.

Verpflichtungserklärung
– Bestellung Ergänzungspfleger **28** 84
– Ergänzungspfleger **28** 84
Verpflichtungsgeschäft
– Abtretung Geschäftsanteil **9** 10; **13** 637 ff.
Verpflichtungsklauseln
– Kapitaländerungsbeschluss **13** 485
Versagung der Amtstätigkeit
– anfechtbare Rechtsgeschäfte **29** 124 f.
– Notar **29** 122 ff.
– unwirksame Rechtsgeschäfte **29** 123
Versammlungsleiter
– Gesellschafterversammlung **13** 234
Versammlungsleiter AG
– Abwahl **14** 313
– Beschlussfeststellung **14** 369 ff.
– Ein-Personen-AG **14** 314
– Hauptversammlung **14** 312 ff.
– Ordnungsmaßnahmen **14** 317
– Sitzungsunterbrechung **14** 317
– Überwachung **14** 315 ff.
– vereinfachte Beschlussfeststellung **14** 375
– Vorsitzender **14** 368
Verschmelzung
– Aktiengesellschaft **22** 201 ff.
– auf Aktiengesellschaft **22** 208 ff.
– Anteilsgewährspflicht **22** 15 f., 43, 196
– Aufsichtsrat **22** 220
– Auslage von Unterlagen **22** 203 ff.
– Beherrschungsvertrag **19** 80 ff.
– Besteuerung **30** 369 ff.
– beteiligte Rechtsträger **22** 102
– Beurkundung **3** 49 ff.
– Beurkundungspflicht **2** 78 ff.
– bilanzieller Ansatz **30** 370 f.
– Einzelkaufmann **22** 228
– Europäische Aktiengesellschaft **16** 183
– Firmenfortführung **6** 125
– Freiberufler **22** 230
– Fusionskontrolle **22** 93
– genossenschaftlicher Prüfungsverband **22** 226
– Gesamtrechtsnachfolge **22** 38
– Gesellschaft mit beschränkter Haftung **22** 190 ff.
– auf Gesellschaft mit beschränkter Haftung **22** 192 ff.
– Gewinnabführungsvertrag **19** 80 ff.
– GmbH & Co. KG auf GmbH **22** 196 f.
– GmbH & Still **18** 90
– auf GmbH zur Neugründung **22** 195
– Grunderwerbsteuer **22** 90 f.; **30** 382
– Gründung SE **16** 39 ff.
– Handelsregisteranmeldung **22** 83, 155 ff.
– Handelsregistereintragung **22** 173
– Hauptversammlung **22** 202, 206
– Informationspflichten **22** 73
– Kapitalerhöhung **22** 215 ff.
– Kapitalerhöhungsverbot **22** 193
– Kapitalerhöhungswahlrecht **22** 193
– Kapitalgesellschaft mit Alleingesellschafter **22** 228 ff.
– KG aA **22** 221 f.
– Kleingewerbetreibender **22** 230
– Komplementär-GmbH auf KG **22** 185 f.
– konzerninterne **22** 91
– Konzernverschmelzung **22** 208 ff.
– Liquidation GmbH **13** 720
– als Nachgründung **22** 212
– Nachgründung AG **14** 270
– Nachgründungsvorschriften **22** 220
– zur Neugründung **22** 174 ff., 195, 218 ff.
– nicht verhältniswahrende **22** 22
– Notar **3** 49 ff.
– Partnerschaftsgesellschaft **6** 127; **22** 187 ff.
– Personenhandelsgesellschaft **22** 180 ff.
– auf Personenhandelsgesellschaft **22** 181 ff.
– Registergericht **4** 62
– Sachgründungsbericht **22** 195
– Sanierung **29** 52 ff.
– Schlussbilanz **22** 62
– Stille Gesellschaft **18** 90
– Treuhand **18** 227
– Treuhänderbestellung **22** 213
– Umwandlungsgesetz **22** 4
– Universalsukzession **22** 38
– Unterbeteiligung **18** 143
– Unternehmergesellschaft (haftungsbeschränkt) **4** 45; **13** 849; **22** 199 ff.
– Verein, rechtsfähiger **22** 223 ff.
– Verschmelzungsprüfung **22** 201
– Versicherungsverein auf Gegenseitigkeit **22** 227
– Verzicht auf Anteilsgewährung **22** 193
– Wirksamwerden **22** 84
– Zwischenbilanz **22** 204
Verschmelzung, grenzüberschreitende
– Anmeldungsfrist **24** 135
– Anwachsung **24** 21 ff.
– Bekanntmachung **24** 141
– Checkliste **24** 134
– Einreichung zum Handelsregister **7** 95
– europäische Verschmelzungsrichtlinie **7** 91 ff.
– Gesamtrechtsnachfolge **7** 91
– Handelsregisteranmeldung **7** 97
– Handelsregistereintragung **24** 136 ff.
– Hereinverschmelzung **24** 40 ff.
– Hinausverschmelzung **24** 181 ff.
– Kapitalgesellschaft **24** 16, 37
– Kooperation mit Eintragungsstellen **24** 18
– mehrstufige Umwandlung **24** 19 f.
– Niederlassungsfreiheit **24** 17
– Prüfungsumfang Registergericht **24** 136 ff.
– Regelungsumfang **24** 37 ff.
– Registeranmeldung **24** 128 ff., 178 ff.
– Registerberichtigung **7** 97
– Unternehmergesellschaft (haftungsbeschränkt) **7** 98 f.
– Vereinigungstheorie **24** 12
– Verschmelzungsbericht **7** 94; **24** 94 ff.
– Verschmelzungsbescheinigung **7** 96; **24** 176 f.
– Verschmelzungsmängel **24** 143
– Verschmelzungsplan **7** 93, 95
– Verschmelzungsprüfung **7** 94; **24** 104, 174

- Verschmelzungsvertrag **7** 93
- Wirksamwerden **24** 142
- Wirkung **24** 14
- Zielrechtsträger **7** 92, 98
- Zulässigkeit **24** 15
- Zustimmung Anteilseigner **24** 175

Verschmelzung zu SE
- Aktiengesellschaft **16** 40
- Aktienübertragung **16** 51
- Arbeitnehmerbeteiligung **16** 56, 63
- Barabfindungsangebot **16** 57
- Betriebsrat **16** 64
- Firma **16** 49
- Gründungsgesellschaften **16** 40
- Handelsregisteranmeldung **16** 70 ff.
- Handelsregistereintragung **16** 77
- Inhalt **16** 47 ff.
- Kapitalerhöhung **16** 69
- Mehrstaatlichkeitsgebot **16** 41
- Nachgründungsprüfung **16** 61
- Offenlegung **16** 62, 78
- Registerverfahren **16** 71 ff.
- Sachgründungsprüfung **16** 60
- Satzung SE **16** 54
- Sitz **16** 48
- Sonderrechte **16** 53
- Sprache **16** 46
- Spruchverfahren **16** 68
- Stichtag **16** 52
- Umtauschverhältnis **16** 50
- Verfahren **16** 42 f.
- Verschmelzungsbericht **16** 58
- Verschmelzungsplan **16** 44 ff.
- Verschmelzungsprüfung **16** 59
- Wirkung **16** 79
- Zustimmung Hauptversammlung **16** 65 ff.

Verschmelzungsanmeldung
- Acht-Monats-Frist **22** 167 ff.
- Anmeldeberechtigte **22** 155 ff.
- beizufügende Unterlagen **22** 163 f.
- Inhalt **22** 161 f.
- Verfristung **22** 169
- Vollmacht **22** 159

Verschmelzungsbericht **22** 130 ff.
- Entbehrlichkeit **24** 98 ff.
- Erforderlichkeit **22** 132
- fehlerhafter **24** 103
- gemeinsamer **24** 97
- Hereinverschmelzung **24** 94 ff.
- Upstream **22** 132
- Verschmelzung, grenzüberschreitende **7** 94; **24** 94 ff.
- Verschmelzung zu SE **16** 58
- Zugänglichmachen **24** 101 f.

Verschmelzungsbescheinigung
- Hinausverschmelzung **24** 203 ff.
- Verschmelzung, grenzüberschreitende **7** 96; **24** 176 f.

Verschmelzungsbeschluss
- Anfechtungsklage **22** 153
- Beschlussfassung **22** 142
- Beurkundung **2** 78 ff.
- Beurkundungspflicht **22** 150 ff.
- Entbehrlichkeit **24** 125 ff.
- Erforderlichkeit **22** 139
- Form **22** 150 ff.
- grenzüberschreitende Verschmelzung **22** 140
- Hereinverschmelzung **24** 112, 118
- Hinausverschmelzung **24** 191
- Inhalt **22** 145
- Konzernverschmelzung **22** 139
- Mehrheitserfordernis **22** 144
- Spruchverfahren **22** 154
- Verschmelzungsvertrag **22** 138 ff.
- Verzichtserklärungen **22** 148 ff.
- Vinkulierung **22** 146
- Zustimmungserfordernisse **22** 146 ff.

Verschmelzungsmängel
- Verschmelzung, grenzüberschreitende **24** 143

Verschmelzungsplan
- Abfindungsangebot **24** 170
- Aktienübertragung **16** 51
- Anteilsgewährung **24** 161
- Arbeitnehmer **24** 163
- Arbeitnehmerbeteiligung **16** 56; **24** 168
- Barabfindungsangebot **16** 57
- Bekanntmachung **24** 173
- Beurkundung **24** 172
- Bewertung **24** 169
- Bilanzstichtag **24** 169
- Firma **16** 49
- Gewinnbeteiligungszeitpunkt **24** 164
- Handelsregistereinreichung **24** 86 ff.
- Hereinverschmelzung **24** 41 ff., 150 ff.
- Inhalt **16** 47 ff.; **24** 152 ff.
- Offenlegung **16** 62
- Registergericht **24** 173
- Satzung aufnehmende Gesellschaft **24** 167
- Satzung SE **16** 54
- Sitz **16** 48
- Sonderrechte **16** 53; **24** 166
- Sprache **16** 46
- Stichtag **16** 52
- Umtauschverhältnis **16** 50; **24** 160
- Verschmelzung, grenzüberschreitende **7** 93, 95
- Verschmelzung zu SE **16** 44 ff.
- Verschmelzungsstichtag **24** 165
- Zuleitung Betriebsrat **24** 171
- Zustimmung Anteilseigner **24** 111 ff., 123 f.
- Zustimmung Hauptversammlung **16** 65 ff.
- Zuzahlung **24** 162

Verschmelzungsprüfung **22** 133 ff.
- Entbehrlichkeit **24** 107 f.
- Hereinverschmelzung **24** 104
- Prüfer **22** 134 f.; **24** 105 f.
- Prüfungsbericht **24** 109 f.
- Upstream **22** 135
- Verschmelzung **22** 201
- Verschmelzung, grenzüberschreitende **7** 94; **24** 104, 174
- Verschmelzung zu SE **16** 59

Verschmelzungsstichtag
- Hereinverschmelzung **24** 59 f.
- Verschmelzungsplan **24** 165
- Verschmelzungsvertrag **22** 113 ff.

Verschmelzungsvertrag
- Anteilsübertragung **22** 111
- Arbeitnehmerfolgen **22** 118 ff.
- Arbeitnehmerinformation **22** 118 ff.
- Barabfindungsangebot **22** 122
- Bekanntmachung **22** 137
- besondere Rechte **22** 116 f.
- Beurkundung **22** 127
- Bewertungsmethode **22** 108
- Bewertungsstichtag **22** 108
- fakultativer Inhalt **22** 126
- Gesamtrechtsnachfolge **22** 106
- Gewinnberechtigung **22** 112
- Minderheitsgesellschafter **22** 191
- Mindestinhalt **22** 105 ff.
- nachträgliche Änderungen **22** 129
- Übertragungsstichtag, steuerlicher **22** 113
- Umtauschverhältnis **22** 107
- Verschmelzung, grenzüberschreitende **7** 93
- Verschmelzungsbeschluss **22** 138 ff.
- Verschmelzungsstichtag **22** 113 ff.
- Vertreter **22** 103
- Zuleitung Betriebsrat **22** 136
- Zuzahlung **22** 109

Verschwiegenheitspflicht
- Auskunftsanspruch **27** 94
- Praxisveräußerung **21** 124
- Stille Gesellschaft **18** 99
- Treuhänder **18** 186

Verschwiegenheitspflicht Notar
- Anzeigepflichten, steuerliche **30** 16
- Insolvenzgericht **29** 119
- Insolvenzverfahren **29** 117

Versicherung an Eides Statt
- Geschäftsführer **13** 42, 48
- Mantel-GmbH **13** 109

Versicherung über Einlage
- Bargründung GmbH **13** 42
- Barkapitalerhöhung **13** 510
- Handelsregisteranmeldung **13** 82, 510 f.
- Vorratsgründung **13** 91

Versicherungsleistungen
- Testament **26** 252

Versicherungsverein auf Gegenseitigkeit
- Formwechsel **22** 359
- Rechtsformwahl **5** 163
- Verschmelzung **22** 227

Versorgungsausgleich **27** 210 ff.
- Einzelausgleich **27** 212
- Vereinbarung **27** 213
- Verzicht **27** 217

Verspätungszuschlag
- Anzeigepflicht **20** 81

Verteilung
- Ergebnisverwendung **13** 272 ff.
- Liquidationserlös **13** 382, 791 ff.

Verträge unter nahen Angehörigen
- Besteuerung **30** 131 ff.
- Fremdvergleich **30** 139 f.
- Minderjährige **30** 138
- steuerliche Anerkennung **30** 135 ff.
- zivilrechtliche Wirksamkeit **30** 135

Vertreter
- Handelsregisterverfahren **6** 12 ff., 18 ff.
- Insolvenzverwalter **25** 138 f.
- Registergericht **4** 24
- Verschmelzungsvertrag **22** 103

Vertreter, gesetzlicher
- Aufsichtsrat **25** 83 ff.
- Bekanntgabe **28** 100
- Geschäftsführer **25** 73 ff.
- Liquidator **25** 80
- Stellvertreter des Geschäftsführers **25** 76
- Vorstand **25** 81 ff.

Vertreter ohne Vertretungsmacht
- einseitige Rechtsgeschäfte **25** 136
- Genehmigung **13** 5; **14** 7
- schwebende Unwirksamkeit **25** 135 ff.

Vertreter, organschaftlicher
- Beteiligte **8** 78

Vertretung
- Aktiengesellschaft **25** 83 ff., 86
- Beherrschungsvertrag **19** 40
- Gesellschaft bürgerlichen Rechts **10** 6; **25** 98
- Gesellschaft mit beschränkter Haftung **25** 73 ff., 80
- Gesellschafterversammlung GmbH **13** 240
- Gesellschaftsvertrag GbR **10** 24 ff.
- Gewinnabführungsvertrag **19** 40
- Handelsregisterverfahren **6** 21 ff.
- Insolvenz **25** 138 f.
- Kommanditgesellschaft **25** 92
- Minderjährige **26** 229 ff.
- Offene Handelsgesellschaft **25** 87, 91
- Stille Gesellschaft **18** 29 ff.
- Stiller Gesellschafter **18** 24 ff.
- Unterbeteiligung **18** 109
- Vollmacht **25** 103 ff.

Vertretung, gesetzliche **25** 63 ff.
- Aktiengesellschaft **25** 81 ff.
- Beendigung **25** 67
- Beendigung der Organstellung **25** 67
- Einzelvertretungsbefugnis **25** 64
- Genossenschaft **25** 96
- Gesamtvertretungsbefugnis **25** 64
- Gesellschaft bürgerlichen Rechts **25** 98 ff.
- Gesellschaft mit beschränkter Haftung **25** 73 ff.
- GmbH & Co. KG **25** 94
- Handelsregistereintragung **25** 66
- Kommanditgesellschaft **25** 92 ff.
- Nachweis **25** 72
- Offene Handelsgesellschaft **25** 87 ff.
- Organe **25** 63 ff.
- Partnerschaftsgesellschaft **25** 95
- Selbstkontraktionsverbot **25** 68 ff.
- unechte Gesamtvertretungsbefugnis **25** 64
- Vertretungsbefugnis, abstrakte **25** 65

– Vertretungsbefugnis, konkrete **25** 65
– Vertretungsnachweis **25** 62 ff.
– Vertretungsnachweis, ausländische Gesellschaft **25** 163 ff.
– Vor-AG **25** 86
Vertretung, gesetzliche, ausländische Gesellschaft
– Beschränkungen **25** 165
– Frankreich **25** 168
– Großbritannien **25** 167
– Registereintragung **25** 166
– Umfang **25** 164
– USA **25** 170
Vertretung Minderjährige
– Gesellschafterbeschluss GmbH **28** 17 f.
– Gesellschafterbeschluss OHG **28** 35 f.
Vertretung, organschaftliche
– Vertretungsnachweis, ausländische Gesellschaft **25** 163
Vertretungsbefugnis
– ausländische Gesellschaft **20** 19 ff.
– Elektronische Einreichung **6** 32
– Geschäftsführer GmbH **13** 216 ff., 419 ff.
– Gesellschaft bürgerlichen Rechts **10** 39 ff.
– Gesellschaftsvertrag GbR **10** 39 ff.
– GmbH & Co. KG **11** 250 f.
– Handelsregisteranmeldung GmbH **13** 80
– Liquidator GmbH **13** 750 ff.
– Organschaft **19** 24
– Partnerschaftsgesellschaft **12** 89 ff.
– Personenhandelsgesellschaft **11** 42 ff.
– Unternehmenskauf **20** 11, 18 ff.
– Vollmacht **25** 123
– Vorstand **14** 134 f.
– Vorstandsmitglieder **14** 134 f.
– Zweigniederlassung, ausländische Gesellschaft mit beschränkter Haftung **7** 55
– Zweigniederlassung, ausländische Kapitalgesellschaft **7** 51
Vertretungsbefugnis, abstrakte
– Vertretung, gesetzliche **25** 65
Vertretungsbefugnis, konkrete
– Vertretung, gesetzliche **25** 65
Vertretungsbefugnis Personenhandelsgesellschaft
– Einzelvertretungsbefugnis **11** 43
– Entziehung **11** 45
– gemischte Gesamtvertretung **11** 43
– Gesamtvertretungsbefugnis **11** 43
– Inhaber **11** 42
– Umfang **11** 42
Vertretungsberechtigung
– Ausländische Rechtsform **4** 66 ff.
– Nachweis bei ausländischer Gesellschaft **4** 66 ff.
Vertretungsnachweis 25
– Aufsichtsrat **25** 85
– ausländische Gesellschaft **25** 140 ff.
– Bezugnahme auf Handelsregister **25** 31 f.
– Form **25** 25 ff.
– Gesellschaft bürgerlichen Rechts **25** 99
– gesetzliche Vertretung **25** 62 ff.
– GmbH & Co. KG **25** 94
– Handelsregister **25** 21 ff.
– Handelsregisterausdruck **25** 25 ff.
– inländische Gesellschaft **25** 21 ff.
– Notarbescheinigung **25** 28 ff.
Vertretungsnachweis, ausländische Gesellschaft **25** 158
– Beglaubigung **25** 171 f.
– Echtheitsnachweis **25** 179 ff.
– gesetzliche Vertretung **25** 163 ff.
– legal opinion **25** 162
– Notarbescheinigung **25** 159
– organschaftliche Vertretung **25** 163
– Übersetzung **25** 186 ff.
– US-notary public **25** 158, 160
– Vorlage Gesellschaftsunterlagen **25** 161
Vertretungsorgan
– Ausländer **4** 79 f.
– Liquidator **25** 80
– Zweigniederlassung, ausländische Aktiengesellschaft **7** 69
Vertretungsprüfung
– Ausländische Gesellschaft **25** 140
– Beurkundungspflicht **25** 6 f.
Verwaltungsrat
– Monistisches Leitungssystem **16** 18, 20
Verwaltungsrat SE
– Bestellung **16** 20
Verwaltungsrechte
– Nießbrauch Geschäftsanteil **13** 673
– Pfandrecht Geschäftsanteil **13** 666
Verwaltungssitz
– Ausländische Rechtsform **5** 17
– Geschäftsanschrift, inländische **6** 136
– Gesellschaftsvertrag Personenhandelsgesellschaft **11** 18
– Personenhandelsgesellschaft **11** 18
– Satzung GmbH **13** 150
– Satzungssitz **6** 136
– Umwandlung, Auslandsberührung **24** 7
Verwaltungstreuhand
– Stille Gesellschaft **18** 18
– Treuhand **18** 152
– Unterbeteiligung **18** 101
Verwässerungsschutzklausel
– Beteiligungsvertrag **17** 99
Verweisung
– Beurkundung **8** 112 ff., 116 ff., 123 ff., 127 ff.
– Mantelurkunde **8** 114 f.
– Unternehmenskaufvertrag **8** 125
Verwertung Gesellschaftsvermögen
– Liquidationsverfahren GmbH **13** 787
Verwertung im Insolvenzverfahren
– Firma **29** 104
Verwertungsbefugnis
– Insolvenz Gesellschafter **29** 37
– Insolvenzverwalter, vorläufiger **29** 9
Verzicht
– Anteilsgewährung **22** 19 ff.
– Barabfindungsangebot **22** 124
– Ehegattenunterhalt **27** 203 f.

– Spaltungsbericht **22** 283
– Versorgungsausgleich **27** 217
Verzicht auf Anteilsgewährung
– Verschmelzung **22** 193
Verzicht auf Einreichung
– Hereinverschmelzung **24** 93
Verzichtserklärungen
– Formwechselbeschluss **22** 335
– Hereinverschmelzung **24** 117
– Verschmelzungsbeschluss **22** 148 ff.
Verzinsung
– Verlustübernahmeanspruch **19** 33
Vinkulierte Hauptbeteiligung
– Unterbeteiligung **18** 113
Vinkulierung
– Abtretung Geschäftsanteil **13** 590 ff.
– Abtretung vermögensrechtlicher Ansprüche **13** 307
– Aktiengesellschaft **26** 59
– dingliche Rechte am Geschäftsanteil **13** 307
– Formwechsel **22** 333
– Gesamtrechtsnachfolge **13** 307
– Geschäftsanteil **13** 303 ff.
– Gesellschaft mit beschränkter Haftung **26** 58
– Insolvenz Gesellschafter **29** 31
– Kapitalerhöhung **13** 497
– Personengesellschaft **26** 57
– Pfandrecht Geschäftsanteil **13** 656
– Satzung **13** 590
– Satzung GmbH **13** 303 ff.
– Schädlicher Beteiligungserwerb **30** 205
– schwebende Unwirksamkeit **13** 591
– Stille Beteiligung **18** 77
– Stimmbindungsvertrag **13** 595; **17** 68
– Treuhand **18** 165 ff., 214
– Treuhandvertrag, Beendigung **18** 208 f.
– Umwandlung **13** 303 ff.
– Unterbeteiligung **18** 113
– Unternehmensnachfolge **26** 57 ff.
– Unternehmensnachfolge Kapitalgesellschaft **26** 156
– Verschmelzungsbeschluss **22** 146
– Zustimmung der Gesellschaft **13** 592
– Zustimmung Gesellschafterversammlung **13** 306, 593
– Zustimmung Mitgesellschafter **13** 303 ff., 594
Vinkulierung, gesetzliche
– Anteilsübertragung Personenhandelsgesellschaft **11** 132
– Personenhandelsgesellschaft **11** 132 f.
Vollbeendigung
– Auflösung Personenhandelsgesellschaft **11** 220 f.
– Gesellschaft mit beschränkter Haftung **13** 806
– Kapitalgesellschaft **25** 34
– Liquidation GmbH **13** 379, 806
– Personengesellschaft **25** 34
Volleinzahlung
– Unternehmergesellschaft (haftungsbeschränkt) **4** 44
Vollmacht
– Abtretung Geschäftsanteil **13** 642
– Apostille **20** 64
– auflösend bedingte **25** 111
– Auflösung der Gesellschaft **25** 118
– ausländische Gesellschaft **20** 27 ff.; **25** 175 ff.
– Beendigung der Organstellung **25** 118
– Beschränkungen **25** 126
– Erlöschen **25** 111 ff.
– Erlöschen im Insolvenzverfahren **29** 108 ff., 115
– Erteilung **25** 107 ff.
– Form **13** 4; **14** 6; **20** 25 f.; **25** 108 f.
– Fortbestehen **25** 110 f.
– vom Gemeinschuldner erteilte **29** 108
– Generalvollmacht **25** 122
– GmbH-Gründung **13** 3 ff.
– Gründungsprotokoll AG **14** 6 ff.
– Handlungsvollmacht **25** 131 ff.
– höchstpersönliche Rechtsgeschäfte **25** 106
– Insolvenz **25** 117
– Insolvenzeröffnungsverfahren **29** 110
– durch Insolvenzverwalter **29** 113 ff.
– Nachweis **25** 113
– Notarangestellte **25** 116
– Originalurkunde **25** 113 ff.
– Prokura **25** 131 ff.
– Prokurist **14** 8
– Registerverfahren **25** 109
– Selbstkontraktionsverbot **25** 125; **29** 114
– Testamentsvollstreckung **26** 256 ff.
– Treuhandvertrag, Beendigung **18** 203 f.
– Umfang **25** 120 ff.
– Umwandlung **22** 40; **25** 119
– Unternehmenskauf **20** 23 ff.
– Untervollmacht **25** 127 ff.
– Unterzeichner **25** 124
– Verschmelzungsanmeldung **22** 159
– Vertretung **25** 103 ff.
– Vertretungsbefugnis **25** 123
– Widerruf **25** 112
– Wirksamkeit **25** 104
Vollmachtlose Vertretung
– Genehmigung **13** 5
– GmbH-Gründung **13** 5
– schwebende Unwirksamkeit **25** 135 ff.
Vollmachtstreuhand
– Treuhand **18** 151
Vollmachtsvermutung
– Notar **6** 23
Vollrechtstreuhand
– Treuhand **18** 151
Vollständigkeitsgrundsatz
– Beurkundungspflicht **2** 105
– Kapitaländerungsbeschluss **13** 475
– Schiedsklausel **20** 55
– Zusammengesetzte Rechtsgeschäfte **2** 105
Vollversammlung
– Gesellschafterversammlung **13** 231
Vollzug
– Beurkundung **8** 160 ff.

– Unternehmenskaufvertrag **21** 44
– Unternehmensnachfolge **26** 82
Vollzugsmaßnahmen
– Unternehmenstransaktionen **2** 69
Vollzugsreife
– Handelsregistereinreichung **8** 188
Vollzugstag
– Unternehmenskaufvertrag **21** 45
Vollzugsvollmacht
– Insolvenzverfahren **29** 111
Vorabausschüttung
– Abtretung Geschäftsanteil **13** 622
– Entnahmerecht, Personenhandelsgesellschaft **11** 77 ff.
– GmbH **13** 276 f.
– Satzung GmbH **13** 276 f.
Vorabgewinn
– Ergebnisbeteiligung, Personenhandelsgesellschaft **11** 73
Vor-AG
– Vertretung, gesetzliche **25** 86
Vorausdividende
– Ergebnisbeteiligung, Personenhandelsgesellschaft **11** 70
Vorausvermächtnis
– Testament **26** 254
Vorauszahlung auf künftige Kapitalerhöhung
– Erfüllungswirkung **13** 505 ff.
– Offenlegung **13** 505
– Sanierungszweck **13** 507
– Unverbrauchtheit bei Beschluss **13** 506
Vorbefassungsklausel
– Hauptversammlungsprotokoll **14** 407
Vorbehaltensfrist
– Grunderwerbsteuer **22** 91
Vorbehaltsnießbrauch **11** 88
Vorbelastungshaftung
– Erlöschen durch Einzahlung **13** 106
– gutgläubiger Erwerb **13** 107
– Mantel-GmbH **13** 102 ff.
– Vorrats-AG **14** 232
– wirtschaftliche Neugründung **13** 104
Voreinzahlung
– Bargründung GmbH **13** 46
– Barkapitalerhöhung AG **14** 520
Vorerwerbsrecht
– Geschäftsanteil **13** 311
– Muster **13** 313
– Verfahren **13** 312
Vorgesellschaft
– Kapitalmaßnahme GmbH **13** 468
Vorgesellschaft, unechte
– Geschäftsführerhaftung **13** 111
– Mantel-GmbH **13** 111
Vor-GmbH **13** 1
– Abtretung Geschäftsanteil **13** 589
– Geschäftsführer **25** 79
– Komplementär **11** 233 f.
– Organschaft **19** 16
Vor-GmbH & Co. KG
– GmbH & Co. KG **11** 234
Vorgründungsgesellschaft
– Charakter **13** 1
– Gründung GmbH **13** 1
– Organschaft **19** 15
Vor-Gründungsvertrag **17** 114 ff.
Vorgründungsvertrag
– Aktiengesellschaft **14** 26 ff.
Vor-Gründungsvertrag
– Checkliste **17** 115
– Form **17** 57 ff., 117
– Gesellschaftervereinbarung **17** 57 ff.
– Inhalt **17** 118
– Kosten **17** 157
Vorkaufsrecht
– Geschäftsanteil **13** 310 ff.
– Insolvenz Gesellschafter **29** 30
– Satzung GmbH **13** 182 f.
– Spaltung **22** 307
– Unternehmensübergeber **26** 65
Vormerkung, Erweiterung
– Gesellschaft bürgerlichen Rechts **10** 130
– Grundstücksveräußerung GbR **10** 130
– Mitverpflichtung, persönliche **10** 130
Vor-/Nacherbe
– Handelsregisteranmeldung **6** 42
Vorrats-AG
– Gründungsbericht **14** 238
– Gründungsprüfung **14** 238
– Handelndenhaftung **14** 233
– Kapitalaufbringungsnachweis **14** 234
– Vorbelastungshaftung **14** 232
– wirtschaftliche Neugründung **14** 232 ff.
– Zwei-Jahres-Frist **14** 251
Vorratsgesellschaft
– GmbH-Gründung **13** 33
– Nachgründung AG **14** 241, 271
– Unternehmenstransaktionen **2** 32
Vorrats-GmbH
– Erwerb **13** 86 ff.
– Kapitalschutz **13** 86
Vorratsgründung
– Aktivierung **13** 89 ff.
– Bareinlage **13** 90
– Einlagenauffüllung **13** 90
– Geschäftsführeraufgaben **13** 91 f.
– Gründungsaufwand **13** 88
– offene **13** 87
– Sacheinlage **13** 90
– Veräußerung Geschäftsanteil **13** 94
– verdeckte **13** 87
– Versicherung Leistung Einlagen **13** 91
– wirtschaftliche Neugründung **13** 89 ff.
Vorschlagsrecht
– Ergänzungspfleger **28** 79 ff.
Vorschuß
– Handelsregistereintragung **4** 17
Vorsitzender
– Hauptversammlungsbeschluss **14** 368
– Hauptversammlungsprotokoll **14** 368
– Versammlungsleiter **14** 368

Vorsorgeaufwendungen
- Unterhaltsbilanz **27** 192
Vorsorgeregelungen
- Unternehmensnachfolge **26** 18
Vorsorgevollmacht **26** 249, 267 ff.
- Beurkundung **26** 268
- über den Tod hinaus **26** 269
Vorstand
- Bestellungshindernis **14** 130 ff.
- Bezugsrechtsausschluss **14** 499
- Formwechsel in SE **16** 126
- Genehmigtes Kapital **14** 611
- Vertreter, gesetzlicher **25** 81 ff.
- Vertretungsbefugnis **14** 134 f.
Vorstand, erster
- Aktiengesellschaft **14** 82 ff.
Vorstandsbeschluss
- Genehmigtes Kapital **14** 618 ff.
Vorstandsbestellung
- Aufsichtsrat AG, erster **14** 82 ff.
Vorstandsmitglieder
- Satzung **14** 54
- Vertretungsbefugnis **14** 134 f.
Vorweggenommene Erbfolge **26** 5 ff.; **30** 387
- Anteilsübertragung Kapitalgesellschaft **30** 426 ff.
- Anteilsübertragung Personengesellschaft **30** 403 ff.
- Auslandsvermögen **26** 8
- Betriebsaufgabe **30** 389
- Buchwertfortführung **30** 389
- Einzelunternehmen **30** 388 ff.
- Entgeltlichkeit **30** 388
- Schenkung **26** 69 ff.
- Schenkungsteuer **26** 7
- Unentgeltlichkeit **30** 389
Vorzugsaktien
- Kapitalerhöhungsbeschluss **14** 505
- Sonderbeschluss **14** 505
Vorzugsgeschäftsanteil
- Gesellschaftersonderrechte **13** 362

Wandelschuldverschreibung
- Gesellschaft mit beschränkter Haftung **13** 458
- Kapitalerhöhung, bedingte **14** 569
Warnfunktion
- Beurkundung **2** 92 ff.
- Beurkundungspflicht **8** 10
Wegfall der Geschäftsgrundlage
- Zuwendungen, ehebedingte **27** 118
Wegzugsbesteuerung
- Sitzverlegung SE **16** 153
Weisungen
- Handelsregistereinreichung **8** 189
- Treugeber **18** 188 ff.
Weisungsrecht
- Sonderrechte Dritter **13** 394
Werthaltigkeit
- Sacheinlage **13** 58, 173
Wesentliche Beteiligung
- Share Deal **21** 29
Wesentliche Betriebsgrundlage
- Betriebsaufspaltung **30** 196
- Einbringung in Kapitalgesellschaft **30** 261
- Einbringung in Personengesellschaft **30** 213
Wesentliches Vermögen
- Ehegatten **11** 23
Wettbewerbsbeschränkung
- Beteiligungsvertrag **17** 110
- Joint-Venture-Verträge **17** 140
- Stimmbindungsvertrag **17** 68
Wettbewerbsverbot
- Angemessenheitsprüfung **21** 117
- Geltungsbereich **21** 118
- Gesellschafter Personenhandelsgesellschaft **11** 57 ff.
- Kapitalgesellschaft **30** 238 ff.
- Kartellrechtliche Beschränkungen **21** 117
- Kommanditist **11** 57
- Komplementär KGaA **15** 28
- Kundenschutzklausel **13** 291
- nachvertragliche **13** 291
- Öffnungsklausel **13** 287
- Praxisveräußerung **21** 123
- Satzung GmbH **13** 284 ff.
- Schadenersatzanspruch der Gesellschaft **11** 59
- Stille Gesellschaft **18** 98
- Unterbeteiligung **18** 149
- Unternehmensgegenstand **13** 158
- Unternehmenskauf **21** 115 ff.
- verdeckte Gewinnausschüttung **13** 287; **30** 238
Widerruf
- Aufnahme Gesellschafter **11** 128
- Treuhand **18** 199 f.
- Vollmacht **25** 112
Widerrufsrecht
- Unternehmensnachfolge **26** 53
Widerspruch
- Barabfindungsanspruch **22** 123
- Gesellschafterliste **4** 53; **13** 610, 613 ff.
- Handelsregistereintragung **13** 714
- Löschung **13** 715
Widerspruch zur Niederschrift
- Erklärung **14** 396
- Hauptversammlungsprotokoll **14** 393 ff.
- Muster **14** 399
- Protokollierungspflicht **14** 396 ff.
Widerspruchsrecht
- Betriebsübergang **22** 55 ff.
- Kommanditaktionäre **15** 43
- Kommanditist **15** 47
Willenserklärung
- Beurkundung **8** 66 ff.
- Hauptversammlung **14** 429 ff.
- Hauptversammlungsprotokoll **14** 429 ff.
- Muster **14** 431
- Niederschrift **8** 66 ff.
Wirtschaftliche Neugründung
- Mantelgesellschaft **14** 232 ff.
- Mantel-GmbH **13** 97 ff., 104
- Unterbilanzhaftung **13** 104
- Unternehmenstransaktionen **2** 32

– Verlustdeckungshaftung **13** 104
– Vorbelastungshaftung **13** 104
– Vorrats-AG **14** 232 ff.
– Vorratsgründung **13** 89 ff.
Wirtschaftlicher Eigentümer
– Gesamthandsgemeinschaft **30** 96 f.
– Rechtsprechungsübersicht **30** 97
– Treuhandverhältnis **30** 95
– Wirtschaftsgut **30** 95
Wirtschaftsaufsicht
– Rechtsformwahl **5** 21
Wirtschaftsgut
– steuerliche Zurechnung **30** 92 ff.
– wirtschaftlicher Eigentümer **30** 95
Wirtschaftsjahr
– Eingliederung, finanzielle **30** 317
– Kapitalgesellschaft **30** 233 ff.
– Organschaft **19** 13
Wohnrecht
– Einzelunternehmen **26** 99
– Unternehmensnachfolge **26** 99
Wohnsitz, ausländischer
– Gründungsgesellschafter **13** 69

Zahlung an Dritte
– Sachgründung, verdeckte **14** 217
Zählverfahren
– Hauptversammlungsprotokoll **14** 353
Zaunkönigphase
– Holding-SE **16** 100
Zebra-Gesellschaft
– Mitunternehmer **30** 186
Zeichnung
– fehlerhafte **14** 514
– Genehmigtes Kapital **14** 624
– Kapitalerhöhungsbeschluss AG **14** 509 f.
– Plazierungsaktien **14** 702 ff.
– Sachkapitalerhöhung AG **14** 550 ff.
– Zeichnungsfähigkeit **14** 510
– Zeitpunkt **14** 513
Zeichnungsberechtigte
– Kapitalerhöhungsbeschluss AG **14** 487
Zeichnungsfähigkeit
– Zeichnung **14** 510
Zeichnungsfrist
– Kapitalerhöhungsbeschluss AG **14** 490
Zeichnungsschein
– Form **14** 509
– Genehmigung **14** 509
– Inhalt **14** 511 f.
– Sachkapitalerhöhung AG **14** 552
Zielrechtsträger
– Sachgründung **7** 92
– Unternehmergesellschaft (haftungsbeschränkt) **13** 850 ff.
– Verschmelzung, grenzüberschreitende **7** 92, 98
Zinsschranke
– Organschaft, körperschaftsteuerliche **30** 335
Zuflußbesteuerung
– Asset Deal **21** 27
Zugänglichmachen
– Verschmelzungsbericht **24** 101 f.
Zugangskontrolle
– Hauptversammlung **14** 308
Zugewinnausgleich
– Anfangsvermögen **27** 36
– Auskunftsanspruch **27** 91 ff.
– Ausschluss für Scheidung **27** 97 f.
– Berechnung **27** 32 ff.
– Endvermögen **27** 37
– Ertragswertmethode **27** 53 ff.
– Freiberuflerpraxis **27** 81 ff.
– Herausnahme Betriebsvermögen **27** 99 ff.
– Höchstgrenzenvereinbarung **27** 109 ff.
– IDW-Standard S 1 **27** 61 ff.
– Manipulationsmöglichkeiten **27** 102 ff.
– privilegiertes Vermögen **27** 35
– Stichtagsprinzip **27** 52
– Substanzwertmethode **27** 64 ff.
– Unternehmensbeteiligung **27** 86 ff.
– Unternehmensbewertung **27** 73 ff.
– Vermögensbewertung **27** 48 ff.
– Vermögenswertbegrenzung **27** 38
– Zuwendungen, ehebedingte **27** 119
Zugewinnausgleichsanspruch
– Ehevertrag **26** 262
– Güterstand, gesetzlicher **27** 25 ff.
– Unternehmensnachfolge **26** 32, 40
Zugewinnausgleichsanspruch, erbrechtlicher
– Güterstand, gesetzlicher **27** 30 f.
Zugewinnausgleichsanspruch, güterrechtlicher
– Güterstand, gesetzlicher **27** 32 ff.
Zugewinnausgleichsausschluss
– Güterstand, modifizierter **27** 97 ff.
Zulassungsbeschluss
– Kapitalerhöhung **13** 495
Zuleitung Betriebsrat
– Formwechsel **22** 317
– Hereinverschmelzung **24** 71
– Spaltung **22** 244 f.
– Umwandlungsvertrag **22** 66 ff.
– Verschmelzungsplan **24** 171
– Verschmelzungsvertrag **22** 136
Zurechnung
– Nachgründung AG **14** 242
– Organschaft, körperschaftsteuerliche **30** 334 ff.
Zurückbehaltung Vermögensgegenstände
– Entnahme **26** 119
– Unternehmensnachfolge **26** 47
Zurückbehaltung Wirtschaftsgüter
– Betriebsaufspaltung **26** 168
– Unternehmensnachfolge Kapitalgesellschaft **26** 168
– Unternehmensnachfolge Personengesellschaft **26** 119
Zusammengesetzte Rechtsgeschäfte
– Akquisitionskreditvereinbarung **2** 107
– Beurkundungspflicht **2** 101 ff.
– Einheitswille **2** 108 ff.
– Finanzierung **2** 102
– Gesamtbeurkundung **2** 115

– Grundstückskaufvertrag **2** 118
– Kreditvermittlung **2** 126
– Unternehmenskauf **2** 122 ff.
– Verbraucherschutz **2** 118 f.
– Verknüpfungsmaßstab **2** 117 ff.
– Verknüpfungswille **2** 108 ff.
– Verpflichtung Abtretung Geschäftsanteil **2** 104
– Vollständigkeitsgrundsatz **2** 105
Zusammenlegung
– Geschäftsanteil **13** 292, 300, 588
Zuständigkeit
– Apostille **14** 20
– Bestellung Ergänzungspfleger **28** 68 f.
– Familiengerichtliche Genehmigung **28** 90 ff.
– Geschäftsführer GmbH **13** 198 ff.
– Gesellschafterliste **13** 693 ff.
– Gesellschafterversammlung GmbH **13** 222 ff.
– Handelsregisteranmeldung **13** 79
– Hauptversammlung KGaA **15** 64
– Hereinverschmelzung **24** 90
– Liquidationsbeschluss GmbH **13** 739
– Zweigniederlassung **7** 9
Zustellung
– Geschäftsanschrift, inländische **6** 134, 137
Zustimmung
– Firmenfortführung **6** 115 f., 122
Zustimmung Anteilseigner
– Hereinverschmelzung **24** 111 ff.
– Verschmelzung, grenzüberschreitende **24** 175
– Verschmelzungsplan **24** 111 ff., 123 f.
Zustimmung, antizipierte
– Kommanditaktionäre **15** 79
– Komplementär KGaA **15** 79
– Satzung KGaA **15** 79
Zustimmung der Gesellschaft
– Vinkulierung **13** 592
Zustimmung Gesellschafterversammlung
– Beherrschungsvertrag **19** 41 ff.
– Gewinnabführungsvertrag **19** 41 ff.
– Stille Gesellschaft **18** 29 ff., 32
– Stille Gesellschaft, atypisch still **18** 31
– Vinkulierung **13** 306, 593
Zustimmung Hauptversammlung
– Formwechsel in SE **16** 137 ff.
– Gründungsplan SE **16** 96
– Nachgründung AG **14** 255, 259 f., 266
– Sitzverlegung SE **16** 164
– Verschmelzung zu SE **16** 65 ff.
– Verschmelzungsplan **16** 65 ff.
Zustimmung Komplementäre
– Hauptversammlung KGaA **15** 66 ff.
Zustimmung Mitgesellschafter
– Anteilsübertragung Personengesellschaft **26** 106
– Anteilsübertragung Personenhandelsgesellschaft **11** 132
– Anteilsveräußerung GbR **10** 68
– Nachfolgeklausel **10** 68
– Personengesellschaft **26** 106
– Share Deal GbR **21** 48
– Vinkulierung **13** 303 ff., 594
Zustimmungsbedürftige Vertragsabschlüsse
– Hauptversammlungsprotokoll **14** 416
Zustimmungsbeschluss
– Genehmigtes Kapital **14** 616
– Spaltung **22** 243
Zustimmungsbeschluss Konzernmutter
– Beherrschungsvertrag **19** 50
– Gewinnabführungsvertrag **19** 50
Zustimmungsbeschluss übergeordnete Gesellschaft
– Beherrschungsvertrag **19** 49
– Gewinnabführungsvertrag **19** 49
Zustimmungsbeschluss untergeordnete GmbH
– Beherrschungsvertrag **19** 44 ff.
– Gewinnabführungsvertrag **19** 44 ff.
Zustimmungserfordernisse
– Ausgliederung **22** 236
– Beirat **26** 223 ff.
– Formwechsel **22** 334
– Hauptversammlung KGaA **15** 44
– Hereinverschmelzung **24** 123 f.
– Spaltungsbeschluss **22** 285
– Unternehmensnachfolge **26** 83 ff.
– Unternehmensvertrag **19** 114 ff.
– Verschmelzungsbeschluss **22** 146 ff.
Zustimmungserklärung Komplementär
– Beurkundung **15** 70 ff.
– Form **15** 68 f.
Zustimmungskatalog
– Geschäftführungsmaßnahmen **13** 201, 203
Zustimmungsvorbehalt
– Familiengesellschaft **26** 128
– Gesellschafterbeschluss GmbH **13** 248
– Sonderrechte Dritter GmbH **13** 394
– Unternehmensübergeber **26** 61 ff.
Zustimmungsvorbehalt Beirat
– Muster **26** 225
Zuwendung, unbenannte
– Ehegatte **27** 118
Zuwendungen, ehebedingte
– Gütertrennung **27** 120 f.
– Wegfall der Geschäftsgrundlage **27** 118
– Zugewinnausgleich **27** 119
– Zweite Spur **27** 118 ff.
Zuzahlung
– Hinausverschmelzung **24** 187
– Spaltung **22** 271
– Verschmelzungsplan **24** 162
– Verschmelzungsvertrag **22** 109
Zwangsauflösung
– Auflösung GmbH **13** 730
Zweckangabe
– Kapitalerhohungsbeschluss **14** 577
– Kapitalherabsetzungsbeschluss **13** 559 f.; **14** 654
Zweckerreichung
– Gesellschaft bürgerlichen Rechts **10** 74
Zweigniederlassung
– Änderung **7** 16
– Anmeldepflichten **7**
– anmeldepflichtige Personen **7** 12

- Aufhebung 7 18
- Filialzusatz 7 102 ff.
- Filialzusatz, erweiterter 7 105
- Firma 7 100 ff.
- Firma der Hauptniederlassung 7 101 ff.
- Handelsregister 7 8 ff.
- Handelsregisteranmeldung 7 11
- Handelsregistereintragung 7 3
- inländische Geschäftsanschrift 7 11
- inländischer Rechtsträger 7 11 f.
- Insolvenzfähigkeit 7 86
- Insolvenzvermerk 7 86
- Kapitalgesellschaft 7 15
- Merkmale 7 2 ff.
- Niederlassungsleiter 7 8
- Offenlegungspflicht 7 8
- Organisationseinheit 7 2
- Partnerschaftsgesellschaft **12** 41 ff.
- Personengesellschaft 7 14
- Prokurist 7 13
- Publizitätswirkung, materielle 7 8
- Trennung von Hauptniederlassung 7 5 ff.
- Unternehmensgegenstand 7 7
- Verlegung des Ortes 7 17
- Zuständiges Registergericht 7 9

Zweigniederlassung, ausländische Aktiengesellschaft
- Anmeldepflichten 7 67 ff.
- Nachweis Bestehens ausländischer Gesellschaft 7 71
- Sachgründung 7 70
- Vertretungsorgan 7 69

Zweigniederlassung, ausländische Gesellschaft mit beschränkter Haftung
- Anmeldepflichten 7 54 ff.
- Bestellungshindernis Geschäftsführer 7 57 f.
- Entsprechung der Gesellschaftsform 7 54
- Geschäftsführer 7 55
- Geschäftsführerversicherung 7 61 ff.
- mehrere 7 65
- Muster 7 66
- Sachgründung 7 63
- Satzung in Originalsprache 7 64
- Satzung Übersetzung 7 64
- Selbstkontraktionsverbot 7 56
- Versicherungspflicht 7 58 ff.
- Vertretungsbefugnis 7 55

Zweigniederlassung, ausländische Kapitalgesellschaft
- Änderungen 7 75 ff.
- Anmeldepflichten 7 38 ff.
- Apostille 7 52
- Bestellungsbeschluss 7 51
- Checkliste 7 49
- Empfangsberechtigte 7 40 f.
- Kapital 7 48
- Mitglieder Vertretungsorgan 7 44 ff.
- Nachweise 7 50
- Rechtsordnung 7 39
- Selbstkontraktionsverbot 7 44
- Sprache 7 53
- ständiger Vertreter 7 42 ff.
- Vertretungsbefugnis 7 51

Zweigniederlassung, ausländischer Rechtsträger
- Amtslöschungsverfahren 7 81
- Änderungen 7 72 ff.
- Anmeldepflichten 7 19 ff.
- Anmeldepflichten bei Änderung 7 72 ff.
- anmeldepflichtige Personen 7 35 f.
- Aufhebung 7 78 ff.
- Eintragung im Heimatregister 7 21 ff.
- Eintragungsverfahren 7 26 ff.
- Errichtung 7 30 f.
- Firma 7 106 ff.
- Gleichlauf der Register 7 21 ff.
- Gründungstheorie 7 28
- Handelsregisteranmeldung 7 32
- Handelsregistereintragung 7 21 ff.
- Hauptinsolvenzverfahren 7 84
- Hauptniederlassung außerhalb EU 7 25
- Hauptniederlassung innerhalb EU 7 31
- inländische Geschäftsanschrift 7 34
- Insolvenz ausländischer Rechtsträger 7 82 ff.
- Insolvenzanmeldungspflicht 7 85
- Löschung der Gesellschaft im Heimatregister 7 79
- Muster 7 37
- Nachweis Bestehens ausländischer Gesellschaft 7 37
- Ort 7 34
- Partikularinsolvenzverfahren 7 84
- Umwandlung in GmbH 7 88 ff.
- Unternehmensgegenstand 7 33
- wirksame Gründung der Gesellschaft 7 29

Zwei-Jahres-Frist
- Nachgründung **14** 249 ff.
- Vorrats-AG **14** 251

Zwei-Konten-Modell
- Unterhaltsbilanz **27** 189

Zweipersonengesellschaft
- Ausscheiden Gesellschafter **11** 171

Zweite Spur
- Zuwendungen, ehebedingte **27** 118 ff.

Zwischenbilanz
- Verschmelzung **22** 204

Zwischeneintragung
- Tod eines Gesellschafters **11** 192

Zwischenliste
- Gesellschafterliste **13** 709

Zwischenverfügung
- Handelsregisteranmeldung **6** 27
- Rechtsmittel **6** 59 f.
- Registergericht **4** 26; **6** 55 ff.
- Voraussetzungen **6** 55 ff.